gōngchǎng lái cānguān.

◆ただ今より工場長が主な生産現場にご案内いたします.
　　现在由厂长带你们到主要车间去参观.
　　Xiànzài yóu chǎngzhǎng dài nǐmen dào zhǔyào chējiān qù cānguān.

◆ここで写真を撮ってもいいですか.
　　这里可以拍照吗?
　　Zhèli kěyǐ pāizhào ma?

◆申し訳ありませんが,工場内の撮影下さい.
　　对不起,在车间里请不要照相.
　　Duìbuqǐ, zài chējiān li qǐng bú yào zhàoxiàng.

D. 商談・交渉など ─────────

◆今日は新製品をお薦めに参りました.
　　今天我们是来推荐新产品的.
　　Jīntiān wǒmen shì lái tuījiàn xīnchǎnpǐn de.

◆これは中国のユーザーにきっと喜ばれると思います.
　　我相信这个产品一定会受到中国用户的欢迎.
　　Wǒ xiāngxìn zhège chǎnpǐn yídìng huì shòudào Zhōngguó yònghù de huānyíng.

◆これらのカタログやサンプルは持ち帰ってご検討下さい.
　　这些样本和样品请带回去研究研究.
　　Zhèxiē yàngběn hé yàngpǐn qǐng dài huiqu yánjiū yanjiu.

◆この問題については,本社で検討後お返事します.
　　关于这个问题,在总公司进行研究后再作答复.
　　Guānyú zhège wèntí, zài zǒnggōngsī jìnxíng yánjiū hòu zài zuò dáfù.

◆できるだけ早くEメールでお返事下さい.
　　请尽快用电子邮件给我们回复.
　　Qǐng jǐnkuài yòng diànzǐ yóujiàn gěi wǒmen huífù.

◆できるだけご要望に沿えるようにいたします.
　　我们尽可能努力配合贵方的要求.
　　Wǒmen jǐnkěnéng nǔlì pèihé guìfāng de yāoqiú.

◆次回商談の時間と場所を決めておきましょう.
　　让我们定好下一次谈判的时间和地点吧.
　　Ràng wǒmen dìng hǎo xià yí cì tánpàn de shíjiān hé dìdiǎn ba.

◆次回商談ではよ□□□が得られるよう期待します.
　　我□□□□□□□到圆满的成果.
　　□□□□□□□□ àn néng shōudào

◆□□□□□□□□□□□□中国側の各位に深く□□□
　　□□□□□□□□□□□,向中方的各位表示深切的感□□
　　Wǒ dàibiǎo Rìfāng, xiàng Zhōngfāng de gèwèi biǎoshì shēnqiè de gǎnxiè.

◆今後の交流と協力が益々発展することを願っております.
　　祝愿今后的交流和合作得到更进一步的发展!
　　Zhùyuàn jīnhòu de jiāoliú hé hézuò dédào gèng jìn yí bù de fāzhǎn!

◆我々の合弁会社が日々発展し益々繁栄することを祈っております.
　　预祝我们的合资公司蒸蒸日上、繁荣昌盛!
　　Yùzhù wǒmen de hézī gōngsī zhēng zhēng rì shàng、fán róng chāng shèng!

◆私達の協力が成功したことを祝して乾杯しましょう!
　　为祝贺我们的合作成功而干杯!
　　Wèi zhùhè wǒmen de hézuò chénggōng ér gānbēi!

◆私達の新契約調印を祝して乾杯しましょう!
　　为庆贺我们签订新合同而干杯吧!
　　Wèi qìnghè wǒmen qiāndìng xīn hétong ér gānbēi ba!

◆皆さまの商売繁盛とご健康をお祈りします.
　　谨祝各位女士和先生们的生意兴隆、身体健康!
　　Jǐn zhù gèwèi nǚshì hé xiānsheng men de shēngyì xīnglóng、shēntǐ jiànkāng!

◆皆さまの楽しいご旅行と一路平安をお祈りします.
　　祝愿各位旅途愉快、一路平安!
　　Zhùyuàn gèwèi lǚtú yúkuài、yí lù píng ān!

◆次は北京でお会いしましょう!
　　下一次我们在北京见面吧!
　　Xià yí cì wǒmen zài Běijīng jiànmiàn ba!

CROWN

SANSEIDO'S CROWN JAPANESE-CHINESE DICTIONARY

クラウン
日中辞典

[共編]
杉本達夫・牧田英二

三省堂

Ⓒ Sanseido Co., Ltd. 2010

First Edition 2010
Printed in Japan

[編者]

杉本 達夫（早稲田大学 名誉教授）

牧田 英二（早稲田大学 名誉教授）

[編集委員]

楊 立明（早稲田大学 教授）

[中文　執筆・校正]

| 大山 潔 | 周 飛帆 | 趙 暉 | 藤原 知秋 |
| 熊 進 | 楊 敏 | | |

[校正・編集協力]

井内 長俊	上野 倫代	佐々木 真理子	鈴木 三惠子
関 久美子	戸﨑 まち子	中川 香織	仲山 恵子
古谷 秀	山谷 悦子	(有)樹花舎	

[コラム執筆] 千葉 謙悟

[システム及びデータ設計]
　三省堂データ編集室　鹿島 康政　佐々木 吾郎

[見返し地図] 平凡社地図出版

[装丁] 三省堂デザイン室

まえがき

　万能の辞書がほしい。心に湧き出るいかなる問いも、黙って開けばぴたりと解ける。そんな辞書があればどんなによいか。だが、そういう魔法のような辞書は、百人の叡智を集めても実現不可能な、はじめから覚めている夢に過ぎない。

　限られた紙面の中で、どうすれば辞書の'性能'を高めることができるのか。本書は日中辞典である。まず日本語が中心にならねばならない。日本語があって、対応する中国語がある。書き言葉、話し言葉、場面状況に応じて、対応することばは変わるものだろう。編者が考えたのは、主として次のようなことである。

　第1に、用例に変化をもたせること。いかにも用例らしい用例ではなくて、日常生活の多様な場面に即した、日本語らしい日本文であることと、それに対応する中国語らしい中国語であることを心がけた。見出し語によっては複合語を配し、ことわざや慣用表現も多く採用した。第2に、語義にも文にもローマ字表記（ピンイン）で発音を示し、発音を確かめるためだけに別の辞書を引く手間を省いた。第3に、見出し語に多くのカタカナ語を採用した。第4に、漢字であるがゆえの日中同形語に注意を促し、両者の違いを「日中比較」として簡潔に注記した。また、「参考」「文化」「注意」として、いくつか豆知識的情報を加えた。第5に、見出し語には対応する英語を示し、とっさの和英辞典の働きをも持たせた。このほか、付録に分量を取り、ビジネス中国語の多様な表現を提示した。本辞典のより広い利用を願ってのことである。

　本辞典の中身は、見出し語（見出し語や複合語など）が約4万語、ことわざと慣用表現など、関連項目が約3千である。これら項目の間に、7万を越える用例を配置している。紙面には赤と黒の2色を使い、見出し語とその語義には太字を使うなど、利用者の視覚的な便宜を考慮している。

　本書の成立までには、いうまでもなく多くの人々の助力を得た。楊立明氏は進行の各段階で協議に加わり、中国語全般に目を配って、編者の欠を補い、貴重な意見を提供された。日本語用例に対応する中国文は、別記の各

位に翻訳を依頼した。今日ただいまの生きた中国文に訳出の後、さらに編者と訳者で擦りあわせを行なっている。もちろん、最終的責任は編者にある。ローマ字表記の作業は、別記の各位に依頼した。付録のビジネス中国語については、ビジネス中国語学会会長・藤本恒、同学会理事・待場裕子のおふたりに全面的に依存し、充実した内容に組上げていただいた。

作業に当たっては、いわゆる親ガメ子ガメの通弊は極力避けたが、先行の成果に学ぶのは当然の手続きであり、後発の義務でもあろう。いちいち名をあげないが、日本と中国の数多くの辞典類を、大いに参照させていただいた。また、山田和夫編『新クラウン和英辞典』第6版（三省堂）を、編者の了解のもとに、さまざまに活用させていただいた。

本辞典の発端から完成まで、多難の編集作業を担当されたのは、三省堂の野村良平、近山昌子のお二方である。お二方と出版を勧めてくださった柳百合氏、また、さまざまにご助力いただいた前記の方々に、心から感謝申し上げる。

本辞典が学習に、業務に、交流に、日中間のさまざまな局面で有効に利用されることを、そしてまた、利用者各位の批判や提言をいただいて、内容の向上が図れることを、編者は心から願っている。

　2010年春

　　　　　　　　　　　　　　　　　　　　　　　　　　　　　編者

凡　例

【見出し語】

収録語数

❶ 本辞典には日常よく使われる語彙を中心に見出し語，複合語など約4万語を収録した。
❷ 見出し語の後に直接例文や慣用表現などを示したものもある。

表示

❶ 見出し語は五十音順に配列した。同音の見出し語が連続するときは，【　】内の表記の漢字の画数が少ない順に記した。
❷ 単独では表示できない接頭辞や接尾辞は「-」を使い，**-まで**，**-から**，などと表示し，同形の見出し語の最後に置いた。
　　例：**-かい**【**-界**】は，**かい**【**下位**】，**かい**【**回**】などの後に置く。

【表記】中の小文字

❶ 日本語の活用語尾などを小文字で示した。
　① 動詞
　　たいき【**待機**する】待命 dàimìng (英 *stand by*)
　② 形容動詞など
　　たんき【**短気**な】性急 xìngjí; … (英 *hot-tempered*; …)
　　たんき【**短期**の】短期 duǎnqī (英 *short*; …)
　③ 副詞
　　だしぬけ【**出し抜け**に】冷不防 lěngbufáng; 猛不防 měngbufáng; …
　　　(英 *unexpectedly*)
　④ 名詞形は語幹のみ
　　たいき【**大気**】大气 dàqì (英 *the atmosphere*; …)
❷ 英語は【　】内の小文字表記を生かした訳とした。

カタカナ見出し

❶ 外来語はカタカナで示した。
❷ 本辞典では〖動物〗〖植物〗〖鳥〗などに分類される見出し語もカタカナで示し，他と識別しやすくした。

配列順

❶ 同じ仮名の表記中では次の順に表記した。
　① 平仮名→カタカナ
　例：**きく**【**利く**】… **きく**【**効く**】… **キク**【**菊**】
　② 清音→濁音→半濁音
　例：**ばたばた**… **ばたばた** // **はん**【**半**】… **ばん**【**版**】… **パン**
　③ 促音(っ)拗音(ゃ・ゅ・ょ)→直音
　例：**てっき**【**鉄器**】… **てつき**【**手つき**】
　　　ひゃく【**百**】… **ひやく**【**飛躍**する】
　　　ファン … **ふあん**【**不安**な】
❷ カタカナ見出しの長音「ー」は直前の文字に含まれる母音に置き換えて配列した。例：**キー**→「**キイ**」となり**きい**【**奇異**な】の次に配列。
　フード→「**フウド**」となり**ふうど**【**風土**】の次に配列。

複合語

見出し語と関連する複合語は，見出し語相当部分を～で置き換えて五十音順に配列した。
　例：**かいかく**【**改革**する】
　　♦ ~案 ┊改革方案 gǎigé fāng'àn　~者 ┊改革者 gǎigézhě　機構~ ┊机构改革 jīgòu gǎigé　税制~ ┊税制改革 shuìzhì gǎigé

【意味・語義】		
区分	❶	意味に大きな違いがある時は❶❷❸…の語義番号と続く〖 〗の小説明で区分した。 **かるい**【軽い】 　❶〖重量が〗…　❷〖程度が〗…　❸〖軽率〗 　❹〖簡単〗…　❺〖気分〗…　❻〖動きが〗
	❷	専門語ラベルを《 》で表し語の識別がしやすい様に工夫した。専門語ラベルの一覧表は凡例の最後に記した。
	❸	注意すべき区分や下位区分は（ ）で分けた。 **かくす**【隠す】（人目から）藏 cáng；(真実から) 隐瞒 yǐnmán（英 *hide*）
(英)の英訳訳	❶	見出し語や語義ごとに(英)をつけ，語義理解に役立つようにした。 例： **たたく**【叩く】　❶〖打つ〗打 … 敲 …（英 *beat; strike; tap*） 　❷〖言う〗说 …（英 *say*） 　❸〖非難〗攻击 … 批判 …（英 *criticize*）
	❷	英語に複数の訳語がある時は；で区分した。（ ）は省略可を，〔 〕は置換え可を示す。 **らっか**【落下する】掉下 …（英 *drop; fall (down)*）
	❸	意味の区分が必要な時は，〔 〕（ ）などの中に日本語で補った。 **らん**【欄】栏 …（英 *a column*；[余白] *space*）
【用例】		
	❶	句例のほかに多数の文章例を取り上げ，合わせて約7万例を記した。吟味した文章例を多数収録したのは，中国語の多様な表現形式に触れられるよう配慮したためである。
	❷	すべて用例は▶マークで始めた。
	❸	すべての用例にピンインをつけた。ピンインの基本ルールは【ピンインの表記法】の項を参照。
【ことわざ・慣用表現・複合語】		
ことわざ 慣用表現 複合語	❶	ことわざ は本文用例の記述の次に置いた。
	❷	日本語の慣用表現は五十音順に改行し，ことわざ の次に置いた。
	❸	複合語は◆のマークのあとに五十音順に並べた。
	❹	慣用表現と複合語は，それぞれの見出しに訳語を付けず，例文によって示したものもある。
【参考情報】		
日中比較	❶	同じ漢字でも中国語と日本語で意味や使い方に大きく違いがあるものに簡潔な解説を付した。
文化	❷	中国独自の文化や日本との違いなどについて解説した。
参考	❸	学習の参考となる情報を記した。
注意	❹	その他，注意すべき事柄を記載した。

【ピンインの表記法】

❶ 語義，用例すべてにピンイン（**拼音** pīnyīn：中国式ローマ字表記）をつけた。
❷ ピンイン表記の基本は中国発行の《现代汉语词典》第5版ほかによった。
❸ "**一 yī**" "**不 bù**" は声調変化後のピンインを示した。
❹ 分かち書きは一般に採用されている方式にしたがった。

【各種記号】

〔 〕……専門分野
（ ）……下位区分と補足説明
［ ］……置換え可
( )……省略可，あるいは解説・注釈など
⇨………見出し語などを見よ
→………他の見出し語などを参照せよ

【専門分野一覧】

-あ行-	〔生物〕	【基本的な補足表示】
〔医〕（医学）	〔生理〕	（色）
〔印刷〕	〔船舶〕	（インターネット）
〔映画〕	-た行-	（菓子）
〔音楽〕	〔地学〕	（株式）
〔音声学〕	〔哲学〕	（カメラ）
-か行-	〔電気〕	（擬音）
〔貝〕	〔電算〕	（薬）
〔解〕（解剖）	〔天文〕	（掲示）
〔会計〕	〔動物〕	（号令）
〔化学〕	〔鳥〕	（ゴルフ）
〔楽器〕	-は行-	（酒）
〔気象〕	〔美術〕	（商標）
〔金融〕	〔服飾〕	（食品）
〔経済〕	〔物理〕	（スキー）
〔建築〕	〔文法〕	（相撲）
〔航空〕	〔法〕（法律）	（単位）
〔工芸〕	〔放送〕	（中医）（中国医学）
〔鉱物〕	-ま行-	（布地）
-さ行-	〔民族〕	（比喩）
〔魚〕	〔虫〕	（仏教）
〔宗教〕	-ら行-	（放送）
〔十二支〕	〔理学〕	（ボクシング）
〔植物〕	〔料理〕	（野球）……など
〔数〕（数学）	〔論理学〕	
〔スポーツ〕		

日中比較 コラムリスト (581個)

あ行

- 愛人
- 曖昧
- 斡旋する
- 鮎
- 新手
- 案
- 餡
- 案件
- 暗算する
- 安心する
- 医院
- 意思
- 石頭
- 萎縮する
- 異常な
- 一応
- 一同
- 一番
- 一気に
- 一向に
- 一旦
- 一定の
- 命
- 意味
- 依頼する
- 隠居する
- 引導
- 腕
- 運転する
- 得体
- 得手
- 縁故
- 演出する
- 遠慮する
- 応酬する
- 大男
- 大手
- 大家
- 女将
- 襁褓
- お嬢さん
- 夫
- 温存する
- 温暖な

か行

- 課
- 開花する
- 快活な
- 改行する
- 解釈する
- 開場
- 外人
- 改装する
- 階段
- 外地
- 開通する
- 回転する
- 街道
- 該当する
- 開票する
- 回復する
- 快楽
- 顔色
- 火気
- 学院
- 覚悟
- 格式
- 学長
- 学部
- 火星
- 片面
- 学会
- 脚気
- 合作する
- 合算する
- 活動
- 花瓶
- 下流
- 可憐な
- 閑散とした
- 環視
- 感情
- 感染する
- 簡単な
- 看病する
- 幹部
- 眼目
- 関門
- 黄色
- 帰還する
- 機関
- 戯曲
- 生地
- 汽車
- 気象
- 奇特な
- 牙
- 気味
- 気短な
- 客車
- 脚色する
- 球技
- 求人
- 急用
- 境界
- 教訓
- 狂言
- 矜持
- 行事
- 兄弟
- 教頭
- 協約
- 曲芸
- 魚肉
- 切り口
- 規律
- 気力
- 議論する
- 近日
- 謹慎する
- 緊張する
- 勤務する
- 鎖
- 駆使する
- 口
- 靴
- 工夫する
- 組合
- 供養する
- 鍬
- 軍属
- 刑事
- 啓示
- 境内
- 傾倒する
- 経理
- 怪我
- 激怒する
- 激動する
- 下水
- 解脱する
- 結局
- 結構
- 結実する
- 結束する
- 潔白な
- 懸念する
- 下品な
- 下落する
- 検関する
- 喧嘩する
- 検挙する
- 言語
- 検査する
- 厳重
- 健全な
- 見地
- 検討する
- 合意する
- 勾引する・拘引する
- 口角
- 講義する
- 工芸
- 合計する
- 高校
- 恍惚
- 交差する
- 工作する
- 工事
- 控訴する
- 拘束する
- 広大な
- 校長
- 工程
- 合同の
- 高等学校
- 荒廃する
- 降伏する
- 項目
- 国学
- 告訴する
- 告白する
- 国文
- 心地
- 心得
- 故事
- 固執する
- 姑息な
- 糊塗する

「日中比較」コラムリスト

さ行

▶再会する	▶在外	▶最近の	▶妻子	▶栽培する
▶裁判	▶裁縫	▶材料	▶逆子	▶作業する
▶作為	▶策略	▶査証	▶雑種	▶雑文
▶差別	▶左右	▶様	▶産業	▶散発的な
▶下手	▶実在する	▶失職する	▶失神する	▶質問する
▶質量	▶指摘する	▶市電	▶支配する	▶自負する
▶地道な	▶釈放する	▶写真	▶社長	▶邪魔する
▶洒落	▶修士	▶収拾する	▶重重	▶就職する
▶重責	▶重鎮	▶舅	▶姑	▶宗派
▶十分	▶修理	▶収斂する	▶手芸	▶主宰する
▶主席	▶首席	▶出産する	▶出世する	▶出走する
▶出頭する	▶出品する	▶趣味	▶巡査	▶準備する
▶順路	▶商会	▶照会する	▶生涯	▶城郭
▶正月	▶正気	▶小康	▶情事	▶上場する
▶小心な	▶上手な	▶招待する	▶商談	▶招致する
▶情緒	▶小品	▶丈夫な	▶情報	▶抄本
▶女装する	▶職工	▶所有する	▶処理する	▶城
▶白酒	▶白地の	▶人家	▶進行する	▶深刻な
▶進出する	▶身上	▶信心する	▶親切な	▶人選する
▶審判する	▶新聞	▶親身の	▶親友	▶水性の
▶頭上	▶頭脳	▶生育	▶生気	▶請求する
▶精神	▶清楚な	▶製造する	▶正当な	▶成年
▶成分	▶世代	▶接客する	▶切実な	▶接収する
▶接着する	▶説法する	▶説話	▶是非	▶尖鋭な
▶千金	▶前言	▶先生	▶喘息	▶前年
▶先輩	▶煎餅	▶餞別	▶専門	▶線路
▶爽快な	▶送還する	▶相好	▶造作	▶掃除する
▶送信する	▶造成する	▶壮大な	▶増長する	▶俗語
▶粗大な	▶疎通する	▶粗略な		

た行

▶題	▶大意	▶大学	▶大作	▶第三者
▶大事	▶退出する	▶対象	▶大丈夫	▶大敗する
▶退避する	▶大変な	▶怠慢	▶大名	▶題名
▶体面	▶打算	▶多事の	▶多少	▶達成する
▶脱皮する	▶脱落する	▶卵	▶単位	▶探索する
▶単車	▶単純な	▶男装する	▶探訪する	▶暖房
▶地方	▶着実な	▶着想	▶茶碗	▶中学
▶中心	▶注文	▶兆	▶調子	▶調度
▶調理する	▶調和する	▶追求する	▶痛快な	▶痛恨の
▶通達する	▶通風	▶妻	▶手足	▶低下する
▶提携する	▶体裁	▶停車する	▶提出する	▶低調な
▶丁寧な	▶手紙	▶手柄	▶手軽な	▶的確な
▶出口	▶手心	▶手下	▶転機	▶天狗
▶転向する	▶伝言	▶天井	▶転身する	▶伝票

「日中比較」コラムリスト

- ▶道具
- ▶東西
- ▶同志
- ▶登場する
- ▶同情する
- ▶投身する
- ▶動静
- ▶到底
- ▶当面の
- ▶東洋
- ▶登録する
- ▶特技
- ▶戸口
- ▶特派員
- ▶特別な
- ▶特務
- ▶床
- ▶屠殺
- ▶土台

― な行 ―
- ▶菜
- ▶内線
- ▶生身
- ▶難聴
- ▶南方
- ▶入手する
- ▶人参
- ▶熱情
- ▶熱心な
- ▶念書
- ▶年頭
- ▶納入する

― は行 ―
- ▶歯
- ▶把握する
- ▶徘徊する
- ▶拝見する
- ▶配合する
- ▶培養する
- ▶馬鹿
- ▶覇気
- ▶漠然とした
- ▶爆発する
- ▶破綻する
- ▶発火する
- ▶発覚する
- ▶発揮する
- ▶初恋
- ▶花・華
- ▶破滅する
- ▶破門する
- ▶班
- ▶飯盒
- ▶頒布する
- ▶匹・疋
- ▶卑下する
- ▶肥大する
- ▶筆頭の
- ▶逼迫する
- ▶皮肉
- ▶批評する
- ▶病院
- ▶表現する
- ▶拍子
- ▶評判
- ▶標榜する
- ▶平手
- ▶品質
- ▶貧乏な
- ▶部
- ▶風化する
- ▶風格
- ▶風潮
- ▶風味
- ▶風流な
- ▶敷衍する
- ▶不覚
- ▶不時の
- ▶節目
- ▶部署
- ▶部長
- ▶浮動する
- ▶不用な・不要な
- ▶文化
- ▶分解する
- ▶分岐する
- ▶文書
- ▶分身
- ▶文体
- ▶分派
- ▶分配する
- ▶文明
- ▶平易な
- ▶平穏な
- ▶閉口する
- ▶平生
- ▶閉塞
- ▶平服
- ▶平和
- ▶下手な
- ▶便宜
- ▶勉強
- ▶偏食
- ▶勉励する
- ▶放映する
- ▶包括する
- ▶放心する
- ▶放置する
- ▶暴発する
- ▶方便
- ▶亡命する
- ▶放浪する
- ▶撲滅する
- ▶保険
- ▶発作
- ▶保養する
- ▶保留する
- ▶本
- ▶翻案
- ▶本職
- ▶本土
- ▶本文
- ▶翻訳する

― ま行 ―
- ▶麻雀
- ▶末世
- ▶末代
- ▶満月
- ▶饅頭
- ▶漫談
- ▶水
- ▶密会する
- ▶名字
- ▶無心
- ▶娘
- ▶無法な
- ▶無論
- ▶名人
- ▶明白な
- ▶迷路
- ▶明朗な
- ▶迷惑な
- ▶面
- ▶綿
- ▶面目
- ▶目前
- ▶文字
- ▶餅
- ▶模様
- ▶門

― や行・ら行 ―
- ▶約束
- ▶薬味
- ▶野菜
- ▶湯
- ▶有数の
- ▶床
- ▶輸出する
- ▶柚
- ▶輸入する
- ▶由来
- ▶用意する
- ▶要員
- ▶要害
- ▶洋行する
- ▶用心する
- ▶妖精
- ▶養成する
- ▶夭折する
- ▶洋洋たる
- ▶余興
- ▶浴場
- ▶横幅
- ▶理屈
- ▶裏面
- ▶竜頭
- ▶流動する
- ▶了解する
- ▶料理
- ▶流転する
- ▶冷気
- ▶連夜
- ▶労作
- ▶老婆

あ

ああ ❶【感嘆】啊 ā (英 oh; ah) ▶～、うまい味噌汁だねえ/啊，这酱汤真好喝啊！ā, zhè jiàngtāng zhēn hǎohē a！▶～、きれいだ/啊，真漂亮！ā, zhēn piàoliang！▶～、やっと書き終わった/啊，总算写完了 ā, zǒngsuàn xiěwán le ❷【驚き】啊 à; 哎哟 āiyō ▶～、そうなの、ちっとも知らなかった/哎哟，是这样啊！我一点儿也不知道 āiyō, shì zhèyàng a！wǒ yìdiǎnr yě bù zhīdào ▶～、忘れていた/哎哟，我忘了 āiyō, wǒ wàng le ❸【呼びかけ】欸 éi ▶～、陳さん、待っていたよ/欸，小陈，我等着你呢 ēi, xiǎo Chén, wǒ děngzhe nǐ ne ▶～、先日の話だけどね…/欸，前几天说的那事儿… ēi, qián jǐ tiān shuō de nà shìr… ❹【肯定】啊 a; 嗯 ǹg (英 yes) ▶～、そうだよ．それがどうした/嗯，是啊．怎么了？ǹg, shì a. zěnme le?

ああ（あのように）那么 nàme; 那样 nàyàng (英 like that) ▶～言えばこう言う/你说东，他偏说西 nǐ shuō dōng, tā piān shuō xī

ああいう 那样 nàyàng; 那种 nàzhǒng (英 such; like that) ▶気にするな．彼は～人なんだ/别介意，他就是那种人 bié jièyì, tā jiùshì nà zhǒng rén ▶～風にゆかないものかな/难道不能做成那样吗？nándào bùnéng zuòchéng nàyàng ma？; 能做到那样，就好了 néng zuòdào nàyàng, jiù hǎo le ▶～風ではたいした者になれない/那样的话，恐怕成不了什么大器 nàyàng de huà, kǒngpà chéngbuliǎo shénme dàqì

アーカイブ 存档 cúndàng; 公文保管处 gōngwén bǎoguǎnchù (英 archive)

アーク 弧形 húxíng (英 arc) ▶～灯/弧光灯 húguāngdēng

アーケード 有拱顶的商店街 yǒu gǒngdǐng de shāngdiànjiē (英 an arcade) ▶～を抜けると大通りに出る/穿过商店街，就到大马路 chuānguò shāngdiànjiē, jiù dào dàmǎlù

アース【電】地线 dìxiàn (英 a ground; an earth) ▶洗濯機に～をつける/给洗衣机接上地线 gěi xǐyījī jiēshàng dìxiàn ▶～がはずれて感度が落ちる/地线断了，灵敏度有所下降 dìxiàn duàn le, língmǐndù yǒusuǒ xiàjiàng

アーチ【入口】拱门 gǒngmén;【形状】拱形 gǒngxíng; 圆弧 yuánhú (英 an arch) ▶あの子は虹の～を渡って消えたのだ/那个孩子穿过彩虹的拱桥消失了 nàge háizi chuānguò cǎihóng de gǒngqiáo xiāoshī le ▶スタンドへ大～を描く/球划出一个大弧线落在看台上 qiú huàchū yí ge dàhúxiàn luòzài kàntáishang

◆～橋 拱桥 gǒngqiáo; 罗锅桥 luóguōqiáo ▶濠には～橋がかかっている/壕沟上架着拱桥 háogōuhang jiàzhe gǒngqiáo

アーチェリー【スポーツ】射箭 shèjiàn (英 an archery)

アーチがた【アーチ型の】拱形 gǒngxíng ▶幼稚園には～の門をくぐって入る/从拱形门进去，就是幼儿园 cóng gǒngxíngmén jìnqù, jiùshì yòu'éryuán

アーチスト 艺术家 yìshùjiā; 美术家 měishùjiā (英 an artist) ▶将来は～を目指す/将来想当艺术家 jiānglái xiǎng dāng yìshùjiā

アート 艺术 yìshù; 美术 měishù (英 art) ▶次号はモダン～の特集を組む/下一期办一个现代美术专集 xià yì qī bàn yí ge xiàndài měishù zhuānjí ▶この町にも～シアターがほしい/这个城镇也想办一个艺术剧场 zhège chéngzhèn yě xiǎng bàn yí ge yìshù jùchǎng ▶広告会社で～ディレクターをつとめる/在广告公司担任艺术指导 zài guǎnggào gōngsī dānrèn yìshù zhǐdǎo

アートし【アート紙】铜版纸 tóngbǎnzhǐ (英 coated paper) ▶写真製版には～がいい/照相制版还是用铜版纸好 zhàoxiàng zhìbǎn háishi yòng tóngbǎnzhǐ hǎo

アーバン 城市的 chéngshì de (英 urban) ▶6畳間に住んで～ライフを楽しむ/住在六叠（十平方米）的小房间，享受城市生活 zhùzài liù dié (shí píngfāngmǐ) de xiǎofángjiān, xiǎngshòu chéngshì shēnghuó ▶～デザインが重要性を増す/城市设计的重要性有所增加 chéngshì shèjì de zhòngyàoxìng yǒusuǒ zēngjiā

アームチェア 扶手椅 fúshǒuyǐ (英 an armchair)

アーメン 阿门 āmén (英 Amen!) ▶彼らは並んで神に祈り～を唱えた/他们排成行，口中念着阿门，向上帝祈祷 tāmen páichéng háng, kǒuzhōng niànzhe āmén, xiàng Shàngdì qídǎo

アーモンド 杏仁 xìngrén; 扁桃 biǎntáo; 巴旦杏 bādànxìng (英 an almond) ▶～チョコレート/杏仁巧克力 xìngrén qiǎokèlì ▶私には～アレルギーがある/我对杏仁过敏 wǒ duì xìngrén guòmǐn

アール《面積の単位》公亩 gōngmǔ (英 an are) ▶10～の菜園を相手に老後を過ごす/守着十公亩菜园子，过着晚年生活 shǒuzhe shí gōngmǔ càiyuánzi, guòzhe wǎnnián shēnghuó

アールしてい【R指定】限制级 xiànzhìjí; R级 jí ▶～映画/限制级影片 xiànzhìjí yǐngpiàn

アールデコ 装饰派艺术 zhuāngshìpài yìshù (英 art deco)

アールヌーボー 新艺术 xīnyìshù (英 art nouveau)

アーン ❶【泣き声】哇哇 wāwā ▶赤ん坊が～～とぐずり出した/婴儿哇哇地哭起来闹人 yīng'ér wāwā de kūqǐlai nào rén ❷【口を開けるさま】张嘴 zhāng zuǐ ▶～と口をあける/张开大嘴 zhāngkāi dàzuǐ

あい【相】相 xiāng; 互相 hùxiāng ▶賛否が～半ばした/赞成和反对各半 zànchéng hé fǎnduì gè bàn ▶心配をかけて～済まない/让你担心，实在对不起 ràng nǐ dānxīn, shízài duìbuqǐ

あい【愛】 爱 ài; 爱情 àiqíng (英 *love*) ▶母親の子供に対する～/母亲对孩子的爱 mǔqin duì háizi de ài ▶先生の学問への～に打たれた/我被老师对学问的热情所打动了 wǒ bèi lǎoshī duì xuéwen de rèqíng suǒ dǎdòng le ▶人類～に燃える顔をしているね/脸上显示出对人类深深的关爱 liǎnshang xiǎnshìchū duì rénlèi shēnshēn de guān'ài ▶彼女に～を告白する/对她诉说爱情 duì tā sùshuō àiqíng ▶彼女は僕の～を受けいれなかった/她没有接受我的求爱 tā méiyǒu jiēshòu wǒ de qiú'ài ▶～のない結婚だ/跟不爱的人结了婚 gēn bú ài de rén jiéle hūn ▶～の結晶/爱的结晶 ài de jiéjīng ▶この子は二人の～の結晶だ/这孩子是两个人爱情的结晶 zhè háizi shì liǎng ge rén àiqíng de jiéjīng

アイ【藍】〖植物〗蓼蓝 liǎolán;〖染料〗靛蓝 diànlán; 蓝靛 lándiàn (英 *an indigo*) ▶白木綿を～色に染める/把白木棉染成蓝色 bǎ báimùmián rǎnchéng lánsè ▶～染めの技術を学ぶ/学习靛蓝印染技术 xuéxí diànlán yìnrǎn jìshù

あいあいがさ【相合傘】 男女同打一把伞 nánnǚ tóng dǎ yì bǎ sǎn ▶二人は～で駅まで歩いた/两个人合打一把伞走到车站 liǎng ge rén hé dǎ yì bǎ sǎn zǒudào chēzhàn

あいいれない【相容れない】 不相容 bù xiāngróng (英 *be out of harmony*) ▶この計画は会社の方針と～/这个计划不符合公司的方针 zhège jìhuà bù fúhé gōngsī de fāngzhēn ▶両者は互いに～主張を繰り返した/双方反复陈述了互不相容的意见 shuāngfāng fǎnfù chénshùle hù bù xiāngróng de yìjiàn

あいいん【愛飲する】 爱喝 ài hē; 爱饮 ài yǐn (英 *drink habitually*) ▶僕はもっぱら日本ビール社のビールを～する/我对日本啤酒公司的啤酒情有独钟 wǒ duì Rìběn píjiǔ gōngsī de píjiǔ qíng yǒu dú zhōng

アイエイチ【IH】《誘導加熱》电磁感应加热 diàncí gǎnyìng jiārè (英 *induction heating*) ▶～クッキングヒーター/电磁炉 diàncílú; 电磁灶

アイエムエフ【IMF】《国際通貨基金》国际货币基金组织 Guójì Huòbì Jījīn Zǔzhī

アイエルオー【ILO】《国際労働機関》国际劳工组织 Guójì Láogōng Zǔzhī

あいえんか【愛煙家】 好吸烟的人 hào xīyān de rén; 烟鬼 yānguǐ (英 *a habitual smoker*) ▶～は肩身がせまい/爱吸烟的人日子不好过 ài xīyān de rén rìzi bù hǎoguò

アイオーシー【IOC】《国際オリンピック委員会》国际奥林匹克委员会 Guójì Àolínpǐkè Wěiyuánhuì; 国际奥委会 Guójì Àowěihuì

あいかぎ【合い鍵】 后配的钥匙 hòupèi de yàoshi; 复制的钥匙 fùzhì de yàoshi (英 *a spare key*) ▶気軽に～を作るものではない/钥匙不可能随随便便复制 yàoshi kě bùnéng suísuíbiànbiàn fùzhì ▶～を使って部屋に侵入する/用复制的钥匙闯进房间 yòng fùzhì de yàoshi chuǎngjìn fángjiān

あいがも【合鴨】〖鳥〗杂种鸭 zázhǒngyā; 家鸭与野鸭的杂种 jiāyā yǔ yěyā de zázhǒng (英 *duck meat*(肉))
◆～農法/稻鸭共作 dào yā gòng zuò

あいかわらず【相変わらず】 仍旧 réngjiù; 照旧 zhàojiù (英 *as before*; *as usual*) ▶「やあ、田中君、変わりはないかい」「～だ」/"欸，田中，近来怎么样啊？" "Èi, Tiánzhōng, jìnlái zěnmeyàng a?" "还是老样子 Háishi lǎoyàngzi" ▶君のお父さんは～忙しそうだね/你父亲还是那么忙啊 nǐ fùqin háishi nàme máng a ▶彼は～ぼやいてばかりいる/他还是那么发牢骚 tā háishi nàme ài fā láosao

あいかん【哀感】 悲哀的神情 bēi'āi de shénqíng (英 *pathos*) ▶後ろ姿に～が漂う/背影显得很悲凉 bèiyǐng xiǎnde hěn bēiliáng

あいかん【哀歓】 悲喜 bēixǐ; 哀乐 āilè (英 *joys and sorrows*) ▶家族とは、～を共にするものじゃないのか/一家人不就应该同甘共苦吗？ yìjiārén bú jiù yīnggāi tóng gān gòng kǔ ma?

あいがん【哀願】 哀求 āiqiú; 恳求 kěnqiú (英 *implore*; *beg*) ▶彼は彼女に帰ってくれるよう～した/他恳求她回来 tā kěnqiú tā huílái ▶～空しく免訴にはならなかった/哀求也没用，最后没能逃过起诉 āiqiú yě méi yòng, zuìhòu méi néng táoguò qǐsù

あいがん【愛玩する】 玩赏 wánshǎng; 欣赏 xīnshǎng (英 *pet*; *value*) ▶私はロボット犬を～している/我喜欢玩机器狗 wǒ xǐhuan wán jīqìgǒu ◆～動物/宠物 chǒng wù

あいき【愛器】 心爱的乐器 xīn'ài de yuèqì (英 *one's favorite...*) ▶～を携えて渡欧する/带着心爱的乐器去欧洲 dàizhe xīn'ài de yuèqì qù Ōuzhōu

あいきどう【合気道】 合气道(日本的一种武术) héqìdào(Rìběn de yì zhǒng wǔshù) (英 *one of Japanese martial arts*) ▶～が面白くてしかたがない/合气道特别有意思 héqìdào tèbié yǒu yìsi

あいきゃく【相客】 同座的客人 tóngzuò de kèrén (英 *a fellow guest*) ▶～の許しを得てタバコを吸う/得到身旁客人的同意吸烟 dédào shēnpáng kèrén de tóngyì xīyān

アイキュー【IQ】 智商 zhìshāng ▶彼は～が高い/他智商很高 tā zhìshāng hěn gāo ▶～の高さは生活の知恵とは違う/智商和生活的智慧是两码事儿 zhìshāng hé shēnghuó de zhìhuì shì liǎng mǎ shìr

あいきょう【愛敬のある】 可爱 kě'ài; 招人喜欢 zhāo rén xǐhuan (英 *charm*) ▶～たっぷりの話し方をする/说话的方法非常招人喜欢 shuōhuà de fāngfǎ fēicháng zhāo rén xǐhuan ▶失敗もたまにはご～だ/有时做错了事也显得挺可爱 yǒushí zuòcuòle shì yě xiǎnde tǐng kě'ài ▶市長は記者たちに～をふりまいていた/市长向记者献殷勤 shìzhǎng xiàng jìzhě xiàn yīnqín ▶あいつは～の

ある顔をしている/他那张脸招人喜欢 tā nà zhāng liǎn zhāo rén xǐhuan ▶~のあるほほえみ/可爱的微笑 kě'ài de wēixiào ▶~のない奴だ/毫无表情的家伙 háowú biǎoqíng de jiāhuo ▶あの子, なかなかの~者でしょう/这孩子挺招人喜欢 zhè háizi tǐng zhāo rén xǐhuan

あいくち【匕首】攮子 nǎngzi; 匕首 bǐshǒu (英 *a dagger*)▶~を懐に忍ばせる/把匕首藏在怀里 bǎ bǐshǒu cáng zài huáilǐ ▶~で一突きした/用匕首捅了一下 yòng bǐshǒu tǒng le yīxià

あいくるしい【愛くるしい】天真可爱 tiānzhēn kě'ài (英 *lovely*; *sweet*; *cute*)▶~子供たちに囲まれて日々を過ごす/每天生活在天真可爱的孩子们当中 měitiān shēnghuó zài tiānzhēn kě'ài de háizimen dāngzhōng ▶~笑顔にどんなに慰められたか/天真可爱的笑容给了我多少安慰啊 tiānzhēn kě'ài de xiàoróng gěile wǒ duōshao ānwèi a

あいけん【愛犬】喜爱的狗 xǐ'ài de gǒu (英 *a pet dog*)▶~を写真に撮る/给心爱的狗照相 gěi xīn'ài de gǒu zhàoxiàng ▶町一番の~家をもって任じる/以本地最爱狗的人自居 yǐ běndì zuì ài de gǒu de rén zìjū

あいこ 平局 píngjú (英 *a tie*)▶勝負はこれで~だね/这样咱们就打成平局了 zhèyàng zánmen jiù dǎchéng píngjú le ▶たがいにだましたんだから, ~にしよう/咱们互相欺骗, 谁也别怪谁了 zánmen hùxiāng qīpiàn, shéi yě bié guài shéi le

あいこ【愛顧】光顾 guānggù; 惠顾 huìgù (英 *favor*)▶末永く御~賜りますよう/请照旧惠顾 qǐng zhàojiù huìgù ▶青戸家のご~をいただく/得到青戸家的照顾 dédào Qīnghùjiā de zhàogù

あいご【愛護する】爱护 àihù (英 *take care of*; *protect*)▶君は動物~の精神が欠けている/你缺乏爱护动物的精神 nǐ quēfá àihù dòngwù de jīngshén ▶動物~協会/保护动物协会 bǎohù dòngwù xiéhuì

あいこう【愛好する】爱好 àihào; 喜好 xǐhào (英 *be fond of*)▶登山を~する/爱好登山 àihào dēngshān ▶週末は囲碁~会で遊んでいる/周末在围棋爱好者协会下围棋 zhōumò zài wéiqí àihàozhě xiéhuì xià wéiqí ▶音楽~にかけては人後に落ちない/在音乐爱好方面, 决不会输给别人 zài yīnyuè àihào fāngmiàn, jué búhuì shūgěi biérén ▶自転車~者のグループでツーリングに出た/参加了自行车爱好者组织的长途旅行 cānjiāle zìxíngchē àihàozhě zǔzhī de chángtú lǚxíng

あいこうしん【愛校心】爱校精神 àixiào jīngshén (英 *love of one's school*)▶母校が廃校になっても~は残る/虽然母校已经停办, 但对母校的爱仍然留在心头 suīrán mǔxiào yǐjing tíngbàn, dàn duì mǔxiào de ài réngrán liúzài xīntóu

あいこく【愛国】爱国 àiguó (英 *love of one's country*)▶~者は批判者の顔をして現れる/爱国人士以批判者的面孔出现 àiguó rénshì yǐ pīpànzhě de miànkǒng chūxiàn

◆~主義: 爱国主义 àiguó zhǔyì ▶偏狭な~を鼓舞するな/不要鼓吹狭隘的爱国主义 búyào gǔchuī xiá'ài de àiguó zhǔyì ◆~心: 爱国心 àiguóxīn ▶極端な~心は危险だ/过激的爱国情绪是很危险的 guòjī de àiguó qíngxù shì hěn wēixiǎn de

あいことば【合い言葉】口令 kǒulìng; 呼号 hūhào (英 *a password*; *a slogan*)▶暗がりで~を言い合う/在黑暗中呼唤口令 zài hēi'àn zhōng hūhuàn kǒulìng ▶我が社では省エネを~としている/节约能源是我们公司的口号 jiéyuē néngyuán shì wǒmen gōngsī de kǒuhào

アイコン〔電算〕图标 túbiāo (英 *an icon*)▶~をクリックする/点击图标 diǎnjī túbiāo

アイコンタクト 目光接触 mùguāng jiēchù; 目光交流 mùguāng jiāoliú (英 *eye contact*)

あいさい【愛妻】心爱的妻子 xīn'ài de qīzi; 爱妻 àiqī (英 *one's beloved wife*)▶君の~弁当が羨ましいね/你爱人精心制作的盒饭真令人羡慕 nǐ àiren jīngxīn zhìzuò de héfàn zhēn lìng rén xiànmù

◆~家: 爱妻子的人 ài qīzi de rén ▶彼は社内きっての~家だ/他在公司里是最爱妻子的人 tā zài gōngsīlǐ shì zuì ài qīzi de rén

あいさつ【挨拶】❶【応対・儀礼の】招呼 zhāohu (英 *a greeting*)▶~に~する/跟…打招呼 gēn…dǎ zhāohu ▶手紙の冒頭に時候の~を記す/信的开头写上季节的问候 xìn de kāitóu xiěshàng jìjié de wènhòu ▶牧本氏に~しておかないと後でうるさいよ/不跟牧本先生打招呼, 事后会有麻烦 bù gēn Mùběn xiānsheng dǎ zhāohu, shìhòu huì yǒu máfan ▶「俺に~がない」と, 野山氏が怒っている/"没跟我打招呼!" 野山先生发火了 "Méi gēn wǒ dǎ zhāohu!" Yěshān xiānsheng fāhuǒ le ▶あの人にはまだ御~をしていない/我还没跟那个人打招呼呢 wǒ hái méi gēn nàge rén dǎ zhāohu ne ▶~をかわす/互相打招呼 hùxiāng dǎ zhāohu ▶新年の~/新年的问候 xīnnián de wènhòu; 新年致辞 xīnnián zhìcí ▶~抜きで交渉に入る/不加寒暄, 直接进入谈判 bù jiā hánxuān, zhíjiē jìnrù tánpàn

❷【集会などでの】致词 zhìcí (英 *a speech*)▶来賓の~が長すぎる/来宾的致辞太长 láibīn de zhìcí tài cháng ▶皆様, ちょっと御~申し上げます/诸位, 请允许我略表问候 zhūwèi, qǐng yǔnxǔ wǒ lüè biǎo wènhòu ▶その女優は舞台からファンに~した/那个女明星在舞台上向追星族们致谢 nàge nǚmíngxīng zài wǔtáishang xiàng zhuīxīngzúmen zhìxiè ▶手をふって~する/挥手致意 huīshǒu zhìyì ▶悔みの~/哀悼之意 āidào zhī yì; 悼辞 dàocí

◆~状: 问候信 wènhòuxìn ▶工事に先立って近隣に~状を送った/在开工之前给附近居民送致意 zài kāigōng zhīqián gěi fùjìn jūmín sòng xìn zhìyì ▶~回り: 挨户致意 āihù zhìyì ▶葬儀を終えて近所に~回りをした/葬礼结束以后, 对近邻挨户致意 zànglǐ jiéshù yǐhòu, duì jìnlín āihù

あいじ

zhìyì 文化 中国語のあいさつは基本的にはよく知られている'你好 nǐ hǎo'だが、お互いに親しい場合であれば'张三 Zhāng sān！','李四 Lǐ sì！'などと名前を呼び合うだけでも挨拶になる。

あいじ【愛児】 爱子 àizǐ；心爱的子女 xīn'ài de zǐnǚ (英) *one's beloved child* ▶〜の雄雄しい旅立ちを見送る/送爱子英勇起程 sòng àizǐ yīngyǒng qǐchéng

アイシー【IC】《集積回路》集成电路 jíchéng diànlù
♦〜カード：集成电路卡 jíchéng diànlù kǎ; IC卡 kǎ 〜タグ：IC标签 biāoqiān 〜レコーダー：数码录音机 shùmǎ lùyīnjī

アイシービーエム【ICBM】《大陸間弾道ミサイル》洲际导弹 zhōujì dǎodàn ▶〜を配備する/部署洲际导弹 bùshǔ zhōujì dǎodàn

アイシーユー【ICU】《集中治療室》集中治疗室 jízhōng zhìliáoshì

あいしゃ【愛車】 私人汽车 sīrén qìchē (英) *one's car* ▶〜で通勤する/开自家车上班 kāi zìjiāchē shàngbān ▶〜を駆って紅葉を見に行く/开自家车去看红叶 kāi zìjiāchē qù kàn hóngyè

あいしゃせいしん【愛社精神】 爱公司的精神 ài gōngsī de jīngshén (英) *the love for one's company* ▶不景气の折から諸君の〜に期待する/面临经济萧条，希望各位能发挥热爱公司的精神 miànlín jīngjì xiāotiáo, xīwàng gèwèi néng fāhuī rè'ài gōngsī de jīngshén

アイシャドー 眼影 yǎnyǐng (英) *eye shadow* ▶毒々しいほどの〜をつける/涂的眼影令人感到刺眼 tú de yǎnyǐng lìng rén gǎndào cìyǎn

あいしゅう【哀愁】 哀愁 āichóu; 悲哀 bēi'āi (英) *sadness; sorrow; pathos* ▶あの虫の声がなぜか〜をそそる/那种虫声触发不可名状的哀愁 nà zhǒng chóngshēng chùfā bùkě míngzhuàng de āichóu ▶中年の背中に〜が漂う/中年人的背影里流露出哀愁 zhōngniánrén de bèiyǐngli liúlùchū āichóu ▶ラジオから〜を誘う歌が流れてくる/广播里在播放触发哀愁的歌 guǎngbōli zài bōfàng chùfā āichóu de gē ▶〜をおびた表情で朗読する/带着哀愁的表情朗读 dàizhe āichóu de biǎoqíng lǎngdú

あいしょう【相性】 缘分 yuánfèn (英) *congenial* ▶私は都会生活とは〜がよくない/不适应城市生活 wǒ bù shìyìng chéngshì shēnghuó
〜がいい 合得来 hédelái ▶あの二人は〜がいいようだ/看起来他们俩挺合得来 kànqǐlai tāmen liǎ tǐng hédelái
〜が悪い 合不来 hébulái ▶私、あの子とは〜が悪いのよ/我跟她合不来 wǒ gēn tā hébulái

あいしょう【愛称】 爱称 àichēng; 昵称 nìchēng (英) *a pet name; a nickname* ▶互いに〜で呼んで/彼此用爱称 bǐcǐ yòng àichēng ▶以来「鉄人」が彼の〜になった/那以后"铁人"成了他的爱称 nà yǐhòu "Tiěrén" chéngle tā de àichēng

あいしょう【愛唱する】 爱唱 ài chàng (英) *love*

to sing
♦〜歌：爱唱的歌 ài chàng de gē ▶我が青春の〜歌/年轻时我们爱唱的歌 niánqīngshí wǒmen ài chàng de gē ▶彼女の〜歌は沖縄民謡だ/她喜爱(的歌是)冲绳民歌 tā xǐ'ài (de gē shì) Chōngshéng míngē

あいしょう【愛誦】 喜欢吟诵 xǐhuan yínsòng (英) *love to recite* ▶父は西行の歌を〜していた/父亲喜欢吟诵西行的和歌 fùqin xǐhuan yínsòng Xīxíng de hégē

あいじょう【愛情】 爱情 àiqíng (英) *love; affection; attachment* ▶一人娘に〜を注ぐ/宠爱独生女 chǒng'ài dúshēngnǚ ▶父親の〜を独占する/独享父爱 dú xiǎng fù'ài ▶〜のない家庭は冷たい/没有爱的家庭让人感不到温暖 méiyǒu ài de jiātíng ràng rén gǎnbudào wēnnuǎn ▶〜をこめた忠告もあの子の耳には入らない/哪怕是充满关爱的忠告，那孩子也听不进去 nǎpà shì chōngmǎn guān'ài de zhōnggào, nà háizi yě tīngbujìnqù

文化 日本語で「愛情」は男女間にも、子供に対しても、ペットに対しても注ぐことができるが、中国語の'爱情 àiqíng'は男女間の感情に限定される。

あいじん【愛人】 情人 qíngrén; 相好 xiānghǎo (英) *a lover* ▶〜関係を解消する/断绝情人关系 duànjué qíngrén guānxi ▶三人も〜を作っていたという/听说他有过三个情人 tīngshuō tā yǒuguo sān ge qíngrén

日中比较 中国語の'爱人 àiren'は男女を問わず「正規の配偶者」を指す。

アイシング《冷却療法》冰敷 bīngfū (英) *icing*

アイス《氷》冰 bīng (英) *ice*；《アイスクリーム》冰激凌 bīngjīlíng；冰淇淋 bīngqílín (英) *ice cream*
♦〜キューブ：冰块 bīngkuài 〜ピック：碎冰锥 suìbīngzhuī 〜ペール：冰桶 bīngtǒng

参考 アイスキャンディーは'冰棍儿 bīnggùnr',アイスクリームは'冰激凌 bīngjīlíng',シェーキは'奶昔 nǎixī'と言い分け、総称としては'冰激凌 bīngjīlíng'を使う。

あいず【合図】 信号 xìnhào (英) *a signal; a sign* ▶〜するまで隠れているんだよ/在发出信号之前要一直藏着 zài fāchū xìnhào zhīqián yào yīzhí cángzhe ▶〜が通じなかった/使了眼色，但是对方没有领会 shǐle yǎnsè, dànshì duìfāng méiyǒu lǐnghuì ▶鐘の音を〜に出発する/以钟声为信号出发 yǐ zhōngshēng wéi xìnhào chūfā ▶〜の旗を振る/挥信号旗 huī xìnhàoqí ▶コーチが〜するとスタートする/在教练的号令下起跑 zài jiàoliàn de hàolìngxia qǐpǎo ▶彼は身ぶりで走れと〜した/他用体态指示起跑 tā yòng tǐtài zhǐshì qǐpǎo

アイスアリーナ 室内冰场 shìnèi bīngchǎng (英) *an ice arena*

アイスキャンデー《菓子》冰棍儿 bīnggùnr; 雪条 xuětiáo (英) *an ice lolly* ▶〜をかじる/咬

冰棍儿 yǎo bīnggùnr ▶僕は小豆入りの〜が好きだ/我喜欢吃有小豆的冰棍儿 wǒ xǐhuan chī yǒu xiǎodòu de bīnggùnr

アイスクリーム 《菓子》冰激凌 bīngjīlíng; 雪糕 xuěgāo (英 *ice cream; an ice*) ▶食後に〜はいかがですか？/饭后要不要上冰激凌？ fànhòu yàobuyào shàng bīngjīlíng?

アイスコーヒー 《食品》冷咖啡 lěngkāfēi; 冰咖啡 bīngkāfēi (英 *iced coffee*) ▶木陰のテーブルで〜を飲む/在树荫的桌旁喝冰咖啡 zài shùyīn de zhuōpáng hē bīngkāfēi

アイスショー 冰上表演 bīngshang biǎoyǎn (英 *an ice show*) ▶〜で花形スターの滑りを見る/看明星们的冰上表演 kàn míngxīngmen de bīngshang biǎoyǎn

アイススケート 〚スポーツ〛滑冰 huábīng (英 *ice-skating*)

アイスダンス 〚スポーツ〛冰上舞蹈 bīngshàng wǔdǎo (英 *ice dancing*)

アイスティー 《食品》冰镇茶水 bīngzhèn cháshuǐ (英 *iced tea*)

アイスバーン 冻结的路面 dòngjié de lùmiàn (英 *ice-crusted*) ▶この坂は〜になっている/这个斜坡完全冻结了 zhège xiépō wánquán dòngjié le ▶〜では連日事故が起きている/几天来，结冰的路面不断出现事故 jǐ tiān lái, jiébīng de lùmiàn búduàn chūxiàn shìgù

アイスボックス 携帯冰箱 xiédài bīngxiāng (英 *an icebox; an ice chest*) ▶釣った魚を〜に入れる/把钓到的鱼放进携带(式)冰箱 bǎ diàodàode yú fàngjìn xiédài(shì) bīngxiāng

アイスホッケー 〚スポーツ〛冰球 bīngqiú (英 *ice hockey*) ▶冬場の楽しみといえばまず〜です/说到冬天的趣事儿，首先就是冰球 shuōdào dōngtiān de qùshìr, shǒuxiān jiùshì bīngqiú ▶近隣には少年ホッケー〜チームがいくつもある/附近有好些少年冰球队 fùjìn yǒu hǎoxiē shàonián bīngqiúduì

アイスリンク 滑冰场 huábīngchǎng (英 *an ice link*) ▶凍った湖上に〜ができている/结冰的湖面上办起了滑冰场 jiébīng de húmiànshang bànqǐle huábīngchǎng

あいする【愛する】愛 ài; 喜爱 xǐ'ài (英 *love; be attached to...*) ▶若いころから孤独を〜人だった/从小就是喜欢孤独的人 cóngxiǎo jiùshì xǐhuan gūdú de rén ▶自然を〜人が自然を汚していいのか/热爱自然的人可以污染自然吗？ rè'ài zìrán de rén kěyǐ wūrǎn zìrán ma? ▶僕は君を心から〜/我从心眼里喜欢你 wǒ cóng xīnyǎnli xǐhuan nǐ ▶彼女はみんなから愛されている/她受到大家的爱戴 tā shòudào dàjiā de àidài ▶教室には愛すべき子供たちが待っている/那些可爱的孩子们在教室里等着呢 nà xiē kě'ài de háizimen zài jiàoshìli děngzhe ne

あいせき【哀惜する】哀悼 āidào; 怜惜 liánxī (英 *lament; mourn*) ▶〜の念に堪えない/沉痛哀悼 chéntòng āidào

あいせき【相席する】同席 tóngxí; 同坐 tóngzuò (英 *share a table*) ▶混んできたので〜をお願いできませんか/非常拥挤，这位客人能不能跟您坐在一起？ fēicháng yōngjǐ, zhè wèi kèrén néngbunéng gēn nín zuòzài yìqǐ?

あいせき【愛惜する】❶【愛して大切にする】珍惜 zhēnxī; 珍爱 zhēn'ài (英 *be fond of...*) ▶多年〜していた硯が割れた/珍爱多年的砚台给打碎了 zhēn'ài duōnián de yàntai gěi dǎsuì le ❷【名残り惜しく思う】留恋 liúliàn (英 *miss*) ▶別れを前にいよいよ〜の情がつのる/分手前，惜别之情更强了 fēnshǒu qián, xībié zhī qíng gèng qiáng le

アイゼン 《登山》冰爪 bīngzhǎo; 防滑钉 fánghuádīng (英 *climbing irons*)

あいぜんご【相前後する】前后 qiánhòu (英 *happen at the same time*) ▶彼等は〜して会場に着いた/他们前后脚来到会场 tāmen qiánhòujiǎo láidào huìchǎng

あいそ【愛想】❶【気持ちよさ】(英 *friendliness*) ▶〜がいい/和蔼 hé'ǎi ▶なかなか〜のいい店員だね/这是个可爱可亲的店员啊 zhè shì ge kě'ài kěqīn de diànyuán a ▶〜のない返事をする/没搭不理地回答 yī dā bùlǐ de huídá ▶もっと〜よくしなさい/再热情一点儿 zài rèqíng yìdiǎnr ❷【世辞】客套话 kètàohuà (英 *compliments*) ▶〜を言う/说客套话 shuō kètàohuà ▶子供のくせに〜を言うんだ/孩子竟说起客套话来 háizi jìng shuōqǐ kètàohuà lái ❸【勘定】结帐 jiézhàng (英 *a bill*) ▶ねえさん、お〜/服务员，结账 fúwùyuán, jiézhàng

〜が尽きる 嫌弃 xiánqì ▶おまえにはほとほと〜が尽きた/我对你已经不抱什么希望了 wǒ duì nǐ yǐjing bú bào shénme xīwàng le

〜を尽かす 嫌弃 xiánqì; 厌弃 yànqì ▶彼女は甲斐性のない夫に〜を尽かした/她对没出息的丈夫实在厌恨了 tā duì méi chūxi de zhàngfu shízài yànhèn le

♦ **〜尽かし**［厌弃(的话)］yànqì(de huà) ▶心にもない〜尽かしを言う/虽然并非出于真心，但说出绝情的话 suīrán bìngfēi chūyú zhēnxīn, dàn shuōchū juéqíng de huà ▶〜笑い/讪笑 chǎnxiào ▶涙をこらえて〜笑いを浮かべた/眼中含泪强作笑 yǎnzhōng hánlèi qiǎngzuò xiào

あいぞう【愛憎】爱憎 àizēng (英 *love and hatred*) ▶君は〜の念が少し強すぎるのではないか/你的爱憎观念是不是过头了？ nǐ de àizēng guānniàn shìbushì guòtóu le? ▶彼に対しては〜相半ばする/对他爱憎参半 duì tā àizēng cānbàn

あいぞう【愛蔵する】珍藏 zhēncáng (英 *treasure*) ▶〜の書画を手放すことにした/决定出让珍藏的书画 juédìng chūràng zhēncáng de shūhuà

アイソトープ 〚化学〛同位素 tóngwèisù (英 *an isotope*)

アイソトニックいんりょう【アイソトニッ

あいだ

ク飲料】电解质饮料 diànjiězhì yǐnliào; 矿物质饮料 kuàngwùzhì yǐnliào (英 *an isotonic sports drink*)

あいだ【間】 **1**［期間・中間］ 间 jiān; 中间 zhōngjiān (英 *for...; during...*) ▶〜をあける/留出空儿来 liúchū kòngr lai ▶3時と4時の〜に来てくれ/请在三点到四点之间来 qǐng zài sān diǎn dào sì diǎn zhījiān lái ▶3メートルずつ〜をおいて木を植える/每隔3米种一棵树 měi gé sān mǐ zhòng yì kē shù ▶行と行との〜をあける/行与行之间留出空儿 háng yǔ háng zhījiān liúchū kòngr ▶駅から家への〜にコンビニがある/从车站到我家路上有方便店 cóng chēzhàn dào wǒ jiā lùshang yǒu fāngbiàndiàn ▶〜にはさまって立っているのが父です/夹在中间站着的是父亲 jiāzài zhōngjiān zhànzhe de shì fùqin

2［時間的な］ 期间 qījiān; 时期 shíqí; 时候 shíhou (英 *for...; during...*) ▶夏休みの〜も練習を続ける/暑假期间也坚持练习 shǔjià qījiān yě jiānchí liànxí ▶考えている〜にも事態はどんどん悪くなる/在考虑的过程中, 事态也越来越糟糕 zài kǎolǜ de guòchéng zhōng, shìtài yě yuèláiyuè zāogāo ▶彼女とは長い〜会っていない/我跟她好长时间没见面了 wǒ gēn tā hǎo cháng shíjiān méi jiànmiàn le ▶3年の〜放浪していた/漂游了三年 piāoyóule sān nián ▶今から2時間の〜に書き上げなさい/从现在开始两个小时之内把它写好 cóng xiànzài kāishǐ liǎng ge xiǎoshí zhīnèi bǎ tā xiěhǎo ▶留守の〜隣に犬の世話を頼む/出门的时候把狗托付给邻居 chūmén de shíhou bǎ gǒu tuōfùgěi línjū ▶生きている〜は改築できない/有生之年不能翻修房子 yǒu shēng zhī nián bùnéng fānxiū fángzi ▶二人は食事の〜中口喧嘩していた/他们俩吃饭的时候一直争吵不休 tāmen liǎ chīfàn de shíhou yìzhí zhēngchǎo bù xiū ▶この〜から搜しているんだけど…/这几天一直在找… zhè jǐ tiān yìzhí zài zhǎo…

3［関係］ 关系 guānxi (英 *between...; among...*) ▶親子の〜がよくない/亲子关系不好 qīnzǐ guānxi bù hǎo ▶私たちの〜はこんなに薄いものだったのですか/我们之间的关系原来这么脆弱啊！wǒmen zhījiān de guānxi yuánlái zhème cuìruò a!

4［範囲・中］ 间 jiān; 中 zhōng (英 *at...; in...*) ▶若者の〜ではやっている/在年轻人中流行 zài niánqīngrén zhōng liúxíng ▶そんなことは僕らの〜では常識だよ/这样的事儿对我们来说可是不足为奇 zhèyàng de shìr duì wǒmen lái shuō kěshí bù zú wéi qí

〜に立つ 居中 jū zhōng; 从中调解 cóngzhōng tiáojiě ▶私が〜に立って両社を和解させた/我从中调停, 让那两家公司和解了 wǒ cóngzhōng tiáotíng, ràng nà liǎng jiā gōngsī héjiě le

〜を割(さ)く 拆散 chāisàn; 离间 líjiàn ▶彼は汚い手を使って二人の〜を割いた/他以肮脏的手段拆散了两人 tā yǐ āngzāng de shǒuduàn chāisànle liǎng rén

あいたいする【相対する】 相对 xiāngduì; 对峙 duìzhì; 对抗 duìkàng (英 *face; confront*) ▶両雄は決戦が要今始まろうとしている/两雄对峙的决战就要开始了 liǎng xióng duìzhì de juézhàn jiùyào kāishǐ le

あいだがら【間柄】 关系 guānxi (英 *relation; relationship*) ▶君たちはどういう〜なのだ/你们是什么关系？nǐmen shì shénme guānxi? ▶彼とは親しい〜である/我跟他关系亲密 wǒ gēn tā guānxi qīnmì

あいちゃく【愛着】 眷恋 juànliàn; 留恋 liúliàn (英 *love; attachment*) ▶母校にはなんの〜もない/我对母校毫不留恋 wǒ duì mǔxiào háobù liúliàn ▶この辞書にはとりわけ〜がある/我对这本辞典特别有感情 wǒ duì zhè běn cídiǎn tèbié yǒu gǎnqíng

あいちょう【哀調】 (英 *a sad tone*) ▶ギターから〜を帯びたメロディがこぼれ出した/吉他奏出了含有哀愁的旋律 jítā zòuchūle hányǒu āichóu de xuánlǜ

あいちょう【愛鳥】 爱鸟 àiniǎo (英 *one's pet bird*) ▶もうすぐ〜週間が始まる/快到爱鸟周了 kuài dào àiniǎozhōu le

♦〜家 爱鸟的人 àiniǎo de rén

あいつ【彼奴】 他 tā; 那个东西 nàge dōngxi (英 *that fellow; that guy*) ▶〜ばかりがなぜもてるんだ/他怎么这么受欢迎啊？tā zěnme jiù zhème shòu huānyíng a? ▶俺は〜の才能を買っているんだよ/我很赏识他的才能 wǒ hěn shǎngshí tā de cáinéng

あいつぐ【相次ぐ】 一个接着一个 yí ge jiēzhe yí ge; 相继 xiāngjì (英 *one after another; in succession*) ▶相次いで受賞する/连续得奖 liánxù dé jiǎng ▶祖父母が相次いで世を去った/爷爷奶奶相继去世 yéye nǎinai xiāngjì qùshì ▶雪道での交通事故が相次いで/铺着雪的道路上接二连三地发生交通事故 pūzhe xuě de dàolùshang jiē èr lián sān de fāshēng jiāotōng shìgù ▶〜地震に住民はおびえっている/地震不断, 住民怕得不得了 dìzhèn búduàn, zhùmín pàde bùdéliǎo

あいづち【相槌】 (英 *a nod*) 〜を打つ 点头同意 diǎntóu tóngyì ▶彼の話にしきりに〜を打つ/听着他的话不断地点头 tīngzhe tā de huà búduàn de diǎntóu

あいて【相手】 **1**［競争者］ 对手 duìshǒu; 对方 duìfāng (英 *an opponent; a rival*) ▶〜にとって不足はない/堪称对手 kānchēng duìshǒu ▶〜を甘く見るとけがをするぞ/轻敌会吃亏的 qīngdí huì chīkuī de ▶テニスの〜にはなれない/要说打网球, 我可不是你的对手 yào shuō dǎ wǎngqiú, wǒ kě bú shì nǐ de duìshǒu ▶あいつは手ごわい〜だ/这家伙可不好对付 zhè jiāhuo kě bùhǎo duìfu **2**［働きかけの対象］ 对象 duìxiàng (英 *the other party [man, woman]*) ▶〜のいない喧嘩はない/一个巴掌拍不响 yí ge bāzhang pāi bù xiǎng

物を言うがよい/应该看人说话 yīnggāi kàn rén shuō huà ▶市を~取って訴訟を起こす/跟市政府打官司 gēn shìzhèngfǔ dǎ guānsi ▶君の見合いの~は誰なの？/你相亲的对象是谁啊？ nǐ xiāngqīn de duìxiàng shì shéi a ; 你跟谁相亲呢？nǐ gēn shéi xiāngqīn ne？▶学生の~の食堂/面向学生的食堂 miànxiàng xuéshēng de shítáng ❸【仲間】伙伴 huǒbàn (英 *a companion; a mate*) ▶話し~をしてくれないか/能不能陪我聊聊？néngbunéng péi wǒ liáoliao？僕には相談~がない/我没有人可以商量 wǒ méiyǒu rén kěyǐ shāngliang
~にする 搭理 dāli ▶あんなやつ、今に誰も~にしてくれなくなるぞ/那个家伙，早晚谁都不理他了 nàge jiāhuo, zǎowǎn shéi dōu bùhuǐi lǐ tā le ▶もうおまえなんか~にするもんか/我再不搭理你了 wǒ zài bu dāli nǐ le
~をする 陪伴 péibàn ▶来客の~をする/陪伴客人 péibàn kèrén ▶先生の酒の~をする/陪老师喝酒 péi lǎoshī hē jiǔ

アイディア 主意 zhǔyi; 构思 gòusī (英 *an idea*) ▶いい~が浮んだ/有了个好主意！yǒule ge hǎo zhǔyi！▶彼はなかなかの~マンだ/他挺能出点子 tā tǐng néng chū diǎnzi

アイティー【IT】 信息技术 xìnxī jìshù
◆~産業 信息产业 xìnxī chǎnyè

アイディカード【IDカード】 身份证 shēnfenzhèng ▶入り口で~を提示しなければならない/在入口必须出示身份证件 zài rùkǒu bìxū chūshì shēnfen zhèngjiàn

あいてどる【相手取る】 以…为对手 yǐ…wéi duìshǒu (英 *take...on opponent*) ▶国を相手取って訴訟を起こす/向国家起诉 xiàng guójiā qǐsù

アイテム 品目 pǐnmù (英 *an item*) ▶ケータイは今や若者必携の~になっている/现在，手机成了年轻人必不可少的携物品 xiànzài, shǒujī chéngle niánqīngrén bì bùkě shǎo de xiéwùpǐn

あいてやく【相手役】〔芝居など〕配角 pèijué (英 *a coactor*); 《ダンス》舞伴 wǔbàn (英 *a partner*) ▶大女優の~を務める/跟女明星配戏 gēn nǚmíngxīng pèi xì ▶テニスの練習の~を務める/担任网球陪练 dānrèn wǎngqiú péiliàn

アイデンティティー 自我认同 zìwǒ rèntóng (英 *identity*) ▶~の確立を言われても困る/您让我确立自我，我也不知道怎么才好 nín ràng wǒ quèlì zìwǒ, wǒ yě bù zhīdào zěnme cái hǎo ▶~・クライシス/自我认同的危机 zìwǒ rèntóng de wēijī

あいとう【哀悼】 哀悼 āidào; 悼念 dàoniàn (英 *condolence; mourning*) ▶~の意を表す/谨表哀悼之意 jǐn biǎo āidào zhī yì

あいどく【愛読する】 爱读 àidú; 喜欢读 xǐhuan dú (英 *read with pleasure; read regularly*) ▶あなたの~する作家について語ってください/请介绍一下你所喜欢的作家 qǐng jièshào yíxià nǐ suǒ xǐhuan de zuòjiā ▶彼は『論語』を~している/他喜欢看《论语》tā xǐhuan kàn 《Lúnyǔ》
◆~者 热情的读者 rèqíng de dúzhě ▶この作家は~者が多い/这位作家有许多热情的读者 zhè wèi zuòjiā yǒu xǔduō rèqíng de dúzhě
◆~書 爱看的书 ài kàn de shū ▶~書はあるようなないような…/爱读的书似有非有 àidú de shū sì yǒu fēi yǒu

アイドリング 怠速 dàisù; 空转 kōngzhuàn (英 *idling*)

アイドル 偶像 ǒuxiàng; 红人 hóngrén (英 *an idol*) ▶学校を休んで~を追いかける/逃课去追星 táokè qù zhuī xīng ▶彼は子供たちの~だった/他是孩子们的偶像 tā shì háizimen de ǒuxiàng
◆~歌手 偶像歌星 ǒuxiàng gēxīng

あいにく【生憎】 不巧 bùqiǎo; 偏巧 piānqiǎo (英 *unfortunately; unluckily*) ▶~彼は留守だった/不凑巧，他不在家 bù còuqiǎo, tā bú zài jiā ▶~だったねえ/真不凑巧啊 zhēn bú còuqiǎo a ▶当日は~雨が降った/那天偏偏下雨了 nà tiān piānpiān xià yǔ le ▶行きたいが、~かぜをひいている/我想去，可是不巧感冒了 wǒ xiǎng qù, kěshì bùqiǎo gǎnmào le ▶~休館だった/来得真不是时候，正赶上休馆 láide zhēn bú shì shíhou, zhèng gǎnshàng xiūguǎn

アイヌ〔民族〕阿伊努人 Āyīnǔrén (英 *an Ainu*) ▶~語/阿伊努语 Āyīnǔyǔ

あいのり【相乗り】 同乘 tóngchéng; 合乘 héchéng (英 *ride together*) ▶タクシーに~して球場へ行く/合乘一辆出租车前往球场 héchéng yí liàng chūzūchē qiánwǎng qiúchǎng

アイバンク 眼库 yǎnkù (英 *an eye bank*) ▶~に登録する/登记[注册]眼库 dēngjì[zhùcè] yǎnkù

あいはんする【相反する】 相反 xiāngfǎn (英 *be opposite; conflict*) ▶彼の業績については~評価がある/对于他的业绩，有正反两方的评价 duìyú tā de yèjì, yǒu zhèngfǎn liǎng fāng de píngjià ▶二つの委員会で~結論が出た/两个委员会作出相反的结论 liǎng ge wěiyuánhuì zuòchū xiāngfǎn de jiélùn ▶君の行為は会の趣旨と~ものだ/你的行为违背本会的宗旨 nǐ de xíngwéi wéibèi běn huì de zōngzhǐ

アイピー〔植物〕常春藤 chángchūnténg (英 *ivy*)

アイピー【IP】〔電算〕网络协议 wǎngluò xiéyì
◆~アドレス IP地址 dìzhǐ ~電話 IP电话 diànhuà

あいびき【合挽】 混合绞肉 hùnhé jiǎoròu (英 *a mixture of*) ▶~って豚肉と牛肉の混合の肉のことだっけ/混合肉就是猪牛肉混合的绞肉，对吧？hùnhéròu jiùshì zhū niúròu hùnhé de jiǎoròu, duì ba？

あいびき【逢い引きする】 幽会 yōuhuì; 密会 mìhuì (英 *have a secret date*) ▶~する二人の姿があった/神社院内有他们俩人密会的身影 shénshè yuànnèi yǒu tāmen liǎ rén mìhuì de shēnyǐng

あいぶ【愛撫する】 爱抚 àifǔ (英 fondle; pet) ▶ペットを膝にのせて〜する/把宠物放在腿上爱抚 bǎ chǒngwù fàngzài tuǐshang àifǔ

あいふく【合服】 春秋装 chūnqiūzhuāng (英 a spring suit; an autumn suit) ▶〜では朝夕に寒さを感じるこのごろです/这几天早晚穿春秋装感到有点冷了 zhè jǐ tiān zǎowǎn chuān chūnqiūzhuāng gǎndào yǒudiǎn lěng le

あいべや【相部屋】 同屋 tóngwū (英 a room sharing) ▶彼とは4年間ずっと〜だった/四年来我跟他一直是同屋 sì nián lái wǒ gēn tā yìzhí shì tóngwū ▶他人との〜は困ります/我可不愿意跟别人同住一个房间 wǒ kě bú yuànyì gēn biérén tóngzhù yí ge fángjiān ▶〜の客のいびきが凄かった/同屋客人鼾声如雷 tóngwū kèrén hānshēng rú léi

あいぼう【相棒】 伙伴 huǒbàn (英 one's pal; one's partner) ▶…〜になる/跟…结成伴儿 gēn… jiéchéng bànr ▶いい〜がいて助かった/有幸得到一个好伙伴 yǒuxìng dédào yí ge hǎo huǒbàn

アイボリー 《色》象牙色 xiàngyásè (英 ivory)

あいま【合間】 空儿 kòngr (英 an interval; a pause) ▶仕事の〜に/在工作的空隙 zài gōngzuò de kòngxì ▶仕事の〜に家に電話をした/在工休时间给家里打电话了 zài gōngxiū shíjiān gěi jiālí dǎ diànhuà le ▶店番の〜に手紙を書く/趁着站柜台的时间写信 chènzhe zhàn guìtái de shíjiān xiě xìn

〜を縫う 抽空儿 chōu kòngr ▶〜を縫って古本屋回りをする/抽空儿去逛旧书店 chōu kòngr qù guàng jiùshūdiàn

あいまい【曖昧】 含糊 hánhu; 暧昧 àimèi (英 vagueness) ▶〜な結論が禍根を残した/暧昧的结论留下了祸根 àimèi de jiélùn liúxiàle huògēn ▶真偽を〜にしたまま審問は終わった/还没分清真伪，审讯就结束了 hái méi fēnqīng zhēnjiǎ, shěnxùn jiù jiéshù le ▶〜な返事をしてごまかす/做出模棱两可的答复蒙混过去 zuòchū móléng liǎng kě de dáfù ménghùn guòqù ▶〜なことを言う/含糊其辞 hánhu qí cí ▶市民の申し入れに対して〜な態度を取る/对于市民的建议不明确表态 duìyú shìmín de jiànyì bù míngquè biǎotài ▶〜模糊とした/模糊不清 móhu bù qīng

◆〜検索 模糊匹配检索 móhu pǐpèi jiǎnsuǒ

日中比較 中国語の'暧昧 àimèi'は「明確さに欠ける」という意味の他、「男女関係が疑われる」という意味にも使う.

アイマスク 眼罩儿 yǎnzhàor (参考 アイマスクは和製英語。) ▶飛行機の中では〜をかけて眠っていた/在飞机上戴着眼罩睡了一觉 zài fēijīshang dàizhe yǎnzhào shuìle yí jiào

あいまって【相まって】 与…相结合 yǔ…xiāng jiéhé; 相辅相成 xiāng fǔ xiāng chéng (英 along with…) ▶彼女の作品はその容貌と一時の話題になった/她的作品与美貌相得益彰，一时成为热门话题 tā de zuòpǐn yǔ měimào xiāng dé yì zhāng, yìshí chéngwéi rèmén huàtí

アイメイク 眼部彩妆 yǎnbù cǎizhuāng (英 eye makeup)

あいよう【愛用する】 爱用 àiyòng (英 use regularly) ▶〜のステッキを手に散歩に出た/手执心爱的手杖出去散步 shǒu zhí xīn'ài de shǒuzhàng chūqù sànbù ▶〜のゴルフクラブ/个人专用的高尔夫球棒 gèrén zhuānyòng de gāo'ěrfūqiúbàng

◆〜品 常用的物品 cháng yòng de wùpǐn

あいよく【愛欲】 情欲 qíngyù; 性欲 xìngyù (英 love and lust; passion) ▶不安が増せば増すほど〜におぼれていった/越是感到不安，就越是沉溺于情欲之中 yuè shì gǎndào bù'ān, jiù yuè shì chénnì yú qíngyù zhīzhōng

アイライナー 眼线笔 yǎnxiànbǐ (英 an eye-liner)

アイライン 眼线 yǎnxiàn (英 eyeliner)

あいらしい【愛らしい】 妩媚 wǔmèi; 可爱 kě'ài (英 lovely; charming; cute) ▶〜子羊の群れが山を降りてくる/可爱的小羊成群从山上下来 kě'ài de xiǎoyáng chéngqún cóng shānshang xiàlái ▶〜花/可爱的花朵 kě'ài de huāduǒ ▶嫌われまいと愛らしく振舞う/为不让人感到厌烦，努力做可爱的姿态 wèi bú ràng rén gǎndào yànfán, nǔlì zuò kě'ài de zītài

アイリス 《植物》鸢尾 yuānwěi (英 an iris)

アイルランド 爱尔兰 Ài'ěrlán (英 Ireland)

◆〜語 爱尔兰语 Ài'ěrlányǔ 〜人 爱尔兰人 Ài'ěrlánrén

あいろ【隘路】 难关 nánguān; 障碍 zhàng'ài (英 a bottttleneck) ▶若い力で〜を切り開いてもらいたい/希望用你们青春的力量突破难关 xīwàng yòng nǐmen qīngchūn de lìliang tūpò nánguān ▶原油高が生産の〜となる/石油涨价造成生产上的障碍 shíyóu zhǎngjià zàochéng shēngchǎnshang de zhàng'ài

アイロニー 《皮肉》讽刺 fěngcì; 《反語》反话 fǎnhuà; 反语 fǎnyǔ (英 irony) ▶これこそ歴史の〜というものだ/这(件事)正说明了历史总爱开玩笑 (jiàn shì) zhèng shuōmíngle lìshǐ zǒng ài kāi wánxiào

アイロン 熨斗 yùndǒu (英 an iron) ▶ズボンに〜をかける/熨裤子 yùn kùzi ▶〜不要のシャツが僕にはありがたい/对我来说，免烫的衬衫可真好 duì wǒ lái shuō, miǎn tàng de chènshān kě zhēn hǎo

◆〜台 熨斗台 yùndǒutái

あう【会う】 见面 jiànmiàn (英 see; meet) ▶責任者に〜/跟负责人见面 gēn fùzérén jiànmiàn ▶久しく彼に会わない/好久没见到他了 hǎojiǔ méi jiàndào tā le ▶駅で友人に会った/在车站遇见朋友 zài chēzhàn yùjiàn péngyou ▶8時に駅で〜ことになっている/约好八点在车站见面 yuēhǎo bā diǎn zài chēzhàn jiànmiàn ▶目と目が会って恋が芽生えた/目光相遇，恋情油然而生 mùguāng xiāngyù, liànqíng yóurán ér shēng

あう【合う】 ❶【適合する】合适 héshì; 适合 shìhé (英 fit; suit) ▶「このズボン～?」「合わないよ」/"这条裤子合适吗？Zhè tiáo kùzi héshì ma?""不合适 Bù héshì" ▶ 口に合いますか/合うか/不知合不合您的口味？bù zhī hébuhé nín de kǒuwèi? ▶ 異郷の水が体に合わなかった/在异乡水土不服 zài yìxiāng shuǐtǔ bù fú; 身体不适应异乡的水 shēntǐ bú shìyìng yìxiāng de shuǐ ❷【正しい】对 duì; 准确 zhǔnquè (英 be correct) ▶ 君の時計は合ってるか/你的表准吗？nǐ de biǎo zhǔn ma? ❸【調和する】合适 héshì; 适合 shìhé (英 harmonize; match) ▶ 君の考えは時代に合わないよ/你的想法跟不上时代 nǐ de xiǎngfa gēnbushàng shídài ▶ 中華料理には紹興酒が～/吃中国菜，喝绍兴酒最合适 chī Zhōngguócài, hē Shàoxīngjiǔ zuì héshì ▶ 自分に合ったテーマを選んで書きなさい/选择一个适合自己的题目来写 xuǎnzé yí ge shìhé zìjǐ de tímù lái xiě ▶ せっかくのドレスがその場に合わなかった/好不容易准备的礼服却不适合那场面 hǎobù róngyì zhǔnbèi de lǐfú què bú shìhé nà chǎngmiàn ❹【一致する】一致 yízhì; 符合 fúhé (英 agree with…) ▶ その計画は我々の目標と合わなかった/这个计划不符合我们的目标 zhège jìhuà bù fúhé wǒmen de mùbiāo ▶ あいつとにかく話が～んだ/我跟他还真谈得来 wǒ gēn tā hái zhēn tán de lái ▶ 子どもの進学について両親の意見が合わない/关于孩子升学的问题，父母的意见不一致 guānyú háizi shēngxué de wèntí, fùmǔ de yìjiàn bù yízhì ▶ こういう色は僕の好みに合わない/这种颜色不合我的兴趣 zhè zhǒng yánsè bùhé wǒ de xìngqù ▶ 報告書の内容が事実に合わない/报告的内容与事实不符 bàogào de nèiróng yǔ shìshí bùfú

あう【遭う】〈事件・災難に〉遭遇 zāoyù (英 encounter; experience) ▶ 旅の途中предупа降ぬ風に遭った/旅行途中，遇上了意外的暴风雨 lǚxíng túzhōng, yùshàngle yìwài de bàofēngyǔ ▶ 交通事故に遭って会議に遅れた/碰上交通事故，开会迟到了 pèngshàng jiāotōng shìgù, kāihuì chídào le ▶ 出張先で火事に～/在出差的地方碰到火灾 zài chūchāi de dìfang pèngdào huǒzāi ▶ 雨に降られてひどい目に遭った/被雨淋了了个倒霉 bèi yǔ lín le zhēn dǎoméi

アウェー 客场 kèchǎng (英 away) ▶ ～なのに熱い拍手で迎えられた/虽然是客场，还是受到了热烈的鼓掌欢迎 suīrán shì kèchǎng, háishi shòudàole rèliè de gǔzhǎng huānyíng
◆ ～ゲーム:客场比赛 kèchǎng bǐsài

アウト ❶【野球】出局 chūjú (英 out) ▶ ～になる/〈棒球赛中〉被打出局 (bàngqiúsài zhōng) bèi dǎ chūjú ▶ 今度は完全に～だな/这回你是没戏了 zhè huí nǐ shì méixì le ▶ 審判が～を宣する/裁判判(他)出局 cáipàn pàn (tā) chūjú ❷【テニスなど】出界 chūjiè (英 out) ▶ ～を宣する/判(它)出界 pàn (tā) chūjiè
◆ ～コース :〈陸上競技など〉外圈跑道 wàiquān pǎodào;〈野球〉外侧球 wàicèqiú ～コーナー :〈野球〉外角 wàijiāo

アウトサイダー 局外人 júwàirén; 异端人 yìduānrén (英 an outsider) ▶ 彼はいっぱしの～気取りでいる/他自称算是一个异端人 tā zìchēng suànshì yí ge yìduānrén ▶ ～からの批判/来自局外人的批判 láizì júwàirén de pīpàn

アウトソーシング 外包服务 wàibāo fúwù; 对外委托 duìwài wěituō (英 outsourcing)

アウトドア 户外 hùwài; 野外 yěwài (英 outdoor) ▶ 私は～派だよ/我喜欢户外活动 wǒ xǐhuan hùwài huódòng
◆ ～スポーツ :户外运动 hùwài yùndòng ▶ 少年には～スポーツを奨励したい/鼓励孩子们从事户外运动 gǔlì háizimen cóngshì hùwài yùndòng

アウトプット 〔電算〕输出 shūchū; 输出信息 shūchū xìnxī (英 output)

アウトライン 提纲 tígāng; 概要 gàiyào (英 an outline) ▶ 機構改革の～を示す/提出改革的概要 tíchū gǎigé de gàiyào

アウトレットモール 仓储式商城 cāngchǔshì shāngchéng (英 an outlet mall)

あえぐ【喘ぐ】 ❶【息を切らす】喘气 chuǎnqì; 喘息 chuǎnxī (英 pant; gasp) ▶ 瀕死の床で喘ぎながら言う/临死前在床上喘息着说 línsǐ qián zài chuángshang chuǎnxīzhe shuō ▶ 喘ぎながら坂道を登る/喘着粗气爬坡 chuǎnzhe cūqì pá pō ❷【悩む】挣扎 zhēngzhá (英 suffer from…) ▶ 国家財政が債務に～/国家财政被债务压得喘不过气来 guójiā cáizhèng bèi zhàiwù yāde chuǎnbuguò qì lai ▶ 業界は不況に喘いでいる/这个行业在萧条中挣扎 zhège hángyè zài xiāotiáo zhōng zhēngzhá ▶ 彼らは貧困に喘いでいる/他们在贫困中挣扎 tāmen zài pínkùn zhōng zhēngzhá ▶ 不調に～彼に助言してやりたい/想给苦于不振的他提出好建议 xiǎng gěi kǔyú bú zhèn de tā tíchū hǎo jiànyì

あえて【敢えて】 勉强 miǎnqiǎng; 胆敢 dǎngǎn (英 dare to do) ▶ 君に～忠告しておきたい/我斗胆给你进忠言 wǒ dǒudǎn gěi nǐ jìn zhōngyán ▶ ～反対しないが，しかし…/我并不反对，但是… wǒ bìng bù fǎnduì, dànshì… ▶ ～否定はしないよ/不勉强否定 bù miǎnqiǎng fǒudìng ▶ 訴訟を～辞さない/也未必回避起诉 yě wèibì huíbì qǐsù

あえない【敢えない】 悲惨 bēicǎn; 可怜 kělián (英 [はかない] transient) ▶ 大事な試合に敢えなく敗れた/重要的比赛却轻易地输掉了 zhòngyào de bǐsài què qīngyì de shūdiào le

あえもの【和え物】 凉拌菜 liángbàncài (英 vegetables, fish or seaweed with Japanese dressing, etc) ▶ 大根と豆腐を～にしてくれ/把萝卜和豆腐做成凉拌菜 bǎ luóbo hé dòufu zuòchéng liángbàncài

あえる【和える】 拌 bàn (英 dress A with B) ▶ 菜の花を味噌と酢で～/用酱和醋拌菜花儿 yòng jiàng hé cù bàn càihuār

あえん【亜鉛】 锌 xīn (英 zinc) ▶ ～版/锌

版 xīnbǎn ▶鉄に～めっきする/在铁上镀锌 zài tiěshang dù xīn；把锌镀在铁上 bǎ xīn dùzài tiěshang

あお【青】 ❶【色】蓝 lán；蓝色 lánsè (英 *blue*) ▶海の～と帆船の白の対比/海的蓝色与帆船的白色形成的对比 hǎi de lánsè yǔ fānchuán de báisè xíngchéng de duìbǐ ❷【青信号】绿灯 lǜdēng (英 *green*) ▶信号が～に変わる/信号变成绿灯了 xìnhào biànchéng lǜdēng le
ことわざ 青は藍より出でて藍より青し 青出于蓝而胜于蓝 qīng chūyú lán ér shèngyú lán

あおあお【青青】 苍翠 cāngcuì；葱翠 cōngcuì (英 *be fresh and green*) ▶森には木々が～と茂っている/森林里的树木郁郁葱葱 sēnlínli de shùmù yùyùcōngcōng ▶～とした草原/绿油油的草原 lǜyóuyóu de cǎoyuán

あおい【青い】 ❶【色】蓝 lán；蓝色的 lánsè de (英 *blue*)；[绿の] green) ❷【颜色が】苍白 cāngbái (英 *pale*) ▶颜が～、どうしたの/你脸色发青[苍白]，怎么了？nǐ liǎnsè fāqīng[cāngbái]，zěnme le? ▶财布を失くして青くなる/丢了钱包，吓得脸色苍白 diūle qiánbāo, xiàde liǎnsè cāngbái ❸【未熟な】不成熟 bù chéngshú (英 *unripe*) ▶そのリンゴはまだ～/那个苹果还没熟 nàge píngguǒ hái méi shú ▶君の考えはまだ～よ/你的想法还不成熟 nǐ de xiǎngfa hái bù chéngshú

アオイ【葵】〘植物〙葵 kuí (英 *a mallow*) ▶～祭の歴史は長い/葵节历史悠久 Kuíjié lìshǐ yōujiǔ

あおいきといき【青息吐息】である】 一筹莫展 yì chóu mò zhǎn；垂头丧气 chuí tóu sàng qì；有气无力 yǒu qì wú lì (英 *be in great distress*) ▶うちの暮らしは～だ/我家的日子一筹莫展 wǒ jiā de rìzi yì chóu mò zhǎn

アオウメ【青梅】〘植物〙青梅 qīngméi (英 *an unripe plum*) ▶～漬けをみやげにもらう/收到了特产的腌制青梅 shōudàole tèchǎn de yānzhì qīngméi

アオカビ【青黴】 青霉 qīngméi；绿霉 lǜméi (英 *blue mold; green mold*) ▶供えた餅に～が生える/上供的年糕长绿霉 shànggòng de niángāo zhǎng lǜméi

あおぎみる【仰ぎ見る】 ❶【視線】仰望 yǎngwàng (英 *look up at…*) ▶富士の高嶺を～/仰望富士之巅 yǎngwàng Fùshì zhī diān ❷【尊敬】仰望 yǎngwàng；敬仰 jìngyǎng (英 *look up to…*) ▶彼の偉業を～/敬仰他的伟绩 jìngyǎng tā de wěijì

アオギリ【青桐】〘植物〙梧桐 wútóng (英 *a sultan's parasol*)

あおぐ【仰ぐ】 ❶【上方を見る】仰望 yǎngwàng；仰视 yǎngshì (英 *look up*) ▶天を～嘆息する/仰天长叹 yǎng tiān chángtàn ▶毒を～/服毒 fúdú ❷【敬う】尊为 zūnwéi；推为 tuīwéi (英 *respect*) ▶野山氏を師と～/把野山先生尊为导师 bǎ Yěshān xiānsheng zūnwéi dǎoshī ❸【请う】请求 qǐngqiú (英 *ask for…*) ▶海外に援助を～/向外国请求援助 xiàng wàiguó qǐngqiú yuánzhù ▶篤志家に寄付を～/请求慈善家捐款 qǐngqiú císhànjiā juānkuǎn

あおぐ【扇ぐ】 扇 shān (英 *fan*) ▶扇で～/扇子 shān shànzi ▶うちわで火を～/用扇子煽火 yòng shànzi shān huǒ

あおくさ【青草】 青草 qīngcǎo (英 *green grass*) ▶池の周りに～が生い茂る/水池周围长满了青草 shuǐchí zhōuwéi zhǎngmǎnle qīngcǎo

あおくさい【青臭い】 ❶【青草の匂い】有青草的味 yǒu qīngcǎo de wèir (英 *grassy-smelling*) ▶刈った芝生の～匂いがする/除草后的草坪散发着青草味儿 chúcǎo hòu de cǎopíng sànfāzhe qīngcǎowèir ❷【未熟な】幼稚 yòuzhì；天真 tiānzhēn (英 *unripe*) ▶～ことを言うな/别说孩子话 bié shuō háizihuà

あおぐろい【青黒い】 铁青 tiěqīng (英 *dark green*) ▶打撲のあとが～あざになる/碰撞的地方起了铁青色的斑痕 pèngzhuàng de dìfang qǐle tiěqīngsè de bānhén

あおざかな【青魚】(沙丁鱼、青花鱼等)青色的鱼 (shādīngyú, qīnghuāyú děng) qīngsè de yú (英 *blue or silvery scaled fish*) ▶俺は～が苦手なんだ/我不爱吃青色的鱼 wǒ bú ài chī qīngsè de yú

あおざめる【青ざめる】 变苍白 biàn cāngbái；失色 shīsè (英 *turn pale*) ▶恐怖のあまり死人のように青ざめた/吓得他像死人一样脸色苍白 xiàde tā xiàng sǐrén yíyàng liǎnsè cāngbái ▶母はショックで青ざめた/母亲受到打击，脸色苍白 mǔqin shòudào dǎjī, liǎnsè cāngbái

あおじゃしん【青写真】 蓝图 lántú；《比喻的に》初步设计 chūbù shèjì (英 *a blueprint*) ▶開発事業の～を描く/描绘开发工程的蓝图 miáohuì kāifā gōngchéng de lántú ▶拡充計画はまだ～の段階だ/扩建计划还是设计阶段 kuòjiàn jìhuà háishi shèjì jiēduàn

あおじろい【青白い】 苍白 cāngbái；灰白 huībái (英 *pale; pasty*) ▶君なんか典型的な青白きインテリだからな/你是个典型的白面书生嘛 nǐ shì ge diǎnxíng de báimiàn shūshēng ma ▶病み上がりで顔が～/病刚好，脸色苍白 bìng gāng hǎo, liǎnsè cāngbái

あおしんごう【青信号】 绿灯 lǜdēng (英 *a green light*) ▶再建計画に～がともった/重建计划亮了绿灯 chóngjiàn jìhuà liàngle lǜdēng ▶～が出たとたんに動き出す/一开绿灯马上就动了起来 yì kāi lǜdēng mǎshàng jiù dòngleqǐlai

あおすじ【青筋】 青筋 qīngjīn (英 *blue veins*) ～を立てる 愤怒 fènnù；气得青筋暴出 qìde qīngjīn bàochū ▶聞くなり老人は～を立てた/老人一听，气得青筋暴露 lǎorén yì tīng, qìde qīngjīn bàolù ▶たちまち額に～が立った/头上立刻迸起了青筋 tóushang lìkè bèngqǐle qīngjīn

あおぞら【青空】 蓝天 lántiān；碧空 bìkōng

(英 *the blue sky*) ▶~市場/露天市場 lùtiān shìchǎng ▶雲一つない~/青空一片万里无云 qīngkōng yí piàn wàn lǐ wú yún

アオダイショウ【青大将】〖動物〗青蛇 qīngshé; 黄頷蛇 huánghànshé (英 *a blue-green snake*) ▶~は家の守り神だという/青蛇被认为是守家的神 qīngshé bèi rènwéi shì shǒu jiā de shén

あおたがい【青田買い】 买青苗(比喻公司与大学生提前预订雇用合同) mǎi qīngmiáo(bǐyù gōngsī yǔ dàxuéshēng tíqián yùdìng gùyòng hétong) (英 *advance contracts of employment*) ▶近年はどこの会社でも~をする/这些年来公司都来买青苗 zhè xiē nián lái gōngsī dōu lái mǎi qīngmiáo

あおだけ【青竹】 翠竹 cuìzhú (英 *a green bamboo*) ▶~で燗をつける/用青竹筒焖酒〔温酒〕 yòng qīngzhútǒng mèn jiǔ〔wēn jiǔ〕 ▶健康のために~を踏みをしている/为了保持健康,一直脚踩青竹锻炼身体 wèile bǎochí jiànkāng, yìzhí jiǎo cǎi qīngzhú duànliàn shēntǐ

あおな【青菜】 青菜 qīngcài (英 *greens*) ことわざ 青菜に塩 无精打采 wú jīng dǎ cǎi; 垂头丧气 chuí tóu sàng qì ▶株の暴落で彼らは~に塩だ/因为股票暴跌,他们都蔫了 yīnwèi gǔpiào bàodié, tāmen dōu niān le

あおにさい【青二才】 黄口小儿 huángkǒu xiǎo'ér; 毛头小子 máotóu xiǎozi (英 *a greenhorn*; *a green youth*) ▶~が大口をたたくな/黄口小儿莫说大话 huángkǒu xiǎo'ér mò shuō dàhuà ▶あんな~に誉められてたまるか/被个毛头小子轻视,怎么能忍受呢? bèi ge máotóu xiǎozi qīngshì, zěnme néng rěnshòu ne?

あおば【青葉】 嫩叶 nènyè; 绿叶 lǜyè (英 *green leaves*) ▶さわやかな~の季節になりました/初显嫩绿的爽快季节来到了 chū xiǎn nènlǜ de shuǎngkuai jìjié láidào le

あおびかり【青光り】 青白光 qīngbáiguāng (英 *phosphorescent light*) ▶研いだ包丁が~している/磨过的菜刀泛着青光 móguò de càidāo fànzhe qīngguāng

あおみ【青み】 蓝色 lánsè; 绿色 lǜsè (英 *bluish*; *greenish*) ▶夜の空はまだ~を帯びていた/夜空还带着青蓝色 yèkōng hái dàizhe qīng lánsè ▶川の水は~がかっていた/河里的水正在变绿 hé li de shuǐ zhèngzài biàn lǜ

あおみどり【青緑】 草绿 cǎolǜ; 翠绿 cuìlǜ (英 *blue-green*)

アオミドロ〖植物〗水绵 shuǐmián (英 *the pond scum*) ▶沼に~が湧いている/沼泽中滋生着水绵 zhǎozé zhōng zīshēngzhe shuǐmián

あおむく【仰向く】 仰 yǎng; 仰面 yǎngmiàn (英 *look up at...*) ▶~と夏の日が目に痛かった/向上仰望,夏天的太阳很刺眼 xiàng shàng yǎngwàng, xiàtiān de tàiyáng hěn cìyǎn

あおむけ【仰向け】(英 *facing upward*) ▶~に寝べって本を読む/仰卧着读书 yǎngwòzhe dúshū ▶病人を~にする/让病人仰卧 ràng bìngrén yǎngwò ▶転んで~に倒れた/摔了一个仰八叉 shuāile yí ge yǎngbāchā

あおもの【青物】 青菜 qīngcài; 蔬菜 shūcài (英 *vegetables*) ▶~市場/蔬菜市場 shūcài shìchǎng ▶天候不順で~の入荷が減っている/由于天气不好,蔬菜水果的进货减少了 yóuyú tiānqì bù hǎo, shūcài shuǐguǒ de jìnhuò jiǎnshǎo le

あおり【煽り】 冲击 chōngjī; 余波 yúbō (英 *a blast*; *a gust*) ▶突風の~を食って転んだ/遭受急风袭击,跌倒在地 zāoshòu jí fēng xíjī, diēdǎo zài dì ▶株価暴落の~で倒産に追い込まれた/受股票暴跌的打击,被逼破产了 shòu gǔpiào bàodié de dǎjī, bèi bī pòchǎn le
♦~止め〖扉の〗顶门栓 dǐngménshuān

あおる【呷る】 大口喝 dàkǒu de hē (英 *swallow*) ▶酒を~/大口地喝酒 dàkǒu de hē jiǔ

あおる【煽る】 ❶〖人々を〗煽动 shāndòng (英 *fan*; *stir up*) ▶人々の不安を~/煽动人们的不安情绪 shāndòng rénmen de bù'ān qíngxù ▶世論を開戦へと~/煽动舆论走向战争 shāndòng yúlùn zǒuxiàng zhànzhēng ▶選手たちの競争心を~/鼓舞运动员的竞争心态 gǔwǔ yùndòngyuán de jìngzhēng xīntài ▶両者のいさかいをマスコミが煽りたてる/媒体煽动双方争斗 méitǐ shāndòng shuāngfāng zhēngdòu ❷〖相場を〗哄抬 hōngtái (英 *fan*) ▶株式の相場を~/哄抬股票行情 hōngtái gǔpiào hángqíng

あか【赤】〖色〗红 hóng; 红色 hóngsè (英 *red*) ▶ネクタイの~が映える/领带的红色光彩夺目 lǐngdài de hóngsè guāngcǎi duó mù ▶~だ,止まれ/红灯!快停车! hóngdēng! kuài tíng chē! ▶~でしるしをつける/用红笔做记号 yòng hóngbǐ zuò jìhao ▶校正刷りに~を入れる/在校正稿上用红笔校正 zài jiàozhènggǎoshang yòng hóngbǐ jiàozhèng
文化 赤は福を呼ぶめでたい色.

あか【垢】 污垢 wūgòu; 油泥 yóuní (英 *dirt*; *filth*; *grime*) ▶入浴しないと~がたまる/不洗澡的话,身上就会积起污垢 bù xǐzǎo dehuà, shēnshang jiù huì jīqǐ wūgòu ▶都会暮らしの~がたまる/城市生活的垃圾堆积起来 chéngshì shēnghuó de lājī duījīqǐlai ▶旅の~を洗い流す/洗掉旅途中的污垢 xǐdiào lǚtú zhōng de wūgòu
~が抜ける ▶あの娘もすっかり~抜けたね/那个女孩儿的土气都去掉了 nàge nǚhái'r de tǔqì dōu qùdiào le
~じみる ▶~じみたシャツは見苦しいよ/沾上污迹的衬衫很不体面 zhānshàng wūjì de chènshān hěn bù tǐmiàn
♦湯~ 水碱 shuǐjiǎn; 水垢 shuǐgòu

あかあか【赤赤と・明明と】(まっ赤に)鲜红 xiānhóng; (明かり)通亮 tōngliàng, 通明 tōngmíng; (火)熊熊 xióngxióng (英 *redly*; *blightly*) ▶~とした夕陽が沈む/鲜红的夕阳落下去了 xiān-

あかあざ【赤痣】 紅痣 hóngzhì; 血晕 xiěyùn (英 *a red birthmark*) ▶ 右肩に～がある/右肩上有红痣 yòujiānshang yǒu hóngzhì

あかい【赤い】（色）红 hóng;（(思想的に)）红 hóng; 左倾 zuǒqīng (英 *red*) ▶ 夕日が校舎を染める/落日把校舍染成了红色 luòrì bǎ xiàoshè rǎnchéngle hóngsè ▶ 恥ずかしくて顔が赤くなる/羞红了脸 xiūhóngle liǎn ▶ うさぎは目が～い実を食べたからだ/兔子眼睛红的。这是因为吃了红色的果实 tùzi yǎnjing hónghóng de. zhè shì yīnwèi chīle hóngsè de guǒshí

アカウンタビリティー 《説明責任》对外界说明的责任 duì wàijiè shuōmíng de zérèn (英 *accountability*)

アカウント〔電算〕账户 zhànghù;（(アカウントナンバー)）账号 zhànghào (英 *an account*)

アカガイ【赤貝】〔貝〕蚶子 hānzi (英 *an ark shell*) ▶ ～は生がうまい/蚶子还是生的好吃 hānzi háishi shēng de hǎochī

あかがみ【赤紙】 红纸 hóngzhǐ (英 *a red paper; a draft card*) ▶（(封印証書)）差し押さえを食って家中に～を貼られた/财产被没收，家中被贴上了红纸 cáichǎn bèi mòshōu, jiāzhōng bèi tiēshàngle hóngzhǐ ▶（(召集令状)）兄は一枚を戦地に送られた/一张征兵的红纸就把哥哥送上了战场 yì zhāng zhēngbīng de hóngzhǐ jiù bǎ gēge sòngshàngle zhànchǎng

あかがり【赤狩り】 肃清红色分子 sùqīng hóngsè fènzi (英 *a red hunt*) ▶ 彼らは～に狂奔した/他们对共产主义分子进行了疯狂的肃清 tāmen duì gòngchǎn zhǔyì fènzi jìnxíng fēngkuáng de sùqīng

あかぎれ【皸裂】 皲裂 jūnliè (英 *chaps; cracks*) ▶ 足に～が切れる/脚皲得裂了口子 jiǎo cūnde lièle kǒuzi ▶ ～だらけの手が伸びて金をねだった/伸出只满是皲裂的手来讨钱 shēnchū zhǐ mǎn shì jūnliè de shǒu lái tǎo qián

あがく【足掻く】挣扎 zhēngzhá;〔馬などが〕*paw the ground*;〔もがく〕*struggle* ▶ 馬が坂道であがいている/马拼命地刨着地爬坡 mǎ pīnmìng de páozhe dì pá pō ▶ 借金であがきがとれない/负债累累喘不过气来 fùzhài lěilěi chuǎnbuguò qì lai ▶ 今さら悪あがきするな/事到如今，就别再作无谓的挣扎了 shì dào rújīn, jiù bié zài zuò wúwèi de zhēngzhá le

あかぐろい【赤黒い】 红黑色 hónghēisè (英 *dark-red*)

あかげ【赤毛】 红发 hóngfà (英 *red hair; carroty hair*) ▶『～のアン』/《红发安妮 Hóngfà Ānnī》▶ 黒髪を～に染める/把黑发染成红色 bǎ hēifà rǎnchéng hóngsè

あかご【赤子】 婴儿 yīng'ér (英 *a baby*) ▶ ～を抱いて散歩に出る/抱着婴儿出去散步 bàozhe yīng'ér chūqù sànbù

～の手をひねるよう 轻而易举 qīng ér yì jǔ ▶ 彼との対局なんて～の手をひねるようなものだ/跟他下棋轻而易举就能取胜 gēn tā xiàqí qīng ér yì jǔ jiù néng qǔshèng

あかさび【赤錆】 红锈 hóngxiù (英 *rust*) ▶ 包丁に～がつく/菜刀上长了红锈 càidāoshang zhǎngle hóngxiù

あかし【証】 证据 zhèngjù; 证明 zhèngmíng (英 *proof*) ▶ 身の～を立てる/证明自己的清白 zhèngmíng zìjǐ de qīngbái ▶ 傷の痛みは生きている～だ/伤痛证明还活着 shāngtòng zhèngmíng hái huózhe

あかじ【赤字】 ❶〔訂正〕红字 hóngzì (英 *a red letter*) ▶ 作文は～だらけになって返って来た/作文被添改上很多红字发了回来 zuòwén bèi tiān gǎishàng hěn duō hóngzì fāhuílái ▶ 校正刷りに～を入れる/在校正稿上用红字修改 zài jiàozhènggǎoshang yòng hóngzì xiūgǎi ❷〔欠損〕赤字 chìzì; 亏空 kuīkong (英 *red figures*) ▶ ～を出す/亏损 kuīsǔn; 超支 chāozhī ▶ 国家財政の～が続く/国家财政持续出现赤字 guójiā cáizhèng chíxù chūxiàn chìzì ▶ 私たちの家計は今月も～だ/我们家财政这个月也入不敷出 wǒmen jiā cáizhèng zhège yuè yě rù bù fū chū ▶ ～経営がいつまでも続くものではない/负债经营可不能一直持续下去 fùzhài jīngyíng kě bùnéng yìzhí chíxùxiàqu ▶ どうやって～を埋めるか/怎么才能填补亏空呢？ zěnme cái néng tiánbǔ kuīkong ne？▶ ～公債を発行する/为应付赤字而发放公债 wèi yìngfù chìzì ér fāfàng gōngzhài ▶ 本年も～予算を組む/本年度也编制赤字预算 běn niándù yě biānzhì chìzì yùsuàn ▶ 貿易収支が～に転じた/贸易收支转为亏空 màoyì shōuzhī zhuǎnwéi kuīkong

アカシア〔植物〕刺槐 cìhuái; 洋槐 yánghuái (英 *an acacia*) ▶ 道沿いに～の花が咲く/沿路槐花开放 yánlù huáihuā kāifàng

あかしお【赤潮】 红潮 hóngcháo (英 *a red tide*) ▶ ～による漁業への打撃の大きさは計り知れない/红潮给渔业带来的打击之大是难以估量的 hóngcháo gěi yúyè dàilái de dǎjī zhī dà shì nányí gūliàng de

あかしんごう【赤信号】 红灯 hóngdēng (英 *a red signal*) ▶ 車は～で止まる/车辆遇到红灯停下 chēliàng yùdào hóngdēng tíngxià ▶ ～が青に変わった/红灯变成绿灯 hóngdēng biànchéng lǜdēng ▶ 歩行者は～を無視してはならない/步行者也不能不顾红灯 bùxíngzhě yě bùnéng bú gù hóngdēng ▶ 経済に～がともった/经济(前景)亮了红灯 jīngjì liàngle hóngdēng

あかす【明かす】 ❶〔過ごす〕通宵达旦 tōngxiāo dá dàn;…到天亮 …dào tiān liàng (英 *spend*) ▶ 友と人生を語って夜を～/关于人生和朋友聊了一个通宵 guānyú rénshēng hé péngyou liáole yí ge tōngxiāo ▶ 彼と一晩飲み～/跟他喝酒喝到天亮 gēn tā hē jiǔ hēdào tiānliàng

❷【打ち明ける】揭露 jiēlù; 说出 shuōchū (英 reveal) ▶秘密を明かしたからにはお前も仲間だ/既然告诉了你秘密, 你也是我们一伙儿的 jìrán gàosule nǐ mìmì, nǐ yě shì wǒmen yì huǒr de ▶老人はようやく正体を明かした/老人终于露出真面目 lǎorén zhōngyú lùchū zhēnmiànmù

あかす【飽かす】不惜 bùxī (英 bore; weary) ▶金に飽かしてブランド品を買いまくる/不惜重金大量购买名牌儿货 bù xī zhòngjīn dàliàng gòumǎi míngpáir huò ▶暇に飽かして映画館通いをする/闲着没事儿, 去电影院看电影 xiánzhe méi shìr, qù diànyǐngyuàn kàn diànyǐng

あかず【飽かず】不厌 búyàn, 不倦 bújuàn (英 untiringly) ▶雲の変化を―眺める/毫不厌倦地观察云彩的变化 háobú yànjuàn de guānchá yúncai de biànhuà

あかちゃける【赤茶ける】 变成红褐色 biànchéng hónghèsè (英 turn reddish-brown) ▶西日に当たって壁紙が―/因多年的西晒, 壁纸变成了红褐色 yīn duōnián de xīshài, bìzhǐ biànchéngle hónghèsè ▶赤茶けた髪が栄養不良を物語る/头发呈红褐色说明营养不良 tóufa chéng hónghèsè shuōmíng yíngyǎng bùliáng

あかちゃん【赤ちゃん】小宝宝 xiǎobǎobao; 小娃娃 xiǎowáwa (英 a baby) ▶君はまるで～だ/你简直是个小娃娃 nǐ jiǎnzhí shì ge xiǎowáwa ▶「こんにちは～, 私がママよ」/"你好啊宝贝, 我是你妈妈！Nǐ hǎo a bǎobèi, wǒ shì nǐ māma！"

あかちょうちん【赤提灯】吊着红灯笼的小酒馆儿 diàozhe hóngdēnglóng de xiǎojiǔguǎnr (英 a red lantern; [飲み屋] a very popular pub with such a lantern having outside) ▶会社帰りに～で一杯飲む/下班后在小酒馆儿喝上一杯 xiàbān hòu zài xiǎojiǔguǎnr hēshàng yì bēi

あかつき【暁】❶【夜明け】黎明 límíng (英 dawn) ❷【成功の後】…之后 zhīhòu (英 if...) ▶成功の～には通信手段が一変するよ/它成功之后通讯方法就会完全改变 tā chénggōng zhīhòu tōngxùn fāngfǎ jiù huì wánquán gǎibiàn

あがったり【上がったりである】(英 have no business) ▶この雨で商売は～だ/这场雨把生意都下黄了 zhè cháng yǔ bǎ shēngyi dōu xiàhuáng le

あかつち【赤土】红土 hóngtǔ; 红壤 hóngrǎng (英 red earth)

アカデミー 学院 xuéyuàn; 艺术院 yìshùyuàn (英 an academy) ▶彼はめでたく―会員に選出された/他幸运地被选为院士 tā xìngyùn de bèi xuǎnwéi yuànshì
～賞［映画］奥斯卡奖 Àosīkǎjiǎng ▶彼は昨年度の―主演男優賞を獲得した/他获得了去年的奥斯卡最佳男主角奖 tā huòdéle qùnián de Àosīkǎ zuì jiā nánzhǔjuéjiǎng

アカデミックな 学究式的 xuéjiūshì de; 学术的 xuéshù de (英 academic) ▶―な議論をする/进行学术性讨论 jìnxíng xuéshùxìng tǎolùn

文章が―にすぎるんじゃないか/这篇文章学术性也太强了吧 zhè piān wénzhāng xuéshùxìng yě tài qiáng le ba

あがなう【贖う】(罪を) 赎 shú (英 atone for...) ▶人の命を金で～というのか/是不是要用钱赎人命? shìbushì yào yòng qián shú rénmìng？ ▶彼は死をもって罪を贖おうとした/他要以死赎罪 tā yào yǐ sǐ shúzuì

あかぬけ【垢抜けした】秀美 xiùměi; 潇洒 xiāosǎ (英 refined; sophisticated) ▶デザインが～ている/设计不俗［酷酷］shèjì bù sú[tǐng kù] ▶いつまでも～しない男だな/他永远是个土里土气的人 tā yǒngyuǎn shì ge tǔlǐ tǔqì de rén

あかねぐも【茜雲】彩云 cǎiyún; 火烧云 huǒshāoyún (clouds dyed crimson)

あかはじ【赤恥をかく】出洋相 chū yángxiàng; 出丑 chūchǒu (英 be disgraced publicly) ▶公衆の面前で～をかいた/当众出了洋相 dāngzhòng chūle yángxiàng

あかはた【赤旗】红旗 hóngqí (英 a red flag) ▶合図の～が揚がった/升起［举起］红色的信号旗 shēngqǐ[jǔqǐ] hóngsè de xìnhàoqí

あかはだか【赤裸】一丝不挂 yì sī bú guà (英 completely naked) ▶子供が～で泳いでいる/孩子赤身裸体地游泳 háizi chìshēn luǒtǐ de yóuyǒng ▶悪い女に騙されて～にされた/被坏女人骗得一无所有了 bèi huàinǚrén piànde yì wú suǒ yǒu le ▶借金をもとで～にされた/因为借债, 弄得一贫如洗 yīnwèi jièzhài, nòngde yì pín rú xǐ

あかふだ【赤札】红标签 hóngbiāoqiān; 红牌儿 hóngpáir;（特価品）甩卖品 shuǎimàipǐn (英 a red label〔tag〕) ▶～大バーゲン/挂着红纸大甩卖 guàzhe hóngzhǐ dàshuǎimài ▶～が付いているのは売約済みです/挂着红牌儿的是已被预订的商品 guàzhe hóngpáir de shì yǐ bèi yùdìng de shāngpǐn

アカペラ〔音楽〕无伴奏合唱 wú bànzòu héchàng (英 a cappella) ▶あのコーラスグループは～で知られている/那个合唱团以无伴奏合唱而闻名 nàge héchàngtuán yǐ wú bànzòu héchàng ér wénmíng

あかまる【赤丸】红圈 hóngquān (英 mark with a red circle) ▶正しい答えを～で囲む/在正确的答案上画红圈儿 zài zhèngquè de dá'ànshang huà hóngquānr

あかみ【赤み】红晕 hóngyùn; 红色 hóngsè (英 reddish) ▶病人の顔に～がさした/病人的脸上泛起红晕 bìngrén de liǎnshang fànqǐ hóngyùn ▶雲の峰が～を帯びていた/云峰带着红色 yúnfēng dàizhe hóngsè

あかみ【赤身】红肉 hóngròu〔牛肉などの〕; 瘦肉 shòuròu (英〔肉の〕lean meat) ▶牛の～/牛的瘦肉 niú de shòuròu ▶まぐろの～を刺身にする/用金枪鱼的红肉作生鱼片 yòng jīnqiāngyú de hóngròu zuò shēngyúpiàn

あがめる【崇める】崇敬 chóngjìng; 崇拜

あからがお【赤ら顔】 红脸膛儿 hóngliǎntángr (英 *a ruddy face*) ▶応对に出たのは～の男だった/出来应酬的是一个红脸膛儿的人 chūlái yìngchou de shì yí ge hóngliǎntángr de rén ▶いかにも酒の好きそうな～をしていた/脸红红的，一看就像个爱喝酒的人 liǎn hónghóng de, yí kàn jiù xiàng ge ài hē jiǔ de rén

あからさまな 露骨 lùgǔ (英 *plain; frank*) ▶嫌なことを～に言う/不加修饰地说出刺耳的话 bù jiā xiūshì de shuōchū cì'ěr de huà ▶彼は～な敵意を示した/他显示出露骨的敌意 tā xiǎnshìchū lùgǔ de díyì ▶みんなの前で～に侮辱する/当众露骨地侮辱[羞辱] dāngzhòng lùgǔ de wǔrǔ [xiūrǔ]

あからめる【赤らめる】 发红 fāhóng (英 *turn red*) ▶彼女はそれを聞いて顔を赤らめた/她一听，脸就红了 tā yì tīng, liǎn jiù hóng le

あかり【明かり】 光亮 guāngliàng (英 *a light; a lamp*) ▶小さな裸電球が唯一の～だった/小小的电灯泡是唯一的照明 xiǎoxiǎo de diàndēngpào shì wéiyī de zhàomíng; 只有一盏小电灯泡照亮儿 zhǐ yǒu yì zhǎn xiǎodiàndēngpào zhàoliàngr ▶部屋には～がついていた/房间里亮着灯 fángjiānli liàngzhe dēng ▶～が消えた/电灯灭了 diàndēng miè le ▶カーテンの隙間から～がさす/从窗帘缝隙射进一线光来 cóng chuāngliǎn fèngxì shèjìn yí xiàn guāng lai ▶月～を頼りに夜道を歩く/借着月光走夜道 jièzhe yuèguāng zǒu yèdào ▶～を消す/关灯 guān dēng ▶～をともす 点灯 diǎn dēng; 开灯 kāi dēng ▶暗い世相に～をともす/给黑暗的社会带来一线光明 gěi hēi'àn de shèhuì dàilái yí xiàn guāngmíng

あがり【上がり】 ❶【完了・終了】结束 jiéshù (英 *finish*) ▶焼きそば一丁、炒面一盘，来啦！ chǎomiàn yì pán, lái la! ▶土曜くらい4時で～にしよう/今天是星期六嘛，四点就结束吧 jīntiān shì xīngqīliù ma, sì diǎn jiù jiéshù ba ▶私は課長で～になった/我当上科长就退下来了 wǒ dāngshàng kēzhǎng jiù tuìxiàlai le ❷【収入・収益】收入 shōurù; 卖项 màixiàng (英 *profit; the proceeds*) ▶一日の～を数えてため息をつく/结算完一天的收入叹了一口气 jiésuànwán yì tiān de shōurù tànle yìkǒu qì ▶この商売は1ヶ月どのくらい～がありますか/这个买卖一个月能赚多少钱？ zhège mǎimai yí ge yuè néng zhuàn duōshao qián? ❸【仕上がり】质量 zhìliàng (英 *finish*) ▶このコートは色の～がいい/这件大衣的色质很好 zhè jiàn dàyī de sèzhì hěn hǎo ❹【出身】出身 chūshēn (英 *an ex-...*) ▶軍人～の教員が威張っていた/军人出身的教员架子很大 jūnrén chūshēn de jiàoyuán jiàzi hěn dà ▶会長は役人～だ/会长出身于政府官员 huìzhǎng chūshēn yú zhèngfǔ guānyuán

あがりおり【上がり降り】 する 上下 shàngxià; 升降 shēngjiàng (英 *go up and down*) ▶每日何度階段を～することか/每天上楼下楼的，得多少趟啊 měitiān shàng lóu xià lóu de, děi duōshao tàng a

あがりぐち【上がり口】 《階段の》楼梯口 lóutīkǒu; 《家の》房门口 fángménkǒu (英 *the entrance; the doorway*) ▶階段の～に座り込む/坐在楼梯口 zuòzài lóutīkǒu ▶子供たちが出てきて玄関の～を塞いだ/孩子们出来了，把门口给堵上了 háizimen chūlái, bǎ ménkǒu gěi dǔshàng le

あがりこむ【上がり込む】 走进 zǒujìn (英 *enter... uninvited*) ▶断りもなく家に上がり込んでいた/没打招呼就闯进家门 méi dǎ zhāohu jiù chuǎngjìn jiāmén

あがりさがり【上がり下がり】 《移動》上下 shàngxià; 升降 shēngjiàng;《物価などの》涨落 zhǎngluò (英 *rise and fall; ups and downs*) ▶物価の～に注意を怠らない/时常注意物价的涨落 shícháng zhùyì wùjià de zhǎngluò ▶階段の～が苦しくなった/上下楼梯艰难起来了 shàngxià lóutī jiānnánqǐlái le ▶株価の～が激しい/股票涨落的幅度很大 gǔpiào zhǎngluò de fúdù hěn dà

あがりとり【明かり取り】 天窗 tiānchuāng; 《壁の》采光口 cǎiguāngkǒu (英 *a skylight*) ▶壁に小さな～の窓がついている/墙上有一个采光的小窗户 qiángshang yǒu yí ge cǎiguāng de xiǎo chuāngmén

あがりめ【上がり目】 ❶【目付き】吊眼梢 diàoyǎnshāo; 吊眼角 diàoyǎnjiǎo (英 *slanting eyes*) ▶その～の男が怪しい/那个吊眼梢的男人形迹可疑 nàge diàoyǎnshāo de nánrén xíngjì kěyí ❷【物価の】涨风 zhǎngfēng; 见涨 jiàn zhǎng (英 *an upward trend*) ▶このところ物価は～だ/最近物价开始上涨 zuìjìn wùjià kāishǐ shàngzhǎng

あがる【上がる】 ❶【上の位置へ】上 shàng (英 *go up; rise*) ▶階段を～/上楼梯 shàng lóutī; 登上阶梯 dēngshàng jiētī ▶屋上に上がって山をみる/登上屋顶看山 dēngshàng wūdǐng kàn shān ▶聴衆の間からさっと手が上がった/听众中突然有人举手 tīngzhòng zhōng tūrán yǒu rén jǔshǒu ▶広場に凧が～/在广场放风筝 zài guǎngchǎng fàng fēngzheng ❷【緊張する】怯场 qièchǎng; 紧张 jǐnzhāng (英 *get nervous*) ▶演奏会の日私はひどく上がっていた/演奏会那天我紧张得要命 yǎnzòuhuì nà tiān wǒ jǐnzhāngde yàomìng ❸【等級・段階などが】升 shēng; 提高 tígāo (英 *be promoted*) ▶学校の成績が～/学校的成绩上升 xuéxiào de chéngjì shàngshēng ▶いつのまにか彼の地位が上がっていた/不知不觉[不知从什么时候起]他的地位提高了 bùzhī bùjué[bùzhī cóng shénme shíhou qǐ] tā de dìwèi tígāo le ▶きょうから中学校に～/从今天开始上中学 cóng jīntiān kāishǐ shàng zhōngxué ▶将棋の腕が一段と上がったね/(日本)象棋的水平又有长进 (Rìběn) xiàngqí de shuǐpíng yòu yǒu zhǎngjìn

4【程度・価値などが】上升 shàngshēng；高涨 gāozhǎng（英 rise; go up）▶給料が～/工资提高 gōngzī tígāo；工资上涨 gōngzī shàngzhǎng ▶地位が～/地位提高 dìwèi tígāo ▶石油の値がまた上がりそうだ/看来石油价格又要上涨了 kànlái shíyóu jiàgé yòu yào shàngzhǎng le ▶熱が上がった/体温上升了 tǐwēn shàngshēng le ▶料金が200円から300円に上がった/费用从二百日元提高到三百日元 fèiyong cóng èrbǎi Rìyuán tígāodào sānbǎi Rìyuán **5**【終わる・尽きる】完 wán；尽 jìn（英 end）▶バッテリーが上がってしまった/蓄电池的电用光了 xùdiànchí de diàn yòngguāng le **6**【飲食する】吃 chī；用 yòng（英 eat; drink）▶どうぞ、熱いうちにお上がりください/趁热吃吧 chèn rè chī ba **7**【済む、まかなえる】够 gòu；够用 gòu yòng（英 cost）▶費用は5万円で上がらないだろう/五万日元费用，恐怕不够吧 wǔwàn Rìyuán fèiyong, kǒngpà bú gòu ba

あがる【挙がる】《逮捕される》被捕 bèibǔ；《候補などに》被提名为 bèi tí míng wéi（英 be arrested; be nominated）▶犯人はまだ挙がっていない/犯人还没(被)抓到 fànrén hái méi(bèi) zhuādào ▶市长候补に彼の名も挙がっている/他也被提名为市长候选人 tā yě bèi tímíngwéi shìzhǎng hòuxuǎnrén

あがる【揚がる】《料理で》炸好 zháhǎo（英 be deep-fried; fry）▶エビが揚がった/虾炸好了 xiā zhàhǎo le ▶天ぷらがからっと揚がった/天妇罗炸得脆脆的 tiānfūluó zhàde cuìcuì de

あかるい【明るい】**1**【光で】明亮 míngliàng；亮 liàng（英 light; bright）▶～うちに帰ろう/趁着天还没黑回去吧 chènzhe tiān hái méi hēi huíqù ba ▶壁の色をもう少し明るくしようよ/墙壁的色调再鲜亮一点儿吧 qiángbì de sèdiào zài xiānliàng yìdiǎnr hǎo ba ▶夜の球場は真昼のように～/晚上的球场如同白天一样明亮 wǎnshang de qiúchǎng rútóng báitiān yíyàng míngliàng ▶外はまだ～/外边儿还亮着呢 wàibiānr hái liàngzhe ne ▶～部屋/亮堂堂的房间 liàngtángtáng de fángjiān

2【性格や状態】爽快 shuǎngkuài；明朗 mínglǎng（英 cheerful）▶性格が～/性格明朗 xìnggé mínglǎng ▶彼女は～笑顔でうなずいた/她爽朗地笑着点了点头 tā shuǎnglǎng de xiàozhe diǎnlediǎn tóu ▶物事には一面もあれば暗い面もある/(任何)事情都有光明的一面和黑暗的一面（认何）shìqing dōu yǒu guāngmíng de yí miàn hé hēi'àn de yí miàn ▶町を明るくしようと呼びかけている/呼吁建设明朗的社区 hūyù jiànshè mínglǎng de shèqū ▶これで見通しが明るくなった/这样一来前途就光明了 zhèyàng yì lái qiántú jiù guāngmíng le

3【通暁】精通 jīngtōng；熟悉 shúxī；通达 tōngdá（英 familiar）▶文学に～の世間に暗い/精通文学但不谙世事 jīngtōng wénxué dàn bù ān shìshì ▶彼はこの辺の地理に～/他对这

一带的地理很熟悉 tā duì zhè yídài de dìlǐ hěn shúxī

あかるみ【明るみ】明亮的地方 míngliang de dìfang（英 a light place; the open）▶～に出す/揭露 jiēlù；暴露 bàolù ▶～に出る/表面化 biǎomiànhuà；公开出来 gōngkāichūlai ▶極秘会談の内容を～に出す/秘密会谈的内容被揭露 mìmì huìtán de nèiróng bèi jiēlù ▶大女優の秘めた過去が～に出る/女明星隐瞒已久的过去被曝光 nǚmíngxīng yǐnmán yǐ jiǔ de guòqù bèi pùguāng

あかワイン【赤ワイン】（酒）红葡萄酒 hóngpútaojiǔ（英 red wine）▶～で乾杯しよう/用红葡萄酒干杯 yòng hóngpútaojiǔ gānbēi

あかんたい【亜寒帯】【気象】亚寒带 yàhándài（英 a subarctic zone）

あかんべえする作鬼脸 zuò guǐliǎn（英 pull a face at a person）▶太郎の求爱に良子は～で答えた/对太郎的求爱，良子回敬了一个鬼脸 duì Tàiláng de qiú'ài, Liángzǐ huíjìngle yí ge guǐliǎn

あかんぼう【赤ん坊】娃娃 wáwa；婴儿 yīng'ér（英 a baby; an infant）▶うちにも～が出来た/我家也生了一个孩子 wǒ jiā yě shēngle yí ge háizi ▶僕を～扱いにするな/别拿我当小孩子 bié ná wǒ dāng xiǎoháizi

あき【空き】**1**【隙間】空隙 kòngxì；缝儿 fèngr（英 a gap; a space）▶短文を書いて紙面の～を埋める/写一篇短文填满版面 xiě yì piān duǎnwén tiánmǎn bǎnmiàn **2**【暇・余地】空儿 kòngr；闲室 xiánkòng；工夫 gōngfu（英 room）▶予定がびっしりで～がない/时间表排得满满的，抽不出一点儿空儿 shíjiānbiǎo páide mǎnmǎn de, chōubuchū yìdiǎnr kòngr **3**【欠員・空室など】缺额 quē'é；空缺 kòngquē（英 a vacancy; an opening）▶部屋の～はありますか/有空房间吗？yǒu kòngfángjiān ma？ ▶人員の～を埋める/补充人员的空缺 bǔchōng rényuán de kòngquē ▶役員の～ポストは当分出ないだろう/董事席位暂时不会出现空缺吧 dǒngshì xíwèi zànshí búhuì chūxiàn kòngquē ba
▶～缶／公園の隅に～缶が転がっている/公园角落散落着空饮料罐儿 gōngyuán jiǎoluò sànluòzhe kōngyǐnliàoguànr

あき【秋】秋天 qiūtiān（英 autumn; fall）▶～に人は詩人になる/秋天令人充满诗情 qiūtiān lìng rén chōngmǎn shīqíng ▶～の気配が忍び寄る/秋意悄然降临 qiūyì qiǎorán jiànglín ▶すっかり～めいてきました/秋意渐浓 qiūyì jiàn nóng ▶～が深まるにつれ病も進んでいった/随着秋意渐深，病情也不断加重了 suízhe qiūyì jiàn shēn, bìngqíng yě búduàn jiāzhòng le ▶～口には退院できよう/入了秋大概就能出院 rùle qiū dàgài jiù néng chūyuàn ▶私もとうとう人生の～を迎えた/我也终于迎来了人生之秋 wǒ yě zhōngyú yíngláile rénshēng zhī qiū

あきあき【飽き飽きする】厌烦 yànfán；腻烦

あきかぜ

niǎofán (英 be tired) ▶あいつの冗談には~した/他讲的笑话我早就听腻了 tā jiǎng de xiàohuà wǒ zǎojiù tīngnì le ▶まったく~する講義だよ/那门课实在令人腻味 nà mén kè shízài lìng rén nìwei

あきかぜ【秋風】 秋风 qiūfēng;（男女間の）感情淡漠 gǎnqíng dànmò (英 autumn breeze) ▶~に草の葉先が小さく揺れた/青草尖尖的叶片在秋风中轻轻摇曳 qīngcǎo jiānjiān de yèpiàn zài qiūfēng zhōng qīngqīng yáoyè ▶二人の間にも~が立ち始めた/两个人的感情开始淡漠了 liǎng ge rén de gǎnqíng kāishǐ dànmò le ▶リストラが目前で~が身にしみる/面临下岗,倍感秋凉 miànlín xiàgǎng, bèi gǎn qiūliáng

あきさめ【秋雨】 秋雨 qiūyǔ (英 autumn rain) ▶~前線の影響で長雨が続く/受秋雨锋的影响阴雨连绵 shòu qiūyǔfēng de yǐngxiǎng yīnyǔ liánmián

あきす【空巣】 （趁人不在家时）入室行窃的小偷 (chèn rén bú zàijiā shí) rù shì xíngqiè de xiǎotōu (英[行为] sneak-thieving;[人] a sneak thief) ▶~に入る/乘人不在家时行窃 chéng rén bú zàijiā shí xíngqiè ▶~泥棒;撬门贼 qiàoménzéi ▶~にごっそりやられた/外出时家里被盗得精光 wàichū shí jiālǐ bèi dàode jīngguāng ▶~に入って捕まる/因为入室行窃而被捕 yīnwèi rù shì xíngqiè ér bèibǔ

あきたりない【飽き足りない】 不够满意 bú gòu mǎnyì (英 be unsatisfactory) ▶その計画には大いに飽き足らぬところがある/我对那项计划有很多不满之处 wǒ duì nà xiàng jìhuà yǒu hěn duō bùmǎn zhī chù

あきち【空き地】 空地 kòngdì;白地 báidì (英 vacant ground; an open space) ▶~でボール投げをする/在空地上练习投球 zài kòngdìshang liànxí tóu qiú ▶隣りの~にビルが建った/旁边的空地上盖起了高楼 pángbiān de kòngdìshang gàiqǐle gāolóu

あきっぽい【飽きっぽい】 没常性 méi chángxìng;没耐性 méi nàixìng (英 get tired easily) ▶ほんとにお前は~子だよ/你真是个没耐性的孩子 nǐ zhēn shì yí ge méi nàixìng de háizi ▶彼は何をしても~/他不管干什么都没常性 tā bùguǎn gàn shénme dōu méi chángxìng

あきない【商い】 买卖 mǎimai; 生意 shēngyi (英 business) ▶~をするには元手がいる/做生意需要本钱 zuò shēngyi xūyào běnqián ▶骨身を惜しまず~に精をだす/不辞辛苦地全力以赴做买卖 bù cí xīnkǔ de quánlì yǐ fù zuò mǎimai ▶なかなか~がうまいよ/你可真会做生意啊 nǐ kě zhēn huì zuò shēngyi a

あきなう【商う】 做生意 zuò shēngyi;做买卖 zuò mǎimai (英 sell; trade in...) ▶スーパーで鲜鱼も~/在超市卖鲜鱼 chāoshì mài xiānyú

あきなす【秋茄子】 秋茄子 qiūqiézi (英 an eggplant eaten in autumn) ▶~の味が分かればもう大人だ/懂得秋茄子的风味,你也算是个大人了 dǒngde qiūqiézi de fēngwèi, nǐ yě suànshì ge dàrén le

ことわざ 秋茄子は嫁に食わすな 秋茄子味美,别给媳妇吃 qiūqiézi wèi měi, bié gěi xífù chī;秋茄子是凉性的,别让媳妇吃 qiūqiézi shì liáng xìng de, bié ràng xífù chī

あきばれ【秋晴れ】 晴朗的秋日 qínglǎng de qiūrì (英 a fine autumn day) ▶~の下で野球をする/在秋天的晴空下打棒球 zài qiūtiān de qíngkōngxia dǎ bàngqiú

あきべや【空き部屋】 空房间 kòngfángjiān (英 a vacancy) ▶~はありますか/有没有空房间? yǒuméiyǒu kòngfángjiān? ▶~はもうふさがりました/空房间都已经住满了 kòngfángjiān dōu yǐjing zhùmǎn le

あきまき【秋蒔き】 秋播 qiūbō (英 autumn-sowing) ▶~に備えて畑をつくる/耕地以备秋播 gēngdì yǐ bèi qiūbō

あきまつり【秋祭り】 秋天祭礼 qiūtiān jìlǐ;秋季庙会 qiūjì miàohuì (英 an autumn festival) ▶~には村をあげて収穫を祝った/在秋天祭礼上全村一起欢庆丰收 zài qiūtiān jìlǐshang quáncūn yìqǐ huānqìng fēngshōu

あきや【空き家】 空房子 kòngfángzi (英 a vacant house) ▶この村では半ばが~になっている/这个村子有一半儿人家都没人住了 zhège cūnzi yǒu yíbànr rénjiā dōu méi rén zhù le ▶隣の~に教員一家が越してきた/隔壁空着的房子里搬来了教师一家 gébì kòngzhe de fángzili bānláile jiàoshī yìjiā

あきらか【明らかな】 明显 míngxiǎn;分明 fēnmíng (英 clear; distinct; obvious) ▶彼の犯行の動機が~になった/他的犯罪动机已经不容置疑了 tā de fànzuì dòngjī yǐjing bùróng zhìyí le ▶彼女は~に脅えている/她明显地感到恐怖 tā míngxiǎn de gǎndào kǒngbù ▶協議の結果が~にされた/协议的结果已经公之于众了 xiéyì de jiéguǒ yǐjing gōng zhī yú zhòng le ▶彼がそれをやったことは~だ/很显然是他干的 hěn xiǎnrán shì tā gàn de ▶誰が聞いても~な嘘である/明摆着这是在胡说八道 míngbǎizhe zhè shì zài hú shuō bā dào ▶それは~に事実に反する/这显然不符合事实 zhè xiǎnrán bù fúhé shìshí ▶原因を~にする/查明原因 chámíng yuányīn ▶発言に先立って自己の立場を~にする/在发言之前先明确自己的立场 zài fāyán zhīqián xiān míngquè zìjǐ de lìchǎng

火を見るより~ 显而易见 xiǎn ér yì jiàn ▶彼の非は火を見るより~である/他的罪恶是显而易见的 tā de zuì'è shì xiǎn ér yì jiàn de

あきらめ【諦め】 死心 sǐxīn;达观 dáguān (英 resignation) ▶~がつく/想得开 xiǎngdekāi ▶そうと分かれば~がつく/了解了事情原委也就想得开了 liǎojiěle shìqing yuánwěi yě jiù xiǎngdekāi le ▶何事にも~がたいせつだよ/不管遇到什么事情,都要想得开 bùguǎn yùdào shénme shìqing, dōu yào xiǎngdekāi;遇事达观相待很

あきらめる【諦める】 想开 xiǎngkāi; 死心 sǐxīn (英 *give up*; [我慢する] *resign*) ▶どうにも諦められない/怎么也想不通 zěnme yě xiǎngbutōng; 无论如何不愿就此放手 wúlùn rúhé bú yuàn jiùcǐ fàngshǒu ▶そんなに簡単に諦められるか/怎么能就这么轻易放弃呢？ zěnme néng jiù zhème qīngyì fàngqì ne? ▶逃がした恋を諦めきれない/错过了恋爱的机会却不死心 cuòguòle liàn'ài de jīhuì què bù sǐxīn ▶人生を諦めてはいけない/不应该放弃人生 bù yīnggāi fàngqì rénshēng ▶すられた財布は諦めます/钱包被盗只好自认倒霉 qiánbāo bèi dào zhǎo zì rèn dǎoméi ▶戻ってこぬ娘は死んだものと—/不回家的女儿只当她死了，也就想开了 bù huíjiā de nǚ'ér zhǐ dàng tā sǐ le, yě jiù xiǎngkāi le ▶事故も地震も運命と—/无论事故还是地震，赶上了也就认命 wúlùn shìgù háishi dìzhèn, gǎnshàngle yě jiù rènmìng ▶画家になる夢を—のはまだ早い/放弃当画家的理想还为时过早 fàngqì dāng huàjiā de lǐxiǎng hái wéi shí guò zǎo

あきる【飽きる】 够 gòu; 厌倦 yànjuàn (英 *be tired of...*; *lose interest*) ▶ホームドラマも見飽きた/家庭故事剧也看腻了 jiātíng gùshìjù yě kànnì le ▶毎日豆腐じゃ食べ飽きたよ/每天都是豆腐，早吃腻了 měitiān dōu shì dòufu, zǎo chīnì le ▶親父の説教も聞き飽きた/老爹训人，我早就听腻了 lǎodiē xùn rén, wǒ zǎojiù tīngnì le ▶勉強に飽きてテレビをつける/我对学习厌烦，打开了电视 wǒ duì xuéxí yànfán, dǎkāile diànshì ▶彼はおよそ仕事に—ことを知らない/他干工作几乎不知道厌倦 tā gàn gōngzuò jīhū bù zhīdào yànjuàn

アキレスけん【アキレス腱】 **1**[体の] 阿基里斯腱 Ājīlǐsījiàn (英 *the Achilles tendon*) ▶ランニング中に—が切れる/跑步时跟腱被抻断了 pǎobù shí gēnjiàn bèi chēnduàn le **2**[弱点] 致命的弱点 zhìmìng de ruòdiǎn (英 *a weak point*) ▶科学に弱いことが社長の—だ/缺乏科学素质是总经理致命的弱点 quēfá kēxué sùzhì shì zǒngjīnglǐ zhìmìng de ruòdiǎn

あきれる【呆れる】 吓呆 xiàdāi; 发愣 fālèng ([驚く] *be amazed*; [あいそが尽きる] *be disgusted*) ▶親を殴るなんてあきれた話だ/居然动手殴打父母，简直太不像话了 jūrán dòngshǒu ōudǎ fùmǔ, jiǎnzhí tài búxiànghuà le ▶君の厚かましいのには呆れたよ/你的厚脸皮真没治了 nǐ de hòuliǎnpí zhēn méi zhì le ▶忘れっぽいのにはあきれながら—/这么健忘连自己都感到不可救药 zhème jiànwàng lián zìjǐ dōu gǎndào bùkě jiù yào ▶呆れたね。いつまで子供気分でいるんだ/太不像话了，你什么时候才能长大呀/tài búxiànghuà le, nǐ shénme shíhou cái néng zhǎngdà a? ▶呆れて物が言えない/惊讶得目瞪口呆 jīngyàde mù dèng kǒu dāi

あく【灰汁】 涩味 sèwèi; 个性 gèxìng (英 *lye*; [煮汁の] *scum*) ▶—が強いから嫌われるんだ/个性太强所以不得人心 gèxìng tài qiáng suǒyǐ bù dé rén xīn ▶筍の—抜きをする/去掉竹笋的涩味儿 qùdiào zhúsǔn de sèwèir ▶あの人もすっかり—が抜けたね/他也完全被抹去了棱角 tā yě wánquán bèi mǒqùle léngjiǎo

あく【空く】 空 kòng (英 *become vacant*) ▶前の方の席が空いている/前面的座位空着 qiánmiàn de zuòwèi kòngzhe ▶コピー機が空いたら知らせてください/复印机用完了请告诉我一声 fùyìnjī yòngwánle qǐng gàosu wǒ yì shēng ▶次の日曜日は空いている/下个星期天有空见 xià ge xīngqītiān yǒu kòngr ▶会長の椅子が空いている/会长的职位空着呢 huìzhǎng de zhíwèi kòngzhe ne ▶部屋はいつ空きますか/房间什么时候能空出来？ fángjiān shénme shíhou néng kòngchūlai? ▶空いた部屋はすぐに埋まった/空房子一下就租出去了 kòngfángzi yíxià jiù zūchūqu le ▶手が空いているなら手伝ってくれよ/你现在有空儿的话，就帮我一下吧 nǐ xiànzài yǒu kòngr dehuà, jiù bāng wǒ yíxià ba ▶空いているほうの手で受話器をつかんだ/用空出来的那只手拿起了电话 yòng kòngchūlai de nà zhī shǒu náqǐle diànhuà

あく【悪】 恶 è (英 *evil*; *vice*) ▶貧しさに負けて—の道に走る/迫于贫穷而走上邪路 pòyú pínqióng ér zǒushàng xiélù ▶息子がいつの間にか—に染まっていた/儿子不知什么时候染上了恶习 érzi bù zhī shénme shíhou rǎnshàngle èxí ▶—には—の報いあり/恶有恶报 è yǒu èbào ▶—をこらしめる正義の味方/扬善惩恶的正义之士 yángshàn chéng è de zhèngyì zhī shì ▶社会—にみんな鈍感になっている/对社会弊病大家都麻木了 duì shèhuì bìbìng dàjiā dōu mámù le

ことわざ 悪に強きは善にも強し 改邪归正的人能变成真正的好汉 gǎi xié guī zhèng de rén néng biànchéng zhēnzhèng de hǎohàn

あく【開く】 开 kāi; 开启 kāiqǐ (英 *open*; *begin*) ▶人生劇場の幕が—/拉开人生舞台的帷幕 lākāi rénshēng wǔtái de wéimù ▶戸がどうしても開かない/门怎么也打不开 mén zěnme yě dǎbukāi ▶お宅の店は何時まで開いていますか/贵店几点关门？ guìdiàn jǐ diǎn guānmén?

開いた口が塞がらない 吓得瞠目结舌 xiàde chēngmù jiéshé

アクアマリン [鉱物] 海蓝宝石 hǎilán bǎoshí (英 *aquamarine*)

アクアラング 水中呼吸器 shuǐzhōng hūxīqì; 潜水器 qiánshuǐqì (英 *an aqualung; a scuba*) ▶—をつけて潜水する/戴上水中呼吸器潜水 dàishang shuǐzhōng hūxīqì qiánshuǐ

アクアリウム [水槽] 养鱼缸 yǎngyúgāng; [水族館] 水族馆 shuǐzúguǎn (英 *an aquarium*)

あくい【悪意】 恶意 èyì ([悪気] *ill will*; *malice*) ▶—を抱いて近づきになる/心怀恶意套近乎 xīnhuái èyì tào jìnhu ▶—に満ちた揶揄を放つ/充满恶意地信口嘲笑 chōngmǎn èyì de xìnkǒu cháoxiào ▶—のない冗談が思わぬ結果を

招いた/毫无恶意的玩笑却惹来了意想不到的结果 háowú èyì de wánxiào què rělái le yìxiǎngbudào de jiéguǒ ▶人の好意を~に解する/把别人的好心理解成恶意 bǎ biérén de hǎoxīn lǐjiěchéng èyì

あくうん【悪運】 贼运 zéiyùn （英 the devil's own luck） ▶まったく~の強いやつだね/他可真是个贼运亨通的家伙 tā kě zhēn shì ge zéiyùn hēngtōng de jiāhuo ▶あいつもそろそろ~が尽きるころだ/那家伙的贼运也快到头了 nà jiāhuo de zéiyùn yě kuài dàotóu le

あくえいきょう【悪影響】 坏影响 huàiyǐngxiǎng；不良影响 bùliáng yǐngxiǎng （英 a bad influence） ▶青年に~を与える/给青年以坏影响 gěi qīngnián yǐ huài yǐngxiǎng ▶子供たちに~を及ぼす/给孩子们带来不良影响 gěi háizimen dàilái bùliáng yǐngxiǎng ▶無法な大人から~を受ける/从不讲道理的大人身上受到坏影响 cóng bù jiǎng dàolǐ de dàrén shēnshang shòudào huàiyǐngxiǎng

あくえき【悪疫】 瘟疫 wēnyì （英 a plague; an epidemic） ▶被災地に~が流行している/灾区正在流行瘟疫 zāiqū zhèngzài liúxíng wēnyì ▶旅行先で~にかかった/在旅行的地方染上了瘟疫 zài lǚxíng de dìfang rǎnshàngle wēnyì

あくえん【悪縁】 孽缘 nièyuán （英 an evil connection） ▶あなたとは~が切れませんよ/咱们的孽缘可断不了啊 zánmen de nièyuán kě duànbuliǎo a

あくかんじょう【悪感情】 恶感 ègǎn；坏印象 huàiyìnxiàng （英 an ill will; ill feelings） ▶彼の言動に~を抱く/对他的言行抱有恶感 duì tā de yánxíng bàoyǒu ègǎn

あくぎょう【悪行】 坏事 huàishì （英 an evil act） ▶~を重ねた果てに野垂れ死にする/由于干尽了坏事而不得善终 yóuyú gànjìnle huàishì ér bù dé shànzhōng ▶あれだけの~が報いを受けないはずがない/做了那么多坏事不可能不遭报应 zuòle nàme duō huàishì bù kěnéng bù zāo bàoyìng

あくじ【悪事】 坏事 huàishì；劣迹 lièjì （英 evil, wrong-doing） ▶もとはと言えばさんざん~を働いた男だ/他本来就是一个为非作歹的男人 tā běnlái jiùshì yí ge wéi fēi zuò dǎi de nánrén ▶とうとう~が露見した/罪行终于败露了 zuìxíng zhōngyú bàilù le ▶家を出てから~を重ねて生きてきた/离开家乡以后他做尽坏事活了下来 líkāi jiāxiāng yǐhòu tā zuòjìn huàishì huólexiàlai

ことわざ 悪事千里を走る （好事不出门,）坏事传千里 (hǎoshì bù chū mén,) huàishì chuán qiān lǐ

あくしつ【悪質】 恶劣 èliè；坏 huài （英 vicious） ▶君の行為は一番~だ/你的行为性质最恶劣 nǐ de xíngwéi xìngzhì zuì èliè ▶~ないたずらに泣かされる/为卑劣的恶作剧而伤脑筋 wèi bēiliè de èzuòjù ér shāng nǎojīn ▶~な詐欺/性质恶劣的诈骗行为 xìngzhì èliè de zhàpiàn xíngwéi ▶~な宣伝/性质恶劣的宣传鼓动 xìngzhì èliè de xuānchuán gǔdòng

アクシデント 突发事件 tūfā shìjiàn；意外事故 yìwài shìgù （英 an accident） ▶思わぬ~で工事が遅れた/因为意外事故工程被耽误了 yīnwèi yìwài shìgù gōngchéng bèi dānwu le

あくしゅ【握手する】 握手 wòshǒu （英 shake hands with...） ▶根本氏と固い~を交わした/跟根本先生紧紧地握了手 gēn Gēnběn xiānsheng jǐnjǐn de wòle shǒu ▶彼女に~を求めた/伸出手要跟她握手 shēnchū shǒu yào gēn tā wòshǒu ▶二人は固く~して別れた/两个人紧紧握手后挥别了 liǎng ge rén jǐnjǐn wòshǒu hòu huībié le

あくしゅう【悪臭】 恶臭 èchòu （英 a bad smell; a stench） ▶ふんぷんの~/臭烘烘 chòuhōnghōng ▶ふんぷんのゴミの山/臭烘烘的垃圾堆 chòuhōnghōng de lājīduī ▶一歩部屋に入ると~が鼻をついた/刚跨进房间就闻到了刺鼻的臭味儿 gāng kuàjìn fángjiān jiù wéndàole cìbí de chòuwèir ▶腐乱死体が~を放つ/腐烂尸体散发出臭味 fǔlàn shītǐ sànfāchū chòuwèi

あくしゅう【悪習】 恶习 èxí；坏习惯 huàixíguàn （英 a bad habit; an evil practice） ▶~に染まる/染上恶习 rǎnshàng èxí ▶早く その~を断つんだね/快改掉那个恶习吧 kuài gǎidiào nàge èxí ba ▶~に染まるのは早かった/过早地染上了恶习 guò zǎo de rǎnshàngle èxí

あくしゅみ【悪趣味】 低级趣味 dījí qùwèi （英 bad taste） ▶~も高じると犯罪になる/热衷于低俗的趣味也会发展成犯罪 rèzhōng yú dīsú de qùwèi yě huì fāzhǎnchéng fànzuì

あくじゅんかん【悪循環】 恶性循环 èxìng xúnhuán （英 a vicious cycle） ▶物価と賃金の~に陥る/陷入了物价与工资间的恶性循环 xiànrùle wùjià yǔ gōngzī jiān de èxìng xúnhuán ▶貧困と病気の~をいかにして断つか/如何摆脱贫困与疾病间的恶性循环？ rúhé bǎituō pínkùn yǔ jíbìng jiān de èxìng xúnhuán?

あくしょ【悪書】 坏书 huàishū；黄色书刊 huángsè shūkān （英 an evil book） ▶~を追放することがなぜ難しいのか/清除黄书为什么困难？ qīngchú huángshū wèi shénme kùnnan

あくじょ【悪女】 ❶〖性格の悪い〗坏女人 huàinǚrén；毒妇 dúfù （英 a bad woman） ▶~がもてる時代もある/有的时代坏女人也会受青睐 yǒude shídài huàinǚrén yě huì shòu qīnglài ▶あれは典型的な~だ/那是典型的坏女人 nà shì diǎnxíng de huàinǚrén ❷〖容貌が〗丑女 chǒunǚ （英 an ugly woman）
~の深情け 丑女情深 chǒunǚ qíng shēn

アクション 行动 xíngdòng （英 an action） ▶~映画/武打片 wǔdǎpiàn；动作片 dòngzuòpiàn；功夫片 gōngfūpiàn ▶かつては~スターで鳴らしたものだ/过去是作为武打明星而出名的 guòqù shì zuòwéi wǔdǎpiàn míngxīng ér chūmíng de ▶犯罪撲滅の~を起こす/掀起取缔犯罪的运动 xiānqǐ qǔdì fànzuì de yùndòng

あくしん【悪心】 恶念 èniàn （英 an evil inten-

あくせい【悪声】 嗓音不好 sǎngyīn bù hǎo; 不好听的声音 bù hǎotīng de shēngyīn (英 *a poor voice*) ▶生まれつきの〜で損をしている/天生嗓子不好,所以很吃亏 tiānshēng sǎngzi bù hǎo, suǒyǐ hěn chīkuī

あくせい【悪性の】 恶性 èxìng (英 *virulent*) ▶〜の風邪がはやる/流行恶性感冒 liúxíng èxìng gǎnmào ▶妻の腫瘍は〜ではなかった/妻子的肿瘤不是恶性的 qīzi de zhǒngliú bú shì èxìng de ▶〜インフレが進行している/恶性通货膨胀正在加剧 èxìng tōnghuò péngzhàng zhèngzài jiājù ◆腫瘍 **恶性肿瘤** èxìng zhǒngliú 〜リンパ腫 **恶性淋巴瘤** èxìng línbāliú

あくせい【悪政】 暴政 bàozhèng; 苛政 kēzhèng (英 *bad government*) ▶〜を恨む声が上がり始めた/对暴政开始怨声载道 duì bàozhèng kāishǐ yuànshēng zài dào ▶〜に抗議する/抗议暴政 kàngyì bàozhèng

あくせく 忙忙碌碌 mángmánglùlù; 辛辛苦苦 xīnxīnkǔkǔ (英 *busily*) ▶〜と暮らすことはないだろう/没有必要那么操劳地过日子吧 méiyǒu bìyào nàme cāoláo de guò rìzi ba ▶働いたってどうせ短い一生だよ/辛苦忙碌地工作,到头来也不过是短暂的一生 xīnkǔ mánglù de gōngzuò, dàotóulái yě búguò shì duǎnzàn de yìshēng

アクセサリー 首饰 shǒushì; 装饰品 zhuāngshìpǐn (英 *an accessory*) ▶部屋の〜に絵皿を飾る/为了点缀房间而装饰上彩盘 wèile diǎnzhuì fángjiān ér zhuāngshìshàng cǎipán ▶あの人はいつも趣味のよい〜をつけている/她总是戴着很雅致的首饰 tā zǒngshì dàizhe hěn yǎzhì de shǒushi

アクセス ❶【電算】存取 cúnqǔ; 访问 fǎngwèn (英 *access*) ▶緑風社のホームページに〜する/访问绿风社的网页 fǎngwèn Lǜfēngshè de wǎngyè ▶〜が1ヶ月で2万件に達した/一个月的点击率高达两万件 yí ge yuè de diǎnjīlǜ gāodá liǎng wàn jiàn ❷【交通】路径 lùjìng; 交通指南 jiāotōng zhǐnán (英 *access*) ▶会場の〜/前往会场的交通途径 qiánwǎng huìchǎng de jiāotōng tújìng
◆〜カウンター **访问计数器** fǎngwèn jìshùqì 〜権 **访问权限** fǎngwèn quánxiàn 〜取得権限 **存取权限** cúnqǔ quánxiàn 〜ログ **访问日志** fǎngwèn rìzhì

アクセル 加速器 jiāsùqì (英 *an accelerator*) ▶軽く〜を踏む/轻轻地踩油门 qīngqīng de cǎi yóumén

あくせん【悪銭】 黑钱 hēiqián; 横财 hèngcái (英 *ill-gotten money*) ことわざ 悪銭身に付かず 不义之财不久留 bú yì zhī cái bù jiǔ liú; 悖入悖出 bèi rù bèi chū

あくせんくとう【悪戦苦闘する】 艰苦奋斗 jiānkǔ fèndòu (英 *fight hard; struggle*) ▶会社の建て直しに〜する/为公司的重建而艰苦奋斗 wèi gōngsī de chóngjiàn ér jiānkǔ fèndòu ▶〜の末形勢を挽回する/经过艰苦奋斗终于扭转了局面 jīngguò jiānkǔ fèndòu zhōngyú niǔzhuǎnle júmiàn

アクセント ❶【発音】重音 zhòngyīn (英 *an accent*) ▶京都では〜が違う/京都话声调儿不一样 Jīngdūhuà shēngdiàor bù yíyàng ❷【強調点】重点 zhòngdiǎn (英 *a stress*) ▶ベルトを〜に使いましょう/把腰带当作服装的一个点缀吧 bǎ yāodài dàngzuò fúzhuāng de yí ge diǎnzhuì ba ▶この庭園はこの部分に〜がある/这座庭园的重点在这个部分 zhè zuò tíngyuán de zhòngdiǎn zài zhège bùfen

あくそう【悪相】 丑恶的嘴脸 chǒu'è de zuǐliǎn; 凶相 xiōngxiàng (英 *evil countenance*) ▶あの〜でずいぶん損をしている/那副凶相让他吃了不少亏 nà fù xiōngxiàng ràng tā chīle bùshǎo kuī

あくたい【悪態】 辱骂 rǔmà (英 *abusive language; bad language*) ▶兄弟で互いに〜をつく/兄弟俩互相漫骂 xiōngdì liǎ hùxiāng mànmà ▶あいつの〜を聞かないとなんだか寂しいね/听不到他的粗话反倒让人感到少了点儿什么 tīngbudào tā de cūhuà fǎndǎo ràng rén gǎndào shǎole diǎnr shénme

あくだま【悪玉】 坏蛋 huàidàn; 坏人 huàirén (英 *a bad guy*) ▶俺なんか学校でも〜扱いだよ/我这样的在学校也被看作坏人 wǒ zhè yàngr de zài xuéxiào yě bèi kànzuò huàirén ▶〜コレステロール/对身体有害的胆固醇 duì shēntǐ yǒuhài de dǎngùchún

アクティブ 积极 jījí; 活跃 huóyuè; 能动 néngdòng (英 *active*) ▶若者は〜でなければね/年轻人应该积极主动 niánqīngrén yīnggāi jījí zhǔdòng

あくてんこう【悪天候】 坏天气 huàitiānqì (英 *bad weather*) ▶〜をついて/冒着坏天气 màozhe huàitiānqì ▶〜をついて山に登る/不顾天气恶劣去爬山 bú gù tiānqì èliè qù pá shān ▶〜で飛行機がおくれた/由于天气恶劣飞机误点了 yóuyú tiānqì èliè fēijī wùdiǎn le ▶夏の〜が祟った/夏天的坏天气作祟 xiàtiān de huàitiānqì zuòsuì

あくどい ❶【けばけばしい】品位低俗 pǐnwèi dīsú; 花哨 huāshao; 过火 guòhuǒ (英 *showy*) ▶あの服装はちょっと〜ね/那件衣服有点儿花哨 nà jiàn yīfu yǒudiǎnr huāshao ▶〜化粧は御免蒙る/这么刺眼的打扮真受不了 zhème cìyǎn de dǎban zhēn shòubuliǎo ❷【性質】恶毒 èdú; 恶劣 èliè (英 *vicious; wicked*) ▶対立候補に〜攻撃を仕掛ける/向对方候选人进行恶毒的攻击 xiàng duìfāng hòuxuǎnrén jìnxíng èdú de gōngjī ▶〜手口でライバルを葬る/用毒辣的手段葬送竞争对手 yòng dúlà de shǒuduàn zàngsòng jìngzhēng duìshǒu

あくとう【悪党】 恶棍 ègùn; 无赖 wúlài; 坏蛋 huàidàn (英 *a villain*) ▶お前ほんとに〜だ/你简直就是一个无赖 nǐ jiǎnzhí jiùshì yí ge wúlài ▶あの家が〜どもの巣になっている/那所房子成了

那些恶棍的魔窟 nà suǒ fángzi chéngle nà xiē ègùn de mókū

あくどう【悪童】 坏孩子 huàiháizi; 调皮鬼 tiáopíguǐ (英) *a naughty boy* ▶~どもを引き連れて出発した/带着几个调皮鬼出发了 dàizhe jǐ ge tiáopíguǐ chūfā le

あくとく【悪徳】 缺德 quēdé; 道德败坏 dàodé bàihuài (英) *vice; immorality* ▶~業者は高齢者に狙いをつける/奸商们瞄准高龄老人进行诈骗 jiānshāngmen miáozhǔn gāolíng lǎorén jìnxíng zhàpiàn ▶~商法に引っかかる/受欺诈性买卖的蒙骗 shòu qīzhàxìng mǎimài de mēngpiàn

あくなき【飽くなき】 贪得无厌的 tāndé wúyàn de; 无止境的 wú zhǐjìng de; 坚持不懈 jiānchí búxiè (英) *insatiable* ▶~探求心が今日の彼を作りあげた/孜孜不倦的探求精神造就了今天的他 zīzī bú juàn de tànqiú jīngshén zàojiùle jīntiān de tā

あくにん【悪人】 恶人 èrén; 坏人 huàirén (英) *a bad person; a rogue* ▶~面するのはやめなさい/别装坏人了 bié zhuāng huàirén le

あくび 哈欠 hāqian (英) *a yawn* ▶~をする; 欠伸 qiànshēn; 打哈欠 dǎ hāqian ▶社長の背後で大~をする/在老板身后张大嘴打了个哈欠 zài lǎobǎn shēnhòu zhāngdà zuǐ dǎle ge hāqian あの先生の講義は~が出る/听那个老师的课总打哈欠 tīng nàge lǎoshī de kè zǒng dǎ hāqian ~をかみ殺す 忍住哈欠 rěnzhù hāqian

あくひつ【悪筆】 难看的字 nánkàn de zì; 不好的字 bù hǎo de zì (英) *poor handwriting* ▶私はひどい~だ/我的字难看极了 wǒ de zì nánkànjí le

あくひょう【悪評】 坏名声 huài míngshēng (英) *a bad reputation* ▶会社で彼の~が立つ/在公司里他臭名远扬 zài gōngsīlǐ tā chòumíng yuǎnyáng ▶この度の芝居は~ばかりだ/这场戏真是声名狼藉 zhè chǎng xì zhēn shì shēngmíng lángjí ▶彼には~が絶えない/关于他的负面评价一直不断 guānyú tā de fùmiàn píngjià yìzhí bú duàn ▶俺は何をやっても~を買うんだ/我无论做什么都会遭到大家的批评 wǒ wúlùn zuò shénme dōu huì zāodào dàjiā de pīpíng

あくびょうどう【悪平等】 不合理的平均主义 bù hélǐ de píngjūn zhǔyì; 平均主义 píngjūn zhǔyì; 大锅饭 dàguōfàn (英) *vicious equality* ▶~を正す/纠正不合理的平均主义 jiūzhèng bù hélǐ de píngjūn zhǔyì

あくふう【悪風】 恶习 èxí; 坏风气 huàifēngqì (英) *a bad custom; an evil practice* ▶都会の~に染まる/别沾染上城市里的坏风气 bié zhānrǎnshàng chéngshìli de huàifēngqì

あくぶん【悪文】 拙劣的文章 zhuōliè de wénzhāng (英) *a bad style; poor writing* ▶彼の~には閉口するよ/对他的蹩脚文章简直没话可说 duì tā de biéjiǎo wénzhāng jiǎnzhí méi huà kě shuō ▶この法律は典型的な~だ/这项法律条文真是典型的费解文章 zhè xiàng fǎlǜ tiáowén zhēn shì diǎnxíng de fèijiě wénzhāng

あくへい【悪弊】 社会上的坏习惯 shèhuìshang de huàixíguàn (英) *a vicious practice* ▶戦前からの~がまだ残る/战前就有的坏风气至今依然残存着 zhànqián jiù yǒude huàifēngqì zhìjīn yīrán cáncúnzhe ▶~を断つべく努力しよう/为了根除恶习而努力吧 wèile gēnchú èxí ér nǔlì ba

あくへき【悪癖】 坏毛病 huàimáobìng; 坏习惯 huàixíguàn (英) *a bad habit; a vice* ▶あいつは飲めばくだを巻く~がある/那家伙有一喝酒就絮叨的坏毛病 nà jiāhuo yǒu yì hē jiǔ jiù xùdāo de huàimáobìng ▶~を直そうと努めたがだめだった/曾努力改掉恶习，结果还是徒劳 céng nǔlì gǎidiào èxí, jiéguǒ háishi túláo

あくほう【悪法】 恶法 èfǎ (英) *a bad law; an unjust law* 〜も法なり 恶法亦法 èfǎ yì fǎ; 坏法律也是法律 huàifǎlǜ yě shì fǎlǜ

あくま【悪魔】 恶魔 èmó; 魔鬼 móguǐ (英) *a devil; a demon* ▶あなたは私のかわいい~よ/你是我心爱的小妖精 nǐ shì wǒ xīn'ài de xiǎoyāojing ▶これは~の仕業としか思えない/这种行径只有魔鬼才干得出来 zhè zhǒng xíngjìng zhǐyǒu móguǐ cái gàndechūlái ▶~に魂を売る/把灵魂出卖给撒旦 bǎ línghún chūmài gěi sādàn; 向魔鬼出卖灵魂 xiàng móguǐ chūmài línghún

あくまで【飽くまで】 彻底 chèdǐ (英) *to the last; persistently* ▶辛くても~がんばる/即使艰苦也要坚持到底 jíshǐ jiānkǔ yě yào jiānchí dàodǐ ▶僕は~君を支持する/我坚决支持你 wǒ jiānjué zhīchí nǐ; 无论如何我都支持你 wúlùn rúhé wǒ dōu zhīchí nǐ ▶~新法案には~反対する/我坚决反对这个新法案 wǒ jiānjué fǎnduì zhège xīnfǎ'àn

あくむ【悪夢】 恶梦 èmèng; 噩梦 èmèng (英) *a nightmare* ▶毎夜~にうなされる/每天晚上都会做噩梦 měitiān wǎnshang dōu huì zuò èmèng ▶~のような一日が過ぎた/恶梦般的一天过去了 èmèng bān de yì tiān guòqù le ▶~からさめたみたいにしっかり働いている/他好像从恶梦中清醒过来一样脚踏实地地工作着 tā hǎoxiàng cóng èmèng zhōng qīngxǐngguòlái yíyàng jiǎotàshídì de gōngzuòzhe

あくめい【悪名】 臭名 chòumíng; 坏名声 huàimíngshēng (英) *a bad reputation* ▶この界隈では~高い金貸しだった/在这一带他是一个臭名昭著的高利贷主 zài zhè yídài tā shì yí ge chòumíng zhāozhù de gāolìdàizhǔ ▶~を着せられる/被扣上了罪名 bèi kòushàngle zuìmíng

あくやく【悪役】 ❶【芝居の】反派角色 fǎnpài juésè (英) *a villain* ▶僕の~を演じると息子が泣くんだよ/我一演反派角色儿子就哭 wǒ yì yǎn fǎnpài juésè érzi jiù kū **❷**【比喩的に】反面人物 fǎnmiàn rénwù ▶わかった。私が~に回ろう/我，明白了，让我来唱白脸儿吧 wǒ, wǒ míngbaile, ràng wǒ lái chàng báiliǎnr ba; 行，我来当一回坏人吧 xíng, wǒ lái dāng yì huí

あくゆう【悪友】 坏朋友 huàipéngyou；《反語的に》亲密的朋友 qīnmì de péngyou (英 *a bad friend; bad company*) ▶～と飲み歩く/跟哥们儿到处饮酒 gēn gēmenr dàochù yǐnjiǔ／～のために身を誤る/为了狐朋狗友而耽误了自己的前程 wèile húpéng gǒuyǒu ér dānwule zìjǐ de qiánchéng

あくよう【悪用する】 滥用 lànyòng；利用…做坏事 lìyòng…zuò huàishì (英 *abuse; misuse*) ▶地位を～して蓄財する/利用自己的地位积攒钱财 lìyòng zìjǐ de dìwèi jīzǎn qiáncái

あぐら【胡坐】 盘腿坐 pántuǐzuò (英 *sitting with one's legs crossed*) ▶客の前で～をかく/在客人面前盘腿而坐 zài kèrén miànqián pántuǐ ér zuò ▶～をかく／過去の名声の上に～をかく/躺在以往的功劳簿上睡大觉 tǎngzài yǐwǎng de gōngláobùshang shuì dàjiào ▶鼻～をかいている/鼻梁低,鼻翼宽 bíliáng dī, bíyì kuān

あくらつ【悪辣な】 毒辣 dúlà；恶毒 èdú；狠毒 hěndú (英 *nasty; mean*) ▶～なまねをしやがる/他做事真是狠毒 tā zuòshì zhēn shì hěn dú ▶～な手口を弄して政敵を葬る/玩弄毒计陷害政敌 wánnòng dújì xiànhài zhèngdí ▶どんな～な手段でも平気で使う/多么恶毒的手段都毫不在乎使用 duōme èdú de shǒuduàn dōu háobù zàihu de shǐyòng

あくりょう【悪霊】 恶鬼 èguǐ；邪鬼 xiéguǐ；冤魂 yuānhún (英 *an evil spirit*) ▶祈祷して～を祓う/进行祈祷祛除邪祟 jìnxíng qídǎo qūchú xiésuì ▶～に取りつかれる/恶魔附体 èmó fùtǐ；被冤魂缠住 bèi yuānhún chánzhù

あくりょく【握力】 握力 wòlì (英 *grasping power; grip*) ▶～を計る/测试握力 cèshì wòlì ▶～計が壊れるほど～が強い/握力太强甚至能擦坏握力仪 wòlì tài qiáng shènzhì néng zuānhuài wòlìyí

アクリル 丙烯 bǐngxī (英 *acrylic*) ▶列車の窓には～ガラスが使ってある/列车车窗上使用的是丙烯玻璃 lièchē chēchuāngshang shǐyòng de shì bǐngxī bōlí ◆～樹脂|丙烯酸树脂 bǐngxīsuān shùzhī ～繊維|丙烯腈纤维 bǐngxījīng xiānwéi；腈纶 jīnglún

あくる【明くる】 (英 *the next...; the following...*) ▶～日/第二天 dì'èr tiān ▶～年/第二年 dì'èr nián ▶～日さっそく電話で注文した/第二天马上打电话订购了 dì'èr tiān mǎshàng dǎ diànhuà dìnggòu le ▶入社した～年会社はつぶれた/进公司的第二年公司就倒闭了 jìn gōngsī de dì'èr nián gōngsī jiù dǎobì le ▶～4月1日に入学式があった/次月四月一日举行了开学典礼 cìrì sì yuè rì jǔxíngle kāixué diǎnlǐ

あくれい【悪例】 不好的例子 bù hǎo de lìzi (英 *a bad example*) ▶後世に～を残す/给后世留下不好的例子 gěi hòushì liúxià bù hǎo de xiānlì

アグレッシブ 积极的 jījí de；攻击性的 gōngjīxìng de (英 *aggressive*) ▶僕にはあんな～な生き方はできない/我可不能那样大胆地生活 wǒ kě bùnéng nàyàng dàdǎn de shēnghuó

アグレマン 向对方国家要求派遣使节的承诺 xiàng duìfāng guójiā yāoqiú pàiqiǎn shǐjié de chéngnuò；同意 tóngyì (英 *an agrément*) ▶先方の～を得る/得到对方的同意 dédào duìfāng de tóngyì

あくろ【悪路】 泥泞的道路 nínìng de dàolù；崎岖的道路 qíqū de dàolù；难走的道路 nán zǒu de dàolù (英 *a rough road*) ▶～をたどって村に着いた/顺着难走的道路来到了村子 shùnzhe nán zǒu de dàolù láidàole cūnzi

アクロバット 杂技 zájì (英 *acrobatics*；[人] *an acrobat*) ▶～飛行に度肝を抜かれる/特技飞行让人惊叹不已 tèjì fēixíng ràng rén jīngtàn bùyǐ

-あけ【-明け】 (英 *the end of...*) ▶週～に試験をする/下星期一开始考试 xià xīngqīyī kāishǐ kǎoshì ▶年～には結婚式だ/过了年就举行婚礼 guòle nián jiù jǔxíng hūnlǐ

あげあし【揚げ足をとる】 挑毛病 tiāo máobìng；找碴儿 zhǎo chár (英 *find fault with...*) ▶人の～をとって喜ぶ/津津乐道于挑别人的毛病 jīnjīn lèdào yú tiāo biérén de máobìng ▶～をとられるなよ/别被人抓住把柄 bié bèi rén zhuāzhù bǎbǐng

あげおろし【上げ下ろし】 拿起放下 náqǐ fàngxià；装卸 zhuāngxiè (英 *raising and lowering*) ▶倉庫で荷物の～をするのが仕事です/在仓库里装卸货物就是我的工作 zài cāngkùli zhuāngxiè huòwù jiùshì wǒ de gōngzuò ▶箸の～まで文句をつける/连怎么用筷子都要挑剔 lián zěnme yòng kuàizi dōu yào tiāotī

あけがた【明け方】 拂晓 fúxiǎo；一大早儿 yídàzǎor (英 *dawn; daybreak*) ▶～に雨の音を聞いた/清早听到了雨声 qīngzǎo tīngdàole yǔshēng ▶～の月もいいものだ/拂晓时分的月亮也别具风情 fúxiǎo shífēn de yuèliang yě bié jù fēngqíng

あげく【揚句・挙句】 之后 zhīhòu (英 *in the end; finally*) ▶散々議論した～、また原案に戻った/讨论来讨论去，到头来又回到了原先的方案 tǎolùn lái tǎolùn qù, dàotóulái yòu huídàole yuánxiān de fāng'àn ▶口論の～取っ組み合いをはじめた/吵来吵去，最后动手扭打起来了 chǎo lái chǎo qù, zuìhòu dòngshǒu niǔdǎqǐlai le ▶～の果て/放蕩の～の果てに孤独死した/放浪到最后孤独而死 fànglàngdào zuìhòu gūdú ér sǐ

あけくれ【明け暮れ】 天天 tiāntiān；日夜 rìyè (英 *day and night; all the time*) ▶田園の～が気に入っている/喜爱田园生活 xǐ'ài tiányuán shēnghuó ▶～パソコンに向かう/一天到晚打电脑 yì tiān dào wǎn guāng dǎ diànnǎo

あけくれる【明け暮れる】 埋头于 máitóuyú…；致力于 zhìlìyú…；一天到晚 yì tiān dào wǎn

…㉂ spend one's time in…）▶仕事に～/埋头工作 máitóu gōngzuò

あげしお【上げ潮】 ❶【満ち潮】涨潮 zhǎngcháo（㉂ the flood tide）▶～と嵐が重なった/涨潮时间跟暴风雨碰到一起了 zhǎngcháo shíjiān gēn bàofēngyǔ pèngdào yìqǐ le ❷【勢い】旺盛 wàngshèng；高潮时期 gāocháo shíqí（㉂ force; power）▶～に乗って事業が拡大する/势头很旺，事业乘势壮大 shìtóu hěn wàng, shìyè chéngshì zhuàngdà

あけすけ【明け透けに】 露骨 lùgǔ；不客气 búkèqi（㉂ frankly; unreservedly）▶あれは～な贿赂の要求だ/那是在露骨地要求贿赂 nà shì zài lùgǔ de yāoqiú huìlù ▶相手が誰であれ～にものを言う/不管对谁说话都毫不客气 bùguǎn duì shéi huà dōu háobú kèqi

あげぞこ【上げ底】（㉂ a false bottom）▶～の菓子箱/底部被垫高的点心盒儿 dǐbù bèi diàngāo de diǎnxīnhér

あけたて【開け閉て】 开关 kāiguān（㉂ open and shut）▶戸が朽ちてきて～に不自由する/门开始腐朽了，开起来很费劲 mén kāishǐ fǔxiǔ le, kāiqǐlái hěn fèijìn

あけっぱなし【開けっ放しの】 開着 kāizhe；坦率 tǎnshuài（㉂ open; frank）▶あけはなし（開け放し）▶ドアが～ている/门敞着 mén chǎngzhe ▶窓を～で寝る/开着窗户睡觉 kāizhe chuānghu shuìjiào ▶彼はなんでも～だ/他什么事都不加掩饰 tā shénme shì dōu bù jiā yǎnshì ▶～に言う/毫不掩饰地说 háobú yǎnshì de shuō

あけっぴろげ【開けっ広げな】 外向 wàixiàng；坦率 tǎnshuài；豁达 huòdá（㉂ frank; open）▶あの～な性格が好かれるのだ/那种豁达的个性受到大家的喜爱 nà zhǒng huòdá de xìnggé shòudào dàjiā de xǐ'ài ▶彼は誰に対しても～だ/他对谁都坦诚相待 tā duì shéi dōu tǎnchéng xiāngdài

あげつらう《些細な事柄を》议论 yìlùn（㉂ find fault with...; criticize）▶人の欠点を～/议论别人的缺点 yìlùn biérén de quēdiǎn

あげて【挙げて】 全 quán；都 dōu（㉂ all; whole）▶全校を～課題に取り組む/全校一齐努力解决这个课题 quánxiào yìqǐ nǔlì jiějué zhège kètí ▶一家を～避難した/举家避难 jǔjiā bìnàn ▶村の祝い事/全村上下共同欢庆的喜事 quáncūn shàngxià gòngtóng huānqìng de xǐshì

あけてもくれても【明けても暮れても】 白天黑夜 báitiān hēiyè；时时刻刻 shíshí kèkè（㉂ all day long）▶～金の話でいやになる/张口闭口不离钱，真让人厌烦 zhāngkǒu bìkǒu bù lí qián, zhēn ràng rén yànfán ▶～コンピュータに向かう/一天到晚坐在电脑前面 yì tiān dào wǎn zuòzài diànnǎo qiánmiàn

あけのみょうじょう【明けの明星】 启明星 qǐmíngxīng（㉂ the morning star; Venus; Lucifer）

あげはちょう【揚げ羽蝶】 凤蝶 fèngdié（㉂ a swallowtail）

あけはなし【開け放しの】 开放 kāifàng；敞开 chǎngkāi（㉂ open）→あけっぱなし（開けっ放し）▶《揭示》～厳禁/严禁敞开门窗 yánjìn chǎngkāi ménchuāng

あけはなす【開け放す】 全部打开 quánbù dǎkāi；敞开 chǎngkāi（㉂ throw open; open wide）▶朝はまず窓を～/早晨先打开窗户 zǎochen xiān dǎkāi chuānghu

あげはば【上げ幅】〖株式〗升幅 shēngfú；涨幅 zhǎngfú（㉂ an extent of increase）

アケビ【木通】〖植物〗野木瓜 yěmùguā；木通 mùtōng；白木通 báimùtōng（㉂ an akebi; a vine bearing edible berries）▶～の蔓で籠を編む/用木通蔓编筐 yòng mùtōngmàn biān kuāng

あけぼの【曙】 曙光 shǔguāng；黎明 límíng（㉂ dawn; daybreak）▶文明の～/文明的曙光 wénmíng de shǔguāng ▶春は～/春天之美在黎明 chūntiān zhī měi zài límíng

あげもの【揚げ物】 油炸食品 yóuzhá shípǐn（㉂ fried food; a fried dish; a fry）▶我が家はみんな～が好きだ/我们全家人都爱吃油炸食品 wǒmen quánjiārén dōu ài chī yóuzhá shípǐn ▶私は～をするのが得意だ/我擅长做油炸食品 wǒ shàncháng zuò yóuzhá shípǐn

あける【明ける】 ❶【夜、年が】过 guò（㉂ break）▶夜が～/天亮了 tiānliàng le ▶明けない夜はない/没有过不去的黑夜 méiyǒu guòbuqù de hēiyè ▶年が明けたら帰国します/过了年就回国 guòle nián jiù huí guó ❷【終わる】结束 jiéshù（㉂ finish）▶梅雨が明けたら暑くなるなあ/出了梅就该热起来啦 chūle méi jiù gāi rèqǐlai la ▶任期が明けて家族のもとに帰る/任期结束后回到家人身边 rènqī jiéshù hòu huídào jiārén shēnbiān

あける【空ける】 空出 kòngchū；腾出 téngchū；让开 ràngkāi；《家を》不在家 bú zàijiā（㉂ empty; clear out）▶一行(ぎょう)～/空出一行 kòngchū yì háng ▶部屋を～/腾出房间 téngchū fángjiān ▶救急車だ。道を空けろ/救护车来了，请让道儿！jiùhùchē lái le, qǐng ràng dàor! ▶もう少し間を空けてください/再多空出一点儿间隔来 zài duō kòngchū yìdiǎnr jiàngé lai ▶老人のために席を～/给老人让座位 gěi lǎorén ràng zuòwèi ▶コップの水をバケツに～/把杯子里的水倒在桶里 bǎ bēizili de shuǐ dàozài tǒngli ▶4, 5日家を空けていたんだ/那四、五天不在家 nà sì, wǔ tiān bú zàijiā ▶その日は体を空けておくよ/我把那天空出来 wǒ bǎ nà tiān kòngchūlai

あける【開ける】 打开 dǎkāi；掀起 xiānqǐ（㉂ open; [ほどく] undo; untie）▶戸を開けて猫を入れてやる/打开门让猫放进来 dǎkāi mén bǎ māo fàngjìnlái ▶窓を開ければ港が見える/一打开窗户就能看到海港 yì dǎkāi chuānghu jiù néng kàndào hǎigǎng ▶目を開ければ母の笑顔があっ

た/一睁开眼睛就看到了妈妈的笑脸 yì zhēngkāi yǎnjing jiù kàndàole māma de xiàoliǎn ▶穴を開けて綴じる/打上孔订起来 dǎshàng kǒng dìngqǐlai ▶日曜でも店を～のですか/星期天也开店营业吗? xīngqītiān yě kāidiàn yíngyè ma? ▶うっかり小包みを～と危ないよ/不小心打开包裹可危险啊 bù xiǎoxīn dǎkāi bāoguǒ kě wēixiǎn a

あげる【上げる・揚げる・挙げる】 **❶【上に】** 举起 jǔqǐ; 抬 tái (英 raise; lift; hoist) ▶本を棚に～/把书放在书架上 bǎ shū fàngzài shūjiàshang ▶自分のことを棚に上げて子を叱る/对自己的问题毫不反省却去训斥孩子 duì zìjǐ de wèntí háobù fǎnxǐng què qù xùnchì háizi ▶幸を祈って黄色い旗を～/为祈祷幸福挂起了黄旗 wèi qídǎo xìngfú guàqǐle huángqí ▶分かった人は手を上げなさい/懂了的人请举手 dǒng le de rén qǐng jǔ shǒu ▶顔を上げてしっかり見ろ/抬起头来好好看看 táiqǐ tóu lai hǎohǎo kànkan ▶孫と小さな花火を～/跟孙子一起放小烟花 gēn sūnzi yìqǐ fàng xiǎoyānhuā **❷【価格・賃金などを】** 提高 tígāo (英 raise) ▶社員の給料を上げよう/提高雇员的工资吧 tígāo gùyuán de gōngzī ba ▶値段を～のは考え物だ/提价的事应该慎重考虑 tíjià de shì yīnggāi shènzhòng kǎolǜ ▶あまりスピードを～なよ。危ないじゃないか/别开得太快,多危险啊 bié kāide tài kuài, duō wēixiǎn ▶テレビの音量を～/开大电视的音量 kāidà diànshì de yīnliàng **❸【与える】** 给 gěi (英 give) ▶これをみんな君に～/这些都给你 zhèxiē dōu gěi nǐ **❹【示す】** 举 jǔ (英 mention; name) ▶例を挙げて説明しましょう/我来举例说明一下吧 wǒ lái jǔ lì shuōmíng yíxià ba **❺【式を】** 挙行 jǔxíng (英 hold) ▶親の反対を押し切って結婚式を～/不顾父母的反对举行婚礼 bú gù fùmǔ de fǎnduì jǔxíng hūnlǐ **❻【声などを】** 放声 fàngshēng (英 cry) ▶歓声を上げながら駆けていく/欢呼着跑过去 huānhūzhe pǎoguòqu **❼【その他】** ▶息子さんはめっきり腕を上げたね/您儿子的手艺明显见长了啊! nín érzi de shǒuyì míngxiǎn jiànchángle a ! ▶執念の捜査で犯人を上げた/经过执着的搜查终于抓到了犯人 jīngguò zhízhuó de sōuchá zhōngyú zhuādàole fànrén ▶期待に違わぬ成果を～/获得了预期的成果 huòdéle yùqī de chéngguǒ ▶球界で名を～のに時間はかからなかった/在棒球界迅速成名 zài bàngqiújiè xùnsù chéngmíng ▶なんだ,もう音を上げたのか/欸, 这么快就顶不住啦! èi, zhème kuài jiù dǐngbuzhù la ! ▶小林さんを委員の候補に～/把小林先生提名为委员候选人 bǎ Xiǎolín xiānsheng tímíng wéi wěiyuán hòuxuǎnrén ▶いきなり先制点を～/旗开得胜, 领先得分 qí kāi dé shèng, lǐngxiān défēn ▶人を上げたり下げたり、まったく馬鹿にしている/一会儿夸奖一会儿批评, 真是捉弄人 yíhuìr kuājiǎng yíhuìr pīpíng, zhēn shì zhuōnòng rén

あげる【揚げる】 (油で) 油炸 yóuzhá; 炸 zhá (英 deep-fry) ▶てんぷらを揚げていて火傷する/炸天麸罗时被烫伤了 zhá tiānfùluó shí bèi tàngshāng le

あけわたす【明け渡す】 让出 ràngchū; 腾出 téngchū (英)[家を] give up;[敵などに] surrender) ▶家を～期限が迫る/腾房的期限迫近了 téng fáng de qīxiàn pòjìn le ▶住み慣れた家を涙とともに明け渡した/忍痛含泪把住惯了的房子出手让给别人 hánlèi bǎ zhùguànle de fángzi chūshǒu rànggěi biéren

あご【顎】 下巴 xiàba; 下巴颏儿 xiàbakēr (英 the jaw;[あご先] the chin) ▶～が干上がる 揭不开锅 jiēbukāi guō ▶これではもう～が干上がりそうだ/这样下去, 就要揭不开锅了 zhèyàng xiàqù, jiùyào jiēbukāi guō le ▶～で使う (傲慢地) 指使人 (àomàn de) zhǐshǐ rén ▶昔は役人たちを～で使う身だったが…/从前, 我曾经对政府官员颐指气使过啊 cóngqián, wǒ céngjīng duì zhèngfǔ guānyuán yí zhǐ qì shǐ guo a ▶～を出す 累得要命 lèide yàomìng; 精疲力尽 jīng pí lì jìn ▶3キロも歩かぬうちに～を出す/还没走出三公里就走不动了 hái méi zǒuchū sān gōnglǐ jiù zǒubudòng le ▶～をなでる 摸下巴 mō xiàba ▶～をなでなでにんまりする/洋洋得意地笑 yángyáng déyì de xiào ▶～を外す 下巴脱臼 xiàba tuōjiù ▶笑いすぎて～を外すなよ/太高兴了, 小心笑掉下巴 tài gāoxìng le, xiǎoxīn xiàodiào xiàba ◆～ひげ:下巴上的胡须 xiàbashang de húxū; 山羊胡子 shānyáng húzi ▶～ひげをはやす/长山羊胡子 zhǎng shānyáng húzi 二重～ 双下巴 shuāngxiàba ▶二重～のおっとりした婦人/长着双下巴的斯文的女士 zhǎngzhe shuāngxiàba de sīwēn de nǚshì

アコースティックギター 〔楽器〕原声吉他 yuánshēng jítā (英 an acoustic guitar)

アコーディオン 〔楽器〕手风琴 shǒufēngqín (英 an accordion) ▶～を弾く/拉手风琴 lā shǒufēngqín

◆～ドア:伸缩式拉门 shēnsuōshì lāmén

あこがれ【憧れ】 向往 xiàngwǎng; 憧憬 chōngjǐng; 仰慕的对象 yǎngmù de duìxiàng (英 longing; yearning) ▶～のスターと握手をすることができた/终于和一直仰慕的明星握手了 zhōngyú hé yìzhí yǎngmù de míngxīng wò shǒu le ▶空を飛ぶことが私の長年の～だった/在空中飞翔是我多年来的梦想 zài kōngzhōng fēixiáng shì wǒ duōnián lái de mèngxiǎng ▶彼女はその～の職業につくことができた/她终于获得了那份一直向往的职业 tā zhōngyú huòdéle nà fèn yìzhí xiàngwǎng de zhíyè

あこがれる【憧れる】 憧憬 chōngjǐng; 神往 shénwǎng (英 long for...; admire) ▶都会に憧れて故郷をあとにした/向往城市生活, 离开了故乡 xiàngwǎng chéngshì shēnghuó, líkāi le gùxiāng ▶弱いからこそ力に～んだ/正因为自己

軟弱才崇拜力量 zhèng yīnwèi zìjǐ ruǎnruò cái chóngbài lìliang ▶サッカー選手に～/梦想成为足球运动员 mèngxiǎng chéngwéi zúqiú yùndòngyuán

あこぎ【阿漕な】 貪婪 tānlán; 毒辣 dúlà; 无情 wúqíng (英 greedy; harsh) ▶そんな～なまねをして恥ずかしくないか/做了那么贪婪的事，不感到可耻吗？zuòle nàme tānlán de shì, bù gǎndào kěchǐ ma?

アサ【麻】〖植物〗大麻 dàmá (英 hemp) ▶～糸/麻纱 máshā; 麻线 máxiàn ▶～布/麻布 mábù ▶白い～のスーツ/麻织质地的白西装 máshā zhìdì de báixīzhuāng ▶古新聞に～を紐をかける/用麻绳把旧报纸捆上 yòng máshéng bǎ jiùbàozhǐ kǔnshàng ▶～袋にジャガイモを詰める/往麻袋里装土豆 wǎng mádàilǐ zhuāng tǔdòu

あさ【朝】 早晨 zǎochen; 早上 zǎoshang (英 morning) ▶「朝」はどこから来るのだろう/"清晨"是从哪儿来的呢？"qīngchén" shì cóng nǎr lái de ne? ▶～から晩まで野良で働く/从早到晚在地里干活儿 cóng zǎo dào wǎn zài dìli gànhuór ▶～早くからご精が出ますね/一大早就这么卖劲儿呵 yídàzǎo jiù zhème màijìnr a ▶～を散歩させる/清早带着狗散步 qīngzǎo dàizhe gǒu sànbù ▶日曜日の～に地震は起きた/星期天的早晨发生了地震 xīngqītiān de zǎochen fāshēngle dìzhèn ▶～霧が谷間を閉ざしていた/晨雾笼罩着山谷 chénwù lǒngzhàozhe shāngǔ ▶風呂に入って酔いを醒ます/早起洗澡醒醒酒 zǎoqǐ xǐzǎo xǐngxing jiǔ

あざ【痣】 痣 zhì (英 a bruise; [生れつき] a birthmark) ▶生まれつき手首に～があった/出生时手腕上就长着痣 chūshēng shí shǒuwànshang jiù zhǎngzhe zhì ▶けんかして目の周りが～になった/跟人打架眼圈都打青了 gēn rén dǎjià yǎnquān dōu dǎqīngle

あさい【浅い】 ❶ 〖水などが〗浅 qiǎn (英 shallow) ▶～川でも油断は禁物だ/即使在浅河里也不应该疏忽大意 jíshǐ zài qiǎnhélǐ yě bù yīnggāi shūhu dàyì ▶水が～と魚が来ない/水浅则鱼不至 shuǐ qiǎn zé yú bú zhì

❷〖程度が〗肤浅 fūqiǎn (英 light; slight) ▶傷は～、一人で歩けるよ/伤不重，自己能走啊 shāng bú zhòng, zìjǐ néng zǒu a ▶経験が～から、一任するのは不安だ/由于经验不足，全托付给他很不放心 yóuyú jīngyàn bù zú, quán tuōfù gěi tā hěn bú fàngxīn ▶夏はとかく眠りが～/夏天总是睡不好 xiàtiān zǒngshì shuìbuhǎo ▶知恵が～のに利口ぶるから手に負えない/缺乏智慧却故作聪明，真拿他没办法 zhēn ná tā méi bànfǎ ▶バックの青が少し～/背景的蓝颜色有点儿淡 bèijǐng de lányánsè yǒudiǎnr dàn ▶二人の仲は浅くない/两个人的关系不浅 liǎng ge rén de guānxi bù qiǎn ▶結婚してまだ日が～/结婚后的时间还不长 jiéhūn hòu de shíjiān hái bù cháng ▶北国の春はまだ～/北国的春天刚刚到来 běiguó de

chūntiān gānggāng dàolái

あさいち【朝市】 早市 zǎoshì (英 a morning open-air market) ▶海辺の町に～が立つ/海边的小镇设有早市 hǎibiān de xiǎozhèn shèyǒu zǎoshì

あさがえり【朝帰りする】（在外过夜）早晨回家 (zàiwài guò yè) zǎochen huíjiā (英 get back home early in the morning) ▶まぶしげな顔で～/在外边过夜后，第二天早上睡眼惺忪地回家 zài wàibian guò yè hòu, dì'èr tiān zǎoshang shuìyǎn xīngsōng de huíjiā

アサガオ【朝顔】〖植物〗喇叭花 lǎbahuā; 牵牛花 qiānniúhuā (英 a morning glory) ▶垣根の外まで咲いている～/喇叭花儿开到了篱笆外头 lǎbahuār kāidàole líba wàitou ▶～市は夏の風物詩だ/牵牛花集市是夏季特有的风情 qiānniúhuā jíshì shì xiàjì tèyǒu de fēngqíng

あさがた【朝方】 早晨 zǎochen (英 early in the morning) ▶～奇妙な夢を見た/凌晨做了一个怪梦 língchén zuòle yí ge guàimèng

あさぎ【浅葱】〖色〗浅蓝色 qiǎnlánsè (英 light blue; pale blue) ▶～のブラウス/浅蓝色女式衬衫 qiǎnlánsè nǚshì chènshān

あさぐろい【浅黒い】 浅黑 qiǎnhēi (英 dark; darkish) ▶～顔に大きな目玉が光っている/黝黑的脸庞上，一双大眼睛炯炯有神 yǒuhēi de liǎnpángshang, yì shuāng dàyǎnjīng jiǒngjiǒng yǒu shén

あさげ【朝餉】 早饭 zǎofàn (英 breakfast) ▶味噌汁と目刺しの～/早饭是酱汤和沙丁鱼干串 zǎofàn shì jiàngtāng hé shādīngyúgànchuàn

あざけり【嘲り】 嘲笑 cháoxiào; 讥嘲 jīcháo (英 a sneer; ridicule) ▶満座の中で～を受ける/在众人面前受到嘲笑 zài zhòngrén miànqián shòudào cháoxiào

あざける【嘲る】 嘲笑 cháoxiào; 奚落 xīluò (英 scorn; sneer at...) ▶おまえに人を～資格があるのか/你有什么资格嘲笑别人？nǐ yǒu shénme zīgé cháoxiào biéren?

あさせ【浅瀬】 浅滩 qiǎntān (英 shallows; a shoal) ▶タンカーが～に乗り上げる/油轮在浅滩上搁浅了 yóulún zài qiǎntānshang gēqiǎn le ▶川の～を渡る/渡过河流的浅滩 dùguò héliú de qiǎntān

ことわざ 負うた子に教えられて浅瀬を渡る 在背上孩子的指点下渡过浅滩（比喻受教于晚辈）zài bèishang háizi de zhǐdiǎn xià dùguò qiǎntān (bǐyù shòujiàoyú wǎnbèi); 后生可畏 hòushēng kě wèi

あさぢえ【浅知恵】 浅见 qiǎnjiàn; 知识浅薄 zhīshi qiǎnbó (英 a shallow idea; a superficial idea) ▶「女の～」とは何ごとですか/你说的"女人见识短"是什么意思？nǐ shuō de "nǚrén jiànshí duǎn" shì shénme yìsi?

あさって【明後日】 后天 hòutiān (英 the day after tomorrow) ▶～は何曜日か/后天是星期几？hòutiān shì xīngqī jǐ? ▶締め切りは～だ

よ/截止日期是后天 jiézhǐ rìqī shì hòutiān

あさつゆ【朝露】 朝露 zhāolù （英 *morning dew*） ▶～を踏んで野道を走る/脚踏朝露走在田间小路上 jiǎotà zhāolù zǒuzài tiánjiān xiǎolùshang

あざとい 阴险 yīnxiǎn; 小聪明 xiǎocōngming （英 *sly*） ▶～商売/不择手段的买卖 bù zé shǒuduàn de mǎimai; 黑心买卖 hēixīn mǎimai ▶～手を使う/耍小聪明 shuǎ xiǎocōngming

あさなゆうな【朝な夕な】 日夜 rìyè; 日日夜夜 rìrì yèyè; 朝朝暮暮 zhāozhāo mùmù （英 *evey morning and evening*） ▶～に経を読む/每天早晚都念经 měitiān zǎowǎn dōu niàn jīng

あさね【朝寝】 早上睡懒觉 zǎoshang shuì lǎnjiào （英 *late rising*） ▶授業を休んで～する/逃课睡懒觉 táo kè shuì lǎnjiào ▶春の～の心地さ/春天早上睡懒觉真舒坦 chūntiān zǎoshang shuì lǎnjiào zhēn shūtan

あさはか【浅はかな】 浅薄 qiǎnbó （英 *thoughtless; shallow*） ▶そんな～な考えで世間に通じるはずがない/那么浅薄的想法在社会上根本行不通 nàme qiǎnbó de xiǎngfa zài shèhuìshang gēnběn xíngbutōng

あさばん【朝晩】 早晚 zǎowǎn （英 *morning and evening*） ▶～めっきり涼しくなった/早晚明显地凉快起来了 zǎowǎn míngxiǎn de liángkuaiqǐlai le ▶～欠かさず歯を磨く/每天早晚一定刷牙 měitiān zǎowǎn yídìng shuāyá

あさひ【朝日】 朝阳 zhāoyáng; 朝晖 zhāohuī （英 *the morning sun; the rising sun*） ▶ビルの谷間に～が昇る/高楼大厦的空隙间升起一轮朝阳 gāolóu dàshà de kòngxì jiān shēngqǐ yì lún zhāoyáng ▶窓から～が差し込んできた/早晨的阳光从窗户照了进来 zǎochen de yángguāng cóng chuānghu zhàolejìnlai ▶桜の花が～を浴びていた/樱花沐浴着朝晖 yīnghuā mùyùzhe zhāohuī

あさひるばん【朝昼晩】 早午晚 zǎo wǔ wǎn （英 *day and night*） ▶～とも家で食事をする/一日三餐都在家里吃 yí rì sān cān dōu zài jiāli chī

あさましい【浅ましい】 卑鄙 bēibǐ; 可耻 kěchǐ （英 *shameful*） ▶～まねをするな/别干这种卑鄙的勾当 bié gàn zhè zhǒng bēibǐ de gòudàng ▶彼の行為は呆れるほどに～/他的行为卑鄙得令人吃惊 tā de xíngwéi bēibǐ de lìng rén chījīng

アザミ【薊】〚植物〛 蓟 jì （英 *a thistle*） ▶～は野に咲いてこそ美しい/蓟花儿开在原野里才最美 jìhuār kāizài yuányělǐ cái zuì měi

あさみどり【浅緑】 嫩绿 nènlǜ; 浅绿 qiǎnlǜ （英 *pale green*） ▶木々の～に包まれて暮らす/在嫩绿的树木丛中 de shùmùcóng zhōng

あざむく【欺く】 瞒哄 mánhǒng; 欺骗 qīpiàn （英 *deceive; cheat; defraud*） ▶ことば巧みに検査官をも欺いた/用他巧妙的语言把检查官员都欺骗了 tā yòng qiǎomiào de yǔyán bǎ jiǎncháguānyuán dōu qīpiàn le ▶通りは昼を～明るくだった/路上如同白天一样明亮 lùshang rútóng báitiān yíyàng míngliàng

あさめし【朝飯】 早饭 zǎofàn （英 *breakfast*） ▶～を食べる/吃早饭 chī zǎofàn ▶～を抜く子供がいる/有的孩子不吃早饭 yǒude háizi bù chī zǎofàn

～前 轻而易举 qīng ér yì jǔ; 易如反掌 yì rú fǎn zhǎng ▶～前に片づく仕事/轻而易举的工作 qīng ér yì jǔ de gōngzuò ▶そんなことは～前だ/那太简单了 nà tài jiǎndān le

あさもや【朝靄】 早晨的烟雾 zǎochen de yānxiá （英 *morning mist*） ▶バスは～をついて走った/公共汽车迎着晨雾疾驰而过 gōnggòng qìchē yíngzhe chénwù jíchí ér guò

あざやか【鮮やかな】 ❶【色・形などが】 鲜明 xiānmíng; 鲜艳 xiānyàn （英 *bright; vivid*） ▶その若者は～な印象を残して去った/那位年轻人给大家留下鲜明的印象后离去了 nà wèi niánqīngrén gěi dàjiā liúxià xiānmíng de yìnxiàng hòu líqù le ▶寺を包む～緑に酔った/葱郁的绿色环抱着寺院，这景色令人陶醉 cōngyù de lǜsè huánbàozhe sìyuàn, zhè jǐngsè lìng rén táozuì ▶グランドの興奮を～に描写する/活灵活现地刻划出球场上的狂热气氛 huó líng huó xiàn de kèhuàchū qiúchǎngshang de kuángrè qìfēn ❷【見事な】 漂亮 piàoliang; 出色 chūsè （英 *skillful; fine*） ▶棟梁の～な技を見せてもらった/那位木匠师傅展现了出色的技巧 nà wèi mùjiang shīfu zhǎnxiànle chūsè de jìqiǎo ▶～に2メートルのバーを飛び越えた/成功地跳过了两米高的横杆 chénggōng de tiàoguòle liǎng mǐ gāo de hénggān

あさやけ【朝焼け】 早霞 zǎoxiá; 朝霞 zhāoxiá （英 *the morning glow*） ▶～の朝は天気がくずれる/早上出彩霞, 天气会变坏 zǎoshang chū cǎixiá, tiānqì huì biàn huài

あさゆう【朝夕】 早晚 zǎowǎn （英 *morning and evening*） ▶母は～あなたの無事を祈っています/母亲一天到晚都在祈祷你平安无事 mǔqin yì tiān dào wǎn dōu zài qídǎo nǐ píng'ān wú shì

アザラシ【海豹】〚動物〛 海豹 hǎibào （英 *a seal*）

アサリ【浅蜊】〚貝〛 玄蛤 xuángé （英 *a small-sized Japanese clam*） ▶ねぎと～の澄まし汁にしよう/用葱和蛤仔做清汤吧 yòng cōng hé gézǐ zuò qīngtāng ba

あさる【漁る】 物色 wùsè （英 *look for...; search for...*） ▶あいつの骨董漁りは病気だね/他搜集古董上了瘾 tā sōují gǔdǒng shàngle yǐn ▶休日は古本を漁りに出かけよう/假日里去淘旧书吧 jiàrìli qù táo jiùshū ba

あざわらう【嘲笑う】 嘲笑 cháoxiào; 讪笑 shànxiào （英 *laugh at...; ridicule*） ▶少年たちは老人のとんまな回答を嘲笑った/虽然少年们嘲笑了老人愚蠢的回答… suīrán shàoniánmen cháoxiàole lǎorén yúchǔn de huídá… ▶彼らの

努力を～かのように戦火は広がっていった/战火仿佛在嘲弄他们的努力似的蔓延了起来 zhànhuǒ fǎngfú zài cháonòng tāmen de nǔlì shìde mànyánleqǐlai

あし【足・脚】 脚 jiǎo; 腿 tuǐ **参考** 中国語では太股からくるぶしまでを'腿 tuǐ',くるぶしから爪先までを'脚 jiǎo'として区別する.ただし足全体の総称は'脚 jiǎo'. (英) a foot; a leg ▶～を取られる/脚被绊住 jiǎo bèi bànzhù ▶～の甲/脚背 jiǎobèi ▶～の指/脚指头 jiǎozhítou ▶テーブルの～/桌子腿儿 zhuōzi tuǐr ▶～の大きな子は背が伸びそうだ/据说脚大的孩子会长成大个子 jùshuō jiǎo dà de háizi huì zhǎngchéng dàgèzi ▶テーブルの～が1本欠けた/桌子缺了一条腿儿 zhuōzi quēle yì tiáo tuǐr ▶木の根に～を取られて転ぶ/被树根绊住脚摔倒了 bèi shùgēn bànzhù jiǎo shuāidǎo le ▶一～先に行くよ/我先走一步 wǒ xiān zǒu yí bù ▶大学に初めて～を踏み入れた日/第一次迈进大学校门的那一天 dìyī cì màijìn dàxué xiàomén de nà yì tiān ▶寝ている父の～の裏をくすぐる/胳肢正在睡觉的父亲的脚心 gézhi zhèngzài shuìjiào de fùqīn de jiǎoxīn ▶～を止めて夕日を見る/停下脚步远望夕阳 tíngxià jiǎobù yuǎnwàng xīyáng ▶老人なのに～が達者だ/虽是老人却脚脚硬朗 suī shì lǎorén què tuǐjiǎo yìnglang ▶海辺の町を～に任せて歩く/在海边小镇上信步而行 zài hǎibiān xiǎozhènshang xìnbù ér xíng ▶彼はひたすら～を使って書く/他坚持靠两条腿实地考察来写作 tā jiānchí kào liǎng tiáo tuǐ shídì kǎochá lái xiězuò

～が重い 腿脚懒 tuǐjiǎo lǎn

～が地に着かない 坐立不安 zuò lì bù ān; 不踏实 bù tàshí ▶入社当初はなかなか～が地に着かない/刚参加工作的时候很难脚踏实地 gāng cānjiā gōngzuò de shíhou hěn nán jiǎo tà shídì

～が付く 抓到线索 zhuādào xiànsuǒ ▶～が付く時計から/从(犯人)典当的钟表里获得线索 cóng(fànrén) diǎndàng de zhōngbiǎoli huòdé xiànsuǒ

～が出る 超支 chāozhī; 亏损 kuīsǔn ▶この予算では～が出ることが目に見えている/很显然这项预算会超支 hěn xiǎnrán zhè xiàng yùsuàn huì chāozhī

～が遠のく 疏远 shūyuǎn ▶郷里へはいつしか～が遠のいた/不知不觉中疏远了故乡 bùzhī bùjué zhōng tā shūyuǎnle gùxiāng

～が速い[早い] 跑得快 pǎode kuài; {食品}容易坏 róngyì huài ▶～を速めて家路を急ぐ/加快脚步往家赶 jiākuài jiǎobù wǎng jiā gǎn ▶世界一～の速いランナーを決める決勝戦/决出全世界最快的赛跑运动员的决赛 juéchū quánshìjiè zuì kuài de sàipǎo yùndòngyuán de juésài ▶生ものは～が早い/生的食物容易变质 shēng de shíwù róngyì biànzhì

～が棒になる 腿发直 tuǐ fāzhí; 腿累得发直 tuǐ lèide fāzhí ▶彼は～が棒になるまで探し回った/他到处寻找把腿都跑酸了 tā dàochù xúnzhǎo bǎ tuǐ dōu pǎosuān le

～を洗う 洗手不干 xǐ shǒu bú gàn ▶～を洗うと誓って出所する/发誓洗心革面出了监狱 fāshì xǐ xīn gé miàn chūle jiānyù

～を奪われる 交通中断, 没法走 jiāotōng zhōngduàn, méi fǎ zǒu; 交通被阻塞 jiāotōng bèi zǔsāi ▶その事故で一万人の～が奪われた/那个事故影响了一万人的交通 nàge shìgù yǐngxiǎngle yíwàn rén de jiāotōng ▶雪で帰省の～を奪われた/大雪阻碍了回故乡的交通 dàxuě zǔ'àile huí gùxiāng de jiāotōng

～を組む 跷二郎腿 qiāo èrlángtuǐ ▶あの場面で～を組むのは失礼だぞ/在那种场合跷着二郎腿可不礼貌啊 zài nà zhǒng chǎnghé qiāozhe èrlángtuǐ kě bù lǐmào a

～を伸ばす 再走远一些 zài zǒuyuǎn yìxiē ▶上海を訪れたあと,蘇州まで～を伸ばした/访问了上海之后,顺便去苏州转了转 fǎngwènle Shànghǎi zhīhòu, shùnbiàn qù Sūzhōu zhuǎnlezhuǎn

～を運ぶ 前去 qiánqù; 前来 qiánlái

～を引っ張る 拉后腿 lā hòutuǐ ▶せっかくの好意が彼の～を引っ張る結果になった/原本是一番好意,结果却拖了他的后腿 yuánběn shì yì fān hǎoyì, jiéguǒ què tuōle tā de hòutuǐ

～を向けて寝る ▶あの人に～を向けて寝られない/我不能做对不起他的事 wǒ bùnéng zuò duìbuqǐ tā de shì

～を向ける 往(…方向)走 wǎng(…fāngxiàng)zǒu ▶駅を出て海岸に～を向けた/出了车站向海岸走去 chūle chēzhàn xiàng hǎi'àn zǒuqù

アシ【葦・芦】 〖植物〗芦苇 lúwěi; 苇子 wěizi (英) a reed; a rush ▶「人間は考える～だ」というぞ/不是说"人是会思考的芦苇"嘛! bú shì shuō "rén shì huì sīkǎo de lúwěi" ma! ▶湖畔には一面の～原がひろがっていた/湖畔上遍布着芦苇 húpànshang biànbùzhe lúwěi

あじ【味】 味道 wèidao; 滋味 zīwèi (英) taste ▶～がいい/味道好 wèidao hǎo ▶～が薄い/口轻 kǒuqīng ▶～が濃い/口重 kǒuzhòng ▶～をつける/调味儿 tiáowèir ▶～を見る/尝尝味道 chángchang wèidao ▶その菓子の～はいかがですか/那个点心的味道怎么样? nàge diǎnxin de wèidao zěnmeyàng? ▶～をかみしめながら食べる/一边品味儿一边吃 yìbiān pǐn wèir yìbiān chī ▶～をつける/加盐调味 jiā yán tiáowèi ▶一晩置くと～が変わる/放一晚上就会变味 fàng yì wǎnshang jiù huì biànwèi ▶初恋の思い出はほろ苦い～がする/初恋的回忆带着淡淡的苦涩滋味 chūliàn de huíyì dàizhe dàndàn de kǔsè zīwèi ▶彼女にはこの詩の～がわからない/她不懂这首诗的韵味 tā bù dǒng zhè shǒu shī de yùnwèi ▶彼の作品は翻訳すると～がなくなる/他的作品一翻译就会失去韵味 tā de zuòpǐn yì fānyì jiù huì shīqù yùnwèi ▶つきあってるとだんだん～のある人だ/他这个人交往越深就越有意思 tā zhège rén jiāowǎng yuè shēn jiù yuè yǒu yìsi

～がある 有意思 yǒu yìsi ▶君は～のある文章を

書くね/你写得文章很有意思啊 nǐ xiěde wénzhāng hěn yǒu yìsi a ▶なかなか～のある言葉ですね/真是意味深长的话啊 zhēn shì yìwèi shēncháng de huà a
…の～を知る 了解…的韵味 liǎojiě…de yùnwèi ▶人生の秋が来て人生の～を知る/到了暮年才能了解人生的韵味 dàole mùnián cái néng liǎojiě rénshēng de yùnwèi ▶彼らは貧乏の～を知っている/他们尝受过贫穷的滋味 tāmen chángshòuguo pínqióng de zīwèi
～もそっけない 平淡无味 píngdàn wú wèi
～を占める 得到甜头 dédào tiántou ▶最初の成功に～を占める/从第一次成功中尝到了甜头 cóng dìyī cì chénggōng zhōng cháng dàole tiántou

アジ【鯵】〚魚〛竹筴魚 zhújiáyú (英 a horse mackerel) ▶ ～のたたきで一杯やろう/就着剁碎的竹筴鱼喝一杯吧 jiùzhe duòsuì de zhújiáyú hē yì bēi ba ▶みやげに～の干物を買う/买晒干的竹筴鱼作礼物 mǎi shàigān de zhújiáyú zuò lǐwù

アジ 煽动 shāndòng (英 agitation) ▶街頭の～演説に聞き入る/倾听街头煽动性的演说 qīngtīng jiētóu shāndòngxìng de yǎnshuō

アジア 亚洲 Yàzhōu (英 Asia) ▶日本は～の東端に位置する/日本位于亚洲东部 Rìběn wèiyú Yàzhōu dōngbù ▶かつて～・アフリカ会議があった/从前曾召开过亚非会议 cóngqián céng zhàokāiguo Yà-Fēi huìyì
♦ ～競技大会 亚洲运动大会 Yàzhōu yùndòng dàhuì; 亚运会 Yàyùnhuì ～大陸 亚洲大陆 Yàzhōu dàlù

あしあと【足跡】脚迹 jiǎojì; 脚印 jiǎoyìn (英 a footprint; a footmark; tracks) ▶ ～をたどると湖岸に行き着いた/顺着脚印就走到了湖岸 shùnzhe jiǎoyìn jiù zǒudàole hú'àn ▶偉大だった祖父の～をたどる/追寻祖父伟大的足迹 zhuīxún zǔfù wěidà de zújì ▶犯行現場に～を残す/在犯罪现场留下了足迹 zài fànzuì xiànchǎng liúxiàle zújì ▶雪道に点々と～が付いている/雪道上留下星星点点的足迹 xuědàoshang liúxià xīngxīngdiǎndiǎn de zújì

アジェンダ 议程 yìchéng (英 an agenda)

あしおと【足音】脚步声 jiǎobùshēng (英 the sound of footsteps) ▶入り乱れた～が近づいてくる/杂乱的脚步声越来越近 záluàn de jiǎobùshēng yuèláiyuè jìn ▶通りに～が聞こえた/路上传来了脚步声 lùshang chuánláile jiǎobùshēng ▶ ～を忍ばせて歩く/蹑手蹑脚地走 nièshǒu nièjiǎo de zǒu

アシカ〚動物〛海狮 hǎishī (英 a sea lion; a hair seal)

あしがかり【足掛かり】垫脚石 diànjiǎoshí; 头绪 tóuxù; 线索 xiànsuǒ (英 a foothold) ▶これで交渉への～ができた/以此找到了交涉的头绪 zhèyàng jiù zhǎodàole jiāoshè de tóuxù ▶ ～を～に研究は大きく進展するだろう/以此为基础,

研究就会取得长足进展吧 yǐ cǐ wéi jīchǔ, yánjiū jiù huì qǔdé chángzú jìnzhǎn ba

あしかけ【足掛け】前后大约 qiánhòu dàyuē (英[期間の数え方] and some years) ▶ここに住んで～3年になる/在这里已经住到了第三个年头 zài zhèlǐ yǐjing zhùdàole dìsān ge niántóu

あじかげん【味加減】味道的浓淡 wèidào de nóngdàn (英 seasoning) ▶ ～が良い/味道调得不错 wèidào tiáode búcuò ▶ちょっと～をみてちょうだい/请你尝尝味道怎么样 qǐng nǐ chángchang wèidao zěnmeyàng

あしかせ【足枷】 ❶【刑具】脚镣 jiǎoliào (英 fetters; shackles) ▶足かせをかける/戴上脚镣 dàishàng jiǎoliào ❷【比喻】累赘 léizhui; 绊脚石 bànjiǎoshí (英 a burden) ▶二人の幼児が～となった/两个幼儿成了他累赘 liǎng ge yòu'ér chéngle tuōlěi

あしがため【足固め】做好准备 zuòhǎo zhǔnbèi; 奠定基础 diàndìng jīchǔ (英 preparations) ▶ ～のためにジョギングを始めた/为了打基础而开始跑步了 wèile dǎ jīchǔ ér kāishǐ pǎobù le ▶次の大会に備えてしっかりと～しよう/为下次大会做好充分的准备 wèi xià cì dàhuì zuòhǎo chōngfēn de zhǔnbèi

あしからず【悪しからず】请勿见怪 qǐng wù jiànguài; 请多包涵 qǐng duō bāohán (英 regret) ▶ご希望に沿えませんが～ご了承ください/不能满足您的要求,请谅解 bùnéng mǎnzú nín de yāoqiú, qǐng liàngjiě ▶ご一緒できませんが～/不能奉陪,请多包涵 bùnéng fèngpéi, qǐng duō bāohan

あしきり【足切り】(英 a cutoff) ▶京北大学は～に引っかかって落ちた/没达到京北大学的基本分数线落榜了 méi dádào Jīngběi dàxué de jīběn fēnshùxiàn luòbǎng le ▶ ～を上手がって越えた/勉勉强强地过了入学考试的分数线 miǎnmiǎnqiǎngqiǎng de guòle rùxué kǎoshì de fēnshùxiàn

あしくび【足首】脚腕子 jiǎowànzi; 腿腕子 tuǐwànzi (英 an ankle) ▶ ～を捻挫する/脚腕子扭伤了 jiǎowànzi niǔshāng le ▶ ～に包带を巻く/往脚腕子上裹绷带 wǎng jiǎowànzishang guǒ bēngdài ▶ ～が細い/脚腕子很细 jiǎowànzi hěn xì

あしげ【足蹴にする】 ❶【蹴る】踢开 tīkāi (英 kick; give a kick) ▶なつかぬ猫を～にする/把不听话的猫一脚踢开 bǎ bù tīnghuà de māo yì jiǎo tīkāi ❷【比喻】冷酷地对待 lěngkù de duìdài (英 treat badly) ▶恩人を～にしてよいはずがない/绝不应该冷酷地对待恩人 juébù yīnggāi lěngkù de duìdài ēnrén

あじけない【味気ない】乏味 fáwèi; 没意思 méi yìsi (英 tasteless) ▶妻を失ってから世の中が～/失去妻子后生活黯然失色 shīqù qīzi hòu shēnghuó ànrán shīsè ▶内容のない手紙で～いをした/读了内容空洞的信感到很乏味 dúle nèiróng kōngdòng de xìn gǎndào hěn fáwèi

あしこし【足腰】 腰和腿 yāo hé tuǐ (英 one's body; one's legs) ▶走りこんで〜を鍛える/靠扎实的跑步锻炼腿脚 kào zhāshi de pǎobù duànliàn tuǐjiǎo ▶病み衰えて〜が立たない/病后虚弱得站不起来 bìng hòu xūruòde zhànbuqǐlái

アジサイ【紫陽花】【植物】绣球花 xiùqiúhuā; 八仙花 bāxiānhuā (英 a hydrangea)

あしさばき【足さばき】 步法 bùfǎ; 脚下动作 jiǎoxià dòngzuò; 脚下功夫 jiǎoxià gōngfū (英 footwork) ▶〜も軽やかに踊る/步法轻盈地跳舞 bùfǎ qīngyíng de tiàowǔ

あしざま【悪し様に】 恶意丑化 èyì chǒuhuà (英 ill; unfavorably) ▶かつての仕事仲間を〜に言う/说老同事的坏话 shuō lǎotóngshì de huàihuà ▶俺たちのことを〜に書いてある/文章中丑化了我们 wénzhāng zhōng chǒuhuàle wǒmen

あししげく【足繁く】 (英 frequently) ▶〜通う/频繁来往 pínfán láiwǎng ▶あの娘の店に〜通ったんだろ/你是不是没事儿就往那个姑娘的店里跑？nǐ shìbushì méi shìr jiù wǎng nàge gūniang de diànli pǎo？

アシスタント 助理 zhùlǐ; 助手 zhùshǒu (英 an assistant) ▶〜ディレクター/助理导演 zhùlǐ dǎoyǎn ▶実験室で先生の〜をつとめる/在实验室里担任老师的助手 zài shíyànshìli dānrèn lǎoshī de zhùshǒu

アシスト 【助力】帮助 bāngzhù (英 assistance) 【サッカー】助攻 zhùgōng (英 an assist) ▶彼の絶妙の〜が得点につながった/因为他那绝妙的助攻得了分 yīnwèi tā nà juémiào de zhùgōng déle fēn

あした【明日】 明天 míngtiān (英 tomorrow) ▶ではまた〜/那么，明天见 nàme, míngtiān jiàn ことわざ 明日は明日の風が吹く 今朝有酒今朝醉，明日愁来明日愁 jīnzhāo yǒu jiǔ jīnzhāo zuì, míngrì chóu lái míngrì chóu

あしだい【足代】 车费 chēfèi; 交通费 jiāotōngfèi (英 [交通費] a carfare) ▶〜が千円かかる/交通费要花一千日元 jiāotōngfèi yào huā yìqiān Rìyuán ▶これでは〜にもならない/这点儿钱连车钱都不够 zhè diǎnr qián lián chēqián dōu bú gòu ▶〜もばかにならない/别小看交通费 bié xiǎokàn jiāotōngfèi

あしつき【足つき】 脚步 jiǎobù; 步伐 bùfá (英 footfalls; gait) ▶あの〜では心もとない/他那脚步令人担心 tā nà jiǎobù lìng rén dānxīn

あじつけ【味付け】 调味 tiáowèi (英 seasoning) ▶〜が薄い/味道得淡 wèi tiáode dàn ▶この吸い物は誰が〜したの/这个清汤是谁调的味儿？zhège qīngtāng shì shéi tiáo de weir？

アジテーター 鼓动者 gǔdòngzhě; 煽动者 shāndòngzhě (英 an agitator)

あしでまとい【足手まとい】 牵累 qiānlèi; 累赘 léizhuì (英 a nuisance; a drag) ▶〜にはなりませんから、ぜひ連れて行ってやって下さい/不会成为您的累赘，请您一定带上他 búhuì chéngwéi nín de léizhuì, qǐng nín yídìng dàishàng tā

アジト 《犯罪者などの》隐蔽处 yǐnbìchù; 窝点 wōdiǎn (英 a hiding place)

あしどめ【足止め】 禁闭 jìnbì (英 stranding) ▶〜を食う/被禁止外出 bèi jìnzhǐ wàichū; 被困住 bèi kùnzhù ▶吹雪のため我々は空港で半日〜された/由于暴风雪我们在机场被困了半天 yóuyú bàofēngxuě wǒmen zài jīchǎng bèi kùnle bàntiān ▶爆弾騒ぎで〜を食い帰国が遅れた/因为闹炸弹事件，行程受阻，回国也迟延了 yīnwèi nào zhàdàn shìjiàn, xíngchéng shòuzǔ, huíguó yě chíyán le

あしどり【足取り】 【步调】脚步 jiǎobù; 步伐 bùfá (英 a step) ▶子供たちは〜も軽く行進した/孩子们脚步轻快地行进着 háizimen jiǎobù qīngkuài de xíngjìnzhe 【移動経路】去向 qùxiàng; 踪迹 zōngjì (英 a trait) ▶犯人のその後の〜がつかめない/还没有捕捉到犯人后来的行踪 hái méiyǒu bǔzhuōdào fànrén hòulái de xíngzōng

あじな【味な】 巧妙 qiǎomiào (英 smart) ▶〜まねをする/做得巧妙 zuòde qiǎomiào ▶〜ことを言う/说得妙 shuōde miào; 妙语横生 miàoyǔ héngshēng ▶あいつなかなか〜ことをやる/那小子做事还挺利落的啊 nà xiǎozi zuòshì hái tǐng lìluo de a

あしなみ【足並み】 步调 bùdiào; 步伐 bùfá (英 a step; a pace) ▶雨が降り出して行進の〜が乱れた/因为下起雨来了，队列的步伐乱了 yīnwèi xiàqǐ yǔ lai le, duìliè de bùfá luàn le ▶みんなが〜を揃えないと運動は成就しない/大家如果不步调不一致的话，活动就不能成功 dàjiā rúguǒ bùdiào bù yīzhì dehuà, huódòng jiù bùnéng chénggōng

あしならし【足慣らし】 练腿脚 liàn tuǐjiǎo; 准备 zhǔnbèi (英 walking; a warm-up) ▶退院後〜に庭を歩く/出院后为了锻炼腿脚在院子里散步 chūyuàn hòu wèile duànliàn tuǐjiǎo zài yuànzili sànbù ▶退院を控えて〜に廊下を歩いた/准备出院，在走廊里练习走路 zhǔnbèi chūyuàn, zài zǒulángli liànxí zǒulù

あしば【足場】 【建築・足がかり】脚手架 jiǎoshǒujià (英 a scaffold; a footing) ▶こういう斜面では〜が悪い/在这样的斜面上脚底下很不稳 zài zhèyàng de xiémiànshang jiǎodǐxia hěn bù wěn ▶建築現場の〜を組む/搭建筑工地的脚手架 dā jiànzhù gōngdì de jiǎoshǒujià 【基礎】立脚点 lìjiǎodiǎn (英 a foothold) ▶病院経営の〜を固める/巩固医院经营的基础 gǒnggù yīyuàn jīngyíng de jīchǔ

あしばや【足早に】 走得快 zǒude kuài (英 quickly; briskly) ▶〜に立ち去る/匆匆地走开 cōngcōng de zǒukāi ▶〜な人/走得快的人 zǒude kuài de rén; 飞毛腿 fēimáotuǐ

あしぶみ【足踏みする】 【動作】踏步 tàbù (英 stomp) ▶〜式ミシン/脚踏式缝纫机 jiǎotàshì féngrènjī ▶みんな〜して寒さをこらえた/大

家跺着脚忍受严寒 dàjiā duòzhe jiǎo rěnshòu yánhán ❷【停滞】停顿 tíngdùn；停滞不前 tíngzhì bù qián (英 *stagnate*) ▶工事が～している/工程停滞不前 gōngchéng tíngzhì bù qián

あじみ【味見する】 尝味道 cháng wèidào；品尝 pǐncháng (英 *taste*) ▶一さじ掬って～する/盛一勺尝尝味道 chéng yī sháo chángchang wèidào

あしもと【足元】 脚下 jiǎoxià (英 *a step*) ▶雪が積もっているから～に気をつけてね/雪积起来了，请脚下留神 xuě jīqǐlai le, qǐng jiǎoxià liúshén ▶熱が出て～がふらつく/因为发烧走路时晃 yīnwèi fāshāo zǒulù dǎhuàng

～につけ込む 抓住弱点 zhuāzhù ruòdiǎn；攻击弱点 gōngjī ruòdiǎn ▶～に付け込んで値引きを迫る/抓住弱点迫使对方降价 zhuāzhù ruòdiǎn pòshǐ duìfāng jiàngjià

～に火がつく 大祸临头 dàhuò líntóu ▶～に火がついたから交渉どころではない/大祸临头顾不上谈判了 dàhuò líntóu gùbushàng tánpàn le

～にも及ばない 望尘莫及 wàng chén mò jí ▶将棋ではあなたの～にも及びませんよ/论象棋的话，我可不是你的对手 lùn xiàngqí dehuà, wǒ kě bú shì nǐ de duìshǒu

～の明るいうちに 趁天未黑 chèn tiān wèi hēi；陷入困境之前 xiànrù kùnjìng zhīqián ▶～の明るいうちに引っ込んだ方が身のためだよ/为了安全，在没陷入困境之前最好收兵 wèile ānquán, zài méi xiànrù kùnjìng zhīqián zuìhǎo shōubīng

～を固める 奠定基础 diàndìng jīchǔ ▶負けないためにはまず自分の～を固めろ/要想不失败，首先得打好自己的基础 yào xiǎng bù shībài, shǒuxiān děi dǎhǎo zìjǐ de jīchǔ

～を見る 抓住弱点 zhuāzhù ruòdiǎn ▶～を見て不利な条件を押し付ける/乘人之危强加给对方不利的条件 chéng rén zhī wēi qiángjiā gěi duìfāng búlì de tiáojiàn

あしゅ【亜種】 亚种 yàzhǒng (英 *a subspecies*)

あしらい 对待 duìdài (英 *treatment*) ▶客～が良い/服务态度好 fúwù tàidù hǎo ▶役所の窓口でひどい～を受けた/在政府部门受到了粗暴的对待 zài zhèngfǔ bùmén shòudàole cūbào de duìdài

あしらう ❶【遇する】 支应 zhīyìng；对待 duìdài (英 *treat*) ▶適当に～/敷衍 fūyǎn ▶冷～/冷淡地对待 lěngdàn de duìdài ▶少年たちの抗議を鼻であしらう/爱搭不理地敷衍少年们的抗议 ài dā bù lǐ de fūyǎn shàoniánmen de kàngyì ❷【配合する】 配上 pèishàng；点缀 diǎnzhuì (英 *garnish*) ▶白梅の枝に黄菊をあしらける/在白梅枝上配上黄菊插花 zài báiméizhīshang pèishàng huángjú chāhuā

アジる 煽动 shāndòng (英 *agitate*) ▶ストを～/煽动罢工 shāndòng bàgōng

あじわい【味わい】 ❶【食べ物の風味】 味도 wèidào；风味 fēngwèi (英 *taste*) ▶まろやかな～の绿茶/醇香的绿茶 chúnxiāng de lùchá ▶焼き茄子の～がこたえられない/烧茄子的味道美

得不得了 shāoqiézi de wèidao měide bùdéliǎo ❷【独特の趣】 意趣 yìqù；韵味 yùnwèi；趣味 qùwèi (英 *flavor; taste*) ▶いつもながら～深い文章だ/总是很有韵味的文章 zǒngshì hěn yǒu yùnwèi de wénzhāng ▶旅は人生に～をそえる/旅行会增添人生的情趣 lǚxíng huì zēngtiān rénshēng de qíngqù

あじわう【味わう】 欣赏 xīnshǎng；品尝 pǐncháng（[賞味] *taste*；[鑑賞] *appreciate*）▶海の幸を～/品尝海鲜 pǐncháng hǎixiān ▶最高の喜びを～/品味无限的欢乐 pǐnwèi wúxiàn de huānlè ▶名作を～ことで人の心は豊かになる/欣赏文学名著可以使人精神丰饶 xīnshǎng wénxué míngzhù kěyǐ shǐ rén jīngshén fēngráo ▶田舎の生活を～/享受农村生活的乐趣 xiǎngshòu nóngcūn shēnghuó de lèqù ▶さまざまな困難を～/体验各种各样的困难 tǐyàn gè zhǒng gè yàng de kùnnan ▶～べきことば/值得回味的话语 zhíde huíwèi de huàyǔ

あす【明日】 明儿 míngr；明天 míngtiān (英 *tomorrow*) ▶～の朝僕は旅立つ/明天早上我将启程 míngtiān zǎoshang wǒ jiāng qǐchéng ▶展覧会は～から始まる/展览会从明天开始 zhǎnlǎnhuì cóng míngtiān kāishǐ ▶～のことを思い煩うな/别为明天的事发愁 bié wèi míngtiān de shì fāchóu

あずかり【預かり】 保管 bǎoguǎn (英 *keeping*) ▶～金が金庫から消える/存款从金库里消失了 cúnkuǎn cóng jīnkùli xiāoshī le ▶～証をポケットに入れる/把存单放进衣服口袋里 bǎ cúndān fàngjìn yīfu kǒudaili ▶～にトランクを預ける/把旅行箱存在寄存处 bǎ lǚxíngxiāng cúnzài jìcúnchù ▶（相撲などで）勝負は～になった/保留胜负的判定 bǎoliú shèngbài de pàndìng

あずかる【与る】 参与 cānyù (英 *take part in…*) ▶それは私の与り知らぬことです/那件事与我无关 nà jiàn shì yǔ wǒ wúguān ▶お褒めに与って恐縮/承蒙夸奖，实不敢当 chéngméng kuājiǎng, shí bùgǎndāng

あずかる【預かる】 ❶【保管する】 保存 bǎocún (英 *keep*) ▶荷物を～/保存东西 bǎocún dōngxi ▶取りに来るまでこのかばんを預かってください/请保管一下这个行李，等我来取 qǐng bǎoguǎn yíxià zhège xínglǐ, děng wǒ lái qǔ ▶私はその金を預かっている/那笔钱寄存在我这里 nà bǐ qián jìcún zài wǒ zhèlǐ ❷【世話する】 管理 guǎnlǐ (英 *take care of…*) ▶彼女は家計を預かっている/她掌管着家庭财政 tā zhǎngguǎnzhe jiātíng cáizhèng ▶隣の子供を預かっている/替邻居家照看孩子 tì línjūjiā zhàokàn háizi ▶後援会の事務所を預かって5年になる/我管理后援会事务所已经有五年了 wǒ guǎnlǐ hòuyuánhuì shìwùsuǒ yǐjing yǒu wǔ nián le

アズキ【小豆】 〖植物〗红小豆 hóngxiǎodòu；小豆 xiǎodòu (英 *azuki beans*) ▶朝～粥で済ませた/早饭吃的是红小豆粥 zǎofàn chī de shì hóngxiǎodòuzhōu ▶～色の/豆沙色的 dòushāsè de; 红褐色的 hónghèsè de

アスキーコード 〖電算〗ASCII码 mǎ; 美国信息互换标准代码 Měiguó xìnxī hùhuàn biāozhǔn dàimǎ (英 *ASCII code*)

あずける【預ける】 存放 cúnfàng; 寄存 jìcún (英［金を］*deposit*；［物・人を］*leave*; *trust*) ▶銀行に金を～/把钱存在银行里 bǎ qián cúnzài yínhángli ▶保育園に子供を～/把孩子送到托儿所 bǎ háizi sòngdào tuō'érsuǒ ▶柱に体を預けて雲を見ていた/把身子靠在柱子上仰望云彩 bǎ shēnzi kàozài zhùzishang yǎngwàng yúncai ▶旅行カバンは駅に預けてきた/把旅行提包寄存在车站了 bǎ lǚxíng tíbāo jìcún zài chēzhàn le ▶貴重品は宿の金庫に～/把贵重物品存放在旅馆的保险柜里 bǎ guìzhòng wùpǐn cúnfàng zài lǚguǎn de bǎoxiǎnguìli

アスタリスク 星号 xīnghào (*) (英 *an asterisk*)

アスパラガス 〖植物〗芦笋 lúsǔn; 龙须菜 lóngxūcài (英 *asparagus*)

アスピリン 〖薬〗阿司匹林 āsīpǐlín (英 *aspirin*) ▶熱さましに～を飲む/为了退烧而服用阿司匹林 wèile tuìshāo ér fúyòng āsīpǐlín

アスファルト 柏油 bǎiyóu; 沥青 lìqīng (英 *asphalt*) ▶～道路/柏油路 bǎiyóulù ▶小さな路地も～で舗装された/小巷也修成了柏油路 xiǎoxiàng yě xiūchéngle bǎiyóulù

アスベスト 石棉 shímián (英 *asbestos*)

あずまや【東屋】 亭子 tíngzi (英 *a bower*; *an arbor*) ▶庭園内の～で一休みした/在花园的亭子里休息了一下 zài huāyuán de tíngzili xiūxile yíxià

アスリート 运动员 yùndòngyuán (英 *an athlete*)

アスレチッククラブ 健身房 jiànshēnfáng (英 *an athletic club*) ▶～で毎週汗を流している/每周在健身房锻炼身体 měizhōu zài jiànshēnfáng duànliàn shēntǐ

あせ【汗】 汗 hàn (英 *sweat*) ▶～をかく/出汗 chūhàn ▶～を流す/流汗 liú hàn ▶コップに～をかく/玻璃杯上凝着水珠 bōlibēishang níngzhe shuǐzhū ▶全身ぐっしょり～にまみれる/浑身被汗水浸湿了 húnshēn bèi hànshuǐ jìnshī le ▶シャツが～でからだにくっついている/汗水把衬衫黏在身上 hànshuǐ bǎ chènshān niánzài shēnshang ▶額に玉の～が噴き出した/额头上涌出了豆大的汗珠 étoushang yǒngchūle dòu dà de hànzhū ▶ハンカチで顔の～をふく/用手帕擦脸上的汗 yòng shǒupà cā liǎnshang de hàn ▶背中に滝のように～が流れた/跑完后汗流浃背 pǎowán hòu hàn liú jiā bèi ▶エアロビクス教室で～をかいて脂肪をとる/在有氧运动教室里出汗来减掉脂肪 zài yǒuyǎng yùndòng jiàoshìli chū hàn lái jiǎndiào zhīfáng ▶～臭い体で電車に乗り込んできた/带着浑身汗臭的身体上了电车 dàizhe húnshēn hànchòu de shēntǐ shàngle diànchē ▶僕はひどい～かきなんだ/我特别爱出汗 wǒ tèbié ài chū hàn

手に～を握る 捏一把汗 niē yì bǎ hàn ▶手に～を握る試合を展開する/展开一场令人惊心动魄的比赛 zhǎnkāi yì chǎng lìng rén jīng xīn dòng pò de bǐsài

冷や～をかく 出冷汗 chū lěnghàn ▶嘘がばれそうでびっしょりと冷や～をかいた/谎言差一点儿被揭穿, 吓出了一身冷汗 huǎngyán chàyìdiǎnr bèi jiēchuān, xiàchūle yì shēn lěnghàn

額に～する 满头大汗地工作 mǎn tóu dà hàn de gōngzuò ▶額に～して生活の資をかせぐ/满头大汗工作以赚钱谋生 mǎn tóu dà hàn de gōngzuò yǐ zhuànqián móushēng

あぜ【畦】 田埂 tiángěng; 田坎 tiánkǎn (英 *a ridge between rice field*) ▶～道/阡陌 qiānmò; 田间小道 tiánjiān xiǎodào

アセアン【ASEAN】 〖東南アジア諸国連合〗东盟 Dōngméng; 东南亚国家联盟 Dōngnán Yà Guójiā Liánméng

アセスメント 评价 píngjià; 估定 gūdìng (英 *assessment*) ▶環境～/环境评估 huánjìng pínggū

アセチレン 乙炔 yǐquē (英 *acetylene*) ▶～ガスが匂う/有乙炔味儿 yǒu yǐquē wèir

アセテート 醋酸纤维 cùsuān xiānwéi (英 *acetate*)

アセトアルデヒド 〖化学〗乙醛 yǐquán (英 *acetaldehyde*)

あせばむ【汗ばむ】 有点儿出汗 yǒudiǎnr chūhàn (英 *get slightly sweaty*) ▶陽気になる/天气暖洋洋的, 要出汗 tiānqì nuǎnyángyáng de, yào chūhàn ▶汗ばんだ手でハンドルを握る/用出汗的手握方向盘 yòng chūhàn de shǒu wò fāngxiàngpán

あせみず【汗水】 汗水 hànshuǐ (英 *hard work*) ▶～たらして鍬(くわ)をふるう/流着大汗挥动铁锹 liúzhe dàhàn huīdòng tiěqiāo ▶～流した甲斐があった/不辞辛苦地劳动终于有了成果 bù cí xīnkǔ de láodòng zhōngyú yǒule chéngguǒ ▶会社再建のために～たらしてもらおう/为了重建公司, 请大家[您]刻苦奋斗 wèile chóngjiàn gōngsī, qǐng dàjiā[nín] kèkǔ fèndòu

あせみずく【汗みずく】 浑身大汗 húnshēn dàhàn (英 *work very hard*) ▶工事現場で～になって働く/在工地上汗流浃背地劳动 zài gōngdìshang hàn liú jiā bèi de láodòng

あせみどろ【汗みどろ】 挥汗如雨 huī hàn rú yǔ (英 *with sweat*) ▶～になって働く/挥汗如雨地劳动 huī hàn rú yǔ de láodòng

あせも【汗疹】 痱子 fèizi (英 *prickly heat*) ▶～ができる/长痱子 zhǎng fèizi

あせり【焦り】 焦急 jiāojí (英 *impatience*) ▶～を感じる/感到焦急 gǎndào jiāojí

あせる【焦る】 焦急 jiāojí; 着急 zháojí (英 *be impatient*) ▶そんなに～な/别着急 bié zháojí ▶成功を～あまり自分を見失っていた/急于取得

成功，因而迷失了自我 jíyú qǔdé chénggōng, yīn'ér míshīle zìwǒ ▶締め切りが近づいて私は焦ってきた/临到期限，我开始着急了 líndào qīxiàn, wǒ kāishǐ zháojí le

あせる【褪せる】 褪色 tuìshǎi; 掉色 diàoshǎi (英[色が]fade; [退色する]discolor) ▶青い塗料が褪せて白くなる/蓝色涂料褪色发白了 lánsè túliào tuìshǎi fābái le ▶カーテンが日に焼けて色が褪せた/窗帘被太阳晒得掉色了 chuānglián bèi tàiyáng shàide diàoshǎi le

あぜん【唖然】 傻眼 shǎyǎn; 哑口无言 yǎ kǒu wú yán (英 speechlessly) ▶彼の言葉に～とする/听了他的话，我哑口无言 tīngle tā de huà, wǒ yǎ kǒu wú yán ▶突然の訃報に～として言葉も出なかった/突然传来的噩耗令我目瞪口呆 tūrán chuánlái de èhào lìng wǒ mù dèng kǒu dāi

アセンブリーげんご【アセンブリー言語】 〔電算〕汇编语言 huìbiān yǔyán (英 assembly language)

あそこ 那边 nàbiān; 那儿 nàr (英 over there) ▶～まですることはなかったのに/没必要干得那么绝 méi bìyào gànde nàme jué ▶～にはいい思い出がある/在那儿曾有过美好的回忆 zài nàr céng yǒuguo měihǎo de huíyì

あそばせる【遊ばせる】 ❶【使わないで】闲置不用 xiánzhì bú yòng (英 idle) ▶車を遊ばせておく/把车放着不用 bǎ chē fàngzhe bú yòng ▶土地を遊ばせておくのはもったいない/把土地闲置不用真可惜 bǎ tǔdì xiánzhì bú yòng zhēn kěxī ❷【楽しませる】(英 entertain) ▶男たちを～店がいくつもある/供男人们玩乐的店有好几家呢 gòng nánrénmen wánlè de diàn yǒu hǎojǐ jiā ne ▶子供を外で～/让孩子去外边玩儿 ràng háizi qù wàibian wánr

あそび【遊び】 ❶【遊ぶこと】游戏 yóuxì; 玩耍 wánshuǎ (英 play) ▶(子供が)外へ～に行く/(孩子が)去外边玩儿 (háizimen de) qù wàibian wánr ▶子供の輪に入る/加入孩子们的游戏 jiārù háizimen de yóuxì ▶転校先でもすぐ～仲間が出来た/在新转去的学校里也很快就交上了一起玩耍的朋友 zài xīn zhuǎnqù de xuéxiàoli yě hěn kuài jiù jiāoshàngle yìqǐ wánshuǎ de péngyou ▶公園に行ったが～相手はいなかった/去了公园可是没有一起玩儿的小伙伴 qùle gōngyuán kěshì méiyǒu yìqǐ wánr de xiǎohuǒbàn ▶うちの子に悪い～を教えないでくれ/你别叫我们孩子学坏 nǐ bié jiào wǒmenjiā háizi xué huài ▶これはビジネスで、子供の～じゃないんだ/这是工作，不是儿戏 zhè shì gōngzuò, bú shì érxì ▶～盛りの子供/正贪玩儿的孩子 zhèng tān wánr de háizi ▶僕の～道具は父さんの手作りだ/我的玩具是爸爸亲手做的 wǒ de wánjù shì bàba qīnshǒu zuò de ▶(授業の合間の)～時間に宿題をする/利用课间休息做作业 lìyòng kèjiān xiūxi zuò zuòyè ❷【酒色にふけること】放荡 fàngdàng (英 prodigality) ▶～好きの夫に愛想を尽かせる/对喜欢吃喝嫖赌的丈夫已经厌烦了 duì xǐhào chī hē piáo dǔ de zhàngfu yǐjing yànfán le ▶夜の～場には事欠かない/不缺夜里玩耍的地方 bù quē yèli wánshuǎ de dìfang ❸【機械結合部の余裕】(英 play) ▶ハンドルの～/方向盘的间隙 fāngxiàngpán de jiànxì ❹【訪問・行楽など】(英 call) ▶たまに～に来たえ/你有空就来玩玩儿吧 nǐ yǒu kòngr jiù lái wánwanr ba ▶鎌倉へ家族連れで～に行く/带全家人去镰仓玩儿 dài quánjiārén qù Liáncāng wánr ▶ゴルフは金のかかる～だ/高尔夫是一种花钱的娱乐 gāo'ěrfū shì yì zhǒng huāqián de yúlè

~半分である 马马虎虎 mǎmǎhūhū ▶～半分に勉強しても身につかないよ/马马虎虎地学习也记不住啊 mǎmǎhūhū de xuéxí yě jìbuzhù a

◆《子供の》～場:游戏场 yóuxìchǎng ▶今の子供は～場を取り上げられてしまった/现在的孩子们被剥夺了游戏场 xiànzài de háizimen bèi bōduóle yóuxìchǎng ~人 游手好闲之人 yóu shǒu hào xián zhī rén ▶あいつは父親の血を引く～人だ/那小子随他父亲，是一个游手好闲的人 nà xiǎozi suí tā fùqin, shì yí ge yóu shǒu hào xián de rén

あそびくらす【遊び暮らす】 游手好闲地混日子 yóu shǒu hào xián de hùn rìzi (英 idle away one's time) ▶仕事もせずに～/不务正业，游手好闲 bú wù zhèngyè, yóu shǒu hào xián

あそびほうける【遊び呆ける】 贪玩儿 tānwánr (英 play around) ▶遊び呆けているうちに受験が目の前に迫った/每天贪玩儿，不知不觉考试的日子就迫在眉睫了 měitiān tān wánr, bù zhī bù jué kǎoshì de rìzi jiù pòzài méijié le

あそぶ【遊ぶ】 ❶【楽しく】玩 wán; 游玩 yóuwán; 游戏 yóuxì (英 play; amuse) ▶遊んでいる子供たちが狙われている/正在做游戏的孩子们被锁定为目标 zhèngzài zuò yóuxì de háizimen bèi suǒdìngwéi mùbiāo ▶昨日は何をして遊びましたか/昨天玩儿什么了？ zuótiān wánr shénme le? ▶帰りに京都で1週間遊んだ/回家的途中在京都玩儿了一个星期 huíjiā de túzhōng zài Jīngdū wánrle yí ge xīngqī ▶よく学び、よく遊べ/用心学习，开心娱乐; 好好学，好好玩儿 yòngxīn xuéxí, kāixīn yúlè; hǎohǎo xué, hǎohǎo wánr ❷【仕事せずに】游荡 yóudàng; 赋闲 fùxián (英 live in idle) ▶遊んで暮らすご身分になりたいよ/我真想悠闲自得地过日子 wǒ zhēn xiǎng yōuxián zìdé de guò rìzi ▶受注が無くて職人が遊んでいる/没有订单，工匠们都在赋闲 méiyǒu dìngdān, gōngjiàngmen dōu zài fùxián ❸【酒色にふける】吃喝嫖赌 chī hē piáo dǔ (英 lead in dissipated life) ▶若い時はずいぶん遊んだ/年轻时我可相当放荡 niánqīng shí wǒ xiāngdāng fàngdàng

あだ【仇】 仇 chóu (英 enemy; rival) ▶～を討つ/报仇，报 bào chóu ▶優勝して昨年の～を討つ/夺冠报去年的仇 duóguàn bào qùnián de chóu ▶君の親切がかえって～となった/你的好意却反而招

来了祸害 nǐ de hǎoyì què fǎn'ér zhāoláile huòhai

ことわざ **恩を仇で返す** 恩将仇报 ēn jiāng chóu bào

あだ〖徒〗徒劳 túláo (英 *in vain*)▶親切に~になる/好意白搭 hǎoyì báidá ▶ご厚意を~にはしません/我不会辜负您的好意 wǒ búhuì gūfù nín de hǎoyì

アダージョ〖音楽〗柔板 róubǎn (英 *adagio*)

あたい〖値〗(値段)价钱 jiàqian;(価値)价值 jiàzhí;〖数〗值 zhí [値段][*price*];[価値][*value*; *worth*]▶競売で三千万円の~をつけた/在拍卖场上标价三千万日元 zài pāimàichǎngshang biāojià sānqiān wàn Rìyuán ▶未知数 x の~を求めよ/请算出未知数 x 的值 qǐng suànchū wèizhīshù x de zhí

~する 值得 zhíde;可以 kěyǐ ▶今度の展覧会は一見に~する/这次展览会值得一看 zhècì zhǎnlǎnhuì zhíde yí kàn ▶この本は一読に~する/这本书值得一读 zhè běn shū zhíde yì dú ▶彼の発明など一顧だに~しない/对他的发明什么的不屑一顾 duì tā de fāmíng shénmede bú xiè yí gù

あたいりく〖亜大陸〗次大陆 cìdàlù (英 *a subcontinent*)

あたえる〖与える〗❶〖やる〗给 gěi;给予 jǐyǔ;予以 yǔyǐ (英 *give*)▶小鳥に餌を与えてから出勤する/给小鸟喂完食后去上班 gěi xiǎoniǎo wèiwán shí hòu qù shàngbān ▶彼らには特権は与えられなかった/没能授予他们特权 méi néng shòuyǔ tāmen tèquán ▶便宜を~/给予方便 jǐyǔ fāngbiàn;提供方便 tígōng fāngbiàn

❷〖割り当てる〗分配 fēnpèi (英 *allot*; *allow*)▶課題を~/出题 chūtí ▶5人のメンバーにそれぞれに役割を~/给五个人分派任务 gěi wǔ ge rén fēnpài rènwu

❸〖もたらす〗带来 dàilái (英 *bring about*)▶不安を~/招致不安 zhāozhì bù'ān ▶酸性雨が森林に被害を与えた/酸雨给森林带来灾害 suānyǔ gěi sēnlín dàilái zāihài ▶心ない一言が彼にどれほどの苦痛を与えたか/一句恶语给他带来了多大的痛苦啊 yí jù èyǔ gěi tā dàiláile duōdà de tòngkǔ a

あたかも〖恰も〗❶〖まるで…のように〗宛如 wǎnrú;恰似 qiàsì (英 *as if...*)▶~我が物であるかのように持ち去った/好像是自己的东西一样拿走了 hǎoxiàng shì zìjǐ de dōngxi yíyàng názǒule;顺手牵羊据为己有 shùn shǒu qiān yáng jù wéi jǐ yǒu ▶そこに立った彼の姿は~悪鬼のようだった/他站在那里活像一个恶魔 tā zhànzài nàli huóxiàng yí ge èmó ▶彼は~幼児のごとく駄々をこねた/他就像一个幼儿撒娇磨人 tā jiù xiàng yí ge yòu'ér sā jiāo mó rén ❷〖ちょうど〗正好 zhènghǎo (英 *just like...*)▶時~中秋の夜のことだった/那时正值中秋之夜 nàshí zhèngzhí Zhōngqiū zhī yè

あたたかい〖暖かい・温かい〗❶〖温度〗热乎乎 rèhūhū;热和 rèhuo (英 *warm*; *hot*)▶凍えた体に~飲み物はありがたかった/身体冻僵时热乎乎的饮料是最宝贵的 shēntǐ dòngjiāng shí rèhūhū de yǐnliào shì zuì bǎoguì de ▶~うちにどうぞお上がり下さい/请趁热吃吧 qǐng chèn rè chī ba

❷〖思いやり〗温馨 wēnxīn;热情 rèqíng (英 *warm*; *hearty*)▶私達の活動を温かく見守ってください/请对我们的活动给予热心的关注吧 qǐng duì wǒmen de huódòng jǐyǔ rèxīn de guānzhù ba ▶彼はその人たちにいつも暖かく接した/他对那些人总是热情相待 tā duì nàxiē rén zǒngshì rèqíng xiāngdài ▶被災地に~援助が届く/温暖热情的援助到达了灾区 wēnnuǎn rèqíng de yuánzhù dàodále zāiqū

❸〖金銭豊かな〗宽裕 kuānyù;充裕 chōngyù;富裕 fùyù (英 *rich*)▶懐(ふところ)が~/手头宽裕 shǒutóu kuānyù

❹〖気温〗温暖 wēnnuǎn;暖和 nuǎnhuo (英 *warm*; *mild*)▶日毎に暖かくなる/一天比一天暖和 yì tiān bǐ yì tiān nuǎnhuo ▶~冬は景色が違って見える/暖和的冬季景色都显得不一样 nuǎnhuo de dōngjì jǐngsè dōu xiǎnde bù yíyàng

あたたかみ〖暖かみ・温かみ〗温情 wēnqíng (英 *warmth*; [温情] *a warm heart*)▶~のある政治をしてほしいね/希望当局实施富有温情的政治措施 xīwàng dāngjú shíshī fùyǒu wēnqíng de zhèngzhì cuòshī ▶あの顔は人間的な~を感じさせない/那张脸上人感受不到温馨的人情味儿 nà zhāng liǎn ràng rén gǎnshòubudào wēnxīn de rénqíngwèir ▶家庭の~を知らない/没有体验过家庭的温暖 méiyǒu tǐyànguo jiātíng de wēnnuǎn

あたたまる〖暖まる・温まる〗❶〖火などで〗取暖 qǔ nuǎn;暖和 nuǎnhuo (英 *get warm*)▶火にあたって~/烤火取暖 kǎo huǒ qǔ nuǎn ❷〖心が〗心里热乎乎的 xīnli rèhūhū de (英 *become warm*)▶今日は心~話を聞いた/今天听到了一个令人温馨的故事 jīntiān tīngdàole yí ge lìng rén wēnxīn de gùshi

あたためる〖暖める・温める〗温暖 wēnnuǎn;暖和 nuǎnhuo (英 *warm*)▶スープを~/热汤 rè tāng ▶部屋を~/把屋子暖暖 bǎ wūzi nuǎnnuan ▶温め直しの料理/重新加热的饭菜 chóngxīn jiārè de fàncài ▶~だけで食べられる食品/热一下就能吃的食物 rè yíxià jiù néng chī de shíwù ▶親鳥が卵を~/鸟妈妈抱窝 niǎomāma bào wō ▶10年ぶりに鍋を囲んで旧交を暖めた/相识十年见面,围着火锅重温旧情 xiāngbié shí nián jiànmiàn, wéizhe huǒguō chóngwēn jiùqíng ▶5年来暖めてきた構想が何とかものになりそうだ/酝酿了五年的构想总算要成形了 yùnniàngle wǔ nián de gòusī zǒngsuàn yào chéngxíng le

アタック 攻击 gōngjī;进攻 jìngōng (英 *an attack*)▶山頂に~する/向山顶突击 xiàng shāndǐng tūjī

アタッシェケース 手提公文包 shǒutí gōngwénbāo (英 *an attaché case*)

アタッチメント 附件 fùjiàn; 配件 pèijiàn (英 *an attachment*)

あたって【当たって】 当…的时候 dāng…de shíhou; 趁…的机会 chèn…de jīhuì (英 *in case of…*) ▶この時に/在这个时候 zài zhège shíhou ▶書物を選ぶ～は読みやすいものにする/选择书籍的时候, 挑好读的 xuǎnzé shūjí de shíhou, tiāo hǎo dú de ▶卒業に～文集を出した/毕业之际, 出了同学文集 bìyè zhījì, chūle tóngxué wénjí

あだな【あだ名】 绰号 chuōhào; 外号 wàihào (英 *a nickname*) ▶先生に～をつける/给老师起外号 gěi lǎoshī qǐ wàihào ▶教師が生徒を～で呼ぶ/老师叫学生的外号 lǎoshī jiào xuésheng de wàihào

あだばな【徒花】 谎花 huǎnghuā; 不结果的花 bùjiéguǒ de huā (英 *a flower that soon withers*) ▶彼の人気はしょせん～に過ぎなかった/他的人气终归不过是昙花一现 tā de rénqì zhōngguī búguò shì tánhuā yí xiàn

あたふたする 慌慌张张 huānghuāngzhāngzhāng; 仓促 cāngcù (英 *be in a hurry; be in a panic*) ▶～駆けつける/慌慌张张地赶来 huānghuāngzhāngzhāng de gǎnlái ▶そんなことで～するな/别为这点事大惊小怪 bié wèi zhè diǎn shì dà jīng xiǎo guài

アダプター 转接器 zhuǎnjiēqì; 接合器 jiēhéqì (英 *an adaptor*)

あたま【頭】 ❶【人・動物の頭部】 脑袋 nǎodai; 脑壳 nǎoké (英 *a head*) ▶～のてっぺんから足の先まで/从头到脚 cóng tóu dào jiǎo ▶～から先に飛び込む/一头扎进去 yì tóu zājìnqu ▶～を上げる/扬起头 yángqǐ tóu ▶～を下げる/低下头 dīxià tóu ▶～を垂れる/垂头丧气 chuí tóu sàng qì ▶両手で～を抱える/双手抱着脑袋 shuāngshǒu bàozhe nǎodai ▶～を掻く/搔头 sāotóu ▶～が重い【気分が悪い】/脑袋发胀 nǎodai fāzhàng; 昏沉沉的 hūnchénchén de ▶～が痛い/头疼 tóuténg ▶～がぼうとする/发昏 fāhūn
❷【髪】 头发 tóufa (英 *hair*) ▶彼は昨日～を刈ってもらった/他昨天去理发了 tā zuótiān qù lǐfà le ▶だんだん～が白くなってきた/头发渐渐地变白了 tóufa jiànjiàn de biànbái le
❸【脳の働き】 头脑 tóunǎo; 脑筋 nǎojīn (英 *a brain; a head; a mind*) ▶～がよい/聪明 cōngmíng; 机灵 jīling ▶～が混乱した/昏昏脑 hūn tóu hūn nǎo ▶～を使う/动脑筋 dòng nǎojīn ▶～を痛める/伤脑筋 shāng nǎojīn ▶体ばかり育って、～は子供だ/体格发达, 头脑幼稚 tǐgé fādá, tóunǎo yòuzhì ▶～が悪い/脑子笨 nǎozi bèn ▶～が変だ/脑子怪 nǎozi guài ▶～のからっぽな/头脑空洞无知 tóunǎo kōngdòng wúzhī ▶～の回転が速い/脑子转得快 nǎozi zhuǎnde kuài ▶～が痛くなる問題だ/令人头疼的问题 lìng rén tóuténg de wèntí ▶～を悩ます/伤脑筋 shāng nǎojīn; 发愁 fāchóu; 劳神 láoshén ▶～に浮かぶ/浮现在脑海里 fúxiàn zài nǎohǎili; 想到 xiǎngdào
❹【その他】 ～が切れる/脑子快 nǎozi kuài; 思维敏捷 sīwéi mǐnjié ▶もう一度～から歌おう/再从头唱一遍 zài cóngtóu chàng yí biàn ▶～から断る/完全拒绝 wánquán jùjué; 根本就没打算接受 gēnběn jiù méi dǎsuan jiēshòu ▶～から問題にしない/根本就没当回事儿 gēnběn jiù méi dāng huí shìr ▶～に雪を頂いた山々/山顶上积雪的群山 shāndǐngshang jīzhe xuě de qúnshān ▶釘の～/钉帽儿 dīngmàor
ことわざ 頭隠して尻隠さず 顾头不顾尾 gù tóu bú gù wěi; 藏头露尾 cáng tóu lù wěi
～が上がらない 愧疚得[佩服得]抬不起头来 kuìjiùde [pèifúde] táibuqǐ tóu lai ▶私はあの人には～が上がらない/我在他的面前抬不起头来 wǒ zài tā de miànqián táibuqǐ tóu lai
～が固い 古板 gǔbǎn; 顽固 wángù
～が下がる 佩服 pèifu; 甘拜下风 gān bài xiàfēng
～が低い 对人谦虚 duì rén qiānxū
～が古い 陈腐 chénfǔ; 古板 gǔbǎn
～が柔らかい 灵活 línghuó
～に来る 气死人 qìsǐ rén; 令人恼火 lìng rén nǎohuǒ ▶彼女の言葉が～に来た/她的话气死人了 tā de huà qìsǐ rén le
～を突っ込む 干预 gānyù ▶面倒なことに～を突っ込む/干预棘手的事 gānyù jíshǒu de shì

あたまうち【頭打ち】 碰顶 pèng dǐng (英 *an upper limit; a maximum*) ▶給料が～になる/工资碰顶了 gōngzī pèng dǐng le ▶生産が～になる/生产额升不上去了 shēngchǎn'é shēngbushàngqù le

あたまかず【頭数】 人头 réntóu; 人数 rénshù (英 *the number (of people)*) ▶～を揃える/充数 chōngshù ▶～が足りない/人数不够 rénshù búgòu

あたまきん【頭金】 定钱 dìngqián (英 *a down payment*) ▶～を払う/付定金 fù dìngjīn ♦～不要【広告】:不用付定金 búyòng fù dìngjīn

あたまごし【頭越しに】 越过 yuèguò (英 *over one's head*) ▶私の～に話が進む/谈判越过我进行 tánpàn yuèguò wǒ ér jìnxíng ▶議会の～に直接国民に訴える/越过议会直接向国民呼吁 yuèguò yìhuì zhíjiē xiàng guómín hūyù

あたまごなし【頭ごなしに】 不容分说 bùróng fēnshuō (英 *without hearing his explain*) ▶～に叱る/不容分说地斥责人 bùróng fēnshuō de chìzé rén; 不问青红皂白就批评 búwèn qīng hóng zào bái jiù pīpíng

あたまでっかち【頭でっかちな】 大头空谈理论 dàtóu kōng tán lǐlùn; 书呆子 shūdāizi (英 *top-heavy*) ▶あの会社は役員が多く～だ/那个公司领导太多, 头重脚轻 nàge gōngsī lǐngdǎo tài duō, tóu zhòng jiǎo qīng

あたまわり【頭割りにする】 分摊 fēntān (英 *share the cost*) ▶費用を～にする/均摊费用 jūn tān fèiyong

アダム（英 *Adam*）▶～とイブ/亚当与夏娃 Yàdāng yǔ Xiàwā

あたらしい【新しい】 新 xīn（英 *new; fresh; up-to-date*）▶～服/新衣服 xīnyīfu ▶考えが～/思想新颖 sīxiǎng xīnyǐng ▶～試み/新尝试 xīnchángshì ▶～型/新型 xīnxíng; 新型号 xīnxínghào ▶記憶が～/记忆犹新 jìyì yóu xīn ▶新しく建てた家/新盖的房子 xīn gài de fángzi ▶新しく来た人/新来的人 xīn lái de rén ▶新し 事業を始める/开创新事业 kāichuàng xīnshìyè ▶新しくする/（建物を）翻新 fānxīn;（設備を）更新 gēngxīn;（出版物を）修订 xiūdìng

あたらしさ【新しさ】 新旧程度 xīnjiù chéngdù（英 *newness; freshness*）▶発想の～/新颖的想法 xīnyǐng de xiǎngfa; 有新意 yǒu xīnyì; 有创意 yǒu chuàngyì

あたり【辺り】 附近 fùjìn; 四周 sìzhōu（英［付近］*the neighborhood*;［方向］*direction*）▶この～/这一带 zhè yídài ▶～かまわず/不顾周围 bú gù zhōuwéi ▶～かまわず唾を吐く/随地吐痰 suídì tǔ tán ▶～には誰もいなかった/周围一个人也没有 zhōuwéi yí ge rén yě méiyǒu ▶胃の～が妙な気持ちだ/胃部感觉不对劲儿 wèibù gǎnjué búduìjìnr ▶～を見回す/环顾四周 huángù sìzhōu ▶～の景色/周围的景色 zhōuwéi de jǐngsè

あたり【当たり】 ❶【的中・成功】 成功 chénggōng（英 *a hit*）▶その映画は大～だった/那个电影非常成功[上座率极高] nàge diànyǐng fēicháng chénggōng[shàngzuòlǜ jí gāo] ❷【物腰】 待人的态度 dàirén de tàidù（英 *a manner*）▶～のやわらかい人/态度和蔼的人 tàidù hé'ǎi de rén ❸【釣り】 上钩 shànggōu（英 *a bite*）▶～がある/感觉鱼上钩了 gǎnjué yú shànggōu le ❹【ごとに】 每 měi（英 *per*）▶1日～3回薬を飲む/每天吃三次药 měitiān chī sān cì yào

あたりさわり【当たり障り】 妨碍 fáng'ài（英 *noncommittal*）▶～のない話/不痛不痒的话 bútòng bùyǎng de huà

あたりちらす【当たり散らす】 迁怒于人 qiānnù yú rén; 乱发脾气 luàn fā píqi（英 *take it out on...*）▶生徒に～先生/冲着学生乱发脾气的老师 chòngzhe xuésheng luàn fā píqi de lǎoshī

あたりどし【当たり年】 大年 dànián; 丰年 fēngnián（英 *a lucky year*）▶今年はじゃがいもの～だった/今年的土豆儿赶上大年，收成很好 jīnnián de tǔdòur gǎnshàng dànián, shōucheng hěn hǎo

あたりはずれ【当たり外れのある】 成败 chéngbài; 好坏 hǎohuài（英 *risky*）▶この商売には～がある/这种买卖有起有落 zhè zhǒng mǎimai yǒu qǐ yǒu luò

あたりまえ【当たり前】 当然 dāngrán; 寻常 xúncháng（英 *common; ordinary; usual*）▶のことをしただけです/我只是作了应该做的事 wǒ zhǐshì zuòle yīnggāi zuò de shì ▶彼が怒るのは～だ/他生气是理所当然的 tā shēngqì shì lǐsuǒ dāngrán de ▶そりゃ，謝るのが～だ/那你当然应该赔礼道歉啦！nà nǐ dāngrán yīnggāi péilǐ dàoqiàn la !

あたる【当たる】 ❶【ぶつかる】 中 zhòng; 碰 pèng（英 *hit; strike*）▶ボールが頭に～/球碰在头上 qiú pèngzài tóushang ▶足が石に当たった/脚被石头绊着了 jiǎo bèi shítou bànzhe le ❷3回戦で優勝候補に～/第三轮碰上最有希望夺冠的劲敌 dìsān lún pèngshàng zuì yǒu xīwàng duóguàn de jìngdí ❷【的中する】 中 zhòng; 猜中 cāizhòng（英 *come true*）▶予想が～/猜中 cāizhòng ▶占いが～/占卦灵验 zhānguà língyàn ▶当たらずといえども遠からずだ/虽然没有完全猜中也相差不远 suīrán méiyǒu wánquán cāizhòng yě xiāngchà bù yuǎn; 八九不离十 bā jiǔ bù lí shí ❸【賞品などが】（英 *win*）▶宝くじが～/中彩 zhòngcǎi ❹【中毒する】（英 *get poisoned*）▶毒に～/中毒 zhòngdú ▶魚が当たった/吃鱼中毒了 chī yú zhòngdú le ❺【暖まる】 烤 kǎo（英 *warm oneself*）▶火に～/烤火 kǎohuǒ ❻【照らす】 照 zhào（英 *shine*）▶その部屋は朝は日が～/这个房间早上阳光好 zhège fángjiān zǎoshang yángguāng hǎo ▶花に日が当たっている/阳光照在花儿上 yángguāng zhàozài huārshang ❼【相当する】 相当 xiāngdāng（英 *be equal to...*）▶それは総人口の5%に～/这个数字相当于总人口的百分之五 zhège shùzì xiāngdāng yú zǒngrénkǒu de bǎi fēn zhī wǔ ▶今年はその事件から百年目に～/今年是那个事件的一百周年 jīnnián shì nàge shìjiàn de yìbǎi zhōunián ▶本件は刑法第5条に～/这个案子适用于刑法第五条 zhège ànzi shìyòng yú xíngfǎ dìwǔ tiáo ❽【成功する】 成功 chénggōng（英 *be a success*）▶商売が～/生意兴隆 shēngyì xīnglóng ▶あの映画は当たった/那个电影上映成功 nàge diànyǐng shàngyìng chénggōng ❾【担当する】 担任 dānrèn; 承担 chéngdān（英 *take charge*）▶交渉に～/从事交涉 cóngshì jiāoshè ▶通訳に～/担任翻译 dānrèn fānyì ❿【その他】 ▶つらく～/折磨 zhémó ▶人につらく～/苛待人 kēdài rén ▶雨に～/被雨淋了 bèi yǔ lín le ▶夜風に当たり酔いをさました/晚风一吹醉意就醒过来了 wǎnfēng yì chuī zuìyì jiù xǐngguòlai le ▶他の店に当たってみる/去别的店看看 qù biéde diàn kànkan

ことわざ **当たって砕けよ** 奋勇去试试 fènyǒng qù shìshi; 听天由命碰碰运气 tīngtiān yóumìng pèngpeng yùnqi

ことわざ **当たるも八卦（に） 当たらぬも八卦** 问卜占卦也灵也不灵 wènbǔ zhānguà yě líng yě bù

アダルト 成人 chéngrén; 成年人 chéngniánrén（英 *an adult*）▶～ビデオ/黄色录像 huángsè lùxiàng ♦～映画/成人电影 chéngrén diànyǐng ～サイト/黄色网站 huángsè wǎngzhàn

あちこち 远近 yuǎnjìn；到处 dàochù（英 *around ...*）▶～にある/到处都有 dàochù dōu yǒu ▶～を見回す/东张西望 dōng zhāng xī wàng ▶～を旅する/周游各地 zhōuyóu gèdì ▶道路は～傷んでいた/道路伤痕累累 dàolù shānghén léiléi ▶彼は～で借金をした/他四处借债 tā sìchù jièzhài ▶一晩中～から電話がかかってきた/整个晚上到处都打来电话 zhěnggè wǎnshang dàochù dōu dǎlái diànhuà ▶通りを～歩く/在大街上走来走去 zài dàjiēshang zǒulái zǒuqù

あちら ❶【方向・場所】那里 nàli；那边 nàbiān（英 *over there*）▶～は寒いんでしょうね/那边很冷吧 nàbiān hěn lěng ba ▶それは～に置いて/把这个放在那边儿吧 bǎ zhège fàngzài nàbiānr ba ❷【あの方】那位 nàwèi（英 *that way*）▶～はあなたの誰?/他是你的什么人？tā shì nǐ de shénme rén? ❸【相手】对方 duìfāng（英 *that*）▶～は何とおっしゃってるの/对方的意向怎么样呢 duìfāng de yìxiàng zěnmeyàng ne

あっ 啊 a；哎哟 āiyō（英 *Look!; Listen!; Oh*）▶～、財布をなくした/啊，我把钱包弄丢了 a, wǒ bǎ qiánbāo nòngdiū le ▶～、痛い!/哎哟！真疼！āiyō! zhēn téng! ▶～と驚く/吓一跳 xià yí tiào; 大吃一惊 dà chī yì jīng

～と言う間 一刹那 yíchànà；一眨眼 yì zhǎyǎn；一转眼 yì zhuǎnyǎn ▶～と言う間に休暇が過ぎてしまった/一转眼，假期就过去了 yì zhuǎnyǎn, jiàqī jiù guòqù le

～と言わせる 使人吃惊 shǐ rén chījīng ▶みんなを～と言わせる/让大家吃惊 ràng dàjiā chījīng ▶世間を～と言わせるような作品/惊世之作 jīng shì zhī zuò

あつあつ【熱熱】热腾腾 rèténgténg（英 *piping hot*）；【恋愛】passionate ▶～の仲/极其甜蜜的关系 jíqí tiánmì de guānxi ▶～の豚まん/热腾腾的肉包子 rèténgténg de ròubāozi

あつい【厚い】❶【物が】厚 hòu（英 *thick*）▶～セーター/厚毛衣 hòumáoyī ▶～雲/浓云 nóngyún ▶～胸/厚厚的胸膛 hòuhòu de xiōngpú ▶ガラス/厚玻璃 hòubōlí ▶壁にぶち当たる/碰到巨大的障碍 yùdào jùdà de zhàng'ài ▶厚くする/加厚 jiāhòu ❷【情などが】深厚 shēnhòu（英 *warm-hearted*）▶友情に～/友情深厚 yǒuqíng shēnhòu ▶信仰心が～/信仰坚定 xìnyǎng jiāndìng ▶～配慮/热忱的关怀 rèchén de guānhuái ▶～もてなし/热情的招待 rèqíng de zhāodài ▶厚く礼を述べる/表示深深的感谢 biǎoshì shēnshēn de gǎnxiè ▶昇給率は下に厚くすべきだ/长工资的比率应该多给下面的人 zhǎng gōngzī de bǐlǜ yīnggāi duō gěi xiàmiàn de rén

あつい【暑い】热 rè（英 *hot*）▶蒸し～/闷热 mēnrè ▶～ですね/天气真热啊！tiānqì zhēn rè a! ▶焼けつくように～/灼热 zhuórè ▶うだるように～/酷暑 kùshǔ

あつい【熱い】❶【温度が】热 rè（英 *hot*）；【高温が】烫 tàng（英 *heated*）▶～茶/热茶 rèchá ▶熱くする/加热 jiārè ▶砂漠の～砂/沙漠里灼热的沙子 shāmòli zhuórè de shāzi ❷【感情が】热情 rèqíng；【男女の間柄が】亲热 qīnrè（英 *intent*）▶お二人/他们俩关系亲热 tāmen liǎ guānxi hěn qīnrè ▶そう熱くなるな/别那么激动 bié nàme jīdòng ▶～涙を流す/流下热泪 liúxià rèlèi ▶まぶたが熱くなる/眼角发热，感动得要流泪 yǎnjiǎo fārè, gǎndòngde yào liú lèi ▶～ラブシーン/热情的性爱场面 rèqíng de xìng'ài chǎngmiàn

あつえん【圧延する】滚轧 gǔnzhá（英 *roll*）♦～加工/滚轧加工 gǔnzhá jiāgōng ～機/轧钢机 zhágāngjī

あっか【悪化する】恶化 èhuà；加剧 jiājù（英 *become worse; become serious*）▶経済が～する/经济恶化 jīngjì èhuà ▶病状が～した/病情恶化了 bìngqíng èhuà le ▶事態はますます～している/事态越来越恶化 shìtài yuèláiyuè èhuà ▶地球環境は確実に～している/地球环境确实在变坏 dìqiú huánjìng quèshí zài biànhuài

あつかい【扱い】❶【待遇・応対】对待 duìdài；接待 jiēdài（英 *treatment*）▶客の～/接待客人 jiēdài kèrén ▶子供～する/当做小孩儿对待 dāngzuò xiǎoháir duìdài ▶子供の～がうまい/管教孩子有方 guǎnjiào háizi yǒufāng；带孩子带得很好 dài háizi dàide hěn hǎo ▶その事件についてのニュースの～方/关于这个事件新闻报道的姿态 guānyú zhège shìjiàn xīnwén bàodào de zītài ❷【操作】使用 shǐyòng；操纵 cāozòng（英 *handling; operation*）▶このコンピュータは～が簡単だ/这种电脑很容易操作 zhè zhǒng diànnǎo hěn róngyì cāozuò ❸【業務】处理 chǔlǐ ▶承担 chéngdān（英 *dealing*）▶免税～にされる/按免税处理 àn miǎnshuì chǔlǐ

あつかう【扱う】❶【操作】使用 shǐyòng；操纵 cāozòng（英 *handle; manipulate*）▶機械を～/操纵机器 cāozòng jīqì ▶この古書は特に注意して大事に扱って下さい/这种古籍请特别小心保管 zhè zhǒng gǔjí qǐng tèbié xiǎoxīn bǎoguǎn ❷【処理・業務】处理 chǔlǐ（英 *manage; deal with...*）▶人事課で～/由人事科处理 yóu rénshìchù chǔlǐ ▶事務を～/处理业务 chǔlǐ yèwù ▶大金を～/处理巨额资金 chǔlǐ jù'é zījīn ▶たいていの新聞がその事件を軽く扱った/多数报纸对那个事件都是轻描淡写 duōshù bàozhǐ duì nàge shìjiàn dōu shì qīng miáo dàn xiě ▶動物を扱った物語/描写动物的故事 miáoxiě dòngwù de gùshi ❸【応対】对待 duìdài；接待 jiēdài（英 *treat*）▶扱いにくい人/难对付的人 nán duìfu de rén ▶手荒く～/处理得太粗糙 gěi xiàmiàn de rén

あつかましい【厚かましい】 脸皮厚 liǎnpí hòu；厚颜 hòuyán（英 *shameless*）▶にもほどがある/脸皮厚也应该有点分寸 liǎnpí hòu yě yīnggāi yǒu diǎn fēncun ▶～お願いですが…/不好意思，有件事拜托您… bù hǎoyìsi, yǒu jiàn shì bàituō nín…

あつがみ【厚紙】 厚纸 hòuzhǐ；纸板 zhǐbǎn（英 *thick paper; cardboard*）

あつがり【暑がり】 怕热 pà rè（英 *a sensitive person to the heat*）▶～屋/怕热的人 pà rè de rén ▶彼は一屋で汗つかきだ/他怕热，爱出汗 tā pà rè, ài chū hàn

あつかん【圧巻】 精彩 jīngcǎi（英 *the best part; the highlight*）▶このシーンは～だ/这个镜头最精彩 zhège jìngtóu zuì jīngcǎi

あつかん【悪漢】 坏人 huàirén；恶棍 ègùn（英 *a rascal; a villain*）

あつかん【熱燗】 热酒 rèjiǔ；烫酒 tàngjiǔ（英 *hot sake*）▶冬は～に限る/冬天最好喝热酒 dōngtiān zuìhǎo hē rèjiǔ

あつぎ【厚着する】 多穿 duō chuān（英 *dress heavily*）▶赤ん坊には～させるな/别给小娃娃穿得太多 bié gěi xiǎowáwa chuānde tài duō ▶外は猛烈に寒いから、～したほうがいいよ/外边儿冷得厉害，最好多穿一点 wài biānr lěngde lìhai, zuìhǎo duō chuān yìdiǎn

あつぎり【厚切り】 切得厚 qiēde hòu（英 *a thick slice*）▶～のトースト/切得很厚的吐司 qiēde hěn hòu de tǔsī

あつくるしい【暑苦しい】 炎热 yánrè；热死 rèsǐ（英 *hot and stuffy*）▶暑苦しくて眠れない/热得睡不着 rède shuìbuzháo；炎热的夜晚难以入睡 yánrè de yèwǎn nányǐ rùshuì

あっけ【呆気】 ～にとられる 傻眼 shǎyǎn；惊愕 jīng'è；目瞪口呆 mù dèng kǒu dāi

あつげしょう【厚化粧】 浓妆艳抹 nóng zhuāng yàn mǒ（英 *a thick makeup*）▶～の女/浓妆艳抹的女人 nóng zhuāng yàn mǒ de nǚrén

あっけない【呆気ない】 太简单 tài jiǎndān；不过瘾 bú guòyǐn（英 *unexpected; disappointing*）▶～結末/没尽兴的结尾 méi jìnxìng de jiéwěi ▶～幕切れを迎える/迎来令人扫兴的结局 yíngláile lìng rén sǎoxìng de jiéjú ▶あっけなく負ける/输得太简单 shūde tài jiǎndān ▶彼の死はあまりに～死であった/他死得太突然 tā sǐde tài tūrán

あっけらかん 满不在乎 mǎn bú zàihu；悠然自得 yōurán zìdé；茫然 mángrán（英 *carefree; absent-minded*）▶有金全部をなくしたが、彼は～としていた/他失去了所有的钱，却显得满不在乎 tā shīqùle suǒyǒu de qián, què xiǎnde mǎn bú zàihu

あっこう【悪口】 谩骂 mànmà；中伤 zhòngshāng（英 *abuse*）▶～を言う/恶语中伤 èyǔ zhòngshāng
♦～雑言(ぞん)/漫骂 mànmà

あつさ【厚さ】 厚薄 hòubó；厚度 hòudù（英 *thickness*）▶～2センチ/二厘米厚 èr límǐ hòu ▶～はどれほどか/有多厚？yǒu duō hòu？

あつさ【暑さ】 热 rè；暑气 shǔqì（英 *the heat*）▶この～には閉口だ/这么热真受不了 zhème rè zhēn shòubuliǎo ▶～に当たる/中暑 zhòngshǔ ▶犬は本来～に弱い/狗本来就怕热 gǒu běnlái jiù pà rè ▶～知らずの山荘暮らし/住在山间别墅忘掉了酷暑 zhùzài shānjiān biéshù wàngdiàole kùshǔ
ことわざ 暑さ寒さも彼岸まで 酷暑不过秋分，严寒不过春分 kùshǔ bú guò qiūfēn, yánhán bú guò chūnfēn

あっさく【圧搾する】 压榨 yāzhà；压缩 yāsuō（英 *compress*）
♦～器/压榨机 yāzhàjī ～空气/压缩空气 yāsuō kōngqì

あっさつ【圧殺する】 压死 yāsǐ；压制 yāzhì（英 *crush... to death*）▶言論の自由を～する/压制言论自由 yāzhì yánlùn zìyóu

あっさり ❶【味・色・形が】素淡 sùdàn；淡雅 dànyǎ；清淡 qīngdàn（英 *simply; plainly*）▶～した食物/淡雅的颜色 dànyǎ de yánsè ▶～した食物/清淡的食物 qīngdàn de shíwù ❷【態度・性格が】爽快 shuǎngkuai；爽性 shuǎngxìng（英 *frankly*）▶～した性格(の人)/性情爽快(的人) xìngqíng shuǎngkuai (de rén) ▶～断る/轻松地拒绝 qīngsōng de jùjué

あっし【圧死する】 压死 yāsǐ（英 *be crushed to death*）

あっしゅく【圧縮する】 ❶【気体を】压缩 yāsuō（英 *compress*）▶～して液体にする/压缩成液体 yāsuōchéng yètǐ ❷【文章など】缩短 suōduǎn（英 *summarize*）
♦～ソフト〔電算〕/压缩软件 yāsuō ruǎnjiàn ～ファイル〔電算〕/压缩文件 yāsuō wénjiàn

あっしょう【圧勝する】 大胜 dàshèng；大捷 dàjié（英 *win a overwhelming victory*）▶～で再選された/以绝对优势再次当选 yǐ juéduì yōushì zàicì dāngxuǎn

あっする【圧する】 压 yā；压倒 yādǎo（英 [圧倒する]*overwhelm; press*）▶威圧に圧せられる/被威严所压倒 bèi wēiyán suǒ yādǎo ▶全世界を～/称霸全球 chēngbà quánqiú ▶この会社は販売量で他の会社を圧している/这个公司的销售量压倒了其他的公司 zhège gōngsī de xiāoshòuliàng yādǎole qítā de gōngsī

あっせい【圧制】 压制 yāzhì；专制 zhuānzhì（英 *oppression; tyranny*）▶人民は～に苦しんだ/人民在专政下呻吟 rénmín zài zhuānzhèngxia shēnyín ▶～を加える/加以压制 jiāyǐ yāzhì ▶～に抵抗する/反抗专政 fǎnkàng zhuānzhèng
♦～者/专制统治者 zhuānzhì tǒngzhìzhě

あっせん【斡旋する】 介绍 jièshào（英 *assist*

あつぞこ【厚底】 厚底 hòudǐ (英 *platform shoes*) ▶～靴/厚底鞋 hòudǐxié;松糕鞋 sōnggāoxié

あっち 那边儿 nàbiānr;对面 duìmiàn (英 *there; over there*) ▶～で呼んでるよ/那边儿叫你呢 nàbiānr jiào nǐ ne ▶～へ行け/那边去！nàbiān qù！；滚！gǔn！

あつで【厚手の】 厚 hòu (英 *thick*) ▶～のセーター/厚毛衣 hòumáoyī

あっとう【圧倒する】 凌驾 língjià;压倒 yādǎo (英 *overwhelm*) ▶彼の才能に～された/被他的才华征服了 bèi tā de cáihuá zhēngfú le
～的 压倒的 yādǎo de ▶～的多数で議案が通過する/以压倒多数的赞成通过议案 yǐ yādǎo duōshù de zànchéng tōngguò yì'àn ▶〈競技で〉4対0の～的なリードを得る/以四比〇的比分遥遥领先 yǐ sì bǐ líng de bǐfēn yáoyáo lǐngxiān ▶～的に女子学生の多い学校/女生占绝大多数的学校 nǚshēng zhàn jué dàduōshù de xuéxiào

アットホームな 充满家庭气氛 chōngmǎn jiātíng qìfēn (英 *homey*) ▶～な雰囲気のレストランでパーティーを開く/在充满家庭气氛的餐厅开派对 zài chōngmǎn jiātíng qìfēn de cāntīng kāi pàiduì

アッパーカット 〈ボクシング〉从下方击拳 cóng xiàfāng jīquán;上钩拳 shànggōuquán (英 *an uppercut*) ▶～が顎(き)にあたった/下巴被上钩拳击中 xiàba bèi shànggōuquán jīzhòng

あっぱく【圧迫する】 压迫 yāpò;压制 yāzhì (英 *oppress; suppress*) ▶胸部を～する/压迫胸部 yāpò xiōngbù ▶～感を覚える/感到压迫感 gǎndào yāpò ▶インフレが庶民の家計を～する/通货膨胀使老百姓的家庭生活窘迫 tōnghuò péngzhàng shǐ lǎobǎixìng de jiātíng shēnghuó jiǒngpò ▶信教の自由を～する/压制信教自由 yāzhì xìnjiào zìyóu

あっぱれ 非常好 fēicháng hǎo;出色 chūsè (英 *praiseworthy*) ▶～である/值得佩服 zhíde pèifú ▶～な働きをする/干得漂亮 gàn de piàoliang ▶敵ながら～/虽然是敌人，却值得佩服 suīrán shì dírén，què zhíde pèifú

アップ 提高 tígāo;向上 xiàngshàng (英 *a rise*)［大写り］*a write-up*) ▶給料～/加薪 jiāxīn;提高工资 tígāo gōngzī ▶長い髪を～にする/把长头发梳成高髻 bǎ cháng tóufa shūchéng gāojì ▶～グレードする/提升等级 tíshēng děngjí ▶クローズ～する/特写 tèxiě ▶～デートする/更新 gēngxīn ▶～ロードする/上传 shàngchuán;上载 shàngzài

あっぷあっぷする 喘不过气来 chuǎnbuguò qì lai;窘迫 jiǒngpò (英 *gasp for breath*;［金銭で］*be on the verge of going bankrupt*) ▶借金で毎日の暮らしは～/由于借债每天的生活被逼得喘不过气来 yóuyú jièzhài měitiān de shēnghuó bèi yādé chuǎnbuguò qì lai ▶金鱼が～している/金鱼在大口地喘着气 jīnyú zài dàkǒu de chuǎnzhe qì

アップダウン 起伏 qǐfú;沉浮 chénfú (英 *up-and-down*)

アップツーデート 最新的 zuì xīn de;时尚的 shíshàng de (英 *up-to-date*) ▶～な話題/最新的话题 zuì xīn de huàtí;时尚话题 shíshàng huàtí

アップテンポな 〔音楽〕快速度 kuàisùdù (英 *up-tempo*)

アップライトピアノ 〔楽器〕立式钢琴 lìshì gāngqín;竖型钢琴 shùxíng gāngqín (英 *an upright piano*)

アップリケ 补花 bǔhuā;嵌花 qiànhuā (英 *appliqué*)

アップルパイ 〔菓子〕苹果酥 píngguǒsū (英 *an apple pie*)

あつぼったい【厚ぼったい】 厚实 hòushi;鼓鼓囊囊 gǔgǔnāngnāng (英 *very thick*; *heavy*) ▶～封筒/鼓鼓囊囊的信封 gǔgǔnāngnāng de xìnfēng

あつまり【集まり】 集会 jíhuì;会议 huìyì (英 *a meeting*) ▶～に出る/参加会议 cānjiā huìyì ▶人の～が悪い/人来得少 rén láide shǎo ▶今日は環境問題を考える～がある/今天有讨论环保问题的集会 jīntiān yǒu tǎolùn huánbǎo wèntí de jíhuì ▶あの顔ぶれはならず者の～みたいだね/他们那一伙真像是一群无赖 tāmen nà yì huǒ zhēn xiàng shì yì qún wúlài ▶寄付金の～具合はどうだい/捐款筹集得怎么样了？juānkuǎn chóujíde zěnmeyang le？

あつまる【集まる】 ① 〖人が〗集合 jíhé;聚集 jùjí (英 *gather*;*meet*) ▶人々が彼の周囲に集まった/人们聚集在他的身边 rénmen jùjí zài tā de shēnbiān ▶往来では大勢人が集まっていた/马路上聚集了众多人群 mǎlùshang jùjíle zhòngduō rénqún ▶どこへ集まろうか/在哪儿集合？zài nǎr jíhé？▶《号令》集まれ！/集合！jíhé！② 〖物・金が〗汇集 huìjí;汇合 huìhé (英 *collect*) ▶集まった金/筹集的资金 chóují de zījīn ③ 〖集中する〗集中 jízhōng (英 *center*; *focus*) ▶非難が～/受到周围的指责 shòudào zhōuwéi de zhǐzé

あつみ【厚み】 厚度 hòudù;深度 shēndù (英 *thickness*; *heaviness*) ▶この材料にはいろいろな～のものがある/这种材料有不同厚度 zhè zhǒng cáiliào yǒu bùtóng hòudù ▶芸の～/技艺的功底 jìyì de gōngdǐ

あつめる【集める】 ① 〖物・金を〗收集 shōují;搜集 sōují (英 *gather*; *collect*) ▶旅費を～/筹集旅费 chóují lǚfèi ▶材料を～/收集材料 shōují cáiliào;搜集素材 sōují sùcái ▶切手を

〜/収集邮票 shōují yóupiào; 集邮 jíyóu ▶寄付金を来る/筹集捐款 chóují juānkuǎn ▶ゴミを集める/来收垃圾 lái shōu lājī ❷『人を』招集 zhāojí, 招致 zhāozhì (英 gather) ▶全校の生徒を〜/招集全校学生 zhāojí quánxiào xuésheng ❸『人心や勢力を』集 jí; 集中 jízhōng (英 attract) ▶世の注目を〜/举世瞩目 jǔshì zhǔmù ▶世間の耳目を〜/引起社会的关注 yǐnqǐ shèhuì de guānzhù

あつらえ【誂え】 订做 dìngzuò (英 made-to-order) ▶〜の服/定做的服装 dìngzuò de fúzhuāng

あつらえむき【誂え向きの】 恰好 qiàhǎo; 正合适 zhèng héshì (英 ideal; perfect) ▶〜の人がいる/有正合适的人 yǒu zhèng héshì de rén ▶〜の天気/最理想的天气 zuì lǐxiǎng de tiānqì

あつらえる【誂える】 定做 dìngzuò (英 order) ▶9万円のコートを〜/花九万日元定做一件外套 huā jiǔwàn Rìyuán dìngzuò yí jiàn wàitào

あつりょく【圧力】 压力 yālì (英 pressure) ▶〜をかける/施加压力 shījiā yālì ▶外部から〜を受けることはない/不接受外界的压力 bù jiēshòu wàijiè de yālì; 不会受到外界的压力 búhuì shòudào wàijiè de yālì ▶〜が増す/增加压力 zēngjiā yālì ▶〜をかけられて辞職した/受到压力辞职了 shòudào yālì cízhí le; 屈服于压力而辞职了 qūfú yú yālì ér cízhí le ▶反対派に絶えず〜を加える/不断地对反对派施加压力 búduàn de duì fǎnduìpài shījiā yālì ◆〜釜『高圧鍋』gāoyāguō; 压力锅 yālìguō 〜計『気圧計』qìyājì 〜団体『給政府施加圧力的社会集団』gěi zhèngfǔ shījiā yālì de shèhuì jítuán

あつれき【軋轢】 倾轧 qīngyà; 不和 bù hé (英 friction) ▶〜が生じる/发生摩擦 fāshēng mócā

あて【当て】 ❶『目的』目的 mùdì; 目標 mùbiāo (英 an object; an aim; [心当たり] a clue) ▶〜もなく歩く/信步而行 xìnbù ér xíng ▶どこにも行く〜がない/没地方可去 méi dìfang kě qù ❷『心当たり』心里有数 xīnlǐ yǒu shù ❷『期待』希望 xīwàng, 把握 bǎwò (英 expectation; [信頼] reliance) ▶〜にする/依靠 yīkào; 指望 zhǐwang ▶人の助けを〜にする/指望别人的帮助 zhǐwang biérén de bāngzhù ▶〜が外れる/希望落空 xīwàng luòkōng ▶ボーナスを〜に車を買った/靠奖金来买汽车 kào jiǎngjīn lái mǎi qìchē ▶あの男は〜にならない/那个男的靠不住 nàge nán de kàobuzhù

あてうま【当て馬】 形式候选人 xíngshì hòuxuǎnrén (英 a stalking-horse『選挙の』) ▶彼は〜候補だ/他只不过是形式候选人 tā zhǐbuguò shì xíngshì hòuxuǎnrén

あてがう 给 gěi; 分配 fēnpèi; 安排 ānpái (英 provide; allot) ▶彼はこの部屋をあてがわれた/他被分到了这个房间 tā bèi fēndàole zhège fángjiān ▶仕事を〜/分配工作 fēnpèi gōngzuò

あてこすり【当てこすり】 风凉话 fēngliánghuà (英 a slur; a sly remark) ▶〜を言う/指桑骂槐 zhǐ sāng mà huái

あてこする【当てこする】 讽刺 fěngcì; 影射 yǐngshè (英 have a sly dig)

あてこむ【当て込む】 估计 gūjì; 指望 zhǐwàng (英 count on ...) ▶人出を〜/指望来个人山人海 zhǐwàng lái ge rénshān rénhǎi ▶観光客の増加を当て込んでホテルを建てる/指望着观光游客的增加修建饭店 zhǐwàng zhe guānguāng yóukè de zēngjiā xiūjiàn fàndiàn

あてさき【宛て先】 收件人 (的姓名地址) shōujiànrén(de xìngmíng dìzhǐ) (英 an address) ▶〜不明の手紙/收件人(姓名地点)不明的信件 shōujiànrén(xìngmíng dìdiǎn) bùmíng de xìnjiàn

あてじ【当て字】 别字 biézì; 白字 báizì (英 a substitute character)

あてずいりょう【当て推量】 随意猜测 suíyì cāicè (英 a guess) ▶〜で答える/靠推测回答 kào tuīcè huídá

あてずっぽう【当てずっぽうに】 胡猜 húcāi (英 at a guess) ▶〜だが彼は2メートルあると思う/我随便猜想, 他大概有二米高 wǒ suíbiàn cāixiǎng, tā dàgài yǒu èr mǐ gāo ▶質問に対して〜を言う/面对提问信口胡说 miànduì tíwèn xìnkǒu húshuō ▶この推測は〜ではない/这个推测可不是随意猜测 tuīcè kě bú shì hú cāi

あてつけ【当てつけ】 讽刺 fěngcì (英 a snide remark) ▶明らかに私に〜て言ったのだ/那显然是讽刺我的 nà xiǎnrán shì fěngcì wǒ de ▶〜がましい批評/带讽刺的评论 dài fěngcì de pínglùn

あてつける【当てつける】 ❶『皮肉・非難』 隐射 yǐnshè; 讽刺 fěngcì (英 make a snide remark) ❷『男女の仲を』显示亲密的关系 xiǎnshì qīnmì de guānxi (英 show off)

あてな【宛て名】 收件人姓名 shōujiànrén xìngmíng (英 one's name and address) ▶〜を書く/写收件人姓名 xiě shōujiànrén xìngmíng ▶〜が違う/收件人的姓名写错了 shōujiànrén de xìngmíng xiěcuò le ▶〜不明の手紙/收件人不明的书信 shōujiànrén bùmíng de shūxìn

あてにげ【当て逃げ】 (英 a hit and run) ▶〜する/(司机)肇事后逃跑 (sījī) zhàoshì hòu táopǎo

あてぬの【当て布】 『補強用』衬布 chènbù; 『アイロン掛け用』垫布 diànbù (英 a patch)

あてはまる【当てはまる】 适合 shìhé; 合乎 héhū (英 apply to...) ▶それは彼にも〜/这件事对他的情况也适合 zhè jiàn shì duì tā de qíngkuàng yě shìhé; 这件事也能说明他的问题 zhè jiàn shì yě néng shuōmíng tā de wèntí ▶この規則に〜/适用于这条规则 shìyòng yú zhè tiáo guīzé

あてはめる【当てはめる】 套用 tàoyòng; 适用 shìyòng (英 apply) ▶個別のケースに〜/适用于个别情况 shìyòng yú gèbié qíngkuàng

あでやか【艶やかな】 娇艳 jiāoyàn; 艳丽 yànlì

あてる【当てる】 ❶〔光・熱・風など〕照 zhào（英 *expose*; *air*）▶光を〜/照射 zhàoshè ▶日に〜/晒 shài ▶風に〜/让风吹 ràng fēng chuī ▶スポットライトを〜/用聚光灯照射 yòng jùguāngdēng zhàoshè
❷〔あてがう〕挡 dǎng（英 *put*; *hold*; *place*）▶目にハンカチを〜/用手绢挡眼睛 yòng shǒujuàn dǎng yǎnjing ▶受話器を耳に〜/把话筒放在耳边 bǎ huàtǒng fàngzài ěrbiān ▶シャツにつぎを〜/给衬衫打补丁 gěi chènshān dǎ bǔdīng
❸〔命中する〕中 zhòng; 撞 zhuàng（英 *hit*; *strike*）▶的に当てた/射中了靶子 shèzhòng bǎzi ▶正解を〜/猜对 cāiduì ▶くじを〜/中彩 zhòngcǎi ▶焦点を〜/对焦点 duì jiāodiǎn ▶彼は車を電柱に当てた/他开车撞到电线杆子上了 tā kāichē zhuàngdào diànxiàn gǎnzishang le
❹〔成功する〕成功 chénggōng; 赚 zhuàn（英 *be a success*; *make a hit*）▶山を〜/押宝押中 yābǎo yāzhòng; 投机赚一笔钱 tóujī zhuàn yì bǐ qián
❺〔充当する〕充当 chōngdāng; 当作 dāngzuò（英 *assign*; *allot*）▶旅費に〜/用作旅费 yòng zuò lǚfèi ▶その金を新事業に〜/把那笔钱投在新事业上 bǎ nà bǐ qián tóuzài xīnshìyèshang ▶土曜日を面会日に〜/把星期六当作见面的日子 bǎ xīngqīliù dàngzuò jiànmiàn de rìzi

あてレコ【当てレコ】 配音 pèiyīn（英 *post-recording*）

あと【後】 ❶〔後方・後部〕后边 hòubian; 后面 hòumian; 后头 hòutou（英 *the back*; *the rear*）▶〜を振り向く/向后看 xiàng hòu kàn ▶〜に下がる/往后退 wǎng hòu tuì ▶行列の〜につく/跟着队尾 gēnzhe duìwěi ▶〜に続く/跟在后面 gēn zài hòumian ▶私が先に立ち、彼女が〜からついて来た/我先走，她随后就跟来了 wǒ xiān zǒu, tā suíhòu jiù gēnlái le
❷〔時間・順序〕以后 yǐhòu; 过后 guòhòu（英 *after...*）▶3年〜/三年以后 sān nián yǐhòu ▶〜3日で/再过三天 zài guò sān tiān ▶〜2, 3日で全快するでしょう/再过两三天大概就会痊愈吧 zài guò liǎng sān tiān dàgài jiù huì quányù ba ▶試験までへ〜3週間しかない/离考试只有三个星期了 lí kǎoshì zhǐ yǒu sān ge xīngqī le ▶暴風の〜に地震があった/风暴过后又发生了地震 fēngbào guòhòu yòu fāshēngle dìzhèn ▶入った〜に扉を閉める/进去以后关门 jìnqù yǐhòu guānmén ▶〜からお電話いたします/过后给您打电话 guòhòu gěi nín dǎ diànhuà ▶彼は〜で後悔した/他事后就后悔了 tā shìhòu jiù hòuhuǐ le ▶〜から行く/过一会儿就去 guò yíhuìr jiù qù ▶1番〜から来る/最后来 zuìhòu lái ▶僕は〜に残して下さい wǒ liúxià
❸〔後のこと・将来〕以后的事 yǐhòu de shì; 将来 jiānglái（英 *the consequences*; *the future*）▶私が〜を引き受ける/以后的事由我承担 yǐhòu de shì yóu wǒ chéngdān ▶《任務の》〜を継ぐ/接任 jiērèn ▶〜は天に任せる/(后事)听天由命 (hòushì) tīng tiān yóu mìng ▶父の商売の〜を継ぐ/继承父业 jìchéng fùyè ▶〜のことを考えて慎重に行動しなさい/考虑到将来，请慎重行事 kǎolǜ dào jiānglái, qǐng shènzhòng xíngshì
❹〔その他〕もう〜がない/不能再退 bùnéng zài tuì ▶もう〜がない/已经没有退路了 yǐjīng méiyǒu tuìlù le ▶それだけで、〜は何も知らない/只有这些，别的什么都不知道 zhǐ yǒu zhèxiē, biéde shénme dōu bù zhīdào
ことわざ 後は野となれ山となれ 只图眼前痛快，不管将来如何 zhǐ tú yǎnqián tòngkuài, bùguǎn jiānglái rúhé; 管它以后会怎样 guǎn tā yǐhòu huì zěnyàng
〜の祭り 马后炮 mǎhòupào; 事后诸葛亮 shìhòu Zhūgě Liàng

あと【跡】 ❶〔物に残る形〕痕迹 hénjì; 形迹 xíngjì（英 *a sigh*; *a mark*; *a trace*）▶火を焚いた〜/生过火的痕迹 shēngguo huǒ de hénjì ▶歯の〜/牙印儿 yáyìnr ▶手術の〜/手术的疤痕 shǒushù de bāhén ▶自動車のタイヤの〜/汽车的轮胎印儿 qìchē de lúntāiyìnr; 车印儿 chēyìnr ▶進歩の〜が見える/看得见进步的足迹 kàndejiàn jìnbù de zújì ❷〔行方〕行踪 xíngzōng（英 *a track*; *a trace*）▶〜をつける/跟踪 gēnzōng ▶《泥棒などが》〜を残さない/不留痕迹 bù liú hénjì ▶〜をくらます/隐蔽行踪 yǐnbì xíngzōng ▶汚職は〜を絶たない/贪污接连不断 tānwū jiēlián búduàn ❸【遺跡】遗迹 yíjì（英 *a site*）▶城〜は公園になっている/城楼的遗迹变成了(一个)公园 chénglóu de yíjì biànchéng le (yí ge) gōngyuán

あとあし【後足】 后肢 hòuzhī; 后腿 hòutuǐ（英 *hind legs*）▶〜で立つ/用后腿站立 yòng hòutuǐ zhànlì
ことわざ 後足で砂をかける 过河拆桥 guò hé chāi qiáo

あとあじ【後味】 余味 yúwèi; 回味 huíwèi（英 *an aftertaste*）▶〜の悪い/余味不愉快 yúwèi bù yúkuài ▶彼の発言は〜の悪いものだった/他的发言回味起来很不愉快 tā de fāyán huíwèiqǐlai hěn bù yúkuài

あとおし【後押し】（英 *a push*; *support*）▶〜する/撑腰 chēngyāo ▶彼らはその計画を熱心に〜した/他们热心地支持这个计划 tāmen rèxīn de zhīchí zhège jìhuà

あとがき【後書き】 后记 hòujì（英 *an afterword*）

あとかた【跡形】 痕迹 hénjì; 迹象 jìxiàng（英 *a trace*）▶〜もなく消える/荡然无存 dàngrán wúcún; 无影无踪 wú yǐng wú zōng

あとかたづけ【後片付けする】 善后工作 shànhòu gōngzuò; 收拾 shōushí（英 *put... in order*）▶食事の〜をする/饭后收拾餐具 fàn hòu shōushi cānjù

あとがま【後釜】接班人 jiēbānrén; 后任 hòurèn (英 *a successor*) ▶〜にすわる/继任 jìrèn; 接班 jiēbān ▶誰を〜にすえるかという問題/让谁接班的问题 ràng shéi jiēbān de wèntí

あとくされ【後腐れ】(英 *future troubles*) ▶〜のないようにする/避免留下麻烦 bìmiǎn liúxia máfan

あどけない 天真 tiānzhēn (英 *innocent; childlike*) ▶天使のような〜笑顔/像天使一样天真的笑容 xiàng tiānshǐ yíyàng tiānzhēn de xiàoróng ▶〜ことを言う/说天真的话 shuō tiānzhēn de huà; 天真地说 tiānzhēn de shuō

あとさき【後先】次序 cìxù; 先后 xiānhòu (英 *before and after; order*) ▶順序が〜になる/次序颠倒 cìxù diāndǎo ▶〜を考えない/不顾前后 búgù qiánhòu ▶話が〜になりましたが…/说的内容前后颠倒了… shuō de nèiróng qiánhòu diāndǎo le…

あとしまつ【後始末する】 善后工作 shànhòu gōngzuò; 擦屁股 cā pìgu; 清理 qīnglǐ (英 *settle; put...in order*) ▶他人の借金の〜をする/替人清理债务 tì rén qīnglǐ zhàiwù ▶事件の〜をする/处理事件的善后工作 chǔlǐ shìjiàn de shànhòu gōngzuò ▶会社の〜をする/处理公司的残留业务 chǔlǐ gōngsī de cánliú yèwù

あとずさり【後ずさりする】 退缩 tuìsuō; 后退 hòutuì (英 *draw back*); [しりごみ] flinch) ▶相手の剣幕に思わず〜する/因对方气势汹汹, 不由地退缩了 yīn duìfāng qìshì xiōngxiōng, bùyóu de tuìsuō le

あとち【跡地】 旧址 jiùzhǐ; 老建筑拆除后的空地 lǎojiànzhù chāichú hòu de kòngdì (英 *the site*) ▶〜を利用する/利用老建筑拆除后的土地 lìyòng lǎojiànzhù chāichú hòu de tǔdì ▶工場の〜にマンションを建てる/在工厂的旧址上盖公寓 zài gōngchǎng de jiùzhǐshang gài gōngyù

あとぢえ【後知恵】 事后聪明 shìhòu cōngmíng (英 *afterwisdom; an afterthought*) ▶それは〜に過ぎない/那不过是事后诸葛亮 nà búguò shì shìhòu Zhūgě Liàng

あとつぎ【後継ぎ】 ❶【後継者】接班人 jiēbānrén; 后任 hòurèn (英 *a successor*) ❷【跡取り】后嗣 hòusì; 继承人 jìchéngrén (英 *an heir* (男); *an heiress* (女))

あととり【跡取り】 后嗣 hòusì; 继承人 jìchéngrén (英 *an heir* (男); *an heiress* (女)) ▶〜息子/继承祖业的儿子 jìchéng zǔyè de érzi

アトニー〘医〙(英 *atony*)
◆胃〜/胃衰弱 wèishuāiruò

アドバイザー 劝告者 quàngàozhě; 顾问 gùwèn (英 *an adviser*)

アドバイス 建议 jiànyì; 劝告 quàngào (英 *advice*) ▶コーチから〜を受ける/接受教练的建议 jiēshòu jiàoliàn de jiànyì

あとばらい【後払い】 后付款 hòufùkuǎn; 赊购 shēgòu (英 *later payment*) ▶運賃〜/后付运费 hòufù yùnfèi

アドバルーン 广告气球 guǎnggào qìqiú (英 *an advertising balloon*) ▶〜を上げる/放出试探气球 fàngchū shìtàn qìqiú

アドバンテージ 有利的立场 yǒulì de lìchǎng; 〘テニス〙打my后领先一分 dǎpíng hòu lǐngxiān yì fēn (英 *advantage*) ▶〘テニスで〙〜酒井になり, それからまたジュースになった/酒井选手领先一分, 然后又打成平局了 Jiǔjǐng xuǎnshǒu lǐngxiān yì fēn, ránhòu yòu dǎchéng píngjú le

アトピー〘医〙特应性皮炎 tèyìngxìng píyán (英 *atopy*)

アドベンチャー 冒险 màoxiǎn; 风险 fēngxiǎn (英 *an adventure*)

あとまわし【後回しにする】 推迟 tuīchí; 延缓 yánhuǎn (英 *put off*) ▶そのことは〜にしてい/那件事可以推迟 nà jiàn shì kěyǐ tuīchí ▶他に重症の患者があったので, 僕は〜にされた/因为来了别的重病人, 我的治疗被推迟了 yīnwèi láile bié de zhòngbìngrén, wǒ de zhìliáo bèi tuīchí le

あとめ【跡目】 家产 jiāchǎn; 继承人 jìchéngrén; 后任 hòurèn (英 *the family heir*) ▶〜を継ぐ/继承 jìchéng ▶〜争い/为继承家业相争 wèi jìchéng jiāyè zhēngchí

あともどり【後戻りする】 返回 fǎnhuí; 开倒车 kāi dàochē (英 *go backward; move back*) ▶〜がきかない/不能走回头路 bù néng zǒuhuí tóulù ▶ここまできたら〜できない/事已至此, 骑虎难下 shì yǐ zhìcǐ, qí hǔ nán xià; 事情已经发展到这个地步, 没办法返回了 shìqing yǐjing fāzhǎndào zhège dìbù, méi bànfǎ fǎnhuí le

アトラクション 招揽顾客的节目 zhāolǎn gùkè de jiémù (英 *an attraction*)

アトランダム 信手 xìnshǒu; 随意 suíyì; 随机 suíjī (英 *at random*) ▶〜に選ぶ/随机选择 suíjī xuǎnzé

アトリエ 画室 huàshì (英 *an atelier*)

アドリブ 即兴表演 jíxìng biǎoyǎn (英 *an ad-lib*) ▶〜で演奏する/即兴演奏 jíxìng yǎnzòu ▶〜を入れる/临时加演 línshí jiāyǎn

アドレス 住址 zhùzhǐ (英 *address*) ▶Eメール〜/电子邮件地址 diànzǐ yóujiàn dìzhǐ ◆〜帳/地址簿 dìzhǐbù

アドレナリン〘医〙肾上腺素 shènshàngxiànsù (英 *adrenalin*)

あな【穴】 ❶【表面のくぼみ】眼 yǎn; 窟窿 kūlong (英 *a hole*) ▶〜をあける/打眼 dǎyǎn ▶風船に〜をあける/给气球打眼儿 gěi qìqiú dǎ yǎnr ▶地面に〜を掘る/在地面上挖窟窿 zài dìmiànshang wā kūlong ▶スコップで〜を掘る/用铁锹挖洞 yòng tiěqiāo wā dòng ▶針の〜に糸を通す/往针眼儿里穿线 wǎng zhēnyǎnrli chuān xiàn ▶〜をふさぐ/堵窟窿 dǔ kūlong ▶道路に大〜があいた/道路出了个大窟窿 dàolù chūle ge dàkūlong ❷【欠点】缺点 quēdiǎn; 漏洞 lòudòng (英 *a fault*) ▶彼の理論には〜がある/他的理论存在缺陷 tā de lǐlùn cúnzài quēxiàn ▶法律の〜/法律的漏洞 fǎlǜ de lòudòng ❸【損

失』亏空 kuīkōng（英 a deficit） ▶～を埋める/填补亏空 tiánbǔ kuīkōng ▶彼は会社の金に大～をあけた/他给公司拉了大亏空 tā gěi gōngsī lāle dàkuīkōng ▶仕事に～がある/工作上出现空白 gōngzuòshang chūxiàn kòngbái

～があったら入りたい 羞愧得无地自容 xiūkuìde wú dì zì róng

～のあくまで《見つめる》 死死盯住 sǐsǐ dīngzhù; 目不转睛地看 mù bù zhuǎn jīng de kàn; 望眼欲穿 wàng yǎn yù chuān

大～を当てる《競馬で》 爆冷门儿 bào lěngménr; 买冷门儿 mǎi lěngménr

アナーキズム 安那其主义 ānnàqí zhǔyì; 无政府主义 wúzhèngfǔ zhǔyì（英 anarchism）

あなうま【穴馬】 黑马 hēimǎ（英 a dark horse）

アナウンサー 广播员 guǎngbōyuán; 播音员 bōyīnyuán（英 an announcer） ▶スポーツ/体育节目的播音员 tǐyù jiémù de bōyīnyuán ▶ニュースの～/新闻播音员 xīnwén bōyīnyuán

アナウンスする 告知 gàozhī（英 announce） ▶車内で到着時間を～する/（列）车里播送到站时间（liè）chēli bōsòng dào zhàn shíjiān

あながち《あとに否定を伴う》不一定 bù yídìng（英 necessarily） ▶～見当違いとは言えない/不一定完全错误 bù yídìng wánquán cuòwù ▶～そうとは限らない/不见得就是那样 bú jiànde jiùshì nàyang; 未必如此 wèibì rú cǐ ▶～偶然ではない/不一定是偶然的事 bù yídìng shì ǒurán de shì

アナグマ【穴熊】〔動物〕獾 huān（英 a badger）

あなぐら【穴蔵】 地窖 dìjiào; 窖 jiào（英 a cellar）

アナクロニズム 时代错误 shídài cuòwù; 弄错时代 nòngcuò shídài（英 anachronism）

アナゴ【穴子】〔魚〕康吉鳗 kāngjímán（英 a conger eel）

あなた 你 nǐ（英 you） ▶～たち/你们 nǐmen ▶～まかせ/听你的 tīng nǐ de; 随你的便 suí nǐ de biàn; 由你来决定 yóu nǐ lái juédìng

あなどる【侮る】 小看 xiǎokàn; 轻视 qīngshì（英 despise） ▶侮りがたい敵/不可轻视的敌人 bùkě qīngshì de dírén ▶たかが風邪と～/别小看感冒 bié xiǎokàn gǎnmào

あなば【穴場】 不为人知的好地方 bù wéi rén zhī de hǎo dìfang（英 a good unknown spot） ▶お花見の～/不为人知的赏花处 bù wéi rén zhī de shǎnghuāchù

あなぼこ【穴ぼこ】 眼 yǎn; 窟窿 kūlong（英 a hole） ▶～だらけの道/坑坑注注的路 kēngkēngwāwā de lù

アナリスト 分析家 fēnxījiā; 证券分析家 zhèngquàn fēnxījiā（英 an analyst）

アナログの 模拟 mónǐ; 非数码 fēishùmǎ（英 analogue） ▶コンピュータ/模拟计算机 mónǐ jìsuànjī ▶時計/机械表 jīxièbiǎo; 针式钟表 zhēnshì zhōngbiǎo ▶～人間/非数码式的人 fēishùmǎshì de rén

◆～通信:模拟通信 mónǐ tōngxìn

アナロジー 类推 lèituī; 类似 lèisì（英 analogy）

あに【兄】 哥哥 gēge（英 a elder brother） ▶弟子/师兄 shīxiōng

あにはからんや【豈図らんや】 天晓得 tiān xiǎode; 谁料到 shéi liàodào（英 quite unexpectedly）

アニミズム 万物有灵论 wànwù yǒulínglùn; 泛灵论 fànlíng lùn（英 animism）

アニメ（ーション） 动画片 dònghuàpiàn; 卡通 kǎtōng（英 animation）

アニメーター 动画制作者 dònghuà zhìzuòzhě（英 an animator）

あによめ【兄嫁】 嫂子 sǎozi; 嫂嫂 sǎosao（英 a sister-in-law）

あね【姉】 姐姐 jiějie（英 a elder sister） ▶～娘/大女儿 dànǚ'ér ▶～さん女房/比丈夫岁数大的老婆 bǐ zhàngfu suìshu dà de lǎopo

アネックス【別館】 配楼 pèilóu（英 an annex）

あねったい【亜熱帯】 亚热带 yàrèdài（英 a subtropical zone） ▶～植物/亚热带植物 yàrèdài zhíwù

あねむこ【姉婿】 姐夫 jiěfu; 姐丈 jiězhàng（英 a brother-in-law）

アネモネ〔植物〕秋牡丹 qiūmǔdān; 银莲花 yínliánhuā（英 an anemone）

あの 那 nà（英 that; those） ▶～橋/那座桥 nà zuò qiáo ▶～頃はまだ若かった/那时候还年轻 nà shíhou hái niánqīng ▶～辺は不安生、最好别去 nà yídài bù ānshēng, zuìhǎo bié qù ▶～野郎/那个家伙 nàge jiāhuo ▶～時は～時だ/那会儿是那会儿 nàhuìr shì nàhuìr ▶～人は今何をしているの/那个人现在干什么呢？nàge rén xiànzài gàn shénme ne？ ▶～例の件は～ままだ/那件事还是老样子 nà jiàn shì háishi lǎo yàngzi

あのう 喂 wèi（英 Excuse me...; Well...） ▶～、佐々木さん/喂，佐佐木先生 wèi, Zuǒzuǒmù xiānsheng ▶「なぜ欠席したの」/「～，腹が痛かったのです」/"你为什么缺席？Nǐ wèi shénme quēxí？""嗯，我肚子疼来着 Ng, wǒ dùzi téng láizhe"

あてのこのて【あの手この手】（英 various means） ▶～で/用尽各种手段 yòngjìn gè zhǒng shǒuduàn

あのよ【あの世】 黄泉 huángquán; 泉下 quánxià; 阴间 yīnjiān（英 the other world） ▶～へ行く/翘辫子 qiào biànzi

アノラック〔服飾〕带风帽的厚夹克 dài fēngmào de hòujiākè（英 an anorak; a parka）

アパート 公寓 gōngyù（英 an apartment） ▶～に住む/住在公寓里 zhùzai gōngyùli ▶～暮らしを楽しむ/乐于公寓里的生活 lèyú gōngyùli de shēnghuó ▶～の窓/公寓的窗户 gōngyù de chuānghu ▶～の部屋代が払えない/交不起

公寓的房租 jiāobuqǐ gōngyù de fángzū ▶エレベーターのない～/不带电梯的公寓 bú dài diàntī de gōngyù ▶賃貸～/租赁的公寓房 zūlìn de gōngyùfáng
◆高層～/高层公寓 gāocéng gōngyù

アバウト 不细心 bú xìxīn; 疏忽大意 shūhū dàyì (英 about)

あばく【暴く】 ❶【暴露する】暴露 bàolù; 揭发 jiēfā; 揭破 jiēpò (英 expose) ▶かの人物の正体を～/揭露那个人的真实面目 jiēlù nàge rén de zhēnshí miànmù ▶不正を本～/揭露腐败行为的书 jiēlù fǔbài xíngwéi de shū ❷【土を掘って】挖 wā (英 open) ▶墓を～/挖掘坟墓 wājué fénmù

あばずれ (英 a real bitch) ～女/女无赖 nǚwúlài

あばた 麻子 mázi (英 a pockmark) ▶～面/麻脸 máliǎn

ことわざ あばたもえくぼ 情人眼里出西施 qíngrén yǎnli chū Xīshī

あばらぼね【肋骨】 肋骨 lèigǔ (英 a rib) ▶彼はやせて～が浮き出ていた/他瘦得露出了肋骨 tā shòude lùchūle lèigǔ; 他瘦骨如柴 tā shòu gǔ rú chái

あばらや【あばら屋】 破房子 pòfángzi; 寒舍 hánshè (英 a shabby house)

アパルトヘイト 种族隔离政策 zhǒngzú gélí zhèngcè (英 apartheid)

あばれうま【暴れ馬】 悍马 hànmǎ; 驾御不了的马 jiàyùbuliǎo de mǎ (英 a wild horse)

あばれまわる【暴れ回る】 横行霸道 héngxíng bàdào (英 rage; act violently)

あばれる【暴れる】 ❶【乱暴に振る舞う】乱闹 luànnào (英 struggle) ▶酔って～/喝醉乱闹 hēzuì luànnào ❷【活躍する】活跃 huóyuè (英 be active) ▶業界で一暴れする/在这个行业风云一时 zài zhège hángyè fēngyún yìshí

アパレル 服装 fúzhuāng; 衣服 yīfu (英 apparel) ▶～メーカー/服装公司 fúzhuāng gōngsī; 服装制造厂 fúzhuāng zhìzàochǎng

アバンギャルド 先锋派 xiānfēngpài; 前卫派 qiánwèipài (英 an avant-garde)

アバンチュール 恋爱冒险 liàn'ài màoxiǎn (英 aventure)

アピールする【呼びかける】号召 hàozhào; 呼吁 hūyù;【人の心を引きつける】吸引 xīyǐn; 打动 dǎdòng (英 appeal) ▶大衆に～する/号召群众 hàozhào qúnzhòng; 向群众发出呼吁 xiàng qúnzhòng fāchū hūyù; 吸引群众 xīyǐn qúnzhòng

あひさん【亜硫酸】 亚硫酸 yàshēnsuān (英 arsenious acid)

あびせる【浴びせる】【水など】泼 pō;【与える】给予 jǐyǔ ▶質問を～/接二连三地提问 jiē èr lián sān de tíwèn; 纷纷提出问题 fēnfēn tíchū wèntí ▶罵声を～/大声责骂 dàshēng zémà ▶砲火を～/给以枪林弹雨 gěiyǐ qiānglín dànyǔ ▶パンチを～/用铁拳猛击 yòng tiěquán měngjī ▶冷水を～/泼冷水 pō lěngshuǐ

アヒル【家鴨】〔鳥〕鸭 yā; 鸭子 yāzi (英 a duck) ▶～の卵/鸭蛋 yādàn

あびる【浴びる】 (英 pour; suffer) ▶シャワーを～/洗淋浴 xǐ línyù ▶風呂を～/洗澡 xǐzǎo ▶非難を～/遭受责难 zāoshòu zénàn ▶日差しを～/晒太阳 shài tàiyáng ▶月光を浴びている/沐浴月光 mùyù yuèguāng ▶ほこりを～/浑身尘土 húnshēn chéntǔ; 风尘仆仆 fēngchén púpú ▶～ように酒を飲む/开怀畅饮 kāihuái chàngyǐn

アブ【虻】〔虫〕牛虻 niúméng; 虻 méng (英 a gadfly)

ことわざ 虻蜂(あぶはち)取らず 鸡飞蛋打 jī fēi dàn dǎ; 两头落空 liǎngtóu luòkōng

あぶくぜに【泡銭】 不义之财 bú yì zhī cái (英 easy money)

アブストラクト〔美術〕抽象派 chōuxiàngpài (英 an abstract)

アフターケア〔病後の手当〕病后调养 bìnghòu tiáoyǎng;〔事後処理〕售后服务 shòuhòu fúwù (英 aftercare)

アフターサービス 售后服务 shòuhòu fúwù; 免费维修 miǎnfèi wéixiū (英 after-sale service) ▶あの店は～が行き届いている/那家商店的售后服务很周到 nà jiā shāngdiàn de shòuhòu fúwù hěn zhōudào

あぶない【危ない】 危险 wēixiǎn (英 dangerous; risky) ▶会社が～/公司面临危机 gōngsī miànlín wēijī ▶～ところで助かる/救活 jiùhuó ▶～！/危险！wēixiǎn！; 小心！xiǎoxīn！▶実に～ところだった/太危险了 tài wēixiǎn le; 真悬！zhēn xuán！▶彼が来るかどうか～ものだ/他能不能来还很难说 tā néngbunéng lái hái hěn nánshuō ▶～ことをする《危险を冒す》/干悬事儿 gàn xuánshìr; 冒险 màoxiǎn ▶民主主義が～/民主主义面临危机 mínzhǔ zhǔyì miànlín wēijī

あぶなく【危なく】 差点儿 chàdiǎr (英 (be) neary do) ▶溺死(できし)するところだった/差点儿没淹死 chàdiǎnr méi yānsǐ ▶～衝突するところだった/差点儿没撞上 chàdiǎnr méi zhuàngshàng ▶～命拾いをする/差点儿没把命丢了 chàdiǎnr méi bǎ mìng diū le; 差点儿就把命丢了 chàdiǎnr jiù bǎ mìng diū le ▶～列車に間に合った/差点儿没赶上列车 chàdiǎnr méi gǎnshàng lièchē; 差点儿就误车了 chàdiǎnr jiù wù chē le

あぶなげない【危なげない】 牢靠 láokao; 可以放心 kěyǐ fàngxīn (英 safe; sure)

あぶなっかしい【危なっかしい】 危险 wēixiǎn (英 risky) ▶～運転/危险的驾驶 wēixiǎn de jiàshǐ ▶～手つきでりんごをむく/笨手拙技地削苹果 bènshǒu zhuójì de xiāo píngguǒ

アブノーマルな 反常 fǎncháng; 变态 biàntài (英 abnormal) ▶～な性癖/变态的性癖 biàntài de xìngpǐ

あぶみ【鐙】（馬具）马镫 mǎ dēng（英 stirrups）

あぶら【油・脂】 油 yóu（英 oil; fat; grease）▶〜をとう/加油 jiā yóu; 注油 zhùyóu ▶でいためた野菜/用油炒的青菜 yòng yóu chǎo de qīngcài ▪機械の〜が切れている/机器里的油用光了 jīqìli de yóu yòngguāng le ▪〜気のない髪/没搽油的头发 méi júyóu de tóufa; 没有光泽的头发 méiyǒu guāngzé de tóufa ▪二人は水と〜でうまくいかなかった/两个人处不好，水火不相容 liǎng ge rén chǔbùhǎo, shuǐhuǒ bù xiāngróng
▪**〜が乗る**（魚など）上膘 shàngbiāo;（仕事など）圆熟 yuánshú ▶〜の乗った魚/上膘的鱼 shàng biāo de yú ▶仕事に〜が乗る/工作得心应手 gōngzuò dé xīn yìng shǒu
▪**〜を売る** 只顾聊天 zhǐ gù liáotiān; 泡 pào; 没话找话说时间 méi huà zhǎo huà pào shíjiān
▪**〜を絞る** 斥责 chìzé ▶店長にこってり〜を絞られた/被店长严厉斥责了 bèi diànzhǎng yánlì de chìzé le
▪**〜を注ぐ**（火に）火上加油 huǒshang jiā yóu ▶彼の弁明は争いに〜を注ぐようなものだった/他的辩解好像是对争执火上浇油 tā de biànjiě hǎoxiàng shì duì zhēngzhí huǒshang jiāo yóu
♦—**差し** 注油器 zhùyóuqì

あぶらあげ【油揚げ】（食品）油炸豆腐 yóuzhá dòufu（英 deep-fried tofu）

あぶらあせ【脂汗】 粘汗 niánhàn（英 greasy sweat）▶〜が出る/出黏汗 chū niánhàn

あぶらえ【油絵】 油画 yóuhuà; 油画儿 yóuhuàr（英 oil painting）▶〜を描く/画油画儿 huà yóuhuàr ▶〜の具/油画颜料 yóuhuà yánliào

あぶらがみ【油紙】 油纸 yóuzhǐ（英 oiled paper）

あぶらっこい【脂っこい】 腻 nì; 油腻 yóunì（英 greasy; fatty）▶〜食物/油腻的食品 yóunì de shípǐn

あぶらとりがみ【油取り紙】 吸油纸 xīyóuzhǐ（英 absorbent paper）

アブラナ【油菜】〔植物〕油菜 yóucài（英 rape）

あぶらみ【脂身】 肥肉 féiròu（英 the fat）

アブラムシ【油虫】（アリマキ）蚜虫 yáchóng（英 a plant louse）

あぶらよごれ【油汚れ】 油污 yóuwū; 油泥 yóuní（英 oil stains）

アフリカ 非洲 Fēizhōu（英 Africa）
♦—**人**；非洲人 Fēizhōurén ～**連合**；非洲联盟 Fēizhōu liánméng

アプリケーションソフト〔電算〕应用软件 yìngyòng ruǎnjiàn（英 application software）

アプリコット〔植物〕杏 xìng（英 apricot）

あぶる【炙る】 烤 kǎo（英 grill; broil）▶火であぶって乾かす/用火烤干 yòng huǒ kǎogān; 在火上烤干 zài huǒshang kǎogān ▶ストーブで手を〜/把手伸到炉边烤火 bǎ shǒu shēndào lúbiān kǎohuǒ ▶彼の不正行為があぶり出された/他们的渎职行为被曝光了 tāmen de dúzhí xíngwéi bèi pùguāng le

アフレコ 配音 pèiyīn（英 postrecording）

あふれる【溢れる】 泛滥 fànlàn; 溢出 yìchū（英 overflow; run over）▶元気〜/生气勃勃 shēngqì bóbó ▶言葉に〜/溢于言表 yìyú yánbiǎo ▶川が〜/河水上涨 héshuǐ shàngzhǎng ▶ミルクがコップから溢れていた/牛奶溢出了杯子 niúnǎi yìchūle bēizi ▶目に涙が〜/泪水溢出了眼眶 lèishuǐ yìchūle yǎnkuàng; 热泪盈眶 rèlèi yíng kuàng ▪エネルギーが溢れんばかり/精力充沛 jīnglì chōngpèi; 充满活力 chōngmǎn huólì

あぶれる 找不到 zhǎobudào（英 fail to get a job）▶仕事に〜/找不到工作 zhǎobudào gōngzuò; 失业 shīyè

アプローチ 接近 jiējìn; 探讨 tàntǎo（英 approach）▶どの観点から環境問題に〜するか/从什么观点来探讨环境问题？ cóng shénme guāndiǎn lái tàntǎo huánjìng wèntí? ▶（ゴルフ）〜ショット/近穴轻击球 jìn xué qīng jī qiú

あべこべ 反 fǎn; 相反 xiāng fǎn; 颠倒 diāndǎo（英 contrary; opposite）▶〜にする/颠倒过来 diāndǎoguolai ▶それは計画したこととは全く〜だ/这跟计划完全相反 zhè gēn jìhuà wánquán xiāngfǎn ▶ほめられるつもりでいたら、〜に叱(しか)られた/本来以为会受到表扬，没想到却挨了一顿骂 běnlái yǐwéi huì shòudào biǎoyáng, méi xiǎngdào què áile yí dùn mà ▶〜なことをする/背道而驰 bèi dào ér chí

アベック 情侣 qínglǚ; 一对男女 yí duì nánnǚ（英 avecs）▶〜で/成对 chéngduì; 成双 chéngshuāng ▶二つの台風が〜で北上する/两股台风结伴北上 liǎng gǔ táifēng jiébàn běishàng

アペリティフ（酒）饭前的开胃酒 fànqián de kāiwèijiǔ（英 an appetizer）▶〜にカクテルを飲む/饭前喝鸡尾酒来开胃 fànqián hē jīwěijiǔ lái kāiwèi

アヘン【阿片】 鸦片 yāpiàn; 大烟 dàyān（英 opium）▶〜中毒者/大烟鬼 dàyānguǐ ▶〜を吸う/抽鸦片 chōu yāpiàn; 抽大烟 chōu dàyān ▪**〜戦争** 鸦片战争 Yāpiàn Zhànzhēng

アポ（イントメント） 约会 yuēhuì; 约见 yuējiàn; 预约 yùyuē（英 appointment）▶〜を取る/约定 yuēdìng; 预约 yùyuē

アボカド〔植物〕鳄梨 yóulí（英 an avocado）

アポストロフィ 隔音符号 géyīn fúhào（英 an apostrophe）

あほらしい【阿呆らしい】 糊涂 hútu; 荒唐 huāngtáng; 无聊 wúliáo（英 silly）▶あほらしくて話にならない/太荒唐了，真不象话 tài huāngtáng le, zhēn bú xiàng huà！

あま【尼】 尼姑 nígū（英 a nun）

あま【亜麻】 亚麻 yàmá（英 flax）

あま【海女】 潜泳渔女 qiányǒngyúnǚ（英 a professional female diver who collects shellfish, etc）

あまあし【雨脚】 雨脚 yǔjiǎo; 雨势 yǔshì (英 *rain streaks*) ▶～が速い/雨来得快 yǔ láide kuài

あまい【甘い】 甜 tián; 甜蜜 tiánmì (英 *sweet*) ▶～言葉/花言巧语 huā yán qiǎo yǔ; 甜言蜜语 tián yán mì yǔ ～物が好き/爱吃甜食 ài chī tiánshí ～母親/娇惯孩子的母亲 jiāoguàn háizi de mǔqīn ～亭主(対妻子)不严的丈夫 (duì qīzi) bù yán de zhàngfu ～娇惯孩子 jiāoguàn háizi; 对孩子宽松 duì háizi kuānsōng ▶犯罪者に対して甘すぎる/对犯人手软 duì fànrén shǒuruǎn ▶点が～/判分不严 pànfēn bù yán ▶あの恋愛小説は大甘だ/那本爱情小说写得很甜蜜 nà běn àiqíng xiǎoshuō xiěde hěn tiánmì

～汁を吸う 占便宜 zhàn piányi
甘く見る 小看 xiǎokàn; 看得太简单 kànde tài jiǎndān ▶人を甘く見る/小看人 xiǎokàn rén
脇が～ 不善于保护自己 bú shànyú bǎohù zìjǐ; 防守不严 fángshǒu bùyán

あまえる【甘える】 撒娇 sājiāo (英 *behave lika a baby*) ▶この子は甘えてしかたがない/这孩子撒气娇来真没办法 zhè háizi sā qì jiāo lái zhēn méi bànfǎ ▶彼の好意に甘えてはいけない/不应该依靠他的好意 bù yīnggāi yīkào tā de hǎoyì ▶親切に～/依靠别人的热情 yīkào biéren de rèqíng ▶お言葉に甘えてお願いします/谢谢您好意相助,我就不辞一求了 xièxie nín hǎoyì xiāngzhù, wǒ jiù bù cí yì qiú le

あまえんぼう【甘えん坊】 爱撒娇的孩子 ài sājiāo de háizi (英 *a spoiled child*)

アマガエル【雨蛙】【動物】雨蛙 yǔwā (英 *a tree frog*)

あまがさ【雨傘】 雨伞 yǔsǎn (英 *an umbrella*)

あまガッパ【雨合羽】 防雨斗篷 fángyǔ dōupeng; 雨衣 yǔyī (英 *a raincoat*)

あまからい【甘辛い】 又甜又咸 yòu tián yòu xián (英 *salted and sweetened*)

あまかわ【甘皮】【果実などの】软皮 ruǎnpí;《爪の》嫩皮 nènpí (英 *the cuticle*)

あまぐ【雨具】 雨具 yǔjù (英 *rain gear*) ▶登山には～を忘れないように/爬山的时候别忘了带雨具 páshān de shíhou bié wàngle dài yǔjù

あまくだり【天下りする】 高官下凡 gāoguān xiàfán; 高官从政府机关退职后出任高级职位 gāoguān cóng zhèngfǔ jīguān tuìzhí hòu chūrèn gāojí zhíwèi ▶*parachute*《官僚が》

あまくち【甘口】 甜味 tiánwèi (英 *light*; *sweet*) ▶～の酒/带甜味的清酒 dài tiánwèi de qīngjiǔ

あまぐつ【雨靴】 雨鞋 yǔxié (英 *rain shoes*) ▶～をはく/穿雨鞋 chuān yǔxié

あまぐも【雨雲】 阴云 yīnyún; 雨云 yǔyún (英 *a rain cloud*) ▶～が出てきた/出雨云了 chū yǔ yún le

あまぐり【甘栗】 糖炒栗子 tángchǎo lìzi (英 *sweet roasted chestnuts*)

あまごい【雨乞いする】 求雨 qiú yǔ; 祈雨 qí yǔ (英 *pray for rain*)

あまざけ【甘酒】 甜米酒 tiánmǐjiǔ; 酒酿 jiǔniàng (英 *a sweet hot drink made from malted rice*)

あまざらし【雨曝しの・雨晒しの】 露天 lùtiān (英 *weather-beaten*) ▶～にする/曝露在雨里 pùlùzài yǔlǐ ▶自行车が～になっている/自行车被雨淋着 zìxíngchē bèi yǔ línzhe

あまじお【甘塩の】 稍带咸味 shāo dài xiánwèi (英 *lightly salted*) ▶～の鲑/稍微脆咸的鲑鱼 shāowēi yānxián de guīyú

あます【余す】 剩下 shèngxià; 留下 liúxià (英 *leave*; *let... remain*) ▶試験まで～ところ10日だ/离考试的日子只剩下十天了 lí kǎoshì de rìzi zhǐ shèngxià shí tiān le
～ところなく 一无所剩地 yì wú suǒ shèng de ▶～ところなく説明する/毫无保留地进行介绍 háowú bǎoliú de jìnxíng jièshào

あまずっぱい【甘酸っぱい】 酸甜 suāntián (英 *sour-sweet*) ▶～みかん/酸甜的橘子 suāntián de júzi

あまだれ【雨垂れ】 檐溜 yánliù; 雨滴 yǔdī (英 *a raindrop*) ▶～の音/雨滴声 yǔdīshēng
ことわざ 雨垂れ石を穿(うが)つ 水滴石穿 shuǐ dī shí chuān

アマチュア 业余 yèyú; 外行 wàiháng (英 *an amateur*) ▶～画家/业余画家 yèyú huàjiā ▶～からプロに転向する/从业余转为专业 cóng yèyú zhuǎnwéi zhuānyè

♦～規定 只收业余爱好者的参加资格规定 zhǐ shōu yèyú àihàozhě de cānjiā zīgé guīdìng ～写真家 业余摄影家 yèyú shèyǐngjiā ～スポーツ 业余体育活动 yèyú tǐyù huódòng ～テニス選手 业余网球选手 yèyú wǎngqiú xuǎnshǒu ～リズム 不图利润,纯粹享受体育活动的精神 bùtú lìrùn, chúncuì xiǎngshòu tǐyù huódòng de jīngshén

あまったるい【甘ったるい】 ❶【味が】太甜 tài tián (英 *sweet*) ❷【声・態度などが】甜蜜 tiánmì; 娇媚 jiāoměi (英 *sugary*) ▶～声/甜蜜的声音 tiánmì de shēngyīn ▶～調子で話す/用娇媚的语调说话 yòng jiāoměi de yǔdiào shuōhuà

あまったれ【甘ったれ】 爱撒娇 àisājiāo; 任性 rènxìng (英 *a spoilt child*) ▶この子は末っ子で～なの/这孩子是老幺,爱撒娇 zhè háizi shì lǎoyāo, ài sājiāo

あまったれる【甘ったれる】 撒娇 sājiāo (英 *behave like a baby*) ▶～な/别撒娇 bié sājiāo

あまつぶ【雨粒】 雨点 yǔdiǎn (英 *a raindrop*) ▶大きな～が落ちてきた/大颗大颗的雨珠落了下来 dà kē dà kē de yǔzhū luòlexiàlai

あまどい【雨樋】 檐沟 yángōu; 檐槽 yáncáo (英 *a gutter*)

あまとう【甘党である】 爱吃甜的 ài chī tián de (英 *have a sweet tooth*) ▶彼は～だ/他爱吃甜

的 tā ài chī tián de

あまねく【遍く】 普遍 pǔbiàn (英 widely) ▶～知れ渡っている/传开了 chuánkāi le; 传遍了 chuánbiàn le; 大家都知道了 dàjiā dōu zhīdào le

あまのがわ【天の川】〔天文〕天河 tiānhé; 银河 yínhé; 银汉 yínhàn (英 the Milky Way)

あまのじゃく【天の邪鬼】 脾气别扭的人 píqi biènniu de rén (英 a perverse person) ▶ あの人は～でへそ曲がりだ/他脾气古怪, 爱闹别扭 tā píqi gǔguài, ài nào biènniu

あまみ【甘み】 甜味儿 tiánwèir (英 sweetness) ▶～を控えた菓子/减少糖分的点心 jiǎnshǎo tángfèn de diǎnxin ▶ このスイカは～が足りない/这个西瓜不够甜 zhège xīguā bù gòu tián

あまみず【雨水】 雨水 yǔshuǐ (英 rainwater) ▶～をためる/储存雨水 chǔcún yǔshuǐ

あまもり【雨漏りする】 房子漏雨 fángzi lòu yǔ (英 leak) ▶ 天井から～がする/房顶漏雨 fángdǐng lòu yǔ ▶～の修繕をする/修理漏雨的房子 xiūlǐ lòu yǔ de fángzi ▶～のするテント/漏雨的帐篷 lòu yǔ de zhàngpeng

あまやかす【甘やかす】 娇惯 jiāoguàn; 娇生惯养 jiāo shēng guàn yǎng (英 spoil) ▶ あの母親は子供を甘やかしている/那个母亲娇惯孩子 nàge mǔqin jiāoguàn háizi ▶ 甘やかされた子/被娇惯的孩子 bèi jiāoguàn de háizi ▶ 甘やかして育てる/放纵教育 fàngzòng jiàoyù

あまやどり【雨宿りする】 避雨 bì yǔ (英 shelter from rain) ▶ 軒下で～する/在屋檐下避雨 zài wūyánxià bì yǔ

あまり【余り】 ❶〔余剰〕余剩 yúshèng; 余数 yúshù (英 the rest) ▶～が出る/有余 yǒu yú ▶～の金/剩余的钱 shèngyú de qián ▶～の布地/剩下的布料 shèngxià de bùliào ▶ 昼飯の～/中午的剩饭 zhōngwǔ de shèngfàn ▶ 彼の長所は短所を補って～ある/他的优点比缺点多 tā de yōudiǎn bǐ quēdiǎn duō ▶ それには 30～の種類がある/那有三十多个种类 nà yǒu sānshí duō ge zhǒnglèi ❷〔度を超して〕过于 guòyú; 太 tài (英 over) ▶～飲むな よ/别喝得太多 bié hēde tài duō ▶ それと言うのも～働きすぎるからだ/这是因为工作太多 zhè shì yīnwèi gōngzuò tài duō ❸〔それほど〕(英 not much) ▶～…ではない/不那么 bú nàme; 不怎么 bù zěnme ▶～安くない/不那么便宜 bù nàme piányi ▶～好きではない/不怎么喜欢 bù zěnme xǐhuan ▶ 彼女の評判は～よくない/对她的评价不太高 duì tā de píngjià bú tài gāo

あまりに【余りに】 太 tài; 过于 guòyú (英 too) ▶ 彼の話には～嘘が多い/他说的假话太多 tā shuō de jiǎhuà tài duō ▶ 彼女は～心配しすぎる/她过于担心 tā guòyú dānxīn

あまりもの【余り物】 剩下的东西 shèngxià de dōngxi (英 remains; leavings) ▶ 冷蔵庫の～で料理を作る/用冰箱里剩下的材料做菜 yòng bīngxiānglǐ shèngxià de cáiliào zuòcài

アマリリス〔植物〕孤挺花 gūtǐng huā (英 an amaryllis)

あまる【余る】 剩 shèng; 余剩 yúshèng (英 remain) ▶ 10 から 3 引けば 7～/十减三等于七 shí jiǎn sān děngyú qī; 十个减去三个还剩下七个 shí ge jiǎnqù sān ge hái shèngxià qī ge ▶ いくつ余っていますか/还剩几个？ hái shèng jǐ ge? ▶ 旅費が 1 万円余った/旅費剩下一万日元 lǚfèi shèngxià yíwàn Rìyuán ▶ 1 つだけ～/只剩下一个 zhǐ shèngxià yí ge ▶ 金が～ほどある/有用不完的钱 yǒu yòngbuwán de qián

手に～ 太困难 tài kùnnan ▶ 手に～仕事/难以胜任的工作 nányǐ shèngrèn de gōngzuò

身に～ 过分 guòfèn ▶ 身に～光栄/无上的光荣 wúshàng de guāngróng

目に～ 看不下去 kànbuxiàqù

あまんじる【甘んじる】 安于 ānyú; 甘于 gānyú (英 accept) ▶ 最下位に～/甘心落在最后 gānxīn luòzài zuìhòu ▶ 処分は甘んじて受ける/甘于接受处分 gānyú jiēshòu chǔfèn ▶ 安月給に～/忍受低廉的工资 rěnshòu dīlián de gōngzī ▶ 境遇に～/安于现在的处境 ānyú xiànzài de chǔjìng

あみ【網】 网子 wǎngzi; 网罗 wǎngluó (英 a net) ▶ 捜査の～にかかる/落网 luòwǎng ▶ 法の～を逃れる/逃出法网 táoguò fǎwǎng ▶～を打つ/撒网 sāwǎng ▶～を引く/拉网 lā wǎng ▶ 警察は彼を捉えようと全国に～をはっている/警察为了抓他在全国布下了天罗地网 jǐngchá wèile zhuā tā zài quánguó bùxiàle tiān luó dì wǎng

あみあげぐつ【編み上げ靴】 穿带儿的高腰皮鞋 chuān dàir de gāoyāo píxié (英 laced boots)

あみあわせる【編み合わせる】 编织 biānzhī (英 knit together) ▶ 竹を～/编织竹器 biānzhī zhúqì

あみき【編み機】 针织机 zhēnzhījī (英 a knitting machine)

あみだ【阿弥陀】(英 Amitabha) ▶ 帽子を～にかぶる/往后戴帽子 wǎng hòu dài màozi ▶～くじを引く/抓阄 zhuājiū

あみタイツ【網タイツ】 网眼袜 wǎngyǎnwà (英 fishnet tights)

あみだす【編み出す】 创造 chuàngzào; 编出 biānchū (英 invent; devise) ▶ 新機軸を～/创造新方案 chuàngzào xīnfāng'àn

あみだな【網棚】 网架 wǎngjià (英 a rack) ▶ 荷物を～に載せる/把行李放在行李架上 bǎ xíngli fàngzài xínglijiàshang

あみど【網戸】 纱窗 shāchuāng (英 a screen) ▶～の窓/の窗户的纱窗 chuāngzi de shāchuāng

アミノさん【アミノ酸】〔化学〕氨基酸 ānjīsuān (英 an amino acid)

あみのめ【網の目】 网眼 wǎngyǎn (英 meshes of a net) ▶ 鉄道は全国に～のように広がっている/铁道像一面网遍布全国 tiědào xiàng yí miàn wǎng biànbù quánguó ▶ 法律の～をくぐる/钻法律的空子 zuān fǎlǜ de kòngzi

あみばり【編み針】 织针 zhīzhēn（英 *a knitting needle*）

あみぼう【編棒】 ⇨あみばり(編み針)

あみめ【網目】 网眼 wǎngyǎn（英 *meshes*）

あみもと【網元】 船主 chuánzhǔ（英 *a fishermen's boss*）

あみもの【編み物】 毛线活儿 máoxiàn huór（英 *knitting*）▶彼は～が趣味なのだ/他织毛线是出于爱好 tā zhī máoxiàn shì chūyú àihào

アミューズメント 娱乐 yúlè（英 *amusement*）◆～センター：娱乐中心 yúlè zhōngxīn ～パーク：游乐场 yóulèchǎng

あむ【編む】 编 biān; 编织 biānzhī（英 *knit*）▶網を～/织网 zhī wǎn ▶セーターを～/织毛衣 zhī máoyī ▶辞典を～/编词典 biān cídiǎn

あめ【雨】 雨 yǔ（英 *rain*）▶～が降る/下雨 xià yǔ ▶今年は～が多かった/今年雨水多 jīnnián yǔshuǐ duō ▶～が降る確率が高い/明天下雨的概率很高 míngtiān xià yǔ de gàilǜ hěn gāo ▶～がやんだ/雨停了 yǔ tíng le; 雨住了 yǔ zhù le ▶～が降っても風が吹いても挙行する/不管刮风还是下雨都要举行 bùguǎn guāfēng háishì xià yǔ dōu yào jǔxíng ▶帰宅途中に～にあう/回家路上正赶上下雨 huíjiā lùshang zhèng gǎnshàng xià yǔ ▶大～注意報/大雨警报 dàyǔ jǐngbào ▶どしゃ降りの～に見舞われた/遇上了暴雨 yùshàngle bàoyǔ ▶小降りの～/小雨 xiǎoyǔ; 牛毛细雨 niúmáo xìyǔ ▶ここ数日～続きだ/这几天一直下雨 zhè jǐ tiān yīzhí xià yǔ
[ことわざ] 雨降って地固まる 不打不成交 bù dǎ bù chéngjiāo

あめ【飴】 糖 táng; 糖块儿 tángkuàir（英 *a candy*）▶～をしゃぶらせる/给点甜头舔 gěi diǎn tiántou tiǎn; 投其所好 tóu qí suǒ hào
～と鞭 胡萝卜加大棒 húluóbo jiā dàbàng ▶～と鞭の政策/胡萝卜加大棒的政策 húluóbo jiā dàbàng de zhèngcè

あめあがり【雨上がりの】 雨后 yǔhòu; 雨过天晴 yǔ guò tiān qíng（英 *after the rain*）

あめあられ【雨霰】 雨和霰 yǔ hé xiàn（英 *rain and hail*）▶～と降る弾丸/枪林弹雨 qiānglín dànyǔ

アメーバ〔動物〕阿米巴 āmǐbā；变形虫 biànxíngchóng（英 *an amoeba*）▶赤痢/阿米巴痢疾 āmǐbā lìjí

アメジスト〔鉱物〕紫水晶 zǐshuǐjīng；紫晶 zǐjīng（英 *amethyst*）

アメニティ 舒适度 shūshìdù（英 *amenity*）

あめもよう【雨模様である】 要下雨的样子 yào xià yǔ de yàngzi（英 *It looks like rain*）▶週末の東京地方は～だ/周末东京地区可能会下雨 zhōumò Dōngjīng dìqū kěnéng huì xià yǔ

アメリカ 美国 Měiguó；美洲 Měizhōu（英 *the United States of America; the U. S. A.*）▶～合衆国/美利坚合众国 Měilìjiān hézhòngguó ◆～人：美国人 Měiguórén

アメリカナイズ 美式化 Měishìhuà；美国化 Měiguóhuà（英 *Americanization*）▶日本人の考え方は戦後かなり～された/二战后日本人的想法相当美国化了 Èrzhàn hòu Rìběnrén de xiǎngfa xiāngdāng Měiguóhuà le

アメリカン 美式 Měishì（英 *American*）◆～コーヒー：美式咖啡 Měishì kāfēi ～フットボール：美式足球 Měishì zúqiú

アメンボ〔虫〕水黾 shuǐmǐn（英 *a water strider*）

あや【文・綾】 花样 huāyàng（英 *figured cloth*；[仕組み] *a plot*）▶事件の～を解く/把案件的复杂情节弄清 bǎ ànjiàn de fùzá qíngjié nòngqīng
言葉の～ 措辞 cuòcí ▶それは言葉の～にすぎない/那不过是语言上的花样 nà búguò shì yǔyánshang de huāyàng

あやうい【危うい】 危险 wēixiǎn（英 *risky*）▶最近記憶力が～/最近的记性有些靠不住 zuìjìn de jìxìng yǒuxiē kàobuzhù

あやうく【危うく】 差点儿 chàdiǎnr；险些 xiǎnxiē（英 *nearly*）▶～命を失うところだった/差点儿没有丧命 chàdiǎnr méiyǒu sàngmìng ▶列車に乗り遅れるところだった/差点儿误了列车 chàdiǎnr wùle lièchē ▶事故に巻き込まれるところだった/险些被卷进事故 xiǎnxiē bèi juǎnjìn shìgù

あやおり【綾織】 斜纹(布) xiéwén (bù)（英 *figured cloth*）

あやかる 效仿 xiàofǎng；沾光 zhānguāng（英 *follow a person's example*）▶君の幸運にあやかりたいね/真想借你的好运 zhēn xiǎng jiè nǐ de hǎoyùn ▶彼が株で大儲けしたので私もあやかりたい/他买股票赚了大钱，我也想借他的好运 tā mǎi gǔpiào zhuànle dàqián, wǒ yě xiǎng jiè tā de hǎoyùn

あやしい【怪しい】 ❶[不思議な・不審な] 奇怪 qíguài；怪异 guàiyì（英 *strange*）▶挙動が～/行动可疑 xíngdòng kěyí ▶そう聞いて何か～と感じた/听了那番话，总觉得有点儿奇怪 tīngle nà fān huà, zǒng juéde yǒudiǎnr qíguài ▶私は～者じゃない/我不是可疑的人 wǒ bú shì kěyí de rén ▶彼は怪しげな商売をやっている/他干着不可告人的行当 tā gànzhe bùkě gàorén de hángdang ❷[おぼつかない] 靠不住 kàobuzhù；不妙 búmiào（英 *uncertain*）▶雲行きが～/要变天 yào biàntiān；[比喻] 前景不妙 qiánjǐng búmiào ▶彼が成功するか否かは～/他是否能成功还很难说 tā shìfǒu néng chénggōng hái hěn nánshuō ▶彼の英語は～ものだ/他的英语靠不住 tā de Yīngyǔ kàobuzhù ▶記憶が～/记忆不可靠 jìyì bù kěkào ▶空模様が怪しくなってきた/看样子要下雨了 kàn yàngzi yào xià yǔ le ❸[恋愛関係]（英 *doubtful*）▶あの二人は～/他们俩人关系暧昧 tāmen liǎ rén guānxi àimèi

あやしむ【怪しむ】 犯疑 fànyí；怀疑 huáiyí（英 *question; doubt*）▶誰も彼を怪しまなかった/

誰也没有怀疑到他 shéi yě méiyǒu huáiyídào tā ▶彼が来るかどうか~/他来不来还说不定 tā láibulái hái shuōbudìng ▶あいつがやったのではないかと怪しい/我怀疑是不是他干的 wǒ huáiyí shìbushì tā gàn de

あやす 哄 hǒng; 逗 dòu (英 *fondle*) ▶彼女は赤ん坊をあやして寝かしつけた/她把孩子哄着了 tā bǎ háizi hǒngzháo le

あやつりにんぎょう【操り人形】 傀儡 kuǐlěi; 提线木偶 tíxiàn mùǒu (英 *a puppet*) ▶彼は~に過ぎない/他只不过是一个傀儡 tā zhǐbuguò shì yí ge kuǐlěi

あやつる【操る】 操纵 cāozòng; 摆布 bǎibu (英 *operate; pull strings*) ▶人形を~/耍木偶 shuǎ mù'ǒu ▶世論を~/操纵舆论 cāozòng yúlùn ▶5ヶ国語を~/会说五国话 huì shuō wǔ guó huà ▶櫓(ろ)を~/摇橹 yáo lǔ ▶背後で~人物がいるらしい/好像有人在背后操纵 hǎoxiàng yǒu rén zài bèihòu cāozòng ▶人を操って自分の目的を達する/操纵别人实现自己的目的 cāozòng biérén shíxiàn zìjǐ de mùdì

あやとり【綾取り】 翻花鼓 fān huāgǔ; 翻花样儿 fān huāyàngr; 翻绳儿 fān shéngr (英 *cat's cradle*)

あやぶむ【危ぶむ】 担心 dānxīn; 怕 pà (英 *fear*) ▶成果を~/担心能否出成果 dānxīn néngfǒu chū chéngguǒ ▶父の健康が危ぶまれる/父亲的健康状态令人担忧 fùqin de jiànkāng zhuàngtài lìng rén dānyōu

あやふやな 含糊 hánhu; 不可靠 bù kěkào (英 *uncertain*) ▶な記憶/模糊的记忆 móhu de jìyì ▶~な返事をする/含糊地回答 hánhu de huídá ▶彼の議論の根拠は~である/他的论据不可靠 tā de lùnjù bù kěkào

あやまち【過ち】 错误 cuòwù; 过失 guòshī; 纰缪 pīmiù (英 *a misteke; a fault*) ▶~を犯す/犯错误 fàn cuòwù ▶~を改める/改过 gǎiguò ▶同じ~を繰り返すな/不要重犯同样的错误 búyào chóngfàn tóngyàng de cuòwù ▶それは私の~です/那是我的错 nà shì wǒ de cuò ▶若気の~でした/那是因为年轻气盛所犯下的错误 nà shì yīnwèi niánqīng qìshèng suǒ fànxià de cuòwù ▶~は人の常/人总会犯错误 rén zǒnghuì fàn cuòwù ▶~を改めるに、はばかることなかれ/别怕纠正错误 bié pà jiūzhèng cuòwù

あやまって【誤って】 不注意 bú zhùyì; 不留神 bù liúshén (英 *by mistake*) ▶~服に酒をこぼしてしまった/不留神把酒洒在衣服上了 bù liúshén bǎ jiǔ sǎzài yīfushang le

あやまり【誤り】 错误 cuòwù; 谬误 miùwù (英 *an erro; a misteke*) ▶~を正す/矫正错误 jiǎozhèng cuòwù ▶文法の~を正す/纠正语法错误 jiūzhèng yǔfǎ cuòwù ▶~を認める/认错 rèncuò ▶この本には~が多い/这本书错误很多 zhè běn shū cuòwù hěn duō ▶印刷の~以外の加筆・修正はできない/除去印刷错误以外,不可以添加修改 chúqù yìnshuā cuòwù

yǐwài, bù kěyǐ tiānjiā xiūgǎi

あやまり【謝り】 道歉 dàoqiàn; 谢罪 xièzuì (英 *an apology; an excuse*) ▶~の手紙/谢罪的信 xièzuì de xìn ▶彼らは~方が下手だ/他们不善于道歉 tāmen bú shànyú dàoqiàn

あやまる【誤る】 错 cuò; 弄错 nòngcuò (英 *make a mistake*) ▶書き~/写错 xiěcuò ▶計算を~/算错 suàncuò ▶判断を~/判断失误 pànduàn shīwù ▶車のハンドル操作を~/汽车的方向盘操作失误 qìchē de fāngxiàngpán cāozuò shīwù ▶《比喻的》道を~/走错路 zǒucuò lù; 路线错误 lùxiàn cuòwù ▶誤ったことをする/做错事 zuò cuòshì ▶火災報知器が誤って作動した/火灾报警器失误响了起来 huǒzāi bàojǐngqì shīwù xiǎngleqǐlai ▶身を~/走错人生的路 zǒucuò rénshēng de lù

あやまる【謝る】 赔不是 péi búshi; 谢罪 xièzuì; 道歉 dàoqiàn (英 *apologize*) ▶どう謝っても許してくれない/不管怎么道歉, 也不原谅我 bùguǎn zěnme dàoqiàn, yě bù yuánliàng wǒ ▶君はそれを~必要がある/你需要对那件事认错 nǐ xūyào duì nà jiàn shì rèncuò ▶平謝りに~/低头谢罪 dītóu xièzuì ▶この件に関して我々は~必要がない/关于这件事我们不必道歉 guānyú zhè jiàn shì wǒmen búbì dàoqiàn

アヤメ【菖蒲】《植物》水菖蒲 shuǐchāngpú (英 *a sweet flag*)

アユ【鮎】《魚》香鱼 xiāngyú (英 *an ayu; a sweetfish*)
日中比較 中国語の'鲇 nián'は「なまず」の意.

あゆみ【歩み】 步子 bùzi; 脚步 jiǎobù (英 *progress*《進行》) ▶~を止める/止步 zhǐbù ▶歴史の~/历史的步伐 lìshǐ de bùfá ▶改革の~/改革的进程 gǎigé de jìnchéng ▶過去二十年の~/过去二十年的足迹 guòqù èrshí nián de zújī

あゆみよる【歩み寄る】 ❶《妥協》妥协 tuǒxié; 互让 hùràng (英 *compromise*) ▶双方歩み寄った/双方妥协了 shuāngfāng tuǒxié le ▶歩み寄りで解決する/通过妥协解决 tōngguò tuǒxié jiějué ▶お互いに~気配を見せない/看不到互相妥协的征兆 kànbudào hùxiāng tuǒxié de zhēngzhào ❷《近寄る》走近 zǒujìn; 进前 jìnqián (英 *step up*) ▶その老人はゆっくり私の方に歩み寄ってきた/那位老人慢慢儿地朝我走过来 nà wèi lǎorén mànmànr de cháo wǒ zǒuguòlai

あら【粗】 毛病 máobìng; 缺点 quēdiǎn (英 *a fault; a defect*) ▶人の~ばかりがさがしている/净找别人的毛病 jìng zhǎo biéren de máobìng

あら(っ) 哎哟 āiyō (英 *oh*) ▶~, ひどいわ/哎哟, 你真坏!! āiyō, nǐ zhēn huài!; 啊哟, 怎么搞的? āyō, zěnme gǎo de? ▶~, そうですか/喔, 是吗? wō, shì ma?

アラー 真主 Zhēnzhǔ; 阿拉 Ālā (英 *Allah*)

アラーム 警报器 jǐngbàoqì;《目覚まし》闹钟 nàozhōng (英 *an alarm*) ▶~機能が付いている/带有闹钟功能 dàiyǒu nàozhōng gōngnéng

あらあらしい【荒荒しい】 粗暴 cūbào；暴烈 bàoliè（英 rough） ▶～気性／烈性子 lièxìngzi；粗暴的性格 cūbào de xìnggé ▶～口調で言い合う／用粗暴的语调争吵 yòng cūbào de yǔdiào zhēngchǎo ▶彼は荒々しくドアを閉めて出ていった／他"砰"的一声关上门出去了 tā "pēng" de yì shēng guānshàng mén chūqù le

あらい【荒い】 粗鲁 cūlǔ；凶猛 xiōngměng；乱 luàn（英 violent） ▶息が～／呼吸急促 hūxī jícù ▶波が～／波涛汹涌 bōtāo xiōngyǒng ▶気性が～／脾气大 píqi dà ▶金遣いが～／乱花钱 luàn huā qián ▶言葉遣いが～／说话粗鲁 shuōhuà cūlǔ

あらい【粗い】 毛糙 máocao；粗糙 cūcāo（英 coarse） ▶網目が～／网眼儿大 wǎngyǎnr dà ▶きめの～肌／粗糙的皮肤 cūcāo de pífū ▶～仕事ぶり／粗杂的工作作风 cūzá de gōngzuò zuòfēng

アライアンス 同盟 tóngméng；联盟 liánméng（英 an alliance）

あらいおとす【洗い落とす】 洗掉 xǐdiào；洗涤 xǐdí（英 wash out） ▶窓ガラスのほこりを～／洗掉窗户上的灰尘 xǐdiào chuānghushang de huīchén ▶車の泥を～／洗车上的泥土 xǐdiào chēshang de nítǔ

アライグマ【洗い熊】 〔動物〕浣熊 huànxióng（英 a raccoon）

あらいざらい【洗いざらい】 全都 quándōu；彻底 chèdǐ（英 everything） ▶～話す／一五一十说出来 yī wǔ yī shí shuōchūlai ▶過去を～調べる／彻底调查历史 chèdǐ diàochá lìshǐ

あらいざらし【洗い晒し】 洗褪色 xǐtuìshǎi（英 washed-out） ▶～のジーンズ／洗褪颜色的牛仔裤 xǐtuì yánsè de niúzǎikù

あらいそ【荒磯】 礁石嶙峋的海岸 jiāoshí línlín de hǎi'àn（英 a reefy coast）

あらいだす【洗い出す】 查出 cháchū；排查 páichá（英〔調べる〕investigate） ▶犯人を～／排查犯人 páichá fànrén

あらいもの【洗い物】 要洗的东西 yào xǐ de dōngxi（英 the washing） ▶～がたまる／积下要洗的东西 jīxià yào xǐ de dōngxi

あらう【洗う】 **1**〔汚れを落とす〕洗 xǐ（英 wash） ▶身体を～／洗澡 xǐzǎo ▶顔を～／洗脸 xǐ liǎn ▶皿を～／刷盘子 shuā pánzi；洗盘子 xǐ pánzi ▶食事の前に手をきれいに～／饭前把手洗干净 fànqián bǎ shǒu xǐgānjìng ▶その汚れはいくら洗っても落ちないだろう／那个污渍怎么洗也洗不掉了吧 nàge wūzì zěnme xǐ yě xǐbudiào le ba ▶波が岸を～／波浪冲刷着海岸 bōlàng chōngshuāzhe hǎi'àn ▶心を洗われる／感到清爽 gǎndào qīngshuǎng **2**〔調べる〕调查 diàochá；查明 chámíng（英 investigate） ▶身元を～／调查出身经历 diàochá chūshēn jīnglì ▶犯人の足取りを～／查犯人的行踪 chá fànrén de xíngzōng ▶足を～《比喻》洗手不干 xǐ shǒu bú gàn；改邪归正 gǎi xié guī zhèng

あらうま【荒馬】 烈马 lièmǎ；悍马 hànmǎ（英 an untamed horse） ▶～乗り／驾驭悍马的人 jiàyù hànmǎ de rén

あらうみ【荒海】 波涛汹涌的大海 bōtāo xiōngyǒng de dàhǎi（英 a high sea） ▶～に乗り出す／驶进波涛汹涌的大海 shǐjìn bōtāo xiōngyǒng de dàhǎi

あらがう【抗う】 抵抗 dǐkàng；抗争 kàngzhēng；作斗争 zuò dòuzhēng（英 resist; protest） ▶権勢に～／与权势作斗争 yǔ quánshì zuò dòuzhēng

あらかじめ【予め】 预先 yùxiān；事先 shìxiān（英 in advance） ▶～お知らせ下さい／事前告诉我一下 shìqián gàosu wǒ yíxià ▶～用意する／事先准备 shìxiān zhǔnbèi ▶～打ち合わせる／事先磋商 shìxiān cuōshāng ▶～注意する／预先提醒 yùxiān tíxǐng

あらかせぎ【荒稼ぎする】 大发横财 dà fā hèngcái（英 make a sudden profit） ▶15億円の～をする／发横财赚了十五亿日元 fā hèngcái zhuàn le shíwǔ yì Rìyuán

あらかた 基本上 jīběnshang；大体上 dàtǐshang（英 mostly） ▶～片付いた／基本上整理好了 jīběnshang zhěnglǐhǎo le ▶騒ぎは～収まった／乱子基本上了 luànzi jīběnshang jiějué le ▶彼が君に話したとおりだ／基本情况正像他对你说的那样 jīběn qíngkuàng zhèng xiàng tā duì nǐ shuō de nàyàng

あらかべ【粗壁】 粗抹的墙壁 cūmǒ de qiángbì（英 a rough-coated wall）

アラカルト【料理】 单点的菜 dān diǎn de cài（英 à la carte）

あらぎょう【荒行をする】 艰苦修行 jiānkǔ xiūxíng（英 practice austerities）

あらくれもの【荒くれ者】 粗鲁的人 cūlǔ de rén（英 a rough fellow）

あらけずり【荒削りな】 **1**〔作品などが〕粗糙 cūcāo；未经修改 wèi jīng xiūgǎi（英 rough） ▶～の文体／豪放的文风 háofàng de wénfēng **2**〔性格〕豪放 háofàng；粗豪 cūháo（英 unrefined） ▶少々～だが根は正直だ／有些粗糙，但是本质是实实在在的 yǒuxiē cūcāo, dànshì běnzhì shì shíshízàizài de

あらげる【荒げる】 《声を》提高 tígāo（英 raise） ▶声を荒げて叱る／厉声斥责 lìshēng chìzé

あらさがし【粗探しをする】 找毛病 zhǎo máobìng；挑错儿 tiāo cuòr（英 find fault with...） ▶他人の～をする暇なんかない／没有闲工夫去挑别人的毛病 méiyǒu xiángōngfu qù tiāo biérén de máobìng

あらし【嵐】 风暴 fēngbào; 狂飙 kuángbiāo (英 *a storm*) ▶~が吹く/起风暴 qǐ fēngbào; 起暴风雨 qǐ bàofēngyǔ ▶~が静まる/风暴平静了 fēngbào píngjìng le ▶~に会う/遇上风暴 yùshàng fēngbào ▶~のような喝采/暴风雨般的喝彩 bàofēngyǔ bān de hècǎi
~の前の静けさ 暴风雨前的寂静 bàofēngyǔ qián de jìjìng
◆砂～ 沙尘暴 shāchénbào

あらじお【粗塩】 粗盐 cūyán (英 *unrefined salt*)

あらす【荒らす】 ❶【駄目にする】弄坏 nònghuài (英 *ruin*) ▶いのししが作物を～/野猪毁坏庄稼 yězhū huǐhuài zhuāngjia ▶肌を～/破坏皮肤 pòhuài pífū ▶ゴミ袋が烏に荒らされた/垃圾袋被乌鸦啄得七零八落 lājīdài bèi wūyā zhuóde qī líng bā luò ❷【放置して】(英 *damage*) ▶畑を～/使田地荒芜 shǐ tiándì huāngwú ❸【侵す】侵犯 qīnfàn (英 *rob*) ▶留守宅を～/空室行窃 kòngshì xíngqiè ▶縄張りを～/侵犯地盘 qīnfàn dìpán

アラスカ 阿拉斯加 Ālāsījiā (英 *Alaska*)

あらすじ【粗筋】 梗概 gěnggài; 概要 gàiyào (英 *an outline*) ▶テレビドラマの～/电视剧的概要 diànshìjù de gàiyào ▶小説の～を考える/构思小说的框架 gòusī xiǎoshuō de kuàngjià

あらそい【争い】 争斗 zhēngdòu; 纠纷 jiūfēn (英 *a fight; a battle*) ▶～のもと/争端 zhēngduān ▶～が絶えない/经常发生纠纷 jīngcháng fāshēng jiūfēn ▶旱ばつで水～が激化する/由于旱灾,水源之争愈演愈烈 yóuyú hànzāi, shuǐyuán zhī zhēng yù yǎn yù liè ▶骨肉の～/血肉之争 xuèròu zhī zhēng ▶～を避ける/回避纠纷 huíbì jiūfēn ▶ささいなことから～が起こる/因为一点琐事而引起争端 yīnwèi yì diǎn suǒshì ér yǐnqǐ zhēngduān ▶法律問題に関する学問上の～/有关法律问题的学术争论 yǒuguān fǎlǜ wèntí de xuéshù zhēnglùn

あらそう【争う】 争 zhēng; 斗争 dòuzhēng; 较量 jiàoliàng (英 *oppose; fight*) ▶先を～/争先 zhēngxiān; 抢先 qiǎngxiān ▶一刻を～/刻不容缓 kè bù róng huǎn ▶先を争って逃げ出した/争先恐后地逃了出去 zhēng xiān kǒng hòu de táolechūqu ▶法廷で～/在法庭上斗争 zài fǎtíngshang dòuzhēng

あらそえない【争えない】 无可争辩 wú kě zhēngbiàn (英 *incontestable*) ▶～事実/无可争辩的事实 wú kě zhēngbiàn de shìshí ▶年は～/岁月不饶人 suìyuè bù ráo rén ▶血は～/由于血脉相通很相似 yóuyú xuèmài xiāngtōng hěn xiāngsì

あらだつ【荒立つ】 加剧 jiājù; 变坏 biànhuài (英[波が]*run high*) ▶お前が出ると事が～/你一事就坏事儿 nǐ yí shì jiù huài shìr

あらだてる【荒立てる】 加剧 jiājù (英 *make worse; aggravate*) ▶事を～/别把事情闹大了 bié bǎ shìqing nàodà le

あらたに【新たに】 重新 chóngxīn (英 *newly*) ▶認識を～する/重新认识 chóngxīn rènshi ▶今回～取り入れる施策/这次新采用的措施 zhècì xīn cǎiyòng de cuòshī ▶伐採後～木を植える/砍伐老树种新树 kǎnfá lǎoshù zhòng xīnshù ▶また～始める/重新开始 chóngxīn kāishǐ ▶彼は自信を～した/他重新建立起信心 tā chóngxīn jiànlìqǐ xìnxīn

あらたまる【改まる】 改变 gǎibiàn; 严肃 yánsù (英 *be renewed; change*) ▶年が～/岁序更新 suìxù gēngxīn ▶改まった顔つき/严肃的表情 yánsù de biǎoqíng ▶規則が～/规则改定了 guīzé gǎidìng le ▶改まった物言いをする/郑重地表示 zhèngzhòng de biǎoshì; 语气郑重 yǔqì zhèngzhòng ▶古い慣習はなかなか改まらない/旧习俗很难改变 jiùxísú hěn nán gǎibiàn

あらためて【改めて】 重新 chóngxīn; 再 zài (英 *again*) ▶～申しこむ/再次申请 zàicì shēnqǐng ▶いずれ～お伺いいたします/将来有机会再来拜访 jiānglái yǒu jīhuì zài lái bàifǎng ▶そう聞いて彼はその絵を～見直した/听了这话,他又把那幅画儿重新审视了一番 tīngle zhè huà, tā yòu bǎ nà fú huàr chóngxīn shěnshìle yì fān

あらためる【改める】 ❶【正す】改正 gǎizhèng; 纠正 jiūzhèng (英 *renew*) ▶日を～/改天 gǎi tiān ▶悪習を～/改善坏习惯 gǎishàn huàixíguàn ▶方針を～/改变方针 gǎibiàn fāngzhēn ▶服装を～/更换服装 gēnghuàn fúzhuāng; 换装 huànzhuāng ▶行いを～/改正品行 gǎizhèng pǐnxíng ❷【確かめる】检查 jiǎnchá (英 *check*) ▶切符を～/验票 yànpiào ▶凶器を持っていないか体を～/检查身体,看是否携带凶器 jiǎnchá shēntǐ, kàn shìfǒu xiédài xiōngqì ▶身分証を～/检查身份证 jiǎnchá shēnfenzhèng

あらっぽい【荒っぽい】 粗暴 cūbào; 粗鲁 cūlǔ (英 *wild; violent*) ▶運転が～/车开得很猛 chē kāide hěn cūbào ▶～言葉を使う/说粗话 shuō cūhuà

あらて【新手】 新手法 xīnshǒufǎ; 新力量 xīnlìliang; 新势力 xīnshìlì (英 *a fresh hand* [*man*]) ▶～の詐欺/新的欺诈手段 xīn de qīzhà shǒuduàn ▶～の選手を操り出してきた/陆续派出新选手 lùxù pàichū xīnxuǎnshǒu

日中比較 中国语中的 '新手 xīnshǒu' 是「新人」「新米」の意.

あらなみ【荒波】 狂澜 kuánglán; 风浪 fēnglàng (英 *rough waves*) ▶浮世の～/人世间的磨炼 rénshìjiān de móliàn ▶湖面に～が立つ/湖面上掀起风浪 húmiànshang xiānqǐ fēnglàng ▶～世の～と戦う/跟社会上的惊涛骇浪搏斗 gēn shèhuìshang de jīngtāo hàilàng bódòu

あらなわ【荒縄】 粗草绳 cūcǎoshéng (英 *a straw rope*)

あらぬ 不应该的 bù yīnggāi de; 错误的 cuòwù de; 没根据的 méi gēnjù de (英 *wrong*) ▶～噂/谣传 yáochuán ▶～疑いをかけられる/被加

上莫须有的嫌疑 bèi jiāshàng mò xū yǒu de xiányí ▶～ことを口走る/顺口说出不该说的话 shùnkǒu shuōchū bù gāi shuō de huà ▶先生が熱心に説明しているのにその子は一方を見ていた/老师热心讲课，他却看着别的地方 lǎoshī rèxīn jiǎngkè, tā què kànzhe biéde dìfang

アラビア 阿拉伯 Ālābó（英 Arabia）▶～数字/阿拉伯数字 Ālābó shùzì ▶～語/阿拉伯语 Ālābóyǔ ▶～ンナイト/一千零一夜 Yī qiān líng yī yè; 天方夜谭 Tiānfāng yètán

アラブ〔人〕 阿拉伯人 Ālābórén;《馬》阿拉伯马 Ālābómǎ（英 Arab）

アラベスク 〔建築〕阿拉伯式的 Ālābóshì de（英 an arabesque）

あらまし 梗概 gěnggài; 大略 dàlüè（英 roughly）▶～こんなところだな/大约就是这样吧 dàyuē jiùshì zhèyàng ba ▶計画の～を述べる/介绍计划的概要 jièshào jìhuà de gàiyào ▶は次の通りである/大致如下所述 dàzhì rúxià suǒ shù

アラモード 最时尚的 zuì shíshàng de（英 à la mode）

あらもの【荒物】 杂货 záhuò（英 household goods）
◆～屋｜杂货店 záhuò diàn

あらゆる 所有 suǒyǒu; 一切 yíqiè（英 all）▶～方策/千方百计 qiān fāng bǎi jì ▶～角度から検討する/从所有的角度探讨 cóng suǒyǒu de jiǎodù tàntǎo ▶彼らには～有利な条件が備わっている/他们具备所有的有利条件 tāmen jùbèi suǒyǒu de yǒulì tiáojiàn ▶～種類の人々/各种各样的人々 gè zhǒng gè yàng de rén ▶～手段を講じる/想尽一切手段 xiǎngjìn yíqiè shǒuduàn

あららげる【荒らげる】 ⇨あげる【荒げる】

あらりょうじ【荒療治】 猛烈治疗（不考虑病人的痛苦用粗疏的方式治疗）měngliè zhìliáo (bù kǎolǜ bìngrén de tòngkǔ yòng cūshū de fāngshì zhìliáo) ▶〔処置·改革〕大刀阔斧的改革 dàdāo kuòfǔ de gǎigé（英 a drastic remedy）

あられ【霰】 雹子 báozi（英 hail; a hailstone）▶～が降る/下雹子 xià báozi

あられもない 有失体统 yǒu shī tǐtǒng（英 improper; unladylike）▶～姿/难堪的姿态 nánkān de zītài

あらわ【露わに】 显然 xiǎnrán; 露骨 lùgǔ（英 openly; bluntly）▶感情を～に表露感情 biǎolù gǎnqíng; 把感情露出来 bǎ gǎnqíng lòuchūlai ▶怒りも～に反論した/满脸怒气地反驳 mǎnliǎn nùqì de fǎnbó

あらわす【表す】 表示 biǎoshì; 表现 biǎoxiàn（英 express）▶言葉に～/用言语表达 yòng yányǔ biǎodá ▶これは彼の正直さを表している/这一点表现了他的诚实 zhè yì diǎn biǎoxiànle tā de chéngshí ▶手腕を～/表现本领 biǎoxiàn běnlǐng ▶怒りを全身に～/全身上下表示出愤怒 quánshēn shàngxià biǎoshìchū fènnù
　名は体を～　名若其人 míng ruò qí rén

あらわす【現す】 呈现 chéngxiàn; 显出 xiǎn-chū（英 appear; display）▶正体を～/现原形 xiàn yuánxíng ▶頭角を～/崭露头角 zhǎnlù tóujiǎo ▶馬脚を～/露马脚 lòu mǎjiǎo ▶彼女が姿を現した時僕は～/她的身姿出现在眼前，我感到眩晕 tā de shēnzī chūxiàn zài yǎnqián, wǒ gǎndào xuànyùn

あらわす【著す】 著 zhù; 撰写 zhuànxiě（英 write）▶多数の医学書を～/写下了很多医学书 xiěxiàle hěn duō yīxuéshū

あらわれ【現れ】 表现 biǎoxiàn; 结果 jiéguǒ（英 an indication）▶努力の～だ/努力的结果 nǔlì de jiéguǒ

あらわれる【現れる】 ❶〔姿を出す〕显现 xiǎnxiàn; 露出 lùchū（英 appear）▶兆しが～/显出征兆 xiǎnchū zhēngzhào ▶効果が～/见效 jiànxiào ▶顔に喜びが～/脸上露出喜悦 liǎnshang lùchū xǐyuè ▶月が雲間から現れた/月亮露出云层 yuèliang lùchū yúncéng ▶彼は約束の時間に現れなかった/他没有在约定的时间出现 tā méiyǒu zài yuēdìng de shíjiān chūxiàn ▶世に～/出现在世间 chūxiàn zài shìjiān ❷〔発覚する〕败露 bàilù; 发觉 fājué（英 come out）▶悪事が～/败露邪行 bàilù xiéxíng ▶調查的结果新事实が现れた/调查结果显示出新的事实 diàochá jiéguǒ xiǎnshìchū xīn de shìshí

あらんかぎり【有らん限り】 全部 quánbù; 尽量 jìnliàng（英 to the atmost）▶～の努力をする/尽一切努力 jìn yíqiè nǔlì

アリ【蟻】 〔虫〕蚂蚁 mǎyǐ（英 an ant）▶～の巢/蚁穴 yǐxué ▶白～/白蚁 báiyǐ ▶～のはい出るような警戒ぶり/戒备森严，连一只蚂蚁都钻不过去 jièbèi sēnyán, lián yì zhī mǎyǐ dōu zuānbuguòqù
　ことわざ 蟻の穴から堤も崩れる　千里之堤溃于蚁穴 qiān lǐ zhī tí kuìyú yǐxué
　◆～塚｜蚂蚁窝 mǎyǐwō

アリア 〔音楽〕咏叹调 yǒngtàndiào（英 an aria）

ありあまる【有り余る】 用之不尽 yòng zhī bú jìn; 过剩 guòshèng（英 excessive）▶～人材/充裕的人材 chōngyù de réncái ▶金が～ほどある/有用不完的资金 yǒu yòngbuwán de zījīn; 钱多得用不完 qián duōde yòngbuwán

ありあり【有り有りと】 清清楚楚 qīngqīngchǔ-chǔ（英 clearly; obiously）▶～と顔に表われて/在脸上清清楚楚地表现出来 zài liǎnshang qīngqīngchǔchǔ de biǎoxiànchūlai ▶その日のことは今も～と覚えている/那天的事至今还记忆犹新 nà tiān de shì zhìjīn hái jìyì yóu xīn

ありあわせ【有り合わせの】 现成 xiànchéng（英 ready; in hand）▶～の食事/便饭 biànfàn; 现成饭 xiànchéngfàn

アリーナ 〔試合場〕圆形竞技场 yuánxíng jìng-jìchǎng; 圆形剧场 yuánxíng jùchǎng（英 an arena）

ありうる【有り得る】 可能有 kěnéng yǒu; 会有 huì yǒu（英 possibe）▶そういうことはほとん

ありか【在処】 所在 suǒzài; 下落 xiàluò (英 *the place where something is*) ▶その金の〜を探す/寻找那笔钱的所在 xúnzhǎo nà bǐ qián de suǒ zài ▶その人の〜をつきとめる/找到那个人的下落 zhǎodào nàge rén de xiàluò ▶金の〜は不明だ/钱的下落不明 qián de xiàluò bùmíng

ありかた【在り方】 (英 *the way that something should be*) 现状 xiànzhuàng; 状态 zhuàngtài ▶教育の〜が問われている/要探讨教育现状 yào tàntǎo jiàoyù xiànzhuàng

ありがたい【有り難い】 可感谢的 kě gǎnxiè de; 难得的 nándé de; 可贵的 kěguì de (英 *thankful*) ▶御忠告/难得的劝告 nándé de quàngào ▶有り難く頂戴する/欣然接受 xīnrán jiēshòu ▶そう言ってくださるのは〜/感谢您这样理解 gǎnxiè nín zhèyàng lǐjiě ▶あんなやつが死んでくれて〜/那种人该死 nà zhǒng rén gāisǐ ▶御親切まことに有り難う/感谢您的帮助 gǎnxiè nín de bāngzhù ▶お手紙有り難く拝見しました/拜读了您的来信,非常感谢 bàidúle nín de láixìn, fēicháng gǎnxiè ▶〜ことに雨は間もなくやんだ/可喜的是,雨很快就停了 kěxǐ de shì, yǔ hěn kuài jiù tíng le ▶〜ことに私たちは皆健康です/值得庆幸的是,我们都很健康 zhídé qìngxìng de shì, wǒmen dōu hěn jiànkāng ▶有り難くない客/不受欢迎的客人 bú shòu huānyíng de kèrén; 不速之客 bú sù zhī kè ▶親の有り難味がわかる/体会到了父母的可贵 tǐhuìdàole fùmǔ de kěguì

ありがたがる【有り難がる】 珍视 zhēnshì (英 *be thankful for...*) ▶誰がそんな物を〜か/谁稀罕那种东西？shéi xīhan nà zhǒng dōngxi？▶肩書を〜/特别珍重头衔 tèbié zhēnzhòng tóuxián

ありがためいわく【有り難迷惑】 好意反而添麻烦 hǎoyì fǎn'ér tiān máfan; 帮倒忙 bāng dào máng (英 *an unwelcome favor*)

ありがち【有り勝ちな】 常有 cháng yǒu; 常见 chángjiàn (英 *common*) ▶これは日本人に〜な偏見だ/这是日本人常有的一种偏见 zhè shì Rìběnrén cháng yǒu de yì zhǒng piānjiàn ▶子供に〜な病気/孩子常患的疾病 háizi cháng huàn de jíbìng

ありがとう【有り難う】 谢谢 xièxie; 多谢 duōxiè (英 *Thank you*) ▶御親切にしてくださって〜ございます/多谢您的关照 duōxiè nín de guānzhào

ありがね【有り金】 手头的钱 shǒutóu de qián (英 *all money on hand*) ▶〜をはたいて中古車を購入した/买旧车花光了手里的钱 mǎi jiùchē huāguāngle shǒuli de qián ▶〜を持ち逃げされた/所有的钱都被卷跑了 suǒyǒu de qián dōu bèi juǎnpǎo le

ありきたり【在り来たりの】 一般 yìbān; 常有 cháng yǒu (英 *ordinary*) ▶そんなの〜のストーリーだ/那是老一套的情节 nà shì lǎoyítào de qíngjié

ありさま【有り様】 样子 yàngzi; 景象 jǐngxiàng (英 *a sight: a state*) ▶この〜では先の見込みがない/看这样子,前途渺茫 kàn zhè yàngzi, qiántú miǎománg ▶事故の現場は悲惨な〜である/事故现场一片悲惨景象 shìgù xiànchǎng yí piàn bēicǎn jǐngxiàng

ありそうな 好像确有其事 hǎoxiàng què yǒu qí shì; 可能有 kěnéng yǒu (英 *likely*) ▶〜な話ではある/不是没有这种可能性 bú shì méiyǒu zhè zhǒng kěnéngxìng ▶〜もない話/不可能发生的事 bù kěnéng fāshēng de shì

ありたい 希望如此 xīwàng rúcǐ (英 *the desire to be...*) ▶ぜひそう〜ものだ/真希望是那样 zhēn xīwàng shì nàyàng ▶友人はかく〜ものだ/做朋友就要那样 zuò péngyou jiù yào nàyàng

ありつく 得到 dédào; 找到 zhǎodào (英 *find fortunately*) ▶飯に〜/吃得上饭 chīdeshàng fàn ▶仕事に〜/找到工作 zhǎodào gōngzuò ▶夕飯の御馳走に〜/有人请我吃晚饭 yǒu rén qǐng wǒ chī wǎnfàn ▶《北京方言》晩飯找到饭辙了 wǎnfàn zhǎodào fànzhé le (Běijīng fāngyán)

ありったけ 一切 yíqiè; 所有 suǒyǒu (英 *all that one has*) ▶〜の声で叫ぶ/用尽力气大喊 yòngjìn lìqi dà hǎn

ありてい【有り体】 如实 rúshí (英 *the plain truth*) ▶〜に言えば僕は振られたんだ/说实话,我是被她甩了 shuō shíhuà, wǒ shì bèi tā shuǎi le

ありとあらゆる【有りとあらゆる】 所有的 suǒyǒude; 一切 yíqiè (英 *every conceivable kind of...*) ▶〜職業の人たち/所有职种的人们 suǒyǒu zhí zhòng de rénmen

ありのまま【有りのままの】 如实 rúshí; 据实 jùshí (英 *as it is*) ▶〜に語る/坦白交代 tǎnbái jiāodài ▶〜の事実/实实在在的事实 shíshízàizài de shìshí ▶〜の姿をさらけ出す/展现真实形象 zhǎnxiàn zhēnshí xíngxiàng ▶〜に言えば/坦率地说 tǎnshuài de shuō

アリバイ 不在现场的证据 bú zài xiànchǎng de zhèngjù (英 *an alibi*) ▶〜がある/有证据 yǒu zhèngjù ▶〜をでっちあげる/伪造证据 wěizào zhèngjù ▶〜を崩す/识破伪证 shípò wěizhèng ▶彼の〜は崩れた/他的证据站不住脚了 tā de zhèngjù zhànbuzhù jiǎo le

ありふれた 常见 chángjiàn; 平凡 píngfán (英 *common*) ▶〜話/老生常谈 lǎo shēng cháng tán; 常有的事 cháng yǒu de shì ▶日常〜こと/司空见惯的事 sīkōng jiànguàn de shì ▶それは〜映画だった/那个电影没什么新意 nà ge diànyǐng méi shénme xīnyì

ありゅう【亜流】 亚流 yàliú; 模仿 mófǎng (英 *an imitator*) ▶〜の映画/亚流电影 yàliú diànyǐng ▶あいつは漱石の〜だろ/他不过是漱石的模仿者吧 tā búguò shì Shùshí de mófǎngzhě ba

ありゅうさんガス【亜硫酸ガス】 二氧化硫

èryǎnghuàliú (*a sulfur dioxide*)

ありよう【有り様】 实情 shíqíng; 现状 xiànzhuàng (*a state*) ▶心の〜が態度に表れる/心中这情形于言表 xīnzhōng zhī qíng xiànyú yán biǎo

ある【在る】 在 zài; 在于 zàiyú (英 *there is* 〔*are*〕; *be*; *exist*) ▶ここに問題が〜/这里存在着问题 zhèlǐ cúnzàizhe wèntí ▶庭には池が〜/庭院里有池子 tíngyuànlǐ yǒu chízi ▶学校は町の中央に〜/学校在市中心 xuéxiào zài shì zhōngxīn ▶この通りを下って行くと右側にその店が〜/顺着这条路走下去，那个店就在右边儿 shùnzhe zhè tiáo lù zǒuxiàqu, nàge diàn jiù zài yòu biānr ▶この本の一番よいところはここに〜/这本书最精彩的部分在这儿 zhè běn shū zuì jīngcǎi de bùfen zài zhèr

〜がまま 如实 rúshí ▶その人の〜がままを受け入れる/接受实实在在的他 jiēshòu shíshízàizài de tā

ある【有る】 ❶〔持つ〕有 yǒu; 具有 jùyǒu (英 *have*; *hold*) ▶用事が〜/有事 yǒu shì ▶彼には子供が二人〜/他有两个孩子 tā yǒu liǎng ge háizi ▶この事件の司法権は日本側に〜/关于这个事件，日本方面拥有司法权 guānyú zhège shìjiàn, Rìběn fāngmiàn yōngyǒu sīfǎquán ▶音楽と子供の〜生涯/享有音乐与孩子的生涯 xiǎngyǒu yīnyuè yǔ háizi de shēngyá ❷〔数，量がある〕有 yǒu (英〔数が〕*number*;〔高さが〕*stand*;〔重さが〕*weigh*;〔寸法が〕*measure*) ▶高さが3メートル〜/有三米高 yǒu sān mǐ gāo ▶道は幅が20フィート〜/路面有二十英尺宽 lùmiàn yǒu èrshí yīngchǐ kuān ❸〔起こる〕发生 fāshēng (英 *happen*) ▶当時いろいろなことがあった/当时发生过各种各样的事情 dāngshí fāshēngguo gè zhǒng gè yàng de shìqing ▶火事があった/发生了火灾 fāshēngle huǒzāi ▶ほとんど毎日一ことだった/那几乎是家常便饭 nà jīhū shì jiācháng biànfàn ▶歴史の試験があった/有历史课的考试 yǒu lìshǐkè de kǎoshì ❹〔経験がある〕…过 guo (英 *have been*) ▶見た事が〜/看过 kànguo ▶君はこんなきれいなものを見たことが〜か/你见过这么美的东西吗？nǐ jiànguo zhème měi de dōngxi ma? ▶日光へは一度行ったことが〜/到日光去过一次 dào Rìguāng qùguo yí cì

ある【或る】 某 mǒu (英 *one*; *some*) ▶〜日/一天 yì tiān ▶〜人/某人 mǒu rén; 有人 yǒu rén ▶〜種の難病といえる/可以说是一种疑难病症 kěyǐ shuōshì yì zhǒng yínán bìngzhèng ▶〜場合はそういうこともある/在某种场合也会出现那种事 zài mǒu zhǒng chánghé yě huì chūxiàn nà zhǒng shì

あるいは【或いは】 或者 huòzhě (英〔または〕*or*;〔もしかすると〕*maybe*) ▶〜そうかもしれない/或许会是他的 huòxǔ huì shì tā nàyàng de ▶〜君か僕が行かねばならない/需要你或我去一趟 xūyào nǐ huò wǒ qù yí tàng ▶人々は〜贊成し，〜反対した/人们或是赞成，或是反对 rénmen huòshì zànchéng, huòshì fǎnduì

アルカリ 碱 jiǎn (英 *alkali*) ▶〜土壌/碱地 jiǎndì; 碱土 jiǎntǔ ▶〜性の/碱性的 jiǎnxìng ◆〜電池 : 碱性电池 jiǎnxìng diànchí 〜反应 : 碱性反应 jiǎnxìng fǎnyìng

あるきまわる【歩き回る】 徘徊 páihuái (英 *walk about*) ▶庭を〜/在庭院里漫步 zài tíngyuànlǐ mànbù ▶国内を〜/在国内游历 zài guónèi yóulì ▶世界を〜/周游世界 zhōuyóu shìjiè

あるく【歩く】 走 zǒu; 行走 xíngzǒu (英 *walk*) ▶世界を〜/周游世界 zhōuyóu shìjiè ▶歩いて5分かからない/走路用不了五分钟 zǒulù yòngbuliǎo wǔ fēnzhōng ▶今日はうんと歩いた/今天走了不少路 jīntiān zǒule bùshǎo lù ▶学校へ歩いて行く/走着上学 zǒuzhe shàng xué ▶歩いて帰る/走回家 zǒuhuí jiā; 走回去 zǒuhuíqu

アルコール ❶〔化合物〕酒精 jiǔjīng (英 *alcohol*) ▶〜性の/酒精性的 jiǔjīngxìng de ❷〔酒〕酒 jiǔ (英 *an alcohol drink*) ▶〜に弱い/不会喝酒 bú huì hējiǔ ◆〜依存症 : 酒精依存症 jiǔjīng yīcúnzhèng 〜中毒 : 酒精中毒 jiǔjīng zhòngdú フリー〜 : 无酒精 wújiǔjīng 〜ランプ : 酒精灯 jiǔjīngdēng ノン〜 : 不含酒精 bù hán jiǔjīng

アルゴリズム 〔電算〕算法 suànfǎ (英 *algorithm*)

あるじ【主】 主人 zhǔrén; 东道 dōngdào (英 *the head of the family*) ▶一家の〜/一家之主 yì jiā zhī zhǔ; 家长 jiāzhǎng

アルゼンチン 阿根廷 Āgēntíng (英 *Argentina*) ▶〜人/阿根廷人 Āgēntíngrén

アルタイル 〔天文〕牵牛星 qiānniúxīng (英 *Altair*)

アルツハイマーびょう【アルツハイマー病】 阿尔茨海默病 Ā'ěrcíhǎimòbìng (英 *Alzheimer's disease*)

アルト 〔音楽〕女低音 nǚdīyīn (英 *alto*) ▶〜歌手/女低音歌手 nǚdīyīn gēshǒu

アルバイト 打工 dǎgōng (英 *a part-time job*) ▶〜生/工读学生 gōngdú xuésheng; 勤工俭学的学生 qín gōng jiǎn xué de xuésheng ▶〜をする/打工 dǎ gōng ▶〜をして大学を卒業する/靠打工读完了大学 kào dǎgōng dúwánle dàxué ▶〜の口を探す/找打工的地方 zhǎo dǎgōng de dìfang

アルパカ 〔動物〕羊驼 yángtuó (英 *an alpaca*)

アルバム ❶〔写真の〕照相簿 zhàoxiàngbù; 影集 yǐngjí; 纪念册 jìniàncè (英 *an album*) ❷〔CDなどの〕歌曲选唱片 gēqǔxuǎn chàngpiàn (英 *an album*)

アルピニスト 登山运动员 dēngshān yùndòngyuán (英 *an Alpinist*)

アルファ 若干 ruògān (英 *alpha*) ▶今買えばプラス〜が付いてくる/现在买的话，会附送一些赠品 xiànzài mǎi dehuà, huì fùsòng yìxiē zèngpǐn

アルファは【α波】 α脑波 nǎobō; 阿尔法波

ā'ěrfǎbō〈英〉*an alpha wave*）

アルファベット 罗马字母 Luómǎ zìmǔ（〈英〉*the alphabet*）▶〜順に/按罗马字母的顺序 àn Luómǎ zìmǔ de shùnxù

アルファルファ 〔植物〕紫花苜蓿 zǐhuā mùxu（〈英〉*alfalfa*）

アルプス 阿尔卑斯山 Ā'ěrbēisī shān（〈英〉*the Alps*）▶日本〜/日本阿尔卑斯 Rìběn Ā'ěrbēisī

アルペンスキー 高山滑雪 gāoshān huáxuě（〈英〉*alpine skiing*）▶〜競技/滑雪比赛项目 huáxuě bǐsài xiàngmù

あるまじき【有るまじき】 不应该有的 bù yīnggāi yǒu de（〈英〉*improper*）▶绅士に〜行動/君子不应有的行为 jūnzǐ bù yīngyǒu de xíngwéi

アルマジロ 〔動物〕犰狳 qiúyú（〈英〉*an armadillo*）

アルミ（ニウム） 铝 lǚ（〈英〉*almininium*）▶〜製品/铝制品 lǚzhìpǐn
♦ 〜ホイル：铝箔 lǚbó

あれ 那 nà; 那个 nàge; 那些 nèige（〈英〉*that; those*）▶〜をしろ，とは言われなかった/父亲从来没有干涉我干这干那的 fùqin cónglái méiyǒu gānshè wǒ gàn zhè gàn nà de ▶〜以来彼とは会っていない/从那以后就没有见过他 cóng nà yǐhòu jiù méiyǒu jiànguo tā ▶彼女が〜ほど上手に演じるとは思わなかった/没想到她能演得那么精彩 méi xiǎngdào tā néng yǎnde nàme jīngcǎi ▶〜でも芸術家のはしくれだ/那也算是一个艺术家啦！nà yě suànshì yí ge yìshùjiā la ▶〜から十年経った/从那以后经过了十年 cóng nà yǐhòu jīngguòle shí nián ▶〜からどうしてる？/从那以后你过得怎么样？cóng nà yǐhòu nǐ guòde zěnmeyàng？

あれい【亜鈴】 哑铃 yǎlíng（〈英〉*dumbbells*）▶鉄〜/铁哑铃 tiě yǎlíng

あれぎみ【荒れ気味】 〔行動〕有点荒唐 yǒudiǎn huāngtáng;〔天気〕有些风暴 yǒu xiē fēngbào;〔秩序〕有些混乱 yǒuxiē hùnluàn（〈英〉*stormy*）▶彼は今日ちょっと〜だ/他今天有点儿暴躁 tā jīntiān yǒudiǎnr bàozào ▶低気圧の影響で海は〜だ/受到低气压的影响，海上有些风暴 shòudào dīqìyā de yǐngxiǎng，hǎishang yǒuxiē fēngbào

あれくるう【荒れ狂う】 凶暴 xiōngbào; 狂暴 kuángbào（〈英〉*rage*）▶暴風が〜/狂风大作 kuángfēng dàzuò

アレグロ 〔音楽〕快板 kuàibǎn（〈英〉*allegro*）

あれこれ 这个那个 zhège nàge（〈英〉*this or (and) that*）▶〜する/来…去… lái…qù…〜眺める/看来看去 kànlái kànqù ▶〜考える/想来想去 xiǎnglái xiǎngqù ▶〜迷う/三心二意 sān xīn èr yì ▶〜言う/说三道四 shuō sān dào sì ▶〜相談しているうちにチャンスは去った/商量来商量去的功夫，就错过了机会 shāngliánglái shāngliangqù de gōngfu, jiù cuòguòle jīhuì

あれしきの 那么一点点的 nàme yìdiǎndiǎn de（〈英〉*so trivial*）▶〜のこと/那么点儿小事 nàme diǎnr shì

あれち【荒れ地】 荒地 huāngdì; 荒野 huāngyě（〈英〉*wasteland*）▶〜を耕す/垦荒 kěnhuāng

あれの【荒れ野】 荒野 huāngyě; 荒原 huāngyuán（〈英〉*a wilderness*）▶〜をさまよう/在荒野徘徊 zài huāngyě páihuái

あれはてる【荒れ果てる】 破败 pòbài; 荒废 huāngfèi（〈英〉*become seriously ruined*）▶彼の生家は荒れ果てていた/他的故居破坏不堪了 tā de gùjū pòhuài bùkān le ▶内戦で荒れ果てた国/因为内战而荒废的国土 yīnwèi nèizhàn ér huāngfèi de guótǔ

あれほうだい【荒れ放題の】 荒芜 huāngwú; 任其荒废 rèn qí huāngfèi（〈英〉*of ruin*）▶廃校になった小学校は〜だった/停办的学校任其荒废 tíngbàn de xuéxiào rèn qí huāngfèi

あれもよう【荒れ模様】 要起风暴 yào qǐ fēngbào;〔機嫌〕要闹脾气 yào nào píqi;〔場面など〕要闹乱 yào nàoluàn（〈英〉*stormy*）▶予報だと明日の天気は〜だそうだ/据天气预报说，明天会有暴风雨 jù tiānqì yùbào shuō, míngtiān huì yǒu bàofēngyǔ ▶今日の課長は〜だ/今天科长看起来气不顺 jīntiān kēzhǎng kànqǐlai qì bú shùn ▶決勝戦は〜だ/决胜比赛是一场恶战 juéshèngzhàn bǐsài shì yì cháng èzhàn

あれやこれや 这个那个 zhège nàge（〈英〉*this and that; one thing and another*）▶〜で忙しい/忙得不可开交 máng de bù kě kāijiāo

あれる【荒れる】《天候》坏 huài;《田地》荒芜 huāngwú;《言語》粗暴 cūbào（〈英〉*get wild*），[土地が] *be desolate*）▶畑が〜/地很荒芜 dì hěn huāngwú ▶生活が〜/生活荒唐 shēnghuó húluàn ▶会議が〜/会议闹分歧 huìyì nàofēnqí ▶肌が〜/皮肤变粗 pífū biàncū ▶海が〜/海上风浪大 hǎishang fēnglàng dà ▶水仕事をして手が〜/泡在水里干活儿，手都皲了 pàozài shuǐli gàn huór, shǒu dōu cūn le ▶（競馬など）近年まれに見る荒れたレースだった/近年来罕见的混乱赛事 jìnnián lái hǎnjiàn de hùnluàn sàishì ▶学校が荒れているそうだ/据说学校乱得很 jùshuō xuéxiào luànde hěn

アレルギー 〔医〕过敏症 guòmǐnzhèng（〈英〉*an allergy*）▶〜反応/过敏反应 biàntài fǎnyìng ▶〜性鼻炎/过敏性鼻炎 guòmǐnxìng bíyán ▶薬に〜反応が出た/对药物出现过敏反应 duì yàowù chūxiàn guòmǐn fǎnyìng ▶俺もひどい英語〜だったよ/我也曾经对英语严重过敏 wǒ yě céngjīng duì Yīngyǔ yánzhòng guòmǐn
♦ 〜体質：过敏性体质 guòmǐnxìng tǐzhì

アレルゲン 《アレルギー起因物質》过敏原 guòmǐnyuán（〈英〉*an allergen*）

アレンジする 布置 bùzhì; 安排 ānpái;《音楽など》改编 gǎibiān（〈英〉*arrange*）▶結婚披露宴を〜する/布置婚礼宴席 bùzhì hūnlǐ yànxí ▶クラシックをロックに〜する/把古典音乐改编成摇滚音乐 bǎ gǔdiǎn yīnyuè gǎibiānchéng yáogǔn yīn-

yuè
アロエ 〚植物〛芦荟 lúhuì (英 *an aloe*)
アロハシャツ 夏威夷衫 Xiàwēiyí shān (英 *an aloha shirt*)
アロマ 芳香 fāngxiāng; 香熏 xiāngxūn (英 *aroma*)
◆〜オイル：芳香精油 fāngxiāng jīngyóu 〜テラピー《芳香療法》：芳香疗法 fāngxiāng liáofǎ
あわ〖泡〗泡沫 pàomò; 泡儿 pàor (英 *a bubble; foam*) ▶ 〜と消える/成为泡影 chéngwéi pàoyǐng ▶ 〜を食う（比喩的）/吃惊 chījīng ▶ ビールの〜/啤酒的泡沫 píjiǔ de pàomò ▶ あいつに一〜吹かせてやる/我非要让他吓一大跳 wǒ fēi yào ràng tā xià yí dà tiào
アワ〖粟〗〚植物〛谷子 gǔzi; 小米 xiǎomǐ (英 *millet*) ▶ 〜粒のような/微乎其微 wēi hū qí wēi ▶ 〜粥/小米粥 xiǎomǐzhōu
あわい〖淡い〗浅淡 qiǎndàn; 轻淡 qīngdàn; 浅 qiǎn (英 *pale; light*) ▶ 〜期待/一线希望 yí xiàn xīwàng ▶ 〜初恋/淡薄的初恋 dànbó de chūliàn ▶ 〜光/淡淡的光线 dàndàn de guāngxiàn
あわせ〖袷〗〚服飾〛夹 jiá; 夹衣 jiáyī (英 *a lined kimono*) ▶《中国風の》〜の上着/夹袄 jiá'ǎo
あわせて〖合わせて〗一共 yígòng; 合计 héjì (英 〖合計〗*in all*) ▶旅費と食費、一一いくらでしょう？/旅费和饭费, 一共是多少钱？ lǚfèi hé fànfèi, yígòng dé duōshao qián？
あわせる〖合わせる〗❶〖ねらいを〗对准 duìzhǔn; 瞄准 miáozhǔn (英 *adjust*) ▶焦点を〜/对准焦点 duìzhǔn jiāodiǎn ❷〖一つにする〗加起来 jiāqǐlai; 合起来 héqǐlai (英 *put together*) ▶力を〜/同心协力 tóngxīn xiélì ▶手を〜/合十 héshí ❸〖顔を〗见 jiàn ▶顔を〜/见面 jiànmiàn ▶〜顔がない/没脸见人 méi liǎn jiàn rén ❹〖調和させる〗配合 pèihé; 合起来 héqǐlai (英 *match*) ▶話を〜/迎合 yínghé ▶色を〜/配色 pèisè ▶音楽に合わせて踊る/随着音乐跳舞 suízhe yīnyuè tiàowǔ ❺〖照合する〗核对 héduì; 对照 duìzhào (英 *compare*) ▶答えを〜/核对答案 héduì dá'àn ▶原文と〜/核对原文 héduì yuánwén
あわただしい〖慌ただしい〗慌张 huāngzhāng; 匆忙 cōngmáng (英 *busy*) ▶〜旅行/紧张的旅程 jǐnzhāng de lǚchéng ▶慌ただしく出発する/匆忙出发 cōngmáng chūfā ▶〜人生/匆匆过客, 短暂人生 cōngcōng guòkè, duǎnzàn rénshēng ▶都会生活の慌ただしさ/繁忙的城市生活 fánmáng de chéngshì shēnghuó ▶休暇は慌ただしく過ぎ去った/假期在匆忙中渡过了 jiàqī zài cōngmáng zhōng dùguò le

あわだつ〖泡立つ〗起沫儿 qǐmòr; 起泡儿 qǐpàor (英 *bubble*) ▶ このビールは泡立ちがほどよい/这种啤酒起泡恰到好处 zhè zhǒng píjiǔ qǐpào qiàdào hǎochù
あわだてき〖泡立て器〗起沫机 qǐmòjī (英 *a whisk*)
あわてふためく〖慌てふためく〗张皇失措 zhānghuáng shīcuò (英 *be confused*) ▶知らせを聞き慌てて病院に駆けつけた/听到消息, 惊慌失措地赶到医院 tīngdào xiāoxi, jīnghuāng shīcuò de gǎndào yīyuàn
あわてもの〖慌て者〗冒失鬼 màoshīguǐ (英 *a careless person*) ▶君はほんとに〜だな/你真是个冒失鬼 nǐ zhēn shì ge màoshīguǐ
あわてる〖慌てる〗慌张 huāngzhāng; 着慌 zháohuāng (英 *panic*) ▶慌ててやると失敗するぞ/慌慌张张会失败的 huānghuāngzhāngzhāng huì shībài de ▶そう〜な/别那么慌 bié nàme huāng ▶試験まぎわに急に慌てだした/临到考试忽然慌了起来 líndào kǎoshì hūrán huāngleqǐlai ▶慌てて財布を忘れて来た/慌慌张张的, 忘了带钱包 huānghuāngzhāngzhāng de, wàngle dài qiánbāo
アワビ〖鮑〗〚貝〛鲍鱼 bàoyú (英 *an abalone*)
あわや差点儿没 chàdiǎnr méi…; 眼看 yǎnkàn (英 *nearly*) ▶〜おだぶつ/差点儿没有死 chàdiǎnr méiyǒu sǐ ▶〜という時に救助隊が来た/紧急关头, 救助队来了 jǐnjí guāntóu, jiùzhùduì lái le ▶殴りあいになるところだった/差点儿没打起来 chàdiǎnr méi dǎqǐlai
あわゆき〖淡雪〗小雪 xiǎoxuě; （下了就化的）微雪 (xiàle jiù huà de) wēixuě (英 *light snow*)
あわよくば如能乘机 rú néng chéngjī; 如有可能 rú yǒu kěnéng (英 *if things go well*) ▶〜優勝できるかも/如果走运, 可能获胜 rúguǒ zǒuyùn, kěnéng huòshèng
あわれ〖哀れな〗可怜 kělián; 悲惨 bēicǎn; 悲哀 bēi'āi (英 *miserable; pitiful*) ▶〜な話/悲哀的故事 bēi'āi de gùshi ▶〜なやつ/可怜虫 kěliánchóng ▶〜な暮らし/悲惨的生活 bēicǎn de shēnghuó ▶〜な境遇/悲惨的处境 bēicǎn de chǔjìng ▶〜に思う/感到可怜 gǎndào kělián ▶怒りよりもむしろ〜を催す/与其说是可气, 不如说是令人可怜 yǔqí shuō shì kěqì, bùrú shuō shì lìng rén kělián ▶犬が〜っぽく吠え続けていた/狗悲哀地叫个不停 gǒu bēi'āi de jiào ge bù tíng
あわれみ〖哀れみ・憐れみ〗怜悯 liánmǐn (英 *pity*) ▶〜を寄せる/怜悯 liánmǐn ▶人の〜を請う/讨别人的怜悯 tǎo biéren de liánmǐn
あわれむ〖哀れむ・憐れむ〗怜悯 liánmǐn (英 *feel pity*) ▶〜べき/可怜的 kělián de ▶〜べき無知だ/笨得让人怜悯 bènde ràng rén liánmǐn
ことわざ 同病相憐れむ 同病相怜 tóngbìng xiāng lián
あん〖案〗《プラン》方案 fāng'àn; 计划 jìhuà;《予想》预料 yùliào (英 *a plan*) ▶〜を作る/拟订计划 nǐdìng jìhuà ▶〜に違わず/正如预料 zhèng rú yùliào ▶〜を出す/提出方案 tíchū fāng'àn ▶〜に相違して彼はとても親切だった/出乎意料他very热情 chūhū yìliào tā hěn rèqíng

日中比較 中国語の‘案 àn'は「事件」あるいは「公文書」を指す. ▶命案/杀人事件

あん【餡】 ❶【あずきあん】豆沙 dòushā (英 bean jam) ▶〜まん/豆沙包 dòushābāo ❷【食品の中身】馅儿 xiànr; 馅子 xiànzi (英 filling) ▶〜入りマントウ/夹馅儿馒头 jiāxiàn mántou ▶この〜の製法は秘伝です/这个馅儿的做法是祖传秘方 zhège xiànr de zuòfǎ shì zǔchuán mìfāng ❸【くずあん】芡 qiàn (英 kudzu starch)
▍日中比较 中国語の'馅 xiàn'は「餃子や中華まんなどの中身」を指す.

あんい【安易な】 轻易 qīngyì; 容易 róngyì; 简单 jiǎndān (英 easy) ▶〜に考える/考虑得简单 kǎolǜde jiǎndān ▶〜な結論を出す/作出简单的结论 zuòchū jiǎndān de jiélùn ▶〜にものを考える/把问题看得太简单 bǎ wèntí kànde tài jiǎndān

アンインストール 〔電算〕卸载 xièzài (英 uninstallation)

あんうん【暗雲】 乌云 wūyún; 黑云 hēiyún (英 dark clouds) ▶〜垂れこめる/形势不稳 xíngshì bù wěn ▶〜漂う中東に来て…/来到形势动荡的中东… láidào xíngshì dòngdàng de Zhōngdōng…

あんえい【暗影】 阴影 yīnyǐng; 黑影 hēiyǐng (英 a dark shadow) ▶将来に〜を投じる/给将来留下阴影 gěi jiānglái liúxià yīnyǐng

あんか【安価な】 廉价 liánjià; 便宜 piányi (英 cheap) ▶〜な商品/廉价的商品 liánjià de shāngpǐn

アンカー 《リレーの》接力赛的最后跑者[泳者] jiēlìsài de zuìhòu pǎozhě [yǒngzhě] (英 an anchor) ▶《ニュース番組の》〜マン/(新闻节目)主持人 (xīnwén jiémù) zhǔchírén

あんがい【案外な】 出乎意料 chūhū yìliào; 意外 yìwài (英 unexpected) ▶〜楽だった/意外地容易 yìwài de róngyì ▶彼は〜気が短い/出乎意料他是个急性子/这小伙子还是个急脾气 ▶結果は〜だった/结果出乎意料 jiéguǒ chūhū yìliào ▶彼は〜に抜け目がない/没想到他这样点水不漏 méi xiǎngdào tā zhèyàng diǎn shuǐ bú lòu

あんかけ【餡掛け】 勾芡 gōuqiàn; 挂卤 guàlǔ (英 food thickened with liquid starch) ▶〜うどん/打卤面 dǎlǔmiàn

あんかん【安閑と】 安逸 ānyì; 安闲 ānxián (英 idly; peacefully) ▶〜としてはいられない/不能这样安闲 bù néng zhèyàng ānxián

あんき【暗記する】 记住 jìzhù; 背 bèi (英 learn... by heart) ▶英単語を〜する/背英语单词 bèi Yīngyǔ dāncí ▶数学の勉強には〜はたいして役にたたない/背书对学数学没有多大效果 bèishū duì xué shùxué méiyǒu duō dà xiàoguǒ ▶〜力が強い/记性好 jìxìng hǎo

あんぎゃ【行脚する】 步行 bùxíng;《僧が》云游 yúnyóu (英 travel on foot) ▶全国を〜する/走遍全国 zǒubiàn quánguó

あんきょ【暗渠】 阴沟 yīngōu; 暗沟 àngōu (英 a culvert)

アングラ 《表に出ない》地下 dìxià;《前衛的》先锋派 xiānfēngpài (英 underground) ▶〜芸術/先锋派艺术 xiānfēng pài yìshù ▶〜芸术家 xiānfēng pài yìshùjiā ▶〜劇場/先锋派剧场 xiānfēng pài jùchǎng ▶〜経済/地下经济 dìxià jīngjì

あんぐり 张开大嘴的样子 zhāng kāi dàzuǐ de yàngzi (英 with one's mouth wide open) ▶〜口をあけて看板を見る/张嘴发呆地看广告牌 zhāngzuǐ fādāi de kàn guǎnggàopái

アングル 角度 jiǎodù (英 an angle) ▶〜を変える/变换角度 biànhuàn jiǎodù ▶どの〜から撮るか/从什么角度拍? cóng shénme jiǎodù pāi?

アングロサクソン 盎格鲁撒克逊人 Ànggélǔ Sākèxùn rén (英 an Anglo-Saxon)

アンケート 民意调查 mínyì diàochá; 问卷调查 wènjuàn diàochá (英 a questionnaire) ▶〜をとる/做问卷调查 zuò wènjuàn diàochá ▶〜に書き込む/填写问卷调查 tiánxiě wènjuàn diàochá

あんけん【案件】 ❶【議案など】议案 yì'àn (英 a matter) ▶緊急〜/紧急议题 jǐnjí yìtí ❷【訴訟事件】案件 ànjiàn (英 a case) ▶〜に裁決を下す/断案 duàn'àn
▍日中比较 中国語の'案件 ànjiàn'は「訴訟事件」を指す.

あんこ【餡子】 ⇨あん(餡)

アンコウ【鮟鱇】 〔魚〕鮟鱇鱼 ānkāngyú; 老头鱼 lǎotóuyú (英 an anglerfish)

あんごう【暗号】 暗号 ànhào; 密码 mìmǎ (英 a secret code) ▶〜を解読する/破译密码 pòyì mìmǎ ▶〜電報を打つ/打密码电报 dǎ mìmǎ diànbào ▶〜化する/加密 jiāmì

あんごう【暗合する】 暗合 ànhé; 偶合 ǒuhé (英 coincide)

アンコール 要求加演 yāoqiú jiāyǎn (英 an encore) ▶聴衆が熱い拍手で〜を求めた/听众热烈鼓掌要求再来一个 tīngzhòng rèliè gǔzhǎng yāoqiú zài lái yí gè ▶3度〜に応える/应观众要求又重新上了三次台 yìng guānzhòng yāoqiú yòu chóngxīn shànglè sān cì tái ▶〜曲を二つ演奏する/应观众要求又加演了两首曲子 yìng guānzhòng yāoqiú yòu jiāyǎnle liǎng shǒu qǔzi

あんこく【暗黒】 黑暗 hēi'àn; 阴暗 yīn'àn (英 darkness) ▶〜時代/黑暗时代 hēi'àn shídài ▶〜面/阴暗面 yīn'ànmiàn ▶〜街のボス/黑社会的老大 hēishèhuì de lǎodà

アンゴラウサギ【アンゴラ兎】 〔動物〕安哥拉兔 Āngēlātù (英 an Angora rabbit)

あんさつ【暗殺する】 暗害 ànhài; 暗杀 ànshā (英 assassinete) ▶〜者/杀手 shāshǒu ▶大统领を〜する/暗杀总统 ànshā zǒngtǒng

あんざん【安産】 顺产 shùnchǎn; 平安分娩 píng'ān fēnmiǎn (英 a smooth delivery) ▶〜のお守り/平安分娩的护身符 píng'ān fēnmiǎn de hùshēnfú

あんざん【暗算する】 心算 xīnsuàn (英 calculate mentally) ▶合計いくらあるか～してごらん/你心算一下一共有多少？ nǐ xīnsuàn yíxià yígòng yǒu duōshao？
日中比较 中国語の'暗算 ànsuàn'は「人を陥れようとたくらむ」の意.

あんざんがん【安山岩】〖鉱物〗安山岩 ānshānyán (英 andesite)

アンサンブル ❶〖音楽〗合奏 hézòu；合唱 héchàng (英 emsemble) ❷〖衣服〗女套裝 nǚtàozhuāng (英 an emsemble)

あんじ【暗示する】 暗示 ànshì (英 hint) ▶～にかかる/受到心理暗示的控制 shòudào xīnlǐ ànshì de kòngzhì ▶～を与える/给予暗示 jǐyǔ ànshì ▶～に富んだ内容/富于暗示的内容 fùyú ànshì de nèiróng
◆自己～/自我暗示 zìwǒ ànshì

あんしつ【暗室】 暗室 ànshì (英 a darkroom)

あんじゅう【安住する】 安于 ān yú；安居 ānjū (英 live in peace) ▶～の地/安居之地 ānjū zhī dì ▶ようやく～の地が見つかった/终于找到了安身之地 zhōngyú zhǎodào le ānshēn zhī dì ▶現状に～する/安于现状 ānyú xiànzhuàng

あんしょう【暗唱する】 背诵 bèisòng (英 recite) ▶テキストを～する/背诵课文 bèisòng kèwén

あんしょう【暗礁】 暗礁 ànjiāo (英 a reef) ▶～に乗り上げる 触礁 chùjiāo；〖比喻〗搁浅 gēqiǎn ▶資金難で建設計画が～に乗り上げた/由于资金困难建设计划搁浅了 yóuyú zījīn kùnnan jiànshè jìhuà gēqiǎn le

あんしょうばんごう【暗証番号】 暗码 ànmǎ；密码 mìmǎ (英 an ID number) ▶～を変える/改变密码 gǎibiàn mìmǎ

あんじる【案じる】 挂念 guàniàn；担心 dānxīn；〈考えつく〉想出 xiǎngchū (英 be anxious) ▶息子の将来を～/担心儿子的将来 dānxīn érzi de jiānglái ▶僕は一計を案じて…/我想出了一个主意… wǒ xiǎngchūle yí ge zhǔyi…
ことわざ 案ずるより産むがやすし 千虑来比想像的要容易 qiānlǜlái bǐ xiǎngxiàng de yào róngyì；出水才见两腿泥 chū shuǐ cái jiàn liǎng tuǐ ní；车到山前必有路 chē dào shānqián bì yǒu lù ▶この仕事は案ずるより産むがやすしだった/那个工作干起来不像预料的那么难 nàge gōngzuò gànqǐlai bú xiàng yùliào de nàme nán

あんしん【安心する】 放心 fàngxīn；安心 ānxīn (英 feel easy) ▶～させる/使…宽心 shǐ…kuānxīn ▶それを聞いて～した/听了这话我就放心了 tīngle zhè huà wǒ jiù fàngxīn le ▶その点については御～下さい/关于这一点，请尽管放心 guānyú zhè yì diǎn, qǐng jǐnguǎn fàngxīn ▶まだ～はできない/还不能太松心 hái bùnéng tài sōngxīn ▶病人はもう～だ/病人已经不用担心了 bìngrén yǐjīng búyòng dānxīn le ▶あなたなら～して仕事が任せられる/可以放心把那项工作委托给他 kěyǐ fàngxīn bǎ nà xiàng gōngzuò

wěituō gěi tā ▶～のできる人/可靠的人 kěkào de rén
日中比较 中国語の'安心 ānxīn'は「心が落ち着く」という意味の他「下心を持つ」意味にも使われる. ▶安的是什么心? ān de shì shénme xīn?/どんな魂胆なのだ?

アンズ【杏】〖植物〗杏 xìng (英 an apricot) ▶～色/杏黄 xìnghuáng

あんせい【安静】 安静 ānjìng (英 rest) ▶病人が必要だ/病人需要安静 bìngrén xūyào ānjìng ▶絶対～/绝对安静 juéduì ānjìng ▶しばらく～にしていなさい/请静养一段时间 qǐng jìngyǎng yí duàn shíjiān

あんぜん【安全な】 安全 ānquán (英 safe) ▶～器/保险盒儿 bǎoxiǎn hér ▶～な場所へ誘導される/被带到安全的地点 bèi dàidào ānquán de dìdiǎn ▶～な場所に避難する/到安全的地方避难 dào ānquán de dìfang bìnàn ▶第一主義/安全至上主义 ānquán zhìshàng zhǔyì ▶あなたの～は我々が守ります/您的安全由我们来保障 nín de ānquán yóu wǒmen lái bǎozhàng ▶いいかい，身の～は保証できない/听好，我们可不能保证你的安全 tīnghǎo, wǒmen kě bù néng bǎozhèng nǐ de ānquán
◆～運転/安全驾驶 ānquán jiàshǐ ～剃刀/保险刀 bǎoxiǎndāo ▶～剃刀の刃/保险刀片儿 bǎoxiǎn dāopiànr ～ガラス/安全玻璃 ānquán bōli ～圏/安全地区 ānquán dìqū ～装置/安全装置 ānquán zhuāngzhì ▶～装置をかける/装上安全装置 zhuāngshàng ānquán zhuāngzhì 《道路中央の》～地帯/安全岛 ānquándǎo ～ピン/别针 biézhēn ▶～ピンで留める/用别针别起 yòng biézhēn bié qǐ ～ベルト/安全带 ānquándài ～弁/安全阀 ānquánfá ～保障条約/安全保障条约 ānquán bǎozhàng tiáoyuē

あんぜん【暗然とした】 黯然 ànrán (英 gloomy)

あんそくび【安息日】 安息日 ānxīrì (英 the Sabbath)

アンソロジー 诗集(同一个主题的选集) shījí (tóng yí ge zhǔtí de xuǎnjí) (英 an anthology)

あんだ【安打】〖野球〗安全打 ānquándǎ (英 a hit) ▶～製造機の異名をとる/获得了安全打机的绰号 huòdéle ānquándǎ zhījī de chuòhào ▶内野～/内场安全打 nèichǎng ānquándǎ

アンダーウェア 内衣 nèiyī (英 underwear)

アンダーシャツ 汗衫 hànshān (英 an undershirt) ▶～は汗でぐっしょり濡れた/汗衫被汗湿透了 hànshān bèi hàn shītòu le

アンダーハンド 低手 dīshǒu；下手 xiàshǒu (英 underhand)
◆～スロー/低手投球 dīshǒu tóuqiú ～パス/低手传球 dīshǒu chuánqiú

アンダーライン 着重线 zhuózhòngxiàn (英 an underline) ▶～を引く/下面划线 zài xiàmiàn huàxiàn ▶大切なところに～を引く/在重要部分的下面划线 zài zhòngyào bùfen de xiàmian huà xiàn

あんたい【安泰】 安宁 ānníng；平安 píng'ān (英 *safe*) ▶国家～/天下太平 tiānxià tàipíng

あんたん【暗澹たる】 暗淡 àndàn；黑暗 hēi'àn (英 *gloomy*) ▶前途は～としている/前途暗淡 qiántú àndàn ▶彼は～たる面持ちで語り始めた/他脸色灰暗地讲了起来 tā liǎnsè huī'àn de jiǎngshùleqǐlai

アンダンテ〔音楽〕行板 xíngbǎn (英 *andante*)

あんち【安置する】 安置 ānzhì；安放 ānfàng (英 *enshrine*) ▶遺体を自宅に～する/遗体安放在自己家里 yítǐ ānfàng zài zìjǐ jiāli

アンチ 反 fǎn；反对 fǎnduì (英 *anti-*) ▶～東京派/反东京派 fǎn Dōngjīng pài ◆～エイジング/**抗老化** kànglǎohuà ～ダンピング/**反倾销** fǎnqīngxiāo ▶～ダンピング関税/反倾销税 fǎnqīngxiāoshuì ～テーゼ/**反題** fǎntí

あんちゅうもさく【暗中模索する】 暗中摸索 ànzhōng mōsuǒ (英 *grope in the dark*) ▶今は～の状態だ/现在处于暗中摸索的状态 xiànzài chǔyú ànzhōng mōsuǒ de zhuàngtài

あんちょく【安直な】〔手軽な〕轻易 qīngyì；〔安価な〕便宜 piányi (英 *cheap*) ▶それは～すぎる考え方だ/那是过于轻易的想法 nà shì guòyú qīngyì de xiǎngfa ▶近所の店で～に買える/可以在附近的商店廉价买到 kěyǐ zài fùjìn de shāngdiàn liánjià mǎidào

アンツーカー 雨后易干的全天候跑道 yǔ hòu yì gān de quántiānhòu pǎodào；晴雨两用的运动场 qíngyǔ liǎngyòng de yùndòngchǎng (英 *all-weather*〔*tracks*〕)

あんてい【安定する】 安定 āndìng；稳定 wěndìng (英 *become stable*) ▶株価が～しない/股市不稳定 gǔshì bù wěndìng ▶～を欠く/不够稳定 bú gòu wěndìng ▶精神の～を欠いている人物/精神不稳定的人物 jīngshén bù wěndìng de rénwù ▶社会の～を失わせることが懸念される/担心丧失社会稳定 dānxīn sàngshī shèhuì wěndìng ▶生活の～を得る/获得稳定的生活 huòdé wěndìng de shēnghuó ▶通貨の～/货币的稳定 huòbì de wěndìng ▶車は～感のある走りをした/车开起来很稳 chē kāiqǐlai hěn wěn

アンティーク 古董 gǔdǒng (英 *an antique*) ▶～ショップ/古董店 gǔdǒng diàn

アンテナ 天线 tiānxiàn (英 *an antenna*) ▶パラボラ～/抛物伞天线 pāowùmiàn tiānxiàn；卫星天线 wèixīng tiānxiàn ▶～を張る/安装天线 ānzhuāng tiānxiàn ▶海外の最新情報に～を張る/安装天线收集海外的最新信息 ānzhuāng tiānxiàn shōují hǎiwài de zuì xīn xìnxī ▶室内～/室内天线 shìnèi tiānxiàn ▶～ショップ/(为了调查消费动向的)厂家直销店 (wèile diàochá xiāofèi dòngxiàng de) chǎngjiā zhíxiāodiàn

あんど【安堵する】 放心 fàngxīn (英 *feel relieved*) ▶彼が無事だと聞いて～した/听说他平安无事就放心了 tīngshuō tā píng'ān wúshì jiù fàngxīn le ▶ほっと～の息をもらした/放心地舒了一口气 fàngxīn dì shūle yì kǒu qì

あんとう【暗闘】 暗中争斗 ànzhōng zhēngdòu；暗斗 àndòu (英 *a secret strife*) ▶この件の背景に政治的な～があった/这件事的背后有政治上的暗中争斗 zhè jiàn shì de bèihòu yǒu zhèngzhìshang de ànzhōng zhēngdòu

アンドロメダ〔天文〕仙女星座 xiānnǚ xīngzuò (英 *Andromeda*)

あんな 那样的 nàyàng de；那么 nàme (英 *such; like that*) ▶～男/那么个男人 nàme ge nánrén ▶～薄情な人だとは思わなかった/没想到他是那么一个薄情的人 méi xiǎngdào tā shì nàme yí ge báoqíng de rén ▶～きれいな娘は見たことがない/从来没有见过那么漂亮的姑娘 cónglái méiyǒu jiànguo nàme piàoliang de gūniang

あんない【案内する】 向导 xiàngdǎo；引导 yǐndǎo；带路 dàilù (英 *guide; conduct*) ▶～状/(通知)通知 tōngzhī；(招待)请帖 qǐngtiě ▶～図/示意图 shìyìtú ▶入学～/入学向导 rùxué xiàngdǎo；入学指南 rùxué zhǐnán ▶名所を見物したいのですが～してくれますか/我想游览名胜,能不能给我导游？ wǒ xiǎng yóulǎn míngshèng, néngbunéng gěi wǒ dǎoyóu? ▶座席へ～する/领到座位 lǐngdào zuòwèi；领车 lǐng zuò ▶道を～する/带路 dàilù ▶先に立って～する/在前边带路 zài qiánbian dàilù ▶旅行～/旅游指南 lǚyóu zhǐnán ▶至急～所までお越し下さい/请马上到问讯处来 qǐng mǎshàng dào wènxùnchù lái ▶晚餐に御出席いただきたく御～申し上げます/邀请您出席晚餐,特此通知 yāoqǐng nín chūxí wǎncān, tècǐ tōngzhī ▶この辺は～である/这一带不熟悉 zhè yídài bù shúxī ◆～所/问事处 wènshìchù；问讯处 wènxùnchù ～板/告示牌 gàoshipái 番号～係/(電話会社)查号台 cháhàotái

あんなに 那样地 nàyàng de；那么 nàme (英 *such; so*) ▶～言わなくてもよかった/本来用不着说得那么严厉 běnlái yòngbuzháo shuōde nàme yánlì ▶～見事な演技は見たことがない/从来没有见过这么精彩的演技 cónglái méiyǒu jiànguo nàme jīngcǎi de yǎnjì

あんに【暗に】 暗中 ànzhōng；暗示 ànshì (英 *tacitly; implicitly*) ▶～仄(ほの)めかす/婉转暗示 wǎnzhuǎn ànshì ▶～辞意を示す/暗示辞职之意 ànshì cízhí zhī yì ▶～金を要求する/暗示要对方提供金钱 ànshì yào duìfāng tígōng jīnqián

あんにん【杏仁】 杏仁 xìngrén (英 *almond jelly*) ▶～豆腐/杏仁豆腐 xìngrén dòufu

あんのじょう【案の定】 果然 guǒrán；不出所料 bù chū suǒ liào (英 *as expected*) ▶～雨が降り出した/果然下起雨来 guǒrán xiàqǐ yǔ lai ▶～大敗した/果然大败了 guǒrán dàbài le

あんのん【安穏な】 安闲 ānxián；平安 píng'ān (英 *in peace*) ▶～に暮らす/过安稳日子 guò ānwěn rìzi

あんば【鞍馬】(体操)鞍马 ānmǎ (英 〔種目〕

the side horse）

あんばい【按配・塩梅】 状態 zhuàngtài （英 condition） ▶いい〜に日が照ってきた／天正好放晴了 tiān zhènghǎo fàngqíng le ▶息子の〜がよくないらしいんだよ／儿子的病情好像不好 érzi de bìngqíng hǎoxiàng bù hǎo ▶味つけがいい〜にできている／调味调得恰到好处 tiáowèi tiáode qiàdào hǎochu

アンパイア〔スポーツ〕 裁判员 cáipànyuán （英 an unpire）

アンバランスな 不平衡 bù pínghéng；不均衡 bù jūnhéng （英 unbalanced） ▶男女比率が〜だ／男女比率不均衡 nánnǚ bǐlǜ bù jūnhéng

あんパン【餡パン】 豆沙面包 dòushā miànbāo （英 a bean-jam bun）

あんぴ【安否】 平安与否 píng'ān yǔ fǒu （英 safety） ▶息子の〜を気遣う／担心儿子的平安 dānxīn érzi de píng'ān ▶〜を尋ねる／问安 wèn'ān ▶手紙で〜を尋ねたが返事はなかった／寄信去问候平安, 可是没有回信 jìxìn qù wènhòu píng'ān, kěshì méiyǒu huíxìn

あんぶ【鞍部】《尾根の》 山坳 shān'ào （英 a col）

アンプ 放大器 fàngdàqì；增音器 zēngyīnqì （英 an amplifier）

アンフェア 不公平 bù gōngpíng；不正当 bù zhèngdāng （英 unfair） ▶〜な判定で負ける／由于不公平的裁判而失败 yóuyú bù gōngpíng de cáipàn ér shībài

アンプル 安瓿 ānbù（英 an ampule）

アンペア 安培 ānpéi（英 an ampere） ▶〜計／电流表 diànliúbiǎo；电表 diànbiǎo

あんま【按摩】する 按摩 ànmó；推拿 tuīná （英 massage）

あんまり 过分 guòfèn；《否定を伴って》 不太 bú tài （英 too；too much） ▶そりゃ〜だ／那太过分了 nà tài guòfèn le ▶私にとっては〜な話で途方に暮れてしまった／对我来说那太过分了, 简直不知道如何是好 duì wǒ lái shuō nà tài guòfèn le, jiǎnzhí bù zhīdào rúhé shì hǎo ▶がんばるな／别太努力了 bié tài nǔlì le

あんまん【餡饅】 豆沙包 dòushābāo （英 a steamed bun filled with sweet bean-jam）

あんみん【安眠】する 安眠 ānmián （英 sleep in peace） ▶〜を妨害する／妨碍睡眠 fáng'ài shuìmián

あんもく【暗黙の】 沉默 chénmò （英 tacit） ▶〜の了解／默契 mòqì

アンモナイト 菊石 júshí （英 an ammonite）

アンモニア〔化学〕 阿摩尼亚 āmóníyà；氨 ān （英 ammonia） ▶〜水／氨水 ānshuǐ

あんやく【暗躍】する 暗中活动 ànzhōng huódòng （英 pull wires） ▶日本で〜する外国のスパイ／在日本暗中活动的外国间谍 zài Rìběn ànzhōng huódòng de wàiguó jiàndié

あんゆ【暗喩】《修辞》 暗喻 ànyù；隐喻 yǐnyù （英 metaphor）

あんらく【安楽な】 安乐 ānlè；舒适 shūshì；安逸 ānyì （英 comfortable） ▶〜に暮らす／过安逸的生活 guò ānyì de shēnghuó ▶〜椅子／安乐椅 ānlèyǐ 〜死／安乐死 ānlèsǐ

アンラッキー 不幸 búxìng；倒霉 dǎoméi （英 unlucky）

あんりょくしょく【暗緑色】 暗绿色 ànlǜsè （英 dark green）

い

い【井】 ⇨いど（井戸）
ことわざ 井の中の蛙(かわず) 大海を知らず 井底之蛙不知大海 jǐngdǐ zhī wā bù zhī dàhǎi

い【亥】【十二支】 亥 hài （英 the year of）the（Wild）Boar ▶私は〜年生まれです／我属猪 wǒ shǔ zhū

い【胃】【解】 胃 wèi （英 the stomach） ▶〜をこわす／伤胃 shāng wèi ▶悩みが多くて〜が痛い／操心事太多, 胃疼 cāo xīnshì tài duō, wèi téng ▶〜がもたれる 存食 cúnshí ▶粥を食べてさえ〜がもたれる／连喝粥都会胃胀 lián hē zhōu dōu huì wèi zhàng

◆〜炎│胃炎 wèiyán ▶急性〜炎／急性胃炎 jíxìng wèiyán — 潰瘍│胃潰瘍 wèikuìyáng 〜拡張│胃扩张 wèikuòzhāng │胃炎 wèiyán 〜カメラ ▶〜カメラを呑む／照胃镜 zhào wèijìng 〜癌│胃癌 wèi'ái 〜痙攣│胃痉挛 wèijìngluán 〜洗浄│洗胃 xǐwèi — 痛│胃痛 wèitòng ▶〜痛に苦しむ／苦于胃疼 kǔyú wèitòng

い【意】《考え・気持ち》心情 xīnqíng；想法 xiǎngfa；主意 zhǔyì （英 a will；an intention） ▶〜を強くする／增强信心 zēngqiáng xìnxīn ▶我が〜のあるところを御賢察願いたい／希望您能理解我的心意 xīwàng nín néng lǐjiě wǒ de xīnyì
〜に介さない 不在乎 búzàihu ▶金のことなどまるで〜に介さない／我对钱根本不在乎 wǒ duì qián gēnběn búzàihu
〜にかなう 中意 zhòngyì ▶先生の〜にかなう小説を書きたい／我想写一本让老师中意[满意]的小说 wǒ xiǎng xiě yì běn ràng lǎoshī zhòngyì[mǎnyì] de xiǎoshuō
〜にそむく ▶母の〜にそむいて教職を志す／违背了母亲的意愿, 我立志当一名教师 wéibèile mǔqin de yìyuàn, wǒ lìzhì dāng yì míng jiàoshī
〜のままにする 任意摆布 rènyì bǎibu ▶父の〜のままになるのは嫌だ／我讨厌被父亲任意摆布 wǒ tǎoyàn bèi fùqin rènyì bǎibu
〜を決する 决意 juéyì ▶〜を決して社長を諌めた／下决心进谏总经理 xià juéxīn jìnjiàn zǒngjīnglǐ
〜を尽くす 言尽其意 yán jìn qí yì ▶わずか千字ではとても〜を尽くせない／只用一千个字实在表达不尽我的意思 zhǐ yòng yìqiān ge zì shízài biǎodá bú jìn wǒ de yìsi

いあつ【威圧する】 圧制 yāzhì (英 *overpower; overawe*) ▶そういう～的な態度はよくない/这种高压的态度可不好 zhè zhǒng gāoyā de tàidù kě bù hǎo

◆～感【圧力】yālì ▶彼は人に～感を与える/他让人感到一种压力 tā ràng rén gǎndào yì zhǒng yālì

いあわせる【居合わせる】 在场 zàichǎng (英 *happen to be; be present*) ▶ちょうど事故の現場に～/发生事故时正好在现场 fāshēng shìgù shí zhènghǎo zài xiànchǎng ▶居合わせた一人が証言する/在场的一个人作证 zàichǎng de yí ge rén zuòzhèng

いあん【慰安】 慰劳 wèiláo; 慰问 wèiwèn [慰め]; [娯楽・休養] *a comfort*; *a recreation*) ▶会社の～旅行/公司的慰劳旅行 gōngsī de wèiláo lǚxíng ▶婦問題に関する資料/有关从军妓女问题的资料 yǒuguān cóngjūn jìnǚ wèntí de zīliào

いい【好い】 ❶【好ましい】好 hǎo; 良好 liánghǎo (英 *good; fine; nice*) ▶～人/好人 hǎorén ▶～ところへ来た/来得正好 láide zhènghǎo ▶あなたってほんとに～人ねえ/你真是个好人 nǐ zhēn shì ge hǎorén ▶～子だから泣かないでね/乖孩子别哭啦 guāiháizi bié kū la ▶笑いはボケ防止に～そうだ/据说笑对预防痴呆有好处 jùshuō xiào duì yùfáng chīdāi yǒu hǎochu ▶たった500円で～の？/只要五百日元就够了？ zhǐyào wǔbǎi Rìyuán jiù gòu le?

❷【容態・気分】(英 *well; all right*) ▶今日は気分が～/今天心情好 jīntiān xīnqíng hǎo; 今天真舒服 jīntiān zhēn shūfu

❸【願望】(英 *hope; wish*) ▶電話くらいくれても～じゃないか/你至少也该来个电话啊 nǐ zhìshǎo yě gāi lái ge diànhuà a ▶今は言わないほうが～/现在最好别说 xiànzài zuìhǎo bié shuō ▶～かい、必ず卒業するのだよ/你听好了，一定得毕业 nǐ tīnghǎo le, yídìng děi bìyè

❹【その他】▶もう来なくても～よ/你不用再来了 nǐ búyòng zài lái le; 你再也别来了 nǐ zài yě bié lái le ▶前置きは～. 結論を話せ/不用客套，说出你的结论吧 búyòng kètào, shuōchū nǐ de jiélùn ba ▶～年をしてみっともない/岁数不小了，还这么不体面 suìshu bù xiǎo le, hái zhème bù tǐmiàn

イーアール【ER】 (緊急救命室)急诊室 jízhěnshì (英 *an emergency room*)

いいあい【言い合い】 争吵 zhēngchǎo (英 *a dispute; a quarrel*)
～になる 吵架 chǎojià ▶父と子の間で～になる/父子之间吵了起来 fùzǐ zhījiān chǎoleqǐlai

いいあてる【言い当てる】 猜中 cāizhòng; 说对 shuōduì (英 *guess righ*) ▶彼は私の出身地をずばり言い当てた/他一下就猜出了我的出生地 tā yíxià jiù cāichūle wǒ de chūshēngdì

いいあやまる【言い誤る】 说错 shuōcuò (英 *say... by mistakes*) ▶千葉(ば)を芝(ば)と～/(因为分不清「ち」和「し」的发音,)他把「ちば」说成了「しば」(yīnwèi fēnbuqīng「ち」 hé「し」de fāyīn,) tā bǎ「ちば」shuōchéngle「しば」

いいあらそう【言い争う】 吵架 chǎojià; 口角 kǒujué; 争吵 zhēngchǎo (英 *quarrel with...*) ▶子供を相手に～/跟孩子争吵 gēn háizi zhēngchǎo ▶うどんかそばかで～/就为吃乌冬面还是吃荞麦面争吵 jiù wèi chī wūdōngmiàn háishi chī qiáomàimiàn zhēngchǎo

いいあらわす【言い表す】 表达 biǎodá; 说明 shuōmíng (英 *express; describe*) ▶言葉では言い表せない/用语言表达不出来 yòng yǔyán biǎodábuchūlái ▶この苦しみはとても言葉で言い表せない/这种痛苦很难用语言表达出来 zhè zhǒng tòngkǔ hěn nán yòng yǔyán biǎodá ▶なぜあんなにうまく言い表せるのだろう/他怎么能表达得那么贴切呢? tā zěnme néng biǎodáde nàme tiēqiè ne?

いいあわせる【言い合わせる】 约好 yuē hǎo (英 *arrange beforehand*) ▶みんな言い合わせたように、赤いシャツを着ている/大家好像事先约好了似的，都穿着红衬衫 dàjiā hǎoxiàng shìxiān yuē hǎole shìde, dōu chuānzhe hóngchènshān ▶彼らは言い合わせて授業を抜け出した/他们约好一起逃课 tāmen yuē hǎo yìqǐ táo kè

いいえ 不 bù; 不是 búshì; 没有 méiyǒu (英 *no*) ▶「知らないだろ」「～知っていますよ」/"你不知道吧？" Nǐ bù zhīdào ba ?" "不，我知道 Bù, wǒ zhīdào"

いいおくる【言い送る】 ❶【申し送る】转告 zhuǎngào (英 *write to...*) ▶この件は次期委員に確かに言い送ります/把这件事准确传达给下一任的委员 bǎ zhè jiàn shì zhǔnquè chuándá gěi xià yí rèn de wěiyuán ❷【手紙などで直接伝える】通知 tōngzhī (英 *express one's will*) ▶加藤氏を訪ねるよう息子に言い送った/(写信)让儿子去拜访加藤先生 (xiě xìn) ràng érzi qù bàifǎng Jiāténg xiānsheng

いいおとす【言い落とす】 忘记说 wàngjì shuō (英 *forget to say*) ▶先ほど大事なことを言い落としました/刚才忘了说一件大事 gāngcái wàngle shuō yí jiàn dàshì

いいおよぶ【言い及ぶ】 提到 tídào; 谈到 tándào (英 *mension; refer to...*) ▶交渉の中で社長は人員整理に言い及んだ/在交涉的时候总经理谈到了裁员 zài jiāoshè de shíhou zǒngjīnglǐ tán dàole cáiyuán

いいおわる【言い終わる】 说完 shuōwán (英 *finish talking*) ▶～なり彼は部屋を飛び出した/他一说完就跑出房间了 tā yì shuōwán jiù pǎochū fángjiān le

いいかえす【言い返す】 顶嘴 dǐngzuǐ; 还口 huán kǒu (英 *answer back; talk back*) ▶負けずに～/不认输回嘴 bú rènshū huízuǐ ▶私も負けずに言い返した/我也不服输顶了他一句 wǒ yě bù fúshū dǐngle tā yí jù

いいかえる【言い換える】 换句话说 huàn jù huà shuō (英 *say in other words; paraphrase*)

いいかお【好い顔】 面子大 miànzi dà; 好脸 hǎoliǎn 〈英〉[有力者] *an influential person*）▶業界では～だ/在同业界吃得开 zài tóngyèlì chīdekāi ▶あれでも業界では～なんだ/就他那样，在同行中还挺有面子 jiù tā nàyàng, zài tóngháng zhōng hái tǐng yǒu miànzi ▶～ばかりはしていられない/不能总给好脸看 bùnéng zǒng gěi hǎoliǎn kàn ▶いくら身内でも～ばかりではいられない/就是自己人，也不能总是一团和气 jiùshì zìjǐrén, yě bùnéng zǒngshì yìtuán héqí

いいがかり【言い掛かり】 〈英〉*a false charge*）▶～をつける/找碴儿 zhǎochár ▶～をつけて金を巻き上げる/找碴儿敲诈钱财 zhǎochár qiāozhà qiáncái ▶それは～というもんだよ/这就是找碴儿 zhè jiùshì zhǎochár

いいかける【言いかける】 〈英〉*be about to speak*）▶言いかけてやめるのはよくない/开一个话头儿就不说了，这样不好 kāi yí ge huàtóur jiù bù shuōle, zhè yě bù hǎo

いいかげん【いい加減】 马虎 mǎhu; 粗率 cūshuài 〈英〉*irresponsibility*）▶～な返事をする/心不在焉地回答 xīn bú zài yān de huídá ▶あいつは～な男だ/他是个不负责任的家伙 tā shì ge bú fù zérèn de jiāhuo ▶～な人/马大哈 mǎdàhā ▶私の体は～がたがきている/我也变得体弱多病了 wǒ yě biànde tǐ ruò duō bìng le ▶冗談も～にしろ/别开玩笑了！bié kāi wánxiào le !
～にやる 草率从事 cǎoshuài cóngshì

いいかた【言い方】 说法 shuōfǎ 〈英〉*a way of speaking; how to speak*）▶丁寧な～/礼貌的说法 lǐmào de shuōfǎ ▶もっと丁寧な～はできないのか/你能不能说得再客气一点儿？nǐ néngbunéng shuōde zài kèqi yìdiǎnr ? ▶あなたの率直な～が気に入りました/我对你的直言不讳很满意 wǒ duì nǐ de zhíyán bú huì hěn mǎnyì

いいかねる【言い兼ねる】 不好说 bùhǎo shuō 〈英〉*be unable to say*）▶父には病名を言い兼ねた/我不敢对父亲说明病名 wǒ bù gǎn duì fùqin shuōmíng bìngmíng

いいかわす【言い交わす】 订婚 dìnghūn [結婚]〈英〉*exchange marriage vows*）▶あの二人は言い交わした仲だ/他们俩已经是订了婚的关系了 tāmen liǎ yǐjing shì dìngle hūn de guānxi le

いいき【いい気】 自以为是 zì yǐ wéi shì; 沾沾自喜 zhān zhān zì xǐ [ひとりよがり] *conceited*）▶～なものだ/太天真 tài tiānzhēn ▶～が傾いているというのに～なものだ/家境没落，还这么无忧无虑 jiājìng mòluò, hái zhème wú yōu wú lǜ ▶～になっている/得意忘形 déyì wàngxíng ▶たまに勝ったからといって～になっている/偶尔打赢了就得意忘形 ǒu'ěr dǎyíngle jiù déyì wàngxíng

いいきかせる【言い聞かせる】 嘱咐 zhǔfù; 劝告 quàngào 〈英〉*tell; persuade; advise*）▶自分に～/对自己说 duì zìjǐ shuō ▶命の大切さを自分で自分に言い聞かせた/在自己心中念叨着生命的宝贵 zài zìjǐ xīnzhōng niàndaozhe shēngmìng de bǎoguì ▶二度とせぬように息子に～/劝告儿子，再也不要干这种事 quàngào érzi, zài yě búyào gàn zhè zhǒng shì

いいきみ【いい気味】 活该 huógāi（[～である] *serve... right*）▶～だ/那个欺负别人的孩子受了伤，真痛快 nàge qīfu biéren de háizi shòule shāng, zhēn tòngkuài

いいきる【言い切る】 断言 duànyán 〈英〉*say positively; declare*）▶きっぱりと～/一口断定 yì kǒu duàndìng ▶「俺は白だ」と彼はきっぱり言い切った/他斩钉截铁地说："我是清白的！" tā zhǎn dīng jié tiě de shuō: "Wǒ shì qīngbái de !"

いいぐさ【言い草】 说词 shuōcí; 说法 shuōfǎ 〈英〉*an excuse; a pretext*）▶なんて～だ/说得太不像话 shuōde tài búxiànghuà ▶盗みが仕事だなんて、なんて～だ/把偷东西说成自己的工作，太不像话了 bǎ tōu dōngxi shuōchéng zìjǐ de gōngzuò, tài búxiànghuà le ▶その～がふるっているよ/他说得可有趣 tā shuōde kě yǒuqù

イーグル [鳥]老鹰 lǎoyīng;（ゴルフ）鹰 yīng 〈英〉*an eagle*）

いいくるめる【言いくるめる】 哄骗 hǒngpiàn; 弄 hùnong 〈英〉*coax*）▶うまく言いくるめられた/完全受骗 wánquán shòupiàn ▶セールスマンにうまく言いくるめられた/被推销员的花言巧语糊弄了 bèi tuīxiāoyuán de huāyán qiǎoyǔ hùnong le ▶さぎを烏と～/把鹭鸶说成是乌鸦 bǎ lùsī shuōchéng shì wūyā; 混淆黑白 hùnxiáo hēibái

いいこ【いい子】 〈英〉*a good boy [girl]*）▶～ぶる/假装好孩子 jiǎzhuāng hǎoháizi ▶自分だけ～になる/只想自己当好人 zhǐ xiǎng zìjǐ dāng hǎorén

イーコマース【Eコマース】 电子商务 diànzǐ shāngwù; 电子商贸 diànzǐ shāngmào 〈英〉*e-commerce*）

いいこめる【言い籠める】 驳倒 bódǎo 〈英〉*argue... into silence*）▶父は母に言い籠められた/父亲被母亲说得哑口无言 fùqin bèi mǔqin shuōde yǎkǒu wúyán

イージー 简便 jiǎnbiàn; 轻易 qīngyì 〈英〉*easy*）▶君の説明は～過ぎる/你的说明太简单了 nǐ de shuōmíng tài jiǎndān le ▶～オーダーのスーツ/按模式订作的套装 àn móshì dìngzuò de tàozhuāng ▶～ゴーイングな生き方/得过且过的生活方式 dé guò qiě guò de shēnghuó fāngshì

イージスかん【イージス艦】 [船舶]宙斯盾舰 Zhòusīdùnjiàn 〈英〉*an Aegis cruiser*）

いいしぶる【言い渋る】 犹豫不说 yóuyù bù shuō; 不敢明说 bù gǎn míngshuō; 吞吞吐吐 tūntūntǔtǔ 〈英〉*speak with hesitation*）▶理由を

聞かれてなぜか彼は言い渋った/被问到理由，不知为什么他吞吞吐吐的 bèi wèn dào lǐyóu, bù zhī wèi shénme tā tūntūntǔtǔ de

いいしれぬ【言い知れぬ】 难以表达 nányǐ biǎodá (英 *unspeakable; inexpressible*) ▶〜寂しさを覚える/感到不可名状的寂寞 gǎndào bùkě míngzhuàng de jìmò

いいすぎ【言い過ぎ】 说得走火 shuōde zǒuhuǒ; 说得过分 shuōde guòfèn (英 *overstating*) ▶彼は新時代のヒーローと言っても〜ではない/说他是新时代的英雄并不过分 shuō tā shì xīnshídài de yīngxióng bìng bú guòfèn ▶消えてしまえなんて、それは〜でしょう/让他滚蛋,这说得太过火了吧 ràng tā gǔndàn, zhè shuōde tài guòhuǒle ba

イースト 酵母 jiàomǔ (英 *yeasts*) ▶〜菌/酵母菌 jiàomǔjūn

イーゼル 画架 huàjià (英 *an easel*) ▶〜を立てる/支起画架 zhīqǐ huàjià

いいそこなう【言い損なう】 说错 shuōcuò (英 *make a slip of the tongue*) ▶人名地名を〜/忘了说人名和地名 wàngle shuō rénmíng hé dìmíng

いいそびれる【言いそびれる】 (英 *fail to tell*) ▶母が悲しむのでつい言いそびれた/怕母亲伤心,到底也没说出口 pà mǔqin shāngxīn, dàodǐ yě méi shuōchū kǒu

いいなりだく【唯々諾々】 惟命是听 wéi mìng shì tīng (英 *quite willingly*) ▶〜として従う/绝对听从 juéduì tīngcóng ▶〜と従う部下は要らない/不需要惟命是听的部下 bù xūyào wéi mìng shì tīng de bùxià

いいだす【言い出す】 开口 kāikǒu; 说出 shuōchū [提议] *suggest; propose; offer*) ▶自分から〜/自己开口 zìjǐ kāikǒu ▶いったん言い出したら、誰が何と言っても聞かない/他一旦说出口,谁劝也没用 tā yídàn shuōchū kǒu, shéi quàn yě méi yòng

いいたてる【言い立てる】 强调 qiángdiào; 数落 shǔluo; 声称 shēngchēng (英 *assert; maintain*) ▶自説の正しさを〜/强调自己理论的正确 qiángdiào zìjǐ lǐlùn de zhèngquè ▶彼は私の欠点ばかり〜/他尽数落我的缺点 tā jǐn shǔluo wǒ de quēdiǎn

いいちがい【言い違い】 口误 kǒuwù (英 *a slip of the tongue*) ▶ただの〜に過ぎない/只不过是口误 zhǐbuguò shì kǒuwù

いいつかる【言い付かる】 被嘱咐 bèi zhǔfù (英 *be ordered to do*) ▶社長からそのように言い付かっております/总经理是那样吩咐的 zǒngjīnglǐ shì nàyàng fēnfù de

いいつくす【言い尽くす】 说尽 shuōjìn (英 *tell all*) ▶問題点はすでに言い尽くされている/所有的问题都谈得很透 suǒyǒu de wèntí dōu tánde hěn tòu

いいつくろう【言い繕う】 巧辩 qiǎobiàn; 掩饰 yǎnshì (英 *make an excuse*) ▶その場をうまく〜/当场巧妙地掩饰 dāngchǎng qiǎomiào de yǎnshì

いいつけ【言い付け】 吩咐 fēnfù (英 *an order*) ▶〜を守る/听从吩咐 tīngcóng fēnfù ▶親の〜を守る/遵照父母嘱托 zūnzhào fùmǔ zhǔtuō

いいつける【言い付ける】 ❶【命令】 吩咐 fēnfù; fēnfu (英 *tell order*) ▶彼に仕事を〜/吩咐他做事 fēnfù tā zuòshì ▶彼にコピー取りを〜/吩咐他去复印 fēnfù tā qù fùyìn ❷【告げ口】 告状 gàozhuàng (英 *tell on...*) ▶先生に〜/向老师告状 xiàng lǎoshī gàozhuàng ▶やめないと先生に〜ぞ/要是不改,我就去向老师告状 yàoshi bù gǎi, wǒ jiù qù xiàng lǎoshī gàozhuàng

いいつたえ【言い伝え】 传说 chuánshuō; 口传 kǒuchuán (英 *a tradition; a legend*) ▶この村の古くからの〜では…/根据这个村子古来的传说… gēnjù zhège cūnzi gǔlái de chuánshuō…

いいとし【いい年】 相当大的年龄 xiāngdāng dà de niánlíng (英 *a mature age*) ▶〜をして/岁数那么大还… suìshu nàme dà hái…▶〜をしてみっともない/这么大岁数真丢人 zhème dà suìshu zhēn diūrén ▶父も〜だからなあ/父亲也已经上了年纪啦 fùqin yě yǐjing shàngle niánjì la

いいなおす【言い直す】 改口 gǎikǒu; 重说 chóngshuō (英 *correct oneself*) ▶名前を間違えてすぐ言い直した/叫错了名字马上又重说了一遍 jiàocuòle míngzi mǎshàng yòu chóng shuōle yí biàn

いいなずけ【許婚・許嫁】 对象 duìxiàng;《女》未婚妻 wèihūnqī;《男》未婚夫 wèihūnfū [男] *fiancé*; [女] *fiancée*)

いいならわし【言い習わし】 老习惯 lǎoxíguàn (英 *legend*) ▶古くからの〜だ/这是自古以来的老习惯 zhè shì zìgǔ yǐlái de lǎoxíguàn

いいなり【言いなり】 百依百顺 bǎi yī bǎi shùn; 任人摆布 rèn rén bǎibu (英 *(under) a person's thumb*) ▶女房の〜になる/对老婆百依百顺 duì lǎopo bǎi yī bǎi shùn

いいにくい【言いにくい】 难说 nánshuō (英 *find it hard to say*) ▶〜ことを言わねばならぬ/不好开口的话也得说 bù hǎo kāikǒu de huà yě děi shuō ▶顧問たる者〜ことも言わねばならぬ/作为顾问,别人不好说的话也得说 zuòwéi gùwèn, biéren bùhǎo shuō de huà yě děi shuō ▶僕からは〜なぁ/我可不好开口 wǒ kě bùhǎo kāikǒu

いいぬける【言い抜ける】 搪塞过去 tángsèguòqu (英 *evade*) ▶厳しい追及を〜/把严厉的追究都搪塞过去 bǎ yánlì de zhuījiū dōu tángsèguòqu

いいね【言い値】 要价 yàojià (英 *the asking price*) ▶〜で買う/买东西不讨价 mǎi dōngxi bù tǎojià

いいのがれ【言い逃れする】 支吾 zhīwú; 推脱 tuītuō (英 *evade*) ▶〜は許しませんよ/不许耍赖 bù xǔ shuǎlài

いいのこす【言い残す】 ❶【伝言】 留言

liúyán（英 *leave a message*）▶春には帰ると言い残して去った/春天回来，他留下这句话就走了 chūntiān huílái, tā liúxià zhè jù huà jiù zǒu le ❷【遺言】遗嘱 yízhǔ（英 *make a will*）▶子供たちに言い残したいことはないか/你对孩子们有没有什么嘱咐？nǐ duì háizimen yǒuméiyǒu shénme zhǔfù？❸【言い落とし】（英 *forget to say*）…しまった. 第三項を言い残していた/糟糕，我忘说第三项了 wǒ wàngshuō dìsān xiàng le ▶言い残したことはありませんか/有没有说漏的地方 yǒuméiyǒu shuōlòu de dìfang

いいはなつ【言い放つ】 断言 duànyán；斩钉截铁地说 zhǎn dīng jié tiě de shuō（英 *declare; avow*）▶「俺なら三日で片付ける」と彼は言い放った/他声称自己三天就能解决 tā shēngchēng zìjǐ sān tiān jiù néng jiějué

いいはる【言い張る】 硬说 yìngshuō；坚持 jiānchí（英 *insist on…*）▶彼は無実だと言い張った/他坚持说自己是无辜的 tā jiānchí shuō zìjǐ shì wúgū de

いいひらき【言い開き】 辩解 biànjiě；分辩 fēnbiàn（英 *excuse oneself*）▶今さら～はできない/事到如今，辩解也没用 shì dào rújīn, biànjiě yě méi yòng

いいふくめる【言い含める】 嘱咐 zhǔfù；叮嘱 dīngzhǔ（英 *instruct carefully*）▶我慢するよう娘に言い含めた/嘱咐女儿要忍耐 zhǔfù nǚ'ér yào rěnnài

いいふらす【言い触らす】 扬言 yángyán；张扬 zhāngyáng（英 *spread (a rumor)*）▶あることないこと～/不管真假，什么都胡说 bùguǎn zhēnjiǎ, shénme dōu húshuō

いいふるす【言い古す】 老说而显得没有新意 lǎo shuō ér xiǎnde méiyǒu xīnyì（英［言い古された］*hackneyed*）▶言い古されたこと/老生常谈的事情 lǎoshēng chángtán de shìqíng

いいぶん【言い分】 主张 zhǔzhāng；意见 yìjiàn（英 *something to say*）▶～を聞く/倾听意见 qīngtīng yìjiàn ▶先方の～を聞く/倾听对方的主张 qīngtīng duìfāng de zhǔzhāng ▶妹の～が通る/妹妹的意见得到赞同 mèimei de yìjiàn dédào zàntóng

イーブン 平局 píngjú（英 *even*）▶3対3の～で終わる/以三比三的平局结束 yǐ sān bǐ sān de píngjú jiéshù

いいまかす【言い負かす】 驳倒 bódǎo；说服 shuōfú（英 *argue… down*）▶先生が生徒に言い負かされる/老师被学生驳倒 lǎoshī bèi xuésheng bódǎo

いいまちがえる【言い間違える】 说错 shuōcuò（英 *mistake*）▶「京都」を「東京」と～/把"京都"说成了"东京" bǎ "Jīngdū" shuōchéngle "Dōngjīng"

いいまわし【言い回し】 ❶【話し方】说法 shuōfǎ（英 *the way of speaking*）▶うまい～だ/说得好！shuōde hǎo！❷【文章中の】修辞 xiūcí；措辞 cuòcí（英 *expressions*）

イーメール【E メール】〔電算〕电子邮件 diànzǐ yóujiàn；伊妹儿 yīmèir

いいもらす【言い漏らす】 忘说 wàngshuō（英 *leave… unsaid*）▶〈秘密を〉泄露 xièlù（英 *disclose*）▶先ほど言い漏らしたのですが…/刚才我说露了一些… gāngcái wǒ shuōlòule yìxiē…

イーユー【EU】《ヨーロッパ連合》欧洲联盟 Ōuzhōu Liánméng

いいよう【言い様】 说法 shuōfǎ；措词 cuòcí（英 *a way of saying*）▶～のない不安を覚える/感到一种不可名状的不安 gǎndào yì zhǒng bùkě míngzhuàng de bù'ān ▶何とも～がない/简直没法说 jiǎnzhí méifǎ shuō ▶ものには～がある/说要看怎么说 shuō yào kàn zěnme shuō [ことわざ]物も言い様で角(かど)が立つ 说法不得当，会伤人感情 shuōfǎ bù dédàng, huì shāng rén gǎnqíng

いいよどむ【言い淀む】 吞吞吐吐 tūntūntǔtǔ；想说不敢说 xiǎng shuō bù gǎn shuō（英 *hesitate to say*）

いいよる【言い寄る】 追求 zhuīqiú；求爱 qiú'ài（英 *make advances to…*）▶～男を手玉に取る/玩弄追求她的男人 wánnòng zhuīqiú tā de nánrén

いいわけ【言い訳】 分辩 fēnbiàn；辩解 biànjiě（英 *a plea; a pretext*）▶～をする/分辩 fēnbiàn；辩解 biànjiě ▶苦しい～をする/尴尬地辩解 gāngà de biànjiě ▶渋滞を～にする/借口说是堵车 jièkǒu shuōshì dǔchē

いいわすれる【言い忘れる】（英 *forget to say*）▶大事なことを～/忘了说一件大事儿 wàngle yí jiàn dàshìr

いいわたす【言い渡す】 宣告 xuāngào；宣判 xuānpàn（英 *sentence*）▶無罪を～/宣告无罪 xuāngào wúzuì

いいん【医院】 医院 yīyuàn（英 *a doctor's office; a clinic*）
[日中比較]日本語の「医院」が主に開業医の診療所であるのに対して，中国語の'医院 yīyuàn' は一般に病院を指す.

いいん【委員】 委员 wěiyuán（英 *a committee member*）▶～会/委员会 wěiyuánhuì ▶～長/委员长 wěiyuánzhǎng ▶～に選ばれる/被选作委员 bèi xuǎn zuò wěiyuán ▶～を務める/担任委员 dānrèn wěiyuán

いう【言う】 ❶【話す】说 shuō（英 *say; speak; talk*）▶～に堪えない/说不得 shuōbude ▶～までもなく/不用说 búyòng shuō ▶口に出して/说出来 shuōchūlái ▶言いたいことを～/《言いたい放題》想什么说什么 xiǎng shénme shuō shénme ▶《本心を》说心里话 shuō xīnlihuà ▶物が言えない/不敢说 bù gǎn shuō；《制限されて》没有发言权 méiyǒu fāyánquán ▶彼のことを悪く～/说他的坏话 shuō tā de huàihuà ▶よく言えば/往好里说，yǎng hǎoli shuō 悪く言えば/往坏里说，wǎng huàili shuō ▶人の～ことを聞かない/不听别人的话 bù tīng biéren de huà ▶あれでは教育者とは言えない/那样的人算不上教育者 nàyàng de rén suànbushàng jiàoyùzhě ▶春とは～ものの,まだ寒い/虽说到了春天,可还是挺冷的 suīshuō dàole chūntiān, kě háishi tǐng lěng de ❷【同格関係】▶「謙虚」と～徳/谦虚'这种美德 qiānxū zhè zhǒng měidé

ことわざ 言うは易(ﾔｽ)く行うは難し 说起来容易做起来难 shuōqǐlai róngyì zuòqǐlai nán
ことわざ 言わぬが花 不说为妙 bù shuō wéi miào
言い得て妙 说得妙 shuōdemiào ▶「花吹雪」とはまさに言い得て妙だ/落花如雪,描写得真妙! luòhuā rú xuě, miáoxiě de zhēn miào!
～に言われぬ 无法用语言来形容的 wúfǎ yòng yǔyán lái xíngróng de ▶～に言われぬ悲しみ/不可名状的悲哀 bùkě míngzhuàng de bēi'āi
名を…と～ 名叫… míng jiào…

いえ【家】《建物》房子 fángzi;《家庭·家族》家 jiā (英 a house; a dwelling; home) ▶～を建てる/盖房子 gài fángzi ▶…の～に生まれる/生于…家庭 shēngyú … jiātíng ▶～を畳む/收拾家当 shōushi jiādāng ▶～を継ぐ/继承家业 jìchéng jiāyè ▶18歳で～を出た/十八岁离开家乡 shíbā suì líkāi jiāxiāng ▶～を出る時は雨だった/出门的时候下着雨 chūmén de shíhou xiàzhe yǔ

いえい【遺影】 遺像 yíxiàng (英 a portrait of a deceased person) ▶壁に父の～を飾る/墙上挂着父亲的遗像 qiángshang guàzhe fùqin de yíxiàng ▶故原田氏の～/已故原田先生的遗像 yǐgù Yuántián xiānsheng de yíxiàng

いえがら【家柄】 出身 chūshēn;门第 méndì;门户 ménhù (英 the standing of a family) ▶～を鼻にかける/把门第出身挂在嘴上 bǎ méndì chūshēn guàzài zuǐshang ▶～が物を言う/重视门第 zhòngshì méndì ▶～がよい[悪い]/出身好[不好] chūshēn hǎo[bù hǎo]

いえき【胃液】 胃液 wèiyè (英 gastric juice)

いえじ【家路】 归途 guītú (英 one's way home) ▶～につく/回家 huíjiā

イエス〖宗教〗耶稣 Yēsū; 耶稣基督 Yēsū Jīdū (英 Jesus)

イエス 是 shì; 对 duì (英 yes) ▶～かノーをはっきりしなさい/赞成还是反对请明确表态 zànchéng háishi fǎnduì qǐng míngquè biǎotài

イエスマン 应声虫 yìngshēngchóng (英 a yes-man)

いえで【家出】 离家出走 líjiā chūzǒu (英 a runaway) ▶～人/出奔的人 chūbēn de rén

いえなみ【家並】 成排的房子 chéngpái de fángzi (英 a row of houses) ▶～が続く/房屋栉比 fángwū zhìbǐ

いえもと【家元】 (英 the head of a school) ▶華道の～/花道的宗家 huādào de zōngjiā

いえやしき【家屋敷】 房地产 fángdìchǎn (英 an estate) ▶～を抵当に入れる/用房地产抵押 yòng fángdìchǎn zuò dǐyā

いえる【癒える】 痊愈 quányù (英 heal) ▶心の傷がなお癒えない/心灵的创伤还没有痊愈 xīnlíng de chuāngshāng hái méiyǒu quányù

イエローカード 《サッカー》黄牌 huángpái (英 a yellow card)

いえん【以遠】 以远 yǐyuǎn (英 beyond…) ▶仙台～はなお不通です/仙台以北地区还没有通车 Xiāntái yǐběi dìqū hái méiyǒu tōngchē

いおう【硫黄】 硫磺 liúhuáng (英 sulfur; sulphur) ▶～酸化物/氧化硫 yǎnghuàliú

いおとす【射落とす】 射下来 shèxiàlai; 击落 jīluò (英 shoot down) ▶彼はいまや飛ぶ鳥を～勢いだ/他现在的架势好像能降龙伏虎 tā xiànzài de jiàshi hǎoxiàng néng xiáng lóng fú hǔ

イオン〖化学〗离子 lízǐ (英 an ion) ▶～化/电离 diànlí ▶～交换/离子交换 lízǐ jiāohuàn ▶～交换树脂/离子交换树脂 lízǐ jiāohuàn shùzhī

いか【以下】 ❶【数量·未満】以下 yǐxià; 之下 zhīxià (英 … or 〔and〕 fewer; …or 〔and〕 less; under…) ▶20歳～/二十岁以下 èrshí suì yǐxià ▶あいつは人間～だ/他还能算人吗? tā hái néng suàn rén ma? ❷【次のもの】 (英 the following) ▶～の通りである/如下 rúxià ▶～に概略を記す/大略地记录如下 dàlüè de jìlù rúxià ▶隊長～25名/以队长为首的二十五个人 yǐ duìzhǎng wéishǒu de èrshíwǔ ge rén

いか【医科】 医科 yīkē (英 the medical department) ▶～大学/医科大学 yīkē dàxué

イカ〖動物〗墨鱼 mòyú; 乌贼 wūzéi; 鱿鱼 yóuyú (英 a cuttlefish; a squid)

いがい【以外】 以外 yǐwài; 除了…以外 chúle…yǐwài (英 except…; but…) ▶英语～に中国語もできるよ/除了英语还会汉语 chúle Yīngyǔ hái huì Hànyǔ ▶彼～に適任者はいない/除了他以外再没有合适的人了 chúle tā yǐwài zài méiyǒu héshì de rén le ▶私～の誰かに訊ねてください/除了我以外,你再问问别人 chúle wǒ yǐwài, nǐ zài wènwen biéren

いがい【意外】 意外 yìwài; 出乎意料 chūhū yìliào (英 unexpectedness) ▶～に思う/感到意外 gǎndào yìwài ▶～に難しい/意外地困难 yìwài de kùnnan ▶～な結果に終わる/没想到结局会是这样 méi xiǎngdào jiéjú huì shì zhèyàng ▶結果は全く～だった/结果完全出乎意料 jiéguǒ wánquán chūhū yìliào ▶～なできごと/意想不到 yìxiǎngbudào de shì

いかが【如何】 ❶【意向を尋ねる】怎么样 zěnmeyàng; 怎样 zěnyàng; 如何 rúhé (英 How…?; What…?) ▶～ですか/怎么样 zěnmeyàng; 如何 rúhé ▶会長は～お考えですか/会长怎么想? huìzhǎng zěnme xiǎng?; 会长下如何? huìzhǎng yìxià rúhé? ❷【勧誘】 (英 How about…?) ▶もう一杯～ですか/再来一杯怎么样? zài lái yì bēi zěnmeyàng? ❸【否定的】怎么～ zěnmeyàng; 如何 rúhé (英 How…?; What…?) ▶そういう断定は～なものでしょう/这么武断难以接受 zhème wǔduàn nányǐ

いかがわしい 污秽 wūhuì；不正经 bú zhèngjīng；《疑わしい》怀疑 huáiyí（英 *doubtful*; *indecent*） ▶～場所に出入りする/出没于肮脏的世界 chūmò yú āngzāng de shìjiè

いかく【威嚇】威慑 wēishè；威胁 wēixié（英 *threat*） ▶～射撃/威慑射击 wēishè shèjī ▶拳を上げて～する/举起拳头威胁 jǔqǐ quántóu wēixié ▶～的な姿に出る/表现出恐吓的姿态 biǎoxiànchū kǒnghè de zītài

いがく【医学】医学 yīxué（英 *medicine*; *medical science*） ▶～部/医学院 yīxuéyuàn ▶～を学ぶ/学习医学 xuéxí yīxué ▶漢方～/中医学 Zhōngyīxué ▶～的に証明する/从医学上证明 cóng yīxuéshang zhèngmíng

いかさま 欺骗 qīpiàn（英 *a fake*） ▶～師/骗子 piànzi ▶～をやる/欺骗 qīpiàn ▶この壺は～だ/这个罐子是假货 zhège guànzi shì jiǎhuò

いかす【生かす】活用 huóyòng；利用 lìyòng（英 *make the best use of...*） ▶特技を～/发挥专长 fāhuī zhuāncháng

いかすい【胃下垂】〔医〕胃下垂 wèixiàchuí（英 *gastroptosis*）

いかだ【筏】筏子 fázi；木筏 mùfá；木排 mùpái（英 *a raft*） ▶～を流す/放木排 fàng mùpái ▶～を組む/扎木排 zā mùpái

いがた【鋳型】模型 móxíng；模子 múzi（英 *a mold*; *a cast*） ▶～を取る/做模子 zuò múzi ▶子供を～にはめる教育/按条条框框指导孩子的教育 àn tiáotiáokuàngkuàng zhǐdǎo háizi de jiàoyù

いかつい 粗壮 cūzhuàng；严厉 yánlì（英 *stern*; *stiff*） ▶～顔/粗犷的脸庞 cūguǎng de liǎnpáng

いかなる【如何なる】何等 héděng；任何 rènhé（英 *any*） ▶～人も/任何人 rènhérén ▶あの男には～脅しもきかない/那个男人不会屈服于任何威胁 nàge nánrén búhuì qūfú yú rènhé wēixié

いかに【如何に】如何 rúhé；怎样 zěnyàng（英 *how*） ▶～大事な人か/是多么重要的人 shì duōme zhòngyào de rén ▶～解決したか聞かせてほしい/请教一下您是怎么解决的？ qǐngjiào yíxià nín shì zěnme jiějué de？

いかにも【如何にも】诚然 chéngrán；的确 díquè（英 ［非常に］*really*; *indeed*；［確かに］*certainly*） ▶～楽しそうに語った/非常愉快地说 fēicháng yúkuài de shuō ▶～あなたらしい話だなあ/这番话真代表您的风格 zhè fān huà zhēn dàibiǎo nín de fēnggé ▶～その通りだ/的确很有道理 díquè hěn yǒu dàoli

いがみあう【いがみあう】反目 fǎnmù；争吵 zhēngchǎo（英 *quarrel with...*） ▶～のはもううんざりだ/争吵已经听腻了 zhēngchǎo yǐjīng tīngnì le ▶～恋人同士で～/情侣们互相争吵 qínglǚmen hùxiāng zhēngchǎo

いかめしい【厳めしい】严厉 yánlì；严肃 yán-sù（英 *dignified*; *majestic*） ▶～顔つき/严肃的面容 yánsù de miànróng

いかもの【いか物】奇特的食物 qítè de shíwù（英 *freak food*） ▶～食い/爱吃奇特的食物 ài chī qítè de shíwù

いからせる【怒らせる】（英 *make... angry*） ▶目を怒らせて見据える/怒目相视 nùmù xiāng shì ▶肩を怒らせて歩く/摆着架势走路 bǎizhe jiàshi zǒulù

いがらっぽい 呛 qiāng（英 *rough*; *itchy*） ▶喉が～/呛喉咙 qiāng hóulong

いかり【怒り】火气 huǒqì；愤怒 fènnù（英 *anger*; *rage*） ▶～をなだめる/发火 fāhuǒ ▶～を鎮める/息怒 xīnù；消气 xiāoqì ▶～がこみ上げる/燃起怒火 ránqǐ nùhuǒ ▶～で声が震える/气得声音发抖 qìde shēngyīn fādǒu ▶～の声を上げる/发出愤怒的声音 fāchū fènnù de shēngyīn ▶父の～/父亲的愤怒 fùqin de fènnù

いかり【錨】锚 máo（英 *an anchor*） ▶～を上げる/起锚 qǐmáo；启航 qǐháng ▶～を下ろす/下锚 xiàmáo；抛锚 pāomáo

いかりくるう【怒り狂う】暴跳如雷 bàotiào rú léi；狂怒 kuángnù；暴怒 bàonù（英 *rage*） ▶だまされて彼は怒り狂った/他被欺骗，暴跳如雷 tā bèi qīpiàn, bàotiào rú léi

いかる【怒る】愤怒 fènnù；发怒 fānù；生气 shēngqì；发脾气 fā píqi（英 *get angry*） ▶かつての怒れる若者たちは/当初那些"愤青"（义愤的年轻人）们 dāngchū nàxiē "fènqīng"（yìfèn de niánqīngrén）men

いかれる ❶【古びて機能が衰える】破旧 pòjiù（英 *go wrong*） ▶このテレビもいかれちまった/这台电视机已经老掉牙了 zhè tái diànshìjī yǐjīng lǎodiàoyá le ❷【思考の状態が正常でなくなる】不正常 bù zhèngcháng（英 *be crazy*） ▶彼は頭がいかれている/他的脑子已经混乱了 tā de nǎozi yǐjing hùnluàn le

いかん【如何】如何 rúhé；怎么样 zěnmeyàng（英 *what*; *how*） ▶もはや～ともしがたい/已经进退维谷了 yǐjing jìntuì wéigǔ le ▶それは先方の事情～による/那要根据对方的情况来处理 nà yào gēnjù duìfāng de qíngkuàng lái chǔlǐ

いかん【移管】する 移交 yíjiāo（英 *transfer the control of...*） ▶この件は県から市に～する/这件事由县里移交给市里管辖 zhè jiàn shì yóu xiànlǐ yíjiāo gěi shìlǐ guǎnxiá

いかん【遺憾】遗憾 yíhàn（英 *a regret*） ▶～に思う/感到遗憾 gǎndào yíhàn ▶君の怠慢を～に思う/我对你不负责任的态度感到遗憾 wǒ duì nǐ bù fù zérèn de tàidù gǎndào yíhàn ▶～ながら御意向に添えません/很遗憾我不能按你的意思去做 hěn yíhàn wǒ bùnéng àn nǐ de yìsi qù zuò ▶～なく実力を発揮する/不遗余力地发挥自己的本领 bù yí yúlì de fāhuī zìjǐ de běnlǐng

いかんせん【如何せん】无奈 wúnài；无可奈何 wú kě nài hé（英 *to one's regret*） ▶～本人にやる気がないんだ/无奈本人没有干劲儿 wúnài běnrén méiyǒu gànjìnr

いがんたいしょく【依願退職】 自愿退职 zìyuàn tuìzhí (英 *retirement at one's own request*)

いき【生き】 ❶ [鮮度] (英 *freshness*) ▶この魚は～がいい/这鱼新鲜 zhè yú xīnxiān ❷ [校正で] 保留 bǎoliú (英 *stet*) ❸ [その他] ▶～のいい新人/充满活力的新手 chōngmǎn huólì de xīnshǒu

いき【行き】 ⇨ゆき(行き)

いき【息】 呼吸 hūxī; 气息 qìxī (英 *a breath*) ▶～が切れる/喘不过气来 chuǎnbuguò qì lái ▶～が絶える/断气 duànqì ▶～をひそめる/屏气 bǐngqì ▶ひと～つく/歇一会儿 xiē yíhuìr ▶～が続かない/坚持不下去 jiānchíbuxiàqù ▶～を吸う/吸气 xīqì ▶～をのむ美しさ/令人感叹的美丽 lìng rén gǎntàn de měilì ▶忙しくて～つく暇もない/忙得连喘气儿的工夫也没有 máng de lián chuǎn qìr de gōngfu yě méiyǒu ▶彼には会長の～がかかっている/他会会长作后台 tā yǒu huìzhǎng zuò hòutái

～と合います 合得来 hédelái ▶彼とは～が合う/我跟他合得来 wǒ gēn tā hédelái

～が合わない 合不来 hébulái

～が詰まる 憋气 biē qì ▶親父といると～が詰まる/跟父亲在一起感到憋闷 gēn fùqin zài yìqǐ gǎndào biēmen

～の長い 持之以恒 chí zhī yǐ héng ▶～の長い仕事/需要耐性的工作 xūyào nàixìng de gōngzuò

いき【粋な】 潇洒 xiāosǎ; 俏皮 qiàopi; 风流 fēngliú (英 *smart; stylish; chic*) ▶～なゆかたをお召しです/你这身浴衣真潇洒 nǐ zhè shēn yùyī zhēn yǎ ▶会長の～な計らいで僕は留学できた/因为会长合情合理的安排, 我得以去留学 yīnwèi huìzhǎng héqíng hélǐ de ānpái, wǒ déyǐ qù liúxué

いき【域】 范围 fànwéi (英 *a sphere; a stage*) ▶推測の～を出ない/只是推测而已 zhǐshì tuīcè éryǐ ▶名人の～に達している/达到了名手的水平 dádào le míngshǒu de shuǐpíng

いき【意気】 志气 zhìqì; 劲儿 jìnr (英 *spirits; morale*) ▶～高らかに/昂扬 ángyáng ▶～盛んな/气昂昂 qì'áng'áng; 意气风发 yìqì fēngfā ▶～に感ずる/感感气 gǎn yìqì ▶～が上がらない/鼓不起斗志来 gǔbuqǐ dòuzhì lái; 意志消沉 yìzhì xiāochén ▶そうだ, その～だ/对, 就是要有这种志气 duì, jiùshì yào yǒu zhè zhǒng zhìqì

いき【遺棄】 遗弃 yíqì (英 *abandonment*) ▶死体を～する/丢弃尸体 diūqì shītǐ ▶死体～の罪/遗弃尸体罪 yíqì shītǐ zuì

いぎ【異議】 异议 yìyì; 相反的意见 xiāngfǎn de yìjiàn (英 *an objection*) ▶～を申し立てる/提出异议 tíchū yìyì ▶～なし/同意 tóngyì ▶～あり/有不同意见 yǒu bùtóng yìjiàn

いぎ【意義】 意义 yìyì (英 *a meaning; a sense*) ▶～がある/有意义 yǒu yìyì ▶～ある仕事/有意义的工作 yǒu yìyì de gōngzuò ▶人生の～について考える/思考人生的意义 sīkǎo rénshēng de yìyì

いきあう【行き会う】 ⇨ゆきあう(行き会う)

いきあたりばったり【行き当たりばったり】 ⇨ゆきあたりばったり(行き当たりばったり)

いきあたる【行き当たる】 ⇨ゆきあたる(行き当たる)

いきいき【生き生き】 生动 shēngdòng; 活泼 huópo; 精神 jīngshen; 活生生 huóshēngshēng (英 *lively; fresh*) ▶～した表情を浮かべる/眼前浮现出那生动的表情 yǎnqián fúxiànchū nà shēngdòng de biǎoqíng ▶～と働く/生龙活虎似地工作 shēnglóng huóhǔ sì de gōngzuò

いきうつし【生き写し】 一模一样 yì mú yí yàng; 惟妙惟肖 wéi miào wéi xiào (英 *a living image*) ▶僕は若い頃の父親に～だそうだ/听说我跟父亲年轻时一模一样 tīngshuō wǒ gēn fùqin niánqīngshí yī mú yī yàng

いきうめ【生き埋め】 活埋 huómái (英 *burying alive*) ▶雪の下に～になる/被活埋在积雪下边儿 bèi huómái zài jīxuě xiàbiānr

いきおい【勢い】 声势 shēngshì; 势头 shìtóu; 劲头 jìntóu (英 [力] *power*; [气力] *energy; vigor*) ▶～がいい/劲头十足 jìntóu shízú ▶よく駆け出す/劲头十足地跑了起来 jìntóu shízú de pǎoleqǐlái ▶～に乗って勝ち進む/乘势连战连胜 chéngshì lián zhàn lián shèng ▶雨が～を増す/雨越下越大 yǔ yuè xià yuè dà; 雨越下越猛 yǔ yuè xià yuè měng ▶飲んだ～で…/借着酒劲儿… jièzhe jiǔjìnr… ▶金ができると贅沢をしたくなる/赚了钱就想乘势铺张 zhuànle qián jiù xiǎng chéngshì pūzhāng

いきおいづく【勢いつく】 来劲儿 láijìnr (英 *gain strength*) ▶初戦に勝って～/旗开得胜士气大振 qí kāi dé shèng shìqì dàzhèn

いきがい【生き甲斐】 生存的意义 shēngcún de yìyì (英 *one's reason for living*) ▶～を感じる/感到活得有意义 gǎndào huóde yǒu yìyì ▶走ることが私の～です/赛跑本身就是我生存的意义 sàipǎo běnshēn jiùshì wǒ shēngcún de yìyì ▶人生の～を見出す/发现人生的价值 fāxiàn rénshēng de jiàzhí

いきかう【行き交う】 ⇨ゆきかう(行き交う)

いきかえり【行き帰り】 ⇨ゆきかえり(行き帰り)

いきかえる【生き返る】 复活 fùhuó; 回生 huíshēng; 苏醒 sūxǐng (英 *come back to life*) ▶生き返らせる/回春 huíchūn ▶ようやく会社が生き返った/公司终于恢复过来了 gōngsī zhōngyú huīfù guòlái le

いきがかり【行き掛かり】 ⇨ゆきがかり(行き掛かり)

いきがけ【行き掛け】 ⇨ゆきがけ(行き掛け)

いきき【行き来】 ⇨ゆきき(行き来)

いきぎれ【息切れする】 气喘 qìchuǎn; 接不上气 jiēbushàng qì (英 *get out of breath*) ▶坂道にかかると～する/一爬坡就喘不上气来 yì pá pō jiù chuǎnbushàng qì lái ▶プロジェクトが～してい

る/项目撑不住了 xiàngmù chēngbuzhù le

いきぐるしい【息苦しい】 憋气 biēqì；沉闷 chénmèn（英 *stuffy; choking*）

いきけんこう【意気軒昂】 气宇轩昂 qìyǔ xuān'áng（英 *high spirits*）

いきごむ【意気込む】 振作 zhènzuò；干劲十足 gànjìn shízú（英 *be determined to do*）▶必ít勝とう意気込んでいる/他干劲十足地说，非赢不可 tā gànjìn shízú de shuō, fēi yíng bù kě ▶試合にかける彼らの意気込みはすごい/他们对比赛充满热切的期待 tāmen duì bǐsài chōngmǎn rèqiè de qídài

いきさき【行き先】 ⇨ゆきさき（行き先）

いきさつ【経緯】 原委 yuánwěi；经过 jīngguò（英 *details*）▶事の～を語る/诉说事情的经过 sùshuō shìqing de jīngguò ▶～は不明のままだ/原委还没搞清楚 yuánwěi hái méi gǎo qīngchu

いきじごく【生き地獄】 人间地狱 rénjiān dìyù（英 *a hell on earth*）▶戦場に～を見る/在战场上看到了活生生的地狱 zài zhànchǎngshang kàndàole huóshēngshēng de dìyù

いきじびき【生き字引き】 活字典 huózìdiǎn；万事通 wànshìtōng（英 *a walking dictionary*）

いきしょうちん【意気消沈する】 沮丧 jǔsàng；颓丧 tuísàng；心灰意懒 xīn huī yì lǎn（英 *become depressed*）▶職を失ってすっかり～する/失去工作以后他彻底地心灰意懒了 shīqù gōngzuò yǐhòu tā chèdǐ de xīn huī yì lǎn le

いきすぎ【行き過ぎ】 ⇨ゆきすぎ（行き過ぎ）

いきすぎる【行き過ぎる】 ⇨ゆきすぎる（行き過ぎる）

いきせききる【息せき切る】 气喘吁吁 qìchuǎn xūxū（英 *gasp*）▶息せき切って駆けつけ/他气喘吁吁地赶来 tā qìchuǎn xūxū de gǎnlái

いきそそう【意気阻喪】 意气低沉 yìqì dīchén（英 *discouragement*）▶さすがに彼も～している/就连他也感到意志消沉 jiù lián tā yě gǎndào yìzhì xiāochén

いきだおれ【行き倒れ】 ⇨ゆきだおれ（行き倒れ）

いきち【生き血】 鲜血 xiānxuè（英 *lifeblood*）～を吸う 吸吮膏血 xīshǔn gāoxuè

いきちがい【行き違い】 ⇨ゆきちがい（行き違い）

いきづかい【息遣いが荒い】（英 *breathe hard*）▶～が荒い/呼吸急促 hūxī jícù

いきつく【行き着く】 ⇨ゆきつく（行き着く）

いきづく【息づく】（英 *breathe*）▶村はひっそり息づいている/村里的气氛静悄悄 cūnli de qìfēn jìngqiāoqiāo

いきつけ【行き付け】 ⇨ゆきつけ（行き付け）

いきづまり【行き詰まり】 ⇨ゆきづまり（行き詰まり）

いきづまる【行き詰まる】 ⇨ゆきづまる（行き詰まる）

いきづまる【息詰まる】 透不过气 tòu bú guòqì（英 *be choked; be suffocated*）▶～熱戦を展開する/紧张的对局让人手里捏着一把汗 jǐnzhāng de duìjú ràng rén shǒuli niēzhe yì bǎ hàn

いきつもどりつ【行きつ戻りつ】 ⇨ゆきつもどりつ（行きつ戻りつ）

いきとうごう【意気投合する】 意气相投 yìqì xiāngtóu；情投意合 qíng tóu yì hé（英 *find themselves kindred spirits*）▶二人は～した/两个人情投意合 liǎng ge rén qíng tóu yì hé

いきどおり【憤り】 愤怒 fènnù（英 *anger*）▶激しい～を感じる/感到强烈的愤怒 gǎndào qiángliè de fènnù

いきどおる【憤る】 发怒 fānù；愤怒 fènnù（英 *get angry*）

いきどころ【行き所】 ⇨ゆきどころ（行き所）

いきとしいけるもの【生きとし生けるもの】 芸芸众生 yúnyún zhòngshēng（英 *all living things*）▶～すべての命が輝く春だ/万物欣欣向荣的春天 wànwù xīnxīn xiàng róng de chūntiān

いきとどく【行き届く】 ⇨ゆきとどく（行き届く）

いきどまり【行き止まり】 ⇨ゆきどまり（行き止まり）

いきながらえる【生き長らえる】 长寿 chángshòu；长生 chángshēng（英 *survive; live long*）▶なすこともなく生き長らえている/无所事事，过着漫长的人生 wú suǒ shìshì, guòzhe màncháng de rénshēng

いきなり 突然 tūrán；(だしぬけに) 冷不防 lěngbufáng；猛不防 měngbufáng（英 *suddenly*）▶～駆け出す/突然跑起来 tūrán pǎoqǐlai ▶～野犬にかまれた/冷不防被野狗咬了一口 lěngbufáng bèi yěgǒu yǎole yì kǒu

いきぬき【息抜き】 ❶【休息】休息 xiūxi；缓气 huǎnqì（英 *rest; a break*）▶たまには～が必要だ/有时也需要松口气 yǒushí yě xūyào sōng kǒuqì ❷【換気口】通气孔 tōngqìkǒng（英 *a ventilator*）▶壁の～が小さに～がある/墙上有一个小小的通气孔 qiángshang yǒu yí ge xiǎoxiǎo de tōngqìkǒng

いきぬく【生き抜く】 活下去 huóxiàqu；熬日子 áorìzi（英 *survive*）▶無人島で～/在无人岛上生存 zài wúréndǎoshang shēngcún

いきのこる【生き残る】 残存 cáncún；幸存 xìngcún（英 *survive; outlive*）▶戦火の村で私一人が生き残った/遭受战火的村子里只有我一个人幸存 zāoshòu zhànhuǒ de cūnzili zhǐ yǒu wǒ yí ge rén xìngcún ▶会社の生き残りを賭けた企画/为了公司生死存亡孤注一掷的计划 wèile gōngsī shēngsǐ cúnwáng gūzhù yí zhì de jìhuà

いきのね【息の根】 性命 xìngmìng（英 *life*）▶～を止める/断送生命 duànsòng shēngmìng ▶私のホームランが相手の～を止めた/我的本垒打致对方于死地 wǒ de běnlěidǎ zhì duìfāng yú sǐdì

いきのびる【生き延びる】 死里逃生 sǐlǐ táoshēng（英 *survive; outlive*）▶木の根木の葉を食って～/吃树根树叶来维持生命 chī shùgēn shùyè lái wéichí shēngmìng ▶不況下によく生

いきはじ【生き恥】（英 digrace）▶～をさらす/活着受辱 huózhe shòurǔ; 丢人现眼 diūrén xiànyǎn

いきまく【息巻く】气势汹汹地说 qìshì xiōngxiōng de shuō（英 rage）

いきむ【息む】（力む）紧张 jǐnzhāng; 用劲儿 yòngjìnr（英 strain）;《分娩時に》憋气使劲儿 piēqì shǐjìnr（英 push）

いきもの【生き物】生物 shēngwù（英 a living thing）▶言葉は～だ/语言是活着的 yǔyán shì huózhe de ▶～を飼っているかい/你养小动物吗？nǐ yǎng xiǎodòngwù ma?

いきょ【依拠する】依据 yījù; 根据 gēnjù（英 depend on）▶この報告は何に～して書いたのですか？/这份报告是根据什么写出来的？zhè fèn bàogào shì gēnjù shénme xiěchūlái de?

いきょう【異教】异教 yìjiào（英 heresy）▶～徒/异教徒 yìjiàotú

いきょう【異郷】他乡 tāxiāng; 异乡 yìxiāng（英 a foreign country）▶～に暮らす/客居异乡 kèjū yìxiāng ▶～に骨を埋める/遗骨他乡 yígǔ tāxiāng; 客死异乡 kèsǐ yìxiāng

いぎょう【偉業】伟业 wěiyè（英 a great work）▶～を達成する/完成伟业 wánchéng wěiyè ▶三連覇の～を達成する/蝉联三届，大功告成 chánlián sān jiè, dàgōng gàochéng

いぎょう【遺業】遗业 yíyè（英 the work left unfinished）▶父の～を継ぐ/继承父亲的遗业 jìchéng fùqin de yíyè

いぎょうしゅ【異業種】不同行业 bù tóng hángyè（英 a differnt occupation）▶～間の交流/不同行业之间的交流 bùtóng hángyè zhījiān de jiāoliú

いきようよう【意気揚揚】得意洋洋 déyì yángyáng; 趾高气扬 zhǐ gāo qì yáng（英 in high spirits）▶万雷の拍手の中を～と引きあげた/在雷鸣般的掌声中洋洋得意地退场了 zài léimíng bān de zhǎngshēng zhōng yángyáng déyì de tuìchǎng le

いきょく【医局】医疗部 yīliáobù（英 a medical office）▶～員/医院内的大夫 yīyuàn de dàifu

いきょく【委曲】原委 yuánwěi（英 details）▶～を尽くして説明する/仔细说明原委 zǐxì shuōmíng yuánwěi

イギリス 英国 Yīngguó（英 Great Britain）

いきりたつ【いきり立つ】激昂 jī'áng; 愤怒 fènnù（英 be excited）▶何でそういきり立っているんだ/你干吗那么激动啊！nǐ gànmá nàme jīdòng a!

いきる【生きる】❶【生命がある】活 huó; 处身 chǔshēn（英 live）▶持ち味が生きている/特色鲜明 tèsè xiānmíng ▶言葉が生きている/语言生动 yǔyán shēngdòng ▶～すべを失う/没法活了 méi fǎ huó le ▶芝居こそ私の～道/戏剧才是我的人生道路 xìjù cái shì wǒ de rénshēng dàolù ▶ここに生きた見本がいる/这儿有活样板 zhèr yǒu huóyàngbǎn ▶生きた化石/孑遗生物 jiéyí shēngwù ▶彼は生きた化石と呼ばれている/他被称作"活化石" tā bèi chēngzuò "huóhuàshí" ❷【有効である】（英 be valid）▶契約はまだ生きている/合同还有效 hétong hái yǒuxiào

生きた心地もしない～恐ろしくて生きた心地がしない/吓得魂不附体 xiàde hún bù fù tǐ

いきわたる【行き渡る】⇨ゆきわたる（行き渡る）

いく【行く】❶【ある場所へ】去 qù; 走 zǒu; 前往 qiánwǎng（英 go; come《聞き手の所へ》）→ゆく（行く）▶道を～/走路 zǒulù ▶会社へ～/上班 shàngbān ▶あっちへ行け！/滚开 gǔnkāi ▶どこへ～の？/你去哪儿？nǐ qù nǎr? ▶どこへ行ってたの？/你去哪儿了？nǐ qù nǎr le? ▶我が道を～/走自己的路 zǒu zìjǐ de lù ▶彼はドアの方へ行った/他到门那儿去了 tā dào mén nàr qù le ▶「どこまでいらっしゃいますか」「神田まで行きます」/"您去哪儿？Nín qù nǎr?""去神田 Qù Shéntián" ▶日光へ行ったことがありますか/去过日光吗？qùguo Rìguāng ma? ▶日本へはまだ行ったことがありません/还没去过日本 hái méi qùguo Rìběn

❷【進行する】进行 jìnxíng（英 reach; go well）→ゆく（行く）▶その計画はうまく行った/那个计划很顺利 nàge jìhuà hěn shùnlì ▶試験はうまく行った/考试考得不错 kǎoshì kǎode búcuò ▶君らが考えるようには行っていないんだよ/没有像你们想像的那样进行 méiyǒu xiàng nǐmen xiǎngxiàng de nàyàng jìnxíng

❸【その他】▶年が～/年老 niánlǎo ▶嫁に～/出嫁 chūjià

イグアナ《動物》鬣蜥 lièxī（英 an iguana）

いくえ【幾重】重重 chóngchóng（英 several times）▶～にも重なる/重叠 chóngdié; 密密层层 mìmicéngcéng ▶山々が～にも重なっている/山峦重叠 shānluán chóngdié ▶～にもお詫びし上げます/反复表示歉意 fǎnfù biǎoshì qiànyì

いくえい【育英】培养人才 péiyǎng réncái（英 education for bright young people）▶～基金/教育基金 jiàoyù jījīn ▶～事業に寄付する/对教育事业进行捐赠 duì jiàoyù shìyè jìnxíng juānzèng

いくさ【戦】战争 zhànzhēng（英 a battle; a fight; a war）▶～を始める/发动战争 fādòng zhànzhēng ▶向こうから～を仕掛けたんだ/是对方挑起的战争 shì duìfāng tiāoqǐ de zhànzhēng ▶負け～をした/打了败仗 dǎle bàizhàng ▶負け～はしたくない/不想打败仗 bù xiǎng dǎ bàizhàng

イグサ【藺草】《植物》灯心草 dēngxīncǎo（英 a rush）

いくじ【育児】养育幼儿 yǎngyù yòu'ér（英 child care）▶～休暇/育儿假 yù'érjià ▶～書で勉強する/靠育儿书来学习 kào yù'érshū lái xuéxí

いくじ【意気地】 ~のない 懦夫 nuòfū; 软骨头 ruǎngǔtou; 没出息 méi chūxī

いくせい【育成】 培育 péiyù; 抚育 fǔyù (英 training; [栽培] cultivation) ▶人材を~する/培养人才 péiyǎng réncái ▶後継者を~する/培养接班人 péiyǎng jiēbānrén

いくた【幾多】 好多 hǎoduō; 无数的 wúshù de (英 many; various; a lot of) ▶~の業績を残す/留下无数的成果 liúxià wúshù de chéngguǒ

いくつ【幾つ】 多少 duōshao; 几 jǐ (英 how many...; how old) ▶坊や~になったの？/小朋友，你几岁了？ xiǎopéngyǒu, nǐ jǐ suì le？ ▶彼はあなたより年は~下なんですか？/他比你小几岁？ tā bǐ nǐ xiǎo jǐ suì？ ▶難題は~も~も重なっている/难题堆成了山 nántí duīchéngle shān

いくつか【幾つか】 一些 yìxiē; 几个 jǐ ge (英 some; several; a few) ▶~方法がある/有一些办法 yǒu yìxiē bànfǎ ▶~条件がある/有几个条件 yǒu jǐ ge tiáojiàn ▶~質問があります/我有几个问题 wǒ yǒu jǐ ge wèntí ▶30を~越えた男/三十岁开头的大男人 sānshí hǎojǐ de dànánrén

いくど【幾度】 屡次 lǚcì; 许多次 xǔduō cì (英 how often) ▶~騙されたかしれない/不知道被骗过多少次 bù zhīdào bèi piànguo duōshao cì ▶~となく警告する/屡次三番地提出警告 lǚcì sānfān de tíchū jǐnggào ▶できるまで~も挑戦する/反复挑战，直到成功 fǎnfù tiǎozhàn, zhídào chénggōng

いくどうおん【異口同音】 异口同声 yì kǒu tóng shēng (英 with one voice) ▶みんなが~に反対を唱えた/大家异口同声地提出反对 dàjiā yì kǒu tóng shēng de tíchū fǎnduì

いくにち【幾日】 几天 jǐ tiān (英 how many days) ▶往復で~かかります/来回要好几天 láihuí yào hǎojǐ tiān ▶禁煙は~も続かなかった/戒烟没能坚持几天 jièyān méi néng jiānchí jǐ tiān ▶雨は~も降り続いた/雨接连下了好几天 yǔ jiēlián xiàle hǎojǐ tiān

いくにん【幾人】 几个人 jǐ ge rén (英 how many people) ▶中には~か取り残されている（救助で）/里边还有好几个人没救出来 lǐbian háiyǒu hǎojǐ ge rén méi jiùchūlai ▶分かる人は~もいない/没有几个人能理解 méiyǒu jǐ ge rén néng lǐjiě ▶~もいた/有好几个人 yǒu hǎojǐ ge rén ▶不及格者は~もいた/有好几个人不及格 yǒu hǎojǐ ge rén bù jígé

いくねん【幾年】 几年 jǐ nián (英 how many years) ▶~続く干魃/连年旱灾 liánnián hànzāi ▶完成までには~かかります/要过好几年才能完成 yào guò hǎojǐ nián cái néng wánchéng ▶~も干魃が続いた/连续干旱了好几年 liánxù gānhànle hǎojǐ nián ▶善政は~も持たなかった/仁政没有持续几年 rénzhèng méiyǒu chíxù jǐ nián ▶独裁は~も続いた/独裁持续了好几年 dúcái chíxùle hǎojǐ nián

いくばく【幾許】 几何 jǐhé; 一点儿 yìdiǎnr (英 a small sum of ...; [時間] soon) ▶~もない/没有多少 méiyǒu duōshao ▶~かの金にはなる/能赚一点儿钱 néng zhuàn yìdiǎnr qián; 能换成少许钱财 néng huànchéng shǎoxǔ qiáncái ▶余命は~もない/活不了多久了 huóbuliǎo duōjiǔ le

いくぶん【幾分】 多少 duōshǎo; 一点儿 yìdiǎnr (英 a little; somewhat; more or less) ▶~体の調子がいい/身体好一点儿 shēntǐ hǎo yìdiǎnr ▶今日は~気分がいい/今天舒服一点儿 jīntiān shūfu yìdiǎnr ▶今天心情稍微好一点儿 jīntiān xīnqíng shāowēi hǎo yìdiǎnr ▶~かは私にも責任がある/我也有一些责任 wǒ yě yǒu yìxiē zérèn

いくもうざい【育毛剤】 生发剂 shēngfàjì (英 a hair restorer)

いくら【幾ら】 ❶[値段・数量・距離] 多少 duōshao (英 how much; how many; how long) ▶(値段は) ~ですか/多少钱 duōshao qián ▶残りは~もない/没剩下多少 méi shèngxià duōshao; 所剩无几 suǒ shèng wújǐ ▶~なら売りますか？/你打算卖多少钱？ nǐ dǎsuan mài duōshao qián？ ❷[幾ら…でも] 不管怎样 bùguǎn zěnyàng (英 no matter how...) ▶~なんでもあんまりだ/无论如何，也太过分了 wúlùn rúhé, yě tài guòfen le ▶~頼まれても無理です/怎么求也没用 zěnme qiú yě méi yòng ▶~馬鹿でもそのくらいは分かるよ/再傻也应该明白这种事儿啊 zài shǎ yě yīnggāi míngbai zhè zhǒng shìr a

イクラ 鲑鱼子 guīyúzǐ (英 salmon roe)

いくらか【幾らか】 稍微 shāowēi; 有些 yǒuxiē (英 some; any) ▶~ましだ/稍微好一点儿 shāowēi hǎo yìdiǎnr ▶これよりは~ましだ/比这个稍微强一点儿 bǐ zhège shāowēi qiáng yìdiǎnr ▶そう聞いて~安心だ/听了这话稍微放心一点儿了 tīngle zhè huà shāowēi fàngxīn yìdiǎnr le

いくらでも【幾らでも】 无论多少 wúlùn duōshao (英 without limit) ▶ほしければ~あげるよ/你想要多少就给多少 nǐ xiǎng yào duōshao jiù gěi duōshao ▶金ならば~あるよ/有的是钱 yǒudeshì qián ▶~泣くがいいよ/痛痛快快地哭吧 tòngtòngkuàikuài de kū ba

いけ【池】 池塘 chítáng; 池子 chízi (英 a pond) ▶~を掘る/挖池子 wā chízi ▶蓮~/莲花池 liánhuāchí

いけい【畏敬】 敬畏 jìngwèi (英 awe and respect) ▶~の念を抱く/心怀敬畏之意 xīnhuái jìngwèi zhī yì

いけがき【生垣】 绿篱 lǜlí; 树障子 shù zhàngzi (英 a hedge) ▶~を巡らせる/圈上用灌木种成的围墙 quānshàng yòng guànmù zhòngchéng de wéiqiáng

いけす【生簀】 养鱼池 yǎngyúchí (英 a fish tank) ▶釣った魚を~に放す/把钓来的鱼放进养鱼池 bǎ diàolái de yú fàngjìn yǎngyúchí

いけすかない 讨厌 tǎoyàn (英 nasty) ▶あの親父，~ったらないのよ/那个老爷子说讨厌还真

讨厌 nàge lǎoyézi shuō tǎoyàn hái zhēn tǎoyàn

いけどり【生け捕り】（㊥ *catch...alive*）▶～にする/活捉 huózhuō; 生擒 shēngqín

いけない　❶【行かれない】不能去 bùnéng qù; 去不成 qùbuchéng（㊥ *not go*）▶今日は用があって～/今天有事不能去 jīntiān yǒushì bùnéng qù　❷【禁止】不许 bùxǔ（㊥ *must not; do not*）▶この部屋に入っては～/这间屋子可别进去 zhè jiān wūzi kě bié jìnqù　❸【だめ】不行 bùxíng（㊥ *be of no use*）▶病人はもう～そうだ/听说病人已经不行了 tīngshuō bìngrén yǐjing bùxíng le　▶買い換えないと～/不能不买个新的 bùnéngbù mǎi ge xīn de　❹【よくない・間違っている】不对 búduì（㊥ *be wrong*）▶それは君が～/这可是你不对 zhè kěshì nǐ búduì　▶私のどこが～/我哪点儿不行啊？wǒ nǎ diǎnr bùxíng a?　▶遅れると～から早目に出ます/怕迟到所以提前出发了 pà chídào suǒyǐ tíqián chūfā le

いけにえ【生け贄】　牺牲 xīshēng（㊥ *a sacrifice; a victim*）▶自分を～にするつもりですか/你打算牺牲自己吗？nǐ dǎsuan xīshēng zìjǐ ma?

いけばな【生け花】　插花 chāhuā（㊥ *flower arrangement*）▶教室に通う/在插花教室学习 zài chāhuā jiàoshì xuéxí ▶～を習う/学习插花 xuéxí chāhuā

イケメン　帅哥 shuàigē; 靓仔 liàngzǎi（㊥ *a nice looking guy*）

いける【生ける】　❶【生きている】（㊥ *living*）▶～屍（しかばね）/行尸走肉 xíng shī zǒu ròu ▶～ごとき蝋人形/栩栩如生的人体蜡像 xǔ xǔ rú shēng de rén tǐ làxiàng　❷【花を～する】（㊥ *arrange*）▶竹筒に梅を～/在竹筒里插梅花儿 zài zhútǒngli chā méihuār

いける【行ける】　❶【行くことができる】可以去 kěyǐ qù（㊥ *can go*）▶歩いて～距離/可以走着去的距离 kěyǐ zǒuzhe qù de jùlí ▶車なら10分で行けます/开车十分钟就能到 kāichē shí fēnzhōng jiù néng dào　❷【満足できる】（㊥ *be fine*）▶なかなか～/不错 búcuò ▶なかなか～ね/相当不错 xiāngdāng búcuò ▶～味だ/好吃 hǎochī

いけん【意見】　意见 yìjiàn; 主意 zhǔyi（㊥ *an opinion*）▶～を言う/提出意见 tíchū yìjiàn ▶～が食い違う/意见不一致 yìjiàn bù yīzhì ▶～がぶつかる/意见冲突 yìjiàn chōngtū ▶～を求める/询问 xúnwèn; 征求意见 zhēngqiú yìjiàn ▶～を交わす/商榷 shāngquè ▶少数～に配慮する/照顾少数意见 zhàogù shǎoshù yìjiàn ▶息子に～してやって下さい/帮我好好儿劝一下我儿子吧 bāng wǒ hǎohāor quàn yíxià wǒ érzi ba ◆～広告/意见广告 yìjiàn guǎnggào

いけん【違憲】（㊥ *a violation of the constitution*）▶～である/违反宪法 wéifǎn xiànfǎ ▶～判決が下る/判决为违反宪法 pànjué wéi wéifǎn xiànfǎ

いげん【威厳】　威严 wēiyán; 尊严 zūnyán（㊥ *dignity*）▶～を示す/施展威风 shīzhǎn wēifēng ▶～に満ちている/富有尊严 fùyǒu zūnyán

いご【以後】　以后 yǐhòu; 今后 jīnhòu（㊥ *after this; from now on*）▶～お見知りおきを願います/今后还请多多照顾 jīnhòu hái qǐng duōduō zhàogù ▶面会は5時～と決めてある/会见时间定在五点以后 huìjiàn shíjiān dìngzài wǔ diǎn yǐhòu ▶～彼には会っていない/从那以后没见过他 cóng nà yǐhòu méi jiànguo tā

いご【囲碁】　围棋 wéiqí（㊥ *the game of go*）▶～道场/围棋道场 wéiqí dàochǎng ▶ファン/围棋爱好者 wéiqí àihàozhě

いこう【以降】　以后 yǐhòu（㊥ *after*）▶明治に現れた画家/明治时代以后出现的画家 Míngzhì shídài yǐhòu chūxiàn de huàjiā

いこう【威光】　威望 wēiwàng; 威风 wēifēng（㊥ *influence; authority*）▶親の～/父母的威严 fùmǔ de wēiyán ▶親の～を笠に着る/仰仗父母的威望 yǎngzhàng fùmǔ de wēiwàng ▶～が薄れる/威望减弱 wēiwàng jiǎnruò

いこう【移行する】　过渡 guòdù（㊥ *shift*）▶～段階/过渡阶段 guòdù jiēduàn ▶～措置/过渡性措施 guòdùxìng cuòshī ▶新制度に～する/过渡到新制度 guòdù dào xīnzhìdù

いこう【意向】　意图 yìtú; 意向 yìxiàng（㊥ *an intention; wishes*）▶先方の～を打診する/试探对方的意图 shìtàn duìfāng de yìtú ▶母の～にそむく/违背母亲的意愿 wéibèi mǔqin de yìyuàn

いこう【憩う】　休息 xiūxi（㊥ *relax; take a rest*）▶水辺で～/在水边休息 zài shuǐbiān xiūxi ▶憩いのひととき/小憩的时刻 xiǎoqì de shíkè

いこう【遺稿】　遗稿 yígǎo（㊥ *posthumous works*）▶～を整理する/整理遗稿 zhěnglǐ yígǎo

イコール　❶【数式の＝】等号 děnghào（㊥ *an equal mark*）▶3掛ける2－6/三乘二等于六 sān chéng èr děngyú liù　❷【等しい】等于 děngyú; 相等 xiāngděng（㊥ *be equal*）▶沈黙＝賛成ではない/沉默不等于赞成 chénmò bù děngyú zànchéng

いこく【異国】　外国 wàiguó; 异邦 yìbāng（㊥ *a foreign country; a strange land*）▶～情緒が漂う/飘溢着异国情调 piāoyìzhe yìguó qíngdiào ▶～をさまよう/漂游异乡 piāoyóu yìxiāng

いごこち【居心地】　～がいい 心情舒畅 xīnqíng shūchàng; 舒适 shūshì ▶私の会社は～がいい/我们公司很自在 wǒmen gōngsī hěn zìzai

いこじ【意固地な】　顽固 wángù（㊥ *obstinate*）▶～なまでに反対する/顽固到底地反对 wángù dàodǐ de fǎnduì ▶～になる/固执起来 gùzhíqǐlai ▶彼はいよいよ～になった/他越来越顽固了 tā yuèláiyuè wángù le ▶お互いに～になっているんだよ/双方都变得固执起来了 shuāngfāng dōu biànde gùzhíqǐlai le

いこつ【遺骨】　骨灰 gǔhuī（㊥ *one's remains* [*ashes*]）

いこん【遺恨】　遗恨 yíhèn（㊥ *grudge*）▶～を

晴らす/发泄遗恨 fāxiè yíhèn; 报旧仇 bào jiùchóu

いざ (英 now) ▶～というとき/一旦有事 yídàn yǒu shì ▶～手離すとなると…/一旦放手… yídàn fàngshǒu… ▶アマなら—知らず、プロには…/要是业余倒也罢了, 作为专业的… yàoshi yèyú dào yě bàle, zuòwéi zhuānyè de… ▶—となったら、叔父に助けを求めます/万一出了事, 请叔叔帮助 wànyī chūle shì, kěyǐ qǐng shūshu bāngzhù

いさい【委細】 端详 duānxiáng; 详情 xiángqíng (英 details; [事情] the whole circumstances) ▶～構わずに/不管怎样 bùguǎn zěnyàng; 不管三七二十一 bùguǎn sān qī èrshíyī ▶～構わず仕事を続ける/不拘细节继续工作 bù jū xìjié jìxù gōngzuò ▶面談/详情面谈 xiángqíng miàntán ▶～は後日お話します/详情改日再谈 xiángqíng gǎirì zài tán

いさい【異彩】 ～を放つ 大放异彩 dà fàng yìcǎi

いさかい【諍い】 是非 shìfēi; 口角 kǒujué (英 a trouble; a quarrel) ▶～を起こす/惹起是非 rěqǐ shìfēi ▶～が絶えない/是非没完没了 shìfēi méiwán méiliǎo

いざかや【居酒屋】 小酒馆 xiǎojiǔguǎn (英 a bar)

いさぎよい【潔い】 干脆 gāncuì; 爽快 shuǎngkuai (英 manly; brave; noble) ▶潔く肯を脱ぐ/干脆认输 gāncuì rènshū ▶彼の態度は～/他的态度爽快 tā de tàidù shuǎngkuai

いさく【遺作】 遗作 yízuò (英 one's posthumous works) ▶～展/遗作展览 yízuò zhǎnlǎn

いざこざ 口舌 kǒushé; 小争执 xiǎozhēngzhí (英 a trouble; a quarrel) ▶～を起こす/惹起是非 rěqǐ shìfēi ▶同僚と～を起こす/跟同事发生争执 gēn tóngshì fāshēng zhēngzhí ▶～に巻き込まれる/卷入纠纷 juǎnrù jiūfēn ▶乗客同士の～に巻き込まれる/被卷入乘客之间的纠纷 bèi juǎnrù chéngkè zhījiān de jiūfēn

いささか【些か】 稍微 shāowēi; 有点 yǒudiǎn (英 a little; a bit; slightly) ▶君では～心許ない/靠你有点儿不放心 kào nǐ yǒudiǎnr bú fàngxīn ▶そんな野心は～もない/丝毫没有那种野心 sīháo méiyǒu nà zhǒng yěxīn ▶背丈はふつうだが～太っている/中等身材, 略微有点胖 zhōngděng shēncái lüèwēi yǒudiǎn pàng

いさましい【勇ましい】 雄壮 xióngzhuàng; 英勇 yīngyǒng (英 brave; courageous) ▶言うことが～/嘴很硬啊 zuǐ hěn yìng a ▶勇ましく決意を述べる/勇敢地表示决心 yǒnggǎn de biǎoshì juéxīn

いさみあし【勇み足】 《相撲》用力过猛不慎出界 yònglì guòměng bú shèn chūjiè ▶overstepping the ring accidentally) ▶《図に乗って》逞能 chěngnéng (英 going too far)

いさむ【勇む】 奋勇 fènyǒng; 振奋 zhènfèn (英 be encouraged) ▶祭り太鼓に気が勇み立つ/庙会的鼓声使人振奋 miàohuì de gǔshēng shǐ rén zhènfèn ▶勇んで海に乗り出す/奋勇地驶向大海 fènyǒng de shǐ xiàng dàhǎi

いさめる【諫める】 谏诤 jiànzhèng; 劝告 quàngào (英 dissuade) ▶社長を～/进谏总经理 jìnjiàn zǒngjīnglǐ

いさりび【漁り火】 渔火 yúhuǒ (英 a fishing fire)

いさん【胃酸】 胃酸 wèisuān (英 stomach acid) ▶～過多症/胃酸过多症 wèisuān guòduōzhèng ▶毎食後に～の薬を飲む/每顿饭后都吃抗胃酸药 měi dùn fànhòu dōu chī kàng wèisuān yào

いさん【遺産】 遗产 yíchǎn (英 a legacy; an inheritance) ▶～を相続する/继承遗产 jìchéng yíchǎn ▶文化～/文化遗产 wénhuà yíchǎn ▶～争いが始まる/开始争夺遗产 kāishǐ zhēngduó yíchǎn

いし【石】 石头 shítou (英 a stone; a rock; a pebble) ▶～にかじりついても/无论怎么艰苦 wúlùn zěnme jiānkǔ ▶～ころだらけの道/布满石头的路 bùmǎn shítou de lù ▶～のように押し黙る/像石头一样一言不发 xiàng shítou yíyàng yìyán bù fā ▶《囲碁で》この～は死んでいる/这个子儿死了 zhège zǐr sǐ le

ことわざ 石の上にも三年 卧薪尝胆, 励志图强 wò xīn cháng dǎn, lì zhì tú qiáng; 功到自然成 gōng dào zìrán chéng; 铁杵磨成针 tiěchǔ móchéng zhēn

ことわざ 焼け石に水 杯水车薪 bēi shuǐ chē xīn

いし【医師】 医生 yīshēng (英 a doctor) ▶～免許/行医执照 xíngyī zhízhào

いし【意志】 意志 yìzhì (英 a will) ▶～堅固な/意志坚定 yìzhì jiāndìng ▶～が弱い/意志软弱 yìzhì ruǎnruò ▶～を固める/决意 juéyì ▶～がくじける/意志挫折 yìzhì cuòzhé

いし【意思】 意见 yìjiàn; 心意 xīnyì (英 an intention; a mind) ▶～表示/表达意见 biǎodá yìjiàn ▶～の疎通をはかる/沟通想法 gōutōng xiǎngfǎ ▶自由～で決める/根据自己的意见自由决定 gēnjù zìjǐ de yìjiàn zìyóu juédìng ▶退团の～はない/无意退团 wúyì tuìtuán

日中比较 中国语の'意思 yìsi' は「意味」のこと.

いし【遺志】 遗志 yízhì; 遗愿 yíyuàn (英 the dying wishes) ▶父の～を継ぐ/继承父亲的遗志 jìchéng fùqīn de yízhì

いじ【意地】 (英 will; guts; [強情] obstinacy) ▶～になる/固执 gùzhí ▶～になって反対する/固执地反对 gùzhí de fǎnduì ▶～が悪い/心地不良 xīndì bù liáng ▶ことごとに～悪をする/凡事都故意刁难 fánshì dōu gùyì diāonàn ▶～の悪い質問をする/恶意地提问 èyì de tíwèn ▶～きたない/嘴馋 zuǐ chán ▶～っ張りな/执拗 zhíniù ▶～を張って〔しまう〕/～でも/怎么也 zěnme yě ▶～でもやり遂げてみる/为争口气也得完成 wèi zhēng kǒuqì yě děi wánchéng ▶～を見せる/显示志气 xiǎnshì zhìqì

いじ【維持する】 維持 wéichí (英 *maintain; keep; support*) ▶現状～/维持现状 wéichí xiànzhuàng ▶健康を～する/维持健康 wéichí jiànkāng ▶～費がばかにならない/维修经费不轻 wéixiū jīngfèi bù qīng

いじ【遺児】 遺孤 yígū (英 *a bereaved child; an orphan*) ▶交通～/交通事故的遗孤 jiāotōng shìgù de yígū

いしあたま【石頭】 死脑筋 sǐnǎojīn; 一个心眼儿 yíge xīnyǎnr (英 [人] *a hardhead*)

日中比較 中国語の'石头 shítou'とは「石」のこと.▶石头,剪子,布! Shítou, jiǎnzi, bù!/じゃんけんぽん!(それぞグー,チョキ,パーを指す)

いしうす【石臼】 石臼 shíjiù; 石磨 shímò (英 *a stone grinder*) ▶～を挽いて黄な粉を作る/用石磨磨豆面儿 yòng shímò mó dòumiànr

いしがき【石垣】 石墙 shíqiáng (英 *a stone wall*) ▶～を積む/垒石墙 lěi shíqiáng

いしき【意識】 意识 yìshí (英 *consciousness; one's senses*) ▶～が遠のく/昏迷 hūnmí ▶～を失う/昏过去 hūnguòqu ▶～を取り戻す/苏醒过来 sūxǐngguòlai ▶～を回復する/意识恢复 yìshí huīfù ▶彼女の目を～する/意识到她的视线 yìshí dào tā de shìxiàn ▶～的に/有意识 yǒu yìshí; 故意 gùyì ▶罪の～がない/没有意识到自己的罪恶 méiyǒu yìshí dào zìjǐ de zuì'è ▶対抗～をむき出しにする/露骨地表现出反抗意识 lùgǔ de biǎoxiànchū fǎnkàng yìshí ▶消費者の～が変わる/消费者的意识发生变化 xiāofèizhě de yìshí fāshēng biànhuà ▶～不明/昏迷不醒 hūnmí bùxǐng

いしく【石工】 石匠 shíjiang; 石工 shígōng (英 *a mason*)

いしけり【石蹴り】 (英 *hopscotch*) ▶～をして遊ぶ/玩儿踢石子儿 wánr tī shízǐr

いじける (英 *grow timid*) ▶あまり叱ると子供が～よ/骂得太厉害,孩子会变得窝囊 màde tài lìhai, háizi huì biànde wōnang

いしころ【石ころ】 石头 shítou; 石子儿 shízǐr (英 *pebbles; stones*) ▶～を踏んづける/踩石头 cǎi shítou

いしずえ【礎】 柱石 zhùshí; 基础 jīchǔ (英 *a foundation; a basis*) ▶彼らの世代が繁栄の～を築いた/他们那一代人打下了繁荣的基础 tāmen nà yí dài rén dǎxiàle fánróng de jīchǔ

いしだたみ【石畳】 (英 *a stone pavement*) ▶～の道/石板路 shíbǎnlù

いしだん【石段】 石阶 shíjiē (英 *stone steps*)

いしつ【異質の】 异质 yìzhí (英 *of a different nature*) ▶～な文化に触れる/接触异文化 jiēchù yìwénhuà

いしつぶつ【遺失物】 失物 shīwù; 遗失物 yíshīwù (英 *a lost article*) ▶～取扱所/失物招领处 shīwù zhāolǐngchù ▶～届を出す/报失 bàoshī

いしばし【石橋】 石桥 shíqiáo (英 *a stone bridge*)

ことわざ 石橋をたたいて渡る 谨慎行事 jǐnshèn xíngshì

いしぶみ【碑】 石碑 shíbēi (英 *a stone monument*)

いじめる【苛める】 欺负 qīfu; 折磨 zhémo (英 *torment; bully*) ▶いじめられる/受气 shòuqì ▶先輩にいじめられる/被前辈欺负 bèi qiánbèi qīfu ▶体を～/折磨身体 zhémó shēntǐ ▶いじめっ子/欺负别人的孩子 qīfu biérén de háizi ▶弱い者いじめ/欺负弱小 qīfu ruòxiǎo ▶学校で陰湿ないじめに遭う/在学校受到阴险的欺负 zài xuéxiào shòudào yīnxiǎn de qīfu

いしゃ【医者】 大夫 dàifu; 医生 yīshēng (英 *a doctor*) ▶～にかかる/就医 jiùyī ▶～を呼ぶ/请医生来 qǐng yīshēng lái ▶町～/开业医生 kāiyè yīshēng ▶かかりつけの～/经常光顾的医生 jīngcháng guānggù de yīshēng

ことわざ 医者の不養生 言行不一 yánxíng bù yī

いしゃきいも【石焼芋】 烤白薯 kǎobáishǔ; 烤山芋 kǎoshānyù (英 *a sweet potato baked in hot pebbles*)

いしゃりょう【慰謝料】 〔法〕赔偿费 péichángfèi; 赔款 péikuǎn (英 *solatium*)

いしゅ【異種の】 不同种类 bù tóng zhǒnglèi; 异种 yìzhǒng (英 *a different kind of...*) ▶～の稲を見つける/发现不同品种的稻子 fāxiàn bùtóng pǐnzhǒng de dàozi

いしゅ【意趣】 仇恨 chóuhèn (英 *a grudge*) ▶～返し/报仇 bàochóu

いしゅう【異臭】 异味 yìwèi; 怪味 guàiwèi (英 *a foul smell; a stench*) ▶～を放つ/发У味儿 fā chòuwèir ▶ゴミの山から～を放つ/垃圾堆积如山散发着怪味儿 lājī duījī rú shān sànfāzhe guàiwèir ▶死体から～が漂う/尸体发出臭味儿 shītǐ fāchū chòuwèir

いじゅう【移住する】 迁移 qiānyí; 移居 yíjū ([外国へ] 英 *emigrate*; [外国から] 英 *immigrate*) ▶海外に～する/移居海外 yíjū hǎiwài

いしゅく【畏縮する】 发怵 fāchù; 畏缩 wèisuō (英 *shrink; cower*) ▶監督の前ですっかり～する/在导演面前抬不起头来 zài dǎoyǎn miànqián táibuqǐ tóu lái

いしゅく【萎縮する】 萎缩 wěisuō (英 *shrink; wither*) ▶寒さで体が～する/冷得缩成一团儿 lěngde suōchéng yītuánr

日中比較 中国語の'萎缩 wěisuō'は「縮こまる」という意味の他,草木が「枯れる」「しおれる」こ とも意味する.

いじゅつ【医術】 医术 yīshù (英 *the medical art; medicine*)

いしょ【遺書】 遗嘱 yízhǔ (英 *a suicide note*; [遺言書] *a will*) ▶～を書く/写遗嘱 xiě yízhǔ ▶～が見つかる/发现遗嘱 fāxiàn yízhǔ

いしょう【衣装】 服装 fúzhuāng (英 *clothes; clothing*; [芝居の] *a costume*) ▶貸し～/租贷服装 zūdài fúzhuāng ▶花嫁～/新娘礼服 xīnniáng lǐfú ▶花嫁～に身を包む/身穿新娘的婚

礼服 shēn chuān xīnniáng de hūnlǐfú
ことわざ 馬子(ᵐ)にも衣装 人在衣裳马在鞍 rén zài yīshang mǎ zài ān
♦—係(芝居の)／服装师 fúzhuāngshī
いしょう【意匠】 意匠 yìjiàng；设计 shèjì (英 *a design*) ▶—登録／图案设计专利注册 tú'àn shèjì zhuānlì zhùcè ▶〜を凝らした着物／独具匠心的和服 dú jù jiàngxīn de héfú
いじょう【以上】 以上 yǐshàng (英 *over...; more than...*) ▶二十歳—の男子／二十岁以上的男子 èrshí suì yǐshàng de nánzǐ ▶〜の通りである／如上 rúshàng ▶予想〜の／超出预计的 chāochū yùjì de ▶予想〜の成果を上げる／出乎意料的成果 chūhū yìliào de chéngguǒ ▶決めた〜は実行します／既然决定了就要实行 jìrán juédìngle jiùyào shíxíng ▶これ—言うことはない／没什么可再说的了 méi shénme kě zài shuō de le
いじょう【委譲する】 转让 zhuǎnràng (英 *transfer*) ▶権限を〜する／转让权限 zhuǎnràng quánxiàn ▶地方に権限を〜する／把权限转让给地方 bǎ quánxiàn zhuǎnràng gěi dìfang
いじょう【異状】 异常状态 yìcháng zhuàngtài (英 *something wrong*) ▶〜なし／没问题 méi wèntí ▶腹部に〜を訴える／腹部出现异常状态 fùbù chūxiàn yìcháng zhuàngtài ▶エンジンに〜が認められる／引擎发现异常 yǐnqíng fāxiàn yìcháng
いじょう【異常な】 异常 yìcháng；反常 fǎncháng (英 *abnormal*) ▶〜な状態／病态 bìngtài ▶〜気象／反常天气 fǎncháng tiānqì ▶精神に〜をきたす／精神出现异常 jīngshén chūxiàn yìcháng ▶彼の興奮ぶりは〜だ／他的兴奋状态很反常 tā de xīngfèn zhuàngtài hěn fǎncháng
日中比較 中国語の'异常 yìcháng'には「普通と違う」という意味の他、「非常に」という意味もある。
いしょく【衣食】 衣食 yīshí (英 *food and clothing*) ▶〜足りた生活／温饱的生活 wēnbǎo de shēnghuó ▶〜に事欠く／缺衣少食 quē yī shǎo shí
いしょく【委嘱する】 委托 wěituō (英 *entrust*) ▶市の〜で発掘調査をする／接受市里的委托进行发掘调查 jiēshòu shìlǐ de wěituō jìnxíng fājué diàochá ▶あなたに制作を〜します／委托您来制作 wěituō nín lái zhìzuò
いしょく【異色の】 有特色 yǒu tèsè；有特殊个性 yǒu tèshū gèxìng (英 *unique; novel*) ▶〜の俳優／有独特个性的演员 yǒu dútè gèxìng de yǎnyuán
いしょく【移植する】 **1**【医学で】移植 yízhí (英 *transplant; graft*) ▶〜手術／移植手术 yízhí shǒushù ▶心臓〜手術／心脏移植手术 xīnzàng yízhí shǒushù ▶息子の肝臓を父親に〜／把儿子的肝脏移植给父亲 bǎ érzi de gānzàng yízhí gěi fùqīn **2**【植物を】移植 yízhí；引种 yǐnzhòng (英 *transplant*) ▶苗床から畑に〜する／从苗床移植到田地里 cóng miáochuáng yízhí dào tiándìlǐ
いしょくじゅう【衣食住】 衣食住行 yī shí zhù xíng (英 *food, clothing and housing*)
文化 中国では一般に「衣食住」とは言わず、'衣食住行 yī shí zhù xíng'と言う。'穿衣 chuān yī，吃饭 chī fàn，居住 jūzhù，行路 xíng lù'が生活の基本なのである。
いじらしい 令人同情的 lìng rén tóngqíng de (英 *pitiful; pathetic*) ▶泣き言一つ言わないで、〜／根本不诉苦，真让人心疼 gēnběn bú sùkǔ, zhēn ràng rén xīnténg
いじる 摆弄 bǎinòng；弄 nòng (英 *finger; fumble*) ▶お下げ髪をいじりながらうつむいている／一边摆弄着小辫儿一边低下了头 yìbiān bǎinòngzhe xiǎobiànr yìbiān dīxiàle tóu ▶カメラを〜のが私の趣味です／摆弄照相机是我的爱好 bǎinòng zhàoxiàngjī shì wǒ de àihào
いしわた【石綿】 石棉 shímián (英 *asbestos*) ▶〜被害は深刻な公害である／石棉受害是严重的公害 shímián shòuhài shì yánzhòng de gōnghài
いじわる【意地悪する】 刁难 diāonàn；捉弄 zhuōnòng (英 *do something nasty*) ▶〜される／穿小鞋 chuān xiǎoxié ▶あの子は〜だ／那个孩子爱捉弄人 nàge háizi ài zhuōnòng rén ▶先輩の〜には泣かされた／我被前辈刁难，很难过 wǒ bèi qiánbèi diāonàn, hěn nánguò
いしん【威信】 威信 wēixìn；声威 shēngwēi (英 *prestige; dignity*) ▶〜を失う／威信扫地 wēixìn sǎodì ▶〜にかかわる／影响威信 yǐngxiǎng wēixìn ▶〜にかかわる不祥事／影响名声的丑事 yǐngxiǎng míngshēng de chǒushì
いしん【維新】 革新 géxīn；维新 wéixīn (英 *a renovation*) ▶明治〜／明治维新 Míngzhì wéixīn
いじん【偉人】 伟人 wěirén；巨人 jùrén (英 *a great man*) ▶〜伝／伟人传记 wěirén zhuànjì ▶郷土の〜／故乡的伟人 gùxiāng de wěirén
いしんでんしん【以心伝心】 心心相通 xīn xīn xiāngtōng；心领神会 xīn lǐng shén huì (英 *telepathy*)
いす【椅子】 椅子 yǐzi (英 *a chair*；[地位] *a post*) ▶〜にかける／坐在椅子上 zuòzài yǐzishang ▶車〜を押す／推轮椅 tuī lúnyǐ ▶首相の〜／首相的地位 shǒuxiàng de dìwèi ▶大臣の〜の座り心地はいかがですか？／坐在大臣的位子上感觉怎么样？ zuòzài dàchén de wèizishang gǎnjué zěnmeyàng?
いずみ【泉】 泉水 quánshuǐ (英 *a spring; a fountain*)
イズム 主义 zhǔyì (英 *an ism*)
イスラム 伊斯兰 Yīsīlán (英 *Islam*)
♦〜教／伊斯兰教 Yīsīlánjiào；回教 Huíjiào；清真教 Qīngzhēnjiào ▶〜教徒／穆斯林 Mùsīlín
いずれ【何れ】 **1**[どちら]［二つから］*either*；［三つ以上］*any*) ▶〜劣らぬ／不相上下 bù xiāng shàngxià ▶〜劣らぬ人材ぞろい

だ/都是一些不相上下的人才 dōu shì yìxiē bù xiāng shàngxià de réncái ❷【近日中に】(英) *another time*）▶買おう/改天买吧 gǎitiān mǎi ba ▶ゆっくり相談しよう/改天慢慢商量吧 gǎitiān mànmàn shāngliang ba ❸【やがていつかは】(英) *some day*）▶あなた～社長になる人で/你早晚是个当总经理的人才 nǐ zǎowǎn shì ge dāng zǒngjīnglǐ de réncái
ことわざ 何れ菖蒲(あやめ)か杜若(かきつばた) 难分优劣 nán fēn yōuliè; 不分轻重 bù fēn xuānzhì
～にしても 反正 fǎnzhèng; 不管怎样 bùguǎn zěnyàng; 无论如何 wúlùn rúhé ▶～にしても受け取れないよ/无论如何不能接受 wúlùn rúhé bùnéng jiēshòu ▶～にしても私は行けない/反正我去不了 fǎnzheng wǒ qùbuliǎo
～は 早晚 zǎowǎn ▶彼だって～は気が付くだろう/他早晚也会察觉的吧 tā zǎowǎn yě huì chájué de ba
～も 哪个都 nǎge dōu ▶～も素晴らしい/哪个挺好 nǎge dōu tǐng hǎo ▶～も素晴らしいできえです/哪个都非常出色 nǎge dōu fēicháng chūsè

いすわる【居座る】 坐着不走 zuòzhe bù zǒu (英) *stay on; remain*）▶寒気団が～/冷气团静止不动 lěngqìtuán jìngzhǐ bú dòng ▶権力の座に～/把持着权位 bǎchízhe quánwèi

いせい【以西】 以西 yǐxī (英) *west of...*）▶大阪～は雨でしょう/大阪往西的地区会下雨 Dàbǎn wǎng xī de dìqū huì xiàyǔ

いせい【威勢】 朝气 zhāoqì; 精神 jīngshen (英) *spirits; vigor*）▶～がいい/充满活力 chōngmǎn huólì ▶一杯飲んで～をつける/喝一杯提提精神 hē yì bēi títi jīngshen ▶よく駆け出す/精力充沛地跑出去 jīnglì chōngpèi de pǎochūqu

いせい【異性】 异性 yìxìng (英) *the opposite sex*）

いせいしゃ【為政者】 当政者 dāngzhèngzhě (英) *statesmen*）

イセエビ【伊勢海老】〔動物〕龙虾 lóngxiā (英) *a lobster*）

いせき【移籍する】 调职 diàozhí; 迁移户口 qiānyí hùkǒu (英) *transfer; trade*）▶阪神から中日に～する/从阪神球团转到中日球团 cóng Bǎnshén qiútuán zhuǎn dào Zhōngrì qiútuán ▶広島市から京都市に～する/把户口从广岛迁移到京都 bǎ hùkǒu cóng Guǎngdǎo qiānyí dào Jīngdū

いせき【遺跡】 遗迹 yíjì (英) *ruins; remains; relics*）▶～を発掘する/发掘遗迹 fājué yíjì

いせつ【異説】 不同的学说 bùtóng de xuéshuō (英) *different views*）▶～を唱える/提倡不同的学说 tíchàng bùtóng de xuéshuō

いせん【緯線】 纬线 wěixiàn (英) *a parallel*）

いぜん【以前】 以前 yǐqián; 从前 cóngqián (英) *ago; before; formerly*）▶～とは違う/跟以前不一样 gēn yǐqián bù yíyàng ▶常識～の問題/缺乏常识的问题 quēfá chángshí de wèntí ▶私は教師でした/从前我是一个教师 cóngqián wǒ shì yí ge jiàoshī ▶～とは違う人間になってしまった/变成跟从前不一样的人了 biànchéng gēn cóngqián bù yíyàng de rén le ▶出発の3日～に届け出ること/要在出发三天之前通知 yào zài chūfā sān tiān zhīqián tōngzhī

いぜん【依然】 仍然 réngrán; 还 hái; 还是 háishi (英) *still*）▶旧態～/一仍旧贯 yì réng jiù guàn ▶～として行方不明だ/还是下落不明 háishi xiàluò bùmíng ▶父は～として行方が知れない/爸爸还是不知去向 bàba háishi bù zhī qùxiàng

いそ【磯】 布满礁石的海岸 bùmǎn jiāoshí de hǎi'àn (英) *a (rocky) beach*）

いそいそ 高高兴兴地 gāogāoxìngxìng de; 兴冲冲地 xìngchōngchōng de (英) *cheerfully*）▶両親の元へ～と帰っていく/欢天喜地地回到父母身边 huān tiān xǐ dì de huídào fùmǔ shēnbiān

いそう【移送する】 转移 zhuǎnyí; 转送 zhuǎnsòng; 输送 shūsòng (英) *transfer*）▶負傷者を病院に～する/把伤员转送到医院 bǎ shāngyuán zhuǎnsòng dào yīyuàn

いそうろう【居候】 食客 shíkè; 吃闲饭 chī xiánfàn (英) *a parasite*）▶～する/吃闲饭 chī xiánfàn; 白吃白住 báichī báizhù ▶友人の家で～する/在朋友家当食客 zài péngyoujiā dāng shíkè

いそがしい【忙しい】 忙 máng; 忙碌 mánglù (英) *be busy*）▶仕事が～/工作忙 gōngzuò máng ▶全く～男だ/真是个忙人 zhēn shì ge mángrén ▶忙しく働く/忙于工作 mángyú gōngzuò ▶～日程をやりくりする/调整繁忙的日程安排 tiáozhěng fánmáng de rìchéng ānpái

いそぎ【急ぎの】 急忙 jímáng (英) *hurried; urgent*）▶～の用事/急事 jíshì ▶～足/急步 jíbù ▶～足で歩く/急步行走 jíbù xíngzǒu ▶大～で仕上げてほしい/请加急完成 qǐng jiājí wánchéng

イソギンチャク【磯巾着】〔動物〕海葵 hǎikuí (英) *a sea anemone*）

いそぐ【急ぐ】 赶 gǎn; 着急 jízhe (英) *hurry; hasten*）▶～道を/赶路 gǎnlù ▶結論を～/急于得出结论 jíyú déchū jiélùn ▶～ことはない/不必着急 búbì zháojí ▶現場に～/赶往现场 gǎnwǎng xiànchǎng ▶急がないと遅刻するよ/不抓紧会迟到的 bù zhuājǐn huì chídào de ▶～で家に帰る/急着回家 jízhe huíjiā ▶急いで食べなさい/快吃吧 kuài chī ba ▶急げ、でないと学校に遅れるぞ/快走,不然会迟到的 kuài zǒu, bùrán huì chídào de

ことわざ 急がば回れ 欲速则不达 yù sù zé bù dá

いぞく【遺族】 遗属 yíshǔ (英) *the bereaved family*）▶～年金/遗属养老金 yíshǔ yǎnglǎojīn

いそしむ【勤しむ】 勤奋 qínfèn; 勤谨 qínjǐn (英) *apply oneself*）▶勉学に～/勤奋地学习 qínfèn de xuéxí

イソップ 伊索 Yīsuǒ (英) *Aesop*）▶～物語/伊索寓言 Yīsuǒ yùyán

イソフラボン〔化学〕异黄酮 yìhuángtóng (英 *isoflavone*)

いぞん【依存する】 依靠 yīkào; 依赖 yīlài; 依存 yīcún (英 *depend; rely*) ▶～心/依赖心 yīlàixīn ▶相互～/互相依存 hùxiāng yīcún ▶この制度は寄付金に～して成り立っている/这个制度依靠捐款 zhège zhìdù yīkào juānkuǎn

いぞん【異存】 反対意見 fǎnduì yìjiàn; 不満 bùmǎn (英 *an objection*) ▶～はない/没有异议 méiyǒu yìyì ▶～を唱える/提出反对意见 tíchū fǎnduì yìjiàn

いた【板】 板 bǎn; 木板 mùbǎn (英 *a board; a plank*) ▶～につく/熟练 shúliàn ▶君の芸も～に付いてきたね/你的艺术也越来越纯熟了 nǐ de yìshù yě yuèláiyuè chúnshú le ▶～張りの床/木制地板 mùzhì dìbǎn ▶～ガラス/平面玻璃 píngmiàn bōli

いたい【痛い】 疼 téng; 疼痛 téngtòng (英 *painful; sore*) ▶あなたの気持ちは～ほど分かります/我完全体谅你的心情 wǒ wánquán tǐliàng nǐ de xīnqíng

頭が～ 头疼 tóuténg

～ところ 痛处 tòngchù; 弱点 ruòdiǎn ▶～ところを突かれる/被抓住弱点 bèi zhuāzhù ruòdiǎn; 被说到痛处 bèi shuōdào tòngchù

～目にあう 今に～目にあうぞ/你该倒霉了 nǐ gāi dǎoméi le ▶～目にあわせる/让(他)受苦 ràng(tā) shòukǔ

痛くもかゆくもない 不痛不痒 bú tòng bù yǎng; 满不在乎 mǎn bú zàihu

痛くもない腹を探られる 平明无故被猜疑 píngmíng wúgù bèi cāiyí

耳の～ ▶耳の～話/不爱听的话 bú ài tīng de huà

いたい【遺体】 遺体 yítǐ; 遺骸 yíhái (英 *one's remains; the body*)

▶～安置所《病院の霊安室》：太平间 tàipíngjiān; 停尸房 tíngshīfáng

いだい【偉大な】 伟大 wěidà (英 *great; grand; mighty*) ▶～な功績/伟绩 wěijì ▶～な行為/壮举 zhuàngjǔ ▶～な志/壮志 zhuàngzhì ▶先生の～な功績を讃える/颂扬先生的丰功伟绩 sòngyáng xiānsheng de fēnggōng wěijì ▶あの方の～さが理解されていない/他的伟大没有得到人们的理解 tā de wěidà méiyǒu dédào rénmen de lǐjiě

いたいけな 天真可爱 tiānzhēn kě'ài (英 *tender*) ▶～な子供を騙すなんて許せない/不许欺骗纯朴的孩子 bù xǔ qīpiàn chúnpǔ de háizi

いたいじ【異体字】 异体字 yìtǐzì (英 *a variant form of a character*)

いたいたしい【痛々しい】 悲惨 bēicǎn; 可怜 kělián (英 *pitiful*) ▶～ほどやつれている/憔悴得令人可怜 qiáocuìde lìng rén kělián ▶～話/悲惨的故事 bēicǎn de gùshi

いたく【委託する】 委托 wěituō; 付托 fùtuō (英 *entrust*) ▶～を受ける/受托 shòutuō ▶市の～を受けて清掃する/受到市里的委托进行清扫 shòudào shìli de wěituō jìnxíng qīngsǎo ▶試作は精工社に～する/委托精工社试验制作 wěituō Jīnggōngshè shìyàn zhìzuò

♦～加工：委托加工 wěituō jiāgōng; 来料加工 láiliào jiāgōng ～手数料：委托手续费 wěituō shǒuxùfèi ～販売：委托销售 wěituō xiāoshòu

いだく【抱く】 怀抱 huáibào; 心怀 xīn huái (英 *hold; hug*;［心に］*have in mind*) ▶～胸怀大志/怀有大志 huáiyǒu dàzhì ▶少年は大志を抱け/年轻人要胸怀大志 niánqīngrén yào xiōnghuái dàzhì ▶悪意を～/心怀恶意 xīnhuái èyì ▶野心を～/胸怀野心 xiōnghuái yěxīn ▶恨みを～/胸怀仇恨 xiōnghuái chóuhèn

いたけだか【居丈高な】 盛气凌人 shèngqì língrén (英 *high-handedly*) ▶～な批判を浴びる/受到盛气凌人的批判 shòudào shèngqì língrén de pīpàn ▶～なお客をあしらう/对付盛气凌人的顾客 duìfu shèngqì língrén de gùkè

いたざい【板材】 板材 bǎncái; 板料 bǎnliào (英 *a board*)

いたしかゆし【痛し痒し】 左右为难 zuǒyòu wéinán (英 *in a dilemma*) ▶機器の進化は～だ/机械的进化让人有得也有失 jīxiè de jìnhuà ràng rén yǒudé yě yǒushī

いたす【致す】 (英 *do; make*) ▶いかが致しましょう/怎么办？zěnme bàn? ▶どう致しまして/哪儿的话 nǎr de huà ▶これ皆私の～ところであります/这一切都是由于我的无能所造成的 zhè yíqiè dōu shì yóuyú wǒ de wúnéng suǒ zàochéng de ▶不吉の予感が致します/有不吉利的预感 yǒu bù jílì de yùgǎn ▶致し方なく承知する/别无办法只好答应 bié wú bànfǎ zhǐhǎo dāyìng

いたずら【悪戯】 调皮 tiáopí; 淘气 táoqì; 恶作剧 èzuòjù (英 *a mischief; a practical joke*) ▶あくどい～は犯罪に等しい/卑劣的恶作剧等于犯罪 bēiliè de èzuòjù děngyú fànzuì ▶～を仕掛ける/搞恶作剧 gǎo èzuòjù ▶～っぽい目が素敵だ/调皮的眼神真酷 tiáopí de yǎnshén zhēn kù ▶運命の～で二人は結ばれた/由于命运的偶然，他们结为伴侣 yóuyú mìngyùn de ǒurán, tāmen jiéwéi bànlǚ ▶～書き(をする)/胡写 hú xiě

♦～電話：捣乱电话 dǎoluàn diànhuà

いたずらっこ【悪戯っ子】 顽童 wántóng; 淘气鬼 táoqìguǐ (英 *a mischievous child*)

いたずらに【徒に】 白白 báibái (英 *in vain; aimlessly*) ▶～時が過ぎる/白浪费时间 bái làngfèi shíjiān; 虚度光阴 xūdù guāngyīn ▶打つ手がないまま～時が過ぎた/找不到解决办法白白浪费时间 zhǎobudào jiějué bànfǎ báibái làngfèi shíjiān

いただき【頂】 (英 *the top; the summit*) ▶山の～/山顶 shāndǐng

いただきもの【頂き物】 收到的礼物 shōudào de lǐwù (英 *a gift; a present*)

いただく【頂く・戴く】 ❶［もらう］领受 lǐngshòu (英 *have; take*) ▶ごほうびを～/接受

奨賞 jiēshòu jiǎngshǎng **2**【食べる】吃 chī (英 have; eat) ▶朝食を〜/吃早饭 chī zǎofàn **3**【冠する】罩顶 zhào dǐng (英 wear; be crowned) ▶雪を頂いた山/白雪罩顶的山 báixuě zhào dǐng de shān ▶田中氏を会長に／请田中先生出任会长 qǐng Tiánzhōng xiānsheng chūrèn huìzhǎng **4**【依頼】(英 please) ▶窓をちょっとしめて頂けませんか／麻烦您关一下窗户 máfan nín guān yíxià chuānghu

いたたまれない【居たたまれない】(英 feel too awkward to remain) ▶恥ずかしくて〜／羞得无地自容 xiūde wú dì zì róng

イタチ【鼬】〔動物〕黄鼬 huángyòu; 黄鼠狼 huángshǔláng (英 a weasel)
〜の最後っ屁 黄鼠狼放屁——最后一招儿 huángshǔláng fàngpì——zuìhòu yìzhāor
◆〜ごっこ 捉迷藏 zhuō mícáng

いたって【至って】格外 géwài; 极其 jíqí (英 extremely) ▶〜おとなしい/格外老实 géwài lǎoshi ▶家族一同〜元気だ/全家都非常健康 quánjiā dōu fēicháng jiànkāng

いたで【痛手】损害 sǔnhài; 打击 dǎjī (英 damage; harm; loss) ▶〜を蒙る／受到严重损害 shòudào yánzhòng sǔnhài ▶洪水で村は大変な〜を蒙った／由于洪水村子蒙受了巨大的损失 yóuyú hóngshuǐ cūnzi méngshòule jùdà de sǔnshī ▶先の大戦で〜を負った／在上次的大战中受到了创伤 zài shàngcì de dàzhàn zhōng shòudàole chuāngshāng

いだてん【韋駄天】《仏教》韦驮 Wéituó;《足の速い人》跑得快的人 pǎode kuài de rén; 飞毛腿 fēimáotuǐ (英 a swift runner)
◆〜走り 飞跑 fēipǎo

いたばさみ【板挟みになる】受夹板气 shòu jiābǎnqì (英 be in a dilemma) ▶推进派と反対派の〜になる／在推进派和反对派之间受夹板气 zài tuījìnpài hé fǎnduìpài zhījiān shòu jiābǎnqì

いたまえ【板前】厨师 chúshī; 大师傅 dàshīfu (英 a cook; a chef)

いたましい【痛ましい】悲惨 bēicǎn (英 pitiful) ▶〜事故／惨祸 cǎnhuò ▶〜情景／惨状 cǎnzhuàng

いたみ【痛み】疼痛 téngtòng (英 an ache; agony) ▶〜を止める／止痛 zhǐtòng ▶〜を抑える／镇痛 zhèntòng ▶〜止めの薬／止痛药 zhǐtòngyào ▶他人の〜／别人的痛苦 biéren de tòngkǔ ▶他人の〜の分かる人になれ／你要做一个能体谅别人痛苦的人 nǐ yào zuò yí ge néng tǐliàng biéren tòngkǔ de rén ▶胃に〜を感じる／感到胃疼 gǎndào wèiténg ▶〜を和らげる／缓解疼痛 huǎnjiě téngtòng

いたむ【悼む】哀悼 āidào (英 lament; be grieved) ▶僕は彼の父の死を心から悼んだ／我对他父亲的去世表示衷心哀悼 wǒ duì tā fùqin de qùshì biǎoshì zhōngxīn āidào

いたむ【痛む】疼痛 téngtòng; 作痛 zuòtòng (英 feel a pain) ▶傷が〜／伤口疼痛 shāngkǒu téngtòng ▶心[胸]が〜／伤心 shāngxīn ▶懐が〜／要费一笔钱 yào fèi yì bǐ qián ▶父の嘆きを思うと心が〜／想起父亲的叹息就感到悲伤 xiǎngqǐ fùqin de tànxí jiù gǎndào bēishāng

いたむ【傷む】坏 huài; 腐烂 fǔlàn (英 be injured; spoil) ▶傷んだリンゴ／烂苹果 làn píngguǒ ▶屋根が〜／房顶损坏 fángdǐng sǔnhuài ▶雪で屋根が〜／积雪损坏了房顶 jīxuě sǔnhuàile fángdǐng ▶なま物は傷みが早い／生的食物容易腐烂 shēng de shíwù róngyì fǔlàn

いためる【炒める】炒 chǎo; 煎 jiān (英 fry; sauté) ▶〜炒め物／炒菜 chǎocài ▶野菜を〜／炒蔬菜 chǎo shūcài

いためる【痛める・傷める】损伤 sǔnshāng; 受伤 shòushāng (英 injure; hurt; grieve) ▶肩を〜／损伤肩膀儿 sǔnshāng jiānbǎngr ▶肩を痛めて投球できない／肩膀受伤不能投球 jiānbǎng shòushāng bùnéng tóu qiú ▶心を〜／伤心 shāngxīn ▶息子の非行に心を〜／儿子走上邪路他很伤心 érzi zǒushàng xiélù tā hěn shāngxīn ▶頭を〜／伤脑筋 shāng nǎojīn ▶入院費の工面で頭を〜／为筹备住院费用伤脑筋 wèi chóubèi zhùyuàn fèiyong shāng nǎojīn

いたらぬ【至らぬ】未成熟 wèi chéngshú; 不周到 bù zhōudào (英 unsatisfactory; inexperienced) ▶〜私ですが…／我没有经验 wǒ méiyǒu jīngyàn ▶〜ところは多々あります／有很多不到之处 yǒu hěn duō bú dào zhī chù

いたり【至り】(英 an extreme; the height) ▶お褒めにあずかり光栄の〜です／受到夸奖无比荣幸 shòudào kuājiǎng wúbǐ róngxìng ▶若気の〜／极其幼稚 jíqí yòuzhì

イタリア 意大利 Yìdàlì (英 Italy) ▶〜料理／意大利菜 Yìdàlì cài

イタリック 欧文斜体字 Ōuwén xiétǐzì (英 italic)

いたる【至る】到 dào; 至 zhì (英 lead; reach) ▶今に〜／至今 zhìjīn ▶彼の美談は今に〜も色あせない／至今还传颂着关于他的美谈 zhìjīn hái chuánsòngzhe guānyú tā de měitán ▶中止のやむなきに〜／不得已中止 bùdéyǐ zhōngzhǐ ▶事ここに至っては同意するしかない／事已至此只好同意 shì yǐ zhìcǐ zhǐhǎo tóngyì ▶父に至っては10メートルも泳げない／至于父亲，连十米也游不动 zhìyú fùqin, lián shí mǐ yě yóubudòng

〜所 到处 dàochù ▶全国〜所にコンビニがある／全国到处都有方便店 quánguó dàochù dōu yǒu fāngbiàndiàn

いたれりつくせり【至れり尽くせり】十分周到 shífēn zhōudào; 无微不至 wú wēi bú zhì (英 exhaustive; thorough) ▶〜の歓待を受ける／受到无微不至的款待 shòudào wú wēi bú zhì de kuǎndài

いたわる【労わる】照顾 zhàogù; 慰劳 wèiláo (英 take care of...; 〔慰める〕console) ▶妻を〜／体贴妻子 tǐtiē qīzi ▶病気の妻を〜／照顾生病的妻子 zhàogù shēngbìng de qīzi ▶自分の

いたん　身を〜ことも大事だ/照顾自己的身体也很重要 zhàogù zìjǐ de shēntǐ yě hěn zhòngyào ▶彼のやさしい労わりがうれしい/他那温暖的慰藉使我感动 tā nà wēnnuǎn de wèijì shǐ wǒ gǎndòng

いたん【異端】异端 yìduān；左道旁门 zuǒ dào páng mén （英 heresy） ▶〜の説/异端邪说 yìduān xiéshuō ▶〜児/异端者 yìduānzhě ▶業界での〜児/这个行业里的异端分子 zhège hángyèlǐ de yìduān fènzǐ

いち【一】一 yī；(大字) 壹 yī （英 one） ▶〜会員として参加する/作为一名会员参加 zuòwéi yī míng huìyuán cānjiā

〜か八か　孤注一掷 gū zhù yí zhì ▶〜か八かの勝負に出る/孤注一掷，一决胜负 gū zhù yí zhì, yī jué shèngfù

〜から　从头 cóngtóu；重新 chóngxīn ▶これじゃ〜からやり直しだ/这样就得重头再来 zhèyàng jiù děi chóngtóu zài lái ▶これを機に〜から出直します/以此为机从头开始 yǐ cǐ wéi jī cóngtóu kāishǐ ▶〜から十まで/从头到尾 cóng tóu dào wěi ▶〜から十まで教えてもらった/请他从头到尾教了一遍 qǐng tā cóng tóu dào wěi jiāole yí biàn

〜二を争う　数一数二 shǔ yī shǔ èr ▶学年で〜二を争う秀才/在整个学年数一数二的高才生 zài zhěnggè xuénián shǔ yī shǔ èr de gāocáishēng

〜も二も無く　毫无犹豫 háowú yóuyù ▶〜も二も無く賛成する/毫不犹豫地同意 háo bù yóuyù de tóngyì

〜を聞いて十を知る　举一反三 jǔ yī fǎn sān；闻一知十 wén yī zhī shí

いち【市】市场 shìchǎng；集市 jíshì （英 a market）；[縁日] a fair ▶〜が立つ/开设市场 kāishè shìchǎng；有集市 yǒu jíshì ▶每朝浜で〜が立つ/每天早上在海滨开设市场 měitiān zǎoshang zài hǎibīn kāishè shìchǎng ▶門前をなす勢い/门庭若市 méntíng ruò shì

いち【位置】**❶**[場所] 位置 wèizhì；地点 dìdiǎn （英 a situation; a place） ▶…に〜する/位于 wèiyú；坐落在 zuòluò zài ▶自分の〜/自己的位置 zìjǐ de wèizhi ▶半島の付け根に〜する/位于半岛和大陆的连接处 wèiyú bàndǎo hé dàlù de liánjiēchù ▶哲学の分野に〜づけられる/被定位在哲学领域 bèi dìngwèi zài zhéxué lǐngyù ▶この学校は〜がよい/这个学校的地段很好 zhège xuéxiào de dìduàn hěn hǎo **❷**[地位・職] （英 one's position） ▶高い〜を占める/占有很高的地位 zhànyǒu hěn gāo de dìwèi

いちあん【一案】（英 an idea; a plan） ▶それも〜だ/这也是一个办法 zhè yě shì yí ge bànfǎ

いちい【一位】第一 dì yī （英 the first place） ▶第〜を占める/居首位 jū shǒuwèi

いちいち【一一】…ずつ zhúyī；逐一 zhúyī （英 one by one; each） ▶〜質問に答える/一个一个地回答问题 yí ge yí ge de huídá wèntí

いちいん【一因】原因之一 yuányīn zhīyī （英 a cause; a reason） ▶成績不振の〜/成绩不理想的原因之一 chéngjì bù lǐxiǎng de yuányīn zhīyī

いちいん【一員】一员 yìyuán；一把手 yìbǎshǒu （英 a member） ▶〜となる/成为一员 chéngwéi yìyuán ▶晴れてチームの〜になる/光荣地成为一名队员 guāngróng de chéngwéi yì míng duìyuán

いちえん【一円】一带 yídài （英 the whole place） ▶東京〜/东京一带 Dōngjīng yídài ▶今朝関東〜に雪が降った/今天早上关东地区一带下雪了 jīntiān zǎoshang Guāndōng dìqū yídài xiàxuě le

いちおう【一応】基本上 jīběnshang；暫且 zànqiě （英 for the present） ▶〜の調査/初步调查 chūbù diàochá ▶〜の調査はしてある/基本上进行了调查 jīběnshang jìnxíngle diàochá ▶彼にも〜話をしておく/跟他也打一下招呼 gēn tā yě dǎ yíxià zhāohu ▶〜目を通す/过一下目 guò yíxià mù

日中比較 中国語の'一应 yìyīng'は「すべて」を意味する。

いちがい【一概に】一概 yígài （英 summarily; [区別せず] indiscriminately） ▶〜に言えない/不能一概而论 bùnéng yígài ér lùn ▶〜に悪いとは言えない/不能一概而论说说不好 bùnéng yí gài ér lùn de shuō bù hǎo

いちがつ【一月】一月 yī yuè （英 January）

いちがん【一丸となって】（英 united; in a body） ▶全員〜となってぶつかる/团结一致共同对敌 tuánjié yízhì gòngtóng duì dí

いちがんレフ【一眼レフ】单镜头反光式照相机 dānjìngtóu fǎnguāngshì zhàoxiàngjī （英 a single-lens reflex camera）

いちぎてき【一義的な】最重要的 zuì zhòngyào de；根本的 gēnběn de （英 of chief importance） ▶そんなことは〜な問題ではない/那不是最重要的问题 nà bú shì zuì zhòngyào de wèntí

いちく【移築】（英 removing and reconstruction） ▶古い民家を公園に〜する/把古民居搬到公园里重新建筑 bǎ gǔmínjū bāndào gōngyuánli chóngxīn jiànzhù

いちぐん【一軍】(全軍) 全军 quánjūn；《野球》正规队 zhèngguīduì （英 the first team） ▶〜で活躍する/活跃于第一线 huóyuè yú dìyīxiàn

いちぐん【一群】一群 yìqún （英 a group） ▶猿の〜/一群猴子 yì qún hóuzi

いちげい【一芸】（英 an art）
〜に秀でる　擅长一技 shàncháng yí jì ♦〜入試/靠擅长的技艺进行入学考试 kào shàncháng de jìyì jìnxíng rùxué kǎoshì

いちげき【一撃】一击 yìjī （英 a strike a blow） ▶〜のもとに敵を倒す/一举打败敌人 yìjǔ dǎbài dírén ▶頭部に〜を加える/在头部打了一下 zài tóubù dǎle yíxià

いちげんか【一元化する】一元化 yìyuánhuà （英 unify; centralize） ▶年金の〜を提唱する/提倡养老金的一元化 tíchàng yǎnglǎojīn de yì-

yuánhuà ▶窓口を～する/把服务窗口一元化 bǎ fúwù chuāngkǒu yìyuánhuà

イチゴ【苺】〖植物〗草莓 cǎoméi (英 *a strawberry*) ▶～ジャム/草莓酱 cǎoméijiàng ▶～を摘む/采草莓 cǎi cǎoméi

いちごいちえ【一期一会の】(英 *for this time only; never again*) ▶～の心で人に接する/跟人交往的时候珍重每一次的机遇 gēn rén jiāowǎng de shíhou zhēnzhòng měi yí cì de jīyù

いちごいちご【一語一語】(英 *word by word*) ▶～繰り返す/一字一句地重复 yí zì yí jù de chóngfù

いちころ 一下子打倒 yíxiàzi dǎdǎo (英 *at once*) ▶～でやられた/一下子被打倒了 yíxiàzi bèi dǎdǎo le

いちごん【一言】 一句话 yí jù huà (英 *one word*) ▶～半句/只言片语 zhī yán piàn yǔ ～半句も聞き逃さない/一字一句都不漏掉 yí zì yí jù dōu bú lòudiào ▶～もない/无话可说 wú huà kě shuō ▶～のもとに退ける/一句话就驳回去 yí jù huà jiù bóhuíqù ▶～の挨拶もない/连个招呼也没打 lián ge zhāohu yě méi dǎ

いちざ【一座】 ❶〖満座の人々〗在座的人 zàizuò de rén (英 *the party; all present*) ❷〖役者の〗剧团 jùtuán (英 *a troupe*) ▶旅の～の名もないスター/巡回剧团里不出名的一个"明星" xúnhuí jùtuánli bù chūmíng de yí ge "míngxīng"

いちじ【一次】 一次 yí cì; 首次 shǒucì (英 *primary*) ▶～予選/首次预赛 shǒucì yùsài ～加工/粗加工 cūjiāgōng 〖数〗～関数/一次函数 yí cì hánshù ～産業/第一产业 dìyī chǎnyè ～产品/初级产品 chūjí chǎnpǐn ～试验/第一次考试 dìyī cì kǎoshì; 初试 chūshì ～方程式/一次方程 yí cì fāngchéng

いちじ【一事】 ～が万事 从一件事可以推测一切 cóng yí jiàn shì kěyǐ tuīcè yíqiè

いちじ【一時】 暂时 zànshí; 临时 línshí (英 [時刻] *one o'clock*; [かつて] *at one time*; [当座の] *temporary*) ▶～の感情で事に当たる/感情用事 gǎnqíng yòngshì ▶～停止する/暂且停止 zànqiě tíngzhǐ ▶～出荷を停止する/暂时停止出货 zànshí tíngzhǐ chūhuò ▶～的な効果/临时效果 línshí xiàoguǒ ▶～逃れの言い訳/蒙混一时的借口 ménghùn yìshí de jièkǒu ▶～便利配達をしたことがある/在家乡的镇上作过一段时间的邮递员 zài jiāxiāng de zhènshang zuòguo yí duàn shíjiān de yóudìyuán ▶～の幸福/短暂的幸福 duǎnzàn de xìngfú

～しのぎ 权宜 quányí; 应付 yìngfù; 混乱 hùn ▶～しのぎをする/搪塞 tángsè ▶サラ金で借りて～しのぎをする/借高利贷混日子 jiè gāolìdài hùn rìzi

～に 一下子 yíxiàzi ▶～に殺倒した/一下子蜂拥而来 yíxiàzi fēngyōng ér lái ▶注文が～に殺到する/订单一下子纷纷而至 dìngdān yíxiàzi fēnfēn ér zhì

▶～預り証/临时存放证 línshí cúnfàngzhèng ～借入金/短期借款 duǎnqī jièkuǎn ～帰休制/离岗待工制 lígǎng dàigōngzhì ～停止ボタン/暂停按钮 zàntíng ànniǔ ～払い/一次付清 yí cì fùqīng

いちじいっく【一字一句】 逐字逐句 zhú zì zhú jù (英 *word for word; literally*) ▶～つき合わせる/逐字逐句地核对 zhú zì zhú jù de héduì

いちじかん【一時間】 一个小时 yí ge xiǎoshí (英 *one hour*) ▶～幾らで働く仕事/计时工 jìshígōng; 钟点工 zhōngdiǎngōng

イチジク【無花果】〖植物〗无花果 wúhuāguǒ (英 *a fig*)

いちじげん【一次元の】 一维 yīwéi (英 *one-dimentional*)

いちじつせんしゅう【一日千秋】 一日三秋 yí rì sān qiū (英 *impatiently*) ▶～の思いで待つ/怀着一日三秋的心情等待 huáizhe yí rì sān qiū de xīnqíng děngdài

いちじゅん【一巡する】《ひと回り》 转一周 zhuǎn yì zhōu;《顺番》轮一回 lún yì huí (英 *go around*) ▶構内を～する/在院子里转了一圈儿 zài yuànzili zhuǎnle yì quānr

いちじょ【一助】 些小的帮助 xiēxiǎo de bāngzhù (英 *a help*) ▶～となる/有助于 yǒuzhù yú; 有所帮助 yǒusuǒ bāngzhù ▶復興の～となるように期待する/期待能对复兴工作有所帮助 qīdài néng duì fùxīng gōngzuò yǒusuǒ bāngzhù

いちじるしい【著しい】 显著 xiǎnzhù; 明显 míngxiǎn (英 *remarkable; notable*) ▶彼は～進境を見せた/他进步显著 tā jìnbù xiǎnzhù ▶交通量が著しく増えている/交通量明显增加 jiāotōngliàng míngxiǎn zēngjiā

いちず【一途に】 一味 yíwèi; 专一 zhuānyī (英 *intently; blindly*) ▶～な思い/一心一意地想念 yīxīn yíyì de xiǎngniàn ▶～な思いを分かってやれ/你应该理解她的专一 nǐ yīnggāi lǐjiě tā de zhuānyī ▶～に思い込む/一门心思 yī mén xīnsi

いちぞく【一族】 家族 jiāzú; 同族 tóngzú; 一家老小 yìjiā lǎoxiǎo (英 *a family*; [親族] *relatives*; [氏族] *a clan*) ▶～/族人／族人一家 zúrén ▶～挙げて出席する/全家出席 quánjiā chūxí

いちぞん【一存で】 个人意见 gèrén yìjiàn (英 *on one's own responsibility*) ▶私の～では决められない/我个人决定不了 wǒ gèrén juédìngbuliǎo

いちだい【一代】 一生 yìshēng; 一代 yídài (英 *one generation; one's lifetime*) ▶～で財を成す/一代发财 yídài fācái

いちたいいち【一対一の】 一对一 yī duì yī (英 *one-to-one*) ▶～で勝負しよう/一对一地较量较量吧 yī duì yī de jiàoliàng jiàoliàng ba

いちだいじ【一大事】 一件大事 yí jiàn dàshì (英 *a serious matter*〔*affair*〕) ▶天下の～だ/天下最重要的大事儿 tiānxià zuì zhòngyào de dàshìr

いちだん【一団】 一群 yìqún; 一伙 yìhuǒ (英 *a group; a party*) ▶～になる/成群 chéngqún ▶

窃盗の〜を逮捕する/逮捕盗窃团伙 dàibǔ dàoqiè tuánhuǒ ▶〜となって走る/成群地跑 chéngqún de pǎo

いちだん【一段と】 更加 gèngjiā；越发 yuèfā （英 much； more）〜と腕を上げたね/本领又提高啦 běnlǐng yòu tígāo la ▶技術は彼が〜上だ/在技术上他略胜一筹 zài jìshùshang tā lüè shèng yì chóu

いちだんらく【一段落する】 告一段落 gào yí duànluò （英 settle... temporarily）▶作業が〜したら飯にしよう/工作告一段落之后去吃饭吧 gōngzuò gào yí duànluò zhīhòu qù chīfàn ba

いちづける【位置づける】 评价 píngjià；评定 píngdìng （英 look at... in the proper place）▶あの方の業績は学界ではどのように位置づけられているのですか/他的业绩在学术界的意义是什么？ tā de yèjì zài xuéshùjiè de yìyì shì shénme？

いちど【一度】 一回 yì huí；一次 yí cì （英 one time； once）▶〜会いませんか/你能和我见一面吗？ nǐ néng hé wǒ jiàn yí miàn ma？ ▶〜だけなら許してやろう/只原谅你一次 zhǐ yuánliàng nǐ yí cì

いちどう【一同】 全体 quántǐ；大家 dàjiā （英 all； everyone）▶会員〜喜んでおります/全体会员都很高兴 quántǐ huìyuán dōu hěn gāoxìng
[日中比較] 中国語の'一同 yìtóng'は「一緒に」という意味。

いちどう【一堂】 〜に会する 会齐一堂 huìqí yìtáng

いちどく【一読する】 一读 yìdú；看一看 kànyikan （英 read）▶〜の価値/值得一读 zhídé yì dú ▶〜して屑かごに捨てた/看了一下就扔进了字纸篓里 kànle yíxià jiù rēngjìnle zìzhǐlǒuli

いちどに【一度に】 一下子 yíxiàzi （英 at once）▶〜言われても困ります/一次都说了我也接受不了 yí cì dōu shuō le wǒ yě jiēshòubuliǎo

いちなん【一難】 （英 a misfortune）
ことわざ 一難去ってまた一難 一波未平，一波又起 yì bō wèi píng, yì bō yòu qǐ

いちに【一二】 （英 one or two ...）▶そういう例が〜ある/有一两个这样的例子 yǒu yì liǎng ge zhèyàng de lìzi
〜を争う 数一数二 shǔ yī shǔ èr →いち（一）

いちにち【一日】 一天 yì tiān （英 a day）▶〜中/整天 zhěngtiān；一天到晚 yì tiān dào wǎn ▶〜中畑に出ている/一天到晚都在田地里 yì tiān dào wǎn dōu zài tiándìli ▶〜も早く/早日 zǎorì ▶〜も早く退院したい/想早日出院 xiǎng zǎorì chūyuàn ▶〜だけ休みが取れる/只能请一天假 zhǐ néng qǐng yì tiān jiǎ ▶〜8 時間働く/一天工作八个小时 yì tiān gōngzuò bā ge xiǎoshí ▶〜おきに病院に行く/隔一天去一次医院 gé yì tiān qù yí cì yīyuàn

いちにん【一任する】 完全委托 wánquán wěituō （英 leave... to ...）▶私の議決権は議長に〜する/我的表决权完全委托给议长 wǒ de biǎojuéquán wánquán wěituō gěi yìzhǎng ▶万事君に〜する/一切都托付给你 yíqiè dōu tuōfù gěi nǐ

いちにんまえ【一人前】 ❶［一人分］一份儿 yí fènr （英 a portion for one person）▶〜一份儿饭菜 yí fènr fàncài ❷［成年］（英 an adult）▶〜の男/成年男子 chéngnián nánzǐ ▶〜の作家/成熟的作家 chéngshú de zuòjiā ▶〜の口をきく/用大人的口吻说话 yòng dàren de kǒuwěn shuōhuà

いちねん【一年】 一年 yì nián；春秋 chūnqiū （英 one year）▶〜中/一年到头 yì nián dào tóu；整年 zhěngnián ▶〜中花が咲いている/一年到头鲜花盛开 yī nián dào tóu xiānhuā shèngkāi ▶〜待ってくれないか/能不能等一年？ néngbunéng děng yì nián？ ▶〜が過ぎるのが早いのなんの/(光阴似箭)，转眼就是一年 (guāngyīn sì jiàn)，zhuǎnyǎn jiùshì yì nián ▶小学〜生/小学一年级(的学生) xiǎoxué yì niánjí(de xuésheng)

いちねん【一念】 决心 juéxīn；一心 yìxīn （英 desire； wish）▶〜発起する/决心做大事 juéxīn zuò dàshì ▶〜発起して英語を学び始めた/下决心开始学英语 xià juéxīn kāishǐ xué Yīngyǔ ▶〜うまくなりたい〜で/一心想成功 yìxīn xiǎng chénggōng …
ことわざ 一念岩をも通す 精诚所至，金石为开 jīngchéng suǒ zhì, jīnshí wéi kāi

いちば【市場】 市场 shìchǎng；集市 jíshì （英 a market）▶魚〜/鱼市 yúshì ▶青果〜/菜市 càishì ▶〜に行く/去集市 qù jíshì；去商场 qù shāngchǎng

いちはやく【逸早く】 很快 hěn kuài；赶快 gǎnkuài （英 quickly）▶〜現場に駆けつける/迅速赶到现场 xùnsù gǎndào xiànchǎng

いちばん【一番】 顶 dǐng；最 zuì （英［第一］the first；［最も］most； best）▶〜よい/最好 zuì hǎo ▶〜上の兄/大哥 dàgē ▶〜電車/头班电车 tóubān diànchē ▶〜乗り/到得最早 dàode zuì zǎo ▶数学はクラスで僕が〜だ/我的数学成绩全班第一 wǒ de shùxué chéngjì quánbān dì yī ▶人は正直であることが〜だ/一个人诚实最重要 yí ge rén chéngshí zuì zhòngyào；人最重要的品质是诚实 rén zuì zhòngyào de pǐnzhì shì chéngshí ▶甲子園に〜乗りする/最先来到甲子园参赛 zuìxiān láidào Jiǎzǐyuán cānsài ▶〜右にいるのが父です/右边第一个就是我父亲 yòubian dìyī ge jiùshì wǒ fùqīn
[日中比較] 中国語の'番 fān'は量詞で，時間のかかる動作や味わい・心境・言葉などを数える．付きそう数字は'一'だけなので'一番'という形になる．

いちびょうそくさい【一病息災】 有点儿小病反倒长寿 yǒudiǎnr xiǎobìng fǎndào chángshòu （英 A creaking gate hangs longest）

いちぶ【一部】 部分 bùfen （英 a part； a section）▶〜始終/从头至尾 cóng tóu dào wěi；一五一十 yī wǔ yī shí ▶彼の犯罪の〜始終を知っていた/他知道那个犯罪的全部过程

いちぶぶん【一部分】 一部分 yíbùfen; 一端 yìduān (英 *a part; a portion*) ▶まだ～を読んだに過ぎない/只不过看了一部分 zhǐbuguò kànle yíbùfen

いちべつ【一別】(英 *a parting*) ▶～以来三年になる/分别了三年 fēnbiéle sān nián

いちべつ【一瞥する】 一瞥 yìpiē; 看一眼 kàn yì yǎn (英 *glance*) ▶じろり一して通り過ぎた/瞥了一眼就走过去了 piēle yì yǎn jiù zǒuguò qù le ▶私に～もくれなかった/对我连看都没看一眼 duì wǒ lián kàn dōu méi kàn yì yǎn

いちまい【一枚 *a sheet of...*】▶この計画に彼も～噛んでいる/他也参与了这个计划 tā yě cānyùle zhège jìhuà ▶相手は役者が～上だ/对方略高一等 duìfāng lüè gāo yìchóu

～岩 磐石 pánshí ▶～岩の結束/坚如磐石的团结 jiān rú pánshí de tuánjié ▶～岩の結束を誇る/以坚如磐石的团结而自豪 yǐ jiān rú pán shí de tuánjié ér zìháo

いちまつ【一抹の】 一丝 yìsī; 一点 yìdiǎn (英 *a touch of...*) ▶～の不安を感じた/感到一丝不安 gǎndào yìsī bù'ān ▶心に～の疑念が残った/内心感到一些怀疑 nèixīn gǎndào yìxiē huáiyí

いちみ【一味】 一伙 yìhuǒ (英 *a gang*) ▶悪の～/一伙坏人 yìhuǒ huàirén ▶悪の～に加わる/参加罪恶团伙 cānjiā zuì'è tuánhuǒ ▶～徒党をすべて捕らえた/一伙歹徒都被抓住了 yìhuǒ dǎitú dōu bèi zhuāzhù le

いちみゃく【一脈】
～相通じる 一脉相通 yí mò xiāngtōng ▶喜劇と悲劇は～相通じるところがある/戏剧和悲剧有一脉相通的地方 xìjù hé bēijù yǒu yí mài xiāngtōng de dìfang

いちめい【一命】 生命 shēngmìng; 性命 xìngmìng (英 *one's life*) ▶～を救う/挽救生命 wǎnjiù shēngmìng ▶危うく～を取りとめた/总算保住了性命 zǒngsuàn bǎozhùle xìngmìng ▶～に関わる怪我/致命伤 zhìmìngshāng

いちめん【一面の】 一片 yí piàn (英 *all over*) ▶～の雪野原/一片雪原 yí piàn xuěyuán ▶～に漂う〈香りなどが〉/飘溢 piāoyì ▶彼の隠された～/他被隐藏的侧面 tā bèi yǐncáng de cèmiàn
◆記事 头版新闻 tóubǎn xīnwén

いちめんしき【一面識】
～もない 没见过面 méi jiànguo miàn ▶その人とは～もない/我跟他没见过面 wǒ gēn tā méi jiànguo miàn

いちめんてき【一面的な】(英 *one-sided*) ▶～な見方/片面的看法 piànmiàn de kànfǎ

いちもうさく【一毛作】 单季作 dānjìzuò (英 *a single crop*)

いちもうだじん【一網打尽】 一网打尽 yì wǎng dǎ jìn (英 *(net...) in one swoop*)

いちもく【一目】
～置く 表示敬畏 biǎoshì jìngwèi; 甘拜下风 gān bài xiàfēng
～瞭然 一目了然 yí mù liǎorán ▶技量の差は～瞭然だ/技术上的差距一目了然 jìshùshang de chājù yí mù liǎorán

いちもくさん【一目散】
～に逃げる 一溜烟地逃跑 yíliùyān de táopǎo

いちもつ【一物】
腹[胸]に～ある 别有用心 bié yǒu yòngxīn ▶いかにも腹に～ありそうな顔をしている/给人一种别有用心的感觉 gěi rén yì zhǒng bié yǒu yòngxīn de gǎnjué

いちもん【一文】 一文钱 yì wén qián (英 *a cent; a penny*) ▶馬券が外れて～無しになる/赌马买了空票输得一文不名 dǔmǎ mǎile kōngpiào shūde yì wén bù míng ▶俺の絵など～にもならないよ/我的画儿连一分钱都不值 wǒ de huàr lián yì fēn qián dōu bù zhí

ことわざ 一文惜しみの百知らず 捡了芝麻丢了西瓜 jiǎnle zhīma diūle xīguā

いちもん【一門】 同一位老师的门徒 tóng yí wèi lǎoshī de méntú; 一家 yìjiā (英 *a family; a clan*) ▶「円楽」～の噺家たち/"圆乐"门下的单口相声演员 "Yuánlè" ménxià de dānkǒu xiàngshēng yǎnyuán

いちもんいっとう【一問一答する】 一问一答 yì wèn yì dá (英 *have a question and answer session*)

いちや【一夜】 一夜 yí yè (英 *a night; [ある夜] one night*) ▶避難所で～を過ごした/在避难场所过了一夜 zài bìnàn chǎngsuǒ guòle yí yè ▶～明けるとスターになっていた/一觉醒来变成了明星 yí jiào xǐnglái biànchéngle míngxīng
◆～漬け〈にわか勉強〉临阵磨枪 lín zhèn mó qiāng ▶～漬けの勉強は身につかない/临阵磨枪的学习不可能真正掌握 lín zhèn mó qiāng de xuéxí bùkěnéng zhēnzhèng zhǎngwò

いちやく【一躍】 一下子 yíxiàzi (英 *at a bound*) ▶～有名になる/一举成名 yìjǔ chéngmíng

いちゃつく 调情 tiáoqíng (英 *flirt*)

いちゅう【意中の】(英 *(a person) in mind*) ▶～の人 意中人 yìzhōngrén

いちょう【胃腸】 肠胃 chángwèi (英 *the stomach and bowels*) ▶～病/肠胃病 chángwèibìng
◆～薬 肠胃药 chángwèiyào

イチョウ【公孫樹】【植物】公孙树 gōngsūnshù; 银杏 yínxìng (英 *a ginkgo*) ▶～並木/成排的银杏树 chéngpái de yínxìngshù

いちよう【一葉】 一张 yì zhāng (英 *a piece of...* (一枚)) ▶～の写真を取り出す/拿出一张照片 náchū yì zhāng zhàopiàn

ことわざ 一葉落ちて天下の秋を知る 一叶知秋 yí yè zhī qiū

いちよう【一様に】 一样 yíyàng; 同样 tóngyàng (英 alike; uniformly) ▶~に取り扱う/平等相処 píngděng xiāngchǔ ▶あれは尋常~の男ではない/那个男人可不寻常 nàge nánrén kě bù xúncháng

いちよく【一翼】 ~を担う 承担一部分任务 chéngdàn yíbùfen rènwu ▶救援活動の~を担う/承担一部分援救活动 chéngdān yíbùfen yuánjiù huódòng

いちらん【一覧】 《目を通す》过目 guòmù (英 a look); 《一覧表》便览 biànlǎn; 一览表 yìlǎnbiǎo (英 a list) ▶~する/浏览 liúlǎn 报告书を~する/阅读报告 yuèdú bàogào ▶当社の製品~/本公司的产品清单 běn gōngsī de chǎnpǐn qīngdān ▶~表にまとめる/归纳成一览表 guīnà chéng yìlǎnbiǎo

いちらんせい【一卵性】 (英 identical) ▶~双生児/单卵双胞胎 dānluǎn shuāngbāotāi

いちり【一理】 一番道理 yì fān dàolǐ (英 some truth) ▶彼女の言い分にも~ある/她的话也有一些道理 tā de huà yě yǒu yìxiē dàolǐ

いちりつ【一律に】 一概 yígài; 一律 yílǜ (英 uniformly) ▶~5%カットする/一律削减百分之五 yílǜ xuējiǎn bǎi fēn zhī wǔ ▶~には論じられない/不能一概而论 bùnéng yígài ér lùn

いちりづか【一里塚】 里程碑 lǐchéngbēi (英 a milestone) ▶合併実現への~/实现合并过程中的里程碑 shíxiàn hébìng guòchéng zhōng de lǐchéngbēi

いちりゅう【一流の】 第一流 dìyī liú (英 first-class) ▶~大学/名牌大学 míngpái dàxué ▶~品/上等货 shàngděnghuò; 高档货 gāodànghuò ▶彼~の話術/他那种谈话方式 tā nà zhǒng tánhuà fāngshì

いちりょうじつ【一両日】 (英 in a day or two) ▶~中にうかがいます/在一两天之内前往拜访 zài yì liǎng tiān zhīnèi qiánwǎng bàifǎng

いちりん【一輪】 ❶〖車〗 一个车轮 yí ge chēlún (英 a single wheel) ▶~車/独轮车 dúlúnchē ❷〖花〗 一朵 yì duǒ (英 a single flower) ▶~差し/小花瓶 xiǎohuāpíng ▶ボタンの花~/一朵牡丹 yì duǒ mǔdān

いちる【一縷】 一线 yíxiàn (英 a ray of...) ▶~の望み/一线希望 yíxiàn xīwàng ▶最終交渉に~の望みをつなぐ/给最后的交涉留下一线希望 gěi zuìhòu de jiāoshè liúxià yíxiàn xīwàng

いちるい【一塁】 第一垒 dìyī lěi (英 the first base) ▶《野球》~手/一垒手 yìlěishǒu

いちれい【一礼する】 鞠一躬 jū yì gōng (英 bow) ▶みんな~して去った/大家都鞠了一躬离开了 dàjiā dōu jūle yì gōng líkāi le

いちれい【一例】 一个例子 yí ge lìzi (英 an example) ▶~を挙げよう/举一个例子 jǔ yí ge lìzi

いちれつ【一列】 一排 yì pái; 一行 yì háng (英 a line; a row) ▶~に並ぶ/排成一行 páichéng yì háng ▶~に並んで登校する/排成一队上学 pái chéng yí duì shàngxué

いちれん【一連の】 一连串 yìliánchuàn; 一系列 yíxìliè (英 a series of...) ▶~の不祥事/一连串的丑闻 yìlián chuàn de chǒuwén

いちれんたくしょう【一蓮托生】 生死与共 shēngsǐ yǔ gòng (英 be in the same boat) ▶俺とおまえは~だ/我跟你同生共死 wǒ gēn nǐ tóng shēng gòng sǐ

いつ【何時】 什么时候 shénme shíhou; 几时 jǐshí (英 when) ▶あれっ、~来たの/欸, 你是什么时候来的？éi, nǐ shì shénme shíhòu lái de? ▶去年の~だったか/那是在去年的什么时候来着？nà shì zài qùnián de shénme shíhòu láizhe? ▶~から始まるのかな/什么时候开始呢？shénme shíhòu kāishǐ ne?

ことわざ 何時までもあると思うな親と金 (俗) 钱财年尽日,双亲终有年 qiáncái yǒu jìnrì, shuāngqīn yǒu zhōngnián

いっか【一家】 一家 yì jiā (英 a family) ▶~を成す/自成一家 zì chéng yì jiā ▶~全员/全家 quánjiā; 一家老小 yì jiā lǎoxiǎo ▶~の主/一家之主 yì jiā zhī zhǔ ~言を持つ 有独自见解 yǒu dúzì jiànjiě ▶~心中/一家心中に追い込まれる/被逼得全家自杀 bèi bīde quánjiā zìshā ~団欒/团圆 tuányuán ▶~団欒の食事/团圆饭 tuányuánfàn

いっか【一過】 (英 after the passage of...) ▶台風~、晴天が続いた/台风一过, 连着都是晴天 táifēng yí guò, liánzhe dōu shì qíngtiān

いつか【何時か】 (英 sometime; some day) ▶~ある日/将来有一天 jiānglái yǒu yìtiān ▶~また会おう/改日再会吧 gǎirì zài huì ba ▶~分かり合うこともあろう/将来总有一天我们会互相理解的吧 jiānglái zǒng yǒu yì tiān wǒmen huì hùxiāng lǐjiě de ba

いっかい【一介】 一个 yí ge; 一介 yíjiè (英 only; mere) ▶~の庶民/一介匹夫 yíjiè pǐfū ▶私は~の教師にすぎない/我不过是一名教师 wǒ búguò shì yì míng jiàoshī

いっかい【一回】 一次 yí cì; 一度 yí dù (英 once) ▶~やってみようか/我也来试一次吧 wǒ yě lái shì yí cì ba ▶花火は~だけの芸術だ/焰火是转瞬即逝的艺术 yànhuǒ shì zhuǎnshùn jí shì de yìshù

いっかい【一階】 一楼 yī lóu (英 a first floor) 《地上の1階》

いっかく【一角】 一隅 yìyú; 一个角落 yí ge jiǎoluò (英 a corner of...) ▶これらは氷山の~に過ぎない/这只不过是冰山的一角 zhè zhǐbuguò shì bīngshān de yìjiǎo ▶境内の~に鐘楼がある/寺院的角落有一个钟楼 sìyuàn de jiǎoluò yǒu yí ge zhōnglóu

いっかくじゅう【一角獣】 独角兽 dújiǎoshòu (英 a unicorn)

いっかくせんきん【一攫千金】 一攫千金 yì jué qiānjīn (英 making a fortune in one stroke) ▶~を夢見る/做梦要一获千金 zuòmèng yào yí huò qiānjīn

いっかせい【一過性の】 一时性 yìshíxìng (英 temporary; transient) ▶～の病気/很快就能好的病 hěn kuài jiù néng hǎo de bìng

いっかつ【一括】 总括 zǒngkuò (英 summarize) ▶～して/一齐 yìqí ▶～して申し込む/一并申请 yībìng shēnqǐng ▶～処理/成批处理 chéngpī chǔlǐ ▶～払い/一次付清 yí cì fùqīng

いっかつ【一喝】 大喝一声 dà hè yì shēng (英 bark; yell) ▶先輩の～で迷いが消えた/前辈的警钟打消了我的迷茫 qiánbèi de jǐngzhōng dǎxiāole wǒ de mímáng

いっかん【一巻】 一卷 yí juàn (英 a volume) ▶～の終わり 完蛋 wándàn/万事休矣 wàn shì xiū yǐ

いっかん【一貫した】 一贯 yíguàn; 贯串 guànchuàn (英 consistent) ▶終始～して/始终一贯 shǐzhōng yíguàn ▶終始～して反対した/始终如一地加以反对 shǐzhōng rúyī de jiāyǐ fǎnduì ▶～性がある/始终如一 shǐzhōng rúyī ▶彼の議論には～性がある/他的理论具有一贯性 tā de lǐlùn jùyǒu yíguànxìng

いっかん【一環】 一环 yìhuán (英 a link; a part of...) ▶遠足は教育の～です/徒步旅行是教育的一个环节 túbù lǚxíng shì jiàoyù de yí ge huánjié ▶環境運動の～として/作为环保运动的一个环节 zuòwéi huánbǎo yùndòng de yí ge huánjié

いっき【一気に】 一股劲儿 yìgǔjìnr; 一口气 yìkǒuqì; 一气 yíqì (英 in one breath) ▶レポートを～呵成(ホェャ)に書き上げた/一气呵成写完报告 yìqì hē chéng xiěwán bàogào ▶～に飲み干す/一饮而尽 yì yǐn ér jìn ▶多年の懸案を～に片付いた/一口气处理了多年来的悬案 yìkǒuqì chǔlǐle duō nián lái de xuán'àn

📖日中比較 中国語の'一气 yíqì'には「いっぺんに」という意味の他、「悪い仲間」「ぐる」という意味もある.

いっき【一揆】 起义 qǐyì (英 a riot) ▶～を起こす/发动起义 fādòng qǐyì ▶農民～/农民起义 nóngmín qǐyì

いっきいちゆう【一喜一憂する】 一喜一忧 xǐ yì yōu (英 be now glad, now sad) ▶試合経過に～する/比赛过程让人亦喜亦忧 bǐsài guòchéng ràng rén yì xǐ yì yōu

いっきさく【一期作】 单季稻 dānjìdào; 单季作物 dānjì zuòwù (英 an annual crop)

いっきとうせん【一騎当千】 以一当十 yǐ yī dāng shí (英 a man of peerless strength) ▶我が社には～の精兵強将/我们公司都是些以一当十的精兵强将 wǒmen gōngsī dōu shì xiē yǐ yī dāng shí de jīngbīng qiángjiàng

いっきゅう【一級】 上等 shàngděng (英 of the highest quality) ▶～品/上等货 shàngděnghuò; 一等品 yìděngpǐn ▶～建築士/一级建筑师 yìjí jiànzhùshī

いっきょ【一挙に】 一举 yìjǔ (英 at a single stroke) ▶～に名を成す/一举成名 yìjǔ chéngmíng ▶こうして彼は～に名を成した/于是他一举成名 yúshì tā yìjǔ chéngmíng ▶彼の～一動に注目が集まる/他的一举一动都引人注目 tā de yì jǔ yí dòng dōu yǐn rén zhùmù ▶～両得/一举两得 yì jǔ liǎng dé; 一箭双雕 yí jiàn shuāng diāo

いっきょしゅいっとうそく【一挙手一投足】 一举一动 yì jǔ yí dòng ▶彼の～が気になる/他的一举一动都让人牵挂 tā de yì jǔ yí dòng dōu ràng rén qiānguà

いつく【居着く】 定居 dìngjū; 落户 luòhù (英 settle; stay) ▶店員が居着かない/店员们在这儿都干不长 diànyuánmen zài zhèr dōu gànbucháng

いつくしむ【慈しむ】 爱抚 àifǔ; 慈爱 cí'ài; 疼爱 téng'ài (英 be kind; be affectionate) ▶慈しみ深い/深深的慈爱 shēnshēn de cí'ài

いっけん【一見する】 看一眼 kàn yì yǎn (英 take a look) ▶～して分かる/一看就懂 yí kàn jiù dǒng ▶偽物であることは～して分かる/一眼就看出来是假货 yì yǎn jiù kànchūlai shì jiǎhuò ▶～の価値がある/值得一看 zhíde yí kàn ▶～正直そうだが、そうではない/乍一看挺老实、其实并不然 zhà yí kàn tǐng lǎoshi, qíshí bìng bùrán

いっけん【一軒】 一所 yì suǒ (英 a house) ▶～の家/一所房子 yì suǒ fángzi

いっこ【一戸】 一户 yí hù; 一栋 yí dòng (英 a house) ▶郊外に～を構える/在郊区买了一栋房子 zài jiāoqū mǎile yí dòng fángzi

♦ **～建て住宅** 独门独院的住房 dúmén dúyuàn de zhùfáng

いっこ【一顧】 (英 notice) ▶～だに値しない/不屑一顾 búxiè yígù

いっこう【一向に】 一点儿也 yìdiǎnr yě [...でない] not at all) ▶～に埒(ち)があかない/迟迟解决不了 chíchí jiějuébùliǎo ▶～に便りがないが元気かなぁ/一直没有来信也不知道怎么样了 yìzhí méiyǒu láixìn yě bù zhīdào zěnmeyàng le

📖日中比較 中国語の'一向 yíxiàng'は「かねてから」の意味.

いっこう【一考】 考虑 kǎolǜ (英 careful consideration) ▶～を要する/需要考虑一下 xūyào kǎolǜ yíxià

いっこう【一行】 一行 yìxíng (英 a party; one's suite) ▶箱根行きの～五名/一行五个人前往箱根 yìxíng wǔ ge rén qiánwǎng Xiānggēn ▶学生の～に加わって訪中する/参加大学生团体访问中国 cānjiā dàxuéshēng tuántǐ fǎngwèn Zhōngguó

いっこく【一刻】 一刻 yíkè (英 a moment; a minute) ▶～の猶予もない/一刻也不能耽误 yí kè yě bùnéng dānwu; 刻不容缓 kè bù róng huǎn ▶～を争う/争分夺秒 zhēng fēn duó miǎo ▶事態は～を争う/局势一触即发 júshì yí chù jí fā ▶～も早くおいで下さい/望火速前来 wàng huǒsù qiánlái

ことわざ 一刻千金 一刻値千金 yīkè zhí qiānjīn

いっこくいちじょう【一国一城】
~の主 店は小さいながら～の主です/店铺虽小, 却是属于自己的小天地 diànpù suī xiǎo, què shì shǔyú zìjǐ de xiǎotiāndì

いっこん【一献】 一盏 yīzhǎn（一杯の酒）(英 *a cup of sake*)▶～差し上げたい/想敬您一杯酒 xiǎng jìng nín yī bēi jiǔ

いっさい【一切】 ❶[すべて] 统统 tǒngtǒng; 一切 yíqiè (英 *all*)▶過去は～忘れよう/把往事都忘掉吧 bǎ wǎngshì dōu wàngdiào ba ▶～の費用を負担します/负担一切费用 fùdān yíqiè fèiyong ❷[全然] (英 *entirely*)▶～眼中にない/根本不考虑 gēnběn bù kǎolǜ; 根本不放在眼里 gēnběn bú fàngzài yǎnlǐ
~合切 所有的 suǒyǒu de; 一切 yíqiè ▶泥棒に～合切持っていかれた/被小偷儿偷得精光 bèi xiǎotōur tōude jīngguāng

いつざい【逸材】 才子 cáizǐ; 杰出的人材 jiéchū de réncái (英 *a man of talent*)▶岡田門下の～と称された/被誉为冈田先生门下的才子 bèi yù wéi Gāngtián xiānsheng ménxià de cáizǐ

いっさく【一策】 (英 *a plan*)▶窮余の～/穷极一策 qióng jí yí cè; 最后的手段 zuìhòu de shǒuduàn

いっさくじつ【一昨日】 前天 qiántiān (英 *the day before yesterday*)

いっさくねん【一昨年】 前年 qiánnián (英 *the year before last*)

いっさくばん【一昨晩】 前天晚上 qiántiān wǎnshang (英 *the evening before last*)

いっさつ【一札】 保证书 bǎozhèngshū; 字据 zìjù (英 *a written promise; an IOU*)▶～入れ/提交保证书 tíjiāo bǎozhèngshū ▶なんなら～入れようか/要不写一张字据吧 yàobù xiě yì zhāng zìjù ba ▶理事長から～取ってある/从理事长那儿得到保证 cóng lǐshìzhǎng nàr dédào bǎozhèng

いっさんかたんそ【二酸化炭素】 一氧化碳 yīyǎnghuàtàn (英 *carbon monoxide*)▶～中毒/一氧化碳中毒 yīyǎnghuàtàn zhòngdú

いっさんに【一散に】 一溜烟地 yīliùyān de (英 *at full speed*)▶～駆け戻る/一溜烟地跑回去 yīliùyān de pǎohuíqù

いっし【一矢】
~を報いる 反驳 fǎnbó; 反击 fǎnjī

いっし【一糸】 (英 *a thread*)
~乱れず 秩序井然 zhìxù jǐngrán ▶～乱れず進する/秩序井然地前进 zhìxù jǐngrán de qiánjìn
~もまとわずに 一丝不挂 yīsī bú guà

いっしき【一式】 一套 yí tào (英 *a complete set*)▶野球の道具～を揃える/凑齐成套的棒球用品 còuqí chéngtào de bàngqiú yòngpǐn

いっしどうじん【一視同仁】 一视同仁 yí shì tóng rén (英 *impartiality*)

いっしゃせんり【一瀉千里】 一泻千里 yí xiè qiān lǐ (英 *with great rapidity*)▶あとは～に書き上げた/接下来就是一气呵成地写完 jiēxiàlái jiùshì yíqì hēchéng de xiěwán

いっしゅ【一種】 一种 yìzhǒng (英 *a kind; a sort*)▶彼の文章には～独特の味がある/他的文章有一种独特的风格 tā de wénzhāng yǒu yì zhǒng dútè de fēnggé ▶すいかは野菜の～である/西瓜是一种蔬菜 xīguā shì yì zhǒng shūcài ▶鯨は哺乳類の～である/鲸鱼是一种哺乳动物 jīngyú shì yì zhǒng bǔrǔ dòngwù

いっしゅう【一周する】 绕一圈 rào yì quān (英 *go around; walk around*)▶グラウンドを～する/环绕球场一周 huánrào qiúchǎng yì zhōu ▶400メートルの～/周长四百米的跑道 zhōucháng sì bǎi mǐ de pǎodào

いっしゅう【一蹴】 轻取 qīngqǔ (英 *turn down; beat easily*)▶敵を～する/轻松地击败对手 qīngsōng de jībài duìshǒu ▶私の提案は市長に～された/我的提案被市长枪毙了 wǒ de tí'àn bèi shìzhǎng qiāngbì le

いっしゅうかん【一週間】 一个星期 yí ge xīngqī (英 *a week*)

いっしゅうねん【一周年】 一周年 yì zhōunián (英 *the first anniversary*)▶開店～の記念品/开店一周年的纪念品 kāidiàn yì zhōunián de jìniànpǐn

いっしゅん【一瞬】 一瞬 yíshùn; 转眼 zhuǎnyǎn; 刹那 chànà (英 *an instant*)▶～我が目を疑った/刹那间, 我不敢相信眼前的情景了 chànàjiān, wǒ bù gǎn xiāngxìn yǎnqián de qíngjǐng le ▶～の隙をつく/乘虚而入 chéng xū ér rù ▶希望は～に砕かれた/希望一瞬就变成了泡影 xīwàng yíshùn jiù biànchéngle pàoyǐng

いっしょ【一緒】 共同 gòngtóng; 一块儿 yíkuàir; 一起 yìqǐ (英 *together; with...*)▶～に行く/一起去 yìqǐ qù ▶～に買い物に行く/一起去买东西 yìqǐ qù mǎi dōngxi ▶二人は小学校が～だった/两个人是小学同学 liǎng ge rén shì xiǎoxué tóngxué ▶～に行動する/并肩行动 bìngjiān xíngdòng

~くたにする 混同 hùntóng ▶神と仏を～くたにする/把神与佛混为一谈 bǎ shén yǔ fó hùn wéi yì tán
~になる ▶二人は見合いで～になった/两个人是相亲结的婚 liǎng ge rén shì xiāngqīn jié de hūn

いっしょう【一生】 一生 yìshēng; 一辈子 yíbèizi (英 *a lifetime; one's life*)▶～忘れない/终生不忘 zhōngshēng bú wàng ▶～の伴侣/终身伴侣 zhōngshēn bànlǚ ▶～に一度のチャンス/终生难得的机会 zhōngshēng nándé de jīhuì
九死に～を得る 九死一生得救了 jiǔ sǐ yī shēng déjiù le

いっしょう【一笑】
~に付す 付之一笑 fù zhī yí xiào; 一笑置之 yí xiào zhì zhī

いっしょく【一色】 清一色 qīngyísè (英 *one color*)▶白～の壁/涂成白色的墙壁 túchéng báisè de qiángbì ▶町中がオリンピック〜に染まる/街上到处洋溢着奥林匹克的气氛 jiēshang dàochù yángyìzhe Àolínpǐkè de qìfēn

いっしょくそくはつ【一触即発】 一触即发 yí chù jí fā (英 *a touch-and-go situation*) ▶両者の関係は〜の状態にある/双方的关系处于一触即发的状态 shuāngfāng de guānxi chǔyú yí chù jí fā de zhuàngtài

いっしょけんめい【一所懸命に】 全力 quánlì; 拼命 pīnmìng (英 *with earnest devotion*) ▶〜な話しぶり/竭尽全力讲述的样子 jiéjìn quánlì jiǎngshù de yàngzi ▶〜に練習する/拼命练习 pīnmìng liànxí

いっしん【一心】 一个心眼儿 yí ge xīnyǎnr (英 *one mind*) ▶〜に聴く/专心谛听 zhuānxīn dìtīng ▶彼女に好かれたい〜で…/一门心思想得到她的青睐 yì mén xīnsi xiǎng dédào tā de qīnglài

いっしん【一身】 自身 zìshēn; 自己 zìjǐ (英 *oneself*) ▶〜に引き受ける/由自身承担 yóu zìshēn chéngdān ▶非難を〜に引き受ける/自己一个人来承担非难 zìjǐ yí ge rén lái chéngdān fēinàn ▶〜上の都合/个人的情由 gèrén de qíngyóu ▶〜上の都合で退職する/由于个人原因而退职 yóuyú gèrén yuányīn ér tuìzhí ▶注目を〜に集める/引人注目 yǐn rén zhùmù ▶教育に〜を捧げる/献身于教育 xiànshēn yú jiàoyù

いっしん【一新する】 刷新 shuāxīn (英 *renew; change completely*) ▶気分を〜/转变心情 zhuǎnbiàn xīnqíng ▶面目を〜/面目一新 miànmù yìxīn ▶人心の〜をはかる/希望转变大家的心情 xīwàng zhuǎnbiàn dàjiā de xīnqíng

いっしん【一審】 一审 yìshěn; 初审 chūshěn (英 *the first trial*) ▶〜法廷/初审法庭 chūshěn fǎtíng ▶〜で無罪となる/初审判决无罪 chūshěn pànjué wúzuì

いっしんいったい【一進一退】 一进一退 yí jìn yí tuì (英 *now advancing and now retreating*) ▶病状は〜を繰り返す/病情总是时好时坏 bìngqíng zǒngshì shí hǎo shí huài

いっしんきょう【一神教】 一神教 yìshénjiào (英 *monotheism*)

いっしんどうたい【一心同体】 同心同德 tóng xīn tóng dé (英 *all of one mind*) ▶夫婦は〜だ/夫妻携手同心 fūqī xiéshǒu tóngxīn

いっしんふらん【一心不乱に】 专心致志 zhuān xīn zhì zhì; 聚精会神 jù jīng huì shén (英 *absorbedly*) ▶〜に勉強する/聚精会神地学习 jù jīng huì shén de xuéxí

いっすい【一睡】 (英 *a sleep*) ▶〜もせずに/一觉也没睡 yí jiào yě méi shuì ▶〜もできない/一会儿也不能睡 yìhuǐr yě bùnéng shuì ▶痛くて〜もできない/疼得根本睡不着 téngde gēnběn shuìbuzháo ▶昨晩はほとんど〜もしなかった/昨天晚上基本上没睡 zuótiān wǎnshang jīběnshang méi shuì

いっする【逸する】 失掉 shīdiào (英 *lose;*

miss) ▶好機を〜/失掉好机会 shīdiào hǎojīhuì ▶常軌を〜/超出常轨 chāochū chángguǐ ▶あの日彼は常軌を逸していた/那天他出了轨 nà tiān tā chūle guǐ

いっすん【一寸】 一寸 yí cùn《長さの単位》(英 *a sun*)

ことわざ 一寸先は闇 前途莫測 qiántú mò cè

ことわざ 一寸の光陰軽(かろ)んずべからず 一寸光阴不可轻 yí cùn guāngyīn bù kě qīng

ことわざ 一寸の虫にも五分の魂 匹夫不可夺其志 pǐfū bùkě duó qí zhì; 麻雀虽小五脏俱全 máquè suī xiǎo wǔzàng jù quán

いっせい【一世】 (英 *the age; a lifetime*) ▶日系〜/第一代日侨 dìyīdài Rìqiáo ▶〜を風靡する/风靡一世 fēngmǐ yīshì ▶一代の晴れ姿/一生一世最美丽的盛装 yīshēng yīshì zuì měilì de shèngzhuāng

いっせい【一斉に】 一齐 yìqí; 一同 yìtóng (英 *all together; all at once*) ▶〜にわめく/齐声大喊 qíshēng dàhǎn ▶鳥の群れが〜に飛び立つ/鸟群一齐飞翔 niǎoqún yìqí fēixiáng ▶〜取り締まりを実施する/一齐进行取缔 yìqí jìnxíng qǔdì

いっせき【一石】[刺激] *a stir*)

ことわざ 一石二鳥 一箭双雕 yí jiàn shuāng diāo

〜を投じる 引起反响 yǐnqǐ fǎnxiǎng ▶画壇に〜を投じる/在画坛引起反响 zài huàtán yǐnqǐ fǎnxiǎng

いっせき【一席】 一场 yì cháng (英 [宴] *a party*; [話] *a speech*) ▶〜設ける/设宴 shèyàn ▶近いうちに〜設けますよ/近期设宴款待 jìnqī shèyàn kuǎndài ▶〜ぶつ/讲一席话 jiǎng yì xí huà; 讲演一番 jiǎngyǎn yì fān

いっせつ【一説】 一说 yìshuō (英 *an opinion*) ▶〜には/据另一个看法 jù lìng yí ge kànfǎ ▶〜に唐代の作だという/有一种观点认为这是唐代的作品 yǒu yì zhǒng guāndiǎn rènwéi zhè shì Tángdài de zuòpǐn

いっせつ【一節】 一节 yì jié; 一段 yí duàn (英 *a paragraph*) ▶詩の〜を引用する/引用一段诗 yǐnyòng yí duàn shī

いっせん【一戦】 (英 *a battle*) ▶〜を交える/打一仗 dǎ yí zhàng ▶強敵を相手に〜を交える/跟劲敌比一场 gēn jìngdí bǐ yì chǎng ▶世紀の〜/百年一度的精彩比赛 bǎinián yí dù de jīngcǎi bǐsài

いっせん【一線】 (英 [重要な] *the flont line*; [違い] *a clear distinction*) ▶最後の〜は守り抜く/基本原则坚持到底 jīběn yuánzé jiānchí dàodǐ ▶〜ばりばりの記者/活跃在第一线的记者 huóyuè zài dìyīxiàn de jìzhě

〜を画する 划清界线 huàqīng jièxiàn ▶保守派とは〜を画する/跟保守派划清界限 gēn bǎoshǒupài huàqīng jièxiàn

いっそ 干脆 gāncuì; 索性 suǒxìng (英 *rather; sooner; better*) ▶〜死にたい/倒不如死 dǎo bùrú sǐ ▶別れるくらいなら〜死にたい/要是分手的话, 倒不如让我去死 yàoshi fēnshǒu dehuà, dào bùrù ràng wǒ qù sǐ ▶~のこと辞めようか/干脆不干了 gāncuì bú gàn le

いっそう【一掃する】 清除 qīngchú; 扫除 sǎochú (英) sweep away; clear away) ▶疑念を~する/消除怀疑 xiāochú huáiyí

いっそう【一層】 越发 yuèfā; 更加 gèngjiā (英) more; all the more) ▶~値上がりする/进一步涨价 jìn yí bù zhǎngjià ▶~の努力を期待する/期待能更加努力 qīdài néng gèngjiā nǔlì

いっそくとび【一足飛びに】 飞跃地 fēiyuè de; 一跃 yíyuè (英) at a bound) ▶課長から~に常務になる/从科长一步跳到常务董事 cóng kēzhǎng yí bù tiào dào chángwù dǒngshì

いつぞや【何時ぞや】 上次 shàngcì; 什么时候儿 shénme shíhour (英) the other day) ▶~御教示ありがとうございました/上次聆听教诲不胜感激 shàngcì língtīng jiàohuì búshèng gǎnjī

いったい【一体】 **1**【一体全体】 到底 dàodǐ (英) on earth) ▶~どういうことだ/到底是怎么回事儿 dàodǐ shì zěnme huí shìr **2**【同体】 齐心协力 qíxīn xiélì; 一体 yìtǐ (英) one body) ▶人馬一となって走る/人和马化为一体奔跑 rén hé mǎ huà wéi yìtǐ bēnpǎo ▶組織を~化する/把组织建成一个有机的整体 bǎ zǔzhī jiànchéng yí ge yǒujī de zhěngtǐ

いったい【一帯】 一带 yídài; 一溜儿 yíliùr (英) the whole place) ▶沿岸~が水に浸かった/沿岸一带被水淹了 yán'àn yídài bèi shuǐ yān le

いつだつ【逸脱する】 偏离 piānlí (英) deviate) ▶~行為/越轨行为 yuèguǐ xíngwéi ▶会の趣旨から~している/偏离了本会的宗旨 piānlíle běn huì de zōngzhǐ

いったん【一旦】 (英) once; when once) ▶~決めたら断固やる/一旦决定了就要坚持到底 yídàn juédìngle jiù yào jiānchí dàodǐ ▶~なかったことにしよう/暂且作罢 zànqiě zuòbà
[日中比较] 中国語の'一旦 yídàn'は四字句中では「一瞬」を意味する。▶公司的百年信誉毁于一旦 gōngsī de bǎi nián xìnyù huǐyú yídàn/会社が百年かけて築いた信用と名声が一瞬で失われる

いったん【一端】 一头 yìtóu; 一端 yìduān (英) [一つの端] one end; [一部] a part) ▶~に触れる/涉及到一部分 shèjí dào yíbùfen ▶この地方の文化の~に触れる/接触到这个地区文化的一个侧面 jiēchù dào zhège dìqū wénhuà de yí ge cèmiàn

いっち【一致する】 一致 yízhì (英) cooperate; coincide) ▶~しない/不一致 bù yízhì ▶彼は利害が~しない/他在利益上存在着分歧 tā zài lìyìshang cúnzàizhe fēnqí ▶~協力する/和衷共济 hé zhōng gòng jì; 协同一致 xiétóng yízhì ▶全員~で決議する/全体一致通过决议 quántǐ yízhì tōngguò juéyì
◆~団结【团结一致 tuánjié yízhì 言行不~｜言行不一 yánxíng bù yī

いっちゃく【一着】 **1**【衣類の数え方】(英) a suit) ▶~の服/一件衣服 yí jiàn yīfu **2**【一等】第一名 dìyī míng (英) the first) ▶マラソンで~になる/马拉松得了第一名 mǎlāsōng déle dìyī míng

いっちゅうや【一昼夜】 一整天 yì zhěngtiān; 一昼夜 yí zhòuyè (英) a whole day and night) ▶~眠り続けた/整整睡了一天一夜 zhěngzhěng shuìle yì tiān yí yè

いっちょういっせき【一朝一夕】 一朝一夕 yì zhāo yì xī (英) in a day; in a short time) ▶IT知識は~には身につかない/IT知识不是一朝一夕就能掌握的 IT zhīshi bú shì yì zhāo yì xī jiù néng zhǎngwò de

いっちょういったん【一長一短】 一长一短 yì cháng yì duǎn (英) both merits and demerits) ▶どんな計画にも~がある/任何计划都会各有利弊的 rènhé jìhuà dōu huì gè yǒu lìbì de

いっちょうら【一張羅】 唯一的一件好衣服 wéiyī de yí jiàn hǎoyīfu (英) one's Sunday clothes) ▶~を着て式に出る/穿着唯一像样的一件衣服参加典礼 chuānzhuó wéiyī xiàngyàng de yí jiàn yīfu cānjiā diǎnlǐ

いっちょくせん【一直線】 笔直 bǐzhí (英) in a beeline) ▶道が~にのびている/道路笔直地通往前方 dàolù bǐzhí de tōngwǎng qiánfāng

いっつい【一対】 一对 yíduì (英) a pair of...; a couple of...) ▶~のひな人形/一对女儿节的偶人 yí duì Nǚ'érjié de ǒurén

いって【一手】【(碁などの)】 一着 yìzhāo (英) a move) ▶次の~/下一着 xià yìzhāo

いって【一手に】 单独 dāndú; 一手 yìshǒu (英) exclusively; by oneself) ▶~に握る/把持独占 bǎchí ▶権限を~に握る/独揽大权 dúlǎn dàquán ▶協会を~に操る/垄断协会 lǒngduàn xiéhuì ▶~に販売する/包销 bāoxiāo ▶雑用を~に引き受ける/包办所有的杂事 bāobàn suǒyǒu de záshì

いってい【一定】 一定 yídìng; 固定 gùdìng (英) fixed; definite) ▶~の速度を保つ/保持一定的速度 bǎochí yídìng de sùdù ▶~の収入がある/有一定的收入 yǒu yídìng de shōurù ▶住所が~しない/住处不固定 zhùzhǐ bú gùdìng
[日中比较] 中国語の'一定 yídìng'は「いつも決まった状態である」という意味の他、「必ず」という意味も持つ。

いってき【一滴】 一滴 yì dī (英) a drop) ▶~の涙を流す/流下一滴眼泪 liúxià yì dī yǎnlèi

いってつ【一徹な】 顽固 wángù; 固执 gùzhi (英) obsinate)

いつでも【何時でも】 老是 lǎoshì; 随时 suíshí (英) anytime) ▶~おいでよ/什么时候来的时候 shénme shíhou lái dōu kěyǐ; 随时欢迎 suíshí huānyíng ▶~待っています/随时恭候 suíshí gōnghòu ▶あいつは~だらしがないんだ/他老是那么散漫呢 tā lǎoshì nàme sǎnmàn ne

いってん【一点】 一点 yì diǎn (英) a point; a speck; a dot) ▶~の光もない/漆黑一团 qīhēi yì tuán ▶~の過誤もない/没有丝毫的错误

méiyǒu sīháo de cuòwù ▶知らぬ存ぜぬの〜張りだった/一口咬定什么都不知道 yì kǒu yǎo dìng shénme dōu bù zhīdào

いってん【一転】 一转 yì zhuǎn; 一变 yí biàn（英 turn; make complete change） ▶心機〜/心机一转 xīnjī yì zhuǎn ▶彼は心機〜職探しを始めた/他突然改变主意, 开始找工作了 tā tūrán gǎibiàn zhǔyi, kāishǐ zhǎo gōngzuò le ▶彼は〜して反対に回った/他突然变成反对意见了 tā tūrán biànchéng fǎnduì yìjiàn le

いっとう【一刀】（一振り）一把刀 yì bǎ dāo（英 a sword）
♦〜彫/一刀雕 yìdāodiāo ～両断/一刀两断 yì dāo liǎng duàn; 断然 duànrán

いっとう【一等】 头等 tóuděng（英 the first class） ▶船室/头等舱 tóuděngcāng ～賞/头等奖 tóujiǎng
♦〜航海士/一级水手 yìjí shuǐshǒu ～星/一级星 yìjíxīng ～地/最好地段 zuìhǎo dìduàn

いっとうち【一頭地】
〜を抜く 出人头地 chū rén tóu dì ▶彼の脚力は〜を抜いている/他的那双飞毛腿出类拔萃 tā de nà shuāng fēimáotuǐ chū lèi bá cuì

いつなんどき【何時何時】（英 at any moment）▶〜であろうと/无论什么时候 wúlùn shénme shíhou ▶〜地震が来てもよいように備えておく/不管什么时候发生地震都要做到有备无患 bùguǎn shénme shíhou fāshēng dìzhèn dōu yào zuòdào yǒu bèi wú huàn

いつになく【何時になく】（英 unusual）▶彼は〜元気がない/他和平日不同, 没有精神 tā hé píngrì bùtóng, méiyǒu jīngshen

いつのひか【何時の日か】 有朝一日 yǒu zhāo yí rì; 将来会有一天 jiānglái huì yǒu yì tiān（英 someday） ▶あなたの夢は〜叶うでしょう/你的梦想总有一天会实现的 nǐ de mèngxiǎng zǒng yǒu yì tiān huì shíxiàn de

いつのまにか【何時の間にか】 不知不觉 bù zhī bù jué; 不知什么时候儿 bù zhī shénme shíhour（英 before one knows） ▶〜晴れている/不知什么时候天晴了 bù zhī shénme shíhou tiān qíng le ▶〜年をとった/不知不觉地上了年纪 bù zhī bù jué de shàngle niánjì

いっぱ【一派】 一派 yípài（英 a school; a faction; a sect） ▶過激な〜の策謀/激进一派的阴谋 jījìn yípài de yīnmóu

いっぱい【一杯】 **①**【分量】（英 a cup of...）▶コップ〜の水/一杯水 yì bēi shuǐ **②**（英 a drink）〜機嫌/有醉意 yǒu zuìyì ▶〜機嫌で家路につく/带着醉意往家走 dàizhe zuìyì wǎng jiā zǒu **③**【充満】充盈 chōngyíng（英 full of...）〜タンクに〜ガソリンを入れる/往油箱里装满汽油 wǎng yóuxiāngli zhuāngmǎn qìyóu ▶力〜ぶつかっていく/用尽全部力量撞上去 yòngjìn quánbù lìliang zhuàngshàngqu ▶今月〜待ちましょう/等到这个月底吧 děngdào zhège yuèdǐ ba ▶胸が〜で話ができない/心头感动说不

出话来 xīntóu gǎndòng shuōbuchū huà lái
〜食わされる 受骗 shòupiàn

いっぱい【一敗】
〜地にまみれる 一败涂地 yí bài tú dì

いっぱしの 够格 gòugé（英 as good as others; no mean） ▶〜の記者を気取る/以一个能胜任的记者自居 yǐ yí ge néng shèngrèn de jìzhě zìjū

いっぱん【一般の】 一般 yìbān; 普通 pǔtōng（英 general; common） ▶〜化する/一般化 yìbānhuà ▶〜的に言って/一般来说 yìbān lái shuō ▶〜人/普通人 pǔtōngrén ▶〜大衆/老百姓 lǎobǎixìng; 群众 qúnzhòng ▶芸術〜について言えば…/就艺术, 一般来说… jiù yìshù, yìbān lái shuō… ▶〜論が当てはまらない/这不能套用一般的逻辑 zhè bùnéng tàoyòng yìbān de luójí

いっぴきおおかみ【一匹狼】 单枪匹马的人 dānqiāng pǐmǎ de rén（英 a lone wolf） ▶文壇の〜/文坛里单枪匹马的作家 wéntánli dānqiāng pǐmǎ de zuòjiā

いっぴつ【一筆】（英 one stroke of a pen） ▶〜入れる/添上一笔做证据 tiānshàng yì bǐ zuò zhèngjù

いっぴょう【一票】 一张选票 yì zhāng xuǎnpiào（英 a vote） ▶私の〜が生きた/我的一票发挥了效力 wǒ de yí piào fāhuīle xiàolì ▶女性候補に〜を投じた/给女性候选人投上一票 gěi nǚxìng hòuxuǎnrén tóushàng yí piào

いっぴんりょうり【一品料理】 零点的菜 língdiǎn de cài（英 an à la carte dish）

いっぷいっぷ【一夫一婦】 一夫一妻 yì fū yì qī（英 monogamy）

いっぷう【一風変わった】（英 out of the common; queer; strange） ▶〜変わった/出奇 chūqí; 独特 dútè ▶〜変わった夫婦/奇特的夫妻 qítè de fūqī ▶彼の字は〜変わっている/他的字很独特 tā de zì hěn dútè

いっぷく【一服する】 休息一会儿 xiūxi yíhuìr;《旅の途中で》打尖 dǎjiān（英 rest《休む》; have a smoke《タバコ》） ▶ここで〜しよう/现在休息一会儿吧 xiànzài xiūxi yíhuìr ba ▶彼の一文は〜の清涼剤だ/他的文章好比一杯清凉的饮料 tā de wénzhāng hǎobǐ yì bēi qīngliáng de yǐnliào

いっぷたさい【一夫多妻】 一夫多妻 yì fū duō qī（英 polygyny）

いっぺん【一片】 一片 yí piàn（英 a piece; a bit） ▶〜の紙切れ/一张纸 yì zhāng zhǐ ▶〜念書なんて〜の紙切れだ/所谓备忘录也不过是一张废纸 suǒwèi bèiwànglù yě búguò shì yì zhāng fèizhǐ ▶おまえには〜の良心もないのか/你连一点良心也没有吗？nǐ lián yìdiǎn liángxīn yě méiyǒu ma？

いっぺん【一変する】 急变 jíbiàn（英 change completely） ▶彼の態度が〜した/他的态度突然变了 tā de tàidù tūrán biàn le

いっぺん【一遍】 一回 yì huí; 一遍 yí biàn (英 once) ▶通り〜の説明/敷衍的解釈 fūyǎn de jiěshì

いっぺんに 一下子 yíxiàzi (英 at once) ▶〜目が覚めた/一下子清醒过来 yíxiàzi qīngxǐngguòlai ▶金額を聞いて〜酔いが覚めた/听到金额他的醉意一下子就醒了 tīngdào jīn'é tā de zuìyì yíxiàzi jiù xǐng le

いっぽ【一歩】 一步 yí bù (英 a step) ▶〜も歩けない/寸步难行 cùnbù nán xíng ▶〜進んで/进而 jìn'ér; 进一步 jìn yí bù ▶〜進んで考える/进一步考虑 jìn yí bù kǎolǜ ▶決裂の一手前で話がついた/在即将决裂的关头达成了妥协 zài jíjiāng juéliè de guāntóu dáchéngle tuǒxié
~~ 逐步 zhúbù ▶着実に前進する/一步一步脚踏实地地往前走 yí bù yí bù jiǎo tà shídì de wǎng qián zǒu
~もひかない 毫不妥协 háobù tuǒxié
~讓って 退一步讲 tuì yí bù jiǎng

いっぽう【一方】 (英 one side; the other side) ▶その〜では/同时 tóngshí; 而又 ér yòu ▶〜から言えば/从一方面看 yímiàn kàn ▶〜の肩を持つ/偏袒 piāntǎn; 左袒 zuǒtǎn ▶悪くなる〜だ/越来越坏 yuèláiyuè huài ▶病状は悪くなる〜だ/病情越来越恶化 bìngqíng yuèláiyuè èhuà ▶〜では《話変わって》/另外 lìngwài; 另一方面 lìng yī fāngmiàn

いっぽう【一報する】 通知一下 tōngzhī yíxià (英 let... know; drop... a line) ▶現地からまず〜を入れる/从当地先发回简报 cóng dāngdì xiān fā huí jiǎnbào

いっぽうつうこう【一方通行】 单向通行 dānxiàng tōngxíng (英 one-way traffic) ▶〜路/单行线 dānxíngxiàn; 单行道 dānxíngdào

いっぽうてき【一方的な】 片面 piànmiàn; 单方面 dānfāngmiàn (英 one-sided) ▶〜な言い分/片面之词 piànmiàn zhī cí ▶〜に交渉を打ち切る/单方面停止谈判 dānfāngmiàn tíngzhǐ tánpàn

いっぽん【一本】 (英 one; (一点) a point) ▶〜取られる/输一分 shū yì fēn ▶指揮系統を〜化する/指挥系统一元化 zhǐhuī xìtǒng yìyuánhuà ▶白墨/一支粉笔 yì zhī fěnbǐ ▶ビール〜/一瓶啤酒 yì píng píjiǔ

いっぽんぎ【一本気】 直性子 zhíxìngzi; 直肠子 zhícháng zi (英 single-minded) ▶〜の人/直性子 zhíxìngzi ▶〜な性格/直性子 zhíxìngzi

いっぽんだち【一本立ちする】 成家 chéngjiā; 独立 dúlì (英 become independent) ▶〜はまだ無理だ/还不能独立 hái bùnéng dúlì

いっぽんちょうし【一本調子】 单调 dāndiào (英 monotonous) ▶〜の講義だからつい眠くなる/单调的讲义让人发困 dāndiào de jiǎngyì ràng rén fākùn

いっぽんばし【一本橋】 独木桥 dúmùqiáo (英 a log bridge)

いつまで【何時まで】 (英 how long) ▶〜待てばいいんだ/要等到什么时候儿呢 yào děngdào shénme shíhour ne

いつまでも【何時までも】 很久 hěn jiǔ; 永远 yǒngyuǎn (英 indefinitely) ▶〜新しい/终常新 zhōng cháng xīn ▶〜続く/绵延不断 miányán búduàn ▶李白の詩は〜新しい/李白的诗永远富有新意 Lǐ Bái de shī yǒngyuǎn fùyǒu xīnyì

いつも【何時も】 总是 zǒngshì; 经常 jīngcháng (英 always) ▶〜のことだ/总是这样 zǒngshì zhèyàng ▶彼の遅刻は〜のことだ/他总是迟到 tā zǒngshì chídào ▶〜と違った/跟平时不一样 gēn píngshí bù yíyàng ▶今日は〜と違う道を通った/今天走的路跟往常不一样 jīntiān zǒu de lù gēn wǎngcháng bù yíyàng ▶私は〜5時に起きる/我平常五点起床 wǒ píngcháng wǔ diǎn qǐchuáng ▶母は〜のように微笑んだ/母亲跟平常一样微笑着 mǔqin gēn píngcháng yíyàng wēixiàozhe

〜通り 照常 zhàocháng; 照例 zhàolì ▶私は〜通り授業に出た/我照常去上课 wǒ zhàocháng qù shàngkè ▶彼は〜通りの時間に帰宅した/他跟平常一样按时回家了 tā gēn píngcháng yíyàng ànshí huíjiā le

いつわ【逸話】 逸事 yìshì; 逸闻 yìwén (英 an anecdote)

いつわり【偽り】 虚假 xūjiǎ; 虚伪 xūwěi; 谎言 huǎngyán (英 a lie; a falsehood) ▶〜のない/确切 quèqiè ▶〜のないところを申し上げますと…/说实话 shuō shíhuà; 毫无隐瞒地说 háowú yǐnmán de shuō ▶〜の姿/假面孔 jiǎ miànkǒng ▶あんなの男の〜の姿ですよ/这是那个男人的虚伪面孔 zhè shì nàge nánrén de xūwěi miànkǒng

いつわる【偽る】 欺骗 qīpiàn; 冒充 màochōng (英 lie; deceive) ▶年齢を〜/假报年龄 jiǎbào niánlíng ▶豚肉を牛肉と偽って売る/把猪肉当成牛肉来卖 bǎ zhūròu dàngchéng niúròu lái mài; 挂牛头卖猪肉 guà niútóu mài zhūròu

イディオム 〘文法〙成语 chéngyǔ; 习语 xíyǔ; 惯用语 guànyòngyǔ (英 an idiom)

イデオロギー 意识形态 yìshí xíngtài (英 ideology) ▶〜を振り回す/鼓吹意识形态 gǔchuī yìshí xíngtài

いてざ【射手座】 〘天文〙人马座 rénmǎzuò (英 the Archer; Sagittarius)

いでたち【出で立ち】 衣着穿戴 yīzhuó chuāndài (英 dress; attire) ▶風変わりな〜/打扮得古怪 dǎbande guǐguài ▶彼女はさっぱりとした〜でやって来た/她打扮得很素雅地来了 tā dǎban de hěn sùyǎ de lái le

いてつく【凍てつく】 冰冷 bīnglěng; 冻结 dòngjié (英 freeze) ▶星も〜ような夜/连星星都冻僵了的寒夜 lián xīngxing dōu dòngjiāngle de hányè

いてもたってもいられない【居ても立ってもいられない】 坐立不安 zuòlì bù'ān (英 restless) ▶父のけがが心配で~/我挂念着父亲的伤坐立不安 wǒ guànniànzhe fùqin de shāng zuòlì bù'ān

いでゆ【出湯】 温泉 wēnquán (英 *a hot spring*)

いてん【移転する】 搬 bān; 迁移 qiānyí (英 *move*) ▶上记的场所に~しました/迁移到上述的地址 qiānyí dào shàngshù de dìzhǐ ◆~先 ▶~先がはっきりしません/不知道搬到什么地方去了 bù zhīdào bāndào shénme dìfang qù le

いでん【遺伝する】 遗传 yíchuán (英 *inherit*) ▶彼の語学の才は父親からの~でしょう/他的外语才能可能是从父亲身上遗传下来的 tā de wàiyǔ cáinéng kěnéng shì cóng fùqīn shēnshang yíchuánxiàlai de ▶エイズは~しない/艾滋病不遗传 àizībìng bù yíchuán

いでんし【遺伝子】 〖医〗基因 jīyīn (英 *a gene*) ▶~工学/基因工程学 jīyīn gōngchéngxué
◆~型:基因型 jīyīnxíng ~組み換え:转换遗传基因 zhuǎnhuàn yíchuán jīyīn 組み換え食品:转基因食品 zhuǎn jīyīn shípǐn ~情報:遗传信息 yíchuán xìnxī ~療法:基因疗法 jīyīn liáofǎ

いと【糸】 线 xiàn (英 *a thread*) ▶~が切れる/断线 duànxiàn ▶~の切れた凧/断线的风筝 duànxiàn de fēngzheng ▶~の切れた凧のように…/好像断线的风筝 hǎoxiàng duànxiàn de fēngzheng ▶針に~を通す/穿针引线 chuān zhēn yǐn xiàn ▶背後で~を引く/在幕后操纵 zài mùhòu cāozòng ▶くもの~/蜘蛛丝 zhīzhūsī

いと【意図する】 意图 yìtú; 意向 yìxiàng (英 *intend; design; aim*) ▶~的な[に]/故意 gùyì ▶~的な誤操作/故意作出错误的操作 gùyì zuòchū cuòwù de cāozuò ▶~が分からない/意向不明 yìxiàng bùmíng ▶彼の発言の~するところが分からない/不理解他发言的用意 bù lǐjiě tā fāyán de yòngyì; 他的发言意向不明 tā de fāyán yìxiàng bùmíng ▶~した通りに/如愿以偿 rú yuàn yǐ cháng

いど【井戸】 水井 shuǐjǐng (英 *a well*) ▶~水/井水 jǐngshuǐ ▶~を掘る/凿井 záojǐng; 打井 dǎjǐng ▶今時の~水は飲めません/现在的井水不能喝 xiànzài de jǐngshuǐ bùnéng hē

いど【緯度】 纬度 wěidù (英 *latitude*) ▶~が高い/纬度高 wěidù gāo ▶その国は高~にある/那个国家位于高纬度地区 nàge guójiā wèiyú gāowěidù dìqū

いとう【以東】 (英 *east of...*) ▶箱根~を関東と言うんだろう/箱根以东的地区叫作关东地区吧 Xiānggēn yǐdōng de dìqū jiàozuò Guāndōng dìqū ba

いとう【厭う】 厌恶 yànwù (英 *dislike; hate; detest*) ▶労を厭わない/不厌其烦 bú yàn qí fán

いどう【異同】 区别 qūbié; 异同 yìtóng; 差异 chāyì (英 *a difference*) ▶~がある/两个版本存在很大的差异 liǎng ge bǎnběn cúnzài hěn dà de chāyì

いどう【異動する】 调动 diàodòng; 调任 diàorèn; 更动 gēngdòng (英 *change*) ▶人事~/人事调动 rénshì diàodòng

いどう【移動する】 转移 zhuǎnyí; 移动 yídòng (英 *move*) ▶~図書館/流动图书馆 liúdòng túshūguǎn ▶人口~/人口迁徙 rénkǒu qiānxǐ ▶机をちょっと~して下さい/请把桌子挪一下 qǐng bǎ zhuōzi nuó yíxià ▶来月から教室を~します/下个月换教室 xià ge yuè huàn jiàoshì ▶~性高気圧/移动性高气压 yídòngxìng gāoqìyā

いとおしむ 爱惜 àixī; 怜爱 lián'ài (英 *cherish*) ▶散りゆく花を~/落花令人怜惜 luòhuā lìng rén liánxī

いときりば【糸切り歯】 犬齿 quǎnchǐ (英 *a dogtooth*)

いとぐち【糸口】 线索 xiànsuǒ; 头绪 tóuxù (英 *the beginning*); [手がかり] *a clue* ▶~を見出す/找到线索 zhǎodào xiànsuǒ ▶捜査の~を見出す/发现搜查的线索 fāxiàn sōuchá de xiànsuǒ ▶それが出世の~となった/那是出人头地的第一步 nà shì chū rén tóu dì de dìyībù

いとこ【従兄弟・従姉妹】 ❶【母方の】表哥 biǎogē; 表弟 biǎodì; 表姐 biǎojiě; 表妹 biǎomèi (英 *a cousin*) ❷【父方の】堂兄 tángxiōng; 堂弟 tángdì; 堂姐 tángjiě; 堂妹 tángmèi (英 *a cousin*)

いどころ【居所】 住处 zhùchù (英 *one's address*) ▶~が知れない/不知住处 bù zhī zhùchù ▶虫の~が悪い/心情不好 xīnqíng bù hǎo ▶彼の~はわかりません/他的去向不明 tā de qùxiàng bùmíng

いとしい【愛しい】 可爱 kě'ài (英 *dear; beloved*) ▶彼女の祈る姿がいよいよ愛しかった/她祈祷时的身影越来越可爱了 tā qídǎo shí de shēnyǐng yuèláiyuè kě'ài le ▶できの悪い息子だから愛しさが募るのです/正因为儿子不成才反倒更招人疼爱 zhèng yīnwèi érzi bù chéngcái fǎndào gèng zhāo rén téng'ài

いとしご【愛し子】 宝贝儿 bǎobèir (英 *one's beloved child*)

イトスギ【糸杉】 〖植物〗丝柏 sībǎi (英 *a cypress*)

いとなみ【営み】 营生 yíngshēng; 办事 bànshì (英 *work*) ▶日々の~/日常生活 rìcháng shēnghuó

いとなむ【営む】 经营 jīngyíng; 办 bàn (英 *conduct; practice*) ▶魚屋を~/经营鱼店 jīngyíng yúdiàn ▶社会生活を~/过社会生活 guò shèhuì shēnghuó

いとま【暇】 ❶【別れ】分别 fēnbié; 告别 gàobié (英 *leave*) ▶~を告げる/告别 gàobié ▶~乞い/告辞 gàocí ▶夫婦で~乞いにやってきた/夫妻俩一起来告别 fūqī liǎ yìqǐ lái gàobié ▶そろそろお~します/我该告辞了 wǒ gāi gàocí le ❷【ひま】工夫 gōngfu; 时间 shíjiān (英 *time*) ▶枚挙に~がない/不胜枚举 bú shèng méijǔ

いどむ【挑む】 挑战 tiǎozhàn (英 *challenge*) ▶

いとめ

冬山に~/攀登冬季的山峰 pāndēng dōngjì de shānfēng ▶記録に~/力求突破记录 lìqiú tūpò jìlù ▶権威に論戦を~/向权威发起论战 xiàng quánwēi fāqǐ lùnzhàn

いとめ【糸目】 金に~をつけない 不惜钱财 bù xī qiáncái

いとめる【射止める】（英）[獲物を] *shoot*;［異性を］*win*）▶ハートを~/赢得喜爱 yíngdé xǐ'ài ▶ついに彼女のハートを射止めた/终于赢得了她的心 zhōngyú yíngdéle tā de xīn ▶あの虎を一発で射止めた/一枪打死那只老虎 yì qiāng dǎsǐ nà zhī lǎohǔ

いな【否】（英 *no*）▶~は言わせない/不许不同意 bù xǔ bù tóngyì ▶原案に賛成か~かに関わらず…/不管是否赞成原案… bùguǎn shìfǒu zànchéng yuán àn…

いない【以内】 之内 zhīnèi; 以内 yǐnèi（英 *within; inside of...*）▶一時間~/一小时以内 yì xiǎoshí yǐnèi ▶一時間~に着きます/一个小时以内到达 yí ge xiǎoshí yǐnèi dàodá ▶5位~に入る/进入前五名 jìnrù qián wǔ míng ▶ここから半径500メートル~の地域/距离这里半径五百米以内的地区 jùlí zhèlǐ bànjìng wǔ bǎi mǐ yǐnèi de dìqū

いなおる【居直る】 突然翻脸 tūrán fānliǎn; 态度骤变 tàidù zhòubiàn（英 *change one's attitude*）▶彼は突然居直って先生を非難し始めた/他突然翻脸开始批判老师 tā tūrán fānliǎn kāishǐ pīpàn lǎoshī

いなか【田舎】 ❶【都会ではない】乡村 xiāngcūn; 乡下 xiāngxia（英 *the country*）▶~で暮らす/在乡村生活 zài xiāngcūn shēnghuó ▶~くさい/土气 tǔqì ▶~くさい身なり/土里土气的模样 tǔlǐ tǔqì de múyàng ▶~者/乡巴佬儿 xiāngbalǎor; 乡下佬 xiāngxialǎo ❷【故郷】乡 jiāxiāng; 老家 lǎojiā; 故乡 gùxiāng（英 *one's home*）▶~へ帰る/回老家 huí lǎojiā ▶定年後は~に帰るつもりだ/退休以后打算回老家 tuìxiū yǐhòu dǎsuan huí lǎojiā ▶~のおばあちゃん/故乡的祖母 gùxiāng de zǔmǔ

いながらに【居ながらに】（英 *without moving*）▶テレビのおかげで~して野球が楽しめる/多亏有了电视, 在家也能欣赏棒球赛 duōkuī yǒule diànshì, zài jiā yě néng xīnshǎng bàngqiúsài

イナゴ【蝗】（虫）蝗虫 huángchóng; 蚂蚱 màzha（英 *a locust*）

いなさく【稲作】 种稻子 zhòng dàozi（英 *a rice crop*）▶~地帯/种稻地区 zhòngdào dìqū ▶今年の~は思わしくない/今年的水稻收成不理想 jīnnián de shuǐdào shōuchéng bù lǐxiǎng

いなす（英 *parry lightly*）▶軽く~/轻易躲闪 qīngyì duǒshǎn; 轻易驳回 qīngyì bóhuí; 敷衍 fūyan ▶記者の質問を軽く~/轻松地避开了记者的提问 qīngsōng de bìkāile jìzhě de tíwèn

いなずま【稲妻】 闪电 shǎndiàn; 电光 diànguāng（英 *lightning*）▶~が走る/打闪 dǎ shǎn

いなだ【稲田】 稻田 dàotián（英 *a rice field*）

いななく 嘶鸣 sīmíng; 叫 jiào（英 *neigh*）▶空に向かって名馬が~/名马仰天嘶鸣 míngmǎ yǎngtiān sīmíng

いなびかり【稲光】 闪电 shǎndiàn; 闪光 shǎnguāng（英 *a flash of lightning*）▶~がする/打闪 dǎ shǎn

いなほ【稲穂】 稻穗 dàosuì（英 *an ear of rice*）

いなむ【否む】 否认 fǒurèn; 拒绝 jùjué（英 *deny; refuse*）▶彼に悪意があったことは否めない/不可否认他怀有恶意 bùkě fǒurèn tā huái yǒu èyì

いなや【否や】（…するなり）(一~)马上 (yī~) mǎshàng（英 *as soon as...*）▶聞くや~駆け出していった/一听就跑出去了 yì tīng jiù pǎochūqu le

いならぶ【居並ぶ】 站成一排 zhànchéng yì pái（英 *sit in a row*）▶兵士たち~/排成一列的士兵 páichéng yí liè de shìbīng

いなりずし【稲荷鮨】〔料理〕入味豆皮寿司饭卷 rù wèi dòupí shòusī fànjuǎn（英 *fried tofu stuffed with boiled rice*）

いなわら【稲藁】 稻草 dàocǎo（英 *rice straw*）

イニシアチブ 主动权 zhǔdòngquán（英 *initiative*）▶~をとる/取得主动权 qǔdé zhǔdòngquán ▶彼の~で事を運ぶ/由他主导来办事 yóu tā zhǔdǎo lái bànshì

いにしえ【古】 古代 gǔdài; 往昔 wǎngxī（英 *ancient times*）

イニシャル 开头字母 kāitóu zìmǔ（英 *initials*）▶彼の~は J. M. だ/他姓名的罗马字简写是 J. M. tā xìngmíng de Luómǎzì jiǎnxiě shì J. M.

いにゅう【移入する】 引进 yǐnjìn; 迁入 qiānrù（英 *import; introduce*）▶感情~/感情移入 gǎnqíng yírù

いにん【委任する】 委派 wěipài; 委任 wěirèn（英 *leave... to ~; entrust*）▶交渉はすべてあなたに~します/委托你全权进行交涉 wěituō nǐ quánquán jìnxíng jiāoshè

♦**~状** 委任状 wěirènzhuàng

イニング（英 *inning*）▶〔野球〕九~/九局 jiǔ jú

いぬ【戌】〔十二支〕戌 xū（英 *the year of the Dog*）▶僕は~年生まれだ/我属狗 wǒ shǔ gǒu

イヌ【犬】〔動物〕狗 gǒu（英 *a dog*）▶~を飼う/养狗 yǎng gǒu ▶権力の~に成り下がる/堕落成权力的走狗 duòluò chéng quánlì de zǒugǒu

 ことわざ 犬も歩けば棒にあたる 常在河边走, 哪能不湿鞋 cháng zài hébiān zǒu, nǎ néng bù shī xié; 瞎猫碰见死耗子 xiāmāo pèngjiàn sǐhàozi

~の遠吠え 虚张声势 xū zhāng shēngshì

~も食わない 没人理睬 méi rén lǐcǎi ▶夫婦げんか~も食わない/夫妻吵架, 连狗都不爱搭理 fūqī chǎojià, lián gǒu dōu bù dàlǐ

イヌイット 因纽特人 Yīnniǔtèrén（英 *an Inuit*）

いぬかき【犬掻き】 狗刨式游泳 gǒupáoshì yóuyǒng（英 the dog paddle）

いぬごや【犬小屋】 狗窩 gǒuwō（英 a doghouse; a kennell）

いぬじに【犬死にする】 白死 báisǐ（英 die in vain）

いぬちくしょう【犬畜生】 畜生 chùsheng（英 a brute）▶全く～にも劣るやつだ/连狗都不如的家伙 lián gǒu dōu bùrú de jiāhuo

イネ【稲】〔植物〕稲 dào; 稲子 dàozi（英 the rice; a rice plant）▶～が実る/稻子熟了 dàozi shú le ▶～を刈る/割稻子 gē dàozi

いねむり【居眠りする】 打盹儿 dǎdǔnr; 打瞌睡 dǎ kēshuì（英 a doze; a nap）▶～運転が事故を招いた/开车打瞌睡闯祸了 kāichē dǎ kēshuì chuǎng huò le

いのこる【居残る】 留下 liúxià（英 work overtime）▶居残って仕事を片付ける/留下来完成工作 liúxiàlai wánchéng gōngzuò ▶宿題を忘れて居残りを命じられた/忘了写作业被留在学校了 wàngle xiě zuòyè bèi liúzài xuéxiào le

イノシシ【猪】〔動物〕野猪 yězhū（英 a wild boar）▶近年は市街地にまで～が出没する/近来连市区都有野猪出没 jìnlái lián shìqū dōu yǒu yězhū chūmò

◆～武者：有勇无谋的人 yǒu yǒng wú móu de rén

イノセント 天真 tiānzhēn; 単纯 dānchún（英 innocent）

いのち【命】❶〖生命〗命 mìng; 生命 shēngmìng（英 life）▶～だけはお助け下さい/饶我一条命吧 ráo wǒ yī tiáo mìng ba ▶動くな。動くと～がないぞ/别动！乱动就要了你的命 biédòng! luàndòng jiù yàole nǐ de mìng ❷〖寿命〗（英 one's span of life）▶過労が父の～を縮めた/过劳缩短了父亲的寿命 guòláo suōduǎnle fùqin de shòumìng ▶～の縮まる思いだった/当时可吓坏了 dāngshí kě xiàhuài le ❸〖最も大切なもの〗（英 the most important thing）▶人形は顔が～です/刻画表情是制作玩偶的关键 kèhuà biǎoqíng shì zhìzuò wán'ǒu de guānjiàn

ことわざ 命あっての物種 留得青山在, 不怕没柴烧 liú dé qīngshān zài, bú pà méi chái shāo

～にかかわる 关系到生命 guānxìdào shēngmìng ▶～にかかわる病気でしょうか/这个病是不是有生命危险？ zhège bìng shìbùshì yǒu shēngmìng wēixiǎn?

～の恩人 救命恩人 jiùmìng ēnrén; 再生父母 zàishēng fùmǔ ▶先生こそ私の～の恩人です/老师才是我的救命恩人 lǎoshī cái shì wǒ de jiùmìng ēnrén

～の洗濯 休养 xiūyǎng; 调整心情 tiáozhěng xīnqíng ▶たまには～の洗濯をしたい/偶尔想去换换心情 ǒu'ěr xiǎng qù huànhuan xīnqíng

～を落とす 丧命 sàngmìng ▶山で～を落とす/别在山里把命丢了 bié zài shānli bǎ mìng diū le

～を削る 费尽心血 fèijìn xīnxuè ▶新薬の開発に～を削る/费尽心血研制新药 fèijìn xīnxuè yánzhì xīnyào

～を救う 救生 jiùshēng

～を取りとめる 保住生命 bǎozhù shēngmìng ▶なんとか～を取りとめた/总算保住了生命 zǒngsuàn bǎozhùle shēngmìng

日中比較 中国語の '命 mìng' には「運命」という意味もある。

いのちがけ【命懸けの】（英 desperate）▶～の仕事/冒死工作 màosǐ de gōngzuò ▶海難救助は～の仕事です/海难救助是个有生命危险的工作 hǎinàn jiùzhù shì ge yǒu shēngmìng wēixiǎn de gōngzuò ▶～で走る/拼命地跑 pīnmìng de pǎo ▶津波から逃れようと～で走る/为逃避海啸拼命地奔跑 wèi táobì hǎixiào pīnmìng de bēnpǎo

いのちからがら【命からがら】（英 for one's life）▶～逃げる/好容易才逃命 hǎoróngyì cái táomìng ▶洪水の村から私たちは～逃げ出した/我们从遭受洪水灾害的村庄里死里逃生 wǒmen cóng zāoshòu hóngshuǐ zāihài de cūnzhuānglǐ sǐ lǐ táo shēng

いのちごい【命乞いをする】 乞求饶命 qǐqiú ráomìng（英 plead for one's life）▶私は子供のために必死で～をした/为了孩子我拼命求饶 wèile háizi wǒ pīnmìng qiúráo

いのちしらず【命知らずの】 不要命 bú yàomìng（英 reckless）▶嵐の海で泳ごうなんて, 君は全く～だよ/在暴风雨的大海里游泳, 你真的不要命啦 zài bàofēngyǔ de dàhǎili yóuyǒng, nǐ zhēn de bú yàomìng la

いのちとり【命取り】（英 fatal）▶～となる/造成致命伤 zàochéng zhìmìngshāng ▶データの偽造が会社の～となった/伪造数据断送了公司 wěizào shùjù duànsòngle gōngsī

いのちびろい【命拾いする】 死里逃生 sǐ lǐ táo shēng（英 have a narrow escape）▶私は危うく～をした/我好不容易才死里逃生 wǒ hǎobù róngyì cái sǐ lǐ táo shēng

イノベーション 革新 géxīn（英 innovation）

いのり【祈り】 祈祷 qídǎo; 祷告 dǎogào（英 a prayer;〔食事前後の〕a grace）▶神に～を捧げる/祈祷神灵 qídǎo shénlíng

いのる【祈る】 祈祷 qídǎo; 祷告 dǎogào; 祝愿 zhùyuàn（英〔pray to God〕;〔食事前後の〕say a grace;〔望む〕wish）▶成功をお祈りします/祝你成功 zhù nǐ chénggōng ▶祈った甲斐があったね/你的祈祷灵验啦 nǐ de qídǎo língyàn la

いはい【位牌】 灵位 língwèi; 牌位 páiwèi（英 a small wooden memorial tablet）▶仏壇に新たに父の～が加わった/在佛坛上新加上父亲的牌位 zài fótánshang xīn jiāshàng fùqin de páiwèi

いはつ【衣鉢】

～を継ぐ 父の～を継いで医学の道に進んだ/继承父亲的衣钵走上医学之路 jìchéng fùqin de yībō zǒushàng yīxué zhī lù; 继承父亲的遗志从

医 jìchéng fùqin de yízhì cóng yī

いはつ【遺髪】 死者遺留的头发 sǐzhě yíliú de tóufa (英 *the hair of the deceased*)

いばら【茨】 荆棘 jīngjí (英 *a bramble; a thorn*) ▶~の道/困苦的道路 kùnkǔ de dàolù ▶~の道を歩む覚悟はありますか/有没有精神准备去披荆斩棘？ yǒuméiyǒu jīngshén zhǔnbèi qù pī jīng zhǎn jí?

いばる【威張る】 摆架子 bǎi jiàzi; 自高自大 zì gāo zì dà (英 *boast; be haughty*) ▶~な. 力もないくせに/没本事, 别摆架子 méi běnshi, bié bǎi jiàzi

いはん【違反】 违反 wéifǎn; 违犯 wéifàn (英 *violation; breach*) ▶交通~/违反交通规则 wéifǎn jiāotōng guīzé ▶交通~を取り締まる/对违反交通规则进行取缔 duì wéifǎn jiāotōng guīzé jìnxíng qǔdì ▶スピード~で捕まった/开车超速被扣住了 kāichē chāosù bèi zhuāzhù le ▶それは憲法に甚だしく~する/这严重违犯了宪法 zhè yánzhòng wéifǎnle xiànfǎ

いびき 呼噜 hūlu; 鼾声 hānshēng (英 *snoring*) ▶~をかく/打呼噜 dǎ hūlu ▶彼はひどいいびきをかいていた/他打呼噜太吵人了 tā dǎ hūlu tài chǎo rén le

いびつ【歪な】 扭曲 niǔqū (英 *distorted; warped*) ▶あの人は性格がちょっと~だな/那个人的性格有些扭曲 nàge rén de xìnggé yǒuxiē niǔqū ▶三角形を描いたら~になってしまった/想画个三角形却画歪了 xiǎng huà ge sānjiǎoxíng què huàwāi le

いひょう【意表】 (英 *surprising*) ▶~に出る/出乎意料 chūhū yìliào ▶~を衝く/出其不意 chū qí búyì ▶彼の質問に私は~を衝かれた/他提的问题出乎我的意料 tā tí de wèntí chūhū wǒ de yìliào

いびる 使穿小鞋 shǐ chuān xiǎoxié; 欺侮 qīwǔ (英 *torment*) ▶新人を~のはよせ/别给新来的人穿小鞋 bié gěi xīn lái de rén chuān xiǎoxié ▶姑 (とめ)の嫁いびり/婆婆欺侮媳妇 pópo qīwǔ xífù

いひん【遺品】 遗物 yíwù (英 *something left by the departed*) ▶~を整理する/整理遗物 zhěnglǐ yíwù

いふ【畏怖する】 畏惧 wèijù (英 *fear; awe*) ▶~の念を抱く/感到畏惧 gǎndào wèijù ▶私は神に~の念を抱いている/我对神灵感到畏惧 wǒ duì shénlíng gǎndào wèijù

いふう【威風】 威严 wēiyán (英 *dignity*) ▶~堂々と/威风凛凛 wēifēng lǐnlǐn ▶選手たちは~堂々と場内を一周した/选手们威风凛凛绕场一周 xuǎnshǒumen wēifēng lǐnlǐn rào chǎng yì zhōu

いぶかしい【訝しい】 可疑 kěyí; 令人纳闷 lìng rén nàmèn (英 *suspicious*) ▶訝しげに/显得不可思议 xiǎnde bù kě sīyì ▶彼は訝しげな表情を浮かべた/他流露出怀疑的神情 tā liúlù chū huáiyí de shénqíng ▶電話を聞いて私は訝しく思った/听到电话我感到纳闷儿 tīngdào diàn-

huà wǒ gǎndào nàmènr

いぶかる【訝る】 怀疑 huáiyí; 纳闷儿 nàmènr (英 *wonder; doubt; suspect*) ▶彼女が~のも無理はない, 她感到怀疑也是可以理解的 tā gǎndào huáiyí yě shì kěyǐ lǐjiě de

いぶき【息吹】 气息 qìxī (英 *a breath*) ▶野も山も春の~に満ちていた/田野和山岗都充满了春天的气息 tiányě hé shāngǎng dōu chōngmǎnle chūntiān de qìxī

いふく【衣服】 衣服 yīfu; 衣裳 yīshang (英 *clothes; a dress*) ▶空港で~をあらためられた/在机场服装受到检查 zài jīchǎng fúzhuāng shòudào jiǎnchá

いぶくろ【胃袋】 胃 wèi (英 *a stomach*) ▶強靱な~の持ち主/拥有一副强健的肠胃 yōngyǒu yí fù qiángjiàn de chángwèi

いぶす【燻す】 熏 xūn (英 *smoke*) ▶ハムは豚肉を燻して作る/火腿是用猪肉熏制的 huǒtuǐ shì yòng zhūròu xūnzhì de

いぶつ【異物】 异物 yìwù; 杂质 zázhì (英 *a foreign body*) ▶食品に~の混入が認められた/检验出食品中被掺进了杂质 jiǎnyànchū shípǐn zhōng bèi chānjìnle zázhì ▶~を除去する/清除杂质 qīngchú zázhì

いぶつ【遺物】 遗物 yíwù (英 *a relic*) ▶うちの祖父はまるで封建時代の~です/我爷爷简直就是封建时代的遗产 wǒ yéye jiǎnzhí jiùshì fēngjiàn shídài de yíchǎn

イブニングドレス 妇女用夜礼服 fùnǚ yòng yèlǐfú (英 *an evening dress*) ▶彼女は~に身を包んでパーティに出た/她身穿夜礼服去参加晚会 tā shēn chuān yèlǐfú qù cānjiā wǎnhuì

いぶんし【異分子】 异己分子 yìjǐ fènzǐ (英 *a foreign element; an outsider*) ▶彼らの組織は~の存在を許さない/他们的组织容不下异己分子 tāmen de zǔzhī róngbuxià yìjǐ fènzǐ

いへん【異変】 异常状态 yìcháng zhuàngtài; 非常情况 fēicháng qíngkuàng (英 *an accident*) ▶彼の身に~が生じたに違いない/他的身体肯定出现了异常情况 tā de shēntǐ kěndìng chūxiànle yìcháng qíngkuàng

イベント 文体活动 wéntǐ huódòng; 纪念活动 jìniàn huódòng; 集会 jíhuì (英 *an event*)

いぼ【疣】 疙瘩 gēda; 鳌疣 zhuìyóu (英 *a wart*) ▶首に~ができた/脖子上长了疙瘩 bózishang zhǎngle gēda ▶腕の~がとれた/胳膊的疙瘩去掉了 gēbo de gēda qùdiào le

いほう【違法】 不法 bùfǎ; 非法 fēifǎ (英 *illegal; unlawful*) ▶コピー/盗版 dàobǎn ▶~駐車が多すぎる/违法停车太多了 wéifǎ tíngchē tài duō le ▶~取り立て/非法勒索 fēifǎ lèsuǒ

いほうじん【異邦人】 外国人 wàiguórén; 老外 lǎowài (英 *a foreigner; an alien*)

いま【今】 ❶【現在】 现在 xiànzài; 如今 rújīn (英 *now; at present*) ▶~のところ/目下 mùxià ▶~しているろ/等着瞧吧 děngzhe qiáo ba ▶映画界の~を語る/讲述影坛的现状 jiǎngshù

いまなお【今なお】 至今还 zhìjīn hái (英 *still*) ▶～残る/现在还留着 xiànzài hái liúzhe ▶心の傷は～残っている/心灵的创伤至今还没治好 xīnlíng de chuāngshāng zhìjīn hái méi zhì hǎo ▶～知らない/现在还不知道 xiànzài hái bù zhīdào

いまにも【今にも】 眼看 yǎnkàn; 马上 mǎshàng (英 *at any time*) ▶～崩れそうな崖/悬崖好像马上就会塌落 xuányá duànyá hǎoxiàng mǎshàng jiù huì tāluò ▶この家は～崩れそうだ/这所房子眼看就会崩溃的 zhè suǒ fángzi yǎnkàn jiù huì bēngkuì de

いまひとつ【今一つ】 (英 *one more*; *another*) ▶～物足りない/还差一点儿 hái chà yìdiǎnr ▶彼のプレイは～物足りない/他的技术还差一点 tā de jìshù hái chà yìdiǎn

いままで【今まで】 至今 zhìjīn; 于今 yújīn (英 *until now*) ▶～通りに/照原样 zhào yuányàng ▶家賃は～通りに据え置きます/房租维持现状 fángzū wéichí xiànzhuàng ▶～どこに隠れていたんだ/以往藏在哪儿啦？yǐwǎng cángzài nǎr la？

いまわ【今際】 临终之际 línzhōng zhī jì (英 *one's last hours*) ▶母は～の際まで僕の名を呼んでいたそうだ/据说母亲临终前叫着我的名字 jùshuō mǔqīn línzhōng qián jiàozhe wǒ de míngzi

いまわしい【忌わしい】 不祥 bù xiáng; 可恶 kěwù (英 *disgusting*) ▶～思い出/令人厌恶的回忆 lìng rén yànwù de huíyì

いみ【意味】 意义 yìyì; 意思 yìsi; 含义 hányì;《含蓄のある》意味 yìwèi (英 *a meaning*; *a sense*) ▶～の無い/毫无意义 háowú yìyì ▶無一な抗議/毫无意义的抗议 háowú yìyì de kàngyì ▶彼の主張はある～においては正しい/他的主张在某种意义上来说是正确的 tā de zhǔzhāng zài mǒu zhǒng yìyìshang lái shuō shì zhèngquè de

～ありげに 有所示意 yǒusuǒ shìyì ▶彼はいかにも～ありげに私に笑いかけた/他意味深长地对我笑 tā yìwèi shēncháng de duì wǒ xiào

～する 意味 yìwèi ▶その花は愛の告白を～していた/那花儿意味着表白爱情 nà huār yìwèizhe biǎobái àiqíng

♦～論: 词义学 cíyìxué; 语义学 yǔyìxué

中日比較 中国語の'意味 yìwèi'は「深い意味」を表す他,「趣」という意味も持つ.

いみあい【意味合い】 (英 *a nuance*) ▶君, この～が分かるか/你明白这里的含义吗？nǐ míngbai zhèlǐ de hányì ma？

いみきらう【忌み嫌う】 嫌恶 xiánwù;《不吉として》忌讳 jìhuì (英 *hate*; *detest*) ▶なぜか部長を忌み嫌っている/不知为什么她厌恶处长 bù zhī wèi shénme tā yànwù chùzhǎng

いみことば【忌み言葉】 忌讳的字眼 jìhuì de zìyǎn; 禁忌语 jīnjìyǔ (英 *a taboo*)

いみしんちょう【意味深長な】 话里有话 huàli yǒu huà (英 *significant*) ▶その一言は～だな/那句话意味深长 nà jù huà yìwèi shēncháng ▶彼

---

yǐngtán de xiànzhuàng ▶～や遅しと待ち受ける/急切地等待 jíqiè de děngdài ▶たった～書き上げました/刚写完 gāng xiěwán ▶～もって彼からは便りがない/到现在还没有接到他的来信 zhījīn hái méiyǒu jiēdào tā de láixìn ▶君も～にわかるよ/你也会马上明白的 nǐ yě huì mǎshàng míngbai de ❷【直ちに】(英 *immediately*) ▶～にも降り出しそうだった/眼看着就要下雨了 yǎnkànzhe jiùyào xià yǔ le ▶彼の戻るのを～か～かと待っていた/我望眼欲穿地等待着他回来 wǒ wàng yǎn yù chuān de děngdàizhe tā huílái ❸【さらに】(英 *more*) ▶～すこし時間を下さい/请再给我一点儿时间 qǐng zài gěi wǒ yìdiǎnr shíjiān

いま【居間】 起居室 qǐjūshì (英 *a living room*)

いまいましい【忌々しい】 该死 gāisǐ; 可恶 kěwù; 令人厌恶的 lìng rén yànwù de (英 *annoying*; *hateful*)

いまごろ【今頃】 这会儿 zhèhuǐr (英 *at this time*) ▶～言っても遅い/现在说也是马后炮 xiànzài shuō yě shì mǎhòupào ▶去年の～は/去年的这个时候 qùnián de zhège shíhou

いまさら【今更】 事到如今 shì dào rújīn (英 *now*) ▶～悔いても手遅れだ/事到如今, 后悔也来不及了 shì dào rújīn, hòuhuǐ yě láibují le ▶～ながら腹が立つ/现在还觉得生气 xiànzài hái juéde shēngqì ▶～変更もできない/事到如今, 也没法儿改变了 shì dào rújīn, yě méi fǎr gǎibiàn le

いましがた【今し方】 方才 fāngcái; 刚才 gāngcái (英 *just now*)

イマジネーション 想像力 xiǎngxiànglì; 创造力 chuàngzàolì (英 *an imagination*)

いましめ【戒め】 教训 jiàoxun; 鉴戒 jiànjiè (英 *a warning*; [教训] *a lesson*) ▶～を守る/遵守嘱咐 zūnshǒu zhǔfù ▶それは我々にとってよい～となった/那对我们是一个很好的教训 nà duì wǒmen shì yí ge hěn hǎo de jiàoxùn

いましめる【戒める】 规劝 guīquàn; 训诫 xùnjiè (英 *admonish*) ▶彼らの緊張感のない生活ぶりを戒めた/对他们那种没有紧张感的生活方式进行规劝 duì tāmen nà zhǒng méiyǒu jǐnzhānggǎn de shēnghuó fāngshì jìnxíng guīquàn ▶自らを～/给自己敲警钟 gěi zìjǐ qiāo jǐngzhōng

いますぐ【今すぐ】 现在就 xiànzài jiù; 马上 mǎshàng (英 *just now*) ▶～行きます/马上就去 mǎshàng jiù qù

いまだ【未だ】 (英 *yet*; *still*) ▶～に何の音さたもない/至今还是毫无音讯 zhìjīn háishi háowú yīnxùn ▶～かつて成功したためしがない/以往至今, 还没有成功过 yǐwǎng zhì jīn, hái méiyǒu chénggōngguo

いまどき【今時】 如今 rújīn (英 *in these days*) ▶～の政治家は…/如今的政治家啊… rújīn de zhèngzhìjiā a… ▶～そんなうまい話があるもんか/如今怎么会有那么美的事？rújīn zěnme huì yǒu nàme měi de shì

イミテーション 仿制品 fǎngzhìpǐn; 假货 jiǎhuò (英 *an imitation*)

いみょう【異名】 外号 wàihào (英 *another name*) ▶~を取る/外号叫 wàihào jiào; 起外号 qǐ wàihào ▶彼はかつて韋駄天이~を取ったものだ/他曾经有一个外号，叫韦驮天 tā céngjīng yǒu yí ge wàihào, jiào Wéituótiān

いみん【移民】 移民 yímín (英 *emigration; immigration*) ▶~を受け入れる/接受移民 jiēshòu yímín ▶南米に~する/移民去南美 yímín qù Nánměi

いむしつ【医務室】 医务室 yīwùshì (英 *a dispensary*)

イメージ 形象 xíngxiàng (英 *an image*) ▶~アップ/改善印象 gǎishàn yìnxiàng ▶会社の~アップを計る/要提高公司的形象 yào tígāo gōngsī de xíngxiàng ▶~ダウン/形象败坏 xíngxiàng bàihuài ▶~を大事にする/重视形象 zhòngshì xíngxiàng
◆~キャラクター/形象代言人 xíngxiàng dàiyánrén; 形象大使 xíngxiàng dàshǐ ~チェンジ/改变形象 gǎibiàn xíngxiàng ~トレーニング/形象训练 xíngxiàng xùnliàn

イモ【芋】 薯 shǔ (英 *a sweet potato; a yam; a taro*) ▶じゃが~/马铃薯 mǎlíngshǔ ▶~掘り/挖红薯 wā hóngshǔ ▶焼き~は好きですか/你喜欢吃烤白薯吗？nǐ xǐhuan chī kǎobáishǔ ma? ▶~づる式に検挙される/犯人被一个接一个地抓了出来 fànrén bèi yí ge jiē yí ge de zhuālechūlai

~を洗うような 拥挤不堪 yōngjǐ bùkān ▶~を洗うような混雑/像下饺子似的拥挤杂乱 xiàng xià jiǎozi shìde yōngjǐ záluàn

いもうと【妹】 妹妹 mèimei; 妹子 mèizi (英 *a sister*)

いもの【鋳物】 铸件 zhùjiàn (英 *an article of cast metal; casting*)

いもん【慰問】 慰问 wèiwèn (英 *consolation*) ▶被災地に~団を派遣する/向受灾地区派遣慰问团 xiàng shòuzāi dìqū pàiqiǎn wèiwèntuán ▶老人ホームを~する/去养老院慰问 qù yǎnglǎoyuàn wèiwèn

いや【否】 不 bù; 不是 bú shì (英 *no; nay*) ▶~でも応でも/不管情愿不情愿 bùguǎn qíngyuàn bù qíngyuàn ▶~でも応でも君にやってもらうよ/无论如何也得让你干 wúlùn rúhé yě děi ràng nǐ gàn

いや【嫌】 讨厌 tǎoyàn; 不愿意 bú yuànyi; 厌恶 yànwù (英 *unpleasantness; disgust*) ▶~な臭い/臭味儿 chòuwèir ▶~な臭いがする/有怪味儿 yǒu guàiwèir ▶~な勉強は~だ/讨厌学习 tǎoyàn xuéxí ▶あの人は~な顔ひとつせず頼みを聞いてくれた/那个人毫不厌烦地接受了我的请求 nàge rén háobù yànfán de jiēshòule wǒ de qǐngqiú ▶親父に~というほど叱られた/被父亲骂得受不了 bèi fùqīn màde shòubùliǎo ▶今更~とは言わせないよ/事到如今不能让你拒绝 shì dào rújīn bùnéng ràng nǐ jùjué ▶あいつの顔を見るのも~になった/连看到他的脸都恶心 lián kàndào tā de liǎn dōu ěxīn ▶~になるほど退屈で/无聊得令人厌烦 wúliáode lìng rén yànfán

いやいや【嫌嫌】 勉勉强强 miǎnmiǎnqiǎngqiǎng (英 *reluctantly*) ▶~ながら同意した/勉强强地同意了 miǎnmiǎnqiǎngjiǎng de tóngyì le ~する 摇头 yáotóu ▶彼女は黙って~した/她一声不吭却满脸不乐意 tā yì shēng bù kēng què mǎnliǎn bú lèyì

いやおうなし【否応なしに】 硬 yìng; 不容分辩 bù róng fēnbiàn (英 *willy-nilly*) ▶課長のその仕事を~に私に押し付けた/科长把那个工作硬推给我了 kēzhǎng bǎ nàge gōngzuò yìng tuī gěi wǒ le

いやがうえにも 越发 yuèfā (英 *(all) the more*) ▶その知らせを聞いて~興奮した/听到这个消息大家更加兴奋了 tīngdào zhège xiāoxi dàjiā gèngjiā xīngfèn le

いやがらせ【嫌がらせ】 (英 *harassment*) ▶~をする/给人穿小鞋 gěi rén chuān xiǎoxié; 刁难 diāonán ▶~を言う/贫嘴薄舌 pín zuǐ bó shé; 控苦 wāku ▶連日~を受けて私はノイローゼになった/每天收到刁难我都神经衰弱了 měitiān shōudào diāonán wǒ dōu shénjīng shuāiruò le
◆性的~/性骚扰 xìngsāorǎo

いやがる【嫌がる】 不愿意 bú yuànyì; 嫌恶 xiánwù (英 *hate; dislike*) ▶息子は医者にかかるのを嫌がった/儿子不愿意去看医生 érzi bú yuànyì qù kàn yīshēng ▶~ものに無理強いするな/人家不愿意的事儿就不要勉强 rénjiā bú yuànyì de shìr jiù búyào miǎnqiǎng

いやく【医薬】 ❶【薬品】药品 yàopǐn (英 *medicine*) ▶~品/医药品 yīyàopǐn ❷【医療と薬品】医疗和药品 yīliáo hé yàopǐn (英 *pharmacy and clinic*) ▶~分业/医药分家 yīyào fēnjiā

いやく【意訳する】 意译 yìyì (英 *translate freely*)

いやく【違約する】 违约 wéiyuē; 背约 bèiyuē (英 *break a promise*) ▶~金/违约罚金 wéiyuē fájīn ▶~金を支払う/支付违约罚款 zhīfù wéiyuē fákuǎn

いやけ【嫌気】 (英 *a dislike*) ▶~がさす/厌烦 yànfán; 腻烦 nìfán ▶失败続きで仕事に~がさしてきた/不断失败对工作都厌烦了 búduàn shībài duì gōngzuò dōu yànfán le

いやしい【卑しい】 (欲ばりで) 贪婪 tānlán; (品行) 卑鄙 bēibǐ; 下流 xiàliú (英 *humble; ignoble; vulgar*) ▶口が~/嘴馋 zuǐ chán ▶彼の精神が~のだ/他精神上很卑俗 tā jīngshénshang hěn bēisú

いやしくも 假如 jiǎrú (英 *if... at all*) ▶~議員たるものの口にすべきことではない/只要是个议员

いやしむ【卑しむ】 鄙视 bǐshì（英 despise）▶～べき行為/令人蔑视的行为 lìng rén mièshì de xíngwéi

いやす【癒す】 治疗 zhìliáo（英 heal; cure）▶喉の渇きを～/解渴 jiěkě ▶傷を～/治疗创伤 zhìliáo chuāngshāng ▶彼女は癒し系の女優だと言われている/都说她是一位能抚慰人心的女演员 dōu shuō tā shì yí wèi néng fǔwèi rénxīn de nǚyǎnyuán

いやに【嫌に】 太 tài; 真 zhēn（英 strangely）▶～大きな/太大 tài dà ▶あの男は―態度が大きい/那个男人的态度太傲慢了 nàge nánrén de tàidù tài àomàn le ▶今日は～寒い/今天可真够冷的 jīntiān kě zhēn gòu lěng de

いやはや 哎呀 āiyā（英 Oh!; Ah!; O dear!）▶～呆れたねえ．君の身勝手には/哎呀，真把我镇住了．你这么自私啊！āiyō, zhēn bǎ wǒ zhènzhùle. nǐ zhème zìsī a!

イヤホン 耳机 ěrjī; 译意风 yìyìfēng（英 an earphone）▶～で CD を聴く/戴着耳机听 CD dàizhe ěrjī tīng CD

いやみ【嫌味】 刺儿话 cìrhuà（英 nastiness）▶～を言う/挖苦 wākǔ ▶～な/讨厌 tǎoyàn; 臭 chòu ▶サークルに～な先輩がいる/俱乐部里有一个讨厌的学长 jùlèbù lǐ yǒu yí ge tǎoyàn de xuézhǎng ▶～のない青年/招人喜欢的青年 zhāo rén xǐhuan de qīngnián

いやらしい【嫌らしい】 讨厌 tǎoyàn; 下流 xiàliú（英 disagreeable）▶［下品な］ indecent）▶～やつ/讨厌的家伙 tǎoyàn de jiāhuo ▶～目つき/讨厌的眼神 tǎoyàn de yǎnshén ▶～目つきで見る/用下流的眼神看 yòng xiàliú de yǎnshén kàn ▶～男がつきまとう/讨厌的男人在纠缠 tǎoyàn de nánrén zài jiūchán

イヤリング 耳环 ěrhuán（英 earrings）▶～をつける/戴上耳环 dàishàng ěrhuán ▶～を外す/摘下耳环 zhāixià ěrhuán

いよいよ ❶【ますます】越发 yuèfā; 更加 gèngjiā（英 more and more）▶～暑くなってきた/越来越热了 yuèláiyuè rè le ▶天気は～寒くなってきた/天气越来越冷了 tiānqì yuèláiyuè lěng le ▶先生には～御清栄のこととお慶び申し上げます/恭贺老师的辉煌成果 gōngxǐ lǎoshī de huīhuáng chéngguǒ ❷【ついに】终于 zhōngyú; 到底 dàodǐ（英 at last）▶～本番が終わって開始正式表演了 zhōngyú kāishǐ zhèngshì biǎoyǎn le ▶～僕の番がきた/终于轮到我了 zhōngyú lúndào wǒ le

いよう【威容】 威容 wēiróng（英 a majestic presence）▶～を誇る高層ビル/夸耀威容的高楼大厦 kuāyào wēiróng de gāolóu dàshà ▶巨大タンカーの～に魅せられる/对油轮的雄姿入了迷 duì yóulún de xióngzī rùle mí

いよう【異様】 异样 yìyàng; 离奇 líqí; 奇异 qíyì（英 strange; queer）▶身なりが～だった/打扮得很奇特 dǎbande hěn qítè ▶私は一種～な恐怖に襲われた/有一种奇妙的恐惧向我袭来 yǒu yì zhǒng qímiào de kǒngjù xiàng wǒ xílái

いよく【意欲】 热情 rèqíng; 意志 yìzhì（英 one's will; desire）▶～十分/干劲儿十足 gànjìnr shízú ▶～が湧く/激发热情 jīfā rèqíng ▶俄然～が湧いてきた/犹然激发起热情 yóurán jīfāqǐ rèqíng ▶～満々で参加する/干劲十足地参加新项目 gànjìn shízú de cānjiā xīnxiàngmù ▶生きる～を失っている/丧失了求生的愿望 sàngshīle qiúshēng de yuànwàng

いらい【以来】 以来 yǐlái（英 since...）▶～何の消息もない/从那以后杳无音信 cóng nà yǐhòu yǎo wú yīnxìn ▶帰国～彼は様子がおかしい/回国以后他的样子有点儿怪 huíguó yǐhòu tā de yàngzi yǒudiǎnr guài

いらい【依頼する】 委托 wěituō（英 request）▶～される/受托 shòutuō ▶～心/依赖心 yīlàixīn ▶君は～心が強すぎる/你的依赖心太强了 nǐ de yīlàixīn tài qiáng le ▶弁護を～する/委托辩护 wěituō biànhù ▶原稿の～を受ける/接受约稿 jiēshòu yuēgǎo

[日中比较] 中国語の'依頼 yīlài'とは'頼る'こと.

いらいら【苛々する】 心急 xīnjí; 心烦 xīnfán（英 get irritated）▶渋滞がひどくて～する/车堵得厉害真烦人 chē dǔde lìhai zhēn fánrén

いらか【甍】 屋脊 wūjǐ（英 a tiled roof）▶～の波が日に照り返す/起伏的屋顶反射着阳光 qǐfú de wūdǐng fǎnshèzhe yángguāng

イラスト 插画 chāhuà; 插图 chātú（英 an illustration）▶～の依頼がきた/我接到了插图的约稿 wǒ jiēdàole chātú de yuēgǎo

イラストレーター 插图画家 chātú huàjiā（英 an illustrator）

いらだたしい【苛立たしい】 恼人 nǎorén; 急人 jírén（英 irritating）▶彼にやる気が見えなくてほんとに～/看不到他的干劲儿真急人 kànbudào tā de gànjìnr zhēn jírén

いらだつ【苛立つ】 着急 zháojí; 焦急 jiāojí（英 grow impatient; be irritated）▶苛立ちを鎮めるには抹茶がいい/要想缓解焦急的心情，喝抹茶最管用 yào xiǎng huǎnjiě jiāojí de xīnqíng, hē mǒchá zuì guǎnyòng ▶～彼を私はなだめた/我缓解了他的焦燥 wǒ huǎnjiěle tā de jiāozào ▶彼の言葉が彼女を苛立たせた/他的话让她着急 tā de huà ràng tā zháojí

いらっしゃい《挨拶》你来了 nǐ lái le（英 Welcome!）;《買物客に》欢迎光临 huānyíng guānglín（英 May I help you?）

いり【入り】 入 rù; ［観客の］entrance; ［収入の］ income; ［日の入り］ sunset ▶2万円～の財布/装有两万日元的钱包 zhuāng yǒu liǎngwàn Rìyuán de qiánbāo ▶今日の球場は7分の～だ/今天球场进了七成观众 jīntiān qiúchǎng jìnle qī chéng guānzhòng ▶日の出から日の～まで/从日出到日落 cóng rìchū dào rìluò

いりえ【入り江】 海湾 hǎiwān; 小湾 xiǎowān

(英 *an inlet*)

いりぐち【入口】 入口 rùkǒu; 进口 jìnkǒu; 门口 ménkǒu (英 *an entrance; a door*) ▶彼は～に立ち塞がった/他挡在入口上 tā dǎngzài rùkǒu ▶～は通りに面している/入口当街 rùkǒu dāngjiē

いりくむ【入り組む】 错综 cuòzōng; 复杂 fùzá (英 *get complicated*) ▶背後にはいくつもの勢力の利害が入り組んでいる/背后有好几股势力的利害关系错综复杂 bèihòu yǒu hǎojǐ gǔ shìlì de lìhài guānxi cuòzōng fùzá ▶入り組んだ事情を分かりやすく説明する/平俗易懂地介绍了复杂的情况 píngsú yì dǒng de jièshàole fùzá de qíngkuàng

いりたまご【炒り卵】 【料理】炒鸡蛋 chǎojīdàn (英 *scrambled eggs*)

いりひ【入日】 夕阳 xīyáng; 落日 luòrì (英 *the setting sun*) ▶川原に立って～に見とれる/站在河滩上看着夕阳入了迷 zhànzài hétānshang kànzhe xīyáng rùle mí

いりびたる【入り浸る】 泡 pào (英 *be a constant visitor*) ▶学校へも行かず映画館に入り浸っていた/连学校也不去泡在电影院里 lián xuéxiào yě bú qù pàozài diànyǐngyuànlǐ

いりまじる【入り混じる】 交织 jiāozhī; 搀杂 chānzá (英 *mix; be blended*) ▶愛と憎しみが～/爱憎交集 àizēng jiāojí ▶荷物が大小入り混じっていた/大小行李掺杂在一起 dàxiǎo xíngli chānzá zài yìqǐ

いりみだれる【入り乱れる】 纷纷 fēnfēn; 乱纷纷 luànfēnfēn (英 *be confused*) ▶男女が入り乱れて踊る/男男女女混在一起跳舞 nánnánnǚnǚ hùnzài yìqǐ tiàowǔ

いりむこ【入り婿】 赘婿 zhuìxù (英 *an adopted husband*) ▶～になる/入赘 rùzhuì ▶原田家の～になる/当了原田家的倒插门儿女婿 dāngle Yuántián jiā de dàochāmén nǚxu

いりゅう【慰留する】 挽留 wǎnliú (英 *persuade... to remain in office*) ▶～したが彼の辞意は固かった/尽管挽留，可是他辞退的意志很坚决 jǐnguǎn wǎnliú, kěshì tā cítuì de yìzhì hěn jiānjué

イリュージョン 幻影 huànyǐng; 幻想 huànxiǎng; 错觉 cuòjué (英 *an illusion*)

いりゅうひん【遺留品】 遗失物品 yíshī wùpǐn (英 *an article left behind*)

いりょう【衣料】 衣服 yīfu; 衣料 yīliào (英 *clothes; clothing*) ▶～品店を経営する/经营衣料服装店 jīngyíng yīliào fúzhuāngdiàn

いりょう【医療】 医疗 yīliáo (英 *medical treatment*) ▶～センター/医疗中心 yīliáo zhōngxīn ▶～従事者/医务人员 yīwù rényuán ▶～器具/医疗器械 yīliáo qìxiè ▶～保険/医疗保险 yīliáo bǎoxiǎn ▶～の現場の悩みは大きい/在医疗现场存在很多矛盾 zài yīliáo xiànchǎng cúnzài hěn duō máodùn ▶～訴訟が頻発する/医疗诉讼频频发生 yīliáo sùsòng pínpín fāshēng ▶～扶助を受ける/接受医疗扶助 jiēshòu yīliáo fúzhù

♦～過誤/医疗过失 yīliáo guòshī; 医疗差错 yīliáo chācuò ～事故/医疗事故 yīliáo shìgù ～廃棄物/医疗废弃物 yīliáo fèiqìwù

いりょく【威力】 威力 wēilì; 威势 wēishì (英 *power; might; authority*) ▶～を発揮する/发挥威力 fāhuī wēilì ▶彼の肩書きが～を発揮した/他的职位发挥了威力 tā de zhíwèi fāhuīle wēilì ▶金の～とは恐ろしい/金钱的威力很可怕 jīnqián de wēilì hěn kěpà

いる【居る】 ❶【存在する】有 yǒu; 在 zài (英 *be; exist*) ▶家に犬が～/家里有狗 jiālǐ yǒu gǒu ▶彼は家に～/他在家 tā zài jiā ❷【継続】▶何をして～の/干什么呢? gàn shénme ne? ▶笑って～場合じゃない/都这样了，你还笑? dōu zhèyàng le, nǐ hái xiào? ▶怒らずには居られない/不能不生气 bùnéng bù shēngqì ▶もう黙って居られなかった/不能沉默了 bùnéng chénmò le ❸【結果】▶死んで～かと思ったら/我还以为死了呢 wǒ hái yǐwéi sǐ le ne

いる【要る】 要 yào; 需要 xūyào (英 *want; need*) ▶金が～/要钱 yào qián ▶今週中に金が～/这个星期之内说什么也需要一笔钱 zhège xīngqī zhīnèi shuō shénme yě xūyào yì bǐ qián ▶遠慮は要らない/不用客气 bú yòng kèqi ▶もう親の助けは要らない/已经不需要父母的援助了 yǐjīng bù xūyào fùmǔ de yuánzhù le

いる【射る】 射 shè (英 *shoot*) ▶弓を～/射箭 shèjiàn ▶的を～/射中目标 shèzhòng mùbiāo ▶抓住主題 zhuāzhù zhǔtí ▶陽光が目を～/阳光刺眼 yángguāng cìyǎn

いる【煎る】 炒 chǎo (英 *parch; roast*) ▶そら豆を～/炒蚕豆 chǎo cándòu ▶煎り豆は固くて噛めない/炒豆子太硬，嚼不动 chǎodòuzi tài yìng, jiáobudòng

いるい【衣類】 衣服 yīfu (英 *clothing; clothes*)

イルカ【海豚】 【動物】海豚 hǎitún (英 *a porpoise; a dolphin*) ▶揚子江～/扬子豚 Yángzǐtún; 白鱀豚 báijìtún

いるす【居留守】 ～をつかう/假装不在家 jiǎzhuāng bú zài jiā

イルミネーション 灯彩 dēngcǎi (英 *illumination*) ▶～が街を彩る/街上装点起彩灯 jiēshang zhuāngdiǎn qǐ cǎidēng

いれあげる【入れ揚げる】 (英 *spend money on...*) ▶女に～/把钱花费在女人身上 bǎ qián huāfèi zài nǚrén shēnshang

いれい【異例の】 破例 pòlì (英 *exceptional*) ▶～の採用/破格录用 pògé lùyòng ▶彼が手紙を寄こすのは～のことだ/他来信可真是破天荒 tā láixìn kě zhēn shì pò tiānhuāng ▶～の抜擢を受けて部長になる/被破格提拔为处长 bèi pògé tíbá wéi chùzhǎng

いれい【慰霊】 凭吊 píngdiào (英 *consoling the spirits of victims*) ▶～祭/追悼会 zhuīdàohuì ▶遭難者の合同～祭/遇难者共同追悼会 yùnànzhě gòngtóng zhuīdàohuì

いれかえる【入れ替える】 換 huàn; 互換 hùhuàn（英 *change; replace*）▶部屋の空気を入れ替えよう/换房间里的空气 huànhuan fángjiānli de kōngqì ▶心を入れ替えてまじめに働きます/洗心革面认真工作 xǐ xīn gé miàn rènzhēn gōngzuò

いれかわる【入れ替わる】 更替 gēngtì; 交替 jiāotì（英 *change place*）▶入れ替わり立ちかわり客が来る/来客络绎不绝 láikè luòyì bù jué ▶講師は毎週〜/每周更换讲师 měizhōu gēnghuàn jiǎngshī

イレギュラー 不規則 bù guīzé（英 *irregular*）◆〜バウンド: 不規則弾跳 bù guīzé tántiào

いれずみ【入墨・刺青】 文身 wénshēn; 刺青 cìqīng（英 *a tattoo*）▶牡丹を彫る/文身 wénshēn ▶牡丹の〜/牡丹花型的文身 mǔdan huāxíng de wénshēn

いれぢえ【入れ知恵する】 灌輸 guànshū; 教唆 jiàosuō（英 *prime...with an idea*）▶きっと非行仲間の〜だろう/一定是流氓哥们的教唆吧 yídìng shì liúmáng gēmen de jiàosuō ba ▶誰に〜されたのか/是谁给你出的坏点子？shì shéi gěi nǐ chū de huàidiǎnzi？

いれちがい【入れ違いに】 错过 cuòguò; 交错 jiāocuò（[入れ違いになる] *cross each other*）▶父と〜に兄が帰ってきた/父亲刚走，哥哥就回来了．两人走岔了 fùqīn gāng zǒu, gēge jiù huílái le. liǎ rén zǒu chà le

いれば【入れ歯】 假牙 jiǎyá; 义齿 yìchǐ（英 *a false tooth*）▶〜が合わない/假牙不合适 jiǎyá bù héshì ▶〜をつける/装假牙 zhuāng jiǎyá ▶〜を外す/摘掉假牙 zhāidiào jiǎyá ◆総〜: 全面假牙 quánmiàn jiǎyá

いれもの【入れ物】 容器 róngqì; 盛器 chéngqì（英 *a receptacle; a container*）

いれる【入れる・容れる】 ❶【物を】 搁 gē; 装 zhuāng; 放进 fàngjìn（英 *put...in; pour into...*）▶コーヒーにミルクを〜/把牛奶倒进咖啡里 bǎ niúnǎi dàojìn kāfēili ▶砂糖を〜/搁糖 gē táng ▶冷蔵庫にビールを〜/把啤酒放在冰箱里 bǎ píjiǔ fàngzài bīngxiāngli ▶お茶を〜/倒茶 dàochá ▶力を〜/使劲儿 shǐjìnr ▶忠告しても聞き入れない/劝说他也听不进去 quànshuō tā yě tīngbujìnqu ▶新鮮な空気を〜/放进新鲜空气来 fàng jìn xīnxiān kōngqì lái

❷【収容する】（英 *accommodate*）▶この講堂には 200 人容れられる/这个礼堂容得下二百个人 zhège lǐtáng róngdexià èrbǎi ge rén

❸【承認する】（英 *accept*）▶疑いを〜余地がない/不容置疑 bù róng zhìyí

❹【包含する】（英 *include*）▶彼を入れて全部で 5 人です/连他在内一共五个人 lián tā zàinèi yígòng wǔ ge rén

❺【仲間に加える】（英 *take... in; join*）▶彼を仲間に入れてやろう/让他也入伙吧 ràng tā yě rùhuǒ ba

▶頭に〜/记住 jìzhù ▶しっかり頭に〜/好好记住 hǎohǎo jìzhù ▶原案に手を〜/修改原定方案 xiūgǎi yuándìng fāng'àn

いろ【色】 ❶【色彩】 彩色 cǎisè; 颜色 yánsè（英 *a color*）▶〜があせる/退色 tuìshāi ▶〜がさめる/走色 zǒushǎi ▶〜が落ちる/掉色 diàoshǎi ▶〜を塗る/上色 shàngsè ▶白の肌/雪白的皮肤 xuěbái de pífū ▶彼女は〜が白い/她的皮肤很白 tā de pífū hěn bái

❷【表情】（脸）色（liǎn）sè（英 *an expression*）▶〜をなす/变色 biànsè; 作色 zuòsè ▶〜をなして詰め寄る/变了脸色紧逼过来 biànle liǎnsè jǐnbī guòlái ▶〜を失う/失色 shīsè ▶クビだといわれて彼は〜を失った/听到被解雇，他的脸色都变(白)了 tīngdào bèi jiěgù, tā de liǎnsè dōu biàn(bái) le ▶目に悲しみの〜が浮かぶ/眼睛里流露出悲哀的神色 yǎnjingli liúlùchū bēi'āi de shénsè

❸【色事】▶〜を好む/好色 hàosè

〜をつける ▶もう少し〜をつけてください/再让一点利给我们吧 zài ràng yìdiǎn lì gěi wǒmen ba

> 参考 '彩色 cǎisè' はモノクロ('黑白 hēibái')に対してカラーであることを表す．'颜色 yánsè' は単色を指し，'色彩 sècǎi' は単色，多色を問わず「いろ」の意味．

いろあい【色合い】 色调 sèdiào（英 *the tone of a color*）▶政争の〜を帯びている/带有政治斗争的色彩 dài yǒu zhèngzhì dòuzhēng de sècǎi ▶デザインといい〜といい申し分がない/样子和颜色都不错 yàngzi hé yánsè dōu búcuò

いろあざやか【色鮮やかな】 鲜美 xiānměi（英 *bright; colorful*）▶〜に染め上がる/色彩染得很鲜艳 sècǎi rǎnde hěn xiānyàn ▶〜さくらんぼ/色彩鲜艳的樱桃 sècǎi xiānyàn de yīngtáo

いろあせる【色褪せる】 褪色 tuìshǎi; 退色 tuìshǎi（英 *fade; pale*）▶庭の桜も色褪せてきた/院子里的樱花开始退色了 yuànzili de yīnghuā kāishǐ tuìshǎi le ▶あの番組も色褪せた/那个节目也不如当初红火了 nàge jiémù yě bùrú dāngchū hónghuo le

いろいろ【色色な】 各种各样 gè zhǒng gè yàng; 种种 zhǒngzhǒng（英 *various*）▶〜な人がいる/有各种各样的人 yǒu gè zhǒng gè yàng de rén ▶人生は〜だ/人生各自不同 rénshēng gèzì bùtóng ▶〜助けてもらった/受到多方帮助 shòudào duōfāng bāngzhù ▶空の色は〜に変わる/天空的色彩变化多姿 tiānkōng de sècǎi biànhuà duōzī

いろう【慰労する】 慰劳 wèiláo（英 *appreciate a person's effort*）▶〜会を催す/举办慰劳会 jǔbàn wèiláohuì

いろう【遺漏】 缺漏 quēlòu; 遗漏 yílòu（英 *omission*）▶〜が多い/挂一漏万 guà yí lòu wàn ▶〜なく行事が進む/事儿办得点水不漏 shìr bànde diǎn shuǐ bù lòu

いろえんぴつ【色鉛筆】 彩色铅笔 cǎicè qiānbǐ（英 *a color pencil*）

いろおとこ【色男】 美男子 měinánzǐ (英 *a handsome man*) ▶～金と力は無かりけり 风流浪子缺财无力 fēngliú làngzǐ quē cái wúlì

いろか【色香】 女色 nǚsè (英 *charms*) ▶女の～に迷う/迷恋女色 míliàn nǚsè

いろがわり【色変わりの】 变色 biànsè; 颜色不同 yánsè bù tóng (英 *discolored*) ▶シャツがいつの間にか～している/衬衫不知不觉地褪了色 chènshān bù zhī bù jué de tuìle shǎi ▶～の制服/颜色不同的制服 yánsè bùtóng de zhìfú

いろぐろ【色黒の】 (英 *dark*) ▶～の顔/黑脸膛儿 hēi liǎntángr

いろけ【色気】 ❶[性的な] 女人味 nǚrénwèi; 妩媚 wǔmèi (英 *sex appeal*) ▶～たっぷりの娇媚 jiāomèi ▶～づく/发情 fāqíng; 情窦初开 qíngdòu chū kāi ▶あの子もそろそろ～づく年ごろだ/那个姑娘快到豆蔻年华了 nàge gūniang kuài dào dòukòu niánhuá le ❷[関心こ] (英 *interest*) ▶～を示す/表示有心 biǎoshì yǒuxīn ▶大臣の座に～を示す/显示出对大臣地位的野心 xiǎnshì chū duì dàchén dìwèi de yěxīn

いろこい【色恋】 恋爱 liàn'ài; 艳情 yànqíng (英 *love*) ▶～沙汰/男女关系 nánnǚ guānxi ▶その歳で今さら～でもないでしょう/已经到了那把年纪,恐怕不会有什么艳情了吧 yǐjing dàole nà bǎ niánjì, kǒngpà bú huì yǒu shénme yànqíngle ba

いろごと【色事】 艳情 yànqíng (英 *a love affair*)

いろじかけ【色仕掛け】 美人计 měirénjì; 利用女色 lìyòng nǚsè (英 *false love*) ▶～にひっかかる/中了美人计 zhòngle měirén jì ▶～で情報を取る/利用女色搜集情报 lìyòng nǚsè sōují qíngbào

いろじろ【色白】 (英 *fair-complexioned*) ▶～の顔/雪白的脸 xuěbái de liǎn

いろずり【色刷り】 彩印 cǎiyìn (英 *color printing*)

いろづく【色付く】 成熟 chéngshú; 发红[黄] fāhóng[huáng] (英 *put on a color*; [紅葉] *turn red*; *turn yellow*) ▶柿の実が～/柿子熟了 shìzi shú le ▶木々の葉が～/树叶呈现红[黄]色 shùyè chéngxiàn hóng[huáng]sè

いろっぽい【色っぽい】 有魅力 yǒu mèilì; 妩媚 wǔmèi (英 *amorous*; *sexy*) ▶～目で私を見た/那个女人用娇媚的眼神看着我 nàge nǚrén yòng jiāomèi de yǎnshén kànzhe wǒ ▶着物姿がいっそう～/穿上和服更显得妩媚 chuānshàng héfú gèng xiǎnde wǔmèi

いろつや【色艶】 色泽 sèzé (英 *a complexion*(血色)) ▶[皮膚の]～がいい/皮肤光润 pífū guāngrùn

いろどり【彩り】 彩色 cǎisè; 文采 wéncǎi (英 *coloring*) ▶～をそえる/增添色彩 zēngtiān sècǎi ▶彼らの歌で～を添えた/用他们的歌声增添色彩 yòng tāmen de gēshēng zēngtiān sècǎi ▶～よく料理が並ぶ/摆满了色彩丰富的菜肴 bǎimǎnle sècǎi fēngfù de càiyáo

いろとりどり【色とりどり】 花花绿绿 huāhuālǜlǜ; 五颜六色 wǔ yán liù sè (英 *colorful*) ▶～に花が咲いている/盛开着五颜六色的鲜花 shèngkāizhe wǔ yán liù sè de xiānhuā

いろどる【彩る】 上色 shàng sè; 点缀 diǎnzhuì (英 *color*; *paint*) ▶会场を花で～/会场上装饰着鲜花 huìchǎngshang zhuāngshìzhe xiānhuā

いろは (英 *the (Japanese) alphabet*; [初步] *the ABC*) ▶～順に配列する/按假名顺序排列 àn jiǎmíng shùnxù páiliè ▶そんなことは野球の～だろう/那可是棒球运动的基本常识啊 nà kěshì bàngqiú yùndòng de jīběn chángshí a

いろめ【色目】 ~をつかう 眉目传情 méimù chuánqíng; 送秋波 sòng qiūbō

いろめがね【色眼鏡】 有色眼镜 yǒusè yǎnjìng; 偏见 piānjiàn (英 *colored spectacles*) ▶～で见る/抱偏见 bào piānjiàn ▶人は～で见てはいけない/不要戴着有色眼镜看人 búyào dàizhe yǒusè yǎnjìng kàn rén

いろめきたつ【色めき立つ】 动情 dòngqíng (英 *become excited*) ▶河野选手が来るというのでみんな俄然色めき立った/一说河野选手要来,大家一下子兴奋起来 yì shuō Héyě xuǎnshǒu yào lái, dàjiā yíxiàzi xīngfènqǐlai

いろめく【色めく】 ❶[活気づく] 活跃起来 huóyuèqǐlai (英 *grow lively*) ❷[なまめかしくなる] 变得妩媚 biànde wǔmèi (英 *grow sensual*)

いろもの【色物】 [布地など] 彩色的料子 cǎisè de liàozi; [演芸] 曲艺节目 qǔyì jiémù (英 *colored*) ▶葬式に～の服はまずい/参加葬礼穿花衣服可不象话 cānjiā zànglǐ chuān huāyīfu kě búxiànghuà

いろよい【色よい】 (英 *favorable*) ▶～返事を待つ/期望令人满意的答复 qīwàng lìng rén mǎnyì de dáfù

いろり【囲炉裏】 火塘 huǒtáng (英 *a fireplace*) ▶～で饼を焼く/在火塘边烤粘糕 zài huǒtángbiān kǎo zhāngāo

いろわけ【色分けする】 用彩色区别 yòng cǎisè qūbié; 分类 fēnlèi (英 *classify by color*) ▶敌と味方を～する/划分敌我 huàfēn díwǒ ▶人口構成を円グラフで～する/在圆形图表上把人口结构用色彩区别显示 zài yuánxíng túbiǎoshang bǎ rénkǒu jiégòu yòng sècǎi qūbié xiǎnshì

いろん【異論】 异议 yìyì (英 *an objection*; *a protest*) ▶～はない/没有异议 méiyǒu yìyì ▶～を唱える/提出异议 tíchū yìyì ▶この见解には～が出されている/对这个见解还有不同的意见 duì zhège jiànjiě tíchūle bùtóng de yìjiàn

いわ【岩】 石头 shítou; 岩石 yánshí (英 *a rock*) 一念～をも通す 铁杵磨成针 tiěchǔ móchéng zhēn ▶～登り/攀登岩壁 pāndēng yán bì

いわい【祝い】 祝贺 zhùhè (英 *celebration*; *a*

festival; *a feast*）▶～の言葉/贺词 hècí ▶～の品/贺礼 hèlǐ ▶～の品が届く/送来贺礼 sòng lái hèlǐ ▶～を述べる/道喜 dàoxǐ ▶一言お～を申し述べます/送上一句贺词 sòngshàng yí jù hècí ▶～金/礼金 lǐjīn ▶卒業～に腕時計をあげよう/祝贺毕业送手表吧 zhùhè bìyè sòng shǒubiǎo ba ▶～の手紙を送る/寄贺信 jì hèxìn ▶御卒業を心からお～申しあげます/衷心祝贺顺利毕业 zhōngxīn zhùhè shùnlì bìyè

◆～事：喜庆 xǐqìng ▶家で～事があった/家里有喜事 jiālǐ yǒu xǐshì

いわう【祝う】 庆祝 qìngzhù; 祝贺 zhùhè（英 *celebrate*; *observe*）▶卒業を～/祝贺毕业 zhùhè bìyè ▶誕生日を～/过生日 guò shēngrì ▶一家で娘の誕生日を～/全家庆祝女儿的生日 quánjiā qìngzhù nǚ'ér de shēngrì

いわかん【違和感】 不协调的感觉 bù xiétiáo de gǎnjué; 别扭 bièniu（英 *a sense of disharmony*）▶～がある/气氛不协调 qìfēn bù xiétiáo

いわく【曰く】 来历 láilì; 有说道 yǒu shuōdào（英 [訳] *a reason*; [言う] *says*）▶～付きの人物/履历上很有问题的人物 lǚlìshang hěn yǒu wèntí de rénwù ▶～のありげな茶碗/来历不凡的茶碗 láilì bùfán de cháwǎn ▶両家の間には～因縁がある/两家之间有历史上的渊源 liǎng jiā zhījiān yǒu lìshǐshang de yuānyuán

イワシ【鰯】〔魚〕沙丁鱼 shādīngyú（英 *a sardine*）▶～の頭も信心から/相信的话, 泥菩萨也会显灵 xiāngxìn dehuà, nípúsà yě huì xiǎnlíng

いわしぐも【鰯雲】 卷积云 juǎnjīyún（英 *fish-scale clouds*）

いわずかたらず【言わず語らず】 不言不语 bù yán bù yǔ; 默默无言 mòmò wúyán（英 *by tacit understanding*）▶～心と心で分かり合う/沉默无言却心心相印 chénmò wúyán què xīn xīn xiāng yìn

いわずもがな【言わずもがな】 不必说 bú bì shuō（英 *needless to say*）▶あの解説者は～のことばかりしゃべる/那个解说员只说一些废话 nàge jiěshuōyuán jǐn shuō yìxiē fèihuà

いわば【言わば】 说起来 shuōqǐlai; 可以说 kěyǐ shuō（英 *so to speak*; *as it were*）▶二人の関係は～犬と猿です/说起两个人的关系就好像针尖对麦芒 shuōqǐ liǎng ge rén de guānxi jiù hǎoxiàng zhēnjiān duì màimáng

いわば【岩場】 岩石裸露的地方 yánshí luǒlù de dìfang（英 *a rocky place*; *a craggy cliff*）▶～を登る/攀登布满岩石的山峦 pāndēng bùmǎn yánshí de shānluán

いわゆる【所謂】 所谓 suǒwèi; 所说的 suǒ shuō de（英 *what is called*）▶そうか, これが～5月病なんだ/是啊, 这就是所谓的"五月病" shì a, zhè jiùshì suǒwèi de "Wǔyuèbìng"

いわれ【謂れ】 由来 yóulái; 缘故 yuángù（英 *origin*; *history*）▶～なく/无端 wúduān; 无故 wúgù ▶～なく批判を浴びる/没有根据地受到批判 méiyǒu gēnjù de shòudào pīpàn ▶君から非難される～はない/我没有理由受到你的责难 wǒ méiyǒu lǐyóu shòudào nǐ de zénàn

いん【印】 图章 túzhāng（英 *a seal*）▶～を押す/盖图章 gài túzhāng; 盖印 gài yìn ▶～刻された文字/篆刻的文字 zhuànkè de wénzì

いん【陰】（英 *the negative*; *yin*）▶～にこもる/闷在心里 mēn zài xīnli ▶～イオン/阴离子 yīnlízǐ ▶寺の鐘が～にこもって聞こえてきた/从寺院传来阴沉的钟声 cóng sìyuàn chuánlái yīnchén de zhōngshēng

～に陽に 明里暗里 mínglǐ ànlǐ ▶彼は～に陽に私を助けてくれた/他在明里暗里帮助我 tā zài mínglǐ ànlǐ bāngzhù wǒ

いん【韻】（英 *a rhyme*）▶～を踏む/押韵 yāyùn

イン（テニスなど）界内 jiènèi（英 *in*）

いんうつ【陰鬱】 阴沉 yīnchén; 阴森 yīnsēn（英 *gloom*）▶～な気分/心情阴郁 xīnqíng yīnyù ▶～な気分のままで出勤する/心情阴郁地去上班 xīnqíng yīnyù de qù shàngbān ▶家の中で～になる/在家里心情变得阴沉 zài jiāli xīnqíng biànde yīnchén

いんえい【陰影】 阴影 yīnyǐng（英 *shadows*; *shading*）▶～に富む/涵蓄 hánxù; 寓意深刻 yùyì shēnkè ▶あの人の文章は～に富んでいる/他的文章富有寓意 tā de wénzhāng fùyǒu yùyì ▶この絵には～に大きな意味がある/这幅画的阴影部分富有含意 zhè fú huà de yīnyǐng bùfen fùyǒu hányì

いんか【引火する】 引火 yǐnhuǒ（英 *catch fire*）▶こぼれた油に～する/流出来的油引起了火 liúchūlai de yóu yǐnqǐle huǒ

いんが【因果】 因果 yīnguǒ（英 *cause and effect*）▶～応報/因果报应 yīnguǒ bàoyìng ▶～関係/因果关系 yīnguǒ guānxi ▶二つの事件には～関係がある/两个事件之间存在着因果关系 liǎng ge shìjiàn zhījiān cúnzàizhe yīnguǒ guānxi ▶～を含める/说明原委, 使人断念 shuōmíng yuánwěi, shǐ rén duàn niàn ▶上がり症を～とあきらめる/把原因归结于容易紧张的性格, 也就想开了 bǎ yuányīn guījié yú róngyì jǐnzhāng de xìnggé, yě jiù xiǎngkāi le

◆～律：因果法 yīnguǒfǎ

いんがし【印画紙】 印相纸 yìnxiàngzhǐ; 相纸 xiàngzhǐ（英 *printing paper*）

インカレ 大学校际比赛 dàxué xiàojì bǐsài（英 *intercollegiate*）

いんかん【印鑑】 图章 túzhāng（英 *a seal*）▶～を押す/盖图章 gài túzhāng ▶～を登録する/登记印章 dēngjì yìnzhāng ▶～証明を2通取る/提取两张印章证明 tíqǔ liǎng zhāng yìnzhāng zhèngmíng

いんかん【殷鑑】

ことわざ 殷鑑遠からず 殷鉴不远 Yīnjiàn bù yuǎn

いんき【陰気な】 阴暗 yīn'àn; 忧郁 yōuyù（英 *gloomy*; *dreary*; *melancholy*）▶～な性分で損をしている/因为性格忧郁很吃亏 yīnwèi xìnggé

インキュベーター 　yōuyù hěn chīkuī ▶〜臭い話はやめろ/别说这种阴暗的话题了 bié shuō zhè zhǒng yīn'àn de huàtí le

インキュベーター 孵卵器 fūluǎnqì (英 *an incubator*)

いんきょ【隠居する】養老 yǎnglǎo; 隠退 yǐntuì (英 *retire*) ▶御〜さん/老人家 lǎorenjia ▶〜するには早すぎる/想养老还嫌太早 xiǎng yǎnglǎo hái xián tài zǎo ▶〜仕事で近所の子供に英語を教える/退休后教邻居的孩子们英语 tuìxiū hòu jiāojiao línjū de háizimen Yīngyǔ
【日中比較】中国語の'隠居 yǐnjū'は政治的あるいは思想的理由から「隠棲する」こと。

いんきょく【陰極】〔電〕阴极 yīnjí; 负电极 fù diànjí (英 *the cathode; the negative pole*)

いんぎん【慇懃】必恭必敬 bì gōng bì jìng (英 *politeness*) ▶〜にあいさつする/毕恭毕敬地问候 bì gōng bì jìng de wènhòu ▶〜無礼/貌似恭维，内心轻蔑 mào sì gōngwéi, nèixīn qīngmiè ▶あの〜無礼な応対が気に入らない/对那种假装殷勤的态度很反感 duì nà zhǒng jiǎzhuāng yīnqín de tàidù hěn fǎngǎn

インク 墨水 mòshuǐ (英 *ink*) ▶〜ジェットプリンタ/喷墨打印机 pēnmò dǎyìnjī ▶〜が滲む/墨水洇在纸上 mòshuǐ yīnzài zhǐshang

いんけい【陰茎】〔解〕阴茎 yīnjīng (英 *the penis*)

いんけん【引見する】召见 zhàojiàn; 接见 jiējiàn (英 *have an interview*)

いんけん【陰険な】阴险 yīnxiǎn; 恶毒 xiǎn'è (英 *sly; insidious*) ▶〜な手口/阴险的手段 yīnxiǎn de shǒuduàn ▶〜な手口で老人をだます/用阴谋诡计欺骗老人 yòng yīnmóu guǐjì qīpiàn lǎorén ▶だいたいやり口が〜だ/本来就是手段阴险 běnlái jiùshì shǒuduàn yīnxiǎn

インゲンマメ【隠元豆】〔植物〕芸豆 yúndòu; 菜豆 càidòu; 扁豆 biǎndòu (英 *a common bean*)

インコ〔鳥〕鹦哥 yīnggē (英 *a parakeet; a macaw*) ▶〜を飼う/养鹦鹉 yǎng yīngwǔ

いんご【隠語】行话 hánghuà; 隐语 yǐnyǔ (英 *a secret language; slang*)

いんこう【咽喉】〔解〕咽喉 yānhóu (英 *the throat*) ▶〜癌が見つかる/查出喉癌 cháchū hóu'ái

いんごう【因業】冷酷无情 lěngkù wúqíng; 刻薄 kèbó (英 *heartless; cruel*) ▶〜な金融業者/冷酷无情的高利贷者 lěngkù wúqíng de gāolìdàizhě

インコース〔野球〕内角(球) nèijiǎo(qiú) (英 *inside*);〔スケートなど〕里圈 lǐquān (英 *an inside lane*)

インゴット 锭 dìng; 铸锭 zhùdìng (英 *an ingot*)

インサイダー 内部人 nèibùrén; 知情人 zhīqíngrén (英 *an insider*) ▶〜取引/内部交易 nèibù jiāoyì; 内幕交易 nèimù jiāoyì

いんさつ【印刷する】排印 páiyìn; 印刷 yìnshuā (英 *print; press*) ▶〜機/印刷机 yìnshuājī ▶〜工場/印刷厂 yìnshuāchǎng ▶〜物/印刷品 yìnshuāpǐn ▶〜ポスターを500枚〜する/印刷五百张海报 yìnshuā wǔbǎi zhāng hǎibào
◆〜プレビュー〔電算〕打印预览 dǎyìn yùlǎn

いんさん【陰惨な】凄惨 qīcǎn (英 *dismal; horrible*) ▶事故現場は〜を極めた/事故现场极为凄惨 shìgù xiànchǎng jíwéi qīcǎn

いんし【印紙】印花 yìnhuā (英 *a stamp*) ▶収入〜/印花税票 yìnhuā shuìpiào; 印花 yìnhuā ▶ここに収入〜を貼って下さい/请在这儿贴上印花税票 qǐng zài zhèr tiēshàng yìnhuā shuìpiào ▶〜税/印花税 yìnhuāshuì

いんし【因子】因子 yīnzǐ (英 *a factor*) ▶遺伝〜/遗传基因 yíchuán jīyīn

いんじ【印字】印字 yìnzì (英 *printing*) ▶〜の濃度/印刷的浓淡 yìnshuā de nóngdàn

インジケーター 指示器 zhǐshìqì (英 *an idicator*)

インジゴ〔化学〕靛蓝 diànlán; 靛青 diànqīng (英 *indigo*)

いんしつ【陰湿な】险恶 xiǎn'è; 阴险 yīnxiǎn (英 *sly; wicked*) ▶やり方が〜だ/做法阴险 zuòfǎ yīnxiǎn

いんしゅ【飲酒する】喝酒 hē jiǔ (英 *drink*) ▶〜運転/酒后开车 jiǔ hòu kāichē

いんしゅう【因襲・因習】因袭 yīnxí (英 *an old custom*) ▶〜にとらわれる/拘泥于旧习 jūnì yú jiùxí

インシュリン〔医〕胰岛素 yídǎosù (英 *insulin*) ▶〜を注射する/注射胰岛素 zhùshè yídǎosù

いんしょう【印章】图章 túzhāng; 印章 yìnzhāng (英 *a seal*) ▶〜を彫る/篆刻 zhuànkè

いんしょう【印象】感想 gǎnxiǎng; 印象 yìnxiàng (英 *an impression*) ▶〜を受ける/感受印象 gǎnshòu yìnxiàng ▶一目見てよい人だなという〜を受けた/只见了一面，觉得是个不错的人 zhǐ jiànle yí miàn jiù juéde shì ge búcuò de rén ▶〜に残る/留下印象 liúxià yìnxiàng ▶あのシーンが今も〜に残っている/那个景至今还有印象 nàge chǎngjǐng zhìjīn háiyǒu yìnxiàng ▶第一〜/开头的印象 kāitóu de yìnxiàng ▶第一〜がよくなかった/第一印象不好 dìyī yìnxiàng bù hǎo ▶〜のない話は人によい〜を与えない/那种话不会给人好印象 nà zhǒng huà bùhuì gěi rén hǎo yìnxiàng ▶〜派の絵/印象派的画儿 yìnxiàngpài de huàr

いんしょく【飲食】饮食 yǐnshí (英 *eating and drinking*) ▶〜物/饮食物 yǐnshíwù

いんすう【因数】〔数〕因数 yīnshù; 因子 yīnzǐ (英 *a factor*) ▶〜分解/因数分解 yīnshù fēnjiě ▶〜に分解する/分解成因数 fēnjiěchéng yīnshù

いんずう【員数】(英 *the number*) ▶〜を合わせる/凑数 còushù; 充数 chōngshù ▶監査のため

一時的に～を合わせる/为了对付检查临时来凑数 wèile duìfu jiǎnchá línshí lái còushù

インスタント 速成 sùchéng（英 instant）▶～コーヒー/速溶咖啡 sùróng kāfēi ▶～食品/方便食品 fāngbiàn shípǐn ▶～ラーメン/方便面 fāngbiànmiàn

インストールする 〔電算〕安装 ānzhuāng（英 install）▶新しいソフトを～する/安装新的软件 ānzhuāng xīn de ruǎnjiàn

インストラクター 教练 jiàoliàn; 指导员 zhǐdǎoyuán（英 an instructor）▶水泳の～/游泳教练 yóuyǒng jiàoliàn ▶パソコン教室の～/电脑教室的指导员 diànnǎo jiàoshì de zhǐdǎoyuán

インスピレーション 灵感 línggǎn（英 inspiration）

いんせい【院生】研究生 yánjiūshēng（英 a graduate student）▶研究室にはたえず～が出入りする/研究室里研究生们在不断地进进出出 yánjiūshìli yánjiūshēngmen búduàn de jìnjìnchūchū

いんせい【院政】（英 government by abdicated emperors）▶社長は辞めた後も～を敷くだろう/总经理退职以后还想垂帘听政吧 zǒngjīnglǐ tuìzhí yǐhòu hái xiǎng chuílián tīngzhèng ba

いんせい【陰性の】阴性 yīnxìng（英 negative）▶～反応/阴性反应 yīnxìng fǎnyìng ▶彼は人柄が～でつきあいにくい/他的性格阴暗很难交往 tā de xìnggé yīn'àn hěn nán jiāowǎng

いんせい【隐栖する】避世 bìshì; 隐居 yǐnjū（英 retire）▶父は郷里に～した/父亲隐居故乡 fùqīn yǐnjū gùxiāng

いんぜい【印税】版税 bǎnshuì（英 a royalty）▶著者に 5％の～を払う/向作者支付百分之五的版税 xiàng zuòzhě zhīfù bǎi fēn zhī wǔ de bǎnshuì

いんせき【引責する】引咎 yǐnjiù（英 take the responsibility on oneself）▶～辞任/引咎辞职 yǐnjiù cízhí

いんせき【姻戚】亲家 qìngjia（英 a relative by marriage）▶～関係になる/结亲 jiéqīn ▶娘の結婚によって岡田家と～関係になる/女儿出嫁，我家和冈田家成了亲家 nǚ'ér chūjià, wǒ jiā hé Gāngtián jiā chéngle qìngjia

いんせき【隕石】陨石 yǔnshí（英 a meteorite）▶砂漠に～が落ちる/陨石落在沙漠里 yǔnshí luòzài shāmòli

いんぜん【隠然たる】潜在 qiánzài（英 in secret; tacitly）▶政界で～たる勢力をふるう/在政界拥有巨大的潜在势力 zài zhèngjiè yōngyǒu jùdà de qiánzài shìlì

いんそつ【引率する】带领 dàilǐng; 引导 yǐndǎo（英 lead）▶～者/领队 lǐngduì ▶生徒たちを～して博物館に行く/带领学生去博物馆 dàilǐng xuésheng qù bówùguǎn

インターセプト（サッカーなど）截夺 jiéduó; 截球 jiéqiú（英 interception）

インターチェンジ 高速公路出入口 gāosù gōnglù chūrùkǒu（英 an interchange）▶港北～で高速を下りる/在港北出口下高速公路 zài Gǎngběi chūkǒu xià gāosù gōnglù

インターナショナル（英 international）国际 guójì
◆～（歌）:国际歌 Guójìgē

インターネット 〔電算〕互联网 hùliánwǎng; 因特网 yīntèwǎng（英 the Internet）▶～アドレス/网址 wǎngzhǐ ▶～カフェ/网吧 wǎngbā ▶～で検索する/在因特网上检索 zài yīntèwǎngshang jiǎnsuǒ; 在网上查 zài wǎngshang chá
◆～バンキング:网上银行 wǎngshàng yínháng; 网络银行 wǎngluò yínháng

インターバル（間隔）间隔 jiàngé; 空隙 kòngxì;（休憩）中间休息 zhōngjiān xiūxi; 幕间休息 mùjiān xiūxi（英 an interval）

インターフェース 〔電算〕界面 jièmiàn; 接口 jiēkǒu（英 an interface）

インターフェロン〔医〕干扰素 gānrǎosù（英 interferon）

インターホン 内部通话装置 nèibù tōnghuà zhuāngzhì（英 an interphone）

インターン 实习生 shíxíshēng（英 internship）;[人] an intern）▶3 人の～を抱える/带三个实习生 dài sān ge shíxíshēng
◆～シップ:实习 shíxí

いんたい【引退する】离休 líxiū; 退休 tuìxiū（英 retirement）▶現役を～する/从第一线退下来 cóng dìyīxiàn tuìxiàlai ▶力士は～が早い/力士退得早 lìshì tuìde zǎo

インタビュアー 采访记者 cǎifǎng jìzhě（英 an interviewer）▶～の質問に答える/回答采访人的提问 huídá cǎifǎngrén de tíwèn

インタビュー 采访 cǎifǎng（英 an interview）▶～番組/访谈节目 fǎngtán jiémù ▶～を受ける/接受采访 jiēshòu cǎifǎng ▶独占～/独家采访 dújiā cǎifǎng

インタラクティブ 互动 hùdòng; 交互式 jiāohùshì（英 interactive）

インチ 英寸 yīngcùn（英 an inch）

いんちき 欺骗 qīpiàn; 鬼把戏 guǐbǎxì（英 cheating; a fake）▶～をする/搞鬼 gǎoguǐ; 作弊 zuòbì ▶あいつの話は～だ/他的话有鬼 tā de huà yǒuguǐ ▶そんな～には引っ掛かるなよ/别上那个骗子的当 bié shàng nàge piànzi de dàng

いんちょう【院長】院长 yuànzhǎng（英［病院の］the director of a hospital;［学院の］the principal）

インディアン 印第安人 Yìndì'ānrén（英 an Indian）

インディオ 拉美印第安人 Lā Měi Yìndì'ānrén（英 an Indio）

インデックス 索引 suǒyǐn; 引得 yǐndé（英 an index）

インテリ 知识分子 zhīshi fènzǐ; 知识阶层 zhīshi jiēcéng（英 an educated person; the intellectuals）▶おまえは偉いよ、～だな/你了不起啊，是个知识分子嘛 nǐ liǎobuqǐ a, shì ge zhīshi fènzǐ

インテリア 室内装饰 shìnèi zhuāngshì; 陈设 chénshè (英) *the interior* ▶~デザイン/室内设计 shìnèi shèjì ▶~には相当凝りました/室内装潢相当讲究 shìnèi zhuānghuáng xiāngdāng jiǎngjiu

インテリジェントビル 智能大厦 zhìnéng dàshà (英) *an intelligent building*

いんでんき【陰電気】 阴电 yīndiàn (英) *negative electricity*)

インテンシブ 集中的 jízhōngde; 加强的 jiāqiángde (英) *intensive* ▶~コースを受講する/参加集中强化班 cānjiā jízhōng qiánghuàbān

インデント 缩进 suōjìn (英) *an indent*

インド 印度 Yìndù (英) *India*)
♦~洋 印度洋 Yìndùyáng　~ヨーロッパ語族 印欧语族 Yìn-Ōu yǔzú

インドア 室内 shìnèi; 屋内 wūnèi (英) *indoor* ▶~スポーツ/室内运动 shìnèi yùndòng

いんとう【淫蕩な】 淫荡 yíndàng (英) *lewd* ▶~な暮らし/淫荡的生活 yíndàng de shēnghuó

いんどう【引導】
~を渡す 下最后的通知 xià zuìhòu de tōngzhī ▶部長から彼に~を渡す/由处长对他下达最后通知 yóu chùzhǎng duì tā xiàdá zuìhòu tōngzhī
日中比較 中国語の'引导 yǐndǎo'は「引率する」ことである。

いんとく【隠匿する】 隐藏 yǐncáng; 藏匿 cángnì (英) *hide*; *conceal* ▶犯人~の罪で逮捕された/因藏匿犯人罪而被捕 yīn cángnì fànrén zuì ér bèibǔ

イントネーション 语调 yǔdiào; 口音 kǒuyīn (英) *intonation* ▶郷里独特の~でしゃべる/用独特的家乡口音说话 yòng dútè de jiāxiāng kǒuyīn shuōhuà

インドネシア 印度尼西亚 Yìndùníxīyà (英) *Indonesia*)

イントロ(ダクション) 前奏 qiánzòu; 序言 xùyán (英) *an introduction*)

いんとん【隠遁】 (英) *become a hermit* ▶田舎に~する/隐遁到乡下 yǐndùndào xiāngxia

いんない【院内の】 医院内部 yīyuàn nèibù; 议会内部 yìhuì nèibù (英) [病院内] *inside the hospital*; [議院内] *inside the House*) ▶~感染/院内传染 yuànnèi chuánrǎn ▶~感染がひろがる/医院内传染在蔓延 yīyuànnèi chuánrǎn zài mànyán

いんにく【印肉】 印泥 yìnní; 印色 yìnsè (英) *a seal pad*)

いんにんじちょう【隠忍自重する】 隐忍自重 yǐnrěn zìzhòng (英) *endure*; *be patient*)

いんねん【因縁】 因缘 yīnyuán (英) [宿命] *fate*; [理由] *reason* ▶~をつける/找茬儿 zhǎochár; 抓茬儿 zhuāchár ▶あなたとは浅からぬ~があるのでしようね/跟你恐怕缘分不浅哪 gēn nǐ kǒngpà yuánfèn bù qiǎn nǎ ▶二人が結ばれたのも前世からの~だ/两个人结为伴侣也是前世的因缘 liǎng ge rén jiéwéi bànlǚ yě shì qiánshì de yīnyuán

いんのう【陰嚢】 【解】阴囊 yīnnáng (英) *the scrotum*)

インバーター 变频器 biànpínqì (英) *an inverter*)
♦~エアコン 变频空调 biànpín kōngtiáo　~制御 调频控制 tiáopín kòngzhì

インパクト 冲击 chōngjī; 影响 yǐngxiǎng (英) *impact* ▶彼の新著は社会に大きな~を与えた/他的新作对社会产生了巨大的影响 tā de xīnzuò duì shèhuì chǎnshēngle jùdà de yǐngxiǎng ▶彼の成功に私は名状しがたい~を受けた/他的成功使我受到不可名状的冲击 tā de chénggōng shǐ wǒ shòudào bùkě míngzhuàng de chōngjī

いんぶ【陰部】 阴部 yīnbù; 下身 xiàshēn (英) *the pubic area*)

インフェリオリティコンプレックス 自卑感 zìbēigǎn《劣等感》(英) *an inferiority complex*)

インフォーマル (英) *informal* ▶~な服/非正式的服装 fēizhèngshì de fúzhuāng

インフォームドコンセント 〔医〕说明和同意 shuōmíng hé tóngyì; 知情同意 zhīqíng tóngyì《手術などでの患者の同意》(英) *an informed consent*)

インフォーメーション 信息 xìnxī; 情报 qíngbào; 询问处 xúnwènchù (英) *information*) ▶~センターでお尋ねください/请到询问处去查询 qǐng dào xúnwènchù qù cháxún

インプット 〔電算〕输入 shūrù (英) *input*)

インフラ 基础设施 jīchǔ shèshī (英) *an infrastructure*)

インフルエンザ 〔医〕流行性感冒 liúxíngxìng gǎnmào (英) *influenza*; *flu* ▶~にかかる/患流感 huàn liúgǎn ▶鳥~がひろがっている/禽流感在蔓延 qínliúgǎn zài mànyán
♦~ウイルス 流感病毒 liúgǎn bìngdú

インフレ 通货膨胀 tōnghuò péngzhàng (英) *inflation*) ▶~を抑える/抑制通胀 yìzhì tōngzhàng ▶悪性~/恶性通胀 èxìng tōngzhàng

いんぶん【韻文】 韵文 yùnwén (英) *verse*; *poetry*)

いんぺい【隠蔽する】 隐蔽 yǐnbì; 掩盖 yǎngài (英) *conceal*; *hide* ▶社内の不正を~する/掩盖公司内部的丑闻 yǎngài gōngsī nèibù de chǒuwén ▶~工作/掩盖任务 yǎngài rènwu

インボイス 发票 fāpiào; 清单 qīngdān (英) *an invoice*《送り状》)

いんぼう【陰謀】 阴谋 yīnmóu; 密谋 mìmóu (英) *a plot*; *a conspiracy*) ▶~を企てる/策划阴谋 cèhuà yīnmóu ▶会长追放の~を企てる/策划阴谋赶走总经理 cèhuà yīnmóu gǎnzǒu zǒngjīnglǐ ▶あなたもよくよく~好きですね/你也够爱搞阴谋的啊 nǐ yě gòu ài gǎo yīnmóu de a

インポート 进口 jìnkǒu; 〔電算〕输入 shūrù (英) *import*)

インポテンツ〔医〕阳痿 yángwěi（英 impotence）

いんめつ【隠滅する】湮灭 yānmiè（英 suppress）／销毁证据 xiāohuǐ zhèngjù ▶史跡が～する／历史遗迹湮灭 lìshǐ yíjī yānmiè

いんもう【陰毛】阴毛 yīnmáo（英 pubic hair）

いんゆ【隠喩】隐喻 yǐnyù（英 metaphor）

いんよう【引用】引用 yǐnyòng（英 quote; cite）▶～例／引例 yǐnlì ▶『草枕』の一節を～する／引用《草枕》的一小节 yǐnyòng《Cǎozhěn》de yī xiǎojié
◆～句／引文 yǐnwén ～符／引号 yǐnhào

いんよう【陰陽】阴阳 yīnyáng（英 the positive and negative）▶～五行／阴阳五行 yīnyáng wǔxíng

いんよう【飲用の】饮用 yǐnyòng（英 for drinking）▶～水／饮用水 yǐnyòngshuǐ ▶この辺の井戸水は～には適さない／这一带的井水不宜饮用 zhè yídài de jǐngshuǐ bùyí yǐnyòng

いんらん【淫乱な】淫乱 yínluàn（英 lewd）

いんりつ【韻律】韵律 yùnlǜ（英 a meter; a rhythm）

いんりょう【飲料】饮料 yǐnliào（英 a drink; a beverage）▶～水／饮用水 yǐnyòngshuǐ ▶炭酸～／汽水 qìshuǐ ▶～に適さない／不宜做饮料 bùyí zuò yǐnliào
◆アルコール～／带酒精的饮料 dài jiǔjīng de yǐnliào；酒精饮料 jiǔjīng yǐnliào

いんりょく【引力】〔理学〕引力 yǐnlì（英 gravity）▶万有～／万有引力 wànyǒu yǐnlì

いんれき【陰暦】农历 nónglì；阴历 yīnlì（英 the lunar calendar）▶～の七夕が懐かしい／阴历的乞巧节令人怀念 yīnlì de Qǐqiǎojié lìng rén huáiniàn

う

う【卯】〔十二支〕兔 tù（英 the year of the Hare）▶来年は～年だ／明年是兔年 míngnián shì tùnián ▶父も僕も～年生まれだ／爸爸和我都属兔 bàba hé wǒ dōu shǔ tù

ウ【鵜】〔鳥〕鸬鹚 lúcí；鱼鹰 yúyīng（英 a cormorant）
ことわざ 鵜の目鷹の目 锐利的目光 ruìlì de mùguāng；瞪眼寻视 dèngyǎn xún shì ▶～の目鷹の目で搜す／用锐利的目光寻找 yòng ruìlì de mùguāng xúnzhǎo
ことわざ 鵜の真似をする鴉 东施效颦 Dōngshī xiào pín

ウィーク周 zhōu
◆ゴールデン～／黄金周 huángjīnzhōu

ウィークエンド周末 zhōumò（英 a weekend）▶～は海辺で過ごす／在海边过周末 zài hǎibiān guò zhōumò

ウィークデー平日 píngrì（英 a weekday）▶～なのに人出が多い／虽是周日, 外出的人却很多 suī shì zhōurì, wàichū de rén què hěn duō

ウィークポイント弱点 ruòdiǎn（英 a weak point）▶我々の～は技術部門にある／我们的弱点在于技术部门 wǒmen de ruòdiǎn zàiyú jìshù bùmén

ウィークリー周报 zhōubào；周刊 zhōukān（英 a weekly magazine／《週刊誌》

ういういしい【初初しい】天真 tiānzhēn（英 fresh）▶彼女はいかにも初々しかった／她真够天真的 tā zhēn gòu tiānzhēn de ▶あの新人の初々しさがいつまでもつかな／那个新星的纯真能持续多久呢？nàge xīnxīng de chúnzhēn néng chíxù duōjiǔ ne？

ウイキョウ【茴香】〔植物〕茴香 huíxiāng（英 fennel）

ういざん【初産】头生 tóushēng；初生 chūshēng（英 one's first childbirth）▶～を控えて夫のほうが緊張していた／面临（妻子）头一次分娩, 倒是丈夫感到十分紧张 miànlín（qīzi）tóu yí cì fēnmiǎn, dàoshì zhàngfu gǎndào shífēn jǐnzhāng

ういじん【初陣】初次上阵 chūcì shàngzhèn（英 one's first campaign）▶～を飾る 旗开得胜 qí kāi dé shèng ▶彼は～をいきなり完投で飾った／他初次上阵就出人意料地投完终场 tā chūcì shàngzhèn jiù chū rén yìliào de tóuwán zhōngchǎng

ウイスキー〔酒〕威示忌 wēishìjì；威士忌 wēishìjì（英 whisky）▶～を水で割る／威士忌兑冰水 wēishìjì duì bīngshuǐ ▶～ボンボン／酒心巧克力 jiǔxīn qiǎokèlì

ウィット机智 jīzhì；妙语 miàoyǔ（英 wit）
～に富む 风趣 fēngqù ▶あなたはいつも～に富んだ話をなさる／你总是说话风趣 nǐ zǒngshì shuōhuà fēngqù；你总是妙语横生 nǐ zǒngshì miàoyǔ héngshēng

ういてんぺん【有為転変】变幻无常 biànhuàn wúcháng（英 the ups and downs of life）▶今日まで80年、私はこくぐり抜けて生きてきました／以往的八十年, 我在变幻无常的世上闯了过来 yǐwǎng de bāshí nián, wǒ zài biànhuàn wúcháng de shìshàng chuǎngle guòlái

ウイニング胜利 shènglì（英 winning）
◆～ショット／制胜的一击 zhìshèng de yījī；制胜球 zhìshèngqiú ～ボール／胜利纪念球 shènglì jìniànqiú

ういまご【初孫】长孙 zhǎngsūn（英 one's first grandchild）▶～を授かる／添了长孙 tiānle zhǎngsūn

ウイルス病毒 bìngdú（英 a virus）▶～性肝炎／病毒性肝炎 bìngdúxìng gànyán ▶コンピュータ～／电脑病毒 diànnǎo bìngdú ▶コンピュータ～が～に侵される／电脑染上了病毒 diànnǎo rǎnshàngle bìngdú

ウインカー方向指示灯 fāngxiàng zhǐshìdēng（英 a blinker; a winker）▶～を点滅させる／点

亮方向指示灯 diǎnliàng fāngxiàng zhǐshìdēng ▶～が点滅する/方向指示灯在闪烁 fāngxiàng zhǐshìdēng zài shǎnshuò

ウインク 使眼色 shǐ yǎnsè; 送秋波 sòng qiūbō（英 *a wink*） ▶彼女は人目もはばからず～した/她肆无忌惮地抛媚眼 tā sì wú jìdàn de pāo mèiyǎn ▶彼女の甘い～にぼくはうっとりとなった/面对她送来的秋波，我感到浑身酥软 miàn duì tā sònglái de qiūbō, wǒ gǎndào húnshēn sūruǎn

ウインタースポーツ 冬季运动 dōngjì yùndòng（英 *winter sports*）

ウインチ 绞车 jiǎochē; 卷扬机 juǎnyángjī（英 *a winch*（巻き揚げ機）） ▶～で鉄骨を巻き揚げる/用卷扬机吊起铁骨 yòng juǎnyángjī diàoqǐ tiěgǔ

ウインドー（建物の窓）窗户 chuānghu, 窗 chuāng;〔電算〕窗口 chuāngkǒu（英 *a window*）
♦～ショッピング:浏览商店橱窗 liúlǎn shāngdiàn chúchuāng ▶休日は～ショッピングを楽しんでいます/假日我爱逛商店 jiàrì wǒ ài guàng shāngdiàn

ウィンドウズ（商標）视窗 Shìchuāng（英 *Windows*） ▶私のパソコンには～XPが入っています/我的电脑装的是视窗XP wǒ de diànnǎo zhuāng de shì Shìchuāng XP

ウインドサーフィン〖スポーツ〗帆板 fānbǎn（英 *windsurfing*） ▶海上は～に興じる若者でいっぱいだ/海面上净是玩儿帆板的年轻人 hǎimiànshang jìngshì wánr fānbǎn de niánqīngrén

ウインドブレーカー〖服飾〗防风外衣 fángfēng wàiyī（英 *a windbreaker*）（服）

ウーマンリブ 妇女解放运动 fùnǚ jiěfàng yùndòng（英 *women's lib*） ▶～の思想に共鳴する/对妇女解放运动的思想产生共鸣 duì fùnǚ jiěfàng yùndòng de sīxiǎng chǎnshēng gòngmíng ▶彼女は～の活動家だ/她是妇女解放运动的活动家 tā shì fùnǚ jiěfàng yùndòng de huódòngjiā

ウール 羊毛 yángmáo; 毛料 máoliào（英 *wool*） ▶～の衣料/毛料 máoliào ▶彼のスーツは高級な～地に仕立てられている/他的西装是使用高级羊毛面料缝制成的 tā de xīzhuāng shì shǐyòng gāojí yángmáo miànliào féngzhìchéng de
♦～マーク:国际羊毛标志 guójì yángmáo biāozhì

ウーロンちゃ【ウーロン茶】乌龙茶 wūlóngchá（英 *oolong tea*）

うえ【上】 ❶〖位置〗上边 shàngbian; 上头 shàngtou; 上面 shàngmian（真上〕over;〔上方〕above; up） ▶山の～から下を見下ろす/从山上俯瞰市容 cóng shānshang fǔkàn shìróng ▶学校中～を下への大騒ぎとなった/全校闹得天翻地覆 quánxiào nàode tiān fān dì fù ▶キーをテーブルの～に置いておくよ/把钥匙放在桌子上了 bǎ yàoshi fàngzài zhuōzishang le ❷〖上位〕高 gāo; 好 hǎo;〔年齢〕大 dà（英 *upper; upward*;〔すぐれた〕*superior*） ▶君より彼の方

が技術が～だ/他的技术比你高 tā de jìshù bǐ nǐ gāo ▶兄は僕より3歳～だ/哥哥比我大三岁 gēge bǐ wǒ dà sān suì ▶～を見ればきりがない/跟好的比没有止境 gēn hǎo de bǐ méiyǒu zhǐjìng; 人的欲望没有止境 rén de yùwàng méiyǒu zhǐjìng ▶彼は人の～に立てる人間ではない/他不适合当领导 tā bú shìhé dāng lǐngdǎo ▶～が無理なので/上边儿的领导强人所难 shàngbianr de lǐngdǎo qiǎng rén suǒ nán ❸〖…の後に〕后 hòu（英 *after*） ▶検討の～で答えよう/研究后再答复吧 yánjiūhòu zài dáfù ba ❹〖加えて〕又…又… yòu…yòu…（英 *besides; in addition*） ▶あの娘は賢い～に美人なんだ/那个姑娘既聪慧又漂亮 nàge gūniang jì xiánhuì yòu piàoliang
ことわざ 上には上がある 人外有人，天外有天 rén wài yǒu rén, tiān wài yǒu tiān

うえ【飢え】饥饿 jī'è（英 *hunger; starvation*） ▶あの頃は全土が～に苦しんだ/那时候，全国上下都苦于饥饿 nà shíhou, quánguó shàngxià dōu kǔyú jī'è
～にしのぐ:充饥 chōngjī ▶水を飲んで～をしのぐ/喝水充饥 hē shuǐ chōngjī

ウェーター 男服务员 nánfúwùyuán（英 *a waiter*）

ウエイト 重量 zhòngliàng; 体重 tǐzhòng;〔重点〕重点 zhòngdiǎn（英 *weight*） ▶～を2ポンド増やす/把体重增加两英镑 bǎ tǐzhòng zēngjiā liǎng yīngbàng ▶試合に備えて～を落とす/为拳赛而减轻体重 wèi quánsài ér jiǎnqīng tǐzhòng ▶こちらの方の～が高い/这方面更重要 zhè fāngmiàn gèng zhòngyào ▶教養よりも専門に～を置く/跟教养相比，把重点放在了专业上 gēn jiàoyǎng xiāngbǐ, bǎ zhòngdiǎn fàngzàile zhuānyèshang ▶この件では彼の意向が大きな～を占める/在这件事上，他的意见举足轻重 zài zhè jiàn shìshang, tā de yìjiàn jǔ zú qīngzhòng
♦～トレーニング:负重训练 fùzhòng xùnliàn; 举重训练 jǔzhòng xùnliàn ～リフティング:举重 jǔzhòng

ウエートレス 女服务员 nǚfúwùyuán（英 *a waitress*）

ウエーブ 卷曲 juǎnqū（英 *a wave*） ▶髪に～をかける/烫发 tàngfà ▶球場に～が起きる/观众在球场上组成人浪 guānzhòng zài qiúchǎngshang zǔchéng rén de bōlàng
♦マイクロ～:微波 wēibō

うえかえる【植え替える】移植 yízhí（英 *plant again in another place*） ▶苗床の苗を畑に～/把幼苗从苗圃移植到田地里 bǎ yòumiáo cóng miáopǔ yízhí dào tiándìli ▶梅を桜に～/在原来种着梅花的地方改种了樱花 zài yuánlái zhòngzhe méihuā de dìfang gǎizhòngle yīnghuā

うえき【植木】庭院的树 tíngyuàn de shù; 盆栽的花木 pénzāi de huāmù（英 *a garden tree*） ▶～に水をやる/给花木浇水 gěi huāmù jiāo shuǐ
♦～鉢:花盆 huāpén ～屋:花匠 huājiàng; 园

丁 yuándīng

うえこみ【植え込み】 花草丛 huācǎocóng; 灌木丛 guànmùcóng（英 *a hedge; a shrubbery*）

うえじに【飢え死に】 饿死 èsǐ（英 *the death from hunger*）▶多数の村人が～した/很多村民被饿死 hěn duō cūnmín bèi èsǐ ▶私はジャングルで～を覚悟した/我做好了饿死在密林中的准备 wǒ zuòhǎole èsǐ zài mìlín zhōng de zhǔnbèi

ウエスタン 西部音乐 xībù yīnyuè; 西部影片 xībù yǐngpiàn（英 *a western movie*《映画の西部劇》; *western music*《音楽》）
◆～ブーツ 牛仔靴 niúzǎixuē

ウエスト 腰 yāo; 腰身 yāoshēn; 腰身 yāoshen（英 *the waist; the waistline*）▶～のサイズを計る/量腰围 liáng yāowéi ▶～ラインが太めですね/腰围是不是有点大 yāowéi shìbushì yǒudiǎn dà

うえつける【植え付ける】 种植 zhòngzhí（英 *plant*，[心に] *implant*）▶苗を～/植苗 zhí miáo ▶印象を～/留下强烈印象 liúxià qiángliè yìnxiàng ▶田に早苗を～/在水田里插秧苗 zài shuǐtiánli chā yāngmiáo ▶その姿はみんなの心に鮮やかな印象を植え付けた/那个姿态在大家的心里留下了强烈的印象 nàge zītài zài dàjiā de xīnli liúxiàle qiángliè de yìnxiàng ▶その一言が私の心に不信感を植え付けた/那句话在我的心里留下了疑团 nà jù huà zài wǒ de xīnli liúxiàle yítuán

ウエット 善感 shàngǎn（英 *sentimental*《感傷的》）▶～な性格/多情善感的性格 duōqíng shàngǎn de xìnggé ▶我が家はみんな～な性格でして…/我们家的人都是多情善感的性格 wǒmen jiā de rén dōu shì duōqíng shàngǎn de xìnggé… ▶ドライになれ、～じゃやっていけないぞ/理智些、感情用事是行不通的 lǐzhì xiē、gǎnqíng yòngshì shì xíngbutōng de
◆～ティッシュ 湿巾 shījīn

ウエットスーツ 简易潜水服 jiǎnyì qiánshuǐfú（英 *a wet suit*）

ウエディング 婚礼 hūnlǐ（英 *a wedding*）
◆～ケーキ 结婚蛋糕 jiéhūn dàngāo ▶～ケーキにナイフを入れる/用刀切婚礼蛋糕 yòng dāo qiē hūnlǐ dàngāo ～ドレス 婚礼服 hūnlǐfú ▶～ドレスに身を包む/身穿婚纱 shēn chuān hūnshā ～ベル 婚礼钟声 hūnlǐ zhōngshēng ～マーチ 结婚进行曲 jiéhūn jìnxíngqǔ

ウエハース《菓子》薄饼干 báobǐnggān; 维夫饼干 wéifū bǐnggān（英 *a wafer*）

ウェブ《電算》网络 wǎngluò（英 *the Web*）
◆～サイト 网站 wǎngzhàn

うえる【飢える】 饥饿 jī'è（英 *starve*）▶難民キャンプで人々が飢えている/在难民营里人们都饿着肚子 zài nànmínyíngli rénmen dōu èzhe dùzi ▶あの頃はみんな知識に飢えていた/那个时代大家都如饥似渴地追求知识 nàge shídài dàjiā dōu rú jī sì kě de zhuīqiú zhīshi

うえる【植える】 栽种 zāizhòng; 种 zhòng; 种植 zhòngzhí（英 *plant; grow*）▶山に木を～/在

山上植树 zài shānshang zhíshù

ウエルダン《ステーキの》烤透的 kǎotòu de; 全熟 quánshú（英 *well-done*）

うえん【迂遠】 迂阔 yūkuò（英 *roundabout*）▶それはあまりに～な空論だ/那是不切实际的空论 nà shì bú qiè shíjì de kōnglùn

うお【魚】 鱼 yú（英 *a fish*）▶彼はまさしく～の水を得たかのごとき働きぶりだ/看他工作的样子，真像是如鱼得水 kàn tā gōngzuò de yàngzi, zhēn xiàng shì rú yú dé shuǐ
ことわざ 魚心あれば水心 你要有心我也有意 nǐ yào yǒu xīn wǒ yě yǒu yì; 将心比心 jiāng xīn bǐ xīn
◆～市場 鱼市 yúshì

うおうさおう【右往左往する】 不知所措 bù zhī suǒ cuò; 无所适从 wú suǒ shìcóng（英 *go this way and that; run about in confusion*）▶いきなり洪水警報が出て一同～した/突然接到洪水警报，大家都不知所措 hóngshuǐ jǐngbào, dàjiā dōu bù zhī suǒ cuò

ウオーキング 散步 sànbù; 步行 bùxíng（英 *walking*）▶每朝犬と～を楽しむ/他每天早上的消遣是带狗散步 tā měitiān zǎoshang de xiāoqiǎn shì dài gǒu sànbù
◆～ディクショナリー「活字典 huózìdiǎn ▶彼のような人間を～ディクショナリーと言うんだ/像他那样的人被叫做"活词典" xiàng tā nàyàng de rén bèi jiàozuò "huócídiǎn"

ウオーター 水 shuǐ（英 *water*）▶ミネラル～/矿泉水 kuàngquánshuǐ ▶～フロント/城市的滨水区 chéngshì de bīnshuǐqū ▶～プルーフの時計/防水表 fángshuǐbiǎo

ウオーミングアップ 准备活动 zhǔnbèi huódòng; 热身 rèshēn（英 *a warming-up*）▶軽く～する/做简短的准备活动 zuò jiǎnduǎn de zhǔnbèi huódòng

ウォールがい【ウォール街】 华尔街 Huá'ěrjiē（英 *Wall Street*）▶～がくしゃみすると兜町がかぜをひくんだそうだ/有人说，华尔街一打喷嚏，兜町就会感冒 yǒu rén shuō, Huá'ěrjiē yì dǎ pēntì, Dōudīng jiù huì gǎnmào 参考"华尔街"的别表现是'美国的金融街 Měiguó de jīnróngjiē'，'兜町'的别表现是'日本的证券交易所 Rìběn de zhèngquàn jiāoyìsuǒ'.

うおざ【魚座】《天文》双鱼座 shuāngyúzuò（英 *the Fishes; Pisces*）▶私は～よ。あなたは？/我是双鱼座，你呢？ wǒ shì shuāngyúzuò, nǐ ne?

ウオッカ《酒》伏特加 fútèjiā（英 *vodka*）

ウオッチャー 观察家 guānchájiā; 专家 zhuānjiā（英 *a watcher*）▶チャイナ～/中国问题专家 Zhōngguó wèntí zhuānjiā

うおつり【魚釣り】 钓鱼 diàoyú（英 *fishing*）▶私の趣味は～です/我的爱好是钓鱼 wǒ de àihào shì diàoyú

うおのめ【魚の目】 鸡眼 jīyǎn（英 *a corn*）▶～ができる/长鸡眼 zhǎng jīyǎn ▶～に苦しむ/长了鸡眼，痛苦难熬 zhǎngle jīyǎn, tòngkǔ nán'áo

ウォン 韩元 Hányuán《通貨単位》(英 won)

うか【羽化】 羽化 yǔhuà (英 emergence) ▶蝶が～する/蝴蝶羽化 húdié yǔhuà ▶～の過程を写真に撮る/把羽化的过程拍成照片 bǎ yǔhuà de guòchéng pāichéng zhàopiàn ▶～登仙/羽化登仙 yǔhuà dēng xiān

うかい【迂回】 迂回 yūhuí；绕行 ràoxíng (英 a detour; a roundabout way) ▶～戦術を採る/采用迂回战术 cǎiyòng yūhuí zhànshù ▶道路が工事中なので～して帰る/路上施工，所以绕道回来 lùshang shīgōng, suǒyǐ ràodào huílái
◆～路：迂回的旁道 yūhuí de pángdào

うかい【鵜飼】《人》驯养鸬鹚捕鱼的渔夫 xùnyǎng lúcí bǔyú de yúfū；《行為》用鸬鹚打鱼 yòng lúcí dǎyú (英 a cormorant fisherman《人》) ▶～を観光の目玉にする/把鸬鹚捕鱼作为观光景点 bǎ lúcí bǔyú zuòwéi guānguāng jǐngdiǎn ▶彼の家は三代続いた～/他家延续三代从事鸬鹚捕鱼 tā jiā yánxù sān dài cóngshì lúcí bǔyú

うがい【嗽】 漱 shù (英 gargling) ▶外出から帰ると必ず～する/从外边回家一定要漱口 cóng wàibian huíjiā yídìng yào shùkǒu
◆～薬：含漱剤 hánshùjì

うかうか 糊里糊涂 húlihútu (英 idly) ▶～遊んでいられない/不能再糊里糊涂地玩儿了 bùnéng zài húlihútu de wánr le ▶と異郷で半年も過ごしてしまった/在异地他乡混了半年 zài yìdì tāxiāng hùnle bàn nián ▶入試が近いのに～していてよいものか/都快要考试了，还这么漫不经心的，能行吗？dōu kuàiyào kǎoshì le, hái zhème màn bù jīngxīn de, néng xíng ma?

うかがい【伺い】 (英 a visit; [指示] instructions) ▶～を立てる/请示 qǐngshì ▶局長に～を立てる/向局长请示 xiàng júzhǎng qǐngshì
◆御機嫌～/先生に御機嫌～の電話をかける/给老师打电话问候 gěi lǎoshī dǎ diànhuà wènhòu　進退～/请示去留的报告 qǐngshì qùliú de bàogào ▶進退～を出す/打报告请示上司决定自己的去留 dǎ bàogào qǐngshì shàngsi juédìng zìjǐ de qùliú

うかがう【伺う】 ❶【訪ねる】 拜访 bàifǎng (英 call on [at]…; visit) ▶お宅に伺ってよろしいでしょうか/能不能去府上拜访？néngbunéng qù fǔshang bàifǎng？ ❷【尋ねる】 打听 dǎting (英 ask; inquire) ▶ちょっと伺いますが/请问 qǐngwèn ❸【聞いている】 (英 hear; be told) ▶お噂はかねがね伺っております/久仰大名 jiǔyǎng dàmíng

うかがう【窺う】 ❶【機会などを】 窥伺 kuīsì (英 watch for…) ▶機会を～/等待时机 děngdài shíjī ▶反撃の機会を～/窥伺反攻的机会 kuīsì fǎngōng de jīhuì ❷【観察する】 窥视 kuīshì (英 observe; watch) ▶顔色を～/窥视脸色 kuīshì liǎnsè ▶親父の顔色を窺いながら進路の話を切り出した/窥视着父亲的脸色，说出了自己将来的打算 kuīshìzhe fùqin de liǎnsè, shuōchūle zìjǐ jiānglái de dǎsuan ❸【察する・わかる】 窥见 kuījiàn (英 guess at…) ▶反省の色が窺える/可以看出怎样反省 kěyǐ kànchū zěnyàng fǎnxǐng；流露出反省的表情 liúlùchū fǎnxǐng de biǎoqíng

うかされる【浮かされる】 冲昏头脑 chōnghūn tóunǎo (英 be carried away) ▶彼は競馬に浮かされている/他对赛马着了迷 tā duì sàimǎ zháole mí ▶高熱に浮かされて意識がおかしくなった/发烧变得神智混乱 fā gāoshāo biànde shénzhì hùnluàn

うかす【浮かす】 (英 save（余らせる）) ▶腰を～/要站起来 yào zhànqǐlai ▶聞いて彼は思わず腰を浮かした/他一听就禁不住要站起身来 tā yī tīng jiù jīnbuzhù yào zhànqǐ shēn lái ▶金を～/匀出钱来 yúnchū qián lái ▶旅費を浮かして裏金を作る/省出旅费作备用资金 shěngchū lǚfèi zuò bèiyòng zījīn

うかつ【迂闊】 疏忽 shūhu；大意 dàyi (英 carelessness) ▶知らない人に～に声をかけてはいけない/不要随便跟不认识的人打招呼 búyào suíbiàn gēn bú rènshi de rén dǎ zhāohu ▶書類を忘れるなんて、ほんとに私が～だった/我真大意，把文件给忘了 wǒ zhēn dàyi, bǎ wénjiàn gěi wàng le

うがつ【穿つ】 ❶【掘る】 穿 chuān (英 dig; make a hole; drill) ▶水の滴(しずく)が岩を～/水滴石穿 shuǐdī shí chuān ❷【真相を】 中肯 zhòngkěn；一针见血 yì zhēn jiàn xiě (英 hit the mark) ▶なかなかうがった批評をするじゃないか/批评得相当中肯 pīpíngde xiāngdāng zhòngkěn；批评得一针见血 pīpíngde yì zhēn jiàn xiě ▶そういう見方はうがち過ぎだな/那种看法太穿凿了 nà zhǒng kànfa tài chuānzáo le

うかぬかお【浮かぬ顔をする】 愁眉苦脸 chóuméi kǔliǎn；面带愁容 miàn dài chóuróng (英 pull a long face)

うかばれない【浮かばれない】（死者）不能安心超度 (sǐzhě) bùnéng ānxīn chāodù (英 be unable to rest in peace) ▶おまえがそんなふうでは仏も～/你要是这样的话，就连死去的亲人也不能瞑目吧 nǐ yàoshi zhèyàng de huà, jiù lián sǐqù de qīnrén yě bùnéng míngmù ba

うかびあがる【浮かび上がる】 浮出（水面）fúchū (shuǐmiàn)；（表面化する）浮现出 fúxiànchu (英（水面に）float off) ▶鯨が水面に浮かび上がった/鲸鱼浮出水面 jīngyú fúchū shuǐmiàn ▶捜査線上に犯人像が浮かび上がった/在侦查对象里浮现出犯人的形象 zài sōuchá duìxiàngli fúxiànchū fànrén de xíngxiàng ▶苦節3年、彼はようやく下積みから浮かび上がった/苦斗了三年，他总算从基层熬出了头 kǔdòule sān nián, tā zǒngsuàn cóng jīcéng áochūle tóu

うかぶ【浮かぶ】 ❶【水や空などに】 漂 piāo；漂浮 piāofú (英 float) ▶かもめが波に浮かんでいる/海鸥漂浮在波浪中 hǎi'ōu piāofú zài bōlàng zhōng ▶気球が空に浮かんでいる/气球在天空飘

荡 qìqiú zài tiānkōng piāodàng ❷【心などに】**浮現** fúxiàn（英 *come into one's mind*）▶名案が～/计上心来 jì shàng xīn lái ▶母の顔がまぶたに浮かんだ/母亲的面孔浮现在眼前 mǔqīn de miànkǒng fúxiàn zài yǎnqián ❸【表面に現れる】**浮現** fúxiàn；**露出** lùchū（英 *show*; *look*）▶父の顔に笑みが浮かんだ/父亲的脸上露出笑容 fùqīn de liǎnshang lùchū xiàoróng

うかべる【浮かべる】 ❶【水に】**浮** fú（英 *float*）▶船を～/泛舟 fànzhōu ▶一家で船を浮かべて月を眺めた/一家人在船上看月亮 yījiārén zài chuánshang kàn yuèliang，全家泛舟赏月 quánjiā fànzhōu shǎngyuè ❷【心や顔に】**浮現** fúxiàn（英 *show*; *look*）▶苦笑いを～/脸上浮现出苦笑 liǎnshang fúxiànchū kǔxiào

思い～ **想起** xiǎngqǐ ▶あの日の情景を思い浮かべた/回想起那天的情景 huíxiǎngqǐ nà tiān de qíngjǐng

涙を～ **含涙** hánlèi ▶涙を浮かべて再会を喜んだ/含着眼泪为重逢而高兴 hánzhe yǎnlèi wèi chóngféng ér gāoxìng

うかる【受かる】 **考上** kǎoshàng（英 *pass*）▶試験に～/考试及格 kǎoshì jígé ▶大学に～/考上大学 kǎoshàng dàxué ▶入社試験に三次まで～/求职考试通过了第三关 qiúzhí kǎoshì tōngguòle dìsān guān

うかれる【浮かれる】 **摇头摆尾** yáo tóu bǎi wěi；**兴高采烈** xìng gāo cǎi liè（英 *make merry*）▶合格したからといって、朝から浮かれ歩くんじゃない/虽说考上了，也不要从早上就这么得意忘形 suīshuō kǎoshàngle，yě búyào cóng zǎoshang jiù zhème déyì wàngxíng

うき【雨季】 **雨季** yǔjì（英 *the rainy season*）▶～に入る/进入雨季 jìnrù yǔjì

うき【浮き】 **鱼漂儿** yúpiāor；**浮子** fúzi（英〔钓りの〕*a float*；〔浮標〕*a buoy*）▶釣り糸に～を付ける/在（钓）鱼线上拴鱼漂儿 zài （diào） yúxiànshang shuān yúpiāor ▶川面の～がひくひく動く/河面上的浮标在微微浮动 hémiànshang de fúbiāo zài wēiwēi fúdòng

うきあがる【浮き上がる】 ❶【水面などに】**浮出** fúchū；**浮上** fúshàng（英 *come to the surface*）▶ぽこりぽこりと泡が～/气泡"咕噜咕噜"浮上水面 qìpào "gūlū gūlū" fúshàng shuǐmiàn ❷【他の人から】（英 *stand alone*）▶大衆から～/脱离群众 tuōlí qúnzhòng

うきあしだつ【浮き足立つ】 **惊惶失措** jīnghuáng shīcuò；**动摇起来** dòngyáoqǐlai（英 *be wavering*; *be ready to quit*）▶劣勢が伝えられて我々は浮き足立った/我们得知自己处于劣势开始动摇起来 wǒmen dézhī zìjǐ chǔyú lièshì kāishǐ dòngyáoqǐlai

うきうき【浮き浮き】 **喜不自禁** xǐ bú zìjīn；**喜气洋洋** xǐqì yángyáng（英 *cheerfully*）▶彼女と口をきいてあと、私は～ていた/跟她搭上了话，我乐得合不上嘴 gēn tā dāshàngle huà, wǒ lè-de hébushàng zuǐ；跟她说以后，我喜不自禁

gēn tā shuōhuà yǐhòu, wǒ xǐ bú jìn ▶鼻歌まじりで～と帰途についた/哼着歌儿喜气洋洋地往回走 hēngzhe gēr xǐqì yángyáng de wǎng huí zǒu

うきくさ【浮き草】 **紫萍** zǐpíng；**浮萍** fúpíng（英 *a floating weed*）▶～が水に漂う/浮萍漂在水面 fúpíng piāozài shuǐmiàn ▶転職を重ねて～暮らしをしてきた/工作换来换去，生活漂泊不定 gōngzuò huànlái huànqù, shēnghuó piāobó bú dìng

うきぐも【浮き雲】 **浮云** fúyún（英 *a floating cloud*）▶私など行方定めぬ～の身の上です/像我这样的人居无定所，我心浮云 xiàng wǒ zhèyàng de rén jū wú dìngsuǒ, xīngsì fúyún ▶草に寝て～を眺めていた/躺在草地上，仰望着浮云 tǎngzài cǎodìshang, yǎngwàngzhe fúyún

うきしずみ【浮き沈みする】 **浮沉** fúchén；**荣枯** róngkū（英 *rise and fall*）

～が激しい **浮沉不定** fúchén bú dìng ▶～の激しい人生を送ってきた/这一辈子都是大起大落，沉浮无常 zhè yíbèizi dōu shì dà qǐ dà luò, chénfú wúcháng

うきたつ【浮き立つ】 **心理快活** xīnli kuàihuo（英 *feel gay*; *be cheered up*）▶春は人の心を浮き立たせる/春天让人心意盎然 chūntiān ràng rén xīnyǐ àngrán ▶旅行を前に子供たちは浮き立っていた/旅游前，孩子们都兴奋不已 lǚyóuqián, háizimen dōu xīngfèn bùyǐ

うきでる【浮き出る】 **露出** lùchū；**浮现出** fúxiànchū（英 *rise to the surface*【表面に】）▶模様が～/露出花纹 lùchū huāwén ▶白い模様がくっきりと浮き出てきた/清晰地浮现出白色的花纹 qīngxī de fúxiànchū báisè de huāwén ▶怒りで額に青筋が浮き出た/由于愤怒，额头上青筋暴露 yóuyú fènnù, étóushàng qīngjīn bàolù

うきドック【浮きドック】 **浮船坞** fúchuánwù（英 *a floating dock*）

うきな【浮き名】 **风流艳闻** fēngliú yànwén（英 *love affairs*）

～を流す **传开艳闻** chuánkāi yànwén ▶若い頃は～を流したそうだ/据说他年轻的时候有不少风流韵事 jùshuō tā niánqīng de shíhou yǒu bùshǎo fēngliú yùnshì

うきはし【浮き橋】 **浮桥** fúqiáo（英 *a pontoon bridge*）▶川に臨時の～が架けられた/河上架起了临时的浮桥 héshang jiàqǐle línshí de fúqiáo

うきぶくろ【浮き袋】 ❶【泳ぐときの】**救生圈** jiùshēngquān（英 *a swim ring*; *a life belt*）▶～にすがって泳ぐ/带着救生圈游泳 dàizhe jiùshēngquān yóuyǒng ❷【魚の】**鱼鳔** yúbiào（英 *a bladder*）

うきぼり【浮き彫り】 ❶【レリーフ】**浮雕** fúdiāo（英 *relief*）▶壁には竜の～がかかっている/墙上装饰着龙的浮雕 qiángshang zhuāngshìzhe lóng de fúdiāo ❷【きわ立たせる】**突出** tūchū ▶問題点を～にする/使争论点突出 shǐ zhēnglùndiǎn tūchū

うきみ【憂き身】 苦难身世 kǔnàn shēnshì (英 a life of toil)
〜をやつす 废寝忘食 fèi qǐn wàng shí ▶学校へも行かず芝居に〜をやつしていた/连学校也不去，废寝忘食地热心排戏 lián xuéxiào yě bú qù, fèi qǐn wàng shí de rèxīn páixì

うきめ【憂き目】 惨痛的经验 cǎntòng de jīngyàn (英 a bitter experience)
〜を見る ▶怠けたあげく落第の〜を見た/由于懒惰，最终落得不及格的下场 yóuyú lǎnduò, zuìzhōng luòde bùjígé de xiàchang

うきよ【浮世】 俗世 súshì (英 the floating world; this life) ▶これも〜の習いです/这也是人之常情 zhè yě shì rén zhī cháng qíng ▶〜の風に耐えて生きなさい/要在世态炎凉中求生存 yào zài shìtài yánliáng zhōng qiú shēngcún ▶〜が捨てられないのか/你(难道)想弃世离俗吗？ nǐ (nándào) xiǎng qì shì lí sú ma？
〜離れ 不通世俗 bù tōng shìsú ▶〜離れした考え/不通世俗的想法 bù tōng shìsú de xiǎngfa ▶君の言うことは〜離れしている/你的话脱离现实 nǐ de huà tuōlí xiànshí

うきよえ【浮世絵】 浮世绘(江户时代流行的风俗画) fúshìhuì(Jiānghù shídài liúxíng de fēngsúhuà)

うく【浮く】 1【浮かぶ】 浮 fú (英 float) ▶水にごみが浮いている/水上漂着垃圾 shuǐshàng piāozhe lājī 2【余りが出る】 (英 be saved) ▶費用が〜/费用有剩余 fèiyong yǒu shèngyú ▶夜行バスにすれば交通費が〜/坐夜车可以省交通费 zuò yèchē kěyǐ shěngchū lǚfèi 3【他の人から】 (英 stand alone) ▶周りから〜/脱离他人 tuōlí tārén ▶彼は口うるさいので周りから浮いている/他嘴不好，所以不合群儿 tā zuǐ bùhǎo, suǒyǐ bù héqúnr 4【その他】 ▶あの人に浮いた噂は聞かない/没听说过他的艳闻 méi tīngshuōguò tā de yànwén ▶どうしたの？ 浮かぬ顔をして/你怎么了？满脸不高兴的样子 nǐ zěnme le？ mǎnliǎn bù gāoxìng de yàngzi

歯に〜 肉麻 ròumá ▶歯の根がゆるむ/(比喻的に) 歯の〜ようなお世辞をいう/说奉承话让人感到肉麻 shuō fèngchenghuà ràng rén gǎndào ròumá

宙に〜 (空中に) 悬在空中 xuánzài kōngzhōng；(中途而废) 半途而废 bàntú ér fèi ▶一瞬体が宙に浮いた/一瞬间身体被冲到空中 yí shùnjiān shēntǐ bèi chōngdào kōngzhōng ▶計画が宙に〜/计划不能落实 jìhuà bùnéng luòshí

ウグイス【鶯】 〔鳥〕黄莺 huángyīng (英 a Japanese bush warbler)
◆〜嬢／女广播员 nǚguǎngbōyuán

ウクレレ〔楽器〕尤克里里琴 yóukèlǐlǐqín (英 a ukulele) ▶椰子の木陰で〜を弾く/在椰树下弹奏尤克里里琴 zài yēshùxià tánzòu yóukèlǐlǐqín

うけ【受け】 评价 píngjià；人缘儿 rényuánr popularity; favor) ▶あいつは人間で〜がいい/那人人不多，却还挺有人缘 nà rén huà bù duō,

què hái tǐng yǒu rényuán ▶新商品は女性客に〜が悪い/新商品不受女顾客欢迎 xīnshāngpǐn bú shòu nǚgùkè huānyíng ▶大衆〜のする番組を目指す/目标是制作受群众欢迎节目 mùbiāo shì zhìzuò shòu qúnzhòng huānyíng jiémù ▶あれは単なる〜狙いの発言だ/那个发言只是为了赢得听众的欢心 nàge fāyán zhǐshì wèile yíngdé tīngzhòng de huānyíng

うけあう【請け合う】 1【引き受ける】 承担 chéngdān (英 undertake) ▶安請け合いは間違いのもとだ/轻易承担就会犯错误 qīngyì chéngdān jiù huì fàn cuòwù 2【保証する】 保证 bǎozhèng；担保 dānbǎo (英 guarantee) ▶〜合えない/不能保证 bùnéng bǎozhèng ▶人柄はともかく能力までは請け合えない/人品暂且不谈，能力可不敢担保 rénpǐn zànqiě bù tán, nénglì kě bù gǎn dānbǎo

うけい【右傾】 右倾 yòuqīng (英 lean to the right) ▶人は小金(ふ)ができると〜するのかな/人是不是赚点钱就会右倾呢？ rén shìbushì zhuàn diǎn qián jiù huì yòuqīng ne？ ▶近年彼らは〜化が著しい/近年来，他的右倾趋势很明显 jìnnián lái, tā de yòuqīng qūshì hěn míngxiǎn

うけいれる【受け入れる】 接受 jiēshòu；容纳 róngnà (英 receive; accept) ▶難民を施設に〜/接纳难民进难民营 jiēnà nànmín jìn nànmínyíng ▶住民の要求を〜/接受居民的要求 jiēshòu jūmín de yāoqiú ▶若者が受け入れやすい音楽/年轻人容易接受的音乐 niánqīngrén róngyì jiēshòu de yīnyuè ▶受け入れ態勢がまだできていない/接纳的环境还没有形成 jiēnà de huánjìng hái méiyǒu xíngchéng

うけうり【受け売り】 现买现卖 xiàn mǎi xiàn mài；鹦鹉学舌 yīngwǔ xuéshé (英 telling at second hand) ▶その話はどうせ〜なんだろ/这话终归是现买现卖的吧？ zhè huà zhōngguī shì xiàn mǎi xiàn mài de ba？ ▶君は〜するしか能がないのか/你除了鹦鹉学舌就没有别的本事了吗？ nǐ chúle yīngwǔ xuéshé jiù méiyǒu biéde běnlǐ le ma？

うけおい【請け負い】 承包 chéngbāo (英 a contract) ▶精工社との間に〜契約を交わす/跟精工社之间缔结承包合同 gēn Jīnggōngshè zhījiān dìjié chéngbāo hétong ▶宣伝用パンフを〜製造する/承包制作宣传用的小册子 chéngbāo zhìzuò xuānchuányòng de xiǎocèzi ▶道路の復旧は我が社の〜仕事だ/道路是本公司承包的修复工作 dàolù shì běn gōngsī chéngbāo de xiūfù gōngzuò

うけおう【請け負う】 包办 bāobàn；承办 chéngbàn (英 contract) ▶工事を〜/包工 bāogōng ▶1億円で工事を〜/以一亿日元承包工程 yǐ yíyì Rìyuán chéngbāo gōngchéng

うけこたえ【受け答えする】 应答 yìngdá；应对 yìngduì (英 answer; give an answer) ▶あの娘は〜がしっかりしている/那个女孩应对得很得体 nàge nǚhái yìngduì de hěn détǐ

うけざら【受け皿】《(カップの)》托盘 tuōpán (英 a saucer) ▶コーヒーの～をうっかり落としてしまった/一不小心把咖啡的托盘掉在地上了 yí bù xiǎoxīn bǎ kāfēi de tuōpán diàozài dìshang le ▶計画を推進する～がない/没有推行这个计划的基础 méiyǒu tuīxíng zhège jìhuà de jīchǔ

うけだち【受け太刀】 守势 shǒushì (英 stand on the defensive) ▶彼に反論されて私はつい～になった/受到他的反驳，我陷入了被动局面 shòudào tā de fǎnbó, wǒ xiànrùle bèidòng júmiàn

うけたまわる【承る】 ❶【聞く】恭听 gōngtīng (英 listen to...) ▶一度御高説を承りたい/我想找个机会请教您的高见 wǒ xiǎng zhǎo ge jīhuì qǐngjiào nín de gāojiàn ❷【承知する】接受 jiēshòu (英 understand) ▶御注文は確かに承りました/您的订单我们已经收到了 nín de dìngdān wǒmen yǐjing shōudào le ❸【伝え聞く】听说 tīngshuō (英 hear) ▶承りますればこの度はお父様が名誉ある賞を⋯/听说这次您父亲获得了大奖⋯ tīngshuō zhè cì nín fùqin huòdéle dàjiǎng⋯

うけつぐ【受け継ぐ】 继承 jìchéng; 承继 chéngjì (英 succeed to...; [財産を] inherit) ▶伝統を～/继承传统 jìchéng chuántǒng ▶僕は父の事業を受け継いだ/我继承了父亲的事业 wǒ jìchéngle fùqin de shìyè

うけつけ【受付】《受付所》收发室 shōufāshì; 接待站 jiēdàizhàn; 传达室 chuándáshì (英 receipt; acceptance; [受付所] a reception office) ▶～業務/传达 chuándá ▶～係/传达员 chuándáyuán ▶～時間/受理时间 shòulǐ shíjiān ▶～に渡しておいて下さい/请交到传达室 qǐng jiāodào chuándáshì ▶島田様～にお見えです/岛田先生到接待处了 Dǎotián xiānsheng dào jiēdàichù le

うけつける【受け付ける】 接受 jiēshòu; 受理 shòulǐ (英 receive; accept) ▶申し込みは先着順に～/报名按先后顺序受理 bàomíng àn xiānhòu shùnxù shòulǐ ▶胃が悪くて食事を受け付けない/胃不好，连饭也吃不进去 wèi bùhǎo, lián fàn yě chībujìnqù ▶彼は誰の忠告も受け付けない/谁的劝说他都听不进去 shéi de quànshuō tā dōu tīngbujìnqù

うけて【受け手】《(物の)》接受人 jiēshòurén;《(情報の)》受众 shòuzhòng (英 a receiver)

うけとめる【受け止める】 接住 jiēzhù (英 catch) ▶彼の投げたボールを僕はしっかり受け止めた/我牢牢地接住了他投来的球 wǒ láoláo de jiēzhùle tā tóulái de qiú ▶彼の気持ちをしっかり受け止めなさいよ/你应该真正理解他的心情 nǐ yīnggāi zhēnzhèng lǐjiě tā de xīnqíng ▶我々は今回の不祥事を深刻に受け止めております/我们严肃地接受这次丑闻的教训 wǒmen yánsù de jiēshòu zhè cì chǒuwén de jiàoxùn

うけとり【受取】 收条 shōutiáo; 收据 shōujù; 发票 fāpiào (英 a receipt《受取证》) ▶～を出す/开收据 kāi shōujù ♦～勘定/应收账款 yìngshōu zhàngkuǎn ～証書/收据 shōujù ～手形/应收票据 yìngshōu piàojù ～人/接受人 jiēshòurén; 领受人 lǐngshòurén;《(商品の)》收货人 shōuhuòrén;《(金銭の)》收款人 shōukuǎnrén;《(手紙の)》收信人 shōuxìnrén

うけとる【受け取る】 ❶【手元に】接 jiē; 收 shōu; 领 lǐng (英 receive; get) ▶手紙を～/收信 shōuxìn ▶返事を～/接到回信 jiēdào huíxìn ▶振り込みだから給料を受け取った気がしない/因为是银行汇款，所以没有领到工资的感觉 yīnwèi shì yínháng huìkuǎn, suǒyǐ méiyǒu lǐngdào gōngzī de gǎnjué ▶代金を現金で～/货款按现金领取 huòkuǎn àn xiànjīn lǐngqǔ ❷【理解する】理解 lǐjiě; 领会 lǐnghuì (英 take; interpret; understand) ▶悪意に～/往坏的方面理解 wǎng huài de fāngmiàn lǐjiě ▶私の一言を彼は皮肉に受け取った/他把我的话当成讽刺了 tā bǎ wǒ de huà dàngchéng fěngcì le

うけながす【受け流す】 回避 huíbì; 避而不答 bì ér bù dá (英 parry) ▶軽く～/一听而过 yì tīng ér guò ▶私の質問を彼は軽く受け流した/他把我的问题当成了耳旁风 tā bǎ wǒ de wèntí dàngchéng ěrpángfēng ▶柳に風と～/轻描淡写地应付过去 qīng miáo dàn xiě de yìngfùguòqù

うけにん【請け人】 保人 bǎorén (英 a guarantor) ▶その店で働くには～を立てなくてはならない/在那个店里工作得有保人 zài nàge diànli gōngzuò děi yǒu bǎorén

うけみ【受け身】 ❶【受動的】被动 bèidòng; 消极 xiāojí (英 defensive) ▶子に責められて～になる/受到孩子的责备，变得很被动 shòudào háizi de zébèi, biànde hěn bèidòng ▶君は何をするにも～だね/你做什么都不积极 nǐ zuò shénme dōu bù jījí ❷【文法】被动态 bèidòngtài (英 passive) ▶～の文/被动句 bèidòngjù

うけもち【受け持ち】 主管 zhǔguǎn (英 charge) ▶～の先生/班主任 bānzhǔrèn ▶～区域を巡回する/巡视主管地区 xúnshì zhǔguǎn dìqū

うけもつ【受け持つ】 担任 dānrèn (英 take charge of...) ▶2年生を～/担任二年级 dānrèn èrniánjí ▶作業の一部を～/负责部分工作 fùzé bùfen gōngzuò

うける【受ける】 ❶【受け取る】接 jiē; 受到 shòudào (英 receive) ▶電話を～/接电话 jiē diànhuà ▶温かいもてなしを受けて感激した/受到热情款待非常感激 shòudào rèqíng kuǎndài fēicháng gǎnjī ▶文化勲章を～/获得文化勋章 huòdé wénhuà xūnzhāng ▶鋭い質問で脂汗をかく/受到尖锐的质问满头大汗 shòudào jiānruì de zhìwèn mǎn tóu dà hàn ❷【試験などを】经受 jīngshòu (英 take; undergo) ▶期末にはテストを～/期末要参加考试 qīmò yào cānjiā kǎoshì ▶健康診断を～/接受健康诊断 jiēshòu jiànkāng zhěnduàn

❸【被る】 遭到 zāodào（英 suffer）▶地震で大きな被害を~/由于地震遭到严重损害 yóuyú dìzhèn zāodào yánzhòng sǔnhài
❹【受諾する】 接受 jiēshòu（英 accept）▶よかった，諸君の挑戦を受けよう/好! 我接受你的挑战 hǎo! wǒ jiēshòu nǐ de tiǎozhàn
❺【道具などで受ける】 接 jiē（英 catch）▶雨漏りをバケツに~/房子漏雨，用水桶接水 fángzi lòu yǔ, yòng shuǐtǒng jiē shuǐ
❻【人気】 受欢迎 shòu huānyíng（英 be popular）▶大衆に~/博得群众的好评 bódé qúnzhòng de hǎopíng；受群众欢迎 shòu qúnzhòng huānyíng ▶彼の仮装は大受けに受けた/他装扮的形象大受欢迎 tā zhuāngbàn de xíngxiàng dà shòu huānyíng
❼【理解する】（英 take）▶冗談を真(ま)に~/把笑话当真了 bǎ xiàohuà dàngzhēn le ▶あの人から冷たい印象を受けた/那个人给我的印象很冷淡 nàge rén gěi wǒ de yìnxiàng hěn lěngdàn

受けて立つ 应战 yìngzhàn ▶相手が挑んでくるなら受けて立とうじゃないか/既然对手挑战我们当然要应战 jìrán duìshǒu tiǎozhàn wǒmen dāngrán yào yìngzhàn

うけわたし【受け渡し】 交接 jiāojiē（英 delivery; transfer）▶（商品の）~は来月 10 日で決まった/说好下月十号交货 shuōhǎo xiàyuè shí hào jiāohuò ▶夜の波止場で~した/晚上在码头交了货 wǎnshang zài mǎtou jiāole huò

うげん【右舷】〔船舶〕右舷 yòuxián（英 the starboard）▶~前方に月が沈んだ/在右舷的前方月亮西沉 zài yòuxián de qiánfāng yuèliang xī chén

うご【雨後】 雨后 yǔhòu（英 after a rain）
ことわざ **雨後の竹の子** 雨后春笋 yǔhòu chūnsǔn ▶昨今は~の竹の子のごとくに新しい雑誌が現れております/现在新杂志像雨后春笋一样不断创刊 xiànzài xīnzázhì xiàng yǔhòu chūnsǔn yíyàng búduàn chuàngkān

うごうのしゅう【烏合の衆】 乌合之众 wū hé zhī zhòng（英 a disorderly crowd; a mob）▶彼らの組織は人は多いが~に過ぎない/他们的组织虽然人很多，不过是一群乌合之众 tāmen de zǔzhī suīrán rén hěn duō, búguò shì yì qún wū hé zhī zhòng

うごかす【動かす】 ❶【作動させる】 发动 fādòng（英 operate）▶機械を~/开动机器 kāidòng jīqì ▶毎日毎日機械を~生活で/每天的生活都在摆弄机器 měitiān de shēnghuó dōu zài bǎinòng jīqì ❷【動作・移動】 搬动 bāndòng ▶家具を~/挪动家具 nuódòng jiājù ▶彼は冷静なもので眉ひとつ動かさなかった/他冷静极了，连眼睛都没眨一下 tā lěngjìng jíle, lián yǎnjing dōu méi zhǎ yíxià ❸【影響・感動】 感动 gǎndòng；影响 yǐngxiǎng（英 touch one's heart）▶彼の熱意が人の~/打动人心 dǎdòng rénxīn ▶彼の熱意は人を動かした/他的热情让人感动 tā de rèqìng ràng rén gǎndòng ▶息子は周りに动かされやすい性格でして…/儿子的性格很容易受周围的影响… érzi de xìnggé hěn róngyì shòu zhōuwéi de yǐngxiǎng… ❹【変更】 改变 gǎibiàn（英 change）▶この決定はもう动かせない/这个决定已经不能改变了 zhège juédìng yǐjing bùnéng gǎibiàn le ❺【運用する】 运用 yùnyòng（英 run; operate）▶君に大金を~度胸があるかい/你有没有胆量运用巨款？nǐ yǒuméiyǒu dǎnliàng yùnyòng jùkuǎn？

うごき【動き】 动作 dòngzuò；动向 dòngxiàng（英 a movement; motion；[動向] a trend）▶借金がかさんでもう~が取れない/债台高筑进退维谷 zhài tái gāo zhù jìn tuì wéi gǔ ▶景気の~に注目する/关注经济的发展动向 guānzhù jīngjì de fāzhǎn dòngxiàng ▶新製品の~が速い/新产品研发速度很快 xīnchǎnpǐn yánfā sùdù hěn kuài ▶平和への~がにぶい/和平的进展迟缓 héping de jìnzhǎn chíhuǎn ▶反対派の~を封じる/制止反对派的活动 zhìzhǐ fǎnduìpài de huódòng

うごく【動く】 ❶【動作】 动 dòng（英 move; stir）；（作動）开动 kāidòng（英 operate）▶機械が~/机器开动 jīqì kāidòng ▶故障で機械が動かない/发生故障机器停了 fāshēng gùzhàng jīqì tíng le ▶体が~うちは働いていたい/只要身体还能活动我就想工作 zhǐyào shēntǐ hái néng huódòng wǒ jiù xiǎng gōngzuò ▶気ばかり焦って体が动かない/只是心里着急，却不付诸行动 zhǐshì xīnlǐ zháojí, què bú fù zhū xíngdòng ▶薬害で体が动かなくなったのです/由于医药事故身体瘫痪了 yóuyú yīyào shìgù shēntǐ tānhuàn le ▶~歩道/自动人行道 zìdòng rénxíngdào ❷【心】 动心 dòngxīn；感动 gǎndòng（英 be moved）▶うまい話についに心が动いた/听了甜言蜜语终于动心了 tīngle tiányán mìyǔ zhōngyú dòngxīn le ▶少年たちの熱意に私も心を动かされた/我也被这些孩子的热情所感动了 wǒ yě bèi zhè xiē háizi de rèqíng suǒ gǎndòng le ❸【行動】 行动 xíngdòng；活动 huódòng（英 act）▶ついに警察が动いた/警察终于动了起来 jǐngchá zhōngyú dòngle qǐlái ▶裏で山村議員が动いているらしい/据说山村议员在幕后活动 jùshuō Shāncūn yìyuán zài mùhòu huódòng ❹【移動】 移动 yídòng（英 move）▶契約があるのであと 3 年はここを动けない/因为有合同今后三年这儿不能离开这儿 yīnwèi yǒu hétong jīnhòu sān nián zhèr bùnéng líkāi zhèr ❺【変わる】 变动 biàndòng（英 change）❻【その他】 ▶动かぬ証拠を突きつける/提出确凿的证据 tíchū quèzáo de zhèngjù

うこさべん【右顧左眄】 瞻前顾后 zhān qián gù hòu（look to right and left; hesitate to...）▶彼は肝心なときに~してばかりいる/在关键时刻，他总是瞻前顾后，犹豫不决 zài guānjiàn shíkè, tā zǒngshì zhān qián gù hòu, yóuyù bù jué

うごめく【蠢く】 蠕动 rúdòng（英 wriggle; squirm）▶枯葉の下でうじ虫が~/在落叶下蛆

虫蠕动 zài luòyèxià qūchóng rúdòng ▶心の中で浮気の虫がまた蠢き始めた/心里那股婚外恋的念头又开始蠢蠢欲动 xīnlǐ nà gǔ hūnwàiliàn de niàntou yòu kāishǐ chǔnchǔn yù dòng ▶彼は得意的鼻を蠢かしながら語った/他得意地扇动着鼻翼说道 tā déyì de shāndòngzhe bíyì shuōdào

ウコン【鬱金】〔植物〕姜黄 jiānghuáng (英 turmeric)

うさ【憂さ】愁闷 chóumèn (英 gloom; melancholy)
~を晴らす 出气 chūqì;解闷 jiěmèn;消遣 xiāoqiǎn ▶子供を叩いて~を晴らすなんて最低だよ/靠打孩子来出气,真没出息 kào dǎ háizi lái chūqì, zhēn méi chūxi ▶~晴らしの酒が事故を招いた/借酒浇愁却引发了事故 jiè jiǔ jiāo chóu què yǐnfāle shìgù

ウサギ【兎】〔動物〕兔 tù;兔子 tùzi (英 a rabbit; a hare〔野うさぎ〕) ▶~と亀の物語/龟兔赛跑的故事 guī tù sàipǎo de gùshi

うさんくさい【胡散臭い】可疑 kěyí (英 shady) ▶あいつの儲け話はどうも~な/他说的那些发财的梦话实在令人怀疑 tā shuō de nà xiē fācái de mènghuà shízài lìng rén huáiyí ▶ああいう~話には乗るなよ/那种可疑的话不要听 nà zhǒng kěyí de huà búyào tīng

うし【丑】〔十二支〕丑 chǒu (英 (the year of) the Ox) ▶私は~年生まれです/我属牛 wǒ shǔ niú

ウシ【牛】〔動物〕牛 niú (英〔牝〕a cow;〔牡〕a bull;〔去勢牛〕an ox) ▶~小屋/牛棚 niúpéng 参考 中国語の'牛棚'は文化大革命中の特殊収容所をいう。▶~を飼う/养牛 yǎng niú ▶~を放牧する/放牛 fàng niú ▶~飼い/放牛的人 fàng niú de rén 参考 日本語の「牧童」は中国語では'牛郎 niúláng'.
ことわざ 牛を馬に乗り換える 见风使舵 jiàn fēng shǐ duò
~の歩み 行动迟缓 xíngdòng chíhuǎn ▶人生は~の歩みでよいのです/人生最好像牛那样步伐缓慢 rénshēng zuìhǎo xiàng niú nàyàng bùfá huǎnmàn
文化 中国人にとって牛は細かい毛がたくさん生えた動物。例えば「こぬか雨」のことを'牛毛细雨 niúmáo xìyǔ'という。

うじ【氏】氏族 shìzú (英 linage; family)
ことわざ 氏より育ち 英雄不怕出身低 yīngxióng bú pà chūshēn dī;成长环境重于门第 chéngzhǎng huánjìng zhòngyú méndì

ウジ【蛆】〔虫〕蛆 qū (英 a maggot) ▶~がわく/生蛆 shēng qū ▶へっ,あの~虫野郎/哼,那条蛆虫! hēng, nà tiáo qūchóng! ▶男やもめに~がわく/男人成了鳏夫生活可狼狈了 nánrén chéngle guānfū shēnghuó kě lángbèi le

うしお【潮】潮水 cháoshuǐ (英 a tide) ▶当時は西洋文化の~のごとく流れ込んだ/当时西方文化像潮水一样涌了进来 dāngshí xīfāng wénhuà xiàng cháoshuǐ yíyàng yǒngle jìnlái

うじがみ【氏神】土地神 tǔdìshén (英 a tutelary god of a family) ▶正月には一様に参詣する/新年参拜土地神 xīnnián cānbài tǔdìshén

うじこ【氏子】一个神庙的信徒 yí ge shénmiào de xìntú (英 the people under the protection of a deity) ▶我が家は愛宕神社の~だ/我们家是属于爱宕神社的居民 wǒmen jiā shì shǔyú Àidàng shénshè de jūmín

うしなう【失う】丢 diū;丧失 sàngshī;失去 shīqù (英 lose) ▶タイミングを~/错过机会 cuòguò jīhuì ▶一つのミスで信用を~/因为一个失误而丧失信用 yīnwèi yí ge shīwù ér sàngshī xìnyòng ▶彼は幼くして両親を失った/他自幼失去父母 tā zìyòu shīqù fùmǔ ▶彼は我らの英雄を失わない/他不愧是我们的英雄 tā búkuì shì wǒmen de yīngxióng
気を~ 不省人事 bù xǐng rénshì ▶痛さのあまり気を失った/因为剧痛而不省人事 yīnwèi jùtòng ér bù xǐng rénshì
度を~ 慌神 huāngshén ▶暴落と聞いて彼は度を失った/听说股市暴跌他慌了手脚 tīngshuō gǔshì bàodiē tā huāngle shǒujiǎo

うしみつどき【丑三時】丑时三刻 chǒushí sān kè;深夜 shēnyè (英 the small hours of the morning) ▶草木も眠る~/夜深人静的时候 yè shēn rén jìng de shíhou

うじゃうじゃ 乱爬乱钻 luàn pá luàn zuān (英 in a thick swarm) ▶野次馬が~集まっている/一大群看热闹的人乱哄哄地聚在一起 yí dà qún kàn rènao de rén luànhōnghōng de jùzài yìqǐ

うしょう【鵜匠】用鸬鹚捕鱼的渔夫 yòng lúcí bǔyú de yúfū (英 a cormorant fisherman)

うしろ【後ろ】后面 hòumian;后边 hòubian (英 the back; the rear) ▶~の座席/靠后的座位 kào hòu de zuòwèi ▶祖母の~に回って肩をもんだ/绕到奶奶背后给她揉肩膀 ràodao nǎinai bèihòu gěi tā róu jiānbǎng ▶を向いてよく見ろ/你朝后好好儿看看 nǐ cháo hòu hǎohāor kànkan ▶おまえは~に目が付いているのか/你后脑勺儿上长着眼睛吗? nǐ hòunǎosháorshang zhǎngzhe yǎnjing ne? ▶~から声をかける/从他身后打招呼 cóng tā shēnhòu dǎ zhāohu

うしろあし【後ろ足】〔動物の〕后腿 hòutuǐ (英 a hind leg)

うしろがみ【後ろ髪】
~を引かれる 恋恋不舍 liànliàn bù shě ▶~を引かれる思いで家族と別れた/恋恋不舍地离开了家人 liànliàn bù shě de líkāile jiārén

うしろぐらい【後ろ暗い】亏心 kuīxīn;内疚 nèijiù (英 shady; underhand) ▶~こと/亏心事 kuīxīnshì ▶彼は~ところがあるから落ち着かないんだ/他有亏心事所以不踏实 tā yǒu kuīxīnshì suǒyǐ bù tāshi

うしろすがた【後ろ姿】背影 bèiyǐng;后影 hòuyǐng (英 one's back view) ▶我が子の~をいつまでも見送っていた/久久地目送着儿子的背影 jiǔjiǔ de mùsòngzhe érzi de bèiyǐng ▶父の~

がひどく老いて見えた/父亲的背影显得十分苍老 fùqin de bèiyǐng xiǎnde shífēn cānglǎo

うしろだて【後ろ盾】 后盾 hòudùn; 靠山 kàoshān; 腰杆子 yāogǎnzi (㊤ backing; support; [人] a backer; a patron) ▶自分には法律からの〜がある/我有法律做后盾 wǒ yǒu fǎlǜ zuò hòudùn ~になる 撑腰 chēngyāo ▶社長が彼の〜になっている/总经理是他的靠山 zǒngjīnglǐ shì tā de kàoshān

うしろで【後ろ手】 背着手 bèizhe shǒu (㊤ with the hands behind one's back) ▶〜を組んで廊下を歩く/背着手在走廊里走 bèizhe shǒu zài zǒulángli zǒu ~に縛る 反绑着 fǎn bǎngzhe

うしろまえ【後ろ前】 前后颠倒 qiánhòu diāndǎo; 前后穿倒 qiánhòu chuāndǎo (㊤ wear... front side back) ▶服を〜に着る/衣服穿反了 yīfu chuānfǎn le

うしろむき【後ろ向き】 (体が) 背着身 bèizhe shēn; (考え方が) 倒退 dàotuì; 消极 xiāojí (㊤ backwards) ▶〜に坐る/背着身子坐 bèizhe shēnzi zuò ▶〜の考え/消极的想法 xiāojí de xiǎngfa ▶そういう〜の考えでは結局落ちるばかりだよ/这种消极的想法只会落后 zhè zhǒng xiāojí de xiǎngfa zhǐ huì luòhòu

うしろめたい【後ろめたい】 亏心 kuīxīn; 内疚 nèijiù (㊤ guilty) ▶〜行為/阴私 yīnsī ▶〜思い/愧疚 kuìjiù ▶私としては別に〜行為ではなかったが…/在我来说也没做什么亏心的事啊… zài wǒ lái shuō yě méi zuò shénme kuīxīn de shì a… ▶彼に対して〜思いがある/我觉得对不住他 wǒ juéde duìbuzhù tā ▶私一人が得をするのはちょっと〜/我一个人占便宜有点内疚 wǒ yí ge rén zhàn piányi yǒudiǎn nèijiù

うしろゆび【後ろ指】 〜を差される 被人在背后指责 bèi rén zài bèihòu zhǐzé; 被人脊梁骨 bèi rén zhǐ jǐliang

うす【臼】 臼 jiù; (ひき臼) 磨 mò (㊤ a mortar; [ひき臼] a hand mill) ▶昔は〜で米をついた/以前是用臼来舂米 yǐqián shì yòng jiù lái chōng mǐ ▶〜で餅をつく/用臼来做糍粑 yòng jiù lái zuò cíbā ▶〜で粉をひく/用磨来磨面 yòng mò lái mò miàn ▶〜をひく/推磨 tuīmò ▶ろばが〜をひく/驴子转磨 lúzi zhuàn mò

うず【渦】 涡流 wōliú; 旋涡 xuánwō (㊤ a whirlpool) ▶歴史の〜/历史的旋涡 lìshǐ de xuánwō ▶濁流に呑まれる/被浑浊的旋涡吞没 bèi hùnzhuó de xuánwō tūnmò ▶会場の熱狂の〜に巻き込まれる/被卷进会场狂热的人群里 bèi juǎnjìn huìchǎng kuángrè de rénqúnli ~を巻く 打旋儿 dǎxuánr; 旋绕 xuánrào ▶枯葉がくるりと〜を巻く/落叶被风吹成旋涡的样子 luòyè bèi fēng chuīchéng xuánwō de yàngzi

うすあかり【薄明かり】 微光 wēiguāng; 微亮 wēiliàng (㊤ twilight) ▶カーテンの隙間から〜がもれる/从窗帘缝中透出微光 cóng chuānglián-fèng zhōng tòuchū wēiguāng ▶夜明けの〜を頼

りに道をたどる/凭借黎明时的微亮上了路 píngjiè límíng shí de wēiliàng shàngle lù

うすあじ【薄味】 味淡 wèi dàn (㊤ lightly-seasoned) ▶この地方の料理は〜だ/这个地方的菜很清淡 zhège dìfang de cài hěn qīngdàn ▶私は大体〜が好きだ/我一般喜欢清淡的东西 wǒ yìbān xǐhuan chī qīngdàn de dōngxi

うすい【薄い】 ❶【印象・興味が】 淡薄 dànbó (㊤ small; scanty) ▶あの地方にはなじみが〜/我对那个地方印象不深 wǒ duì nàge dìfang yìnxiàng bù shēn ❷【程度・密度が】 稀薄 xībó (㊤ thin) ▶実現の望みは〜ですよ/实现的可能性不大 shíxiàn de kěnéngxìng bú dà ▶山の上の空気が〜/山上的空气稀薄 shānshang de kōngqì xībó ▶近頃髪が薄くなってきた/近来头发渐渐稀落了 jìnlái tóufa jiànjiàn xīluò le ❸【厚みが】 薄 báo (㊤ thin) ▶こんな〜ガラスで大丈夫か/这么薄的玻璃，没问题吗？ zhème báo de bōli, méi wèntí ma? ❹【色が】 浅淡 qiǎndàn (㊤ light) ▶黄色の花/浅黄色的花 qiǎnhuángsè de huā ❺【人情が】 薄 báo (㊤ thin) ▶私は愛情の〜家庭で育った/我在一个缺少爱情的家庭里长大 wǒ zài yí ge quēshǎo àiqíng de jiātíngli zhǎngdà ❻【味や濃度が】 淡 dàn (㊤ weak) ▶今日の味噌汁は味が〜/今天的酱汤味道很淡 jīntiān de jiàngtāng wèidao hěn dàn

うすいた【薄板】 薄板 báobǎn (㊤ a thin board) ▶〜から鍋を作る/用薄铁皮做锅 yòng báotiěpí zuò guō

うすうす【薄薄】 稍稍 shāoshāo (㊤ slightly) ▶〜気づく/略微察觉到 lüèwēi chájuédào ▶彼だって〜感づいているさ/他多少也会有点察觉吧 tā duōshao yě huì yǒudiǎn chájué ba

うずうずする 憋不住 biēbuzhù (㊤ be itching) ▶早く発表したくて私は〜していた/我想早点儿发表跃跃欲试 wǒ xiǎng zǎodiǎn fābiǎo yuèyuè yù shì

うすがた【薄型の】 薄型 báoxíng (㊤ a thin type) ▶〜テレビ/超平电视机 chāopíng diànshìjī

うすがみ【薄紙】 薄纸 báozhǐ (㊤ a thin paper) ▶父の病気は〜をはぐように快方に向かった/父亲的病情一天比一天好起来了 fùqin de bìngqíng yì tiān bǐ yì tiān hǎoqǐlai le

うすかわ【薄皮】 薄皮 báopí; 薄膜 bómó (㊤ a thin skin; a film) ▶〜をむく/剥薄皮 bāo báopí

うすぎ【薄着】 穿得少 chuānde shǎo (㊤ thinly clothing) ▶〜だての〜はかぜのもとだよ/美丽冻人的打扮会感冒的 měilì dòng rén de dǎban huì gǎnmào de

うすぎたない【薄汚い】 脏 zāng; 肮脏 āngzāng; 污秽 wūhuì (㊤ untidy; slovenly) ▶落書きだらけで壁が〜/墙上被涂写得脏乎乎的 qiángshang bèi túxiěde zānghūhū de ▶やつらは〜手を使った/那些家伙手段肮脏 nà xiē jiāhuo shǒuduàn āngzāng

うすぎぬ【薄絹】 薄纱 báoshā（英 *thin silk*）▶～のとばり/罗帷 luówéi ◆～の扇/罗扇 luóshàn

うすきみわるい【薄気味悪い】 令人悚栗 lìng rén sǒnglì（英 *weird*; *uncanny*; *scary*）▶暗の中から一声が聞こえてくる/黑暗中传来一阵阴森森的声音 hēi'àn zhōng chuánlái yí zhèn yīnsēnsēn de shēngyīn ▶あの男のにたにた笑いが～/那个男子皮笑肉不笑的让人发怵 nàge nánzǐ píxiào ròu bú xiào de ràng rén fāchù

うすぎり【薄切り】 切薄片 qiē báopiàn（英 *a thin slice*）▶～の牛肉/切成薄片的牛肉 qiēchéng báopiàn de niúròu ▶ハムを～にする/把火腿切成薄片 bǎ huǒtuǐ qiēchéng báopiàn

うずく【疼く】 疼 téng; 阵阵疼痛 zhènzhèn téngtòng（英 *ache*; *smart*）▶歯が疼いて眠れない/牙疼得睡不着觉 yá téngde shuìbuzháo jiào ▶あの時の行為を思うと、今でも心が～のだ/回想起当时的所作所为，至今还感到痛心 huíxiǎngqǐ dāngshí de suǒ zuò suǒ wéi, zhìjīn hái gǎndào tòngxīn

うすくち【薄口】 淡味 dànwèi（英 *light-colored* (*soy*)）▶～醤油/浅色的酱油 qiǎnsè de jiàngyóu

うずくまる 蹲 dūn（英 *crouch*; *squat*）▶戸口の前に犬がうずくまっていた/门前蹲坐着一只狗 ménqián dūnzuòzhe yì zhī gǒu

うすぐも【薄雲】 薄云 bóyún（英 *thin clouds*）▶～がかかった空にうっすらと日が見える/布满薄云的天空露出一丝阳光 bùmǎn bóyún de tiānkōng lùchū yì sī yángguāng

うすぐもり【薄曇り】 半阴天 bànyīntiān（英 *light cloudiness*）▶～なら日焼けをせずにすみます/半阴天也好，可以不晒太阳 bànyīntiān yěhǎo, kěyǐ bú shài tàiyáng

うすぐらい【薄暗い】 灰暗 huī'àn; 阴暗 yīn'àn（英 *dim*; *gloomy*; *dusky*）▶路地の明かりが～/胡同里的路灯昏暗 hútòngli de lùdēng hūn'àn ▶～部屋の中で悲しみをこらえていた/在阴暗的房间里忍受着悲哀 zài yīn'àn de fángjiānli rěnshòuzhe bēi'āi

うすくらがり【薄暗がり】 暗淡的地方 àndàn de dìfang（英 *dimness*）;［夕方の］*twilight*）▶その子は～の道を一人でやってきた/那个孩子一个人从灰蒙蒙的路上走来 nàge háizi yí ge rén cóng huīméngméng de lùshang zǒulái

うすくれない【薄紅】 浅红色 qiǎnhóngsè; 桃红色 táohóngsè（英 *light crimson*; *pink*）

うすげしょう【薄化粧】 淡妆 dànzhuāng（英 *a light makeup*）▶山が雪で～している/山上披薄雪 shānshàngxuě ▶～の浴衣姿というのは、まさに美しい絵ですね/化着淡妆，穿着浴衣，这优美的姿态简直像一幅画儿 huàzhe dànzhuāng, chuānzhe yùyī, zhè yōuměi de zītài jiǎnzhí xiàng yì fú huàr

うすごおり【薄氷】 薄冰 báobīng（英 *thin ice*）▶池には～が張っていた/池面上结了一层薄冰 chímiànshang jiéle yì céng báobīng

うすじ【薄地】 薄质 bózhì（英 *fine fabric*）▶～のブラウス/薄衬衫 báochènshān

うすじお【薄塩】 稍带咸味 shāo dài xiánwèi（英 *light salt*）▶～を施した干物/带点儿咸味的干货 dài diǎnr xiánwèi de gānhuò ▶きゅうりを～で揉む/黄瓜片上撒一点盐后拌匀 huángguāpiànshang sǎ yìdiǎn yán hòu bànyún

うずしお【渦潮】 旋涡 xuánliú（英 *an eddying current*）▶～を見に行く/去看旋流 qù kàn xuánliú ▶～なら鳴門が一番だ/要看旋流最好去鸣门海峡 yào kàn xuánliú zuìhǎo qù Míngmén hǎixiá

うすずみ【薄墨】 淡墨 dànmò（英 *thin Indian ink*）▶～色/淡墨色 dànmòsè ▶～を流したような空/天上的浮云好像一抹淡墨 tiānshàng de fúyún hǎoxiàng yì mǒ dànmò

ウスターソース 英国辣酱油 Yīngguó làjiàngyóu; 伍斯特沙司 wǔsītè shāsī（英 *Worcester sauce*）

うずたかい 堆得很高 duīde hěn gāo ▶机には書類がうずたかく積まれている/桌子上的文件堆成了山 zhuōzishang de wénjiàn duīchéngle shān

うすちゃ【薄茶】 淡茶 dànchá（英 *weak tea*）▶～色/淡褐色 dànhèsè ▶～を点(た)てる/沏一杯清茶 qī yì bēi qīngchá ▶～のジャケット/浅咖啡色的上衣 qiǎnkāfēisè de shàngyī

うすっぺら【薄っぺら】 浮浅 fúqiǎn; 浅薄 qiǎnbó; 轻薄 qīngbó（英 *thin*; *shallow*;［軽薄な］*frivolous*）▶～な人間/轻薄的人 qīngbó de rén ▶あいつは人間が～だ/那个家伙很轻薄 nàge jiāhuo hěn qīngbó ▶～な知識を振りかざす/卖弄浮浅的知识 màinòng fúqiǎn de zhīshi

うすで【薄手】 薄 báo（英 *thin*）▶寒空に～のシャツ1枚で震えている/只穿一件单薄的衬衫在寒风中冻得发抖 zhǐ chuān yí jiàn dānbó de chènshān zài hánfēng zhōng dòngde fādǒu

うすのろ【薄のろ】 呆笨 dāibèn（英 *a fool*）▶あんな～に任せられる仕事じゃないよ/能把工作交给这样呆笨的人吗？ néng bǎ gōngzuò jiāogěi zhèyàng dāibèn de rén ma? ▶息子は少々～して…/儿子有些迟钝…érzi yǒuxiē chídùn…

うすば【薄刃】 薄刃的刀 báorèn de dāo（*a thin blade*）▶そのすりは～の剃刀を使った/那个扒手使用了薄的剃须刀片 nàge páshǒu shǐyòngle báo de tìxūdāopiàn

うすび【薄日】 微弱的阳光 wēiruò de yángguāng（英 *thin sunlight*）▶雲間から～が差す/云层里射出微弱的阳光 yúncéngli shèchū wēiruò de yángguāng

うすべに【薄紅】 淡红色 dànhóngsè（英 *rose pink*）▶彼女は～に頬を染めた/她的脸上泛起红晕 tā de liǎnshang fànqǐ hóngyùn

うすべり【薄縁】 镶边的薄席子 xiāngbiān de báoxízi（英 *matting*）▶板の間に～を敷く/在木地板的房间里镶边儿的薄席子 zài mùdìbǎn de fángjiānli pūshàng xiāngbiānr de báoxízi

うすぼんやりした 呆头呆脑 dāi tóu dāi nǎo（英 faintly; dimly）▶私はショックで半日，〜と窓の外を眺めていた/我受到打击，若痴若呆地望着窗外过了半天 wǒ shòudào dǎjī, ruò chī ruò dāi de wàngzhe chuāngwài guòle bàntiān

うずまき【渦巻き】 旋涡 xuánwō; 旋 xuán（英 a whirlpool）▶模様/渦形 wōxíng ▶川面に〜が浮かんでは消えた/河面上的旋涡时隐时现 hémiànshang de xuánwō shí yǐn shí xiàn

うずまく【渦巻く】 打旋儿 dǎxuánr; 卷成旋涡 juǎnchéng xuánwō（英 whirl）▶水流が〜/水打旋儿 shuǐ dǎxuánr ▶二つの流れがぶつかって渦巻いている/两股水流碰到一起形成旋涡 liǎng gǔ shuǐliú pèngdào yìqǐ xíngchéng xuánwō

うずまる【埋まる】❶【おおわれる】 被埋没 bèi máimò（英 get buried）▶我が家は土砂にうずまった/我家的房子被泥石流埋没了 wǒ jiā de fángzi bèi níshíliú máimò le ❷【人で一杯になる】 挤满 jǐmǎn ▶広場は人でうずまっている/广场上挤满了人 guǎngchǎngshang jǐmǎnle rén

うすみどり【薄緑】 浅绿 qiǎnlǜ; 嫩绿 nènlǜ（英 light green）

うすめ【薄め】 淡些 dàn xiē（英 rather weak）▶コーヒーは〜にしてください/请咖啡沏得淡一点儿 qǐng kāfēi qīde dàn yìdiǎnr

うすめ【薄目】 半睁眼睛 bàn zhēng yǎnjing（英 half-closed eyes）▶〜を開けてあたりをうかがう/半睁眼睛环视四周 bàn zhēng yǎnjing huánshì sìzhōu

うすめる【薄める】 冲淡 chōngdàn; 弄淡 nòngdàn（英 make thin; dilute）▶焼酎を湯で〜/用开水兑烧酒 yòng kāishuǐ duì shāojiǔ ▶宣伝臭を〜ほうがよい/最好把宣传的色彩淡化一点儿 zuìhǎo bǎ xuānchuán de sècǎi dànhuà yìdiǎnr

うずめる【埋める】 埋没 máimò（英 bury）▶この会社に骨を〜覚悟でおります/下决心在这个公司里干一辈子 xià juéxīn zài zhège gōngsīli gàn yíbèizi ▶会場をファンが〜/会场里挤满了追星族 huìchǎngli jǐmǎnle zhuīxīngzú ▶彼女は彼の肩に顔をうずめて泣いた/她把自己的脸伏在他肩头哭泣 tā bǎ zìjǐ de liǎn fúzài tā de jiāntóu kūqì

うすもの【薄物】 薄衣 báoyī（英 light stuff; thin stuff）▶素肌に〜はいけないよ/光着身子穿这么薄的衣服可不好 guāngzhe shēnzi chuān zhème báo de yīfu kě bù hǎo

うずもれる【埋もれる】 埋没 máimò（英 be buried）▶うずもれた人材を見出すのも指導者の仕事です/发掘被埋没的人才，这也是领导的职责 fājué bèi máimò de réncái, zhè yě shì lǐngdǎo de zhízé ▶一村が砂にうずもれている/整个村庄都被沙子埋没了 zhěnggè cūnzhuāng dōu bèi shāzi máimò le

うすよごれる【薄汚れる】 微脏 wēi zāng（英 stain slightly）▶薄汚れた手帳/微脏的记事本 wēi zāng de jìshìběn

ウズラ【鶉】【鳥】 鹌鹑 ānchún（英 a quail）▶〜の卵/鹌鹑蛋 ānchundàn

うすらぐ【薄らぐ】 变淡薄 biàn dànbó; 减轻 jiǎnqīng（英［色が］fade;［光が］grow dim）▶痛みが〜/疼痛减轻 téngtòng jiǎnqīng ▶失恋から3ヶ月，胸の痛みも薄らいだ/失恋后过了三个月，心里的伤痛也逐渐淡漠了 shīliànhòu guòle sān ge yuè, xīnli de shāngtòng yě zhújiàn dànmò le ▶3月に入って寒さが薄らいできた/到了三月，寒冷也渐渐缓和了 dàole sān yuè, hánlěng yě jiànjiàn huǎnhé le

うすらさむい【薄ら寒い】 凉飕飕 liángsōusōu; 微冷 wēi lěng（英 chilly）▶一人ぼっちの部屋は何だか〜/独自一个人的房间总感到凉飕飕的 dúzì yí ge rén de fángjiān zǒng gǎndào liángsōusōu de

うすれる【薄れる】 淡薄 dànbó; 模糊 móhu（英 fade）▶彼はもはや音楽への関心が薄れている/他对音乐已经不太感兴趣了 tā duì yīnyuè yǐjing bú tài gǎn xìngqù le ▶年々記憶が薄れてゆく/一年比一年记忆模糊了 yì nián bǐ yì nián jìyì móhu le ▶何度も洗ううちにシャツの色が薄れてきた/洗了好几次，衬衫退色了 xǐle hǎojǐ cì, chènshān tuìshǎi le

うすわらい【薄笑い】 冷笑 lěngxiào（英 a faint smile）▶彼は〜を浮かべながら去っていった/他脸上带着嘲讽的冷笑走了 tā liǎnshang dàizhe cháofěng de lěngxiào zǒu le

うせつ【右折】 向右拐 xiàng yòu guǎi; 右转弯 yòu zhuǎnwān（英 a right turn）▶次の信号で〜して下さい/请在下一个红绿灯往右拐 qǐng zài xià yí ge hónglǜdēng wǎng yòu guǎi ▶《掲示》〜禁止/禁止右转弯 jìnzhǐ yòu zhuǎnwān

うせる【失せる】 消失 xiāoshī（英 disappear; vanish）▶彼は病気してから気力が失せたようだ/他自从生病以后没精神了 tā zìcóng shēngbìng yǐhòu méi jīngshen le ▶倒産必至とわかってみんなやる気が失せた/知道要倒闭，大家都没有干劲儿了 zhīdào yào dǎobì, dàjiā dōu méiyǒu gànjìnr le ▶失せろ，この詐欺野郎！/滚开，你这个骗子 gǔnkāi, nǐ zhège piànzi

うそ【嘘】 谎话 huǎnghuà; 谎言 huǎngyán（英 a lie; a falsehood）▶ほんとうなの話/难以置信的实话 nányǐ zhìxìn de shíhuà ▶えっ，〜でしょ. だって昨日会ったばかりよ/什么？不可能！昨天刚见过面呢 shénme? bù kěnéng! zuótiān gāng jiànguò miàn ne ▶昨日かぜだと言ったが，あれは〜だ. 実は…/昨天我说自己感冒了，那是假话. 其实… zuótiān wǒ shuō zìjǐ gǎnmào le, nà shì jiǎhuà. qíshí…

ことわざ **嘘から出たまこと** 弄假成真 nòng jiǎ chéng zhēn

ことわざ **嘘も方便** 说谎也是权宜之计 shuōhuǎng yě shì quányí zhī jì

〜八百を並べる 谎话连篇 huǎnghuà liánpiān

♦〜発見器｜測谎器 cèhuǎngqì

〜をつく 撒谎 sāhuǎng; 说谎 shuōhuǎng ▶ひどい〜をつく/睁着眼睛说瞎话 zhēngzhe yǎnjing shuō xiāhuà

うぞうむぞう【有象無象】 不三不四的东西 bù sān bú sì de dōngxi 英 the rabble ▶俺の芸術が世間の〜に分かるもんか/世上那些俗人怎么能理解我的艺术呢？ shìshàng nà xiē súrén zěnme néng lǐjiě wǒ de yìshù ne？

うそつき【嘘つき】 爱说谎的 ài shuōhuǎng de 英 a liar ▶あいつは〜だ/那个人爱说谎 nàge rén ài shuōhuǎng
ことわざ 嘘つきは泥棒の始まり 说谎是偷窃的前兆 shuōhuǎng shì tōuqiè de qiánzhào

うそぶく 说大话 shuō dàhuà 英 brag；boast；talk big ▶彼は「いずれ俺が天下を取る」とうそぶいた/他说大话："老子总有一天会得天下！" tā shuō dàhuà："Lǎozi zǒng yǒu yì tiān huì dé tiānxià！"

うた【歌】 ❶【唱歌】歌曲 gēqǔ；歌子 gēzi 英 song ▶クラス全員で〜を歌う/全班同学一齐唱歌 quánbān tóngxué yìqí chànggē ▶嬉しくてつい〜をくちずさんだ/高兴得哼起歌来 gāoxìngde hēngqǐ gē lái ▶兄は〜がうまい/我哥哥唱歌唱得很好 wǒ gēge chànggē chàngde hěn hǎo ❷【短歌】和歌 hégē 英 a tanka poem ▶〜を詠む/作诗歌 zuò shīgē ▶〜会に出る/出席和歌会 chūxí hégēhuì ▶あの山は〜に歌われた名所です/那座山是被歌唱的名胜景点 nà zuò shān shì bèi gēchàng de míngshèng jǐngdiǎn

うたい【謡】 能乐的唱词 néngyuè de chàngcí 英 a Noh chant ▶〜を習う/学唱(能乐的)谣曲 xué chàng (néngyuè de) yáoqǔ

うたいて【歌い手】 歌手 gēshǒu；歌唱家 gēchàngjiā 英 a singer ▶あの人は若い頃は村で一番の〜だった/他年轻的时候是村里最出色的歌手 tā niánqīng de shíhou shì cūnli zuì chūsè de gēshǒu

うたいもんく【謳い文句】 吸引人的词句 xīyǐn rén de cíjù 英 a catch phrase；a motto ▶「メーカー直送の卸値販売」に客を集めた/"厂家直送的批发价格出售"用这种诱人的词句招徕顾客 "àn chǎngjiā zhíxiāo de pīfā jiàgé chūshòu" yòng zhè zhǒng yòurén de cíjù zhāolái gùkè

うたう【歌う】 唱 chàng；歌咏 gēyǒng 英 sing；[吟じる] recite ▶小鳥が〜/小鸟歌唱 xiǎoniǎo gēchàng ▶故郷の歌を朗々と歌い上げる/朗朗地唱出故乡的歌 lǎnglǎng de chàngchū gùxiāng de gē ▶何か一つ歌って下さい/请随便唱一个吧 qǐng suíbiàn chàng yí ge ba

うたう【謳う】 明确规定 míngquè guīdìng；(賞賛する) 颂扬 sòngyáng 英 express；[賞賛する] admire ▶この通り契約書に謳われている/合同里有这样的明文规定 hétongli yǒu zhèyàng de míngwén guīdìng ▶共同声明で早期実現を〜/共同声明提出要早日实现 gòngtóng shēngmíng tíchū yào zǎorì shíxiàn ▶幼い頃は神童と謳われたものだ/小时候被誉为神童 xiǎshíhou bèi yù wéi shéntóng

うたがい【疑い】 ❶【疑念】可疑之处 kěyí zhī chù 英 doubt ▶彼は〜もなく一流の科学者だ/他无疑是第一流的科学家 tā wúyí shì dìyīliú de kēxuéjiā ▶この調査結果は〜の余地がない/这个调查结果不容置疑 zhège diàochá jiéguǒ bù róng zhìyí ❷【嫌疑】嫌疑 xiányí；疑心 yíxīn 英 suspicion ▶命をかけて〜を晴らす/豁出生命洗清嫌疑 huō chū xìngmìng xǐqīng xiányí ▶殺人の〜をかけられる/被栽上了杀人的嫌疑 bèi zāishàngle shārén de xiányí
〜深い 多疑 duōyí ▶相手はよくよく〜深い人物だった/对手是一个多疑的人物 duìshǒu shì yí ge duōyí de rénwù
〜を抱く 怀疑 huáiyí ▶私はふと彼の意図に〜を抱いた/我突然对他的企图产生了怀疑 wǒ tūrán duì tā de qǐtú chǎnshēngle huáiyí

うたがう【疑う】 ❶【疑念】怀疑 huáiyí；疑惑 yíhuò 英 doubt；[不信] distrust ▶我が目を疑った/我无法相信自己的眼睛 wǒ wúfǎ xiāngxìn zìjǐ de yǎnjing ▶定説を〜こと、それが学術を進歩させます/怀疑定论，这本身就会推动学术的进步 huáiyí dìnglùn, zhè běnshēn jiù huì tuīdòng xuéshù de jìnbù ▶私は彼の手腕を〜/我怀疑他的能力 wǒ huáiyí tā de nénglì ❷【嫌疑】猜疑 cāiyí 英 suspect ▶君まで僕を〜のか/连你也不相信我吗？lián nǐ yě bù xiāngxìn wǒ ma？

うたかた【泡沫】 泡沫 pàomò；泡影 pàoyǐng 英 foam；froth ▶優勝の期待は〜のように消えた/得冠军的期待烟消云散了 dé guànjūn de qīdài yān xiāo yún sàn le ▶二人の恋は〜の夢に終わった/两个人的爱情成了过眼云烟 liǎng ge rén de àiqíng chéngle guòyǎn yúnyān

うたがわしい【疑わしい】 可疑 kěyí [疑念] doubtful；suspicious ▶〜点/可疑之处 kěyí zhī chù；靠不住的地方 kàobuzhù de dìfang ▶何か〜点はありますか/有没有什么可疑的地方？yǒuméiyǒu shénme kěyí de dìfang？▶真偽のほどは〜/是真是假很可疑 shì zhēn shì jiǎ hěn kěyí ▶彼は疑わしげに私を見た/他用怀疑的眼神看了我一眼 tā yòng huáiyí de yǎnshén kànle wǒ yì yǎn
疑わしきは罰せず 存疑则不可定罪 cúnyí zé bùkě dìngzuì

うたぐりぶかい【疑り深い】 疑心重 yíxīn zhòng 英 distrustful ▶あんたも〜人だね/你真是个疑心很重的人啊 nǐ zhēn shì ge yíxīn hěn zhòng de rén a

うたげ【宴】 宴会 yànhuì 英 a party；a banquet ▶受賞者を〜に招く/宴请获奖的人 yànqǐng huòjiǎng de rén ▶花の下で〜を楽しむ/在樱花树下设宴尽兴 zài yīnghuāshùxià shèyàn jìnxìng ▶〜のあとには悲哀が残る/盛宴之后留下哀伤 shèngyàn zhīhòu liúxià āishāng

うたごえ【歌声】 歌声 gēshēng 英 a singing voice ▶ラジオから甘い〜が流れてくる/收音机里传来甜美的歌声 shōuyīnjīli chuánlái tiánměi de gēshēng

うたたね【転た寝】 打盹儿 dǎdǔnr; 打瞌睡 dǎ kēshuì; 假寐 jiǎmèi (英 *a nap; a doze*) ▶〜はかぜをひくぞ/打盹儿会感冒的 dǎdǔnr huì gǎnmào de ▶電車で〜する/坐在电车里打瞌睡 zuòzài diànchēli dǎ kēshuì

うだつ
〜が上がらない 抬不起头来 táibuqǐ tóu lai; 得不到重用 débudào zhòngyòng; 没有出头的日子 méiyǒu chūtóu de rìzi ▶会社でいつまでも〜が上がらない/在公司里总是得不到重用 zài gōngsīli zǒngshì débudào zhòngyòng

うだる ❶【熱湯で】 煮熟 zhǔshú (英 *be boiled*) ▶たこが真っ赤に〜/章鱼给煮得通红 zhāngyú gěi zhǔde tōnghóng ❷【暑くてぐったりする】 热得难熬 rède nán'áo (英 *swelter*) ▶今年の夏は〜ような暑さが続いた/今年夏天一直闷热得像蒸笼一样 jīnnián xiàtiān yìzhí mēnrède xiàng zhēnglóng yíyàng

うたれる【打たれる・撃たれる】 被打 bèi dǎ; 被攻击 bèi gōngjī (英 *be beaten; be struck*) ▶こぶしで〜/被打一拳 bèi dǎ yì quán ▶銃で撃たれて大けがをした/遭到枪击, 受了重伤 zāodào qiāngjī, shòule zhòngshāng ▶私はこれでも打たれ強いんだ/别看我这样, 对付打击还挺坚强 bié kàn wǒ zhèyàng, duìfu dǎjī hái tǐng jiānqiáng ▶聴衆は彼の言葉に深く打たれた/听众被他的话深深感动了 tīngzhòng bèi tā de huà shēnshēn gǎndòng le

うち【内】 ❶【内部】 内部 nèibù (英 *the inside; the interior*) ▶〜なる敵/潜伏在内部的敌人 qiánfú zài nèibù de dírén ▶何より恐ろしいのは己の〜なる敵だ/自己内心的敌人比什么都可怕 zìjǐ nèixīn de dírén bǐ shénme dōu kěpà ▶闘志を〜に秘める/把斗志藏在心里 bǎ dòuzhì cángzài xīnli ❷【時】 内 nèi (英 *within...*) ▶数日の〜に結果が出ます/几天之内出结果 jǐ tiān zhīnèi chū jiéguǒ ❸【の】 之间 zhījiān; 之中 zhīzhōng (英 *between...; among...*) ▶三人の〜から一人を選べ/从三个人之中挑选一位 cóng sān ge rén zhīzhōng tiāoxuǎn yí wèi ▶こういう役目も給料の〜だ/这种职责也包括在工资范围之内 zhè zhǒng zhízé yě bāokuò zài gōngzī fànwéi zhīnèi ❹【自分の】 我 wǒ; 我们 wǒmen (英 *our*) ▶〜の会社/我们公司 wǒmen gōngsī

うち【家】 家 jiā; 家里 jiāli (英 [宅] *the home*; [家族] *the family*) ▶その知らせに〜中が大喜びした/听到这个消息全家都高兴得不得了 tīngdào zhège xiāoxi quánjiā dōu gāoxìngde bùdéliǎo ▶日曜は大体〜にいる/星期天基本上都在家 xīngqītiān jīběnshàng dōu zàijiā ▶6時には〜を出る/六点出门 liù diǎn chūmén ▶月に一度は〜に便りを書く/每个月给家里写一封信 měige yuè gěi jiāli xiě yì fēng xìn ▶〜中を捜したが見つからなかった/在家找遍了, 可是没找到 zàijiā zhǎobiàn le, kěshì méi zhǎodào

うちあう【打ち合う・撃ち合う】 对打 duìdǎ (英 *exchange blows*; [射撃] *exchange shots*) ▶リングで両者は激しく打ち合った/在拳击台上双方激烈地对打 zài quánjītáishang shuāngfāng jīliè de duìdǎ ▶ギャングの撃ち合いの巻き添えを食う/被卷进黑社会的火并之中 bèi juǎnjìn hēishèhuì de huǒbìng zhīzhōng

うちあげ【打ち上げ】 ❶【空高く上げる】 发射 fāshè (英 *the launch*) ▶ロケット〜に成功する/火箭发射成功 huǒjiàn fāshè chénggōng ❷【興行などを終える】 结束 jiéshù (英 *the close*) ▶〜パーティー/结业后的庆祝聚会 jiéyèhòu de qìngzhù jùhuì
◆〜花火/焰火 yànhuǒ

うちあけばなし【打ち明け話】 心腹话 xīnfùhuà; 知心话 zhīxīnhuà (英 *a confidential talk*) ▶彼とは〜のできる仲だ/我跟他的关系可以说知心话 wǒ gēn tā de guānxi kěyǐ shuō zhīxīnhuà ▶今度のもめ事について〜を聞かせてもらう/关于这场纠纷, 我告诉你真相, 好不好？ guānyú zhè cháng jiūfēn, wǒ gàosu nǐ zhēnxiàng, hǎobuhǎo?

うちあける【打ち明ける】 吐露 tǔlù; 坦率说出 tǎnshuài shuōchū (英 *tell; confide; confess*) ▶彼は事の真相を打ち明けた/他吐露了事情的真相 tā tǔlùle shìqing de zhēnxiàng

うちあげる【打ち上げる】 ❶【発射】 打上去 dǎshàngqu (英 *launch*) ▶人工衛星を〜/发射人造卫星 fāshè rénzào wèixīng ▶花火を〜/放焰火 fàng yànhuǒ ❷【興業など】 结束 jiéshù (英 *close*) ▶今日で公演を〜/今天结束演出 jīntiān jiéshù yǎnchū ❸【波が】 冲上 chōngshàng (英 *wash... up*) ▶岸に死体が打ち上げられた/尸体被波浪冲上了岸 shītǐ bèi bōlàng chōngshàngle àn

うちあわせ【打ち合わせ】 商量 shāngliang; 准备工作 zhǔnbèi gōngzuò (英 *arrangements*) ▶通りにやってくれよ/请按商量好的计划办 qǐng àn shāngliánghǎo de jìhuà bàn ▶旅行の〜をする/碰头商量旅行的有关事项(如日程、费用、行程等) pèngtóu shāngliang lǚxíng de yǒuguān shìxiàng (rú rìchéng, fèiyong, xíngchéng děng)

うちあわせる【打ち合わせる】 接洽 jiēqià; 商量 shāngliang (英 *make arrangements; work out in advance*) ▶今後の予定を〜/商量下一步的计划 shāngliang xià yí bù de jìhuà ▶打ち合わせた通りの時間に私は出向いた/我按照商定的时间前往 wǒ ànzhào shāngdìng de shíjiān qiánwǎng

うちいわい【内祝い】 内部的庆祝 nèibù de qìngzhù; 有喜事的人向他人赠送的贺礼 yǒu xǐshì de rén xiàng tārén zèngsòng de hèlǐ; 对贺礼的回礼 duì hèlǐ de huílǐ (英 *a family celebration*) ▶長女誕生の〜です, お納め下さい/这是庆祝我家生女儿的贺礼, 请笑纳 zhè shì qìngzhù wǒ jiā shēng nǚ'ér de hèlǐ, qǐng xiàonà ▶今宵は形ばかりの〜をしよう/今晚要举行一个简单

的内部庆祝 jīnwǎn yào jǔxíng yí ge jiǎndān de nèibù qìngzhù

うちうち【内内】 家里 jiāli; 内部 nèibù (英 *in private*; *informally*) ▶～に済ませる/内部处理 nèibù chǔlǐ ▶葬儀は～で済ませた/葬礼只限于亲友内部办理了 zànglǐ zhǐ xiànyú qīnyǒu nèibù bànlǐ le

うちおとす【撃ち落とす】 击落 jīluò (英 *strike down*) ▶石でからすを～/用石头把乌鸦打下来 yòng shítou bǎ wūyā dǎxiàlai ▶今日も3機が撃ち落とされた/今天也有三架飞机被击落了 jīntiān yě yǒu sān jià fēijī bèi jīluò le

うちおろす【打ち下ろす】 从上往下打 cóng shàng wǎng xià dǎ (英 *bring... down*) ▶金槌を力一杯たがねに打ち下ろした/抡起钉锤，用力地打在凿子上 lūnqǐ dīngchuí, yònglì de dǎzài záozishang

うちかえす【打ち返す】 ❶【反撃】打回去 dǎhuíqu (英 *strike back*) ▶打たれたら打ち返せ、挨了打就要反击 áile dǎ jiùyào fǎnjī ❷【田畑を】翻地 fāndì; 犁田 lítián (英 *plow out*) ▶田を打ち返して麦播きに備える/翻地准备播种麦子 fāndì zhǔnbèi bōzhǒng màizi

うちかつ【打ち勝つ】 克服 kèfú; 战胜 zhànshèng (英 *conquer*; *overcome*) ▶困難に～/克服困难 kèfú kùnnan ▶難病に打ち勝って現職に復帰する/战胜重病恢复原职 zhànshèng zhòngbìng huīfù yuánzhí ▶元井は矢野に打ち勝って頂点に立った/元井战胜矢野领先 Yuánjǐng zhànshèng Shǐyě lǐngxiān

うちがわ【内側】 里面 lǐmiàn; 里头 lǐtou (英 *the inside*) ▶箱の～は見えない/看不见盒子里面 kànbujiàn hézi lǐmiàn ▶～の人間の言うことだから割り引いて聞かないと…/自己人的话，听的时候不能不打折扣… zìjǐrén de huà, tīng de shíhou bùnéng bù dǎ zhékòu… ▶～から見ると我が社は欠陥だらけだ/从内部来看，我们公司到处都是问题 cóng nèibù lái kàn, wǒmen gōngsī dàochù dōu shì wèntí ▶このドアは～に開きます/这扇门往里开 zhè shàn mén wǎng lǐ kāi

うちき【内気】 内向 nèixiàng; 腼腆 miǎntiǎn (英 *modesty*; *shyness*) ▶～な子だから先行きが心配です/这孩子太腼腆，将来让人担心 zhè háizi tài miǎntiǎn, jiānglái ràng rén dānxīn

うちきり【打ち切り】 停止 tíngzhǐ; 截止 jiézhǐ (英 *close*; *finish*) ▶天候急変のため調査は～になった/由于天气突然变化，调查中止了 yóuyú tiānqì tūrán biànhuà, diàochá zhōngzhǐ le

うちきる【打ち切る】 停止 tíngzhǐ; 中止 zhōngzhǐ; ～ 为止 …wéizhǐ (英 *stop*; *bring... to a close*) ▶番組の途中で放送を～/节目正在播放中就停止了 jiémù zhèngzài bōfàng zhōng jiù tíngzhǐ le ▶あと3回の連載を～/再有三回，作品的连载就要停止了 zài yǒu sān huí, zuòpǐn de liánzǎi jiùyào tíngzhǐ le ▶交渉は今回をもって打ち切ります/这次结束以后将停止交涉 zhè cì jiéshù yǐhòu jiāng tíngzhǐ jiāoshè

うちきん【内金】 预付款 yùfùkuǎn; 订金 dìngjīn (英 *a deposit*) ▶～を入れる/预付订金 yùfù dìngjīn

うちくだく【打ち砕く】 击毁 jīhuǐ; 摧毁 cuīhuǐ; 粉碎 fěnsuì (英 *smash*; *crush*) ▶敵の野望を～/粉碎敌人的野心 fěnsuì dírén de yěxīn ▶落ちた鉄骨に足首を打ち砕かれた/掉下来的铁架把脚脖子砸碎了 diàoxiàlai de tiějià bǎ jiǎobózi zásuì le

うちけす【打ち消す】 否认 fǒurèn; 否定 fǒudìng (英 *deny*) ▶疑惑を～/否认嫌疑 fǒurèn xiányí ▶激しい雨音が彼女の忍び泣く声をうち消していた/暴雨声把她偷偷哭泣的声音掩盖住了 bàoyǔshēng bǎ tā tōutōu kūqì de shēngyīn yǎngàizhù le

うちゲバ【内ゲバ】 内讧 nèihòng; 内部的暴力抗争 nèibù de bàolì kàngzhēng (英 *infighting*) ▶一時期彼らは～に明け暮れていた/有一段时期，他们一天到晚热中于内部的暴力抗争 yǒu yí duàn shíqī, tāmen yì tiān dào wǎn rèzhōng yú nèibù de bàolì kàngzhēng

うちこむ【打ち込む】 ❶【精神を】埋头 máitóu (英 *devote oneself to...*) ▶仕事に～/专心工作 zhuānxīn gōngzuò ▶私は仕事に～ことで悲しみを忘れようとした/我埋头工作想忘掉悲哀 wǒ máitóu gōngzuò xiǎng wàngdiào bēi'āi ❷【物を】(英 *drive*) ▶地面に杭を～/把桩子打进地里 bǎ zhuāngzi dǎjìn dìli ❸【野球】(英 *drive*; *belt*) ▶高橋を打ち込んで一挙に5点を奪った/连续打中高桥的投球，一举赢得五分 liánxù dǎzhòng Gāoqiáo de tóu qiú, yìjǔ yíngdé wǔ fēn ▶連日の打ち込みでフォームを修正した/接连几天的打球训练，纠正了基本姿势 jiēlián jǐ tiān de dǎ qiú xùnliàn, jiūzhèngle jīběn zīshì

うちころす【打ち殺す】 打死 dǎsǐ (英 *strike... to death*)

うちころす【撃ち殺す】 击毙 jībì; 枪杀 qiāngshā (英 *shoot... dead*)

うちこわす【打ち壊す】 打坏 dǎhuài; 砸坏 záhuài (英 *destroy*; *wreck*) ▶怒って茶碗を打ち壊す/发脾气砸碎了碗 fā píqi zásuìle wǎn ▶彼の無謀がみんなの期待を打ち壊してしまった/他的鲁莽使大家的期待落空了 tā de lǔmǎng shǐ dàjiā de qīdài luòkōng le

うちしずむ【打ち沈む】 消沉 xiāochén (英 *be depresssed*) ▶我々は悲しみに打ち沈んでいた/我们沉溺在悲哀中 wǒmen chénnì zài bēi'āi zhōng

うちじゅう【家中】 ❶【家屋全体】家里到处 jiāli dàochù (英 *all over the house*) ▶～眼鏡を探し回る/在家里到处寻找眼镜儿 zài jiāli dàochù xúnzhǎo yǎnjìngr ❷【家族全員】全家 quánjiā (英 *the whole family*) ▶娘の大学合格に～で大喜びする/女儿考上大学全家欢天喜地 nǚ'ér kǎoshàng dàxué quánjiā huān tiān xǐ dì ▶祖父の徘徊には～が悩まされた/祖父由于痴

呆而徘徊，全家人都很烦恼 zǔfù yóuyù chīdāi ér páihuái, quánjiārén dōu hěn fánnǎo

うちすてる【打ち捨てる】 撇开 piēkāi (英 *be ignored*) ▶パチンコに打ち捨ててパチンコにのめり込んだ/撇开病人不管，埋头打弹子 piēkāi bìngrén bù guǎn, máitóu dǎ dànzǐ

うちぜい【内税】 内税 nèishuì；价格里包含间接税 jiàgéli bāohán jiànjiēshuì (英 *tax included*) ▶消費税は～にしてあります/价格里包含消费税 jiàgéli bāohán xiāofèishuì

うちそこなう【撃ち損なう】 没打中 méi dǎzhòng (英 *fail to hit*) ▶たった一発撃ち損なってメダルを逃した/只有一枪没打中就把奖牌丢了 zhǐ yǒu yì qiāng méi dǎzhòng jiù bǎ jiǎngpái diū le

うちそと【内外】 内外 nèiwài；里外 lǐwài (英 *inside and outsid*) ▶家の～をきれいにする/房子里里外外都打扫干净 fángzi lǐlǐwàiwài dōu dǎsǎo gānjìng ▶～のけじめを付ける/分清内外 fēnqīng nèiwài

うちたおす【打ち倒す】 打倒 dǎdǎo (英 *knock... down*) ▶強烈なパンチで相手を～/猛的一拳打倒了对方 měng de yì quán dǎdǎole duìfāng ▶政敵を打ち倒して権力の座につく/打倒政敌，登上权力的宝座 dǎdǎo zhèngdí, dēngshàng quánlì de bǎozuò

うちだす【打ち出す】 《模様を》 锤出凸花纹 chuíchū tūhuāwén；《政策などを》 提出 tíchū (英 *emboss*《模様を》; *work out*) ▶政府は新たな政策を打ち出した/政府提出了新政策 zhèngfǔ tíchūle xīnzhèngcè

うちたてる【打ち立てる】 确立 quèlì；树立 shùlì (英 *set out*) ▶世界記録を～/创造了世界纪录 chuàngzàole shìjiè jìlù ▶我々はついに新国家を打ち立てた/我们终于建立了新国家 wǒmen zhōngyú jiànlìle xīnguójiā

うちつける【打ち付ける】 钉 dìng (英 *strike; beat*) ▶柱に釘を～/往柱子上钉钉子 wǎng zhùzishang dìng dīngzi ▶つまずいて電柱に頭を～/被绊倒，头碰到电线杆上 bèi bàndǎo, tóu pèngdào diànxiàngānshang

うちつづく【打ち続く】 连续不断 liánxù búduàn (英 *a spell of...*) ▶～不幸に私は生きる気力を失った/接连不断的打击使我丧失了活下去的勇气 jiēliān búduàn de dǎjī shǐ wǒ sàngshīle huóxiàqu de yǒngqì

うちづら【内面】 对自家人的态度 duì zìjiārén de tàidu (英 *one's attitude at home*) ▶パパは～はいいんだけれど、会社では怖いんだって/爸爸对家里人挺和善，可是听说在公司很可怕 bàba duì jiālirén tǐng héshàn, kěshì tīngshuō zài gōngsī hěn kěpà

うちでし【内弟子】 住在师傅家里的徒弟 zhùzài shīfu jiāli de túdì (英 *a private pupil; an apprentice*) ▶5人の～を抱える/师傅在家里收留了五个徒弟 shīfu zài jiāli shōuliúle wǔ ge túdì ▶～に入る/入门当徒弟 rùmén dāng túdì

うちでのこづち【打ち出の小槌】 万宝槌 wànbǎochuí；摇钱树 yáoqiánshù (英 *a mallet of luck*) ▶父さんは～ではないんだよ/爸爸可不是摇钱树啊 bàba kě bú shì yáoqiánshù a

うちとける【打ち解ける】 融洽 róngqià (英 *be frank with...*；[くつろぐ] *feel at home*) ▶旧友同士打ち解けて語り合った/老朋友亲密无间地交谈 lǎopéngyou qīnmì wújiàn de jiāotán ▶は打ち解けた雰囲気の集まりだった/那是一次气氛融洽的聚会 nà shì yí cì qìfēn róngqià de jùhuì ▶彼は誰とでもすぐ～/他跟任何人都能很快地打成一片 tā gēn rènhé rén dōu néng hěn kuài de dǎchéng yípiàn ▶この子はなかなかみんなと打ち解けない/这孩子总是不合群 zhè háizi zǒngshì bù héqún

うちどころ【打ち所】 ～が悪い ▶～が悪くて死んでしまった/撞到要害丧了命 zhuàngdào yàohài sàngle mìng

うちどめ【打ち止め】 结束 jiéshù [兴行などの] *the end* ▶《兴業などで》この一番にて本日の～/演完这一场今天的公演就结束了 yǎnwán zhè yí chǎng jīntiān de gōngyǎn jiù jiéshù le ▶《パチンコで》～なしの大サービス/弹子房大酬宾，可以一直打到最后 dànzǐfáng dàchóubīn, kěyǐ yìzhí dǎdào zuìhòu ▶このプロジェクトもそろそろ～の時期だろう/这个项目也到该收场的时候了吧 zhège xiàngmù yě dào gāi shōuchǎng de shíhou le ba

うちにわ【内庭】 中庭 zhōngtíng；里院 lǐyuàn (英 *a courtyard*)

うちぬく【打ち抜く・撃ち抜く】 穿孔 chuānkǒng；打穿 dǎchuān (英 *pierce; penetrate; shoot through...*) ▶銃弾が厚い壁を～/子弹打穿了厚厚的墙壁 zǐdàn dǎchuānle hòuhòu de qiángbì

うちのめす【打ちのめす】 打倒 dǎdǎo；打垮 dǎkuǎ (英 *knock... down*) ▶我がチームは相手を散々に打ちのめした/我们队把对方打得落花流水 wǒmen duì bǎ duìfāng dǎde luò huā liú shuǐ ▶彼は子供の死に完全に打ちのめされた/孩子的死使他彻底崩溃了 háizi de sǐ shǐ tā chèdǐ bēngkuì le

うちのり【内法】 内侧的尺寸 nèicè de chǐcun (英 *the inside measurement*) ▶～を計る/测量内侧的尺寸 cèliáng nèicè de chǐcun

うちひしがれる【打ちひしがれる】 被打垮 bèi dǎkuǎ (英 *be overcome*) ▶悲しみに～/被悲伤打垮 bèi bēishāng dǎkuǎ ▶相次ぐ災害に村人たちは打ちひしがれた/村民们被接二连三的灾害打垮了 cūnmínmen bèi jiē èr lián sān de zāihài dǎkuǎ le

うちべんけい【内弁慶】 窝里横 wōlihèng (英 *a lion at home and a mouse abroad*) ▶うちのパパは～なのよ/我爸爸只在家里横 wǒ bàba zhǐ zài jiāli hèng

ことわざ 内弁慶の外地蔵 在家是老虎，出门是豆腐 zàijiā shì lǎohu, chūmén shì dòufu

うちポケット【内ポケット】 里边的口袋 lǐbian de kǒudài（英 *an inside pocket*）▶受け取った小切手を～にしまった/把收到的支票放进里边的口袋 bǎ shōudào de zhīpiào fàngjìn lǐbian de kǒudài

うちぼり【内堀・内濠】 护城河 hùchénghé（英 *an inner moat*）▶～を埋められて社長は孤立した/兵临城下，总经理孤立无援了 bīng lín chéngxià, zǒngjīnglǐ gūlì wúyuán le

うちまかす【打ち負かす】 打败 dǎbài；击败 jībài（英 *defeat*）▶あいつらをこてんぱんに打ち負かしてやった/把他们打得落花流水 bǎ tāmen dǎde luò huā liú shuǐ

うちまく【内幕】 内情 nèiqíng；内幕 nèimù（英 *inside information*）▶彼は～をばらすと脅しをかけた/他威胁说要揭穿内幕 tā wēixié shuō yào jiēchuān nèimù

うちまた【内股】（*walk*）*pigeon-toed*）～で歩く/走内八字 zǒu nèibāzì ▶大の男が～で歩く/堂堂男子汉走路却走内八字 tángtáng nánzǐhàn zǒu què zǒu nèibāzì
♦～膏薬 ～膏薬 两面派 liǎngmiànpài ▶～の人間は信用できません/那种两面派不能相信 nà zhǒng liǎngmiànpài bùnéng xiāngxìn

うちみ【打ち身】 撞伤 zhuàngshāng（英 *a bruise*）▶自転車で転んだが軽い～で済んだ/骑车摔了一跤，好在伤得不重 qí chē shuāile yì jiāo, hǎozài shāngde bú zhòng

うちみず【打ち水】 洒水 sǎ shuǐ（英 *water*）▶～をして母の退院を迎える/在门前院内洒水迎接母亲出院 zài ménqián yuànnèi sǎ shuǐ yíngjiē mǔqīn chūyuàn ▶道や庭に～をして温度を下げる/在路上或院子里洒水降温 zài lùshang huò yuànzili sǎ shuǐ jiàngwēn

うちやぶる【打ち破る】 打破 dǎpò；横扫 héngsǎo（英 *break down*；*defeat*）▶我々は多年のライバルを打ち破って頂点に立った/我们战胜了多年的劲敌，获得了优胜 wǒmen zhànshèngle duōnián de jìngdí, huòdéle yōushèng ▶因習を～のは容易ではなかった/移风易俗可不是一件容易的事 yí fēng yì sú kě bú shì yí jiàn róngyì de shì

うちゅう【宇宙】 宇宙 yǔzhòu；太空 tàikōng（英 *the universe*）▶いずれは～旅行が実現するだろう/航天旅行早晚会变成现实吧 hángtiān lǚxíng zǎowǎn huì biànchéng xiànshí ba ▶～ロケットを打ち上げる/发射航天火箭 fāshè hángtiān huǒjiàn ▶あの先生の～論は独創的だと思う/我认为那位老师的宇宙理论很有独创性 wǒ rènwéi nà wèi lǎoshī de yǔzhòu lǐlùn hěn yǒu dúchuàngxìng ▶我々は我々なりの小～を形成している/我们形成了自己的小天地 wǒmen xíngchéngle zìjǐ de xiǎotiāndì
♦～開発 宇宙开发 yǔzhòu kāifā ～科学 太空科学 tàikōng kēxué ～技術 航天技术 hángtiān jìshù；太空技术 tàikōng jìshù ～空間 宇宙空间 yǔzhòu kōngjiān；

外层空间 wàicéng kōngjiān ～食 航天食品 hángtiān shípǐn；太空食品 tàikōng shípǐn ～人 外星人 wàixīngrén ▶砂漠に～人が降り立った/外星人降落在沙漠上 wàixīngrén jiàngluò zài shāmòshang ～ステーション 航天站 hángtiānzhàn ▶今回の目的は～ステーションの建設です/这次的目的是建造航天站 zhè cì de mùdì shì jiànzào hángtiānzhàn ～船 宇宙飞船 yǔzhòu fēichuán ～飛行士 宇航员 yǔhángyuán；航天员 hángtiānyuán ～服 航天服 hángtiānfú；宇航服 yǔhángfú ～遊泳 太空行走 tàikōng xíngzǒu ▶二人は～遊泳に初めて成功した/两个人首次成功地完成了太空行走 liǎng ge rén shǒucì chénggōng de wánchéngle tàikōng xíngzǒu

うちょうてん【有頂天になる】 得意忘形 déyì wàngxíng（英 *be beside oneself with joy*）▶小さな勝ちに～になり、明日の打ち合わせを忘れた/为了小小的胜利得意忘形，忘记商量明天的比赛了 wèile xiǎoxiǎo de shènglì déyì wàngxíng, wàngjì shāngliang míngtiān de bǐsài le

うちよせる【打ち寄せる】 冲来 chōnglái（英 *wash ashore*）▶波が浜辺に～/波浪冲刷着海滩 bōlàng chōngshuāzhe hǎitān ▶死体が岸に打ち寄せられた/尸体被波浪冲到岸边 shītǐ bèi bōlàng chōngdào ànbiān

うちわ【内輪】 ❶【内部】 自己人 zìjǐrén；家里人 jiālǐrén（英 *a family group*）▶～だけで祝いをしよう/今天晚上家里人自己庆祝庆祝 jīntiān wǎnshang jiālǐrén zìjǐ qìngzhù qìngzhù ❷【少なめ】 低估 dīgū（英 *a moderate estimate*）▶来年の売り上げを～に見積もる/把明年的销售额估算得低一点 bǎ míngnián de xiāoshòu'é gūsuànde dī yìdiǎn
♦～話 ～話は外で漏らすなよ/家里的话可别告诉外人 jiālǐ de huà kě bié gàosu wàirén ～もめ 同室操戈 tóngshì cāo gē；窝儿里斗 wōrlidòu ▶～もめなどしている場合か/到了这种地步怎么能窝里斗呢？dàole zhè zhǒng dìbù zěnme néng wōlǐdòu ne?

うちわ【団扇】 团扇 tuánshàn（英 *a fan*）▶～であおぐ/扇团扇 shān tuánshàn

うちわけ【内訳】 细目 xìmù（英 *items*; *details*）▶～書/明细表 míngxìbiǎo ▶～が書かれていない請求書は受け付けません/没有注明细目的账单不予受理 méiyǒu zhù míngxìmù de zhàngdān bùyǔ shòulǐ

うつ【打つ・撃つ】 ❶【たたく】 打 dǎ；拍 pāi（英 *strike*; *hit*; *beat*; *knock*）▶春祭りで太鼓を～/在春季的庙会上打鼓 zài chūnjì de miàohuìshang dǎ gǔ ❷【時を】 钟声报时 zhōngshēng bào shí（英 *strike*）▶時計が5時を～/座钟报时，五点整 zuòzhōng bào shí, wǔ diǎn zhěng ❸【発射】 射击 shèjī（英 *fire*; *shoot*）▶銃を～/开枪 kāi qiāng ▶銃を3発～/开了三枪 kāile sān qiāng ▶～のは自己人 bié kāi qiāng, shì zìjǐrén ❹【スポーツ】 打 dǎ（英 *smash*）▶彼は今日もホームランを

打った/他今天也打了本垒打 tā jīntiān yě dǎle běnlěidǎ ❺【心を】 打动 dǎdòng (英 strike; move; touch) ▶心を~/打动人心 dǎdòng rénxīn ▶彼の言葉は人々の心を打った/他的话感人肺腑 tā de huà gǎn rén fèifǔ ❻【注射】 打 dǎ;《钉を》钉 dìng (英 drive in) ▶注射を~/打针 dǎzhēn ▶静脉に注射を~/做静脉注射 zuò jìngmài zhùshè ▶柱に钉を~/往柱子上钉钉子 wǎng zhùzishang dìng dīngzi ❼【電報を】(英 send a wire) ▶祝電を~/发贺电 fā hèdiàn ❽【その他】 ▶彼と組んで一芝居~/跟他勾结在一起耍花招 gēn tā gōujié zài yìqǐ shuǎ huāzhāo ▶早急に手を~必要があります/需要尽早采取措施 xūyào jǐnzǎo cǎiqǔ cuòshī ▶もうこのへんで手を打とう/就此成交吧 jiùcǐ chéngjiāo ba

打てば響く 爽快 shuǎngkuai; 反应迅速 fǎnyìng xùnsù ▶彼の打てば響く応答ぶりは見ていて心地よかった/看到他那反应迅速应答令人感到痛快 kàndào tā nà fǎnyìng xùnsù yìngdá lìng rén gǎndào tòngkuài ▶父から打てば響くように返事が届いた/从父亲那儿收到了爽快的答复 cóng fùqīn nàr shōudàole shuǎngkuai de dáfù

うつ【討つ】《賊を》讨伐 tǎofá (英 avenge) ▶今日こそは先生の仇を~ぞ/今天可要的老师报仇了 jīntiān kě yào de lǎoshī bàochóu le

うつうつ【鬱鬱】 郁闷 yùmèn, 闷闷不乐 mènmèn bú lè (英 be depressed; be in low spirits) ▶~として楽しまない日が続いた/郁闷的日子接连不断 yùmèn de rìzi jiēlián búduàn

うっかり 疏忽 shūhu; 不慎 búshèn (英 carelessly) ▶~乗り過ごすところだった/没留神差点儿坐过了站 méi liúshén chàdiǎnr zuòguòle zhàn ▶俺,~あいつにしゃべっちゃった/我一时疏忽对他说了 wǒ yìshí shūhu duì tā shuō le

うつくしい【美しい】 好看 hǎokàn; 漂亮 piàoliang; 美丽 měilì (英 beautiful; lovely) ▶~歌声/歌声很好听 gēshēng hěn hǎotīng ▶~女性/佳人 jiārén;美女 měinǚ ▶あの人は心根が~/他心地纯洁 tā xīndì chúnjié ▶~言葉には力がある/优美的语言蕴含着力量 yōuměi de yǔyán yùnhánzhe lìliang ▶美しく老いたものだ/谁都想有一个美好的晚年 shéi dōu xiǎng yǒu yí ge měihǎo de wǎnnián ▶美しく着飾した娘たち/打扮得很漂亮的女孩儿们 dǎbande hěn piàoliang de nǚháirmen

うつくしさ【美しさ】 美丽 měilì (英 beauty) ▶~を競う/媲美 pìměi ▶~を競うあまりに~が消えている/过分地争妍斗美,反而丧失了美丽 guòfèn de zhēng yán dòu měi, fǎn'ér sàngshīle měilì ▶私はその大自然の~に圧倒された/我对那美丽的大自然感叹不已 wǒ duì nà měilì de dàzìrán gǎntàn bùyǐ

うっくつ【鬱屈】 抑郁 yìyù (英 depression) ▶~がたまる/郁积 yùjī;郁积忧愁 yùjī yōuchóu ▶酒を飲んでも~は晴れない/喝酒也解不了愁 hē jiǔ yě xièbuliǎo chóu ▶友人にさえ理解されず私

は~していた/连朋友也不理解,这让我很郁闷 lián péngyou yě bù lǐjiě, zhè ràng wǒ hěn yùmèn

うっけつ【鬱血】【医】 淤血 yūxuè;郁血 yùxuè (英 engorgement) ▶大腿部に~が见られる/大腿部可见淤血 dàtuǐbù kějiàn yūxuè

うつし【写し】 抄件 chāojiàn;副本 fùběn (英 a copy) ▶原稿の~を取っておく/复制原稿的副本 fùzhì yuángǎo de fùběn ▶他人の論文を丸~にする/抄袭别人的论文 chāoxí biérén de lùnwén

うつす【写す】 ❶【謄写】 抄 chāo (英 copy),[描く] draw ▶友人のノートを~/抄写朋友的笔记 chāoxiě péngyou de bǐjì ▶この詩をノートに写し取った/把那首诗抄写在笔记本上 bǎ nà shǒu shī chāoxiě zài bǐjìběnshang ❷【写真を】拍 pāi;照 zhào (英 take a photo) ▶家族の集合写真を~/拍全家福照片 pāi quánjiāfú zhàopiàn ▶これは山顶から写した写真だ/这是从山顶上拍的照片 zhè shì cóng shāndǐngshang pāi de zhàopiàn

うつす【映す】 映 yìng (英 reflect; mirror) ▶寝ぼけた顔を鏡に映して見る/照镜子看自己睡眼惺忪的面容 zhào jìngzi kàn zìjǐ shuìyǎn xīngsōng de miànróng ▶歌谣曲は時代を~鏡だ/歌谣是反映时代的一面镜子 gēyáo shì fǎnyìng shídài de yímiàn jìngzi ▶白い幕に映画を~/在银幕上放映电影 zài yínmùshang fàngyìng diànyǐng

うつす【移す】 ❶【移転】 搬 bān;转移 zhuǎnyí (英 remove to...) ▶本拠地を千葉から横浜に~/把据点从千叶转移到横浜 bǎ jùdiǎn cóng Qiānyè zhuǎnyí dào Héngbīn ▶計画を直ちに実行に~/计划立刻付诸实施 jìhuà lìkè fùzhū shíshī ▶時を移さず検討に入る/不失时机地开始研究 bù shī shíjī de kāishǐ yánjiū ❷【伝染】传染 chuánrǎn (英 infect) ▶病気を移さないでくれ/别把病传染给我 bié bǎ bìng chuánrǎn gěi wǒ

うっすら 稍微 shāowēi;薄薄地 báobáode (英 thinly; lightly; faintly) ▶その光景は今でも~覚えている/至今还隐隐约约地记得当时的情景 zhìjīn hái yǐnyǐnyuēyuē de jìde dāngshí de qíngjǐng ▶彼女は~涙を浮かべていた/她的眼睛里微微地含着泪 tā de yǎnjingli wēiwēi de hánzhe lèi ▶庭には~と雪が積もっている/院子里积了薄薄的一层雪 yuànzili jīle báobáo de yì céng xuě

うっせき【鬱積した】 郁积 yùjī (英 pent-up) ▶民衆の不満が~している/民众的心里郁积着不满情绪 mínzhòng de xīnli yùjīzhe bùmǎn qíngxù

うっそう【鬱蒼】 郁郁葱葱 yùyùcōngcōng (英 thick; dense) ▶背後には~たる森林が控えている/后面是一片郁郁葱葱的森林 hòumian shì yí piàn yùyùcōngcōng de sēnlín ▶道の両側には松の古木が~と茂っている/路两旁长满了苍翠的老松树 lù liǎngpáng zhǎngmǎnle cāngcuì de lǎosōngshù

うったえ【訴え】 诉讼 sùsòng; 诉说 sùshuō (英 *an appeal; a complaint*) ▶行政を相手に~を起こす/对行政当局起诉 duì xíngzhèng dāngjú qǐsù ▶その子の涙の~に耳を傾ける/倾听那个孩子悲哀的诉说 qīngtīng nàge háizi bēi'āi de sùshuō

うったえる【訴える】 ❶〖不満や苦痛を〗诉说 sùshuō (英 *complain*) ▶苦痛を~/叫苦 jiàokǔ ▶患者が医師に苦痛を~/患者向大夫诉说自己的病痛 huànzhě xiàng dàifu sùshuō zìjǐ de bìngtòng ▶15年間無実を訴え続けてきた/十五年来一直在申述自己的冤屈 shíwǔ nián lái yìzhí zài shēnshù zìjǐ de yuānqu ▶広く世界に平和を~/向全世界呼吁和平 xiàng quánshìjiè hūyù hépíng ▶彼らは涙ながらに治療費を援助してくれるよう訴えた/他们流着泪恳求得到医疗费的援助 tāmen liúzhe lèi kěnqiú dédào yīliáofèi de yuánzhù ▶隣人の乱暴を警察に~/向警察投诉邻居的粗暴行为 xiàng jǐngchá tóusù línjū de cūbào xíngwéi ❷〖訴訟〗打官司 dǎ guānsi (英 *bring a suit*) ▶訴えられる/吃官司 chī guānsi ▶隣人に金を騙し取ったと訴えられる/被邻居提诉说骗取了他的钱财 bèi línjū tísùshuō piànqǔle tā de qiáncái ❸〖頼る〗诉诸 sù zhū (英 *resort to...*) ▶暴力に~のは逆効果だ/诉诸暴力会适得其反 sù zhū bàolì huì shìdé qí fǎn ▶絵画は視覚に~芸術だ/绘画是诉诸于视觉的艺术 huìhuà shì sù zhū yú shìjué de yìshù

うっちゃる ❶〖放置する〗甩手 shuǎishǒu; 弃置 qìzhì (英 *leave alone*) ▶書類を~/随手丢放文件资料 suíshǒu diūfàng wénjiàn zīliào ▶仕事をうっちゃってハワイを遊びに行く/把工作放在一边去夏威夷旅游 bǎ gōngzuò fàngzài yībiān qù Xiàwēiyí lǚyóu ▶猫なんかうっちゃっとけばいいのよ/猫啊什么的,不用太管,由它去就行 māo a shénmede, búyòng tài guǎn, yóu tā qù jiù xíng ❷〖相撲技〗(英 *throw... out at the edge of the ring*) ▶住民は当局との交渉の土壇場でうっちゃりを食らった/居民跟当局的交涉在最后关头却翻胜为败 jūmín gēn dāngjú de jiāoshè zài zuìhòu guāntóu què zhuǎn shèng wéi bài

うつつ【現】 现实 xiànshí (英 *reality*) ▶夢か~か幻か/是梦幻还是现实? shì mènghuàn háishi xiànshí?

~を抜かす 入迷 rù mí ▶いい若いもんが盆栽に~を抜かしている/好好的一个年轻人却对盆景入了迷 hǎohǎo de yí ge niánqīngrén què duì pénjǐng rùle mí

うつて【打つ手】 对策 duìcè; 措施 cuòshī (英 *measures; actions*) ▶父は仕事をしながらも~を考えていた/爸爸一边工作一边打主意 bàba yībiān gōngzuò yībiān dǎ zhǔyi

~がない 没有办法 méi yǒu bànfǎ ▶もはや~がない/已经束手无策了 yǐjing shù shǒu wú cè le

うってかわる【打って変わる】 变得截然不同 biànde jiérán bùtóng (英 *change completely*) ▶彼は昨日とは打って変わって官僚の顔をしている/他跟昨天截然不同,完全变成了一副官僚的嘴脸 tā gēn zuótiān jiérán bùtóng, wánquán biànchéngle yí fù guānliáo de zuǐliǎn

うってつけ【打ってつけ】 理想 lǐxiǎng; 合适 héshì (英 *most suitable*) ▶その役目は彼に~だ/这个职务对他来说是再合适不过了 zhège zhíwù duì tā lái shuō shì zài héshìbuguò le ▶それには~の人材がいます/做那件事有一位理想的人材 zuò nà jiàn shì yǒu yí wèi lǐxiǎng de réncái

うってでる【打って出る】 出击 chūjī (英〖立候補する〗*run for...*) ▶私は次の衆議院選挙に~つもりです/我打算参加下一届众议院的选举 wǒ dǎsuan cānjiā xià yī jiè zhòngyìyuàn de xuǎnjǔ ▶あの娘はいずれ文壇に~のだろう/我想,那个女孩迟早会走上文坛 wǒ xiǎng, nàge nǚhái chízǎo huì zǒushàng wéntán

ウッド《ゴルフ》木杆 mùgān (英 *wood*)

うっとうしい【鬱陶しい】 郁闷 yùmèn; 阴郁 yīnyù (英 *gloomy*) ▶~天気が続きますね/这些日子天气真让人憋闷 zhè xiē rìzi tiānqì zhēn ràng rén biēmen ▶あいつの言は聞くだに~/一听那家伙的哭诉就觉得郁闷 yì tīng nà jiāhuo de kūsù jiù juéde yùmèn

うっとり 陶醉 táozuì; 心醉 xīnzuì (英 *in raptures*) ▶その美貌に私は~見とれた/看着那副花容月貌我都陶醉了 kànzhe nà fù huā róng yuè mào wǒ dōu táozuì le ▶その歌を聞きながらは私は~していた/听着那首歌我感到心陶醉 tīngzhe nà shǒu gē wǒ gǎndào xīnzuì

うつびょう【鬱病】 抑郁症 yìyùzhèng (英 *(mental) depression*) ▶~にかかる/患抑郁症 huàn yìyùzhèng ▶母は~でなかなか外出できない/母亲得了抑郁症难得出门 mǔqin déle yìyùzhèng nándé chūmén ▶~患者/抑郁症患者 yìyùzhèng huànzhě

うつぶせに 脸朝下趴着 liǎn cháo xià pāzhe (英 *face down*) ▶~になる/俯卧 fǔwò ▶死体は~に寝かされていた/尸体脸朝下趴着 shītǐ liǎn cháo xià pāzhe ▶コップをテーブルに~に置く/把杯子倒扣在桌子上 bǎ bēizi dào kòu zài zhuōzishang

うっぷん【鬱憤】 闷气 mènqì (英 *resentment; anger*)

~を晴らす 发泄郁闷 fāxiè yùmèn ▶海に馬鹿やろうと叫んで~を晴らす/对着大海叫骂发泄心中的郁闷 duìzhe dàhǎi jiàomà fāxiè xīnzhōng de yùmèn

ウツボ〖魚〗海鳝 hǎishàn (英 *a moray*)

うつむく【俯く】 俯首 fǔshǒu; 低头 dītóu (英 *drop one's head (one's eyes)*) ▶彼女はうつむき加減に歩いた/她略微低着头走路 tā lüèwēi dīzhe tóu zǒulù ▶彼女はうつむいて、うなずくだけであった/她只是目光朝下地点点头 tā zhǐ shì mùguāng cháo xià de diǎndian tóu

うつらうつらする 昏昏欲睡 hūnhūn yù shuì;

迷迷糊糊 mímíhūhū (*doze off; drowse*) ▶講義を聞きながら〜していた/听课时我昏昏欲睡 tīngzhe kè wǒ hūnhūn yù shuì

うつり【写り】 照 zhào; 映 yìng (*reflection*) ▶私は大体写真が悪いのよ/我本来就上不相 wǒ běnlái jiù bú shàngxiàng

うつり【映り】 色彩的配合 sècǎi de pèihé (*match; harmony*) ▶背景を青にしたほうが服のーがいいわね/配上蓝颜色的背景服装会显得漂亮吧 pèishang lányánsè de bèijīng fúzhuāng huì xiǎnde piàoliang ba

うつりが【移り香】 薰上的香味儿 xūnshàng de xiāngwèir (*a lingering scent*) ▶あの人のーをうっとりと嗅いでいた/闻着那个人身上的薰香味儿我陶醉了 wénzhe nàge rén shēnshang de xūn xiāngwèir wǒ táozuì le

うつりかわり【移り変わり】 变迁 biànqiān (*change; transition*) ▶あの辺は四季のーが楽しいだろう/那边儿四季的变化一定会很有情趣 nà biānr sìjì de biànhuà yídìng huì hěn yǒu qíngqù ▶私は世の中のーを存分に見てきた/我已经看够了世态沧桑 wǒ yǐjing kàngòule shìtài cāngsāng

うつりかわる【移り変わる】 变迁 biànqiān; 变化 biànhuà (*change; shift*) ▶時代はどんどんーする/时代不断地变化 shídài búduàn de biànhuà

うつりぎ【移り気な】 喜新厌旧 xǐ xīn yàn jiù; 见异思迁 jiàn yì sī qiān (*capricious; inconstant*) ▶おまえは全くーな男だなあ/你真是一个喜新厌旧的男人 nǐ zhēn shì yí ge xǐ xīn yàn jiù de nánrén ▶あいつのーには呆れるよ/对他那种见异思迁的脾气我已经受够了 duì tā nà zhǒng jiàn yì sī qiān de píqi wǒ yǐjīng shòugòu le

うつる【写る】 拍 pāi; 照 zhào (*be taken*) ▶写真に撮ったー/拍到照片上 pāidào zhàopiànshang ▶よく写っている/照得很好 zhàode hěn hǎo ▶写真には20年前の自分が写っていた/照片上记录着二十年前的我 zhàopiànshang jìlùzhe èrshí nián qián de wǒ ▶この熊は実に良く写っている/这头熊照得真不错 zhè tóu xióng zhàode zhēn búcuò

うつる【映る】 映 yìng (*be reflected; match*) ▶岸辺の樹々が水面にー/岸边的树木倒映在水面上 ànbiān de shùmù dàoyìng zài shuǐmiàn shàng ▶その男の目にはー鬼のように映った/那个男人在我的眼里就像恶魔一样 nàge nánrén zài wǒ de yǎnli jiù xiàng èmó yíyàng ▶ネクタイを青にしたほうが姿がよく映りますよ/戴蓝领带会显得更酷吧 dài lánlǐngdài huì xiǎnde gèng kù

うつる【移る】 ❶【伝染する】传染 chuánrǎn; 感染 gǎnrǎn (*catch*) ▶私のかぜが子供に移った/我的感冒传染给孩子了 wǒ de gǎnmào chuánrǎn gěi háizi le ❷【移動する】迁移 qiānyí; 转移 zhuǎnyí (*move*) ▶郊外の一戸建にー/搬进了郊外独门独院的房子 bānjìnle

jiāowài dúmén dúyuàn de fángzi ▶会社をーに換公司 huàn gōngsī ▶彼の関心が和子から良子にー/他的心思从和子小姐转到了良子小姐身上 tā de xīnsi cóng Hézǐ xiǎojiě zhuǎndàole Liángzǐ xiǎojiě shēnshang ❸【時間が経過する】推移 tuíyí; 经过 jīngguò (*change; pass*) ▶時は移り私は20歳になっていた/时光流逝我长到了二十岁 shíguāng liúshì wǒ zhǎngdàole èrshí suì ▶季節が移ったことにも私は気付いていなかった/连季节的变化我都没有察觉 lián jìjié de biànhuà wǒ dōu méiyǒu chájué

うつろ【虚ろ】 空洞 kōngdòng; 空虚 kōngxū (*emptiness; vacancy*) ▶男はーな目を宙に泳がせていた/男人眼珠呆滞的目光茫然无望 nánrén nà dāizhì de mùguāng mángrán wú wàng ▶彼の言葉はもはやーにしか響かない/他的话只能给人一种空虚的感觉 tā de huà zhǐ néng gěi rén yì zhǒng kōngxū de gǎnjué

うつわ【器】 ❶【容器】器皿 qìmǐn; 容器 róngqì (*a vessel; a receptacle*) ▶いちごを青いーに盛って出す/把草莓盛放在蓝色的器皿里端出来 bǎ cǎoméi chéngfàng zài lánsè de qìmǐnli duānchūlai ❷【人間の】器量 qìliàng; 才干 cáigàn (*capacity; caliber*) ▶あいつはかにもーが大きい/他器量真大 tā qìliàng zhēn dà ▶彼は社長のーではない/他不是当总经理的料 tā bú shì dāng zǒngjīnglǐ de liào

うで【腕】 ❶【上肢】臂膊 bìbó; 胳膊 gēbo (*an arm*) ▶二人はーを組んで歩いた/两个人挽着胳膊走路 liǎng ge rén wǎnzhe gēbo zǒulù ▶彼は赤ん坊をーに抱えていた/他把婴儿在手上 tā bǎ yīng'ér zài shǒushang ❷【腕力】腕力 wànlì (*force; brawn*) ❸【技量】本事 běnshi; 技能 jìnéng; 手艺 shǒuyì (*ability; skill*) ▶ーのいい職人が少なくなった/技术高超的手艺人越来越少了 jìshù gāochāo de shǒuyìrén yuèláiyuè shǎo le

〜が立つ 技能高超 jìnéng gāochāo

〜が鳴る 摩拳擦掌 mó quán cā zhǎng

〜を振るう 发挥才能 fāhuī cáinéng ▶会社再建にーを振るう/为重建公司发挥才能 wèi chóngjiàn gōngsī fāhuī cáinéng

〜を磨く 磨练技艺 móliàn jìyì ▶料理のーを磨く/磨练烹饪技艺 móliàn pēngrèn jìyì

[日中比较] 中国语的'腕 wàn'是"手首"的こと。なお「腕力 wànr」というと「業界の大物」を指す。▶大腕儿 dàwànr/大ス夕ー

うてき【雨滴】 雨滴 yǔdī (*a raindrop*)

うできき【腕利き】 能手 néngshǒu; 干将 gànjiàng (*an able person*) ▶当社きってのープログラマーを派遣する/派遣我们公司最能干的电脑程序专家 pàiqiǎn wǒmen gōngsī zuì nénggàn de diànnǎo chéngxù zhuānjiā ▶料理のーと言えばまず彼だ/要说烹饪能手非他莫属 yào shuō pēngrèn néngshǒu fēi tā mòshǔ

うでぐみ【腕組する】 抱着胳膊 bàozhe gēbo (*fold one's arms*) ▶監督はーして考え込

んだ/导演抱着胳膊沉思 dǎoyǎn bàozhe gēbo chénsī

うでくらべ【腕比べする】 比本领 bǐ běnlǐng; 比赛技能 bǐsài jìnéng（英 *a contest*）▶三人のギターの～/三个人比试一下弹吉他的技巧吧 sān ge rén bǐshì yíxià tán jítā de jìqiǎo ba

うでずく【腕ずくで】 诉诸武力 sù zhū wǔlì（英 *by force*）▶彼は～でも奪い返すと言っているよ/他说了，即使动武也要夺回来 tā shuō le, jíshǐ dòngwǔ yě yào duóhuílai

うでずもう【腕相撲】 扳腕子 bān wànzi（英 *arm wrestling*）▶～では息子にかなわなくなった/扳腕子我已经敌不过儿子了 bān wànzi wǒ yǐjing dǎbuguò érzi le

うでたてふせ【腕立て伏せ】 俯卧撑 fǔwòchēng（英 *a push-up*）▶毎日50回～をする/每天做五十次俯卧撑 měitiān zuò wǔshí cì fǔwòchēng

うでだめし【腕試しをする】 试试本事 shìshi běnshi（英 *test one's strength*）▶～に早大に挑戦した/作为尝试，我报考了早大 zuòwéi chángshì, wǒ bàokǎole Zǎodà

うでっぷし【腕っ節】 腕力 wànlì; 力气 lìqi; 手臂关节 shǒubì guānjié（英 *strength in one's arms*）▶～の強さだけが彼の取り柄だった/他唯一的优点就是有力气 tā wéiyī de yōudiǎn jiùshì yǒu lìqi ▶～なら誰にも負けない/论力气我不会输给任何人 lùn lìqi wǒ búhuì shūgěi rènhé rén

うでどけい【腕時計】 手表 shǒubiǎo（英 *a watch*）▶～をはめる/戴上手表 dàishàng shǒubiǎo ▶～をはずす/摘下手表 zhāixià shǒubiǎo

うでまえ【腕前】 本事 běnshi; 技能 jìnéng; 手艺 shǒuyì（英 *ability; skill*）▶二人とも書道の～はすごいんだ/两个人的书法都很有工夫 liǎng ge rén de shūfǎ dōu hěn yǒu gōngfu ▶～を披露する一手 lòu yìshǒu ▶彼は～を披露した/在大舞台上展现了钢琴的才华 zài dàwǔtáishang zhǎnxiànle gāngqín de cáihuá

うでまくり【腕捲りする】 卷袖子 juǎn xiùzi（英 *roll up one's sleeves*）▶私は～して咳呵を切った/我卷起袖子厉声痛斥 wǒ juǎnqǐ xiùzi lìshēng tòngchì

うてん【雨天】 雨天 yǔtiān（英 *rainy weather; a rainy day*）▶～決行/风雨无阻 fēngyǔ wúzǔ ▶～順延/遇雨顺延 yù yǔ shùnyán ▶試合は～の場合は順延とする/如果下雨比赛顺延 rúguǒ xià yǔ bǐsài shùnyán

ウド【独活】【植物】土当归 tǔdāngguī; 独活 dúhuó（英 *a udo*）▶～の大木 大草包 dàcǎobāo ▶ああいう男を～の大木と言うんだ/那种人就叫大草包 nà zhǒng rén jiù jiào dàcǎobāo

うとい【疎い】 生疏 shēngshū（英 *know little of...*）▶私はどうも世事に～もので，/我实在是不懂世情だ wǒ shízài shì bù dǒng shìqíng…

うとうとする 打盹儿 dǎdǔnr; 似睡非睡 sì shuì fēi shuì（英 *doze; drowse*）▶ソファでしばらく～した/在沙发上打了一会盹儿 zài shāfāshang dǎle yíhuǐ dǔnr

うとましい【疎ましい】 觉得讨厌 juéde tǎoyàn（英 *offensive*）▶見るのも～/看着就令人生厌 kànzhe jiù lìng rén shēngyàn

うどん 乌冬面 wūdōngmiàn; 面条 miàntiáo（英 *udon noodles*）▶～を打つ/擀面条 gǎn miàntiáo ▶～鍋焼き～/砂锅面条 shāguō miàntiáo ▶僕はきつね～だ/我来一份油炸豆腐干乌冬面 wǒ lái yí fèn yóuzhá dòufugān wūdōngmiàn

うとんじる【疎んじる】 疏远 shūyuǎn; 冷待 lěngdài（英 *neglect; keep away*）▶君を疎んじしているわけじゃないんだ．ただ…/并不是要疏远你，只是… bìng bú shì yào shūyuǎn nǐ, zhǐ shì… ▶僕はどうも部長に疎んじられているらしい/看来我真是被部长冷落了 kànlái wǒ zhēn shì bèi bùzhǎng lěngluò le

うながす【促す】 催 cuī; 催促 cuīcù（英 *urge*）; [刺激する] stimulate ▶数学は科学の発展を～原動力でしょう/数学是促进科学发展的原动力啊 shùxué shì cùjìn kēxué fāzhǎn de yuándònglì a ▶遅刻せぬようみんなの注意を～/提醒大家不要迟到 tíxǐng dàjiā búyào chídào

ウナギ【鰻】【魚】鳗鲡 mánlí; 河鳗 hémán（英 *an eel*）▶養殖～/饲养河鳗 sìyǎng hémán ▶～の蒲焼き/炭火烤河鳗 tànhuǒ kǎo hémán ▶～の寝床のような建物/像河鳗窝一样细长的房子 xiàng hémánwō yíyàng xìcháng de fángzi

～上り 直线上升 zhíxiàn shàngshēng ▶物価は～上りに上がっている/物价暴涨 wùjià bàozhǎng

うなされる 魇 yǎn（英 *have a nightmare*）▶夢に～/梦魇 mèngyǎn ▶毎日悪夢に～/每天做恶梦 měitiān zuò èmèng

うなじ【項】【首すじ】脖颈儿 bógěngr（英 *the nape of the neck*）▶～を垂れて神に祈る/低头祈祷神灵 dītóu qídǎo shénlíng

うなずく【頷く】 点头 diǎntóu; 首肯 shǒukěn（英 *nod*）▶彼は大きく頷いて「承知した」と言った/他深深地点头说："好的" tā shēnshēn de diǎntóu shuō: "Hǎo de" ▶頷けない/不能同意 bùnéng tóngyì; 不可理解 bùkě lǐjiě ▶それは素直に頷けませんな/这件事不能轻易地同意 zhè jiàn shì bùnéng qīngyì de tóngyì

うなだれる 垂头 chuítóu; 低头 dītóu（英 *drop one's head*）▶先輩に叱責されて私は～かった/受到前辈的斥责我只能低头沉默 shòudào qiánbèi de chìzé wǒ zhǐ néng dītóu chénmò

うなばら【海原】 大海 dàhǎi（英 *an ocean*）▶我々は今大～に乗り出そうとしている/我们即将驶向大海 wǒmen jíjiāng shǐ xiàng dàhǎi

うなり【唸り】（モーターなどの）轰鸣 hōngmíng（英 *a buzz*）▶モーターが～をあげる/马达发出轰鸣 mǎdá fāchū hōngmíng

うなる【唸る】 哼 hēng; 吼 hǒu; 叹 tàn（英 *groan*）; [犬が] *snarl* ▶痛くて一晩中唸り続けた/疼得哼了一个晚上 téngde hēngle yí ge wǎnshang ▶窓の外ではひゅうひゅうと風が唸っている/窗外大风呼呼地吼 chuāngwài dàfēng hūhū de hǒu ▶彼の比喩の巧みさに私は思わず唸ってしまった/他比喻得真妙,我不由得叫起好来 tā bǐyùde zhēn miào, wǒ bùyóude jiàoqǐ hǎo lái ▶彼は～ほど金を持っている/他富得让人惊叹 tā fùyǒude ràng rén jīngtàn

ウニ【雲丹】〔動物〕海胆 hǎidǎn (㊀ *a sea urchin*)

うぬぼれ【自惚れ】 骄傲 jiāo'ào; 自大 zìdà (㊀ *self-conceit*) ▶全く～の強い奴だな/真是一个自高自大的家伙 zhēn shì yí ge zì gāo zì dà de jiāhuo ▶あの～が命取りになるよ/那么骄傲会身败名裂的 nàme jiāo'ào huì shēn bài míng liè de

うぬぼれる【自惚れる】 翘尾巴 qiào wěiba; 自高自大 zì gāo zì dà (㊀ *be conceited*) ▶彼は自分で秀才だと自惚れている/他以为是个秀才,自命不凡 tā zì yǐwéi shì ge xiùcai, zì mìng bù fán ▶の もいいかげんにしろ/别翘尾巴啦 bié qiào wěiba la

うね【畝】 垄 lǒng (㊀ *a ridge; a furrow*) ▶～を作り麦を播く/梺垄种麦子 pǎng lǒng zhòng màizi

うねうね 蜿蜒 wānyán (㊀ *winding; meandering*) ▶道は海沿いを～と続いていた/道路沿着海岸拐来拐去 dàolù yánzhe hǎi'àn guǎi lái guǎi qù

うねり 浪潮 làngcháo (㊀ *winding; meandering*); [波の] *swelling*) ▶嵐の後で～が激しい/暴风雨之后的海浪很汹涌 bàofēngyǔ zhīhòu de hǎilàng hěn xiōngyǒng ▶誰もが歴史の～に翻弄されていた/所有的人都经受了历史浪潮的洗礼 suǒyǒu de rén dōu jīngshòule lìshǐ làngcháo de xǐlǐ

うねる ❶【波が】（波涛）滚滚 (bōtāo) gǔngǔn (㊀ *swell*) ▶波がうねりつつ押し寄せる/波浪滚滚而来 bōlàng gǔngǔn ér lái ❷【道すじが】(㊀ *wind; meander*) ▶道が～/道路蜿蜒 dàolù wānyán ▶上りにかかって道が大きくうねった/爬坡路拐了一个大弯 pá pōlù guǎile yí ge dàwān

うのう【右脳】〔解〕右脑 yòunǎo (㊀ *the right brain*)

うのみ【鵜呑みにする】 囫囵吞枣 húlún tūn zǎo (㊀ *swallow*) ▶ひとの話を～にする/盲目听人说的话 mángxìn biéren shuō de huà ▶あんな奴の話を～にするなんて,君もどうかしてるよ/你也真是的,怎么能轻信那种人的话？nǐ yě zhēnshide, zěnme néng qīngxìn nà zhǒng rén de huà?

うは【右派】 右派 yòupài (㊀ *the right faction*)

うば【乳母】 奶妈 nǎimā (㊀ *a (wet) nurse; a nanny*)

うばいあう【奪い合う】 争夺 zhēngduó (㊀ *scramble; struggle*) ▶一つの議席を三党で～/三个政党争夺一个席位 sān ge zhèngdǎng zhēngduó yí ge xíwèi

うばいかえす【奪い返す】 夺回 duóhuí (㊀ *take back; recapture*) ▶失った領土を～にはどうすればよいか/为了收复失地我们应该怎么办？wèile shōufù shīdì wǒmen yīnggāi zěnme bàn?

うばいとる【奪い取る】 抢夺 qiāngduó; 掠夺 lüèduó (㊀ *take... away; grab*) ▶彼は少年の手からタバコを奪い取った/他从少年的手里抢走了香烟 tā cóng shàonián de shǒuli qiǎngzǒule xiāngyān

うばう【奪う】 夺 duó (㊀ *take... by force; rob*) ▶その法律は言論の自由を奪おうとするものだ/那条法律是要剥夺言论的自由 nà tiáo fǎlǜ shì yào bōduó yánlùn de zìyóu ▶老人を襲って金品を～/袭击老人抢夺钱财 xíjī lǎorén qiǎngduó qiáncái ▶我々は5点を奪って快勝した/我们夺得五分大获全胜 wǒmen duódé wǔ fēn dà huò quánshèng ▶事故で我々は通勤の足を奪われた/由于事故我们失去了上下班的交通工具 yóuyú shìgù wǒmen shīqùle shàngxiàbān de jiāotōng gōngjù ▶洪水は30名の命を奪った/洪水夺走了三十条生命 hóngshuǐ duózǒule sānshí tiáo shēngmìng

心を～ 迷人 mírén ▶その美少女にすっかり心を奪われた/那位美丽的少女征服了我的心 nà wèi měilì de shàonǚ zhēngfúle wǒ de xīn

うばぐるま【乳母車】 婴儿车 yīng'érchē (㊀ *a baby carriage*) ▶～を押す/推婴儿车 tuī yīng'érchē ▶～に乗って/坐婴儿车 zuò yīng'érchē ▶～に乗せて連れ出す/用婴儿车推着孩子出门 yòng yīng'érchē tuīzhe háizi chūmén

うぶ 纯真 chúnzhēn; 天真 tiānzhēn (㊀ *innocent*) ▶あんな～な男もいるんだなあ/还真有那么纯真的男人啊 hái zhēn yǒu nàme chúnzhēn de nánrén a

うぶぎ【産着】 襁褓 qiǎngbǎo (㊀ *swaddling clothes*) ▶～にくるまれて眠る/裹着襁褓睡觉 guǒzhe qiǎngbǎo shuìjiào

うぶげ【産毛】 ❶【赤ちゃんの】胎毛 tāimáo; 胎发 tāifà (㊀ *downy hair*) ▶うっすら～が生えている/长着一层薄薄的奶毛 zhǎngzhe yì céng báobáo de nǎimáo ❷【顔などの】寒毛 hánmáo; 毫毛 háomáo (㊀ *fuzz*)

うぶごえ【産声】 婴儿第一声 yīng'ér dìyī shēng (㊀ *the first cry of a baby*)

～を上げる 诞生 dànshēng; 新生 xīnshēng ▶我が子が元気に～を上げた/伴随着健康的哭声,我的孩子诞生了 bànsuízhe jiànkāng de kūshēng, wǒ de háizi dànshēng le ▶日本リーグはこの日この地で～を上げた/日本组循环赛是这一天在这里诞生的 Rìběn zǔ xúnhuánsài shì zhè yì tiān zài zhèlǐ dànshēng de

うぶゆ【産湯】 新生婴儿第一次洗浴 xīnshēng yīng'ér dìyī cì xǐzǎo (㊀ *a baby's first bath*) ▶俺はこれでも京都の水で～を使ったんだ/别看我这副模样,还是用京都的水接生的呢 bié kàn wǒ zhè fù múyàng, háishi yòng Jīngdū de shuǐ jiēshēng de ne

うま【午】〔十二支〕午 wǔ (㊀ *the year of*)

the Horse） 私は～年生まれです/我属马 wǒ shǔ mǎ ▶女房は丙一なんだ/我爱人是丙午年出生的 wǒ àiren shì bǐngwǔnián chūshēng de

ウマ【馬】【動物】马 mǎ（英 *a horse*）▶～から降りる/下马 xià mǎ ▶～に乗る/骑马 qí mǎ ▶～を走らせる/跑马 pǎo mǎ; 驱马 qū mǎ ▶～から落ちて足を挫く/从马上摔下来伤了腿 cóng mǎshang shuāixiàlai shāngle tuǐ

[ことわざ] **生き馬の目を抜く** 雁过拔毛 yàn guò bá máo

[ことわざ] **馬に乗ってみよ，人には添うてみよ** 马不骑不知性，人不交不知心 mǎ bù qí bù zhīxìng, rén bù jiāo bù zhīxīn

[ことわざ] **馬の耳に念仏** 耳旁风 ěrpángfēng ▶あの男には何を言っても～の耳に念仏だ/跟他不管说什么都是对牛弹琴 gēn tā bùguǎn shuō shénme dōu shì duì niú tán qín

～が合う **合得来** hédelái ▶なぜか彼とは～が合うんだ/不知为什么，我跟他挺合得来 bù zhī wèi shénme, wǒ gēn tā tǐng hédelái

～の骨 ▶どこの～の骨だか知らないが大きな口をきくじゃないか/真不知道是个什么东西，还挺狂的 zhēn bù zhīdào shì ge shénme dōngxi, hái tǐng kuáng de

うまい【旨い・上手い】 ❶【味】好吃 hǎochī（英 *delicious*; *savory*）▶いかにもうまそうに食べる/看起来吃得真香 kànqǐlai chīde zhēn xiāng ▶～酒ですなあ/好香的酒啊 hǎo xiāng de jiǔ a ▶ああうまかった/真好吃啊 zhēn hàochī a ❷【利益】**有甜头** yǒu tiántou（英 *fine*）▶～話には気をつけろよ/对甜言蜜语可要当心啊 duì tiányán mìyǔ kě yào dāngxīn a ❸【情况】（英 *successful*; *lucky*）▶～具合に/偏巧 piānqiǎo; 恰巧 qiàqiǎo ▶～具合に雨がやんだ/正好雨停了 zhènghǎo yǔ tíng le ▶うまくない/不妙 búmiào ▶うまくいく/进展顺利 jìnzhǎn shùnlì ▶彼は家庭がうまくいっていないらしい/他的家庭好像不美满 tā de jiātíng hǎoxiàng bù měimǎn ❹【技】（英 *skillful*; *splendid*）▶字が～/字写得很好 zì xiěde hěn hǎo ▶あいつは口が～から気を付けないとね/那家伙嘴甜，可要多加小心 nà jiāhuo zuǐ tián, kě yào duō jiā xiǎoxīn ▶うまく言えない/说不好 shuōbuhǎo ▶分かっているのにうまく言えないんだ/心里明白可是说不出来 xīnli míngbai kěshì shuōbuchūlái ▶うまくやれよ/干得巧妙点儿 gànde qiǎomiào diǎnr

～汁を吸う **揩油** kāiyóu; **占便宜** zhàn piányi ▶地位を利用して～汁を吸う/利用地位占便宜 lìyòng dìwèi zhàn piányi

うまごや【馬小屋】 马厩 mǎjiù（英 *a stable*）

うまづら【馬面】 驴脸 lúliǎn（英 *a long, horsy face*）

うまのり【馬乗りになる】 骑在身上 qízài shēnshang（英 *sit astride*）▶～になって顔を殴る/骑在马上打(他的)脸 qízài mǎshang dǎ (tā de) liǎn

うまみ【旨み】 ❶【味】美味 měiwèi（英 *taste*; *flavor*）▶昆布で野菜の～を引き出す/用海带给蔬菜提鲜味儿 yòng hǎidài gěi shūcài tí xiānwèir ❷【利益】油水 yóushui; 甜头 tiántou（英 *the nice point*）▶それは結構～のあるポストだった/这可是个肥缺 zhè kě shì yí ge féiquē

♦～調味料 |味精 wèijīng

うまる【埋まる】 埋没 máimò（英 *be buried*; [いっぱいになる] *be filled up*）▶一村が雪に～/整个村子都被雪埋没了 zhěnggge cūnzi dōu bèi xuě máimò le ▶部屋中が本で～/房间里堆满了书 fángjiānli duīmǎnle shū ▶客席は定刻20分前には埋まっていた/离开演还有二十分钟，观众席就坐满了 lí kāiyǎn háiyǒu èrshí fēnzhōng, guānzhòngxí jiù zuòmǎn le

うまれ【生まれ】 出生 chūshēng（英 *birth*; [家柄] *lineage*）▶東京～/东京出生 Dōngjīng chūshēng ▶明治～/出生于明治时代 chūshēng yú Míngzhì shídài ▶わたくし，～も葛飾柴又です/我生在葛饰柴又长在葛饰柴又 wǒ shēngzài Géshì Cháiyòu zhǎngzài Géshì Cháiyòu ▶～がいいからどうだと言うんだ/出身好又怎么样呢？ chūshēn hǎo yòu zěnmeyàng ne?

♦～故郷 |故乡 gùxiāng; 家乡 jiāxiāng ▶あの山の向こうに～故郷はあるんだが…/我的故乡就在那座山背面，… wǒ de gùxiāng jiù zài nà zuò shān bèimian, …

うまれあわせる【生まれ合わせる】（英 *happen to be born*）▶お互い悪い時代に生まれ合わせたなあ/咱们都偏偏生在这种倒霉的时代 zánmen dōu piānpiān shēngzài zhè zhǒng dǎoméi de shídài

うまれおちる【生まれ落ちる】 生下来 shēngxiàlai（英 *come into the world*）▶俺は生まれ落ちた時から海のにおいを嗅いでいたんだ/我从出生落地的那一天起就闻到海的味道 wǒ cóng chūshēng luòdì de nà yì tiān qǐ jiù wéndào hǎi de wèidao

うまれかわり【生まれ変わり】 化身 huàshēn（英 *rebirth*; [化身] *an incarnation*）▶あの人は梅の花の～かもしれない/那个人或许是从梅花托生的 nàge rén huòxǔ shì cóng méihuā tuōshēng de

うまれかわる【生まれ変わる】 投生 tóushēng; 投胎 tóutāi; 转生 zhuǎnshēng（英 *be born again*）▶生まれ変わって真人間になる/脱胎换骨，重新做人 tuō tāi huàn gǔ, chóngxīn zuòrén ▶夢の中で竞走馬に生まれ変わっていた/作梦投胎变成了竞赛的马 zuò mèng tóutāi biànchéngle jìngsài de mǎ

うまれたて【生まれたての】 刚出生 gāng chūshēng（英 *newborn*）▶～の赤ん坊をこわごわと抱く/小心翼翼地抱着刚出生的婴儿 xiǎoxīn yìyì de bàozhe gāng chūshēng de yīng'ér

うまれつき【生まれつきの】 生来 shēnglái; 天赋 tiānfù（英 *by nature*; *naturally*）▶口が悪いのは～です/我天生就是这张臭嘴 wǒ tiānshēng

うまれつく【生まれつく】（英 *be born under...*）▶あいにく私はロマンチストには生まれついていない/可惜我天生就不是一个浪漫主义者 kěxī wǒ tiānshēng jiù bú shì yí ge làngmàn zhǔyìzhě

うまれながら【生まれながら】 天生 tiānshēng shēnglái（英 *by nature; naturally*）▶彼は～の歌手と言えよう/他可以说是一位天生的演唱家 tā kěyǐ shuō shì yí wèi tiānshēng de yǎnchàngjiā ▶私は～に霊感を備えていた/我生来就赋有灵感 wǒ shēnglái jiù fùyǒu línggǎn

うまれる【生まれる】 生 shēng；出生 chūshēng；出世 chūshì（英 *be born*）▶子供が～/生孩子 shēng háizi ▶金持ちに～のも考えじゃないな/生在富家也未必就好 shēngzài fùjiā yě wèibì jiù hǎo ▶我が家に子供が～んだ/我家要生孩子了 wǒ jiā yào shēng háizi le ▶こうして日本最初の歌集が生まれた/就这样日本的第一部诗歌集诞生了 jiù zhèyàng Rìběn de dìyī bù shīgējí dànshēng le ▶生まれて初めて海を見た/有生以来头一回见到海 yǒu shēng yǐlái tóu yì huí jiàndào hǎi ▶生まれてこのかた海外に出たことがない/有生以来还没有去过海外 yǒu shēng yǐlái hái méiyǒu qùguò hǎiwài

うみ【生みの・産みの】（英 *birth*）▶～の親/亲生父母 qīnshēng fùmǔ ▶～の親と育ての親/亲生父母和养父母 qīnshēng fùmǔ hé yǎngfùmǔ ▶～の苦しみ/创业的艰难 chuàngyè de jiānnán ▶我々は今～の苦しみを味わっている/我们现在正在体验创业的艰难 wǒmen xiànzài zhèngzài tǐyàn chuàngyè de jiānnán

うみ【海】 海 hǎi（英 *the sea*；[大洋]*the ocean*）▶～に出る/出海 chūhǎi；下海 xiàhǎi ▶～が荒れる/海浪汹涌 hǎilàng xiōngyǒng ▶～の上で20年暮らした/在海上生活了二十年 zài hǎishàng shēnghuóle èrshí nián ▶～の男/海上男儿 hǎishàng nán'ér ▶～の家/海滨之家 hǎibīn zhī jiā ▶～の家でひと夏過ごす/在海滨之家渡过夏天 zài hǎibīn zhī jiā dùguò xiàtiān ▶あたりはすでに一面の火の～だった/四周已经是一片火海 sìzhōu yǐjīng shì yí piàn huǒhǎi

～のものとも山のものともつかない 没有眉目 méiyǒu méimù ▶この計画はまだ～のものとも山のものともつかない/这个计划还没有眉目 zhège jìhuà hái méiyǒu méimù

◆～燕 海燕 hǎiyàn ～開き 海滨浴场开放 hǎibīn yùchǎng kāifàng ▶～開きの日はあいにく雨だった/海滨浴场开放的那天偏偏赶上雨 hǎibīn yùchǎng kāifàng de nà tiān piānpiān gǎnshàng xià yǔ

うみ【膿】 脓 nóng（英 *pus*）▶傷が～をもつ/伤口化脓 shāngkǒu huànóng ▶傷から～が出る/从伤口流出脓来 cóng shāngkǒu liúchū nóng lái ▶組織から～を出さなければ駄目だ/一定要把组织里的坏水挤出来 yídìng yào bǎ zǔzhīli de huàishuǐ jǐchūlai

うみかぜ【海風】 海风 hǎifēng（英 *a sea breeze*）▶～を帆に受ける/海风鼓起了船帆 hǎifēng gǔqǐle chuánfān

うみせんやません【海千山千】 老油子 lǎoyóuzi（英 *sly like a fox*）▶業界には～の男たちがいっぱいいる/这一行里有很多老江湖 zhè yì hángli yǒu hěn duō lǎojiānghu

うみだす【生み出す】 产生 chǎnshēng；创造 chuàngzào（英 *produce; bring forth*）▶彼はさらに傑作を～だろう/他将会创造出更多的杰作 tā jiāng huì chuàngzàochū gèng duō de jiézuò ▶どうやって利益を～のですか/怎样才能产生利润呢 zěnyàng cái néng chǎnshēng lìrùn ne

うみつける【生みつける】 产卵 chǎnluǎn（英 *lay*；[かえるなどが] *spawn*）▶蝶がみかんの木に卵を～/蝴蝶把卵产在橘子树上 húdié bǎ luǎn chǎnzài júzishùshang

うみづり【海釣り】 海边钓鱼 hǎibiān diàoyú；海上钓鱼 hǎishàng diàoyú（英 *sea fishing*）▶～に出かける/去海上钓鱼 qù hǎishàng diàoyú

うみどり【海鳥】 海鸟 hǎiniǎo（英 *a seabird*）

うみなり【海鳴り】 海啸 hǎixiào；大海的轰鸣 dàhǎi de hōngmíng（英 *the sound of the sea*）▶暗闇の中で～を聞いていた/在黑暗中听过海啸声 zài hēi'àn zhōng tīngguò hǎixiàoshēng

ウミネコ【海猫】〔鳥〕黑尾鸥 hēiwěi'ōu（英 *a sea gull*）

うみのさち【海の幸】 海鲜 hǎixiān（英 *seafood*）▶このあたりは～山の幸に恵まれている/这一带盛产山珍海味 zhè yídài shèngchǎn shān zhēn hǎi wèi

うみべ【海辺】 海边 hǎibiān；海滨 hǎibīn（英 *the beach*）▶私は～の村で育った/我是在海滨的村子里长大的 wǒ shì zài hǎibīn de cūnzili zhǎngdà de

ウミヘビ【海蛇】〔動物〕海蛇 hǎishé（英 *a sea snake*）

うむ【生む・産む】❶〖子や卵を〗生 shēng；下 xià（英 *give birth to...*）▶子供を～/生孩子 shēng háizi ▶毎日卵を一個～/每天下一个蛋 měitiān xià yí ge dàn ❷〖生じる〗产生 chǎnshēng（英 *produce; yield*）▶君の笑顔が僕の活力を生むんだ/你的笑脸给我带来了活力 nǐ de xiàoliǎn gěi wǒ dàiláile huólì ▶あの人は日本が生んだ最高の芸術家だ/他是日本造就的最优秀的艺术家 tā shì Rìběn zàojiù de zuì yōuxiù de yìshùjiā

うむ【有無】 有无 yǒuwú（英 *existence*；[所持]*possession*；[諾否]*yes or no*）▶通知の～に関わらず3時に来て下さい/不管有没有通知，请于三点到达 bùguǎn yǒuméiyǒu tōngzhī, qǐng yú sān diǎn dàodá ▶金銭の授受の～が問題なんだ/问题就在于是否存在金钱上的交易 wèntí jiù zàiyú shìfǒu cúnzài jīnqiánshàng de jiāoyì

～相通ず 互通有无 hùtōng yǒuwú ▶両国は～

相通じる関係にある/两国之间具有互通有无的关系 liǎng guó zhījiān jùyǒu hùtōng yǒuwú de guānxi

～を言わせず 不由分说 bù yóu fēnshuō ▶彼は～を言わせず僕に切符を押し付けた/他不由分说把票硬塞给了我 tā bù yóu fēnshuō bǎ piào yìng sāigěile wǒ

うむ【倦む】 厌倦 yànjuàn (英 become tired; be fed up) ▶彼は～ことを知らない勉強家だ/他孜孜不倦酷爱学习 tā zīzī bú juàn kù'ài xuéxí

倦まず撓(á)まず 孜孜不倦 zīzī bú juàn; **坚持不懈** jiānchí búxiè ▶倦まず撓まず努力する/坚持不懈地努力 jiānchí búxiè de nǔlì

うむ【膿む】 化脓 huànóng (英 form pus; fester) ▶傷口が～/伤口化脓 shāngkǒu huànóng

ウメ【梅】【植物】 梅 méi (英 a plum) ▶～の実/梅子 méizǐ ▶～の花がほんのり香っている/梅花飘着淡淡的花香 méihuā piāozhe dàndàn de huāxiāng ▶はまだ三分咲きです/梅花刚开了三成 méihuā gāng kāile sān chéng

うめあわせ【埋め合わせ】 弥补 míbǔ (英 amends; compensation) ▶遅れた～に僕が御馳走しよう/为了表示迟到的歉意我来请客 wèile biǎoshì chídào de qiànyì wǒ lái qǐngkè

うめあわせる【埋め合わせる】 弥补 míbǔ; **补偿** bǔcháng (英 compensate) ▶金で～つもりかね/你打算用金钱来补偿吗？ nǐ dǎsuan yòng jīnqián lái bǔcháng ma？

うめきごえ【呻き声】 呻吟 shēnyín (英 a groan; a moan) ▶～を漏らす/发出呻吟 fāchū shēnyín

うめく【呻く】 呻吟 shēnyín (英 give a groan; moan) ▶彼は痛くて一晩中呻いていた/他疼得呻吟了一个晚上 tā téngde shēnyínle yí ge wǎnshang

うめくさ【埋め草】 补白 bǔbái (英 a filler) ▶～に何か書いてくれよ/你在空白的地方写点儿什么吧 nǐ zài kòngbái de dìfang xiě diǎnr shénme ba

うめしゅ【梅酒】 青梅酒 qīngméijiǔ (英 plum liqueur) ▶～の作り方を教えて下さい/请你教教我怎么做梅酒 qǐng nǐ jiāojiao wǒ zěnme zuò méijiǔ

うめたて【埋め立て】 填海造地 tián hǎi zào dì (英 reclamation) ▶～工事/填海造地工程 tián hǎi zào dì gōngchéng ▶～の結果漁場が荒らされた/填海造地使渔场遭到了破坏 tián hǎi zào dì shǐ yúchǎng zāodàole pòhuài

うめたてる【埋め立てる】 填海 tián hǎi; **填湖** tián hú (英 reclaim; fill in...) ▶沼地を～/填平沼泽地 tiánpíng zhǎozédì

うめぼし【梅干し】【食品】 咸梅干儿 xiánméigānr (英 salted Japanese plum) ▶～を漬ける/腌梅干儿 yān méigānr

うめる【埋める】 填 mái; **填** tián; **弥补** míbǔ (英 fill up; [損失を] make up for...; [水で] pour some cold water) ▶タイムカプセルを地中に～/把装有时代资料的容器埋在地里 bǎ zhuāngyǒu shídài zīliào de róngqì máizài dìlǐ ▶死体は林に埋めたという/据说把尸体埋在树林里了 jùshuō bǎ shītǐ máizài shùlínlǐ le ▶観衆が場内を埋め尽くす/场内挤满了观众 chǎngnèi jǐmǎnle guānzhòng ▶寄付金で赤字を～/用捐款弥补亏损 yòng juānkuǎn míbǔ kuīsǔn ▶世代間の溝は埋めがたい/代沟很难沟通 dàigōu hěn nán gōutōng

うもう【羽毛】 羽毛 yǔmáo; **羽绒** yǔróng (英 feathers; [鳥の綿毛] down) ▶～布団/羽绒被 yǔróngbèi

うもれる【埋もれる】 埋没 máimò (英 get buried; remain unknown) ▶落ち葉に埋もれて眠る/躺在落叶堆里睡觉 tǎngzài luòyèduīlǐ shuìjiào ▶埋もれていた人材を登用する/起用被埋没的人才 qǐyòng bèi máimò de réncái

うやうやしい【恭しい】 恭敬 gōngjìng; **必恭必敬** bì gōng bì jìng; **虔敬** qiánjìng (英 respectful) ▶恭しくお辞儀する/毕恭毕敬地鞠躬 bì gōng bì jìng de jūgōng

うやまう【敬う】 景仰 jǐngyǎng; **尊敬** zūnjìng (英 respect; honor) ▶おまえたちには親を～気持ちがない/你们(这些孩子)没有尊敬父母的心 nǐmen (zhè xiē háizi) méiyǒu zūnjìng fùmǔ de xīn

うやむやにする 不了了之 bù liǎo liǎo zhī; **敷衍了事** fūyǎn liǎo shì (英 leave... unsettled) ▶誰に責任があるかは結局～になった/责任在谁身上，结果不了了之 zérèn zài shéi shēnshang, jiéguǒ bù liǎo liǎo zhī ▶企画会議は～に終わった/规划会议稀里糊涂地结束了 guīhuà huìyì xīlihútú de jiéshù le

うゆう【烏有】
～に帰す 化为乌有 huà wéi wūyǒu ▶火事で一代の財は～に帰した/火灾把一辈子的财产都化为乌有了 huǒzāi bǎ yíbèizi de cáichǎn dōu huà wéi wūyǒu le

うようよする 《多くの生き物が》 成群地移动 chéngqún de yídòng (英 swarm) ▶広場には人～している/广场上熙熙攘攘人头攒动 guǎngchǎngshang xīxī rǎngrǎng réntóu cuándǒng

うよきょくせつ【紆余曲折】 周折 zhōuzhé; **迂曲** yūqū (英 twists ad turns) ▶～を経て法案は可決された/几经周折法案得以通过 jǐjīng zhōuzhé fǎ'àn déyǐ tōngguò

うよく【右翼】 右翼 yòuyì; **右派** yòupài (英 the right wing; [野球] the right field) ▶～団体/右翼团体 yòuyì tuántǐ ▶彼は最近～がかった言動が目立つ/他最近的言行有明显的右派倾向 tā zuìjìn de yánxíng yǒu míngxiǎn de yòupài qīngxiàng

♦**～手 右场手** yòuchǎngshǒu **最～ 最有希望的** zuì yǒu xīwàng de ▶我が校は優勝候補の最～だ/我们学校是最有希望的冠军候补校 wǒmen xuéxiào shì zuì yǒu xīwàng de guànjūn hòubǔxiào

うら【裏】 ❶ [裏面] 背面 bèimiàn (英 the back) ▶父の足の〜をくすぐってやった/搔爸爸的脚心 sāo bàba de jiǎoxīn ▶便箋の〜に数式を書く/在信纸背面写数学公式 zài xìnzhǐ bèimiàn xiě shùxué gōngshì ▶コートの〜に穴があく/大衣里子破了个洞 dàyī lǐzi pòle ge dòng ❷ [背後] 后面 hòumian (英 the back; the rear) ▶学校の〜の竹やぶでうぐいすが鳴く/学校后面的竹林里黄莺在鸣叫 xuéxiào hòumian de zhúlínli huángyīng zài míngjiào ▶〜で糸を引く人間がいるはずだ/肯定有人在背后操纵 kěndìng yǒu rén zài bèihòu cāozòng ❸ [内情] 背景 bèijǐng; 内幕 nèimù (英 the hidden...) ▶その事情を聞かせようか/我来介绍一下事情的背景吧 wǒ lái jièshào yíxià shìqing de bèijǐng ba ❹ [野球のイニング後半] 下半场 xiàbànchǎng (英 the bottom) ▶9回〜の守備につく/(在棒球赛中)参加第九局下半场的防守 (zài bàngqiúsài zhōng) cānjiā dìjiǔ jú xiàbànchǎng de fángshǒu
〜がある ▶この契約には〜がある/这份合同有些蹊跷 zhè fèn hétong yǒuxiē qīqiāo
〜をかく ▶将计就计 jiāng jì jiù jì ▶敌の警備の〜をかく/钻敌人防备的空子 zuān dírén fángbèi de kòngzi

うらうち【裏打ちする】 ❶ [紙や布の補強] 衬里 chènlǐ (英 line) ▶水墨画を〜して額装する/给水墨画衬里以后裱装 gěi shuǐmòhuà chènlǐ yǐhòu biǎozhuāng ❷ [裏付け] 支持 zhīchí; 证实 zhèngshí (英 back up) ▶経験に〜された技術/得到经验支持的技术 dédào jīngyàn zhīchí de jìshù

うらおもて【裏表】 表里 biǎolǐ; 正面和反面 zhèngmiàn hé fǎnmiàn (英 both sides) ▶〜のある人は付き合いづらい/两面三刀的人不好交往 liǎng miàn sān dāo de rén bùhǎo jiāowǎng ▶彼は〜のない男だ/他是个表里如一的男人 tā shì ge biǎolǐ rú yī de nánrén ▶商売の〜に通じている/精通生意经 jīngtōng shēngyìjīng ▶服を〜に着る/反穿衣服 fǎn chuān yīfu

うらかいどう【裏街道】 (英) [人生の] the dark side of life ▶私は〜ばかり歩いてきた人間だ/我这辈子净走邪门歪道了 wǒ zhè bèizi jìng zǒu xiémén wāidào le

うらがえす【裏返す】 翻 fān (英 turn inside out; turn over) ▶絵を〜と地図になっている/画儿的背面是一幅地图 huàr de bèimiàn shì yì fú dìtú ▶彼のあの悪口は愛情の裏返しなんだ/他那些坏话其实是爱情的翻版 tā de nà xiē huàihuà qíshí shì àiqíng de fānbǎn ▶靴下を裏返しにはく/把袜子反过来穿 bǎ wàzi fǎnguòlai chuān ▶以上を裏返して言えば…/上述的内容换一句话说,就是… shàngshù de nèiróng huàn yí jù huà shuō, jiùshì…

うらがき【裏書き】 背书 bèishū (英 endorsement) ▶小切手に〜する/在票据上署名 zài piàojùshang shǔmíng ▶その苦渋の表情が説明の嘘を〜していた/那副尴尬的表情从反面证明了他的谎言 nà fù gāngà de biǎoqíng cóng fǎnmiàn zhèngmíngle tā de huǎngyán
◆〜人 ▶背书人 bèishūrén ▶小切手の〜人/支票的背书人 zhīpiào de bèishūrén

うらかた【裏方】 后台工作人员 hòutái gōngzuò rényuán; 后勤 hòuqín (英 backstage personnel) ▶彼は〜の苦労がわからない/他不理解后台工作人员的辛劳 tā bù lǐjiě hòutái gōngzuò rényuán de xīnláo ▶今回の大会では私は〜に徹しよう/这次大会我要担任后勤 zhè cì dàhuì wǒ yào dānrèn hòuqín

うらがね【裏金】 暗地挪用的秘密资金 àndì nuóyòng de mìmì zījīn; 小金库 xiǎojīnkù (英 an off-the-books account) ▶〜をやりとりする/用秘密资金作交易 yòng mìmì zījīn zuò jiāoyì ▶会議費を操作して〜を作る/操控会议费用积攒秘密资金 cāokòng huìyì fèiyong jīzǎn mìmì zījīn

うらがわ【裏側】 背面 bèimiàn; 反面 fǎnmiàn (英 the back) ▶その頃月の〜は見えなかった/那时候,还不能看到月亮的背面 nà shíhou, hái bùnéng kàndào yuèliang de bèimiàn ▶あの子は世の中の〜を見てしまったんだ/那个孩子见到了社会的阴暗面 nàge háizi jiàndàole shèhuì de yīn'ànmiàn

うらぎり【裏切り】 叛逆 pànnì; 背叛 bèipàn (英 betrayal) ▶彼の〜で我が社は敗れた/由于他的背叛我们公司失败了 yóuyú tā de bèipàn wǒmen gōngsī shībài le ▶僕は彼女の〜が信じられなかった/我不能相信她的背叛 wǒ bùnéng xiāngxìn tā de bèipàn
◆〜者 ▶叛徒 pàntú

うらぎる【裏切る】 背叛 bèipàn (英 betray) ▶私は妻に裏切られた男/我是一个被妻子背叛的男人 wǒ shì yí ge bèi qīzi bèipàn de nánrén ▶彼は仲間を裏切って大金をつかんだ/他出卖朋友发了财 tā chūmài péngyou fāle cái ▶予想を〜結果が出た/获得了超乎预料的结果 huòdéle chūhū yùliào de jiéguǒ ▶彼は我々の期待を裏切った/他辜负了我们的期望 tā gūfùle wǒmen de qīwàng

うらぐち【裏口】 后门 hòumén (英 the back door) ▶〜入学/走后门入学 zǒu hòumén rùxué ▶人目を避けて〜から入る/避开别人的视线从后门儿进来 bìkāi biéren de shìxiàn cóng hòuménr jìnlái

うらこうさく【裏工作】 幕后活动 mùhòu huódòng (英 backroom deals) ▶〜もむなしく彼は会長に選ばれなかった/他的幕后工作也是枉费心机,没有被选为会长 tā de mùhòu gōngzuò yě shì wǎngfèi xīnjī, méiyǒu bèi xuǎn wéi huìzhǎng

うらごえ【裏声】 假嗓子 jiǎsǎngzi (英 a falsetto (voice)) ▶〜で歌う/用假嗓子唱歌 yòng jiǎsǎngzi chànggē

うらさく【裏作】 复种 fùzhòng (英 the second crop) ▶稲の〜に空豆を作る/在稻田复种蚕豆 zài dàotián fùzhòng cándòu

うらさびしい【うら寂しい】 感到凄凉 gǎndào qīliáng (英 *lonesome; lonely*) ▶村の日暮れは～/村庄的黄昏时分让人感到凄凉 cūnzhuāng de huánghūn shífēn ràng rén gǎndào qīliáng

うらじ【裏地】 做里子的料子 zuò lǐzi de liàozi (英 *cloth for lining*)

うらちょうぼ【裏帳簿】 黑账 hēizhàng (英 *secret accounts*) ▶～を押収される/黑账被没收了 hēizhàng bèi mòshōu le

うらづけ【裏付け】 证据 zhèngjù; 保证 bǎozhèng (英[保証] *backing*) ▶会社設立には資金の～が必要だ/成立公司需要资金的保证 chénglì gōngsī xūyào zījīn de bǎozhèng ▶事実の～がない/没有事实根据 méiyǒu shìshí gēnjù

うらづける【裏付ける】 证实 zhèngshí; 证明 zhèngmíng (英 *support; back*) ▶物証で容疑を～/物证证实了嫌疑 wùzhèng zhèngshíle xiányí ▶実験によって仮説を～/用实验来证明假说 yòng shíyàn lái zhèngmíng jiǎshuō

うらて【裏手】 背后 bèihòu; 后面 hòumian (英 *the back*) ▶敵の～に回って退路を断つ/绕到敌人背后切断后路 ràodào dírén bèihòu qiēduàn hòulù ▶公園の～に墓地がある/公园后面有一片墓地 gōngyuán hòumian yǒu yí piàn mùdì

うらどおり【裏通り】 后街 hòujiē; 小巷 xiǎoxiàng (英 *a back street; an alley*) ▶人気(ひとけ)のない～/不见人迹的小巷 bú jiàn rénjì de xiǎoxiàng

うらとりひき【裏取り引きする】 幕后交易 mùhòu jiāoyì; 暗地交涉 àndì jiāoshè (英 *do a backdoor deal*) ▶～には応じませんよ/我不接受幕后交易 wǒ bù jiēshòu mùhòu jiāoyì

うらない【占い】 占卦 zhānguà; 算命 suànmìng (英 *fortunetelling*) ▶あなたは～を信じますか/你相信占卦吗? nǐ xiāngxìn zhānguà ma? ▶トランプで～/独自一个人用扑克牌算命 dúzì yí ge rén yòng pūkèpái suànmìng ◆～師:算命先生 suànmìng xiānsheng 星～:占星 zhānxīng

うらなう【占う】 算卦 suànguà; 占卜 zhānbǔ (英 *tell one's fortune*) ▶あなたの運勢を占ってあげよう/给你算算命吧 gěi nǐ suànsuanmìng ba ▶彼の活躍いかんがチームの明日を～鍵になる/他的成功与否是展望球队未来的关键 tā de chénggōng yǔfǒu shì zhǎnwàng qiúduì wèilái de guānjiàn

ウラニウム〔鉱物〕铀 yóu (英 *uranium*)

うらにわ【裏庭】 后院 hòuyuàn (英 *a back garden*〔yard〕) ▶～で野菜を作る/在后院里种蔬菜 zài hòuyuànli zhòng shūcài ▶～に忍び込む/悄悄地溜进后院 qiāoqiāo de liūjìn hòuyuàn

うらばなし【裏話】 内情 nèiqíng (英 *an inside story*) ▶交渉の～を聞く/打听交涉的内情 dǎting jiāoshè de nèiqíng

うらはら【裏腹】 相反 xiāngfǎn (英 *opposite*) ▶言葉とは～に/言行不一 yán xíng bù yī;

口是心非 kǒu shì xīn fēi ▶口とは～に腹では怒りを覚えていた/嘴上和气，心中怒火 zuǐshang héqi, xīnzhōng nùhuǒ ▶人はときに心とは～なことをする/人有时候心里想的和实际行动不一样 rén yǒushíhòu xīnli xiǎng de hé shíjì xíngdòng bù yíyàng

うらばんぐみ【裏番組】 竞争节目 jìngzhēng jiémù (英 *a program that goes up against a popular one*) ▶紅白の～にプロレスをぶつける/用格斗节目来跟红白歌咏比赛对抗 yòng gédòu jiémù lái gēn Hóng bái gēyǒng bǐsài duìkàng

うらびょうし【裏表紙】 封底 fēngdǐ (英 *a back cover*)

うらぶれる 凋零 diāolíng; 潦倒 liáodǎo (英 *become shabby*) ▶あなたのうらぶれた姿は見たくありません/我不想看到你落魄的样子 wǒ bù xiǎng kàndào nǐ luòpò de yàngzi ▶彼はうらぶれて異郷をさまよっている/他穷困潦倒流落他乡 tā qióngkùn liáodǎo liúluò tāxiāng

うらぼん【盂蘭盆】 盂兰盆会 yúlánpénhuì (英 *the Bon Festival*) ▶～には帰郷して墓参する/盂兰盆节回故乡扫墓 yúlánpénjié huí gùxiāng sǎomù

うらまち【裏町】 后街 hòujiē; 陋巷 lòuxiàng (英 *a back street*) ▶大都会の～で生涯を送った/在大城市的陋巷中度过一生 zài dàchéngshì de lòuxiàng zhōng dùguò yìshēng

うらみ《残念な点》遗憾 yíhàn; 可惜之处 kěxī zhī chù; 缺点 quēdiǎn (英 *regret*) ▶いささか過剰反応の～があるね/多少有点儿过度反应的缺憾 duōshǎo yǒudiǎnr guòdù fǎnyìng de quēhàn

うらみ【恨み·怨み】 仇恨 chóuhèn; 怨恨 yuànhèn (英 *bitterness; enmity; malice*) ▶～っこなしで別れましょう/咱们谁也别恨谁，分手吧 zánmen shéi yě bié hèn shéi, fēnshǒu ba ▶あの人にはなんの～もありません/我对他根本没有恶意 wǒ duì tā gēnběn méiyǒu èyì
～骨髄に徹す 恨之入骨 hèn zhī rù gǔ
～を抱く 怀恨 huáihèn ▶彼は私に～を抱いている/他对我怀恨在心 tā duì wǒ huáihèn zài xīn
～を買う 得罪人 dézuì rén ▶親切でしたことが～を買うなんてなあ/好心却得罪了人 hǎoxīn què dézuìle rén
～を晴らす 解恨 jiěhèn; 雪恨 xuěhèn; 报仇 bàochóu

うらみごと【恨み言】 怨言 yuànyán (英 *a reproach; a grievance*) ▶今さら～を言うのはみっともないぞ/到现在才抱怨，真丢人 dào xiànzài cái bàoyuàn, zhēn diūrén

うらみち【裏道】 后街 hòujiē; 近道 jìndào (英[裏通り]*a back street*) ▶～を抜けて街道に出る/抄近道上大街 chāo jìndào shàng dàjiē

うらむ【恨む】 埋怨 mányuàn; 怨恨 yuànhèn; 责怪 zéguài (英 *bear a grudge*) ▶人に恨まれる覚えはない/我没做过得罪人的事 wǒ méi zuòguò dézuì rén de shì ▶我が身を～ほかはない/只能怪自己了 zhǐ néng guài zìjǐ le

うらめ【裏目】(英 *unfavorable results*) ▶~に出る/适得其反 shì dé qí fǎn ▶打った手が~に出て赤字はいよいよ増えた/事与愿违, 亏空越来越多了 shì yǔ yuàn wéi, kuīkong yuèláiyuè duō le

うらめしい【恨めしい】 可恨 kěhèn (英 *reproachful; resentful; hateful*) ▶自分の力のなさが~/我对自己的无力感到悔恨 wǒ duì zìjǐ de wúlì gǎndào huǐhèn ▶恨めしそうな目で私を見る/他用恨恨的目光看着我 tā yòng yuànhèn de mùguāng kànzhe wǒ

うらもん【裏門】 后门 hòumén (英 *a back gate*)

うらやましい【羨ましい】 羡慕 xiànmù (英 *be envious*) ▶君の幸運が~/我羡慕你的幸运 wǒ xiànmù nǐ de xìngyùn ▶彼女は羡ましそうに美子を見ていた/她羡慕地看着美子 tā xiànmù de kànzhe Měizǐ

うらやむ【羡む】 眼红 yǎnhóng; 羡慕 xiànmù (英 *be envious of...; be filled with envy*) ▶私は人の成功を~しか能がない/我除了羡慕别人的成功以外别无所能 wǒ chúle xiànmù biéren de chénggōng yǐwài bié wú suǒnéng

うららか【麗らか】 风和日丽 fēng hé rì lì; 晴和 qínghé (英 *fine; bright; beautiful*) ▶~な春の日/阳光灿烂 yànyángtiān ▶空は~に晴れている/风和日丽 fēng hé rì lì

うらわかい【うら若い】 年轻 niánqīng (英 *youngish; somewhat young...*) ▶~女性が起業しようというのだ/听说一个年轻姑娘要开公司 tīngshuō yí ge niánqīng gūniang yào kāi gōngsī

うらわざ【裏技】 秘技 mìjì (英 *a trick of the trade*)

ウラン〔化学〕 铀 yóu (英 *uranium*) ▶~を抽出する/提炼铀 tíliàn yóu ▶劣化~弹/贫铀弹 pínyóudàn
◆濃縮~ 浓缩铀 nóngsuōyóu

ウリ【瓜】〔植物〕 瓜 guā (英 *a melon*)
~二つ 一模一样 yì mú yíyàng ▶お父様に~二つでいらっしゃる/你跟父亲长得一模一样 nǐ gēn fùqin zhǎngde yì mú yíyàng
[ことわざ] 瓜の蔓に茄子(なす)はならぬ 什么藤结什么瓜 shénme téng jiē shénme guā; 鸡窝里飞不出凤凰 jīwōli fēibùchū fènghuáng

うり【売り】 卖点 màidiǎn (英 *selling; sale*) ▶燃費の良さがこの車種の~です/这种车的卖点是省油 zhè zhǒng chē de màidiǎn shì shěng yóu
~に出す 出卖 chūmài; 出售 chūshòu ▶秘蔵の壺を~に出す/出售珍藏的瓷罐 chūshòu zhēncáng de cíguàn

うりあげ【売り上げ】 销售额 xiāoshòu'é (英 *sales; proceeds*) ▶自動車の~が伸びる/汽车的销售额增加 qìchē de xiāoshòu'é zēngjiā ▶~をもっと増やせ/进一步提高销售额 jìnyíbù tígāo xiāoshòu'é

うりあるく【売り歩く】 串街叫卖 chuàn jiē jiàomài (英 *peddle; hawk*) ▶化粧品を一軒一軒~/挨家挨户推销化妆品 āijiā āihù tuīxiāo huàzhuāngpǐn

うりいえ【売り家】 出售的房子 chūshòu de fángzi (英 *a house for sale*)

うりいそぐ【売り急ぐ】 急于出售 jíyú chūshòu (英 *push the sale of...*) ▶手持ちの株を~/急着把手里的股票抛出去 jízhe bǎ shǒuli de gǔpiào pāochūqù

うりおしみ【売り惜しみする】 舍不得卖 shěbude mài (英 *be unwilling to sell*) ▶米屋が米を~しているんだよ/米店舍不得卖米 mǐdiàn shěbude mài mǐ

うりかい【売り買い】 买卖 mǎimài (英 *buying and selling*) ▶寝転んだままで株を~している/轻松自得地买卖股票 qīngsōng zìdé de mǎimài gǔpiào

うりかけきん【売り掛け金】 赊款 shēkuǎn (英 *sales credits; accounts*) ▶~の回収に出向く/去客户那儿收回赊款 qù kèhù nàr shōuhuí shēkuǎn ▶~が滞る/收不回赊款 shōubuhuí shēkuǎn

うりきれる【売り切れる】 卖完 màiwán; 脱销 tuōxiāo; 卖光 màiguāng (英 *be sold out; be out of stock*) ▶切符は全部売り切れました/票都卖光了 piào dōu màiguāng le

うりこ【売り子】 店员 diànyuán; 售货员 shòuhuòyuán (英 *a shop assistant*) ▶~たちが台を上下する/小贩们在看台上跑上跑下 xiǎofànmen zài kàntáishang pǎoshàng pǎoxià

うりごえ【売り声】 货声 huòshēng (英 *a peddler's cry*) ▶昔は(物売りの)~が街に流れていたものだ/从前街上能听到叫卖声 cóngqián jiēshang néng tīngdào jiàomàishēng

うりことば【売り言葉】 挑衅性的话 tiǎoxìnxìng de huà; 叫板 jiàobǎn (英 *fighting words*)
~に買い言葉 来言去语 lái yán qù yǔ ▶~に買い言葉で二人は激しくいがみ合った/顶来顶去两个人互相激烈地辱骂起来 dǐng lái dǐng qù liǎng ge rén hùxiāng jīliè de rǔmàqǐlai

うりこみ【売り込み】 推销 tuīxiāo (英 *a sales approach*) ▶ビールの~合戦/啤酒的促销大战 píjiǔ de cùxiāo dàzhàn

うりこむ【売り込む】 推销 tuīxiāo; 推荐 tuījiàn (英 *sell; make a sale*) ▶自分を~/推荐自己 tuījiàn zìjǐ ▶新製品を消費者に~/向消费者推销新产品 xiàng xiāofèizhě tuīxiāo xīnchǎnpǐn ▶積極的に自分を売り込まないと駄目だよ/必须积极地推销自己 bìxū jījí de tuīxiāo zìjǐ

うりざねがお【瓜実顔】 瓜子脸 guāzǐliǎn (英 *an oval face*)

うりさばく【売り捌く】 卖掉 màidiào (英 *sell; deal in*) ▶仕入れた魚を手際よく売り捌いた/把进货的鱼很顺利地贩卖出去 bǎ jìnhuò de yú hěn shùnlì de fànmàichūqù

うりしぶる【売り渋る】 舍不得卖 shěbude mài; 不肯卖 bù kěn mài (英 *be unwilling to sell*) ▶品薄だからといって~んだ/说是缺货不肯

卖 shuōshì quēhuò bù kěn mài

うりだし【売り出し】 开始出售 kāishǐ chūshòu;（大売り出し）大甩卖 dàshuǎimài （英 *a sale*;［特売］*a special sale*）▶春の大〜/春季大甩卖 chūnjì dàshuǎimài ▶〜中のアイドル/正走红的明星 zhèng zǒuhóng de míngxīng

うりだす【売り出す】 发售 fāshòu; 出售 chūshòu; 出名 chūmíng （英 *put on sale; put on the market*）▶今年は新種を大々的に売り出そう/今年全面推出新品种 jīnnián quánmiàn tuīchū xīnpǐnzhǒng ▶彼は『後楽園にて』で売り出したものの，それっきりだ/他靠《在后乐园》出了名，之后默默无闻了 tā kào《Zài Hòulèyuán》chūle míng, zhīhòu jiù mòmò wú wén le

うりつくす【売り尽くす】 卖完 màiwán; 卖光 màiguāng （英 *sell out*）▶残されたわずかな衣類も売り尽くした/把剩下的一点衣服也卖完了 bǎ shèngxià de yīdiǎn yīfu yě màiwán le

うりつける【売り付ける】 强行推销 qiángxíng tuīxiāo （英 *sell... to 〜*）▶偽ブランド品を高値で〜/高价推销伪冒名牌货 gāojià tuīxiāo wěimào míngpáihuò ▶切符を強引に売り付けられた/把票硬卖给了我 bǎ piào yìng màigěile wǒ

うりて【売り手】 卖主 màizhǔ; 卖方 màifāng （英 *a seller; a vendor*）
♦〜市場｜卖方市场 màifāng shìchǎng ▶理工系の就職は〜市場だそうだね/理工系的人就业处于卖方市场 lǐgōngxì de rén jiùyè chǔyú màifāng shìchǎng

うりとばす【売り飛ばす】 卖掉 màidiào （英 *sell off*）▶盗品を〜/卖赃物 mài zāngwù ▶蔵書を売り飛ばして米を買った/廉价卖掉藏书买回大米 liánjià màidiào cángshū mǎihuí dàmǐ

うりぬし【売り主】 卖主 màizhǔ （英 *a seller*）

うりね【売り値】 卖价 màijià （英 *a selling price*）▶〜をつける/要价 yàojià ▶〜を決める/定价 dìngjià

うりば【売り場】 出售处 chūshòuchù; 柜台 guìtái （英 *the counter*;［店］*a shop; a store*）▶入場券〜/售票处 shòupiàochù ▶社長自ら〜に立った/总经理亲自站柜台 zǒngjīnglǐ qīnzì zhàn guìtái ▶化粧品〜は一階です/化妆品柜台在一楼 huàzhuāngpǐn guìtái zài yì lóu

うりはらう【売り払う】 卖掉 màidiào; 变卖 biànmài （英 *sell out; dispose of...*）▶家財道具をすべて売り払って借金返済に当てる/变卖家里所有家什去偿还借款 biànmài jiālǐ suǒyǒu jiāshí qù chánghuán jièkuǎn

うりもの【売り物】 货 huò; 商品 shāngpǐn （英 *an article for sale*,［掲示］*For Sale*）▶〜不值钱 bù zhíqián ▶こんな古着は〜にならない/这么旧的衣服卖不出去 zhème jiù de yīfu màibùchūqù

♦〜にする｜以…为卖点 yǐ…wéi màidiǎn; 拿…做招牌 ná…zuò zhāopái ▶正義を〜にする当人が収賄で捕まるなんて/那个标榜正义的人却因为受贿被逮捕了 nàge biāobǎng zhèngyì de rén què

yīnwèi shòuhuì bèi dàibǔ le ▶モデルはスタイルを〜にするんだろう/模特儿的资本不是体型吗？ mótèr de zīběn bú shì tǐxíng ma?

うりょう【雨量】 雨量 yǔliàng （英 *rainfall; rain*）▶今夜は 200 ミリに達する見込みです/预计今天晚上的降雨量将达到二百毫米 yùjì jīntiān wǎnshang de jiàngyǔliàng jiāng dádào èrbǎi háomǐ
♦〜計｜雨量计 yǔliàngjì

うりわたす【売り渡す】 交售 jiāoshòu; 出卖 chūmài （英 *sell... to 〜; deliver*）▶悪魔に心を〜/把灵魂出卖给魔鬼 bǎ línghún chūmài gěi móguǐ

うる【売る】 ❶［販売する］卖 mài; 售 shòu; 销售 xiāoshòu （英 *sell*）▶新商品を割引で〜/打折出售新产品 dǎzhé chūshòu xīnchǎnpǐn ▶1 個 500 円で〜/一个卖五百日元 yí ge mài wǔbǎi Rìyuán ▶あの絵を 500 万円で売ってくれないか/那幅画儿五百万日元能卖给我吗？ nà fú huàr wǔbǎi wàn Rìyuán néng màigěi wǒ ma? ▶業界に顔を〜/在这一行抛头露面 zài zhè yīháng pāo tóu lù miàn ❷［裏切る］出卖 chūmài （英 *betray; sell*）▶あれは味方を売っての し上がった男だ/那个男的是靠出卖同伙往上爬的 nàge nán de shì kào chūmài tónghuǒ wǎng shàng pá de ❸［仕掛ける］挑衅 tiǎoxìn （英 *start*）▶俺にけんかを〜気かい/你想跟我找茬儿吵架吗？ nǐ xiǎng gēn wǒ zhǎochár chǎojià ma?

うる【得る】 ❶［獲得］得到 dédào （英 *get*）▶失敗しても必ず〜ものがある/有所失必有所得 yǒusuǒ shī bì yǒusuǒ dé ❷［『動詞＋得る』で可能を表す］（英 *can do*）▶そんな事はあり得ない/那种事根本不可能 nà zhǒng shì gēnběn bù kěnéng ▶彼ならなし〜でしょう/他大概能行 tā dàgài néng xíng

うるう【閏】 闰 rùn （英 *leap*）▶〜月/闰月 rùnyuè ▶〜年/闰年 rùnnián ▶〜日(2 月 29 日)/闰日 rùnrì

うるおい【潤い】 （英 *moisture*;［情味］*charm*;［利益］*profit*）▶〜がある/润泽 rùnzé; 滋润 zīrùn ▶肌に〜がある/皮肤滋润 pífū zīrùn ▶〜のない肌/没有润泽的皮肤 méiyǒu rùnzé de pífū ▶私の家庭にはまるで〜がない/我家根本没有家庭的温情 wǒ jiā gēnběn méiyǒu jiātíng de wēnqíng ▶仕事が順調でふところに〜ができてきた/工作很顺利，手头也宽裕起来 gōngzuò hěn shùnlì, shǒutóu yě kuānyùqǐlai

うるおう【潤う】 润 rùn （英 *be moistened; get wet*;［利益］*profit*）▶肌が〜/皮肤滋润 pífū zīrùn
ふところが〜 富裕 fùyù ▶あいつはふところが潤ってるんだ/那家伙挺阔气 nà jiāhuo tǐng kuòqi

うるおす【潤す】 润 rùn; 滋润 zīrùn （英 *wet; moisten*）▶ジュースでも飲んで喉を潤して下さい/喝点儿果汁，润润嗓子吧 hē diǎnr guǒzhī, rùnrun sǎngzi ba ▶たとえ僅かでも国民生活を潤して

もらいたいもんだ/不在乎多少，也希望让老百姓过得好一些 bú zàihu duōshao, yě xīwàng ràng lǎobǎixìng guòdehǎo yìxiē

うるさい ❶【音が】 吵 chǎo; 嘈杂 cáozá; 闹 nào (英 *noisy*) ▶通りはバスの音が~/马路上公交车的噪音很烦人 mǎlùshang gōngjiāochē de zàoyīn hěn fánrén ～！黙れ！/住嘴，安静点儿！zhù zuǐ, ānjìng diǎnr ！ ❷【こだわりがある】 讲究 jiǎngjiu (英 *particular*) ▶食べ物の好みが～/讲究吃食 jiǎngjiu chīshí ▶私は食べ物の味に～ほうでしてね/我对食物的味道算是比较讲究的 wǒ duì shíwù de wèidao suànshì bǐjiào jiǎngjiu de ❸【口やかましい】 拨弄是非 bō-nong shìfēi 挑剌儿 tiāo cìr (英 *talkative*) ▶挨拶しておかないと，後で会長に～ぞ/不打招呼，事后会长会找麻烦的 bù dǎ zhāohu, shìhòu huìzhǎng huì zhǎo máfan de ▶世間の口が～/社会舆论可不好对付 shèhuì yúlùn kě bùhǎo duìfu ❹【煩わしい】 令人讨厌 lìng rén tǎoyàn (英 *bothersome*) ▶はえが～/苍蝇令人讨厌 cāngying lìng rén tǎoyàn ▶その子はうるさく私につきまとって/这孩子死缠着我 zhè háizi sǐ chánzhe wǒ

うるさがた【うるさ型】 爱挑剔的人 ài tiāotī de rén (英 *a fussy person*) ▶私は単に注意深いんだ，～なんかじゃないんだ/我只不过是细心罢了，并不是爱挑剔的人 wǒ zhǐbuguò shì xìxīn bàle, bìng bú shì ài tiāotī de rén

うるさがる 厌烦 yànfán; 感到烦恼 gǎndào fánnǎo (英 *be annoyed; feel bothered*) ▶彼はうるさがらずに親切に教えてくれた/他不厌其烦地耐心教我 tā bú yàn qí fán de nàixīn jiāo wǒ

ウルシ【漆】【植物】漆 qī;（漆の木）漆树 qīshù (英 *lacquer; japan*) ▶～塗りのお椀/涂漆的木碗 tú qī de mùwǎn ▶～にかぶれて1週間苦しんだ/漆过敏，病了一个星期 qī guòmǐn, bìngle yí ge xīngqī

うるちまい【粳米】 粳米 jīngmǐ (英 *nonglutinous rice*)

うるむ【潤む】 湿润 shīrùn (英 *be wet; be moist*) ▶湿った空に月が潤んでいた/在湿润的夜空中月色朦胧 zài shīrùn de yèkōng zhōng yuèsè ménglóng

目が～ ▶目を潤ませながら語る/两眼含着泪说 liǎng yǎn hánzhe lèi shuō

うるわしい【麗しい】 美丽 měilì; 锦绣 jǐnxiù (英 *beautiful; fine; elegant*) ▶今日は～女性を見かけた/今天见到一位美女 jīntiān jiàndào yí wèi měinǚ ▶それは親子の～情景だった/那正是美好的亲子之情 nà zhèngshì měihǎo de qīnzǐ zhī qíng

御機嫌～ 心情好 xīnqíng hǎo

見目～ 好看 hǎokàn

うれい【愁い・憂い】 忧患 yōuhuàn (英 *trouble; worry*);【憂愁】 grief) ▶あの～を帯びた目がたまらないんだ/那双带着愁容的眼睛令人心动 nà shuāng dàizhe chóuróng de yǎnjing lìng rén

xīndòng ▶これで後顾の～なく旅立てます/这样我就没有后顾之忧，可以放心上路了 zhèyàng wǒ jiù méiyǒu hòugù zhī yōu, kěyǐ fàngxīn shànglù le ▶彼女は～に沈んでいた/她陷入忧愁 tā xiànrù yōuchóu

うれう【愁う・憂う】 忧虑 yōulǜ; 忧伤 yōu-shāng (英 *fear; be anxious*) ▶今の世相はまことに～べきである/现今社会实在令人担忧 shèhuì shízài lìng rén dānyōu ▶我が家の家計は～べき状態にある/我家的经济状态让人头疼 wǒ jiā de jīngjì zhuàngtài ràng rén tóuténg

うれえる【愁える・憂える】 忧虑 yōulǜ; 忧伤 yōushāng (英 *fear; be anxious*) ▶私は教育の将来を憂えて言っているのだ/我说这些是为了教育的未来感到担忧 wǒ shuō zhè xiē shì wèile jiàoyù de wèilái gǎndào dānyōu

うれしい【嬉しい】 高兴 gāoxìng; 快乐 kuàilè; 欢喜 huānxǐ (英 *glad; joyful*) ▶あの人から～便りが届いた/从他那儿传来了喜讯 cóng tā nàr chuánláile xǐxùn ▶嬉しくて涙が出た/高兴得流下了眼泪 gāoxìngde liúxiàle yǎnlèi ▶誠に嬉しく存じます/由衷地感到欣慰 yóuzhōng de gǎndào xīnwèi ▶～なあ．夢みたいだ/太高兴了，好像做梦一样 tài gāoxìng le, hǎoxiàng zuòmèng yíyàng ▶君に会えて～よ/能见到你我真高兴 néng jiàndào nǐ wǒ zhēn gāoxìng ▶～悲鳴をあげる/高兴地惊叫起来 xīnxǐ de jīngjiàokǐlai

うれしがる【嬉しがる】 高兴 gāoxìng; 欢喜 huānxǐ (英 *be glad at...*) ▶それを知ったら両親はどんなに～でしょう/要是父母知道了，该多高兴啊！yàoshi fùmǔ zhīdào le, gāi duō gāoxìng a！ ▶子供たちの～顔を見て，私はつい涙ぐんだ/看到孩子欢喜的样子，我不禁热泪盈眶 kàndào háizi huānxǐ de yàngzi, wǒ bùjīn rèlèi yíng kuàng

うれしそう【嬉しそう】 高兴 gāoxìng (英 *looking happy*) ▶～な表情/面带喜色 miàn dài xǐsè; 很高兴的样子 hěn gāoxìng de yàngzi ▶先生は本当に～だった/老师显得十分高兴 lǎoshī xiǎnde shífēn gāoxìng

うれしなき【嬉し泣きする】 高兴得哭起来 gāoxìngde kūqǐlai (英 *weep with joy*) ▶救援隊の姿を見て私たちは～した/看到救援队的身影，我们都高兴得哭了 kàndào jiùyuándùi de shēnyǐng, wǒmen dōu gāoxìngde kū le

うれしなみだ【嬉し涙】 喜悦的眼泪 xǐyuè de yǎnlèi (英 *tears of joy*) ▶～を流す/高兴得流泪 gāoxìngde liúlèi ▶父の無事を知って母には～を流した/得知父亲的平安，母亲流下了欣慰的眼泪 dézhī fùqīn de píng'ān, mǔqin liúxiàle xīnwèi de yǎnlèi

うれすじ【売れ筋】 抢手(货) qiǎngshǒu(huò); 热门(货) rèmén(huò) (英 *best-selling*)

ウレタン【化学】聚氨酯 jù'ānzhǐ (英 *urethane*)

うれっこ【売れっ子】 红角儿 hóngjuér; 红人 hóngrén (英 *a popular person*) ▶彼女は今や～

番の～だ/她现在最红了 tā xiànzài zuì hóng le

うれのこり【売れ残り】 滞货 zhìhuò; 卖剩下的货 mài shèngxia de huò (英 *unsold goods; a dead stock*) ▶～は値引きしてさばこう/剩货打折处理 shèng huò dǎzhé chǔlǐ ▶うちにも～がいる/我家也有卖不出去的女儿 wǒ jiā yě yǒu jiàbuchūqù de nǚ'ér

うれのこる【売れ残る】 卖剩下 mài shèngxià (英 *be left unsold*) ▶結局安物が売れ残った/结果卖剩下的都是便宜货 jiéguǒ mài shèngxià de dōu shì piányihuò ▶売れ残った商品を引き取ります/回收卖剩下的商品 huíshōu mài shèngxià de shāngpǐn

うれゆき【売れ行き】 销路 xiāolù (英 *a sale; demand*) ▶ニューアルバムは飛ぶような～です/新的歌曲集卖得很快 xīn de gēqǔjí màide hěn kuài

～がよい 畅销 chàngxiāo; 销路好 xiāolù hǎo ▶今度の本は～がよい/这次的书销路很好 zhè cì de shū xiāolù hěn hǎo

～が悪い 滞销 zhìxiāo ▶～の悪い本は返品します/销路不好的书退货 xiāolù bù hǎo de shū tuìhuò

うれる【売れる】 ❶【品物が】 畅销 chàngxiāo; 能卖 néng mài (英 *sell well*) ▶市(いち)に出せば10万円で～/在市场上能卖十万日元 zài shìchǎngshang néng mài shíwàn Rìyuán ▶彼の最初の小説はよく売れた/他的第一本小说卖得很好 tā de dìyī běn xiǎoshuō màide hěn hǎo ❷【名前が】 出名 chūmíng (英 *become popular*) ▶おまえもようやく名が売れてきたな/你也总算出名了 nǐ yě zǒngsuàn chūmíng le ▶売れない作家/不出名的作家 bù chūmíng de zuòjiā

うれる【熟れる】 成熟 chéngshú (英 *be ripe; ripen*) ▶梅の実が～時節となりました/到了梅子成熟的季节 méizi chéngshú de jìjié ▶熟れたトマト/熟了的西红柿 shúle de xīhóngshì

うろうろ 徘徊 páihuái; 转来转去 zhuǎnlái zhuǎnqù (英 *loiteringly; restlessly*) ▶あてもなく～歩く/漫无目的地徘徊 màn wú mùdì de páihuái ▶道に迷って～する/迷了路转来转去 míle lù zhuǎnlái zhuǎnqù

うろおぼえ【うろ覚えの】 模糊的记忆 móhu de jìyì (英 *a faint recollection of...*) ▶～で当てにされては困るが、あれは確か…/记不清楚了，你可别指望我，我的印象是… jìbuqīngchu le, nǐ kě bié zhǐwang wǒ, wǒ de yìnxiàng shì…

うろこ【鱗】 鳞 lín (英 *a scale*) ▶魚の～を削ぐ/刮鱼鳞 guā yúlín

目から～が落ちる 恍然大悟 huǎngrán dà wù; 茅塞顿开 máosè dùnkāi

うろたえる 发慌 fāhuāng; 慌了手脚 huāngle shǒujiǎo (英 *become confused; be flustered*) ▶いきなり指名されて、私はうろたえた/突然点了我的名，我慌了手脚 tūrán diǎnle wǒ de míng, wǒ huāngle shǒujiǎo

うろつく 徘徊 páihuái; 闲逛 xiánguàng (英 *loiter; hang around...*) ▶不審な男が学校の周りをうろついていた/有个可疑的男子在学校周围徘徊 yǒu ge kěyí de nánzǐ zài xuéxiào zhōuwéi páihuái

うろん【胡乱な】 可疑 kěyí (英 *suspicious*) ▶～な男が邸内を覗いていた/有个可疑的人住院子里偷看 yǒu ge kěyí de rén wǎng yuànzili tōukàn ▶彼は～な表情で私を見た/他用怀疑的表情看我 tā yòng huáiyí de biǎoqíng kàn wǒ

うわがき【上書き】 ❶【書類の】 收信人的地址姓名 shōuxìnrén de dìzhǐ xìngmíng (英 *superscription*) ▶～する/写信封 xiě xìnfēng ▶退会届に～する時手が震えた/写退会报告的信封时手发抖 xiě tuìhuì bàogào de xìnfēng shí shǒu fādǒu ❷【コンピュータの】 覆盖 fùgài (英 *overwrite*) ▶～保存する/覆盖保存 fùgài bǎocún

うわき【浮気】 婚外恋 hūnwàiliàn (英 *a passing amour*) ▶～者/风流荡子 fēngliú dàngzǐ ▶～がばれる/婚外恋被发觉 hūnwàiliàn bèi fājué ▶彼の～の相手は私の友人だった/他(搞婚外恋)的情人是我朋友 tā (gǎo hūnwàiliàn) de qíngrén shì wǒ péngyou

うわぎ【上着】 上衣 shàngyī; 外衣 wàiyī (英 *a jacket; a coat*) ▶～をはおる/披上外衣 pīshàng wàiyī ▶この天気なら～はいらない/这样的天气不用穿外衣 zhèyàng de tiānqì búyòng chuān wàiyī

うわぐすり【釉薬】 釉子 yòuzi (英 *glaze; enamel*) ▶～をかける/上釉子 shàng yòuzi

うわごと【うわ言】 胡话 húhuà (英 *feverish words*) ▶～を言う/说梦话 shuō mènghuà ▶彼は熱にうなされ、～を言い続けた/他发高烧，不停地说胡话 tā fā gāoshāo, bùtíng de shuō húhuà

うわさ【噂】 议论 yìlùn; 小道儿消息 xiǎodàor xiāoxi; 传闻 chuánwén (英 *a rumor; gossip*) ▶先生の～をする/议论老师 yìlùn lǎoshī ▶誰かが～するとくしゃみが出るんだ/被人议论就会打喷嚏 bèi rén yìlùn jiù huì dǎ pēntì ▶ちょうどあなたの～をしていたところです/刚才正在谈论你呢 gāngcái zhèngzài tánlùn nǐ ne ▶～話に夢中になる/热衷于小道消息 rèzhōng yú xiǎodào xiāoxi ▶～が～を呼んで収集がつかなくなった/谣言越传越凶闹得不可收拾 yáoyán yuè chuán yuè xiōng nàode bù kě shōushi ▶職場の～の種になる/在单位成了风言风语的对象 zài dānwèi chéngle fēng yán fēng yǔ de duìxiàng

ことわざ 噂をすれば影 说曹操，曹操就到 shuō Cáo Cāo, Cáo Cāo jiù dào

ことわざ 人の噂も七十五日 风言风语也过不了七十五天 fēng yán fēng yǔ yě guòbuliǎo qīshíwǔ tiān

～が立つ ▶たちまちあらぬ～が立った/谣言马上就传开了 yáoyán mǎshàng jiù chuánkāi le

～に聞く 风闻 fēngwén

～にたがわぬ 名不虚传 míng bù xū chuán ▶

にたがわず切れる人だ/(他)是个名不虚传很有才干的人 (tā) shì ge míng bù xū chuán hěn yǒu cáigàn de rén

うわすべり【上滑り】 肤浅 fūqiǎn (英 shallow; superficial) ▶～の議論は時間の無駄だ/肤浅的议论只会浪费时间 fūqiǎn de yìlùn zhǐ huì làngfèi shíjiān

うわずみ【上澄み】 《酒などの》上面澄清的部分 shàngmiàn dèngqīng de bùfen (英 the top; the head)

うわずる【上ずる】 《声が》声音变尖 shēngyīn biàn jiān (英 sound hollow; ring false) ▶上がって声が上ずった/紧张得嗓门儿变尖 jǐnzhāngde sǎngménr biàn jiān

うわぜい【上背】 个子 gèzi (英 height) ▶～はせいぜい150だ/身材只有一米五高 shēncái zhǐ yǒu yì mǐ wǔ gāo ▶彼は僕より～がある/他比我个子高ㄧ些 tā bǐ wǒ gèzi gāo ▶～が足りなくて力士になれない/个子不够高当不了相扑的力士 gèzi bú gòu gāo dāngbuliǎo xiāngpū de lìshì

うわつく【浮つく】 轻薄 qīngbó; 轻浮 qīngfú; 浮躁 fúzào ▶そんな浮ついた考えで自立できるか/这么轻浮的想法能自立吗？ zhème qīngfú de xiǎngfa néng zìlì ma？

うわっちょうし【上っ調子な】 轻浮 qīngfú; 浮躁 fúzào; 油腔滑调 yóu qiāng huá diào (英 frivolous; flippant) ▶彼は～で私に話を合わせている/他油腔滑调地顺着我的口径说话 tā yóu qiāng huá diào de shùnzhe wǒ de kǒujìng shuōhuà

うわっつら【上っ面】 表面 biǎomiàn; 皮相 píxiàng (英 an appearance; a surface) ▶～の理解にとどまる/局限于表面的理解 júxiàn yú biǎomiàn de lǐjiě
～をなでる 浅尝 qiǎncháng; 浮皮潦草 fúpí liáocǎo ▶事実の～をなでるだけで満足する/满足于ㄧ知半解 mǎnzú yú yì zhī bàn jiě

うわっぱり【上っ張り】 外罩 wàizhào; 罩衣 zhàoyī (英 a smock; an overall) ▶～を着ると職人の顔になる/穿上外罩就显出一副手艺人的面孔 chuānshàng wàizhào jiù xiǎnchū yí fù shǒuyìrén de miànkǒng

うわづみ【上積み】 堆放 duīfàng; 追加 zhuījiā (英 the upper load) ▶～厳禁の注意書き/严禁堆放的标识 yánjìn duīfàng de biāozhì ▶それでは原案に１％～しましょう/那么在原来的方案上再增加百分之一吧 nàme zài yuánlái de fāng'ànshang zài zēngjiā bǎifēn zhīyī ba

うわて【上手】 优秀 yōuxiù; 高一筹 gāo yìchóu (英 優れた) a superior; [上の方] the upper part) ▶あなたのほうが彼より～を行っていますよ/你比他高一等 nǐ bǐ tā gāo yìchóu ▶まあ、私のほうが一枚～だな/唔、还是我略高一筹啊 ńg, háishi wǒ lüè gāo yìchóu a ▶彼はとかく～に出る/他总是盛气凌人的 tā zǒngshì shèng qì líng rén de

うわぬり【上塗り】 涂上一层 túshàng yì céng (英 a final coating)
恥の～ 丑上加丑 chǒushàng jiā chǒu

うわのせ【上乗せする】 外加 wàijiā; 追加 zhuījiā (英 add... to ~) ▶日当に飯代を～して払う/把餐饮费加算在每天的工资上支付 bǎ cānyǐnfèi jiāsuàn zài měitiān de gōngzīshang zhīfù

うわのそら【上の空で】 心不在焉 xīn bú zài yān (英 absentmindedly) ▶嬉しくて校長の話も～で聞いていた/由于太高兴，把校长的话也当成了耳旁风 yóuyú tài gāoxìng, bǎ xiàozhǎng de huà yě dàngchénglé ěrpángfēng

うわばき【上履き】 室内鞋 shìnèixié (英 slippers; indoor shoes) ▶学校では玄関で～に履き替える/在学校门口换上室内鞋 zài xuéxiào ménkǒu huànshàng shìnèixié

ウワバミ ❶【蛇】蟒蛇 mǎngshé (英 a giant snake) ▶～が人を呑む/蟒蛇把人吞食 mǎngshé bǎ rén tūnshí ❷【大酒飲み】海量 hǎiliàng (英 a heavy drinker)

うわべ【上辺】 外表 wàibiǎo; 外观 wàiguān (英 (on) the surface) ▶あれは～だけの言葉だ/那些话只是装装门面 nà xiē huà zhǐshì zhuāngzhuang ménmian ▶～だけで人をはかってはいけない/不能只凭外表来评价人 bùnéng zhǐ píng wàibiǎo lái píngjià rén ▶～は厳格だが心はしごくやさしい/表面上严格，内心却非常和善 biǎomiànshang yángé, nèixīn què fēicháng héshàn
～を飾る 摆门面 bǎi ménmian; 撑场面 chēng chǎngmiàn

うわまえ【上前】 抽成 chōuchéng; 克扣 kèkòu (英 a kickback)
～をはねる 克扣 kèkòu; 揩油 kāiyóu ▶作业员の日当の～をはねる/克扣雇员的日薪 kèkòu gùyuán de rìxīn

うわまぶた【上まぶた】 上眼皮 shàngyǎnpí; 眼泡 yǎnpāo (英 the upper eyelid) ▶寝不足で～が腫れている/睡眠不足眼泡发肿 shuìmián bùzú yǎnpāo fā zhǒng

うわまわる【上回る】 超过 chāoguò; 超乎 chāohū (英 exceed; be over...) ▶60を～/六十挂零 liùshí guàlíng ▶予想を～税収があった/税收超乎预料 shuìshōu chāohū yùliào ▶过去の記録を～/超过了以往的纪录 chāoguòle yǐwǎng de jìlù

うわむく【上向く】 好转 hǎozhuǎn (好転する) (英 improve) ▶景気が～/市面好转 shìmiàn hǎozhuǎn

うわめづかい【上目遣い】 眼珠向上翻 yǎnzhū xiàng shàng fān (英 an upward glance) ▶～で見る/眼珠朝上看 yǎnzhū cháo shàng kàn ▶彼は私を～で見ながら話を切り出した/他用惭愧的目光看着我开了腔 tā yòng cánkuì de mùguāng kànzhe wǒ kāile qiāng

うわやく【上役】 上级 shàngjí; 上司 shàngsi (英 one's superiors)

うん (返事) 啊 à; 嗯 ńg (英 yes; very well; [ふうん] hum) ▶～、いいよ/嗯，行了 ńg, xíng le

▶~ともすんとも言わない/一声不响 yì shēng bù xiǎng ▶あいつに泣きつかれて、つい~と言っちゃった/他苦苦求情，我也就答应了 tā kǔkǔ qiúqíng, wǒ yě jiù dāying le

うん【運】 运气 yùnqì 〈英〉*lot; luck; fortune* ▶私はよくよく~に恵まれている/我的运气真好 wǒ de yùnqi zhēn hǎo ▶さすがの彼も今度は~に見放されたた/这次连他也走了背字儿 zhè cì lián tā yě zǒule bèi zìr

~がつく 走运 zǒuyùn

~がない 运气不好 yùnqì bù hǎo ▶君も~がないねえ/你也够倒霉的 nǐ yě gòu dǎoméi de

~が向く 时来运转 shí lái yùn zhuǎn ▶俺にも~が向いてきたかなあ/我也时来运转了 wǒ yě shí lái yùn zhuǎn le

~がよい あなたは~がよい人だ/你是一个幸运的人 nǐ shì yí ge xìngyùn de rén ▶~がよければ、…/如果运气好的话，… rúguǒ yùnqi hǎo dehuà, …

~が悪い ▶彼女は夫~が悪かった/她在婚姻上很倒霉 tā zài hūnyīnshang hěn dǎoméi

~の尽き 气数已尽 qìshù yǐ jìn ▶当て逃げがばれたのが~の尽きだった/开车撞人潜逃被发现，恶运也到头了 kāichē zhuàng rén qiántáo bèi fāxiàn, èyùn yě dàotóu le

~よく 侥幸 jiǎoxìng；幸好 xìnghǎo ▶~よくけがを免れた/幸好没有受伤 xìnghǎo méiyǒu shòushāng ▶~よく彼は家にいた/恰巧他在家 qiàqiǎo tā zàijiā

~を天に任せる 听天由命 tīng tiān yóu mìng

悪く 不巧 bùqiǎo；不凑巧 bú còuqiǎo ▶時間が迫っているのに、~悪く渋滞にぶつかった/时间紧张，不巧又碰上了堵车 shíjiān jǐnzhāng, bùqiǎo yòu pèngshàngle dǔchē

うんえい【運営する】 管理 guǎnlǐ；经营 jīngyíng；运作 yùnzuò 〈英〉*manage; operate* ▶连盟は誰が~しているんだ/联盟由谁来经营 liánméng yóu shéi lái jīngyíng ▶~委員会/管理委员会 guǎnlǐ wěiyuánhuì ▶組織の~を誤る/使组织的运作发生错误 shǐ zǔzhī de yùnzuò fāshēng cuòwù

うんが【運河】 运河 yùnhé 〈英〉*a canal* ▶~が四方に通じている/运河四通八达 yùnhé sì tōng bā dá ▶~を開く/开凿运河 kāizáo yùnhé；开通运河 kāitōng yùnhé

うんきゅう【運休】 停开 tíngkāi 〈英〉*suspension of (railway) operation* ▶崖崩れのためバスが~になっている/由于悬崖崩溃，公交车暂停运行 yóuyú xuányá bēngkuì, gōngjiāochē zàntíng yùnxíng

うんこう【運行する】 运行 yùnxíng；运转 yùnzhuǎn 〈英〉*run*; [天体の] *move* ▶点検のため列車の~を止める/为了检点，列车停止运行 wèile jiǎndiǎn, lièchē tíngzhǐ yùnxíng ▶~時刻を厳格に守る/严格遵守运行时刻 yángé zūnshǒu yùnxíng shíkè ▶天体の~には法则がある/星体运行有它的法则 xīngtǐ yùnxíng yǒu tā de fǎzé

うんこう【運航する】 航行 hángxíng；运行 yùnxíng 〈英〉*run; operate* ▶定期便は平常通り~している/定期航班照常运行 dìngqī hángbān zhàocháng yùnxíng

うんざりする 腻烦 nìfán；厌烦 yànfán 〈英〉*be disgusted; be fed up* ▶こんな話はもう~だ/这种话已经听腻了 zhè zhǒng huà yǐjīng tīngnì le ▶父の~した顔を見るのが辛かった/看到父亲厌烦的表情我很痛苦 kàndào fùqin yànfán de biǎoqíng wǒ hěn tòngkǔ

うんさんむしょう【雲散霧消する】 云消雾散 yún xiāo wù sàn 〈英〉*vanish like a mist* ▶優勝への期待は~した/对夺冠的期待已经云消雾散了 duì duóguàn de qīdài yǐjīng yún xiāo wù sàn le

うんせい【運勢】 运气 yùnqi；命运 mìngyùn 〈英〉*fortune; one's star*; [運命] *destinies* ▶チームの明日の~を占う一戦である/这是预测球团未来命运的关键性比赛 zhè shì yùcè qiútuán wèilái mìngyùn de guānjiànxìng bǐsài ▶俺は~が悪いらしい/我可能命不好 wǒ kěnéng mìng bù hǎo

うんそう【運送する】 运输 yùnshū；搬运 bānyùn 〈英〉*transport; convey; carry* ▶~会社/货运公司 huòyùn gōngsī ▶~業/运输业 yùnshūyè ▶引っ越しは~屋に頼む/搬家去求搬运公司 bānjiā qù qiú bānyùn gōngsī ▶~料/搬运费 bānyùnfèi

うんちく【蘊蓄】 造诣 zàoyì；渊博的知识 yuānbó de zhīshi 〈英〉*one's great stock of knowledge* ▶仏教に対する彼の~には、ほとほと敬服する/他对佛教渊博的知识实在令人佩服 tā duì Fójiào yuānbó de zhīshi shízài lìng rén pèifú

~を傾ける 展示出渊博的知识 zhǎnshìchū yuānbó de zhīshi

うんちん【運賃】 运费 yùnfèi；车票钱 chēpiàoqián；票价 piàojià 〈英〉*fare* ▶~表/票价表 piàojiàbiǎo ▶~はすべて前払いである/运费都是预付的 yùnfèi dōu shì yùfù de；上车买票 shàngchē mǎipiào ▶燃料高騰のため~を引き上げる/因燃料上涨而提高运费 yīn ránliào shàngzhǎng ér tígáo yùnfèi ▶乗り越し~は精算窓口で払った/到窗口补交坐过站的车票钱 dào chuāngkǒu bǔjiāo zuòguò zhàn de chēpiàoqián ▶航空~は会社によって差がある/机票价格各公司有所不同 jīpiào jiàgé gè gōngsī yǒusuǒ bùtóng ▶鉄道~/火车票价 huǒchē piàojià

うんてい【雲梯】 《遊具》云梯 yúntī 〈英〉*a overhead ladder*

うんでい【雲泥】
~の差 天渊之别 tiānyuān zhī bié；云泥之别 yúnní zhī bié ▶あの二人は学力に~の差がある/两个人的学力有天壤之别 liǎng ge rén de xuélì yǒu tiānrǎng zhī bié

うんてん【運転する】 **①** [乗り物や機械を] 驾驶 jiàshǐ；开动 kāidòng 〈英〉*operate; work* ▶自動車を~する/开车 kāichē；行车 xíngchē ▶

~免許を取る/拿到驾驶执照 nádào jiàshǐ zhízhào　❷【資金などを】周转 zhōuzhuǎn (英 employ)
♦~士: 火车司机 huǒchē sījī　~資金: 周转资金 zhōuzhuǎn zījīn　~が資金が不足する/周转资金欠缺 zhōuzhuǎn zījīn qiànquē　~手: 驾驶员 jiàshǐyuán; 司机 sījī　~バスの~手/公交车司机 gōngjiāochē sījī　~免許証: 车照 chēzhào
【日中比較】中国語の'运转 yùnzhuǎn'は衛星などが「軌道上を回る」,機械が「回転する」,仕事などが「回る」ことを指す.

うんと 多 duō (a great deal; a lot) ♦そういう輩は~いる/这种人多的是 zhè zhǒng rén duō de shì ♦遠慮はいらん,~食べろ/别客气, 多吃点儿 bié kèqi, duō chī diǎnr ♦自転車よりバスの方が~速い/坐公交车比骑自行车快得多 zuò gōngjiāochē bǐ qí zìxíngchē kuàide duō

うんどう【運動】❶【物理的】 运动 yùndòng (英 motion; movement)　❷【体育上の】 体育运动 tǐyù yùndòng; 运动 yùndòng (英 exercise) ♦小学校の~会/小学的运动会 xiǎoxué de yùndònghuì ♦~具店/体育用品店 tǐyù yòngpǐndiàn　❸【社会的な】 活动 huódòng; 运动 yùndòng (英 an effort; a campaign) ♦その頃新しい芸術~が起こった/那时候产生了新的艺术运动 nà shíhòu chǎnshēngle xīn de yìshù yùndòng ♦文化遺産を護るべく議員たちにも~する/推动议员去保护文化遗产 tuīdòng yìyuán qù bǎohù wénhuà yíchǎn ♦【選挙で】~費を使いすぎている/竞选活动费花得太多了 jìngxuǎn huódòngfèi huāde tài duō le ♦彼はかつては労働~の闘士だったそうだ/据说他曾经是工人运动的英雄 jùshuō tā céngjīng shì gōngrén yùndòng de yīngxióng
♦~靴: 球鞋 qiúxié　~场: 操场 cāochǎng; 运动场 yùndòngchǎng　~神経: 运动细胞 yùndòng xìbāo ♦私は~神経が鈍い/我缺乏运动细胞 wǒ quēfá yùndòng xìbāo

うんぬん【云云】 什么的 shénme de (英 such and such; so and so) ♦文学の話は苦手だ/我对文学之类的话题可不擅长 wǒ duì wénxué zhīlèi de huàtí kě bú shàncháng
~する: 议论 yìlùn ♦彼の私生活を~するのはよそう/别再议论他的生活琐事了 bié zài yìlùn tā de shēnghuó suǒshì le

うんのう【蘊奥】 奥秘 àomì; 奥义 àoyì (英 the mysteries; the depth) ♦あの人なら文学の~を極めたと言えるだろう/他对于文学的造诣可以说是极为精深 tā duìyú wénxué de zàoyì kěyǐ shuō shì jíwéi jīngshēn

うんぱん【運搬する】 运输 yùnshū; 搬运 bānyùn (英 transport; convey) ♦~費がひどく値上がりしている/搬运费上涨得太高了 bānyùnfèi shàngzhǎngde tài gāo le

うんめい【運命】 命运 mìngyùn; 天命 tiānmìng (英 destiny; fate; fortune) ♦~の日がやってきた/决定命运的一天终于到了 juédìng mìngyùn de yì tiān zhōngyú dào le ♦それはまさしく~的な出会いだった/这真是命运性的相逢 zhè zhēn shì mìngyùnxìng de xiāngféng ♦~は自分で切り開こうではないか/让我们用自己的双手去开拓未来吧 ràng wǒmen yòng zìjǐ de shuāngshǒu qù kāituò wèilái ba ♦重なる不幸も~とあきらめる/屡遭厄运, 也就认命了 lǚ zāo èyùn, yě jiù rènmìng le ♦私は詩人となるべく~づけられていたのだ/老天爷让我做一个诗人 lǎotiānyé ràng wǒ zuò yí ge shīrén

~のいたずら: 命运的捉弄 mìngyùn de zhuōnòng ♦~のいたずらで二人は生涯の敵となった/由于命运的捉弄, 他们两个人成了宿敌 yóuyú mìngyùn de zhuōnòng, tāmen liǎng ge rén chéngle sùdí

~を共にする: 同舟共济 tóng zhōu gòng jì; 生死与共 shēngsǐ yǔgòng ♦船と~を共にする/跟这条船同生死共存亡 gēn zhè tiáo chuán tóng shēngsǐ gòng cúnwáng
♦~共同体: 命运共同体 mìngyùn gòngtóngtǐ　~論者: 宿命论者 sùmìnglùnzhě

うんゆ【運輸】 运输 yùnshū (英 transportation; traffic)

うんよう【運用する】 运用 yùnyòng (英 apply; employ) ♦基金を~して交流を拡大する/运用基金扩大交流 yùnyòng jījīn kuòdà jiāoliú ♦規則の~を誤って, 協会が機能不全に陥った/由于规则运用不当, 协会的功能瘫痪了 yóuyú guīzé yùnyòng búdàng, xiéhuì de gōngnéng tānhuàn le

え

え【柄】 柄 bǐng; 把儿 bàr; 把手 bǎshou (英 a handle; 【刀などの】 a haft) ♦ひしゃくの~が抜けた/勺子的把儿掉了 sháozi de bàr diào le
ことわざ 柄のないところに柄をすげる 没理也要占三分 méi lǐ yě yào zhàn sān fēn

え【絵】 绘画 huìhuà; 画 huà (英 a picture; a painting; a drawing) ♦僕は一生~を描いていたい/我想画一辈子画儿 wǒ xiǎng huà yíbèizi huàr ♦あの女優は~になるね/那个女演员就像一幅画儿 nàge nǚyǎnyuán jiù xiàng yì fú huàr ♦これは何の~ですか/这幅画儿画的是什么? zhè fú huàr huà de shì shénme? ♦壁にはピカソの~がかかっている/墙上挂着毕加索的绘画 qiángshang guàzhe Bìjiāsuǒ de huìhuà ♦彼は~がうまい/他画得一手好画儿 tā huàde yì shǒu hǎohuàr ♦目の前には~のような景色が広がっている/眼前展现出美丽如画的景色 yǎnqián zhǎnxiànchū měilì rú huà de jǐngsè
ことわざ 絵に描いた餅 画饼充饥 huà bǐng chōngjī ♦再建案は~に描いた餅に終わった/重建方案最终成了泡影 chóngjiàn fāng'àn zuìzhōng chéngle pàoyǐng

え【餌】 饵食 ěrshí (英 bait) ▶生き～を撒いて魚を誘う/撒下活鱼饵引鱼(上钩) sǎxià huóyú'ěr yǐn yú (shànggōu)

エアカーテン 空气帘 kōngqìlián (英 an air curtain)

エアガン 气枪 qìqiāng (英 an air gun)

エアコン 空调 kōngtiáo (英 an air conditioner) ▶～の温度を下げる/把空调温度降低 bǎ kōngtiáo wēndù jiàngdī

エアコンプレッサー 空气压缩机 kōngqì yāsuōjī (英 an air compressor)

エアゾール 气溶胶 qìróngjiāo;(喷雾剂) 烟雾剂 yānwùjì (英 an air)

エアターミナル 机场大楼 jīchǎng dàlóu (英 an air terminal)

エアバス 大型客机 dàxíng kèjī (英 an airbus)

エアバッグ 安全气袋 ānquán qìdài (英 an air bag)

エアブラシ 喷笔 pēnbǐ; 喷枪 pēnqiāng (英 an airbrush)

エアポート 机场 jīchǎng (英 an airport)

エアポケット 空中陷阱 kōngzhōng xiànjǐng (英 an air pocket) ▶飛行機が～に入り、大揺れに揺れた/飞机落入空中陷阱，大摇特摇 fēijī làorù kōngzhōng xiànjǐng, dà yáo tè yáo

エアポンプ 抽气机 chōuqìjī (英 an air pump)

エアメール 航空信件 hángkōng xìnjiàn (英 an airmail) ▶この手紙は～で出すつもりです/我打算用航空信发这封信 wǒ dǎsuan yòng hángkōngxìn fā zhè fēng xìn

エアライフル 气枪 qìqiāng;(競技名) 气步枪比赛 qìbùqiāng bǐsài (英 an air rifle)

エアロビクス (有酸素運動) 吸氧健身运动 xīyǎng jiànshēn yùndòng (英 aerobics)

エイ〔魚〕鳐鱼 yáoyú (英 a ray)

えいい【鋭意】 锐意 ruìyì; 专心 zhuānxīn (英 eagerly; earnestly; zealously) ▶～努力いたします/锐意努力 ruìyì nǔlì

えいえい【営営と】 (英 strenuously; ardently; busily) ▶～として働く/忙忙碌碌地劳动 mángmanglùlù de láodong ▶～と努力を重ねて信頼を築く/孜孜不倦地不断努力，建立信赖关系 zīzī bú juàn de búduàn nǔlì, jiànlì xìnlài guānxi

えいえん【永遠の】 永远 yǒngyuǎn; 恒久 héngjiǔ (英 eternal; permanent) ▶彼の功績は～に不滅である/他的功绩永世长存 tā de gōngjì yǒngshì chángcún ▶～の眠りにつく/永远长眠 yǒngyuǎn chángmián ▶～の平和は夢なのだろうか/永久的和平只是梦想吗? yǒngjiǔ de hépíng zhǐshì mèngxiǎng ma? ▶～の真理は誰にも曲げられない/永恒的真理谁也不能扭曲 yǒnghéng de zhēnlǐ shéi yě bùnéng niǔqū ▶僕はこの国を～に立ち去る/我永远离开这个国家 wǒ yǒngyuǎn líkāi zhège guójiā

えいが【映画】 电影 diànyǐng; 影片 yǐngpiàn (英 a (motion) picture; a film; a movie) ▶劇～/故事片 gùshipiàn ▶僕はそれを～館で見た/我在电影院看了那个(电影) wǒ zài diànyǐngyuàn kànle nàge(diànyǐng) ▶～を見に行く/看电影去 kàn diànyǐng qù ▶～の仕事をする/从事电影工作 cóngshì diànyǐng gōngzuò ▶～を上映する/放映电影 fàngyìng diànyǐng ▶～のは浅草で上映中です/那部电影目前正在浅草上映 nà bù diànyǐng mùqián zhèngzài Qiǎncǎo shàngyìng ▶空想科学～/科学幻想片 kēxué huànxiǎngpiàn ▶記録～を作る/制作记录片 zhìzuò jìlùpiàn ▶雑誌に写真が載る/在电影杂志上刊登照片 zài diànyǐng zázhìshang kāndēng zhàopiàn ▶東京～祭に出品する/在东京电影节上展出作品 zài Dōngjīng diànyǐngjiéshang zhǎnchū zuòpǐn ▶去年は3本も～台本を書いた/我去年写了三个电影剧本 wǒ qùnián xiěle sān ge diànyǐng jùběn ▶人気漫画が～化される/有名的漫画被改编成电影 yǒumíng de mànhuà bèi gǎibiānchéng diànyǐng

♦～監督｜电影导演 diànyǐng dǎoyǎn ▶～監督を目指して勉強している/立志成为电影导演而学习 lìzhì chéngwéi diànyǐng dǎoyǎn ér xuéxí ～スター｜电影明星 diànyǐng míngxīng; 影星 yǐngxīng ～製作者｜电影制片人 diànyǐng zhìpiànrén ～俳優｜电影演员 diànyǐng yǎnyuán ～ファン｜影迷 yǐngmí

えいが【栄華】 荣华 rónghuá (英 prosperity) ▶～を極めた暮らしをする/过着穷奢极侈的生活 guòzhe qióng shē jí chǐ de shēnghuó ▶ローマの～/罗马的荣华富贵 Luómǎ de rónghuá fùguì

えいかく【鋭角】 锐角 ruìjiǎo (英 an acute angle) ▶道路が～にカーブしていた/道路形成锐角的急转弯 dàolù xíngchéng ruìjiǎo de jízhuǎnwān ▶～をなすあごが強い意志を感じさせた/有棱有角的下颏让人感到坚强的意志 yǒu léng yǒu jiǎo de xiàkē ràng rén gǎndào jiānqiáng de yìzhì

えいかん【栄冠】 荣誉 róngyù (英 the crown; the laurels) ▶～は君に輝く/光辉的荣誉属于你 guānghuī de róngyù shǔyú nǐ

えいき【英気】 英气 yīngqì (英 one's energy) ▶休みの間に～を養っておきなさい/在休息期间养精蓄锐吧 zài xiūxi qījiān yǎng jīng xù ruì ba

えいき【鋭気】 锐气 ruìqì (英 spirit) ▶～に満ちた若者/充满锐气的年轻人 chōngmǎn ruìqì de niánqīngrén ▶いきなり～をくじかれた/锐气突然受挫 ruìqì tūrán shòucuò

えいきゅう【永久の】 万年 wànnián; 永久 yǒngjiǔ (英 permanent; enduring) ▶これは～不変の真理だ/这是永恒不变的真理 zhè shì yǒnghéng bú biàn de zhēnlǐ ▶～の愛を誓った二人だったが…/两个人虽说是发了誓永远相爱…… liǎng ge rén suīshuō shì fāle shì yǒngyuǎn xiāng'ài…

♦～歯｜恒齿 héngchǐ ▶娘に～歯が生え始めた/我女儿开始长恒齿了 wǒ nǚ'ér kāishǐ zhǎng héngchǐ le ～磁石｜磁钢 cígāng; 永磁 yǒngcí ～凍土｜永久冻土层 yǒngjiǔ dòngtǔcéng

えいきょう【影響】 影响 yǐngxiǎng (英 influence) ▶~を及ぼす/影响 yǐngxiǎng; 波及 bōjí; 牵涉 qiānshè ▶仏教の~はこんな孤島にまで及んでいた/佛教的影响连这么一个孤岛也波及到了 Fójiào de yǐngxiǎng lián zhème yí ge gūdǎo yě bōjídào le ▶少年に悪~を与えかねない/很有可能给少年们带来坏影响 hěn yǒu kěnéng gěi shàoniánmen dàilái huàiyǐngxiǎng ▶彼らの政治的~力は無視できない/不能忽视他们的政治影响力 bùnéng hūshì tāmen de zhèngzhì yǐngxiǎnglì ▶トルストイは彼が最初に~を受けた作家の一人である/托尔斯泰是他最初受到影响的作家之一 Tuō'ěrsītài shì tā zuìchū shòudào yǐngxiǎng de zuòjiā zhīyī ▶喫煙は記憶力に~する/吸烟会影响记忆力 xīyān huì yǐngxiǎng jìyìlì ▶心理的~をなくそうと努める/努力消除心理影响 nǔlì xiāochú xīnlǐ yǐngxiǎng

えいぎょう【営業】 营业 yíngyè (英 business) ▶カウンターの前に並んで待つ/在营业柜台前排队等候 zài yíngyè guìtáiqián páiduì děnghòu ▶《商店が》本日より~を再開する/从今天开始重新营业 cóng jīntiān kāishǐ chóngxīn yíngyè ▶一時~を停止する/暂时停止营业 zànshí tíngzhǐ yíngyè ▶朝6時には~を始めていた/早上六点开始营业 zǎoshang liù diǎn kāishǐ yíngyè ▶《事業体が》来月には京都店に~を始める/下个月京都支店开始营业 xià ge yuè Jīngdū zhīdiàn kāishǐ yíngyè ▶日曜日はどこの店も~しない/星期日哪里的商店都不营业 xīngqīrì nǎli de shāngdiàn dōu bù yíngyè ▶あそこは24時間~している/那里二十四小时营业 nàli èrshísì xiǎoshí yíngyè ▶《揭示》平常通り~しています/照常营业 zhàocháng yíngyè

♦~許可証:营业执照 yíngyè zhízhào ~時間 ▶あの店の~時間は9時から4時までだ/那家商店的营业时间是从早上九点到下午四点 nà jiā shāngdiàn de yíngyè shíjiān shì cóng zǎoshang jiǔ diǎn dào xiàwǔ sì diǎn ~日:工作日 gōngzuòrì ~部:营业部 yíngyèbù

えいご【英語】 英文 Yīngwén; 英语 Yīngyǔ (英 English) ▶彼女は~がわからない/她不懂英语 tā bù dǒng Yīngyǔ ▶~がうまいためにアメリカのことを知らない/英语(说得)很好,却不了解美国 Yīngyǔ (shuōde) hěn hǎo, què bù liǎojiě Měiguó ▶~の手紙を受け取って~で返事を書いた/收到英文信件就用英语写了回信 shōudào Yīngwén xìnjiàn jiù yòng Yīngyǔ xiěle huíxìn ▶海外旅行に~が通じなくて苦労した/在国外旅游时无法用英语沟通而颇费周折 zài guówài lǚyóushí wúfǎ yòng Yīngyǔ gōutōng ér pō fèi zhōuzhé

えいこう【曳航する】 拖曳 tuōyè; 拖航 tuōháng (英 tow a boat) ▶漁船が~されて港に戻ってきた/渔船被拖曳着好容易到达港口 yúchuán bèi tuōyèzhe hǎoróngyì dàodá gǎngkǒu

♦~船:拖轮 tuōlún

えいこう【栄光】 光荣 guāngróng; 光耀 guāngyào (英 glory) ▶優勝の~を勝ち取った/赢得了辉煌的胜利 yíngdé huīhuáng de shènglì ▶僕たちは~に包まれていた/我们沉浸在荣耀之中 wǒmen chénjìn zài róngyào zhīzhōng

えいごう【永劫】 永远 yǒngyuǎn (英 eternity; perpetuity) ▶御恩は未来~忘れません/您的恩情永世不忘 nín de ēnqíng yǒngshì bú wàng

えいこうだん【曳光弾】 曳光弹 yèguāngdàn (英 a tracer)

えいこく【英国】 英国 Yīngguó (英 Great Britain) ▶~人/英国人 Yīngguórén ▶~教会/英国教堂 Yīngguó jiàotáng

えいこせいすい【栄枯盛衰】 荣枯盛衰 róngkū shèngshuāi (英 rise and fall; ups and downs) ▶~は世の習い/人间正道是沧桑 rénjiān zhèngdào shì cāngsāng

えいさい【英才】 英才 yīngcái (英 talent; genius) ▶この子には~教育を施すつもりだ/我准备对这个孩子进行精英教育 wǒ zhǔnbèi duì zhège háizi jìnxíng jīngyīng jiàoyù ▶卒業生には~ぞろいだ/毕业生人才济济 bìyèshēng réncái jǐjǐ

えいさくぶん【英作文】 英语作文 Yīngyǔ zuòwén (英 English composition) ▶~は苦手だ/我不擅长英语作文 wǒ bú shàncháng Yīngyǔ zuòwén

えいじ【嬰児】 嬰儿 yīng'ér; 嬰孩 yīnghái (英 a little child) ▶~を誘拐する/拐骗嬰儿 guǎipiàn yīng'ér ▶親による~殺しが増えている/父母杀死嬰儿的事件增多了 fùmǔ shāsǐ yīng'ér de shìjiàn zēngduō le

えいじしんぶん【英字新聞】 英文报纸 Yīngwén bàozhǐ (英 an English-language newspaper) ▶~を読む/阅读英文报纸 yuèdú Yīngwén bàozhǐ

えいしゃ【映写】 放映 fàngyìng (英 projection) ▶~機/放映机 fàngyìngjī ▶~技師/放映师 fàngyìngshī ▶この映画の~時間は2時間です/这部电影的放映时间是两小时 zhè bù diànyǐng de fàngyìng shíjiān shì liǎng xiǎoshí ▶~室への立入禁止/放映室禁止入内 fàngyìngshì jìnzhǐ rù nèi

えいじゅう【永住する】 落户 luòhù; 定居 dìngjū (英 settle down; make one's home) ▶~権を持っておいでですか/您有永住权吗? nín yǒu yǒngzhùquán ma? ▶ハワイに~する計画でした/曾计划到夏威夷定居 céng jìhuà dào Xiàwēiyí dìngjū

エイジング 老龄化 lǎolínghuà (英 aging)

♦アンチ~:抗老化 kàng lǎohuà

エイズ 〔医〕艾滋病 àizībìng (後天性免疫不全症候群) (英 AIDS) ▶~ウイルス/艾滋病毒 àizībìngdú ▶~検査を受ける/接受艾滋病检查 jiēshòu àizībìng jiǎnchá ▶~患者/艾滋病患者 àizībìng huànzhě

えいせい【衛生】 卫生 wèishēng (英 sanitation; hygiene) ▶公衆~/公共卫生 gōnggòng wèishēng ▶こんな不~なところには住めない/这种不卫生的地方不能住 zhè zhǒng bú wèishēng de dìfang bùnéng zhù ▶そういう話は精神～上よくない/那种话不利于精神卫生 nà zhǒng huà bú lìyú jīngshén wèishēng ▶角(ヵ)にいかにも～的なパン屋がある/街角有一家的确很清洁的面包店 jiējiǎo yǒu yì jiā díquè hěn qīngjié de miànbāodiàn ▶いかにして居住地の～を保つか/怎样保持住处的卫生 zěnyàng bǎochí zhùchù de wèishēng ▶夏は特に～への注意が必要だ/夏天特别要注意卫生 xiàtiān tèbié yào zhùyì wèishēng ▶被災地の～状態が案じられる/受灾地区的卫生状态让人担心 shòuzāi dìqū de wèishēng zhuàngtài ràng rén dānxīn ▶環境～/环境卫生 huánjìng wèishēng

えいせい【衛星】 卫星 wèixīng (英 *a satellite*) ▶人工～を打ち上げる/发射人工卫星 fāshè réngōng wèixīng ▶この試合は～中継でお送りしております/这场比赛是通过卫星转播为大家播送的 zhè chǎng bǐsài shì tōngguò wèixīng zhuǎnbō wèi dàjiā bōsòng de ▶静かな村が～都市に変わった/宁静的村庄变成了(大都市的)卫星城 níngjìng de cūnzhuāng biànchéngle (dàdūshì de) wèixīngchéng ▶～写真/卫星照片 wèixīng zhàopiàn

♦～国|卫星国家 wèixīng guójiā ～通信|卫星通讯 wèixīng tōngxùn ～テレビ|卫星电视 wèixīng diànshì ～ナビゲーションシステム|卫星导航系统 wèixīng dǎoháng xìtǒng 気象～|气象卫星 qìxiàng wèixīng 通信～|通讯卫星 tōngxùn wèixīng 放送～|广播电视卫星 guǎngbō diànshì wèixīng

えいせいちゅうりつ【永世中立】 永世中立 yǒngshì zhōnglì (英 *permanent neutrality*) ▶～国/永久中立国 yǒngjiǔ zhōnglìguó

えいぜん【営繕】 修缮 xiūshàn (英 *building and repairs*) ▶老朽化したビルは～費がかさむ/陈旧的大楼修缮费增多了 chénjiù de dàlóu xiūshànfèi zēngduō le

えいぞう【映像】 图像 túxiàng; 影像 yǐngxiàng (英 *an image*) ▶卒業後は～メディア関連の仕事をしたい/毕业后我想从事与影像媒体方面有关的工作 bìyèhòu wǒ xiǎng cóngshì yǔ yǐngxiàng méitǐ fāngmiàn yǒuguān de gōngzuò ▶～文化に僕はどれほど影響されているだろう/我不知受了影像文化多大的影响 wǒ bù zhī shòule yǐngxiàng wénhuà duō dà de yǐngxiǎng

えいぞく【永続する】 持久 chíjiǔ (英 *last long; endure*) ▶好景気が～するはずがない/好景气不会持续不断的 hǎojǐngqì búhuì chíxù búduàn de ▶～的な信頼関係を保つ/保持持久的信赖关系 bǎochí chíjiǔ de xìnlài guānxì

えいたん【詠嘆】 赞叹 zàntàn (英 *exclamation; admiration*) ▶私は思わず～の声をあげた/我不由得发出了赞叹之声 wǒ bùyóude fāchūle zàntàn zhī shēng ▶彼は人間の飾らぬ姿に～するのだ/他为人们的直爽的态度而赞叹 tā wèi rénmen de zhíshuǎng de tàidù ér zàntàn

えいだん【英断】 英断 yīngduàn (英 *a bold decision*) ▶会長の～で混乱を回避できた/由于会长的英明果断避免了 yóuyú huìzhǎng de yīngmíng guǒduàn bìmiǎnle hùnluàn ▶総理が～を下さないでどうするのだ/总理不当机立断怎么行？zǒnglǐ bù dāng jī lì duàn zěnme xíng？

えいち【英知】 睿智 ruìzhì (英 *wisdom; enlightenment*) ▶今こそ人間の～を結集する時だ/现在就是要集中人类聪明才智的时候 xiànzài jiù shì yào jízhōng rénlèi cōngmíng cáizhì de shíhou ▶いかにも～にあふれる人に見える/他的确是一个充满聪明才智的人 tā díquè shì yí ge chōngmǎn cōngmíng cáizhì de rén

エイチエスケー【HSK】 《中国語能力認定試験》汉语水平考试 Hànyǔ shuǐpíng kǎoshì

えいてん【栄転する】 荣升 róngshēng (英 *transfer on promotion*) ▶御～おめでとうございます/祝贺荣升 zhùhè róngshēng ▶彼が支社長に～することになった/他荣升为分公司经理了 tā róngshēng wéi fēngōngsī jīnglǐ le ▶彼の転任は実質的には～だ/他的调职实际上就是升迁 tā de diàozhí shíjìshang jiùshì shēngqiān

えいびん【鋭敏な】 敏锐 mǐnruì; 尖锐 jiānruì; 灵敏 língmǐn (英 *sharp; keen; acute*) ▶病中は感覚が～になっている/在患病中感觉变得敏锐 zài huànbìngzhōng gǎnjué biànde mǐnruì ▶一般に動物は鼻や耳が～である/动物的耳朵和鼻一般都很灵敏 dòngwù de ěrduo hé bí yìbān dōu hěn língmǐn ▶あれは神経の～な男だからね/那是一个神经敏锐的人 nà shì yí ge shénjīng mǐnruì de rén ▶彼は頭脳の働きがとりわけ～だ/他头脑特别敏锐 tā tóunǎo tèbié mǐnruì

えいぶん【英文】 英文 Yīngwén (英 *English; an English sentence*) ▶～で日記を書く/用英文写日记 yòng Yīngwén xiě rìjì ▶大学は～に進んだ《英文学科の略》/在大学读英文系 zài dàxué dú Yīngwénxì ▶～和訳/英译日 Yīng yì Rì

えいぶんがく【英文学】 英国文学 Yīngguó wénxué (英 *English literature*) ▶私は～研究に没頭していた/我一直埋头研究英国文学 wǒ yìzhí máitóu yánjiū Yīngguó wénxué

♦～科|英文系 Yīngwénxì

えいへい【衛兵】 门岗 méngǎng; 卫兵 wèibīng (英 *a guard; a sentry*) ▶私たちは門の～にさえぎられた/我们被门口的卫兵拦住了 wǒmen bèi ménkǒu de wèibīng lánzhùle

えいべつ【永別する】 永诀 yǒngjué; 永别 yǒngbié ▶それが彼との～になった/那成了我和他的永别 nà chéngle wǒ hé tā de yǒngbié

えいみん【永眠】 长眠 chángmián; 长逝 chángshì; 永眠 yǒngmián (英 *death; eternal sleep*) ▶先生の～の地は桜が満開だった/老师长眠的地方樱花盛开 lǎoshī chángmián de dìfang yīnghuā shèngkāi ▶昨夜父が～いたしました/昨晚父亲与世长辞 zuówǎn fùqīn yǔ shì cháng cí

えいやく【英訳】 译成英文 yìchéng Yīngwén (英 *an English translation*) ▶和文～/日译英 Rì yì Yīng ▶返書はふつつかながら私が～した/回

信是我斗胆用英文写的 huíxìn shì wǒ dǒudǎn yòng Yīngwén xiě de

えいゆう【英雄】 英雄 yīngxióng; 英杰 yīngjié (英 *a hero*) ▶彼はもはや国民的〜である/他已经成为了国民英雄 tā yǐjing chéngwéile guómín yīngxióng ▶〜の末路を知ってるかい/知道英雄的末路吗？ zhīdào yīngxióng de mòlù ma？▶あの〜の気取りが鼻持ちならない/那种英雄作态令人讨厌 nà zhǒng yīngxióng zuòtài lìng rén tǎoyàn ▶〜的行為/英勇行为 yīngyǒng xíngwéi ▶〜崇拝が独裁を呼ぶのだ/崇拜英雄会引起独裁的 chóngbài yīngxióng huì yǐnqǐ dúcái de

えいよ【栄誉】 荣誉 róngyù (英 *glory*; *honor*) ▶母校の〜を担って最善を尽くす/肩负母校的荣誉，尽最大的努力 jiānfù mǔxiào de róngyù, jìn zuìdà de nǔlì ▶最高の〜を得ることができた/得到了最高的荣誉 dédàole zuìgāo de róngyù

えいよう【栄養】 营养 yíngyǎng (英 *nutrition*; *nourishment*) ▶〜のある物を十分食べる/多吃有营养的东西 duō chī yǒu yíngyǎng de dōngxi ▶〜の片寄らない食事を心がけなさい/注意饮食，不要在营养方面失衡 zhùyì yǐnshí, búyào zài yíngyǎng fāngmiàn shīhéng ▶宿では〜満点の食事が出る/旅馆里有营养丰富的饮食 lǚguǎnlǐ yǒu yíngyǎng fēngfù de yǐnshí

〜過多 营养过多 yíngyǎng guòduō
〜不良 营养不良 yíngyǎng bùliáng
〜をつける 增加营养 zēngjiā yíngyǎng ▶しっかり食べて〜をつけるんだよ/多吃些，增加营养 duō chī xiē, zēngjiā yíngyǎng
〜を取る 摄取营养 shèqǔ yíngyǎng ▶君は〜を取らなければならない/你一定要摄取营养 nǐ yídìng yào shèqǔ yíngyǎng

◆〜価〖营养价值〗yíngyǎng jiàzhí ▶牛乳は〜価が高い/牛奶营养价值高 niúnǎi yíngyǎng jiàzhí gāo 〜学〖营养学〗yíngyǎngxué 〜剤〖补药〗bǔyào 〜士〖营养师〗yíngyǎngshī 〜失調〖营养失调〗yíngyǎng shītiáo ▶彼らは〜失調に苦しんでいた/他们在营养失调的情况下挣扎着 tāmen zài yíngyǎng shītiáo de qíngkuàngxià zhēngzházhe 〜食品〖营养食品〗yíngyǎng shípǐn 〜ドリンク〖补液〗bǔyè 〜補助食品〖营养补充食品〗yíngyǎng bǔchōng shípǐn

えいり【営利】 营利 yínglì (英 *gain*; *moneymaking*) ▶〜誘拐を企てたが失敗した/企图绑架诈钱却失败了 qǐtú bǎngjià zhàqián què shībài le ▶我々がやっているのは非〜活動のです/我们做的是非营利活动 wǒmen zuò de shì fēiyínglì huódòng ▶〜を念頭に置かない/不将营利获益放在心上 bù jiāng yínglì huòyì fàngzài xīnshang ▶〜を目的としない/不以营利为目的 bù yǐ yínglì wéi mùdì

◆〜事業〖营利事业〗yínglì shìyè ▶〜事業なのだから採算を無視できない/因为是营利事业，不能不顾盈亏 yīnwèi shì yínglì shìyè, bùnéngbù gù yíngkuī

えいり【鋭利な】 《刃物が》锋利 fēnglì; 锐利 ruìlì (英 *keen*; *sharp*) ▶バッグが〜な刃物で切り裂かれていた/包被人用锐器割开了 bāo bèi rén yòng ruìqì gēkāi le ▶〜な分析で真相にたどりつく/凭借敏锐的分析揭开真相 píngjiè mǐnruì de fēnxī jiēkāi zhēnxiàng

エイリアン 外星人 wàixīngrén (英 *an alien*)

えいりん【営林】 林业 línyè ◆〜署/林业局 línyèjú ▶〜事業は苦難が続く/林业管理事业困难重重 línyè guǎnlǐ shìyè kùnnan chóngchóng

ええ **❶**〖肯定，承諾〗(英 *yes*) ▶〜，いいですよ/欸，好吧 èi, hǎo ba **❷**〖疑問〗(英 *eh*?; *what*?) ▶〜？今日じゃなかった？/嗯？不是今天吗？ ńg？bú shì jīntiān ma？

エーカー 英亩 yīngmǔ (英 *an acre*)

エーがたかんえん【A型肝炎】 〖医〗甲型肝炎 jiǎxíng gānyán

エーゲかい【エーゲ海】 爱琴海 Àiqínhǎi (英 *the Aegean Sea*) ▶『〜に捧ぐ』〖书名〗/《献给爱琴海》Xiàngěi Àiqínhǎi〉

エーシー【AC】 《交流》交流电 jiāoliúdiàn ◆〜アダプター〖交流适配器〗jiāoliú shìpèiqì

エージェント 代理商 dàilǐshāng; 代理人 dàilǐrén (英 *an agent*) ▶交渉には〜を立てます/派代理人去交涉 pài dàilǐrén qù jiāoshè ▶日本では我が社が上海ビール社の〜となっている/在日本敝公司是上海啤酒公司的代理商 zài Rìběn bìgōngsī shì Shànghǎi píjiǔ gōngsī de dàilǐshāng

エース 高手 gāoshǒu; 尖儿 jiānr;《トランプ》幺幺 yāo (英 *the ace pitcher*; *the ace*) ▶彼は我が社の〜だ/他是敝公司顶尖人才 tā shì bìgōngsī dǐngjiān réncái ▶『ハートの〜が出てこない』〖曲名〗/《红桃A不出来 Hóngtáo A bù chūlái》

エーティーエム【ATM】 自动柜员机 zìdòng guìyuánjī; 自动取款机 zìdòng qǔkuǎnjī〈现金自动預け払い機〉

エーティーしゃ【AT車】 自动挡车 zìdòng-dǎngchē〖オートマチック车〗

エーテル 以太 yǐtài; 乙醚 yǐmí (英 *ether*)

エーデルワイス 〖植物〗雪绒花 xuěrónghuā; 火绒草 huǒróngcǎo (英 *an edelweiss*)

ええと 《躊躇》嗯 ńg (英 *well*; *let me see*) ▶〜，今日は何日でしたっけ/嗯，今天是几号来着？ ńg, jīntiān shì jǐ hào láizhe？

エーブイ【AV】 《オーディオビジュアル》音像 yīnxiàng (英 *audio-visual*)

◆〜機器〖音像机器〗yīnxiàng jīqì

エープリルフール 愚人节 Yúrénjié (英 *April Fools' Day*)

エール 助威声 zhùwēishēng (英 *a yell*) ▶我々は総立ちで〜を送った/我们全体起立声援助威 wǒmen quántǐ qǐlì shēngyuán zhùwēi ▶両校応援団の〜の交換が始まった/两个学校的啦啦队开始互相叫喊助威 liǎng ge xuéxiào de lālāduì kāishǐ hùxiāng jiàohǎn zhùwēi

えがお【笑顔】 笑脸 xiàoliǎn; 笑容 xiàoróng (英 a smiling face) ▶あの娘はいつも～で対応する/那个女孩儿总是笑脸相对 nàge nǚháir zǒngshì xiàoliǎn xiāngduì ▶涙を隠して～をつくる/掩饰泪水作出笑脸 yǎnshì lèishuǐ zuòchū xiàoliǎn ▶いつも～を忘れないように/不要忘记常带笑容 búyào wàngjì cháng dài xiàoróng ▶あなたの～に励まされているのです/我被你的笑脸所鼓舞 wǒ bèi nǐ de xiàoliǎn suǒ gǔwǔ

えかき【絵描き】 画家 huàjiā (英 a painter; an artist) ▶父は売れない～でした/我父亲是个不出名的画家 wǒ fùqin shì ge bù chūmíng de huàjiā

えがく【描く】 描绘 miáohuì (英 draw; paint; make a picture) ▶壁いっぱいに絵を～/在整个一面墙上画画 zài zhěnggè yí miàn qiángshang huà huà ▶夢を～のはあなたの勝手です/描绘梦想是你的自由 miáohuì mèngxiǎng shì nǐ de zìyóu ▶右肩上がりのグラフを～/描画上升表格 miáohuà shàngshēng biǎogé ▶彼らが心に～平和はこんなものではない/他们心中所想像的和平不是这样的 tāmen xīnzhōng suǒ xiǎngxiàng de hépíng bú shì zhèyàng de ▶これは現代人の不安な心理を描いた作品である/这是一个描写现代人不安心理的作品 zhè shì yí ge miáoxiě xiàndàirén bù'ān xīnlǐ de zuòpǐn

えがたい【得難い】 宝贵 bǎoguì; 难得 nándé (英 difficult to get); [貴重な] priceless) ▶それは天からの～忠告だと思った/我认为那是上天赐予的贵重的忠告 wǒ rènwéi nà shì shàngtiān cìyǔ de guìzhòng de zhōnggào ▶～人材に逃げられた/宝贵的人才流失了 bǎoguì de réncái liúshī le ▶せっかくの～機会なのに残念です/错过了一次难得的机会太遗憾了 cuòguòle yí cì nándé de jīhuì tài yíhàn le

えがら【絵柄】 花样 huāyàng; 图样 túyàng (英 a design; a pattern)

えき【易】 易 yì; 占卦 zhānguà (英 fortune-telling) ▶～を立てて我が子の将来を占う/算卦占卜自己孩子的将来 suànguà zhānbǔ zìjǐ háizi de jiānglái ▶私は～学をかじったことがあるのです/我稍微学过一点易学 wǒ shāowēi xuéguo yìdiǎn yìxué

えき【益】 好处 hǎochu; 益处 yìchu (英 benefit; advantage; [利得] profit) ▶こんな事業に何の～があろう/这种事业有什么益处呢 zhè zhǒng shìye yǒu shénme yìchu ne ▶住民にいかなる～をもたらすか/给居民带来什么样的好处 gěi jūmín dàilái shénmeyàng de hǎochu

えき【駅】 车站 chēzhàn; 火车站 huǒchēzhàn (英 a station; a depot) ▶～売りの新聞にはまだ載っていなかった/在车站贩卖的报纸还没有登载 zài chēzhàn fànmài de bàozhǐ hái méiyǒu dēngzǎi ▶急行の止まらない～はけっこう不便です/快车不停的车站相当不便 kuàichē bù tíng de chēzhàn xiāngdāng bùbiàn ▶友達を東京～へ迎えに行く/到东京车站去接朋友 dào Dōngjīng zhàn qù jiē péngyou ▶～の売店/车站的小卖店 chēzhàn de xiǎomàidiàn
♦～ビル:车站大楼 chēzhàn dàlóu

えきいん【駅員】 站务员 zhànwùyuán (英 the station staff) ▶～に助けられて電車に乗った/在站务员的帮助下坐上了电车 zài zhànwùyuán de bāngzhùxia zuòshàngle diànchē

えきか【液化する】 液化 yèhuà (英 liquefy) ▶～天然ガスが家庭用燃料に使われている/液化天然气被用作家庭燃料 yèhuà tiānránqì bèi yòngzuò jiātíng ránliào

えきがく【疫学】 流行病学 liúxíngbìngxué (英 epidemiology)

えきざい【液剤】 (薬) 液剂 yèjì (英 a liquid medicine) ▶畑に虫除けの～を散布した/在田里喷洒除虫剂 zài tiánli pēnsǎ chúchóngjì

エキサイト 激昂 jī'áng; 兴奋 xīngfèn (英 excite) ▶～した観衆が騒ぎ出した/兴奋的观众们吵闹起来 xīngfèn de guānzhòngmen chǎonàoqǐlai ▶実にエキサイティングな試合だった/实在是一场激动人心的比赛 shízài shì yì chǎng jīdòng rénxīn de bǐsài

エキジビション 展览 zhǎnlǎn; 展示会 zhǎnshìhuì;〔エキジビジョンゲーム〕表演 biǎoyǎn (英 an exhibition) ▶翌日の～が一番の楽しみです/明天的表演是我最期待的 míngtiān de biǎoyǎn shì wǒ zuì qīdài de

えきしゃ【易者】 算命先生 suànmìng xiānsheng (英 a fortune-teller) ▶～にすがる人だっているんだよ/也有的人一味迷信算命先生 yě yǒude rén yíwèi míxìn suànmìng xiānsheng

えきしょう【液晶】 液晶 yèjīng (英 liquid crystal)
♦～画像:液晶显像 yèjīng xiǎnxiàng ～ディスプレイ:液晶显示器 yèjīng xiǎnshìqì ～テレビ:液晶电视 yèjīng diànshì

えきじょう【液状】 液态 yètài; 液态物体 yètài wùtǐ (英 liquid state)
♦～化現象:液化现象 yèhuà xiànxiàng ▶激しい地震で～化現象が起きる/因强烈的地震而发生液化现象 yīn qiángliè de dìzhèn ér fāshēng yèhuà xiànxiàng

エキス 提取物 tíqǔwù; 精华 jīnghuá (英 extract) ▶ニンニクの～を採る/提炼蒜精 tíliàn suànjīng ▶この一冊に現代思想の～が詰まっています/这本书里凝聚着现代思想的精华 zhè běn shūli níngjùzhe xiàndài sīxiǎng de jīnghuá

エキストラ 临时演员 línshí yǎnyuán (英 an extra) ▶あの映画に僕も～で出ている/在那部影片里我也作为临时演员出场 zài nà bù yǐngpiànli wǒ yě zuòwéi línshí yǎnyuán chūchǎng

エキスパート 专家 zhuānjiā (英 an expert) ▶省エネの～を集める/将节省能源的专家召集起来 jiāng jiéshěng néngyuán de zhuānjiā zhàojíqǐlai

エキスポ【EXPO】 万国博览会 wànguó bólǎnhuì〔万国博覧会〕

エキセントリック 古怪 gǔguài; 离奇 líqí (英

エキゾチックな 异国情调 yìguó qíngdiào; 外国风味 wàiguó fēngwèi (英 *exotic*) ▶南国の～風景に魅入られた/南国的异国风情令人着迷 nánguó de yìguó fēngqíng lìng rén zháomí

えきたい【液体】 液体 yètǐ (英 *a liquid; a fluid*)
♦～酸素 液态氧 yètàiyǎng ～洗剤 洗衣液 xǐyīyè ～燃料 液体燃料 yètǐ ránliào

えきちゅう【益虫】 益虫 yìchóng (英 *a useful insect*) ▶くもは～か/蜘蛛是益虫吗？ zhīzhū shì yìchóng ma?

えきちょう【益鳥】 益鸟 yìniǎo (英 *a useful bird*) ▶雀はりっぱな～ですよ/麻雀是了不起的益鸟 máquè shì liǎobuqǐ de yìniǎo

えきちょう【駅長】 站长 zhànzhǎng (英 *a stationmaster*)
～室 站长室 zhànzhǎngshì

えきでん【駅伝】 (競走) 长距离接力赛 chángjùlí jiēlìsài (英 *a long-distance relay road race; an ekiden race*) ▶～走者に沿道から声援を送った/在沿途向长距离接力赛的运动员声援助威 zài yántú xiàng chángjùlí jiēlìsài de yùndòngyuán shēngyuán zhùwēi ▶～は日本の冬の風物詩だ/接力长跑是日本冬季的风情诗 jiēlì chángpǎo shì Rìběn dōngjì de fēngqíngshī

えきひ【液肥】 水肥 shuǐféi (英 *liquid manure*) ▶畑にたっぷり～を施した/在田地里施足了水肥 zài tiándìlǐ shīzúle shuǐféi

えきびょう【疫病】 疫病 yìbìng (英 *an epidemic; a plague*) ▶あの時の～のひどさは今なお語り草である/当时瘟疫的惨状至今仍然是谈论的话题 dāngshí wēnyì de cǎnzhuàng zhìjīn réngrán shì tánlùn de huàtí

えきべん【駅弁】 车站上卖的盒饭 chēzhànshang mài de héfàn (英 *a box lunch sold at railroad stations or on some trains*) ▶～を買って汽車に乗った/在车站上买了盒饭就上了火车 zài chēzhànshang mǎile héfàn jiù shàngle huǒchē ▶行く先々の～が旅の楽しみなのだ/所到之处车站(卖的)盒饭就是我旅行的乐趣 suǒ dào zhī chù chēzhàn(mài de) héfàn jiùshì wǒ lǚxíng de lèqù

えきむ【役務】 劳役 láoyì (英 *labor; service*) ▶我が社が～を提供することに決まった/决定由我们公司提供劳务 juédìng yóu wǒmen gōngsī tígōng láowù

エクスタシー 陶醉 táozuì (英 *ecstasy*) ▶信者たちは～に達していた/信徒们进入了陶醉状态 xìntúmen jìnrùle táozuì zhuàngtài ▶絵に見入る僕に～が訪れていた/看画看得出神的我如醉如痴 kàn huà kànde chūshén de wǒ rú zuì rú chī

エクステンション (大学主催の) 公开讲座 gōngkāi jiǎngzuò (英 *extension* (拡張)) ▶古稀を過ぎてから～に通い始めた/年过古稀以后开始参加公开讲座 nián guò gǔxī yǐhòu kāishǐ cānjiā gōngkāi jiǎngzuò

エグゼクティブ 高层管理人员 gāocéng guǎnlǐ rényuán (英 *an executive*)
♦～プロデューサー 监制 jiānzhì

えくぼ 酒窝 jiǔwō; 笑窝 xiàowō (英 *a dimple*) ▶～片 单酒窝 dānjiǔwō ▶彼女は笑うと～ができる/她一笑就露出小酒窝 tā yí xiào jiù lùchū xiǎojiǔwō ▶～が可愛い女の子/酒窝很可爱的女孩子 jiǔwō hěn kě'ài de nǚháizi

えぐる 剜 wān; 挖 wā (英 *scoop out;* [刃物で] *gouge*) ▶自分の欠点をえぐり出せ/挖掘出自己的缺点 wājuéchū zìjǐ de quēdiǎn ▶核心を～追究を僕はかわせなかった/没能避开对方追究我的核心问题 méi néng bìkāi duìfāng zhuījiū wǒ de héxīn wèntí ▶聞く者の胸を～訴え/使听者心如刀绞的诉说 shǐ tīngzhě xīn rú dāo jiǎo de sùshuō ▶ナイフで種をえぐり出す/用水果刀剜核儿 yòng shuǐguǒdāo tī hér

えぐつない 下流 xiàliú; 卑鄙 bēibǐ (英 *vulgar; offensive*) ▶子供の前で～話をするな/在孩子面前不要说下流的话 zài háizi miànqián búyào shuō xiàliú de huà ▶あいつはどんな～やり方だってやるさ/那家伙什么卑鄙的手段都会用的 nà jiāhuo shénme bēibǐ de shǒuduàn dōu huì yòng de

エコ 环保 huánbǎo; 绿色 lǜsè (英 *ecological*)
♦～カー 绿色汽车 lǜsè qìchē ～家電 绿色家电 lǜsè jiādiàn ～商品 环保产品 huánbǎo chǎnpǐn; 绿色产品 lǜsè chǎnpǐn ～バッグ 环保购物袋 huánbǎo gòuwùdài ～マーク 绿色标志 lǜsè biāozhì

エゴ 自我 zìwǒ (英 *one's ego*) ▶双方の～がぶつかる/双方的私利相冲突 shuāngfāng de sīlì xiāng chōngtū ▶彼らは～をつのらせるばかりだ/他们的自私自利越来越厉害了 tāmen de zìsī zì lì yuèláiyuè lìhai le
♦～イスト 利己主义者 lìjǐ zhǔyìzhě ～イズム 利己主义 lìjǐ zhǔyì

エコー 回声 huíshēng; 回波 huíbō (英 *echo*) ▶～がかかるとうまく聞こえる/加上回声效果更好听 jiāshàng huíshēng xiàoguǒ gèng hǎotīng

えごころ【絵心】 绘画的兴趣 huìhuà de xìngqù; 绘画的才能 huìhuà de cáinéng; 绘画的欣赏力 huìhuà de xīnshǎnglì (英 *a talent for painting*) ▶～のある君が羨ましいよ/真羨慕你的美术才能 zhēn xiànmù nǐ de měishù cáinéng ▶～をそそる風景だね/真是诱人作画的风景啊 zhēn shì yòurén zuòhuà de fēngjǐng a

えこじ【依怙地】 ⇨いこじ (意固地)

エコシステム 生态系统 shēngtài xìtǒng (英 *an ecosystem*) ▶～は壊されてゆくばかりだ/生态系统的破坏愈演愈烈 shēngtài xìtǒng de pòhuài yù yǎn yù liè

エコノミー 经济 jīngjì (英 *economy*)
♦～クラス (座席) 经济舱 jīngjìcāng ～クラス症候群 经济舱综合症 jīngjìcāng zōnghézhèng

エコノミスト 经济学家 jīngjìxuéjiā (英 *an economist*)

えこひいき【えこ贔屓】 厚此薄彼 hòu cǐ bó bǐ; 偏爱 piān'ài; 偏向 piānxiàng（英 *partiality; favoritism; prejudice*）▶あの先生はとかく生徒を～する/那个老师对学生总是偏心眼儿 nàge lǎoshī duì xuésheng zǒngshì piān xīnyǎnr ▶～のない声援なんて面白くない/一视同仁的声援没意思 yí shì tóng rén de shēngyuán méi yìsi

エゴマ【荏胡麻】〔植物〕荏 rěn; 白苏 báisū（英 *a perilla*）

エコロジー 生态学 shēngtàixué; 环保 huánbǎo（英 *ecology*）▶あらゆる事業に～の観点が不可欠だ/任何事业都少不了环保意识 rènhé shìyè dōu shǎobuliǎo huánbǎo yìshí
♦～ショップ/绿色商店 lǜsè shāngdiàn

えさ【餌】 饲料 sìliào; 食儿 shír; 诱饵 yòu'ěr（英 *food*;〔釣りなどの〕*bait*）▶犬の～も贅沢になったものだ/狗食也变得讲究起来了 gǒushí yě biànde jiǎngjiuqǐlai le ▶猿に～をやらないで下さい/请不要给猴子东西吃 qǐng búyào gěi hóuzi dōngxi chī ▶この鳥の～はなんですか/这种鸟吃什么食？ zhè zhǒng niǎo chī shénme shí？▶みみずを～にして魚を釣る/用蚯蚓做饵来钓鱼 yòng qiūyǐn zuò ěr lái diào yú ▶釣り針に～をつける/把鱼饵安在鱼钩上 bǎ yú'ěr ānzài yúgōushang ▶《庭の》小鳥の～台/小鸟的吃食架 xiǎoniǎo de chīshíjià ▶彼はその～にひっかからなかった/他没有上那个当 tā méiyǒu shàng nàge dàng ▶金を～にして悪の道に誘う/以金钱为诱饵引人走到邪路上 yǐ jīnqián wéi yòu'ěr yǐnrén zǒudào xiélùshang

えじき【餌食】 饵食 ěrshí; 牺牲品 xīshēngpǐn（英〔えさ〕*food*; *a prey*;〔犠牲〕*a victim*）▶猛獣の～になる/成为猛兽的饵食 chéngwéi měngshòu de ěrshí ▶悪人の～になる/做坏人的牺牲品 zuò huàirén de xīshēngpǐn

エジプト 埃及 Āijí（英 *Egypt*）▶～人/埃及人 Āijírén ▶～の文字/埃及文字 Āijí wénzì ▶～文明/埃及文明 Āijí wénmíng ▶～学者/埃及学学者 Āijíxué xuézhě

えしゃく【会釈する】 点头打招呼 diǎntóu dǎ zhāohu（英 *bow*; *salute*）▶すれ違う時軽く～する/擦肩而过的时候微微点头示意 cā jiān ér guò de shíhou wēiwēi diǎntóu shìyì ▶会えば～をかわす程度の仲です/我们的交情只不过是见面点头 wǒmen de jiāoqing zhǐbuguò shì jiànmiàn diǎntóu

エスエフ【SF】 科幻小说 kēhuàn xiǎoshuō《空想科学小説》（英 *science fiction*）▶子供の頃から～が大好きでした/我从孩提时代就非常喜欢科幻小说 wǒ cóng háití shídàì jiù fēicháng xǐhuan kēhuàn xiǎoshuō ▶将来は～作家になりたい/将来我想当科幻小说作家 jiānglái wǒ xiǎng dāng kēhuàn xiǎoshuō zuòjiā

エスエフエックス【SFX】 电影特效 diànyǐng tèxiào《特殊視覚効果技術》

エスオーエス【SOS】 呼救信号 hūjiù xìnhào; 求救信号 qiújiù xìnhào（英 *an SOS*）▶～を発する/发出求救信号 fāchū qiújiù xìnhào ▶海上の～をキャッチした/接收到了海上的呼救信号 jiēshōudàole hǎishàng de hūjiù xìnhào ▶親に～を発して送金してもらった/向父母发出了求救信号给我汇款来 xiàng fùmǔ fāchūle qiújiù xìnhào gěi wǒ huìkuǎn lái

エスカルゴ〔食品〕食用蜗牛 shíyòng wōniú（英 *an escargot*）

エスカレーター 自动楼梯 zìdòng lóutī（英 *an escalator*）▶下りの～で老人が転んだ/老人摔倒在下行的自动扶梯上 lǎorén shuāidǎo zài xiàxíng de zìdòng fútīshang ▶～で3階に上がる/乘自动扶梯上三楼 chéng zìdòng fútī shàng sān lóu
♦～式/自动升级式 zìdòng shēngjíshì ▶～式の学校に入る/上自动升级式的学校 shàng zìdòng shēngjíshì de xuéxiào

エスカレートする 逐步升级 zhúbù shēngjí（英 *escalate*）▶民族対立が～して大きな紛争になった/民族对立逐步升级，演变成重大的争端 mínzú duìlì zhúbù shēngjí, yǎnbiànchéng zhòngdà de zhēngduān

エスキモー 爱斯基摩人 Àisījīmórén（英 *an Eskimo*）

エスケープ 溜走 liūzǒu;〔学校〕逃学 táoxué（英 *an escape*）
♦～キー/退出键 tuìchūjiàn《キーボード》

エスコート 陪伴 péibàn（英 *escort*）▶そこまで連れてくれたわ/他陪我走到那儿了 tā péi wǒ zǒudào nàr le ▶君に家内の～を頼みたい/我想请你陪伴一下我妻子 wǒ xiǎng qǐng nǐ péibàn yíxià wǒ qīzi

エスサイズ 小号 xiǎohào; 小型 xiǎoxíng（英 *small size*）

エステ《エステティック》美容 měiróng;《エステティックサロン》美容院 měiróngyuàn（英 *esthétique*）▶～に通って磨いてます/到全身美容院进行美容 dào quánshēn měiróngyuàn jìnxíng měiróng

エステティシャン 美容师 měiróngshī（英 *an esthetician*）

エスニック 民族的 mínzú de; 种族的 zhǒngzú de（英 *ethnic*）▶～料理/民族菜肴 mínzú càiyáo ▶～マイノリティ/少数民族 shǎoshù mínzú

エスプリ 机智 jīzhì; 富有才智的精神活动 fùyǒu cáizhì de jīngshén huódòng（英 *esprit*）▶～のきいたお話ですね/这真是一番充满机智的话 zhè zhēn shì yì fān chōngmǎn jīzhì de huà

エスプレッソ 意大利式咖啡 Yìdàlìshì kāfēi; 浓缩咖啡 nóngsuō kāfēi（英 *espresso coffee*）

エスペラント 世界语 Shìjièyǔ（英 *Esperanto*）

えせ【似非】 冒牌 màopái（英 *false*; *pseudo*）▶あの男は～文化人だ/那个男的是个冒牌知识分子 nàge nán de shì ge màopái zhīshi fènzǐ

えそ【壊疽】〔医〕坏疽 huàijū（英 *gangrene*）

えそらごと【絵空事】 虚构的事情 xūgòu de shìqing; 空谈 kōngtán（英 *a pipe dream*）彼

えだ

は〜を並べて帰った/他空谈一番走了 tā kōngtán yì fān zǒu le ▶君のプランはただの〜だ/你的计划只不过是空想而已 nǐ de jìhuà zhǐbuguò shì kōngxiǎng éryǐ

えだ【枝】 枝条 zhītiáo; 枝子 zhīzi (英 *a branch; a bough*; [小枝] *a twig; a spray*) ▶街路樹の〜をおろすと空が広くなる/修剪一下街道树木的枝叶就会多露出些天空 xiūjiǎn yíxià jiēdào shùmù de zhīyè jiù huì duō lùchū xiē tiānkōng ▶桜の花を一〜折って贈った/折了一枝樱花送人 zhéle yì zhī yīnghuā sòng rén
♦〜ぶり【樹形 shùxíng ▶〜ぶりのよい松/树型优美的松树 shùxíng yōuměi de sōngshù 〜分かれ 分支 fēnzhī

えたい【得体】
〜の知れない 人不人,鬼不鬼 rén bù rén, guǐ bù guǐ; 来路不明的 láilù bùmíng de ▶〜の知れない男が近所をうろついている/一个来路不明的男的在附近走来走去 yí ge láilù bùmíng de nán de zài fùjìn zǒu lái zǒu qù ▶〜の知れない料理が出てきた/端上来一个稀奇古怪的菜 duānshànglai yí ge xīqí gǔguài de cài
[日中比較] 中国語の'得体 détǐ'は言葉や行動が「適切である」ことをいう。

えだにく【枝肉】 带骨的腿肉 dàigǔ de tuǐròu (英 *a slab of beef*)

エタノール [化学] 乙醇 yǐchún (英 *ethanol*)

えだは【枝葉】 枝叶 zhīyè;(些細なこと) 枝节 zhījié (英 *branches and leaves*) ▶君は话に〜を付けすぎるんだ/你在话里费话太多 nǐ zài huàli fèihuà tài duō ▶そんな〜にこだわることはない/不要拘泥于那种枝节问题 búyào jūnì yú nà zhǒng zhījié wèntí

えだまめ【枝豆】 毛豆 máodòu (英 *green soybeans*) ▶〜をゆでる/煮毛豆 zhǔ máodòu ▶まずは〜で生ビールといこう/先来生啤酒和毛豆吧 xiān lái shēngpíjiǔ hé máodòu ba

エチオピア 埃塞俄比亚 Āisài'ébǐyà (英 *Ethiopia*) ▶〜人/埃塞俄比亚人 Āisài'ébǐyàrén

エチケット 礼仪 lǐyí; 礼貌 lǐmào; 规矩 guīju (英 *etiquette*; *good manners*) ▶メールにはメールの〜がある/电子邮件有电子邮件的规矩 diànzǐ yóujiàn yǒu diànzǐ yóujiàn de guīju ▶おまえの態度は〜に反する/你的态度不礼貌 nǐ de tàidù bù lǐmào ▶彼らは私たちとは〜がちがう/他们和我们礼节不同 tāmen hé wǒmen lǐjié bùtóng

エチュード [音楽] 练习曲 liànxíqǔ (英 *an étude*)

エチルアルコール [化学] 乙醇 yǐchún (英 *ethyl alcohol*)

エチレン [化学] 乙烯 yǐxī (英 *ethylene*)
♦〜グリコール:乙二醇 yǐ'èrchún

えっ (聞き返して) 啊 á; 什么 shénme (英 *What?; Eh?*) ▶〜,また遅刻したのか/怎么,又迟到了? zěnme, yòu chídào le? ▶〜,私が?/いやだなあ/啊,我呀?我可不愿意 á, wǒ ya? wǒ kě bú yuànyì

えつ【悦】 得意 déyì; 喜悦 xǐyuè (英 *raptures; ecstasies*)
〜に入る 暗自得意 ànzì déyì ▶一人で〜に入る/一个人暗自得意 yí ge rén ànzì déyì

えっきょう【越境】 越境 yuèjìng; 越界 yuèjiè (英 *cross the border*) ▶〜入学をする/越过规定的学区入学 yuèguò guīdìng de xuéqū rùxué ▶一部兵士が〜,発砲した/一部分士兵越过边境开了枪 yíbùfen shìbīng yuèguò biānjìng kāile qiāng ▶文学の〜現象ってどういうこと?/文学的越境现象是怎么回事? wénxué de yuèjìng xiànxiàng shì zěnme huí shì? ▶情報は瞬時に〜する/信息转瞬间跨越国境 xìnxī zhuǎnshùnjiān kuàyuè guójìng

エックスせん【X線】 X光 X guāng (英 *an X ray*) ▶〜写真を撮ってガンが見つかった/拍X光发现了癌症 pāi X guāng fāxiànle áizhèng ▶〜治療を続けている/继续接受X光治疗 jìxù jiēshòu X guāng zhìliáo

えつけ【絵付け】 (在陶瓷器上)绘画 (zài táocíqǐshang) huìhuà; 上彩 shàngcǎi (英 *painting on china*)

えづけ【餌付けする】 喂养 wèiyǎng (英 *feed*)
▶白鳥に〜するのはどうか/喂养天鹅有点不正常 wèiyǎng tiān'é yǒudiǎn bú zhèngcháng ▶野生猿の〜の試みは失敗した/驯养野生猴子的尝试失败了 xùnyǎng yěshēng hóuzi de chángshì shībài le

えっけん【越権】 越权 yuèquán (英 *arrogation*) ▶市長の〜行為が問題になる/市长的越权行为成为问题 shìzhǎng de yuèquán xíngwéi chéngwéi wèntí ▶あなたの行為は〜も甚だしい/你的行为严重越权 nǐ de xíngwéi yánzhòng yuèquán

えっけん【謁見する】 谒见 yèjiàn (英 *have an audience*) ▶大統領に〜する/晋见总统 jìnjiàn zǒngtǒng ▶女王への〜が許される/被允许晋见女王 bèi yǔnxǔ jìnjiàn nǚwáng

エッセイ 散文 sǎnwén; 随笔 suíbǐ (英 *an essay*) ▶次号に〜でも書いてくれないか/能不能给下一期(杂志)写一篇随笔什么的? néngbunéng gěi xià yì qī (zázhì) xiě yì piān suíbǐ shénmede?
♦〜集 随笔集 suíbǐjí; 散文集 sǎnwénjí 〜スト 随笔作家 suíbǐ zuòjiā

エッセンス 精华 jīnghuá; 真髓 zhēnsuǐ (英 *essence*) ▶バニラ〜/香草精 xiāngcǎojīng ▶本書は序章に〜が込められている/这本书最初的一章集中了(作品的)精华 zhè běn shū zuìchū de yì zhāng jízhōngle (zuòpǐn de) jīnghuá

エッチな 好色 hàosè; 淫猥 yínwěi ▶得意げに〜な話をしている/得意地说着下流话 déyì de shuōzhe xiàliúhuà ▶出会ったその日に〜する/刚见面的那天就上床 gāng jiànmiàn de nà tiān jiù shàngchuáng

エッチング 蚀刻 shíkè (英 *etching*) ▶ガラス〜/玻璃蚀刻 bōli shíkè

えっとう【越冬する】 越冬 yuèdōng；过冬 guòdōng（英 *pass the winter*）▶彼は南極で3度〜した/他三次在南极过冬 tā sān cì zài nánjí guòdōng ▶〜隊の一員となる/成为过冬（考察）队的一员 chéngwéi guòdōng (kǎochá)duì de yìyuán ▶〜資金が足りないんだ/过冬经费不够 guòdōng jīngfèi bú gòu

えつどく【閲読する】 阅读 yuèdú（英 *read；pore*）▶この文書は部外者は〜できない/这个文件外部的人不能阅读 zhège wénjiàn wàibù de rén bùnéng yuèlǎn ▶校史を〜していて思わぬ人物を見つけた/浏览校史发现了一个意想不到的人 yuèlǎn xiàoshǐ fāxiànle yí ge yìxiǎngbudào de rén

えつねん【越年する】 过年 guònián；越年 yuènián（英 *see the old year out*）▶交渉は〜しそうだ/谈判好像要持续到过年之后 tánpàn hǎoxiàng yào chíxùdào guònián zhīhòu ▶船上での〜は久し振りだ/好久没在船上过年了 hǎojiǔ méi zài chuánshang guònián le
◆〜植物 越年生植物 yuèniánshēng zhíwù

えっぺい【閲兵する】 检阅 jiǎnyuè，阅兵 yuèbīng（英 *review troops*）▶首相は迎賓館での一式にのぞんだ/总理出席了在迎宾馆举行的阅兵仪式 zǒnglǐ chūxíle zài yíngbīnguǎn jǔxíng de yuèbīng yíshì ▶儀仗兵を〜する/检阅仪仗队 jiǎnyuè yízhàngduì

えつらん【閲覧する】 阅览 yuèlǎn（英 *inspect；pore*）▶〜室/阅览室 yuèlǎnshì ▶〜者心得/阅览者须知 yuèlǎnzhě xūzhī ▶特別図書を〜するには許可がいる/阅览特殊图书需要许可 yuèlǎn tèshū túshū xūyào xǔkě ▶公衆の〜に供する/供大众阅览 gōng dàzhòng yuèlǎn

えて【得手】 拿手 náshǒu；擅长 shàncháng；任性 rènxìng（英 *one's forte*）▶誰にも〜不〜がある/谁都有擅长和不擅长的 shéi dōu yǒu shàncháng hé bú shàncháng de ▶〜勝手な連中が増えて困るよ/为所欲为的家伙增多了就麻烦了 wéi suǒ yù wéi de jiāhuo zēngduōle jiù máfan le

ことわざ **得手に帆を揚げる** 一帆风顺 yì fān fēng shùn；如虎添翼 rú hǔ tiān yì
日中比較 中国語の'得手 déshǒu'は「順調に運ぶ」という意味である.

エデン 伊甸 Yīdiàn（英 *Eden*）▶二人は〜の園を追われた/（亚当和夏娃）两人被逐出了伊甸园 (Yàdāng hé Xiàwá) liǎng rén bèi zhúchūle Yīdiànyuán ▶「〜の東」《映画のタイトル》/《伊甸园的东方 Yīdiànyuán de dōngfāng》

えと【干支】 干支 gānzhī；地支 dìzhī；生肖 shēngxiào；属相 shǔxiang（英 *the twelve zodiac signs in Chinese astrology*）▶来年の〜は何ですか/来年的生肖是什么？ láinián de shēngxiào shì shénme?

えとく【会得する】 领会 lǐnghuì；掌握 zhǎngwò（英 *master；understand*）▶クレーンの操作を〜した/掌握了起重机的操作 zhǎngwòle qǐzhòngjī de cāozuò ▶実践で〜するしかない/只能在实践中理解领会 zhǐ néng zài shíjiànzhōng lǐjiě lǐnghuì

エトセトラ 等等 děngděng（英 *etc.；et cetera*）▶酒，花，旅〜，話題は尽きなかった/美酒、花卉、旅行等等，话题不断 měijiǔ、huāhuì、lǚxíng děngděng, huàtí búduàn

えどっこ【江戸っ子】 江戸人 Jiānghùrén；地道的东京人 dìdao de Dōngjīngrén（英 *a true-born Tokyoite*）▶我が家は三代続いた〜だ/我们家三代都是生在东京长在东京的 wǒmenjiā sān dài dōu shì shēngzài Dōngjīng zhǎngzài Dōngjīng de ▶「〜だってね」「神田の生まれよ」/"你是地道的老江户吧？" Nǐ shì dìdao de lǎoJiānghù ba？"我生在神田啊 Wǒ shēngzài Shéntián a"

エナメル 珐琅 fàláng；搪瓷 tángcí（英 *enamel*）▶この歯の〜質が痛んでいるんです/这颗牙的珐琅质腐坏了 zhè kē yá de fàlángzhì fǔhuài le ▶〜の靴を磨く/擦拭漆皮的鞋 cāshì qīpí de xié

えにっき【絵日記】 绘图日记 huìtú rìjì（英 *a picture diary*）▶毎日〜を書く/每天写绘图日记 měitiān xiě huìtú rìjì

エヌジー【NG】 作废 zuòfèi（英 *no good*）
◆〜シーン NG镜头 NG jìngtóu

エヌジーオー【NGO】 非政府组织 fēizhèngfǔ zǔzhī《非政府組織》（英 *a nongovernmental organization*）

エヌピーオー【NPO】 非营利组织 fēiyínglì zǔzhī《非営利組織》

エネルギー 能 néng；能量 néngliàng（英 *energy*）▶危機への対策はどうなっているか/能源危机的对策怎么样了？ néngyuán wēijī de duìcè zěnmeyàng le? ▶〜源をどこに求めるか/到哪里寻求能源呢？ dào nǎli xúnqiú néngyuán ne? ▶〜を使い果たして生涯を終える/用尽能量终了せ生 yòngjìn néngliàng zhōngliǎo yì shēng ▶諸君は〜に溢れている/你们精力充沛生气勃勃 nǐmen jīnglì chōngpèi shēngqì bóbó ▶想像以上に〜のいる仕事だった/出乎意料地花费精力的工作 chūhū yìliào de huāfèi jīnglì de gōngzuò ▶騒いで〜を発散させているのだ/大吵大闹来发泄精力 dà chǎo dà nào lái fāxiè jīnglì
◆クリーン〜 清洁能源 qīngjié néngyuán 省〜 节能 jiénéng ▶省〜エンジンを開発する/开发节省能源的发动机 kāifā jiéshěng néngyuán de fādòngjī 太陽〜 太阳能 tàiyángnéng 熱〜 热能 rènéng

エネルギッシュ 充满精力 chōngmǎn jīnglì（英 *energetic*）▶彼は朝から〜に現場を回っていた/他从早上就开始精力充沛地巡回于工作现场 tā cóng zǎoshang jiù kāishǐ jīnglì chōngpèi de xúnhuí yú gōngzuò xiànchǎng ▶会長にはもう少し〜であってほしい/我们希望会长能更精力充沛些 wǒmen xīwàng huìzhǎng néng gèng jīnglì chōngpèi xiē

エノキダケ【榎茸】 朴蕈 pòxùn（英 *an enokidake mushroom*）

えのぐ【絵の具】 颜料 yánliào;《水彩の》水彩 shuǐcǎi〘英〙colors; paints; watercolors;〔油絵の具〕oil colors》▶〜を塗る/上颜色 shàng yánsè ▶〜箱/颜料盒 yánliàohé ▶油〜/油画颜料 yóuhuà yánliào

エノコログサ 〔植物〕狗尾草 gǒuwěicǎo〘英〙a green foxtail》▶〜で首すじをくすぐってやった/用狗尾草逗他的脖子 yòng gǒuwěicǎo dòu tā de bózi

えはがき【絵葉書】 图画明信片 túhuà míngxìnpiàn〘英〙a picture post card》▶〜を出す/寄美术明信片 jì měishù míngxìnpiàn

エビ〔海老・蝦〕〔動物〕虾 xiā;〔車えび〕a lobster;〔車えび〕a prawn;〔小えび〕a shrimp》▶〜のむき身/虾仁 xiārén》▶伊勢〜/龙虾 lóngxiā
ことわざ 海老で鯛を釣る 用小虾钓大鱼(比喻吃小亏占大便宜) yòng xiǎoxiā diào dàyú(bǐyù chī xiǎokuī zhàn dàpiányi)
◆〜チリ/干烧虾仁 gānshāo xiārén

エピキュリアン 享乐主义者 xiǎnglè zhǔyìzhě〘英〙an epicurean》

えびすがお【恵比寿顔】 满脸笑容 mǎnliǎn xiàoróng〘英〙a smiling face》▶〜で貸し鬼の顔で取り立てる/笑容满面地放贷，横眉立目地讨债 xiàoróng mǎnmiàn de fàngdài, héng méi lì mù de tǎozhài

エピソード 逸话 yìhuà;逸闻 yìwén;插话 chāhuà〘英〙an episode; an anecdote》▶協定成立の裏にはそんな〜が隠れていた/在达成协议的幕后有着这样不为人知的情节 zài dáchéng xiéyì de mùhòu yǒuzhe zhèyàng bù wéi rén zhī de qíngjié

えびちゃ【えび茶】 绛紫 jiàngzǐ〘英〙reddish brown》▶〜は我が校のスクールカラーである/绛紫色是我们学校的指定色彩 jiàngzǐsè shì wǒmen xuéxiào de zhǐdìng sècǎi

えびょうぶ【絵屏風】 画屏 huàpíng〘英〙a folding screen (as a room partition)》▶正面に〜を立てる/在正面立起画屏 zài zhèngmiàn lìqǐ huàpíng

エピローグ 尾声 wěishēng〘英〙an epilogue》▶あの作品は特に〜に工夫がある/那部作品特别是在尾声部分独具匠心 nà bù zuòpǐn tèbié shì zài wěishēng bùfen dú jù jiàngxīn ▶事件の〜はあっけなかった/案件的结局太没劲了 ànjiàn de jiéwěi tài méijìn le

エフエム【FM】〔放送〕调频广播 tiáopín guǎngbō

エフオービー【FOB】〔商業〕离岸价格 líàn jiàgé《本船渡し》

えふで【画筆】 画笔 huàbǐ〘英〙a paintbrush》▶今さら〜を取る体力はない/事到如今没有执笔作画的体力了 shì dào rújīn méiyǒu zhíbǐ zuòhuà de tǐlì le ▶父が遺した〜で描きました/用父亲遗留的画笔画画 yòng fùqīn yíliú de huàbǐ huà huà

エプロン ❶〔前掛け〕围裙 wéiqún〘英〙an apron》▶〜姿がよく似合うよ/你带围裙的样子很相配 nǐ dài wéiqún de yàngzi hěn xiāngpèi ❷〔飛行場の〕停机坪 tíngjīpíng〘英〙an apron stage》

エフワン【F1】 一级方程式赛车 yījí fāngchéngshì sàichē〘英〙Formula One》
◆〜レーサー/F1赛车手 F1 sàichēshǒu

エベレスト 珠穆朗玛峰 Zhūmùlǎngmǎfēng〘英〙Mount Everest》▶〜の無酸素登頂に成功する/不携带氧气瓶成功攀登珠穆朗玛峰 bù xiédài yǎngqìpíng chénggōng pāndēng Zhūmùlǎngmǎfēng ▶朝日を浴びた〜は神々しい/沐浴着朝阳的珠穆朗玛峰庄严神圣 mùyùzhe zhāoyáng de Zhūmùlǎngmǎfēng zhuāngyán shénshèng

エポック 新纪元 xīnjìyuán〘英〙an epoc》▶まさしく〜メーキングな発見だ/这真是划时代的重大发现 zhè zhēn shì huàshídài de zhòngdà fāxiàn

エボナイト 硬相胶 yìngxiàngjiāo〘英〙ebonite》

エボラしゅっけつねつ【エボラ出血熱】〔医〕埃博拉出血热 Āibólā chūxuèrè〘英〙Ebola》▶船内の患者が〜が疑われる/船内的患者被怀疑是埃博拉出血热 chuánnèi de huànzhě bèi huáiyí shì Āibólā chūxuèrè

えほん【絵本】 图画书 túhuàshū;小人儿书 xiǎorénrshū〘英〙a picture book》▶〜作家/图画书作家 túhuàshū zuòjiā ▶子供に〜を読んであげる/给小孩子读连环画 gěi xiǎoháizi dú liánhuánhuà

えま【絵馬】 绘马(为了许愿或还愿而向神社献纳的小木牌) huìmǎ(wèile xǔyuàn huò huányuàn ér xiàng shénshè xiànnà de xiǎomùpái)〘英〙an ema; a wooden tablet painted with a picture of a horse》▶神社に〜を納めて合格を祈る/向神社献纳绘马祈祷中榜 xiàng shénshè xiànnà huìmǎ qídǎo zhòngbǎng

えまき【絵巻】 画卷 huàjuàn〘英〙an illustrated scroll》▶「源氏物語〜」/《源氏物语画卷 Yuánshì wùyǔ huàjuàn》▶我々は青春の一大〜を繰り広げた/我们展开了一幅青春的大画卷 wǒmen zhǎnkāile yī fú qīngchūn de dàhuàjuàn

えみ【笑み】 笑容 xiàoróng〘英〙a smile》▶痛みを隠して〜を浮かべる/忍住痛苦露出笑容 rěnzhù tòngkǔ lùchū xiàoróng ▶監督の顔に会心の〜がこぼれた/领队的脸上露出会心的笑容 lǐngduì de liǎnshang lùchū huìxīn de xiàoróng

エムアールアイ【MRI】〔医〕核磁共振 hécí gòngzhèn《核磁気共鳴映像法》
◆〜検査/核磁共振检查 hécí gòngzhèn jiǎnchá

エムオー【MO】 磁光盘 cíguāngpán〘英〙magneto-optical》

エムサイズ【Mサイズ】 中号 zhōnghào;中型 zhōngxíng〘英〙size M; medium size》

エムシー【MC】 司仪 sīyí;主持人 zhǔchírén《司会者》

エムディー【MD】 迷你光盘 mínǐ guāngpán

《ミニディスク》

エムブイピー【MVP】 最优秀选手 zuìyōuxiù xuǎnshǒu《最高殊勲選手》

エメラルド 〔鉱物〕绿宝石 lǜbǎoshí（英 *an emerald*）▶～色の/碧绿 bìlǜ ▶眼下に～グリーンの海が広がる/眼前展现出一片碧绿的大海 yǎnqián zhǎnxiànchū yí piàn bìlǜ de dàhǎi

えもいわれぬ【得も言われぬ】 妙不可言 miào bùkě yán；好得无法形容 hǎode wúfǎ xíngróng（英 *indescribable; unspeakable*）▶～ほど美しい景色/难以形容的美丽景色 nányǐ xíngróng de měilì jǐngsè ▶～香りに包まれた/沉浸在一种妙不可言的香气中 chénjìn zài yì zhǒng miào bùkě yán de xiāngqìzhōng

えもじ【絵文字】 图画文字 túhuà wénzì（英 *a pictorial symbol*）▶ケータイが～を増殖させる/手机蔓延了图画文字 shǒujī mànyánle túhuà wénzì

えもの【得物】 手拿的武器 shǒu ná de wǔqì（英 *a hand weapon*）▶手に手に～を持って山に向かう/各人手里拿着武器向山里走去 gèrén shǒuli názhe wǔqì xiàng shānli zǒuqù

えもの【獲物】 猎物 lièwù（英 *game; prey*）▶このあたりは～が多い/这一带猎物多 zhè yídài lièwù duō ▶逃した～は大きい/跑掉的猎物都是大家伙 pǎodiaole de lièwù dōu shì dàjiāhuo ▶～をさぐる親子の狐狸が見えた/发现了寻找猎物的老狐狸和小狐狸 fāxiànle xúnzhǎo lièwù de lǎohúli hé xiǎohúli ▶狙った～は逃がさない/决不放过到嘴边儿的猎物 jué bú fàngguò dào zuǐbiānr de lièwù

えもんかけ【衣紋掛け】 衣服架 yīfujià（英 *a coat hanger; a dress hanger*）▶脱いだ着物を～にかけた/脱下和服挂在衣服架上 tuōxià héfu guàzài yīfujiàshang

えら【鰓】 〔魚の〕鰓 sāi（英 *a gill*）▶父は～のはった顔をしている/爸爸长着一副方脸盘 bàba zhǎngzhe yí fù fāngliǎnpán

エラー 错误 cuòwù；失误 shīwù（英 *an error*）▶～メッセージ/错误信息 cuòwù xìnxī ▶僕の～と判定された/我被判定失误 wǒ bèi pàndìng shīwù ▶サードの～して逆転された/三垒失误比赛的优势被夺走了 sānlěi shīwù bǐsài de yōushì bèi duózǒu le

えらい【偉い】 ❶〖すぐれた〗了不起 liǎobuqǐ；伟大 wěidà（英 *great; eminent*）▶よく言った，～/说得好，了不起！ shuōde hǎo, liǎobuqǐ！▶彼は自分で～人間だと思っている/他自以为是个大人物 tā zì yǐwéi shì ge dàrénwù **❷**〖地位が高い〗〔身份〕高 gāo（英 *high*）▶彼はあの会社では大して偉くなれないだろう/他在那家公司里不会有多大出息吧 tā zài nà jiā gōngsīli búhuì yǒu duō dà chūxi ba ▶～さんにはこういう感情がわかるまい/大人物不会明白这种感情吧 dàrénwù búhuì míngbai zhè zhǒng gǎnqíng ba **❸**〖ひどい〗不得了 bùdéliǎo（英 *aw-ful*）▶これは～ことになったぞ/这可不得了啊！zhè kě bùdéliǎo a！▶～経験をした/体验了一次不得了的经历 tǐyànle yí cì bùdéliǎo de jīnglì **❹**〖とても〗非常 fēicháng；过度 guòdù（英 *terrible*）▶えらくいい天気じゃないか/天气不是很好吗? tiānqi bú shì hěn hǎo ma？▶山は～寒だったよ/山上可真冷啊 shānshang kě zhēn lěng a

えらそう【偉そうな】 看起来了不起 kànqǐlai liǎobuqǐ（英 *important-looking*）▶～な口をきくじゃないか/呵，说话的口气不小呀 hē, shuōhuà de kǒuqi bù xiǎo ya ▶下っ端が～にする/小人物装大腕 xiǎorénwù zhuāng dàwàn ▶親に向かって～な口をたたくな/在父母面前别逞能 zài fùmǔ miànqián bié chěngnéng ▶物知りふって～な顔をする/摆出一副万事通的架子装模作样 bǎichū yí fù wànshìtōng de jiàzi zhuāng mú yàng

えらぶ【選ぶ】 ❶〖選択する〗选择 xuǎnzé；挑选 tiāoxuǎn；拣选 jiǎnxuǎn（英 *choose；*[より好む] *prefer*）▶手段を選ばない/不择手段 bù zé shǒuduàn ▶好きな料理を選んで食べる/挑选喜欢的菜来吃 tiāoxuǎn xǐhuan de cài lái chī ▶職業を～/选择职业 xuǎnzé zhíyè ▶専攻は文学より歴史を～/在文学和历史之间，选择历史作为专业课 zài wénxué hé lìshǐ zhījiān, xuǎnzé lìshǐ zuòwéi zhuānyèkè ▶自分の選んだ大学だから，文句は言えない/自己选择的大学，谁也怪不了 zìjǐ xuǎnzé de dàxué, shéi yě guàibuliǎo ▶二者いずれかを～/两者任选其一 liǎngzhě rénxuǎn qí yī ▶両者～ところなし/两个人实力相当 liǎng ge rén shílì xiāngdāng **❷**〖選抜する〗选拔 xuǎnbá（英 *select; pick out*）▶彼は30余名の競争者の中から選ばれた/他从三十多名竞争对手中被选拔出来 tā cóng sānshí duō míng jìngzhēng duìshǒuzhōng bèi xuǎnbácchūlai **❸**〖選出される〗推选 tuīxuǎn（英 *elect*）▶市民は彼を市長に選んだ/市民推选他做市长 shìmín tuīxuǎn tā zuò shìzhǎng ▶党は候補者として彼を選んだ/党选派他作候选人 dǎng xuǎnpài tā zuò hòuxuǎnrén

えらぶる【偉ぶる】 摆架子 bǎi jiàzi（英 *put on airs*）▶大学出たくらいで～んじゃないよ/不过是大学毕业，没什么了不起 búguò shì dàxué bìyè, méi shénme liǎobuqǐ

えり【襟・衿】 领子 lǐngzi（英 *a collar;*[首] *the neck*）▶コートの～を立てる/竖起大衣的领子 shùqǐ dàyī de lǐngzi

～を正す 正襟危坐 zhèng jīn wēi zuò ▶お二人の対談を～を正して拝聴した/正襟危坐倾听两位的对谈 zhèng jīn wēi zuò qīngtīng liǎng wèi de duìtán ▶この一節を読んで思わず～を正した/读到这一节不由得肃然起敬 dúdào zhè yì jié bùyóude sùrán qǐjìng

～章；領章 lǐngzhāng

エリア 区域 qūyù；地区 dìqū（英 *an area*）▶サービス～/服务区 fúwùqū

えりあし【襟足】 脖颈儿的发际 bógěngr de fà-

えり【襟】 ji (英 the hairline at the back of the neck) ▶〜の白さが目に残った/颈后的洁白皮肤映入了眼帘 jǐnghòu de jiébái pífū yìngrùle yǎnlián

エリート 精英 jīngyīng; 杰出人物 jiéchū rénwù (英 an élite; the choice people) ▶あの〜意識が嫌われるんだ/那种精英意识被人讨厌 nà zhǒng jīngyīng yìshí bèi rén tǎoyàn ▶〜大学を出てコースをたどった果てに…/从优秀的大学毕业，走向锦绣前程，结果却… cóng yōuxiù de dàxué bìyè, zǒuxiàng jǐnxiù qiánchéng, jiéguǒ què … ▶社会には〜が必要だ/社会需要杰出的人才 shèhuì xūyào jiéchū de réncái

えりくび【襟首】 脖颈儿 bógěngr (英 the nape) ▶〜をつかんで引き戻した/抓住后脖颈儿拖回来 zhuāzhù hòubógěngr tuōhuílái

えりごのみ【選り好みする】 挑挑拣拣 tiāotiāojiǎnjiǎn (英 be paticular) ▶〜ばかりするな/别挑肥拣瘦的 bié tiāo féi jiǎn shòu de

えりすぐる【選りすぐる】 百里挑一 bǎi lǐ tiāo yī (英 select) ▶選りすぐりの精鋭を集めた/集中了百里挑一的精锐 jízhōngle bǎi lǐ tiāo yī de jīngruì

えりぬき【選り抜きの】 精选 jīngxuǎn; 选拔出来的 xuǎnbáchūlái de (英 picked; select) ▶こ こにいるのは〜の選手たちだ/在这里的选手们都是精选出来的 zài zhèlǐ de xuǎnshǒumen dōu shì jīngxuǎnchūlái de

えりまき【襟巻き】 围巾 wéijīn (英 a muffler) ▶少年はタオルを〜にしていた/少年将毛巾当作围巾围着 shàonián jiāng máojīn dàngzuò wéijīn wéizhe

えりわける【選り分ける】 挑选 tiāoxuǎn; 拣出 jiǎnchū (英 sort out; classify) ▶傷物のリンゴを〜/挑拣出残次品的苹果 tiāojiǎnchū cáncìpǐn de píngguǒ ▶メンバーを代表と控えに〜/把成员分成代表和候补 bǎ chéngyuán fēnchéng dàibiǎo hé hòubǔ

エリンギ【食用きのこ】 杏鲍菇 xìngbàogū

える【得る】 ❶【獲得する】 得到 dédào; 取得 qǔdé (英 get; earn; [勝利などを] win; [富などを] gain) ▶大学で生涯の知己を得た/在大学里找到了终生的知己 zài dàxuélǐ zhǎodàole zhōngshēng de zhījǐ ▶名声を〜ために努力しているのではない/我不是为了获得名声而努力的 wǒ bú shì wèile huòdé míngshēng ér nǔlì de ▶やっと弁護士の資格を得た/终于取得了律师资格 zhōngyú qǔdéle lǜshī zīgé ▶パートで生活費を〜のは並大抵のことではない/靠打工赚生活费可不容易 kào dǎgōng zhuàn shēnghuófèi kě bù róngyì ▶富を〜と名誉が欲しくなる/得到财富就想要得到名誉 dédàole cáifù jiù xiǎng yào dédào míngyù ▶そのセミナーに参加して〜ところが多かった/参加那个学习班，学到的东西很多 cānjiā nàge xuéxíbān, xuédào de dōngxi hěn duō ❷【可能である】 可以 kěyǐ; 会 huì (英 can; be able; may) ▶彼女は心変わりなどあり得ない/她不会变心什么的 tā búhuì biànxīn shénmede ▶人は幾度も変わり〜/人可以多次变化 rén kěyǐ duōcì biànhuà

エルイーディー【LED】 发光二极体 fāguāng èrjítǐ (发光ダイオード)

エルエスアイ【LSI】 大规模集成电路 dàguīmó jíchéng diànlù (大規模集積回路)

エルエヌジー【LNG】 液化天然气 yèhuà tiānránqì (液化天然ガス)

エルエル【LL】 语言电化教室 yǔyán diànhuà jiàoshì (视聴覚教室)

エルエルサイズ【LLサイズ】 LL型号 LL xínghào; 特大号 tèdàhào

エルがたこう【L形鋼】 角钢 jiǎogāng; 三角铁 sānjiǎotiě

エルサイズ【Lサイズ】 大号 dàhào; L型号 L xínghào (英 size L; large size) ▶〜でもおなかが苦しい/即使是大号的，穿起来肚子还是觉得紧 jíshǐ shì dàhào de, chuānqǐlái dùzi háishi juéde jǐn

エルサレム 耶路撒冷 Yēlùsālěng (英 Jerusalem)

エルディー【LD】 (レーザーディスク) 激光视盘 jīguāng shìpán; (学習障害) 学习障碍 xuéxí zhàng'ài

エルニーニョ 〖気象〗 厄尔尼诺 è'ěrnínuò (英 El Niño) ▶〜現象がすでに起こっている/厄尔尼诺现象已经发生了 è'ěrnínuò xiànxiàng yǐjīng fāshēng le

エルピーガス【LPガス】 液化石油气 yèhuà shíyóuqì

エレガントな 优美 yōuměi; 雅致 yǎzhì (英 elegant) ▶先生の〜なお姿にしびれました/为老师那优雅的姿态所陶醉了 wéi lǎoshī nà yōuyǎ de zītài suǒ táozuì le ▶参会者は皆〜に見えた/与会者看起来都很雅致 yùhuìzhě kànqǐlai dōu hěn yǎzhì ▶あの話しぶりが〜なのよね/那种谈吐的风度多典雅呀 nà zhǒng tántǔ de fēngdù duō diǎnyǎ ya

エレキギター 〖楽器〗 电吉他 diànjítā (英 an electric guitar) ▶若い頃は〜に入れあげたものだ/年轻时曾经为电吉他花了大笔的钱 niánqīngshí céngjīng wèi diànjítā huāle dàbǐ de qián

エレクトーン 〖楽器〗〖商標〗 电子琴 diànzǐqín (英 an electronic organ) ▶〜を演奏する/演奏电子琴 yǎnzòu diànzǐqín ▶娘を〜教室に通わせている/让女儿到电子琴学习班去学习 ràng nǚ'ér dào diànzǐqín xuéxíbān qù xuéxí

エレクトロニクス 电子学 diànzǐxué (英 electronics)

エレクトロン 电子 diànzǐ (英 an electron)

エレベーター 电梯 diàntī; 升降机 shēngjiàngjī (英 an elevator; a lift) ▶〜で3階へ行く/乘电梯上三楼 chéng diàntī shàng sān lóu ▶夜半過ぎには〜は動いていない/半夜之后电梯不开 bànyè zhīhòu diàntī bù kāi ▶〜のボタンを押す/按电梯的电钮 àn diàntī de diànniǔ ▶〜付きアパート/装有电梯的公寓 zhuāng yǒu diàntī de gōng

エロ 黄色 huángsè; 性愛 xìng'ài (英 *eroticism*) ▶ ～文学/色情文学 sèqíng wénxué ▶ こんなのは～本とは言えないだろう/这种书不算黄色书籍吧 zhè zhǒng shū bú suàn huángsè shūjí ba ▶ 今でこそ～作家と呼ばれているが…/我现在倒是被当做黄色作家了… wǒ xiànzài dàoshì bèi jiàozuò huángsè zuòjiā le… ▶ ～チックな場面で客を呼ぶ/以色情场景招揽观众 yǐ sèqíng chǎngjǐng zhāolǎn guānzhòng

えん【円】 ❶【丸い】圏子 quānzi; 圆圈 yuánquān (英 *a circle*) ▶ ～の中心/圆心 yuánxīn ▶ 飛行機が青空に～を描く/飞机在蓝天上盘旋 fēijī zài lántiānshang pánxuán ❷【通货単位】日元 Rìyuán (英 *a yen*, (记号)¥) ▶ ～相場が乱高下する/日元行情大幅度波动 Rìyuán hángqíng dàfúdù bōdòng ▶ 決済は～建てで行う/以日元为基准进行结算 yǐ Rìyuán wéi jīzhǔn jìnxíng jiésuàn
♦～借款 │日元贷款 Rìyuán dàikuǎn ～高 │日元汇价高 Rìyuán huìjià gāo ▶ ～高が進む/日元加速升值 Rìyuán jiāsù shēngzhí ～安 │日元汇价低 Rìyuán huìjià dī ▶ ～安の影響がすでに現れている/已经显露出日元贬值的影响 yǐjīng xiǎnlùchū Rìyuán biǎnzhí de yǐngxiǎng

えん【宴】 宴席 yànxí (英 *a feast; a banquet; a dinner*) ▶ ～を設けて一行を歓迎する/设宴欢迎一行(人员) shèyàn huānyíng yìxíng(rényuán) ▶ ～たけなわではございますが…/酒过三巡菜过五味…;宴会进入高潮… jiǔ guò sān xún cài guò wǔ wèi…; yànhuì jìnrù gāocháo…

えん【縁】 ❶【関係】缘 yuán; 缘分 yuánfèn (英 *a relation; a connection;*〔きずな〕*ties*) ▶ 今日限りで親子の～を切る/从今天开始断绝亲子关系 cóng jīntiān kāishǐ duànjué qīnzǐ guānxi ▶ どこにどんな～があるかわからないものだ/在哪儿有什么样的缘分, 真是无法预测 zài nǎr yǒu shénmeyàng de yuánfèn, zhēn shì wúfǎ yùcè ▶ 俺なんか芸術には～のない人間さ/像我这样人和艺术是无缘的 xiàng wǒ zhè hào rén hé yìshù shì wúyuán de ▶ これを御～に今後ともよろしく/以此为缘今后请多多关照 yǐ cǐ wéi yuán jīnhòu qǐng duōduō guānzhào ❷【宿縁】因缘 yīnyuán (英 *a turn of fate; destiny*) ▶ 不思議な～で知り合った/因奇异的机缘而相识了 yīn qíyì de jīyuán ér xiāngshí le ▶ 僕たちは前世の～で結ばれていたんだ/我们两人是前世因缘结合在一起的 wǒmen liǎng rén shì qiánshì yīnyuán jiéhé zài yìqǐ de

ことわざ 縁は異なもの味なもの 千里姻缘一线牵 qiān lǐ yīnyuán yí xiàn qiān; 有缘千里来相会, 无缘对面不相逢 yǒu yuán qiān lǐ lái xiānghuì, wú yuán duìmiàn bù xiāngféng

～もゆかりもない 毫无关系 háowú guānxi ▶ 私は～もゆかりもない人です/与我毫无关系的人 yǔ wǒ háowú guānxi de rén

えんいん【遠因】 远因 yuǎnyīn; 间接原因 jiànjiē yuányīn (英 *a distant cause*) ▶ 惨事の～は役所の怠慢にある/惨案的远因在于政府机关的玩忽职守 cǎn'àn de yuǎnyīn zàiyú zhèngfǔ jīguān de wánhū zhíshǒu

えんえい【遠泳】 长距离游泳 chángjùlí yóuyǒng (英 *a long-distance swim*) ▶ 今年も～大会に参加する/我今年也参加长距离游泳比赛 wǒ jīnnián yě cānjiā chángjùlí yóuyǒng bǐsài

えんえき【演繹】 演绎 yǎnyì (英 *deduction*) ▶ ～論理学/演绎逻辑学 yǎnyì luójixué
♦～法 │演绎法 yǎnyìfǎ

えんえん【延延と】 没完没了 méi wán méi liǎo (英 *endlessly*) ▶ 協議は～5時間続いた/协商持续了五个小时 xiéshāng chíxùle wǔ ge xiǎoshí

えんえんたる〔うねうねと続く様子〕 蜿蜒 wānyán (英 *winding; meandering*) ▶ ～たる連山/蜿蜒起伏的群山 wānyán qǐfú de qúnshān ▶ 開場前から～たる長蛇の列ができた/从开场前就排起了蜿蜒的长蛇阵 cóng kāichǎngqián jiù páiqǐle wānyán de chángshézhèn

えんか【塩化】 氯化作用 lùhuà zuòyòng (英 *chloride*) ▶ ～物/氯化物 lùhuàwù
♦～アンモニウム │氯化铵 lùhuà'ǎn ～ナトリウム │氯化钠 lùhuànà; 食盐 shíyán ～ビニール │氯乙烯 lùyǐxī ～マグネシウム │氯化镁 lùhuàměi

えんか【演歌】 演歌 yǎngē (英 *an enka; a popular Japanese song which is sung in a quavering voice*) ▶ ～を聞きながら晩酌するのが楽しみでね/晚上一边听演歌一边喝两盅就是我的乐趣 wǎnshang yìbiān tīng yǎngē yìbiān hē liǎng zhōng jiùshì wǒ de lèqù

えんかい【沿海】 沿海 yánhǎi (英 *the coast*) ▶ ～地方の被害が心配だ/沿海地区的灾情令人担心 yánhǎi dìqū de zāiqíng lìng rén dānxīn ▶ ～都市はめざましい発展を遂げた/沿海城市取得显著的发展 yánhǎi chéngshì qǔdé xiǎnzhù de fāzhǎn
♦～漁業 │沿海渔业 yánhǎi yúyè

えんかい【宴会】 宴会 yànhuì (英 *a dinner (party); a banquet; a feast*) ▶ ～に招待されて夫婦で出かける/夫妇应邀去参加宴会 fūfù yìngyāo qù cānjiā yànhuì ▶ 優勝祝賀の～を催す/举行冠军庆功宴 jǔxíng guànjūn qìnggōngyàn
♦～料理 │宴席菜 yànxícài; 肴馔 yáozhuàn

えんがい【塩害】 盐害 yánhài (英 *salt pollution; damage from the sea wind*) ▶ ～対策は講じているのか/采取防止盐害的对策了吗？ cǎiqǔ fángzhǐ yánhài de duìcè le ma? ▶ ～で特に農業は大打撃を受けた/盐害使农业受到了特别严重的打击 yánhài shǐ nóngyè shòudàole tèbié yánzhòng de dǎjī

えんかく【沿革】 沿革 yángé (英 *a history*) ▶ まず我が市の～を説明しよう/首先说明一下我市

的变迁吧 shǒuxiān shuōmíng yíxià wǒ shì de biànqiān ba

えんかく【遠隔の】 远隔 yuǎngé （英 remote; distant）▶~の地に飛ばされた/因为调动被派到了遥远的地方 yīnwèi diàodòng bèi pàidàole yáoyuǎn de dìfang ▶~医療/远程医疗 yuǎnchéng yīliáo ▶~教育/远程教育 yuǎnchéng jiàoyù

♦~操作 遥控 yáokòng ▶あいつは女房に~操作されてるからなあ/那家伙被老婆遥控着呀 nà jiāhuo bèi lǎopo yáokòngzhe ya

えんかつ【円滑な】 顺利 shùnlì （英 smooth; harmonious）▶~な運営をひたすら願う/一心祝愿顺利经营 yìxīn zhùyuàn shùnlì jīngyíng ▶会議は万事~に運んだ/会议一切都进展顺利 huìyì yíqiè dōu jìnzhǎn shùnlì

えんがわ【縁側】 套廊 tàoláng （英 a verandah; a porch）▶日だまりで居眠りをする/在廊子下向阳的地方打瞌睡 zài lángxiàxia xiàngyáng de dìfang dǎ kēshuì

えんかん【鉛管】 铅管 qiānguǎn （英 a lead pipe〔tube〕）▶~工/管子工 guǎnzigōng

えんがん【沿岸】 沿岸 yán'àn （英 the coast; the shore）▶この町は~漁業で栄えてきた/这个小镇是靠沿海渔业兴旺起来的 zhège xiǎozhèn shì kào yánhǎi yúyè xīngwàngqǐlai de ▶~警備の任務を背負う/承担沿岸警戒的任务 chéngdān yán'àn jǐngjiè de rènwu ▶~守備が手薄ではないか/沿岸防备不是很薄弱吗？yán'àn fángbèi bú shì hěn bóruò ma？▶ふるさとは日本海の~にある/老家在日本海沿岸 lǎojiā zài Rìběnhǎi yán'àn

えんき【延期】 缓期 huǎnqī；推延 tuīyán；延期 yánqī （英 postponement）▶3週間の~を求める/要求延缓三个星期 yāoqiú yánhuǎn sān ge xīngqī ▶会は月曜日に~された/会议延期到星期一了 huì yánqīdào xīngqīyī le ▶裁判は2ヶ月~された/审判延期了两个月 shěnpàn yánqīle liǎng ge yuè

えんき【塩基】〔化学〕碱 jiǎn （英 a base）

えんぎ【演技する】 表演 biǎoyǎn （英 perform; act）▶~がうまい/演技优秀 yǎnjì yōuxiù ▶体操選手が~を行う/体操运动员进行表演 tǐcāo yùndòngyuán jìnxíng biǎoyǎn ▶~過剰だから客がしらける/因为表演过头观众扫兴 yīnwèi biǎoyǎn guòtóu guānzhòng sǎoxìng ▶~力が足りない/表演能力不足 biǎoyǎn nénglì bùzú ▶若いのに~派の名を得ている/年纪轻轻却赢得了演技派的名声 niánjì qīngqīng què yíngdéle yǎnjìpài de míngshēng ▶彼女の~にはすっかり騙された/完全被她耍的花招骗了 wánquán bèi tā shuǎ de huāzhāo piàn le ▶~じゃない，本当に怒ってるんだ/不是装的，是真生气了 bú shì zhuāng de, shì zhēn shēngqì le

えんぎ【縁起】 兆头 zhàotou （英 an omen）▶~物だから店先に飾っておくよ/是个吉祥物就摆设在店头了 shì ge jíxiángwù jiù bǎishè zài diàntóu le

~がいい 吉利 jílì ▶これは朝から~がいいや/哎呀！清早起来真吉利呀 āiyā！qīngzǎo qǐlái zhēn jílì ya

~が悪い 不吉利 bù jílì ▶烏が鳴くと~が悪い/乌鸦叫不吉利 wūyā jiào bù jílì

~でもない 不吉利 bù jílì ▶~でもないことを言う/说不吉利的话 shuō bù jílì de huà

~をかつぐ 迷信兆头 míxìn zhàotou ▶科学者なのに~をかつぐんだ/科学家还迷信兆头 kēxuéjiā hái míxìn zhàotou

えんきょく【婉曲な】 婉转 wǎnzhuǎn （英 roundabout; indirect）▶援助の申し出を~に断る/委婉地拒绝要求援助的提议 wěiwǎn de jùjué yāoqiú yuánzhù de tíyì ▶彼は~な言い方をしたので誰も怒らなかった/因为他的说法委婉，所以没有人生气 yīnwèi tā de shuōfa wěiwǎn, suǒyǐ méiyǒu rén shēngqì

えんきょり【遠距離】 远程 yuǎnchéng （英 a long distance）▶~通話/长途电话 chángtú diànhuà ▶~通勤をもう5年も続けている/长途通勤已经持续五年了 chángtú tōngqín yǐjing chíxù wǔ nián le ▶~恋愛は結局実らない/天各一方的恋爱到底没有结果 tiān gè yì fāng de liàn'ài dàodǐ méiyǒu jiéguǒ

えんきん【遠近】 远近 yuǎnjìn；遐迩 xiá'ěr （英 far and near; distance）▶レンズの~調節がうまくいかない/镜头的焦点调不好 jìngtóu de jiāodiǎn tiáobuhǎo

♦~法：透视法 tòushìfǎ ▶この絵は~法が間違っている/这幅画的透视法错了 zhè fú huà de tòushìfǎ cuò le

えんぐみ【縁組】 婚事 hūnshì；结亲 jiéqīn （英 a marriage; a match;〔養子の〕adoption）▶隣同士で~をする/两家邻居结了亲 liǎng jiā línjū jiéle qīn ▶めでたく~が整った/美满地组成了一家 měimǎn de zǔchéngle yì jiā

えんグラフ【円グラフ】 圆型图表 yuánxíng túbiǎo （英 a circle graph; a pie chart）

えんぐん【援軍】 救兵 jiùbīng；援军 yuánjūn （英 reinforcements）▶~来たらず，もはやこれまで/援军不来，至此休矣 yuánjūn bù lái, zhìcǐ xiū yǐ ▶救難ボランティアに~を送る/向救援志愿者增援 xiàng jiùyuán zhìyuànzhě zēngyuán

えんけい【円形】 圆形 yuánxíng （英 a circle）▶~広場/圆形广场 yuánxíng guǎngchǎng ▶~のドーム/圆形屋顶 yuánxíng wūdǐng

♦~劇場：圆形剧场 yuánxíng jùchǎng ~脱毛症：圆形秃发症 yuánxíng tūfàzhèng ▶悩みが多くて~脱毛症にかかる/头疼的事很多，得了鬼剃头 tóuténg de shì hěn duō, déle guǐtìtóu

えんけい【遠景】 远景 yuǎnjǐng （英 a distant view; the background）▶~に雪山を描く/在背景上描绘雪山 zài bèijǐngshang miáohuì xuěshān

えんげい【園芸】 园艺 yuányì （英 gardening）▶~家/花儿匠 huārjiàng；园艺家 yuányìjiā ▶

近郊には～農家が多い/郊区有很多花农 jiāoqū yǒu hěn duō huānóng ▶私の趣味は～です/我的爱好是园艺 wǒ de àihào shì yuányì
◆～植物:**园艺植物** yuányì zhíwù

えんげい【演芸】 曲艺 qǔyì; 文艺表演 wényì biǎoyǎn（英 *entertainment*）▶一場の客の入りが心配だ/担心戏院的观众入场人数 dānxīn xìyuàn de guānzhòng rùchǎng rénshù ▶一番組にもっと力を入れてもらいたい/希望在曲艺节目方面再加一把劲 xīwàng zài qǔyì jiémù fāngmiàn zài jiā yì bǎ jìn ▶素人～にしてはよくやりますね/作为业余表演来说做得不错 zuòwéi yèyú biǎoyǎn lái shuō zuòde búcuò
◆～会:**文艺表演会** wényì biǎoyǎnhuì

エンゲージリング 订婚戒指 dìnghūn jièzhi（英 *an engagement ring*）▶左手の指に～が輝いていた/左手手指上的订婚戒指闪闪发光 zuǒshǒu shǒuzhǐshang de dìnghūn jièzhi shǎnshǎn fāguāng

えんげき【演劇】 戏剧 xìjù（英 *a dramatic performance; a play; the drama*）▶一界の大御所と呼ばれる身である/被称做戏剧界泰斗的人 bèi chēngzuò xìjùjiè tàidǒu de rén ▶～のことしか頭にない/满脑子都是戏剧表演 mǎnnǎozi dōu shì xìjù biǎoyǎn ▶～を勉強するために～学校に入った/为了学习戏剧进了戏剧学校 wèile xuéxí xìjù jìnle xìjù xuéxiào ▶高校のサークルは一部だった/高中时期的课外活动组是戏剧小组 gāozhōng shíqī de kèwài huódòngzǔ shì xìjù xiǎozǔ ▶私の趣味は～鑑賞です/我的爱好是欣赏戏剧 wǒ de àihào shì xīnshǎng xìjù

エンゲルけいすう【エンゲル係数】 恩格尔系数 Ēngé'ěr xìshù（英 *Engel's coefficient*）▶～が高い/恩格尔系数高 Ēngé'ěr xìshù gāo

えんこ【塩湖】 盐湖 yánhú（英 *a salt lake*）

えんこ【縁故】 关系 guānxi; 亲戚故旧 qīnqi gùjiù（英〔関係〕*connection*;〔人〕*a relative*）▶～採用で採った男がよく働いている/凭借关系被聘用的那个男子干得很好 píngjiè guānxi bèi pìnyòng de nàge nánzǐ gànde hěn hǎo ▶～をたどって社長に会いに行く/依靠亲友关系去见公司经理 yīkào qīnyǒu guānxi qù jiàn gōngsī jīnglǐ
日中比較 中国語の"缘故 yuángù"は「原因」「理由」という意味である.

えんこする 抛锚 pāomáo（英〔座る〕*sit down*;〔乗り物が〕*break down*）▶山道で車が～した/车子在山路上抛锚了 chēzi zài shānlùshang pāomáo le

えんご【掩護する】 掩护 yǎnhù（英 *cover; protect*）▶批判にさらされた彼を同僚が一射撃した/同事保护了遭到大家批评的他 tóngshì bǎohùle zāodào dàjiā pīpíng de tā ▶友軍の撤退を～/掩护友军撤退 yǎnhù yǒujūn chètuì

えんご【援護する】 援救 yuánjiù; 救济 jiùjì（英 *back up; help; support*）▶貧困家庭を～する/救济贫困家庭 jiùjì pínkùn jiātíng ▶戦災孤児に～の手をさしのべる/向战争孤儿伸出援助

之手 xiàng zhànzhēng gū'ér shēnchū yuánzhù zhī shǒu ▶被爆者～法/原子弹受害者救济法 yuánzǐdàn shòuhàizhě jiùjìfǎ

えんこん【怨恨】 怨恨 yuànhèn（英 *a grudge*）▶犯行動機は～か金銭目的か/犯罪动机不知是出于冤仇还是出于金钱利欲 fànzuì dòngjī bù zhī shì chūyú yuānchóu háishi chūyú jīnqián lìyù

えんざい【冤罪】 冤罪 yuānzuì（英 *a false accusation*〔*charge*〕）▶～を背負って生きる悔しさがわかるか/你们能理解背负着冤罪而活着的痛苦吗? nǐmen néng lǐjiě bēifùzhe yuānzuì ér huózhe de tòngkǔ ma? ▶生涯をかけて～を雪(す)ぐ/花费终生雪洗不白之冤 huāfèi zhōngshēng xuě xǐ bù bái zhī yuān ▶なぜ～事件が絶えないのか/为什么冤案接连不断呢? wèi shénme yuān'àn jiēlián búduàn ne?

えんさん【塩酸】 盐酸 yánsuān（英 *hydrochloric acid*）

えんざん【演算】〔数〕演算 yǎnsuàn（英 *operation*）▶自分で～する方が安心なんだ/还是自己亲手计算放心 háishi zìjǐ qīnshǒu jìsuàn fàngxīn ▶～はしっかり訓練しておくんだよ/数学计算可要好好儿练习的哟 shùxué jìsuàn kě yào hǎohāor liànxí de yo

えんし【遠視】 远视 yuǎnshì（英 *long sight*）▶気が付くと～が始まっていた/自己注意到时已经得了远视 zìjǐ zhùyìdào shí yǐjīng déle yuǎnshì ▶～の眼鏡を手放せない/离不开远视眼镜 líbukāi yuǎnshì yǎnjìng

えんじ【園児】 幼儿园的儿童 yòu'éryuán de értóng; 托儿所的儿童 tuō'érsuǒ de értóng（英 *a kindergarten child*）▶～の送迎バス/幼儿园儿童的接送汽车 yòu'éryuán értóng de jiēsòng qìchē

えんじ【臙脂】〔色〕胭脂色 yānzhisè（英 *deep red*）▶～のジャージに身を包む/身穿深红色的运动套衫 shēn chuān shēnhóngsè de yùndòng tàoshān

エンジェル 安琪儿 ānqí'ér; 天使 tiānshǐ（英 *an angel*）

エンジニア 工程师 gōngchéngshī（英 *an engineer*）▶発電所の～に採用された/被聘用做发电所的工程师 bèi pìnyòng zuò fādiànsuǒ de gōngchéngshī

エンジニアリング 工程学 gōngchéngxué; 工程技术 gōngchéng jìshù（英 *engineering*）▶ヒューマン～の時代が来た/人类工程学的时代到来了 rénlèi gōngchéngxué de shídài dàolái le

えんじゃ【縁者】 亲戚本家 qīnqi běnjiā（英 *a relation; a relative*）▶古稀の祝いに親類～が集まった/为庆祝七十寿辰家属亲戚聚在一起 wèi qìngzhù qīshí shòuchén jiāshǔ qīnqi jùzài yìqǐ ▶母方の～に登山家がいる/我母亲的亲戚中有位登山家 wǒ mǔqīn de qīnzhōng yǒu wèi dēngshānjiā

エンジュ【槐】〔植物〕槐树 huáishù（英 *a pa-*

goda tree) ▶この通りの街路樹はみな〜だ/这条道路的路边都是槐树 zhè tiáo dàolù de lùbiān dōu shì huáishù

えんしゅう【円周】 圆周 yuánzhōu (英 *circumference*) ▶〜が10センチなら半径はいくらか/圆的周长是十厘米的话，它的半径是多少？ yuán de zhōucháng shì shí límǐ dehuà, tā de bànjìng shì duōshao？
◆〜率 ; 圆周率 yuánzhōulǜ ▶〜率を15桁まで言える/我能把圆周率说到十五位数 wǒ néng bǎ yuánzhōulǜ shuōdào shíwǔ wèishù

えんしゅう【演習】 ❶【訓練】演习 yǎnxí (英 *an exercise*; *a maneuver*) ▶運動会の予行〜/运动会的排练 yùndònghuì de páiliàn ▶太平洋上で軍事〜を行う/在太平洋上举行军事演习 zài Tàipíngyángshang jǔxíng jūnshì yǎnxí ❷【ゼミ】讨论课 tǎolùnkè (英 *a seminar*) ▶今日は〜で発表だ/今天我在讨论课上发表 jīntiān wǒ zài tǎolùnkèshang fābiǎo

えんじゅく【円熟した】 成熟 chéngshú；圆熟 yuánshú (英 *ripe*; *mature*; *mellow*) ▶あの人の絵は〜の域に達している/那个人的绘画达到了炉火纯青的境地 nàge rén de huìhuà dádàole lú huǒ chún qīng de jìngdì ▶あの〜した人柄が魅力なのだ/那种成熟的人品是很有魅力的 nà zhǒng chéngshú de rénpǐn shì hěn yǒu mèilì de

えんしゅつ【演出する】 导演 dǎoyǎn (英 *production*) ▶〜家/导演 dǎoyǎn ▶開会式は〜効果満点だった/开幕式的表演效果是一百分 kāimùshì de biǎoyǎn xiàoguǒ shì yìbǎi fēn ▶彼が〜した芝居はいつも評判がいい/他导演的戏剧一直有很高的评价 tā dǎoyǎn de xìjù yìzhí yǒu hěn gāo de píngjià
[日中比較] 中国語の'演出 yǎnchū'は「上演する」ことを指す.

えんしょ【炎暑】 炎暑 yánshǔ；酷暑 kùshǔ (英 *the (summer) heat*; *hot weather*) ▶この夏は〜にうだった/这个夏天热得人都蔫儿了 zhège xiàtiān rède rén dōu niānr le ▶〜が続いて仕事にならない/连日酷暑无法工作 liánrì kùshǔ wúfǎ gōngzuò

えんじょ【援助する】 扶助 fúzhù；援助 yuánzhù；支援 zhīyuán (英 *help*; *assist*; *support*) ▶技術〜/技术援助 jìshù yuánzhù ▶被災地に〜物資を送る/向受灾地区发送救援物资 xiàng shòuzāi dìqū fāsòng jiùyuán wùzī ▶我らの学資を〜してくれた/有人给我们援助了学费 yǒu rén gěi wǒmen yuánzhùle xuéfèi ▶〜は精神的にとどまった/援助停留在精神援助上 yuánzhù tínglíu zài jīngshén yuánzhùshang
◆〜金 援款 yuánkuǎn

えんしょう【延焼する】 火势蔓延 huǒshì mànyán (英 *spread*; *catch fire*) ▶〜を防ぐ/防止火势蔓延 fángzhǐ huǒshì mànyán ▶山火事は住宅地にまで〜していった/山火蔓延到住宅区 shānhuǒ mànyándào zhùzháiqū

えんしょう【炎症】 炎症 yánzhèng (英 *an inflammation*) ▶歯ぐきが〜を起こして腫れている/牙龈发炎肿胀 yáyín fāyán zhǒngzhàng

えんじょう【炎上する】 失火 shīhuǒ；烧毁 shāohuǐ (英 *go up in flames*) ▶タンカーが〜する/油轮失火 yóulún shīhuǒ

えんじる【演じる】 演 yǎn (英 *act the part*) ▶君がハムレットを〜んだ/你来演哈姆雷特 nǐ lái yǎn Hāmǔléitè ▶その詐欺は巧みに演じられていた/那场骗局表演得十分巧妙 nà chǎng piànjú biǎoyǎnde shífēn qiǎomiào

えんじん【円陣】 围成圆圈 wéichéng quān (英 *a circle*; *a circular formation*) ▶〜を組んで気合いを入れる/站成圆圈呐喊鼓劲 zhànchéng yuánquān nàhǎn gǔjìn ▶警備陣が首相を囲んで〜を作った/警卫人员围着总理站成一圈 jǐngwèi rényuán wéizhe zǒnglǐ zhànchéng yì quān

えんじん【猿人】 猿人 yuánrén (英 *an apeman*)

エンジン 发动机 fādòngjī；引擎 yǐnqíng (英 *a motor*; *an engine*) ▶〜オイルが切れている/发动机没油了 fādòngjī méi yóu le ▶夜更けに〜をふかさないでくれ/深夜不要发动引擎 shēnyè búyào fādòng yǐnqíng ▶〜トラブルが発生した/发生引擎故障 fāshēng yǐnqíng gùzhàng
〜がかかる 动手开始 dòngshǒu kāishǐ ▶ようやく仕事に〜がかかってきた/总算动手开始工作了 zǒngsuàn dòngshǒu kāishǐ gōngzuò le
〜をかける 点着发动机 diǎnzháo fādòngjī
〜を切る 熄灭发动机 xīmiè fādòngjī

えんしんぶんりき【遠心分離機】 离心机 líxīnjī (英 *a centrifuge*) ▶牛乳を〜にかける/用离心机分离牛奶 yòng líxīnjī fēnlí niúnǎi

えんしんりょく【遠心力】 离心力 líxīnlì (英 *centrifugal force*) ▶衛星には〜が働いている/卫星有离心力作用 wèixīng yǒu líxīnlì zuòyòng

えんすい【円錐】 圆锥 yuánzhuī (英 *a cone*) ▶クリームを〜形に盛り上がった/奶油隆起成圆锥状 nǎiyóu lóngqǐchéng yuánzhuīzhuàng

えんすい【塩水】 盐水 yánshuǐ (英 *salt water*) ▶〜湖/盐湖 yánhú

えんずい【延髄】〖解〗延髓 yánsuǐ (英 *a medulla*) ▶〜麻痺/延髓性麻痹 yánsuǐxìng mábì

エンスト 引擎熄火 yǐnqíng xīhuǒ (英 *stalling*) ▶踏切で〜を起こしてしまった/在那个道口引擎熄火了 zài nàge dàokǒu yǐnqíng xīhuǒ le

えんせい【厭世】 厌世 yànshì (英 *pessimism*) ▶彼は〜観にとりつかれている/他陷入了厌世思想 tā xiànrùle yànshì sīxiǎng ▶あれは〜家を装っているだけさ/那只是假装悲观主义者而已 nà zhǐshì jiǎzhuāng bēiguān zhǔyìzhě éryǐ ▶彼は〜自殺した/他悲观自杀了 tā bēiguān zìshā le

えんせい【遠征する】 长征 chángzhēng；远征 yuǎnzhēng (英 *make an expedition*) ▶我がチームは初めて海外〜を行う/我们队初次赴海外比赛 wǒmenduì chūcì fù hǎiwài bǐsài ▶試合は十分な成果をあげた/远行比赛取得了充分的成果 yuǎnxíng bǐsài qǔdéle chōngfèn de chéngguǒ

えんせき【宴席】 酒席 jiǔxí; 筵席 yánxí （英）*a banquet room*）▶米寿の祝いの～につらなる/列席参加八十八寿辰的喜宴 lièxí cānjiā bāshíbā shòuchén de xǐyàn ▶酒がまずくて～が盛り上がらない/酒不好喝，所以宴会不热闹 jiǔ bù hǎo hē, suǒyǐ yànhuì bú rènao

えんぜつ【演説する】 讲话 jiǎnghuà、演讲 yǎnjiǎng（英）*make a speech; speak in public*）▶選挙の声で目が覚めた/在选举演说声中醒来 zài xuǎnjǔ yǎnshuōshēngzhōng xǐnglái ▶街頭で～するのは初めてだ/在街头进行演说还是第一次 zài jiētóu jìnxíng yǎnshuō háishi dìyī cì ▶～が上手[下手]だ/擅长[不善于]演讲 shàncháng [bú shànyú] yǎnjiǎng ▶彼はいつも一口調で話す/他总是用演讲的腔调讲话 tā zǒngshì yòng yǎnjiǎng de qiāngdiào jiǎnghuà

えんせん【沿線】 沿线 yánxiàn （英）*(along) a railroad*）▶新キャンパスは中央線の～にある/新校园位于中央线沿线 xīnxiàoyuán wèiyú Zhōngyāngxiàn yánxiàn

えんそ【塩素】 氯 lǜ （英）*chlorine*）▶～酸カリウム/氯化钾 lǜhuàjiǎ

えんそう【演奏】 演奏 yǎnzòu（英）*a musical performance; a recital*）▶～会の日取りが決まった/演奏会的日程定下来了 yǎnzòuhuì de rìchéng dìngxiàlai le ▶生～は迫力が違うね/现场演奏的气势就是不一样 xiànchǎng yǎnzòu de qìshì jiùshì bù yíyàng ▶バンドが路上で～していた/乐队在街头演奏 yuèduì zài jiētóu yǎnzòu ▶バイオリンを～する/演奏小提琴 yǎnzòu xiǎotíqín ▶ヨーロッパへ～旅行に出かける/去参加欧洲的演奏旅行 qù cānjiā Ōuzhōu de yǎnzòu lǚxíng ▶秋には恒例の～会を催す/秋季举行惯例的演奏会 qiūjì jǔxíng guànlì de yǎnzòuhuì

えんそく【遠足】 郊游 jiāoyóu （英）*a picnic; an outing*）▶小学生がよく～に行く場所だ/小学生经常去郊游的地方 xiǎoxuéshēng jīngcháng qù jiāoyóu de dìfang ▶～が雨で流れた/郊游因下雨取消了 jiāoyóu yīn xià yǔ qǔxiāo le

エンターキー 回车键 huíchējiàn（キーボード）（英）*an enter key*）

エンターテイナー 艺人 yìrén （英）*an entertainer*）▶彼は～としては一流だ/他作为艺人是一流的 tā zuòwéi yìrén shì yīliú de

エンターテインメント 娱乐 yúlè、乐趣 lèqù （英）*an entertainment*）▶今回の作品は～に徹しました/本次作品以娱乐性贯彻始终 běn cì zuòpǐn yǐ yúlèxìng guànchè shǐzhōng

えんたい【滞滞する】 拖欠 tuōqiàn、拖延 tuōyán（英）*be in arrears*）▶納税が遅れると～料金を取られる/拖延纳税会被加收过期欠款 tuōyán nàshuì huì bèi jiāshōu guòqī qiànkuǎn ▶家賃を～する/拖欠房租 tuōqiàn fángzū

◆～税 延迟税 yánchíshuì ～利子 过期利息 guòqī lìxī

えんだい【演台】 讲台 jiǎngtái （英）*a lectern*）▶～を扇子でびしりと叩く/用扇子在讲台上重く一敲 yòng shànzi zài jiǎngtáishang chóngchóng yī qiāo

えんだい【演題】 讲演题目 jiǎngyǎn tímù （英）*the subject (of a speech)*）▶何という～で話しましたか/以什么题目进行演讲的？ yǐ shénme tímù jìnxíng yǎnjiǎng de?

えんだい【遠大】 远大 yuǎndà （英）*farseeing; great; ambitious*）▶新幹線建設の～な計画が進行している/正在进行建设新干线的宏伟计划 zhèngzài jìnxíng jiànshè Xīngànxiàn de hóngwěi jìhuà ▶諸君は～な志を抱いて入学したのだ/各位同学们是抱着远大的志向入学的 gèwèi tóngxuémen shì bàozhe yuǎndà de zhìxiàng rùxué de

えんだい【縁台】 长板凳 chángbǎndèng （英）*an outdoor bench*）▶夏の夜は親子で～将棋を戦わせた/夏天的夜晚父子俩在长板凳上杀了几盘象棋 xiàtiān de yèwǎn fùzǐ liǎ zài chángbǎndèngshang shāle jǐ pán xiàngqí

えんたく【円卓】 圆桌 yuánzhuō （英）*a round table*）▶～を囲んでトランプに興じる/围坐圆桌玩儿扑克牌 wéizuò yuánzhuō wánr pūkèpái

◆～会議 圆桌会议 yuánzhuō huìyì

えんだん【演壇】 讲台 jiǎngtái （英）*a platform; a rostrum*）▶～に立つと足が震えた/登上讲台腿就发抖了 dēngshàng jiǎngtái tuǐ jiù fādǒu le

えんだん【縁談】 婚事 hūnshì、亲事 qīnshì （英）*a proposal of marriage*）▶親が勝手に～を決める/父母专断定下婚事 fùmǔ zhuānduàn dìngxià hūnshì ▶息子の～がまとまった/儿子的婚事说成了 érzi de hūnshì shuōchéng le ▶彼女に～がもち上がった/(有人)向她提亲说媒了（yǒu rén) xiàng tā tíqīn shuōméi le

えんちゃく【延着】 误点 wùdiǎn; 迟到 chídào （英）*delayed arrival; late arrival*; [送品の] *a delay*）▶当機は30分～の見込みです/本次航班将晚点三十分钟到达 běn cì hángbān jiāng wǎndiǎn sānshí fēnzhōng dàodá ▶豪雨のため列車は2時間～した/由于暴雨列车晚点两个小时 yóuyú bàoyǔ lièchē wǎndiǎn liǎng ge xiǎoshí

えんちゅう【円柱】 圆柱 yuánzhù （英）*a column*）▶寺院の巨大な～に歴史が刻まれている/寺院巨大的圆柱见证着历史 sìyuàn jùdà de yuánzhù jiànzhèngzhe lìshǐ

えんちょう【延長する】 延长 yáncháng （英）*prolong; extend; lengthen*）▶国会の会期を1ヶ月～する/国会的会期延长一个月 guóhuì de huìqī yáncháng yí ge yuè ▶運河の～は20キロに及ぶ/运河全长达二十公里 yùnhé quáncháng dá èrshí gōnglǐ ▶地下鉄を空港まで～する/地铁延伸到机场 dìtiě yánshēndào jīchǎng ▶勉強を遊びの～だと思っているのかい/你把学习也当作游戏了吗？ nǐ bǎ xuéxí yě dàngzuò yóuxì le ma?

◆～コード 加长导线 jiācháng dǎoxiàn ～戦 延长赛 yánchángsài ▶試合は～戦に入った/比赛进入了延长赛 bǐsài jìnrùle yánchángsài

えんちょう【園長】 园长 yuánzhǎng （英）*a zoo*

エンディング 最后结局 zuìhòu jiéjú (英 an ending) ▶～の音楽がすばらしい/结尾的音乐非常棒 jiéwěi de yīnyuè fēicháng bàng ▶息をむような～だ/紧张得让人屏住呼吸的结局 jǐnzhāngde ràng rén bǐngzhù hūxī de jiéjú

えんてん【炎天】 烈日 lièrì (英 hot weather) ▶～にさらされてひたすらバスを待った/顶着烈日一直等公共汽车 dǐngzhe lièrì yìzhí děng gōnggòng qìchē ▶～下でサッカーの練習をする/在烈日下练习足球 zài lièrìxia liànxí zúqiú

えんでん【塩田】 盐田 yántián (英 a salt field)

えんとう【円筒】 圆筒 yuántǒng (英 a cylinder) ～形/圆筒形 yuántǒngxíng ▶古坟から幾つも～が出てきた/从古坟中出土了不少圆筒 cóng gǔfénzhōng chūtǔle bùshǎo yuántǒng

えんどう【沿道】 沿途 yántú; 沿路 yánlù (英 the route; the road) ▶～は人で埋まっていた/沿途挤满了人群 yántú jǐmǎnle rénqún ▶～の観衆が小旗を振ってランナーを応援した/沿途的观众挥着小旗给长跑运动员助威 yántú de guānzhòng huīzhe xiǎoqí gěi chángpǎo yùndòngyuán zhùwēi

エンドウ【植物】豌豆 wāndòu (英 a pea) ▶通学の道沿いに～の花が咲いている/上学路上的路边开着豌豆花 shàngxué lùshang de lùbiān kāizhe wāndòuhuā

◆さや～ 豌豆 wāndòu; 荷兰豆 hélándòu

えんどく【鉛毒】 铅毒 qiāndú (英 lead poisoning) ▶その老人の～は職業病といってよい/那位老人中的铅毒可以说是一种职业病 nà wèi lǎorén zhòng de qiāndú kěyǐ shuō shì yì zhǒng zhíyèbìng

えんとつ【煙突】 烟囱 yāncōng; 烟筒 yāntǒng (英 a chimney) ▶台風にあおられて～が倒れた/烟囱被台风刮倒了 yāncōng bèi táifēng guādǎo le ▶～から黒い煙がもくもく出てくる/从烟囱里冒出滚滚黑烟 cóng yāncōngli màochū gǔngǔn hēiyān

エンドユーザー 最终用户 zuìzhōng yònghù (パソコン) (英 the end user)

エンドライン 〖スポーツ〗端线 duānxiàn; 底线 dǐxiàn (英 an end line)

エントリー 报名 bàomíng; 登记 dēngjì (英 an entry) ▶～ナンバー15番の方どうぞ/有请报名参加的第十五号 yǒuqǐng bàomíng cānjiā de dìshíwǔ hào ▶美人コンテストに～する/报名参加选美大会 bàomíng cānjiā xuǎnměi dàhuì

えんにち【縁日】 庙会 miàohuì; 有庙会的日子 yǒu miàohuì de rìzi (英 a shrine fair; a temple fair; a fete day) ▶～には多くの屋台が出る/庙会的日子有很多摊贩 miàohuì de rìzi yǒu hěn duō tānshi ▶～の人混みの中で二人は会った/在庙会杂沓的人群中两个人见面了 zài miàohuì zátà de rénqúnzhōng liǎng ge rén jiànmiàn le

えんねつ【炎熱】 炎热 yánrè (英 the heat of the sun) ▶～をものともせず彼らは歩いた/他们不顾炎热地走着 tāmen bú gù yánrè de zǒuzhe ▶～の候、いかがお過ごしでしょうか/炎热时节, 不知您过得怎么样？yánrè shíjié, bù zhī nín guòde zěnmeyàng? ▶～の中で修復作業をする/在炎热之中进行修复作业 zài yánrè zhīzhōng jìnxíng xiūfù zuòyè

えんのした【縁の下】 廊子下面 lángzi xiàmian (英 the space under the floor)

～の力持ち 无名英雄 wúmíng yīngxióng

エンバク【燕麦】〖植物〗燕麦 yànmài (英 oats)

えんばん【円盤】 圆盘 yuánpán; 铁饼 tiěbǐng (英 a disk; a disc) ▶空飛ぶ～が裏山に降りそうになった/飞碟好像往后山方向落下了 fēidié hǎoxiàng wǎng hòushān fāngxiàng luòxià le

◆～投げ 掷铁饼 zhì tiěbǐng ▶～投げにエントリーします/报名参加掷铁饼(比赛) bàomíng cānjiā zhì tiěbǐng(bǐsài)

えんばん【鉛版】〖印刷〗铅版 qiānbǎn (英 a stereotype) ▶～工/铸版工人 zhùbǎn gōngrén ▶～がすり減ってきた/铅版磨薄了 qiānbǎn móbáo le

えんぴつ【鉛筆】 铅笔 qiānbǐ (英 a pencil) ▶～の芯がちびる/铅笔心磨秃了 qiānbǐxīn mótū le ▶～が尖る/铅笔尖尖了 qiānbǐjiān zhé le ▶ビンの中から～書きのメモが出てきた/瓶子里出现了铅笔写的字条 píngzili chūxiànle qiānbǐ xiě de zìtiáo ▶～を削るのはいつも母だった/给我削铅笔的总是妈妈 gěi wǒ xiāo qiānbǐ de zǒngshì māma ▶マークシートはHBの～を使え/HB铅笔填写答题卡 yòng HB qiānbǐ tiánxiě dátíkǎ

◆色～ 彩色铅笔 cǎisè qiānbǐ ～入れ 铅笔盒 qiānbǐhé (電動) ～削り (电动)卷笔刀 (diàndòng) juǎnbǐdāo

えんびふく【燕尾服】 燕尾服 yànwěifú (英 a tailcoat) ▶～に身を包んでスターが登場した/明星身穿燕尾服登场了 míngxīng shēn chuān yànwěifú dēngchǎng le

えんぶきょく【円舞曲】〖音楽〗圆舞曲 yuánwǔqǔ (英 a waltz)

えんぶん【塩分】 盐分 yánfèn (英 salt) ▶～を控え目にしなさい/减少点儿盐分 jiǎnshǎo diǎnr yánfèn ▶この料理は少し～が足りない/这道菜有点缺盐 zhè dào cài yǒudiǎn quē yán ▶～の取りすぎはよくない/盐分摄取太多不好 yánfèn shèqǔ tài duō bù hǎo

えんぶん【艶聞】 风流韵事 fēngliú yùnshì (英 a gossip about one's love affairs) ▶若い頃から～が絶えなかった/从年轻时起就艳事不断 cóng niánqīngshí qǐ jiù yànshì búduàn

エンペラー 皇帝 huángdì (英 an emperor) ▶ラスト～/末代皇帝 mòdài huángdì ▶業界の～がそう指示したのだ/业界的皇帝就是这么指示的 yèjiè de huángdì jiùshì zhème zhǐshì de

えんぼう【遠望する】 眺望 tiàowàng; 远眺

えんぽう【遠謀】(英 *foresight*) ▶～を深慮をめぐらす/深謀远虑地思考 shēn móu yuǎn lǜ de sīkǎo

えんぽう【遠方】远方 yuǎnfāng (英 [距離] *a great distance; a long way*; [場所] *a faraway place*) ▶～から見るとその家はマッチ箱のようだった/从远处看那家房子像火柴盒一样 cóng yuǎnchù kàn nà jiā fángzi xiàng huǒcháihé yíyàng ▶富士が～に見える/远方可以看见富士山 yuǎnfāng kěyǐ kànjiàn Fùshìshān ▶～からはるばるやってきた/他千里迢迢地赶来 tā qiān lǐ tiáotiáo de gǎnlái ▶～からようこそ/远道而来, 欢迎欢迎 yuǎndào ér lái, huānyíng huānyíng

えんま【閻魔】阎罗 Yánluó; 阎王 Yánwang (英 *the King of Hell*) ▶当時の先生は～帳を持っていた/当时的老师还拿着记分册 dāngshí de lǎoshī hái názhe jìfēncè ▶おまえなんか～の庁で舌を抜かれるぞ/你这家伙在阴曹地府会被拔掉舌头的 nǐ zhè jiāhuo zài yīncáodìfǔ huì bèi bádiào shétou de ▶顔は～顔だが気は優しい/一副脸阎王似的面孔, 却是个好脾气 yí fù xiàng Yánwang shìde miànkǒng, què shì ge hǎopíqi

えんまく【煙幕】烟幕 yānmù (英 *a smoke screen*) ▶巧みに～を張って質問をはぐらかした/巧妙地施放烟幕避开了质问 qiǎomiào de shīfàng yānmù bìkāile zhìwèn

えんまん【円満な】圆满 yuánmǎn (英 *perfect; harmonious; peaceful*) ▶家庭～/家庭圆满 jiātíng yuánmǎn ▶彼が仲介して～解決に導いた/他从中调解导致了圆满解决 tā cóngzhōng tiáojiě dǎozhìle yuánmǎn jiějué ▶彼は～退社したのではない/他不是正常退职的 tā bú shì zhèngcháng tuìzhí de ▶夫婦の間が最後まで～に行かなかった/夫妇之间直到最后过得也不圆满 fūfù zhījiān zhídào zuìhòu guòde yě bù yuánmǎn ▶～人格に見えて実は…/看样子品格完美而实际上… kàn yàngzi pǐngé wánměi ér shíjìshang… ▶会談は～に終わらせて欲しい/希望会谈似乎圆满结束了 huìtán sìhū yuánmǎn jiéshù le

えんむすび【縁結び】结亲 jiéqīn (英 *matchmaking*) ▶我が家にも～の神が来て下さった/月下老人也来到了我家 yuèxià lǎorén yě láidàole wǒ jiā ▶私が～をしましょうか/我来牵线搭桥吧 wǒ lái qiānxiàn dāqiáo ba

えんめい【延命する】延长寿命 yáncháng shòumìng (英 *prolong one's life*) ▶私への～治療はお断りします/我拒绝给我的延命治疗 wǒ jùjué gěi wǒ de yánmìng zhìliáo ▶それは政権の～策にすぎない/那不过是政权的拖延措施而已 nà búguò shì zhèngquán de tuōyán cuòshī éryǐ

えんもく【演目】节目 jiémù (英 *a program*) ▶今回の～はなかなか魅力的だ/这次的节目非常有吸引力 zhè cì de jiémù fēicháng yǒu xīyǐnlì

えんゆうかい【園遊会】游园会 yóuyuánhuì (英 *a garden party*) ▶～に招かれて夫婦で出席する/夫妇应邀出席游园会 fūfù yìngyāo chūxí yóuyuánhuì

えんよう【援用する】援用 yuányòng (英 *quote; invoke*) ▶別の法律を～する/援用别的法律 yuányòng biéde fǎlǜ ▶その議員はマスコミ報道を～して質問した/那个议员援引媒体报导进行质疑 nàge yìyuán yuányǐn méitǐ bàodǎo jìnxíng zhìyí

えんよう【遠洋】远洋 yuǎnyáng (英 *an ocean*) ▶この港は～漁業の基地である/这个港口是远洋渔业的基地 zhège gǎngkǒu shì yuǎnyáng yúyè de jīdì ▶～航海に出て実習中に事故は起きた/在去远洋航海实习期间发生了事故 zài qù yuǎnyáng hánghǎi shíxí qījiān fāshēngle shìgù

えんらい【遠来の】远来 yuǎn lái (英 *from a distance*) ▶～の客をもてなす/款待远方来客 kuǎndài yuǎnfāng láikè

えんらい【遠雷】远处的雷鸣 yuǎnchù de léimíng; 远雷 yuǎnléi (英 *a distant roll of thunder*) ▶何か波乱の前兆のように～が聞こえた/好像有什么风波的前兆似的, 我听见了远处的雷声 hǎoxiàng yǒu shénme fēngbō de qiánzhào shìde, wǒ tīngjiànle yuǎnchù de léishēng

えんりょ【遠慮する】辞让 círàng; 客气 kèqi (英 *reserve; refrain from…; hesitate*) ▶彼はいつでも～深い/他总是非常客气 tā zǒngshì fēicháng kèqi ▶無～もほどほどにしないと/你的张狂劲儿再不适可而止的话… nǐ de zhāngkuáng jìnr zài bù xiǎo kě ér zhǐ dehuà… ▶～のないことを言わせてもらうが…/请允许我说句不客气的话… qǐng yǔnxǔ wǒ shuō jù bú kèqi de huà… ▶俺に～するなんて水くさいぞ/跟我还客气可就见外了 gēn wǒ hái kèqi kě jiù jiànwài le ▶喫煙は御～下さい/请勿吸烟 qǐng wù xī yān ▶頭が痛いなら～せずに横になりなさい/你如果头疼的话, 请别介意躺一下吧 nǐ rúguǒ tóuténg dehuà, qǐng bié jièyì tǎng yíxià ba ▶初めはお互いに～しあっていた/开始双方还互相客气 kāishǐ shuāngfāng hái hùxiāng kèqi ▶彼は政府攻撃を少しも～しなかった/他在抨击政府上毫不留情 tā zài pēngjī zhèngfǔshang háobù liúqíng ▶会議中らしかったので入室を～した/因为好像在开会, 所以我没进去 yīnwèi hǎoxiàng zài kāihuì, suǒyǐ wǒ méi jìnqù ▶～なく取って食べる/不客气地拿来就吃 bú kèqi de nálái jiù chī ▶彼は～がちに自分の考えを述べた/他很客气地陈述了自己的想法 tā hěn kèqi de chénshùle zìjǐ de xiǎngfǎ

日中比較 中国語の'远虑 yuǎnlǜ'は「先々の考え」を意味する。

えんろ【遠路】远道 yuǎndào; 远路 yuǎnlù (英 *a long way* [*distance*]) ▶～はるばる訪ねていく/远道迢迢去拜访 yuǎndào tiáotiáo qù bàifǎng ▶彼は～わざわざ弔問に行った/他特意远路赶去吊唁 tā tèyì yuǎnlù gǎnqù diàoyàn ▶～おいで

下さってありがとうございます/远道而来，非常感谢 yuǎndào ér lái, fēicháng gǎnxiè

お

お【尾】尾巴 wěiba（英［動物一般］*a tail*; ［彗星などの］*a trail*）▶犬が〜を振る/狗摇尾巴 gǒu yáo wěiba ▶喧嘩がいつまでも〜を引く/争吵留下个尾巴 zhēngchǎo liúxià ge wěiba ▶彗星が〜を引いて流れた/彗星拖着尾巴飞了过去 huìxīng tuōzhe wěiba fēileguòqù

おあいそ【お愛想】 ❶【お世辞】客套话 kètàohuà; 应酬话 yìngchóuhuà（英 *flattery*）▶七つの子供が〜を言う/七岁的小孩儿说客套话 qī suì de xiǎoháir shuō kètàohuà ▶ほんの〜に褒めてやった/只是说恭维话，夸奖了一下 zhǐshì shuō gōngweihuà, kuājiǎngle yíxià ❷【勘定】结账 jiézhàng（英 *bill*）▶〜して下さい/请结账吧 qǐng jiézhàng ba

オアシス 绿洲 lǜzhōu（英 *an oasis*）▶砂漠の真ん中に〜都市がある/在沙漠中央有一个绿洲城市 zài shāmò zhōngyāng yǒu yí ge lǜzhōu chéngshì ▶公園は都会の〜だ/公园是都市的绿洲 gōngyuán shì dūshì de lǜzhōu

おあずけ【お預け】暂缓实行 zànhuǎn shíxíng（英 *wait*）▶〜を食う/眼看着不能吃 yǎn kànzhe bùnéng chī ▶賃上げは当分〜だ/暂且拖迟加薪 zànqiě tuōchí jiāxīn

おい (呼びかけ) 喂 wèi（英 *hello; hey; look here*）▶〜，待て!/喂，站住 wèi, zhànzhù ▶〜, その男！/喂, 那个男的 wèi, nàge nán de

おい【老い】年老 niánlǎo; 年迈 niánmài（英 *old*）▶いつの間にか〜がしのび寄っていた/不知不觉衰老悄悄逼近 bù zhī bù jué shuāilǎo qiāoqiāo bījìn ▶〜も若きも繰り出した/男女老少都出动了 nán nǚ lǎo shào dōu chūdòng le

〜の一徹 老年人的固执 lǎoniánrén de gùzhí ▶〜の一徹でやり抜いた/凭着老年人顽固的精神干完了 píngzhe lǎoniánrén wángù de jīngshén gànwán le

おい【甥】侄儿 zhír; 外甥 wàisheng（英 *a nephew*）

おいあげる【追い上げる】赶上 gǎnshàng ［競技で］*come [move] up from behind*）▶彼は3位のランナーを抜いて今2位を追い上げている/他超过了第三位选手，在追赶第二位 tā chāoguòle dìsān wèi xuǎnshǒu, zài zhuīgǎn dì'èr wèi ▶馬を駆り立てて〜/催马猛追 cuī mǎ měng zhuī

おいうち【追い討ち】（英 *an attack on a routed enemy*）▶〜をかける/追击 zhuījī; 连加打击 lián jiā dǎjī ▶停電に断水が〜をかけた/停电加停水，真是雪上加霜 tíngdiàn jiā tíngshuǐ, zhēn shì xuěshang jiā shuāng ▶失業に〜をかけるように妻が倒れた/丢了工作，妻子又病倒了，真是雪上加霜 diūle gōngzuò, qīzi yòu bìngdǎo le, zhēn shì xuěshang jiā shuāng

おいえげい【お家芸】家传绝技 jiāchuán juéjì; 拿手好戏 náshǒu hǎoxì（英 *one's specialty*）▶トランプ手品は彼の〜だ/扑克牌魔术是他的看家本领 pūkèpái móshù shì tā de kānjiā běnlǐng

おいえそうどう【お家騒動】内部纠纷 nèibù jiūfēn（英 *a family trouble*）▶理事長交代はお決まりの〜の結果だ/董事长的换届又是内讧的结果 dǒngshìzhǎng de huànjiè yòu shì nèihòng de jiéguǒ

おいおい ❶【泣き声】呜呜 wūwū（英 *cry bitterly*）▶大の男が〜泣く/堂堂男子汉号啕大哭 tángtáng nánzǐhàn háotáo dà kū ❷【呼びかけ】喂 wèi（英 *hey*）▶〜，待てよ/喂，等一等吧 wèi, děngyiděng ba ▶〜，そこはトイレじゃないぞ/喂，那儿可不是洗手间哟 wèi, nàr kě bú shì xǐshǒujiān yo

おいおい【追い追い】（やがて）一来二去 yì lái èr qù; 渐渐 jiànjiàn（英 *by and by; gradually*）▶〜日が長くなる/白天渐渐长起来了 báitiān jiànjiàn chángqǐlai le

おいかえす【追い返す】赶回去 gǎnhuíqu; 逐回 zhúhuí（英 *send away*）▶警備員が陳情団を〜/保安把请愿团赶回去 bǎo'ān bǎ qǐngyuàntuán gǎnhuíqu ▶使者には会わずに追い返した/还没见面，就把使者逐回了 hái méi jiànmiàn, jiù bǎ shǐzhě zhúhuí le

おいかける【追いかける】赶 gǎn; 追赶 zhuīgǎn（英 *run after...; chase*）▶人気歌手を〜/追歌星 zhuī gēxīng ▶子供たちが公園で追いかけっこをしている/孩子们在公园追赶着玩 háizimen zài gōngyuán zhuīgǎnzhe wán ▶私はすぐに彼女のあとを追いかけた/我马上就在她后面追赶 wǒ mǎshàng jiù zài tā hòumian zhuīgǎn ▶コート中、球を〜/满球场追球 mǎn qiúchǎng zhuī qiú

おいかぜ【追い風】顺风 shùnfēng（英 *a fair wind; a favorable wind*）▶船は〜に乗ってスピードを上げた/船顺风行驶，加快了速度 chuán shùnfēng xíngshǐ, jiākuàile sùdù ▶今回の選挙はどちらに〜が吹いているか/这次的选举，会对谁吹顺风呢？ zhè cì de xuǎnjǔ, huì duì shéi chuī shùnfēng ne? ▶秒速10メートルの〜である/秒速达十米的顺风 miǎosù dá shí mǐ de shùnfēng ▶〜に帆を上げる/顺风扬帆 shùnfēng yángfān

おいこし【追い越し】赶过 gǎnguò; 超过 chāoguò（英 *passing*）▶〜禁止/禁止超车 jìnzhǐ chāochē

◆〜車線 :超车道 chāochēdào

おいこす【追い越す】赶过 gǎnguò; 超过 chāoguò（英 *pass; outrun; surpass*）▶前の走者を〜/赶过跑在前面的人 gǎnguò pǎozài qiánmian de rén ▶兄の身長を〜/超过哥哥的身高 chāoguò gēge de shēngāo ▶需要が供给を追い越した/需求超过了供给 xūqiú chāoguòle gōngjǐ ▶先進国に追い付き追い越せ/赶超先进国 gǎnchāo xiānjìn guó gǎnchāo xiānjìn guójiā

おいこみ【追い込み】 最后紧要关头 zuìhòu jǐnyào guāntóu; 最后冲刺 zuìhòu chōngcì (㊇ *the last spurt*) ▸さあ今日から～をかけるぞ/好, 从今天起进入最后冲刺! hǎo, cóng jīntiān qǐ jìnrù zuìhòu chōngcì! ▸プロジェクトは最後の～段階に入った/项目到了最后冲刺的阶段 xiàngmù dàole zuìhòu chōngcì de jiēduàn

おいこむ【老い込む】 衰老起来 shuāilǎoqilai (㊇ *grow old*) ▸まだ～年じゃない/还没到老朽的年纪 hái méi dào lǎoxiǔ de niánjì ▸彼はあれ以来すっかり老い込みました/那以后, 他就老多了 nà yǐhòu, tā jiù lǎoduō le

おいこむ【追い込む】 逼入 bīrù; 赶进 gǎnjìn (㊇ *drive*; *chase*) ▸窮地に追い込まれて開き直った/被逼入困境, 反倒豁出命来反攻了 bèi bīrù kùnjìng, fǎndào huōchū mìng lai fǎngōng le ▸鳥をかごに～/把鸟赶进笼子 bǎ niǎo gǎnjìn lóngzi

おいさき【老い先】 余年 yúnián; 残年 cánnián (㊇ *one's fate*) ▸～短い母を悲しませたくない/不想让垂暮之年的母亲伤心 bù xiǎng ràng chuímù zhī nián de mǔqin shāngxīn

おいさらばえる【老いさらばえる】 老态龙钟 lǎotài lóngzhōng (㊇ *become weak with age*) ▸老いさらばえた姿をあの人に見られたくない/不想让他看到自己的老态龙钟 bù xiǎng ràng tā kàndào zìjǐ de lǎotài lóngzhōng

おいしい【美味しい】 好吃 hǎochī; 鲜美 xiānměi; 香甜 xiāngtián (㊇ *delicious*) ▸おいしくない/不好吃 bù hǎochī ▸この料理ほんとに～ね/这个菜真好吃啊 zhège cài zhēn hǎochī a ▸～話には罠がある/牟利的话里会隐藏陷阱 móulì de huàli huì yǐncáng xiànjǐng

おいしげる【生い茂る】 繁茂 fánmào; 丛生 cóngshēng (㊇ *grow thickly*) ▸あの山には松の木が一面に生い茂っている/那座山覆盖着茂盛的松树 nà zuò shān fùgàizhe màoshèng de sōngshù ▸夏草の～廃墟に立ち尽くす/久久地站在夏草丛生的废墟上 jiǔjiǔ de zhànzài xiàcǎo cóngshēng de fèixūshang

おいすがる【追いすがる】 追缠不已 zhuīchán bùyǐ; 紧追上来 jǐn zhuīshànglai (㊇ *run after a person*) ▸～子の手を振り払う/甩开紧跟在后的孩子的手 shuǎikāi jǐngēn zài hòu de háizi de shǒu

オイスターソース 《食品》蚝油 háoyóu (㊇ *oyster sauce*)

おいそれと 轻易地 qīngyì de; 简单地 jiǎndān de (㊇ *at a moment's notice*) ▸君に～金は貸せない/不能轻易地把钱借给你 bùnéng qīngyì de bǎ qián jiègěi nǐ ▸～引き受けるわけにはいかない/不能简单地就答应 bùnéng jiǎndān de jiù dāying

おいだす【追い出す】 赶跑 gǎnpǎo; 驱走 qūzǒu (㊇ *drive out*; *eject*) ▸バイクを公園から追い出せ/把摩托车从公园赶走 bǎ mótuōchē cóng gōngyuán gǎnzǒu ▸両親は彼女を家から追い出してしまった/父母把她从家里赶走了 fùmǔ bǎ tā cóng jiāli gǎnzǒu le ▸車は歩行者を道路から追い出している/汽车把行人挤出了道路 qìchē bǎ xíngrén jǐchūle dàolù

おいたち【生い立ち】 身世 shēnshì; 成长过程 chéngzhǎng guòchéng (㊇ *one's childhood*) ▸課題は「～の記」を書くことでした/课题是写《童年时代的回忆》kètí shì xiě《Tóngnián shídài de huíyì》

おいたてる【追い立てる】 赶 gǎn (㊇ *drive*; *force... to leave*) ▸仕事に追い立てられる/被工作赶得要命 bèi gōngzuò gǎnde yàomìng ▸牛を追い立てて小屋に入れる/把牛赶进牛棚 bǎ niú gǎnjìn niúpéng

おいちらす【追い散らす】 冲散 chōngsàn; 驱散 qūsàn (㊇ *drive away*) ▸警官は群衆を追い散らした/警察冲散了群众 jǐngchá chōngsànle qúnzhòng

おいつおわれつ【追いつ追われつ】 (㊇ *a seesaw game*) ▸～の大接戦を演じる/展开一场难分胜负的拉锯战 zhǎnkāi yì cháng nán fēn shèngfù de lājùzhàn

おいつく【追い付く】 追上 zhuīshàng; 赶上 gǎnshàng (㊇ *overtake*; *catch up*) ▸前の車に～/追上前面的车 zhuīshàng qiánmian de chē ▸人気に実力が～/本领赶上名气 běnlǐng gǎnshàng míngqi ▸今さら悔やんでも追い付かない/事到如今, 追悔莫及 shì dào rújīn, zhuīhuǐ mò jí ▸生産を倍加したがまだ注文に追い付けない/虽然产量倍增, 可还是赶不上订货 suīrán chǎnliàng bèizēng, kě háishi gǎnbushàng dìnghuò

おいつめる【追いつめる】 追得走投无路 zhuīde zǒutóu wúlù; 追逼 zhuībī (㊇ *corner*) ▸犯人をビルの屋上に～/把犯人逼上楼房的屋顶 bǎ fànrén bīshàng lóufáng de wūdǐng ▸敵を川に～/把敌人逼到河边 bǎ dírén bīdào hébiān

おいで【お出で】 **1**〖来い〗来 lái (㊇ *come*) ▸こちらへ～下さい/请到这边来 qǐng dào zhèbiān lái ▸～～/喂, 这边来吧 wèi, zhèbiān lái ba **2**〖居る〗在 zài (㊇ *be there*) ▸昨日はどちらに～でした/昨天您去哪儿了? zuótiān nín qù nǎr le? ▸社長は～ですか/总经理在吗? zǒngjīnglǐ zài ma?

おいてきぼり【置いてきぼり】 丢下 diūxià; 抛弃 pāoqì (㊇ [～にする] *leave... behind*) ▸～はひどいじゃないか/扔下不管, 太过分了! rēngxià bù guǎn, tài guòfèn le! ▸みんなは出発し, 僕だけ～をくった/大家都出发了, 把我一个人给留了下来 dàjiā dōu chūfā le, bǎ wǒ yí ge rén gěi liúlexiàlai

おいぬく【追い抜く】 超过 chāoguò; 赶过 gǎnguò (㊇ *overtake*; *pass*) ▸ラストスパートで先頭走者を追い抜いた/最后冲刺, 超过了跑在最前面的人 zuìhòu chōngcì, chāoguòle pǎozài zuì qiánmian de rén

おいはぎ【追い剥ぎ】 打劫 dǎjié; 拦路强盗

おいはらう【追い払う】 赶 gǎn; 赶跑 gǎnpǎo; 赶走 gǎnzǒu; 撵 niǎn (英 drive... away) ▶蠅を~/轰苍蝇 hōng cāngying ▶私はそういう考えを追い払おうとした/我试着驱散那种想法 wǒ shìzhe qūsàn nà zhǒng xiǎngfǎ

おいぼれ【老いぼれ】 老朽 lǎoxiǔ; 老东西 lǎodōngxi ▶[人] a crock; a silly old man) ▶~の出る幕じゃない、引っ込んでな/这可不是老糊涂出风头的时候，退下去吧 zhè kě bú shì lǎohútu chū fēngtou de shíhou, tuìxiàqu ba

おいぼれる【老いぼれる】 老迈 lǎomài; 老朽 lǎoxiǔ (英 be senile) ▶私はまだ老いぼれてはいない/我还没老糊涂 wǒ hái méi lǎohútu

おいまわす【追い回す】 追赶 zhuīgǎn; 驱使 qūshǐ (英 chase around) ▶犬が猫を~/狗追猫 gǒu zhuī māo ▶仕事に追い回される/工作缠身 gōngzuò chánshēn ▶女の尻を~/到处追女人 dàochù zhuī nǚrén

おいめ【負い目】 负疚 fùjiù; 负债感 fùzhàigǎn; 欠情 qiànqíng (英 debt) ▶彼に~がある/欠他情 qiàn tā qíng ▶僕に~を感じる必要はない/不要觉得对不起我 búyào juéde duìbuqǐ wǒ

おいもとめる【追い求める】 追求 zhuīqiú (英 pursue) ▶幻の花を~/追求虚幻的花 zhuīqiú xūhuàn de huā ▶彼は理想を追い求めすぎだ/他过于追求理想了 tā guòyú zhuīqiú lǐxiǎng le

おいやる【追いやる】 (英 send... away) ▶記事は紙面の片隅に追いやられ挤到边角上去了 bàodào gěi jǐdào biānjiǎoshang qù le ▶世論が大臣を辞任に~/舆论追使大臣下台 yúlùn pòshǐ dàchén xiàtái

おいらく【老いらく】 (英 old age) ▶~の恋/老年风流 lǎonián fēngliú

おいる【老いる】 衰老 shuāilǎo; 上年纪 shàng niánjì (英 grow old; age) ▶老いて初めて分かることがある/有的事儿得上了年纪才明白 yǒude shìr děi shàngle niánjì cái míngbai ▶老いてますます盛んだ/老当益壮 lǎo dāng yì zhuàng ▶名作は~ことがない/名作永远也不会衰老 míngzuò yǒngyuǎn yě búhuì shuāilǎo

ことわざ 老いては子に従え 老了就要顺从孩子 lǎole jiù yào shùncóng háizi; 老则从子 lǎo zé cóng zǐ

オイル 油 yóu (英 [油] oil; [ガソリン] gasoline) ▶~ポンプ/油泵 yóubèng ▶~ショックに見舞われる/遭遇石油危机 zāoyù shíyóu wēijī ▶車を~交換に出す/去给车换油 qù gěi chē huàn yóu ▶~マネーがだぶついている/石油资金过剩 shíyóu zījīn guòshèng ▶~フェンスを張りめぐらす/布上石油围栏 bùshàng shíyóu wéilán ▶~タンクを一杯に満たす/把油箱装得满满的 bǎ yóuxiāng zhuāngde mǎnmǎn de

♦~サンド ：油砂 yóushā ～シェール ：油页岩 yóuyèyán ～ダラー ：石油美元 shíyóu Měiyuán

おいわい【お祝い】 祝贺 zhùhè; 庆祝 qìngzhù (英 celebration) ▶合格の~を言う/祝贺通过考试 zhùhè tōngguò kǎoshì ▶~に時計をもらう/收到贺礼的表 shōudào hèlǐ de biǎo

おう【王】 王 wáng (英 a king) ▶百獣の~ライオン/百兽之王狮子 bǎishòu zhī wáng shīzi ▶発明~エジソン/发明大王爱迪生 fāmíng dàwáng Àidíshēng

おう【負う】 背 bēi; 负 fù (英 [責任] take; [背負う] carry... on the back) ▶傷を~/负伤 fù shāng ▶私が責任を~から安心しなさい/请放心，我来担负责任 qǐng fàngxīn, wǒ lái dānfù zérèn ▶私の今日あるは~に－ところが多い/我之所以有今天是多亏了我妈妈 wǒ zhī suǒyǐ yǒu jīntiān shì duōkuīle wǒ māma ▶重要な任務を負って出張する/身负重任出差 shēn fù zhòngrèn chūchāi ▶会社はかなりの赤字を～ている/公司背负着很大的财政亏空 gōngsī bēifùzhe hěn dà de cáizhèng kuīkong

ことわざ 負うた子に教えられて浅瀬を渡る 受教于背上的孩子渡过浅滩(比喻智者有时能从后生那里得到启示渡过难关) shòujiào yú bèishang de háizi dùguò qiǎntān(bǐyù zhìzhě yǒushí néng cóng hòushēng nàli dédào qǐshì dùguò nánguān)

おう【追う】 ❶【先・前途にあるもの】追寻 zhuīxún (英 chase) ▶家出息子の足取りを~/追寻儿子离家出走的行踪 zhuīxún érzi lí jiā chūzǒu de xíngzōng ▶警察は犯人を追っている/警察在追寻犯人 jǐngchá zài zhuīxún fànrén ▶仕事に追われて休暇がとれかった/工作缠身没法请假 gōngzuò chánshēn méi fǎ qǐngjià

❷【追い求める】赶 gǎn; 追求 zhuīqiú (英 pursue; seek) ▶流行を~/赶时髦 gǎn shímáo ▶理想を~前に足場を固めなさい/要追求理想，先得打好基础 yào zhuīqiú lǐxiǎng, xiān děi dǎhǎo jīchǔ

❸【あと・順序に従う】随着 suízhe; 按着次序 ànzhe cìxù (英 follow) ▶回を~ごとに興奮が高まる/随着比赛场次的进展人们越来越兴奋 suízhe bǐsài chǎngcì de jìnzhǎn rénmen yuèláiyuè xīngfèn ▶日を追って上達している/天天进步 tiāntiān jìnbù ▶以下順序を追って御説明申し上げます/下面依照顺序进行说明 xiàmian yīzhào shùnxù jìnxíng shuōmíng ▶物語の筋を~のが精一杯だ/花费好大力气才勉强跟上故事情节 huāfèi hǎo dà lìqì cái miǎnqiǎng gēnshàng gùshi qíngjié

❹【退ける・追い払う】赶走 gǎnzǒu; 撵 niǎn (英 drive) ▶自分の頭の蝿を追え/自扫门前雪 zì sǎo ménqián xuě

おうい【王位】 王位 wángwèi (英 the throne) ▶~につく/登上王位 dēngshàng wángwèi; 登基 dēngjī ▶~を継承する/继承王位 jìchéng wángwèi

♦~継承権 ：王位继承权 wángwèi jìchéngquán

おういつ【横溢する】 洋溢 yángyì (英 be filled with...) ▶彼は見るからに気力が〜している/他看上去精力十分充沛 tā kànshàngqù jīnglì shífēn chōngpèi

おういん【押印する】 盖章 gài zhāng (英 seal) ▶契約書に〜する/在合同书上盖章 zài hétongshūshang gài zhāng

おういん【押韻する】 押韵 yāyùn (英 put a seal) ▶この詩は〜していない/这首诗不押韵 zhè shǒu shī bù yāyùn

おうえん【応援】 敲边鼓 qiāo biāngǔ; 助威 zhùwēi (英 [援助] aid; [声援] support) ▶〜団/拉拉队 lālāduì ▶〜歌が空にこだまする/助威的歌声在空中回荡 zhùwēi de gēshēng zài kōngzhōng huídàng ▶母校の〜にかけつける/赶去为母校的队伍加油 gǎnqù wèi mǔxiào de duìwu jiāyóu ▶地元のサッカーチームを〜する/为本地的足球队助威 wèi běndì de zúqiúduì zhùwēi ▶人手が足りずに〜を頼んだ/人手不够，请求帮助 rénshǒu bú gòu, qǐngqiú bāngzhù ▶みんなが君を〜しているよ/大家都支持你 dàjiā dōu zhīchí nǐ ▶父のために初めて〜演説をした/为了父亲，第一次竞选演讲 wèile fùqin, dìyī cì zuò jìngxuǎn shēngyuán yǎnjiǎng

おうおう【往往にして】 往往 wǎngwǎng (英 [時おり] sometimes; [しばしば] often) ▶〜にして秘密情報が漏れる/秘密情报往往会泄漏 mìmì qíngbào wǎngwǎng huì xièlòu ▶恋は〜にして誤解から始まるものである/恋爱往往是从误会开始的 liàn'ài wǎngwǎng shì cóng wùhuì kāishǐ de

おうか【欧化する】 欧化 Ōuhuà; 西化 xīhuà (英 Europeanize) ▶ひたすら〜の道を歩む/一味地走西化的道路 yíwèi de zǒu xīhuà de dàolù ▶〜することに疑いを抱く/对西化持怀疑态度 duì xīhuà chí huáiyí tàidù

おうか【謳歌する】 讴歌 ōugē; 歌颂 gēsòng (英 glorify; admire) ▶青春を〜する/讴歌青春 ōugē qīngchūn

おうが【横臥する】 横卧 héngwò; 侧卧 cèwò (英 lie)

おうかくまく【横隔膜】 〔解〕横隔膜 hénggémó (英 the diaphragm)

おうかん【王冠】 王冠 wángguān (英 a crown) ▶ビールの〜/啤酒瓶盖儿 píjiǔpínggàir ▶〜をいただく身の責任を思う/深深感到戴上皇冠的责任 shēnshēn gǎndào dàishàng huángguān de zérèn

おうぎ【扇】 扇子 shànzi; 折扇 zhéshàn (英 a fan) ▶〜であおぐ/扇扇子 shān shànzi ▶台地が〜形に広がる/台地呈扇形展开 táidì chéng shànxíng zhǎnkāi

おうぎ【奥義】 秘诀 mìjué; 堂奥 táng'ào (英 the heart; the essence) ▶書の〜を極める/钻研书法的奥妙 zuānyán shūfǎ de àomiào ▶職人の〜/工匠的诀窍 gōngjiàng de juéqiào

おうきゅう【王宮】 皇宫 huánggōng; 王宫 wánggōng (英 a royal palace)

おうきゅう【応急の】 应急 yìngjí (英 emergency) ▶〜処置をして病院に運ぶ/进行急救处理后送往医院 jìnxíng jíjiù chǔlǐ hòu sòngwǎng yīyuàn ▶壊れた家を〜修理して住む/对破损的房子进行应急修理住进去 duì pòsǔn de fángzi jìnxíng yìngjí xiūlǐ zhùjìnqu ▶けが人に〜手当てを施す/对伤员进行急救治疗 duì shāngyuán jìnxíng jíjiù zhìliáo

おうけん【王権】 王权 wángquán (英 the royal authority) ▶〜は誰の手に渡るのか/王权交给谁呢？wángquán jiāogěi shéi ne？

おうこう【王侯】 王公 wánggōng; 王侯 wánghóu (英 princes; royalty) ▶〜貴族/王公贵族 wánggōng guìzú ▶〜の家に生まれる/生于王侯之家 shēngyú wánghóu zhī jiā

おうこう【横行する】 横行 héngxíng; 专横跋扈 zhuānhèng báhù (英 be rampant; infest) ▶汚職が〜している/渎职横行 dúzhí héngxíng ▶あの辺はすりが〜している/那一带小偷横行 nà yídài xiǎotōu héngxíng ▶〜する詐欺行為/猖獗的欺诈行为 chāngjué de qīzhà xíngwéi ▶テロが〜する国/恐怖活动横行的国家 kǒngbù huódòng héngxíng de guójiā

おうこく【王国】 王国 wángguó (英 a kingdom; a monarchy) ▶自転車〜の地位が揺らいでいる/自行车王国的地位有所动摇 zìxíngchē wángguó de dìwèi yǒusuǒ dòngyáo ▶史上最強の水泳〜を夢見た/梦想建立历史上最强的游泳王国 mèngxiǎng jiànlì lìshǐshang zuì qiáng de yóuyǒng wángguó

おうごん【黄金】 黄金 huángjīn (英 gold) ▶映画の〜時代に少年期を過ごした/在电影的黄金时代度过了少年时期 zài diànyǐng de huángjīn shídài dùguòle shàonián shíqī ▶〜分割/黄金分割 huángjīn fēngē

おうざ【王座】 宝座 bǎozuò; 王位 wángwèi (英 the throne) ▶若くして〜につく/年纪轻轻就登上王座 niánjì qīngqīng jiù dēngshàng wángwèi ▶マラソン界の〜につく/登上马拉松的冠军宝座 dēngshàng mǎlāsōng de guànjūn bǎozuò ▶〜决定戦/决定王位之战 juédìng wángwèi zhī zhàn; 冠军争夺赛 guànjūn zhēngduósài ▶ヘビー級の〜を奪う/夺取重量级冠军 duóqǔ zhòngliàngjí guànjūn

おうし【雄牛】 公牛 gōngniú; 牡牛 mǔniú (英 a bull)

おうし【横死する】 横死 hèngsǐ; 枉死 wǎngsǐ (英 die an accidental death) ▶志半ばで〜した/大志未成，就死于非命 dàzhì wèi chéng, jiù sǐ yú fēi mìng

おうじ【王子】 王子 wángzǐ (英 a prince)

おうじ【往事】 往事 wǎngshì (英 past events) ▶〜を追憶する/追忆往事 zhuīyì wǎngshì

おうじ【往時】 往日 wǎngrì; 昔日 xīrì (英 the past) ▶遺跡に立のしのぶ/站在遗址上缅怀往昔 zhànzài yízhǐshang miǎnhuái wǎngxī ▶〜の面影がない/失去往日的风貌 shīqù wǎngrì de fēngmào

おうじ【皇子】 皇子 huángzǐ（英 *an Imperial prince*）

おうしざ【牡牛座】〘天文〙金牛座 jīnniúzuò（英 *the Bull; Taurus*）▶私の星座は~です/我的星座是金牛座 wǒ de xīngzuò shì jīnniúzuò

おうしつ【王室】 王室 wángshì；宗室 zōngshì（英 *the Royal family*）

おうじゃ【王者】 大王 dàwáng（英 *a king; the champion*（優勝者）)▶あの横綱には~の風格がある/那位横纲很有王者风范 nà wèi hénggāng hěn yǒu wángzhě fēngfàn

おうしゅう【応酬する】（英 *say in retort*）▶批判に~する/回敬批评 huíjìng pīpíng ▶激しくパンチの~をする/相互间展开激烈拳378 xiānghù jiān zhǎnkāi jīliè quándòu ▶野次の~がまた楽しい/啦啦队的舌战也挺有意思的 lālāduì de shézhàn yě tǐng yǒu yìsi de ▶激しい議論の~があった/双方间进行了激烈的辩论 shuāngfāng jiān jìnxíngle jīliè de biànlùn

日中比较 中国語の「応酬 yìngchou」は「人づきあい」「応対すること」を指す．

おうしゅう【押収する】 没收 mòshōu；查抄 cháchāo（英 *seize*）▶~品/没收品 mòshōupǐn ▶海賊版 CD5000 枚を~した/没收了五千张盗版 CD mòshōule wǔqiān zhāng dàobǎn CD

おうしゅう【欧州】 欧洲 Ōuzhōu（英 *Europe*）▶~連合/欧洲联盟 Ōuzhōu liánméng ▶~大戦と日本の参戦について/关于第一次世界大战和日本的参战 guānyú Dìyī cì shìjiè dàzhàn hé Rìběn de cānzhàn

おうじょ【王女】 公主 gōngzhǔ（英 *a princess*）

おうしょう【王将】〘将棋〙王将 wángjiàng（英 *a king*）

おうしょう【応召する】 应征参军 yìngzhēng cānjūn；应召 yìngzhào（英 *be drafted*）▶兄は遺書を書き上げて~した/哥哥写下遗书应征参军 gēge xiěxià yíshū yìngzhēng cānjūn

おうじょう【往生する】 ❶【死ぬ】去世 qùshì；一命呜呼 yí mìng wūhū（英 *pass away; die*）▶90 歳で大~をとげる/以九十岁高龄寿终正寝 yǐ jiǔshí suì gāolíng shòu zhōng zhèngqǐn ❷【閉口する】为难 wéinán；窘迫 jiǒngpò（英 *be in a fix*）▶財布をなくして~する/钱包丢了，一筹莫展 qiánbāo diū le, yì chóu mò zhǎn ▶またかい，君には全く~するよ/又来了，真是拿你没办法 yòu lái le, zhēnshi ná nǐ méi bànfǎ ~際が悪い 不肯轻易死心 bù kěn qīngyì sǐxīn

おうしょくじんしゅ【黄色人種】 黄种人 Huángzhǒngrén（英 *the yellow race*）

おうじる【応じる】 应承 yìngchéng；按照 ànzhào；〈変化に対応〉顺应 shùnyìng（英 *answer; accept*）▶質問に~/回答提问 huídá tíwèn ▶必要に応じて支出する/按照需要开支 ànzhào xūyào kāizhī ▶彼の挑戦に~ことにした/决定接受他的挑战 juédìng jiēshòu tā de tiǎozhàn

注文に応じて製造する/按订单生产 àn dìngdān shēngchǎn ▶時代の要求に応じられずに敗北した/不能顺应时代的要求而失败 bùnéng shùnyìng shídài de yāoqiú ér shībài ▶能力に応じて仕事を分担する/根据能力分担工作 gēnjù nénglì fēndān gōngzuò ▶収入に応じた生活をする/根据收入水平生活 gēnjù shōurù shuǐpíng shēnghuó

おうしん【往診】 出诊 chūzhěn；巡诊 xúnzhěn（英 *a visit*（*to a patient*））▶先生は~中です/大夫在出诊 dàifu zài chūzhěn ▶いつでも~してくれるからありがたい/大夫随时出诊，使人十分感激 dàifu suíshí chūzhěn, shǐ rén shífēn gǎnjī ▶~料はいくらですか/出诊费是多少钱？ chūzhěnfèi shì duōshao qián？

おうせ【逢瀬】 相会 xiānghuì；密会 mìhuì（英 *a secret meeting*）▶~を重ねる/不断幽会 búduàn yōuhuì

おうせい【王制】 君主制 jūnzhǔzhì（英 *royal government*）▶~を敷く/施行君主制 shīxíng jūnzhǔzhì

おうせい【王政】 王政 wángzhèng（英 *royal government; monarchy*）▶~復古/王政复辟 wángzhèng fùbì

おうせい【旺盛な】 旺盛 wàngshèng（英 *lively; vigorous*）▶食欲~/食欲旺盛 shíyù wàngshèng ▶あの~な気力はどこに行ったのか/从前那蓬勃的朝气到哪儿去了？ cóngqián nà péngbó de zhāoqì dào nǎr qù le？ ▶好奇心~である/充满好奇心 chōngmǎn hàoqíxīn ▶チャレンジ精神が~である/挑战精神很旺盛 tiǎozhàn jīngshén hěn wàngshèng

おうせつ【応接する】《人に》接待 jiēdài；《仕事など》应付 yìngfu（英 *receive*）▶~室/会客室 huìkèshì；接待室 jiēdàishì；客厅 kètīng ~に暇〔いとま〕がない 应接不暇 yìngjiē bùxiá ▶次々と仕事ができて~に暇がない/工作一个接一个来，应付不过来 gōngzuò yí ge jiē yí ge lái, yìngfubuguòlái

おうせん【応戦する】 应战 yìngzhàn；迎击 yíngjī（英 *return the fire*）▶~する人も武器もない/要应战，却没有人，也没有武器 yào yìngzhàn, què méiyǒu rén, yě méiyǒu wǔqì

おうぞく【王族】 王族 wángzú（英 *a member of royalty*）

おうだ【殴打する】 殴打 ōudǎ（英 *beat; strike*）▶棒切れで顔面を~する/用棍子殴打脸部 yòng gùnzi ōudǎ liǎnbù

おうたい【応対する】 应酬 yìngchou；应对 yìngduì（英 *receive; attend*）▶電話で~する/接电话接待 tōngguò diànhuà jiēdài ▶客の苦情に丁寧に~する/认真周到地应对顾客的不满 rènzhēn zhōudào de yìngduì gùkè de bùmǎn ▶社長は来客に~中です/总经理在接待来客 zǒngjīngzhǎng zài jiēdài láikè

おうたい【横隊になる】 横队 héngduì（英 *form a line*）▶十人が~を組んで行進した/十个人组

成横队行进 shí ge rén páichéng héngduì xíngjìn

おうだく【応諾する】 応诺 yīngnuò；答应 dāying （英 *approve; consent*）▶～を拒否する/拒绝承诺 jùjué chéngnuò ▶快く～してくれた/爽快地答应了 shuǎngkuai de dāying le

おうだん【黄疸】〔医〕黄疸 huángdǎn （英 *jaundice*）

おうだん【横断する】 横过 héngguò；横渡 héngdù （英 *cross; go across*）▶大陸～旅行/横贯大陆的旅行 héngguàn dàlù de lǚxíng ▶街路を～する/横过马路 héngguò mǎlù ▶飛行機で太平洋を～する/坐飞机横渡太平洋 zuò fēijī héngdù Tàipíngyáng ▶組織を～する活動/横跨组织的活动 héngkuà zǔzhī de huódòng ▶彼女はドーバー海峡の水泳での～に成功した/她游泳成功横渡过多佛尔海峡 tā yóuyǒng chénggōng héngdùguò Duōfó'ěr hǎixiá ▶～的テーマの共同研究/关于横向主题的共同研究 guānyú héngxiàng zhǔtí de gòngtóng yánjiū

◆～歩道 ︰人行横道 rénxíng héngdào　～幕 ︰横幅 héngfú　～面 ︰横断面 héngduànmiàn

おうちゃく【横着な】 刁滑 diāohuá；要滑 shuǎhuá （英 *cunning; lazy; impudent*）▶～者/滑头 huátóu ▶～をきめ込む/成心耍滑 chéngxīn shuǎhuá ▶～して電話で済ませる/偷懒只打了一个电话 tōulǎn zhǐ dǎle yí ge diànhuà

おうちょう【王朝】 朝代 cháodài；王朝 wángcháo （英 *a dynasty*）▶琉球～/琉球王朝 Liúqiú wángcháo

おうて【王手】 将军 jiāngjūn （英 ［詰み］ *checkmate*）▶～をかける/将军 jiāngjūn；发动最后攻击 fādòng zuìhòu gōngjī

おうてん【横転する】 翻滚 fāngǔn；横着倒下 héngzhe dǎoxià （英 *roll*）▶ワゴン車が～する事故があった/发生了面包车翻车的事故 fāshēngle miànbāochē fānchē de shìgù

おうと【嘔吐する】 呕吐 ǒutù；吐 tù （英 *vomit*）▶～をもよおす/觉得发呕 juéde fā ǒu

おうど【黄土】 黄土 huángtǔ （英 *ocher*）▶～色/土黄 tǔhuáng

おうどう【応答する】 应答 yìngdá；回答 huídá （英 *reply; answer*）▶電話したが～がない/打了电话，但没人接 dǎle diànhuà, dàn méi rén jiē ▶3号車，～せよ/三号车，请回答 sān hào chē, qǐng huídá ▶質疑～の時間を設ける/设有质疑答辩的时间 shèyǒu zhìyí dábiàn de shíjiān

おうどう【王道】 王道 wángdào；《楽な方法》捷径 jiéjìng （英 *the royal road*）▶勉学に～なし/学习无捷径 xuéxí wú jiéjìng

おうどうこう【黄銅鉱】〔鉱物〕黄铜矿 huángtóngkuàng （英 *copper pyrites*）

おうとつ【凹凸】 凹凸 āotū （英 *uneven; indented*）▶～が激しい/凹凸不平 āotū bù píng ▶～のある道路/凹凸不平的道路 āotū bù píng de dàolù

おうねつびょう【黄熱病】〔医〕黄热病 huángrèbìng （英 *yellow fever*）

おうねん【往年の】 往年 wǎngnián；昔年 xīnián （英 *in the past; formerly*）▶～の大歌手/从前的名歌星 cóngqián de mínggēxīng

おうのう【懊悩する】 苦恼 kǔnǎo （英 *be in agony*）

おうはんいんさつ【凹版印刷】 凹版印刷 āobǎn yìnshuā （英 *intaglio*）

おうひ【王妃】 王后 wánghòu （英 *a queen; an empress*）

おうふう【欧風の】 欧洲风味 Ōuzhōu fēngwèi；西式 xīshì （英 *European*）▶～料理/欧洲风味菜 Ōuzhōu fēngwèicài ▶～建築/欧风建筑 Ōufēng jiànzhù

おうふく【往復する】 来回 láihuí；往返 wǎngfǎn （英 *make a round trip to...*）▶～切符/来回票 láihuípiào；往返票 wǎngfǎnpiào ▶～書簡/来往书信 láiwǎng shūxìn ▶歩いてどのくらい時間がかかりますか/走一个来回要多长时间？ zǒu yí ge láihuí yào duō cháng shíjiān? ▶～とも長距離バスを利用する/往返都坐长途汽车 wǎngfǎn dōu zuò chángtú qìchē ▶プールで数回～して泳ぐ/在游泳池游几个来回 zài yóuyǒngchí yóu jǐ ge láihuí ▶～に要する時間/来回所需要的时间 láihuí suǒ xūyào de shíjiān

◆～運賃 ︰来回票费 láihuí piàofèi　～はがき ︰往返明信片 wǎngfǎn míngxìnpiàn

おうぶん【応分の】 量力 liànglì；合乎身分 héhū shēnfen （英 *appropriate*）▶～の寄付をする/量力捐款 liànglì juānkuǎn ▶～の負担はやむを得ない/合乎经济力量的负担是应该的 héhū jīngjì lìliang de fùdān shì yīnggāi de

おうぶん【欧文】 西洋文 xīyángwén；欧文 Ōuwén （英 *European writing*）

おうへい【横柄な】 傲慢 àomàn；高傲 gāo'ào （英 *haughty; arrogant*）▶～な口をきく/说话傲慢 shuōhuà àomàn ▶顧客に～である/对顾客态度傲慢 duì gùkè tàidù àomàn ▶彼は私にいつも～態度を取る/他对我的态度总是很傲慢 tā duì wǒ de tàidù zǒngshì hěn àomàn

おうべい【欧米】 欧美 Ōu-Měi （英 *Europe and America*）▶生活が次第に～化する/生活逐渐欧美化 shēnghuó zhújiàn Ōu-Měihuà

◆～人 ︰欧美人 Ōu-Měirén

おうぼ【応募】 应募 yìngmù；应召 yìngzhào；应征 yìngzhēng （英 *apply*; ［予约］ *subscribe*）▶彼の絵が5万点の～作品の中から選ばれた/他的画在五万个应募作品中被选上了 tā de huà zài wǔwàn ge yìngmù zuòpǐn zhōng bèi xuǎnshàng le ▶～者が50人を越えた/应征者超过了五十人 yìngzhēngzhě chāoguòle wǔshí rén ▶～用紙に記入する/填写应征表 tiánxiě yìngzhēng biǎo

◆～資格 ︰应征资格 yìngzhēng zīgé　～要領 ︰应征要求 yìngzhēng yāoqiú

おうほう【応報】 报应 bàoyìng （英 *retribution*）▶因果～/因果报应 yīnguǒ bàoyìng

おうぼう【横暴な】蛮横 mánhèng；专横 zhuānhèng（英 oppressive; tyrannical）▶～を極める/专横跋扈 zhuānhèng báhù ▶～な客/蛮横的客人 mánhèng de kèrén ▶あんな～な態度は許せない/不能容忍那种蛮横的态度 bùnéng róngrěn nà zhǒng mánhèng de tàidù ▶我々は官僚の～に怒っている/我们对官僚的专横感到愤怒 wǒmen duì guānliáo de zhuānhèng gǎndào fènnù

オウム【鸚鵡】〔鳥〕鹦哥 yīnggē；鹦鹉 yīngwǔ（英 a parrot）▶～返し/鹦鹉学舌 yīngwǔ xuéshé

おうめんきょう【凹面鏡】凹面镜 āomiànjìng（英 a concave mirror）

おうよう【応用する】应用 yìngyòng；利用 lìyòng（英 apply; put into practice）▶実地に～できる英語の知識/能实际应用的英语知识 néng shíjì yìngyòng de Yīngyǔ zhīshi ▶～範囲が広い/应用范围很广 yìngyòng fànwéi hěn guǎng ▶子供たちは～問題が苦手だ/孩子们对应用题感到很棘手 háizimen duì yìngyòngtí gǎndào hěn jíshǒu ▶先端技術を医療に～する/将尖端技术应用于医疗 jiāng jiānduān jìshù yìngyòng yú yīliáo

▶～化学/应用化学 yìngyòng huàxué ～言語学/应用语言学 yìngyòng yǔyánxué

おうよう【鷹揚な】大方 dàfang、慷慨 kāngkǎi（英 generous; liberal）▶～にうなずく/大方地点头 dàfang de diǎn tóu ▶～に構える/摆出落落大方的姿态 bǎichū luòluò dàfāng de zītài ▶恵まれた家庭で～に育つ/在优裕的环境中优雅地成长 zài yōuyù de huánjìng zhōng yōuyǎ de chéngzhǎng ▶～すぎる/过于悠然 guòyú yōurán ▶～な対応/大方的对答 dàfang de duìdá ▶非難中傷を～に聞き流す/把指责毁谤的话当做耳边风，不予计较 bǎ zhǐzé huǐbàng de huà dāng zuò ěrbiān fēng, bùyǔ jìjiào

おうらい【往来】❶【行き来】来往 láiwǎng；往来 wǎnglái（英 traffic）▶車の～が激しい/汽车川流不息 qìchē chuān liú bù xī ▶ある詩人と親しく～する/和一位诗人密切交往 hé yí wèi shīrén mìqiè jiāowǎng ▶さまざまな人が～する所/各种各样的人来来往往的地方 gè zhǒng gè yàng de rén láiláiwǎngwǎng de dìfang ❷【道路】大街 dàjiē；马路 mǎlù（英 the street; a road）▶この～の真ん中で急に立ち止まらないで下さい/在道路中间停下来 zài dàolù zhōngjiān tíngxiàlai

おうりょう【横領する】盗用 dàoyòng；侵吞 qīntūn；侵占 qīnzhàn（英 usurp; peculate; seize）▶後見人が～が発覚する/监护人盗用财产的行为被发现 jiānhùrén dàoyòng cáichǎn de xíngwéi bèi fāxiàn ▶公金を～する/贪污公款 tānwū gōngkuǎn

おうレンズ【凹レンズ】凹透镜 āotòujìng（英 a concave lens）

おうろ【往路】去程 qùchéng；去路 qùlù（英 the way to...）▶《往復駅伝の》～で優勝する/（长跑接力）在去程获胜（chángpǎo jiēlì）zài qùchéng huò shèng

オウンゴール《サッカー》乌龙球 wūlóngqiú（英 an own goal）

おえつ【嗚咽】呜咽 wūyè（英 a sob; sobbing）▶こみ上げて来る～を抑える/强压着涌上来的呜咽 qiángyāzhe yǒngshànglai de wūyè ▶声を殺して～する/压着声抽泣 yāzhe shēng chōuqì

おえらがた【お偉方】显要人物 xiǎnyào rénwù（英 very important persons; VIPs）▶財界の～/财界的名人 cáijiè de míngrén ▶例によって～の挨拶があった/照惯例，有领导致辞 zhào guànlì, yǒu lǐngdǎo zhìcí

おえる【終える】完成 wánchéng；结束 jiéshù（英 finish; complete; end）▶役割を～/完成任务 wánchéng rènwu ▶仕事を～/完成工作 wánchéng gōngzuò ▶公式訪問を～/公式访问 jiéshù gōngshì fǎngwèn ▶市長の任期を～/结束市长任期 jiéshù shìzhǎng rènqī ▶マスコミへの発表を～/结束面向媒体的发言 jiéshù miànxiàng méitǐ de fāyán ▶小学校を～とすぐ仕事についた/小学一毕业就开始工作了 xiǎoxué yí bìyè jiù kāishǐ gōngzuò le ▶子育てを終えて自分を振り返る/把孩子带大，回顾自己走过的路 bǎ háizi dàidà, huígù zìjǐ zǒuguò de lù

おおあじ【大味の】味道平常 wèidao píngcháng；《仕事》不够细致 bú gòu xìzhì（英 of little flavor; flat）▶料理が～だね/做的菜味道平平 zuò de cài wèidao píngpíng ▶～な試合展開/乏味的比赛过程 fáwèi de bǐsài guòchéng

おおあたり【大当たり】《売れ行き》大成功 dàchénggōng；《くじ》中头彩 zhòng tóucǎi（英 a big hit; a jackpot）▶この映画は～間違いなし/这部电影一定会打响 zhè bù diànyǐng yídìng huì dǎxiǎng ▶一等賞、～/一等奖，中头彩了 yī děng jiǎng, zhòng tóucǎi le

おおあな【大穴】❶【欠損】大亏空 dàkuīkōng（英 a great loss）▶帳簿に～があく/账上出现大亏空 zhàngshang chūxiàn dàkuīkōng ❷《競馬などで》大冷门儿 dàlěngménr（英 a big hit）▶～を当てる/压中大冷门儿 yāzhòng dàlěngménr ▶狙った～が見事に外れた/压大冷门落了个空 yā dàlěngmén luòle ge kōng

おおあめ【大雨】大雨 dàyǔ（英 heavy rain; a downpour）▶～注意報/大雨警报 dàyǔ jǐngbào ▶記録的な～が降った/下了创记录的大雨 xiàle chuàng jìlù de dàyǔ

おおあらし【大嵐】大风暴 dàfēngbào（英 a terrible storm）▶翌日は～はすっかりやんだ/第二天暴风雨完全停了 dì'èr tiān bàofēngyǔ wánquán tíng le

おおあれ【大荒れ】大风波 dàfēngbō；大闹 dànào（英〔あらし〕a violent storm；〔紛糾〕confusion）▶会議は～/会议闹得不可开交 huìyì nàode bùkě kāijiāo ▶海は～だ/海上波涛汹涌 hǎishang bōtāo xiōngyǒng ▶相場の～は

予想外だった/行情大乱, 出乎意料 hángqíng dà luàn, chūhū yìliào

おおあわて【大慌て】 仓皇失措 cānghuáng shīcuò《 *great haste*》▶夕飯の用意をした/急忙忙地准备了晚饭 jíjímángmáng de zhǔnbèile wǎnfàn

おおい【多い】 很多 hěn duō; 许多 xǔduō 英[数] *many*; [量] *much; a lot of...*）▶先月より5人～/比上月多五个人 bǐ shàngyuè duō wǔ ge rén ▶そう考える人が～/那样考虑的人很多 nàyàng kǎolǜ de rén hěn duō ▶当地は雪が～/当地多雪 dāngdì duō xuě ▶多ければ～ほどよい/越多越好 yuè duō yuè hǎo ▶6番目に～のは千葉県だ/第六多的是千叶县 dìliù duō de shì Qiānyèxiàn ▶～時には日に100通のメールを受け取る/多的时候一天收到一百封电子邮件 duō de shíhou yì tiān shōudào yìbǎi fēng diànzǐ yóujiàn ▶ヘッドフォンをつけている通勤客が～/戴耳机坐电车的上班族很多 dài ěrjī zuò diànchē de shàngbānzú hěn duō

おおい【覆い】 盖子 gàizi; 罩子 zhàozi 英 *a cover*）▶マイカーに～をかける/给自己的车套上罩子 gěi zìjǐ de chē tàoshàng zhàozi ▶～を取る/去掉盖子 qùdiào gàizi

おおいかくす【覆い隠す】 掩盖 yǎngài; 遮掩 zhēyǎn; 遮蔽 zhēbì 英 *cover; hide*）▶真相を～/掩盖真相 yǎngài zhēnxiàng ▶肌を～/遮盖皮肤 zhēgài pífū

おおいかぶさる【覆い被さる】 压在…上 yāzài…shang; 盖在…上 gàizài…shang 英 *hang over...*）▶子供に覆いかぶさって事故から守った/把孩子护在下面, 避开了一场事故 bǎ háizi hùzài xiàmian, bìkāile yì cháng shìgù

おおいかぶせる【覆い被せる】 遮盖 zhēgài; 蒙上 méngshàng 英 *cover*）▶死体にシートを～/用一块布遮盖尸体 yòng yí kuài bù zhēgài shītǐ

おおいそぎ【大急ぎの】 连忙 liánmáng; 匆忙 cōngmáng; 急忙 jímáng 英 *hurried; urgent*）▶～で朝食を取る/匆匆忙忙地吃早饭 cōngcōngmángmáng de chī zǎofàn ▶～でレポートを書き上げる/匆忙写好报告 cōngmáng xiěhǎo bàogào

おおいに【大いに】 大 dà; 颇 pō; 非常 fēicháng 英 *greatly; hugely; a great deal*）▶～議論する/高谈阔论 gāo tán kuò lùn ▶～飲み食いする/大吃大喝 dà chī dà hē ▶カラオケを～楽しんだ/痛痛快快地唱了一次卡拉OK tòngtòngkuàikuài de chàngle yí cì kǎlāOK ▶～喜ぶ/非常高兴 fēicháng gāoxìng ▶～一つ～がんばりましょう/一起加油吧 yìqǐ jiāyóu ba ▶ちょっとしたアドバイスが～役立つ/一点儿建议起了大作用 yìdiǎnr jiànyì qǐle dà zuòyòng

おおいばり【大威張りで】 非常傲慢 fēicháng àomàn; 自夸自做 zì kuā zì ào 英 *proudly*）▶～できる成績じゃない/并不是值得大吹牛皮的成绩 bìng bú shì zhíde dà chuī niúpí de chéngjì

おおいり【大入り】 客满 kèmǎn; 满座 mǎnzuò 英 *a full house*）▶～満員/満座 mǎnzuò ▶劇場は～満員だった/剧场爆满 jùchǎng bàomǎn ▶明日の音楽会は～だろう/明天的音乐会一定会满座 míngtiān de yīnyuèhuì yídìng huì mǎnzuò ◆～袋 :庆祝客满的红包儿 qìngzhù kèmǎn de hóngbāor

おおう【覆う】 掩盖 yǎngài; 遮掩 zhēyǎn 英 *cover*）▶テーブルを布で～/用布铺在桌子上 yòng bù pūzài zhuōzishàng ▶目を～ような/惨不忍睹的 cǎn bù rěn dǔ de ▶両手で顔を～/用两手捂住脸 yòng liǎngshǒu wǔzhù liǎn ▶木々の緑の若葉で覆われている/树木被绿绿的嫩叶覆盖着 shùmù bèi lǜsè de nènyè fùgàizhe ▶風雨を避けるためにビニールで～/用塑料盖着以避风雨 yòng sùliào gàizhe yǐ bì fēngyǔ ▶氷に覆われた大陸/被冰覆盖着的大陆 bèi bīng fùgàizhe de dàlù ▶空は黄砂で覆われている/天空中笼罩着黄沙 tiānkōng zhōng lǒngzhàozhe huángshā ▶マスクで鼻と口を～/戴口罩遮着鼻子和嘴 dài kǒuzhào zhēzhe bízi hé zuǐ ▶地球を～酸性雨/覆盖地球的酸性雨 fùgài dìqiú de suānxìngyǔ

おおうけ【大受けする】 大受欢迎 dà shòu huānyíng 英 *make a big hit*）▶子供らに～するかもしれない/可能会大受孩子们的欢迎 kěnéng huì dà shòu háizimen de huānyíng ▶下手なギャグが～する/蹩脚的玩笑大受欢迎 biéjiǎo de wánxiào dà shòu huānyíng

おおうそ【大嘘】 弥天大谎 mítiān dàhuǎng 英 *a big lie*）▶～をつく/撒弥天大谎 sā mítiān dàhuǎng ▶彼の証言は～だ/他的证词是弥天大谎 tā de zhèngcí shì mítiān dàhuǎng

おおうつし【大写し】 【画面が】特写镜头 tèxiě jìngtóu 英 *a close-up*）▶首相のあくびを～にする/给首相打哈欠的样子来个特写 gěi shǒuxiàng dǎ hāqian de yàngzi lái ge tèxiě

おおうなばら【大海原】 汪洋大海 wāngyáng dàhǎi 英 *the great ocean*）

おおうりだし【大売り出し】 大甩卖 dàshuǎimài 英 *a sale*）▶歳末～今日から始まる/年终大甩卖从今天开始 niánzhōng dàshuǎimài cóng jīntiān kāishǐ

オーエイチピー【OHP】《オーバーヘッドプロジェクター》高架投影机 gāojià tóuyǐngjī 英 *an oveahead projector*）

オーエー【OA】《オフィスオートメーション》办公自动化 bàngōng zìdònghuà

オーエス【OS】【電算】操作系统 cāozuò xìtǒng《基本ソフト》

オーエル【OL】 女职员 nǚzhíyuán; 女办事员 nǚbànshìyuán

おおおとこ【大男】 大汉 dàhàn 英 *a giant; a big man*）～総身に知恵が回りかね 个大智小 gè dà zhì xiǎo

日中比较 中国語の'大男 dànán'は'大女'と対で'大男大女 dànán dànǚ'となると「結婚適

齢期を過ぎた男女」のことを表す.

おおがかり【大掛かりな】 大規模 dàguīmó (英 large-scaled) ▶〜な修理/大規模的修理 dàguīmó de xiūlǐ ▶〜な捜査/大規模的捜査 dàguīmó de sōuchá

おおかぜ【大風】 大风 dàfēng (英 a gale; a storm) ▶〜が吹く/刮大风 guā dàfēng

おおかた【大方】 ❶【多数者】八成 bāchéng; 大半 dàbàn (英 most people) ▶〜の予想を裏切って/出乎大家的预料 chūhū dàjiā de yùliào ❷【だいたい】 大概 dàgài; 基本上 jīběnshang (英 probably; mostly) ▶〜そんなことだろう/大概是这样吧 dàgài shì zhèyàng ba ▶採点は〜は片づいた/卷子基本上批完了 juànzi jīběnshang pīwán le

おおがた【大型の】 大型 dàxíng; 重型 zhòngxíng (英 large; large-sized; oversized) ▶〜トラック/载重卡车 zàizhòng kǎchē ▶〜プロジェクト/大型项目 dàxíng xiàngmù ▶〜連休が今日から始まる/长假从今天开始 chángjià cóng jīntiān kāishǐ

◆〜機械；重型机械 zhòngxíng jīxiè 〜免許；大型车辆驾照 dàxíng chēliàng zhízhào 〜輸送機；大型运输机 dàxíng yùnshūjī

オーガニック 有机栽培 yǒujī zāipéi (有機農業の) (英 organic)

◆〜コットン；有机棉 yǒujīmián 〜野菜；有机蔬菜 yǒujī shūcài

おおがねもち【大金持ち】 富翁 fùwēng; 大财主 dàcáizhǔ (英 a millionaire)

オオカミ【狼】 (動物) 狼 láng (英 a wolf) ▶〜の群れ/狼群 lángqún

◆送り〜 假装护花使者的色狼 jiǎzhuāng hùhuā shǐzhě de sèláng

おおがら【大柄】 ❶【身体】 大块头 dàkuàitóu; 身量大 shēnliàng dà (英 of large build) ▶子供の割には〜だ/作为个孩子, 个头很大 zuòwéi ge háizi, gètóu hěn dà ❷【衣類の】 大花样 dàhuāyàng (英 of large patterns) ▶〜の牡丹を染めたワンピース/染有大朵牡丹的连衣裙 rǎnyǒu dà duǒ mǔdan de liányīqún

おおかれすくなかれ【多かれ少なかれ】 或多或少 huò duō huò shǎo (英 more or less) ▶我々は皆〜責任がある/我们多多少少都有责任 wǒmen duōduōshǎoshǎo dōu yǒu zérèn

おおきい【大きい】 大 dà (英 big; large; great) ▶〜音/洪大的声音 hóngdà de shēngyīn ▶年が〜/年岁大 niánsuì dà ▶〜家に住みたい/想住大房子 xiǎng zhù dàfángzi ▶彼は人間が〜/他器量很大 tā qìliàng hěn dà ▶〜がやることは小さい/说大话, 办小事 shuō dàhuà, bàn xiǎoshì ▶字を大きく書く/把字写得很大 bǎ zì xiěde hěn dà ▶子供が大きくなって服が着られなくなった/孩子长大了, 衣服穿不了了 háizi zhǎngdà le, yīfu chuānbuliǎo le ▶店を大きくする/扩大商店规模 kuòdà shāngdiàn guīmó

おおきさ【大きさ】 大小 dàxiǎo; 尺寸 chǐcun (英 size; 〔容積〕 volume) ▶肺活量の〜をはかる/测肺活量的大小 cè fèihuóliàng de dàxiǎo ▶その魚はどれくらいの〜ですか/那条鱼有多大？nà tiáo yú yǒu duō dà？▶罪の〜に気づく/认识到罪行的重大 rènshídào zuìxíng de zhòngdà

おおきな【大きな】 大 dà; 硕大 shuòdà; 宏大 hóngdà (英 big; large; great) ▶〜成果/硕果 shuòguǒ ▶〜夢/宏愿 hóngyuàn ▶〜顔をする/摆大架子 bǎi dàjiàzi ▶〜お世話だ/多管闲事 duō guǎn xiánshì ▶〜期待を抱く/抱着很大的期待 bàozhe hěn dà de qīdài ▶〜口をきくな/别说大话 bié shuō dàhuà ▶彼の〜度量にすがろう/求他宽宏大量 qiú tā kuānhóng dàliàng ▶別段〜変化はない/并没有什么大的变化 bìng méiyǒu shénme dà de biànhuà

オーきゃく【O脚】 罗圈腿 luóquāntuǐ (英 bandy legs)

おおぎょう【大仰な】 夸大 kuādà; 夸张 kuāzhāng (英 exaggerated) ▶値段を聞いて〜に驚いてみせた/听到价格, 夸张地做出吃惊的样子 tīngdào jiàgé, kuāzhāng de zuòchū chījīng de yàngzi ▶〜な身振りで否定する/用夸张的动作表示否定 yòng kuāzhāng de dòngzuò biǎoshì fǒudìng

おおく【多くの】 多 duō; 许多 xǔduō (英 [数] many; [量] much) ▶〜を語らない/话不多 huà bù duō ▶〜家具の〜は输入品だ/家具多半是进口货 jiājù duōbàn shì jìnkǒuhuò ▶〜の困難が待ち受けている/有许多困难等待着 yǒu xǔduō kùnnan děngdàizhe ▶〜の方に御迷惑をかけました/给许多人添了麻烦 gěi xǔduō rén tiānle máfan ▶〜とも 30 人どまりだ/最多也就三十人 zuì duō yě jiù sānshí rén

おおぐい【大食い】 饭量大 fànliàng dà; 吃得多 chīde duō (英 [人] a big eater) ▶痩せの〜 痩子却吃得多 shòuzi què chīde duō

オークション 拍卖 pāimài (英 an auction) ▶〜にかける/拿去拍卖 náqù pāimài ▶ネット〜で競(ｷｮｳ)り落とす/从网上拍卖买到手 cóng wǎngshang pāimài mǎidàoshǒu

おおぐち【大口】 〔货物或金额〕大批 dàpī; 大宗 dàzōng (英 a large quantity [size]); 〔言葉〕吹牛 chuīniú; 大话 dàhuà (英 a brag) ▶〜の荷物/大批货物 dàpī huòwù ▶〜の取引/大宗的交易 dàzōng de jiāoyì ▶〜の寄付をあおぐ/请求大宗捐款 qǐngqiú dàzōng juānkuǎn

〜を叩く 吹牛 chuīniú

おおくまざ【大熊座】 〔天文〕大熊座 dàxióngzuò (英 the Great Bear; Ursa Major)

オーケー 同意 tóngyì (英 an O. K.; an okay) ▶〜をもらう/得到同意 dédào tóngyì ▶娘に頼まれて〜した/在女儿的央求下同意了 zài nǚ'ér de yāngqiúxia tóngyì le

おおげさ【大袈裟な】 浮夸 fúkuā; 夸大 kuādà; 夸张 kuāzhāng (英 exaggerated) ▶〜な話をする/言过其实 yán guò qí shí; 夸大其词 kuādà qí cí ▶〜にほめる/夸大称赞 kuādà chēngzàn

～に言う/夸张 kuāzhāng; 渲染 xuànrǎn ▶そんな～なことじゃない/不是那么大不了的 bú shì nàme dàbuliǎo de ▶な身振り手振りで説明した/用很夸张的手势和动作说明了 yòng hěn kuāzhāng de shǒushì hé dòngzuò shuōmíng le ▶彼女は～に泣く真似をした/她很夸张地装哭 tā hěn kuāzhāng de zhuāng kū

オーケストラ〔音楽〕管弦乐 guǎnxiányuè (英 *an orchestra*)〔劇場の〕～席/乐团席 yuètuánxí ▶～を指揮してみたい/想指挥一下管弦乐团 xiǎng zhǐhuī yíxià guǎnxián yuètuán

おおごえ【大声】大声 dàshēng (英 *(in) a loud voice*) ▶～で言い争う/大声争吵 dàshēng zhēngchǎo ▶～で叫ぶ/高喊 gāohǎn; 嚷 rǎng; 叫喊 jiàohǎn ▶死ぬな死ぬなと父は～をあげた/父亲高喊:"不能死,不能死啊!" fùqin gāohǎn: "Bùnéng sǐ, bùnéng sǐ a!"

おおごしょ【大御所】权威 quánwēi (英 *an influential figure*) ▶文壇の～/文坛的权威 wéntán de quánwēi

おおごと【大事】大事 dàshì (英 *a serious matter*) ▶世間に知れると～になる/传到外面, 那就严重了 chuándào wàimian, nà jiù yánzhòng le

おおざけ【大酒】大酒 dàjiǔ (英 *large quantities of alcohol*) ▶～を飲む/喝大酒 hē dàjiǔ ▶～飲み/海量 hǎiliàng; 洪量 hóngliàng

おおさじ【大匙】大匙 dàchí (英 *a tablespoon*) ▶～1杯の砂糖/一大勺的糖 yí dàsháo de táng

おおざっぱ【大雑把な】❶〔不注意〕粗心 cūxīn; 粗疏 cūshū (英 *loose*) ▶おまえの仕事は～なんだ/你的活儿做得很粗糙 nǐ de huór zuò de hěn cūcāo ❷〔ざっと〕大略 dàlüè; 粗略 cūlüè; 大概 dàgài (英 *rough; broad*) ▶～な見積もりでは10万円でおさまる/大概估算, 十万日元就够了 dàgài gūsuàn, shíwàn Rìyuán jiù gòu le ▶～に言えば/大略地说 dàlüè de shuō ▶後片付けは～でいい/事后的整理粗一点也没关系 shìhòu de zhěnglǐ cū yìdiǎn yě méi guānxi

おおさわぎ【大騒ぎする】大闹 dànào; 天翻地覆 tiān fān dì fù (英 *make a big fuss; go on a spree*) ▶つまらぬことで～する/为点琐事大惊小怪 wèi diǎn suǒshì dà jīng xiǎo guài

おおしい【雄々しい】勇敢 yǒnggǎn; 雄壮 xióngzhuàng (英 *manly; brave; heroic*) ▶息子の～姿に涙が止まらなかった/看到儿子的英勇形象, 泪水止不住往外流 kàndào érzi de yīngyǒng xíngxiàng, lèishuǐ zhǐbuzhù wǎng wài liú

オーシーアール【OCR】光字符阅读器 guāngzìfú yuèdúqí (光学式文字読み取り装置)

おおしお【大潮】大潮 dàcháo (英 *the spring tide*)

おおじかけ【大仕掛けの】大规模 dàguīmó (英 *large-scale*) ▶～な舞台装置/大规模的舞台装置 dàguīmó de wǔtái zhuāngzhì ▶詐欺も～になったものだ/欺诈行为也大型专业化了 qīzhà xíngwéi yě dàxíng zhuānyèhuà le

おおすじ【大筋】梗概 gěnggài (英 *an outline*; *a main point*) ▶～を決める/打谱 dǎpǔ ▶～で合意する/意见基本一致 yìjiàn jīběn yízhì ▶协议の～は報告しておいた/协议的梗概已作了汇报 xiéyì de gěnggài yǐ zuòle huìbào

オーストラリア澳大利亚 Àodàlìyà (英 *Australia*)

オーストリア奥地利 Àodìlì (英 *Austria*)

おおせ【仰せ】话 huà; 指示 zhǐshì; 命令 mìnglìng (英 *what you say*) ▶～の通りです/您说的是 nín shuō de shì ▶会長の～に従う/遵从会长指示 zūncóng huìzhǎng zhǐshì

おおぜい【大勢】许多人 xǔduō rén; 众人 zhòngrén (英 *large numbers; crowds*) ▶～やって来た/来了许多人 láile xǔduō rén ▶～の子供/很多孩子 hěn duō háizi ▶野次馬が～集まってきた/聚集了许多看热闹的人 jùjíle xǔduō kàn rènao de rén ▶～で騒ぐのはやめなさい/不要聚众喧哗 búyào jùzhòng xuānhuá ▶～で撮った写真/许多人一起照的照片 xǔduō rén yìqǐ zhào de zhàopiàn ▶～の中で一人目立っていた/在众人之中显得十分醒目 zài zhòngrén zhīzhōng xiǎnde shífēn xǐngmù

おおそうじ【大掃除】大扫除 dàsǎochú; 大清扫 dàqīngsǎo (英 *a house cleaning*) ▶組織の～が必要だ/组织需要来个大扫除 zǔzhī xūyào lái ge dàsǎochú

オーソドックス正统 zhèngtǒng (英 *orthodox*) ▶～なやり方/正统的作风 zhèngtǒng de zuòfēng

おおぞら【大空】苍天 cāngtiān; 天空 tiānkōng (英 *the heavens*) ▶～を飛ぶ/飞翔在天空 fēixiáng zài tiānkōng ▶オーロラが～いっぱいに広がる/辽阔的天空布满极光 liáokuò de tiānkōng bùmǎn jíguāng

オーソリティー权威 quánwēi; 泰斗 tàidǒu (英 *authority*) ▶業界の～には逆らえない/不能违抗同业界的权威 bùnéng wéikàng tóngyèjiè de quánwēi

オーダー❶〔順序〕次序 cìxù; 顺序 shùnxù (英 *the order*) ❷〔注文〕订货 dìnghuò (英 *an order*) ▶ラスト～/最后的点菜 zuìhòu de diǎncài ▶靴を～する/订购鞋 dìnggòu xié ▶スーツはすべて～メードだ/西装都是订做的 xīzhuāng dōu shì dìngzuò de

おおだい【大台】大关 dàguān (英 *a mark*) ▶～に乗る 达到大关 dádào dàguān ▶一億の～に乗る/达到一亿日元的大关 dádào yíyì Rìyuán de dàguān

おおだてもの【大立て者】台柱 táizhù; 巨头 jùtóu (英 *a great figure*) ▶政界の～/政界的巨头 zhèngjiè de jùtóu

おおだな【大店】大字号 dàzìhào (英 *a large merchant house*) ▶300年の伝統を誇る～/具有三百年传统的大字号 jùyǒu sānbǎi nián chuántǒng de dàzìhao

おおっぴら【大っぴら】大明大摆 dà míng dà bǎi; 公开 gōngkāi; 明目张胆 míng mù zhāng

おおつぶ【大粒の】 大颗 dàkē 英 *large; big* ▶～の雨/大颗的雨滴 dàkē de yǔdī ▶～の涙を流す/流下大颗的眼泪 liúxià dàkē de yǎnlèi

おおづめ【大詰め】 结尾 jiéwěi 英 *the last stage; the climactic scene* ▶～を迎える/接近尾声 jiējìn wěishēng ▶交渉が～にさしかかった/谈判进入尾声 tánpàn jìnrù wěishēng

おおて【大手】 大公司 dàgōngsī 英 *a big company* ▶～の企業/大企业 dàqǐyè ▶～商社に就職が決まった/在大贸公司里找到了工作 zài dà màoyì gōngsīli zhǎodàole gōngzuò

おおで【大手】 英 *(with) open arms* ▶～を広げて立ちふさがる/张开双臂阻挡 zhāngkāi shuāngbì zǔdǎng

～を振って 大摇大摆 dà yáo dà bǎi; 肆无忌惮 sì wú jìdàn

日中比較 中国語の'大手 dàshǒu'は'大手大脚 dàshǒu dàjiǎo'の形で「金遣いが荒い」ことを意味する.

オーディーエー【ODA】 《政府開発援助》政府开发援助 zhèngfǔ kāifā yuánzhù

オーディオ 音响装置 yīnxiǎng zhuāngzhì 英 *an audio system* ▶カー～/汽车音响 qìchē yīnxiǎng

オーディション 试听 shìtīng; 试演 shìyǎn 英 *an audition* ▶歌の～を受ける/接受试听审查 jiēshòu shìtīng shěnchá ▶～に応募する/应征参加试演审查 yìngzhēng cānjiā shìyǎn shěnchá

おおでき【大出来】 很出色 hěn chūsè; 佳绩 jiājì 英 *a great success* ▶彼にしては～だった/对他来说成绩很出色 duì tā lái shuō chéngjì hěn chūsè

オーデコロン 化妆水 huàzhuāngshuǐ 英 *eau de cologne* ▶～をふりかけて外出する/喷上香水出门 pēnshàng xiāngshuǐ chūmén

おおどうぐ【大道具】 大道具 dàdàojù 英 *stage setting; a set scene* ▶～方/负责大道具的人 fùzé dàdàojù de rén

おおどおり【大通り】 大街 dàjiē; 马路 mǎlù 英 *a main street* ▶～をバイクが爆音たてて走る/摩托车发出轰鸣,奔驰在大道上 mótuōchē fāchū hōngmíng, bēnchí zài dàdàoshang ▶～の並木が色づく/大路边的树变黄了 dàlùbiān de shù biànhuáng le

オートクチュール 高级时装店 gāojí shízhuāngdiàn 英 *haute couture*

オートバイ 摩托车 mótuōchē 英 *a motorcycle*

オートフォーカス 自动对焦 zìdòng duìjiāo 英 *an autofocus* ▶～カメラ/自动对焦照相机 zìdòng duìjiāo zhào-xiàngjī

オードブル 【料理】拼盘 pīnpán; 前菜 qiáncài 英 *hors d'oeuvre*

オートマチック 自动 zìdòng 英 *automatic* ▶～車/自动变速的车 zìdòng biànsù de chē ▶～コントロール/自动控制 zìdòng kòngzhì

オートミール 《食品》燕麦片 yànmàipiàn; 燕麦粥 yànmàizhōu 英 *oatmeal*

オートメーション 自动化 zìdònghuà; 自动装置 zìdòng zhuāngzhì 英 *automation* ▶～工場/自动化工厂 zìdònghuà gōngchǎng ▶製造工程はすべて～化された/生产工程全部实现了自动化 shēngchǎn gōngchéng quánbù shíxiànle zìdònghuà

オートレース 赛车 sàichē; 摩托车比赛 mótuōchē bǐsài 英 *a car race（車の）*

オートロック 自动门锁 zìdòng ménsuǒ 英 *an automatic lock* ▶～方式のマンション/装有自动门锁的公寓 zhuāngyǒu zìdòng ménsuǒ de gōngyù ▶～で中に入れなくなった/由于自动上锁,里面进不去了 yóuyú zìdòng shàng suǒ, lǐmiàn jìnbuqù le

オーナー 所有者 suǒyǒuzhě; 拥有者 yōngyǒuzhě 英 *an owner* ▶～ドライバー/驾驶自家汽车的人 jiàshǐ zìjiā qìchē de rén ▶ペンションの～/度假别墅的主人 dùjià biéshù de zhǔrén

おおなた【大鉈】 大刀 dàdāo 英 *a big hatchet*

～を振るう 大刀阔斧 dàdāo kuòfǔ

おおなみ【大波】 巨浪 jùlàng; 波涛 bōtāo 英 *a big wave* ▶岸に～が打ち寄せる/巨浪向岸边涌来 jùlàng xiàng ànbiān yǒnglái ▶不況の～をかぶる/遭遇经济不景气的大风浪 zāoyù jīngjì bùjǐngqì de dàfēnglàng

オーバー ❶【超える】超过 chāoguò 英 *over; exceed* ▶予算を～する/超过预算 chāoguò yùsuàn ▶～タイム/超时 chāoshí ❷【おおげさ】夸张 kuāzhāng; 夸大 kuādà 英 *exaggerated* ▶～なしぐさ/夸张的动作 kuāzhāng de dòngzuò ▶少しも～な言い方をする/说得有点夸大 yǒudiǎn kuādà ▶それは ちょっと～だね/那种表现有点太夸张了 nà zhǒng biǎoxiàn yǒudiǎn tài kuāzhāng le ❸【衣類】外套 wàitào; 大衣 dàyī 英 *an overcoat*

♦～アクション ：《しぐさ》夸张的动作 kuāzhāng de dòngzuò；《演技》过火的表演 guòhuǒ de biǎoyǎn ～オール ：工作服 gōngzuòfú ～シューズ ：防水套鞋 fángshuǐ tàoxié ～ステイ ：超期滞留 chāoqī zhìliú ～スロー ：肩上投球 jiānshàng tóuqiú; 上手投球 shàngshǒutóu ～ラン ：《飛行機》（飞机）冲出跑道 (fēijī) chōngchū pǎodào; 《野球》跑过垒 pǎoguò lěi

オーバーホール 大修检查 dàxiū jiǎnchá 英 *an overhaul* ▶～直前の事故だった/那是早就要大检修前出的事故 nà shì mǎshàng yào dà-jiǎnxiū qián chū de shìgù

オーバーラップ 叠印 diéyìn; 重影 chóngyǐng

（英 overlap）▶兄の顔に父の顔が～して浮かんだ/爸爸的容貌跟哥哥的叠在一起，浮现于眼前 bàba de róngmào gēn gēge de diézài yìqǐ, fúxiàn yú yǎnqián

オーバーワーク 过劳 guòláo （英 overwork）▶～で倒れた/因为工作过度而累倒 yīnwèi gōngzuò guòdù ér lèidǎo

オオバコ【車前草】〘植物〙车前草 chēqiáncǎo （英 a plantain）

おおはば【大幅】 大幅度 dàfúdù （英 big; large; major）▶～値下げ/大減价 dàjiǎnjià 原案に～修正を加える/对原案加以大幅度修改 duì yuán'àn jiāyǐ dàfúdù xiūgǎi ▶～な増加/大幅度的增加 dàfúdù de zēngjiā

おおはりきり【大張り切りで】干劲十足 gànjìn shízú（英 in high spirits）▶きっと勝つぞと～で練習する/一定要取胜，为此干劲十足地进行练习 yídìng yào qǔshèng, wèi cǐ gànjìn shízú de jìnxíng liànxí

おおばんぶるまい【大盤振る舞い】 盛宴款待 shèngyàn kuǎndài; 慷慨分配 kāngkǎi fēnpèi（英 a great feast）▶親戚を集めて～をする/召集亲戚，盛宴款待 zhàojí qīnqi, shèngyàn kuǎndài ▶予算の～が巨大な赤字を生んだ/预算的慷慨分配带来了严重亏空 yùsuàn de kāngkǎi fēnpèi dàilái le yánzhòng kuīkōng

オービー【OB】 ❶〚男子卒業生〛校友 xiàoyǒu; 毕业生 bìyèshēng ▶～会/校友会 xiàoyǒuhuì ❷〚ゴルフ〛界外球 jièwàiqiú ▶～をたたく/打入禁区 dǎrù jìnqū

おおびけ【大引け】《株式》收盘 shōupán （英 the closing price）

おおひろま【大広間】 大厅 dàtīng （英 a (great) hall）▶～で宴会が始まった/宴会在大厅开始了 yànhuì zài dàtīng kāishǐ le

オープニング 开场 kāitóu（英 opening）▶～セール/开张酬宾 kāizhāng chóubīn ▶番組の～の音楽が流れた/节目开场的音乐播放出来 jiémù kāichǎng de yīnyuè bōfàngchūlai

おおぶね【大船】（英 a big boat）▶～に乗った気分/稳坐钓鱼台 wěnzuò diàoyútái

おおぶろしき【大風呂敷】 大话 dàhuà; 吹牛 chuīniú （英〚ほら話〛big talk）▶～を広げる/说大话 shuō dàhuà; 夸海口 kuā hǎikǒu

オーブン 烤炉 kǎolú; 烤箱 kǎoxiāng （英 an oven）▶ガス～/煤气烤箱 méiqì kǎoxiāng ◆～トースター/面包烤箱 miànbāo kǎoxiāng

オープン 开放 kāifàng; 开业 kāiyè （英 open）▶～な性格/性格开朗 xìnggé kāilǎng ▶～戦〚野球などの〛/公开赛 gōngkāisài ▶市民プールが本日～します/市民游泳池今天开业 shìmín yóuyǒngchí jīntiān kāiyè

◆～価格/开放价格 kāifàng jiàgé ～カフェ/街吧 jiēbā ～キッチン/开放式厨房 kāifàngshì chúfáng ～キャンパス/开放校园 kāifàng xiàoyuán ～チケット〚OPEN〛(机)票 OPEN(jī)piào ～セット

/户外布景 hùwài bùjǐng

オープンカー 敞篷汽车 chǎngpéng qìchē （英 an open car; a convertible）▶～を連ねてパレードする/敞篷车排队游行 chǎngpéngchē páiduì yóuxíng

おおべや【大部屋】 大房间 dàfángjiān;《俳優》普通演员 pǔtōng yǎnyuán（英〚劇場の〛an actors' common room;〚俳優〛utility men）▶その患者は～に収容された/病人被安置在大病房里 bìngrén bèi ānzhìzài dàbìngfánglǐ ▶～女優から大スターに駆けのぼった/从普通女演员跃升为大明星 cóng pǔtōng nǚyǎnyuán yuèshēng wéi dàmíngxīng

オーボエ 〚楽器〛双簧管 shuānghuángguǎn （英 an oboe）▶～奏者/双簧管演奏者 shuānghuángguǎn yǎnzòuzhě

おおぼら【大法螺】 大话 dàhuà; 海口 hǎikǒu （英 tall talk）▶～を吹く/大吹大擂 dà chuī dà léi

おおまか【大まかな】 粗略 cūlüè; 不详细 bù xiángxì〚寛容な〛generous; liberal;〚大ざっぱな〛rough）▶～な見積もり/概算 gàisuàn ▶～にまとめる/概括 gàikuò ▶～な流れをつかむ/了解大致的流程 liǎojiě dàzhì de liúchéng ▶～な人だから気にしないよ/是个粗人，肯定不介意 shì ge cūrén, kěndìng bú jièyì

おおまけ【大負け】 大败 dàbài （英 a complete defeat）▶試合は～に負けた/比赛输得很惨 bǐsài shūde hěn cǎn

おおまた【大股で】（英 walk with long strides）▶～で歩く/放步 fàngbù; 阔步 kuòbù

おおまちがい【大間違い】 大错特错 dàcuò tècuò （英 a bad mistake）▶～をする/铸成大错 zhùchéng dàcuò ▶謝って済むと思ったら～だ/以为只道道歉就没事了的话，那可就大错了 yǐwéi zhǐ dào dàoqiàn jiù méishìle dehuà, nà kě jiù dàcuò le

おおみえ【大見得】（英 an impressive pose）▶～を切る/夸下海口 kuāxià hǎikǒu

おおみず【大水】 洪水 hóngshuǐ; 大水 dàshuǐ （英 a flood）▶～が出る/发大水 fā dàshuǐ

おおみそか【大晦日】 除夕 chúxī （英 New Year's Eve; the last day of the year）▶～の夜/除夜 chúyè; 年夜 niányè

おおむかし【大昔】 远古 yuǎngǔ; 很久以前 hěn jiǔ yǐqián （英 ancient times）

オオムギ【大麦】〚植物〛大麦 dàmài （英 barley）

おおむこう【大向こう】 ▶～を唸らせる 博得满场的喝彩 bódé mǎnchǎng de hècǎi

おおむね【概ね】 大概 dàgài; 大体上 dàtǐshang （英 generally）▶工事は～片づいた/工程大致完成了 gōngchéng dàzhì wánchéng le

おおめ【大目】

～に見る 宽容 kuānróng; 宽恕 kuānshù; 涵容 hánróng ▶今度だけは～に見て下さい/这次请高

抬贵手 zhè cì qǐng gāo tái guìshǒu

おおめだま【大目玉】 严厉申斥 yánlì shēnchì (英 *a severe scolding*) ▶いたずらをして〜を食った/因恶作剧而受到严厉的申斥 yīn èzuòjù ér shòudào yánlì de shēnchì

おおもうけ【大儲けする】 发大财 fā dàcái (英 *a huge benefit*) ▶株で〜する/靠股票发大财 kào gǔpiào fā dàcái

おおもじ【大文字】 大字 dàzì; 大写字母 dàxiě zìmǔ (英 *a capital letter*)

おおもと【大本】 本源 běnyuán; 基本 jīběn (英 *the root; the origin*) ▶〜から正さないとだめだ/不从根本进行改正不可行 bù cóng gēnběn jìnxíng gǎizhèng kě bùxíng

おおもの【大物】 大人物 dàrénwù (英 *an important person*《人》) ▶〜政治家/政界巨头 zhèngjiè jùtóu ▶メディア界の〜/传媒界的大人物 chuánméijiè de dàrénwù ▶彼は財界の〜として知られる/他作为财界巨头而闻名 tā zuòwéi cáijiè jùtóu ér wénmíng

〜を釣る 钓大鱼 diào dàyú

♦〜食い 战胜权威 zhànshèng quánwēi; 征服大人物 zhēngfú dàrénwù ▶あの力士は〜食いだから人気がある/那位力士常常战胜高手，因此很受欢迎 nà wèi lìshì chángcháng zhànshèng gāoshǒu, yīncǐ hěn shòu huānyíng

おおもり【大盛り】 盛满 chéngmǎn (英 *a large serving*〔*helping*〕) ▶〜の御飯/盛得很满的饭 chéngde hěn mǎn de fàn ▶飯は〜にしてくれ/给我多盛点儿饭吧 gěi wǒ duō chéng diǎnr fàn

おおや【大家】 房东 fángdōng (英 *the landlord of a house*)

日中比較 中国語では家主としての大家は'房东 fángdōng'という．中国語で'大家 dàjiā'というと「全員」あるいは「大家(がら)」という意味になる．

おおやけ【公の】 公共 gōnggòng; 公家 gōngjia (英 *public; open*; [公式] *official*) ▶〜にする/公开 gōngkāi ▶〜の席/公开场合 gōngkāi chǎnghé ▶桌面儿上 zhuōmiànrshang ▶〜の利益になる/成为公众的利益 chéngwéi gōngzhòng de lìyì ▶その報告書は昨年〜にされた/那份报告去年被公诸于众了 nà fèn bàogào qùnián bèi gōng zhū yú zhòng le

おおやすうり【大安売り】 大甩卖 dàshuǎi-mài; 大减价 dàjiǎnjià (英 *a bargain sale*)

おおゆき【大雪】 大雪 dàxuě (英 *heavy snow; a heavy snowfall*) ▶〜で列車が遅れた/由于大雪列车晚点 yóuyú dàxuě lièchē wǎndiǎn

おおよそ【大凡】 大抵 dàdǐ; 大概 dàgài; 大约 dàyuē (英 *about; roughly*) ▶〜の費用を計算する/计算大约的费用 jìsuàn dàyuē de fèiyòng ▶〜20年前のできごと/大概是二十年前发生的事 dàgài shì èrshí nián qián fāshēng de shì

おおよろこび【大喜び】 欢天喜地 huāntiān xǐdì; 非常高兴 fēicháng gāoxìng (英 *great joy*) ▶合格と聞いて〜した/听到通过的消息，高兴极了 tīngdào tōngguò de xiāoxi, gāoxìng jíle

オーラ 气息 qìxī; 人或物发出的灵气 rén huò wù fāchū de língqì (英 *an aura*) ▶大人物は〜を発している/大人物总是发出一种特殊的气息 dàrénwù zǒngshì fāchū yì zhǒng tèshū de qìxī

おおらかな 落落大方 luòluò dàfāng (英 *large-hearted*) ▶〜な性格/大度的性格 dàdù de xìnggé ▶〜な環境で育つ/在宽松的环境中长大 zài kuānsōng de huánjìng zhōng zhǎngdà

オーラルメソッド 口头教学法 kǒutóu jiàoxuéfǎ (英 *the oral method*)

オール ❶ [ボートの] 桨 jiǎng (英 *an oar*) ▶力一杯〜を漕ぐ/使出浑身力气划船 shǐchū húnshēn lìqi huáchuán ❷ [すべて] 全部 quánbù; 所有 suǒyǒu (英 *all*) ▶通信簿は〜5だ/成绩单上是全优 chéngjìdānshang shì quányōu

♦〜スターキャスト 群星荟萃 qúnxīng huìcuì

オールドパワー 老年人的影响力 lǎoniánrén de yǐngxiǎnglì (英 *gray power*)

オールナイトの 通宵 tōngxiāo (英 *all-night*) ▶〜営業/通宵营业 tōngxiāo yíngyè

オールバックの 大背头 dàbēitóu (英 *swept-back*)

オールラウンドの 全能 quánnéng (英 *all-round*) ▶彼は〜な才能に恵まれている/他多才多艺 tā duō cái duō yì

オーロラ 极光 jíguāng (英 *an aurora*)

おおわらい【大笑いする】 捧腹大笑 pěng fù dà xiào; 笑掉大牙 xiàodiào dàyá (英 *laugh loudly*) ▶〜を引き起こす/引起哄堂大笑 yǐnqǐ hōng táng dà xiào

おおわらわ【大童】 拼命 pīnmìng; 紧张 jǐnzhāng; 急忙 jímáng (英 *feverishly, energetically*) ▶〜で準備を進める/急急忙忙地做准备 jíjímángmáng de zuò zhǔnbèi ▶今は洪水対策で〜だ/正在忙于抗洪 zhèngzài mángyú kànghóng

おか【丘】 岗子 gǎngzi; 山冈 shāngāng; 小山 xiǎoshān (英 *a hill*) ▶〜の多い地方/有很多小山的地方 yǒu hěn duō xiǎoshān de dìfang ▶〜の上の時計台/小山上的时钟塔 xiǎoshānshang de shízhōngtǎ ▶〜にのぼれば港が見える/登上小山，可以看到港口 dēngshàng xiǎoshān, kěyǐ kàndào gǎngkǒu

おか【陸】 陆地 lùdì (英 *land; the shore*)

ことわざ 陸にあがった河童(がら) 虎离深山被犬欺 hǔ lí shēnshān bèi quǎn qī; 英雄无用武之地 yīngxióng wú yòng wǔ zhī dì

おかあさん【お母さん】 妈妈 māma (英 *mother; mom*)

おかえし【お返しする】 回礼 huílǐ; 答谢 dáxiè (英 *return a favor; take revenge*) ▶〜に招待する/回请 huíqǐng ▶いずれ〜してやる/总有一天会以牙还牙的 zǒng yǒu yì tiān huì yǐ yá huán

やá de ▶～に何を贈ろうか/拿什么回赠呢？ ná shénme huízèng ne？

おかえりなさい【お帰りなさい】 你回来了 nǐ huílai le 英 *Hullo, dear!; Welcome home!*）

おかかえ【お抱えの】 专雇 zhuāngù; 专聘 zhuānpìn 英 *on a retainer*） ▶～の弁護士/专聘的律师 zhuānpìn de lǜshī ▶会社の～運転手/公司自己的司机 gōngsī zìjǐ de sījī

おがくず【鋸屑】 锯末 jùmò 英 *sawdust*）

おかげ【お陰】 亏 kuī; 亏得 kuīde 英 *thanks to...; owing to...*） ▶僕の成功は彼の～だ/我的成功多亏了他 wǒ de chénggōng duōkuīle tā ▶これも科学の～だ/这个也是托科学的福 zhège yě shì tuō kēxué de fú

～様で 托您的福 tuō nín de fú ▶～様で母はたいへんよくなりました/托您的福, 我母亲好多了 tuō nín de fú, wǒ mǔqīn hǎoduō le

～を蒙る 借光 jièguāng; 承蒙关照 chéngméng guānzhào

おかしい【可笑しい】 ❶[滑稽な] 好笑 hǎoxiào; 可笑 kěxiào 英 *funny; comical*） ▶何が～の/有什么好笑的？ yǒu shénme hǎoxiào de？ ▶おかしさをこらえる/忍着不笑 rěnzhe bú xiào ▶おもしろおかしく話して聞かせる/讲得滑稽可笑 jiǎngde huájī kěxiào **❷**[怪しい] 奇怪 qíguài; 反常 fǎncháng; 可疑 kěyí 英 *strange; suspicious*） ▶腹の調子が～/肚子有点儿不舒服 dùzi yǒudiǎnr bù shūfu ▶その話は～/这话可疑 zhè huà kěyí ▶彼の行動は少々～/他的行动有点儿奇怪 tā de xíngdòng yǒudiǎnr qíguài

おかしな【可笑しな】 奇怪的 qíguài de 英 *strange*） ▶～話/奇怪的话 qíguài de huà ▶今日は～天気だ/今天天气很怪 jīntiān tiānqì hěn guài ▶あいつはほんに～奴だ/那家伙真是个奇怪的人 nà jiāhuo zhēn shì ge qíguài de rén ▶～ことを言う/说些奇怪的事 shuō xiē qíguài de shì

おかす【犯す】 犯 fàn 英 [罪を] *commit a crime*; [法律を] *violate*; [女を] *rape*） ▶誤りを～/犯错误 fàn cuòwù ▶法を～/犯法 fàn fǎ ▶～べからざる過ち/不应该犯的错误 bù yīnggāi fàn de cuòwù ▶医療ミスを～/出了医疗事故 chūle yīliáo shìgù

おかす【侵す】 侵犯 qīnfàn 英 *invade; raid*） ▶国境を～/侵犯国境 qīnfàn guójìng ▶知的所有権を～/侵犯知识产权 qīnfàn zhīshì chǎnquán ▶言論の自由を～/侵犯言论自由 qīnfàn yánlùn zìyóu ▶特許権が侵される/专利被侵犯 zhuānlì bèi qīnfàn

おかす【冒す】 冒 mào 英 *run a risk; risk*） ▶危険を～/冒危险 màozhe wēixiǎn ▶風雨を冒して出航する/冒着风雨出航 màozhe fēngyǔ chūháng ▶病気に冒される/被病魔侵蚀 bèi bìngmó qīnshí

おかず【菜】 菜 cài; 副食 fùshí; 小菜 xiǎocài 英 *a side dish*） ▶晩御飯の～/晚饭的菜 wǎnfàn de cài

おかっぱ 女孩的短发 nǚhái de duǎnfà; 刘海儿 liúhǎir 英 *bobbed hair*）

おかどちがい【お門違いである】 弄错对象 nòngcuò duìxiàng; 走错门儿 zǒucuò ménr 英 *be wrong*） ▶あいてくだがっ～だ, 俺は何も知らないよ/不好意思, 你找错人了, 我什么也不知道 bù hǎoyìsi, nǐ zhǎocuò rén le, wǒ shénme yě bù zhīdào ▶彼を責めるのは～だ/责备他是冤枉人了 zébèi tā shì yuānwang rén le

おかぶ【お株】 英 *one's forte*） ▶…の～を奪う/赶上…的专长 gǎnshàng … de zhuāncháng ▶プロの～を奪う腕前/让专业人士都逊色的手艺 ràng zhuānyè rénshì dōu xùnsè de shǒuyì ▶息子さんに～を取られたね/你的绝活被儿子学去了 nǐ de juéhuó bèi érzi xuéqù le

おかぼ【陸稲】 旱稻 hàndào; 陆稻 lùdào 英 *dry land rice*）

おかぼれ【岡惚れする】 恋慕别人的情人 liànmù biéren de qíngrén; 单相思 dānxiāngsī 英 *be secretely in love with...*）

おかま【お釜】 男色 nánsè; 男子同性恋爱者 nánzǐ tóngxìng liàn'ài zhě 英 *a gay*）

おかみ【女将】 女老板 nǚlǎobǎn 英 *the landlady*） ▶旅館の～/旅馆老板娘 lǚguǎn lǎobǎnniáng

◆～さん: 老板娘 lǎobǎnniáng; 老婆 lǎopo ▶ら, ～が呼んでいるよ/喏, 老板娘叫你呢 nuò, lǎobǎnniáng jiào nǐ ne

日中比較 中国語の「女将 nǚjiàng」は「ある分野でリーダーシップを取る有能な女性」を指す.

おがむ【拝む】 拜 bài 英 *worship; pray*） ▶拝み倒す/悬求 kěnqiú ▶手を合わせて～から助けてくれ/我合掌作揖求您了, 救救我吧 wǒ hé zhǎng zuòyī qiú nín le, jiùjiu wǒ ba ▶お顔を一目拝んで帰ろう/总得拜拜佛再走 zǒngděi bàibai fó zài zǒu ▶仏さまを～/拜佛 bài fó ▶太陽を～/拜太阳 bài tàiyáng

おかめはちもく【岡目八目】 当局者迷, 旁观者清 dāngjúzhě mí, pángguānzhě qīng; 旁观者清 pángguānzhě qīng 英 *The looker-on sees most of the game.*） ▶～, 力の違いがよく分かる/旁观者清, 水平高低显而易见 pángguānzhě qīng, shuǐpíng gāodī xiǎn ér yì jiàn

おから 豆腐渣 dòufuzhā; 豆渣 dòuzhā 英 *bean-curd leavings*）

オカリナ[楽器]陶笛 táodí; 奥卡利那(笛) àokǎlìnà(dí) 英 *an ocarina*）

オカルト 神怪 shénguài; 超自然 chāozìrán 英 *the occult*） ▶～映画/神怪影片 shénguài yǐngpiàn

おがわ【小川】 小河 xiǎohé; 小溪 xiǎoxī 英 *a stream; a brook*） ▶～の水がぬるんできた/小河流水渐渐变暖 xiǎohé liúshuǐ jiànjiàn biàn nuǎn

おかわり【お代わりする】 添(饭) tiān(fàn); 再来一份 zài lái yífèn 英 *ask for another helping*） ▶コーヒーは～自由です/咖啡续杯免费 kāfēi xù bēi miǎnfèi ▶御飯の～はいかがですか/

おかん【寒】 发冷 fālěng; 寒颤 hánzhàn (英 *a chill*)▶～がする/打寒颤 dǎ hánzhàn

おかんむり【お冠である】 闹情绪 nào qíngxù; 不高兴 bù gāoxìng (英 *be displeased*)▶彼女は少々～だ/她有点不高兴 tā yǒudiǎn bù gāoxìng

おき【沖】 海上 hǎishang (英 [沖合] *the offing*; [外海] *the open sea*)▶～に出る/出海 chū hǎi ▶ボートが～に流される/小船漂到海上去 xiǎochuán piāodào hǎishang qù ▶船は500マイルの～に出ていた/船出海五百英里了 chuán chūhǎi wǔbǎi yīnglǐ le
♦～釣り/海上钓鱼 hǎishàng diàoyú

おきあがりこぼし【起き上がり小法師】 扳不倒儿 bāndudǎor; 不倒翁 bùdǎowēng (英 *a tumbler*)

おきあがる【起き上がる】 爬起来 páqǐlai; 起来 qǐlái (英 *get up; rise; stand up*)▶患者はまだ起き上がれない/患者还不能起来 huànzhě hái bùnéng qǐlái ▶起き上がって座る/起身坐好 qǐshēn zuòhǎo ▶転んでもすぐ～起き上がる/跌倒也要马上爬起来 diēdǎo yě yào mǎshàng páqǐlai

おきかえる【置き換える】 **1**【位置を移す】 改变位置 gǎibiàn wèizhi; 搬动 bāndòng (英 *replace*)▶テレビを窓辺に～/把电视换到窗边摆放 bǎ diànshì huàndào chuāngbiān bǎifàng **2**【取りかえる】 调换 diàohuàn; 替换 tìhuàn (英 *change*)▶この単語を別の単語で～/把这个词换成另一个单词 bǎ zhège cí huànchéng lìng yí ge cí

おきざり【置き去りにする】 弃置不顾 qìzhì búgù; 遗弃 yíqì; 扔下 rēngxià (英 *leave... behind; desert*)▶政治に～にされた人々/被政治遗弃的人们 bèi zhèngzhì yíqì de rénmen ▶荷物はプラットホームに～にされていた/行李被抛弃在月台上 xíngli bèi pāoqì zài yuètáishang

オキシダント [化学] 氧化剂 yǎnghuàjì (英 *an oxidant*)▶～濃度が高い/氧化剂浓度很高 yǎnghuàjì nóngdù hěn gāo

オキシドール [医] 双氧水 shuāngyǎngshuǐ (英 *peroxide*)

おきだす【起き出す】 起身 qǐ shēn; 起床 qǐchuáng (英 *get out of bed*)▶夜明けとともに～/天一亮就起床 tiān yí liàng jiù qǐchuáng

おきちがえる【置き違える】 放错地方 fàngcuò dìfang (英 *put in a wrong place*)▶眼鏡と時計を置き違えた/把眼镜和手表放错了位置 bǎ yǎnjìng hé shǒubiǎo fàngcuòle wèizhi

おきっぱなし【置きっ放しにする】 放置不管 fàngzhì bù guǎn; 搁置 gēzhì (英 *leave*)▶傘が3本～になっている/三把雨伞忘在那里了 sān bǎ yǔsǎn wàngzài nàli le ▶鍵を机の上に～にしないで/别把钥匙摊在桌子上 bié bǎ yàoshi tānzài zhuōzishang

おきて【掟】 成规 chéngguī (英 *a law; rules;*

regulations)▶～を破る/打破成规 dǎpò chéngguī; 违背规矩 wéibèi guīju ▶社会の～/社会的成规 shèhuì de chéngguī

おきてがみ【置き手紙】 留言条 liúyántiáo (英 *a message left behind*)▶～をする/留个条子 liú ge tiáozi

おきどけい【置き時計】 台钟 táizhōng; 座钟 zuòzhōng (英 *a table clock*)

おぎない【補い】 弥补 míbǔ; 补充 bǔchōng (英 *a supplement; a complement*)▶週末は朝寝坊して睡眠不足の～をつける/周末睡个懒觉补充平时的睡眠不足 zhōumò shuì ge lǎnjiào bǔchōng píngshí de shuìmián bùzú

おぎなう【補う】 弥补 míbǔ; 补充 bǔchōng (英 *fill*)▶パートに出て家計を～/打工补贴家用 dǎgōng bǔtiē jiāyòng ▶カルシウム不足を～食品/补钙的食品 bǔ gài de shípǐn ▶我々のチームはよく補い合う/我们的队伍互补得很好 wǒmen de duìwu hùbǔde hěn hǎo

おきにいり【お気に入り】 宠儿 chǒng'ér; 喜爱的 xǐ'ài de;《インターネットの》收藏夹 shōucángjiā (英 *one's favorite...*)▶～のレストラン/喜欢去的餐厅 xǐhuan qù de cāntīng ▶彼は先生の～だ/他是老师的得意门生 tā shì lǎoshī de déyì ménshēng ▶あの娘は部長の～だからな/那个女孩真受部长宠爱 nàge nǚhái zhēn shòu bùzhǎng chǒng'ài ▶～に登録する/加进收藏夹里 jiājìn shōucángjiāli

おきぬけ【起き抜けに】 刚起来 gāng qǐlái; 一起来 yì qǐlái (英 *as soon as one gets up*)▶～にジョギングする/一起来就跑步 yì qǐlái jiù pǎobù

おきば【置き場】 存放处 cúnfàngchù (英 *a place*)▶自転車～/自行车停放处 zìxíngchē tíngfàngchù ▶非難にさらされて身の～がない/遭到指责, 无地自容 zāodào zhǐzé, wú dì zì róng

おきびき【置き引き】 顺手牵羊 shùnshǒu qiān yáng; 掉包偷窃 diàobāo tōuqiè (英 *steal a baggage*)▶～に遭う/遇上掉包的 yùshàng diàobāo de

おきまり【お決まりの】 照例的 zhàolì de; 老一套 lǎoyítào (英 *usual; customary; conventional*)▶～のメニューしかない/只有常见的菜 zhǐ yǒu chángjiàn de cài ▶彼は～の文句を口にした/他又把那老一套拿出来说 tā yòu bǎ nà lǎoyítào náchūlai shuō ▶それは親の～のお説教だ/那是父母经常做的说教 nà jiùshì fùmǔ jīngcháng zuò de shuōjiào

おみやげ【置き土産】 临别赠物 línbié zèngwù (英 *a parting present*)

おきもの【置き物】 陈设品 chénshèpǐn (英 *an ornament; a figurine*)

おきる【起きる】 **1**【起床・起立】 起来 qǐlái; 起床 qǐchuáng (英 *rise; get up*)▶朝～/早上起床 zǎoshang qǐchuáng ▶むっくり～/忽地坐起来 hūdì zuòqǐlai ▶赤ん坊が～/娃娃醒来 wáwa xǐnglái ▶夜中に起きて徘徊する/半夜起床走来走去 bànyè qǐchuáng zǒulái zǒuqù ▶病人が

もう起きて動き回っている/病人已经起床行动了 bìngrén yǐjing qǐchuáng xíngdòng le ▶転んでもただでは起きない/摔倒了还想捞一把 shuāidǎole hái xiǎng lāo yì bǎ ❷【眠らずにいる】不睡 bú shuì; 醒着 xǐngzhe (英 *lie awak*) ▶私は昨夜遅くまで起きていた/我昨天到深夜还没睡 wǒ zuótiān dào shēnyè hái méi shuì ❸【生じる】发生 fāshēng (英 *occur*) ▶事件が~/发生事件 fāshēng shìjiàn ▶拍手が~/响起掌声 xiǎngqǐ zhǎngshēng ▶津波はなぜ~のか/海啸为什么发生呢? hǎixiào wèi shénme fāshēng ne?

おきわすれる【置き忘れる】落 là; 遗失 yíshī; 忘 wàng (英 *mislay; leave*) ▶电车にカバンを~/书包忘在电车里 shūbāo wàngzài diànchēli

おく【奥】里边 lǐbian; 内部 nèibù; 深处 shēnchù (英 *the interior*) ▶~の部屋/里屋 lǐwū ▶心の~では泣いていた/在心底里哭泣 zài xīndǐli kūqì ▶林の~には池がある/树林深处有一个池子 shùlín shēnchù yǒu yí ge chízi
~の深い〈学問・計画などが〉 渊深 yuānshēn; 深奥 shēn'ào

おく【置く】❶【物を置く】放下 fàngxià; 搁 gē (英 *put; lay; place*) ▶荷物を~/放行李 fàng xíngli ▶その机はここへ置いて下さい/那张桌子放在这里 nà zhāng zhuōzi fàngzài zhèlǐ ▶机の上に本を~/把书放在桌子上 bǎ shū fàngzài zhuōzishang ▶この傘はどこへ置きましょうか/这把雨伞放在哪儿呢? zhè bǎ yǔsǎn fàngzài nǎr ne? ❷【残して置く】留 liú; 留下 liúxia (英 *leave*) ▶彼は君に手紙を置いて行ったよ/他给你留下一封信走了 tā gěi nǐ liúxià yì fēng xìn zǒu le ❸【保存・貯蔵】放 fàng; 留 liú (英 *keep*) ▶肉は暑い時には長く置けない/天热时肉不能放得很久 tiān rè shí ròu bùnéng fàng hěn jiǔ ❹【その他】見張りを~/设岗哨 shè gǎngshào ▶距離を~/隔开距离 gékāi jùlí ▶一目~/表示敬意, 甘拜下风 biǎoshì jìngyì gān bài xià fēng ▶一拍~/隔一拍 gé yì pāi ▶下宿人を~/招租房的人 zhāo zūfáng de rén ▶あの男は信頼が置けない/他可信不得 tā kě xìnbudé ▶委員会の管理下に置かれる/处于委员会的管理之下 chǔyú wěiyuánhuì de guǎnlǐ zhī xià ▶このテーマに重点を~/把重点放在这个主题上 bǎ zhòngdiǎn fàngzài zhège zhǔtíshang ▶一日置きにやってくる/隔一天来一次 gé yì tiān lái yí cì ▶ちゃんと記録して~/好好地记录下来 hǎohǎo de jìluxiàlai

おく【億】万万 wànwàn; 亿 yì (英 *one hundred million*) ▶100~ドルの借金/一百亿美元的债款 yìbǎi yì Měiyuán de zhàikuǎn ▶裏で~の金が動く/背后有上亿的资金在运作 bèihòu yǒu shàng yì de zījīn zài yùnzuò

おくがい【屋外】屋外 wūwài; 露天 lùtiān (英 *outdoor; outside*) ▶~プール/露天游泳池 lùtiān yóuyǒngchí ▶~広告/露天广告 lùtiān guǎnggào ▶~で運動する/在户外运动 zài hùwài yùndòng

おくさま【奥様】夫人 fūrén; 太太 tàitai (英 [呼びかけ] *madam*; [相手の] *Mrs. ...*) ▶~はお元気ですか/您夫人身体好吗? nín fūrén shēntǐ hǎo ma?

おくじょう【屋上】屋顶 wūdǐng (英 *a roof; the rooftop*) ▶~に上がって街を見下ろす/登上屋顶俯视市街 dēngshàng wūdǐng fǔshì shìjiē ことわざ 屋上屋を架す 叠床架屋 dié chuáng jià wū; 屋上架屋 wūshàng jià wū
◆~庭園|屋顶花园 wūdǐng huāyuán

おくする【臆する】畏缩 wèisuō (英 *be shy; flinch*) ▶~ことなく発言する/毫不胆怯地发言 háobù dǎnqiè de fāyán

おくそく【憶測する】猜想 cāixiǎng; 臆测 yìcè (英 *guess; suppose*) ▶新聞は~記事ばかりだ/报纸上都是臆测的报道 bàozhǐshang dōu shì yìcè de bàodào ▶それは全くの~だ/那纯粹是瞎猜 nà chúncuì shì xiā cāi

おくそこ【奥底】心底 xīndǐ; 深处 shēnchù (英 *the depth*) ▶~の知れない男/深不可测的男人 shēn bùkě cè de nánrén

オクターブ〔音楽〕一组音阶 yì zǔ yīnjiē; 八度音 bādùyīn (英 *an octave*) ▶~下げる/降低一组音阶 jiàngdī yì zǔ yīnjiē ▶1~上げる/提高一组音阶 tígāo yì zǔ yīnjiē ▶話すうちに次第に~が上がった/说着说着, 渐渐地声音高起来了 shuōzhe shuōzhe, jiànjiàn de shēngyīn gāoqǐlai le

オクタンか【オクタン価】辛烷值 xīnwánzhí (英 *octane number*)

おくち【奥地】内地 nèidì (英 *the back country*) ▶アマゾンの~/亚马孙河的深处 Yàmǎsūnhé de shēnchù

おくづけ【奥付】底页 dǐyè; 版权页 bǎnquányè (英〈書籍の〉 *the imprint*)

おくて【奥手】晚熟 wǎnshú (英 *a late developer*〈人〉) ▶彼は~/他成熟得晚 tā chéngshúde wǎn

おくて【晩稲】晚稻 wǎndào (英 *a late* (*riping*) *rice*)

おくない【屋内】室内 shìnèi (英 *indoor*) ▶~プール/室内游泳池 shìnèi yóuyǒngchí ▶~競技場/室内运动场 shìnèi yùndòngchǎng

おくに【お国】老家 lǎojiā; 家乡 jiāxiāng (英 *a country; a land; a nation*) ▶~はどちらですか/您老家在哪里? nín lǎojiā zài nǎli? ▶また~自慢が始まったね/你又夸耀起自己的家乡来了 nǐ yòu kuāyàoqǐ zìjǐ de jiāxiāng lai le
◆~訛り|乡音 xiāngyīn; 家乡话 jiāxiānghuà ▶~訛りで話す/带着家乡口音说话 dàizhe jiāxiāng kǒuyīn shuō huà

おくのて【奥の手】王牌 wángpái; 绝招 juézhāo (英 *the last resort*) ▶~を出す/打出王牌 dǎchū wángpái

おくば【奥歯】大牙 dàyá; 臼齿 jiùchǐ (英 *a back tooth; a molar* (*tooth*)) ▶~に物の挟まったような言い方をする/吞吞吐吐地说 tūntūntǔtǔ de shuō；含糊其词 hán hu qí cí

おくび 飽嗝儿 bǎogér (英 *a belch*) ▶～が出る/打嗝儿 dǎ gér
～にも出さない 只字不提 zhǐ zì bù tí

おくびょう【臆病な】 胆怯 dǎnqiè；怯懦 qiènuò；窝囊 wōnang (英 *timid; cowardly*) ▶～な男がよくやった/这个胆小鬼竟敢这么干 zhège dǎnxiǎoguǐ jìnggǎn zhème gàn
～風に吹かれる 畏怯起来 wèiqièqǐlai
◆～者：胆小鬼 dǎnxiǎoguǐ

おくぶかい【奥深い】 深邃 shēnsuì；深 shēn (英 *deep*) ▶～山里/深山村落 shēnshān cūnluò ▶～考え/深刻的思想 shēnkè de sīxiǎng ▶～味/令人回味的味道 lìng rén huíwèi de wèidao ▶あの言葉には～哲理が込められている/那句话里面蕴含着深奥的哲理 nà jù huà lǐmiàn yùnhánzhe shēn'ào de zhélǐ

おくまった【奥まった】 里头的 lǐtou de；在深处的 zài shēnchù de (英 *secluded; inner*) ▶通りから少し～ところにある/在稍微离开大街的地方 zài shāowēi líkāi dàjiē de dìfang

おくまん【億万】 亿万 yìwàn (英 *billions* (多数)) ▶～長者/亿万富翁 yìwàn fùwēng

おくめん【臆面】
～もなく 恬不知耻 tián bù zhī chǐ；厚着脸皮 hòuzhe liǎnpí ▶～もなく税金を無駄使いする/恬不知耻的浪费税金 tián bù zhī chǐ de làngfèi shuìjīn

おくやみ【お悔やみ】 吊唁 diàoyàn (英 *condolence*) ▶～を言う/表示哀悼 biǎoshì āidào；慰唁 wèiyàn

おくゆかしい【奥床しい】 文雅 wényǎ；幽雅 yōuyǎ (英 *refined; modest; graceful*) ▶～人物/高雅的人 gāoyǎ de rén

おくゆき【奥行き】 纵深 zòngshēn (英 *depth*) ▶～のある議論に深度的讨论 yǒu shēndù de tǎolùn ▶その家は間口が5間，～が7間だ/那家开口约9米，进深约12.6米 nà jiā kāikǒu yuē jiǔ mǐ, jìn shēn yuē shí'èr diǎn liù mǐ

オクラ〔植物〕 秋葵 qiūkuí (英 *okra*)

おくらいり【お蔵入り】 封存 fēngcún；存放 cúnfàng (英 *shelving*) ▶市の計画は住民の反対で～になった/因遭到居民反对，市里的计划给搁置起来 yīn zāodào jūmín fǎnduì, shìlǐ de jìhuà gěi gēzhìqǐlai

おくらせる【遅らせる】 推迟 tuīchí；拖延 tuōyán (英 *delay; postpone*) ▶支払いを～/推迟付款 tuīchí fùkuǎn ▶夕食を30分～/推迟三十分钟吃晚饭 tuīchí sānshí fēnzhōng chī wǎnfàn

おくりおおかみ【送り狼】 ⇨オオカミ〔狼〕

おくりかえす【送り返す】 送回 sònghuí；退回 tuìhuí；(人を) 遣送 qiǎnsòng (英 *send back; return*) ▶手紙を封も切らずに～/没开封就把信件退回去 méi kāi fēng jiù bǎ xìnjiàn tuìhuíqu

おくりこむ【送り込む】 送 sòng；派 pài (英 *send... to ～；*[電算]*feed... into ～*) ▶空気を～/送空气 sòng kōngqì ▶代表団を～/派代表团 pài dàibiǎotuán ▶役員を～/派遣董事 pàiqiǎn dǒngshì

おくりさき【送り先】 送达地点 sòngdá dìdiǎn；交货地 jiāohuòdì (英 *the destination; the address*) ▶～はどちらですか/收件人的地址是哪里? shōujiànrén de dìzhǐ shì nǎli?

おくりじょう【送り状】 发货票 fāhuòpiào；送货单 sònghuòdān (英 *an invoice*)

おくりだす【送り出す】 送出 sòngchū；发出 fāchū；输出 shūchū (英 *send... off*) ▶卒業生を～/送出毕业生 sòngchū bìyèshēng ▶荷物を～/发出行李 fāchū xíngli ▶研究成果を世に～/将研究学问之于世 jiāng yánjiū chéngguǒ wèn zhī yú shì

おくりとどける【送り届ける】 传送 chuánsòng；送到 sòngdào (英 *get... back home*) ▶荷物を1時間以内に～/一小时之内将行李送到 yī xiǎoshí zhīnèi jiāng xíngli sòngdào

おくりむかえ【送り迎えする】 接送 jiēsòng；迎送 yíngsòng (英 *take... to and fro to ～*) ▶子供を保育園に～する/接送孩子去托儿所 jiēsòng háizi qù tuō'érsuǒ

おくりもの【贈り物】 礼物 lǐwù；赠礼 zènglǐ (英 *a present; a gift*) ▶～をする/馈赠 kuìzèng；送礼 sònglǐ ▶クリスマスの～/圣诞节的礼物 Shèngdànjié de lǐwù

おくる【送る】 **1**〖発送〗 送 sòng；寄 jì (英 *send*)；〔船で〕ship ▶小包を～/寄包裹 jì bāoguǒ ▶その手紙は送られなかった/那封信没有寄出去 nà fēng xìn méiyǒu jìchūqu ▶メールを～/寄电子邮件 jì diànzǐ yóujiàn
2〖見送る〗 送 sòng (英 *see off*) ▶友人を送りに空港まで行く/送朋友去机场 sòng péngyou qù jīchǎng ▶お送りいたしませんが悪しからず/对不起，我不远送 duìbuqǐ, wǒ bù yuǎn sòng
3〖人を送り届ける〗 送 sòng (英 *see... home*) ▶子供を送ってから出勤する/把孩子送走后再去上班 bǎ háizi sòngzǒu hòu zài qù shàngbān
4〖年月を〗 过 guò (英 *spend; pass*) ▶健康な生活を～/过健康的生活 guò jiànkāng de shēnghuó ▶幸福な月日を～/度过幸福时光 dùguò xìngfú shíguāng
5〖派遣する〗 派 pài (英 *send; dispatch*) ▶日本からも選手を送ろう/从日本也要派出运动员 cóng Rìběn yě yào pàichū yùndòngyuán

おくる【贈る】 送 sòng；赠送 zèngsòng (英 *present; gift*) ▶お歳暮を～/送年终礼品 sòng niánzhōng lǐpǐn ▶入学祝いに時計を～/祝贺入学，赠送手表 zhùhè rùxué, zèngsòng shǒubiǎo

〔文化〕 中国では置き時計を人に贈ることは一般にタブーとされている．'送钟 sòng zhōng' 「置き時計を贈る」は '送终'「臨終を看取る」と同音で縁起が悪い．

おくれ【遅れ・後れ】 晩 wǎn；《立ち遅れ》落后 luòhòu；〔支払などの〕lag) ▶時代の～/落后于时代 luòhòu yú shídài ▶～の男/落后于时代的男人 luòhòu yú shídài de nánrén ▶5分～で電

着する/晚五分钟到 wǎn wǔ fēnzhōng dào ▶納期に多少の〜が出るかもしれない/比交货期限多少会晚一点 bǐ jiāohuò qīxiàn duōshǎo huì wǎn yìdiǎn ▶文化の〜/文化的落后 wénhuà de luòhòu ▶仕事の〜を取り戻す/补上落下的工作 bǔ shàng luòxià de gōngzuò ▶月〜の雑誌/过期的杂志 guòqī de zázhì ▶1日〜の誕生日/晚一天的生日 wǎn yì tiān de shēngrì

~知恵~/弱智 ruòzhì

おくればせ【遅れ馳せに】 较晚 jiàowǎn；事后 shìhòu (英 too late) ▶彼は~に駆けつけた/他晚了一步赶到了 tā wǎnle yí bù gǎndào le ▶~の年賀状/姗姗来迟的贺年卡 shānshān láichí de hèniánkǎ

~ながら 虽然已晚 suīrán yǐ wǎn

おくれる【遅れる】 ❶【定刻に】 晚 wǎn；迟 chí；耽误 dānwu (英 be late; be delayed) ▶待ち合わせに〜/约会迟到 yuēhuì chídào ▶3時間〜/误三小时 wù sān xiǎoshí ▶列车は20分遅れている/列车晚点二十分钟 lièchē wǎndiǎn èrshí fēnzhōng ▶学校に〜/上课迟到 shàngkè chídào ▶準備が遅れている/准备晚了 zhǔnbèi wǎn le ▶賃金の支払いが2，3週間遅れている/付款迟了两三个星期 fùkuǎn chíle liǎng sān ge xīngqī ❷【時勢などに】 落后 luòhòu (英 be (fall) behind...) ▶勉強が遅れている/学习落后 xuéxí luòhòu ▶時勢に遅れないように/不落后于时代 bú luòhòu yú shídài ❸【時計が】 慢 màn (英 be slow; lose time) ▶僕の時計は1日に3分〜/我的手表一天慢三分钟 wǒ de shǒubiǎo yì tiān màn sān fēnzhōng

おけ【桶】 桶 tǒng；木桶 mùtǒng (英 a pail; a tub)

おこがましい 不知分寸 bù zhī fēncun；没有自知之明 méiyǒu zì zhī zhī míng (英 impudent; cheeky) ▶お前が代表だなんて〜ぞ/你还当代表，真是没有自知之明 nǐ hái dāng dàibiǎo, zhēn shì méiyǒu zì zhī zhī míng

おこげ【お焦げ】 〔料理〕锅巴 guōbā (英 scorched rice)

おこす【起こす】 ❶【立たせる】 扶起 fúqǐ (英 raise; set up) ▶倒れた鉢を〜/把倒的盆立起来 bǎ dǎo de pén lìqǐlai ▶床屋は椅子を起こした/理发师把椅子扶起来 lǐfàshī bǎ yǐzi fúqǐlai ❷【目覚めさせる】 叫醒 jiàoxǐng；唤醒 huànxǐng (英 wake up; awaken) ▶朝早く〜/早早唤起 zǎozǎo huànqǐ ▶明日の朝6時に起こしてくれ/明天早上六点叫醒我 míngtiān zǎoshang liù diǎn jiàoxǐng wǒ ▶深夜にたたき起こされる/深更半夜被唤醒 shēn gēng bàn yè bèi huànxǐng ❸【生じさせる】 引起 yǐnqǐ；发生 fāshēng (英 bring about; create) ▶事故を〜/引起事故 yǐnqǐ shìgù ▶貧血を〜/造成贫血 zàochéng pínxuè ▶子供にやる気を〜/激起孩子的干劲 jīqǐ háizi de gànjìn ❹【始める】 发起 fāqǐ (英 begin; start) ▶運動を〜/掀起运动 xiānqǐ yùndòng ▶訴訟を起こす

讼 tíqǐ sùsòng ❺【掘る】 翻 fān；挖掘 wājué (英 plow; dig) ▶畑の土を〜/翻起田里的土 fānqǐ tiánlǐ de tǔ ▶埋もれた歴史を掘り〜/发掘被埋没的历史 fājué bèi máimò de lìshǐ

おこす【興す】 兴办 xīngbàn (英 build up; launch) ▶国を〜/振兴国家 zhènxīng guójiā ▶会社を〜/创办公司 chuàngbàn gōngsī

おごそか【厳かな】 庄严 zhuāngyán；肃然 sùrán (英 solemn; impressive; stately) ▶〜な口調で語る/用严肃的语气说话 yòng yánsù de yǔqì shuō huà ▶式典は~に行われた/典礼在庄严的气氛中进行 diǎnlǐ zài zhuāngyán de qìfēn zhōng jìnxíng

おこたる【怠る】 懈怠 xièdài；疏忽 shūhū (英 neglect; be neglectful of...) ▶注意を〜/疏忽大意 shūhu dàyì ▶職務を〜/怠慢职守 dàimàn zhíshǒu ▶日々の勉強を〜な/每天的学习不能偷懒 měitiān de xuéxí bùnéng tōulǎn

おこない【行い】 品行 pǐnxíng；行为 xíngwéi (英 a deed; behavior) ▶〜を改める/改善品行 gǎishàn pǐnxíng ▶人は日頃の〜で評価される/人是通过日常行为而受到评价的 rén shì tōngguò rìcháng xíngwéi ér shòudào píngjià de

おこなう【行う】 ❶【実行】 搞 gǎo；做 zuò (英 act; behave; perform) ▶任務を〜/执行任务 zhíxíng rènwu ▶その習慣は長い間行われてきた/那种习惯持续了很久 nà zhǒng xíguàn chíxùle hěn jiǔ ▶メートル法が行われている/实用米制 shíyòng mǐzhì ❷【挙行】 举行 jǔxíng (英 hold; celebrate) ▶結婚式は明後日行われる予定/预定后天举行婚礼 yùdìng hòutiān jǔxíng hūnlǐ

おこらせる【怒らせる】 触怒 chùnù；惹恼 rěnǎo (英 make... angry) ▶あいつを〜と面倒だ/他可不好惹 tā kě bù hǎorě ▶あの一言が彼を怒らせた/那句话激怒了他 nà jù huà jīnùle tā

おこり【起こり】 缘起 yuánqǐ；原因 yuányīn (英 the origin; the beginning) ▶事の〜/事情的起因 shìqíng de qǐyīn ▶事の〜は一通の手紙だった/事件是从一封信开始的 shìjiàn shì cóng yì fēng xìn kāishǐ de

おごり【奢り】 ❶【ぜいたく】 奢华 shēhuá (英 luxury) ▶彼らの暮らしは〜を極めていた/他们过得极其奢侈 tāmen guòde jíqí shēchǐ ❷【人に御馳走】 请客 qǐngkè (英 a treat) ▶今日は私の〜/今天我请客 jīntiān wǒ qǐngkè

おごり【驕り・傲り】 骄傲 jiāo'ào (英 pride; arrogance) ▶彼らの〜が気がかりだ/他们的骄慢让人担心 tāmen de jiāomàn ràng rén dānxīn

おごりたかぶる【驕り高ぶる】 骄傲自大 jiāo'ào zìdà (英 be puffed up) ▶権力者/傲慢自大的当权者 àomàn zìdà de dāngquánzhě

おこりっぽい【怒りっぽい】 暴躁 bàozào；好发脾气 hào fā píqi (英 touchy; quick-tempered) ▶〜おやじ/爱生气的老头 ài shēngqì de lǎotóu

おこる【怒る】 生气 shēngqì；发火 fāhuǒ (英 get angry; lose one's temper) ▶怒られる/受到

おこる 申斥 shòudào shēnchì; 挨骂 áimà ▶彼はつまらないことに～男だ/他是一个为小事生气的男人 tā shì yí ge wèi xiǎoshì shēngqì de nánrén ▶女房は容易に怒らない女だ/我老婆不是轻易生气的女人 wǒ lǎopo bú shì qīngyì shēngqì de nǚrén ▶彼女は何を怒っているのだろう/她是为什么生气呢？ tā shì wèi shénme shēngqì ne? ▶かっと怒りだす/一下子发起火来 yíxiàzi fāqǐ huǒ lai ▶怒った乗客が車掌になぐりかかった/乘客发火，向乘务员扑了过去 chéngkè fāhuǒ, xiàng chéngwùyuán pūleguòqu

おこる【起こる・興る】 发生 fāshēng; 兴起 xīngqǐ (英) [勃興] rise up; [発生] come into existence) ▶問題が～/发生问题 fāshēng wèntí ▶竜巻が～/形成龙卷风 xíngchéng lóngjuǎnfēng ▶ブームが～/掀起热潮 xiānqǐ rècháo ▶よく～トラブルとその解決法/常见的问题及解决方法 chángjiàn de wèntí jí jiějué fāngfǎ ▶火事はしばしば不注意から～/火灾经常是由不小心引起的 huǒzāi jīngcháng shì yóu bù xiǎoxīn yǐnqǐ de ▶紛争は小さな誤解から起こった/由于小误会引起了纠纷 yóuyú xiǎo wùhuì yǐnqǐle jiūfēn ▶新規事業がたくさん興った/创办了不少新事业 chuàngbànle bùshǎo xīnshìyè

おごる【奢る】 请客 qǐngkè; 做东 zuòdōng (英[御馳走する] treat) ▶みんなに食事を～/请大家吃饭 qǐng dàjiā chīfàn ▶彼が酒を奢ってくれた/他请我喝酒了 tā qǐng wǒ hē jiǔ le ▶これは僕が～/这个归我请客 zhège guī wǒ qǐngkè

口が～ 讲究吃 jiǎngjiu chī

おごる【驕る・傲る】 骄傲自大 jiāo'ào zìdà (英 be haughty; be arrogant) ▶勝って驕らず/胜而不骄 shèng ér bù jiāo

ことわざ 驕る者久しからず 骄傲自大的人不会长久 jiāo'ào zìdà de rén bùhuì chángjiǔ

おさえつける【押さえ付ける】 压迫 yāpò; 压制 yāzhì (英 hold down) ▶反对意见を～/压制反对意见 yāzhì fǎnduì yìjiàn

おさえる【抑える】 抑制 yìzhì; 按捺 ànnà (英[鎮圧] suppress; [抑制] control; restrain) ▶涙を～/止住泪水 zhǐzhù lèishuǐ ▶はやる心を～/抑制性急情绪 yìzhì xìngjí qíngxù ▶感情を～/压抑住感情 yāyìzhù gǎnqíng ▶声を～/压低声音 yādī shēngyīn ▶費用を最小限に～/把费用控制到最低限度 bǎ fèiyong kòngzhìdào zuìdīxiàn ▶怒りを怒りが抑えられない/无论如何都抑制不住怒气 wúlùn rúhé dōu yìzhìbuzhù nùqì ▶自分を抑えて譲歩する/克制自己作出让步 kèzhì zìjǐ zuòchū ràngbù

おさえる【押さえる】 按 àn; 捺 nà; 抓 zhuā (英 press down; hold down) ▶要点を～/抓住要点 zhuāzhù yàodiǎn ▶証拠品を～/扣押证据物 kòuyā zhèngwù ▶ (ギター) のコードを～/按吉他的弦 àn jítā de xián ▶足のツボを親指で～/用大拇指按脚的穴位 yòng dàmǔzhǐ àn jiǎo de xuéwèi ▶相手に急所を押さえられている/被对方抓住了要害 bèi duìfāng zhuāzhùle yàohài

おさがり【お下がりの】 兄长给的旧衣物 xiōngzhǎng gěi de jiùyīwù (英 hand-me-down) ▶姉の～/姐姐穿旧的衣物 jiějie chuānjiù de yīwù ▶～のお供え物をいただく/吃供过神的祭品 chī gòngguo shén de jìpǐn ▶この帽子も兄貴の～だ/这个帽子也是哥哥用过的 zhège màozi yě shì gēge yòngguo de

おさきに【お先に】 先… xiān… (英 Excuse me for going first.) ▶～どうぞ/您先请 nín xiān qǐng ▶～失礼/对不起，先走了 duìbuqǐ, xiān zǒu le; 不好意思，我先来 bù hǎoyìsi, wǒ xiān lái ▶一足一行っています/先走一步 xiān zǒu yí bù

おさきぼう【お先棒】 (英 a pawn) ▶～を担ぐ/充当马前卒 chōngdāng mǎqiánzú

おさきまっくら【お先真っ暗】 前途暗淡 qiántú àndàn (英 have no hope for the future) ▶俺の人生～/我的前途一片漆黑 wǒ de qiántú yí piàn qīhēi

おさげ【お下げ】 辫子 biànzi; 小辫儿 xiǎobiànr (英 pigtails) ▶～の少女/扎辫子的少女 zā biànzi de shàonǚ ▶髪を～に結う/把头发扎成辫子 bǎ tóufa zāchéng biànzi

おさだまり【お定まり】 老一套 lǎoyītào (英 stereotyped) ▶～の観光コース/老一套的观光路线 lǎoyītào de guāngguāng lùxiàn

おさと【お里】 经历 jīnglì; 原形 yuánxíng (英 one's origin; one's background) ▶あの下品な話し方で～が知れる/从那下流的口气就能知道他的出身 cóng nà xiàliú de kǒuqì jiù néng zhīdào tā de chūshēn

おさない【幼い】 幼小 yòuxiǎo; 幼稚 yòuzhì (英 childish; infant) ▶発想が～/想法幼稚 xiǎngfa yòuzhì ▶～頃の思い出に浸る/沉浸在儿时的回忆中 chénjìnzài érshí de huíyì zhōng

おさなご【幼児】 幼儿 yòu'ér (英 a little child; an infant) ▶～を抱える母親/怀抱着幼儿的母亲 huáibàozhe yòu'ér de mǔqīn

おさなごころ【幼心】 童心 tóngxīn (英 a child's heart) ▶その姿は～にも惨めに見えた/那形象在孩子心中也显得十分凄惨 nà xíngxiàng zài háizi xīnzhōng yě xiǎnde shífēn qīcǎn

おさななじみ【幼馴染み】 青梅竹马之交 qīngméi zhúmǎ zhī jiāo; 从小的相识 cóng xiǎo de xiāngshí (英 a friend from one's childhood) ▶彼女は～と再会した/她和幼时的朋友再会了 tā hé yòushí de péngyou zàihuì le

おざなり【お座なりな】 敷衍 fūyǎn; 马虎 mǎhu (英 routine) ▶彼は誰に向かっても～を言う/他对谁都应酬话 tā duì shéi dōu shuō yìngchouhuà ▶～のやり方でする/用敷衍了事的方法做事 yòng fūyǎn liǎo shì de fāngfǎ zuòshì

おさまり【収まり】 解决 jiějué; 稳定 wěndìng (英 a conclusion; an end) ▶～をつける/收拾场面 shōushi chǎngmiàn ▶こんな提案では～がつかない/这样的提议不能解决问题 zhèyàng de tíyì bùnéng jiějué wèntí ▶ソファーの～が悪い/沙发

摆得不顺眼 shāfā bǎide bú shùnyǎn

おさまる【収まる・納まる】 平息 píngxī;（ある状態に）安定 āndìng（英 *fit into...; be satisfied*）▶元の鞘に～/恢复原来的关系 huīfù yuánlái de guānxi ▶二人一緒にカメラに～/两个人一起照相 liǎng ge rén yìqǐ zhàoxiàng ▶これだけの荷物が一部屋に収まりますか/一个房间放得下这么多东西吗? yí ge fángjiān fàngdexià zhème duō dōngxi ma? ▶学費の納まりぐあいはどうですか/学费缴纳得怎么样了? xuéfèi jiǎonà zěnmeyàng le?

おさまる【治まる】 安定 āndìng; 平息 píngxī（英 *calm down; be settled*）▶痛みが～了 bù téng le ▶八方まるく治まった/各方面都得到圆满解决 gè fāngmiàn dōu dédào yuánmǎn jiějué ▶インフルエンザの流行が治まった/流感平息了 liúgǎn píngxī le ▶もめごとが治まった/矛盾解决了 máodùn jiějué le ▶これで万事うまく～だろう/这样,一切都会顺利吧 zhèyàng, yíqiè dōu huì shùnlì ba ▶腹の虫が～/心中的火气平息下来 xīnzhōng de huǒqì píngxīxiàlai ▶風が～/风息 fēng xī

おさまる【修まる】 端正 duānzhèng; 改正 gǎizhèng（英 *improve; change for the better*）▶素行が～/品行改好了 pǐnxíng gǎihǎo le

おさめる【収める】 收 shōu（英 *store; keep*）▶成功を～/取得成功 qǔdé chénggōng ▶写真に～/照下来 zhàoxiàlai ▶勝利を～/获得胜利 huòdé shènglì ▶どうぞお収め下さい/请笑纳 qǐng xiàonà ▶金を金庫に～/把钱放到保险柜 bǎ qián fàngdào bǎoxiǎnguì ▶刀を鞘に～/把刀收进刀鞘 bǎ dāo shōujìn dāoshāo ▶この話は私の胸に収めておきます/我把这件事藏在我心中 wǒ bǎ zhè jiàn shì cángzài wǒ xīnzhōng

おさめる【治める】 ❶【統治】治理 zhìlǐ（英 *rule over*;［管理］*manage*）▶国を～/治国 zhì guó ❷【鎮圧】解决 jiějué; 平息 píngxī（英 *suppress*;［解決］*settle*）▶暴動を～/平息暴动 píngxī bàodòng ▶争いを～/结束争斗 jiéshù zhēngdòu

おさめる【修める】 学 xué; 研修 yánxiū（英 *study; master*）▶学を～/履修学业 lǚxiū xuéyè ▶大学では心理学を修めました/大学时学了心理学 dàxué shí xuéle xīnlǐxué ▶身を修めて精進する/修身进取 xiūshēn jìnqǔ

おさめる【納める】 缴纳 jiǎonà（英［金钱］*pay*;［物品］*deliver*）▶月謝を～/交学费 jiāo xuéfèi ▶製品を～/供应产品 gōngyìng chǎnpǐn

おさらいする 温习 wēnxí; 复习 fùxí（英 *go over one's lessons*）▶CDを頼りに～する/靠着CD来复习 kàozhe CD lái fùxí

おさん【お産をする】 分娩 fēnmiǎn; 生产 shēngchǎn（英 *have a baby; give birth*）▶～で入院する/住院生孩子 zhùyuàn shēng háizi ▶自宅で～をする/在自己家生孩子 zài zìjǐ jiā shēng háizi ▶～は軽くて済んだ/幸好分娩十分顺利 xìnghǎo fēnmiǎn shífēn shùnlì

おし【押し】 魄力 pòlì; 毅力 yìlì（英 *pushing; a push*）▶～の一手でくどき落とす/坚持到底说服对方 jiānchí dàodǐ shuōfú duìfāng

～が強い 硬要人接受自己的意见 yìng yào rén jiēshòu zìjǐ de yìjiàn; 把自己的要求强加于人 bǎ zìjǐ de yāoqiú qiángjiā yú rén

おしあう【押し合う】 拥挤 yōngjǐ（英 *push one another*）▶朝の電車は押し合いへし合いだ/早上的电车挤得要死 zǎoshang de diànchē jǐde yào sǐ

おしあける【押し開ける】 推开 tuīkāi（英 *push... open*;［無理に］*force open*）▶ドアを～/把门推开 bǎ mén tuīkāi

おしあげる【押し上げる】 抬高 táigāo（英 *push up*）▶石油の価格を～/把石油价格抬高 bǎ shíyóu jiàgé táigāo ▶実績が彼を理事長に押し上げた/实际的成果把他送上了理事长的宝座 shíjì de chéngguǒ bǎ tā sòngshàngle lǐshìzhǎng de bǎozuò

おしあてる【押し当てる】 贴 tiē（英 *press against...*）▶タオルを顔に軽く押し当てて水分を取る/用毛巾轻轻蘸蘸脸吸取水分 yòng máojīn qīngqīng zhànzhan liǎn xīqǔ shuǐfèn

おしい【惜しい】 可惜 kěxī（英［大切な］*precious; valuable*;［残念な］*unfortunate*）▶時間が～/时间宝贵 shíjiān bǎoguì ▶～ところで負けた/差点儿就赢了 chàdiǎnr jiù yíng le ▶名残り～/依依惜別 yīyī xībié ▶～人を亡くした/令人惋惜的人故去了 lìng rén wǎnxī de rén gùqù le ▶誰でも命は～/谁都惜命 shéi dōu xī mìng ▶彼を埋もれさせておくのは～/他被埋没了的话, 太可惜了 tā bèi máimòle dehuà, tài kěxī le

おじいさん【お祖父さん・お爺さん】 ❶【祖父】（父方）爷爷 yéye;（母方）老爷 lǎoye（英 *a grandfather*）❷【男の老人】老爷爷 lǎoyéye; 老大爷 lǎodàyé; 老伯伯 lǎobóbó（英 *an old man*）

おしいる【押し入る】 闯进 chuǎngjìn; 勉强进去 miǎnqiáng jìnqu（英 *break into...*）▶（強盗が）家に～/（强盗）闯进家里（qiángdào）chuǎngjìn jiālǐ

おしいれ【押し入れ】 壁橱 bìchú（英 *a closet*）▶～に仕舞う/放进壁橱 fàngjìn bìchú

おしうり【押し売り】 叫门推销 jiàomén tuīxiāo; 强行推销 qiángxíng tuīxiāo（英［人］*an aggressive salesman*;［行為］*the hard sell*）《揭示》お断り/拒绝上门推销 jùjué shàngmén tuīxiāo

おしえ【教え】 教训 jiàoxun; 教育 jiàoyù（英 *an instruction; a lesson*）▶先生の～を乞う/敬请老师赐教 jìngqǐng lǎoshī cìjiào ▶孔子の～/孔子的教诲 Kǒngzǐ de jiàohuì

おしえご【教え子】 门生 ménsheng; 学生 xuésheng（英 *one's pupil; one's student*）▶～が全国にいる/桃李遍天下 táolǐ biàn tiānxià

おしえる【教える】 ❶【教育する】教 jiāo; 教导 jiàodǎo（英 *teach; give lessons*）▶英語を

～/教英语 jiāo Yīngyǔ ▶猿に芸を教え込む/教猴子耍把戏 jiāo hóuzi shuǎ bǎxì **❷【告げる】**告诉 gàosu （英 *tell*; *inform*）▶時刻を～/报时 bàoshí ▶電話番号を～/告诉电话号码 gàosu diànhuà hàomǎ ▶駅へ行く道を教えて下さい/请问您，去车站的路怎么走？qǐng wèn nín, qù chēzhàn de lù zěnme zǒu？

おしおき【お仕置き】 惩罚 chéngfá；惩处 chéngchǔ （英 *punishment*）▶いたずらをやめないと～しますよ/你再捣蛋我就要惩罚你了 nǐ zài dǎodàn wǒ jiùyào chéngfá nǐ le

おしかえす【押し返す】 推回 tuīhuí；（攻撃を）击退 jītuì （英 *push back*）▶押されたら押し返せ/以眼还眼，以牙还牙 yǐ yǎn huán yǎn, yǐ yá huán yá

おしかける【押し掛ける】 蜂拥而至 fēngyōng ér zhì （英 *call... without previous appointment*）▶どっと～/蜂拥而至 fēngyōng ér zhì ▶いきなりマスコミが押し掛けてきた/突然之间媒体就聚集来了 tūrán zhījiān méitǐ jiù jùjílái le

▶押し掛け女房/赖上门成亲的妻子 lài shàngmén chéng qīn de qīzi

おしがる【惜しがる】 心疼 xīnténg；怜惜 liánxī （英 *look reluctant*）▶命を～ふうもない/没有一点珍惜生命的样子 méiyǒu yì diǎn zhēnxī shēngmìng de yàngzi

おじぎ【お辞儀する】 鞠躬 jūgōng；行礼 xínglǐ （英 *bow*; *make a bow*）▶軽く～する/低头敬礼 dī tóu jìnglǐ ▶深々と～する/弯腰鞠躬 wān yāo jūgōng

おしきせ【お仕着せ】《事柄》上面制定的 shàngmian zhìdìng de；《服装》制服 zhìfú （英 *uniforms provided by the company*）▶～の奉仕活動/上面决定的志愿者活动 shàngmian juédìng de zhìyuànzhě huódòng ▶ここでは～を着るしかない/在这儿只能穿制服 zài zhèr zhǐ néng chuān zhìfú

おしきる【押し切る】 坚持到底 jiānchí dàodǐ （英 *face it out*; *overcome*）▶反对意见を～/排除反对意见 páichú fǎnduì yìjiàn ▶何があってもこの案で押し切らねばならない/不管遇到什么情况也要坚持这个方案 bùguǎn yùdào shénme qíngkuàng yě yào jiānchí zhège fāng'àn

おしくも【惜しくも】 可惜 kěxī；遗憾 yíhàn （英 *by a narrow margin*）▶石川選手は～優勝を逃した/石川选手很可惜没能获胜 Shíchuān xuǎnshǒu hěn kěxī méi néng huòshèng

おしげ【惜しげ】
～もなく 慷慨大方地 kāngkǎi dàfang de ▶～もなく大金を使う/好不吝惜地花大钱 hǎobù lìnxī de huā dàqián

おじけづく【怖気づく】 害怕起来 hàipàqǐlai；胆怯起来 dǎnqièqǐlai （英 *get frightened*; *lose one's nerve*）▶怖気づいて逃げ出す/怕得逃了出去 pàde táolechūqu ▶相手の顔を見ただけで怖気づいた/一看对方，心里就发怵 yí kàn duìfāng, xīnlǐ jiù fāchù

おじける【怖ける】 发怵 fāchù；缩手缩脚 suōshǒu suōjiǎo；害怕 hàipà （英 *quail*）▶そんなことで～な/就那么一点事，别害怕 jiù nàme yì diǎn shì, bié hàipà

おしこむ【押し込む】 塞进 sāijìn；装入 zhuāngrù （英 *push into...*; *press in*）▶駅員が乗客を車内に～/站务员把乘客推进车里去 zhànwùyuán bǎ chéngkè tuījìn chēli qu ▶ポケットに本を～/把书塞进口袋 bǎ shū sāijìn kǒudai ▶シャツの裾をズボンに～/把衬衣塞进裤子里 bǎ chènyī sāijìn kùzili

おしこめる【押し込める】 塞进 sāijìn；《監禁》禁闭 jìnbì；关进 guānjìn （英 *push into...*; *press in*）▶人質を車に～/把人质关进车里 bǎ rénzhì guānjìn chēli ▶狭いところに押し込められる/被关进很窄的地方 bèi guānjìn hěn zhǎi de dìfang

おしころす【押し殺す】 忍住 rěnzhù；压抑 yāyì （英［声を］*speak in a low voice*）▶声を～/憋住声音 biēzhù shēngyīn ▶妬みを押し殺して祝いを述べる/强忍着嫉妒的心情致贺词 qiǎngrěnzhe dùjí de xīnqíng zhì hècí

おじさん【叔父さん・伯父さん】 **❶**〔父の弟〕叔父 shūfù；〔父の兄〕大伯 dàbó **❷**〔母の兄弟〕舅父 jiùfù；〔母の姉妹の夫〕姨父 yífu；〔父の姉妹の夫〕姑父 gūfu （英 *an uncle*）**❸**〔年配の男性〕大爷 dàye；叔叔 shūshu （英 *a man*；〔呼びかけ〕*Sir*）

おしすすめる【推し進める】 推动 tuīdòng；推行 tuīxíng （英 *push on*; *force one's way*）▶計画を～/推动计划 tuīdòng jìhuà

おしたおす【押し倒す】 推倒 tuīdǎo （英 *push... down*）▶トラックが電柱を押し倒した/卡车把电杆撞倒 kǎchē bǎ diàngǎn zhuàngdǎo

おしだす【押し出す】 挤出 jǐchū；推出 tuīchū （英 *push... out*）▶福祉の充実を前面に～/突出充实福利的政策 tūchū chōngshí fúlì de zhèngcè ▶マヨネーズをチューブから～/把蛋黄酱从软筒中挤出来 bǎ dànhuángjiàng cóng ruǎntǒng zhōng jǐchūlái

おしたてる【押し立てる】〔旗を〕竖起 shùqǐ；〔推挙〕推举 tuījǔ （英 *set up*；〔旗を〕*hoist*）▶旗を押し立てて行進する/举着旗帜列队行进 jǔzhe qízhì lièduì xíngjìn

おしだまる【押し黙る】 缄默 jiānmò；不声不响 bù shēng bù xiǎng （英 *keep silent*）▶肝腎なことになると～/到了关键的地方就一言不发 dàole guānjiàn de dìfang jiù yì yán bù fā

おしつけがましい【押し付けがましい】 强加于人 qiángjiā yú rén；带有强制的气氛 dàiyǒu qiángzhì de qìfēn （英 *be pushy*）▶言い方が～/说话方式强人所难 shuōhuà fāngshì qiǎng rén suǒ nán

おしつける【押し付ける】 强加 qiángjiā；推tuī （英 *press... against ～*）▶壁に頭を～/把头按在墙上 bǎ tóu ànzài qiángshang ▶無理難題を～/把无理要求强加于人 bǎ wúlǐ yāoqiú qiángjiā yú rén ▶仕事を人に～/把工作推给别

人 bǎ gōngzuò tuīgěi biéren ▶俺に責任を一気か/你想把责任强加在我头上吗？ nǐ xiǎng bǎ zérèn qiángjiā zài wǒ tóushang ma？ ▶意见を～/把自己的意见强加于人 bǎ zìjǐ de yìjiàn qiángjiā yú rén

おしっこ【御しっこ】 撒尿 sāniào；尿 niào（英 *a pee; a wee*）▶～が我慢できない/憋不住尿 biēbuzhù niào ▶ママ、～！/妈，要撒尿啦！mā, yào sāniào la！

おしつぶす【押し潰す】 压坏 yāhuài；压垮 yākuǎ（英 *crush; smash*）▶反对意见を～/压垮反对意见 yākuǎ fǎnduì yìjiàn ▶空き缶を～/把空罐压扁 bǎ kōngguàn yābiǎn

おしつまる【押し詰まる】 逼近 bījìn（英 *get near; approach*）▶暮れも～/年关迫在眉睫 niánguān pòzài méijié

おしとおす【押し通す】 坚持到底 jiānchí dàodǐ（英 *carry through...*；[主張する] *persist in*）▶意见を～/把意见坚持到底 bǎ yìjiàn jiānchí dàodǐ ▶彼はわがままを押し通そうとした/他想把自己任性的意见强加于人 tā xiǎng bǎ zìjǐ rènxìng de yìjiàn qiángjiā yú rén

オシドリ【鴛鴦】[鳥] 鸳鸯 yuānyāng（英 *a mandarin duck*）▶～夫婦/恩爱夫妻 ēn'ài fūqī

おしながす【押し流す】 冲走 chōngzǒu（英 *wash away*）▶橋は増水で押し流された/涨水把桥冲垮了 zhǎngshuǐ bǎ qiáo chōngkuǎ le

おしなべて【押しなべて】 都 dōu；总的来说 zǒng de lái shuō（英 *generally; usually*）▶観光地は～宿泊料が高い/一般来说旅游地住宿费都贵 yìbān lái shuō lǚyóudì zhùsùfèi dōu guì

おしのける【押し退ける】 排除 páichú；推开 tuīkāi；战胜 zhànshèng（英 *thrust aside*）▶ライバルを～/压倒竞争对手 yādǎo jìngzhēng duìshǒu ▶彼女は先輩たちを押し退けて編集長の座について/她战胜前辈们当上了主编 tā zhànshèng qiánbèimen dāngshàngle zhǔbiān

おしのび【お忍びで】 微行 wēixíng；微服出行 wēifú chūxíng（英 *incognito*）▶国王が～で買い物に出る/国王微服外出购物 guówáng wēifú wàichū gòuwù

おしば【押し葉】 夹在书里的干叶 jiāzài shūli de gānyè（英 *a pressed leaf*）

おしはかる【推し量る】 推测 tuīcè；揣摩 chuǎimó（英 *guess; surmise*）▶相手の気持ちを～/推测对方的心情 tuīcè duìfāng de xīnqíng

おしばな【押し花】 夹在书里的干花 jiāzài shūli de gānhuā（英 *a pressed flower*）

おしひろめる【押し広める】 推广 tuīguǎng（英 *extend; spread*）▶禁煙運動を全国に～/把禁烟运动推广到全国 bǎ jìnyān yùndòng tuīguǎngdào quánguó

おしぴん【押しピン】 图钉 túdīng（英 *a thumbtack*）

おしべ【雄蕊】 雄蕊 xióngruǐ（英 *a stamen*）

おしボタン【押しボタン】 按钮 ànniǔ（英 *push button*）▶採決に～方式を採用する/表决采用按电钮投票的方式 biǎojué cǎiyòng àndiànniǔ tóupiào de fāngshì

おしぼり【お絞り】 手巾把儿 shǒujīnbǎr（英 *a moist hand towel; a wet towel*）▶～で手を拭く/用小毛巾擦手 yòng xiǎomáojīn cā shǒu

おしまい【お仕舞い】 结束 jiéshù；完了 wánliǎo（英 *the end*）▶けんかはもう～にしよう/别吵吵了 我が社はもう～だ/我们公司已经完了 wǒmen gōngsī yǐjīng wán le

おしまくる【押しまくる】 大力推动 dàilì tuīdòng；压倒 yādǎo（英 *keep pushing to the end*）▶議論で反対派を押しまくった/争论时压倒了反对派 zhēnglùn shí yādǎole fǎnduìpài

おしむ【惜しむ】 ❶【出し惜しむ】 惋惜 wǎnxī；吝惜 lìnxī（英 *spare*；[いやがる] *be unwilling*）▶命を～/惜命 xī mìng ▶金を～/吝惜钱 lìnxī qián ▶別れを～/惜别 xī bié ▶時間を～/珍惜时间 zhēnxī shíjiān ▶労を惜しんで大事は成らない/舍不得出力则成不了大事 shěbude chū lì zé chéngbuliǎo dàshì ▶費用を惜しまずに買い揃える/不惜费用买齐 bù xī fèiyong mǎiqí ❷【残念に思う】 惋惜 wǎnxī（英 *regret; be sorry*）▶友人の死を～/惋惜好友的死 wǎnxī hǎoyǒu de sǐ

おしむぎ【押し麦】《食品》麦片 màipiàn（英 *rolled barley*）

おしめ【襁褓】 尿布 niàobù（英 *a diaper*）▶～を替える/换尿布 huàn niàobù

[日中比较] 中国語の'襁褓 qiǎngbǎo' は，赤ん坊の「おくるみ」「うぶぎ」のこと．

おしもおされもせぬ【押しも押されもせぬ】 一般公认 yìbān gōngrèn（英 *leading*）▶～巨匠/名符其实的大师 míng fú qí shí de dàshī ▶～大作家/社会公认的大作家 shèhuì gōngrèn de dàzuòjiā

おしもどす【押し戻す】 推回 tuīhuí（英 *put back; press back*）▶車椅子を病室に～/把轮椅推回病房 bǎ lúnyǐ tuīhuí bìngfáng ▶政府の圧力を世論で～/利用舆论顶回政府的压力 lìyòng yúlùn dǐnghuí zhèngfǔ de yālì

おしもんどう【押し問答】 互不让步争吵 hù bú ràngbù zhēngchǎoxiàqu（英 *argue; bandy words with...*）▶～のあげく殴り合いになった/争吵发展成斗殴了 zhēngchǎo fāzhǎnchéng dòu'ōu le

おじや《料理》泡饭 pàofàn；菜粥 càizhōu；杂烩粥 záhuìzhōu（英 *a porridge*）▶残り御飯を～にする/用剩饭做杂烩粥 yòng shèngfàn zuò záhuìzhōu

おしゃぶり 出牙啃环 chūyá jiáohuán（英 *a teething ring*）▶～をくわえる/衔出牙啃环 xián chūyá jiáohuán

おしゃべり【お喋りする】 闲聊 xiánliáo；谈天 tántiān（英 *chat; chatter*）▶～な人/碎嘴子 suìzuǐzi；话匣子 huàxiázi ▶～はやめなさい/不要说话 búyào shuōhuà ▶酒が入ると～になった/借

酒劲变得话多了 jiǔjìn biànde huà duō le

おしゃまな 早熟 zǎoshú (英 *precocious*) ▶～な子/早熟少女 zǎoshú shàonǚ

おしやる【押しやる】 推开 tuīkāi (英 *push away*; *thrust aside*) ▶テーブルを片隅に～/把桌子推到角落 bǎ zhuōzi tuīdào jiǎoluò ▶彼の勧告はどこかへ押しやられた/他的劝告被搁置到一边 tā de quàngào bèi gēzhìdào yìbiān

おしゃれ【お洒落な】 爱打扮 ài dǎban; 讲究打扮 jiǎngjiū dǎban (英 *stylish*; *dandy*) ▶～に気をつかう/讲究打扮 jiǎngjiu dǎban ▶あら、～な帽子ね/咳, 顶酷的帽子啊! āi, dǐng kù de màozi a! ▶～な喫茶店/漂亮的咖啡店 piàoliang de kāfēidiàn

おじゃんになる 完蛋 wándàn; 告吹 gàochuī (英 *be spoiled*; *fail*) ▶その計画は～になった/那个计划告吹了 nàge jìhuà gàochuī le

おしょう【和尚】 僧侣 sēnglǚ; 和尚 héshang; 法师 fǎshī (英 *the chief priest of a temple*)

おじょうさん【お嬢さん】 小姐 xiǎojiě; 令爱 lìng'ài (英 *a young lady*; [呼びかけ] *Miss...*) ▶～, お忘れ物ですよ/小姐, 你忘东西了! xiǎojiě, nǐ wàng dōngxi le! ▶お宅の～はそろそろ御卒業でしょう/您家令爱也快毕业了吧 nín jiā lìng'ài yě kuài bìyè le ba

> 日中比較 中国語の '孃 niáng' は, '娘 niáng' と同じであり, 「おかあさん」「おばさん」をいう。

おしょうばん【お相伴する】 陪伴…享受 péibàn…xiǎngshòu (英 *partake (of a meal)*) ▶先生の～で御馳走になった/陪同老师受到宴请 péitóng lǎoshī shòudào yànqǐng

おしょく【汚職する】 贪赃 tānzāng; 贪污 tānwū (英 *engage in corruption*; *give and take bribes*) ▶～事件/贪污案件 tānwū ànjiàn ▶～が発覚する/贪污被发现了 tānwū bèi fāxiàn le

おじょく【汚辱】 污辱 wūrǔ (英 *corruption*) ▶～にまみれる/蒙受污辱 méngshòu wūrǔ

おしよせる【押し寄せる】 涌过来 yǒngguòlai (英 *rush for...*; [波が] *surge upon...*) ▶津波が～/海啸涌来 hǎixiào yǒnglái ▶人波が～/人潮如浪 rénchao rú yǒng ▶バーゲンセールに大勢の客が押し寄せた/商店大甩卖, 顾客蜂拥而至 shāngdiàn dàshuǎimài, gùkè fēngyōng ér zhì

おしろい【白粉】 白粉 báifěn; 香粉 xiāngfěn (英 *face powder*) ▶～を塗る/搽粉 cháfěn ▶～を塗りむらに/涂满白粉 túmǎn báifěn ▶～も口紅もつけない/不涂粉, 不涂口红 bù tú fěn, bù tú kǒuhóng

オシロイバナ【白粉花】 〔植物〕草茉莉 cǎomòli (英 *a four-o'clock*)

オシログラフ 〔計測機器〕声谱 shēngpǔ; 示波器 shìbōqì (英 *an oscillograph*)

オシロスコープ 〔計測機器〕示波器 shìbōqì (英 *an oscilloscope*)

おしわける【押し分ける】 挤开 jǐkāi (英 *push one's way*) ▶人混みを押し分けて進む/挤开人群往前走 jǐkāi rénqún wǎng qián zǒu

おす【押す】 推 tuī; (ボタンなど) 按 àn; (印鑑) 盖 gài; (強行する) 冒 mào (英 *push*; *press*) ▶ドアを～/推门 tuī mén ▶ベルを～/按电铃 àn diànlíng ▶印鑑を～/盖章 gài zhāng ▶念を～/叮嘱 dīngzhǔ; 确认 quèrèn ▶病気を押してでかける/冒病出门 mào bìng chūmén ▶そんなに～よ/别这么挤我 bié zhème jǐ wǒ ▶乳母车を～/推婴儿车 tuī yīng'érchē ▶試合は押されっぱなしだ/比赛一直处于劣势 bǐsài yìzhí chǔyú lièshì ▶みんなに背中を押されて立候補した/被大家怂恿参加了竞选 bèi dàjiā sǒngyǒng cānjiāle jìngxuǎn ▶～な～なの混雑である/你推我攘, 拥挤不堪 nǐ tuī wǒ rǎng, yōngjǐbùkān ▶仕事が押せ押せになっている/工作积成了山 gōngzuò jīchéngle shān

おす【推す】 ❶ 【薦める】推举 tuījǔ (英 *recommend*) ▶リーダーに～/推举为领导 tuījǔwéi lǐngdǎo ▶組合の～候補者/工会推荐的候选人 gōnghuì tuījiàn de hòuxuǎnrén ❷ 【推測する】推测 tuīcè (英 *judge*) ▶学力のほどは推して知るべし/学力可想而知 xuélì kě xiǎng ér zhī

おす【雄】 公 gōng; 雄性 xióngxìng (英 *a male*; *a bull*) ▶～ライオン/雄狮 xióngshī ▶～馬/公马 gōngmǎ

おすい【汚水】 脏水 zāngshuǐ; 污水 wūshuǐ (英 *filthy water*; [下水] *sewage*) ▶～を処理する/处理污水 chǔlǐ wūshuǐ ▶～を垂れ流す/放流污水 fàngliú wūshuǐ

おずおずと 怯生生 qièshēngshēng; 战战兢兢 zhànzhànjīngjīng (英 *timidly*; *fearfully*) ▶～と診察室に入った/战战兢兢地进了诊疗室 zhànzhànjīngjīng de jìnle zhěnliáoshì ▶～と話し始めた/怯生生地开始说起来 qièshēngshēng de kāishǐ shuōqǐlai

おすそわけ【お裾分けする】 分赠 fēnzèng (英 *share a gift*) ▶甲州みやげの～をする/分赠甲州的特产 fēnzèng Jiǎzhōu de tèchǎn ▶いただきものの～ですがどうぞ/把收到的礼物也分给你, 请尝尝吧 bǎ shōudào de lǐwù yě fēngěi nǐ, qǐng chángchang ba

おすみつき【お墨つき】 (権威的)保证 (quánwēi de) bǎozhèng (英 *seals of approval*) ▶大臣の～をもらう/得到大臣的认可 dédào dàchén de rènkě

オセアニア 大洋洲 Dàyángzhōu (英 *Oceania*)

おせじ【お世辞】 奉承话 fèngchenghuà; 恭维话 gōngwéihuà (英 *a compliment*; *a flattery*) ▶～を言う/说恭维话 shuō gōngwéihuà; 戴高帽子 dài gāomàozi ▶その言葉は～にすぎない/那句话只不过是客套话罢了 nà jù huà zhǐbuguò shì kètàohuà bà le ▶～は歯の浮くような～を言う男だ/他是那种人一说奉承话让人觉得肉麻 tā shì nà zhǒng rén yì shuō fèngchenghuà ràng rén juéde ròumá ▶～でなく, これはたいしたものだ/不是恭维, 这很了不起 bú shì gōngwei, zhè hěn liǎobuqǐ

おせちりょうり【御節料理】 日本过年吃的

伝統菜 Rìběn guònián shí chī de chuántǒngcài; 过年菜 guòniáncài (英) *the special and traditional New Year's dishes*)

おせっかい【お節介】 多管闲事 duō guǎn xiánshì (英) *meddling*) ▶~はやめろ/别管闲事 bié guǎn xiánshì ▶全くよけいな～だ/真是狗咬耗子, 多管闲事 zhēn shì gǒu yǎo hàozi, duō guǎn xiánshì ▶あの人の～で話がこわれた/因为他多管闲事, 结果事情泡汤了 yīnwèi tā duō guǎn xiánshì, jiéguǒ shìqing pàotāng le

オセロ【ゲーム】 (商標) 奥赛罗棋 Àosàiluóqí (英) *Othello*)

おせん【汚染する】 污染 wūrǎn (英) *pollute*; *contaminate*) ▶環境～/环境污染 huánjìng wūrǎn ▶大気～/空气污染 kōngqì wūrǎn ▶河川の～/河流污染 héliú wūrǎn ▶車による空気の～/汽车引起的空气污染 qìchē yǐnqǐ de kōngqì wūrǎn ▶放射能による～/放射线引起的污染 fàngshèxiàn yǐnqǐ de wūrǎn ▶～を取り除く/排除污染 páichú wūrǎn ▶廃油で海が～される/海水遭到废油污染 hǎishuǐ zāodào fèiyóu wūrǎn ◆～物質 [污染物] wūrǎnwù ～物質排出権 [排污权] páiwūquán

おぜんだて【お膳立て】 (事前の準備) 准备 zhǔnbèi (英) *preparations*; *arrangements*) ▶大会の～を整える/做好大会的准备 zuòhǎo dàhuì de zhǔnbèn

おそい【遅い】 ❶【速度が】 慢 màn (英) *slow*) ▶走るのが～/跑得慢 pǎode màn ▶テンポが～/速度慢 sùdù màn ▶その列車は各駅停車でひどく～/那次列车每站都停, 非常慢 nà cì lièchē měi zhàn dōu tíng, fēicháng màn ▶呑み込みが～/领会得很慢 lǐnghuìde hěn màn ❷【時刻が】 晚 wǎn (英) *late*) ▶開店が～/开店开得晚 kāidiàn kāide wǎn ▶もう～/天不早了/finwǎn 了 tiān bù zǎo le ▶夜遅くに呼び起こされる/深更半夜被叫醒 shēn gēng bàn yè bèi jiàoxǐng ▶来るのが1日遅かった/晚到一天 wǎn dào yì tiān ▶帰宅が～/回家晚 huíjiā wǎn ▶朝遅く起きてシャワーを浴びる/早上很晚起床, 然后冲个淋浴 zǎoshang hěn wǎn qǐchuáng, ránhòu chōng ge línyù

おそう【襲う】 袭击 xíjī (英) *attack*; *fall on*; *raid*) ▶洪水が～/洪水侵袭 hóngshuǐ qīnxí ▶強盗に襲われる/被强盗袭击 bèi qiángdào xíjī ▶眠気が～/睡意袭来 shuìyì xílái ▶激しい嵐が町を襲った/强烈的暴风雨袭击了小镇 qiángliè de bàofēngyǔ xíjīle xiǎozhèn ▶恐怖が彼を襲った/恐怖侵扰了他 kǒngbù qīnrǎole tā

おそかれはやかれ【遅かれ早かれ】 早晚 zǎowǎn; 迟早 chízǎo (英) *sooner or later*) ▶その企業は～倒産する/那家企业早晚会破产的 nà jiā qǐyè zǎowǎn huì pòchǎn de

おそざき【遅咲きの】 迟开 chíkāi; 晚开 wǎnkāi (英) *late-blooming*; *late*) ▶~の桜/晚开的樱花 wǎnkāi de yīnghuā

おそなえ【お供え】 供品 gòngpǐn (英) *an offering*); [餅] *a rice-cake offering*) ▶仏様への～物/拜佛用的供品 bài fó yòng de gòngpǐn

おそばん【遅番】 晚班 wǎnbān (英) *the late shift*)

おそまき【遅まき】 ❶【種の】 晚播 wǎn bō; 晚种 wǎn zhòng (英) *late sowing*) ❷【時期的に】 已过时机 yǐ guò shíjī (英) *a bit too late*) ▶～ながら救済策が講じられる/虽然晚了点, 但还是要采取救助措施 suīrán wǎnle diǎn, dàn háishi yào cǎiqǔ jiùzhù cuòshī

おそまつ【お粗末な】 粗劣 cūliè; 笨拙 bènzhuō (英) *poor*; *inferior*; *shody*) ▶我ながら～な対応だった/我也知道我接待得很糟糕 wǒ yě zhīdào wǒ jiēdàide hěn zāogāo ▶技术太粗糙 jìshù tài cūcāo

おそらく【恐らく】 大概 dàgài; 恐怕 kǒngpà (英) *perhaps*; *probably*; *possibly*) ▶～彼は来ないだろう/大概他不会来 dàgài tā búhuì lái

おそるおそる【恐る恐る】 提心吊胆 tí xīn diào dǎn; 战战兢兢 zhànzhànjīngjīng (英) *fearfully*) ▶～近寄る/战战兢兢地靠近 zhànzhànjīngjīngde kàojìn ▶～手に取る/小心翼翼地拿起来 xiǎoxīn yìyì de náqǐlai

おそるべき【恐るべき】 可怕的 kěpà de (英) *dreadful*; *terrible*; [侮れない] *awesome*) ▶～パワー/惊人的力量 jīng rén de lìliang ▶～疫病の蔓延/可怕的瘟疫蔓延 kěpà de wēnyì mànyán ▶～は彼らの屈辱感だ/要警惕的是他们怀有的耻辱感 yào jǐngtì de shì tāmen huáiyǒu de chǐrǔgǎn

おそれ【恐れ】 畏惧 wèijù (英) *fear*; *terror*; *anxiety*) ▶～を知らずの/大无畏的 dà wúwèi de ▶死への～がいよいよ募る/对死的恐惧越来越强烈 duì sǐ de kǒngjù yuèláiyuè qiángliè ▶～を知らない女性/不知恐惧的女性 bù zhī kǒngjù de nǚxìng ▶…の～がある 怕要… pàyào…; 有…的危险 yǒu…de wēixiǎn ▶暴風雨の～がある/有暴风雨的可能 yǒu bàofēngyǔ de kěnéng

おそれいる【恐れ入る】 ❶【恐縮】 不敢当 bù gǎndāng (英) *be sorry*) ▶これは御親切に, 恐れ入ります/让您费心, 很不好意思 ràng nín fèixīn, hěn bù hǎoyìsi ▶恐れ入りますが/真对不起 zhēn duìbuqǐ; 劳驾 láojià ❷【閉口・驚き】 佩服 pèifu; 吃惊 chījīng (英) *be embarrassed*) ▶彼の言いわけのうまいのには恐れ入った/他我借口的本领, 真可让人佩服 tā zhǎo jièkǒu de běnlǐng, zhēn kě ràng rén pèifu ▶あれで詩人だとは恐れ入った/那样还能算诗人, 真不敢相信 nàyàng hái néng suàn shīrén, zhēn bù gǎn xiāngxìn

おそれおおい【恐れ多い】 诚惶诚恐 chéng huáng chéng kǒng (英) *gracious*) ▶このような立派な賞をいただけるとは誠に～ことです/能拿到这样的大奖, 真是诚惶诚恐 néng nádào zhèyàng de dàjiǎng, zhēn shì chéng huáng chéng kǒng

おそれおののく【恐れ戦く】 魂不守舍 hún bù shǒu shè; 心惊肉跳 xīn jīng ròu tiào (英) *be*

in a tremble）→**おののく**〈戦く〉 ▶人食い熊が出て住民は恐れ戦いた/出现了吃人的熊，居民们都心惊胆战 chūxiànle chī rén de xióng, jūmínmen dōu xīn jīng dǎn zhàn ▶子供たち/吓得发抖的孩子们 xiàde fādǒu de háizimen

おそれる【恐れる】 害怕 hàipà; 怕 pà; 畏惧 wèijù (英) *fear; be afraid of...; be fearful*） ▶失敗を～/惧怕失败 jùpà shībài ▶何も～ことはない/没什么可害怕的 méi shénme kě hàipà de ▶彼は間違うことを恐れて英語を話したがらない/他害怕出错不愿意说英语 tā hàipà chūcuò bú yuànyì shuō Yīngyǔ ▶最も恐れていたことが現実となった/最担心的事发生了 zuì dānxīn de shì fāshēng le

おそろい【お揃いで】《物が》（两件东西）一样（liǎng jiàn dōngxi）yíyàng；《人が》（两个人）一起（liǎng ge rén）yìqǐ (英) *together*） ▶～の服を着た二人の少女/穿着一样衣服的两个少女 chuānzhe yíyàng yīfú de liǎng ge shàonǚ ▶や あ，～でお出かけですか/欸，你们一起出门啊 éi, nǐmen yìqǐ chūmén a

おそろしい【恐ろしい】 可怕 kěpà (英) *fearful; horrible; fierce*） ▶～話/吓人的话 xiàrén de huà ▶～ことになった/情况变得危急了 qíngkuàng biànde wēijí le ▶末っ子供/前途可畏的孩子 qiántú kě wèi de háizi ▶ガンは決して～病気ではない/癌症绝不是可怕的病 áizhèng jué bú shì kěpà de bìng ▶世にも～物語/令人毛骨悚然的故事 lìng rén máo gǔ sǒngrán de gùshi

おそわる【教わる】 学 xué；请教 qǐngjiào (英) *be taught; learn*） ▶料理人にレシピを～/向厨师请教菜谱 xiàng chúshī qǐngjiào càipǔ ▶最初に～のは挨拶の仕方です/首先学的是怎么打招呼 shǒuxiān xué de shì zěnme dǎ zhāohu

オゾン 臭氧 chòuyǎng (英) *ozone*） ▶～層/臭氧层 chòuyǎngcéng
～ホール/臭氧洞 chòuyǎngdòng

おたかい【お高い】（英) *haughty*） ▶お高くとまる/高高在上 gāogāo zài shàng；高傲自大 gāo'ào zìdà

おたがい【お互い】 相互 xiānghù; 互相 hùxiāng; 彼此 bǐcǐ (英) *mutually; each other*） ▶～苦労しますね/我们都很辛苦啊 wǒmen dōu hěn xīnkǔ a ▶～の足りない所を補い合う/相互弥补不足之处 xiānghù mǐbǔ bùzú zhī chù ▶～に気をつけよう/彼此多保重 bǐcǐ duō bǎozhòng
◆～様 彼此彼此 bǐcǐ bǐcǐ ▶困った時は～様だ/谁都会有难处，应该互相帮助 shéi dōu huì yǒu nánchu, yīnggāi hùxiāng bāngzhù

おたく【お宅】 ❶【相手の家】 府上 fǔshang; 尊府 zūnfǔ (英) *your house*） ▶～へお届けします/送到您家 sòngdào nín jiā ❷【呼称として「あなた」】 您 nín (英) *your*） ▶～はどうお考えすか/您意意如何 nín zūnyì rúhé ❸【マニアックな人】 迷 mí (英) *a freak*） ▶アニメ～/动画迷 dònghuàmí

おだく【汚濁】 污浊 wūzhuó (英) *corruption*） ▶工場排水で河川の～が進む/因为工厂排水，河流的污染更严重了 yīnwèi gōngchǎng páishuǐ, héliú de wūzhuó gèng yánzhòng le

おたけび【雄叫び】 吼声 hǒushēng (英) *a war cry*） ▶～を上げる/发出吼声 fāchū hǒushēng

おたずねもの【お尋ね者】 逃犯 táofàn (英) *a wanted man; a fugitive from justice*）

おだて 捧场 pěngchǎng (英) *flattery*） ▶あの男には～がきかない/那个人不吃捧 nàge rén bù chī pěng
～に乗る 轻信吹捧 qīng xìn chuī pěng; 受人怂恿 shòu rén sǒngyǒng ▶～に乗らない/不受人怂恿 bú shòu rén sǒngyǒng

おだてる 戴高帽子 dài gāomàozi; 捧 pěng; 捧场 pěngchǎng (英) *flatter*） ▶そんなに～なよ/别吹我 bié chuī wǒ ▶おだてられて寄付する/受到吹捧而捐钱 shòudào chuīpěng ér juānqián

おだぶつ【お陀仏になる】 落空 luòkōng; 《人が》死 sǐ (英) *die; kick the bucket*） ▶増産プランが～になる/增产计划落空了 zēngchǎn jìhuà luòkōng le ▶そうなったら～だ/这样了，就没办法了 zhèyàng le, jiù méi bànfǎ le ▶入院先で～になる/在医院去世了 zài yīyuàn qùshì le

オタマジャクシ【動物】 蝌蚪 kēdǒu;《音符》音符 yīnfú (英) *a tadpole; a polliwog*） ▶～はかえるの子/蝌蚪是青蛙的孩子 kēdǒu shì qīngwā de háizi ▶ねえ，君，～が読めるの/啊哪，你会读五线谱啊 āya, nǐ huì dú wǔxiànpǔ a

おためごかし 假惺惺 jiǎxīngxīng; 假仁假义 jiǎ rén jiǎ yì (英) *seeming kindness*） ▶～の親切/虚伪的殷勤 xūwěi de yīnqín ▶～を言って金を出させる/说假仁假义的话，骗人出钱 shuō jiǎ rén jiǎ yì de huà, piàn rén chū qián

おだやか【穏やかな】 温和 wēnhé; 安稳 ānwěn; 和气 héqi (英) *calm; peaceful; gentle*; [稳当な] *moderate*） ▶～な天気/温和的天气 wēnhé de tiānqì ▶～な性格/性情温静 xìngqíng wěnjìng ▶～な口調/语调柔和 yǔdiào róuhé ▶彼の発言は～でない/他的发言不稳妥 tā de fāyán bù wěntuǒ ▶～に事を収めてほしい/请把事情稳当地处理好 qǐng bǎ shìqíng wěndang de chǔlǐhǎo

おだわらひょうじょう【小田原評定】 议而不决的漫长会议 yì ér bù jué de màncháng huìyì (英) *an endless debate*） ▶理事会は～を繰り返している/理事会重复着得不到结论的漫长会议 lǐshìhuì chóngfùzhe débudào jiélùn de màncháng huìyì

おち【落ち】 ❶【手抜かり】 遗漏 yílòu (英) *an error, a fault; an omission*） ▶帳簿に～がある/账簿中有漏洞 zhàngbù zhōng yǒu lòudòng ❷【結末】 结尾 jiéwěi (英) *the end; the final result*） ▶笑われるのが～/结果只会为人嗤笑 jiéguǒ zhǐ huì wéi rén chīxiào ▶話にうまく～がついた，话谈出了好结论 huà tánchūle hǎo jiélùn

おちあう【落ち合う】 相会 xiānghuì; 碰头 pèngtóu (英) *meet（by appointment）*） ▶6時

に駅で落ち合おう/六点在车站见面 liù diǎn zài chēzhàn jiànmiàn ▶彼女は～約束の場所で私を待っていた/她在约好了的地方等着我 tā zài yuēhǎole de dìfang děngzhe wǒ ▶上海で落ち合って北京まで同行する/在上海碰头一同前往北京 zài Shànghǎi pèngtóu yìtóng qiánwǎng Běijīng

おちいる【陥る】 陷于 xiànyú; 陷入 xiànrù (英 *fall into...*) ▶窮地に～/陷入困境 xiànrù kùnjìng ▶不況に～/陷入萧条 xiànrù xiāotiáo ▶敵の罠に～/落入了敌人的陷阱 làorùle dírén de xiànjǐng ▶その後しばらく自己嫌悪に陥った/之后的一个时期里陷入了自我厌恶状态 zhīhòu de yí ge shíqīli xiànrùle zìwǒ yànwù zhuàngtài ▶昏睡状態に～/陷入昏迷状态 xiànrù hūnmí zhuàngtài

おちおち 安心 ānxīn; 安稳 ānwěn (英 *calmly; comfortably*) ▶～酒も飲めない/不能安稳喝酒 bùnéng ānwěn hē jiǔ ▶地震が心配で夜も～眠れない/担心地震晚上也不能安心睡觉 dānxīn dìzhèn wǎnshang yě bùnéng ānxīn shuìjiào

おちこぼれ【落ちこぼれ】 漏出来的 lòuchūlai de; (比喻) 后进生 hòujìnshēng (英 *a dropout*) ▶自慢じゃないが私は～学生だった/不是自吹，我还真是个后进生 bú shì zì chuī, wǒ hái zhēn shì ge hòujìnshēng

おちこむ【落ち込む】 愁郁 chóuyù; 低沉 dīchén; [地盤など]; cave in; [気分が] *be depressed*) ▶気分が～/心情沮丧 xīnqíng jǔsàng ▶景気が～/经济萧条 jīngjì xiāotiáo ▶試合に負けて選手はみな落ち込んでしまった/比赛输了，选手们都很沮丧 bǐsài shū le, xuǎnshǒumen dōu hěn jǔsàng ▶利益が前年の5割に～/利润降到前一年的一半 lìrùn jiàngdào qián yì nián de yíbàn

おちつき【落ち着き】 平静 píngjìng; 稳定 wěndìng (英 *calmness; presence of mind*) ▶～がある/沉着 chénzhuó; 稳重 wěnzhòng ▶～がない/心浮气躁 xīn fú qì zào ▶～を失う/失去冷静 shīqù lěngjìng ▶暴動が鎮圧され町は～を取り戻した/暴动被镇压下去了，街上恢复了平静 bàodòng bèi zhènyāxiàqu le, jiēshang huīfùle píngjìng

おちつく【落ち着く】 ❶[心が] 镇静 zhènjìng; 从容 cóngróng; 安宁 ānníng (英 *calm down; cool down*) ▶気分が～/情绪稳定 qíngxù wěndìng ▶落ち着いた行動/沉着的行动 chénzhuó de xíngdòng ▶この部屋は気分が落ち着かない/这间屋子不觉得舒适 zhè jiān wūzi bù juéde shūshì ▶判決を前に落ち着かない日々を送る/判决之前，提心吊胆地过日子 pànjué zhīqián, tí xīn diào dǎn de guò rìzi ❷[事態が] 稳定 wěndìng; 平静 píngjìng (英 *calm down; become quiet*) ▶騒ぎが～/骚乱平定 sāoluàn píngdìng ▶仕事が～/工作安顿下来 gōngzuò āndùnxiàlai ▶もっと落ち着いた生活がしたい/想过更加平静的生活 xiǎng guò gèngjiā píngjìng

de shēnghuó ❸[定住する] 安顿 āndùn (英 *settle down*) ▶田舎に～/定居在乡下 dìngjū zài xiāngxia ❹[結論に達する] 着落 zhuóluò (英 *come to...*) ▶いつもの線に～/到头来还是归结到以往的结论 dàotóulái háishi guījié dào yǐwǎng de jiélùn ▶最終順位は4位に落ち着いた/结果排名第四 jiéguǒ páimíng dìsì ❺[浮ついていない] 淡雅 dànyǎ; 素静 sùjìng (英 *be in keeping; harmonize*) ▶落ち着いた色合い/淡雅的颜色 dànyǎ de yánsè

おちど【落ち度】 错儿 cuòr; 过错 guòcuò (英 [罪] *blame*; [過失] *a fault*) ▶これは君の～だ/这是你的过错 zhè shì nǐ de guòcuò ▶誰の～でもない/谁都没错儿 shéi dōu méicuòr

～がある 有过错 yǒu guòcuò ▶検察は被害者にも～があったという/检察官说被害者也有过失 jiǎncháguān shuō bèihàizhě yě yǒu guòshī

おちば【落ち葉】 落叶 luòyè (英 *fallen leaves*) ▶～を燃やす/烧落叶 shāo luòyè

おちぶれる【落ちぶれる】 沦落 lúnluò; 落魄 luòpò (英 *be reduced to poverty*) ▶そこまで～わけにはいかない/不能沦落到那种地步 bùnéng lúnluòdào nà zhǒng dìbù ▶落ちぶれた男/潦倒的男人 liáodǎo de nánrén

おちぼ【落ち穂】 落穂 luòsuì (英 *gleanings*) ▶～を拾う/拾麦穗 shí màisuì ▶ミレーの名画「～拾い」/米勒的名画《拾穗》 Mǐlè de mínghuà 《Shí suì》

おちめ【落ち目になる】 颓势 tuíshì; 下坡路 xiàpōlù (英 *be on the wane*) ▶～の奴には近づくな/别接近走背字儿的家伙 bié jiējìn zǒu bèizìr de jiāhuo ▶彼の人気は～だ/他的人气在滑坡 tā de rénqì zài huápō

おちゃ【お茶】 茶 chá (英 *tea*) ▶～を入れる/泡茶 pàochá ▶～を飲む/喝茶 hē chá ▶～を習う/学茶道 xué chádào

～を濁す 搪塞过去 tángsèguòqu

◆～漬け/茶泡饭 chápàofàn

おちゃのこさいさい【お茶の子さいさい】 轻而易举 qīng ér yì jǔ; 小菜一碟 xiǎocài yì dié (英 *easy to do*)

おちゃめ【お茶目な】 顽皮可爱(的人) wánpí kě'ài (de rén); 淘气(包) táoqì(bāo) (英 *impish*)

おちょうしもの【お調子者】 轻浮的人 qīngfú de rén (英 *a person easily elated*)

おちょぼぐち【おちょぼ口】 樱桃嘴 yīngtáozuǐ (英 *a small mouth*)

おちる【落ちる】 ❶[落下する] 落 luò; 掉 diào; 跌落 diēluò (英 *fall; drop*) ▶溝に～/掉进沟里 diàojìn gōuli ▶木の実が～/果子掉下来 guǒzi diàoxiàlai ▶2階からころがり～/从二楼上滚下来 cóng èr lóu shang gǔnxiàlai ▶橋が落ちた/桥塌落了 qiáo tāluò le ▶日が落ちて風がやんだ/太阳落去，风停了 tàiyáng luòxiàqu, fēng tíng le ❷[低下する] 下降 xiàjiàng; 降低 jiàngdī (英 *decrease*) ▶人気が～/声望下

降 shēngwàng xiàjiàng ▶成績が~/成绩降低 chéngjì jiàngdī ▶料理の味が~/菜的味道没那么好吃了 cài de wèidao méi nàme hǎochī le ❸【なくなる】掉 diào (come off) ▶色が~/掉色 diàoshǎi ▶洗っても落ちない/(衣服的印迹等)洗也洗不掉 (yīfu de yìnjì děng) xǐ yě xǐbudiào ❹【落第・落選する】考不中 kǎobuzhòng; 没考上 méi kǎoshàng (fail) ▶入試に~/入学考试落榜 rùxué kǎoshì luòbǎng ❺【その他】罠に~/上圈套 shàng quāntào; 落入陷阱 luòrù xiànjǐng ▶恋に~/陷入情网 xiànrù qíngwǎng ▶深い眠りに~/进入熟睡 jìnrù shúshuì ▶あの島も敵の手に落ちた/那个海岛也落到敌人手里 nàge hǎidǎo yě luòdào dírén shǒuli

ことわざ 猿も木から落ちる 智者千虑必有一失 zhìzhě qiān lǜ bì yǒu yì shī; 孔子也会写错字 Kǒngzǐ yě huì xiěcuò zì

おつ【乙な】有趣味 yǒu qùwèi; 别具一格 biéjù yì gé (stylish; chic) ▶~な味/别有风味 bié yǒu fēngwèi ▶~に気取る/装模作样 zhuāng mú zuò yàng ▶~なことを言うじゃないか/你说得真妙 nǐ shuōde zhēn miào

おっかけ【追っ掛け】追 zhuī; 追赶 zhuīgǎn; (スターなどの)追星族 zhuīxīngzú (a fan going after an idle) ▶私は韓流スターの~だった/我曾经是韩流明星的追星族 wǒ céngjīng shì Hánliú míngxīng de zhuīxīngzú

おっくう【億劫な】懒得 lǎnde; 感觉麻烦 gǎnjué máfan (troublesome; annoying) ▶新しいことを始めるのは~だ/从头开始新东西觉得麻烦 cóngtóu kāishǐ xīndōngxi juéde máfan ▶暑さのあまり返事をするのも~だ/热得连答应也觉得没劲儿 rède lián dāying yě juéde méijìnr

おつげ【お告げ】启示 qǐshì; 天启 tiānqǐ (an oracle; a divine message) ▶確かに神の~を聞いた/确实听到了神的启示 quèshí tīngdàole shén de qǐshì

おっしゃる【仰る】说 shuō (say; speak) ▶何を~やら/您说什么 nín shuō shénme ▶~通りまだ半人前です/正如您所说，我还不够格 zhèngrú nín suǒ shuō, wǒ hái bú gòu gé

おっちょこちょい 轻浮(的人) qīngfú (de rén) (a careless fellow)

おって【追って】随后 suíhòu; 改天 gǎitiān (のちほど) (later on) ▶詳細は~御連絡します/详细情况以后联系 xiángxì qíngkuàng yǐhòu liánxì

おっと【夫】男人 nánren; 丈夫 zhàngfu (a husband) ▶~のある女/有丈夫的女人 yǒu zhàngfu de nǚrén ▶~には愛想が尽きた/对丈夫正经感到厌倦了 duì zhàngfu zhèngjīng gǎndào yànjuàn le

日中比较 中国語では夫を指して'丈夫 zhàngfu' という. 従って中国語の'丈夫'は日本語の「丈夫だ」という意味ではない. 最近の中国では, 夫を指すため建国前に使われていた'先生 xiānsheng' が復活して, こちらもよく使われる.

オットセイ 〖動物〗海狗 hǎigǒu; 腽肭兽 wànàshòu (a (fur) seal)

オットマン 〖足置き台〗脚凳 jiǎodèng (an ottoman)

おっとり 大方 dàfang; 从容 cóngróng (gentle; quiet; calm) ▶~した性格/憨厚的性格 hānhòu de xìnggé

~構える 从容不迫 cóngróng bú pò ▶会社が危ないのに~構えている場合か/公司危急, 你还这么从容不迫的啊？ gōngsī wēijí, nǐ hái zhème cóngróng bú pò de a?

おっとりがたな【押っ取り刀】匆匆忙忙 cōngcōngmángmáng; 急忙 jímáng (without sufficient preparations) ▶急を聞いて~で駆けつける/听到紧急情况，匆匆忙忙地赶去 tīngdào jǐnjí qíngkuàng, cōngcōngmángmáng de gǎnqù

おっぱい【幼児語】奶 nǎi; 乳房 rǔfáng (乳) milk; (乳房) the breasts ▶~を飲む/吃奶 chī nǎi

おつり【お釣り】找头 zhǎotou; 找钱 zhǎoqián (change) ▶~を下さい/请找钱 qǐng zhǎo qián ▶10円の~です/找你十块钱 zhǎo nǐ shí kuài qián ▶その功績は失败を补ってなお~がある/将功补过都还有富余 jiāng gōng bǔ guò dōu háiyǒu fùyu

おてあげ【お手上げだ】束手无策 shùshǒu wúcè; 没办法 méi bànfǎ (give up; I'll raise my hands!) ▶資金が尽きてもう~だ/资金用光了，已经束手无策 zījīn yòngguāng le, yǐjīng shùshǒu wúcè

おでき 疙瘩 gēda; 脓包 nóngbāo (an eruption) ▶~ができた/长疙瘩了 zhǎng gēda le

おでこ 额头 étóu (one's brow; one's forehead) ▶~が広い/额头宽 étóu kuān

おてだま【お手玉】小布袋 xiǎobùdài; 扔包游戏 rēngbāo yóuxì (a small cloth beanbag; the game with them to the rhythm of songs)

おてつだい【お手伝い】(人)保姆 bǎomǔ; 阿姨 āyí; (行为)帮忙 bāngmáng ([人] a housekeeper) ▶~しましょう/我来帮你忙吧 wǒ lái bāngbang máng ba

おてのもの【お手の物】拿手 náshǒu; one's forte (speciality) ▶トランプなら~です/我擅长打扑克 wǒ shàncháng dǎ pūkè ▶彼はフランス語なら~だ/说法语, 他挺拿手的 shuō Fǎyǔ, tā tǐng náshǒu de

おてもり【お手盛り】给自己盛饭 gěi zìjǐ chéngfàn; 为自己打算 wèi zìjǐ dǎsuan; 公事私办 gōngshì sī bàn (arrangements so as to benefit oneself) ▶議員らで歳費の増額を决める/议员以公谋私, 决定提高自己的年薪 yìyuán yǐ gōng móu sī, juédìng tígāo zìjǐ de niánxīn

おてやわらかに【お手柔らかに】(kindly; gently) ▶~願います/请手下留情 qǐng shǒuxià liúqíng

おてん【汚点】污点 wūdiǎn (a blot; a blem-

*ish）　~を残す/留下污点 liúxià wūdiǎn

おてんきや【お天気屋】 喜怒无常的人 xǐnù wúcháng de rén（英 *a moody person*）▶あの娘は~だから付き合いにくい/那个女孩儿喜怒无常，很难和她相处 nàge nǚhái xǐnù wúcháng, hěn nán xiāngchǔ

おてんば【お転婆】 淘气的姑娘 táoqì de gūniang（英 *a romp; a tomboy; a saucy miss*）

おと【音】 声音 shēngyīn; 声响 shēngxiǎng（英 *a sound; a noise*）▶~の高低/音高 yīngāo ｜ ~の大小/音强 yīnqiáng ｜ ~を遮断する/隔音 gé yīn ｜ ~を立てる/作响 zuò xiǎng ▶物~一つ聞こえなかった/听不到一点声音 tīngbudào yìdiǎn shēngyīn ｜ 足~が近づいてくる/脚步声走近了 jiǎobùshēng zǒujìn le ｜ ピストルの~がした/听见了手枪的声响 tīngjiànle shǒuqiāng de shēngxiǎng ▶寄せては返す波の~/波浪涌来退去的声音 bōlàng yǒnglái tuìqù de shēngyīn ｜ ~を立てずにスープを飲む/不出声地喝汤 bù chū shēng de hē tāng

~に聞く 闻名 wénmíng

おとうさん【お父さん】 爸 bà; 爸爸 bàba; 爹 diē（英 *father; papa*）

おとうと【弟】 弟弟 dìdi（英 *a younger brother*）▶~弟子/师弟 shīdì ｜ 三つ違いの~がいる/有一个小三岁的弟弟 yǒu yí ge xiǎo sān suì de dìdi

おどおどする 战战兢兢 zhànzhànjīngjīng; 怯生生 qièshēngshēng（英 *be frightened; be nervous*）▶~しながら試験に臨む/忐忑不安地面对考试 tǎntè bùān de miànduì kǎoshì

おどかす【脅かす】 ❶【びっくりさせる】 吓 xià; 吓唬 xiàhu（英 *surprise; startle*）▶突然現れて~/突然出现吓人一跳 tūrán chūxiàn xià rén yí tiào ▶いきなり脅かして悪いんだけど…/突然让你吃惊，是我不好…/突然让 nǐ chījīng, shì wǒ bù hǎo… ❷【恐れさせる】 威逼 wēibī; 威吓 wēihè（英 *frighten; terrify; threaten*）▶刃物をちらつかせて~/挥着刀子威胁 huīzhe dāozi wēixié

おとぎばなし【お伽噺】 童话 tónghuà; 民间故事 mínjiān gùshi（英 *a fairy (nursery) tale*）▶子供に~を読んで聞かせる/朗读故事给孩子听 lǎngdú gùshi gěi háizi tīng

おどける 逗乐儿 dòulèr; 谐谑 xiéxuè（英 *make a joke; try to be funny*）▶おどけた口調で褒め上げる/用逗乐的口吻表扬 yòng dòulè de kǒuwěn biǎoyáng

◆おどけ者 小丑 xiǎochǒu

おとこ【男】 男子汉 nánzǐhàn; 男人 nánrén（英 *a man*）▶一人前の~になる/成为名副其实的男子汉 chéngwéi míng fù qí shí de nánzǐhàn ▶こso れで私も~が立つ/这样, 我作为男人才有脸 zhèyàng, wǒ zuòwéi nánrén cái yǒu liǎn ▶あの女は~のようだ/那个女人像男人一样 nàge nǚrén xiàng nánrén yíyàng ▶これは~と~の約束だ/这可是男人和男人的约定 zhè kě shì nánrén

hé nánrén zhījiān de yuēdìng ▶~を作る/有情夫 yǒu qíngfū

~がすたる 丢男子汉的脸 diū nánzǐhàn de liǎn

~を上げる 露脸 lòuliǎn

~を下げる 丢脸 diūliǎn

おとこぎ【男気】 义气 yìqì; 大丈夫气概 dàzhàngfū qìgài; 侠气 xiáqì（英 *a manly spirit; gallantry*）▶~を出して援助する/拿出侠气来帮助 náchū xiáqì lái bāngzhù

おとこぎらい【男嫌い】 男嫌い 讨厌男人的女人 tǎoyàn nánrén de nǚrén（英 *a man-hater*）

おとこごころ【男心】 男人的心 nánrén de xīn; 男人气概 nánrén qìgài（英 *a man's heart*）

おとこざかり【男盛り】 壮年 zhuàngnián（英 *the prime of manhood*）

おとこじょたい【男所帯】 没有女人的家庭 méiyǒu nǚrén de jiātíng（英 *a household of men*）▶~は味気ない/没有女人的家里很没意思 méiyǒu nǚrén de jiāli hěn méi yìsi

おとこで【男手】 男劳动力 nánláodònglì; 男工 nángōng（英 *male help*）▶一つで三児を育てた/没有妻子，一个人把三个孩子养大成人 méiyǒu qīzi, yí ge rén bǎ sān ge háizi yǎngdà chéngrén ｜ 工事に~が足りない/施工缺少男工 shīgōng quēshǎo nángōng

おとこのこ【男の子】 男孩儿 nánháir（英 *a boy; a male child*）▶~を授かる/得了个男孩 déle ge nánhái

おとこぶり【男振り】 男子汉的仪表 nánzǐhàn de yíbiǎo（英 *a man's looks*）▶~のよい/仪表堂堂 yíbiǎo tángtáng ｜ 一段と~を上げる/做为男子汉的评价更高了 zuòwéi nánzǐhàn de píngjià gèng gāo le

おとこまえ【男前】 美男子 měinánzǐ（英 *good-looking man*）

おとこまさり【男勝り】 比男人能干的女人 bǐ nánrén nénggàn de nǚrén; 巾帼丈夫 jīnguó zhàngfū（英 *spirited; manly*）

おとこみょうり【男冥利】 生为男子的幸运 shēngwéi nánzǐ de xìngyùn（英 *the fortunes of men*）▶大役を任されて~に尽きる/授以重任，享尽男人的福运 shòu yǐ zhòngrèn, xiǎngjìn nánrén de fúyùn

おとこもの【男物】 男用物品 nányòng wùpǐn; 男服 nánfú（英 *men's things; men's wear*）

おとこやく【男役】 男角 nánjué（英 *a male role; a male part*）▶~のトップスターだ/扮演男角的一流明星 bànyǎn nánjué de yīliú míngxīng

おとこやもめ【男やもめ】 鳏夫 guānfū（英 *a widower*）

ことわざ 男やもめに蛆がわく 鳏夫身上生蛆虫 guānfū shēnshang shēng qūchóng; 光棍懒汉邋邋遢遢 guānggùn lǎnhàn lālātātā 参考「女やもめに花が咲く（'寡妇干净如开花 guǎfù gānjìng rú kāihuā'）」がふつうに対になる.

おとこらしい【男らしい】 有男子气概 yǒu nánzǐ qìgài（英 *manly; manful*）▶~男/男子汉

nánzǐhàn；须眉男子 xūméi nánzǐ ▶男らしく非を認める/拿出男子气概，承认错误 náchū nánzǐ qìgài, chéngrèn cuòwù ▶男らしさ/大丈夫气 dàzhàngfuqì; 男子气概 nánzǐ qìgài

おとさた【音沙汰】 消息 xiāoxi；音信 yīnxìn (英) news)
~がない 杳无音信 yǎo wú yīnxìn ▶彼から2ヶ月以上も~がない/他已经两个月没有音讯了 tā yǐjing liǎng ge yuè méiyǒu yīnxùn le

おどし【脅し】 威胁 wēixié; 吓唬 xiàhu; 恐吓 kǒnghè (英) a threat; a menace; [はったり] a bluff) ▶~文句/威胁的话 wēixié de huà ▶そんな~にのるか/这样的威胁我会怕吗？ zhèyàng de wēixié wǒ huì pà ma？ ▶法の前に~はきかない/法律面前，威胁无用 fǎlǜ miànqián, wēixié wúyòng

おとしあな【落とし穴】 陷阱 xiànjǐng (英) a pitfall; a trap; a catch) ▶~を掘る/设陷阱 shè xiànjǐng ▶~のある話/有圈套的话 yǒu quāntào de huà ▶~にはまる/落入陷阱里 luòrù xiànjǐngli; 上圈套 shàng quāntào

おとしいれる【陥れる】 谋害 móuhài; 陷害 xiànhài (英) trap) ▶人を窮地に~/让别人陷入绝境 ràng biérén xiànrù juéjìng

おとしご【落とし子】 后果 hòuguǒ; 产物 chǎnwù (英) the child of...; by-products of ...) ▶冷戦の~/冷战的恶果 lěngzhàn de èguǒ

おとしだま【お年玉】 压岁钱 yāsuìqián (英) a New Year's gift; a handsel)

おとしどころ【落とし所】 最妥善的解决方法 zuì tuǒshàn de jiějué fāngfǎ；谈判中的折衷点 tánpàn zhōng de zhézhōngdiǎn (英) a meeting point; common ground) ▶交渉の~を心得ている/对谈判中的妥协点心中有数 duì tánpàn zhōng de tuǒxiédiǎn xīnzhōng yǒu shù

おとしぬし【落とし主】 失主 shīzhǔ; 物主 wùzhǔ (英) the owner of a lost article) ▶~はとうとう現れなかった/失主最后还是没有出现 shīzhǔ zuìhòu háishi méiyǒu chūxiàn

おとしめる【貶める】 贬低 biǎndī (英) despise; look down on...) ▶作品の価値を~批评/贬低作品价值的批评 biǎndī zuòpǐn jiàzhí de pīpíng

おとしもの【落とし物】 遗失物品 yíshī wùpǐn; 失物 shīwù (英) a lost article) ▶~が返ってきた/丢失的东西回来了 diūshī de dōngxi huílái le

おとす【落とす】 ①【落下させる】 掉 diào; 摔 shuāi (英) drop; let fall) ▶バトンを~/掉接力棒 diào jiēlìbàng ▶市街地に爆弾を~/往市区投下炸弹 wǎng shìqū tóuxià zhàdàn **②【なくす】** 丢 diū; 去掉 qùdiào (英) lose; shave off) ▶命を~/丢性命 diū xìngmìng ▶財布を~/丢钱包 diū qiánbāo ▶ぜい肉を~/去掉多余的胖肉 qùdiào duōyú de pàngròu ▶汚れを~/洗掉污垢 xǐdiào wūgòu ▶観光客が落としていく金/观光游客花掉的钱 guānguāng yóukè huādiào de qián **③【低くする】** 降低 jiàngdī (英) lower;

degrade) ▶声を~/放低声音 fàngdī shēngyīn ▶自身の評判を~/降低自己的信誉 jiàngdī zìjǐ de xìnyù ▶品位を~/降低品位 jiàngdī pǐnwèi **④【落第させる】** 淘汰 táotài; 不录取 bú lùqǔ (英) fail) ▶面接で~/通过面试淘汰 tōngguò miànshì táotai

おとす【脅す】 威胁 wēixié; 威吓 wēihè (英) threaten; menace) ▶殺すぞと~/威胁说要杀你 wēixié shuō yào shā nǐ ▶脅されて金を渡す/受到要挟交出了钱财 shòudào yāoxié jiāochūle qiáncái

おとずれ【訪れ】 访问 fǎngwèn; 来访 láifǎng (英) a visit; a call) ▶春の~/春天来临 chūntiān láilín ▶死の~は突然だった/死得太突然了 sǐde tài tūrán le

おとずれる【訪れる】 访问 fǎngwèn; 找 zhǎo (英) visit; call on [at]...) ▶親戚を~/探亲 tànqīn ▶チャンスが~/机会来临 jīhuì láilín ▶突然~危機/突然造访的危机 tūrán zàofǎng de wēijī ▶静かに死が~/死亡静静地来临 sǐwáng jìngjìng de láilín

おととい【一昨日】 前日 qiánrì；前天 qiántiān (英) the day before yesterday) ▶~の夜/前天夜里 qiántiān yèli

おととし【一昨年】 前年 qiánnián (英) the year before last)

おとな【大人】 成人 chéngrén; 大人 dàrén (英) an adult; a grown-up person) ▶入場料は一人1800円/门票是一个大人一千八百日元 ménpiào shì yí ge dàrén yìqiān bābǎi Rìyuán
~気(げ)ない 没个大人样儿 méi ge dàrenyàngr ▶~気ない振る舞いをする/举止没个大人样儿 jǔzhǐ méi ge dàrenyàngr
~になる 成人 chéngrén (成人する); 成熟 chéngshú (成熟する) ▶君はもっと~になる必要があるね。考えが若すぎる/你的想法太幼稚了，应该再成熟一点 nǐ de xiǎngfa tài yòuzhì le, yīnggāi zài chéngshú yìdiǎn
~びる 像大人样 xiàng dàrenyàng

おとなしい【大人しい】 老实 lǎoshi; 温顺 wēnshùn (英) gentle; quiet; [従順な] obedient; good) ▶~犬/驯顺的狗 xùnshùn de gǒu ▶そんなに騒がないで大人しくしなさい/别闹了，老实一点 bié nào le, lǎoshi yìdiǎn ▶~ネクタイを締めている/系着素雅的领带 jìzhe sùyǎ de lǐngdài ▶彼は大人しくされを受け入れた/他老老实实地接受了那件事 tā lǎolǎoshíshí de jiēshòule nà jiàn shì

おとめざ【乙女座】 〖天文〗室女座 shìnǚzuò (英) the Virgin; Virgo)

おとも【お供】 陪同 péitóng; 随员 suíyuán (英) a retinue; an attendant) ▶~する/奉陪 fēngpéi; 做伴 zuòbàn ▶大勢の~を連れて視察する/带着许多随从视察 dàizhe xǔduō suícóng shìchá

おとり【囮】 钓饵 diào'ěr; 游子 yóuzi; 囮子 ézi (英) [鳥] a decoy; [誘い] a lure) ▶自分を~に使う/自己作为钓饵引犯人上钩 zìjǐ zuòwéi

diào'ěr yǐn fànrén shànggōu ▶～商品/诱饵商品 yòu'ěr shāngpǐn
♦～搜查/利用囮子的搜查 lìyòng ézi de sōuchá

おどり【踊り】 舞蹈 wǔdǎo; 跳舞 tiàowǔ 英 *dancing*; [1 回の] *a dance* ▶～の輪に加わる/加入跳舞的圈子里 jiārù tiàowǔ de quānzili
♦～子/舞女 wǔnǚ

おどりあがる【躍り上がる】 跳起来 tiàoqǐlai 英 *jump up*; *jump for joy* ▶躍り上がって喜ぶ/高兴得跳起来 gāoxìngde tiàoqǐlai

おどりかかる【躍りかかる】 猛扑上去 měng pūshàngqu 英 *jump on* ▶犬が犯人に躍りかかった/狗向犯人猛扑上去 gǒu xiàng fànrén měng pūshàngqu

おどりこむ【躍り込む】 闯进 chuǎngjìn; 跳进 tiàojìn 英 *rush into...* ▶突然火の中に躍り込んだ/突然跳进火里 tūrán tiàojìn huǒli

おどりでる【躍り出る】 跳到 tiàodào 英 *jump to the top* ▶売り上げで国内トップに～/销售额跃居国内首位 xiāoshòu'é yuèjū guónèi shǒuwèi

おどりば【踊り場】 《階段の》楼梯平台 lóutī píngtái 英 *a landing*

おとる【劣る】 不如 bùrú; 差 chà 英 *be inferior to...* ▶品質が～/质量差 zhìliàng chà ▶我が国はこの点ではフランスにはるかに～/我国在这点上远远落后于法国 wǒ guó zài zhè diǎn shang yuǎnyuǎn luòhòu yú Fǎguó ▶杉乃山に勝るとも劣らぬ人気を保つ/保持着比杉乃山有过之而无不及的声望 bǎochízhe bǐ Shānnǎishān yǒu guò zhī ér wúbù jí de shēngwàng ▶実績では誰にも劣らない/论成果比谁都不差 lùn chéngguǒ bǐ shéi dōu bú chà
...に劣らない 不亚于 bú yàyú ▶今年も昨年に劣らず不祥事が続いた/今年也不比去年好，不断出现丑事 jīnnián yě bù bǐ qùnián hǎo, búduàn chūxiàn chǒushì

おどる【踊る】 跳舞 tiàowǔ; 舞蹈 wǔdǎo 英 *dance* ▶文字が～/字迹龙飞凤舞 zìjì lóng fēi fèng wǔ ▶フラメンコを～/跳西班牙舞 tiào Xībānyáwǔ ▶彼は喜びのあまり踊り出した/他高兴得跳起舞来了 tā gāoxìngde tiàoqǐ wǔ lai le ▶宣伝に踊らされる/受宣传的摆布 shòu xuānchuán de bǎibu

おどる【躍る】 跳 tiào 英 *jump*; *leap* ▶心が～/心跳 xīn tiào ▶私は期待で胸が躍った/我因期待怦然心动 wǒ yīn qídài pēngrán xīndòng

おとろえ【衰え】 衰老 shuāilǎo; 衰弱 shuāiruò 英 *decline* ▶～を知らない人気/人气长盛不衰 rénqì cháng shèng bù shuāi ▶健康の～/健康状况的衰退 jiànkāng zhuàngkuàng de shuāituì

おとろえる【衰える】 衰弱 shuāiruò; 衰微 shuāiwēi 英 *become weak*; *wither*; *decline* ▶足腰が～/腰腿衰弱 yāotuǐ shuāiruò ▶人気が～/声望下降 shēngwàng xiàjiàng ▶体力が～/体力衰退 tǐlì shuāituì ▶近頃記憶力がめっきり衰えました/近来记忆力衰退得厉害 jìnlái jìyìlì shuāituìde lìhai ▶風が～/风势减弱 fēngshì jiǎnruò ▶彼女の美しさは年をとっても衰えないと思う/我想她的美丽即使老了也不会褪色的 wǒ xiǎng tā de měilì jíshǐ lǎole yě búhuì tuìshǎi de

おどろかす【驚かす】 惊动 jīngdòng; 吓 xià 英 *surprise*; *astonish* ▶世間を～/轰动社会 hōngdòng shèhuì ▶彼女の結婚は我々皆を驚かせた/她的结婚使我们都感到意外 tā de jiéhūn shǐ wǒmen dōu gǎndào yìwài ▶その報道は全世界を大いに驚かせた/那个报道极大地震撼了全世界 nàge bàodào jí dà de zhènhànle quánshìjiè

おどろき【驚き】 惊骇 jīnghài; 惊讶 jīngyà 英 *surprise*; *astonishment*; [驚異] *wonder* ▶それは私たちには～ではなかった/那个对我们来说不足为奇 nàge duì wǒmen lái shuō bù zú wéi qí ▶当選の知らせは～をもって迎えられた/当选的消息传来让人感到吃惊 dāngxuǎn de xiāoxi chuánlái ràng rén gǎndào chījīng
～を隠さない 隐藏不住惊异 yǐncángbuzhù jīngyì; 大惊失色 dà jīng shī sè

おどろく【驚く】 ❶【びっくりする】吃惊 chījīng; 惊讶 jīngyà; 吓 xià 英 *be surprised* ▶その知らせを聞いて驚いた/听到那个通知我吓了一跳 tīngdào nàge tōngzhī wǒ xiàle yí tiào ▶驚いたことに，彼がそれがかえって嬉しかったらしい/令我吃惊的是，他听到后反倒是很高兴的样子 lìng wǒ chījīng de shì, tā tīngdào hòu fǎndào shì hěn gāoxìng de yàngzi ▶彼が失敗したとしても～に足りない/他即使失败了，也不会令人惊讶 tā jíshǐ shībài le, yě búhuì lìng rén jīngyà ▶驚いて物が言えない/惊讶得说不出话来 jīngyàde shuōbuchū huà lái ❷【驚異・驚嘆する】惊讶 jīngyà 英 *wonder* ▶彼の学識には誰も～/谁都对他的学识感到惊讶 shéi dōu duì tā de xuéshí gǎndào jīngyà ❸【おびえる】吓 xià 英 *be frightened*; *be startled* ▶雷に驚いて気を失う/因打雷吓得晕倒了 yīn dǎléi xiàde yūndǎo le

おどろくべき【驚くべき】 惊人的 jīngrén de 英 *surprising* ▶～成果/惊人的成就 jīngrén de chéngjiù ▶～非常识が横行する/令人惊奇的, 缺乏常理的事随处可见 lìng rén jīngqí de, quēfá chánglǐ de shì suí chù kě jiàn ▶～事実が明らかになる/惊人的事实也浮出水面 jīngrén de shìshí yě fúchū shuǐmiàn

おないどし【同い年】 同岁 tóngsuì 英 *the same age* ▶～の二人が結婚する/同龄的两个人结婚 tónglíng de liǎng ge rén jiéhūn

おなか【お腹】 肚子 dùzi 英 *the belly* ▶～が痛い/肚子疼 dùzi téng ▶～が空く/肚子饿 dùzi è ▶～が張る/腹胀 fùzhàng ▶～をこわす/闹肚子 nào dùzi; 泻肚 xiè dù

オナガザル【尾長猿】 〔動物〕长尾猴 chángwěihóu 英 *a long-tailed monkey*

おながれ【お流れになる】 中止 zhōngzhǐ; 告吹 gàochuī 英 *be called off*; *be given up* ▶卒業式は～になった/毕业典礼中止了 bìyè diǎnlǐ

おなさけ zhōngzhǐ le

おなさけ【お情け】 情谊 qíngyì; 怜悯 liánmǐn (英 compassion; pity; charity) ▶～にすがる/靠情面 kào qíngmiàn ▶～で卒業させてもらった/靠照顾毕了业 kào zhàogù bìle yè

おなじ【同じ】 ❶【同一の・同種の】一样 yíyàng; 同一 tóngyī (英 same) ▶私と彼女は一月～日に生まれた/我和她是同月同日生的 wǒ hé tā shì tóng yuè tóng rì shēng de ▶全く～のことで/完全一样的事 wánquán yíyàng de shì ▶彼も私と～感じを抱いたらしい/他也好像和我持有同样的感想 tā yě hǎoxiàng hé wǒ chíyǒu tóngyàng de gǎnxiǎng ❷【等しい】一样 yíyàng (英 equal; similar) ▶不景気はどこも～だ/经济萧条哪儿都一样 jīngjì xiāotiáo nǎr dōu yíyàng ▶二人の実力はほとんど～です/两个人的实力基本上一样 liǎng ge rén de shílì jīběnshang yíyàng ▶彼は兄と～くらいの背の高さだった/他和哥哥身高差不多 tā hé gēge shēngāo chàbuduō ▶～ように見える/看上去一样 kànshàngqu yíyàng

ことわざ 同じ穴の貉(なだ) 一丘之貉 yì qiū zhī hé

おなら 屁 pì (英 gas; wind) ▶～をする/放屁 fàng pì

おに【鬼】 鬼 guǐ (英 a demon; an ogre; [鬼ごっこの] it) ▶学問の～/埋头做学问的人 máitóu zuò xuéwèn de rén ▶渡る世間に～はない/世上到处有好人 dàochù yǒu hǎorén

ことわざ 鬼が出るか蛇(じゃ)が出るか 前途吉凶莫测 qiántú jíxiōng mò cè

ことわざ 鬼に金棒 如虎添翼 rú hǔ tiān yì

ことわざ 鬼の居ぬ間の洗濯 阎王不在,小鬼翻天 yánwáng bú zài, xiǎoguǐ fāntiān

ことわざ 鬼の目にも涙 顽石也会点头 wánshí yě huì diǎn tóu; 铁石心肠也会落泪 tiěshí xīncháng yě huì luò lèi

ことわざ 鬼も十八,番茶も出花 十七、十八无丑女 shíqī, shíbā wú chǒunǚ

～の首を取ったよう 好像立了大功 hǎoxiàng lìle dàgōng

心を～にする 硬着心肠 yìngzhe xīncháng

～な/兽鬼瓦 shòutóuwǎ ～婆/魔鬼般的老太婆 móguǐ bān de lǎotàipó

文化 中国の'鬼 guǐ'は人が死んでからなる亡霊の一種.あまり程度の高くない人間が死後「鬼」となって「鬼界」をさまよい、人間界に悪さをすることになっている.従って角が生え金棒を持った日本の鬼とは異なる存在といえる.

おにぎり【お握り】 饭团子 fàntuánzi (英 a rice ball) ▶～を握る/捏饭团 niē fàntuán ▶～をほおばる/吃饭团子 chī fàntuánzi ▶焼き～/烤饭团 kǎo fàntuán

おにごっこ【鬼ごっこ】 捉迷藏 zhuōmícáng (英 tag) ▶～をする/玩捉迷藏 wán zhuōmícáng

おにもつ【お荷物】 ❶【重荷】包袱 bāofu; 累赘 léizhuì (英 a burden; [足手まとい] a drag) ▶かえってみんなの～になる/反而成为大家的包袱 fǎn'ér chéngwéi dàjiā de bāofu ❷【品物】行李 xíngli; 东西 dōngxi (英 your things) ▶～をお届けに参りました/我来送东西了 wǒ lái sòng dōngxi le

おね【尾根】 山脊 shānjǐ; 山梁 shānliáng (英 a ridge) ▶～伝い/沿着山脊 yánzhe shānjǐ

おねえさん【お姉さん】 《呼びかけ》小姐 xiǎojiě; 《姉》姐姐 jiějie;《女店员・ウェイトレスなど》服务员 fúwùyuán (英 Miss) ▶～、ビール１本/服务员，来瓶啤酒 fúwùyuán, lái píng píjiǔ

おねがい【お願いする】 求 qiú; 请求 qǐngqiú (英 ask; make a request) ▶どうか～します/求求您 qiúqiu nín ▶来宾にスピーチを～する/请来宾致词 qǐng láibīn zhìcí ▶～、助けてちょうだい/求你帮帮我 qiú nǐ bāngbang wǒ

おの【斧】 斧头 fǔtóu; 斧子 fǔzi (英 an ax) ▶～で切る/用斧头砍 yòng fǔtóu kǎn

おのおの【各各】 各 gè; 各自 gèzì (英 either; each) ▶～が趣味を持っている/各有各的爱好 gè yǒu gè de àihào

おのずから【自ずから】 自 zì; 自然 zìrán (英 naturally; by itself) ▶真実は一方から/自然会真相大白 zìrán huì zhēn xiàng dà bái ▶やり方は人によって～異なる/每个人的做法自然会不同 měi ge rén de zuòfǎ zìrán huì bù tóng

おののく【戦く】 战抖 zhàndǒu; 发抖 fādǒu (英 shiver; tremble) ▶おそれおののく[恐れ戦く]▶明日への不安に～/为将来的不安而惶恐 wèi jiānglái de bù'ān ér huángkǒng

おのぼりさん【お上りさん】 乡下佬 xiāngxiàlǎo (英 a visitor from the country)

オノマトペ〘文法〙象声词 xiàngshēngcí; 拟声词 nǐshēngcí (英 onomatopoeia)

おのれ【己】 自己 zìjǐ (英 oneself) ▶～を知る/有自知之明 yǒu zìzhī zhī míng ▶～を磨く/提高自己的水平 tígāo zìjǐ de shuǐpíng; 磨炼自己 móliàn zìjǐ ▶あの人は～に厳しい/那个人对自己要求很严格 nàge rén duì zìjǐ yāoqiú hěn yángé

おばあさん【お婆さん】 ❶【年寄り】老婆儿 lǎopór; 老大娘 lǎodàniáng; 老太婆 lǎotàipó (英 an old woman) ❷【祖母】奶奶 nǎinai;《母方》姥姥 lǎolao (英 a grandmother)

オパール〘鉱物〙蛋白石 dànbáishí (英 opal)

おばけ【お化け】 妖怪 yāoguài; 鬼怪 guǐguài (英 a ghost) ▶～が出る/闹鬼 nào guǐ ▶～屋敷/闹鬼的大宅子 nào guǐ de dàzháizi ▶～かぼちゃ/硕大的南瓜 shuòdà de nánguā

おはこ【十八番】 拿手戏 náshǒuxì; 专长的技艺 zhuāncháng de jìyì (英 one's forte; one's favorite performance) ▶君の～を出せよ/把你的拿手戏露一手 bǎ nǐ de náshǒuxì lòu yìshǒu

おばさん【叔母さん・伯母さん】 ❶【父方】《伯父の妻》伯母 bómǔ;《父の姉妹》姑母 gūmǔ;《姑姑 gūgu;《叔父の妻》婶婶 shěnshen (英 an aunt) ❷【母方】《母の姉妹》姨母 yímǔ;《母の兄弟の妻》舅母 jiùmǔ (英 an aunt)

おばさん【小母さん】〔年配の女性〕阿姨 āyí; 大婶 dàshěn; 大娘 dàniáng (英 *a woman*; [呼びかけ] *madam*) ▶すっかり～になってしまった/完全变成了中年妇女 wánquán biànchéngle zhōngnián fùnǚ

おはじき〔(たま) 弹子球 dànziqiú;〔遊び〕玩弹子球 wán dànziqiú (英 *marbles*)

おはち【お鉢】饭桶 fàntǒng; 轮班 lún bān (英 *a rice tub*; [顺番] *one's turn*) ▶ついに～が回ってきた/终于轮到我了 zhōngyú lúndào wǒ le

おばな【雄花】雄花 xiónghuā (英 *a male flower*)

おはなばたけ【お花畑】花圃 huāpǔ (英 *a flower garden*);《高地の》满地开花的高原草地 mǎndì kāi huā de gāoyuán cǎodì (英 *a field of Alpine flowers*)

おはよう【お早う】早安 zǎo'ān (英 [あいさつ] *Good morning*.) ▶～ございます/早安 zǎo'ān; 您早 nín zǎo

おはらい【お祓い】驱邪 qūxié (英 *a purification ceremony*; *the Shinto purification*) ▶《神官が》～をする/(神道的神官)进行驱邪仪式 (shéndào de shénguān) jìnxíng qūxié yíshì ▶神社で～を受ける/在神庙请神官驱邪 zài shénmiào qǐng shénguān qūxié

おはらいばこ【お払い箱】开除 kāichú; 解雇 jiěgù (英 *dismissal*) ▶たった三ヶ月で～になった/仅仅三个月就被开除了 jǐnjǐn sān ge yuè jiù bèi kāichú le

おび【帯】和服的带子 héfú de dàizi; 腰带 yāodài (英 *a belt*; [女の] *a sash*) ▶～を締める/系上带子 jìshàng dàizi ▶～を解く/解开带子(比喻接受男人) jiěkāi dàizi(bǐyù jiēshòu nánrén) ▶《書籍の》～の文句に釣られる/被书籍纸带上的文字所诱骗了 bèi shūjí zhǐdàishang de wénzì suǒ yòupiàn le

ことわざ 帯に短したすきに長し 高不成,低不就 gāobùchéng, dībùjiù

おびえる【怯える】害怕 hàipà; 畏惧 wèijù (英 *be frightened*; *be scared*) ▶借金の取り立てに～/害怕被追着讨债 hàipà bèi zhuīzhe tǎozhài ▶悪夢に～/被恶梦吓着了 bèi èmèng xiàzhe le

おびきだす【おびき出す】引诱出来 yǐnyòuchūlai (英 *lure out*; *decoy*) ▶犯人を～/把犯人引诱出来 bǎ fànrén yǐnyòuchūlai

おびきよせる【おびき寄せる】引诱过来 yǐnyòuguòlai (英 *lure in*) ▶餌で鸟を～/用诱饵把鸟引过来 yòng yòu'ěr bǎ niǎo yǐnguòlai

おびグラフ【帯グラフ】带状图表 dàizhuàng túbiǎo (英 *a bar graph*)

おひたし〔料理〕焯拌青菜 chāobàn qīngcài (英 *boiled greens seasoned with blended soy sauce*) ▶ほうれん草の～/焯拌菠菜 chāobàn bōcài

おびただしい【夥しい】浩瀚 hàohàn; 累累 lěilěi (英 *vast*; *enormous*) ▶人出/熙熙攘攘的人群 xīxīrǎngrǎng de rénqún ▶情報量が～/真是气死人 zhēn shì qìsǐ rén

～数の 成千上万 chéng qiān shàng wàn; 不胜枚举 bú shèng méijǔ ▶～数の蝶が空を舞う/无数的蝴蝶在空中飞舞 wúshù de húdié zài kōngzhōng fēiwǔ

おひつじざ【牡羊座】〔天文〕白羊座 báiyángzuò (英 *the Ram*; *Aries*)

おひとよし【お人好し】老实人 lǎoshirén ([人] *a good-natured person*; [だまされやすい人] *an easy mark*) ▶～な人/老好人 lǎohǎorén ▶お前はどこまで～なのか/你要老实到哪个地步？nǐ yào lǎoshi dào nǎge dìbù? ▶彼の～につけ込む/利用他的憨厚 lìyòng tā de hānhòu

オピニオンリーダー 舆论领袖 yúlùn lǐngxiù (英 *an opinion leader*)

おびふう【帯封】封带 fēngdài (英 *a wrapper*) ▶～をした札束/带着封带的整叠钞票 dàizhe fēngdài de zhěng dié chāopiào

おびやかす【脅かす】威胁 wēixié; 威吓 wēihè (英 *threaten*; *be a menace*) ▶核扩散是世界和平を～ものだ/核扩散是对世界和平的威胁 hékuòsàn shì duì shìjiè hépíng de wēixié

おひゃくど【お百度】(英 *a hundred times worship in front of a shrine*) ▶～を踏む/百般央求 bǎibān yāngqiú

おひらき【お開きにする】散会 sànhuì; 结束 jiéshù (英 *clouse*; *break up (a meeting)*) ▶そろそろ～にしましょうか/我们结束吧 wǒmen jiéshù ba

おびる【帯びる】带 dài (英 [身に] *wear*; *bear*; [引き受ける] *entrust*; [性質に] *have*) ▶任务を～/承担任务 chéngdān rènwu ▶现实味を～/带有现实感 dài yǒu xiànshígǎn ▶ピストルを腰に～/腰里带着手枪 yāoli dàizhe shǒuqiāng ▶顔に憂いを～/脸上带着愁容 liǎnshang dàizhe chóuróng ▶その事業は国際的な性格を～に至っている/那个事业已经具有国际性的意义了 nàge shìyè yǐjīng jùyǒu guójìxìng de yìyì le ▶赤味を帯びた青色/带红的蓝色 dàihóng de lánsè ▶熱気を～/高级車商戦/热气沸腾的高级轿车贩卖竞争 rèqì fèiténg de gāojí jiàochē fànmài jìngzhēng ▶酒気带び運転で捕まる/带着酒气开车而被抓 dàizhe jiǔqì kāichē ér bèi zhuā

おひれ【尾鰭】鱼的尾和鳍 yú de wěi hé qí (英 *a tail fin*)

～を付ける 添枝加叶 tiān zhī jiā yè ▶～を付けて話す/添油加醋地说 tiān yóu jiā cù de shuō ▶～が付いて噂が広がる/闲话被添枝加叶地传开去 xiánhuà bèi tiān zhī jiā yè de chuánkāiqu

おひろめ【お披露目をする】披露 pīlù; 宣布 xuānbù (英 *unveil*; *announce*) ▶社長就任の～パーティー/公布总经理上任的喜宴 gōngbù zǒngjīnglǐ shàngrèn de xǐyàn

オフ ❶〔スイッチ〕关掉 guāndiào; 关闭 guānbì (英 *off*) ❷〔时期〕过时 guòshí; 不合时令 bù hé shílìng (英 *off-season*) ❸〔値引き〕折扣 zhékòu (英 *off*) ▶10%～/九折 jiǔ zhé; 九

扣 jiǔ kòu
- **~シーズン**：淡季 dànjì ▶~シーズンで客が少ない/淡季客人很少 dànjì kèrén hěn shǎo ~日：休閑日 xiūxiánrì

オファー 提示 tíshì；《商取引の》出价 chūjià （英 *an offer*）

オフィシャル 正式的 zhèngshì de；公认的 gōngrèn de （英 *official*） ▶~サイト/正式网页 zhèngshì wǎngyè

オフィス 办公室 bàngōngshì （英 *an office*） ~街/办公区 bàngōngqū ~ビル/写字楼 xiězìlóu
- **~オートメーション**：办公自动化 bàngōng zìdònghuà

オフェンス 攻击 gōngjī；进攻 jìngōng （英 *offense*）

おふくろ【お袋】 妈妈 māma；母亲 mǔqin （英 *one's mother*） ▶~を泣かせたくない/不想让妈妈难过 bù xiǎng ràng māma nánguò ▶~の味/妈妈做的菜的味道 māma zuò de cài de wèidao

オブザーバー 观察员 guāncháyuán；旁听人 pángtīngrén （英 *an observer*）

オフサイド 《サッカーなどの》越位 yuèwèi （英 *offside*）

おぶさる【負ぶさる】 ❶《背負われる》背 bēi （英 *be carried*） ▶母の背に~/背在妈妈的背上 bēizài māma de bèishang ❷《頼る》靠人帮助 kào rén bāngzhù （英 *depend*） ▶友人に負ぶさって起業する/依靠朋友办公司 yīkào péngyou bàn gōngsī

オフショアしじょう【オフショア市場】 〔金融〕境外市场 jìngwài shìchǎng；离岸（金融）市场 lí'àn (jīnróng) shìchǎng （英 *an offshore market*）

オプショナルツアー 自选的旅游项目 zìxuǎn de lǚyóu xiàngmù （英 *an optional tour*）

オプション 选择 xuǎnzé；选择权 xuǎnzéquán；另付费任选 lìng fù fèi rèn xuǎn；追加选择 zhuījiā xuǎnzé （英 *an opption*）

オフセット 〔印刷〕胶版印刷 jiāobǎn yìnshuā；胶印 jiāoyìn （英 *offset* (*printing*)）

おふだ【お札】 《神社などの》护符 hùfú （英 *an amulet*）

おぶつ【汚物】 垃圾 lājī；屎尿 shǐniào （英 *filth*; *dirt*） ▶~处理/下水处理 xiàshuǐ chǔlǐ；屎尿处理 shǐniào chǔlǐ

オブラート 糯米纸 nuòmǐzhǐ （英 *a wafer*） ▶厳しい意見を~に包む/委婉表达严厉的意见 wěiwǎn biǎodá yánlì de yìjiàn

オフライン 〔電算〕离线 líxiàn （英 *off-line*）

オフリミット 禁止进入 jìnzhǐ jìnrù （英 *off limits*）

おふる【お古】 旧衣物 jiùyīwù；别人用过的旧东西 biérén yòngguo de jiùdōngxi （英 *a used article*; *castoff clothes* (衣類)） ▶この上着は兄さんの~だ/这件衣服是哥哥穿过的 zhè jiàn yīfu shì gēge chuānguo de ▶~でがまんしてね/你将就着穿旧衣吧 nǐ jiù jiāngjiuzhe chuān jiùyī ba

オフレコ 不得发表的非正式发言 bùdé fābiǎo de fēizhèngshì fāyán （英 *off the record*） ▶~の話が漏れた/非公开谈话泄漏出去了 fēigōngkāi tánhuà xièlòuchūqu le

オフロード 越野 yuèyě （英 *off-road*）
- **~車**：越野车 yuèyěchē ~レース：越野赛 yuèyèsài

おべっか 奉承 fèngcheng （英 *flattery*） ▶彼は~に乗らない/他不受奉承 tā bú shòu fèngcheng ~を使う 阿谀奉承 ēyú fèngcheng；拍马屁 pāi mǎpì ~使い/哈巴狗 hǎbāgǒu

オペック【OPEC】 《石油输出国機構》石油输出国组织 Shíyóu shūchūguó zǔzhī

オペラ 〔音楽〕歌剧 gējù （英 *an opera*） ▶~ハウス/歌剧院 gējùyuàn ▶~歌手/歌剧演员 gējù yǎnyuán
- **~グラス**：观剧用的小望远镜 guānjù yòng de xiǎowàngyuǎnjìng

オペレーター 话务员 huàwùyuán；操纵员 cāozòngyuán （英 *an operator*）

オペレッタ 〔音楽〕喜歌剧 xǐgējù （英 *an operetta*）

おべんちゃら 奉承 fèngcheng （英 *flattery*） ▶~を言う/说奉承话 shuō fèngchenghuà

おぼえ【覚え】 记忆 jìyì；经验 jīngyàn （英 *memory*） ▶~がいい/记性好 jìxìng hǎo ▶この本を読んだ/~がある/我有印象看过这本书 wǒ yǒu yìnxiàng kànguo zhè běn shū ▶そう言ったかも知れないが~がない/我可能说过，但是记不清了 wǒ kěnéng shuōguo, dànshì jìbuqīng le ▶全く身に~がない/决没有做过那种事 jué méiyǒu zuòguo nà zhǒng shì ▶そんな約束をした~はない/我不记得约定过那样的事 wǒ bú jìde yuēdìngguo nàyàng de shì ▶その声に聞き~がある/那声音有点耳熟 nà shēngyīn yǒudiǎn ěrshú 腕に~がある 自信有本领 zìxìn yǒu běnlǐng ~がめでたい 受器重 shòu qìzhòng ▶社長の~がめでたい/受总经理的器重 shòu zǒngjīnglǐ de qìzhòng

おぼえがき【覚え書き】 备忘录 bèiwànglù；笔记 bǐjì （英 *a memo*; *a note*） ▶~を送る/照会 zhàohuì

おぼえる【覚える】 ❶〔記憶〕记住 jìzhù；记忆 jìyì （英 *keep in maind*; *learn*） ▶觉えている/记得 jìde ▶このことは~覚えておくんだよ/这件事要好好地记着啊 zhè jiàn shì yào hǎohǎo de jìzhe a ▶寂しそうな后ろ姿をはっきり覚えている/清楚地记得那孤零零的背影 qīngchu de jìde nà gūlínglíng de bèiyǐng ▶覚えていろ、この郎/记着吧，妈的！jìzhe ba, mā de! ▶今日は漢字を10個覚えた/今天记住了十个汉字 jīntiān jìzhùle shí ge Hànzì ▶大学に入って酒の味を覚えた/上大学以后学会了喝酒 shàng dàxué yǐhòu xuéhuìle hē jiǔ ❷〔感覚〕感到 gǎndào；觉得 juéde （英 *feel*） ▶感動を~/受到感

动 shōudào gǎndòng ▶寒さを～/感到冷 gǎndào lěng ▶さすがの僕も怒りを～/连我都感到很生气 lián wǒ dōu gǎndào hěn shēngqì ▶激しい痛みを～/觉得疼得厉害 juéde téngde lìhai

オホーツクかい【オホーツク海】 鄂霍次克海 Èhuòcìkèhǎi (英 *the Sea of Okhotsk*)

おぼしめし【思し召し】 高见 gāojiàn; 意向 yìxiàng (英 [神の] *the will of God*) ▶あの人は神の～に背いたのです/那个人违反了神的意志 nàge rén wéibèile shén de yìzhì

おぼつかない【覚束ない】 靠不住 kàobuzhù (英 *doubtful; uncertain*) ▶～足取り/脚步不稳 jiǎobù bù wěn ▶成功は～/成功的把握不大 chénggōng de bǎwò bú dà ▶彼の回復は～/他恐怕没有希望恢复了 tā kǒngpà méiyǒu xīwàng huīfù le ▶僕の英文法の知識は～/我的英语语法知识掌握得不牢 wǒ de Yīngyǔ yǔfǎ zhīshi zhǎngwòde bù láo

おぼっちゃん【お坊ちゃん】 公子哥儿 gōngzǐgēr (英 [敬称] *one's son*; [呼びかけ] *son; boy*) ▶なにしろ～育ちだからね/到底是公子哥儿出身 dàodǐ shì gōngzǐgēr chūshēn

おぼれる【溺れる】 ❶ [水に] 淹没; 溺水 nìshuǐ (英 *be drowned; drown*) ▶海で～/在海里淹水 zài hǎilǐ nìshuǐ ▶彼は海で溺れ死んだ/他在海里淹死了 tā zài hǎilǐ yānsǐ le ❷ [耽溺する] 耽溺 dānnì; 沉湎 chénmiǎn (英 *give oneself up to...*) ▶酒に～/沉湎于酒 chénmiǎn yú jiǔ ▶恋に溺れて流される/因恋情而沉溺下去 yīn liànqíng ér chénnìxiàqu
ことわざ 溺れる者は藁(わら)をもつかむ 溺水者攀求生 nìshuǐzhě pān cǎo qiú shēng; 急病乱求医 jí bìng luàn qiú yī

おぼろ【朧】 朦胧 ménglóng; 模糊 móhu (英 *dim; vague; faint*) ▶～月夜/月色朦胧的夜晚 yuèsè ménglóng de yèwǎn ▶涙でかすんで～に見える/泪眼朦胧 lèiyǎn ménglóng

おぼろげ【朧げ】 模糊 móhu; 恍惚 huǎnghū (英 *dimly; vaguely; faintly*) ▶～ながら全体像が見えてきた/虽然模糊, 但整体情况已经浮现出来 suīrán móhu, dàn zhěngtǐ qíngkuàng yǐjing fúxiànchūlai ▶～に記憶している/模模糊糊地记得 mómóhūhū de jìde

おまいり【お参りする】 参拜 cānbài; 拜拜 bài bài (英 *visit a temple*〔*shrine*〕) ▶神社に～する/参拜神社 cānbài shénshè

おまえ【お前】 你 nǐ (英 *you*; [妻に] *my dear*) ▶今度は～の番だ/这次轮到你了 zhè cì lúndào nǐ le ▶～に言っておくことがある/有话跟你说 yǒu huà gēn nǐ shuō

おまけ (景品) 附带的赠品 fùdài de zèngpǐn; 《值引き》减价 jiǎnjià (英 [景品] *a giveaway; a premium*) ▶これは～/这是赠品 zhè shì zèngpǐn ▶100円～します/便宜一百日元 piányi yìbǎi Rìyuán ▶～に, 母が病気になった/而且, 妈妈也病了 érqiě, māma yě bìng le

おまちどおさま【お待ち遠様】 对不起, 让您久等了 duìbuqǐ, ràng nín jiǔ děng le

おまつり【お祭り】 节日 jiérì; 祭日 jìrì; 庙会 miàohuì (英 *a festival*) ▶～气分/过节的欢乐气氛 guòjié de huānlè qìfēn ▶スタンドはもう～騒ぎである/观众席上已经狂乱起来 guānzhòngxíshang yǐjing kuánghuānqǐlai

おまもり【お守り】 护身符 hùshēnfú (英 *a charm; an amulet*) ▶～代わりに持っている/作为护身符带上 zuòwéi hùshēnfú dàishàng
♦～袋: 装护身符的小袋子 zhuāng hùshēnfú de xiǎodàizi

おまる 便盆 biànpén; 马桶 mǎtǒng ([幼儿用] *a potty*; [病人用] *a bedpan*) ▶～を使う/用便盆 yòng biànpén

おまわりさん【お巡りさん】 警察 jǐngchá; 巡警 xúnjǐng (英 *a policeman; a policewoman*)

おみくじ【お神籤】 签条 qiāntiáo; 神签 shénqiān (英 *a fortune*〔*slip*〕) ▶～を引く/求签 qiú qiān ▶～は吉と出た/抽到了吉签 chōudàole jíqiān

おみそれ【お見それする】 没认出来 méi rènchūlai (英 *not know; appreciate*) ▶～いたしました/我有眼不识泰山了 wǒ yǒu yǎn bù shí Tàishān le

おむすび【お結び】 饭团 fàntuán (英 *a rice ball*)

おむつ 尿布 niàobù (英 *a diaper*) ▶～をする/带尿布 dài niàobù ▶～を取りかえる/换尿布 huàn niàobù

オムニバス 短片集锦 duǎnpiàn jíjǐn (英 *omnibus*)
♦～アルバム: 合辑唱片 héjí chàngpiàn ～映画: 集锦影片 jíjǐn yǐngpiàn

オムライス 〖料理〗蛋包饭 dànbāofàn (英 *an omelet containing fried rice*)

オムレツ 〖料理〗软煎蛋卷 ruǎnjiāndànjuǎn; 洋式煎蛋卷 yángshì jiāndànjuǎn (英 *an omelet*)

おめ【お目】 眼睛 yǎnjing; [眼力] 眼光 yǎnguāng; 见识 jiànshí (英 [目の尊敬語] *eyes; judgement*) ▶さすが部長, ～が高い/到底是部长, 真有眼光 dàodǐ shì bùzhǎng, zhēn yǒu yǎnguāng ▶後日～に掛けます/改天请您看看 gǎitiān qǐng nín kànkan
～に掛かる 拜会 bàihuì; 拜见 bàijiàn ▶～に掛かれて光荣です/能见到您, 非常荣幸 néng jiàndào nín, fēicháng róngxìng

おめい【汚名】 臭名 chòumíng (英 *a disgrace*) ▶横領の～を着せられる/被人诬陷为贪污 bèi rén wūxiànwéi tānwū ▶万年最下位の～を返上する/洗清连年当殿军的坏名声 xǐqīng liánnián dāng diànjūn de huàimíngshēng
～をそそぐ 洗清臭名 xǐqīng chòumíng; 昭雪 zhāo xuě

おめおめ 恬不知耻 tián bù zhī chǐ (英 *shamelessly*) ▶～とは引き下がれない/不能乖乖地下台 bùnéng guāiguāi de xiàtái

おめかしする 妆饰 zhuāngshì; 打扮 dǎban (英

dress oneself up) ▶～してどこへ行くの?/打扮成这样要去哪儿呀? dǎbanchéng zhèyàng yào qù nǎr ya?

おめずおくせず【おめず臆せず】 毫不畏惧地 háobù wèijù de (英 *without flinching*; *bravely*) ▶～立ち向かう/毫不畏惧地应对 háobù wèijù de yìngduì

おめだま【お目玉】 申斥 shēnchì (英 *a scolding*) ▶先生から～を食う/挨老师的责备 ái lǎoshī de zébèi

おめでた ❶ [祝い事・結婚] 喜事 xǐshì; 结婚 jiéhūn (英 *a happy* [*blessed*] *event*) ▶今年は～続きだ/今年是好事不断 jīnnián shì hǎoshì búduàn ❷ [妊娠] 怀孕 huáiyùn; 妊娠 rènshēn (英 *pregnancy*) ▶彼女は～だ/她有了 tā yǒu le

おめでとう 恭喜 gōngxǐ (英 *Congratulations*) ▶新年～/新年好 xīnnián hǎo ▶入学～/恭喜入学 gōngxǐ rùxué ▶誕生日～/生日快乐 shēngrì kuàilè ▶結婚～/恭喜结婚 gōngxǐ jiéhūn

おめみえ【お目見えする】 初次见面 chūcì jiànmiàn; 亮相 liàngxiàng (英 *make one's debut*) ▶新しい電気自動車が間もなく～する/新的电动汽车即将问世 xīn de diàndòng qìchē jíjiāng wènshì

おもい【思い】 思念 sīniàn; 愿望 yuànwàng; 《恋の》 恋情 liànqíng (英 *thought*) ▶～の丈を訴える/倾诉 qīngsù ▶歯がゆい～をする/感到焦急 gǎndào jiāojí ▶君の～をかなえてあげる/帮助你实现愿望 bāngzhù nǐ shíxiàn yuànwàng ▶悲しい～をする/感到悲伤 gǎndào bēishāng ▶僕の～が彼女に届いた/我的爱恋之意她知道了 wǒ de àiliàn zhī yì tā zhīdào le
～がかなう 遂愿 suìyuàn; 满足心愿 mǎnzú xīnyuàn
～にふける 默想 mòxiǎng; 幽思 yōusī
～をはせる 想念 xiǎngniàn ▶遠くの家族に～をはせる/想念远离的家人 xiǎngniàn yuǎnlí de jiārén
～を巡らす 想来想去 xiǎnglái xiǎngqù

おもい【重い】 ❶ [重量] 重 zhòng; 沉 chén (英 *heavy*) ▶体重が～/身子重 shēnzi zhòng ▶～荷物/沉重的行李 chénzhòng de xíngli ❷ [重大な] 重 zhòng; 重大 zhòngdà (英 *important*; *grave*) ▶責任が～/责任重大 zérèn zhòngdà ▶～病気/重病 zhòngbìng ▶～罪/重罪 zhòngzuì ▶世論の動向を重く見る/重视舆论的动向 zhòngshì yúlùn de dòngxiàng ❸ [その他] ▶腰が～/懒得动 lǎnde dòng ▶口が～/不爱说话 bú ài shuōhuà ▶風邪気味で頭が～/有点感冒头沉甸甸的 yǒudiǎn gǎnmào tóu chéndiāndiān de ▶～足を引きずって帰る/拖着沉重的双腿回来 tuōzhe chénzhòng de shuāngtuǐ huílái ▶解雇を告げるのは気が～/告知解雇, 心情很沉重 gàozhī jiěgù, xīnqíng hěn chénzhòng ▶この言葉が心に重くしかかった/这句话让人感到沉甸甸的 zhè jù huà ràng rén gǎndào chéndiāndiān de

おもいあがる【思い上がる】 骄傲 jiāo'ào; 自高自大 zì gāo zì dà; 妄自尊大 wàng zì zūndà (英 *be arrogant*) ▶思い上がった考え/不自量力的想法 bú zìliànglì de xiǎngfa ▶誰よりも偉いと～/我比谁都不了起 zì yǐwéi bǐ shéi dōu liǎobuqǐ

おもいあたる【思い当たる】 想到 xiǎngdào; 猜到 cāidào (英 *recall*) ▶そう言えば～ふしがある/这么一说, 我倒是想起来有过这种事 zhème yì shuō, wǒ dàoshì xiǎngqǐlai yǒuguo zhè zhǒng shì

おもいあまる【思い余る】 不知如何是好 bù zhī rúhé shì hǎo; 想不开 xiǎngbukāi (英 *be at a loss*) ▶思い余って身投げした/想不开, 跳河了 xiǎngbukāi, tiào hé le

おもいあわせる【思い合わせる】 联系起来考虑 liánxìqǐlai kǎolù (英 *think of...*) ▶あれこれ～と我々にも責任がある/对各种情况综合考虑,我们也有责任 duì gèzhǒng qíngkuàng zōnghé kǎolù, wǒmen yě yǒu zérèn

おもいいれ【思い入れがある】 特殊感情 tèshū gǎnqíng (英 *feel attached*) ▶～が激しい(対人或事物)/有特殊感情 (duì rén huò shìwù) yǒu tèshū gǎnqíng

おもいうかべる【思い浮かべる】 想起 xiǎngqǐ; 想像 xiǎngxiàng (英 *remember*) ▶日本と聞けば, まず富士山を～/一听到日本, 就想起富士山 yì tīngdào Rìběn, jiù xiǎngqǐ Fùshìshān

おもいおこす【思い起こす】 回想 huíxiǎng; 想起 xiǎngqǐ (英 *remember*) ▶戦争の頃を～/回想起战争的时候 huíxiǎngqǐ zhànzhēng de shíhou

おもいおもい【思い思いに】 各随己愿 gè suí jǐ yuàn (英 *in one's own way*) ▶人々は～に休日を楽しむ/人们各自愉快地度假 rénmen gèzì yúkuài de dùjià

おもいかえす【思い返す】 回想 huíxiǎng; 《考え直す》重新考虑 chóngxīn kǎolù (英 *look back*; [考え直す] *think better of...*) ▶何度思い返しても記憶がない/翻来覆去地回忆也想不起来 fānlái fùqù de huíyì yě xiǎngbuqǐlai ▶思い返して引き受けることにした/重新考虑后还是接受了 chóngxīn kǎolù hòu háishi jiēshòu le

おもいがけず【思いがけず】 不料 búliào; 想不到 xiǎngbudào; 料不到 liàobudào (英 *unexpectedly*) ▶～友人の訃報が届いた/意想不到地收到了朋友去世的讣告 yìxiǎngbudào de shōudàole péngyou qùshì de fùgào

おもいがけない【思いがけない】 出乎意料 chūhū yìliào; 出人意料 chū rén yìliào (英 *unexpected*) ▶～訪問客/出乎意料的客人 chūhū yìliào de kèrén ▶君にここで会おうとは全く思いがけなかった/和你在这里见面真没想到 hé nǐ zài zhèlǐ jiànmiàn zhēn méi xiǎngdào

おもいきって【思い切って】 毅然 yìrán; 大胆 dàdǎn (英 *boldly*; *resolutely*) ▶～反論する

心反驳 hěnxīn fǎnbó ▶～告白した/鼓起勇气坦白了 gǔqǐ yǒngqì tǎnbái le ▶～英国に留学した/狠下决心去英国留学了 hěn xià juéxīn qù Yīngguó liúxué le ▶思い切った処置を採る/采取果断的处理 cǎiqǔ guǒduàn de chǔlǐ

おもいきり【思い切り】 敞开儿 chǎngkāir; 尽情 jìnqíng (英 *decision; resignation*) ▶～泳ぐ/痛快游泳 tòngkuài yóuyǒng ▶～泣く/尽情地哭 jìnqíng de kū ▶あの男, ～ひっぱたいてやった/痛快地抽了那个家伙一顿 tòngkuài de chōule nàge jiāhuo yí dùn

～がよい 果断 guǒduàn ▶彼は～のよさで定評がある/对他的果断大家都有一致的评价 duì tā de guǒduàn dàjiā dōu yǒu yízhì de píngjià

～が悪い 优柔寡断 yōuróu guǎ duàn ▶～が悪いんだよ、おまえは/你也太优柔寡断了 nǐ yě tài yōuróu guǎduàn le

おもいきる【思い切る】 断念 duànniàn; 想开 xiǎngkāi (英 *give up*) ▶彼にその企てを思い切らせた/让他打消了那个念头 ràng tā dǎxiāole nàge niàntou

おもいこみ【思い込み】 认定 rèndìng; 确信 quèxìn (英 *one's one-sided belief; prejudice*) ▶～が激しい/固执己见 gùzhí jǐjiàn ▶君は～が強すぎる/你太偏执了 nǐ tài piānzhí le

おもいこむ【思い込む】 坚信 jiānxìn; 认定 rèndìng; 以为 yǐwéi (英 *be convinced that...*) ▶君が勝手にそう思い込んでいるだけ/这只不过是你自己那么信以为真 zhè zhǐbuguò shì nǐ zìjǐ nàme xìn yǐ wéi zhēn ▶彼は自分が天才だと思い込んでいる/他以为自己是天才呢 tā yǐwéi zìjǐ shì tiāncái ne

おもいしる【思い知る】 深深认识到了 shēnshēn rènshidào; 领会到 lǐnghuìdào (英 *realize*; [懲りる] *know to one's cost*) ▶これで奴も少しは～だろう/这样那家伙也多少知趣了吧 zhèyàng nà jiāhuo yě duōshǎo zhīqù le ba ▶思い知らせてやる/会让他后悔的 huì ràng tā hòuhuǐ de ▶俺の怖さを思い知ったか/领会到我的厉害了吗？lǐnghuìdào wǒ de lìhai le ma?

おもいすごし【思い過ごし】 过虑 guòlǜ (英 *groundless fear*) ▶それは君の～だよ/这是你想得太多了 zhè shì nǐ xiǎngde tài duō le

おもいだす【思い出す】 想起 xiǎngqǐ; 回忆 huíyì (英 *remember; recall*) ▶あのことは二度と思い出したくない/我再也不愿想起那件事 wǒ zài yě bú yuànyì xiǎngqǐ nà jiàn shì ▶少年时代を～/想起少年时代 xiǎngqǐ shàonián shídài ▶顔には見覚えがあったが, どこで会った人なのか思い出せない/我觉得脸很熟, 但想不起来在哪里见过 wǒ juéde liǎn hěn shú, dàn xiǎngbuqǐlái zài nǎli jiànguo ▶この写真は私に楽しかった昔のことを思い出させる/这张照片让我想起过去快乐的时光 zhè zhāng zhàopiàn ràng wǒ xiǎngqǐ guòqù kuàilè de shíguāng ▶時々思い出したように勉強する/有时候像是突然想起了似的学习 yǒushíhòu xiàng shì tūrán xiǎngqǐle shìde xuéxí

おもいたつ【思い立つ】 想起 xiǎngqǐ; 起念头 qǐ niàntóu (英 *think of doing*) ▶ふと思い立って日記を書き始めた/忽然产生一个念头就开始写日记了 hūrán chǎnshēng yí ge niàntou jiù kāishǐ xiě rìjì le

ことわざ 思い立ったが吉日 哪天想做哪天就是吉日 nǎ tiān xiǎng zuò nǎ tiān jiùshì jírì; 趁热打铁, 捉紧时机 chènrè dǎtiě, zhuōjǐn shíjī

おもいちがい【思い違いをする】 想错 xiǎngcuò; 误会 wùhuì (英 *misunderstand*) ▶君は全く～をしている/你全都误会了 nǐ quándōu wùhuì le

おもいつき【思い付き】 未经考虑的主意 wèi jīng kǎolǜ de zhǔyi (英 *an idea; a suggestion*) ▶いい～/好主意 hǎozhǔyi ▶～の発言/临时想到的发言 línshí xiǎngdào de fāyán ▶それはほんの～に過ぎない/那不过是突发奇想罢了 nà búguò shì tūfā qíxiǎng bà le ▶～で物を言わないでくれ/别不加思索就发表意见 bié bù jiā sīsuǒ jiù fābiǎo yìjiàn

おもいつく【思い付く】 想起 xiǎngqǐ; 想到 xiǎngdào (英 *think of...; hit upon...*) ▶なぜもっと早く思い付かなかったのだ/为什么早没想到了 wèi shénme zǎo méi xiǎngdào? ▶そうだ, いい手を思い付いた/对了, (我)想到一个好办法 duì le, (wǒ) xiǎngdào yí ge hǎobànfǎ

おもいつめる【思い詰める】 钻牛角尖儿 zuān niújiǎojiānr; 想不开 xiǎngbukāi (英 *worry over*) ▶そんなに思い詰めるなんな/别那么想不开 bié nàme xiǎngbukāi ▶いっそ死のうかとまで～/想不开, 甚至想干脆死了算了 xiǎngbukāi, shènzhì xiǎng gāncuì sǐle suàn le

おもいで【思い出】 回忆 huíyì (英 *memories*) ▶～にひたる/沉浸在回忆里 chénjìn zài huíyìli ▶～を語る/话旧 huàjiù ▶それは過去の～となってしまった/那已成为过去的回忆了 nà yǐ chéngwéi guòqù de huíyì le ▶忘れられぬ～/忘不了的回忆 wàngbuliǎo de huíyì ▶旅行の～を語ろう/交谈旅行的回忆 jiāotán lǚxíng de huíyì ▶相も変わらぬ～話を聞かされた/又跟我唠叨那些陈年旧事 yòu gēn wǒ láodao nàxiē chénnián jiùshì

おもいどおり【思い通りの】 如意 rúyì; 如愿 rúyuàn (英 *satisfactory*) ▶～の結果を得る/得到满意的结果 dédào mǎnyì de jiéguǒ ▶何事も～にはいかぬものだ/不可能万事如意的 bùkěnéng wànshì rúyì de

～にならない 不如意 bù rúyì
～になる 称心 chènxīn

おもいとどまる【思い止まる】 打消念头 dǎxiāo niàntou; 抑制 restrain oneself) ▶ヨーロッパに行くのは思い止まりました/我打消了去欧洲的念头 wǒ dǎxiāole qù Ōuzhōu de niàntou ▶彼は辞任を思い止まった/他打消了辞职的念头 tā dǎxiāole cízhí de niàntou

おもいなおす【思い直す】 转念 zhuǎnniàn; 重新考虑 chóngxīn kǎolǜ (英 *reconsider*) ▶離

婚は思い直してくれ/再想想，打消离婚的念头吧 zài xiǎngxiang, dǎxiāo líhūn de niàntou ba

おもいなやむ【思い悩む】 烦恼 fánnǎo；苦恼 kǔnǎo（英 be worried）▶我が子の非行を～/为孩子的恶行伤脑筋 wèi háizi de èxíng shāng nǎojīn

おもいのこす【思い残す】 遗憾 yíhàn（英 have no regrets）▶これでもう～ことはない/这样，就再也没有什么牵挂了 zhèyàng, jiù zài yě méiyǒu shénme qiānguà le

おもいのほか【思いの外】 出乎意料 chū hū yìliào；意外 yìwài（英 unexpectedly）▶～好都合に運んだ/出乎意料进展很顺利 chū hū yìliào jìnzhǎn hěn shùnlì ▶相手は～手ごわい/没想到对手很难对付 méi xiǎngdào duìshǒu hěn nán duìfu

おもいのまま【思いのままに】 随心所欲 suí xīn suǒ yù（英 as one wishes）▶～に振る舞う/想怎么做就怎么做 xiǎng zěnme zuò jiù zěnme zuò

おもいまどう【思い惑う】 犹豫不决 yóuyù bù jué；迟疑 chíyí（英 be undecided）▶将来の進路について～/对将来的出路犹豫不决 duì jiānglái de chūlù yóuyù bù jué

おもいめぐらす【思い巡らす】 反复考虑 fǎnfù kǎolǜ（英 ponder over; think about; reflect upon）

おもいもよらない【思いも寄らない】 万没想到 wàn méi xiǎngdào（英 unthinkable; unexpected）▶こんな年で結婚など思いも寄らなかった/没想到，这把年纪还能结婚 méi xiǎngdào, zhè bǎ niánjì hái néng jiéhūn ▶彼が横领するなどとは思いも寄らぬことだ/万万没有想到他会侵吞公款 wànwàn méiyǒu xiǎngdào tā huì qīntūn gōngkuǎn

おもいやられる【思いやられる】 不堪设想 bù kān shèxiǎng（英 feel anxious about）▶彼の行く末が～/他的将来不堪设想 tā de jiānglái bù kān shèxiǎng

おもいやり【思いやり】 关怀 guānhuái；体贴 tǐtiē（英 thoughtfulness）▶～深い/关切 guānqiè；热心 rèxīn ▶～を込めた措置だった/这是一个充满关怀的措施 zhè shì yí ge chōngmǎn guānhuái de cuòshī ▶彼にこんなことをさせるなんて君も～がない/让他干这样的事，你也太不贴人 ràng tā gàn zhèyàng de shì, nǐ yě tài bù tǐtiē rén

おもいやる【思いやる】 关怀 guānhuái；同情 tóngqíng（英 sympathize）▶他人を～心が薄れてきた/关心他人的心淡薄了 guānxīn tārén de xīn dànbó le

おもいわずらう【思い煩う】 忧虑 yōulǜ（英 worry about）▶～ことなかれ/别担心发愁了 bié dānxīn fāchóu le ▶自分のミスをあれこれ～/为自己的失误烦恼不已 wèi zìjǐ de shīwù fánnǎo bùyǐ

おもう【思う】 **1**【考える】 想 xiǎng；（感じる）觉得 juéde；（錯覚で）以为 yǐwéi（英 think; care）▶君はどう思いますか/你看怎么样呢？ nǐ kàn zěnmeyàng ne？ ▶そう思っているのは君だけだよ/只有你那样想 zhǐ yǒu nǐ nàyàng xiǎng ▶あれはあれでいいのだと～/我看那样也好 wǒ kàn nàyàng yě hǎo ▶悪く～なよ/别记恨我 bié jìhèn wǒ ▶思っている通りに言う/怎么想就怎么说 zěnme xiǎng jiù zěnme shuō ▶なんとも思っていないよ/没什么 méi shénme ▶事態は重大だと～/我认为事情很严重 wǒ rènwéi shìqing hěn yánzhòng ▶彼は自分が病気だと思っているのだ/他觉得自己病了 tā juéde zìjǐ bìng le ▶どこかでお目にかかったように思います/我觉得在什么地方见过您 wǒ juéde zài shénme dìfang jiànguò nín

2【信じる】 认为 rènwéi（英 believe）▶幽霊はいると～か/你认为有幽灵吗？ nǐ rènwéi yǒu yōulíng ma？

3【予期する】 预想 yùxiǎng（英 expect）▶君にここで会おうとは思わなかった/没想到在这里和你见面 méi xiǎngdào zài zhèlǐ hé nǐ jiànmiàn

4【望む】 希望 xīwàng；想象 xiǎngxiàng（英 wish; desire）▶事は～ように運ばなかった/事情没有像想象的那样进行 shìqing méiyǒu xiàng xiǎngxiàng de nàyàng jìnxíng ▶会社を辞めようかと～/我考虑辞去公司的工作 wǒ kǎolǜ cíqù gōngsī de gōngzuò **5**【いぶかる】 怀疑 huáiyí（英 wonder; suspect）▶彼はうそつきではないかと～/我怀疑他是个爱撒谎的人 wǒ huáiyí tā shì ge ài sāhuǎng de rén

おもうぞんぶん【思う存分】 纵情 zòngqíng；尽量 jǐnliàng（英 as much as one likes; to the full）▶～腕を揮う/大显身手 dà xiǎn shēnshǒu ▶～食べる/放开肚皮吃 fàngkāi dùpí chī

おもうつぼ【思う壶】 计策 jìcè；计谋 jìmóu（英 [相手の] his intention; his trap）▶それこそ相手の～だ/那正中了他们的计 nà zhèng zhòngle tāmen de jì

おもうまま【思うまま】 尽情 jǐnqíng；任意 rènyì（英 as one wants [wishes]）▶ボールを～に操る/随心所欲地控制球 suí xīn suǒ yù de kòngzhì qiú ▶～を书きなさい/心里怎么想就怎么写吧 xīnli zěnme xiǎng jiù zěnme xiě ba

おもおもしい【重重しい】 严肃 yánsù；庄重 zhuāngzhòng（英 grave; solemn; dignified）▶～口調で式辞を述べる/用很严肃的口气致辞 yòng hěn yánsù de kǒuqì zhìcí

おもかげ【面影】 风貌 fēngmào（英 one's face; one's images）▶幼い頃の～が残っている/儿时的模样犹存 érshí de múyàng yóu cún ▶彼にはもはや昔の～がない/他已没有以前的面貌 tā yǐ méiyǒu yǐqián de miànmào ▶白壁の通りが江戸の～を留めている/白墙的街道保留着江户时代的气息 bái qiáng de jiēdào bǎoliúzhe Jiānghù shídài de qìxī

おもかじ【面舵】《号令》 右转舵 yòu zhuǎnduò（英 Starboard!）▶～いっぱい/右满舵 yòu mǎnduò

おもくるしい【重苦しい】 沉闷 chénmèn; 沉重 chénzhòng (英 heavy; gloomy) ▶～雰囲気/沉闷的气氛 ▶～沈黙が続いた/令人郁闷的沉默持续着 lìng rén yùmèn de chénmò chíxùzhe 胸が～/胸口闷 xiōngkǒu mèn

おもさ【重さ】 分量 fēnliàng; 重量 zhòngliàng (英 weight) ▶～を量る/称重量 chēng zhòngliàng ▶この小包の～はどのくらいですか/这个小包的重量是多少？ zhège xiǎobāo de zhòngliàng shì duōshao? ▶カバンは～が3キロある/皮包有三公斤重 píbāo yǒu sān gōngjīn zhòng ▶責任の～を痛感する/痛感责任重大 tònggǎn zérèn zhòngdà

おもざし【面差し】 脸庞 liǎnpáng; 面貌 miànmào (英 features; a look) ▶～が母親に似ている/长得像母亲 zhǎngde xiàng mǔqīn

おもし【重し】 镇石 zhènshí (英 a weight) ▶～をする/用重物压住 yòng zhòngwù yāzhù ▶家では父の～がきいている/在家里，父亲很有威信 zài jiāli, fùqīn hěn yǒu wēixìn

おもしろい【面白い】 有趣 yǒuqù; 有意思 yǒuyìsi (英 interesting; entertaining; amusing) ▶～映画/有趣的电影 yǒuqù de diànyǐng ▶この本は～/这本书很有意思 zhè běn shū hěn yǒu yìsi ▶この話のどこが～のか？/这个故事哪里有意思？ zhège gùshi nǎli yǒu yìsi？ ▶(少年時代を)面白く過ごす/开心地生活 kāixīn de shēnghuó ▶面白くない/没趣 méiqù ▶市民たちはそれを知って面白くなかった/市民们知道了那件事，觉得不愉快 shìmínmen zhīdàole nà jiàn shì, juéde bù yúkuài ▶俺に知らせないなんて面白くない/我没劲儿，也不通知一下我 zhēn méijìnr, yě bù tōngzhī yíxià wǒ

おもしろがる【面白がる】 感到有意思 gǎndào yǒu yìsi (英 enjoy; be amused) ▶彼は怒るどころかかえって面白がった/他没有生气，反倒觉得很有意思 tā méiyǒu shēngqì, fǎndào juéde hěn yǒu yìsi ▶面白がって読む記事ではない/这不是一篇令人愉快的报道 zhè bú shì yì piān lìng rén yúkuài de bàodào

おもしろさ【面白さ】 趣味 qùwèi; 乐趣 lèqù (英 interest; enjoyment; fun) ▶釣りの～がわからない/我不明白钓鱼的乐趣 wǒ bù míngbai diàoyú de lèqù

おもしろはんぶん【面白半分に】 半取乐地 bàn qǔ lè de; 半开玩笑地 bàn kāi wánxiào de (英 jokingly; for fun) ▶～に言ったのです/我是半开玩笑说的 wǒ shì bàn kāi wánxiào shuō de

おもしろみ【面白味】 趣味 qùwèi; 情趣 qíngqù (英 humor; fun) ▶～がない/乏味 fáwèi; 无聊 wúliáo 何の～もない男/毫无风趣的人 háowú fēngqù de rén

おもたい【重たい】 重 zhòng; 沉重 chénzhòng (英 heavy) ▶室内が～空气に包まれた/屋子里的气氛很沉闷 wūzili de qìfēn hěn chénmèn 駅に向かう足取りが～/拖着沉重的步伐向车站走去 tuōzhe chénzhòng de bùfá xiàng chēzhàn zǒuqù

おもだった【主立った】 主要 zhǔyào (英 leading; chief; important) ▶～月刊誌/主要的月刊 zhǔyào de yuèkān ▶～事項だけを2, 3あげる/我举两个重要的事项 wǒ jǔ liǎng sān ge zhòngyào de shìxiàng

おもちゃ【玩具】 玩具 wánjù; 玩意儿 wányìr (英 a toy; a plaything) ▶人を～にする/捉弄人 zhuōnòng rén; 耍弄人 shuǎnòng rén ▶～の飛行機/玩具飞机 wánjù fēijī
～屋/玩具店 wánjùdiàn

おもて【表】 ❶【外】外面 wàimian; 外头 wàitou (英 the outdoors; the street) ▶～を歩く/去外头散步 qù wàitou sànbù ▶～に飛び出す/跑到外面 pǎo dào wàimian ▶危ないから～で遊んじゃだめよ/危险，别在外边玩 wēixiǎn, bié zài wàibian wán ❷【表面】面儿 miànr; 正面 zhèngmiàn (英 the face; the surface; the front) ▶葉書の～に宛名を書く/在明信片的表面写上收件人的地址、姓名 zài míngxìnpiàn de biǎomiàn xiěshàng shōujiànrén de dìzhǐ, xìngmíng

おもてがわ【表側】 正面 zhèngmiàn (英 the front side) ▶月は～しか見えない/月亮只能看到正面 yuèliang zhǐ néng kàndào zhèngmiàn

おもてぐち【表口】 前门 qiánmén (英 the front door) ▶～からお入り下さい/请从正门进来 qǐng cóng zhèngmén jìnlái

おもてざた【表沙汰】 公开 gōngkāi (英 making public) ▶使い込みが～になる/盗用公款的事儿传开 dàoyòng gōngkuǎn de shìr chuánkāi ▶～にしないで済ませる/不作公开处理 bú zuò gōngkāi chǔlǐ

おもてだつ【表立つ】 公开 gōngkāi (英 become known) ▶今のところ表立った動きはない/目前还没有公开的活动 mùqián hái méiyǒu gōngkāi de huódòng ▶～ことを嫌い、舞台裏に徹す/不愿意出头露面，坚持做幕后工作 bú yuànyì chūtóu lòumiàn, jiānchí zuò mùhòu gōngzuò

おもてどおり【表通り】 大街 dàjiē (英 a main street)

おもてぶたい【表舞台】 (英 center stage)
～に登場する 出台 chū tái

おもてむき【表向き】 表面 biǎomiàn; 公开 gōngkāi (英 officially; outwardly) ▶～は繁昌しているが…/表面上好像兴隆… biǎomiànshang hǎoxiàng xīnglóng… ▶～は病気ということだが…/公开说是有病… gōngkāi shuō shì yǒu bìng… ▶～禁じられている/表面上被禁止 biǎomiànshang bèi jìnzhǐ ▶休養というのが～の理由だ/休养只是对外说的理由 xiūyǎng zhǐ shì duìwài shuō de lǐyóu

おもてもん【表門】 大门 dàmén; 前门 qiánmén (英 the front gate) ▶～から入る/从大门进 cóng dàmén jìn

おもな【主な】 主要 zhǔyào (英 chief; princi-

おもなが【面長】 长脸 chángliǎn (英 *an oval face*) ▶この帽子は～の人に似合う/这个帽子适合脸长的人 zhège màozi shìhé liǎn cháng de rén

おもに【主に】 主要 zhǔyào (英 *chiefly; mainly; mostly*) ▶このスーツは～中高年男性向きです/这种西装的主要对象是中老年男性 zhè zhǒng xīzhuāng de zhǔyào duìxiàng shì zhōnglǎonián nánxìng ▶朝食は～お粥ですか/早饭主要是粥 zǎofàn zhǔyào shì zhōu

おもに【重荷】 担子 dànzi; 重担 zhòngdàn (英 *a heavy load* 〔*burden*〕) ▶～を背負う/负重 fùzhòng ▶～に感じる/觉得是个负担 juéde shì ge fùdàn ▶一家を支えるのは彼には相当な～である/维持一家的生计对他来说是担子相当重 wéichí yì jiā de shēngjì duì tā lái shuō shì dànzi xiāngdāng zhòng ▶心の～を降ろす/放下心里的重担 fàngxià xīnli de zhòngdàn ▶～を背負って階段を上る/背着沉重的行李上阶梯 bēizhe chénzhòng de xíngli shàng jiētī

おもねる【阿諛】 ēyú; 趋奉 qūfèng; 迎合 yínghé (英 *flatter*) ▶愚民に～政治家/迎合愚民的政治家 yínghé yúmín de zhèngzhìjiā ▶大衆の趣味に～/迎合大众的兴趣 yínghé dàzhòng de xìngqù

おもはゆい【面映い】 不好意思 bù hǎoyìsi (英 (*feel*) *embarrassed*) ▶みんなから褒められて～/大家都夸我，弄得我不好意思了 dàjiā dōu kuā wǒ, nòngde wǒ bù hǎoyìsi le

おもみ【重み】 分量 fēnliàng; 斤两 jīnliǎng 〔重量〕*weight*; 〔重要性〕*importance*; 〔威厳〕*dignity*) ▶～のある意見/有分量的见解 yǒu fènliàng de jiànjiě ▶一票の～/一票的重量 yí piào de zhòngliàng ▶彼の体の～で椅子がつぶれた/他的体重压垮了椅子 tā de tǐzhòng yākuǎle yǐzi ▶彼の言うことには～がある/他说的话有分量 tā shuō de huà yǒu fènliàng

おもむき【趣】 **1**〖趣意〗主旨 zhǔzhǐ; 旨意 zhǐyì (英 *the meaning; purport; contents*) ▶お話の～がよく分かりませんが…/不知道您的话的内涵，…bù zhīdào nín de huà de nèihán, … ▶それで事柄の～が変わってしまった/因此改变了事情的性质 yīncǐ gǎibiànle shìqing de xìngzhì **2**〖雅致〗风趣 fēngqù; 风味 fēngwèi; 雅致 yǎzhì (英 *atmosphere; taste*) ▶なかなか～のある庭ですね/富有情趣的庭院 fùyǒu qíngqù de tíngyuàn

おもむく【赴く】 赴 fù; 前往 qiánwǎng (英 *go* (*to one's new post*); *leave* (*for Paris*)) ▶戦地に～/前赴战场 qiánfù zhànchǎng ▶医療班が災害現場に～/医疗班前往受灾现场 yīliáobān qiánwǎng shòuzāi xiànchǎng ▶気の～ままにぶらつく/随心所欲地闲逛 suí xīn suǒ yù de xiánguàng

おもむろに 慢慢地 mànmàn de (英 *slowly; gently*) ▶～話し出す/慢慢地说出口 mànmàn de shuōchu kǒu ▶～立ち上がる/慢慢地站起来 mànmàn de zhànqǐlai

おももち【面持ち】 神色 shénsè; 脸色 liǎnsè (英 *a look; a face*) ▶不安な～を浮かべる/浮现出不安的神色 fúxiànchū bù'ān de shénsè ▶けげんな～で聞き返した/以诧异的神情反问 yǐ chàyì de shénqíng fǎnwèn ▶彼女はとても緊張した～だった/她露出紧张的神情 tā lùchū jǐnzhāng de shénqíng

おもや【母屋】 上房 shàngfáng; 正房 zhèngfáng (英 *the main house*)
ことわざ 軒を貸して母屋を取られる 喧宾夺主 xuān bīn duó zhǔ

おもゆ【重湯】 米汤 mǐtāng (英 *thin rice gruel*) ▶病人は～さえ受け付けない/病人连米汤也喝不下去 bìngrén lián mǐtāng yě hēbuxiàqù

おもり【錘】 (秤(ばかり)の)秤砣 chèngtuó (英 *a weight*); (釣りの) 坠子 zhuìzi (英 *a sinker*) ▶釣糸に～をつける/在钓丝上拴上坠子 zài diàosīshang shuānshàng zhuìzi

おもわく【思惑】 意图 yìtú; 用意 yòngyì;〔他人の考え〕看法 kànfǎ (英 *thought*; 〔投機〕*speculation*) ▶～がはずれる/事与愿违 shì yǔ yuàn wéi ▶～通りに事が運ぶ/事情进行得正如意 shìqing jìnxíngde zhèng rúyì ▶何か～がありそうだ/好像有什么企图似的 hǎoxiàng yǒu shénme qǐtú shìde ▶世間の～を気にする/在意别人的看法 zàiyì biéren de kànfǎ
♦～売り(株式)/投机抛售 tóujī pāoshòu ～買い(株式)/爆炒 bàochǎo

おもわしくない【思わしくない】 不理想 bù lǐxiǎng; 不如意 bù rúyì; 不中意 bú zhòngyì (英 *not satisfactory; not good*) ▶工事の進行が～/工程进展得不理想 gōngchéng jìnzhǎnde bù lǐxiǎng ▶彼の商売は思わしくなかった/他的买卖不如意 tā de mǎimai bù rúyì

おもわず【思わず】 不由得 bùyóude; 禁不住 jīnbuzhù (英 *in spite of oneself; unconsciously*) ▶～口をついて出る/脱口而出 tuō kǒu ér chū ▶～声を出す/失声 shīshēng ▶～「馬鹿」と叫んでしまった/情不自禁地骂了一声"混蛋" qíng bú zì jīn de màle yì shēng "Húndàn"

おもわせぶり【思わせぶりな】 做作 zuòzuo; 造作 zàozuò (英 *suggestive*) ▶彼女は～な笑顔で頷いた/她另有用意地笑着点点头 tā lìng yǒu yòngyì de xiàozhe diǎndian tóu

おもわぬ【思わぬ】 意外 yìwài (英 *unexpectedly*) ▶～災難/横祸 hènghuò; 失闪 shīshǎn ▶～事故/意外的事故 yìwài de shìgù ▶一差二错 yì chā èr cuò ▶～人が突然訪ねてきた/突然来了意外的客人 túrán láile yìwài de kèrén ▶～落とし穴にはまった/掉进了意想不到的陷阱 diàojìnle yìxiǎngbudào de xiànjǐng

おもわれる【思われる】 **1**〖人に〗被认为 bèi rènwéi (英 *be thought; be regarded as*

女からは友人だと思われている/被她认做朋友 bèi tā rènzuò péngyou ❷【…のように見える】看来 kànlái;认为 rènwéi（英 seem; appear）▶自殺を～/看来是自杀 kànlái shì zìshā ▶子供に有害と～サイトを削除する/删除可能对儿童有害的网站 shānchú kěnéng duì értóng yǒuhài de wǎngzhàn

おもんじる【重んじる】 尊重 zūnzhòng；注重 zhùzhòng（英 make much of...; respect）▶生命よりも名誉を～/比起生命更重视名誉 bǐqǐ shēngmìng gèng zhòngshì míngyù ▶歴史と伝統を～/尊重历史和传统 zūnzhòng lìshǐ hé chuántǒng

おもんぱかる【慮る】 仔细考虑 zǐxì kǎolǜ（英 consider... carefully）

おや【親】 父母 fùmǔ；双亲 shuāngqīn（英［両親］parents；［片親］a parent）▶小さい時に～を失う/小时候失去了父母 xiǎoshíhou shīqùle fùmǔ ▶～を見れば子がわかる/看到父母就知道他们的孩子 kàndào fùmǔ jiù zhīdào tāmen de háizi ▶あんな人間の～の顔が見たい/父母怎么生下了那么个东西 fùmǔ zěnme shēngxiàle nàme ge dōngxi ▶育ての～/养父母 yǎngfùmǔ ▶～離れする/离开父母独立 líkāi fùmǔ dúlì
ことわざ 親の心子知らず 儿女不知父母心 ērnǚ bù zhī fùmǔ xīn
ことわざ 親の光は七光 沾父母的光 zhān fùmǔ de guāng
ことわざ 親は無くとも子は育つ 没有父母，儿女也能长大成人 méiyǒu fùmǔ, ērnǚ yě néng zhǎngdà chéngrén
この～にしてこの子あり 有这样的父母就有这样的孩子 yǒu zhèyàng de fùmǔ jiù yǒu zhèyàng de háizi
～の脛をかじる 靠父母吃饭 kào fùmǔ chīfàn；啃老 kěnlǎo
～の欲目 父母偏爱 fùmǔ piān'ài
♦～会社|总公司 zǒnggōngsī ～馬鹿|溺爱孩子的糊涂爹娘 nì'ài háizi de hútú diēniáng

おやかた【親方】 老板 lǎobǎn；师傅 shīfu（英 a master; a boss；［相撲の］a stable master）▶～、庭木の手入れを頼みますよ/师傅，院子里花草的修剪就拜托你了 shīfu, yuànzili huācǎo de xiūjiǎn jiù bàituō nǐ le ▶～日の丸/老板是日本政府(讽刺公务人员全面依靠政府，不在意浪费的作风) lǎobǎn shì Rìběn zhèngfǔ (fěngcì gōngwù rényuán quánmiàn yīkào zhèngfǔ, bú zàiyì làngfèi de zuòfēng)

おやかぶ【親株】（植物の）母本 mǔběn；母株 mǔzhū（英 a mother stock）；（株券）旧股 jiùgǔ；老股 lǎogǔ（英 an old stock）

おやくしょ【お役所】 衙门 yámen；机关 jīguān（英 a government office）▶無責任な～仕事/不负责任的官僚作风 bú fù zérèn de guānliáo zuòfēng

おやこ【親子】 父母和子女 fùmǔ hé zǐnǚ；亲子 qīnzǐ（英 parents and children）▶～の縁を切る/断绝亲子关系 duànjué qīnzǐ guānxi ▶～喧嘩が絶えない/父[母]子吵架一直没间断 fù[mǔ]zǐ chǎojià yìzhí méi jiànduàn
♦～電話|分装电话 fēnzhuāng diànhuà

おやこうこう【親孝行】 孝顺 xiàoshùn（英 filial piety）▶～な娘でした/她是一个孝顺父母的女儿 tā shì yí ge xiàoshùn fùmǔ de nǚ'ér

おやごころ【親心】 父母心 fùmǔxīn；（比喻）父母般的关怀 fùmǔ bān de guānhuái（英 parental love）▶～が子に通じない/儿女不解父母心 ērnǚ bù jiě fùmǔ xīn

おやじ【親父】 ❶【父親】父亲 fùqīn（英 one's father）▶うちの～はダメ/我家父亲真废物 wǒ jiā fùqīn zhēn fèiwù ❷【男の店主など】老板 lǎobǎn（英 the old man）▶店の～が不機嫌な顔で迎えた/店里的老板带着不高兴的神色迎接顾客 diànli de lǎobǎn dàizhe bù gāoxìng de shénsè yíngjiē gùkè

おやしらず【親知らず】（歯の）智齿 zhìchǐ；智牙 zhìyá（英 cut one's wisdom tooth）▶～が生える/智齿长出来了 zhìchǐ zhǎngchūlai le

おやすい【お安い】（訳もない）简单 jiǎndān；容易 róngyì（英 no problem）；（親しい）亲密 qīnmì（英 intimate）▶～御用です/小事一桩 xiǎoshì yì zhuāng ▶二人はお安くない仲だ/他们俩的关系可不一般 tāmen liǎ de guānxi kě bú yìbān

おやすみなさい【お休みなさい】（就寝のあいさつ）晚安 wǎn'ān（英 Good night.）

おやだま【親玉】 头目 tóumù；头子 tóuzi（英 a boss）

おやつ【お八つ】 点心 diǎnxin；零食 língshí（英 afternoon tea; refreshments）▶3時の～にケーキが出た/三点的点心是蛋糕 sān diǎn de diǎnxin shì dàngāo

おやふこう【親不孝】 不孝 búxiào；不孝顺父母 bú xiàoshùn fùmǔ（英 undutifulness）▶～の息子/逆子 nìzǐ

おやぶん【親分】 头目 tóumù；主子 zhǔzi（英 a boss, a chief; a godfather）▶すり集団の～/小偷团伙的头子 xiǎotōu tuánhuǒ de tóuzi ▶～子分の盃/结拜酒 jiébàijiǔ ▶～肌の女/有头领气概的女人 yǒu tóulǐng qìgài de nǚrén ▶～風を吹かせる/摆头目架子 bǎi tóumù jiàzi

おやま【女形】 旦角 dànjué（英 an actor who plays women's parts）▶その役は～が演じる/那个角色由旦角演 nàge juésè yóu dànjué yǎn

おやまのたいしょう【お山の大将】 小头目 xiǎotóumù（英 the king of the small mountain）▶あいさつはしません/で終わる/那家伙最多也就是当个小头目罢了 nà jiāhuo zuì duō yě jiùshì dāng ge xiǎotóumù bà le

おやもと【親元】 父母家 fùmǔjiā（英 one's parents' home）▶～で暮らす/在父母家生活 zài fùmǔjiā shēnghuó ▶～を遠く離れる/远离父母家 yuǎnlí fùmǔjiā

おやゆずり【親譲りの】 父母遗传 fùmǔ yí-

おやゆび【親指】 大拇指 dàmǔzhǐ; 拇指 mǔzhǐ (英 *the thumb*; [足の] *the big toe*) ▶～を立てる/竖拇指 shùqǐ dàmǔzhǐ ▶～と人差指でつまむ/用大拇指和食指捏起来 yòng dàmǔzhǐ hé shízhǐ niēqǐlai

およぎ【泳ぎ】 游泳 yóuyǒng (英 *swimming*) ▶～がうまい/很会游泳 hěn huì yóuyǒng; 水性好 shuǐxìng hǎo ▶～に行く/去游泳 qù yóuyǒng ▶五つの時に～を覚えた/五岁就学会游泳了 wǔ suì jiù xuéhuì yóuyǒng le

およぐ【泳ぐ】 游泳 yóuyǒng; 泅水 qiúshuǐ (英 *swim*) ▶泳げる/会游水 huì yóushuǐ ▶この川ではまだ泳いだことがない/在这条河还没游过泳 zài zhè tiáo hé hái méi yóuguo yǒng ▶海岸に沿って泳ぐ/游到岸边 yóudào ànbiān ▶川を泳ぎ渡る/游泳横渡河流 yóuyǒng héngdù héliú ▶犯人を自由に泳がせる/暂时让犯人自由活动 zànshí ràng fànrén zìyóu huódòng ▶メディアの世界を巧みに～/在媒体这一行混得不错 zài méitǐ zhè yī háng hùnde búcuò

およそ【凡そ】 **1**【総じて】凡是 fánshì (英 *generally*) ▶～人間たるもの/凡是做人的 fánshì zuò rén de ▶～意味がない/根本没有意义 gēnběn méiyǒu yìyì **2**【ほぼ】大概 dàgài; 大约 dàyuē (英 *almost*; *nearly*) ▶～100年が過ぎた/过了大约一百年 guòle dàyuē yībǎi nián ▶～の見当はついている/大概有头绪了 dàgài yǒu tóuxù le ▶～5 時間かかる/大概要五个小时 dàgài yào wǔ ge xiǎoshí

およばずながら【及ばずながら】 虽然力量微薄 suīrán lìliang wēibó (英 *to the best of my ability*) ▶大役を勤めさせていただきます/能力虽然有限，但尽力挑起这副重担 nénglì suīrán yǒuxiàn, dàn jìnlì tiāoqǐ zhè fù zhòngdàn

およばない【及ばない】 **1**【必要がない】不必 búbì; 用不着 yòngbuzháo (英 *not have to do*) ▶わざわざ行くには～/用不着特意去 yòngbuzháo tèyì qù **2**【かなわない】比不上 bǐbushàng; 不如 bùrú (英 *not match; not equal*) ▶あなたの足元にも～/根本不如你 gēnběn bùrú nǐ ▶やはり本場には～/到底还是不如正宗的 dàodǐ háishi bùrú zhèngzōng de

および【及び】 **1**【接続詞】以及 yǐjí; 和 hé; 跟 gēn (英 *and; as well as...*) ▶父兄・教員を前に…/在家长及老师面前… zài jiāzhǎng jí lǎoshī miànqián… **2**【及ぶこと】达 dá; 及 jí (英 *a match*)

~もつかない 远不及 yuǎn bùjí ▶英語では君は彼に～もつかない/论英语，你远不如他 lùn Yīngyǔ, nǐ yuǎn bùrú tā

およびごし【及び腰である】 消极对待 xiāojí duìdài (英 *be indecisive; be hesitant*) ▶～で馬ににんじんをやる/缩手缩脚地给马喂胡萝卜 suō shǒu suō jiǎo de gěi mǎ wèi húluóbo ▶政府は解決に～である/政府不敢积极解决这个问题 zhèngfǔ bù gǎn jījí jiějué zhège wèntí ▶そんな～ではこの問題は解決できない/这样缩手缩脚是解决不了这个问题的 zhèyàng suō shǒu suō jiǎo shì jiějuébùliǎo zhège wèntí de

およぶ【及ぶ】 涉及 shèjí; 达到 dádào (英 *reach; extend*; [匹敵する] *match; equal*) ▶長さ 100m に～/长达一百米 chángdá yìbǎi mǐ ▶講演は 2 時間に及んだ/讲话达两小时之久 jiǎnghuà dá liǎng xiǎoshí zhī jiǔ ▶被害が多方面に～/损害涉及很多方面 sǔnhài shèjí hěn duō fāngmiàn ▶仕事に影響が～/影响工作 yǐngxiǎng gōngzuò ▶費用は 1 万円に及んだ/费用高达一万日元 fèiyong gāodá yíwàn Rìyuán ▶会期は 5 日間に及んだ/会期长达五天 huìqī chángdá wǔ tiān ▶力の～限り/力所能及的 lì suǒ néng jí de ▶～限りの手段を尽くす/用尽了所有的方法 yòngjìnle suǒyǒu de fāngfǎ

およぼす【及ぼす】 使…受到 shǐ…shòudào (英 [影響を] *exert influence*; [害を] *cause harm*) ▶青少年に悪い影響を～/给青少年带来不良影响 gěi qīngshàonián dàilái bùliáng yǐngxiǎng ▶隣家にまで被害を～/连邻居也受到危害 lián línjū yě shòudào wēihài ▶環境に～影響は計り知れない/对环境的影响不可估量 duì huánjìng de yǐngxiǎng bùkě gūliàng

オランウータン〔動物〕猩猩 xīngxing (英 *orangutang*) ▶～は「森の人」という意味です/"傲岛乌丹"是"森林的人"的意思 "àolánwūdān" shì "sēnlín de rén" de yìsì 参考 '傲岛乌丹'はマレー語の音訳で，中国語ではふつう'猩猩'という.

オランダ 荷兰 Hélán (英 *Holland; the Netherlands*) ▶～人/荷兰人 Hélánrén ▶～語/荷兰语 Hélányǔ

おり【折】 **1**【時】时候 shíhou (英 *an occasion; a chance*) ▶～よく[悪く]/恰巧[不巧] qiàqiǎo[bù qiǎo] ▶～にふれて/有时候 yǒushíhòu; 有机会的时候 yǒu jīhuì de shíhou ▶～を見て忠告しておこう/有机会劝劝他 yǒu jīhuì quànquan tā ▶お越しの～にお目にかけます/您来的时候请您看看 nín lái de shíhou qǐng nín kànkan ▶いつか都合のよい～を見てお会いしましょう/在方便的时候见面吧 zài fāngbiàn de shíhou jiànmiàn ba ▶～から通りかかった人/在那时正好路过的人 zài nà shí zhènghǎo lùguò de rén **2**【折箱】小盒 xiǎohé (英 *a small wooden box*) ▶残った料理を～に詰める/剩下的菜放进小盒子 shèngxià de cài fàngjìn xiǎohézi

おり【檻】 笼子 lóngzi (英 *a cage*) ▶～に入れられている猛獣/关在笼子里的猛兽 guānzài lóngzili de měngshòu ▶虎が～から逃げ出す/老虎从笼子里逃走 lǎohǔ cóng lóngzili táozǒu

おりあい【折り合い】 相互关系 xiānghù guānxi (英 *an agreement; an understanding*) ▶両者で何とか～をつける/双方总算达成和解 shuāngfāng zǒngsuàn dáchéng héjiě ▶師弟の間の～が

悪い/师徒关系很不好 shītú guānxi hěn bù hǎo ▶値段の〜がつく/谈好价钱 tánhǎo jiàqian

おりあう【折り合う】 迁就 qiānjiù; 互相让步 hùxiāng ràngbù (英 *get along with...*) ▶条件が折り合わない/条件谈不拢 tiáojiàn tánbùlǒng ▶双方で歩み寄って〜/双方互作出让步 shuāngfāng xiānghù zuòchū ràngbù

おりあしく【折悪しく】 偏偏 piānpiān; 偏巧 piānqiǎo (英 *unfortunately*) ▶彼は〜不在であった/他偏偏不在 tā piānpiān bú zài

おりいって【折り入って】 特地 tèdì (英 *earnestly*) ▶〜御相談があるのですが/有事要特地和您商量 yǒu shì yào tèdì hé nín shāngliang

オリーブ 〘植物〙油橄榄 yóugǎnlǎn; 橄榄 gǎnlǎn (英 *an olive*) ▶〜油/橄榄油 gǎnlǎnyóu

オリエンタリズム 东方学 Dōngfāngxué; 东方趣味 Dōngfāng qùwèi (英 *Orientalism*)

オリエンテーション 入学说明会 rùxué shuōmínghuì; 入学教育 rùxué jiàoyù (英 *orientation*) ▶新入生の〜は4月8日に行われる/新生的入学说明会在四月八日举行 xīnshēng de rùxué shuōmínghuì zài sì yuè bā rì jǔxíng

オリエンテーリング 越野识途比赛 yuèyě shítú bǐsài (英 *orienteering*)

オリエント 东方 Dōngfāng (英 *the Orient*) ▶〜急行/东方快车 Dōngfāng kuàichē ▶〜学/东方学 Dōngfāngxué

おりおり【折折】 随时 suíshí; 时而 shí'ér (英 *occasionally; now and then*) ▶四季〜の草花/四季应时的花草 sìjì yìngshí de huācǎo ▶〜の詩/四季的诗歌 sìjì de shīgē ▶彼が一語ったこと/他时而说起的事儿 tā shí'ér shuōqǐ de shìr

オリオンざ【オリオン座】〘天文〙猎户座 Lièhùzuò (英 *Orion*)

おりかえし【折り返し】 折回 zhéhuí;《ズボンの》 折边 zhébiān (英〘水泳など〙*a turn*; [ズボンの] *a cuff*) ▶〜電話する/立即回电话 lìjí huí diànhuà ▶間もなく〜点にさしかかる/很快就要到达折回点了 hěn kuài jiùyào dàodá zhéhuí diǎn le ▶〜のついたズボン/有折边的裤子 yǒu zhébiān de kùzi

♦〜運転 往返运行 wǎngfǎn yùnxíng ▶小田原横浜間を〜運転する/电车在小田原和横滨之间往返行驶 diànchē zài Xiǎotiányuán hé Héngbīn zhījiān wǎngfǎn xíngshǐ

おりかえす【折り返す】 翻 fān; 卷 juǎn; 折回 zhéhuí; 返回 fǎnhuí (英 *turn; make a turn*) ▶途中で〜/半路上返回 bànlùshang fǎnhuí ▶襟を〜/翻领子 fān lǐngzi

おりかさなる【折り重なる】 叠摞起来 diéluòqilai (英 *lie one upon another*) ▶〜ように倒れる/一个摞一个地倒下 yí ge luò yí ge de dǎoxià ▶ファンが殺到して折り重なって倒れた/粉丝们一拥而至, 挤得倒成一堆了 fěnsīmen yì yōng ér zhì, jǐde dǎochéng yì duī le

おりがみ【折り紙】 折纸 zhézhǐ (英 *folding paper*) ▶〜を折る/折纸 zhézhǐ

▶〜付き 素有定评 sù yǒu dìngpíng ▶彼の運転技術は〜付きだ/他的车技是素有定评的 tā de chējì shì sù yǒu dìngpíng de

おりから【折からの】 正在那时 zhèng zài nà shí (英 *just then*) ▶〜の強風に吹かれて船が難破した/正赶上强风船被吹翻了 zhèng gǎnshàng qiángfēng chuán bèi chuīfān le

おりこみこうこく【折り込み広告】 插页广告 chāyè guǎnggào; 夹在报纸里的广告 jiāzài bàozhǐli de guǎnggào (英 *an ad insert*)

おりこむ【織り込む】 织入 zhīrù; 编进 biānjìn (英 *weave... into 〜*) ▶話題に勧誘を〜/话题里插进劝诱 huàtí lǐ chājìn quànyòu ▶文集に〜/编进文集里 biānjìn wénjílǐ ▶この数字は織り込み済みだ/这个数字已经包括在里面 zhège shùzì yǐjing bāokuòzài lǐmiàn

オリジナリティー 独创性 dúchuàngxìng (英 *originality*) ▶これらの作品には〜が感じられない/这些作品都不能让人感觉到独创性 zhèxiē zuòpǐn dōu bùnéng ràng rén gǎnjuédào dúchuàngxìng

オリジナル 原物 yuánwù; 原作 yuánzuò; 原型 yuánxíng (英 *original*) ▶〜テープ/原版带 yuánbǎndài ▶脚本は〜だ/剧本是原创的 jùběn shì yuánchuàng de

おりしも【折しも】 正当那时 zhèngdāng nà shí; 恰好 qiàhǎo; 偏巧 piānqiǎo (英 *just then*) ▶〜この日は父の誕生日であった/恰巧这天是父亲的生日 qiàqiǎo zhè tiān shì fùqin de shēngrì

おりじゃく【折り尺】 折尺 zhéchǐ (英 *a folding rule*)

おりたたみ【折り畳みの】 折叠 zhédié (英 *folding*) ▶《封筒上書きの文句》〜無用/请勿折叠 qǐng wù zhédié

♦〜椅子 折叠椅 zhédiéyǐ **〜傘** 折叠伞 zhédiésǎn

おりたたむ【折り畳む】 叠 dié; 折叠 zhédié (英 *fold up*) ▶ワイシャツを〜/叠衬衫 dié chènshān

おりづめ【折り詰め】 盒装 hézhuāng;《折り詰めの弁当》盒饭 héfàn (英 *food packed in a wooden box*) ▶昼食は〜が配られた/午餐是分发的盒饭 wǔcān shì fēnfā de héfàn

おりづる【折り鶴】 纸鹤 zhǐhè (英 *a folded paper crane*)

おりど【折り戸】 折叠门 zhédiémén (英 *a folding door*)

おりまげる【折り曲げる】 折 zhé; 折弯 zhéwān (英 *bend*; [二つに] *double*) ▶ページを〜/折书页 zhé shūyè ▶体を折り曲げて箸を拾う/弯下腰捡筷子 wānxià yāo jiǎn kuàizi

おりまぜる【織り交ぜる】 穿插 chuānchā (英 *weave together*) ▶話に後日談を〜/故事中穿插一些后话 gùshi zhōng chuānchā yìxiē hòuhuà ▶事実に虚構を〜/在事实里加入虚构成分 zài shìshílǐ jiārù xūgòu chéngfèn

おりめ【折り目】 褶子 zhězi (英 *a fold; a*

おりもの【織物】 布帛 bùbó；织物 zhīwù（英 *cloth; textile goods*）▶かつて～業で知られた町/曾经以纺织业闻名的城镇 céngjīng yǐ fǎngzhīyè wénmíng de chéngzhèn

おりよく【折よく】 碰巧 pèngqiǎo；好在 hǎozài（英 *fortunately*）▶その時～霧が晴れてきた/这时正好雾散了 zhè shí zhènghǎo wù sàn le

おりる【下りる・降りる】 下 xià；（役目を）辞去 cíqù；退去 tuìqù（英 *get down; descend*；[退く] *drop out*）▶車から～/下车 xià chē ▶山を～/下山 xià shān ▶許可が～/许可批下来 xǔkě pīxiàlái ▶霜が～/下霜 xià shuāng ▶幕が～落下帷幕 luòxià wéimù ▶主役を～/退出主角 tuìchū zhǔjué ▶胸のつかえが～/心头的闷气消了下去 xīntóu de mènqì xiāolexiàqu ▶ようやく肩の荷が～/终于卸下肩上的担子 zhōngyú xièxià jiānshang de dànzi ▶今月限りで社長を～/在本月内辞去总经理职务 zài běn yuè nèi cíqù zǒngjīnglǐ zhíwù

オリンピック 奥林匹克运动会 Àolínpǐkè yùndònghuì；奥运会 Àoyùnhuì（英 *the Olympic Games; the Olympics*）▶～村/奥运村 Àoyùncūn ▶国際～委員会/国际奥委会 Guójì Àowěihuì ▶冬季～/冬季奥运会 dōngjì Àoyùnhuì

おる【折る】 ❶[枝などを] 打断 dǎduàn；折 zhé（英 *break; snap*）▶枝を～/折树枝 zhé shùzhī ▶腕を～/胳膊骨折了 gēbo gǔzhé le ❷[たたむ] 折 zhé；叠 dié（英 *fold*）▶新聞を二つに～/把报纸对折一下 bǎ bàozhǐ duìzhé yíxià ▶色紙で鶴を～/用彩纸折纸鹤 yòng cǎizhǐ zhé zhǐhè ▶色紙を鶴に～/把彩纸叠成纸鹤 bǎ cǎizhǐ diéchéng zhǐhè ❸[その他] ▶ひざを折って頼む/屈膝求助 qū xī qiú zhù ▶指を折って数える/屈指计算 qū zhǐ jìsuàn

♦話の腰を～ 打断话头儿 dǎduàn huàtóur
骨を～（人のために）辛苦 xīnkǔ；尽力 jìnlì

おる【織る】 织 zhī（英 *weave*）▶機(はた)を～/用织布机织布 yòng zhībùjī zhībù ▶牡丹を織り出す/织出牡丹 zhīchū mǔdan

オルガン〔楽器〕风琴 fēngqín（英 *an organ; a reed organ*）▶～を弾く/拉风琴 lā fēngqín

オルゴール 八音盒 bāyīnhé（英 *a musical box*）

おれ【俺】 咱 zán；我 wǒ（英 *I; me*）

おれい【お礼】 礼 lǐ；谢意 xièyì（英 *graduate; thanks*）▶～を言う/道谢 dàoxiè；致谢 zhìxiè ▶～を贈る/送礼 sònglǐ ▶それなりの～はいたします/相应地送上礼物 xiāngyìng de sòngshàng lǐwù

♦～参り〔神仏への〕还愿 huányuàn；〔やくざなどの〕报复 bàofù ▶合格の～参り/（大学等）取后去还愿（dàxué děng）kǎogǔ hòu qù huányuàn ▶暴力団の～参りにおびえる/害怕遭到黑社会的报复 hàipà zāodào hēishèhuì de bàofù

おれきれき【お歴歴】 显要人物 xiǎnyào rénwù；头面人物 tóumiàn rénwù（英 *notables; VIPs*）▶財界の～/财界的显要人物 cáijiè de xiǎnyào rénwù

おれせんグラフ【折れ線グラフ】 折线图表 zhéxiàn túbiǎo（英 *a line graph*）

おれる【折れる】 ❶[折れる] 折 zhé；折断 duàn（英 *break; be broken*）▶肋骨が折れた/肋骨折了 lèigǔ zhé le ▶左に～/往左拐 wǎng zuǒ guǎi ▶ずいぶんと骨が～/非常费力气 fēicháng fèi lìqi ▶枝が雪の重みで折れた/树枝被雪的重量压折了 shùzhī bèi xuě de zhòngliàng yāzhé le ❷[譲る] 让步 ràngbù；妥协 tuǒxié（英 *give in; compromise*）▶自分から～/主动让步 zhǔdòng ràngbù ▶最後に政府が折れた/最后政府让步了 zuìhòu zhèngfǔ ràngbù le ▶この線で折れ合いましょう/按着这个方向彼此让步吧 ànzhe zhège fāngxiàng bǐcǐ ràngbù ba

オレンジ〔植物〕橙子 chéngzi（英 *an orange*）▶～色の/橙黄 chénghuáng；橘黄 júhuáng

おろおろする 张皇失措 zhānghuáng shīcuò；慌慌张张 huānghuangzhāngzhāng（英 *be nervous*）▶僕はただ～するばかりだった/我完全陷入惊慌之中 wǒ wánquán xiànrù jīnghuāng zhīzhōng

おろか *to say nothing of...*）▶フランス語は～英語も話せない/别提法语了，连英语也不会说 biétí Fǎyǔ le, lián Yīngyǔ yě bùhuì shuō

おろか【愚かな】 傻 shǎ；愚蠢 yúchǔn；呆笨 dāibèn（英 *foolish; stupid; silly*）▶～な考え/愚蠢的想法 yúchǔn de xiǎngfa ▶彼に期待するなんて～だ/还指望他，真傻 hái zhǐwang tā, zhēn shǎ

♦～者 草包 cǎobāo；蠢货 chǔnhuò；傻瓜 shǎguā

おろかしい【愚かしい】 糊涂 hútu；愚蠢 yúchǔn（英 *foolish; stupid*）▶自分の愚かしさに気付く/意识到自己的愚蠢 yìshídào zìjǐ de yúchǔn

おろし【卸】 批发 pīfā（英 *wholesale*）▶～でキロ500円もする/批发每公斤要五百日元 pīfā měi gōngjīn yào wǔbǎi Rìyuán

♦～値 批发价格 pīfā jiàgé

おろしうり【卸売り】 批发 pīfā（英 *wholesale*）

♦～価格 批发价格 pīfā jiàgé ～業 批发业 pīfāyè ▶～業者/从事批发业的人 cóngshì pīfāyè de rén ▶衣料の～業を営む/经营服装批发业 jīngyíng fúzhuāng pīfāyè

おろしがね【下ろし金】 萝卜擦子 luóbo cāzi；磋床儿 cāchuángr（英 *a grater*）

おろしたて【下ろし立て】 刚开始用的 gāng kāishǐ yòng de（英 *brand-new*）▶～を着る/穿上刚拿出来的新衣服 chuānshàng gāng náchūlai de xīnyīfu

おろす【下ろす・降ろす】（英 *get down; put*

down）▶肩の荷を～／卸下重担 xièxià zhòngdàn ▶腰を～／坐下 zuòxià ▶貯金を～／提取存款 tíqǔ cúnkuǎn ▶大根を～／擦萝卜泥 cā luóboní ▶大地に根を～／扎根大地 zhā gēn dàdì ▶髪を～／削发 xuē fā ▶幕を～／降下帷幕 jiàngxià wéimù；闭幕 bì mù ▶今日で看板を下ろします／今天歇业 jīntiān xiēyè ▶彼はそのテレビ番組から下ろされた／他从那个电视节目被撤下来了 tā cóng nàge diànshì jiémù bèi chèxiàlai le ▶アジを3枚に～／把竹筴鱼横着切成三片 bǎ zhújiāyú héngzhe qiēchéng sān piàn

おろす【卸す】 批发 pīfā （英 sell by wholesale; wholesale）▶水产物を～／批发水产品 pīfā shuǐchǎnpǐn ▶薬局に薬品を卸して回る／给药房巡回批发药物 gěi yàofáng xúnhuí pīfā yàowù

おろそか【疎かにする】 疏忽 shūhu；马虎 mǎhu；草率 cǎoshuài （英 neglect）▶一言一句を～にしない／绝不忽略一字一句 jué bù hūluè yí zì yí jù ▶友人との約束を～にしてはいけない／不能忽视和朋友的约定 bùnéng hūshì hé péngyou de yuēdìng ▶学業が～になる／荒废学业 huāngfèi xuéyè

おわせる【負わせる】（英［傷］wound;［責任を］put...on）▶犯人は子供に重傷を負わせた／犯人给孩子造成重伤 fànrén gěi háizi zàochéng zhòngshāng ▶責任を僕に～／把责任推到我身上 bǎ zérèn tuīdào wǒ shēnshang

おわらい【お笑い】 笑料 xiàoliào；噱头 xuétóu （英 a funny story; a joke）▶～芸人／滑稽演员 huájī yǎnyuán ▶～番組／搞笑节目 gǎoxiào jiémù

◆～草：笑柄 xiàobǐng；笑料 xiàoliào ▶とんだ～草だった／真是个大笑料 zhēn shì ge dàxiàoliào

おわらせる【終わらせる】 结束 jiéshù；收场 shōuchǎng （英 finish; bring... to an end）▶今日中に終わらせてほしい／希望在今天之内完成 xīwàng zài jīntiān zhīnèi wánchéng

おわり【終わり】 结局 jiéjú；末尾 mòwěi （英 an end; a close;［結末］a conclusion）▶旅の～／旅途的终点 lǚtú de zhōngdiǎn ▶式の～に事件は起こった／在仪式的尾声中事件发生了 zài yíshì de wěishēng zhōng shìjiàn fāshēng le ▶話を～まで聞いて下さい／请你把我的话听完 qǐng nǐ bǎ wǒ de huà tīngwán ▶～から～まで／从头到尾 cóng tóu dào wěi ▶あの男ももう～だ／那个家伙也完蛋了 nàge jiāhuo yě wándàn le

ことわざ 終わりよければすべてよし 结局好，一切就都好 jiéjú hǎo, yíqiè jiù dōu hǎo

～にする 结束 jiéshù ▶～にする／今天到此结束 jīntiān dào cǐ jiéshù

～を告げる 告终 gàozhōng；终结 zhōngjié ▶シーズンも～を告げる／旺季也要告终了 wàngjì yě yào gàozhōng le

◆～値（株式）：收盘价 shōupánjià

おわる【終わる】 结束 jiéshù；完毕 wánbì （英 end; finish; be over）▶仕事が～／工作结束 gōngzuò jiéshù ▶成功に～／圆满完成 yuánmǎn wánchéng ▶食べ～／吃完 chīwán ▶敗北に～／以失败告终 yǐ shībài gàozhōng ▶授業が終わった／下课了 xiàkè le ▶やれやれ，試験がみな終わった／哎，考试都完啦 āi, kǎoshì dōu wán la ▶二人の恋も終わった／两人的爱情也结束了 liǎng rén de àiqíng yě jiéshù le ▶戦争はまだ終わらない／战争还没有结束 zhànzhēng hái méiyǒu jiéshù ▶会議は6時に終わった／会议六点结束了 huìyì liù diǎn jiéshù le ▶冬が～まで待つ／等待冬天过去 děngdài dōngtiān guòqù

おん【恩】 恩情 ēnqíng （英 kindness; a favor; obligation）▶御～は一生忘れません／您的恩情我一辈子也不忘 nín de ēnqíng wǒ yíbèizi yě bú wàng

～に着せる 要人感恩 yào rén gǎn'ēn；补报 bǔbào

～に着る 领情 lǐngqíng ▶そうしてくれれば一生～に着るよ／如果您能这样做，我会一辈子感恩 rúguǒ nín néng zhèyàng zuò, wǒ huì yíbèizi gǎnēn

～を仇で返す 恩将仇报 ēn jiāng chóu bào；以怨报德 yǐ yuàn bào dé

～を売る 卖人情 mài rénqíng

おんいき【音域】 音域 yīnyù （英 a range; a register）▶～が広い／音域很宽 yīnyù hěn kuān

おんいん【音韵】 音韵 yīnyùn （英 a vocal sound）▶～学／声韵学 shēngyùnxué；音韵学 yīnyùnxué

オンエア 正在广播 zhèngzài guǎngbō （英 on the air）▶その番組は～中だ／那个节目正在播放 nàge jiémù zhèngzài bōfàng

おんかい【音階】 音阶 yīnjiē （英 the musical scale）▶12～／十二音阶 shí'èr yīnjiē ▶短［長］～／小调［大调］音阶 xiǎodiào[dàdiào] yīnjiē

おんがえし【恩返し】 报恩 bào'ēn （英 repayment of a favor）▶『鶴の～』［民話］／《仙鹤报恩 Xiānhè bào'ēn》

おんがく【音楽】 音乐 yīnyuè （英 music）▶～理論／乐理 yuèlǐ ▶～家／音乐家 yīnyuèjiā ▶～会／音乐会 yīnyuèhuì ▶～学校／音乐学校 yīnyuè xuéxiào ▶～コンクール／音乐比赛 yīnyuè bǐsài ▶～療法／音乐疗法 yīnyuè liáofǎ

おんかん【音感】 音感 yīngǎn （英 an ear for music）▶～が鋭い／音感很强 yīngǎn hěn qiáng ▶～教育／音感教育 yīngǎn jiàoyù ▶～を養う／培养音感 péiyǎng yīngǎn

◆絶対～／绝对音感 juéduì yīngǎn

おんぎ【恩義】 恩义 ēnyì （英 a favor）▶～に背く／忘恩负义 wàng ēn fù yì ▶～を受ける／接受恩情 jiēshòu ēnqíng

おんきせがましい【恩着せがましい】 施恩图报 shī ēn tú bào；以恩人自居 yǐ ēnrén zìjū （英 patronizing）▶～態度／施恩图报的态度 shī ēn tú bào de tàidù

おんきょう【音響】 音响 yīnxiǎng （英 a sound; a report）

おんけい ♦～効果：音響効果 yīnxiǎng xiàoguǒ ▶このホールは～効果がよい/这个音乐厅的音响效果很好 zhège yīnyuètīng de yīnxiǎngo xiàoguǒ hěn hǎo

おんけい【恩恵】 恩惠 ēnhuì; 雨露 yǔlù (英 *a favor; a benefit*) ▶親の～を蒙る/受到父母的恩惠 shòudào fùmǔ de ēnhuì》沾父母光 zhān fùmǔ guāng ▶あなたにも多少は～を施したつもりですよ/我认为多少也是给了你一些恩惠的 wǒ rènwéi duōshǎo yě shì gěile nǐ yìxiē ēnhuì de ▶豊かな自然の～に浴している/享受着大自然富饶的恩赐 xiǎngshòuzhe dàzìrán fùráo de ēncì

おんけん【穩健な】 稳健 wěnjiàn (英 *moderate; sound*) ▶～派/稳健派 wěnjiànpài

おんこう【温厚な】 温厚 wēnhòu; 敦厚 dūnhòu (英 *gentle; affable; mild-mannered*) ▶～で微笑みの絶えない人でした/是一个性格温厚满面笑容的人 shì yí ge xìnggé wēnhòu mǎnmiàn xiàoróng de rén

おんこちしん【温故知新】 温故知新 wēn gù zhī xīn (英 *taking a lesson from the past*) ▶～の意味を辞書で調べた/翻字典查温故知新的意思 fān zìdiǎn chá wēn gù zhī xīn de yìsi

おんさ【音叉】 音叉 yīnchā (英 *a tuning fork*)

オンザロック 加冰块的威士忌 jiā bīngkuài de wēishìjì (*whisky*) *on the rocks*

おんし【恩師】 恩师 ēnshī (英 *one's mentor* [*teacher*]) ▶～との出会いで人生が変わった/结识恩师改变了我的人生 jiéshí ēnshī gǎibiànle wǒ de rénshēng

おんしつ【温室】 温室 wēnshì; 暖房 nuǎnfáng (英 *a greenhouse*) ▶～効果ガス/温室效应气体 wēnshì xiàoyìng qìtǐ ▶トマトを～栽培する/在温室中栽培西红柿 zài wēnshì zhōng zāipéi xīhóngshì ▶育ちのお坊っちゃん/温室里长大的小少爷 wēnshìlǐ zhǎngdà de xiǎoshàoye

おんしっぷ【温湿布】 热敷 rèfū (英 *a hot pack*) ▶患部に～する/热敷患部 rèfū huànbù

おんしゃ【恩赦】 恩赦 ēnshè (英 *amnesty; a pardon*) ▶～に浴して出所する/承蒙恩赦而出狱 chéngméng ēnshè ér chū yù

おんじゅん【温順な】 温顺 wēnshùn (英 *docile; obedient*) ▶～な気候に恵まれた江南地方/得天独厚，风调雨顺的江南地区 dé tiān dú hòu, fēng tiáo yǔ shùn de Jiāngnán dìqū ▶性格はごく～な男だ/他性格极其温顺 tā xìnggé jíqí wēnshùn

おんしょう【恩賞】 奖赏 jiǎngshǎng (英 *a reward*) ▶～にあずかる/受到赏赐 shòudào shǎngcì ▶思えば～などとは無縁の一生だった/回想起来，我这一辈子和赏赐没有缘分 huíxiǎngqǐlai, wǒ zhè yíbèizi hé ēnshǎng méiyǒu yuánfèn

おんしょう【温床】 温床 wēnchuáng (英 *a hotbed*) ▶悪の～/邪恶的温床 xié'è de wēnchuáng

おんじょう【温情】 温情 wēnqíng; 同情心 tóngqíngxīn (英 *consideration; kindness*) ▶～あふれる言葉をかける/富有温情地跟人搭话 fùyǒu wēnqíng de gēn rén dāhuà

おんしょく【音色】 音色 yīnsè; 音质 yīnzhì (英 *a tone*)

おんしらず【恩知らず】 忘恩负义 wàng ēn fù yì (英 *ingratitude*) ▶～の卑怯者/忘恩负义的卑鄙小人 wàng ēn fù yì de bēibǐ xiǎorén

おんしん【音信】 消息 xiāoxi; 音信 yīnxìn (英 *news*) ▶～不通/杳无音信 yǎo wú yīnxìn ▶数ヶ月～がない/几个月没有音讯 jǐ ge yuè méiyǒu yīnxùn ▶彼はそれっきり～を絶った/从此他就没有音信了 cóngcǐ tā jiù méiyǒu yīnxìn le

おんじん【恩人】 恩人 ēnrén (英 *a benefactor*) ▶あなたは命の～です/你是我的救命恩人 nǐ shì wǒ de jiùmìng ēnrén

オンス 《重さの単位》 盎司 àngsī (英 *an ounce*)

おんすい【温水】 温水 wēnshuǐ; 暖水 nuǎnshuǐ (英 *warm water*) ▶～プール/温水游泳池 wēnshuǐ yóuyǒngchí
♦～器：热水器 rèshuǐqì

おんせい【音声】 语音 yǔyīn (英 *voice*) ▶～学/语音学 yǔyīnxué ▶～記号/音标 yīnbiāo ▶言語/口语 kǒuyǔ ▶多重放送/多声道节目 duō shēngdào jiémù ▶～を変えて放送する/改变声音后播出 gǎibiàn shēngyīn hòu bōchū ♦～入力：语音输入 yǔyīn shūrù ～認識：语音识别 yǔyīn shíbié

おんせつ【音節】 音节 yīnjié; 音缀 yīnzhuì (英 *a syllable*) ▶～に区切る/区分音节 qūfēn yīnjié ▶3～の言葉/三音节的词句 sān yīnjié de cíjù

おんせん【温泉】 温泉 wēnquán (英 *a hot spring; a spa*) ▶～に入ってのんびりしたい/想去悠闲自在地泡温泉 xiǎng qù yōuxián zìzai de pào wēnquán ▶谷間に～が湧いている/山谷中冒着温泉 shāngǔ zhōng màozhe wēnquán ▶～宿/温泉旅馆 wēnquán lǚguǎn

おんそ【音素】〔音声学〕音素 yīnsù (英 *a phoneme*)

おんぞうし【御曹司】 名家子弟 (特指长子) míngjiā zǐdì (tè zhǐ zhǎngzǐ) (英 *a son of a decent family*) ▶社長の～/总经理的大公子 zǒngjīnglǐ de dà gōngzǐ

おんそく【音速】 声速 shēngsù; 音速 yīnsù (英 *the speed of sound*) ▶超～旅客機/超音速客机 chāoyīnsù kèjī ▶～のスピードで飛ぶ/以超过音速的速度飞行 yǐ chāoguò yīnsù de sùdù fēixíng

おんぞん【温存する】 保存 bǎocún; 姑息 gūxī (英 *preserve; retain*) ▶体力を～する/保存体力 bǎocún tǐlì

日中比较 中国语的'温存 wēncún'は「異性に対して優しくする」意.

おんたい【温带】〔気象〕温带 wēndài (英 *the temperate zones*) ▶～低気圧/温带低气压 wēndài dīqìyā

おんだん【温暖な】 温暖 wēnnuǎn; 温和 wēnhé (英 *warm; mild; temperate*) ▶～な気候に恵ま

れる/受益于温暖的气候 shòuyì yú wēnnuǎn de qìhòu ▶地球〜化が止まらない/全球气候变暖仍在持续 quánqiú qìhòu biànnuǎn réng zài chíxù

◆〜前線 **温暖前沿** wēnnuǎn qiányán

[日中比较] 中国語の'温暖 wēnnuǎn'は「気候が穏やかである」という意味の他に「気持ちや雰囲気が温かい」ことをも指す。

おんち【音痴の】 左嗓子 zuǒsǎngzi；五音不全 wǔyīn bù quán (英 tone-deaf) ▶方向〜/不善于辨别方向 bú shànyú biànbié fāngxiàng ▶機械については全く〜である/我对机械的事情是一窍不通 wǒ duì jīxiè de shìqing shì yí qiào bù tōng

おんちゅう【御中】 公启 gōngqǐ (英 Messrs) ▶常任理事会〜/常务董事会公启 chángwù dǒngshìhuì gōngqǐ

おんちょう【音調】 音调 yīndiào (英 a tune)

おんちょう【恩寵】 恩宠 ēnchǒng；恩泽 ēnzé (英 the grace (of God)) ▶君主の〜を受ける/得到君主恩宠 dédào jūnzhǔ ēnchǒng

おんてい【音程】〘音楽〙音程 yīnchéng (英 a musical interval; a step) ▶〜が狂う/走调儿 zǒudiàor

オンデマンド 联网实时 liánwǎng shíshí；即时回应 jíshí huídá (英 on demand《注文出版》) ▶〜出版/按订货出版 àn dìnghuò chūbǎn

おんてん【恩典】 恩典 ēndiǎn (英 a special favor; a privilege) ▶〜に浴する/承蒙恩典 chéngméng ēndiǎn ▶新規入会者には以下のような〜がある/新加入的会员享受以下优惠 xīn jiārù de huìyuán xiǎngshòu yǐxià yōuhuì

おんど【音頭】 (英 the lead) ▶〜をとる/领头 lǐngtóu；倡导 chàngdǎo ▶牧野先生に乾杯の〜をお願いします/请牧本老师带头祝酒 qǐng Mùběn lǎoshī dàitóu zhùjiǔ

おんど【温度】 温度 wēndù (英 temperature) ▶〜が高い[低い]/温度高[低] wēndù gāo[dī] ▶〜を上げる[下げる]/提高[降低]温度 tígāo[jiàngdī] wēndù ▶部屋の〜は低くしてあった/已经降低了房间的温度 yǐjīng jiàngdī le fángjiān de wēndù ▶冬でも夏でも〜は変わらない/冬天和夏天温度不变 dōngtiān hé xiàtiān wēndù bú biàn ▶体感〜は相当に下がる/体感温度下降很多 tǐgǎn wēndù xiàjiàng de hěn duō

◆〜調節/调节温度 tiáojié wēndù ▶〜調節器/温度调节器 wēndù tiáojiéqì ▶会議室の〜調節がうまくいかない/会议室的温度不好调节 huìyìshì de wēndù bù hǎo tiáojié

おんとう【穏当な】 稳妥 wěntuǒ；妥当 tuǒdang (英[至当な] proper; reasonable；[温和な] gentle) ▶〜な要求/稳妥的要求 wěntuǒ de yāoqiú ▶処置が〜でない/处置得不妥当 chǔzhì de bù tuǒdang ▶〜を欠く発言があった/有欠妥的发言含有欠妥的发言 yǒu qiàntuǒ de fāyán

おんどく【音読する】 ❶〖黙読に対して〗读 dú；念 niàn (英 read aloud) ▶教科書を〜する/念课本 niàn kèběn ❷〖訓読に対して〗音读 yīndú (英 the Chinese-style reading of a character) ▶「水深」と「推進」は〜すると同じになる/按音读，"水深" 和 "推进" 读音相同 àn yīndú，"shuǐshēn" hé "tuījìn" dúyīn xiāngtóng

おんどけい【温度計】 寒暑表 hánshǔbiǎo；温度计 wēndùjì (英 a thermometer) ▶〜は零下5度を示している/温度计显示是零下五度 wēndùjì xiǎnshì shì língxià wǔ dù

おんどさ【温度差】 温差 wēnchā ([温度の差] difference in temperature；[熱意の差] a difference in degrees of enthusiasm) ▶改革に関して両者の間に〜がある/对于改革，双方的热情很不同 duìyú gǎigé, shuāngfāng de rèqíng hěn bùtóng

おんどり【雄鶏】 公鸡 gōngjī (英 a cock)

おんな【女】 女人 nǚrén；女性 nǚxìng；女的 nǚ de [女性] woman) ▶〜の先生/女教师 nǚjiàoshī ▶〜友達/女性朋友 nǚxìng péngyou ▶〜手一つで育て上げる/靠一个女人把孩子养大 kào yí ge nǚrén bǎ háizi yǎngdà ▶〜らしい心遣いを見せる/显示出女性特有的关怀体贴 xiǎnshìchū nǚxìng tèyǒu de guānhuái tǐtiē ▶彼女は夫に〜がいるとは知らなかった/她不知道丈夫有情妇 tā bù zhīdào zhàngfu yǒu qíngfù ▶〜を知る/男人第一次经验男女关系 nánrén dìyī cì jīngyàn nánnǚ guānxi

おんなぎらい【女嫌い】 讨厌女人的男人 tǎoyàn nǚrén de nánrén (英 a woman-hater)

おんなごころ【女心】 女人心 nǚrénxīn (英 a woman's heart) ▶女心を知らない人だ/他真是不懂女人的心 tā zhēn shì bù dǒng nǚrén de xīn

おんなざかり【女盛り】 女子最美好的时期 nǚzǐ zuì měihǎo de shíqí (英 the prime of womanhood)

おんなしゅじん【女主人】 女主人 nǚzhǔrén (英 a mistress; a landlady)

おんなずき【女好き】 ❶〖女を好む〗喜欢女人 xǐhuan nǚrén；好女色 hào nǚsè (英 a woman chaser) ▶あいつの〜にも呆れるよ/他的好色真让人吃惊 tā de hàosè zhēn ràng rén chījīng ❷〖女が好む〗(英 a lady's man) ▶〜のする顔をしている/长得讨女人喜欢 zhǎngde tǎo nǚrén xǐhuan

おんなたらし【女たらし】 好色鬼 hàosèguǐ；善于勾引妇女的男人 shànyú gōuyǐn fùnǚ de nánrén (英 a lady killer; a womanizer) ▶〜に引っかかる/被好色鬼勾引 bèi hàosèguǐ gōuyǐn

おんなっけ【女っ気】 脂粉气 zhīfěnqì (英 a sign of a woman) ▶事務所にはたえて〜がない/办事处里总没有脂粉气 bànshìchùli zǒng méiyǒu zhīfěnqì

おんなのこ【女の子】 ❶〖子供〗女孩儿 nǚháir；妞妞 niūniū (英 a girl) ▶まだ6歳の〜/才满六岁的女孩 cái mǎn liù suì de nǚhái ❷〖若い女性〗年轻女子 niánqīng nǚzǐ (英 a young lady) ▶会社で〜にもてるらしい/在公司里

好像很受女孩儿喜欢 zài gōngsīli hǎoxiàng hěn shòu nǚháir xǐhuan

おんなもの【女物】 妇女用品 fùnǚ yòngpǐn（英 *ladies' things*）▶教室に~の傘が忘れてある/教室里遗忘着女用雨伞 jiàoshìli yíwàngzhe nǚyòng yǔsǎn

おんねん【怨念】 怨恨 yuànhèn；遗恨 yíhèn（英 *a deep grudge*）▶~を抱く/怀恨在心 huái hèn zài xīn

おんのじ【御の字】 难得 nándé；够好 gòuhǎo（英 *great satisfaction*）▶引き分けなら~だ/打成平局就很难得了 dǎchéng píngjú jiù hěn nándé le

おんぱ【音波】 声波 shēngbō；音波 yīnbō（英 *a sound wave*）

オンパレード 全班出演 quánbān chūyǎn ▶今年は不祥事の~だった/今年丑事层出不绝 jīnnián chǒushì céngchū bùjué

おんぴょうもじ【音標文字】 音标 yīnbiāo（英 *a phonetic sign*〔*alphabet*〕）▶万国~/国际音标 guójì yīnbiāo

おんびん【穏便な】 温和 wēnhé；稳妥 wěntuǒ（英 *gentle; quiet; peaceful*）▶~な処理に救われる/得救于温和的处置 dé jiù yú wēnhé de chǔzhì ▶~に取り計らう/温和处理 wēnhé chǔlǐ ▶~に済ます/稳妥解决 wěntuǒ jiějué

おんぶする ❶【背負う】 背 bēi；背负 bēifù（英 *carry... piggyback*）▶子供を~する/背小孩儿 bēi xiǎoháir ❷【頼る】 依靠 yīkào（英 *depend on...*）▶人に~する/依赖别人 yīlài biéren 〜にだっこ 万事求人 wànshì qiú rén

おんぷ【音符】〔音楽〕音符 yīnfú（英 *a musical note*）▶2分~/二分音符 èr fēn yīnfú

おんぷ【音譜】〔音楽〕乐谱 yuèpǔ（英 *a musical score*）▶~を読む/读乐谱 dú yuèpǔ

オンブズマン 行政监查员 xíngzhèng jiāncháyuán（英 *an ombudsman*）

おんぼろ 褴褛 lánlǚ；破烂 pòlàn（英 *shabby*；〔衣類が〕*worn-out*）▶~長屋に住む/住在破旧的长房公寓 zhùzài pòjiù de chángfáng gōngyù ▶~自転車で登校する/骑着破烂的自行车上学 qízhe pòlàn de zìxíngchē shàngxué

おんみつ【隠密に】 秘密 mìmì（英 *secretly*）▶~行動をとる/采取秘密行动 cǎiqǔ mìmì xíngdòng ▶~裡に搬送する/秘密搬运 mìmì bānyùn

おんやく【音訳】 音译 yīnyì（英 *trasliteration*）▶地域で~ボランティアをする/在当地做口译志愿者 zài dāngdì zuò kǒuyì zhìyuànzhě

オンライン〔電算〕在线 zàixiàn（英 *on-line*）▶~で結ぶ/通过网络连接起来 tōngguò wǎngluò liánjiēqǐlai
♦~ゲーム:网络游戏 wǎngluò yóuxì ~コミュニケーション:联机通讯 liánjī tōngxùn ~サービス:在线服务 zàixiàn fúwù; 网络服务 wǎngluò fúwù ~システム:联机系统 liánjī xìtǒng ~ショッピング:电脑购物 diànnǎo gòuwù ~データベース:联机数据库 liánjī shùjùkù ~トレード:网上交易 wǎngshang jiāoyì

おんりつ【音律】〔音楽〕音律 yīnlǜ；音调 yīndiào（英 *temperament*）

おんりょう【怨霊】 冤魂 yuānhún（英 *a revengeful spirit*〔*ghost*〕）▶僕は~に取り付かれている/我被冤魂附体了 wǒ bèi yuānhún fùtǐ le

おんりょう【音量】 响度 xiǎngdù；音量 yīnliàng（英 *the volume*）▶~を上げる[下げる]/提高[降低]音量 tígāo[jiàngdī] yīnliàng

おんわ【温和な】 温和 wēnhé；平和 pínghé（英 *gentle; moderate*；〔気候が〕*mild; temperate*）▶彼女は~な人柄ながら芯は強い/她性格温和，但是内心却十分刚强 tā xìnggé wēnhé, dànshì nèixīn què shífēn gāngqiáng ▶~な土地で素直に育つ/在平和的土地上自然成长 zài pínghé de tǔdìshang zìrán chéngzhǎng

か

か【可】（成績）及格 jígé （英 passable）▶不～/不及格 bù jígé ▶～をもらう/（成績）得可 (chéngjì)dé kě ▶～とするもの多数/赞成的（占）多数 zànchéng de(zhàn)duōshù ▶～とするもの20、否とするもの10であった/赞成的二十，反对的十 zànchéng de èrshí, fǎnduì de shí ～もなし~もなし 无可无不可 wú kě wú bùkě

か【科】科 kē 〖动植物の〗（英 a family）▶桜はばら～だ/樱花属于蔷薇科 yīnghuā shǔyú qiángwēikē

か【蚊】〖虫〗蚊子 wénzi （英 a mosquito）▶～に食われる/被蚊子咬 bèi wénzi yǎo ▶そのあたりは～が多かった/那一带蚊子多 nà yídài wénzi duō ▶～が耳元でぶんぶんいっている/蚊子在耳边嗡嗡地叫 wénzi zài ěrbiān wēngwēng de jiào ▶～をたたく/打蚊子 dǎ wénzi ▶～に刺されて痒くてたまらない/被蚊子叮了，痒得不得了 bèi wénzi dīng le, yǎngde bùdéliǎo ▶～に刺された跡/被蚊子叮的痕迹 bèi wénzi dīng de hénjì ～の鳴くような声 ▶～の鳴くような声で答えた/像蚊子似的细声答话 xiàng wénzi shìde xìshēng dáhuà

か【課】 ❶〖教科書の〗课 kè （英 a lesson）▶第2～/第二课 dì'èr kè ❷〖役所・会社の〗科 kē （英 a section; a department）▶庶務～/庶务科 shùwùkē ▶人事～/人事科 rénshìkē
〖日中比較〗中国語の「课 kè」は「教科書の区切り」以外に「授業」のことも言う。

が【我】自己 zìjǐ （英 ego; self; oneself）▶～を張る/固执 gùzhí; 拗 niù ▶彼女は～が強い/她脾气很拗 tā píqi hěn niù ▶彼は～を折って父の希望に従った/他放弃了自己的意见，遵从了父亲的愿望 tā fàngqìle zìjǐ de yìjiàn, zūncóngle fùqin de yuànwàng

ガ【蛾】〖虫〗蛾子 ézi （英 a moth）▶～と蝶の違い/蛾子和蝴蝶的差异 ézi hé húdié de chāyì

があがあ 宣伝車が～言う/宣传车呱呱乱叫 xuānchuánchē gūgū luàn jiào ▶あひるが～鳴く/鸭子嘎嘎地叫 yāzi gāgā de jiào

カーキ（色）卡其色 kǎqísè; 土黄色 tǔhuángsè （英 khaki）▶～色の軍服/卡其色的军服 kǎqísè de jūnfú

ガーゼ 纱 shā; 纱布 shābù （英 gauze）▶～を傷口に当てる/把纱布贴在伤口上 bǎ shābù tiēzài shāngkǒushang

カーソル〖コンピュータの〗光标 guāngbiāo （英 a cursor）▶～を動かしてクリックする/移动光标进行点击 yídòng guāngbiāo jìnxíng diǎnjī

カーディガン〖服飾〗对襟毛衣 duìjīn máoyī （英 a cardigan）

カーテン 窗帘 chuānglián; 帘子 liánzi; 幔帐 mànzhàng （英 a curtain）▶～を開ける/拉开窗帘 lākāi chuānglián ▶～を閉める/掩上窗帘 yǎnshàng chuānglián
♦～コール 谢幕 xièmù ～レール 窗帘轨 chuāngliánguǐ

カート 手推车 shǒutuīchē; 购物车 gòuwùchē （英 a cart）

カード 卡片 kǎpiàn （英 a card）▶クレジット～/信用卡 xìnyòngkǎ ▶クリスマス～/圣诞卡 shèngdànkǎ ▶好～〖野球などの〗/好编组 hǎo biānzǔ ▶グリーティング～/贺卡 hèkǎ ▶図書～/图书卡 túshūkǎ ▶～に取る/记录在卡片上 jìlù zài kǎpiànshang ▶～で払ってもいいですか/可以用信用卡支付吗？kěyǐ yòng xìnyòngkǎ zhīfù ma？
♦～式目録 卡片式目录 kǎpiànshì mùlù ～破産 信用卡破产 xìnyòngkǎ pòchǎn

ガード（鉄道の）架线桥 jiàxiànqiáo;〖防禦〗防守 fángshǒu （英 guard）▶～下の飲み屋/架线桥下面的酒馆 jiàxiànqiáo xiàmian de jiǔguǎn ▶彼女は～が堅い/她对人戒备很严 tā duì rén jièbèi hěn yán
♦～マン 警卫 jǐngwèi; 保安 bǎo'ān ～レール 防护栏 fánghùlán

カートリッジ（英 a cartridge）▶インク～/墨水笔芯 mòshuǐ bǐxīn ▶使用済みの～/使用过的墨水芯 shǐyòngguo de mòshuǐxīn

カーナビ 汽车导航系统 qìchē dǎoháng xìtǒng （英 a car navigation equipment）

カーニバル 狂欢节 Kuánghuānjié （英 a carnival）▶リオの～/里约的狂欢节 Lǐyuē de Kuánghuānjié

カーネーション〖植物〗香石竹 xiāngshízhú; 康乃馨 kāngnǎixīn （英 a carnation）▶母の日に～を贈る/在母亲节赠送康乃馨 zài Mǔqīnjié zèngsòng kāngnǎixīn

ガーネット〖鉱物〗石榴石 shíliúshí （英 garnet）

カービンじゅう【カービン銃】卡宾枪 kǎbīnqiāng （英 a carbine）

カーブ 曲线 qūxiàn; 弯子 wānzi （英 a curve; a turn）▶左に～をきる/左转弯 zuǒzhuǎnwān ▶～を投げる〖野球で〗/投曲线球 tóu qūxiànqiú ▶右に～した道/向右拐的道路 xiàng yòu guǎi de dàolù ▶ゆるい～を描く下り坂/有慢弯的下坡 yǒu mànwān de xiàpō ▶山道の～を乗り越える/穿过弯曲的山路 chuānguò wānqū de shānlù ▶トンネルを抜けると急～がある/穿过隧道就是急转弯 chuānguò suìdào jiùshì jízhuǎnwān ▶急～を曲がりきれずにバスは横転した/急转弯没有转好，巴士翻车了 jízhuǎnwān méiyǒu zhuǎnhǎo, bāshì fānchē le

カーフェリー 车辆轮渡 chēliàng lúndù （英 a car ferry）▶超高速～/超高速车辆渡轮 chāogāosù chēliàng lúnlún

カーペット 地毯 dìtǎn （英 a carpet）▶ホット～/电热地毯 diànrè dìtǎn

カーボンし【カーボン紙】复写纸 fùxiězhǐ （英

carbon paper）▶ﾉ－～/无炭复写纸 wútàn fùxiězhǐ

カーラー 卷发夹 juǎnfàjiā（英 *a curler*）▶髪に～をしている/头发上带着发卷 tóufashang dàizhe fàjuǎn

カーラジオ 车用收音机 chēyòng shōuyīnjī（英 *a car radio*）

ガーリック〔植物〕大蒜 dàsuàn（英 *garlic*）

カーリング〔スポーツ〕冰壶 bīnghú; 冰上溜石 bīngshang liūshí, 冰舵运动 bīngduò yùndòng（英 *curling*）

カール 鬈 quán; 卷发 juǎnfà（英 *a curl; a ringlet*）▶～した髪/卷曲的头发 juǎnqū de tóufa ▶髪を～する/把头发烫出卷来 bǎ tóufa tàngchū juǎn lai; 烫发 tàngfà ▶自然に～している髪/天然鬈发 tiānrán quánfà

ガールスカウト 女童子军 nǚtóngzǐjūn（英 *the Girl Scouts*）

ガールフレンド 女朋友 nǚpéngyou（英 *a girlfriend*）

かい【下位】下级 xiàjí; 低位 dīwèi（英 *a low rank*）▶～に立つ/处于低级地位 chǔyú dījí dìwèi

かい【甲斐】效果 xiàoguǒ; 意义 yìyì（英 [効果] *effect*; [価値] *worth*）▶～がない/不值得 bù zhídé ▶生きーを感じる/感到活着的意义 gǎndào huózhe de yìyì ▶働きーがある/有干头 yǒu gàntou ▶彼は努力した～があった/他的努力有了效果 tā de nǔlì yǒule xiàoguǒ ▶最も読み～のある小说/最值得一读的一部小说 zuì zhídé yī dú de yí bù xiǎoshuō ▶やりーのない仕事/没有干头的工作 méiyǒu gàntou de gōngzuò

かい【会】会 huì; 会议 huìyì（英 [会合] *a meeting*; [団体] *a society*）▶研究～/研究会 yánjiūhuì ▶これは何の～ですか/这是什么会？ zhè shì shénme huì? ▶～を催す/举行集会 jǔxíng jíhuì

かい【回】次 cì; 回 huí; 遍 biàn; 趟 tàng; 届 jiè 参考 '次 cì', '回 huí' 是动作的回数を数える最も一般的なもの.'遍 biàn' は動作の最初から最後までの回数を数え,'趟 tàng' は一往復の回数を数える.'届 jiè' は定期的な会や卒業年度を数える.（英 [度数] *a time*; [競技の] *a round*; [野球などの] *an inning*）▶3 ～繰り返す/重复三次 chóngfù sān cì ▶ドラマの最終～/电视剧的最后一集 diànshìjù de zuìhòu yì jí ▶この映画は 3 ～見た/这部电影看了三遍 zhè bù diànyǐng kànle sān biàn ▶食堂が狭いので食事は 2 ～に分けて出す/因为食堂狭窄, 饭菜分两次拿出来 yīnwèi shítáng xiázhǎi, fàncài fēn liǎng cì náchūlai ▶彼女は 5 ～にわたって万引きをした/她偷窃了五次 tā tōuqièle wǔ cì

かい【貝】贝 bèi（英 *a shellfish*）
◆～細工/贝壳工艺品 bèiké gōngyìpǐn ～類/贝类 bèilèi

かい【階】层 céng; 楼 lóu（英 *a story; a floor*）▶二～の部屋/二楼的房间 èr lóu de fángjiān

そのビルは何～建てですか/那幢大楼有几层？ nà zhuàng dàlóu yǒu jǐ céng? ▶何～に住んでいますか/你住在几层？ nǐ zhùzài jǐ lóu? ▶7 ～でエレベーターを降りた/在七层下了电梯 zài qī céng xiàle diàntī

かい【櫂】桨 jiǎng（英 *an oar; a paddle*）▶～を漕(こ)ぐ/划桨 huá jiǎng

-かい【-界】界 jiè（英 [...界] *a world; circles*）▶この人は文学～のホープです/这个人是文学界的希望之星 zhège rén shì wénxuéjiè de xīwàng zhī xīng ▶いまや実業～の大物である/现在是实业界的大人物 xiànzài shì shíyèjiè de dàrénwù ▶3 年間芸能～にいたが芽が出なかった/在演艺界呆了三年, 但一直默默无闻 zài yǎnyìjiè dāile sān nián, dàn yìzhí mòmò wú wén

がい【害】害 hài; 害处 hàichu; 危害 wēihài（英 *harm; injury; damage*）▶～を受ける/受害 shòuhài ▶～する/伤害 shānghài ▶喫煙は健康に～がある/吸烟有害健康 xīyān yǒuhài jiànkāng ▶そんなことは益よりもむしろ～になる/那种事情与其说有益, 不如说有害 nà zhǒng shìqing yǔqí shuō yǒuyì, bùrú shuō yǒuhài
◆～獣/有害野兽 yǒuhài yěshòu

がい【街】街 jiē（英 *a shopping area; a mall*）▶商店～/商店街 shāngdiànjiē ▶ビル～/高楼林立的街区 gāolóu línlì de jiēqū

かいあく【改悪する】改坏 gǎihuài（英 *change for the worse*）▶法律を～する/把法律改坏 bǎ fǎlǜ gǎihuài

がいあく【害悪】毒害 dúhài; 危害 wēihài（英 *harm; evil*）▶家庭に～を及ぼす/危害波及家庭 wēihài bōjí jiātíng

かいあげる【買い上げる】收购 shōugòu; 征购 zhēnggòu（英 *buy*）▶食糧買い上げ価格/粮食收购价格 liángshí shōugòu jiàgé

かいあさる【買い漁る】搜购 sōugòu; 到处收购 dàochù shōugòu; 抢购 qiǎnggòu（英 *hunt for*）▶漫画の古本を～/到处搜购旧漫画 dàochù sōugòu jiùmànhuà ▶ダイエット商品を～/抢购减肥商品 qiǎnggòu jiǎnféi shāngpǐn

がいあつ【外圧】外部压力 wàibù yālì（英 *the outside pressure*）▶～をはね返す/把外部压力反抗回去 bǎ wàibù yālì fǎnkànghuíqu ▶～を利用して改革する/利用外部压力进行改革 lìyòng wàibù yālì jìnxíng gǎigé

かいい【会意】会意 huìyì ▶「日」「月」は象形, 「明」は～だ/"日""月"是象形字, "明"是会意字 "rì" "yuè" shì xiàngxíngzì, "míng" shì huìyìzì 参考「会意文字」は構成部分がそれぞれ意味を持っている種類の漢字のこと.

かいいき【海域】海域 hǎiyù; 水域 shuǐyù（英 *waters*）▶漁業～/渔业海域 yúyè hǎiyù ▶経济～/经济海域 jīngjì hǎiyù

かいいぬ【飼い犬】家犬 jiāquǎn（英 *a house dog; one's dog*）▶その犬は山田さんの家の～だ/那条狗是山田家的 nà tiáo gǒu shì Shāntiánjiā yǎng de

～に手を噛(か)まれる ▶～に手を噛まれるとは正に このことだ/这真是恩将仇报 zhè zhēn shì ēn jiāng chóu bào

かいいれる【買い入れる】 买进 mǎijìn (英 *purchase*; *buy*(*in*)) ▶買い入れ価格/买进价格 mǎijìn jiàgé

かいいん【会員】 会员 huìyuán (英 *a member* (*of a society*)) ▶番号をお忘れなく/请不要忘 记会员号码 qǐng búyào wàngjì huìyuán hàomǎ ▶～は1万名を数える/会员有一万人 huìyuán yǒu yíwàn rén ▶～の半数は女性である/一半会 员是女性 yíbàn huìyuán shì nǚxìng ▶～につい ての詳細は事務局へ連絡して下さい/有关会员的 详细情况, 请跟事务局联系 yǒuguān huìyuán de xiángxì qíngkuàng, qǐng gēn shìwùjú liánxì
◆～権 ▶ゴルフの～権/高尔夫会员权 gāo'ěrfū huìyuánquán ～証：会员证 huìyuánzhèng ～ 制 そのクラブは～制です/那家俱乐部是会员俱 乐部 nà jiā jùlèbù shì huìyuán jùlèbù ～名簿 ：会员名单 huìyuán míngdān 正～：正式会员 zhèngshì huìyuán

かいいん【海員】 海员 hǎiyuán (英 *a seaman*; *a sailor*) ▶～になる/成为海员 chéngwéi hǎi-yuán
◆～組合：海员工会 hǎyuán gōnghuì

がいいん【外因】 外因 wàiyīn (英 *an outside cause*) ▶発病の原因には内因と～がある/发病的 原因有内因和外因 fābìng de yuányīn yǒu nèi-yīn hé wàiyīn

がいいんぶ【外陰部】 〚解〛阴门 yīnmén (英 *the vulva*)

かいうん【海運】 海运 hǎiyùn; 水运 shuǐyùn (英 *shipping*; *marine transportation*) ▶～業/ 海运业 hǎiyùnyè

かいえん【開園する】 开园 kāiyuán; 开门 kāi-mén (英 *open*)

かいえん【開演する】 开场 kāichǎng; 开演 kāi-yǎn (英 *raise the curtain*; *perform*) ▶～のベ ル/开场铃 kāichǎnglíng ▶開場は18時, ～は 19時/十八点入场, 十九点开演 shíbā diǎn rù-chǎng, shíjiǔ diǎn kāiyǎn ▶あと5分で～いたし ます/还有五分钟即将开演 hái yǒu wǔ fēnzhōng jíjiāng kāiyǎn ▶〖掲示〗～中入場お断り/开演 后谢绝入场 kāiyǎn hòu xièjué rùchǎng

がいえん【外延】 〚論理学〛外延 wàiyán (英 *extent*)

がいえん【外苑】 (英 *the outer gardens*) ▶神 宮～/(明治)神宫外苑 (Míngzhì)shéngōng wài-yuàn

がいえん【外縁】 外缘 wàiyuán ▶無秩序な都 市の～化と過密/城市的没有条理的向外延伸 和过度集中 chéngshì de méiyǒu tiáolǐ de xiàng wài yánshēn hé guòdù jízhōng

かいおうせい【海王星】 〚天文〛海王星 hǎi-wángxīng (英 *Neptune*)

かいおき【買い置き】 储购 chǔgòu; 储备 chǔ-bèi (英 *a stock*) ▶～する/储购 chǔgòu ▶防灾 品を～する/储备防灾用品 chǔbèi fángzāi yòng-pǐn ▶～の品/储购的东西 chǔgòu de dōngxi

かいか【開化する】 (英 *be civilized*; *be enlight-ened*) ▶文明の～時代/文明开化的时代 wén-míng kāihuà de shídài

かいか【開花する】 开花 kāihuā (英 *bloom*; *come into bloom*) ▶東京では桜は4月上旬に ～する/在东京四月上旬樱花开花 zài Dōngjīng sì yuè shàngxún yīnghuā kāihuā ▶東北はまだ～ していない/东北地区樱花还没有开 Dōngběi dìqū yīnghuā hái méiyǒu kāi ▶才能を～させる/使才 能开花结果 shǐ cáinéng kāihuā jiēguǒ
～期：花期 huāqī
[日中比較] 中国語の'开花 kāihuā'は「花が開く」 という意味の他, 「うれしさで笑みがこぼれる」こと もいう.

かいか【階下】 楼下 lóuxià (英 *downstairs*) ▶ ～へ行く/到楼下去 dào lóuxià qù ▶～の部屋/ 楼下的房间 lóuxià de fángjiān ▶～の騒音に悩 まされる/苦于楼下的噪音 kǔyú lóuxià de zàoyīn

かいが【絵画】 绘画 huìhuà (英 *pictures*; [絵 の具の] *paintings*) ▶～展/画展 huàzhǎn ▶抽 象～/抽象画 chōuxiànghuà ▶教室で絵を習 う/在绘画学习班学习绘画 zài huìhuà xuéxíbān xuéxí huìhuà

かいが【外貨】 外币 wàibì; 外汇 wàihuì ▶～預 金/外币存款 wàibì cúnkuǎn ▶～に替える/兑 换外币 duìhuàn wàibì ▶観光はスイスの最も大 切な～獲得手段の一つである/观光(业)是瑞士 获取外汇最重要的手段之一 guānguāng(yè)shì Ruìshì huòqǔ wàihuì zuì zhòngyào de shǒuduàn zhīyī ▶～取引/外汇交易 wàihuì jiāoyì
◆～準備：外汇储备 wàihuì chǔbèi

がいか【凱歌】 凯歌 kǎigē (英 *a triumphal song*) ▶勝利の～をあげる/放声歌唱胜利的凯 歌 fàngshēng gēchàng shènglì de kǎigē

ガイガーカウンター 盖革计数器 Gàigé jìshù-qì (英 *a Geiger counter*)

かいかい【開会】 开会 kāihuì (英 *the opening of a meeting*) ▶～の辞/开幕词 kāimùcí ▶～ 式/开幕式 kāimùshì ▶国会を～する/召开国会 zhàokāi guóhuì ▶過半数の出席がなくては～でき ない/没有半数以上的出席者不能开会 méiyǒu bànshù yǐshàng de chūxízhě bùnéng kāihuì ▶ 議会は～中である/议会正在开会 yìhuì zhèngzài kāihuì ▶議長が～を宣言した/议长宣布开会 yì-zhǎng xuānbù kāihuì

かいがい【海外】 海外 hǎiwài (英 *overseas*; *foreign countries*) ▶～旅行/海外旅行 hǎiwài lǚxíng ▶～進出/进入国外市场 jìnrù guówài shìchǎng ▶～移住/移居海外 yíjū hǎiwài ▶～ ニュース/外国新闻 wàiguó xīnwén ▶～の事情/ 外国情况 wàiguó qíngkuàng ▶～からの訪問 者/外国来宾 wàiguó láibīn
◆～援助：对外援助 duìwài yuánzhù; 国际援助 guójì yuánzhù ～投资：对外投资 duìwài tóuzī; 海外投资 hǎiwài tóuzī ～派兵：对外派兵 duì-

がいかい wài pàibīng　～放送:外国广播 wàiguó guǎngbō；国际广播 guójì guǎngbō

がいかい【外界】 外界 wàijiè（英 *the outer world*）▶～との接触を断つ/断绝与外界接触 duànjué yǔ wàijiè jiēchù

がいかい【外海】 外海 wàihǎi；远海 yuǎnhǎi（英 *the open sea; the ocean*）

かいがいしい【甲斐甲斐しい】 利落 lìluo；麻利 máli（英 *faithful; brisk*）▶エプロン姿でかいがいしく家事をこなす/系着围裙勤快地做家务 jìzhe wéiqún qínkuai de zuò jiāwù　かいがいしく立ち働く/麻利地干活儿 máli de gànhuór

かいかえる【買い換える】 买新换旧 mǎi xīn huàn jiù（英 *replace*）▶そろそろパソコンを～つもりだ/我打算不久换一台新电脑 wǒ dǎsuan bùjiǔ huàn yì tái xīndiànnǎo

かいかく【改革】 改革 gǎigé（英 *reform*）▶行政～を進める/推进行政改革 tuījìn xíngzhèng gǎigé　～派の政治家/改革派的政治家 gǎigépài de zhèngzhìjiā

♦～案:改革方案 gǎigé fāng'àn ～者:改革者 gǎigézhě 機構～/机构改革 jīgòu gǎigé 税制～:税制改革 shuìzhì gǎigé

がいかく【外角】 ❶【数学】外角 wàijiǎo（英 *an external agle*）▶内角と～/内角和外角 nèijiǎo hé wàijiǎo ❷【野球】外角 wàijiǎo（英 *the outside*）▶～低めの直球/外角低直线球 wàijiǎo dīzhíxiànqiú

がいかくだんたい【外郭団体】 外围团体 wàiwéi tuántǐ（英 *an affiliated association*）▶～の見直しは避けられない/对外围团体的重新评价不可避免 duì wàiwéi tuántǐ de chóngxīn píngjià bùkě bìmiǎn

かいかしき【開架式】 开架式 kāijiàshì（英 *open-stack*）▶～図書館/开架式的图书馆 kāijiàshì de túshūguǎn

かいかつ【快活な】 快活 kuàihuo；开朗 kāilǎng（英 *cheerful; lively*）▶～な口調で話す/用快活的口气谈话 yòng kuàihuo de kǒuqì tánhuà ～な性格/爽朗的性格 shuǎnglǎng de xìngge

日中比较 中国語の'快活 kuàihuo'は,「きびきびしている」という意味の他,「楽しい」「愉快だ」という意味がある.

がいかつ【概括する】 概括 gàikuò；总括 zǒngkuò（英 *summarize*）▶本市的财政收支をめぐると憂慮すべきものがある/总体来说本市的财政收支存在值得忧虑的部分 zǒngtǐ lái shuō běnshì de cáizhèng shōuzhī cúnzài zhíde yōulǜ de bùfen ▶～して言えば/概括起来说 gàikuòqǐlai shuō

かいかぶる【買い被る】 估计过高 gūjì guògāo（英 *overestimate*）▶俺を買い被らないでくれ/不要把我估计过高 búyào bǎ wǒ gūjì guògāo ▶彼は俺を買い被っていた/他把我高估了 tā bǎ wǒ gāogūle

かいがら【貝殻】 贝壳 bèiké（英 *a shell; a seashell*）▶～細工/贝雕 bèidiāo ▶～を拾う/拾贝壳 shí bèiké

かいかん【会館】 会馆 huìguǎn；会堂 huìtáng（英 *a hall*）▶文化～/文化会馆 wénhuà huìguǎn ▶市民～/市民会馆 shìmín huìguǎn

♦学生～《大学の》:学生会馆 xuéshēng huìguǎn

かいかん【快感】 快感 kuàigǎn（英 *a pleasant feeling*）▶～をおぼえる/感到愉快 gǎndào yúkuài

かいかん【開館】 开门 kāimén；开馆 kāiguǎn ▶その図書館は9時に～する/那家图书馆九点开门 nà jiā túshūguǎn jiǔ diǎn kāimén ▶9月には新博物館が～する/新博物馆将在九月开馆 xīnbówùguǎn jiāng zài jiǔ yuè kāiguǎn

かいがん【海岸】 海岸 hǎi'àn（英 *the seaside; the coast; the beach*）▶～線/海岸线 hǎi'ànxiàn ▶大波が～に押し寄せる/巨浪涌上海岸 jùlàng yǒngshàng hǎi'àn ▶～通り/海滨路 hǎibīnlù ▶～沿いのホテル/海滨宾馆 hǎibīn bīnguǎn ▶～地帯/海滨地带 hǎibīn dìdài

かいがん【開眼する】 领会 lǐnghuì；领悟 lǐngwù（英 *initiate*）

がいかん【外観】 外表 wàibiǎo；外观 wàiguān（英 *external appearance*）▶とかく～はあてにならない/总之,外表靠不住 zǒngzhī, wàibiǎo kàobuzhù ▶その家は～は立派だ/那家房子外观华丽 nà jiā fángzi wàiguān huálì ▶～で判断する/从外表来判断 cóng wàibiǎo lái pànduàn ▶～を飾る/修饰外表 xiūshì wàibiǎo

がいかん【概観する】 概观 gàiguān；概况 gàikuàng；一览 yīlǎn（英 *survey*）

かいき【会期】 会期 huìqī（英 *a session; a term*）▶～を延長する/延长会期 yáncháng huìqī

かいき【回帰する】 回归 huíguī（英 *recur*）

かいき【怪奇】 离奇 líqí；古怪 gǔguài（英 *mystery*）▶～現象/怪异 guàiyì ▶複雑～な事件/复杂离奇的案件 fùzá líqí de ànjiàn

♦～小説:神奇小说 shénqí xiǎoshuō

かいぎ【会議】 会议 huìyì（英 *a conference; a meeting; a convention*）▶～場/会场 huìchǎng ▶主任はただいま～中です/主任现在正在开会 zhǔrèn xiànzài zhèngzài kāihuì ▶～を開く/召开会议 zhàokāi huìyì ▶～にかける/提交会议讨论 tíjiāo huìyì tǎolùn

♦～室:会议室 huìyìshì ～録:会议记录 huìyì jìlù

かいぎ【懐疑】 怀疑 huáiyí（英 *doubt; skepticism*）▶～的な意見/怀疑的意见 huáiyí de yìjiàn ▶～的な意见が多かった/持怀疑性的意见很多 chí huáiyíxìng de yìjiàn hěn duō ▶～的に見る/怀疑地看 huáiyí de kàn ▶～的にならざるをえない/不得不怀疑 bùdébù huáiyí

♦～派:怀疑派 huáiyípài ～論者:怀疑论者 huáiyí lùnzhě

がいき【外気】 户外空气 hùwài kōngqì ▶～に当たる/接触户外空气 jiēchù hùwài kōngqì

新鮮な〜を吸う/呼吸新鲜的户外空气 hūxī xīnxiān de hùwài kōngqì

かいきしょく【皆既食】〔天文〕全食 quánshí (英 *a total eclipse*)

かいきせん【回帰線】 回归线 huíguīxiàn (英 *the tropics*)
♦南〜 南回归线 nánhuíguīxiàn

かいぎゃく【諧謔】 诙谐 huīxié (英 *a joke*)

かいきゅう【階級】 阶级 jiējí (英 *social class; rank*) ▶〜闘争/阶级斗争 jiējí dòuzhēng ▶〜制/等级制 děngjízhì ▶軍隊の〜/军队的级别 jūnduì de jíbié ▶私は中産〜である/我属于中产阶级 wǒ shǔ zhōngchǎn jiējí
♦〜意識 阶级意识 jiējí yìshí ▶〜意識が強い/阶级意识强 jiējí yìshí qiáng 〜差別 阶级区分 jiējí qūfēn 〜制度 阶级制度 jiējí zhìdù 上流〜 上层阶级 shàngcéng jiējí 労働者〜 工人阶级 gōngrén jiējí

かいきゅう【懐旧】 怀旧 huáijiù (英 *retrospection*) ▶〜の情に堪えない/怀旧之情油然而生 huáijiù zhī qíng yóurán ér shēng
♦〜談〔書物〕回忆录 huíyìlù

かいきょ【快挙】 壮举 zhuàngjǔ (英 *a heroic deed*) ▶史上初の〜/历史上第一次的壮举 lìshǐshang dìyī cì de zhuàngjǔ

かいきょう【回教】 回教 Huíjiào; 伊斯兰教 Yīsīlánjiào; 清真教 Qīngzhēnjiào (英 *Islamism*) ▶〜寺院/礼拜寺 lǐbàisì; 清真寺 qīngzhēnsì
♦〜徒 回教徒 Huíjiàotú; 穆斯林 mùsīlín

かいきょう【海峡】 海峡 hǎixiá (英 *a strait; a channel*) ▶津軽〜を渡る/渡过津轻海峡 dùguò Jīnqīng hǎixiá

かいぎょう【改行する】 提行 tíháng; 另起一行 lìngqǐ yì háng (英 *open a new paragraph*)
[日中比較] 中国語の'改行 gǎiháng'は「職業を変える」ことをいう.

かいぎょう【開業する】 开办 kāibàn; 开业 kāiyè (英 *start business*; [医院を] *start practice*) ▶〜医/开业医生 kāiyè yīshēng ▶花屋を〜する/开花店 kāi huādiàn ▶弁護士を〜している/开办律师业务 kāibàn lǜshī yèwù

がいきょう【概況】 概况 gàikuàng; 概貌 gàimào (英 *a general condition*) ▶天気〜/天气概况 tiānqì gàikuàng

かいきる【買い切る】 (英 *charter; buy up*) ▶ホテルの部屋を〜/把宾馆的房间全包下来 bǎ bīnguǎn de fángjiān quán bāoxiàlai

かいきん【皆勤する】 全勤 quánqín (英 *attend regularly*) ▶彼は今月は〜だった/他这个月出了满勤 tā zhège yuè chūle mǎnqín
♦〜賞 全勤奖 quánqínjiǎng

かいきん【解禁する】 解禁 jiějìn; 开禁 kāijìn (英 *lift a ban*) ▶漁の〜日/捕鱼的解禁日 bǔyú de jiějìnrì ▶牛肉の輸入を〜する/解除牛肉进口禁令 jiěchú niúròu jìnkǒu jìnlìng ▶この川は来月早々鮎釣りが〜される/这条河下个月即将解除钓香鱼的禁令 zhè tiáo hé xià ge yuè jíjiāng jiěchú diào xiāngyú de jìnlìng

がいきん【外勤】 外勤 wàiqín (英 *outside duty*) ▶〜社員/外勤职员 wàiqín zhíyuán

かいきんシャツ【開襟シャツ】 翻领衬衫 fānlǐng chènshān (英 *a sport shirt*)

かいくぐる 钻空子 zuān kòngzi (英 *avoid being caught*)

かいぐん【海軍】 海军 hǎijūn (英 *the navy; the naval forces*)
♦〜基地 海军基地 hǎijūn jīdì 〜軍人 海军军人 hǎijūn jūnrén 〜士官 海军军官 hǎijūn jūnguān

かいけい【会計】 会计 kuàijì (英 *account; finance*; [勘定] *the account*) ▶〜課/会计科 kuàijìkē ▶〜係/会计 kuàijì; 账房 zhàngfáng ▶〜を願います《飲食店などで》/请结账 qǐng jiézhàng
♦〜監査〔审计〕审计 shěnjì 〜検査院 会计检察院 kuàijì jiǎncháyuàn (公認)〜士 会计师 kuàijìshī 〜事務所 会计事务所 kuàijì shìwùsuǒ 〜年度 会计年度 kuàijì niándù 〜簿 会计总账 kuàijì zǒngzhàng 〜報告 会计报告 kuàijì bàogào

がいけい【外形】 外形 wàixíng; 外表 wàibiǎo (英 *an outward form*) ▶〜は本に見える/外形看上去像书籍 wàixíng kànshàngqu xiàng shūjí

かいけつ【解決する】 解决 jiějué; 了结 liǎojié (英 *solve; settle*) ▶〜の手掛かり/门径 ménjìng ▶〜案を出す/提出解决办法 tíchū jiějué bànfǎ ▶そのことは時が〜してくれる/那件事到时候会解决的 nà jiàn shì dào shíhou huì jiějué de ▶その問題はまだ未〜になっている/那个问题还没有解决 nàge wèntí hái méiyǒu jiějué ▶早期〜を策する/筹划早日解决 chóuhuà zǎorì jiějué

かいけつびょう【壊血病】〔医〕坏血病 huàixuèbìng (英 *scurvy*)

かいけん【会見する】 会见 huìjiàn; 接见 jiējiàn (英 *interview*) ▶記者〜/记者招待会 jìzhě zhāodàihuì
♦〜記 采访记 cǎifǎngjì

かいけん【改憲】 (英 *constitutional amendment*) ▶〜する/修改宪法 xiūgǎi xiànfǎ

かいげん【改元】 改元 gǎiyuán (英 *the change of an era*) ▶昭和を平成と〜する/将昭和的年号换成平成 jiāng Zhāohé de niánhào huànchéng Píngchéng

がいけん【外見】 外观 wàiguān; 外貌 wàimào; 外表 wàibiǎo (英 *appearance*) ▶〜がいい/外观好 wàiguān hǎo ▶人はとかく〜にとらわれる/人总是拘泥于外表 rén zǒngshì jūnì yú wàibiǎo

かいげんれい【戒厳令】 戒严令 jièyánlìng (英 *martial law*) ▶〜を布(し)く/发布戒严令 fābù jièyánlìng ▶首都は〜下にある/首都处于戒严状态 shǒudū chǔyú jièyán zhuàngtài

かいこ【回顧する】 回顾 huígù; 回忆 huíyì (英 *look back on...; recollect*) ▶〜録/回忆录 huíyìlù
♦〜展 回顾展 huígùzhǎn

かいこ【解雇する】 解雇 jiěgù; 辞工 cígōng; 解聘 jiěpìn (英 dismiss; fire) ▶彼はその職を~された/他被解除了那个职务 tā bèi jiěchúle nàge zhíwù ▶懲戒~/作为惩戒而解雇 zuòwéi chéngjiè ér jiěgù

かいこ【懐古する】 怀古 huáigǔ (英 look back on the past)

カイコ【蚕】〔虫〕蚕 cán; 家蚕 jiācán; 桑蚕 sāngcán (英 a silkworm) ▶~を飼う/养蚕 yǎng cán

かいご【介護する】 照护 zhàohù; 护理 hùlǐ (英 care for...) ▶寝たきりの祖父を~する/护理卧床不起的祖父 hùlǐ wòchuáng bù qǐ de zǔfù

かいこう【回航】 (英 cruise; navigation) ▶戦艦を母港に~する/战舰返航回停泊港口 zhànjiàn fǎnháng huí tíngbó gǎngkǒu

かいこう【海港】 海港 hǎigǎng (英 a seaport)

かいこう【海溝】 海沟 hǎigōu (英 an ocean deep; a trench) ▶日本~/日本海沟 Rìběn hǎigōu

かいこう【開校する】 建校 jiànxiào (英 open 〔found a school〕) ▶~記念日/建校纪念日 jiànxiào jìniànrì ▶本校は来年~20周年になる/本校明年是建校二十周年 běn xiào míngnián shì jiànxiào èrshí zhōu nián

かいこう【開港】 (英 the opening of a port 〔an airport〕) ▶新空港が~する/新机场开始通航 xīnjīchǎng kāishǐ tōngháng

かいこう【開講する】 (英 open a course) ▶その講座は本日より~いたします/那个讲座从今天开课 nàge jiǎngzuò cóng jīntiān kāikè

かいこう【邂逅】 邂逅 xièhòu (英 meet)

かいごう【会合する】 集会 jíhuì; 聚会 jùhuì (英 meet; assemble) ▶~を開く/召开集会 zhàokāi jíhuì ▶~の場所/聚会场所 jùhuì chǎngsuǒ ▶~の約束がある/有个约好的聚会 yǒu ge yuēhǎo de jùhuì

がいこう【外交】 外交 wàijiāo (英 diplomacy) ▶~官/外交官 wàijiāoguān ▶~官の特権/外交特权 wàijiāo tèquán ▶~チャンネル/外交途径 wàijiāo tújìng ▶~員/外勤人员 wàiqín rényuán ▶~辞令/外交辞令 wàijiāo cílìng ▶あなたは~辞令を言っている/你是在讲外交辞令 nǐ shì zài jiǎng wàijiāo cílìng ▶~関係を設立する/建立外交关系 jiànlì wàijiāo guānxì ▶~関係を断つ/断绝外交 duànjué wàijiāo

♦~交渉│外交谈判 wàijiāo tánpàn ~使節団│外交使节团 wàijiāo shǐjiétuán ~筋│外交渠道 wàijiāo qúdào ~政策│外交政策 wàijiāo zhèngcè ~通牒│外交通牒 wàijiāo tōngdié ~文書│外交文件 wàijiāo wénjiàn ~問題│外交问题 wàijiāo wèntí

がいこう【外光】 户外的阳光 hùwài de yángguāng (英 natural light)

がいこう【外向】 外向 wàixiàng (英 exroversion) ▶~性の人/外向型的人 wàixiàngxíng de rén ▶性格は~だ/性格外向 xìnggé wàixiàng

かいこういちばん【開口一番】 一开口讲话 yì kāikǒu jiǎnghuà (英 the first thing he said...) ▶彼は~「何しに来た」と言った/他一开口便问:"干什么来了?" tā yì kāikǒu biàn wèn: "Gàn shénme lái le?"

かいこく【戒告】 警告 jǐnggào (英 a warning) ▶~处分/警告处分 jǐnggào chǔfèn

かいこく【開国】 开放国门 kāifàng guómén; 《建国》开国 kāiguó (英 the foundation of a country)

がいこく【外国】 外国 wàiguó; 外域 wàiyù (英 a foreign country) ▶~へ行く/去外国 qù wàiguó ▶~行きの船/出国轮船 chūguó lúnchuán ▶~から帰る/从外国回来 cóng wàiguó huílái

♦~為替│外汇 wàihuì ~為替市場│外汇市场 wàihuì shìchǎng ~為替相場│外汇行情 wàihuì hángqíng ~製の│外国制造的 wàiguó zhìzào de ~貿易│对外贸易 duìwài màoyì

がいこくご【外国語】 外文 wàiwén; 外语 wàiyǔ (英 a foreign language) ▶~が下手である/外语不好 wàiyǔ bù hǎo ▶~学校/外语学校 wàiyǔ xuéxiào

がいこくじん【外国人】 外国人 wàiguórén; (俗に) 老外 lǎowài (英 a foreigner)

がいこつ【骸骨】 尸骨 shīgǔ (英 a skeleton; bones)

かいこむ【買い込む】 大量买进 dàliàng mǎijìn (英 buy; lay in) ▶災害に備えて食料を~/为了防灾大量购买食品 wèile fángzāi dàliàng gòumǎi shípǐn

かいこん【悔恨】 悔恨 huǐhèn; 懊悔 àohuǐ (英 remorse; regret; repentance) ▶~の念にかられて…/被悔恨驱使… bèi huǐhèn qūshǐ…

かいこん【開墾する】 开垦 kāikěn; 开荒 kāihuāng (英 cultivate)

♦~事業│开荒事业 kāihuāng shìyè ~地│开垦的土地 kāikěn de tǔdì 未~地│未开垦的土地 wèi kāikěn de tǔdì

かいさい【開催する】 举办 jǔbàn; 举行 jǔxíng; 召开 zhàokāi (英 hold; open) ▶博覧会は明日から向こう3ヶ月~される/博览会从明天起举行三个月 bólǎnhuì cóng míngtiān qǐ jǔxíng sān ge yuè ▶評議員会は5月1日に~される/五月一日将召开协商会议 wǔ yuè yí rì jiāng zhàokāi xiéshāng huìyì ▶オリンピックの~国になる/成为奥运会的举办国 chéngwéi Àoyùnhuì de jǔbànguó

かいざい【介在する】 夹在里面 jiāzài lǐmiàn; 介于三者の~/第三者介入 dìsānzhě jièrù

がいさい【外債】 外债 wàizhài (英 a foreign bond)

かいさく【改作する】 改编 gǎibiān; 改写 gǎixiě (英 adapt) ▶悲劇を喜劇に~する/把悲剧改编为喜剧 bǎ bēijù gǎibiān wéi xǐjù

かいさく【開削する】 开凿 kāizáo (英 excavate)

かいささえる【買い支える】（英 *bolster*《相場で》）▶ドルを～/买进美元予以支持 mǎijìn měiyuán yǔyǐ zhīchí

かいさつ【改札する】 剪票 jiǎnpiào（英 *punch tickets*）▶～口/剪票口 jiǎnpiàokǒu
◆自動～機/自动剪票机 zìdòng jiǎnpiàojī

かいさん【解散する】 解散 jiěsàn；裁撤 cáichè（英 *dissolve; break up*）▶現地～/当地解散 dāngdì jiěsàn ▶部署を～する/解散部门 jiěsàn bùmén ▶デモ隊は警察によって～させられた/游行队伍被警察冲散了 yóuxíng duìwu bèi jǐngchá chōngsàn le

がいさん【概算する】 概算 gàisuàn；估算 gūsuàn（英 *estimate*）▶費用を～する/估算费用 gūsuàn fèiyong ▶予算の～要求/对预算的估算要求 duì yùsuàn de gūsuàn yāoqiú

かいさんぶつ【海産物】 海产 hǎichǎn；水产品 shuǐchǎnpǐn（英 *sea products; marine products*）▶～問屋/水产品批发商 shuǐchǎnpǐn pīfāshāng

かいし【怪死】（英 *a mysterious death*）▶連続～事件が発生した/连续发生离奇致死的案件 liánxù fāshēng líqí zhìsǐ de ànjiàn

かいし【開始する】 开始 kāishǐ；着手 zhuóshǒu（英 *begin; start; open*）▶テレビのデジタル放送を～する/开始电视的数码播送 kāishǐ diànshì de shùmǎ bōsòng ▶9時から受付を～します/九点钟开始受理接待 jiǔ diǎnzhōng kāishǐ shòulǐ jiēdài

かいじ【海事】 海事 hǎishì（英 *maritime affairs*）
◆～裁判所/海事法庭 hǎishì fǎtíng

かいじ【開示する】 公開 gōngkāi；〔法律〕（法庭上）宣布 (fǎtíngshang) xuānbù（英 *disclose*）▶情報～/公开情报 gōngkāi qíngbào；公开资讯 gōngkāi zīxùn

がいし【外資】 外资 wàizī（英 *foreign capital*）▶～企業/外资企业 wàizī qǐyè ▶～系銀行/外资银行 wàizī yínháng

がいし【碍子】〔絶縁体〕绝缘子 juéyuánzǐ；〔俗に〕瓷瓶 cípíng（英 *an insulator*）

がいじ【外字】 ❶〖外国の文字〗外文 wàiwén（英 *foreign letters*）❷〖未登録の文字〗表外字 biǎowàizì（英 *an external character*）

がいじ【外耳】〔解〕外耳 wài'ěr（英 *the external ear*）▶～炎/外耳炎 wài'ěryán

がいして【概して】 一般 yībān；大致 dàzhì；总的来说 zǒng de lái shuō（英 *generally (speaking); as a rule*）▶収穫は～良好である/总体说来收获是良好的 zǒngtǐ shuōlái shōuhuò shì liánghǎo de ▶日本の住宅は～木造である/日本的住宅一般是木造的 Rìběn de zhùzhái yìbān shì mùzào de ▶～大きな変化は見られない/总的来说，没有发现很大变化 zǒng de lái shuō, méiyǒu fāxiàn hěn dà biànhuà

かいしめる【買い占める】 全部收购 quánbù shōugòu（英 *buy up; corner*）▶清風社の株を～/将清风社的股票全部买下 jiāng Qīngfēngshè de gǔpiào quánbù mǎixià

かいしゃ【会社】 公司 gōngsī（英 *a company; a firm*）▶～へ行く/去公司 qù gōngsī；上班 shàngbān ▶～に勤める/在公司工作 zài gōngsī gōngzuò ▶～の仕事を自宅でする/在家里做公司的工作 zài jiālǐ zuò gōngsī de gōngzuò ▶スポンサーの～/赞助公司 zànzhù gōngsī ▶～を経営する/经营公司 jīngyíng gōngsī

◆～員/公司职员 gōngsī zhíyuán ～社長/公司总经理 gōngsī zǒngjīnglǐ ～人間/对公司敬业的人员 duì gōngsī jìngyè de rényuán ～役員［重役］/公司董事 gōngsī dǒngshì

かいしゃ【膾炙する】 脍炙 kuàizhì（英 *be well known*）▶人口に～する/脍炙人口 kuàizhì rénkǒu

がいしゃ【外車】 外国汽车 wàiguó qìchē（英 *a foreign-made car*）▶～を乗り回す/开着外国车到处走 kāizhe wàiguóchē dàochù zǒu

かいしゃく【解釈する】 理解 lǐjiě；解释 jiěshì（英 *interpret; translate*）▶善意に～する/善意地理解 shànyì de lǐjiě ▶いろいろに～できる/可以作多方面解释 kěyǐ zuò duōfāngmiàn jiěshì ▶彼の行為については全く反対な～もできる/对于他的行为，可以作出完全相反的解释 duìyú tā de xíngwéi, kěyǐ zuòchū wánquán xiāngfǎn de jiěshì ▶憲法を厳密に～する/严密解释宪法 yánmì jiěshì xiànfǎ ▶～を誤る/错误地解释 cuòwù de jiěshì

> 日中比较 中国語の'解釈 jiěshì'は「理解する」という意味の他、「言い訳する」ことや「説明する」ことも意味する.

がいじゅ【外需】 外需 wàixū；国外需求 guówài xūqiú（英 *foreign demand*）

かいしゅう【回収する】 收回 shōuhuí；回收 huíshōu（英 *retrieve; collect*）▶添加物を含んだ食品の～/对含有添加物的食品的回收措施 duì hányǒu tiānjiāwù de shípǐn de huíshōu cuòshī ▶廃品を～する/回收废品 huíshōu fèipǐn ▶貸付金を～する/收回贷款 shōuhuí dàikuǎn

かいしゅう【改宗する】 改变宗教信仰 gǎibiàn zōngjiào xìnyǎng（英 *convert*）▶夫を～させる/让丈夫改变宗教信仰 ràng zhàngfu gǎibiàn zōngjiào xìnyǎng

かいしゅう【改修する】 维修 wéixiū；改建 gǎijiàn（英 *repair; improve*）▶～工事/改建工程 gǎijiàn gōngchéng ▶河川を～する/整修河流 zhěngxiū héliú

かいじゅう【怪獣】 怪兽 guàishòu（英 *a monster (of an animal)*）▶～映画/怪兽影片 guàishòu yǐngpiàn

かいじゅう【懐柔する】 怀柔 huáiróu；笼络 lǒngluò（英 *appease; pacify*）▶～政策/怀柔政策 huáiróu zhèngcè ▶女房を～するなんて不可能だ/劝老婆言归于好, 那行不通 quàn lǎopo yán guīyú hǎo, nà xíngbutōng

がいしゅう【外周】 外周 wàizhōu; 外围 wàiwéi (英 *the outer circumferance*)

がいじゅうないごう【外柔内剛】 外柔内刚 wài róu nèi gāng; 皮软骨头硬 pí ruǎn gǔtou yìng (英 (*be*) *outwardly soft, inwardly hard*)

がいしゅつ【外出する】 出门 chūmén; 出去 chūqu (英 *go out*) ▶～先/要去的地方 yào qù de dìfang ▶ただいま～中です/现在不在 xiànzài bú zài ▶一人では車椅子で～できない/坐轮椅一个人无法出门 zuò lúnyǐ yí ge rén wúfǎ chūmén ▶～を許される/允许出门 yǔnxǔ chūmén ▶～ぎらいの人/不喜欢出门的人 bù xǐhuan chūmén de rén ▶～届を出す/提交外出申请 tíjiāo wàichū shēnqǐng

♦～禁止 ▶夜間～禁止令を敷く/发布夜晚外出禁令 fābù yèwǎn wàichū jìnlìng

かいしゅん【悔改】 悔改 huǐgǎi (英 *repent*) ▶～の情/悔改之意 huǐgǎi zhī yì ▶～の情顕著である/悔改之意很明显 huǐgǎi zhī yì hěn míngxiǎn

かいしょ【楷書】 楷书 kǎishū (英 *the square style* (*of Chinese character writing*)) ▶きちんと～で書く/用楷书整整齐齐地书写 yòng kǎishū zhěngzhěngqíqí de shūxiě

かいじょ【介助】 (英 *help; attendance*)
♦～犬 护助犬 hùzhùquǎn

かいじょ【解除する】 解除 jiěchú; 撤消 chèxiāo (英 *cancel; discharge; lift*) ▶規制を～する/撤销限制 chèxiāo xiànzhì ▶ロックを～する/开锁 kāi suǒ ▶契約を～する/废除合约 fèichú héyuē ▶交通制限を～する/解除交通限制 jiěchú jiāotōng xiànzhì ▶武装を～する/缴械 jiǎoxiè ▶警報を～する/解除警报 jiěchú jǐngbào

かいしょう【甲斐性】 要强心 yàoqiángxīn (英 *ability; competence*) ▶～がある/有志气 yǒu zhìqì ▶うちの亭主は～なしだ/我家老公是个没出息的人 wǒ jiā lǎogōng shì ge méi chūxi de rén

かいしょう【快勝】 (英 *win an overwhelming victory*) ▶～する/获得大胜 huòdé dàshèng

かいしょう【改称する】 改名 gǎimíng; 改称 gǎichēng (英 *change the name; rename*)

かいしょう【解消する】 消除 xiāochú; 取消 qǔxiāo [解散] *dissolve*; [取消し] *cancel*) ▶婚約を～する/解除婚约 jiěchú hūnyuē ▶不安を～する/打消不安 dǎxiāo bù'ān ▶婚姻関係を～する/解除婚姻关系 jiěchú hūnyīn guānxi ▶その団体は発展的～をした/那个团体为了更大的发展而解散了 nàge tuántǐ wèile gèng dà de fāzhǎn ér jiěsàn le

かいじょう【会場】 会场 huìchǎng (英 *the place of meeting*) ▶コンサート～/音乐会会场 yīnyuèhuì huìchǎng ▶特設～/特别设置的会场 tèbié shèzhì de huìchǎng ▶～へのアクセス/通往会场的途径 tōngwǎng huìchǎng de tújìng

かいじょう【海上の】 海上 hǎishàng (英 *on the sea; at sea*) ▶～の交通/海上交通 hǎishàng jiāotōng ▶～の輸送/海上运输 hǎishàng yùnshū

♦～勤務 海上服务 hǎishàng fúwù ～自衛隊 海上自卫队 hǎishàng zìwèiduì ～保安庁 hǎishàng bǎo'āntīng ～保険 海上保险 hǎishàng bǎoxiǎn 海险 hǎixiǎn

かいじょう【開場】 开门 kāimén; 开始入场 kāishǐ rùchǎng (新规に) 开张 kāizhāng (英 *open*) ▶5時半～、6時開演に遅れるな/五点半开门，六点开演，不要迟到 wǔ diǎn bàn kāimén, liù diǎn kāiyǎn, búyào chídào ▶その新しい映画館は明日から～だ/那个新的电影院明天开张营业 nàge xīn de diànyǐngyuàn míngtiān kāizhāng yíngyè

日中比較 中国語の'开场 kāichǎng'は「芝居，試合などが始まる」ことを指す．

かいじょう【階上】 楼上 lóushàng (英 *upstairs; on the floor above*) ▶～の部屋/楼上的房间 lóushàng de fángjiān ▶～の住人は何者ですか/楼上住的是什么人？lóushàng zhù de shì shénme rén?

がいしょう【外相】 外交部长 wàijiāo bùzhǎng (英 *the Minister of Foreign Affairs*) ▶～を更迭する/更换外交部长 gēnghuàn wàijiāo bùzhǎng

♦～会議 外长会议 wàizhǎng huìyì

がいしょう【外商】 〈百货店などの〉店外销售 diànwài xiāoshòu (英 *an out-of-store sales*)

がいしょう【外傷】 创伤 chuāngshāng; 外伤 wàishāng (英 *an external injury; a trauma*) ▶～を負う/负伤 fùshāng; 受伤 shòushāng ▶心的～/心理疮疤 xīnlǐ chuāngshāngbā

かいしょく【会食する】 会餐 huìcān; 聚餐 jùcān (英 *dine with...*) ▶高級ホテルで～する/在高级宾馆聚餐 zài gāojí bīnguǎn jùcān

かいしょく【解職する】 解职 jiězhí; 免职 miǎnzhí (英 *dismiss*) ▶市の助役を～する/解除副市长职务 jiěchú fùshìzhǎng zhíwù

がいしょく【外食する】 在外就餐 zài wài jiùcān; 外餐 wàicān (英 *eat* [*dine*] *out*) ▶週に3回～する/每周三次在外边吃饭 měi zhōu sān cì zài wàibian chīfàn

かいしん【会心】 会心 huìxīn; 得意 déyì (英 *satisfaction*) ▶～の笑み/会心之笑 huìxīn zhī xiào ▶～作/得意之作 déyì zhī zuò

かいしん【回診する】 查病房 chá bìngfáng (英 *go the round of one's patients*) ▶院長の～です/院长查房 yuànzhǎng cháfáng

かいしん【改心する】 改悔 gǎihuǐ; 改过自新 zìxīn (英 *mend one's ways; repent one's past*) ▶彼は今ではすっかり～している/他现在已完全改过自新了 tā xiànzài yǐ wánquán gǎiguò zì xīn le ▶ドラ息子は一向に～の様子がない/浪荡儿子一点儿也没有改悔的样子 làngdàng érzi yìdiǎnr yě méiyǒu gǎihuǐ de yàngzi

かいじん【灰燼】 灰烬 huījìn (英 *ashes*) ～に帰す 化为灰烬 huàwéi huījìn

がいじん【外人】 外国人 wàiguórén; 老外 lǎowài (英 *a foreigner*) ▶～墓地/外国人墓地 wàiguórén mùdì ▶～タレント/外国人演員 wàiguórén yǎnyuán
♦～客：外賓 wàibīn　～部隊：外籍部隊 wàijí bùduì
[日中比較] 中国語の'外人 wàirén'は「赤の他人」のこと．

がいしんぶ【外信部】 (英[新聞社などの] *the foreign news department*) ▶～の花形記者/海外通信部的有名記者 hǎiwài tōngxìnbù de yǒumíng jìzhě

かいず【海図】 海図 hǎitú (英 *a chart*) ▶～のない旅/没有海図的航行 méiyǒu hǎitú de hángxíng

かいすい【海水】 海水 hǎishuǐ (英 *sea [ocean] water*)
♦～着：泳装 yǒngzhuāng; 游泳衣 yóuyǒngyī ～帽：游泳帽 yóuyǒngmào

かいすいよく【海水浴】 海水浴 hǎishuǐyù (英 *sea bathing*) ▶～場/海濱浴場 hǎibīn yùchǎng ▶～をする/洗海水浴 xǐ hǎishuǐyù
♦～客：洗海水浴的游客 xǐ hǎishuǐyù de yóukè

かいすう【回数】 次数 cìshù (英 *the number of times*) ▶～を数える/数次数 shǔ cìshù ▶～券/多次用車票 duōcìyòng chēpiào

がいすう【概数】 概数 gàishù (英 *round numbers* [*figures*])

かいする【介する】《間に立てる》通過… tōngguò…;《気にする》介意 jièyì (英 *mind; care*) ▶意に～/介意 jièyì ▶少しも意に介さない/一点也不介意 yìdiǎn yě bú jièyì ▶人を介して申し入れる/通過別人提出要求 tōngguò biérén tíchū yāoqiú

かいする【解する】 理解 lǐjiě; 懂 dǒng (英 *understand; interpret*) ▶ユーモアを～/懂得幽默 dǒngde yōumò

がいする【害する】 害 hài; 伤害 shānghài (英 *injure; harm*) ▶気分を～/有损情緒 yǒusǔn qíngxù; 得罪 dézuì

かいせい【快晴】 晴朗 qínglǎng (英 *fine weather; fair weather*) ▶～のち曇り/晴转阴 qíng zhuǎn yīn ▶～に恵まれた富士山/晴空下的富士山 qíngkōngxià de Fùshìshān

かいせい【改正する】 修改 xiūgǎi; 改正 gǎizhèng (英 *revise*) ▶時刻表を～する/修改时刻表 xiūgǎi shíkèbiǎo

かいせき【解析】 《数》解析 jiěxī; 剖析 pōuxī (英 *analysis*) ▶～幾何学/解析几何 jiěxī jǐhé

がいせき【外戚】 外戚 wàiqī; 母系亲属 mǔxì qīnshǔ (英[母方の] *a maternal relative*)

かいせきりょうり【懐石料理】 怀石料理 huáishí liàolǐ (英 *a simple light meal served before a Japanese tea ceremony*)

かいせつ【開設する】 开设 kāishè; 办 bàn; 设立 shèlì (英 *establish; set up; found*) ▶銀行口座を～する/开设银行账戶 kāishè yínháng zhànghù

かいせつ【解説する】 解说 jiěshuō; 说明 shuōmíng; 讲解 jiǎngjiě (英 *explain; comment*) ▶～者/讲解员 jiǎngjiěyuán ▶～書/说明书 shuōmíngshū ▶ニュース～/新闻解说 xīnwén jiěshuō ▶天気図の～/气象图的讲解 qìxiàngtú de jiǎngjiě ▶ラジオの～を聞く/听广播解说 tīng guǎngbō jiěshuō
♦～記事：解说报道 jiěshuō bàodào

がいせつ【概説】 概说 gàishuō; 要略 yàolüè (英 *a general statement*) ▶日本史～/日本史概论 Rìběnshǐ gàilùn

かいせん【回線】 《電》电路 diànlù; 回路 huílù (英 *a circuit*)

かいせん【改選する】 改选 gǎixuǎn (英 *reelect*) ▶理事の～が行われた/进行了理事改选 jìnxíngle lǐshì gǎixuǎn

かいせん【疥癬】 《医》疥 jiè; 疥疮 jièchuāng (英 *the itch; scabies*)

かいせん【海戦】 海战 hǎizhàn (英 *a naval battle*)

かいせん【海鮮】 海鲜 hǎixiān (英 *fresh fish and shellfish*)

かいせん【開戦する】 开战 kāizhàn (英 *start a war*) ▶日米～/日美开战 Rì-Měi kāizhàn

-かいせん【-回戦】 轮 lún (英 *a round*) ▶4～に進む《競技大会で》/打入了第四轮的比赛 dǎrùle dìsì lún de bǐsài ▶《ボクシングで》彼はまだ4～ボーイで/他还是个只能参加四轮赛的新手 tā hái shì ge zhǐ néng cānjiā sì lún sài de xīnshǒu

かいぜん【改善する】 改善 gǎishàn; 改进 gǎijìn; 改良 gǎiliáng (英 *improve; make ... bertter*) ▶～策/改进方法 gǎijìn fāngfǎ ▶もはや～の余地はない/已经没有改善的余地 yǐjīng méiyǒu gǎishàn de yúdì ▶体質～に励む/致力于改善素質 zhìlì yú gǎishàn sùzhì ▶生活～/改善生活 gǎishàn shēnghuó ▶～を加える/加以改善 jiāyǐ gǎishàn

がいせん【外線】 《電話の》外线 wàixiàn (英 *an outside line*) ▶～を願います/请转外线 qǐng zhuǎn wàixiàn ▶この電話で～にかけられますか/这个电话能打外线吗？ zhège diànhuà néng dǎ wàixiàn ma? ▶～におかけになるにはゼロをお回し下さい/挂外线，请拨零 guà wàixiàn, qǐng bō líng

がいせん【凱旋する】 凯旋 kǎixuán; 奏捷归来 zòujié guīlái (英 *return in triumph*)
♦～門：凯旋门 kǎixuánmén

がいぜんせい【蓋然性】 盖然性 gàiránxìng (英 *probability*) ▶～が高い/概率高 gàilǜ gāo

かいそ【開祖】 鼻祖 bízǔ; 开山祖师 kāishān zǔshī (英 *the founder*; [本元] *the originator*)

かいそう【会葬する】 送殡 sòngbìn (英 *attend a funeral*)

かいそう【回送する】 转寄 zhuǎnjì; 转送 zhuǎnsòng (英 *send on; redirect*) ▶この手紙を下記の住所に～して下さい/请把这封信转寄到下面的地址 qǐng bǎ zhè fēng xìn zhuǎnjìdào xiàmian

かいそう
～車/调头空车 diàotóu kōngchē

かいそう【回想する】 回想 huíxiǎng; 忆 huíyì; 回顾 huígù (英 remember; look back; recollect) ▶～にふける/陷入回忆 xiànrù huíyì ～録/回忆录 huíyìlù ▶《映画》～場面/回忆的场面 huíyì de chǎngmiàn

かいそう【快走する】 飞驰 fēichí (英 run [sail] fast)

かいそう【改装する】 改装 gǎizhuāng; 装修 zhuāngxiū (英 remodel; redecorate; convert) ▶館内～中につき休館いたします/因馆内改装休馆 yīn guǎnnèi gǎizhuāng xiūguǎn

日中比较 中国語の '改装 gǎizhuāng' は「模様替え」という意味の他、「身なりや化粧、物の包装を変える」ことをも言う.

かいそう【海藻・海草】 海藻 hǎizǎo; 海菜 hǎicài; 海草 hǎicǎo (英 seaweeds) ▶彼らが長寿なのは～をたくさん食べているからだ/他们长寿的原因是多吃海菜 tāmen chángshòu de yuányīn shì duō chī hǎicài

かいそう【階層】 阶层 jiēcéng (英 class; rank) ▶～による所得格差が広がる/因社会阶层而导致收入差距的扩大 yīn shèhuì jiēcéng ér dǎozhì shōurù chājù de kuòdà

かいぞう【改造する】 改造 gǎizào (英 convert; modify) ▶組織を～する/改造组织 gǎizào zǔzhī ▶公衆便所を水洗トイレに～する/把公共厕所改造成抽水马桶 bǎ gōnggòng cèsuǒ gǎizàochéng chōushuǐ mǎtǒng

がいそう【外装】 (英 the exterior)
～工事/外部装修工程 wàibù zhuāngxiū gōngchéng

かいぞうど【解像度】 分辨率 fēnbiànlǜ (英 resolution)

かいぞえ【介添えする】 陪护 péihù (英 assist; accompany) ▶花嫁の～人/新娘的伴娘 xīnniáng de bànniáng ▶車椅子の～をする/帮助推轮椅 bāngzhù tuī lúnyǐ

かいそく【会則】 会章 huìzhāng; 会规 huìguī (英 the rules of an association) ▶～に従う/遵守会规 zūnshǒu huìguī

かいそく【快速】 快速 kuàisù; 高速 gāosù (英 a high speed) ▶～艇/汽艇 qìtǐng; 快艇 kuàitǐng ▶～電車/快车 kuàichē

かいぞく【海賊】 海盗 hǎidào (英 a pirate) ▶～行為/海盗行为 hǎidào xíngwéi ▶～船/海盗船 hǎidàochuán ～版/海盗版 hǎidàobǎn; 盗版 dàobǎn ▶～版ビデオ/盗版录像带 dàobǎn lùxiàngdài

がいそふ【外祖父】 外祖父 wàizǔfù (英 a maternal grandfather)

がいそぼ【外祖母】 外祖母 wàizǔmǔ (英 a maternal grandmother)

かいたい【解体する】 ❶【建物などの】拆 chāi; 拆除 chāichú; 拆卸 chāixiè (英 demolish; wreck) ▶ビルの～工事/大楼拆除工程 dàlóu chāichú gōngchéng ❷【組織などの】解散 jiěsàn (英 break up) ▶財閥を～する/解散财阀 jiěsàn cáifá ❸【生き物の】解剖 jiěpōu (英 dissect) ▶ニワトリを～する/解剖鸡 jiěpōu jī ▶～新書/《解剖新书 Jiěpōu xīnshū》
♦～業者/拆解公司 chāixiè gōngsī

かいだい【改題する】 改换标题 gǎihuàn biāotí (英 change the title; rename)

かいだい【解題】 解题 jiětí; 简介 jiǎnjiè (英 a bibliography)

かいたく【開拓する】 开拓 kāituò; 拓荒 tuòhuāng (英 develop; exploit; cultivate) ▶～者/开拓者 kāituòzhě ▶市場を～する/开辟市场 kāipì shìchǎng ▶運命を～する/开拓命运 kāituò mìngyùn ▶新領域を～した研究/开辟出新领域的研究 kāipìchū xīnlǐngyù de yánjiū
♦～者精神/开拓者精神 kāituòzhě jīngshén

かいだく【快諾する】 慨允 kǎiyǔn (英 consent gladly; give a ready consent) ▶会長の～をいただいた/得到了会长的欣然允诺 dédàole huìzhǎng de xīnrán yǔnnuò

かいだし【買い出しする】 采购 cǎigòu (英 buy; lay in) ▶食材の～に行く/去采购食品材料 qù cǎigòu shípǐn cáiliào

かいたす【買い足す】 添置 tiānzhì (英 buy more) ▶必要に応じて買い足せばよい/可以按照需要添置购买 kěyǐ ànzhào xūyào tiānzhì gòumǎi

かいだす【かい出す】 淘出 táochū (英 bail out) ▶船から水を～/淘出船里的水 táochū chuánlǐ de shuǐ

かいたたく【買い叩く】 杀价 shājià; 压价购买 yājià gòumǎi (英 beat down the price) ▶土地を安く買い叩かれた/土地被压价买走了 tǔdì bèi yājià mǎizǒu le

かいだめ【買い溜めする】 囤积 túnjī (英 hoard) ▶トイレットペーパーを～する/购买储备大量手纸 gòumǎi chǔbèi dàliàng shǒuzhǐ ▶生野菜は～できない/新鲜蔬菜不能囤积购买 xīnxiān shūcài bùnéng túnjī gòumǎi

がいため【外為】 《外国為替》外汇 wàihuì (英 foreign exchange)

かいだん【会談する】 会谈 huìtán (英 talk together; have a conference) ▶～要録/会谈纪要 huìtán jìyào ▶首脳／首脑会谈 shǒunǎo huìtán ▶～中である/正在进行会谈 zhèngzài jìnxíng huìtán
♦非公式～/非正式会谈 fēizhèngshì huìtán

かいだん【怪談】 鬼怪故事 guǐguài gùshi (英 a ghost story)

かいだん【階段】《建物の中の》楼梯 lóutī (英 stairs);《門前などの》台阶 táijiē (英 steps) ▶～を上がる/上台阶 shàng táijiē; 上楼梯 shàng lóutī ▶～を2段ずつ駆け上がる/一步跨两级地跑上楼梯 yí bù kuà liǎng jí de pǎoshàng lóutī ▶～が急である/楼梯很陡 lóutī hěn dǒu

～教室 ｜階梯式教室 jiētīshì jiàoshì　らせん～｜螺旋式楼梯 luóxuánzhuàng lóutī

日中比較　中国語の'阶段 jiēduàn'は, 字順をひっくり返した「段階」という意味。日本語の「階段」は中国語では'台阶 táijiē', '楼梯 lóutī'という。

がいたん【慨嘆する】　慨叹 kǎitàn 英 deplore; lament; regret）　～すべき事柄/令人痛惜的事情 lìng rén tòngxī de shìqing　社会的マナーの乱れは～すべきものがある/社会礼节的紊乱令人慨叹 shèhuì lǐjié de wěnluàn lìng rén kǎitàn

かいだんじ【快男児】　好汉 hǎohàn 英 a fine guy; a nice fellow）

ガイダンス　学习指导 xuéxí zhǐdǎo 英 guidance）　新入生に～を行う/向新生进行学习指导 xiàng xīnshēng jìnxíng xuéxí zhǐdǎo

がいち【外地】　国外 guówài 英 an overseas land; a foreign land）　～に赴く/前往国外 qiánwǎng guówài

日中比較　中国語の'外地 wàidì'は「よその土地」のこと.

かいちく【改築する】　改建 gǎijiàn 英 rebuild; remodel）　校舎は～中でプレハブ教室で授業を受ける/因为校舍正在进行改建, 我们在简易教室上课 yīnwèi xiàoshè zhèngzài jìnxíng gǎijiàn, wǒmen zài jiǎnyì jiàoshì shàngkè　店は～のため休業です/因店铺改建停止营业 yīn diànpù gǎijiàn tíngzhǐ yíngyè

カイチュウ【回虫】｜虫｜蛔虫 huíchóng 英 a roundworm）　～を駆除する/打蛔虫 dǎ huíchóng

かいちゅう【海中の】　海里 hǎilǐ; 海中 hǎizhōng 英 undersea; submarine）　～公園/海中公园 hǎizhōng gōngyuán　～を探査する/探查海洋 tànchá hǎiyáng　～に落ちる/掉到海里 diàodào hǎilǐ

かいちゅう【懐中】　怀里 huáilǐ　～電灯/电筒 diàntǒng; 手电筒 shǒudiàntǒng　～電灯の電池が切れてつかない/手电筒没电点不亮 shǒudiàntǒng méi diàn diǎnbuliàng　～物に御注意下さい/谨防扒手 jǐnfáng páshǒu　～時計/怀表 huáibiǎo

がいちゅう【外注する】　向外部订货 xiàng wàibù dìnghuò 英 outsource）

がいちゅう【害虫】　害虫 hàichóng 英 a harmful insect）　～を駆除する/驱除害虫 qūchú hàichóng　作物の～/农作物的害虫 nóngzuòwù de hàichóng

かいちょう【会長】　会长 huìzhǎng 英 the president; the chairman）　歴代～/历届会长 lìjiè huìzhǎng

かいちょう【快調な】　顺当 shùndang; 顺利 shùnlì 英 good; fine; smooth）　～なスタートを切った/顺利地出发了 shùnlì chūfā le　～売れ行きを示している/显示顺利的销售情况 xiǎnshì shùnlì de xiāoshòu qíngkuàng

かいちょう【開帳する】　开龛 kāikān 英〔仏像など〕 exhibit a Buddhist image）

がいちょう【害鳥】　害鸟 hàiniǎo 英 an injurious bird）　農作物を荒らす～/破坏农作物的害鸟 pòhuài nóngzuòwù de hàiniǎo

かいつう【開通する】　通车 tōngchē; 开通 kāitōng 英 be opened（to traffic）; be put into service）　高速道路の～/高速公路通车 gāosù gōnglù tōngchē　電話回線が～する/开通电话线 kāitōng diànhuàxiàn

◆**～式** 开通仪式 kāitōng yíshì

日中比較　中国語の'开通'は'kāitong'と軽声に読むと思想が「開明的である」こと, 「進んでいる」ことを言う.

かいつけ【買いつけ】　收购 shōugòu; 采购 cǎigòu（買いなれた）经常去买 jīngcháng qù mǎi 英 purchase; buying）　生産地へ～に行く/去产地采购 qù chǎndì cǎigòu　～の店/经常光顾的商店 jīngcháng guānggù de shāngdiàn

かいつまむ　摘 zhāi; 概括 gàikuò 英 pick up; summarize）　かいつまんで話す/扼要地讲 èyào de jiǎng　時間がないのでかいつまんでお話します/因为没有时间, 简单扼要地说一下 yīnwèi méiyǒu shíjiān, jiǎndān èyào de shuō yíxià

かいて【買い手】　买主 mǎizhǔ 英 a buyer; a customer）　～が付く/有买主 yǒu mǎizhǔ　日本は豪州羊毛の～である/日本是澳大利亚羊毛的买主 Rìběn shì Àodàlìyà yángmáo de mǎizhǔ

◆**～市場** 买方市场 mǎifāng shìchǎng

かいてい【改定する】　改 gǎi; 修改 xiūgǎi 英 revise; change）　水道料金を～する/重新规定自来水费 chóngxīn guīdìng zìláishuǐfèi

かいてい【改訂する】　改订 gǎidìng; 修订 xiūdìng 英 revise; change）　～版/修订版 xiūdìngbǎn　会計基準を～する/修订会计基准 xiūdìng kuàijì jīzhǔn

◆**～増補版** 增订版 zēngdìngbǎn

かいてい【海底】　海底 hǎidǐ 英 the bottom of the sea; the seabed）　～ケーブル/海底电缆 hǎidǐ diànlǎn　～トンネル/海底隧道 hǎidǐ suìdào　～油田/海底油田 hǎidǐ yóutián　～資源/海底资源 hǎidǐ zīyuán　～観測/海底观测 hǎidǐ guāncè　～に沈む/沉入海底 chénrù hǎidǐ

◆**～火山** 海底火山 hǎidǐ huǒshān

かいてい【開廷する】　开庭 kāitíng 英 open a court）　判事は～を宣した/法官宣布开庭 fǎguān xuānbù kāitíng　ただいまより～します/现在开庭 xiànzài kāitíng

かいてき【快適な】　舒适 shūshì; 舒坦 shūtǎn; 快意 kuàiyì 英 comfortable; pleasant; agreeable）　～な乗り心地/舒适的乘坐感觉 shūshì de chéngzuò gǎnjué　～な旅/舒适的旅行 shūshì de lǚxíng　～な船旅のはずであった/理应是舒适的乘船旅行 lǐyīng shì shūshì de chéngchuán lǚxíng　近代的な～設備の家に住む/住在拥有舒适设备的现代化住房 zhùzài yōngyǒu shūshì shèbèi de xiàndàihuà zhǔfáng

がいてき【外的】 ❶【外部の】外在 wàizài; 外部 wàibù (英 *external*) ▶～条件/外部条件 wàibù tiáojiàn ❷【肉体的・物質的】肉体 ròutǐ; 物質 wùzhì (英 *physical*) ▶～欲求/物质欲求 wùzhì yùqiú

がいてき【外敵】 外敌 wàidí (英 *a foreign enemy*);［侵入者］a foreign invader) ▶～から身を守る/防备外敌保护自身 fángbèi wàidí bǎohù zìshēn ▶～の侵入を防ぐ/防御外敌入侵 fángyù wàidí rùqīn

かいてん【回転する】 转 zhuàn; 旋转 xuánzhuǎn; 周转 zhōuzhuǎn (英 *turn*; *rotate*; *revolve*) ▶～する〈資金などを〉/周转 zhōuzhuǎn ▶～運動/旋转运动 xuánzhuǎn yùndòng ▶競技〈スキーの〉/转弯比赛 zhuǎnwān bǐsài ▶～数/转速 zhuànsù ▶～ドア/旋转门 xuánzhuǎnmén ▶～椅子/转椅 zhuànyǐ ▶～木馬/旋转木马 xuánzhuǎn mùmǎ ▶頭の～が速い/脑子转得快 nǎozi zhuànde kuài ▶客の～がよい店/顾客周转得快 gùkè zhōuzhuǎnde kuài ▶車は完全に一～して転覆した/汽车翻了一个跟头摔了下去 qìchē fānle yí ge gēntou shuāile xiàqù ▶1分間に3万～する/一分钟转动三万次 yì fēnzhōng zhuàndòng sānwàn cì

◆～資金｜周转资金 zhōuzhuǎn zījīn ～寿司｜回转寿司 huízhuǎn shòusī ～翼｜旋转翼 xuánzhuǎnyì

日中比較 中国語の'回转 huízhuǎn'は「帰る」「向きを変える」「考えを改める」という意味である.

かいてん【開店する】 开店 kāidiàn; 开门 kāimén (英 *open a store*) ▶新規～/新开张 xīn kāizhāng ▶～は午前9時だ/上午九点开门 shàngwǔ jiǔ diǎn kāimén ▶～休業の状態だ/开门停业状态 kāimén tíngyè zhuàngtài

がいでん【外電】 外电 wàidiàn (英 *a foreign telegram*;［報道］*foreign news*) ▶その～は完全に誤報だった/那条外电完全是错误报道 nà tiáo wàidiàn wánquán shì cuòwù bàodào

ガイド 向导 xiàngdǎo; 导游 dǎoyóu (英 *a guide*) ▶観光～/观光导游 guānguāng dǎoyóu ▶～ブック/旅游指南 lǚyóu zhǐnán ▶～なしの単独登山は危険だ/没有向导的独自登山是危险的 méiyǒu xiàngdǎo de dúzì dēngshān shì wēixiǎn de

かいとう【回答する】 回答 huídá; 应答 yìngdá; 答复 dáfù (英 *reply*; *answer*) ▶問い合わせに～する/回答询问 huídá xúnwèn

◆～者《アンケートの》｜问卷调查的回答人 wènjuàn diàochá de huídárén

かいとう【快刀】
ことわざ 快刀乱麻を断つ 快刀斩乱麻 kuàidāo zhǎn luànmá

かいとう【解凍する】 解冻 jiědòng (英 *defrost*; *unfreeze*) ▶レンジで～する/用微波炉解冻 yòng wēibōlú jiědòng ▶自然～/自然解冻 zìrán jiědòng ▶〈コンピュータの〉圧縮ファイルを～する/把压缩文件解压 bǎ yāsuō wénjiàn jiěyā

かいとう【解答する】 解答 jiědá; 答案 dá'àn (英 *solve*; *answer*) ▶模範～/标准答案 biāozhǔn dá'àn ▶理路整然と～する/有条不紊地解答问题 yǒu tiáo bù wěn de jiědá wèntí

◆～者《レギュラーの》｜回答者 huídázhě ～用紙｜卷子 juànzi; 答卷 dájuàn

かいどう【会堂】《集会場》会堂 huìtáng (英 *an assembly hall*);《教会》教堂 jiàotáng (英 *a church*)

かいどう【街道】 交通干线 jiāotōng gànxiàn;《主に市内》大街 dàjiē (英 *a highway*; *the main road*)

日中比較 中国語で'街道 jiēdào'というと都市の中の街路あるいは町内会的な組織を指し, 都市と都市を繋ぐ道路を指すわけではない.

カイドウ【海棠】〖植物〗海棠 hǎitáng

がいとう【外套】 大衣 dàyī (英 *an overcoat*)

がいとう【街灯】 街灯 jiēdēng; 路灯 lùdēng (英 *a street lamp*［*light*］) ▶～が灯(と)る/路灯亮起来 lùdēng liàngqǐlai

がいとう【街頭】 街头 jiētóu; 街上 jiēshang (英 *the street*) ▶～演説/街头演讲 jiētóu yǎnjiǎng ▶～アンケート/街头问卷调查 jiētóu wènjuàn diàochá ▶～キャンペーン/街头宣传活动 jiētóu xuānchuán huódòng ▶～に出た／数千人のデモ隊の～に出た/数千人的游行队伍走上街头 shùqiān rén de yóuxíng duìwu zǒushàng jiētóu

◆～募金｜街头募捐 jiētóu mùjuān

がいとう【該当する】 符合 fúhé (英［あてはまる］*come under...*;［correspond to...］) ▶～者/符合条件的人 fúhé tiáojiàn de rén ▶その規定はこの場合には～しない/那个规定不符合这种情况 nàge guīdìng bù fúhé zhè zhǒng qíngkuàng

日中比較 中国語の'该当 gāidāng'は助動詞で「…すべきだ」という意味.

かいどく【回読する】 传阅 chuányuè; 传看 chuánkàn (英 *read... in turn*) ▶スポーツ新聞を職場で～する/在工作单位传阅体育报纸 zài gōngzuò dānwèi chuányuè tǐyù bàozhǐ

かいどく【買い得】 买得合算 mǎide hésuàn (英 *a good bargain*) ▶これは一番のお～ですよ/买这个最合算 mǎi zhège zuì hésuàn

かいどく【解読する】 破译 pòyì; 解读 jiědú (英 *decipher*; *decode*) ▶暗号を～する/译解密码 yìjiě mìmǎ ▶古代文字を～する/解读古代文字 jiědú gǔdài wénzì

がいどく【害毒】 毒 dú; 毒害 dúhài (英 *evil*; *harm*) ▶世の中に～を流す/流毒于社会 liúdú yú shèhuì

ガイドライン 指导方针 zhǐdǎo fāngzhēn (英 *guidelines*)

かいとる【買い取る】 收购 shōugòu; 买下 mǎixià (英 *buy* (*in*); *purchase*) ▶古本屋が～を買い取ってくれない/旧书店不收购我的旧书

jiùshūdiàn bù shōugòu wǒ de jiùshū

かいならす【飼い馴らす】 驯服 xùnfú；驯化 xùnhuà；驯养 xùnyǎng（英 tame; domesticate）▶飼い馴らされた大衆/被驯服的大众 bèi xùnfú de dàzhòng ▶ライオンを～/驯养狮子 xùnyǎng shīzi

かいなん【海難】 海难 hǎinàn；海事 hǎishì（英 a shipwreck;［保険］maritime perils）～事故/海难事故 hǎinàn shìgù
♦~救助｜海难救援 hǎinàn jiùyuán ～信号／～信号を発する/发出海难信号 fāchū hǎinàn xìnhào

かいにゅう【介入する】 介入 jièrù；干预 gānyù（英 intervene; interfere）▶武力～/武装干涉 wǔzhuāng gānshè ▶警察はその事件に～した/警察插手那个事件 jǐngchá chāshǒu nàge shìjiàn ▶その紛争には～すべきでない/不应介入那场纠纷 bùyīng jièrù nà chǎng jiūfēn ▶相互内政不～政策/互不干涉内政的政策 hù bù gānshè nèizhèng de zhèngcè

かいにん【解任する】 撤职 chèzhí；解任 jiěrèn；解除职务 jiěchú zhíwù（英 dismiss）▶総裁を～する/解除总裁职务 jiěchú zǒngcái zhíwù

かいにん【懐妊】 怀孕 huáiyùn（英 pregnancy）▶～している/怀孕了 huáiyùn le ▶第 2 子御のもよう/好像怀了第二胎 hǎoxiàng huáile dì'èr tāi

かいぬし【買い主】 买主 mǎizhǔ（英 a buyer; a purchaser）▶～は外资系らしい/买主好像是外资系统 mǎizhǔ hǎoxiàng shì wàizī xìtǒng

かいぬし【飼い主】 养主 yǎngzhǔ；饲养者 sìyǎngzhě（英 the (pet) owner; the keeper）▶犬よりも～のマナーが悪い/狗主人的态度比狗还坏 gǒuzhǔrén de tàidù bǐ gǒu hái huài

かいね【買い値】 买价 mǎijià（英 the purchase price）

かいねこ【飼い猫】 家猫 jiāmāo（英 a house cat; a pet cat）▶～と野良猫はどう違う/家猫和野猫怎么不一样？ jiāmāo hé yěmāo zěnme bù yíyàng?

がいねん【概念】 概念 gàiniàn（英 a general idea; a concept）▶～図/概念图 gàiniàntú ▶基本～/基本概念 jīběn gàiniàn ▶～化する/概念化 gàiniànhuà

かいば【飼い葉】 草料 cǎoliào（英 fodder; forage）▶馬に～をやる/用干草料喂马 yòng gāncǎoliào wèi mǎ
♦~桶(おけ)｜马槽 mǎcáo

かいはい【改廃する】 改革和废除 gǎigé hé fèichú；调整 tiáozhěng（英 reform）

がいはく【外泊する】（英 stay out (for the night)）▶無断で～は許さない/不允许擅自在外过夜 bù yǔnxǔ shànzì zài wài guòyè

がいはく【該博な】 赅博 gāibó；渊博 yuānbó（英 extensive knowledge）▶～な知識/渊博的知识 yuānbó de zhīshí

かいばしら【貝柱】《乾物》干贝 gānbèi（英 a (shell) ligament）

かいはつ【開発する】 开发 kāifā；研制 yánzhì（英 develop; exploit; reclaim）▶新製品を～する/开发新产品 kāifā xīnchǎnpǐn ▶宅地を～/开发住宅用地 kāifā zhùzhái yòngdì ▶原子炉を～する/开发原子炉 kāifā yuánzǐlú ▶ハイテク産業～区/高科技产业开发区 gāokējì chǎnyè kāifāqū
♦~宇宙｜宇宙开发 yǔzhòu kāifā ～途上国／发展中国家 fāzhǎnzhōng guójiā 経済～／经济开发 jīngjì kāifā

かいばつ【海抜】 海拔 hǎibá（英 ... above the sea）▶～300メートル/海拔三百米 hǎibá sānbǎi mǐ ▶～ゼロメートル地帯/海拔〇米地带 hǎibá líng mǐ dìdài

かいひ【会費】 会费 huìfèi（英 a membership fee）▶入会金と～を合わせていくらですか/入会金和会费一共多少钱？ rùhuìjīn hé huìfèi yígòng duōshao qián? ▶は途中退却はできません/会费不能中途退还 huìfèi bùnéng zhōngtú tuìhuán

かいひ【回避する】 回避 huíbì；推脱 tuītuō；推卸 tuīxiè（英 evade; avoid）▶責任を～する/推卸责任 tuīxiè zérèn ▶軍事衝突を～する/回避军事冲突 huíbì jūnshì chōngtū

かいびかえ【買い控え】 不买观望 bù mǎi guānwàng（英 restrained purchasing）

かいびゃく【開闢】 开天辟地 kāi tiān pì dì（英 the beginning of the world）▶～以来の珍事/有史以来的希奇事 yǒushǐ yǐlái de xīqíshì

かいひょう【開票する】 开票 kāipiào（英 open the ballots; count the votes）▶投票は即日～の予定である/预定于投票当天开票 yùdìng yú tóupiào dàngtiān kāipiào
♦~結果｜开票结果 kāipiào jiéguǒ ～立会人｜监票人 jiānpiàorén

> 日中比較 中国語の'开票 kāipiào'は「投票結果を調べる」という意味の他、「伝票を切ってもらう」ことも意味する。

かいひん【海浜】 海滨 hǎibīn（英 the seashore）▶～公園/海滨公园 hǎibīn gōngyuán

がいぶ【外部】 外部 wàibù；外界 wàijiè（英 the outside;［外面］the exterior;［外界］the outside world）▶～の人/局外人 júwàirén ▶～に漏洩する/向外界泄露 xiàng wàijiè xièlù ▶建物の～/建筑的外面 jiànzhù de wàimiàn ▶～との交通が途絶してしまっている/和外界的交通断绝了 hé wàijiè de jiāotōng duànjué le ▶～の援助/外界的援助 wàijiè de yuánzhù ▶～の圧力を受けない/不受外界的压力 bú shòu wàijiè de yālì ▶～者の犯行ではない/不是外部人员作的案 bú shì wàibù rényuán zuò de àn

かいふう【海風】 海风 hǎifēng（英 a sea wind）

かいふう【開封する】 启封 qǐ fēng；打开信件 dǎkāi xìnjiàn（英 open an envelope; break the seal）▶～すべきではない/别人不应该拆开私人信件 biérén bù yīnggāi chāikāi sīrén xìnjiàn

かいふく【回復する】 恢复 huīfù; 回复 huífù; 平复 píngfù (英 *recover; restore; improve*) ▶ 景気〜/景气复苏 jǐngqì fùsū ▶ 健康を〜する/恢复健康 huīfù jiànkāng ▶ 国家領土を〜する/光复国土 guāngfù guótǔ ▶ 国交を〜する/恢复邦交 huīfù bāngjiāo ▶ 天候が〜する/天气好转 tiānqì hǎozhuǎn ▶ 意識が〜する/恢复知觉 huīfù zhījué ▶ 信用を〜する/挽回信用 xìnyòng ▶ 株価は〜するでしょう/股市将会恢复 gǔshì jiāng huì huīfù ▶ 〜が早い/康复得快 kāngfùde kuài ▶ 〜力がある/有恢复力 yǒu huīfùlì

[日中比较] 中国語の'回复 huífù'は「よい状態に戻る」という意味の他、「文書で回答する」ことをも言う。

かいふくしゅじゅつ【開腹手術】(英 *perform abdominal surgery*) ▶〜を行う/进行剖腹手术 jìnxíng pōufù shǒushù

かいぶつ【怪物】 怪物 guàiwu;(非凡な人物)怪杰 guàijié (英 *a monster*; [幽霊] *a ghost*)

かいぶん【回文】 回文 huíwén (どちらから読んでも同じになる) (英 *a palindrome*)

がいぶん【外聞】 声誉 shēngyù; 体面 tǐmiàn (英 *reputaion; publicity*) ▶〜をはばかる/怕被别人知道 pà bèi biéren zhīdào ▶〜が悪い/不体面 bù tǐmiàn ▶〜にかかわる/有关声誉 yǒuguān shēngyù ▶恥も〜もない/顾不得体面 gùbude tǐmiàn

かいぶんしょ【怪文書】 黑信 hēixìn (英 *a mysterious document*) ▶選挙前には〜が出回る/选举之前匿名信四处流传 xuǎnjǔ zhīqián nìmíngxìn sìchù liúchuán

かいへい【開閉】 开关 kāiguān (英 *open and close*) ▶このホテルは窓が〜できない/这家宾馆的窗户不能开关 zhè jiā bīnguǎn de chuānghu bùnéng kāiguān
♦〜橋/可动桥 kědòngqiáo

かいへいたい【海兵隊】 海军陆战队 hǎijūn lùzhànduì (英 *the Marine Corps*)

かいへん【改変する】 更改 gēnggǎi; 改变 gǎibiàn (英 *change; alter; renovate*)

かいへん【改編する】 改编 gǎibiān (英 *reorganize*) ▶組織を〜する/改编组织 gǎibiān zǔzhī

かいほう【介抱する】 看护 kānhù; 照料 zhàoliào (英 *nurse; tend; look after*) ▶けが人を〜する/护理伤员 hùlǐ shāngyuán

かいほう【会報】 会刊 huìkān; 会报 huìbào (英 *a bulletin*; *the transactions* (of a society))

かいほう【快方】 见好 jiànhǎo (英 *a favorable turn; getting better*) ▶〜に向かう/好转 hǎozhuǎn

かいほう【開放する】 开放 kāifàng (英 *open*) ▶校庭を〜する/对外开放校园 duì wài kāifàng xiàoyuán ▶〜的な性格/开朗的性格 kāilǎng de xìnggé ▶金融市場の〜/开放金融市场 jīnróng shìchǎng ▶大学〜講座/大学公开讲座 dàxué gōngkāi jiǎngzuò ▶〜禁止〈掲示〉/禁止敞开 jìnzhǐ chǎngkāi

かいほう【解放する】 解放 jiěfàng (英 *free; release; liberate*) ▶〜区/解放区 jiěfàngqū ▶〜感/解放感 jiěfànggǎn ▶仕事から〜される/从工作中解放出来 cóng gōngzuò zhōng jiěfàngchūlai ▶やれやれ、これで苦労から〜された/哎呀呀, 这儿从劳苦中解放出来了 āiyāyā, zhè xiàr cóng láokǔ zhōng jiěfàngchūlai le
♦〜運動家/解放运动活动家 jiěfàng yùndòng huódòngjiā 奴隷〜/奴隶解放 núlì jiěfàng

かいぼう【解剖する】 解剖 jiěpōu (英 *dissect; analyse*) ▶検死〜/解剖验尸 jiěpōu yànshī ▶完全な〜結果は何週間か後でなければわからない/全面的解剖结果要等几个星期后才能知道 quánmiàn de jiěpōu jiéguǒ yào děng jǐ ge xīngqī hòu cái néng zhīdào
♦〜医/解剖医生 jiěpōu yīshēng 〜学/解剖学 jiěpōuxué 〜室/解剖室 jiěpōushì 〜図/解剖图 jiěpōutú

がいぼう【外貌】 外貌 wàimào (英 *appearnce*)

がいまい【外米】 外国产大米 wàiguóchǎn dàmǐ; 进口大米 jìnkǒu dàmǐ (英 *foreign rice*)

かいまく【開幕する】 开幕 kāimù (英 *open; start*) ▶〜式/开幕典礼 kāimù diǎnlǐ ▶午後6時に〜する/下午六点开幕 xiàwǔ liù diǎn kāimù

かいまみる【垣間見る】 窥视 kuīshì; 瞥见 piējiàn (英 *have a peep*)

かいみょう【戒名】 戒名 jièmíng; 法名 fǎmíng (英 *a posthumous Buddhist name*)

かいみん【快眠】 酣眠 hānshuì; 熟睡 shúshuì (英 *refreshing* [sound] *sleep*) ▶今日はよく歩いたから〜できるだろう/今天走了不少路, 所以能睡个好觉吧 jīntiān zǒule bùshǎo lù, suǒyǐ néng shuì ge hǎojiào ba

かいむ【皆無】 完全没有 wánquán méiyǒu; 毫无 háowú (英 *nil; none; nothing*) ▶優勝の可能性は〜だ/毫无夺冠的可能 háowú duóguàn de kěnéng ▶その目的に適(かな)う品は〜だった/完全没有符合那种目的的东西 wánquán méiyǒu fúhé nà zhǒng mùdì de dōngxi ▶成功の見込みは〜である/毫无成功的希望 háowú chénggōng de xīwàng

がいむしょう【外務省】《日本の》外务省 wàiwùshěng;《中国の》外交部 wàijiāobù (英 *the Ministry of Foreign Affairs*)

がいむだいじん【外務大臣】《日本の》外务大臣 wàiwù dàchén;《中国の》外交部长 wàijiāo bùzhǎng (英 *the Minister for Foreign Affairs*)

かいめい【改名する】 改名 gǎimíng (英 *change one's name; rename*) ▶〜してから店が繁盛し始めた/店铺改名之后, 生意开始兴旺起来 diànpù gǎimíng zhīhòu, shēngyi kāishǐ xīngwàngqǐlai

かいめい【解明する】 查明 chámíng; 搞清楚 gǎo qīngchǔ (英 *make clear; clarify*) ▶心霊現象を〜する/弄清心灵现象 nòngqīng xīnlíng xiànxiàng

かいめつ【壊滅する】 溃灭 kuìmiè; 覆灭 fùmiè (英 be (total) destroyed; be devastated) ▶~させる/毁灭 huǐmiè; 击溃 jīkuì ▶~的打撃を与える/给予毁灭性的打击 jǐyǔ huǐmièxìng de dǎjī ▶彼の事業は~寸前にあった/他的事业已面临破产 tā de shìyè yǐ miànlín pòchǎn

かいめん【海面】 海面 hǎimiàn (英 the surface of the sea; the sea level) ▶~下/海面下 hǎimiànxia ▶地球温暖化による~上昇/因全球气候变暖而导致的海平面上涨 yīn quánqiú qìhòu biànnuǎn ér dǎozhì de hǎipíngmiàn shàngzhǎng

かいめん【海綿】 海绵 hǎimián (英 a sponge)

がいめん【外面】 外面 wàimiàn; 外部 wàibù; 外貌 wàimào (英 an outer surface; the outside) ▶~的/外观上 wàiguānshang; 表面上 biǎomiànshang ▶~的美しさを求める/追求外在美 zhuīqiú wàizài měi ▶~的なことで判断する/从表面上判断 cóng biǎomiànshang pànduàn

かいもく【皆目】 完全 wánquán; 全然 quánrán (英 at all; quite) ▶~見当がつかない/全然不明 quánrán bùmíng ▶何のことか~見当がつかない/究竟是怎么回事, 完全搞不清楚 jiūjìng shì zěnme huí shì, wánquán gǎobuqīngchu

かいもどす【買い戻す】 买回 mǎihuí (英 buy back; redeem)

かいもの【買い物】 买东西 mǎi dōngxi (英 a purchase; shopping) ▶~客/顾客 gùkè ▶得な~をした/买得真便宜 mǎide zhēn piányi ▶一番お得な~/最合算的买卖 zuì hésuàn de mǎimài ▶銀座へ~に行く/去银座买东西 qù Yínzuò mǎi dōngxi ▶君の~のあさりは終わりがない/你买东西没完没了 nǐ mǎi dōngxi méiwán méiliǎo ◆~上手/会买东西 huì mǎi dōngxi ～袋 / 购物袋 gòuwùdài ～リスト / 购物单 gòuwùdān

かいもん【開門する】 开门 kāi mén (英 open the game)

がいや【外野】 ❶【野球の】 外场 wàichǎng (英 the outfield) ▶~手/外野手 wàiyěshǒu; 外场手 wàichǎngshǒu ❷【部外者】 局外人 júwàirén (英 a person not concerned) ▶~は口出しをするな/局外人别插嘴 júwàirén bié chāzuǐ

かいやく【解約する】 解约 jiěyuē; 解除合同 jiěchú hétong (英 cancel (dissolve) a contract) ▶保険を~する/解除保险合同 jiěchú bǎoxiǎn hétong ▶中途~する時のポイント/中途解约时的要领 zhōngtú jiěyuē shí de yàolǐng

かいゆ【快癒する】 痊愈 quányù (英 recover; improve)

かいゆう【回遊する】 洄游 huíyóu (英 make an excursion; [魚の群が] run) ▶~魚/洄游鱼 huíyóuyú ▶いろいろな魚がその湾を~していた/各种各样的鱼类在那个海湾洄游 gèzhǒng gèyàng de yúlèi zài nàge hǎiwān huíyóu ▶鯨も~するのですか/鲸鱼也洄游吗? jīngyú yě huíyóu ma?

がいゆう【外遊する】 外游 wàiyóu; 出国旅游 chūguó lǚyóu (英 go (travel) abroad) ▶私はまだ~したことがありません/我还没有出国旅游过 wǒ hái méiyǒu chūguó lǚyóuguo ▶議員は主に欧米に~する/议员主要去欧美旅游 yìyuán zhǔyào qù Ōu-Měi lǚyóu

かいよう【海洋】 海洋 hǎiyáng (英 the seas; the ocean) ▶~生物/海洋生物 hǎiyáng shēngwù ▶~漁業/海洋渔业 hǎiyáng yúyè ▶~深層水/深海海水 shēnhǎishuǐ ▶~资源/海洋资源 hǎiyáng zīyuán ◆~学/海洋学 hǎiyángxué ～気象台/海洋气象台 hǎiyáng qìxiàngtái ～国/海洋国家 hǎiyáng guójiā

かいよう【潰瘍】〔医〕 溃疡 kuìyáng (英 an ulcer) ▶~がある/患有溃疡 huàn yǒu kuìyáng ◆胃~/胃溃疡 wèikuìyáng

がいよう【外用する】 外敷 wàifū (英 use externally) ▶~薬/外用药 wàiyòngyào

がいよう【外洋】 远洋 yuǎnyáng; 外海 wàihǎi (英 the open sea)

がいよう【概要】 大旨 dàzhǐ; 概略 gàilüè; 概要 gàiyào (英 an outline) ▶予算の~を報告する/汇报预算的概要 huìbào yùsuàn de gàiyào

かいらい【傀儡】 傀儡 kuǐlěi (英 a puppet; [手先] a tool) ◆~政権/傀儡政权 kuǐlěi zhèngquán

がいらい【外来】 外来 wàilái;《医院の》门诊 ménzhěn (英 foreign; [输入し] imported) ▶~诊疗/门诊 ménzhěn ▶~诊察时间/门诊时间 ménzhěn shíjiān ▶~诊疗部/门诊部 ménzhěnbù ▶~語/外来语 wàiláiyǔ ▶~種生物/外来生物 wàilái shēngwù ◆~患者/门诊病人 ménzhěn bìngrén ～思想/外来思想 wàilái sīxiǎng

かいらく【快楽】 享乐 xiǎnglè; 快乐 kuàilè (英 pleasure; enjoyment) ▶~にふける/沉溺于享乐 chénnì yú kuàilè ▶人生の~/人生的快乐 rénshēng de kuàilè ▶~主義者/享乐主义者 xiǎnglè zhǔyìzhě

> 日中比較 日本語で「快楽」というと肉体的な楽しみに偏りがちだが, 中国語の"快乐 kuàilè"にはそのようなニュアンスはなく, 精神的な楽しさについてのみいう.

かいらん【回覧する】 传阅 chuányuè; 传看 chuánkàn (英 circulate) ◆~雑誌/传阅杂志 chuányuè zázhì ～板/传阅板报 chuányuè bǎnbào

かいり【乖離】 背离 bèilí (英 division, separation) ▶本音と建前が~する/真心话与场面话相背离 zhēnxīnhuà yǔ chǎngmiànhuà xiāng bèilí

かいり【海里】 海里 hǎilǐ (英 a nautical mile) ▶200~の保護水域/二百海里的保护水域 èrbǎi hǎilǐ de bǎohù shuǐyù

かいりき【怪力】 超人的力气 chāorén de lìqi (英 herculean strength) ▶~の持ち主/力气大的人 lìqi dà de rén

かいりつ【戒律】 戒律 jièlǜ (英 religious

がいりゃく

precepts; discipline）　▶~を遵守する/遵守戒律 zūnshǒu jièlǜ　▶~が厳しい/戒律严格 jièlǜ yángé

がいりゃく【概略】　大略 dàlüè；概略 gàilüè；要略 yàolüè（英）*an outline; a summary; a résumé*）　▶~図/草图 cǎotú　▶『文明論の~』（福沢諭吉）/《文明论之概略 Wénmínglùn zhī gàilüè》　▶これが話の~です/这是事情的梗概 zhè shì shìqing de gěngqài　▶~を述べる/讲述概要 jiǎngshù gàiyào　▶予定は~次のようである/预定计划大概如下所示 yùdìng jìhuà dàgài rúxià suǒ shì

かいりゅう【海流】　潮流 cháoliú；海流 hǎiliú；洋流 yángliú（英 *an ocean current*）　▶千島~/千岛海流 Qiāndǎo hǎiliú

かいりょう【改良する】　改良 gǎiliáng；改进 gǎijìn（英 *improve; refine; reform*）　▶品種の改良 pǐnzhǒng gǎiliáng　▶~の余地がある/有改进的余地 yǒu gǎijìn de yúdì　▶土壤を~する/改良土壤 gǎiliáng tǔrǎng　▶機能を~する/改善功能 gǎishàn gōngnéng　▶~を加える/加以改进 jiāyǐ gǎijìn

がいりん【外輪】（英）［車輪の］*rim*）
◆~山　金時山は箱根~山の最高峰だ/金时山是箱根外轮山的最高峰 Jīnshíshān shì Xiānggēn wàilúnshān de zuìgāofēng

かいろ【回路】　线路 xiànlù；回路 huílù（英 *a circuit; circuitry*）　▶電子~/电子电路 diànlù　▶集積~/集成电路 jíchéng diànlù　▶思考~/思路 sīlù

かいろ【海路】　海路 hǎilù；航道 hángdào（英 *a sea route*）　▶神戸へ行く/经海路去神户 jīng hǎilù qù Shénhù

ことわざ 待てば海路の日和(ひより)あり　只要耐心等待，总会云开日出的 zhǐyào nàixīn děngdài, zǒng huì yún kāi rì chū de

かいろ【懐炉】　怀炉 huáilú（英 *a pocket body-warmer*）　▶使い捨て~/一次性热宝 yícìxìng rèbǎo

がいろ【街路】　马路 mǎlù；大街 dàjiē（英 *a street; an avenue; a road*）　▶~に面して露店を出す/面向马路摆摊儿 miànxiàng mǎlù bǎi tānr
◆~樹/道路树木 dàolù shùmù

かいろう【回廊】　回廊 huíláng；走廊 zǒuláng（英 *a corridor; a gallery*）　▶河西~はシルクロードの重要な一部だ/河西走廊是丝绸之路重要的一段 Héxī zǒuláng shì Sīchóu zhī lù zhòngyào de yí duàn

カイロプラクティック　脊骨疗法 jǐgǔ liáofǎ
がいろん【概論】　概论 gàilùn（英 *an outline*）　▶人類学~/人类学概论 rénlèixué gàilùn

かいわ【会話】　会话 huìhuà；谈话 tánhuà（英 *conversation*）　▶~を交わす/交谈 jiāotán　▶~がはずむ/谈得起劲 tánde qǐjìn　▶~に加わる/加入谈话 tánhuà　▶夫とはもう~がない/我跟丈夫已经没话可说了 wǒ gēn zhàngfu yǐjing méi huà kě shuō le　▶目上の人との~は苦手なん

です/我最怕和长辈讲话了 wǒ zuì pà hé zhǎngbèi jiǎnghuà le　▶その言葉はしょっちゅう~で耳にする/那句话我经常在谈话中听到 nà jù huà wǒ jīngcháng zài tánhuà zhōng tīngdào　▶英~が上手い/英语讲得好 Yīngyǔ jiǎngde hǎo　▶~の練習をする/进行会话练习 jìnxíng huìhuà liànxí　▶~体で書く/用口语写 yòng kǒuyǔ xiě

かいわい【界隈】　附近 fùjìn；一带 yídài（英 *a neighborhood*）　▶この~に这附近 zhè fùjìn　▶この~にはそんな悪ガキはいないね/这儿附近没有那种坏孩子 zhèr fùjìn méiyǒu nà zhǒng huàiháizi　▶神保町~をぶらつく/在神保町（书店街）闲逛 zài Shénbǎodīng(shūdiànjiē) xiánguàng

かいん【下院】（英 *the Lower House*）　▶《英米など》~議員/下院议员 xiàyuàn yìyuán

かう【買う】　❶【購入する】买 mǎi；购买 gòumǎi（英 *buy; purchase*）　▶切符を~/买票 mǎi piào　▶クレジットカードで~/用信用卡购买 yòng xìnyòngkǎ gòumǎi　▶金で買えないものもある/也有用钱所买不到的东西 yě yǒu yòng qián suǒ mǎibudào de dōngxi　▶昔からあの店で買っています/从很早以前就在那家商店买东西 cóng hěn zǎo yǐqián jiù zài nà jiā shāngdiàn mǎi dōngxi　▶この売り場で新鮮な果物が買える/在这个柜台能买到新鲜水果 zài zhège guìtái néng mǎidào xīnxiān shuǐguǒ

❷【身に受ける】（英 *invite; incur; excite*(*a person's anger*)）　▶ひんしゅくを~/招人嫌弃 zhāo rén xiánqì　▶恨みを~/招人怨恨 zhāo rén yuànhèn　▶彼の発言はみんなの反感を買った/他的发言引起大家的反感 tā de fāyán yǐnqǐ dàjiā de fǎngǎn

❸【引き受ける】（英 *accept; take*）　▶まとめ役を買って出る/主动担任组织者 zhǔdòng dānrèn zǔzhīzhě　▶面倒を買って出る/自找麻烦 zì zhǎo máfan　▶喧嘩(けんか)を~/接受挑战而打架 jiēshòu tiǎozhàn ér dǎjià

❹【評価する】（英 *appreciate; think highly*）　▶彼女の几帳面さを~/赏识她的认真 shǎngshí tā de rènzhēn　▶上司は彼の交渉能力を高く買っている/领导非常赏识他的交涉能力 lǐngdǎo fēicháng shǎngshí tā de jiāoshè nénglì

かう【飼う】　养 yǎng；饲养 sìyǎng（英 *keep*；［飼育する］*raise; rear*）　▶ペットを~/养宠物 yǎng chǒngwù　▶金魚を~/养金鱼 yǎng jīnyú　▶犬を一匹と猫を二匹飼っている/我养了一条狗和两只猫 wǒ yǎngle yì tiáo gǒu hé liǎng zhī māo

カウボーイ　牛仔 niúzǎi（英 *a cowboy*）　▶~ハット/牛仔帽 niúzǎimào

かうん【家運】　家运 jiāyùn（英 *the fortunes of a family*）　▶~が傾く/家道衰落 jiādào shuāiluò

ガウン〔服飾〕　长袍 chángpáo（英 *a gown*）　▶ナイト~/睡袍 shuìpáo　▶総長は黒い~姿で登壇した/校长身着黑长袍登上讲台 xiàozhǎng shēnzhuó hēichángpáo dēngshàng jiǎngtái

カウンセラー　生活顾问 shēnghuó gùwèn；心

理顾问 xīnlǐ gùwèn（英 a counselor）▶～と話し合う/和心理医生商谈 hé xīnlǐ yīshēng shāngtán

カウンセリング 心理咨询 xīnlǐ zīxún；辅导 fǔdǎo；劝告 quàngào（英 counseling）▶～を受ける/接受咨导 jiēshòu zīdǎo

カウンター ❶【テーブル・台】柜台 guìtái；收款处 shōukuǎnchù（英 a couter）▶～席/柜台席位 guìtái xíwèi ▶～は禁煙にさせていただきます/柜台席位禁止吸烟 guìtái xíwèi jìnzhǐ xīyān ❷【図書館などの】出纳台 chūnàtái（英 a couter）❸【計数器】计数器 jìshùqì

カウントする 计数 jìshù；计分 jìfēn（英 count）▶～をとる〈ボクシングなどの審判が〉/记分 jìfēn ▶ノー～/不记分 bú jìfēn ▶～5で立ち上がる〈拳击被打倒的人〉数到五站了起来（quánjí bèi dǎdǎo de rén）shǔdào wǔ zhànleqǐlai

◆ダウン/倒计时 dàojìshí；倒读数 dàodúshù

かえ【替え】 备用 bèiyòng（英 a spare; an extra）▶～ズボン/备用裤子 bèiyòng kùzi ▶下着の～を持ってきていない/没带来替换的内衣 méi dàilái tìhuàn de nèiyī

◆～芯：备用笔芯 bèiyòng bǐxīn

かえうた【替え歌】 原谱换词的歌 yuánpǔ huàncí de gē（英 a parody）

かえす【返す・還す】 ❶【元の状態に戻す】还 huán；退 tuì；发还 fāhuán（英 return; put back）▶借金を～/还债 huánzhài 图书馆に本を～/把书还回图书馆 bǎ shū huánhuí túshūguǎn ▶借りを～/偿还人情 chánghuán rénqíng ▶金を返して欲しい/请把钱还给我 qǐng bǎ qián huángěi wǒ ▶レンタカーを～/归还租用的汽车 guīhuán zūyòng de qìchē ❷【表裏などを逆にする】 翻 fān（英 overturn; turn insides out）▶手のひらを～/翻掌 fānzhǎng ❸【応対する】 还 huán；回 huí（英 return）▶あいさつを～/回礼 huílǐ ▶お言葉を～ようですが/与您意见不同 yǔ nín yìjiàn bùtóng ▶言葉もなかった/无言对答 wú yán dáduì ❹【繰り返す】 反复 fǎnfù；重复 chóngfù（英 again; ... in return）▶読み～《本などを》/反复阅读 fǎnfù yuèdú ▶聞き～/重复询问 chóngfù xúnwèn

恩を仇で～ 恩将仇报 ēn jiāng chóu bào

かえす【帰す】 打发回去 dǎfahuíqu（英 go back）▶生徒を全部～/把学生全部打发回去 bǎ xuésheng quánbù dǎfahuíqu

かえす【孵す】 抱 bào；孵 fū；孵化 fūhuà（英 hatch;〈巣につく〉sit on eggs）▶卵を～/孵卵 fūluǎn

かえすがえすも【返す返すも】（英 really; indeed; extremely）▶～残念だ/非常遗憾 fēicháng yíhàn

かえだま【替え玉】 替身 tìshēn（英 a substitute;〈本人によく似た〉a double）▶～になる/顶替 dǐngtì ▶～を使う〈試験に〉/用人顶替 yòng rén dǐngtì dàqiāng；枪替 qiāngtì

かえって【却って】 反倒 fǎndào；反而 fǎn'ér（英〈反対に〉on the contrary; instead；〈なおさら〉rather; all the more）▶～迷惑をかける/反而增添麻烦 fǎn'ér zēngtiān máfan ▶我慢すると～ストレスになる/忍耐反而造成压力 rěnnài fǎn'ér zàochéng yālì ▶それでは～能率が上がるまい/那样反而不会提高效率吧 nàyàng fǎn'ér búhuì tígāo xiàolǜ ba ▶運動が～害になった/运动反而成为危害 yùndòng fǎn'ér chéngwéi wēihài ▶その治療が～害になった/那种治疗反倒有害无益 nà zhǒng zhìliáo fǎndào yǒuhài wúyì ▶犯罪の放送が～事件を増やすとも言える/也可以说有关犯罪的广播反倒使案件增加了 yě kěyǐ shuō yǒuguān fànzuì de guǎngbō fǎndào shǐ ànjiàn zēngjiā le

カエデ【楓】【植物】枫树 fēngshù；槭树 qìshù（英 a maple tree）▶～が色づいた/枫叶变红了 fēngyè biànhóng le

かえば【替え刃】 备用刀片 bèiyòng dāopiàn（英 a spare razor blade）▶～に付け替える/换备用刀片 huàn bèiyòng dāopiàn

かえり【帰り】 回去 huíqù；回家 huíjiā（英 return; coming home）▶～道/返程 fǎnchéng；归程 guīchéng ▶お～！/(你)回来了！(nǐ)huílái le！▶～を急ぐ/忙着回去 mángzhe huíqù ▶～が遅い/回来得晚 huíláide wǎn ▶～はいつもタクシーに乗る/回去总是坐出租车 huíqù zǒngshì zuò chūzūchē ▶～じたくする/作回去的准备 zuò huíqù de zhǔnbèi

かえりざき【返り咲き】 东山再起 Dōngshān zài qǐ；重返 chóngfǎn（英 reflowering；〈復活〉a comeback）▶彼は公的な場への～を狙っている/他打算重返公众舞台 tā dǎsuan chóngfǎn gōngzhòng wǔtái ▶舞台に返り咲く/重返舞台 chóngfǎn wǔtái ▶彼は再びヒーローに返り咲くことはなかった/他没有重创辉煌 tā méiyǒu chóngchuàng huīhuáng

かえりみる【省みる】 反省 fǎnxǐng（英〈反省する〉reflect upon; think of）▶我が身を～/自省 zìxǐng ▶結果を～/反省后果 fǎnxǐng hòuguǒ

かえりみる【顧みる】 回顾 huígù（英 look back）▶家庭を～/顾家 gùjiā ▶顾みない/不顾 bú gù ▶自分自身の行いを～/回顾自己的行为 huígù zìjǐ de xíngwéi ▶身の危険を顾みず人命を救助する/不顾自身危险,抢救他人生命 bú gù zìshēn wēixiǎn, qiǎngjiù tārén shēngmìng

かえる【代える】 替代 tìdài（英 replace）▶健康には代えられない/健康不可替代 jiànkāng bùkě tìdài ▶命には代えられないことだ/生命无法替代 shēngmìng wúfǎ tìdài

かえる【返る】 恢复 huīfù；回归 huíguī（英 return）▶我に～/回归自我 huíguī zìwǒ ▶野生に～/回归野生 huíguī yěshēng

かえる【変える】 变 biàn；改变 gǎibiàn；转换 zhuǎnhuàn（英 change; alter）▶行く先を～/改变目的地 gǎibiàn mùdìdì ▶意见を～/改变意见 gǎibiàn yìjiàn ▶服装を～/改变服装 gǎibiàn

かえる fúzhuāng ▶顔色を~/变脸色 biàn liǎnsè; 翻脸 fānliǎn ▶学校を~/转校 zhuǎnxiào ▶形を~/改变形式 gǎibiàn xíngshì ▶道を変えて行く/改道而行 gǎidào ér xíng ▶水を蒸気に~/把水转变成水蒸气 bǎ shuǐ zhuǎnbiànchéng shuǐzhēngqì

かえる【帰る】 回 huí; 回归 huíguī; 重返 chóngfǎn (英 *return; come back*) ▶家に~/回家 huíjiā ▶故郷に~/回故乡 huí gùxiāng ▶~場所がない/无家可归 wú jiā kě guī ▶もう帰らなければなりません/我得回去了 wǒ děi huíqù le ▶もうお帰りですか/这就要回去吗？ zhè jiùyào huíqù ma? ▶じきに~よ/马上就回来 mǎshàng jiù huílái

◆『父~』(菊池寛)：《父亲回归 Fùqin huíguī》

かえる【換える・替える】 换 huàn;《位置や用途を》调动 diàodòng (英 *exchange; change; convert*) ▶話題を~/转换话题 zhuǎnhuàn huàtí ▶円を元に~/把日元兑换成人民币 bǎ Rìyuán duìhuànchéng rénmínbì ▶電池を~/换电池 huàn diànchí ▶タイヤを~/换轮胎 huàn lúntāi ▶商品を金に~/把商品变换成现金 bǎ shāngpǐn biànhuànchéng xiànjīn ▶外来語を日本語に言い換えたらかえって分からなくなった/把外来语变换成日语来说，反而不明白了 bǎ wàiláiyǔ biànhuànchéng Rìyǔ lái shuō, fǎn'ér bù míngbai le ▶選手を~/替换选手 tìhuàn xuǎnshǒu

かえる【孵る】 孵 fū; 孵化 fūhuà (英 *be hatched; hatch*) ▶卵が~/卵孵化 luǎn fūhuà ▶雛(ひな)が孵った/鸡雏孵化出来了 jīchú fūhuàchūlai le

カエル【蛙】【動物】青蛙 qīngwā; 田鸡 tiánjī (英 *a frog*) ▶~が鳴く/青蛙叫 qīngwā jiào

ことわざ 蛙の子は蛙 有其父必有其子 yǒu qí fù bì yǒu qí zǐ

ことわざ 蛙の面(つら)に水 满不在乎 mǎn bú zàihu

◆~跳び：青蛙跳 qīngwātiào

かえん【火炎】 火焰 huǒyàn (英 *a flame*) ▶~放射器/火焰喷射器 huǒyàn pēnshèqì ▶~びん/火焰瓶 huǒyànpíng

かお【顔】 ❶【顔面】脸 liǎn; 面孔 miànkǒng (英 *a face*;［目鼻だち］*features*) ▶~を洗う/洗脸 xǐ liǎn ▶正面の~写真/正面头像 zhèngmiàn tóuxiàng ▶~をそむける/转过脸去 zhuǎnguò liǎn qù ▶~から微笑が消えた/微笑从脸上消失了 wēixiào cóng liǎnshang xiāoshī le ▶財界に~の向いている政策/面向工商业界的政策 miànxiàng gōngshāng yèjiè de zhèngcè ▶~を覚えている/记得相貌 jìde xiàngmào ▶~を知って~いる/认识 rènshi

❷【顔つき・表情】表情 biǎoqíng; 神色 shénsè (英 *a look; an expression*) ▶~を真っ赤にする《羞恥や怒りで》/面红耳赤 miàn hóng ěr chì ▶~を赤らめる《恥ずかしくて》/红脸 hóngliǎn ▶憂うつな~をする/露出忧郁的神色 lùchū yōuyù de shénsè ▶驚いたような~をする/脸上现出惊讶的神色 liǎnshang xiànchū jīngyà de shénsè ▶何食わぬ~をする/若无其事的样子 ruò wú qí shì de yàngzi

❸【面目・誇り】面子 miànzi (英 *honor*) ▶~をつぶす/脸上抹黑 liǎnshang mǒhēi ▶~をつぶされる/丢脸 diūliǎn ▶丢面子 diū miànzi ▶合わせる~がない/没脸见人 méiliǎn jiàn rén

大きな~をする 摆大架子 bǎi dàjiàzi
~が売れている 出名 chūmíng
~が利く 有头有脸 yǒu tóu yǒu liǎn
~が広い 交游广泛 jiāoyóu guǎngfàn
~から血の気が失せる 面无人色 miàn wú rénsè; 脸色刷白 liǎnsè shuàbái
~から火が出る 害臊得脸上发红 hàisàode liǎnshang fāhóng
~で笑って心で泣いて 笑在脸上，痛在心里 xiào zài liǎnshang, tòng zài xīnli
~に出す《感情を》挂相 guàxiàng
~を合わせる 见面 jiànmiàn; 碰头 pèngtóu
~を貸す 替人出面 tìrén chūmiàn ▶ちょっと~を貸してくれ/喂，你出来一下儿 wèi, nǐ chūlái yíxiàr
~を出す《人前に》露面 lòumiàn
~を見合わせる 面面相觑 miànmiàn xiāng qù; 互相对视 hùxiāng duìshì

かおあわせ【顔合わせ】 会面 huìmiàn;《役者の》同台演出 tóngtái yǎnchū (英 *a meeting*) ▶~は初~だ/这是初次同台演出 zhè shì chūcì tóngtái yǎnchū

かおいろ【顔色】 脸色 liǎnsè; 气色 qìsè; 神采 shéncǎi (英 *complexion*) ▶~がよい/气色好 qìsè hǎo ▶~が青白い/脸色苍白 liǎnsè cāngbái ▶~をうかがう/看脸色 kàn liǎnsè ▶~を变える/变脸色 biàn liǎnsè;《怒りで》翻脸 fānliǎn

日中比较 中国語の'颜色 yánsè'は「色」「色彩」のこと。

かおかたち【顔形】 模样 múyàng; 容貌 róngmào (英 *looks; features*) ▶端正な~/端正的脸型 duānzhèng de liǎnxíng

かおく【家屋】 房产 fángchǎn; 房屋 fángwū; 房子 fángzi (英 *a house; a building*) ▶木造の~/木头房子 mùtou fángzi ▶洪水で~が流失する/房屋被洪水冲走了 fángwū bèi hóngshuǐ chōngzǒu le

かおじゃしん【顔写真】 面部照片 miànbù zhàopiàn (英 *a photo of one's face*;［搜查用の］*a mug shot*)

カオス 混沌 hùndùn (英 *chaos*)

かおだし【顔出しする】 露面 lòumiàn (英 *call at ...; drop in*)

かおだち【顔立ち】 五官 wǔguān; 脸庞 liǎnpáng; 相貌 xiàngmào (英 *features; looks*) ▶上品な~/眉清目秀 méi qīng mù xiù ▶~が整っている/五官端正 wǔguān duānzhèng ▶アジア系の~/亚洲人的相貌 Yàzhōurén de xiàngmào

かおつき【顔つき】 表情 biǎoqíng; 面貌 miànmào; 嘴脸 zuǐliǎn (英 *looks; an expression*)

不安そうな~/表情不安 biǎoqíng bù'ān ▶厳しい~/严肃的表情 yánsù de biǎoqíng ▶いやらしい~/令人讨厌的嘴脸 lìng rén tǎoyàn de zuǐliǎn

かおつなぎ【顔つなぎ】 从中介绍 cóngzhōng jièshào (英 getting acquainted) ▶住民同士の~の場をつくる/提供居民相互认识的场所 tígōng jūmín xiānghù rènshi de chǎngsuǒ ▶総会出席の主な理由は~だ/出席总会的主要目的是叙迟叙旧 chūxí zǒnghuì de zhǔyào mùdì shì liányì xùjiù

かおなじみ【顔馴染み】 熟人 shúrén (英 a close friend) ▶彼らは皆~だった/他们都是老熟人了 tāmen dōu shì lǎoshúrén le ▶地元の銭湯に行くと~ばかりだ/一到当地的浴池去，都是老熟人 yí dào dāngdì de yùchí qù, dōu shì lǎoshúrén

かおぶれ【顔触れ】 成员 chéngyuán;《参加者》人员 rényuán (英 the members; the cast) ▶市議会の~が決まった/市议会议员名单定下来了 shìyìhuì yìyuán míngdān dìngxiàlai le ▶~が変わった/成员有了变动 chéngyuán yǒule biàndòng

かおまけ【顔負けの】 相形见绌 xiāng xíng jiàn chù (英 (be) outshone) ▶大人~の演技だ/大人都比不上的演技 dàrén dōu bǐbushàng de yǎnjì ▶彼の度胸はプロ~だ/对他的胆量，专家都自愧不如 duì tā de dǎnliàng, zhuānjiā dōu zì kuì bùrú

かおみしり【顔見知り】 相识 xiāngshí; 面熟 miànshú (英 an acquaintance) ▶~の客/熟客 shúkè ▶~による犯行/熟人作的案 shúrén zuò de àn ▶彼女とは単なる~だ/我和她仅仅是认识而已 wǒ hé tā jǐnjǐn shì rènshi éryǐ

かおみせ【顔見せ】 初次露面 chūcì lòumiàn; 初次亮相 chūcì liàngxiàng (英 one's debut)

かおむけ【顔向け】 见面 jiànmiàn (英 appearnce) ▶~できる/对得起 duìdeqǐ ▶~(が)できない/对不起 duìbuqǐ ▶同僚に~ができない/没有脸面见同事 méiyǒu liǎnmiàn jiàn tóngshì ▶家族に~できないことはしていない/我没有做对不起家里人的事情 wǒ méiyǒu zuò duìbuqǐ jiālirén de shìqing

かおやく【顔役】 头面人物 tóumiàn rénwù (英 a man of influence; a boss) ▶暗黑街の~/黑社会的头目 hēishèhuì de tóumù ▶地元の~/当地的头面人物 dāngdì de tóumiàn rénwù

かおり【香り】 香味 xiāngwèi; 香气 xiāngqì; 芬芳 fēnfāng (英 smell; odor; flavor) ▶~が漂う/飘荡 piāoxiāng ▶~のよい/芬芳 fēnfāng ▶~高い/芳香浓郁 fāngxiāng nóngyù ▶コーヒーの~/咖啡的香味 kāfēi de xiāngwèi ▶この花は~がありますか/这种花儿香吗？ zhè zhǒng huār xiāng ma？ ▶よい~がする/散发芳香 sànfā fāngxiāng

かおる【香る】 香 xiāng; 有香味儿 yǒu xiāngwèir (英 smell; be fragrant)

がか【画家】 画家 huàjiā; 画师 huàshī (英 a painter; an artist)

かかあでんか【かかあ天下】 老婆当家 lǎopo dāngjiā (英 petticoat government) ▶彼の家は~だ/他家是老婆当家 tā jiā shì lǎopo dāngjiā，妻管严 qīguǎnyán

かがい【課外】 课外 kèwài; 课余 kèyú (英 extracurricular) ▶~活动/课外活动 kèwài huódòng ▶~授業/课外教学 kèwài jiàoxué

がかい【瓦解する】 崩溃 bēngkuì; 垮台 kuǎtái; 瓦解 wǎjiě (英 fall; break down; collapse) ▶その国の経済は~に瀕していた/那个国家的经济濒临崩溃 nàge guójiā de jīngjì bīnlín bēngkuì ▶軍事政権は必ず~する/军事政权一定会土崩瓦解 jūnshì zhèngquán yídìng huì tǔbēng wǎjiě

かがいしゃ【加害者】 加害者 jiāhàizhě (英 an assailant;〔殺害者〕a murderer) ▶~の刑事責任が軽すぎる/加害者的刑事责任过于轻微 jiāhàizhě de xíngshì zérèn guòyú qīngwēi ▶~には罪の意識が感じられない/看来加害者没有意识到自己的罪恶 kànlái jiāhàizhě méiyǒu yìshídào zìjǐ de zuì'è

かかえ【抱え】 抱 bào (英 an armful of...) ▶幾~もある木/有好几抱粗的大树 yǒu hǎojǐ bào cū de dàshù

かかえる【抱える】 抱 bào; 搂 lōu (英 hold... in one's arms);〔雇う〕雇 gù (英 employ) ▶荷物を~/抱着行李 bàozhe xíngli ▶仕事を~/担负工作 dānfù gōngzuò ▶《心配事で》頭を~/抱头担心 bàotóu dānxīn ▶頭を抱えて問題を考える/抱头思考问题 bàotóu sīkǎo wèntí ▶病気を~/抱病 bàobìng ▶秘書を~/雇秘书 gù mìshū ▶けが人を両脇から~/从两肋下面抱住受伤的人 cóng liǎnglèi xiàmian bàozhù shòushāng de rén ▶1万人の従業員を抱えている/雇用有一万人的员工 gùyòng yǒu yíwàn rén de yuángōng

カカオ 〔植物〕可可树 kěkěshù; 可可豆 kěkědòu (英 cacao) ▶~豆はチョコレートやココアの原料だ/可可豆是巧克力和可可的原料 kěkědòu shì qiǎokèlì hé kěkě de yuánliào

かかく【価格】 价格 jiàgé; 价钱 jiàqian (英 value; cost; price) ▶~が上がる/价格上涨 jiàgé shàngzhǎng ▶~を設定する/定价 dìngjià ▶~を表示する/标价 biāojià ▶標準~/标准价格 biāozhǔn jiàgé ▶零售~/价格 língshòujià ▶◆~協定:价格协定 jiàgé xiédìng ~表:价格表 jiàgébiǎo 公定~:法定价格 fǎdìng jiàgé 最高~:最高价 zuìgāojià 最低~:最低价 zuìdījià

かがく【化学】 化学 huàxué (英 chemistry) ▶~工業/化工 huàgōng; 化学工业 huàxué gōngyè ▶~工場/化工厂 huàgōngchǎng ▶~式/化学式 huàxuéshì ▶~調味料/味精 wèijīng ▶~変化/化学变化 huàxué biànhuà ▶◆~記号:化学符号 huàxué fúhào ~繊維:化纤 huàxiān; 化学纤维 huàxué xiānwéi ~反応:化学反应 huàxué fǎnyìng ~肥料:化肥 huàféi

～兵器/化学武器 huàxué wǔqì；《毒ガス》毒气 dúqì ～**薬品**/化学药品 huàxué yàopǐn ～**療法**/化学疗法 huàxué liáofǎ

かがく【科学】 科学 kēxué (英 *science*) ～**技術**/科技 kējì；科学技术 kēxué jìshù ～**者**/科学家 kēxuéjiā ～**的**/科学的 kēxué de **非**～**的**/非科学的 fēikēxué de ～**子供～館**/儿童科学馆 értóng kēxuéguǎn ◆**応用**～/应用科学 yìngyòng kēxué **社会**～/社会科学 shèhuì kēxué **自然**～/自然科学 zìrán kēxué **人文**～/人文科学 rénwén kēxué

ががく【雅楽】 雅乐 yǎyuè (英 *the traditional court music*) ▶～を奏でる/演奏宫廷古乐 yǎnzòu gōngtíng gǔyuè

かかげる【掲げる】 悬挂 xuánguà；张挂 zhāngguà；《主張など》提出 tíchū (英 *put up; hang out; hoist*) ▶看板を～/悬挂招牌 xuánguà zhāopai ▶万国旗を～/悬挂万国旗 xuánguà wànguóqí ▶目標を～/提出目标 tíchū mùbiāo ▶選挙公約を～/提出竞选诺言 tíchū jìngxuǎn nuòyán

かかさず【欠かさず】 从不缺少 cóng bù quēshǎo；不间断 bú jiànduàn (英 *regularly, without fail*) ▶毎日～日記を書く/每天必定写日记 měitiān bìdìng xiě rìjì ▶新聞のサッカー欄は～見る/报纸的足球栏目每期必读 bàozhǐ de zúqiú lánmù měi qī bìdú ▶一日も～ジョギングする/每天不间断地跑步 měitiān bú jiànduàn de pǎobù

かかし【案山子】 稻草人 dàocǎorén (英 *a scarecrow*)

かかせない【欠かせない】 短不了 duǎnbuliǎo；少不了 shǎobuliǎo (英 *essential; indispensable*) ▶山登りに雨具と地図は～/登山少不了雨具和地图 dēngshān shǎobuliǎo yǔjù hé dìtú ▶私の仕事にコンピュータは～/我的工作少不了电脑 wǒ de gōngzuò shǎobuliǎo diànnǎo

かかと【踵】 跟 gēn；脚跟 jiǎogēn (英 *the heel*) ▶～の高い靴/高跟的鞋 gāogēn de xié ▶～で踏みつぶす/用脚后跟踩碎 yòng jiǎohòugēn cǎisuì ▶靴の～がすり減っている/鞋后跟磨薄了 xiéhòugēn móbáo le ▶～を引きずって歩く/拖着脚后跟走 tuōzhe jiǎohòugēn zǒu

かがみ【鏡】 镜子 jìngzi (英 *a mirror; a (looking) glass*) ▶～を見る/看镜子 kàn jìngzi ▶～に映す/照镜子 zhào jìngzi ▶歌舞伎で「獅子」を舞う/表演歌舞伎《镜狮舞》 biǎoyǎn gēwǔjì《Jìngshīwǔ》 ▶～に映った自分の姿にぞっとする/看到自己映在镜子里的模样，心都凛了 kàndào zìjǐ yìngzài jìngzili de múyàng, xīn dōu lǐn le ▶～の前でネクタイを直すのも今日が最後だ/照镜子调整领带，今天是最后一次了 zhào jìngzi tiáozhěng lǐngdài, jīntiān shì zuìhòu yí cì le ▶～にひびが入る/镜子裂纹了 jìngzi lièwén le ▶水面は～のように静かだった/水平面如镜 shuǐmiàn píngjìng rú jìng ▶～のくもりをふく/擦拭镜子上的哈气 cāshì jìngzishang de hāqì ▶～合わせ/互相对照的镜子 hùxiāng duìzhào de jìngzi

かがみ【鑑】 典范 diǎnfàn (英 [理想] *an ideal; a model*) ▶あの人は師の～だ/那位先生是教育家的典范 nà wèi xiānsheng shì jiàoyùjiā de diǎnfàn ▶～とする/借鉴 jièjiàn ▶歴史を～とする/以史为鉴 yǐ shǐ wéi jiàn

かがむ 弯腰 wān yāo；蹲下 dūnxià (英 *stoop; bend over...*) ▶かがんでゴミを拾う/弯着腰拾垃圾 wānzhe yāo shí lājī ▶～かがんで歩く/弯着腰走路 wānzhe yāo zǒu lù ▶草むらにかがんで敵を待ちぶせる/蹲在草丛中伏击敌人 dūnzài cǎocóng zhōng fújí dírén ▶机の下に～/蹲在桌子下 dūnzài zhuōzixia

かがめる 弯 wān (英 *bend; stoop*) ▶腰をかがめて握手するのは卑屈に见える/弯腰握手显得卑躬屈膝 wān yāo wòshǒu xiǎnde bēi gōng qū xī ▶彼は少し身をかがめて部屋に入ってきた/他稍微弯着身子走进屋子里来 tā shāowēi wānzhe shēnzi zǒujìn wūzili lai

かがやかしい【輝かしい】 灿烂 cànlàn；光明 guāngmíng；辉煌 huīhuáng (英 *bright; brilliant*) ▶～成果/辉煌的成果 huīhuáng de chéngguǒ ▶～前途/锦绣前程 jǐnxiù qiánchéng

かがやかす【輝かす】 (英 *light up; brighten; glorify*) ▶目を輝かせて理想を語る/目光炯炯畅谈理想 mùguāng jiǒngjiǒng chàngtán lǐxiǎng

かがやき【輝き】 光辉 guānghuī；光彩 guāngcǎi；光泽 guāngzé (英 *brilliancy; brightness; glow*) ▶～を増す/生色 shēngsè；增添光彩 zēngtiān guāngcǎi ▶～を失う/减色 jiǎnsè ▶青春の～/青春的光芒 qīngchūn de guāngmáng ▶永遠の～/永远的光辉 yǒngyuǎn de guānghuī

かがやく【輝く】 ❶《光る》闪耀 shǎnyào；闪亮 shǎnliàng (英 *shine; glitter; brighten*) ▶太陽が～/太阳闪耀 tàiyáng shǎnyào ▶山頂が朝日に輝いていた/山顶上朝阳灿烂 shāndǐngshang zhāoyáng cànlàn ❷《名誉を授かる》(英 *glory*) ▶一等賞に～/荣获一等奖 rónghuò yī děng jiǎng ▶今一番輝いている女性/现在最红的女性 xiànzài zuì hóng de nǚxìng

かかり【係】 《機構の》股 gǔ；《担当者》主管人员 zhǔguǎn rényuán (英 [部課] *a subsection*; [係員] *an attendant*) ▶～長/股长 gǔzhǎng ▶彼女は動物園で飼育～をやっていた/她在动物园做过饲养员 tā zài dòngwùyuán zuòguo sìyǎngyuán

◆～員/工作人员 gōngzuò rényuán

-がかり【-掛かり】 ▶子供たちが5人～で横綱を押す/孩子们五个人一起推横纲 háizimen wǔ ge rén yìqǐ tuī héng gāng ▶3人～で運び出す/三个人一起搬出去 sān ge rén yìqǐ bānchuqu

かかりきり【掛かり切りになる】 专管一事 zhuānguǎn yíshì (英 *be devouted to...*) ▶今はその仕事に～だ/现在只做那个工作 xiànzài zhǐ zuò nàge gōngzuò

かかりつけ【掛かりつけの】 经常就诊 jīng-

cháng jiùzhěn(英 *one's family*《*doctor*》) ▶～の医者/经常就诊的医生 jīngcháng jiùzhěn de yīshēng

かがりび【篝火】 篝火 gōuhuǒ (英 *make a bonfire*) ▶～を焚く/点篝火 diǎn gōuhuǒ

かかる【掛かる】 ❶【垂(⁀)れ下がる・止まっている】(英 *hang*; *be suspended*) ▶月に雲が～/云雾遮月 yúnwù zhē yuè ▶彼女の肖像画が壁に掛かっている/她的肖像画挂在墙上 tā de xiàoxiànghuà guàzài qiángshang ▶魚が針に掛かった/鱼咬钩了 yú yǎo gōu le ▶ズボンに泥が掛かっている/裤子上溅上了泥 kùzishang jiànshàngle ní ▶被雨淋湿 bèi yǔ línshī

❷【要する】 要 yào; 花费 huāfèi (英 *need*; [金が] *cost*; [負担が] *be charged*) ▶お金が～/费钱 fèiqián ▶時間が～/费时间 fèi shíjiān ▶手間が～/费工夫 fèi gōngfu; 费事 fèishì ▶そこへ行くにはどのくらい時間が掛かりますか/到那里要多长时间？ dào nàli yào duōcháng shíjiān? ▶なにしろ金が～/总之需要花钱 zǒngzhī xūyào huāqián ▶これは時間の―仕事だ/这是件花时间的工作 zhè shì jiàn huā shíjiān de gōngzuò

❸【架設】(英 *be built*) ▶この川には橋が三つ掛かっている/这条河上架着三座桥 zhè tiáo héshang jiàzhe sān zuò qiáo

❹【電話が】(英 *have a call from...*) ▶突然電話が掛かってきた/突然打来了电话 tūrán dǎláile diànhuà

❺【その他】 気に～/挂心 guàxīn ▶ずっと気に掛かっている疑いがどうしても消えない/心里一直起疑，无法消失 xīnlǐ yìzhí qǐyí, wúfǎ xiāoshī ▶さあ、掛かってこい/喂, 来吧！ wèi, lái ba! ▶裁判の成り行きは彼の証言に掛かっている/审判的进展取决于他的证言 shěnpàn de jìnzhǎn qǔjué yú tā de zhèngyán ▶《病気で》内田先生に掛かっている/到内田大夫那里看病 dào Nèitián dàifu nàli kànbìng ▶パーティーの費用は全部君に～よ/晚会的费用全辈你了 wǎnhuì de fèiyong quán kào nǐ le

かかる【罹る】 患 huàn; 得(病) dé(bìng) (英 [病気に] *fall ill*; *suffer from...*) ▶病気に～/患病 huànbìng ▶彼女は肺炎にかかった/她得了肺炎 tā déle fèiyán

-かかる (英 [まさに...しようとする] *be about to do*) ▶門を出かかったところを呼びとめられた/快要出门的时候被叫住了 kuàiyào chūmén de shíhou bèi jiàozhù le

かがる 缝补 féngbǔ;《缝付ける》锁边儿 suǒ biānr (英 *sew*) ▶ズボンのすそを～/缝补裤脚 féngbǔ kùjiǎo

かかわらず【拘わらず】 尽管 jǐnguǎn; 不管 bùguǎn; 不论 búlùn (英 *in spite of...*; [...に関係なく] *regardless of...*) ▶悪天候にも～/尽管天气恶劣 jǐnguǎn tiānqì èliè ▶晴雨に～人出が多い/不论晴雨下雨外出的人都很多 búlùn qíngtiān xià yǔ wàichū de rén dōu hěn duō ▶好むと好まざるに～やらねばならない/不论愿意与

否都必须做 búlùn yuànyì yǔfǒu dōu bìxū zuò

かかわり【関わり】 关系 guānxi; 相干 xiānggān (英 *a relation*; *a connection*) ▶～を持つ/有关系 yǒu guānxi ▶～がない/不相干 bù xiānggān ▶―合い/关系 guānxi; 牵涉 qiānshè ▶他人の生活に～合いを持つのは考えものだ/牵涉他人生活的作法，我看有问题 qiānshè de shēnghuó de zuòfǎ, wǒ kàn yǒu wèntí

かかわりあう【関わり合う】 牵扯 qiānchě (英 *be concerned in...*) ▶そんなことに～のはごめんだ/我可不想牵扯到那里面去 wǒ kě bù xiǎng qiānchědào nà lǐmiàn qù; 可别把我牵扯到那里面去 kě bié bǎ wǒ qiānchědào nà lǐmiàn qù

かかわる【関わる】 涉及 shèjí; 有关 yǒuguān; 关系到 guānxìdào (英 *concern*; *be concerned*; *take part in...*) ▶関わらない/无关 wúguān ▶信用に～/有关信用 yǒuguān xìnyòng ▶このスキャンダルは彼の名誉に―重大事だ/这件丑闻是关系到他的名誉的重大事件 zhè jiàn chǒuwén shì guānxìdào tā de míngyù de zhòngdà shìjiàn

かかん【果敢な】 果敢 guǒgǎn (英 *resolute*; *courageous*) ▶～な/敢于… gǎnyú… ▶～な行動を見せる/做出果敢的行动 zuòchū guǒgǎn de xíngdòng ▶積極～に挑戦する/积极果敢地挑战 jījí guǒgǎn de tiǎozhàn

かき【下記】 以下 yǐxià; 如下 rúxià (英 *following*; *entered below*) ▶スケジュールは～の通りです/日程如下 rìchéng rúxià ▶～の書籍3点を注文します/订购以下三本书 dìnggòu yǐxià sān běn shū

かき【火気】 烟火 yānhuǒ (英 *fire*) ▶～厳禁/严禁烟火 yánjìn yānhuǒ
[日中比較] 中国語の'火气 huǒqì'は「怒気」を意味する。

かき【火器】 火器 huǒqì; 枪炮 qiāngpào (英 *firearms*)

かき【花卉】 花卉 huāhuì; 花草 huācǎo (英 *a flowering plant*)

かき【花器】 花瓶 huāpíng (英 *a flower vase*)

かき【垣】 栅栏 zhàlan; 篱笆 líba (英 *a fence*; *a hedge*)

カキ【柿】『植物』柿子 shìzi (英 *a persimmon*) ▶～の木/柿子树 shìzishù ▶干し～/柿饼 shìbǐng

かき【夏季・夏期】《季節》夏季 xiàjì;《期間》夏期 xiàqī; 暑期 shǔqī (英 *summer*; *summertime*) ▶～キャンプ/夏令营 xiàlìngyíng ◆～休暇/暑假 shǔjià ―講習会/夏期讲座 xiàqī jiǎngzuò

カキ【牡蠣】『貝』牡蛎 mǔlì (英 *an oyster*) ▶～フライ/油炸牡蛎 yóuzhá mǔlì ～養殖场/牡蛎养殖场 mǔlì yǎngzhíchǎng

かぎ【鉤】 钩 gōu; 钩子 gōuzi (英 *a hook*) ▶～でひっかける/挂在钩上 guàzài gōushang ▶～形のカウンター/钩形的柜台 gōuxíng de guìtái

かぎ【鍵】 钥匙 yàoshi; 锁 suǒ;《キーポイント》关键 guānjiàn (英 *a key*; *a lock*) ▶～を掛ける/上

鎖 shàng suǒ ▶部屋の〜をなくした/把房间的钥匙弄丢了 bǎ fángjiān de yàoshi nòng diū le ▶中側から〜を掛けてある/从里面锁上 cóng lǐmiàn suǒshàng ▶その〜で金庫が開いた/用那把钥匙打开了金库 yòng nà bǎ yàoshi dǎkāile jīnkù ▶このスーツケースはどうしても〜が掛からない/这个手提箱怎么也锁不上 zhège shǒutíxiāng zěnme yě suǒbushàng ▶問題解決の〜/窍门 qiàomén ▶事件を解く〜は彼が握っている/解决案件的关键，由他掌握着 jiějué ànjiàn de guānjiàn, yóu tā zhǎngwòzhe

◆〜束|钥匙串 yàoshichuàn

がき【餓鬼】 毛孩子 máoháizi; 小鬼 xiǎoguǐ (英 a snotnose（子供の卑称）)

▶〜大将|孩子头 háizitóu; 孩子王 háiziwáng ▶近頃〜大将を見かけなくなった/最近见不到孩子王了 zuìjìn jiànbudào háiziwáng le

かきあげる【かき上げる】（髪を）梳上去 shūshàngqu; 拢上去 lǒngshàngqu (英 comb up)

かきあげる【書き上げる】 ❶【書き終える】写完 xiěwán; 写成 xiěchéng (英 finish writing) ❷【書き並べる】列出 lièchū; 列举 lièjǔ (英 list)

かきあつめる【掻き集める】 ❶【手や道具で】扒 pá; 搂 lōu (英 rake up) ▶熊手で落ち葉を〜/用耙子搂落叶 yòng pázi lōu luòyè ▶海外旅行のパンフレットを〜/搜集外国旅行的小册子 sōují wàiguó lǚxíng de xiǎocèzi ▶優秀な人材を各地から〜/从各地搜罗优秀的人才 cóng gèdì sōuluó yōuxiù de réncái

❷【金を】凑 còu (英 scrape up) ▶金を〜/凑钱 còu qián

かぎあてる【嗅ぎ当てる】（臭いを）嗅出 xiùchū; 闻出 wénchū;（探り当てる）探出 tànchū; 探听出 tàntīngchū (英 smell... out)

かぎあな【鍵穴】 钥匙孔 yàoshikǒng (英 a keyhole) ▶〜から覗く/通过钥匙孔窥视 tōngguò yàoshikǒng kuīshì

かきあらためる【書き改める】 改写 gǎixiě; 重写 chóngxiě (英 rewrite)

かきあらわす【書き表す】 写出来 xiěchūlai; 表现 biǎoxiàn; 表达 biǎodá (英 write) ▶文字では書き表せない/无法用文字表达 wúfǎ yòng wénzì biǎodá

かきいれどき【書き入れ時】 旺季 wàngjì (英 the busiest season〔time〕) ▶今は〜だから休めない/现在是生意繁忙时期，所以不能休息 xiànzài shì shēngyi fánmáng shíqí, suǒyǐ bùnéng xiūxi

かきいれる【書き入れる】 填写 tiánxiě (英 write in; enter; inscribe) ▶ボールペンで住所氏名を〜/用圆珠笔填写姓名住址 yòng yuánzhūbǐ tiánxiě xìngmíng zhùzhǐ

かきうつす【書き写す】 抄录 chāolù; 抄写 chāoxiě; 誊写 téngxiě (英 copy; transcribe) ▶一字一字正しく〜/一字一句正确地抄写 yí zì yí jù zhèngquè de chāoxiě

かきおき【書き置き】《メモ》留言 liúyán (英 a note);《遺書》遗书 yíshū (英 a will)

かきおろし【書き下ろし】 新写的(作品) xīnxiě de (zuòpǐn) (英 a newly-written story)

かきかえる【書き換える】 更改 gēnggǎi;《改竄する》窜改 cuàngǎi (英 rewrite; transfer) ▶免許証の書き換えの時期がきた/到了更换驾驶执照的时候 dàole gēnghuàn jiàshǐ zhízhào de shíhòu

かきかた【書き方】 写法 xiěfǎ;《习字》书法 shūfǎ ◆[习字] penmanship; [书式] form) ▶手紙の〜/书信的写法 shūxìn de xiěfǎ ▶履歴書の〜の書式 lǚlìshū de xiěfǎ ▶論文の〜から勉強をし直しなさい/你要从论文的写法开始重新学习 nǐ yào cóng lùnwén de xiěfǎ kāishǐ chóngxīn xuéxí

かききず【かき傷】 (英 a scratch) ▶壁に猫の引っ〜が残っている/墙壁上留着被猫抓挠的痕迹 qiángbìshang liúzhe māo zhuānao de hénjì

かききる【かき切る】 剖开 pōukāi; 切下 qiēxià (英 cut... open) ▶ヤツはナイフで首を〜しぐさをした/那家伙做了一下用刀子割掉脑袋的动作 nà jiāhuo zuòle yíxiàr yòng dāozi gēdiào nǎodai de dòngzuò

かきくもる【かき曇る】 天阴下来 tiān yīnxiàlai (英 be clouded over) ▶空がにわかにかき曇ってきた/突然天阴下来 tūrán tiān yīnxiàlai

かきくわえる【書き加える】 写进 xiějìn; 添写 tiānxiě (英 add; insert)

かきけす【かき消す】 抹掉 mǒdiào; 擦掉 cādiào (英 erase; wipe out) ▶彼の声は騒音にかき消されて聞こえなかった/他的声音被噪音淹没，听不见了 tā de shēngyīn bèi zàoyīn yānmò, tīngbujiàn le ▶これは不安を〜快挙だ/这是消除不安心理的一大快事 zhè shì xiāochú bù'ān xīnlǐ de yí dà kuàishì

かきごおり【かき氷】 刨冰 bàobīng (英 shaved ice)

かきことば【書き言葉】 书面语 shūmiànyǔ (英 written language)

かきこむ【書き込む】 写上 xiěshàng; 填写 tiánxiě (英 write in...; fill out) ▶余白に意见を〜/在空白处写上意见 zài kòngbáichù xiěshàng yìjiàn ▶ぎっしり書き込んだページ/写得满满的一页 xiěde mǎnmǎn de yí yè ▶鉛筆の書き込み/铅笔写的笔记 qiānbǐ xiě de bǐjì ▶欄外の書き込み/页边的旁注 yèbiān de pángzhù ▶《インターネット上に》〜/发帖 fātiě ▶実名で〜/真名发帖 zhēnmíng fātiě ▶書き込み《インターネット上》/帖子 tiězi

かぎざき【鉤裂き】 (英 a rent; a tear) ▶上着に釘で〜をつくった/上衣被钉子划破了 shàngyī bèi dīngzi huápò le

かぎじゅうじしょう【かぎ十字章】《ナチスの徽章》纳粹徽章 Nàcuì huīzhāng (英 a swastika)

かきじゅん【書き順】 笔顺 bǐshùn (英 the

proper stroke order）

かきしるす【書き記す】 记下 jìxià；记录 jìlù（英 *write down*）

かきそえる【書き添える】 添写 tiānxiě；附带写上 fùdài xiěshàng（英 *add... in writing*）

かきそこなう【書き損なう】（英 *write wrong*）▶3枚～/写错了三张 xiěcuòle sān zhāng

かきぞめ【書き初めをする】 新年试笔 xīnnián shìbǐ（英 *do the New Year's writing*）▶1月2日に～をする/一月二日，新年第一次写书法 yī yuè èr rì, xīnnián dìyī cì xiě shūfǎ

かきだし【書き出し】 文章开头 wénzhāng kāitóu；开首 kāishǒu（英 *the opening sentence*）▶～にはいつも苦労する/动笔的时候最难 dòngbǐ de shíhou zuì nán

かきたす【書き足す】 补充写上 bǔchōng xiěshàng（英 *add some lines*）

かきたてる【かき立てる】 挑 tiāo；激起 jīqǐ（英 *stir up*）▶不安を～/挑起不安 tiǎoqǐ bù'ān ▶大衆の好奇心を～/刺激大众的好奇心 cìjī dàzhòng de hàoqíxīn

かきたてる【書き立てる】 大书特书 dàshū tèshū（英 *write up*）▶新聞に興味本位に書き立てられる/被报纸出于起哄心理大肆渲染 bèi bàozhǐ chūyú qǐhòng xīnlǐ dàsì xuànrǎn

かぎたばこ【嗅ぎ煙草】 鼻烟 bíyān（英 *snuff*）▶～入れ/鼻烟壶 bíyānhú

かきちがえる【書き違える】 写错 xiěcuò（英 *make a mistake in writing*）▶宛名を書き違えた/写错了收信人的姓名 xiěcuòle shōuxìnrén de xìngmíng

かきちらす【書き散らす】（筆に任せて）信笔写 xìnbǐ xiě；《あちこちに》到处乱写 dàochù luàn xiě（英 *scribble*）

かきつくす【書き尽くす】 写尽 xiějìn（英 *write in full*）▶そのことはもう書き尽くされた/那件事已经被写尽了 nà jiàn shì yǐjīng bèi xiějìn le

かきつけ【書き付け】 便条 biàntiáo；字条 zìtiáo（英 *a note*; *a memo*）

かきつける【書き付ける】 记下来 jìxiàlai；写下来 xiěxiàlai（英 *write down*）

かぎつける【嗅ぎつける】 闻见 wénjiàn；嗅到 xiùdào；察觉 chájué（英 *smell out*）▶獲物の匂いを～/嗅到猎物的气味 xiùdào lièwù de qìwèi ▶猫はよく魚を～/猫善于嗅出鱼腥 māo shànyú xiùchū yúxīng ▶秘密を～/察觉秘密 chájué mìmì ▶彼は我々の関係を嗅ぎつけたらしい/他好像察觉到我们的关系了 tā hǎoxiàng chájuédào wǒmen de guānxi le

かぎっこ【鍵っ子】（英 *a latchkey child*）▶僕は小学校から～でした/我从上小学开始，就是一个"挂着钥匙的孩子" wǒ cóng shàng xiǎoxué kāishǐ, jiù shì yí ge "guàzhe yàoshi de háizi"

カキツバタ【杜若】【植物】燕子花 yànzǐhuā（英 *an iris*）

かきて【書き手】 笔者 bǐzhě；作者 zuòzhě（英 *a writer*）▶～はどうやら女性らしい/作者似乎是位女士 zuòzhě sìhū shì wèi nǚshì

かきとめ【書留】 挂号 guàhào（英 *registered mail*）▶～郵便/挂号信 guàhàoxìn ▶小包/挂号包裹 guàhào bāoguǒ ♦～料金/挂号邮费 guàhào yóufèi

かきとめる【書き留める】 记下 jìxià；写下 xiěxià（英 *write down*）▶日々のできごとを～/把每天发生的事记录下来 bǎ měitiān fāshēng de shì jìlùxiàlai

かきとり【書き取り】 听写 tīngxiě（英 *dictation*）▶漢字の～3級試験/听写汉字的三级考试 tīngxiě Hànzì de sān jí kǎoshì

かきとる【書き取る】 听写 tīngxiě；记下 jìxià；《書きうつす》抄写 chāoxiě（英 *write down*）▶英文を書き取らせる/让他们听写英语 ràng tāmen tīngxiě Yīngyǔ ▶何度もテープを聴いて～/反复听写听写 fǎnfù tīngxiě tīngxiě

かきなおす【書き直す】 改写 gǎixiě（英 *rewrite*; *write again*）▶正しく～/重新正确改写 chóngxīn zhèngquè gǎixiě ▶遺言書を～ことはできる/遗书可以改写 yíshū kěyǐ gǎixiě ▶この記事を書き直してもらいたい/请重写这篇报道 qǐng chóngxiě zhè piān bàodào

かきなぐる【書きなぐる】 涂写 túxiě；胡写 húxiě；潦草地写 liáocǎo de xiě（英 *scribble*）▶絵を～/胡乱涂画 húluàn tú huà ▶日頃のうっぷんを～/胡乱地写下了日常的郁闷 húluàn de xiěxiàle rìcháng de yùmèn

かきならす【かき鳴らす】 弹响 tánxiǎng（英 *strum*）▶ギターを～/拨响吉他 bōxiǎng jítā

かきにくい【書きにくい】 难写 nánxiě；不好写 bù hǎo xiě（英 *do not write well*）▶このテーマでは～ね/这个主题真难写啊 zhège zhǔtí zhēn nánxiě a ▶新しい万年筆はちょっと～/新钢笔有点不好写 xīngāngbǐ yǒudiǎn bù hǎo xiě

かきぬく【書き抜く】 摘录 zhāilù；抄录 chāolù（英 *extract*）▶新聞から気に入ったところを～/从报纸上抄录感兴趣的内容 cóng bàozhǐshang chāolù gǎn xìngqù de nèiróng

かきね【垣根】 篱笆 líba；围墙 wéiqiáng；《人間関係の》隔阂 géhé（英 *a fence*; *a hedge*）▶～をめぐらした邸宅/围墙环绕着的深宅大院 wéiqiáng huánràozhe de shēnzhái dàyuàn ▶僕と彼女の～は最後まで取り除けなかった/我和她之间的隔阂最后都没能化解 wǒ hé tā zhījiān de géhé zuìhòu dōu méi néng huàjiě

かきのこす【書き残す】 没写完 méi xiěwán；《書いて残す》写下来 xiěxiàlai（英 *leave... behind*）▶書き残したことがある/有些内容没写完 yǒuxiē nèiróng méi xiěwán ▶戦争体験を～/把战争体验记录下来 bǎ zhànzhēng tǐyàn jìlùxiàlai

かぎばな【かぎ鼻】 钩鼻子 gōubízi（英 *a hooked nose*）

かぎばり【かぎ針】 钩针 gōuzhēn（英 *a hook*; [編物] *a crochet needle*）

かきまぜる【かき混ぜる】 拌 bàn; 搀和 chānhuo; 搅拌 jiǎobàn 〈英〉 *mix up; churn up* ▶スプーンでコーヒーを〜/用匙子搅拌咖啡 yòng chízi jiǎobàn kāfēi ▶ボールに卵を入れてよくかき混ぜます/把鸡蛋放进盆里搅拌 bǎ jīdàn fàngjìn pénli jiǎobàn

かきまちがえる【書き間違える】 写错 xiěcuò 〈英〉 *write incorrectly* ▶住所を〜/把地址写错了 bǎ dìzhǐ xiěcuò le

かきまわす【かき回す】 搅 jiǎo; 搅拌 jiǎobàn;《事態を》扰乱 rǎoluàn 〈英〉 *stir up; churn* ▶引き出しの中を〜/乱翻抽屉 luànfān chōuti ▶彼は議論をかき回しただけだ/他不过是给议论添乱 tā búguò shì gěi yìlùn tiānluàn

かきみだす【かき乱す】 打乱 dǎluàn; 搅乱 jiǎoluàn; 扰乱 rǎoluàn 〈英〉 *confuse; disturb* ▶髪を〜/挠乱头发 náoluàn tóufa ▶心をかき乱される/心绪杂乱 xīnxù záluàn ▶そのことを思うと心がかき乱された/一想起那件事心情就被搅乱了 yī xiǎngqǐ nà jiàn shì xīnqíng jiù bèi jiǎoluàn le

かきむしる 挠 náo; 揪 jiū 〈英〉 *tear; scratch* ▶頭を〜/挠头 náo tóu ▶胸をかきむしられるような気がする/觉得揪心 juéde jiūxīn

かきもらす【書き漏らす】 〈英〉 *leave out* ▶肝心なことを書き漏らした/重要的事情写漏了 zhòngyào de shìqing xiělòu le

かきゃくせん【貨客船】 客货轮 kèhuòlún 〈英〉 *a cargo-passenger vessel* ▶運行スケジュール/客货轮的航班表 kèhuòlún de hángbānbiǎo

かきゅう【下級】 下级 xiàjí 〈英〉 *a lower class [grade]* ▶〜生/下班生 xiàbānshēng; 低年级学生 dīniánjí xuésheng ▶〜官吏/下级官吏 xiàjí guānlì ▶〜武士/下级武士 xiàjí wǔshì

かきゅう【火急】 火急 huǒjí; 紧急 jǐnjí 〈英〉 *urgent* ▶〜の用件/紧急事情 jǐnjí shìqing

かきゅうてき【可及的に】 尽可能 jǐnkěnéng 〈英〉 *as soon as possible* ▶〜速やかに制定する/尽可能尽快地制定 jǐnkěnéng jǐnkuài de zhìdìng

かきょ【科挙】 科举 kējǔ ▶〜の試験に落ちる/科举考试落榜 kējǔ kǎoshì luòbǎng ▶〜に合格して官職を得る/考取功名获得官职 kǎoqǔ gōngmíng huòdé guānzhí

かきょう【佳境】 佳境 jiājìng 〈英〉 *a climax* ▶〜に入る《話などが》/渐入佳境 jiànrù jiājìng ▶ドラマはいよいよ〜に入ってきた/电视剧进入高潮 diànshìjù jìnrù gāocháo

かきょう【華僑】 华侨 huáqiáo 〈英〉 *a Chinese merchant abroad* ▶在日〜/在日华侨 zài Rì huáqiáo

かぎょう【家業】 家传行业 jiāchuán hángyè; 家业 jiāyè 〈英〉 *one's trade [business]* ▶〜を継ぐ/继承父业 jìchéng fùyè ▶脱サラして〜を継ぐことにした/决定放弃工薪生活继承家业 juédìng fàngqì gōngxīn shēnghuó jìchéng jiāyè

かぎょう【稼業】 职业 zhíyè; 行当 hángdang 〈英〉 *a trade; a business* ▶泥棒〜から足を洗う/从盗窃行为洗手不干 cóng dàoqiè hángdang xǐshǒu bú gàn

かきょく【歌曲】【音楽】〈英〉 *a (classical) song* ▶ドイツ〜/德国歌曲 Déguó gēqǔ

かきよせる【かき寄せる】 扒 pá; 搂 lōu 〈英〉 *rake* ▶土砂を〜/把泥土扒拢在一起 bǎ nítǔ pálǒng zài yìqǐ

かぎらない【限らない】 不一定 bù yídìng; 未必 wèibì 〈英〉 *be not always...* ▶明日も晴れるとは〜/明天未必会晴 míngtiān wèibì huì qíng ▶世論がいつも正しいとは〜/舆论未必总是正确的 yúlùn wèibì zǒngshì zhèngquè de ▶誰もが大好きとは〜/不一定谁都喜欢我 bù yídìng shéi dōu xǐhuan gǒu

かぎり【限り】 限度 xiàndù 〈英〉 *a limit; an end; bounds* ▶〜がある/有限 yǒuxiàn ▶〜ない/无量 wúliàng; 无限 wúxiàn ▶(…しない)〜は/除非 chúfēi ▶力の〜/竭尽全力 jiéjìn quánlì ▶その場の〜/只限于当时 zhǐ xiànyú dāngshí ▶私の見た〜では/据我所见 jù wǒ suǒ jiàn ▶不思議な現象は数〜なくある/不可思议的现象不胜枚举 bù kě sī yì de xiànxiàng bú shèng méijǔ ▶できる〜/车を使わないようにする/尽可能不开车 jǐnkěnéng bù kāi chē ▶私の知っている〜ではそんな事実はありません/据我所知没有那回事 jù wǒ suǒ zhī méiyǒu nà huí shì ▶見渡す〜菜の花畑/极目远望眼前是一片油菜花 jímù yuǎnwàng yǎnqián shì yí piàn yóucàihuā ▶申し込みは本月15日〜/报名截止到这个月十五号 bàomíng jiézhǐdào zhège yuè shíwǔ hào

かぎる【限る】 限 xiàn; 限制 xiànzhì 〈英〉 *limit*;《最もよい》最好 zuì hǎo ▶十八歳以上に〜/限十八岁以上 xiàn shíbā suì yǐshàng ▶彼の食物は流動物に限られている/他被限制吃流食 tā bèi xiànzhì chī liúshí ▶日を〜/限定日期 xiàndìng rìqī ▶彼に限ってそんなことをするはずない/(别人不好说,)他决不会干那种事 (biérén bù hǎo shuō,) tā juébù huì gàn nà zhǒng shì ▶夏はビールに〜/夏天喝啤酒最好 xiàtiān hē píjiǔ zuì hǎo

かきわける【かき分ける】 拨开 bōkāi; 扒开 bākāi 〈英〉 *push aside* ▶人波を〜/拨开人群 bōkāi rénqún ▶何か茂みを〜音がした/传来一种扒开树丛的声音 chuánlái yì zhǒng bākāi shùcóng de shēngyīn ▶列車は雪をかき分けて進む/列车破雪前进 lièchē pò xuě qiánjìn

かきわり【書き割り】《演劇の》布景 bùjǐng 〈英〉 *a set scene*

かきん【家禽】 家禽 jiāqín 〈英〉 *poultry; domestic fowls*

かく《主に好ましくないものやことを》▶汗を〜/出汗 chū hàn ▶いびきを〜/打呼噜 dǎ hūlu; 打鼾 dǎ hān ▶べそを〜/要哭的样子 yào kū de yàngzi ▶恥を〜/丢脸 diūliǎn; 出丑 chūchǒu ▶あぐらを〜/盘腿坐 pántuǐ zuò; 安于现状,不思进取 ānyú xiànzhuàng, bù sī jìnqǔ ▶ほえづらを〜/要哭的样子 yào kū de yàngzi

かく【欠く】 缺 quē; 缺乏 quēfá; 缺欠 quēqiàn;

缺少 quēshǎo (英 lack; crack;［怠る］neglect）▶茶碗を～に/把碗弄缺了一个口儿 bǎ wǎn nòngquēle yí ge kǒur ▶礼儀を～/缺乏礼仪 quēfá lǐyí ▶義理家を～/不仗义 bú zhàngyì ▶田舎生活で車の運転は必要〜べからざるものです/在农村生活开车是必不可少的 zài nóngcūn shēnghuó kāichē shì bì bù kě shǎo de

かく【角】 角 jiǎo; 方形 fāngxíng （英［角度］an angle;［将棋の］a bishop）▶～ばった顔/方脸 fāngliǎn

かく【画】 画 huà; 笔画 bǐhuà（英 a stroke）▶「筆」は何〜ですか/"笔"这个字一共有几画？"bǐ" zhège zì yígòng yǒu jǐ huà？▶一点一〜もゆるがせにしない/一笔一划都不马虎 yì bǐ yí huà dōu bù mǎhu

かく【書く·描く】 ❶【文字や文章を】写 xiě; 写作 xiězuò（英 write; compose）▶鉛筆で〜/用铅笔写 yòng qiānbǐ xiě ▶コラムを〜/写短篇专栏 xiě duǎnpiān zhuānlán ▶短い手紙を〜/写短信 xiě duǎnxìn ▶揭示には「立入禁止」と書いてあった/告示牌上写着"禁止入内" gàoshipáishang xiězhe "jìnzhǐ rù nèi" **❷**【絵を】画 huà（英 draw; paint）▶地図を〜/画地图 huà dìtú ▶イラストを〜/画插图 huà chātú

かく【格】 ❶【文法上の】格 gé（英 case）**❷**【ランク】地位 dìwèi; 级别 jíbié; 档次 dàngcì（英 status; rank）▶〜が上の/地位高 dìwèi gāo ▶並のものとは〜が違う/跟一般的东西级别不一样 gēn yìbān de dōngxi jíbié bù yíyàng ▶こいつが主犯〜だ/他是主犯级别 tā shì zhǔfàn jíbié

かく【核】 ❶【物理】核 hé（英 a nucleus）▶〜拡散防止条約/防止核扩散条约 fángzhǐ hékuòsàn tiáoyuē **❷**【中心】核 hé（英 a core）▶〜になる/成为核心 chéngwéi héxīn

♦〜家族 : 小家庭 xiǎojiātíng ～軍縮 : 核裁军 hécáijūn ～実験 : 核试验 héshìyàn ～燃料 : 核燃料 hérányào ～分裂 : 裂变 lièbiàn ～兵器 : 核武器 héwǔqì ～保有国 : 拥有核武器的国家 yōngyǒu héwǔqì de guójiā ～ミサイル : 核导弹 hédǎodàn ～融合 : 聚变 jùbiàn

かく【搔く】 挠 náo; 搔 sāo; 划 huá（英 scratch）▶頭を〜/挠头 náo tóu ▶背中を〜/挠背 náo bèi ▶オールで水を〜/用桨划水 yòng jiāng huá shuǐ ▶痒いところを〜と気持ちがいい/挠挠痒真舒服 náo yǎngyǎng zhēn shūfu

かく【各-】 各 gè; 每 měi（英 each）▶〜家庭/家家户户 jiājiāhùhù ▶一個に/各个 gège ▶〜都市のホームページ/各个城市的网页 gège chéngshì de wǎngyè

かぐ【家具】 家具 jiājù（英 furniture）▶このアパートは〜が少ない/这所公寓家具很少 zhè suǒ gōngyù jiājù hěn shǎo ▶〜一式/全套家具 quántào jiājù ▶インテリア〜/室内用家具 shìnèi yòng jiājù ▶〜の修理を承ります/本店接受修理家具的业务 běn diàn jiēshòu xiūlǐ jiājù de yèwù

♦〜店 : 家具店 jiājùdiàn

かぐ【嗅ぐ】 闻 wén; 嗅 xiù（英 smell;［犬が］sniff）▶香水の匂いを〜/闻香水味 wén xiāngshuǐwèi ▶警察犬が嗅ぎ回る/警犬四处嗅寻 jǐngquǎn sìchù xiùxún ▶その豆腐は変わっていないか嗅いでみろ/你闻闻，这豆腐是不是变味儿了？nǐ wénwen, zhè dòufu shìbushì biàn wèir le?

がく【学】 学问 xuéwen; 知识 zhīshi（英 learning）▶〜がある/有学问 yǒu xuéwen; 赅博 gāibó ▶彼は私より〜がある/他比我有学问 tā bǐ wǒ yǒu xuéwen

がく【萼】〘植物〙花萼 huā'è（英 a calyx）

がく【額】 ❶【金額】金额 jīn'é; 数目 shùmu（英 a sum; an amount）▶予算〜/预算额 yùsuàn'é **❷**【額縁】画框 huàkuàng（英 a frame）▶絵を〜に入れる/将画装入画框 jiāng huà zhuāngrù huàkuàng

かくあげ【格上げする】 升格 shēnggé; 升级 shēngjí（英 raise in status; upgrade）▶環境庁から環境省に〜した/环境厅升格为环境省 huánjìngtīng shēnggé wéi huánjìngshěng ▶「重要」から「緊急」に〜された/从"重要"升级到"紧急" cóng "zhòngyào" shēngjídào "jǐnjí"

かくい【各位】 各位 gèwèi（英 all of you;［諸君］gentlemen）▶ユーザー〜/各位用户 gèwèi yònghù ▶関係〜/各位有关人士 gèwèi yǒuguān rénshì

がくい【学位】 学位 xuéwèi（英 a university degree）▶〜論文/学位论文 xuéwèi lùnwén ▶法学博士の〜/法学博士的学位 fǎxué bóshì de xuéwèi ▶大学が〜を授与する/大学颁发学位 dàxué bānfā xuéwèi ▶彼は朝日大学で医学博士の〜を取った/他在朝日大学获得了医学博士学位 tā zài Zhāorì dàxué huòdéle yīxué bóshì xuéwèi

かくいつ【画一】（英 uniformity）▶〜化する/公式化 gōngshìhuà; 规格化 guīgéhuà ▶〜的な/划一不二 huàyī bú èr ▶〜的な教育制度/一刀切的教育制度 yìdāoqiē de jiàoyù zhìdù ▶なぜ〜的な考えしかできないんだ/你怎么只会这么教条地想问题呢？nǐ zěnme zhǐ huì zhème jiàotiáo de xiǎng wèntí ne？

がくいん【学院】 学院 xuéyuàn（英 an institute）▶〜長/院长 yuànzhǎng

日中比较 中国语の'学院 xuéyuàn' は college に相当し,「単科大学」を指す. 戏剧学院 xìjù xuéyuàn/演剧大学

かくう【架空の】 虚构 xūgòu（英 imaginary; visionary）▶〜のこと/子虚 zǐxū ▶〜の人物/虚构人物 xūgòu rénwù ▶〜の請求/虚假的账单 xūjiǎ de zhàngdān ▶〜の融資話/虚假的融资提案 xūjiǎ de róngzī tí'an

かくえき【各駅】（英 every station;［各駅停車の］a local train）▶〜で停車する/每站停车 měi zhàn tíng chē ▶その列車は停車の奈良行きです/那班列车是开往奈良的慢车 nà bān lièchē shì kāiwǎng Nàiliáng de mànchē

がくえん【学園】 学园 xuéyuán（英 an acad-

かくかい【各会】 各会 gèhuì; 各行各业 gèháng gèyè (英 *every field; various circles*) ▶～の名士/各界人士 gèjiè rénshì ▶～からのコメント/来自各行各业的反应 láizì gèháng gèyè de fǎnyìng

かくかい【各階の】 (英 *on every floor*) ▶(エレベーターが)～に止まる/(电梯)每层都停 (diàntī) měi céng dōu tíng

がくがくする (英 *shake; chatter*) ▶膝が～する/两腿发抖 liǎng tuǐ fādǒu

かくかくしかじか 如此这般 rúcǐ zhèbān (英 *such and such*)

かくがり【角刈り】 平头 píngtóu (英 *a crew cut*) ▶理髪店で思い切って～にしてもらった/下决心在理发店剪了一个平头 xià juéxīn zài lǐfàdiàn jiǎnle yí ge píngtóu

かくぎ【閣議】 内阁会议 nèigé huìyì (英 *a Cabinet council*) ▶問題が多い重要方針が～決定された/内阁通过了一个问题很多的重要方针 nèigé tōngguòle yí ge wèntí hěn duō de zhòngyào fāngzhēn

がくぎょう【学業】 功课 gōngkè; 学业 xuéyè (英 *lessons; studies*) ▶～を中断する/失学 shīxué ▶～に専念する/专心于学业 zhuānxīn yú xuéyè ▶～にすぐれる/学业优秀 xuéyè yōuxiù; 功课好 gōngkè hǎo ▶～と課外活動が両立できない/学业和课外活动不能两全其美 xuéyè hé kèwài huódòng bùnéng liǎng quán qí měi
◆～成績/学习成绩 xuéxí chéngjī

かくぎり【角切りにする】 切成方块 qiēchéng fāngkuài (英 *dice*)

がくげい【学芸】 学问 xuéwen; 学术和艺术 xuéshù hé yìshù; 文艺 wényì (英 *arts and sciences*)
◆～会 :(小学)文艺表演会 (xiǎoxué) wényì biǎoyǎnhuì ～欄(新聞の)/文艺栏 wényìlán

かくげつ【隔月】 隔月 géyuè (英 *every other month*) ▶～刊/双月刊 shuāngyuèkān ▶水道メーターは～検針です/每隔一个月查一回水表 měi gé yí ge yuè chá yì huí shuǐbiǎo

かくげん【格言】 格言 géyán (英 *a proverb; a maxim*) ▶～にある通り「溺れる者は藁をも掴む」/俗话说得好:"落水的人连一根稻草都不会放过" súhuà shuōde hǎo: "luòshuǐ de rén lián yì gēn dàocǎo dōu bùhuì fàngguò"

かくご【覚悟】 决心 juéxīn; 思想准备 sīxiǎng zhǔnbèi (英 *resolution*) ▶～のうえで/有思想准备 yǒu sīxiǎng zhǔnbèi ▶～を決める/下定决心 xiàdìng juéxīn ▶～しろ!/你死了心吧! nǐ sǐle xīn ba! ▶そのくらいのことは～していた/(对那件事)我已经作好精神准备了 (duì nà jiàn shì) wǒ yǐjīng zuòhǎo jīngshén zhǔnbèi le ▶怒られるので言うが君は間違っている/知道你会生气,不过我还是要对你说,是你错了 zhīdào nǐ huì shēngqì, búguò wǒ háishi yào duì nǐ shuō, shì nǐ cuò le

│ 日中比较 中国語の'觉悟 juéwù'は「悟る」こと、「自覚する」ことをいう。

かくさ【格差】 差别 chābié; 差距 chājù (英 *a gap*) ▶～が大きい/差距大 chājù dà ▶所得～が拡大している/收入差距正在扩大 shōurù chājù zhèngzài kuòdà

かくざい【角材】 方木料 fāngmùliào (英 *square lumber*)

がくさい【学際的な】 跨学科 kuàxuékē (英 *interdisciplinary*) ▶～領域における学術研究/跨学科领域的学术研究 kuàxuékē lǐngyù de xuéshù yánjiū

かくさく【画策する】 策划 cèhuà (英 *scheme; maneuver*) ▶青年将校らがクーデターを～した/年轻的军官们策划了政变 niánqīng de jūnguānmen cèhuàle zhèngbiàn

かくさげ【格下げする】 降格 jiànggé (英 *lower in status; downgrade*) ▶格付けをBに～される/级别评价被降到B级 jípíng jià bèi jiàngdào B jí ▶社員から臨時雇いに～された/从正式员工被降职为临时工 cóng zhèngshì yuángōng bèi jiàngzhí wéi línshígōng

かくざとう【角砂糖】 方糖 fāngtáng; 方块糖 fāngkuàitáng (英 *cubesugar; lump sugar*)

かくさん【拡散】 扩散 kuòsàn (英 *spread; diffuse*) ▶～するアスベスト被害/扩散的石棉公害 kuòsàn de shímián gōnghài ▶核兵器の～/核武器扩散 héwǔqì kuòsàn

かくさん【核酸】 〔生物〕核酸 hésuān (英 *nucleic acid*)
◆デオキシリボ～/脱氧核糖核酸 tuōyǎng hétáng hésuān

かくし【客死する】 客死 kèsǐ (英 *die abroad*)

かくし【各自】 各自 gèzì (英 *each one*) ▶～が責任を持って下さい/请各自负责 qǐng gèzì fùzé ▶食料は～準備して下さい/请各自准备食品 qǐng gèzì zhǔnbèi shípǐn

がくし【学士】 学士 xuéshì (英 [学位] *a bachelor's degree*)

がくし【学資】 学费 xuéfèi (英 *school expenses*) ▶～保険/学费保险 xuéfèi bǎoxiǎn

がくしいん【学士院】 (英 [日本の] *the Japan Academy*) ▶～賞/学士院奖 xuéshìyuànjiǎng ▶～会員/学士院士 xuéshìyuànshì

かくしカメラ【隠しカメラ】 (英 *a concealed camera*) ▶出入り口に～が設置された/在门口安装了隐蔽式摄像机 zài ménkǒu ānzhuāngle yǐnbìshì shèxiàngjī

かくしき【格式】 排场 páichǎng; 格调 gédiào (英 [位] *status; social standing*; [作法] *formality*) ▶プライベートな会ですから～ばる必要はありません/非公式的会,用不着讲排场 fēigōngshì de huì, yòngbuzháo jiǎng páichǎng ▶～ある名門ゴルフクラブ/格调高尚的著名高尔夫俱乐部

gédiào gāoshàng de zhùmíng gāo'ěrfū jùlèbù
■日中比較 中国語の'格式 géshì'は「文章の形式」を言う。

がくしき【学識】 学识 xuéshí; 学问 xuéwen (英 *learning; scholarship*) ▶～が豊かな/博识 bóshí ▶～経験者/学识渊博的人 xuéshí yuānbó de rén

かくしげい【隠し芸】 (英 *a secret accomplishment*) ▶～をやる/(在宴会)表演余兴节目 (zài yànhuì)biǎoyǎn yúxìng jiémù

かくしごと【隠し事】 秘密 mìmì; 隐私 yǐnsī (英 *a secret*) ▶誰だって一つや二つの～があるよ/谁都会有一两件隐私 shéi dōu huì yǒu yì liǎng jiàn yǐnsī

かくしだて【隠し立てする】 隐瞒 yǐnmán; 隐藏 yǐncáng (英 *hide; conceal*) ▶私はあなたに～したことはない/我没有对你隐藏过什么 wǒ méiyǒu duì nǐ yǐncángguo shénme ▶隠すわけじゃないんですが今は言えないんです/并不是要对你瞒,只是现在还不能说 bìng bú shì yào duì nǐ mán, zhǐshì xiànzài hái bùnéng shuō

かくしつ【角質】 〖生物〗角质 jiǎozhì (英 *horn*) ▶～化する/角质化 jiǎozhìhuà ▶～層/角质层 jiǎozhìcéng

かくしつ【確執】 争执 zhēngzhí (英 *conflict; strife*) ▶いまだに兄弟の～が伝えられている/直到现在还在传说着他们兄弟之间的争执 zhídào xiànzài hái zài chuánshuōzhe tāmen xiōngdì zhījiān de zhēngzhí

かくじつ【隔日】 隔日 gérì (英 *every other day; every second day*) ▶～勤務/隔日工作 gérì gōngzuò ▶この国際列车は～交互運転だ/这趟国际列车隔日交叉运行 zhè tàng guójì lièchē gérì jiāochā yùnxíng

かくじつ【確実な】 确实 quèshí; 肯定 kěndìng; 可靠 kěkào (英 *certain; sure*) ▶それは 99 パーセント～だ/那件事百分之九十九可靠 nà jiàn shì bǎi fēn zhī jiǔshíjiǔ kěkào ▶彼が勝つことは～だ/他肯定会取胜 tā kěndìng huì qǔshèng ▶～な投資/可靠的投资 kěkào de tóuzī ▶～な証拠/可靠的证据 kěkào de zhèngjù ▶～に金庫を開けられる方法/保证能打开保险柜的方法 bǎozhèng néng dǎkāi bǎoxiǎnguì de fāngfǎ

かくしどり【隠し撮り】 偷拍 tōupāi (英 *a spy photo*) ▶～カメラ/偷拍用的照相机 tōupāi yòng de zhàoxiàngjī

かくしばしょ【隠し場所】 隐藏的地方 yǐncáng de dìfang (英 *a cache*)

かくしマイク【隠しマイク】 窃听器 qiètīngqì (英 *a hidden mike; a bug*)

がくしゃ【学者】 学者 xuézhě (英 *a scholar; a learned man*) ▶～の卵/研究人员预备军 yánjiū rényuán yùbèijūn ▶歴史～/历史学家 lìshǐxuéjiā ▶～ぶったしゃべり方をする/摆架子的学者腔调 bǎi jiàzi de xuézhě qiāngdiào; 卖弄学问的口气 màinong xuéwen de kǒuqì

かくしゃく【矍鑠とした】 矍铄 juéshuò; 硬朗 yìnglang (英 *vigorous*) ▶～とした老人/硬朗的老人 yìnglang de lǎorén ▶104 歳の誕生日に彼女は～としていた/一百零四岁生日那天她显得很硬朗 yìbǎi líng sì suì shēngrì nà tiān tā xiǎnde hěn yìnglang

かくしゅ【各種の】 各色 gèsè; 各种 gèzhǒng (英 *various; of every kind*) ▶～様の/各式各样 gèshì gèyàng; 各种各样 gèzhǒng gèyàng ▶各国の～料理レシピ/各国各色菜肴的烹饪法 gèguó gèsè càiyáo de pēngrènfǎ ▶～のメディア情報に当たる/调查各种媒体的信息 diàochá gèzhǒng méitǐ de xìnxī
♦～学校/各种专科学校 gèzhǒng zhuānkē xuéxiào

かくしゅう【隔週】 隔周 gézhōu; 每隔一周 měi gé yì zhōu (英 *every other week; every two weeks*) ▶～の土曜日に母を病院に見舞う/每隔一周星期六去医院看望母亲 měi gé yì zhōu xīngqīliù qù yīyuàn kànwàng mǔqīn
♦～誌/双周刊 shuāngzhōukān

かくじゅう【拡充する】 扩充 kuòchōng (英 *expand; amplify*) ▶施設を～する/扩建设施 kuòjiàn shèshī ▶財政援助を～する/扩充财政援助 kuòchōng cáizhèng yuánzhù

がくしゅう【学習する】 学习 xuéxí (英 *learn; study*) ▶～机/写字台 xiězìtái
▶**参考書**: 学习参考书 xuéxí cānkǎoshū ～塾/补习学校 bǔxí xuéxiào 生涯～/成人学习 chéngrén xuéxí; 生涯学习 shēngyá xuéxí

がくじゅつ【学術】 学术 xuéshù (英 *learning*); 〖科学〗science ▶～講演する/学术讲演 xuéshù jiǎngyǎn ▶～用語/学术用语 xuéshù yòngyǔ ▶～調査/学术调查 xuéshù diàochá ▶～論文/学术论文 xuéshù lùnwén

かくしょう【確証】 确凿证据 quèzáo zhèngjù; 确证 quèzhèng; 真凭实据 zhēnpíng shíjù (英 *conclusive evidence*) ▶～を得る/取得确凿证据 qǔdé quèzáo zhèngjù ▶～がない/没有确凿证据 méiyǒu quèzáo zhèngjù

がくしょう【楽章】 〖音楽〗乐章 yuèzhāng (英 *a movement*) ▶第三～/第三乐章 dìsān yuèzhāng

かくしん【革新】 革新 géxīn (英 *innovation*) ▶～的な計画/革新性计划 géxīnxìng jìhuà ▶～政党/革新政党 géxīn zhèngdǎng
♦技術～/技术革新 jìshù géxīn

かくしん【核心】 核心 héxīn; 焦点 jiāodiǎn (英 *the core*); 〖要点〗*the point* ▶事件の～に迫る/逼近事件的核心 bījìn shìjiàn de héxīn ▶問題の～に触れる/涉及问题的关键 shèjí wèntí de guānjiàn

かくしん【確信する】 有信心 yǒu xìnxīn; 坚信 jiānxìn; 确信 quèxìn (英 *be sure; be confident of...*) ▶そのことがうまくいくかどうかは～がない/那件事能不能成功, 我没有信心 nà jiàn shì néngbunéng chénggōng, wǒ méiyǒu xìnxīn ▶これだけは～を持って言える/至少在这个问题上我有把

♦～犯/确信犯 quèxìnfàn

かくじん【各人】 各人 gèrén; 各自 gèzì (英 *each person; everyone*) ▶少年たちの抱える問題は～各様です/孩子们所面对的问题每个人都不一样 háizimen suǒ miànduì de wèntí měi ge rén dōu bù yíyàng ▶～部署につけ/各就各位 gè jiù gè wèi

かくす【隠す】《人目から》藏 cáng;《真実から》隐瞒 yǐnmán (英 *hide*) ▶真相を～/隐瞒真相 yǐnmán zhēnxiàng ▶宝物を～/隐藏宝物 yǐncáng bǎowù ▶当局は最も重要な情報を隠している/当局隐瞒了最重要的情报 dāngjú yǐnmánle zuì zhòngyào de qíngbào ▶隠さずに話したまえ/不要隐瞒都说出来吧 búyào yǐnmán dōu shuōchūlai ba ▶何を隠そう，俺は大の甘党なのだ/没什么可掩饰的，我最喜欢吃甜的 méi shénme kě yǎnshì de, wǒ zuì xǐhuan chī tián de

ことわざ 頭隠して尻(しり)隠さず 捉襟见肘 zhuō jīn jiàn zhǒu; 藏得住头，藏不住尾 cángdezhù tóu, cángbuzhù wěi

かくすう【画数】 笔画数 bǐhuàshù (英 *the number of strokes*)

かくする【画する】 划 huà (英 *divide; mark off*) ▶時代を～新技術/划时代的新技术 huàshídài de xīnjìshù ▶この映画は他の作品とは一線を～傑作だ/这部电影别别的作品截然不同，是一部杰作 zhè bù diànyǐng gēn bié de zuòpǐn jiérán bùtóng, shì yí bù jiézuò

かくせい【覚醒する】 觉醒 juéxǐng; 醒过来 xǐngguòlai (英 *wake*) ▶市民の～を促す/促使市民觉醒 cùshǐ shìmín juéxǐng

かくせい【隔世】 隔世 géshì (英 *a generation gap*)

～の感 隔世之感 géshì zhī gǎn ▶当時を思うと～の感がある/回想起当时，真有一种隔世之感 huíxiǎngqǐ dāngshí, zhēn yǒu yì zhǒng géshì zhī gǎn

～遺伝 隔代遗传 gédài yíchuán

がくせい【学生】 学生 xuésheng; 学员 xuéyuán (英 *a student*) ▶～寮/学生宿舍 xuésheng sùshè ▶～運動/学潮 xuécháo ▶～証/学生证 xuéshengzhèng ▶～自治会/学生自治会 xuésheng zìzhìhuì ▶～会館/学生会馆 xuésheng huìguǎn

♦～時代/学生时代 xuésheng shídài ～服 : 校服 xiàofú

がくせい【学制】 学制 xuézhì (英 *a school system*)

かくせいき【拡声器】 扬声器 yángshēngqì; 扩音机 kuòyīnjī (英 *a loud speaker*) ▶～騒音で悩まされる/被扩音机的噪音困扰 bèi kuòyīnjī de zàoyīn kùnrǎo ▶～で話す/用扩音机讲话 yòng kuòyīnjī jiǎnghuà

かくせいざい【覚醒剤】 兴奋剂 xīngfènjì (英 *a stimulant drug*)

がくせき【学籍】 学籍 xuéjí (英 *a school register*) ▶～簿/学生名册 xuésheng míngcè ▶～番号/学籍号码 xuéjí hàomǎ

かくぜつ【隔絶する】 隔绝 géjué (英 *separate; isolate*) ▶現実から～される/与世隔绝 yǔ shì géjué ▶都会の喧嚣から～された別世界/远离城市喧嚣的世外桃源 yuǎnlí chéngshì xuānxiāo de shìwài táoyuán

がくせつ【学説】 学说 xuéshuō (英 *a theory; a doctrine*) ▶～を立てる/创立学说 chuànglì xuéshuō ▶従来の～を覆す新発見/推翻既成学说的新发现 tuīfān jìchéng xuéshuō de xīnfāxiàn

がくぜん【愕然と】 愕然 èrán; 惊愕 jīng'è (英 *in amazement*) ▶～とする/愕然失色 èrán shīsè ▶自分の才能のなさに～としました/对自己的不学无术而感到惊愕 duì zìjǐ de bù xué wú shù ér gǎndào jīng'è

がくそく【学則】 校规 xiàoguī; 校章 xiàozhāng (英 *school [college] regulations*) ▶～に違反する/违反校规 wéifǎn xiàoguī

かくだい【拡大する】 扩大 kuòdà; 扩展 kuòzhǎn (英 *magnify*) ▶表示倍率を～/扩大显示倍率 kuòdà xiǎnshì bèilǜ ▶文字を～する/放大文字 fàngdà wénzì ▶～する健康食品市場/增长中的保健食品市场 zēngzhǎng zhōng de bǎojiàn shípǐn shìchǎng ▶～解釈/扩大解释 kuòdà jiěshì ▶腐敗の～再生産は根絶すべき時である/腐败的蔓延，已经到了该根除的时候了 fǔbài de mànyán, yǐjing dàole gāi gēnchú de shíhou le

♦～鏡/放大镜 fàngdàjìng

かくたる【確たる】 确实的 quèshí de; 坚定的 jiāndìng de (英 *positive*) ▶～証拠/确实的证据 quèshí de zhèngjù

かくだん【格段の】 显著 xiǎnzhù; 悬殊 xuánshū (英 *remarkable*) ▶～の差がある/有显著差距 yǒu xiǎnzhù chājù; 差距悬殊 chājù xuánshū ▶～に優れる/优异 yōuyì

がくだん【楽団】 乐团 yuètuán (英 *a band*)

かくだんとう【核弾頭】 核弹头 hédàntóu (英 *a nuclear warhead*) ▶～装備の弾道ミサイル/装载核弹头的弹道导弹 zhuāngzài hédàntóu de dàndào dǎodàn

かくち【各地】 各地 gèdì (英 *every place; each place*) ▶全国～/全国各地 quánguó gèdì ▶～の天気/各地区天气 gè dìqū tiānqì ▶～の特产品/各地的特产 gèdì de tèchǎn

かくちょう【拡張する】 扩张 kuòzhāng; 扩建 kuòjiàn; 扩充 kuòchōng (英 *expand*) ▶～工事/扩建工程 kuòjiàn gōngchéng ▶道路を～する/扩建道路 kuòjiàn dàolù ▶事業を～する/扩充事业 kuòchōng shìyè

♦～子(ソフトの)/扩展名 kuòzhǎnmíng 軍備～/扩张军备 kuòzhāng jūnbèi

かくちょう【格調】 格调 gédiào (英 *a tone; a style*) ▶～が高い/格调高雅 gédiào gāoyǎ

がくちょう【学長】 大学校长 dàxué xiàozhǎng (英 *a president*) ▶副～/副校长 fùxiàozhǎng ▶～からのメッセージ/校长致辞 xiàozhǎng zhìcí

[日中比較] 中国語の'校长 xiàozhǎng'は学校の先輩に対する敬称である.

かくづけ【格付け】 分级 fēnjí; 评定等级 píngdìng děngjí (英 *rating; grading*) ▶企业の～が上がった/企业的评价升级了 qǐyè de píngjià shēngjí le

かくてい【確定する】 确定 quèdìng (英 *be decided*) ▶彼の死刑判決は～した/对他的死刑已作出了确定判决 duì tā de sǐxíng yǐ zuòchūle quèdìng pànjué ▶所得税の～申告/所得税的确定申报 suǒdéshuì de quèdìng shēnbào

カクテル (酒) 鸡尾酒 jīwěijiǔ (英 *a cocktail*) ▶～を作る/调鸡尾酒 tiáo jīwěijiǔ
◆～ドレス:夜会礼服 yèhuì lǐfú ～パーティー:鸡尾酒会 jīwěijiǔhuì

かくど【角度】 角度 jiǎodù (英 *an angle*) ▶～を計る/测量角度 cèliáng jiǎodù ▶さまざまな～から考える/从各种角度考虑 cóng gèzhǒng jiǎodù kǎolǜ ▶～を直す/修正角度 xiūzhèng jiǎodù ▶あらゆる～からその問題を研究する/从各种角度全面研究那个问题 cóng gèzhǒng jiǎodù quánmiàn yánjiū nàge wèntí

がくと【学徒】 学生 xuésheng; (学問の徒) 学者 xuézhě (英 *a student; a scholar*)
◆～出陣:学生上战场 xuésheng shàng zhànchǎng

かくとう【格闘する】 格斗 gédòu; 搏斗 bódòu (英 *fight*) ▶～技/格斗竞技 gédòu jìngjì

かくとう【確答する】 (英 *answer definitely*) ▶～を避ける/回避作出明确答复 huíbì zuòchū míngquè dáfù

かくどう【学童】 小学生 xiǎoxuéshēng (英 *a schoolboy; a schoolgirl*) ▶～横断歩道/小学儿童过马路设置的斑马路 wèi shàngxué értóng guò mǎlù shèzhì de bānmǎlù

かくとく【獲得する】 获得 huòdé; 获取 huòqǔ; 取得 qǔdé (英 *acquire*) ▶議席を～する/获得议席 huòdé yìxí ▶賞金百万円を～する/获得一百万日元奖金 huòdé yìbǎi wàn Rìyuán jiǎngjīn ▶人気～のためにやたらとTV番組に出る/为了获取声望想方设法在电视上亮相 wèile huòqǔ shēngwàng xiǎngfāng shèfǎ zài diànshìshang liàngxiàng

かくにん【確認する】 确认 quèrèn; 证实 zhèngshí (英 *confirm; identify*) ▶未～/未证实 wèi zhèngshí ▶それは未～の情報だ/那是未经证实的消息 nà shì wèijīng zhèngshí de xiāoxi ▶安全を～する/确认安全 quèrèn ānquán ▶予约を～する/确认预订 quèrèn yùdìng ▶本人～ができる書類が必要です/需要能证明确属本人的文件 xūyào néng zhèngmíng què shǔ běnrén de wénjiàn

かくねん【隔年】 隔年 génián (英 *every other* [*second*] *year*) ▶～に開催する/隔年举办 géniánjǔbàn ▶～開講/隔年开课 génián kāikè

がくねん【学年】 年级 niánjí; 学年 xuénián (英 *a school year*) ▶末試験/大考 dàkǎo ▶学年考试 xuénián kǎoshì ▶低～/低年级 dīniánjí ▶～度/学校年度 xuéxiào niándù

かくのうこ【格納庫】 飞机库 fēijīkù (英 *a hangar*)

がくは【学派】 学派 xuépài (英 *a school*) ▶フランクフルト～/法兰克福学派 Fǎlánkèfú xuépài ▶京都～/京都学派 Jīngdū xuépài ▶マンチェスター～の経済学/曼彻斯坦学派的经济学 Mànchèsītǎn xuépài de jīngjìxué

がくばつ【学閥】 学校派阀 xuéxiào pàifá (英 *an academic clique*) ▶当社は学历や～は関係ありません/本公司不问学历与学校派阀 běn gōngsī bú wèn xuélì yǔ xuéxiào pàifá

かくばる【角張る】 (角(ẓ)がある) 有棱角 yǒu léngjiǎo (英 *angular*); (堅苦しい) 生硬 shēngyìng (英 *formal*)

かくはん【撹拌する】 拌 bàn; 搅 jiǎo; 搅拌 jiǎobàn (英 *stir; churn*) ▶～器/搅拌机 jiǎobànjī ▶ミキサーで～する/用搅拌机搅拌 yòng jiǎobànjī jiǎobàn

がくひ【学費】 学费 xuéfèi (英 *school fees*) ▶～を払う/支付学费 zhīfù xuéfèi ▶～を稼ぐためにバイトをする/为挣学费打工 wèi zhèng xuéfèi dǎgōng ▶～未払いで退学になった/由于没交学费而退学 yóuyú méi jiāo xuéfèi ér tuìxué

がくふ【学府】 学府 xuéfǔ (英 *an academic center*) ▶最高～/最高学府 zuìgāo xuéfǔ

がくふ【岳父】 岳父 yuèfù (英 *one's father-in-law*)

がくふ【楽譜】 〔音楽〕乐谱 yuèpǔ (英 *a sheet music; a score*) ▶君は～が読めますか/你看得懂乐谱吗? nǐ kàndedǒng yuèpǔ ma? ▶～なしでひく/不看乐谱演奏 bú kàn yuèpǔ yǎnzòu

がくぶ【学部】 系 xì; 学院 xuéyuàn (英 *a department; a faculty*) ▶文～/文学院 wénxuéyuàn ▶～生/本科生 běnkēshēng ▶～长/院长 yuànzhǎng
◆工～:工学院 gōngxuéyuàn

[日中比較] 中国語の'学部 xuébù'とは中国科学院の各分野における諮問機関である.

がくふう【学風】 学风 xuéfēng; 研究风格 yánjiū fēnggé (英 *academic traditions*) ▶～は違うが共に立派な学者だ/尽管学术风格不同却都是出色的学者 jǐnguǎn xuéshù fēnggé bùtóng què dōu shì chūsè de xuézhě

かくふく【拡幅する】 展宽 zhǎnkuān; 拓宽 tuòkuān (英 *widen*)

がくぶち【額縁】 镜框儿 jìngkuàngr (英 *a frame*) ▶～に入れる(絵・写真などを)/装框 zhuāngkuàng

かくべつ【格別の】 特别 tèbié; 格外 géwài (英 *particular; special*) ▶～の味/特殊的味道 tèshū de wèidào ▶今日の寒さは～だ/今天格外冷 jīntiān géwài lěng ▶～の用事もない/并没有

かくほ【確保する】 确保 quèbǎo （英 *ensure*; *secure*; *guarantee*） ▶座席を～する/确保座位 quèbǎo zuòwèi ▶人材を～する/确保人才 quèbǎo réncái ▶海の安全を～する/确保海上安全 quèbǎo hǎishàng ānquán

かくまう【匿う】 掩护 yǎnhù；窝藏 wōcáng （英 *hide*; *shelter*） ▶犯人を～/藏匿犯人 cángnì fànrén

かくまく【角膜】 〔解〕角膜 jiǎomó （英 *the cornea*） ▶～移植/移植角膜 yízhí jiǎomó

かくめい【革命】 革命 gémìng （英 *a revolution*） ▶～を起こす/掀起革命 xiānqǐ gémìng；闹革命 nào gémìng

◆～家：革命家 gémìngjiā　産業～：产业革命 chǎnyè gémìng　文化大～：文化大革命 wénhuà dàgémìng

がくめい【学名】 学名 xuémíng （英 *a scientific name*）

がくめん【額面】 票额 piào'é；票面 piàomiàn；面值 miànzhí （英 *face value*） ▶～割れ/低于票面价格 dīyú piàomiàn jiàgé ▶～通りに受け取る/相信对方的言词 xiāngxìn duìfāng de yáncí

がくもん【学問】 学问 xuéwen；学术 xuéshù （英 *learning*; *study*） ▶～をする/求学 qiúxué；做学问 zuò xuéwen ▶～がある/有学问 yǒu xuéwen ▶病理学は比較的近代の～である/病理学相对来说是一门较新的学问 bìnglǐxué xiāngduì lái shuō shì yì mén jiào xīn de xuéwen ▶～の自由を守る/保护学术的自由 bǎohù xuéshù de zìyóu ▶～のない人/没学问的人 méi xuéwen de rén ▶講義の～の内容/讲义中的学术性内容 jiǎngyì zhōng de xuéshùxìng nèiróng ▶～のすすめ/劝学 quànxué

がくや【楽屋】 后台 hòutái （英 *a greenroom*; *a dressing room*） ▶～へ引っ込む/回到后台 huídào hòutái ▶～に俳優を訪ねる/去后台拜访演员 qù hòutái bàifǎng yǎnyuán

◆～裏の（比喩的）：幕后 mùhòu　～話：幕后的故事 mùhòu de gùshi

かくやく【確約する】 约定 yuēdìng；承诺 chéngnuò （英 *give a definite promise*） ▶～書/承诺书 chéngnuòshū ▶相手の～を得ることができなかった/没能得到对方的承诺 méi néng dédào duìfāng de chéngnuò

かくやす【格安な】 廉价 liánjià；优惠价格 yōuhuì jiàgé （英 *cheap*; *reasonable*; *low-priced*）

がくゆう【学友】 同学 tóngxué （英 *a fellow student*; *a schoolmate*）

がくようひん【学用品】 文具 wénjù；学习用品 xuéxí yòngpǐn （英 *school things*） ▶～売り場はどこですか/学习用品柜台在哪里？ xuéxí yòngpǐn guìtái zài nǎli？

かぐら【神楽】 sacred music （and dance） ▶里～/民间宗教乐舞 mínjiān zōngjiào yuèwǔ

かくらん【攪乱する】 扰乱 rǎoluàn；骚扰 sāorǎo （英 *disturb*） ▶生態系を～する外来種/扰乱生态系统的外来物种 rǎoluàn shēngtài xìtǒng de wàilái wùzhǒng ▶敵を～する戦法/扰乱敌人的战术 rǎoluàn dírén de zhànshù

かくらん【霍乱】 〈暑気あたり〉中暑 zhòngshǔ （英 *sunstroke*）；〈急性腸炎〉急性肠炎 jíxìng chángyán （英 *acute colitis*）

かくり【隔離する】 隔离 gélí （英 *isolate*） ▶患者を～する/隔离病人 gélí bìngrén ▶数日間～される/被隔离了几天 bèi gélíle jǐ tiān ▶我々はまさに世間から～されている/我们恰恰是与世隔绝 wǒmen qiàqià shì yǔ shì géjué

◆～病棟：隔离病房 gélí bìngfáng

かくりつ【確立する】 确立 quèlì；确保 quèbǎo （英 *establish*） ▶秩序を～する/确立秩序 quèlì zhìxù ▶子供の人権を～する/确保儿童的人权 quèbǎo értóng de rénquán

かくりつ【確率】 概率 gàilù；几率 jīlù；可能性 kěnéngxìng （英 *probability*） ▶～が高い/可能性高 kěnéngxìng gāo ▶宝くじに当たる～/中彩的概率 zhòngcǎi de gàilù ▶成功の～は 4 分の 1 だ/成功的概率是四分之一 chénggōng de gàilù shì sì fēn zhī yī ▶喫煙は癌になる～を高める/吸烟会增加癌症发病率 xīyān huì zēngjiā áizhèng fābìnglǜ

◆降水～：降水～は 50%/降雨概率为百分之五十 jiàngyǔ gàilǜ wéi bǎi fēn zhī wǔshí

かくりょう【閣僚】 大臣 dàchén；阁员 géyuán （英 *a Cabinet member*） ▶～のポスト/大臣的位子 dàchén de wèizi ▶～会議/内阁会议 nèigé huìyì ▶～レベルの会談/部长级会谈 bùzhǎngjí huìtán

がくりょく【学力】 学力 xuélì （英 *scholarship*） ▶～が向上する/学力提高 xuélì tígāo ▶～が低下する/学力下降 xuélì jiàngdī ▶～がある/有学习实力 yǒu xuéxí shílì ▶基礎～診断テスト/基础学力测试 jīchǔ xuélì cèshì

がくれい【学齢】 学龄 xuélíng （英 *school age*） ▶～に達した児童/学龄儿童 xuélíng értóng；适龄儿童 shìlíng értóng ▶～未満の児童/学龄前儿童 xuélíngqián értóng

かくれが【隠れ家】 隐遁处 yǐndùnchù；藏身处 cángshēnchù （英 *a hiding place*; *a shelter*）

がくれき【学歴】 学历 xuélì （英 *a school career*; *an academic background*） ▶～社会/学历社会 xuélì shèhuì ▶～のない人/没有学历的人 méiyǒu xuélì de rén ▶～詐称疑惑/虚报学历的嫌疑 xūbào xuélì de xiányí

◆～偏重：偏重于学历 piānzhòng yú xuélì

かくれみの【隠れ蓑】 隐蔽手段 yǐnbì shǒuduàn （英 *a cover*） ▶福祉を～に不正な金を得ていた/以福利为幌子获取非法资金 yǐ fúlì wéi huǎngzi huòqǔ fēifǎ zījīn

かくれる【隠れる】 藏 cáng；躲 duǒ；潜伏 qiánfú；不为人知 bù wéi rén zhī （英 *hide*; [見えなくなる] *disappear*） ▶太陽が雲に～/太阳躲

进云里 tàiyáng duǒjìn yúnlí ▶今までどこに隠れていたんだ/你一直躲在什么地方啊 nǐ yìzhí duǒzài shénme dìfang a？▶隠れもない事実/毫无隐瞒的事实 háowú yǐnmán de shìshí ▶親に隠れて夜遊びをする/背着父母，夜里出去玩儿 bèizhe fùmǔ, yèli chūqù wánr ▶隠れた天才/不为人知的天才 bù wéi rén zhī de tiāncái ▶隠れた名品/不为人知的名作 bù wéi rén zhī de míngzuò

かくれんぼう【隠れん坊】 捉迷藏 zhuō mícáng; 藏猫儿 cángmāor (英 hide-and-seek) ▶~をする/玩捉迷藏 wán zhuō mícáng

かくろん【各論】 分论 fēnlùn; 分题专论 fēntí zhuānlùn (英 a discussion of a particular branch) ▶概论はあるが~がない/只有概论，没有分题专论 zhǐ yǒu gàilùn, méiyǒu fēntí zhuānlùn ▶総論賛成，~反対/总体上赞成，具体问题上反对 zǒngtǐshang zànchéng, jùtǐ wèntíshang fǎnduì

かぐわしい 芬芳 fēnfāng; 香 xiāng (英 aromatic) ▶~花/香花 xiānghuā

がくわり【学割】 学生优惠价格 xuésheng yōuhuì jiàgé (英 a student discount) ▶~料金/学生优惠价格 xuésheng yōuhuì jiàgé

かくん【家訓】 家训 jiāxùn (英 one's family motto)

かけ【掛け】 赊账 shēzhàng (英 credit); [代金] an account) ▶~で買う/赊 shē; 赊账 shēzhàng ▶~で売る/赊卖 shēmài ▶がきかなくなった/店里不让赊账了 diànli bú ràng shēzhàng le ▶当店は~売りは承っていません/本店不接受赊账 běn diàn bù jiēshòu shēzhàng

かけ【賭け】 赌 dǔ; 赌博 dǔbó (英 betting; gambling) ▶~に勝つ/赌赢 dǔyíng ▶~に負ける/赌输 dǔshū ▶~をする/打赌 dǎdǔ ▶僕は~はきらいだ/我不喜欢打赌 wǒ bù xǐhuan dǎdǔ ▶最後の~に出たな/这是孤注一掷啊 zhè shì gūzhù yí zhì a！▶結婚って~みたいなものよ/结婚跟赌博差不多 jiéhūn gēn dǔbó chàbuduō
◆~金/赌注 dǔzhù

-かけ【-掛け】 ❶【道具】(英 a rack) ▶帽子~/帽子挂钩 màozi guàgōu ❷【未了の動作】(英 still) ▶吸い~のタバコを投げ捨てる/扔掉还没抽完的香烟 rēngdiào hái méi chōuwán de xiāngyān ▶食べ~の御飯を残したまま飛び出した/他放下刚吃了一半的饭就冲出去了 tā fàngxià gāng chīle yíbàn de fàn jiù chōngchūqu le

かげ【陰】 暗地 àndì; 背后 bèihòu; 阴处 yīnchù (英 [日陰] shade) ▶~で悪さをする/背后搞鬼 bèihòu dǎoguǐ ▶木の~/树荫 shùyīn ▶彼は戸口の~から姿を現した/他从门口的阴影中显出身影 tā cóng ménkǒu de yīnyǐng zhōng xiànchū shēnyǐng ▶~になり日向になりして励ます/明里暗里进行鼓励 mínglǐ ànlǐ jìnxíng gǔlì

かげ【影】 影儿 yǐngr; 阴影 yīnyǐng; 影子 yǐngzi (英 a shadow; [姿] a figure) ▶~の実力者/幕后的大人物 mùhòu de dàrénwù ▶~の内阁/影子内阁 yǐngzi nèigé ▶子供の将来に暗い~をなげかける/给孩子的未来投射了一层阴影 gěi háizi de wèilái tóushèle yì céng yīnyǐng ▶木々が芝生に涼しい~を落とする/树木给草坪带来清凉的树荫 shùmù gěi cǎopíng dàilái qīngliáng de shùyīn ▶核廃棄物による汚染がその地域の将来に暗い~を落とした/由于核垃圾产生的污染给这个地区的未来蒙上了一层阴影 yóuyú hélājī chǎnshēng de wūrǎn gěi zhège dìqū de wèilái méngshàngle yì céng yīnyǐng ▶見る~もなくなる/变得不像样子了 biànde bú xiàng yàngzi le ▶どこか~の薄い人だったな/显得不起眼的人 xiǎnde bù qǐyǎn de rén

~も形もない 无影无踪 wú yǐng wú zōng
~を潜(ひそ)める 隐藏起来 yǐncángqǐlai

がけ【崖】 崖 yá; 峭壁 qiàobì (英 a cliff) ▶~から突き落とす/从悬崖上推下去 cóng xuányáshang tuīxiàqu ▶~をよじ登る/攀登悬崖 pāndēng xuányá ▶今にも崩れそうな~の下で我が家はあった/我家就在那摇摇欲坠的悬崖下 wǒ jiā jiù zài nà yáoyáo yù zhuì de xuányáxia ▶~っ淵に立たされる/被逼到绝境 bèi bīdào juéjìng
◆~崩れ：悬崖崩溃 xuányá bēngkuì

-がけ ▶ゆかた~で散歩に出る/穿着浴衣就出去散步 chuānzhe yùyī jiù chūqù sànbù ▶命~で崖を登った/冒着生命危险，登上了悬崖 màozhe shēngmìng wēixiǎn, dēngshàngle xuányá ▶今朝出～に吉報を聞いた/今早出去的时候听到了喜讯 jīnzǎo chūqù de shíhou tīngdàole xǐxùn

-がけ【-掛け】 (英 percent) ▶定価の8~でいかがでしょう/定价打八折怎么样？dìngjià dǎ bā zhé zěnmeyàng？▶5人~の椅子/五个人坐的椅子 wǔ ge rén zuò de yǐzi ▶3人~でお願いします/请坐三个人！qǐng zuò sān ge rén!

かけあい【掛け合い】 对口 duìkǒu (英 negotiation) ▶~漫才/对口相声 duìkǒu xiàngsheng

かけあう【掛け合う】 交涉 jiāoshè; 谈判 tánpàn (英 [交涉] negosiate; [互いに]... each other) ▶値段を~/讨价还价 tǎojià huánjià ▶この際私が掛け合ってみよう/这次我来交涉 zhècì wǒ lái jiāoshè ▶言葉を~/互相搭话 hùxiāng dāhuà ▶水を~/相互泼水 xiānghù pō shuǐ

かけあがる【駆け上がる】 跑上 pǎoshàng (英 run up) ▶出世街道を~/青云直上 qīngyún zhí shàng ▶一気に12階まで~/一口气跑上十二楼 yīkǒuqì pǎoshàng shí'èr lóu

かけあし【駆け足】 跑步 pǎobù (英 a run; [馬の] a canter; a gallop) ▶~で帰る/跑步回去 pǎobù huíqù ▶~前進！/跑步前进 pǎobù qiánjìn ▶~で日本の戦后历史を振り返る/粗略的回顾日本的战后历史 cūlüè de huígù Rìběn de zhànhòu lìshǐ ▶まるで~旅行だった/这次旅行简直就是走马看花 zhè cì lǚxíng jiǎnzhí jiùshì zǒu mǎ kàn huā

かけあわせる【掛け合わせる】 交配 jiāopèi; 杂交 zájiāo (英 [動物を] cross; breed) ▶品种を~/杂交品种 zájiāo pǐnzhǒng ▶数を~/相乘 xiāngchéng

かけい【家系】 世系 shìxì; 世家 shìjiā (英) *a family line* [*tree*] ▶彼は代々医者の～の出である/他出身于医生世家 tā chūshēn yú yīshēng shìjiā ▶うちは代々糖尿病の～である/我家祖上就有糖尿病史 wǒ jiā zǔshàng jiù yǒu tángniàobìngshǐ

かけい【家計】 家計 jiājì; 经济 jīngjì (英) *household economy*) ▶～を維持する/维持生计 wéichí shēngjì ▶～に穴をあける/家庭经济出现亏空 jiātíng jīngjì chūxiàn kuīkong
◆～費 ；家庭的生活开销 jiātíng de shēnghuó kāixiāo ～簿 ；家庭收支簿 jiātíng shōuzhībù ▶～簿をつける/记家庭收支簿 jì jiātíng shōuzhībù

かけうり【掛け売りする**】** 赊 shē; 赊账 shēzhàng (英) *sell... on credit*)

かげえ【影絵】 皮影戏 píyǐngxì; 影戏 yǐngxì (英) *a shadow picture*) ▶～で語る民话/用皮影戏讲的民间故事 yòng píyǐngxì jiǎng de mínjiān gùshi

かけおち【駆け落ちする**】** 私奔 sībēn (英) *elope*) ▶両親は～結婚をしたのだそうです/听说我父母是私奔结的婚 tīngshuō wǒ fùmǔ shì sībēn jié de hūn ▶～などやってもうそうもない/想私奔？门儿也没有！xiǎng sībēn? ménr yě méiyǒu!

かけおりる【駆け降りる】(英) *run down*) ▶坂を～/下坡 pǎoxià pō

かけがえ【掛け替え】(英) *a substitute*)
～のない 独一无二 dú yī wú èr; 无法替代 wúfǎ tìdài ▶～のない命/用任何代价也无法替代的生命 yòng rènhé dàijià yě wúfǎ tìdài de shēngmìng ▶あなたにとって～のないものとは何ですか/对你来说，什么是至高无上的宝贝？duì nǐ lái shuō, shénme shì zhì gāo wú shàng de bǎobèi?

かけがね【掛け金】 挂钩 guàgōu (英) *a latch; a clasp*) ▶扉の～/门扣 ménkòu; 门钩 méngōu ▶～をかける/挂上门扣 guàshàng ménkòu

かげき【過激な**】** 过激 guòjī; (意見などが) 偏激 piānjī; 激进 jījìn (英) [極端な] *extreme; radical*) ▶～な表現は控えて下さい/请你控制一下过激的表现 qǐng nǐ kòngzhì yíxià guòjī de biǎoxiàn ▶～な思想/偏激思想 piānjī sīxiǎng ▶～分子/极端分子 jíduān fènzǐ ▶～派の学生/激进派学生 jījìnpài xuésheng

かげき【歌劇】 歌剧 gējù (英) *an opera*) ▶夫は宝家～の大ファンです/我丈夫是宝家歌剧热心的爱好者 wǒ zhàngfu shì Bǎozhǒng gējù rèxīn de àihàozhě ▶～「トゥーランドット」/歌剧《图兰朵》gējù 《Túlánduǒ》
◆～団 ；歌剧团 gējùtuán

かけきん【掛け金】 分期交款 fēnqī jiāokuǎn; 保险费 bǎoxiǎnfèi (英) [賦金] *an installment*; [保険の] *a premium*) ▶保险の～は月千円だ/每个月一千日元的保险费 měi ge yuè yìqiān Rìyuán de bǎoxiǎnfèi

かげぐち【陰口】 闲话 xiánhuà; 背地说坏话 bèidì shuō huàihuà (英) *backbiting*) ▶～をきく/背后说坏话 bèihòu shuō huàihuà ▶～を言う人は相手に聞こえないと思っている/说坏话的人还以为对方听不到 shuō huàihuà de rén hái yǐwéi duìfāng tīngbudào

かけごえ【掛け声】(英) *a shout*) ▶～をかける/吆喝 yāohe; 喝彩 hècǎi; 喊号子 hǎnhàozi

かけごと【賭け事】 赌博 dǔbó (英) *gambling*) ▶～をする/赌博 dǔbó; 打赌 dǎdǔ ▶彼は～で金を全部擦(ﾂ)った/他赌钱赔了个精光 tā dǔqián péile ge jīngguāng ▶もう決して～をやりません/我再也不赌了 wǒ zài yě bù dǔ le

かけことば【掛け言葉】 双关语 shuāngguānyǔ (英) *a pun*)

かけこむ【駆け込む】 跑进 pǎojìn (英) *run into...*) ▶警察に～/跑去找警察 pǎoqù zhǎo jǐngchá ▶駆け込み寺/逃去避难的寺庙 táoqù bìnàn de sìmiào

かけざん【掛け算】 乘法 chéngfǎ (英) *multiplication*) ▶そろばんで～をする/用算盘算乘法 yòng suànpán suàn chéngfǎ

かけじく【掛け軸】 挂轴 guàzhóu; (縦長の) 立轴 lìzhóu; (絵の) 画轴 huàzhóu (英) *a hanging scroll of calligraphy*) ▶山水画の～をかけた/挂上了山水画的挂轴 guàshàngle shānshuǐhuà de guàzhóu

カケス【懸巣】〔鳥〕松鸦 sōngyā (英) *a jay*)

かけず【掛け図】 挂图 guàtú (英) *a wall picture*)

かけすて【掛け捨て】(保険金などの) 中途停止缴纳 zhōngtú tíngzhǐ jiǎonà; 缴纳费不退还 jiǎonàfèi bú tuìhuán (英) *a nonrefundable insurance*)

かけずりまわる【駆けずり回る】 奔波 bēnbō; 奔跑 bēnpǎo; 东奔西走 dōngbēn xīzǒu (英) *run about*) ▶資金作りに～/为集资东奔西走 wèi jízī dōngbēn xīzǒu ▶国内外を問わず被災地を～日々です/不分国内国外，每天都在灾区奔波 bù fēn guónèi guówài, měitiān dōu zài zāiqū bēnbō

かけだし【駆け出し】 新手 xīnshǒu; 生手 shēngshǒu (英) *a greenhorn*) ▶～の社员/新员工 xīnyuángōng ▶～の新闻记者/新记者 xīnjìzhě ▶彼はまだまだ～です/他还是个新手 tā hái shì ge xīnshǒu

かけだす【駆け出す】 (外へ) 跑出去 pǎochūqu; (走り始める) 跑起来 pǎoqǐlai (英) *run out*; *rush out*) ▶彼は2, 3歩駆け出したが, 思い返して立ち止まった/他跑出去几步，又回心转意停了下来 tā pǎochūqu jǐ bù, yòu huíxīn zhuǎnyì tíngléxialai

かけつ【可決する**】** 通过 tōngguò (英) *approve; pass; adopt*) ▶法案を～する/通过法案 tōngguò fǎ'àn ▶本件は～されました《議長の言葉》/这项议题表决通过了 zhè xiàng yìtí biǎojué tōngguò le ▶赞成多数で～/多数赞成，表决通过 duōshù zànchéng, biǎojué tōngguò

かけつける【駆け付ける】 赶 gǎn; 奔赴 bēnfù

かけっこ【駆けっこする】 跑 pǎo; 赛跑 sàipāo (英 *run a race*) ▶駅まで～しよう/咱们跑着去车站吧 zánmen pǎozhe qù chēzhàn ba ▶僕は～は苦手なんだ/我不擅长赛跑 wǒ bú shàncháng sàipāo

かけどけい【掛け時計】 挂钟 guàzhōng; 壁钟 bìzhōng (英 *a wall clock*)

かげながら【陰ながら】 暗地(里) àndì(li); 暗自 ànzì (英 *behind the scenes*)

かけぬける【駆け抜ける】 跑过去 pǎoguòqu (英 *run through...*) ▶馬上で草原を～/骑着马跑过草原 qízhe mǎ pǎoguò cǎoyuán ▶台風は九州一帯を駆け抜けた/台风掠过九州地区 táifēng lüèguò Jiǔzhōu dìqū

かけね【掛け値】 谎价 huǎngjià (英 *a fancy price*) ▶～をする/要谎 yàohuǎng; 漫天要价 màntiān yàojià ▶～なしの/不折不扣 bù zhé bú kòu; 实打实 shí dǎ shí ▶～なしに1億円だ/实打实,一亿日元 shí dǎ shí, yíyì Rìyuán ▶これは～なく世界に誇れる研究だ/这项研究不折不扣誉满全球 zhè xiàng yánjiū bù zhé bú kòu yù mǎn quánqiú

かけはし【架け橋】 桥梁 qiáoliáng (英 *a bridge*) ▶友好の～となる/成为友好的桥梁 chéngwéi yǒuhǎo de qiáoliáng ▶東西をつなぐ～/连接东西方的桥梁 liánjiē dōngxīfāng de qiáoliáng

かけはなれる【懸け離れる】 脱离 tuōlí; 相差悬殊 xiāngchà xuánshū (英 *be far apart*) ▶行政が住民のニーズと～/行政脱离了居民的需求 xíngzhèng tuōlíle jūmín de xūqiú

かけひ【筧】 (英 *a water pipe*) ▶～で水を引く/用竹筒引水 yòng zhútǒng yǐnshuǐ

かけひき【駆け引きする】 讨价还价 tǎojià huánjià; 作交易 zuò jiāoyì (英 *use tactics*) ▶政治的な～ばかりやっている/净搞政治交易 jìnggǎo zhèngzhì jiāoyì ▶～の上手な男/擅长作交易的男人 shàncháng zuò jiāoyì de nánrén ▶恋の～/爱情游戏 àiqíng yóuxì

かげひなた【陰日向の】 表里不一 biǎolǐ bùyī (英 *double-hearted*; *double-faced*) ▶～のない/表里如一 biǎolǐ rú yī ▶～のある人は嫌いです/我讨厌表里不一的人 wǒ tǎoyàn biǎolǐ bùyī de rén

かけぶとん【掛け布団】 被子 bèizi; 被窝 bèiwō (英 *a coverlet*; *quilt*) ▶～を盖被子 gài bèizi ▶羽毛～/羽绒被 yǎróngbèi

かげぼうし【影法師】 人影 rényǐng (英 *a shadow*; *a silhouette*)

かげぼし【陰干しする】 阴干 yīngān; 晾干 liànggān (英 *dry in the shade*) ▶風通しのよい所で～します/在通风的地方阴干 zài tōngfēng de dìfang yīngān

かけまわる【駆け回る】 奔走 bēnzǒu; 奔忙 bēnmáng (英 *run about*); [奔走する] *busy oneself*) ▶友人の間を駆け回って寄付を集める/在朋友之间四处奔走, 筹集捐款 zài péngyou zhījiān sìchù bēnzǒu, chóují juānkuǎn ▶仕事でいつも駆け回っていた/为了工作四处奔忙 wèile gōngzuò sìchù bēnmáng ▶少年時代は野山を～日々だった/小时候每天在山野里跑来跑去 xiǎoshíhou měitiān zài shānyěli pǎolái pǎoqù

かけめぐる【駆け巡る】 四处奔跑 sìchù bēnpǎo; 转来转去 zhuǎnlái zhuànqù (英 *run about*) ▶頭の中をいろいろな考えが走馬灯のように～/脑子里各种想法像走马灯似的转来转去 nǎozili gèzhǒng xiǎngfa xiàng zǒumǎdēng shìde zhuànlái zhuànqù

かけもち【掛け持ちする】 兼职 jiānzhí (英 *have business in two places*) ▶二校の講義を～する/兼任两校的授课 jiānrèn liǎng xiào de shòukè ▶バイトを～する/同时打两份工 tóngshí dǎ liǎng fèn gōng

かけよる【駆け寄る】 跑上去 pǎoshàngqu (英 *run up to...*) ▶子供が母を見つけて駆け寄ってきた/孩子看到母亲跑了过来 háizi kàndào mǔqin pǎoleguòlai

かけら【欠けら】 碴儿 chár; 碎片 suìpiàn (英 *a piece*) ▶土器の～/土器碎片 tǔqì suìpiàn ▶良心の～もない/毫无良心 háowú liángxīn ▶生気の～もない声が返ってきた/回答时的声音有气无力 huídá shí de shēngyīn yǒu qì wú lì ▶一～のケーキが私の昼食だ/一小块儿蛋糕成了我的午饭 yì xiǎokuàir dàngāo chéngle wǒ de wǔfàn

かげり【陰り】 阴影 yīnyǐng; 衰落 shuāiluò (英 *shade*; *shadow*) ▶日の～/太阳的阴影 tàiyáng de yīnyǐng ▶早くもブームに～が出てきた/流行很快就开始衰落 liúxíng hěn kuài jiù kāishǐ shuāiluò

かける【欠ける】 ❶【一部が】 缺 quē (英 *chip off*) ▶歯が～/缺牙 quē yá ❷【不足する】 缺少 quēshǎo; 缺乏 quēfá (英 *lack*; *want*) ▶常識に～/缺乏常识 quēfá chángshí ❸【月などが】 缺 quē (英 *wane*) ▶月の満ち欠け/月亮的圆缺 yuèliang de yuánquē

かける【架ける】 搭 dā; 架 jià (英 *hang over...*; *build over...*) ▶橋を～/架桥 jià qiáo ▶はしごを～/搭梯子 dā tīzi ▶「明日に～橋」《曲名》/《通向未来的桥梁 Tōngxiàng wèilái de qiáoliáng》

かける【掛ける】 ❶【吊す】 搭 dā; 挂 guà; 悬挂 xuánguà (英 *hang*; *hook*) ▶地図を～/挂地图 guà dìtú ▶上着をハンガーに～/上衣挂在衣架上 shàngyī guàzài yījiàshang ▶看板を～/挂牌子 guà páizi ▶窓にカーテンを～/往窗户上挂窗帘儿 wǎng chuānghushang guà chuāngliánr ▶上着を腕に～/把上衣搭在胳膊上 bǎ shàngyī dāzài gēbozhang

❷【費やす】 花 huā (英 *pay*; *spend*) ▶費用はいくらでも掛ける/多少费用都要花 duōshao fèiyong dōu yào huā ▶彼はその仕事に長い年月を掛けた/他为了那个工作花费了漫长的岁月 tā wèile nàge gōngzuò huāfèile màncháng de suìyuè

3 【掛算】 乗 chéng (英 *multiply*) ▶3に2を掛ければ6/三乘二等于六 sān chéng èr děngyú liù; 三二得六 sān èr dé liù

4 【その他】 ▶毛布を2枚掛けて寝る/盖上两条毛毯睡觉 gàishàng liǎng tiáo máotǎn shuìjiào ▶目玉焼きに醤油を〜/往荷包蛋上浇酱油 wǎng hébāodànshang jiāo jiàngyóu ▶エンジンを掛けたままにしておく/开着发动机 kāizhe fādòngjī ▶秤に〜/用秤来称 yòng chèng lái chēng ▶電話を〜/打电话 dǎ diànhuà ▶見知らぬ男が子供に声を掛けた/陌生的男人跟孩子打招呼 mòshēng de nánrén gēn háizi dǎ zhāohu

かける 【駆ける】 跑 pǎo; 奔走 bēnzǒu (英 *run*; [馬が] *gallop*)

かける 【賭ける】 打赌 dǎdǔ (英 *bet*; [冒す] *risk*) ▶こんなことに命を〜価値があるのか/为这种事值得拼命吗? wèi zhè zhǒng shì zhíde pīnmìng ma? ▶全財産を〜/用全部财产下赌注 yòng quánbù cáichǎn xià dǔzhù ▶人生を〜事業/奉献自己一生的事业 fèngxiàn zìjǐ yīshēng de shìyè

-かける (英 [...し始める] *begin*; *start*) ▶会社が破産しかけている/公司面临破产 gōngsī miànlín pòchǎn ▶やりかけた仕事は最後までやれ/把开始做的工作,坚持做到最后 bǎ kāishǐ zuò de gōngzuò, jiānchí zuòdào zuìhòu

かける 【陰る】 阴 yīn; 阴沉 yīnchén; 阴暗下来 yīn'ànxiàlai (英 *get dark*) ▶人気が〜/人望下降 rénwàng xiàjiàng ▶日が〜と急に寒くなる/太阳一下山,马上就冷起来了 tàiyáng yí xià shān, mǎshàng jiù lěngqǐlai le

かげろう 【陽炎】 热气 rèqì (英 *heat haze*) ▶〜が立つ/蒸发着热气 zhēngfāzhe rèqì

カゲロウ 【蜉蝣】 [虫] 蜉蝣 fúyóu (英 *a mayfly*)

かげん 【下弦】 下弦 xiàxián (英 *a waning moon*; *a decrescent*) ▶〜の月/下弦月 xiàxiányuè

かげん 【下限】 下限 xiàxiàn (英 *the lowest limit*)

かげん 【加減】 **1** 【量・程度】 程度 chéngdù (英 *degree*; [料理の] *taste*) ▶味〜をみる/尝尝味道 chángchang wèidao ▶火〜をみる/看火候 kàn huǒhou ▶女はうつむき〜で部屋に入ってきた/女子低着头走进屋子 nǚzǐ dīzhe tóu zǒujìn wūzi ▶湯〜はいかがですか/洗澡水的温度合适吗? xǐzǎoshuǐ de wēndù héshì ma? ▶冗談もいい〜にしろ/开玩笑也要有分寸 kāi wánxiào yě yào yǒu fēncun **2** 【健康】 身体情況 shēntǐ qíngkuàng (英 *health*) ▶お〜はいかがですか/您身体怎样? nín shēntǐ zěnyàng? ▶母は陽気のせいで少し〜が悪い/母亲由于气候的关系,身体有点不舒服 mǔqin yóuyú qìhòu de guānxi,

shēntǐ yǒudiǎn bù shūfu

かこ 【過去】 过去 guòqù; 既往 jìwǎng; 已往 yǐwǎng (英 *the past*) ▶〜をふり返る/回溯过去 huísù guòqù ▶〜と断絶しようとした/想跟过去一刀两断 xiǎng gēn guòqù yì dāo liǎng duàn ▶今では元会長も〜の人だ/到如今,原来的会长也成了历史性人物 dào rújīn, yuánlái de huìzhǎng yě chéngle lìshǐxìng rénwù ▶〜のことは〜のこととしよう/过去的事就让它过去吧 guòqù de shì jiù ràng tā guòqu ba ▶〜に前科のある男/有过前科的男人 yǒuguo qiánkē de nánrén ▶〜のある女/经历不寻常的女人 jīnglì bù xúncháng de nǚrén ▶私は〜3年間外国に行っていない/三年来我没去过外国 sān nián lái wǒ méi qùguo wàiguó

かご 【加護】 (英 *divine protection*) ▶神の御〜を願う/祈求神灵的保佑 qíqiú shénlíng de bǎoyòu

かご 【過誤】 过失 guòshī; 过错 guòcuò (英 *an error*)

かご 【駕籠】 轿子 jiàozi (英 *a palanquin*; *a sedan chair*)

かご 【籠】 笼 lóng; 篮子 lánzi; 篓子 lǒuzi (英 *a cage*; *a basket*) ▶一〜のくだもの/一筐水果 yì kuāng shuǐguǒ

◆〜細工/竹编工艺 zhúbiān gōngyì

かこい 【囲い】 围墙 wéiqiáng; 篱笆 líba; 栅栏 zhàlan (英 *an enclosure*; *a fence*) ▶〜をする《仕切る》/围起来 wéiqǐlai

かこう 【下降する】 下降 xiàjiàng; 低落 dīluò; 跌落 diēluò (英 *descend*; *fall*) ▶支持率〜する/支持率下降 zhīchílǜ xiàjiàng ▶飞行机が〜する/飞机下降 fēijī xiàjiàng ▶〜線をたどる/呈下降曲线 chéng xiàjiàng qūxiàn ◆肉体的には30歳で〜期に入る/人一到了三十岁,体力就会走下坡 rén yí dàole sānshí suì, tǐlì jiù huì zǒu xiàpō

かこう 【火口】 火山口 huǒshānkǒu (英 *a volcanic crater*)

かこう 【加工する】 加工 jiāgōng (英 *preocess*) ▶〜食品/加工食品 jiāgōng shípǐn ▶〜食品業/食品加工业 shípǐn jiāgōngyè ▶画像を〜する/加工图像 jiāgōng túxiàng

◆〜品/加工品 jiāgōngpǐn

かこう 【囲う】 围 wéi; 圈 quān (英 *enclose*) ▶ロープで〜/用绳子圈起来 yòng shéngzi quānqǐlai ▶囲碁は石を〜ゲームだ/围棋是一种围石子儿的游戏 wéiqí shì yì zhǒng wéi shízǐr de yóuxì ▶情报を囲い込む/控制情报 kòngzhì qíngbào

かこう 【河口】 河口 hékǒu (英 *the mouth of a river*)

かごう 【化合する】 化合 huàhé (英 *combine*) ▶〜物/化合物 huàhéwù ▶水素と酸素が〜して水となる/氢分子跟氧分子化合成水 qīngfēnzǐ gēn yǎngfēnzǐ huàhéchéng shuǐ

がごう 【雅号】 雅号 yǎhào (英 *a pen name*)

かこうがん 【花崗岩】 花岗岩 huāgāngyán (英

granite〉▶~は御影石とも呼ばれる/花岗岩又被称为"御影石" huāgāngyán yòu bèi chēngwéi "yùyǐngshí"

かこく【過酷な】 苛刻 kēkè; 严酷 yánkù 〈英 cruel; severe; hard〉▶~な労働条件/苛刻的劳动条件 kēkè de láodòng tiáojiàn ▶~な自然環境から逃れられない暮らし/无法躲避严酷的自然环境的现实生活 wúfǎ duǒbì yánkù de zìrán huánjìng de xiànshí shēnghuó ▶最も~なトライアスロン/(运动中)最艰苦的铁人三项赛 (yùndòng zhōng) zuì jiānkǔ de tiěrén sānxiàng sài

かこつける 借口 jièkǒu; 假借 jiǎjiè; 假托 jiǎtuō 〈英 make a pretext of…〉▶仕事に~/借口工作 jièkǒu gōngzuò

かこみ【囲み】 包围 bāowéi 〈英 a siege〉▶~を破る/突围 tūwéi
♦~記事〈新聞の〉:专栏报道 zhuānlán bàodào

かこむ【囲む】 划圈 huàquān; 围绕 wéirào 〈英 enclose; surround〉▶正解を丸で~/在正确答案上划圈儿 zài zhèngquè dá'ànshang huà quānr ▶恩師を~/围在恩师身旁 wéizài ēnshī shēnpáng ▶ストーブを囲んで座る/围着炉子坐 wéizhe lúzi zuò ▶留学生を~シンポジウム/跟留学生相聚一堂的研讨会 gēn liúxuéshēng xiāngjù yì táng de yántǎohuì ▶高層建築に囲まれた墓地/被高层建筑围绕在中间的坟地 bèi gāocéng jiànzhù wéirào zài zhōngjiān de féndì ▶食卓の囲み方にもお国柄が出る/餐桌的座席也能反映出各国的风俗习惯 cānzhuō de zuòxí yě néng fǎnyìngchū gèguó de fēngsú xíguàn

かこん【禍根】 祸根 huògēn; 祸害 huòhài 〈英 the root of evil〉▶そのようなことをしては、将来に~が残りますよ/那样做，将来会留下祸根的 nàyàng zuò, jiānglái huì liúxià huògēn de ▶~を残した軍事介入/留下祸根的军事干涉 liúxià huògēn de jūnshì gānshè

かごん【過言】 言过其实 yán guò qí shí 〈英 too much to say〉▶そのやり方は悪德商法と言っても~でない/那种做法，被称为"缺德的买卖"也是言不为过 nà zhǒng zuòfǎ, bèi chēngwéi "quēdé de mǎimài" yě shì yán bù wéi guò

かさ【笠】 斗笠 dǒulì; 斗篷 dǒupeng 〈英 a bamboo hat〉; [電灯の] a lamp shade〉▶電灯の~/灯伞 dēngsǎn; 灯罩 dēngzhào

~に着る 仗势 zhàngshì; 倚仗 yǐzhàng ▶親の威光に~着る/依仗父母的势力 yīzhàng fùmǔ de shìlì

かさ【傘】 伞 sǎn 〈英 an umbrella〉; [日傘] a parasol〉▶~をさす/打伞 dǎ sǎn ▶折り畳み~/折叠伞 zhédiésǎn ▶置き~/备用伞 yòngsǎn ▶私の~に入りませんか/跟我打一把伞吧 gēn wǒ dǎ yì bǎ sǎn ba ▶~がおちょこになった/伞被风吹得翻过去了 sǎn bèi fēng chuīde fānguòqu le ▶~の柄を腕にひっかける/把伞把儿挂在胳膊上 bǎ sǎnbǎr guàzài gēboshang ▶~の骨/伞骨 sǎngǔ
♦核の~:核保护伞 hébǎohùsǎn ~立て:雨伞架 yǔsǎnjià

かさ【嵩】 〈英 bulk; volume; quantity〉▶~にかかってくる/乘势进攻 chéngshì jìngōng ▶~張る/占地方 zhàn dìfang

かさ【暈】 日晕 rìyùn; 月晕 yuèyùn 〈英 a halo; a ring〉

かざあな【風穴】 〈英 an air hole〉▶~を開ける/打开通风口 dǎkāi tōngfēngkǒu

かさい【火災】 火灾 huǒzāi 〈英 a fire〉▶~が発生する/发生火灾 fāshēng huǒzāi ▶~保険/火灾保险 huǒzāi bǎoxiǎn ▶~報知器/火灾报警器 huǒzāi bàojǐngqì ▶~報知機がなるや否や大勢の人が部屋から出てきた/火灾警报一响，很多人就从房间里跑了出来 huǒzāi jǐngbào yì xiǎng, hěn duō rén jiù cóng fángjiānli pǎolechūlai ▶森林~/森林火灾 sēnlín huǒzāi

かざい【家財】 家具 jiājù; 家什 jiāshí 〈英 furniture and effects〉▶~をまとめて引っ越す/打点家什搬家 dǎdian jiāshí bānjiā

がざい【画材】 绘画用品 huìhuà yòngpǐn 〈英 materials for painting〉

かさいりゅう【火砕流】 〈英 pyroclastic flow〉▶突然の~が家や車を飲み込んだ/火山突然喷发出的岩浆把房屋和车辆吞没了 huǒshān tūrán pēnfāchū de yánjiāng bǎ fángwū hé chēliàng dōu tūnmò le

かさかさ 干巴 gānba; 干燥 gānzào; 沙沙作响 shāshā zuòxiǎng 〈英 [音] rustling; [肌] dry〉▶皮膚が~する/皮肤干燥 pífū gānzào ▶肌が~して痒い/皮肤干燥发痒 pífū gānzào fāyǎng ▶茂みが~と鳴る/草木沙沙作响 cǎomù shāshā zuòxiǎng

がさがさ 〈英 [音が] rustle; [手ざわりが] feel rough〉▶犬がやぶから~音をたてて出て来た/狗从草丛里钻出来，发出刷刷的声响 gǒu cóng cǎocóngli zuànchūlai, fāchū shuāshuā de shēngxiǎng ▶なんだか~した感じの人だ/给人印象粗鲁的人 gěi rén yìnxiàng cūlǔ de rén

かざかみ【風上】 上风 shàngfēng 〈英 windward〉▶~にも置けない/臭不可言 chòu bù kě yán ▶データを捏造するのは科学者の~にも置けない/伪造数据，丢尽了科学家的脸 wěizào shùjù, diūjìnle kēxuéjiā de liǎn

かさく【佳作】 佳作 jiāzuò 〈英 a fine work〉▶フォトコンテストで~になった/在摄影比赛中被评为佳作 zài shèyǐng bǐsài zhōng bèi píng wéi jiāzuò

かさく【寡作の】 〈英 unprolific〉▶彼は~の作家だ/他是一位作品很少的作家 tā shì yí wèi zuòpǐn hěn shǎo de zuòjiā

かざぐるま【風車】 风车 fēngchē 〈英 a windmill〉

カササギ【鵲】 〔鳥〕喜鹊 xǐquè 〈英 a magpie〉

かざしも【風下】 下风 xiàfēng 〈英 leeward〉▶こちらは~なので噴煙が流れてくる/这儿是下风，火山喷出来的烟都往这边儿飘 zhèr shì xiàfēng, huǒshān pēnchūlai de yān dōu wǎng zhèbiānr piāo

かざす（英 *hold up… over one's forehead*）▶明かりにかざして見る/遮住刺眼的光线看 zhēzhù cìyǎn de guāngxiàn kàn ▶手をかざして日差しを避けた/用手放在额头遮住阳光 yòng shǒu fàngzài étóu zhēzhù yángguāng

がさつ 粗鲁 cūlǔ；粗野 cūyě；莽撞 mǎngzhuàng（英 *rude; ill-bred; rough*）▶～な男/莽汉 mǎnghàn あなたはなんでそんなに～なの/你怎么那么莽撞呢？nǐ zěnme nàme mǎngzhuàng ne?

かさなる【重なる】 重叠 chóngdié；赶到一起 gǎndào yìqǐ（英 *be piled up; overlap*）▶重なり合う/层层叠叠 céngcéngdiédié ▶祭日が日曜日と～/节日适逢星期天 jiérì shíféng xīngqītiān ▶重なり合って倒れる/撞在一起摔倒了 zhuàngzài yìqǐ shuāidǎo le ▶不幸が～/不幸的事都赶到一起了 búxìng de shì dōu gǎndào yìqǐ le ▶日曜と祝日が～時は翌日が定休日になります/节日跟星期天相重的话，星期一也是休息日 jiérì gēn xīngqītiān xiāng chóng de huà, xīngqīyī yě shì xiūxirì ▶悪いことは～ものだ/祸不单行 huò bù dān xíng ▶偶然が～と何か運命的なものを感じる/偶发的事情赶到一起，就让人感到某种宿命 ǒufā de shìqing gǎndào yìqǐ, jiù ràng rén gǎndào mǒu zhǒng sùmìng

かさねがさね【重ね重ね】 接二连三 jiē èr lián sān; 屡次 lǚcì（英 *repeatedly*）▶～迷惑を掛ける/接连不断地添麻烦 jiēlián búduàn de tiān máfan ▶～の不幸/接二连三的不幸 jiē èr lián sān de búxìng

かさねぎ【重ね着する】 套着穿 tàozhe chuān（英 *be heavily clothed*）▶シャツを2枚～する/套着穿两件衬衫 tàozhe chuān liǎng jiàn chènshān

かさねて【重ねて】 重复 chóngfù；再次 zàicì（英 *again; once more*）▶～言明する/重申 chóngshēn ▶～お詫びを申し上げます/再次表示歉意 zàicì biǎoshì qiànyì

かさねる【重ねる】 叠 dié；摞 luò；反复 fǎnfù（英 *pile up;〔繰り返す〕repeat*）▶新聞紙を～/摞报纸 luò bàozhǐ ▶失敗を～/反复失败 fǎnfù shībài ▶苦労を～/饱经风霜 bǎo jīng fēngshuāng ▶嘘に嘘を～/谎上加谎 huǎngshang jiāhuǎng ▶年齢を～ほど頑固になる/越上年纪越顽固 yuè shàng niánjì yuè wángù

かざはな【風花】 雪花 xuěhuā；飞雪 fēixuě（英 *wind-borne snow*）

かさぶた【瘡蓋】〔医〕痂 jiā；疮疤 chuāngbā（英 *a scab*）▶～をはがしたい/我想揭开疮疤 wǒ xiǎng jiēkāi chuāngbā

かざみどり【風見鶏】 风标鸡 fēngbiāojī；〔比喻〕风派人物 fēngpài rénwù（英 *a weathercock*）▶～のある洋館/带有风标鸡的西洋建筑 dài yǒu fēngbiāojī de xīyáng jiànzhù ▶～を決めこむ/见风使舵 jiàn fēng shǐ duò

かさむ【嵩む】 增大 zēngdà（英 *increase*; [金額が] *mount up*）▶それでは出費が～/那样费用就太贵了 nàyàng fèiyong jiù tài guì le ▶医療費が～一方だ/医疗费越来越贵 yīliáofèi yuèláiyuè zhòng

かざむき【風向き】 风向 fēngxiàng；风头 fēngtou; 形势 xíngshì（英 *the direction of the wind*）▶～を知る/了解风向 liǎojiě fēngxiàng ▶～を考えて火を燃やせ/(野外)烧火时，要注意风向 (yěwài) shāohuǒ shí, yào zhùyì fēngxiàng ▶～が変わる/形势变了 xíngshì biàn le ▶～が悪い《成り行きなど》/情况不利 qíngkuàng búlì

かざり【飾り】 装饰(品) zhuāngshì(pǐn)（英 *an ornament; decoration*）▶壁に少し～をつける/墙壁上加一些装饰 qiángbìshang jiā yìxiē zhuāngshì ▶～のない文章を書く/写不加润色的文章 xiě bù jiā rùnsè de wénzhāng ▶正月～/新年的装饰 xīnnián de zhuāngshì

かざりけ【飾り気】 爱修饰 ài xiūshì；装门面 zhuāng ménmian（英 *affectation*）▶～がない/朴质 pǔzhì; 质朴 zhìpǔ ▶～のない人/朴质的人 pǔzhì de rén

かざりつけ【飾り付け】《室内の》摆设 bǎishe;《店などの》装潢 zhuānghuáng（英 *decoration*）▶園児が七夕の～をしている/幼儿园的孩子们在装饰乞巧节 yòu'éryuán de háizimen zài zhuāngshì Qǐqiǎojié ▶店の～を変えた/改变店铺的装潢 gǎibiàn diànpù de zhuānghuáng

かざりもの【飾り物】 装饰品 zhuāngshìpǐn（英 *an ornament; a decoration*）▶ショーウインドーの～/橱窗里的装饰品 chúchuānglǐ de zhuāngshìpǐn ▶今の社長はただの～だ/现在的总经理只是一个摆设 xiànzài de zǒngjīnglǐ zhǐ shì yí ge bǎishè

かざる【飾る】 装饰 zhuāngshì；润色 rùnsè；修饰 xiūshì（英 *ornament; display*）▶絵を～/用画装饰 yòng huà zhuāngshì ▶紙面を～/充满版面 chōngmǎn bǎnmiàn ▶有終の美を～/善始善终 shàn shǐ shàn zhōng ▶窓を～花/装饰窗口的花朵 zhuāngshì chuāngkǒu de huāduǒ ▶彼女の写真はいろいろな雑誌の表紙を飾られた/她的照片在各种杂志上亮相 tā de zhàopiàn zài gèzhǒng zázhìshang liàngxiàng ▶言葉を飾らずに言う/实话实说 shíhuà shíshuō ▶原田さんは自分を飾らない人だ/原田是一个朴质的人 Yuántián shì yí ge pǔzhì de rén

かさん【加算する】 加在一起算 jiāzài yìqǐ suàn（英 *add*）

かざん【火山】 火山 huǒshān（英 *a volcano*）▶～活动/火山运动 huǒshān yùndòng ♦～岩/火山岩 huǒshānyán ～灰/火山灰 huǒshānhuī 活～/活火山 huóhuǒshān 死～/死火山 sǐhuǒshān

かさんか【過酸化-】 ～水素/过氧化氢 guòyǎnghuàqīng ▶～ナトリウム/过氧化钠 guòyǎnghuàna

かし【下肢】〔解〕下肢 xiàzhī（英 *the lower limbs; the legs*）▶～静脉瘤/下肢静脉肿瘤

xiàzhī jìngmài zhǒngliú

かし【河岸】 鲜鱼市场 xiānyú shìchǎng; 鱼市 yúshì (英 *a riverside*; [魚河岸] *a fish market*) ▶～を変える／换个地方(喝酒) huàn ge dìfang (hē jiǔ)

かし【華氏】 华式(温标) Huáshì (wēnbiāo) (英 *Fahrenheit*) ▶水は－32度で凍る／水在华式三十二度结冰 shuǐ zài Huáshì sānshí'èr dù jiébīng ▶人間の平熱は－98.6度です／人的正常体温为华氏九十八点六度 rén de zhèngcháng tǐwēn wéi Huáshì jiǔshíbā diǎn liù dù

かし【菓子】 糕点 gāodiǎn; 点心 diǎnxīn; 糖果 tángguǒ (英 *a cake*) ▶和～／日式点心 Rìshì diǎnxīn ▶茶～／喝茶时用的点心 hē chá shí yòng de diǎnxin ▶パン／果子面包 miànbāo ▶～折／点心盒 diǎnxīnhé
◆～屋 点心铺 diǎnxīnpù

かし【貸し】 贷款 dàikuǎn;《比喩》恩惠 ēnhuì (英 *a loan*; [売掛金] *a bill*) ▶彼に五千円～がある／他欠我五千日元 tā qiàn wǒ wǔqiān Rìyuán ▶～名義で／借用名义 jièyòng míngyì ▶銀行の～渋り／银行不愿意贷款 yínháng bú yuànyì dàikuǎn ▶～家あります／有房出租 yǒu fáng chūzū
～ビル 租楼盘 zūlóupán

かし【歌詞】 歌词 gēcí (英 *the lyrics*) ▶～が古くさい／歌词陈腐 gēcí chénfǔ

カシ【樫】 《植物》橡树 xiàngshù; 栎树 lìshù (英 *an oak*)

かじ【火事】 火灾 huǒzāi; 火警 huǒjǐng (英 *a fire*) ▶～になる／着火 zháohuǒ; 起火 qǐhuǒ ▶子供の火遊びから～になった／由于孩子玩火，发生火灾 yóuyú háizi wánhuǒ, fāshēng huǒzāi ▶～を出す／失火 shīhuǒ ▶～を消す／救火 jiùhuǒ ▶山～／山火 shānhuǒ ▶タバコの火の不始末が原因で山～が起こった／因为抽烟不慎，引起山林火灾 yīnwèi chōuyān búshèn, yǐnqǐ shānlín huǒzāi ▶～だ／着火啦！ zháohuǒ la！ ▶～が起こる／发生火灾 fāshēng huǒzāi ▶その～は2階から出た／那场火灾是从二楼起火的 nà chǎng huǒzāi shì cóng èr lóu qǐhuǒ de ▶～見舞いに行く／去慰问火灾 qù wèiwèn huǒzāi

かじ【家事】 家务 jiāwù (英 *household affairs*) ▶～をやる／做家务 zuò jiāwù ▶～を手伝う／帮助料理家务 bāngzhù liàolǐ jiāwù ▶～と育児の全責任を担う／一手操持家务和养育孩子 yìshǒu cāochí jiāwù hé yǎngyù háizi ▶夫と妻が～を分担する／夫妻分担家务 fūqī fēndān jiāwù
◆～手伝い 独身在家女性 dúshēn zài jiā nǚxìng

かじ【舵】 舵 duò (英 *a rudder*) ▶～を取る／掌舵 zhǎngduò ▶軍事強化に～を切る／国家转向强化军备 guójiā zhuǎnxiàng qiánghuà jūnbèi

がし【餓死する】 饿死 èsǐ (英 *starve to death*) ▶数十万の難民が～する／饿死几十万难民 èsǐ jǐ shíwàn nànmín ▶旱ばつが続けば～者が出てくるだろう／旱灾继续下去会有人饿死的 hànzāi jìxùxiàqu huì yǒu rén èsǐ de

かしいしょう【貸し衣装】 出租服装 chūzū fúzhuāng (英 *clothes for rent*) ▶～を着て記念撮影をする／穿出租服装照纪念相 chuān chūzū fúzhuāng zhào jìniànxiàng
◆～屋 服装出租店 fúzhuāng chūzūdiàn

カシオペアざ【カシオペア座】《天文》仙后座 Xiānhòuzuò (英 *Cassiopeia*)

かしかた【貸方】《会計》贷方 dàifāng; 付方 fùfāng; 债权人 zhàiquánrén (英 *the credit side*) ▶～に記入する／填写在贷方 tiánxiě zài dàifāng

かじかむ 冻僵 dòngjiāng (英 *become numb*) ▶指先が～／手指冻僵 shǒuzhǐ dòngjiāng ▶手がかじかんで字が書けない／手冻僵了，写不了字 shǒu dòngjiāng le, xiěbuliǎo zì

かしかり【貸し借りする】 借贷 jièdài (英 *borrow... back and forth*) ▶これで～がなくなった／这样咱们就谁也不欠谁的了 zhèyàng zánmen jiù shéi yě bú qiàn shéi de le

かしかん【下士官】 军士 jūnshì (英 [陸軍] *a noncommissioned officer*; [海軍] *a petty officer*)

カジキ【旗魚】《魚》旗鱼 qíyú (英 *a swordfish*)

かしきり【貸し切り】 包 bāo; 包租 bāozū (英 *reserved*; *chartered*) ▶劇場の～／专场 zhuānchǎng ▶車／专车 zhuānchē ▶バス旅行／坐旅游包车去旅行 zuò lǚyóu bāochē qù lǚxíng ▶《掲示》当レストランは本日～／本餐厅今天包场，暂停营业 běn cāntīng jīntiān bāochǎng, zàntíng yíngyè

かしきん【貸し金】 贷款 dàikuǎn (英 *a loan*; *an advance*) ▶～を回収する／回收贷款 huíshōu dàikuǎn

かしきんこ【貸金庫】 (英 *a safe-deposit box*) ▶銀行の～に預ける／存放在银行的出租保险柜里 cúnfàng zài yínháng de chūzū bǎoxiǎnguìli

かしぐ【傾ぐ】 倾斜 qīngxié; 倾向 qīngxiàng (英 *incline*)

かしげる 歪 wāi (英 *incline*; *lean*) ▶首を～／歪脑袋 wāi nǎodai ▶最近は首をかしげたくなるような事件が多い／最近令人费解的事件很多 zuìjìn lìng rén fèijiě de shìjiàn hěn duō ▶彼は当惑して首をかしげた／他歪着头感到很困惑 tā wāizhe tóu gǎndào hěn kùnhuò

かしこい【賢い】 聪明 cōngmíng; 贤明 xiánmíng (英 *wise*; *clever*; *bright*) ▶車の～選び方／挑选汽车的贤明方法 tiāoxuǎn qìchē de xiánmíng fāngfǎ ▶彼らしい～やり方／他特有的聪明做法 tā tèyǒu de cōngmíng zuòfǎ ▶この子は賢そうな顔をしている／这孩子长着一副聪明的小脸 zhè háizi zhǎngzhe yí fù cōngmíng de xiǎoliǎn

かしこうせん【可視光線】《理学》可见光 kějiànguāng (英 *visible rays*) ▶紫外線は～ではない／紫外线不是可见光 zǐwàixiàn bú shì kějiànguāng

かしこまる 恭敬 gōngjìng (英 *stand on formality*) ▶何をそんなにかしこまっているんだ／干吗这么毕恭毕敬的？ gànmá zhème bì gōng bì jìng de？ ▶かしこまりました/是 shì; 明白了 míngbai le

かしじょうたい【仮死状態】 假死状态 jiǎsǐ zhuàngtài（英 *a state of apparent death*）▶～で生まれた子が蘇生した/假死状态出生的孩子死而复苏了 jiǎsǐ zhuàngtài chūshēng de háizi sǐ ér fùsū le

かしだおれ【貸し倒れ】 倒账 dǎozhàng; 呆账 dāizhàng（英 *a bad debt; a dead loan*）▶～になる/变成呆账 biànchéng dāizhàng ▶～準備金/为应付坏账而准备的资金 wèi yìngfù huàizhàng ér zhǔnbèi de zījīn

かしだし【貸し出し】 借出 jièchū; 出借 chūjiè（英 *a loan*; [図書館］ *lending service*）▶この本は～いたしません/这本书不借出 zhè běn shū bú jièchū
◆～金利/贷款利息 dàikuǎn lìxī

かしだす【貸し出す】 出租 chūzū; 借出 jièchū（英 *loan out; make a loan*）▶自転車を～/出租自行车 chūzū zìxíngchē ▶企業に利子を付けて資金を～/对企业加上利息贷款 duì qǐyè jiāshàng lìxī dàikuǎn

かしつ【加湿する】 加湿 jiāshī; 润湿 rùnshī（英 *humidify*）
◆～器/加湿器 jiāshīqì

かしつ【過失】 过失 guòshī; 过错 guòcuò; 罪过 zuìguo（英 *a fault; a mistake; an error*）▶～致死/过失杀人 guòshī shārén ▶業務上～致死罪/因工作失误造成死亡罪 yīn gōngzuò shīwù zàochéng sǐwángzuì ▶当社に～はありません/本公司没有过错 běn gōngsī méiyǒu guòcuò

かじつ【佳日】 佳日 jiārì; 吉日 jírì（英 *an auspicious day*）

かじつ【果実】 果实 guǒshí; 果子 guǒzi（英 *a fruit; a nut; a berry*）▶～がなる/结果 jiēguǒ ▶～酒/果子酒 guǒzijiǔ

かじつ【過日】 日前 rìqián; 前几天 qián jǐ tiān（英 *the other day*）▶～は大変お世話になりました/日前承蒙多方关照 rìqián chéngméng duōfāng guānzhào

がしつ【画室】 画室 huàshì（英 *a studio*）

がしつ【画質】 图像质量 túxiàng zhìliàng（英 *picture quality*）

かしつけ【貸し付け】 贷款 dàikuǎn（英 *loaning*）▶～金/贷款 dàikuǎn ▶修学困難な学生に奨学資金の～を行う/对就学困难的学生实施奖学金贷款 duì jiùxué kùnnan de xuésheng shíshī jiǎngxuéjīn dàikuǎn ▶巨額の～がいくつか不良となった/巨额贷款中有一些变成了坏账 jù'é dàikuǎn zhōng yǒu yìxiē biànchéngle huàizhàng ▶法外な金利で～を行う/用超出限度的利息放高利贷 yòng chāochū xiàndù de lìxī fàng gāolìdài

かじとり【舵取り】 舵手 duòshǒu; 掌舵 zhǎngduò（英 *steering*; [人] *a steersman*）▶学長はいわば大学の～の役だ/校长可以说是大学的舵手 xiàozhǎng kěyǐ shuō shì dàxué de duòshǒu

国内経済に対して的確な～を行う/对国内经济掌控得很稳妥 duì guónèi jīngjì zhǎngkòngde hěn wěntuǒ ▶新社長が～をすることになった/新任总经理掌握实权了 xīnrèn zǒngjīnglǐ zhǎngwò shíquán le

かしぬし【貸し主】 债主 zhàizhǔ; 出租人 chūzūrén（英 *a lender; a creditor*）▶部屋の修繕費は～負担である/房间的修缮费由房主负担 fángjiān de xiūshànfèi yóu fángzhǔ fùdān

カジノ 赌场 dǔchǎng（英 *a casino*）

かじば【火事場】 火场 huǒchǎng（英 *the scene of a fire*）▶～泥棒を働く/趁火打劫 chèn huǒ dǎ jié; 乘人之危 chéng rén zhī wēi ▶～の馬鹿力/紧急关头的超常能力 jǐnjí guāntóu de chāocháng nénglì

かしべっそう【貸し別荘】 出租别墅 chūzū biéshù（英 *a cottage for rent*）

かしほん【貸し本】 租书 zūshū（英 *a book to loan out*）
◆～屋/租书摊 zūshūtān

かしま【貸間】 出租房间 chūzū fángjiān（英 *a room for rent*）▶～あり《掲示》/有房出租 yǒu fáng chūzū

カシミヤ 〔服飾〕开司米 kāisīmǐ（英 *cashmere*）▶～のセーター/开司米的毛衣 kāisīmǐ de máoyī

かしゃ【貨車】 货车 huòchē（英 *a freight car*）▶無蓋～/敞篷货车 chǎngpéng huòchē

かしや【貸家】 出租的房屋 chūzū de fángwū（英 *a house for rent [to let]*）

かじや【鍛冶屋】 铁匠 tiějiàng（英 *a blacksmith*）

かしゃく【呵責】 英 *a pang of remorse* ▶良心の～を感じる/受到良心的谴责 shòudào liángxīn de qiǎnzé

かしゅ【歌手】 歌唱家 gēchàngjiā; 歌手 gēshǒu（英 *a singer*）▶テノール～/男高音歌唱家 nángāoyīn gēchàngjiā ▶オペラ～/歌剧演员 gējù yǎnyuán ▶ポップ～/流行歌手 liúxíng gēshǒu

かじゅ【果樹】 果树 guǒshù; 果木 guǒmù（英 *a fruit tree*）▶～園/果园 guǒyuán ▶～の栽培/种植果树 zhòngzhí guǒshù

カジュアル 随便 suíbiàn; 休闲 xiūxián（英 *casual*）▶～ウェア/便服 biànfú; 休闲服 xiūxiánfú

かしゅう【歌集】 歌曲集 gēqǔjí; 歌词集 gēcíjí（英 *a songbook*）

かじゅう【加重】 加重 jiāzhòng（英 *weighting*）▶～平均/加权平均 jiāquán píngjūn

かじゅう【果汁】 果汁 guǒzhī（英 *fruit juice*）▶～をしぼる/挤果汁 jǐ guǒzhī ▶天然～/天然果汁 tiānrán guǒzhī ▶無添加の～/无添加物的果汁 wútiānjiāwù de guǒzhī

かじゅう【荷重】 负荷 fùhè; 载荷 zàihè（英 *load*）▶～に耐える/忍受重担 rěnshòu zhòngdàn ▶制限～を越える/超过限制的负荷 chāoguò xiànzhì de fùhè ▶環境～を軽減する/减轻环境负荷 jiǎnqīng huánjìng fùhè

かじゅう【過重】 过重 guòzhòng（英 *overweight*）▶～労働／超负荷劳动 chāofùhè láodòng ▶～な税負担／过于沉重的纳税负担 guòyú chénzhòng de nàshuì fùdān

がしゅう【画集】 画集 huàjí；画册 huàcè（英 *a book of paintings*）

カシューナッツ 腰果 yāoguǒ（英 *a cashew nut*）

ガジュマル〔植物〕榕树 róngshù（英 *a banyan*）

かしょ【箇所】 地方 dìfang；处 chù（英 *a place; a spot; a point*）▶二・／两个地方 liǎng ge dìfang ▶壊れそうな～〔建物などの〕/可能损坏的地方 kěnéng sǔnhuài de dìfang ▶危険な～を点検する／检查危险的地方 jiǎnchá wēixiǎn de dìfang ▶同じ～に不具合が出るのは納得できない／在同一位置发生故障，这无法理解 zài tóngyī wèizhì fāshēng gùzhàng, zhè wúfǎ lǐjiě

かしょう【仮称】（英 *a provisional name*）▶～する／暂称 zànchēng

かしょう【過小の】 过小 guòxiǎo；过低 guòdī（英 *too little; too few*）▶～評価する／过低评价 guòdī píngjià ▶彼の絵は当初～に評価されていた／他的画儿当初受到过低的评价 tā de huàr dāngchū shòudào guòdī de píngjià ▶放射能漏れの影響を～に評価する／对放射能泄漏所造成的影响评价过小 duì fàngshènéng lòushī suǒ zàochéng de yǐngxiǎng píngjià guòxiǎo

かしょう【過少の】 过少 guòshǎo（英 *too little; too few*）▶～申告／过少申报 guòshǎo shēnbào ▶所得を～申告する／过低申报所得 guòdī shēnbào suǒdé

かしょう【歌唱】 唱歌 chànggē（英 *singing*）▶～力／唱歌能力 chànggē nénglì

かじょう【過剰な】 过剩 guòshèng；过分 guòfēn（英 *too much; excessive*）▶君は自意識～だよ／你的自我意识太强了 nǐ de zìwǒ yìshí tài qiáng le

♦～反応 过激反应 guòjī fǎnyìng　～防衛 过剩防卫 guòshèng fángwèi　人口～／人口过剩 rénkǒu guòshèng　生産～／生产过剩 shēngchǎn guòshèng

かじょう【箇条】 条款 tiáokuǎn（英 *an article; a clause*）▶～書きにする／逐条列举 zhútiáo lièjǔ ▶6～の要求／六项要求 liù xiàng yāoqiú

がしょう【画商】 画商 huàshāng；美术商 měishùshāng（英 *an art dealer*）

がじょう【牙城】 大本营 dàběnyíng；根据地 gēnjùdì（英 *the stronghold*）▶敵の～を崩す／攻克敌军大本营 gōngkè díjūn dàběnyíng

がじょう【賀状】 贺年片 hèniánpiàn（英 *a New Year's card*）▶～を出す／寄贺年片 jì hèniánpiàn ▶～欠礼のはがき／通知服丧中不拜年的明信片 tōngzhī fúsāng zhōng bú bàinián de míngxìnpiàn

かしょくしょう【過食症】 暴食症 bàoshízhèng；贪食症 tānshízhèng（英 *compulsive eating disorder*）

かしら【頭】 ❶〔先頭〕头子 tóuzi；头头儿 tóutour；头目 tóumù（英 *the head*）▶兄弟の～／老大 lǎodà ▶8歳を～に4人の子供がある／八岁的老大打头，一共有四个孩子 bā suì de lǎodà dǎtóu, yígòng yǒu sì ge háizi ▶～に立つ／做头領 zuò shǒulǐng　❷〔親方〕师傅 shīfu（英 *a chief; a boss*）▶職人の～／工匠师傅 gōngjiàng shīfu　❸〔首〕头 tóu（英 *a head*）▶人形の～／偶人的头 ǒurén de tóu

-かしら（英 *I wonder...*）▶まだ間に合う～／还来得及吗？hái láidejí ma? ▶私じゃだめ～／我来做，不行吗？wǒ lái zuò, bùxíng ma?

かしらもじ【頭文字】 大写的第一个字母 dàxiě de dìyī ge zìmǔ（英 *an initial*）

かじる 啃 kěn；咬 yǎo（英 *bite; gnaw*）▶りんごを～／啃苹果 kěn píngguǒ ▶りんごを～と歯がうずく／一咬苹果牙就疼 yì yǎo píngguǒ yá jiù téng ▶テレビにかじり付く／没完没了地看电视 méiwán méiliǎo de kàn diànshì ▶外国語を5つ以上もかじっている／学了不下五门外语 xuéle bú xià wǔ mén wàiyǔ

親の脛（すね）を～　靠父母生活 kào fùmǔ shēnghuó；啃老 kěn lǎo

カシワ【柏】〔植物〕槲树 húshù；青冈 qīnggāng（英 *an oak*）▶～餅／用槲树叶包的糕点 yòng húshùyè bāo de gāodiǎn

かしわで【柏手を打つ】（英 *clap one's hands*）▶神社にお参りに～を打つ／去神社拍手参拜 qù shénshè pāishǒu cānbài

かしん【過信する】 过于相信 guòyú xiāngxìn（英 *be too confident; overestimate*）▶己を～する／过于自信 guòyú zìxìn ▶健康食品を～するのは禁物だ／切忌对保健食品过于轻信 qièjì duì bǎojiàn shípǐn guòyú qīngxìn

かじん【佳人】 佳人 jiārén；美人 měirén（英 *a beautiful woman*）

かじん【家人】 家人 jiārén；家里人 jiālirén（英 *one's family*）

がしんしょうたん【臥薪嘗胆】 卧薪尝胆 wò xīn cháng dǎn（英 *great perseverance*）

かす【粕・糟・滓】 糟粕 zāopò；渣 zhā（英 *dregs*）；〔酒かす〕sake lees ▶酒～／酒糟 jiǔzāo ▶残り～／剩下的渣滓 shèngxià de zhāzǐ ▶俺か～みたいなものだ／我这样的，跟渣滓差不多 wǒ zhèyàng de, gēn zhāzǐ chàbuduō

かす【貸す】 借 jiè；出租 chūzū；租赁 zūlìn（英 *lend*;〔賃貸する〕*rent; let*;〔家などを〕*lease*）▶小銭を～／借零钱 jiè língqián ▶知恵を～／出主意 chū zhǔyi ▶手を～／帮忙 bāngmáng ▶彼は僕に五千円貸してくれると言った／他说要跟我借五千日元 tā shuō yào gēn wǒ jiè wǔqiān Rìyuán ▶彼にいくらか金を貸した／我借给他一些钱 wǒ jiègěi tā yìxiē qián ▶自動車を貸してくれと頼んだ／我请他把汽车借给我 wǒ qǐng tā bǎ qìchē jiègěi wǒ ▶ちょっと手を貸してくれますか／能不能来帮个忙 néngbunéng lái bāng ge

かず máng ▶あの人は耳を貸しそうにない/那个人不会听的 nàge rén búhuì tīng de ▶ちょっと顔を貸して/你过来一下，我有话跟你说 nǐ guòlái yíxià, wǒ yǒu huà gēn nǐ shuō

かず【数】 数码 shùmǎ；数目 shùmù (英 *a number*) ▶～の内に入らない/数不着 shǔbuzháo ▶～の内に入れる/算 suàn ▶～を揃える/凑数 còushù ▶～を数える/数数儿 shǔ shùr ▶交通事故の～は急速に増えている/交通事故的数量在急速增长 jiāotōng shìgù de shùliàng zài jísù zēngzhǎng ▶～限りないお茶の種類が/茶叶有无数的品种 cháyè yǒu wúshù de pǐnzhǒng ▶～ある応募作品の中にすばらしい作品がまじっていた/在众多的投稿作品当中参杂着优秀的作品 zài zhòngduō de tóugǎo zuòpǐn dāngzhōng cānzázhe yōuxiù de zuòpǐn ▶物の～とも思わない/不放在眼下 bú fàngzài yǎnli ▶政治の世界では一の論理が優先する/在政治领域，数量是最受重视的硬道理 zài zhèngzhì lǐngyù, shùliàng shì zuì shòu zhòngshì de yìngdàoli

ガス ❶【気体】气体 qìtǐ；雾 wù (英 *gas*) ▶腹に～がたまっている/肚子发胀 dùzi fāzhàng ▶車の排気/车辆的废气 chēliàng de fèiqì；尾气 wěiqì ❷【燃料】煤气 méiqì；瓦斯 wǎsī (英 *gas*) ▶～灯/煤气灯 méiqìdēng ▶～バーナー/煤气喷灯 méiqì pēndēng ▶～コンロ/煤气灶 méiqìzào ▶～メーター/煤气表 méiqìbiǎo ▶～をつける/点燃煤气 diǎnrán méiqì ▶～を消す/关掉煤气 guāndiào méiqì ▶～の炎を小さくする/把煤气灶的火调得小一点儿 bǎ méiqìzào de huǒ tiáode xiǎo yìdiǎnr ▶～/煤气费 méiqìfèi ▶～洩れのにおいがする/闻到煤气漏气的味儿 wéndào méiqì lòuqì de wèir ▶～中毒/煤气中毒 méiqì zhòngdú ❸【ガソリン】汽油 qìyóu (英 *gas; gasoline*) ▶～欠に/缺汽油了 quē qìyóu le
♦～管/煤气管道 méiqì guǎndào ～ストーブ/煤气炉 méiqìlú ～タンク/煤气储存库 méiqì chǔcúnkù ～ボンベ/煤气罐儿 méiqìguànr ～マスク/防毒面罩 fángdú miànzhào

かすか【微かな】 微微 wēiwēi；淡漠 dànmò；隐约 yǐnyuē (英 *vague; slight*) ▶～な明かり/微光 wēiguāng ▶未来に対し～な希望を持っている/对将来抱有一线希望 duì jiānglái bào yǒu yíxiàn xīwàng ▶～な物音にも敏感になる/对轻微的响动也变得敏感 duì qīngwēi de xiǎngdong yě biànde mǐngǎn

かすがい【鎹】 铆子 jūzi；(比喻) 纽带 niǔdài (英 *an iron clamp*) ▶子は～/孩子是夫妻的纽带 háizi shì fūqī de niǔdài

かすかす 勉强 miǎnqiáng (英 *barely*) ▶～で及第する/将将及格 jiāngjiāng jígé ▶～で過半数を取った/勉强获得多数 miǎnqiáng huòdé duōshù

かずかず【数数の】 各种 gèzhǒng；许多 xǔduō (英 *many; various*) ▶～の栄誉/各种荣誉 gèzhǒng róngyù ▶～の謎が一気に解決した/许多疑团一下子就化为乌有了 xǔduō yítuán yíxiàzi jiù huàwéi wūyǒu le

カスタード〔食品〕牛奶蛋糕 niúnǎi dànhú；乳蛋糊 rǔdànhú (英 *a custard*)

カスタネット〔音楽〕响板 xiǎngbǎn (英 *castanets*)

カスタマイズする〔電算〕制定 zhìdìng；用户化 yònghùhuà (英 *customize*)

カステラ《菓子》蛋糕 dàngāo (英 *sponge cake*)

かずのこ【数の子】〔食品〕腌鲱鱼子 yānfēiyúzǐ (英 *herring roe*)

かすみ【霞】 雾 xiá；云雾 yúnwù (英 *mist; haze*) ▶～がかかる/出彩霞 chū cǎixiá ▶誰も～を食っては生きられない/喝西北风，谁也活不下去 hē xīběifēng, shéi yě huóbuxiàqu ▶～のかかった山里はとても幻想的だ/霞光里的山野充满了幻想 xiáguānglǐ de shānyě chōngmǎnle huànxiǎng

かすむ【霞む】 模糊 móhu；淡漠 dànmò (英 *be hazy; be dim*) ▶目が～/发花 fāhuā ▶霞んで見える〈遠くなどが〉/模糊糊糊看到 móműhūhū kàndao ▶存在が～〈目立たなくなる〉/显得淡漠显得的淡漠 xiǎnde dànmò ▶パソコンのやりすぎで目が～/打电脑时间太长，眼睛发花 dǎ diànnǎo shíjiān tài cháng, yǎnjing fāhuā ▶新人の台頭で、この美人女優もすっかり霞んでしまった/由于新秀登场，那个美丽的女演员也黯然失色了 yóuyú xīnxiù dēngchǎng, nàge měilì de nǚyǎnyuán yě ànrán shīsè le ▶遠く霞んだ山々/远方模糊的群山 yuǎnfāng móhu de qúnshān

かすめとる【掠め取る】 刮 guā；盗劫 dàojié；掠夺 lüèduó (英 *rob; steal*) ▶人の金を～悪党/掠夺别人钱财的歹徒 lüèduó biéren qiáncái de dǎitú

かすめる【掠める】 ❶【盗む】抢 qiǎng；掠 lüè (英 *rob; steal*) ❷【通り過ぎる】轻擦 qīngcā (英 *skim*) ▶相手のパンチが顔面を～/对方的拳头轻轻擦过自己的脸 duìfāng de quántou qīngqīng cāguò zìjǐ de liǎn ▶一抹の不安がふと頭を～/脑海里闪过一丝不安 nǎohǎili shǎnguò yì sī bù'ān

かすりきず【掠り傷】 擦伤 cāshāng (英 *a scratch*) ▶～を負う/受到擦伤 shòudào cāshāng ▶～程度で済んでよかった/幸好只受了一点儿擦伤 xìnghǎo zhǐ shòule yìdiǎnr cāshāng

かする【化する】 化为 huàwéi；变为 biànwéi (英 *change*)

かする【科する】 判处 pànchǔ (英 *inflict*；[罰金に] *fine*) ▶～/判处缴纳制裁费 pànchǔ jiǎonà zhìcáifèi ▶违法駐車で罰金を科せられる/违法停车，被判处罚款 wéifǎ tíngchē, bèi pànchū fákuǎn

かする【掠る】 擦 cā (英 *graze; brush*) ▶弾はヘルメットを掠った/子弹擦过头盔 zǐdàn cāguò tóukuī ▶ほんの掠った程度の打撲/只不过受了一点擦伤 zhǐbuguò shòule yìdiǎn cāshāng

かする【課する】 课 kè;(宿題を)留 liú (英 impose; assign) ▶学生に宿題を~/给学生留作业 gěi xuésheng liú zuòyè ▶重税を~/课以重税 kèyǐ zhòngshuì

かすれる【掠れる】 《声が》沙哑 shāyǎ;《文字などが》模糊 móhu (英 [声が] become hoarse;[文字が] become blurred) ▶声が~/声音嘶哑 shēngyīn sīyǎ ▶サッカーの応援で声が掠れてしまった/为了声援足球，把嗓子都喊哑了 wèile shēngyuán zúqiú, bǎ sǎngzi dōu hǎnyǎ le ▶字が掠れている/字迹模糊 zìjì móhu

かせ【枷】 (英 shackles) ▶足~/脚镣 jiǎoliào ▶手~/手铐 shǒukào ▶首~/枷 jiā ▶~をかける/戴上枷锁 dàishàng jiāsuǒ;束缚自由 shùfù zìyóu

かぜ【風】 风 fēng (英 a wind; a breeze; a blast) ▶~が吹く/刮风 guāfēng ▶~を通す/通风 tōngfēng;透风 tòufēng ▶~に逆らう/顶风 dǐngfēng ▶~をはらむ《帆などが》/兜风 dōufēng ▶~を受ける/迎风 yíngfēng ▶かすかな~が心地よい/微风令人惬意 wēifēng lìng rén qièyì ▶強い~/大风 dàfēng ▶西寄りの~/(偏)西风 (piān)xīfēng ▶外に出て~にあたる/去外边透透风 qù wàibiān tòutou fēng ▶~が東から吹く/风从东方来 fēng cóng dōngfāng lái ▶~が強くなる/风大了 fēng dà le ▶この~では出発できない/这么大的风不能走 zhème dà de fēng bùnéng zǒu ▶~の便りに聞いた/风闻 fēngwén ▶君が来るなんて，どうした~の吹き回しだ/是哪阵风把你给吹来啦？shì nǎ zhèn fēng bǎ nǐ gěi chuī lái la？

かぜ【風邪】 感冒 gǎnmào (英 a cold; [流感] influenza) ▶~をひく/伤风 shāngfēng;着凉 zháoliáng;感冒 gǎnmào ▶~に効く生姜(しょう)湯/治感冒的姜汤 zhì gǎnmào de jiāngtāng ▶~から肺炎になった/由感冒转成肺炎了 yóu gǎnmào zhuǎnchéng fèiyán le ▶~がはやっている/流行感冒 liúxíng gǎnmào ▶~が抜けない/感冒老也不好 gǎnmào lǎo yě bù hǎo

~は万病のもと 感冒是万病之源 gǎnmào shì wànbìng zhī yuán

◆**~薬**：感冒药 gǎnmàoyào 鼻**~**：流鼻涕感冒 liú bítì gǎnmào

かぜあたり【風当たり】 风势 fēngshì;《比喻》批判 pīpàn (英 exposing to the wind; [批判] harsh criticism) ▶~が強い/风势强 fēngshì qiáng;压力大 yālì dà ▶彼への~が強くなるだろう/他越来越大招风了 tā yuèláiyuè shù dà zhāofēng le ▶その会社に対する世間の~が強くなった/社会对那个公司的批判越来越强了 shèhuì duì nàge gōngsī de pīpàn yuèláiyuè qiáng le

かせい【火星】 〔天文〕火星 huǒxīng (英 Mars) ▶~探査ロケット/火星探测器 huǒxīng tàncèqì ▶~に生命体が存在するか/火星上有没有生命呢？huǒxīngshang yǒuméiyǒu shēngmìng ne? ▶~人/火星人 huǒxīngrén

日中比较 中国語の'火星 huǒxīng'には「天体の火星」以外に「火花」や「火の粉」という意味もある。

かせい【火勢】 火势 huǒshì (英 the spread of the fire) ▶~が強い/火势强 huǒshì qiáng ▶~がつのる/火势越来越猛 huǒshì yuèláiyuè měng ▶三日続いた山火事もようやく~が衰えてきた/接连烧了三天的山林火灾，火势总算开始减弱了 jiēlián shāole sān tiān de shānlín huǒzāi, huǒshì zǒngsuàn kāishǐ jiǎnruò le

かせい【加勢する】 援助 yuánzhù;支援 zhīyuán (英 help; aid) ▶弱い者に~するのが人情だ/援助弱小是人之常情 yuánzhù ruòxiǎo shì rén zhī chángqíng

かせい【家政】 家政 jiāzhèng (英 housekeeping; domestic economy) ▶~科/家政科 jiāzhèngkē

かぜい【課税する】 课税 kèshuì (英 tax; levy) ▶収入が少ないので~されない/收入少，所以没有被课税 shōurù shǎo, suǒyǐ méiyǒu bèi kèshuì ▶追徴~/追加课税 zhuījiā kèshuì ▶宗教法人は原則として非~だ/宗教法人原则上不用课税 zōngjiào fǎrén yuánzéshang búyòng kèshuì ▶~の対象となる/成为课税的对象 chéngwéi kèshuì de duìxiàng

◆**~品**：需要课税的物品 xūyào kèshuì de wùpǐn

かせいがん【火成岩】 (英 igneous rock) ▶~/火成岩 huǒchéngyán

かせいソーダ【苛性ソーダ】 〔化学〕烧碱 shāojiǎn (英 caustic soda)

かせいふ【家政婦】 保姆 bǎomǔ;女佣 nǚyōng (英 a maid)

かせき【化石】 化石 huàshí (英 a fossil) ▶生きている~/活化石 huóhuàshí ▶動物の~/动物的化石 dòngwù de huàshí ▶~になる/变成化石 biànchéng huàshí ▶~燃料/化石燃料 huàshí ránliào

かせぎ【稼ぎ】 工钱 gōngqián;赚头 zhuàntou (英 [働き] work; [収入] earnings) ▶~が足りない/赚的钱不够花 zhuàn de qián búgòu huā ▶出~に行く/外出打工 wàichū dǎgōng ▶~手《一家の生活を支える》：负担家计的人 fùdān jiājì de rén

かせぐ【稼ぐ】 赚 zhuàn;挣 zhèng (英 earn one's bread; [金を] earn money) ▶お金を~/赚钱 zhuànqián ▶時間を~/争取时间 zhēngqǔ shíjiān ▶点数を~/得分 défēn ▶ネットで大金を~/靠因特网赚大钱 kào yīntèwǎng zhuàn dàqián ▶生活費をなんとか~/勉强挣出生活费 miǎnqiǎng zhèngchū shēnghuófèi ▶部屋代を~/挣房租 zhèng fángzū

かせつ【仮設する】 临时安设 línshí ānshè (英 build temporarily) ▶~の橋/便桥 biànqiáo ▶~道路/便道 biàndào ▶~住宅/临时住宅 línshí zhùzhái ▶~トイレ/临时安设的厕所 línshí ānshè de cèsuǒ

かせつ【仮説】 假设 jiǎshè;假说 jiǎshuō (英 a hypothesis) ▶~をたてる/提出假说 tíchū jiǎshuō ▶～を検証する/验证假说 yànzhèng jiǎshuō

かせつ【架設する】 架设 jiàshè；安装 ānzhuāng ([英] *construct*; *build*) ▶電話を～する/安装电话 ānzhuāng diànhuà

[か]

カセット 盒 hé ([英] *a cassette*)；《テープ》盒式磁带 héshì cídài ([英] *a cassette tape*) ▶～テープ/盒式录音带 héshì lùyīndài

かぜとおし【風通し】 通风 tōngfēng ([英] *ventilation*) ▶～が悪い/窝风 wōfēng ▶～が悪くてなかなか乾かない/不通风，所以总也晾不干 bù tōngfēng, suǒyǐ zǒng yě liàngbugān ▶委員会には外部の人を加えて～をよくする必要がある/委员会有必要增加局外人提高透明度 wěiyuánhuì yǒu bìyào zēngjiā júwàirén tígāo tòumíngdù

かせん【下線】 ([英] *an underline*) ▶～を引く/(在文字下)划线 (zài wénzìxia) huà xiàn

かせん【化繊】 化纤 huàxiān ([英] *a synthetic fiber*) ▶～の着物/化学纤维的衣服 huàxué xiānwéi de yīfu

かせん【河川】 河川 héchuān；河流 héliú ([英] *rivers*) ▶～の氾濫/河流的泛滥 héliú de fànlàn ▶～汚染/河流污染 héliú wūrǎn ▶～改修工事/修复河流的工程 xiūfù héliú de gōngchéng

♦～敷 ¦ 河滩 hétān

かせん【架線】 架线 jiàxiàn ([英] *wiring*; [線] *wires*) ▶～作業員/架线施工人员 jiàxiàn shīgōng rényuán ▶～工事/架线工程 jiàxiàn gōngchéng

かせん【寡占】 〔経済〕垄断 lǒngduàn ([英] *oligopoly*)

♦～市場 ¦ 垄断市场 lǒngduàn shìchǎng

がぜん【俄然】 忽然 hūrán；突然 tūrán ([英] *suddenly*) ▶～元気になる/突然精神起来 tūrán jīngshenqǐlai ▶その一言で～興味が湧いてきた/听了那句话，油然产生了兴趣 tīngle nà jù huà, yóurán chǎnshēngle xìngqù

がせんし【画仙紙】 宣纸 xuānzhǐ；《上質の》玉版宣 yùbǎnxuān ([英] *Chinese drawing paper*)

かそ【過疎】 人口稀少 rénkǒu xīshǎo ([英] *depopulation*) ▶～化しつつある町/人口逐渐减少的城镇 rénkǒu zhújiàn jiǎnshǎo de chéngzhèn ▶～の村/人口稀少的村子 rénkǒu xīshǎo de cūnzi

♦～地(帯) ¦ 人烟稀少地带 rényān xīshǎo dìdài

がそ【画素】 〔電算〕像素 xiàngsù ([英] *a pixel*) ▶～数/像素数 xiàngsùshù

かそう【下層】 下层 xiàcéng ([英] *a lower layer*; *an underlayer*) ▶～社会/下层社会 xiàcéng shèhuì ▶～階級/下层阶级 xiàcéng jiējí

かそう【火葬する】 火葬 huǒzàng；火化 huǒhuà ([英] *cremate*; *burn to ashes*) ▶～場/火葬场 huǒzàngchǎng

かそう【仮装する】 化装 huàzhuāng；假扮 jiǎbàn ([英] *disguise*) ▶～行列/化装游行 huàzhuāng yóuxíng ▶～舞踏会/化装舞会 huàzhuāng wǔhuì

かそう【仮想する】 假想 jiǎxiǎng ([英] *imagine*; *suppose*) ▶～敵/假想敌 jiǎxiǎngdí

♦～現実 ¦ 虚拟现实 xūnǐ xiànshí

がぞう【画像】 画面 huàmiàn；图像 túxiàng；影像 yǐngxiàng ([英] *a portrait*; *one's likeness*) ▶テレビの～/电视的图像 diànshì de túxiàng ▶ボケた～/模糊的影像 móhu de yǐngxiàng ▶デジタル～を送る/传送数码图像 chuánsòng shùmǎ túxiàng ▶衛星～で天気を調べる/在卫星画面上调查气象 zài wèixīng huàmiànshang diàochá qìxiàng ▶ケータイで撮影した～/用手机拍摄的图像 yòng shǒujī pāishè de túxiàng

かぞえうた【数え歌】 数数歌 shǔshùgē

かぞえきれない【数えきれない】 数不清 shǔbuqīng；数不胜数 shǔ bú shèng shǔ ([英] *uncountable*; *innumerable*) ▶この界隈には～ほどの中華料理店がある/这一带有数不清的中国菜馆 zhè yídài yǒu shǔbuqīng de Zhōngguó càiguǎn ▶この湿原の水鳥は～ほど多い/这片湿原里，水鸟多得数不过来 zhè piàn shīyuánli, shuǐniǎo duōde shǔbuguòlai

かぞえたてる【数え立てる】 列举 lièjǔ；举出 jǔchū ([英] *list*) ▶作品の欠点を～/罗列出作品的缺点 luólièchū zuòpǐn de quēdiǎn

かぞえどし【数え年】 虚岁 xūsuì

かぞえる【数える】 算 suàn；数 shǔ；算计 suànji ([英] *count*; *calculate*; *number*) ▶点数を～/算分 suànfēn ▶出席した人数を～/计算出席人数 jìsuàn chūxí rénshù ▶観客は～ほどしかいない/观众寥寥无几 guānzhòng liáoliáo wú jǐ ▶彼はいつも 10 人の人気作家の中に数えられている/他总是排名在人气作家的前十名 tā zǒngshì páimíng zài rénqì zuòjiā de qián shí míng ▶これまで登った山を数えあげる/一一列举以往攀登过的山峰 yīyī lièjǔ yǐwǎng pāndēngguo de shānfēng ▶数え直す/重新数一遍 chóngxīn shǔ yí biàn ▶指折り数えて帰国の日を待つ/掰着手指头盼望回国的日子 bāizhe shǒuzhǐtou pànwàng huíguó de rìzi

かそく【加速する】 加快 jiākuài；加速 jiāsù ([英] *accelerate*) ▶～度/加速度 jiāsùdù ▶世界の人口が～度的に増加している/世界的人口加速度增长 shìjiè de rénkǒu jiāsùdù zēngzhǎng ▶環境汚染は～する一方である/环境污染的速度不断加快 huánjìng wūrǎn de sùdù búduàn jiākuài

かぞく【家族】 家庭成员 jiātíng chéngyuán；家属 jiāshǔ；亲人 qīnrén [参考]‘家属’は戸主(本人)を含まない. ([英] *a family*) ▶私たちは～ぐるみで付き合っている/我们两家过往很亲密 wǒmen liǎng jiā guòwǎng hěn qīnmì ▶～が多い/家庭成员多 jiātíng chéngyuán duō ▶私たちは 6 人～です/我们家六口人 wǒmenjiā liù kǒu rén ▶～の一員として扱う/(把他)当成一家人 (bǎ tā) dàngchéng yìjiārén ▶～揃っての休暇をとる/全家人一起休假 quánjiārén yìqǐ xiūjià

♦～制度 ¦ 家族制度 jiāzú zhìdù ～手当 ¦ 家属

津贴 jiēshǔ jīntiē

かそせい【可塑性】 可塑性 kěsùxìng (英 plasticity)

ガソリン 汽油 qìyóu (英 gasoline; petrol) ▶～を食う車/费油的车 fèiyóu de chē ▶～エンジン/汽油发动机 qìyóu fādòngjī ◆～スタンド/加油站 jiāyóuzhàn

かた【方】 **1**〖しかた〗(英 a manner; a way) ▶歩き～/步法 bùfǎ; 走路的样子 zǒulù de yàngzi ▶話し～/说话的方法 shuōhuà de fāngfǎ **2**〖側〗(英 a side) ▶母～の親類/母亲家的亲戚 mǔqīnjiā de qīnqi **3**〖敬称〗▶この～は私の恩師です/这位是我的恩师 zhè wèi shì wǒ de ēnshī **4**〖気付〗(英 care of...; c/o ...) ▶田中様～木村様/田中转交 木村收 Tiánzhōng zhuǎnjiāo Mùcūn shōu

かた【片】 (英 solution) ～を付ける 了却 liǎoquè; 解决 jiějué; 清算 qīngsuàn ▶なんでも金で～を付けようとする/什么事都想用金钱来了断 shénme shì dōu xiǎng yòng jīnqián láile duàn ▶百万円あればすべて～が付く/只要有一百万日元就都能解决了 zhǐyào yǒu yìbǎi wàn Rìyuán jiù dōu néng jiějué le

かた【肩】 肩膀 jiānbǎng; 肩头 jiāntóu; 膀子 bǎngzi (英 a shoulder) ▶バスタオルを～にかける/把浴巾搭在肩膀上 bǎ yùjīn dāzài jiānbǎngshang
～入れ ▶特定の団体に～入れするのはよくない/不应该偏袒特定的团体 bù yīnggāi piāntǎn tèdìng de tuántǐ
～がこる 肩膀酸 jiānbǎng suān ▶～のこらない読み物/轻松的读物 qīngsōng de dúwù
～で息をする 呼吸困难 hūxī kùnnan
～で風を切る 得意洋洋 déyì yángyáng
～の荷をおろす 卸下肩上的重担 xièxià jiānshang de zhòngdān 如释重负 rú shì zhòngfù
～をすくめる 缩起肩膀来 suōqǐ jiānbǎng lái
～を並べる 并肩齐驱 bìng jiān qí qū ▶～を並べて歩く/并肩走路 bìngjiān zǒulù ▶その分野で彼と～を並べる者はいない/在那个领域, 没有人能跟他媲美 zài nàge lǐngyù, méiyǒu rén néng gēn tā pǐměi
～を張る 端肩膀 duān jiānbǎng
～を持つ 偏袒 piāntǎn

かた【型・形】 **1**〖形状〗模具 mújù; 模子 múzi; 样子 yàngzi (英 shape; form) ▶～が崩れる/走样儿 zǒuyàngr; 走形 zǒuxíng ▶～に流し込む/灌进模具 guànjìn mújù **2**〖模様・様式〗型 xíng; 样式 yàngshì (英 a pattern; type) ▶新～の車/新型车 xīnxíngchē ▶新しい～の経営者/新型的经营者 xīnxíng de jīngyíngzhě **3**〖慣例〗老一套 lǎoyītào (英 tradition) ▶～にはまった/千篇一律 qiānpiān yīlǜ ▶～にはまらない/不落俗套 bú luò sútào ▶彼は選挙運動の～を破った/他打破了选举运动的成规 tā dǎpòle xuǎnjǔ yùndòng de chéngguī

かた【過多】 (英 excess) ▶胃酸～/胃酸过多 wèisuān guòduō ▶情報～の社会/信息过剩的社会 xìnxī guòshèng de shèhuì

かた【潟】 海涂 hǎitú; 泻湖 xièhú (英 a lagoon)

-がた【-型の】 (英 - type) ▶B ～のインフルエンザ/乙型流感 yǐxíng liúgǎn ▶僕なんか典型的な B ～人間だよ/我是典型的 B 型人 wǒ shì diǎnxíng de B xíngrén ▶A ～肝炎/甲型肝炎 jiǎxíng gānyán

かたあし【片足】 (英 one foot〔leg〕) ▶～で立つ/用一条腿站着 yòng yì tiáo tuǐ zhànzhe;〖武術〗金鸡独立 jīnjī dúlì ▶～を棺桶(鈴)に突っこんでいる/半截身子已经入土了 bànjié shēnzi yǐjīng rùtǔ le

かたい【堅い・硬い・固い】 硬 yìng; 坚硬 jiānyìng; 硬棒 yìngbang (英 hard; solid; tough; tight) ▶～岩/坚硬的岩石 jiānyìng de yánshí ▶蓋が～/盖子紧 gàizi jǐn ▶意志/意志坚强 yìzhì jiānqiáng ▶口が～/嘴严 zuǐ yán; 守口如瓶 shǒukǒu rú píng ▶堅く閉ざす/封得很严 fēngde hěn yán ▶鉛筆/硬铅笔 yìngqiānbǐ ▶表情を硬くする/绷着脸 běngzhe liǎn ▶いかにも頭が～役人が考えることだ/显然是头脑顽固的官僚的想法 xiǎnrán shì tóunǎo wángù de guānliáo de xiǎngfa ▶～読み物はごめんだ/生硬的读物我可受不了 shēngyìng de dúwù wǒ kě shòubuliǎo ▶そう～ことを言うな/别那么一本正经地说 bié nàme yì běn zhèngjīng de shuō

かだい【過大な】 过高 guògāo (英 excessive) ▶～な期待はごめんだ/别对我抱太多希望 bié duì wǒ bào tài duō xīwàng ▶彼に～な負担をかける/给他过重的负担 gěi tā guòzhòng de fùdān ▶～に見積る/过高地估价 guògāo de gūjià

かだい【課題】 课题 kètí; 问题 wèntí;〖宿題〗作业 zuòyè (英 a subject; a theme;〖宿題〗homework) ▶～を出す/提出课题 tíchū kètí ▶多くの～が残る大会だった/留下很多课题的大会 liúxià hěn duō kètí de dàhuì ▶夏休みの～はしだ/暑假没有作业 shǔjià méiyǒu zuòyè ▶政府の当面の～/政府面对的近期课题 zhèngfǔ miànduì de jìnqí kètí

-がたい【-難い】 难 nán; 难以 nányǐ (英 be difficult to do) ▶ちょっと信じ～ね/有点儿难以相信 yǒudiǎnr nányǐ xiāngxìn ▶彼の歌には捨て～味がある/他的歌里有一种独特的味道 tā de gēli yǒu yī zhǒng dútè de wèidao ▶曰く言い難さ/难以言表 nányǐ yán biǎo

かたいじ【片意地】 顽固 wángù (英 stubborn; obstinate) ▶～を張る/固执 gùzhí; 犟 jiàng

かたいなか【片田舎】 偏僻的乡村 piānpì de xiāngcūn (英 a remote countryside; the back country) ▶私は東北で育った/我是在东北的一个偏僻村庄里长大的 wǒ shì zài Dōngběi de yí ge piānpì cūnzhuānglǐ zhǎngdà de

かたうで【片腕】 帮手 bāngshou; 股肱 gǔgōng; 心腹 xīnfù (英 one arm;〖腹心〗one's right-hand man) ▶頼りになる～/得力助手 délì zhùshǒu ▶裏切ったのはボスの~だった男だ/叛徒曾经是老板的心腹 pàntú céngjīng shì lǎobǎn de xīnfù

がたおち【がた落ち】 暴跌 bàodiē; 猛跌 měngdiē (英) drop sharply; plunge ▶成績が~だ/成绩滑坡 chéngjì huápō ▶人気が~になる/人望暴跌 rénwàng bàodiē

かたおもい【片思い】 单相思 dānxiāngsī (英) unanswered [one-sided] love ▶私の青春は~と失恋の繰り返しだった/我的青春时代, 不是单相思就是失恋 wǒ de qīngchūn shídài, bú shì dānxiāngsī jiù shì shīliàn

かたおや【片親】 (英) a parent ▶~しかいない家庭/单亲家庭 dānqīn jiātíng

かたがき【肩書き】 职称 zhíchēng; 头衔 tóuxián (英) a title ▶~なしの名刺/没有头衔的名片 méiyǒu tóuxián de míngpiàn ▶今日では~は物を言わない/现在职称不管用 xiànzài zhíchēng bù guǎnyòng

かたかけ【肩掛け】 [女性用の] 披肩 pījiān (英) a shawl ▶~かばん/挎包 kuàbāo

がたがた (英) a rattling noise ▶強風が吹いて窓ガラスが~鳴る/大风吹得窗户咯哒哒哒地响 dàfēng chuīde chuānghu kādākādā de xiǎng ▶~揺れる/摇摇晃晃 yáoyáohuàngànghuàng ▶寒くて~震える/冷得发抖 lěngde fādǒu ▶~文句を言うな/不要唠唠叨叨地发牢骚 búyào láolaodāodao de fā láosao ▶車は~道をよろよろ進む/车在凹凸不平的路上缓缓而行 chē zài āotū bù píng de lùshang huǎnhuǎn ér xíng

かたがみ【型紙】 纸型 zhǐxíng; 纸样儿 zhǐyàngr (英) a paper pattern ▶~に合わせて裁つ/按照纸型裁剪(服装) ànzhào zhǐxíng cáijiǎn (fúzhuāng)

かたがわ【片側】 一边 yìbiān (英) one side ▶エスカレーターの~を空けるのはなぜですか/坐自动扶梯时, 人们为什么要空出一边来呢? zuò zìdòng fútī shí, rénmen wèi shénme yào kòngchū yìbiān lái ne?

~通行/单行线 dānxíngxiàn

かたがわり【肩代わりする】 顶替 dǐngtì; 代替 dàitì (英) take over; transfer ▶友人の借金を~する/替朋友还账 tì péngyou huánzhàng

かたき【敵・仇】 对头 duìtou; 冤家 yuānjia; 仇人 chóurén (英) an enemy ▶愛煙家が目の~にされる/爱吸烟的人被大家视为眼中钉 ài xīyān de rén bèi dàjiā shìwéi yǎnzhōngdīng

~同士となる 结仇 jiéchóu
~を討つ 报仇 bàochóu ▶親の~を討つ/替父母报仇 tì fùmǔ bàochóu

◆~役/反面角色 fǎnmiàn juésè ▶「スターウォーズ」の~役/《星球大战》里的反面角色 《Xīngqiú dàzhàn》li de fǎnmiàn juésè 碁~:下棋的好对手 xiàqí de hǎoduìshǒu

かたぎ【気質】 气质 qìzhì; 气度 qìdù (英) a character; a spirit ▶職人~/手艺人脾气 shǒuyìrén píqi ▶昔~/古板 gǔbǎn ▶当世の学生~はどんな風ですか/当今学生的气质怎么样? dāngjīn xuésheng de qìzhì zěnmeyàng?

かたぎ【堅気の】 正经 zhèngjing (英) honest; decent ▶で暮らす/老老实实地过日子 lǎolǎoshíshí de guò rìzi ▶正经地生活 zhèngjing de shēnghuó ▶になる/洗手不干 xǐshǒu bú gàn; 改邪归正 gǎixié guīzhèng

かたく【家宅】 (英) a house ▶~侵入罪/家宅侵入罪 jiāzhái qīnrùzuì

かたく【堅く】 牢牢地 láoláode; 坚决地 jiānjuéde (英) tightly; firmly; strictly ▶~しばる/牢牢地绑住 láoláo de bǎngzhù ▶唇を~結ぶ/紧紧地闭着嘴唇 jǐnjǐn de bìzhe zuǐchún ▶~決心する/下定决心 xiàdìng juéxīn ▶~約束する/认真约定 rènzhēn yuēdìng ▶~断る/坚决拒绝 jiānjué jùjué

かたくずれ【型崩れする】 走样儿 zǒuyàngr; 变形 biànxíng (英) lose shape)

かたくそうさく【家宅捜索する】 搜查住宅 sōuchá zhùzhái (英) search a house ▶100人態勢で~に着手した/配备了一百个人搜查住宅 pèibèile yìbǎi ge rén sōuchá zhùzhái

かたくな【頑なに】 固执 gùzhí; 生硬 shēngyìng; 顽固 wángù (英) obstinately ▶~な態度/顽固的态度 wángù de tàidù ▶~になる/变得僵硬 biànde jiāngyìng ▶~に証言を拒否する/顽固拒绝作证 wángù jùjué zuòzhèng ▶~に昔からの製法を守る/顽固保持传统的制作方法 gùzhí bǎochí chuántǒng de zhìzuò fāngfǎ

かたくりこ【片栗粉】 〔食品〕淀粉 diànfěn; 团粉 tuánfěn; 芡粉 qiànfěn (英) sterch powder ▶水溶き~/水溶淀粉 shuǐróng diànfěn ▶鸡肉に~をまぶす/在鸡肉上涂团粉 zài jīròushang tú tuánfěn

かたくるしい【堅苦しい】 拘谨 jūjǐn; 古板 gǔbǎn; 严肃 yánsù (英) formal; stiff ▶博物館にはなんだか~イメージがある/博物馆总有种严肃的气氛 bówùguǎn zǒng yǒu zhǒng yánsù de qìfēn ▶~人/很古板的人 hěn gǔbǎn de rén ▶~ことは抜きにしよう/不要拘泥形式吧 búyào jūnì xíngshì ba

かたぐるま【肩車する】 骑在肩上 qízài jiānshang (英) ride on one's shoulders ▶父親が子供を~する/父亲让孩子骑在肩上 fùqīn ràng háizi qízài jiānshang

かたこと【片言】 片言 piànyán; 只言片语 zhīyán piànyǔ; 不完整地说 bù wánzhěng de shuō (英) broken language; [子供の] baby talk ▶~でしゃべる/不完整地说 bù wánzhěng de shuō ▶~も聞き漏らさない/一句话也不漏听 yí jù huà yě bù lòutīng ▶お互いへの英语で话し合った/互相之间用片言片语的英文交谈 hùxiāng zhījiān yòng zhīyán piànyǔ de Yīngwén jiāotán

かたさ【硬さ】 硬度 yìngdù (英) hardness ▶枕には~が必要だ/枕头需要适当的硬度 zhěntou xūyào shìdàng de yìngdù

かたさき【肩先】 肩头 jiāntóu (英) the tip of the

shoulder) ▶～に髪の毛が2, 3本くっついている/肩头上附着两三根头发 jiāntóushang fùzhe liǎng sān gēn tóufa

かたじけない 非常感谢 fēicháng gǎnxiè; 不胜感谢 búshèng gǎnxiè (英 be thankful)

かたず【固唾】
～をのむ 屏息凝视 bǐngxī níngshì

かたすかし【肩透かし】 落空 luòkōng (英 dodging) ▶期待していた試合だったのにとんだ～だった/对比赛的期待意想不到地落空了 duì bǐsài de qīdài yìxiǎngbudào de luòkōng le

かたすみ【片隅】 旮旯儿 gālár; 角落 jiǎoluò (英 a corner; a nook) ▶公園の～/公园角落 gōngyuán jiǎoluò ▶東京の～でひっそりと暮らす/在东京的角落里安静地生活 zài Dōngjīng de jiǎoluòlǐ ānjìng de shēnghuó ▶それは記憶の～に残った/那件事留在了记忆的角落里 nà jiàn shì liúzàile jìyì de jiǎoluòlǐ

かたたたき【肩叩き】 捶肩 chuíjiān;〔比喻〕劝退职 quàn tuìzhí (英 shoulder tapping; early voluntary retirement) ▶孫が～してくれた/孙子给我捶肩膀 sūnzi gěi wǒ chuí jiānbǎng ▶上司から～された/被上司劝退了 bèi shàngsi quàntuì le

かたち【形】 形状 xíngzhuàng; 样 yàng; 形式 xíngshì (英 a shape; a form;［外観］an appearance) ▶～が変わる/变形 biànxíng ▶～が崩れる/走样 zǒuyàng ▶～ばかりの改革に抵抗する/反对形式上的改革 fǎnduì xíngshìshang de gǎigé ▶この件は何らかの～で検討してみたい/想用某种方式来探讨这件事 xiǎng yòng mǒu zhǒng fāngshì lái tàntǎo zhè jiàn shì ▶ヘアピンを釣り針の～に曲げる/把发夹弯成鱼钩的形状 bǎ fājiá wānchéng yúgōu de xíngzhuàng ▶～のよい/样子好看 yàngzi hǎokàn ▶何らかの～で社会奉仕をする/用某种形式来奉献社会 yòng mǒu zhǒng xíngshì lái fèngxiàn shèhuì ▶～ばかりの謝罪をする/做表面上的赔礼道歉 zuò biǎomiànshang de péilǐ dàoqiàn

かたちづくる【形作る】 形成 xíngchéng; 构成 gòuchéng (英 form; shape) ▶教育は人格を～/教育可以铸造人格 jiàoyù kěyǐ zhùzào réngé

かたづく【片付く】 收拾好 shōushihǎo; 整理好 zhěnglǐhǎo; 解决 jiějué (英［整頓］be put in order;［終る］be finished) ▶部屋が～/房间收拾整齐 fángjiān shōushi zhěngqí ▶仕事が早く片付いた/工作提前完成了 gōngzuò tíqián wánchéng le ▶それは半分片付いてしまった問題だ/那是已解决了一半的问题 nà shì yǐjīng jiějuéle yíbàn de wèntí

かたづける【片付ける】 收拾 shōushi; 整理 zhěnglǐ; 清理 qīnglǐ (英［整頓］put...in order;［しまう］put back;［終る］finish) ▶食器を～/收拾餐具 shōushi cānjù ▶仕事を～/完成工作 wánchéng gōngzuò ▶あなたは本当に～のが下手ね/你真是不善于整理 nǐ zhēn shì bú shànyú zhěnglǐ ▶さっさと仕事を～/赶快完成工作

gǎnkuài wánchéng gōngzuò ▶机の上がいつもきちんと片付けてある/桌子上总是整理得干干净净 zhuōzishang zǒngshì zhěnglǐde gāngānjìngjìng ▶一方で散らかす/刚收拾好就乱扔 gāng shōushihǎo jiù luàn rēng ▶たまっていた宿題を～/做完积压的作业 zuòwán jīyā de zuòyè

かたっぱしから【片っ端から】 一个一个地 yí ge yí ge de (英 one after another; one and all) ▶文学全集を～読み始めた/开始依次阅读文学全集 kāishǐ yīcì yuèdú wénxué quánjí ▶覚えた英単語を～忘れる/英文单词随记随忘 Yīngwén dāncí suí jì suí wàng

カタツムリ【蝸牛】〔動物〕蜗牛 wōniú (英 a snail)

かたて【片手】 一只手 yì zhī shǒu (英 one hand) ▶～に持つ/用一只手拿 yòng yì zhī shǒu ná ▶～で操作できる/能用一只手操纵 néng yòng yì zhī shǒu cāozòng ▶卵を～で割れますか/能用一只手磕鸡蛋吗? néng yòng yì zhī shǒu kē jīdàn ma?

かたてま【片手間に】 业余时间 yèyú shíjiān (英 in one's spare time) ▶～に小説を書く/用业余时间写小说 yòng yèyú shíjiān xiě xiǎoshuō ▶～の仕事ではない/不是抽空儿就能干的工作 bú shì chōu kòngr jiù néng gàn de gōngzuò

かたどおり【型通りの】 照例 zhàolì; 老一套的 lǎoyítào de (英 formal)

かたとき【片時】 片刻 piànkè; 一刻 yíkè (英 a moment) ▶～も休まず/片刻都不休息 piànkè dōu bù xiūxi ▶～も目を離さない/目不转睛 mù bù zhuǎn jīng ▶～も目が離せない/一会儿都不能疏忽 yíhuìr dōu bùnéng shūhu ▶～もケータイを手離さない/片刻都离不开手机 piànkè dōu líbukāi shǒujī

かたどる【象る】 仿照 fǎngzhào; 仿造 fǎngzào (英 imitate; mold)

かたな【刀】 刀 dāo (英 a sword) ▶～の鞘/刀鞘 dāoqiào ▶～の切っ先/刀锋 dāofēng ▶～を研ぐ/磨刀 mó dāo ▶～を抜く/拔刀 bá dāo

~折れ矢尽きる 刀折矢尽 dāo zhé shǐ jìn; 弹尽粮绝 dàn jìn liáng jué
◆～傷/刀伤 dāoshāng

かたなし【形無しである】 丢脸 diūliǎn; 没面子 méi miànzi (英［面目ない］lose face) ▶マラソンで転んなんて～だ/跑马拉松还摔跤真丢脸 pǎo mǎlāsōng hái shuāijiāo zhēn diūliǎn ▶クイズで子供にやっつけられて教授も～だ/在智力竞赛上被小孩子击败教授也没面子 zài zhìlì jìngsàishang bèi xiǎoháizi jībài jiàoshòu yě méi miànzi

かたならし【肩慣らし】 (英 warm up) ▶～をする/做准备活动 zuò zhǔnbèi huódòng

かたは【片刃】 单刃 dānrèn (英 a single edge) ▶～のかみそり/单刃剃须刀 dānrèn tìxūdāo

かたパッド【肩パッド】 垫肩 diànjiān (英 shoulder pads)

かたはば【肩幅】 (英 the width of one's shoul-

かたはらいたい【片腹痛い】 可笑 kěxiào; 笑死人 xiàosǐ rén ㊧ *ridiculous*; *absurd*）▶あいつが俺に挑戦するなんて、～が那家伙竟然挑战我,太可笑了 nà jiāhuo jìngrán tiǎozhàn wǒ, tài kěxiào le

かたひじ【肩肘張って】（㊧ *with a swagger*）▶～を張る/摆架子 bǎi jiàzi; 盛气凌人 shèngqì língrén

かたぶつ【堅物】 不通融的人 bù tōngróng de rén; 严谨的人 yánjǐn de rén ㊧ *a square*）▶田中さんは～みたいだが存外話が分かる/田中先生好像很严谨,其实却很通融 Tiánzhōng xiānsheng hǎoxiàng hěn yánjǐn, qíshí què hěn tōngróng

かたほう【片方】 半边 bànbiān; 一边 yìbiān; 一方 yìfāng ㊧ *the other side*; [対の] *one of a pair*）▶～の肩ばかり持つ/偏袒一边 piāntǎn yībiān ▶～だけしかない靴/只有一只鞋 zhǐ yǒu yì zhī xié

かたぼう【片棒】
～を担ぐ 詐欺の～を担ぐ/合伙诈骗 héhuǒ zhàpiàn

かたまり【塊】 块 kuài; 坨子 tuózi ㊧ *a lump*; *a mass*）▶肉の～/肉块儿 ròukuàir ▶氷の～/冰坨子 bīngtuózi ▶好奇心の～/极端好奇 jíduān hàoqí ▶君は欲の～だ/你是有个贪得无厌的人 nǐ shì yí ge tāndé wú yàn de rén

かたまる【固まる】 凝固 nínggù; 确定 quèdìng; 巩固 gǒnggù ㊧ *harden*; *become hard*; [集団を作る] *form a group*）▶ゼリーが固まった/果冻凝固了 guǒdòng nínggù le ▶セメントが～/水泥凝结 shuǐní níngjié ▶我々の態度はおおむね固まった/我们的态度大体上确定了 wǒmen de tàidù dàtǐshang quèdìng le ▶血が～/血凝固了 xiě níngù le ▶基礎が固まった/基础巩固了 jīchǔ gǒnggù le ▶考えが～/考虑成熟 kǎolǜ chéngshú ▶大ぜいで固まって行く/大批人成群去 dàpī rén chéngqún qù

かたみ【形見】 遗物 yíwù ㊧ *a keepsake*; *a memento*）▶忘れ～/遗物 yíwù; 遗孤 yígū ▶これは母の～です/这是母亲的遗物 zhè shì mǔqīn de yíwù ▶～分けをする/分遗物 fēn yíwù

かたみ【肩身】 面子 miànzi; 体面 tǐmiàn
～が狭い 脸上无光 liǎnshang wú guāng ▶あんな弟を持って～が狭い/有那样的弟弟我感到丢脸 yǒu nàyàng de dìdi wǒ gǎndào diūliǎn
～が広い 有面子 yǒu miànzi

かたみち【片道】 单程 dānchéng ㊧ *one way*）▶歩けで～20kmはある/走单程有二十公里 zǒu dānchéng yǒu èrshí gōnglǐ
◆乗車券/单程车票 dānchéng chēpiào

かたむき【傾き】 倾斜 qīngxié; 倾向 qīngxiàng ㊧ [傾斜] *slope*; *slant*; [傾向] *a tendency*）▶壁の～具合をチェックする/检查墙壁的倾斜状况 jiǎnchá qiángbì de qīngxié zhuàngkuàng ▶親方は勘に頼る～がある/老师傅有凭直觉的倾向 lǎoshīfu yǒu píng zhíjué de qīngxiàng

かたむく【傾く】 倾斜 qīngxié; 趋向 qūxiàng; 衰落 shuāiluò ㊧ *lean*; *slant*; [日, 月が] *decline*）▶床が～/地板倾斜 dìbǎn qīngxié ▶大地震で家がかなり傾いた/受大地震的影响,房子严重倾斜 shòu dàdìzhèn de yǐngxiǎng, fángzi yánzhòng qīngxié ▶この塔は5度傾いている/这座塔倾斜五度 zhè zuò tǎ qīngxié wǔ dù ▶西に～〖太陽が〗/西斜 xīxié ▶気持ちが～/倾向于 qīngxiàng yú ▶だんだん佐藤君に気持ちが傾いてきた/渐渐倾心于佐藤同学 jiànjiàn qīngxīn yú Zuǒténg tóngxué ▶会社が～/公司衰落 gōngsī shuāiluò ▶家運が～/家运日趋衰微 jiāyùn rìqū shuāiwēi

かたむける【傾ける】 歪 wāi;〖心を〗倾注 qīngzhù;〖酒を〗喝 hē ㊧ *incline*; [傾注する] *devote*）▶彼は首を傾けて花を見た/他歪着头看花儿 tā wāizhe tóu kàn huār ▶耳を～/倾听 qīngtīng ▶杯を～/举杯 jǔbēi ▶彼は誰の話にも耳を傾けない/谁的话他都听不进去 shéi de huà tā dōu tīngbujìnqu ▶この決定には首を傾けざるをえない/对于这个决定不得不怀疑 duìyú zhège juédìng bùdébù huáiyí

かためる【固める】 **❶**〖土台を〗加固 jiāgù; 奠定 diàndìng; 巩固 gǒnggù ㊧ *harden*）▶基礎を～ことが上達の早道だ/巩固基础是进步的捷径 gǒnggù jīchǔ shì jìnbù de jiéjìng ▶地位を～/巩固地位 gǒnggù dìwèi ▶友情を～/巩固友情 gǒnggù yǒuqíng **❷**〖決意を〗坚定 jiāndìng ㊧ *strengthen*）▶会長はしぶしぶ引退の決意を固めた/会长勉勉强强地下了辞职的决心 huìzhǎng miǎnmiǎnqiǎngqiǎng de xiàle cízhí de juéxīn

身を～ 结婚成家 jiéhūn chéngjiā

かためん【片面】 一面 yímiàn ㊧ *one side*）▶トーストの～にバターを塗る/往土司的一面抹黄油 wǎng tǔsī de yímiàn mǒ huángyóu

日中比較 中国語の'片面 piànmiàn'は「一方的な」「偏った」という意味.

かたやぶり【型破りの】 破格 pògé; 打破常规 dǎpò chángguī ㊧ *uncommon*）▶～授業が生徒に人気がある/学生喜欢打破常规的教课 xuéshēng xǐhuan dǎpò chángguī de jiāokè ▶～な発想と経営/与众不同的构思和经营 yǔ zhòng bùtóng de gòusī hé jīngyíng

かたよる【偏る】 偏 piān; 偏颇 piānpō; 片面 piànmiàn ㊧ *be biased*; *be partial*）▶偏った考え/偏见 piānjiàn ▶独善や偏った考えを排除する/排除自以为是或偏见 páichú zì yǐwéi shì huò piānjiàn ▶偏らない食事/营养平衡的饮食 yíngyǎng pínghéng de yǐnshí

かたらう【語らう】 谈心 tánxīn;〖誘う〗约 yuē ㊧ *talk together*）▶ゆっくり父と～時間がなかった/没有时间和父亲促膝谈心 méiyǒu shíjiān hé fùqīn cùxī tánxīn ▶友を～サイクリングに行く/约朋友们骑自行车去旅行 yuē péngyoumen qí zìxíngchē qù lǚxíng

かたり【語り】(英 narration) ▶村の一部(ぶ)/村里讲故事的老人 cūnli jiǎng gùshi de lǎorén ♦~口/讲故事的语调 jiǎng gùshi de yǔdiào

かたり【騙り】 欺骗 qīpiàn; 诈骗 zhàpiàn (英 a swindle) ▶~にあう/遇到诈骗 yùdào zhàpiàn ▶~商法/欺骗行商 qīpiàn hángshāng ▶~のテクニック/诈骗手段 zhàpiàn shǒuduàn

かたりあかす【語り明かす】 谈到天亮 tándào tiānliàng; 谈一通宵 tán yì tōngxiāo (英 talk the night out)

かたりかける【語りかける】 对人诉说 duì rén sùshuō; 跟人说话 gēn rén shuōhuà (英 speak)

かたりぐさ【語り草】 话柄 huàbǐng; 话把儿 huàbàr (英 a topic) ▶それは今でも村の～ている/那至今还是村里的话题 nà zhìjīn hái shì cūnli de huàtí

かたりくち【語り口】 口气 kǒuqì; 语气 yǔqì (英 the way of talks)

かたりて【語り手】 讲述者 jiǎngshùzhě; 解说人 jiěshuōrén (英 a narrator)

かたる【語る】 讲 jiǎng; 讲述 jiǎngshù; 叙说 xùshuō (英 talk; narrate) ▶語り合う/交谈 jiāotán; 叙谈 xùtán ▶心境を～/叙述心境 xùshù xīnjìng ▶本音で～/讲真话 jiǎng zhēnhuà ▶子供の頃の思い出を～/叙说童年往事 xùshuō tóngnián wǎngshì ▶政治を語らないほうがいい/最好不要谈政治 zuìhǎo búyào tán zhèngzhì

かたる【騙る】 骗 piàn; 冒充 màochōng (英 swindle; defraud; cheat) ▶名前を～/冒名 màomíng

カタルシス 感情净化 gǎnqíng jìnghuà (英 a catharsis)

カタログ 目录 mùlù; 商品目录 shāngpǐn mùlù (英 a catalogue) ▶通販～/函售商品目录 hánshòu shāngpǐn mùlù

かたわら【傍ら】 旁边 pángbiān; 一边 yìbiān (英 the side; besides) ▶家事の～小説を書いている/一边操持家务一边写小说 yìbiān cāochí jiāwù yìbiān xiě xiǎoshuō ▶道の～に地蔵がたずむ/路边伫立着地藏菩萨 lùbiān zhùlìzhe dìzàng púsà

かたわれ【片割れ】《かけら》碎片 suìpiàn (英 a fragment);《仲間》同伙之一 tónghuǒ zhīyī (英 one of the party)

かたん【加担する】 参与 cānyù; 帮助 bāngzhù (英 take part in...) ▶銀行強盗に～する/参与抢劫银行 cānyù qiǎngjié yínháng ▶君は違法行為に～するのか/你要袒护违法行为吗? nǐ yào tǎnhù wéifǎ xíngwéi ma?

かだん【花壇】 花坛 huātán; 花池子 huāchízi (英 a flower bed)

かだん【果断な】 果断 guǒduàn (英 decisive; resolute) ▶~な人/果断的人 guǒduàn de rén ▶~な処置をとる/采取果断措施 cǎiqǔ guǒduàn cuòshī

がだん【画壇】 画坛 huàtán (英 painting circles)

かち【価値】 价值 jiàzhí (英 value; worth; merit) ▶~が等しい/等价 děngjià ▶観/价值观 jiàzhíguān ▶~がある/有价值 yǒu jiàzhí ▶~が高い/价值高 jiàzhí gāo ▶~判断/价值判断 jiàzhí pànduàn ▶付加～をつける/加上附加价值 jiāshàng fùjiā jiàzhí ▶利用～がある/有利用价值 yǒu lìyòng jiàzhí ▶その努力もほとんど無~だった/那些努力几乎不值得 nà xiē nǔlì jīhū bù zhíde ▶1万円の～がある/价值一万日元 jiàzhí yíwàn Rìyuán ▶そこには一度行ってみる～がある/那里值得去看一看 nàli zhíde qù kàn yí kàn ▶文化的～のある建物/有文化价值的建筑 yǒu wénhuà jiàzhí de jiànzhù ▶人生で～のあるもの/在人生中有价值的东西 zài rénshēng zhōng yǒu jiàzhí de dōngxi

かち【勝ち】 胜 shèng; 胜利 shènglì (英 a win; a victory) ▶~組負け組/胜者与败者 shèngzhě yǔ bàizhě ▶~を得る/取得胜利 qǔdé shènglì ▶負けるが～だ/以退为胜 yǐ tuì wéi shèng ▶早い者～だ/先下手为强 xiān xiàshǒu wéi qiáng

-がち 爱 ài; 经常 jīngcháng (英 be apt to...) ▶このところ父は留守～です/最近父亲经常不在家 zuìjìn fùqīn jīngcháng bú zàijiā ▶姉は病気～だが気性は明るい/姐姐虽然经常生病,但是性格很开朗 jiějie suīrán jīngcháng shēngbìng, dànshì xìnggé hěn kāilǎng

かちあう【かち合う】 碰 pèng; 赶在一起 gǎnzài yìqǐ; 冲突 chōngtū (英 collide with...) ▶元日が日曜な/元旦和星期日赶在一起 Yuándàn hé xīngqīrì gǎnzài yìqǐ ▶運悪く先約とかち合った/不幸的是和前约冲突了 búxìng de shì hé qiányuē chōngtū le ▶要求/互相冲突的需求 hùxiāng chōngtū de xūqiú

かちうま【勝ち馬】(英 a winning horse) ▶~に賭ける/赌优胜马 dǔ yōushèngmǎ ▶~に乗る/看风使舵 kàn fēng shǐ duò

かちかち【堅い】 咯吱 gēzhī; 硬邦邦 yìngbāngbāng ▶~になる/变硬 biànyìng ▶~のパン/硬梆梆的面包 yìngbāngbāng de miànbāo ▶~なったチーズ/发硬了的奶酪 fāyìngle de nǎilào ▶~鳴る/咯吱咯吱响 gēzhīgēzhī xiǎng ▶凍って～になる/冻得发硬 dòngde fāyìng

かちき【勝ち気な】 好强 hàoqiáng; 要强 yàoqiáng; 好胜 hàoshèng (英 unyielding; spirited) ▶~な性格/好强的性格 hàoqiáng de xìnggé ▶娘は～だが,息子は意気地なしだ/女儿要强,可儿子没出息 nǚ'ér yàoqiáng, kě érzi méi chūxi

かちく【家畜】 家畜 jiāchù; 牲口 shēngkou; 牲畜 shēngchù (英 a domestic animal;[集合的] cattle; livestock) ▶~小屋/牲口棚 shēngkoupéng

かちこす【勝ち越す】 领先 lǐngxiān (英 gain a lead)

かちどき【勝ち鬨】 胜利时的欢呼声 shènglìshí de huānhūshēng (英 a shout of victory) ▶~を上げる/欢呼胜利 huānhū shènglì

かちとる【勝ち取る】 赢得 yíngdé; 争取

zhēngqǔ；博得 bódé（🇬🇧 *win*；*gain*；*obtain*）▶無罪を~／赢得无罪 yíngdé wúzuì ▶勝利を~／获得胜利 huòdé shènglì ▶賃上げを~／争取加薪 zhēngqǔ jiāxīn

かちぬく【勝ち抜く】（🇬🇧 *win through*）▶競争のはげしい市場で勝ち抜いて行く／在竞争激烈的市场上屡战屡胜 zài jìngzhēng jīliè de shìchǎngshang lǚ zhàn lǚ shèng ▶勝ち抜き戦／淘汰赛 táotàisài

かちのこる【勝ち残る】 没被淘汰 méi bèi táotài（🇬🇧 *survive*）▶最終戦まで勝ち残った／取得决赛权 qǔdé juésàiquán

かちほこる【勝ち誇る】（因胜利）得意洋洋（yīn shènglì）déyì yángyáng；（因得胜）昂然自得（yīn déshèng）ángrán zìdé（🇬🇧 *be triumphant*）

かちぼし【勝ち星】（🇬🇧 *a win*；*a victory*）▶~が先行する／领先取胜 lǐngxiān qǔshèng

かちまけ【勝ち負け】 胜负 shèngfù；输赢 shūyíng（🇬🇧 *the outcome of a game*）▶~にこだわらない／不拘胜负 bù jū shèngfù

かちめ【勝ち目】 取胜的希望 qǔshèng de xīwàng（🇬🇧 *chances*；*odds*）▶~がない／没有获胜希望 méiyǒu huòshèng xīwàng ▶~のない戦争／无望之战 wúwàng zhī zhàn

がちゃんと 喀嚓 kāchā；啪啦 pālā；哐啷 kuānglāng（🇬🇧 *crash*；*clang*；*crunch*）▶皿が~と割れる／盘子喀嚓摔碎了 pánzi kāchā shuāisuì le ▶~と受話器をおく／咔嚓一声放下电话 kāchā yì shēng fàngxià diànhuà

かちゅう【火中】
ことわざ 火中の栗を拾う 火中取栗 huǒ zhōng qǔ lì ▶人のためにあえて~の栗を拾う／为别人火中取栗 wèi biérén huǒ zhōng qǔ lì

かちゅう【渦中】 旋涡中 xuánwō zhōng（🇬🇧 *in the vortex*）▶~の人物／漩涡中的人物 xuánwō zhōng de rénwù ▶戦争の~に巻き込まれる／被卷入战火之中 bèi juǎnrù zhànhuǒ zhīzhōng

かちょう【家長】 家长 jiāzhǎng；户主 hùzhǔ（🇬🇧 *the head of a family*）

かちょう【課長】 科长 kēzhǎng（🇬🇧 *a section chief*）

ガチョウ【鵞鳥】〔鳥〕鹅 é（🇬🇧 *a goose*）

かちょうきん【課徴金】（🇬🇧 *a fine*）▶~を納付する／交罚金 jiāo fájīn
▶輸入~／进口增值税 jìnkǒu zēngzhíshuì

かちょうふうげつ【花鳥風月】 风花雪月 fēng huā xuě yuè（🇬🇧 *the beauties of nature*）

かちんと（🇬🇧 *with a clink*）▶彼らはワインを飲む前にグラスを~と合わせた／他们在喝葡萄酒之前互相碰杯 tāmen zài hē pútáojiǔ zhīqián hùxiāng pèngbēi ▶彼の言葉が~ときた／他的话让我发怒 tā de huà ràng wǒ fānù

かつ【且つ】 且 qiě；并且 bìngqiě（🇬🇧 *besides*；*also*）▶飲み~食う／边吃边喝 biān chī biān hē

かつ【活】（🇬🇧 *pep*）▶~を入れる／打气 dǎqì；鼓劲儿 gǔjìnr

死中に~を求める 死中求生 sǐzhōng qiúshēng

かつ【勝つ】 赢 yíng；胜 shèng；取胜 qǔshèng（🇬🇧 *win*；*be superior*）▶試合に~／比赛获胜 bǐsài huòshèng ▶誘惑に~／抵御住诱惑 dǐyùzhù yòuhuò ▶早大に辛うじて勝った／好容易才战胜了早大 hǎoróngyì cái zhànshèngle Zǎodà ▶投資で~方法を教えます／传授投资取胜的方法 chuánshòu tóuzī qǔshèng de fāngfǎ ▶花粉症に~／抵御住花粉症 dǐyùzhù huāfěnzhèng ▶勝っても負けても，電話するよ／无论胜负都给你打电话 wúlùn shèngfù dōu gěi nǐ dǎ diànhuà ▶彼にはとても勝てない／我赢不了他 wǒ yíngbuliǎo tā ▶彼と議論して~／与他辩论取得胜利 yǔ tā biànlùn qǔdé shènglì

ことわざ 勝てば官軍，負ければ賊軍 胜者王侯败者贼 shèngzhě wánghóu bàizhě zéi

かつあい【割愛する】 割爱 gē'ài（🇬🇧 *spare*；*give up*）▶詳しい説明は~しよう／详细说明从略 xiángxì shuōmíng cónglüè

カツオ【鰹】〔魚〕鲣鱼 jiānyú（🇬🇧 *a bonito*）
♦~節／干制鲣鱼 gānzhì jiānyú

かっか【閣下】 阁下 géxià（🇬🇧 *Your Excellency*）▶大統領~／总统阁下 zǒngtǒng géxià

かっかする 火辣辣 huǒlàlà；发火 fāhuǒ；发热 fārè（🇬🇧 [興奮] *get excited*）▶~と熱い／火辣辣 huǒlàlà ▶そう~するな／不要那么发火 búyào nàme fāhuǒ ▶本場のタイ料理を食べたら体が~してきた／吃了地道的泰国菜后身体发热起来了 chīle dìdao de Tàiguócài hòu shēntǐ fārèqǐlai le

がっか【学科】 科目 kēmù；专业 zhuānyè（🇬🇧 *a subject*）▶中国語中国文~／中国语言文学专业 Zhōngguó yǔyán wénxué zhuānyè
♦~試験／科目考试 kēmù kǎoshì

がっかい【学会】 学会 xuéhuì；学术研讨会 xuéshù yántǎohuì（🇬🇧 *an academic society*〔*meeting*〕）▶日本中国語~／日本汉语学会 Rìběn Hànyǔ xuéhuì

日中比較 中国語の'学会 xuéhuì'は「研究団体」という意味の他に，動詞句として「習得する」「マスターする」ことを指す．

かっかそうよう【隔靴掻痒】 隔靴搔痒 gé xuē sāo yǎng（🇬🇧 *feel impatient not to tell the point*）

かつかつ 勉强 miǎnqiǎng；好不容易 hǎobù róngyì（🇬🇧 *narrowly*）▶~の借金生活をしている／勉强靠借钱生活 miǎnqiǎng kào jièqián shēnghuó ▶集まった金は100万円~だった／捐助的钱好不容易有一百万日元了 juānzhù de qián hǎobù róngyì yǒu yìbǎi wàn Rìyuán le

がつがつ 贪婪 tānlán（🇬🇧 *greedily*）▶~食べる／狼吞虎咽 láng tūn hǔ yàn ▶~している〔食べ方が〕／下作像 xiàzuo ▶みっともないから，そう~するな／太不像样了，吃东西不要狼吞虎咽 tài bú xiàngyàng le, chī dōngxi búyào láng tūn hǔ yàn

がっかりする 灰心 huīxīn；丧气 sàngqì；失望 shīwàng（🇬🇧 *be disappointed*）▶僕はその知らせを聞いて~した／听到那个消息我很失望 tīngdào

なげxiāoxi wǒ hěn shīwàng ▶彼女は～した顔をしていた/她满脸丧气 tā mǎnliǎn sàngqì ▶君を～させるかもしれないが，答えはノーだ/或许让你失望了，但结果是不行 huòxǔ ràng nǐ shīwàng le, dàn jiéguǒ shì búxíng

かっき【活気】 活气 huóqì; 生气 shēngqì; 活力 huólì 〈英〉 *vigor; spirit; energy*）▶～あふれる/活跃 huóyuè; 朝气蓬勃 zhāoqì péngbó; 欣欣向荣 xīnxīn xiàng róng ▶～がない/没有活力 méiyǒu huólì; 蔫 niān ▶この村にはあまり～がない/这个村里没有多少生气 zhège cūnli méiyǒu duōshǎo shēngqì ▶～を与える/活跃 huóyuè ▶～付ける/搞活 gǎohuó ▶この朝市はとても～がある/这里的早市很兴旺 zhèlǐ de zǎoshì hěn xīngwàng ▶復活したお祭りで町に～が戻ってきた/庙会的复兴让镇上又充满了活力 miàohuì de fùxīng ràng zhènshang yòu chōngmǎnle huólì ▶景気はまた～づいてきた/经济又活跃了起来 jīngjì yòu huóyuèleqǐlai

がっき【学期】 学期 xuéqī 〈英〉 *a (school) term*）▶～が始まる/开学 kāixué; 始业 shǐyè ▶～末試験/大考 dàkǎo; 期末考试 qīmò kǎoshì ▶～末のレポート/期末报告 qīmò bàogào ▶第一～/第一学期 dìyī xuéqī

がっき【楽器】 乐器 yuèqì 〈英〉 *a musical instrument*）

かつぎだす【担ぎ出す】 ❶【外へ出す】 抬出 táichū 〈英〉 *carry...out*）▶お神輿を～/抬出神舆 táichū shényú ❷【候補者に】 推戴 tuīdài 〈英〉 *persuade*）▶次の選挙に彼を～/在下次的选举上推戴他 zài xiàcì de xuǎnjǔshang tuīdài tā

かっきてき【画期的な】 划时代 huàshídài 〈英〉 *epoch-making*）▶～なできごと/划时代的事件 huàshídài de shìjiàn ▶～治療法/超前的治疗方法 chāoqián de zhìliáo fāngfǎ

がっきゅう【学究】 笃学 dǔxué; 学者 xuézhě 〈英〉 *a scholar; an academic*）▶～の徒/学究 xuéjiū ▶彼は芸術派というより～派だ/与其说他是艺术派不如说是学院派 yǔqí shuō tā shì yìshùpài bùrú shuō shì xuéyuànpài ▶彼は～生活を選んだ/他选择了钻研学问的生活 tā xuǎnzéle zuān yánjiū xuéwen de shēnghuó

がっきゅう【学級】 班 bān; 班级 bānjí 〈英〉 *a class*）▶～日記/班级日记 bānjí rìjì

かっきょ【割拠する】 割据 gējù 〈英〉 *hold one's own ground*）▶群雄～する/群雄割据 qúnxióng gējù

かっきょう【活況】 盛况 shèngkuàng; 兴隆 xīnglóng 〈英〉 *activity*）▶～を呈する/呈现盛况 chéngxiàn shèngkuàng

がっきょく【楽曲】 乐曲 yuèqǔ; 曲子 qǔzi 〈英〉 *a musical piece*）

かっきり 整整 zhěngzhěng; 正好 zhènghǎo 〈英〉 *just; exactly*）▶正午～に/正午中午 zhènghǎo zhōngwǔ ▶9時～に全員集合した/9点整全体集合 jiǔ diǎn zhěng quántǐ jíhé

かつぐ【担ぐ】 ❶【担う】〈直接肩に〉 扛 káng;

《天秤棒などで》担 dān;《二人以上で》抬 tái 〈英〉 *carry; shoulder*）▶犯罪の片棒を～/合伙犯罪 héhuǒ fànzuì ▶病院にけが人を担ぎ込む/把负伤人员抬进医院 bǎ fùshāng rényuán tái jìn yīyuàn ❷【だます・からかう】 骗 piàn; 捉弄 zhuōnòng 〈英〉 *deceive; be made fun*）▶まんまと友達に担がれた/被朋友巧妙地骗了 bèi péngyou qiǎomiào de piàn le

縁起を～ 讲究吉凶 jiǎngjiu jíxiōng; 相信兆头 xiāngxìn zhàotou

かっくう【滑空する】 滑翔 huáxiáng 〈英〉 *glide*）▶ももんがが夜空を～する/鼯鼠在夜空中滑翔 wúshǔ zài yèkōng zhōng huáxiáng

がっくり〈英〉 *disappointedly*）▶～落ち込む/垂头丧气 chuítóu sàngqì ▶～する/灰心 huīxīn; 心寒 xīnhán ▶思わぬ大敗に選手たちはみな～した/出乎意料的惨败使选手们垂头丧气 chūhū yìliào de cǎnbài shǐ xuǎnshǒumen chuítóu sàngqì ▶～と首をたれる/颓丧地低下头来 tuísàng de dīxià tóu lai

かっけ【脚気】〔医〕脚气症 jiǎoqìzhèng 〈英〉 *beriberi*）▶白米ばかり食べていると～になるぞ/只吃白米饭会得脚气病的 zhǐ chī báimǐfàn huì dé jiǎoqìbìng de

[日中比较] 中国語の'脚气 jiǎoqì'は「脚気(かっけ)」の他，「水虫」をも指す．

かっけつ【喀血する】〔医〕咯血 kǎxiě 〈英〉 *cough blood*）

かっこ【各個の】 各个 gègè 〈英〉 *each*）

かっこ【括弧】 括号 kuòhào ［丸形］ *a parenthesis*; ［角形］ *a bracket*）▶～付きの世論/所谓的舆论 suǒwèi de yúlùn

かっこ【確固たる】 坚定 jiāndìng; 坚强 jiānqiáng 〈英〉 *firmly; definitely*）▶～たる信念/坚定的信念 jiāndìng de xìnniàn

かっこう【格好】〈姿かたち〉样子 yàngzi;〈服装〉打扮 dǎban; 姿势 zīshì;〈適切な〉合适 héshì ［形］ *a shape; a form*; ［外見］ *an appearance*; ［しかた］ *a manner*）▶背/身材 shēncái ▶～を付ける/摆架子 bǎi jiàzi ▶そんなに～を付ける必要はない/没必要那么摆架子 méi bìyào nàme bǎi jiàzi ▶君は～を付けているだけじゃないか/你只是在摆架子 nǐ zhǐshì zài bǎi jiàzi ▶～がいい/潇洒 xiāosǎ ▶～が悪い/不成样子 bù chéng yàngzi; 不体面 bù tǐmiàn ▶こんな～では人前に出る打扮没法见人 zhè shēn dǎban méi fǎ jiànrén ▶なんという～だ!/太不像样子! tài bú xiàng yàngzi! ▶～が付く《それらしくなる》/像样子 xiàng yàngzi ▶～の付かない羽目に陥った/陷入了窘境 xiànrùle jiǒngjìng ▶～なアパートを見つけてきた/找到了合适的公寓 zhǎodàole héshì de gōngyù

かっこう【滑降】〈英〉 *the downhill*）▶男子大～/男子大滑降 nánzǐ dàhuájiàng

カッコウ【郭公】〔鳥〕布谷 bùgǔ; 杜鹃 dùjuān 〈英〉 *a cuckoo*）

がっこう【学校】 学校 xuéxiào 〈英〉 *a school*）

かっさい【喝采する】 喝彩 hècǎi; 叫絶 jiàojué (英 applaud) ▶拍手に～する/鼓掌喝彩 gǔzhǎng hècǎi ▶満場の～を浴びる/博得满堂喝彩 bódé mǎntáng hècǎi

がっさく【合作する】 合作 hézuò; 协作 xiézuò (英 colloborete; work together) ▶日米～映画/日美合作电影 Rì-Měi hézuò diànyǐng
日中比較 中国語の'合作 hézuò'は「協力する」ことや「提携する」ことを言う。

がっさん【合算する】 合计 héjì; 共计 gòngjì (英 add up; add together) ▶収入を～する/把收入合计起来 bǎ shōurù héjìqǐlai
日中比較 中国語の'合算 hésuàn'は「割に合う」という意味である。

かつじ【活字】 活字 huózì; 铅字 qiānzì (英 a printing type) ▶～を組む/排字 páizì ▶今若者たちの～離れが進んでいる/现在的年轻人越来越不读书了 xiànzài de niánqīngrén yuèláiyuè bù dúshū le ▶自分の書いたものが～になる/自己写的东西成为印刷品 zìjǐ xiě de dōngxi chéngwéi yìnshuāpǐn
♦～体で書く:用印刷体写 yòng yìnshuātǐ xiě

かっしゃ【滑車】 滑轮 huálún; 滑车 huáchē (英 a pulley)

がっしゅく【合宿する】 集训 jíxùn (英 have a camp) ▶～の成果が生かされた/发挥了集训的成果 fāhuīle jíxùn de chéngguǒ ▶我々のクラブは箱根で夏～をした/我们的俱乐部在箱根举办了夏令营 wǒmen de jùlèbù zài Xiānggēn jǔbànle xiàlìngyíng
♦～所《スポーツ選手の》:集训所 jíxùnsuǒ

かつじょう【割譲する】 割让 gēràng (英 cede)

がっしょう【合唱する】 合唱 héchàng (英 sing together) ▶～団/合唱团 héchàngtuán ▶～指揮者/合唱指挥 héchàng zhǐhuī ▶ 3 部～/三声合唱 sān shēng héchàng
▶混声～:混声合唱 hùnshēng héchàng

がっしょう【合掌する】 合十 héshí; 合掌 hézhǎng (英 press one's hands together in prayer) ▶大仏の前で～する/在大佛前合掌参拜 zài dàfó qián héchǎng cānbài
♦～造り:人字形木屋顶建筑 rénzìxíng mùwūdǐng jiànzhù

かっしょく【褐色】 棕色 zōngsè; 褐色 hèsè (英 brown) ▶～の肌/褐色皮肤 hèsè pífū ▶暗～/深褐色 shēnhèsè

がっしりした 粗壮 cūzhuàng; 坚固 jiāngù (英 heavily built; sturdy) ▶～した大男/彪形大汉

biāoxíng dàhàn ▶～した体格/健壮的体格 jiànzhuàng de tǐgé ▶～した樫の椅子/结实的橡树椅子 jiēshi de xiàngshù yǐzi ▶～と抑える/严密控制 yánmì kòngzhì

かっすい【渇水】 枯水 kūshuǐ (英 the dry season) ▶～期/枯水期 kūshuǐqī

かっせい【活性】 活性 huóxìng (英 activity) ▶～炭/活性炭 huóxìngtàn ▶組織の～化をはかる/谋求激活组织 móuqiú jīhuó zǔzhī

かっせん【合戦】 会战 huìzhàn (英 a battle; an encounter)

かっそう【滑走する】 滑行 huáxíng (英 glide; slide) ▶スノーボードで雪上を～する/用滑雪板在雪上滑行 yòng huáxuěbǎn zài xuěshang huáxíng ▶ウィンドサーファーが水面を～する/风帆冲浪者在水面滑行 fēngfān chōnglàngzhě zài shuǐmiàn huáxíng
♦～路:跑道 pǎodào

がっそう【合奏】 合奏 hézòu (英 play... in concert)

カッター 裁纸刀 cáizhǐdāo [ナイフ] a cutter)

がったい【合体する】 合为一体 héwéi yìtǐ (英 unite)

かったつ【闊達な】 豁达 huòdá (英 generous; frank) ▶自由～な/自由豁达 zìyóu huòdá ▶自由～な議論を展開する/展开畅所欲言的议论 zhǎnkāi chàng suǒ yù yán de yìlùn

かつだんそう【活断層】 〔地学〕活动断层 huódòng duàncéng; 活断层 huóduàncéng (英 an active fault)

がっち【合致する】 合乎 héhū; 符合 fúhé; 一致 yīzhì (英 agree) ▶～しない/不合 bùhé; 不符合 bù fúhé ▶両者の利害が～した/双方的利害一致了 shuāngfāng de lìhài yīzhì le ▶世界遺産の登録基準に～しない/不符合世界遗产的登记标准 bù fúhé shìjiè yíchǎn de dēngjì biāozhǔn

がっちりした《頑丈な》牢固 láogù; 粗壮 cūzhuàng (英 solidly); 《抜け目ない》精明 jīngmíng; 周到 zhōudào (英 calulating) ▶～した体/健壮的身材 jiànzhuàng de shēncái ▶～した計画/精细的计划 jīngxì de jìhuà

ガッツ 气力 qìlì; 魄力 pòlì (英 guts) ▶～がある/有毅力 yǒu yìlì ▶～がない/没有魄力 méiyǒu pòlì
♦～ポーズをする:振臂表示胜利 zhènbì biǎoshì shènglì

かって【勝手】 1 〔わがまま〕随意 suíyì; 任意 rènyì; 擅自 shànzì (英 selfishness) ▶～な言い草/肆意的主张 sìyì de zhǔzhāng ▶～に振る舞う/为所欲为 wéi suǒ yù wéi ▶気ままな/放肆 fàngsì ▶～なやつだ/任性的家伙 rènxìng de jiāhuo ▶～にしろ/随你的便 suí nǐ de biàn ▶あなたはそれについて～な解釈をしているんです/你对那件事只是在作擅自的解释 nǐ duì nà jiàn shì zhǐ shì zài zuò shànzì de jiěshì ▶～ですがこれで失礼させていただきます/恕我随便，先走一步

shù wǒ suíbiàn, xiān zǒu yí bù ▶そうするのは君の〜だ/那么做是你的自由 nàme zuò shì nǐ de zìyóu;你爱怎么做就怎么做吧 nǐ ài zěnme zuò jiù zěnme zuò ba ▶彼がそう思うのは〜だ/随他怎么想 suí tā zěnme xiǎng ▶私は彼女に〜にさせた/我对她自由放任 wǒ duì tā zìyóu fàngrèn ▶〜に応援しているだけです/我们是自愿来支援的 wǒmen shì zìyuàn lái zhīyuán de

❷【様子】condition) ▶〜が違う/情况不同 qíngkuàng bù tóng ▶〜を知っている友達の部屋/进出自由的朋友的房间 jìnchū zìyóu de péngyou de fángjiān

❸【台所】厨房 chúfáng ⑲ *a kitchen*) ▶〜口/便门 biànmén

かつて 当初 dāngchū;**曾经** céngjīng;**从来** cónglái(没有 méiyǒu) ⑲ *once; before*) ▶〜私は太っていました/我曾经很胖 wǒ céngjīng hěn pàng ▶両国関係は〜ないほど緊張している/两国关系至今从未这么紧张过 liǎng guó guānxi zhìjīn cóngwèi zhème jǐnzhāngguo ▶今年は〜ない寒い冬だ/今年是前所未有的寒冬 jīnnián shì qián suǒ wèi yǒu de hándōng ▶こんな不愉快な本は〜読んだことがない/从来没读过这么烂的书 cónglái méi dúguo zhème làn de shū ▶あの人は〜は金持ちだった/那个人曾经是个富翁 nàge rén céngjīng shì ge fùwēng ▶彼女の〜の恋人/她以前的恋人 tā yǐqián de liànrén

かつとなる 冲动 chōngdòng;**发怒** fānù;**发脾气** fā píqi ⑲ *be hot-tempered*) ▶彼はすぐ〜なる/他好发脾气 tā hǎo fā píqi ▶あいつは〜すると何をするかわからない/那家伙冲动起来不知道会做出什么事情 nà jiāhuo chōngdòngqǐlai bù zhīdào huì zuòchū shénme shìqing

カットする【切る】**割** gē;**剪** jiǎn ⑲ *cut*) ▶髪を〜する/剪发 jiǎn fà ▶ボーナスを〜する/削减奖金 xuējiǎn jiǎngjīn ▶【卓球で】〜する/削球 xuēqiú ▶紫外線を〜するサングラス/遮紫外线的太阳镜 zhēduàn zǐwàixiàn de tàiyángjìng ▶不要なシーンを〜する/剪掉不要的镜头 jiǎndiào búyào de jìngtóu ▶賃金〜/减薪 jiǎnxīn

ガット 肠弦 chángxián ⑲ [ラケットの] *the strings*)

かっとう【葛藤】纠纷 jiūfēn;**纠葛** jiūgé ⑲ *a conflict; trouble*) ▶市民運動内部の〜に巻きこまれる/被卷入市民运动的内部纠纷 bèi juǎnrù shìmín yùndòng de nèibù jiūfēn ▶心に〜が生じる/发生心理矛盾 fāshēng xīnlǐ máodùn

かつどう【活動】活动 huódòng ⑲ *activity; action*) ▶〜家/积极分子 jījí fènzǐ;活动家 huódòngjiā ▶〜的な/活跃 huóyuè ▶被灾地でボランティア〜をする/在灾区从事志愿者活动 zài zāiqū cóngshì zhìyuànzhě huódòng ▶その地域で〜しているゲリラ/在那个地区出没的游击队 zài nàge dìqū chūmò de yóujīduì ▶こういう服装は〜的でない/这种服装不适合活动 zhè zhǒng fúzhuāng bú shìyú huódòng
▶救援〜/救助活动 jiùzhù huódòng

日中比較 中国語の'活动 huódòng'には「積極的に行動する」という意味の他,「健康のため体を動かす」という意味もある.

カットグラス 雕花玻璃 diāohuā bōli ⑲ *cut glass*)

かっぱ【合羽】《レインコート》**雨衣** yǔyī ⑲ *a raincoat*) ▶〜を着る/披斗篷 pī dǒupeng ▶雨〜/雨衣 yǔyī;防雨斗篷 fángyǔ dǒupeng

かっぱ【河童】⑲ *a water imp*) ▶〜伝説/河童的传说 hétóng de chuánshuō
ことわざ 河童の川流れ 智者千虑,必有一失 zhìzhě qiānlǜ, bì yǒu yìshī;聪明一世,糊涂一时 cōngmíng yíshì, hútu yìshí
◆〜巻/黄瓜寿司卷 huánggua shòusījuǎn

かっぱ【喝破】する 道破 dàopò;**说穿** shuōchuān ⑲ *detect*)

かっぱつ【活発な】活泼 huópo;**活跃** huóyuè;**热烈** rèliè ⑲ *lively; active; full of life*) ▶〜な子供/活泼的孩子 huópo de háizi ▶〜な火山活動が続いている/火山活动持续活跃 huǒshān huódòng chíxù huóyuè ▶〜な議論/热烈的讨论 rèliè de tǎolùn ▶市场が〜である/市场活跃 shìchǎng huóyuè

かっぱらい 小偷儿 xiǎotōur ⑲ *stealing;* [人] *a sneak thief*) ▶老人ばかり狙う〜が老人に捕まった/专门对老人行窃的小偷被老人抓住了 zhuānmén duì lǎorén xíngqiè de xiǎotōu bèi lǎorén zhuāzhù le

かっぱん【活版】【印刷】**铅印** qiānyìn ⑲ *type printing*) ▶〜印刷/活版印刷 huóbǎn yìnshuā

カップ【表彰の】**奖杯** jiǎngbēi;【飲料の】**杯子** bēizi ⑲ *a cup; a trophy*) ▶ティー〜/茶杯 chábēi ▶コーヒー〜/咖啡杯 kāfēibēi ▶出し汁2〜/两碗汤汁 liǎng wǎn tāngzhī ▶〜麵/杯面 bēimiàn;碗面 wǎnmiàn

かっぷく【恰幅】体格 tǐgé;**体态** tǐtài ⑲ *stout*) ▶〜がいい/体格好 tǐgé hǎo ▶〜がよくなる/发福 fāfú

カップリング【理学】**耦合** ǒuhé;【機械】**连接器** liánjiēqì;【動物】**交配** jiāopèi ⑲ *a coupling*)

カップル 一对 yí duì;**情侣** qínglǚ;**伴侣** bànlǚ ⑲ *a couple*) ▶新婚〜/新婚夫妇 xīnhūn fūfù

がっぺい【合併】する 合并 hébìng ⑲ *combine; merge*) ▶〜症/并发症 bìngfāzhèng;合并症 hébìngzhèng ▶会社の〜/公司合并 gōngsī hébìng ▶企業の吸収〜が進む/企业兼并 qǐyè jiānbìng ▶三つの町村が〜して市になった/三个村镇并成了一个市 sān ge cūnzhèn bìngchéngle yí ge shì

かっぽ【闊歩】する 阔步 kuòbù;**大步行走** dàbù xíngzǒu ⑲ *stride*) ▶チンピラどもが傍若無人に大通りを〜する/流氓们旁若无人地横行在大道上 liúmángmen pángruò wúrén de héngxíng zài dàdàoshang

かつぼう【渇望】する 渴望 kěwàng;**盼望** pànwàng ⑲ *long for...; yearn*) ▶新しい情報を〜

する/渇望新信息 kěwàng xīnxìnxī ▶絶望の中で遺憾への～がいよいよ募った/在绝望中求生的渴望越发强烈 zài juéwàng zhōng jiùshēng de kěwàng yuèfā qiángliè

かっぽう【割烹】 烹饪 pēngrèn;〈店〉〈日餐〉料理店〈Rìcān〉liàolǐdiàn（英 cooking）▶～着/烹饪时穿的罩衫 pēngrèn shí chuān de zhàoshān

がっぽん【合本】 合订本 hédìngběn（英 a bound volume）▶～する/合订 hédìng

かつもく【刮目する】 刮目 guāmù（英 watch keenly）

かつやく【活躍する】 活跃 huóyuè; 起积极作用 qǐ jījí zuòyòng（英 be busily engaged; play a lively part in...）▶海外で～する女性が大幅に増えた/活跃在国外的女性大幅度增加了 huóyuè zài guówài de nǚxìng dàfúdù zēngjiā le ▶世界の舞台に～する/活跃在世界的舞台上 huóyuè zài shìjiè de wǔtáishang ▶彼はその事件の報道に～した/他报道那个案件时大显身手 tā bàodào nàge ànjiàn shí dà xiǎn shēnshǒu

かつやくきん【括約筋】 〘解〙括约肌 kuòyuējī（英 a sphincter）

かつよう【活用する】 利用 lìyòng; 活用 huóyòng; 运用 yùnyòng（英 make use of...）▶海外旅行のプラン作りにインターネットを～する/为计划国外旅行有效利用网络 wèi jìhuà guówài lǚxíng yǒuxiào lìyòng wǎngluò ▶データベースの～が不十分だ/不能充分运用数据库 bùnéng chōngfèn yùnyòng shùjùkù

かつら【鬘】 头套 tóutào; 假发 jiǎfà（英 a wig）▶～をつける/戴假发 dài jiǎfà ▶時代劇で～をかぶる/在古装剧中戴头套 zài gǔzhuāngjù zhōng dài tóutào

カツラ【桂】 〘植物〙连香树 liánxiāngshù

かつりょく【活力】 活力 huólì; 精力 jīnglì; 生机 shēngjī（英 vital power; vitality）▶～あふれる/生机勃勃 shēngjī bóbó; 兴旺 xīngwàng ▶～あふれる都市を目指す/以生机勃勃的都市为目标 yǐ shēngjī bóbó de dūshì wéi mùbiāo ▶商店街が～を取り戻す/商店街恢复了活力 shāngdiànjiē huīfùle huólì

カツレツ 〘料理〙炸牛排 zháníupái; 炸鸡排 zhájīpái; 炸猪排 zházhūpái（英 a cutlet）

かつろ【活路】 出路 chūlù; 生路 shēnglù; 活路 huólù（英 a means of escape）▶～を見出す/找到活路 zhǎodào huólù ▶廃物を再利用することで新たな～を見出す/通过再利用废品找到了新的出路 tōngguò zài lìyòng fèipǐn zhǎodàole xīn de chūlù

かて【糧】 食粮 shíliáng; 口粮 kǒuliáng（英 food; bread）▶生活の～にする/借以维持生活 jièyǐ wéichí shēnghuó ▶心の～/精神食粮 jīngshén shíliáng

かてい【仮設する】 假设 jiǎshè; 假说 jiǎshuō; 假定 jiǎdìng（英 suppose）▶今君が砂漠の真ん中にいると～しよう/假设现在你在沙漠当中 jiǎshè xiànzài nǐ zài shāmò dāngzhōng

◆～法〘文法〙假设法 jiǎshèfǎ

かてい【家庭】 家 jiā; 家庭 jiātíng（英 a home; a family）▶～用の／家庭用 jiātíngyòng ▶～教師 jiājiào ▶～内のことは警察は関知しない/家庭私事警察不干预 jiātíng sīshì jǐngchá bù gānyù ▶～的な男性／家庭型的男人 jiātíngxíng de nánrén ▶～の事情で退職した/因家事辞职了 yīn jiāshì cízhí le ▶～を持つ/成家 chéngjiā ▶～を破壊する/破坏家庭 pòhuài jiātíng

◆～菜園/家庭菜园 jiātíng càiyuán　～裁判所/家庭法院 jiātíng fǎyuàn　～争議/家庭纠纷 jiātíng jiūfēn　～内暴力/家庭暴力 jiātíng bàolì　～内離婚/家庭内离婚 jiātíngnèi líhūn　～料理/家常菜 jiāchángcài

かてい【過程】 过程 guòchéng; 进程 jìnchéng; 经过 jīngguò（英 a process; a course）▶流通／流通过程 liútōng guòchéng ▶調査の～で/在调查的过程中 zài diàochá de guòchéng zhōng ▶生物の進化の～を解明する/弄清楚生物的进化过程 nòngqīngchu shēngwù de jìnhuà guòchéng

◆生産～/生产过程 shēngchǎn guòchéng

かてい【課程】 课程 kèchéng（英 a course）▶高等学校の～を終える/修完高中课程 xiūwán gāozhōng kèchéng ▶修士～に在籍する/就读硕士课程 jiùdú shuòshì kèchéng ▶博士～に進む/进入博士课程 jìnrù bóshì kèchéng

カテゴリー 范畴 fànchóu（英 a category）▶～検索/按范畴检索 àn fànchóu jiǎnsuǒ ▶～別に分類する/按范畴分类 àn fànchóu fēnlèi

-がてら …的同时 … de tóngshí; 顺便 shùnbiàn（英 while）▶散歩～君を送っていくよ/出去散散步，顺便送你 chūqù sànsànbù, shùnbiàn sòngsong nǐ

かてん【加点する】 加分 jiāfēn; 得分 défēn（英 add points）

かでん【家電】 〈製品〉家电产品 jiādiàn chǎnpǐn（英 home electric appliances）▶～メーカー/家电厂商 jiādiàn chǎngshāng

がてん【合点】 理解 lǐjiě; 领会 lǐnghuì（英 understanding）▶～がいく/领会了 lǐnghuì le ▶～のいかない/不能理解的 bùnéng lǐjiě de

がてんいんすい【我田引水】 只顾自己 zhǐ gù zìjǐ; 自私自利 zì sī zì lì（英 drawing water to one's own mill）▶奴の論法は露骨な～だ/牵强地给自己找理论根据 qiānqiǎng de gěi zìjǐ zhǎo lǐlùn gēnjù

かど【角】 弯 wān; 拐角 guǎijiǎo; 棱角 léngjiǎo（英〘曲り角〙a corner;〘物の〙an edge）▶～を曲がる/拐弯 guǎiwān; 转弯 zhuǎnwān ▶机の～/桌角 zhuōjiǎo ▶～の店/街角的商店 jiējiǎo de shāngdiàn ▶2番目の～を右にお曲がりなさい/请从第二个拐角儿向右拐 qǐng cóng dì'èr ge guǎijiǎor xiàng yòu guǎi ▶～を曲がって3軒目の家/转弯后的第三家 zhuǎnwān hòu de dìsān jiā

~が立つ 帯刺 dàicì; 伤感情 shāng gǎnqíng ▶それでは~が立つ/那可太得罪人了 nà kě tài dézuì rén le

~が取れる ▶長年の経験で~が取れた/多年的经验使他变得圆通了 duōnián de jīngyàn shǐ tā biànde yuántōng le

かど【廉】 理由 lǐyóu (英) [嫌疑の] suspicion) ▶警察は彼を誘拐殺人の~で逮捕した/警察以绑架杀人的嫌疑逮捕了他 jǐngchá yǐ bǎngjià shārén de xiányí dàibǔle tā

かど【過度の】 过度 guòdù; 过分 guòfèn (英 too much; excessive) ▶~の期待をかける/寄与过度的期待 jǐyǔ guòdù de qīdài ▶~に功績を言いたてる/过分强调功绩 guòfèn qiángdiào gōngjì

かとう【下等な】 下等 xiàděng; 下贱 xiàjiàn (英 inferior; vulgar) ▶~動物/低级动物 dījí dòngwù

かとう【過当】 过火 guòhuǒ; 过度 guòdù; 过分 guòfèn (英 excessive) ▶~競争/过度竞争 guòdù jìngzhēng

かどう【華道】 花道 huādào; 插花艺术 chāhuā yìshù (英 ikebana; flower arrangement) ▶~の家元/花道的传代宗师 huādào de chuándài zōngshī

かどう【稼働する】 开动 kāidòng; 开工 kāigōng (英 work; operate) ▶~率/开工率 kāigōnglǜ ▶新工場の本格的な~が始まった/新工厂正式开工了 xīngōngchǎng zhèngshì kāigōng le ▶~中/运转中 yùnzhuǎn zhōng

かとき【過渡期】 过渡时期 guòdù shíqī (英 a transitional period) ▶それは~の現象にすぎない/那不过是过渡时期的现象而已 nà búguò shì guòdù shíqī de xiànxiàng éryǐ

かどぐち【門口】 门口儿 ménkǒur (英 the door [gate]) ▶~に立ってデモを見ていた/站在门口看游行 zhànzài ménkǒu kàn yóuxíng

かどまつ【門松】 门松 ménsōng (英 the New Year's decoration pines) ▶正月には~を玄関に飾る/新年的时候要在门前装饰上门松 xīnnián de shíhou yào zài ménqián zhuāngshìshàng ménsōng

カドミウム [化学] 镉 gé (英 cadmium)

かとりせんこう【蚊取り線香】 蚊香 wénxiāng (英 a mosquito repellent incense)

カトリック [宗教] 天主教 Tiānzhǔjiào (英 Catholicism)
◆~教会/天主教会 Tiānzhǔjiàohuì ~信徒/天主教徒 Tiānzhǔjiàotú

かどわかす 诱拐 yòuguǎi; 拐带 guǎidài (英 kidnap) ▶子供を~/拐骗儿童 guǎipiàn értóng

かな【仮名】 假名 jiǎmíng (英 the Japanese syllabaries; kana) ▶~で書く/用假名写 yòng jiǎmíng xiě ▶~をつける/加上假名 jiāshàng jiǎmíng
◆~遣い/假名用法 jiǎmíng yòngfǎ

かなあみ【金網】 铁丝网 tiěsīwǎng; 铁纱 tiěshā (英 a wire net) ▶~越しに見る/隔着铁丝网看 gézhe tiěsīwǎng kàn ▶~を張る/蒙上铁纱 méngshàng tiěshā

かない【家内】 ❶ [家庭] 家里 jiālǐ; 家庭 jiātíng (英 a family) ▶~安全を祈願する/祈祷家中平安 qídǎo jiāzhōng píng'ān ❷ [妻] 妻子 qīzi (英 my wife)

かなう【叶う】 実現 shíxiàn (英 [願いが] be fulfilled) ▶望みが~/如愿以偿 rúyuàn yǐcháng ▶留学の夢は~だろうか/留学的愿望能实现吗? liúxué de yuànwàng néng shíxiàn ma? ▶叶わぬ恋/无望之恋 wúwàng zhī liàn

かなう【適う・敵う】 符合 fúhé; 适合 shìhé; [匹敵する] 比得上 bǐdeshàng; [できる] 经得住 jīngdezhù (英 suit) ▶とてもあなたには敵いません/我根本比不上你 wǒ gēnběn bǐbushàng nǐ ▶これでは我々の条件に適わない/这样的话不符合我们的条件 zhèyàng de huà bù fúhé wǒmen de tiáojiàn ▶心に適った生活/如意的生活 rúyì de shēnghuó

かなえ【鼎】 鼎 dǐng (英 a tripod) ▶~の脚/鼎足 dǐngzú
ことわざ 鼎の軽重を問う 问鼎之轻重 wèn dǐng zhī qīngzhòng

かなえる【叶える】 (英 grant; answer) ▶どうすれば夢を~ことができるか/怎么样才能实现梦想呢? zěnmeyàng cái néng shíxiàn mèngxiǎng ne? ▶君の願いを叶えてやれないのがくやしい/不能让你如愿我很遗憾 bùnéng ràng nǐ rúyuàn shǐ wǒ hěn yíhàn

かなきりごえ【金切り声】 尖声 jiānshēng (英 a shrill voice) ▶~を出す/发出刺耳的叫声 fāchū cì'ěr de jiàoshēng

かなぐ【金具】 金属零件 jīnshǔ língjiàn (英 metal fittings) ▶ハンドバッグの~/手提包上的卡子 shǒutíbāoshang de qiǎzi

かなくぎりゅう【金釘流】 (英 a bad hand) ▶~の文字/拙劣的文字 zhuōliè de wénzì

かなぐりすてる【かなぐり捨てる】 甩掉 shuǎidiào; 抛掉 pāodiào (英 throw off)

かなしい【悲しい】 悲哀 bēi'āi; 难过 nánguò; 心酸 xīnsuān (英 sad; sorrowful) ▶~知らせが届いた/收到了令人难过的消息 shōudàole lìngrén nánguò de xiāoxi ▶それが~現実なのだ/那是可悲的现实 nà shì kěbēi de xiànshí ▶~かな,多么可悲！a, duōme kěbēi! ▶悲しそうな顔をする/面带悲容 miàn dài chóuróng ▶彼女は悲しさの余りその場に泣き崩れた/她由于过度悲哀,当场放声大哭 tā yóuyú guòdù bēi'āi, dāngchǎng fàngshēng dà kū

かなしみ【悲しみ】 悲哀 bēi'āi; 悲伤 bēishāng; 悲痛 bēitòng (英 sorrow; sadness; grief) ▶~を癒す/化解悲伤 huàjiě bēishāng ▶~にくれた/悲痛欲绝 bēitòng yù jué ▶彼女の心は~でいっぱいだった/她的心充满了悲伤 tā de xīn chōngmǎnle bēishāng

かなしむ【悲しむ】 感伤 gǎnshāng; 伤心 shāngxīn; 难过 nánguò (英 feel sad; be sorrowful; regret) ▶喜ぶ人もいれば〜人もいる/有人高兴也有人悲伤 yǒu rén gāoxìng yě yǒu rén bēishāng ▶人の不幸を〜/为别人的不幸而悲伤 wèi biérén de búxìng ér bēishāng ▶そんなに〜なのはおやめなさい/不要那么难过 búyào nàme nánguò ▶家族を悲しませるようなことはもうやめろ/不要再做让家里人难过的事情了 búyào zài zuò ràng jiālirén nánguò de shìqíng le ▶〜べき心を失ったことだ/可悲的是失去过的心 kěbēi de shì shīqùle huǐguò zhī xīn

かなづち【金槌】 锤子 chuízi; 榔头 lángtou;《泳げない》旱鸭子 hànyāzi (英 a hammer) ▶〜で釘を打つ/用锤子钉钉子 yòng chuízi dìng dīngzi ▶僕は海辺で育ったので〜なので/我长在海边，却是个旱鸭子 wǒ zhǎngzài hǎibiān, què shì ge hànyāzi

かなでる【奏でる】 奏乐 zòuyuè (英 play) ▶音楽を〜/演奏音乐 yǎnzòu yīnyuè

かなぼう【金棒】 铁棍 tiěgùn (英 an iron rod) ことわざ 鬼に金棒 そうなれば鬼に〜だ/那可是如虎添翼 nà kěshì rú hǔ tiān yì

かなめ【要】 关键 guānjiàn; 枢纽 shūniǔ; 要点 yàodiǎn (英 the pivot; the point) ▶〜となる点/关键之处 guānjiàn zhī chù

かなもの【金物】 五金 wǔjīn (英 hardware; ironware) ◆〜屋/五金商店 wǔjīn shāngdiàn

かならず【必ず】 一定 yídìng; 必定 bìdìng; 准保 zhǔnbǎo (英 certainly; surely; always) ▶御利用前に〜お読み下さい/请务必在使用前阅读 qǐng wùbì zài shǐyòng qián yuèdú ▶約束は〜守る/一定遵守诺言 yídìng zūnshǒu nuòyán

かならずしも【必ずしも】 不一定 bù yídìng; 未必 wèibì (英 not always) ▶〜正しいとは言えない/未必正确 wèibì zhèngquè ▶それは〜必要ではない/那未必需要 nà wèibì xūyào

かなり 相当 xiāngdāng; 不少 bùshǎo (英 pretty; fairly; considerably) ▶長い間待った/等了好半天 děngle hǎo bàntiān ▶〜多い/相当多 xiāngdāng duō ▶飼い犬に〜変わった名前を付ける/给自己养的狗起了个相当奇怪的名字 gěi zìjǐ yǎng de gǒu qǐle ge xiāngdāng qíguài de míngzi ▶〜の金を儲けた/赚了相当多的钱 zhuànle xiāngdāng duō de qián ▶〜の距離/相当长的距离 xiāngdāng cháng de jùlí

カナリヤ〔鳥〕 金丝雀 jīnsīquè (英 a canary bird)

かなわない 不及 bù jí; 比不上 bǐbushàng;《耐えられない》受不了 shòubuliǎo (英 cannot match) ▶本物には〜/比不了真的 bǐ bu liǎo zhēn de ▶あいつには口では〜/论口才比不上那家伙 lùn kǒucái bǐbushàng nà jiāhuo ▶こう不景気ではかないません/这么不景气真顶不住 zhème bùjǐngqì zhēn dǐngbuzhù

カニ【蟹】〔動物〕 螃蟹 pángxiè;《海の》海蟹 hǎixiè (英 a crab) ▶〜味噌/蟹黄 xièhuáng ▶上海〜/上海大闸蟹 Shànghǎi dàzháxiè

◆〜缶〔蟹肉罐头 xièròu guàntou 〜サラダ〔蟹肉沙拉 xièròu shālā

かにく【果肉】 果肉 guǒròu (英 flesh; pulp)

かにざ【蟹座】〔天文〕 巨蟹座 jùxièzuò (英 the Crab; Cancer)

がにまた【蟹股】 罗圈腿 luóquāntuǐ (英 bowlegs) ▶〜で歩く/走路罗圈腿 zǒulù luóquāntuǐ

かにゅう【加入する】 参加 cānjiā; 加入 jiārù (英 join; enter) ▶電話〜者/电话用户 diànhuà yònghù ▶生命保険に〜する/加入人寿保险 jiārù rénshòu bǎoxiǎn ▶組合に〜している労働者/加入工会的工人 jiārù gōnghuì de gōngrén ▶〜を締め切る/停止报名参加 tíngzhǐ bàomíng cānjiā

カヌー 独木舟 dúmùzhōu;《競技種目》皮划艇 píhuátǐng (英 a canoe)

かね【金】 金钱 jīnqián; 货币 huòbì (英 money;[財産] wealth) ▶〜がない/没钱 méiqián ▶指輪を売って〜に換える/把戒指卖掉换钱 bǎ jièzhǐ màidiào huànqián ▶〜を払う/付钱 fù qián ▶〜を借りる/欠款 qiànkuǎn; 借钱 jièqián ▶〜を集める/筹款 chóukuǎn ▶〜を出し合う/凑份子 còu fènzi ▶〜を貸す/贷款 dàikuǎn ▶これを作るにはいへんな〜がかかったに違いない/制作这个一定花了不少钱 zhìzuò zhège yídìng huāle bùshǎo qián ▶〜に困っている/手头紧 shǒutóu jǐn ▶これにはもう少し〜をかける必要がある/这个需要再添点儿钱 zhège xūyào zài tiān diǎnr qián ▶よく気をつけて〜を使え/花钱要谨慎 huāqián yào jǐnshèn ▶〜も出せば口も出す/花了钱就要发言 huāle qián jiù yào fāyán ▶彼はうなるほど〜をもっている/他有的是钱 tā yǒudeshì qián

ことわざ 金の切れ目が縁の切れ目 钱尽缘分尽 qián jìn yuánfèn jìn

ことわざ 金は天下の回りもの 钱在世上来回走, 今天没有明天有 qián zài shìshang láihuí zǒu, jīntiān méiyǒu míngtiān yǒu

〜に糸目をつけない ▶〜に糸目をつけずに買いまくる/买东西挥金如土 mǎi dōngxi huī jīn rú tǔ

〜に目が眩む ▶〜に目が眩んで仲間を裏切った/财迷心窍出卖了伙伴 cáimí xīnqiào chūmàile huǒbàn

〜がものを言う 有钱能使鬼推磨 yǒu qián néng shǐ guǐ tuīmò

かね【鐘】 钟 zhōng (英 a bell) ▶〜をつく/敲钟 qiāo zhōng

かねあい【兼ね合い】 保持平衡 bǎochí pínghéng; 兼顾 jiāngù (英 balance) ▶仕事と家庭の〜が難しい/很难兼顾工作与家庭 hěn nán jiāngù gōngzuò yǔ jiātíng

かねぐり【金繰り】 筹款 chóukuǎn (英 financing)

かねじゃく【曲尺】 角尺 jiǎochǐ; 矩尺 jǔchǐ; 曲尺 qūchǐ (英 a carpenter's square)

かねそなえる【兼ね備える】 兼备 jiānbèi (英 have both... and ~)

かねつ【加熱する】 加热 jiārè; 烧 shāo (英

heat）▶電子レンジで～する/用微波炉加热 yòng wēibōlú jiārè
♦～処理：加热处理 jiārè chǔlǐ
かねつ【過熱する】 过热 guòrè; 过火 guòhuǒ（英 overheat; superheat）▶～する受験競争/过于激烈的考试竞争 guòyú jīliè de kǎoshì jìngzhēng
♦～景気：过热经济 guòrè jīngqì
かねづかい【金遣い】 花钱 huāqián（英 spending habits）▶～が荒い/大手大脚 dàshǒu dàjiǎo; 挥霍 huīhuò ▶近頃奴はなぜか～が荒い/最近那家伙不知为何花钱大手大脚 zuìjìn nà jiāhuo bù zhī wèihé huāqián dàshǒu dàjiǎo
かねづまり【金詰り】 银紧 qiánjǐn; 银根紧 yíngēn jǐn（英 shortage of money）▶～による黑字倒産/因为银根紧赚着钱就倒闭了 yīnwèi yíngēn jǐn zhuànzhe qián jiù dǎobì le
かねづる【金蔓】 出钱的人 chūqián de rén; 出资者 chūzīzhě（英 a financial supporter）▶～をつかむ/抓住摇钱树 zhuāzhù yáoqiánshù
かねて【予て】 以前 yǐqián; 早先 zǎoxiān（英 previously; already）▶～からの疑問/很早就持有的疑问 hěn zǎo jiù chíyǒu de yíwèn ▶～より検討してきた新基準を導入することにした/决定采用以前一直在探讨的新标准 juédìng cǎiyòng yǐqián yìzhí zài tàntǎo de xīnbiāozhǔn ▶お名前は～から承っておりました/久仰大名 jiǔyǎng dàmíng
かねばなれ【金離れ】 花钱（的样子）huāqián (de yàngzi)▶～がよい/花钱大方 huāqián dàfang
かねまわり【金回り】（英 financial condition）▶～が悪い/资金周转不好 zījīn zhōuzhuǎn bù hǎo
かねめ【金目】 值钱 zhíqián（英 valuables）▶～の物はあらかた泥棒に持っていかれた/值钱的东西几乎全被小偷偷走了 zhíqián de dōngxi jīhū quán bèi xiǎotōu tōuzǒu le
かねもうけ【金儲け】 赚钱 zhuànqián（英 moneymaking）▶～して何が悪い/赚钱有什么不好？zhuànqián yǒu shénme bù hǎo?
かねもち【金持ち】 财主 cáizhǔ; 富翁 fùwēng; 富人 fùrén（英 a rich person; a millionaire）▶～になる/发财 fācái ▶株取引で～になる/靠炒股票发财 kào chǎo gǔpiào fācái ▶あなただってお～になれる/你也能成为财主 nǐ yě néng chéngwéi cáizhǔ ▶～に生まれる/出生富有 chūshēng fùyǒu ▶～階級/富人阶级 fùrén jiējí
ことわざ 金持ち喧嘩せず 好鞋不踩臭狗屎 hǎoxié bù cǎi chòugǒushǐ
かねる【兼ねる】 兼 jiān（英 double as...）▶趣味と実益を～/兴趣和实际利益皆得 xìngqù hé shíjì lìyì jiē dé ▶理事長が学長を～/理事长兼任大学校长 lǐshìzhǎng jiānrèn dàxué xiàozhǎng ▶居間と寝室とを兼ねた部屋/客厅兼作卧室的房间 kètīng jiānzuò wòshì de fángjiān ▶出張を兼ねて京都へ行き友を見舞った/出差时顺带着去京都看了朋友 chūchāi shí shùndàizhe qù Jīngdū kànle péngyou
-かねる【兼ねる】（英 cannot; be unable to do）▶気の毒なので断りかねた/因为很可怜, 我也没能拒绝 yīnwèi hěn kělián, wǒ yě méi néng jùjué ▶申し上げ兼ねますが…/不好意思说… bùhǎoyìsi shuō… ▶あれは人殺しでもし兼ねない男だ/他这个人连杀人的事都干得出来 tā zhège rén lián shārén de shì dōu gàndechūlai ▶彼女ならやりかねない/她的话, 可能会做出这样的事 tā de huà, kěnéng huì zuòchū zhèyàng de shì
かねん【可燃】 可燃 kěrán（英 burnable）▶～性の/可燃性的 kěránxìng de ▶物/可燃物 kěránwù ▶～ゴミの回収日/可燃垃圾的回收日 kěrán lājī de huíshōurì
かのう【化膿する】 化脓 huànóng（英 fester）▶早く消毒しないと傷口が～するぞ/如果不快点儿消毒, 伤口会化脓的！rúguǒ bú kuài diǎnr xiāodú, shāngkǒu huì huànóng de !
かのう【可能な】 可能 kěnéng（英 possible）▶利用～な曜日を教えて下さい/请告诉我星期几可以利用 qǐng gàosu wǒ xīngqí jǐ kěyǐ lìyòng ▶この予算なら十分～/这是笔钱, 完全没问题 yǒu zhè bǐ qián, wánquán méi wèntí
かのうせい【可能性】（英 possibility）▶その計画の成功する～は大いにある/那个计划成功的可能性非常大 nàge jìhuà chénggōng de kěnéngxìng fēicháng dà ▶その～は薄い/那种可能性很小 nà zhǒng kěnéngxìng hěn xiǎo ▶それは実現の～がない/那不可能实现 nà bù kěnéng shíxiàn ▶～を検討する/探讨其可能性 tàntǎo qí kěnéngxìng
かのじょ【彼女】 她 tā（英 she）▶～たち/她们 tāmen ▶友達の～（交際相手）/朋友的女朋友 péngyou de nǚpéngyou ▶～を信じてはならない/不要相信她 búyào xiāngxìn tā ▶彼は～に夢中だ/他叫她给迷住了 tā jiào tā gěi mízhù le
カバ【河馬】【動物】河马 hémǎ（英 a hippopotamus）
カバ【樺】【植物】桦 huà（英 a birch tree）▶白～/白桦 báihuà
カバー ① 【覆い】套子 tàozi; 罩子 zhàozi（英 cover）▶本に～をかける/包书皮 bāo shūpí ▶布団～をかける/套被套 tào bèitào ▶全国を～する販売網/覆盖全国的销售网 fùgài quánguó de xiāoshòuwǎng ▶口と鼻を～するだけのマスク/只盖住嘴和鼻子的口罩 zhǐ gàizhù zuǐ hé bízi de kǒuzhào ② 【補う】弥补 míbǔ（英 make up for...）▶小川氏はいつも同僚の大川氏を～している/小川先生经常代劳同事大川先生的事情 Xiǎochuān xiānsheng dàiláo tóngshì Dàchuān xiānsheng de shìqing ③ 【曲を】翻唱 fānchàng（英 cover）
かばう【庇う】 ① 【人を】护 hù; 袒护 tǎnhù（英 protect）▶身内を～/袒护亲属 tǎnhù qīnshǔ ② 【弱いところを】保护 bǎohù（英 cover）

▸ひざを～/保护膝盖 bǎohù xīgài ▸ひざをかばいながら階段を下りるのはつらい/保护着膝盖下楼梯很难受 bǎohùzhe xīgài xià lóutī hěn nánshòu; 忍着膝盖的疼痛下楼真难受 rěnzhe xīgài de téngtòng xià lóu zhēn nánshòu **3**〖悪事·悪人を〗**打掩护** dǎ yǎnhù; **包庇** bāobì ([英] *protect*) ▸下手に～と同類だと思われるぞ/包庇别人，搞不好你会被当作是同伙的！ bāobì biéren, gǎobuhǎo nǐ huì bèi dàngzuò shì tónghuǒ de! ▸メディアはなぜ悪党を～のか/媒体为什么袒护坏人？ méitǐ wèi shénme tǎnhù huàirén?

がはく【画伯】 **大画家** dàhuàjiā; **画师** huàshī ([英] *a painter*)

かばやき【蒲焼】〔料理〕([英] *roast eel*) ▸うなぎの～/烤鳗鱼 kǎományú

かはん【河畔】 **河畔** hépàn ([英] *the riverside*) ▸ポトマック～/波多马克河畔 Bōduōmǎkè hépàn

かばん【鞄】 **书包** shūbāo; **皮包** píbāo; **提包** tíbāo ([英] *a bag; a suitcase*) ▸～に入れる/放进皮包 fàngjìn píbāo ▸旅行～/旅行包 lǚxíngbāo ▸～をぶらぶらさげる/摇摇晃晃地提着包 yáoyáohuànghuàng de tízhe bāo ▸～一つで家出する/提着一件旅行袋离家出走 tízhe yí jiàn lǚxíngdài lí jiā chūzǒu

がばん【画板】 **画板** huàbǎn; **图板** túbǎn ([英] *a drawing board*)

かはんしん【下半身】 **下半身** xiàbànshēn ([英] *the lower half of the body*) ▸～太り/下半身发胖 xiàbànshēn fāpàng ▸～が麻痺する/下半身麻痹 xiàbànshēn mábì

かはんすう【過半数】 **过半数** guòbànshù; **多数** duōshù ([英] *the greater part*) ▸～を占める/占多数 zhàn duōshù ▸～が現状に満足している/超过半数的人满足于现状 chāoguò bànshù de rén mǎnzú yú xiànzhuàng ▸かろうじて～の議席を得る/勉勉强强获得了半数以上的议席 miǎnmiǎnqiǎngqiǎng huòdéle bànshù yǐshàng de yìxí

かひ【可否】 ([英] *right or wrong; pro and con*) ▸～を論じる/讨论是否可行 tǎolùn shìfǒu kěxíng

かび【華美な】 **华美** huáměi; **华丽** huálì ([英] *showy; gaudy*) ▸～な生活をする/过着华丽的生活 guòzhe huálì de shēnghuó

かび【黴】 **霉** méi ([英] *mold*) ▸～が生える/发霉 fāméi ▸～臭い/霉气味儿 méiqìwèir ▸～取りスプレー/喷雾式除霉器 pēnwùshì chúméiqì ▸その冗談は～が生えている/那个笑话太陈旧了 nàge xiàohua tài chénjiù le

かひつ【加筆する】 **修改** xiūgǎi; **加工** jiāgōng ([英] *retouch*)

がびょう【画鋲】 **图钉** túdīng ([英] *a thumbtack*)

かびる【黴る】 **发霉** fāméi ([英] *go moldy*)

かびん【花瓶】 **花瓶** huāpíng ([英] *a vase*)

[日中比較] 中国語の'花瓶 huāpíng'は「花をさす器」という意味の他，「お飾りとしての女性や物」の意味も持つ.

かびん【過敏な】 **过敏** guòmǐn ([英] *sensitive*) ▸神経～/神经过敏 shénjīng guòmǐn

かふ【寡婦】 **孤孀** gūshuāng; **寡妇** guǎfu; **未亡人** wèiwángrén ([英] *a widow*)

かぶ【下部】 **下级** xiàjí; **下面** xiàmian; **下头** xiàtou ([英] *the lower part*) ▸～構造/经济基础 jīngjì jīchǔ ▸～組織/基层组织 jīcéng zǔzhī ▸委員会の～組織/委员会的基层组织 wěiyuánhuì de jīcéng zǔzhī ▸指令が～まで徹底しない/指令没有贯彻到下面 zhǐlìng méiyǒu guànchèdào xiàmian

かぶ【株】 **1**〖切り株〗**树桩** shùzhuāng; **株** zhū ([英] *a stump; a stub*) ▸木の～/树桩 shùzhuāng ▸切り～/树墩 shùdūn ▸ねむの木を一～植える/种一棵合欢树 zhòng yì kē héhuānshù **2**〖株式〗**股份** gǔfèn ([英] *a stock; a share*) ▸～配当/股息 gǔxī ▸～券/股票 gǔpiào ▸三興社の～を百～持っている/持有三兴社的股票一百股 chíyǒu Sānxīngshè de gǔpiào yìbǎi gǔ ▸～で儲(もう)ける/炒股赚钱 chǎogǔ zhuànqián

お～を奪う **学会他人的专长** xuéhuì tārén de zhuāncháng; **抢走别人的风头** qiǎngzǒu biéren de fēngtou

～が上がる《評価》 **声誉高涨** shēngyù gāozhǎng ▸最近，政界では彼の～が上がった/最近在政界，他的地位提高了 zuìjìn zài zhèngjiè, tā de dìwèi tígāo le

♦～屋 **股票掮客** gǔpiào qiánkè; **股票经纪人** gǔpiào jīngjìrén 上場～ **上市股票** shàngshì gǔpiào 優良～ **优质股票** yōuzhì gǔpiào

カブ【蕪】〔植物〕**芜菁** wújīng ([英] *a turnip*)

かふう【家風】 **门风** ménfēng; **家风** jiāfēng ([英] *a family custom*) ▸～に合わない/不符合门风 bù fúhé ménfēng ▸今時～なんて古いよ/现在还提家风太陈腐了 xiànzài hái tí jiāfēng tài chénfǔ le

がふう【画風】 **画风** huàfēng ([英] *a style of painting*)

カフェ **咖啡馆** kāfēiguǎn ([英] *a café*) ▸～バー/咖啡吧 kāfēibā

♦～オレ **牛奶咖啡** niúnǎi kāfēi ～テラス **露天咖啡厅** lùtiān kāfēitīng ～テリア **自助食堂** zìzhù shítáng ～ラテ **拿铁咖啡** nátiě kāfēi

カフェイン 〔化学〕**咖啡碱** kāfēijiǎn; **咖啡因** kāfēiyīn ([英] *caffeine*)

かぶか【株価】 **股票行市** gǔpiào hángshì; **股价** gǔjià ([英] *a stock price*) ▸～が上がる/股价上涨 gǔjià shàngzhǎng

がぶがぶ ([英] *freely*) ▸安酒を～飲む/咕嘟咕嘟地喝廉价酒 gūdūgūdū de hē liánjiàjiǔ

かぶき【歌舞伎】 ([英] *Kabuki*) ▸～の演目/歌舞伎剧目 gēwǔjì jùmù

♦～役者 **歌舞伎演员** gēwǔjì yǎnyuán

かふく【禍福】 **祸福** huòfú ([英] *ups and downs*)

[ことわざ] **禍福はあざなえる縄の如し** 祸福相依 huòfú

xiāng yǐ; 祸兮福所倚, 福分祸所伏 huò xī fú suǒ yǐ, fú xī huò suǒ fú

かふくぶ【下腹部】 小腹 xiǎofù; 小肚子 xiǎodùzi 〈英 *the lower abdomen*〉 ▶～が痛む/小腹疼 xiǎofù téng ▶～の脂肪が多い/小肚子的脂肪多 xiǎodùzi de zhīfáng duō

かぶさる【被さる】 覆盖 fùgài 〈英 *get covered; overlap*〉 ▶長い髪が耳に被さっている/长头发盖住了耳朵 chángtóufa gàizhùle ěrduo ▶母が寝込んで家事負担が私に～/母亲病倒了，家庭的重担都压在了我的肩上 mǔqin bìngdǎo le, jiātíng de zhòngdàn dōu yāzàile wǒ de jiānshang

かぶしき【株式】 股 gǔ; 股份 gǔfèn 〈英 *stocks*〉 ▶～会社/股份公司 gǔfèn gōngsī ▶～市場/股市 gǔshì ▶この会社は最近東証に～を上場した/这个公司最近在东京证券交易所上市了 zhège gōngsī zuìjìn zài Dōngjīng zhèngquàn jiāoyìsuǒ shàngshì le

カフスボタン 〖服飾〗袖扣儿 xiùkòur 〈英 *cuffs*〉

かぶせる【被せる】 盖 gài; 覆盖 fùgài; 扣 kòu; 罩 zhào 〈英 *cover*〉 ▶袋を～/套上袋子 tàoshàng dàizi ▶土を～/用土盖上 yòng tǔ gàishàng ▶無実の人間に罪を～/给清白的人扣上罪名 gěi qīngbái de rén kòushàng zuìmíng ▶雨が降ってきたのでグラウンドにシートを被せた/下起雨了, 给操场盖上塑料布 xiàqǐ yǔ le, gěi cāochǎng gàishàng sùliàobù ▶歯にセラミックを～/给牙烤瓷 gěi yá kǎo cí

カプセル (薬の) 胶囊 jiāonáng 〈英 *a capsule*〉 ▶～ホテル/密封舱式简易旅馆 mìfēngcāngshì jiǎnyì lǚguǎn

かふそく【過不足】 过多与不足 guòduō yǔ bùzú 〈英 *just enough*〉 ▶～のない/得当不多不少 dédàng bù duō bù shǎo ▶必要なデータを～く集める/准确收集必要的资料 zhǔnquè shōují bìyào de zīliào ▶各人に～なく提供する/平均分配给每个人 píngjūn fēnpèi gěi měi ge rén

かふちょうせい【家父長制】 家长制 jiāzhǎngzhì 〈英 *patriarchy*〉

かぶと【兜】 盔 kuī 〈英 *a helmet*〉 ▶～を脱ぐ/认输 rènshū

ことわざ 勝って兜の緒を締めよ 胜利了也不要麻痹大意 shènglìle yě búyào mábì dàyì

カブトガニ【兜蟹】〖動物〗鲎 hòu 〈英 *a horseshoe crab*〉

カブトムシ【甲虫】〖虫〗甲虫 jiǎchóng; 独角仙 dújiǎoxiān 〈英 *a beetle*〉

かぶぬし【株主】 股东 gǔdōng 〈英 *a stockholder*〉 ▶～総会/股东大会 gǔdōng dàhuì ▶～安定/忠诚股东 zhōngchéng gǔdōng

かぶりつき 紧靠舞台的座位 jǐn kào wǔtái de zuòwèi 〈英 *the front row*〉

かぶりつく 狼吞虎咽 láng tūn hǔ yàn 〈英 *bite into...*〉 ▶マントウに～/大口吃馒头 dàkǒu yǎo mántou

かぶる【被る】 ❶【帽子などを】 戴 dài 〈英 *put on*〉 ▶帽子を～/戴帽子 dài màozi ▶砂ぼこりを～/砂石扑面 shāshí pūmiàn ▶ヨットが波を～/波浪冲上帆船 bōlàng chōngshàng fānchuán

❷【責任を】 蒙受 méngshòu; 承受 chéngshòu 〈英 *take... on oneself*〉 ▶罪を～/替人担罪 tì rén dānzuì

仮面を～ 正義の仮面を～/戴着正义的假面具 dàizhe zhèngyì de jiǎmiànjù

猫を～ 假装老实 jiǎzhuāng lǎoshi

かぶれ ❶【医】斑疹 bānzhěn; 皮肤发炎 pífū fāyán 〈英 *a rash*〉 ▶～が出る/出斑疹 chū bānzhěn ❷【夢中になる】热衷 rèzhōng; 崇拜 chóngbài 〈英 *be influenced*〉 ▶米国の～の人/热衷于美国的人 rèzhōng yú Měiguó de rén

かぶれる《皮膚が》皮肤发炎 pífū fāyán 〈英 *get a rash*〉 ▶うるしに～/漆中毒 qīzhòngdú

かふん【花粉】 花粉 huāfěn 〈英 *pollen*〉 ▶杉～/杉树花粉 shānshù huāfěn ▶～症/花粉过敏症 huāfěn guòmǐnzhèng ▶～症の季節がやってきた/花粉症的季节来临了 huāfěnzhèng de jìjié láilín le

かぶん【過分な】 过分 guòfèn 〈英 *excessive*〉 ▶～なほめ言葉/过奖 guòjiǎng ▶～に評価して下さり恐縮です/您太过奖了，真不好意思 nín tài guòjiǎng le, zhēn bùhǎoyìsi

かぶん【寡聞にして】 孤陋寡闻 gūlòu guǎwén 〈英 *hearing nothing*〉 ▶その件は～にして存じません/因为孤陋寡闻, 那件事还没听说过 yīnwèi gūlòu guǎwén, nà jiàn shì hái méi tīngshuōguo

かべ【壁】 墙 qiáng; 墙壁 qiángbì 〈英 *a wall; a partition*《仕切》〉 ▶ベルリンの～/柏林墙 Bólínqiáng ▶両者には目に見えない～がある/在两人中间隔着一面无形的墙壁 zài liǎng rén zhōngjiān gézhe yí miàn wúxíng de qiángbì ▶～を白く塗る/把墙刷成白色 bǎ qiáng shuāchéng báisè ▶～を取り払う/拆掉墙 chāidiào qiáng ▶100メートル10秒の～を破る/突破百米赛跑十秒的大关 túpò bǎi mǐ sàipǎo shí miǎo de dàguān

ことわざ 壁に耳あり障子に目あり 隔墙有耳, 窗外有眼 géqiáng yǒu ěr, chuāngwài yǒu yǎn

～にぶつかる 碰壁 pèngbì; 碰钉子 pèng dīngzi ◆～紙/壁纸 bìzhǐ ◆～土/墙土 qiángtǔ

かへい【貨幣】 货币 huòbì; 金钱 jīnqián; 钱币 qiánbì 〈英 *money*〉; [硬貨] *a coin*; [通貨] *currency*〉 ▶～価値/币值 bìzhí ▶～価値が下がった/货币贬值了 huòbì biǎnzhí le ▶～制度/币制 bìzhì

参考 中国の货币单位は '元 yuán'. お札などには同じ发音の '圆' と书かれる. 1元 = 14円 (2009年7月现在) で, 1元の 1/10 が '角 jiǎo', 1角の 1/10 が '分 fēn'. '元' '角' は口语ではそれぞれ '块 kuài' '毛 máo' という.

かべかけ【壁掛け】 壁毯 bìtǎn; 挂毯 guàtǎn 〈英 *a wall ornament*〉

かべしんぶん【壁新聞】 壁报 bìbào; 墙报 qiángbào ▶大字报 dàzìbào 〈英 *a wall poster*〉

参考 '大字报' は中国では政治主張を広める手

段であったが1982年に禁止された.
かべん【花弁】 花瓣 huābàn (英 *a petal*)
かほう【下方】 下方 xiàfāng; 下边 xiàbiān (英 *a lower part*) ▶収益見通しを～修正する/下调对收益的预测 xiàtiáo duì shōuyì de yùcè
かほう【果報】 (英 *luck*)
ことわざ 果報は寝て待て 有福不用忙 yǒu fú búyòng máng
◆～者: 有福气的人 yǒu fúqì de rén
かほう【家宝】 传家宝 chuánjiābǎo (英 *a family treasure*)
がほう【画報】 画报 huàbào (英 *a pictorial; a graphic*)
かほご【過保護】 娇惯 jiāoguàn; 过分宠爱 guòfèn chǒng'ài (英 *excessive protection*) ▶～に育てる/娇生惯养 jiāo shēng guàn yǎng ▶～の子供/娇生惯养的孩子 jiāo shēng guàn yǎng de háizi ▶～の母親/溺爱孩子的母亲 nì'ài háizi de mǔqin
かぼそい【か細い】 微弱 wēiruò; 纤弱 xiānruò (英 *slender; fragile*) ▶～声/微弱的声音 wēiruò de shēngyīn ▶ここでは～神経では暮らせない/在这里神经纤细的话, 生活不下去 zài zhèlǐ shénjīng xiānxì dehuà, shēnghuóbuxiàqù ▶ その～腕で一家の暮らしを支えている/那么纤弱却支撑全家的生活 nàme xiānruò què zhīchēng quánjiā de shēnghuó
カボチャ【南瓜】 〔植物〕南瓜 nánguā (英 *a pumpkin*) ▶～の種/南瓜子儿 nánguāzǐr
かま【釜·窯】 ❶〔鍋などの〕锅 guō (英 *a pot*) ▶～飯/小锅什锦饭 xiǎoguō shíjǐnfàn ❷〔瀬戸物などを焼く〕窑 yáo (英 *a kiln*)
同じ～の飯を食う 同吃一锅饭 tóng chī yì guō fàn; 同吃同住同工作 tóng chī tóng zhù tóng gōngzuò
かま【鎌】 镰刀 liándāo (英 *a sickle*) ▶～で稲刈りをする/用镰刀割稻子 yòng liándāo gē dàozi ▶～をかける 套问 tàowèn; 拿话套人 ná huà tào rén
ガマ【蒲】 〔植物〕香蒲 xiāngpú (英 *a bulrush*)
かまう【構う】 理 lǐ; 管 guǎn; 在意 zàiyì (英 *mind; care for...; interfere*) ▶どうぞお構いなく/请不要张罗 qǐng búyào zhāngluo ▶どちらでも構わない/哪样都行 nǎyàng dōu xíng ▶あんなやつ～もんか/管他呢！ guǎn tā ne! ▶随他去吧 suí tā qù ba ▶雨が降っても構わない/不在乎下雨 bú zàihu xià yǔ ▶私は構いません/我不在意 wǒ bú zàiyì ▶彼女は身なりを構わない/她不讲究穿着打扮 tā bù jiǎngjiu chuānzhuó dǎban ▶忙しくて小さなことに構ってはいられない/太忙了, 没时间管琐碎小事 tài máng le, méi shíjiān guǎn suǒsuì xiǎoshì ▶私に構わずに先に食事していて下さい/不用管我, 你们先吃吧 búyòng guǎn wǒ, nǐmen xiān chī ba ▶何のお構いもできませんでした/恕我招待不周 shù wǒ zhāodài bùzhōu ▶あんなやつには構わないでいろ/别理会他 bié lǐhuì tā ▶猫を～/逗猫 dòumāo

かまえる【構える】 ❶〔作る〕办 bàn; 开设 kāishè (英 *get ready for...*) ▶オフィスを～/开设办公室 kāishè bàngōngshì ❷〔態度·姿勢〕(英 *assume an attitude*) ▶呑気(のんき)に～/不慌不忙, 安然相待 bùhuāng bùmáng, ānrán xiāngdài ▶カメラを～/端起照相机 duānqǐ zhàoxiàngjī
ガマガエル【蝦蟇蛙】 〔動物〕癞蛤蟆 làiháma; 蟾蜍 chánchú (英 *a toad*)
カマキリ【蟷螂】 〔虫〕螳螂 tángláng (英 *a mantis*)
がまぐち【がま口】 〔蛙嘴荷包式〕钱包 (wāzuǐ hébāoshì) qiánbāo (英 *a purse*)
かまける 只顾 zhǐ gù; 只忙于 zhǐ mángyú (英 *be absorbed in...*) ▶仕事に～/只忙于工作 zhǐ mángyú gōngzuò ▶子供に～/只顾孩子 zhǐ gù háizi ▶家事にかまけて読書を忘れた/只忙于家务事, 顾不上看书 zhǐ mángyú jiāwùshì, gùbushàng kàn shū
-がましい 可能 kěnéng; 有点儿 yǒudiǎnr (英 *look like...*) ▶さし出～ようですが…/可能是多管闲事… kěnéng shì duō guǎn xiánshì… ▶未練がましくまたたずねた/有点割舍不下似的又问了一次 yǒudiǎn gēshěbuxià shìde yòu wènle yí cì
かまち【框】 《床の横木》〔日式房屋的〕地板框 (Rìshì fángwū de) dìbǎnkuàng (英 *a door frame*); 〔戸や障子の枠〕门窗框 ménchuāngkuàng (英 *a frame*)
かまど【竈】 炉灶 lúzào; 炉子 lúzi; 灶 zào (英 *a cooking stove*)
かまびすしい 喧嚣 xuānxiāo; 吵闹 chāonào (英 *noisy*)
かまぼこ【蒲鉾】 〔食品〕鱼糕 yúgāo (英 *boiled fish paste*) ▶～型の屋根/半圆形屋顶 bànyuánxíng wūdǐng
がまん【我慢する】 忍受 rěnshòu; 容忍 róngrěn; 硬挺 yìngtǐng (英 *bear; endure*) ▶～して…する/将就 jiāngjiu ▶～できない/忍不住 rěnbuzhù ▶～強い/很能忍耐 hěn néng rěnnài; 有耐性 yǒu nàixìng ▶タバコを～するとストレスがたまる/忍着不抽烟会憋坏的 rěnzhe bù chōuyān huì biēhuài de ▶尿意を～/憋尿 biēniào ▶君は～が足りないのだ/你耐性不足 nǐ nàixìng bùzú ▶あいう男は～ならない/我忍受不了那种男人 wǒ rěnshòubuliǎo nà zhǒng nánrén ▶彼女は遂に～した/她终于忍无可忍了 tā zhōngyú rěn wú kě rěn le ▶彼は腹のたつのを～した/他强忍着不要发怒 tā qiǎngrěnzhe búyào fānù
かみ【加味する】 加入 jiārù (英 *add; include*) ▶我々の意見も～されるそうだ/听说我们的意见也加进去 tīngshuō bǎ wǒmen de yìjiàn yě jiājìnqu
かみ【神】 神 shén; 上帝 Shàngdì; 老天爷 lǎotiānyé (英 *God*) ▶～を祭る/祭神 jìshén ▶～かけて誓う/对上帝发誓 duì Shàngdì fāshì ▶行手に何が待つか～ならぬ身の知るところではない

只有上帝知道前面等着我们的是什么 zhǐ yǒu Shàngdì zhīdào qiánmian děngzhe wǒmen de shì shénme ▶苦しい時の神頼み 平时不烧香,急时抱佛脚 píngshí bù shāoxiāng, jíshí bào fójiǎo ▶~のみぞ知る 天晓得 tiān xiǎode ▶~も仏もない 老天爷不睁眼 lǎotiānyé bù zhēngyǎn

かみ【紙】 纸 zhǐ；纸张 zhǐzhāng (英 *paper*) ▶~飛行機をつくる/做纸飞机 zuò zhǐfēijī ▶~吹雪の舞うパレード/彩色纸屑飞舞的庆祝游行 cǎisè zhǐxiè fēiwǔ de qìngzhù yóuxíng ▶~に包む/用纸包装 yòng zhǐ bāozhuāng ♦~おむつ|纸尿布 zhǐniàobù ~切れ|纸片 zhǐpiàn ~コップ|纸杯 zhǐbēi ~箱|纸箱 zhǐxiāng

かみ【髪】 发 fà；头发 tóufa (英 *hair*) ▶~をとかす/梳头 shū tóu ▶~を切る/剪发 jiǎn fà ▶~型/发型 fàxíng ▶彼の~は黑い/他的头发很黑 tā de tóufa hěn hēi ▶ふさふさした~/浓密的头发 nóngmì de tóufa ▶~を分ける/分发 fēn fà ▶~が抜ける/掉头发 diào tóufa ▶~が肩に垂れる/头发垂肩 tóufa chuí jiān

かみあう【噛み合う】 吻合 wěnhé；咬 yǎo (英 *bite at each other*; 〔歯車が〕*gear*) ▶考えが~/想法相吻合 xiǎngfa xiāng wěnhé ▶議論が噛み合わなかった/谈不到一起 tánbudào yìqǐ ▶質問と答が噛み合わなかった/提问和回答不吻合 tíwèn hé huídá bù wěnhé；所问非所答 suǒ wèn fēi suǒ dá ▶歯を噛み合わせる/上下齿相咬 shàngxiàchǐ xiāng yǎo

かみいれ【紙入れ】 钱包 qiánbāo (英 *a wallet*)

かみがかり【神懸かりの】 狂热 kuángrè (英 *a fanatic*) ▶~になる/下神 xiàshén；神灵附体 shénlíng fù tǐ ▶~的(神気(的) shénqí(de)

かみがた【上方】《関西方面》京都、大阪地区 Jīngdū、Dàbǎn dìqū

かみがた【髪型】 发型 fàxíng (英 *a hair style*)

がみがみ 牢牢叨叨 láoláodāodāo (英 〔~言う〕 *snap at...*) ▶そう一言わなくてもいいじゃないか/用不着这么唠唠叨叨啊 yòngbuzháo zhème láoláodāodāo a

カミキリムシ【髪切り虫】 〔虫〕天牛 tiānniú

かみきる【噛み切る】 咬断 yǎoduàn (英 *bite off*) ▶ネズミがコードを噛み切った/老鼠咬断了软线 lǎoshǔ yǎoduànle ruǎnxiàn

かみきれ【紙切れ】 纸片 zhǐpiàn (英 *a piece of paper*) ▶株券がただの~になった/股票成了废纸片 gǔpiào chéngle fèizhǐpiàn

かみくず【紙屑】 废纸 fèizhǐ (英 *wastepaper; trash*) ▶~かご/纸篓 zhǐlǒu；字纸篓儿 zìzhǐlǒur ▶~のように捨てられる/像废纸一样被遗弃 xiàng fèizhǐ yíyàng bèi yíqì

かみくだく【噛み砕く】 嚼碎 jiáosuì；咬碎 yǎosuì (英 *crunch*) ▶噛み砕いて説明する/通俗易懂地说明 tōngsú yì dǒng de shuōmíng

かみころす【噛み殺す】 咬死 yǎosǐ；《笑いなどを》咬牙忍住 yǎoyá rěnzhù (英 *bite to death*)

〔押える〕*suppress*) ▶欠伸(あくび)を~/憋住哈欠 biēzhù hāqian

かみざ【上座】 上手 shàngshǒu；上座 shàngzuò (英 *the seat of honor*) ▶~に座るお客/坐在上座的客人 zuòzài shàngzuò de kèrén；上宾 shàngbīn ▶原則として地位の高い人が~に座る/原则上地位高的人坐上座 yuánzéshang dìwèi gāo de rén zuò shàngzuò

かみざいく【紙細工】 (英 *paper work*) ▶~の人形/用纸做的工艺品娃娃 yòng zhǐ zuò de gōngyìpǐn wáwa

かみしばい【紙芝居】 (把木框做剧场的)连环画剧 (bǎ mùkuàng zuò jùchǎng de) liánhuánhuàjù；拉洋片 lā yángpiàn (英 *a paper picture show*)

かみしめる【噛みしめる】 〔歯で〕咬住 yǎozhù；咬紧 yǎojǐn；《味わう》体味 tǐwèi；咀嚼 jǔjué (英 *chew*；〔心で〕*meditate on...*) ▶唇を~/紧咬嘴唇 jǐnyǎo zuǐchún ▶孤独を~/体味孤独 tǐwèi gūdú ▶小さな幸せを~/体味微小的幸福 tǐwèi wēixiǎo de xìngfú ▶勝利の感動を~/品味胜利的感动 pǐnwèi shènglì de gǎndòng ▶先哲の教えを~/咀嚼先哲的教诲 jǔjué xiānzhé de jiàohuì

かみそり【剃刀】 刮脸刀 guāliǎndāo；剃刀 tìdāo (英 *a razor*) ▶~の刃/刀片 dāopiàn ▶この~はたいへんよくそれる/这个刮脸刀非常好用 zhège guāliǎndāo fēicháng hǎo yòng ▶~まけする/刮脸过敏 guāliǎn guòmǐn ▶~のように切れる頭/非常聪明的人 fēicháng cōngmíng de rén ▶4枚刃の~/带四个刀片儿的剃须刀 dài sì ge dāopiànr de tìxūdāo ♦安全~|安全刮脸刀 ānquán guāliǎndāo 電気~ ▶電気~で顔を剃る/用电动剃须刀刮脸 yòng diàndòng tìxūdāo guā liǎn

かみだな【神棚】 神龛 shénkān (英 *a family altar*)

かみつ【過密な】 稠密 chóumì；过于密集 guòyú mìjí；紧 jǐn (英 *overcrowded*) ▶~なスケジュール/日程表排得太紧 rìchéngbiǎo páide tài jǐn ▶~ダイヤ/排得非常紧的时刻表 páide fēicháng jǐn de shíkèbiǎo ▶~都市/人口过于密集的城市 rénkǒu guòyú mìjí de chéngshì

かみつく【噛みつく】 咬 yǎo；《比喻》顶撞 dǐngzhuàng；抨击 pēngjī (英 *bite at...*) ▶犬が人に~/狗咬人 gǒu yǎo rén ▶蛇が足に~/蛇咬住脚了 shé yǎozhù jiǎo le ▶判定に~/反驳判定 fǎnbó pàndìng ▶~ように言う/顶撞 dǐngzhuàng ▶現政権に~/抨击现行政权 pēngjī xiànxíng zhèngquán

かみづつみ【紙包み】 纸包 zhǐbāo (英 *a paper parcel* 〔*package*〕)

かみて【上手】 上座 shàngzuò；上游 shàngyóu；舞台右側 wǔtái yòucè (英 〔川の〕*the upper course*；〔舞台の〕*the right of the stage*) ▶舞台の~より登場する/从舞台右侧上场 cóng wǔtái yòucè shàngchǎng ▶川の~に橋がある/在河的

上流に座橋 zài hé de shàngliú yǒu zuò qiáo

かみテープ【紙テープ】 纸带 zhǐdài (英 *a paper tape*) ▶～を投げる/扔彩带 rēng cǎidài

かみナプキン【紙ナプキン】 餐巾纸 cānjīnzhǐ (英 *a paper napkin*)

かみなり【雷】 雷 léi; 雷公 léigōng (英 *thunder*) ▶～が鳴る/打雷 dǎléi; 响雷 xiǎnglei ▶～が来そうだ/要打雷了 yào dǎléi le ▶その家に～が落ちた/那户人家落雷了 nà hù rénjiā luòléi le ▶～に撃たれて死ぬ/被雷击死 bèi léi jīsǐ ▶～を落とす/大发雷霆 dà fā léitíng
♦～親父/好发脾气的父亲 hào fā píqi de fùqin

かみのけ【髪の毛】 头发 tóufa (英 *hair*)

かみばさみ【紙挟み】 夹子 jiāzi (英 *a paper holder*)

かみはんき【上半期】 上半年 shàng bànnián (英 *the first half of the year*)

かみひとえ【紙一重】 极微小 jí wēixiǎo; 一点点 yìdiǎndiǎn (英 *a slight differnce of...*) ▶～の差で/只差一点点儿 zhǐ chà yìdiǎndiǎnr ▶～の差で優勝を逃した/以微小之差没有获胜 yǐ wēixiǎo zhī chà méiyǒu huòshèng ▶猥褻と芸術は～の差だ/淫秽与艺术只是一纸之隔 yínhuì yǔ yìshù zhǐ shì yì zhǐ zhī gé

かみぶくろ【紙袋】 纸袋子 zhǐdàizi; 纸口袋儿 zhǐkǒudàir (英 *a paper bag*)

かみやすり【紙やすり】 砂纸 shāzhǐ (英 *sandpaper; emery paper*) ▶～をかける/用砂纸磨 yòng shāzhǐ mó

かみよ【神代】 神话时代 shénhuà shídài (英 *the age of gods*)

かみわざ【神業】 绝技 juéjì; 奇迹般地技术 qíjì bān de jìshù (英 *the work of God*) ▶まさに～としか思えない手术/简直是个奇迹般的手术 jiǎnzhí shì ge qíjì bān de shǒushù

かみん【仮眠する】 假寐 jiǎmèi; 小睡 xiǎoshuì (英 *have a short sleep*) ▶30分ほど～をとる/小睡三十分钟 xiǎoshuì sānshí fēnzhōng

かむ《鼻を》擤 xǐng (英 *blow (one's nose)*) ▶鼻を～/擤鼻涕 xǐng bítì

かむ【咬む・噛む】 咬 yǎo; 叮 dīng; 嚼 jiáo; 蜇 zhē (英 *bite*) ▶よく噛んで食べる/细嚼慢咽 xì jiáo màn yàn ▶スズメバチに噛まれた/被马蜂蜇了 bèi mǎfēng zhēle ▶蚊に噛まれる/被蚊子叮 bèi wénzi dīng ▶砂を～ように味気ない/像嚼蜡似的枯燥乏味 xiàng jiáo là shìde kūzào fáwèi ▶～と奥歯が痛い/一咬东西臼齿就疼 yì yǎo dōngxi jiùchǐ jiù téng ▶噛んで含めるように教える/谆谆教诲 zhūnzhūn jiàohuì ▶噛み傷/咬伤 yǎoshāng

ガム 口香糖 kǒuxiāngtáng (英 *chewing gum*) ▶授業中に～を噛むな/上课时不准嚼口香糖 shàngkè shí bùzhǔn jiáo kǒuxiāngtáng

がむしゃらに 不顾一切 búgù yíqiè; 莽撞 mǎngzhuàng (英 *recklessly*)

ガムテープ 胶布 jiāobù; 胶带 jiāodài (英 *gummed tape*) ▶～を貼る/贴胶布 tiē jiāobù

カムバック 重返 chóngfǎn; 东山再起 Dōngshān zài qǐ (英 *a comeback*) ▶～を企てる/想卷土重来 xiǎng juǎntǔ chónglái

カムフラージュ 伪装 wěizhuāng; 障眼法 zhàngyǎnfǎ (英 *camouflage*) ▶本当の狙いを～するための提案だ/为了掩饰真正的目的的提案 wèile yǎnshì zhēnzhèng de mùdì de tí'àn

かめ【瓶】 罐子 guànzi; 坛 tán; 缸 gāng (英 *a pot; a jar*) ▶水～/水缸 shuǐgāng

カメ【亀】〔動物〕 乌龟 wūguī (英 *a tortoise; a turtle*《海龟》) ▶～の甲/龟甲 guījiǎ
ことわざ 亀の甲より年の功 姜还是老的辣 jiāng háishi lǎo de là

かめい【加盟する】 加盟 jiāméng (英 *join*) ▶国連に～する/加入联合国 jiārù Liánhéguó
♦～国/加盟国 jiāméngguó; 成员国 chéngyuánguó ～団体/加盟组织 jiāméng zǔzhī

かめい【仮名】 假名 jiǎmíng; 化名 huàmíng (英 *a pseudonym*) ▶～を用いて投稿する/用假名投稿 yòng jiǎmíng tóugǎo

がめつい 惟利是图 wéi lì shì tú (英 *grasping*) ▶～奴/惟利是图的家伙 wéi lì shì tú de jiāhuo; 贪得无厌的家伙 tāndé wú yàn de jiāhuo

カメラ 相机 xiàngjī; 照相机 zhàoxiàngjī (英 *a camera*) ▶～マン/摄影师 shèyǐngshī ▶デジタル～/数码相机 shùmǎ xiàngjī ▶防犯～/防盗相机 fángdào xiàngjī ▶子犬に～を向ける/把相机对准小狗 bǎ xiàngjī duìzhǔn xiǎogǒu ▶～アングル/镜头的角度 jìngtóu de jiǎodù ▶隠しどり～/偷拍相机 tōupāi xiàngjī

カメレオン〔動物〕 变色龙 biànsèlóng (英 *a chameleon*)

かめん【仮面】 假面具 jiǎmiànjù; 面具 miànjù; 画皮 huàpí (英 *a mask; a disguise*) ▶～をかぶる/戴上面具 dàishàng miànjù ▶～をはぐ/揭穿假面具 jiēchuān jiǎmiànjù
♦～舞踏会/化妆舞会 huàzhuāng wǔhuì

がめん【画面】 画面 huàmiàn; 荧光屏 yíngguāngpíng (英 *a picture; the screen*) ▶検索～/搜索画面 sōusuǒ huàmiàn ▶～が明るい/画面鲜明 huàmiàn xiānmíng

カモ【鴨】〔鳥〕 野鸭 yěyā (英 *a wild duck*);《比喩》冤大头 yuāndàtóu (英 *an easy mark*) ▶いい～になる/作冤大头 zuò yuāndàtóu
ことわざ 鴨が葱をしょって来る 肥猪拱门 féizhū gǒng mén; 天上掉下馅饼来 tiānshang diàoxià xiànbǐng lai

かもい【鴨居】〔建築〕 门楣 ménméi (英 *a lintel*)

かもく【科目】 学科 xuékē; 科目 kēmù (英 *a subject; a course*) ▶診療～/诊疗科目 zhěnliáo kēmù ▶数学は彼の最も得意な～だった/数学是他最擅长的科目 shùxué shì tā zuì shàncháng de kēmù
♦選択～/选修科目 xuǎnxiū kēmù 必修～/必修科目 bìxiū kēmù

かもく【寡黙な】 沉默 chénmò; 寡言 guǎyán

(英 *taciturn*) ▶～な男/沉默寡言的男人 chénmò guǎyán de nánrén

カモシカ【羚羊】【動物】羚羊 língyáng (英 *a serow; an antelope*)

かもしだす【醸し出す】酿成 niàngchéng; 造成(某种气氛) zàochéng (mǒu zhǒng qìfēn) (英 *produce*)

-かもしれない 可能 kěnéng; 说不定 shuōbudìng; 也许 yěxǔ (英 *may; maybe*) ▶旅行に行ける～/也许能去旅行 yěxǔ néng qù lǚxíng ▶宇宙人がいる～/说不定会有外星人 shuōbudìng huì yǒu wàixīngrén ▶行ってみるのもいい～/也许去看看比较好 yěxǔ qù kànkan bǐjiào hǎo ▶それはほんとう～/那可能是真的 nà kěnéng shì zhēn de ▶計画はうまく行く～/计划可能实现 jìhuà kěnéng shíxiàn ▶電話はあの人～/电话可能是那个人打的 diànhuà kěnéng shì nàge rén dǎ de

かもす【醸す】酿 niàng; 酿造 niàngzào (英 [引き起こす] *cause*)

物議を～ 引起议论 yǐnqǐ yìlùn

かもつ【貨物】货物 huòwù (英 *freight; cargo*) ▶～運送/货运 huòyùn ▶～輸送機/货机 huòjī ▶～室(船や飛行機の)/货舱 huòcāng ▶船/货船 huòchuán; 货轮 huòlún ▶列车/货车 huòchē ▶自動車/货运车 huòyùnchē ▶航空～便/货运飞机 huòyùn fēijī

カモメ【鴎】【鳥】海鸥 hǎi'ōu (英 *a sea gull*)

かや【蚊帳】蚊帐 wénzhàng (英 *a mosquito net*) ▶～をつる/挂蚊帐 guà wénzhàng ▶～の外/被排除在圈子之外 bèi páichú zài quānzi zhīwài ▶私はその企画については～の外に置かれていた/关于那个计划我一直没被通知 guānyú nàge jìhuà wǒ yìzhí méi bèi tōngzhī

カヤ【茅】【植物】茅草 máocǎo (英 *cogon*)

がやがや 吵吵嚷嚷 chǎochǎorāngrāng (英 *noisily*) ▶騒がしい/哗然 huárán; 乱哄哄 luànhōnghōng ▶～人の話す声が聞えた/听到了吵嚷的说话声 tīngdàole chǎorǎng de shuōhuàshēng

かやく【火薬】火药 huǒyào (英 *gunpowder; powder*)

▶～庫/火药库 huǒyàokù

かやぶき【茅葺き】草顶房屋 cǎodǐng fángwū (英 *a thatched roof*)

かゆ【粥】【料理】粥 zhōu; 稀饭 xīfàn (英 *rice porridge*) ▶あわ～/小米粥 xiǎomǐzhōu ▶お～を炊く/熬粥 áo zhōu ▶あずき～/小豆粥 xiǎodòuzhōu; 红豆粥 hóngdòuzhōu

かゆい【痒い】痒 yǎng; 痒痒 yǎngyang (英 *itchy*) ▶目が～/眼睛发痒 yǎnjing fāyǎng ▶痛くも痒くもない/不疼不痒 bù téng bù yǎng

～ところに手が届く 无微不至 wú wēi bú zhì

参考 中国語では「かゆい」も「くすぐったい」も同じ'痒yǎng'で表す。

かゆみ【痒み】痒 yǎng (英 *an itch; itching*) ▶～止め/止痒剂 zhǐyǎngjì

かよう【通う】来往 láiwǎng; 通 tōng (英 *commute*; [血などが] *circulate*) ▶学校へ～/上学 shàngxué; 走读 zǒudú ▶心が～/心意相通 xīnyì xiāngtōng ▶病院に～/经常去医院 jīngcháng qù yīyuàn ▶学習塾に～/走读补习学校 zǒudú bǔxí xuéxiào ▶その村へはバスが通っていない/那个村子不通巴士 nàge cūnzi bù tōng bāshì ▶洗いなれた道/走熟了的路 zǒushúle de lù ▶黙っていても心が通った/不用说话就意气相投 búyòng shuōhuà jiù yìqì xiāngtóu ▶血の通った政治/温情政治 wēnqíng zhèngzhì

かようきょく【歌謡曲】流行歌曲 liúxíng gēqǔ (英 *a popular song*)

がようし【画用紙】图画纸 túhuàzhǐ (英 *drawing paper*)

かようび【火曜日】星期二 xīngqī'èr; 礼拜二 lǐbài'èr (英 *Tuesday*) ▶每週～/每个星期二 měi ge xīngqī'èr

かよわい【か弱い】纤弱 xiānruò; 柔弱 róuruò (英 *delicate; frail*) ▶～少女/纤弱的少女 xiānruò de shàonǚ

から【空の】空 kōng (英 *empty; vacant*) ▶～の引き出し/空抽屉 kōngchōuti ▶ジョッキを～にする/喝干一大杯啤酒 hēgān yí dàbēi píjiǔ

◆～出張/假出差 jiǎchūchāi

から【殻】壳 ké; 独自的空间 dúzì de kōngjiān 框框 kuàngkuang (英 *husks*; [果実の] *a shell*) ▶くるみの～/核桃壳儿 hétaokér ▶かきの～をむく/剥牡蛎的壳儿 bāo mǔlì de kér ▶卵の～/鸡蛋壳儿 jīdànkér ▶～に閉じこもる/把自己关在个人空间里 bǎ zìjǐ guānzài gèrén kōngjiānlǐ ▶～を破る/打破陈规 dǎpò chéngguī ▶もぬけの～/空空如也 kōngkōng rú yě ▶自分の～を打ち破る/闯出自己的空间 chuǎngchū zìjǐ de kōngjiān

-から ❶【場所】从 cóng; 打 dǎ; 自 zì; 自从 zìcóng (英 *from...*) ▶東京～来た人/从东京来的人 cóng Dōngjīng lái de rén ▶海外～帰る/从国外回来 cóng guówài huílái; 〔留学帰り〕海归 hǎi guī ▶駅～タクシーに乘る/从车站乘出租车 cóng chēzhàn chéng chūzūchē ▶テーブルの下～はい出す/从桌子下爬出来 cóng zhuōzixia páchūlai ▶馬～落ちて足を折った/从马上掉下来摔断了腿 cóng mǎshang diàoxiàlai shuāiduànle tuǐ

❷【時】从 cóng (英 *from...; since...; after...*) ▶明日～始める/从明天开始 cóng míngtiān kāishǐ ▶当地に来て～ 5 年になる/到当地来有五年了 dào dāngdì lái yǒu wǔ nián le ▶いつ～御病気ですか/什么时候开始病的？ shénme shíhou kāishǐ bìng de? ▶やって～では取り消せない/做了就赖不掉 zuòle jiù làibudiào ▶今～やっても間に合わない/现在开始已经来不及了 xiànzài kāishǐ yǐjing láibují le ▶おまえ朝～酒を飲むのか/你早上就喝酒啊！ nǐ zǎoshang jiù hē jiǔ a! ▶家に戻って～電話する/回家后打电话 huíjiā hòu dǎ diànhuà

❸【範囲】从…到… cóng…dào… (英 *from…*

to～）▶朝～晩まで/从早到晚 cóng zǎo dào wǎn ▶朝～晩まで働きづめだ/从早上一直工作到晚上 cóng zǎoshang yìzhí gōngzuòdào wǎnshang ▶2時～3時までは仮眠をとる/从两点到三点，小睡一下 cóng liǎng diǎn dào sān diǎn, xiǎoshuì yíxià ▶揺りかご～墓場まで/从摇篮到坟墓 cóng yáolán dào fénmù ❹【原料】用 yòng; 以 yǐ（英 from...; of...; with...）▶古紙～作られたトイレットペーパー/用旧纸制的手纸 yòng jiùzhǐ zhì de shǒuzhǐ ▶米～酒を作る/用大米酿酒 yòng dàmǐ niàng jiǔ; 用米做酒 yòng mǐ zuò jiǔ ▶大豆～作った味噌/用大豆做的酱 yòng dàdòu zuò de jiàng ▶それは鉄と銅～できている/那是由铁和铜做成的 nà shì yóu tiě hé tóng zuòchéng de ▶海水～塩を取る/从海水里提取盐 cóng hǎishuǐlǐ tíqǔ yán ❺【原因・理由】由于 yóuyú; 因为 yīnwèi（英 because...; for...）▶ちょっとしたかぜ～肺炎になった/因小感冒引起了肺炎 yīn xiǎogǎnmào yǐnqǐle fèiyán ▶君がそう言うんだ～そうなんだろう/既然你这么说，那就是这样的吧 jìrán nǐ zhème shuō, nà jiù shì zhèyàng de ba ▶すべては私の不注意～です/都是我不小心引起的 dōu shì wǒ bù xiǎoxīn yǐnqǐ de ▶あの口ぶり～すると…/从那个语气来看… cóng nàge yǔqì lái kàn… ▶俺もやる～君もやれ/我努力干，你也努力干吧 wǒ nǔlì gàn, nǐ yě nǔlì gàn ba

がら【柄】 ❶【模様】花样 huāyàng（英 a pattern; a design）▶～と色/花色 huāsè ▶花～の/花纹 huāwén ▶はでな～の着物/华丽花样的和服 huálì huāyàng de héfú ❷【体格】个儿 gèr; 身材 shēncái（英 build）▶大～の子/身材魁梧的孩子 shēncái kuíwú de háizi ❸【人柄】人品 rénpǐn; 品行 pǐnxíng（英 a character）▶～が悪い/人品不好 rénpǐn bù hǎo ▶～にもなく花～の服を買った/不合自身份也买了玫瑰花 bù hé shēnfen yě mǎile méiguīhuā ▶僕は人に指図するなんて～じゃない/我不配对人指手划脚 wǒ bú pèi duì rén zhǐ shǒu huà jiǎo ❹【状態】▶場所～をわきまえる/注意场合 zhùyì chǎnghé ▶時局～自粛しよう/因时局状况克制一下吧 yīn shíjú zhuàngkuàng kèzhì yíxià ba

カラー ❶【襟の】领子 lǐngzi（英 a collar）▶ホワイト～/白领 báilǐng ❷【色】颜色 yánsè; 色彩 sècǎi（英 color）▶～印刷/彩印 cǎiyìn ▶～テレビ/彩电 cǎidiàn ▶ラッキー～/幸运的颜色 xìngyùn de yánsè ❸【特色】个性 gèxìng; 特色 tèsè（英 character）▶我が校の～/我校的特色 wǒxiào de tèsè ▶ローカル～/地方特色 dìfāng tèsè
▶～フィルム/彩色胶卷 cǎisè jiāojuǎn

がらあき【がら空き】（英 a lot of vacant）▶どの車輛も～だった/哪个车厢都空空荡荡的 nǎge chēxiāng dōu kōngkōngdàngdàng de

からあげ【空揚げ・唐揚げ】 干炸 gānzhá（英 deep-fried (chicken)）▶鳥の～/干炸鸡肉 gānzhá jīròu

からい【辛い】 ❶【味が】辣 là（英 hot）▶塩～/咸 xián ❷【きびしい】（英 severe）▶採点が～/给分严 gěifēn yán

からいばり【空威張りする】 虚张声势 xūzhāng shēngshì（英 bluff）▶～する人は小者だ/虚张声势的人是小人 xū zhāng shēngshì de rén shì xiǎorén

からうり【空売り】 卖空 màikōng（英 short selling）

カラオケ 卡拉 OK kǎlā OK（英 karaoke）▶彼女は～が好きでよく行くんだ/她喜欢卡拉 OK，所以经常去 tā xǐhuan kǎlā OK, suǒyǐ jīngcháng qù

からかう 逗 dòu; 调笑 tiáoxiào; 开玩笑 kāi wánxiào; 作弄 zuònòng（英 make fun of...）▶猫を～/戏弄猫 xìnòng māo ▶女性を～/调戏妇女 tiáoxì fùnǚ ▶人のことを～な/不要拿人家取笑 búyào ná rénjia qǔxiào ▶彼は君をからかっているんだよ/他跟你开玩笑呢 tā gēn nǐ kāi wánxiào ne

からから ❶【空気が】干燥 gānzào; 【川や池の水が】干涸 gānhé; 干巴巴 gānbābā（英 dry）▶川底が～に干上がっていた/河底已经干透了 hédǐ yǐjīng gàntòu le ▶のどが～だ/嗓子渴得直冒烟 sǎngzi kěde zhí màoyān ❷【擬音】▶～と風に鳴る/在风里哗啦哗啦地响 zài fēnglì huālāhuālā de xiǎng

がらがら ❶【擬音】哗哗 huāhuā; 哗啦 huālā ▶荷車が～と通っていた/大板车咯噔咯噔地走过去 dàbǎnchē gēdēnggēdēng de zǒuguòqu ▶長年の夢が～と音を立てて崩れた/多年来的梦想哗啦啦地崩溃了 duō nián lái de mèngxiǎng huālālā de bēngkuì le ❷【がら空き】空荡荡 kōngdàngdàng（英 empty）

ガラガラヘビ【ガラガラ蛇】〔動物〕响尾蛇 xiǎngwěishé（英 a rattlesnake）

からくさもよう【唐草模様】 蔓藤花纹 mànténg huāwén（英 an arabesque pattern）

からくじ【空籤】（英 a blank）▶～を引く/抽空彩 chōu kōngcǎi ▶～なし/人人都有赠品 rénrén dōu yǒu zèngpǐn; 人人都中彩 rénrén dōu zhòngcǎi

からくち【辛口の】 严厉 yánlì; 刻薄 kèbó（英 dry; severe）▶～批评/刻薄的评论 kèbó de pínglùn

からくも【辛くも】 差点儿 chàdiǎnr; 好容易 hǎoróngyi（英 barely; narrowly）▶～失格を免れた/差点儿没失掉资格 chàdiǎnr méi shīdiào zīgé ▶～逃げきる/好容易才逃脱 hǎoróngyi cái táotuō

からくり【計略】 策略 cèlüè; 鬼把戏 guǐbǎxì; 【仕掛け】机关 jīguān（英 works; a device; [計略] a trick）▶人形/活动偶人 huódòng ǒurén ▶敵の～を見破る/识破敌人的诡计 shípò dírén de guǐjì ▶宇宙の～を明らかにする/弄清宇

宙的奥妙 nòngqīng yǔzhòu de àomiào

からげる【絡げる】 撩 liāo《まくし上げる》(英 *tuck up*) ▶裾を～/撩下摆 liāo xiàbǎi

からげんき【空元気】 强打精神 qiǎng dǎ jīngshen; 虚张声势 xū zhāng shēngshì (英 *a show of courage*)

からさわぎ【空騒ぎ】 大惊小怪 dà jīng xiǎo guài (英 *a fuss about trifles*) ▶恋の～/大惊小怪的恋爱 dà jīng xiǎo guài de liàn'ài

からし【芥子】 芥末 jièmo; 日本芥末 Rìběn jièmo; 绿芥末 lǜjièmo (英 *mustard*) 参考 中国では「ねりワサビ」も'芥末 jièmo'と称している.
◆～菜 芥菜叶 jiècài

からす【枯らす】 使…枯死 shǐ…kūsǐ (英 *dry up*) ▶雑草を～除草剤/使杂草枯萎的除草剂 shǐ zácǎo kūwěi de chúcǎojì

からす【涸らす】 枯竭 kūjié (英 *drain*)

からす【嗄らす】 make one's voice hoarce
▶声を～/哑嗓; 沙哑 shāyǎ

カラス【烏】 〖鳥〗乌鸦 wūyā (英 *a crow*)

ガラス【硝子】 玻璃 bōli (英 *glass*; 〖窓ガラス〗 *a pane*) ▶～のコップ/玻璃杯 bōlibēi ▶～の破片で手を切った/被玻璃碎片割了手 bèi bōli suìpiàn gēle shǒu ▶会の財政は～張りだ/组织的财政很透明 zǔzhī de cáizhèng hěn tòumíng
◆板～ 平板玻璃 píngbǎn bōli ◆工場～ 玻璃加工厂 bōli jiāgōngchǎng ◆繊維～ 玻璃纤维 bōli xiānwéi ◆戸～ 玻璃门 bōlimén ◆窓～ 玻璃窗 bōlichuāng 強化～ 强化玻璃 qiánghuà bōli

カラスガイ【烏貝】 〖貝〗蚌 bàng; 褶纹冠贝 zhěwén guānbèi (英 *a mussel*)

からすみ【唐墨】 〖食品〗乌鱼子 wūyúzǐ (英 *dried mullet roe*)

カラスムギ【烏麦】 〖植物〗燕麦 yànmài (英 *oats*)

からせき【空咳】 干咳 gānké (英 *a dry cough*) ▶～をする/干咳 gānké

からだ【体】 身体 shēntǐ; 身子 shēnzi; 身躯 shēnqū (英 *the body*) ▶～が丈夫だ/身强力壮 shēn qiáng lì zhuàng ▶～が弱い/身体弱 shēntǐ ruò ▶～に悪い/有害于身体 yǒuhài yú shēntǐ ▶～を拭(ふ)く/擦身体 cā shēntǐ ▶～中が痛い/浑身疼 húnshēn téng 〖技術などを〗頭でなく～で覚えろ/别先想, 要实现 bié xiān xiǎng, yào shíxiàn ▶～を大事にする/保重身体 bǎozhòng shēntǐ ▶残業残業で～がもたない/天天加班, 身体支撑不住 tiāntiān jiābān, shēntǐ zhīchēngbuzhù ▶何をするにも～がもとだ/无论做什么, 身体都是本钱 wúlùn zuò shénme, shēntǐ dōu shì běnqián ▶～によいことをしていますか/你做什么有助于身体的事吗? nǐ zuò shénme yǒuzhù yú shēntǐ de shì ma?

カラタチ〖植物〗枸橘 gōujú; 枳 zhǐ (英 *a Bengal quince*)

からだつき【体つき】 体格 tǐgé; 体形 tǐxíng; 身材 shēncái 〖形〗*one's figure*; 〖体格〗 *one's build* ▶きゃしゃな～/苗条的体形 miáotiao de tǐxíng ▶バランスの取れた～/匀称的身材 yúnchèn de shēncái ▶がっしりした～の男/体格健壮的男人 tǐgé jiànzhuàng de nánrén

からかぜ【空っ風】 干冷的大风 gānlěng de dàfēng (英 *a dry wind*) ▶～が吹く/刮干风 guā gānfēng

からっきし 一点儿也不 yìdiǎnr yě bù; 简直不 jiǎnzhí bù (英 *completely*; *hopelessly*) ▶名前を憶えることは～駄目だ/一点也记不住人名 yìdiǎn yě jìbuzhù rénmíng

からっと 爽快 shuǎngkuài; 爽朗 shuǎnglǎng (英 *straightforward*) ▶～した気性の男/性情爽朗的男人 xìngqíng shuǎnglǎng de nánrén

カラット 克拉 kèlā (英 *a carat*) ▶この指輪は何～ですか/这个戒指有几克拉 zhège jièzhi yǒu jǐ kèlā ▶1. 4～のダイヤ/一点四克拉的钻石 yì diǎn sì kèlā de zuànshí

からっぽ【空っぽの】 空 kōng; 空虚 kōngxū (英 *empty*) ▶燃料タンクが～だ/油箱空了 yóuxiāng kōng le ▶財布の中は～だ/钱包空空如也 qiánbāo kōngkōng rú yě

からつゆ【空梅雨】 雨少的梅雨期 yǔ shǎo de méiyǔqī (英 *a dry rainy season*) ▶～と思いきや一転して大雨になった/本来以为是个干梅雨期, 想不到转眼就下了大雨 běnlái yǐwéi shì ge gānméiyǔqī, xiǎngbudào zhuǎnyǎn jiù xiàle dàyǔ

からて【空手】 《武道の》空手道 kōngshǒudào (英 *karate*; *a Japanese martial art*) ▶護身のために～を習う/为护身而学习空手道 wèi hùshēn ér xuéxí kōngshǒudào ▶～を練習する/练习空手道 liànxí kōngshǒudào

からてがた【空手形】 空头支票 kōngtóu zhīpiào (英 *a fictitious bill*) 〖空約束で〗～を切る/开空头支票 kāi kōngtóu zhīpiào

からとう【辛党】 酒徒 (英 *a drinker*) ▶僕は～だ/我好喝酒 wǒ hào hē jiǔ

からねんぶつ【空念仏】 空话 kōnghuà; 空谈 kōngtán (英 *an empty prayer*)

からぶり【空振りする】 落空 luòkōng; 扑空 pūkōng (英 *a swing and a miss*) ▶私の期待は～だった/我的期待落空了 wǒ de qīdài luòkōng le

カラフル 颜色鲜艳 yánsè xiānyàn; 富于色彩 fùyú sècǎi (英 *colorful*)

カラマツ【落葉松】 〖植物〗落叶松 luòyèsōng (英 *a larch*) ▶～林/落叶松树林 luòyèsōng shùlín

からまる【絡まる】 缠 chán; 盘绕 pánrào (英 *be twisted*) ▶ひもが～/绳缠住在一起 shéng chánzài yìqǐ ▶つたの～美術館/爬满常春藤的美术馆 pámǎn chángchūnténg de měishùguǎn ▶ヘッドホンのコードが～/耳机的线缠住了 ěrjī de xiàn chánzhù le

からまわり【空回りする】 ❶〖物が〗空转 kōngzhuàn (英 *run idle*) ▶ネジが～する/螺丝空转 luósī kōngzhuàn ❷〖物事が〗空忙 kōngmáng; 徒劳 túláo ▶議論が～する/徒劳地议论

からみ【辛味】 咸味 xiánwèi; 辣味 làwèi (英 *a hot taste*) ▶~が足りない/不够辣 bú gòu là

-がらみ 左右 zuǒyòu; 上下 shàngxià; 有关 yǒuguān (英 *or so*) ▶40～の男/四十前后的男人 sìshí qiánhòu de nánrén・選挙～が始まった/开始说起有关选举的话题 kāishǐ shuōqǐ yǒuguān xuǎnjǔ de huàtí

からみつく【絡みつく】 绕上 ràoshàng; 缠上 chánchán; 攀缠 pānchán (英 *twist*) ▶壁につたが～/爬山虎缠绕在墙上 páshānhǔ chánrào zài qiángshang ・足に海草が～/海草缠住脚 hǎicǎo chánzhù jiǎo ▶酔っ払いが絡みついてきた/醉汉借酒找茬，跟我无理取闹 zuìhàn jièjiǔ zhǎochá, gēn wǒ wú lǐ qǔnào

からむ【絡む】 ❶【人に】 捣蛋 dǎodàn; 纠缠 jiūchán (英 *annoy*) ▶あいつ，何かといえば俺に～んだ/那家伙，没事儿就缠着我 nà jiāhuo, méi shìr jiù chánzhe wǒ ❷【ひもなどが】 缠 chán; 绊 bàn (英 *twist*) ▶窓に朝顔が絡んでいた/牵牛花缠绕在窗户上 qiānniúhuā chánrào zài chuānghushang ▶ひもが絡んで足を取られた/脚被绳子缠住了 jiǎo bèi shéngzi chánzhù le ❸【関係する】 牵涉 qiānshè (英 *be involved*) ▶金が絡んだ話/涉及金钱的话题 shèjí jīnqián de huàtí ▶トラック3台が～事故/牵涉三辆卡车的事故 qiānshè sān liàng kǎchē de shìgù ・利権に～政治家/牵涉利权的政治家 qiānshè lìquán de zhèngzhìjiā

からめて【搦め手】 后门 hòumén; 敌人背后 dírén bèihòu; (比喻) 对方的弱点 duìfāng de ruòdiǎn (英 *the rear gate*)(城などの裏門)) ▶～から攻める/从背后攻击 cóng bèihòu gōngjī

からめる【絡める】 ❶【行き渡らせる】 蘸上 zhànshàng; 拌上 bànshàng (英 *entwine*) ▶パスタが熱いうちにバターを絡めます/意大利面要趁热拌上黄油 Yìdàlìmiàn yào chèn rè bànshàng huángyóu ❷【関連づける】 联系 liánxì; 连在一起 liánzài yìqǐ (英 *link*) ▶時事問題を絡めた出題/与时事问题相关的出题 yǔ shíshì wèntí xiāngguān de chūtí

からりと 明朗 mínglǎng; 开朗 kāilǎng; 酥脆 sūcuì (英 *clearly*); 晴朗 qínglǎng ▶～した性格/开朗的性格 kāilǎng de xìnggé ・～揚がった天ぷら/炸酥的天麩罗 zhásū de tiānfūluó

がらりと 突然 tūrán (英 *suddenly*) ▶～態度が変わる/态度忽然改变 tàidù hūrán gǎibiàn ▶客層が～変わった/顾客层次突然变了 gùkè céngcì tūrán biàn le

カラン 水龙头 shuǐlóngtóu (英 *a faucet*)

がらん【伽藍】 伽蓝 qiélán; 寺院 sìyuàn (英 *a cathedral*)

がらんとした 空荡荡 kōngdàngdàng (英 *empty*) ▶～とした店内/空荡荡的店内 kōngdàngdàng de diànnèi

がらんどう 空洞 kōngdòng; 空旷 kōngkuàng (英 *hollow*) ▶巨大なビルの中は～だった/高大楼房里面空空的 gāodà lóufáng lǐmiàn kōngkōng de

かり【仮の】 临时 línshí (英 *temporary*) ▶～採用になる/被暂定录用 bèi zàndìng lùyòng
◆～営業所/临时营业所 línshí yíngyèsuǒ ・～釈放/假释 jiǎshì; 临时释放 línshí shìfàng ・～領収書/临时发票 línshí fāpiào

かり【狩り】 打猎 dǎliè (英 *hunting; a hunt*) ▶ぶどう～に行く/去摘葡萄 qù zhāi pútáo ・一種の魔女～だ/类似于搜捕女巫 lèisì yú sōubǔ nǚwū

かり【借り】 债 zhài; 借款 jièkuǎn (英 *a debt; a loan*) ▶家賃はとりあえず～にしておく/房钱先欠着 fángqián xiān qiànzhe ・～を作る/借债 jièzhài ・～を清算する/清偿借款 qīngcháng jièkuǎn ▶～主/债户 zhàihù; 借方 jièfāng ・～を返す/还债 huánzhài ▶彼に大きな～ができた《恩義がある》/欠了他很大的恩 qiànle tā hěn dà de ēn

カリ【雁】〔鳥〕 雁 yàn; 大雁 dàyàn; 鸿雁 hóngyàn (英 *a wild goose*)
ことわざ後の雁が先になる 后来居上 hòu lái jū shàng

かりいれ【刈り入れ】 割 gē; 收割 shōugē (英 *a harvest*) ▶～を始める/开镰 kāilián ・稲の～をする/收割稻子 shōugē dàozi

かりいれる【借り入れる】 借入 jièrù (英 *borrow*) ▶借り入れ金/借款 jièkuǎn

カリウム〔化学〕 钾 jiǎ (英 *potassium*)

カリエス (英 *caries*)
◆脊椎～〔医〕脊椎骨疡 jízhuī gǔyáng

かりかた【借方】〔会計〕 收方 shōufāng; 借方 jièfāng (英 *the debit side; the debtor*)

かりかり (英 *crisply*) ▶～噛む/咯吱咯吱地嚼 gēzhīgēzhī de jiáo ▶じゃがいもを～に揚げる/把马铃薯炸得又脆又酥 bǎ mǎlíngshǔ zháde yòu cuì yòu sū ▶報告を聞いて彼は～していた/听了汇报，他直发火 tīngle huìbào, tā zhí fāhuǒ

がりがり【我利我利】 (英 *extremely thin*) ▶～に痩せた/骨瘦如柴 gǔ shòu rú chái; 皮包骨 pí bāo gǔ ▶氷を～噛む/咯吱咯吱嚼冰 gēzhīgēzhī jiáo bīng

がりがり【我利我利】
◆～亡者: 贪得无厌 tāndé wú yàn

カリキュラム 课程 kèchéng; 教学计划 jiàoxué jìhuà (英 *a curriculum*) ▶～一覧/教学计划一览 jiàoxué jìhuà yīlǎn

かりきる【借り切る】 包租 bāozū (英 *hire*) ▶タクシーを～/包租出租车 bāozū chūzūchē ・レストランを借り切ってパーティーを開く/包租饭馆开联欢会 bāozū fànguǎn kāi liánhuānhuì

かりけいやく【仮契約】 暂行合同 zànxíng hétong (英 *a temporary agreement*)

かりこし【借り越し】〔会計〕 (英 *an overdraft*) ▶～になっている/透支 tòuzhī; 超支 chāozhī

かりこむ【刈り込む】（英）clip; trim ▶きれいに刈り込んだ芝生/修剪得平整的草坪 xiūjiǎnde píngzhěng de cǎopíng

かりしゅつしょ【仮出所する】 假释 jiǎshì（英）be released on parole

カリスマ 超凡魅力 chāofán mèilì; 神授权威 shénshòu quánwēi（英）charisma ▶～性のある/有超凡魅力 yǒu chāofán mèilì ▶～主婦/有超凡能力的主妇 yǒu chāofán nénglì de zhǔfù

かりずまい【仮住まい】 寄寓 jìyù; 寄宿 jìsù; 临时住所 línshí zhùsuǒ（英）a temporary residence ▶自宅リフォーム中の～を探す/寻找在自己家装修期间的临时住所 xúnzhǎo zài zìjǐjiā zhuāngxiū qījiān de línshí zhùsuǒ ▶上京して親戚の家に～する/来到东京，临时住在亲戚家里 láidào Dōngjīng, línshí zhùzài qīnqijiāli

かりそめ《その場かぎり》一时 yìshí; 偶然 ǒurán;「～にも」の形で否定を伴い》千万 qiānwàn（英）temporary; transient ▶～の恋/短暂的恋情 duǎnzàn de liànqíng ▶～にも住民から不信感を持たれてはならない/千万不要让居民产生一点儿疑惑之情 qiānwàn búyào ràng jūmín chǎnshēng yìdiǎnr yíhuò zhī qíng

かりたおす【借り倒す】 借而不还 jiè ér bù huán;《かねを》赖账 làizhàng（英）jump a bill ▶友人から本を借り倒して売り払った/从朋友那儿借来书不还，又转卖掉了 cóng péngyou nàr jièlái shū bù huán, yòu zhuǎnmàidiào le

かりだす【狩り出す・駆り出す】《動物を》赶出去 gǎnchūqu;《强制的に人を》动员 dòngyuán（英）［鳥獣を］hunt out;［人を］impress

かりだす【借り出す】（英）borrow ▶市の図書館から本を～/从市图书馆借书 cóng shì túshūguǎn jiè shū

かりたてる【駆り立てる】 驱使 qūshǐ; 推动 tuīdòng;《行动に》策动 cèdòng（英）drive; urge ▶人々を戦争へと～/驱使人们走向战争 qūshǐ rénmen zǒuxiàng zhànzhēng ▶人々の好奇心を～/驱使人们的好奇心 qūshǐ rénmen de hàoqíxīn

かりちょういん【仮調印】 草签 cǎoqiān（英）initial signing ▶覚書に～する/草签备忘录 cǎoqiān bèiwànglù

かりて【借り手】 借方 jièfāng; 借户 jièhù; 租户 zūhù（英）a debtor ▶～を探す/寻找租户 xúnzhǎo zūhù

かりとる【刈り取る】 割除 gēchú;《穀物を》收割 shōugē（英）mow; reap ▶鎌で雑草を～/用镰刀割除杂草 yòng liándāo gēchú zácǎo

かりに【仮に】 假定 jiǎdìng; 假设 jiǎshè; 即使 jíshǐ（英）if

かりぬい【仮縫いする】 试样子 shì yàngzi（英）tack ▶仕立て屋に行って～する/到裁缝店试样子 dào cáiféngdiàn shì yàngzi

かりぬし【借り主】 借主 jièzhǔ（英）the borrower; a debtor

カリフラワー〔植物〕菜花 càihuā; 花椰菜 huāyēcài;《方言》花菜 huācài（英）a cauliflower

がりべん【がり勉】 只顾成绩拼命学习（的人）zhǐ gù chéngjì pīnmìng xuéxí (de rén)（英）cramming ▶[人] a grind ▶～のあげくに体を壊した/拼命学习，结果搞坏了身体 pīnmìng xuéxí, jiéguǒ gǎohuàile shēntǐ

かりもの【借り物】 借来的东西 jièlái de dōngxi ▶彼の意見は～にすぎない/他的意见不过是拾人牙慧而已 tā de yìjiàn búguò shì shí rén yá huì éryǐ

かりゅう【下流】《川の》下游 xiàyóu; 下流 xiàliú;《社会の》下层 xiàcéng（英）the lower reaches ▶その町より～の地域/从那镇子向下游方向的地区 cóng nà zhènzi xiàng xiàyóu fāngxiàng de dìqū ▶彼は～社会で育った/他生长在下层社会 tā shēngzhǎng zài xiàcéng shèhuì

日中比較 中国語の'下流 xiàliú'は「下品である」ことも意味する.

かりゅう【顆粒】 颗粒 kēlì（英）a granule ▶～状の薬/颗粒状的药 kēlìzhuàng de yào

がりゅう【我流】 无师而成的一派 wú shī ér chéng de yīpài; 自学的 zìxué de（英）in one's own way ▶～でやる/按自己的一套干 àn zìjǐ de yítào gàn

かりゅうど【狩人】 猎人 lièrén（英）a hunter

かりょう【科料】 罚款 fákuǎn（英）a fine

かりょう【過料】（违章）罚款 (wéizhāng) fákuǎn（英）an administrative fine

がりょうてんせい【画竜点睛】（英）the finishing touch

ことわざ 画竜点睛を欠く 画龙不点睛 huà lóng bù diǎn jīng

かりょく【火力】 火力 huǒlì; 火势 huǒshì（英）heat; heating power ▶ガスは～が強い/煤气火力强 méiqì huǒlì qiáng

◆～発電:**火电** huǒdiàn, **火力发电** huǒlì fādiàn ～発電所:**热电厂** rèdiànchǎng

かりる【借りる】 借 jiè; 租 zū（英）borrow; hire; rent ▶東京でアパートを～/在东京租公寓 zài Dōngjīng zū gōngyù ▶知恵を～/请教 qǐngjiào; 求别人出主意 qiú biérén chū zhǔyi ▶友人にノートを～/跟朋友借笔记 gēn péngyou jiè bǐjì ▶力を～/求助于人 qiúzhù yú rén

かる【刈る】 割 gē; 剪 jiǎn ▶[頭髪を]cut, [羊毛を]shear, [草を]mow ▶雑草を～/割草 gē cǎo ▶髪を～/剪发 jiǎn fā

かる【駆る】 驱使 qūshǐ;《乗り物を》驶 shǐ（英）drive ▶政治的野心に驱られて立候补する/为政治野心所驱使参加竞选 wéi zhèngzhì yěxīn suǒ qūshǐ cānjiā jìngxuǎn ▶感情に駆られないようにしろ/不要感用事 búyào gǎnqíng yòng shì ▶車を駆って現場に急ぐ/驱车赶到现场 qūchē gǎndào xiànchǎng

-がる 爱 ài; 要 yào ▶子供は外にでた～ものだ/孩子总是爱往外跑的 háizi zǒngshì ài wǎng wài pǎo de ▶彼は君に会いたがっている/他想要和你见面 tā xiǎng yào hé nǐ jiànmiàn ▶人はとかく不平を言った／人总是发发牢骚 rén zǒngshì ài fā láosao

かるい【軽い】 ❶〖重量が〗轻 qīng (㊥ *light*) ▶～トランク/轻箱子 qīngxiāngzi ▶何か～読み物はないか/有什么轻松的读物没有? yǒu shénme qīngsōng de dúwù méiyǒu? ❷〖程度が〗轻微 qīngwēi (㊥ *light*; *mild*) ▶～やけど／轻度烧伤 qīngdù shāoshāng ▶その処分は軽すぎる/那个处分太轻了 nàge chǔfen tài qīng le ▶—昼食をとる/稍微吃点儿午饭 shāowēi chī diǎnr wǔfàn ❸〖軽率〗轻浮 qīngfú; 轻率 qīngshuài (㊥ *frivolous*) ▶口が～/嘴不严 zuǐ bù yán ▶～気持ちで引き受けた/随便接受了 suíbiàn jiēshòu le ❹〖簡単〗容易 róngyì; 简单 jiǎndān (㊥ *easy*) ▶合格は～/很容易考上 hěn róngyì kǎoshàng ▶この事態を軽く見てはならない/不要轻视这种局势 búyào qīngshì zhè zhǒng júshì ▶彼はその問題を大したことではないと軽く扱った/他认为那个问题没什么, 就简单地处理了 tā rènwéi nàge wèntí méi shénme, jiù jiǎndān de chǔlǐ le ❺〖気分〗轻松 qīngsōng (㊥ *free*; *light*) ❻〖動きが〗轻快 qīngkuài ▶あの新人, 動きが～ね/那个新手, 动作真轻巧 nàge xīnshǒu, dòngzuò zhēn qīngqiǎo

かるいし【軽石】浮石 fúshí (㊥ *pumice stone*) ▶～でこする/用浮石搓(脚) yòng fúshí cuō (jiǎo)

かるがる【軽々と】轻快 qīngkuài; 轻轻 qīngqīng (㊥ *lightly*; *easily*) ▶30キロの米袋を一運ぶ/轻松搬运三十公斤的米袋 qīngsōng bānyùn sānshí gōngjīn de mǐdài ❷2メートルのバーを飛び越える/轻松越过两米高的横杆 qīngsōng yuèguò liǎng mǐ gāo de hénggān ▶スケジュールはそう～と変更できない/预定计划不能那么轻易变更 yùdìng jìhuà bùnéng nàme qīngyì biàngēng

かるがるしい【軽々しい】轻浮 qīngfú; 轻率 qīngshuài; 轻易 qīngyì (㊥ *careless*) ▶～発言/轻率的发言 qīngshuài de fāyán ▶軽々しく信じる/轻信 qīngxìn ▶この問題の是非を軽々しく判断できるのか/这个问题的正确与否能轻易地判断吗? zhège wèntí de zhèngquè yǔfǒu néng qīngyì de pànduàn ma?

かるくち【軽口】诙谐的话 huīxié de huà; 俏皮话 qiàopíhuà (㊥ *a light joke*) ▶～をたたく/戏谑 xìxuè

カルシウム〔化学〕钙 gài (㊥ *calcium*)

カルスト 岩溶 yánróng; 喀斯特 kāsītè (㊥ *a karst*) ▶～地形/岩溶地形 yánróng dìxíng

かるた【歌留多】纸牌 zhǐpái (㊥ *cards*)

カルチャー 文化 wénhuà; 教养 jiàoyǎng (㊥ *culture*) ▶～ショック/文化冲击 wénhuà chōngjī ▶～センター/文化中心 wénhuà zhōngxīn; 文化馆 wénhuàguǎn

カルテ〔医〕病历 bìnglì (㊥ *a medical record*)

▶～を開示する/开示病历 kāishì bìnglì

カルテット〔音楽〕四重唱 sìchóngchàng; 四重奏 sìchóngzòu (㊥ *a quartette*)

カルテル卡特尔 kǎtè'ěr; 企业联合 qǐyè liánhé (㊥ *a cartel*) ▶～协定/卡特尔协定 kǎtè'ěr xiédìng

かるはずみ【軽はずみな】轻率 qīngshuài; 轻佻 qīngtiāo (㊥ *flighty*; *reckless*) ▶～な決定をしてはいけない/不要轻率地做出决定 búyào qīngshuài de zuòchū juédìng

かるわざ【軽業】杂技 zájì; 把戏 bǎxì (㊥ *acrobatics*) ▶～師/杂技演员 zájì yǎnyuán

かれ【彼】他 tā (㊥ *he*) ▶～氏〖交際相手〗/男朋友 nánpéngyou

かれい【華麗な】富丽 fùlì; 华丽 huálì; 绚丽 xuànlì (㊥ *splendid*; *gorgeous*) ▶～な生活/华丽的生活 huálì de shēnghuó

カレイ【鰈】〔魚〕鲽 dié (㊥ *a flatfish*; *a flounder*)

カレー〔料理〕咖喱 gālí (㊥ *curry and rice*) ▶～粉/咖喱粉 gālífěn ▶～ライス/咖喱饭 gālífàn

ガレージ 车库 chēkù (㊥ *a garage*)

かれえだ【枯れ枝】干枯的树枝 gānkū de shùzhī (㊥ *a dead branch* [*twig*])

かれき【枯れ木】枯木 kūmù (㊥ *a dead tree*) ことわざ 枯れ木も山の賑わい 聊胜于无 liáo shèng yú wú

がれき【瓦礫】瓦砾 wǎlì (㊥ *rubble*; *debris*) ▶～の山と化す/变成一片废墟 biànchéng yí piàn fèixū

かれくさ【枯れ草】枯草 kūcǎo; 干草 gāncǎo (㊥ *dry grass*)

かれこれ 大约 dàyuē; 这个那个 zhège nàge; 差不多 chàbuduō (㊥ *this and that*; *approximately*) ▶～時間だ/快到时间了 kuài dào shíjiān le ▶～20人/大约二十个人 dàyuē èrshí ge rén ▶君に～言われる筋合いはない/不应该被你说长道短 bù yīnggāi bèi nǐ shuō cháng dào duǎn

かれつ【苛烈な】激烈 jīliè; 残酷 cánkù (㊥ *severe*) ▶～な戦い/激烈的战斗 jīliè de zhàndòu

かれは【枯れ葉】落叶 luòyè (㊥ *a dead leaf*) ▶～が舞う/落叶飞舞 luòyè fēiwǔ
◆～剤/枯叶剂 kūyèjì

かれら【彼ら】他们 tāmen (㊥ *they*)

かれる【枯れる】枯 kū; 凋谢 diāoxiè;〖人や芸が〗成熟 chéngshú; 萎谢 wěixiè (㊥ *wither*; *die*) ▶花が～/花儿凋谢 huār diāoxiè ▶松の木がたくさん枯れている/很多松树枯萎了 hěn duō sōngshù kūwěi le ▶あの役者もいい味に枯れてきましたな/那位演员日渐娴熟了 nà wèi yǎnyuán rìjiàn xiánshú le

かれる【涸れる】干涸 gānhé; 枯竭 kūjié (㊥ *dry up*) ▶井戸が～/井枯了 jǐng kū le ▶旱魃で川が～/由于干旱, 河流干枯了 yóuyú gānhàn, héliú gānhé le ▶才能が～/才能枯竭 cáinéng kūjié ▶涸れた川/干枯的河 gānkū de hé

▶涸れたダム/干涸的水库 gānhé de shuǐkù

かれる【嗄れる】 (声が) 沙哑 shāyǎ (英 get husky) ▶歌いすぎて声が～/歌唱过度，声音沙哑了 gēchàng guòdù, shēngyīn shāyǎ le ▶声が～まで大声で応援した/大声助威，喊得嗓子都沙哑了 dàshēng zhùwēi, hǎnde sǎngzi dōu shāyǎ le

かれん【可憐な】 可爱 kě'ài (英 pitiful; [愛らしい] pretty) ▶～な花/可爱的花朵 kě'ài de huāduǒ

日中比較 日本語で「可憐」といえば「かわいらしい」という意味になるが,「可憐」は中国文字では'可怜 kělián'となり,「憐れむ可し」という意味で「相手の境遇に同情する」「かわいそうだ」という感情を表す.

カレンダー 日历 rìlì; 月历 yuèlì; 挂历 guàlì (英 a calendar) ▶誕生日は～に赤で印がつけてあった/在挂历上用红色记号标着生日 zài guàlìshang yòng hóngsè jìhào biāozhe shēngrì ▶～をめくる/翻日历 fān rìlì

かろう【過労】 过劳 guòláo; 过度疲劳 guòdù píláo (英 overwork; excessive work) ▶～で倒れる/因过度疲劳而病倒 yīn guòdù píláo ér bìngdǎo

♦～死 : 过劳死 guòláosǐ; 过度疲劳亡 guòdù píláo sǐwáng

がろう【画廊】 画廊 huàláng (英 a gallery)

かろうじて【辛うじて】 好不容易 hǎobù róngyì; 差点儿 chàdiǎnr; 勉强 miǎnqiǎng (英 barely; with difficulty) ▶～フライトに間に合った/差点儿没赶上飞机 chàdiǎnr méi gǎnshàng fēijī ▶～危機を逃れる/好容易逃离危机 hǎoróngyì táolí wēijī ▶～生計を立てる/勉强维持生活 miǎnqiǎng wéichí shēnghuó ▶～過半数を獲得する/好不容易获得过半数 hǎobù róngyì huòdé guò bànshù

カロチン [化学] 胡萝卜素 húluóbosù; 叶红素 yèhóngsù (英 carotene)

かろやか【軽やかな】 轻盈 qīngyíng; 轻快 qīngkuài; 轻飘飘 qīngpiāopiāo (英 light; graceful) ▶～な足取り/轻盈的步伐 qīngyíng de bùfá ▶スケーターが～に氷上を舞う/滑冰运动员轻盈地在冰上飞舞 huábīng yùndòngyuán qīngyíng de zài bīngshang fēiwǔ ▶～な気持ちにしてくれる映画/使人心情轻快的电影 shǐ rén xīnqíng qīngkuài de diànyǐng

カロリー 卡 kǎ;《キロ～》大卡 dàkǎ; 卡路里 kǎlùlǐ (英 a calorie) ▶1日 2500 キロ～を摂取する/每天摄取两千五百千卡 měitiān shèqǔ liǎngqiān wǔbǎi qiānkǎ ▶低～食/低热量的食品 dīrèliàng de shípǐn ▶～を計算する/计算卡路里 jìsuàn kǎlùlǐ

ガロン (単位) 加仑 jiālún (英 a gallon) ▶1～は約 4 リットルです/一加仑大约是四公升 yì jiālún dàyuē shì sì gōngshēng

かろんじる【軽んじる】 轻视 qīngshì; 菲薄 fěibó; 小看 xiǎokàn (英 make light of...) ▶人権を～/轻视人权 qīngshì rénquán ▶人命を～風潮がある/有一种轻视人命的倾向 yǒu yì zhǒng qīngshì rénmìng de qīngxiàng

かわ【川・河】 河 hé; 江 jiāng; 河流 héliú (英 a river; a stream) ▶いかだで～を下る/坐筏子顺流而下 zuò fázi shùnliú ér xià ▶～の水が増えた/河流水量增加 héliú shuǐliàng zēngjiā ▶～をさかのぼる/逆流而上 nìliú ér shàng

かわ【皮・革】 皮 pí; 皮革 pígé; 皮肤 pífū (英 [皮膚] the skin; [革] leather; [果物の] rind; [樹皮] bark) ▶～の札入れ/皮夹子 píjiāzi ▶～ベルト/皮带 pídài ▶～鞄/皮包 píbāo ▶～手袋/皮手套 píshǒutào ▶～製品/皮革制品 pígé zhìpǐn ▶～細工/皮革工艺品 pígé gōngyìpǐn ▶牛の～/牛皮 niúpí ▶～をはぐ/剥皮 bāo pí ▶木の～/树皮 shùpí ▶バナナの～/香蕉皮 xiāngjiāopí

がわ【側】 方面 fāngmiàn; 边 biān (英 side) ▶右～/右侧 yòucè ▶向こう～/对面 duìmiàn ▶こちら～とあちら～に分ける/分为此方和彼方 fēnwéi cǐfāng hé bǐfāng ▶彼は私の左～にすわった/他在我左边儿坐下了 tā zài wǒ zuǒbiānr zuòxia le ▶政府～は～を譲らなかった/政府方面在那点上没有让步 zhèngfǔ fāngmiàn zài nà diǎnshang méiyǒu ràngbù ▶彼女はいつも聞く～だった/她总是充当听从的角色 tā zǒngshì chōngdāng tīngcóng de juésè ▶娘たちは母親～についた/女儿们站在母亲一方 nǚ'érmen zhànzài mǔqin yìfāng

かわあそび【川遊び】 (英 boating; rowing) ▶～する/在河里玩 zài héli wán

かわいい【可愛い】 可爱 kě'ài (英 charming; lovely; cute) ▶～子猫/可爱的猫仔 kě'ài de māozǐ ▶あいつにも～ところがある/那家伙也有可爱的地方 nà jiāhuo yě yǒu kě'ài de dìfang ▶～子ちゃん/小可爱 xiǎo kě'ài

ことわざ 可愛い子には旅をさせよ 应让孩子经风雨见世面 yīng ràng háizi jīng fēngyǔ jiàn shìmiàn; 棒打出孝子，娇养忤逆儿 bàngdǎ chū xiàozǐ, jiāoyǎng wǔnì'ér

かわいがる【可愛がる】 疼 téng; 宠爱 chǒng'ài;《いじめる》教训 jiàoxùn (英 love; pet) ▶子供を可愛がりすぎる/太宠爱孩子 tài chǒng'ài háizi ▶あの野郎ちょっと可愛がってやろうじゃないか/教训一下那家伙吧 jiàoxùn yíxià nà jiāhuo ba

かわいげ【可愛げ】 可爱 kě'ài; 招人喜欢 zhāo rén xǐhuan (英 loveliness) ▶あの子は～がない/那个孩子不招人爱 nàge háizi bù zhāo rén ài

かわいそう【可哀相な】 可怜 kělián (英 poor; sad) ▶あんまり～で見ていられなかった/太可怜看不下去了 tài kělián kànbuxiàqu le ▶～の孤児/可怜的孤儿 kělián de gū'ér ▶～にあの子は両親を亡くした/那孩子失去了父母，真可怜！ nà háizi shīqùle fùmǔ, zhēn kělián

カワウ【川鵜】 [鳥] 鸬鹚 lúcí; 鱼鹰 yúyīng;（方言）墨鸦 mòyā (英 a cormorant)

かわうお【川魚】河鱼 héyú〈英 *a river fish*〉
カワウソ【川獺】〔動物〕水獭 shuǐtǎ〈英 *an otter*〉
かわかす【乾かす】〈日に当てて〉晒干 shàigān；晾干 liànggān；〈火で〉烤干 kǎogān〈英 *dry*〉▶ベランダで洗濯物を～/在阳台上晾洗过的衣物 zài yángtáishang liàng xǐguo de yīwù
かわかみ【川上】上游 shàngyóu；上流 shàngliú〈英 *the upper part of a river*〉▶～から一つ大きな桃が流れてきた/从上游漂过来一个大桃子 cóng shàngyóu piāoguòlai yī ge dàtáozi
かわき【渇き】渴 kě；〔渴望〕渇求 kěqiú〈英 *thirst*〉▶口の～/口渴 kǒukě ▶生ビールで～をいやす/用生啤酒解渴 yòng shēngpíjiǔ jiěkě ▶知識の～/渴求知识 kěqiú zhīshi
かわぎし【川岸】河岸 hé'àn；河边 hébiān〈英 *the banks of a river; a riverside*〉▶その家は～にある/那家房子在河边 nà jiā fángzi zài hébiān
かわきり【皮切り】开端 kāiduān；起点 qǐdiǎn〈英 *the beginning*〉〔最初〕▶沖縄を～に全国を縦走する/以冲绳为起点纵贯全国 yǐ Chōngshéng wéi qǐdiǎn zòngguàn quánguó
かわく【乾く】干 gān〈英 *dry up*〉▶洗濯物は室内ではなかなか乾かない/洗过的衣服在室内不容易干 xǐguo de yīfu zài shìnèi bù róngyì gān ▶乾きの速いセメント/干得快的水泥 gānde kuài de shuǐní
かわく【渇く】渴 kě；渴盼 kěpàn〈英 *be thirsty*〉▶喉が焼けつくように～/嗓子渴得冒烟 sǎngzi kěde màoyān ▶血に～/渴盼杀人 kěpàn shārén
かわぐつ【革靴】皮鞋 píxié〈英 *leather shoes*〉▶～を磨く/擦皮鞋 cā píxié
かわざんよう【皮算用】如意算盘 rúyì suànpán〈英 *an unreliable account*〉 ことわざ 捕らぬ狸の皮算用 打如意算盘 dǎ rúyì suànpán
かわしも【川下】下游 xiàyóu；下流 xiàliú〈英 *the lower part of a river*〉▶少し～に行くと渡し舟がある/向下游走一会儿就有渡船 xiàng xiàyóu zǒu yīhuìr jiù yǒu dùchuán
かわす躲开 duǒkāi；避开 bìkāi〈英 *dodge*〉▶ボールを～/躲开球 duǒkāi qiú ▶責任を～/逃避责任 táobì zérèn
かわす【交わす】交 jiāo；交换 jiāohuàn〈英 *exchange*〉▶挨拶を～/互相打招呼 hùxiāng dǎ zhāohu ▶杯を～/交杯换盏 jiāobēi huànzhǎn ▶契約を～/缔结契约 dìjié qìyuē
かわすじ【川筋】河道 hédào；河沿 héyán〈英 *the course of a river*〉▶大雨でこの村の村が水浸しになった/沿河的村庄因为大雨被淹了 yánhé de cūnzhuāng yīnwèi dàyǔ bèi yān le
かわせ【為替】汇款 huìkuǎn；汇兑 huìduì；〔外国為替〕外汇 wàihuì；汇票 huìpiào〈英 *a money order; exchange*〉▶～で送金する/以汇款 huìkuǎn ▶～リスクは相场変動の影響による/汇兑的风险取决于汇率浮动的影响 huìduì de fēngxiǎn qǔjué yú huìlǜ fúdòng de yǐngxiǎng ▶～レートはドルに有利だった/外汇牌价有利于美元 wàihuì páijià yǒulì yú Měiyuán ◆～差益 汇兑差额利益 huìduì chā'é lìyì ～相場 汇兑 huìjià ～手形 汇票 huìpiào ～手形 汇款单 huìkuǎndān
カワセミ【翡翠】〔鳥〕翠鸟 cuìniǎo；鱼狗 yúgǒu〈英 *a kingfisher*〉
かわぞい【川沿いの】河沿 héyán；河边 hébiān〈英 *riverside*〉▶～の道/沿河的道路 yánhé de dàolù ▶～の桜並木/河边儿的樱花林荫路 hébiānr de yīnghuā línyīnlù ▶～の道を散歩する/沿着河滨路散步 yánzhe hébīnlù sànbù
かわった【変わった】古怪 gǔguài；奇特 qítè〈英 *different; unusual; strange*〉▶～人/怪人 guàirén ▶一風～居酒屋/别具一格的小酒馆 bié jù yī gé de xiǎojiǔguǎn ▶何か～ことはありますか/还是老样子吗？ háishi lǎoyàngzi ma？ ▶何も～ことはありません/没什么变化 méi shénme biànhuà ▶～名前/奇特的名字 qítè de míngzi
かわどこ【川床】河槽 hécáo；河床 héchuáng〈英 *a riverbed*〉
かわばた【川端】河边 hébiān；河畔 hépàn〈英 *a riverside*〉
かわはば【川幅】河面宽度 hémiàn kuāndù〈英 *the width of a river*〉▶ここで～がもっとも狭まる/这儿河面最窄 zhèr hémiàn zuì zhǎi
かわぶね【川船】河船 héchuán；江船 jiāngchuán〈英 *a river boat*〉
かわも【川面】河面 hémiàn〈英 *the surface of a river*〉▶～に霧がかかっている/河面上起雾了 hémiànshang qǐ wù le
かわら【瓦】瓦 wǎ〈英 *a tile*〉◆鬼～ 兽头瓦 shòutóuwǎ ～屋根 瓦房屋顶 wǎfáng wūdǐng 屋根～ ;房瓦 fángwǎ
かわら【河原】河滩 hétān〈英 *a dry riverbed; a river beach*〉▶～でバードウォッチングをする/在河滩上观察小鸟 zài hétānshang guānchá xiǎoniǎo
かわらぶき【瓦葺き】瓦房顶 wǎfángdǐng〈英 *tile-roofing*〉▶～の家/瓦房 wǎfáng
かわり【代わり】代替 dàitì；代理 dàilǐ；代用 dàiyòng〈英 *a substitute*〉；〔人〕*a relief*〉▶～に出席する/代为出席 dàiwéi chūxí ▶ビールのお～を頼む/再来一杯啤酒 zài lái yī bēi píjiǔ ▶～の人が見つかるまでこの会社を辞めないで下さい/在找到接班人前请不要辞职 zài zhǎodào jiēbānrén qián qǐng búyào cízhí ▶僕の～にしゃべってくれ/请替我发言吧 qǐng tì wǒ fāyán ba ▶時々食卓を書き物机の～/有时拿餐桌代替书桌 yǒushí ná cānzhuō dàitì shūzhuō ▶私には彼女の～は務まりません/我代替不了她 wǒ dàitìbuliǎo tā
かわり【変わり】変化 biànhuà；异常 yìcháng〈英 *a change*〉；〔異状〕*something wrong*〉▶症状に～はない/病情没有变化 bìngqíng méiyǒu

かわりだね【変わり種】 奇特的存在 qítè de cúnzài (英 *an exception*) ▶彼は本校卒業生中の～だ/他是本校毕业生中的奇特人物 tā shì běn xiào bìyèshēng zhōng de qítè rénwù

かわりばえ【代わり映え】 起色 qǐsè (英 *improvement*) ▶～しない/变得并不好 biànde bìng bù hǎo；没什么起色 méi shénme qǐsè

かわりはてる【変わり果てる】 面目全非 miànmù quán fēi (英 *be completely changed*) ▶夫の変わり果てた姿に彼女は泣き伏した/看到丈夫面目全非的样子，她哭倒了 kàndào zhàngfu miànmù quán fēi de yàngzi, tā kūdǎo le

かわりばんこ【代わり番こに】 轮流 lúnliú；轮换 lúnhuàn (英 *by turns*; *alternately*) ▶子供たちが～にブランコに乗る/孩子们轮换着荡秋千 háizimen lúnhuànzhe dàng qiūqiān

かわりみ【変わり身】 看风使舵 kàn fēng shǐ duò；转向 zhuǎnxiàng (英 *a change in attitude*) ▶～が早い/转向得快 zhuǎnxiàngde kuài

かわりめ【変わり目】 转折点 zhuǎnzhédiǎn；交替时 jiāotìshí (英 *a change*; *a turning point*) ▶季節の～/季节交替时期 jìjié jiāotì shíqī ▶政権の～が迫る/快到政权交替的时候了 kuài dào zhèngquán jiāotì de shíhou le ▶季節の～にはたいていかぜを引く/换季时容易感冒 huànjì shí róngyì gǎnmào ▶世紀の～/世纪之交 shìjì zhī jiāo

かわりもの【変わり者】 怪物 guàiwu；奇人 qírén (英 *an odd fellow*) ▶当時彼は社内で～と見られていた/当时在公司里他被看作是个奇人 dāngshí zài gōngsīli tā bèi kànzuò shì ge qírén ▶あいつは～だ/那家伙是个怪物 nà jiāhuo shì ge guàiwu

かわりやすい【変わりやすい】 善変 shànbiàn；容易変化 róngyì biànhuà (英 *changeable*; *unsettled*) ▶～気性/善变的性格 shànbiàn de xìnggé ▶山は天候が～/山上的天气变化快 shānshang de tiānqì biànhuà kuài

かわる【代わる·替わる】 代替 dàitì；换 huàn (英 *take the place of...*) ▶～席を/换座位 huàn zuòwèi ▶病院を～/转院 zhuǎnyuàn ▶新しいシステムに替わってかえって不具合が多くなった/换成新的程序后问题反而多了 huànchéng xīn de chéngxù hòu wèntí fǎn'ér duō le ▶彼に～者は永久に出まい/永远没有人能代替他 yǒngyuǎn méiyǒu rén néng dàitì tā ▶息子に代わってお礼申し上げます/替儿子表示感谢 tì érzi biǎoshì gǎnxiè

かわる【変わる】 变 biàn；改变 gǎibiàn；换 huàn (英 *change*; *be turned*) ▶天気が～/天气变了 tiānqì biàn le ▶試合の流れが～/比赛的局势变了 bǐsài de júshì biàn le ▶憎しみが愛情に変わった/憎恨变为爱情 zēnghèn biànwéi àiqíng ▶国民の期待が失望に変わった/国民的期望变成了失望 guómín de qīwàng biànchéngle shīwàng ▶気分が変わって楽しかった/心情改变，很愉快 xīnqíng gǎibiàn, hěn yúkuài ▶彼は人が変わった/他人变了 tā rén biàn le ▶信号が青に変わった/红绿灯变绿了 hónglǜdēng biàn lǜ le ▶住所が～/换地址 huàn dìzhǐ ▶その風景は昔から変わっていない/那个景色至今没变 nàge jǐngsè zhìjīn dōu méi biàn

所変われば品～ 各地有各地的风俗 gèdì yǒu gèdì de fēngsú

かわるがわる【代わる代わる】 轮番 lúnfān；轮换 lúnhuàn；轮流 lúnliú (英 *by turns*; *one after another*) ▶昼時は～食事をとる/中午轮番吃饭 zhōngwǔ lúnfān chīfàn ▶同窓会でみんなは～近况を述べた/在同窗会上大家轮流讲述近况 zài tóngchuānghuìshang dàjiā lúnliú jiǎngshù jìnkuàng

かん【缶】 罐 guàn；罐子 guànzi (英 *a can*; *a tin*) ▶～ビール/罐装啤酒 guànzhuāng píjiǔ

かん【巻】 卷 juàn (英 *a volume*; *a book*; [映画の] *a reel*) ▶上下二～の本/分为上下两卷的书 fēnwéi shàngxià liǎng juàn de shū

かん【勘】 直觉 zhíjué；灵感 línggǎn；悟性 wùxing (英 *the sixth sense*; *intuition*) ▶～がいい/直觉灵敏 zhíjué língmǐn ▶～を働かせる/发挥灵感 fāhuī línggǎn ▶～が外れる/直觉落空 zhíjué luòkōng ▶～が鋭い/悟性好 wùxing hǎo

かん【寒】 (英 *the cold season*) ▶～の入り/入寒 rùhán；数九 shǔjiǔ ▶～の明け/出寒 chūhán；出九 chūjiǔ

かん【棺】 棺 guān；棺材 guāncái；(納棺済みの) 灵柩 língjiù (英 *a coffin*) ▶～に納める/入殓 rùliàn

かん【感】 感覚 gǎnjué；(感動) 感动 gǎndòng；感激 gǎnjī (英 *feeling*; *a sense*; *an impression*) ▶～極まる/不胜感激 búshèng gǎnjī ▶～極まって言葉も出なかった/感激之极，说不出话来了 gǎnjī zhī jí, shuōbuchū huà lai le ▶いささか褒めすぎの～がある/好像有点过奖 hǎoxiàng yǒudiǎn guòjiǎng

かん【燗】 (英 *warming sake*) ▶～をつける/烫酒 tàng jiǔ ▶温酒 wēn jiǔ；炖酒 dùn jiǔ ▶～をしたほうがいい/酒烫一下比较好 jiǔ tàng yíxià bǐjiào hǎo

かん【癇】 肝火 gānhuǒ (英 *nervousness*) ▶～に障る/触怒 chùnù ▶あいつの言い草がいちいち～に障る/那家伙说的话样样叫人生气 nà jiāhuo shuō de huà yàngyàng jiào rén shēngqì ▶～の強い子/情绪易激动的孩子 qíngxù yì jīdòng de háizi ▶～が高ぶる/动肝火 dòng gānhuǒ

かん【簡】 (英 *brevity*)
ことわざ **簡にして要を得る** 简明扼要 jiǎnmíng èyào

かん【観】 (英 *an appearance*) ▶…の～がある；有…的印象 yǒu… de yìnxiàng ▶遅きに失した～がある/给人一种失去良机的印象 gěi rén yì zhǒng shīqù liángjī de yìnxiàng

がん【癌】 〔医〕癌 ái；(比喻) 症结 zhēngjié (英

cancer）　▶～を早期発見する/早期发现癌症 zǎoqī fāxiàn áizhèng　▶～で死ぬ/因癌症过世 yīn áizhèng guòshì　発～性のある物質/致癌物质 zhì'ái wùzhì　▶理事長が組織の～になってしまった/董事长变成了组织的祸根 dǒngshìzhǎng biànchéngle zǔzhī de huògēn

◆胃～/胃癌 wèi'ái　末期～/晚期癌症 wǎnqī áizhèng

がん【願】（英 a prayer）　～をかける/发愿 fāyuàn；许愿 xǔyuàn　▶～がかなう/如愿以偿 rú yuàn yǐ cháng　▶合格を祈って近所の神社に～をかけた/去附近的神社许愿祈祷合格 qù fùjìn de shénshè xǔyuàn qídǎo hégé

ガン【雁】〔鳥〕大雁 dàyàn；雁 yàn（英 a wild goose）

かんあん【勘案する】　斟酌 zhēnzhuó；考虑 kǎolǜ（英 take into account）

かんい【簡易な】　简易 jiǎnyì（英 simple; simplified; plain）　～トイレ/简易厕所 jiǎnyì cèsuǒ　▶～水道/简易自来水 jiǎnyì zìláishuǐ　◆～裁判所/简易法院 jiǎnyì fǎyuàn

かんいっぱつ【間一髪】　千钧一发之际 qiān jūn yí fà zhī jì（英 a hairbreadth）　▶～で脱出に成功する/在千钧一发之际成功逃脱 zài qiān jūn yí fà zhī jì chénggōng táotuō

かんいり【缶入りの】　听装 tīngzhuāng；罐装 guànzhuāng（英 canned）　▶コーヒー/听装咖啡 tīngzhuāng kāfēi

かんえつ【観閲】　检阅 jiǎnyuè（英 a review of troops）　▶～式/检阅式 jiǎnyuèshì

かんえん【肝炎】　肝炎 gānyán（英 hepatitis）　▶B型～/乙型肝炎 yǐxíng gānyán　▶C型～/丙型肝炎 bǐngxíng gānyán

がんえん【岩塩】　岩盐 yányán（英 rock salt）

かんおう【観桜】　欣赏樱花 xīnshǎng yīnghuā（英 cherry blossom viewing）　▶～会/赏樱会 shǎngyīnghuì

かんおけ【棺桶】　棺材 guāncai；寿材 shòucái（英 a coffin; a casket）　▶～に片足つっこんでいる/行将就木 xíngjiāng jiù mù；土埋半截 tǔ mái bànjié

かんか【看過する】　忽视 hūshì；忽略 hūlüè（英 overlook）　▶～できない事態/不可忽视的事态 bùkě hūshì de shìtài

かんか【感化する】　感化 gǎnhuà；影响 yǐngxiǎng（英 influence）　▶～される/受到感化 shòudào gǎnhuà　▶良い～を与える/给予好的影响 jǐyǔ hǎo de yǐngxiǎng　▶悪い～を受ける/受到不良影响 shòudào bùliáng yǐngxiǎng

がんか【眼科】　眼科 yǎnkē（英 ophthalmology）　▶～医/眼科医生 yǎnkē yīshēng

がんか【眼窩】　眼窝 yǎnwō（英 an eye socket）

かんかい【官界】　官场 guānchǎng；宦海 huànhǎi（英 official circles）

かんがい【干害】　旱灾 hànzāi（英 damage from a drought）　▶～を被る/遭受旱灾 zāoshòu hànzāi

かんがい【感慨】　感慨 gǎnkǎi（英 deep emotion）　▶～を込めて/慨然 kǎirán　▶～深い/深有感慨 shēn yǒu gǎnkǎi　▶思いがけない受賞にひとしおだった/意外获奖，所以格外感慨 yìwài huòjiǎng, suǒyǐ géwài gǎnkǎi　▶～にふける/感慨不已 gǎnkǎi bù yǐ　▶～無量だ/感慨万分 gǎnkǎi wànfēn

かんがい【灌漑する】　灌溉 guàngài；浇灌 jiāoguàn（英 irrigate）　▶～用水路/沟渠 gōuqú

かんがえ【考え】　主意 zhǔyì；想法 xiǎngfa；念头 niàntou；思想 sīxiǎng（英［思考］thinking; thought；［意図］a plan）　▶～を決める/拿主意 ná zhǔyì　▶～を変える/转念 zhuǎnniàn；改变主意 gǎibiàn zhǔyì　▶いい～がある/有个好主意 yǒu ge hǎozhǔyi　▶～にふける/沉思 chénsī　▶～が浮かぶ/有了想法 yǒule xiǎngfa　▶～をまとめる/总结想法 zǒngjié xiǎngfa　▶～に入れる/考虑进去 kǎolǜjìnqu

◆下手な～休むに似たり　想不出高招儿等于白费时间 xiǎngbuchū gāozhāor děngyú báifèi shíjiān

かんがえかた【考え方】　想法 xiǎngfa；看法 kànfǎ；见解 jiànjiě（英 a way of thinking; a concept）　▶それが彼の～の方向を示している/那表示了他的思想方法 nà biǎoshìle tā de sīxiǎng fāngfǎ　▶それは～の問題だ/那是观点的问题 nà shì guāndiǎn de wèntí

かんがえごと【考え事】　心事 xīnshì（英 something to think about）　▶～をする/想心事 xiǎng xīnshì　▶何か～でもあるのか/你有什么心事吗？ nǐ yǒu shénme xīnshì ma?

かんがえこむ【考え込む】　沉思 chénsī；深刻地思考 shēnkè de sīkǎo（英 meditate）　▶彼はしばらくの間黙って考え込んでいた/他默默地沉思了很久 tā mòmò de chénsīle hěn jiǔ　▶彼女は～ようにじっと池を眺めていた/她好像在沉思似的一直盯着池子 tā hǎoxiàng zài chénsī shìde yìzhí dīngzhe chízi

かんがえだす【考え出す】　想出 xiǎngchū；想起 xiǎngqǐ（英 think out）　▶小说的筋を～/想出小说的梗概 xiǎngchū xiǎoshuō de gěnggài　▶これは野村氏の考え出したものだ/这个是野村先生想出来的 zhège shì Yěcūn xiānsheng xiǎngchū-lai de

かんがえちがい【考え違い】　误解 wùjiě；想错 xiǎngcuò（英 a mistake; a wrong idea）　▶僕は完全に～をしていた/我完全想错了 wǒ quán xiǎngcuò le　▶あの人は何か～をしているようだ/那个人好像误解了吧 nàge rén hǎoxiàng wùjiě le ba

かんがえつく【考え付く】　想到 xiǎngdào；想出 xiǎngchū（英 think up）　▶～能想到的都试试看 néng xiǎngdào de dōu shìshi kàn

かんがえなおす【考え直す】　重新考虑 chóngxīn kǎolǜ；《考えを改める》改变主意 gǎibiàn zhǔyì（英 reconsider）　▶生活スタイルを根本から～必要がある/有必要从根本重新考虑生活方式

よう びょうかう こんぽんてき こうりょ せいかつほうしき / なあ、考え直してくれよ / 请一定再重新考虑一下 qǐng yídìng zài chóngxīn kǎolü yíxià

かんがえぬく【考え抜く】 深思熟慮 shēnsī shúlǜ (英 think out) ▶考え抜いた計画 / 慎重考慮的計划 shènzhòng kǎolü de jìhuà ▶考え抜いた末計画を断念した / 深思熟慮后決定放棄了計划 shēnsī shúlǜ hòu juédìng fàngqìle jìhuà

かんがえる【考える】 想 xiǎng; 考慮 kǎolǜ; 着想 zhuóxiǎng (英 think; consider) ▶〜までもない / 不假思索 bù jiǎ sīsuǒ ▶しばらく考えさせて下さい / 请让我考慮一下 qǐng ràng wǒ kǎolǜ yíxià ▶「自己責任」について / 思考有关 "责任自负" 的问题 sīkǎo yǒuguān "zérèn zìfù" de wèntí ▶彼はすべてのことを金銭で〜 / 他对任何事情都从金钱的角度考虑 tā duì rènhé shìqing dōu cóng jīnqián de jiǎodù kǎolǜ ▶彼女は自分のことばかり考えている / 她只为自己想 tā zhǐ wèi zìjǐ xiǎng ▶そんなことは考えられない / 那种事难以想象 nà zhǒng shì nányǐ xiǎngxiàng ▶あなたの為を考えてのことなのよ / 这是为你着想的 zhè shì wèi nǐ zhuóxiǎng de ▶一晚ゆっくり考えましょ / 好好儿想一晚上 hǎohāor xiǎng yì wǎnshang ▶その記事には考えさせるものがある / 那篇报道让人深思 nà piān bàodào ràng rén shēnsī ▶一時彼女は女優になることを考えていた / 她曾经想过当演员 tā céngjīng xiǎngguo dāng yǎnyuán ▶考えてもみたまえ / 你想想看 nǐ xiǎngxiang kàn ▶考えただけでもうんざりだ / 一想就够烦的 yì xiǎng jiù gòu fán de ▶何を考えているのかわからない人 / 那个人摸不透他的想法 nàge rén mōbutòu tā de xiǎngfa ▶空模様から考えて、明日は雨だ / 看天气，明天会下雨 kàn tiānqì, míngtiān huì xià yǔ ▶万一の場合を考えて保険に入る / 加入保险以防万一 jiārù bǎoxiǎn yǐ fáng wànyī

かんかく【間隔】 间隔 jiàngé; 距離 jùlí (英 a space; an interval) ▶〜をあける / 留出间隔 liúchū jiàngé ▶〜を広げる / 扩大距离 kuòdà jùlí ▶15分〜でバスが来る / 每隔十五分钟来一趟巴士 měi gé shíwǔ fēnzhōng lái yí tàng bāshì ▶〜を詰める / 缩短间隔 suōduǎn jiàngé

かんかく【感覚】 感覚 gǎnjué; 知覚 zhījué (英 sense; feeling) ▶〜が新しい / 感觉新颖 gǎnjué xīnyǐng ▶〜を磨く / 磨练感觉 móliàn gǎnjué ▶〜がまひする / 感觉麻痹 gǎnjué mábì ▶平衡〜 / 平衡感 pínghénggǎn ▶〜を失う / 失去感觉 shīqù gǎnjué ▶足の〜がない / 脚没有感觉 jiǎo méiyǒu gǎnjué ▶〜が鋭い / 感觉敏锐 gǎnjué mǐnruì ▶国際〜を持った人 / 具有国际感觉的人 jùyǒu guójì gǎnjué de rén
◆〜器官 / 感觉器官 gǎnjué qìguān

かんかつ【管轄する】 管辖 guǎnxiá; 主管 zhǔguǎn (英 control) ▶〜地区 / 辖区 xiáqū ▶〜官厅 / 主管机关 zhǔguǎn jīguān

かんがっき【管楽器】 〔音楽〕管乐 guǎnyuè (英 a wind instrument) ▶金〜 / 铜管乐器 tóngguǎn yuèqì 木〜 / 木管乐器 mùguǎn yuèqì

かんがみる【鑑みる】 鉴于 jiànyú (英 take example by...) ▶時局に鑑み、音楽を禁止する / 鉴于时局，禁止音乐 jiànyú shíjú, jìnzhǐ yīnyuè

カンガルー 〔動物〕(大)袋鼠 (dà) dàishǔ (英 a kangaroo)

かんかん ❶ [怒る] 气冲冲 qìchōngchōng; 怒气冲天 nùqì chōngtiān ▶彼は〜に怒った / 他怒气冲天 tā nùqì chōngtiān ❷ [擬態]《日が》火辣辣 huǒlàlà;《火が》熊熊 xióngxióng ▶日が〜照っている / 太阳热辣辣地晒着 tàiyáng rèlàlà de shàizhe ❸ [擬音] 丁当 dīngdāng ▶鐘が〜鳴っている / 钟在当当地响 zhōng zài dāngdāng de xiǎng

かんがん【汗顔】 惭愧 cánkuì; 汗颜 hànyán; 愧汗 kuìhàn ▶〜の至り / 惭愧之至 cánkuì zhī zhì

かんがん【宦官】 宦官 huànguān; 太监 tàijiàn (英 a eunuch)

がんがん 〔音〕当当 dāngdāng (英 clang-clang) ▶頭が〜する / 脑袋剧痛 nǎodai jùtòng ▶〜やっつける（責める）/ 激烈地批评 jīliè de pīpíng

かんかんがくがく【侃々諤々】 侃侃谔谔 kǎnkǎn è'è; 直言不讳 zhíyán bú huì (英 outspoken)

かんき【乾期・乾季】 旱季 hànjì; 干季 gānjì (英 the dry season)

かんき【喚起する】 唤起 huànqǐ; 引起 yǐnqǐ (英 awaken; rouse) ▶注意を〜する / 提醒 tíxǐng ▶世論を〜する / 唤起舆论 huànqǐ yúlùn

かんき【寒気】 寒气 hánqì; 冷空气 lěngkōngqì (英 the cold) ▶〜団 / 冷气团 lěngqìtuán ▶〜が南下する / 冷空气南下 lěngkōngqì nánxià ▶上空の〜 / 上空的冷气 shàngkōng de lěngqì

かんき【換気する】 通风 tōngfēng; 通气 tōngqì (英 ventilate) ▶〜孔 / 通风孔 tōngfēngkǒng ▶〜扇 / 通风扇 tōngfēngshàn; 排风扇 páifēngshàn ▶〜窓 / 通风窗 tōngfēngchuāng ▶〜が良い / 通风好 tōngfēng hǎo

かんき【歓喜】 欣喜 xīnxǐ; 欢喜 huānxǐ (英 be delighted) ▶サッカーの試合に勝利して〜する / 胜了足球比赛很欢喜 shèngle zúqiú bǐsài hěn huānxǐ

かんきつるい【柑橘類】 柑橘 gānjú (英 citrus fruits)

かんきゃく【観客】 观众 guānzhòng (英 a spectator; a viewer; an audience) ▶〜席 / 观众席 guānzhòngxí ▶一部の〜 / 部分观众 bùfen guānzhòng

かんきゅう【緩急】 缓急 huǎnjí (英 fast and slow) ▶〜自在 / 缓急自如 huǎnjí zìrú

がんきゅう【眼球】 眼球 yǎnqiú; 眼珠子 yǎnzhūzi (英 the eyeball)

かんきょ【閑居】 (英 a quiet house〔life〕)
[ことわざ] 小人閑居して不善をなす 小人闲居则为不善 xiǎorén xiánjū zé wéi búshàn

かんきょう【感興】 興趣 xìngqù; 興致 xìngzhì 〈英〉 interest; inspiration《霊感》 ▶~をそそる/引人入胜 yǐn rén rù shèng ▶~をそぐ/扫兴 sǎoxìng; 杀风景 shā fēngjǐng

かんきょう【環境】 環境 huánjìng 〈英〉 environment ▶政治~は一変した/政治環境突変 zhèngzhì huánjìng tūbiàn ▶~の改善/環境的改善 huánjìng de gǎishàn
♦~アセスメント ：環境評估 huánjìng pínggū ~污染 ：環境污染 huánjìng wūrǎn ~破壊 ：環境破壊 huánjìng pòhuài ~保護 ：環保 huánbǎo ~環境保护 huánjìng bǎohù ~ホルモン ：環境荷尔蒙 huánjìng hé'ěrméng ~問題 ：環境問題 huánjìng wèntí

がんきょう【頑強な】 頑強 wánqiáng; 強壮 qiángzhuàng 〈英〉 stubborn ▶~なボディ/強健的身躯 qiángjiàn de shēnqū ▶~に抵抗する/頑強地抵抗 wánqiáng de dǐkàng

かんきり【缶切り】 罐頭刀 guàntóudāo 〈英〉 a can opener ▶~で缶を開ける/用罐頭刀打開罐头 yòng guàntóudāo dǎkāi guàntou

かんきん【換金する】 換銭 huànqián; 変賣 biànmài 〈英〉 convert into money ▶小切手をドルに~する/将支票换成美金 jiāng zhīpiào huànchéng Měijīn ▶手元の書籍を~して昼食代にした/把手头的书卖掉换午饭钱 bǎ shǒutóu de shū màidiào huàn wǔfàn qián
♦~作物 ：经济作物 jīngjì zuòwù; 商品作物 shāngpǐn zuòwù

かんきん【監禁する】 監禁 jiānjìn; 幽囚 yōuqiú 〈英〉 confine ▶ホテルに~する/监禁在酒店 jiānjìn zài jiǔdiàn ▶その日まで彼女はアパートにされていた/她到那天为止一直被监禁在公寓里 tā dào nà tiān wéizhǐ yìzhí bèi jiānjìn zài gōngyùli

がんきん【元金】 〖金融〗 本銭 běnqián; 本金 běnjīn 〈英〉 capital ▶~と利息/本钱和利息 běnqián hé lìxī ▶~保证/担保本金 dānbǎo běnjīn

がんぐ【玩具】 玩具 wánjù; 玩物 wánwù; 玩意儿 wányìr 〈英〉 a toy ▶~店/玩具店 wánjùdiàn

がんくび【雁首】 烟袋锅 yāndàiguō 〈英〉 the pipe head
~をそろえる 凑齐人数 còuqí rénshù

かんぐる【勘ぐる】 瞎猜 xiācāi; 猜疑 cāiyí 〈英〉 suspect ▶余計な勘ぐりはよせ/别瞎猜 bié xiācāi ▶彼女はいつも私がうそをついているのではないかと~/她经常猜疑我是否在说谎 tā jīngcháng cāiyí wǒ shìfǒu zài shuōhuǎng

かんけい【関係】 ❶【関連】 関係 guānxi; 関联 guānlián; 联系 liánxì 〈英〉 relation; concern ▶事実~を明らかにする/明确相关事实 míngquè xiāngguān shìshí; 弄清真相 nòngqīng zhēnxiàng ▶利害~はない/没有利害关系 méiyǒu lìhài guānxi ▶政治と経済の~/政治经济的关系 zhèngzhì yǔ jīngjì de guānxi ▶両国の~は改善されつつある/两国关系持续改善 liǎng guó guānxi chíxù gǎishàn ▶喫煙と肺癌は大いに~がある/吸烟与肺癌大有关联 xīyān yǔ fèi'ái dà yǒu guānlián ▶そのことは何の~もない/那件事毫无关联 nà jiàn shì háowú guānlián
❷【関与】 参与 cānyù; 牵连 qiānlián 〈英〉 participation; involvement ▶これには二人とも~している/两个人都跟这件事有牵连 liǎng ge rén dōu gēn zhè jiàn shì yǒu qiānlián ▶彼はその件に~したくないと思った/我看他不想参与那件事 wǒ kàn tā bù xiǎng cānyù nà jiàn shì ▶この件は彼女と無~です/这件事跟她不相干 zhè jiàn shì gēn tā bù xiānggān
❸【…に関連する】 有关 yǒuguān 〈英〉 related ▶建筑~の仕事をしている/从事有关建筑的工作 cóngshì yǒuguān jiànzhù de gōngzuò
~のない 不相干 bù xiānggān
~を絶つ 断绝联系 duànjué liánxì; 断缘 duànyuán
~を結ぶ 拉关系 lā guānxi; 攀 pān
♦~書類 ▶~書類を押収する/查抄相关文件 cháchāo xiāngguān wénjiàn ~当局 ▶~当局はノーコメントを决めこんでいる/有关当局缄口不言 yǒuguān dāngjú jiānkǒu bù yán

かんげい【歓迎する】 欢迎 huānyíng 〈英〉 welcome ▶海外からの投資を~する/欢迎国外的投资 huānyíng guówài de tóuzī ▶あなたはそこでは~されないでしょう/你在那里不受欢迎吧 nǐ zài nàli bú shòu huānyíng ba ▶心から~する/热烈欢迎 rèliè huānyíng
♦~会 欢迎会 huānyínghuì ~の辞 ▶~の辞を述べる/致欢迎词 zhì huānyíngcí

かんけいしゃ【関係者】 当事人 dāngshìrén; 有关人员 yǒuguān rényuán 〈英〉 the people concerned ▶医療~/医疗工作者 yīliáo gōngzuòzhě ▶《掲示》～以外立ち入り禁止/非工作人员禁止入内 fēi gōngzuò rényuán jìnzhǐ rù nèi; 闲人免进 xiánrén miǎn jìn

かんげき【間隙】 间隙 jiànxì 〈英〉 a gap ▶犯人は警備陣の~をついて脱出した/犯人钻警备的空子逃跑了 fànrén zuān jǐngbèi de kòngzi táopǎo le

かんげき【感激する】 感激 gǎnjī; 感動 gǎndòng; 激動 jīdòng [参考] '感激 gǎnjī' には「'感谢 gǎnxiè' より強い感謝」の意味もある。〈英〉 be deeply moved ▶人の心の温かさに~する/为人心的温暖而感动 wèi rénxīn de wēnnuǎn ér gǎndòng ▶~して涙を流す/感动得流泪 gǎndòngde liú lèi ▶~して語る/激动地诉说 jīdòng de sùshuō ▶~の再会/令人感动的重逢 lìng rén gǎndòng de chóngféng

かんげき【観劇する】 看戏 kànxì 〈英〉 view a theater ▶~する前に食事を予約しておく/在看戏前定好餐厅 zài kànxì qián dìnghǎo cāntīng ▶子供をできるシステムになっている/这里可以把孩子寄托后看戏的体系 zhèlǐ kěyǐ bǎ háizi jìtuō hòu kànxì de tǐxì ▶~が母の趣味である/看戏是母亲的兴趣 kànxì shì mǔqīn de xìngqù

かんけつ【完結する】 完结 wánjié；完了 wánliǎo（英 *complete*）▶この問題は彼の死をもってしたとは言えない/并不能说他死了这个问题就算完了 bìng bùnéng shuō tā sǐle zhège wèntí jiù suàn wán le
◆次号~｜下集结束 xià jí jiéshù

かんけつ【簡潔な】 简短 jiǎnduǎn；简洁 jiǎnjié；简要 jiǎnyào（英 *concise; brief*）▶~に話す/简洁地说 jiǎnjié de shuō ▶用件は~にお願いします/请简要讲述事情 qǐng jiǎnyào jiǎngshù shìqing ▶彼の文章は~である/他回her文章简明扼要 tā de wénzhāng jiǎnmíng èyào

かんけつせん【間欠泉】 间歇泉 jiànxiēquán（英 *a geyser*）

かんげん【甘言】 甜言蜜语 tiányán mìyǔ（英 *flattery*）▶~で人を惑わす/灌米汤 guàn mǐtang ▶~を弄し入会させる/用甜言蜜语让其入会 yòng tiányán mìyǔ ràng qí rùhuì

かんげん【換言する】 换句话说 huàn jù huà shuō（英 *say in other words*）▶~すれば/换言之 huànyánzhī

かんげん【還元する】《化学》还原 huányuán；《返す》退还 tuìhuán；反馈 fǎnkuì（英 *restore; return*）▶利益を社員に~する/将利益反馈给员工 jiāng lìyì fǎnkuì gěi yuángōng ▶研究成果を社会に~する/将研究成果反馈给社会 jiāng yánjiū chéngguǒ fǎnkuì gěi shèhuì ▶政治とは国民が払った税金を国民に~する過程だ/政治是将国民支付的税金退还给国民的过程 zhèngzhì shì jiāng guómín zhīfù de shuìjīn tuìhuán gěi guómín de guòchéng

がんけん【頑健な】 健壮 jiànzhuàng；顽健 wánjiàn（英 *very strong; robust*）▶一見~そうだがいくつも病を抱えている/乍一看好像很健壮，其实患好几种病 zhà yí kàn hǎoxiàng hěn jiànzhuàng, qíshí huàn hǎojǐ zhǒng bìng

かんげんがく【管弦楽】《音楽》管弦乐 guǎnxiányuè（英 *an orchestra*）▶~団/管弦乐团 guǎnxián yuètuán

かんこ【歓呼】 欢呼 huānhū（英 *cheer; give loud cheers*）▶わっと~の声をあげる/欢声大作 huānshēng dàzuò ▶~の声で迎える/用欢呼声欢迎 yòng huānhūshēng huānyíng

かんご【看護する】 看护 kānhù；护理 hùlǐ；照护 zhàohù（英 *nurse*）▶~師/护士 hùshi ▶患者さんを~する/看护病人 kānhù bìngrén ▶~する側と~される側との距離/护理方与被护理方之间的距离 hùlǐfāng yǔ bèihùlǐfāng zhījiān de jùlí

かんご【漢語】《漢字の熟語》化为日语的中国文言词汇 huàwéi Rìyǔ de Zhōngguó wényán cíhuì（英 *Chinese words*）；《漢族の言語》汉语 Hànyǔ（英 *Chinese*）▶~的表现/汉语式的表达方式 Hànyǔshì de biǎodá fāngshì

がんこ【頑固な】 顽固 wángù；固执 gùzhi；死心眼儿 sǐxīnyǎnr（英 *stubborn*）▶~さ/犟劲 jiàngjìn ▶~者/死心眼儿 sǐxīnyǎnr；顽固

sǐwánggù ▶年をとると~になる/上了年纪就变得固执 shàngle niánjì jiù biànde gùzhi ▶~な水虫に悩まされる/被难治的脚气所烦恼 bèi nánzhì de jiǎoqì suǒ fánnǎo ▶~な汚れ/顽固的污垢 wángù de wūgòu ▶~な病気/久治不愈的病 jiǔ zhì bú yù de bìng；痼疾 gùjí ▶~なせき/一个劲儿的咳嗽 yí ge jìnr de késou ▶彼は~に自説を主張した/他固执己见坚持自己的主张

かんこう【刊行する】 出版 chūbǎn；刊行 kānxíng（英 *publish*）▶来年~することに決定した/决定明年发行 juédìng míngnián fāxíng ▶定期~物/定期刊物 dìngqī kānwù

かんこう【敢行する】 坚决实行 jiānjué shíxíng（英 *venture to do*）

かんこう【感光する】 感光 gǎnguāng；曝光 bàoguāng（英 *be exposed*）
◆~紙｜感光纸 gǎnguāngzhǐ；印相纸 yìnxiàngzhǐ ~度｜曝光度 bàoguāngdù

かんこう【慣行】 惯例 guànlì（英 *traditional practice; custom*）▶国際~を守る/遵守国际惯例 zūnshǒu guójì guànlì

かんこう【観光】 观光 guānguāng；游览 yóulǎn（英 *go sightseeing*）▶~事業/旅游事业 lǚyóu shìyè ▶~団/旅游团 lǚyóutuán ▶~ガイド/《冊子》游览指南 yóulǎn zhǐnán；《人》导游 dǎoyóu；《案内図》导游图 dǎoyóutú ▶~でグアムに行く/去关岛旅游 qù Guāndǎo yóulǎn ▶~ルート/旅游路线 lǚyóu lùxiàn；观光路线 guānguāng lùxiàn ▶~バス/游览巴士 yóulǎn bāshì
◆~案内所｜旅游问讯处 lǚyóu wènxùnchù ~客｜游客 yóukè

がんこう【眼光】 目光 mùguāng；眼光 yǎnguāng（英 *the glitter of eyes*）▶~の鋭い/目光锐利 mùguāng ruìlì
ことわざ 眼光紙背に徹する 理解透彻 lǐjiě tòuchè；眼力透纸背 yǎnlì tòu zhǐbèi

かんこうちょう【官公庁】 政府机关 zhèngfǔ jīguān（英 *government and municipal offices*）

かんこうへん【肝硬変】《医》肝硬变 gānyìngbiàn（英 *cirrhosis of the liver*）

かんこうれい【緘口令】 钳口令 qiánkǒulìng（英 *a gag order*）▶~をしく/钳制言论 qiánzhì yánlùn

かんこく【勧告する】 相劝 xiāngquàn；劝告 quàngào；通告 tōnggào（英 *advise*）▶避難~/避难通告 bìnàn tōnggào ▶和解~を受け入れる/接受和解劝告 jiēshòu héjiě quàngào ▶~に従う/听从劝告 tīngcóng quàngào

かんこく【韓国】 韩国 Hánguó（英 *the Republic of Korea*）

かんごく【監獄】 监狱 jiānyù（英 *a prison*）

かんこどり【閑古鳥】 布谷 bùgǔ（英《比喩》*no activity*）
~が鳴く｜萧条 xiāotiáo

かんこんそうさい【冠婚葬祭】 红白喜事 hóngbái xǐshì（英 *ceremonial occasions*）

かんさ【監査する】 監查 jiānchá (英 inspect; audit) ▶会計~/会計監查 kuàijì jiānchá; 审计 shěnjì ▶抜き打ちで~が入る/突然抽查 tūrán chōuchá
◆~役:审核员 shěnhéyuán; 督察员 dūcháyuán

かんさい【完済する】 清还 qīnghuán; 清偿 qīngcháng (英 pay off)

かんざいにん【管財人】 an administrator; a receiver) 破产~/清盘人 qīngpánrén; 破产管理人 pòchǎn guǎnlǐrén

がんさく【贋作】 赝品 yànpǐn; 赝本 yànběn (英 a counterfeit; a fake) ▶~をつかまされる/被骗买赝品 bèi piàn mǎi yànpǐn

かんざし【簪】 簪子 zānzi (英 an ornamental hairpin)

かんさつ【監察する】 监察 jiānchá (英 inspect) ▶~医/法医 fǎyī ~官/监察官 jiānchá guān

かんさつ【観察する】 观察 guānchá; 打量 dǎliang; 察看 chákàn (英 observe) ▶野外~に双眼鏡を持っていく/带望远镜去野外观察 dài wàngyuǎnjìng qù yěwài guānchá 自然~/自然观察 zìrán guānchá ▶野鳥~/野鸟观察 yěniǎo guānchá
◆~眼:洞察力 dòngchálì ~力:观察力 guāncháli

かんさつ【鑑札】 执照 zhízhào; 许可证 xǔkězhèng (英 a license)

かんさん【換算する】 换算 huànsuàn; 折合 zhéhé; 折算 zhésuàn (英 convert) ▶~率/折算率 zhésuànlǜ ~表/换算表 huànsuànbiǎo

かんさん【閑散とした】 冷落 lěngluò; 冷清 lěngqing; 不景气 (英 inactive; slack) ▶株式市場は~とした取引だった/股票市场交易冷清 gǔpiào shìchǎng jiāoyì lěngqing 人通りの少ない~とした商店街/行人稀少, 很冷清的商店街 xíngrén xīshǎo, hěn lěngqing de shāngdiànjiē
◆~期:淡季 dànjì
[日中比較] 中国語の'閑散 xiánsǎn'は「暇でぶらぶらしている」こと、「ものが利用されていない」ことを言う.

かんし【漢詩】 中国传统诗 Zhōngguó chuántǒngshī (英 a Chinese poem)

かんし【監視する】 监视 jiānshì; 看管 kānguǎn (英 watch; observe) ▶~塔/岗楼 gǎnglóu ~カメラ/监视器 jiānshìqì ~員/监视人 jiānshìrén ~船/监视艇 jiānshìtǐng

かんし【環視】 围观 wéiguān
衆人~の的となる 成为大家围观的目标 chéngwéi dàjiā wéishì de mùbiāo
[日中比較] 中国語の'环视 huánshì'は「回りを見まわす」こと.

かんじ【幹事】 干事 gànshi (英 a manager; an organizer) ▶~を務める/担任干事 dānrèn gànshi

かんじ【感じ】 感觉 gǎnjué; 感受 gǎnshòu; 印象 yìnxiàng (英 feeling) ▶~がよくない/印象不好 yìnxiàng bù hǎo ▶誰かがそこにいるような~がした/我感到好像有人在那儿 wǒ gǎndào hǎoxiàng yǒu rén zài nàr ▶ざらざらした~がする/摸着很粗糙 mōzhe hěn cūcāo ▶~が鈍い/感觉迟钝 gǎnjué chídùn ▶凍えて指先の~がなかった/冻得指尖失去感觉 dòngde zhǐjiān shīqù gǎnjué ▶嫌な~を与える/让人感到不快 ràng rén gǎndào bú kuài

かんじ【漢字】 汉字 Hànzì (英 a kanji; a Chinese character) ▶~で書く/用汉字书写 yòng Hànzì shūxiě ▶常用~/常用汉字 chángyòng Hànzì
[参考] 以前は各国でそれぞれ別の文字コードが制定されていたためネットやパソコン上の文書などで漢字などの文字化け「乱码 luànmǎ」があったが、今は unicode という共通の文字コードを用いることでかなりこの問題は改善されている.

かんじいる【感じ入る】 深深感动 shēnshēn gǎndòng; 敬佩 jìngpèi (英 be impressed; be struck) ▶(囲碁で)対局してみてプロとアマの違いにほとほと~/对局后深感专业和业余的差距 duìjú hòu shēn gǎn zhuānyè hé yèyú de chājù

がんじがらめ【緊紧束縛】 紧紧束缚 jǐnjǐn shùfù (英 bound with...) ▶規則で~だ/被规则束缚 bèi guīzé shùfù

かんしき【鑑識】 鉴别 jiànbié; 鉴定 jiàndìng (英 judgment; crime laboratory (警察の))
◆~家(美術品の):鉴定家 jiàndìngjiā ~課(警察の):鉴定科 jiàndìngkē ~官:鉴定官 jiàndìngguān ~眼 ▶~眼を養う/培养鉴别能力 péiyǎng jiànbié nénglì

がんしき【眼識】 眼力 yǎnlì (英 discrimination) ▶~が高い/眼力高 yǎnlì gāo; 眼光高 yǎnguāng gāo

がんじつ【元日】 元旦 Yuándàn (英 New Year's Day)

かんじとる【感じ取る】 感受 gǎnshòu; 感到 gǎndào (英 sense) ▶物事の本質を~感性/能领悟到事物本质的感受性 néng lǐngwùdào shìwù běnzhì de gǎnshòuxìng ▶命の尊さを~/感到生命的宝贵 gǎndào shēngmìng de bǎoguì

かんしゃ【官舎】 公务员宿舍 gōngwùyuán sùshè (英 an official residence)

かんしゃ【感謝する】 感谢 gǎnxiè; 感激 gǎnjī (英 thank) ▶~の気持ち/谢意 xièyì ▶~の言葉を述べる/致谢词 zhì xiècí ▶心からの~/衷心感谢 zhōngxīn gǎnxiè ▶そんなことに骨を折っても、誰にも~されない/为那种事费力气谁也不会感谢 wèi nà zhǒng shì fèi lìqì shéi yě búhuì gǎnxiè ▶~の涙を流す/流下感激的泪水 liúxià gǎnjī de lèishuǐ ▶~の言葉もありません/感激不尽 gǎnjī bú jìn
◆~祭:感恩节 Gǎn'ēnjié ~状:感谢信 gǎnxièxìn

かんじゃ【患者】 病人 bìngrén; 患者 huànzhě (英 a patient) ▶~を診る/诊察患者 zhěnchá huànzhě ▶救急~/急救患者 jíjiù huànzhě 外来~/门诊病人 ménzhěn bìngrén

かんしゃく【癇癪】 肝火 gānhuǒ；脾气 píqi (英 passion; temper) ▶〜を起こす/发脾气 fā píqi ▶息子が〜を起こして暴れた/儿子发脾气闹了起来 érzi fā píqi nàoleqǐlai ▶持ち/脾气暴躁的人 píqi bàozào de rén；肝火大的人 gānhuǒ dà de rén

かんしゃくだま【癇癪玉】《投げ花火》摔炮 shuāipào；《怒り》肝火 gānhuǒ ▶〜が破裂するぞ/他现在就要发脾气了 tā yǎnkàn jiù yào fā píqi le

かんじやすい【感じ易い】 感伤 gǎnshāng；敏感 mǐngǎn (英 sensitive; emotional) ▶彼女は〜性質だ/她性格敏感 tā xìnggé mǐngǎn

かんしゅ【看守】 看守 kānshǒu (英 a warder) ▶〜を抱きこむ/拉拢看守 lālǒng kānshǒu

かんじゅ【甘受する】 甘受 gānshòu；忍受 rěnshòu (英 put up with...) ▶そんな理不尽な要求を〜するわけにはいかない/不甘忍受那种不讲理的要求 bùgān rěnshòu nà zhǒng bù jiǎnglǐ de yāoqiú ▶批判を〜する/甘愿接受批判 gānyuàn jiēshòu pīpàn ▶運命を〜する/认命 rènmìng；甘受命运的安排 gānshòu mìngyùn de ānpái

かんしゅう【慣習】 习俗 xísú；习惯 xíguàn；风习 fēngxí (英 custom; practice) ▶古い〜/旧习 jiùxí ▶社会の〜/社会习俗 shèhuì xísú ▶中元は物品を贈答する〜として日本に残った/日本保留着在中元节赠送礼品的习俗 Rìběn bǎoliúzhe zài Zhōngyuánjié zèngsòng lǐpǐn de xísú ▶〜は文化によって異なる/习俗因文化而异 xísú yīn wénhuà ér yì

♦〜法 习惯法 xíguànfǎ；不成文法 bùchéngwénfǎ

かんしゅう【監修】 监修 jiānxiū (英 editorial supervision)

かんしゅう【観衆】 观众 guānzhòng (英 spectators; the audience) ▶2万人の〜/两万人的观众 liǎng wàn rén de guānzhòng

かんじゅせい【感受性】 感受性 gǎnshòuxìng (英 sensitivity) ▶良夫はとりわけ〜の鋭い子だった/良夫是个感受性极强的孩子 Liángfū shì ge gǎnshòuxìng jí qiáng de háizi

がんしょ【願書】 申请书 shēnqǐngshū (英 an application) ▶〜を提出する/提交申请书 tíjiāo shēnqǐngshū

かんしょう【干渉する】 干涉 gānshè；干预 gānyù (英 interfere) ▶この件で他国が〜するのは間違いだ/其他国家干涉这件事是错误的 qítā guójiā gānshè zhè jiàn shì shì cuòwù de ▶内政〜/干涉内政 gānshè nèizhèng ▶私のことに〜してほしくない/不要干涉我的事情 búyào gānshè wǒ de shìqing

かんしょう【感傷】 感伤 gǎnshāng；伤感 shānggǎn；多愁善感 duō chóu shàn gǎn (英 sentimentality) ▶〜にひたる/沉浸在伤感中 chénjìn zài shānggǎn zhōng ▶〜的な気分に/有点伤感 yǒudiǎn shānggǎn

かんしょう【管掌する】 掌管 zhǎngguǎn (英 manage; take charge) ▶政府〜健康保险/政府掌管健康保险 zhèngfǔ zhǎngguǎn jiànkāng bǎoxiǎn

かんしょう【緩衝】 缓冲 huǎnchōng (英 buffer) ▶〜器/缓冲器 huǎnchōngqì ▶〜地帯/缓冲区域 huǎnchōng qūyù；缓冲地带 huǎnchōng dìdài

かんしょう【環礁】 环礁 huánjiāo (英 an atoll) ▶ビキニ〜/比基尼环礁 Bǐjīní huánjiāo

かんしょう【観賞する】 观赏 guānshǎng (英 admire; enjoy) ▶〜用植物/观赏植物 guānshǎng zhíwù

かんしょう【鑑賞する】 鉴赏 jiànshǎng；欣赏 xīnshǎng (英 appreciate) ▶映画〜/电影欣赏 diànyǐng xīnshǎng ▶音楽〜/音乐欣赏 yīnyuè xīnshǎng

♦〜力 鉴赏力 jiànshǎnglì

かんじょう【勘定】《数える》数 shǔ；《代金》账 zhàng (英 payment; an account；[勘定書き] a bill) ▶〜をする/结账 jiézhàng；算账 suànzhàng ▶〜を支払う/付账 fùzhàng ▶〜を締める/清账 qīngzhàng ▶どんぶり〜/糊涂账 hútúzhàng ▶〜を間違える/算错账 suàncuò zhàng ▶〜が合う/账目对 zhàngmù duì ▶〜は私が持つ/我来做东 wǒ lái zuòdōng

お〜をお願いします 请结账 qǐng jiézhàng；买单 mǎi dān

〜に入れる ▶自分を〜に入れない/不把自己算进去 bù bǎ zìjǐ suànjìnqu

♦〜書 账单 zhàngdān

かんじょう【感情】 感情 gǎnqíng；情感 qínggǎn (英 feeling; emotion; sentiment) ▶〜がたかぶる/激动 jīdòng；兴奋 xīngfèn ▶〜を害する/伤害感情 shānghài gǎnqíng ▶〜的になる/感情用事 gǎnqíng yòngshì ▶人は〜の生き物だ/人是有感情的生物 rén shì yǒu gǎnqíng de shēngwù ▶被害者への〜を逆撫でする/触怒被害人的感情 chùnù bèihàirén de gǎnqíng ▶〜を抑えて笑顔で対応した/抑制住感情笑脸相待 yìzhìzhù gǎnqíng xiàoliǎn xiāngdài ▶〜を面に表す/感情外露 gǎnqíng wàilù ▶彼は〜的で血の気が多い/他感情用事，血气方刚 tā gǎnqíng yòngshì, xuèqì fāng gāng ▶〜に走る/冲动 chōngdòng ▶〜を込めて歌う/感情洋溢地歌唱 gǎnqíng yángyì de gēchàng

♦〜移入 移情 yíqíng

日中比較 中国語の'感情 gǎnqíng'は人や物に対する'情爱'をも表す．

かんじょう【環状】 环形 huánxíng (英 a ring shape) ▶〜交差路/环形交叉道路 huánxíng jiāochā dàolù

♦〜線《鉄道の》 环状线 huánzhuàngxiàn 〜道路 环形道路 huánxíng dàolù

がんじょう【頑丈な】 牢固 láogù；结实 jiēshí；坚固 jiāngù (英 strong; sturdy) ▶〜な体/健壮的身体 jiànzhuàng de shēntǐ；结实的身体 jiēshi de shēntǐ ▶〜な建物/坚固的建筑物 jiāngù

かんじょうずく【勘定ずく】 惟利是图 wéi lì shì tú; 专打小算盘 zhuān dǎ xiǎosuànpán (英 *with profit in mind*)

かんじょうどうみゃく【冠状動脈】 (英 *the coronary arteries*) ▶～のバイパスを作る心臓手術/作冠状动脉搭桥的心脏手术 zuò guānzhuàng dòngmài dāqiáo de xīnzàng shǒushù

かんしょく【官職】 官职 guānzhí; 职分 zhífèn (英 *a government post*) ▶～名/官衔 guāxián

かんしょく【寒色】 冷色 lěngsè; 寒色 hánsè (英 *a cold color*)

かんしょく【間食する】 零食 língshí (英 *eat...between meals*) ▶～は控えなさい/要控制吃零食 yào kòngzhì chī língshí

かんしょく【閑職】 闲职 xiánzhí (英 *a leisurely post*) ▶～にある/身居闲职 shēn jū xiánzhí ▶～に追いやられる/被迫坐冷板凳 bèipò zuò lěngbǎndèng

かんしょく【感触】 感触 gǎnchù (英 *the touch; feeling*) ▶よい～を得る/感觉很好 gǎnjué hěn hǎo ▶協議の～は芳しくなかった/协议感觉不太好 xiéyì gǎnjué bú tài hǎo ▶～が柔らかい/手感柔软 shǒugǎn róuruǎn ▶ざらざらした～/感觉粗糙 gǎnjué cūcāo

がんしょく【顔色】 脸色 liǎnsè (英 *complexion; coutenance*) ▶～を失う/失色 shīsè ▶彼の前に出ると、たいていの人は～を失う/在他面前，大多数的人都会惊慌失色 zài tā miànqián, dàduōshù de rén dōu huì jīnghuāng shīsè ▶専門家も～なしだ/专家也丢脸 zhuānjiā yě diūliǎn

かんじる【感じる】 感到 gǎndào; 感觉 gǎnjué; 觉得 juéde (英 *feel; be conscious of...*) ▶暑さを～/感到热 gǎndào rè ▶疲れを～/感到疲劳 gǎndào píláo ▶誰かの視線を～/察觉到谁的视线 chájuédào shéi de shìxiàn ▶なんだか違和感を～/觉得有点别扭 juéde yǒudiǎn biènìu ▶痛みを～/感觉疼痛 gǎnjué téngtòng ▶不便を～/感到不便 gǎndào búbiàn ▶人の恩に～/感受恩惠 gǎnshòu ēnhuì ▶責任なんか感じないよ/没感觉有什么责任 méi gǎnjué yǒu shénme zérèn

かんしん【寒心】 寒心 hánxīn; 心寒 xīnhán (英 *the great anxiety*) ▶近年の凶悪犯罪の増加は～に堪えない/近年凶恶犯罪的增加令人寒心 jìnnián xiōng'è fànzuì de zēngjiā lìng rén hánxīn

かんしん【感心する】 佩服 pèifú; 钦佩 qīnpèi; 赞叹 zàntàn (英 *admire; be impressed with...*) ▶～な/令人钦佩 lìng rén qīnpèi ▶お母さんのお手伝いをするなんて、～な子だね/能帮母亲的忙，真是个让人赞叹的孩子 néng bāng mǔqin de máng, zhēn shì ge ràng rén zàntàn de háizi ▶彼の勤勉には～した/我佩服他的勤奋 wǒ pèifú tā de qínfèn ▶忘れずに来ただけ～だ/你记得来就让我很高兴了 nǐ jìde lái jiù ràng wǒ hěn gāoxìng le ▶そういうやり方は～しないな/我对那种作法不满意 wǒ duì nà zhǒng zuòfǎ bù mǎnyì

かんしん【関心】 关心 guānxīn; 关注 guānzhù; 感兴趣 gǎn xìngqù (英 *interest; concern*) ▶～を持つ/关心 guānxīn; 关注 guānzhù ▶～のない/不感兴趣 bù gǎn xìngqù ▶政治には無～だ/对政治不感兴趣 duì zhèngzhì bù gǎn xìngqù ▶～を引き起こす/引起关心 yǐnqǐ guānxīn ▶～のことに強い～を示す/对那件事情表示强烈的关心 duì nà jiàn shìqing biǎoshì qiángliè de guānxīn ▶世間の～の的になる/成为公众关注的目标 chéngwéi gōngzhòng guānzhù de mùbiāo

かんじん【肝心な】 紧要 jǐnyào; 关键 guānjiàn (英 *essential; important; vital*) ▶～かなめのこと/关键的事情 guānjiàn de shìqing; 要事 yàoshì ▶～な時に知らん顔をする/在关键时刻装聋作哑 zài guānjiàn shíkè zhuāng lóng zuò yǎ

かんすい【完遂する】 完成 wánchéng; 达成 dáchéng (英 *complete*)

かんすい【冠水する】 淹在水里 yānzài shuǐli; 《田畑が》涝 lào (英 *be submerged; be flooded*) ▶豪雨で昨夜道路が～した/因暴雨昨夜道路被水淹了 yīn bàoyǔ zuóyè dàolù bèi shuǐ yān le

かんすう【函数】 〘数〙函数 hánshù (英 *a function*)

かんする【関する】 关于 guānyú; 有关 yǒuguān (英 *with regard to...*) ▶黄砂に～情報/有关沙尘暴的信息 yǒuguān shāchénbào de xìnxī ▶考古学に～書物/有关考古学的书籍 yǒuguān kǎogǔxué de shūjí ▶私に～かぎり何ら不満はない/至于我个人并没有任何不满 zhìyú wǒ gèrén bìng méiyǒu rènhé bùmǎn

かんせい【完成する】 完成 wánchéng; 《工事が》完工 wángōng (英 *complete; finish*) ▶～品/成品 chéngpǐn ▶未～のままの建物/未完工的建筑物 wèi wángōng de jiànzhùwù ▶～された人格/完美无缺的人格 wánměi wúquē de réngé ▶～予想図/竣工预想图 jùngōng yùxiǎngtú

かんせい【乾性の】 干性 gānxìng (英 *dry*)

かんせい【喚声】 (英 *a cry*) ▶～を上げる/呐喊 nàhǎn

かんせい【閑静な】 清静 qīngjìng; 静寂 jìngjì (英 *quiet; tranquil*) ▶～な住宅街/幽静的住宅区 yōujìng de zhùzháiqū ▶ここは～でいいですね/这里多清静啊 zhèlǐ duō qīngjìng a

かんせい【感性】 感性 gǎnxìng (英 *sensitivity*) ▶～の豊かな/感性丰富 gǎnxìng fēngfù ▶～を磨く/磨练感性 móliàn gǎnxìng ▶～が鋭い/感性敏锐 gǎnxìng mǐnruì

かんせい【慣性】 〘理学〙惯性 guànxìng (英 *inertia*) ▶～の法則/惯性定律 guànxìng dìnglù

かんせい【管制する】 管制 guǎnzhì; 控制 kòngzhì (英 *control*) ▶～塔《空港の》/塔台 tǎtái ▶航空～/航空管制 hángkōng zhǐhuī

かんせい【歓声】 欢声 huānshēng (英 *a shout of joy; a hurrah; cheers*) ▶どっと～が上がる/欢声大作 huānshēng dàzuò ▶拍手と～が鳴り止まない/鼓声与欢呼声经久不息 gǔshēng yǔ huānhūshēng jīngjiǔ bù xī ▶子供たちが～を上げながら駆け寄ってきた/孩子们欢呼着跑过来了 háizimen huānhūzhe pǎoguòlai le

かんぜい【関税】 关税 guānshuì（英 *customs*）▶～障壁/关税壁垒 guānshuì bìlěi ▶～をかける/课关税 kè guānshuì ▶輸入～を引き下げる/降低进口关税 jiàngdī jìnkǒu guānshuì
♦～率/关税率 guānshuìlǜ

がんせき【岩石】 岩石 yánshí（英 *a rock*）▶～の年代分布/岩石的时代分布 yánshí de shídài fēnbù ▶～の多い山頂/多岩石的山顶 duō yánshí de shāndǐng

かんせつ【間接の】 间接 jiànjiē（英 *indirect*）▶～選挙/间接选举 jiànjiē xuǎnjǔ ▶～的に不満を伝える/间接传达不满之意 jiànjiē chuándá bùmǎn zhī yì
♦～喫煙/被动吸烟 bèidòng xīyān ～照明/间接照明 jiànjiē zhàomíng ～税/间接税 jiànjiēshuì ～費/间接费用 jiànjiē fèiyòng

かんせつ【関節】〔解〕关节 guānjié（英 *a joint*）▶～痛/关节痛 guānjiétòng ▶～がはずれる/关节脱臼 guānjié tuōjiù ▶指の～を鳴らす/扭响手指的关节 niǔ xiǎng shǒuzhǐ de guānjié
♦～炎/关节炎 guānjiéyán ～リューマチ/风湿性关节炎 fēngshīxìng guānjiéyán

かんせん【汗腺】〔解〕汗腺 hànxiàn（英 *sweat glands*）

かんせん【幹線】 干线 gànxiàn（英 *a main line*）▶～道路/干线公路 gànxiàn gōnglù

かんせん【感染する】 感染 gǎnrǎn; 传染 chuánrǎn; 沾染 zhānrǎn（英 *get infected*）▶～経路/传染途径 chuánrǎn tújìng ▶ウイルス～/病毒感染 bìngdú gǎnrǎn ▶～率の高い病気/感染率高的疾病 gǎnrǎnlǜ gāo de jíbìng ▶～源/感染源 gǎnrǎnyuán ▶二次～/间接感染 jiànjiē gǎnrǎn
♦院内～/医院内部感染 yīyuàn nèibù gǎnrǎn
[日中比較] 中国语的'感染 gǎnrǎn'は「病気がうつる」という意味の他,「共感を呼ぶ」という意味でも使われる.

かんせん【観戦する】 看比赛 kàn bǐsài（英 *watch a game*）▶～記/观战记 guānzhànjì

かんぜん【完全な】 完全 wánquán; 完整 wánzhěng; 彻头彻尾 chè tóu chè wěi（英 *perfect*）▶～主義/求全思想 qiúquán sīxiǎng ▶～無欠だ/天衣无缝 tiānyī wúféng; 十全十美 shíquán shíměi ▶～な解決策はありえない/没有十全十美的解决方法 méiyǒu shíquán shíměi de jiějué fāngfǎ ▶～な真空状態をつくる/创造完全真空的状态 chuàngzào wánquán zhēnkōng de zhuàngtài ▶～に消去する/彻底消除 chèdǐ xiāochú ▶～武装の兵士/全副武装的士兵 quánfù wǔzhuāng de shìbīng ▶～な勝利/完全胜利 wánquán shènglì
♦～雇用/充分就业 chōngfèn jiùyè ～燃焼/完全燃烧 wánquán ránshāo ～犯罪/策划周密的犯罪 cèhuà zhōumì de fànzuì

かんぜん【敢然と】 勇敢地 yǒnggǎn de; 毅然 yìrán（英 *boldly; fearlessly*）▶～と立ち向かう/勇敢地面对 yǒnggǎn de miànduì ▶～と反旗を翻す/毅然举旗造反 yìrán jǔqí zàofǎn

がんぜん【眼前】 眼前 yǎnqián; 目前 mùqián（英 *before one's eyes*）

かんぜんちょうあく【勧善懲悪】 惩恶扬善 chéng è yáng shàn（英 *rewarding good conduct and punishing evil conduct*）

かんそ【簡素な】 简朴 jiǎnpǔ; 朴素 pǔsù（英 *simple*）▶～化する/简化 jiǎnhuà; 精简 jīngjiǎn ▶～な住まい/简朴的住所 jiǎnpǔ de zhùsuǒ ▶～な食事/简单的饭菜 jiǎndān de fàncài ▶葬儀は親族だけで～に済ませた/丧礼仅由亲属从简操办了 sānglǐ jǐn yóu qīnshǔ cóngjiǎn cāobàn le

がんそ【元祖】 开山祖师 kāishān zǔshī; 始祖 shǐzǔ; 创始人 chuàngshǐrén（英 *the originator; the founder*）

かんそう【完走する】 跑完全程 pǎowán quánchéng（英 *finish*）▶ホノルルマラソンを～する/跑完火奴鲁鲁马拉松全程 pǎowán Huǒnúlǔlǔ mǎlāsōng quánchéng ▶20kmを～できなかった/没能跑完二十公里全程 méi néng pǎowán èrshí gōnglǐ quánchéng

かんそう【乾燥する】 干燥 gānzào; 干旱 gānhàn; 干巴巴 gānbābā（英 *dry up; season*）▶空気が～している/空气干燥 kōngqì gānzào ▶～肌/干燥皮肤 gānzào pífū ▶～なまこ/干海参 gānhǎishēn ▶～野菜/干菜 gāncài ▶異常～注意報/异常干燥警报 yìcháng gānzào jǐngbào
♦～機/烘干机 hōnggānjī ～剤/干燥剂 gānzàojì ～室/烘干室 hōnggānshì

かんそう【感想】 感想 gǎnxiǎng; 感受 gǎnshòu（英 *thoughts; impressions*）▶～を述べる/谈感想 tán gǎnxiǎng ▶商品の～をお寄せ下さい/请寄送对商品的感想 qǐng jìsòng duì shāngpǐn de gǎnxiǎng ▶別に～はありません/没有什么感想 méiyǒu shénme gǎnxiǎng
♦～文 ▶読書～文の書き方/读后感的写法 dúhòugǎn de xiěfǎ

かんそう【歓送】 欢送 huānsòng（英 *a send-off*）▶～会/欢送会 huānsònghuì ▶～迎会を開く/开欢迎欢送会 kāi huānyíng huānsònghuì

かんぞう【肝臓】〔解〕肝 gān; 肝脏 gānzàng（英 *a liver*）▶～癌/肝癌 gān'ái ▶～疾患/肝脏疾患 gānzàng jíhuàn ▶～移植/肝脏移植 gānzàng yízhí ▶～病/肝脏病 gānzàngbìng

かんそうきょく【間奏曲】〔音楽〕间奏曲 jiānzòuqǔ（英 *an interlude*）

かんそく【観測】 观测 guāncè（英 *observation; survey*）▶～船/科研考察船 kēyán kǎocháchuán ▶希望的～/期待的预测 qīdài de yùcè ▶衛星から地球を～する/从卫星上观测地球 cóng wèixīngshang guāncè dìqiú ▶彼が退陣するだろうというのが一般の～である/据一般观测他会下台 jù yībān guāncè tā huì xiàtái

かんぞく

◆~気球 ▶~気球をあげる/升起观测气球 shēngqǐ guāncè qìqiú ◆~所：观察站 guāncházhàn; 气象台 qìxiàngtái ◆~筋：观察家 guāncháiiā

かんぞく【漢族】 汉人 Hànrén; 汉族 Hànzú（英 the Han）

かんたい【寒帯】 寒带 hándài（英 the frigid zones; the polar regions）▶~気候/寒带气候 hándài qìhòu ▶~植物/寒带植物 hándài zhíwù

かんたい【歓待する】 款待 kuǎndài（英 give a hearty welcome）▶盛大な~を受ける/接受盛大的款待 jiēshòu shèngdà de kuǎndài

かんたい【艦隊】 舰队 jiànduì（英 a fleet）▶無敵~/无敌舰队 wúdí jiànduì

かんだい【寛大】 宽 kuān; 宽大 kuāndà; 宽容 kuānróng（英 generous; tolerant）▶~に扱う/宽待 kuāndài ▶~な処置を求める/希望从宽处理 xīwàng cóngkuān chǔlǐ

がんたい【眼帯】 眼罩 yǎnzhào（英 an eye-patch）▶~をする/戴眼罩 dài yǎnzhào

かんたいじ【簡体字】 简化汉字 jiǎnhuà Hànzì; 简体字 jiǎntǐzì（英 a simplified Chinese character）

かんたいへいよう【環太平洋】（英 the Pacific Rim）▶~諸国/环太平洋各国 huán Tàipíngyáng gèguó ▶~火山带/环太平洋火山带 Huántàipíngyáng huǒshāndài

かんだかい【甲高い】 尖 jiān; 尖锐 jiānruì（英 shrill）▶~声/尖声 jiānshēng ▶子供たちの~声がひびく/孩子们发出尖锐的声音 háizimen fāchū jiānruì de shēngyīn

かんたく【干拓する】 排水开垦 páishuǐ kāikěn; 围垦 wéikěn（英 reclaim... by drainage）▶~事業を進める/开展围垦事业 kāizhǎn wéikěn shìyè

◆~地：围垦的土地 wéikěn de tǔdì

かんたん【肝胆】

ことわざ 肝胆相(あい)照らす 肝胆相照 gāndǎn xiāng zhào

かんたん【邯鄲】

ことわざ 邯鄲の夢 邯郸梦 Hándānmèng; 黄粱美梦 huángliáng měimèng

かんたん【感嘆する】 感叹 gǎntàn; 赞叹 zàntàn（英 admire; wonder）▶雄大な自然の美に~する/赞叹雄伟的自然美 zàntàn xióngwěi de zìránměi ▶~の声を上げる/发出感叹的声音 fāchū gǎntàn de shēngyīn

◆~詞：叹词 tàncí ~符(!)：感叹号 gǎntànhào; 惊叹号 jīngtànhào ◆~文：感叹句 gǎntànjù

かんたん【簡単な】 简单 jiǎndān; 容易 róngyì; 轻易 qīngyì（英 simple; easy; brief）▶~な食事/简单的饭菜 jiǎndān de fàncài ▶~な打ち合わせをする/开个简单的碰头会 kāi ge jiǎndān de pèngtóuhuì ▶あの人の頼みとなると~には断れない/那个人要求的话就不能轻易地回绝 nàge rén yāoqiú de huà jiù bùnéng qīngyì de huíjué

そんなに~に儲けられるの/那么容易就能赚钱？ nàme róngyì jiù néng zhuànqián? ▶これらの習慣は~にはなくならない/这些习惯不容易去掉 zhè xiē xíguàn bù róngyì qùdiào

日中比較 中国語の'简单 jiǎndān'は「平凡だ」という意味をもち、'不简单 bù jiǎndān'で「大したものだ」という感嘆を表す．

かんだん【寒暖】 寒暖 hánnuǎn; 冷暖 lěngnuǎn（英 heat and cold）▶~の差が大きい/温差大 wēnchā dà

◆~計：寒暑表 hánshǔbiǎo

かんだん【間断なく】 间断 jiànduàn（英 ceaselessly; continuously）▶~のない騒音/不间断的噪音 bú jiànduàn de zàoyīn ▶空爆は~なく続いた/空中轰炸持续不断 kōngzhōng hōngzhà chíxù búduàn

かんだん【歓談する】 畅谈 chàngtán; 谈笑 tánxiào（英 have a pleasant chat with...）▶両国の首脳は表向きは和やかに~した/两国首脑表面上亲切畅谈 liǎng guó shǒunǎo biǎomiànshang qīnqiè chàngtán ▶ゆっくり御~下さい/请尽情畅谈 qǐng jìnqíng chàngtán

かんたん【元旦】 元旦 Yuándàn（英 New Year's Day）

かんち【完治する】 完全治好 wánquán zhìhǎo; 痊愈 quányù（英 recover fully）

かんち【感知する】 觉察 juéchá; 感觉 gǎnjué; 探测 tàncè（英 sense; perceive）▶煙を~する/探测烟状物 tàncè yānzhuàngwù ▶~器/探测器 tàncèqì; 传感器 chuángǎnqì

かんち【関知する】 干预 gānyù; 与…有关 yǔ…yǒuguān（英 be concerned）▶このごたごたは私の~するところではない/这个纠纷与我无关 zhège jiūfēn yǔ wǒ wúguān

かんちがい【勘違いする】 误会 wùhuì; 记错 jìcuò（英 mistake; confuse）▶彼は自分が大物だと~している/他自以为是大人物 tā zì yǐwéi shì dàrénwù ▶彼は命令を~したらしい/他好像误会了命令的意思 tā hǎoxiàng wùhuìle mìnglìng de yìsi

がんちく【含蓄】 含义 hányì; 含意 hányì（英 an implication）▶~のある/含蓄 hánxù ▶おじいさんの~のある言葉/老爷爷的意味深长的话语 lǎoyéye de yìwèi shēncháng de huàyǔ

かんちゅう【寒中】 严冬 yándōng; 寒冬 hándōng（英 midwinter; the coldest season）▶~水泳/冬泳 dōngyǒng ▶~お見舞い/寒冬问候 hándōng wènhòu

がんちゅう【眼中】 眼里 yǎnlǐ; 目中 mùzhōng（英 [~にない] ignore）▶~にない/不放在眼里 bú fàngzài yǎnlǐ ▶あんな男は~にない/那个男人我没放在眼里 nàge nánrén wǒ méi fàngzài yǎnlǐ

かんちょう【干潮】 低潮 dīcháo; 退潮 tuìcháo; 落潮 luòcháo（英 low tide）

かんちょう【官庁】 官厅 guāntīng; 政府机关 zhèngfǔ jīguān（英 a government office）

央~/中央机关 zhōngyāng jīguān

かんちょう【浣腸】 灌肠 guànchángrlag (英 *an enema*)

かんちょう【館長】 (英 *a director; a curator*) ▶水族館の~/水族馆的馆长 shuǐzúguǎn de guǎnzhǎng ▶美術館館長~/美术馆馆长 měishùguǎn guǎnzhǎng

かんちょう【艦長】 舰长 jiànzhǎng (英 *the captain*) ▶~室/舰长室 jiànzhǎngshì

かんつう【貫通する】 贯穿 guànchuān; 穿过 chuānguò (英 *penetrate*, [道が] *run through*) ▶トンネルが~する/隧道打通 suìdào dǎtōng ▶弾丸が腹部を~した/子弹穿过了腹部 zǐdàn chuānguòle fùbù

かんづく【感付く】 觉察 juéchá; 感觉 gǎnjué; 发觉 fājué (英 *suspect; sense*) ▶異変に~/察觉异常 chájué yìcháng ▶女房に感付かれたみたいだ/好像被老婆觉察了 hǎoxiàng bèi lǎopo juéchá le ▶記者たちにまだ感付かれないでいる/还没被记者们发觉 hái méi bèi jìzhěmen fājué

かんづめ【缶詰】 罐头 guàntou (英 *canned foods*) ▶牛肉の~/牛肉罐头 niúròu guàntou ▶桃の~/桃子罐头 táozi guàntou ▶~をあける/打开罐头 dǎkāi guàntou ▶~工場/罐头工厂 guàntou gōngchǎng
~になる ▶ホテルで~になる/关在酒店（写稿） guānzài jiǔdiàn (xiěgǎo)

かんてい【官邸】 官邸 guāndǐ (英 *an official residence*)

かんてい【鑑定する】 鉴定 jiàndìng (英 *judge; estimate*) ▶~書/鉴定书 jiàndìngshū ▶~人/鉴定人 jiàndìngrén ▶不動産を~する/鉴定不动产 jiàndìng búdòngchǎn ▶親子~/亲子鉴定 qīnzǐ jiàndìng

がんてい【眼底】 〔解〕眼底 yǎndǐ (英 *the fundus of the eye*) ▶~出血/眼底出血 yǎndǐ chūxuè ▶~検査をする/做眼底检查 zuò yǎndǐ jiǎnchá

かんてつ【貫徹する】 贯彻 guànchè (英 *carry through; accomplish*) ▶初志を~する/贯彻初衷 guànchè chūzhōng

カンテラ 风灯 fēngdēng; 马灯 mǎdēng (英 *a lantern*) ▶~を灯(ﾄﾓ)す/点马灯 diǎn mǎdēng

カンデラ 〔物理〕坎德拉 kǎndélā; 新烛光 xīnzhúguāng (英 *a candela*《光度的单位》)

かんてん【寒天】 琼脂 qióngzhī; 洋菜 yángcài (英 *agar*) ▶~培養基/琼脂培养基 qióngzhī péiyǎngjī

かんてん【観点】 观点 guāndiǎn; 角度 jiǎodù; 眼光 yǎnguāng (英 *a point of view; a viewpoint*) ▶新しい~から見直す/从新的角度重新认识 cóng xīn de jiǎodù chóngxīn rènshi ▶~を変える/改变观点 gǎibiàn guāndiǎn

かんでん【感電する】 触电 chùdiàn (英 *be struck by electricity*) ▶~死する/触电而死 chùdiàn ér sǐ

かんでんち【乾電池】 干电池 gāndiànchí (英 *a dry cell*) ▶単三~/单三干电池 dān sān gāndiànchí ▶使用済み~/用过的干电池 yòngguo de gāndiànchí

かんど【感度】 灵敏度 língmǐndù (英 *sensitivity; reception*) ▶~がいい/灵敏度高 língmǐndù gāo

かんとう【巻頭】 卷头 juàntóu; 卷首 juànshǒu (英 *the beginning of a book*) ▶~エッセイ/卷头随笔 ▶柳田の小説が新年号の~を飾った/柳田的小说刊登在新年一期的卷首 Liǔtián de xiǎoshuō kāndēng zài xīnnián yì qī de juànshǒu

かんとう【敢闘する】 勇敢奋斗 yǒnggǎn fèndòu (*fight courageously*) ▶~精神/拼搏精神 pīnbó jīngshén
♦~賞（相撲）**拼搏奖** pīnbójiǎng

かんとう【勘当する】 (父母跟子女，师傅跟弟子)断绝关系 (fùmǔ gēn zǐnǚ, shīfu gēn dìzǐ) duànjué guānxi (英 *disown*) ▶20歳の時親から~された/二十岁时被父母逐出家门 èrshí suì shí bèi fùmǔ zhúchū jiāmén

かんどう【感動する】 感动 gǎndòng; 感激 gǎnjī; 触动 chùdòng (英 *be moved; feel emotion*) ▶~の涙/热泪 rèlèi ▶~的な/动人 dòngrén; 可歌可泣 kě gē kě qì ▶~して涙を流す/因感动而流泪 yīn gǎndòng ér liú lèi ▶彼は聴衆をすっかり~させた/他深深地打动了听众 tā shēnshēn de dǎdòngle tīngzhòng

かんとく【監督する】 导演 dǎoyǎn; 监督 jiāndū;《监視する》看管 kānguǎn (英 *supervise; manage; direct*) ▶~者/监督人 guǎnlǐrén ▶スポーツの~/领队 lǐngduì ▶試験~/监考 jiānkǎo ▶目下警察の~がやかましい/目前警察监视得很紧 mùqián jǐngchá jiānshìde hěn jǐn ▶~官庁/监督机关 jiāndū jīguān
♦映画~ 电影导演 diànyǐng dǎoyǎn

かんどころ【勘所】 要点 yàodiǎn; 关键 guānjiàn (英 *the point*) ▶~を押さえる/抓住要点 zhuāzhù yàodiǎn

がんとして【頑として】 顽固地 wángù de; 坚决地 jiānjué de (英 *stubbornly; resolutely*) ▶~応じない/顽固不从 wángù bù cóng ▶~聞き入れない/坚决不接受 jiānjué bù jiēshòu

かんな【鉋】 刨子 bàozi (英 *a plane*) ▶~屑/刨花 bàohuā ▶~をかける/用刨子刨 yòng bàozi bào
参考 日本のものと反対に中国の「かんな」は押して削る．

カンナ 〔植物〕美人蕉 měirénjiāo (英 *a canna*)

かんない【管内】 管辖范围内 guǎnxiá fànwéinèi (英 *in the jurisdiction*)

かんなん【艱難】 艰辛 jiānxīn (英 *hardship*)
ことわざ 艱難汝を玉にす 不吃苦中苦，难为人上人 bù chī kǔzhōngkǔ, nánwéi rénshàngrén
~辛苦 千辛万苦 qiān xīn wàn kǔ

かんにん【堪忍】《許す》饶恕 ráoshù;《我慢する》容忍 róngrěn (英 *patience; pardon*) ▶~で

カンニング 考试作弊 kǎoshì zuòbì (英 *cheating*) ▶～をしているところを見つかる/被发现正在作弊 bèi fāxiàn zhèngzài zuòbì
◆～ペーパー/小抄儿 xiǎochāor

かんぬき【閂】 闩 shuān (英 *a bolt; a bar*) ▶門に～をかける/闩上门/把门闩好 shuānshàng mén; bǎ mén shuānhǎo

かんねん【観念】 ❶【概念】 观念 guānniàn; 意念 yìniàn (英 *an idea; a concept*) ▶～的意见/唯心的意见 wéixīn de yìjiàn ▶固定～/成见 chéngjiàn ▶～論/唯心论 wéixīnlùn; 唯心主義 wéixīn zhǔyì ▶責任～がない/没有责任观念 méiyǒu zérèn guānniàn ▶時間の～がない/没有时间观念 méiyǒu shíjiān guānniàn ❷【あきらめ】 (英 *resignation*) ▶～する/断念 duànniàn ▶もう～しろ/死了心吧 sǐle xīn ba; 认命吧 rènmìng ba

がんねん【元年】 元年 yuánnián (英 *the first year (of Heisei)*)

かんのう【完納】 (英 *full payment*) ▶～する/缴完 jiǎowán; 缴清 jiǎoqīng

かんのう【感応する】 感应 gǎnyìng; 反应 fǎnyìng (英 *respond*)

かんのうてき【官能的】 性感的 xìnggǎn de; 肉感的 ròugǎn de (英 *sensual; erotic*)

かんのん【観音】 观世音 Guānshìyīn (英 *Kannon; the goddess of mercy*) ▶～開きの戸/左右对开的门 zuǒyòu duìkāi de mén

かんぱ【看破する】 看穿 kànchuān; 看透 kàntòu (英 *see through...; penetrate*)

かんぱ【寒波】 寒潮 háncháo; 寒流 hánliú (英 *a cold wave*) ▶～に襲われる/受到寒流的袭击 shòudào hánliú de xíjī

カンパ 捐款 juānkuǎn; 捐助 juānzhù (英 *a campaign*(資金集め)) ▶資金～をする/捐助资金 juānzhù zījīn

かんぱい【完敗する】 大败 dàbài; 彻底失败 chèdǐ shībài (英 *defeat completely*) ▶あの年は韓国チームに～した/那一年被韩国队彻底打败 nà yì nián bèi Hánguóduì chèdǐ dǎbài

かんぱい【乾杯する】 干杯 gānbēi (英 *toast*) ▶～の辞/祝酒辞 zhùjiǔcí ▶～の音頭をとる/领头干杯 lǐngtóu gānbēi ▶あなたの健康のために～！/为你的健康干杯！ wèi nǐ de jiànkāng gānbēi!

かんぱく【関白】 《比喩的に》 (英 *a tyrant*) ▶彼は亭主～だ/他是大男子主义 tā shì dànánzǐ zhǔyì

かんばしい【芳しい】 《においが》 芬芳 fēnfāng; 馥郁 fùyù;《成果が》 理想 lǐxiǎng (英 *sweet; fragrant*) ▶～花/香花 xiānghuā ▶梅の花の香りが～/梅花香气芬芳 méihuā xiāngqì fēnfāng ▶成績が芳しくない/成绩不佳 chéngjì bù jiā ▶売れ行きが芳しくない/销路不好 xiāolù bù hǎo ▶

芳しからぬ人物/声誉不佳的人 shēngyù bù jiā de rén ▶彼の評判は芳しくない/他的名声不太好 tā de míngshēng bú tài hǎo

かんばしった【甲走った】 (英 *shrill*) ▶～声/尖声 jiānshēng

かんばつ【干魃】 干旱 gānhàn; 旱灾 hànzāi (英 *a drought*) ▶～対策/抗旱措施 kànghàn cuòshī ▶北部は～，南部は洪水に襲われた/北部遭受旱灾，南部遭受洪水侵袭 běibù zāoshòu hànzāi, nánbù zāoshòu hóngshuǐ qīnxí

がんばりや【頑張り屋】 勤奋的人 qínfèn de rén; 好强的人 hàoqiáng de rén (英 *a fighter; a bitter-ender*)

がんばる【頑張る】 加劲 jiājìn; 坚持 jiānchí; 努力 nǔlì (英 *stand out; exert oneself*) ▶そんなに頑張らなくてもいいよ/不用那么加劲 búyòng nàme jiājìn ▶君は頑張りすぎだ/你太拼命了 nǐ tài pīnmìng le ▶頑張れ!/加油！ jiāyóu! ▶彼は諦めずに1年間頑張り通した/他没有放弃，坚持了一年 tā méiyǒu fàngqì, jiānchíle yì nián ▶彼は罪を犯した覚えはないと頑張った/他坚持主张自己无罪 tā jiānchí zhǔzhāng zìjǐ wúzuì ▶医者は頑張れば治ると言っている/医生说只要努力就能治好 yīshēng shuō zhǐyào nǔlì jiù néng zhìhǎo

かんばん【看板】 牌子 páizi; 招牌 zhāopai; 幌子 huǎngzi (英 *a signboard; a sign*) ▶～を掲げる/挂牌子 guà páizi ▶～料理/招牌菜 zhāopaicài ▶～に偽りあり/挂羊头卖狗肉 guà yángtóu mài gǒuròu ▶～倒れ/虚有其表 xū yǒu qí biǎo

かんばん【甲板】 甲板 jiǎbǎn (英 *a deck*)

がんばん【岩盤】 岩盘 yánpán (英 *bedrock*) ▶～が崩落する/岩盘坍塌 yánpán tāntā ▶～浴/岩盘浴 yánpányù

かんび【甘美な】 甘美 gānměi; 甜美 tiánměi (英 *sweet; delicious*) ▶～な音楽/甜美的音乐 tiánměi de yīnyuè ▶～な香り/甜美的香味 tiánměi de yīnwèi

かんび【完備する】 齐备 qíbèi; 完备 wánbèi; 完善 wánshàn (英 *furnish fully*) ▶冷暖房～/冷暖设备完善 lěngnuǎn shèbèi wánshàn ▶家具設備の～したアパート/家具设施齐备的公寓 jiājù shèshī qíbèi de gōngyù

かんぴ【官費】 公费 gōngfèi (英 *government expense; public expense*) ▶～旅行/公费旅行 gōngfèi lǚxíng

かんびょう【看病する】 看护 kānhù (英 *nurse*) ▶徹夜で母を～する/彻夜看护母亲 chèyè kānhù mǔqin ▶～疲れで倒れる/因看护疲劳过度累倒了 yīn kānhù píláo guòdù lèidǎo le

日中比較 中国语の「看病 kànbìng」は医者が「診察する」ことを言う。

がんびょう【眼病】 眼疾 yǎnjí (英 *an eye disease*)

かんぶ【患部】 患处 huànchù (英 *the affected part*)

かんぶ【幹部】 干部 gànbù; 领导 lǐngdǎo (英 *the managing staff; the executive*) ▶経営～/

経営幹部 jīngyíng gànbù ▶彼は今～の地位にある/他现在有干部的地位 tā xiànzài yǒu gànbù de dìwèi ▶我々は～の退陣を要求する/我们要求领导下台 wǒmen yāoqiú lǐngdǎo xiàtái ▶(政党などの)～会/干部会议 gànbù huìyì

[日中比較] 中国語の'干部 gànbù'は「党や政府で公職にある人」，とくに「役職者」を言う．

かんぷ【完膚なきまで】(英 *thoroughly*) ▶～なきまでに批判される/被批判得体无完肤 bèi pīpíngde tǐ wú wán fū

かんぷ【還付する】 退还 tuìhuán (英 *refund*; *return*) ▶～金/退还的税金 tuìhuán de shuìjīn ▶税金の～を受ける/收到退还的税金 shōudào tuìhuán de shuìjīn

かんぷう【寒風】 寒风 hánfēng; 冷风 lěngfēng (英 *a cold wind*)

かんぷく【感服する】 佩服 pèifú; 钦佩 qīnpèi; 叹服 tànfú (英 *admire*) ▶市原氏の発想の豊かさに～する/钦佩市原先生的构思丰富 qīnpèi Shìyuán xiānsheng de gòusī fēngfù ▶あいつの行動力には～するね/佩服那家伙的行动力 pèifú nà jiāhuo de xíngdònglì

かんぶつ【乾物】 干货 gānhuò (英 *grocery*) ▶～屋/干货店 gānhuòdiàn

カンフル [医] 樟脑液 zhāngnǎoyè (英 *camphor*) ▶～注射/樟脑液注射 zhāngnǎoyè zhùshè ▶不况脱出に～剤が必要だ/为了摆脱萧条需要给经济打强心针 wèile bǎituō xiāotiáo xūyào gěi jīngjì dǎ qiángxīnzhēn

かんぶん【漢文】 中国古文 Zhōngguó gǔwén; 古汉语 gǔHànyǔ (英 *Chinese writing*)

かんぺき【完璧な】 完美 wánměi; 完善 wánshàn; 尽善尽美 jìn shàn jìn měi (英 *perfect*) ▶～を求める/求全责备 qiúquán zébèi ▶この製品は～なできだ/这个产品做得完美无缺 zhège chǎnpǐn zuòde wánměi wúquē ▶～な演技/完美的演技 wánměi de yǎnjì ▶～の期待完善 qīdài wánshàn ▶ほとんど～に作動する/几乎精确无误地运转 jīhū jīngquè wúwù de yùnzhuǎn

がんぺき【岩壁】 峭壁 qiàobì; 悬崖 xuányá (英 *a rock face*) ▶～をよじ登る/攀登悬崖峭壁 pāndēng xuányá qiàobì

がんぺき【岸壁】 港湾停泊处 gǎngwān tíngbóchù; 码头 mǎtou (英 *a quay; a wharf*)

かんべつ【鑑別】 鉴别 jiànbié; 鉴定 jiàndìng (英 *discriminate; judge*) ▶宝石を～する/鉴定宝石 jiàndìng bǎoshí ▶雏の雌雄を～する/鉴别雏鸟的雌雄 jiànbié chúniǎo de cíxióng

かんべん【勘弁する】 饶 ráo; 饶恕 ráoshù; 宽恕 kuānshù (英 *pardon; forgive*) ▶御～を願います/请您宽恕 qǐng nín kuānshù ▶～できない/不可宽恕 bùkě kuānshù ▶～してくれ/饶了我吧 ráole wǒ ba

かんべん【簡便な】 简便 jiǎnbiàn (英 *convenient; handy*)

かんぼう【官房】 (英 *the secretariat*) ▶内閣～長官/内阁官房长官 nèigé guānfáng zhǎngguān

かんぼう【感冒】(英 *a cold*) ▶～にかかる/患感冒 huàn gǎnmào
◆流行性～/流行性感冒 liúxíngxìng gǎnmào; 流感 liúgǎn

かんぼう【監房】 牢房 láofáng (英 *a cell; a ward*)

かんぽう【官報】《日本の》政府公报 zhèngfǔ gōngbào (英 *a government jounal*) ▶～で告示する/在政府公报上告示 zài zhèngfǔ gōngbàoshang gàoshi

かんぽう【漢方】 (英 *Chinese medicine*) ▶～医/中医 zhōngyī ▶～薬/中药 zhōngyào ▶～薬店/中药铺 zhōngyàopù

がんぼう【願望】 愿望 yuànwàng; 希望 xīwàng; 意愿 yìyuàn (英 *desire*) ▶変身～がある/有变身愿望 yǒu biànshēn yuànwàng ▶僕は試験のない世界を～していた/我曾经向往过没有考试的世界 wǒ céngjīng xiàngwǎngguo méiyǒu kǎoshì de shìjiè

かんぼく【灌木】 灌木 guànmù (英 *a wish; a shrub*)

かんぼつ【陥没する】 塌方 tāfāng; 塌陷 tāxiàn; 下陷 xiàxiàn (英 *cave in*) ▶頭蓋骨が～する/颅骨下陷 lúgǔ xiàxiàn ▶アスファルトの道路が～した/柏油路塌陷了 bǎiyóulù tāxiàn le

がんぽん【元本】〘金融〙本金 běnjīn; 本钱 běnqián (英 *the capital*)

ガンマせん【ガンマ線】〘理学〙丙种射线 bǐngzhǒng shèxiàn; 伽马射线 gāmǎ shèxiàn (英 *gamma rays*)

かんまつ【巻末】 卷尾 juànwěi; 卷末 juànmò (英 *the end of a book*)

かんまん【干満】 (英 *ebb and flow*) ▶～の差/潮涨潮落之差 cháo zhǎng cháo luò zhī chā

かんまん【緩慢な】 迟缓 chíhuǎn; 迟钝 chídùn; 缓慢 huǎnmàn (英 *slow; sluggish*) ▶～な動作/缓慢的动作 huǎnmàn de dòngzuò ▶敗因は彼の～なプレーである/失败的原因在于他在比赛中的懈怠 shībài de yuányīn zàiyú tā zài bǐsài zhōng de xièdài ▶身動きが次第に～になる/身体动作渐渐迟钝 shēntǐ dòngzuò jiànjiàn chídùn

かんみ【甘味】 甜味 tiánwèi; 甜食 tiánshí (英 *sweetness; a sweet taste*)
◆～～料/甜味调料 tiánwèi tiáoliào ▶人工～料の入った食品/加入了人工甜味调料的食品 jiārùle réngōng tiánwèi tiáoliào de shípǐn

かんみんぞく【漢民族】 汉族 Hànzú (英 *the Han race*)

かんむり【冠】 冠 guān (英 *a crown*) ▶～をかぶる/戴冠 dài guān ▶お～だ/闹情绪 nào qíngxù; 不高兴 bù gāoxìng
◆～大会《ゴルフなどの》冠名锦标赛 guànmíng jǐnbiāosài

かんむりょう【感無量】 无限感慨 wúxiàn gǎnkǎi; 感慨万端 gǎnkǎi wànduān (英 *deep*

かんめい【感銘する】 感動 gǎndòng；铭感 mínggǎn（英 be impressed）▶深い～を受けた言葉/感人肺腑的话语 gǎn rén fèifǔ de huàyǔ ▶聴衆になんの～も与えなかった/没让听众受到任何感动 méi ràng tīngzhòng shòudào rènhé gǎndòng

がんめい【頑迷な】 顽固 wánggù；执拗 zhíniù（英 stubborn）▶～固陋/老顽固 lǎowánggù ～派/死顽派 sǐyìngpài ▶将来を見ない～な守旧派/鼠目寸光的顽固守旧派 shǔ mù cùn guāng de wánggù shǒujiùpài ▶おまえの～には呆れるよ/你这个死脑筋真没治了 nǐ zhège sǐnǎojīn zhēn méi zhì le

かんめん【乾麺】 挂面 guàmiàn（英 dried noodles）

がんめん【顔面】 脸 liǎn；脸面 liǎnmiàn（英 the face）▶～が蒼白になる/脸色苍白 liǎnsè cāngbái ▶～神経痛/面部神经痛 miànbù shénjīngtòng

がんもく【眼目】 要点 yàodiǎn；着重点 zhuózhòngdiǎn ▶本書の～だ/这本书着重刻划了犯人的心理 zhè běn shū zhuózhòng kèhuà fànrén de xīnlǐ

日中比較 中国語の'眼目 yǎnmù'は「目」のこと.

かんもん【喚問する】 传讯 chuánxùn；传唤 chuánhuàn（英 summon）▶証人～/传讯证人 chuánxùn zhèngrén ▶彼は議会で証人～を受けている/他接到传唤在议会作证 tā jiēdào chuánhuàn zài yìhuì zuòzhèng

かんもん【関門】 关口 guānkǒu；难关 nánguān（英 a barrier; a gateway）▶筆記試験の～を通り過ぎる/通过笔试的难关 tōngguò bǐshì de nánguān

日中比較 中国語の'关门 guānmén'は「ドアを閉じる」こと，あるいは「閉館する」ことを言う.

かんやく【簡約な】 简约 jiǎnyuē；简略 jiǎnlüè；简明 jiǎnmíng（英 concise）▶～タイ語辞典/简明泰语词典 jiǎnmíng Tàiyǔ cídiǎn

がんやく【丸薬】 丸药 wányào（英 a pill; a pellet）▶～を5粒飲む/吃五粒丸药 chī wǔ lì wányào

かんゆう【勧誘する】 劝诱 quànyòu（英 invite）▶しつこい～に根負けして保険に入った/缠不过推销员死乞白赖的劝诱加入了保险 chánbuguò tuīxiāoyuán sǐqǐbáilài de quànyòu jiārù le bǎoxiǎn ▶電話で新聞を～する/用电话征订报纸 yòng diànhuà zhēngdìng bàozhǐ ▶公的機関を名乗って～する/冒称公共机关劝诱 màochēng gōnggòng jīguān quànyòu ▶～員/推销员 tuīxiāoyuán

がんゆう【含有する】 包含 bāohán；含有 hányǒu（英 contain; hold）▶～量/含量 hánliàng ▶カフェインを多く～する/含有咖啡因 hányǒu kāfēiyīn ▶アルコール～量/酒精含量 jiǔjīng hánliàng

かんよ【関与する】 参与 cānyù；干预 gānyù；介入 jièrù（英 participate; take part in…）▶彼はどこまで事件に～していたのか/他在多大程度上参与了事件？tā zài duō dà chéngdùshang cānyùle shìjiàn？▶政治に～しない/不介入政治 bú jièrù zhèngzhì

かんよう【肝要な】 最重要 zuì zhòngyào；要紧 yàojǐn（英 important; essential）▶このプロジェクトは地元の理解を得ることが～だ/这个项目最关键是要得到当地的理解 zhège xiàngmù zuì guānjiàn shì yào dédào dāngdì de lǐjiě ▶～なのは問題点を十分調べることだ/最要紧的是充分调查争论点 zuì yàojǐn de shì chōngfèn diàochá zhēnglùndiǎn

かんよう【寛容な】 宽容 kuānróng；宽大 kuāndà（英 tolerant）▶～な態度/宽容的态度 kuānróng de tàidù ▶酔っ払いに～な国/对醉酒宽容的国家 duì zuìjiǔ kuānróng de guójiā ▶～な心を持つべきだ/应该有一颗宽容的心 yīnggāi yǒu yì kē kuānróng de xīn

かんよう【慣用】 惯用 guànyòng（英 common; usual）▶～句/惯用句 guànyòngjù；熟语 shúyǔ ▶～語/惯用语 guànyòngyǔ

かんようしょくぶつ【観葉植物】 赏叶植物 shǎngyè zhíwù（英 a foliage plant）▶～を育てる/培育赏叶植物 péiyù shǎngyè zhíwù

がんらい【元来】 本来 běnlái；原来 yuánlái；原本 yuánběn（英 originally; essentially）▶パチンコは子供の遊びだった/弹钢球原来是孩子的游戏 tán gāngqiú yuánlái shì háizi de yóuxì ▶この本は～子供のために書かれている/这本书本来是为儿童写的 zhè běn shū běnlái shì wèi értóng xiě de ▶私は～記憶が悪い/我生来记忆力就不好 wǒ shēnglái jìyìlì jiù bù hǎo

かんらく【陥落する】 沦陷 lúnxiàn；陷落 xiànluò；（比喩）屈服 qūfú（英 fall; collapse; surrender）▶その市の～は目前に迫っていた/那座城市的沦陷已经迫在眉睫了 nà zuò chéngshì de lúnxiàn yǐjing pòzài méijié le ▶彼はもう一押しで～する/再加一把劲儿他就会屈服的 zài jiā yì bǎ jìnr tā jiù huì qūfú de ▶首位から最下位に～する/从第一名下降到最后一名 cóng dìyī míng xiàjiàngdào zuìhòu yī míng

かんらく【歓楽】 欢乐 huānlè；快乐 kuàilè（英 enjoyment; pleasure）

～街｜闹市 nàoshì；游乐地区 yóulè dìqū；花花世界 huāhuā shìjiè ▶～街へ繰り出す/一起涌向闹市作东 yìqǐ yǒngxiàng nàoshì zuòdōng

かんらん【観覧する】 参观 cānguān；观看 guānkàn（英 see; view）▶～席/看台 kàntái；观众席 guānzhòngxí ▶～车/观览车 guānlǎnchē ▶芝居を～する/观赏戏剧 guānshǎng xìjù

看戏 kànxì
♦ ～自由〈掲示〉|免费观览 miǎnfèi guānlǎn
～料|观赏费 guānshǎngfèi；入园费 rùyuánfèi

かんり【官吏】 官吏 guānlì (英 *a government official*) ▶ 人民は弱し，～は強し/官强民弱 guān qiáng mín ruò
♦高級～|高级官员 gāojí guānyuán；高官 gāoguān

かんり【管理する】 管理 guǎnlǐ；掌管 zhǎngguǎn (英 *administer; manage; control; supervise*) ▶～責任者/主管 zhǔguǎn ▶～体制/管理体制 guǎnlǐ tǐzhì ▶入国～局/入境管理局 rùjìng guǎnlǐjú ▶ファイルを～する/管理文件 guǎnlǐ wénjiàn；管理档案 guǎnlǐ dàng'àn ▶～委員会を開く/召开管理委员会 zhàokāi guǎnlǐ wěiyuánhuì ▶健康～に努める/尽心管理健康 jìnxīn guǎnlǐ jiànkāng ▶～栄養士になる/成为管理营养师 chéngwéi guǎnlǐ yíngyǎngshī ▶～能力/管理能力 guǎnlǐ nénglì ▶労務～/劳务管理 láowù guǎnlǐ
♦～会社《不動産の》|物业公司 wùyè gōngsī ～社会|管理型社会 guǎnlǐxíng shèhuì ～職|高层管理人员 gāocéng guǎnlǐ rényuán；领导 lǐngdǎo ～人《アパートなどの》|管理员 guǎnlǐyuán

がんり【元利】〔金融〕本息 běnxī；本利 běnlì (英 *principal and interest*)

がんりき【眼力】 眼力 yǎnlì；鉴别力 jiànbiélì (英 *power of observation*) ▶～がある/有眼力 yǒu yǎnlì ▶～を磨く/磨练眼力 móliàn yǎnlì；锻炼眼力 duànliàn yǎnlì ▶贋物を見破る～を養う/培养识破赝品的眼力 péiyǎng shípò yànpǐn de yǎnlì

かんりゃく【簡略な】 简略 jiǎnlüè；简要 jiǎnyào (英 *simple; brief*) ▶～化する/简化 jiǎnhuà ▶～に記す/简要记述 jiǎnyào jìshù ▶～図形/简化图形 jiǎnhuà túxíng；略图 lüètú

かんりゅう【寒流】 寒流 hánliú (英 *a cold current*)

かんりょう【完了する】 完毕 wánbì；完成 wánchéng；结束 jiéshù (英 *complete; finish*) ▶準備～/准备完毕 zhǔnbèi wánbì ▶取引を～する/完成交易 wánchéng jiāoyì

かんりょう【官僚】 官僚 guānliáo；官员 guānyuán (英 *a bureaucrat; bureaucracy*) ▶～主義/官僚主义 guānliáo zhǔyì ▶エリート～/精英官员 jīngyīng guānyuán ▶外務～/外务官员 wàiwù guānyuán；外交部官员 wàijiāobù guānyuán ▶～式の繁雑な手続き/官僚式的繁杂手续 guānliáoshì de fánzá shǒuxù ▶～政治/官僚政治 guānliáo zhèngzhì
♦高級～|高级官吏 gāojí guānlì；高官 gāoguān

がんりょう【顔料】 颜料 yánliào (英 *colors; paints*)

かんれい【寒冷】 寒冷 hánlěng (英 *cold; chilliness*) ▶～前線/冷锋 lěngfēng ▶～地区 hánlěng dìqū ▶～前線が通過して冬型の気圧配置になった/冷锋过去，转为冬季型气压布局 lěngfēng guòqù, zhuǎnwéi dōngjìxíng qìyā bùjú

かんれい【慣例】 惯例 guànlì；成例 chénglì；成规 chéngguī (英 *a custom; a convention*) ▶～に従って/照例 zhàolì ▶～に背く/违例 wéilì ▶悪しき～は止めたほうがよろしい/应该废除不好的惯例 yīnggāi fèichú bù hǎo de guànlì ▶～を破る/打破成规 dǎpò chéngguī

かんれき【還暦】 花甲 huājiǎ (英 *one's sixtieth birthday*) ▶～を越す/年逾花甲 nián yú huājiǎ ▶～を祝う/庆祝六十大寿 qìngzhù liùshí dàshòu

かんれん【関連する】 关联 guānlián；相关 xiāngguān；联系 liánxì (英 *be related; be connected*) ▶～性がある/有关联 yǒu guānlián ▶～情報を紹介する/介绍有关信息 jièshào yǒuguān xìnxī ▶～団体からの圧力/相关团体的压力 xiāngguān tuántǐ de yālì ▶戦争と～のある研究/与战争相关的研究 yǔ zhànzhēng xiāngguān de yánjiū ▶選挙と～づけてその問題を論じる/联系选举讨论问题 liánxì xuǎnjǔ tǎolùn wèntí ▶～分野/相关领域 xiāngguān lǐngyù
♦～記事〈新聞〉|相关报道 xiāngguān bàodào

かんろく【貫禄】 威严 wēiyán；气派 qìpài (英 *weight; caliber; dignity*) ▶～がある/有威严 yǒu wēiyán ▶～だけでは勝てない/单凭威严不能压倒(对方) dān píng wēiyán bùnéng yādǎo (duìfāng) ▶昨年度優勝者の～を示して楽勝する/显示了去年冠军的气派，轻松获胜 xiǎnshìle qùnián guànjūn de qìpài, qīngsōng huòshèng

かんわ【緩和する】 缓和 huǎnhé；放宽 fàngkuān (英 *lighten; relieve*) ▶規制～/放宽限制 fàngkuān xiànzhì ▶高速道路の渋滞を～する/缓和高速公路的堵塞 huǎnhé gāosù gōnglù de dǔsè ▶東西の緊張～/祈盼着缓和东西方的紧张局势 qípànzhe huǎnhé dōngxīfāng de jǐnzhāng júshì ▶貿易摩擦を～する/缓和贸易摩擦 huǎnhé màoyì mócā
♦～ケア|缓和护理 huǎnhé hùlǐ

き

き【木】 ❶【樹木】树 shù (英 *a tree*) ▶～の根/树根 shùgēn ▶山に～が生える/山上长着树 shānshang zhǎngzhe shù ▶林の～を切る/采伐林子里的树 cǎifá línzili de shù ❷【木材】木头 mùtou (英 *wood*) ▶～の柱/木头柱子 mùtou zhùzi ▶～で小屋を建てる/用木头盖小房子 yòng mùtou gài xiǎofángzi

ことわざ 木で鼻をくくる 带搭不理 dài dā bù lǐ ▶～で鼻をくくったような返事をする/带搭不理地回答 dài dā bù lǐ de huídá

ことわざ 木に竹をつぐ 牛头不对马嘴 niútóu bú duì mǎzuǐ

[ことわざ] **木によって魚を求む**　缘木求鱼 yuán mù qiú yú
[ことわざ] **木を見て森を見ず**　只看局部不看全局 zhǐ kàn júbù bú kàn quánjú

き【気】 ❶[意識・精神] 精神 jīngshén; 意识 yìshi (英 spirit; mind) ▶～が遠くなるほどの税額だった/吓死人的高税额 xiàsǐ rén de gāoshuì'é ▶そんな～の弱いことでどうする/你这么懦弱可怎么办？nǐ zhème nuòruò kě zěnme bàn? ▶なんと～の強い女だ/真是个争强好胜的女人 zhēn shì ge zhēngqiáng hàoshèng de nǚrén
❷[感情・気持ち] (英 feelings) 感情 gǎnqíng; 感觉 gǎnjué; 心情 xīnqíng ▶あの人みたに～があるわね/他好像对你有意思啊 tā hǎoxiàng duì nǐ yǒu yìsi a ▶あの男に～を許してはだめだよ/对他可不能放松警惕啊 duì tā kě bùnéng fàngsōng jǐngtì a ▶～に障ったら謝るが, 実は…/如果得罪了您还请多包涵, 其实… rúguǒ dézuìle nín hái qǐng duō bāohan, qíshí…; 如果有失礼的地方非常抱歉, 其实… rúguǒ yǒu shīlǐ de dìfang fēicháng bàoqiàn, qíshí… ▶あいつの得意顔が～に食わん/他那副得意洋洋的样子看着别扭 tā nà fù déyì yángyáng de yàngzi kànzhe bièniu ▶迷惑をかけたから電話するのさえ～が引けるよ/因为给他添了麻烦, 连电话也不好意思打了 yīnwèi gěi tā tiānguo máfan, lián diànhuà yě bù hǎoyìsi dǎ le ▶いつまで独りでいるんだか, ～が揉めるねえ/到什么时候还是一个人, 真让人操心 dào shénme shíhou háishi yí ge rén, zhēn ràng rén cāoxīn ▶そう落胆するな. 万事この～の持ち方だ/不要那么灰心, 万事关键看你怎么想 búyào nàme huīxīn, wànshì guānjiàn kàn nǐ zěnme xiǎng ▶これでおまえも～が済んだだろう/这样你也就称心了吧 zhèyàng nǐ yě jiù chènxīn le ba
❸[心の働き] 心理 xīnlǐ; 心态 xīntài (英 heart; mind) ▶おまえ～は確かか. 日限まで２日しかないんだぞ/你没糊涂吧, 离限期可只有两天了 nǐ méi hútu ba, lí qīxiàn kě zhǐ yǒu liǎng tiān le ▶彼が～を利かせて届けてくれた/他机灵地给我送来了 tā jīling de gěi wǒ sòng lái le ▶～のせいか, 彼が輝いて見える/是不是心理作用啊, 他的形象很辉煌 shìbushì xīnlǐ zuòyòng a, tā de xíngxiàng hěn huīhuáng
❹[意図・意向] 意志 yìzhì; 意向 yìxiàng; 主意 zhǔyi (英 intention) ▶やる～があるのかないのか, はっきりしろ/到底想不想干, 拿个主意吧 dàodǐ xiǎngbuxiǎng gàn, ná ge zhǔyi ba ▶足の向くまま～の向くまま/信步而行 xìnbù ér xíng

～が合う　合得来 hédelái; 投合 tóuhé ▶～が合う仲間と旅に出る/跟合得来的伙伴一起去旅行 gēn hédelái de huǒbàn yìqǐ qù lǚxíng ▶君とは妙に～が合うね/不知为什么咱们挺合得来 bù zhī wèi shénme zánmen tǐng hédelái
～が大きい　大方 dàfang; 胆子大 dǎnzidà ▶飲むと～が大きくなる/喝了酒就大方起来了 hēle jiǔ jiù dàfangqǐlai le

～が変わる　改变主意 gǎibiàn zhǔyi ▶駅まで来たら～が変わった/来到车站又改变了主意 láidào chēzhàn yòu gǎibiànle zhǔyi
～が利く　[しゃれた] 别致 biézhi; 俏 qiào;[察しがよい] 机灵 jīling; 识趣 shíqù ▶～が利かない/傻 shǎ ▶～が利いたデザイン/独到的匠心 dúdào de jiàngxīn ▶私にまで土産？ ～利くじゃないか/还给我买了礼物？你可真够周到的 hái gěi wǒ mǎile lǐwù？nǐ kě zhēn gòu zhōudào de
～が狂う　疯 fēng ▶彼は雪山で～が狂った/他在雪山上发狂了 tā zài xuěshānshang fākuáng le
～が鎮まる　镇静 zhènjìng
～がする　觉悟 juéde; 感觉 gǎnjué ▶どうも雨が降りそうな～がする/看样子好像要下雨 kàn yàngzi hǎoxiàng yào xià yǔ
～が急(せ)く　着急 zháojí; 焦急 jiāojí ▶～が急くから余计に字が乱れた/因为着急写字得更乱了 yīnwèi zháojí zì xiě de gèng luàn le
～がつく　[意識がもどる] 苏醒 sūxǐng;[見つける・わかる] 发觉 fājué; 发现 fāxiàn ▶～がついた時には病院にいた/醒过来的时候已经被送到了医院 xǐngguòlai de shíhou yǐjing bèi sòngdàole yīyuàn ▶花の露に～がつく/发现花朵上的露水 fāxiàn huāduǒshang de lùshui
～が動転する　惊慌失措 jīnghuāng shīcuò; 失魂落魄 shī hún luò pò ▶事故を起こして～が動転した/出了事故惊慌失措 chūle shìgù jīnghuāng shīcuò
～がとがめる　内疚 nèijiù; 亏心 kuīxīn; 歉疚 qiànjiù ▶約束を破ったことでずっと～がとがめる/因为毁约一直感到内疚 yīnwèi huǐyuē yìzhí gǎndào nèijiù
～が抜ける　[意欲が] 走神儿 zǒushénr; 泄气 xièqì ▶中止と決まって～が抜けた/决定停办后就泄了气 juédìng tíngbàn hòu jiù xièle qì
～が抜ける　[ビールの] 走味儿 zǒuwèir ▶～の抜けたビール/走了气的啤酒 zǒule qì de píjiǔ
～が晴れる　畅快 chàngkuài; 心情舒畅 xīnqíng shūchàng ▶彼と語り合ううちに～が晴れてきた/跟他聊着聊着心情就舒畅了 gēn tā liáozhe liáozhe xīnqíng jiù shūchàng le
～が短い　毛躁 máozao; 性急 xìngjí ▶あの子は～が短いから心配だ/那个孩子性情毛躁, 让人担心 nàge háizi xìngqíng máozao, ràng rén dānxīn
～が滅入る　凉 liáng; 沉闷 chénmèn; 消沉 xiāochén ▶最近どうも彼は～が滅入っている/母亲去世使他心灰意懒 mǔqin qùshì shǐ tā xīn huī yì lǎn
～が緩む　松气 sōngqì; 大意 dàyi ▶試合が終わって～が緩んだ/比赛一结束就松劲儿了 bǐsài yì jiéshù jiù sōngjìnr le
～に入る　称心 chènxīn; 中意 zhòngyì ▶一目見て～に入った/一眼就看中了 yì yǎn jiù kànzhòng le
～に掛かる　担心 dānxīn; 挂念 guàniàn ▶別れ際の彼の言葉がどうしても～に掛かる/分手时他的话总让人牵挂 fēnshǒu shí tā de huà zǒng ràng

rén qiānguà
~にしない 无所谓 wúsuǒwèi; 不在乎 bú zàihu ▶私はべつに~にしていません/我并不在意 wǒ bìng bú zàiyì
~にする 介意 jièyì; 在乎 zàihu ▶~にするな、おまえのせいじゃないよ/别在意，不是你的责任 bié zàiyì, bú shì nǐ de zérèn
~にとめる 留心 liúxīn; 理会 lǐhuì
~に病む 发愁 fāchóu; 烦恼 fánnǎo; 焦虑 jiāolǜ ▶成績が下がったことを~に病む/因为成绩下降而发愁 yīnwèi chéngjì xiàjiàng ér fāchóu
~の置けない 没有隔阂的 méiyǒu géhé de; 平易近人 píngyì jìn rén; 无话不谈 wú huà bù tán ▶~の置けない仲間との議論は楽しいね/跟知心朋友议论真痛快 gēn zhīxīn péngyou yìlùn zhēn tòngkuài
~の小さい 胆子小 dǎzixiǎo; 小气 xiǎoqi ▶君も~の小さい男だね/你真是个小气鬼 nǐ zhēn shì ge xiǎoqiguǐ
~のない 冷淡 lěngdàn ▶~のない素振りをしながら、実は興味津々だった/表面上爱搭不理，实际上兴致勃勃 biǎomiàn shàng ài dā bù lǐ, shíjìshang xìngzhì bóbó ▶ふんっと、彼は~のない返事をした/"哼"，他冷漠地回答"Hēng"，tā lěngmò de huídá
~もそぞろ 心浮 xīnfú; 心神不定 xīnshén bú dìng ▶試験を控えて~もそぞろなんだ/临近考试情绪也不稳定了 línjìn kǎoshì qíngxù yě bù wěndìng le
~を失う 不省人事 bù xīng rénshì; 昏 hūn; 晕 yūn ▶ショックで~を失う/受到打击昏过去了 shòudào dǎjī hūnguòqu le
~を配る 照顾 zhàogù; 注意 zhùyì ▶みんなの体調に~を配る/照顾大家的身体健康 zhàogù dàjiā de shēntǐ jiànkāng
~を鎮める 定神 dìngshén ▶深呼吸して~を鎮める/做深呼吸让心情镇静 zuò shēnhūxī ràng xīnqíng zhènjìng
~を遣う 操心 cāoxīn; 费心 fèixīn ▶私は私で母に心配かけまいと~を遣った/我这边儿也是想方设法不让母亲操心 wǒ zhè biānr yě shì xiǎng fāng shè fǎ bú ràng mǔqīn cāoxīn ▶友人たちは僕を傷つけまいと~を遣っていた/朋友们为了不伤害我都费了苦心 péngyoumen wèile bù shānghài wǒ dōu fèile kǔxīn
~を付ける 注意 zhùyì; 小心 xiǎoxīn; 留神 liúshén ▶遅れないよう~を付ける/注意别迟到 zhùyì bié chídào ▶健康に~を付ける/注意健康 zhùyì jiànkāng ▶くれぐれも健康に~を付けるんだよ/千万要小心身体啊 qiānwàn yào xiǎoxīn shēntǐ a
~を抜く 放松 fàngsōng; 松懈 sōngxiè ▶工事は今が峠だ。~を抜くなよ/现在是工程的关键时刻，别松劲儿 xiànzài shì gōngchéng de guānjiàn shíkè, bié sōng jìnr
~を紛らす 排遣 páiqiǎn ▶苦しい時は歌を歌って~を紛らそう/痛苦的时候唱歌儿来排遣 tòngkǔ de shíhou chàng gēr lái páiqiǎn

~を回す 多心 duōxīn ▶君、それは~を回しすぎだよ/那是你太多心了 nà shì nǐ tài duōxīn le

き【奇】 奇特 qítè; 奇异 qíyì; 稀奇 xīqí (英 strangeness) ▶~をてらう/卖弄奇特 màinong qítè; 标新立异 biāo xīn lì yì ▶あまり~をてらうのはやめてくれ/别太标新立异了 bié tài biāo xīn lì yì le ▶事実は小説より~なりと言うよ/都说事实比小说更离奇 dōu shuō shìshí bǐ xiǎoshuō gèng líqí ▶私は~を好まない/我不喜欢卖弄奇特 wǒ bù xǐhuan màinong qítè

き【期】 期 qī; 时期 shíqī (英 a period; an age; [段階] a stage) ▶成長~/成长期 chéngzhǎngqī ▶(心も体も)君たちはいま成長~にある/你们正在成长时期 nǐmen zhèngzài chéngzhǎng shíqī ▶渡り鳥を~をたがえずにやってくる/候鸟不误时期地飞来 hòuniǎo bú wù shíqī de fēilái ▶役員を2~とつとめる/担任两届董事 dānrèn liǎng jiè dǒngshì

き【機】 时机 shíjī; 机会 jīhuì (英 an opportunity; a chance) ▶~に乗じる/乘机 chéngjī ▶~をうかがう/伺机 sìjī ▶離婚を~に母は大学に入り直した/以离婚为转机，母亲重新上了大学 yǐ líhūn wéi zhuǎnjī, mǔqīn chóngxīn shàngle dàxué

~が熟す 时机成熟 shíjī chéngshú ▶~が熟したと見て彼は行動に出た/他看到时机成熟就开始行动了 tā kàndào shíjī chéngshú jiù kāishǐ xíngdòng le

~をのがさず 抓住时期 zhuāzhù shíqī ▶この~をのがさず攻勢をかけよう/趁此机会发动攻击吧 chèn cǐ jīhuì fādòng gōngjī ba

~を見る ▶~を見て私から社長に話します/我找机会跟总经理说 wǒ zhǎo jīhuì gēn zǒngjīnglǐ shuō ▶彼は~を見るに敏である/他善于把握时机 tā shànyú bǎwò shíjī

ギア 齿轮 chǐlún; 排挡 páidǎng (英 gear) ▶~を入れる/挂挡 guà dǎng ▶~を切りかえる/换挡 huàndǎng ▶~をバックに入れる/挂倒挡 guà dàodǎng

きあい【気合】 气势 qìshì (英 a yell; a cry) ▶~を入れる/鼓劲儿 gǔ jìnr; 带劲儿 dài jìnr ▶我々は戦う前から~負けていた/比赛之前我们已经在气势上输给了对方 bǐsài zhīqián wǒmen yǐjing zài qìshìshang shūgěile duìfāng ▶あの選手は確かに~が入っていた/那位选手确实很带劲儿 nà wèi xuǎnshǒu quèshí hěn dàijìnr

きあつ【気圧】〔気象〕气压 qìyā (英 atmospheric pressure) ▶~計/气压表 qìyābiǎo ▶~が低い[高い]/气压低[高] qìyā dī[gāo] ▶冬型の~配置/冬季的气压布局 dōngjì de qìyā bùjú ▶~の谷が生じた/出现了低气压槽 chūxiànle dīqìyācáo

ぎあん【議案】 议案 yì'àn (英 a bill) ▶第3号~を審議する/审议第三号议案 shěnyì dìsān hào yì'àn ▶~を提出する/提交议案 tíjiāo yì'àn

きい【奇異な】 奇异 qíyì; 离奇 líqí (英 strange; queer; odd) ▶~に感じる/感到奇异 gǎndào

キー ▶突然の設計変更に私は～の念を抱いた/突然改变设计，我对此感到奇异 tūrán gǎibiàn shèjì, wǒ duì cǐ gǎndào qíyì

キー ❶【パソコン・鍵盤楽器などの】键 jiàn; 键盘 jiànpán (英 *a key*) ▶深夜に～をたたく/深夜打电脑 shēnyè dǎ diànnǎo ❷【かぎ】钥匙 yàoshi (英 *a key*) ▶～ホルダー/钥匙环儿 yàoshihuánr ▶～ワード/关键词 guānjiàncí ▶あの研究集団の～/那个研究团队的关键人物 nàge yánjiū tuánduì de guānjiàn rénwù

キーステーション 〈放送〉主台 zhǔtái (英 *a key station*)

きいたふう【利いた風な】(英 *saucy; impudent*) ▶若造が～な口をきくな/年轻人，别那么自命不凡 niánqīngrén, bié nàme zì mìng bù fán

キイチゴ【木苺】〈植物〉树莓 shùméi (英 *a raspberry*) ▶～を摘む/采树莓 cǎi shùméi

きいっぽん【生一本な】(英 *undiluted*) ▶～な性質/纯正 chúnzhèng ～な性質なので同僚になじめない/他生性耿直，跟同事合不来 tā shēngxìng gěngzhí, gēn tóngshì hébúlái

きいと【生糸】生丝 shēngsī; 蚕丝 cánsī (英 *raw silk*) ▶～を練る/练丝 liàn sī

キーパー〈ゴールキーパー〉守门员 shǒuményuán (英 *a (goal) keeper*)

キーパンチャー 穿孔员 chuānkǒngyuán (英 *a keypuncher*)

キーポイント 要点 yàodiǎn; 关键 guānjiàn (英 *a key point*)

キーボード 键盘 jiànpán (英 *a keyboard*) ▶～を見ないで打つ/不看键盘打电脑 bú kàn jiànpán dǎ diànnǎo ▶《楽器の》～を弾く/弹电子琴 tán diànzǐqín

きいろ【黄色】黄色 huángsè (英 *yellow (color)*) ▶信号が～に変わった/信号变成红黄色 xìnhào biànchéngle huángsè ▶女子高生が～い声で声援する/女高中生尖着嗓子声援 nǚgāozhōngshēng jiānzhe sǎngzi shēngyuán ▶嘴が～い/彼はまだ嘴が～い/他还乳臭未干 tā hái rǔxiù wèi gān

文化 '黄 huáng'（黄色）は'皇'と発音が同じなので皇帝の色とされ、めでたい色とされている。北京の故宮も屋根瓦は黄色を用いて地上を支配する皇帝のシンボルとしている。

日中比較 中国語の"黄色 huángsè"は「堕落した」「ポルノの」という意味の形容詞にもなる。▶黄色网站 huángsè wǎngzhàn/ポルノサイト

きいん【起因する】起因 qǐyīn (英 *originate; arise*) ▶今回の事故は設計ミスに～する/这次事故的起因是设计失误 zhè cì shìgù de qǐyīn shì shèjì shīwù

ぎいん【議員】议员 yìyuán (英 *a member of an assembly*) ▶市会に選ばれる/被选为市议会的议员 bèi xuǎnwéi shìhuì de yìyuán ▶立法で救済を決める/由议员提出法案决定救济 yóu yìyuán tíchū fǎ'àn juédìng jiùjì

きう【気宇】气宇 qìyǔ (英 *bighearted*) ▶長江を船で下ると～壮大になる/坐船游览长江令人心胸开阔 zuò chuán yóulǎn Chángjiāng lìng rén xīnxiōng kāikuò

キウイフルーツ〈植物〉猕猴桃 míhóutáo (英 *a kiwi fruit*)

きうん【気運】形势 xíngshì (英 *a tendency*) ▶～が高まる/形势高涨 xíngshì gāozhǎng ▶国民の間に倒閣の～が高まる/国民中倒阁的形势高涨 guómín zhōng dǎogé de xíngshì gāozhǎng

きうん【機運】时机 shíjī (英 *an opportunity; a chance*) ▶～に乗じる/应运 yìngyùn ▶球界再編の～が熟した/重组球界的时机成熟 chóngzǔ qiújiè de shíjī chéngshú

きえ【帰依する】皈依 guīyī (英 *be converted; become a believer*) ▶御仏に～する/皈依佛祖 guīyī fózǔ

きえい【気鋭の】富有锐气 fùyǒu ruìqì; 朝气勃勃 zhāoqì bóbó (英 *spirited; energetic*) ▶～の新人/新锐 xīnruì ▶彼ら～の新人に期待しよう/期待那些年富力强的新人吧 qīdài nàxiē niánfù lì qiáng de xīnrén ba

きえいる【消え入る】消失 xiāoshī (英 *fade; die away*) ▶彼女は～ような声でハイと言った/她用细微的声音应了一声 tā yòng xìwēi de shēngyīn yìngle yì shēng

きえうせる【消え失せる】消失 xiāoshī; 消亡 xiāowáng; 泯没 mǐnmò (英 *vanish*) ▶一村がそっくり消え失せていた/整个村子荡然无存 zhěnggè cūnzi dàngrán wú cún

きえさる【消え去る】消失 xiāoshī; 消散 xiāosàn; 消逝 xiāoshì (英 *fade away*) ▶私の情熱はいつの間にか消えさっていた/我的热情不知何时都消失了 wǒ de rèqíng bù zhī héshí dōu xiāoshī le

きえる【消える】❶【なくなる】消失 xiāoshī; 消除 xiāochú (英 *go out; vanish*) ▶姿が～/踪影不见了 zōngyǐng bú jiàn le ▶学校から彼の姿が消えた/学校里不见了他的身影 xuéxiàoli bú jiànle tā de shēnyǐng ▶においが～/味道消失了 wèidào xiāoshī le ▶タバコのにおいがいつまでも消えない/香烟的味道总也散不掉 xiāngyān de wèidao zǒng yě sànbudiào ▶不安が～/不安消除 bù'ān xiāochú ▶その一言で不安が消えた/那一句话就化解了担忧 nà yí jù huà jiù huàjiěle dānyōu

❷【火や明かりが】灭 miè; 熄 xī; 熄灭 xīmiè (英 *be extinguished*) ▶火事はほどなく消えた/火灾不久就平息了 huǒzāi bùjiǔ jiù píngxī le ▶先生を失って僕の心の灯が消えた/失去了老师也就失去了我心中的一盏明灯 shīqùle lǎoshī yě jiù shīqùle wǒ xīnzhōng de yì zhǎn míngdēng ▶窓の明かりが消えた/窗前的灯光熄灭了 chuāngqián de dēngguāng xīmiè le

きえん【気炎】气势 qìshì; 气焰 qìyàn (英 *big talk*) ▶～をあげる/气势高涨 qìshì gāozhàng; 气焰嚣张 qìyàn xiāozhāng ▶力もないのに怪

をあげる/没有实力还气焰嚣张 méiyǒu shílì hái qiyàn xiāozhāng；虚张声势 xū zhāng shēngshì

きえん【奇縁】 奇缘 qíyuán (英 *a strange chance*)

ぎえんきん【義捐金】 捐款 juānkuǎn (英 *a contribution; a subscription*) ▶被灾地への～を募る/给受灾地区捐款 gěi shòuzāi dìqū juānkuǎn

きおい【気負い】 勇猛 yǒngměng；气势 qìshì (英 *keenness; enthusiasm*) ▶～過ぎはつまずきのもとだぞ/勇猛过头就会摔跟头 yǒngměng guòtóu jiù huì shuāi gēntou ▶決勝戦でも彼に～は感じられない/虽说这是决赛，他却泰然自若 suīshuō zhè shì juésài, tā què tàirán zìruò

きおう【気負う】 抖擞精神 dǒusǒu jīngshen；振奋 zhènfèn (英 *become keen*) ▶そんなに～ことはない/用不着那么振奋 yòngbuzháo nàme zhènfèn

きおう【既往】 既往 jìwǎng (英 *past; bygone*)
♦～症〈病歴で〉病史 bìngshǐ

きおく【記憶する】 记忆 jìyì (英 *memory; recollection*) ▶～にない/不记得 bú jìde ▶～が定かでない/记得不很清楚 jìde bù hěn qīngchu ▶～の場に誰がいたか……が定かでない/谁在现场，我记不太清楚 shéi zài xiànchǎng, wǒ jì bú tài qīngchu ▶～に新しい/记忆犹新 jìyì yóu xīn ▶彼の活躍ぶりは今なお～に新しい/他生龙活虎的形象，至今还记忆犹新 tā shēng lóng huó hǔ de xíngxiàng, zhìjīn hái jìyì yóu xīn ▶～を失う/失去记忆 shīqù jìyì ▶確か雨が降っていたように～する/我记得当时大概下着雨 wǒ jìde dāngshí dàgài xiàzhe yǔ ▶彼女には一度会った～がある/我记得跟她见过一面 wǒ jìde gēn tā jiànguo yī miàn
♦～喪失 丧失记忆 sàngshī jìyì ～装置〈コンピュータの〉存储器 cúnchǔqì

きおくりょく【記憶力】 记性 jìxing；记忆力 jìyìlì (英 *a memory*) ▶～がいい[悪い]/记忆力强[弱] jìyìlì qiáng[ruò] ▶～が減退する/记忆力衰减 jìyìlì shuāijiǎn

きおくれ【気後れする】 畏缩 wèisuō；怯场 qièchǎng (英 *lose one's courage; feel timid*) ▶我々ははじめから～していた/我们一上场就怯阵了 wǒmen yí shàngchǎng jiù qièzhèn le

キオスク 〈駅の中の〉售货亭 shòuhuòtíng (英 *a kiosk*)

きおち【気落ちする】 泄气 xièqì；颓靡 tuímí；沮丧 jǔsàng；气馁 qìněi (英 *be discouraged; be depressed*) ▶3度も落選して私はすっかり～した/落选了三次，我彻底泄气了 luòxuǎnle sān cì, wǒ chèdǐ xièqì le

きおん【気温】 气温 qìwēn (英 *temperature*) ▶～が下がる/气温下降 qìwēn xiàjiàng ▶～が上がる/气温上升 qìwēn shàngshēng ▶～が低い[高い]/气温低[高] qìwēn dī[gāo] ▶急激に～が下がる/气温骤地下降 qìwēn měngde xiàjiàng ▶～が40度まで上がる/气温上升到四十度 qìwēn

shàngshēng dào sìshí dù ▶～を計る/测量气温 cèliáng qìwēn ▶最高[最低]～/最高[最低]气温 zuìgāo[zuìdī]qìwēn

ぎおん【擬音】 拟音 nǐyīn (英 *an imitation sound; [ラジオなどの] sound effects*) ▶～効果/拟声效果 nǐshēng xiàoguǒ
♦～語：象声词 xiàngshēngcí

きか【気化する】 汽化 qìhuà (英 *vaporize; gasify*) ▶～热/汽化热 qìhuà rè

きか【帰化する】 入籍 rùjí；归化 guīhuà (英 *become naturalized*) ▶～植物/归化植物 guīhuà zhíwù ▶日本に～する/加入日本国籍 jiārù Rìběn guójí ▶私は古代の～人の末裔かもしれない/我也许是古代从海外迁移到日本的民族后裔 wǒ yěxǔ shì gǔdài cóng hǎiwài qiānyí dào Rìběn de mínzú hòuyì

きか【幾何】 几何 jǐhé；几何学 jǐhéxué (英 *geometry*) ▶患者は～級数的に増えていった/患者呈几何级数增加 huànzhě chéng jǐhé jíshù zēngjiā ▶～模様/几何图形 jǐhé túxíng ▶～は苦手だ/我最怕几何 wǒ zuì pà jǐhé

きが【飢餓】 饥饿 jī'è (英 *hunger; starvation*) ▶～に苦しむ/苦于饥饿 kǔyú jī'è ▶人々は水不足に苦しみ～に苦しんでいた/人们苦于缺水和饥饿 rénmen kǔyú quēshuǐ hé jī'è

ぎが【戯画】 讽刺画 fěngcìhuà (英 *a caricature*) ▶劇は政治を～化していた/那部戏在讽刺政治 nà bù xì zài fěngcì zhèngzhì

きかい【奇怪な】 奇怪 qíguài；古怪 gǔguài；怪诞 guàidàn (英 *mysterious; weird*) ▶札が降ってくるとは～な話だ/天上下钞票，真是无稽之谈 tiānshang xià chāopiào, zhēn shì wújī zhī tán

きかい【器械】 器械 qìxiè (英 *apparatus*) ▶～体操/器械体操 qìxiè tǐcāo ▶光学～/光学仪器 guāngxué yíqì

きかい【機会】 机会 jīhuì (英 *an opportunity; a chance*) ▶～を探す/寻机 xúnjī；寻找机会 xúnzhǎo jīhuì ▶～がある[ない]/有[没有]机会 yǒu[méiyǒu] jīhuì ▶彼に発言の～を与える/给他发言的机会 gěi tā fāyán de jīhuì ▶こういう～は二度とないよ/这样的机会再也不会有了 zhèyàng de jīhuì zài yě bùhuì yǒu le ▶我々はこうして留学の～に恵まれた/就这样我们有幸获得了留学的机会 jiù zhèyàng wǒmen yǒuxìng huòdéle liúxué de jīhuì ▶教育の～均等/教育的机会平等 jiàoyù de jīhuì píngděng

きかい【機械】 机器 jīqì；机械 jīxiè (英 *a machine*) ▶～工学/机械工程学 jīxiè gōngchéngxué ▶農業は山間の村でも～化している/连山区农村也实现了农业机械化 lián shānqū nóngcūn yě shíxiànle nóngyè jīxièhuà ▶規則を～的に適用する/机械性地套用规则 jīxièxìng de tàoyòng guīzé

きがい【危害】 危害 wēihài (英 *an injury; harm*) ▶～を加える/加害 jiā hài ▶小学生に～を加えるとは何事だ/加害于小学生，太不像话了 jiāhài yú xiǎoxuésheng, tài búxiànghuà le

きがい【気概】 気概 qìgài; 骨气 gǔqì; 魄力 pòlì (英 spirit; backbone) ▶～に欠ける/缺乏气概 quēfá qìgài ▶彼は商社マンの～に欠ける/他缺乏商社员的骨气 tā quēfá shāngshèyuán de gǔqì ▶教育者を目指しているという～を持て/要想成为一名教育者，就要具备那种魄力 yào xiǎng chéngwéi yì míng jiàoyùzhě, jiùyào jùbèi nà zhǒng pòlì

ぎかい【議会】 议会 yìhuì (英 an assembly) ▶～政治/议会政治 yìhuì zhèngzhì ▶地方～/地方议会 dìfāng yìhuì ▶民衆が～を監視する/民众监督议会 mínzhòng jiāndū yìhuì

きがえ【着替え】 (英 a change of clothes) ▶～は二組しか持ってきていない/只带来两套替换的衣服 zhǐ dàilái liǎng tào tìhuàn de yīfu ▶彼女は子供の～で手がふさがっていた/她在给小孩儿换衣服，腾不开手 tā zài gěi xiǎoháir huàn yīfu, téngbukāi shǒu

きがえる【着替える】 换衣服 huàn yīfu (英 change clothes) ▶スーツを普段着に～/把西装换成便服 bǎ xīzhuāng huànchéng biànfú

きがかり【気掛かりな】 挂念 guàniàn; 牵挂 qiānguà; 惦念 diànniàn (英 worrisome) ▶彼の体調が～だった/挂念他的身体健康 guàniàn tā de shēntǐ jiànkāng

きかく【企画する】 计划 jìhuà; 规划 guīhuà; 筹划 chóuhuà (英 plan) ▶新製品開発の～を進める/筹划开发新产品 chóuhuà kāifā xīnchǎnpǐn ▶音楽会を～する/筹划音乐会 chóuhuà yīnyuèhuì ▶君に～部を束ねてもらおう/请你来掌管规划部 qǐng nǐ lái zhǎngguǎn guīhuàbù

きかく【規格】 规格 guīgé; 标准 biāozhǔn (英 a standard) ▶～化/标准化 biāozhǔnhuà ▶～に合う/合规格 hé guīgé ▶～外れの品/等外品 děngwàipǐn; 次品 cìpǐn ▶～品/正品 zhèngpǐn ▶人間まで～化しようというのかい/你是不是想把人也标准化？nǐ shìbushì xiǎng bǎ rén yě biāozhǔnhuà？

きがく【器楽】 〖音楽〗乐 qìyuè (英 instrumental music) ▶～合奏/器乐合奏 qìyuè hézòu

きかざる【着飾る】 打扮 dǎban; 装扮 zhuāngbàn; 妆饰 zhuāngshì (英 dress up) ▶娘たちが着飾って成人式に出席した/女孩儿们穿着盛装去参加成人节 nǚháirmen chuānzhe shèngzhuāng qù cānjiā chéngrénjié

きかす【利かす】 生效 shēngxiào (英 (調味料で) season) ▶胡椒(ニムヱ)を利かせた味付けが格別です/用胡椒来调味，别有一番风味 yòng hújiāo lái tiáowèi, bié yǒu yì fān fēngwèi ▶私は気を利かせてその場を離れた/我留了个心眼儿，离开了那里 wǒ liúle ge xīnyǎnr, líkāile nàli ▶業界では平野氏がにらみを利かせている/在这一行，平野先生很有权威 zài zhè yì háng, Píngyě xiānsheng hěn yǒu quánwēi

きかせる【聞かせる】 ❶〖しむける〗给…听 gěi…tīng (英 tell; let... know) ▶よく言って嘱咐 zhǔfù ▶元気な声をみんなに聞かせてやってくれよ/让大家听听你健壮的声音吧 ràng dàjiā tīngting nǐ jiànzhuàng de shēngyīn ba ❷〖聞き入らせる〗中听 zhòngtīng; 动听 dòngtīng (英 sing for...) ▶あの人の歌はほんと聞かせますね/那个人的歌声真动听 nàge rén de gēshēng zhēn dòngtīng

きがね【気兼ねする】 客气 kèqi; 拘束 jūshù; 顾虑 gùlǜ (英 feel constraint) ▶～しない/不客气 bú kèqi ▶～なく使って下さいよ/不用客气随便用吧 búyòng kèqi suíbiàn yòng ba ▶同僚に～して言い出せなかった/对同事感到顾虑，没说出口 duì tóngshì gǎndào gùlǜ, méi shuōchū kǒu

ギガバイト 〖電算〗千兆字节 qiānzhào zìjié (英 a gigabyte)

きがまえ【気構え】 精神准备 jīngshén zhǔnbèi (英 expectation; anticipation) ▶批判に対処する～ができていないのではないか/还没做好面对批判的精神准备吧 hái méi zuòhǎo miànduì pīpàn de jīngshén zhǔnbèi ba

きがる【気軽な】 轻松愉快 qīngsōng yúkuài; 爽快 shuǎngkuai; 随便 suíbiàn (英 lighthearted; cheerful) ▶～な身なりで来ればいいんだ/穿便服来就可以 chuān biànfú lái jiù kěyǐ ▶～で話しやすい人でした/是个可以轻松搭上话的人 shì ge kěyǐ qīngsōng dāshàng huà de rén ▶～に発言してくれよ/请随便发言 qǐng suíbiàn fāyán

きかん【気管】 气管 qìguǎn (英 the trachea; the windpipe) ▶～に飯粒が入る/饭粒儿卡在气管儿里 fànlìr kǎzài qìguǎnrli

きかん【奇観】 奇观 qíguān (英 a wonderful spectacle; a wonder) ▶この滝こそは天下の～というものだ/这条瀑布堪称天下奇观 zhè tiáo pùbù kānchēng tiānxià qíguān

きかん【季刊】 季刊 jìkān (英 quarterly) ▶～で同人誌を出す/发行同人季刊 fāxíng tóngrén jìkān

きかん【帰還する】 回归 huíguī; 返回 fǎnhuí (英 return) ▶宇宙から無事～する/从太空安全返回 cóng tàikōng ānquán fǎnhuí ▶死者の～を無言で迎えた/默默地迎回死者 mòmò de yínghuí sǐzhě

⚠日中比較 中国語の‘归还 guīhuán’は金銭やものを「持ち主に返還する」こと．

きかん【基幹】 骨干 gǔgàn; 基干 jīgàn (英 a nucleus; a mainstay) ▶～産業/骨干产业 gǔgàn chǎnyè

きかん【期間】 期间 qījiān; 期限 qīxiàn (英 a term; a period) ▶契約が満了する/合同期满 hétong qīmǎn ▶優待～を延長する/延长优惠期限 yáncháng yōuhuì qīxiàn

きかん【器官】 器官 qìguān (英 an organ) ▶消化～/消化器官 xiāohuà qìguān

きかん【機関】 ❶〖機械などの〗机器 jīqi (英 an engine; an engine) ▶内燃～/内燃机 nèiránjī ▶～士/机车司机 jīchē sījī ❷〖組織などの〗机关 jīguān; 机构 jīgòu (英 an agency; an *organ*) ▶～紙/机关报 jīguānbào; 机关刊物 jīguān kānwù ▶駅前には金融～が集中する/金融机关集中在车站前边 jīnróng jīguān jízhōng zài chēzhàn qiánbian

日中比較 中国語の'机关 jīguān'には「特定の働きを担う組織」という意味の他、「からくり」や「計略」という意味もある．

きがん【祈願する】　祈祷 qídǎo (英 *pray*) ▶合格への朝参り/早晨参拝，祈祷及格 zǎochen cānbài, qídǎo jígé ▶我が子の無事を～する/祈祷子女的平安 qídǎo zǐnǚ de píng'ān

ぎがん【義眼】　假眼 jiǎyǎn (英 *a false eye*) ▶私は左が～です/我的左眼是一只假眼 wǒ de zuǒyǎn shì yì zhī jiǎyǎn

きかんし【気管支】　支气管 zhīqìguǎn (英 *a bronchus*) ▶～炎/气管支炎 qìguǎnyán 参考'气管炎'は'妻管严 qī guǎn yán'とかけて「恐妻家」を表すこともある．▶～喘息の発作が起きる/支气管哮喘发作 zhīqìguǎn xiàochuǎn fāzuò

きかんし【季刊誌】　季刊 jìkān (英 *a quarterly*)

きかんしゃ【機関車】　车头 chētóu; 火车头 huǒchētóu; 机车 jīchē (英 *an engine; a locomotive*) ▶電気～/电机车头 diànqì jīchētóu ▶蒸気～/蒸汽机车 zhēngqì jīchē ▶あの人はかつて人間～と呼ばれていた/他曾经被人们誉为火车头 tā céngjīng bèi rénmen yùwéi huǒchētóu

きかんじゅう【機関銃】　机关枪 jīguānqiāng (英 *a machine gun*) ▶～を掃射する/用机关枪扫射 yòng jīguānqiāng sǎoshè

きき【危機】　危机 wēijī (英 *a crisis; a critical moment*)

～一髪　千钧一发 qiān jūn yí fà ▶～一髪の状態にある/处在千钧一发的关头 chǔzài qiān jūn yí fà de guāntóu

～が迫る　危在旦夕 wēi zài dànxī ▶財政崩壊の～が迫る/财政崩溃危在旦夕 cáizhèng bēngkuì wēi zài dànxī

～管理　风险防范 fēngxiǎn fángfàn ▶国家の～管理がなっていない/国家应对危机的功能失效 guójiā yìngduì wēijī de gōngnéng shīxiào

～に瀕する　危殆 wēidài; 危急 wēijí; 濒临危机 bīnlín wēijī ▶虎は絶滅の～に瀕している/老虎面临着灭绝的危机 lǎohǔ miànlínzhe mièjué de wēijī

～を脱する　脱险 tuōxiǎn; 脱离危机 tuōlí wēijī ▶当社は倒産の～を脱した/我们公司脱离了破产的危机 wǒmen gōngsī tuōlíle pòchǎn de wēijī

きき【鬼気】　阴气 yīnqì; 阴森森的气氛 yīnsēnsēn de qìfēn (英 *ghastliness*) ▶深夜の決闘シーン～迫るものがあった/深夜决斗的场面令人心惊肉跳 shēnyè juédòu de chǎngmiàn lìng rén xīn jīng ròu tiào

きき【機器】　器械 qìxiè; 器具 qìjù (英 *apparatus*) ▶OA～/办公室器具 bàngōngshì qìjù ▶医療～/医疗器械 yīliáo qìxiè

ぎぎ【疑義】　疑义 yíyì; 疑点 yídiǎn (英 *a doubt*) ▶ここで彼から～が出た/在此他提出疑义 zài cǐ tā tíchū yíyì ▶原案には～が多い/对原案有很多疑点 duì yuán'àn yǒu hěn duō yídiǎn

ききあきる【聞き飽きる】　听腻 tīngnì; 听厌 tīngyàn (英 *be tired of hearing*) ▶親父の愚痴も聞き飽きた/父亲的牢骚话都听腻了 fùqin de láosāohuà dōu tīngnì le

ききいる【聞き入る】　倾听 qīngtīng (英 *listen attentively*) ▶ラジオから流れる演奏に～/倾听着收音机播送的音乐 qīngtīngzhe shōuyīnjī bōsòng de yīnyuè

ききいれる【聞き入れる】　听从 tīngcóng; 答应 dāying (英 *comply with...; assent to...*) ▶私の頼みを彼は聞き入れてくれた/他答应了我的请求 tā dāyìngle wǒ de qǐngqiú

ききうで【利き腕】　好使的手 hǎoshǐ de shǒu (英 *one's stronger arm*) ▶あなたの～はどちらですか/你哪边儿的手好使？nǐ nǎ biānr de shǒu hǎoshǐ？

ききおとす【聞き落とす】　听漏 tīnglòu (英 *fail to hear*) ▶うっかり肝心の題名を聞き落とした/一时疏忽，把重要的标题听漏了 yìshí shūhu, bǎ zhòngyào de biāotí tīnglòu le

ききおぼえ【聞き覚え】　听过 tīngguo; 耳熟 ěrshú (英 *a memory of having heard before*) ▶～のある/耳熟 ěrshú ▶廊下から～のある声が伝わってきた/从走廊传来了一个熟悉的声音 cóng zǒuláng chuánláile yí ge shúxī de shēngyīn ▶その名前には～がある/这个名字我好像听过 zhège míngzi wǒ hǎoxiàng tīngguo

ききおぼえる【聞き覚える】　耳听心记 ěrtīng-xīnjì (英 *learn... by ear*) ▶その歌は子供の頃に聞き覚えた/那首歌我是在小时候学会的 nà shǒu gē wǒ shì zài xiǎoshíhou tīnghuì de

ききおよぶ【聞き及ぶ】　听到 tīngdào; 耳闻 ěrwén (英 *learn of...; know of...*) ▶結果はお聞き及びのとおりでして…/结果正如你所听到的… jiéguǒ zhèngrú nǐ suǒ tīngdào de…

ききかえす【聞き返す】　重问 chóngwèn; 反问 fǎnwèn; 反复听 fǎnfù tīng (英 *ask back*) ▶先方の名前を2度も3度も～/问了好几次对方的名字 wènle hǎojǐ cì duìfāng de míngzi ▶何度もテープを～/反复听了好几次录音 fǎnfù tīngle hǎojǐ cì lùyīn

ききがき【聞き書き】　笔录 bǐlù (英 *writing what one hears*) ▶震災体験者からの～を1冊の本にまとめる/笔录震灾体验者的口述，汇编成一本书 bǐlù zhènzāi tǐyànzhě de kǒushù, huìbiānchéng yì běn shū

ききかじる【聞きかじる】　一知半解 yì zhī bàn jiě (英 *learn a bit ...*) ▶聞きかじった知識を自慢げに話す/把道听途说的知识拿来自吹自擂 bǎ dào tīng tú shuō de zhīshi nálái zì chuī zì léi ▶私だって聞きかじっただけです/我也不过是一知半解 wǒ yě búguò shì yì zhī bàn jiě

ききぐるしい【聞き苦しい】　刺耳 cì'ěr; 难听 nántīng (英 *disagreeable to hear*) ▶ああいう自慢話は～/那种自我吹嘘听着别扭 nà zhǒng zìwǒ chuīxū tīngzhe biènìu ▶《(のどを痛めて)お～点はご容赦を願います/我声音难听，还请原谅 wǒ shēngyīn nántīng, hái qǐng yuánliàng

ききこみ【聞き込み】 查访 cháfǎng；探听 tàntīng (英) *gathering information*）▶～搜查/探听线索 tàntīng xiànsuǒ ▶～をして回る/巡回查访 xúnhuí cháfǎng ▶その事件について重要な～があった/关于那个事件有过重要的查访 guānyú nàge shìjiàn yǒuguò zhòngyào de cháfǎng

ききこむ【聞き込む】 探听 tàntīng (英) *get information*）▶事件について耳寄りな話を聞き込んだ/关于那个事件探听到了有价值的信息 guānyú nàge shìjiàn tàntīngdàole yǒu jiàzhí de xìnxī

ききざけ【利き酒】 品酒 pǐnjiǔ (英) *wine* 〔*sake*〕 *tasting*）

ききずて【聞き捨てにする】 听之任之 tīng zhī rèn zhī (英) *ignore; pay no attention*）▶何だと。その言いぐさは～ならないぞ/你说什么？这个说法可不能听之任之 nǐ shuō shénme? zhège shuōfǎ kě bùnéng tīng zhī rèn zhī

ききそこなう【聞き損なう】 **1**【聞き違い】听错 tīngcuò (英) *hear incorrectly*）▶「作家」を「サッカー」と～/把"作家"错听成"足球" bǎ "zuòjiā" cuòtīngchéng "zúqiú" **2**【聞き漏らす】没听到 méi tīngdào；听漏 tīnglòu (英) *fail to hear*）▶開催日時を～/没听到举办日程 méi tīngdào jǔbàn rìchéng

ききだす【聞き出す】 **1**【聞き始める】开始听 kāishǐ tīng (英) *start to listen*）▶彼らは途中から真剣に聞き出した/他从中间开始认真地听 tā cóng zhōngjiān kāishǐ rènzhēn de tīng **2**【言わせる】打听出 dǎtīngchū；探询 tànxún；探听 tàntīng (英) *find out*）▶彼からは何も聞き出せなかった/从他那儿什么也没问出来 cóng tā nàr shénme yě méi wènchūlai

ききちがえる【聞き違える】 听错 tīngcuò (英) *hear... wrong*）▶私は電話番号を聞き違えたばかりに、あなたに迷惑をかけた/我听错了电话号码，给你添了麻烦 wǒ tīngcuòle diànhuà hàomǎ, gěi nǐ tiānle máfan

ききつける【聞き付ける】 听到 tīngdào (英) *hear*; 〔うわさを〕 *happen to hear*）▶物音を～/听到响动 tīngdào xiǎngdong ▶評判を～/听到评价 tīngdào píngjià ▶怪しい物音を聞き付けた/听到奇怪的声音 tīngdào qíguài de shēngyīn ▶評判を聞き付けてさっそく売り込みに来た/听到风声，马上赶来兜售 tīngdào fēngshēng, mǎshàng gǎnlái dōushòu

ききづらい【聞きづらい】 **1**【聞いて不快】听着不舒服 tīngzhe bù shūfu (英) *be unpleasant to hear*）▶中傷話は～/造谣中伤听着不舒服 zàoyáo zhòngshāng tīngzhe bù shūfu **2**【質問しにくい】不好问 bù hǎo wèn (英) *hesitate to hear*）▶そんなこと、僕からは～/那种事我可不好问 nà zhǒng shì wǒ kě bù hǎo wèn **3**【不明瞭】难听 nántīng；声音不清楚 shēngyīn bù

qīngchu (英) *be difficult to hear*）▶電話が遠くて～んだ/电话的声音太小，听不清楚 diànhuà de shēngyīn tài xiǎo, tīngbuqīngchu

ききて【聞き手】 **1**【聞く側の人】听话人 tīnghuàrén；听众 tīngzhòng (英) *a hearer; a listener*; 〔聽衆〕 *an audience*）▶今日は私は～に回ります/今天我来当听众 jīntiān wǒ lái dāng tīngzhòng **2**【鑑賞能力が高い人】擅长鉴赏的人 shàncháng jiànshǎng de rén (英) *an appreciator*）▶君もなかなかの～だね/你还真是个知音 nǐ hái zhēn shì ge zhīyīn

ききとがめる【聞き咎める】 责问 zéwèn (英) *find fault with...*）▶彼がふと私の独り言を聞き答めた/我在自言自语，他却突然责问起来 wǒ zài zì yán zì yǔ, tā què tūrán zéwènqǐlai

ききとどける【聞き届ける】 答应 dāying；接受 jiēshòu (英) *grant*）▶どうかみんなの願いをお聞き届け下さい/请您尽量答应大家的请求 qǐng nín jǐnliàng dāying dàjiā de qǐngqiú

ききとり【聞き取り】 听写 tīngxiě (英) *hearing*）▶～の試験/听写考试 tīngxiě kǎoshì；听力考试 tīnglì kǎoshì

ききとる【聞き取る】 听懂 tīngdǒng；听清楚 tīngqīngchu (英) *catch*）▶あの人の英語を聞き取れますか/你听得懂他的英语吗？nǐ tīng de dǒng tā de Yīngyǔ ma?

ききなおす【聞き直す】 再听一遍 zài tīng yí biàn (英) *ask... again*）▶もう一度録音を～/再听一遍录音 zài tīng yí biàn lùyīn ▶質問の趣旨を～/重新确认提问的宗旨 chóngxīn quèrèn tíwèn de zōngzhǐ

ききながす【聞き流す】 听而不闻 tīng ér bù wén；当耳边风 dàng ěrbiānfēng (英) *let... pass*）▶彼らの懸命の訴えを、私はほんやり聞き流していた/他们拼命地诉说，我却心不在焉地当成了耳边风 tāmen pīnmìng de sùshuō, wǒ què xīn bù zài yān de dàngchéngle ěrbiānfēng

ききなれる【聞き慣れる】 耳熟 ěrshú (英) *get accustomed to hear*）▶聞き慣れた彼の足音が近付いてきた/那熟悉的脚步声越走越近 nà shúxī de jiǎobùshēng yuè zǒu yuè jìn

ききにくい【聞きにくい】 **1**【聞き苦しい】难听 nántīng (英) *be hard to hear*）▶録音が悪くて～/录音(的音质)不好，听不清楚 lùyīn(de yīnzhì)bù hǎo, tīngbuqīngchu **2**【たずねにくい】不好意思问 bù hǎoyìsi wèn (英) *hesitate to hear*）▶～ことを聞くが、なぜ別れたんだ/不好意思打听一下，你们为什么分手的？bù hǎoyìsi dǎting yíxià, nǐmen wèi shénme fēnshǒu de?

ききほれる【聞き惚れる】 听得入神 tīng de rùshén (英) *be lost in music*）▶窓の外でその歌声に聞き惚れていた/在窗外听那个歌声，听得入了迷 zài chuāngwài tīng nàge gēshēng, tīng de rùle mí

ききみみ【聞き耳】 ～を立てる 侧耳 cè'ěr ▶ドア越しに二人の話に～を立てていた/隔着门侧耳偷听两个人的谈话

gézhe mén cè'ěr tōutīng liǎng ge rén de tánhuà

ききめ【効き目】 効力 xiàolì; 效验 xiàoyàn (㊥ *effect; efficacy*) ▶～がある/有效 yǒuxiào; 灵验 língyàn ▶～がない/不灵 bù líng ▶その療法は～があるのかね/那种治疗方法有效吗? nà zhǒng zhìliáo fāngfǎ yǒuxiào ma? ▶あの薬には～がない/那个药不管用 nàge yào bù guǎnyòng ▶《薬の》～が早い[遅い]/药效快[药效慢] yàoxiào kuài[yàoxiào màn]

ききもらす【聞き漏らす】 听漏 tīnglòu; 没听到 méi tīngdào (㊥ *fail to hear; miss*) ▶しまった. 大事なことを聞き漏らした/糟糕, 我把重要的事情听漏了 zāogāo, wǒ bǎ zhòngyào de shìqing tīnglòu le

ききゃく【棄却する】 驳回 bóhuí (㊥ *turn down; dismiss*) ▶控訴が～される/控诉被驳回 kòngsù bèi bóhuí ▶控訴を～して下級裁判所に差し戻す/驳回控诉, 退还给下级法院审理 bóhuí kòngsù, tuìhuán gěi xiàjí fǎyuàn shěnlǐ

ききゅう【危急】 危急 wēijí (㊥ *an emergency; a crisis*) ▶～存亡/危亡 wēiwáng ▶我が社の～存亡の時だ/现在是我们公司生死存亡的关头 xiànzài shì wǒmen gōngsī shēngsǐ cúnwáng de guāntóu ▶私は役所に駆け付け～を告げた/我赶到机关告急 wǒ gǎndào jīguān gàojí

ききゅう【気球】 气球 qìqiú (㊥ *a balloon*) ▶熱～/热气球 rèqìqiú ▶～で空を飛ぶ/乘坐热气球在空中飘游 chéngzuò rèqìqiú zài kōngzhōng piāo yóu ▶～を揚げる/放气球 fàng qìqiú

ききゅう【帰休】 下岗 xiàgǎng (㊥ *homecoming*) ▶正職員の一時～を実施する/正式员工实施临时下岗 zhèngshì yuángōng shíshí línshí xiàgǎng

ききょ【起居】 起居 qǐjū; 日常生活 rìcháng shēnghuó (㊥ *one's daily life*) ▶彼とは3年間～を共にした/跟他一起生活过三年 gēn tā yìqǐ shēnghuóguo sān nián ▶後遺症は日常の～に障るほどではない/后遗症不至于妨碍日常生活 hòuyízhèng bú zhìyú fáng'ài rìcháng shēnghuó

ききょう【帰郷する】 回老家 huí lǎojiā; 回乡 huíxiāng (㊥ *come home*) ▶毎年～し旧友に会う/每年回家乡跟老朋友见面 měinián huí lǎoxiāng gēn lǎopéngyou jiànmiàn

キキョウ【桔梗】 【植物】桔梗 jiégěng (㊥ *a Chinese bellflower*)

きぎょう【企業】 企业 qǐyè (㊥ *a company; a firm; a corporation*) ▶大～/大企业 dàqǐyè ▶中小～/中小企业 zhōngxiǎo qǐyè ▶零細～の町工場/属于零星企业的街道工厂 shǔyú língxīng qǐyè de jiēdào gōngchǎng ▶国营～の破綻が目立つ/国有企业的破产随处可见 guóyǒu qǐyè de pòchǎn suí chù kě jiàn ▶それは～秘密です/那是企业机密 nà shì qǐyè jīmì

きぎょう【起業】 自创企业 zìchuàng qǐyè; 创业 chuàngyè (㊥ *opening a business*) ▶～家/创业家 chuàngyèjiā ▶IT～家への期待と不安/对IT创业家的期待与不安 duì IT chuàngyèjiā jiā de qīdài yǔ bù'ān

ぎきょう【義侠】 侠义 xiáyì; 仗义 zhàngyì (㊥ *chivalry*) ▶～心/义气 yìqì ▶あいつは～心に富む男だ/他是一个仗义的男子汉 tā shì yí ge zhàngyì de nánzǐhàn

ぎきょうだい【義兄弟】 把兄弟 bǎxiōngdì; 盟兄弟 méngxiōngdì (㊥ *a brother-in-law*) ▶～となる/拜把子 bài bǎzi ▶杯を交わして～となる/交杯拜把兄弟 jiāobēi bài bǎi bài xiōngdì

ぎきょく【戯曲】 剧本 jùběn; 戏剧 xìjù (㊥ *a play; a drama*) ▶昨年は～を3本書いた/去年写了三个剧本 qùnián xiěle sān ge jùběn
[日中比較] 中国語の'戏曲 xìqǔ'は京劇など伝統形式の芝居をいう

ききわけ【聞き分け】 (㊥ *recognition*) ▶～がよい/懂事 dǒngshì; 听话儿 tīnghuàr; 乖 guāi ▶～が悪い/不懂事 bù dǒngshì ▶おまえはほんとに～がよい子だね/你真是个懂事的孩子 nǐ zhēn shì ge dǒngshì de háizi

ききわける【聞き分ける】 听出来 tīngchūlai; 分辨出来 fēnbiànchūlai (㊥ *understand; tell... by hearing*) ▶足音で父と兄とを～/从脚步声能听出来是爸爸还是哥哥 cóng jiǎobùshēng néng tīng chūlái shì bàba háishi gēge

ききん【基金】 基金 jījīn (㊥ *a fund; a foundation*) ▶国際交流～/国际交流基金 guójì jiāoliú jījīn ▶新たに奨学～を開設する/新创办奖学基金 xīn chuàngbàn jiǎngxué jījīn

ききん【飢饉】 灾荒 zāihuāng; 饥荒 jīhuang; 饥馑 jījǐn (㊥ *a famine*) ▶～の年/荒年 huāngnián ▶～に見舞われる/闹饥荒 nào jīhuang ▶私はあの～の年に生まれた/我是闹饥荒那年出生的 wǒ shì nào jīhuang nà nián chūshēng de ▶あの年は全土が～に見舞われた/那年全国都闹饥荒 nà nián quánguó dōu nào jīhuang

ききんぞく【貴金属】 贵金属 guìjīnshǔ (㊥ *precious metals*)

きく【利く】 有效 yǒuxiào (㊥ *have effect; work*) ▶顔が～/有影响 yǒu yǐngxiǎng ▶がんばりが～/能坚持 néng jiānchí ▶あの人は政界で顔が～/那个人在政界有影响 nàge rén zài zhèngjiè yǒu yǐngxiǎng ▶私は普段鍛えているから無理が～/我平常锻炼身体所以经得起折腾 wǒ píngcháng duànliàn shēntǐ suǒyǐ jīngdeqǐ zhēteng ▶ブレーキが利かなかった/制动器失灵了 zhìdòngqì shīlíng le ▶もうお前とは口を利かない/我再也不理你了 wǒ zài yě bù lǐ nǐ le ▶なかなか気の利いた答えが返ってきた/回答得很妙 huídáde hěn miào

きく【効く】 见效 jiànxiào; 奏效 zòuxiào (㊥ *work*) ▶この薬草は神経痛に～そうだ/据说这种草药对神经痛有疗效 jùshuō zhè zhǒng cǎoyào duì shénjīng tòng yǒu liáoxiào ▶冷酒はあとになって効いてくる/冷酒喝完以后会上头 lěngjiǔ hēwán yǐhòu huì shàngtou ▶パンチの効いた宣伝文句/简洁有力的宣传词句 jiǎnjié yǒulì de xuānchuán cíjù ▶君の強烈な一言が効いたね/你

きく【聞く・聴く】 听 tīng; 问 wèn; 听从 tīngcóng 〈英 *hear; listen to...;*［問う］*ask*〉▶〜に堪えない/刺耳 cì'ěr ▶話を〜/听说话 tīng shuōhuà ▶音楽を〜/听音乐 tīng yīnyuè ▶道を〜/问路 wèn lù ▶あんなでたらめな演説は〜に堪えない/那个演说全是胡说八道，没法儿听 nàge yǎnshuō quán shì hú shuō bā dào, méi fǎ tīng ▶人の話を素直に〜/诚恳地听别人的意见 chéngkěn de tīng biéren de yìjiàn ▶〜ところによれば…だそうだ/听说… tīngshuō… ▶一生の頼みだ．聞いてくれ/只求这一回，请您关照 zhǐ qiú zhè yì huí, qǐng nín guānzhào ▶聞いて極楽聞て地獄/看景不如听景 kàn jǐng bùrú tīng jǐng; 耳听为虚，眼见为实 ěr tīng wéi xū, yǎn jiàn wéi shí ▶一時の恥，聞かぬは一生の恥/求教是一时之耻，不问乃终生之羞 qiújiào shì yìshí zhī chǐ, bú wèn nǎi zhōngshēng zhī xiū

キク【菊】〔植物〕菊花 júhuā 〈英 *a chrysanthemum*〉▶〜人形/用菊花做的偶人 yòng júhuā zuò de ǒurén ▶〜作り農家/种菊花的农家 zhòng júhuā de nóngjiā ▶〜日和/菊花飘香的秋日 júhuā piāoxiāng de qiūrì

きぐ【危惧する】 顾虑 gùlǜ 〈英 *fear*〉▶あの子に任せてよいのかと〜の念を覚えた/是否可以托付给那个孩子，我有些顾虑 shìfǒu kěyǐ tuōfù gěi nàge háizi, wǒ yǒuxiē gùlǜ ▶君が〜するのも無理はない/你的顾虑也有道理 nǐ de gùlǜ yě yǒu dàoli

きぐ【器具】 仪器 yíqì; 器械 qìxiè; 器具 qìjù 〈英 *a utensil; a tool; an implement*〉▶電気〜/电器 diànqì

きぐう【奇遇】 奇遇 qíyù 〈英 *an unexpected meeting*〉▶旅先で出会うなんて全く〜ですね/在旅行时见面真是奇遇 zài lǚxíng shí jiànmiàn zhēn shì qíyù

ぎくしゃくした 不自然 bú zìrán; 不顺 bú shùn 〈英 *jerky*〉▶息子の家出以来、夫婦の間が〜している/自从儿子离家出走，夫妻之间出现了龃龉 zìcóng érzi lí jiā chūzǒu, fūqī zhījiān chūxiànle wòchuò

きくずれ【着崩れする】 走样儿 zǒuyàngr 〈英 *be worn out of shape*〉▶私の着付けなら〜しません/我帮你穿上的和服不会走样儿 wǒ bāng nǐ chuānshàng de héfú búhuì zǒu yàngr

きくばり【気配りする】 照料 zhàoliào; 周到 zhōudào 〈英 *be attentive*〉▶彼はどうも〜が足りないな/他实在是照顾不周啊 tā shízài shì zhàogù bùzhōu a ▶高齢者への〜を欠いては駄目だよ/对老年人照顾不周可不行 duì lǎoniánrén zhàogù bùzhōu kě bù xíng

きぐらい【気位】 气派 qìpài; 架子 jiàzi 〈英 *pride*〉▶〜が高い/派头大 pàitóu dà ▶あの娘は〜が高いから敬遠されるんだ/那位小姐架子太大，所以大家都敬而远之 nà wèi xiǎojiě jiàzi tài dà, suǒyǐ dàjiā dōu jìng ér yuǎn zhī

キクラゲ【木耳】〈きのこ〉木耳 mù'ěr; 黑木耳 hēimù'ěr 〈英 *a Jew's-ear*〉

ぎくりとする 吃一惊 chī yì jīng 〈英 *start*〉▶突然に指名されて〜となった/突然被点名，吃了一惊 tūrán bèi diǎnmíng, chīle yì jīng

きぐるみ【着ぐるみ】（人穿着扮演的）玩偶套装 (rén chuānzhe bànyǎn de) wán'ǒu tàozhuāng 〈英 *costume*〉▶猫の〜が登場して踊る/穿着猫的套装的人登台跳舞 chuānzhuó māo de tàozhuāng de rén dēngtái tiàowǔ

きぐろう【気苦労する】 操心 cāoxīn; 劳神 láoshén 〈英 *have a lot of worries*〉▶〜が絶えない/操心事不断 cāoxīnshì búduàn ▶私は家でも〜が絶えなかった/就是在家，我也是操心 jiùshì zàijiā, wǒ yě shì cāoxīn

きけい【奇形】 畸形 jīxíng 〈英 *malformation*〉▶機器の発達が人の精神を〜にしつつある/机械的发达使人的精神渐渐扭曲 jīxiè de fādá shǐ rén de jīngshén jiànjiàn niǔqū

きけい【奇計】 巧计 qiǎojì 〈英 *a clever plan*〉▶〜を案じて敵の度肝を抜く/设妙计让敌人丧胆 shè miàojì ràng dírén sàngdǎn

きけい【詭計】 诡计 guǐjì 〈英 *a trick*〉▶いくら〜を弄しても私はだまされないよ/不管你玩弄什么诡计我都不会上当 bùguǎn nǐ wánnòng shénme guǐjì wǒ dōu búhuì shàngdàng

ぎけい【義兄】〔姉の夫〕姐夫 jiěfu;《妻の兄》内兄 nèixiōng;《夫の兄》大伯子 dàbǎizi 〈英 *a brother-in-law*〉

ぎげい【技芸】 技艺 jìyì; 手艺 shǒuyì 〈英 *arts and crafts*〉

きげき【喜劇】 喜剧 xǐjù; 滑稽剧 huájījù; 笑剧 xiàojù 〈英 *a comedy*〉▶〜映画/滑稽片 huájīpiàn ▶〜俳優/喜剧演员 xǐjù yǎnyuán ▶〜的な/喜剧般的 xǐjù bān de ▶両者の深刻な対立が〜的な結末で終わった/双方严重的对立却以喜剧而告终 shuāngfāng yánzhòng de duìlì què yǐ xǐjù ér gàozhōng

きけつ【帰結する】 归结 guījié; 结果 jiéguǒ 〈英 *conclude*〉▶今回の破産は放漫経営の当然の〜だ/这次破产是无序经营的必然结果 zhè cì pòchǎn shì wúxù jīngyíng de bìrán jiéguǒ

きけつ【既決】 既定 jìdìng 〈英 *decided; settled*〉▶書類を未決函から〜函に移す/文件已经从未定的盒子转到既定的盒子里 wénjiàn yǐjing cóng wèidìng de hézi zhuǎndào jìdìng de hézi li ◆〜囚/既决犯 jìjuéfàn

ぎけつ【議決】 表决 biǎojué; 议定 yìdìng 〈英 *a decision*〉▶まだ〜していない/尚未通过决议 shàngwèi tōngguò juéyì ◆〜権 ▶〜権を行使する/行使表决权 xíngshǐ biǎojuéquán

きけん【危険】 危险 wēixiǎn; 险恶 xiǎn'è; 风险 fēngxiǎn 〈英 *dangerous; risky*〉▶〜を脱する/脱险 tuōxiǎn ▶〜を冒す/冒险 màoxiǎn ▶〜な関係/危险的关系 wēixiǎn de guānxi ▶〜集団/风险集团 fēngxiǎn jítuán ▶父の病気は〜

な状態を脱してはいない/父亲的病情还没有脱险 fùqīn de bìngqíng hái méiyǒu tuōxiǎn ▶～を冒して救出に向かう/冒险前去营救 màoxiǎn qián-qù yíngjiù ▶癌を誘発する～がある/有引发癌症的危险 yǒu yǐnfā áizhèng de wēixiǎn ▶住民は噴火の～にさらされている/居民蒙受到火山爆发的危险 jūmín méngshòudào huǒshān bàofā de wēixiǎn

きけん【棄権する】 弃权 qìquán（㊀ [競技の] *withdraw*; [投票の] *abstain from voting*）▶選挙を～/(选举)弃权 (xuǎnjǔ) qìquán ▶競技途中で～する/在比赛中弃权 zài bǐsài zhōng qìquán ▶～を防止を呼びかける/呼吁不要弃权 hūyù búyào qìquán

きげん【紀元】 纪元 jìyuán（㊀ *an era*; *an epoch*）▶～前/公元前 gōngyuánqián ▶西暦～/公元 gōngyuán ▶まさしく新～を画す発明だ/真是一个划时纪的发明 zhēn shì yí ge huà shíjì de fāmíng

きげん【起源】 起源 qǐyuán（㊀ *the origin*; *the beginning*）▶生命の～を探る/探索生命的起源 tànsuǒ shēngmìng de qǐyuán ▶稲作の～はどこにあるか/水稻的发源地在哪儿？shuǐdào de fāyuándì zài nǎr?

きげん【期限】 期限 qīxiàn; 限期 xiànqī（㊀ *a term*; *a period*; *time*）▶有効～/有效期限 yǒuxiào qīxiàn ▶来年1月で有効～が切れる/有效期限到明年一月为止 yǒuxiào qīxiàn dào míngnián yī yuè wéizhǐ ▶～が来る/到期 dàoqī ▶もうすぐ納入～が来る/进货期限快到了 jìnhuò qīxiàn kuài dào le ▶～を延ばす/宽限 kuānxiàn; 延长期限 yáncháng qīxiàn ▶原稿の～を延ばして下さい/请延缓交稿的期限 qǐng yánhuǎn jiāo gǎo de qīxiàn ▶～を過ぎる/过期 guòqī ▶～を過ぎると受け付けません/过期不予接受 guòqī bùyǔ jiēshòu ▶賞味～/保质期 bǎozhíqī

きげん【機嫌】 情绪 qíngxù（㊀ *a humor*; *a mood*）▶～がいい/情绪好 qíngxù hǎo ▶～を伺う/问候 wènhòu ▶社长の御～を伺う/问候总经理 wènhòu zǒngjīnglǐ ▶～を取る/讨好 tǎohǎo; 哄 hōng ▶せっせと課長の～を取る/一个劲儿地讨好科长 yí ge jìnr de tǎohǎo kēzhǎng ▶～を損なう/得罪 dézuì; 冲犯 chōngfàn ▶先生の～を損なう/得罪老师 dézuì lǎoshī ▶弟は朝から～が悪い/弟弟从早上情绪就不好 dìdi cóng zǎoshang qíngxù jiù bù hǎo ▶頼むから～を直してくれよ/求求你，高兴一点儿 qiúqiu nǐ, gāoxìng yìdiǎnr

きご【季語】 季语 jìyǔ（㊀ *a season word in haiku*）▶俳句には～が不可欠だ/俳句里少不了季语(表示季节的词语) páijùlǐ shǎobuliǎo jìyǔ (biǎoshì jìjié de cíyǔ)

きこう【気孔】 气孔 qìkǒng; 气门 qìmén（㊀ *a pore*（植物の）; *a stigma*（動物の））

きこう【気功】 气功 qìgōng（㊀ *qigong*）▶私は北京で～を学んだ/我在北京学过气功 wǒ zài Běijīng xuéguo qìgōng ▶～はダイエットに効きますよ/气功能减肥 qìgōng néng jiǎnféi

きこう【気候】 气候 qìhòu; 天气 tiānqì（㊀ *a climate*; *the weather*）▶～のよい[悪い]/天气好[坏] tiānqì hǎo[huài] ▶～が不順だ/气候反常 qìhòu fǎncháng ▶このあたりは～に恵まれている/这一带风调雨顺 zhè yídài fēng tiáo yǔ shùn ▶冬は～が厳しい/冬季气候恶劣 dōngjì qìhòu èliè ▶海洋性～/海洋性气候 hǎiyángxìng qìhòu

きこう【奇行】 奇特的行为 qítè de xíngwéi（㊀ *eccentric conduct*）▶あれは～の多い男でね/他是个形迹古怪的人 tā shì ge xíngjì gǔguài de rén

きこう【紀行】 游记 yóujì（㊀ *an account of a journey*）▶あの人は～文の名手だ/他是位擅长游记的名家 tā shì wèi shàncháng yóujì de míngjiā ▶～文学/纪行文学 jìxíng wénxué

きこう【帰航する】 返航 fǎnháng（㊀ *make a homeward voyage*）▶小麦を積み込んで～の途についた/装载小麦返航 zhuāngzài xiǎomài fǎnháng

きこう【帰港する】 返回港口 fǎnhuí gǎngkǒu（㊀ *come back to port*）▶台風で～が遅れている/受台风影响返回港口的时间推迟了 shòu táifēng yǐngxiǎng fǎnhuí gǎngkǒu de shíjiān tuīchí le

きこう【起工する】 动工 dònggōng; 开工 kāigōng（㊀ *break ground*）▶本社ビルは近々～する/公司大厦近期动工 gōngsī dàshà jìnqī dònggōng ▶9時から～式を行う/从九点开始举行开工典礼 cóng jiǔ diǎn kāishǐ jǔxíng kāigōng diǎnlǐ

きこう【起稿する】 起稿 qǐgǎo（㊀ *begin to start*）▶今日新しい長篇を～したところなんだ/今天开始创作新的长篇小说 jīntiān kāishǐ chuàngzuò xīn de chángpiān xiǎoshuō

きこう【寄港する】 停靠港口 tíngkào gǎngkǒu（㊀ *call at...*）▶練習船は明日にも横浜に～予定である/训练船只预定明天停靠横浜 xùnliàn chuánzhī yùdìng míngtiān tíngkào Héngbīn

きこう【寄稿する】 投稿 tóugǎo（㊀ *contribute*）▶彼は時折日日新聞に～している/他有时给日报投稿 tā yǒushí gěi rìbào tóugǎo ▶先生に～を依頼する/请老师投稿 qǐng lǎoshī tóugǎo

きこう【機構】 机构 jīgòu（㊀ *a system*; *a structure*）▶流通～を整備する/整顿物流机构 zhěngdùn wùliú jīgòu ▶行政～の改革はどうなってるんだ/行政机构的改革何去何从？xíngzhèng jīgòu de gǎigé hé qù hé cóng?

きごう【記号】 记号 jìhào; 符号 fúhào（㊀ *a mark*; *a sign*）▶さまざまな注意事項が～化されている/各种注意事项都被符号化了 gè zhǒng zhùyì shìxiàng dōu bèi fúhàohuà le

◆～論/符号学 fúhào xué ～論理学/符号逻辑学 fúhào luójíxué

きごう【揮毫】 挥毫 huīháo（㊀ *write*）▶あの絵は蕪村の～したものだ/那幅画儿是芜村的亲笔真迹 nà fú huàr shì Wúcūn de qīnbǐ zhēnjì ▶あの寺には白隠の～が残っている/那座寺庙里

ぎこう【技巧】 技巧 jìqiǎo；手法 shǒufǎ (英 art; technique) ▶彼はリーグ随一の〜派投手だ/他是联赛队里首屈一指的技巧型投手 tā shì liánsàiqùli shǒu qū yī zhǐ de jìqiǎoxíng tóushǒu ▶人は力が落ちると〜を弄するようになる/人到了力量衰弱的时候就会玩弄技巧 rén dàole lìliang shuāiruò de shíhou jiù huì wánnòng jìqiǎo

きこうし【貴公子】 (英 a young aristrcrat) ▶あの人はかつては政界の〜と呼ばれていた/他曾经被称为政界的贵公子 tā céngjīng bèi chēngwéi zhèngjiè de guìgōngzǐ

きこうぼん【稀覯本】 珍本 zhēnběn (英 a rare book)

きこえ【聞こえ】 ❶ 【聞こえる】(英 sound) ▶〜がよい/中听 zhōngtīng ▶このラジオはなかなか〜がよい/这个收音机的音质相当好 zhège shōuyīnjī de yīnzhì xiāngdāng hǎo ❷ 【評判】名声 míngshēng (英 reputation) ▶〜がよい/名声很好 míngshēng hěn hǎo ▶社長と言えば〜はよいが実は…/总经理听起来像那么回事, 实际上… zǒngjīnglǐ tīngqǐlai xiàng nàme huí shì, shíjìshang… ▶大木氏は人格者の〜が高い/大木先生人格高尚, 口碑很好 Dàmù xiānsheng réngé gāoshàng, kǒubēi hěn hǎo

きこえよがし【聞こえよがしに】 故意大声讲 gùyì dàshēng jiǎng (英 purposely in a person's hearing)

きこえる【聞こえる】 听见 tīngjiàn；听得见 tīngdejiàn (英 hear; be audible) ▶褒める言葉が悪口に〜/夸奖的话, 听起来却像是说坏话 kuājiǎng de huà, tīngqǐlai què xiàng shì shuō huàihuà ▶カラスの叫き声が赤ん坊の泣き声に〜/乌鸦的叫声听起来好像婴儿的哭啼 wūyā de jiàoshēng tīngqǐlai hǎoxiàng yīng'ér de kūtí ▶若い頃は音に聞こえたランナーだった/年轻的时候还是一个颇有名气的运动员 niánqīng de shíhou háishi yí ge pō yǒu míngqì de yùndòngyuán ▶ドアをしめる音が聞こえてきた/传来了关门的声音 chuánláile guānmén de shēngyīn ▶彼が話すと重大なことが何でもなく〜/重大的事, 从他嘴里说出来也显得很一般 zhòngdà de shì, cóng tā zuǐli shuōchūlai yě xiǎnde hěn yībān ▶騒音で彼女の説明が聞こえなかった/太吵了, 没听清楚她的说明 tài chǎo le, méi tīngqīngchu tā de shuōmíng ▶あいつは僕に聞こえよがしに悪口を言った/他说坏话, 还故意让我听见 tā shuō huàihuà, hái gùyì ràng wǒ tīngjiàn

きこく【帰国する】 回国 huíguó；归国 guīguó (英 go home; come home) ▶〜子女/归国子女 guīguó zǐnǚ ▶〜子女には別の試験をします/归国子女另行考试 guīguó zǐnǚ lìngxíng kǎoshì ▶使命を果たして〜の途につく/完成使命回国 wánchéng shǐmìng huíguó

ぎごく【疑獄】 贪污案件 tānwū ànjiàn (英 a scandal) ▶〜に連座する/受疑案的牵连 shòu yí'àn de qiānlián ▶あの人には造船に連座した前歴がある/那个人曾经受到过造船贪污案件的牵连 nàge rén céngjīng shòudàoguo zàochuán tānwū ànjiàn de qiānlián

きごこち【着心地がいい】 穿衣服的感觉 chuān yīfu de gǎnjué (英 be comfortable to wear) ▶〜のよい[悪い]/穿得很舒服[不舒服] chuānzhe hěn shūfu[bù shūfu] ▶着心地はいかがですか/穿着感觉怎么样? chuānzhe gǎnjué zěnmeyàng? ▶あなたの仕立ては実に着心地がよろしいな/你做的衣服穿着真舒服 nǐ zuò de yīfu chuānzhe zhēn shūfu

きごころ【気心】 (英 disposition; temper) ▶〜の知れた友人/契友 qìyǒu；知心朋友 zhīxīn péngyou ▶僕らは〜の知れた友人同士じゃないか/我们不是知心朋友吗? wǒmen bú shì zhīxīn péngyou ma? ▶〜が知れない/摸不透脾气 mōbutòu píqi ▶どうもあの男は〜が知れない/那个男人的脾气我总摸不透 nàge nánrén de píqi wǒ zǒng mōbutòu

ぎこちない 生硬 shēngyìng；笨拙 bènzhuō；刻板 kèbǎn；生涩 shēngsè (英 awkward; stiff; constrained) ▶〜あいさつ/生硬的问候 shēngyìng de wènhòu ▶お互い〜あいさつを交わした/互相之间死板地打了招呼 hùxiāng zhījiān kèbǎn de dǎle zhāohu ▶〜手つき/动作笨拙 dòngzuò bènzhuō ▶父は〜手つきでボタンを付けた/父亲笨拙地钉纽扣 fùqin bènzhuō de dìng niǔkòu ▶彼女の態度にはまだぎこちなさが残っていた/她还带着几分生涩的表情 tā hái dàizhe jǐ fēn shēngsè de biǎoqíng

きこつ【気骨】 骨气 gǔqì；气节 qìjié (英 spirit) ▶〜がある/有骨气 yǒu gǔqì ▶あの新人, 若いのに〜があるね/那位新人, 年纪轻轻还挺有骨气 nà wèi xīnrén, niánjì qīngqīng hái tǐng yǒu gǔqì ▶〜がないやつはさっさと去れ/软骨头都给我滚 ruǎngǔtou dōu gěi wǒ gǔn

きこなす【着こなす】 (英 wear... well) ▶浴衣(あた)だって〜には時間が要るんだよ/穿浴衣想穿得象样儿也得花时间啊 chuān yùyī xiǎng chuānde xiàng yàngr yě děi huā shíjiān a ▶あなた, 着物の着こなしがうまいわね/你穿和服穿得真雅致 nǐ chuān héfú chuānde zhēn yǎzhi

きこむ【着込む】 ❶ 【着用】(英 wear) ▶黒スーツを着込んで参列する/身穿黑色西装列席 shēn chuān hēisè xīzhuāng lièxí ❷ 【重ね着】(英 dress warmly) ▶シャツの下に防弾チョッキを〜/在衬衫底下穿着防弹背心 zài chènshān dǐxia chuān zhe fángdànyī

きこり【樵夫】 樵夫 qiáofū；伐木工 fámùgōng (英 a woodman; a lumberman)

きこん【既婚】 已婚 yǐhūn (英 married)

きざ【気障】 装模作样 zhuāng mú zuò yàng (英 foppish; snobbish) ▶あの野郎, 〜なせりふを吐きやがって/那个家伙说起话来装腔作势 nàge jiāhuo shuōqǐ huà lái zhuāng qiāng zuò shì

きさい【奇才】 奇才 qícái（英[人] *a genius*；[才能] *unusual talent*）▶あれが画壇の〜と称されている人物だ/那就是被称为画坛奇才的人物 nà jiù shì bèi chēngwéi huàtán qícái de rénwù

きさい【記載する】 记载 jìzǎi；载 zǎi（英 *report*；*enter*）▶名前を〜する/记载姓名 jìzǎi xìngmíng ▶名簿に名前を〜してよろしいですか/可以在名单上记载您的姓名？ kěyǐ zài míngdānshang jìzǎi nín de xìngmíng ma？ ▶図書購入リストに〜漏れがあったよ/在购买图书的登记表上出现了遗漏 zài gòumǎi túshū de dēngjìbiǎoshang chūxiànle yílòu

きざい【器材・機材】 器材 qìcái（英 *tools and materials*；*equipment*）▶撮影〜/摄影器材 shèyǐng qìcái ▶〜が足りなくて避難小屋が作れない/由于器材不够，盖不了避难用的小房子 yóuyú qìcái bùgòu, gàibuliǎo bìnàn yòng de xiǎofángzi

ぎざぎざ 锯齿形 jùchǐxíng（英 *notches*；*ridges*）▶500 円玉には〜がない/五百日元的硬币边缘没有刻纹 wǔbǎi Rìyuán de yìngbì biānyuán méiyǒu kè wén ▶のこぎりには刃が〜だから切れるんだ/锯刀刃儿上带着锯齿，所以锋利 jùrènrshang dàizhe jùchǐ, suǒyǐ fēnglì

きさく【気さくな】 平易近人 píngyì jìn rén；和蔼可亲 hé'ǎi kě qīn（英 *frank*；*openhearted*）▶会長は〜な人だ/会长平易近人 huìzhǎng píngyì jìn rén ▶会長は〜に話を聞いてくれた/会长和蔼可亲地听我的话 huìzhǎng hé'ǎi kěqīn de tīng wǒ de huà

きさく【奇策】 奇计 qíjì；妙计 miàojì（英 *a cunning plan*）▶〜を弄する/施妙计 shī miàojì ▶〜を弄するのは怪我のもとだ/耍花招会栽跟头 shuǎ huāzhāo huì zāi gēntou ▶相手の〜にはまって大敗を喫した/中了对方的妙计，一败涂地 zhòngle duìfāng de miàojì, yí bài tú dì

ぎさく【偽作】 伪作 wěizuò；赝本 yànběn；仿造品 fǎngzàopǐn（英 *a forgery*；*a counterfeit*）▶その頃大観の〜が出回っていた/那时候出了不少横山大观的赝品 nà shíhòu chūle bùshǎo Héngshān Dàguān de yànpǐn

きざし【兆し】 苗头 miáotou；预兆 yùzhào；征候 zhēnghòu（英 *a symptom*；*a sign*）▶〜が現れる/出现征候 chūxiàn zhēnghòu ▶変化の〜/变化的预兆 biànhuà de yùzhào ▶インフレの〜が現れる/出现通货膨胀的预兆 chūxiàn tōnghuò péngzhàng de yùzhào ▶私は彼らの変化の〜を読み取った/我看出了他们变化的苗头 wǒ kànchūle tāmen biànhuà de miáotou

きざす【兆す・萌す】 萌发 méngfā；萌生 méngshēng（英 *show signs* [*symptoms*]）▶柳の枝に新芽が萌していた/柳枝上萌发出绿芽 liǔzhīshang méngfāchū lǜyá ▶私の心に悪への憧れが兆した/我的心中萌生出对罪恶的憧憬 wǒ de xīnzhōng méngshēngchū duì zuì'è de chōngjǐng

きざむ【刻む】 刻 kè；切碎 qiēsuì（英 *cut*；*chop*；*mince*；[彫刻する] *carve*）▶玉ねぎを〜/切碎洋葱 qiēsuì yángcōng ▶父の教えはしっかり心に刻まれている/父亲的教诲我铭刻在心 fùqīn de jiàohuì wǒ míngkè zài xīn ▶時計がコチコチと時を〜/钟表嘀嗒嘀嗒地记录下时间的流逝 zhōngbiǎo dīdādīdā de jìlùxià shíjiān de liúshì ▶バスは 5 分刻みにやってくる/公交车每隔五分钟就来一趟 gōngjiāochē měi gé wǔ fēnzhōng jiù lái yí tàng

きさん【起算する】 起算 qǐsuàn；开始计算 kāishǐ jìsuàn（英 *count from...*）▶給料は採用の日から〜して計算する/工资从录用的那天开始计算 gōngzī cóng lùyòng de nà tiān kāishǐ jìsuàn

きし【岸】 岸 àn（英 *the bank*；*the shore*）▶遭難者の遺品が〜に流れ着く/遇难者的遗物漂流到岸边 yùnànzhě de yíwù piāoliúdào ànbiān ▶〜の花に「美しいね」とささやいた/面对岸边的花轻声感叹："真美啊！" miànduì ànbiān de huā qīngshēng gǎntàn: "Zhēn měi a!" ▶船はすでに〜を離れた/船已经离开岸边了 chuán yǐjing líkāi ànbiān le

きし【棋士】 棋手 qíshǒu（英 *a chess player*；*a go player*）▶プロ〜と対局する/跟职业棋手对局 gēn zhíyè qíshǒu duìjú

きし【旗幟】 旗帜 qízhì（英 *a flag*；*colors*）▶彼は激しい発言で〜を鮮明にした/他用激昂的语言旗帜鲜明地表了态 tā yòng jī'áng de yǔyán qízhì xiānmíng de biǎole tài

きし【騎士】 骑士 qíshì（英 *a knight*）

きじ【生地】 ❶【布地】衣料 yīliào；布帛 bùbó（英 *cloth*）▶ウールの〜でスーツを作る/用毛料子做西装 yòng máoliàozi zuò xīzhuāng ❷【素のまま】（英 *one's true colors*）▶私は興奮すると〜が出るんです/我一兴奋就会露出本性 wǒ yì xīngfèn jiù huì lùchū běnxìng

<u>日中比較</u> 中国語の '生地 shēngdì' は「整地されていない土地」のこと。

きじ【記事】 新闻 xīnwén；消息 xiāoxi；报道 bàodào（英 *news*；*a story*）▶新聞〜/报上的消息 bàoshang de xiāoxi ▶三面〜/有关生活琐事的报道 yǒuguān shēnghuó suǒshì de bàodào ▶消費税に関して各紙が特集〜を掲げた/关于消费税，各家报纸都进行了专题报道 guānyú xiāofèishuì, gè jiā bàozhǐ dōu jìnxíngle zhuāntí bàodào ▶取材して〜を書く/通过采访写报道 tōngguò cǎifǎng xiě bàodào ▶当局の命により〜差し止めとなった/报道由于当局的命令被查禁了 bàodào yóuyú dāngjú de mìnglìng bèi chájìn le

キジ【雉】 [鳥] 山鸡 shānjī；野鸡 yějī；雉 zhì（英 *a pheasant*）▶〜バト（雉鳩）/山斑鸠 shānbānjiū

<u>ことわざ</u> 雉も鳴かずば打たれまい 祸从口出 huò cóng kǒu chū

ぎし【技師】 工程师 gōngchéngshī；技师 jìshī
<u>参考</u>「工程师」「技师」（および「技士 jìshì」「技术员 jìshùyuán」）は技术部门的职阶でもある。（英

♦建築~：建筑工程师 jiànzhù gōngchéngshī 鉄道~：铁道工程师 tiědào gōngchéngshī

ぎし【義姉】（夫の姉）大姑子 dàgūzi；（妻の姉）大姨子 dàyízi；（兄の妻）嫂子 sǎozi（英）*a sister-in-law*

ぎし【義肢】义肢 yìzhī；假肢 jiǎzhī（英）*an artificial limb*）▶彼は~を付けて山にも登る/他装上假肢还能爬山 tā zhuāngshàng jiǎzhī hái néng páshān

ぎし【義歯】义齿 yìchǐ；假牙 jiǎyá（英）*a false tooth*）▶笑うと~がはずれる/一笑假牙就会掉 yí xiào jiǎyá jiù huì diào ▶~を付けて食事をする/戴着假牙吃饭 dàizhe jiǎyá chī fàn

ぎじ【疑似の】疑似 yísì；假性 jiǎxìng（英 *false*）▶~体験/虚拟体验 xū nǐ tǐyàn ▶~的症状/假性病症 jiǎxìng bìngzhèng

ぎじ【擬餌】（英 *a lure*）▶鉤（ルアー）/假饵钩 jiǎ'ěrgōu

ぎじ【議事】议事 yìshì（英 *proceedings; business*）▶~堂/议会大厦 yìhuì dàshà ▶~日程/议程 yìchéng ▶~日程を調整する/调整议事日程 tiáozhěng yìshì rìchéng ▶~録/会议记录 huìyì jìlù ▶その発言は~録から削除する/把那项发言从会议记录上删除 bǎ nà xiàng fāyán cóng huìyì jìlùshang shānchú ▶~進行！/議長に呼びかけて）/快点讨论主题把！ kuài diǎn tǎolùn zhǔtí bǎ! ▶山岸一派がさかんに~進行を妨害している/山岸派的一伙人肆意阻碍会议进程 Shān'ànpài de yì huǒ rén sìyì zǔ'ài huìyì jìnchéng

ぎしかいせい【起死回生】起死回生 qǐ sǐ huí shēng（英 *revitalization*）▶~の妙手を打つ/妙手回春 miàoshǒu huí chūn ▶外部資金を導入して~を計る/引进外部资金以图起死回生 yǐn jìn wàibù zījīn yǐ tú qǐ sǐ huí shēng

ぎしき【儀式】典礼 diǎnlǐ；仪式 yíshì（英 *a ceremony; a rite*）▶市制30周年記念の~/行政市诞生三十周年的纪念仪式 xíngzhèngshì dànshēng sānshí zhōunián de jìniàn yíshì ▶今度の会長は~ばったことが嫌いだ/这届会长不喜欢排场 zhè jiè huìzhǎng bù xǐhuan páichǎng

ぎしぎし【咯吱】gēzhī（英 *a creak*（音が））▶風が吹くと屋根が~と鳴る/一刮风房顶就咯吱咯吱响 yì guā fēng fángdǐng jiù zhīzhī zuòxiǎng ▶凍った川は~音がする/结冰的河面上发出咯吱咯吱的声音 jiébīng de hémiànshang fāchū gēzhī gēzhī de shēngyīn

きしつ【気質】气质 qìzhì；性情 xìngqíng；脾气 píqi（英 *disposition; nature*）▶彼は~は穏やかなんだが気みやすぎるんだ/他性情温和，就是有些过分 tā xìngqíng wēnhé, jiù shì yǒuxiē guòfèn ▶あの人は~的に争い事を受け付けない/他的气质接受不了纠纷 tā de qìzhì jiēshòu bùliǎo jiūfēn

きじつ【期日】日期 rìqī；期限 qīxiàn（英 *the date; the appointed day*）▶~通りに/按时 ànshí ▶レポートは~通りに提出します/按期提交报告 ànqī tíjiāo bàogào ▶~が過ぎる/过期 guòqī ▶とうとう納品の~が過ぎた/结果误了进货期限 jiéguǒ wùle jìnhuò qīxiàn ▶~に遅れる/误期 wùqī ▶~に遅れると命取りだよ/误期是致命的过失 wù qī shì zhìmìng de guòshī ▶はっきり~を決めておこう/明确地定下期限 míngquè de dìngxià qīxiàn

きしべ【岸辺】岸边 ànbiān（英 *the shore*）▶あの~の光景が懐かしい/那岸边的风景令人怀念 nà ànbiān de fēngjǐng lìng rén huáiniàn ▶私は一人~をさまよっていた/我曾经一个人在岸边徘徊 wǒ céngjīng yí ge rén zài ànbiān páihuái

きしむ【軋む】咯吱咯吱地响 gēzhīgēzhīde xiǎng（英 *creak; jar*）▶戸が~/门咯吱咯吱地响 mén gēzhīgēzhī de xiǎng ▶出入りの度に戸が~/一开门就咯吱咯吱地响 yì kāimén jiù gēzhīgēzhī de xiǎng ▶両国の友好関係に軋みが生じた/两国的友好关系发生了矛盾 liǎng guó de yǒuhǎo guānxi fāshēngle máodùn

きしゃ【汽車】火车 huǒchē（英 *a train*）▶夜~/夜行火车 yèxíng huǒchē ▶8時の~で私は旅立ちます/我坐上八点的火车去旅行 wǒ zuòshàng bā diǎn de huǒchē chūfā lǚxíng ▶彼もその~に乗っていた/他也坐上了那班火车 tā yě zuòshàngle nà bān huǒchē ▶~を降りると激しい雨が降っていた/一下火车就下起了大雨 yí xià huǒchē jiù xiàqǐle dàyǔ

【日中比較】中国語の'汽车 qìchē'は「自動車」のこと。

きしゃ【記者】记者 jìzhě（英 *a journalist; a writer*）▶~会見/记者招待会 jìzhě zhāodài huì ▶長官は準備もなしに~会見に臨んだ/长官没作准备就来到了记者招待会场 zhǎngguān méi zuò zhǔnbèi jiù láidàole jìzhě zhāodài huìchǎng ▶新聞~になりたい/我想当新闻记者 wǒ xiǎng dāng xīnwén jìzhě ▶女性~/女记者 nǚjìzhě

きしゃ【喜捨する】布施 bùshī；施舍 shīshě *give charity to temples*

きしゅ【旗手】旗手 qíshǒu（英 *a flag-bearer*）▶彼は改革運動の~として華々しく登場した/他作为改革运动的旗手而闪亮登台 tā zuòwéi gǎigé yùndòng de qíshǒu ér shǎnliàng dēngtái

きしゅ【機首】机首 jīshǒu（英 *the nose of an airplane*）▶~を上げる[下げる]/升起[降低]机头 shēngqǐ [jiàngdī] jītóu ▶~を南に向ける/机头转向南方 jītóu zhuǎnxiàng nánfāng

きしゅ【機種】机型 jīxíng；型号 xínghào（英 *the type of planes〔machines〕*）▶来月から成田上海の~が変わる/从下个月开始，往返于成田上海的飞机将改变机型 cóng xià ge yuè kāishǐ, wǎngfǎn yú Chéngtián Shànghǎi de fēijī jiāng gǎibiàn jīxíng ▶所持するPCの~を記入する/登记携带电脑的型号 dēngjì xiédài diànnǎo de xínghào

きしゅ【騎手】骑手 qíshǒu（英 *a horseman; a jockey*）▶あれが800勝を達成した~ですよ/他就是那位赢过八百场的骑手 tā jiù shì nà wèi yíngguo bābǎi chǎng de qíshǒu

きじゅ【喜寿】 七十七岁诞辰 qīshíqī suì dànchén (英 *one's 77th birthday*) ▶今夜は祖父の～の祝いをします/今天晚上我们为祖父庆祝七十七岁大寿 jīntiān wǎnshang wǒmen wèi zǔfù qìngzhù qīshíqī suì dàshòu

ぎしゅ【義手】 义手 yìshǒu；假手 jiǎshǒu (英 *an artificial hand*) ▶～を付ける/装假手 zhuāng jiǎshǒu

きしゅう【奇習】 (英 *a strange custom*) ▶そんな～がまだ残ってるんだね/还保留着那样的奇特的风俗 hái bǎoliúzhe nàyàng de qítè de fēngsú

きしゅう【奇襲】 突袭 tūxí；奇袭 qíxí (英 *make a surprise attack*) ▶暗やみで～をかける/在黑暗中发动突袭 zài hēi'àn zhōng fādòng tūxí

きじゅうき【起重機】 吊车 diàochē；起重机 qǐzhòngjī (英 *a crane; a lift*) ▶～で脱線車両を持ち上げる/用起重机把脱轨的车辆吊起来 yòng qǐzhòngjī bǎ tuōguǐ de chēliàng diàoqǐlai

きしゅく【寄宿する】 寄宿 jìsù；住宿 zhùsù (英 *lodge at...; board at...*) ▶～生/寄宿生 jìsùshēng ▶入学と同時に～舎に入った/入学时搬进了宿舍 rùxué shí bānjìnle sùshè

きじゅつ【奇術】 魔术 móshù；戏法儿 xìfǎr (英 *magic*) ▶～師/魔术师 móshùshī

きじゅつ【記述する】 记叙 jìxù；描述 miáoshù (英 *describe*) ▶～言語/记述语言 jìshù yǔyán ▶～言語学/记述语言学 jìshù yǔyánxué ▶現場の情景を詳しく～する/详细描述现场的情景 xiángxì miáoshù xiànchǎng de qíngjǐng

ぎじゅつ【技術】 技术 jìshù (英 *an art; technique*) ▶～的/技术性的 jìshùxìng de ▶～的には解決できそうだが採算がとれないだろう/技术上也许能解决，可是赚不回本钱 jìshùshang yěxǔ néng jiějué, kěshì zhuànbuhuí běnqián ▶運転～の向上を目指す/努力提高驾驶技术 nǔlì tígāo jiàshǐ jìshù ▶社長は～畑出身だから話が早いね/总经理本来就是搞技术的，所以容易沟通 zǒngjīnglǐ běnlái jiù shì gǎo jìshù de, suǒyǐ róngyì gōutōng

♦**～革新** 技术革新 jìshù géxīn ▶不断の～革新が我々に求められている/我们需要不断地进行技术革新 wǒmen xūyào búduàn de jìnxíng jìshù géxīn **～協力** 技术合作 jìshù hézuò ▶我が国に～協力の要請が来ている/我国接到了进行技术协助的邀请 wǒguó jiēdàole jìnxíng jìshù xiézhù de yāoqǐng **～者** 技术人员 jìshù rényuán ▶～者を養成する/培养技术人员 péiyǎng jìshù rényuán

きじゅん【帰順する】 归顺 guīshùn；投诚 tóuchéng (英 *submit*) ▶反乱軍が政府軍に～してきた/叛军向政府军投诚了 pànjūn xiàng zhèngfǔjūn tóuchéng le

きじゅん【基準】 标准 biāozhǔn；规格 guīgé；准则 zhǔnzé (英 *a standard; a basis*) ▶～を上回る/超标 chāobiāo ▶～値/标准值 biāozhǔnzhí ▶～を満たす/达到标准 dádào biāozhǔn ▶～を上回るダイオキシンが検出された/检测出超过标准的二恶英 jiǎncèchū chāoguò biāozhǔn de èr'èyīng ▶～値を設定する必要がある/需要设定标准值 xūyào shèdìng biāozhǔnzhí ▶現段階では安全～を満たしていない/在现有阶段还没达到安全标准 zài xiànyǒu jiēduàn hái méi dádào ānquán biāozhǔn ▶～がわからない/实在不能理解你的判断标准 shízài bùnéng lǐjiě nǐ de pànduàn biāozhǔn

きじゅん【規準】 规范 guīfàn；准绳 zhǔnshéng (英 *a standard*) ▶行动～/行为规范 xíngwéi guīfàn

きしょう【気性】 脾气 píqi；气性 qìxing；性情 xìngqíng (英 *nature; disposition*) ▶～が激しい/烈性子 lièxìngzi ▶あの子は～が激しいので将来が心配だ/那孩子是个烈性子，前途令人担忧 nà háizi shì ge lièxìngzi, qiántú lìng rén dānyōu

きしょう【気象】 气象 qìxiàng (英 *weather*) ▶～台/气象台 qìxiàngtái ▶～観測/气象观测 qìxiàng guāncè ▶～衛星を打ち上げる/发射气象卫星 fāshè qìxiàng wèixīng ▶30年間ずっと～を観測してきた/三十年来一直在观测气象 sānshí nián lái yìzhí zài guāncè qìxiàng

日中比較 中国語の'气象 qìxiàng'には「大気の現象」という意味の他，「様子」や「状況」といった意味もある。

きしょう【起床する】 起床 qǐchuáng (英 *get up*) ▶とっくに～時刻を過ぎてるよ/起床时间早就过了 qǐchuáng shíjiān zǎojiù guò le ▶我々は毎朝7時に～する/我们每天早上都是七点起床 wǒmen měitiān zǎoshang dōu shì qī diǎn qǐchuáng

きしょう【稀少】 稀少 xīshǎo；希罕 xīhan (英 *scarcity*) ▶～価値/稀少价值 xīshǎo jiàzhí ▶行政も～動物の保護に乗り出した/行政当局也开始作出举措保护稀有动物 xíngzhèng dāngjú yě kāishǐ zuòchū jǔcuò bǎohù xīyǒu dòngwù

きしょう【徽章・記章】 徽章 huīzhāng；证章 zhèngzhāng (英 *a badge; an insignia*) ▶～を付ける/戴徽章 dài huīzhāng ▶胸に学校の～が光っている/胸口的校徽很显眼 xiōngkǒu de xiàohuī hěn xiǎnyǎn

きじょう【机上】 (英 *academic; theoretical*) ▶～の空論/纸上谈兵 zhǐshang tánbīng ▶～の空論はやめて，現実に即した話をしよう/别纸上谈兵了，说点儿实际的吧 bié zhǐshang tánbīng le, shuō diǎnr shíjì de ba ▶それはまだ～計画にすぎない/那只不过是一张计划书 nà zhǐbuguò shì yì zhāng jìhuàshū

きじょう【気丈な】 刚强 gāngqiáng (英 *stouthearted; undaunted*) ▶少女の～な振る舞いがみんなの涙を誘った/少女刚强的表现催人泪下 shàonǚ gāngqiáng de biǎoxiàn cuī rén lèi xià ▶彼は～にも立ち上がろうとした/他刚强地想要站起来 tā gāngqiáng de xiǎng yào zhànqǐlai

ぎしょう【偽証する】 伪证 wěizhèng (英 *perjury*) ▶脅迫されて～する/受到威胁作伪证

ぎじょう【議場】〔議会の〕会场 an assembly hall; the floor ▶～にやじと怒号が飛び交う/会场里起哄和怒吼声乱作一团 huìchǎngli qǐhòng hé nùhǒushēng luàn zuò yì tuán ▶初めて入るので緊張した/因为是第一次进会场感到紧张 yīnwèi shì dìyī cì jìn huìchǎng gǎndào jǐnzhāng ▶その一言が～を混乱させた/那句话使会场一片混乱 nà jù huà shǐ huìchǎng yí piàn hùnluàn

きしょうてんけつ【起承転結】 起承转合 qǐ chéng zhuǎn hé (logical development) ▶説明が～、きっちり筋道立っている/说明得逻辑清楚, 条理分明 shuōmíng de luójí qīngchu, tiáolǐ fēnmíng

ぎじょうへい【儀仗兵】 仪仗兵 yízhàngbīng (a guard of honor) ▶首相は大統領と並んで儀仗隊を閲兵した/首相跟总统并肩检阅仪仗队 shǒuxiàng gēn zǒngtǒng bìngjiān jiǎnyuè yízhàngduì

きしょくまんめん【喜色満面】 满面喜色 mǎnmiàn xǐsè; 眉飞色舞 méi fēi sè wǔ (all smiles) ▶彼は～で合格を報告した/他满面春风地报告自己考取了 tā mǎnmiàn chūnfēng de bàogào zìjǐ kǎoqǔ le

きしょくわるい【気色悪い】 令人不舒服 lìng rén bù shūfu (displeasing)

きしる【軋る】 嘎吱嘎吱作响 gāzhīgāzhī zuòxiǎng (creak; squeak; grate) ▶深夜の路上に急ブレーキの～音が響いた/深夜的路上传来急刹车刺耳的声音 shēnyè de lùshang chuánlái jíshāchē cìr de shēngyīn

きしん【帰心】 归心 guīxīn
ことわざ 帰心矢の如し 归心似箭 guīxīn sì jiàn

きしん【寄進する】 施舍 shīshě; 捐献 juānxiàn (contribute) ▶寺を直すというのでわずかばかりだが～した/说是要翻修寺庙, 我也捐献了微薄的心意 shuōshì yào fānxiū sìmiào, wǒ yě juānxiànle wēibó de xīnyì

きじん【奇人】 怪人 guàirén (an eccentric person) ▶僕らのグループは～の集まりみたいなものさ/我们小组好像就是一帮怪人 wǒmen xiǎozǔ hǎoxiàng jiù shì yì bāng guàirén

ぎしん【疑心暗鬼】 Suspicion will raise bogies.) ▶～になる/疑神疑鬼 yí shén yí guǐ ▶不安が募ってついつい～にかられた/先是感到不安, 随后便开始疑心生暗鬼了 xiānshi gǎndào bù'ān, suíhòu biàn kāishǐ yíxīn shēng àn guǐ le

ぎじん【擬人】 拟人 nǐrén (personification) ▶～化する/拟人化 nǐrénhuà ▶彼は物を～化して語るのがうまい/他擅长于拟人化地描写事物 tā shàncháng yú nǐrénhuà de miáoxiě shìwù
◆～法 **擬人法** nǐrénfǎ ▶～法というのは面白い表現法だね/拟人法是个有趣的表现方法 nǐrénfǎ shì ge yǒuqù de biǎoxiàn fāngfǎ

キス【鱚】〔魚〕沙钻鱼 shāzuànyú (a sillago) ▶～はてんぷらがうまい/沙钻鱼用来做天麸罗最好吃 shāzuànyú yònglái zuò tiānfūluó zuì hǎochī

キスする【接吻】 接吻 jiēwěn; 亲嘴 qīnzuǐ (kiss) ▶別れのキスをして欲しかったのに…/分别的时候盼着你能给我一个吻, 可是… fēnbié de shíhou pànzhe nǐ néng gěi wǒ yí ge wěn, kěshì… ▶若いママが赤ん坊にチュッとキスした/年轻的妈妈亲了一下小宝宝 niánqīng de māma qīnle yíxià xiǎobǎobao

きず【傷・瑕】❶〔体の〕疮痍 chuāngyí; 伤 shāng; 创伤 chuāngshāng (a wound; an injury) ▶～だらけの/千疮百孔 qiān chuāng bǎi kǒng ▶事故で頭に～を負った/因为事故, 头上负了伤 yīnwèi shìgù, tóushang fùle shāng ▶肩の～がずきずき痛む/肩上的伤阵阵作痛 jiānshang de shāng zhènzhèn zuò tòng
❷〔器物などの〕伤 shāng; 瑕疵 xiácī (a flaw) ▶せっかくの名器なのに～が付いている/这么有名的宝贝却带着伤 zhème yǒumíng de bǎobèi què dàizhe shāng ▶名画に～を付けてしまった/损坏了名画 sǔnhuàile mínghuà
❸〔欠陥〕毛病 máobìng; 缺点 quēdiǎn (a fault) ▶このプランには～がある/这个计划有缺点 zhège jìhuà yǒu quēdiǎn ▶君はこんな～に気付かなかったのか/你怎么连这么明显的漏洞都没发现？ nǐ zěnme lián zhème míngxiǎn de lòudòng dōu méi fāxiàn？
❹〔心や経歴の〕心理创伤 xīnlǐ chuāngshāng (a trauma) ▶俺の～だらけの人生ももうすぐ終わるさ/我伤痕累累的一生也快要结束了 wǒ shānghén lěilěi de yìshēng yě kuàiyào jiéshù le ▶少年の日の心の～が大人になっても癒えない/少年时代的心理创伤长大以后也不能痊愈 shàonián shídài de xīnlǐ chuāngshāng zhǎngdà yǐhòu yě bùnéng quányù
ことわざ 玉に瑕 ▶僕の気持ちに気付かないのが玉に～だ/美中不足的是她没有察觉到我的感情 měi zhōng bù zú de shì tā méiyǒu chájuédào wǒ de gǎnqíng

脛に～持つ ▶あの人は脛に～持つ身だから発言を控えている/他心中有鬼, 所以不发言 tā xīn zhōng yǒu guǐ, suǒyǐ bù fāyán

きずあと【傷跡】 伤痕 shānghén; 伤疤 shāngbā (a scar) ▶心に～が残る/心中留下伤痕 xīn zhōng liúxià shānghén ▶いわれなく疑われて少年の心に～が残った/少年无辜地被人怀疑, 心灵上留下了伤痕 shàonián wúgū de bèi rén huáiyí, xīnlíngshang liúxiàle shānghén ▶街は至るところに戦争の～が残っていた/街上到处都残留着战争的创伤 jiēshang dàochù dōu cánliúzhe zhànzhēng de chuāngshāng ▶男の顔には～があった/那个男人的脸上带着伤痕 nàge nánrén de liǎnshang dàizhe shānghén

きすう【奇数】 奇数 jīshù; 单数 dānshù (an odd number)

きすう【基数】〔数〕底数 dǐshù; 基数 jīshù

ぎすぎす ❶【体つきが】(英 *unhealthily thin*) ▶～にやせている/枯瘦 kūshòu ▶母は胃を取ってから～にやせている/母亲做了胃切除手术后,瘦得皮包骨 mǔqīn zuòle wèi qiēchú shǒushù hòu, shòude pí bāo gǔ ❷【人間関係が】生硬 shēngyìng; 不融洽 bù róngqià (英 *stiff; unaffable*) ▶最近社内の空気がどうも～している/最近公司里的气氛很不和谐 zuìjìn gōngsīlǐ de qìfēn hěn bù héxié

きずく【築く】筑 zhù; 建立 jiànlì; 修建 xiūjiàn; 修筑 xiūzhù (英 *build; construct; erect*) ▶地盤を～/打地基 dǎ dìjī ▶信頼関係を～/建立信赖关系 jiànlì xìnlài guānxi ▶豪雨に耐える堤防を～/修筑经得起暴雨的堤防 xiūzhù jīngdeqǐ bàoyǔ de dīfáng ▶彼はまだ選挙地盤を築いていない/他还没建立起竞选地盘 tā hái méi jiànlìqǐ jìngxuǎn dìpán ▶共立社と信頼関係を～することが我々の最優先課題だ/我们的首要课题就是跟共立社建立起信赖关系 wǒmen de shǒuyào kètí jiù shì gēn Gònglìshè jiànlìqǐ xìnlài guānxi

きずぐすり【傷薬】創伤药 chuāngshāngyào (英 *an ointment; a salve*) ▶患部に～を塗る/往伤口上涂创伤药 wǎng shāngkǒushang tú chuāngshāngyào

きずぐち【傷口】伤口 shāngkǒu; 创口 chuāngkǒu (英 *a wound*) ▶～がふさがる/合口 hékǒu; 愈合 yùhé ▶1週間後に～がふさがった/一个星期以后伤口愈合了 yí ge xīngqī yǐhòu shāngkǒu yùhé le ▶社長の判断ミスが～を広げた/由于总经理的判断失误,漏洞越来越大了 yóuyú zǒngjīnglǐ de pànduàn shīwù, lòudòng yuèláiyuè dà le ▶心の～に塩をすりこむようなことを言う/那句话像是在心灵的伤口上撒了一把盐 nà jù huà xiàng shì zài xīnlíng de shāngkǒushang sǎle yì bǎ yán

きずつく【傷つく】受伤 shòushāng; 负伤 fùshāng; 受伤害 shòu shānghài (英 *be wounded; be hurt; be injured*) ▶傷ついた足を引きずって家に帰る/拖着受伤的腿回家 tuōzhe shòushāng de tuǐ huíjiā ▶子供の不注意で彫刻が傷ついた/孩子不小心损坏了雕像 háizi bù xiǎoxīn sǔnhuàile diāoxiàng ▶彼の心ない一言で僕は深く傷ついた/他那句无情的话使我深深地受了伤害 tā nà jù wúqíng de huà shǐ wǒ shēnshēn de shòule shānghài

きずつける【傷つける】伤 shāng; 伤害 shānghài; 损伤 sǔnshāng (英 *wound; hurt;* [名誉などを] *disgrace*) ▶体を～/伤身体 shāng shēntǐ ▶自尊心を～/伤害自尊心 shānghài zìzūnxīn ▶世の中には子供を～親がいる/世上有的父母会伤害自己的孩子 shìshàng yǒude fùmǔ huì shānghài zìjǐ de háizi ▶私はひどく自尊心を傷つけられた/我的自尊心受到严重的伤害 wǒ de zìzūnxīn shòudào yánzhòng de shānghài ▶窓辺の机が傷つけられた/窗户旁边的桌子被损坏了 chuānghu pángbiān de zhuōzi bèi sǔnhuài le

きずな【絆】纽带 niǔdài; 情义 qíngyì (英 *a bond; a tie*) ▶家族の～/亲情 qīnqíng ▶私は家族の～を絶つべきではない、离家出走了 wǒ gēduàn qīnqíng, lí jiā chūzǒu le ▶二人は固い～で結ばれている/两个人结下了牢固的感情纽带 liǎng ge rén jiéxiàle láogù de gǎnqíng niǔdài

きずもの【傷物】疵品 cīpǐn; 残品 cánpǐn (英 *a defective article*) ▶商品に～が混じる/商品里混进了残品 shāngpǐnlǐ hùnjìnle cánpǐn ▶こんな～を売るわけにゆかない/不能出售这样的疵品 bùnéng chūshòu zhèyàng de cīpǐn

きする【帰する】归于 guīyú; 落到 luòdào (英 *come to...*) ▶水泡に～/化为泡影 huàwéi pàoyǐng

きする【期する】❶【期待】期望 qīwàng (英 *expect; hope for...*) ▶再会を～/期望再会 qīwàng zàihuì ▶二人は再会を期して北と南に別れていった/两个人约定将来再会,就一南一北,分道扬镳了 liǎng ge rén yuēdìng jiānglái zàihuì, jiù yì nán yì běi, fēn dào yáng biāo le ❷【決心】下决心 xià juéxīn (英 *be prepared*) ▶～ところがある/心里下了很大的决心 xīnlǐ xiàle hěndà de juéxīn ▶彼には～ところがあるらしい/他似乎很自信 tā sìhū hěn zìfù ▶我々は必勝を期して上京した/我们怀着必胜的信念来到了东京 wǒmen huáizhe bìshèng de xìnniàn láidàole Dōngjīng ❸【日取り】(英 *fix*) ▶我々は3月3日を期して一斉蜂起する/我们约定在三月三号一块儿起义 wǒmen yuēdìng zài sān yuè sān hào yíkuàir qǐyì

きせい【気勢】气势 qìshì; 声势 shēngshì; 士气 shìqì (英 *spirits*) ▶～があがる/气势汹汹 qìshì xiōngxiōng ▶生徒たちはさかんに～をあげていた/学生们气势昂扬 xuéshēngmen qìshì ángyáng ▶いきなり雨が降ってきて、我々は～をそがれた/一场骤雨把我们的气势给冲淡了 yì cháng zhòuyǔ bǎ wǒmen de qìshì gěi chōngdàn le ▶監督が弱気だからまで～が上がらないんだ/领队太窝囊,根本鼓不起士气来 lǐngduì tài wōnang, gēnběn gǔbuqǐ shìqì lái

きせい【奇声】(英 *a queer voice*) ▶この時客席の一人が～を発した/这时观众席上有一个人发出怪声 zhè shí guānzhòngxíshang yǒu yí ge rén fāchū guàishēng

きせい【帰省する】归省 guīxǐng; 探亲 tànqīn (英 *go home; come home*) ▶盆には～して墓参りする予定です/孟兰盆节准备回老家探亲扫墓 Yúlánpénjié zhǔnbèi huí lǎojiā tànqīn sǎomù

きせい【既成の】(英 *accomplished; existing*) ▶～事実/既成事实 jìchéng shìshí ▶～事実だからといって容認するわけにはいかない/虽说是既成事实,也不能容忍 suīshuō shì jìchéng shìshí, yě bùnéng róngrěn ▶～の道德は疑うんじゃなかったの?/你不是要怀疑既成的道德规范吗? nǐ bú shì yào huáiyí jìchéng de dàodé guīfàn ma?

きせい【既製の】 現成 xiànchéng (英 *ready-made; manufactured*) ▶～服/成衣 chéngyī ▶私には～服で十分です/对我来说，现成的服装就足够了 duì wǒ lái shuō, xiànchéng de fúzhuāng jiù zúgòu le

きせい【寄生する】 寄生 jìshēng (英 *be parasitic*) ▶～虫/寄生虫 jìshēngchóng ▶腹の中に～虫を飼っている人がいる/有的人在自己的肚子里养寄生虫 yǒude rén zài zìjǐ de dùzilǐ yǎng jìshēngchóng ▶昨今は親に～する若者が増えている/最近依靠父母生活的年轻人有所增加 zuìjìn yīkào fùmǔ shēnghuó de niánqīngrén yǒusuǒ zēngjiā

きせい【規制する】 管制 guǎnzhì；限制 xiànzhì (英 *control*) ▶交通～/交通管制 jiāotōng guǎnzhì ▶本日より交通～を強化する/从今天开始加强交通管制 cóng jīntiān kāishǐ jiāqiáng jiāotōng guǎnzhì ▶金融に関して～が緩和された/有关金融的限制放宽了 yǒuguān jīnróng de xiànzhì fàngkuān le ▶どうしたんだ，自己～なんかするなよ/你怎么啦？干吗要限制自己的言论呢 nǐ zěnme la? gànmá yào xiànzhì zìjǐ de yánlùn ne

ぎせい【犠牲】 牺牲 xīshēng (英 *a sacrifice*) ▶～になる/牺牲自己 xīshēng zìjǐ ▶～者/被害人 bèihàirén ▶私が～になるから君たちは早く逃げなさい/我自己牺牲，你们快跑吧 wǒ zìjǐ xīshēng, nǐmen kuài pǎo ba ▶洪水の～者は200人を越えた/洪灾的死亡人数超过了二百人 hóngzāi de sǐwáng rénshù chāoguòle èrbǎi rén ▶君のために御両親はどれ多くの～を払われた/为了你，你父母付出了多大的牺牲啊！wèile nǐ, nǐ fùmǔ fùchūle duō dà de xīshēng a!

ぎせいご【擬声語】 象声词 xiàngshēngcí (英 *an onomatopoeia*) ▶日本語にはなんと～が多いんだろう/日语里的象声词真多啊！Rìyǔli de xiàngshēngcí zhēn duō a!

きせき【奇跡】 奇迹 qíjì (英 *a miracle; a wonder; a marvel*) ▶～が起こる/发生奇迹 fāshēng qíjì ▶～的な/奇迹般的 qíjì bān de ▶伝説なら簡単に～が起こるんだが…/如果是传说就很容易发生奇迹，不过… rúguǒ shì chuánshuō jiù hěn róngyì fāshēng qíjì, búguò… ▶我々は～的な勝利を収めた/我们获得了奇迹般的胜利 wǒmen huòdéle qíjì bān de shènglì ▶おまえが合格するなんて～/你能考取，真是奇迹 nǐ néng kǎoqǔ, zhēn shì qíjì

きせき【軌跡】 轨迹 guǐjì；历程 lìchéng (英 *a track*) ▶一度我々の運動の～をたどってみよう/重新反思一下我们运动的历程吧 chóngxīn fǎnsī yíxià wǒmen yùndòng de lìchéng ba

きせき【鬼籍】 ～に入る ▶当時の仲間はみんな～に入った/当年的伙伴都过世 dàngnián de huǒbàn dōu guòshì

ぎせき【議席】 议席 yìxí；席位 xíwèi (英 *a seat*) ▶こうまでして～にしがみつくのか/这么迷恋于议员的席位吗？zhème míliàn yú yìyuán de

xíwèi ma? ▶彼はついに～を失った/他终于失去了议席 tā zhōngyú shīqùle yìxí

きせずして【期せずして】 (英 *unexpectedly*) ▶～一致する/不约而同 bù yuē ér tóng ▶～出会う/不期而遇 bù qī ér yù ▶両者の意見が～一致した/双方的意见不谋而合 shuāngfāng de yìjiàn bù móu ér hé

きせつ【季節】 季节 jìjié；时节 shíjié；时令 shílìng (英 *a season*) ▶～風/季风 jìfēng ▶～労働者/短工 duǎngōng；季节工 jìjiégōng ▶～はずれ/不合时令 bùhé shílìng ▶日本は～風が吹き荒れる/日本刮起了强劲的季节风 Rìběn guāqǐle qiángjìng de jìjiéfēng ▶～労働者の群が駅に降り立った/成群的季节工在车站下车 chéngqún de jìjiégōng zài chēzhàn xià chē ▶～はずれの台風に襲われる/遭到不合时节的台风袭击 zāodào bùhé shíjié de táifēng xíjī ▶桜の～がやってきた/樱花的季节来到了 yīnghuā de jìjié láidào le ▶どうもこの頃は～感がなくなった/现在季节感好像淡漠了 xiànzài jìjiégǎn hǎoxiàng dànmò le

きぜつ【気絶する】 昏过去 hūnguòqu；昏厥 hūnjué (英 *faint; lose consciousness*) ▶私は痛さのあまり～した/我疼得昏了过去 wǒ téngde hūnleguòqu

きせる【着せる】 **❶**【衣類を】 使穿上 shǐ chuānshang (英 [着物を] *dress; clothe*；[めっき] *coat*) ▶服を～/给…穿衣服 gěi…chuān yīfu ▶ふとんを～/盖上被子 gàishàng bèizi ▶孫に服を着せてやる/给孙子穿衣服 gěi sūnzi chuān yīfu ▶祖母に毛布を着せかけた/给奶奶盖上毛毯 gěi nǎinai gàishàng máotǎn **❷**【罪などを】 转嫁 zhuǎnjià (英 [罪を] *lay*) ▶俺に罪を～気かい/你想把罪名转嫁给我吗？nǐ xiǎng bǎ zuìmíng zhuǎnjià gěi wǒ ma? ▶えらく恩に～じゃないか/你可真会让人家感恩戴 nǐ kě zhēn huì ràng rénjia gǎn'ēn dài

キセル【煙管】 烟袋 yāndài；旱烟袋 hànyāndài (英 *a (tobacco) pipe*) ▶～できざみを吸いつける/用烟袋抽烟丝 yòng yāndài chōuyān sī ▶《電車などで》～をする/蹭车 cèng chē

きぜわしい【気忙しい】 忙乱 mángluàn；忙碌 mánglù；急躁 jízào (英 *restless; bustling*) ▶3月は何かと～ものですね/三月总是忙忙碌碌的 sān yuè zǒngshì mángmánglùlù de

きせん【汽船】 轮船 lúnchuán (英 *a steamship*) ▶小さな～が二つの町を繋いでいる/小轮船把两个镇连结在一起 xiǎolúnchuán bǎ liǎng ge zhèn liánjié zài yìqǐ

きせん【機先】 先机 xiānjī (英 *a start*) ▶～を制する/先发制人 xiān fā zhì rén

きぜん【毅然】 (英 *bravely; resolutely*) ▶～した/毅然 yìrán ▶校長は～として答えた/校长毅然回答 xiàozhǎng yìrán huídá ▶そこには父の～たる姿があった/在那里看到了父亲毅然不屈的形象 zài nàli kàndàole fùqin yìrán bù qū de xíngxiàng

ぎぜん【偽善】 偽善 wěishàn (英 *hypocrisy*) ▶～者/偽君子 wěijūnzǐ; 偽善者 wěishànzhě ▶君に～者と呼ばれたくないね/我可不愿意被你叫做伪君子 wǒ kě bú yuànyì bèi nǐ jiàozuò wěijūnzǐ ▶～的/偽善的 wěishàn de ▶あの人の親切がどうも～的に見えるんだ/那个人的热情总显得有些伪善 nàge rén de rèqíng zǒng xiǎnde yǒuxiē wěishàn

きそ【起訴】 起诉 qǐsù; 公诉 gōngsù (英 *prosecute*) ▶彼は殺人罪で～された/他以杀人罪被提起公诉 tā yǐ shārénzuì bèi tíqǐ gōngsù ▶事件は不～になった/事件不予起诉 shìjiàn bùyǔ qǐsù

> 参考 検察機関であれ民間の私人であれ、裁判所に訴えを起こすことを中国語では "起诉 qǐsù" という。

きそ【基礎】 基础 jīchǔ; 根底 gēndǐ; 根基 gēnjī (英 *the foundation*; *the base*) ▶～を固める/打底子 dǎ dǐzi ▶初級でしっかり～を固めるんだよ/在初级班,要打好基础 zài chūjíbān, yào dǎhǎo jīchǔ ▶～科目/基础课 jīchǔkè ▶教育/启蒙教育 qǐméng jiàoyù ▶教育をおろそかにしてはならない/不能放松启蒙教育 bùnéng fàngsōng qǐméng jiàoyù ▶～資料/原始资料 yuánshǐ zīliào ▶ここに～資料は用意してあります/这里准备好了原始资料 zhèlǐ zhǔnbèihǎole yuánshǐ zīliào ▶～工事/基础施工 jīchǔ shīgōng ▶～工事に手抜きがあったそうだ/据说基础工程出现了偷工减料 jùshuō jīchǔ gōngchéng chūxiànle tōu gōng jiǎn liào ▶彼には～的な知識が欠けている/他缺乏基础知识 tā quēfá jīchǔ zhīshi ▶～から数学をやり直しなさい/你要从基础开始重新学习数学 nǐ yào cóng jīchǔ kāishǐ chóngxīn xuéxí shùxué ▶私の説を～づける新事実が発見された/发现了新的事实, 为自己的理论奠定了基础 fāxiànle xīn de shìshí, wèi zìjǐ de lǐlùn diàndìngle jīchǔ

きそいあう【競い合う】 竞争 jìngzhēng (英 *compete*) ▶二人は競い合って腕を磨いた/两个人互相竞争提高了技艺 liǎng ge rén hùxiāng jìngzhēng tígāole jìyì

きそう【起草する】 起草 qǐcǎo; 草拟 cǎonǐ (英 *draft*; *draw up*) ▶抗議声明は私が～した/抗议声明是我起草的 kàngyì shēngmíng shì wǒ qǐcǎo de

きそう【競う】 比赛 bǐsài; 比试 bǐshì; 较量 jiàoliàng (英 *compete*; *contend*) ▶全国の強豪が一堂に会して腕を～/全国的高手聚集一堂较量技艺 quánguó de gāoshǒu jùjí yì táng jiàoliàng jìyì

きぞう【寄贈する】 赠送 zèngsòng; 捐赠 juānzèng (英 *donate*) ▶～図書/捐赠图书 juānzèng túshū ▶～図書が多くて整理が追いつかない/捐赠的图书太多,整理工作跟不上 juānzèng de túshū tài duō, zhěnglǐ gōngzuò gēnbushàng ▶父が残した絵画コレクションを市の美術館に～した/把父亲生前收藏的绘画捐赠给市美术馆了 bǎ fùqin shēngqián shōucáng de huìhuà juānzèng gěi shì měishùguǎn le

ぎそう【偽装する】 伪装 wěizhuāng (英 *camouflage*; *disguise*) ▶遺品から～殺人の疑いが出てきた/从遗留物品里发现了委托杀人的嫌疑 cóng yíliú wùpǐnlǐ fāxiànle wěituō shārén de xiányí ▶～牛肉を販売する/出售冒牌牛肉 chūshòu màopái niúròu ◆～結婚/假结婚 jiǎjiéhūn

ぎぞう【偽造する】 假造 jiǎzào; 伪造 wěizào (英 *forge*) ▶～紙幣/假钞 jiǎchāo; 伪钞 wěichāo ▶受け取った時～紙幣とはわからなかった/我收款的时候不知道是伪造的纸币 wǒ shōukuǎn de shíhou bù zhīdào shì wěizào de zhǐbì ▶～品/赝品 yànpǐn ▶～品はすぐばれる/假货很快就会被识破 jiǎhuò hěn kuài jiù huì bèi shípò ▶～旅券/伪造护照 wěizào hùzhào ▶～旅券を使おうとしてつかまった/因为使用伪造护照被逮捕 yīnwèi shǐyòng wěizào hùzhào bèi dàibǔ ▶証拠を～するとは何事だ/伪造证据, 岂有此理! wěizào zhèngjù, qǐ yǒu cǐ lǐ!

きそうてんがい【奇想天外な】 异想天开 yì xiǎng tiān kāi (英 *fantastic*) ▶彼は実に～な設計図を提出してきた/他提出了一个别出心裁的设计图 tā tíchūle yí ge bié chū xīncái de shèjìtú

きそく【規則】 规则 guīzé; 规章 guīzhāng; 规程 guīchéng (英 *a rule*; *regulations*) ▶～を破る/犯规 fànguī ▶～を破れば罰则が待っている/犯规就要等着受罚 fànguī jiùyào děngzhe shòufá ▶～を守る/遵守规章 zūnshǒu guīzhāng ▶～正しい生活/有规律的生活 yǒu guīlǜ de shēnghuó ▶我が家は～正しい生活を心掛けている/我们家很注意有规律地生活 wǒmen jiā hěn zhùyì yǒu guīlǜ de shēnghuó ▶～に縛られて毎日が面白くない/每天被规章束缚很无聊 měitiān bèi guīzhāng shùfù hěn wúliáo ▶～はどうあろうと私は行く/不管规矩怎么样, 我都要去 bùguǎn guīju zěnmeyàng, wǒ dōu yào qù ▶街路樹が～的に現れては消えた/道路两旁的树依次出现, 又依次消失 dàolù liǎngpáng de shù yīcì chūxiàn, yòu yīcì xiāoshī

きぞく【帰属する】 归属 guīshǔ; 归于 guīyú [所属] *belong to*...) ▶～意識/归属意识 guīshǔ yìshí ▶彼はああ見えて会社への～意識が強いよ/别看他那样,其实对公司的归属感可强了 bié kàn tā nàyàng, qíshí duì gōngsī de guīshǔgǎn kě qiáng le ▶川に捨てられていた大金は国庫に～した/被扔在河里的巨款,结果进了国库 bèi rēngzài hélǐ de jùkuǎn, jiéguǒ jìnle guókù

きぞく【貴族】 贵族 guìzú (英 *a noble*; *an aristocrat*) ▶独身～の生活を謳歌する/尽情享受单身贵族的生活 jìnqíng xiǎngshòu dānshēn guìzú de shēnghuó ▶あの人は～の出だ/那个人是贵族出身 nàge rén shì guìzú chūshēn

ぎそく【義足】 假腿 jiǎtuǐ; 义肢 yìzhī (英 *an artificial leg*) ▶かつて～の野球選手がいた/曾经

きそん【毀損する】 損壊 sǔnhuài; 損害 sǔnhài; 毀坏 huǐhuài (英 *damage; injure*) ▶古墳内部の〜が案じられる/人们担心古坟内部可能受损 rénmen dānxīn gǔfén nèibù kěnéng shòusǔn ▶その記事で私は著しく名誉を〜された/那条报道严重损害了我的名誉 nà tiáo bàodào yánzhòng sǔnhàile wǒ de míngyù

きぞん【既存の】 現有 xiànyǒu; 原有 yuányǒu (英 *existing*) ▶その施設では難民を収容しきれない/现有的设施容纳不下难民 xiànyǒu de shèshī róngnàbuxià nànmín

きた【北】 北 běi; 北边 běibian; 北方 běifāng (英 *the north*) ▶〜向きの部屋は病人にはよくない/朝北的房间不适合住病人 cháo běi de fángjiān bú shìhé zhù bìngrén ▶一行は飛行機で〜に向かった/一行乘飞机北上 yìxíng chéng fēijī běishàng ▶〜から寒波がやってくる/从北方移来一股寒流 cóng běifāng yílái yì gǔ hánliú ▶〜国の春は短い/北国的春天很短暂 běiguó de chūntiān hěn duǎnzàn

◆〜回帰線 北回归线 běihuíguīxiàn 〜半球 北半球 běibànqiú ▶日本は〜半球にある/日本位于北半球 Rìběn wèiyú běibànqiú ▶〜半球で一番長い川は何ですか/北半球最长的河流是哪一条？ běibànqiú zuì cháng de héliú shì nǎ yì tiáo？

ギター【楽器】 吉他 jítā (英 *a guitar*) ▶〜を弾く/弹吉他 tán jítā ▶僕は夕暮れの公園で〜を弾いていた/我在黄昏的公园里弹吉他 wǒ zài huánghūn de gōngyuánli tán jítā ▶エレキ〜/电吉他 diànjítā ▶少年たちはエレキ〜に憧れた/少年们向往着弹电子吉他 shàoniánmen xiàngwǎngzhe tán diànzǐ jítā

きたい【気体】 气体 qìtǐ (英 *gas; vapor*) ▶〜燃料/气体燃料 qìtǐ ránliào

きたい【期待する】 期待 qīdài; 期望 qīwàng; 指望 zhǐwàng (英 *expect; hope for...*) ▶〜に沿う/不辜负期望 bù gūfù qīwàng ▶彼はみんなの〜に沿う活躍をした/他实现了大家的期望大有作为 tā shíxiànle dàjiā de qīwàng dà yǒu zuòwéi ▶〜はずれ/期待落空 qīdài luòkōng ▶結果は〜はずれに終わった/结果是期待落空 jiéguǒ shì qīdài luòkōng ▶彼女の金メダルへの〜が日ごとに高まった/对她获得金牌的期待日益高涨 duì tā huòdé jīnpái de qīdài rìyì gāozhǎng ▶君には大いに〜しているよ/我们对你充满期望 wǒmen duì nǐ chōngmǎn qīwàng ▶彼は褒美を〜して社長室へ行った/他期望着奖赏去总经理室了 tā qīwàngzhe jiǎngshǎng qù zǒngjīnglǐshì le ▶私はみんなの〜を裏切った/我辜负了大家对我的期望 wǒ gūfùle dàjiā de qīwàng

きたい【機体】 机体 jītǐ (英 *the body*) ▶巨大な〜が空に浮かんだ/巨大的机体浮现在空中 jùdà de jītǐ fúxiàn zài kōngzhōng ▶鳥が〜にぶつかった/鸟撞在机体上 niǎo zhuàngzài jītǐshang

きだい【希代】 稀世 xīshì; 绝代 juédài (英 *matchless*)

ぎたい【擬態】 拟态 nǐtài (英 *mimicry*) 〜語/拟态词 nǐtàicí ▶虫の〜が面白くて面白くて…/昆虫拟态的样子太有趣了 kūnchóng nǐtài de yàngzi tài yǒuqù le

ぎだい【議題】 议题 yìtí (英 *a subject for discussion*) ▶その件は〜に上らなかった/那件事没有被列为议题 nà jiàn shì méiyǒu bèi lièwéi yìtí ▶〜を整理しておこう/整理好议题 zhěnglǐhǎo yìtí

きたえあげる【鍛え上げる】 锻炼成 duànliànchéng; 锻炼好 duànliànhǎo (英 *build up*)

きたえる【鍛える】 锻炼 duànliàn; 锤炼 chuíliàn (英〔鍛練〕*drill; train*) ▶体を〜/锻炼身体 duànliàn shēntǐ ▶君は体よりも心を鍛えなさい/你与其锻炼身体，更要锤炼意志 nǐ yǔqí duànliàn shēntǐ, gèng yào chuíliàn yìzhì

きたかぜ【北風】 北风 běifēng; 朔风 shuòfēng (英 *a north wind*) ▶山の向こうから冷たい〜が吹いてくる/从山那边刮来一股寒冷的北风 cóng shān nàbian guālái yì gǔ hánlěng de běifēng

きたがわ【北側】 北边 běibian (英 *the north side*) ▶〜の壁には枯れ蔦(2)が残っている/北边的墙壁上留着一些枯藤 běibian de qiángbìshang liúzhe yìxiē kūténg ▶国境の〜は言葉が違う世界だ/国境北边儿是语言不同的世界 guójìng běibiānr shì yǔyán bùtóng de shìjiè

きたく【帰宅する】 回家 huíjiā (英 *go home, come home*;〔着く〕*get home*) ▶5 時になるとさっさと〜する/一到五点就回家 yí dào wǔ diǎn jiù huíjiā ▶〜の途中で事故に遭った/在回家的路上遇到事故 zài huíjiā de lùshang yùdào shìgù

きたく【寄託】 寄存 jìcún (英 *deposit; entrust*) ▶家宝の壺は博物館に〜してある/家传的瓷罐寄存在博物馆 jiāchuán de cíguàn jìcún zài bówùguǎn

きたす【来たす】 带来 dàilái (英 *cause*) ▶小さなミスが開催に支障を来たした/小小的失误却给大会的召开带来了困难 xiǎoxiǎo de shīwù què gěi dàhuì de zhàokāi dàiláile kùnnan

きだて【気立て】 〜のよい 心眼儿好 xīnyǎnr hǎo; 心情温柔 xīnqíng wēnróu ▶ほんとに〜のよいお嬢さんですね/真是一位性情温柔的好姑娘 zhēn shì yí wèi xìngqíng wēnróu de hǎo gūniang

きたない【汚い】 ❶〔不潔〕脏 zāng; 肮脏 āngzāng; 不干净 bù gānjìng (英 *dirty*) ▶〜服/脏衣服 zāngyīfu ▶〜足で上がるなよ/这么脏的脚别上来 zhème zāng de jiǎo bié shànglái ▶教室の床が〜/教室的地板很脏脏 jiàoshì de dìbǎn hěn āngzāng ❷〔見苦しい〕(英 *bad; unpleasant*) ▶〜字/潦草的字迹 liáocǎo de zìjì ▶こんな〜字しか書けないのかい/你只会写这

么潦草的字啊！nǐ zhǐ huì xiě zhème liáocǎo de zì a! ❸【倫理的に】肮脏 āngzāng; 卑鄙 bēibǐ (英 *unfair*) ▶～言葉/脏话 zānghuà; 下流的话 xiàliú de huà ▶～を使うと要无赖 shuǎ wúlài; 使用卑鄙的手段 shǐyòng bēibǐ de shǒuduàn ▶～言葉は自分の顔を汚します/说脏话会给自己脸上抹黑 shuō zānghuà huì gěi zìjǐ liǎnshang mǒhēi ▶～手を使っても勝ちは勝ちだ/尽管要赖, 可毕竟是赢了 jǐnguǎn shuǎlài, kě bìjìng shì yíng le ◆あいつは金に～/那个家伙在金钱上很卑鄙 nàge jiāhuo zài jīnqiánshang hěn bēibǐ

きたる【来たる】（英 *next; coming*）▶～20日に見本市が開幕する/下个月二十号商品展览会开幕 xià ge yuè èrshí hào shāngpǐn zhǎnlǎnhuì kāimù ▶～べき全日本選手権に備えて…/为即将到来的日本全国锦标赛作准备… wèi jíjiāng dàolái de Rìběn quánguó jǐnbiāosài zuò zhǔnbèi…

きたん【忌憚】 忌惮 jìdàn (英 *reserve; modesty*) ▶諸君の～のない意見を聞きたい/希望你们直言不讳地提出意见 xīwàng nǐmen zhíyán bù huì de tíchū yìjiàn

きだん【気団】 气团 qìtuán (英 *an air mass*) ▶寒～/冷气团 lěngqìtuán ▶シベリア寒～が南下してくる/西伯利亚的冷空气即将南下 Xībólìyà de lěngkōngqì jíjiāng nánxià

きだん【奇談】 奇谈 qítán (英 *a strange story*) ▶あの顔ぶれなら珍談・～に事欠かないだろう/那帮人恐怕少不了奇闻趣事 nà bāng rén kǒngpà shǎobùliǎo qíwén qùshì

きち【危地】 险境 xiǎnjìng; 危险地区 wēixiǎn dìqū; 虎口 hǔkǒu (英 *a dangerous situation*) ▶～を脱する/脱险 tuōxiǎn ◆ホテルで火災にあい, 危うく～を脱した/在饭店遇到火灾, 侥幸脱险 zài fàndiàn yùdào huǒzāi, jiǎoxìng tuōxiǎn ▶彼らは望んで～に赴いた/他们自愿去危险地区赴任 tāmen zìyuàn qù wēixiǎn dìqū fùrèn

きち【吉】 吉 jí; 吉祥 jíxiáng (英 *good luck*) ▶天神様でおみくじを引いたら大～と出た/在天神庙抽签抽到大吉 zài tiānshénmiào chōuqiān chōudào dàjí

きち【既知の】 已知 yǐzhī (英 *already-known*) ▶彼が持ち帰ったのは～の情報ばかりだった/他带回来的净是一些早就知道的旧闻 tā dàihuílai de jìng shì yìxiē zǎojiù zhīdào de jiùwén

～数/已知数 yǐzhīshù

きち【基地】 基地 jīdì (英 *a base*) ▶観測～/观测基地 guāncè jīdì ◆彼らは氷上に観測～を設営した/他们在冰面上设置了观测基地 tāmen zài bīngmiànshang shèzhìle guāncè jīdì ▶島の至るところに軍事～がある/岛上到处都是军事基地 dǎoshang dàochù dōu shì jūnshì jīdì

きち【機知】 机智 jīzhì; 风趣 fēngqù (英 *wit; resources*) ▶～に富む言葉/俏皮话 qiàopíhuà ▶先生の口からは次々と～に富む言葉が出る/老师的谈吐中妙语横生 lǎoshī de tántǔ zhōng miàoyǔ héngshēng

きちじつ【吉日】 吉日 jírì; 吉期 jíqī (英 *a lucky day*) ▶～を選ぶ/择吉 zéjí ▶～を選んで婚礼の式を挙げる/择吉举办婚礼 zéjí jǔbàn hūnlǐ

きちゃく【帰着】 归结 guījié; 结果 jiéguǒ (英 *add up to...*) ▶議論は結局現状維持に～した/议论的结果还是维持现状 yìlùn de jiéguǒ háishi wéichí xiànzhuàng

きちゅう【忌中】 居喪 jūsāng (英 *in mourning*) ▶久しぶりに届いた手紙は～の挨拶だった/事隔很久收到来信, 却是居丧中的问候 shì gé hěn jiǔ shōudào láixìn, què shì jūsāng zhōng de wènhòu

きちょう【帰朝する】 回国 huíguó; 归国 guīguó (英 *return from abroad*) ▶～報告/回国报告 huíguó bàogào

きちょう【記帳する】 签名 qiānmíng; 记帐 jìzhàng; 入账 rùzhàng (英 *make an entry; sign*) ▶受付で芳名録に～する/在签到处的签名簿上签名 zài qiāndàochù de qiānmíngbùshang qiānmíng ▶僅かな金額でもきちんと～しなさい/即使只有零星的款项也请如数入账 jíshǐ zhǐ yǒu língxīng de kuǎnxiàng yě qǐng rúshù rùzhàng

きちょう【基調】 基调 jīdiào; 主调 zhǔdiào (英 *the keynote*) ▶あの赤を～としたデザインが好評です/那以红色为基调的设计获得好评 nà yǐ hóngsè wéi jīdiào de shèjì huòdé hǎopíng ▶委員会を代表して私が～報告をします/我代表委员会作基调报告 wǒ dàibiǎo wěiyuánhuì zuò jīdiào bàogào

きちょう【貴重な】 宝贵 bǎoguì; 贵重 guìzhòng; 珍贵 zhēnguì (英 *precious; valuable*) ▶～な意見/宝贵意见 bǎoguì yìjiàn ▶～な人材/宝贵人才 bǎoguì réncái ▶～品/贵重物品 guìzhòng wùpǐn ▶先生から～な御意見を賜りました/从老师那里聆听了宝贵的意见 cóng lǎoshī nàli língtīngle bǎoguì de yìjiàn ▶君は我が社の～な人材だ/你是我们公司宝贵的人才 nǐ shì wǒmen gōngsī bǎoguì de réncái ▶～品はフロントに預けよう/贵重物品寄存在前台吧 guìzhòng wùpǐn jìcún zài qiántái ba

きちょう【機長】 机长 jīzhǎng (英 *the flight captain*)

ぎちょう【議長】 主席 zhǔxí; 议长 yìzhǎng (英 *the chairman*) ▶委員たちが一斉に～に詰め寄った/委员们一起逼近会议主席 wěiyuánmen yìqǐ bījìn huìyì zhǔxí ▶田辺氏がその会の～を務める/田边氏出任那个大会的议长 Tiánbiān shì chūrèn nàge dàhuì de yìzhǎng ▶原口氏を～に選ぶ/选原口氏当议长 xuǎn Yuánkǒu shì dāng yìzhǎng

きちょうめん【几帳面な】 一丝不苟 yì sī bù gǒu; 规规矩矩 guīguījǔjǔ (英 *exact; precise*) ▶息子は～な性格で…/儿子的性格一丝不苟… érzi de xìnggé yì sī bù gǒu… ▶～に日記をつける/认真地记日记 rènzhēn de jì rìjì

きちんと ❶【整う】整齐 zhěngqí; 规矩 guījǔ

きつい

(英 *carefully; neatly*) ▶~片付ける/拾掇得整整齐齐的 shíduode zhěngzhěngqíqí de ▶~した身なり/整洁的衣着 zhěngjié de yīzhuó ▶部屋の中は~片付いている/房间收拾得很整齐 fángjiān shōushide hěn zhěngqí ▶彼はいつも~した身なりをしている/他总是那么整洁利落 tā zǒngshì nàme zhěngjié lìluo ▶脱いだ着物をたたむ/把脱下来的衣服叠整齐 bǎ tuōxiàlai de yīfu diézhěngqí **2**【正しく】(英 *exactly*) 守时 shǒushí; 有条理 yǒu tiáolǐ ▶期限を~守る作家は珍しい/遵守期限的作家很少见 zūnshǒu qīxiàn de zuòjiā hěn shǎojiàn ▶夫人は何事も~している/夫人不管做什么总是井井有条的 fūrén bùguǎn zuò shénme dōu shì jǐngjǐng yǒu tiáo de ▶家賃はきちん~支払っている/房租按期支付 fángzū ànqí zhīfù

きつい 1【厳しい】严厉 yánlì (英 *severe*) ▶先ほどはひぃ~ことを言ってしまった/刚才我说得有点太严厉了 gāngcái wǒ shuōde yǒudiǎn tài yánlì le **2**【衣服などが】紧 jǐn; 瘦 shòu (英 *tight*) ▶靴が~/鞋子有点儿紧 xiézi yǒudiǎnr jǐn **3**【酒が】厉害 lìhai; 烈性 lièxìng (英 *strong*) ▶~酒/烈性酒 lièxìngjiǔ ▶泡盛はけっこう~酒ですよ/泡盛是一种相当强烈的酒 pāochéng shì yì zhǒng xiāngdāng qiángliè de jiǔ **4**【日差しが】毒 dú (英 *strong*) ▶砂浜は日差しがとりわけきついな/沙滩的阳光格外强烈 shātān de yángguāng géwài qiángliè **5**【縛り方が】紧 jǐn (英 *tight*) ▶もっときつく縛らないと荷が落ちるぞ/再捆得紧一点，不然行李会掉下来的 zài kǔnde jǐn yìdiǎn, bùrán xínglǐ huì diàoxiàlai de **6**【性格が】霸道 bàdao; 严厉 yánlì (英 *harsh*) ▶彼の顔に何か~感じがあった/他的表情让人感到一种霸气 tā de biǎoqíng ràng rén gǎndào yì zhǒng bàqì **7**【作業・仕事などが】费力 fèilì; 紧张 jǐnzhāng (英 *hard*) ▶ドライバーには~ノルマが続いた/司机的工作一直都有严格的任务指标 sījī de gōngzuò yìzhí dōu yǒu yángé de rènwu zhǐbiāo

きつえん【喫煙する】抽烟 chōuyān; 吸烟 xīyān (英 *smoke*) ▶~席/吸烟 xīyān xí ▶~室/吸烟室 xīyānshì ▶路上の~は罰金の対象となる/在路上吸烟会被罚款 zài lùshang xīyān huì bèi fákuǎn

きつおん【吃音】结巴 jiēba; 口吃 kǒuchī (英 *a stammerer*) ▶教室に通って~を矯正する/去教室矫正口吃 qù jiàoshì jiǎozhèng kǒuchī ▶気がついたら彼は~が治っていた/突然发现他的口吃治好了 tūrán fāxiàn tā de kǒuchī zhìhǎo le

きづかう【気遣う】关心 guānxīn; 体贴 tǐtiē; 关切 guānqiè (英 *be anxious; worry; be afraid of...*) ▶留守宅には安否を~電話が相次いだ/留守家属接二连三地收到问候平安的电话 liúshǒu jiāshǔ jiē èr lián sān de shōudào wènhòu píng'ān de diànhuà ▶お気遣いありがとうございました/感谢您的关照 gǎnxiè nín de guānzhào ▶被災地の人々の健康が気遣わしい/受灾地区人

们的健康令人牵挂 shòuzāi dìqū rénmen de jiànkāng lìng rén qiānguà ▶彼は気遣わしげに私を見た/他关切地看着我 tā guānqiè de kànzhe wǒ

きっかけ【切っ掛け】机会 jīhuì; 开端 kāiduān (英 *a chance; a start; a clue*) ▶~になる/触发 chùfā ▶その発明が~で会社は急成長した/那项发明创造开端，公司获得了迅速的发展 nà xiàng fāmíng chuàngzào kāiduān, gōngsī huòdéle xùnsù de fāzhǎn ▶私はようやく反論の~をつかんだ/我终于抓住了反驳的机会 wǒ zhōngyú zhuāzhùle fǎnbó de jīhuì

きっかり 整 zhěng (英 *just; exactly; sharp*) ▶列車は5時~に駅に着いた/火车五点整到达车站 huǒchē wǔ diǎn zhěng dàodá chēzhàn

きづかれ【気疲れする】精神疲劳 jīngshén píláo; 费心 fèixīn (英 *be mentally fatigued*) ▶老人客の応対が続いてすっかり~した/一直在接待老龄顾客，太费神了 yìzhí zài jiēdài lǎolíng gùkè, tài fèishén le

きっきょう【吉凶】吉凶 jíxiōng (英 *good or ill luck; fortune*) ▶トランプを並べて~を占う/摊开扑克牌，占卜吉凶 tānkāi pūkèpái, zhānbǔ jíxiōng

キック 踢球 tīqiú (英 *a kick*) ◆~オフ：开球 kāiqiú ペナルティ~：罚球 fáqiú

きつく 紧紧地 jǐnjǐn de (英 *hard*) ▶~叱りすぎたかなあ/刚才我是不是批评得太严厉了？gāngcái wǒ shìbushì pīpíngde tài yánlì le? ▶ベルトをあまり~しめると苦しいよ/皮带系得太紧会难受的 pídài jìde tài jǐn huì nánshòu de

きづく【気付く】发觉 fājué; 察觉 chájué; 注意到 zhùyìdào (英 *know; recognize; suspect*) ▶妻の異状に~のが遅すぎた/察觉到妻子的异常状况时已经太晚了 chájuédào qīzi de yìcháng zhuàngkuàng shí yǐjing tài wǎn le ▶彼は危険に気付いていない/他没有察觉到危险 tā méiyǒu chájuédào wēixiǎn

ぎっくりごし【ぎっくり腰】闪腰 shǎnyāo; 扭伤腰 niǔshāng yāo (英 *a strained back; [椎間板の] a slipped disk*) ▶父は駅の階段で~に襲われた/父亲在车站的楼梯闪了腰 fùqīn zài chēzhàn de lóutī shǎnle yāo

きつけ【着付け】(英 *dressing*) ▶着物の~は難しい/穿和服很难 chuān héfú hěn nán

-きつけ【気付】转交 zhuǎnjiāo (英 *care of...; c/o...*) ▶大使館~で手紙を出す/写信给大使馆请代转 xiě xìn gěi dàshǐguǎn qǐng dàizhuǎn

きっこう【拮抗する】抗衡 kànghéng; 颉颃 xiéháng (英 *compare with...*) ▶実力が~する/实力不相上下 shílì bù xiāng shàngxià

きっさてん【喫茶店】咖啡馆 kāfēiguǎn (英 *a tearoom*)

ぎっしり 满 mǎn (英 *densely; tightly*) ▶~詰める/装得满满登登 zhuāngde mǎnmǎndēngdēng ▶場内は客で~だ/会场内满是客人 huìchǎng nèi mǎnshì kèrén ▶カバンに~本を詰

きっちり【書包里装満了書】 shūbāoli zhuāngmǎnle shū ▶道路は自動車で〜埋まっていた/路上挤满了汽车 lùshang jǐmǎnle qìchē ▶今月は予約が〜詰まっています/这个月预约都排满了 zhège yuè yùyuē dōu páimǎn le

きっすい【生粋の】 地道 dìdao；纯粹 chúncuì (英 trueborn; pure; genuine) ▶親方は〜の江戸っ子なんだってね/据说师傅是地道的老江户 jùshuō shīfu shì dìdao de lǎo Jiānghù

きっすい【喫水】 (英 draft) ▶この船は〜が浅い/这条船吃水线很浅 zhè tiáo chuán chīshuǐxiàn hěn qiǎn

◆〜線：吃水线 chīshuǐxiàn

きっする【喫する】 (被る) 遭受 zāoshòu；受到 shòudào (英 suffer) ▶惨敗を〜/遭到惨败 zāodào cǎnbài

ぎっちょ【左撇子】 zuǒpiězi (英 left-handedness) ▶野球は左〜の方が有利だと見える/看起来棒球运动对左撇子有利 kànqǐlai bàngqiú yùndòng duì zuǒpiězi yǒulì

きっちょう【吉兆】 好兆头 hǎozhàotou；吉兆 jízhào (英 a lucky sign) ▶出発の朝、梅が咲いた。〜だと僕は思った/出发那天的早晨、梅花开了. 我感到这是好兆头 chūfā nà tiān zǎochen, méihuā kāi le. wǒ gǎndào zhè shì hǎo zhàotou

きっちり 正好 zhènghǎo；整 zhěng (英 exactly; tightly) ▶〜と並べる/整齐地排列 zhěngqí de páiliè ▶本を棚に〜と並べる/书架上整整齐齐地摆满了书 shūjiàshang zhěngzhěngqíqí de bǎimǎnle shū ▶列車は〜3時に発車する/火车三点整开车 huǒchē sān diǎn zhěng kāichē

キッチン【厨房】 chúfáng (英 a kitchen) ▶システム〜/组合厨房 zǔhé chúfáng

キツツキ【啄木鳥】〚鳥〛啄木鸟 zhuómùniǎo (英 a woodpecker)

きって【切手】 邮票 yóupiào (英 a (postage) stamp) ▶〜を収集する/集邮 jíyóu ▶〜を貼る/贴邮票 tiē yóupiào ▶子供の頃から〜収集が趣味でした/从小时候就喜欢集邮 cóng xiǎoshíhou jiù xǐhuan jíyóu ▶〜を貼って投函する/贴上邮票寄信 tiēshàng yóupiào jìxìn ▶今月また記念〜が出る/这个月还要发行新的纪念邮票 zhège yuè hái yào fāxíng xīn de jìniàn yóupiào

-きって ▶若いころは町内〜の美人だった/年轻的时候是我们这片儿最漂亮的美人 niánqīng de shíhou shì wǒmen zhè piànr zuì piàoliang de měirén

きっと 一定 yídìng；必定 bìdìng；肯定 kěndìng (英 surely; certainly; undoubtedly) ▶〜帰ってくるんだから/一定得回来呀 yídìng děi huílái a ▶〜あいつがやったんだよ/肯定是那个家伙干的 kěndìng shì nàge jiāhuo gàn de

きっと《厳しく》严厉 yánlì (英 sharply; sternly) ▶彼女は唇を〜閉じて彼の言い訳を聞いた/她紧闭着嘴听着他的辩解 tā jǐn bìzhe zuǐ tīngzhe tā de biànjiě ▶言われて彼に〜なった/他说得使他

板下脸来 tā bèi shuōde bǎnxià liǎn lai

キッド【羊羔皮】 yánggāopí (英 kid) ▶彼女は〜の手袋をはめていた/她戴着羊羔皮的手套 tā dàizhe yánggāopí de shǒutào

キツネ【狐】〚動物〛狐狸 húli (英 a fox) ▶立ち食いの店で〜うどんを食った/在立食餐厅吃了碗加油炸豆腐条和葱丝的乌冬面 zài lìshí cāntīng chīle wǎn jiā yóuzhá dòufutiáo hé cōngsī de wūdōngmiàn ▶彼は〜につままれたような顔をした/他的表情发呆、好像是被狐狸精迷住了 tā de biǎoqíng fādāi, hǎoxiàng shì bèi húlijīng mízhù le

ことわざ 狐と狸の化かし合い 尔虞我诈 ěr yú wǒ zhà ▶この業界は〜と狸の化かし合いですよ/干这一行的，彼此都是你欺我诈 gàn zhè yì háng de, bǐcǐ dōu shì nǐ qī wǒ zhà

◆〜色 ▶トーストがこんがり〜色に焼けた/土司面包片烤成了焦黄色 tǔsī miànbāopiàn kǎochéngle jiāohuángsè

きっぱり 決然 juérán；断然 duànrán；果断 guǒduàn (英 clearly; definitely) ▶〜手を切る/一刀两断 yì dāo liǎng duàn ▶彼は〜言い切った/他一口咬定 tā yì kǒu yǎodìng ▶あの男とは〜手を切ったわ/我跟那个男人一刀两断了 wǒ gēn nàge nánrén yì dāo liǎng duàn le

きっぷ【切符】 票 piào (英 a ticket) ▶汽車の〜/车票 chēpiào ▶〜を払い戻す/退票 tuìpiào ▶往復を3枚買った/买了三张往返票 mǎile sān zhāng wǎngfǎnpiào ▶コンサートの〜がもう手に入らない/音乐会的票已经买不到了 yīnyuèhuì de piào yǐjing mǎibudào le ▶〜を切る/检票 jiǎn piào

◆〜売場 ▶〜売場の混雑がひどい/售票处非常拥挤 shòupiàochù fēicháng yōngjǐ

きっぷ【気っ風】 〜がいい 大方 dàfang；慷慨 kāngkǎi

きっぽう【吉報】 喜讯 xǐxùn；好消息 hǎoxiāoxi (英 good news) ▶〜をもたらす/报喜 bàoxǐ ▶長男がまず合格の〜をもたらした/大儿子首先带来了考取的好消息 dà'érzi shǒuxiān dàiláile kǎoqǔ de hǎoxiāoxi ▶〜を待つ/等候喜讯 děnghòu xǐxùn ▶思い出話でもしながら〜を待つとするか/我们一边回忆往事, 一边等候喜讯吧 wǒmen yìbiān huíyì wǎngshì, yìbiān děnghòu xǐxùn ba

きづまり【気詰まりな】 发窘 fājiǒng (英 uncomfortable) ▶祖父と二人でいるのが〜だった/只剩下我跟祖父两个人的时候、就感到别扭 zhǐ shèngxià wǒ gēn zǔfù liǎng ge rén de shíhou, jiù gǎndào bièniu

きつもん【詰問する】 责问 zéwèn；质问 zhìwèn (英 question intensely) ▶彼は先生から厳しい〜を受けた/他受到老师严厉的责问 tā shòudào lǎoshī yánlì de zéwèn ▶下らぬことで〜されて、私は腹が立った/为了一些无聊的事情受到责问, 我很生气 wèile yìxiē wúliáo de shìqing shòudào zéwèn, wǒ hěn shēngqì

きつりつ【屹立する】 峭立 qiàolì；屹立 yìlì (英

stand out） ▶村の背後には雪を戴く峰々が～している／村子后面屹立着积雪的山峦 cūnzi hòumian yìlìzhe jīxuě de shānluán

きてい【既定の】 既定 jìdìng （英 *established; fixed; predetermined*） ▶～の方針／既定方針 jìdìng fāngzhēn ▶理事会は～の方針を貫くそうだ／据说理事会将贯彻既定的方针 jùshuō lǐshìhuì jiāng guànchè jìdìng de fāngzhēn

きてい【規定する・規程する】 規程 guīchéng; 規定 guīdìng; 規章 guīzhāng （英 *provide*） ▶～種目（体操などの）／规定项目 guīdìng xiàngmù ▶委員会で議長選挙～を定めた／委员会审定了议长选举规程 wěiyuánhuì shěndìngle yìzhǎng xuǎnjǔ guīchéng ▶制服着用のことははっきり～されている／明文规定要穿制服 míngwén guīdìng yào chuān zhìfú ▶～に従い表彰する／根据规定予以表彰 gēnjù guīdìng yǔyǐ biǎozhāng ◆職務～／职务规章 zhíwù guīzhāng ▶本年より職務～を改定する／从今年开始改定职务规章 cóng jīnnián kāishǐ gǎidìng zhíwù guīzhāng

ぎてい【義弟】 （英 *a brother-in-law*）《妹の夫》妹夫 mèifu;《夫の弟》小叔子 xiǎoshūzi;《妻の弟》小舅子 xiǎojiùzi

ぎていしょ【議定書】 议定书 yìdìngshū （英 *a protocol*） ▶～に調印する／在议定书上签约 zài yìdìngshūshang qiānyuē

きてき【汽笛】 汽笛 qìdí （英 *a whistle*） ▶～を鳴らす／鸣汽笛 míng qìdí ▶船が～を鳴らしつつ島陰に隠れた／轮船鸣着汽笛消失在海岛背后 lúnchuán míngzhe qìdí xiāoshī zài hǎidǎo bèihòu ▶子を待つ母は汽車の～にいちいち反応した／母亲等待着孩子，一听到火车的汽笛声就坐立不安 mǔqin děngdàizhe háizi, yì tīngdào huǒchē de qìdíshēng jiù zuòlì bù'ān

きてん【起点】 出发点 chūfādiǎn; 起点 qǐdiǎn （英 *the starting point*） ▶日本橋を～として東海道は始まる／以日本桥作为东海道的起点 yǐ Rìběnqiáo zuòwéi Dōnghǎidào de qǐdiǎn

きてん【基点】 基点 jīdiǎn （英 *a basic point*） ▶市役所を～として市の地図を描く／以市政机关为基点绘制该市的地图 yǐ shìzhèng jīguān wéi jīdiǎn huìzhì gāi shì de dìtú

きてん【機転】 机智 jīzhì; 心眼儿 xīnyǎnr （英 *quick wit; tact*） ▶～がきく／有心眼儿 yǒu xīnyǎnr; 灵机 língjī ▶なかなか～が利く子だねえ／真是个机灵的孩子 zhēn shì ge jīling de háizi ▶兄の～を利かせて絵を掛け替えておいた／哥哥动了心眼，换了一幅画挂起来 gēge dòngle ge xīnyǎn, huànle yì fú huà guàqǐlai

きと【企図する】 企图 qǐtú （英 *plan*）

きと【帰途】 返程 fǎnchéng; 归途 guītú （英 *on one's way home*） ▶～につく／启程返回 qǐchéng fǎnhuí ▶我々は任務を果たして～についた／我们完成了任务，启程返回 wǒmen wánchéngle rènwu, qǐchéng fǎnhuí ▶青森からの～、仙台に立ち寄った／从青森返回途中，顺路去了（一趟）仙台 cóng Qīngsēn fǎnhuí túzhōng, shùnlù qù-

le(yí tàng)Xiāntái

きど【木戸】 栅栏门 zhàlanmen （英 *a wicket*） ▶裏～を通って遊歩道に出た／穿过木栅后门来到散步小道 chuānguò mùzhà hòumén láidào sànbù xiǎodào

きどあいらく【喜怒哀楽】 喜怒哀乐 xǐ nù āi lè （英 *one's feelings; one's emotion*） ▶彼は～の激しい男だった／他过去是一个喜怒无常的男人 tā guòqù shì yí ge xǐ nù wúcháng de nánrén ▶～を表情に現さない人／不把喜怒哀乐现于言表的人 bù bǎ xǐ nù āi lè xiànyú yán biǎo de rén

きとう【祈祷する】 祈祷 qídǎo; 祷告 dǎogào （英 *pray*） ▶～師／巫师 wūshī

きどう【軌道】 轨道 guǐdào; 路轨 lùguǐ （英 ［天体の］ *an orbit; a track*） ▶～に乗る／上轨道 shàng guǐdào ▶～を外れる／出轨 chūguǐ ▶～を修正する／修正轨道 xiūzhèng guǐdào ▶生产计划がようやく～に乗ってきた／生产计划总算走上了轨道 shēngchǎn jìhuà zǒngsuàn zǒushàngle guǐdào ▶衛星が～を外れて迷子になった／卫星脱离了轨道成了太空里的流浪汉 wèixīng tuōlíle guǐdào chéngle tàikōnglǐ de liúlànghàn ▶衛星の～を修正する／修正卫星的轨道 xiūzhèng wèixīng de guǐdào

きどう【起動する】 起动 qǐdòng （英 *start; boot*） ▶コンピュータを～する／启动计算机 qǐdòng jìsuànjī

きどう【機動】 （英 *movement*） ▶今どきの組織には～性が必要だ／现在的组织机构需要具备机动性 xiànzài de zǔzhī jīgòu xūyào jùbèi jīdòngxìng ◆～隊 ▶～隊が出動して警備に当たる／出动防暴警察担任警备任务 chūdòng fángbào jǐngchá dānrèn jǐngbèi rènwu ◆～力 ▶あらゆる～力を動員して救助に当たれ／动员一切机动力量进行救助 dòngyuán yíqiè jīdòng lìliang jìnxíng jiùzhù

きとく【危篤】 病危 bìngwēi （英 *a critical condition*） ▶～に陥る／垂危 chuíwēi; 临危 línwēi ▶電話で母が～だと知らせてきた／接到电话得知母亲病危的消息 jiēdào diànhuà dézhī mǔqin bìngwēi de xiāoxi ▶応急処置により母は～状態を脱した／经过抢救母亲脱离了危险 jīngguò qiǎngjiù mǔqin tuōlíle wēixiǎn

きとく【奇特な】 难能可贵 nán néng kě guì; 令人钦佩 lìng rén qīnpèi （英 *praiseworthy*） ▶今どき～な行いですよ、えらい／现在这样做是难能可贵，了不起！ xiànzài zhèyàng zuò zhēn shì nán néng kě guì, liǎobuqǐ !

日中比較 中国語の'奇特 qítè'は人間の心理や容貌、景色や現象などが「特異である」ことをいう。

きとくけん【既得権】 既得权利 jìdé quánlì （英 *vested rights*） ▶身勝手な～を振り回さないでくれ／别肆无忌惮地滥用既得权利 bié sì wú jì dàn de lànyòng jìdé quánlì

きどる【気取る】 拿架子 ná jiàzi; 摆架子 bǎi jiàzi （英 *put on airs; pose*） ▶芸術家を～／以艺术家自居 yǐ yìshùjiā zìjū ▶彼は芸術家を

取っているが似合わないな/他以艺术家自居，却没有那种风度 tā yǐ yìshùjiā zìjū, què méiyǒu nà zhǒng fēngdù ▶ あの二人はまるで夫婦気取りだ/他们俩俨然装成夫妻的样子 tāmen liǎ yǎnrán zhuāngchéng fūqī de yàngzi ▶ 彼女はしゃなりしゃなりと気取って歩いた/她装模作样的迈着优雅的步子 tā zhuāng mú zuò yàng de màizhe yōuyǎ de bùzi

きない【機内】 飞机内 fēijī nèi（英 *in-flight*） ▶ ～放送/机内广播 jīnèi guǎngbō ▶ ～放送が緊急事態の発生を告げた/机内广播通知发生了紧急情况 jīnèi guǎngbō tōngzhī fāshēngle jǐnjí qíngkuàng ▶ ～食/机内餐 jīnèicān ▶ 私は～食をきれいに平らげた/我把飞机上的便餐吃得干干净净 wǒ bǎ fēijīshang de biàncān chīde gānggānjìngjìng

きなが【気長】 耐心 nàixīn（英 *slow-going; leisurely*） ▶ ～に待つ/耐心等待 nàixīn děngdài ▶ あの子が大成する日を～に待ちましょう/耐心地等着他有所作为的那一天吧 nàixīn de děngzhe tā yǒusuǒ zuòwéi de nà yì tiān ba

きながし【着流し】（英 *casual kimono; casual clothes*） ▶ 私は～で散歩に出た/我穿着轻便的和服出去散步 wǒ chuānzhe qīngbiàn de héfú chūqù sànbù ▶ 牧本さんの～姿って素敵ねえ/牧本先生穿轻便和服的样子真酷 Mùběn xiānsheng chuān qīngbiàn héfú de yàngzi zhēn kù

きなくさい【きな臭い】 ❶［においが］ 有焦糊味儿 yǒu jiāohúwèir（英 *smoldering*） ▶ 庭の方が～/院子里飘来焦糊味儿 yuànzili piāolái jiāohúwèir ❷［状況が］ 有火药味儿 yǒu huǒyàowèir（英 *impending*） ▶ 中東情勢がきな臭くなってきた/中东局势的火药味越来越浓了 Zhōngdōng júshì de huǒyàowèir yuèláiyuè nóng le

きなこ【黄な粉】 豆面儿 dòumiànr（英 *soybean flour*） ▶ 団子に～をまぶす/团子上撒着豆面儿 tuánzishang sǎzhe dòumiànr ▶ ～餅/豆面糕 dòumiàngāo

きなん【危難】 危难 wēinàn（英 *a danger; a peril*） ▶ ～に陥る/落难 luònàn ▶ ～を救う/救难 jiùnàn ▶ 雪の下の村民の～を救う/解救被大雪困住的村民 jiějiù bèi dàxuě kùnzhù de cūnmín ▶ 孤島で住民が～に陥っている/在孤岛上，居民们陷入危难 zài gūdǎoshang, jūmínmen xiànrù wēinàn

きにいる【気に入る】 看中 kànzhòng；満意 mǎnyì（英 *be satisfied*） ▶ 僕はその服が一目で気に入った/我一眼就看中了那件衣服 wǒ yì yǎn jiù kànzhòngle nà jiàn yīfu ▶ あのへつらい笑いが気に入らん/那种献媚的笑脸让人讨厌 nà zhǒng xiànmèi de xiàoliǎn ràng rén tǎoyàn ▶ 貴子は校長のお気に入りだからなあ/贵子是校长的眼中红人啊 Guìzi shì xiàozhǎng de yǎn zhōng hóngrén a

きにゅう【記入する】 填 tián；填写 tiánxiě（英 *make an entry*） ▶ この欄に住所氏名を～して下さい/请在这个栏里填写住址和姓名 qǐng zài zhège lánli tiánxiě zhùzhǐ hé xìngmíng ▶ ～漏れがありました/有的地方漏记了 yǒude dìfang lòujì le

きぬ【絹】 丝绸 sīchóu（英 *silk*） ▶ ～糸/丝线 sīxiàn ▶ ～織物/绸缎 chóuduàn；丝织品 sīzhīpǐn ▶ ～のマフラー/丝绸围巾 sīchóu wéijīn ▶ ～を裂くような悲鳴が聞こえてきた/听到一声刺耳的惨叫 tīngdào yì shēng cì'ěr de cǎnjiào

きぬけ【気抜けする】 气馁 qìněi；沮丧 jǔsàng（英 *be disheartened*） ▶ 選考から漏れてすっかり～した/没被选上沮丧透了 méi bèi xuǎnshàng jǔsàngtòu le

きね【杵】 杵 chǔ（英 *a pestle; a pounder*） ▶ 餅つきは～持つ手にも力がこもる/握着木杵舂年糕，手里也憋着一股劲儿 wòzhe mùchǔ chōng niángāo, shǒuli yě biēzhe yì gǔ jìnr ▶ 昔取った～柄(がら)/さすがですね/到底是行家，真了不起 dàodǐ shì hángjia, zhēn liǎobuqǐ

ギネスブック 吉尼斯大全 Jínísī dàquán；金氏世界记录 Jīnshì shìjiè jìlù（英 *the Guinness Book of Records*） ▶ 祖父の記録を～に載っている/祖父创下的纪录登载在吉尼斯上 zǔfù chuàngxià de jìlù dēngzài zài Jínísīshang

きねん【祈念する】 祈求 qíqiú；祝愿 zhùyuàn（英 *pray*） ▶ 会の健全な発展を～して乾杯しましょう/祝愿本会的健全发展，干杯 zhùyuàn běnhuì de jiànquán fāzhǎn, gānbēi

きねん【記念】 纪念 jìniàn；留念 liúniàn（英 *commemoration; remembrance*） ▶ ～切手を発行する/发行纪念邮票 fāxíng jìniàn yóupiào ▶ ～撮影を行う/拍摄纪念照 pāishè jìniànzhào ▶ ～碑を建立する/建纪念碑 jiàn jìniànbēi ▶ 今日は何の～日ですか/今天是什么纪念日 jīntiān shì shénme jìniànrì ▶ ～品を贈呈する/赠送纪念品 zèngsòng jìniànpǐn ▶ あなたの卒業の～にこの万年筆を贈る/作为毕业纪念，把这支钢笔送给你 zuòwéi bìyè jìniàn, bǎ zhè zhī gāngbǐ sònggěi nǐ ▶ 何か～になるものがほしい/想找个东西留念 xiǎng zhǎo ge dōngxi liúniàn ▶ 今回の勝利を～してアルバムを作ろう/为纪念这次胜利作个相册吧 wèi jìniàn zhè cì shènglì zuò ge xiàngcè ba

ぎねん【疑念】 疑心 yíxīn；疑団 yítuán；疑云 yíyún（英 *a doubt*） ▶ ～を抱く/抱有疑念 bàoyǒu yíniàn ▶ 彼の真意について私も～を抱いている/对他的真意我也生了疑心 duì tā de zhēnyì wǒ yě shēngle yíxīn ▶ あなたの～は晴れましたか/你的疑团消除了吗？nǐ de yítuán xiāochú le ma？ ▶ あの会社には常に～がつきまとっていた/关于那个公司总是充满疑云 guānyú nàge gōngsī zǒngshì chōngmǎn yíyún

きのう【昨日】 昨天 zuótiān；昨日 zuórì（英 *yesterday*） ▶ なにしろ～の今日だからびっくりしたよ/一天就变了，真让人吃惊 yì tiān jiù biàn le, zhēn ràng rén chījīng ▶ あの事故は～のように憶えている/那个事故好像就发生在昨天一样 记忆犹新 nàge shìgù hǎoxiàng jiù fāshēng zài zuótiān yíyàng jìyì yóu xīn

きのう【帰納する】 归纳 guīnà (英 induce) ▶～法/归纳法 guīnàfǎ

きのう【機能】 功能 gōngnéng; 性能 xìngnéng (英 a function; a faculty) ▶～させる/发挥功能 fāhuī gōngnéng; 发挥效率 fāhuī xiàolǜ ▶せっかくの研究所を存分に～させなさい/这么好的研究所，可要充分发挥功能 zhème hǎo de yánjiūsuǒ, kě yào chōngfèn fāhuī gōngnéng ▶～障害/功能障碍 gōngnéng zhàng'ài ▶肝臓が～障害を起こしている/出现肝功能障碍 chūxiàn gāngōngnéng zhàng'ài ▶～的/实用性 shíyòngxìng de ▶新車はさらに～的に作られている/新车造得更重视实用 xīnchē zào de gèng zhòngshì shíyòng ▶新～/新功能 xīngōngnéng ▶エンジンの～が低下している/发动机的性能在下降 fādòngjī de xìngnéng zài xiàjiàng ▶委員会が～を果たしていない/委员会没有发挥功能 wěiyuánhuì méiyǒu fāhuī gōngnéng

ぎのう【技能】 技能 jìnéng; 能耐 néngnai; 本领 běnlǐng (英 a technical skill) ▶工具たちは優れた～の持ち主である/工人们都具有优秀的技能 gōngrénmen dōu jùyǒu yōuxiù de jìnéng ▶僕は～をみがいて名人になる/我要苦练本领争当技术能手 wǒ yào kǔliàn běnlǐng zhēngdāng jìshù néngshǒu ▶～教育に力を入れたい/把力量投入到技术教育上 bǎ lìliang tóurù dào jìshù jiàoyùshang

キノコ【茸】 蘑菇 mógu (英 a mushroom) ▶～雲/蘑菇云 móguyún ▶広島の空に～が広がった/广岛的上空升起了蘑菇云 Guǎngdǎo de shàngkōng shēngqǐle móguyún ▶毒～に当たる/吃毒蘑菇中毒 chī dúmógu zhòngdú

きのどく【気の毒な】 可怜 kělián; 不幸 búxìng; 惋惜 wǎnxī (英 pitiful; poor; unfortunate) ▶この度は何ともお～なことでした/这次你受到这么不幸的打击… zhè cì nín shòudào zhème bùxìng de dǎjī… ▶あんなに努力したのに彼はほんとに～だ/他付出了那么大的努力，真是令人惋惜 tā fùchūle nàme dà de nǔlì, zhēn shì lìng rén wǎnxī

きのぼり【木登り】 爬树 pá shù (英 tree climbing) ▶私は子供の頃から～が上手だった/我从小就擅长爬树 wǒ cóng xiǎo jiù shàncháng pá shù ▶～は全身運動だ/爬树是一种全身运动 pá shù shì yī zhǒng quánshēn yùndòng

きのみ【木の実】 树木的果实 shùmù de guǒshí (英 a nut) ▶～草の根を食べて命をつなぐ/吃野果草根维持生命 chī yěguǒ cǎogēn wéichí shēngmìng

きのみきのまま【着のみ着のまま】 一无所有 yì wú suǒ yǒu (英 with nothing but the clothes) ▶僕たちは～で避難所に逃れた/我们两手空空逃到避难场所 wǒmen liǎng shǒu kōngkōng táodào bìnàn chǎngsuǒ

きのめ【木の芽】 树芽 shùyá; 《山椒の若芽》花椒嫩芽 huājiāo nènyá (英 a bud) ▶葱(ぎ)の～和(ぁ)え/香葱拌花椒嫩芽 xiāngcōng bàn huājiāo nènyá ▶春には～が出る/春天树木长出嫩芽 chūntiān shùmù zhǎngchū nènyá ▶～時にはおかしな人も出てくるさ/树木发芽的季节有时也会出现怪人 shùmù fāyá de jìjié yǒushí yě huì chūxiàn guàirén

きのり【気乗り】 (英 [～がしない] take no interest) ▶いくら誘われても～がしない/不管怎么劝，我都不感兴趣 bùguǎn zěnme quàn, wǒ dōu bù gǎn xìngqù

きば【牙】 獠牙 liáoyá; 虎牙 hǔyá; 犬牙 quǎnyá (英 a tusk; a fang《狼などの》) ▶犬の～/犬牙 quǎnyá ▶狼の～/狼牙 lángyá ▶相手は～をとぎで待ち受けている/对方严阵以待 duìfāng yán zhèn yǐ dài

> 日中比較 中国語の'牙 yá'は動物の「きば」だけでなく人間の「歯」をも指す．

きば【騎馬】 骑马 qímǎ (英 horse riding) ▶～警察/骑警 qíjǐng ▶～戦/骑马战 qí mǎ zhàn

きはく【気迫】 气势 qìshì; 气魄 qìpò (英 spirit) ▶～のこもった/泼辣 pōla ▶監督の～のこもった演説に感動した/被导演充满气魄的演讲所感动 bèi dǎoyǎn chōngmǎn qìpò de yǎnjiǎng suǒ gǎndòng ▶我々は彼の～に押し切られた/我们被他的气势压倒了 wǒmen bèi tā de qìshì yādǎo le ▶それはまさしく～あふれる演奏だった/这正是所谓气势磅礴的演奏 zhè zhèngshì suǒwèi qìshì pángbó de yǎnzòu

きはく【希薄な】 淡薄 dànbó; 稀薄 xībó (英 thin; weak) ▶～な空気/稀薄的空气 xībó de kōngqì ▶高山地帯は空気が～だ/高原地区空气稀薄 gāoyuán dìqū kōngqì xībó ▶～な人間関係が～だ/人际关系淡薄 rénjìguānxi dànbó ▶～な人間関係の中に社会の病巣がある/在淡漠的人际关系中蕴藏着社会的病巢 zài dànmò de rénjì guānxi zhōng yùncángzhe shèhuì de bìngcháo

きばくざい【起爆剤】 起爆剂 qǐbàojì (英 priming) ▶反撃の～/反击的起爆剂 fǎnjī de qǐbàojì ▶彼の一打が反撃の～となった/他的一炮点燃了反击的烽火 tā de yí pào diǎnránle fǎnjī de fēnghuǒ

きばこ【木箱】 木盒 mùhé; 木箱 mùxiāng (英 a wooden box) ▶～に収めた茶葉/装在木盒子里的茶叶 zhuāngzài mùhézili de cháyè

きはずかしい【気恥ずかしい】 (英 be ashamed) ▶英子さんに会うのが何となく～/跟英子小姐见面总感到有些不好意思 gēn Yīngzǐ xiǎojiě jiànmiàn zǒng gǎndào yǒuxiē bù hǎoyìsi

きはつ【揮発】 挥发 huīfā (英 volatilization) ▶～油/挥发油 huīfāyóu

きばつ【奇抜な】 新奇 xīnqí; 奇特 qítè (英 novel; striking) ▶あの娘はいつも～なアイデアを出す/她总是提出一些别出心裁的主意 tā zǒngshì tíchū yìxiē bié chū xīncái de zhǔyi

きばむ【黄ばむ】 发黄 fāhuáng; 变黄 biànhuáng (英 grow yellowish) ▶田の稲が黄ばんできた/田里的水稻发黄了 tiánli de shuǐdào fāhuáng le ▶畳の下から黄ばんだ新聞が出てきた/榻榻米下面出现了发黄的旧报纸 tàtàmǐ xiàmiàn chūxiànle fāhuáng de jiùbàozhǐ

きばらし【気晴らし】 散心 sànxīn; 消遣 xiāoqiǎn (英 *a recreation*; *an amusement*) ▶～に映画でも見るか/看个电影散散心吧 kàn ge diànyǐng sànsan xīn ba ▶子犬と遊んで～をしちゃった/跟小狗玩耍来消遣 gēn xiǎogǒu wánshuǎ lái xiāoqiǎn

きばる【気張る】(頑張る) 发奋 fāfèn; 努力 nǔlì (英 *exert oneself*);(気前よく払う) 豁出钱来 huòchū qián lái; 花钱大方 huāqián dàfang (英 *treat*)

きはん【規範】 规范 guīfàn; 标准 biāozhǔn (英 *a standard*; *a norm*) ▶～化する/标准化 biāozhǔnhuà ▶～化することにどんな意味があるのか/标准化到底有什么意义呢？ biāozhǔnhuà dàodǐ yǒu shénme yìyì ne ▶社会～がずいぶん緩やかになった/社会的规范宽松多了 shèhuì de guīfàn kuānsōng duō le

◆**～文法**：标准语法 biāozhǔn yǔfǎ

きばん【基盤】 基础 jīchǔ (英 *a base*; *a basis*) ▶～を作る/打底子 dǎ dǐzi ▶早く生活の～を固めたい/想尽快打好生活基础 xiǎng jǐnkuài dǎhǎo shēnghuó jīchǔ ▶不祥事で経営の～が揺らいだ/丑闻使经营基础发生动摇 chǒuwén shǐ jīngyíng jīchǔ fāshēng dòngyáo ▶税制は国民生活の～に関わる/税收制度关系到国民生活的根本 shuìshōu zhìdù guānxi dào guómín shēnghuó de gēnběn

きひ【忌避する】 忌讳 jìhuì; 回避 huíbì (英 *evade*; *avoid*) ▶裁判官～を申し出る/申请法官的回避 shēnqǐng fǎguān de huíbì ▶日本にも徴兵を～した青年がいた/日本也有过逃避征兵的青年 Rìběn yě yǒuguo táobì zhēngbīng de qīngnián

きび【機微】(英 *secrets*; *subtleties*) ▶あの人は人情の～に通じている/他通晓人情世故 tā tōngxiǎo rénqíng shìgù

キビ【黍】【植物】黍子 shǔzi; 黄米 huángmǐ (英 *millet*)

きびき【忌引】 丧假 sāngjià (英 *absence from school*〔*work*〕*because of mourning*) ▶～は欠席に数えない/奔丧缺课不算旷课 bēnsāng quēkè bú suàn kuàngkè

きびきび 干脆 gāncuì; 利落 lìluo; 麻利 máli (英 *briskly*; *lively*; *crisply*) ▶～働く/工作麻利 gōngzuò máli ▶彼は新しい職場で～働いている/他在新的岗位干得很利落 tā zài xīn de gǎngwèi gànde hěn lìluo ▶～とした〔麻利〕な高校生の～としたプレーを見たい/我想看高中生那种生气勃勃的运动 wǒ xiǎng kàn gāozhōngshēng nà zhǒng shēngqì bóbó de yùndòng

きびしい【厳しい】 严格 yángé; 严厉 yánlì; 严峻 yánjùn (英 *severe*; *strict*; *intense*) ▶～言葉/严词 yáncí; 严厉的语言 yánlì de yǔyán ▶～しかる/谴责 qiǎnzé; 严厉斥责 yánlì shēnchì ▶彼女は～審査を経て金賞に輝いた/经过严格的审查，她荣获金奖 jīngguò yángé de shěnchá, tā rónghuò jīnjiǎng ▶今度の判決はひどくへなあ/这次的判决太严了 zhè cì de pànjué tài yán le ▶先生、この子を厳しく叱ってやって下さい/老师，请您严厉地批评这个孩子 lǎoshī, qǐng nín yánlì de pīpíng zhège háizi ▶～暑さに茹だっています/蒸笼似的酷暑 zhēnglóng shìde kùshǔ ▶寒さは日ごとに厳しさを増した/寒冷的日子一天比一天更严酷了 hánlěng de rìzi yì tiān bǐ yì tiān gèng yánkù le ▶～状況/严峻的状况 yánjùn de zhuàngkuàng ▶当社は～状況に追い込まれている/本公司陷入了严峻的困境 běn gōngsī xiànrù le yánjùn de kùnjìng ▶日ごと仕事の厳しさを痛感している/一天比一天痛切地感到工作的艰辛 yì tiān bǐ yì tiān tòngqiè de gǎndào gōngzuò de jiānxīn ▶勝負の世界は～《プロの運動選手や棋士などの仕事》/赛场上是不讲情面的 sàichǎngshang shì bù jiǎng qíngmiàn de

きびす【踵】(英 *the heel*) ▶～を接する/接踵而至 jiēzhǒng ér zhì ▶面接者が～を接してやってくる/接受面试的人络绎不绝 jiēshòu miànshì de rén luòyì bùjué ▶～を返す/返回 fǎnhuí ▶彼は～を返そうとしてふと壺に目を留めた/他转身要走时，目光突然停留在一个瓷罐上 tā zhuǎnshēn yào zǒu shí, mùguāng tūrán tíngliú zài yí ge cíguànshang

きびだんご【きび団子】 黍糕 shǔgāo; 黄米团子 huángmǐ tuánzi (英 *a millet dumpling*)

きひん【気品】(英 *dignity*; *grace*) ▶～のある典雅 diǎnyǎ; 文雅 wényǎ ▶こういうのを～のある文章と言うんだ/这才是所谓典雅的文章哪！ zhè cái shì suǒwèi diǎnyǎ de wénzhāng na ▶老人の風貌は～に満ちていた/老人风采文雅 lǎorén fēngcǎi wényǎ

きひん【貴賓】 贵宾 guìbīn; 嘉宾 jiābīn (英 *a noble guest*; *a guest of honor*) ▶～席/贵宾席 guìbīnxí

きびん【機敏な】 机敏 jīmǐn; 敏捷 mǐnjié; 手快 shǒukuài (英 *quick*; *prompt*) ▶～な動作/敏捷的动作 mǐnjié de dòngzuò ▶その服装では～な動作ができない/穿着那身衣服行动不灵便 chuānzhe nà shēn yīfu xíngdòng bù língbian ▶彼は～に立ち回り被害を未然に防いだ/他眼明手快预防了灾害 tā yǎn míng shǒu kuài yùfángle zāihài

きふ【寄附する】 捐赠 juānzèng (英 *contribute*; *donate*) ▶金を～する/捐款 juānkuǎn ▶奨学基金に100万円を～する/为奖学基金捐赠一百万日元 wèi jiǎngxué jījīn juānzèng yìbǎi wàn Rìyuán ▶～を募る/募捐 mùjuān ▶被災地救援の～を募る/为援救灾区募捐 wèi yuánjiù zāiqū mùjuān ▶～金が集まらない/筹不到捐款 chóubudào juānkuǎn

きふ【棋譜】 棋谱 qípǔ (英 *the record of go*) ▶～を見て碁を学ぶ/照着棋谱学围棋 zhàozhe qípǔ xué wéiqí

ぎふ【義父】《夫の父》公公 gōnggong;《妻の父》岳父 yuèfù; 岳丈 yuèzhàng (英 *a father-in-law*)

ギブアップ 放弃 fàngqì (英 *give up*) ▶彼は早々と~を宣言した/他很早就宣布放弃了 tā hěn zǎo jiù xuānbù fàngqì le

ギブアンドテイク 互相让步 hùxiāng ràngbù; 平等互惠 píngděng hùhuì (英 *give-and-take*) ▶取引は~でいきましょう/交易还是平等互惠吧 jiāoyì háishi píngděng hùhuì ba

きふう【気風】 风尚 fēngshàng; 风气 fēngqì; 气质 qìzhì (英 *disposition; morale;* [特性] *characteristics*) ▶洋風を好むのがこの町の~だった/这座城市的风格是崇尚西洋 zhè zuò chéngshì de fēnggé shì chóngshàng Xīyáng ▶私はいつしかこの地方の~になじんでいた/我不知不觉地习惯了这个地方的气质 wǒ bù zhī bù jué de xíguànle zhège dìfang de qìzhì

きふく【起伏】 起伏 qǐfú (英 *ups and downs; undulations*) ▶~の激しい/崎岖 qíqū ▶思えば~の激しい人生だった/回想起来我的人生道路崎岖不平 huíxiǎngqǐlái wǒ de rénshēng dàolù qíqū bù píng ▶山並みがゆるやかに~していた/山峦缓缓起伏 shānluán huǎnhuǎn qǐfú

きぶくれる【着ぶくれる】(英 *be bundled up*) ▶私は着ぶくれに着ぶくれて冬を過ごした/我穿得鼓鼓囊囊的, 熬过了严冬 wǒ chuānde gǔgǔnāngnāng de, áoguòle yándōng

きふじん【貴婦人】(英 *a lady; a noblewoman*) ▶私は~の役を演じます/我扮演贵妇人的角色 wǒ bànyǎn guìfùrén de juésè

ギプス〔外科〕石膏绷带 shígāo bēngdài (英 *a* (*plaster*) *cast*) ▶私は腕を~でかため首からつっていた/我的胳膊打上石膏, 吊在脖子下边 wǒ de gēbo dǎshàng shígāo, diàozài bózi xiàbian

きぶつ【器物】 器物 qìwù; 器皿 qìmǐn; 器具 qìjù (英 *a vessel; a utensil*) ▶彼女は彼を~破損で訴えた/她告他损坏器物 tā gào tā sǔnhuài qìwù

ギフト 礼品 lǐpǐn; 礼物 lǐwù; 赠品 zèngpǐn (英 *a gift*) ▶~カード/礼品卡片 lǐpǐn kǎpiàn; 馈赠用购物卡 kuìzèng yòng gòuwù kǎ

きふるし【着古し】 旧衣服 jiùyīfu (英 *worn-out clothes*) ▶こんな~でもバザーに出せるかな/这么旧的衣服也能拿到集市上去卖吗? zhème jiù de yīfu yě néng nádào jíshì shàngqù mài ma?

きふるす【着古す】 穿旧 chuānjiù (英 *wear out*) ▶もらったセーターもすっかり着古した/送给我的毛衣都穿旧了 sònggěi wǒ de máoyī yě dōu chuānjiù le

きぶん【気分】 ❶〔心情・感情〕气氛 qìfēn; 情绪 qíngxù; 心情 xīnqíng (英 *feeling*) ▶~がいい/舒服 shūfu; 舒坦 shūtan ▶見えすいた嘘をつかれて~が悪い/拙劣的谎言让人感到不愉快 zhuōliè de huǎngyán ràng rén gǎndào bù yúkuài ▶とても物を書く~になれない/实在没有心情写东西 shízài méiyǒu xīnqíng xiě dōngxi

❷〔体の調子〕▶~がすぐれない/不快 búkuài; 身体不舒服 shēntǐ bù shūfu ▶今日は~がすぐれないから休みます/今天不舒服想休息 jīntiān bù shūfu xiǎng xiūxi ▶今日は御~はいかがですか/今天你觉得怎么样? jīntiān nǐ juéde zěnmeyàng? ▶《病院で》今日は~がいいから外出したい/今天舒服所以想出去 jīntiān shūfu suǒyǐ xiǎng chūqù

❸〔雰囲気〕气氛 qìfēn (英 *a mood*) ▶いつまでもお祭~でいては困るよ/没完没了地欢天喜地可就麻烦了 méi wán méi liǎo de huān tiān xǐ dì kě jiù máfan le ▶彼はその~をつかむのが早い/他能很快掌握现场的气氛 tā néng hěn kuài zhǎngwò xiànchǎng de qìfēn ▶背景を桜にしたほうが~が出る/用樱花作背景能烘托气氛 yòng yīnghuā zuò bèijǐng néng hōngtuō qìfēn

~がふさぐ 憋 biē ▶このところ~がふさいでるんだ/近来心里憋闷 jìnlái xīnlǐ biē mēn

~がほぐれる 弛缓 chíhuǎn ▶先生の冗談でその場の~がほぐれた/老师开的玩笑使那儿的气氛变得轻松了 lǎoshī kāi de wánxiào shǐ nàr de qìfēn biànde qīngsōng le

~を害する 伤感情 shāng gǎnqíng ▶どうやら彼の~を害したらしい/看来是伤了他的感情了 kànlái shì shāngle tā de gǎnqíng le

◆~屋 おやじはけっこう~屋なんだ/老爹挺喜怒无常的 lǎodiē tǐng xǐnù wúcháng de

ぎふん【義憤】 义愤 yìfèn (英 *righteous indignation*) ▶私は~にかられて男をなじった/我出于义愤谴责了那个男人 wǒ chūyú yìfèn qiǎnzéle nàge nánrén ▶みんなは彼のために~を感じた/为了他大家都感到义愤 wèile tā dàjiā dōu gǎndào yìfèn

きへい【騎兵】 骑兵 qíbīng (英 *a cavalryman*)

きべん【詭弁】 诡辩 guǐbiàn; 狡辩 jiǎobiàn (英 *a sophism; a sophistry*) ▶~を弄する/玩弄诡辩 wánnòng guǐbiàn ▶どこまで~を弄するつもりかい/你到底打算怎么狡辩 nǐ dàodǐ dǎsuan zěnme jiǎobiàn ▶そんな~は通じませんよ/那样的诡辩可行不通 nàyàng de guǐbiàn kě xíngbutōng

きぼ【規模】 规模 guīmó (英 *a scale*) ▶~が大きい[小さい]/规模大[小] guīmó dà[xiǎo] ▶世界的~の/世界规模的 shìjiè guīmó de ▶今度の地震は~が大きい/这次地震规模很大 zhè cì dìzhèn guīmó hěn dà ▶世界的~の美術館が誕生した/具有世界规模的美术馆诞生了 jùyǒu shìjiè guīmó de měishùguǎn dànshēng le ▶イベントの~を縮小しよう/把活动规模缩小吧 bǎ huódòng guīmó suōxiǎo ba

ぎぼ【義母】 义母 yìmǔ;《夫の母》婆婆 pópo;《妻の母》岳母 yuèmǔ; 丈母 zhàngmǔ (英 *a mother-in-law*) ▶~との折り合いが悪い/跟婆婆处不好关系 gēn pópo chǔbuhǎo guānxi

きぼう【気泡】 气泡 qìpào (英 *a bubble*) ▶川面に~が浮かんではじけた/河面泛起气泡, 马上消失了 hémiàn fànqǐ qìpào, yòu mǎshang xiāoshī le

きほう【既報】(㊥ *a previous report*) ▶~の通り葬儀は青山教会で行われた/按事先通知的日程, 葬礼在青山教堂举行 àn shìxiān tōngzhī de rìchéng, zànglǐ zài Qīngshān jiàotáng jǔxíng

きぼう【希望】する　希望 xīwàng; 愿望 yuànwàng; 期望 qīwàng (㊥ *hope; wish for...*) ▶~的観測/持主观愿望的观测 chí zhǔguān yuànwàng de guāncè ▶そんなのは~ぎない/那只不过是一厢情愿的观测 nà zhǐbúguò shì yī xiāng qíng yuàn de guāncè ▶~を持つ/抱有希望 bàoyǒu xīwàng ▶~を持つのはよいことだ/抱有希望是件好事 bàoyǒu xīwàng shì jiàn hǎoshì ▶~がわく/涌现希望 yǒngxiàn xīwàng ▶何だか~がわいてきたよ/总觉着开始萌发希望了 zǒng juézhe kāishǐ méngfā xīwàng le ▶彼女は~に燃えていた/她满怀热忱的希望 tā mǎnhuái rèchén de xīwàng ▶私の~はパイロットになることです/我的愿望是当一名飞行员 wǒ de yuànwàng shì dāng yì míng fēixíngyuán ▶その知らせは彼女の~を打ち砕いた/那个通知使她的希望破灭了 nàge tōngzhī shǐ tā de xīwàng pòmiè le ▶我々は彼のバットに最後の~を託した/我们把最后的希望寄托在他的球棒上了 wǒmen bǎ zuìhòu de xīwàng jìtuō zài tā de qiúbàngshang le ▶私は~どおり城東大学に入った/我如愿以偿考上了城东大学 wǒ rú yuàn yǐ cháng kǎoshàngle Chéngdōng dàxué ▶私の~に反して彼は公務員になった/他违背我的期待, 当上了公务员 tā wéibèi wǒ de qīdài, dāngshàngle gōngwùyuán ▶私は君たちが幸せに生きることを~する/我希望你们幸福地生活 wǒ xīwàng nǐmen xìngfú de shēnghuó

♦~退職：退職を募る/招募志愿退休的人 zhāomù zhìyuàn tuìxiū de rén

ぎほう【技法】　技法 zìfǎ (㊥ *a technique*) ▶この絵にもダリ独特の~がみられる/从这幅画上也能看出达利独特的技巧 cóng zhè fú huàshang yě néng kànchū Dálì dútè de jìqiǎo

きぼね【気骨の折れる】(㊥ *wearisome; irksome*) ▶社長のお守りは~が折れるよ/伺候总经理, 能把人给累死 cìhou zǒngjīnglǐ, néng bǎ rén gěi lèisǐ

きぼり【木彫り】　木雕 mùdiāo (㊥ *wood carving*) ▶~の人形/木偶 mù'ǒu ▶ここの仏像はみんな~です/这儿的佛像都是用木头雕的 zhèr de fóxiàng dōu shì yòng mùtou diāo de

きほん【基本】　基本 jīběn (㊥ *a foundation; a basis*; [初歩] *the basics*) ▶~を怠ってはならない/不能放松基本功 bùnéng fàngsōng jīběngōng ▶~給に残業代が加算される/在基本工资上再加上加班费 zài jīběn gōngzīshang zài jiāshàng jiābānfèi ▶~金を取り崩して赤字を埋める/把基本资金挖出来填补亏空 bǎ jīběn zījīn wāchūlai tiánbǔ kuīkong ▶私は~的に賛成です/我基本上赞成这个提案 wǒ jīběnshang zànchéng zhège tí'àn ▶何をするも~が大切だ/不管做什么, 基础都是最重要的 bùguǎn zuò shénme, jīchǔ dōu shì zuì zhòngyào de

♦(タクシーの)~料金：起步价 qǐbùjià

ぎまい【義妹】《夫の妹》小姑子 xiǎogūzi;《妻の妹》小姨子 xiǎoyízi (㊥ *a sister-in-law*)

きまえ【気前】(㊥ *generosity*) ▶~がいい/大方 dàfang ▶あなたはほんとに~がいい/你真大方 nǐ zhēn dàfang ▶~のよさ/雅量 yǎliàng ▶彼の~のよさが仇(㊥)となった/正因为他的大方, 才摔了跟头 zhèng yīnwèi tā de dàfang, cái shuāi-le gēntou ▶~よく/慷慨 kāngkǎi; 慨然 kǎirán ▶賞金を~よくみんなに分けてやった/把奖赏慷慨地分给了大家 bǎ jiǎngshǎng kāngkǎi de fēngěile dàjiā

きまぐれ【気紛れ】　任性 rènxìng; 变化无常 biànhuà wúcháng (㊥ *a caprice; a whim*) ▶~な天気/多变的天气 duōbiàn de tiānqì ▶~な天気が続きます/一直是多变的天气 yìzhí shì duōbiàn de tiānqì ▶~な市場/变化莫测的市场 biànhuà mòcè de shìchǎng ▶~な市場で気の休まる時がない/变幻莫测的市场任何时候都不能掉以轻心 biànhuàn mòcè de shìchǎng rènhé shíhou dōu bùnéng diào yǐ qīng xīn

きまじめ【生真面目な】　非常认真 fēicháng rènzhēn; 一本正经 yì běn zhèngjīng (㊥ *earnest; sober*) ▶あの子は~人柄なんです/那个孩子唯一的优点就是非常认真 nàge háizi wéiyī de yōudiǎn jiù shì fēicháng rènzhēn ▶~な顔で冗談を言う/用正经八百的表情说笑话 yòng zhèngjīng bābǎi de biǎoqíng shuō xiàohua

きまずい【気まずい】　尴尬 gāngà; 难堪 nánkān (㊥ *feel embarrassed* 〔*awkward*〕) ▶~雰囲気/难堪的气氛 nánkān de qìfēn ▶彼の言葉でその場は~雰囲気に変わった/他的话把那儿的气氛弄僵了 tā de huà bǎ nàr de qìfēn nòngjiāng le ▶冗談を誤解されて~思いをした/开玩笑被误会, 觉得很尴尬 kāi wánxiào bèi wùhuì, juéde hěn gāngà

きまつ【期末】　期末 qīmò (㊥ *the end of a term*) ▶~決算/期末结算 qīmò jiésuàn ▶明日から~試験が始まる/从明天开始期末考试 cóng míngtiān kāishǐ qīmò kǎoshì

きまって【決まって】　经常 jīngcháng; 总是 zǒngshì (㊥ *always; habitually*) ▶~この道を通る/必定通过此路 bìdìng tōngguò cǐ lù ▶仲良しの二人は~この道を通る/两个好朋友总是走这条路 liǎng ge hǎo péngyou zǒngshì zǒu zhè tiáo lù ▶父が話題になると母は~涙ぐむ/一谈到父亲, 母亲总是含着眼泪 yì tán dào fùqin, mǔqin zǒngshì hánzhe yǎnlèi

きまま【気儘な】　随便 suíbiàn; 放肆 fàngsì; 任意 rènyì; 随心所欲 suí xīn suǒ yù (㊥ *wayward; willful*) ▶こんな~が許されてよいのか/怎么能允许这么放肆呢 zěnme néng yǔnxǔ zhème fàngsì ne ▶そういう~な考えは認めませんよ/这么

きまり【決まり】 定規 dìngguī; 規矩 guīju; 章法 zhāngfǎ (英 a settlement; a conclusion) ▶～ごと/常規 chángguī ▶村には村の～がある/村有村规 cūn yǒu cūnguī ▶～に背く/犯规 fànguī ▶僕はチームの～に背いた/我违背了小组的规矩 wǒ wéibèile xiǎozǔ de guīju ▶～が悪い/难为情 nánwéiqíng; 惭愧 cánkuì; 羞涩 xiūsè ▶今さら新人賞なんて～が悪い/事到如今, 才得个新人奖, 很惭愧 shì dào rújīn, cái dé ge xīnrénjiǎng, hěn cánkuì ▶彼は遅れて来て一番に席に着いた/他来晚了, 难为情地入了座 tā lái wǎn le, nánwéiqíng de rùle zuò ▶そろそろ～をつけよう/该作出决定了吧 gāi zuòchū juédìng le ba

きまりきった【決まりきった】 老一套 lǎoyītào (英 fixed; regular) ▶毎日の～仕事に飽き飽きした/每天重复单调的工作, 腻透了 měitiān chóngfùzhe dāndiào de gōngzuò, nìtòu le

きまりもんく【決まり文句】 口头语 kǒutóuyǔ; 口头禅 kǒutóuchán (英 a set phrase) ▶それは社長の～だった/那是总经理的口头禅 nà shì zǒngjīnglǐ de kǒutóuchán

きまる【決まる】 **1**〖定まる〗 定 dìng; 決定 juédìng (英 be decided) ▶本部の方針が決まった/本部的方针已经决定了 běnbù de fāngzhēn yǐjing juédìng le ▶娘の就職が決まった/女儿的工作定下来了 nǚ'ér de gōngzuò dìngxiàlai le ▶おまえなんかがそう落ちるに決まっている/像你这样的肯定落榜 xiàng nǐ zhèyàng de kěndìng luòbǎng ▶あれが次期社長に決まっている人です/那位是预定出任下届总经理的人物 nà wèi shì yùdìng chūrèn xià jiè zǒngjīnglǐ de rénwù ▶私には決まった月給が入る/我有固定的月薪 wǒ yǒu gùdìng de yuèxīn ▶彼からは決まった答えしか返ってこない/他只是做了例行公事的答复 tā zhǐshì zuòle lìxíng gōngshì de dáfù

2〖整う·うまくいく〗 (英 be fixed) ▶服装が決まっている/服装很合适 fúzhuāng hěn héshì ▶技が～/技术成功 jìshù chénggōng ▶ぴたりと着地が決まった/落地动作准确成功 luòdì dòngzuò zhǔnquè chénggōng

ぎまん【欺瞞】 欺瞒 qīmán; 欺骗 qīpiàn (英 deceit; deception) ▶～行為をする/弄虚作假 nòng xū zuò jiǎ ▶あんなのは大衆を愚弄する～行為だ/那是愚弄民众的欺骗行为 nà shì yúnòng mínzhòng de qīpiàn xíngwéi ▶あの男の日常は～に満ちている/那个家伙一天到晚弄虚作假 nàge jiāhuo yì tiān dào wǎn nòng xū zuò jiǎ

きみ【気味】 情绪 qíngxù; (接尾辞的に) 有点儿 yǒudiǎnr; 稍微 shāowēi (英 a feeling; a touch of...) ▶～の悪い/令人发毛 lìng rén fāmáo; 令人不快 lìng rén bú kuài ▶庭に～の悪い虫が生まれていた/院子里长了令人发怵的虫子 yuànzili zhǎngle lìng rén fāchù de chóngzi ▶あの男のにたにた笑いは薄～悪い/那个男人的假笑让人恶心 nàge nánrén de jiǎxiào ràng rén ěxīn ▶そのあたりは夜は～が悪い/这一带晚上令人发毛 zhè yídài wǎnshang lìng rén fāmáo ▶いい～だ, 反省するがいいよ/活该, 你该好好反思啦 huógāi, nǐ gāi hǎohǎo fǎnsī la ▶風邪～なんで欠席するよ/有点儿感冒得缺席 yǒudiǎnr gǎnmào de quēxí ▶彼もどうやら焦り～だね/他好像有点儿着急 tā hǎoxiàng yǒudiǎnr zháojí

日中比較 中国語の'气味 qìwèi'は「におい」や「香り」のこと.

きみ【君】 你 nǐ (英 you) ▶～たち/你们 nǐmen

きみ【黄身】 蛋黄 dànhuáng; 鸡蛋黄 jīdànhuáng (英 an egg yolk)

きみじか【気短な】 性急 xìngjí (英 shorttempered) ▶彼は～に結論を促した/他性急地催促做出结论 tā xìngjí de cuīcù zuòchū jiélùn

日中比較 中国語の'气短 qìduǎn'は「息が続かない」こと, 「息づかいが荒い」ことを言う.

きみつ【気密】 密封 mìfēng (英 airtight) ▶航空機内部は当然～性が高い/飞机里的密封性当然高 fēijīli de mìfēngxìng dāngrán gāo ▶～服を着る/身穿气密式防护服 shēn chuān qìmìshì fánghùfú

きみつ【機密】 绝密 juémì; 机密 jīmì; 机要 jīyào (英 a secret) ▶～書類/机要文件 jīyào wénjiàn ▶～文書/密件 mìjiàn; 保密文件 bǎomì wénjiàn ▶彼は不用意に～書類を持ち帰った/他太疏忽, 把机要文件带回去了 tā tài shūhu, bǎ jīyào wénjiàn dàihuíqu le ▶これら～文書は30年後に公開される/这些机密文件将在三十年后公开 zhè xiē jīmì wénjiàn jiāng zài sānshí nián hòu gōngkāi ▶～を守る/保守机密 bǎoshǒu jīmì ▶我々には～を守る義務がある/我们有保守秘密的义务 wǒmen yǒu bǎoshǒu mìmì de yìwù ▶当時私は～に参与していた/当时我参与了机要工作 dāngshí wǒ cānyùle jīyào gōngzuò ▶文書2件が～扱いを解除された/两份文件取消了机密管理 liǎng fèn wénjiàn qǔxiāole jīmì guǎnlǐ

▶**～費**:机密费 jīmìfèi

きみどり【黄緑】 草绿色 cǎolǜsè (英 yellowish green)

きみゃく【気脈】 (英 a tacit understanding) ▶～を通じる/串气 chuànqì; 勾通 gōutōng; 串通一气 chuàntōng yíqì ▶山田氏は加藤派の小野氏と～を通じて…/山田先生沟通加藤派的小野先生… Shāntián xiānsheng gōutōng Jiāténgpài de Xiǎoyě xiānsheng…

きみょう【奇妙な】 奇怪 qíguài; 奇妙 qímiào; 希奇 xīqí (英 strange; curious) ▶～奇天烈な話もあるもんだ/还真有这种稀奇古怪的事儿 hái zhēn yǒu zhè zhǒng xīqí gǔguài de shìr ▶こんな～なできごとがあった/发生过这么稀奇的事儿 fāshēngguo zhème xīqí de shìr ▶～なことに彼は全く知らされていなかった/奇怪的是根本没有人告

诉他 qísguài de shì gēnběn méiyǒu rén gàosu tā

きみん【棄民】 被抛弃的遗民 bèi pāoqì de yímín（英 *a displaced person*）▶移民が~に変わる悲劇もあった/曾经发生过移民变成被抛弃的遗民的悲剧 céngjīng fāshēngguo yímín biànchéng bèi pāoqì de yímín de bēijù

ぎむ【義務】 义务 yìwù（英 *duty; an obligation*）▶~を果たす/履行义务 lǚxíng yìwù ▶~教育/义务教育 yìwù jiàoyù ▶~教育は無償である/义务教育是免费的 yìwù jiàoyù shì miǎnfèi de ▶~を負う/承担义务 chéngdān yìwù ▶国民は納税の~を負う/国民承担纳税义务 guómín chéngdān nàshuì yìwù ▶あなたに返済の~が生じます/你要担负偿还义务 nǐ yào dānfù chánghuán yìwù ▶彼に毎月の報告を~づけた/规定他每个月有义务提交报告 guīdìng tā měi ge yuè yǒu yìwù tíjiāo bàogào ▶彼はその子を扶養する~を負わされた/他被迫负担那个孩子的抚养义务 tā bèipò fùdān nàge háizi de fǔyǎng yìwù ▶ただ~的に出勤しているだけだ/只是出于义务去工作 zhǐ shì chūyú yìwù qù gōngzuò

きむずかしい【気難しい】 不好伺候 bù hǎo cìhou; 脾气拗 píqí niù（英 *hard to please; difficult*）▶課長を~顔で書類をにらんでいる/科长板着脸看文件 kēzhǎng bǎnzhe liǎn kàn wénjiàn ▶~老人が相手で泣きたいよ/陪伴怪癖的老人, 我已经受够了 péibàn guàipǐ de lǎorén, wǒ yǐjīng shòugòu le

きめ【木目・肌理】 ❶【肌や表面の】 肌理 jīlǐ（英 *texture*）▶彼女は~の細かい肌をしている/她的皮肤细腻 tā de pífū xìnì ❷【行き届いた】 緻密 zhìmì（英 *close attention*）▶~細かい/缜密 zhěnmì ▶被災地への~細かい支援策が求められる/灾区需要周到细致的支援 zāiqū xūyào zhōudào xìzhì de zhīyuán ▶~の粗い/粗糙 cūcāo ▶あれは~の粗い調査で参考にならない/那个调查很粗糙, 不能作参考 nàge diàochá hěn cūcāo, bùnéng zuò cānkǎo

きめい【記名する】 记名 jìmíng; 签名 qiānmíng（英 *sign one's name*）
◆~株/记名股票 jìmíng gǔpiào →投票/记名投票 jìmíng tóupiào

ぎめい【偽名】 化名 huàmíng（英 *a false name*）▶~を使う/使用化名 shǐyòng huàmíng ▶私は~を使って預金した/我用化名存钱 wǒ yòng huàmíng cúnqián ▶~で宿を予約する/用化名预定旅馆 yòng huàmíng yùdìng lǚguǎn

きめこむ【決め込む】 断定 duàndìng; 保持 bǎochí（英 *pretend; feign*）▶だんまりを~/保持沉默 bǎochí chénmò ▶彼は何を聞かれてもだんまりを決め込んでいた/不管问什么他都保持沉默 bùguǎn wèn shénme tā dōu bǎochí chénmò ▶みんな僕が犯人だと決め込んでいる/大家都断定我就是犯人 dàjiā dōu duàndìng wǒ jiù shì fànrén

きめつける【決め付ける】 不容分说地申斥 bùróng fēnshuō de shēnchì（英 *jump to conclusion*）▶一方的に~はよくないよ/单方面作出定论不好 dānfāngmiàn zuòchū dìnglùn bù hǎo

きめて【決め手】 绝招 juézhāo; 确定的 quèdìng de; 决定性的 juédìng xìng de（英 *a winning trick*）▶~となる証拠がない/没有决定性的证据 méiyǒu juédìngxìng de zhèngjù ▶双方に~を欠く/双方都没有决定性的办法 shuāngfāng dōu méiyǒu juédìngxìng de bànfǎ

きめる【決める】 定 dìng; 决定 juédìng; 规定 guīdìng（英 *decide; settle; be resolved*）▶行く先を~/决定去处 juédìng qùchù ▶行く先を決めずに旅に出る/没决定去处就踏上了旅途 méi juédìng qùchù jiù tàshàngle lǚtú ▶掃除係はくじで決めよう/卫生值班的人由抽签决定 wèishēng zhíbān de rén yóu chōuqiān juédìng ▶彼女への贈物は決めたかい/送给她的礼物已经选好了吗？sònggěi tā de lǐwù yǐjīng xuǎnhǎo le ma？ ▶晩酌はビール1本と決めている/规定每天晚上只喝一瓶啤酒 guīdìng měitiān wǎnshang zhǐ hē yì píng píjiǔ ▶進退は自分で決定去就/自己来决定去就 zìjǐ lái juédìng qùjiù

きも【肝】 肝 gān; 肝脏 gānzàng; 胆子 dǎnzi（英 *a liver*; [度胸] *courage*）▶~をつぶす/魂不附体 hún bú fù tǐ; 丧胆 sàngdǎn ▶金額を見て~をつぶした/一看金额就吓破了胆 yí kàn jīn'é jiù xiàpòle dǎn ▶に銘じる/铭记 míngjì; 镂骨铭心 lòu gǔ míng xīn ▶教訓は~に銘じます/把教训铭刻于心 bǎ jiàoxùn míngkè yú xīn ▶~をすえる/壮胆 zhuàngdǎn ▶佐野さんて~が据わった方ねえ/佐野先生算是个有胆量的人 Zuǒyě xiānsheng suàn shì ge yǒu dǎnliàng de rén ▶~を冷やす/吓得提心吊胆 xiàde tí xīn diào dǎn ▶子供をはねそうになって~を冷やしたよ/(开车) 差点儿轧着孩子吓出一身冷汗 (kāichē) chàdiǎnr yàzhe háizi xiàchū yì shēn lěnghàn ▶あいつはよくよく~が太い/这家伙胆大包天 zhè jiāhuo dǎn dà bāo tiān

きもいり【肝煎り】 斡旋 (者) wòxuán (zhě); 主办 (人) zhǔbàn (rén)（英 *good offices*; [人] *a go-between*）▶政府の~で/在政府的斡旋之下 zài zhèngfǔ de wòxuán zhīxià

きもだめし【肝だめし】（英 *a courage-testing*）▶夏休みには裏山で~をする/暑假去后山练胆子 shǔjià qù hòushān liàn dǎnzi

きもち【気持ち】 心绪 xīnxù; 心怀 xīnhuái; 心情 xīnqíng（英 *a feeling*）▶~がいい/爽快 shuǎngkuai; 心情舒畅 xīnqíng shūchàng ▶あの食べっぷりは見ていて~がいいねえ/那个吃东西的样子看着真痛快 nàge chī dōngxi de yàngzi kànzhe zhēn tòngkuài ▶~が悪い/不舒畅 bù shūchàng; 难受 nánshòu ▶~が落ち着く/平心静气 píng xīn jìng qì; 心态祥和 xīntài xiánghé ▶家に帰ってようやく~が落ち着いた/回到家里, 情绪总算平静下来了 huídào jiālǐ, qíngxù zǒngsuàn píngjìngxiàlai le ▶ほんの~です/一点儿小意思 yìdiǎnr xiǎoyìsi ▶あの人の~を傷つけてしまった/我伤害了他的感情 wǒ shānghàile tā de gǎnqíng ▶君の怒る~はわかる/我知道你为什么

生气 wǒ zhīdào nǐ wèi shénme shēngqì ▶藤井さんほんとに～のよい人ねえ/藤井先生给人的感觉真舒服 Téngjǐng xiānsheng gěi rén de gǎnjué zhēn shūfu ▶店は～よく引き取ってくれた/店里爽快地接受了退货 diànli shuǎngkuai de jiēshòule tuìhuò ▶私は泣きたい～で社に帰った/我怀着悲哀的心情回到公司 wǒ huáizhe bēi'āi de xīnqíng huídào gōngsī

きもったま【肝っ玉】 胆 dǎn; 胆子 dǎnzi (英 *guts*) ▶～の大きい/胆子大 dǎnzi dà; 有胆量 yǒu dǎnliàng ▶～の小さい/胆量小 dǎnliàng xiǎo ▶あいつは～が据わっているよ/他是一个很有胆量的人 tā shì yí ge hěn yǒu dǎnliàng de rén ▶まったく～の小さい野郎だぜ/真是一个胆小鬼 zhēn shì yí ge dǎnxiǎoguǐ

きもの【着物】 衣服 yīfu;《日本の》和服 héfú (英 [和服] *a kimono*; [衣服] *clothes*) ▶～の着付けを習う/学习穿和服 xuéxí chuān héfú ▶～をたたむ/叠和服 dié héfú ▶私には着て行く～がない/我没有合适出门儿的衣服 wǒ méiyǒu héshì chūménr de yīfu

きもん【鬼門】 忌讳的方向 jìhuì de fāngxiàng; (苦手) 棘手 jíshǒu (英 *an unlucky quarter*) ▶あの営業所は俺には～なんだ/那个营业所对我来说是个鬼门关 nàge yíngyèsuǒ duì wǒ lái shuō shì ge guǐménguān

ぎもん【疑問】 疑问 yíwèn; 怀疑 huáiyí (英 [質問] *a question*; [疑い] *a doubt*) ▶～が解けた/疑问解决了 yíwèn jiějué le ▶～をただす/质疑 zhìyí ▶～符/问号 wènhào ▶～文/疑问句 yíwènjù ▶多年の～が解けた/我多年来的疑问都解决了 wǒ duō nián lái de yíwèn dōu jiějué le ▶まずみんなの～に答えて下さい/请先回答大家的问题 qǐng xiān huídá dàjiā de wèntí ▶の話には大きな～符を付けたいね/对那个说法, 应该画上一个大问号 duì nàge shuōfa, yīnggāi huàshàng yí ge dàwènhào ▶私は彼の動機に～をもつ/我怀疑他的动机 wǒ huáiyí tā de dòngjī ▶本気で別れるつもりかどうか～だ/她是不是真的想分手, 值得怀疑 tā shì bú shì zhēn de xiǎng fēnshǒu, zhíde huáiyí ▶他殺であることに～の余地もない/毫无疑问, 这是谋杀案 háowú yíwèn, zhè shì móushā'àn

◆～点 いくつか～点がある/有几个疑点 yǒu jǐ ge yídiǎn

きゃあきゃあ ▶女の子たちが～騒いでいる/那些女孩子叽叽喳喳地吵闹 nà xiē nǚháizi jījīzhāzhā de chǎonào

ぎゃあぎゃあ ▶たかが100万円で～騒ぐな/不过是一百万日元, 别那么大惊小怪的 búguò shì yì bǎi wàn Rìyuán, bié nàme dà jīng xiǎo guài de

きゃく【客】 客人 kèrén; 宾客 bīnkè;《商店の》顾客 gùkè (英 *a visitor*; [買い物客] *a customer*) ▶劇場に～が入る/上座儿 shàng zuòr ▶劇場にたくさんの～が入っている/剧场来了不少客人 jùchǎng láile bùshǎo kèrén ▶～をもてなす/接待客人 jiēdài kèrén ▶手料理で～をもてなす/亲手做菜款待客人 qīnshǒu zuòcài kuǎndài kèrén ▶～の入りが悪い/不上座儿 bú shàngzuò ér ▶お～様は神様です/顾客就是上帝 gùkè jiù shì Shàngdì ▶招かれざる～/不速之客 bú sù zhī kè

きやく【規約】 规约 guīyuē; 章程 zhāngchéng; 规章 guīzhāng (英 *an agreement*; *a contract*; *rules*) ▶～を破る/违犯章程 wéifàn zhāngchéng ▶発会に当たって～を定めましょう/在成立本会之际, 定一个章程吧 zài chénglì běn huì zhī jì, dìng yí ge zhāngcheng ba ▶あなたの行為は～に触れます/你的行为跟章程有抵触 nǐ de xíngwéi gēn zhāngchéng yǒu dǐchù ▶これは～上認められた権利だ/这是章程上承认的权利 zhè shì zhāngchengshang chéngrèn de quánlì

ぎゃく【逆】 相反 xiāngfǎn (英 *the reverse*; *the contrary*) ▶～に/反过来 fǎnguòlái ▶～に回す/倒转 dàozhuǎn ▶～に進む/往相反的方向走 wǎng xiāngfǎn de fāngxiàng zǒu ▶向きが～だ/方向相反 fāngxiàng xiāngfǎn ▶配置の順序が～だ/配置的顺序反了 pèizhì de shùnxù fǎn le ▶目的地とは～に進む/与目标背道而驰 yǔ mùbiāo bèi dào ér chí ▶～の順序でやってみないか/咱们用相反的顺序试试吧 zánmen yòng xiāngfǎn de shùnxù shìshi ba ▶ハンドルを～に回す/把方向盘往相反的方向转 bǎ fāngxiàngpán xiàng xiāngfǎn de fāngxiàng zhuǎn ▶お互いの立場が～になった/相互的立场逆转了 xiānghù de lìchǎng nìzhuǎn le ▶～に言えば向こうがそれだけ困っているんだ/反过来说明了对方也陷入如此的困境 fǎnguòlái shuōmíngle duìfāng yě xiànrù rúcǐ de kùnjìng

ギャグ 噱头 xuétóu (英 *a gag*) ▶～を飛ばす/打诨 dǎhùn ▶～漫画/逗笑漫画 dòuxiào mànhuà ▶～演説に～を入れるのはどうかと思うよ/在演讲中掺入噱头, 我觉得不太好 zài yǎnjiǎng zhōng chānrù xuétóu, wǒ juéde bú tài hǎo ▶彼は会議の席でも～を飛ばす/他在开会的时候也插科打诨 tā zài kāihuì de shíhou yě chā kē dǎ hùn

きゃくあし【客足】 客流 kèliú (英 *customers*) ▶事件以来ぱったり～が途絶えた/发生事件以后就没有客人来了 fāshēng shìjiàn yǐhòu jiù méiyǒu kèrén lái le ▶次第に～がついてきている/客流量逐渐多了起来 kèliúliàng zhújiàn duōleqǐlai

きゃくあしらい【客あしらい】 接客 jiē kè (英 *service*) ▶あの寿司屋は～がうまいんだ/那个寿司店应酬顾客有一套 nàge shòusīdiàn yìngchou gùkè yǒu yí tào

きゃくいん【客員】 (英 *an associate member*) ▶～教授/客座教授 kèzuò jiàoshòu

きゃくいん【脚韻】 韵脚 yùnjiǎo (英 *a rhyme*) ▶きれいに～が踏んである/韵脚押得很工整 yùnjiǎo yāde hěn gōngzhěng

ぎゃくかいてん【逆回転する】 逆转 nìzhuǎn

(英 apply backspin) ▶時計の針が〜してくれたらなあ/要是时针能倒转的话多好啊 yàoshi shízhēn néng dàozhuàn dehuà duō hǎo a ▶エンジンを〜させてごらん/让马达反转一下试试 ràng mǎdá fǎnzhuǎn yíxià shìshì

ぎゃくご【客語】〘文法〙宾语 bīnyǔ (英 an object)

ぎゃくこうか【逆効果】相反效果 xiāngfǎn xiàoguǒ;反作用 fǎnzuòyòng (英 a contrary effect) ▶〜になる/适得其反 shì dé qí fǎn ▶あんな説教は〜にしかならない/那样的说教只会适得其反 nàyàng de shuōjiào zhǐ huì shì dé qí fǎn ▶治療のための薬が〜を招いた/为治疗吃的药引起了反作用 wèi zhìliáo chī de yào yǐnqǐle fǎnzuòyòng ▶そんなことをすればますます〜だ/那么做的话,只会是越来越起反作用 nàme zuò dehuà, zhǐ huì shì yuèláiyuè qǐ fǎnzuòyòng

ぎゃくこうせん【逆光線】逆光 nìguāng (英 backlight) ▶少年が〜を浴びつつ坂を下りてくる/少年全身沐浴着逆光走下了山坡 shàonián quánshēn mùyùzhe nìguāng zǒuxiàle shānpō ▶〜で写真をとる/逆光照相 nìguāng zhàoxiàng ▶デジカメは〜をあまり気にしない/数码照相机不用在意逆光 shùmǎ zhàoxiàngjī búyòng zàiyì nìguāng

ぎゃくさつ【虐殺する】残杀 cánshā;虐杀 nüèshā (英 slaughter) ▶村人すべてが〜された/村民都被屠杀了 cūnmín dōu bèi túshā le

ぎゃくざや【逆鞘】逆差价 nìchājià;〘利率〙负利差 fùlìchā (英 a negative spread) ▶原料の高騰で一時的に〜が生じた/由于原料价格高涨,一时出现了逆差价 yóuyú yuánliào jiàgé gāozhǎng, yìshí chūxiànle nìchā jià

ぎゃくさん【逆算】倒数 dàoshù;倒算 dǎosuàn (英 count backward) ▶開会日から〜して残り 50 日しかない/离开幕只剩下五十天了 lí kāimù zhǐ shèng xià wǔshí tiān le

きゃくしつ【客室】客舱 kècāng;客房 kèfáng (英 a passenger cabin;〔旅館の〕a guest room) ▶〜係/客房服务员 kèfáng fúwùyuán ▶〜乗務員/(飞机航班的)乘务员 (fēijī hángbān de) chéngwùyuán

きゃくしゃ【客車】客车 kèchē (英 a passenger car)

日中比较 中国語の'客车 kèchē'には「旅客用の鉄道車両」という意味の他、「バス」という意味もある.

ぎゃくしゅう【逆襲する】反攻 fǎngōng;反击 fǎnjī;反扑 fǎnpū (英 make a counterattack) ▶帝国の〜が始まった/帝国的反击开始了 dìguó de fǎnjī kāishǐ le ▶ここで我々は〜に出た/在此我们开始反攻 zài cǐ wǒmen kāishǐ fǎngōng ▶この顔ぶれでは〜するのは無理だろう/只有这样的阵容,我们是不可能反攻的 zhǐ yǒu zhèyàng de zhènróng, wǒmen shì bùkěnéng fǎngōng de

ぎゃくじょう【逆上する】大发雷霆 dàfā léitíng;大为恼火 dàwéi nǎohuǒ (英 be beside oneself) ▶ののしられて彼は〜した/他被骂得恼羞成怒 tā bèi màde nǎo xiū chéng nù ▶〜した男は包丁を振り回した/疯狂的男子挥舞起菜刀来 fēngkuáng de nánzǐ huīwǔqǐ càidāo lái

きゃくしょうばい【客商売】服务行业 fúwù hángyè (英 a service industry) ▶もう 20 年〜をしている/做服务行业已有二十年 zuò fúwù hángyè yǐ yǒu èrshí nián ▶口下手のおまえに〜が務まるのかい/像你这样笨嘴拙舌的,能做得了服务行业吗? xiàng nǐ zhèyàng bènzuǐ zhuōshé de, néng zuòdeliǎo fúwù hángyè ma?

きゃくしょく【脚色する】编剧 biānjù (英 dramatize) ▶〜家(演劇などの)/编剧 biānjù ▶事実を〜する/夸大事实 kuādà shìshí ▶君は事実を〜しすぎる/你太夸张事实了 nǐ tài kuāzhāng shìshí le ▶私の小説を彼が〜した/他把我的小说编成剧本 tā bǎ wǒ de xiǎoshuō biānchéng jùběn

日中比较 中国語の'脚色 juésè'は'角色 juésè'と同じで「劇の中の役」をいう.

ぎゃくすう【逆数】〘数〙倒数 dàoshù (英 a reciprocal)

きゃくすじ【客筋】老主顾 lǎozhǔgù;顾客的层次 gùkè de céngcì (英 class of customers) ▶幸い私の店は〜に恵まれていた/幸亏我的店有许多好主顾光顾 xìngkuī wǒ de diàn yǒu xǔduō hǎozhǔgù guānggù ▶この辺まで来ると〜が落ちるね/到这儿附近客人的素质就差多了 dào zhèr fùjìn kèrén de sùzhì jiù chà duō le

きゃくせき【客席】客座 kèzuò;观众席 guānzhòngxí (英 a seat) ▶俺の人気で〜をいっぱいにしてやるさ/凭我的人气,让观众席爆满给你看 píng wǒ de rénqì, ràng guānzhòngxí bàomǎn gěi nǐ kàn ▶〜はがらがらだ/观众席稀稀落落 guānzhòngxí xīxīluòluò ▶〜で電話している奴がいる/有人在观众席里打电话 yǒu rén zài guānzhòngxí lǐ dǎ diànhuà

ぎゃくせつ【逆接】〘文法〙转折 zhuǎnzhé;逆接 nìjiē

ぎゃくせつ【逆説】反话 fǎnhuà;悖论 bèilùn (英 a paradox) ▶〜的/反论性的 fǎnlùnxìng de ▶〜的に言えば不幸の味を知らないから不幸なんだ/反过来说,因为不知道不幸的滋味所以才不幸 fǎnguòlái shuō, yīnwèi bù zhīdào búxìng de zīwèi suǒyǐ cái búxìng

きゃくせん【客船】客船 kèchuán;客轮 kèlún (英 a passenger boat) ▶〜の旅というのは若者にはどうかなあ/坐客船的旅行对年轻人不合适吧 zuò kèchuán de lǚxíng duì niánqīngrén bù héshì ba

きゃくたい【客体】〘哲学〙客体 kètǐ;对象 duìxiàng (英 the object) ▶〜化する/客体化 kètǐhuà

ぎゃくたい【虐待する】虐待 nüèdài;凌虐 língnüè (英 ill-treat; treat ... cruelly) ▶動物を〜/虐待动物 nüèdài dòngwù ▶ペットというのは一種の動物〜だろう/所谓宠物其实也是一种对动物的

虐待吧 suǒwèi chǒngwù qíshí yě shì yì zhǒng duì dòngwù de nüèdài ba ▶老いた親を～するとは何事だ/虐待上年纪的父母，太不象话了 nüèdài shàngniánjì de fùmǔ, tài búxiànghuà le ▶児童の～のニュースが多くていやになる/这么多虐待儿童的新闻，真让人伤心 zhème duō nüèdài értóng de xīnwén, zhēn ràng rén shāngxīn

きゃくだね【客種】（英 customers）▶俺たちが出入りするのが落ちるだろう/是不是因为我们来，客人的素质都降低了 shìbushì yīnwèi wǒmen lái, kèrén de sùzhì dōu jiàngdī le

ぎゃくたんち【逆探知する】 反方向监测 fǎnfāngxiàng jiāncè; 追踪电话的发信人 zhuīzōng diànhuà de fāxìnrén （英 trace）▶犯人からの電話を～する/对犯人的电话进行反方向监测 duì fànrén de diànhuà jìnxíng fǎnfāngxiàng jiāncè ▶結局～に失敗した/最后电话追查失败了 zuìhòu diànhuà zhuīchá shībài le

きゃくちゅう【脚注】 脚注 jiǎozhù（英 footnotes）▶～を付ける/加脚注 jiā jiǎozhù

ぎゃくてん【逆転】 反转 fǎnzhuǎn; 倒转 dàozhuǎn（英 reverse）▶形勢が～する/形势逆转 xíngshì nìzhuǎn ▶終盤に来て形勢が～した/到终盘，形势逆转了 dào zhōngpán, xíngshì nìzhuǎn le ▶地球が～したら感覚に影響はあるかな/地球如果倒转，会不会对人体感觉有影响呢 dìqiú rúguǒ dàozhuàn, huìbuhuì duì réntǐ gǎnjué yǒu yǐngxiǎng ne ▶粘りに粘って～勝ちを収めた/我们坚持不懈，终于反败为胜了 wǒmen jiānchí búxiè, zhōngyú fǎn bài wéi shēng le ▶時には～の発想をしてみなさい/有时候你也可以换一个思维方式 yǒushíhòu nǐ yě kěyǐ huàn yí ge sīwéi fāngshì

きゃくひき【客引きする】 兜揽 dōulǎn; 招徕 zhāolái; 招引顾客 zhāoyǐn gùkè（英 lure customers）▶繁華街には悪質な～が横行していた/繁华地区里，恶性的拉客现象在横行 fánhuá dìqūlǐ, èxìng de lākè xiànxiàng zài héngxíng

ぎゃくびき【逆引き】 倒序检索 dàoxù jiǎnsuǒ（英 reverse）▶～辞典/倒序词典 dàoxù cídiǎn

ぎゃくふう【逆風】 顶风 dǐngfēng; 逆风 nìfēng（英 an unfavorable wind）▶世論が我々に～となった/舆论对我们刮逆风 yúlùn duì wǒmen guā nìfēng ▶我々は～をついて出発した/我们顶着风出发了 wǒmen dǐngzhe fēng chūfā le ▶～に進路を妨げられる/逆风妨碍了前进的路线 nìfēng fáng'ài le qiánjìn de lùxiàn

ぎゃくほうこう【逆方向】 相反方向 xiāngfǎn fāngxiàng（英 the opposite direction）▶～を向く/掉头 diàotóu ▶彼は～を向いて立っていた/他朝着反方向站着 tā cháozhe fǎnfāngxiàng zhànzhe ▶我々は～に歩いていたことになる/就是说我们往相反方向走了 jiù shì shuō wǒmen wǎng xiāngfǎn fāngxiàng zǒu le

きゃくほん【脚本】 脚本 jiǎoběn; 剧本 jùběn（英 a scenario）▶～家/剧作家 jùzuòjiā ▶あるは誰が書くの/剧本谁写? jùběn shéi xiě? ▶ある

俳優が～に注文をつけた/有个演员对剧本提了要求 yǒu ge yǎnyuán duì jùběn tíle yāoqiú

きゃくま【客間】 客厅 kètīng（英 a drawing room; a guest room）▶私は～に通された/我被带到了客厅 wǒ bèi dàidàole kètīng

きゃくまち【客待ち】（英 waiting）▶駅前でタクシーが～している/出租汽车在车站前等客 chūzū qìchē zài chēzhàn qián děng kè

ぎゃくもどり【逆戻りする】 回归 huíguī; 开倒车 kāi dàochē（英 go back; turn back）▶何だか戦前に～しそうな雰囲気だね/好像又回到了二战前的气氛 hǎoxiàng yòu huídàole Èrzhàn qián de qìfēn

ぎゃくゆしゅつ【逆輸出する】 再出口 zàichūkǒu（英 reexport）▶日本は野球を～しているね/日本把引进的棒球，再次出口海外 Rìběn bǎ yǐnjìn de bàngqiú, zàicì chūkǒu hǎiwài

ぎゃくゆにゅう【逆輸入する】 再进口 zàijìnkǒu（英 reimport）▶CDが海賊版になって～されている/CD变成盗版再进口 CD biànchéng dàobǎn zài jìnkǒu

ぎゃくよう【逆用する】 反过来利用 fǎnguòlái lìyòng（英 take advantage of...）▶営業停止処分を宣伝に～する/反过来利用停止营业的处分做宣传 fǎnguòlái lìyòng tíngzhǐ yíngyè de chǔfèn zuò xuānchuán

きゃくよせ【客寄せの】 揽客 lǎnkè（英 of a draw）▶私も～パンダとなって出演します/我也作为招揽客人的工具参加演出 wǒ yě zuòwéi zhāolǎn kèrén de gōngjù cānjiā yǎnchū ▶ゴッホの絵が～に使われている/凡高的画被用来招揽客人 Fán Gāo de huà bèi yòng lái zhāolǎn kèrén

ぎゃくりゅう【逆流】 逆流 nìliú（英 flow backward）▶川が～する/河水逆流 héshuǐ nìliú ▶全身の血が～する/全身血液逆流 quánshēn xuèyè nìliú ▶川が～する光景は実に雄壮だ/河水倒流的情景真壮观 héshuǐ dàoliú de qíngjǐng zhēn zhuàngguān ▶怒りで全身の血が～する思いだった/愤怒得全身的血液像要倒流 fènnùde quánshēn de xuèyè xiàng yào dàoliú

きゃくりょく【脚力】 腿脚 tuǐjiǎo; 脚力 jiǎolì（英 one's running ability）▶～がある[ない]/有[没有]脚力 yǒu [méiyǒu] jiǎolì ▶サッカー選手は何をおいても～がないとね/足球选手不说别的，没有脚力怎么行呢 zúqiú xuǎnshǒu bù shuō biéde, méiyǒu jiǎolì zěnme xíng ne ▶老けこむのが嫌なら～を鍛えろよ/不想衰老的话，就锻炼腿脚吧 bù xiǎng shuāilǎo dehuà, jiù duànliàn tuǐjiǎo ba

ギャザー〔服飾〕褶子 zhězi（英 a gather）▶～スカート/百摺裙 bǎizhéqún

きゃしゃ【華奢な】 苗条 miáotiao; 纤细 xiānxì（英 delicate; slender）▶～な椅子だから座ると壊れそうだ/这么纤细的椅子，好像一坐就会坏似的 zhème xiānxì de yǐzi, hǎoxiàng yí zuò jiù huì huài shìde ▶女は～な体つきなのに力が強かった/那个女人虽说身材很苗条，但是很有力 nàge nǚrén suīshuō shēncái hěn miáotiao, dànshì hěn yǒulì

きやすい【気安い】 不客气 bú kèqi; 轻松 qīngsōng; 轻易 qīngyì ㊤ *amiable*) ▶彼って気安く話せる人？/他是能轻易搭上话的人吗？tā shì néng qīngyì dāshàng huà de rén ma? ▶先生は気安く相談にのってくれた/老师很平易地给我出主意 lǎoshī hěn píngyì de gěi wǒ chū zhǔyi

キャスター ❶ 〖小さな車輪〗脚轮 jiǎolún ㊤ *a caster*) ▶〜付きの旅行鞄/带小轮的旅行包 dài xiǎolún de lǚxíngbāo ❷ 〖ニュースキャスター〗新闻主持人 xīnwén zhǔchírén ㊤ *a newscaster*) ▶街でいま人気の〜を見かけた/在街上看到了现在走红的新闻主持人 zài jiēshang kàndàole xiànzài zǒuhóng de xīnwén zhǔchírén

キャスティングボート 决定性的一票 juédìngxìng de yīpiào; 决定权 juédìngquán ㊤ *the casting vote*) ▶衆議院では改革党が〜を握っている/在众议院改革党操纵着决定权 zài zhòngyìyuàn gǎigédǎng cāozòng zhe juédìngquán

キャスト 分配角色 fēnpèi juésè; 角色 juésè ㊤ *the cast*) ▶今度の大臣はミス〜だね/这回委派大臣，选错了人 zhè huí wěipài dàchén, xuǎncuòle rén

きやすめ【気休め】 安慰 ānwèi ㊤ *soothing; a placebo*) ▶〜を言う/说宽心话 shuō kuānxīnhuà ▶その場限りの安慰话を言って別れた/说了几句逢场作戏的安慰话就告别了 shuōle jǐ jù féng chǎng zuò xì de ānwèihuà jiù gàobié le ▶あいつの慰めなど〜にもならない/那家伙的安慰话一点儿也不让人宽慰 nà jiāhuo de ānwèihuà yìdiǎnr yě bú ràng rén kuānwèi

きやせ【着痩せ】 穿上衣服显得瘦 chuānshàng yīfu xiǎnde shòu ㊤ *looking thinner when dressed*) ▶彼女は和服のときは〜して見える/她穿和服的时候显得瘦 tā chuān héfú de shíhou xiǎnde shòu

きゃたつ【脚立】 梯凳 tīdèng ㊤ *a stepladder*) ▶〜に乗って写真を撮る/站在梯凳上照相 zhànzài tīdèngshang zhàoxiàng ▶〜から落ちて腰を痛めた/从梯凳上掉下来伤了腰 cóng tīdèngshang diàoxiàlai shāngle yāo

[参考] 「脚立」は中国語 '脚搭子 jiǎodāzi' の唐音が定着した名称.

キャタピラ （商標）链轨 liànguǐ; 履带 lǚdài ㊤ *a caterpillar*) ▶トラクターの〜がはずれた/拖拉机的履带脱落了 tuōlājī de lǚdài tuōluò le

きゃっ ▶赤ん坊が〜と笑った/婴儿嘎嘎地笑 yīng'ér gāgā de xiào

ぎゃっ ▶彼女はゴキブリを見て〜と叫んだ/她见到蟑螂尖叫了起来 tā jiàndào zhāngláng jiānjiàoleqǐlai

きゃっか【却下する】 驳回 bóhuí ㊤ *reject; dismiss*) ▶裁判所は住民の訴えを〜した/法院驳回了居民的诉讼 fǎyuàn bóhuíle jūmín de sùsòng

きゃっかん【客観】 客观 kèguān ㊤ *the object*) 〜主義/客观主义 kèguān zhǔyì ▶〜的に見る/客观地观察 kèguān de guānchá ▶たまには自分を〜的に見てごらん/有时你也应该客观地观察自己吧 yǒushí nǐ yě yīnggāi kèguān de guānchá zìjǐ ba ▶客观テストは便利ではあるが…/虽说客观测试很方便… suīshuō kèguān cèshì hěn fāngbiàn…

きゃっかんせい【客観性】 客观性 kèguānxìng ㊤ *objectivity*) ▶彼の議論は〜を欠いている/他的说法缺乏客观性 tā de shuōfa quēfá kèguānxìng

ぎゃっきょう【逆境】 苦境 kǔjìng; 逆境 nìjìng ㊤ *bad circumstances*) ▶〜にある時に彼の真価は発揮される/在逆境中他体现了他的真实价值 zài nìjìng zhōng tā tǐxiànle tā de zhēnshí jiàzhí

きゃっこう【脚光】 脚灯 jiǎodēng ㊤ *the footlights*) ▶〜をあびる/引人注目 yǐn rén zhùmù; 走红 zǒuhóng ▶彼の小説が再び〜を浴びている/他的小说重新又引起了人们的关注 tā de xiǎoshuō chóngxīn yòu yǐnqǐle rénmen de guānzhù

ぎゃっこう【逆光】 逆光 nìguāng ㊤ *backlight*) ▶〜の中に富士山が浮かび出ている/在逆光中浮现出富士山的轮廓 zài nìguāng zhōng fúxiànchū Fùshìshān de lúnkuò ▶〜で取った写真なのに表情がはっきり見える/逆光拍的照片，表情却很清楚 nìguāng pāi de zhàopiàn, biǎoqíng què hěn qīngchu

ぎゃっこう【逆行する】 逆行 nìxíng; 开倒车 kāi dàochē ㊤ *go backward*) ▶時代に〜する/倒行逆施 dàoxíng nìshī ▶時代に〜する論調が間違いとは限らない/违背时代潮流的论调不一定是错的 wéibèi shídài cháoliú de lùndiào bù yídìng shì cuò de

キャッシュ 现金 xiànjīn; 现款 xiànkuǎn ㊤ *cash*) ▶〜で支払う/现金支付 xiànjīn zhīfù ▶〜カード/提款卡 tíkuǎnkǎ

キャッチ 抓住 zhuāzhù; 捕捉 bǔzhuō; 获取 huòqǔ ㊤ *catch*) ▶情报を〜する/获取信息 huòqǔ xìnxī ▶電波を〜する/捕捉电波 bǔzhuō diànbō ▶ボールを〜する/接球 jiē qiú ▶子供がボールを投げ，父が〜する/小孩扔出球，父亲接住 xiǎohái rēngchū qiú, fùqīn jiēzhù ▶先方のシグナルの確に〜する/准确地捕捉对方的信号 zhǔnquè de bǔzhuō duìfāng de xìnhào ▶宇宙からの電波をついに〜した/终于收到了从宇宙来的电波 zhōngyú shōudàole cóng yǔzhòu lái de diànbō

◆〜フレーズ 广告妙语 guǎnggào miàoyǔ ▶〜フレーズに踊らされた/被商品的宣传用语欺骗了 bèi shāngpǐn de xuānchuán yòngyǔ qīpiàn le

キャッチボール 投球练习 tóuqiú liànxí ㊤ *play catch*) ▶休日には息子と〜をする/休息的日子和儿子玩儿棒球投接球 xiūxi de rìzi hé érzi wánr bàngqiú tóujiēqiú ▶両社の間で〜が続いている/两个公司之间一直在进行着交涉 liǎng ge gōngsī zhījiān yìzhí zài jìnxíng jiāoshè

キャッツアイ 〖鉱物〗猫睛石 māojīngshí ㊤ *a*

キャップ ❶〖ふた〗帽 mào; 套子 tàozi（英 *a cap*）▶ペンの〜/笔帽 bǐmào ▶ボールペンの〜をはずす/取下圆珠笔的笔帽 qǔxià yuánzhūbǐ de bǐmào ▶〜をかぶせる/盖上盖子 gàishang gàizi ❷〖主任など〗主任 zhǔrèn; 队长 duìzhǎng（英 *a head; a chief*）▶私は〜に無断で取材に出かけた/我没通过主任就去采访了 wǒ méi tōngguò zhǔrèn jiù qù cǎifǎng le

キャップ 差距 chājù（英 *a gap*）▶〜が大きい/差距悬殊 chājù xuánshū ▶〜を越える/克服差距 kèfú chājù ▶この制度の評価に関しては世代間の〜が大きい/关于这个制度的评价，不同时代的差距很大 guānyú zhège zhìdù de píngjià, bùtóng shídài de chājù hěn dà ▶この〜を埋めるのは並大抵ではない/要填补这个差距可不是件容易的事 yào tiánbǔ zhège chājù kě bú shì jiàn róngyì de shì

◆ジェネレーション〜：代沟 dàigōu

キャディー〖ゴルフ〗为打高尔夫球背球棒的人 wèi dǎ gāo'ěrfūqiú bēi qiúbàng de rén; 球童 qiútóng（英 *a caddy*）▶父親が娘の〜をつとめる例もある/也有父亲为女儿做球童的例子 yě yǒu fùqīn wèi nǚ'ér zuò qiútóng de lìzi

ギャバジン〖布地〗华达呢 huádání（英 *gabardine*）

キャバレー 夜总会 yèzǒnghuì（英 *a cabaret*）▶かつて私は銀座の〜でギターを弾いていた/以前我曾在银座的夜总会弹过吉他 yǐqián wǒ céng zài Yínzuò de yèzǒnghuì tánguo jítā

キャビア 鱼子酱 yúzǐjiàng（英 *caviar*）▶〜なんて生涯に何度食えるだろう/一生中能吃几次鱼子酱啊 yīshēng zhōng néng chī jǐ cì yúzǐjiàng a

キャビネ（英 *a cabinet size*〖写真などの大きさ〗）▶〜版/六寸照片 liù cùn zhàopiàn

キャビネット 柜 guì（英 *a cabinet*）▶CD専用の〜/CD专用的柜子 CD zhuānyòng de guìzi ▶書類は〜に入れて施錠した/文件放进柜子里上了锁 wénjiàn fàngjìn guìzili shàngle suǒ

キャビン〖船舶〗客舱 kècāng（英 *a cabin*）▶僕はこの窓から南国の月を見ていた/我从船舱的窗户里看着南国的月亮 wǒ cóng chuáncāng de chuānghuli kànzhe nánguó de yuèliang

キャプション 图片说明 túpiàn shuōmíng; 字幕 zìmù（英 *a caption*）

キャプテン ❶〖船の〗船长 chuánzhǎng（英 *a captain*）❷〖チームの〗队长 duìzhǎng（英 *a captain*）▶僕は新チームの〜に選ばれた/我被选为新队的队长 wǒ bèi xuǎnwéi xīnduì de duìzhǎng

キャブレター 气化器 qìhuàqì（英 *a carburetor*）

キャベツ〖植物〗结球甘蓝 jiéqiú gānlán; 卷心菜 juǎnxīncài; 圆白菜 yuánbáicài（英 *a cabbage*）▶トンカツの〜を添えるのはなぜなのだ/为什么要在炸猪排边上放卷心菜呢? wèi shénme yào zài zházhūpái biānshang fàng juǎnxīncài ne? ▶〜を千切りにする/把圆白菜切成细丝 bǎ yuánbáicài qiēchéng xìsī

◆ロール〜：肉馅卷心菜 ròuxiàn juǎnxīncài; 洋白菜卷肉馅 yángbáicài juǎn ròuxiàn

ギャラ 演出费 yǎnchūfèi（英 *a guarantee*）▶〜を支払う/支付演出费 zhīfù yǎnchūfèi ▶約束の〜は支払われなかった/说定的演出费没有支付 shuōdìng de yǎnchūfèi méiyǒu zhīfù ▶彼は多額の〜を要求した/他要求付很高的报酬 tā yāoqiú fù hěn gāo de bàochóu

キャラクター 性格 xìnggé;〖漫画などの〗登场人物 dēngchǎng rénwù（英 *character*）▶こういう〜は君には似合わない/这样的角色对你不合适 zhèyàng de juésè duì nǐ bù héshì ▶〜人形に夢中になる/对各种卡通玩偶很着迷 duì gè zhǒng kǎtōng wán'ǒu hěn zháomí

キャラメル〖菓子〗奶糖 nǎitáng（英 *a caramel*）

ギャラリー ❶〖画廊〗画廊 huàláng（英 *a gallery*）▶銀座の〜で個展を開くことにした/要在银座的画廊开个人画展 yào zài Yínzuò de huàláng kāi gèrén huàzhǎn ❷〖ゴルフなどの見物人〗（英 *a gallery*）▶多数の〜を引き連れて移動する/吸引着许多观众一起移动 xīyǐnzhe xǔduō guānzhòng yīqǐ yídòng

ギャランティー 保证金 bǎozhèngjīn; 演出费 yǎnchūfèi（英 *a guarantee*）

キャリア ❶〖経験・有資格〗经历 jīnglì; 资格 zīgé; 履历 lǚlì（英 *a career*）▶豊富な〜がある/经历丰富 jīnglì fēngfù ▶〜ウーマン/从事专门职业的妇女 cóngshì zhuānmén zhíyè de fùnǚ ▶彼は十分な〜を持っている/他有足够的经历 tā yǒu zúgòu de jīnglì ▶うちの女房はばりばりの〜ウーマンだ/我老婆是个名符其实的职业女性 wǒ lǎopo shì ge míng fú qí shí de zhíyè nǚxìng ▶彼は外務省の〜組で将来が明るい/他是外交部的高级干部候补人，前途光明 tā shì wàijiāobù de gāojí gànbù hòubǔrén, qiántú guāngmíng ❷〖保菌者〗带菌者 dàijūnzhě（英 *a carrier*）▶ウイルス〜/病毒携带者 bìngdú xiédàizhě ▶〜だからどうだと言うのです/是带菌者又怎么样? shì dàijūnzhě yòu zěnmeyàng?

ギャル 新潮女孩 xīncháo nǚhái; 时尚女孩 shíshàng nǚhái（英 *a girl*）

きゃんきゃん〖犬などが〗yelp; yap▶隣の子犬が〜啼いてうるさい/隔壁的小狗汪汪地叫，真吵 gébì de xiǎogǒu wāngwāng de jiào, zhēn chǎo

ギャング 黑社会 hēishèhuì; 盗窃集团 dàoqiè jítuán; 盗匪 dàofěi（英 *a gangster*;〖団〗*a gang*）▶いま銀行〜も国際化している/现在银行强盗也国际化了 xiànzài yínháng qiángdào yě guójìhuà le

キャンセルする 解约 jiěyuē; 退 tuì（英 *cancel*）▶〜料/解约费 jiěyuēfèi ▶〜待ちの客が列をなしている/等退票的客人都排队了 děng tuìpiào de kèrén dōu páiduì le ▶高い〜料を取られた/付

了很贵的违约费 fùle hěn guì de wéiyuēfèi ▶土壇場で～する/临到关键时刻突然解约 líndào guānjiàn shíkè tūrán xièyuē

キャンディー〔菓子〕糖 táng; 糖果 tángguǒ (英 *a candy*)

キャンドル 蜡烛 làzhú (英 *a candle*) ▶披露宴には～サービスが付き物だ/在婚礼宴会上一定会有新郎新娘点燃蜡烛的仪式 zài hūnlǐ yànhuìshang yídìng huì yǒu xīnláng xīnniáng diǎnrán làzhú de yíshì

キャンバス〔美術〕帆布 fānbù; 画布 huàbù (英 *canvas*) ▶～地の/帆布底的 fānbùdǐ de ▶～に描く/画在画布上 huàzài huàbùshang ▶～地の鞄を肩から下げていた/肩上挂着帆布质地的包 jiānshang guàzhe fānbù zhìdì de bāo ▶僕は消えゆく村の姿を～に描いた/我在画布上描绘将要消失的村庄 wǒ zài huàbùshang miáohuì jiāngyào xiāoshī de cūnzhuāng

キャンパス 校园 xiàoyuán (英 *a campus*) ▶広々とした～/宽阔的校园 kuānkuò de xiàoyuán ▶広い～には湖もあれば林もある/宽广的校园里有湖, 也有树林 kuānguǎng de xiàoyuánlǐ yǒu hú, yě yǒu shùlín ▶母はかつてミス～だったそうだ/母亲以前据说是校花 mǔqin yǐqián jùshuō shì xiàohuā

キャンピングカー 野营车 yěyíngchē (英 *a camper*; *a trailer*)

キャンプ〔野球の〕(职业棒球的)集训 (zhíyè bàngqiú de) jíxùn; 〔野外での〕野营 yěyíng; 〔根拠地〕基地 jīdì (英 *a camp*) ▶～する/野营 yěyíng ▶～場/野营地 yěyíngdì ▶～をはる/搭帐篷 dā zhàngpeng ▶米軍～/美军基地 měijūn jīdì ▶夏は高原で～する予定だ/夏天我们准备在高原野营 xiàtiān wǒmen zhǔnbèi zài gāoyuán yěyíng ▶東京球団は例年沖縄で～/东京球团每年在冲绳训练 Dōngjīng qiútuán lìnián zài Chōngshéng xùnliàn ▶五合目にベース～を設営した/第五段地点扎下了大本营 dìwǔ duàn dìdiǎn zāxiàle dàběnyíng ▶沖縄は米軍～がびっしりだ/在冲绳, 到处都是美军基地 zài Chōngshéng, dàochù dōu shì Měijūn jīdì ▶子供たちは～ファイアを楽しんだ/孩子们享受着野营篝火的乐趣 háizimen xiǎngshòuzhe yěyíng gōuhuǒ de lèqù

ギャンブル 赌博 dǔbó (英 *a gamble*; *gambling*) ▶～狂/赌棍 dǔgùn ▶父親が～狂だった/父亲是个赌棍 fùqin shì ge dǔgùn ▶公営～/公营赌博 gōngyíng dǔbó

キャンペーン 运动 yùndòng (英 *a campaign*) ▶～をはる/开展运动 kāizhǎn yùndòng ▶麻薬撲滅の～をはった/开展禁毒的活动 kāizhǎn jìndú de huódòng ▶彼らの～が世論を動かした/他们的活动推动了舆论 tāmen de huódòng tuīdòngle yúlùn

きゅう【九】⇨く（九）

きゅう【旧】 旧 jiù; 从前 cóngqián (英 *old*; *former*) ▶～に倍する/加倍 jiābèi ▶～に変わらぬご愛顧をたまわりますよう/希望能得到您加倍的照顾 xīwàng néng dédào nín jiābèi de zhàogù ▶被災地はようやく～に復した/灾区终于复原了 zāiqū zhōngyú fùyuán le ▶～暦では7月から秋になる/旧历从七月开始是秋天 jiùlì cóng qī yuè kāishǐ shì qiūtiān

きゅう【灸】灸 jiǔ (英 *moxa cautery*) ▶～を据える/灸治 jiǔzhì;《比喩的に》教训 jiàoxùn ▶腰のツボに～を据える/在腰部的穴位上放上了灸 zài yāobù de xuéwèishang fàngshàngle jiǔ ▶悪がきどもに～を据えてやれ/你来教训教训这帮坏孩子 nǐ lái jiàoxùnjiàoxùn zhè bāng huài háizi

きゅう【急な】 急迫 jípò (英 *sudden*; *urgent*) ▶～を告げる/告急 gàojí ▶二人の仲は風雲～を告げていた/两个人的关系风云骤变 liǎng ge rén de guānxi fēngyún zhòubiàn ▶祖父は～な坂も平気で上る/就是陡坡, 祖父也能轻松地上去 jiùshì dǒupō, zǔfù yě néng qīngsōng de shàngqù ▶利益追求な～/なあまり社会への責任を忘れた/因为太急于追求利益忘记了社会责任 yīnwèi tài jíyú zhuīqiú lìyì wàngjìle shèhuì zérèn ▶～に/突然 tūrán; 忽然 hūrán; 骤然 zhòurán ▶彼は～に笑い出した/他突然笑了起来 tā tūrán xiàoleqǐlái ▶～を要する/吃紧 chījǐn; 急迫 jípò ▶支援を要する/需要紧急支援 xūyào jǐnjí zhīyuán

◆～カーブ ：急弯 jíwān ▶～カーブを曲がりそこねて谷に落ちた/在急转弯处, 汽车掉进峡谷 zài jízhuǎnwānchù, qìchē diàojìn xiágǔ

きゅう【級】 ❶〖等級〗级 jí; 等级 děngjí (英 *a class*; *a grade*) ▶フライ～で世界を制覇する/当上了特轻量级世界冠军 dāngshàngle tè qīngliàngjí shìjiè guànjūn ▶珠算2～に合格した/考上了珠算二级 kǎoshàngle zhūsuàn èr jí ▶早急に閣僚～の会談を行うことで合意した/达成协议尽快举行部长级会谈 dáchéng xiéyì jǐnkuài jǔxíng bùzhǎngjí huìtán ❷〖学級〗班級 bānjí (英 *a class*) ▶今は飛び～の制度がない/现在没有跳级的制度 xiànzài méiyǒu tiàojí de zhìdù ▶あの二人は同～生だった/那两个人是同班同学 nà liǎng ge rén shì tóngbān tóngxué

きゅう【球】 球 qiú (英 *a globe*; *a ball*) ▶球形/球形 qiúxíng ▶～界を代表する投手と打者/代表棒球界的投手和击球手 dàibiǎo bàngqiújiè de tóushǒu hé jīqiúshǒu ▶～体の表面積はどうやって計算するのか/球体的表面积怎么计算？ qiútǐ de biǎomiànjī zěnme jìsuàn? ▶白～に少年たちの夢を託す/少年们把自己梦想寄托在棒球上 shàoniánmen bǎ zìjǐ mèngxiǎng jìtuō zài bàngqiúshang

キュー ❶〖ビリヤード〗台球杆 táiqiúgān (英 *a cue*) ▶～をしごいて狙いをつける/磨了磨台球杆瞄准好了 mólemó táiqiúgān miáozhǔnhǎo le ❷〖放送などでの合図〗(英 *a cue*) ▶彼はディレクターの～を見逃した/他没有看到播导的信号 tā méiyǒu kàndào bōdǎo de xìnhào

きゅう【杞憂】 杞忧 qǐyōu（英 *groundless fears*）▶いや、それはあなたち～とは言えないよ/未必就是杞人忧天 wèibì jiù shì Qǐrén yōu tiān ▶幸い私の心配は～に終わった/幸好我的担忧只不过是杞人忧天罢了 xìnghǎo wǒ de dānyōu zhǐbuguò shì Qǐrén yōu tiān bà le

きゅうあい【求愛する】 追求 zhuīqiú；求爱 qiú'ài（英 *court*）▶僕の～を彼女にべもなくはねつけた/她冷淡地拒绝了我的求爱 tā lěngdàn de jùjuéle wǒ de qiú'ài

きゅうあく【旧悪】 过去干的坏事 guòqù gàn de huàishì；旧恶 jiù'è（英 *one's old misdeed*）▶あいつの～をあばいてやった/我揭露了他过去干的坏事 wǒ jiēlùle tā guòqù gàn de huàishì ▶～が露見したため大臣を辞めざるを得なかった/旧恶败露，不得不辞去大臣职位 jiù'è bàilù, bùdébù cíqù dàchén zhíwèi

きゅういん【吸引する】 吸引 xīyǐn（英 *suck*）▶～力/吸力 xīlì ▶あの大臣の～の力はなかなかのものだ/那个大臣的吸引力很强嘛 nàge dàchén de xīyǐnlì hěn qiáng ma ▶アヘンの悪習に染まる/染上了吸鸦片的恶习 rǎnshàngle xī yāpiàn de èxí

ぎゅういんばしょく【牛飲馬食する】 大吃大喝 dà chī dà hē（英 *drink like a fish and eat like a horse*）▶～した果てに胃をこわす/大吃大喝之后伤了胃 dà chī dà hē zhīhòu shāngle wèi

きゅうえん【休園する】《幼稚園など》休息 xiūxi；《動物園など》不开放 bù kāifàng（英 *close*）

きゅうえん【休演する】 停演 tíngyǎn（英 *be absent from a stage*《俳優が》）▶小島は急病のため本日は～いたします/因为小岛有急病，今天停演 yīnwèi Xiǎodǎo yǒu jíbìng, jīntiān tíngyǎn ▶伊藤の～をひそかに喜んだ人物がいた/有人为伊藤停演暗暗高兴 yǒu rén wèi Yīténg tíngyǎn àn'àn gāoxìng

きゅうえん【救援する】 救济 jiùjì；救援 jiùyuán；《金銭・物資で》赈济 zhènjì（英 *relieve*; *rescue*）▶～に駆けつける/赶来援救 gǎnlái yuánjiù ▶近隣の村民も～に駆けつけた/近邻的村民也跑来援救 jìnlín de cūnmín yě pǎolái yuánjiù ▶～を求める/求援 qiúyuán ▶孤島に残された人々が～を求めている/被遗留在孤岛的人们在求援 bèi yíliú zài gūdǎo de rénmen zài qiúyuán ▶難民に～の手をさしのべる/向难民伸出救援的手 xiàng nànmín shēnchū jiùyuán de shǒu ▶大学生たちも～活動に参加した/大学生们也参加了救援活动 dàxuéshēngmen yě cānjiāle jiùyuán huódòng ▶一隊/救兵 jiùbīng

きゅうか【旧家】 世家 shìjiā（英 *an old family*）▶彼は田舎の～の出なんだ/他是乡绅出身 tā shì xiāngshēn chūshēn

きゅうか【休暇】 假 jià（英 *a vacation*; *a holiday*）▶～をとる/请假 qǐngjià ▶1週間の～を取って新婚旅行に出かけた/请了一星期的假出去度蜜月了 qǐngle yī xīngqī de jià chūqù dù mìyuè le ▶～願(届)/假条 jiàtiáo ▶～願はちんと出して下さい/一定要交请假条 yídìng yào jiāo qǐngjiàtiáo ▶～期間/假期 jiàqī ▶～期間中にレポートを二本書いてもらおう/假期中写两个报告来吧 jiàqī zhōng xiě liǎng ge bàogào lái ba ▶たまたま医者が～で東京から来ていた/恰巧有个休假从东京来的医生在场 qiàqiǎo yǒu ge xiūjià cóng Dōngjīng lái de yīshēng zàichǎng ▶私はその時北海道で～を過ごしていた/我那时正在北海道休假 wǒ nàshí zhèngzài Běihǎidào xiūjià ◆育兒～/育婴休假 yùyīng xiūjià ◆有給～/带薪休假 dàixīn xiūjià

きゅうかい【休会する】 休会 xiūhuì（英 *adjourn*）▶議会は自然～に入った/议会进入了"自动休会"状态 yìhuì jìnrùle "zìdòng xiūhuì" zhuàngtài ▶本会議は―でも委員会は開く/虽然议会休会了，但是委员会开开 suīrán yìhuì xiūhuì le, dànshì wěiyuánhuì zhàokāi

きゅうかい【球界】 棒球界 bàngqiújiè（英 *the baseball world*）▶かつては～の龍児だった/曾经是棒球界的红人 céngjīng shì bàngqiújiè de hóngrén ▶～はいま曲がり角に来ている/棒球界正处在关键时刻 bàngqiújiè zhèng chǔzài guānjiàn shíkè

きゅうかく【嗅覚】 嗅觉 xiùjué（英 *the sense of smell*）▶～神経/嗅神经 xiùshénjīng ▶彼は～を働かせて酒を見つけ出した/他凭着嗅觉找到了酒 tā píngzhe xiùjué zhǎodàole jiǔ ▶犬はとりわけ～が鋭い/狗的嗅觉特别灵 gǒu de xiùjué tèbié líng

きゅうがく【休学する】 休学 xiūxué（英 *be absent from school*）▶私は1年間～して海外に留学した/我休学一年去外国留学了 wǒ xiūxué yī nián qù wàiguó liúxué le ▶昨日～願を出してきた/昨天我提交了休学申请 zuótiān wǒ tíjiāole xiūxué shēnqǐng

きゅうかざん【休火山】 休眠火山 xiūmián huǒshān（英 *a dormant volcano*）

きゅうかん【休刊する】 休刊 xiūkān（英 *stop issue*）▶『論壇』誌は一時～に追い込まれた/《论坛》杂志被迫临时停刊了《Lùntán》zázhì bèipò línshí tíngkān le ▶明日は新聞～日です/明天是报纸休刊日 míngtiān shì bàozhǐ xiūkānrì

きゅうかん【休館】 停止开放 tíngzhǐ kāifàng（英 *closure*）▶美術館は一般に月曜が～日となっている/美术馆一般在星期一休息 měishùguǎn yìbān zài xīngqīyī xiūxi ▶何だ、予告もなしに～してるぞ/怎么回事，没有预告就休馆了 zěnme huí shì, méiyǒu yùgào jiù xiūguǎn le

きゅうかん【急患】 急诊病人 jízhěn bìngrén（英 *an emergency case*）▶～が出たため帰れなくなった/因为有急诊病人，我回不了家了 yīnwèi yǒu jízhěn bìngrén, wǒ huíbuliǎo jiā le

きゅうかんち【休閑地】 休耕地 xiūgēngdì；休闲地 xiūxiándì；空地 kòngdì（英 *fallow land*）▶小学校の跡地が～となっている/小学拆除后的地方变成一片空地 xiǎoxué chāichú hòu de dìfang biànchéng yí piàn kòngdì ▶この畑は今年は～にしよう/这块地今年就作休耕地吧 zhè kuài dì jīnnián jiù zuò xiūgēngdì ba

キュウカンチョウ【九官鳥】〔鳥〕八哥 bāgē (英 *a myna*) ▶～に言葉を仕込む/教八哥说话 jiāo bāgē shuōhuà

きゅうぎ【球技】 球赛 qiúsài；球类运动 qiúlèi yùndòng (英 *a ball game*) ▶～場/球场 qiúchǎng ▶我が校では毎年6月に～大会を開催する/我校每年六月举行球赛 wǒ xiào měinián liù yuè jǔxíng qiúsài ▶ゲートボールも～のうちかい/门球也算球类运动吗? méngqiú yě suàn qiúlèi yùndòng ma?

> 日中比較 中国語の'球技 qiújì'は「球技のテクニック」を意味する。

きゅうきゅう【汲々として】 汲汲 jíjí；一心一意 yì xīn yí yì (英 *diligently; assiduously*) ▶彼らは保身に～としている/他们一个心眼儿地想明哲保身 tāmen yí ge xīnyǎnr de xiǎng míng zhé bǎo shēn

きゅうきゅう【救急】 急救 jíjiù (英 *first aid*) ▶～センター/急救站 jíjiùzhàn ▶～车/救护车 jiùhùchē ▶私は～车で病院に運ばれた/我被救护车拉到了医院 wǒ bèi jiùhùchē lādàole yīyuàn ▶～箱/急救箱 jíjiùxiāng ▶どこの家でも～箱を用意している/每个家庭都备有急救箱 měi ge jiātíng dōu bèiyǒu jíjiùxiāng

ぎゅうぎゅう (英 *crammed full*) ▶～押しこむ/满满地装进去 mǎnmǎn de zhuāngjìnqu ▶～詰めの/塞得满满 sāide mǎnmǎn；拥拥挤挤 yōng yōng jǐ jǐ ▶乗客を中に～押し込んだ/拼命把乘客往车里塞 pīnmìng bǎ chéngkè wǎng chēli sāi ▶トランクに～詰めのみやげ物/箱子里塞满了礼物 xiāngzili sāimǎnle lǐwù ▶新しい革靴が～鳴る/新皮鞋夸夸地响 xīnpíxié kuākuā de xiǎng ▶あいつめ、今に～言わせてやる/我会教训那个家伙的 wǒ huì jiàoxùn nàge jiāhuo de

きゅうぎゅうのいちもう【九牛の一毛】 九牛一毛 jiǔ niú yì máo (英 *a drop in the bucket*) ▶大園市の裏金作りなんて～だ/大园市的小金库只不过是冰山的一角 Dàyuánshì de xiǎojīnkù zhǐbuguò shì bīngshān de yìjiǎo

きゅうきょ【旧居】 故居 gùjū；旧居 jiùjū (英 *one's old house*) ▶ここがかの大作家の～です/这儿就是那位有名大作家的旧居 zhèr jiù shì nà wèi yǒumíng dàzuòjiā de jiùjū ▶久しぶりに～を訪れたがもうなくなっていた/事隔很久去拜访，但是旧居已经没有了 shì gé hěn jiǔ qù bàifǎng, dànshì jiùjū yǐjīng méiyǒu le

きゅうきょ【急遽】 马上 mǎshàng；急忙 jímáng (英 *in haste*) ▶知らせを受けて彼は～上京した/接到通知他马上来东京了 jiēdào tōngzhī tā mǎshàng lái Dōngjīng le

きゅうきょう【旧教】 天主教 Tiānzhǔjiào；旧教 jiùjiào (英 *Catholicism*) ▶あの国では～が強い/那个国家旧教势力强大 nàge guójiā jiùjiào shìlì qiángdà

きゅうきょう【窮境】 困境 kùnjìng (英 *a difficult situation*) ▶あなたのおかげで私は～を脱した/多亏您的帮忙，我摆脱了困境 duōkuī nín de bāngmáng, wǒ bǎituōle kùnjìng ▶あの時会社は～に陥っていた/那时公司陷入了困境 nàshí gōngsī xiànrùle kùnjìng

きゅうぎょう【休業する】 停业 tíngyè；停工 tínggōng；休业 xiūyè (英 *be closed*) ▶臨時～/临时停业 línshí tíngyè ▶店内改装のため臨時～いたします/因为店内装修临时停业 yīnwèi diàn nèi zhuāngxiū línshí tíngyè ▶私の工場も～に追い込まれた/我的工厂也被迫停工 wǒ de gōngchǎng yě bèipò tínggōng

きゅうきょく【究極】 终极 zhōngjí (英 *ultimate; final*) ▶～の目的/终极目的 zhōngjí mùdì ▶人生の～の目標って何だろう/人生的最终目的是什么? rénshēng de zuìzhōng mùdì shì shénme?

きゅうくつ【窮屈な】 ❶【狭小】 狭窄 xiázhǎi；紧 jǐn；瘦 shòu (英 *narrow; tight*) ▶～な部屋で暮らしている/在狭小的房间里生活着 zài xiáxiǎo de fángjiānli shēnghuózhe ▶このコートは肩のところが～だ/这件大衣肩膀处太紧 zhè jiàn dàyī jiānbǎngchù tài jǐn ❷【雰囲気が】 局促 júcù (英 *stiff; uncomfortable*) ▶そんなに考えることはない/没必要那么拘谨地考虑 méi bìyào nàme jūjǐn de kǎolù ▶学校は規則が～だ/学校规定太拘束 xuéxiào guīdìng tài jūshù ❸【金銭的に】 拮据 jiéjū (英 *needy; meager*) ▶資金繰りが～で、いっそ消えてしまいたい/资金周转很窘迫, 我都想干脆跑了算了 zījīn zhōuzhuǎn hěn jiǒngpò, wǒ dōu xiǎng gāncuì pǎole suàn le

ぎゅうぐん【義勇軍】 义勇军 yìyǒngjūn (英 *a volunteer army*) ▶隣国を支援すべく～が派遣された/为了支援邻国派遣了义勇军 wèile zhīyuán língúo pàiqiǎnle yìyǒngjūn

きゅうけい【休憩する】 休息 xiūxi；歇 xiē；歇息 xiēxi (英 *a rest*) ▶～時間/休息时间 xiūxi shíjiān ▶トイレは～時間に済ませておけ/要上厕所, 应该利用休息时间 yào shàng cèsuǒ, yīnggāi lìyòng xiūxi shíjiān ▶今から10分間～する/现在开始休息十分钟 xiànzài kāishǐ xiūxi shí fēnzhōng

きゅうけい【求刑する】 求刑 qiúxíng (英 *demand*) ▶検察側は懲役15年を～した/检察方要求判十五年徒刑 jiǎncháfāng yāoqiú pàn shíwǔ nián túxíng

きゅうけい【球形】 球形 qiúxíng (英 *a global shape*)

きゅうげき【急激な】 急剧 jíjù (英 *sudden; hasty*) ▶～な変化/剧变 jùbiàn ▶海辺の光景の～な変化に私は不安が募った/海边的景色发生了急剧变化, 让我感到很担心 hǎibiān de jǐngsè fāshēngle jíjù biànhuà, ràng wǒ gǎndào hěn dānxīn ▶世論は～に変化した/舆论急剧地变化了 yúlùn jíjù de biànhuà le

きゅうけつき【吸血鬼】 吸血鬼 xīxuèguǐ (英

きゅうご【救護する】 救护 jiùhù ㊤ *help; relieve*) ▶~所/救护所 jiùhùsuǒ ▶~所には終日医師が詰めていた/在救护所里整天有医生值班 zài jiùhùsuǒli zhěngtiān yǒu yīshēng zhíbān

きゅうこう【旧交】 ㊤ *old friendship*) ▶~を温める/重温旧情 chóngwēn jiùqíng ▶~を温めることができて嬉しかった/能重温旧交，我真是高兴 néng chóngwēn jiùjiāo, wǒ zhēn shì gāoxìng

きゅうこう【休校】 停课 tíngkè ㊤ *close school*) ▶臨時~/临时停课 línshí tíngkè ▶台風のため本日は臨時~とする/由于有台风，本日学校临时休息 yóuyú yǒu táifēng, běn rì xuéxiào línshí xiūxi

きゅうこう【休耕】 休耕 xiūgēng ㊤ *fallow*) ▶~地/休耕地 xiūgēngdì ▶村には~地が増える一方だ/村子里闲置的耕地在不断增加 cūnzili xiánzhì de gēngdì zài búduàn zēngjiā ▶~田/休耕田 xiūgēngtián ▶~田は荒れるに任されていた/休耕田在任其荒废 xiūgēngtián zài rèn qí huāngfèi

きゅうこう【休講】 停课 tíngkè ㊤ *cancel a class*) ▶来週は学会出張のため~とする/下周因为我要出差参加学会，停课 xià zhōu yīnwèi wǒ yào chūchāi cānjiā xuéhuì, tíng kè

きゅうこう【急行】 ㊤ *an express train*) ▶~列車/快车 kuàichē ▶現場へ~する/急趋现场 jíqū xiànchǎng ▶~列车は風のごとくに走り過ぎた/快车像疾风似的开过去了 kuàichē xiàng jífēng sìde kāiguòqu le ▶記者はただちに現場へ~した/记者们火速赶到了现场 jìzhěmen huǒsù gǎndàole xiànchǎng ▶10分待てば~が来る/等十分钟，快车就来 děng shí fēnzhōng, kuàichē jiù lái

きゅうごう【糾合】 ㊤ *rallying*) ▶同志を~して新たな芸術運動を始めた/聚集志同道合的伙伴，开展新的艺术运动 jùjì zhì tóng dào hé de huǒbàn, kāizhǎn xīn de yìshù yùndòng

きゅうこうばい【急勾配】 陡 dǒu ㊤ *a steep slope*) ▶~の坂をトラックにあえぎながら上った/卡车吃力地爬上陡坡 kǎchē chīlì de pá shàng dǒupō

きゅうこく【急告】 紧急通知 jǐnjí tōngzhī ㊤ *an urgent notice*)

きゅうこく【救国】 救国 jiùguó ㊤ *saving one's country*) ▶~運動/救亡运动 jiùwáng yùndòng ▶学生たちは~運動に邁進していた/学生们都投入了救国运动 xuéshengmen dōu tóurùle jiùguó yùndòng

きゅうごしらえ【急拵える】 急忙赶造 jímá gǎnzào ㊤ *build... in haste*) ▶急ごしらえの幕で舞台らしく見せている/匆忙中准备了幕布，看上去总算像个舞台了 cōngmáng zhōng zhǔnbèile mùbù, kànshàngqù zǒngsuàn xiàng ge wǔtái le

きゅうこん【求婚する】 求婚 qiúhūn; 求亲 qiúqīn (㊤ *propose*) ▶~を承諾する/许婚 xǔhūn ▶心の底から~したのに冗談扱いさ/真心求婚，却被当成开玩笑 zhēnxīn qiúhūn, què bèi dàngchéng kāi wánxiào

きゅうこん【球根】 球根 qiúgēn (㊤ *a bulb*) ▶チューリップを~から育てる/从球根开始培育郁金香花 cóng qiúgēn kāishǐ péiyù yùjīnxiānghuā

きゅうさい【救済する】 救济 jiùjì; 赈济 zhènjì; 补救 bǔjiù (㊤ *relieve; help; aid*) ▶難民を~/救济难民 jiùjì nànmín ▶被灾地を~/赈济灾区 zhènjì zāiqū ▶難民~は心の面も含めて考えるべきだ/救济难民也要把心理工作加在一起考虑 jiùjì nànmín yě yào bǎ xīnlǐ gōngzuò jiāzài yìqǐ kǎolǜ ▶被災地を~すべく早急に方針を決めます/尽快地拟定救济灾区的方针 jǐnkuài de nǐdìng jiùjì zāiqū de fāngzhēn

きゅうさく【旧作】 (㊤ *one's old work*) ▶~が今頃話題になってとまどっている/旧作品如今又成为话题，感到困惑 jiùzuòpǐn rújīn yòu chéngwéi huàtí, gǎndào kùnhuò ▶自分の~を読み返すと感慨がわく/重读自己的旧作，感慨万千 zhòngdú zìjǐ de jiùzuò, gǎnkǎi wànqiān

きゅうし【九死】 (㊤ *a narrow escape*) ことわざ 九死に一生を得る 虎口余生 hǔkǒu yúshēng; 九死一生 jiǔ sǐ yì shēng ▶浮き袋のおかげで私は~に一生を得た/因为有了救生气袋，我才九死一生 yīnwèi yǒule jiùshēng qìdài, wǒ cái jiǔ sǐ yī shēng

きゅうし【旧址】 旧址 jiùzhǐ (㊤ *ruins; remains*) ▶午後は王宫の~を見学します/下午参观王宫的旧址 xiàwǔ cānguān wánggōng de jiùzhǐ

きゅうし【休止する】 休止 xiūzhǐ; 停顿 tíngdùn (㊤ *cease; suspend*) ▶運転を~して緊急点検を行う/停止机器运作，进行紧急检查 tíngzhǐ jīqì yùnzuò, jìnxíng jǐnjí jiǎnchá

きゅうし【臼歯】【解】 大牙 dàyá; 臼齿 jiùchǐ (㊤ *a molar; a premolar*)

きゅうし【急死する】 突然死亡 tūrán sǐwáng; 猝死 cùsǐ; 暴卒 bàozú (㊤ *die suddenly*) ▶父が旅先で~した/父亲在旅行中突然去世 fùqin zài lǚxíng zhōng tūrán qùshì ▶妻の~を聞いても彼は平然としていた/听到妻子猝死的消息，他若无其事似的 tīngdào qīzi cùsǐ de xiāoxi, tā ruò wú qí shì shìde

きゅうし【急使】 紧急派遣的使者 jǐnjí pàiqiǎn de shǐzhě (㊤ *an express messenger*) ▶~を立てる/派遣紧急使者 pàiqiǎn jǐnjí shǐzhě

きゅうじ【球児】 (㊤ *a high school baseball player*) ▶今年もまた~たちの夏がやってきた/今年又到了棒球少年施展本领的夏天了 jīnnián yòu dàole bàngqiú shàonián shīzhǎn běnlǐng de xiàtiān le

きゅうじ【給仕】 茶房 cháfáng; 服务员 fúwùyuán; 勤杂 qínzá (㊤ *a waiter; a waitress*) ▶祖父は昔新聞社で~をしていた/祖父以前在报社干勤杂 zǔfù yǐqián zài bàoshè gàn qínzá

きゅうしき【旧式の】 老式 lǎoshì; 旧式 jiùshì (英 old-fashioned) ▶こんな～の洗濯機をいつまで使う気ですか/这样老式的洗衣机你想用到什么时候啊 zhèyàng lǎoshì de xǐyījī nǐ xiǎng yòngdao shénme shíhou a ▶私は～の人間だが新人類にも理解はある/我虽说是老派的人，但也能理解新人 wǒ suīshuō shì lǎopài de rén, dàn yě néng lǐjiě xīnrén

きゅうじつ【休日】 休息日 xiūxīrì; 假日 jiàrì (英 a holiday) ▶～を過ごす/度假 dùjià ▶家でぼんやり～を過ごすことも大切だよ/在家里悠闲地过休假日也是很重要的 zài jiālǐ yōuxián de guò xiūjiàrì yě shì hěn zhòngyào de ▶今月は～出勤が多かった/这个月常常假日上班 zhège yuè chángcháng jiàrì shàngbān ▶いつまでも～気分でいるんじゃない/不要老是像在家休假似的 búyào lǎoshì xiàng zàijiā xiūjià shìde

きゅうしふ【休止符】 休止符 xiūzhǐfú (英 a rest; a pause) ▶入院は人生の～みたいなものだ/住院就好像是人生的休止符 zhùyuàn jiù hǎoxiàng shì rénshēng de xiūzhǐfú

きゅうしゃめん【急斜面】 陡坡 dǒupō (英 a steep slope) ▶家の背後の～が雨で崩れ落ちた/家后面的陡坡因为下雨垮了 jiā hòumian de dǒupō yīnwèi xià yǔ kuǎ le ▶～を滑り落ちて足の骨を折った/从陡坡上滑下来，摔断了腿骨 cóng dǒupōshang huáluòxiàlái, shuāiduànle tuǐgǔ

きゅうしゅう【旧習】 旧俗 jiùsú; 旧习惯 jiùxíguàn (英 old customs) ▶若者には～にとらわれぬ発想が必要だ/年轻人要有不受旧习俗束缚的想法 niánqīngrén yào yǒu bú shòu jiùxísú shùfù de xiǎngfa ▶～を墨守していては進歩はない/墨守成规是不会进步的 mò shǒu chéng guī shì bú huì jìnbù de

きゅうしゅう【吸収する】 吸 xī; 吸取 xīqǔ; 吸收 xīshōu (英 absorb) ▶水分を～する/吸收水分 xīshōu shuǐfèn ▶夏の草花は驚くほど水分を～する/夏天的花草能惊人地吸收大量水分 xiàtiān de huācǎo néng jīngrén de xīshōu dàliàng shuǐfèn ▶知識を～する/吸取知识 xīqǔ zhīshi ▶私は先生方から貪欲に知識を～した/我从老师们身上如饥似渴地吸取知识 wǒ cóng lǎoshīmen shēnshang rú jī sì kě de xīqǔ zhīshi ▶衝撃を～する/缓和冲击 huǎnhé chōngjī ▶コルクで衝撃を～するように工夫してある/设计用软木缓和冲击 shèjì yòng ruǎnmù huǎnhé chōngjī ▶共立社は緑風社に～合併された/共立社被绿风社兼并了 Gònglìshè bèi Lǜfēngshè jiānbìng le

きゅうしゅう【急襲する】 (英 make a sudden attack) ▶刑事たちは強盗団のアジトを～した/刑警们奇袭了强盗团伙的窝点 xíngjǐngmen qíxíle qiángdàotuánhuǒ de wōdiǎn

きゅうしゅつ【救出する】 营救 yíngjiù; 抢救 qiǎngjiù (英 rescue) ▶私は火の中から消防隊員に～された/我被消防队员从火里抢救出来 wǒ bèi xiāofáng duìyuán cóng huǒlǐ qiǎngjiùchūlái

▶周囲の状況から～は不可能と思われた/从周围的状况来判断，营救是不可能的了 cóng zhōuwéi de zhuàngkuàng lái pànduàn, yíngjiù shì bù kěnéng de le ▶隊員3名が～に当たった/三名队员担任营救任务 sān míng duìyuán dānrèn yíngjiù rènwu

きゅうしょ【急所】 要害 yàohài; 关键 guānjiàn (英 the vital point; 痛い所 a sore spot) ▶～を突く(言葉が)/抓住要点 zhuāzhù yàodiǎn ▶～を突かれて彼は返答に窮した/被切中要害，他无法回答 bèi qièzhòng yàohài, tā wúfǎ huídá ▶幸い銃弾は～をはずれた/幸亏子弹没打中要害 xìngkuī zǐdàn méi dǎzhòng yàohài

きゅうじょ【救助する】 搭救 dājiù; 救助 jiùzhù (英 rescue; relief; aid) ▶～を求める/求救 qiújiù ▶～隊/救护队 jiùhùduì ▶彼らは波間から～を求めていた/他们在波涛中求救 tāmen zài bōtāo zhōng qiújiù ▶遭難者は全員～された/遇难者全部得救了 yùnànzhě quánbù déjiù le ▶二人は人命～で表彰された/两个人因为救人被表彰了 liǎng ge rén yīnwèi jiù rén bèi biǎozhāng le

きゅうじょう【弓状の】 弓形 gōngxíng (英 bow-shaped; arched)

きゅうじょう【休場】 (英 [力士が] absense) ▶杉乃山は2場所～が続いて十両に陥落した/杉乃山因为休息了两场，而降级成了"十两"(日本的大相扑一年有六场比赛) Shānnǎishān yīnwèi xiūxile liǎng chǎng, ér jiàngjíchéngle "shíliǎng" (Rìběn de dàxiàngpū yì nián yǒu liù chǎng bǐsài) ▶何だ，今場所も～するのか/什么? 这场比赛他也不参加吗? shénme? zhè chǎng bǐsài tā yě bù cānjiā ma?

きゅうじょう【球場】 (野球) 棒球场 bàngqiúchǎng (英 a ball park) ▶～がどよめきに包まれた/球场一片喧哗 qiúchǎng yí piàn xuānhuá ▶我々は～で待ち合わせた/我们约好在球场见面 wǒmen yuēhǎo zài qiúchǎng jiànmiàn

きゅうじょう【窮状】 困境 kùnjìng; 窘境 jiǒngjìng (英 a sad plight) ▶～を脱する/摆脱困境 bǎituō kùnjìng ▶我が社は当分～を脱し得ないだろう/本公司恐怕一时不能摆脱困境 běn gōngsī kǒngpà yìshí bùnéng bǎituō kùnjìng ▶避難者は口々に～を訴えた/避难的人们纷纷叙说困境 bìnàn de rénmen fēnfēn xùshuō kùnjìng

きゅうしょうがつ【旧正月】 春节 chūnjié; 大年 dànián (英 the lunar New Year) ▶雪国には～が似合う/在多雪地区过春节很有风情 zài duō xuě dìqū guò Chūnjié hěn yǒu fēngqíng

きゅうじょうしょう【急上昇する】 ❶【高度が】直线上升 zhíxiàn shàngshēng (英 rise sharply) ▶離陸後飛行機は～する/飞机起飞后急剧上升 fēijī qǐfēi hòu jíjù shàngshēng ▶水位[物価]が～する/暴涨 bàozhǎng ▶台風の影響で水位が～している/由于台风影响水位急剧上升 yóuyú táifēng yǐngxiǎng shuǐwèi jíjù shàngshēng ❷【評価などが】急剧提高 jíjù tígāo;

陡然直上 dǒurán zhíshàng (英 rise suddenly) ▶今回の研究発表で彼の評価が〜した/由于这次的研究发表，对他的评价急剧上升 yóuyú zhè cì de yánjiū fābiǎo, duì tā de píngjià jíjù shàngshēng

きゅうしょく【休職する】 离职 lízhí; 停职 tíngzhí (英 take leave) ▶病気のため1年間〜します/因为生病离职休养一年 yīnwèi shēngbìng lízhí xiūyǎng yì nián ▶〜期間は延長できますか/休职期限能延长吗? xiūzhí qīxiàn néng yáncháng ma?

きゅうしょく【求職】 求职 qiúzhí; 找工作 zhǎo gōngzuò (英 job hunting) ▶〜活動をする/找工作 zhǎo gōngzuò ▶大学生は3年のうちから〜活動を始める/大学生在三年级的时候开始求职活动 dàxuéshēng zài sān niánjí de shíhou kāishǐ qiúzhí huódòng

きゅうしょく【給食】 供给伙食 gōngjǐ huǒshí (英 provide lunch [meals]) ▶小学校では〜だけが楽しみだった/吃小学供给的午餐是唯一的乐趣 chī xiǎoxué gōngjǐ de wǔcān shì wéiyī de lèqù ▶あの家は子供の〜費も払わない/那家人连学校伙食费都不交 nà jiā rén lián xuéxiào huǒshífèi dōu bù jiāo

ぎゅうじる【牛耳る】 称霸 chēngbà; 把持 bǎchí; 操纵 cāozòng (英 rule; dominate) ▶市议会はあの二人が牛耳っている/市议会被那两个人操纵着 shì yìhuì bèi nà liǎng ge rén cāozòngzhe

きゅうしん【休診する】 停诊 tíngzhěn (英 close the clinic) ▶木曜午後は研修のため〜いたします/星期四下午因为有研修停诊 xīngqīsì xiàwǔ yīnwèi yǒu yánxiū tíngzhěn ▶本日〜の札が下がっている/挂着"今天休诊"的牌子 guàzhe "jīntiān xiūzhěn" de páizi

きゅうしん【急進的な】 急进 jíjìn (英 radical) ▶〜派/急进派 jíjìnpài ▶私は自分を〜的だと思っている/我认为自己是激进的 wǒ rènwéi zìjǐ shì jījìn de

きゅうしん【球審】 主裁判(员) zhǔcáipàn(yuán) (英 a ball umpire) ▶〜は試合の隠れた主役だ/裁判是比赛无名的主角 cáipàn shì bǐsài wúmíng de zhǔjué ▶〜を怒らせるとまずいぞ/惹恼了裁判可不妙 rěnǎole cáipàn kě bú miào

きゅうじん【求人】 招聘人员 zhāopìn rényuán; 招人 zhāorén (英 the offer of a job) ▶〜欄/招工专栏 zhāogōng zhuānlán ▶〜広告/招工广告 zhāogōng guǎnggào ▶彼は毎日熱心に〜広告を読んでいる/他每天都热心地看招聘广告 tā měitiān dōu rèxīn de kàn zhāopìn guǎnggào ▶今月の〜倍率は1.5に達した/这个月的劳动需求率达到了一点五倍 zhège yuè de láodòng xūqiúlǜ dádàole yì diǎn wǔ bèi

日中比較 中国語の'求人 qiúrén'は「人にすがる」という動詞。

きゅうじんのこう【九仞の功】 九仞之功 jiǔ rèn zhī gōng (英 the near completion) ことわざ **九仞の功を一簣**(いっき)**に欠く** 功亏一篑 gōng kuī yí kuì

きゅうしんりょく【求心力】 向心 xiàngxīn (英 the centripetal force) 向心力 xiàngxīnlì ▶社長の〜が低下している/总经理的向心力减弱 zǒngjīnglǐ de xiàngxīnlì jiǎnruò

きゅうす【急須】 茶壶 cháhú (英 a small teapot) ▶小さな〜で濃い玉露を入れる/用小茶壶沏浓郁的玉露茶 yòng xiǎocháhú qī nóngyù de yùlùchá

きゅうすい【給水する】 给水 jǐshuǐ (英 supply water to...) ▶〜車/供水车 gōngshuǐchē ▶〜塔/水塔 shuǐtǎ ▶住民はバケツを持って〜車の前に並んだ/居民拿着水桶在送水车前排队 jūmín názhe shuǐtǒng zài sòngshuǐchēqián páiduì ▶あの集落へはどうやって〜するのか/怎么把水送到那个村落 zěnme bǎ shuǐ sòngdào nàge cūnluò

きゅうすう【級数】 〔数〕级数 jíshù (英 a series) ▶感染者が幾何〜的に増えてゆく/感染者的人数呈几何级数急剧增加 gǎnrǎnzhě de rénshù chéng jǐhé jíshù jíjù zēngjiā

きゅうする【窮する】 陷入困境 xiànrù kùnjìng (英 be at a loss) ▶生活に〜/苦于生活 kǔyú shēnghuó ▶返答に〜/无言以对 wú yán yǐ duì ▶窮すれば通ず/穷极智生 qióng jí zhì shēng; 穷则变通 qióng zé biàntōng ▶生活に窮してサラ金に手を出した/迫于生活借了高利贷 pòyú shēnghuó jièle gāolìdài ▶そう言う質問は返答に〜な/这种问题很难回答 zhè zhǒng wèntí hěn nán huídá

きゅうせい【旧制の】 旧制 jiùzhì (英 under the former system) ▶〜女学校の仲間で1泊旅行に出かけた/我和旧制女中的朋友一起去住一晚的旅行 wǒ hé jiùzhì nǚzhōng de péngyou yìqǐ qù zhù yì wǎn de lǚxíng

きゅうせい【旧姓】 原姓 yuánxìng; 娘家姓 niángjiāxìng (英 one's former name) ▶仕事の上では〜を名乗っている/工作上我用娘家的旧姓 gōngzuòshang wǒ yòng niángjiā de jiùxìng ▶私、〜に戻ったの/我又回到出嫁前的旧姓了 wǒ yòu huídào chūjià qián de jiùxìng le

きゅうせい【急性】 急性 jíxìng (英 acute) ▶〜胃炎/急性胃炎 jíxìng wèiyán ▶旅先で〜肺炎を起こした/在旅行的地方患上了急性肺炎 zài lǚxíng de dìfang huànshàngle jíxìng fèiyán

きゅうせい【急逝する】 溘逝 kèshì (英 pass away suddenly) ▶先生はペンを握ったまま〜された/老师手握着钢笔溘逝了 lǎoshī shǒu wòzhe gāngbǐ kèshì le ▶友の〜を知って私はただちに引き返した/得知朋友突然去世的消息，我从半路上赶回来了 dézhī péngyou tūrán qùshì de xiāoxi, wǒ cóng bànlùshang gǎnhuílai le

きゅうせいしゅ【救世主】 救世主 jiùshìzhǔ (英 the Savior) ▶あの新人がチームの〜となりうるか/那个新队员能不能成为球队的救世主呢? nàge xīnduìyuán néngbunéng chéngwéi qiúduì de jiùshìzhǔ ne?

きゅうせき【旧跡】 旧址 jiùzhǐ; 古迹 gǔjì (英) *a historic spot*; [遺跡] *ruins* ▶名所～/名勝古迹 míngshèng gǔjì ▶退職後は名所～を訪ねて歩こうと思う/退休后我想走访各地的名胜古迹 tuìxiū hòu wǒ xiǎng zǒufǎng gè dì de míngshèng gǔjì

きゅうせっきじだい【旧石器時代】 旧石器时代 jiùshíqì shídài (英) *the Old Stone Age*

きゅうせん【休戦】 停火 tínghuǒ; 休战 xiūzhàn (英) *make a cease-fire* ▶～協定/停火协议 tínghuǒ xiéyì ▶～協定がまとまった/停战协定达成了 tíngzhàn xiédìng dáchéng le ▶雨期の3週間は～する/雨季的三周停战 yǔjì de sān zhōu tíngzhàn

きゅうせんぽう【急先鋒】 急先锋 jíxiānfēng (英) *a forerunner; a spearhead* ▶息子が反対運動の～なんだ/儿子是反对运动的急先锋 érzi shì fǎnduì yùndòng de jíxiānfēng

きゅうそ【窮鼠】 [ことわざ] 窮鼠猫を噛む 穷鼠啮猫 qióngshǔ niè māo; 狗急跳墙 gǒu jí tiào qiáng ▶～猫を噛むのたとえもあるぞ/俗话说, 狗急了也会跳墙 súhuà shuō, gǒu jíle yě huì tiào qiáng

きゅうそう【急送】 紧急输送 jǐnjí shūsòng; 抢运 qiǎngyùn (英) *send... by express; dispatch* ▶第一に水と食糧を～されたい/首先请火急送来水和粮食 shǒuxiān qǐng huǒjí sònglái shuǐ hé liángshí

きゅうぞう【急造の】 赶制 gǎnzhì; 赶造 gǎnzào (英) *hurriedly built* ▶～の演芸団で老人ホームを慰問した/临时组成的演艺团慰问了养老院 línshí zǔchéng de yǎnyìtuán wèiwènle yǎnglǎoyuàn

きゅうぞう【急増する】 猛增 měngzēng (英) *increase suddenly* ▶電子出版が～している/电子出版急剧增多 ▶～に社会施設が追いつかない/社会设施赶不上老年人的急剧增加 shèhuì shèshī gǎnbushàng lǎoniánrén de jíjù zēngjiā

きゅうそく【休息する】 歇息 xiēxi; 休息 xiūxi (英) *a rest; repose* ▶みんな家に帰って～した/大家都回到家里休息, 我也回到家 huídào jiālǐ xiūxi ▶私も木陰で～した/我也在树荫下休息了 wǒ yě zài shùyīnxia xiūxi le

きゅうそく【急速に】 急剧 jíjù; 迅速 jísù; 迅速 xùnsù (英) *rapidly; quickly* ▶大統領は～に人心を失っていった/总统很快地失去了人心 zǒngtǒng hěn kuài de shīqùle rénxīn ▶科学の～な進歩には若者だってめまいがする/即使是年轻人也对科学的进步感到晕眩 jíshǐ shì niánqīngrén yě duì kēxué de jìnbù gǎndào yūnxuàn

きゅうたい【旧態】 旧态 jiùtài (英) *the old state of things* ▶街はまるきり～をとどめていなかった/街道完全失去了以前的面目 jiēdào wánquán shīqùle yǐqián de miànmù ▶興复は～に复することはない/重建家园并不是恢复原貌 chóngjiàn jiāyuán bìng bú shì huīfù yuánmào

きゅうたい【球体】 球体 qiútǐ (英) *a sphere; a globe*

きゅうだい【及第する】 合格 hégé; 及格 jígé; 考上 kǎoshàng (英) *pass* ▶～点/及格分数 jígé fēnshù ▶努力は認めるが～点には遠いな/我虽然承认你的努力, 但是你离及格分还差太远 wǒ suīrán chéngrèn nǐ de nǔlì, dànshì nǐ lí jígéfēn hái chà tài yuǎn ▶進級試験にかすかすで～した/勉勉强强通过了升级考试 miǎnmiǎnqiǎngqiǎng tōngguòle shēngjí kǎoshì ▶あれなら外野手として～だ/那样的话, 作为棒球的外野手也合格了 nàyàng dehuà, zuòwéi bàngqiú de wàiyěshǒu yě hégé le

きゅうたいいぜん【旧態依然】 旧态依然 jiùtài yīrán (英) *remaining unchanged* ▶～とした/依然如故 yīrán rúgù ▶彼らは～たる発想しかできない/他们只会墨守成规地考虑问题 tāmen zhǐ huì mòshǒu chéngguī de kǎolǜ wèntí ▶～たる体制から天才は生まれない/在故步自封的体制下, 是不可能产生天才的 zài gùbù zìfēng de tǐzhìxià, shì bùkěnéng chǎnshēng tiāncái de

きゅうだん【糾弾する】 谴责 qiǎnzé; 申讨 shēntǎo; 声讨 shēngtǎo; 问罪 wènzuì (英) *censure* ▶あの頃は暴力的な～が日常化していた/那时候, 用暴力来问罪是家常便饭 nà shíhou, yòng bàolì lái wènzuì shì jiācháng biànfàn ▶その無責任な体制を我々は～しているのだ/我们是在谴责那种不负责的体制 wǒmen shì zài qiǎnzé nà zhǒng bú fùzé de tǐzhì

きゅうだん【球団】 球团 qiútuán (英) *a baseball club* ▶～からトレードを通告される/接到通知要被调到别的球团了 jiēdào tōngzhī yào bèi diàodào biéde qiútuán qù le ▶当社は～を手放すことにした/本公司决定放弃球团 běn gōngsī juédìng fàngqì qiútuán

きゅうち【旧知】 故旧 gùjiù (英) *of an old friend* ▶～の間柄/老交情 lǎojiāoqíng ▶我々は～の間柄で遠慮なく話ができる/我们是老朋友, 可以坦率地说话 wǒmen shì lǎopéngyou, kěyǐ tǎnshuài de shuōhuà

きゅうち【窮地】 窘况 jiǒngkuàng; 困境 kùnjìng (英) *a difficult situation* ▶～に立つ/处于困境 chǔyú kùnjìng ▶批判が巻き起こって彼は～に立たされた/引起各方面的批判, 他陷入了窘境 yǐnqǐ gè fāngmiàn de pīpàn, tā xiànrùle jiǒngjìng ▶道路が復旧し, 我々はようやく～を脱した/道路修复了, 我们终于脱离了困境 dàolù xiūfù le, wǒmen zhōngyú tuōlíle kùnjìng

きゅうちゃく【吸着する】 吸附 xīfù (英) *adhere* ▶活性炭は～力が強い/活性炭的吸附力很强 huóxìngtàn de xīfùlì hěn qiáng

きゅうちゅう【宮中】 宫中 gōngzhōng; 禁中 jìnzhōng (英) *the Imperial Court*

きゅうちょ【旧著】 旧著 jiùzhù (英) *old works* ▶～がこのほど文庫になって/我的旧著作最近出了袖珍版 wǒ de jiù zhùzuò zuìjìn chūle xiùzhēnbǎn ▶～に大幅に手を入れた/大幅度地修

改了旧著作 dǎfúdù de xiūgǎile jiù zhùzuò

きゅうちょう【窮鳥】
[ことわざ] 窮鳥懷(ふところ)に入(い)れば,猟師も殺さず 穷鸟入怀,猎人不杀 qióngniǎo rù huái, lièrén bù shā

きゅうてい【休廷する】 休庭 xiūtíng (英 hold no court) ▶裁判長は一時～を宣した/审判长宣布暂时休庭 shěnpànzhǎng xuānbù zànshí xiūtíng

きゅうてい【宮廷】 宫廷 gōngtíng (英 the court)

きゅうてき【仇敵】 仇敌 chóudí; 死对头 sǐduìtou (英 a mortal enemy) ▶両チームのファン同士が～のようににらみあった/双方的球迷像仇敌似的互相瞪着 shuāngfāng de qiúmí xiàng chóudí shìde hùxiāng dèngzhe

きゅうてん【急転する】 骤变 zhòubiàn (英 change suddenly) ▶ここで戦況は～した/在此战况突然出现了转机 zài cǐ zhànkuàng tūrán chūxiànle zhuǎnjī

きゅうでん【宮殿】 宫殿 gōngdiàn; 皇宫 huánggōng (英 a palace) ▶新たに～を造営する/重新建造宫殿 chóngxīn jiànzào gōngdiàn ▶ミサイル攻撃で～にひびが入った/由于导弹的攻击,宫殿出现了裂缝 yóuyú dǎodàn de gōngjī, gōngdiàn chūxiànle lièfèng

きゅうてんちょっか【急転直下】 急转直下 jízhuǎn zhí xià (英 all of a sudden) ▶～,事態は一挙に解決に向かった/事态急转直下,向解决的方向发展了 shìtài jí zhuǎn zhí xià, xiàng jiějué de fāngxiàng fāzhǎn le

キュート (英 cute) ▶～な女の子って,俺,びびるんだよ/那么可爱的女孩,我挺发怵的 nàme kě'ài de nǚhái, wǒ tǐng fāchù de

きゅうとう【急騰する】 暴涨 bàozhǎng (英 rise sharply) ▶株価の～/股价暴涨 gǔjià bàozhǎng ▶現代社の株価は～には裏がありそうだ/现代社的股票暴涨像有特殊情 Xiàndàishè de gǔpiào bàozhǎng xiàng yǒu tèshū yǐnqíng ▶このところ石油が～している/最近石油暴涨 zuìjìn shíyóu bàozhǎng

きゅうどう【弓道】 射箭术 shèjiànshù (英 the archery) ▶これでも大学時代は～で知られていた/别看我这样,大学时候弓道可是很有名的 bié kàn wǒ zhèyàng, dàxué shíhou gōngdào kě shì hěn yǒumíng de

きゅうどう【旧道】 古道 gǔdào; 旧道 jiùdào (英 an old road)

きゅうどうしゃ【求道者】 (英 a seeker after truth) ▶浜田氏は～のような風貌をしていた/滨田的外貌像个求道者似的 Bīntián de wàimào xiàng ge qiúdàozhě shìde

ぎゅうどん【牛丼】 牛肉盖浇饭 niúròu gàijiāofàn (英 a beef bowl) ▶僕の昼飯は～一点張りだ/我的午饭总是牛肉盖浇饭 wǒ de wǔfàn zǒngshì niúròu gàijiāofàn ▶当店の～は国産牛肉を使用しています/本店的牛肉盖浇饭用的是国产牛肉 běn diàn de niúròu gàijiāofàn yòng de shì guóchǎn niúròu

きゅうなん【救難】 救难 jiùnàn; 救险 jiùxiǎn (英 rescue) ▶～活動/救难活动 jiùnàn huódòng

ぎゅうにく【牛肉】 牛肉 niúròu (英 beef) ▶ねえ,今夜は～にしようよ/我说,今天晚上吃牛肉吧 wǒ shuō, jīntiān wǎnshang chī niúròu ba ▶～を買う時はまず原産地を見る/买牛肉的时候先看原产地 mǎi niúròu de shíhou xiān kàn yuánchǎndì ▶～が常食になって文明開化が定着した/牛肉成为日常食品,"文明开化"扎下了根 niúròu chéngwéi rìcháng shípǐn, "wénmíng kāihuà" zāxiàle gēn

きゅうにゅう【吸入する】 吸入 xīrù (英 inhale) ▶～器/蒸气吸入器 zhēngqì xīrùqì ▶酸素～/吸入氧气 xīrù yǎngqì ▶高山では酸素～が欠かせない/在高山一定要吸氧 zài gāoshān yídìng yào xī yǎng

ぎゅうにゅう【牛乳】 牛奶 niúnǎi (英 milk) ▶～配達/送牛奶 sòng niúnǎi ▶毎朝定時に～配達がやってくる/每天早晨送牛奶的人定点来 měitiān zǎochen sòng niúnǎi de rén dìngdiǎn lái ▶バターもチーズも～から作られる/黄油和奶酪都是由牛奶做成的 huángyóu hé nǎilào dōu shì yóu niúnǎi zuòchéng de ▶夏休みに牧場で～をしぼる体験をした/暑假在畜牧场体验了挤牛奶 shǔjià zài xùmùchǎng tǐyànle jǐ niúnǎi

きゅうねん【旧年】 去年 qùnián (英 last year) ▶～中は大変お世話になりました/过去一年承蒙您的照顾 guòqù yì nián chéngméng nín de zhàogù

きゅうば【急場】 急需 jíxū; 危急 wēijí; 紧急情况 jǐnjí qíngkuàng (英 an emergency; a crisis) ▶～をしのぐ/度过难关 dùguò nánguān ▶避難所に入って～をしのいだ/躲进了避难所解了一时之急 duǒjìnle bìnànsuǒ jiěle yìshí zhī jí ▶わずかな額でも～のお役に立てば…/只有一点儿钱,但愿能帮你救急 zhǐ yǒu yìdiǎnr qián, dànyuàn néng bāng nǐ jiùjí

ぎゅうば【牛馬のごとく】 (英 like a beast of burden) ▶我々は～のごとくにこき使われた/我们像牛马似的被使唤着 wǒmen xiàng niúmǎ shìde bèi shǐhuanzhe

きゅうはく【急迫する】 急迫 jípò; 紧迫 jǐnpò (英 become tense) ▶事態は～している/事态紧急 shìtài jǐnjí

きゅうはく【窮迫する】 窘迫 jiǒngpò; 贫困 pínkùn (英 be in dire need) ▶暮らしの～には慣れているよ/我已经习惯了生活的窘迫了 wǒ yǐjīng xíguànle shēnghuó de jiǒngpò le ▶暮らしは日々～していった/生活一天比一天穷困 shēnghuó yì tiān bǐ yì tiān qióngkùn

きゅうはん【旧版】 旧版 jiùbǎn (英 an old edition) ▶～では面白い統計が使われていた/旧版中使用了有趣的统计资料 jiùbǎn zhōng shǐyòngle yǒuqù de tǒngjì zīliào

きゅうばん【吸盤】 吸盘 xīpán (英 *a sucker*) ▶タコの〜/章鱼的吸盘 zhāngyú de xīpán

きゅうひ【給費】 提供费用 tígōng fèiyòng (英 *provision of expenses*) ▶〜制の奨学金を充実させたい/计划充实助学性质的奖学金 jìhuà chōngshí zhùxué xìngzhì de jiǎngxuéjīn ▶今年も幾人もの〜生が巣立っていった/今年又有不少的助学生走向社会了 jīnnián yòu yǒu bùshǎo de zhùxuéshēng zǒuxiàng shèhuì le

キューピー 丘比特娃娃 Qiūbǐtè wáwa (英 *a Kewpie (doll)*)

キュービズム 〖美術〗立体派 lìtǐpài (英 *cubism*)

キューピッド 丘比特 Qiūbǐtè; 爱神 àishén (英 *Cupid*) ▶あいつが〜役をつとめると言う/那家伙说要当爱神 nà jiāhuo shuō yào dāng àishén

きゅうびょう【急病】 暴病 bàobìng; 急症 jízhèng (英 *a sudden illness*) ▶〜になる/得急病 dé jíbìng ▶旅先で〜にかかって往生した/在旅行的地方得了急病,不知怎么办好了 zài lǚxíng de dìfang déle jíbìng, bù zhī zěnme bàn hǎo le ▶車内で〜人が出ましたため…/因为车内有急病患者… yīnwèi chē nèi yǒu jíbìng huànzhě…

きゅうふ【休符】 〖音楽〗休止符 xiūzhǐfú (英 *a rest*)

きゅうふ【給付する】 支付 zhīfù; 发放 fāfàng (英 *grant*) ▶〜金/补助金 bǔzhùjīn ▶出産祝い金は現金で〜する/用现金支付出生贺礼的钱 yòng xiànjīn zhīfù chūshēng hèlǐ de qián ▶医療〜は月半ばに振り込まれる/医疗补贴在月中汇入银行 yīliáo bǔtiē zài yuèzhōng huìrù yínháng

きゅうブレーキ【急ブレーキ】 急刹车 jíshāchē (英 *a suuden braking*) ▶前方に人影を見て〜を踏んだ/前方看到人影,猛踩刹车 qiánfāng kàndào rényǐng, měng cǎi shāchē

きゅうぶん【旧聞】 旧闻 jiùwén (英 *an old story*) ▶〜に属することかも知れないが/这可能已经算是旧闻了吧 zhè kěnéng yǐjing suànshì jiùwén le ba

きゅうへい【旧弊な】 旧弊 jiùbì; 老毛病 lǎomáobìng (英 *old-fashioned; conservative*) ▶我々が先頭に立って〜を改めなければ/我们一定要站在最前列,改革旧毛病 wǒmen yídìng yào zhànzài zuì qiánliè, gǎigé jiù máobìng ▶そんな〜な人がまだいるんだなあ/那种守旧的人还有啊 nà zhǒng shǒujiù de rén hái yǒu a

きゅうへん【急変する】 陡变 dǒubiàn; 骤变 zhòubiàn (英 *change suddenly*) ▶病状が〜する/病情骤变 bìngqíng zhòubiàn ▶父の病状が〜したと聞き私はすぐに駆けつけた/听到父亲病情突变的消息,我马上就赶到了 tīngdào fùqīn bìngqíng tūbiàn de xiāoxi, wǒ mǎshàng jiù gǎndào le ▶天候の〜に備えて装備を調えろよ/为了应付天气的突变,请作好准备 wèile yìngfù tiānqì de tūbiàn, qǐng zuòhǎo zhǔnbèi

ぎゅうほ【牛歩】 牛步 niúbù; 缓慢的步伐 huǎnmàn de bùfá (英 *a snail's pace*)

きゅうほう【急報】 紧急通知 jǐnjí tōngzhī (英 *an urgent report*) ▶私はただちに本部に〜した/我立刻向本部紧急汇报了 wǒ lìkè xiàng běnbù jǐnjí huìbào le ▶私が〜を受けたのは翌朝だった/我接到紧急通知是第二天早上 wǒ jiēdào jǐnjí tōngzhī shì dì'èr tiān zǎoshang

きゅうぼう【窮乏】 贫穷 pínqióng (英 *poverty*) ▶この〜にいつまで耐えられるだろうか/这样的贫穷,还能忍受到哪一天? zhèyàng de pínqióng, hái néng rěnshòu dào nǎ yì tiān?

きゅうみん【休眠する】 休眠 xiūmián (英 *be dormant*) ▶彼らは〜会社を利用して詐欺を働いた/他们利用没有实体的公司进行敲诈 tāmen lìyòng méiyǒu shítǐ de gōngsī jìnxíng qiāozhà ▶あのNPOは今〜状態にある/那个NPO现在处于休眠状态 nàge NPO xiànzài chǔyú xiūmián zhuàngtài

きゅうむ【急務】 紧急任务 jǐnjí rènwu (英 *urgent business*) ▶当面の〜は感染防止だ/当前的紧急任务是防止感染 dāngqián de jǐnjí rènwu shì fángzhǐ gǎnrǎn

きゅうめい【究明する】 查明 chámíng; 查清 cháqīng; 检查 jiǎnchá (英 *investigate*) ▶原因を〜する/查清原因 cháqīng yuányīn ▶原因を〜すべく委員会を発足させた/为了查明原因,组织了委员会 wèile chámíng yuányīn, zǔzhīle wěiyuánhuì ▶真相を〜する/查明真相 chámíng zhēnxiàng ▶今はまず真相を〜を急げ/现在首要的是积极地查明真相 xiànzài shǒuyào de shì jījí de chámíng zhēnxiàng

きゅうめい【糾明する】 追查 zhuīchá (英 *examine closely*) ▶責任を〜する/追查责任 zhuīchá zérèn ▶彼らがどれだけの人をだましたか〜するのだ/追查他们到底骗了多少人 zhuīchá tāmen dàodǐ piànle duōshao rén

きゅうめい【救命】 救命 jiùmìng (英 *lifesaving*) ▶〜ブイ/救生圈 jiùshēngquān ▶〜ブイにつかまって救助を待った/我抓着救生圈,等待救援 wǒ zhuāzhe jiùshēngquān, děngdài jiùyuán ▶〜ボート/救生艇 jiùshēngtǐng ▶〜ボートが波を受けて転覆した/救生艇被波浪打翻了 jiùshēngtǐng bèi bōlàng dǎfān le ▶〜用具/救生用具 jiùshēng yòngjù ▶〜胴衣/救生衣 jiùshēngyī ▶乗客は〜胴衣の付け方を教わる/乘客学习穿救生衣的方法 chéngkè xuéxí chuān jiùshēngyī de fāngfǎ

きゅうもん【糾問する】 追究 zhuījiū (英 *examine closely*) ▶彼は遺族たちから厳しい〜にさらされた/他被遗属们严厉地追究 tā bèi yíshǔmen yánlì de zhuījiū ▶仲間を〜するなんてとんでもない/我可不想追究朋友的责任 wǒ kě bù xiǎng zhuījiū péngyou de zérèn

きゅうやくせいしょ【旧約聖書】 旧约全书 Jiùyuē quánshū (英 *the Old Testament*)

きゅうゆ【給油】 加油 jiāyóu (英 *supply with oil*) ▶〜ポンプ/油泵 yóubèng ▶アラスカで〜した後ニューヨークに向かう/在阿拉斯加加油以

きゅうゆう　后，飞往纽约 zài Ālāsījiā jiāyóu yǐhòu, fēiwǎng Niǔyuē　▶彼らは洋上へ〜を担当している/他们担任海上加油的任务 tāmen dānrèn hǎishàng jiāyóu de rènwu

きゅうゆう【旧友】　旧交 jiùjiāo；老朋友 lǎopéngyou（英 *an old friend*）　▶〜同士、話に遠慮はいらない/都是老朋友，说话不用顾忌 dōu shì lǎopéngyou, shuōhuà búyòng gùjì

きゅうゆう【級友】　同班同学 tóngbān tóngxué（英 *a classmate*）　▶50年前の〜と桜の下でまみえた/和五十年前的同班同学在樱花树下相见了 hé wǔshí nián qián de tóngbān tóngxué zài yīnghuāshùxià xiāngjiàn le

きゅうよ【給与】　工资 gōngzī；薪水 xīnshuǐ；工薪 gōngxīn（英 *an allowance; pay*）　▶〜が銀行振込なので、受け取った気がしない/工资是通过银行支付，没有领到了的感觉 gōngzī shì tōngguò yínháng zhīfù, méiyǒu lǐngdàole de gǎnjué　▶業績は〜にはね返りますか/业绩会反映到工资吗？ yèjì huì fǎnyìng dào gōngzī ma?　▶本年から〜体系を改める/从今年开始改革工资制度 cóng jīnnián kāishǐ gǎigé gōngzī zhìdù

きゅうよ【窮余】（英 *the desperate measure*）　〜の一策　穷极之策 qióngjí zhī cè；穷极之计 qióngjí zhī jì；最后一招 zuìhòu yì zhāo　▶俺は〜の一策で、猫の鳴き声をまねた/我使出最后的招术，学猫叫 wǒ shǐchū zuìhòu de zhāoshù, xué māo jiào

きゅうよう【休養する】　休养 xiūyǎng；休息 xiūxi（英 *take a rest*）　▶監督はシーズン半ばで〜に追い込まれた/总教练在赛季中间被迫离职休息 zǒng jiàoliàn zài sàijì zhōngjiān bèipò lízhí xiūxi　▶連休の間にしっかり〜するんだぞ/长假中间要好好儿休息 chángjià zhōngjiān yào hǎohāor xiūxi　▶僕は〜十分で力があふれかえっていた/我休息得很好，精力充沛 wǒ xiūxide hěn hǎo, jīnglì chōngpèi

きゅうよう【急用】　急事 jíshì（英 *urgent business*）　▶〜ができた/有急事 yǒu jíshì　▶母は〜で外出しました/母亲有急事出门了 mǔqin yǒu jíshì chūmén le　▶〜を思い出してすぐ電話した/突然想起急事打了电话 tūrán xiǎngqǐ jíshì dǎle diànhuà

[日中比較] 中国語の'急用 jíyòng'は「差し迫って（金が）必要である」ことを言う。

きゅうらい【旧来】　以往 yǐwǎng（英 *old*）　▶〜のパターン/窠臼 kējiù；老一套 lǎoyítào　▶〜の枠/老框框 lǎokuàngkuang　▶〜のパターンから抜け出せない/不能摆脱老一套 bùnéng bǎituō lǎoyítào　▶〜の枠にとらわれていてはいけない/不能拘泥于老框框 bùnéng jūnì yú lǎokuàngkuang

きゅうらく【急落する】　猛跌 měngdiē；暴跌 bàodiē（英 *fall suddenly*）　▶今年に入って彼の人気は〜した/到了今年他的人气急剧下降 dàole jīnnián tā de rénqì jíjù xiàjiàng　▶株価〜の原因は何なんだ/股票价格猛降的原因是什么？ gǔpiào jiàgé měngjiàng de yuányīn shì shénme?

キュウリ【胡瓜】〔植物〕黄瓜 huánggua（英 *a cucumber*）　▶〜をもいできて朝食のサラダにする/摘些黄瓜做早餐的色拉 zhāi xiē huánggua zuò zǎocān de sèlā　▶夏の漬物はまず〜だ/夏季时时的咸菜首先是黄瓜 xiàjì yìngshí de xiáncài shǒuxiān shì huánggua

きゅうりゅう【急流】　奔流 bēnliú；激流 jīliú；急流 jíliú（英 *a rapid stream*）　▶〜に銀色の魚がはねる/激流中，银色的鱼跃出水面 jīliú zhōng, yínsè de yú yuèchū shuǐmiàn　▶〜を舟で下る/泛舟下激流 fàn zhōu xià jīliú

きゅうりょう【丘陵】　丘陵 qiūlíng；冈陵 gānglíng（英 *a hill*）　▶広い〜が団地に変わっていた/广阔的丘陵变成了居民楼群 guǎngkuò de qiūlíng biànchéngle jūmín lóuqún　▶〜を散策するのが楽しみだった/在丘陵散步是我的乐趣 zài qiūlíng sànbù shì wǒ de lèqù

きゅうりょう【給料】　工资 gōngzī；工薪 gōngxīn；薪水 xīnshui（英 *pay; wages; a salary*）　▶〜日/发工资的日子 fā gōngzī de rìzi　▶〜を受け取る/领工资 lǐng gōngzī　▶〜日と言っても振り込みじゃなあ/虽说是发工资的日子，但是通过银行汇账总不是滋味 suīshuō shì fā gōngzī de rìzi, dànshì tōngguò yínháng huìzhàng zǒng bú shì zīwèi　▶〜を小切手で受け取る/用支票领工资 yòng zhīpiào lǐng gōngzī　▶〜だけで暮らしていけるかい/光靠工资能过日子吗？ guāng kào gōngzī néng guò rìzi ma?　▶〜に見合う働きをしてもらいたい/希望你做的工作能配得上你的工资 xīwàng nǐ zuò de gōngzuò néng pèideshàng nǐ de gōngzī　▶来月からわずかだが〜が上がる/从下月开始，工资会涨一点点 cóng xià yuè kāishǐ, gōngzī huì zhǎng yìdiǎndiǎn

きゅうれき【旧暦】　旧历 jiùlì；农历 nónglì；阴历 yīnlì（英 *the lunar calendar*）　▶僕は新暦では牛だが〜では鼠だ/我阳历属牛，阴历属鼠 wǒ yánglì shǔ niú, yīnlì shǔ shǔ

きゅうれき【球歴】　棒球履历 bàngqiú lǚlì（英 *one's baseball career*）　▶氏の輝かしい〜にさらに栄誉が加わった/在他光辉的棒球履历上又加上了更大的荣誉 zài tā guānghuī de bàngqiú lǚlìshang yòu jiāshàngle gèng dà de róngyù

ぎゅっと　紧 jǐn；紧紧 jǐnjǐn；使劲 shǐjìn（英 *tightly*）　▶〜つかむ/紧握 jǐnwò　▶僕は父の手を〜つかんだ/我用力地抓住了父亲的手 wǒ yònglì de zhuāzhùle fùqin de shǒu　▶〜しぼる/用力拧 yònglì nǐng　▶タオルを〜しぼって汗をふいた/使劲拧干毛巾，擦了汗 shǐjìn nínggān máojīn, cāle hàn　▶男の背中を〜押して車内に詰め込んだ/使劲推男人的后背，把他塞进了车厢 shǐjìn tuī nánrén de hòubèi, bǎ tā sāijìnle chēxiāng

きょ【虚】　虚 xū；疏忽 shūhu（英 *a void*）　▶〜をつく/攻其不备 gōng qí bú bèi　▶〜をつくつもりだったが見抜かれていた/原想攻其不备，但被识破了 yuán xiǎng gōng qí bù bèi, dàn bèi shípò le　▶敌の〜に乗じて上陸作戦を敢行した/乘敌之虚，

強行実现了登陆作战 chéng dí zhī xū, qiángxíng shíxiànle dēnglù zuòzhàn

きよ【寄与する】 贡献 gòngxiàn (英 contribute) ▶わずかなりとも環境の保全に〜したい/哪怕是一点，也想对环保做贡献 nǎpà shì yīdiǎn, yě xiǎng duì huánbǎo zuò gòngxiàn

きよい【清い】 清白 qīngbái; 清澈 qīngchè (英 clean; clear) ▶〜心/纯洁的心 chúnjié de xīn ▶清き一票を投じる/投公正的一票 tóu gōngzhèng de yí piào

ぎよい【御意】 尊意 zūnyì (英 your will) ▶〜に従う/遵命 zūnmìng

きょう【凶】 凶 xiōng (英 bad luck) ▶おみくじを引いたら〜と出た/抽了根签，是凶签 chōule gēn qiān, shì xiōng qiān

きょう【今日】 今天 jīntiān; 今儿 jīnr; 今日 jīnrì (英 today; this day) ▶〜の仕事を明日に延ばすな/今天的工作不要拖到明天 jīntiān de gōngzuò búyào tuōdào míngtiān ▶〜中に仕上げてくれ/你今天之内要完成 nǐ jīntiān zhīnèi yào wánchéng ▶そんなの〜か明日かの問題じゃない/这不是当务之急的问题 zhè bú shì dāng wù zhī jí de wèntí

きょう【経】 佛经 fójīng (英 the Buddhist scriptures) ▶〜を読む/念经 niànjīng ▶門前の小僧習わぬ〜を読む/耳闻目睹，不学自成 ěr wén mù dǔ, bù xué zì chéng ▶あいつ，写〜が趣味なんだって/据说他的爱好是抄写佛经 jùshuō tā de àihào shì chāoxiě fójīng

きょう【境】 境地 jìngdì; 境界 jìngjiè (英 a boundary) ▶我々は無人の〜を行くがごとくに勝ち進んだ/我们如入无人之境，连战连胜 wǒmen rú rù wúrén zhī jìng, lián zhàn lián shèng ▶私は漂う雲を見ながら無我の〜にあった/我望着浮云，进入了无我的境界 wǒ wàngzhe fúyún, jìnrùle wúwǒ de jìngjiè

きょう【興】 兴头 xìngtou (英 interest; fun) ▶〜に乗る/乘兴 chéngxìng; 即兴 jíxìng ▶私は〜に乗って歌まで歌っていた/我还即兴唱了歌 wǒ hái jíxìng chàngle gē ▶〜を殺(そ)ぐ/败兴 bàixìng; 扫兴 sǎoxìng ▶宴会の席で選挙の話をして〜を殺(そ)いだ/在宴席上谈起选举的事，扫了兴 zài yànxíshang tánqǐ xuǎnjǔ de shì, sǎole xīng ▶〜を添える/助兴 zhùxìng ▶幼い娘が踊って花見に〜を添えた/小姑娘跳起舞来，给赏花添了情趣 xiǎogūniang tiàoqǐ wǔ lai, gěi shǎnghuā tiānle qíngqù

-きょう【-強】 (英 a little more than...) ▶体重が60キロ〜ある/体重超过六十公斤 tǐzhòng chāoguò liùshí gōngjīn ▶10億〜の値をつける/价格超过十亿 jiàgé chāoguò shíyì

きょう【紀要】 学报 xuébào (英 a bulletin) ▶僕の論文が学内の〜に採用されました/我的论文被大学期刊登载了 wǒ de lùnwén bèi dàxué qīkān dēngzǎi le

きょう【起用する】 起用 qǐyòng; 任命 rènmìng (英 appoint; employ) ▶若手を〜する/起用年轻人 qǐyòng niánqīngrén ▶組閣に当たっては若手を〜するつもりだ/组阁的时候打算起用年轻人 zǔgé de shíhou dǎsuan qǐyòng niánqīngrén ▶彼は代行に〜されてしっかり役目を果たした/他被任命为代理人，圆满地完成了任务 tā bèi rènmìngwéi dàilǐrén, yuánmǎn de wánchéngle rènwu

きよう【器用な】 灵巧 língqiǎo; 轻巧 qīngqiǎo; 手巧 shǒuqiǎo (英 skillful; clever) ▶〜な手先/巧手 qiǎoshǒu ▶あの娘は〜な手先でたちまち帽子を編み上げた/那个姑娘凭着灵巧的手一会儿就织好了帽子 nàge gūniang píngzhe língqiǎo de shǒu yíhuìr jiù zhīhǎole màozi ▶彼は〜だからどんな役でもこなすよ/他很灵活，什么角色都能演 tā hěn línghuó, shénme juésè dōu néng yǎn ▶俺なんか〜貧乏で終わっちまうさ/我样样灵巧却一事无成 wǒ yàngyàng língqiǎo què yí shì wú chéng

ぎょう【行】 行 háng (読書や書写で) (英 a line) ▶〜を飛ばす/跳行 tiào háng ▶下から5〜目/倒数第五行 dàoshǔ dìwǔ háng ▶急ぐので〜を飛ばして読んだ/因为很急，所以是跳着行念的 yīnwèi hěn jí, suǒyǐ shì tiàozhe háng niàn de ▶下から5〜目に誤字がある/倒数第五行有错别字 dàoshǔ dìwǔ háng yǒu cuòbiézì

きょうあく【凶悪な】 凶狠 xiōnghěn; 凶横 xiōnghèng; 凶恶 xiōng'è (英 brutal) ▶〜犯/凶犯 xiōngfàn ▶あれは見るからに〜犯の顔つきだね/那家伙一看脸就知道是个凶犯 nà jiāhuo yí kàn liǎn jiù zhīdào shì ge xiōngfàn ▶〜犯罪/残忍的犯罪 cánrěn de fànzuì ▶IT革命は〜犯罪を激増させた/IT革命也使残忍的犯罪急剧增多 IT gémìng yě shǐ cánrěn de fànzuì jíjù zēngduō

きょうあつ【強圧】 高压 gāoyā (英 strong pressure) ▶〜的なやり方は通用しない/那种高压手段是行不通的 nà zhǒng gāoyā shǒuduàn shì xíngbutōng de ▶その結果人々は〜から解放された/结果人们从专制下解放出来了 jiéguǒ rénmen cóng zhuānzhìxià jiěfàngchūlai le

きょうあん【教案】 教案 jiào'àn; 教学计划 jiàoxué jìhuà (英 a teaching program) ▶〜を作っているうちに眠ってしまった/正做着教案就睡着了 zhèng zuòzhe jiào'àn jiù shuìzháo le ▶授業は〜から離れた方が面白いんだが…/偏离教学计划上课会比较有趣，但是… piānlí jiāoxué jìhuà shàngkè huì bǐjiào yǒuqù, dànshí…

きょうい【胸囲】 胸围 xiōngwéi (英 a chest measurement) ▶午後は〜を測定する/下午量胸围 xiàwǔ liáng xiōngwéi ▶僕の〜が90センチを超えた/我的胸围超过了九十公分 wǒ de xiōngwéi chāoguòle jiǔshí gōngfēn

きょうい【脅威】 威胁 wēixié (英 a menace; a threat) ▶あの新人選手は我々の〜となりそう/那个新选手早晚会成为我们的威胁 nàge xīnxuǎnshǒu zǎowǎn huì chéngwéi wǒmen de wēixié ▶当面の~は去ったが…/眼前的危机虽然过去了… yǎnqián de wēijī suīrán guòqù le… ▶現代人は常に核の~にさらされている/现代的人们总是受到核武器的威胁 xiàndài de rénmen zǒngshì shòudào héwǔqì de wēixié

きょうい【驚異】 惊人 jīngrén; 惊异 jīngyì; 神奇 shénqí (英 *wonder; awe*) ▶~的な/惊人的 jīngrén de ▶自然の~/自然的神奇 zìrán de shénqí ▶なんとなく，~的な記録が出ました/惊人的记录诞生了 jīngrén de jìlù dànshēng le ▶自然の~に我々は息をのむばかりだった/面对自然的神奇，我们只能感叹不已 miànduì zìrán de shénqí, wǒmen zhǐ néng gǎntàn bùyǐ ▶私にはここにあるすべてが~です/对于我来说，这里的一切都很神奇 duìyú wǒ lái shuō, zhèlǐ de yíqiè dōu hěn shénqí

きょういく【教育】 教育 jiàoyù; 教学 jiàoxué (英 *education*) ▶~者/教育家 jiàoyùjiā ▶~制度/教育制度 jiàoyù zhìdù; 学制 xuézhì ▶私の父は~者でした/我的父亲是教育家 wǒ de fùqin shì jiàoyùjiā ▶政治はとかく~制度をいじりたがる/政治总喜欢更改教育制度 zhèngzhì zǒng xǐhuan gēnggǎi jiàoyù zhìdù ▶そういうことは親がしっかり~しなさい/对于这种事，应该由父母来好好教育 duìyú zhè zhǒng shì, yīnggāi yóu fùmǔ lái hǎohǎo jiàoyù ▶彼は私より~がある/他比我有文化 tā bǐ wǒ yǒu wénhuà ▶処分には~的な配慮が必要だ/处分也需要从教育出发 chǔfēn yě xūyào cóng jiàoyù chūfā ▶君は高校でどんな~を受けたんだ/你在高中受过什么样的教育 nǐ zài gāozhōng shòuguo shénmeyàng de jiàoyù ▶本学は生涯~の充実に努力している/本校在努力加强成人教育 běn xiào zài nǔlì jiāqiáng chéngrén jiàoyù ▶君は~漢字がみな書けるかい/你能把小学学过的汉字都写出来吗? nǐ néng bǎ zài xiǎoxué xuéguo de Hànzì dōu xiěchūlai ma?

♦義務~ 义务教育 yìwù jiàoyù ~実習生 教育实习生 jiàoyù shíxíshēng; 实习老师 shíxí lǎoshī ~ママ 热心教育孩子的母亲 rèxīn jiàoyù háizi de mǔqīn

⟨参考⟩ 中国の学校は小学校('小学校' xiǎoxuéxiào) 6年と中学校('初级中学' chūjí zhōngxué) 3年が義務教育である．その上に高校('高级中学' gāojí zhōngxué)，大学の学部('大学本科' dàxué běnkē)，大学院('研究院' yánjiūyuàn) がある．

きょういん【教員】 教師 jiàoshī; 教員 jiàoyuán; 老師 lǎoshī (英 *a teacher*) ▶~室/教研室 jiàoyánshì ▶うちでは~室でも禁煙ですよ/我们单位，老师办公室也不准抽烟 wǒmen dānwèi, lǎoshī bàngōngshì yě bùzhǔn chōuyān ▶~免許/教师执照 jiàoshī zhízhào ▶~免許を取るために留年した/为了拿教师执照留级了 wèile ná jiàoshī zhízhào liúí le ▶かつて~組合の強い時代があった/以前也有过教师工会势力很大的时期 yǐqián yě yǒuguo jiàoshī gōnghuì shìlì hěn dà de shíqī

きょうえい【競泳する】 游泳比赛 yóuyǒng bǐsài (英 *swim a race*) ▶今回は~ではどんな種目があるの/这次的游泳比赛有什么项目? zhè cì de yóuyǒng bǐsài yǒu shénme xiàngmù?

きょうえきひ【共益費】 公共費 gōnggòngfèi (英 *a fee for common services*) ▶あの団地では~の負担が少ない/那个住宅区公共费的负担很低 nàge zhùzháiqū gōnggòngfèi de fùdān hěn dī

きょうえん【共演する】 共同演出 gòngtóng yǎnchū; 合演 héyǎn (英 *play together; coact*) ▶お正月映画で吉岡と園田が~するんだって/听说吉冈和园田要在贺岁片中共同演出 tīngshuō Jígāng hé Yuántián yào zài hèsuìpiàn zhōng gòngtóng yǎnchū ▶山下さんと~できるなんて光栄です/能和山下一起参加演出，很荣幸 néng hé Shānxia yìqǐ cānjiā yǎnchū, hěn róngxìng

きょうえん【饗宴】 飨宴 xiǎngyàn (英 *a banquet; a feast*) ▶宮殿での~は真夜中まで続いた/宫殿里的盛大宴会一直持续到了深夜 gōngdiànli de shèngdà yànhuì yìzhí chíxùdàole shēnyè

きょうおう【饗応する】 设宴招待 shèyàn zhāodài; 款待 kuǎndài (英 *entertain... to dinner*) ▶~は厳しく禁止されているのだが…/设宴招待是被严格禁止的，但是… shèyàn zhāodài shì bèi yángé jìnzhǐ de, dànshì… ▶あなたも松本から~を受けたでしょう/你也被松本设宴招待过吧 nǐ yě bèi Sōngběn shèyàn zhāodàiguo ba ▶粗飯で~するのはただの習慣でして…/用粗茶淡饭来招待也只是一个习惯 yòng cūchá dànfàn lái zhāodài yě zhǐshì yí ge xíguàn…

きょうか【強化する】 加强 jiāqiáng; 加紧 jiājǐn; 強化 qiánghuà (英 *strengthen; fortify*) ▶~ガラス/钢化玻璃 gānghuà bōli ▶展示ケースには~ガラスを使っている/展柜是用玻璃钢制成的 zhǎnchú shì yòng bōligāng zhìchéng de ▶違反車の取り締まりを~する/加强对违规车辆的取缔 jiāqiáng duì wéiguī chēliàng de qǔdì ▶来週からサッカー部は~合宿に入る/从下周开始，足球部进入强化集训 cóng xià zhōu kāishǐ, zúqiúbù jìnrù qiánghuà jíxùn

きょうか【教化する】 教化 jiàohuà; 感化 gǎnhuà (英 *enlighten; educate*) ▶高僧に~されて，あの乱暴者がすっかり穏やかになった/受到高僧感化，那个脾气暴躁的人心心平气和了 shòudào gāosēng gǎnhuà, nàge píqi bàozào de rén yě xīn píng qì hé le

きょうか【教科】 科目 kēmù; 学科 xuékē (英 *a subject*) ▶学校ではどの~を御担当ですか/你在学校担任哪个科目? nǐ zài xuéxiào dānrèn nǎge kēmù? ▶大学入試は3教科4科目である/大学考试有三四个科目 dàxué kǎoshì yǒu sān sì ge kēmù

きょうかい【協会】 协会 xiéhuì (英 *a society; an association*) ▶友好~/友好协会 yǒuhǎo xiéhuì

きょうかい【教会】 教堂 jiàotáng; 教会 jiàohuì (英 *a church*) ▶葬儀は〜で行われた/葬礼在教会举行 zànglǐ zài jiàohuì jǔxíng ▶7時に〜の鐘が鳴る/七点教堂的钟响 qī diǎn jiàotáng de zhōng xiǎng ▶〜は丘の上にある/教会在小山上 jiàohuì zài xiǎoshānshang ▶彼らは自力で〜を作った/他们靠自己的力量盖了教堂 tāmen kào zìjǐ de lìliang gàile jiàotáng

きょうかい【境界】 境界 jìngjiè (英 *a boundary; a border*) ▶〜線/界线 jièxiàn ▶〜線上の/边界线上的 biānjièxiànshang de ▶あの山脈が両国の〜線をなしている/那个山脉是两国的国界 nàge shānmài shì liǎng guó de guójiè ▶善と悪との〜を定めることはできるか/能确定善和恶的界限吗? néng quèdìng shàn hé è de jièxiàn ma?

> 日中比較 中国語の '境界 jìngjiè' は「境目」を意味する他、思想あるいは芸術の面で達する「境地」をも意味する。

きょうがい【境涯】 处境 chǔjìng; 境遇 jìngyù (英 *circumstances*) ▶彼は苦しい〜に打ち勝った/他战胜了苦难的境遇 tā zhànshèngle kǔnàn de jìngyù ▶彼はそんなひどい〜から立ち直った/他从那样不幸的境遇中站起来了 tā cóng nàyàng búxìng de jìngyù zhōng zhànqǐlai le

ぎょうかい【業界】 同行 tóngháng; 业界 yèjiè (英 *the industry; the trade*) ▶〜紙/业界报纸 yèjiè bàozhǐ ▶私は〜紙の記者をしていた/我做过业界报社的记者 wǒ zuòguo yèjiè bàoshè de jìzhě ▶〜用語/业界用语 yèjiè yòngyǔ ▶〜用語を覚えるまでに半年かかった/记行话花了我半年时间 jì hánghuà huāle wǒ bàn nián shíjiān ▶彼は〜では名が通っている/他在同行中很有名 tā zài tóngháng zhōng hěn yǒumíng

きょうがく【共学】 同校 tóngxiào (英 *coeducation*) ▶男女〜/男女同校 nánnǚ tóngxiào

きょうがく【驚愕】 惊愕 jīng'è; 大吃一惊 dà chī yì jīng (英 *be astonished*) ▶私は〜のあまり椅子から落ちた/由于太吃惊，我从椅子上摔了下来 yóuyú tài chījīng, wǒ cóng yǐzishàng shuāixiàlái ▶何も〜なさるには及びません/您用不着大惊小怪 nín yòngbuzháo dà jīng xiǎo guài

きょうかしょ【教科書】 教科书 jiàokēshū; 课本 kèběn (英 *a textbook; a schoolbook*) ▶〜を教えるのか、〜で教えるのか/是教课本儿，还是用课本儿教 shì jiāo kèběnr, háishi yòng kè běnr jiāo ▶義務教育では〜は無償です/义务教育的教科书是免费的 yìwù jiàoyù de jiàokēshū shì miǎnfèi de

♦〜検定制度 教科书审定制度 jiàokēshū shěndìng zhìdù

きょうかたびら【経帷子】 寿衣 shòuyī (英 *a shroud*) ▶祖母の遺骸は〜に包まれた/祖母的遗骸穿着寿衣 zǔmǔ de yíhái chuānzhe shòuyī

きょうかつ【恐喝する】 恐吓 kǒnghè; 威胁 wēixié (英 *blackmail*) ▶彼は〜まがいの仕事をしている/他的工作和恫吓敲诈没什么两样 tā de gōngzuò hé dònghè qiāozhà méi shénme liǎng yàng ▶〜するはずが逆に同情する/本是恫吓，倒变成了同情 běn shì dònghè, dào biànchéngle tóngqíng

きょうかん【凶漢】 恶汉 èhàn; 歹徒 dǎitú (英 *a thug; an assassin*) ▶この十字路で首相が〜に襲われた/在这个十字路首相被一歹徒袭击了 zài zhège shízìlù shǒuxiàng bèi yí ge dǎitú xíjī le

きょうかん【共感する】 同感 tónggǎn; 共鸣 gòngmíng (英 *sympathize with…*) ▶彼の誠実な訴えが世間の〜を呼んだ/他诚挚的倾诉引起了社会的共鸣 tā chéngzhì de qīngsù yǐnqǐle shèhuì de gòngmíng ▶飯田氏の演説を聞きつつ私も〜していた/听着饭田的演说，我也产生了同感 tīngzhe Fàntián de yǎnshuō, wǒ yě chǎnshēngle tónggǎn

きょうかん【教官】 教官 jiàoguān; 教员 jiàoyuán (英 *an instructor; a teacher*)

ぎょうかん【行間】 行距 hángjù; 字里行间 zìli hángjiān (英 *the space between the lines*) ▶もう少し〜をあけないと読みづらい/不把行距拉开一点儿，不好看 bù bǎ hángjù lākāi yìdiǎnr, bù hǎokàn ▶〜の意味を読み取らないといけないよ/不能领会字里行间的意思可不行 bùnéng lǐnghuì zìli hángjiān de yìsi kě bùxíng ▶〜に怒りがにじみ出ている/字里行间渗透出仇恨 zìli hángjiān shèntòuchū chóuhèn

きょうき【凶器】 凶器 xiōngqì (英 *arms; a lethal weapon*) ▶肝心の〜がまだ見つからない/最重要的凶器还没有找到 zuì zhòngyào de xiōngqì hái méiyǒu zhǎodào ▶骨董だって〜になる/古董也能成为凶器 gǔdǒng yě néng chéngwéi xiōngqì ▶彼は事前に〜を用意していた/他事先预备了凶器 tā shìxiān yùbèile xiōngqì

きょうき【狂気】 癫狂 diānkuáng; 疯狂 fēngkuáng (英 *insanity; madness*) ▶〜じみた/发疯似的 fāfēng shìde ▶彼の〜じみた行為に私はほとほと当惑した/对于他疯狂的举动，我只会手足无措 duìyú tā fēngkuáng de jǔdòng, wǒ zhǐ huì shǒuzú wú cuò ▶あれはまるで〜の沙汰だ/这简直是颠狂的事件 zhè jiǎnzhí shì diānkuáng de shìjiàn

きょうき【狂喜する】 狂喜 kuángxǐ (英 *be beside oneself with joy*) ▶一同は〜乱舞、涙を流すものさえいた/大家一起欣喜起舞，甚至有人热泪盈眶 dàjiā yìqǐ xīnxǐ qǐ wǔ, shènzhì yǒu rén rèlèi yíng kuàng

きょうき【侠気】 侠气 xiáqì (英 *chivalrous spirit*) ▶〜に富む(人)/豪侠 háoxiá ▶あいつは〜に富んでいる/他很有侠义之气 tā hěn yǒu xiáyì zhī qì ▶あの男には一片の〜もない/他没有一点侠义之气 tā méiyǒu yìdiǎnr xiáyì zhī qì

きょうき【驚喜する】 惊喜 jīngxǐ (英 *be happily surprised*) ▶優勝と聞いて我々は〜した/听到得

了冠军，我们都很惊喜 tīngdào déle guànjūn, wǒmen dōu hěn jīngxǐ

きょうぎ【協議する】 协议 xiéyì; 协商 xiéshāng; 谈判 tánpàn (英 discuss; consult) ▶理事会で対策を～する/在理事会上商讨对策 zài lǐshìhuìshang shāngtǎo duìcè ▶～離婚も結構多い/协议离婚也很多 xiéyì líhūn yě hěn duō

きょうぎ【狭義】 狭义 xiáyì (英 a narrow sense) ▶～の解釈/狭义的解释 xiáyì de jiěshì ▶～の解釈では「…」となる/狭义的解释是"…" xiáyì de jiěshì shì "…"

きょうぎ【教義】 教义 jiàoyì;《宗教上的》教条 jiàotiáo (英 a doctrine) ▶飲酒は～にそむくんだ/饮酒违背教义 yǐnjiǔ wéibèi jiàoyì ▶肉食は～で禁じられている/食肉是被教规所禁止的 shí ròu shì bèi jiàoguī suǒ jìnzhǐ de

きょうぎ【競技】 体育比赛 tǐyù bǐsài (英 a game; a sport; a contest) ▶～者/参赛者 cānsàizhě ▶～会/运动会 yùndònghuì ▶明日は陸上～会が開かれる/明天有田径比赛 míngtiān yǒu tiánjìng bǐsài ▶～場/赛场 sàichǎng ▶我々は隊伍を組んで～場に乗り込んだ/我们组队进入了赛场 wǒmen zǔ duì jìnrùle sàichǎng ▶彼女は村にアルペン～を伝えた/她把高山运动带到了村子 tā bǎ gāoshān yùndòng dàidàole cūnzi ▶十種～にエントリーする/报名参加十项全能项目 bàomíng cānjiā shí xiàng quánnéng xiàngmù

ぎょうぎ【行儀】 举止 jǔzhǐ; 礼貌 lǐmào (英 behavior; manners) ▶～がよい[悪い]/有[没有]礼貌 yǒu[méi yǒu]lǐmào ▶坊やは～がよいね/小朋友真有礼貌! xiǎopéngyǒu zhēn yǒu lǐmào! ▶他人～な/见外 jiànwài ▶他人～なことは言わないでくれよ/别说见外的话 bié shuō jiànwài de huà ▶せめて入学式ぐらいは～をよくしろ/至少在入学式上要规矩点儿 zhìshǎo zài rùxuéshìshang yào guīju diǎnr ▶子供たちは～よく座っていた/孩子们很规矩地坐着 háizimen hěn guīju de zuòzhe ▶おまえらは～が全くなってない/你一点儿礼貌也没有 nǐmen yìdiǎnr lǐmào yě méiyǒu

きょうきゃく【橋脚】 桥墩 qiáodūn (英 a pier) ▶～に流木がひっかかった/漂流的木头卡在桥墩下了 piāoliú de mùtou qiǎzài qiáodūnxia le ▶ボートが～をかすめて下っていった/小船勉强通过桥柱划过去了 xiǎochuán miǎnqiǎng tōngguò qiáozhù huàguòqu le

きょうきゅう【供給する】 供 gōng; 供给 gōngjǐ; 供应 gōngyìng (英 supply; service) ▶原料は精工社が～している/原材料由精工社提供 yuáncáiliào yóu Jīnggōngshè tígōng ▶～は需要の 1 割にも達しない/供给还不到需求的一成 gōngjǐ hái bú dào xūqiú de yì chéng ▶共栄社はついに～源を明らかにしなかった/共荣社最后也没有公开供给的来源 Gòngróngshè zuìhòu yě méiyǒu gōngkāi gōngjǐ de láiyuán

ぎょうぎょうしい【仰仰しい】 冠冕堂皇 guānmiǎn tánghuáng; 耸人听闻 sǒng rén tīng wén (英 excessive; ostentatious) ▶男は仰々しく被害を言い立てた/他耸人听闻地叙说被害情况 tā sǒng rén tīng wén de xùshuō bèihài qíngkuàng ▶名刺には～肩书が並んでいる/名片上煞有其事地印着各种头衔 míngpiànshang shà yǒu qí shì de yìnzhe gèzhǒng tóuxián

きょうきん【胸襟】 (英 one's bosom) ～を開く 推心置腹 tuī xīn zhì fù ▶二人は～を開いて語り合った/两个人推心置腹地交谈 liǎng ge rén tuī xīn zhì fù de jiāotán

きょうぐう【境遇】 境遇 jìngyù; 身世 shēnshì;《多く不幸な》遭遇 zāoyù (英 one's lot; circumstances) ▶不幸な～にある/遭遇不幸 zāoyù búxìng ▶あの人は実に不幸な～にある/那个人的遭遇真是很不幸 nàge rén de zāoyù zhēn shì hěn búxìng ▶いくら～をなげいても同情などしないよ/不管怎么为自己的身世叹息，我也不会同情的 bùguǎn zěnme wèi zìjǐ de shēnshì tànxī, wǒ yě búhuì tóngqíng de ▶君は恵まれた～にあることが分かっているのか/你知道自己的境遇有多好吗? nǐ zhīdào zìjǐ de jìngyù yǒu duō hǎo ma?

きょうくん【教訓】 教训 jiàoxun (英 a lesson) ▶～とする/作为教训 zuòwéi jiàoxun ▶私は父の失敗を～として心に刻んだ/我把父亲的失败当做教训铭记在心 wǒ bǎ fùqin de shībài dàngzuò jiàoxun míngjì zài xīn ▶～を得る/得到教训 dédào jiàoxun ▶今回の敗北から多くの～を得た/从这次失败里得到了很多教训 cóng zhè cì shībài dédàole hěn duō jiàoxun

[日中比較] 中国語の '教训 jiàoxun' には「将来への指針」という意味の他、「说教する」「叱る」という動詞用法もある。

きょうげき【京劇】 京剧 jīngjù (英 a classical Chinese opera) ▶北京～団が公民館で公演する/北京京剧团在公民馆公开演出 Běijīng jīngjùtuán zài gōngmínguǎn gōngkāi yǎnchū ▶～を見て以来、母はやみつきになった/自从看了京剧以后，我妈妈就入了迷 zìcóng kànle jīngjù yǐhòu, wǒ māma jiù rùle mí

[文化] '京剧 jīngjù' は 200 年以上の歴史を持つ中国の伝統音楽劇である。役者は「唱 chàng」(うた)、'念 niàn'（せりふ）、'做 zuò'（しぐさ）、'打 dǎ'（立ち回り）」をマスターし、現代では伝統的な演目だけでなく創作ものも多く上演される。

ぎょうけつ【凝結する】 凝结 níngjié (英 coagulate) ▶全身の血が～するかと思われた/感到全身的血液好像凝固了 gǎndào quánshēn de xuèyè hǎoxiàng nínggù le

きょうけん【狂犬】 疯狗 fēnggǒu (英 a mad dog) ▶～病/狂犬病 kuángquǎnbìng ▶～病にかかって死ぬ/得狂犬病丧生 dé kuángquǎnbìng sàngshēng ▶まるで～を野放しにするようなものだ/就像让疯狗四处咬人一样 jiù xiàng ràng fēnggǒu sìchù yǎo rén yíyàng ▶～に咬まれる/被疯狗咬 bèi fēnggǒu yǎo ▶～病予防注射の義

務/打狂犬病防疫針的义务 dǎ kuángquǎnbìng fángyìzhēn de yìwù

きょうけん【強健な】 刚健 gāngjiàn; 壮健 zhuàngjiàn (英 robust; sturdy) ▶～な体が僕の唯一の自慢だ/强健的身体是我唯一的自豪 qiángjiàn de shēntǐ shì wǒ wéiyī de zìháo

きょうけん【強権】 强权 qiángquán (英 forcible measures) ▶～を発動する/行使强权 xíngshǐ qiángquán ▶政府はついに～を発動した/政府终于行使了强权 zhèngfǔ zhōngyú xíngshǐle qiángquán

きょうげん【狂言】 ❶【能狂言】 狂言 kuángyán (英 Noh farce) ▶父も叔父も～師です/父亲、叔父都是狂言师 fùqīn、shūfù dōu shì kuángyánshī ▶学芸会で～を演じることになった/我将在演艺会上演狂言 wǒ jiāng zài yǎnyìhuìshang yǎn kuángyán ❷【偽りの】 骗局 piànjú (英 a fake) ▶～自殺/伪装自杀 wěizhuāng zìshā ▶苦心の～自殺だったがたちまちばれた/煞费苦心准备的假自杀，一下子就被戳穿了 shāfèi kǔxīn zhǔnbèi de jiǎzìshā, yíxiàzi jiù bèi chuōchuān le

日中比較 中国語の'狂言 kuángyán'は「ほら話」や「妄言」の意.

きょうこ【強固な】 巩固 gǒnggù; 坚强 jiānqiáng (英 firm; solid; strong) ▶意志が～な/意志坚强 yìzhì jiānqiáng ▶意志が～な連中が揃ったね/意志坚强的人聚集在一起啦 yìzhì wánqiáng de rén jùjí zài yìqǐ la

ぎょうこ【凝固する】 凝固 nínggù (英 solidify; coagulate) ▶～剤/凝固剂 nínggùjì ▶～点/凝固点 nínggùdiǎn ▶水の～点は何度かね/水的凝固点是几度? shuǐ de nínggùdiǎn shì jǐ dù?

きょうこう【凶行】 行凶 xíngxiōng (英 violence;〔殺害〕murder) ▶彼はなぜそのような～に及んだのか/他为什么会如此行凶 tā wèi shénme huì rúcǐ xíngxiōng ▶～の現場は雨に洗われていた/行凶的现场被雨洗刷了 xíngxiōng de xiànchǎng bèi yǔ xǐshuā le

きょうこう【恐慌】 恐慌 kǒnghuāng (英 panic; crisis) ▶～をきたす/引起恐慌 yǐnqǐ kǒnghuāng ▶金融～/金融恐慌 jīnróng kǒnghuāng ▶抜き打ち監査が社内に～をきたした/会计抽查使公司内部慌做一团 kuàijì chōuchá shǐ gōngsī nèibù huāngzuò yì tuán

きょうこう【強行する】 强行 qiángxíng (英 force; enforce) ▶住民の反対を押し切って測量を～する/不顾居民的反对强行测量 búgù jūmín de fǎnduì qiángxíng cèliáng ▶議長は～採決を拒否した/议长拒绝强行表决 yìzhǎng jùjué qiángxíng jiějué

きょうこう【強硬な】 硬 yìng; 强硬 qiángyìng (英 firm; resolute) ▶～手段/强硬手段 qiángyìng shǒuduàn ▶～手段に訴えるのは考えものだ/采取强硬手段是应该慎重考虑的 cǎiqǔ qiángyìng shǒuduàn shì yīnggāi shènzhòng kǎolǜ de ▶岸本氏の態度は思いのほか～だった/岸本先生的态度强硬，出人意料 Ànběn xiānsheng de tàidù qiángyìng, chū rén yìliào ▶彼一人が～に反対した/他一个人强硬地反对 tā yí ge rén qiángyìng de fǎnduì

きょうこう【教皇】 教皇 jiàohuáng (英 the pope)

きょうごう【強豪】 强手 qiángshǒu (英 a veteran〔player〕) ▶～同士の対戦にスタンドはわいた/两个强队的精彩比赛使看台上的观众们兴奋 liǎng ge qiángduì de jīngcǎi bǐsài shǐ kàntáishang de guānzhòngmen xīngfèn ▶～を相手によく頑張ったね/你们和强队打得不错 nǐmen hé qiángduì dǎde búcuò

きょうごう【競争する】 竞争 jìngzhēng (英 compete; conflict) ▶二社が～する/两个公司竞争 liǎngge gōngsī jìngzhēng ▶新薬の開発では二社が～している/两个公司在竞争开发新药 liǎng ge gōngsī zài jìngzhēng kāifā xīnyào

ぎょうごう【僥倖】 (英 good luck) ▶彼は～に恵まれて勝った/他侥幸取胜 tā jiǎoxìng qǔshèng ▶～を頼んでも無駄だよ/心存侥幸也没用 xīn cún jiǎoxìng yě méiyòng

きょうこうぐん【強行軍】 强行军 qiángxíngjūn; 赶路 gǎnlù (英 a forced march) ▶今度の旅行は～になる/这次旅行要赶路 zhè cì lǚxíng yào gǎnlù ▶安くあげるためなら～も辞さない/为了省钱，不惜缩短日程 wèile shěngqián, bùxī suōduǎn rìchéng

きょうこく【峡谷】 峡谷 xiágǔ (英 a gorge; a ravine; a canyon) ▶彼は～に転落して命を失った/他掉下峡谷失去了生命 tā diàoxià xiágǔ shīqùle shēngmìng ▶大鷹が悠々と～を越えていった/雄鹰悠然地飞越了峡谷 xióngyīng yōurán de fēiyuèle xiágǔ

きょうこく【強国】 强国 qiángguó (英 a strong nation) ▶譲歩と忍耐こそが～の矜持ということものだ/应该说让步和忍耐才是强国的风范 yīnggāi shuō ràngbù hé rěnnài cái shì qiángguó de fēngfàn ▶～を相手に粘り強く交渉する/和强国顽强地交涉 hé qiángguó wánqiáng de jiāoshè

きょうこつ【胸骨】 〔解〕胸骨 xiōnggǔ (英 the breastbone)

きょうさ【教唆する】 教唆 jiàosuō (英 instigate) ▶山口は夫に～されて覚醒剤に手を出した/山口被她丈夫教唆开始了吸毒 Shānkǒu bèi tā zhàngfu jiàosuō kāishǐle xīdú ▶テロを～した罪は消えない/教唆恐怖行为的罪行不会消失的 jiàosuō kǒngbù xíngwéi de zuìxíng shì búhuì xiāoshī de

きょうさい【共済の】 互助 hùzhù (英 mutual) ▶～組合/互助会 hùzhùhuì

きょうさい【共催】 共同主办 gòngtóng zhǔbàn (英 cosponsor)

きょうざい【教材】 教材 jiàocái (英 teaching materials) ▶学校には視聴覚～があふれている/学校里到处都是视听教材 xuéxiào lǐ dàochù dōu

しょうたく【失聴】 shī shītīng ►教材を発展途上国に~を送ろう/把教材送给发展中国家 bǎ jiàocái sònggěi fāzhǎnzhōng guójiā ►作りには神経を使うね/编写教材真费心 biānxiě jiàocái zhēn fèixīn

きょうさいか【恐妻家】 惧内 jùnèi; 怕老婆的 pà lǎopo de; 妻管严 qīguǎnyán (英 *a henpecked husband*) ►あいつ、あれで結構~なんだ/那家伙其实也挺怕老婆的 nà jiāhuo qíshí yě tǐng pà lǎopo de

きょうさく【凶作】 歉收 qiànshōu; 饥荒 jīhuang; 灾荒 zāihuāng (英 *a bad crop [harvest]*) ►大~/大灾荒 dàzāihuāng ►大~の年/大荒年 dàhuāngnián ►土蔵に大~の年の記録が残っている/仓库里保留着大荒年的记载 cāngkùli bǎoliúzhe dàhuāngnián de jìzǎi ►今年は相当な~に見舞われるだろう/今年可能会是一个大荒年 jīnnián kěnéng huì shì yí ge dàhuāngnián

きょうさく【狭窄】〔医〕狭窄 xiázhǎi (英 *stricture*) ►年でもないのに視野~が始まっている/还不到年纪，却开始有视野狭窄的症状了 hái bú dào niánjì, què kāishǐ yǒu shìyě xiázhǎi de zhèngzhuàng le

きょうざつぶつ【夾雑物】 混杂物 hùnzáwù (英 *impurities; foreign matters*) ►~を取り除いてから煎じなさい/去除混杂物以后，熬一下 qùchú hùnzáwù yǐhòu, áo yíxià

きょうざめ【興醒める】 扫兴 sǎoxìng (英 *throw a wet blanket*) ►講演を聞いてすっかり~した/听了讲演，真让人扫兴 tīngle jiǎngyǎn, zhēn ràng rén sǎoxìng ►あいつは~な話ばかりする/他净说些扫兴的话 tā jìng shuō xiē sǎoxìng de huà

きょうさん【協賛する】 赞助 zànzhù (英 *approve; support*) ►市の文化祭には我が社も~させてもらおう/咱们公司也参与赞助市里举办的文化节吧 zánmen gōngsī yě cānyù zànzhù shìli jǔbàn de wénhuàjié ba ►日本新聞社主催上山市~の美術展/由日本报社主办上山市赞助的美术展览 yóu Rìběn bàoshè zhǔbàn Shàngshānshì zànzhù de měishù zhǎnlǎn

きょうさんしゅぎ【共産主義】 共产主义 gòngchǎn zhǔyì (英 *communism*)

きょうさんとう【共産党】 共产党 gòngchǎndǎng (英 *the Communist party*)

きょうし【教師】 教师 jiàoshī; 教员 jiàoyuán (英 *a teacher; an instructor*) ►10年間分校の~を勤めた/做了十年分校的老师 zuòle shí nián fēnxiào de lǎoshī ►あの男は~にあるまじき行為をしたのだ/他做了一个教师不该做的事 tā zuòle yí ge jiàoshī bù gāi zuò de shì ►反面~というのも教育上の意味はある/反面教师也有教育意义 fǎnmiàn jiàoshī yě yǒu jiàoyù yìyì

きょうじ【凶事】 凶事 xiōngshì (英 *an unlucky affair*) ►~が続いて私は滅入った/不幸的事接二连三，搞得我很沮丧 bùxìng de shì jiē èr lián sān, gǎode wǒ hěn jǔsàng

きょうじ【矜持】 自尊 zìzūn; 尊严 zūnyán (英 *a pride*) ►こんな無礼は俺の~が許さない/这种无礼是我的自尊心不能容忍的 zhè zhǒng wúlǐ shì wǒ de zìzūnxīn bùnéng róngrěn de ►~を傷付けられて彼の表情が変わった/他的尊严受到伤害，表情都变了 tā de zūnyán shòudào shānghài, biǎoqíng dōu biàn le

[日中比較] 中国語の'矜持 jīnchí'は「紧张している」「かしこまっている」という意味である.

きょうじ【教示する】 指教 zhǐjiào (英 *teach; instruct*) ►~を仰ぐ/请教 qǐngjiào; 见教 jiànjiào ►我々は先生の~を仰ぐことにした/我们决定向老师请教 wǒmen juédìng xiàng lǎoshī qǐngjiào ►こういう際のしきたりを御~頂けませんか/请您教教我这种时候的规矩 qǐng nín jiāojiao wǒ zhè zhǒng shíhou de guījǔ

ぎょうし【凝視する】 凝视 níngshì (英 *stare at...; gaze at...*) ►彼らは山腹の一点を~した/他们凝视着山腰上的一个目标 tāmen níngshìzhe shānyāoshang de yí ge mùbiāo ►私は子供たちの~にたえられず目を伏せた/我受不了孩子们的凝视，垂下了双眼 wǒ shòubùliǎo háizimen de níngshì, chuíxiàle shuāng yǎn

ぎょうじ【行事】 活动 huódòng; 仪式 yíshì (英 *an event*) ►秋は~が多い/秋天活动很多 qiūtiān huódòng hěn duō ►離婚騒ぎなどあいつらの年中~だ/吵着要离婚是他们每年的"例行公事"chǎozhe yào líhūn shì tāmen měinián de "lìxíng gōngshì" ►来月の~の予定に書き込んでおく/把下个月的活动计划写下来 bǎ xià ge yuè de huódòng jìhuà xiěxiàlai

[日中比較] 中国語の'行事 xíngshì'は「ものごとを処理する」ことを言う.

きょうしつ【教室】 教室 jiàoshì; 课堂 kètáng (英 *a classroom; a schoolroom*) ►~が広すぎて気持ちが落ち着かない/教室太大，有些不踏实 jiàoshì tài dà, yǒuxiē bù tāshi ►~を出る時忘れ物に気付いた/出教室的时候，发现忘了东西 chū jiàoshì de shíhou, fāxiàn wàngle dōngxi ►娘はこの春から生け花~に通っている/我女儿从今年春天开始去插花讲习班了 wǒ nǚ'ér cóng jīnnián chūntiān kāishǐ qù chāhuā jiǎngxíbān le

きょうしゃ【強者】 硬手 yìngshǒu; 强者 qiángzhě (英 *a strong man; the strong*) ►~の自覚があるなら弱者をいたわれ/认为自己是强者，就要照顾弱者 rènwéi zìjǐ shì qiángzhě, jiùyào zhàogù ruòzhě ►世の中は~が勝つとは限らない/世界上强者不一定就能赢 shìjièshang qiángzhě bù yídìng jiù néng yíng

きょうじや【経師屋】 裱糊匠 biǎohújiàng; 裱糊店 biǎohúdiàn (英 *a paperhanger*)

ぎょうしゃ【業者】 商家 shāngjiā; 厂家 chǎngjiā; 同业者 tóngyèzhě (英 *a trader; a dealer*) ►出入りの~から賄賂を取ったことがばれる/接受有关公司贿赂的事被曝光了 jiēshòu yǒuguān gōngsī huìlù de shì bèi bàoguāng le ►~を指名して入札する/指定厂商投标 zhǐdìng chǎngshāng tóubiāo ◆~は競争もすれば協定もする/商家之间既有竞争，也有协议 shāngjiā zhījiān jì yǒu jìngzhēng, yě yǒu xiéyì

ぎょうじゃ【行者】 行者 xíngzhě; 修行僧 xiūxíngsēng (英 *an ascetic; a hermit*) ◆杉木立の間に～の姿が見えた/在杉林丛中可以看见修行僧的身影 zài shānshùcóng zhōng kěyǐ kànjiàn xiūxíngsēng de shēnyǐng

きょうじゃく【強弱】 (英 *strength and weakness; stress*) ◆戦力の～はシーズン前から明らかだ/实力强弱在赛季开始之前就很明了 shílì qiángruò zài sàijì kāishǐ zhīqián jiù hěn míngliǎo

きょうじゅ【享受する】 享受 xiǎngshòu; 消受 xiāoshòu (英 *enjoy; have*) ◆自由を～する/享受自由 xiǎngshòu zìyóu ◆当時は自由を～するなんて夢の夢だった/当时享受自由是可望而不可即的 dāngshí yào xiǎngshòu zìyóu shì kěwàng ér bùkě jí de

きょうじゅ【教授】 ❶【教える】讲授 jiǎngshòu (英 *teaching*) ◆出張～いたします/上门辅导 shàngmén fǔdǎo ◆私は大学で日本文化史を～している/我在大学里教授日本文化史 wǒ zài dàxuélǐ jiāo Rìběn wénhuàshǐ ❷【職名】教授 jiàoshòu (英 *a professor*) ◆40歳で～となった/四十岁当上了教授 sìshí suì dāngshàngle jiàoshòu ◆うちの大学は～陣がすごい/我们大学教授阵容很可观 wǒmen dàxué jiàoshòu zhènróng hěn kěguān

ぎょうしゅ【業種】 行业 hángyè (英 *a type of industry*) ◆サービス～/服务行业 fúwù hángyè ◆円高の影響は～によって異なる/日圆升值的影响，对各种行业都不一样 rìyuán shēngzhí de yǐngxiǎng, duì gè zhǒng hángyè dōu bù yíyàng ◆労働組合は～別に連合体がある/工会有各种行业的联合会 gōnghuì yǒu gè zhǒng hángyè de liánhéhuì

きょうしゅう【強襲する】 强攻 qiánggōng; 猛攻 měnggōng (英 *assault; attack*) ◆ライナーが投手を～した/(击球手击出的)平球直奔投球手飞来 (jīqiúshǒu jīchū de) píngqiú zhíbēn tóuqiúshǒu fēilái ◆敵陣を～したがはね返された/我们强攻敌阵，但被击退了 wǒmen qiánggōng dízhèn, dàn bèi jītuì le

きょうしゅう【郷愁】 乡愁 xiāngchóu; 乡思 xiāngsī (英 *nostalgia*) ◆なぜか江戸への～がわいてくる/不知为什么对江户的怀念之情油然而生 bù zhī wèi shénme duì Jiānghù de huáiniàn zhī qíng yóurán ér shēng ◆この歌を聞くと～をかきたてられる/听到这首歌，乡愁就涌上心头 tīngdào zhè shǒu gē, xiāngchóu jiù yǒngshàng xīntóu

ぎょうしゅう【凝集する】 凝聚 níngjù; 凝集 níngjí (英 *condense*) ◆日本農業の諸問題がこの村に～している/这个村子凝集了日本农业的各种问题 zhège cūnzi níngjíle Rìběn nóngyè de gè zhǒng wèntí

きょうしゅうじょ【教習所】《自動車の》汽车教练所 qìchē jiàoliànsuǒ (英 *a driving school*) ◆60を過ぎて～に通うのかい/过了六十岁还去驾驶学校吗? guòle liùshí suì hái qù jiàshǐ xuéxiào ma? ◆～の指導員にも当たりはずれがある/驾驶学校的指导员也有好有坏 jiàshǐ xuéxiào de zhǐdǎoyuán yě yǒu hǎo yǒu huài

きょうしゅく【恐縮する】 过意不去 guòyìbúqù; 惶恐 huángkǒng [感謝] *be much obliged*; [恥じ入る] *feel small*) ◆さすがの彼も～していた/就连他也过意不去了 jiù lián tā yě guòyìbuqù le ◆先生のお手をわずらわせて～の至りです/麻烦了老师，真是惶恐之至 máfanle lǎoshī, zhēn shì huángkǒng zhī zhì

ぎょうしゅく【凝縮する】 凝结 níngjié (英 *condense; compress*) ◆彼の生涯がこの1冊に～されている/他的生涯都凝聚在这一本书里 tā de shēngyá dōu níngjù zài zhè yī běn shūlǐ ◆水蒸気を～して雲になる/水蒸汽凝结以后变成了云 shuǐzhēngqì níngjié yǐhòu biànchéngle yún

きょうしゅつ【供出する】 (按国家要求)提供 (àn guójiā yāoqiú) tígōng; 交售 jiāoshòu; 缴纳 jiāonà (英 *deliver*)

きょうじゅつ【供述する】 供词 gòngcí; 口供 kǒugòng; 供认 gòngrèn (英 *testify*) ◆～を覆す/翻供 fāngòng ◆彼は法廷で～を覆した/他在法庭翻供了 tā zài fǎtíng fāngòng le ◆私はありのままを～するつもりです/我准备如实供认 wǒ zhǔnbèi rúshí gòngrèn

きょうじゅん【恭順】 恭顺 gōngshùn; 顺从 shùncóng (英 *submission*) ◆～を誓う/立誓恭顺 lìshì gōng shùn

ぎょうしょ【行書】 行书 xíngshū (英 *the cursive style of writing Chinese characters*)

きょうしょう【狭小な】 狭小 xiáxiǎo; 窄小 zhǎixiǎo (英 *narrow*)

きょうじょう【教条】 教条 jiàotiáo (英 *a dogma*) ◆～主義/教条主义 jiàotiáo zhǔyì ◆君も～主義の弊害が身にしみただろう/你也亲身体会到教条主义的弊端之吧 nǐ yě qīnshēn tǐhuìdào jiàotiáo zhǔyì de bìduān le ba

きょうじょう【教場】 教室 jiàoshì (英 *a classroom*) ◆来週からは～に出て授業ができる/下周开始我就能去教室讲课了 xià zhōu kāishǐ wǒ jiù néng qù jiàoshì jiǎngkè le ◆期末の試験は～で行う/期末考试在教室进行 qīmò kǎoshì zài jiàoshì jìnxíng

ぎょうしょう【行商する】 行商 xíngshāng (英 *peddle*) ◆～人/小贩 xiǎofàn; 行贩 hángfàn ◆女たちは村から村へと～して回った/女人们走村串户到处行商 nǚrénmen zǒu cūn chuàn hù dàochù xíngshāng ◆一時は魚を～で身を立てていた/有一段时间靠行商卖鱼过日子 yǒu yí duàn shíjiān kào xíngshāng mài yú guò rìzi

ぎょうじょう【行状】 行为 xíngwéi; 品行 pǐnxíng (英 *conduct*) ◆あの子はいくら叱っても～を改めない/那孩子怎么骂也改正不了他的品

きょうしょく【教職】 教師の職務 jiàoshī de zhíwù（英 *the teaching profession*） ▶～に就く/任教 rènjiào；当教员 dāng jiàoyuán ▶私は大学を出て～に就いた/我从大学毕业以后就当老师啦 wǒ cóng dàxué bìyè yǐhòu jiù dāngle lǎoshī ▶～にある身が何を寝ぼけているんだ/身为老师的人说什么胡话! shēn wéi lǎoshī de rén shuō shénme húhuà! ▶～課程を履修しないと教員になれない/不修教职课程就不能当教员 bù xiū jiàozhí kèchéng jiù bùnéng dāng jiàoyuán

きょうじる【興じる】 玩 wán；作乐 zuòlè（英 *amuse oneself*） ▶老人二人は積もる話に興じていた/两个老人在畅谈着积攒了很久的话 liǎng ge lǎorén zài chàngtánzhe jīzǎnle hěn jiǔ de huà

きょうしん【共振】 共振 gòngzhèn；谐振 xiézhèn（英 *resonance*）

きょうしん【狂信する】 狂热信奉 kuángrè xìnfèng（英 *believe fanatically*） ▶日本を神国だと～した国民/狂热地相信日本是神国的国民 kuángrè de xiāngxìn Rìběn shì shénguó de guómín ▶彼らの～的言動に我々は迷惑している/对于他们的狂热信奉的言行, 我们深感困惑 duìyú tāmen de kuángrè xìnfèng de yánxíng, wǒmen shēn gǎn kùnhuò

きょうじん【凶刃】 凶器 xiōngqì（英 *an assassin's dagger*） ▶～に倒れる/凶死 xiōngsǐ ▶首相は～に倒れた/首相死在暴徒的屠刀下 shǒuxiàng sǐzài bàotú de túdāoxià

きょうじん【狂人】 疯子 fēngzi；狂人 kuángrén（英 *a madman*） ▶狂気の時代にはまともな人が～視される/在疯狂的年代, 正常人被视作疯子 zài fēngkuáng de niándài, zhèngchángrén bèi shìzuò fēngzi

きょうじん【強靱な】 坚韧 jiānrèn（英 *tough; tenacious*） ▶彼らは暗黒の時代を～に生き抜いた/他们坚韧地活过了黑暗的年代 tāmen jiānrèn de huóguòle hēi'àn de niándài ▶ビニールより～な材料はありますか/有比塑料更结实的材料吗? yǒu bǐ sùliào gèng jiēshi de cáiliào ma?

きょうしんざい【強心剤】 〔医〕強心剤 qiángxīnjì ▶父は～を打った/医生给父亲打了强心针 yīshēng gěi fùqin dǎle qiángxīnzhēn ▶～でなんとか命を保っている/靠强心针总算保住了性命 kào qiángxīnzhēn zǒngsuàn bǎozhùle xìngmìng

きょうしんしょう【狭心症】 〔医〕心绞痛 xīnjiǎotòng；狭心症 xiáxīnzhèng（英 *angina*） ▶私は勤務中に～の発作に襲われた/我在工作中突然狭心症发作了 wǒ zài gōngzuò zhōng tūrán xiáxīnzhèng fāzuò le

ぎょうずい【行水をつかう】 用水盆洗澡 yòng shuǐpén xǐzǎo（英 *take a tub bath*）

きょうする【供する】 供 gōng（英 *offer; supply*；［飲食物を］*serve*） ▶茶菓を～/供上茶点 gōngshàng chádiǎn ▶見学者に茶菓を～のは私の役目だった/给参观者供应茶水和小点心是我的任务 gěi cānguānzhě gōngyìng cháshuǐ hé xiǎodiǎnxin shì wǒ de rènwu ▶食用に～/供食用 gōng shíyòng ▶四季折々の山の幸が食用に供されている/提供四季应时的山珍为食用 tígōng sìjì yìngshí de shānzhēn wéi shíyòng ▶郷土史料を集めて閲覧に～/收集乡土的历史资料以供阅览 shōují xiāngtǔ de lìshǐ zīliào yǐ gòng yuèlǎn

きょうせい【共生する】 共生 gòngshēng；相处 xiāngchǔ；共存 gòngcún（英 *live together*） ▶人が野生動物と～するのは難しい/人和野生动物的共存是很难的事 rén hé yěshēng dòngwù de gòngcún shì hěn nán de shì ▶いかにして～を可能にするか/怎么才能共生呢? zěnme cái néng gòngshēng ne?

きょうせい【強制する】 强制 qiángzhì；勒令 lèlìng（英 *compel; enforce*） ▶～的/强制性的 qiángzhìxìng de ▶子供たちを～的に塾へ行かせた/强制性地让孩子们去补习班 qiángzhìxìng de ràng háizimen qù bǔxíbān ▶～立ち退き/强行拆迁 qiángxíng chāiqiān ▶国から立ち退きを～される/被国家强制搬迁 bèi guójiā qiángzhì bānqiān

◆**～執行** ▶～執行により倉庫が封印された/按强制执行命令, 仓库被查封了 àn qiángzhì zhíxíng mìnglìng, cāngkù bèi cháfēng le **～送還** ▶密入国者が～送還される/偷渡入境的人被强制遣返 tōudù rùjìng de rén bèi qiángzhì qiǎnfǎn

きょうせい【矯正する】 矫正 jiǎozhèng（英 *reform; correct*） ▶歯列を～/矫正牙齿 jiǎozhèng yáchǐ ▶歯列を～は简单ではありませんよ/矫正牙齿可不简单 jiǎozhèng yáchǐ kě bù jiǎndān ▶彼は先生について発音を～した/他跟着老师矫正了发音 tā gēnzhe lǎoshī jiǎozhèngle fāyīn

ぎょうせい【行政】 行政 xíngzhèng（英 *administration*） ▶～機構/行政机构 xíngzhèng jīgòu ▶これは～が口を出すことではない/这不是行政机关插嘴的事 zhè bú shì xíngzhèng jīguān chāzuǐ de shì ▶～指導とは見えない法律なんだよ/行政指导就是看不见的法律 xíngzhèng zhǐdǎo jiùshì kànbujiàn de fǎlù

◆**～改革**：行政改革 xíngzhèng gǎigé ▶～改革のかけ声が高い/要改革行政的口号叫得很响 yào gǎigé xíngzhèng de kǒuhào jiàode hěn xiǎng **～機関**：行政机关 xíngzhèng jīguān **～区**：行政区 xíngzhèngqū **～訴訟** ▶我々は～処分の取り消しを求めて～訴訟を起こした/为争取取消行政处分, 我们进行了行政诉讼 wèi zhēngqǔ qǔxiāo xíngzhèng chǔfèn, wǒmen jìnxíngle xíngzhèng sùsòng

ぎょうせき【業績】 成就 chéngjiù；业绩 yèjì（英 *one's work; a result*） ▶～をあげる/取得成

就 qǔdé chéngjiù ▶彼は十分な～をあげて世に認められた/他取得了充分的成就，得到了社会的承认 tā qǔdéle chōngfèn de chéngjiù, dédàole shèhuì de chéngrèn ▶学問的の～が足りなくて採用されなかった/由于学术上的业绩不足，没被聘用 yóuyú xuéshùshang de yèjì bùzú, méi bèi pìnyòng ▶広報活動の～が評価された/宣传活动的成绩受到评价 xuānchuán huódòng de chéngjì shòudào píngjià

きょうそ【教祖】 教祖 jiàozǔ；教主 jiàozhǔ (英 *the founder of a religion*) ▶教団は～の死とともに影響力を失った/随着教祖的死教团失去了影响力 suízhe jiàozǔ de sǐ jiàotuán shīqùle yǐngxiǎnglì ▶彼は鈴木学派の～の指導者である/他是铃木学派里受到崇拜的领袖 tā shì Língmù xuépàilǐ shòudào chóngbài de lǐngxiù

きょうそう【強壮な】 强壮 qiángzhuàng (英 *strong*; *robust*) ▶～剤/强壮剂 qiángzhuàngjì；补药 bǔyào ▶くたびれた男たちは～剤を手放せない/疲惫不堪的男人们离不开补药 píbèi bù kān de nán rénmen líbukāi bǔyào ▶滋養～/滋养强壮 zīyǎng qiángzhuàng；滋补 zībǔ ▶彼は見るからに～を与える印象を与える/他看上去给人一种强壮的印象 tā kànshàngqu gěi rén yì zhǒng qiángzhuàng de yìnxiàng

きょうそう【競争する】 比赛 bǐsài；竞赛 jìngsài (英 *compete*; *contest*) ▶～率が高い[低い]/竞争率高[低] jìngzhēnglǜ gāo[dī] ▶あの大学は～率が高い/那个大学的竞争率很高 nàge dàxué de jìngzhēnglǜ hěn gāo ▶友人同士が～する羽目になった/朋友之间最后不得不互相竞争 péngyou zhījiān zuìhòu bùdébù hùxiāng jìngzhēng ▶～社会の生存で自分を見失っていた/在竞争社会的生存竞争中丧失了自我 zài jìngzhēng shèhuì de shēngcún jìngzhēng zhōng sàngshīle zìwǒ ▶雑誌業界は～が激しい/杂志行业的竞争很激烈，竞争入行很激烈 zázhì hángyè de jìngzhēng hěn jīliè ▶あの人が相手では～にならない/那个人作为对手的话，就没法竞争了 nàge rén zuòwéi duìshǒu de huà, jiù méi fǎ jìngzhēng le ▶今や時間との～だ/现在是在和时间竞争 xiànzài shì zài hé shíjiān jìngzhēng ▶こうして我々は～相手の会社に勝った/这样，我们公司战胜了竞争对手 zhèyàng, wǒmen gōngsī zhànshèngle jìngzhēng duìshǒu

きょうそう【競走】 赛跑 sàipǎo (英 *a race*) ▶私は100メートル～に出場します/我参加一百米赛跑 wǒ cānjiā yìbǎi mǐ sàipǎo

◆～馬 ▶あの牧場は～馬を育てている/那个牧场在培育赛马 nàge mùchǎng zài péiyù sàimǎ

きょうぞう【胸像】 头像 tóuxiàng；胸像 xiōngxiàng (英 *a bust*) ▶頼まれて創立者の～を制作した/受委托做了创立人的胸像 shòu wěituō zhìzuòle chuànglìrén de xiōngxiàng ▶先代社長の～が会議の席を見渡している/上代总经理的胸像俯视着会议室 shàng dài zǒngjīnglǐ de xiōngxiàng fǔshìzhe huìyìshì

ぎょうそう【形相】 神情 shénqíng；面孔 miànkǒng (英 *a look*; *an expression*) ▶目の前に先生が恐ろしい～で立っていた/老师板着面孔站在眼前 lǎoshī bǎnzhe miànkǒng zhànzài yǎnqián ▶彼の憤怒の～に私はたじろいだ/看到他愤怒的神情，我退缩了 kàndào tā fènnù de shénqíng, wǒ tuìsuō le

きょうそうきょく【狂想曲】 〔音楽〕狂想曲 kuángxiǎngqǔ (英 *a rhapsody*)

きょうそうきょく【協奏曲】 〔音楽〕协奏曲 xiézòuqǔ (コンチェルト) (英 *a concerto*)

きょうそん【共存する】 共处 gòngchǔ；共存 gòngcún；并存 bìngcún (英 *coexist*) ▶自然との～/与自然共处 yǔ zìrán gòngchǔ ▶何よりも自然との～を計らねばならない/首先要考虑和自然的共存 shǒuxiān yào kǎolǜ hé zìrán de gòngcún ▶～共栄/共存共荣 gòngcún gòngróng ▶地元の皆様との～共栄を願っております/我希望和本地的各位同仁一起共存共荣 wǒ xīwàng hé běndì de gè wèi tóngrén yìqǐ gòngcún gòngróng

◆平和～ ▶外交戦略の基本は平和～である/外交战略的基础是和平共处 wàijiāo zhànlüè de jīchǔ shì hépíng gòngchǔ

きょうだ【強打】 用力打 yònglìdǎ；痛打 tòngdǎ (英 *a hard hit* 〔*blow*〕) ▶転んで膝を～した/跌倒时摔疼了膝盖 diēdǎo shí shuāiténgle xīgài

きょうたい【狂態】 张狂的举止 zhāngkuáng de jǔzhǐ (英 *shameful conduct*) ▶彼は酔ったあげくに～を演じた/他喝了以后举止张狂 tā zuìle yǐhòu jǔzhǐ zhāngkuáng ▶彼のあまりの～にみんなは目をそむけた/他那副癫狂的样子，让大家都看不下去 tā nà fù diānkuáng de yàngzi, ràng dàjiā dōu kànbuxiàqù

きょうだい【兄弟】 兄弟 xiōngdì；弟兄 dìxiōng (英 *a brother*) ▶～分/哥们儿 gēmenr；把兄弟 bǎxiōngdì ▶～付き合いする/称兄道弟 chēng xiōng dào dì ▶僕は3人～の末っ子だ/我是三个兄弟中的老么 wǒ shì sān ge xiōngdì zhōng de lǎoyāo ▶～は他人の始まり/兄弟不如父子亲，早晚会变成外人 xiōngdì bùrú fùzǐ qīn, zǎowǎn huì biànchéng wàirén ▶あいつとは～同然の付き合いだ/我和他有兄弟般的来往 wǒ hé tā yǒu xiōngdì bān de láiwǎng ▶あの二人は～弟子だ/那两个人是师兄弟 nà liǎng ge rén shì shīxiōngdì

◆～喧嘩 ▶一人っ子は～喧嘩ができない/独生子不可能有兄弟吵架 dúshēngzǐ bùkěnéng yǒu xiōngdì chǎojià

> 日中比較 中国語の'兄弟'は'xiōngdi'と軽声に読むと'弟'を意味する。'xiōngdì'と発音すれば「兄弟」のまま。

きょうだい【強大な】 强大 qiángdà；强盛 qiángshèng (英 *mighty*; *powerful*; *strong*) ▶～な権力が一人の手に握られている/强大的权利被一个人掌握着 qiángdà de quánlì bèi yí ge rén zhǎngwòzhe

きょうだい【鏡台】 镜台 jìngtái; 梳妆台 shūzhuāngtái (英) *a mirror stand; a dresser* ▶妹は毎朝～に向かう時間が長い/妹妹每天早上对着梳妆台打扮的时间很长 mèimei měitiān zǎoshang duìzhe shūzhuāngtái dǎban de shíjiān hěn cháng

きょうたく【供託】 寄存 jìcún; 委托 wěituō (英) *deposition* ▶仮の家賃を～に した/把临时的房租寄存在"供托局" bǎ línshí de fángzū jìcún zài "gòngtuōjú"
♦～金 ひどい落選で～金を没収された/由于选举输得太惨, "委托金"被没收了 yóuyú xuǎnjǔ shūde tài cǎn, "wěituōjīn" bèi mòshōu le

きょうたく【教卓】 讲桌 jiǎngzhuō (英) *a teacher's desk*

きょうたん【驚嘆する】 惊叹 jīngtàn; 赞叹 zàntàn (英) *admire; wonder at…* ▶～すべき/值得赞叹 zhíde zàntàn ▶奥村氏は誠に～すべき意志の人だ/奥村先生真是一个意志惊人的人 Àocūn xiānsheng zhēn shì yí ge yìzhì jīngrén de rén ▶彼の成果に我々は等しく～した/对于他的成果, 我们一致表示惊叹 duìyú tā de chéngguǒ, wǒmen yízhì biǎoshì jīngtàn

きょうだん【凶弾】 凶手的子弹 xiōngshǒu de zǐdàn (英) *an assassin's bullet* ▶高木総理はこの場所で～に倒れた/高木总理在这里被凶杀 Gāomù zǒnglǐ zài zhèlǐ bèi xiōngshā

きょうだん【教団】 宗教团体 zōngjiào tuántǐ (英) *a religious organization* ▶カルト～/狂热崇拜者教团 kuángrè chóngbàizhě jiàotuán

きょうだん【教壇】 讲台 jiǎngtái (英) *the platform; the pulpit* 〔牧師の〕 ▶～に立つ/当老师 dāng lǎoshī ▶私は30年来～に立ち続けている/他三十年来一直站在讲坛上 tā sānshí nián lái yìzhí zhànzài jiǎngtánshang ▶杉田先生は惜しまれつつ～を去った/杉田老师令人惋惜地告别了讲坛 Shāntián lǎoshī lìng rén wǎnxī de gàobiéle jiǎngtán

きょうち【境地】 境地 jìngdì; 境界 jìngjiè (英) *a state; a stage* ▶無我の～/无我之境 wúwǒ zhī jìng ▶そういう時私は無我の～にある/这时候, 如入无我之境 zhè shíhou, rú rù wúwǒ zhī jìng ▶彼はすでに仙人の～に達している/他已经达到了神仙的境地 tā yǐjing dádàole shénxiān de jìngdì ▶彼はこの3部作で新～を開いた/他在这三部连作中开辟了新的境界 tā zài zhè sān bù liánzuò zhōng kāipīle xīn de jìngjiè

キョウチクトウ【夹竹桃】 〔植物〕夹竹桃 jiāzhútáo (英) *an oleander* ▶～が燃え立つように咲いている/夹竹桃的花像燃烧一样地开放着 jiāzhútáo de huā xiàng ránshāo yíyàng de kāifàngzhe

きょうちゅう【胸中】 心情 xīnqíng; 心绪 xīnxù; 衷肠 zhōngcháng (英) *one's mind* 〔*heart*〕 ▶複雑な～/复杂的心绪 fùzá de xīnxù ▶～を明かす/诉说衷肠 sùshuō zhōngcháng ▶彼は～の憎しみを笑顔に隠した/他把胸中的仇恨隐藏在笑容后面 tā bǎ xiōng zhōng de chóuhèn yǐncáng zài xiàoróng hòumian ▶彼は私にだけは～を明かしてくれた/他只对我说出了真心话 tā zhǐ duì wǒ shuōchūle zhēnxīnhuà ▶私は父の～を察するには幼すぎた/我还太小, 无法理解父亲的心情 wǒ hái tài xiǎo, wúfǎ lǐjiě fùqīn de xīnqíng

きょうちょ【共著】 合著 hézhù; 共同执笔 gòngtóng zhíbǐ (英) *joint authorship* ▶私は彼との～で時事解説書を出した/我和他共同编写了时事解说书 wǒ hé tā gòngtóng biānxiěle shíshì jiěshuōshū

きょうちょう【凶兆】 凶兆 xiōngzhào (英) *a bad omen* ▶朝からすが騒いだ。～だ/早上乌鸦在叫, 是凶兆 zǎoshang wūyā zài jiào, shì xiōngzhào

きょうちょう【協調する】 协调 xiétiáo; 协作 xiézuò (英) *cooperate* ▶～性/协调性 xiétiáoxìng ▶君には～性が欠けている/你缺乏协调性 nǐ quēfá xiétiáoxìng ▶両者が～しなければ結果は出ない/双方不协作就不会出成果 shuāngfāng bù xiézuò jiù bùhuì chū chéngguǒ

きょうちょう【強調する】 强调 qiángdiào (英) *emphasize* ▶この一点を特に～しておく/这一点特别要强调 zhè yì diǎn tèbié yào qiángdiào

きょうつう【共通する】 共同 gòngtóng; 共通 gòngtōng (英) *be common* ▶我々には映画という～の話題がある/我们之间有电影这一共同的话题 wǒmen zhījiān yǒu diànyǐng zhè yī gòngtóng de huàtí ▶それは兄弟に～する欠点だった/那是兄弟之间共同的缺点 nà shì xiōngdì zhījiān gòngtóng de quēdiǎn ▶～性/共性 gòngxìng ▶これらの民謡に～性を感じますか/你能感受到这些民谣的共通性吗? nǐ néng gǎnshòudào zhèxiē mínyáo de gòngtōngxìng ma? ▶～点/共同点 gòngtóngdiǎn ▶両者の主張に～点なんかないだろう/双方的主张中没有共同点吧 shuāngfāng de zhǔzhāng zhōng méiyǒu gòngtóngdiǎn ba
♦～語 〘中国的〙普通话 pǔtōnghuà ▶英語が世界の～語だと言われてもなぁ…/说是英语是世界的共同语言… shuōshì Yīngyǔ shì shìjiè de gòngtóng yǔyán…

きょうてい【協定する】 协定 xiédìng; 协议 xiéyì (英) *agree* ▶～を結ぶ/缔结协定 dìjié xiédìng ▶両国間で交流～を結ぶ/两国之间签订交流协定 liǎng guó zhījiān qiāndìng jiāoliú xiédìng ▶今回の件は関係国間の紳士に～違反している/这件事违反了有关国家之间的君子协定 zhè jiàn shì wéifǎnle yǒuguān guójiā zhījiān de jūnzǐ xiédìng

きょうてい【競艇】 赛艇 sàitǐng (英) *speedboat racing* ▶彼の～狂いで家族が路頭に迷っている/由于他对赛艇的痴迷, 家里人生活都没有着落了 yóuyú tā duì sàitǐng de chīmí, jiālǐrén shēnghuó dōu méiyǒu zhuóluò le ▶～はりっぱな賭博である/赛艇是纯属赌博 sàitǐng shì chúnshǔ dǔbó

きょうてき【強敵】 劲敌 jìngdí; 强敌 qiángdí (英 *a powerful enemy*〔*rival*〕) ▶最大の〜は三興社だ/最大的劲敌是三兴社 zuì dà de jìngdí shì Sānxīngshè ▶僕はひるまず〜に立ち向かった/我毫不畏惧地迎战强大的对手 wǒ háobù wèijù de yíngzhàn qiángdà de duìshǒu ▶〜を倒すことが僕の生き甲斐だ/打倒强敌是我生命的意义 dǎdǎo qiángdí shì wǒ shēngmìng de yìyì

きょうてん【経典】 经典 jīngdiǎn; 佛经 fójīng (英 *the scriptures*; *sutras*) ▶三藏法師は〜を求めて旅に出た/三藏法师为求佛经而踏上旅途 Sāncáng fǎshī wèi qiú fójīng ér tàshàng lǚtú ▶〜に酒を飲めと書いてあるかい/圣经里写着"喝酒"的字眼吗? Shèngjīnglǐ xiězhe "hē jiǔ" de zìyàn ma?

ぎょうてん【仰天する】 大吃一惊 dà chī yì jīng; 惊讶 jīngyà (英 *be astonished*) ▶おまえの度胸のよさにはびっくり〜だ/你胆量这么大, 我很吃惊 nǐ dǎnliàng zhème dà, wǒ hěn chījīng ▶俺は名前を聞いて〜した/我听到名字吃了一惊 wǒ tīngdào míngzi chīle yì jīng

きょうてんどうち【驚天動地の】 惊天动地 jīng tiān dòng dì (英 *world-shaking*) ▶それこそ〜の大事件だ/这才是惊天动地的大事件 zhè cái shì jīng tiān dòng dì de dà shìjiàn

きょうと【教徒】 教徒 jiàotú (英 *a believer*; *a follower*) ▶〜は次第に増えていった/教徒渐渐地增加了 jiàotú jiànjiān de zēngjiā le ▶一つの事件が〜を不安におとしいれた/一次事件让教徒们深感不安 yí cì shìjiàn ràng jiàotúmen shēn gǎn bù'ān ▶幹部のある発言が〜に疑いを抱かせた/干部的某次发言让教徒们产生了怀疑 gànbù de mǒu cì fāyán ràng jiàotúmen chǎnshēngle huáiyí

きょうど【強度】 强度 qiángdù; 烈度 lièdù (英 *intensity*) ▶〜を測る/测定强度 cèdìng qiángdù ▶マンションの耐震〜を測る/检测公寓的抗震强度 jiǎncè gōngyù de kàngzhèn qiángdù ▶〜の乱視/深度散光 shēndù sǎnguāng ▶僕は〜の乱視です/我眼睛有深度的散光 wǒ yǎnjing yǒu shēndù de sǎnguāng

きょうど【郷土】 乡土 xiāngtǔ; 家乡 jiāxiāng (英 *one's native country*) ▶私は〜芸能保存会の一員です/我是乡土文艺保存会的一员 wǒ shì xiāngtǔ wényì bǎocúnhuì de yì yuán ▶あの詩人は〜の誇りだ/那位诗人是故乡的荣誉 nà wèi shīrén shì gùxiāng de róngyù

◆**〜意識**: 乡土观念 xiāngtǔ guānniàn ▶〜意識はいくつになっても抜けないものだ/乡土观念到什么年纪也不会改变 xiāngtǔ guānniàn dào shénme niánjì yě búhuì gǎibiàn ▶〜色/乡土特色 xiāngtǔ tèsè ▶〜色豊かな祭りですね/真是乡土气息浓郁的庙会啊 zhēn shì xiāngtǔ qìxī nóngyù de miàohuì a 料理: 家乡菜 jiāxiāngcài

きょうとう【共闘する】 共同斗争 gòngtóng dòuzhēng (英 *struggle jointly*) ▶我々は創文社の組合と〜した/我们和创文社的工会并肩奋斗 wǒmen hé Chuàngwénshè de gōnghuì bìngjiān fèndòu ▶出版協会から〜を申し入れてきている/出版协会向我们提议共同斗争 chūbǎn xiéhuì xiàng wǒmen tíyì gòngtóng dòuzhēng

きょうとう【教頭】 副校长 fùxiàozhǎng (英 *an assistant principal*)

> 日中比較 現代中国で「教頭」という職名はなく, 中国人にこの字面を見せると『水滸傳』の林沖を連想するであろう。林沖は「林教頭」と呼ばれるが, それは「教頭」が兵隊に武術を教える昔の官名だったことによる。

きょうどう【共同】 共同 gòngtóng (英 *cooperation*; *partnership*) ▶〜コミュニケ/联合公报 liánhé gōngbào ▶首脳会談のあと〜コミュニケが発表された/首脑会谈之后发表了联合公报 shǒunǎo huìtán zhīhòu fābiǎole liánhé gōngbào ▶この論文は3人が〜で執筆したものです/这篇论文是由三个人共同执笔的 zhè piān lùnwén shì yóu sān ge rén gòngtóng zhíbǐ de

◆**〜経営**: 共同经营 gòngtóng jīngyíng ▶彼の尽力で〜経営の道が開けた/由于他的努力, 开辟了共同经营之路 yóuyú tā de nǔlì, kāipìle gòngtóng jīngyíng zhī lù ▶**〜研究**/研究となればリーダーはあなたですよ/共同研究应该由你当领头人 gòngtóng yánjiū yīnggāi yóu nǐ dāng lǐngtóurén **〜作業**/协作 xiézuò ▶これは我々の〜作業の成果だ/这是我们协作的成果 zhè shì wǒmen xiézuò de chéngguǒ **〜戦線**/子供たちは〜戦線を張って大人に抵抗した/孩子们结成统一战线对抗大人 háizimen jiéchéng tǒngyī zhànxiàn duìkàng dàrén

きょうどう【協同する】 协同 xiétóng (英 *act in cooperation*) ▶〜組合/合作社 hézuòshè ▶農業〜組合/农业合作社 nóngyè hézuòshè

きょうどうせいめい【共同声明】 联合声明 liánhé shēngmíng (英 *a joint statement*) ▶〜を発表する/发表联合声明 fābiǎo liánhé shēngmíng ▶会談後に〜を発表する/要在会谈后发表联合声明 yào zài huìtán hòu fābiǎo liánhé shēngmíng ▶〜は5項目の内容から成っている/联合声明由五项内容构成 liánhé shēngmíng yóu wǔ xiàng nèiróng gòuchéng

きょうどうぼち【共同墓地】 公墓 gōngmù (英 *a cemetery*) ▶焼死者は〜に葬られた/被烧死的人埋葬在公墓里 bèi shāosǐ de rén máizàng zài gōngmùlǐ ▶市は新たに〜を建設する/市里在建设新的公墓 shì lǐ zài jiànshè xīn de gōngmù

きょうねん【凶年】 歉年 qiànnián; 荒年 huāngnián (英 *a lean year*) ▶〜が続いて村人の数が激減した/连续的荒年使村民锐减 liánxù de huāngnián shǐ cūnmín ruìjiǎn

きょうねん【享年】 享年 xiǎngnián; 终年 zhōngnián (英 *the age at death*) ▶父は〜82歳でなくなった/父亲享年八十二岁 fùqin xiǎngnián bāshí'èr suì

きょうばい【競売】 拍卖 pāimài (英 *auction*)

きょうはく【脅迫する】 威胁 wēixié; 恐吓 kǒnghè; 威逼 wēibī (英 threaten) ▶～罪/恐吓罪 kǒnghèzuì ▶～状/恐吓信 kǒnghèxìn ▶運動のリーダーに匿名の～状が届いた/匿名恐吓信寄到了运动的领导人那儿 nìmíng kǒnghèxìn jìdàole yùndòng de lǐngdǎorén nàr ▶君は私を～するのか/你在威胁我吗? nǐ zài wēixié wǒ ma? ▶浮気をネタに～して金を出させた/将偷情作为威胁材料敲诈了钱财 jiāng tōuqíng zuòwéi wēixié cáiliào qiāozhàle qiáncái

きょうはく【強迫】 追逼 zhuībī (英 compulsion) ▶～観念/无法摆脱的恐惧心理 wúfǎ bǎituō de kǒngjù xīnlǐ; 强迫观念 qiǎngpò guānniàn ▶私はすっかり～観念に取り付かれていた/我完全被难以摆脱的恐惧心理控制了 wǒ wánquán bèi nányǐ bǎituō de kǒngjù xīnlǐ kòngzhì le

きょうはん【共犯】 共犯 gòngfàn; 帮凶 bāngxiōng (英 complicity) ▶彼は～で捕まり, 刑務所に送られた/他作为共犯被捕, 送进监狱了 tā zuòwéi gòngfàn bèibǔ, sòngjìn jiānyù le ▶他にも～者がいるだろう/还会有别的同案犯吧 hái huì yǒu bié de tóng'ànfàn ba

きょうふ【恐怖】 恐怖 kǒngbù (英 fear) ▶～に震える/不寒而栗 bù hán ér lì; 胆战心惊 dǎn zhàn xīn jīng ▶壊れた屋根の下で私は～に震えていた/在被震坏的屋顶下，我由于恐怖而颤抖 zài bèi zhèn huài de wūdǐngxià, wǒ yóuyú kǒngbù ér chàndǒu ▶～に脅えた/惊恐 jīngkǒng ▶街じゅうがテロの～に脅えていた/整个城市为恐怖活动而战栗 zhěnggè chéngshì wèi kǒngbù huódòng ér zhànlì ▶～心/恐怖心理 kǒngbù xīnlǐ ▶～心は一朝(いっちょう)には消えない/恐怖心理不是一朝一夕就能消失的 kǒngbù xīnlǐ bú shì yì zhāo yì xī jiù néng xiāoshī de ▶私は～で身動きできなかった/我由于恐怖不能动弹了 wǒ yóuyú kǒngbù bùnéng dòngtán le

きょうぶ【胸部】 胸部 xiōngbù; 胸膛 xiōngpú (英 the chest) ▶～をX線で撮影する/胸部照X光 xiōngbù zhào X guāng ▶私は～疾患で1年間休職した/我因为胸部的疾病离职休息了一年 wǒ yīnwèi xiōngbù de jíbìng lízhí xiūxile yì nián

きょうふう【強風】 强风 qiángfēng; 大风 dàfēng; 疾风 jífēng (英 a strong wind) ▶～警報/疾风警报 jífēng jǐngbào ▶東海地方に～警報が発令された/东海地方发布了强风警报 Dōnghǎi dìfang fābùle qiángfēng jǐngbào ▶～にあおられて瓦が飛んだ/瓦片被大风刮走 wǎpiàn bèi dàfēng guāzǒu ▶私もものともせず我々は出発した/我们不顾大风出发了 wǒmen búgù dàfēng chūfā le ▶～のため飛行機は欠航となった/由于强风，飞机停飞 yóuyú qiángfēng, fēijī tíngfēi

きょうふしょう【恐怖症】 恐怖症 kǒngbùzhèng (英 phobia) ▶僕は対人～で, 人前で口がきけない/我是对人恐怖症，在人面前说说不出话了 wǒ shì duìrén kǒngbùzhèng, zài rén miànqián jiù shuōbuchū huà le ▶彼は高所～だ/他是恐高症 tā shì kǒnggāozhèng

きょうへん【共編】 合编 hébiān (英 coeditorship) ▶これが私たちの～した辞典です/这是我们共同编写的词典 zhè shì wǒmen gòngtóng biānxiě de cídiǎn ▶このほど渡部氏と～で問題集を作りました/最近和渡部先生一起合写了一本问题集 zuìjìn hé Dùbù xiānsheng yìqǐ héxiěle yì běn wèntíjí

きょうべん【教鞭】 (英 a teacher's cane) ～を執る 任教 rènjiào; 执教 zhíjiào ▶20年間，一貫して中学で～を執ってきた/二十年来一直在中学任教 èrshí nián lái yìzhí zài zhōngxué rènjiào

きょうほ【競歩】 竞走 jìngzǒu (英 a walking race) ▶10キロに出場し3位に入った/参加十公里竞走，得了第三名 cānjiā shí gōnglǐ jìngzǒu, déle dìsān míng

きょうほう【凶報】 噩耗 èhào; 凶信 xiōngxìn (英 bad news) ▶一家で旅に出かけた留守に～が届いた/全家出去旅行的时候，噩耗传来了 quánjiā chūqù lǚxíng de shíhou, èhào chuánlái le ▶思わぬ～に一同は色を失った/听到意想不到的噩耗，大家都大惊失色了 tīngdào yìxiǎngbudào de èhào, dàjiā dōu dà jīng shī sè le

きょうぼう【凶暴な】 凶暴 xiōngbào; 暴虐 bàonüè; 狂暴 kuángbào (英 brutal) ▶～性/暴虐 bàonüè ▶その男は～性があるから気を付けろよ/那个男的很凶暴，你要小心 nàge nán de hěn xiōngbào, nǐ yào xiǎoxīn ▶～な性格/暴虐的性格 bàonüè de xìnggé ▶彼の～な性格は生涯治らないだろう/他的凶暴的性格一辈子也改不了 tā de xiōngbào de xìnggé yíbèizi yě gǎibuliǎo ▶あいつはいきなり～になる/那家伙突然就会变得很凶暴 nà jiāhuo tūrán jiù huì biànde hěn xiōngbào

きょうぼう【共謀する】 同谋 tóngmóu (英 conspire) ▶～者/同谋 tóngmóu ▶私も～者と見なされ捕えられた/我也被当作共同策划者被捕了 wǒ yě bèi dàngzuò gòngtóng cèhuàzhě bèibǔ le ▶不良仲間と～して老人世帯に押し入った/跟小流氓们合伙闯进了老人的家 gēn xiǎoliúmángmen héhuǒ chuǎngjìnle lǎorén de jiā

きょうほん【狂奔する】 奔忙 bēnmáng (英 busy oneself; make frantic efforts) ▶彼は資金集めに～した/他为凑集资金而奔忙 tā wèi còují zījīn ér bēnmáng

きょうほん【教本】 教程 jiàochéng (英 a manual) ▶ギター～だけが僕の友だった/吉他教材是我唯一的朋友 jítā jiàocái shì wǒ wéiyī de péngyou

きょうまん【驕慢な】 骄慢 jiāomàn; 骄傲 jiāo'ào (英 *arrogant*) ▶～は心に巣食う敵だ/傲慢是盘踞在自己心中的敌人 àomàn shì pánjù zài zìjǐ xīnzhōng de dírén ▶彼はいつの間にか～な男になっていた/他不知什么时候变成了傲慢的人 tā bù zhī shénme shíhou biànchéngle àomàn de rén

きょうみ【興味】 兴趣 xìngqù; 兴味 xìngwèi; 意趣 yìqù (英 *interest*) ▶～がある/有兴趣 yǒu xìngqù ▶当時の社会の気風には大変～があった/对当时社会的风气有浓厚的兴趣 duì dāngshí shèhuì de fēngqì yǒu nónghòu de xìngqù ▶～がない/没有兴趣 méiyǒu xìngqù ▶彼女は馬のことにはまるで～がない/她对于马毫无兴趣 tā duìyú mǎ háowú xìngqù ▶～がわく/产生兴趣 chǎnshēng xìngqù; 动心 dòngxīn ▶僕も～がわいてきたよ/我也动心了 wǒ yě dòngxīn le ▶～を失う/扫兴 sǎoxīng ▶以来彼はすっかり～を失った/此后他就完全失去了兴趣 cǐhòu tā jiù wánquán shīqùle xìngqù ▶～深い/很有兴趣 hěn yǒu xìngqù ▶最近の株価の変動は～深い/最近的股票变动很有意思 zuìjìn de gǔpiào biàndòng hěn yǒu yìsi

～津々 津津有味 jīnjīn yǒu wèi ▶彼は～といった顔をした/他露出一付煞有兴趣的表情 tā lùchū yí fù shàyǒu xìngqù de biǎoqíng

～本位 以消遣为目的 yǐ xiāoqiǎn wéi mùdì; 出于好奇心 chūyú hàoqíxīn ▶～本位の質問で悪いんだけど…/很对不起，我想问一个完全是个人兴趣的问题… hěn duìbuqǐ, wǒ xiǎng wèn yí ge wánquán shì gèrén xìngqù de wèntí…

きょうむ【教務】 教务 jiàowù (英 *school affairs*) ▶～主任はどなたでしょうか/教务主任是哪位? jiàowù zhǔrèn shì nǎ wèi? ▶～事務がいよいよ輻輳(ふくそう)している/教务的事务工作越来越繁忙了 jiàowù de shìwù gōngzuò yuèláiyuè fánmáng le

♦**～課** 该当者は～课まで申し出ること/符合条件的人到教务科报到 fúhé tiáojiàn de rén dào jiàowùkè bàodào

ぎょうむ【業務】 业务 yèwù; 工作 gōngzuò (英 *business*) ▶～を引き継ぐ/交接班 jiāojiēbān ▶前任者から～を引き継いだばかりだ/刚从前任者手上接过工作 gāng cóng qiánrènzhě shǒushang jiēguo gōngzuò ▶～を行う/办公 bàngōng ▶日曜も平常通り～を行う/星期天也照常工作 xīngqītiān yě zhàocháng gōngzuò ▶今日から2週間～研修を行う/从今天开始进行两个星期业务进修 cóng jīntiān kāishǐ jìnxíng liǎng ge xīngqī yèwù jìnxiū ▶日常に～に追いまくられて電話する時間もない/被日常工作所迫，连打电话的时间也没有 bèi rìcháng gōngzuò suǒ pò, lián dǎ diànhuà de shíjiān yě méiyǒu

♦**～上過失致死** ▶～上过失致死の罪で懲役5年の判决が下った/犯了业务过失致死罪，被判五年刑 fànle yèwù guòshī zhìsǐ zuì, bèi pàn wǔ nián xíng ~**命令** 业务命令 yèwù mìnglìng ~**用** ▶～用的薬品を横流しした/把业务用的药品偷偷转卖 bǎ yèwù yòng de yàopǐn tōutōu zhuǎnmài

きょうめい【共鳴】 ❶【人・意見などに】同感 tónggǎn; 同情 tóngqíng (英 *sympathize*) ▶僕はあの人たちの主張に～した/我对他们的主张有同感 wǒ duì tāmen de zhǔzhāng yǒu tónggǎn ❷【物体が】共鸣 gòngmíng; 共振 gòngzhèn (英 *resonate*) ▶ギターの弦をはじくと胴が～する/一拨吉他的弦，吉他的琴身也发生共鸣 yì bō jítā de xián, jítā de qínshēn yě fāshēng gòngmíng

きょうやく【共訳】 共同翻译 gòngtóng fānyì (英 *joint translation*) ▶一篇の小説を3人で～する/三个人共同翻译一篇小说 sān ge rén gòngtóng fānyì yì piān xiǎoshuō

きょうやく【協約】 协议 xiéyì; 协约 xiéyuē; 协定 xiédìng (英 *an agreement*; *a convention*) ▶～を结ぶ/缔结协议 dìjié xiéyì ▶学校と地域が環境保護の～を結んだ/学校和地区签订了保护环境的协定 xuéxiào hé dìqū qiāndìngle bǎohù huánjìng de xiédìng

♦**労働～** ▶労使間で労働～を締結する/劳资之间缔结劳动协定 láozī zhījiān dìjié láodòng xiédìng

[日中比較] 中国語の'协约 xiéyuē'は通常国家間の条約をいう。

きょうゆ【教諭】 教师 jiàoshī (英 *a teacher*) ▶第二中学校～山田太郎/第二中学老师山田太郎 dì'èr zhōngxué lǎoshī Shāntián Tàiláng

きょうゆう【共有】 共有 gòngyǒu (英 *joint ownership*) ▶～する/共有 gòngyǒu; 共同所有 gòngtóng suǒyǒu ▶夫婦でビルを～する/夫妇以共同的名义拥有一座楼 fūfù yǐ gòngtóng de míngyì yōngyǒu yí zuò lóu ▶あの墓地は一族の～财产だ/那处坟地是宗族的共同财产 nà chù féndì shì zōngzú de gòngtóng cáichǎn ▶二人はある秘密を～している/两个人之间有一个共同的秘密 liǎng ge rén zhījiān yǒu yí ge gòngtóng de mìmì

♦**～財産** 共同财产 gòngtóng cáichǎn ~**地** ▶～地に用水池を掘ることになった/决定在共同所有地挖一个水池 juédìng zài gòngtóng suǒyǒu de wā yí ge shuǐchí

きょうゆう【享有する】 享有 xiǎngyǒu (英 *enjoy*) ▶～権利を～/享有权力 xiǎngyǒu quánlì ▶諸君は学ぶ権利を～している/你们享有学习的权利 nǐmen xiǎngyǒu xuéxí de quánlì

きょうよ【供与する】 供给 gōngjǐ; 发放 fāfàng; 提供 tígōng (英 *give*) ▶飯と住まいを～して用心棒をつとめた/因为提供饭和住处，我就当了保镖 yīnwèi tígōng fàn hé zhùchù, wǒ jiù dāngle bǎobiāo ▶彼らの武器は隣国から～している/他们的武器是由邻国提供的 tāmen de wǔqì shì yóu línguó tígōng de

きょうよう【強要する】 强逼 qiǎngbī; 强迫 qiǎngpò (英 *force*) ▶彼らは私に寄附を～した/

他们强迫我捐款 tāmen qiǎngpò wǒ juānkuǎn ▶彼は～罪で逮捕された/他因为强迫罪被逮捕了 tā yīnwèi qiǎngpò zuì bèi dàibǔ le

きょうよう【教養】教养 jiàoyǎng; 修养 xiūyǎng; 通才教育 tōngcái jiàoyù (英 *culture*) ▶～のある/有文化 yǒu wénhuà; 有教养 yǒu jiàoyǎng ▶～を身に付ける/学习掌握修养 xuéxí zhǎngwò xiūyǎng ▶～のある人間ならそんなことは言わない/有教养的人, 就不会说那样的话 yǒu jiàoyǎng de rén, jiù búhuì shuō nàyàng de huà ▶私はもっと～を身に付けたい/我想多掌握一些教养 wǒ xiǎng duō zhǎngwò yìxiē jiàoyǎng

◆～番組 : 教育节目 jiàoyù jiémù ▶彼はテレビ局で～番組を作っている/他在电视台做教育节目 tā zài diànshìtái zuò jiàoyù jiémù

きょうらく【享楽する】享乐 xiǎnglè; 享受 xiǎngshòu (英 *enjoy*) ▶あの子は人生を～するんだって/那孩子说要享受人生 nà háizi shuō yào xiǎngshòu rénshēng ▶彼の～的な生き方がうらやましい/我对他的那种享乐的生活方式有点儿羡慕 wǒ duì tā de nà zhǒng xiǎnglè de shēnghuó fāngshì yǒudiǎnr xiànmù

◆～主義 ▶僕はただの～主義者ではないぞ/我也不只是一个享乐主义者 wǒ yě bù zhǐshì yí ge xiǎnglè zhǔyìzhě

きょうらん【狂乱する】癫狂 diānkuáng (英 *go mad*) ▶昨今の～物価/暴涨的物价 bàozhǎng de wùjià ▶昨今の～物価で蓄えも底をついた/在最近的疯狂物价的影响下, 储蓄也用光了 zài zuìjìn de fēngkuáng wùjià de yǐngxiǎngxia, chǔxù yě yòngguāng le ▶愛児を失って彼女は～した/失去心爱的孩子, 她疯了 shīqù xīn'ài de háizi, tā fēng le ▶女は半～で通りに飛び出した/她处于半疯状态冲到了大街上 tā chǔyú bànfēng zhuàngtài chōngdàole dàjiē shàng

きょうり【郷里】家乡 jiāxiāng; 故乡 gùxiāng; 老家 lǎojiā (英 *one's birthplace; one's home*) ▶～に帰る/回故乡 huí gùxiāng ▶～から小包が届いた/从家乡寄来了包裹 cóng jiāxiāng jìláile bāoguǒ ▶～に帰って小学校の仲間に会う/回到故乡跟小学的朋友见面 huídào gùxiāng gēn xiǎoxué de péngyou jiànmiàn ▶～の父母はまだまだ元気だ/故乡的父母还很健康 gùxiāng de fùmǔ hái hěn jiànkāng ▶彼の～は静岡だ/他的老家在静冈 tā de lǎojiā zài Jìnggāng

きょうりゅう【恐竜】恐龙 kǒnglóng (英 *a dinosaur*) ▶あの山から～の卵の化石が出てきた/在那座山里发现了恐龙蛋的化石 zài nà zuò shānli fāxiànle kǒnglóngdàn de huàshí

きょうりょう【狭量な】狭隘 xiá'ài; 小心眼儿 xiǎoxīnyǎnr (英 *narrow-minded; intolerant*) ▶～な人/器量小的人 qìliàng xiǎo de rén ▶あんな～な人物に市長はつとまるまい/那样器量小的人胜任不了市长吧 nàyàng qìliàng xiǎo de rén shèngrènbuliǎo shìzhǎng ba ▶あの～さがどうにかならぬものかね/那个小心眼的毛病可怎么办才好呢? nàge xiǎoxīnyǎn de máobìng kě zěnme bàn cái hǎo ne?

きょうりょう【橋梁】桥梁 qiáoliáng (英 *a bridge*) ▶大野川の～工事で不正が摘発された/大野河的桥梁工程中, 被查出舞弊现象 Dàyěhé de qiáoliáng gōngchéng zhōng, bèi cháchū wǔbì xiànxiàng

きょうりょく【協力する】协作 xiézuò; 合作 hézuò; 协助 xiézhù (英 *cooperate; collaborate*) ▶～を惜しまない/不吝相助 bú lìn xiāngzhù ▶僕も～を惜しまないよ/我也会不吝相助的 wǒ yě huì bú lìn xiāngzhù de ▶君のためなら喜んで～するよ/为了你的话, 我会乐意协助的 wèile nǐ dehuà, wǒ huì lèyì xiézhù de ▶それにはあなたの～が必要です/那需要你的协助 nà xūyào nǐ de xiézhù ▶みんなで一致～して解決にあたろう/大家团结一致, 去解决难题 dàjiā tuánjié yízhì, qù jiějué nántí ▶君は太郎と～して設計を担当して/你和太郎合作一起担任设计吧 nǐ hé Tàiláng hézuò yìqǐ dānrèn shèjì ba

◆～者 ▶なかなか～者が得られない/怎么也找不到合作者 zěnme yě zhǎobudào hézuòzhě

きょうりょく【強力な】强劲 qiángjìng; 有力 yǒulì (英 *strong; powerful*) ▶～なエンジンを搭載している/装了强有力的马达 zhuāngle qiángyǒulì de mǎdá ▶共立社が～に支援してくれた/共立社强有力地支援了我们 Gònglìshè qiángyǒulì de zhīyuánle wǒmen

きょうれつ【強烈な】强烈 qiángliè (英 *intense; strong*) ▶～な印象/深刻印象 shēnkè yìnxiàng ▶彼は～な印象を残して去った/他给大家留下强烈的印象后离开了 tā gěi dàjiā liúxià qiángliè de yìnxiàng hòu líkāi le

ぎょうれつ【行列する】队伍 duìwu; 行列 hángliè (英 *line up*) ▶～に割り込む/加塞儿 jiāsāir ▶時には～に割り込む不作法な輩(やから)もいる/有时候也有些不讲规矩的家伙夹塞儿 yǒu shíhòu yě yǒu yìxiē bù jiǎng guīju de jiāhuo jiāsāir ▶～に加わる/加入队列 jiārù duìliè ▶我々も焼香の～に加わった/我们也加入了烧香的行列 wǒmen yě jiārùle shāoxiāng de hángliè ▶我々は～して搭乗を待った/我们在排队等待搭乘 wǒmen zài páiduì děngdài dāchéng ▶～のできるラーメン屋/排起长队的拉面馆儿 páiqǐ chángduì de lāmiànguǎnr

きょうわ【共和】共和 gònghé (英 *republican*) ▶～国/共和国 gònghéguó ▶～制/共和制 gònghézhì

きょえい【虚栄】虚荣 xūróng (英 *vanity*) ▶～心/虚荣心 xūróngxīn ▶それもこれも～のなせる業(わざ)さ/这些都是虚荣的结果 zhè xiē dōu shì xūróng de jiéguǒ ▶彼は～心が強い/他虚荣心很强 tā xūróngxīn hěn qiáng ▶～心を捨てるのは容易ではない/舍弃虚荣心不容易 shěqì xūróngxīn bù róngyì

ギョーザ【餃子】〖料理〗饺子 jiǎozi (英 *Chinese-style dumpling*) ▶焼き～/锅贴儿 guōtiēr ▶水～/水饺 shuǐjiǎo ▶～を作る/包饺子

bāo jiǎozi ►~のあん/饺子馅儿 jiǎozixiànr ►~のあんは何にしようか/包什么馅儿的饺子好呢? bāo shénme xiànr de jiǎozi hǎo ne? ►自分で~を作るのが趣味なんだ/我的爱好是自己包饺子 wǒ de àihào shì zìjǐ bāo jiǎozi ►スーパーでうまい~を売っている/超市里在卖挺好吃的饺子 chāoshìlǐ zài mài tǐng hǎochī de jiǎozi ►~は作る過程を楽しむものだ/包饺子本身才有趣儿 bāo jiǎozi běnshēn cái yǒuqùr

きょか【許可する】 许可 xǔkě; 允许 yǔnxǔ; 准许 zhǔnxǔ (英 *permit*) ►~を得る/获准 huòzhǔn; 得到准许 dédào zhǔnxǔ ►医师の~を得て病室に入った/得到医生的许可进了病房 dédào yīshēng de xǔkě jìnle bìngfáng ►期間内の入場を~する/允许在期间内入场 yǔnxǔ zài qījiān nèi rùchǎng ►そば屋は無~では営業できない/荞麦面馆没有执照不能营业 qiáomài miànguǎn méiyǒu zhízhào bùnéng yíngyè

~が下りる **执照批下来** zhízhào pīxiàlai ►ようやく建築~が下りた/好不容易准建证下来了 hǎobù róngyì zhǔnjiànzhèng xiàlái le

♦~証 **许可证** xǔkězhèng; 执照 zhízhào ►~証なしに刀剑は持てない/没有许可证不能持有真刀剑 méiyǒu xǔkězhèng bùnéng chíyǒu zhēndāojiàn

ぎょかいるい【魚介類】 鳞介类 línjièlèi (英 *marine products; sea food*) ►私は若い頃~を行商していた/我年轻的时候做过贩卖海鲜的行商 wǒ niánqīng de shíhou zuòguo fànmài hǎixiān de xíngshāng ►孤島に流れ着いて~で命をつないだ/漂到孤岛，靠吃海里的生物维持了生命 piāodào gūdǎo, kào chī hǎilǐ de shēngwù wéichíle shēngmìng

ぎょがく【巨額の】 巨额 jù'é (英 *a large amount of...*) ►~の貸付金/巨额贷款 jù'é dàikuǎn ►~の融資が焦げついた/巨额贷款收不回来了 jù'é dàikuǎn shōubuhuílái le

ぎょかく【漁獲】 捕捞 bǔlāo (英 *fishing*) ►~高/捕获量 bǔyúliàng ►花岡市の~高は全国でも有数である/花冈市的捕鱼量在全国是屈指可数的 Huāgāngshì de bǔyúliàng zài quánguó shì qū zhǐ kě shǔ de ►今年は鮭の~割当量がさらに減った/今年捕大马哈鱼的份额更加减少了 jīnnián bǔ dàmǎhāyú de fèn'é gèngjiā jiǎnshǎo le

きょかん【巨漢】 彪形大汉 biāoxíng dàhàn (英 *a giant*) ►彼は雲突くほどの~である/他是个顶天立地的大汉 tā shì ge dǐng tiān lì dì de dàhàn

ぎょがんレンズ【魚眼レンズ】 鱼眼透镜 yúyǎn tòujìng; 鱼眼镜头 yúyǎn jìngtóu (英 *a fisheye lens*) ►~で自分の顔を撮ってごらん/用鱼眼镜头照照自己的脸试试 yòng yúyǎn jìngtóu zhàozhao zìjǐ de liǎn shìshi ►~を通してビル街を見る/通过鱼眼透镜看高楼林立的街区 tōngguò yúyǎn tòujìng kàn gāolóu línlì de jiēqū

きょぎ【虚偽の】 虚伪 xūwěi (英 *false*) ►~の申告がばれて警告を受けた/虚伪的申报被发觉，受到了警告 xūwěi de shēnbào bèi fājué, shòudàole jǐnggào ►~の報告をする/谎报 huǎngbào ►~の報告をしたが気付かれなかった/打了一个虚伪的报告，没被发现 dǎle yí ge xūwěi de bàogào, méi bèi fāxiàn ►そのひと言で真実が~に変わった/那一句话就把真实变成了虚伪 nà yí jù huà jiù bǎ zhēnshí biànchéngle xūwěi

ぎょぎょう【漁業】 渔业 yúyè (英 *fishery*) ►父祖の代から~で身を立てている/从祖上开始就靠渔业为生 cóng zǔshàng kāishǐ jiù kào yúyè wéishēng

♦遠洋~ **豊川は遠洋~の町である/丰川是远洋渔业的城市** Fēngchuānshì shì yuǎnyáng yúyè de chéngshì ~権 **こんな小さな川にも~権をめぐる争いがある/这样一条小河在渔业权的问题上也有纠纷** zhèyàng yì tiáo xiǎohé zài yúyèquán de wèntíshàng yě yǒu jiūfēn

きょきょじつじつ【虚々実々の】 虚虚实实的 xūxūshíshí de (英 *skillful; full of wiles and tricks*) ►両社の間で~の駆け引きがあった/两个公司之间发生过虚虚实实的较量 liǎng ge gōngsī zhījiān fāshēngguo xūxūshíshí de jiàoliàng

きょきん【拠金】 集资 jízī; 筹款 chóukuǎn; 出钱 chūqián (英 *a contribution; a subscription*) ►親たちが~して小学校にサッカー用具が入った/父母们筹集资金，小学堂办了足球用品 fùmǔmen chóují zījīn, xiǎoxué zhìbànle zúqiú yòngpǐn ►住民の~をもとに、小さな図書室が誕生した/靠着居民的集资，小小的图书室诞生了 kàozhe jūmín de jízī, xiǎoxiǎo de túshūshì dànshēng le

きょく【巨軀】 巨大的身躯 jùdà de shēnqū; 庞大的躯体 pángdà de qūtǐ (英 *a giant stature*) ►そこで彼が~を揺すって駆けつけた/那时候他摇动着硕大的身体赶了过来 nà shíhou tā yáodòngzhe shuòdà de shēntǐ gǎnleguòlai

きょく【曲】 曲 qǔ (英 *a tune*) ►美しい~/美丽的乐曲 měilì de yuèqǔ ►美しい~が窓の外まで流れていった/美丽的乐曲传到了窗外 měilì de yuèqǔ chuándàole chuāngwài ►1 ~いかがですか/唱一首怎么样? chàng yì shǒu zěnmeyàng? ►これは誰の作~なの/这是谁作的曲 zhè shì shéi zuò de qǔ

きょく【極】 极点 jídiǎn (英 [地球, 磁気の] *a pole*; [絶頂] *the height*) ►混乱はその~に達していた/混乱达到了极点 hùnluàn dádàole jídiǎn ►彼ははやや疲労の~にあった/他已经到了疲劳的极点 tā yǐjīng dàodàole píláo de jídiǎn ►何もかも東京への一~集中となった/一切都向东京一个地方集中 yíqiè dōu xiàng Dōngjīng yí ge dìfang jízhōng

ぎょく【玉】 玉石 yùshí (英 *a gem*) ►~細工/玉器 yùqì ►遺跡から多くの~細工が掘り出された/从遗迹里发掘出很多玉器 cóng yíjī lǐ fājué chū hěn duō yùqì

ぎょぐ【漁具】 鱼具 yújù; 渔具 yúqù（英 *fishing implements*）▶僕は～を船に運んだ/我把鱼具运上船了 wǒ bǎ yújù yùnshàng chuán le ▶浜辺には～が散らばっていた/海岸上四处散乱着鱼具 hǎi'ànshang sìchù sǎnluànzhe yújù ▶漁師たちが～の手入れをしている/渔夫们正在维修鱼具 yúfūmen zhèngzài wéixiū yújù

きょくう【極右】 极右 jíyòu（英 *the extreme right*）▶～に走る若者がいる/有些极端右倾的年轻人 yǒu xiē jíduān yòuqīng de niánqīngrén ▶彼の言論は～からの攻撃にさらされた/他的言论遭到了极右分子的攻击 tā de yánlùn zāodàole jíyòu fènzǐ de gōngjī ▶あの国では～政党への支持もある/在那个国家也有人支持极右政党 zài nàge guójiā yě yǒu rén zhīchí jíyòu zhèngdǎng

きょくがい【局外】（英 *the outside*）▶～に立っていると全体がよく見える/身在局外，就能看清全局 shēn zài júwài, jiù néng kànqīng quánjú ▶我が国は～中立の立場を取った/我国在局外中立的立场上 wǒ guó zhànzài júwài zhōnglì de lìchǎngshang
♦**～者** ▶～者は黙っていてもらいたい/请局外人不要乱说 qǐng júwàirén búyào luàn shuō

きょくがく【曲学】（英 *prostitution of learning*）▶～阿世(ぁ せ)の徒と罵られた/被漫骂成曲学阿世之徒 bèi mànmà chéng qū xué ē shì zhī tú

きょくげい【曲芸】 杂技 zájì；把戏 bǎxì（英 *a trick; a stunt*）▶君のプランは～みたいに危うく見える/你的计划看上去像耍杂技一样没把握 nǐ de jìhuà kànshàngqu xiàng shuǎ zájì yíyàng méi bǎwò
♦**～飛行** ▶～飛行の飛行機同士が接触した/在特技飞行中两架飞机相撞 zài tèjì fēixíng zhōng liǎng jià fēijī xiāngzhuàng

[日中比较] 中国語の"曲艺 qǔyì"は民間に伝わる地方色豊かな大衆演芸のことを言う。"弹词 tánci(語り物)""快板 kuàibǎn (拍子をとりながらの歌)""相声 xiàngshēng (漫才)"など.

きょくげん【極言する】 极端地说 jíduān de shuō（英 *go so far as to say*）▶～すればああいう手合いは社会の害虫だ/极端地说那些家伙就是社会的蛀虫 jíduān de shuō nà xiē jiāhuo jiù shì shèhuì de zhùchóng

きょくげん【極限】 极限 jíxiàn（英 *a limit; an extremity*）▶我々の怒りはもはや～状態にある/我们的愤怒已经到了极限状态 wǒmen de fènnù yǐjīng dàole jíxiàn zhuàngtài ▶能力の～まで働くなんて無茶だ/要干到精疲力尽，这太没有道理了 yào gàndào jīng pí lì jìn, zhè tài méiyǒu dàoli le ▶政治の腐敗が～に達した/政治腐败到了极限 zhèngzhì de fǔbài dàole jíxiàn ▶これは～状況を生き抜いた人々の記録だ/这就是从极限状态中活下来的人们的记录 zhè jiù shì cóng jíxiàn zhuàngtài zhōng huóxiàlai de rénmen de jìlù

きょくさ【極左】 极左 jízuǒ（英 *the extreme left*）▶～集団の武装組織が反乱を起こした/极左集团的武装组织发动了叛乱 jízuǒ jítuán de wǔzhuāng zǔzhī fādòngle pànluàn ▶彼は世間では～だと思われている/他在社会上被认为是极左的 tā zài shèhuìshang bèi rènwéi shì jízuǒ de

ぎょくざ【玉座】 宝座 bǎozuò（英 *the Imperial throne*）

ぎょくさい【玉砕する】 玉碎 yùsuì；牺牲 xīshēng（英 *die in an honorable defeat*）▶父の部隊の～を伝える記事を探した/我查找了关于父亲部队牺牲的报道 wǒ cházhǎole guānyú fùqin bùduì xīshēng de bàodào ▶どうせ負け試合～戦法でいくぞ/反正是输了，我们采取玉碎战术吧 fǎnzheng shì shū le, wǒmen cǎiqǔ yùsuì zhànshù ba

きょくしゃほう【曲射砲】 榴弹炮 liúdànpào；曲射炮 qūshèpào（英 *a high-angle gun*）▶～を連射して塹壕の敵をねらった/连发榴弹炮攻击战壕里的敌人 liánfā liúdànpào gōngjī zhànháoli de dírén

きょくしょ【局所】 ❶【一部分】局部 júbù（英 *a part*）▶手術は～麻酔で事なく済んだ/局部麻酔后手术平安结束 júbù mázuì hòu shǒushù píng'ān jiéshù ❷【陰部】阴部 yīnbù（英 *one's privates*）▶彼はとっさに～を隠した/他一瞬间遮住了自己的隐私部 tā yíshùn jiān zhēzhùle zìjǐ de yǐnsībù

きょくしょう【極小の】 最小 zuì xiǎo；极小 jí xiǎo（英 *smallest; minimum*）▶被害は～にとどめたい/把灾害控制在最小范围 bǎ zāihài kòngzhì zài zuì xiǎo fànwéi

ぎょくせきこんこう【玉石混交】 鱼龙混杂 yú lóng hùn zá（英 *a mixture of wheat and chaff*）▶その顔ぶれはまさしく～であった/那个阵容真是鱼龙混杂 nàge zhènróng zhēn shì yú lóng hùn zá

きょくせつ【曲折】 曲折 qūzhé（英 *windings; ups and downs*）▶～をたどる/经历曲折 jīnglì qūzhé ▶実験は～をたどった末に成功した/实验经过曲折，最后终于成功了 shíyàn jīngguò qūzhé, zuìhòu zhōngyú chénggōng le ▶彼の心理がいかに～したかを日記は語る/日记记述了他的心理经历过怎样的曲折 rìjì jìshùle tā de xīnlǐ jīnglìguo zěnyàng de qūzhé

きょくせん【曲線】 曲线 qūxiàn（英 *a curved line; a curve*）▶舞台上では各国代表が～を競った/舞台上各国代表竞争人体的线条美感 wǔtáishang gè guó dàibiǎo jìngzhēng réntǐ de xiàntiáo měigǎn ▶～を描く/描画曲线 miáohuà qūxiàn

きょくだい【極大の】 极大 jídà（英 *maximum; greatest*）▶数値はすでに～に達したのではないか/数值是不是已经达到了极大值了吗? shùzhí bú shì yǐjing dádàole jídàzhí le ma?

きょくたん【極端な】 极端 jíduān；过激 guòjī；偏激 piānjī（英 *extreme*）▶彼はとかく～に走る/他老是走极端 tā lǎoshì zǒu jíduān ▶君はいつも

〜なことを言う/你老是说过激的言论 nǐ lǎoshi shuō guòjī de yánlùn ▶〜から〜に走る/从一个极端走到另一个极端 cóng yí ge jíduān zǒu dào lìng yí ge jíduān ▶この子は虫類を〜に怖がった/这孩子极端害怕虫子 zhè háizi jíduān hàipà chóngzi

◆両〜 两个极端 liǎngge jíduān ▶業界ではあの二人が両〜だ/在业界那两个人是两个极端 zài yèjiè nà liǎng ge rén shì liǎng ge jíduān

きょくち【局地的な】 局地地区 júbù dìqū (英 local) ▶今年は〜的な豪雨が多い/今年局部地区暴雨很多 jīnnián júbù dìqū bàoyǔ hěn duō ▶〜的に戦闘が発生した/局部地区发生了战斗 júbù dìqū fāshēngle zhàndòu ▶雷雨は〜的であった/雷雨限于局部地区 léiyǔ xiànyú júbù dìqū

◆〜戦 ▶〜戦で収まってくれればよいのだが/希望能停留在局部战争 xīwàng néng tíngliú zài júbù zhànzhēng

きょくち【極地】 极地 jídì (英 the pole; the polar regions) ▶彼は犬とともに〜を目指した/他和狗一起走向极地 tā hé gǒu yìqǐ zǒuxiàng jídì

きょくち【極致】 极致 jízhì (英 the culmination) 美の/极美 jí měi ▶この彫刻は美の〜というものだ/这个雕塑正是美的顶峰 zhège diāosù zhèng shì měi de dǐngfēng ▶生きているうちに禅の〜を極めたい/在有生之年，我要悟出禅的最高境界 zài yǒu shēng zhī nián, wǒ yào wùchū chán de zuì gāo jìngjiè

きょくちょう【局長】 局长 júzhǎng (英 the chief of a bureau)

きょくちょく【曲直】 (英 right and wrong) ▶理非を明らかにしてもらいたい/请你一定弄清是非曲直 qǐng nǐ yídìng nòngqīng shìfēi qūzhí

きょくてん【極点】 顶点 dǐngdiǎn; 极点 jídiǎn (英 the extreme point) ▶観衆の興奮は〜に達した/观众的兴奋达到了极点 guānzhòng de xīngfèn dádàole jídiǎn ▶彼の芸術の〜をなすのがこの作品である/达到了他的艺术极峰的就是这个作品 dádàole tā de yìshù jí fēng de jiù shì zhège zuòpǐn

きょくど【極度の】 极点 jídiǎn; 极度 jídù (英 extreme; maximum) ▶〜の疲労/疲惫不堪 píbèi bùkān ▶彼は〜の疲労で口をきくのも辛かった/他因为极度的疲劳，连说话都困难了 tā yīnwèi jídù de pílao, lián shuōhuà dōu kùnnan le ▶〜に緊張していてその声が耳に入らない/因为极度紧张，没有听到那个声音 yīnwèi jídù jǐnzhāng, méiyǒu tīngdào nàge shēngyīn

きょくとう【極東】 远东 Yuǎndōng (英 the Far East)

きょくばだん【曲馬団】 马戏团 mǎxìtuán (英 a circus) ▶彼はある〜で道化をつとめていた/他在一个马戏团演丑角 tā zài yí ge mǎxìtuán yǎn chǒujué ▶〜に子供たちは付いて歩いた/马戏团一来，孩子们就跟在后面走 mǎxìtuán yìlái, háizimen jiù gēnzài hòumian zǒu

きょくばん【局番】 (英 a telephone code) ▶うちの電話の市内〜が変わりました/我们的电话城市号码变了 wǒmen de diànhuà chéngshì hàomǎ biàn le

きょくぶ【局部】 局部 júbù (英 [一部] a part; [患部] the affected part) ▶それは〜的な問題にすぎない/这只不过是局部的问题 zhè zhǐbuguò shì júbù de wèntí

◆〜麻酔 ▶〜麻酔をかけて手術した/局部麻醉后做了手术 júbù mázuì hòu zuòle shǒushù

きょくめん【局面】 局面 júmiàn; 局势 júshì (英 the situation) ▶〜を一変させる/扭转乾坤 niǔ zhuǎn qián kūn ▶〜を打開する/打开局面 dǎkāi júmiàn ▶〜を打開すべくみんなで知恵をしぼった/为了打开局面大家想了办法 wèile dǎkāi júmiàn dàjiā xiǎngle bànfǎ ▶〜の思わぬ展開にみんなは泡をくった/局面发生意外变化，大家都着慌了 júmiàn fāshēng yìwài biànhuà, dàjiā dōu zháohuāng le ▶彼の登場で〜が一変した/由于他的到来，局面急剧改变了 yóuyú tā de dàolái, júmiàn jíjù gǎibiàn le ▶交渉が難しい〜を迎えている/交涉面临着困难的局面 jiāoshè miànlínzhe kùnnan de júmiàn

きょくもく【曲目】 曲目 qǔmù; 乐曲节目 yuèqǔ jiémù (英 a number) ▶当日になって演奏の〜が変わった/到了当天，演奏的曲目变了 dào le dàngtiān, yǎnzòu de qǔmù biàn le ▶その時の〜を紹介しよう/我来介绍一下当时的乐曲节目吧 wǒ lái jièshào yíxià dāngshí de yuèqǔ jiémù ba

きょくりょく【極力】 极力 jílì; 尽可能 jǐn kěnéng (英 to the utmost; as... as possible) ▶〜控える/极力控制 jílì kòngzhì ▶アルコールは〜控える/我要尽量控制饮酒 wǒ yào jǐnliàng kòngzhì yǐnjiǔ ▶〜体力を温存してもらいたい/要尽可能保存体力 yào jǐn kěnéng bǎocún tǐlì

きょくろん【極論】 极端的议论 jíduān de yìlùn (英 an extreme argument) ▶〜すれば平川分庁なんて単なる無駄だ/极端地说平川分厅就是一个包袱 jíduān de shuō Píngchuān fēntīng jiù shì yí ge bāofu ▶深夜の議論はとかく〜に走る/深夜的讨论总是容易偏激 shēnyè de tǎolùn zǒngshì róngyì piānjī

ぎょぐん【魚群】 鱼群 yúqún (英 a school of fish) ▶いつもの漁場で〜を発見した/在老地方的渔场发现了鱼群 zài lǎodìfang de yúchǎng fāxiànle yúqún

◆〜探知機/鱼群探测器 yúqún tàncèqì

きょげん【虚言】 谎言 huǎngyán (英 a lie) ▶あらぬ〜に惑わされるな/不要被谎言所欺骗 búyào bèi huǎngyán suǒ qīpiàn ▶あの男には〜癖がある/那个男的有爱撒谎的毛病 nàge nán de yǒu ài sāhuǎng de máobìng

きょこう【挙行する】 举行 jǔxíng (英 hold; give) ▶式典は午前10時から〜する/典礼在上午十点举行 diǎnlǐ zài shàngwǔ shí diǎn jǔxíng

きょこう【虚構】 虚构 xūgòu (英 fabrication; fiction) ▶私は〜のプランに踊らされていたのだ/我

ぎょこう【漁港】 漁港 yúgǎng (英 *a fishing port*) ▶～の朝はひときわ賑やかだった/鱼港的早上特别热闹 yúgǎng de zǎoshang tèbié rènao ▶漁船の機械化が～を変えた/渔船的机械化改变了鱼港 yúchuán de jīxièhuà gǎibiànle yúgǎng

きょしき【挙式する】 举行婚礼 jǔxíng hūnlǐ (英 *hold a wedding ceremony*) ▶二人は桜の咲く頃～した/俩人在樱花开放的时候，举办了结婚仪式 liǎ rén zài yīnghuā kāifàng de shíhou, jǔbànle jiéhūn yíshì ▶～の日取り/婚礼的日期 hūnlǐ de rìqī ▶～の日取りはもう決まったの/婚礼的日子已经定了吗? hūnlǐ de rìzi yǐjing dìng le ma?

きょじつ【虚実】 虚实 xūshí; 真假 zhēnjiǎ (英 *truth and falsehood*) ▶彼の～ないまぜの旅行談がおもしろかった/他的真假参半的旅行谈很有趣 tā de zhēnjiǎ cānbàn de lǚxíngtán hěn yǒuqù

きょしてき【巨視的】 宏观的 hóngguān de (英 *macroscopic*) ▶～に見れば社会は自浄能力を持っている/宏观上来看，社会有自净的能力 hóngguānshang lái kàn, shèhuì yǒu zìjìng de nénglì ▶その～な視点というのがどうも怪しい/那个宏观观点总让人感到不可靠 nàge hóngguān guāndiǎn zǒng ràng rén gǎndào bù kěkào

ぎょしゃ【御者】 驭手 yùshǒu; 马夫 mǎfū (英 *a driver*)

きょじゃく【虚弱】 虚弱 xūruò; 纤弱 xiānruò (英 *weak; delicate*) ▶～の体質/虚弱体质 xūruò tǐzhí ▶私は生まれついての～の体質である/我是天生的虚弱体质 wǒ shì tiānshēng de xūruò tǐzhí ▶私は～な体が恥ずかしかった/我为自己的虚弱体质感到过难为情 wǒ wèi zìjǐ de xūruò tǐzhí gǎndàoguò nánwéiqíng ▶子供が～に生まれたことで母は悩んだ/生下了身体虚弱的孩子，母亲很苦恼 shēngxiàle shēntǐ xūruò de háizi, mǔqin hěn kǔnǎo

ぎょしやすい【御しやすい】 容易驾驭 róngyi jiàyù; 好对付 hǎo duìfu (英 *manageable*) ▶あれは単純で～男だ/他是一个单纯的，容易驾驭的人 tā shì yí ge dānchún de, róngyì jiàyù de rén ▶君は僕を～と思っているんだろう/你是不是觉得我很好对付? nǐ shì bú shì juéde wǒ hěn hǎo duìfu?

きょしゅ【挙手する】 举手 jǔshǒu (英 *raise one's hand; show one's hand*《採決》) ▶賛成の方は～して下さい/赞成的人请举手 zànchéng de rén qǐng jǔshǒu ▶賛否は～でお答え下さい/是否赞成，请举手回答 shìfǒu zànchéng, qǐng jǔshǒu huídá ▶将校は～の礼を返した/军官们回了举手礼 jūnguānmen huíle jǔshǒulǐ

きょしゅう【去就】 去留 qùliú; 进退 jìntuì (英 *one's course of action*) ▶彼はまだ～を決しかねている/他还在犹豫自己的去就 tā hái zài yóuyù zìjǐ de qùjiù ▶いつまで～に迷っているんだ/去留问题，你还想犹豫到什么时候? qùliú wèntí, nǐ hái xiǎng yóuyù dào shénme shíhou? ▶総理は午後にも～を明らかにするだろう/总理可能在下午就会表明自己的进退 zǒnglǐ kěnéng zài xiàwǔ jiù huì biǎomíng zìjǐ de jìntuì

きょじゅう【居住する】 居住 jūzhù; 住居 zhùjū (英 *live; reside*) ▶～場所/住所 zhùsuǒ ▶この家にもう20年も～している/在这所房子已经住了二十年了 zài zhè suǒ fángzi yǐjing jūzhùle èrshí nián le ▶～者の要望で壁を塗り替えた/根据居住者的要求重新刷刷了墙壁 gēnjù jūzhùzhě de yāoqiú chóngxīn fěnshuāle qiángbì ▶今の家はあまり～性がよくない/现在的家居住条件不太好 xiànzài de jiājū zhùtiáojiàn bú tài hǎo ◆～権 ▶その部屋にはすでに～権が生じている/对于那个房间已经享有居住权了 duìyú nàge fángjiān yǐjīngxiǎngyǒu jūzhùquán le

きょしゅつ【拠出】 凑钱 còu qián; 出钱 chū qián (英 *contribution; donation*) ▶大会の準備金をみんなで～しよう/大家来出大会的筹备费用吧 dàjiā lái chū dàhuì de chóubèi fèiyong ba ◆～金 ▶彼の～金は5万円を超えた/他出的钱超过了五万日元 tā chū de qián chāoguòle wǔwàn Rìyuán

きょしょう【巨匠】 大家 dàjiā; 大师 dàshī; 巨匠 jùjiàng (英 *a great master*) ▶近代洋画の～といえばまず浅井忠だ/说起近代西洋画的巨匠，应该首推浅井忠了 shuōqǐ jìndài xīyánghuà de jùjiàng, yīnggāi shǒu tuī Qiǎnjǐng Zhōng le ▶彼も今や～と目されている/他现在也被认为是大师了 tā xiànzài yě bèi rènwéi shì dàshī le

ぎょじょう【漁場】 渔场 yúchǎng (英 *a fishing ground*) ▶彼の～は決まっていた/他的渔场是固定的 tā de yúchǎng shì gùdìng de ▶密漁船に～を荒らされている/被违法打鱼的船毁了渔场 bèi wéifǎ dǎyú de chuán huǐle yúchǎng

きょしょく【虚飾】 虚饰 xūshì (英 *ostentation*) ▶～に満ちた/浮华 fúhuá ▶自分の～に満ちた人生を悔やむ/为自己充满虚饰的人生感到后悔 wèi zìjǐ chōngmǎn xūshì de rénshēng gǎndào hòuhuǐ ▶あんな～のない人もいるんだな/也有那种毫不虚饰的人啊 yě yǒu nà zhǒng háobù xūshì de rén a

きょしょくしょう【拒食症】 拒食症 jùshízhèng (英 *anorexia*) ▶思い悩んで～になった時期もある/有段时期因为苦恼而患了拒食症 yǒu duàn shíqī yīnwèi kǔnǎo ér huànle jùshí zhèng ▶～を治すにはどうすればよいか/治疗拒食症应该怎么办? zhìliáo jùshízhèng yīnggāi zěnme bàn?

きょしん【虚心】 虚怀 xūhuái; 虚心 xūxīn; 坦荡 tǎndàng (英 *open-mindedness*) ▶～坦懐/虚怀若谷 xūhuái ruò gǔ ▶先生はどんな学生とも～坦懐に語り合った/老师跟任何学生都能推心置腹地交谈 lǎoshī gēn rènhé xuésheng dōu néng tuī xīn zhì fù de jiāotán ▶彼は素人の意見にも～に耳を傾けた/他对门外汉的意见也虚心听

取 tā duì ménwàihàn de yìjiàn yě xūxīn tīngqǔ

きょじん【巨人】 巨人 jùrén;《偉大な人》伟人 wěirén （英 *a giant*; [偉人] *a great man* 〔*woman*〕）

きょすう【虚数】〔数〕虚数 xūshù （英 *an imaginary number*）

ぎょする【御する】《馬車などを》赶 gǎn;《人を》支使 zhīshǐ; 控制 kòngzhì （英 *manage*）▶あはは、まるで天下を～の鼻息だね/哈哈，好像要驾驭天下的口气 hāha, hǎoxiàng yào jiàyù tiānxià de kǒuqì ▶父が馬を～姿をほんやり覚えている/我还能依稀地记住父亲御马的身影 wǒ hái néng yīxī de jìzhù fùqin yùmǎ de shēnyǐng

きょせい【巨星】《大人物》巨星 jùxīng [天体] *a giant star*; [人物] *a great person*）▶～墜(ﾂ)つ/巨星陨落 jùxīng yǔnluò ▶柴野の死はまさしく～墜の感があった/柴野的死真有巨星陨落之感 Cháiyě de sǐ zhēn yǒu jùxīng yǔnluò zhī gǎn ▶山田なんかは政界の～だな/山田是政界的巨星啊 Shāntián shì zhèngjiè de jùxīng a

きょせい【去声】 去声 qùshēng ▶～って「第四声」のことなんだろ/去声就是"第四声"吧 qùshēng jiù shì "dì sì shēng" ba ▶済南の「済」は～に読んではいけない/济南的"济"不能念成去声 Jǐnán de jǐ bùnéng niànchéng qùshēng

きょせい【去勢】する 去势 qùshì; 阉割 yāngē; 骟 shàn （英 *castrate*）▶野良猫は～してから放してやっている/把野猫阉了以后放走 bǎ yěmāo shànle yǐhòu fàngzǒu ▶野党はもはや～されたも同然だ/在野党简直就象被抽掉了筋儿 zàiyědǎng jiǎnzhí jiù xiàng bèi chōudiàole jīnr

きょせい【虚勢】 虚张声势 xū zhāng shēngshì; 装腔作势 zhuāng qiāng zuò shì （英 *bluff*）▶いくら～を張っても相手には通じない/你怎么虚张声势, 对方也不买帐 nǐ zěnme xū zhāng shēngshì, duìfāng yě bù mǎizhàng

きょぜつ【拒絶】する 拒绝 jùjué （英 *refuse; reject*）▶我々の申し入れは市当局に～された/我们的要求被市当局拒绝了 wǒmen de yāoqiú bèi shìdāngjú jùjué le

◆～反応 せっかく移植したが～反応が起こった/好不容易移植了，但是出现了抗拒反应 hǎobù róngyì yízhí le, dànshì chūxiànle kàngjù fǎnyìng ▶ブンガクと聞いただけで～反応が起きる/一听说文学就产生抵触感情 yì tīngshuō wénxué jiù chǎnshēng dǐchù gǎnqíng

ぎょせん【漁船】 渔船 yúchuán; 渔轮 yúlún （英 *a fishing boat*）▶港には～が静かに影を落していた/渔船在港湾静静地投下倒影 yúchuán zài gǎngwān jìngjìng de tóuxià dàoyǐng ▶津波は～を陆に運び上げた/海啸把渔船冲上了陆地 hǎixiào bǎ yúchuán chōngshàngle lùdì

きょそ【挙措】 举止 jǔzhǐ （英 *behavior*）▶茶席ではとりわけ～に注意を払った/在茶道的坐位上，我特别留意这时的举止 zài chádào de zuòwèishang, wǒ tèbié liúyì zhèi de jǔzhǐ ▶あまりのショックで私は～を失った/由于太大的震惊, 我手足无措了 yóuyú shòudào tài dà de zhènjīng, wǒ shǒuzú wú cuò le

きょぞう【虚像】 虚像 xūxiàng; 假像 jiǎxiàng （英 *a virtual image*）▶結局僕たちは彼の～を見ていたんだ/结果我们看到的还是他的假像 jiéguǒ wǒmen kàndào de háishi tā de jiǎxiàng

ぎょそん【漁村】 渔村 yúcūn （英 *a fishing village*）▶かつての～が工業都市に変貌していた/以前的渔村变成了工业城市 yǐqián de yúcūn biànchéngle gōngyè chéngshì ▶私は～で生まれ～を捨てた/我在渔村出生, 却又离弃了渔村 wǒ zài yúcūn chūshēng, què yòu líqìle yúcūn

きょたい【巨体】 巨大的躯体 jùdà de qūtǐ （英 *a gigantic figure*）▶やがてタンカーがその～を現した/油轮终于露出了它巨大的躯体 yóulún zhōngyú lùchūle tā jùdà de qūtǐ ▶彼は大関の～にはね飛ばされた/他被（相扑的）大关巨大的身体撞出去了 tā bèi (xiāngpū de) dàguān jùdà de shēntǐ zhuàngchūqu le ▶恐竜の～が夢の中でも追いかけてくる/恐龙的巨大身躯在梦中也追赶着我 kǒnglóng de jùdà shēnqū zài mèng zhōng yě zhuīgǎnzhe wǒ

きょだい【巨大な】 巨大 jùdà; 浩大 hàodà; 庞大 pángdà （英 *huge*）▶東京も上海も～だな/东京, 上海都特别庞大 Dōngjīng, Shànghǎi dōu tèbié pángdà ▶～企業/巨大企业 jùdà qǐyè ▶どんな～企業でもつぶれる時はつぶれる/多么巨大的企业也是说垮就垮了 duōme jùdà de qǐyè yě shì shuō kuǎ jiù kuǎ le ▶組織がいつの間にか～に膨れ上がっている/机构不知什么时候就变得特别庞大了 jīgòu bù zhī shénme shíhou jiù biàn de tèbié pángdà le ▶～タンカーを乗っ取ると言うんだね/你是说要劫持巨大油轮吗? nǐ shì shuō yào jiéchí jùdà yóulún ma?

きょだく【許諾】 许诺 xǔnuò; 接受 jiēshòu; 同意 tóngyì; 允许 yǔnxǔ （英 *consent*）▶理事会はその申请を～した/理事会接受了那个申请 lǐshìhuì jiēshòule nàge shēnqǐng ▶社長の～を得た上で参加を申し込みます/我在得到了总经理的同意以后, 报名参加 wǒ zài dédàole zǒngjīnglǐ de tóngyì yǐhòu, bàomíng cānjiā

ぎょたく【魚拓】 鱼的拓片 yú de tàpiàn （英 *a fish print*）▶大物を釣れば必ず～を取った/每钓上一条大鱼, 一定要做它的拓片 měi diàoshàng yì tiáo dàyú, yídìng yào zuò tā de tàpiàn ▶店内にもいろんな～が飾られている/店里也装饰着许多鱼的拓片 diànlǐ yě zhuāngshìzhe xǔduō yú de tàpiàn

きょだつ【虚脱】 虚脱 xūtuō （英 *collapse; lethargy*）▶彼は～したように座っていた/他像像虚脱了似的呆坐着 tā jiù xiàng xūtuō shìde dāizuòzhe ▶数日間, 僕は完全に～状態だった/那几天, 我完全处于虚脱状态 nà jǐ tiān, wǒ wánquán chǔyú xūtuō zhuàngtài

◆～感 虚脱感 xūtuō gǎn ▶いつまでも～感は消えなかった/虚脱感老是消不了 xūtuōgǎn lǎoshì xiāobuliǎo

きょっかい【曲解する】 曲解 qūjiě (英 *distort*) ▶あいつは人の厚意をすぐに~するんだ/那人老是曲解别人的厚意 nà rén lǎoshì qūjiě biéren de hòuyì ▶あいつの~にはもう慣れてるよ/我已经习惯那家伙的曲解了 wǒ yǐjing xíguàn nà jiāhuo de qūjiě le

きょっけい【極刑】 极刑 jíxíng; 死刑 sǐxíng (英 *capital punishment*) ▶我々は犯人に~を課されるよう希望する/我们希望判处犯人极刑 wǒmen xīwàng pànchǔ fànrén jíxíng ▶~に処するとの判決が下された/被判决处以死刑 bèi pànjué chǔ yǐ sǐxíng

ぎょっとする 吓一跳 xià yítiào (英 *be startled*) ▶僕は~して思わず母の手にすがった/我大吃一惊,情不自禁地抓住了妈妈的手 wǒ dà chī yì jīng, qíng bù zì jīn de zhuāzhùle māma de shǒu ▶サイレンが鳴るといつも~する/警报一响,我老是打寒颤 jǐngbào yì xiǎng, wǒ lǎoshì dǎ hánzhàn

きょてん【拠点】 据点 jùdiǎn (英 *a foothold*) ▶~を確保する/确保据点 quèbǎo jùdiǎn ▶私は都内に活動の~を確保した/我在东京都内确保了活动的据点 wǒ zài Dōngjīngdū nèi quèbǎole huódòng de jùdiǎn ▶研究会を~にしてネットワークを広げる/以研究会为据点扩大自己的网络 yǐ yánjiūhuì wéi jùdiǎn kuòdà zìjǐ de wǎngluò ▶市内に営業の~が欲しい/在市内需要营业的据点 zài shìnèi xūyào yíngyè de jùdiǎn

きょとう【巨頭】 巨头 jùtóu; 大王 dàwáng (英 *a leader; a magnate*) ▶~会談/巨头会谈 jùtóu huìtán ▶交渉は両社の~会談で決着がついた/通过两个公司的巨头会谈,达成了共识 tōngguò liǎng ge gōngsī de jùtóu huìtán, dáchéngle gòngshí ▶いつからか財界の~と呼ばれている/不知什么时候开始,被称为财界的巨头了 bù zhī shénme shíhou kāishǐ, bèi chēngwéi cáijiè de jùtóu le

きょどう【挙動】 举动 jǔdòng; 形迹 xíngjì (英 *behavior*) ▶~不審の人物/形迹可疑的人 xíngjì kěyí de rén ▶~不審の人物がうろついていた/有形迹可疑的人在徘徊 yǒu xíngjì kěyí de rén zài páihuái ▶彼の~は誰の注意も引かなかった/他的举动没有引起任何人的注意 tā de jǔdòng méiyǒu yǐnqǐ rènhé rén de zhùyì ▶私は~不審だとして尋問された/我被认为举动可疑,遭到盘问 wǒ bèi rènwéi jǔdòng kěyí, zāodào pánwèn

きょとんとする 发愣 fālèng (英 *look puzzled*) ▶いきなり怒鳴られて女は~していた/突然被怒吼了一声,那个女人愣住了 tūrán bèi nùhǒule yì shēng, nàge nǚrén lèngzhù le

ぎょにく【魚肉】 ❶《魚の身》鱼肉 yúròu (英 *fish meat*) ▶~は大事な蛋白源だ/鱼肉是很重要的蛋白质来源 yúròu shì hěn zhòngyào de dànbáizhì láiyuán ❷《魚と肉》鱼和肉 yú hé ròu; 鱼内 yúròu (英 *fish and meat*) ▶医者に~を絶っている/受到医生警告,不吃鱼和肉了 shòudào yīshēng jǐnggào, bù chī yú hé ròu le

[日中比較] 中国語の'鱼肉 yúròu'は「魚肉」「魚と肉」の意味の他,動詞として「人を魚や肉のように切り刻む」,つまり「ひどい目に遭わせる」という意味もある

きょねん【去年】 去年 qùnián; 头年 tóunián (英 *last year*) ▶~のうちわを今年も使っている/今年还用去年的扇子 jīnnián hái yòng qùnián de shànzi ▶~はいろいろあったなあ/去年发生的事可不少啊 qùnián fāshēng de shì kě bù shǎo a ▶~からピアノを習ってるんだ/从去年开始学习钢琴 cóng qùnián kāishǐ xuéxí gāngqín

きょひ【巨費】 巨款 jùkuǎn (英 *a great cost*) ▶~を投じてビルを建てる/投入巨资盖大楼 tóurù jùzī gài dàlóu

きょひ【拒否する】 拒绝 jùjué; 否决 fǒujué (英 *reject; veto*《議案など》) ▶~権/否决权 fǒujuéquán ▶要求を~/拒绝要求 jùjué yāoqiú ▶私はその要求を~した/我拒绝了那个要求 wǒ jùjuéle nàge yāoqiú ▶我々の~の重みを御理解頂きたい/请理解我们拒绝的份量 qǐng lǐjiě wǒmen jùjué de fènliàng ▶岩沢氏が~権を行使するので決議できない/因为岩泽女士使用否决权,所以不能作出决议 yīnwèi Yánzé nǚshì shǐyòng fǒujuéquán, suǒyǐ bùnéng zuòchū juéyì

ぎょふ【漁夫】 渔夫 yúfū (英 *a fisherman; a fisher*) ▶浜では老いた~が網をつくろっている/海边老渔夫在修补鱼网 hǎibiān lǎoyúfū zài xiūbǔ yúwǎng

[ことわざ] **漁夫の利** 渔人之利 yúrén zhī lì ▶彼のねらいは~の利を占めることにある/他的目的就是要占渔翁之利 tā de mùdì jiù shì yào zhàn yúwēng zhī lì

きょほう【虚報】 谣传 yáochuán;《偽りの報告》虚报 xūbào (英 *a false report*) ▶誰もが勝利の~を信じていた/任何人都相信了胜利的谣传 rènhé rén dōu xiāngxìnle shènglì de yáochuán ▶あんな単純な~に踊らされるなんて…/怎么会被那样简单的谣言所欺骗 zěnme huì bèi nàyàng jiǎndān de yáoyán suǒ qīpiàn

ぎょほう【漁法】 捕鱼法 bǔyúfǎ (英 *a fishing method*)

きよほうへん【毀誉褒貶】 毁誉褒贬 huǐyù bāobiǎn (英 *praise and blame*) ▶あんなに~の賑やかな人物も珍しい/那样毁誉不一的人物真少见 nàyàng huǐyù bù yī de rénwù zhēn shǎojiàn

きょまん【巨万】 巨万 jùwàn (英 *millions*) ▶~の富/巨万之富 jùwàn zhī fù; 巨额财富 jù'é cáifù ▶私は特許一つで~の富を得た/我靠着一个专利,得到了巨额财富 wǒ kàozhe yí ge zhuānlì, dédàole jù'é cáifù

きよみずのぶたい【清水の舞台】
~から飛び降りる 孤注一掷 gū zhù yí zhì

ぎょみん【漁民】 渔民 yúmín (英 *fishermen*) ▶軍艦の往来に~は迷惑している/渔民对军舰的将来往往很气恼 yúmín duì jūnjiàn de láilái-wǎngwǎng hěn qìnǎo ▶クラゲの群れが~を苦し

きよむ【虚無】 虚无 xūwú （英 *nothingness; nihility*）；主義/虚无主义 xūwú zhǔyì ▶~感/虚无感 xūwúgǎn ▶この小説の底流には強い~感がある/这篇小说的基调里有着强烈的虚无感 zhè piān xiǎoshuō de jīdiàolǐ yǒuzhe qiángliè de xūwúgǎn ▶彼にはいつも~のにおいが漂っている/他总是发散着虚无的气氛 tā zǒngshì fāsànzhe xūwú de qìfēn ▶あまり~的なことを言わないでもらいたい/请不要总是说虚无的话 qǐng búyào zǒngshì shuō xūwú de huà

きょめい【虚名】 虚名 xūmíng （英 *a false reputation*）▶私は流行に乗って~を得ていた/我乘着流行，获得了虚名 wǒ chéngzhe liúxíng, huòdéle xūmíng ▶~なんてしょせんむなしいものだよ/虚名终究不过浮云流水，过眼烟云 xūmíng zhōngjiū búguò fúyún liúshuǐ, guò yǎn yún yān

きよめる【清める】 洗净 xǐjìng；净化 jìnghuà （英 *purify*）▶身を~/洗净身体 xǐjìng shēntǐ ▶霊場の滝に打たれて身を~/在灵地被瀑布敲打净身 zài língdì bèi pùbù qiāodǎ jìngshēn ▶店先を掃き清めて塩をまいた/扫干净店前，并撒了盐 sǎogānjìng diànqián, bìng sǎle yán

きょもう【虚妄】 虚妄 xūwàng；虚假 xūjiǎ （英 *falsehood*）▶来世の話なんてみんな~だ/来世的话语是无稽之谈 láishì de huà dōu shì wú jī zhī tán ▶正史だって~の説を交えている/正史中也交杂着虚妄之说 zhèngshǐ zhōng yě jiāozázhe xūwàng zhī shuō

ぎょもう【漁網】 鱼网 yúwǎng （英 *a fishing net*）▶砂浜に~が干してある/沙滩上晒着鱼网 shātānshang shàizhe yúwǎng ▶ふかに~を破られた/被鲨鱼弄破了鱼网 bèi shāyú nòngpòle yúwǎng

ぎょゆ【魚油】 鱼油 yúyóu （英 *fish oil*）▶~はどんな魚から採るか/鱼油是从什么鱼身上得来的? yúyóu shì cóng shénme yúshēnshang délái de?

きょよう【許容する】 容许 róngxǔ （英 *permit; allow*）▶~範囲/容许的范围 róngxǔ de fànwéi ▶どんな暴挙も暴走も~されたのだ/怎么样的暴举，怎么样的蛮行都得到了容忍 zěnmeyàng de bàojǔ, zěnmeyàng de mánxíng dōu dédàole róngrěn ▶これくらいの超過なら~範囲でしょう/超过这么一点儿的话，还算容许范围之内吧 chāoguò zhème yìdiǎnr de huà, hái suàn róngxǔ fànwéi zhīnèi ba

きょらい【去来】 （英 *coming and going*）▶思い出の数々が脳裏に~した/各种回忆萦绕在脑海中 gè zhǒng huíyì yíngrào zài nǎohǎi zhōng

ぎょらい【魚雷】 鱼雷 yúléi （英 *a torpedo*）▶~艇/鱼雷艇 yúlěitǐng ▶原潜が~を発射した/核潜艇发射了鱼雷 héqiántǐng fāshèle yúléi ▶~に追尾されながら振り切った/摆脱了鱼雷的尾追 bǎituōle yúléi de wěizhuī

きよらか【清らかな】 清白 qīngbái；纯洁 chúnjié；清彻 qīngchè （英 *clear; chaste* (純潔な)）▶二人の恋は~なままに終わった/两个人的恋爱很纯洁地结束了 liǎng ge rén de liàn'ài hěn chúnjié de jiéshù le ▶谷川の~な水で手を洗った/用山谷里清彻的水洗了手 yòng shāngǔli qīngchè de shuǐ xǐle shǒu ▶~に生きたいとは思うが…/虽然我想要清清白白地作人… suīrán wǒ xiǎng yào qīngqīngbáibái de zuò rén…

きょり【距離】 距离 jùlí；远近 yuǎnjìn （英 *distance*）；[間隔] *an interval*）▶~を置く/保持距离 bǎochí jùlí ▶~を置いて付き合う/保持距离进行交往 bǎochí jùlí jìnxíng jiāowǎng ▶20メートルずつの~をおいて植える/按二十米的间隔种植 àn èrshí mǐ de jiàngé zhòngzhí ▶~を測る/测量距离 cèliáng jùlí ▶地球から金星までの~を測る/测量从地球到金星的距离 cèliáng cóng dìqiú dào jīnxīng de jùlí ▶大学は歩いて行ける~にある/大学离这儿不远，能走着去 dàxué lí zhèr bù yuǎn, néng zǒuzhe qù ▶少し前との~をつめてくれよ/你再往前面一点儿吧 nǐ zài wǎng qiánmian yìdiǎnr ba ▶上海から東京まではどのくらい~がありますか/从上海到东京有多远? cóng Shànghǎi dào Dōngjīng yǒu duō yuǎn?

きょりゅう【居留する】 居留 jūliú （英 *live; reside*）▶~権/居留权 jūliúquán ▶~民/外侨 wàiqiáo ▶~民の姿が一気に増えた/外侨一下子增多了 wàiqiáo yíxiàzi zēngduō le ▶~地/居留地 jūliúdì ▶ここには外国人~地があった/这儿曾经有外国人居留地 zhèr céngjīng yǒu wàiguórén jūliú dì ▶私は一時塩町に~していた/我在港口城市居住过一段时间 wǒ zài gǎngkǒu chéngshì jūzhùguo yí duàn shíjiān

ぎょるい【魚類】 （英 *fishes*）▶~図鑑/鱼类图鉴 yúlèi tújiàn

きょれい【虚礼】 虚礼 xūlǐ；虚文 xūwén （英 *formalities*）▶~を廃止する/废除虚礼，废除虚礼 fèichú xūlǐ ▶今年こそ~を廃止しよう/就在今年要废除虚礼 jiù zài jīnnián yào fèichú xūlǐ ▶~に見えても実は「虚」ではないのである/看上去像虚礼，其实不是"虚的" kànshàngqu xiàng xūlǐ, qíshí bú shì "xū de"

きょろきょろする 东张西望 dōng zhāng xī wàng （英 *look around restlessly*）▶彼は駅のホームで~していた/他在车站月台上四处张望 tā zài chēzhàn yuètáishang sìchù zhāngwàng ▶彼は講堂に入っても~していた/他走进礼堂以后，到处张望了一阵 tā zǒu jìn lǐtáng yǐhòu, dàochù zhāngwàngle yízhèn

ぎょろぎょろ 瞪 dèng （英 [目を] *with goggling eyes*）▶男は周りを~見回した/男人向四周环视了一番 nánrén xiàng sìzhōu huánshìle yìfān

きよわ【気弱な】 怯懦 qiènuò；懦弱 nuòruò；胆小 dǎnxiǎo （英 *timid*）▶それはいかにも~そうな男だった/那是个怎么看都显得懦弱的男人 nà shì ge zěnme kàn dōu xiǎnde nuòruò de nánrén ▶僕は~な性分が災いしている/我天性懦弱很吃

亏 wǒ tiānxìng nuòruò hěn chīkuī

きらい【嫌いな】 討厭 tǎoyàn; 厌恶 yànwù（英 *distasteful*）▶人参が〜だ/不喜欢胡萝卜 bù xǐhuan húluóbo ▶僕は人参が〜だ/我讨厌胡萝卜 wǒ tǎoyàn húluóbo ▶あなたなんか大〜よ/我最讨厌你了 wǒ zuì tǎoyàn nǐ le ▶〜な人とも仲良く遊びなさい/和不喜欢的人也要好好玩儿 hé bù xǐhuan de rén yě yào hǎohǎo wánr ▶その事があって文子は武夫が〜になった/因为有这件事, 文子就讨厌武夫了 yīnwèi yǒu zhè jiàn shì, Wénzǐ jiù tǎoyàn Wǔfū le ▶あいつ, 女〜と言いながら結婚しちゃったよ/那家伙, 说是不喜欢女人, 但是却结婚了 nà jiāhuo, shuōshì bù xǐhuan nǚrén, dànshì què jiéhūn le ▶君の文章は形容過剰の〜がある/你的文章有过于修饰的毛病 nǐ de wénzhāng yǒu guòyú xiūshì de máobìng

きらい【機雷】 水雷 shuǐléi（英 *a mine*）▶港の外には〜が敷設されている/港口外面布了水雷 gǎngkǒu wàimian bùle shuǐléi ▶我が艦は〜原を無事突破した/我舰平安地冲出了水雷区 wǒ jiàn píng'ān de chōngchūle shuǐléiqū

きらう【嫌う】 讨厌 tǎoyàn; 厌恶 yànwù; 不喜欢 bù xǐhuan（英 *dislike*; ［憎悪する］ *hate*）▶善男人〜には確たる理由がある/你不喜欢善男, 一定有实在的理由 nǐ bù xǐhuan Shànnán, yídìng yǒu shízài de lǐyóu ▶君が人に嫌われるようなことをするからだ/还不是因为你做些被别人讨厌的事 hái bú shì yīnwèi nǐ zuò xiē bèi biéren tǎoyàn de shì

きらきら 灿烂 cànlàn; 闪烁 shǎnshuò; 闪亮 shǎnliàng（英 *twinkly*; *brilliantly*）▶〜と輝く/闪闪发光 shǎnshǎn fāguāng; ［目が］闪炯炯 shǎnshuò jiǒngjiǒng ▶星が〜きらめいている/群星闪烁 qúnxīng shǎnshuò ▶祥子の瞳は〜輝いていた/祥子的眼睛闪烁着光辉 Xiángzǐ de yǎnjing shǎnshuòzhe guānghuī ▶日光が水に〜光っていた/水面上阳光灿烂 shuǐmiànshang yángguāng cànlàn

ぎらぎら 闪耀 shǎnyào（英 *glaringly*）▶目を〜させる/眼睛闪闪发光 yǎnjing shǎnshǎn fāguāng; 目光逼人 mùguāng bī rén ▶〜と輝く太陽/耀眼的太阳 yàoyǎn de tàiyáng ▶彼は濁った目を〜光らせていた/他浑浊的眼里发出光来 tā húnzhuó de yǎnli fāchū guāng lái ▶僕は〜と輝く太陽の下で泳いだ/我在耀眼的阳光下游泳 wǒ zài yàoyǎn de yángguāngxia yóuyǒng ▶水たまりに油が〜浮いていた/水洼里浮着一层亮晃晃的油污 shuǐwāli fúzhe yì céng liànghuǎnghuǎng de yóuwū

きらく【気楽な】 安闲 ānxián; 安逸 ānyì; 轻松 qīngsōng（英 ［のんき］ *easygoing*; ［安楽］ *carefree*）▶〜になる/松快 sōngkuai ▶隐居暮らしは金はないけど〜だよ/退隐的生活虽然没有钱, 但是也很安逸 tuìyǐn de shēnghuó suīrán méiyǒu qián, dànshì yě hěn ānyì ▶教師は〜稼業なんて誰が言ったんだ/谁说教师是安逸的工作! shéi shuō jiàoshī shì ānyì de gōngzuò! ▶今は一人で〜に暮らしております/现在一个人过着清闲的日子 xiànzài yí ge rén guòzhe qīngxián de rìzi

きらす【切らす】 用尽 yòngjìn（英 *run out of...*）▶在庫を〜/卖光库存 màiguāng kùcún ▶在庫を切らしていてすぐには間に合わない/没有存货, 马上是来不及了 méiyǒu cúnhuò, mǎshàng shì láibují le ▶しびれを〜/急不可待 jí bùkě dài ▶私はしびれを切らして電話した/我迫不及待地打了电话 wǒ pò bù jí dài de dǎle diànhuà ▶息を〜/喘不上气来 chuǎnbushàng qì lái ▶彼はハアハア息を切らしている/他张着嘴喘不过气来 tā zhāngzhe zuǐ chuǎnbuguò qì lái

きらびやかな 华丽 huálì; 绚丽 xuànlì; 绚烂 xuànlàn（英 *gorgeous*）▶会場の〜な装飾に圧倒された/被会场的华丽装饰镇住了 bèi huìchǎng de huálì zhuāngshì zhènzhù le

きらめき【煌き】 光芒 guāngmáng（英 *a glitter*）▶彼の才能はいつでも〜を放っている/他的才能一直在放射着光芒 tā de cáinéng yìzhí zài fàngshèzhe guāngmáng

きらめく【煌く】 闪烁 shǎnshuò; 闪耀 shǎnyào（英 *glitter*; *twinkle*）▶星座が〜/星座闪耀 xīngzuò shǎnyào ▶秋の夜空に星座が〜/秋天的夜空中星座在闪烁 qiūtiān de yèkōng zhōng xīngzuò zài shǎnshuò ▶言葉のはしばしに知性がきらめいていた/谈吐中, 焕发着智慧的光芒 tántǔ zhōng, huànfāzhe zhìhuì de guāngmáng

きり【切り】 段落 duànluò（英 *a limit*; *an end*）▶〜がない/没完没了 méi wán méi liǎo ▶あいつの欠点など数えあげたら〜がない/要举出那家伙的缺点, 数也数不清 yào jǔchū nà jiāhuo de quēdiǎn, shù yě shǔbuqīng ▶〜をつける/告一段落 gào yíduànluò; 结束 jiéshù ▶父は退職を機に都会暮らしに〜をつけた/父亲以退休为契机, 告别了城市的生活 fùqin yǐ tuìxiū wéi qìjī, gàobiéle chéngshì de shēnghuó ▶〜のよい所で休憩にしよう/正好到了一个段落, 我们休息吧 zhènghǎo dàole yí ge duànluò, wǒmen xiūxi ba

きり【錐】 锥子 zhuīzi; 钻 zuàn（英 *a gimlet*; *a drill*）▶〜で穴を開ける/用锥子钻孔 yòng zhuīzi zuàn kǒng

きり【霧】 雾 wù; 雾气 wùqì（英 *fog*; ［しぶき］ *spray*）▶〜がかかる/下雾 xià wù ▶山すそに〜がかかる/山脚下有雾 shānjiǎoxia yǒu wù ▶波止場に〜が流れていた/港口雾气飘摇 gǎngkǒu wùqì piāoyáo ▶〜が立ちこめて5メートル先も見えない/迷漫着大雾, 五米以外就看不清了 mímànzhe dàwù, wǔ mǐ yǐwài jiù kànbuqīng le ▶〜吹きで〜を吹く/用喷雾器喷雾 yòng pēnwùqì pēn wù ▶〜けぶる街を僕はさまよっていた/我在雾气蒙蒙的街上徘徊 wǒ zài wùqì méngméng de jiēshang páihuái

キリ【桐】 ［植物］ 桐 tóng; 泡桐 pāotóng（英 *a paulownia*）▶青〜/梧桐 wútóng ▶村では女の子が生まれると〜を植えた/村子里一有女孩子出生就种一棵梧桐树 cūnzili yì yǒu nǚháizi chūshēng jiù zhòng yì kē wútóngshù ▶この〜のたん

ぎり【義理】 人情 rénqíng; 人事 rénshì (英 *a duty; an obligation*) ▶~を欠く/欠情 qiànqíng ▶~を欠いていは生きられないよ/人生少不了人情 rénshēng shǎobuliǎo rénqíng ▶~堅い/讲义气 jiǎng yìqi ▶あなたも~堅い人だね/你也是个讲义气的人啊 nǐ yě shì ge jiǎng yìqi de rén a ▶俺に向かってそんなことが言えた—かい/你配对我说这种话吗? nǐ pèi duì wǒ shuō zhè zhǒng huà ma? ▶あんな人に~を立てる必要はない/对那种人用不着讲情义 duì nà zhǒng rén yòngbuzháo jiǎng qíngyì ▶これは俺の~が立たない/这样的话，我就欠情了 zhèyàng de huà, wǒ jiù qiànqíng le ▶あの人は~にも美人とは言えない/怎么恭维，她也算不上漂亮 zěnme gōngwei, tā yě suànbushàng piàoliang ▶~の伯父/妻子的伯父 qīzi de bófù

きりあげる【切り上げる】 **❶**【数を】 进位 jìnwèi (英 *raise*) ▶端数はすべて~/把尾数作为一个整数, 进一位 bǎ wěishù zuòwéi yí ge zhěngshù, jìn yí wèi ▶また円を—そうだ/据说日圆又要升值 jùshuō rìyuán yòu yào shēngzhí **❷**【仕事などを】 结束 jiéshù (英 *stop; leave off*) ▶彼は早めに仕事を切り上げて帰宅した/他提前结束工作回家了 tā tíqián jiéshù gōngzuò huíjiā le

きりうり【切り売り*する*】 零售 língshòu (英 *sell... by the piece*) ▶僕なんか知識を~しているようなもんだ/我嘛，就是把自己的知识零销碎卖 wǒ ma, jiù shì bǎ zìjǐ de zhīshi líng xiāo suì mài

きりおとす【切り落とす】 砍掉 kǎndiào (英 *cut off*) ▶垣根の外に突き出た枝を切り落とした/把伸出围墙的树枝剪掉 bǎ shēnchū wéiqiáng de shùzhī jiǎndiào ▶洪水対策で下流の堤を切り落とした/为了防洪, 掘开下流的堤坝 wèile fánghóng, juékāi xiàliú de dībà

きりかえ【切り替え】 更换 gēnghuàn (英 *a changeover*; [更新] *a renewal*) ▶石炭から石油への—の時期だった/正好碰上能源从煤转换到石油的时候 zhènghǎo pèngshàng néngyuán cóng méi zhuǎnhuàndào shíyóu de shíhou ▶まだ頭の~ができていない/头脑还没转过来 tóunǎo hái méi zhuǎnguòlai

きりかえす【切り返す】 回击 huíjī; 还击 huánjī (英 *counter*) ▶鋭い口調で~/用尖锐的腔调反击 yòng jiānruì de qiāngdiào fǎnjī ▶林氏の批判に森氏は鋭い口調で切り返した/对于林先生的批判, 森先生用严厉的口气反击了 duìyú Lín xiānsheng de pīpàn, Sēn xiānsheng yòng yánlì de kǒuqì fǎnjī le

きりかえる【切り替える】 变换 biànhuàn; 改换 gǎihuàn (英 *change*; [更新する] *renew*) ▶気持ちを~/改变心情 gǎibiàn xīnqíng ▶何よりも自分の気持ちを切り替えろ/最重要的是要改

变自己的心情 zuì zhòngyào de shì yào gǎibiàn zìjǐ de xīnqíng ▶電気のスイッチを~/转换电源开关 zhuǎnhuàn diànyuán kāiguān ▶電話を浴室に~/把电话转到浴室 bǎ diànhuà zhuǎndào yùshì ▶テレビを副音声に~/把电视调到副声道 bǎ diànshì tiáodào fù shēngdào ▶運動の目標を環境保全に切り替えよう/把运动的目标改成保护环境吧 bǎ yùndòng de mùbiāo gǎichéng bǎohù huánjìng ba

きりかぶ【切り株】 树墩 shùdūn; 茬 chá (英 [木の] *a stump*; [稲などの] *a stubble*) ▶桜の~から新しい芽が出ている/樱花的树墩上又发出了新芽 yīnghuā de shùdūnshang yòu fāchūle xīnyá ▶うっかり麦の~を踏んだ/不小心踩到了麦茬 bù xiǎoxīn cǎidàole màichá

きりがみ【切り紙】 剪纸 jiǎnzhǐ (英 *the art of papercutting*)

きりきざむ【切り刻む】 切碎 qiēsuì (英 *cut... into pieces*) ▶白菜を~/剁白菜 duò báicài

きりきず【切り傷】 刀伤 dāoshāng (英 *a cut; a gash* (長く深い)) ▶~をつける/割伤 gē shāng ▶柱に~をつけてしまった/柱子上砍了一个刀痕 zhùzishang kǎnle yí ge dāohén ▶顔に刀の~が残った/脸上留下了一个刀疤 liǎnshang liúxiàle yí ge dāobā

きりきり ▶猪の4本の足を~と縛り上げた/把野猪的腿紧紧地绑住 bǎ yězhū de tuǐ jǐnjǐn de bǎngzhù

~痛む 绞痛 jiǎotòng; 剧痛 jùtòng ▶持病で頭が~痛んだ/老毛病又弄得头生疼 lǎomáobìng yòu nòngde tóu shēngténg

ぎりぎり 没有余地 méiyǒu yúdì (英 *the very limit*) ▶~の最大限度的允许 zuìdà xiàndù de ▶~間に合う/勉强赶上 miǎnqiǎng gǎnshàng ▶~歯をかむ/牙齿咬得咯咯响 yáchǐ yǎo de gēgē xiǎng ▶これが~の値段です/这是最低价了 zhè shì zuìdījià le ▶今出れば~間に合うだろう/现在出发的话, 勉强能赶上吧 xiànzài chūfā dehuà, miǎnqiǎng néng gǎnshàng ba ▶悔しくて僕は~と歯をかんだ/我悔恨得直咬牙 wǒ huǐhènde zhí yǎoyá ▶彼らは時間~にすべり込んだ/他们在规定时间里勉强赶到了 tāmen zài guīdìng shíjiānli miǎnqiǎng gǎndào le

キリギリス〔虫〕蝈蝈儿 guōguor; 螽斯 zhōngsī (英 *a grasshopper*)

きりきりまい【きりきり舞いする】 忙乱 mángluàn (英 *have a hectic time*) ▶忙しくて朝から~している/从早上就忙得不可开交 cóng zǎoshang jiù mángde bùkě kāijiāo

きりくずす【切り崩す】 **❶**【がけを】 削平 xiāopíng (英 *cut through...*) ▶丘陵を切り崩して団地を作る/把丘陵削平, 盖上了居民区 bǎ qiūlíng xuēpíng, gàishàngle jūmínqū **❷**【組織を】 瓦解 wǎjiě (英 *split*) ▶敵の守りを~/瓦解敌人的防线 wǎjiě dírén de fángxiàn ▶敵陣の一角を~/击垮了敌人的阵角 jīkuǎle dírén de zhènjiǎo ▶僕らの運動はたやすく切り崩された/我们

的运动简单地就被瓦解了 wǒmen de yùndòng jiǎndàn de jiù bèi wǎjiě le

きりくち【切り口】 ❶[断面] 切面 qiēmiàn（英 *a section*）▶木の～の年輪が美しい/树木断面切口的年轮真漂亮 shùmù duànmiàn qiēkǒu de niánlún zhēn piàoliang ▶彼の評論は～が新鮮だ/他的评论剖析得很新颖 tā de pínglùn pōuxīde hěn xīnyǐng ❷[袋などの] 开封口 kāifēngkǒu（英 *a mouth*）▶～に沿ってはさみを入れる/顺着封口，用剪刀剪开 shùnzhe fēngkǒu, yòng jiǎndāo jiǎnkāi

日中比較 中国语の'切口 qiēkǒu'は「本の小口(ミゥ)」つまり本の紙の切り口あるいは本の小口側の余白部分を指す．'qiēkǒu'と読めば，「旧時の同業者間などの隠語」をいう．

きりこうじょう【切り口上】 一字一句 yí zì yí jù; 郑重其事 zhèngzhòng qí shì; 拘谨呆板 jūjǐn dāibǎn（英 *formal language*）▶彼は社長に～で挨拶した/他郑重其事地向总经理打招呼 tā zhèngzhòng qí shì de xiàng zǒngjīnglǐ dǎ zhāohu

きりこむ【切り込む】 砍去 kǎnqu; 杀进 shājìn（英 *cut one's way into...*）▶彼は切り込み隊長と呼ばれていた/他被称做急先锋 tā bèi chēngzuò jíxiānfēng ▶その点をもっと切り込んで尋ねるべきだった/关于这一点，应该更深入地询问 guānyú zhè yì diǎn, yīnggāi gèng shēnrù de xúnwèn

きりさく【切り裂く】 切开 qiēkāi; 撕开 sīkāi（英 *rip... into pieces*）▶闇を～声/打破黑暗的声音 dǎpò hēi'àn de shēngyīn ▶闇を～鳥の声が聞こえた/听到了打破黑暗的鸟叫声 tīngdàole dǎpò hēi'àn de niǎo jiàoshēng ▶私の絵が無惨に切り裂かれていた/我的画被毫不留情地撕裂了 wǒ de huà bèi háo bù liúqíng de sīliè le

きりさげ【切り下げ】 贬值 biǎn zhí（英 *a cut; devaluation*《平価の》）▶円の～を見越して株価が動いていた/预测到日圆的贬值，股市出现了波动 yùcèdào rìyuán de biǎnzhí, gǔshì chūxiànle bōdòng

きりさげる【切り下げる】《货币价值を》贬值 biǎn zhí（英 *cut*;［平価を］*devaluate*）▶当局に為替レートを～つもりはない/当局没有要让汇率下降的意思 dāngjú méiyǒu yào ràng huìlǜ xiàjiàng de yìsi

きりさめ【霧雨】 毛毛雨 máomaoyǔ; 细雨 xìyǔ; 烟雨 yānyǔ（英 *a drizzle*）▶たそがれの街に～がけぶっていた/黄昏的街道上，细雨连绵 huánghūn de jiēdàoshang, xìyǔ liánmián ▶～に髪がしっとり濡れた/细雨把头发淋湿了 xìyǔ bǎ tóufa línshī le

きりすてる【切り捨てる】 舍去 shěqù; 抛弃 pāoqì（英 *cut away*;［見捨てる］*discard*）▶小数点以下を～/舍去小数点以下 shěqù xiǎoshùdiǎn yǐxià ▶少数意見を～/不顾少数意见 búgù shǎoshù yìjiàn ▶弱者を～ようなことをするな/不要抛弃弱者 búyào bìngqì ruòzhě

キリストきょう【キリスト教】 基督教 jīdūjiào 参考 中国では一般に'基督教'は新教を指し，旧教は'天主教 Tiānzhǔjiào'という．（英 *Christianity*）▶彼は死を前にして～に入信した/他临死之前皈依了基督教 tā línsǐ zhīqián guīyīle Jīdūjiào

きりそろえる【切り揃える】 修剪 xiūjiǎn; 剪齐 jiǎnqí（英 *cut even*）▶髪を～/剪齐头发 jiǎnqí tóufa

きりたおす【切り倒す】《樹木を》砍伐 kǎnfá; 砍到 kǎndào（英 *cut down*）▶木こりたちが松の大木を切り倒した/樵夫们把一棵大松树砍倒 qiáofūmen bǎ yì kē dàsōngshù kǎndǎo

きりだす【切り出す】 ❶[頼み事を] 开口 kāikǒu; 开言 kāiyán; 启齿 qǐchǐ（英 *break the ice*）▶僕は結局話を切り出せなかった/我结果还是没说出口来 wǒ jiéguǒ háishi méi shuōchū kǒu lai ❷[木材などを] 采伐 cǎifá（英 *cut down*）▶切り出した杉をいかだに組む/把砍倒的杉木编成木筏 bǎ kǎndào de shānmù biānchéng mùfá

きりたつ【切り立つ】 壁立 bìlì; 峭拔 qiàobá; 陡峭 dǒuqiào（英 *rise steeply*）▶切り立った崖/悬崖峭壁 xuányáqiàobì ▶切り立った崖に行くさきはばまれた/被陡峭的悬崖堵住了去路 bèi dǒuqiào de xuányá dǔzhùle qùlù

きりつ【起立する】 起立 qǐlì（英 *stand up*）▶～！礼！敬席！/起立!敬礼!坐下! qǐlì! jìnglǐ! zuòxià! ▶我々は一斉に～し、拍手で迎えた/我们全体起立，鼓掌欢迎 wǒmen quántǐ qǐlì, gǔzhǎng huānyíng

きりつ【規律】 规律 guīlǜ; 纪律 jìlǜ［秩序］*order*;［規则］*rules*）▶～正しい/有规律 yǒu guīlǜ ▶寮では～正しい生活が求められる/宿舍要求有规律的生活 sùshè yāoqiú yǒu guīlǜ de shēnghuó ▶～を守る/遵守纪律 zūnshǒu jìlǜ ▶私は～を守ることを約束する/我保证守规矩 wǒ bǎozhèng shǒu guījǔ

日中比較 中国语の'规律 guīlǜ'には「行为的基准」という意味の他に「法则」「(生活などの)習慣，リズム」の意味がある．

きりっとした 整洁 zhěngjié; 利落 lìluo（英 *neat*;［輪郭の］*clear-cut*）▶もう少し～した身なりができないのか/你不能穿得更精神点儿吗？nǐ bùnéng chuānde gèng jīngshen diǎnr ma? ▶少年は～口を結んで話を聞いていた/那个少年紧闭着嘴，听我的话 nàge shàonián jǐn bìzhe zuǐ, tīng wǒ de huà ▶～した顔立ちの青年が現れた/来了一位脸盘清秀的青年 láile yí wèi liǎnpán qīngxiù de qīngnián

きりつめる【切り詰める】（節約する）节省 jiéshěng; 节约 jiéyuē;［節約］*economize*）▶食費を～/节约饭费 jiéyuē fànfèi ▶この上は食費を～しかない/剩下的方法只有节省伙食费了 shèngxià de fāngfǎ zhǐ yǒu jiéshěng huǒshífèi le ▶～切り詰めた生活をする/过着节俭的日子 guòzhe jiéjiǎn de rìzi

きりどおし【切り通し】 凿开的山路 záokāi de

shānlù (英 *a cutting*) ▶~を抜けると一面の茶畑だった/穿过山间隘口，眼前就出现了一片茶园 chuānguò shānjiān àikǒu, yǎnqián jiù chūxiànle yí piàn cháyuán

きりとりせん【切り取り線】 骑缝 qífèng; 点线 diǎnxiàn; 切开线 qiēkāixiàn (英 *perforations*)

きりとる【切り取る】 剪下 jiǎnxià; 切下 qiēxià (英 *cut off*) ▶胃の腫瘍を切り取った/切除了胃里的肿瘤 qiēchúle wèili de zhǒngliú

きりぬき【切り抜き】 (英 *a clipping*) ▶新聞の~/剪报 jiǎnbào ▶新聞の~を整理していて気が付いた/我在整理剪报时想到 wǒ zài zhěnglǐ jiǎnbào shí xiǎngdào

きりぬく【切り抜く】 剪下 jiǎnxià (英 *cut out*) ▶色紙を蝶の形に切り抜いた/把彩纸剪成蝴蝶的形状 bǎ cǎizhǐ jiǎnchéng húdié de xíngzhuàng ▶新聞の連載記事を切り抜いておく/把报纸的连载剪下来 bǎ bàozhǐ de liánzǎi jiǎnxiàlai

きりぬける【切り抜ける】 逃脱 táotuō；摆脱 bǎituō (英 *cut one's way through...*) ▶ピンチを~/摆脱危机 bǎituō wēijī ▶我々は苦境を~とができた/我们脱离了苦境 wǒmen tuōlíle kǔjìng ▶何とかその場は切り抜けた/好不容易过了那关 hǎobù róngyì guòle nà guān

きりばな【切り花】 鲜花 xiānhuā (英 *a cut flower*) ▶駅前の花屋で~を買った/在车站前的花店买了鲜花 zài chēzhànqián de huādiàn mǎile xiānhuā

きりはなす【切り離す】 分隔 fēngé; 分离 fēnlí; 隔断 géduàn (英 *cut off*) ▶電車の後ろ3両をこの駅で~/在这个车站把电车的后三辆分开 zài zhège chēzhàn bǎ diànchē de hòu sān liàng fēnkāi ▶人格と能力は切り離して考えるべきだ/人格和能力应该分开来考虑 réngé hé nénglì yīnggāi fēnkāi lái kǎolǜ

きりばり【切り張り・切り貼り】 剪贴 jiǎntiē，《補修》挖补 wābǔ (英 *patching*)

きりひとは【桐一葉】 梧桐一叶 (知天下秋) wútóng yí yè (zhī tiānxià qiū) (英 *a leaf of paulownia*) ▶~天下の秋，あの人もそろそろかなあ/一叶知秋，他也快倒霉了吧 yí yè zhī qiū, tā yě kuài dǎoméi le ba

きりひらく【切り開く】 开辟 kāipì; 打开 dǎkāi (英 *cut open*) ▶丘陵を切り開いて公園ができた/辟开丘陵，做了公园 pìkāi qiūlíng, zuòle gōngyuán ▶彼は独創的な研究で新分野を切り開いた/他通过独创性的研究，开辟了新的领域 tā tōngguò dúchuàngxìng de yánjiū, kāipìle xīn de lǐngyù ▶彼は自分の運命を切り開けるだろうか/他能开拓自己的命运吗? tā néng kāituò zìjǐ de mìngyùn ma?

きりふき【霧吹き】 喷雾器 pēnwùqì (英 *a spray*)

きりふだ【切り札】 王牌 wángpái; 最后一招 zuìhòu yìzhāo (英 *a trump* (*card*)) ▶~を握っている/握有王牌 wòyǒu wángpái ▶何しろ向こうは~を握ってるんだ/不管怎么说，对方拿着王牌 bùguǎn zěnme shuō, duìfāng názhe wángpái ▶それは最後の~だ/那是最后的王牌 nà shì zuìhòu de wángpái

きりまわす【切り回す】 《家計などを》管理 guǎnlǐ; 料理 liàolǐ; 处理 chǔlǐ (英 *manage*) ▶家事を~/料理家务 liàolǐ jiāwù ▶大店の商いを女手一つで~/光凭一个女人掌管着大商店的生意 guāng píng yí ge nǚrén zhǎngguǎnzhe dàshāngdiàn de shēngyi

きりみ【切り身】 (英 *a slice; a cut*) ▶さけの~/切成块的鲑鱼 qiēchéng kuài de guīyú ▶スーパーでたらの~を買って帰った/在超市买回来切成块的鳕鱼 zài chāoshì mǎihuílai qiēchéng kuài de xuěyú

きりもみこうか【錐揉み降下】 (飞机)急盘旋下降 (fēijī) jí pánxuán xiàjiàng (英 *a spin*)

きりもり【切り盛りする】 料理 liàolǐ; 操持 cāochí; 管事 guǎnshì (英 *manage*) ▶家計を~する/处理家庭收支 chǔlǐ jiātíng shōuzhī ▶母の死後は娘の私が家計を~した/母亲死后，我操持起家务 mǔqīn sǐ hòu, wǒ cāochíqǐ jiāwù

きりゃく【機略】 机智 jīzhì; 权略 quánlüè (英 *resource*) ▶~に富む/足智多谋 zú zhì duō móu; 机智 jīzhì ▶彼は結構~に富んでいる/他挺有机智的 tā tǐng yǒu jīzhì de ▶あの人は一縦一横，くじけることがない/那个人足智多谋，从不退缩 nàge rén zú zhì duō móu, cóngbù tuìsuō

きりゅう【気流】 气流 qìliú (英 *a current of air*) ▶上昇~に乗る/赶上上升气流 gǎnshang shàngshēng qìliú ▶我が社も上昇~に乗って拡大した/我们公司也乘着上升气流，扩大了规模 wǒmen gōngsī yě chéngzhe shàngshēng qìliú, kuòdàle guīmó ▶乱~に巻き込まれて飛行機が激しく揺れた/被卷入乱气流，飞机急剧地摇晃 bèi juǎnrù luàn qìliú, fēijī jíjù de yáohuàng

きりゅう【寄留する】 寄居 jìjū; 居留 jūliú (英 *live temporarily*) ▶~先/寓所 yùsuǒ ▶~先をすぐ知らせるんだよ/你要马上通知我你的住处啊 nǐ yào mǎshàng tōngzhī wǒ nǐ de zhùchù a ▶部屋が見つかるまで叔母の家に~する/找到房子之前，寄居在叔母家 zhǎodào fángzi zhīqián, jìjū zài shūmǔ jiā

きりょう【器量】 ❶【対処能力】度量 dùliàng; 气量 qìliàng (英 *ability; talent*) ▶~に乏しい/缺乏才能 quēfá cáinéng ▶あの人は市長としての~に欠ける/那个人作为市长缺乏器量 nàge rén zuòwéi shìzhǎng quēfá qìliáng ▶今度のミスで~を下げられる/这次犯的错误，使他的肚量也变小了 zhècì fàn de cuòwù, shǐ tā de dùliàng yě biànxiǎo le ▶ああいう人を~人と言うんだ/那样的人才叫有才干的人 nàyàng de réncai jiào yǒu cáigàn de rén ❷【顔立ち】容貌 róngmào; 姿色 zīsè (英 *looks*) ▶~のよい/有姿色 yǒu zīsè; 漂亮 piàoliang ▶彼は娘の~のよいのが自慢だった/他为女儿的容貌感到自豪

tā wèi nǚ'ér de róngmào gǎndào zìháo

ぎりょう【技量】 本事 běnshì；本領 běnlǐng；手芸 shǒuyì（英 ability）▶あの男は～はあるが経験が不足だ/他虽有本领，但是经验不足 tā suī yǒu běnlǐng, dànshì jīngyàn bùzú ▶君には存分に～を発揮してもらいたい/请你充分发挥自己的才干 qǐng nǐ chōngfēn fāhuī zìjǐ de cáigàn

きりょく【気力】 魄力 pòlì；气力 qìlì；锐气 ruìqì（英 energy; spirit）▶～が充実している/气昂昂 qì'áng'áng；精力充沛 jīnglì chōngpèi ▶諸君は～が充実している/大家都精力充沛 dàjiā dōu jīnglì chōngpèi ▶私にはもはやそんな～はない/我已经没有那个锐气了 wǒ yǐjīng méiyǒu nàge ruìqì le ▶退職してから親父は～がすっかり～が衰えた/退休以后，父亲一下子没有了气力 tuìxiū yǐhòu, fùqīn yíxiàzi méiyǒule qìlì

日中比較 中国語の'气力 qìlì'は「精神力」だけでなく「体力」をも意味する。

キリン【麒麟】〔動物〕长颈鹿 chángjǐnglù（英 a giraffe）；〔想像上の動物〕麒麟 qílín（英 a kylin）

きる【切る・斬る・伐る・剪る】 ❶【刃物で】割 gē；切 qiē；斩 zhǎn（英 cut）▶爪を～/剪指甲 jiǎn zhǐjia ▶木を～/伐木 fá mù ▶野菜を～/切菜 qiē cài ▶野菜を切っていて指を切った/切菜的时候切到了手指 qiē cài de shíhou qiēdàole shǒuzhǐ ▶ハムは薄めに切ってくれよ/火腿要切薄些啊 huǒtuǐ yào qiēbáo xiē a ▶枝を～と空が広くなる/剪掉树枝天空显得很宽广 jiǎndiào shùzhī tiānkōng xiǎnde hěn kuānguǎng ❷【電源などを】断 duàn（英 turn off）▶スイッチを～/关 guān ▶電源を～/切断电源 qiēduàn diànyuán ▶電話を～/挂上电话 guàshàng diànhuà ❸【関係を】断绝 duànjué（英 break off）▶縁を～/断绝关系 duànjué guānxi ▶今日より，おまえとの兄弟の縁を～/今天起，我就和你断决兄弟的缘分 jīntiān qǐ, wǒ jiù hé nǐ duànjué xiōngdì de yuánfēn ❹【区切る】 截止 jiézhǐ（英 separate）▶日限を切って事を頼む/限定时间托人办事 xiàndìng shíjiān tuō rén bànshì ❺【下回る】 低于 dīyú（英 go under...）▶彼ならいずれ10秒を～でしょう/他总会跑出不超过十秒的成绩 tā zǒng huì pǎochū bù chāoguò shí miǎo de chéngjì ▶ついに勝率が5割を切った/获胜率终于低于五成了 huòshènglǜ zhōngyú dīyú wǔ chéng le ❻【始める】 开始 kāishǐ（英 start）▶私が口を切って議論が始まった/我先发言，讨论开始了 wǒ xiān fāyán, tǎolùn kāishǐ le ❼【批判する】 批判 pīpàn（英 criticize）▶彼は話題の小説をばっさり斬って捨てた/他一针见血地批判了那本成为话题的小说 tā yì zhēn jiàn xiě de pīpànle nà běn chéngwéi huàtí de xiǎoshuō ▶世相を～と彼の言葉は鋭い/他批判世态的话语很尖锐 tā pīpàn shìtài de huàyǔ hěn jiānruì ❽【水分を】 除去 chúqù（英 let drain）▶野菜を洗ったらよく水を～んだよ/蔬菜洗完以后，要把水弄干 shūcài xǐwán yǐhòu, yào bǎ shuǐ nònggān ❾【その他】▶トランプを～/洗牌 xǐ pái ▶彼は堰（ゼキ）を切ったようにしゃべり出した/他像决了堤似的说了起来 tā xiàng juéle dī shìde shuōleqǐlái

切っても切れない ▶モンゴルとは切っても切れない縁がある/和蒙古有不解之缘 hé Měnggǔ yǒu bùjiě zhī yuán

しらを～ 佯作不知 yángzuò bùzhī ▶僕は家族の前でしらを切り通した/我在家人面前装做不知道 wǒ zài jiārén miànqián zhuāngzuò bù zhīdào

風を～ ▶あいつ，肩で風を切って歩いてる/那家伙，神气活现的 nà jiāhuo, shénqì huóxiàn de

先頭を～ 抢在前头 qiǎngzài qiántou ▶彼は先頭を切ってゴールに飛び込んだ/他领先冲过了终点 tā lǐngxiān chōngguòle zhōngdiǎn

ハンドルを～ ▶とっさにハンドルを切って衝突を避けた/刹那之间，我猛打了方向盘，避免了撞车 chànà zhījiān, wǒ měngdǎle fāngxiàngpán, bìmiǎnle zhuàngchē

見得を～ ▶あんな大見得を切っておいて今さらなんだい/说了那么大的话，现在想赖账？ shuōle nàme dà de huà, xiànzài xiǎng làizhàng?

きる【着る】 穿 chuān（英［身につける］put on；［繰り返し］wear）▶服を～/穿衣服 chuān yīfu ▶この子は一人で服を～こともできない/这孩子一个人连衣服都穿不了 zhè háizi yí ge rén lián yīfu dōu chuānbuliǎo ▶恩に～/感恩 gǎn ēn ▶あの時の小さな援助は彼は生涯恩に着ていた/当时那么一点儿援助，他一辈子都在感恩 nàme yìdiǎnr yuánzhù, tā yíbèizi dōu zài gǎn'ēn ▶罪を～/替人承担罪过 tì rén chéngdān zuìguo ▶僕一人が罪を～なんてとんでもない/别想让我一个人把罪名都背着 bié xiǎng ràng wǒ yí ge rén bǎ zuìmíng dōu bēizhe

-きる【-切る】《完成・完了する》▶その子は千メートルもの山を登り切った/那孩子爬上了一千米的高山 nà háizi páshàngle yìqiān mǐ de gāoshān ▶そんなことは分かり切ってるさ/这种事情我再清楚不过了 zhè zhǒng shìqing wǒ zài qīngchubuguò le ▶はっきりそうと言い切れるかい/你能断定是那样吗？ nǐ néng duàndìng shì nàyàng ma?

キルティング 绗 háng；绗缝的棉衣 hángféng de miányī（英 quilting）▶～の防寒服に身を固める/穿着绗缝的棉衣御寒 chuānzhe hángféng de miányī yùhán

ギルド 基尔特 jī'ěrtè；行会 hánghuì（英 a guild）▶～の徒弟制度/行会式的师徒制度 hánghuìshì de shītú zhìdù

きれ【切れ】❶【布】布 bù（英 cloth）▶地を買って自分で仕立てた/买来布料自己做衣服 mǎilái bùliào zìjǐ zuò yīfu ❷【断片】薄片 báopiàn（英 a piece; a bit）▶パン1～でも有り難い/哪怕是一片面包，也很难得 nǎpà shì yí piàn miànbāo, yě hěn nándé ▶路上に材木の

~っ端が落ちている/路上散落着碎木头 lùshang sànluòzhe suìmùtou ❸【具合】快 kuài (英 sharpness) ▶今日はシュートの~がいい/今天射门的力度很好 jīntiān shèmén de lìdù hěn hǎo ▶庖丁の~が鈍い/菜刀不快 càidāo bú kuài

きれあじ【切れ味】(英 sharpness) ▶なかなか~のよいかみそりだね/挺锋利的剃刀 tǐng fēnglì de tìdāo ▶彼は実に~鋭い評論を書く/他写的评论真是很尖锐 tā xiě de pínglùn zhēn shì hěn jiānruì

きれい【綺麗な】 ❶【美しい】好看 hǎokàn; 漂亮 piàoliang; 美丽 měilì (英 beautiful; pretty) ▶~な花/美丽的花 měilì de huā ▶道边に~な花が咲いている/路边开着漂亮的花 lùbiān kāizhe piàoliang de huā ▶目の前を~な人が通り過ぎた/我的眼前走过一个很漂亮的人 wǒ de yǎnqián zǒuguò yí ge hěn piàoliang de rén ▶~な色/漂亮的颜色 piàoliang de yánsè ❷【汚れがない】干净 gānjìng; 清洁 qīngjié (英 clean) ▶その泉には~な水がわいている/泉眼中冒出清澈的水 quányǎn zhōng màochū qīngchè de shuǐ ▶少女たちはゴミを拾って街を~にした/少女们捡垃圾，使街道变得很干净 shàonǚmen jiǎn lājī, shǐ jiēdào biànde hěn gānjìng ▶人は引き際を~にしないとね/人在退下去的时候，要潇洒点儿 rén zài tuìxiàqu de shíhou, yào xiāosǎ diǎnr ▶窓を開けて~な空気を入れましょう/打开窗户，让清新的空气进来吧 dǎkāi chuānghu, ràng qīngxīn de kōngqì jìnlái ba ▶お互いに~な選挙を戦いましょう/我们之间打一个光明正大的竞选战吧 wǒmen zhījiān dǎ yí ge guāngmíng zhèngdà de jìngxuǎnzhàn ba ▶部屋は~に片づいている/房间里弄得很清洁 fángjiānli nòngde hěn qīngjié ❸【残りがない】一干二净 yì gān èr jìng (英 entire) ▶昔のことは~さっぱり忘れてしまった/以前的事，忘得干干净净了 yǐqián de shì, wàngde gānganjìngjìng le ▶~に忘れる/忘光 wàngguāng

ぎれい【儀礼】 礼仪 lǐyí (英 courtesy) ▶~的な訪問/礼节上的拜访 lǐjiéshang de bàifǎng ▶~的な訪問で生臭い話はしない/礼节性的访问，不谈实质性问题 lǐjiéxìng de fǎngwèn, bù tán shízhìxìng wèntí ▶外交~/外交礼节 wàijiāo lǐjié

きれいごと【綺麗事】(英 pretty words) ▶~を言う/说漂亮话 shuō piàolianghuà; 说好听的话 shuō hǎotīng de huà ▶~を言いながら腹の中で舌を出す/嘴上说漂亮话，内心在冷笑 zuǐshang shuō piàoliang huà, nèixīn zài lěngxiào ▶そんな~で済ませられるか！/说那些漂亮话能管什么用! shuō nà xiē piàoliang huà néng guǎn shénme yòng!

きれいずき【綺麗好き】 爱干净 ài gānjìng; 洁癖 jiépí (英 cleanliness) ▶僕はとりわけ~です/我特别爱干净 wǒ tèbié ài gānjìng

きれぎれ【切れ切れの】 断断续续 duànduàn xùxù (英 fragmentary) ▶電話が遠くて~にしか聞こえない/电话的音质不好，断断续续的 diànhuà de yīnzhì bù hǎo, duànduànxùxù de ▶~の記憶をつなぎ合わせて/把断断续续的回忆拼在一起 bǎ duànduànxùxù de huíyì pīnzài yìqǐ

きれつ【亀裂】 龟裂 jūnliè; 裂缝 lièfèng (英 a crack) ▶~が入る/出现裂缝 chūxiàn lièfèng; 产生隔阂 chǎnshēng géhé ▶コンクリートの堤防に~が入る/水泥的堤坝上有裂痕了 shuǐní de dībàshang yǒu lièhén le ▶党内に大きな~が生じた/党内出现了很大的分歧 dǎngnèi chūxiànle hěn dà de fēnqí

-きれない【~切れない】(英 be unable to do; be more than...) ▶いくらほめても~/怎么夸奖也不过份 zěnme kuājiǎng yě bú guòfèn ▶これは私には食べ~/我吃不完这些 wǒ chībuwán zhè xiē

きれなが【切れ長の】 眼角细长 yǎnjiǎo xìcháng (英 long-slitted)

きれはし【切れ端】 零头 língtóu (英 odds and ends) ▶布の~はパッチワークの材料です/拼图手工的材料是布头 pīntú shǒugōng de cáiliào shì bùtóu

きれま【切れ間】 缝隙 fèngxì (英 a break) ▶雲の~に星が光る/云缝间，星星闪亮 yúnfèng jiān, xīngxing shǎnliàng

きれめ【切れ目】 段落 duànluò; 裂缝 lièfèng (英 a break; a pause) ▶文の~/段落 duànluò ▶文の~では改行するんだよ/文章的段落要另起一行 wénzhāng de duànluò yào lìng qǐ yì háng ▶金の~が縁の~/没钱也就没缘了 méi qián yě jiù méi yuán le ▶桜並木が~なく続く/路边的樱花树连绵不断 lùbiān de yīnghuāshù liánmián búduàn

きれもの【切れ者】 有才干的人 yǒu cáigàn de rén; 能干的人 nénggàn de rén (英 an able person)

きれる【切れる】 ❶【なくなる】过期 guòqī (英 run out; expire) ▶もうすぐ任期が~/马上就要到任期了 mǎshàng jiùyào dào rènqī le ▶在庫が切れて注文に応じられない/存货没了，不能接收订单 cúnhuò méi le, bùnéng jiēshōu dìngdān ▶電池が切れて点火できない/电池没电了，不能点火了 diànchí méi diàn le, bùnéng diǎnhuǒ le ❷【刃物が切れる】快 kuài (英 cut well) ▶よく~はさみ/锋利的剪刀 fēnglì de jiǎndāo ▶頭が~/能干 nénggàn; 机灵 jīlíng ▶あいつは実に頭が~/他真聪明 tā zhēn cōngmíng ❸【断絶など】断绝 duànjué (英 be cut off) ▶ロープが~/绳子断了 shéngzi duàn le ▶~/关系断绝 guānxi duànjué ▶岩でこすれてロープが切れた/岩石把绳子磨断了 yánshí bǎ shéngzi módùan le ▶なかなか医者と縁が切れない/怎么也割不断与医生的缘分 zěnme yě gēbuduàn yǔ yīshēng de yuánfèn ❹【接尾辞】▶僕はこらえきれずに泣き出した/我忍不住哭出来了 wǒ rěnbuzhù kūchūlai le ▶これでは死んでも死にきれ

ない/这样的话，死不瞑目啊 zhèyàng dehuà, sǐ bù míngmù a ▶この先の苦労と思うとやりきれないな/想起今后要受的苦，心里不是滋味 xiǎngqǐ jīnhòu yào shòu de kǔ, xīnli bú shì zīwèi ▶これで彼の迷いも吹っきれた/这样他就不再犹豫了 zhèyàng tā jiù búzài yóuyù le ▶切符は早々と売りきれた/票早早的就卖完了 piào zǎozǎo de jiù màiwán le **5**【その他】▶近頃の子供はすぐ～/最近的孩子真容易发火 zuìjìn de háizi zhēn róngyì fāhuǒ ▶打球が大きく左に切れた/击出的球，大幅度地偏向左方 jīchū de qiú, dàfúdù de piānxiàng zuǒfāng

きろ【岐路】 岐路 qílù；岔道 chàdào（英 a crossroads）▶～に立つ/站在十字路口 zhànzài shízìlùkǒu ▶彼は今人生の～に立っている/他现在站在人生的岐路上 tā xiànzài zhànzài rénshēng de qílùshang

きろ【帰路】 回程 huíchéng；归程 guīchéng；归途 guītú（英 the way home）▶～につく/踏上归途 tàshàng guītú ▶私は用件を済ませて～についた/我办完事，踏上了归途 wǒ bànwán shì, tàshàngle guītú

キロカロリー《単位》大卡 dàkǎ（英 a kilocalorie）▶1日 1900 ～に抑えなさい/每天的热能要控制在一千九百卡路里以内 měitiān de rènéng yào kòngzhì zài yìqiān jiǔbǎi kǎlùlǐ yǐnèi

きろく【記録する】 记录 jìlù；记载 jìzǎi（英 record）▶～に残す/留下记录 liúxià jìlù；存案 cún'àn ▶协议の経過はきっちり～に残してある/协议的经过完整地保留在记录中 xiéyì de jīngguò wánzhěng de bǎoliú zài jìlù zhōng ▶～映画/记录片 jìlùpiàn ▶あの人は～映画の制作で世に名高い/他因为制作记录电影很有名气 tā yīnwèi zhìzuò jìlù diànyǐng hěn yǒu míngqi ▶君の発言は～しておくよ/你的发言我记录下了 nǐ de fāyán wǒ jìlùxiàlai le ▶彼は～は残さなかったが人々の記憶に残った/他并没有留下什么记录，但是留在了人们的记忆里 tā bìng méiyǒu liúxià shénme jìlù, dànshí liúzàile rénmen de jìyìli ▶彼の～は 20 年間破られなかった/他的记录二十年没被打破 tā de jìlù èrshí nián méi bèi dǎpò ▶世界新～を打ち立てる/创新世界记录 chuàngxīn shìjiè jìlù ▶従来の～に 3 秒およばない/和以前的记录只差三秒 hé yǐqián de jìlù zhǐ chà sān miǎo ▶村は～的な豪雪に見舞われた/村子里降了记录性的大雪 cūnzili jiàngle jìlùxìng de dàxuě

♦公式～員：正式记录员 zhèngshì jìlùyuán

キログラム《単位》公斤 gōngjīn（英 a kilogram）▶彼は 80 ～のバーベルを軽々と持ち上げた/他轻松地把八十公斤的杠铃举了起来 tā qīngsōng de bǎ bāshí gōngjīn de gànglíng jǔleqǐlai

ギロチン 断头台 duàntóutái（英 a guillotine）

キロバイト〔電算〕千字节 qiānzìjié（英 a kilobyte）

キロヘルツ《単位》千赫 qiānhè（英 a kilohertz）▶周波数 1320 ～でお送りしています/广播按一千三百二十千赫的频率播出 guǎngbō àn yìqiān sānbǎi èrshí qiānhè de pínlǜ bōchū

キロメートル《単位》公里 gōnglǐ（英 a kilometer）▶毎日 4 ～の山道を往復した/我每天往返走四公里的山路 wǒ měitiān wǎngfǎn zǒu sì gōnglǐ de shānlù

キロワット《単位》千瓦 qiānwǎ（英 a kilowatt）▶今月は 120 ～も使ってしまった/这个月我家用了一百二十千瓦 zhège yuè wǒ jiā yòngle yìbǎi èrshí qiānwǎ

ぎろん【議論する】 议论 yìlùn；争论 zhēnglùn；谈论 tánlùn（英 argue；［討議］discuss）▶～を繰り広げる/开展一场辩论 kāizhǎn yì cháng biànlùn ▶食糧問題をめぐって我々は熱い～を繰り広げた/我们就粮食问题进行了热烈的讨论 wǒmen jiù liángshí wèntí jìnxíngle rèliè de tǎolùn ▶我々はとことん～するつもりである/我们准备讨论个水落石出 wǒmen zhǔnbèi tǎolùn ge shuǐ luò shí chū ▶経営陣の責任については～の余地がない/有关经营方的责任，已经没有争论的余地了 yǒuguān jīngyíngfāng de zérèn, yǐjing méiyǒu zhēnglùn de yúdì le

♦～百出：议论纷纷 yìlùn fēnfēn ▶～百出でいつまでも結論が出ない/议论纷纷，到什么时候也没有结论 yìlùn fēnfēn, dào shénme shíhou yě méiyǒu jiélùn

日中比較 中国語の'议论 yìlùn'には「論じ合う」という意味の他に「取りざたする」意味もある．

きわ【際】 an edge；a side ▶あの人はいまわの～に君の名を呼んだ/他在弥留之际，还在叫你的名字 tā zài míliú zhī jì, hái zài jiào nǐ de míngzi ▶窓の席にも住み慣れました/我也习惯了坐冷板凳 wǒ yě xíguànle zuò lěngbǎndèng ▶引き～はきれいにしろよ/退下去的时候干得漂亮点儿呀 tuìxiàqu de shíhou gànde piàoliang diǎnr ya

ぎわく【疑惑】 疑惑 yíhuò；怀疑 huáiyí；嫌疑 xiányí（英 ［嫌疑］suspicion；[疑い] doubt）▶～を解く/消除疑惑 xiāochú yíhuò ▶彼らの～を解くのは容易ではない/消除他们的疑虑可不是容易的事 xiāochú tāmen de yílǜ kě bú shì róngyì de shì ▶～を抱く/抱有怀疑 bàoyǒu huáiyí ▶いつしか僕の心に、～が生じた/不知什么时候开始，我的心里产生了怀疑 bù zhī shénme shíhou kāishǐ, wǒ de xīnli chǎnshēngle huáiyí ▶僕は同僚からも～の目で見られている/连同事也用怀疑的眼光看我 lián tóngshì yě yòng huáiyí de yǎnguāng kàn wǒ

きわだつ【際立つ】 突出 tūchū；显著 xiǎnzhù；明显 míngxiǎn（英 be conspicuous；stand out）▶際立たせる/烘托 hōngtuō；突出 tūchū ▶際立った活躍/突出的贡献 tūchū de gòngxiàn ▶彼は甲子園で際立った活躍をした/他在甲子园有突出的表现 tā zài Jiǎzǐyuán yǒu tūchū de biǎoxiàn ▶彼の学力は学年でも際立っている/他的成

绩在年级中也是突出的 tā de chéngjì zài niánjí zhōng yě shì tūchū de ▶黒服が肌の白さを際立たせていた/黑衣服衬得皮肤更白了 hēiyīfú chèndé pífū gèng bái le

ぎわだん【義和団】 义和团 Yìhétuán（英 *the Boxers*）

きわどい【際どい】 险些 xiǎnxiē；差一点儿 chà yìdiǎnr（英[危険な] *dangerous*；[間一髪の] *close*）▶〜所だった/危险万分 wēixiǎn wànfēn ▶〜所で式典に間に合った/好不容易赶上了仪式 hǎobù róngyì gǎnshàngle yíshì ▶〜話/下流的语言 xiàliú de yǔyán ▶あなたも〜話がお好きですな/你也挺喜欢那些黄段子啊 nǐ yě tǐng xǐhuan nà xiē huángduànzi a ▶やれやれ、際どく勝ちを拾いましたよ/哎，好不容易捡了个胜利 āi, hǎobù róngyì jiǎnle ge shènglì ▶今のは何とも～判定だね/刚才那个，真是个微妙的裁判啊 gāngcái nàge, zhēn shì ge wēimiào de cáipàn a

きわまりない【極まりない】 无穷 wúqióng；极其 jíqí（英 *extremely*）▶〜不愉快/极不愉快 jí bù yúkuài ▶見下されて私は不愉快〜/被人小看，我不愉快极了 bèi rén xiǎokàn, wǒ bù yúkuàijí le ▶理不尽〜/极不讲理 jí bù jiǎnglǐ ▶彼らの言い分は理不尽〜/他们的说法极不讲理 tāmen de shuōfǎ jí bù jiǎnglǐ

きわまる【極まる】 极端 jíduān；达到极限 dádào jíxiàn；漫无止境 màn wú zhǐjìng（英 *reach an extreme*）▶腐敗〜ところを知らぬかに見える/腐败现象显得漫无止境 fǔbài xiànxiàng xiǎnde màn wú zhǐjìng ▶許してやるとは無礼〜言い草だ/什么"原谅你"，这种说法真是无理之至 shénme yuánliàng nǐ, zhè zhǒng shuōfǎ zhēn shì wúlǐ zhī zhì ▶聴衆は感極まって泣き出した/听众们万感交集，哭了起来 tīngzhòngmen wàngǎn jiāojí, kūle qǐlái

きわみ【極み】 极限 jíxiàn（英 *the extremity*; *the height*）▶その建物は贅の〜を尽くしている/那个建筑极尽奢侈 nàge jiànzhù jí jìn shēchǐ ▶貴重な資料をお貸し下さり，感謝の〜です/您借给我珍贵的资料，真是感激不尽 nín jiègěi wǒ zhēnguì de zīliào, zhēn shì gǎnjī bùjìn

きわめつき【極め付きの】 有定评的 yǒu dìngpíng de；公认的 gōngrèn de（英 *the best...*）

きわめて【極めて】 极其 jíqí；非常 fēicháng；万分 wànfēn（英 *very*; *extremely*）▶～希な/极其罕见 jíqí hǎnjiàn ▶～重要な/极其重要 jíqí zhòngyào ▶今どきあんな青年は～少ない/现在像那样的青年，真是极其难得 xiànzài xiàng nàyàng de qīngnián, zhēn shì jíqí nándé ▶彼は～重要な役割を果たしている/他扮演了极为重要的角色 tā bànyǎnle jíwéi zhòngyào de juésè

きわめる【極める·究める】（英 *master*; *reach*）▶奥義を～/钻研深奥意义 zuānyán shēn'ào yìyì ▶学問の奥義を～ことができるだろうか/我能悟透学问的奥秘吗？ wǒ néng wùtòu xuéwen de àomì ma? ▶困難を～/极其困难 jíqí kùnnan ▶

雪中の行進は困難を極めた/在雪地里的行进遇到了极大的困难 zài xuědìlǐ de xíngjìn yùdàole jí dà de kùnnan ▶多忙を～/极为繁忙 jíwéi fánmáng ▶多忙を～生活に神経がまいった/极为繁忙的生活，使我变得精神衰弱 jíwéi fánmáng de shēnghuó, shǐ wǒ biànde jīngshén shuāiruò ▶真理を～/探究真理 tànjiū zhēnlǐ ▶あいつは君の小説を口を極めてほめていたよ/他可是极力推崇你的小说 tā kěshì jílì tuīchóng nǐ de xiǎoshuō

きわもの【際物】 时令商品 shílìng shāngpǐn；应时作品 yìngshí zuòpǐn（[季節物] *seasonal goods*）

きをつけ【気を付け】《号令》立正! lìzhèng!（英 *Attention!*）▶～. 右へならえ！/立正，向右看齐! lìzhèng, xiàng yòu kànqí! ▶～の姿勢をとる/做立正的姿势 zuò lìzhèng de zīshì

きん【金】（ゴールド）黄金 huángjīn；金子 jīnzi；(かね) 金钱 jīnqián（英 *gold*）▶～の延べ棒/金条 jīntiáo；标金 biāojīn ▶市場/黄金市场 huángjīn shìchǎng ▶～メダル/金牌 jīnpái ▶オリンピックで～メダルを獲得した/在奥林匹克获得金牌 zài Àolínpǐkè huòdé jīnpái ▶18～の指輪/十八开金的戒指 shíbā kāi jīn de jièzhi ▶功績をたたえて～一封を贈る/为表彰功绩，特奖励一份奖金 wèi biǎozhāng gōngjì, tè jiǎnglì yí fèn jiǎngjīn ▶5万円也正に受け取りました/收讫五万日元 shōuqì wǔwàn Rìyuán

きん【菌】 菌 jūn；细菌 xìjūn（英 *a fungus*；[黴菌 (ばいきん)] *a germ*）▶採取した水の中には～がうようよしていた/采集来的水中细菌很多 cǎijílái de shuǐ zhōng xìjūn hěn duō

きん【禁】 禁止 jìnzhǐ（英 *a ban*）▶～を犯す/犯禁 fànjìn；破戒 pòjiè；违禁 wéijìn ▶僕は～を犯して毒素を所持している/我犯禁，携带毒药 wǒ fànjìn, xiédài dúyào ▶彼は10日後には～を破り飲み始めた/他十天后就破了戒，又开始喝酒了 tā shí tiān hòu jiù pòle jiè, yòu kāishǐ hē jiǔ le

ぎん【銀】 银 yín；银子 yínzi（英 *silver*）▶～のネクタイピン/银的领带别针 yín de lǐngdài biézhēn

きんいつ【均一な】 均一 jūnyī；均匀 jūnyún（英 *uniform*; *equal*）▶～料金/统一价格 tǒngyī jiàgé ▶バスのこの路線は～料金だ/这路公共汽车是统一价格 zhè lù gōnggòng qìchē shì tǒngyī jiàgé ▶どれを取っても重量は～/拿哪个重量都是一样的 ná nǎge zhòngliàng dōu shì yíyàng de ▶この棚の商品は100円～です/这个货架上的商品都是一百日元 zhège huòjiàshang de shāngpǐn dōu shì yìbǎi Rìyuán

きんいろ【金色】 金黄色 jīnhuángsè（英 *gold*）▶～に輝く/黄澄澄 huángdēngdēng；金灿灿 jīncàncàn ▶胸には優勝メダルが～に輝いていた/胸前冠军奖牌闪耀着金光 xiōngqián guànjūn jiǎngpái shǎnyàozhe jīnguāng ▶～の小鳥のように銀杏の葉が舞い落ちる/银杏的树叶像金色的小鸟一样飘舞着落下 yínxìng de shùyè xiàng jīnsè de shàoniǎo yíyàng piāowǔzhe luòxià

ぎんいろ【銀色】 銀色 yínsè (英 silver) ▶雪山にはこい～をしていた/雪山被暗淡的银色覆盖着 xuěshān bèi àndàn de yínsè fùgàizhe ▶～の魚が店頭に並んでいる/铺面上摆着银色的鱼 pùmiànshang bǎizhe yínsè de yú

きんいん【近因】 直接原因 zhíjiē yuányīn; 近因 jìnyīn (英 the immediate cause) ▶～と言えば恋の悩みだ/要说直接原因，就是恋爱的烦恼了 yào shuō zhíjiē yuányīn, jiù shì liàn'ài de fánnǎo le

きんえい【近影】 近照 jìnzhào (英 one's latest photo)

ぎんえい【吟詠する】 吟咏 yínyǒng; 诗句 shījù (英 sing; recite) ▶～する声がとなりの棟まで聞こえる/吟咏的声音都传到旁边的楼里了 yínsòng de shēngyīn dōu chuándào pángbiān de lóuli le ▶これらが今度の旅から生まれた～だ/这些诗句都是在这次旅行中创作的 zhè xiē shījù dōu shì zài zhè cì lǚxíng zhōng chuàngzuò de

きんえん【禁煙】（掲示）禁止吸烟 jìnzhǐ xīyān; 戒烟 jièyān (英 No Smoking) ▶場内はすべて～席だった/场内就是禁烟席 chǎngnèi dōu shì jìnyānxí ▶僕は今月から4度目の～を始めた/我从这个月开始第四次戒烟 wǒ cóng zhège yuè kāishǐ dìsì cì jièyān ▶～するのはそんなに難しいかい/戒烟真的那么难吗? jièyān zhēn de nàme nán ma?

きんか【近火】 近邻的火灾 jìnlín de huǒzāi (英 a fire in one's neighborhood) ▶～お見舞い申し上げます/对邻居的火灾表示慰问 duì línjū de huǒzāi biǎoshì wèiwèn

きんか【金貨】 金币 jīnbì (英 a gold coin)

ぎんか【銀貨】 银币 yínbì; 银洋 yínyáng (英 a silver coin)

ぎんが【銀河】〔天文〕银河 yínhé; 天河 tiānhé; 银汉 yínhàn (英 the Milky Way; the Galaxy) ▶～系/银河系 yínhéxì ▶『～鉄道の夜』/《银河铁道之夜 Yínhé tiědào zhī yè》▶僕たちはみな～系の中で生きてるんだね/我们都生活在银河系中间 wǒmen dōu shēnghuó zài yínhéxì zhōngjiān

きんかい【近海】 近海 jìnhǎi (英 the neighboring waters) ▶～漁業/近海渔业 jìnhǎi yúyè ▶～漁業が年々難しくなってきている/近海的渔业年年变得艰难了 jìnhǎi de yúyè niánnián biànde jiānnán le ▶不審な船が～に出没する/近海出现可疑船只 jìnhǎi chūxiàn kěyí chuánzhī ▶日本の～では見られないはずの魚が…/原本在日本近海里见不到的鱼… yuánběn zài Rìběn jìnhǎi jiànbudào de yú… ▶もののいい魚が入りましたよ/来了近海的好鱼! láile jìnhǎi de hǎo yú!

きんかい【金塊】 金块 jīnkuài (英 a nugget of gold) ▶預金を～に換える/把存款换成金块 bǎ cúnkuǎn huànchéng jīnkuài

きんかぎょくじょう【金科玉条】 金科玉律 jīnkē yùlǜ (英 a golden rule) ▶彼は損をしない

ことだけを～として生きている/他把不吃亏看作人生的信条 tā bǎ bù chīkuī kànzuò rénshēng de xìntiáo

きんがく【金額】 金额 jīn'é; 款额 kuǎn'é (英 a sum of money) ▶合計～/合计金额 héjì jīn'é ▶まさかこんな～になっていたなんて/没想到会是这么多钱 méi xiǎngdào huì shì zhème duō qián ▶合計～は980円です/合计金额是九百八十日元 héjì jīn'é shì jiǔbǎi bāshí Rìyuán ▶彼はすばやく保険～をはじき出した/他马上就算出了保险金额 tā mǎshàng jiù suànchūle bǎoxiǎn jīn'é

きんがしんねん【謹賀新年】 恭贺新禧 gōnghè xīnxǐ (英 a Happy New Year)

きんかん【近刊】 ❶[もうすぐ出る本] 即将出版 jíjiāng chūbǎn (英 a forthcoming book) ▶三省堂の～予告が朝刊に出ていたよ/三省堂的即将出版的预告在早报上登出来了 Sānxǐngtáng de jíjiāng chūbǎn de yùgào zài zǎobàoshang dēngchūlái le ❷[最近出た本] 最近出版的书 zuìjìn chūbǎn de shū (英 a recently published book) ▶図書館の～書リストにその本が入っていた/图书馆的最近出版的书籍目录里有那本书 túshūguǎn de zuìjìn chūbǎn de shūjí mùlùli yǒu nà běn shū

きんかん【金冠】 金牙套 jīnyátào (英 a gold crown) ▶歯に～をかぶせる/牙齿套一个金牙套 yáchǐ tào yí ge jīnyátào ▶笑うと歯の～がきらりと光った/一笑金牙就闪闪发光 yí xiào jīnyá jiù shǎnshǎn fāguāng

キンカン【金柑】〔植物〕金橘 jīnjú (英 a kumquat)

きんがん【近眼】 近视 jìnshì (英 nearsightedness) ▶～の眼鏡/近视眼镜 jìnshì yǎnjìng ▶私はひどい～で人の顔もよく見えない/我的眼睛深度近视, 人的脸也看不清 wǒ de yǎnjing shēndù jìnshì, rén de liǎn yě kànbuqīng ▶～の眼鏡をあつらえる/配近视眼镜 pèi jìnshì yǎnjìng

きんかんがっき【金管楽器】〔音楽〕铜管乐器 tóngguǎn yuèqì (英 a brass instrument)

きんかんしょく【金環食】〔天文〕日环食 rìhuánshí (英 an annular eclipse) ▶離島で見た～は生涯の思い出だ/在孤岛上看到的金环蚀是一生也忘不了的 zài gūdǎoshang kàndào de jīnhuánshí shì yìshēng yě wàngbuliǎo de

きんかんばん【金看板】 金字招牌 jīnzì zhāopái (英 a signboard with gilt lettering; [特徴] a feature) ▶教育改革を～にして立候補する/把教育改革作为金字招牌参选 bǎ jiàoyù gǎigé zuòwéi jīnzì zhāopái cānxuǎn

きんき【禁忌】 忌讳 jìhuì; 禁忌 jìnjì (英 a taboo) ▶～土地の～に触れてはならない/不要触犯当地的禁忌 búyào chūfàn dāngdì de jìnjì

きんきじゃくやく【欣喜雀躍する】 欢欣鼓舞 huānxīn gǔwǔ; 手舞足蹈 shǒu wǔ zú dǎo (英 dance for joy) ▶彼が優勝したと聞いて我々は～した/听到他得了冠军, 我们都欢喜雀跃 tīngdào tā déle guànjūn, wǒmen dōu xīnxǐ quèyuè

ギンギツネ【銀狐】〘動物〙银狐 yínhú (英 *a silver fox*) ▶～の襟巻きをして銀座を歩く/围着银狐的围脖逛银座 wéizhe yínhú de wéibó guàng Yínzuò

きんきゅう【緊急】 紧急 jǐnjí; 火速 huǒsù (英 *urgency*) ▶～を要する/迫在眉睫 pòzài méijié ▶要員派遣は～を要する/派遣要员是很紧急的 pàiqiǎn yàoyuán shì hěn jǐnjí de ▶～脱出装置/应急软滑梯 yìngjí ruǎnhuátī ▶～脱出装置が作動しなかった/紧急脱离装置没有起动 jǐnjí tuōlí zhuāngzhì méiyǒu qǐdòng

♦～警報 紧急警报 jǐnjí jǐngbào ▶署内に～警報が鳴り渡った/署里响遍了紧急警报 shǔlǐ xiǎngbiànle jǐnjí jǐngbào ▶～事態 紧急事态 jǐnjí shìtài ▶～事態をも知らずに碁を打っていた/不知道情况紧急, 还在下围棋 bù zhīdào qíngkuàng jǐnjí, hái zài xià wéiqí ▶～逮捕 现场逮捕 xiànchǎng dàibǔ ▶彼はその場で～逮捕された/他当场就被紧急逮捕了 tā dāngchǎng jiù bèi jǐnjí dàibǔ le ▶～避難 私の行為は～避難と認定された/我的行为被认定为紧急避难措施 wǒ de xíngwéi bèi rèndìngwéi jǐnjí bìnàn cuòshī

キンギョ【金魚】〘魚〙金鱼 jīnyú (英 *a goldfish*) ▶～鉢/鱼缸 yúgāng ▶～すくいは夏の風物詩だ/捞金鱼是夏天的风情诗 lāo jīnyú shì xiàtiān de fēngqíngshī ▶～のうんちみたいにずっと従うのはやめてくれ/别像跟屁虫一样老跟着我 bié xiàng gēnpìchóng yíyàng lǎo gēnzhe wǒ

きんきょう【近況】 近况 jìnkuàng (英 *the recent state*) ▶～報告/近况报告 jìnkuàng bàogào ▶～報告代わりに家族写真をお届けします/把全家福的照片寄给你, 代替近况汇报 bǎ quánjiāfú de zhàopiàn jìgěi nǐ, dàitì jìnkuàng huìbào ▶転居後の～をお知らせ下さい/请告诉我你们搬家以后的近况 qǐng gàosu wǒ nǐmen bānjiā yǐhòu de jìnkuàng

きんきょり【近距離】 近距离 jìnjùlí; 短途 duǎntú (英 *a short distance*) ▶～輸送/短途运输 duǎntú yùnshū ▶～輸送でも手間は変わらない/虽说是近距离运送, 也一样费工 suīshuō shì jìnjùlí yùnsòng, yě yíyàng fèigōng ▶～だと鉄道が割り引きにならない/近距离的话, 铁路没有打折 jìnjùlí dehuà, tiělù méiyǒu dǎzhé

きんきん【近近】 最近 zuìjìn; 不久 bùjiǔ (英 *soon*) ▶～相談にうかがいます/不久会登门向您求教 bùjiǔ huì dēngmén xiàng nín qiújiào

きんぎん【金銀】 金银 jīnyín (英 *gold and silver*) ▶～財宝/金银财宝 jīnyín cáibǎo ▶～財宝を一人占めする/独吞金银财宝 dú tūn jīnyín cáibǎo

きんきんごえ【きんきん声】 尖嗓子 jiānsǎngzi (英 *a high, keening voice*) ▶女房の～が頭の中で渦を巻く/老婆的尖声喊叫在脑海里回旋 lǎopo de jiānshēng hǎnjiào zài nǎohǎilǐ huíxuán ▶～女を張り上げた/她尖声叫起来 tā jiānshēng jiàoqǐlai

きんく【禁句】 忌讳的言词 jìhuì de yáncí (英 *a taboo word*) ▶あいつの前でハゲというのは～だぞ/在他面前忌讳说"秃头" zài tā miànqián jìhuì shuō "tūtóu" ▶あいつはわざと～を口にするんだ/他故意说犯忌的话 tā gùyì shuō fànjì de huà

キング 王 wáng;〘トランプ〙王牌 wángpái (英 *a king*) ▶めくった札はハートの～だった/翻过来的牌是红桃 K fānguòlái de pái shì hóngtáo K ▶～サイズ/特大 tèdà ▶うちの息子は～サイズの靴を履いている/我儿子穿特大号的鞋 wǒ érzi chuān tèdàhào de xié

きんけい【近景】 近景 jìnjǐng; 前景 qiánjǐng (英 *a close view*) ▶～の木立にはもうたそがれが迫っている/近景的树丛已经暮色苍茫了 jìnjǐng de shùcóng yǐjīng mùsè cāngmáng le

きんけつびょう【金欠病】 ▶俺はずっと～に苦しんでるんだ。いい薬はないかい/我一直患缺钱症, 有什么好药吗? wǒ yìzhí huàn quēqiánzhèng, yǒu shénme hǎoyào ma?

きんけん【金権】 钱权 qiánquán (英 *the power of money*) ▶あの人たちには～体質が染み込んでいる/那些人身上钱权思想已经根深蒂固了 nàxiē rén shēnshang qiánquán sīxiǎng yǐjīng gēn shēn dì gù le ▶～政治/钱权政治 qiánquán zhèngzhì

きんげん【金言】 警句 jǐngjù; 箴言 zhēnyán (英 *a golden saying*)
ことわざ 金言耳に逆らう 箴言逆耳 zhēnyán nì'ěr

きんげん【謹厳】 严谨 yánjǐn; 严肃 yánsù (英 *seriousness*) ▶～実直/严谨耿直 yánjǐn gěngzhí ▶親父ときたら～実直, 冗談一つ言わない/爸爸是严肃耿直, 从不开玩笑 bàba zǒngshì yánsù gěngzhí, cóngbù kāi wánxiào ▶校長は～な面持ちで挨拶した/校长表情严肃地讲了话 xiàozhǎng biǎoqíng yánsù de jiǎngle huà

きんこ【金庫】 保险箱 bǎoxiǎnxiāng (英 *a safe*) ▶耐火～/防火保险箱 fánghuǒ bǎoxiǎnxiāng ▶会社の～が破られた/公司的保险柜被撬了 gōngsī de bǎoxiǎnguì bèi qiào le ▶銀行の貸～にしまっておく/存在银行的出租保险箱里 cúnzài yínháng de chūzū bǎoxiǎnxiānglǐ ▶近くの信用～から資金を借りる/从附近的信用社借资金 cóng fùjìn de xìnyòngshè jiè zījīn

きんこ【禁固】 禁锢 jìngù; 监禁 jiānjìn (英 *imprisonment*) ▶～刑/禁锢刑 jìngù xíng ▶被告人を～3年の刑に処す/判处被告人三年监禁 pànchǔ bèigàorén sān nián jiānjìn

きんこう【均衡】 均衡 jūnhéng; 平衡 pínghéng (英 *balance*) ▶～を保つ/保持平衡 bǎochí jūnhéng ▶予算は収支の～を保つことが大切だ/预算保持收支平衡是很重要的 yùsuàn bǎochí shōuzhī pínghéng shì hěn zhòngyào de ▶～を失う/失去均衡 shīqù jūnhéng ▶彼の死で派閥の～が崩れた/由于他的死, 派阀之间失去了均衡 yóuyú tā de sǐ, pàifá zhījiān shīqùle jūnhéng ▶～を破って一挙に3点入れた/打破了胶着状态, 比赛一下进了三分 dǎpòle jiāozhuó zhuàngtài, bǐsài yíxià jìnle sān fēn

きんこう【近郊】 近郊 jìnjiāo; 四郊 sìjiāo (英 the suburbs) ▶〜にいくつか大学が移ってきている/近郊区搬来了几所大学 jìnjiāoqū bānláile jǐ suǒ dàxué ▶〜農業は生鮮食品が中心になる/近郊农业以生产生鲜食品为主 jìnjiāo nóngyè yǐ shēngchǎn shēngxiān shípǐn wéizhǔ ▶大阪の〜に住む/住在大阪的近郊 zhùzài Dàbǎn de jìnjiāo

きんこう【金工】 (英 metalworking; [人] a metalworker) ▶この町でとりわけ有名なのは〜である/这座城市最有名的是黄金工艺 zhè zuò chéngshì zuì yǒumíng de shì huángjīn gōngyì

きんこう【金鉱】 金矿 jīnkuàng〔鉱石〕gold ore;〔鉱山〕a gold mine) ▶〜を掘り当てる夢を追う/追求着挖到金矿的梦想 zhuīqiúzhe wā dào jīnkuàng de mèngxiǎng

ぎんこう【吟行】 行吟 xíngyín (英 going out to compose a poem) ▶今月は奈良まで〜に出かけます/这个月为作诗去奈良 zhège yuè wèi zuò shī qù Nàiliáng ▶〜の成果はいかがでした/行吟的成果怎么样? xíngyín de chéngguǒ zěnmeyàng?

ぎんこう【銀行】 银行 yínháng (英 a bank) ▶〜に口座を開く/开银行帐户 kāi yínháng zhànghù ▶〜員/行员 hángyuán ▶〜通帳/银行存折 yínháng cúnzhé ▶給料取りとなって〜に口座を開いた/成了工薪族，在银行开了一个帐户 chéngle gōngxīnzú, zài yínháng kāile yí ge zhànghù ▶〜の通帳と印鑑は別々にしまっている/把银行存折和图章分开保管 bǎ yínháng cúnzhé hé túzhāng fēnkāi bǎoguǎn ▶私は東京〜から金を借りて家を買った/我从东京银行借钱买了房子 wǒ cóng Dōngjīng yínháng jiè qián mǎile fángzi ▶僕は中国〜に金を預けている/我在中国银行存了钱 wǒ zài Zhōngguó yínháng cúnle qián ▶〜に預金が50万円ある/我有五十万日元的银行存款 wǒ yǒu wǔshí wàn Rìyuán de yínháng cúnkuǎn

参考 中国には '人民银行' Rénmín yínháng, '工商银行' Gōngshāng yínháng, '建设银行' Jiànshè yínháng, '农业银行' Nóngyè yínháng という四大銀行がある。このうち '人民银行' が中央銀行の役割を果たしている．

きんこつ【筋骨】 筋骨 jīngǔ (英 muscular) ▶〜隆々の肌肉发达 jīròu fādá; 虎背熊腰 hǔbèi xióngyāo ▶彼は〜隆々の体をしている/他长得虎背熊腰的 tā zhǎngde hǔbèi xióngyāo de ▶息子は〜たくましい若者に育った/儿子长成了一个身体强壮的青年 érzi zhǎngchéngle yí ge shēntǐ qiángzhuàng de qīngnián

きんこんしき【金婚式】 金婚庆 jīnhūnqìng (英 a golden wedding) ▶祖父母が間もなく〜を迎える/祖父母即将迎来金婚式了 zǔfùmǔ jíjiāng yínglái jīnhūnshì le

ぎんこんしき【銀婚式】 银婚庆 yínhūnqìng (英 a silver wedding) ▶山本夫妻の〜に招かれている/受到山本夫妻银婚式的邀请 shòudào Shānběn fūqī yínhūnshì de yāoqǐng

きんさ【僅差】 微差 wēichā (英 a narrow margin) ▶〜で勝つ/险胜 xiǎnshèng ▶我々は強豪を相手に〜で勝った/我们和强手比赛，以极小的优势胜利了 wǒmen hé qiángshǒu bǐsài, yǐ jí xiǎo de yōushì shènglì le ▶どちらが勝っても〜の勝負になるだろう/哪方胜利，比分相差都不会很大 nǎ fāng shènglì, bǐfēn xiāngchà dōu búhuì hěn dà

きんざい【近在】 附近 fùjìn; 邻近 línjìn (英 the neighboring villages) ▶野菜は〜の農家から買っている/从附近的农家买蔬菜 cóng fùjìn de nóngjiā mǎi shūcài

きんさく【近作】 新近的作品 xīnjìn de zuòpǐn (英 one's recent work) ▶あなたの〜を拝見したいものですね/很想拜读您的近作 hěn xiǎng bàidú nín de jìnzuò

きんさく【金策する】 筹款 chóukuǎn (英 raise money) ▶〜に奔走する/奔走筹款 bēnzǒu chóukuǎn ▶〜に奔走したが駄目だった/为了筹款四处奔走了，但都是徒劳 wèile chóukuǎn sìchù bēnzǒu le, dàn dōu shì túláo ▶彼はどうやって〜したか知っているか/你知道他是怎么筹款的吗? nǐ zhīdào tā shì zěnme chóukuǎn de ma?

きんざん【金山】 (英 a gold mine) ▶〜の昔をしのぶ資料館ができている/建成纪念金山历史的资料馆 jiànchéng jìniàn jīnshān lìshǐ de zīliàoguǎn ▶この町にはかつて〜があった/这个城市以前有过金矿 zhège chéngshì yǐqián yǒuguo jīnkuàng ▶この町はかつて〜で栄えた/这座城市曾经由于金矿而繁荣过 zhè zuò chéngshì céngjīng yóuyú jīnkuàng ér fánróngguo

きんし【近視】 近视 jìnshì (英 nearsightedness) ▶弟はひどい〜だ/弟弟是深度近视 dìdi shì shēndù jìnshì ▶〜眼的/短视 duǎnshì ▶君は〜的な見方しかできないね/你就只能用这种近视的观点看事物 nǐ jiù zhǐ néng yòng zhè zhǒng jìnshì de guāndiǎn kàn shìwù

きんし【禁止する】 禁止 jìnzhǐ; 不许 bùxǔ (英 forbid; prohibit) ▶駐車〜/禁止停车 jìnzhǐ tíngchē ▶立入〜/闲人免进 xiánrén miǎnjìn ▶駐車〜の場所に駐車する輩が多い/不少人在禁止停车的地方停车 bùshǎo rén zài jìnzhǐ tíngchē de dìfang tíngchē ▶関係者以外の立入りを〜する/无关人员禁止入内 wúguān rényuán jìnzhǐ rù nèi ▶少年の喫煙は〜されている/禁止少年吸烟 jìnzhǐ shàonián xīyān ▶首都は夜間外出〜令が出ていた/首都颁布了夜间外出禁令 shǒudū bānbùle wàichū jìnlìng

きんじ【近似する】 近似 jìnsì (英 closely resemble) ▶〜値/近似值 jìnsìzhí ▶実験結果は求める数値と〜していた/实验结果和所求的数值很接近 shíyàn jiéguǒ hé suǒ qiú de shùzhí hěn jiējìn

きんジストロフィー【筋ジストロフィー】 〔医〕萎缩性肌强直症 wěisuōxìng jī qiángzhízhèng (英 muscular dystrophy) ▶彼は〜におか

された/他患了萎缩性肌强直症 tā huànle wěisuōxìng jī qiángzhí zhèng

きんしつ【均質】 均一 jūnyī; 均质 jūnzhì (英 homogeneity) ▶薬液は～でなければならない/药液要均一 yàoyè yào jūnyī ▶～にブレンドされたウイスキー/均匀地掺兑好了的威士忌 jūnyún de chānduìhǎole de wēishìjì

きんじつ【近日】 改日 gǎirì; 改天 gǎitiān; 近日 jìnrì; 近期 jìnqī (英 soon) ▶～中(に)/近期 jìnqī; 近日 jìnrì ▶～中にお届けします/近期内送过去 jìnqī nèi sòngguòqu ▶～公開/近日公开 jìnrì gōngkāi ▶あの絵は～公開の運びとなった/经筹划,那幅画jìnqī内公之于众 jīng chóuhuà, nà fú huà jìnqī nèi gōng zhī yú zhòng

日中比較 中国語の'近日 jìnrì'はごく近い過去をもいう.

きんじとう【金字塔】 金字塔 jīnzìtǎ (英 a monumental achievement) ▶～を打ち立てる/树立丰功伟业 shùlì fēnggōng wěiyè ▶全国大会3連覇という～を打ち立てた/树立了在全国大会上三连霸的伟绩 shùlìle zài quánguó dàhuìshang sān liánbà de wěijì

きんしゅ【筋腫】〘医〙肌瘤 jīliú; 肿瘤 zhǒngliú (英 a myoma) ▶子宮に～ができている/子宫长了肿瘤 zǐgōng zhǎngle zhǒngliú ▶手術で～を摘出した/手术摘出了肿瘤 shǒushù zhāichúle zhǒngliú

きんしゅ【禁酒する】 忌酒 jìjiǔ; 戒酒 jièjiǔ (英 give up drinking) ▶父は～の誓いを三日で忘れている/父亲戒酒三天就忘记了誓言 fùqīn jièjiǔ sān tiān jiù wàngjìle shìyán ▶僕は明日から～します/我从明天开始戒酒 wǒ cóng míngtiān kāishǐ jièjiǔ

きんじゅう【禽獣】 禽兽 qínshòu (英 birds and beasts) ▶彼らの行為はまさしく～に等しい/他们的行为真是和禽兽一样 tāmen de xíngwéi zhēn shì hé qínshòu yīyàng

きんしゅく【緊縮】 紧缩 jǐnsuō (英 tightening) ▶～財政/紧缩财政 jǐnsuō cáizhèng ▶～財政政策にほころびが出てきた/紧缩财政的政策出现了破绽 jǐnsuō cáizhèng de zhèngcè chūxiànle pòzhàn

きんじょ【近所】 附近 fùjìn; 街坊 jiēfang; 近邻 jìnlín (英 the neighborhood) ▶～付き合い/近邻的交往 jìnlín de jiāowǎng ▶私は～付き合いが苦手だ/我不爱和邻居打交道 wǒ bú ài hé línjū dǎ jiāodao ▶～迷惑/影响邻人 yǐngxiǎng línrén ▶おたくのピアノは～迷惑なんだよ/你们家的钢琴影响邻居 nǐmen jiā de gāngqín yǐngxiǎng línjū ▶～で犬を連れた老人によく出会う/在附近经常碰到牵着狗的老人 zài fùjìn jīngcháng pèngdào qiānzhe gǒu de lǎorén ▶職場のすぐ～にコンビニがある/上班的地方附近就有方便店 shàngbān de dìfang fùjìn jiù yǒu fāngbiàndiàn ▶僕は～の子供たちに絵を教えている/我教邻居的孩子们画画儿 wǒ jiāo línjū de háizimen huà huàr

きんしょう【僅少】 极少 jí shǎo; 些许 xiēxǔ (英〚数〛a few; 〚量〛a little) ▶～差/微差 wēichā ▶残部～ですからお急ぎ下さい/只剩下极少的部数了,请赶快订货 zhǐ shèngxià jí shǎo de bùshù le, qǐng gǎnkuài dìnghuò

きんじょう【金城】 铜墙铁壁 tóngqiáng tiěbì ▶相手は～鉄壁の守りを誇るチームである/对方球队的防守好似铜墙铁壁 duìfāng qiúduì de fángshǒu hǎosì tóngqiáng tiěbì

きんじょう[錦上] ～花を添える 锦上添花 jǐnshàng tiān huā

きんじる【禁じる】 不准 bùzhǔn; 禁止 jìnzhǐ (英 forbid; prohibit) ▶それを～法律はない/没有禁止那种行为的法律 méiyǒu jìnzhǐ nà zhǒng xíngwéi de fǎlǜ ▶心臓が悪くて,運動は禁じられている/心脏不好,被医生禁止运动 xīnzàng bù hǎo, bèi yīshēng jìnzhǐ yùndòng ▶望郷の念を禁じがたい/禁不住思乡之念 jìnbuzhù sīxiāng zhī niàn

ぎんじる【吟じる】 吟咏 yínyǒng (英 recite) ▶老人は朗々と詩を吟じた/老人在琅琅吟诗 lǎorén zài lángláng yínshī

きんしん【近親】 近亲 jìnqīn (英 a near relation) ▶～者/近亲 jìnqīn ▶会長は側近を～者で固めた/会长把自己的近亲安插在左右 huìzhǎng bǎ zìjǐ de jìnqīn ānchā zài zuǒyòu ▶～相姦/近亲通奸 jìnqīn tōngjiān ▶～に不幸があったので欠席します/近亲中有人去世,不来参加 jìnqīn zhōng yǒu rén qùshì, bù lái cānjiā

きんしん【謹慎する】〚慎むこと〛谨慎 jǐnshèn;〚処分〛禁闭 jìnbì (英 behave oneself; be confined) ▶不～な態度/不谨慎的态度 bù jǐnshèn de tàidù ▶～処分/禁闭处分 jìnbì chǔfēn ▶～処分を言い渡す/宣告处以禁闭处分 xuāngào chǔ yǐ jìnbì chǔfēn ▶自宅～/在家禁闭 zài jiā jìnbì ▶僕は自分から進んで～にすることにした/我主动要求禁闭 wǒ zhǔdòng yāoqiú jìnbì ▶僕は1週間の自宅～を命じられた/我被命令在家禁闭一周 wǒ bèi mìnglìng zàijiā jìnbì yì zhōu

日中比較 中国語の'谨慎 jǐnshèn'は「慎重である」ことを言い,「処分」の意味はない.

きんせい【均整】 匀称 yúnchèn (英 balance; symmetry) ▶～のとれた/匀称 yúnchèn; 匀整 yúnzhěng; 端正 duānzhěng ▶あの～のとれた体がうらやましい/真羡慕他那样匀称的体形 zhēn xiànmù tā nàyàng yún chēng de tǐxíng

きんせい【近世】 近世 jìnshì (英 early modern ages)

参考 中国史に関して,中国では'近世'と'近代 jìndài'は同一概念である.

きんせい【金星】〚天文〛金星 jīnxīng; 晨星 chénxīng; 太白星 tàibáixīng (英 Venus)

きんせい【禁制】 查禁 chájìn (英 prohibited; forbidden) ▶～品/违禁品 wéijìnpǐn; 禁制品 jìn zhìpǐn ▶彼はひそかに～品を持ち込んだ/他偷偷地拿进去了违禁品 tā tōutōu de nájìnqule wéijìnpǐn ▶ここは女子寮であり男子～です/这儿

ぎんせかい【銀世界】 银白世界 yínbái shìjiè (英 *a world of snowy white*) ▶あたりは一面の〜だった/周围是一片银色的世界 zhōuwéi shì yí piàn yínsè de shìjiè ▶枯野は一夜で〜に変わった/荒野在一夜之间变成了银白世界 huāngyě zài yí yè zhījiān biànchéngle yínbái shìjiè

きんせつ【近接する】 比邻 bǐlín; 邻近 línjìn (英 *neighboring; adjacent*) ▶戦場に〜する村々では麦が実っていた/邻近战场的村子里，小麦成熟了 línjìn zhànchǎng de cūnzili, xiǎomài chéngshú le

きんせん【金銭】 金钱 jīnqián; 款子 kuǎnzi; 钱财 qiáncái (英 *money; cash*) ▶〜感覚/金钱观 jīnqiánguān ▶あいつはまるで〜感覚がない/他没有一点金钱观念 tā méiyǒu yì diǎn jīnqián guānniàn ▶〜を巡る争いが日常的に起きている/为金钱的争吵是家常便饭 wèi jīnqián de zhēngchǎo shì jiācháng biànfàn ▶その価値はとうてい〜に換算できない/它的价值怎么也不能用金钱换算 tā de jiàzhí zěnme yě bùnéng yòng jīnqián huànsuàn ▶動機はしょせん〜欲なんだ/动机总之就是想要钱嘛 dòngjī zǒngzhī jiù shì xiǎng yào qián ma ▶〜で動く人間だと思われたらおしまいだぞ/如果你被别人认为会为金钱所动，你就完蛋了 rúguǒ nǐ bèi biérén rènwéi huì wèi jīnqián suǒ dòng, nǐ jiù wándàn le

きんせん【琴線】 琴弦 qínxián; 心弦 xīnxián (英 *heartstrings*) ▶心の〜に触れる/动人心弦 dòng rén xīnxián ▶彼の話は心の〜に触れた/他的话触动了我的心弦 tā de huà chùdòngle wǒ de xīnxián

きんぜん【欣然】 欣然 xīnrán (英 *gladly*) ▶私はこの研究会に〜として参加した/我欣然参加了那个研究会 wǒ xīnrán cānjiāle nàge yánjiūhuì

きんそく【禁足】 禁止外出 jìnzhǐ wàichū (英 *confinement*) ▶僕は〜を食らっている/我被禁止外出 wǒ bèi jìnzhǐ wàichū ▶やっと〜が解けた/外出禁令终于解除了 wàichū jìnlìng zhōngyú jiěchú le

きんぞく【金属】 金属 jīnshǔ; 五金 wǔjīn (英 *a metal*) ▶原因は〜疲労だった/原因是金属疲劳 yuányīn shì jīnshǔ píláo ▶あの店には〜製品があふれている/那家店里摆满了金属制品 nà jiā diànli bǎimǎnle jīnshǔ zhìpǐn ▶家具は〜製より木製が好きです/比起金属的家具，我更喜欢木质家具 bǐqǐ jīnshǔ de jiājù, wǒ gèng xǐhuan mùzhí jiājù ▶〜性の音が耳に突き刺さった/金属性的声音很刺耳 jīnshǔxìng de shēngyīn hěn cì'ěr

きんぞく【勤続】 连续工作 liánxù gōngzuò (英 *continuous service*) ▶〜年数/工龄 gōnglíng ▶〜年数がまだ浅い/工龄还短 gōnglíng hái duǎn ▶私は〜30年の表彰を受けた/我受到了工作三十年的表彰 wǒ shòudàole gōngzuò sānshí nián de biǎozhāng

きんだい【近代】 近代 jìndài (英 *recent times*) ▶〜化/现代化 xiàndàihuà ▶こうして日本は〜化への道を踏み出した/就这样，日本走上了现代化的道路 jiù zhèyàng, Rìběn zǒushàngle xiàndàihuà de dàolù ▶彼の小説には〜の呻きがこめられている/他的小说里听得出近代的呻吟 tā de xiǎoshuōli tīngdechū jìndài de shēnyín

♦〜5種競技：五项铁人运动 wǔxiàng tiěrén yùndòng

きんたろう【金太郎】〔伝説中の怪童〕金太郎 Jīntàiláng (英 *a legendary boy who is symbolic of health and vitality*) ▶〜みたいに太った子供/像金太郎的胖小孩 xiàng Jīntàiláng de pàngxiǎohái ▶あの作家の小説はまるで〜飴だ/那个作家的小说简直是千篇一律 nàge zuòjiā de xiǎoshuō jiǎnzhí shì qiān piān yīlǜ

きんだん【禁断】 严禁 yánjìn (英 *prohibition*) ▶君たちは〜の木の実の味を知ったわけだ/你们尝到了禁果的味道了 nǐmen chángdàole jìnguǒ de wèidao le ▶クスリが切れて〜症状が始まった/药劲儿过去，出现了犯瘾症状 yàojìnr guòqù, chūxiànle fànyǐn zhèngzhuàng

きんちさん【禁治産】〔法〕禁治产 jìnzhìchǎn (英 *incompetency*) ▶彼は〜の宣告を受けた/他被宣告是禁治产人 tā bèi xuāngào shì jìnzhìchǎnrén

♦〜者：禁治产人 jìnzhìchǎnrén; 丧失管理财产者 sàngshī guǎnlǐ cáichǎnzhě：成年后被监护者 chéngnián hòu bèi jiānhùzhě

きんちゃく【巾着】 钱袋 qiándài; 荷包 hébāo (英 *a purse*)

♦腰〜：跟屁虫 gēnpìchóng

きんちょ【近著】 近作 jìnzuò (英 *one's recent book*) ▶彼の〜に面白い話が紹介されている/他的近作中介绍了很有趣的故事 tā de jìnzuò zhōng jièshàole hěn yǒuqù de gùshì

きんちょう【緊張】 紧张 jǐnzhāng (英 *get tense*) ▶〜がゆるむ/松弛 sōngchí ▶これで両国間の〜がゆるむかもしれない/这样两国之间的紧张关系说不定会缓和 zhèyàng liǎng guó zhījiān de jǐnzhāng guānxì shuōbudìng huì huǎnhé ▶〜をほぐす/放松 fàngsōng ▶彼の一言がその場の〜をほぐした/他的一句话缓和了当时的紧张空气 tā de yí jù huà huǎnhéle dāngshí de jǐnzhāng kōngqì ▶〜を欠く/松懈 sōngxiè ▶最近うちのチームは〜を欠いている/最近我们的球队缺乏紧张气氛 zuìjìn wǒmen de qiúduì quēfá jǐnzhāng qìfēn ▶壇上に立つと〜で足が震えた/一上讲台，就紧张得腿发抖 yí shàng jiǎngtái, jiù jǐnzhāngde tuǐ fādǒu ▶彼女の前で僕はひどく〜した/在她面前，我非常紧张 zài tā miànqián, wǒ fēicháng jǐnzhāng

[日中比較] 中国語の'紧张 jǐnzhāng'には「気分が張りつめる」「争いが起こりそうである」という意味の他、「品不足である」という意味もある。住房紧张 zhùfáng jǐnzhāng/住宅不足

きんてい【謹呈する】 敬赠 jìngzèng (英 *pres-*

ent）▶新著を1冊～します/敬赠新作一本 jìngzèng xīnzuò yì běn ▶著者～/著者敬赠 zhùzhě jìngzèng

きんてき【金的】（英 *a bull's-eye*）▶僕は彼女の心をつかみ、ついに～を射止めた/我得到了她的心，终于获得了大成功 wǒ dédàole tā de xīn, zhōngyú huòdéle dàchénggōng

きんとう【均等】均等 jūnděng; 平均 píngjūn; 匀 yún（equality）▶～になる/拉平 lāpíng ▶～に分配する/均分 jūnfēn ▶全員に～に配分する/给全体平等分配 gěi quántǐ píngděng fēnpèi ▶～に負担する/均摊 jūntān ▶みんなで～に負担しよう/大家平等负担吧 dàjiā píngděng fùdān ba ▶～に分配する/平分 píngfēn ▶割り/均摊 jūntān 飲み代は～割りでいこう/酒钱均摊吧 jiǔqian jūntān ba ▶教育の機会～は社会の大原則のはずだ/教育的机会均等应该是社会的大原则 jiàoyù de jīhuì jūnděng yīnggāi shì shèhuì de dàyuánzé

きんとう【近東】近东 jìndōng（英 *the Near East*）
♦～諸国/近东诸国 jìndōng zhūguó; 近东各国 jìndōng gèguó

きんとき【金時】❶〚坂田金時（金太郎のこと）〛金时 Jīnshí →きんたろう（金太郎）▶彼は酔って～の火事見舞いのような顔になった/他喝醉了，满脸通红 tā hēzuì le, mǎnliǎn tōnghóng ❷〚赤くて大きい〛红豆 hóngdòu ▶私は～豆が大好きなんですよ/我很喜欢大粒的红豆 wǒ hěn xǐhuan dàlì de hóngdòu

ギンナン【銀杏】〚植物〛银杏 yínxìng; 白果 báiguǒ（英 *a ginkgo nut*）

きんにく【筋肉】肌肉 jīròu; 筋肉 jīnròu（英 *a muscle*）▶～注射/肌注 jīzhù ▶上腕部に～注射を打つ/在胳膊上作肌肉注射 zài gēboshang zuò jīròu zhùshè ▶～疲労/肌肉疲劳 jīròu píláo ▶君は～疲労が厳しいね/你的肌肉疲劳很严重 nǐ de jīròu píláo hěn yánzhòng ▶彼は盛り上がった～をわざわざ見せつけた/他特意向大家显示自己发达的肌肉 tā tèyì xiàng dàjiā xiǎnshì zìjǐ fādá de jīròu ▶彼は～質の体をしている/他浑身都是肌肉 tā húnshēn dōu shì jīròu

きんねん【近年】近年 jìnnián（英 *in recent years*）▶～来/近些年来 jìn xiē nián lái ▶～来売り上げが伸びている/近几年来的贩卖金额在增长 jìn jǐ nián lái de fànmài jīn'é zài zēngzhǎng ▶～はおかしな化粧がはやっている/近年流行奇怪的化妆 jìnnián liúxíng qíguài de huàzhuāng ▶～の作品を1冊にまとめた/把近年的作品汇编成一本书 bǎ jìnnián de zuòpǐn huìbiānchéng yì běn shū

きんば【金歯】金牙 jīnyá（英 *a gold tooth*）▶彼女は～をむき出しにしてがなり立てた/那个女人露出金牙，大声吵闹起来 nàge nǚrén lùchū jīnyá, dàshēng chǎonàoqǐlai ▶笑うと～がちらりとのぞく/一笑，就露出金牙 yí xiào, jiù lùchū jīnyá lái

きんぱく【金箔】金箔 jīnbó（英 *gold foil*）▶～をつける/贴金 tiējīn ▶彼は留学で～をつけて帰った/他留学镀金完全回来了 tā liúxué dùwán jīn huílái le ▶ふすまは～貼りである/隔扇是金箔糊的 géshan shì jīnbó hú de

きんぱく【緊迫する】吃紧 chījǐn; 紧迫 jǐnpò; 紧张 jǐnzhāng（英 *become tense*）▶～した状態/燃眉之急 rán méi zhī jí ▶両国関係は～した状態になる/两国关系进入了紧张状态 liǎng guó guānxi jìnrùle jǐnzhāng zhuàngtài ▶これは相当に～しているな/这可是相当紧迫啊 zhè kěshì xiāngdāng jǐnpò a ▶電話の声が情勢の～を伝えていた/电话的声音在传达着事态的紧迫 diànhuà de shēngyīn zài chuándázhe shìtài de jǐnpò

きんぱつ【金髪】金发 jīnfà（英 *golden hair; fair hair*）▶茶髪ばかりか～に染める若者さえいる/别说是茶色了，有的年轻人甚至把头发染成金色 bié shuō shì cháse le, yǒude niánqīngrén shènzhì bǎ tóufa rǎnchéng jīnsè ▶夫人は豊かな～をなびかせていた/夫人飘动着密密的金发 fūrén piāodòngzhe mìmì de jīnfà

ぎんぱつ【銀髪】银发 yínfà; 白头发 báitóufa（英 *silver hair*）▶目の前に～の紳士が立っていた/眼前站着一位银发的绅士 yǎnqián zhànzhe yí wèi yínfà de shēnshì

ぎんばん【銀盤】滑冰场 huábīngchǎng（英〚アイススケート場〛*a skating rink*）▶観衆はみな女王の滑りに酔った/观众都为冰上女王的演技所陶醉了 guānzhòng dōu wèi bīngshang nǚwáng de yǎnjì suǒ táozuì le

きんぴか【金ぴかの】金煌煌 jīnhuānghuāng（英 *glittering*）▶僕は～の衣装は嫌いだ/我不喜欢金色耀眼的服装 wǒ bù xǐhuan jīnsè yàoyǎn de fúzhuāng

きんぴん【金品】金钱和物品 jīnqián hé wùpǐn（英 *money and goods*）▶彼は情报を漏らしては～を受け取っていた/他通过泄漏情报接受了报酬 tā tōngguò xièlòu qíngbào jiēshòule bàochóu

きんぶち【金縁の】金边 jīnbiān（英 *gold-rimmed; gilt-framed*）▶～眼鏡/金框眼镜 jīnkuàng yǎnjìng ▶夫人は今日は～眼鏡で現れた/夫人今天戴着金边眼镜出现了 fūrén jīntiān dàizhe jīnbiān yǎnjìng chūxiàn le

ぎんぶち【銀縁の】银框 yínkuàng; 银边 yínbiān（英 *silver-rimmed; silver-framed*）▶私の絵は～の額に飾られていた/我的画被银边的画框装饰起来 wǒ de huà bèi yínbiān de huàkuàng zhuāngshìqǐlai

きんぷん【金粉】金粉 jīnfěn（英 *gold dust*）
ぎんぷん【銀粉】银粉 yínfěn（英 *silver dust*）
きんべん【勤勉な】勤奋 qínfèn; 勤恳 qínkěn; 勤劳 qínláo（英 *hardworking*）▶あなたの～さは誰もが認めています/你的勤奋是大家都认同的 nǐ de qínfèn shì dàjiā dōu rèntóng de ▶あれほど～なアルバイトも珍しい/像那样勤恳的临时工还真少有 xiàng nàyàng qínkěn de línshígōng hái zhēn shǎoyǒu

きんぺん【近辺】 邻近 línjìn (英 *the neighborhood*) ▶この〜/这一带 zhè yídài ▶この〜に郵便局はないかな/这附近没有邮局吗? zhè fùjìn méiyǒu yóujú ma? ▶〜を探したが見つからなかった/在附近找遍了，没找到 zài fùjìn zhǎobiàn le, méi zhǎodào

きんほんい【金本位】 金本位 jīnběnwèi (英 *the gold standard*) ▶〜制を取り入れる予定はない/没有计划采取金本位制 méiyǒu jìhuà cǎiqǔ jīnběnwèizhì

きんまきえ【金蒔絵】 金漆彩画 jīnqī cǎihuà (英 *gold lacquer work*) ▶机の上に〜のすずり箱がてある/桌子上放着金漆彩画的砚台盒 zhuōzishang fàngzhe jīnqī cǎihuà de yàntáihé

ぎんまく【銀幕】 银幕 yínmù (英 [映画] *a movie*) ▶〜のスター/电影明星 diànyǐng míngxīng ▶〜のスターを夢見て上京したが…/梦想着成为银幕上的明星来到了东京… mèngxiǎngzhe chéngwéi yínmùshang de míngxīng láidàole Dōngjīng…

ぎんみ【吟味する】 品味 pǐnwèi; 斟酌 zhēnzhuó; 精心挑选 jīngxīn tiāoxuǎn (英 [調査する] *inquire into…*; [手に取ったりして] *examine*) ▶食材はよくよく〜するんだよ/要精心挑选食品材料啊 yào jīngxīn tiāoxuǎn shípǐn cáiliào a ▶材質が〜が足りないんじゃないか/对材料的选择不够精啊 duì cáiliào de xuǎnzé búgòu jīng a

きんみつ【緊密な】 紧密 jǐnmì; 密切 mìqiè (英 *close*) ▶〜な関係を保つ/保持密切关系 bǎochí mìqiè guānxi ▶両社は〜な関係を保っている/两个公司间保持着紧密的关系 liǎng gè gōngsī jiān bǎochízhe jǐnmì de guānxi ▶親子のつながりをいっそう〜にしたい/希望能加强亲子间的紧密关系 xīwàng néng jiāqiáng qīnzǐ jiān de jǐnmì guānxi

きんみゃく【金脈】 金矿 jīnkuàng; 生财之道 shēngcái zhī dào (英 [鉱脈] *a vein of gold*; [金づる] *a financial supporter*) ▶私はついに〜を掘り当てた/我终于挖到了金矿 wǒ zhōngyú wādàole jīnkuàng ▶主流派は〜が豊かだ/主流派的财源旺盛 zhǔliúpài de cáiyuán wàngshèng

きんむ【勤務する】 勤务 qínwù; 工作 gōngzuò (英 *work*) ▶〜日/工作日 gōngzuòrì ▶〜地/工作地点 gōngzuò dìdiǎn ▶〜を交替する/交班 jiāobān; 接班 jiēbān; 换班 huànbān ▶ここでは6時間ごとに〜を交替する/在这儿是六个小时换班 zài zhèr shì liù gè xiǎoshí huànbān ▶当時私は商社に〜していた/当时我在贸易公司上班 dāngshí wǒ zài màoyì gōngsī shàngbān ▶〜地が遠いので通勤が大変だ/上班的地方很远，通勤很辛苦 shàngbān de dìfang hěn yuǎn, tōngqín hěn xīnkǔ ▶〜中はメールなどするな/上班的时候不要写电子邮件 shàngbān de shíhou búyào xiě diànzǐ yóujiàn ▶〜時間が短い代わりに給料が安い/上班时间短，而工资也相应的便宜 shàngbān shíjiān duǎn, ér gōngzī yě gōngyīng de piányi

▶〜評定する;考绩 kǎojì; 考勤 kǎoqín ▶うちは〜評定が厳しい/我们公司的业务评定很严 wǒmen gōngsī de yèwù píngdìng hěn yán

[日中比較] 中国语の"勤务 qínwù"は「特定の組織で働く」という意味の他に「公的な業務」をいう.

きんめっき【金鍍金する】 镀金 dùjīn (英 *gild*; *plate… with gold*)

ぎんめっき【銀鍍金する】 镀银 dùyín (英 *plate… with silver*)

キンモクセイ【金木犀】[植物] 桂花 guìhuā (英 *a fragrant orange-colored olive*) ▶〜の香りがりにまで流れてくる/桂花的香味都飘到了路上了 guìhuā de xiāngwèi dōu piāodàole lùshang le

きんもじ【金文字】 (英 *gold letters*) ▶街灯の光に〜が浮かび上がる/街灯使金色的文字很显眼 jiēdēng shǐ jīnsè de wénzì hěn xiǎnyǎn ▶看板に〜で「宮田商店」と書かれている/招牌上用金字写着"宫田商店" zhāopáishang yòng jīnzì xiězhe "Gōngtián shāngdiàn"

きんもつ【禁物】 切忌 qièjì; 严禁 yánjìn (英 *a prohibited thing*; *a taboo*) ▶油断〜/切忌麻痹 qièjì mábì ▶最後まで油断は〜だよ/直到最后都要切忌麻痹 zhídào zuìhòu dōu yào qièjì mábì ▶ドライバーに酒は〜だ/严禁喝酒驾车 yánjìn hē jiǔ jiàchē

きんゆ【禁輸】 禁运 jìnyùn (英 *an embargo on the export〔import〕*) ▶〜品目に石油が加わった/禁运物品里加上了石油 jìnyùn wùpǐnli jiāshàngle shíyóu ▶今回の〜措置で困るのはどっちかね/这次的禁运措施对哪方不利呢? zhè cì de jìnyùn cuòshī duì nǎ fāng búlì ne?

きんゆう【金融】 金融 jīnróng (英 *finance*; *financing*) ▶〜市場/金融市场 jīnróng shìchǎng ▶そのニュースで〜市場に緊張が走った/那条新闻使金融市场恐慌不安 nà tiáo xīnwén shǐ jīnróng shìchǎng kǒnghuāng bù'ān ▶〜資本/金融资本 jīnróng zīběn ▶合併を主導するのは〜資本だろう/主导合并的是金融资本吧 zhǔdǎo hébìng de shì jīnróng zīběn ba ▶〜機関/金融机关 jīnróng jīguān ▶僕は〜機関で働きたい/我想在金融机关工作 wǒ xiǎng zài jīnróng jīguān gōngzuò ▶〜業/金融业 jīnróngyè ▶〜業にもいろいろある/金融业里也有很多种类 jīnróngyèli yě yǒu hěn duō zhǒnglèi ▶日銀は〜引き締めにかかるだろう/日本银行会紧缩银根吧 Rìběn yínháng huì jǐnsuō yíngēn ba

きんよう【緊要な】 紧要 jǐnyào (英 *very important*) ▶日を追って介護の〜度は増していく/护理的重要性日益增加 hùlǐ de zhòngyàoxìng rìyì zēngjiā ▶被災地の水と食糧の確保こそ〜である/确保受灾地区的水和食粮才是最紧要的 quèbǎo shòuzāi dìqū de shuǐ hé shíliáng cái shì zuì jǐnyào de

きんようび【金曜日】 星期五 xīngqīwǔ; 礼拜五 lǐbàiwǔ (英 *Friday*) ▶今日9月13日〜は僕の誕生日だ/今天九月十三号星期五是我的

生日 jīntiān jiǔ yuè shísān hào xīngqīwǔ shì wǒ de shēngrì

きんよく【禁欲】 禁欲 jìnyù (英 *abstinence*) ▶~的/禁欲的 jìnyù de ▶彼は名利にはへの対して名利意は很有节制的… tā duìyú mínglì dàoshì hěn yǒu jiézhì de… ▶彼は~によって何を得たのだろう/他通过禁欲得到了什么呢? tā tōngguò jìnyù dédàole shénme ne?

きんらい【近来】 近来 jìnlái; 最近 zuìjìn (英 *in these days; recently*) ▶~まれな/近来罕见的 jìnlái hǎnjiàn de ▶彼は~まれな好青年だ/他是近来少有的好青年 tā shì jìnlái shǎoyǒu de hǎoqīngnián ▶私は文学界の~の動向にうといんだ/我对文学界最近的动向不太知情 wǒ duì wénxuéjiè zuìjìn de dòngxiàng bú tài zhīqíng

きんり【金利】〖金融〗利息 lìxī; 利率 lìlǜ (英 *the rate of interest*) ▶~がつく/附带利息 fùdài lìxī ▶高[低]~/高[低]利率 gāo[dī]lìlǜ ▶預金には本来~がつくはずだ/存款本来是有利息的 cúnkuǎn běnlái shì yǒu lìxī de ▶貸金業者の高~に泣かされた/被高利贷者的高利率惨了 bèi gāolìdàizhě de gāo lìhài cǎn le ▶ゼロ~の時代が長かった/零利息的时期太长了 líng lìxī de shíqí tài cháng le ▶来月から~が上がる/下个月开始利息调高 xià ge yuè kāishǐ lìxī tiáogāo ▶住宅ローンの~を下げるそうだ/住房的按揭利息据说要调低 zhùfáng de ànjiē lìxī jùshuō yào tiáodī

きんりょう【禁猟】 禁止打猎 jìnzhǐ dǎliè (英 *prohibition of hunting*) ▶~区/禁猎区 jìnlièqū ▶島全体が~区になっている/整个岛都是禁猎区 zhěnggè dǎo dōu shì jìnlièqū

きんりょう【禁漁】 禁漁 jìnyú (英 *prohibition of fishing*) ▶~区/禁渔区 jìnyúqū ▶~区に出没する船がある/有船只出没在禁渔区域 yǒu chuánzhī chūmò zài jìnyú qūyù ▶今はまだ鮭の~期だ/现在还是禁止捕捞鲑鱼的期间 xiànzài háishi jìnzhǐ bǔlāo guīyú de qījiān

きんりょく【筋力】 肌肉力量 jīròu lìliang (英 *brawn*) ▶彼は春の間に一段と~をつけた/他在春天又增强了肌肉力量 tā zài chūntiān yòu zēngqiángle jīròu lìliang ▶怪我で休んでいる間に~が落ちた/受伤休息期间，肌肉力量减退了 shòushāng xiūxí qījiān, jīròu lìliang jiǎntuì le

きんりん【近隣】 近邻 jìnlín; 邻居 línjū (英 *one's neighborhood*) ▶~との付き合いがうまくいかない/和邻居的关系处不好 hé línjū de guānxi chǔbuhǎo ▶~の人たちがみんな親切なんだ/邻居都很热心 línjū dōu hěn rèxīn ▶~に迷惑をかけないようにしたい/不想给邻居添麻烦 bù xiǎng gěi línjū tiān máfan ▶諸国と協力して公害対策を強化する/和近邻各国合作加强公害对策 hé jìnlín gèguó hézuò jiāqiáng gōnghài duìcè

きんろう【勤労】 劳动 láodòng (英 *work; labor*) ▶~は権利でもあり義務でもある/劳动既是权利又是义务 láodòng jì shì quánlì yòu shì yìwù ♦**~意欲** ▶~意欲をそぐようなことは言わないでくれ/别说那种损伤劳动积极性的话 bié shuō nà zhǒng sǔnshāng láodòng jījíxìng de huà **~感謝の日** ▶~感謝の日にも働く人はたくさんいる/"勤劳感谢日"里工作的人也不少 "Qínláo gǎnxièrì" li gōngzuò de rén yě bùshǎo **~者**:劳动者 láodòngzhě ▶僕だってれっきとした~者なんだ/我也是一个堂堂正正的劳动者 wǒ yě shì yí ge tángtángzhèngzhèng de láodòngzhě **~所得** ▶~所得には所得税がかかる/劳动所得要交所得税 láodòng suǒdé yào jiāo suǒdéshuì

く

く【九】 九 jiǔ;〖大字〗玖 jiǔ (英 *nine*) ▶第一交響曲/第九交响乐 Dìjiǔ jiāoxiǎngyuè **十有八**~ 十有八九 shí yǒu bā jiǔ

く【区】 区 qū (英 [市の] *a ward*; [区域] *a district; a section*) ▶新宿~の人口/新宿区的人口 Xīnsùqū de rénkǒu ▶この山は禁猟~になっている/这座山成了禁猎区 zhè zuò shān chéngle jìnlièqū

く【句】 词语 cíyǔ; 短语 duǎnyǔ;〖俳句〗俳句 páijù (英 *a phrase*; [詩の] *a verse*; [俳句] *a haiku*) ▶一茶の~/小林一茶的俳句 Xiǎolín Yīchá de páijù ▶一字一~/一字一句 yí zì yí jù

く【苦】 苦 kǔ (英 *a pain; hardship*) ▶~あれば楽あり/苦尽甘来 kǔ jìn gān lái; 有苦才有乐 yǒu kǔ cái yǒu lè ▶~にする/以…为苦 yǐ…wéi kǔ ▶家事なんか~にならないよ/做家务并不算辛苦 zuò jiāwù bìng bú suàn xīnkǔ ▶近所付き合いを~にする/苦于跟邻居交往 kǔyú gēn línjū jiāowǎng ▶長い階段も~にしない/攀登漫长的阶梯也不觉得辛苦 pāndēng màncháng de jiētī yě bù jué déxīn kǔ ▶この問題は~もなく解ける/这道题很轻易就能解答 zhè dào tí hěn qīngyì jiù néng jiědá

ぐ【具】〖料理〗菜码儿 càimǎr; 面码儿 miànmǎr; 馅儿 xiànr (英 *ingredients*);〖手段〗手段 shǒuduàn (英 *a means*) ▶餃子の~/饺子馅儿 jiǎozi xiànr ▶戦争の~にする/当成政治斗争的手段 dàngchéng zhèngzhì dòuzhēng de shǒuduàn ▶運動~/运动器具 yùndòng qìjù

ぐ【愚】 愚昧 yúmèi (英 *foolishness*) ▶~の骨頂/愚蠢透顶 yúchǔn tòudǐng ▶~にもつかないことを言う/说傻话 shuō shǎhuà ▶~息/犬子 quǎnzǐ ▶~直な男/过于正直的男人 guòyú zhèngzhí de nánrén; 死心眼的男人 sǐxīnyǎn de nánrén ▶~見/拙见 zhuōjiàn

ぐあい【具合】 ❶〖状況〗状況 zhuàngkuàng (英 *a condition*) ▶二人の間が妙な~になった/两个人的关系变得微妙起来 liǎng ge rén de guānxi biànde wēimiàoqǐlai ▶~/进展状况 jìnzhǎn zhuàngkuàng ▶工事の進み~は芳しくない/工程的进展情况不理想 gōngchéng de jìnzhǎn qíngkuàng bù lǐxiǎng ▶この機械は〜が悪い/这个机器不好使 zhège jīqì bù hǎoshǐ ▶人前でそれをするのは〜が悪かろう/当着人的面儿干这种事，不合适吧？ dāngzhe rén de miànr gàn zhè zhǒng shì, bù héshì ba? ▶よくいっています/进展顺利 jìnzhǎn shùnlì ▶こういう〜にやるのだ/就这么办 jiù zhème bàn; 按这个做法去做 àn zhège zuòfǎ qù zuò

2【体調】(英 *one's health*) ▶胃の〜が悪い/胃的状态不好 wèi de zhuàngtài bù hǎo ▶《医者が》〜はいかがですか/身体怎么样？ shēntǐ zěnmeyàng? ▶病人の〜ははかばかしくない/病人的病情不佳 bìngrén de bìngqíng bù jiā ▶体の〜が悪いので今日は欠席します/身体有点不舒服，今天缺席 shēntǐ yǒudiǎn bù shūfu, jīntiān quēxí ▶右膝の〜が悪かった/右膝有毛病 yòuxī yǒu máobìng

3【都合】(英 *convenience*) ▶来週は〜が悪い/下周不方便 xiàzhōu bù fāngbiàn ▶彼に電話するには〜の悪い時刻だった/给他打电话的时间很糟糕 gěi tā dǎ diànhuà de shíjiān hěn zāogāo

くい【杭】 桩 zhuāng; 桩子 zhuāngzi (英 *a stake; a pile*) ▶〜を打つ/打桩 dǎzhuāng; 钉桩子 dìng zhuāngzi ▶棒/木桩 mùzhuāng ▶〜打ち機/打桩机 dǎzhuāngjī

ことわざ 出る杭は打たれる 树大招风 shù dà zhāo fēng; 枪打出头鸟 qiāng dǎ chūtóu niǎo

くい【悔い】 悔恨 huǐhèn; 后悔 hòuhuǐ (英 *regrets*) ▶〜が残る/遗恨 yíhèn ▶全力を尽くしたから〜は残らない/已经尽了力，所以不后悔 yǐjīng jìnle lì, suǒyǐ bú hòuhuǐ ▶〜も悔もない/无悔 wú huǐ ▶〜のない人生なてないと思うよ/我想不会有什么"无悔人生" wǒ xiǎng búhuì yǒu shénme "wúhuǐ rénshēng"

くいあげ【食い上げ】
飯の〜 吃不上饭 chībushàng fàn; 丢掉饭碗 diūdiào fànwǎn

くいあらす【食い荒らす】 乱吃 luànchī (英 *eat away*) ▶ねずみに食い荒らされる/被老鼠咬得一塌糊涂 bèi lǎoshǔ yǎode yì tā hútú

くいあらためる【悔い改める】 改悔 gǎihuǐ; 悔改 huǐgǎi (英 *repent*) ▶罪を〜/悔罪 huǐzuì

くいいじ【食い意地】 (英 *greediness*) ▶〜の張った/贪嘴 tānzuǐ ▶タバコを止めると〜が張るようになった/一戒烟，就变得贪嘴了 yí jiè yān, jiù biànde tānzuǐ le

くいいるように【食い入るように】 目不转睛地 mù bù zhuǎn jīng de (英 *with staring eyes*) ▶〜見つめる/目不转睛地看 mù bù zhuǎn jīng de kàn; 凝视 níngshì

クイーン 女王 nǚwáng; 皇后 huánghòu (英 *a queen*) ▶スペードの〜/黑桃皇后 hēitáo huánghòu ▶〜エリザベス号/伊丽莎白女王号（客轮）Yīlìshābái nǚwáng hào (kèlún)

くいき【区域】 地段 dìduàn; 区域 qūyù; 范围 fànwéi (英 *an area; a district; a zone*) ▶通学〜/学区 xuéqū ▶駐停车〜/停车区域 tíngchē qūyù ▶〜内/区域内 qūyùnèi

ぐいぐい (英 *vigorously*) ▶満員電車で〜押される/在拥挤的电车里被挤来挤去 zài yōngjǐ de diànchēli bèi jǐ lái jǐ qù ▶〜引き離す/拼命拉大距离 pīnmìng lā dà jùlí

くいけ【食い気】 胃口 wèikǒu; 食欲 shíyù (英 *appetite*) ▶色气より〜のほうだ/好吃不好色 hàochī bú hàosè

くいこむ【食い込む】 (英 *eat one's way into...*) ▶3位に〜《競技会で》/跻身第三名 jīshēn dìsān míng ▶《講義が延びて》2時限に少し〜/（第一节课拖堂）占了一点儿第二节课的时间 (dìyī jié kè tuōtáng) zhànle yìdiǎnr dì'èr jié kè de shíjiān ▶ブラジャーが背中に〜/胸罩背带勒进肉里 xiōngzhào bēidài lēijìn ròulǐ

くいさがる【食い下がる】 不肯罢休 bùkěn bàxiū (英 *persist*) ▶首相にしつこく〜記者/记者执拗地追问总理，不肯罢休 jìzhě zhíniù de zhuīwèn zǒnglǐ, bùkěn bàxiū ▶優勝は逸したが最後まで相手に食い下がった/虽然没得到金牌，但死死追赶对手坚持到最后 suīrán méi dédào jīnpái, dàn sǐsǐ zhuīgǎn duìshǒu jiānchí dào zuìhòu

くいしばる【食いしばる】 咬紧 yǎojǐn (英 *clench one's teeth*) ▶歯を〜/咬紧牙关 yǎojǐn yáguān ▶腹が立っても歯を食いしばって我慢する/虽然很气愤，但是咬紧牙关忍耐 suīrán hěn qìfèn, dànshì yǎojǐn yáguān rěnnài

くいしんぼう【食いしん坊】 馋鬼 chánguǐ (英 *a glutton; a gourmet*) ▶〜だ/贪嘴 tānzuǐ ▶彼女は〜のくせにスリムだな/她是个馋鬼却很苗条 tā shì ge chánguǐ què hěn miáotiao

クイズ 猜谜 cāimí; 智力测验 zhìlì cèyàn (英 *a quiz*) ▶〜を出題する/出智力题 chū zhìlìtí ▶〜に答える/答智力题 dá zhìlìtí ▶〜番组の解答者/智力竞赛节目的解答人 zhìlì jìngsài jiémù de jiědárén

くいすぎ【食い過ぎ】 (英 *overeating*) ▶〜だ/吃得太多 chīde tài duō

くいたりない【食い足りない】 不够满足 búgòu mǎnzú; 不过瘾 búguò yǐn (英 *have not eaten enough*) ▶いい映画だがなんだか〜/算是个好电影，但是总感到有点儿美中不足 suànshì ge hǎo diànyǐng, dànshì zǒng gǎndào yǒudiǎnr měi zhōng bù zú

くいちがい【食い違い】 出入 chūrù; 分歧 fēnqí [不一致] *a discrepancy*) ▶トップ同士で〜を調整する/双方领导调整分歧 shuāngfāng lǐngdǎo tiáozhěng fēnqí ▶彼の説明には〜がある/他的解释有些矛盾 tā de jiěshì yǒuxiē máodùn

くいちがう【食い違う】 不一致 bù yízhì; 不符 bù fú; 脱节 tuōjié (英 *be at cross-purposes*) ▶証言が〜/证言不同 zhèngyán bùtóng ▶両者の言い分が〜/双方意见不一致 shuāngfāng yìjiàn bù yízhì ▶質問と答が食い違っていた/问题和回

答不对口 wèntí hé huídá bú duìkǒu
くいちぎる【食いちぎる】 咬开 yǎokāi; 咬断 yǎoduàn (英 *bite off*) ▶鳥が網を食いちぎって生ごみを食い散らす/乌鸦咬开(盖在垃圾上的)网,把垃圾祸害得乱七八糟 wūyā yǎokāi(gàizài lājīshang de)wǎng, bǎ shēnglājī huòhaide luànqī bā zāo
くいちらす【食い散らす】 乱吃 luànchī; 吃得到处都是 chīde dàochù dōu shì (英 *eat away*)
くいつく【食い付く】 咬住 yǎozhù; 上钩 shàng gōu (英 *bite*) ▶魚が餌に~/鱼咬钩 yú yǎo gōu ▶レポーターが容疑者に食い付いて離れない/采访人咬住嫌疑人不放 cǎifǎngrén yǎozhù xiányírén bú fàng
くいつくす【食い尽くす】 吃尽 chījìn; 吃光 chīguāng (英 *eat up*; *consume*) ▶野生鹿が植林の新芽を~/野生的鹿把树林的新芽吃得精光 yěshēng de lù bǎ shùlín de xīnyá chīde jīngguāng
くいつなぐ【食いつなぐ】 活命 huómìng; 糊口 húkǒu (英 *live off*) ▶短期のバイトで~/靠打短工糊口 kào dǎ duǎngōng húkǒu ▶わずかな年金で~/靠微薄的养老金过日子 kào wēibó de yǎnglǎojīn guò rìzi
くいつぶす【食い潰す】 吃光 chīguāng (英 *eat up one's property*) ▶財産を~/坐吃山空 zuò chī shān kōng ▶先人の遺産を~/把祖上的遗产吃光 bǎ zǔshàng de yíchǎn chīguāng
くいつめる【食い詰める】 不能糊口 bùnéng húkǒu; 过不下去 guòbuxiàqu (英 *become penniless*) ▶人は~と何をするか分からない/人到了饥寒交迫的时候就会不择手段 rén dàole jī hán jiāo pò de shíhou jiù huì bù zé shǒuduàn
ぐいと (英 *with a jerk*) ▶扉を~ひっぱって開ける/使劲儿拉开门 shǐjìnr lākāi mén ▶~飲む/一口气喝下去 yìkǒuqì hē xiàqù
くいどうらく【食い道楽】 讲究吃 jiǎngjiu chī; 美食家 měishíjiā (英 *epicurism*)
くいとめる【食い止める】 制止 zhìzhǐ; 阻止 zǔzhǐ (英 *check*; *prevent*) ▶火事をぼやで~/控制火势不使变大 kòngzhì huǒshì bù shǐ biàndà ▶被害を最小限に~/把灾害控制在最小范围 bǎ zāihài kòngzhì zài zuìxiǎo fànwéi
くいにげ【食い逃げする】 不付饭钱偷偷溜走 bú fù fànqián tōutōu liūzǒu (英 *bilk a restaurant*)
くいはぐれる【食いはぐれる】 吃不上饭 chībushàng fàn (英 [食事を] *miss*)
くいぶち【食い扶持】 伙食费 huǒshífèi; 饭费 fànfèi (英 *one's bread*) ▶~を稼ぐ/挣饭钱 zhèng fànqián
くいもの【食い物】 食物 shíwù; 牺牲品 xīshēngpǐn (英 *food*; *provisions*) ▶~にする/吞剥 tūnbō ▶子供を~にする/拿孩子赚钱 ná háizi zhuàn qián; 在孩子身上打主意 zài háizi shēnshang dǎ zhǔyì
くいる【悔いる】 后悔 hòuhuǐ; 悔恨 huǐhèn (英 *regret*; *be penitent*) ▶過去の過ちを~/对以前的错事后悔 duì yǐqián de guòcuò hòuhuǐ
クインテット [音楽] 五重唱 wǔchóngchàng; 五重奏 wǔchóngzòu (英 *a quintet*)
くう【空】 空 kōng; 空 kòng (英 *space*; *the air*)
くう【食う】 **1**【食べる】 吃 chī (英 *have*; *eat*) ▶腹いっぱいに~/吃饱 chībǎo **2**【虫が】 咬 yǎo; 叮 dīng (英 *bite*) ▶蚊に食われた/被蚊子咬了 bèi wénzi yǎo le **3**【消費する】 费 fèi (英 *consume*) ▶時間を~/费时间 fèi shíjiān ▶ガソリンを~自動車/油的汽车 fèi yóu de qìchē **4**【被る】 遭 zāo (英 *receive*) ▶小言を~/遭责备 zāo zébèi ▶その手は食わない/不上你的当 bú shàng nǐ de dāng ▶一杯食った《ごまかされた》/我被骗了 wǒ bèi piàn le **5**【侵す·勝る】 (英 *beat*) ▶主役を~/抢占主角 qiǎngzhàn zhǔjué **6**【生活する】 过活 guòhuó; 谋生 móushēng (英 *live*) ▶~に事欠く/断炊 duànchuī; 难以糊口 nányǐ húkǒu ▶~ために働く/为了面包工作 wèile miànbāo gōngzuò ▶一生~に困らない/一辈子不愁吃饭 yíbèizi bù chóu chīfàn ▶やっと食っていく/好歹能维持生活 hǎodǎi néng wéichí shēnghuó
ぐうい【寓意】 寓意 yùyì (英 *an allegory*)
くうかん【空間】 空间 kōngjiān (英 *space*)
くうき【空気】 空气 kōngqì; [雰囲気] 气氛 qìfēn (英 *air*; [雰囲気] *atmosphere*) ▶(タイヤなどに)~を入れる/打气 dǎqì ▶きれいな~/清洁的空气 qīngjié de kōngqì ▶緊張した~/紧张的气氛 jǐnzhāng de qìfēn ▶冷たい~に触れる/接触到寒冷的空气 jiēchù dào hánlěng de kōngqì ▶その場の~を読む/掌握现场的气氛 zhǎngwò xiànchǎng de qìfēn ▶~の流通のよい/空气通畅 kōngqì tōngchàng ▶部屋の~を入れ替える/换换屋子里的空气 huànhuan wūzili de kōngqì ▶浮き袋の~を抜く/把救生袋里的气儿放掉 bǎ jiùshēngdàili de qìr fàngdiào

◆~入れ 打气筒 dǎqìtǒng ~銃 气枪 qìqiāng ~清净機 空气净化器 kōngqì jìnghuàqì ~抵抗 空气阻力 kōngqì zǔlì ~伝染 空气污染 kōngqì wūrǎn; 大气污染 dàqì wūrǎn

くうきょ【空虚な】 空虚 kōngxū; 空洞 kōngdòng; 空泛 kōngfàn (英 *empty*; *vacant*; *hollow*) ▶~な生活/空虚的生活 kōngxū de shēnghuó ▶こんな議論は~な感じがする/这种争论让人感到空泛 zhè zhǒng zhēnglùn ràng rén gǎndào kōngfàn

ぐうぐう [いびき] 呼噜呼噜 hūluhūlu; [腹がなる] 咕噜咕噜 gūlūgūlū (英 *zzz*) ▶~寝ている/呼呼大睡 hūhū dà shuì ▶~いびきをかいて寝る/睡得直打呼噜 shuìde zhí dǎ hūlu

くうぐん【空軍】 空军 kōngjūn (英 *an air force*) ▶~基地/空军基地 kōngjūn jīdì
くうこう【空港】 飞机场 fēijīchǎng; 机场 jīchǎng (英 *an airport*) ▶国際~/国际机场 guójì jīchǎng ▶ハブ~/枢纽机场 shūniǔ jī-

くうしゅう【空襲する】 空襲 kōngxí（英 *make an air attack*） ▶―警報/空袭警報 kōngxí jǐngbào

くうしょ【空所】 空地方 kōngdìfang（英 *space*; *a blank*） ▶（テストなどで）―を埋める/填空 tiánkòng ▶次の文章の―を埋めよ/给以下文章填空 gěi yǐxià wénzhāng tiánkòng; 请在空白的地方填写恰当的内容 qǐng zài kòngbái de dìfang tiánxiě qiàdàng de nèiróng

ぐうすう【偶数】 偶数 ǒushù; 双数 shuāngshù（英 *an even number*） ▶―番号/双号 shuānghào

ぐうする【遇する】 看待 kàndài; 对待 duìdài（英 *treat*） ▶賓客として―/作为贵宾接待 zuòwéi guìbīn jiēdài

くうせき【空席】 空座位 kòngzuòwèi; 空缺 kòngquē; 缺位 quēwèi（英 *a vacant seat*; *room*） ▶―が目立つ/空位子很多 kòngwèizi hěn duō ▶―はありませんか《チケット売り場で》/还有空座位吗？ háiyǒu kòngzuòwèi ma?; 还有票吗？ háiyǒu piào ma? ▶当分会長は―のままだ/会长的席位暂时空缺 huìzhǎng de xíwèi zànshí kòngquē ▶―待ちの客/等空座位的顾客 děng kòngzuòwèi de gùkè

くうぜん【空前の】 空前 kōngqián（英 *unprecedented*） ▶―絶後/空前绝后 kōng qián jué hòu ▶―の大ヒット/史无前例的巨大成功 shǐ wú qián lì de jùdà chénggōng

ぐうぜん【偶然】 偶然 ǒurán; 碰巧 pèngqiǎo（英 *chance*, *accident*） ▶―の一致/巧合 qiǎohé; 暗合 ànhé ▶―に出くわう/不期而遇 bù qī ér yù; 碰见 pèngjiàn ▶―性/偶然性 ǒuránxìng ▶昨日―旧友に出会った/昨天碰巧遇见了老朋友 zuótiān pèngqiǎo yùjiànle lǎopéngyou ▶―をあてにするな/不要期待偶然的机会 búyào qīdài ǒurán de jīhuì ▶それを見つけたのはほんの―であった/那个发现纯属巧合 nàge fāxiàn chúnshǔ qiǎohé ▶彼は―そこに居合わせた/他碰巧在发事现场 tā pèngqiǎo zài fāshì xiànchǎng ▶―のできごと/偶发事件 ǒufā shìjiàn ▶新種を見つける/偶然发现新物种 ǒurán fāxiàn xīnwùzhǒng

くうそ【空疎な】 空泛 kōngfàn; 空虚 kōngxū; 空洞 kōngdòng（英 *empty*） ▶―な内容/空洞的内容 kōngdòng de nèiróng

くうそう【空想する】 幻想 huànxiǎng; 空想 kōngxiǎng（英 *daydream*; *imagine*） ▶―にふける/陷入幻想 xiànrù huànxiǎng ▶あり得ないこと―/空想一些不现实的事 kōngxiǎng yìxiē bú xiànshí de shì

◆**―家**：空想家 kōngxiǎngjiā; 幻想家 huànxiǎngjiā

ぐうぞう【偶像】 偶像 ǒuxiàng（英 *an idol*; *an icon*） ▶―を崇拝する/崇拜偶像 chóngbài ǒuxiàng

◆**―崇拝**：偶像崇拜 ǒuxiàng chóngbài ～**破坏**

―破坏偶像：破坏偶像 pòhuài ǒuxiàng; 偶像崩溃 ǒuxiàng bēngkuì

ぐうたら 懒惰 lǎnduò;《ぐうたらな人》懒骨头 lǎngǔtou（英 *a lazybones*） ▶―亭主/吊儿郎当的老公 diào'erlángdāng de lǎogōng

くうちゅう【空中】 半空 bànkōng; 空中 kōngzhōng（英 *aerial*; *air*） ▶―に舞い上がる/腾空而起 téng kōng ér qǐ ▶―分解/空中解体 kōngzhōng jiětǐ ▶《スポーツ》―で2回転する/腾空旋转两周 téngkōng xuánzhuǎn liǎng zhōu ◆**―査察** 飞行监察 fēixíng jiānchá; 航空核查 hángkōng héchá ～**衝突** 空中相撞 kōngzhōng xiāngzhuàng ～**戦** 空战 kōngzhàn ～**楼閣** 空中楼阁 kōngzhōng lóugé

くうちょう【空調】 空调 kōngtiáo（英 *air conditioning*） ▶―設備/空调设备 kōngtiáo shèbèi ▶―の温度を25度に設定する/把空调的温度调在二十五度 bǎ kōngtiáo de wēndù tiáozài èrshíwǔ dù ▶この研究所は―設備が完備している/这个研究所装着全套空调 zhège yánjiūsuǒ zhuāngbèizhe quántào kōngtiáo

クーデター 苦迭打 kǔdiédǎ; 政变 zhèngbiàn（英 *a coup d'état*） ▶軍事―を企てる/发动军事政变 fādòng jūnshì zhèngbiàn ▶政権が―で倒された/由于政变, 政权倒台 yóuyú zhèngbiàn, zhèngquán dǎotái

くうてん【空転する】 空转 kōngzhuàn（英 [機械が]*idle*; [議論が]*argue in circles*） ▶議論が―する/议而不决 yì ér bù jué ▶首相の無責任発言で国会は―している/由于首相不负责任的发言, 使国会毫无进展 yóuyú shǒuxiàng bú fù zérèn de fāyán, shǐ guóhuì háowú jìnzhǎn

くうどう【空洞】 空洞 kōngdòng; 窟窿 kūlong（英 *a cave*; *a cavity*） ▶国内の産業が―化する一方だ/国内的产业越来越趋向空洞化 guónèi de chǎnyè yuèláiyuè qūxiàng kōngdònghuà ▶肺に卵大の―がある/肺部有一个鸡蛋大小的窟窿 fèibù yǒu yí ge jīdàn dàxiǎo de kūlong

ぐうのね【ぐうの音】
～も出ない ▶子供に注意されて―も出ない/被小孩批评哑口无言 bèi xiǎohái pīpíng yǎ kǒu wú yán

くうはく【空白】 空白 kòngbái（英 *a blank*） ▶5年の―期間があるので再起できるか不安だ/由于耽搁了五年, 能不能东山再起, 心里没有把握 yóuyú dāngele wǔ nián, néngbùnéng Dōngshān zàiqǐ, xīnlǐ méiyǒu bǎwò ▶演説中に頭が―になった/在讲演的时候脑子里空荡荡的 zài jiǎngyǎn de shíhou nǎozili kōngdàngdàng de

くうばく【空爆する】 轰炸 hōngzhà（英 *bomb*; *make an air raid*） ▶誤って病院を―する/操作失误, 轰炸了医院 cāozuò shīwù, hōngzhàle yīyuàn

ぐうはつ【偶発する】 偶发 ǒufā; 不测 búcè（英 *happen by chance*） ▶―事件/偶发事件 ǒufā shìjiàn ▶こう度重なると―事件とは思えない/这样频繁出现, 很难相信是偶发事件 zhèyàng pínfán chūxiàn, hěn nán xiāngxìn shì ǒufā shìjiàn ▶—的な/偶发性的 ǒufāxìng de ▶—的に起こる/偶然发生 ǒurán fāshēng

くうひ【空費】 浪費 làngfèi; 白費 báifèi (英 waste; idle away) ▶貴重な時間を～するだけだ/只不过是白白浪费宝费的时间 zhǐbuguò shì báibái làngfèi bǎoguì de shíjiān ▶数日を～する/白费了几天时间 báifèile jǐ tiān shíjiān

くうふく【空腹】 空腹 kōngfù; 空肚子 kōngdùzi (英 hunger) ▶—時の血糖値が高い/空腹时的血糖指数高 kōngfùshí de xuètáng zhǐshùgāo ▶飽食よりも～ぎみの方が健康的だ/吃个半饱比酒足饭饱更有益于健康 chī ge bàn bǎo bǐ jiǔ zú fàn bǎo gèng yǒu yìyú jiànkāng ▶—をさえる/忍耐饥饿 rěnnài jī'è ▶—である/肚子饿 dùzi è

くうぶん【空文】 空文 kōngwén (英 a dead letter) ▶—化する/变成一纸空文 biànchéng yì zhǐ kōng wén ▶もっともらしい规则があっても実施されなければ～に等しい/条条是道的规则如果不去实施, 也等于一纸空文 tiáotiáo shì dào de guīzé rúguǒ bú qù shíshī, yě děngyú yì zhǐ kōng wén

くうぼ【空母】 航空母舰 hángkōng mǔjiàn (英 an aircraft carrier) ▶原子力～/核动力航空母舰 hédònglì hángkōng mǔjiàn

くうほう【空砲】 空弹 kōngdàn; 空炮 kōngpào (英 a blank shot) ▶—を撃つ/放空炮 fàng kōngpào

クーポン 联票 liánpiào; 通票 tōngpiào (英 a coupon) ▶～券がもらえる/收到赠券[联票] shōudào zèngquàn[liánpiào] ▶お楽しみ～券/获奖赠券 huòjiǎng zèngquàn

くうゆ【空輸する】 空运 kōngyùn (英 transport... by air) ▶象を～する/空运大象 kōngyùn dàxiàng ▶増援部隊と軍需物資を～する/空运增援部队和军用物资 kōngyùn zēngyuán bùduì hé jūnyòng wùzī ▶—部隊/空运部队 kōngyùn bùduì

クーラー 冷气机 lěngqìjī (英[容器] a cooler; [エアコン] an air conditioner) ▶—を入れる/开冷气 kāi lěngqì ▶—を切る/关空调 guān lěngtiáo ▶—の設定温度を下げる/下调空调的温度 xiàtiáo kōngtiáo de wēndù
♦—カー→汽车空调 qìchē kōngtiáo ワイン～/葡萄酒专用冰柜 pútaojiǔ zhuānyòng bīngguì

くうらん【空欄】 空格儿 kònggér; 空栏 kònglán (英 a blank space) ▶—を埋める/填写空栏 tiánxiě kònglán ▶—のままにしておく/不用填写空栏 búyòng tiánxiě kònglán

クールな【涼しい】 凉快 liángkuai; 凉爽 liángshuǎng (英 cool); [冷静] 冷静 lěngjìng; 酷 kù (英 cool)

くうれい【空冷式の】 气冷 qìlěng (英 air-cooled) ▶—式のエンジン/气冷式发动机 qìlěngshì fādòngjī

くうろ【空路】 航空路线 hángkōng lùxiàn (英 an air route) ▶～東京へ向かう/乘飞机去东京 chéng fēijī qù Dōngjīng ▶—帰国する/乘飞机回国 chéng fēijī huíguó ▶認可されていない～を飛ぶ/飞行在未经许可的航空空线上 fēixíng zài wèijīng xǔkě de hángkōng lùxiànshang

くうろん【空論】 空论 kōnglùn; 空谈 kōngtán; 清谈 qīngtán (英 an empty theory) ▶机上の～/纸上谈兵 zhǐshàng tánbīng

ぐうわ【寓話】 寓言 yùyán (英 a fable; an allegory) ▶—イソップ～/伊索寓言 Yīsuǒ yùyán

くえき【苦役】 苦役 kǔyì; 苦工 kǔgōng (英 hard work; hard labor) ▶—を課す/课以苦工 kèyǐ kǔgōng ▶奴隷的～からの自由/从奴隶般的苦役中获得自由 cóng núlì bān de kǔyì zhōng huòdé zìyóu

クエンさん【クエン酸】 〔化学〕柠檬酸 níngméngsuān (英 citric acid)

クォータリー 季刊 jìkān (英 a quarterly)

クォーツ 石英表 shíyīngbiǎo (英〔石英〕quartz) ▶—時計/水晶钟 shuǐjīngzhōng

くかい【句会】 (英 a haiku gathering) ▶月に1回～を開く/每月开一次俳句会 měiyuè kāi yí cì páijùhuì

くかく【区画する】 区划 qūhuà; 划分 huàfēn (英 divide) ▶—整理/区划调整 qūhuà tiáozhěng ▶水田は碁盤のように～されている/水田划分成棋盘似的图案 shuǐtián huàfēn chéng qípán shìde tú'àn

くがく【苦学する】 勤工俭学 qín gōng jiǎn xué (英 work one's way through college) ▶～生への奨学金が十分ではない/为工读生提供的奖学金不够 wèi gōngdúshēng tígōng de jiǎngxuéjīn bú gòu

くがつ【九月】 九月 jiǔ yuè (英 September)

くかん【区間】 区间 qūjiān; 区段 qūduàn (英 a section) ▶事故多発～/事故多发地段 shìgù duōfā dìduàn ▶駅伝の～賞/接力长跑赛的区段奖 jiēlì chángpǎosài de qūduànjiǎng

くき【茎】 茎 jīng; 秆 gǎn (英 a stalk; a stem) ▶—わかめ/裙带菜 qúndàicài ▶—ニンニクの～/蒜苗 suànmiáo; 蒜薹 suàntái

くぎ【釘】 钉 dīng; 钉子 dīngzi (英 a nail; [木釘] a peg) ▶—を打つ/钉钉子 dìng dīngzi ▶窓を～づけにする/把窗户钉死 bǎ chuānghu dìngsǐ ▶恐怖でその場に～づけになった/吓呆了吓坏了 xiàdāi le; 吓得两腿发直 xiàde liǎng tuǐ fāzhí ▶—を抜く/拔钉子 bá dīngzi ▶《比喩的に》あの子は～が1本抜けている/那个小子脑子缺根弦儿 nàge xiǎozi nǎozi quē gēn xiánr
～を刺す→叮嘱 dīngzhǔ
♦—打ち機/打桩机 dǎzhuāngjī ～抜き/拔钉器 bádīngqì

くきょう【苦境】 窘况 jiǒngkuàng; 苦境 kǔjìng; 困境 kùnjìng (英 adversity; a difficult situation) ▶～に陥る/受窘 shòujiǒng ▶～に立つ/处境困难 chǔjìng kùnnan ▶～に追い込まれる/陷入困境 xiànrù kùnjìng

くぎょう【苦行】 苦行 kǔxíng (英 asceticism) ▶難行〜する/刻苦修行 kèkǔ xiūxíng

くぎり【区切り】 段落 duànluò；界限 jièxiàn ([間] a pause；[終り] an end) ▶ひと〜つける《仕事などに》/告一段落 gào yíduànluò ▶放浪生活に〜を付ける/流浪生活告一段落 liúlàng shēnghuó gào yíduànluò

くぎる【区切る】 分界 fēnjiè；区分 qūfēn (英 [文章を] punctuate；[仕切る] divide) ▶文章は句読点で〜/文章用标点符号来区分段落 wénzhāng yòng biāodiǎn fúhào lái qūfēn duànluò ▶提出期限を〜/界定截止日期 jièdìng jiézhǐ rìqí ▶一語，一語区切りながら話す/一字一顿地说话 yí zì yí dùn de shuōhuà

くく【九九】 九九歌 jiǔjiǔgē (英 the multiplication table) ▶子供の時に〜を覚える/小时候背九九歌 xiǎoshíhou bèi jiǔjiǔgē

くぐもる (声音)含混不清 (shēngyīn) hánhùn bù qīng (英 mumble)

くぐりど【潜り戸】 便门 biànmén (英 a wicket) ▶〜を抜けて中庭に入る/穿过便门来到里院儿 chuānguò biànmén láidào lǐyuànr

くぐりぬける【潜り抜ける】 穿过 chuānguò；渡过 dùguò (英 pass through...) ▶難関を〜/渡过难关 dùguò nánguān ▶金網の隙間を〜/从铁丝网的空隙钻过去 cóng tiěsīwǎng de kòngxì zuānguòqu ▶いくつも修羅場をくぐりぬけてきた男だ/久经沙场的男人 jiǔjīng shāchǎng de rén

くくる【括る】 扎 zā；绑 bǎng (英 bind；tie) ▶ひもで〜/用绳子捆 yòng shéngzi kǔn ▶括弧(⌒)で〜/用括号括 yòng kuòhào kuò

首を〜 上吊 shàngdiào

高(ｺｳ)を〜 看不起 kànbuqǐ

腹を〜 ▶この辺で腹をくくらねばならぬ/在这个时候得下定决心 zài zhège shíhou děi xiàdìng juéxīn

くぐる【潜る】 ❶【通りぬける】钻 zuān；穿 chuān (英 pass through...) ▶門を〜/穿过门 chuānguò mén ▶法の網を〜/钻法律的空子 zuān fǎlǜ de kòngzi ❷【もぐる】潜 qián (英 dive)

くけい【矩形】 矩形 jǔxíng；长方形 chángfāngxíng (英 [長方形] a rectangle) ▶〜の箱/长方形的盒子 chángfāngxíng de hézi

くげん【苦言】 忠言 zhōngyán (英 candid advice) ▶あえて〜を言わせてもらおう/冒昧地说一句逆耳忠言 màomèi de shuō yí jù nǐ'ěr zhōngyán

ぐげん【具現する】 体现 tǐxiàn；具体化 jùtǐhuà (英 embody)

くさ【草】 草 cǎo (英 grass；a weed) ▶〜を抜く/薅草 hāocǎo ▶〜色/草绿色 cǎolǜsè ▶1枚の〜の葉/一片草叶 yí piàn cǎoyè ▶庭での〜/拔院子里的草 bá yuànzili de cǎo ▶〜の根運動/扎根于群众的运动 zhāgēn yú qúnzhòng de yùndòng ▶〜の根を分けて捜す/仔细寻找，不放过一草一木 zǐxì xúnzhǎo, bú fàngguò yì cǎo yí mù

〜野球 业余棒球 yèyú bàngqiú

くさい【臭い】 ❶【臭い】臭 chòu；难闻 nánwén (英 ill-smelling) ▶ゴミが〜/垃圾发臭 lājī fāchòu ▶汗〜/汗臭 hànchòu ▶ガス〜/有煤气味儿 yǒu méiqì wèir ▶酒〜運転手/酒气熏熏的司机 jiǔqì xūnxūn de sījī

❷【怪しい】可疑 kěyí (英 suspicious) ▶彼が〜/他可疑 tā kěyí ▶時期が時期だけにその情報はかなり〜/在这种时候传出这样的情报，这里边肯定有文章 zài zhè zhǒng shíhou chuánchū zhèyàng de qíngbào, zhèlǐbiān kěndìng yǒu wénzhāng

❸【感じがする】男〜/男人味儿 nánrén wèir ▶嘘〜話/极像谎话 jíxiàng huǎnghuà

〜飯を食う 坐牢 zuòláo；坐班房 zuò bānfáng

〜物に蓋をする 掩蔽丑事 yǎnbì chǒushì；家丑不可外扬 jiāchǒu bù kě wàiyáng

くさかり【草刈り】 割草 gēcǎo (英 mowing) ▶〜鎌/割草用的镰刀 gēcǎo de liándāo

〜機 割草机 gēcǎojī

くさき【草木】 草木 cǎomù (英 plants) ▶〜染め/使用草木的天然染色 shǐyòng cǎomù de tiānrán yìnrǎn

くさくさする 烦闷 fánmèn；心烦 xīnfán；心里闷得慌 xīnli mèndehuāng (英 be in the blues) ▶〜する時は酒を飲むしかない/心烦的时候只能借酒浇愁 xīnfán de shíhou zhǐ néng jiè jiǔ jiāo chóu

くさす【腐す】 贬 biǎn；损 sǔn；挖苦 wākǔ (英 speak ill of...；disparage) ▶人を〜/挖苦人 wāku rén ▶中林コーチは選手を腐してうっぷんを晴らしている/中林教练靠挖苦球员来发泄自己的郁闷 Zhōnglín jiàoliàn kào wāku qiúyuán lái fāxiè zìjǐ de yùmèn ▶そんなに〜ことはないじゃないか/用不着那么损人吧！ yòngbuzháo nàme sǔn rén ba!

くさち【草地】 草地 cǎodì (英 a grassland)

くさとり【草取りをする】 除草 chúcǎo；薅草 hāocǎo (英 weed) ▶畑の〜をする/在田地里除草 zài tiándìli chúcǎo

くさばな【草花】 花卉 huāhuì；花草 huācǎo (英 a flowering plant；a flower) ▶〜をスケッチする/素描花草 sùmiáo huācǎo

くさはら【草原】 草原 cǎoyuán；草地 cǎodì (英 a grassy plain；a meadow)

くさび【楔】 楔子 xiēzi (英 a wedge) ▶〜形文字/楔形文字 xiēxíng wénzì

〜を打ち込む 揳楔子 xiē xiēzi；(比喻) 挑拨离间 tiǎobō líjiàn；打入某组织内部 dǎjìn mǒu zǔzhī nèibù

くさぶえ【草笛】 (英 a reed) ▶〜を吹き鸣らす/吹响草笛 chuīxiǎng cǎodí

くさぶきの【草葺きの】 (英 straw-thatched) ▶〜の屋根/草屋顶 cǎowūdǐng

くさみ【臭味】 臭味儿 chòuwèir (英 a bad

smell）▶～をとる（肉や魚の）/去味 qùwèi; 去腥 qùxīng ▶水道水に特有の～がある/自来水有一种独特的臭味儿 zìláishuǐ yǒu yì zhǒng dútè de chòuwèir ▶私は魚の～が苦手だ/我怕鱼腥味儿 wǒ pà yúxīngwèir ▶～のある人/矫揉造作的人 jiǎoróu zàozuò de rén ▶～のある作品だ/无病呻吟的作品 wú bìng shēnyín de zuòpǐn

くさむしり【草むしり】（英 weeding）▶～をする/拔草 bá cǎo; 除草 chú cǎo; 薅草 hāo cǎo

くさむら【叢】 草丛 cǎocóng; 草莽 cǎomǎng（英 a cluster of grass; a bush）▶～に隠れる/藏在草丛里 zàngzài cǎocónglǐ

くさらす【腐らす】（英 spoil; rot; corrode）気を～/沮丧 jǔsàng; 气馁 qìněi ▶冷藏庫の野菜を～/冰箱里的蔬菜腐烂 bīngxiānglǐ de shūcài fǔlàn ▶貴重な人材を～/糟蹋宝贵的人才 zāotà bǎoguì de réncái

くさり【鎖】 链 liàn; 链子 liànzi; 锁链 suǒliàn（英 a chain）▶～でつなぐ/用链子连结 yòng liànzi liánjié; 用锁链拴上 yòng suǒliàn shuānshàng ▶～につながれた犬/被锁链拴着的狗 bèi suǒliàn shuānzhe de gǒu ▶～をはずす/解开锁链 jiěkāi suǒliàn

日中比較 中国語の '锁 suǒ' は「くさり」という意味の他に「錠前」「錠をかける」という意味ももつ。

くさる【腐る】 ❶【腐敗する】腐烂 fǔlàn; 烂 làn; 腐败 fǔbài（英 go bad; corrupt）▶《木材などが》～/腐朽 fǔxiǔ ▶腐った魚/腐烂的鱼 fǔlàn de yú ▶流れる水は腐らない/流水不腐 liúshuǐ bù fǔ ▶歩道の柵が腐っていた/步行道的栏杆腐烂了 bùxíngdào de lángān fǔxiǔ le ▶腐りにくい食材を用意して下さい/盒饭请选用不容易腐败的材料 héfàn qǐng xuǎnyòng bù róngyì fǔbài de cáiliào ▶夏は食物が腐りやすい/夏天食品容易腐败 xiàtiān shípǐn róngyì fǔbài ▶金がくさるほどある/钱多得用不完 qián duōde yòngbuwán ❷【だめになる】（英 be rotten）▶腐った性根/劣根性 liègēnxìng ❸【憂鬱になる】（英 feel blue）▶試験に落ちて～/考试不及格而消沉 kǎoshì bù jígé ér xiāochén

ことわざ 腐っても鯛 瘦死的骆驼比马大 shòusǐ de luòtuo bǐ mǎ dà

くされえん【腐れ縁】 冤家 yuānjia; 老交情 lǎo jiāoqíng（英 an unhappy connection〔marriage〕）▶あいつとは～で借金を断るわけにはいかない/我跟他是老交情了，他来借钱，我可没法拒绝 wǒ gēn tā shì lǎo jiāoqíng le, tā lái jiè qián, wǒ kě méi fǎ jùjué ▶あの人とは～で離れられないのよ/我跟他是老交情，分不开了 wǒ gēn tā shì lǎo jiāoqíng, fēnbukāi le

くさわけ【草分け】 创业 chuàngyè; 先驱者 xiānqūzhě（英 a pioneer）▶佐藤先生は心臓外科の～的存在だ/佐藤大夫是心脏外科领域的先驱者 Zuǒténg dàifu shì xīnzàng wàikē lǐngyù de xiānqūzhě ▶彼はこの分野では～だ/他在这个领域是一位先驱者 tā zài zhège lǐngyù shì yí wèi xiānqūzhě

くし【串】 扦子 qiānzi（英 a spit; a skewer）▶～に刺す/插在竹签上 chāzài zhúqiānshang ▶～焼き/烤串 kǎochuàn ▶カツ/猪排串 zhūpáichuàn ▶柿/干柿子串 gānshìzǐchuàn

くし【駆使する】 操纵 cāozòng; 运用 yùnyòng（英 use freely）▶情報ネットワークを～する/得心应手地操作信息网络 dé xīn yìng shǒu de cāozuò xìnxī wǎngluò ▶専門知識を～する/活用专业知识 huóyòng zhuānyè zhīshi ▶彼は英語を自由に～する/他能自如地运用英语 tā néng zìrú de yùnyòng Yīngyǔ

日中比較 中国語の '驱使 qūshǐ' は「酷使する」「心が駆り立てられる」という意味である。

くし【櫛】 梳子 shūzi（英 a comb）▶～で髪をすく/用梳子梳头发 yòng shūzi shū tóufa ▶～を入れる/梳头发 shū tóufa ▶歯のかけた～/缺了齿的梳子 quēle chǐ de shūzi

くじ【籤】 签 qiān; 阄 jiū（英 a lot; lottery）▶～を引く/抽签 chōuqiān; 抓阄儿 zhuājiūr ▶～に当たる/中签 zhòngqiān ▶空(_{そら})～を引く/抽空签 chōu kòngqiān

くじく【挫く】 扭 niǔ; 挫 cuò;《相手を》挫败 cuòbài（英 [手足など] sprain; [気を] discourage）▶足を～/扭脚 niǔjiǎo ▶鋭気を～/挫锐气 cuò ruìqì ▶相手の出端(_{ばな})を～/挫败对方的锐气 cuòbài duìfāng de ruìqì ▶弱きを助け強きを～/扶弱抑强 fú ruò yì qiáng

くしくも【奇しくも】 不料 búliào; 碰巧 pèngqiǎo（英 strangely enough）

くじける【挫ける】 沮丧 jǔsàng; 消沉 xiāochén（英 be discouraged）▶こんな事ぐらいで～な/为这种事不值得气馁 wèi zhè zhǒng shì bù zhíde qìněi

クジャク【孔雀】〚鳥〛孔雀 kǒngquè（英 a peacock）▶～が羽を広げる/孔雀开屏 kǒngquè kāipíng

くしゃくしゃ（英 crumpled）▶顔を～にして笑った/笑得满脸皱纹人 xiàode mǎnliǎn zhòuwénrén ▶シーツが～になった/床单变得皱皱巴巴的 chuángdān biànde zhòuzhòubābā de ▶彼女の髪は～だった/她的头发乱糟糟的 tā de luànzāozāo de ▶気分が～する/心情实在烦闷 xīnqíng shízài fánmèn

くしゃみ【嚔】 喷嚏 pēntì; 喷喷 tìpen（英 a sneeze）▶アメリカが～をすると日本が風邪をひく/美国一打喷嚏日本就感冒 Měiguó yì dǎ pēntì Rìběn jiù gǎnmào ▶大きな～をする/打了一个大喷嚏 dǎle yí ge dàpēntì

くじゅう【苦汁】～をなめる/吃苦头 chī kǔtou

くじゅう【苦渋】 苦恼 kǔnǎo; 痛苦 tòngkǔ（英 bitterness）▶～に満ちた顔/苦涩的表情 kǔsè de biǎoqíng

くじょ【駆除する】 驱除 qūchú（英 exterminate）▶《コンピュータの》ウイルスを～する/驱除电脑病毒 qūchú diànnǎo bìngdú ▶ゴキブリを～す

る/驱除蟑螂 qūchú zhāngláng

くしょう【苦笑する】苦笑 kǔxiào (英 smile a wry smile) ▶自分のへまに～するしかなかった/面对自己的失误只能苦笑 miànduì zìjǐ de shīwù zhǐ néng kǔxiào

くじょう【苦情】牢骚 láosao; 不满 bùmǎn; 意见 yìjiàn (英 a complaint; a grievance) ▶～を言う/抱怨 bàoyuàn;《クレーム》要求 yāoqiú ▶隣人の騒音に～を申し立てる/对邻居的噪音提意见 duì línjū de zàoyīn tí yìjiàn ▶利用者からの～を随時受け付ける/随时接受用户的意见 suíshí jiēshòu yònghù de yìjiàn ▶《役所の》～処理係/负责处理居民意见的部门 fùzé chǔlǐ jūmín yìjiàn de bùmén

ぐしょう【具象】形象 xíngxiàng; 具体 jùtǐ (英 concreteness) ▶～画/具象画 jùxiànghuà

ぐしょぐしょ 湿透 shītòu; 湿淋淋 shīlínlín (英 dripping wet)

クジラ【鯨】〖動物〗鲸鱼 jīngyú (英 a whale)

くしん【苦心する】苦心 kǔxīn; 操心 cāoxīn; 费心思 fèi xīnsi (英 take pains; work hard) ▶惨憺たる～/煞费苦心 shàfèi kǔxīn ▶～して書く/费苦心写作 fèi kǔxīn xiězuò ▶～の作/呕心沥血的作品 ǒu xīn lì xuè de zuòpǐn ▶～談/讲自己吃苦的经验 jiǎng zìjǐ chīkǔ de jīngyàn

くず【屑】残りかす) 渣儿 zhār; 破烂 pòlàn (英 waste; refuse);《役に立たないもの》败类 (英 rubbish; junk) ▶紙～/纸屑 zhǐxiè ▶人間の～/废物 fèiwu ▶～入れ/垃圾箱 lājīxiāng ▶～鉄/碎铁 suìtiě; 废铁 fèitiě

クズ【葛】〖植物〗葛 gé (英 an arrowroot) ▶～粉/葛粉 géfěn

ぐず【愚図な】迟钝 chídùn; 迟缓 chíhuǎn (英 dull; slow) ▶～な人/慢性子 mànxìngzi ▶～だね、この子は. 早くしなさい/这孩子, 真磨蹭, 快点儿吧 zhè háizi, zhēn móceng, kuài diǎnr ba

くすくす【くすくす笑い】(英 a snicker; snickering) ▶～笑う/偷偷地笑 tōutōu de xiào; 嘻嘻笑 xīxī xiào

ぐずぐずする 踌躇 chóuchú; 磨蹭 móceng; 拖拉 tuōlā (英 be slow; linger) ▶～している暇はない/没工夫磨蹭 méi gōngfu móceng ▶いったい何を～しているのだ/你磨蹭什么哪？nǐ móceng shénme nǎ? ▶～していると列車におくれるぞ/在磨蹭就赶不上火车了 zài móceng jiù gǎnbushàng huǒchē le ▶～せずにさっさとやれ/别拖拉, 快点儿吧 bié tuōlā, kuài diǎnr ba ▶～言うな/别啰嗦 bié luōsuo

くすぐったい ❶〖体が〗痒 yǎng; 痒痒 yǎngyang (英 ticklish) ▶首筋が～/脖颈痒痒 bógěng yǎngyang ❷〖照れくさい〗难为情 nánwéiqíng; 不好意思 bùhǎoyìsi (英 embarrassed) ▶誉められて～/被表扬而难为情 bèi biǎoyáng ér nánwéiqíng ▶丁重にお礼を言われて～感じがした/对方郑重地道谢, 感到难为情 duìfāng zhèngzhòng de dàoxiè, gǎndào nánwéiqíng

くすぐる 胳肢 gézhi (英 tickle; titillate) ▶わき腹を～/胳肢腰窝 gézhi yāowō ▶足の裏を～/挠脚心儿 náo jiǎoxīnr ▶人の自尊心を～/勾起人的自尊心 gōuqǐ rén de zìzūnxīn

くずす【崩す】❶〖壊す〗使崩溃 shǐ bēngkuì; 拆毁 chāihuǐ (英 destroy) ▶積み木を～/弄散木堆 nòngsǎn mùduī ▶体調を～/搞垮身体 gǎokuǎ shēntǐ ▶字を崩して書く/潦草写字 liáocǎo xiě zì ▶膝をくずして座る/宽坐 kuānzuò ▶～心のバランスを～/心态失控 xīntài shīkòng ❷〖小銭に〗破 pò; 换零钱 huàn língqián (英 change; break)

ぐずつく (英 proceed slowly) ▶今週後半は天気が～/下半个星期一直不放晴 xià bàn ge xīngqí yìzhí bú fàngqíng

くすねる〖公金など〗揩油 kāiyóu; 偷 tōu (英 pilfer; filch) ▶母親の財布から金を～/占母亲的便宜 zhàn mǔqīn de piányi

クスノキ【楠】〖植物〗樟树 zhāngshù; 香樟 xiāngzhāng; 楠木 nánmù (英 a camphor tree)

くすぶる【燻ぶる】冒烟 màoyān (英 smoke; smolder) ▶燃えさしが～/烧剩的东西仍在冒烟 shāoshèng de dōngxi réngzài màoyān ▶自分の部屋でくすぶっている/闷在自己房间 mēnzài zìjǐ fángjiān ▶胸のうちに怒りが～/胸中憋闷着愤怒 xiōng zhōng biēmēnzhe fènnù ▶長い間くすぶりつづけている民族紛争/长期以来充满火药味的民族纠纷 chángqí yǐlái chōngmǎn huǒyàowèi de mínzú jiūfēn

くすり【薬】药 yào (英 a medicine; a drug) ▶～を飲む/吃药 chīyào ▶～を塗る/涂药 túyào ▶いい～になる/成为良药 chéngwéi liángyào ▶毒にも～にもならない/既无害也无益 jì wúhài yě wúyì ▶～が効く/药管用 yào guǎnyòng ▶これは何の～ですか/这是什么药？zhè shì shénme yào? ▶～1服/一副药 yí fù yào ▶《病室などの》～のにおい/药味儿 yàowèir

♦～代/药费 yàofèi ～箱/药箱 yàoxiāng ～屋/药店 yàodiàn; 药房 yàofáng; 药铺 yàopù 飲み～/口服药 kǒufúyào

くすりゆび【薬指】无名指 wúmíngzhǐ (英 the third finger; the ring finger (左手の))

ぐずる 磨蹭 móceng; 蘑菇 mógu (英 be peevish) ▶電車の中で子供が～/在电车里孩子撒娇要赖 zài diànchēli háizi sājiāo shuǎlài

くずれる【崩れる】垮 kuǎ; 坍 tān; 倒塌 dǎotā (英 collapse);〖天気などが〗break) ▶崖が～/悬崖倒塌 xuányá dǎotā ▶天気が～/天气变坏 tiānqì biànhuài ▶アリバイが～/不在场的证明站不住脚了 bú zàichǎng de zhèngmíng zhànbuzhù jiǎo le ▶形が～/走样 zǒuyàng ▶信頼が一瞬にして崩れた/一下子丧失了信任 yíxiàzi sàngshīle xìnrèn ▶需給バランスが崩れた/供求失去平衡 gōngqiú shīqù pínghéng ▶彼女は床に～ように倒れた/她瘫倒在地板上 tā tāndǎo zài dìbǎnshang ▶ディフェンスが崩れた《競技》/防线崩溃 fángxiàn bēngkuì

くすんだ 灰溜溜 huīliūliū; 暗淡 àndàn (英

dark; drab; somber）▶～色/暗淡颜色 àndàn yánsè ▶～肌をピンクに変える/没有光泽的皮肤变成粉红色 méiyǒu guāngzé de pífū biànchéng fěnhóngsè ▶～灰色/灰暗的颜色 huī'àn de yánsè

くせ【癖】 习气 xíqi；习惯 xíguàn；毛病 máobìng (英) *a habit; a way*；[悪癖] *a vice*）▶～になる/上瘾 shàngyǐn ▶なまけ～がつく/懒惰成性 lǎnduò chéngxìng ▶髪に～をつける/给头发打卷 gěi tóufa dǎjuǎn ▶～のある人物/有特点的人物 yǒu tèdiǎn de rénwù ▶万引き～がある女/盗窃成性的女人 dàoqiè chéngxìng de nǚrén ▶話す時にどもる～がある/说话时有口吃的毛病 shuōhuàshí yǒu kǒuchī de máobìng ▶～を直す/纠正恶习 jiūzhèng èxí；改毛病 gǎi máobìng ▶～が抜けない/改不掉坏毛病 gǎibudiào huàimáobìng ▶人の迷惑を知っている～に大声で話している/明知会影响别人还故意大声说话 míngzhī huì yǐngxiǎng biérén hái gùyì dàshēng shuōhuà

くせもの【曲者】 老狐狸 lǎohúli；《怪しい人物》行迹可疑的人 xíngjì kěyí de rén (英) *an old fox*）

くせん【苦戦】 苦战 kǔzhàn；激烈的战斗 jīliè de zhàndòu (英) *a desperate battle*）▶チャンピオンが予想外の～をした/出乎意料，冠军打得异常艰苦 chūhū yìliào, guànjūn dǎde yìcháng jiānkǔ

くそ【糞】 粪 fèn；屎 shǐ；大便 dàbiàn (英) *feces; dung*）▶耳～/耳屎 ěrshǐ；耳垢 ěrgòu ▶～食らえ/见鬼去 jiànguǐ qù；活该 huógāi ▶～、また雨だ/见鬼！又下雨了 jiànguǐ! yòu xiàyǔ le ▶文法なんて～くらえだ/语法什么的，统统见鬼去吧 yǔfǎ shénmede, tǒngtǒng jiànguǐ qù ba ▶～まじめな/死认真 sǐ rènzhēn ▶～みそに言う/毫不留情地说 háo bù liúqíng de shuō

くだ【管】 《細長い筒》管子 guǎnzi (英) *a pipe; a tube*）▶～を巻く/酒に酔って～を巻く/喝醉了说车轱辘话 hēzuìle shuō chēgūlu huà

ぐたい【具体】 具体 jùtǐ；实际 shíjì (英) *concreteness*）▶～的に言う/具体地说 jùtǐ de shuō ▶まだ何も～的には決まっていない/具体事项都还没决定 jùtǐ shìxiàng dōu hái méi juédìng ▶計画を～化する/使计划更加具体 shǐ jìhuà gèngjiā jùtǐ ▶その制度はデモクラシーを～的に示している/那个制度具体地展现了民主主义 nàge zhìdù jùtǐ de zhǎnxiànle mínzhǔ zhǔyì ▶～案/具体方案 jùtǐ fāng'àn ▶～例/具体事例 jùtǐ shìlì

くだく【砕く】 打碎 dǎsuì (英) *break; smash; crush*）▶氷を～/弄碎冰 nòngsuì bīng ▶夢を～/打破梦想 dǎpò mèngxiǎng ▶心を～/费心思 fèi xīnsi；伤脑筋 shāng nǎojīn ▶石を細かく～/把石头打成小块儿 bǎ shítou dǎchéng xiǎokuàir ▶彼女の希望は打ち砕かれた/她的希望被毁掉了 tā de xīwàng bèi huǐdiào le

くたくた 精疲力竭 jīng pí lì jié；疲惫 píbèi (英) *exhausted*）▶～に疲れる/精疲力竭 jīng pí lì jié ▶友人の引っ越しの手伝いをしてもう～だ/帮助朋友搬家，累得精疲力尽 bāngzhù péngyou bānjiā, lèide jīng pí lì jìn ▶大根を～に煮る/把萝卜炖得很烂 bǎ luóbo dùnde hěn làn

くだくだしい 烦琐 fánsuǒ；罗唆 luōsuo (英) *wordy; tedious*）▶～説明は省略する/省略繁琐的说明 shěnglüè fánsuǒ de shuōmíng

くだける【砕ける】 碎 suì；破碎 pòsuì (英) *be broken; go to pieces*）▶波が～音がする/听到浪花飞溅的声音 tīngdào lànghuā fēijiàn de shēngyīn ▶くだけた服装で出かける/穿着随便的服装出门 chuānzhe suíbiàn de fúzhuāng chūmén ▶当たってくだけろ/粉身碎骨，奋勇向前 fěn shēn suì gǔ, fènyǒng xiàngqián ▶くだけた言い方をすれば/说得通俗一点 shuōde tōngsú yìdiǎn

くだす【下す】 (英) *hand down*；[腹を] *have loose bowels*）▶命令を～/下达命令 xiàdá mìnglìng ▶判決を～/作出判决 zuòchū pànjué ▶腹を～/拉肚子 lā dùzi ▶ライバルを～/击败敌手 jībài díshǒu ▶そろそろ結論を下そう/该作出结论了 gāi zuòchū jiélùn le

くたびれる 疲乏 pífá；疲劳 píláo；劳乏 láofá (英) *become tired*）▶くたびれた靴/穿旧的鞋 chuānjiù de xié；走样的鞋 zǒuyàng de xié ▶いかにも人生にくたびれたって感じのオヤジ/对人生疲惫不堪的老头儿 duì rénshēng píbèi bù kān de lǎotóur

くだもの【果物】 果子 guǒzi；水果 shuǐguǒ (英) *a fruit*）▶毎日～を食べましょう/每天吃水果吧 měitiān chī shuǐguǒ ba ▶～をよく食べる/常常吃水果 chángcháng chī shuǐguǒ ▶～屋/水果店 shuǐguǒdiàn

くだらない 没趣儿 méiqùr；无谓 wúwèi；无聊 wúliáo (英) *trifling; worthless*）▶～争い/无谓的纠纷 wúwèi de jiūfēn ▶～映画/无聊的电影 wúliáo de diànyǐng ▶～事を言うな/少说废话 shǎo shuō fèihuà ▶何だ、～/说什么哪，真没趣儿 shuō shénme nǎ, zhēn méiqùr

くだり【下り】 下行 xiàxíng (英) *a descent; going down*）▶～列車/下行列车 xiàxíng lièchē ▶舟～/坐船漂流 zuò chuán piāoliú ▶《道が》～になる/开始下坡 kāishǐ xiàpō ▶～のエレベーター/下行电梯 xiàxíng diàntī ▶急流～/随波急下 suí bō jí xià

くだり【件り】 《文章的》一段 (wénzhāng de) yíduàn；一节 yìjié (英) *an article; a passage*）

くだりざか【下り坂】 下坡路 xiàpōlù (英) *a downward slope; a downhill road*）▶天気は～だ/天气变坏了 tiānqì biànhuài le ▶人気が～になる/人气下降 rénqì xiàjiàng ▶道が急な～になった/道路变成很陡的下坡 dàolù biànchéng hěn dǒu de xiàpō ▶いいかね，30歳を過ぎたらあとはずっと～だぞ/你知道吗，人一过三十岁就一直走下坡了 nǐ zhīdào ma, rén yí guò sānshí suì jiù yìzhí zǒu xiàpō le

くだる【下る・降る】 下 xià；下降 xiàjiàng (英) *go down*；[下降] *fall*）▶腹が～/拉肚子 lā dùzi ▶山を～/下山 xiàshān ▶判決が～/宣判 xuānpàn ▶天罰が～/遭上天惩罚 zāo shàngtiān chéngfá ▶船で長江を～/坐船顺长江而下 zuò chuán shùn Chángjiāng ér xià ▶五千を下らない/不低于五千 bù dīyú wǔqiān

くだん【件の】 上述 shàngshù; 那件 nàjiàn (英 ... in question)

くち【口】 ❶［人・動物の］嘴 zuǐ; 口 kǒu (英 a mouth)、［唇］lips) ▶～がうまい/嘴乖 zuǐ guāi; 嘴巧 zuǐ qiǎo ▶～から出まかせに/顺口 shùnkǒu ▶～が軽い/嘴快 zuǐ kuài ▶～が堅い/嘴紧 zuǐ jǐn; 嘴严 zuǐ yán; 守口如瓶 shǒu kǒu rú píng ▶～をはかんとある/嘴大大的 zuǐ dàdà de ▶一～で飲み乾す/一口喝干 yì kǒu hē gān ▶あきれてあいた～がふさがらない/惊呆了，合不上嘴 jīngdāi le, hébushàng zuǐ ▶～から～へと伝わる/一传十，十传百 yī chuán shí, shí chuán bǎi

❷［器物などの］(英 a mouth; ［やかんなどの］a spout) ▶瓶の～/瓶口 píngkǒu

❸［味覚］口味 kǒuwèi (英 taste) ▶～に合う/可口 kěkǒu; 合口 hékǒu ▶～に合わない/吃不来 chībùlái ▶～のおごった人/口味挑剔的美食家 kǒuwèi tiāoti de měishíjiā

❹［その他］▶～から先に生まれたようなやつだ/多嘴多舌的人 duōzuǐ duōshé de rén ▶反対意見を～にする/提出反对意见 tíchū fǎnduì yìjiàn ▶人の～にのぼりはじめた/开始变成人们的话柄 kāishǐ biànchéng rénmen de huàbǐng ▶お母さんに向かってそんな～のきき方がありますか/对母亲怎么能那么说话呢？duì mǔqin zěnme néng nàme shuōhuà ne？

ことわざ 口は災いの元 祸从口出 huò cóng kǒu chū

～が重い ▶彼は～が重い/他话少 tā huà shǎo

～が悪い 说话损 shuōhuà sǔn; 尖刻 jiānkè ▶君は～が悪いね/你的嘴真不好 nǐ de zuǐ zhēn bùhǎo

～に気をつける ▶～に気をつけろ/说话留神 shuōhuà liúshén

～をすべらす 说漏嘴了 shuō lòuzuǐ le; 说走嘴了 shuō zǒuzuǐ le

～をそえる 推荐 tuījiàn; 说好话 shuō hǎohuà

～を出す 插嘴 chāzuǐ; 干涉 gānshè

～をつぐむ 闭嘴不说 bì zuǐ bù shuō

～を慎む 说话谨慎小心 shuōhuà jǐnshèn xiǎoxīn

～をぬぐう ▶～をぬぐって知らぬ顔をする/闭上嘴假装不知道 bìshàng zuǐ jiǎzhuāng bù zhīdào; 装聋作哑 zhuāng lóng zuò yǎ

～を割る 坦白 tǎnbái; 招供 zhāogòng ▶最後まで～を割らなかった/直到最后没坦白 zhí dào zuìhòu méi tǎnbái

日中比較 中国語では人か鳥かその他の動物を問わず，「口」に相当する器官はみな'嘴 zuǐ'で表す．中国語の「口 kǒu」は「話す器官」「口に似た作用をする物」の意味に用いられ，またこれ一文字だけでは滅多に使わない．

ぐち【愚痴】 怨言 yuànyán (英 an idle complaint) ▶～をこぼす/埋怨 mányuàn ▶あの男は実に～っぽい/他那个人真爱发牢骚 tā nàge rén zhēn ài fā láosao

くちうら【口裏】 ～をあわせる 统一口径 tǒngyī kǒujìng

くちうるさい【口うるさい】 爱挑剔 ài tiāoti; 吹毛求疵 chuī máo qiú cī (英 nagging; meddling) ▶～上司には閉口する/爱说教的上司真烦人 ài shuōjiào de shàngsi zhēn fánrén

くちかず【口数】 言语 yányǔ (英 words) ▶～が多い/饶舌 ráoshé; 贫嘴 pínzuǐ ▶～の少ない/寡言 guǎyán ▶君は～が多すぎる/你太贫嘴了 nǐ tài pínzuǐ le

くちきき【口利き】 调解 tiáojiě; 斡旋 wòxuán; 中介 zhōngjiè (英［中介］good offices;［人］a mediator) ▶～してもらう/托人情 tuō rénqíng ▶彼らは～でメシを食っている/他们是靠替人斡旋生活的 tāmen shì kào tì rén wòxuán shēnghuó de

くちぎたない【口汚い】 (英 abusive) ▶口汚く話す/说下流话 shuō xiàliúhuà ▶口汚くののしる/破口大骂 pò kǒu dà mà

くちく【駆逐】 驱逐 qūzhú (英 expel; drive away) ▶～艦/驱逐舰 qūzhújiàn

くちぐせ【口癖】 口头语 kǒutóuyǔ; 口头禅 kǒutóuchán (英 one's favorite phrase) ▶母さんに～になった「さっさとしなさい」と言う/"你快点儿啊"几乎成了母亲的口头禅 "Nǐ kuài diǎnr a" jīhū chéngle mǔqin de kǒutóuchán

くちぐち【口々に】 异口同声 yì kǒu tóng shēng; 口口声声 kǒukǒu shēngshēng (英 severally; unanimously) ▶～にほめそやす/交口称誉 jiāokǒu chēngyù ▶～に言う/异口同声地说 yì kǒu tóng shēng de shuō ▶住民は～に不安を訴えた/居民们口口声声地诉说不安 jūmínmen kǒu kǒu shēng shēng de sùshuō bù'ān

くちぐるま【口車に乗る】 诳语 kuángyǔ; 骗人的奉承话 piàn rén de fèngchenghuà (英 be cajoled) ▶まんまと奴の～に乗せられた/完全被他给骗了 wánquán bèi tā gěi piàn le

くちげんか【口喧嘩】 吵嘴 chǎozuǐ; 吵架 chǎojià; 争吵 zhēngchǎo (英 quarrel) ▶二人はささいなことで～する毎日だ/两个人每天为一点小事而吵架 liǎng ge rén měitiān wèi yìdiǎn xiǎoshìr chǎojià

くちごたえ【口答えする】 顶嘴 dǐngzuǐ; 还嘴 huánzuǐ (英 answer... back; retort) ▶～するな/别顶嘴 bié dǐngzuǐ

くちこみ【口コミ】 小道消息 xiǎodào xiāoxi; 口头传闻 kǒutou chuánwén (英 (by) word of mouth)

くちごもる【口ごもる】 吞吞吐吐地说 tūntūntǔtǔ de shuō (英 stammer; falter) ▶彼はいつも肝心な点になると～/他说到关键的地方总是吞吞吐吐的 tā shuōdào guānjiàn de dìfang zǒngshì tūntūntǔtǔ de ▶何か言いかけて一瞬～/好像要说什么，突然又变得吞吞吐吐的了 hǎoxiàng

くちさがない【口さがない】 愛閑聊的 ài xiánliáo de; 爱说长道短的 ài shuō cháng dào duǎn de (英 gossipy)

くちさき【口先】 口头 kǒutóu; 嘴上 zuǐshang (英 a lip; lip service) ▶〜だけの約束/空头支票 kōngtóu zhīpiào ▶〜介入《金融用語》/口头中介 kǒutóu zhōngjiè ▶〜のうまい奴/花言巧语的家伙 huāyán qiǎoyǔ de jiāhuo ▶〜だけのお世辞をいう/只在嘴上奉承 zhǐ zài zuǐshang fèngcheng ▶〜ばかり民主主義をとなえる/只在嘴上鼓吹民主 zhǐ zài zuǐshang gǔchuī mínzhǔ

くちずさむ【口ずさむ】 哼 hēng; 哼唧 hēngji (英 hum) ▶歌を〜/哼歌 hēnggē

くちだし【口出しする】 插嘴 chāzuǐ; 干预 gānyù; 多嘴 duōzuǐ (英 put in a word) ▶余計な〜するな/别多嘴 bié duōzuǐ

くちづけ【口付けする】 接吻 jiēwěn; 亲嘴 qīnzuǐ (英 kiss)

くちどめ【口止めする】 堵嘴 dǔzuǐ; 封嘴 fēngzuǐ (英 put a gag on...)
▶〜料/封嘴费 fēngzuǐfèi

クチナシ【梔子】〖植物〗梔子 zhīzi (英 a gardenia)

くちばし【嘴】 鸟嘴 niǎozuǐ; 喙 huì (英〔猛禽の〕a bill; a beak) ▶〜を入れる/插嘴 chāzuǐ ▶〜の黄色い/黄口小儿 huángkǒuxiǎor ▶〜の黄色い男/幼稚的男人 yòuzhì de nánrén; 缺少经验的男人 quēshǎo jīngyàn de nánrén

くちばしる【口走る】 走嘴 zǒuzuǐ; 漏嘴 lòuzuǐ (英 let out; blurt; babble out) ▶本当のことを〜/泄露真情 xièlù zhēnqíng ▶俺は馬鹿なこと を口走ったものだ/我走嘴说了傻话 wǒ zǒuzuǐ shuōle shǎhuà

くちはてる【朽ち果てる】 腐朽 fǔxiǔ;〖無名のままで〗默默无闻地死去 mòmò wúwén de sǐqù (英 rot away; decay) ▶この身が〜まで働く/拼死拼活地工作 pīn sǐ pīn huó de gōngzuò

くちはばったい【口幅ったい】 (英 boastful)
〜ことを言う 说大话 shuō dàhuà; 吹牛 chuīniú

くちび【口火】 导火线 dǎohuǒxiàn; 火种 huǒzhǒng (英 a fuse; a train) ▶〜を切る/起头 qǐtóu; 点燃导火线 diǎnrán dǎohuǒxiàn ▶湯沸かし器の〜をつける/点燃温水器 diǎnrán wēnshuǐqì ▶反撃の〜を切る/发起反攻 fāqǐ fǎngōng

くちひげ【口髭】 髭须 zīxū (英 a mustache) ▶〜をはやした男/留着髭须的人 liúzhe zīxū de rén

くちびる【唇】 嘴唇 zuǐchún (英 a lip) ▶〜を閉じる/闭着嘴唇 bìzhe zuǐchún ▶上〜/上唇 shàngchún; 上唇皮 shàngzuǐpí ▶〜をとがらす/圆唇 yuán chún; 撅起嘴唇 juēqǐ zuǐchún ▶〜をむすぶ/紧闭嘴唇 jǐnbì zuǐchún ▶〜を噛みしめる/咬嘴唇 yǎo zuǐchún

くちぶえ【口笛】 口哨儿 kǒushàor (英 a whistle) ▶〜を吹く/吹口哨儿 chuī kǒushàor

くちぶり【口振り】 口气 kǒuqì; 口吻 kǒuwěn; 语气 yǔqì (英 the way of one's talking) ▶先生のような〜だ/好像老师一样的口气 hǎoxiàng lǎoshī yíyàng de kǒuqì

くちべた【口下手】 嘴笨 zuǐ bèn; 笨口拙舌 bènkǒu zhuōshé (英 a bad [poor] talker) ▶口が上手い人より多少〜な人がいい/嘴有些笨拙的人比花言巧语好 zuǐ yǒuxiē bènzhuō de rén bǐ huāyán qiǎoyǔ hǎo

くちべに【口紅】 口红 kǒuhóng; 唇膏 chúngāo (英 rouge; a lipstick) ▶〜をつける/涂口红 tú kǒuhóng ▶〜をなおす/修整口红 xiūzhěng kǒuhóng ▶グラスに〜のあとが残る/杯子上留有口红的痕迹 bēizishang liúyǒu kǒuhóng de hénjì

くちまね【口真似】 学舌 xuéshé (英 mimicry) ▶生徒が先生の〜をする/学生模仿老师说话 xuésheng mófǎng lǎoshī shuōhuà

くちもと【口元】 嘴边 zuǐbiān; 嘴角 zuǐjiǎo (英 thr mouth) ▶〜のしわ/嘴角的皱纹 zuǐjiǎo de zhòuwén ▶〜に微笑を浮かべる/嘴边浮现出微笑 zuǐbiān fúxiànchū wēixiào

くちやかましい【口喧しい】 爱说教 ài shuōjiào; 嘴碎 zuǐsuì (英 faultfinding; censorious) ▶母はいつも私に〜/母亲对我总是管得很严 mǔqin duì wǒ zǒngshì guǎnde hěn yán

くちやくそく【口約束する】 口头约定 kǒutóu yuēdìng (英 an oral promise) ▶〜ではあてにならない/口头的约定靠不上 kǒutóu de yuēdìng kàobuzhù ▶あの人の〜は証文のように確かだ/那个人的口头约定跟支票一样可靠 nàge rén de kǒutóu yuēdìng gēn zhīpiào yíyàng kěkào

くちょう【口調】 口吻 kǒuwěn; 语气 yǔqì; 语调 yǔdiào (英 a tone; a note) ▶〜で指図される/被人用命令的语调指使 bèi rén yòng mìnglìng de yǔdiào zhǐshǐ ▶演説〜で話す/用讲演的语调说话 yòng jiǎngyǎn de yǔdiào shuōhuà ▶〜のよいせりふ/上口的台词 shàngkǒu de táicí ▶〜が悪い/语气不好 yǔqì bù hǎo

ぐちょく【愚直な】 过于正直 guòyú zhèngzhí; 戇直 zhuàngzhí (英 simple and honest)

くちる【朽ちる】 腐朽 fǔxiǔ; 腐烂 fǔlàn (英 rot; decay) ▶永遠に〜ことがない荣誉/永垂不朽的荣誉 yǒngchuí bù xiǔ de róngyù ▶このまま〜にまかせるしかない/只能等着它自然消灭 zhǐ néng děngzhe tā zìrán xiāomiè

くつ【靴】 〖短靴〗鞋 xié (英 shoes); 〖長靴〗靴 xuē (英 boots) ▶〜墨[クリーム]/鞋油 xiéyóu ▶〜底/鞋底 xiédǐ ▶〜紐/鞋带 xiédài ▶べら/鞋拔子 xiébázi ▶〜屋/鞋店 xiédiàn ▶〜をはく/穿鞋 chuān xié ▶〜を脱ぐ/脱鞋 tuō xié ▶〜１足/一双鞋 yì shuāng xié ▶〜のサイズはいくつですか/你穿多大号的鞋？ nǐ chuān duōdà hào de xié? ▶〜を磨く/擦鞋 cā xié ▶〜を脱いでスリッパにはきかえて下さい/请脱了鞋换上拖鞋 qǐng tuōle xié huànshàng tuōxié

日中比較 中国語の'靴 xuē'は「長靴」や「ブーツ」を指す.

くつう【苦痛】 痛苦 tòngkǔ; 苦痛 kǔtòng (英 *pain; agony; suffering*) ▶～を感じる/感到痛苦 gǎndào tòngkǔ ▶～を訴える/诉说痛苦 sùshuō tòngkǔ ▶～の少ない内視鏡手術/减少疼痛的内视镜手术 jiǎnshǎo téngtòng de nèishìjìng shǒushù

くつがえす【覆す】 打翻 dǎfān; 推翻 tuīfān; 推倒 tuīdǎo (英 *upset*) ▶これまでの常識を～発想だ/推翻以往常识的想法 tuīfān yǐwǎng chángshí de xiǎngfa ▶予想と一結果が出た/得出的结果推翻了当初的预想 déchū de jiéguǒ tuīfānle dāngchū de yùxiǎng ▶計画を～/否定了计划 fǒudìngle jìhuà

くつがえる【覆る】 翻 fān; 翻覆 fānfù (英 *be upset; be overturned; capsize*) ▶ダム建設計画が覆った/修水库的计划被否决了 xiū shuǐkù de jìhuà bèi fǒujué le ▶判定は覆らなかった/裁判没有被推翻 cáipàn méiyǒu bèi tuīfān

クッキー《菓子》小甜饼干 xiǎotiánbǐnggān (英 *a cookie; a cooky*)

くっきょう【屈強】 壮实 zhuàngshi; 健壮 jiànzhuàng; 倔强 juéjiàng (英 *strong; sturdy*) ▶～な男たち/倔强的男子汉 juéjiàng de nánzǐhàn

くっきり 鲜明 xiānmíng (英 *distinctly; clearly*) ▶スカイラインが青空に～と見える/晴空下的地平线格外鲜明 qíngkōngxià de dìpíngxiàn géwài xiānmíng ▶～した線を描く/画出鲜明的线条 huàchū xiānmíng de xiàntiáo

クッキング 烹调法 pēngtiáofǎ (英 *cooking*) ▶～スクール/烹饪班 pēngrènbān

ぐつぐつ 咕嘟 gūdu; 慢慢地炖 mànmànde dùn (英 *boil down*) ▶弱火で～煮る/用文火慢慢炖 yòng wénhuǒ mànmàn dùn

くっさく【掘削する】 挖掘 wājué (英 *dig; excavate*) ▶～機/掘土机 juétǔjī

くっし【屈指の】 屈指可数 qū zhǐ kě shǔ; 数一数二 shǔ yī shǔ èr (英 *leading; foremost*) ▶国内～の実績/国内首屈一指的成果 guónèi shǒu qū yī zhǐ de chéngguǒ

くつした【靴下】 袜子 wàzi (英 《短い》*socks*; 《長い》*stockings*) ▶～をはく/穿袜子 chuān wàzi ▶～を脱ぐ/脱袜子 tuō wàzi

くつじょく【屈辱】 屈辱 qūrǔ; 侮辱 wǔrǔ (英 *humiliation; disgrace*) ▶～的な屈辱的打击 shòudào qūrǔxìng de dǎjī ▶～を与える/进行侮辱 jìnxíng wǔrǔ ▶～を忍ぶ/忍受侮辱 rěnshòu wǔrǔ ▶甘んじて～を受ける/甘受屈辱 gān shòu qūrǔ

ぐっしょり 浸透 jìntòu; 湿透 shītòu (英 *be sopping wet*)

クッション《背当て》靠垫 kàodiàn; 垫子 diànzi;《緩衝物》缓冲 huǎnchōng (英 *a cushion*)

くっしん【屈伸】 《bending and stretching》▶～運動/屈伸运动 qūshēn yùndòng ▶50 回ひざの～をする/作五十次膝部的屈伸运动 zuò wǔshí cì xībù de qūshēn yùndòng

ぐっすり (英 《*sleep*》*fast*) ▶～眠る/睡得香甜 shuìde xiāngtián; 酣睡 hānshuì ▶1 晚～寝る/熟睡了一个晚上 shúshuìle yí ge wǎnshang

くっする【屈する】 屈服 qūfú (英 *yield; submit*) ▶圧力に～/屈服于压力 qūfú yú yālì ▶脅迫に～/向威胁屈服 xiàng wēixié qūfú

くつずれ【靴擦れ】 (英 *a shoe sore*) ▶～ができる/脚被鞋磨破了/脚被鞋磨破了 jiǎo bèi xié mópò le

くせつ【屈折する】 折射 zhéshè;《心の》扭曲 niǔqū (英 *be refracted*) ▶光の～/光的折射 guāng de zhéshè ▶～した気持ち/不自然的感情 bùzìrán de gǎnqíng ▶～した心理/扭曲的心理 niǔqū de xīnlǐ ▶～した性格の持主/性格扭曲的人 xìnggé niǔqū de rén

くったく【屈託のない】 忧虑 yōulǜ; 顾虑 gùlǜ (英 *carefree*) ▶～のない笑い/无瑕的笑容 wúxiá de xiàoróng ▶彼の表情は全く～がなかった/他的表情纯真无瑕 tā de biǎoqíng chúnzhēn wúxiá

ぐったり 疲倦 píjuàn; 筋疲力尽 jīnpí lìjìn (英 *limp*) ▶～いすに座る/疲倦地坐在椅子上 píjuàn de zuòzài yǐzishang

くっつく 粘 zhān; 附着 fùzhuó; 贴 tiē (英 *stick; adhere*) ▶彼にくっついて行く/跟着他去 gēnzhe tā qù ▶磁石に釘が～/磁石上吸着钉子 císhíshang xīzhe dīngzi

くっつける 粘 zhān; 沾 zhān (英 *attach firmly; stick*) ▶本に目をくっつけて読む/鼻子贴着书看 bízi tiēzhe shū kàn ▶接着剤で～/用黏合剂粘上 yòng niánhéjì zhānshàng

くってかかる【食ってかかる】 顶撞 dǐngzhuàng; 顶嘴 dǐngzuǐ (英 *turn on...*) ▶審判に～/跟裁判争执 gēn cáipàn zhēngzhí

ぐっと (英 [一段と] *greatly*; [一息に] *at a gulp*; [力を入れて] *with a jerk*) ▶～飲む/猛干一口 měng gàn yì kǒu ▶～ひっぱる/一把拉过来 yì bǎ lāguòlai ▶腕を～伸ばす/用力伸展胳膊 yònglì shēnzhǎn gēbo ▶そうすると～引き立って見える/这样一来，就格外显眼 zhèyàng yīlái, jiù géwài xiǎnyǎn ▶胸に～くる/胸口一热 xiōngkǒu yí rè; 心头涌起一股暖流 xīntóu yǒngqǐ yì gǔ nuǎnliú ▶～気温が下がる/气温骤然下降 qìwēn zhòurán xiàjiàng

くっぷく【屈服する】 低头 dītóu; 降服 xiángfú; 屈服 qūfú (英 *submit*) ▶～させる/折服 zhéfú; 屈服 qūfú ▶権力に～する/向权力屈服 xiàng quánlì qūfú

くつろぐ【寛ぐ】 舒畅 shūchàng; 松快 sōngkuai; 无拘无束 wú jū wú shù (英 *make oneself at home; relax*) ▶寛いだ服装/便服 biànfú ▶どうぞしばらくお寛ぎ下さい/请不要拘束，随意休憩 qǐng búyào jūshù, suíyì xiūqì

くつわ【轡】 嚼子 jiáozi (英 *a bit*) ▶～を並べて并驾齐驱 bìng jià qí qū

クツワムシ【轡虫】 《虫》纺织娘 fǎngzhīniáng

くてん【句点】 句号 jùhào (英 *a period*)

くでん【口伝】 口授 kǒushòu （英 *oral instruction*）

くどい（英 *lengthy*; ［味が］*thick*）▶話が～/絮叨 xùdao; 罗嗦 luōsuō; 啰嗦 luōsuo; 絮烦 xùfan ▶味が～/味道过浓 wèidao guò nóng ▶校長の話は若干～/校长的话有点儿啰嗦 xiàozhǎng de huà yǒudiǎnr luōsuo

くとう【苦闘する】 苦战 kǔzhàn （英 *struggle hard*）▶辞書をめくりながら翻訳に苦闘する/一边查词典, 一边艰苦地翻译 yìbiān chá cídiǎn, yìbiān jiānkǔ de fānyì

ぐどうしゃ【求道者】 ⇨きゅうどうしゃ（求道者）

くとうてん【句読点】 标点符号 biāodiǎn fúhào （英 *punctuation marks*）▶～を付ける/加标点 jiā biāodiǎn

くどく【口説く】 劝说 quànshuō; 说服 shuōfú;《女性に》求爱 qiú'ài （英 *persuade*; ［女性を］*make a pass*）▶口説き落とす/说服顽固的对方 shuōfú wánggù de duìfāng

くどく【功徳】（英 *a pious act*）▶～を施す/布施功德 bùshī gōngdé ▶～になる/成就功德 chéngjiù gōngdé

くどくど 罗唆 luōsuo; 絮絮叨叨 xùxùdāodāo （英 *wordily*; *lengthily*）▶～しゃべる/罗唆 luōsuō; 罗嗦 luōsuo; 絮叨 xùduo; 唠叨 láodao ▶～と言い訳する/絮絮叨叨地托辞 xùxùdāodāo de tuōcí ▶わかったよ, ～言うな/我明白了, 你就别罗唆了 wǒ míngbai le, nǐ jiù bié luōsuo le

ぐどん【愚鈍な】 呆头呆脑 dāi tóu dāi nǎo; 愚笨 yúbèn （英 *stupid*）

くなん【苦難】 苦难 kǔnàn; 苦头 kǔtóu; 磨难 mónàn （英 *distress*; *suffering*）▶～を共にする/风雨同舟 fēngyǔ tóng zhōu

くに【国】 国 guó; 国家 guójiā （英 ［国土］*a country*; *a land*; ［国家］*a state*; *a nation*）▶我が～/我国 wǒguó ▶～に帰る（故郷に）/回乡 huíxiāng ▶～自慢をする/夸耀自己的故乡 kuāyào zìjǐ de gùxiāng

くにがら【国柄】 国情 guóqíng （英 *national character*）▶～が違う/国民性不同 guómínxìng bùtóng ▶国柄特色不同/国民特色不同 guójiā tèsè bùtóng

くにくのさく【苦肉の策】 苦肉计 kǔròujì （英 *a desperate measure*）

ぐにゃぐにゃ 软绵绵 ruǎnmiánmián; 绵软 miánruǎn （英 *soft*; *limp*）▶針金を～に曲げる/弯曲软乎乎的铁丝 wānqū ruǎnhūhū de tiěsī ▶～した手ざわり/摸着软绵绵的 mōzhe ruǎnmiánmiān de

クヌギ【椚】〘植物〙 栎 lì; 麻栎 málì; 柞树 zuòshù （英 *an oak*）

くねくね 蜿蜒 wānyán; 弯弯曲曲 wānwānqūqū （英 *winding*）▶～曲がる/曲里拐弯 qūli guǎiwān ▶～した道/弯弯曲曲的路 wānwānqūqū de lù ▶～と蛇行する川/弯曲蜿蜒的河流 wānqū wānyán de héliú ▶～した山道を歩く/走在蜿蜒曲折的山路上 zǒuzài wānyán qūzhé de shānlùshang

くねる【扭る】 扭动 niǔdòng; 摇摆 yáobǎi （英 *twist*; *wind*）▶体をくねらせて踊る《女性などが》/扭动着身躯跳舞 niǔdòngzhe shēnqū tiàowǔ ▶モデルが腰をくねらせて歩く/模特扭动着腰肢行走 mótè niǔdòngzhe yāozhī xíngzǒu

くのう【苦悩】 苦恼 kǔnǎo; 苦闷 kǔmèn （英 *sufferings*; *distress*）▶顔に～の色を浮かべている/脸上带着苦闷的表情 liǎnshang dàizhe kǔmèn de biǎoqíng ▶～する日々/苦恼的日子 kǔnǎo de rìzi ▶人知れず～する/一个人偷偷烦恼 yí ge rén tōutōu fánnǎo

くはい【苦杯をなめる】 苦头 kǔtou （英 *suffer a defeat*）▶同じ相手にまたも～をなめさせられた/在同一个敌手面前又吃了一次苦头 zài tóng yí ge díshǒu miànqián yòu chīle yí cì kǔtou

くばる【配る】 分 fēn; 分发 fēnfā; 分散 fēnsàn （英 *distribute*; *serve*）▶郵便を～/送信 sòngxìn ▶気を～/关心 guānxīn ▶目を～/留神 liúshén ▶《トランプの》カードを～/发牌 fā pái ▶製品サンプルを無料で～/免费分发样品 miǎnfèi fēnfā yàngpǐn ▶パンフレットを～/分发小册子 fēnfā xiǎocèzi

くび【首】 ❶〘からだの〙 脖子 bózi; 颈 jǐng; 颈项 jǐngxiàng （英 *a neck*）▶～をひねる/纳闷儿 nàmènr ▶《競馬》～の差で勝つ/仅以一头之差获胜 jǐn yǐ yì tóu zhī chà huòshèng ▶君は何にでも～を突っ込む/不管什么事你都爱插手干预 bùguǎn shénme shì nǐ dōu ài chāshǒu gānyù ▶行列を見ようとして窓から～を出す/从窗户伸出头来看游行的队伍 cóng chuānghu shēnchū tóu lái kàn yóuxíng de duìwu ▶～を縦に振る/点头 diǎntóu ▶～を横に振る/摇头 yáotóu ▶～をくくる/上吊自杀 shàngdiào zìshā
❷〘免職〙 解雇 jiěgù; 免职 miǎnzhí （英 *dismissal*）▶～にする/开除 kāichú; 炒鱿鱼 chǎo yóuyú ▶～になる/失去工作 shīqù gōngzuò; 被解雇 bèi jiěgù ▶～がつながる/保了职位 bǎoquánle zhíwèi

～が回らない ▶借金で～が回らない/债台高筑, 手头吃紧 zhài tái gāo zhù, shǒutóu chījǐn

～を締める ▶自分で自分の～を締める/作茧自缚 zuò jiǎn zì fù

～を長くする ▶あなたのお便りを～を長くして待っています/盼望着你的来信 pànwàngzhe nǐ de láixìn

♦**～枷**〘俗〙 枷锁 jiāsuǒ

くびかざり【首飾り】 项链 xiàngliàn; 项圈 xiàngquān （英 *a necklace*; *a choker*）▶～をつける/戴项链 dài xiàngliàn ▶真珠の～/珍珠项链 zhēnzhū xiàngliàn

くびき【軛】 轭 è （英 *a yoke*）▶大国の～にしばられる/受到大国的奴役 shòudào dàguó de núyì

くびきり【首切り】 斩首 zhǎnshǒu;《解雇》解雇 jiěgù ▶［斬罪］〘古〙 *decapitation*; ［解雇］*discharge*; *dismissal*）▶～人/刽子手 guìzishǒu

グビジンソウ【虞美人草】〘植物〙 虞美人 yúměirén （英 *a poppy*）

くびすじ【首筋】 脖梗儿 bógěngr (英 *the nape*) ▶～が寒い/脖颈发寒 bógěng fāhán; 脊梁骨发寒 jǐlianggǔ fāhán ～をつかむ/抓住脖子 zhuāzhù bózi

くびったけ【首ったけである】 (英 *be deeply in love*) ▶彼女に～だ/被她迷住了 bèi tā mízhù le

くびっぴき【首っ引き】 (英 *by constntly referring*) ▶辞書と～で英文の手紙を書く/逐字查着词典, 用英文写信 zhúzì cházhe cídiǎn, yòng Yīngwén xiě xìn

くびつり【首吊り】 上吊 shàngdiào (英 *a hanging*) ▶～自殺する/自缢 zìyì; 上吊自杀 shàngdiào zìshā

くびれ 中间最细的部分 zhōngjiān zuìxì de bùfen (英 *a narrow part*) ▶赤ん坊の手首のくびれ/婴儿手腕上的皱褶 yīng'ér shǒuwànshang de zhòuzhě

くびれる (英 *be constricted*) ▶細くくびれた腰/紧收着的细腰 jǐnshōuzhe de xìyāo

くびわ【首輪】 脖圈 bóquān (英 *a collar*)

くふう【工夫する】 设法 shèfǎ; 研究 yánjiū (英 *devise*) ▶～が足りない/研究不到位 yánjiū bú dàowèi; 功夫不到家 gōngfū bú dàojiā ▶もうひと～欲しい/最好能再推敲一下 zuìhǎo néng zài tuīqiāo yíxià 何かうまい～はないか/没有什么更好的办法吗？méiyǒu shénme gèng hǎo de bànfǎ ma？

> 日中比較 中国語の'工夫 gōngfu'は「時間」を表す．

くぶくりん【九分九厘】 百儿八十 bǎi'er bāshí (英 *ten to one*) ▶～大丈夫だ/八成没事 bāchéng méishì

くぶどおり【九分通り】 十拿九稳 shí ná jiǔ wěn (英 *nearly*) ▶～できあがっている/基本上完成 jīběnshang wánchéng

くぶん【区分する】 区分 qūfēn; 划分 huàfēn (英 *divide*; *classify*) ▶～が明確である/区分明确 qūfēn míngquè

くべつ【区別する】 分别 fēnbié; 区别 qūbié; 区分 qūfēn (英 *distinguish*) ▶～が不清 fēnbuqīng ▶夢と現実を～する/把梦想和现实加以区别 bǎ mèngxiǎng hé xiànshí jiāyǐ qūbié

くべる 烧 shāo; 放进火里 fàngjìn huǒli (英 *put... on the fire*) ▶薪を～/添柴火 tiān cháihuo

くぼち【窪地】 洼 wā; 洼地 wādì (英 *a hollow place*)

くぼみ【窪み】 洼 wā; 坑洼 kēngwā (英 *a hollow*)

くぼむ【窪む】 洼 wā; 凹陷 āoxiàn; 洼陷 wāxiàn (英 *become hollow*) ▶窪んだ土地/洼地 wādì ▶目が～/眼睛深陷 yǎnjing shēnxiàn ▶疲労で目が～/由于疲劳, 眼睛陷下去了 yóuyú píláo, yǎnjing xiànxiàqu le

くま【隈】 角落 jiǎoluò;《眼の》黑眼圈儿 hēiyǎnquānr (英 *dark*) ▶～なく捜す/仔细搜寻 zǐxì sōuxún

クマ【熊】〖動物〗熊 xióng (英 *a bear*)

くまで【熊手】 笆子 pázi (英 *a rake*) ▶～で落ち葉を掻(か)き集める/用竹耙子把落叶拢起来 yòng zhúpázi bǎ luòyè lǒngqǐlai

くまどり【隈取り】 脸谱 liǎnpǔ (英 *kabuki make-up*)

クマンバチ【熊蜂】〖虫〗熊蜂 xióngfēng (英 *a hornet*)

くみ【組】 ❶〖対やセット〗套 tào; 副 fù (英 *a set*; *a pair*) ▶4枚1～の切手/四张一套的邮票 sì zhāng yí tào de yóupiào ❷〖グループやクラス〗组 zǔ; 班 bān; 伙 huǒ (英 *a class*; *a team*; *a group*) ▶～になる/搭伙 dāhuǒ ▶～の客/一群客人 yìqún kèrén ▶勝ち～と負け～/胜者与败者 shèngzhě yǔ bàizhě

グミ【茱萸】〖植物〗胡颓子 hútuízí (英 *a silverberry*)

くみあい【組合】 工会 gōnghuì; 合作社 hézuòshè (英〖労組〗 *a uniona*;〖同業の〗 *guild*) ▶生活協同～/生活协助合作社 shēnghuó xiézhù hézuòshè ▶労働～を作る/组织工会 zǔzhī gōnghuì ▶生協～員/合作社员 hézuòshèyuán

> 日中比較 中国語の'組合 zǔhé'は「組み合わせる」「構成する」という意味である．また音楽における「ユニット」も意味する．

くみあげる【汲み上げる】《水を》汲 jí;《意見を》听取 tīngqǔ (英 *draw up*; *pump up*) ▶ポンプで水を～/用水泵抽水 yòng shuǐbèng chōushuǐ

くみあわせる【組み合わせる】 配合 pèihé; 搭配 dāpèi; 组合 zǔhé (英 *combine*; *join together*) ▶洋服と帽子を～/搭配西服和帽子 dāpèi xīfú hé màozi

くみいれる【組み入れる】 列入 lièrù; 编入 biānrù; 纳入 nàrù (英 *weave into...*; *incorporate into...*) ▶予定に～/列入预定 lièrù yùdìng ▶議事日程に～/列入议事日程 lièrù yìshì rìchéng ▶これらの事件は全部その小説に組み入れられている/这些事件都被编进了那本小说 zhèxiē shìjiàn dōu bèi biānjìnle nà běn xiǎoshuō ▶月曜日の授業に英語の時間を～/把英语课编进周一的课表里 bǎ Yīngyǔkè biānjìn zhōuyī de kèbiǎoli

くみかえ【組み換え】 改编 gǎibiān; 改换 gǎihuàn (英 *rearrange*) ▶遺伝子～/改换遗传基因 gǎihuàn yíchuán jīyīn

くみかわす【酌み交わす】 对饮 duìyǐn; 对酌 duìzhuó (英 *drink together*)

くみきょく【組曲】〖音楽〗套曲 tàoqǔ; 组曲 zǔqǔ (英 *a suite*)

くみこむ【組み込む】 纳入 nàrù; 编入 biānrù (英 *incorporate*) ▶組織に～/编入组织 biānrù zǔzhī

くみする【与する】 参与 cānyù; 支持 zhīchí (英 *support*; *join*) ▶君たちに～ことはできない/不能跟你们合作 bùnéng gēn nǐmen hézuò

くみたて【組み立て】 組装 zǔzhuāng; 结构 jiégòu （英 *construction*; ［機械の］ *assembling*） ▶～部品/部件 bùjiàn ▶～式の棚/组装式架子 zǔzhuāngshì jiàzi ▶～工場/组装工厂 zǔzhuāng gōngchǎng

くみたてる【組み立てる】 安装 ānzhuāng; 搭建 dājiàn; 装配 zhuāngpèi （英 *put together*; *assemble*） ▶話の筋を～《物語の》/构想故事的结构 gòuxiǎng gùshi de jiégòu ▶機械を～/装配机器 zhuāngpèi jīqì

くみとる【汲み取る】 淘 táo; 吸取 xīqǔ; 汲取 jíqǔ （英 *ladle*） ▶誠意を～/领会诚意 lǐnghuì chéngyì ▶顧客の要望を～/采纳顾客的意见 cǎinà gùkè de yìjiàn ▶人の心を～/体察人心 tǐchá rénxīn ▶屎尿(しょう)を～/掏粪 tāo fèn

くみはん【組版】 ［印刷］拼板 pīnbǎn; 排板 páibǎn （英 *typesetting*）

くむ【汲む】 ❶［ひしゃくで］舀 yǎo （英 *ladle*） ❷［水を］打 dǎ （英 *draw*） ❸［気持ちを］体諒 tǐliàng （英 *consider*）

くむ【組む】 ❶［協同する］合作 hézuò; 合伙 héhuǒ （英 *cooperate*） ▶手を～/合作 hézuò ▶ダブルスで彼女とペアを～/在双打中跟她搭档 zài shuāngdǎ zhōng gēn tā dādàng ❷［交差させる］交叉在一起 jiāochā zài yìqǐ （英 *cross*） ▶腕を～/《両腕を交差させて》抱着胳膊 bàozhe gēbo;《二人で》拷着某某的胳膊 kuàzhe mǒumǒu de gēbo ▶脚を～/跷着腿 qiāozhe tuǐ ❸［その他］▶日程を～/安排日程 ānpái rìchéng ▶予算を～/编制预算 biānzhì yùsuàn ▶足場を～/搭脚手架 dā jiǎoshǒujià

くめん【工面する】 筹措 chóucuò （英 *manage*） ▶お金の～がつかない/筹不到钱 chóubudào qián

くも【雲】 云彩 yúncai （英 *a cloud*） ▶～が出る/出云彩 chū yúncai ▶空が～で覆われる/天上布满了云 tiānshàng bùmǎnle yún ▶月が～に隠れる/月亮躲进云层里 yuèliang duǒjìn yúncéng lǐ ▶少年は毎日～ばかり眺めていた/那个少年成天都在看云彩 nàge shàonián chéngtiān dōu zài kàn yúncai ▶～をつかむような捜査/搜查好像在大海里捞针 sōuchá hǎoxiàng zài dàhǎilǐ lāo zhēn

クモ【蜘蛛】 ［虫］蜘蛛 zhīzhū （英 *a spider*） ▶～の糸/蜘蛛丝 zhīzhūsī ▶～の巣/蜘蛛网 zhīzhūwǎng; 蛛网 zhūwǎng ▶～が巣をかける/蜘蛛结网 zhīzhū jié wǎng ▶～の巣だらけの廃屋/到处净是蜘蛛网的破朽房屋 dàochù jìng shì zhīzhūwǎng de pòxiǔ fángwū

くもがくれ【雲隠れする】 逃匿 táonì; 躲藏 duǒcáng （英 *disappear*; *hide oneself*）

くもまく【蜘蛛膜】 ［解］ the *arachnoid membrane*） ▶～下出血/蛛网膜下腔出血 zhūwǎngmó xiàqiāng chūxuè

くもゆき【雲行き】 风势 fēngshì; 情势 qíngshì （英 ［空模様］ *the sky*; ［形勢］ *the situation*） ▶～が怪しい/形势不对 xíngshì búduì ▶～を見る/观测天象 guāncè tiānxiàng; 观望形势 guānwàng xíngshì

くもり【曇り】 阴天 yīntiān; 多云 duōyún （英 ［曇天］ *a cloudy sky*; ［陰影］ *a shadow*） ▶～空/阴天 yīntiān ▶ガラス/毛玻璃 máobōli; 磨砂玻璃 móshā bōli ▶明日は～のち晴れでしょう/明天天气阴转晴 míngtiān tiānqì yīn zhuǎn qíng ▶～がちの天気/阴沉沉的天气 yīnchénchén de tiānqì ▶～止め/防雾剂 fángwùjì

くもる【曇る】 阴 yīn; 模糊 móhu （英 *bec ɪ̌ me cloudy*; *become dim*） ▶空が～/天阴 tiān yīn ▶ガラスが～/玻璃模糊 bōli móhu ▶眼鏡が～/眼镜模糊 yǎnjìng móhu ▶表情が～/表情沉重 biǎoqíng chénzhòng ▶空がすっかり曇った/天彻底阴下来了 tiān chèdǐ yīnxiàlai le ▶湯気で眼鏡が～った/蒸汽把眼镜弄模糊了 zhēngqì bǎ yǎnjìng nòng móhu le ▶目が涙で曇った/泪水使眼睛模糊 lèishuǐ shǐ yǎnjing móhu ▶彼は顔を曇らせた/他的表情沉重起来 tā de biǎoqíng chénzhòngqǐlai

くもん【苦悶】 苦闷 kǔmèn （英 *agony*; *anguish*） ▶牧氏はその時～の表情を浮かべた/牧氏当时显出苦闷的表情 Mù shì dāngshí xiǎnchū kǔmèn de biǎoqíng

くやしい【悔しい】 遗憾 yíhàn; 可恨 kěhèn （英 *regrettable*） ▶ああ～/啊, 太遗憾了 a, tài yíhàn le

悔し涙を流す 流下悔恨的眼泪 liúxià huǐhèn de yǎnlèi

くやしがる【悔しがる】 《感到》气愤 gǎndào qìfèn; 悔恨 huǐhèn （英 *be frustrated*） ▶地団駄を踏んで～/捶胸顿足, 悔恨不迭 chuí xiōng dùn zú, huǐhèn bù dié

くやみ【悔やみ】 吊唁 diàoyàn （英 *condolences*） ▶～を言う/慰唁 wèiyàn; 哀悼 āidào ▶～を受ける/接受悼念 jiēshòu dàoniàn

　◆～状/追悼信 zhuīdàoxìn; 吊唁信 diàoyànxìn

くやむ【悔やむ】 悔恨 huǐhèn; 懊悔 àohuǐ; 追悔 zhuīhuǐ （英 *regret*） ▶過去のことを悔やんでも仕方がない/对过去的事懊悔也无济于事 duì guòqù de shì àohuǐ yě wú jì yú shì ▶友人の早すぎる死を～/追悔朋友的早逝 zhuīhuǐ péngyou de zǎoshì

くゆらす【燻らす】 《タバコを》吸〈烟〉xī(yān); 抽〈烟〉chōu(yān) （英 *puff*）

くよう【供養する】 供养 gòngyǎng; 祭奠 jìdiàn （英 *hold a memorial service*） ▶先祖の霊を～する/祭奠祖先之灵 jìdiàn zǔxiān zhī líng

　日中比較　中国語の'供养'は'gōngyǎng'と読むと「扶養する」こと, 'gòngyǎng'と読めば「供養する」ことを意味する.

くよくよする 后悔 hòuhuǐ; 想不开 xiǎngbukāi; 发愁 fāchóu （英 *bother*） ▶～するな/别后悔 bié hòuhuǐ ▶済んだことは～したって仕方がない/已经过去的事, 后悔也没用 yǐjing guòqù de shì, hòuhuǐ yě méi yòng

くら【倉・蔵】 仓库 cāngkù; 仓房 cāngfáng （英 *a warehouse*; ［穀倉］ *a granary*） ▶お～入りに

なっている/束之高阁 shù zhī gāogé

くら【鞍】 马鞍子 mǎ'ānzi (英 *a saddle*) ▶～にまたがる/跨上马鞍 kuàshang mǎ'ān

くらい【位】 ❶【数値】位 wèi; 位数 wèishù (英 *digit*) ▶百の一/百位数 bǎi wèishù ▶十の一以下は切り捨てる/十位数以下被删除 shí wèishù yǐxià bèi shānchú ❷【地位】地位 dìwèi (英 *grade*; *rank*) ▶～につく/即位 jíwèi ▶～が高い/级别高 jíbié gāo; 地位高 dìwèi gāo ❸【程度・約数】左右 zuǒyòu; 里外 lǐwài; 上下 shàngxià (英 *almost*) ▶だいたい3万～/大概是三万左右 dàgài shì sānwàn zuǒyòu

くらい【暗い】 暗淡 àndàn; 黑暗 hēi'àn; 阴暗 yīn'àn (英 *dark*; *gloomy*; *dim*; [不案内] *be a stranger*) ▶～性格/性格阴郁 xìnggé yīnyù ▶見通しが～/前途黑暗 qiántú hēi'àn ▶夜明け前が一番～/黎明前最黑暗 límíng qián zuì hēi'àn ▶～夜道をたどる/在漆黑的夜道上行走 zài qīhēi de yèdàoshang xíngzǒu ▶廊下の電灯が暗かった/走廊的电灯太暗了 zǒuláng de diàndēng tài àn le ▶客室の明かりを暗くしておく/把客房的电灯调得暗一点 bǎ kèfáng de diàndēng tiáode àn yìdiǎn

グライダー 滑翔机 huáxiángjī (英 *a glider*)

くらいどり【位取り】 定位 dìngwèi (英 *the position of a figure*) ▶～をまちがえる/定错位 dìngcuò wèi

くらいまけ【位負けする】 (英 *cannot live up to a person's position*) ▶新人がベテラン選手と～しないで渡り合う/新手没有输给老牌选手的威望,勇敢地对阵 xīnshǒu méiyǒu shūgěi lǎopái xuǎnshǒu de wēiwàng, yǒnggǎn de duìzhèn

クライマックス 高潮 gāocháo; 顶点 dǐngdiǎn (英 *a climax*) ▶～に達する/达到高潮 dádào gāocháo ▶そのーはラストシーンであった/高潮出现在最后一个场面 gāocháo chūxiàn zài zuìhòu yí ge chǎngmiàn

グラインダー 磨床 móchuáng; 砂轮 shālún (英 *a grinder*) ▶～で削る/用磨床研磨 yòng móchuáng yánmó

くらう【食らう】 ❶【飲食する】吃 chī; 喝 hē (英 *eat*) ❷【被る】蒙受 méngshòu; 挨 ái (英 *suffer*) ▶お目玉を～/挨骂 áimà ▶びんたを～/吃耳光 chī ěrguāng

グラウンド 操场 cāochǎng; 运动场 yùndòngchǎng (英 *a playing field*; *a ground*) ▶ホーム～/根据地球场 gēnjùdì qiúchǎng; 本场 běnchǎng ▶マナー/比赛态度 bǐsài tàidu; 场上态度 chǎngshàng tàidu

くらがえ【鞍替えする】 (仕事を) 转业 zhuǎnyè; 改行 gǎiháng (英 *change one's job*) ▶就職1年で～する/(刚)就职一年就跳槽 (gāng) jiùzhí yì nián jiù tiàocáo ▶ビジネスマンから教授に～する/从商人变成了一个教授 cóng shāngrén biànchéngle yí ge jiàoshòu

くらがり【暗がり】 暗处 ànchù (英 *a dark place*) ▶～で内緒話をする/在暗处说悄悄话 zài ànchù shuō qiāoqiāohuà ▶～に強いデジカメ/擅长拍摄背景的数码相机 shàncháng pāishè ànjǐng de shùmǎ xiàngjī

くらく【苦楽】 甘苦 gānkǔ (英 *joys and sorrows*) ▶～を共にする/同甘共苦 tóng gān gòng kǔ ▶リーダーは部下と～を共にした/领导跟下属同甘共苦 lǐngdǎo gēn xiàshǔ tóng gān gòng kǔ

クラクション 汽车喇叭 qìchē lǎba (英 *a horn*) ▶～を鳴らす/按喇叭 àn lǎba

くらくらする 头晕 tóuyūn (英 *feel dizzy*) ▶あまりの騒音に頭が～する/噪音太厉害,头直晕 zàoyīn tài lìhai, tóu zhí yùn

ぐらぐら ❶【不安定な状態】摇晃 yáohuàng (英 *shake*; *waver*) ▶ネジが～する/螺丝钉松了,直晃荡 luósīdīng sōngle, zhí huàngdang ▶～する椅子/摇摇晃晃的椅子 yáoyáohuànghuàng de yǐzi ▶奥歯が～する/槽牙动摇了 cáoyá dòngyáo le ❷【煮え立つさま】咕嘟 gūdū (英 *boil*) ▶～お湯が沸いている/咕嘟咕嘟,水开了 gūdūgūdū, shuǐ kāi le

クラゲ【水母】 【動物】水母 shuǐmǔ;【食品】海蜇 hǎizhé (英 *a jellyfish*) ▶海水浴で～に刺される/洗海澡被水母扎了 xǐhǎizǎo bèi shuǐmǔ zhā le ▶前菜に～料理を取る/冷盘点了一道海蜇菜 lěngpán diǎnle yí dào hǎizhécài

くらし【暮らし】 生活 shēnghuó; 日子 rìzi; 时光 shíguāng (英 *life*) ▶～を立てる/为生 wéishēng; 过活 guòhuó ▶田舎で～している/在乡下生活 zài xiāngxia shēnghuó ▶一人～の老人/独自为生的老人 dúzì wéishēng de lǎorén ▶やっと～を立てる/勉强度日 miǎnqiáng dùrì ▶～に困る/为生活所困 wéi shēnghuó suǒ kùn ▶その日～をする/家无隔夜粮 jiā wú géyèliáng; 过一天算一天 guò yìtiān suàn yìtiān

グラジオラス 【植物】唐菖蒲 tángchāngpú (英 *a gladiolus*)

クラシック 古典 gǔdiǎn (英 *classical*; *classic*) ▶～音楽/古典音乐 gǔdiǎn yīnyuè ▶～カー/古典汽车 gǔdiǎn qìchē; 老爷车 lǎoyechē ▶そのホテルは～な雰囲気がある/那家饭店带有古典氛围 nà jiā fàndiàn dàiyǒu gǔdiǎn fēnwéi ▶音楽は～から～に変わった/音乐从爵士乐变成古典音乐 yīnyuè cóng juéshìyuè biànchéngle gǔdiǎn yīnyuè

くらしむき【暮らし向き】 家境 jiājìng; 家计 jiājì; 经济 jīngjì (英 *lifestyle*) ▶楽な～/富裕的生活 fùyù de shēnghuó ▶～が苦しい/家境贫寒 jiājìng pínhán

くらす【暮らす】 过日子 guò rìzi; 生活 shēnghuó (英 *live*) ▶海外で～/在海外生活 zài hǎiwài shēnghuó ▶ペットと～/跟宠物一起生活 gēn chǒngwù yìqǐ shēnghuó ▶安楽に～/幸福地生活 xìngfú de shēnghuó ▶あの人とは一緒に暮らしてゆけない/跟他没法儿一起生活 gēn tā méi fǎr yìqǐ shēnghuó ▶月給だけでは暮らせない/光靠工资没法儿生活 guāng kào gōngzī méi fǎr shēnghuó

クラス ❶〖学校の〗班级 bānjí (英 *a class*) ▶～担任/班主任 bānzhǔrèn ▶～メイト/同班 tóngbān; 同班同学 tóngbān tóngxué ❷〖等級〗ファースト～/头等舱 tóudēngcāng ▶ビジネスの航空券/公务舱的机票 gōngwùcāng de jīpiào ▶ノーベル賞～の作家/诺贝尔获奖者水平的作家 Nuòbèi'ěr huòjiǎngzhě shuǐpíng de zuòjiā
♦～会 班会 bānhuì; 年级会 niánjíhuì

グラス 玻璃杯 bōlibēi (英 *a glass*) ▶ワイン～/葡萄酒杯 pútao jiǔbēi ▶カット～/刻花玻璃 kèhuā bōli

グラスファイバー 玻璃丝 bōlisī; 玻璃纤维 bōli xiānwéi (英 *glass fiber*)

グラタン 〖料理〗奶汁烤菜 nǎizhī kǎocài (英 *gratin*) ▶マカロニ～/奶汁烤空心粉 nǎizhī kǎo kōngxīnfěn ▶～皿/奶汁烤菜盘 nǎizhī kǎo càipán

クラッカー ❶〖食べ物〗饼干 bǐnggān; 咸饼干 xián bǐnggān (英 *a cracker*) ❷〖火薬を使ったおもちゃ〗花炮 huāpào (英 *a cracker*)

ぐらつく 活动 huódòng; 摇晃 yáohuàng; 〖態度や方針が〗游移 yóuyí; 动摇 dòngyáo; 〖totter〗〖決心が〗waver ▶このテーブルは～ね/这张桌子有点儿晃悠 zhè zhāng zhuōzi yǒudiǎnr huàngyou ▶彼の決意は決してぐらつかなかった/他下定决心没有动摇 tā xiàdìng juéxīn méiyǒu dòngyáo ▶その知らせを聞いて彼女の心はぐらついた/她听到那个通知,心里动摇了 tā tīngdào nàge tōngzhī, xīnli dòngyáo le

クラッチ 离合器 líhéqì (英 *a clutch*) ▶～を入れる/踩离合器 cǎi líhéqì

グラビア 〖印刷〗照相凹版 zhàoxiàng āobǎn (英 *gravure*) ▶～印刷/凹版印刷 āobǎn yìnshuā ▶写真/凹版照相 āobǎn zhàoxiàng ▶～ページ/〖卷首〗画页 (juànshǒu) huàyè

クラブ 俱乐部 jùlèbù (英 *a club*) ▶ゴルフ～/高尔夫球俱乐部 gāo'ěrfū qiúbùjù ▶ハウス/〖球场的〗休息室 (qiúchǎng de)xiūxishì
♦～活動 俱乐部活動 jùlèbù huódòng; 课外活动 kèwài huódòng ロータリー～ 扶轮国际的分支机构 fúlún guójì de fēnzhī zǔzhī

グラフ 画报 huàbào; 图表 túbiǎo (英 *a graph*) ▶折れ線～/曲线图表 qūxiàn túbiǎo ▶～誌/画报 huàbào ▶棒～/柱形图表 zhùxíng túbiǎo ▶円～/圆形图表 yuánxíng túbiǎo ▶～を読む/解读图表 jiědú túbiǎo

グラフィック (英 *graphic*) ▶～デザイン/美术印刷设计 měishù yìnshuā shèjì ▶～デザイナー/美术印刷设计师 měishù yìnshuā shèjìshī

クラフトし〖クラフト紙〗 牛皮纸 niúpízhǐ (英 *kraft paper*)

くらべる〖比べる〗 比较 bǐjiào; 相比 xiāngbǐ; 比 bǐ (英 *compare*) ▶高さを～/比高低 bǐ gāodī ▶前年と比べて 20% 増加した/比去年增加了百分之二十 bǐ qùnián zēngjiāle bǎi fēn zhī èrshí ▶あんなものとは比べものにならない/怎么能跟那种东西相提并论 zěnme néng gēn nà zhǒng dōngxi xiāng tí bìng lùn

くらます〖晦ます〗 (英 *hide*) ▶人の目を～/避人耳目 bì rén ěrmù
姿を～ 销声匿迹 xiāo shēng nì jì; 掩蔽行踪 yǎnbì xíngzōng

くらむ〖眩む〗 眼花 yǎnhuā; 〖眼睛〗发花 (yǎnjing) fāhuā (英 *be dizzy; be blinded*) ▶高所で目が～/晕高儿 yùngāor ▶金に目が～/财迷心窍 cái mí xīnqiào

グラム 〖単位〗克 kè (英 *a gram*) ▶この惣菜は100～350円です/这种熟食一百克三百五十日元 zhè zhǒng shúshí yìbǎi kè sānbǎi wǔshí Rìyuán

くらやみ〖暗闇〗 黑暗 hēi'àn; 漆黑 qīhēi; 暗处 ànchù (英 *the dark; darkness*) ▶真っ～/漆黑一片 qīhēi yí piàn

クラリネット 〖楽器〗单簧管 dānhuángguǎn (英 *a clarinet*) ▶～を吹く/吹黑管 chuī hēiguǎn
♦～奏者 单簧管演奏家 dānhuángguǎn yǎnzòujiā

くらわす〖食らわす〗 叫…吃 jiào…chī; 让…遭受 ràng…zāoshòu (英 *give*) ▶一喝（かつ）を～/猛喝一声 měnghè yì shēng ▶一発～ぞ/让你吃我一拳 ràng nǐ chī wǒ yì quán ▶パンチを～/猛击一拳 měngjī yì quán

クランク 曲柄 qūbǐng (英 *a crank*)
♦～イン 〖映画〗开始摄影 kāishǐ shèyǐng

グランドピアノ 〖楽器〗大钢琴 dàgāngqín; 三角钢琴 sānjiǎo gāngqín (英 *a grand piano*)

グランプリ 最高奖 zuìgāojiǎng; 大奖 dàjiǎng (英 *the grand prix*) ▶～を獲得する/获得大奖 huòdé dàjiǎng

クリ〖栗〗 〖植物〗栗子 lìzi (英 *a chestnut*) ▶～のいが/栗苞 lìbāo ▶ご飯/栗子饭 lìzifàn ▶～拾いに行く/去捡栗子 qù jiǎn lìzi
ことわざ 火中の栗を拾う 火中取栗 huǒ zhōng qǔ lì

クリアする 过关 guòguān (英 *clear*) ▶入国審査を～する/通过入境检查 tōngguò rùjìng jiǎnchá

くりあげる〖繰り上げる〗 提前 tíqián; 提早 tízǎo (英 *advance; move up*) ▶予定を～/将预定提前 jiāng yùdìng tíqián ▶繰り上げで合格する/提前合格 tíqián hégé ▶閉店時間を～/提早关门时间 tízǎo guānmén shíjiān

くりあわせる〖繰り合わせる〗 (英 *arrange*) ▶万障繰り合わせて出席する/拨冗出席 bōrǒng chūxí

グリース 滑油 huáyóu (英 *grease*) ▶～を塗る/涂滑油 tú huáyóu

クリーナー ❶〖電気掃除機〗除尘器 chúchénqì; 吸尘器 xīchénqì (英 *a cleaner*) ▶小型の～/小型吸尘器 xiǎoxíng xīchénqì ❷〖道具や薬剤〗(英 *a cleaner*) ▶ガラス～/玻璃刷 bōlishuā

クリーニング 洗衣 xǐyī; 洗涤 xǐdí (英 *clean-*

ing; *laundry*）　～屋/洗衣店 xǐyīdiàn　▶ドライ～/干洗 gānxǐ　▶～に出す/送到洗衣店 sòngdào xǐyīdiàn

クリーム ❶〖食品〗**奶油** nǎiyóu（英 *cream*）　▶生～/生奶油 shēngnǎiyóu；鲜奶油 xiānnǎiyóu　▶シュー～/奶油泡夫 nǎiyóu pàofū　▶～チュー/奶油菜汤 nǎiyóu càitāng　▶～ソーダ/冰激凌汽水 bīngjílíng qìshuǐ　❷〖薬品・化粧品など〗**雪花膏** xuěhuāgāo（英 *cream*）　▶シェービング～/剃须膏 tìxūgāo　▶ハンド～を塗る/涂擦手油 tú cāshǒuyóu　▶靴～/鞋油 xiéyóu　▶コールド～/冷霜膏 lěngshuānggāo

くりいれる【繰り入れる】 加入 jiārù；转入 zhuǎnrù（英 *put in*）　▶基金に～/转入基金 zhuǎnrù jījīn

くりいろ【栗色の】 栗色 lìsè；深棕色 shēnzōngsè（英 *chestnut color*）

クリーンな（清潔） 清洁 qīngjié；干净 gānjìng；〖公正〗廉洁 liánjié（英 *clean*）

グリーン 绿色 lǜsè；草坪 cǎopíng；〖ゴルフ〗果岭 guǒlǐng（英 *green*）　▶～车/软席车厢 ruǎnxí chēxiāng

グリーンピース 〖植物〗青豌豆 qīngwāndòu（英 *green peas*）

グリーンベルト 绿化地带 lǜhuà dìdài（英 *a green belt*）

くりかえし【繰り返し】 重复 chóngfù（英 *repeat*）　▶日常生活の単調な～/日常生活单调的重复 rìcháng shēnghuó dāndiào de chóngfù　▶同じ言葉の～が多い/同样话语的重复太多 tóngyàng huàyǔ de chóngfù tài duō

くりかえす【繰り返す】 反复 fǎnfù；折腾 zhēteng；重演 chóngyǎn（英 *repeat; reiterate*）　▶同じ過ちは繰り返さない/不重演同样的错误 bù chóngyǎn tóngyàng de cuòwù　▶転職を～/反复调换工作 fǎnfù diàohuàn gōngzuò　▶歴史は～/历史会重演 lìshǐ huì chóngyǎn　▶繰り返し教え込む/反复教诲 fǎnfù jiàohuì　▶同じことを繰り返し言う/翻来覆去地讲同一件事 fān lái fù qù de jiǎng tóngyī jiàn shì　▶何度も繰り返して見る夢/无数次地作着同样的梦 wúshù cì de zuòzhe tóngyàng de mèng

ぐりぐり（英 *a hard lump*）　▶わきの下に～ができた/胳肢窝长了小疙瘩 gāzhīwō zhǎngle xiǎogēda

くりげ【栗毛の】 栗色毛 lìsèmáo；枣红 zǎohóng（英 *chestnut*）　▶～の馬/栗色马 lìsèmǎ；枣红马 zǎohóngmǎ

クリケット 〖スポーツ〗板球 bǎnqiú；桨球 jiǎngqiú（英 *cricket*）

グリコーゲン 〖化学〗糖原 tángyuán（英 *glycogen*）

くりこし【繰り越し】 转入 zhuǎnrù（英 *a carry-over*）　▶～金/滚存金 gǔncúnjīn

くりこす【繰り越す】 转入 zhuǎnrù；滚入 gǔnrù（英 *carry forward*）　▶損失を次年度へ～/把亏损转到下一个年度 bǎ kuīsǔn zhuǎndào xià yí ge niándù

くりごと【繰り言】 牢骚 láosao（英 〖不平〗*a complaint*）　▶～を言うな/别说车轱辘话 bié shuō chēgūlūhuà

くりさげる【繰り下げる】 推延 tuīyán；推迟 tuīchí（英 *move down; postpone*）　▶予定を～/推迟预定 tuīchí yùdìng　▶開始時間を30分～/把开始时间推迟三十分钟 bǎ kāishǐ shíjiān tuīchí sānshí fēnzhōng　▶年金支給年齢を～/推迟支付养老金的年龄 tuīchí zhīfù yǎnglǎojīn de niánlíng

クリスタル 〖鉱物〗水晶 shuǐjīng；晶体 jīngtǐ（英 *a crystal*）　▶～グラス/水晶玻璃 shuǐjīng bōli

クリスチャン 基督教徒 Jīdūjiàotú（英 *a Christian*）

クリスマス 圣诞 Shèngdàn；圣诞节 Shèngdànjié（英 *Xmas*）　▶メリー～/圣诞快乐 Shèngdàn kuàilè

◆～イブ：圣诞节前夜 Shèngdànjié qiányè　～カード：圣诞卡 Shèngdànkǎ　～ケーキ：圣诞蛋糕 Shèngdàn dàngāo　～ツリー：圣诞树 Shèngdànshù　～プレゼント：圣诞礼物 Shèngdàn lǐwù

グリセリン 甘油 gānyóu（英 *glycerin*）

くりだす【繰り出す】 派出 pàichū；出动 chūdòng；涌出 yǒngchū（英 *let out*；〖軍隊で〗*send out*）　▶多くの人が街に繰り出した/很多人涌上街头 hěn duō rén yǒngshàng jiētóu　▶みこしを～/把神轿抬出来 bǎ shénjiào táichūlai

クリック 〖コンピュータの〗点击 diǎnjī（英 *a click*）　▶ダブル～/双击 shuāngjī

クリップ 夹 jiā；卡子 qiǎzi；夹子 jiāzi（英 *a clip*）　▶書類を～ではさむ/用夹子夹文件 yòng jiāzi jiā wénjiàn　▶髪を～で留める/用发卡夹头发 yòng fàqiǎ jiā tóufa

クリニック 诊所 zhěnsuǒ（英 *a clinic*）

グリニッジ（英 *Greenwich*）　▶～時間/格林尼治时间 Gélínnízhì shíjiān

くりぬく【刳り貫く】 剜 wān；挖通 wātōng（英 *hollow out*）　▶地下道を～/挖通地道 wātōng dìdào

くりのべる【繰り延べる】 展期 zhǎnqī；延期 yánqī；推迟 tuīchí（英 *put off; postpone*）　▶債務返済を～/延period还债 yánqī huánzhài　▶体育祭は来週に～/体育节推迟到下个星期 tǐyùjié tuīchí dào xià ge xīngqī

くりひろげる【繰り広げる】 开展 kāizhǎn；展开 zhǎnkāi（英 *unfold...; reveal*）　▶熱戦を～/展开激战 zhǎnkāi jīzhàn　▶1万人が～大イベント/由一万个人展开的大型活动 yóu yíwàn ge rén zhǎnkāi de dàxíng huódòng

くりょ【苦慮する】 伤脑筋 shāng nǎojīn；费心思 fèi xīnsī（英 *worry oneself*）

グリル 西式小餐厅 Xīshì xiǎocāntīng（英 *a grill*）

くる【来る】 来 lái（英 *come*）　▶台風が～よ/要来台风 yào lái táifēng　▶彼女は日本へ来たばか

りだった/(当时)她刚到日本（dāngshí)tā gāng dào Rìběn ▶彼女はあとから来ます/她待会儿就来 tā dài huìr jiù lái ▶これはラテン語から来た言葉だ/这个词起源于拉丁语 zhège cí qǐyuán yú Lādīngyǔ

くる【繰る】 捻 niǎn；纺 fāng（英 turn over；[巻く] reel) ▶本のページを〜/翻书页 fān shūyè ▶糸を〜/纺线 fǎng xiàn；缫丝 sāo sī

ぐる 伙同 huǒtóng；勾结 gōujié（英 team up with...) ▶〜になる/同伙 tónghuǒ；串通 chuàntōng；勾结 gōujié ▶あいつも〜だ/他也是一伙儿的 tā yě shì yīhuǒr de ▶あいつらは〜だ/他们都是同伙 tāmen dōu shì tónghuǒ

くるう【狂う】 ❶〖気が〗发疯 fāfēng；发狂 fākuáng（英 go mad) ▶気も狂わんばかりに悲しむ/悲痛地快发疯了 bēitòng de kuài fāfēng le ❷〖正常な状態から外れる〗失常 shīcháng（英 get out of order) ▶時計が〜/表不准 biǎo bù zhǔn ▶予定が〜/预定打乱 yùdìng dǎluàn ▶賭け事に〜/着迷赌博 zháomí dǔbó ▶磁気の影響でコンパスが〜/由于磁波的影响指南针失灵了 yóuyú cíbō de yǐngxiǎng zhǐnánzhēn shīlíng le ▶音程が〜/跑调儿 pǎo diàor；走调儿 zǒu diàor ▶このピアノは調子が狂っている/这架钢琴跑调儿了 zhè jià gāngqín pǎo diàor le ▶ねらいが〜/没瞄准 méi miáozhǔn

クルーザー 〖船舶〗游艇 yóutǐng（英 a cruiser)

グループ 小组 xiǎozǔ；团体 tuántǐ（英 a group) ▶〜を作る/组织小组 zǔzhī xiǎozǔ ▶〜分ける/分组 fēnzǔ ▶3つの〜に分ける/分成三个小组 fēnchéng sān ge xiǎozǔ

くるおしい【狂おしい】 简直要发疯 jiǎnzhí yào fāfēng；发疯似的 fāfēng shìde（英 be madly in love)

くるくる（英 round and round) ▶日程が〜变わる/日程换来换去 rìchéng huàn lái huàn qù ▶〜回る/打转 dǎzhuàn；滴溜溜地转 dīliūliū de zhuàn ▶言うことが〜变わる/说话反复无常 shuōhuà fǎnfù wú cháng

ぐるぐる（英 round and round) ▶〜巻きつける/缠绕 chánrào ▶〜回る/打圈子 dǎ quānzi；团团转 tuántuán zhuàn；回旋 huíxuán ▶店内を〜歩き回る/在店里转来转去 zài diànli zhuàn lái zhuàn qù ▶目の前が〜回った/眼睛直打转 yǎnjing zhí dǎzhuàn ▶なわで〜巻く/用绳子缠绕 yòng shéngzi chánrào ▶包帯で〜巻きにする/缠上绷带 chánshàng bēngdài

くるしい【苦しい】 痛苦 tòngkǔ；艰苦 jiānkǔ（英 painful；stressful) ▶〜立場/困境 kùnjìng ▶息が〜/呼吸困难 hūxī kùnnan ▶家計が〜/家庭收支紧迫 jiātíng shōuzhī jǐnpò ▶〜仕事/艰苦的工作 jiānkǔ de gōngzuò ▶〜言いわけ/勉强的辩解 miǎnqiǎng de biànjiě ▶〜冗談を言う/牵强的玩笑 qiānqiáng de wánxiào ▶〜目に遭う/遭遇困苦 zāoyù kùnkǔ ▶胸が〜/胸口憋闷 xiōngkǒu biēmēn

ことわざ **苦しい時の神頼み** 平时不烧香，临时抱佛脚 píngshí bù shāoxiāng, línshí bào fójiǎo

くるしまぎれ【苦しまぎれに】（英 driven by pain) ▶〜にでっち上げる/迫不得已说谎 pòbudé yǐ shuōhuǎng

くるしみ【苦しみ】 痛苦 tòngkǔ；苦楚 kǔchǔ；苦头 kǔtou（英 pain；troubles；agony) ▶〜に耐える/吃苦耐劳 chīkǔ nàiláo ▶人の〜が分かる/能理解别人的痛苦 néng lǐjiě biéren de tòngkǔ ▶彼は今までさんざん〜をなめてきた/以往他吃尽了苦头 yǐwǎng tā chījìnle kǔtou

くるしむ【苦しむ】 苦于… kǔyú…；痛苦 tòngkǔ；苦恼 kǔnǎo（英 suffer；[悩む] be worried) ▶歯痛で〜/苦于牙疼 kǔyú yáténg ▶評価に〜/难以评价 nányǐ píngjià ▶貧困に〜子供たち/苦于贫困的孩子们 kǔyú pínkùn de háizimen ▶苦しんで身をもがく/在痛苦中挣扎 zài tòngkǔ zhōng zhēngzhá ▶理解に〜/难以理解 nányǐ lǐjiě

くるしめる【苦しめる】 折磨 zhémó；折腾 zhēteng（英 give... pain) ▶苦しめられる/受罪 shòuzuì ▶わざと難しい問題を出して学生を〜/故意出难题折磨学生 gùyì chū nántí zhémó xuésheng ▶その問題には苦しめられた/为那个问题伤脑筋 wèi nàge wèntí shāng nǎojīn

くるぶし【踝】 脚腕子 jiǎowànzi；脚踝 jiǎohuái（英 the ankle) ▶〜まで隠れる登山靴/盖住脚脖子的登山鞋 gàizhù jiǎobózi de dēngshānxié

くるま【車】 车 chē；汽车 qìchē（英 a car；[車輪] a wheel；[乗物] a vehicle) ▶〜に乗る/乘车 chéngchē ▶〜を運転する/开车 kāi chē ▶〜に酔う/晕车 yùnchē ▶お〜代/车马费 chēmǎfèi；交通费 jiāotōngfèi ▶〜で行く/坐车去 zuò chē qù

◆〜社会 汽车社会 qìchē shèhuì

くるまいす【車椅子】 轮椅 lúnyǐ（英 a wheelchair) ▶〜で外出する/坐轮椅出门 zuò lúnyǐ chūmén ▶電動式〜/电动式轮椅 diàndòngshì lúnyǐ

クルマエビ【車海老】 〖動物〗对虾 duìxiā（英 a prawn)

くるまざ【車座になる】 围坐 wéizuò；团坐 tuánzuò（英 sit in a circle)

くるまよせ【車寄せ】 门廊 ménláng（英 a porch)

クルミ【胡桃】 〖植物〗核桃 hétao；胡桃 hútao（英 a walnut) ▶〜の実/核桃仁 hétaorén

くるむ 包 bāo；兜 dōu；裹 guǒ（英 wrap) ▶餃子の皮に餡を〜/用饺子皮儿包馅儿 yòng jiǎozipír bāo xiànr

グルメ 美食家 měishíjiā（英 a gourmet)

くるり 转 zhuàn；转身 zhuǎnshēn（英 turn round) ▶トンビが〜と輪をかいた/鸢在空中翻身转了一圈 yuān zài kōngzhōng fānshēn zhuǎnle yī quān

くれ【暮れ】 ❶〖日の〗傍晚 bàngwǎn；黄昏 huánghūn（英 nightfall；sunset) ❷〖年の〗年

底 niándǐ (英 *the end of year*) ▶〜も押し迫ってきた/年关临近 niánguān jiāngjìn ▶〜のボーナス/年底的奖金 niándǐ de jiǎngjīn

グレー 灰色 huīsè (英 *grey*)

クレーしゃげき【クレー射撃】 飞碟射击 fēidié shèjī (英 *clay pigeon shooting*)

クレーター 《月面の》喷火口 pēnhuǒkǒu (英 *a crater*)

グレード 档次 dàngcì; 等级 děngjí; 层次 céngcì (英 *a grade*) ▶〜の高い/档次高 dàngcì gāo

クレープ《菓子》可丽饼 kělìbǐng (英 *a crepe*)

グレープフルーツ《植物》葡萄柚 pútaoyòu (英 *a grapefruit*)

クレーム 索赔 suǒpéi; 不满 bùmǎn (英 *claim*) ▶〜をつける/申诉不满 shēnsù bùmǎn

クレーン 吊车 diàochē; 起重机 qǐzhòngjī (英 *a crane*) ▶〜車/起重车 qǐzhòngchē

くれぐれも 千万 qiānwàn; 切切 qièqiè (英 *over and over*) ▶〜他言なさらないで下さい/千万别告诉别人 qiānwàn bié gàosu biéren ▶〜お大事に/请多多保重 qǐng duōduō bǎozhòng ▶彼女に〜よろしく/请向她问好 qǐng xiàng tā wènhǎo

クレジット 信贷 xìndài (英 *credit*) ▶〜カード/信用卡 xìnyòngkǎ ▶この店では〜カードは使えません/在这个店不能使用信用卡 zài zhège diàn bùnéng shǐyòng xìnyòngkǎ

クレゾール 甲酚 jiǎfēn (英 *cresol*)

ぐれつ【愚劣な】 荒唐 huāngtáng; 愚蠢 yúchǔn (英 *silly; senseless*) ▶何という〜な行為だ/多么愚蠢的行为啊 duōme yúchǔn de xíngwéi a ▶〜な話/荒唐话 huāngtánghuà

くれない【紅】 鲜红 xiānhóng (英 *bright red; crimson*) ▶薄〜のバラ/浅红色的玫瑰花 qiǎnhóngsè de méiguīhuā

クレヨン 蜡笔 làbǐ (英 *a crayon*) ▶〜で書く/用蜡笔写 yòng làbǐ xiě

くれる【呉れる】 给 gěi (英 *give; let... have*) ▶その本,俺にくれ/那本书, 给我吧 nà běn shū, gěi wǒ ba ▶娘がネクタイをくれた/女儿送给我一条领带 nǚ'ér sònggěi wǒ yì tiáo lǐngdài ▶せめて1週間休暇をくれ/至少得给我一个星期的假 zhìshǎo děi gěi wǒ yí ge xīngqī de jià

くれる【暮れる】《日が》天黑 tiānhēi; 日暮 rìmù (英 *end; come to an end; close*) ▶年が〜年关到了 niánguān dào le ▶悲しみに〜/沉浸于悲伤中 chénjìnyú bēishāng zhōng ▶途方に〜/不知如何是好 bù zhī rúhé shì hǎo ▶日が暮れかかっていた/太阳快落山了 tàiyáng kuài luòshān le; 天快黑了 tiān kuài hēi le ▶日暮れて道遠しである/真是日暮途遥了啊 zhēn shì rìmù tú yáo le a

ぐれる 变坏 biànhuài (英 *go astray*) ▶ぐれた生徒/学坏了的学生 xuéhuàile de xuéshēng

クレンザー 去污粉 qùwūfěn (英 *a cleanser*)

くろ【黒】 ❶【色】黑 hēi (英 *black*) ❷【犯罪の】嫌疑 xiányí; 嫌犯 xiánfàn (英 *guilt*) ❸【囲碁の黒石】黑棋 hēiqí (英 *a black stone*)

くろい【黒い】 黑 hēi (英 *black; dark*) ▶〜ひとみ/黑眼珠 hēiyǎnzhū ▶肌が〜(日焼けで)/皮肤晒黑 pífū shàihēi ▶〜噂が絶えない/丑闻不断 chǒuwén búduàn

くろう【苦労する】 辛劳 xīnláo; 吃苦 chīkǔ; 受累 shòulèi (英 *have a hard time*) ▶〜の多い/艰辛 jiānxīn; 艰苦 jiānkǔ ▶〜をいとわない/不辞劳苦 bù cí láokǔ ▶〜をかける/让…吃苦 ràng…chīkǔ ▶〜を共にする/同甘共苦 tóng gān gòng kǔ ▶対応に〜する/对付起来很吃力 duìfuqǐlai hěn chīlì ▶職探しに〜する/找工作很艰难 zhǎo gōngzuò hěn jiānnán ▶彼は〜して英語で説明した/他很吃力地用英语说明了那件事 tā hěn chīlì de yòng Yīngyǔ shuōmíngle nà jiàn shì ▶妻には〜をかけた/让妻子吃了不少苦 ràng qīzi chīle bùshǎo kǔ

◆〜性 生れつき〜性だ/天生一个操心的命 tiānshēng yí ge cāoxīn de mìng ~人;饱经风霜的人 bǎojīng fēngshuāng de rén; 过来人 guòláirén

ぐろう【愚弄する】 作弄 zuònòng; 愚弄 yúnòng; 戏弄 xìnòng (英 *make fun of...*) ▶わしを〜する気か!/你敢作弄我! nǐ gǎn zuònòng wǒ!

くろうと【玄人】 内行 nèiháng; 行家 hángjia; 在行 zàiháng (英 *an expert; a specialist*) ▶これは〜のやった仕事に違いない/这肯定是行家干的活儿 zhè kěndìng shì hángjia gàn de huór ▶あの人の絵は〜はだしだ/他的画儿比专业画家还在行 tā de huàr bǐ zhuānyè huàjiā hái zàiháng

クローク 衣帽间 yīmàojiān (英 *a cloakroom*)

クローズアップ 特写 tèxiě; 聚焦 jùjiāo (英 *a close-up*) ▶いま注目の話題を〜/聚焦现在的热门话题 jùjiāo xiànzài de rèmén huàtí ▶その場面を〜で撮る/用特写拍摄那个场面 yòng tèxiě pāishè nàge chǎngmiàn

クローバー《植物》三叶苜蓿 sānyè mùxu (英 *a clover*)

グローバル 全球的 quánqiú de (英 *global*) ▶〜スタンダード/国际标准 guójì biāozhǔn ▶企業は〜などビジネス展開を行う/企业展开全球性业务 qǐyè zhǎnkāi quánqiúxìng yèwù ▶〜な問題/全球性的问题 quánqiúxìng de wèntí

グローブ 皮手套 pí shǒutào (野球などの) (英 *a glove*)

クローム ⇒クロム

クロール 爬泳 páyǒng; 自由泳 zìyóuyǒng (英 *a crawl stroke*) ▶100メートルを〜で泳ぐ/用自由式游一百米 yòng zìyóushì yóu yìbǎi mǐ

クローン 无性繁殖系 wúxìng fánzhíxì; 克隆 kèlóng (英 *a clone*)

くろくも【黒雲】 乌云 wūyún (英 *a black cloud*) ▶〜が空一面に立ち込める/天空笼罩着乌云 tiānkōng lǒngzhàozhe wūyún

くろぐろ【黒黒とした】 乌黑 wūhēi (英 *deep black*) ▶〜とした頭髪/乌黑的头发 wūhēi de tóufa

くろこげ【黒焦げの】 焦糊糊 jiāohúhú；焦黑 jiāohēi（英 charred）▶焼きすぎて魚が〜になった/烧过了火，鱼都变得焦糊糊的了 shāo guòle huǒ, yú dōu biànde jiāohúhú de le ▶〜の死体/焦黑的尸体 jiāohēi de shītǐ

くろざとう【黒砂糖】 红糖 hóngtáng（英 raw sugar）

くろじ【黒地】 黑地 hēidì（英 a black ground）▶〜に花柄プリント/黑地的印花布 hēidì de yìnhuābù

くろじ【黒字の】 盈余 yíngyú（英 surplus）▶貿易〜/外贸顺差 wàimào shùnchà ▶経常〜が増加する/经常盈余有所增加 jīngcháng yíngyú yǒusuǒ zēngjiā ▶〜を続ける/连续盈余 liánxù yíngyú

グロス 罗 luó（英 a gross）

クロスカントリー 越野赛跑 yuèyě sàipǎo（英 a cross-country）▶〜スキー/越野滑雪 yuèyě huáxuě

クロスステッチ 〔服飾〕挑花 tiǎohuā（英 cross-stitch）

くろずむ【黒ずむ】 发黑 fāhēi（英 blacken）▶顔が〜/脸色发黑 liǎnsè fāhēi ▶洗濯のたびに白いシャツが黒ずんでくる/每次洗衣服，白衬衫都会变黑 měi cì xǐ yīfu, bái chènshān dōu huì biàn hēi

クロスワードパズル 纵横字谜 zònghéng zìmí；填字游戏 tiánzì yóuxì（英 a crossword puzzle）▶〜が趣味だ/爱好是纵横字谜 àihào shì zònghéng zìmí

クロダイ【黒鯛】 〔魚〕黑鲷 hēidiāo；黑加吉 hēijiājí（英 a black porgy）▶〜を釣り上げる/钓到黑鲷 diàodào hēidiāo

クロッカス 〔植物〕番红花 fānhónghuā；西红花 xīhónghuā（英 a crocus）▶〜の球根/番红花的球根 fānhónghuā de qiúgēn

グロッキー 踉踉跄跄的 liàngliàng qiàngqiàng de；摇摇晃晃的 yáoyáo huànghuàng de（英 groggy）

グロテスクな 怪模怪样 guàimú guàiyàng；怪里怪气 guàilǐguàiqì（英 grotesque）▶〜な絵/奇形怪状的画儿 qíxíng guàizhuàng de huàr ▶この魚は姿は〜だが味は抜群だ/这种鱼长得怪模怪样的，味道却特别鲜美 zhè zhǒng yú zhǎngde guàimú guàiyàng de, wèidào què tèbié xiānměi

クロテン【黒貂】 〔動物〕紫貂 zǐdiāo（英 a sable）

くろパン【黒パン】 黑面包 hēimiànbāo（英 brown bread）

くろビール【黒ビール】 黑啤酒 hēipíjiǔ（英 black beer）

くろびかり【黒光り】 黑油油 hēiyōuyōu；乌亮 wūliàng；乌油油 wūyóuyóu（英 shine black; be black and glossy）▶古い民家は〜する柱や梁が美しい/古民居里黑油油的柱子和房梁很优美 gǔmínjū lǐ hēiyōuyōu de zhùzi hé fángliáng hěn yōuměi

くろぼし【黒星】 失败 shībài；战败 zhànbài（英［負け］a defeat; ［失敗］a failure）▶このところ〜続きだ/这阵子连战连败 zhè zhènzi liánzhàn liánbài

くろまく【黒幕】 后台 hòutái；牵线人 qiānxiànrén；幕后操纵者 mùhòu cāozòngzhě（英 a wirepuller）▶政界の〜/政界的幕后人 zhèngjiè de mùhòurén ▶本当の〜は別にいる/真正的黑后台另有人在 zhēnzhèng de hēihòutái lìng yǒu rén zài

くろまめ【黒豆】 黑豆 hēidòu（英 a black soybean）

クロム 〔化学〕铬 gè（英 chromium; chrome）▶〜鋼/铬钢 gègāng ▶〜めっき/镀铬 dùgè

くろめ【黒目】 黑眼珠 hēiyǎnzhū（英 the iris of the eye）▶〜がちの瞳/又黑又大的眼睛 yòu hēi yòu dà de yǎnjing

くろやき【黒焼きの】 烤焦 kǎojiāo（英 charred）▶イモリの〜は本当に効くか/烤焦的蝾螈真的有疗效吗？ kǎojiāo de róngyuán zhēn de yǒu liáoxiào ma

くろやま【黒山】 黑压压 hēiyāyā（英 a large crowd）▶〜の人だかり/人山人海 rén shān rén hǎi ▶駅前は〜のような人だかりであった/车站前边人山人海 chēzhàn qiánbian rén shān rén hǎi

クロレラ 〔藻の一種〕小球藻 xiǎoqiúzǎo（英 chlorella）

クロロホルム 〔医〕哥罗仿 gēluófǎng；氯仿 lǜfǎng（英 chloroform）

くろわく【黒枠】 黑框 hēikuàng（英 black-bordered）▶〜の写真/黑框的照片 hēikuàng de zhàopiàn

クロワッサン 〔食品〕牛角面包 niújiǎo miànbāo；羊角面包 yángjiǎo miànbāo《三日月パン》（英 a croissant）

ぐろん【愚論】 谬论 miùlùn（英 a foolish argument）

くわ【鍬】 锄头 chútou（英 a hoe; a mattock）▶〜で耕す/用锄头耕地 yòng chútou gēngdì ▶〜でいもを掘る/用锄头挖白薯 yòng chútou wā báishǔ

> 日中比較 中国语の'锹 qiāo'は'すき（鋤）'をいう。

クワ【桑】 〔植物〕桑树 sāngshù（英 a mulberry）▶〜の実/桑葚儿 sāngshènr；桑葚 sāngshèn

クワイ【慈姑】 〔植物〕慈姑 cígu（英 an arrowhead）

くわいれ【鍬入れ式】 （英 a ground-breaking ceremony）▶〜式を行って工事の安全を祈願する/举行破土仪式祈祷工程安全 jǔxíng pòtǔ yíshì qídǎo gōngchéng ānquán

くわえる【加える】 ❶［影響や圧力を］加以 jiāyǐ；施加 shījiā（英 pressure）▶危害を〜/加以危害 jiāyǐ wēihài ❷［料理に薬味を］加上 jiāshàng；俏 qiào（英 add）▶酢を少々〜/

くわえる

加点儿醋 jiā diǎnr cù ❸【仲間に】让…入伙 ràng…rùhuǒ (英 include) ▶杉氏を会員に～/让杉氏先生加入会员 ràng Shān xiānsheng jiārù huìyuán ❹【手を】修改 xiūgǎi (英 add)【加えて】加之 jiāzhī;加以 jiāyǐ (英 plus) ▶月給に加えて年金も少しある/月薪再加上少许的养老金 yuèxīn zài jiāshàng shǎoxǔ de yǎnglǎojīn ❻【数を足す】加 jiā;加上 jiāshàng (英 sum up) ▶15に8を～/十五加八 shíwǔ jiā bā ▶年を～/年龄增长 niánlíng zēngzhǎng

手心を～ 酌情考虑 zhuóqíng kǎolǜ;手下留情 shǒuxià liúqíng

くわえる【咥える】叼 diāo;銜 xián (英 take in one's mouth) ▶タバコを～/叼着烟 diāozhe yān ▶指をくわえて見ているしかない/垂涎地看着 chuíxián de kànzhe ▶犬がボールをくわえて走ってくる/狗衔着球跑过来 gǒu xiánzhe qiú pǎoguòlai

クワガタムシ【鍬形虫】〔虫〕鹿角甲虫 lùjiǎo jiǎchóng;鍬形甲虫 qiāoxíng jiǎchóng (英 a stag beetle)

くわけ【区分け】划分 huàfēn;区分 qūfēn (英 sort;classify)

くわしい【詳しい】❶【詳細だ】细 xì;详细 xiángxì (英 detailed;minute) ▶～解説/详细讲解 xiángxì jiǎngjiě ▶～地図/详细的地图 xiángxì de dìtú ▶詳しく調べる/细致地调查 xìzhì de diàochá ▶～データ/详细的数据 xiángxì de shùjù ▶詳しく述べる/详细地讲述 xiángxì de jiǎngshù ❷【精通する】熟悉 shúxī;熟知 shúzhī;精通 jīngtōng (英 know well) ▶彼は状況に～/他熟悉情况 tā shúxī qíngkuàng

くわずぎらい【食わず嫌い】不尝试就觉得不喜欢 bù chángshì jiù juéde bù xǐhuan (英 [～である] have a prejudice)

くわせもの【食わせもの】假货 jiǎhuò;滑头 huátóu (英 a fake) ▶奴はとんだ～だ/那家伙是个滑头 nà jiāhuo shì ge huátóu

くわせる【食わせる】(英 feed) ▶せっかく作った料理を犬に～とはなんだ/好不容易做的菜你怎么喂狗啦 hǎobù róngyì zuò de cài nǐ zěnme wèi gǒu la ▶家族を～/养活家小 yǎnghuo jiāxiǎo

くわだてる【企てる】计划 jìhuà;企图 qǐtú;策划 cèhuà (英 plan;attempt;try) ▶犯罪を～/策划犯罪 cèhuà fànzuì ▶密入国を～/策划偷渡过境 cèhuá tōudù guòjìng;企图非法入国 qǐtú fēifǎ rùguó

くわわる【加わる】参加 cānjiā;加入 jiārù;参与 cānyù (英 enter;join) ▶仲間に～/入伙 rùhuǒ ▶スピードが～/增加速度 zēngjiā sùdù ▶メンバーに～/加入团体,成为其中一员 jiārù tuántǐ, chéngwéi qízhōng yì yuán ▶彼女は私たちの会話に加わった/她参加了我们的谈话 tā cānjiāle wǒmen de tánhuà ▶暑さが～/更热了 gèng rè le

ぐん【軍】军队 jūnduì (英 an army;troops)

ぐん【群】群 qún (英 a group) ▶水鳥が～をなして飛び立った/成群的水鸟飞了起来 chéngqún de shuǐniǎo fēile qǐlái ▶～を抜く/拔尖儿 bájiānr;超群 chāoqún ▶彼の英語力は～を抜いている/他的英语实力超群 tā de Yīngyǔ shílì chāoqún

ぐんい【軍医】军医 jūnyī (英 a military doctor)

ぐんか【軍歌】军歌 jūngē;战歌 zhàngē (英 a marching song;a war song) ▶～を歌う/唱军歌 chàng jūngē

くんかい【訓戒する】劝戒 quànjiè;训斥 xùnchì (英 admonish;caution) ▶～処分/训诫处分 xùnjiè chǔfēn

ぐんがくたい【軍楽隊】军乐队 jūnyuèduì (英 a military band)

ぐんかん【軍艦】兵舰 bīngjiàn;军舰 jūnjiàn (英 a warship)

ぐんき【軍紀】军纪 jūnjì (英 military discipline)

くんくん 哼哼 hēnghēng (英 sniff) ▶～鼻を鳴らす（小狗)哼哼地叫 (xiǎogǒu) hēnghēng de jiào

ぐんぐん 迅速 xùnsù;很快 hěn kuài (英 rapidly;steadily) ▶～進歩する/迅速提高 xùnsù tígāo

くんこう【勲功】功勋 gōngxūn (英 a feat of valor)

くんこがく【訓詁学】训诂学 xùngǔxué (英 exegetics)

ぐんこくしゅぎ【軍国主義】军国主义 jūnguózhǔyì (英 militarism)

くんし【君子】君子 jūnzǐ (英 a true gentleman)

ことわざ 君子危きに近寄らず 君子不立于危墙之下 jūnzǐ bú lìyú wēiqiáng zhī xià

ことわざ 君子は豹変す 君子豹变 jūnzǐ bàobiàn;大丈夫知错就改 dàzhàngfu zhī cuò jiù gǎi

くんじ【訓示する】训示 xùnshì (英 give an address of instructions)

ぐんじ【軍事】军事 jūnshì (英 military affairs) ▶～援助/军援 jūnyuán ▶～機密/军事机密 jūnshì jīmì ▶～情勢/军情 jūnqíng ▶～教育/军事教育 jūnshì jiàoyù;军训 jūnxùn ▶～介入/军事干涉 jūnshì gānshè ▶～衛星/军用卫星 jūnyòng wèixīng ▶～大国/军事大国 jūnshì dàguó;军备大国 jūnbèi dàguó ▶～政権/军事政权 jūnshì zhèngquán

◆～基地/军事基地 jūnshì jīdì ～裁判/军法审判 jūnfǎ shěnpàn;军事法庭 jūnshì fǎtíng ～費/军费 jūnfèi

くんしゅ【君主】君主 jūnzhǔ;帝王 dìwáng (英 a monarch;a sovereign;a ruler) ▶絶対～/绝对君主 juéduì jūnzhǔ ▶立憲～制/君主立宪制 jūnzhǔ lìxiànzhì

ぐんじゅ【軍需】军需 jūnxū (英 military demand) ▶～工場/军需工厂 jūnxū gōngchǎng

兵工厂 bīnggōngchǎng ▶～産業/军工产业 jūngōng chǎnyè ▶～品/军用物资 jūnyòng wùzī

ぐんしゅう【群衆・群集】群众 qúnzhòng (英 a crowd) ▶～心理/群众心理 qúnzhòng xīnlǐ ▶数万の群衆/几万群众 jǐwàn qúnzhòng

ぐんしゅく【軍縮する】裁军 cáijūn (英 disarm)
◆～会議/裁军会议 cáijūn huìyì

くんしょう【勲章】勋章 xūnzhāng; 奖章 jiǎngzhāng (英 a decoration; a medal) ▶～を授ける/授勋 shòuxūn ▶～を着ける/戴勋章 dài xūnzhāng

ぐんじょういろ【群青色】群青色 qúnqīngsè (英 ultramarine)

ぐんじん【軍人】军人 jūnrén (英 a soldier)

くんせい【燻製にする】熏制 xūnzhì (英 smoke) ▶～にしん/熏制鲱鱼 xūnzhì fēiyú

ぐんせい【群生する】丛生 cóngshēng (英 grow in flock) ▶～地/簇生地 cùshēngdì ▶湿地でミズバショウが～する/在沼泽地水芭蕉丛生 zài zhǎozédì shuǐbājiāo cóngshēng

ぐんぞう【群像】群像 qúnxiàng (英 a group)

ぐんぞく【軍属】军队里的文职人员 jūnduìlǐ de wénzhí rényuán (英 a civilian employee)
日中比较 中国语の'军属 jūnshǔ'は「現役の軍人の家族」を言う。

ぐんたい【軍隊】军队 jūnduì; 部队 bùduì (英 an army; armed forces; troops) ▶～に入る/参军 cānjūn; 入伍 rùwǔ ▶～の階級/军衔 jūnxián

ぐんて【軍手】工作手套 gōngzuò shǒutào; 劳动手套 láodòng shǒutào (英 working gloves)

くんとう【薫陶】熏陶 xūntáo (英 education) ▶～を受ける/受熏陶 shòu xūntáo ▶書道家の父の～を受ける/受到书法家父亲的熏陶 shòudào shūfǎjiā fùqīn de xūntáo

ぐんとう【群島】群岛 qúndǎo (英 a group of islands) ▶ハワイ～/夏威夷群岛 Xiàwēiyí qúndǎo

ぐんばい【軍配】指挥扇 zhǐhuīshàn; 军扇 jūnshàn (英 [相撲の] a sumo refree's fan)
～をあげる 判定(某一方)获胜 pàndìng (mǒu yìfāng)huòshèng

ぐんばつ【軍閥】军阀 jūnfá (英 a military clique) ▶各地に～が割拠する/各地军阀割据 gèdì jūnfá gējù

ぐんび【軍備】军备 jūnbèi; 战备 zhànbèi (英 armaments; arms) ▶～を拡大する/扩军 kuòjūn ▶～を縮小する/裁军 cáijūn

ぐんぷく【軍服】军服 jūnfú; 军装 jūnzhuāng (英 a military uniform)

ぐんぽう【軍法】军法 jūnfǎ (英 martial law) ▶～会議/军法审判 jūnfǎ shěnpàn ▶～会議にかける/送交军事法庭 sòngjiāo jūnshì fǎtíng

ぐんゆう【群雄】群雄 qúnxióng (英 rival warlords) ▶～割拠/群雄割据 qúnxióng gējù

ぐんよう【軍用】军用 jūnyòng (英 military use [purposes]) ▶～車/军车 jūnchē ▶～犬/军犬 jūnquǎn ▶～機/军用飞机 jūnyòng fēijī ▶～道路/军事公路 jūnshì gōnglù

ぐんらく【群落】群落 qúnluò (英 a colony; a community) ▶植物の～/植物群落 zhíwù qúnluò ▶カタクリの～/猪牙花的群落 zhūyáhuā de qúnluò

くんりん【君臨する】君临 jūnlín; 统治 tǒngzhì (英 reign; rule) ▶(ボクシングなどの)王座に～する/称霸 chēngbà ▶～すれども統治せず/国王君临而不施政 guówáng jūnlín ér bù shīzhèng

くんれん【訓練】训练 xùnliàn (英 train; drill) ▶避難～をする/避难训练 bìnàn xùnliàn ▶社会的～が足りない/缺乏社会训练 quēfá shèhuì xùnliàn ▶～を受ける/接受训练 jiēshòu xùnliàn ▶職業～/职业训练 zhíyè xùnliàn

くんわ【訓話】训示 xùnshì; 训话 xùnhuà (英 an admonitory talk)

け

け【毛】毛 máo; (頭髪) 头发 tóufa (英 hair; [綿毛] down) ▶～が生える/长毛 zhǎng máo ▶～を刈る/剪毛 jiǎn máo ▶～を抜く/拔毛 bá máo ▶～足の長い/毛长 máo cháng ▶素人に～の生えた程度/比门外汉强不了多少的程度 bǐ ménwàihàn qiángbuliǎo duōshǎo de chéngdù ▶～が薄くなる/头发少了 tóufa shǎo le ▶～ほどのことを大袈裟に言う/小题大作 xiǎo tí dà zuò

け【気】 ❶【気配】(英 a touch; a symptom) ▶肋膜(ろく)の～がある/有胸膜炎的可能 yǒu xiōngmóyán de kěnéng ▶火の～のない部屋/没有热气的房间 méiyǒu rèqì de fángjiān ▶その火事は火の～のない所から起きた/那次火灾是在没有任何火种的地方发生的 nà cì huǒzāi shì zài méiyǒu rènhé huǒzhǒng de dìfang fāshēng de ❷【接尾辞】▶なんだか寒～がする/不由得感到发冷 bùyóude gǎndào fālěng ▶まるで商売っ～がないんだから/根本没有做买卖的劲儿 gēnběn méiyǒu zuò mǎimai de jìnr

け【卦】卦 guà (英 a sign) ▶～を見る/占卦 zhānguà ▶～がよくない/(算卦)算了个下卦 (suànguà)suànle ge xià guà

げ【下】 (英 [下等] the low class; [下巻] the last volume) ▶～の～/«その種類で最悪のもの»/下下等 xiàxià děng ▶そんな策は～の～だ/那是下下策 nà shì xiàxià cè ▶«書物の»～の巻/下卷 xiàjuàn

ケア 护理 hùlǐ; 照顾 zhàogù (英 care) ▶～マネジャー/护理主任 hùlǐ zhǔrèn ▶ヘルス～/保健 bǎojiàn

けあな【毛穴】汗孔 hànkǒng; 毛孔 máokǒng (英 pores of the skin)

ケアレスミス 粗心大意引起的错误 cūxīn dàyì

けい yīnqǐ de cuòwù(英 *a careless mistake*) ▶事故は~が原因だった/事故的原因是粗心大意 shìgù de yuányīn shì cūxīn dàyì

けい【刑】(英 *a punishment*; *a penalty*) ▶~に服す/服刑 fúxíng ▶~を言い渡す/判刑 pànxíng ▶~を減免する/減刑 jiǎnxíng ▶軽い~ですんだ/被判轻刑就了事了 bèi pàn qīngxíng jiù liǎoshì le ▶~を科す/科处刑罚 kēchǔ xíngfá ▶~の執行を猶予する/缓期执行 huǎnqī zhíxíng; 缓刑 huǎnxíng ●懲役3年の~に処せられる/被判三年徒刑 bèi pàn sān nián túxíng ▶3年の~で～務所に入っている/被判三年徒刑收监 bèi pàn sān nián túxíng shōujiān

◆終身～/终身囚禁 zhōngshēn qiújìn

けい【系】系 xì; 系统 xìtǒng(英[系統] *a system*;[血統] *a family line*) ▶技術~の職種につきたい/想从事技术工作 xiǎng cóngshì jìshù gōngzuò ▶父は日－アメリカ人です/父亲是日裔美国人 fùqīn shì Rìyì Měiguórén ▶地球は太陽~に属している/地球属于太阳系 dìqiú shǔyú tàiyángxì

けい【計】① 【計画】计划 jìhuà(英 *a plan*) ▶一～を案じる/想出一计 xiǎngchū yíjì ▶一年の～は元旦にあり/一年之计在于春 yì nián zhī jì zàiyú chūn ② 【合計】合计 héjì(英 *the total*) ▶～2000円頂戴します/共计两千日元 gòngjì liǎngqiān Rìyuán

けい【罫】格 gé; 线 xiàn(英 *a ruled line*) ▶～を引く/划线 huà xiàn ▶～のある紙/带线的纸 dài xiàn de zhǐ ▶横～の便箋/横格的信纸 hénggé de xìnzhǐ ▶文字が～をはみ出る/字写出格了 zì xiě chūgé le

げい【芸】技艺 jìyì(英[技芸] *an art*;[芸事] *accomplishments*;[隠し芸] *a trick*) ▶野球観戦ばかりというのも～がない/光是看棒球赛真没劲 guāng shì kàn bàngqiúsài zhēn méijìn ▶～を披露する/表演技能 biǎoyǎn jìnéng ▶無～大食/没有本事光能吃喝的人 méiyǒu běnshi guāng néng chīhē de rén; 饭桶 fàntǒng ▶一～をきわめる/精通一门技艺 jīngtōng yì mén jìyì ▶犬に～を教える/教给狗一些把戏 jiāogěi gǒu yìxiē bǎxì ▶さすがに彼は～がこまかい/他到底是办事周到 tā dàodǐ shì bànshì zhōudào

ことわざ 芸は身を助く 艺能养身 yìnéng yǎngshēn

ゲイ 男同性恋者 nántóngxìngliànzhě(英 *a gay*) ▶～ボーイ/男同性恋者 nántóngxìngliànzhě ▶～バー/为男同性恋者服务的酒吧 wèi nántóngxìngliànzhě fúwù de jiǔbā

けいあい【敬愛する】敬爱 jìng'ài; 倾慕 qīngmù(英 *love and respect*) ▶～する先輩/敬爱的前辈 jìng'ài de qiánbèi

けいい【経緯】① 【経度と緯度】经纬度 jīngwěidù(英 *longitude and latitude*) ② 【いきさつ】过程 guòchéng(英 *details*) ▶これまでの～をふまえて検討する/在以往的经验之上进行探讨 zài yǐwǎng de jīngyàn zhīshàng jìnxíng tàntǎo ▶彼の辞任に至る～がすっきりし

ない/他辞职的过程有些蹊跷 tā cízhí de guòchéng yǒuxiē qīqiāo

けいい【敬意】敬意 jìngyì(英 *respect*; *regard*) ▶～を表する/致敬 zhìjìng ▶異文化に～を払う/对异文化表示敬意 duì yìwénhuà biǎoshì jìngyì ▶相手に対する～を損なう発言があった/向对方有失敬意的发言 xiàng duìfāng yǒu shī jìngyì de fāyán

げいいき【芸域】表演技术领域 biǎoyǎn jìshù lǐngyù(英 *a range of performance*) ▶あの役者は～が広い/那位演员的艺术领域很广 nà wèi yǎnyuán de yìshù lǐngyù hěn guǎng ▶もっと～を広げないとやっていけないよ/如果不开拓更广阔的艺术领域就不会有前途 rúguǒ bù kāituò gèng guǎngkuò de yìshù lǐngyù jiù búhuì yǒu qiántú

けいえい【経営する】经营 jīngyíng; 经纪 jīngjì(英 *manage*; *operate*) ▶～者/经理 jīnglǐ; 经营者 jīngyíngzhě ▶蒲田で小さな工場を～する/在蒲田经营小工厂 zài Pútián jīngyíng xiǎogōngchǎng ▶イタリア人の～するレストラン/意大利人经营的餐馆 Yìdàlìrén jīngyíng de cānguǎn ▶その会社は～難に陥っている/那家公司陷入了经营危机 nà jiā gōngsī xiànrùle jīngyíng wēijī ▶～の才に恵まれる/具有经营才能 jùyǒu jīngyíng cáinéng ▶～の合理化が行きづまっている/经营的合理化停滞不前 jīngyíng de hélǐhuà tíngzhì bù qián

◆～管理/经营管理 jīngyíng guǎnlǐ ～コンサルタント/经营顾问 jīngyíng gùwèn; 经营咨询 jīngyíng zīxún ～システム/经营系统 jīngyíng xìtǒng ～能力/经营能力 jīngyíng nénglì

けいえん【敬遠する】敬而远之 jìng ér yuǎn zhī(英 *keep... away*; *avoid*) ▶煙たい先輩を～する/对那位不易亲近的学长敬而远之 duì nà wèi búyì qīnjìn de xuézhǎng jìng ér yuǎn zhī ▶歯科医院を～する/避而不去牙科医院 bì ér bú qù yákē yīyuàn ▶数学を～する生徒が多い/对数学敬而远之的学生很多 duì shùxué jìng ér yuǎn zhī de xuésheng hěn duō

けいおんがく【軽音楽】轻音乐 qīngyīnyuè(英 *light music*) ▶～バンド/轻音乐乐队 qīngyīnyuè yuèduì ▶ラジオから～が流れてくる/收音机里传来轻音乐 shōuyīnjīli chuánlái qīngyīnyuè

けいか【経過する】① 【事柄の】经过 jīngguò; 过程 guòchéng(英 *go on*) ▶～をみる/观察过程 guānchá guòchéng ▶審議～を公表する/公布审议的过程 gōngbù shěnyì de guòchéng ▶途中～を報告する/报告中间过程 bàogào guòchéng zhōngjiān guòchéng ▶術後の～は良好である/手术后的经过良好 shǒushùhòu de jīngguò liánghǎo ▶～報告/过程报告 guòchéng bàogào ② 【時間の】过去 guòqù(英 *pass*) ▶発足して15年が～した/开始以后经过了十五年 kāishǐ yǐhòu jīngguòle shíwǔ nián ▶時の～とともに、その事故は忘れ去られた/伴随着时间的流逝，那个事故被

忘记了 bànsuízhe shíjiān de liúshì, nàge shìgù bèi wàngjì le

けいが【慶賀する】 喜庆 xǐqìng; 庆贺 qìnghè; 庆祝 qìngzhù (英 congratulate) ▶本校創立60周年を～する/庆贺本校建校六十周年 qìnghè běn xiào jiànxiào liùshí zhōunián ▶我が社にとって誠に～すべきことである/对于本公司来说,实在是一件值得庆贺的事 duìyú běn gōngsī lái shuō, shízài shì yí jiàn zhídé qìnghè de shì

けいかい【軽快な】 轻快 qīngkuài; 轻捷 qīngjié (英 light) ▶～な足どり/轻快的脚步 qīngkuài de jiǎobù ▶～な音楽/轻快的音乐 qīngkuài de yīnyuè ▶～な足取りで階段を上る/迈着轻捷的脚步走上楼梯 màizhe qīngjié de jiǎobù zǒushàng lóutī

けいかい【警戒する】 戒备 jièbèi; 警惕 jǐngtì; 警戒 jǐngjiè (英 watch; guard) ▶信号を出す/示警 shìjǐng ▶国の軍事大国化を～する/警惕国家向军事大国化 jǐngtì guójiā xiàng jūnshì dàguó fāzhǎn ▶テロ攻撃を～する/戒备恐怖组织的攻击 jièbèi kǒngbù zǔzhī de gōngjī ▶洪水に備えて一体制に入る/为了防洪进入警戒状态 wèile fánghóng jìnrù jǐngjiè zhuàngtài ▶警察は彼らの活動を厳しく～している/警察严厉的监视着他们的活动 jǐngchá yánlì de jiānshìzhe tāmen de huódòng ▶常に～を怠らない/永远不放松警惕 yǒngyuǎn bú fàngsōng jǐngtì ▶～を緩める/放松警惕 fàngsōng jǐngtì

◆～警報 ▶～警報が発令された/发出警报 fāchū jǐngbào ◆～心 ▶僕は何の～心ももたずに近づいた/我毫无戒备地走了过去 wǒ háowú jièbèi de zǒuleguòqù

けいがい【形骸】 躯壳 qūqiào; 形式 xíngshì (英 a ruin; a wreck) ▶その建物は～をとどめていない/那个建筑物连残骸都看不到了 nàge jiànzhúwù lián cánhái dōu kànbudào le ▶民主主義は～化している/民主主义被形式化 mínzhǔ zhǔyì bèi xíngshìhuà

けいかく【計画する】 方案 fāng'àn; 计划 jìhuà; 筹划 chóuhuà (英 plan; make a plan) ▶～倒れ/计划落空 jìhuà luòkōng ▶～を変更する/变更计划 biàngēng jìhuà ▶～を実行する/实行计划 shíxíng jìhuà ▶すっかり～がくるった/计划全乱了 jìhuà quán luàn le ▶集団による～的犯行である/有计划的团伙犯罪行为 yǒu jìhuà de tuánhuǒ fànzuì xíngwéi ▶～性のない発想/没有计划性的想法 méiyǒu jìhuàxìng de xiǎngfa ▶～どおりに進まない/没有按计划进行 méiyǒu àn jìhuà jìnxíng

◆～経済 计划经济 jìhuà jīngjì 都市～ 城市规划 chéngshì guīhuà

けいかん【景観】 风景 fēngjǐng; 景观 jǐngguān (英 a spectacle)

けいかん【警官】 警察 jǐngchá; 巡警 xúnjǐng (英 a policeman) ▶～が駆けつける/警察赶到 jǐngchá gǎndào ▶婦人～/女警察 nǚjǐngchá ▶百人の～が派遣された/一百名警察被调遣 yìbǎi míng jǐngchá bèi diàoqiǎn

けいがん【慧眼】 慧眼 huìyǎn (英 a quick eye) ▶～の士/慧眼之士 huìyǎn zhī shì ▶さすが～の山辺さん、すべてお見通しだ/到底是独具慧眼的山边先生, 看透了一切 dàodǐ shì dújù huìyǎn de Shānbiān xiānsheng, kàntòule yíqiè

けいき【刑期】 刑期 xíngqī (英 a prison term) ▶1年の～を終えて出所した/服满一年的刑期出狱了 fúmǎn yì nián de xíngqī chūyù le

けいき【契機】 契机 qìjī (英 an opportunity; a chance) ▶これを～に心機一転する/以此为契机从新振作起来 yǐ cǐ wéi qìjī cóngxīn zhènzuòqǐlai ▶大学入学を～として親元を離れる/大学入学成为契机离开父母 dàxué rùxué chéngwéi qìjī líkāi fùmǔ

けいき【計器】 仪表 yíbiǎo; 仪器 yíqì (英 a meter; a gauge) ▶～にわずかな狂いが生じた/仪表发生了细微的偏差 yíbiǎo fāshēngle xìwēi de piānchā

◆～盤 仪表盘 yíbiǎopán ～飞行 仪器控制的飞行 yíqì kòngzhì de fēixíng; 自动飞行 zìdòng fēixíng

けいき【景気】 ❶【商況】 景气 jǐngqì; 景况 jǐngkuàng; 市面 shìmiàn (英 business condition; market) [参考] '景气 jǐngqì' は否定形 '不景气 bù jǐngqì' 「不景気だ」の形で用いることが多い ▶～が悪い/萧条 xiāotiáo; 不景气 bù jǐngqì ▶～のよい/好光景 hǎoguāngjǐng ▶あの店は～がよさそうだ/那个店的生意好像不错 nàge diàn de shēngyi hǎoxiàng búcuò ▶この町は今までこんなに～のよかったことはない/这个镇子从来没有这么兴旺过 zhège zhènzi cónglái méiyǒu zhème xīngwàngguò ▶《商売で》～はどうですか/生意怎么样？ shēngyi zěnmeyàng? ▶《一般に》～はどうですか/一切都好吗？ yíqiè dōu hǎo ma? ▶～が好転した/经济好转 jīngjì hǎozhuǎn ▶～を刺激する要因がない/没有刺激景气的因素 méiyǒu cìjī jǐngqì de yīnsù ▶温泉町にはにわか～にわいた/温泉地区出现了暂时的繁荣 wēnquán dìqū chūxiànle zànshí de fánróng ❷【活気】 (英 liveliness) ▶～よく金を使う/豪爽地花钱 háoshuǎng de huāqián ▶もっと～のいい話をしよう/我来告诉(你)一件好事吧 wǒ lái gàosu(nǐ) yí jiàn hǎoshì ba

◆～後退 经济衰退 jīngjì shuāituì ～指数 景气指数 jǐngqì zhǐshù ～上昇 经济上升 jīngjì shàngshēng ～动向指数 经济动向指数 jīngjì dòngxiàng zhǐshù

けいきょ【軽挙】 (英 a hasty action) ▶～妄動を慎め/勿轻举妄动 shèn wù qīng jǔ wàng dòng

けいきんぞく【軽金属】 轻金属 qīngjīnshǔ (英 light metals)

けいく【警句】 警句 jǐngjù; 妙语 miàoyǔ (英 an epigram) ▶～を吐く/说警句 shuō jǐngjù

けいぐ【敬具】 此致 cǐzhì; 谨启 jǐnqǐ (英 Yours truly)

けいけい【炯炯】 炯炯 jiǒngjiǒng (英 *piercing*) ▶～たる眼光/炯炯目光 jiǒngjiǒng mùguāng

けいけいに【軽軽に】 (英 *easily*) ▶～論じられる問題ではない/不是一个可以轻率讨论的问题 bú shì yí ge kěyǐ qīngshuài tǎolùn de wèntí

げいげき【迎撃する】 迎击 yíngjī; 拦击 lánjī (英 *intercept*) ▶山麓に布陣して敌を～に/在山脚布阵迎击敌人 zài shānjiǎo bùzhèn yíngjī dírén ◆～機：截击机 jiéjī ～用ミサイル：拦截导弹 lánjié dǎodàn

けいけん【経験する】 経験 jīngyàn; 経历 jīnglì; 体验 tǐyàn (英 *experience*) ▶～豊かな/经验丰富 jīngyàn fēngfù ▶～を積む/积累经验 jīlěi jīngyàn ▶私の～では/凭我的经验 píng wǒ de jīngyàn ▶そういうことは初めての～だ/那种事还是第一次体验 nà zhǒng shì háishi dìyī cì tǐyàn ▶～かさなければならない/应该活用经验 yīnggāi huóyòng jīngyàn ▶人は～から学ぶことで大きくなる/人通过总结经验成长 rén tōngguò zǒngjié jīngyàn chéngzhǎng ◆～者：有经验的人 yǒu jīngyàn de rén; 过来人 guòláirén ▶営業者採用/录取从事过推销的人 lùqǔ cóngshìguò tuīxiāo de rén ～主義：経験主義 jīngyàn zhǔyì ～談：先輩の～談を聞く/听取前辈的经验之谈 tīngqǔ qiánbèi de jīngyàn zhī tán ～不足：缺乏经验 quēfá jīngyàn 人生～：人生经历丰富/人生的阅历很丰富 rénshēng de yuèlì hěn fēngfù

けいけん【敬虔な】 虔敬 qiánjìng; 虔诚 qiánchéng (英 *pious*; *devout*) ▶～な信者/虔诚的教徒(信奉者) qiánchéng de jiàotú (xìnfèngzhě)

けいげん【軽減する】 減轻 jiǎnqīng; 降低 jiàngdī (英 *reduce*; *lighten*) ▶コストを～する/降低成本 jiàngdī chéngběn ▶災害リスクを～する/減少灾害的危险 jiǎnshǎo zāihài de wēixiǎn

けいこ【稽古する】 排练 páiliàn; 训练 xùnliàn (英 *practice*; *train*; *study*) ▶寒～/冬季训练 dōngjì xùnliàn ▶～始め/第一次练习 dìyī cì liànxí ▶劇団の～場でせりふの～をする/在剧团的排练场念台词 zài jùtuán de páiliànchǎng liàn táicí ▶よく踊りの～をする/经常练习跳舞 jīngcháng liànxí tiàowǔ ▶師匠に～をつけてもらう/跟着师傅自己排练 gēnzhe shīfu zìjǐ páiliàn ▶うちの娘にはいろいろ～事をやらせた/我让女儿学了不少技艺 wǒ ràng nǚ'ér xuéle bùshǎo jìyì

けいご【敬語】 敬辞 jìngcí; 敬语 jìngyǔ (英 *a term of respect*) ▶日本語の～は難しい/日语的敬语很难 Rìyǔ de jìngyǔ hěn nán

けいご【警護する】 保卫 bǎowèi; 警卫 jǐngwèi (英 *guard*; *escort*) ▶身边の～を依頼する/委托随身警卫 wěituō suíshēn jǐngwèi ▶大統領を～する/保护总统 bǎohù zǒngtǒng

けいこう【経口の】 (英 *oral*) ▶～避妊薬/口服避孕药 kǒufú bìyùnyào

けいこう【蛍光】 荧光 yíngguāng (英 *fluorescence*) ▶～灯/荧光灯 yíngguāngdēng; 日光灯 rìguāngdēng ▶～塗料/荧光涂料 yíngguāng túliào ▶～ペン/荧光笔 yíngguāngbǐ

けいこう【傾向】 倾向 qīngxiàng; 趋势 qūshì (英 *a tendency*; *a trend*) ▶物価上昇[下落]の～がある/物价有上升[下降]的倾向 wùjià yǒu shàngshēng [xiàjiàng] de qīngxiàng ▶犯罪の～が変わってきた/犯罪的倾向有所改变 fànzuì de qīngxiàng yǒusuǒ gǎibiàn ▶核家族化の～がますます高まっている/小家庭的倾向越来越强了 xiǎojiātíng de qīngxiàng yuèláiyuè qiáng le

けいこう【携行する】 携带 xiédài (英 *carry*) ▶必ず身分証明書を～すること/一定要携带身分证 yídìng yào xiédài shēnfenzhèng ▶～品/携带品 xiédàipǐn

けいこう【鶏口】 ことわざ 鶏口となるも牛後となる勿(か)れ 宁为鸡口，勿为牛后 nìng wéi jīkǒu, wù wéi niúhòu

げいごう【迎合する】 迎合 yínghé; 逢迎 féngyíng; 讨好 tǎohǎo (英 *accommodate oneself*) ▶大衆に～する政治/迎合大众的政治 yínghé dàzhòng de zhèngzhì ▶仮にも権力への～があってはならない/无论如何也不应该趋附权势 wúlùn rúhé yě bù yīnggāi qūfù quánshì ◆～主義：迎合主义 yínghé zhǔyì

けいこうぎょう【軽工業】 轻工业 qīnggōngyè (英 *light industries*)

けいこく【渓谷】 溪谷 xīgǔ (英 *a glen*; *a valley*) ▶この～は紅葉の時期が美しい/这个溪谷红叶的季节很美 zhège xīgǔ hóngyè de jìjié hěn měi

けいこく【警告する】 警告 jǐnggào; 警戒 jǐngjiè (英 *warn*; *caution*) ▶～を無視する/无视警告 wúshì jǐnggào ▶遊泳を中止するよう～する/警告不要游泳了 jǐnggào búyào yóuyǒng le ▶～を発する/发警告 fā jǐnggào ▶審判が～を与える/裁判出示警告 cáipàn chūshì jǐnggào

けいさい【掲載する】 刊登 kāndēng; 登载 dēngzǎi (英 *publish*; *print*) ▶記事が～される/登载消息 dēngzǎi xiāoxi ▶新聞に謝罪文を～する/在报纸上登道歉公告 zài bàozhǐshang dēng dàoqiàn gōnggào ▶今月号の～を見合わせる/暂停在本月刊物上的刊登 zàntíng zài běn yuè kānwùshang de kāndēng

けいざい【経済】 経済 jīngjì (英 *economy*; [財政] *finance*) ▶～構造/经济结构 jīngjì jiégòu ▶～市況/商情 jīngjì zhìcái ▶そうすればずっと時間の～になる/那样办就能节省很多时间 nàyàng bàn jiù néng jiéshěng hěn duō shíjiān ▶彼は～的に困っているらしい/他在经济上好像很困窘 tā zài jīngjìshang hǎoxiàng hěn kùnjiǒng ▶海外旅行のほうが却って～的のだ/去海外旅行反倒比较实惠 qù hǎiwài lǚxíng fǎndào bǐjiào shíhuì ▶～面では助できると思う/我觉得可以在经济上给予援助 wǒ juéde kěyǐ zài jīngjìshang yǔyǐ yuánzhù ◆～援助/经济援助 jīngjì yuánzhù ～界/经济界 jīngjìjiè ～学/经济学 jīngjìxué ～恐慌/经济危机 jīngjì wēijī ～政策/经济政策 jīngjì zhèngcè ~成長率│経済成長率 jīngjì chéngzhǎnglǜ ~特区│経済特区 jīngjì tèqū ~封鎖│経済封鎖 jīngjì fēngsuǒ ~問題│経済問題 jīngjì wèntí

けいさぎょう【軽作業】 軽活 qīnghuó (英 light work) ▶時給900円の~/每小时九百日元报酬的轻劳动 měi xiǎoshí jiǔbǎi Rìyuán bàochóu de qīngláodòng

けいさつ【警察】 警察 jǐngchá; 公安 gōng'ān (英 the police) ▶交通~/交通警察 jiāotōng jǐngchá ~はまだ動かない/警察还没行动 jǐngchá hái méi xíngdòng ▶拾った財布を~へ届ける/把捡到的钱包交给警察 bǎ jiǎndào de qiánbāo jiāogěi jǐngchá ▶不審物を見て~に通報する/发现可疑物品报警 fāxiàn kěyí wùpǐn bàojǐng ▶~を呼ぶ/叫警察 jiào jǐngchá ▶~へ突き出す/送交警察 sòngjiāo jǐngchá
♦~官│警察官;警官 jǐngguān ~犬│警犬 jǐngquǎn ~国家│警察国家 jǐngchá guójiā ~署│公安局 gōng'ānjú ~手帳│警察证 jǐngcházhèng 国際~│国际警察 guójì jǐngchá

けいさん【計算する】 ❶【数学】計算 jìsuàn; 算 suàn (英 calculate) ▶1日の摂取カロリーを~する/计算一天摄取的热能 jìsuàn yì tiān shèqǔ de rènéng ▶~が合う/数字对得上 shùzì duìdeshàng ▶~を誤る/计算错误 jìsuàn cuòwù ▶目減りを~に入れない/不把损耗打算进去 bù bǎ sǔnhào jìsuànjìnqu ▶電算機より~が速い/比电子计算机还快 bǐ diànzǐ jìsuànjī hái kuài ❷【利害の算用】盘算 pánsuan (英 consider) ▶~高い/会算计 huì suànjì ▶損得~でのではない/不是为了赢利而做的 bú shì wèile yínglì ér zuò de ▶あいつはいつも~ずくで行動する/那人家伙总是爱打小算盘 nà rén jiāhuo zǒngshì ài dǎ xiǎosuànpan ▶腹の中ですばやく利害を~した/在肚子里敏捷地盘算着得失 zài dùzili mǐnjié de pánsuanzhe déshī
♦~機│计算机 jìsuànjī ~尺│计算尺 jìsuànchǐ

けいし【軽視する】 忽视 hūshì; 看轻 kànqīng; 小看 xiǎokàn (英 make light of...; neglect) ▶人命を~する/轻视人命 qīngshì rénmìng ▶子供の人権を~することはできない/不能忽视孩子们的人权 bùnéng hūshì háizimen de rénquán

けいし【罫紙】 格纸 gézhǐ (英 lined paper)

けいじ【刑事】 ❶【刑事巡査】刑警 xíngjǐng (英 a detective) ▶~たちは聞き込みを続けた/刑警们继续探听案情 xíngjǐngmen jìxù tàntīng ànqíng ▶頼むよ~さん,信じてくれよ/求求你, 警官先生, 您就相信我吧! qiúqiu nǐ, jǐngguān xiānsheng, nín jiù xiāngxìn wǒ ba! ❷【民事に対する】刑事 xíngshì (英 a criminal matter) ▶~事件/刑事案件 xíngshì ànjiàn ♦~責任 ▶~責任を問われる/被追查刑事责任 bèi zhuīchá xíngshì zérèn ~犯罪│刑事犯罪 xíngshì fànzuì

日中比較 中国語の'刑事 xíngshì'は警察官の役職名としては使われず,「民事」に対する「刑事」

の意味でのみ使われる.

けいじ【啓示】 启示 qǐshì (英 revelation; an apocalypse) ▶神の~を受ける/受到神灵启示 shòudào shénlíng qǐshì
日中比較 中国語の'启示 qǐshì'は「神のさとし」という意味の他に「啓発する」こと,またその内容をいう.

けいじ【掲示する】 揭示 jiēshì; 告示 gàoshi (英 notify) ▶~板/布告栏 bùgàolán; 揭示牌 jiēshìpái ▶(インターネット上で)~板に書き込みをする/(因特网上)在论坛发帖 (yīntèwǎngshang) zài lùntán fā tiē ▶携帯電話を禁止するという~が出ている/有告示说禁止打手机 yǒu gàoshi shuō jìnzhǐ dǎ shǒujī ▶詳細は追って~する/详细情况随后在布告上通知 xiángxì qíngkuàng suíhòu zài bùgàoshang tōngzhī

けいじ【慶事】 喜庆 xǐqìng; 喜事 xǐshì (英 a happy event)

けいしき【形式】 形式 xíngshì; 样式 yàngshì (英 a form; a formality) ▶~を整える/整理形式 zhěnglǐ xíngshì ▶~的な/形式上的 xíngshìshang de ▶フィクションの論文/虚拟形式的论文 xūnǐ xíngshì de lùnwén ▶~にこだわって内容を忘れる/拘泥形式忽视内容 jūnì xíngshì hūshì nèiróng
♦~主義│形式主义 xíngshì zhǔyì

けいじじょう【形而上】 (英 metaphysical; abstract) ▶~学/形而上学 xíng'érshàngxué; 玄学 xuánxué

けいじどうしゃ【軽自動車】 轻型汽车 qīngxíng qìchē (英 a light vehicle)

けいしゃ【傾斜する】 倾斜 qīngxié (英 incline) ▶~地/斜坡 xiépō ▶~面/倾斜面 qīngxiémiàn ▶車体が左に~する/车身向左倾斜 chēshēn xiàng zuǒ qīngxié ▶屋根の~がゆるやかである/屋顶的倾斜角度小 wūdǐng de qīngxié jiǎodù xiǎo ▶急な~を駆けのぼる/跑上陡坡 pǎoshang dǒupō
♦~度│倾斜度 qīngxiédù; 坡度 pōdù ▶軌道の~度/轨道的倾斜度 guǐdào de qīngxiédù

けいしゃ【芸者】 艺妓 yìjì (英 a geisha)

げいじゅつ【芸術】 艺术 yìshù (英 art) ▶~家/艺术家 yìshùjiā ▶~品/艺术品 yìshùpǐn ▶~的な/艺术性的 yìshùxìng de ▶~は誰のためのものか/艺术是为谁服务的 yìshù shì wèi shéi fúwù de ▶~祭/艺术节 yìshùjié ▶~性と娯楽性を兼ね備えた作品/既有艺术性又有娱乐性的作品 jì yǒu yìshùxìng yòu yǒu yúlèxìng de zuòpǐn

げいしゅん【迎春】 迎春 yíngchūn (英 A Happy New Year)

けいしょ【経書】 经典 jīngdiǎn; 经书 jīngshū (英 Chinese classics)

けいしょう【形象】 形象 xíngxiàng (英 a shape)

けいしょう【敬称】 敬称 jìngchēng; 尊称 zūnchēng (英 a term of respect; a title) ▶~を略する/敬称从略 jìngchēng cónglüè

けいしょう【景勝】 名胜 míngshèng（英 picturesque scenery）▶～地/景区 jǐngqū；胜地 shèngdì；风景区 fēngjǐngqū

けいしょう【軽症】 轻症 qīngzhèng（英 a slight illness）▶～の胃潰瘍にかかっている/有轻度的胃溃疡 yǒu qīngdù de wèikuìyáng

けいしょう【軽傷】 轻伤 qīngshāng（英 a slight [minor] wound）▶さいわい…ですんだ/幸好只受了点儿轻伤 xìnghǎo zhǐ shòule diǎnr qīngshāng ▶～を負う/负轻伤 fù qīngshāng

けいしょう【継承する】 继承 jìchéng；承续 chéngxù（英 succeed）▶～者〈学術・技能の〉/传人 chuánrén；继承人 jìchéngrén ▶王位～/王位继承 wángwèi jìchéng ▶これは先人から～した文化遺産だ/这是从祖先继承下来的文化遗产 zhè shì cóng zǔxiān jìchéngxiàlai de wénhuà yíchǎn

けいしょう【警鐘】（英 an alarm bell；a warning）▶～を鳴らす/敲响警钟 qiāoxiǎng jǐngzhōng ▶温暖化は人類の明日への～である/全球变暖是对人类未来的警告 quánqiú biànnuǎn shì duì rénlèi wèilái de jǐnggào

けいじょう【刑場】 刑场 xíngchǎng（英 an execution ground）▶～の露と消える/被处死刑 bèi chǔ sǐxíng

けいじょう【形状】 形状 xíngzhuàng；状貌 zhuàngmào；体形 tǐxíng（英 shape；form）◆～記憶合金：形状记忆合金 xíngzhuàng jìyì héjīn ～記憶繊維：形状记忆纤维 xíngzhuàng jìyì xiānwéi

けいじょう【計上する】 计算在内 jìsuàn zàinèi；列入 lièrù（英 add up；sum up）▶必要経費に～する/计算在必要经费里 jìsuàn zài bìyào jīngfèili

けいじょうひ【経常費】 经常费 jīngchángfèi（英 running costs）

けいしょく【軽食】 点心 diǎnxin；小吃 xiǎochī；快餐 kuàicān（英 a snack）▶昼は～ですませた/中午吃了点儿快餐 zhōngwǔ chīle diǎnr kuàicān

けいず【系図】 家谱 jiāpǔ（英 lineage；a family tree）▶～をたどる/追溯家谱 zhuīsù jiāpǔ

けいすう【係数】〖数〗系数 xìshù（英 a coefficient）▶エンゲル～が高い/恩格尔系数高 Ēngé'ěr xìshù gāo

けいせい【形成する】 形成 xíngchéng；生成 shēngchéng（英 form；shape）▶人格～/人格形成 réngé xíngchéng ▶～外科/整形外科 zhěngxíng wàikē ▶地域コミュニティーを～する/形成地区共同体 xíngchéng dìqū gòngtóngtǐ

けいせい【形勢】 势头 shìtóu；形势 xíngshì；风头 fēngtou（英 the situation；state of affairs）▶～を見る/观察形势 guānchá xíngshì ▶有利な～/有利形势 yǒulì xíngshì ▶～が逆転する/形势逆转 xíngshì nìzhuǎn ▶～は互角/势均力敌 shì jūn lì dí ▶～判断をする/判断形势 pànduàn xíngshì ▶～は不利だ/形势不利 xíngshì búlì ▶～が一変した/形势突变 xíngshì tūbiàn

けいせい【軽声】 轻声 qīngshēng

けいせき【形跡】 痕迹 hénjì（英 traces；vestiges；marks）▶～がある/有迹象 yǒu jìxiàng 何者かが侵入した～がある/有什么人进来过的痕迹 yǒu shénme rén jìnláiguò de hénjì ▶～をくらます/消踪匿迹 xiāo zōng nì jì

けいせん【経線】（英 circles of longitude）

けいせん【罫線】（英 a ruled line）▶～を引く/划线 huà xiàn

けいそ【珪素】〖化学〗硅 guī（英 silicon）▶～鋼/硅钢 guīgāng

けいそう【係争】 争执 zhēngzhí；争讼 zhēngsòng；打官司 dǎ guānsi（英 dispute；〔裁判〕a law suit）▶～中の問題/正在打官司的问题 zhèngzài dǎ guānsi de wèntí

けいそう【軽装】 轻装 qīngzhuāng（英 light dress〔clothing〕）▶～登山は危険だ/轻装登山很危险 qīngzhuāng dēngshān hěn wēixiǎn ▶～で旅行する/轻装旅行 qīngzhuāng lǚxíng

けいぞう【恵贈する】 惠赠 huìzèng ▶御高著を御～にあずかり…/收到了您惠赠的大作，… shōudàole nín huìzèng de dàzuò, …

けいそうど【珪藻土】 硅藻土 guīzǎotǔ（英 diatomite）

けいそく【計測する】 测 cè；计量 jìliáng；量度 liángdù（英 measure）▶～不能/无法测量 wúfǎ cèliáng ▶正確に～する/正确测量 zhèngquè cèliáng ▶作業時間を～する/计算工作时间 jìsuàn gōngzuò shíjiān

けいぞく【継続する】 持续 chíxù；继续 jìxù；延续 yánxù（英 continue）▶戦闘を～する/继续战斗 jìxù zhàndòu ▶～は力なり/坚持就是力量 jiānchí jiùshì lìliang ▶いつもと変わらぬ生活が～していた/继续过着一成不变的生活 jìxù guòzhe yì chéng bú biàn de shēnghuó ▶両社は～的に協議していた/两家公司持续地进行着协议 liǎng jiā gōngsī chíxù de jìnxíngzhe xiéyì

けいそつ【軽率な】 轻率 qīngshuài；草率 cǎoshuài；贸然 màorán；轻易 qīngyì（英 hasty；careless）▶～な発言/轻率的发言 qīngshuài de fāyán ▶～に結論を下す/贸然下结论 màorán xià jiélùn ▶～な判断で行動に移る/只经过草率判断就付诸行动 zhǐ jīngguò cǎoshuài pànduàn jiù fù zhū xíngdòng ▶～なことをする/干很草率的事 gàn hěn cǎoshuài de shì ▶措置があまりに～だった/那项措施太轻率了 nà xiàng cuòshī tài qīngshuài le

けいたい【形態】 形态 xíngtài；形式 xíngshì（英 form；shape）▶政治～/政治形态 zhèngzhì xíngtài ▶事業～/事业的形式 shìyè de xíngshì ▶雇用～/雇用方式 gùyòng fāngshì

けいたい【携帯する】 携带 xiédài（英 carry；bring）▶～用の便携的 biànxié de ▶運転免許証を～すること/要携带驾车执照 yào xiédài jiàchē zhízhào ▶～してきた食糧も尽きた/带来

♦～電話／手机 shǒujī ～燃料／携帯式燃料 xiédàishì ránliào ～品預り所／随身行李存放处 suíshēn xínglǐ cúnfàngchù ーラジオ／携帯式收音机 xiédàishì shōuyīnjī

けいだい【境内】寺庙的院落 sìmiào de yuànluò （英 *the precincts*） ▶寺の～が人で埋まる／寺院里挤满了人 sìyuànlǐ jǐmǎnle rén
[日中比較] 中国語の'境内 jìngnèi'は「境界の内側」「領土」を意味する．

けいちつ【啓蟄】惊蛰 jīngzhé

けいちゅう【傾注する】倾注 qīngzhù；贯注 guànzhù （英 *devote oneself*） ▶最大限の努力を～する／倾注最大限度的努力 qīngzhù zuìdà xiàndù de nǔlì

けいちょう【軽重】轻重 qīngzhòng （英 *relative weight*）

けいちょう【傾聴する】倾听 qīngtīng （英 *listen attentively*） ▶～に値する／值得一听 zhíde yì tīng ▶人の話を～する／倾听别人的话 qīngtīng biérén de huà ▶その忠告は～に値する／那个忠告值得倾听 nàge zhōnggào zhíde qīngtīng

けいちょう【慶弔】庆唁 qìngyàn；贺喜或吊唁 hèxǐ huò diàoyàn （英 *congratulations and condolences*） ▶～金／贺礼或吊唁费 hèlǐ huò diàoyànfèi ▶～電報／庆祝或吊唁的电报 qìngzhù huò diàoyàn de diànbào

けいちょうふはく【軽佻浮薄】轻佻 qīngtiāo；轻浮 qīngfú （英 *frivolity*） ▶僕は～な男だと思われている／我被别人看作是一个轻浮的男人 wǒ bèi biérén kànzuò shì yí ge qīngfú de nánrén

けいつい【頸椎】【解】颈椎 jǐngzhuī （英 *a cervical vertebra*） ▶頸椎を捻挫する／扭伤颈椎 niǔshāng jǐngzhuī

けいてき【警笛】警笛 jǐngdí （英 *an alarm whistle*） ▶～を鳴らす／鸣警笛 míng jǐngdí

けいと【毛糸】毛线 máoxiàn；绒线 róngxiàn （英 *woolen yarn; knitting wool*） ▶～の帽子／绒线帽子 róngxiàn màozi ▶～で手袋を編む／用毛线织手套 yòng máoxiàn zhī shǒutào ▶～のソックス／毛线袜 máoxiànwà

けいど【経度】经度 jīngdù （英 *longitude*）

けいど【軽度の】轻度 qīngdù；轻微的 qīngwēi de （英 *light*） ▶～のうつ状態／轻度忧郁症 qīngdù yōuyùzhèng ▶足に～の障害がある／腿有轻度疾患 tuǐ yǒu qīngdù jíhuàn

けいとう【系統】系统 xìtǒng （英 *a system*） ▶～立てる／建立系统 jiànlì xìtǒng ▶電気の～の故障／电路系统的故障 diànlù xìtǒng de gùzhàng ▶～立った説明が欲しい／希望作出有条有理的说明 xīwàng zuòchū yǒu tiáo yǒu lǐ de shuōmíng ▶～的に配列する／系统地排列 xìtǒng de páiliè ▶ユング学派の～を引く／继承了荣格学派的传统 jìchéngle Rónggé xuépài de chuántǒng ▶彼は印象派の～に属する／他属于印象派的流派 tā shǔyú yìnxiàngpài de liúpài

♦神経～／神经系统 shénjīng xìtǒng 命令～／命令系统 mìnglìng xìtǒng

けいとう【傾倒する】专注 zhuānzhù；倾心 qīngxīn （英 *devote oneself*） ▶目標を達成するために全力を～する／为达到目标竭尽全力 wèi dádào mùbiāo jiéjìn quánlì ▶中国文学に～する／热中于中国文学 rèzhōng yú Zhōngguó wénxué
[日中比較] 中国語の'傾倒'は'qīngdǎo'と読むと「傾いて倒れる」こと、'qīngdào'と読むと「容器の中身を空ける」ことを意味する．

ケイトウ【鶏頭】【植物】鸡冠花 jīguānhuā （英 *a cockscomb*）

げいとう【芸当】把戏 bǎxì （英 *a trick; a feat*） ▶俺にはそんな～はできないよ／我可不会这套把戏 wǒ kě búhuì zhè tào bǎxì ▶あぶない～をする／做些危险的事 zuò xiē wēixiǎn de shì

けいどうみゃく【頸動脈】【解】颈动脉 jǐngdòngmài （英 *the carotid artery*）

けいにく【鶏肉】鸡肉 jīròu （英 *chicken*）

げいにん【芸人】艺人 yìrén （英 *an artiste; a public performer*） ▶お笑い／笑星 xiàoxīng ▶あの男はなかなかの～だ／那个男的还真是个好艺人 nàge nán de hái zhēn shì ge hǎoyìrén

げいのう【芸能】演艺 yǎnyì；文艺 wényì （英 *entertainments*） ▶～界／演艺界 yǎnyìjiè ▶～人／表演艺术人士 biǎoyǎn yìshù rénshì；艺人 yìrén ▶古典～／古典艺术 gǔdiǎn yìshù ▶大衆～／大众文艺 dàzhòng wényì

けいば【競馬】跑马 pǎomǎ；赛马 sàimǎ （英 *a horse race*） ▶～場／赛马场 sàimǎchǎng ▶～ファン／赛马迷 sàimǎmí ▶～に賭ける／赌赛马 dǔ sàimǎ

けいばい【競売する】拍卖 pāimài （英 *sell... by auction*） ▶家屋敷が～にかけられる／房产被拍卖 fángchǎn bèi pāimài ▶～物件／拍卖物品 pāimài wùpǐn

けいはく【軽薄な】轻薄 qīngbó；轻佻 qīngtiāo （英 *frivolous*） ▶～きわまる／轻狂 qīngkuáng ▶～な行動／轻薄的举动 qīngbó de jǔdòng

けいはつ【啓発する】启发 qǐfā；教育 jiàoyù；启迪 qǐdí （英 *enlighten*） ▶～を受ける／得到启发 dédào qǐfā ▶人権意識を～する／启发人权意识 qǐfā rénquán yìshí ▶自己～的な本／开发自己才能的书 kāifā zìjǐ cáinéng de shū ▶～的なセミナー／开发潜能的讲座 kāifā qiánnéng de jiǎngzuò

けいばつ【刑罰】刑罚 xíngfá （英 *a punishment; a penalty*） ▶～を受ける／服刑 fúxíng ▶～を加える／科以刑罚 kēyǐ xíngfá

けいはんざい【軽犯罪】轻微的罪行 qīngwēi de zuìxíng （英 *a minor offense*） ▶～法／轻犯罪法 qīngfànzuì fǎ

けいひ【経費】费用 fèiyong；花消 huāxiao；经费 jīngfèi （英 *expenses; cost; expenditure*） ▶～がかさむ／经费增多 jīngfèi zēngduō ▶必要～／必要经费 bìyào jīngfèi ▶～を節減する／节约经费 jiéyuē jīngfèi

けいび【軽微な】 軽微 qīngwēi（英 slight; trifling）▶～なトラブル/轻微的毛病 qīngwēi de máobìng ▶影响は～である/影响轻微 yǐngxiǎng qīngwēi

けいび【警備する】 警备 jǐngbèi; 警戒 jǐngjiè（英 defense; guard）▶～を固める/严防 yánfáng ▶一員/警卫 jǐngwèi ▶一会社/保安公司 bǎo'ān gōngsī ▶ビルを～する/为大楼保安 wèi dàlóu bǎo'ān ▶国境を～する/警备国境线 jǐngbèi guójìngxiàn ▶～が手薄だ/保安有疏漏 bǎo'ān yǒu shūlòu

けいひん【景品】 奖品 jiǎngpǐn; 赠品 zèngpǐn（英 a premium; a gift）▶～を出す/发奖品 fā jiǎngpǐn ▶～に釣られて買物にゆく/受到奖品诱惑去购物 shòudào jiǎngpǐn yòuhuò qù gòuwù

げいひんかん【迎賓館】 迎宾馆 yíngbīnguǎn; 国宾馆 guóbīnguǎn（英 the Government Guest House）

けいふ【系譜】 家谱 jiāpǔ; 传统 chuántǒng（英 genealogy）▶～をたどる/查家谱 chá jiāpǔ ▶狩野派の～に連なる画家である/继承了狩野派传统的画家 jìchéngle Shòuyěpài chuántǒng de huàjiā

けいふ【継父】 继父 jìfù（英 a stepfather）

げいふう【芸風】 艺术风格 yìshù fēnggé（英 acting style）▶師匠の～を受けつぐ/继承师父的艺术风格 jìchéng shīfu de yìshù fēnggé

けいふく【敬服する】 敬佩 jìngpèi; 佩服 pèifú; 钦佩 qīnpèi（英 admire; be deeply impressed）▶彼の手腕には～する/佩服他的手腕 pèifú tā de shǒuwàn ▶彼らの情熱には～するばかりだ/对他们的热情钦佩极了 duì tāmen de rèqíng qīnpèijí le

けいぶつ【景物】 景物 jǐngwù; 风物 fēngwù（［景品］a premium）

けいふん【鶏糞】 鸡粪 jīfèn（英 chicken droppings）

けいべつ【軽蔑する】 轻蔑 qīngmiè; 看不起 kànbuqǐ; 唾弃 tuòqì（英 despise; scorn; disdain）▶まさしく～に値する行為だ/真是令人唾弃的行为 zhēn shì lìng rén tuòqì de xíngwéi ▶自分を～したくなる/都想贬低自己 dōu xiǎng biǎndī zìjǐ ▶君にだけは～されたくない/唯独不想被你看不起 wéidú bù xiǎng bèi nǐ kànbuqǐ ▶～すべき人間/理应被唾弃的人 lǐyīng bèi tuòqì de rén ▶～的な意味合いを含む/含有轻蔑的意思 hányǒu qīngmiè de yìsi ▶～語/歧视的话 qíshì de huà

けいべん【軽便な】 轻便 qīngbiàn（英 convenient; handy）▶～鉄道/轻便铁道 qīngbiàn tiědào ▶～な辞書/轻便的词典 qīngbiàn de cídiǎn

けいぼ【敬慕する】 仰慕 yǎngmù; 崇拜 chóngbài; 敬仰 jìngyǎng（英 love and respect; adore）▶青木先生の高い人格を～する/敬慕青木老师的高尚人格 jìngmù Qīngmù lǎoshī de gāoshàng réngé ▶先生への～の念がいよいよ深まった/对老师的敬仰之情越来越深 duì lǎoshī de jìngyǎng zhī qíng yuèláiyuè shēn

けいぼ【継母】 后母 hòumǔ; 继母 jìmǔ（英 a stepmother）

けいほう【刑法】 刑法 xíngfǎ（英 the criminal law）▶それは～上の罪になる/那在刑法上是犯罪 nà zài xíngfǎshang shì fànzuì

けいほう【警報】 警报 jǐngbào（英 a warning; an alarm）▶～を出す/发出警报 fāchū jǐngbào; 报警 bàojǐng ▶踏切の～機が鳴る/铁路口的警报响了 tiělùkǒu de jǐngbào xiǎng le ▶台風の接近で高潮～が出た/台风靠近发出海啸警报 táifēng kàojìn fāchū hǎixiào jǐngbào ▶～を解除する/解除警报 jiěchú jǐngbào ▶暴風～が解除される/解除暴风警报 jiěchú bàofēng jǐngbào ▶～ランプがつく[消える]/警报灯亮了[灭了] jǐngbào dēng liàng le [miè le]

♦～装置 警报装置 jǐngbào zhuāngzhì ～ベル 警铃 jǐnglíng

けいみょう【軽妙な】 轻松 qīngsōng; 潇洒 xiāosǎ（英 witty; clever; smart）▶～な演技/潇洒的演技 xiāosǎ de yǎnjì ▶彼の～な語り口に引き込まれた/被他那轻松风趣的谈吐吸引住了 bèi tā nà qīngsōng fēngqù de tántǔ xīyǐnzhù le ▶～なタッチの文章/潇洒的文章 xiāosǎ de wénzhāng

けいむしょ【刑務所】 监狱 jiānyù; 监牢 jiānláo（英 a prison）▶～に入る/坐牢 zuòláo; 蹲监狱 dūn jiānyù ▶少年～/青少年劳改所 qīngshàonián láogǎisuǒ ▶～に入れられる/被关进监狱 bèi guānjìn jiānyù ▶～で14ヶ月過ごす/在监狱里过了十四个月 zài jiānyùli guòle shísì ge yuè

げいめい【芸名】 艺名 yìmíng（英 a stage name）▶師匠に～を付けてもらった/请师傅取了一个艺名 qǐng shīfu qǔle yí ge yìmíng

けいもう【啓蒙する】 启蒙 qǐméng（英 enlighten）▶消費者に～する必要がある/有必要给消费者启蒙 yǒu bìyào gěi xiāofèizhě qǐméng ▶地道な～活動を続ける/坚持脚踏实地的启蒙活动 jiānchí jiǎotà shídì de qǐméng huódòng ▶～的な科学教育が不足している/缺乏启蒙性的科学教育 quēfá qǐméngxìng de kēxué jiàoyù

♦～運動 启蒙运动 qǐméng yùndòng

けいやく【契約する】 合同 hétong; 签约 qiānyuē（英 contract）▶随意～/未经投标的任意签约 wèijīng tóubiāo de rènyì qiānyuē ▶～社員/合同工 hétonggōng ▶1年～でアパートを借りる/借一年租期的房子 jiè yì nián zūqī de fángzi ▶～金を受け取り、～書にサインした/接受定金,在合同上签字 jiēshòu dìngjīn, zài hétongshang qiānzì ▶～を守る/守约 shǒuyuē

♦～違反 违反合同 wéifǎn hétong; 违约 wéiyuē ～解除 解除合同 jiěchú hétong; 解约 jiěyuē ～期限 约期 yuēqī ～書 合同书 hétongshū ～不履行 不履行合同 bù lǚxíng hétong

けいゆ【経由する】 经由 jīngyóu; 取道 qǔdào

(英 go by way of...) ▶上海〜で杭州に行く/经过上海去杭州 jīngguò Shànghǎi qù Hángzhōu ▶電子メールを〜してウイルスに感染する/经由电子邮件感染病毒 jīngyóu diànzǐ yóujiàn gǎnrǎn bìngdú

けいゆ【軽油】轻油 qīngyóu (英 light oil)

けいよう【形容する】形容 xíngróng (英 modify; qualify) ▶〜しがたい/难以形容 nányǐ xíngróng ▶何とも〜しようのない人物である/很难形容的人 hěn nán xíngróng de rén ▶その素晴らしさには〜する言葉もない/没有词汇能表达它的完美 méiyǒu cíhuì néng biǎodá tā de wánměi

けいよう【掲揚する】升起 shēngqǐ (英 hoist; raise) ▶国旗を〜する/升起国旗 shēngqǐ guóqí

けいようし【形容詞】〖文法〗形容词 xíngróngcí (英 an adjective)

けいら【警邏する】巡逻 xúnluó (英 patrol)

けいらく【経絡】〖中医〗经络（针灸法）(英 a meridian) ▶〜治療/经络治疗 jīngluò zhīliáo

けいらん【鶏卵】鸡蛋 jīdàn; 鸡子儿 jīzǐr (英 an egg)

けいり【経理】财务 cáiwù; 财会 cáikuài (英 management; accounting) ▶〜係/财会人员 cáikuài rényuán ▶〜課/财务科 cáiwùkē ▶〜をあずかる/担任会计 dānrèn kuàijì

【日中比較】中国語の'经理' jīnglǐ は「支配人」「部門の責任者」を指す.

けいりゃく【計略】计谋 jìmóu; 计策 jìcè; 圈套 quāntào (英 a scheme) ▶〜にかける/设计谋设 jìmóu; 设圈套 shè quāntào ▶〜にひっかかる/中计 zhòngjì ▶彼は〜にかかって秘密をもらした/他中了圈套泄漏了秘密 tā zhòngle quāntào xièlòule mìmì ▶〜をめぐらす/布满陷阱 bùmǎn xiànjǐng

けいりゅう【繋留する】系住 xìzhù; 拴住 shuānzhù (英 moor) ▶マリーナにヨットを〜する/把游艇拴在港湾 bǎ yóutǐng shuānzài gǎngwān

けいりゅう【渓流】溪流 xīliú (英 a mountain stream) ▶〜釣り/在溪流钓鱼 zài xīliú diàoyú ▶〜沿いの温泉宿/溪流边的温泉旅馆 xīliúbiān de wēnquán lǚguǎn

けいりょう【計量する】量 liáng; 计量 jìliàng (英 measure; weigh) ▶〜カップ/量杯 liángbēi; 量筒 liángtǒng
♦〜器：测量仪器 cèliáng yíqì　〜スプーン：量匙 liángchí ▶〜スプーンできっちり〜する/用量匙严格地测量 yòng liángchí yángé de cèliáng

けいりょう【軽量】轻量 qīngliàng (英 lightweight) ▶俺なんか作家としては〜な〜さ/作为一个作家，我只不过是一个小兵 zuòwéi yí ge zuòjiā, wǒ zhǐbuguò shì yí ge xiǎobīng ▶〜級選手/轻量级选手 qīngliàngjí xuǎnshǒu

けいりん【競輪】自行车竞赛 zìxíngchē jìngsài (英 a bicycle race) ▶〜場/自行车赛场 zìxíngchē sàichǎng

けいるい【係累】家累 jiālèi; 拖累 tuōlèi (英 family ties) ▶〜が多い/家庭的拖累多 jiātíng de tuōlèi duō ▶〜がない/没有拖累 méiyǒu tuōlèi

けいれい【敬礼する】敬礼 jìnglǐ; 行礼 xínglǐ (英 salute) ▶上官に〜する/向长官敬礼 xiàng zhǎngguān jìnglǐ ▶直立不動の姿勢で〜する/笔直地站着敬礼 bǐzhí de zhànzhe jìnglǐ

けいれき【経歴】经历 jīnglì; 履历 lǚlì (英 a career; one's history) ▶彼は意外な〜の持ち主だ/他是一个有意外经历的人 tā shì yí ge yǒu yìwài jīnglì de rén ▶どんな〜の人ですか/是有什么经历的人 shì yǒu shénme jīnglì de rén

げいれき【芸歴】艺龄 yìlíng (英 a stage career) ▶〜が長い女優/艺龄很长的女演员 yìlíng hěn cháng de nǚyǎnyuán

けいれつ【系列】系列 xìliè; 系统 xìtǒng (英 a series; 〖企業〗a corporate group) ▶〜会社/同一系统的公司 tóngyī xìtǒng de gōngsī ▶〜校/同一系统的学校 tóngyī xìtǒng de xuéxiào

けいれん【痙攣する】抽搐 chōuchù; 抽筋 chōujīn; 痉挛 jìngluán (英 be convulsed) ▶指が〜する/手指抽筋 shǒuzhǐ chōujīn ▶右足が〜する/右腿抽筋 yòutuǐ chōujīn ▶ストレスからくる胃〜/由于心理负担引起的胃痉挛 yóuyú xīnlǐ fùdān yǐnqǐ de wèijìngluán ▶全身が〜を起こす/全身发生痉挛 quánshēn fāshēng jìngluán

けいろ【毛色】(英 the color of hair) ▶〜の変わった　独具一格 dú jù yì gé; 与众不同 yǔ zhòng bù tóng ▶ちょっと〜の変わったレストラン/有点儿特别的餐馆 yǒudiǎnr tèbié de cānguǎn

けいろ【経路】途径 tújìng; 路线 lùxiàn (英 a course; a process) ▶情報の入手〜/收集情报的途径 shōují qíngbào de tújìng ▶感染〜を追う/追查感染的途径 zhuīchá gǎnrǎn de tújìng ▶どんな〜からその情報を得たのか/你是通过哪种途径得到的那个情报 nǐ shì tōngguò nǎ zhǒng tújìng dédào de nàge qíngbào

けいろう【敬老】敬老 jìnglǎo (英 respect for the aged) ▶〜の日/敬老节 Jìnglǎojié ▶〜の精神を形で示せ/把敬老精神付诸实践 bǎ jìnglǎo jīngshén fù zhū shíjiàn

けう【希有な・稀有な】稀有 xīyǒu; 罕见 hǎnjiàn (英 rare)

ケーキ　蛋糕 dàngāo; 鸡蛋糕 jīdàngāo (英 a cake) ▶〜を焼く/烤蛋糕 kǎo dàngāo ▶大きくなったら〜屋になる/长大了开一个蛋糕店 zhǎngdàle kāi yí ge dàngāodiàn ▶イチゴショート〜/草莓蛋糕 cǎoméi dàngāo
♦デコレーション〜：带装饰的蛋糕 dài zhuāngshì de dàngāo　バースディー〜：生日蛋糕 shēngrì dàngāo

ケース　❶〖入れ物〗箱 xiāng; 盒 hé; 柜 guì (英 a case) ▶〜に入れる/装入箱里 zhuāngrù xiānglǐ ▶携帯用〜/携带用的盒子 xiédàiyòng de hézi　❷〖事例〗场合 chǎnghé; 情况 qíngkuàng (英 a case) ▶これはまれな〜だ/这是个少见的事例 zhè shì ge shǎojiàn de shìlì

ケーススタディー 个例研究 gèlì yánjiū; **案例研究** ànlì yánjiū〈英 *a case study*〉▶～の方法を使う/用验证实例的方法 yòng yànzhèng shílì de fāngfǎ

ケースバイケース 按具体情况处理 àn jùtǐ qíngkuàng chǔlǐ〈英 *according to the situation*〉▶～で考える/根据具体情况考虑 gēnjù jùtǐ qíngkuàng kǎolǜ

ケースワーカー 社区福利工作人员 shèqū fúlì gōngzuò rényuán〈英 *a caseworker*〉

ゲート 门 mén; 口 kǒu; 闸 zhá〈英 *a gate*〉▶～をくぐる/钻门 zuān mén ▶～ボール/门球 ménqiú ▶～インする(競馬)/马进入起跑栅门 mǎ jìnrù qǐpǎo zhàmén ▶5番～から搭乗する/从五号登机口登机 cóng wǔ hào dēngjīkǒu dēngjī

ケープ〔服飾〕斗篷 dǒupeng; 披肩 pījiān〈英 *a cape*〉

ケーブル 电缆 diànlǎn; 缆 lǎn; 铁索 tiěsuǒ〈英 *a cable*〉▶～カー/索道 suǒdào; 缆车 lǎnchē ▶～テレビ/有线电视 yǒuxiàn diànshì ▶海底で孤島に送電する/用海底电缆往孤岛输送电力 yòng hǎidǐ diànlǎn wǎng gūdǎo shūsòng diànlì

ゲーム 比赛 bǐsài; 游戏 yóuxì〈英 *a game*〉▶一日中～をした/玩儿了一天电子游戏 wánrle yì tiān diànzǐ yóuxì ▶今日はナイス～だった/今天的比赛很精彩 jīntiān de bǐsài hěn jīngcǎi ◆～セット〔審判の宣言〕比赛结束 bǐsài jiéshù ～センター:电游中心 diànyóu zhōngxīn ～ソフト:游戏软件 yóuxì ruǎnjiàn テレビ～:电子游戏 diànzǐ yóuxì

けおされる【気圧される】〈英 *be overawed; be overpowered*〉▶相手の迫力に～/被对方的气势所压倒 bèi duìfāng de qìshì suǒ yādǎo

けおとす【蹴落とす】踢下去 tīxiàqu; 踢开 tīkāi〈英 *kick... down*〉▶ライバルを～/排挤对手 páijǐ duìshǒu ▶人を蹴落として出世する/把别人踢下去自己成功 bǎ biéren tīxiàqu zìjǐ chénggōng; 踩着别人往上爬 cǎizhe biéren wǎngshàng pá

けおりもの【毛織物】毛料 máoliào; 毛织品 máozhīpǐn〈英 *woolen fabrics*〉

けが【怪我】创伤 chuāngshāng; 疮痍 chuāngyí〈英 *an injury; a wound; a hurt*〉▶～をする/受伤 shòushāng ▶転んで～をする/摔倒受伤 shuāidǎo shòushāng ▶～をしないように気をつけなさい/注意别受伤 zhùyì bié shòushāng ▶サッカーの試合で足を～した/参加足球比赛脚受伤了 cānjiā zúqiú bǐsài jiǎo shòushāng le ▶～人が出る/出伤员了 chū shāngyuán le

ことわざ **怪我の功名** 因祸得福 yīn huò dé fú; 不期而遇的好处 bù qī ér yù de hǎochu

日中比較 中国語の'怪我 guài wǒ'は「私をとがめる」「私のせいだ」の意味になる. '怪我一生 guài wǒ yìshēng'とは「生涯私の非をとがめよ」の意.

げか【外科】外科 wàikē〈英 *surgery*〉▶～医/外科医生 wàikē yīshēng ▶～手術/外科手术 wàikē shǒushù ▶～的治療を行う/进行外科治疗 jìnxíng wàikē zhìliáo

◆～医院:外科医院 wàikē yīyuàn 注意'医院'は一般に'病院'をいう. 開業医は極少.

◆脳～:脑外科 nǎowàikē

げかい【下界】尘世 chénshì; 下面 xiàmian〔地上〕〈英 *the earth*〉▶山頂から見ると～に覆われていた/从山顶望去, 下面都被云所覆盖 cóng shāndǐng wàngqù, xiàmian dōu bèi yún suǒ fùgài ▶機上から～を見おろす/从飞机上俯瞰地面 cóng fēijīshang fǔkàn dìmiàn

けがす【汚す】污辱 wūrǔ; 玷辱 diànrǔ; 玷污 diànwū〈英 *stain; taint; disgrace*〉▶まさに晩節を～行為だ/这就是所谓有辱晚节的行为 zhè jiùshì suǒwèi yǒu rǔ wǎnjié de xíngwéi ▶大学の名声を～/有辱大学的名声 yǒu rǔ dàxué de míngshēng ▶高級ブティックのイメージを～/玷辱高级服装店的形象 diànrǔ gāojí fúzhuāngdiàn de xíngxiàng ▶末席を～/忝列末席 tiǎn liè mòxí

けがらわしい【汚らわしい】污秽 wūhuì; 肮脏 āngzāng〈英 *dirty; filthy*〉▶～行為/秽行 huìxíng; 肮脏的勾当 āngzāng de gòudāng ▶触らないでよ, ～!/别碰我, 真脏! bié pèng wǒ, zhēn zāng! ▶名前を口にするだけでも一気分になる/就连提到这个名字也觉得肮脏 jiù lián tídào zhège míngzì yě juéde āngzāng

けがれ【汚れ】污秽 wūhuì; 污点 wūdiǎn; 污浊 wūzhuó〈英 *impurity; pollution*; 〔罪〕*sin*〉▶～のない/干净 gānjìng; 洁白 jiébái ▶～を知らない少女/纯洁的少女 chúnjié de shàonǚ ▶「～なき悪戯(😊)」/《没有恶意的恶作剧 Méiyǒu èyì de èzuòjù》 ▶～を清める/洗掉污点 xǐdiào wūdiǎn

けがれる【汚れる】肮脏 āngzāng; 弄脏 nòngzāng; 玷污 diànwū〈英 *be stained; be soiled*〉▶そんな汚れた金はいらん/不要那种肮脏的钱 bú yào nà zhǒng āngzāng de qián ▶耳が～からもう言うな/别脏了我的耳朵, 你不要说了 bié zānglewǒ de ěrduo, nǐ bú yào shuō le ▶心が～/心灵被污染 xīnlíng bèi wūrǎn

けがわ【毛皮】皮毛 pímáo; 皮子 pízi〈英 *a fur; a pelt*〉▶～製品/皮货 píhuò ▶～のコート/毛皮大衣 máopí dàyī ▶～のえり巻/毛皮领子 máopí lǐngzi; 毛皮围领 máopí wéi lǐng ▶～商/皮货商 píhuòshāng

げき【劇】戏剧 xìjù〈英 *a drama; a play*〉▶～を鑑賞する/欣赏戏剧 xīnshǎng xìjù ▶～映画/故事片 gùshìpiàn ▶演芸会で～を演じる/在文艺演出会中演戏 zài wényì yǎnchūhuì zhōng yǎnxì ▶国会が迷走～を展開している/国会开成了一场莫名其妙的闹剧 guóhuì kāichéngle yì chǎng mò míng qí miào de nàojù ▶どたばた～を演じた/演了一出闹剧 yǎnle yì chū nàojù ▶彼は～的に回復した/他戏剧性地恢复了健康 tā xìjùxìng de huīfùle jiànkāng

◆～作家:戏剧作家 xìjù zuòjiā ～団:剧団 jù

tuán

げき【檄】 檄文 xíwén （英 *a manifesto; a declaration*）▶ ～を飛ばす/传檄 chuánxí; 发出号召 fāchū hàozhào

げきか【劇化する】 戏剧化 xìjùhuà （英 *dramatize*）▶ 小説を～/把小说改编成戏剧 bǎ xiǎoshuō gǎibiānchéng xìjù

げきか【激化する】 激化 jīhuà （英 *become serious*）▶ 紛争が～/争端激化 zhēngduān jīhuà ▶ 販売競争がますます～する/销售竞争愈演愈烈 xiāoshòu jìngzhēng yù yǎn yù liè

げきが【劇画】 连环画 liánhuánhuà （英 *a story comic*）

げきげん【激減する】 锐减 ruìjiǎn （英 *show a marked decrease*）▶ 農村人口が～する/农村人口大幅减少 nóngcūn rénkǒu dàfú jiǎnshǎo ▶ 交通事故が～した/交通事故锐减 jiāotōng shìgù ruìjiǎn

げきこう【激昂する】 激昂 jī'áng （英 *get excited*）▶ 彼は突然～して殴りかかってきた/他突然激奋扑了过来 tā tūrán jīfèn pūleguòlai

げきしょう【激賞】 绝口称赞 juékǒu chēngzàn; 极力推崇 jílì tuīchóng; 热烈赞扬 rèliè zànyáng （英 *high praise*）▶ 彼らの行為は～を浴びた/他们的行为受到热烈赞扬 tāmen de xíngwéi shòudào rèliè zànyáng ▶ ～された小説/受到推崇的小说 shòudào tuīchóng de xiǎoshuō ▶ 辛口の批評家も～するような映画/严厉的评论家也绝口称赞的电影 yánlì de pínglùnjiā yě juékǒu chēngzàn de diànyǐng

げきじょう【劇場】 剧场 jùchǎng; 戏院 xìyuàn （英 *a theater; a playhouse*）

げきじょう【激情】 激动的感情 jīdòng de gǎnqíng; 冲动 chōngdòng （英 *a violent emotion; passion*）▶ ～にかられる/感情冲动 gǎnqíng chōngdòng ▶ ～にかられて暴力をふるう/由于冲动勃起武来 yóuyú chōngdòng dòngqǐ wǔ lái

げきしん【激震】 强烈地震 qiángliè dìzhèn; 强烈的冲击 qiángliè de chōngjī （英 *a violent earthquake*）▶ 平和な町を～が襲う/和平的城镇遭受到强烈的冲击 hépíng de chéngzhèn zāoshòudào qiángliè de chōngjī ▶ 政界に～が走った/政界发生了震撼 zhèngjiè fāshēngle zhènhàn

げきする【激する】 激烈 jīliè; 激动 jīdòng; 冲动 chōngdòng （英 *get excited*）▶ 言葉が～/言辞激烈 yáncí jīliè ▶ 感情が～とともに声が大きくなる/随着感情激动嗓门儿也变大了 suízhe gǎnqíng jīdòng sǎngménr yě biàn dà le

げきせん【激戦】 激战 jīzhàn; 激烈竞争 jīliè jìngzhēng （英 *a hot battle*）; [競争] *a hot contest*）▶ 選挙は～だった/选举经过了一场激战 xuǎnjǔ jīngguòle yì cháng jīzhàn ▶ ～地/激烈战斗的地区 jīliè zhàndòu de dìqū

げきぞう【激増する】 激增 jīzēng; 猛增 měngzēng; 急剧增加 jíjù zēngjiā （英 *increase suddenly*）▶ 中国語学習者が～した/学习中文的人

急剧增加 xuéxí Zhōngwén de rén jíjù zēngjiā ▶ 世界遺産に登録されて観光客が～した/因为注册成为世界遗产，观光的客人激增 yīnwèi zhùcè chéngwéi shìjiè yíchǎn, guānguāng de kèrén jīzēng ▶ 犯罪の～は何を物語るか/犯罪的急剧增多说明了什么？ fànzuì de jíjù zēngduō shuōmíngle shénme?

げきたい【撃退する】 击败 jībài; 击退 jītuì （英 *throw back; drive back*）▶ 侵入してきた敵を～する/击退入侵的敌人 jītuì rùqīn de dírén ▶ 蚊を～する/驱除蚊子 qūchú wénzi

げきつい【撃墜する】 击落 jīluò （英 *shoot down*）▶ 敵機を～する/击落敌机 jīluò dǐjī

げきつう【激痛】 剧痛 jùtòng （英 *a sharp pain*）▶ 突然～が襲う/突然感觉到剧痛 tūrán gǎnjuédào jùtòng ▶ そのとき腰に～が走った/那时感觉到腰部剧痛 nà shí gǎnjuédào yāobù jùtòng

げきてき【劇的な】 戏剧性的 xìjùxìng de;《急激》急剧 jíjù （英 *dramatic*）

げきど【激怒する】 大发雷霆 dà fā léitíng; 动怒 dòngnù （英 *get furious*）▶ その一言が彼を～させた/那句话激怒了他 nà jù huà jīnùle tā ▶ さいなことで～する/为一点儿小事大发脾气 wèi yìdiǎnr xiǎoshì dà fā píqi

[日中比較] 中国語の'激怒 jīnù'は「人の感情を傷つけて怒らせる」ことを指す.

げきどう【激動する】 急剧变化 jíjù biànhuà （英 *be shaken violently*）▶ ～する情勢/风云 fēngyún; 动荡不安的局势 dòngdàng bù'ān de júshì ▶ ～する国際情勢/急剧变化的国际形势 jíjù biànhuà de guójì xíngshì ▶ ～の時代を生きる/生活在混乱和激烈变化的时代 shēnghuó zài hùnluàn hé jīliè biànhuà de shídài

[日中比較] 中国語の'激动 jīdòng'は「感激する」「興奮する」ことを指す. 他動詞にもなる.

げきとつ【激突する】 激烈冲突 jīliè chōngtū; 冲击 chōngjī; 猛撞 měngzhuàng （英 *crash; ram*）▶ 壁に～する/猛撞上墙壁 měngzhuàngshang qiángbì ▶ 強豪同士が～する/硬手激烈冲突 yìngshǒu jīliè chōngtū

げきは【撃破する】 击破 jīpò; 击毁 jīhuǐ; 打败 dǎbài （英 *defeat; crush*）▶ 強敵を～する/击破强大的敌人 jīpò qiángdà de dírén ▶ 反乱軍を各個～する/将反军各个击破 jiāng fǎn jūn gègè jīpò

げきひょう【劇評】 剧评 jùpíng （英 *dramatic criticism*）▶ 毎月新聞に～を書く/每个月在报纸上发表戏剧评论 měige yuè zài bàozhǐshang fābiǎo xìjù pínglùn
▶ ～家:戏剧评论家 xìjù pínglùnjiā

げきぶん【檄文】 檄文 xíwén （英 *a written appeal*）▶ ～は君が書け/你来写呼吁书 nǐ lái xiě hūyùshū

げきへん【激変する】 剧变 jùbiàn; 巨变 jùbiàn （英 *change violently*）▶ 都市環境が～する/城市环境发生剧变 chéngshì huánjìng fāshēng

げきむ【劇務・激務】 繁重的工作 fánzhòng de gōngzuò（英 *hard work*）▶～に従事している/从事繁重的工作 cóngshì fánzhòng de gōngzuò ▶～に倒れる/因工作繁重病倒 yīn gōngzuò fánzhòng bìngdǎo ▶こんな～には耐えられない/不能忍受这样繁重的工作 bùnéng rěnshòu zhèyàng fánzhòng de gōngzuò

げきやく【劇薬】 剧药 jùyào（英 *a powerful drug*）

げきらい【毛嫌いする】 嫌恶 xiánwù; 厌恶 yànwù（英 *have an antipathy to...*）▶甘いものを～する/讨厌甜的食物 tǎoyàn tián de shíwù ▶パソコンを頭から～するのはよせ/不要无缘无故地讨厌电脑 búyào wú yuán wú gù de tǎoyàn diànnǎo

げきりゅう【激流】 奔流 bēnliú; 激流 jīliú（英 *a swift current; a rushing stream*）▶～に流される/被激流卷走 bèi jīliú juǎn zǒu ▶その国は歴史上かつてない～に翻弄された/那个国家受到史无前例的激流的冲击 nàge guójiā shòudào shǐ wú qiánlì de jīliú de chōngjī

げきりん【逆鱗】（英 *the wrath*）▶彼は社長の～に触れた/他触怒了总经理 tā chùnùle zǒngjīnglǐ

げきれい【激励する】 鼓励 gǔlì; 激励 jīlì; 勉励 miǎnlì（英 *encourage; spur*）▶各地から～のメールが届く/从各地发来了激励的伊妹儿 cóng gèdì fāláile jīlì de yīmèir ▶会長が～の言葉を述べた/会长致辞勉励 huìzhǎng zhìcí miǎnlì ◆～会 激励会 jīlìhuì

げきれつ【激烈な】 激烈 jīliè; 猛烈 měngliè; 剧烈 jùliè（英 *fierce*）▶夜中に～な痛みに襲われた/半夜觉得剧烈的疼痛 bànyè juéde jùliè de téngtòng ▶IT業界の～な競争が始まる/IT行业展开了激烈的竞争 IT hángyè zhǎnkāile jīliè de jìngzhēng

げきろん【激論】 激烈辩论 jīliè biànlùn（英 *a heated argument*）▶～を戦わせる/进行激烈的争论 jìnxíng jīliè de zhēnglùn ▶両者が～したが結局物別れに終わった/双方展开了激烈的争论，最后以破裂告终 shuāngfāng zhǎnkāile jīliè de zhēnglùn, zuìhòu yǐ pòliè gàozhōng

げけつ【下血】〔医〕便血 biànxuè（英 *a bloody discharge*）

けげん【怪訝な】 诧异 chàyì; 惊讶 jīngyà（英 *dubious; suspicious*）▶～な顔/诧异的表情 chàyì de biǎoqíng ▶女は男を～そうに見つめる/她用诧异的眼神盯着那个男的 tā yòng chàyì de yǎnshén dīngzhe nàge nán de ▶通りかかった人はみな～な顔をする/过路的人都是一脸奇怪的表情 guòlù de rén dōu shì yì liǎn qíguài de biǎoqíng

げこ【下戸】 不会喝酒的人 búhuì hējiǔ de rén（英 *a nondrinker*）▶僕は～だ/我不会喝酒 wǒ búhuì hē jiǔ

げこう【下校する】 下学 xiàxué; 放学 fàngxué（英 *go home from school*）▶～時刻/放学时间 fàngxué shíjiān ▶生徒たちは集団～する/学生们集体下学回家 xuéshengmen jítǐ xiàxué huíjiā

げこくじょう【下克上】 以下犯上 yǐ xià fàn shàng（英 *It's the tail wagging the dog.*）

けさ【今朝】 今早 jīnzǎo; 今天早上 jīntiān zǎoshang（英 *this morning*）▶～から小雨が降っている/从今天早上下着小雨 cóng jīntiān zǎoshang kāishǐ xiàzhe xiǎoyǔ ▶早く地震があった/今天清晨发生了地震 jīntiān qīngchén fāshēngle dìzhèn

けさ【袈裟】 百衲衣 bǎinàyī; 袈裟 jiāshā（英 *a surplice*）

げざい【下剤】 泻药 xièyào（英 *a laxative*）

げざん【下山する】 下山 xiàshān（英 *climb down a mountain*）▶雨が降らぬうちに～する/赶在下雨之前下山 gǎn zài xiàyǔ zhīqián xiàshān

ケシ【罌粟・芥子】〔植物〕罂粟 yīngsù（英 *a poppy*）▶一粒ほどの大きさ/像罂粟粒一般大小 xiàng yīngsù lì yībān dàxiǎo

げし【夏至】〔気象〕夏至 xiàzhì（英 *the summer solstice*）

けしいん【消印】 邮戳 yóuchuō（英 *a postmark*）▶封筒には5月12日付の神戸の～があった/信封上有五月十二日寄自神户的邮戳 xìnfēngshàng yǒu wǔ yuè shí'èr rì jì zì Shénhù de yóuchuō ▶1月10日の～まで有効/一月十日邮戳为有效期限凭证 yī yuè shí rì yóuchuō wéi yǒuxiào qīxiàn píngzhèng

けしかける 调唆 tiáosuō; 挑唆 tiǎosuō（英 *set... on; incite*）▶犬を～して咬人 ràng gǒu yǎo rén ▶仲間をけしかけて悪さをする/挑唆伙伴干坏事 tiǎosuō huǒbàn gàn huàishì

けしからん 不像话 búxiànghuà; 该死 gāisǐ; 岂有此理 qǐ yǒu cǐ lǐ（英 *rude*）▶実に～な奴だ/这家伙真不像话 zhè jiāhuo zhēn búxiànghuà ▶あれは～ですね/那真是不像话 nà zhēn shì búxiànghuà ▶特に～とは思わないね/我不觉得有什么不合适 wǒ bù juéde yǒu shénme bù héshì

けしき【気色】（英 *signs; a look*）▶彼は～で立ち上がった/他发怒站了起来 tā fānù zhànleqǐlai

けしき【景色】 风光 fēngguāng; 风景 fēngjǐng; 景色 jǐngsè（英 *scenery; a landscape; a view*）▶～のよい/风景好 fēngjǐng hǎo ▶美しい～を眺める/眺望美丽的景色 tiàowàng měilì de jǐngsè ▶そこは～がよいので有名だ/那儿因为风景优美而有名 nàr yīnwèi fēngjǐng yǒuměi ér yǒumíng

ゲジゲジ〔虫〕蚰蜒 yóuyán（英 *a millepede*）

けしごむ【消しゴム】 橡皮 xiàngpí（英 *an eraser*）▶～で消す/用橡皮擦掉 yòng xiàngpí cādiào

けしとぶ【消し飛ぶ】（英 *fly off*）▶それを聞いて心配は消し飛んだ/听到那件事以后不安都烟飞云散了 tīngdào nà jiàn shì yǐhòu bù'ān dōu yān fēi yún sàn le

けしとめる【消し止める】 扑灭 pūmiè 〈英〉*put out; extinguish*〉▶火事を～/扑灭火灾 pūmiè huǒzāi ▶悪い噂を～/防止谣言传播 fángzhǐ yáoyán chuánbō

けじめ【分け】 分寸 fēncun; 界限 jièxiàn 〈英〉*distinction*〉▶～をつける/分清界限 fēnqīng jièxiàn 遊びと仕事の～がつかない/分不清玩儿和工作的界限 fēnbùqīng wánr hé gōngzuò de jièxiàn 生活に～をつける/给生活订下原则 gěi shēnghuó dìngxia yuánzé

げしゃ【下車する】 下车 xiàchē 〈英〉*get off*〉▶途中～/中途下车 zhōngtú xiàchē ▶5つ目の駅で～しなさい/请在第五站下车 qǐng zài dìwǔ zhàn xiàchē

げしゅく【下宿する】 寄宿 jìsù 〈英〉*lodge; room*〉▶彼は学校の近くに～した/他在学校附近寄宿了 tā zài xuéxiào fùjìn jìsù le ▶～探しに手間どる/找住处很费事 zhǎo zhùchù hěn fèishì ▶～に人を置く/把房间租给别人 bǎ fángjiān de gěi biéren
♦～屋/出租房间的家 chūzū fángjiān de jiā

げじゅん【下旬】 下旬 xiàxún 〈英〉*the latter part of a month*〉6月～/六月下旬 liù yuè xiàxún

けしょう【化粧する】 打扮 dǎban; 化妆 huàzhuāng; 梳妆 shūzhuāng 〈英〉*make up*〉▶彼女はほとんど～していなかった/她没怎么化妆 tā méi zěnme huàzhuāng ▶昼休みに～を直す/午休时间修整化妆 wǔxiū shíjiān xiūzhěng huàzhuāng ▶～を落とすとほっとする/卸了装，松了一口气 xièle zhuāng, sōngle yìkǒuqì ▶厚[薄]～/浓[淡]妆 nóng[dàn]zhuāng
♦～室/化妆室 huàzhuāngshì ～石けん/香皂 xiāngzào ～台/梳妆台 shūzhuāngtái ～道具/化妆用具 huàzhuāng yòngjù ～品/化妆品 huàzhuāngpǐn ～品店/化妆品店 huàzhuāngpǐn diàn

ケジラミ【毛虱】 〔虫〕阴虱 yīnshī 〈英〉*a crab louse*〉

けしん【化身】 化身 huàshēn 〈英〉*incarnation*〉▶美の～/美的化身 měi de huàshēn ▶悪魔の～/恶魔的化身 èmó de huàshēn

けす【消す】 关掉 guāndiào; 熄灭 xīmiè; 消除 xiāochú ［火を］ *extinguish*; ［電気などを］ *turn off*; ［拭い消す］ *erase*〉▶明かりを～/熄灯 xīdēng ▶火を～/灭火 mièhuǒ ▶テレビを～/关电视 guān diànshì ▶字を～/《消しゴムなどで》/擦掉字 cādiào zì ▶姿を～/躲藏起来 duǒcángqǐlai ▶壁の落書きを～/擦除涂在墙壁上的字［画］ cādiào túzài qiángbìshang de zì[huà] ▶トイレのにおいを～/消除厕所的气味 xiāochú cèsuǒ de qìwèi ▶伝統的建造物がまた一つ姿を消した/传统的建筑物又消失了一个 chuántǒng de jiànzhùwù yòu xiāoshīle yí ge ▶フロッピーディスクからこの部分を～/从磁盘里削掉这部分 cóng cípánli xiāodiào zhè bùfen ▶～ことのできぬ污点/不可洗刷的污点 bùkě xǐshuā de wūdiǎn

げす【下衆】 卑贱 bēijiàn; 卑劣 bēiliè; 下流 xiàliú 〈英〉*a rude person*〉▶～な言葉/下流话 xiàliúhuà ▶～根性/卑劣的品性 bēiliè de pǐnxìng ▶～の勘ぐり/小人多疑 xiǎorén duōyí

げすい【下水】 污水 wūshuǐ 〈英〉*drainage*;［溝］*a drain*〉▶～処理场/污水处理厂 wūshuǐ chǔlǐchǎng ▶～が詰まって流れなくなる/下水道堵住不通了 xiàshuǐdào dǔzhù bùtōng le ▶～が完備している/下水道齐全 xiàshuǐdào qíquán
♦～管/下水管道 xiàshuǐ guǎndào ～工事/下水道工程 xiàshuǐdào gōngchéng ～道/下水道 xiàshuǐdào

> 日中比較 中国語の'下水 xiàshuǐ'は「水に入る」こと、「船が進水する」ことを指す。

ゲスト 嘉宾 jiābīn; 客人 kèrén;《特别出演者》客串演员 kèchuàn yǎnyuán 〈英〉*a guest*〉▶本日の～を御紹介します/介绍今天的佳宾 jièshào jīntiān de jiābīn ▶作为嘉宾参加演出 zuòwéi jiābīn cānjiā yǎnchū ▶～講演者/特邀演讲人 tèyāo yǎnjiǎngrén
♦～ハウス/招待所 zhāodàisuǒ;《公的機関の》宾馆 bīnguǎn

けずりとる【削り取る】 刮削 guāxiāo 〈英〉*scrape off*〉▶表面の凸凹を～/削除掉表面上的凹凸 xuēchúdiào biǎomiànshang de āotū

けずる【削る】 删 shān; 削 xiāo; 削减 xuējiǎn 〈英〉[刃物で] *shave*; [削除] *cut out*; [減] *curtail*; *cut down*〉▶予算を～/削减预算 xuējiǎn yùsuàn ▶人数を～/裁减人数 cáijiǎn rénshù ▶3ページ分削ってくれ/请删掉三页 qǐng shāndiào sān yè ▶かんなで板を～/用刨子刨木板 yòng bàozi bào mùbǎn ▶ナイフで鉛筆を～/用刀削铅笔 yòng dāo xiāo qiānbǐ ▶リストから名前を～/把名字从名单里删除掉 bǎ míngzi cóng míngdānli shānchúdiào

げせわ【下世話】 俗话 súhuà 〈英〉*a juicy story*〉▶～にも言う/俗话说… súhuà shuō…

げせん【下船する】 下船 xiàchuán 〈英〉*disembark*〉

げせん【下賤な】 轻贱 qīngjiàn; 下贱 xiàjiàn 〈英〉*vulgar*〉

けた【桁】 ❶【建物の】檩 lǐn; 桁 héng 〈英〉*a girder*〉❷【数の】位 wèi 〈英〉*a place*〉▶7～の郵便番号/七位数的邮编 qī wèishù de yóubiān ▶アクセスが5～に達する/点击率达到了五位数 diǎnjíliù dádàole wǔ wèishù ▶～を間違える/数字错位 shùzì cuòwèi ❸【その他】▶～はずれ/异乎寻常 yì hū xúncháng ▶～はずれのベストセラー小説/销量不同寻常的畅销小说 xiāoliàng bùtóng xúncháng de chàngxiāo xiǎoshuō ▶～が違う/相差悬殊 xiāngchà xuánshū ▶二人とも金持ちだが金持ちの～が違う/他们俩都是富翁但拥有的财富却是相差悬殊 tāmen liǎ dōu shì fùwēng dàn yōngyǒu de cáifù què shì xiāngchà xuánshū

げた【下駄】 木屐 mùjī 〈英〉*wooden clogs*〉▶～をつっかける/趿拉着木屐 tālazhe mùjī ▶～

ばきで散歩する/穿着木屐散步 chuānzhuó mùjī sànbù ▶点数に～をはかせる/抬高分数 táigāo fēnshù ▶～を預ける/全权委托别人去做 quánquán wěituō biérén qù zuò
◆～箱/鞋柜 xiéguì

げだい【外題】《芝居などの》剧目 jùmù （英 a title)

けだかい【気高い】 高雅 gāoyǎ; 高贵 gāoguì; 高尚 gāoshàng （英 noble; dignified; lofty) ▶～精神/高尚的精神 gāoshàng de jīngshén ▶その横顔が気高く見えた/那张脸显得很高雅 nà zhāng liǎn xiǎnde hěn gāoyǎ

けたたましい 喧嚣 xuānxiāo; 尖厉 jiānlì （英 noisy; loud; alarming) ▶女たちはけたたましく笑った/女人们尖声地笑了 nǚrénmen jiānshēng de xiào le ▶～叫び声/尖厉的叫声 jiānlì de jiàoshēng ▶けたたましく呼び鈴がなった/呼叫铃急切地响起来 hūjiàolíng jíqiè de xiǎngqǐlai ▶サイレンがけたたましく鳴った/警笛喧嚣器地响了 jǐngdí xuānxiāo de xiǎng le

げだつ【解脱する】 解脱 jiětuō （英 be delivered) ▶煩悩の～することなどできません/无法摆脱烦恼 wúfǎ jiětuō fánnǎo

[日中比较] 中国語の '解脱 jiětuō' はある状況から「ぬけ出る」「逃れる」意味でも使う.

けたてる【蹴立てる】 （英 kick up) ▶《船が》波を蹴立てて進む/破浪前进 pòlàng qiánjìn

けだもの【獣】 野兽 yěshòu; 畜生 chùsheng （英 a beast; a brute) ▶お前は～だ、人間じゃない/你不是人, 是个畜生 nǐ bú shì rén, shì ge chùsheng

けだるい 倦怠 juàndài; 懒散 lǎnsǎn; 懒洋洋 lǎnyángyáng （英 listless; lazy) ▶夏の午後、懒洋洋の夏天下午 lǎnyángyáng de xiàtiān xiàwǔ ▶～生活/懒散的生活 lǎnsǎn de shēnghuó

けち ❶【金銭に】吝啬 lìnsè; 小气 xiǎoqì （英 stingy) ▶～と合理的とは違うんだ/小气和讲求实际意思不一样 xiǎoqì hé jiǎngqiú shíjì yìsi bù yíyàng ▶あいつは～だからカンパはしない/他很小气, 不会捐款的 tā hěn xiǎoqi, búhuì juānkuǎn de ❷【卑しい】下贱 xiàjiàn; 卑鄙 bēibǐ; 下作 xiàsānlàn （英 mean; humble) ▶～な考えは捨てろ/放弃你那种卑鄙的想法吧 fàngqì nǐ nà zhǒng bēibǐ de xiǎngfa ba ▶そんな～な料簡しかもてないのか/你的心胸怎么那么狭窄呢? nǐ de xīnxiōng zěnme nàme xiázhǎi ne?
～をつける 挑毛病 tiāo máobìng ▶君は僕に～をつけるんだね/你是在挑我的, 不是吧? nǐ zài tiāo wǒ de, bú shì ba?

けちくさい【けち臭い】 吝啬 lìnsè （英 stingy) ▶そんな～ことを言うな/别提那种小气的事 biétí nà zhǒng xiǎoqì de shì

けちけちする 吝啬 lìnxī; 抠搜 kōusou （英 be stingy) ▶～するつもりはないが, 高すぎるんじゃないか/不是我小气, 这也太贵了吧 bú shì wǒ xiǎoqi, zhè yě tài guì le ba ▶～しない/大方 dàfang

ケチャップ 《食品》番茄酱 fānqiéjiàng （英 catchup; catsup)

けちらす【蹴散らす】 踢散 tīsàn; 冲散 chōngsàn; 驱散 qūsàn （英 kick... about) ▶雪を～/踢雪 tī xuě ▶雪を蹴散らして走る/踢着积雪往前跑 tīzhe jīxuě wǎng qián pǎo ▶敵を～/驱散敌人 qūsàn dírén

けちる 吝惜 lìnxī （英 be stingy) ▶チップは～/别舍不得小费 bié shěbude xiǎofèi ▶昼飯代を～/节省午饭钱 jiéshěng wǔfàn qián

けちんぼう【けちん坊】 吝啬鬼 lìnsèguǐ （英 a miser)

けつ【決】 决议 juéyì （英 a vote) ▶～をとる/表决 biǎojué

けつあつ【血圧】 血压 xuèyā （英 blood pressure) ▶～が低い/血压低 xuèyā dī ▶～が高い/血压高 xuèyā gāo ▶～を測る/量血压 liáng xuèyā ▶～は正常です/血压正常 xuèyā zhèngcháng ▶僕の～は最高130, 最低90です/我的血压高压一百三, 低压九十 wǒ de xuèyā gāoyā yìbǎi sān, dīyā jiǔshí ▶～が15上がった[下がった]/血压高[低]了十五 xuèyā gāo[dī]le shíwǔ
◆～計/血压计 xuèyājì

けつい【決意する】 决心 juéxīn; 决意 juéyì （英 determine) ▶禁煙の～を固める/下定决心戒烟 xiàdìng juéxīn jièyān ▶事业の発足に当たって～を表明する/在开展事业时表明决心 zài kāizhǎn shìyè shí biǎomíng juéxīn

けついん【欠員】 空额 kòng'é; 空缺 kòngquē; 缺额 quē'é （英 a vacant post; a job opening) ▶～が生じる/出现缺额 chūxiàn quē'é ▶教员の～が生じる/教员名额出现空缺 jiàoyuán míngé chūxiàn kòngquē ▶教员の～を補う/补充教员的缺额 bǔchōng jiàoyuán de quē'é ▶～のままにしておく/不补员 bù bǔyuán

けつえき【血液】 血液 xuèyè （英 blood) ▶～銀行/血液库 xuèyèkù ▶～型/血型 xuèxíng ▶唾液で～型の検査をする/通过唾液检查血型 tōngguò tuòyè jiǎnchá xuèxíng ▶～検査/验血 yànxuè ▶検査で異常が見つかった/验血发现了问题 yànxuè fāxiànle wèntí ▶～センター/血液中心 xuèyè zhōngxīn; 血液库 xuèyèkù

けつえん【血縁】 血缘 xuèyuán （英 a blood relation) ▶～関係/亲缘 qīnyuán ▶～の関係のない親子/没有血缘关系的亲子 méiyǒu xuèyuán guānxi de qīnzǐ ▶組織の中枢を～で固める/组织的核心由血亲来把持 zǔzhī de héxīn yóu xuèqīn lái bǎchí

けっか【結果】 结果 jiéguǒ （英 a result) ▶～的に/从结果看 cóng jiéguǒ kàn ▶試验の～を発表する/发表考试的结果 fābiǎo kǎoshì de jiéguǒ ▶その～はどうなるかわからない/那个结果还不知道会怎么样 nàge jiéguǒ hái bù zhīdào huì zěnmeyàng ▶よい～が出た/产生了好结果 chǎnshēngle hǎojiéguǒ ▶最悪の～を生む/导致最坏的结果 dǎozhì zuìhuài de jiéguǒ

けっかい【決壊する】 溃决 kuìjué; 决口 juékǒu （英 break; give way) ▶堤防が～する/决堤 juédī ▶ダムが～する恐れがある/水库有决堤的危险 shuǐkù yǒu juédī de wēixiǎn

けっかく【結核】〔医〕结核 jiéhé;（〈中国医学〉で）痨病 láobìng（英 *tuberculosis*）▶～を患って大学を休学した/得了结核病，大学只好休学了 déle jiéhébìng, dàxué zhǐhǎo xiūxué le

♦～患者:结核病人 jiéhébìngrén ～菌:结核菌 jiéhéjūn

けっかん【欠陥】 缺点 quēdiǎn; 缺陷 quēxiàn; 漏洞 lòudòng（英 *a defect; a fault*）▶～を生じる/出毛病 chū máobìng ▶～を放置したことが大事故を招いた/由于忽视小的漏洞，引发了大事故 yóuyú hūshì xiǎo de lòudòng, yǐnfāle dàshìgù ▶～を解消する/消除缺陷 xiāochú quēxiàn ▶～住宅に住まざるをえない/不得不住在有缺陷的住房里 bùdébù zhùzài yǒu quēxiàn de zhùfánglǐ

♦～車:有缺陷的汽车 yǒu quēxiàn de qìchē ～品:次品 cìpǐn; 残品 cánpǐn

けっかん【血管】〔解〕血管 xuèguǎn（英 *a blood vein*）▶脑の～が詰まる/脑血管堵塞 nǎoxuèguǎn dǔsè

げっかん【月刊】 月刊 yuèkān（英 *monthly*）▶～誌/月刊杂志 yuèkān zázhì ▶～経済誌を三つ取っている/订阅三份经济月刊 dìngyuè sān fèn jīngjì yuèkān

げっかん【月間】 月度 yuèdù（英 *monthly*）▶～計画/月度计划 yuèdù jìhuà ▶新車販売～計画/每个月的新车销售计划 měige yuè de xīnchē xiāoshòu jìhuà ▶～スペシャル企画/月季特別专题 yuèjì tèbié zhuāntí ▶CD 売り上げ～ランキング/CD 销售额的月季排名 CD xiāoshòu'é de yuèjì páimíng

けっき【血気】 血气 xuèqì; 肝胆 gāndǎn（英 *vigor*）▶～盛んな/血气方刚 xuèqì fāng gāng ▶～盛んな若者たちが/血气方刚的年轻人 xuèqì fāng gāng de niánqīngrén ▶～にはやって計画を台なしにした/意气用事，断送了计划 yìqì yòngshì, duànsòngle jìhuà

けっき【決起する】 奋起 fènqǐ（英 *rise to action*）▶～集会/誓师大会 shìshī dàhuì ▶住民が工事反対を叫んで～集会を開く/居民们高呼反对工程建设的口号召开誓师大会 jūmínmen gāohū fǎnduì gōngchéng jiànshè de kǒuhào zhàokāi shìshī dàhuì ▶漁業を守るため彼らは～した/他们为了保护渔业而奋起 tāmen wèile bǎohù yúyè ér fènqǐ

けつぎ【決議する】 决议 juéyì（英 *resolve; decide*）▶右～する/如右决议 rú yòu juéyì ▶～文を手交する/亲手递交决议书 qīnshǒu dìjiāo juéyìshū

♦～案:决议案 juéyì'àn 付帯～:附带决议 fùdài juéyì

げっきゅう【月給】 月薪 yuèxīn（英 *a monthly salary*）▶～日/发薪的日子 fāxīn de rìzi ▶～取り/工薪族 gōngxīnzú ▶私たちは日給でなく～です/我们不是日工资，是月工资 wǒmen bú shì rìgōngzī, shì yuègōngzī ▶彼はいい～を取っている/他的工资不错 tā de gōngzī búcuò ▶～でやっと暮らす/用每月工资勉强维持生活 yòng měiyuè gōngzī miǎnqiǎng wéichí shēnghuó ▶安～の事務員/工资低廉的事务员 gōngzī dīlián de shìwùyuán

けっきょく【結局】 毕竟 bìjìng; 到底 dàodǐ; 最后 zuìhòu（英 *after all; finally*）▶～誰も来なかった/结果谁都没来 jiéguǒ shéi dōu méi lái ▶事件は～うやむやに終わった/事件最后还是不了了之 shìjiàn zuìhòu háishi bù liǎo liǎo zhī ▶迷ったあげく～行かなかった/犹豫了很久最后没去 yóuyùle hěn jiǔ zuìhòu méi qù ▶君は～どうしたいんだ?/你到底想怎么办? nǐ dàodǐ xiǎng zěnme bàn?

[日中比較] 中国語の'结局 jiéjú'は「ものごとの結末」のこと。

けっきん【欠勤する】 缺勤 quēqín（英 *absent oneself from work*）▶ストレスにより～する者が増加傾向にある/因为精神压力而缺勤的人有增加的倾向 yīnwèi jīngshén yālì ér quēqín de rén yǒu zēngjiā de qīngxiàng ▶彼が～したのはその 1 日だけだ/他也就是缺勤了那一天 tā yě jiùshì quēqínle nà yì tiān ▶病気～/因生病缺勤 yīn shēngbìng quēqín ▶彼は治療のため長期～している/为了治疗，他长期缺勤 wèile zhìbìng, tā chángqī quēqín

♦～届:请假条 qǐngjiàtiáo 無断～:擅自缺勤 shànzì quēqín

げっきん【月琴】〔楽器〕月琴 yuèqín（英 *a round Chinese lute*）▶月光の下で～をかき鳴らす/在月光下弹月琴 zài yuèguāngxia tán yuèqín

げっけい【月経】 月经 yuèjīng（英 *menstruation; menses*）▶～が始まる/来潮 láicháo ▶～が止まる/月经停止 yuèjīng tíngzhǐ ▶～痛/痛经 tòngjīng

♦～不順:月经不调 yuèjīng bù tiáo

げっけいかん【月桂冠】 桂冠 guìguàn（英 *laurels*）

ゲッケイジュ【月桂樹】〔植物〕月桂树 yuèguìshù（英 *a laurel tree*）

けっこう【欠航する】 停班 tíngbān; 停航 tíngháng（英 〔飛行機〕*cancel a flight*; 〔船舶〕*cancel a ship*）▶悪天候により～する/由于天气恶劣停航 yóuyú tiānqì èliè tíngháng ▶雪のため空の便が～が相次いだ/由于下雪，飞机相继停航了 yóuyú xiàxuě, fēijī xiāngjì tíngháng le

けっこう【血行】（英 *the circulation of the blood*）▶～がよい/血液循环良好 xuèyè xúnhuán liánghǎo ▶脑内の～をよくする/促进大脑血液循环 cùjìn dànǎo xuèyè xúnhuán ▶～障害に悩む/苦于血液循环障碍 kǔyú xuèyè xúnhuán zhàng'ài

けっこう【決行する】 坚决进行 jiānjué jìnxíng（英 *carry out; take a decisive step*）▶ゼネストを～する/坚决实行总罢工 jiānjué shíxíng zǒngbàgōng ▶悪天候でも試合を～する/天气不好也照

けっこう【結構】《かなり》还 hái; 相当 xiāngdāng ⑤ *very well; quite* ▶〜いける/够意思 gòu yìsi; 好极了 hǎojí le ▶〜な/还可以 hái kěyǐ ▶もう〜/不要了 bú yào le ▶〜です/不用 bú yòng; 够了 gòu le ▶大雨にもかかわらず〜数の客が入った/虽然下着大雨，还是来了不少客人 suīrán xiàzhe dàyǔ, háishi láile bùshǎo kèrén ▶〜な競争率になった/变成有相当高的竞争率了 biànchéng yǒu xiāngdāng gāo de jìngzhēnglǜ le ▶大変〜なことです/非常不错的 fēicháng búcuò de ▶それを言ってくれれば不用提了 nà jiàn shì búyòng tí le ▶勤務中にゴルフとは〜な御身分だね/工作时间去打高尔夫，真够优雅的！gōngzuò shíjiān qù dǎ gāo'ěrfū, zhēn gòu yōuyǎ de !

[日中比较] 中国語の'结构 jiégòu'は「構造」を表す

けつごう【結合する】 结合 jiéhé; 耦合 ǒuhé; 复合 fùhé ⑤ *unite; combine* ▶化学〜/化学复合 huàxué fùhé ▶イオン〜/离子复合 lízǐ fùhé

げっこう【月光】 月光 yuèguāng ⑤ *moonlight* ▶「〜の曲」/《月光曲 Yuèguāngqǔ》▶〜を浴びた海/洒满月光的大海 sǎmǎn yuèguāng de dàhǎi

けっこん【血痕】 血迹 xuèjì; 血印 xuèyìn; 血痕 xuèhén ⑤ *a bloodstain; marks of blood* ▶〜は部屋から庭まで続いている/血迹从房间延续到院子里 xuèjì cóng fángjiān yánxù dào yuànzili ▶犯人はかすかに〜を残していた/犯人只留下了一点儿血迹 fànrén zhǐ liúxiàle yìdiǎnr xuèjì

けっこん【結婚する】 结婚 jiéhūn; 成亲 chéngqīn; 《男子が》成家 chéngjiā; 《女子が》出嫁 chūjià ⑤ *get married* ▶あの娘は〜願望が強い/那个姑娘的结婚愿望很强 nàge gūniang de jiéhūn yuànwàng hěn qiáng ▶〜しない若者が増えている/不结婚的年轻人在增加 bù jiéhūn de niánqīngrén zài zēngjiā ▶〜紹介所/婚姻介绍所 hūnyīn jièshàosuǒ ▶〜年齢/婚龄 hūnlíng ▶恋愛[見合い]〜/恋爱[相亲]结婚 liàn'ài [xiāngqīn]jiéhūn ▶彼が〜しているか否かは知りません/我不知道他是否结婚了 wǒ bù zhīdao tā shìfǒu jiéhūn le ▶彼らは幸せな〜生活を送っている/他们过着幸福的婚姻生活 tāmen guòzhe xìngfú de hūnyīn shēnghuó ▶〜を申し込む/求婚 qiúhūn ▶〜の相手/结婚对象 jiéhūn duìxiàng ▶二人の〜生活が破綻した/两个人的结婚生活破裂了 liǎng ge rén de jiéhūn shēnghuó pòliè le

♦〜記念日 结婚纪念日 jiéhūn jìniànrì ～式 婚礼 hūnlǐ ▶〜式を挙げる/举行结婚仪式 jǔxíng jiéhūn yíshì ～披露宴 喜筵 xǐyán

けっさい【決済する】 结算 jiésuàn; 结账 jiézhàng ⑤ *settle accounts* ▶クレジットカードで〜できる/可以用信用卡结算 kěyǐ yòng xìnyòngkǎ jiésuàn

けっさい【決裁する】 裁决 cáijué ⑤ *sanction* ▶市長が〜する事項/市长裁决的事宜 shìzhǎng cáijué de shìyí ▶大臣の〜がおりない/大臣没作出裁决 dàchén méi zuòchū cáijué ▶部長の〜を仰ぐ/请部长裁决 qǐng bùzhǎng cáijué

けっさく【傑作】 杰作 jiézuò; 精品 jīngpǐn ⑤ *a masterpiece* ▶〜集/集锦 jíjǐn 最高〜/最高杰作 zuìgāo jiézuò ▶〜な話/离奇的事 líqí de shì ▶あいつがそんなことを言ったとは〜だ/他竟然说出那样的话，真绝了！tā jìngrán shuōchū nàyàng de huà, zhēn jué le !

けっさん【決算する】 决算 juésuàn; 结算 jiésuàn; 结账 jiézhàng ⑤ *settle accounts* ▶〜報告を出す/提出结算报告 tíchū juésuàn bàogào; 报账 bàozhàng ▶粉飾〜/虚假决算 xūjiǎ juésuàn ▶この論文は10年間の努力の総〜だ/这篇论文是十年努力的结晶 zhè piān lùnwén shì shí nián nǔlì de jiéjīng ▶〜委員会が紛糾する/决算委员会发生纠纷 juésuàn wěiyuánhuì fāshēng jiūfēn

♦〜期 决算期 juésuànqī ～報告 决算报告 juésuàn bàogào

げっさん【月産】 月产 yuèchǎn ⑤ *a monthly production* ▶従業員10人で〜2万個を超える/十个雇员月产超过两万个 shí ge gùyuán yuèchǎn chāoguò liǎngwàn ge

けっし【決死の】 决死 juésǐ ⑤ *desperate* ▶〜隊/敢死队 gǎnsǐduì ▶〜の覚悟で/奋不顾身 fèn bú gù shēn ▶〜の覚悟で危険に挑戦する/奋不顾身地面对危险 fèn bú gù shēn de miànduì wēixiǎn

けつじつ【結実する】 结果 jiēguǒ; 取得成果 qǔdé chéngguǒ ⑤ *bear fruit* ▶長年の努力が〜する/多年努力结出成果 duōnián nǔlì jiéchū chéngguǒ

[日中比较] 中国語の'结实 jiēshi'は身体やものが「丈夫である」ことを指す。

けっして【決して】 决 jué; 万万 wànwàn ⑤ [決して...ない] *never; by no means* ▶〜しない/决不… juébù…; 绝对不… juéduì bù… ▶このことは〜忘れてはならない/这件事决不能忘记 zhè jiàn shì jué bùnéng wàngjì ▶彼は〜あきらめない/他决不放弃 tā juébù fàngqì ▶〜やさしくない/绝对不容易 juéduì bù róngyì ▶〜そんなことはしない人だ/决不会做那种事情的人 jué bùhuì zuò nà zhǒng shìqing de rén ▶そうしても〜損はない/那样做也决不会赔本 nàyàng zuò yě jué bùhuì péiběn

けっしゃ【結社】 结社 jiéshè ⑤ *an association; a society* ▶〜の自由/结社的自由 jiéshè de zìyóu

♦秘密〜 秘密结社 mìmì jiéshè

げっしゃ【月謝】 每月的报酬 měiyuè de bàochóu; 学费 xuéfèi ⑤ *a monthly tuition* 〔*fee*〕▶〜の高い[安い]大学/学费贵[便宜]的大学 xuéfèi guì [piányi] de dàxué ▶〜が払えなくて退学する/

けっしゅう【結集する】 集中 jízhōng; 集结 jíjié (英 concentrate; gather together) ▶兵力を~する/集结兵力 jíjié bīnglì ▶総力を~して事に当たった/集中全力办事 jízhōng quánlì bànshì

げっしゅう【月収】 月薪 yuèxīn (英 a monthly income) ▶~50万円を稼ぐ/一个月挣五十万日元收入 yí ge yuè zhèng wǔshí wàn Rìyuán shōurù

けっしゅつ【傑出する】 杰出 jiéchū; 出众 chūzhòng; 卓越 zhuóyuè (英 excel; be prominent) ▶~した人物/出类拔萃 chū lèi bá cuì; 杰出的人物 jiéchū de rénwù ▶このチームには~した選手はいない/这个队里没有特别出色的选手 zhège duìli méiyǒu tèbié chūsè de xuǎnshǒu

けつじょ【欠如する】 缺乏 quēfá (英 lack; want) ▶忍耐力の~が顕著である/明显缺乏忍耐力 míngxiǎn quēfá rěnnàilì ▶彼女は良識が~している/她缺乏良知 tā quēfá liángzhī

けっしょう【血漿】 〔解〕血浆 xuèjiāng (英 blood plasma)

けっしょう【決勝】 (英 the final) ▶~戦/决赛 juésài ▶~に進出する/进入决赛 jìnrù juésài 《サッカー》~のゴールを決める/踢进致胜的一球 tījìn zhìshèng de yì qiú

けっしょう【結晶】 结晶 jiéjīng (英 crystallization) ▶~体/晶体 jīngtǐ ▶雪の~/雪花的结晶 xuěhuā de jiéjīng ▶多年にわたる努力の~である/是多年努力的结晶 shì duōnián nǔlì de jiéjīng

けつじょう【欠場】 (英 do not appear) ▶彼は捻挫のため今日のゲームを~した/他因为扭伤没参加今天的比赛 tā yīnwèi niǔshāng méi cānjiā jīntiān de bǐsài

けっしょうばん【血小板】 〔解〕血小板 xuèxiǎobǎn (英 a platelet) ▶~が減少する/血小板减少 xuèxiǎobǎn jiǎnshǎo

けっしょく【血色】 脸色 liǎnsè; 血色 xuèsè (英 complexion) ▶~がいい/血色好 xuèsè hǎo ▶日増しに~がよくなった/血色一天比一天好起来 xuèsè yì tiān bǐ yì tiān hǎoqǐlái ▶彼女はもともと~が悪かった/她本来脸色就不好 tā běnlái liǎnsè jiù bùhǎo

げっしょく【月食】 〔天文〕月食 yuèshí (英 a lunar eclipse) ▶皆既~/月全食 yuèquánshí

けっしん【決心する】 决心 juéxīn; 决意 juéyì (英 make up one's mind) ▶~する/下决心 xià juéxīn ▶すぐに~が揺らぐ/决心马上产生动摇 juéxīn mǎshàng chǎnshēng dòngyáo ▶~が固い/决心很强 juéxīn hěn qiáng ▶なかなか~がつかずに3年が過ぎた/怎么也不能下决心，这样过了三年 zěnme yě bùnéng xià juéxīn, zhèyàng guòle sān nián ▶最後に~がついた/最后下了决心 zuìhòu xiàle juéxīn ▶海外留学の~がつかないでいる/下不了决心去海外留学 xiàbuliǎo juéxīn qù hǎiwài liúxué

けっしん【結審】 结束审理 jiéshù shěnlǐ (英 the conclusion of a trial)

けっする【決する】 决定 juédìng (英 determine; decide) ▶意を~/决意 juéyì ▶意を決して反対意見を述べた/下决心陈述了反对意见 xiàjuéxīn chénshùle fǎnduì yìjiàn ▶国の運命を~選挙だ/这是决定国家命运的选举 zhè shì juédìng guójiā mìngyùn de xuǎnjǔ ▶雌雄を~時がやってきた/一决雌雄的时刻到了 yì jué cíxióng de shíkè dào le ▶進退を~/决定去就 juédìng qùjiù; 决定是否辞职 juédìng shìfǒu cízhí

けっせい【血清】 〔医〕血清 xuèqīng (英 serum) ▶~肝炎/血清肝炎 xuèqīng gānyán

けっせい【結成する】 成立 chénglì; 组建 zǔjiàn (英 organize; put together) ▶ロックバンドを~する/组建摇滚乐队 zǔjiàn yáogǔn yuèduì ▶労働組合の~を呼びかける/呼吁组建工会 hūyù zǔjiàn gōnghuì

けつぜい【血税】 苛税 kēshuì; 血汗钱 xuèhànqián (英 taxpayers' money) ▶~が食いものにされているぞ/老百姓的血汗钱被榨取走 lǎobǎixìng de xuèhànqián bèi zhàqǔzǒu ▶この金は~から出ている/这些钱是从血汗钱里拨出的 zhè xiē qián shì cóng xuèhànqiánli bōchū de

けっせき【欠席する】 缺席 quēxí (英 be absent) ▶6年間1日も~しなかった/六年来一天也没缺席 liù nián lái yì tiān yě méi quēxí ▶彼は近頃~しがちである/他最近经常缺席 tā zuìjìn jīngcháng quēxí ▶~裁判で判決が出る/在被告人缺席的情况下作出判决 zài bèigàorén quēxí de qíngkuàngxia zuòchū pànjué ▶病気で~/因病缺席 yīn bìng quēxí
♦~届/假条 jiàtiáo 無断~ ▶無断~とみなす/看做是擅自缺席 kànzuò shì shànzì quēxí

けっせき【結石】 〔医〕结石 jiéshí (英 a calculus) ▶腎臓~/肾结石 shènjiéshí ▶膀胱~/膀胱结石 pángguāngjiéshí

けっせん【血栓】 〔医〕血栓 xuèshuān (英 thrombosis) ▶脳~/脑血栓 nǎoxuèshuān

けっせん【決戦】 决战 juézhàn; 死战 sǐzhàn (英 a decisive battle; 競技の a deciding match) ▶強豪同士の最終~となる/是两强之间的最后决战 shì liǎngqiáng zhījiān de zuìhòu juézhàn ▶短期集中~/短期内一决雌雄 duǎnqīnèi yì jué cíxióng

けつぜん【決然と】 决然 juérán; 毅然 yìrán; 坚决 jiānjué (英 resolutely; decisively) ▶彼は~と立ち上がって発言した/他毅然站起来发言 tā yìrán zhànqǐlai fāyán ▶彼の~たる態度に僕は気圧された/我被他坚决的态度压倒了 wǒ bèi tā jiānjué de tàidù yādǎo le

けっせんとうひょう【決選投票】 (英 a final election) ▶会長選挙は~にもち込まれた/会长选举拖到最终投票 huìzhǎng xuǎnjǔ tuōdào zuìzhōng tóupiào

けっそう【血相】 (英 an expression) ▶~を変える/勃然变色 bórán biànsè ▶温厚な男がさすが

に～を変えた/连性情温厚的他也变了脸色 liánxìngqíng wēnhòu de tā yě biànle liǎnsè ▶～を変えて部屋を飛び出した/脸色骤变，冲出了屋子 liǎnsè zhòubiàn, chōngchūle wūzi

けっそく【結束】 团结 tuánjié (英 *band together; unite*) ▶～が固い/团结紧密 tuánjié jǐnmì ▶指導部内の～を図る/谋求领导内部的团结 móuqiú lǐngdǎo nèibù de tuánjié ▶全員が～して取り組む必要がある/大家要齐心协力 dàjiā yào qíxīn xiélì ▶～を固めて試合に臨む/加强团结参加比赛 jiāqiáng tuánjié cānjiā bǐsài
日中比較 中国語の '结束 jiéshù' は「終わる」という意.

けつぞく【血族】 亲眷 qīnjuàn; 血亲 xuèqīn (英 *a blood relation*) ▶一親等の～/一等亲的血缘亲属 yī děng qīn de xuèyuán qīnshǔ ♦～関係：近亲关系 jìnqīn guānxi ～結婚：近亲结婚 jìnqīn jiéhūn

げっそり 消瘦 xiāoshòu; 消沉 xiāochén (英 *very thin*) ▶～とやつれる/骤然消瘦 zhòurán xiāoshòu ▶この暑さで朝から～だよ/这样的炎热的天，(让)我早上就无精打彩 zhèyàng de yánrè de tiān, (ràng)wǒ zǎoshang jiù wú jīng dǎ cǎi ▶頬(ほお)が～こける/面颊一下子消瘦下来 miànjiá yíxiàzi xiāoshòuxiàlai

けっそん【欠損】 赤字 chìzì; 亏损 kuīsǔn (英 *loss*) ▶～を出す/出现亏损 chūxiàn kuīsǔn; 亏本 kuīběn; 赔钱 péiqián ▶視野の一部が～する/视野的一部分缺损 shìyě de yíbùfen quēsǔn ▶1年で膨大な～を出した/一年工夫出现了巨大的亏损 yì nián gōngfu chūxiànle jùdà de kuīsǔn ▶～続きの会社/长期亏损的公司 chángqī kuīsǔn de gōngsī

けったく【結託する】 串通一气 chuàntōng yíqì; 勾结 gōujié; 勾通 gōutōng (英 *collude*) ▶業者と～して私腹を肥やす/勾结商家中饱私囊 gōujié shāngjiā zhōngbǎo sīnáng

けつだん【決断】 决断 juéduàn (英 *decide; determine*) ▶～の早い/果决 guǒjué ▶各企業のトップが～するしかない/只能由各个企业的最高领导作出决断 zhǐnéng yóu gègè qǐyè de zuìgāo lǐngdǎo zuòchū juéduàn ▶～力に富んだ人/富有决断力的人 fùyǒu juéduànlì de rén ▶彼は以前は内気で～力に乏しい少年であった/他以前是一个内向的，缺乏决断能力的少年 tā yǐqián shì yí ge nèixiàng de, quēfá juéduàn nénglì de shàonián

けっちゃく【決着する】 (英 *come to an end*) ～をつける/解决 jiějué; 了结 liǎojié ▶いくら議論しても～がつかない/怎么讨论也没有结果 zěnme tǎolùn yě méiyǒu jiéguǒ ▶裁判で～するしかない/只能靠打官司得来解决 zhǐnéng kào dǎ guānsi dǎilái jiějué

けっちん【血沈】〚医〛血沉 xuèchén (英 *the blood sedimentation*) ▶～を計る/量血沉 liáng xuèchén

けってい【決定する】 决定 juédìng; 决断 juéduàn (英 *decide; determine*) ▶～的な決定性 juédìngxìng; 关键的 guānjiàn de ▶～的瞬間/关键时刻 guānjiàn shíkè ▶～的瞬間をカメラが捕えた/镜头捕捉到关键性的一刻 jìngtóu bǔzhuō dào guānjiàn xìng de yíkè ▶取るべき行動を～する/决定应该采取的行动 juédìng yīnggāi cǎiqǔ de xíngdòng ▶(裁判所が)～を下す/(法院)作出判决 (fǎyuàn)zuòchū pànjué ▶委員会の～をくつがえす/推翻委员会的决定 tuīfān wěiyuánhuì de juédìng ▶～的要素が乏しい/缺乏决定性的因素 quēfá juédìngxìng de yīnsù ▶彼に～権がある/他有决定权 tā yǒu juédìngquán ♦～最終版 zuìzhōngbǎn 旅行ミステリーの～版と言ってよい/这可以说是最具代表性的旅行推理作品 zhè kěyǐ shuō shì zuì jù dàibiǎoxìng de lǚxíng tuīlǐ zuòpǐn 意志～/迅速な意志～が必要だ/迅速地作出决定是必要的 xùnsù de zuòchū juédìng shì bìyào de

けってん【欠点】 毛病 máobìng; 缺点 quēdiǎn; 短处 duǎnchu (英 *a fault; a defect*) ▶～をあばく(人の)/揭短儿 jiēduǎnr ▶互いに～を補う/互相弥补缺点 hùxiāng míbǔ quēdiǎn ▶～を長所に変える/变缺点为优点 biàn quēdiǎn wéi yōudiǎn ▶～がない/没有缺点 méiyǒu quēdiǎn ▶無理に～を探すことはない/不用勉强去挑毛病 búyòng miǎnqiǎng qù tiāo máobìng ▶彼女の唯一の～はおしゃべりなことだった/她惟一的缺点就是太多嘴 tā wéiyī de quēdiǎn jiùshì tài duōzuǐ

けっとう【血統】 血统 xuètǒng (英 *blood; lineage; a family line*) ▶この家も私の代で～が絶える/这个家在我这一代断了血脉 zhège jiā zài wǒ zhè yí dài duànle xuèmài ♦～書：血统保证书 xuètǒng bǎozhèngshū ～書つきの犬/有血统证明的狗 yǒu xuètǒng zhèngmíng de gǒu

けっとう【血糖】〚医〛血糖 xuètáng (英 *blood sugar*) ▶～過多症/血糖过多症 xuètáng guòduōzhèng ▶～値が高い/血糖值高 xuètángzhí gāo

けっとう【決闘する】 决斗 juédòu (英 *fight a duel*) ▶～を申し込む/要求决斗 yāoqiú juédòu ▶『真昼の～』(映画名)/《大白天的决斗》(中文名《日正当午》)《Dàbáitiān de juédòu》(Zhōngwénmíng《Rì zhèng dāng wǔ》)

けっとう【結党する】 结党 jiédǎng; 建党 jiàndǎng (英 *found a party*) ▶～宣言/建党宣言 jiàndǎng xuānyán ▶～50周年を祝う/庆祝建党五十周年 qìngzhù jiàndǎng wǔshí zhōunián

けつにょう【血尿】〚医〛尿血 niàoxuè (英 *bloody urine*) ▶～が出るほど猛練習しました/艰苦训练到尿血 jiānkǔ xùnliàn zhídào niàoxuè

けっぱく【潔白な】 清白 qīngbái (英 *innocent*) ▶身の～を証明する/证明一身清白 zhèngmíng yìshēn qīngbái ▶身の～を示す手段がない/无法证明自己的无辜 wúfǎ zhèngmíng zìjǐ de wúgū
日中比較 中国語の '洁白 jiébái' は「真っ白だ」「汚れていない」という意味.

けっぴょう【結氷する】 上冻 shàngdòng；结冰 jiébīng（英 *freeze; be frosted*）▶山中湖が全面～した/山中湖全部结冰了 Shānzhōnghú quánbù jiébīng le

げっぷ【嗝】 gé（英 *a burp; a belch*）▶～が出る/打嗝儿 dǎgér ▶授乳後赤ちゃんに～をさせる/喂完奶后让婴儿打嗝儿 wèiwán nǎi hòu ràng yīng'ér dǎgér

けっぷ【月賦】 按月付款 àn yuè fùkuǎn（英 *a monthly installment*）▶～で購入する/按月付款购买 àn yuè fùkuǎn gòumǎi ▶～に追われて息もつけない/被按揭逼得喘不过气来 bèi ànjiē bīde chuǎnbuguò qì lái

けつぶつ【傑物】 雄杰 xióngjié；杰出人物 jiéchū rénwù（英 *a great man; a giant*）▶あれは近来まれな～だ/那是一位最近罕见的杰出人物 nà shì yí wèi zuìjìn hǎnjiàn de jiéchū rénwù

げっぺい【月餅】 月饼 yuèbing（英 *moon cake*）

けっぺき【潔癖な】 洁癖 jiépǐ；廉洁 liánjié；清高 qīnggāo（英 *cleanly*）▶彼の～さはいささか病的だ/他的洁癖有点儿病态 tā de jiépǐ yǒudiǎnr bìngtài ▶金銭に～である/对金钱很廉洁 duì jīnqián hěn liánjié

けつべつ【決別】 诀别 juébié；告别 gàobié（英 *parting; leave*）▶この世に～する/告别这个世界 gàobié zhège shìjiè ▶従来のしきたりと～する/和陈规陋习诀别 hé chéngguī lòuxí juébié ▶過去と～する/和过去诀别 hé guòqù juébié

けつべん【血便】〔医〕血便 xuèbiàn（英 *bloody excrement*）

けつぼう【欠乏する】 短缺 duǎnquē；缺乏 quēfá；缺少 quēshǎo（英 *want; lack; be deficient*）▶ビタミンEが～するとどうなるか/缺少维生素E会怎么样呢？ quēshǎo wéishēngsù E huì zěnmeyàng ne？▶医薬品の～に悩まされる/被药品的匮乏所困扰 bèi yàopǐn de kuīfá suǒ kùnrǎo ▶人間の体は水分の～に耐えられない/缺少水分,人体就受不了 quēshǎo shuǐfèn, réntǐ jiù shòubuliǎo

げっぽう【月報】 月报 yuèbào（英 *a monthly report*）

けっぽん【欠本】 残本 cánběn；缺本 quēběn（英 *a missing volume*）▶この全集は1冊～になっている/这套全集缺少一本 zhè tào quánjí quēshǎo yì běn

けつまくえん【結膜炎】〔医〕结膜炎 jiémóyán（英 *conjunctivitis*）

けつまつ【結末】 归结 guījié；结局 jiéjú；收场 shōuchǎng（英 *an end; a conclusion*）▶～をつける/了结 liǎojié；煞尾 shāwěi；结束 jiéshù ▶とんだ～になってしまった/成了一个糟糕的结果 chéngle yí ge zāogāo de jiéguǒ ▶小説の～は意外なものだった/小说的结局很意外 xiǎoshuō de jiéjú hěn yìwài ▶この～はどうなるだろう/这个结果会怎么样？ zhège jiéguǒ huì zěnmeyàng？▶両社の泥試合に～がつく/两个公司互相揭短

的争斗结束了 liǎng ge gōngsī hùxiāng jiēduǎn de zhēngdòu jiéshù le ▶自分の人生に～をつける/给自己的人生划个句号 gěi zìjǐ de rénshēng huà ge jùhào

げつまつ【月末】 月底 yuèdǐ；月末 yuèmò（英 *the end of the month*）▶～まで申し込みを受け付けます/到月底为止接受申请 dào yuèdǐ wéizhǐ jiēshòu shēnqǐng

げつめん【月面】（英 *the surface of the moon*）◆～着陸/月面着陆 yuèmiàn zhuólù

けつゆうびょう【血友病】〔医〕血友病 xuèyǒubìng（英 *hemophilia*）▶～患者/血友病患者 xuèyǒubìng huànzhě

げつようび【月曜日】 星期一 xīngqīyī；礼拜一 lǐbàiyī（英 *Monday*）▶来週の～/下星期一 xià xīngqīyī ▶博物館は～休館です/博物馆星期一休馆[休息] bówùguǎn xīngqīyī xiūguǎn[xiūxi]

けつらく【欠落する】 欠缺 qiànquē；缺乏 quēfá；缺陷 quēxiàn（英 *lack*）▶飲み過ぎで記憶が～することがある/喝多了酒有时候会失去记忆 hēduōle jiǔ yǒushíhòu huì shīqù jìyì ▶～する危機管理/缺乏应急管理措施 quēfá yìngjí guǎnlǐ cuòshī ▶彼の言動には常識が～している/他的言行缺乏常识 tā de yánxíng quēfá chángshí

けつれい【欠礼する】 省去礼节 shěngqù lǐjié（英 *neglect to pay one's compliments*）▶喪中につき、年賀～いたします/因为我家(今年)有丧事,所以不发贺年片 yīnwèi wǒ jiā(jīnnián)yǒu sāngshì, suǒyǐ bù fā hèniánpiàn

げつれい【月例】 每月惯例 měiyuè guànlì（英 *monthly*）▶～報告を出して経済動向を伝える/发行月报报导经济动向 fāxíng yuèbào bàodǎo jīngjì dòngxiàng ▶～マラソン/每月例行马拉松 měiyuè lìxíng mǎlāsōng ▶二人のけんかは～行事となっている/两个人吵架成了每个月的例行公事 liǎng ge rén chǎojià chéngle měi ge yuè de lìxíng gōngshì

げつれい【月齢】 月龄 yuèlíng（英 *a phase of the moon*）▶～15あたりが満月です/月龄十五左右是满月 yuèlíng shíwǔ zuǒyòu shì mǎnyuè

けつれつ【決裂する】 决裂 juéliè；破裂 pòliè（英 *break down*）▶交渉が～する/谈判破裂 tánpàn pòliè ▶和平交渉は危うく～するところだった/和平谈判差一点就决裂了 hépíng tánpàn chà yìdiǎn jiù juéliè le

けつろ【血路】 血路 xuèlù；活路 huólù（英 *a breakthrough*）▶～を開く/杀出一条血路 shāchū yìtiáo xuèlù ▶一致団結して～を開く闘いが必要だ/要团结一致,闯一条生路 yào tuánjié yízhì, chuǎng yì tiáo shēnglù

けつろ【結露する】 结露 jiélù（英 *get dewy*）

けつろん【結論】 定论 dìnglùn；结论 jiélùn（英 *a conclusion*）▶～を下す/断定 duàndìng；下结论 xià jiélùn ▶例によって～を先送りする/又是像以前一样,推迟结论 yòu shì xiàng yǐqián yíyàng, tuīchí jiélùn ▶～に達する/达成结论 dáchéng jiélùn ▶～はまだ出ていない/结论还没

出来 jiélùn hái méi chūlai ▶~を急ぐ必要はない/没有必要急着下定论 méiyǒu bìyào jízhe xià dìnglùn ▶必然的～/必然的结论 bìrán de jiélùn

げてもの【下手物】 奇特的东西 qítè de dōngxi (英 an odd thing) ▶~食い/爱吃奇特食物(的人) ài chī qítè shíwù(de rén)

げどく【解毒する】 解毒 jiědú (英 detoxify) ▶~剤/解毒药 jiědúyào ▶フグにあたったらどうやって～するか/吃河豚中毒的话，怎么解毒？ chī hétún zhòngdú dehuà, zěnme jiědú?

けとばす【蹴飛ばす】 踢开 tīkāi (英 kick away; refuse) ▶要求を～/拒绝要求 jùjué yāoqiú ▶石を～/踢石头 tī shítou ▶酔っぱらいが看板を蹴飛ばした/醉鬼把招牌踢飞了 zuìguǐ bǎ zhāopai tīfēi le ▶就職口を～/拒绝就业机会 jùjué jiùyè jīhuì

けどる【気取る】 (英 suspect) ▶気取られる/被人察觉 bèi rén chájué ▶相手に気取られないようにやりとげる/不让对方察觉完成(工作) bú ràng duìfāng chájué wánchéng(gōngzuò)

けなげ【健気な】 顽强 wánqiáng; 坚强 jiānqiáng; 勇敢 yǒnggǎn (英 manly; brave; admirable) ▶少年が～にも一家を支えている/少年顽强地支撑着一家 shàonián wánqiáng de zhīchēngzhe yìjiā ▶少女の～な姿にみんなは涙した/少女坚韧不拔的形象让大家落泪 shàonǚ jiānrěn bùbá de xíngxiàng ràng dàjiā luòlèi

けなす【貶す】 贬低 biǎndī; 挖苦 wāku (英 speak ill of...) ▶そう貶さないでもいいでしょう/别那么贬低(我) bié nàme biǎndī(wǒ) ▶奴は人を～しか知らない/那家伙只知道贬低别人 nà jiāhuo zhǐ zhīdào biǎndī biéren ▶彼は人から貶されることに慣れていない/他不习惯被别人批评 tā bù xíguàn bèi biéren pīpíng ▶課長は私のことをいつも貶している/科长老是挖苦我 kēzhǎng lǎoshi wāku wǒ

けなみ【毛並み】 ❶【動物の】毛色 máosè (英 the lie of hair) ▶猫が～を整える/猫舔毛 māo tiǎn máo ❷【血筋など】出身 chūshēn; 门弟 méndì (英 family background) ▶～のよい【生まれ育ちが】/出身好的人 chūshēn hǎo de rén ▶今度の先生は～の変わった人らしい/这回的老师好像是一位性情古怪的人 zhè huí de lǎoshī hǎoxiàng shì yí wèi xìngqíng gǔguài de rén

けぬき【毛抜き】 镊子 nièzi (英 tweezers) ▶～で脱毛する/用镊子拔毛 yòng nièzi bá máo

げねつざい【解熱剤】 (薬) 解热剂 jiěrèjì; 退烧药 tuìshāoyào (英 an antipyretic)

けねん【懸念する】 挂念 guàniàn; 惦念 diànniàn; 悬念 xuánniàn; 担忧 dānyōu (英 fear; be anxious) ▶強い～を抱く/有极大的忧虑 yǒu jídà de yōulǜ ▶地球温暖化を～する/担心全球变暖 dānxīn qiúnqiú biànnuǎn ▶生徒の学力低下を～する声が高まる/担心学生学力降低的舆论高涨 dānxīn xuéshēng xuélì jiàngdī de yúlùn gāozhǎng

> 日中比较 中国語の'悬念 xuánniàn'は「先行きを心配する」という意味の他に,「読者や観客のはらはらする気持ち」を表わす意味もある.

けば【毛羽】 (英 nap; fuzz) ▶~立ったコート/起毛的大衣 qǐ máo de dàyī

けはい【気配】 动静 dòngjing; 迹象 jìxiàng; 感觉 gǎnjué (英 a sign; an indication) ▶～がする/有迹象 yǒu jìxiàng ▶秋の～/秋色 qiūsè ▶インフレの～が忍び寄る/通货膨胀的迹象在悄悄接近 tōnghuò péngzhàng de jìxiàng zài qiāoqiāo jiējìn ▶人のいる～がした/感觉到有人在 gǎnjué dào yǒurén zài ▶人のいる～は全然しなかった/一点儿没有感觉到有人在 yìdiǎnr méiyǒu gǎnjué dào yǒurén zài ▶野山にも春の～が感じられた/在山野也能感觉到春天的气息了 zài shānyě yě néng gǎnjué dào chūntiān de qìxī le

けばけばしい 花哨 huāshao; 花里胡哨 huālihúshào (英 showy; gaudy) ▶～色の広告を制限する/限制花花绿绿的广告 xiànzhì huāhuālùlǜ de guǎnggào ▶彼女は化粧が～/他化妆太花哨 tā huàzhuāng tài huāshao ▶彼女は～服装をしている/她穿着花里胡哨的服装 tā chuānzhe huālihúshào de fúzhuāng

げばひょう【下馬評】 风闻 fēngwén; 事前评论 shìqián pínglùn (英 town talk; a rumor) ▶～が高い/名声好 míngshēng hǎo ▶君も～に上っているよ/外面传说也有你的名字 wàimian chuánshuō yě yǒu nǐ de míngzi ▶その映画は～をくつがえして大ヒットした/那部电影一反事前评论, 成了大片 nà bù diànyǐng yì fǎn shìqián pínglùn, chéngle dàpiàn ▶上海チームは～どおりの実力を発揮した/上海队和事前评论一样发挥了实力 Shànghǎiduì hé shìqián pínglùn yíyàng fāhuīle shílì

けばり【毛針】 毛钩 máogōu (英 a feather lure)

ゲバルト 武斗 wǔdòu (英 violence)

げびた【下卑た】 卑鄙 bēibǐ; 下贱 xiàjiàn; 庸俗 yōngsú (英 mean; vulgar) ▶～笑いを浮かべる/露出卑鄙的笑容 lùchū bēibǐ de xiàoróng

けびょう【仮病】 假病 jiǎbìng (英 pretended illness) ▶～をつかう/装病 zhuāng bìng ▶～をつかって仕事を休む/假装生病旷工 jiǎzhuāng shēngbìng kuànggōng

げひん【下品】 下流 xiàliú; 下作 xiàzuo (英 vulgar; indecent) ▶～な言葉/下流话 xiàliúhuà; 脏字 zāngzì ▶集団で～な行動をとる/结伙进行下流活动 jiéhuǒ jìnxíng xiàliú huódòng ▶～な食べ方はやめなさい/吃相别那么下作 chīxiàng bié nàme xiàzuo ▶～な笑いでいっぱいのバラエティー番組/兜售庸俗笑料的综艺节目 dōushòu yōngsú xiàoliào de zōngyì jiémù

> 日中比较 中国語の'下品 xiàpǐn'は品质や等级が「最下等である」ことを指す.

けぶかい【毛深い】 体毛重 tǐmáo zhòng (英 hairy) ▶～じゅうたん/长毛地毯 chángmáo dì-

けぶる【煙る】《小雨や霧が》细蒙蒙 xìméngméng（英 be hazy）▶朝霧に～山／朝雾朦胧的山峦 zhāowù ménglóng de shānluán

けむ【煙】
～に巻く ▶社長の～に巻かれて引き下がった／被总经理糊弄，退了下去 bèi zǒngjīnglǐ hùnong, tuìlexiàqu ▶人を～に巻くような話／运遮雾罩地忽悠人 yùn zhē wù zhào de hūyou rén; 让人不着边际的话 ràng rén bù zhuó biānjì de huà

けむい【煙い】烟雾弥漫 yānwù mímàn（英 smoky）

けむし【毛虫】毛虫 máochóng; 毛毛虫 máomaochóng（英 a hairy caterpillar）

けむたい【煙たい】❶【煙が】烟气呛人 yānqì qiàng rén（英 smoky）▶野焼きの煙が～／烧荒的烟雾弥漫 shāohuāng de yānwù mímàn ❷【うっとうしい】（英 feel awkward）▶～存在／不易亲近的存在 búyì qīnjìn de cúnzài ▶～先生／不好接近的老师 bùhǎo jiējìn de lǎoshī ▶愛煙家はますます煙たがられる／爱抽烟的人越来越被人讨厌 ài chōuyān de rén yuèláiyuè bèi rén tǎoyàn

けむり【煙】烟 yān; 烟雾 yānwù ⇨けむ（煙）（英 smoke）▶～が目にしみる／烟熏眼睛 yānxūn yǎnjing ▶～にむせる／被烟呛 bèi yān qiàng ▶～を吸わないように低い姿勢で逃げる／为了不吸进烟，低姿态逃跑 wèile bù xī jìn yān, dīzīshì táopǎo ▶煙突が～を吐く／烟囱冒烟 yāncōng màoyān ▶～に巻かれて死ぬ／被烟呛死 bèi yān qiàngsǐ

けむる【煙る】冒烟 màoyān（英 smoke;［かすむ］look dim）▶雨に～街／烟雨迷离的大街 yānyǔ mílí de dàjiē

けもの【獣】走兽 zǒushòu（英 a beast; a brute）▶～道／山中野兽走的路 shān zhōng yěshòu zǒu de lù ▶～のような行為／禽兽般的行为 qínshòu bān de xíngwéi

げや【下野する】下台 xiàtái; 下野 xiàyě（英 leave public office）▶選挙に負けて～する／选举失败下台 xuǎnjǔ shībài xiàtái

ケヤキ【欅】〖植物〗光叶榉 guāngyèjǔ（英 a zelkova tree）▶～並木が色づき始めた／成行的榉树开始变黄了 chénghángde jǔshù kāishǐ biàn huáng le

けやぶる【蹴破る】踢破 tīpò（英 break... by kicking）▶ドアを蹴破って躍り込む／踢破门闯进屋 tīpò mén chuǎngjìn wū

ケラ〖虫〗蝼蛄 lóugū（英 a mole cricket）

ゲラ〖印刷〗铅字盘 qiānzìpán; 校样 jiàoyàng（英 a galley）▶～刷り／打样纸 dǎyàngzhǐ; 校样 jiàoyàng ▶～に手を入れる／校对 jiàoduì

けらい【家来】家臣 jiāchén; 随从 suícóng; 喽罗 lóuluo（英 a retainer; a follower）▶俺はおまえの～じゃないぞ／我可不是你的喽罗 wǒ kěbushì nǐ de lóuluo

げらく【下落する】下跌 xiàdiē; 跌落 diēluò（英 fall; decline）▶株価が～する／股票下跌 gǔpiào xiàdiē

日中比較 中国语の'下落 xiàluò'は飞机などが「降下する」という意味に加え、探している人や物の「行方」「所在」を意味する. ▶下落不明 xiàluò bùmíng／行方不明

げらげら（英 laugh loudly）▶～笑う／大家天真地大笑起来 dàjiā dōu tiānzhēn de dàxiàoqǐlai

けり（英 settlement; a finish）▶～をつける／算账 suànzhàng; 了结 liǎojié ▶～がつく／完成 wánchéng ▶この問題はまだ～がついていない／这个问题还没有定论 zhège wèntí hái méiyǒu dìnglùn ▶こんな暮らしに～をつけたい／我想了结这种生活 wǒ xiǎng liǎojié zhè zhǒng shēnghuó

げり【下痢】泻 xiè; 拉肚子 lā dùzi; 泻肚 xièdù（英 diarrhea; loose bowels）▶～止めの薬／止泻药 zhǐxièyào ▶朝から～ぎみだ／从早上开始就有点儿拉肚子 cóng zǎoshang kāishǐ jiù yǒudiǎnr lā dùzi ▶食中毒が原因で～をする／因为食物中毒拉肚子 yīnwèi shíwù zhòngdú lā dùzi

ゲリラ游击队 yóujīduì（英 a guerilla）▶国道近くに～が出没する／在国道附近有游击队出没 zài guódào fùjìn yǒu yóujīduì chūmò ▶こうなれば～的にやるしかない／事情这样了，只能打游击战了 shìqing zhèyang le, zhǐnéng dǎ yóujīzhàn le ▶～活動／偷袭活动 tōuxí huódòng ▶～戦を展開する／开展游击战 kāizhǎn yóujīzhàn

ける【蹴る】踢 tī; 踹 chuài（英 kick; give a kick;［拒絶する］reject）▶ボールを～／踢球 tī qiú ▶要請を～／拒绝要求 jùjué yāoqiú ▶席を蹴って去る／愤然离席 fènrán lí xí ▶馬に腹を蹴られる／被马踢了肚子 bèi mǎ tīle dùzi

ゲルマニウム〖化学〗锗 zhě（英 germanium）

げれつ【下劣】卑劣 bēiliè; 下作 xiàzuò; 猥陋 wěilòu（英 mean; base）▶品性～な人間／品行下流的人 pǐnxíng xiàliú de rén ▶その～な根性にあきれる／真为他的下作本性感到无奈 zhēn wèi tā de xiàzuò běnxìng gǎndào wúnài

けれども虽然…可是［但是］suīrán…kěshì［dànshì］（英 but; however; though）▶若い～有能だ／虽然年轻，但是很有能力 suīrán niánqīng, dànshì hěn yǒu nénglì ▶欠点は多い～愛すべき人だ／缺点不少，但是是一个可爱的人 quēdiǎn bùshǎo, dànshì shì yí ge kě'ài de rén ▶大雨だった～、出発した／虽然下起大雨，但还是出发了 suīrán xiàqǐ dàyǔ, dàn háishi chūfā le ▶もう一度やってみた～だめだった／重新做了一次，还是不行 chóngxīn zuòle yí cì, háishi bùxíng

けれん（英［人気取り］playing to the gallery; showiness）▶あの役者は～が多い／那个演员的花招挺多 nàge yǎnyuán de huāzhāo tǐng duō ▶何の～味もない人／毫不浮夸的人 háobù fúkuā de rén

ゲレンデ《スキー》滑雪场 huáxuěchǎng (英 *a slope*) ▶〜に立つ気分はどうだい/站在滑雪场，心情怎么样？ zhànzài huáxuěchǎng, xīnqíng zěnmeyàng?

ケロイド〔医〕瘢痕 bānhén (英 *keloid*) ▶〜状に火傷(ﾔｹﾄﾞ)の痕が残る/留下瘢痕状的火伤 liúxià bānhénzhuàng de huǒshāng

けろりと 满不在乎 mǎn bú zàihu；若无其事 ruò wú qí shì (英 *calmly, coolly*) ▶病気が一治る/病一下子就好了 bìng yíxiàzi jiù hǎo le ▶彼は大酒を飲んでも〜している/他喝大酒也若无其事 tā hē dàjiǔ yě ruò wú qí shì ▶昨日の口論など〜忘れている/把昨天的争吵忘得一干二净 bǎ zuótiān de zhēngchǎo wàngde yì gān èr jìng

けわしい【険しい】陡峭 dǒuqiào；险恶 xiǎn'è；（道の）险阻 xiǎnzǔ (英 *steep; rugged*;［厳しい］*severe*) ▶〜峰/险峰 xiǎnfēng ▶〜顔つき/横眉竖目 héngméi shùmù ▶目つきでにらみつけ/用极严厉的目光瞪着 yòng jí yánlì de mùguāng dèngzhe ▶諸君の前途は〜/诸位前途多难 zhūwèi qiántú duōnàn ▶まだ〜山道を歩かなければならない/还需要走艰险的山路 hái xūyào zǒu jiānxiǎn de shānlù ▶雰囲気が険しくなった/气氛变得险恶了 qìfēn biànde xiǎn'è le

けん【件】事 shì；事情 shìqing (英 *a matter; an affair; a case*) ▶その〜についてはよく検討してみます/关于这件事(我们)好好地商讨一下 guānyú zhè jiàn shì(wǒmen)hǎohāo de shāngtǎo yíxià ▶火急の〜で会長にお会いしたい/有十万火急的要事见会长 yǒu shí wàn huǒjí de shì yào jiàn huìzhǎng

けん【券】票 piào；券 quàn (英 *a ticket; a coupon*) ▶食〜を買う/买餐券 mǎi cānquàn ▶この〜で商品を受け取れます/用这个票能领到商品 yòng zhège piào néng lǐngdào shāngpǐn

けん【県】县 xiàn (英 *a prefecture*) ▶〜知事|县长 xiànzhǎng；（明・清代の）知县 zhīxiàn ▶〜庁|县政府 xiàn zhèngfǔ

けん【剣】剑 jiàn (英 *a sword; a saber*) ▶〜士/剑士 jiànshì ▶〜を抜く/拔剑 bá jiàn ▶〜を納める/收剑 shōu jiàn ▶あの人は〜の達人だ/那个人是一位出色的剑客 nàge rén shì yí wèi chūsè de jiànkè

けん【険】险 xiǎn；险要 xiǎnyào (英 *steep; rugged*) ▶言葉に〜がある/措辞严厉 cuòcí yánlì ▶顔に〜がある/神色严厉 shénsè yánlì ▶箱根の山は天下の〜/箱根的山是天险 Xiānggēn de shān shì tiānxiǎn

けん【圏】圏 quān (英 *a sphere; a circle; a range*) ▶大気〜/大气层 dàqìcéng ▶大気〜に突入する/冲进大气层 chōngjìn dàqìcéng ▶当選〜内[外]にある/在当选范围内[外] zài dāngxuǎn de fànwéi nèi[wài] ▶暴風雨〜内に入る可能性がある/有进入暴风雨圏内的可能性 yǒu jìnrù bàofēngyǔ quānnèi de kěnéngxìng

けん【腱】〔解〕腱 jiàn (英 *a tendon*) ▶指の〜が切れる/手指头的筋儿断了 shǒuzhǐtou de jīnr duàn le

けん【鍵】〔鍵〕 (英 *a key*) ▶ピアノの〜を叩く/弹钢琴的键盘 tán gāngqín de jiànpán ▶白[黒]〜/白[黑]键 bái[hēi]jiàn

-けん【-軒】所 suǒ；栋 dòng (英 *house*) ▶〜の家/一所房子 yì suǒ fángzi ▶一〜一〜家を訪問する/挨家挨户地访问 āijiā āihù de fǎngwèn

げん【言】言 yán (英 *a word; speech*) ▶〜を左右にする/含糊其词 hánhu qí cí ▶本人の〜によると報道はみな偽りだそうだ/据他本人说报道全都是谎话 jù tā běnrén shuō bàodào quándōu shì huǎnghuà

げん【弦】弦 xián (英 *a string*;［弓の］*a bow-string*) ▶演奏中に〜が切れる/在演奏中琴弦断了 zài yǎnzòu zhōng qínxián duàn le ▶上〜の月/上弦月 shàngxiányuè

げん【舷】〔船舶〕舷 xián；船舷 chuánxián (英 *board*) ▶波が激しく〜を打つ/波浪汹涌，拍打船舷 bōlàng xiōngyǒng, pāida chuánxián

げん【減】减少 jiǎnshǎo (英 *decrease*) ▶3割〜/减少三成 jiǎnshǎo sān chéng

げん【験】征兆 zhēngzhào (英 *an omen*) ▶〜のよい/吉利 jílì ▶〜をかつぐ/借好兆头 jiè hǎozhàotou ▶〜がいい数字を当てた/猜中了兆头好的数字 cāizhòngle zhàotou hǎo de shùzì

けんあく【険悪な】险恶 xiǎn'è (英 *threatening; sullen*) ▶〜な雰囲気/险恶的气氛 xiǎn'è de qìfēn ▶それ以来二人は〜な仲になってしまった/从那以后两个人的关系就变得很坏了 cóng nà yǐhòu liǎng ge rén de guānxi jiù biànde hěn jiāng le ▶〜な顔つきをしている/露出一副阴森森的表情 lùchū yí fù yīnsēnsēn de biǎoqíng ▶事態〜だ/局势很险恶 júshì hěn xiǎn'è

けんあん【懸案】悬案 xuán'àn (英 *a pending problem*) ▶〜事項/未决事项 wèijué shìxiàng ▶長年の〜を解决する/解决长期以来的悬案 jiějué chángqī yǐlái de xuán'àn ▶両国間の〜/两国之间的悬案 liǎng guó zhījiān de xuán'àn

げんあん【原案】原案 yuán'àn (英 *the original plan*) ▶〜を修正する/修正原来的方案 xiūzhèng yuánlái de fāng'àn ▶〜を文書にまとめる/将最初方案写成文书 jiāng zuìchū fāng'àn xiěchéng wénshū ▶〜とおり可决する/照原案通过 zhào yuán'àn tōngguò

けんい【権威】权威 quánwēi；泰斗 tàidǒu (英 *authority*) ▶〜のある/有权威 yǒu quánwēi ▶医学の〜/医学权威 yīxué quánwēi ▶山川博士は〜を失墜した/山川博士威信扫地了 Shānchuān bóshì wēixìn sǎodì le ▶親の〜を振りかざす/凭借父母的权威 píngjiè fùmǔ de quánwēi ▶その分野では彼が最高〜だ/在这个专业他是最大的权威 zài zhège zhuānyè tā shì zuìdà de quánwēi ▶自分たちの〜を守ることしか考えない/只考虑保全自己的权威 zhǐ kǎolǜ bǎoquán zìjǐ de quánwēi ▶〜にさからう/反抗权威 fǎnkàng quánwēi

♦～主義 |権威主義 quánwēi zhǔyì

けんいん【牽引する】 牽引 qiānyǐn; 带动 dàidòng (英 *pull; draw*) ▶～車/牵引车 qiānyǐnchē ▶地域経済を～する役割を果たす/起带动地区经济的作用 qǐ dàidòng dìqū jīngjì de zuòyòng

けんいん【検印】 检验章 jiǎnyànzhāng; 检印 jiǎnyìn (英 *a seal; a stamp*) ▶～を押す/盖验讫印 gài yànqìyìn

げんいん【原因】 原因 yuányīn; 起因 qǐyīn (英 *a cause; the origin*) ▶～と結果/前因后果 qiányīn hòuguǒ; 因果 yīnguǒ ▶～を突き止める/查明原因 chámíng yuányīn ▶事故の～を調べる/调查事故原因 diàochá shìgù yuányīn ▶火事の～はタバコらしい/火灾的原因好像是抽烟 huǒzāi de yuányīn hǎoxiàng shì chōuyān ▶何が～でけんかになったのか/为什么打[吵]架了？wèi shénme dǎ[chǎo]jià le? ▶その病気の～は栄養不足であろう/那个病的原因是营养不足吧 nàge bìng de yuányīn shì yíngyǎng bùzú ba ▶～不明の火事/原因不明的火灾 yuányīn bùmíng de huǒzāi

げんいん【減員】 裁减人员 cáijiǎn rényuán; 削减人员 xuējiǎn rényuán (英 *a personnel cut*) ▶派遣隊員を2割～する/派遣人员削减百分之二十 pàiqiǎn rényuán xuējiǎn bǎi fēn zhī èrshí

けんうん【巻雲】 〔気象〕卷云 juǎnyún (英 *a cirrus*)

げんえい【幻影】 幻影 huànyǐng; 幻景 huànjǐng; 幻象 huànxiàng (英 *a vision; an illusion*) ▶殺人鬼の～におびえる/对刽子手的幻影感到恐惧 duì guìzishǒu de huànyǐng gǎndào kǒngjù

けんえき【検疫する】 检疫 jiǎnyì (英 *quarantine*) ▶入国の際に～に引っかかった/入境时在检疫站被查出问题 rùjìng shí zài jiǎnyìzhàn bèi cháchū wèntí

♦～官|检疫官 jiǎnyìguān ～所|检疫站 jiǎnyìzhàn

けんえき【権益】 权益 quányì (英 *rights and interests*) ▶既得～を守る/保护既得权益 bǎohù jìdé quányì ▶我が国の～が侵されている/我国的权益受到侵犯 wǒguó de quányì shòudào qīnfàn

げんえき【原液】 原液 yuányè (英 *an undiluted solution*) ▶～を10倍に薄めて使う/把原液稀释十倍使用 bǎ yuányè xīshì shí bèi shǐyòng

げんえき【現役】 现役 xiànyì (英 *in active service; on active duty*) ▶～選手/现役选手 xiànyì xuǎnshǒu ▶～を退く/引退 yǐntuì; 退役 tuìyì ▶生涯～で働く/一辈子站在第一线 yíbèizi zhànzài dìyīxiàn gōngzuò ▶息子は～で大学に入った/儿子应届考取大学 érzi yìngjiè kǎoqǔ dàxué ▶～の期間は5年しかなかった/在第一线只干了五年 zài dìyīxiàn zhǐ gànle wǔ nián

けんえつ【検閲する】 审阅 shěnyuè; 检查 jiǎnchá; 审查 shěnchá; 检阅 jiǎnyuè (英 *censor*) ▶原稿段階で～にまわす/在原稿阶段送去审查 zài yuángǎo jiēduàn sòngqù shěnchá ▶新聞や出版物などの～は禁止されている/禁止对报纸及出版物进行审阅 jìnzhǐ duì bàozhǐ jí chūbǎnwù jìnxíng shěnyuè ▶～をパスする/通过审查 tōngguò shěnchá ▶～にひっかかる/审查中出了问题 shěnchá zhōng chūle wèntí; 没有通过审查 méiyǒu tōngguò shěnchá

日中比较 中国語の'检阅 jiǎnyuè'は「基準などに合っているかを確認する」という意味の他に「資料を調べる」意味をも持つ．

けんえん【嫌煙】 嫌烟 xiányān; 嫌恶吸烟 xiánwù xīyān (英 *antismoking*) ～権/嫌烟权 xiányānquán

げんえん【減塩】 低盐 dīyán (英 *reduction of salt*) ～醤油/低盐酱油 dīyán jiàngyóu

けんえんのなか【犬猿の仲】 水火不相容 shuǐhuǒ bù xiāngróng (英 *a cat-and-dog relationship*) ▶あいつらは今では～らしいよ/他们俩现在好像是水火不容 tāmen liǎ xiànzài hǎoxiàng shì shuǐhuǒ bù róng

けんお【嫌悪する】 嫌恶 xiánwù; 讨厌 tǎoyàn; 厌恶 yànwù (英 *hate; dislike strongly*) ▶ひどく～する/深恶痛绝 shēn wù tòng jué ▶新任の課長と～感を抱く/我讨厌新上任的科长 wǒ tǎoyàn xīn shàngrèn de kēzhǎng ▶彼女は～の表情で室内を見回した/她一脸厌恶的表情环视了室内 tā yì liǎn yànwù de biǎoqíng huánshìle shìnèi ▶そんな下劣な風習に～を催した/那种下流的习俗令人嫌恶 nà zhǒng xiàliú de xísú lìng rén xiánwù

♦自己～ ▶僕はすっかり自己～におちいった/我完全陷入了自我厌恶的感情之中 wǒ wánquán xiànrùle zìwǒ yànwù de gǎnqíng zhīzhōng

けんおん【検温する】 量体温 liáng tǐwēn (英 *take one's temperature*) ▶朝夕2回～する/早晚共检查两次体温 zǎowǎn gòng jiǎnchá liǎng cì tǐwēn

けんか【喧嘩する】 打架 dǎjià; 《口げんか》吵架 chǎojià (英 *quarrel*) ▶～を仕掛ける/取闹 qǔnào ▶あんな奴と～するほうが馬鹿だ/和那样的人吵架才是傻瓜 hé nàyàng de rén chǎojià cái shì shǎguā ▶むこうが～を仕掛けてきたんだ/是对方主动挑衅吵架的 shì duìfāng zhǔdòng tiǎoxìn chǎojià de ▶夫婦～は犬も食わない/夫妻吵架谁也管不了 fūqī chǎojià shéi yě guǎnbuliǎo ▶俺に～を売る気かい/你想跟我吵架吗？nǐ xiǎng gēn wǒ chǎojià ma? ▶売られた～は買おうじゃないか/找上门儿来了，咱可不能软 zhǎoshàng ménr lái le, zán kě bùnéng ruǎn ▶～別れする/吵架最后分手 chǎojià zuìhòu fēnshǒu ▶～っ早い/动不动就爱打架 dòngbùdòng jiù ài dǎjià; 好斗 hào dòu ▶～の種は何だ/打[吵]架的原因是什么 dǎ[chǎo]jià de yuányīn shì shénme

日中比较 中国語の'喧哗 xuānhuá'は「騒がしい」ことをいう．

けんか【献花する】 供花 gònghuā; 献花 xiànhuā (英 *offer flowers*)

げんか【言下に】(英 promptly) ▶彼は〜に否定した/他一口回绝了 tā yì kǒu huíjué le

げんか【原価】原价 yuánjià; 成本 chéngběn; 进货价 jìnhuòjià (英 the cost price) ▶〜計算/成本核算 chéngběn hésuàn ▶〜を割る/低于成本 dīyú chéngběn ▶〜で売る/按进货价卖 àn jìnhuòjià mài

げんが【原画】原画 yuánhuà (英 the original picture)

けんかい【見解】见解 jiànjiě; 看法 kànfǎ; 意见 yìjiàn (英 an opinion; a view) ▶〜の相違/见解不同 jiànjiě bùtóng ▶個人的〜に過ぎない/不过是个人意见 búguò shì gèrén yìjiàn ▶政府としての〜をまとめる/统一政府见解 tǒngyī zhèngfǔ jiànjiě ▶〜を同じくする/见解相同 jiànjiě xiāngtóng ▶君たちとは〜が合わない/和你们的看法不一致 hé nǐmen de kànfǎ bù yīzhì

けんがい【圏外】圈外 quānwài (英 outside the range) ▶〜で携帯が通じない/不在通信范围内，手机打不通 búzài tōngxìn fànwéinèi, shǒujī dǎbutōng ▶優勝〜に去る/离开了夺冠的圈子 líkāile duóguàn de quānzi ▶当選〜にある/在当选的圈外 zài dāngxuǎn de quānwài

げんかい【限界】极限 jíxiàn; 界限 jièxiàn; 局限 júxiàn (英 a limit; a limitation; a bound) ▶〜に達する/达到极限 dádào jíxiàn ▶〜を超える/超越极限 chāoyuè jíxiàn ▶体力の〜/体力的界限 tǐlì de jièxiàn ▶超过了体力的界限 chāoguòle tǐlì de jièxiàn ▶自分の〜に挑戦する/挑战自己的极限 tiǎozhàn zìjǐ de jíxiàn ▶テロ防止にも〜がある/反恐也有局限 fǎnkǒng yě yǒu júxiàn ▶自己の〜を知る/知道自己的极限 zhīdào zìjǐ de jíxiàn ▶可能性の〜まで試みる/尝试最大的可能性 chángshì zuìdà de kěnéngxìng

げんかい【厳戒】戒严 jièyán (英 strict alert) ▶期間中は〜態勢をとる/在此期间实施戒严状态 zài cǐ qījiān shíshī jièyán zhuàngtài

げんがい【言外】言外 yánwài (英 unexpressed; implied) ▶〜の意味/潜台词 qiántáicí; 弦外之音 xián wài zhī yīn ▶〜の意味を理解する/理解言外之意 lǐjiě yán wài zhī yì ▶〜にほのめかす/暗示言外之意 ànshì yán wài zhī yì

けんがく【見学する】参观 cānguān (英 observe) ▶老人ホームを〜する/参观老人院 cānguān lǎorényuàn ▶〜お断り/拒绝参观 jùjué cānguān ▶具合が悪いので体育の授業は〜する/我觉得身体不好，体育课的时间旁听 wǒ juéde shēntǐ bùhǎo, tǐyùkè de shíjiān pángtīng

♦〜者: 参观者 cānguānzhě

げんかく【幻覚】幻觉 huànjué; 幻想 huànxiǎng (英 hallucination) ▶〜に悩まされる/被幻觉折磨 bèi huànjué zhémó

♦〜剤: 幻觉剂 huànjuéjì 〜症状 ▶〜症状が出る/出现了幻觉症状 chūxiànle huànjué zhèngzhuàng

げんかく【厳格な】严格 yángé; 严厉 yánlì; 严谨 yánjǐn (英 strict) ▶〜に品質管理を行う/严格进行品质管理 yángé jìnxíng pǐnzhì guǎnlǐ ▶〜な基準を適用する/采取严格的基准 cǎiqǔ yángé de jīzhǔn ▶父は私にあまりに〜だった/父亲对我太严格了 fùqīn duì wǒ tài yángé le

げんがく【弦楽】【音楽】弦乐 xiányuè (英 string music) ▶〜四重奏/弦乐四重奏 xiányuè sìchóngzòu

♦〜器: 弦乐器 xiányuèqì

げんがく【減額する】减额 jiǎn'é; 削减费用 xuējiǎn fèiyòng (英 reduce) ▶予算を〜/削减预算 xuējiǎn yùsuàn ▶市長の給与を10%〜する/市长减薪百分之十 shìzhǎng jiǎnxīn bǎi fēn zhī shí

げんかしょうきゃく【減価償却】【会計】折旧评估 zhéjiù pínggū (英 depreciation) ▶〜する/减价评估 jiǎnjià pínggū ▶コピー機は10年で〜する/复印机用过十年后就折价评估为零了 fùyìnjī yòngguò shí nián hòu jiù zhéjià pínggū wéi líng le

けんがん【検眼する】检查视力 jiǎnchá shìlì; 验光 yànguāng (英 examine someone's eyes) ▶眼科で〜してもらう/在眼科检查眼睛 zài yǎnkē jiǎnchá yǎnjīng

♦〜鏡: 验光镜 yànguāngjìng

げんかん【玄関】门口 ménkǒu (英 the door; the hall) ▶正面〜/大门 dàmén ▶表〜/大门 dàmén ▶ホテルの〜前で写真を撮る/在宾馆的大门前照相 zài bīnguǎn de dàménqián zhàoxiàng ▶誰かが〜に来ている/有人到(我们)家门口了 yǒu rén dào(wǒmen)jiā ménkǒu le ▶〜払いを食わせる/让(别人)吃闭门羹 ràng(biérén)chī bìménggēng ▶〜番/看门人 kānménrén; 门卫 ménwèi

げんかん【厳寒】严寒 yánhán (英 intense cold) ▶〜の候、いかがお過ごしでしょうか/严寒时节，您过得怎么样？ yánhán shíjié, nín guòde zěnmeyàng？

けんぎ【建議する】建议 jiànyì; 提议 tíyì (英 propose; suggest) ▶委員会に〜する/向委员会建议 xiàng wěiyuánhuì jiànyì

けんぎ【嫌疑】嫌疑 xiányí (英 suspicion) ▶〜が掛かる/涉嫌 shèxián; 受嫌疑 shòu xiányí ▶痴漢の〜をかけられる/被怀疑有性侵犯[色情狂]的嫌疑 bèi huáiyí yǒu xìngqīnfàn[sèqíngkuáng] de xiányí ▶〜を晴らす/洗清嫌疑 xǐqīng xiányí; 昭雪 zhāoxuě ▶〜を招くような行為/招惹嫌疑的行为 zhāorě xiányí de xíngwéi ▶彼は窃盗の〜で逮捕された/他因为涉嫌偷盗被逮捕了 tā yīnwèi shèxián tōudào bèi dàibǔ le

げんき【元気】精神 jīngshen; 健康 jiànkāng (英 spirits; pep) ▶いっぱい/神气 shénqi; 精神饱满 jīngshen bǎomǎn ▶〜がない/精神不振 jīngshen búzhèn; 沉沦 chénlún; 有气无力 yǒu qì wú lì ▶〜づける/打气 dǎqì; 鼓励 gǔlì ▶〜を奮い起こす/振作精神 zhènzuò jīngshen ▶お〜ですか/身体好吗？ shēntǐ hǎo ma？; 你好吗？ nǐ hǎo ma？ ▶じゃあ、お〜で/那好，多保

重 nà hǎo, duō bǎozhòng ▶この曲を聴くと～がわく感じがする/听这个曲子就觉得精神饱满 tīng zhège qǔzi jiù juéde jīngshen bǎomǎn ▶～な赤ん坊/健康な嬰児/jiànkāng de yīng'ér ▶あの老人はまだかなり～です/那位老人精神还很好 nà wèi lǎorén jīngshen hái hěn hǎo ▶彼は食事をする～もなかった/他连吃饭的精神都没有 tā lián chīfàn de jīngshen dōu méiyǒu ▶もっとよく歌え/再振作一点唱吧！zài zhènzuò yìdiǎn chàng ba ! ▶～を出せ/打起精神来 dǎqǐ jīngshen lái ▶音楽で人々を～づける/用音乐来鼓舞人 yòng yīnyuè lái gǔwǔ rén ▶彼はそれをするために酒を～をつけた/他为了做那件事靠喝酒来提起了精神 tā wèile zuò nà jiàn shì kào hē jiǔ lái tíqǐle jīngshen ▶～を回復する/恢复气力 huīfù qìlì

げんぎ【原義】 原义 yuányì（英 the original meaning）

けんきゃく【健脚】 健步 jiànbù（英 a good walker）▶～を競う/竞赛脚力 jìngsài jiǎolì ▶～コース〔登山で〕/有脚力的路线 yǒu jiǎolì de lùxiàn ▶あの人は町内きっての～です/他是我们镇上腿脚最强健的人 tā shì wǒmen zhènshang tuǐjiǎo zuì qiángjiàn de rén

けんきゅう【研究する】 研究 yánjiū；钻研 zuānyán；考究 kǎojiu（英 study; research）▶～室/研究室 yánjiūshì ▶～熱心な/热心研究的 rèxīn yánjiū de ▶この本は～者を対象としたのである/这本书是面向研究人员的 zhè běn shū shì miànxiàng yánjiū rényuán de ▶～論文を仕上げる/写完研究论文 xiěwán yánjiū lùnwén

◆～員【研究员】yánjiūyuán ～会 自主的な～会を開く/召开自发的研究会 zhàokāi zìfā de yánjiūhuì ～開発 ▶～開発を進める/进行研究开发 jìnxíng yánjiū kāifā ～費 ▶大学の～費が足りないので外部から調達する/大学的研究费不够，因此从外部筹集 dàxué de yánjiūfèi búgòu, yīncǐ cóng wàibù chóují

げんきゅう【言及する】 提到 tídào；谈到 tándào；涉及 shèjí（英 refer to...; mention）▶戦争責任論に～する/谈到战争责任问题 tándào zhànzhēngzérèn wèntí ▶この問題に～することは差し控えたい/我不想涉及这个问题 wǒ bù xiǎng shèjí dào zhège wèntí

げんきゅう【原級】（英 the same class）▶～に留まる/蹲班 dūnbān；留级 liújí ▶毎年～留年生が若干名いる/每年有若干名留级的学生 měinián yǒu ruògān míng liújí de xuésheng

げんきゅう【減給する】 减薪 jiǎnxīn（英 reduce someone's wages）▶～３カ月の処分を行う/处以减薪三个月的处分 chǔyǐ jiǎnxīn sān ge yuè de chǔfēn

けんぎゅうせい【牽牛星】〔天文〕牛郎星 niúlángxīng；牵牛星 qiānniúxīng（英 Altair）

けんきょ【検挙する】 拘捕 jūbǔ（英 arrest）▶犯人グループを一斉～する/一举拘捕犯人团伙 yìjǔ jūbǔ fànrén tuánhuǒ

◆～率【拘捕率】jūbǔlǜ
日中比較 中国語の「検挙 jiǎnjǔ」は「犯罪を告発する」「密告する」という意味である．

けんきょ【謙虚な】 谦虚 qiānxū（英 modest; humble）▶～に受けとめる/谦虚地听取人家的意见 qiānxū de tīngqǔ rénjia de yìjiàn ▶人間、～さを忘れてはならない/人不能忘掉谦虚 rén bùnéng wàngdiào qiānxū ▶～な態度で臨む/以谦虚的态度对待 yǐ qiānxū de tàidù duìdài

けんぎょう【兼業する】 兼营 jiānyíng；兼业 jiānyè（英 do a side job）▶～農家/兼业农户 jiānyè nónghù ▶旅館と八百屋を～する/兼营旅馆和蔬菜店 jiānyíng lǚguǎn hé shūcàidiàn

げんきょう【元凶】 祸首 huòshǒu；首恶 shǒu'è；元凶 yuánxiōng（英 the main culprit）▶地球温暖化の～　CO₂/导致全球气候变暖的元凶二氧化碳 dǎozhì quánqiú qìhòu biànnuǎn de yuánxiōng èryǎnghuàtàn

げんきょう【現況】 现况 xiànkuàng；现状 xiànzhuàng（英 the present condition）▶～報告書/现状报告书 xiànzhuàng bàogàoshū

けんきょうふかい【牽強付会】 牵强附会 qiān qiǎng fùhuì（英 distortion）▶答弁は苦しい～の論に終始した/答辩自始至终都在狼狈地牵强附会 dábiàn zì shǐ zhì zhōng dōu zài lángbèi de qiān qiǎng fùhuì

けんきん【献金する】 捐款 juānkuǎn（英 donate money）▶教育事業に～する/为教育事业捐款 wèi jiàoyù shìyè juānkuǎn ▶闇～が明るみに出る/暗地捐钱的事被曝光了 àndì juānqián de shì bèi pùguāng le ▶政治～/政治捐款 zhèngzhì juānkuǎn

げんきん【現金】 ❶〖かね〗 现金 xiànjīn；现款 xiànkuǎn；现钱 xiànqián（英 cash; ready money）▶～で払う/用现金支付 yòng xiànjīn zhīfù ▶取引はすべて～です/交易全部用现金 jiāoyì quánbù yòng xiànjīn ▶小切手を～に換える/把支票换成现金 bǎ zhīpiào huànchéng xiànjīn ▶～輸送車/现金搬运车 xiànjīn bānyùnchē ❷〖打算的〗势利眼 shìlìyǎn；爱算计 ài suànjì（英 calculating）▶あなたも～な人だね/你也是个势利眼啊！nǐ yě shì ge shìlìyǎn a !

◆～書留【现金挂号邮件】xiànjīn guàhào yóujiàn ～自動預け払い機（ATM）【自动取款机】zìdòng qǔkuǎnjī

げんきん【厳禁する】 严禁 yánjìn（英 forbid strictly）▶火気～/严禁烟火 yánjìn yānhuǒ ▶土足～/严禁穿鞋进入 yánjìn chuān xié jìnrù

げんけい【原形】 原形 yuánxíng；原貌 yuánmào（英 the original form; a prototype）▶～をとどめない/不留日貌 bù liú jiù mào ▶～をとどめないまでに破壊される/被破坏得没有原样 bèi pòhuàide méiyǒu yuányàng ▶～にもどす/恢复原形 huīfù yuánxíng

げんけい【原型】 原型 yuánxíng；素材 sùcái；模型 móxíng（英 the archetype; a model）▶この小説は地元の伝説に～がある/这本小说以当地

げんけい【減刑する】 減刑 jiǎnxíng (英 *reduce*) ▶死刑を無期懲役に～する/将死刑减刑为无期徒刑 jiāng sǐxíng jiǎnxíng wéi wúqī túxíng

けんげき【剣劇】 武戏 wǔxì (英 *a sword-fighting play*)

けんけつ【献血する】 献血 xiànxuè (英 *donate one's blood*) ▶成分～/成份献血 chéngfèn xiànxuè ▶～に御協力下さい/请协助献血 qǐng xiézhù xiànxuè ▶～者が年々減っている/献血的人一年比一年少 xiànxuè de rén yī nián bǐ yī nián shǎo ▶O型血液の～/O型血型的献血 O xíng xuèxíng de xiànxuè
◆～車：征集献血的汽车 zhēngjí xiànxuè de qìchē

けんげん【権限】 权力 quánlì; 权限 quánxiàn (英 *authority*) ▶～を越える/越权 yuèquán ▶～を与えられる/受权 shòuquán ▶～を与える/授权 shòuquán ▶何の～で立ち入り禁止にするのですか/你有什么权利禁止其他人进入呢？ nǐ yǒu shénme quánlì jìnzhǐ qítārén jìnrù ne? ▶私には君に強制する～はない/我没有权利强制你 wǒ méiyǒu quánlì qiángzhì nǐ ▶委员会に～をゆだねる/将权限委托给委员会 jiāng quánxiàn wěituō gěi wěiyuánhuì ▶その問題についての～は国家に属する/关于那个问题的权限属于国家 guānyú nàge wèntí de quánxiàn shǔyú guójiā ▶それはあなたの～外のことだ/那件事超出了你的权限 nà jiàn shì chāochūle nǐ de quánxiàn

けんけんごうごう【喧喧囂囂】 沸沸扬扬 fèifèiyángyáng; 吵吵闹闹 chǎochāonàonào (英 *an uproar*) ▶～たる論議を呼んだ/引起了沸沸扬扬的议论 yǐnqǐle fèifèiyángyáng de yìlùn

けんご【堅固な】 坚固 jiāngù; 坚强 jiānqiáng; 坚定 jiāndìng (英 *strong; solid; firm*) ▶～な守り/坚固的防卫 jiāngù de fángwèi; 深沟高垒 shēngōu gāolěi ▶意志～な人/意志坚定的人 yìzhì jiāndìng de rén ▶～な砦/坚固的据点 jiāngù de jùdiǎn ▶道心～な人物/道德坚定的人 dàodé jiāndìng de rén

げんご【言語】 语言 yǔyán (英 *a language*) ▶～に絶する/难以言表 nányǐ yánbiǎo; 无法形容 wúfǎ xíngróng ▶～に絶する痛さだった/无法用语言表达的疼痛 wúfǎ yòng yǔyán biǎodá de téngtòng ▶プログラム～/程序语言 chéngxù yǔyán ▶(プログラム言語の)C～/C语言 C yǔyán ▶消滅の危機にある～/濒临绝迹危机的语言 bīnlín juéjì wēijī de yǔyán ▶障害/语言障碍 yǔyán zhàng'ài ▶身体～/身体语言 shēntǐ yǔyán ▶～療法/语言疗法 yǔyán liáofǎ
◆～学：语言学 yǔyánxué

日中比較 中国語の'言语 yányu'は'yuányi'とも読まれ、否定形で「口をきかない」ことをいう。'yányǔ'と読めば「口から出る言葉」を意味する.

げんご【原語】 原文 yuánwén (英 *the original language*) ▶～でオペラを歌う/用原文唱歌剧 yòng yuánwén chàng gējù ▶～で小説を読む/读外语原文小说 dú wàiyǔ yuánwén xiǎoshuō

けんこう【軒昂】 轩昂 xuān'áng; 高昂 gāo'áng (英 *high spirits*) ▶意気～/气宇轩昂 qìyǔ xuān'áng

けんこう【健康】 健康 jiànkāng (英 *health*) ▶～に気をつけてね/多多保重 duōduō bǎozhòng ▶～によい/有益于健康 yǒuyìyú jiànkāng ▶美容と～についての本/关于美容和健康的书 guānyú měiróng hé jiànkāng de shū ▶～的な居住環境/健康的居住环境 jiànkāng de jūzhù huánjìng ▶いかにして～を保つか/如何保持健康？ rúhé bǎochí jiànkāng? ▶～がすぐれない/健康情况不好 jiànkāng qíngkuàng bùhǎo ▶～がおとろえる/健康状态衰退 jiànkāng zhuàngtài shuāituì ▶～によい[悪い]食べ物/对健康有益[有害]的食物 duì jiànkāng yǒuyì[yǒuhài]de shíwù ▶彼は～に不安を抱えている/他对健康感到不安 tā duì jiànkāng gǎndào bù'ān ▶～に注意する/注意健康 zhùyì jiànkāng ▶喫煙は～を害する/吸烟有害健康 xīyān yǒuhài jiànkāng ▶～を回復する/恢复健康 huīfù jiànkāng ▶お互いの～を祝して乾杯しよう/为彼此的健康干杯 wèi bǐcǐ de jiànkāng gānbēi ▶彼の～状態は素晴らしい/他的健康状况非常好 tā de jiànkāng zhuàngkuàng fēicháng hǎo ▶～診断を受けて初期の癌が見つかった/体检的时候发现了早期的癌症 tǐjiǎn de shíhou fāxiànle zǎoqī de áizhèng ▶～体/健康的身体 jiànkāng de shēntǐ ▶～体操/健康体操 jiànkāng tǐcāo
◆～管理：保健 bǎojiàn ～相談：健康咨询 jiànkāng zīxún ～美：健康美 jiànkāngměi ～保険：健康保险 jiànkāng bǎoxiǎn

けんごう【剣豪】 剑侠 jiànxiá (英 *a master swordsman*) ▶今『日本～列伝』を書いている/现在在写《日本剑侠列传》xiànzài zài xiě《Rìběn jiànxiá lièzhuàn》

げんこう【言行】 言行 yánxíng (英 *speech and behavior*) ▶～を一致させる/让言行一致 ràng yánxíng yīzhì ▶～が一致しない/言行不一致 yánxíng bù yīzhì
◆～録：言行录 yánxínglù

げんこう【稿稿】 稿子 gǎozi; 原稿 yuángǎo (英 *a manuscript*) ▶～用紙/稿纸 gǎozhǐ ▶～を書く/撰稿 zhuàngǎo; 写稿子 xiě gǎozi ▶～料/稿费 gǎofèi ▶演説～をそのまま読む/照着演讲稿念 zhàozhe yǎnjiǎnggǎo niàn ▶400字詰め～用紙で10枚にまとめる/用四百字的稿纸写十张 yòng sìbǎi zì de gǎozhǐ xiě shí zhāng ▶完成～を提出する/提交完成了的稿子 tíjiāo wánchéngle de gǎozi ▶文豪の生(ﾅﾏ)～が見つかる/发现文豪的手稿 fāxiàn wénháo de shǒugǎo ▶ワープロで書いた～/用文字处理机写的稿子 yòng wénzì chǔlǐjī xiě de gǎozi

げんこう【現行の】 現行 xiànxíng（英 present）▶～の制度/现行制度 xiànxíng zhìdù ▶～の制度を見直す/重新评价现行制度 chóngxīn píngjià xiànxíng zhìdù ▶～犯で逮捕する/作为现行犯予以逮捕 zuòwéi xiànxíngfàn yǔyǐ dàibǔ ▶～憲法の基本原理/现行宪法的基本原理 xiànxíng xiànfǎ de jīběn yuánlǐ ▶～の教科書/现行的教科书 xiànxíng de jiàokēshū ▶～法/现行法 xiànxíngfǎ

げんごう【元号】 年号 niánhào（英 Imperial era name）▶～が昭和から平成に変わった/年号从昭和改为平成 niánhào cóng Zhāohé gǎiwéi Píngchéng

けんこうこつ【肩甲骨】〖解〗肩胛骨 jiānjiǎgǔ; 胛骨 jiǎgǔ（英 the shoulder blade）

けんこく【建国する】 建国 jiànguó; 开国 kāiguó（英 found a nation）▶～記念日/建国纪念日 Jiànguó jìniànrì; 国庆节 Guóqìngjié

げんこく【原告】 原告 yuángào（英 a plaintiff）▶大气污染公害裁判～団/大气污染公害案件的原告团 dàqì wūrǎn gōnghài ànjiàn de yuángàotuán

げんこつ【拳骨】 拳头 quántou（英 a fist）▶～でなぐる/用拳头打 yòng quántou dǎ ▶顔に～を食らう/脸被拳头打 liǎn bèi quántou dǎ ▶～を振り上げる/举起拳头 jǔqǐ quántou

けんさ【検査する】 检查 jiǎnchá; 查验 cháyàn; 检验 jiǎnyàn（英 inspect; examine）▶品質～/品质检验 pǐnzhì jiǎnyàn ▶糖尿病の～をする/检查糖尿病 jiǎnchá tángniàobìng ▶手荷物の中身を～する/检查手提行李里面装的东西 jiǎnchá shǒutí xínglǐ lǐmiàn zhuāng de dōngxi ▶毒物の有無を～/检查是否有有毒物品 jiǎnchá shìfǒu yǒu yǒudú wùpǐn ▶～を受ける/接受检查 jiēshòu jiǎnchá

◆～官/检查官 jiǎncháguān 身体～/（健康诊断）身体检查 shēntǐ jiǎnchá; 体检 tǐjiǎn;（所持品的）搜身 sōushēn

[日中比較] 中国語の'检查 jiǎnchá'は「注意して調べる」という意味の他に「自己批判する」という意味も持つ．

けんざい【建材】 建筑材料 jiànzhù cáiliào（英 building materials）

けんざい【健在である】 健在 jiànzài（英 be in good health）▶両親とも～だ/父母都健在 fùmǔ dōu jiànzài ▶大統領の～ぶりを誇示した/炫耀总统的健康状态 xuànyào zǒngtǒng de jiànkāng zhuàngtài

げんざい【原罪】〖宗教〗原罪 yuánzuì（英 the original sin）

げんざい【現在】 ❶〖いま〗現在 xiànzài; 如今 rújīn; 目前 mùqián（英 the present; now）▶～地/现在位置 xiànzài wèizhi ▶～の心境を述べる/阐述现在的心情 chǎnshù xiànzài de xīnqíng ▶～進行中のプロジェクト/现在进行中的项目 xiànzài jìnxíng zhōng de xiàngmù ▶～は大きなマンションになっている/现在成了很大的公寓 xiànzài chéngle hěn dà de gōngyù ▶～の状態ではもはや何ともしようがない/目前的状态已经没办法了 mùqián de zhuàngtài yǐjing méiyǒu bànfǎ le ▶～までの総計/至今为止的统计 zhìjīn de tǒngjì ❷〖文法上の現在〗現在型 xiànzàixíng（英 the present tense）▶過去のことを～形で語る/把过去的事用现在型讲述 bǎ guòqù de shì yòng xiànzàixíng jiǎngshù

◆～進行形/現在进行式 xiànzài jìnxíngshì

けんざいか【顕在化する】 表面化 biǎomiànhuà（英 be actualized）▶～する土壌汚染/显露出来的土壌污染 xiǎnlùchūlai de tǔrǎng wūrǎn ▶いずれ問題が～するだろう/问题早晚会表面化的 wèntí zǎowǎn huì biǎomiànhuà de

げんざいりょう【原材料】 原材料 yuáncáiliào（英 raw materials）

けんさく【検索する】 查 chá; 检索 jiǎnsuǒ（英 refer to...）▶～サイト/搜索网站 sōusuǒ wǎngzhàn ▶パソコンで～する/用电脑搜索 yòng diànnǎo sōusuǒ ▶巻末の索引が～に便利である/卷末的索引便于搜索 juànmò de suǒyǐn biànyú sōusuǒ

げんさく【原作】 原著 yuánzhù; 原作 yuánzuò（英 the original work）▶～者/原作者 yuánzuòzhě ▶映画を見る前に～を読む/看电影之前先看原著 kàn diànyǐng zhīqián xiān kàn yuánzhù ▶～者が脚色もした/原作本人进行了剧本改编 yuánzuò běnrén jìnxíngle jùběn gǎibiān

けんさつ【検札】 查票 chápiào（英 check a ticket）▶車掌が～に来た/列车员来查票了 lièchēyuán lái chápiào le

けんさつ【検察】 检察 jiǎnchá（英 prosecution）▶～側と弁護側/检方和辩护方 jiǎnfāng hé biànhùfāng ▶～当局/检察当局 jiǎnchá dāngjú

◆～庁/检察院 jiǎncháyuàn

けんさつかん【検察官】 检察官 jiǎncháguān; 公诉人 gōngsùrén（英 a prosecutor）

けんさん【研鑽】 研究 yánjiū; 钻研 zuānyán（英 study hard）▶～を積む/积累研究成果 jīlěi yánjiū chéngguǒ ▶多年の～がようやく実を結びつつある/多年来的钻研终于开始出成果了 duōnián lái de zuānyán zhōngyú kāishǐ chū chéngguǒ le

けんざん【検算する】 验算 yànsuàn（英 check the accounts）

げんさん【減産する】 减产 jiǎnchǎn（英 reduce）▶販売不振で大幅な～に追い込まれる/由于销售不好而被迫大幅度减产 yóuyú xiāoshòu bùhǎo ér bèipò dàfúdù jiǎnchǎn ▶来年は2割～する/明年减产两成 míngnián jiǎnchǎn liǎng chéng

げんさんち【原産地】 原产地 yuánchǎndì（英 the place of origin）▶加工食品には～を表示する/加工食品标明原产地 jiāgōng shípǐn biāomíng yuánchǎndì

けんし【犬歯】 犬齿 quǎnchǐ（英 a canine tooth）

けんし【検死する】 验尸 yànshī（英 examine a corpse）▶ 変死体を～する/给死因不明的尸体验尸 gěi sǐyīn bùmíng de shītǐ yànshī

けんし【絹糸】 丝线 sīxiàn（英 a silk thread）

けんじ【堅持する】 坚持 jiānchí（英 hold fast）▶ 基本原則を～する/坚持基本原則 jiānchí jīběn yuánzé ▶ 反対の立場を～する/坚持反对的立场 jiānchí fǎnduì de lìchǎng

けんじ【検事】 检察官 jiǎncháguān（英 a public prosecutor）▶ 一側の証人/检查方的证人 jiǎncháfāng de zhèngren ▶ ～が立って罪状を述べる/检察官站起来陈述罪状 jiǎncháguān zhànqǐlai chénshù zuìzhuàng ▶ ～をヒーローにした小説/以检察官为英雄的小说 yǐ jiǎncháguān wéi yīngxióng de xiǎoshuō

♦ ～総長 最高检察长 zuìgāo jiǎncházhǎng

けんじ【顕示する】 明示 míngshì；表现 biǎoxiàn（英 reveal）▶ 自己～する/显示自己 zìjǐ ▶ 軍事力を～する/显示军事力量 xiǎnshì jūnshì lìliang ▶ あいつは自己～欲が強い/那家伙的自我显示欲很强 nà jiāhuo de zìwǒ xiǎnshìyù hěn qiáng

げんし【原子】 原子 yuánzǐ（英 an atom）▶ ～核 原子核 yuánzǐhé ～記号 元素符号 yuánsù fúhào ～爆弾 原子弹 yuánzǐdàn ～番号 原子序数 yuánzǐ xùshù ～物理学 原子物理学 yuánzǐ wùlǐxué ～炉 核反应堆 héfǎnyìngduī；原子炉 yuánzǐlú ～軽水型～炉/轻水型原子反应堆 qīngshuǐxíng yuánzǐ fǎnyìngduī

げんし【原始】 原始 yuánshǐ（英 primitive）▶ ～的/原始的 yuánshǐ de ～時代 原始时代 yuánshǐ shídài ～人 原始人 yuánshǐrén ～林 原始森林 yuánshǐ sēnlín

げんし【原紙】（謄写版の）钢板蜡纸 gāngbǎn làzhǐ（英 stencil paper）

けんしき【見識】 见识 jiànshí；见地 jiàndì；目光 mùguāng（英 a view；an opinion）▶ ～が高い/见地很高 jiàndì hěn gāo；很有见地 hěn yǒu jiàndì ▶ ～がない/鼠目寸光 shǔ mù cùn guāng ▶ ～のある人/明眼人 míngyǎnrén；有见识的人 yǒu jiànshí de rén ▶ そんな～ということがよく言えたものだ/那样见识的话，你还能说出口 nàyàng jiànshí duǎn de huà, nǐ hái néng shuōchū kǒu ▶ マスコミの～がいま問われている/大众媒体的眼光令人怀疑 dàzhòng méitǐ de yǎnguāng lìng rén huáiyí

けんじつ【堅実な】 稳重 wěnzhòng；坚实 jiānshí；脚踏实地 jiǎo tà shídì（英 steady；reliable）▶ ～な考え方/稳重的观点 wěnzhòng de guāndiǎn ▶ ～な経営をつらぬく/坚持脚踏实地的经营方针 jiānchí jiǎo tà shídì de jīngyíng fāngzhēn ▶ ～ばかりでは発展が望めない/光是脚踏实地是没有发展的 guāng shì jiǎo tà shídì shì méiyǒu fāzhǎn de ▶ 大胆かつ～に改革を進めた/果敢而扎实地推进改革 guǒgǎn ér zhāshí de tuījìn gǎigé

げんじつ【現実】 现实 xiànshí（英 actuality；reality）▶ ～性のない/不现实 bú xiànshí；虚浮 xūfú ▶ ～的な/实际 shíjì；现实的 xiànshí de ▶ ～の生活ではあり得ない出来事だ/现实生活中是不可能的事 xiànshí shēnghuó zhōng shì bù kěnéng de shì ▶ それは単に～逃避でしかない/那只是逃避现实 nà zhǐshì táobì xiànshí ▶ きびしい～の世界/严峻的现实世界 yánjùn de xiànshí shìjiè ▶ 彼の夢が～になった/他的梦想变成了现实 tā de mèngxiǎng biànchéngle xiànshí

♦ ～主義 现实主义 xiànshí zhǔyì

けんじゃ【賢者】 智者 zhìzhě；贤哲 xiánzhé；贤人 xiánrén（英 a wise man）▶「愚者は経験に学び～は歴史に学ぶ」(ビスマルク)/"愚者从经验中学习，智者从历史中学习 yúzhě cóng jīngyàn zhōng xuéxí, zhìzhě cóng lìshǐ zhōng xuéxí"

げんしゅ【元首】 元首 yuánshǒu（英 a head of state）▶ この国では、大統領が国家～である/在这个国家，总统是国家元首 zài zhège guójiā, zǒngtǒng shì guójiā yuánshǒu

げんしゅ【原種】 原种 yuánzhǒng（英 the original species）▶ ～に改良を重ねて今の品種ができた/对原种反复改良创造出现在的品种 duì yuánzhǒng fǎnfù gǎiliáng chuàngzàochū xiànzài de pǐnzhǒng

げんしゅ【厳守する】 严守 yánshǒu；严格遵守 yángé zūnshǒu（英 observe strictly）▶ 時間～/严守时间 yánshǒu shíjiān ▶ 集合時間は～願います/集合时间请严格遵守 jíhé shíjiān qǐng yángé zūnshǒu ▶ 我々は秘密を～する義務を負う/我们负有严守秘密的义务 wǒmen fù yǒu yánshǒu mìmì de yìwù

けんしゅう【研修する】 研修 yánxiū；进修 jìnxiū（英 study；train）▶ 新人～/新人培训 xīnrén péixùn ▶ 国際協力の実務を～する/进修国际协助的实际工作 jìnxiū guójì xiézhù de shíjì gōngzuò ▶ あの 3 人には～が必要だ/那三个人需要进行研修 nà sān ge rén xūyào jìnxíng yánxiū ▶ ～を終えて職場に復帰する/研修完毕，重返岗位 yánxiū wánbì, chóngfǎn gǎngwèi ▶ ～医/进修医生 jìnxiū yīshēng

♦ ～会 进修会 jìnxiūhuì ～生 进修生 jìnxiūshēng ～所 进修所 jìnxiūsuǒ

けんじゅう【拳銃】 手枪 shǒuqiāng（英 a gun）▶ 警官が～を発砲する/警察开手枪 jǐngchá kāi shǒuqiāng ▶ ～の不法所持/非法所有手枪 fēifǎ suǒyǒu shǒuqiāng ▶ 自動～/自动手枪 zìdòng shǒuqiāng

げんしゅう【減収】 减收 jiǎnshōu；歉收 qiànshōu（英 a decrease in income）▶ 台風の影響で稲はかなりの～となる/由于台风的影响，水稻将严重歉收 yóuyú táifēng de yǐngxiǎng, shuǐdào jiāng yánzhòng qiànshōu ▶ 需要落ち込みで～益/由于需要减退收益减少 yóuyú xūyào jiǎntuì shōuyì jiǎnshǎo ▶ 今期は大幅な～が見込まれる/这期（核算）估计收入将会大幅度减少 zhè qī (hésuàn) gūjì shōurù jiāng huì dàfúdù jiǎnshǎo

げんじゅう【厳重】 严重 yánzhòng；严格 yángé；森严 sēnyán（英 strictness） ▶～な戸締まり/紧锁门户 jǐnsuǒ ménhù ▶～注意/严重警告 yánzhòng jǐnggào ▶不当逮捕に～に抗議する/严重抗议不当逮捕 yánzhòng kàngyì búdàng dàibǔ ▶河川の増水に～の警戒を呼びかけた/提醒高度戒备河流的水流量增加 tíxíng gāodù jièbèi héliú de shuǐliúliàng zēngjiā ▶～な処罰を望む/希望给予严重的处罚 xīwàng jǐyǔ yánzhòng de chǔfá ▶警備をくぐり抜ける/通过森严的警备 tōngguò sēnyán de jǐngbèi ▶に見張る/严格地看守 yángé de kānshǒu ▶規則を～にする/严格遵守规则 yángé zūnshǒu guīzé

[日中比较] 中国語の'严重 yánzhòng'は「抜かりなく注意する」という意味の他、好ましくない物事についてその状態が「深刻である」ことを指す。

げんじゅうしょ【現住所】 现住址 xiànzhùzhǐ（英 one's present address） ▶～を変更する/变更现住址 biàngēng xiànzhùsuǒ

げんじゅうみん【原住民】 土著 tǔzhù（英 native）

げんしゅく【厳粛な】 庄严 zhuāngyán；严肃 yánsù（英 solemn; grave） ▶卒業式は～な雰囲気の中で行われた/毕业仪式在严肃的气氛中进行 bìyè yíshì zài yánsù de qìfēn zhōng jìnxíng ▶この事態を～に受け止めます/严肃地理解这种事态 yánsù de lǐjiě zhè zhǒng shìtài ▶彼の表情が～になった/他的表情变得严肃起来 tā de biǎoqíng biànde yánsùqǐlai ▶な事実を突きつけられる/严肃的事实被摆在眼前 yánsù de shìshí bèi bǎi zài yǎnqián

けんしゅつ【検出する】 查出 cháchū；检验出 jiǎnyànchū（英 detect; find） ▶測定器を使って～する/使用测定仪器检测 shǐyòng cèdìng yíqì jiǎncè ▶禁止薬物が～された/禁用药物被查出来了 jìnyòng yàowù bèi cháchūlai le

けんじゅつ【剣術】 剑术 jiànshù（英 the art of fencing） ▶～道場/剑术武馆 jiànshù wǔguǎn ▶～指南/剑术指南 jiànshù zhǐnán ▶～を稽古する/练习剑术 liànxí jiànshù

げんしょ【原書】 原著 yuánzhù；原版 yuánbǎn；原本 yuánběn（英 the original） ▶英語の本を～で読みたい/想看英文原著 xiǎng kàn Yīngwén yuánzhù ▶『ハリー・ポッター』を～で読む/看《哈里·波特》的原文书 kàn《Hālǐ·Bōtè》de yuánwénshū ▶～は国宝に指定されている/原版被指定为国宝 yuánbǎn bèi zhǐdìng wéi guóbǎo

けんしょう【肩章】 肩章 jiānzhāng（英 an epaulette）

けんしょう【検証する】 检验 jiǎnyàn；验证 yànzhèng；证验 zhèngyàn（英 verify; inspect） ▶早朝から事故の現場を～が行われた/从清晨开始验证事故现场 cóng qīngchén kāishǐ yànzhèng shìgù xiànchǎng ▶費用対効果を～する/验证费用和效果比 fèiyong hé xiàoguǒ bǐ

けんしょう【憲章】 宪章 xiànzhāng；章程 zhāngchéng（英 a charter; a constitution） ▶国際連合～/联合国宪章 Liánhéguó xiànzhāng ▶児童～/儿童宪章 Értóng xiànzhāng

けんしょう【懸賞】 悬赏 xuánshǎng；有奖募集 yǒujiǎng mùjí（英 a prize） ▶～に応募する/参加有奖募集活动 cānjiā yǒujiǎng mùjí huódòng ▶～に当選する/入选得赏 rùxuǎn déshǎng ▶犯人逮捕に～金をかける/悬赏捉拿犯人 xuánshǎng zhuōná fànrén ▶～を付けてアイデアを募る/设立奖项募集创意 shèlì jiǎngxiàng mùjí chuàngyì ▶～論文/有奖论文 yǒujiǎng lùnwén

♦～金｜悬赏金 xuánshǎngjīn

けんじょう【献上する】 奉献 fèngxiàn；进献 jìnxiàn（英 present） ▶～品/贡品 gòngpǐn

けんじょう【謙譲】 谦让 qiānràng（英 modesty） ▶～語/谦辞 qiāncí ▶～の美徳を発挥する/发挥谦让的美德 fāhuī qiānràng de měidé

げんしょう【現象】 现象 xiànxiàng（英 a phenomenon） ▶都心で液状化～が起きる/在东京都中心部出现液化现象 zài Dōngjīngdū zhōngxīnbù chūxiàn yèhuà xiànxiàng ▶世界各地にさまざまな異常～が見られる/在世界各地发现各种异常现象 zài shìjiè gèdì fāxiàn gèzhǒng yìcháng xiànxiàng ▶当地でも同じような～が認められた/在当地也发现了同样现象 zài dāngdì yě fāxiànle tóngyàng xiànxiàng

♦自然～｜自然现象 zìrán xiànxiàng 社会～｜社会现象 shèhuì xiànxiàng 生理～｜生理现象 shēnglǐ xiànxiàng

げんしょう【減少する】 减少 jiǎnshǎo（英 decrease; decline） ▶出生率が～する/出生率下降 chūshēnglǜ xiàjiàng ▶人口の～が著しい/人口减少很严重 rénkǒu jiǎnshǎo hěn yánzhòng ▶労働時間の～/劳动时间减少 láodòng shíjiān jiǎnshǎo ▶熱帯雨林が急速に～しつつある/热带雨林急速地在减少 rèdài yǔlín jísù de zài jiǎnshǎo

げんじょう【原状】 原状 yuánzhuàng（英 the original state） ▶～に復す/还原 huányuán ▶～に戻る/恢复原状 huīfù yuánzhuàng ▶～回復を求めて訴訟を起こす/提诉要求恢复原状 tísù yāoqiú huīfù yuánzhuàng

げんじょう【現状】 现状 xiànzhuàng（英 the present condition） ▶～を維持する/维持现状 wéichí xiànzhuàng ▶～に不満/对现状不满 duì xiànzhuàng bùmǎn ▶～を打破する/打破现状 dǎpò xiànzhuàng ▶～のままにしておく/保留现状 bǎoliú xiànzhuàng

けんしょく【兼職する】 兼职 jiānzhí（英 hold an additional position） ▶大学教授が民间企业の役員を～する/大学教授兼任民间企业董事 dàxué jiàoshòu jiānrèn mínjiān qǐyè dǒngshì

げんしょく【原色】 原色 yuánsè；正色 zhèngsè（英 a primary color） ▶三～/三原色 sānyuánsè ▶光の三～/光的三原色 guāng de sānyuánsè ▶～の青と赤/原色的蓝和红 yuánsè de lán hé hóng ▶派手な～のファッション/艳丽

的原色时装 yànlì de yuánsè shízhuāng ▶~版の写真集/彩色的影集 cǎisè de yǐngjí

げんしょく【現職の】 現任 xiànrèn；现职 xiànzhí（英 *in active service*）▶~市長の収賄事件/现任市长的受贿事件 xiànrèn shìzhǎng de shòuhuì shìjiàn ▶選挙では~が有利だ/竞选的时候现任者有利 jìngxuǎn de shíhou xiànrènzhě yǒulì ▶~にとどまる/留任现职 liúrèn xiànzhí ▶~の警官/现任警察 xiànrèn jǐngchá

げんしょく【減食する】 节食 jiéshí（英 *reduce one's diet*; *diet*）

げんしりょく【原子力】 原子能 yuánzǐnéng（英 *atomic energy*; *nuclear power*）▶~の平和利用/原子能的和平利用 yuánzǐnéng de hépíng lìyòng ▶~潜水艦/核潜艇 héqiántǐng ▶~発電所/核电站 hédiànzhàn

げんしりん【原始林】 原始森林 yuánshǐ sēnlín（英 *a virgin forest*）

けんじる【献じる】 敬奉 jìngfèng；敬献 jìngxiàn（英 *present*）▶貢ぎ物を~/上贡 shànggòng ▶新著を一本献じます/敬献一部新作 jìngxiàn yí bù xīnzuò

げんじる【減じる】 ❶【減る・差し引く】 減 jiǎn；减少 jiǎnshǎo；刨除 páochú（英 *reduce*; *subtract*）▶支出を~/削减开支 xuējiǎn kāizhī ▶100 から 45 を~/一百减四十五 yìbǎi jiǎn sìshíwǔ ❷【軽減する】（英 *reduce*）▶リスクを~/减少风险 jiǎnshǎo fēngxiǎn ▶鎮痛剤で苦痛を~/靠止痛药减少痛苦 kào zhǐtòngyào jiǎnshǎo tòngkǔ ❸【罪を】（英 *commute*）▶刑を減じて3年の懲役とする/减刑为三年徒刑 jiǎnxíng wéi sān nián túxíng

けんしん【検針する】 查表 chábiǎo（英 *inspect a meter*）▶ガスの~/检查煤气用量 jiǎnchá méiqì yòngliàng

けんしん【検診する】 诊察 zhěnchá；检查疾病 jiǎnchá jíbìng（英 *check up*）▶癌の~をする/癌症检查 áizhèng jiǎnchá ◆集団~/集体身体检查 jítǐ shēntǐ jiǎnchá 定期~/定期身体检查 dìngqī shēntǐ jiǎnchá ▶定期~で異常が見つかる/定期体检发现异常 dìngqī tǐjiǎn fāxiàn yìcháng

けんしん【献身する】 献身 xiànshēn；舍身 shěshēn；忘我 wàngwǒ（英 *devote oneself*）▶教育事業に~する/献身于教育事业 xiànshēnyú jiàoyù shìyè ▶~的に看病する/忘我地照顾病人 wàngwǒ de zhàogù bìngrén ▶彼らは難民救済のために~に努力している/他们为了救济难民在奋不顾身地努力 tāmen wèile jiùjì nànmín zài fèn bú gù shēn de nǔlì

けんじゃ【賢人】 贤达 xiándá；贤人 xiánrén（英 *a wise man*; *a sage*）▶~会議/贤人会议 xiánrén huìyì

げんじん【原人】 原人 yuánrén（英 *a primitive man*）▶ジャワ~/爪哇原人 Zhǎowā yuánrén

けんすい【懸垂】 悬垂 xuánchuí；引体向上 yǐntǐ xiàngshàng（英 *a chin-up*）▶~は5回もできない/引体向上运动连五次都作不了 yǐntǐ xiàngshàng yùndòng lián wǔ cì dōu zuòbuliǎo ▶屋上から一幕が垂れている/从屋顶上垂下广告条幅 cóng wūdǐngshang chuíxià guǎnggào tiáofú

げんすい【元帥】 元帅 yuánshuài（英 [陸軍] *a general of the army*; [海軍] *a fleet admiral*）

げんすい【減水する】 水量减少 shuǐliàng jiǎnshǎo（英 *fall*）▶川の水が半分以下に~した/河水减少到一半以下了 héshuǐ jiǎnshǎo dào yībàn yīxià le ▶夏の渇水期にはダム湖は大幅に~する/夏天的缺水期，水库里的水大幅度减少 xiàtiān de quēshuǐqī, shuǐkùlǐ de shuǐ dàfúdù jiǎnshǎo ▶井戸の~に誰も気づかなかった/谁также没有发现井水减少 shéi yě méiyǒu fāxiàn jǐngshuǐ jiǎnshǎo

けんすう【件数】 件数 jiànshù；次数 cìshù（英 *the number of cases*）▶事故~は横ばいである/事故次数持平 shìgù cìshù chípíng ▶逮捕~/逮捕事件的次数 dàibǔ shìjiàn de cìshù

げんすんだい【原寸大】 和实物一样大 hé shíwù yíyàng dà；原来的尺寸 yuánlái de chǐcùn（英 *an life size*）▶~の画像/和实物一样大的画像 hé shíwù yíyàng dà de huàxiàng

げんせ【現世】 现世 xiànshì；尘世 chénshì；人间 rénjiān（英 *in this world* [*life*]）▶~利益を求める/追求现世的利益 zhuīqiú xiànshì de lìyì

けんせい【牽制する】 牵掣 qiānchè；牵制 qiānzhì；制约 zhìyuē（英 *restrain*; *make a feint*）▶反対派を~する/牵制反对派 qiānzhì fǎnduìpài ▶武力で~する/用武力牵制 yòng wǔlì qiānzhì ▶反体制派の動きを~するための法律/为制约反政府派的行动而制定的法律 wèi zhìyuē fǎnzhèngfǔpài de xíngdòng ér zhìdìng de fǎlǜ ◆~球〔野球〕 牵制球 qiānzhìqiú

けんせい【権勢】 权势 quánshì；威权 wēiquán（英 *power*; *influence*）▶~を頼む/仗势 zhàngshì ▶~を振るう/行使权势 xíngshǐ quánshì ▶彼ら一族が~を欲しいままにしている/他们家族随心所欲地利用权势 tāmen jiāzú suí xīn suǒ yù de lìyòng quánshì ▶~に媚びる/趋炎附势 qū yán fù shì

けんせい【憲政】 宪政 xiànzhèng；宪法政治 xiànfǎ zhèngzhì（英 *constitutional government*）▶~の常道/宪政的常规 xiànzhèng de chángguī

げんせい【厳正な】 严明 yánmíng；严正 yánzhèng；严格公平 yángé gōngpíng（英 *strict*; *impartial*）▶~に対応する/严正地对待 yánzhèng de duìdài ▶~な審査を行う/严格公平审查 yángé gōngpíng shěnchá ▶~な批判をお願いする/希望给予严格公平的批判 xīwàng jǐyǔ yángé gōngpíng de pīpàn ▶~中立/严格地中立 yángé de zhōnglì

げんぜい【減税する】 减税 jiǎnshuì（英 *reduce tax*）▶歳出を削減して 5% ~する/削减财政支出减税百分之五 xuējiǎn cáizhèng zhīchū jiǎnshuì bǎi fēn zhī wǔ ▶公約の~はいつ実现する

るのか/什么时候才能兑现减税的承诺 shénme shíhou cái néng duìxiàn jiǎnshuì de chéngnuò

げんせいりん【原生林】 原始森林 yuánshǐ sēnlín (英 *a virgin forest*)

げんせき【譴責する】 谴责 qiǎnzé (英 *reprimand; rebuke*)
♦~処分:警告处分 jǐnggào chǔfēn ▶監督不行き届きで~処分を受ける/由于监督不严而受到警告处分 yóuyú jiāndū bù yán ér shòudào jǐnggào chǔfèn

げんせき【原石】 原矿 yuánkuàng; 未加工的宝石 wèi jiāgōng de bǎoshí (英 *a raw ore*)

げんせき【原籍】 原籍 yuánjí; 户口 hùkǒu (英 *one's former domicile*) ▶結婚して~を東京に移した/结婚把户口转到东京 jiéhūn bǎ hùkǒu zhuǎndào Dōngjīng

けんせきうん【巻積雲】〚気象〛卷积云 juǎnjīyún (英 *a cirrocumulus*) ▶~はいわし雲とも言う/卷积云又称为沙丁鱼云 juǎnjīyún yòu chēngwéi shādīngyúyún

けんせつ【建設する】 建筑 jiànzhù; 建设 jiànshè; 修建 xiūjiàn (英 *construct; build*) ▶~プラン/建设蓝图 jiànshè lántú ▶~用地/建筑用地皮 jiànzhùyòng dìpí ▶離島に空港を~する/在孤岛建设机场 zài gūdǎo jiànshè jīchǎng ▶~関係の仕事をしています/从事建筑方面的工作 cóngshì jiànzhù fāngmiàn de gōngzuò ▶新国家の~の理想に燃えていた/满怀着建设新国家的理想 mǎnhuáizhe jiànshè xīnguójiā de lǐxiǎng
♦~会社:建筑公司 jiànzhù gōngsī ~作業員:建筑工人 jiànzhù gōngrén

げんせつ【言説】 言论 yánlùn; 话语 huàyǔ (英 *an opinion; a statement*) ▶過激な~/过激的言论 guòjī de yánlùn ▶子供とメディアに関する~/关于孩子和媒体的言论 guānyú háizi hé méitǐ de yánlùn

けんせつてき【建設的な】 积极 jījí; 建设性 jiànshèxìng (英 *constructive*) ▶~な意見/建设性意见 jiànshèxìng yìjiàn ▶諸君の~な意見を期待する/期待着各位的建设性意见 qīdàizhe gèwèi de jiànshèxìng yìjiàn

けんぜん【健全な】 健康 jiànkāng; 健全 jiànquán (英 *healthy; sound*) ▶~経営/健全的经营 jiànquán de jīngyíng ▶青少年の~な育成に関する条例/关于培养青少年健康成长的条例 guānyú péiyǎng qīngshàonián jiànkāng chéngzhǎng de tiáolì ▶子供たちは~に育っている/孩子们健康地成长 háizimen jiànkāng de chéngzhǎng

~な精神は~な身体に宿る 健全的精神生存在健全的身体中 jiànquán de jīngshén shēngcún zài jiànquán de shēntǐ zhōng

【日中比較】中国語の'健全 jiànquán'は「元気である」「堅実である」という意味の他に,「ものが完備している」ことも指す.

げんせん【源泉】 源泉 yuánquán (英 *a fountain; a source*) ▶~から湧き出る露天風呂/从源头涌出温泉的露天澡堂 cóng yuántóu yǒngchū wēnquán de lùtiān zǎotáng ▶知識の~/知识的源泉 zhīshí de yuánquán
♦~課税:预付税 yùfùshuì ~徴収:征收"源泉税" zhēngshōu "yuánquánshuì"

げんせん【厳選】 严格挑选 yángé tiāoxuǎn (英 *select carefully*) ▶~された素材を使った料理/使用严格挑选的材料做的菜 shǐyòng yángé tiāoxuǎn de cáiliào zuò de cài ▶店には~した品しか出しません/商店只出售严格挑选的商品 shāngdiàn zhǐ chūshòu yángé tiāoxuǎn de shāngpǐn

げんぜん【厳然と】 严峻 yánjùn; 依然 yīrán (英 *sternly*) ▶~たる事実/严峻的事实 yánjùn de shìshí ▶格差は~として存在する/差别依然存在 chābié yīrán cúnzài

げんそ【元素】 元素 yuánsù (英 *a chemical element*) ▶~記号/元素符号 yuánsù fúhào

けんそう【喧騒】 喧闹 xuānnào; 喧嚣 xuānxiāo (英 *noise; clamor*) ▶都会の~/都市的喧嚣 dūshì de xuānxiāo ▶都会の~が僕の子守歌だった/都市的喧嚣是我儿时的摇篮曲 dūshì de xuānxiāo shì wǒ érshí de yáolánqǔ ▶都会の~を離れた静かな空間/远离都会喧闹的宁静空间 yuǎnlí dūhuì xuānnào de níngjìng kōngjiān ▶~をきわめる繁華街/嘈杂无比的闹市 cáozá wúbǐ de nàoshì

けんぞう【建造する】 建造 jiànzào; 兴建 xīngjiàn; 兴修 xīngxiū (英 *build; construct*) ▶~物/建筑 jiànzhù; 建筑物 jiànzhùwù ▶大型タンカーを~する/建造大型油轮 jiànzào dàxíng yóulún

げんそう【幻想】 幻想 huànxiǎng; 空想 kōngxiǎng (英 *a fantasy; an illusion*) ▶~を抱く/抱有幻想 bàoyǒu huànxiǎng ▶~的な/空想的 kōngxiǎng de ▶君は~を追い求めているだけだ/你只是在追求幻想 nǐ zhǐshì zài zhuīqiú huànxiǎng ▶そういう考えは全くの~である/这种想法完全是幻想 zhè zhǒng xiǎngfa wánquán shì huànxiǎng
♦~曲:幻想曲 huànxiǎngqǔ

げんぞう【現像する】 冲洗 chōngxǐ; 显影 xiǎnyǐng (英 *develop*) ▶~液/显影剂 xiǎnyǐngjì ▶写真を~する/冲洗照片 chōngxǐ zhàopiàn

げんそく【原則】 原则 yuánzé (英 *a principle; a general rule*) ▶~的に/原则上 yuánzéshang ▶~は曲げられない/不能放弃原则 bùnéng fàngqì yuánzé ▶非核三~/非核三原则(不拥有核,不制造核,不让核进入) fēihé sān yuánzé (bù yōngyǒu hé, bú zhìzào hé, bú ràng hé jìnrù) ▶彼は~を破ってその会に出席した/他违反原则出席了那个会议 tā wéifǎn yuánzé chūxíle nàge huìyì ▶私は~として借金はしない/我原则上不借钱 wǒ yuánzéshang bú jièqián ▶要求を~的に承認する/原则上接受要求 yuánzéshang jiēshòu yāoqiú

げんそく【減速する】 减速 jiǎnsù (英 *slow*

down) ▶経済成長が~する/经济成长速度放慢 jīngjì chéngzhǎng sùdù fàngmàn ▶黄色信号では~せよ/黄灯的时候要减速 huángdēng de shíhou yào jiǎnsù

げんぞく【還俗する】 还俗 huánsú (英 return to secular life)

けんそん【謙遜する】 谦虚 qiānxū；自谦 zìqiān (英 be modest) ▶何もそんなに~する必要はありませんよ/用不着那么谦虚 yě yòngbuzháo nàme qiānxū ▶御~を/您太谦虚了 nín tài qiānxū le ▶~して語る/谦虚地说 qiānxū de shuō

げんそん【玄孫】 玄孙 xuánsūn；玄孙女 xuánsūnnǚ (英 a great-great-grandchild)

げんぞん【現存する】 现存 xiàncún；留存 liúcún (英 existing; alive) ▶法隆寺は日本に~する最古の木造建築である/法隆寺是日本现存的最古老的木造建筑 Fǎlóngsì shì Rìběn xiàncún de zuì gǔlǎo de mùzào jiànzhù ▶~する一番大きい動物/现存的最大的动物 xiàncún de zuìdà de dòngwù

けんたい【倦怠】 厌倦 yànjuàn；倦怠 juàndài；疲倦 píjuàn (英 fatigue; weariness) ▶~を感じる/感到疲倦 gǎndào píjuàn ▶~期/倦怠期 juàndàiqī ▶~期の夫婦/陷入感情厌倦期的夫妻 xiànrù gǎnqíng yànjuànqī de fūqī ▶筆者も読者も~する時代だった/作者和读者都感到厌倦的时代 zuòzhě hé dúzhě dōu gǎndào yànjuàn de shídài

げんたい【減退する】 减退 jiǎntuì；衰退 shuāituì (英 decline) ▶食欲~/食欲减退 shíyù jiǎntuì ▶意欲が~する/热情减退 rèqíng jiǎntuì ▶能力の~を痛感する/切身感到能力的衰退 qièshēn gǎndào nénglì de shuāituì

げんだい【現代】 现代 xiàndài (英 the present age; today) ▶~的/现代的 xiàndài de ▶~美術館/现代美术馆 xiàndài měishùguǎn ▶彼なんか典型的な~っ子だね/他真是一个典型的新派年轻人 tā zhēn shì yí ge diǎnxíng de xīnpài niánqīngrén ▶~の苦悩をみごとに描いている/成功地刻画了现代的苦恼 chénggōng de kèhuà xiàndài de kǔnǎo ▶フランス~思想/法国现代思想 Fǎguó xiàndài sīxiǎng

◆~劇 現代剧 xiàndàijù　~詩 現代诗 xiàndàishī　~社会 現代社会 xiàndài shèhuì　~文学 当代文学 dāngdài wénxué

けんだま【剣玉】（遊び） 托球游戏 tuōqiú yóuxì (英 a cup and ball) ▶~をやる/玩儿托球游戏 wánr tuōqiú yóuxì

げんたん【減反】 减少播种面积 jiǎnshǎo bōzhòng miànjī (英 reducing the acres for planting)

けんたんか【健啖家】 贪吃的 tānchī de；大肚汉 dàdùhàn (英 a hearty eater) ▶彼は美食家で~だ/他是美食家又是大肚汉 tā shì měishíjiā yòu shì dàdùhàn

けんち【見地】 见解 jiànjiě；观点 guāndiǎn (英 a standpoint; a viewpoint; a point of view) ▶広い~に立つ/从大局出发 cóng dàjú chūfā ▶大局の~から問題解決を図るべきだ/应该设法从大局的观点解决问题 yīnggāi shèfǎ cóng dàjú de guāndiǎn jiějué wèntí ▶この~よりすれば君の言うことは正しい/从这个观点来看，你说的对 cóng zhège guāndiǎn lái kàn, nǐ shuō de duì ▶あらゆる~から検討する必要がある/有必要从各种角度来探讨 yǒu bìyào cóng gè zhǒng jiǎodù lái tàntǎo

日中比較 中国語の'见地 jiàndì' は「見識」を意味する．

げんち【言質】 诺言 nuòyán (英 a pledge) ▶~を与えないようにする/别给对方留下把柄 bié gěi duìfāng liúxià bǎbǐng ▶~を取る/得到承诺 dédào chéngnuò ▶~をほごにする/毁约 huǐyuē；推翻以前的承诺 tuīfān yǐqián de chéngnuò

げんち【現地】 当地 dāngdì；现场 xiànchǎng (英 the spot) ▶~妻/二奶 èrnǎi ▶最新の~情報を得る/得到最新的当地情报 dédào zuìxīn de dāngdì qíngbào ▶問題を~で解決する/在现场解决问题 zài xiànchǎng jiějué wèntí ▶~の人々を雇う/雇用当地的人 gùyòng dāngdì de rén

◆~集合 当地集合 dāngdì jíhé　~時間 当地时间 dāngdì shíjiān　~調査 实地调查 shídì diàochá

けんちく【建築する】 建筑 jiànzhù (英 construct; build) ▶~材料/建材 jiàncái ▶~資材/建筑材料 jiànzhù cáiliào ▶~物/建筑物 jiànzhùwù ▶~工事/建筑工程 jiànzhù gōngchéng ▶~費/建筑费 jiànzhùfèi ▶~様式/建筑风格 jiànzhù fēnggé ▶~業/建筑业 jiànzhùyè ▶~労働者/建筑工人 jiànzhù gōngrén ▶一級~士の資格を持つ/持有一级建筑师的资格 chíyǒu yì jí jiànzhùshī de zīgé ▶耐震~/防震建筑 fángzhèn jiànzhù ▶違法~/违法建筑 wéifǎ jiànzhù ▶超高層~が林立する/高楼林立 gāolóu línlì ▶~許可が下りない/建筑许可没批下来 jiànzhù xǔkě méi pīxiàlái ▶~基準法に違反する/违反建筑基准法 wéifǎn jiànzhù jīzhǔnfǎ

◆~家 建筑家 jiànzhùjiā　~学 建筑学 jiànzhùxué

げんちゅう【原注】 原注 yuánzhù (英 original notes)

けんちょ【顕著な】 显著 xiǎnzhù (英 notable; remarkable) ▶近年サイバー犯罪の~な増加が見られる/近年网络犯罪的剧增引人瞩目 jìnnián wǎngluò fànzuì de jùzēng yǐn rén zhǔmù ▶若者の活字離れが~である/年轻人不看书的现象很明显 niánqīngrén bú kàn shū de xiànxiàng hěn míngxiǎn ▶石坂君は学業成績の向上が~である/石坂的学业成绩明显提高 Shíbǎn de xuéyè chéngjì míngxiǎn tígāo

げんちょ【原著】 原著 yuánzhù (英 the original work) ▶~は大幅に改訂されている/原著大幅度改写了 yuánzhù dàfúdù gǎixiě le

げんちょう【幻聴】 幻听 huàntīng (英 an

auditory hallucination）▶~に悩まされる/苦于幻听 kǔyú huàntīng ▶クスリが切れると~が始まる/药劲儿一过，又开始幻听 yàojìnr yí guò, yòu kāishǐ huàntīng

けんつく【剣突】 ~を食う 被狠狠地说了一通 bèi hěnhěn de shuōle yítōng
~を食わせる 申斥一番 shēnchì yì fān; 痛斥 tòngchì; 斥责 chìzé ▶勧誘員に~を食わせてやった/教训了推销员 jiàoxùnle tuīxiāoyuán

けんてい【検定する】 审定 shěndìng; 检定 jiāndìng; 鉴定 jiàndìng（英 *authorize*; *approve*）▶~試験/鉴定考试 jiàndìng kǎoshì; 测验 cèyàn ▶漢字検定/汉字能力检定考试 Hànzì nénglì jiǎndìng kǎoshì ▶3級の~に合格する/考取了三级水平考试 kǎoqǔle sān jí shuǐpíng kǎoshì ▶教科書~制度/教科书审定制度 jiàokēshū shěndìng zhìdù

げんてい【限定する】 限制 xiànzhì; 局限 júxiàn; 限定 xiàndìng（英 *limit*; *restrict*）▶夏季~販売/只限夏季出售 zhǐxiàn xiàjì chūshòu ▶~品/限数商品 xiànshù shāngpǐn ▶地域~商品/某地区的商品 xiàndìng yú mǒu dìqū de shāngpǐn ▶期間～スペシャル価格/限定于某段时间的特别价格 xiàndìng yú mǒu duàn shíjiān de tèbié jiàgé ▶資料は課長以上にして配布される/资料的发送范围只限定在科长以上 zīliào de fāsòng fànwéi zhǐ xiàndìng zài kēzhǎng yǐshàng ▶会員を100名に~する/会员限定一百名 huìyuán xiàndìng yìbǎi míng ▶~版の本/限定版的书 xiàndìngbǎn de shū

けんでん【喧伝】 大力宣传 dàilì xuānchuán; 盛传 shèngchuán（英 *advertise*; *publicize*）▶食品安全性の問題が巷で~されている/社会上纷纷传说着食品安全性的问题 shèhuìshang fēnfēn chuánshuōzhe shípǐn ānquánxìng de wèntí ▶転職は~される割には成功例が少ない/转换工作鼓噪一时，但是成功的例子很少 zhuǎnhuàn gōngzuò gǔzào yì shí, dànshì chénggōng de lìzi hěn shǎo

げんてん【原典】 原著 yuánzhù; 原作 yuánzuò（英 *the original text*）▶~に当たって確かめる/对照原著加以确认 duìzhào yuánzhù jiāyǐ quèrèn

げんてん【原点】 起源 qǐyuán; 出发点 chūfādiǎn（英 *the starting point*）▶~に立ち返る/回到出发点 huídào chūfādiǎn ▶~に立ち返って問題を洗い直す/返回出发点，重新梳理问题 fǎnhuí chūfādiǎn, chóngxīn shūlǐ wèntí

げんてん【減点する】 减分 jiǎnfēn; 扣分 kòufēn; 刨分儿 páofēnr（英 *deduct points*）▶点数を10点~する/分数减少十分 fēnshù jiǎnshǎo shí fēn ▶レポート提出が遅れると~の対象になる/报告提出延迟的话，将成为减分的依据 bàogào tíchū yánchí dehuà, jiāng chéngwéi jiǎnfēn de yījù

げんど【限度】 限度 xiàndù; 界限 jièxiàn; 范围 fànwéi ▶~を越え
た/过头 guòtóu ▶~枠/限额 xiàn'é ▶何事にも~がある/什么事都有限度 shénme shì dōu yǒu xiàndù ▶私にはそれが~だ/对我来说那就是限度 duì wǒ lái shuō nà jiùshì xiàndù ▶収容人員は100名を~とする/可容纳的人数限度为一百名 kě róngnà de rénshù xiàndù wéi yìbǎi míng ▶一定の~内で許される場合がある/在一定的范围内也有可能被允许 zài yídìng de fànwéinèi yě yǒu kěnéng bèi yǔnxǔ ▶最大～1週間待ちましょう/最长等待一个星期 zuìcháng děngdài yí ge xīngqī

けんとう【見当】 目标 mùbiāo; 推测 tuīcè; 估计 gūjì（英 *an aim*; *a direction*; [推测] *a guess*）▶~をつける/猜 cāi; 猜测 cāicè; 估量 gūliáng ▶~がつかない/无法估计 wúfǎ gūjì ▶~はずれの苦情を言う/不着边际地抱怨 bù zhuó biānjì de bàoyuàn ▶大体そんな~だ/大概差不多 dàgài chàbuduō ▶彼は全く~違いをしている/他完全想错了 tā wánquán xiǎngcuò le ▶彼女の意見はかなり~はずれであった/她的意见离题甚远 tā de yìjiàn lítí shèn yuǎn

けんとう【健闘する】 奋斗 fèndòu; 顽强拼搏 wánqiáng pīnbó（英 *fight bravely*）▶~を祈る/祝你奋斗到底 zhù nǐ fèndòu dàodǐ ▶~を誓う/发誓要拼命努力 fāshì yào pīnmìng nǔlì ▶互いに~をたたえあう/互相赞扬对方的奋斗精神 hùxiāng zànyáng duìfāng de fèndòu jīngshén ▶~むなしく初戦で敗退した/顽强拼搏也无济于事，第一场就失利了 wánqiáng pīnbó yě wú jì yú shì, dìyī chǎng jiù shīlì le

けんとう【検討する】 研究 yánjiū; 探讨 tàntǎo; 检讨 jiǎntǎo（英 *examine*; *investigate*）▶~は更に~を要する/那个需要进一步探讨 nàge xūyào jìn yí bù tàntǎo ▶これらの添加物には科学的な~が必要だ/对这些添加物需要有科学的考证 duì zhè xiē tiānjiāwù xūyào yǒu kēxué de kǎozhèng ▶その件は諸事情により目下~中である/那件事因为有多种原因，现在正在讨论中 nà jiàn shì yīnwèi yǒu duō zhǒng yuányīn, xiànzài zhèngzài tǎolùn zhōng ▶その可能性を~するには少し時日を要する/研究那种可能性还需要一段时间 yánjiū nà zhǒng kěnéngxìng hái xūyào yí duàn shíjiān

> 日中比较 中国語の'检讨 jiǎntǎo'は「調べ考える」という意味の他に「反省する」ことも指す。

けんどう【剣道】 剑道 jiàndào（英 *kendo*; *Japanese fencing*）▶~の先生/剑道的师傅 jiàndào de shīfu ▶~家/剑道家 jiàndàojiā ▶父は~4段の腕前だ/父亲拥有"四段"的剑道水平 fùqīn yōngyǒu "sì duàn" de jiàndào shuǐpíng ▶大学の~部で主将をつとめた/担任大学剑道俱乐部的队长 dānrèn dàxué jiàndào jùlèbù de duìzhǎng ▶~を習いに道場へ通う/为了学剑道去道馆 wèile xué jiàndào qù dàoguǎn

げんとう【厳冬】 寒冬 hándōng; 隆冬 lóngdōng; 严冬 yándōng（英 *a harsh winter*）▶~の候、お変わりございませんか/寒冬时节，您还好

吗？hándōng shíjié, nín hái hǎo ma?

げんどう【言動】 言行 yánxíng (英 *one's doings*) ▶～がでたらめな/放誕 fàngdàn ▶～に注意する/检点言行 jiǎndiǎn yánxíng ▶大事な時期だ，～を慎め/关键时刻，要谨言慎行 guānjiàn shíkè, yào jǐn yán shèn xíng

げんどうき【原動機】 发动机 fādòngjī (英 *a motor*) ▶～付自転車/小型摩托车 xiǎoxíng mótuōchē

げんどうりょく【原動力】 动力 dònglì; 原动力 yuándònglì (英 *driving force*) ▶勝利の～は敗戦の悔しさです/胜利的动力来自于失败的懊悔 shènglì de dònglì láizì yú shībài de àohuǐ ▶再生の～はやはり家族の理解です/从新做人的原动力在于家庭的理解 cóngxīn zuòrén de yuándònglì zàiyú jiātíng de lǐjiě

ケントし【ケント紙】 肯特纸 kěntèzhǐ (英 *Kent paper*)

けんどじゅうらい[ちょうらい]【捲土重来】
ことわざ 捲土重来 juǎn tǔ chóng lái; 东山再起 Dōngshān zài qǐ

けんない【圏内】 范围内 fànwéinèi; 圈内 quānnèi (英 *within...*) ▶合格～にいる/在合格范围内 zài hégé fànwéinèi ▶駅から徒歩10分～のマンション/离车站十分钟路程的公寓 lí chēzhàn shí fēnzhōng lùchéng de gōngyù ▶通勤～へ引っ越す/搬家到能通勤的圈内 bānjiā dào néng tōngqín de quānnèi ▶当選～にある/在可望当选的圈内 zài kěwàng dāngxuǎn de quānnèi

げんなりする 厌烦 yànfán; 腻烦 nìfan; 疲惫 píbèi (英 *be fed up*) ▶煩わしい手続きが多くて全く～するよ/繁杂的手续太多真烦死人了 fánzá de shǒuxù tài duō zhēn fán sǐrén le ▶あんまり暑くて～する/太热了，浑身没力气 tài rè le, húnshēn méi lìqi ▶毎日カップラーメンで～する/每天都是方便面，都腻了 měitiān dōu shì fāngbiànmiàn, dōu nì le

げんに【現に】 实际 shíjì; 确实 quèshí; 眼前 yǎnqián (英 *actually*) ▶私は～それを見た/我确实看见了 wǒ quèshí kànjiàn le ▶証人はたくさんいる，～植松君もその一人だ/有很多证人，这位植松君就是一个 yǒu hěn duō zhèngren, zhè wèi Zhísōng jūn jiùshì yí ge

けんにょう【検尿する】 验尿 yànniào (英 *test one's urine*) ▶～を受ける/接收验尿 jiēshòu yànniào

けんにん【兼任する】 兼任 jiānrèn; 兼职 jiānzhí (英 *hold the additional post*) ▶～講師/兼职讲师 jiānzhí jiǎngshī ▶当分会長が社長を～することになった/暂且由会长兼任总经理 zànqiě yóu huìzhǎng jiānrèn zǒngjīnglǐ

けんにんふばつ【堅忍不抜】 坚苦卓绝 jiānkǔ zhuójué; 坚忍不拔 jiān rěn bù bá (英 *perseverance*) ▶～の精神でやり遂げてもらいたい/希望你以坚忍不拔的精神完成任务 xīwàng nǐ yǐ jiān rěn bù bá de jīngshén wánchéng rènwu

けんのう【献納する】 贡奉 gòngfèng; 捐赠 juānzèng; 敬献 jìngxiàn (英 *present; offer*) ▶神社に石灯篭を～する/向神社贡奉石灯笼 xiàng shénshè gòngfèng shídēnglong

げんば【現場】 现场 xiànchǎng (英 *a scene; a spot*) ▶～に到着する/到达现场 dàodá xiànchǎng ▶～に居合わせる/在场 zàichǎng ▶事故～に居合わせる/碰巧在事发现场 pèngqiǎo zài shìfā xiànchǎng ▶～監督/监工 jiāngōng ▶教育の現状と課題/教育实践的现状及问题 jiàoyù shíjiàn de xiànzhuàng jí wèntí ▶殺しの～に急行する/赶到凶杀现场 gǎndào xiōngshā xiànchǎng ▶密売の～を押さえる/现场抓获违法贩卖的罪犯 xiànchǎng zhuāhuò wéifǎ fànmài de zuìfàn ▶～の教師の声を聞け/倾听教学第一线的教师呼声 qīngtīng jiàoxué dìyīxiàn de jiàoshī hūshēng
◆建築～/建筑工地 jiànzhù gōngdì ～検証/验查现场 yànchá xiànchǎng ～取材/现场采访 xiànchǎng cǎifǎng

けんばいき【券売機】 售票机 shòupiàojī (英 *a ticket machine*) ▶～で切符を買う/在售票机买票 zài shòupiàojī mǎi piào

げんばく【原爆】 原子弹 yuánzǐdàn (英 *an atomic bomb*) ▶日本の都市に～を落とす/向日本的城市投放原子弹 xiàng Rìběn de chéngshì tóufàng yuánzǐdàn ▶～資料館/原子弹爆炸资料馆 yuánzǐdàn bàozhà zīliàoguǎn ▶～ドーム/原子弹爆炸遗留下的圆型屋顶 yuánzǐdàn bàozhà yíliúxià de yuánxíng wūdǐng ▶～症/原子弹放射病 yuánzǐdàn fàngshèbìng ▶～の日/原子弹爆炸的日子 yuánzǐdàn bàozhà de rìzi ▶～の悲劇を後世に伝える/把原子弹爆炸的悲剧传给后人 bǎ yuánzǐdàn bàozhà de bēijù chuángěi hòurén

げんばつ【厳罰】 严厉惩罚 yánlì chéngfá; 严惩 yánchéng (英 *a severe punishment*) ▶～に処する/严惩 yánchéng ▶～主義で臨む/采取严惩态度 cǎiqǔ yánchéng tàidù

げんぱつ【原発】 《発電所》核电 hédiàn (英 *a nuclear power plant*) ▶～事故/核电事故 hédiàn shìgù ▶～の安全神話がくずれる/核电站的安全神话崩溃了 hédiànzhàn de ānquán shénhuà bēngkuì le

けんばん【鍵盤】 键盘 jiànpán (英 *a keyboard*) ▶～楽器/键盘乐器 jiànpán yuèqì

げんぱん【原版】 〔印刷〕原版 yuánbǎn (英 *the original plate*)

けんび【兼備する】 兼备 jiānbèi; 兼而有之 jiān ér yǒu zhī (英 *combine*) ▶最近の女性はみな才色～です/最近的女性个个都是才色兼备 zuìjìn de nǚxìng gègè dōu shì cáisè jiānbèi ▶美しさと機能性を～する/美观和实用性兼而有之 měiguān hé shíyòngxìng jiān ér yǒu zhī

けんびきょう【顕微鏡】 显微镜 xiǎnwēijìng (英 *a microscope*) ▶1000倍の～/一千倍的显微镜 yìqiān bèi de xiǎnwēijìng ▶～で調べる/

显微镜查 yòng xiǎnwēijìng chá
♦電~|电子显微镜 diànzǐ xiǎnwēijìng

けんぴつ【健筆】(英) *a powerful pen*) ▶80 を過ぎてなお~をふるう/年过八旬写作精神还很旺盛 nián guò bā xún xiězuò jīngshén hái hěn wàngshèng ▶~家/多产的作家 duōchǎn de zuòjiā

げんぴん【現品】 现货 xiànhuò; 实物 shíwù (英) *the actual article*) ▶~限り/只限现货 zhǐ xiàn xiànhuò ▶~限り定価の半額/只限现货，按定价的半价出售 zhǐ xiàn xiànhuò, àn dìngjià de bànjià chūshòu

けんぶつ【見物】 参观 cānguān; 游览 yóulǎn (英) *visit; see the sights of...*) ▶高みの~を決め込む/袖手旁观 xiùshǒu pángguān ▶~人/观客 guānkè ▶~席/观看席 guānkànxí ▶屋上で花火を~する/在屋顶看烟火 zài wūdǐng kàn yānhuǒ ▶西安市内を~する/参观西安市容 cānguān Xī'ān shìróng ▶大勢の人がパレードに出てきた/很多人都上街观看游行 hěn duō rén dōu shàngjiē guānkàn yóuxíng ▶~の野次馬/看热闹的人 kàn rènao de rén

げんぶつ【現物】 实物 shíwù; 现货 xiànhuò (英) *the actual thing*) ▶~支給の賃金/用实物支付的工资 yòng shíwù zhīfù de gōngzī ▶~を展示する/展出实物 zhǎnchū shíwù ▶写真でなく~を見せてくれ/别给我看照片，给我看实物 bié gěi wǒ kàn zhàopiàn, gěi wǒ kàn shíwù ▶現金でなく~で支払う/不用现金，用实物支付 bú yòng xiànjīn, yòng shíwù zhīfù
♦~価格|现货价格 xiànhuò jiàgé ~取引|现货交易 xiànhuò jiāoyì

けんぶん【見聞】 识见 jiànshí; 见闻 jiànwén (英) *knowledge; experience*) ▶~を広める/开眼 kāiyǎn; 长见识 zhǎng jiànshí ▶~録/见闻录 jiànwénlù ▶~をするため現地に行く/为了观察实际情况前往现场 wèile guānchá shíjì qíngkuàng qiánwǎng xiànchǎng ▶僕は~が狭いから…/我的见识肤浅，所以… wǒ de jiànshi fūqiǎn, suǒyǐ

けんぶん【検分する】 现场检查 xiànchǎng jiǎnchá (英) *inspect; examine; look over*) ▶下~する/摸底调查 mōdǐ diàochá ▶工事の進行状況の~にやってきた/前来现场检查工程的进展情况 qiánlái xiànchǎng jiǎnchá gōngchéng de jìnzhǎn qíngkuàng

げんぶん【原文】 原文 yuánwén (英) [本文] *the original text*) ▶~のまま再録する/如实地抄录原文 rúshí de chāolù yuánwén ▶~に忠実に訳す/忠实地翻译原文 zhōngshí de fānyì yuánwén ▶~と訳文にずれがある/原文和译文有偏差 yuánwén hé yìwén yǒu piānchā ▶~の微妙なニュアンスは訳せない/原文细微的含意翻译不出来 yuánwén xìwēi de hányì fānyìbuchūlái ▶条約の~/条约的原文 tiáoyuē de yuánwén ▶~で読む/读原文 dú yuánwén

げんぶんいっち【言文一致】 言文一致 yánwén yízhì (英) *the unification of the written and spoken language*) ▶~の文体で小説を書く/用言文一致的文体写小说 yòng yánwén yízhì de wéntǐ xiě xiǎoshuō

けんぺい【憲兵】(英) *a military policeman*) ▶~に連行される/被宪兵带走 bèi xiànbīng dàizǒu

けんぺいりつ【建蔽率】 〖建築〗建筑面积比率 jiànzhù miànjī bǐlǜ; 建筑面积占宅基地的比率 jiànzhù miànjī zhàn zháijīdì de bǐlǜ (英) *building coverage*) ▶~ 50%/建筑面积为百分之五十 jiànzhù miànjīlǜ wéi bǎi fēn zhī wǔshí

けんべん【検便】 验便 yànbiàn (英) *an examination of feces*) ▶~で直腸の癌が見つかった/验便查出了直肠癌 yànbiàn cháchūle zhícháng'ái

げんぼ【原簿】 原本 yuánběn; 底册 dǐcè; 清册 qīngcè (英) *the original register*; [簿記] *a ledger*) ▶戸籍~と照合する/核对户口原本 héduì hùkǒu yuánběn ▶~に記入する/记入底册 jìrù dǐcè ▶登録~/注册原本 zhùcè yuánběn

けんぽう【拳法】 拳术 quánshù; 拳脚 quánjiǎo (英) *a Chinese martial art*) ▶~家/拳师 quánshī ▶少林寺~/少林拳 shàolínquán

けんぽう【憲法】 宪法 xiànfǎ (英) *a constitution*) ▶~を制定する/制定宪法 zhìdìng xiànfǎ ▶~草案/宪法草案 xiànfǎ cǎo'àn ▶~ 9 条/宪法第九条 xiànfǎ dìjiǔ tiáo ▶日本の平和~/日本的和平宪法 Rìběn de hépíng xiànfǎ ▶~違反の疑いがある/有违反宪法的嫌疑 yǒu wéifǎn xiànfǎ de xiányí ▶思想の自由は~で保障された権利だ/思想自由是受到宪法保障的权利 sīxiǎng zìyóu shì shòudào xiànfǎ bǎozhàng de quánlì
♦~改正|修改宪法 xiūgǎi xiànfǎ ~学者|宪法学者 xiànfǎ xuézhě ~記念日|宪法纪念日 Xiànfǎ jìniànrì ~発布|颁布宪法 bānbù xiànfǎ

げんぽう【減俸する】 减薪 jiǎnxīn (英) *cut someone's salary*) ▶~処分/减薪处分 jiǎnxīn chǔfen ▶3 ヶ月 10%の~処分を食らう/受到三个月减薪百分之十的处分 shòudào sān ge yuè jiǎnxīn bǎi fēn zhī shí shí de chǔfen

けんぼうじゅっすう【権謀術数】 权术 quánshù (英) *trickery; Machiavellism*) ▶~に長(た)けた人物/擅长权术的人物 shàncháng quánshù de rénwù

けんぼうしょう【健忘症】〖医〗健忘症 jiànwàngzhèng (英) *temporary amnesia*) ▶若年性~/年轻人的健忘症 niánqīngrén de jiànwàngzhèng ▶私はひどい~でね/我有挺厉害的健忘症 wǒ yǒu tǐng lìhai de jiànwàngzhèng

げんぼく【原木】 原木 yuánmù; 木材 mùcái (英) *raw timber*) ▶山から~を切り出す/从山里砍伐出木材来 cóng shānli kǎnfáchū mùcái lái

けんぽん【献本】 奉送书籍 fèngsòng shūjí; 奉送的书籍 fèngsòng de shūjí (英) *a complimentary copy*) ▶先輩に~/把作品赠送给前辈 bǎ zuòpǐn zèngsòng gěi qiánbèi

げんぽん【原本】 正本 zhèngběn; 原著 yuán-

けんま zhù 英 *the original book*）▶~に当たって確認する/查原著确认 chá yuánzhù quèrèn ▶契約書~/合同正本 hétong zhèngběn

けんま【研磨】 研磨 yánmó（英 *polish*; *grind*）▶ダイヤモンドを~する/打光金刚石 dǎguāng jīngāngshí ▶天体望遠鏡のレンズ表面を~する/研磨天体望远镜镜头的表面 yánmó tiāntǐ wàngyuǎnjìng jìngtóu de biǎomiàn ◆~機/研磨机 yánmójī ~剤/研磨剂 yánmójì

げんまい【玄米】《食品》糙米 cāomǐ（英 *unpolished rice*）▶~ダイエット/吃糙米减肥 chī cāomǐ jiǎnféi ▶~食/糙米饭 cāomǐfàn

けんまく【剣幕】 气焰嚣张 qìyàn xiāozhāng（英 *a fierce attitude*）▶すごい~で迫る/咄咄逼人 duōduō bī rén ▶あまりの~に、僕は何も言えなかった/气势逼人,让人什么也说不出来 qìshì bī rén, ràng rén shénme yě shuōbuchūlái

げんみつ【厳密】 严格 yángé; 严密 yánmì; 周密 zhōumì（英 *strict*）▶~な意味で言えば彼の過失ではない/从严格的意义讲,那也不能算他的过失 cóng yángé de yìyì jiǎng, nà yě bùnéng suàn tā de guòshī ▶公私を~に区別する/严格地区分公私之别 yángé de qūfēn gōngsī zhī bié ▶~に身元を調べる/严密调查身份 yánmì diàochá shēnfen

けんむ【兼務する】 兼任 jiānrèn; 兼职 jiānzhí（英 *hold an office in addition*）▶当分は首相が外務大臣を~/暂时由首相兼任外务大臣 zànshí yóu shǒuxiàng jiānrèn wàiwù dàchén

けんめい【賢明な】 贤明 xiánmíng; 明智 míngzhì（英 *wise*）▶それは~な選択とは言えない/那不是一个明智的选择 nà bú shì yí ge míngzhì de xuǎnzé ▶そこで思いとどまったのは~だった/在此打消念头是明智的 zài cǐ dǎxiāo niàntou shì míngzhì de

けんめい【懸命な】 拼命 pīnmìng; 狠命 hěnmìng（英 *earnest*; *eager*）▶~に努力する/竭尽全力 jiéjìn quánlì ▶~に働く/拼命工作 pīnmìng gōngzuò ▶~に生きた人々の物語/顽强生活的人们的故事 wánqiáng shēnghuó de rénmen de gùshi ▶子供たちが~にボールを追っている/孩子们拼命追着球 háizimen pīnmìng zhuīzhe qiú ▶あなた方の~な姿に打たれました/被你们竭尽全力的行为所感动 bèi nǐmen jiéjìn quánlì de xíngwéi suǒ gǎndòng

げんめい【言明する】 申明 shēnmíng; 说明 shuōmíng; 明说 míngshuō（英 *declare*; *assert*）▶我々は断固反対であることを再度~する/我们重申我们坚决反对的立场 wǒmen chóngshēn wǒmen jiānjué fǎnduì de lìchǎng ▶市長は時期についての~を避けた/市长回避说明日期 shìzhǎng huíbì shuōmíng rìqī ▶それは~できない/那个不能明说 nàge bùnéng míngshuō

げんめい【厳命する】 严命 yánmìng; 严令 yánlìng（英 *give strict orders*）▶これは社長の~だから誰も逆らえない/这是总经理的严格命令,谁也不能违反 zhè shì zǒngjīnglǐ de yángé mìnglìng, shéi yě bùnéng wéifǎn ▶主治医の~とあれば断酒せざるを得ない/是主治医生的严命的话,也只好戒酒了 shì zhǔzhì yīshēng de yánmìng dehuà, yě zhǐhǎo jièjiǔ le ▶部長から休日出勤を~された/处长下了死命令,假日也得上班 chùzhǎng xiàle sǐmìnglìng, jiàrì yě děi shàngbān

げんめつ【幻滅する】 幻灭 huànmiè; 失望 shīwàng（英 *be disillusioned*）▶やっと登った山頂がゴミだらけで~した/好不容易爬到山顶,到处都是垃圾,真让人失望 hǎobù róngyì pádào shāndǐng, dàochù dōu shì lājī, zhēn ràng rén shīwàng ▶彼女のどぎつい化粧に~を感じる/那个女人涂脂抹粉的,让人扫兴 nàge nǚrén tú zhī mǒ fěn de, ràng rén sǎoxìng

げんめん【減免する】 减免 jiǎnmiǎn（英 *remit*）▶私費留学生の授業料を~する/减免私费留学生的学费 jiǎnmiǎn sīfèi liúxuéshēng de xuéfèi

けんもほろろに 极其冷淡 jíqí lěngdàn; 冷冰冰 lěngbīngbīng（英 *flatly*）▶~に断わる/断然拒绝 duànrán jùjué ▶彼は~に突っぱねた/他极其冷淡地拒绝了 tā jíqí lěngdàn de jùjué le

けんもん【検問】 查问 cháwèn（英 *inspection*）▶~所/关卡 guānqiǎ; 卡子 qiǎzi ▶~にひっかかり/遭到查问 zāodào cháwèn ▶途中銃を持った兵士が~する/中途拿着枪的士兵查问 zhōngtú názhe qiāng de shìbīng cháwèn

げんや【原野】 原野 yuányě（英 *a plain*; *wild country*）▶~に開拓の鍬を入れる/开拓原野 kāituò yuányě

けんやく【倹約する】 俭省 jiǎnshěng; 节约 jiéyuē（英 *save*; *economize*）▶~とけちとは違う/节约和吝啬是两回事 jiéyuē hé lìnsè shì liǎng huí shì ▶バス代を~して歩く/节省汽车钱走路 jiéshěng qìchēqián zǒulù ◆~家 节俭的人 jiéjiǎn de rén

げんゆ【原油】 原油 yuányóu（英 *raw oil*）▶~高がいっそう進む/原油价格进一步上涨 yuányóu jiàgé jìn yí bù shàngzhǎng

げんゆう【現有の】 现有 xiànyǒu; 现存的 xiàncún de（英 *present*; *current*）▶~勢力/现有的力量 xiànyǒu de lìliang ▶各党の~議席/各党的现有议席 gè dǎng de xiànyǒu yìxí ▶~兵力/现有兵力 xiànyǒu bīnglì

けんよう【兼用する】 两用 liǎngyòng; 兼用 jiānyòng（英 *use... together*）▶男女~の腕時計/男女兼用的手表 nánnǚ jiānyòng de shǒubiǎo ▶晴雨~の傘/晴雨兼用伞 qíng yǔ jiānyòng sǎn ▶この食卓は机~です/这张饭桌兼作书桌使用 zhè zhāng fànzhuō jiānzuò shūzhuō shǐyòng

けんらん【絢爛たる】 灿烂 cànlàn; 绚烂耀眼 xuànlàn yàoyǎn（英 *gorgeous*; *brilliant*）▶~たる王朝文化/绚烂的王朝文化 xuànlàn de wángcháo wénhuà ▶~たる格調高い文体/华丽高雅的文体 huálì gāoyǎ de wéntǐ

けんり【権利】 权利 quánlì（英 *a right*; *a claim*）▶~を主張する/主张权利 zhǔzhāng quánlì ▶児童の~に関する条約/关于儿童权

利的条约 guānyú értóng quánlì de tiáoyuē ▶ 〜と義務は不可分だ/权利和义务是分不开的 quánlì hé yìwù shì fēnbukāi de ▶ 人間固有の〜/人类固有的权利 rénlèi gùyǒu de quánlì ▶ 何の〜があってそんなことをするんだ/你有什么权利这么做 nǐ yǒu shénme quánlì zhème zuò ▶ 〜意識を高める/提高权利意识 tígāo quánlì yìshí ◆〜金 转让费 zhuǎnràngfèi；权利金 quánlìjīn 〜書 权利证书 quánlì zhèngshū

げんり【原理】 道理 dàolǐ；原理 yuánlǐ（英 *a principle*）▶ 自然淘汰(とうた)の〜/自然淘汰的法则 zìrán táotài de fǎzé ▶ 太陽電池の〜/太阳电池的原理 tàiyáng diànchí de yuánlǐ ▶ イスラム〜主義/伊斯兰教原理主义 Yīsīlánjiào yuánlǐ zhǔyì ▶ 市場〜主義はまやかしだ/市场原理主义是一种欺瞞 shìchǎng yuánlǐ zhǔyì shì yì zhǒng qīmán

げんりゅう【源流】 源流 yuánliú；源头 yuántóu；起源 qǐyuán（英 *headwaters*）▶ 黄河の〜をたどる/追溯黄河的源头 zhuīsù Huánghé de yuántóu ▶ 茶道の〜はどこにあるか/茶道的起源在哪儿？chádào de yuánlǐ zài nǎr?

げんりょう【原料】 原料 yuánliào；材料 cáiliào（英 *raw material*）▶ 〜費が割高になった/材料费相对变贵了 cáiliàofèi xiāngduì biàn guì le ▶ 紹興酒の〜はもち米です/绍兴酒的原料是糯米 shàoxīngjiǔ de yuánliào shì nuòmǐ

げんりょう【減量する】 减量 jiǎnliàng；减轻体重 jiǎnqīng tǐzhòng（英 *slim down*）▶ 可燃ゴミを〜する/减少可燃垃圾 jiǎnshǎo kěrán lājī ▶ 運動だけで〜するのは無理です/光靠运动减肥是不可能的 guāng kào yùndòng jiǎnféi shì bùkěnéng de ▶ 彼を〜に苦しんでいる/他的减肥过程很艰难 tā de jiǎnféi guòchéng hěn jiānnán ▶ 彼は1週間で3キロ〜した/他一个星期体重减了三公斤 tā yí ge xīngqī tǐzhòng jiǎnle sān gōngjīn

けんりょく【権力】 权力 quánlì（英 *power; authority*）▶ 〜を握る/当权 dāngquán；掌权 zhǎngquán ▶ 国家〜を行使する/行使国家权力 xíngshǐ guójiā quánlì ▶ 一手に〜をふるう/独断地行使权力 dúduàn de xíngshǐ quánlì；独揽大权 dúlǎn dàquán ▶ 〜を失う/失去权力 shīqù quánlì ▶ 〜の座につく/登上权力的宝座 dēngshàng quánlì de bǎozuò ▶ あの男は〜欲のかたまりだ/那个人满脑子权欲 nàge rén mǎn nǎozi quányù ▶ 国家〜の介入/国家权力的介入 guójiā quánlì de jièrù ◆〜者 掌权者 zhǎngquánzhě ▶ 〜者の鼻息をうかがう/仰仗权势 yǎngzhàng quánshì 〜闘争 权力斗争 quánlì dòuzhēng

けんろう【堅牢な】 牢固 láogù；坚固 jiāngù（英 *strong; solid; firm*）▶ 〜な建物/牢固的建筑 láogù de jiànzhù ▶ 倉庫はとりわけ〜につくられている/仓库建得尤其坚固 cāngkù jiàndé yóuqí jiāngù

げんろう【元老】（英 *an elder statesman*）▶ 政界の〜/政界的元老 zhèngjiè de yuánlǎo ▶ 实业界の〜/实业界的元老 shíyèjiè de yuánlǎo

げんろん【言論】 言论 yánlùn（英 *speech and writing*）▶ 〜統制を敷く/统制言论 tǒngzhì yánlùn ▶ 〜の自由を制限する/限制言论自由 xiànzhì yánlùn zìyóu ▶ 〜の弾圧/压制言论 yāzhì yánlùn ▶ 〜機関の役割/言论机关的职责 yánlùn jīguān de zhízé ▶ 〜活動 yánlùn huódòng

げんろん【原論】 原论 yuánlùn（英 *principles*）▶ 政治学〜/政治学基本理论 zhèngzhìxué jīběn lǐlùn ▶ ユークリッド〜/欧几里德原论 Ōujīlǐdé yuánlùn

げんわく【幻惑する・眩惑する】 迷惑 míhuò；蛊惑 gǔhuò；眩惑 xuànhuò（英 *dazzle; be fascinated*）▶ 人を〜する占い師/蛊惑人的卜卦师 gǔhuò rén de bǔguàshī ▶ 顔の美しさに〜されて何も聞いていなかった/被她的美貌所迷惑，什么也没听进去 bèi tā de měimào suǒ míhuò, shénme yě méi tīngjìnqu ▶ 真相をカムフラージュして読者を〜する/掩盖真相蛊惑读者 yǎngài zhēnxiàng gǔhuò dúzhě ▶ 華麗な弁舌が我々を〜した/华丽的言论把我们蛊惑了 huálì de yánlùn bǎ wǒmen gǔhuò le

こ

こ【子】 ❶[自分の]子女 zǐnǚ（[男] *a boy*；[女] *a girl*）▶ うちの〜は来ていませんか/我家的孩子来了吗？wǒ jiā de háizi láile ma? ❷[幼児]孩子 háizi；小孩儿 xiǎoháir（英 *a child*）▶ 小さな〜に道をきいた/向小孩子问路 xiàng xiǎoháizi wèn lù ❸[動物の]崽子 zǎizi（英 *the young; a cub*）▶ うちの猫が〜を産みました/我家的猫生小猫了 wǒ jiā de māo shēng xiǎomāo le

ことわざ 子をもって知る親の恩 养儿方知父母恩 yǎng ér fāng zhī fùmǔ ēn

◆〜会社 子公司 zǐgōngsī ◆〜育て 育儿 yù'ér

こ【戸】 户 hù；人家 rénjiā（英 *a house; a door*）▶ 洪水で集落の50〜が孤立した/洪水把村落里的五十户人家围困住了 hóngshuǐ bǎ cūnluòli de wǔshí hù rénjiā wéikùnzhù le ▶ ようやく〜建ての家を購入しました/总算买上了独门独院的房子 zǒngsuàn mǎishàngle dúmén dúyuàn de fángzi

こ【弧】 弧 hú（英 *an arc*）▶ 〜を描く/形成抛物线 xíngchéng pāowùxiàn ▶ ボールが〜を描いてスタンドまで飛んだ/球划出一个弧线飞进观众席 qiú huàchū yí ge húxiàn fēijìn guānzhòngxí

こ【故】 已故 yǐgù（英 *the late...*）▶ 藤村博士の墓に詣でる/参拜已故藤村博士的陵墓 cānbài yǐgù Téngcūn bóshì de língmù

こ【個】 ❶[一人・一つ]个 gè；自我 zìwǒ（英 *one; a piece*）▶ 〜を生かす/发挥自己的特长

fāhuī zìjǐ de tècháng ▶ ❷【単位】个 ge ▶リンゴ 3 ～とミカン 10 ～を買う/买三个苹果和十个橘子 mǎi sān ge píngguǒ hé shí ge júzi

ご【五】 五 wǔ;〈大字〉伍 wǔ (英 five) ▶～感と一官/五感与五官 wǔgǎn yǔ wǔguān ▶～体満足に生まれる/出生时全身健全 chūshēng shí quánshēn jiànquán ▶～重塔の姿に見とれる/陶醉在五重塔的雄姿里 táozuì zài wǔchóngtǎ de xióngzīlǐ

ご【碁】围棋 wéiqí (英 go; a board game) ▶～を打つ/下围棋 xià wéiqí ▶～を打つだけが老後の楽しみだ/老后的乐趣只是下围棋 lǎo hòu de lèqù zhǐshì xià wéiqí
◆～石：棋子儿 qízǐ; 棋子儿 qízǐr ▶～石がいいと実力以上に打てるそうだ/棋子儿好的话，总觉着自己的本事也会提高 qízǐr hǎo de huà, zǒng juézhe zìjǐ de běnshì yě huì tígāo ▶～がたきは可愛くて憎い/围棋的对手又可爱又可恨 wéiqí de duìshǒu yòu kě'ài yòu kěhèn ～盤：棋盘 qípán ▶彼はいそいそと一盤を持ち出した/他兴致勃勃地把棋盘端出去了 tā xìng zhì bó bó de bǎ qípán duānchūqu le

ご【語】（単語）语 yǔ; 话 huà (英 a word) ▶次の～の意味を記せ/请写出以下词语的意思 qǐng xiěchū yǐxià cíyǔ de yìsi ▶6 万～収録の辞書/收录六万词语的词典 shōulù liùwàn cíyǔ de cídiǎn ▶日本人一って難しいね/日语挺难的啊 Rìyǔ tǐng nán de a ▶現代人は外国～を学ばなくちゃ/现代人不学外语可不行 xiàndàirén bù xué wàiyǔ kě bùxíng

-ご【-後】after...; since... ▶試合一のインタビュー/比赛后的采访 bǐsài hòu de cǎifǎng ▶試験が 1 週間～に迫っている/离考试只有一周了 lí kǎoshì zhǐ yǒu yì zhōu le ▶その～消息がとだえた/那之后，没有消息了 nà zhīhòu, méiyǒu xiāoxi le ▶50 年～の自分なんて想像できない/无法想像五十年后的自己 wúfǎ xiǎngxiàng wǔshí nián hòu de zìjǐ

コア (a core) ▶彼ら 3 人が研究会の～となっている/他们三个人构成了研究会的核心力量 tāmen sān ge rén gòuchéngle yánjiūhuì de héxīn lìliang

コアラ〔動物〕考拉 kǎolā; 树袋熊 shùdàixióng (英 a koala) ▶動物園に新たに 3 匹の～が入った/动物园里新来了三只袋熊 dòngwùyuánlǐ xīn láile sān zhī dàixióng

こい【故意に】成心 chéngxīn; 故意 gùyì; 有心 yǒuxīn (英 intentionally) ▶～ではなく，偶然である/不是有意，而是偶然 bú shì yǒuyì, ér shì ǒurán ▶向こうから～に肩をぶつけてきた/对方故意撞了我的肩膀 duìfāng gùyì zhuàngle wǒ de jiānbǎng

こい【恋】恋爱 liàn'ài (英 love) ▶～をする/谈恋爱 tán liàn'ài ▶～のワナに落ちる/陷入情网 xiànrù qíngwǎng ▶～に破れる/失恋 shīliàn ▶～は盲目/恋爱是盲目的 liàn'ài shì mángmù de ▶～に破れて人は成長する/失恋使人成长 shīliàn

shǐ rén chéngzhǎng ▶～煩いにはどんな薬も効かない/什么药也治不了相思病 shénme yào yě zhìbuliǎo xiāngsībìng ▶こうなっては百年の～も冷める/这样一来，再热烈的爱情也会冷却 zhèyàng yīlái, zài rèliè de àiqíng yě huì lěngquè ▶～をすると人は美しくなる/恋爱使人变得美丽 liàn'ài shǐ rén biànde měilì

こい【濃い】❶【色・味】(色) 深 shēn (英 heavy; strong); (味) 浓 nóng (英 dark; deep) ▶～お茶を飲むと眠れなくなる/喝浓茶会睡不着觉 hē nóngchá huì shuìbuzháo jiào ▶病人には味が濃すぎる/对病人来说，这味儿太重 duì bìngrén láishuō, zhè wèir tài zhòng ▶背景の青を濃くする/把背景的蓝颜色加深 bǎ bèijǐng de lányánsè jiāshēn
❷【成分】浓 nóng (英 thick) ▶いつになく霧が～い（今天）雾比往日浓 (jīntiān) wù bǐ wǎngrì nóng
❸【密度】浓密 nóngmì (英 dense; thick) ▶うちの一族は眉毛が～/我们家族的人眉毛都很浓 wǒmen jiāzú de rén méimao dōu hěn nóng ▶密度の～よい論文である/内容充实的好论文 nèiróng chōngshí de hǎo lùnwén ▶败色が濃くなった/败北的迹象明显了 bàibèi de jìxiàng míngxiǎn le

コイ【鯉】〔魚〕鲤鱼 lǐyú (英 a carp) ▶池にたくさんの～を飼っている/池塘里养了不少鲤鱼 chítánglǐ yǎngle bùshǎo lǐyú

ごい【語彙】词汇 cíhuì; 语汇 yǔhuì (英 a vocabulary) ▶～が豊富だ/词汇很丰富 cíhuì hěn fēngfù ▶いま関連の～を集めているところだ/现在正在收集相关词汇 xiànzài zhèngzài shōují xiāngguān cíhuì ▶あの男は基本～さえ欠けている/他连最基本的词汇都很贫乏 tā lián zuì jīběn de cíhuì dōu hěn pínfá ▶彼は～が豊富[貧弱]である/他措辞丰富[贫乏] tā cuòcí fēngfù [pínfá]

こいがたき【恋敵】情敵 qíngdí (英 a rival in love) ▶親友がこの日を境に～となった/从这一天起，亲密的朋友变成了情敌 cóng zhè yì tiān qǐ, qīnmì de péngyou biànchéngle qíngdí

こいき【小意気な・小粋な】标致 biāozhì; 俏皮 qiàopí; 酷 kù (英 stylish; smart; chic) ▶彼女の帽子が～に見える/她的帽子显得很酷 tā de màozi xiǎnde hěn kù

こいごころ【恋心】恋慕之情 liànmù zhī qíng (英 love) ▶僕はあの人に淡い～を抱いていた/我曾经对她怀有淡淡的恋情 wǒ céngjīng duì tā huáiyǒu dàndàn de liànqíng

こいし【小石】石头子儿 shítouzǐr; 石子儿 shízǐr (英 a pebble; a small stone) ▶自動車のタイヤが～をはねた/汽车的轮胎把石头子儿弹了起来 qìchē de lúntāi bǎ shítouzǐr tánleqǐlai

こいしい【恋しい】怀念 huáiniàn; 想念 xiǎngniàn; 爱慕 àimù (英 miss) ▶日暮れになると故郷が～一到傍晚，就思念故乡 yí dào bàngwǎn, jiù sīniàn gùxiāng ▶親父はしきりに村の桑

畑を恋しがっていた/父亲时常怀念村里的桑田 fùqīn shícháng huáiniàn cūnli de sāngtián

こいしたう【恋い慕う】 爱恋 àiliàn; 倾心 qīngxīn (英 *long for...*) ▶彼女を～彼の気持ちは変わらなかった/他对她的爱恋之情没有改变 tā duì tā de àiliàn zhī qíng méiyǒu gǎibiàn

こいつ【此奴】 这个家伙 zhège jiāhuo (英 *this fellow*) ▶～に分かるように話してくれ/帮我说明一下,让这个家伙也能听懂 bāng wǒ shuōmíng yíxià, ràng zhège jiāhuo yě néng tīngdǒng

こいぬ【小犬】 小狗 xiǎogǒu (英 *a little dog*; [子] *a puppy*) ▶～が足にじゃれついてくる/小狗围着主人的脚耍闹 xiǎogǒu wéizhe zhǔrén de jiǎo shuǎ nào ▶祖父が～を連れて散歩に行った/祖父牵着小狗去散步了 zǔfù qiānzhe xiǎogǒu qù sànbù le

こいねがう【請い願う】 盼望 pànwàng; 渴望 kěwàng (英 *beg*; *request*) ▶私は君の健全な成長を～/我期盼你健康成长 wǒ qīpàn nǐ jiànkāng chéngzhǎng

こいのぼり【鯉幟】 鲤鱼旗 lǐyúqí (英 *carp-shaped streamers*) ▶～を立てる/在院子里竖鲤鱼旗 zài yuànzili shù lǐyúqí ▶校庭の～が五月の風に泳いでいる/校园里的鲤鱼旗在五月的风中飘游 xiàoyuánlǐ de lǐyúqí zài wǔ yuè de fēng zhōng piāoyóu

こいびと【恋人】 对象 duìxiàng; 朋友 péngyou; 恋人 liànrén (英 *a boyfriend*; *a girlfriend*; *a love*) ▶僕は～を両親に引き合わせた/我把女朋友介绍给父母 wǒ bǎ nǚpéngyou jièshào gěi fùmǔ ▶彼女は彼と～になりたかった/她想成为他的对象 tā xiǎng chéngwéi tā de duìxiàng ▶あなたたちは～同士みたいだ/你们真像是一对恋人 nǐmen zhēn xiàng shì yí duì liànrén

こいぶみ【恋文】 情书 qíngshū (英 *a love letter*) ▶図書館に明治の文豪の～があった/图书馆里收藏着明治时代文豪的情书 túshūguǎnli shōucángzhe Míngzhì shídài wénháo de qíngshū

コイル 线圈 xiànquān (英 *a coil*)

こいわずらい【恋わずらい】 相思病 xiāngsībìng (英 *lovesickness*) ▶～は薬では治らない/吃药是治不好相思病的 chīyào shì zhìbùhǎo xiāngsībìng de

コイン 硬币 yìngbì (英 *a coin*) ▶～投入口/硬币投入口 yìngbì tóurùkǒu ▶幸福と不幸は～の両面のようだ/幸福与不幸就好像一枚硬币的两面 xìngfú yǔ búxìng jiù hǎoxiàng yì méi yìngbì de liǎngmiàn
♦ランドリー/投币式洗衣机 tóubìshì xǐyījī ～ロッカー/投币式存放柜 tóubìshì cúnfàngguì ▶駅の～ロッカーに荷物を預ける/把行李存在车站的投币式存放柜 bǎ xínglǐ cúnzài chēzhàn de tóubìshì cúnfàngguì

こう 这样 zhèyàng (英 *thus*; *so*; *like this*) ▶～なったからには責任をとってもらうよ/既然如此请你承担责任 jìrán rúcǐ qǐng nǐ chéngdān zérèn ▶どうも～もない/根本不成话 gēnběn bùchénghuà ▶～した例は滅多にない/这样的事情很少有 zhèyàng de shìqing hěn shǎo yǒu ▶プロとアマでは～も違うものか/专业跟业余的差距这么大啊 zhuānyè gēn yèyú de chājù zhème dà a ▶ああ言えば～言う/我说东他说西 wǒ shuō dōng tā shuō xī ▶～して僕たちは大人になった/就这样我们长大成人了 jiù zhèyàng wǒmen zhǎngdà chéngrén le

こう【功】（手柄） 功 gōng; 功劳 gōngláo (英 *merits*; *honor*) ▶～成り名を遂ぐ/功成名就 gōng chéng míng jiù ▶～をあせって墓穴を掘る/急功近利自掘坟墓 jí gōng jìn lì zì jué fénmù ▶一時の迷いで多年の～を台無しにする/一时糊涂,使得多年努力功亏一篑 yìshí hútu, shǐde duōnián nǔlì gōng kuī yíkuì
～を奏する 奏效 zòuxiào ▶彼女の捨て身の看護が～を奏した/她奋不顾身地护理, 终于奏效了 tā fèn bú gù shēn de hùlǐ, zhōngyú zòuxiào le

こう【甲】 ❶ [こうら] 甲壳 jiǎqiào (英 *a shell*; [手の] *the back*) ▶亀の～/龟甲 guījiǎ ▶手の～/手背 shǒubèi ▶手の～にしみができている/手背上长了斑点 shǒubèishang zhǎngle bāndiǎn ❷ [契約などの甲] (英 *A*) ▶～は乙に違約金を支払う/甲方向乙方支付违约金 jiǎfāng xiàng yǐfāng zhīfù wéiyuējīn

こう【効】 效验 xiàoyàn (英 [効力] *efficacy*; *virtue*; [効果] *effect*; *result*) ▶～なし/无效 wúxiào ▶薬石の～無く不帰の人となった/金石无效丧命黄泉 jīnshí wúxiào sàngmìng huángquán

こう【香】 香 xiāng (英 *incense*) ▶～を焚く/烧香 shāo xiāng; 焚香 fén xiāng

こう【項】 ❶ [項目] 项目 xiàngmù; 条款 tiáokuǎn; 项 xiàng (英 *a clause*) ▶それは別に～を立てて書こう/那个问题要另立一项来写 nàge wèntí yào lìng lì yí xiàng lái xiě ▶第3条第2～/第三条第二款 dìsān tiáo dì'èr kuǎn ❷ [数学で] 项 xiàng (英 *a term*)

こう【稿】 手稿 shǒugǎo (英 *a manuscript*) ▶わざわざ～を改めるには及ばない/用不着特意重新写稿 yòngbuzháo tèyì chóngxīn xiě gǎo

こう【請う】 请 qǐng; 请求 qǐngqiú; 乞求 qǐqiú (英 *beg*; *request*) ▶教えを～/请教 qǐngjiào; 求教 qiújiào ▶許しを～/请求宽恕 qǐngqiú kuānshù ▶若い世代に教えを請いたい/想请教年轻的一代 xiǎng qǐngjiào niánqīng de yí dài ▶私は神に許しを～た/我向神明请求宽恕 wǒ xiàng shénmíng qǐngqiú kuānshù ▶請われて委員を引き受けた/受邀请,承担了委员之位 shòu yāoqǐng, chéngdānle wěiyuán zhī wèi

ごう【号】 ❶ [雅号] 别号 biéhào (英 *a pen name*) ▶先生は～を橘香という/先生的别号橘香 xiānsheng de yěhào jiào Júxiāng ❷ [雑誌など] 号 hào (英 *an issue*; *a number*) ▶同人誌が～を追って充実している/同人期刊随着发

行期号的增加变得充实了 tóngrén qīkān suízhe fāxíngqīhào de zēngjiā biànde chōngshí le ▶今月〜がまだ届かない/这个月的杂志还没送来 zhège yuè de zázhì hái méi sònglái ▶1〜車で病人が出た/一号车出了病人 yí hào chē chūle bìngrén

ごう【郷】
ことわざ 郷に入っては郷に従え 入乡随俗 rù xiāng suí sú

ごう【業】
(仏教)孽 niè; 业障 yèzhàng (英 karma) ▶〜を煮やす/急得发脾气 jídé fā píqì ▶私は〜を煮やして怒鳴りつけた/我急得大发雷霆 wǒ jídé dà fā léitíng ▶皆〜を背負っている/任何人都要背负着孽障在生活 rènhé rén dōu yào bēifùzhe nièzhàng zài shēnghuó

こうあつ【高圧】
高压 gāoyā (英 high pressure) ▶〜注意/小心高压电 xiǎoxīn gāoyādiàn ▶〜的手段はよくない/用高压手法可不好 yòng gāoyā shǒufǎ kě bù hǎo ▶彼はとかく〜的にものを言う/他总是居高临下地讲话 tā zǒngshì jū gāo lín xià de jiǎnghuà

◆〜線 ：**高压线** gāoyāxiàn ▶家のそばを〜線が走っている/我家旁边通着一条高压电线 wǒ jiā pángbiān tōngzhe yì tiáo gāoyā diànxiàn

こうあん【公安】
公安 gōng'ān (英 public peace and order) ▶それは〜条例で禁止されていた/那种行为违反公安条例 nà zhǒng xíngwéi wéifǎn gōng'ān tiáolì ▶国家〜委员会/国家公安委员会 guójiā gōng'ān wěiyuánhuì ▶铁道〜官/铁路公安人员 tiělù gōng'ān rényuán; 铁路交警 tiělù jiāojǐng

こうあん【考案する】
设计 shèjì; 想出 xiǎngchū (英 devise; invent) ▶これらの道具は彼が〜した物です/这些工具都是由他设计出来的 zhèxiē gōngjù dōu shì yóu tā shèjìchūlái de ▶物は残り〜者は忘れられる/成果还在，而创造成果的人却被遗忘了 chéngguǒ hái zài, ér chuàngzào chéngguǒ de rén què bèi yíwàng le

こうい【好意】
好心 hǎoxīn; 好意 hǎoyì; 善意 shànyì (英 goodwill; kindness) ▶〜を持つ/产生好感 chǎnshēng hǎogǎn; 爱上 àishang ▶静子は勇人君に〜をもっている/静子对勇人产生了好感 Jìngzǐ duì Yǒngrén chǎnshēngle hǎogǎn ▶主任は僕に〜的な扱いをしてくれた/主任十分善待我 zhǔrèn shífēn shàndài wǒ ▶僕はみんなの〜に応えたい/我希望能回报各位的好心 wǒ xīwàng néng huíbào gèwèi de hǎoxīn ▶〜的な解釈をするとそうなるね/出于善意的解释，可以这样理解 chūyú shànyì de jiěshì, kěyǐ zhèyàng lǐjiě

こうい【行為】
行为 xíngwéi; 举动 jǔdòng; 作为 zuòwéi (英 an act; conduct) ▶君の〜はみんなに迷惑だ/你的所作所为给大家添了麻烦 nǐ de suǒ zuò suǒ wéi gěi dàjiā tiānle máfan ▶小さな〜をとがめたてる/为一点小事吹毛求疵 wèi yìdiǎn xiǎoshì chuī máo qiú cī ▶口先でなく、で示せ/别光动嘴，请付诸行动 bié guāng dòng zuǐ, qǐng fù zhū xíngdòng ▶これは正当な商〜

だ/这是正当的商业行为 zhè shì zhèngdàng de shāngyè xíngwéi

こうい【厚意】
厚意 hòuyì; 盛意 shèngyì (英 kindness; favor) ▶御〜を有り難く頂戴する/荣幸地接受您的厚意 róngxìng de jiēshòu nín de hòuyì; 领情 lǐng qíng ▶御〜を無にして申し訳ありません/《厚意を辞退》不能领情，实在抱歉 bùnéng lǐng qíng, shízài bàoqiàn; 《期待にそえず》辜负了您的厚意，实在抱歉 gūfùle nín de hòuyì, shízài bàoqiàn ▶御〜が身にしみます/对您的盛情厚意我感激不尽 duì nín de shèngqíng hòuyì wǒ gǎnjī bú jìn

こうい【皇位】
皇位 huángwèi (英 the throne) ▶〜を継承する/继承皇位 jìchéng huángwèi

こうい【校医】
校医 xiàoyī (英 a school doctor) ▶息子の病気について〜に相談する/关于儿子的病情，跟校医商量 guānyú érzi de bìngqíng, gēn xiàoyī shāngliang

こうい【高位】
(英 a high rank) ▶〜高官には厳しい倫理が求められる/对身居高位的人要有严格的伦理约束 duì shēn jū gāowèi de rén yào yǒu yángé de lúnlǐ yuēshù

ごうい【合意する】
同意 tóngyì; 协议 xiéyì (英 reach agreement) ▶両者はようやく〜に達した/双方总算达成了协议 shuāngfāng zǒngsuàn dáchéngle xiéyì ▶〜の上で離婚する/经过协议离婚 jīngguò xiéyì líhūn

> **日中比较** 中国语的'合意 héyì'是'气に入る'ことをいう。▶性格が合我の意/性格合我的意 xìnggé hé wǒ de yì/性格が私の気に入った

こういう
这样 zhèyàng; 这种 zhè zhǒng (英 such; like this) ▶世の中には〜人もいるんだね/世上居然也有这种人 shìshàng jūrán yě yǒu zhè zhǒng rén ▶〜ふうにやってごらん/这样试试看 zhèyàng shìshi kàn ▶〜ことはよくある/这种事不新鲜 zhè zhǒng shì bù xīnxiān

こういき【広域】
大范围 dàfànwéi (英 a wide area) ▶〜捜査を行う/进行大范围的搜查 jìnxíng dàfànwéi de sōuchá

こういしつ【更衣室】
更衣室 gēngyīshì (英 a dressing room; a locker room) ▶〜での噂が広まった/在更衣室里的风言风语蔓延开了 zài gēngyīshìlǐ de fēngyán fēngyǔ mànyánkāi le

こういしょう【後遺症】
〔医〕后遗症 hòuyízhèng (英 aftereffects) ▶私はまだけがの〜に苦しんでいる/我至今还苦于受伤的后遗症 wǒ zhìjīn hái kǔyú shòushāng de hòuyízhèng

こういっつい【好一対】
恰好一对 qiàhǎo yíduì;《夫婦》般配的夫妻 bānpèi de fūqī (英 a good pair)

こういってん【紅一点】
唯一的女性 wéiyī de nǚxìng; 万绿丛中红一点 wànlǜcóng zhōng hóng yì diǎn (英 the only woman in the group) ▶〜の花子さんに意見をもらう/向这里唯一的女士花子请教意见 Huāzǐ qǐngjiào yìjiàn

こういん【工員】
工人 gōngrén (英 a worker)

a mechanic）▶～風の男が通りすぎた/一个工人打扮的男子走了过去 yí ge gōngrén dǎban de nánzǐ zǒuleguòqu

こういん【勾引する・拘引する】拘捕 jūbǔ（英 arrest）▶朝いきなり警察署に～された/一大早就被警察拘捕了 yídàzǎo jiù bèi jǐngchá jūbǔ le
[日中比較] 中国語の'勾引 gōuyǐn'は「異性を引きつける」の意.

こういん【光陰】光阴 guāngyīn；时光 shíguāng（英 time）
[ことわざ] 光陰矢のごとし 光阴似箭 guāngyīn sì jiàn

ごういん【強引な】强行 qiángxíng；硬 yìng（英 forcible; high-prssure）▶～な売り込みが裏目に出た/强硬的推销引起了后悲 qiángyìng de tuīxiāo yǐnqǐle hòuhuàn ▶会議を～に押し切る/用强行推进会议进程 yòng qiángxíng tuījìn huìyì jìnchéng

こうう【降雨】降雨 jiàngyǔ（英 a rainfall; rain）▶一晩で100ミリの～があった/一个晚上下了一百毫米的雨 yí ge wǎnshang xiàle yìbǎi háomǐ de yǔ ▶人工～は難しい/人工降雨很困难 réngōng jiàngyǔ hěn kùnnan

ごうう【豪雨】暴雨 bàoyǔ（英 a heavy rain）▶～で堤防が崩れた/由于暴雨决堤了 yóuyú bàoyǔ juédī le ▶山陰地方に～が予想される/预计山阴地区将有暴雨 yùjì Shānyīn dìqū jiāng yǒu bàoyǔ ▶九州南部に集中～の警報が出た/九州南部发出了局部地区的暴雨警报 Jiǔzhōu nánbù fāchūle júbù dìqū de bàoyǔ jǐngbào

こううりょう【降雨量】雨量 yǔliàng（英 an amount of rainfall）▶～が年間200ミリにも達しない/一年的降雨量还不到二百毫米 yì nián de jiàngyǔliàng hái bú dào èrbǎi háomǐ

こううん【幸運】幸运 xìngyùn；侥幸 jiǎoxìng；好运气 hǎo yùnqi（英 good fortune; luck）▶～に恵まれる/走运 zǒuyùn ▶～に恵まれ続けた人生でした/一辈子走好运 yíbèizi zǒu hǎoyùn ▶彼と知り合ったのが～だった/能结识他是我的福分 néng jiéshí tā shì wǒ de fúfen ▶彼女は～に主役に次ぐ役をもらった/她真幸运，当上了仅次于主角的配角 tā zhēn xìngyùn, dāngshàngle jǐn cìyú zhǔjué de pèijué ▶～を祈る/祝你好运 zhù nǐ hǎoyùn

こううんき【耕運機】耕耘机 gēngyúnjī（英 a cultivator）▶～で田を耕す/用耕耘机耕田 yòng gēngyúnjī gēngtián

こううんりゅうすい【行雲流水】（英 living in a calm and natural manner）▶～，自然体で生きよう/像行云流水那样从容自在地生活吧 xiàng xíng yún liú shuǐ nàyàng cóngróng zìzài de shēnghuó ba

こうえい【公営の】公营 gōngyíng（英 public; municipal）▶～企业/公营企业 gōngyíng qǐyè ▶～企业的赤字がひどい/公营企业的亏损严重 gōngyíng qǐyè de kuīsǔn yánzhòng ▶～住宅/公共住宅 gōnggòng zhùzhái ▶2DKの～住宅に住んでいる/住在二室一厅的公共住宅里 zhùzài èr shì yì tīng de gōnggòng zhùzháili ▶～ギャンブルなら罪にならない/公营的赌博不算犯罪 gōngyíng de dǔbó bú suàn fànzuì

こうえい【光栄】光荣 guāngróng；荣耀 róngyào；荣幸 róngxìng（英 honorable; glorious）▶表彰を受けますことは身に余る～です/受到表彰感到无上荣幸 shòudào biǎozhāng gǎndào wúshàng róngxìng ▶参加できて～に思う/能够参加感到荣耀 nénggòu cānjiā gǎndào róngyào ▶こんな～なことはない/无比荣幸 wúbǐ róngxìng ▶～にも議員に選ばれた/有幸被选为议员 yǒuxìng bèi xuǎnwéi yìyuán

こうえい【後裔】后裔 hòuyì；后代 hòudài（英 a descendant）

こうえい【後衛】后卫 hòuwèi（英 the rear guard）

こうえいへい【紅衛兵】红卫兵 hóngwèibīng（英 the Red Guards）

こうえき【公益】公益 gōngyì（英 the public benefit）▶～事業/公益事业 gōngyì shìyè ▶この事業は～性が高い/这项事业有很高的公益性 zhè xiàng shìyè yǒu hěn gāo de gōngyìxìng ♦～法人 | 公益法人 gōngyì fǎrén

こうえき【交易】交易 jiāoyì；贸易 màoyì（英 trade; commerce）▶諸外国と～して国は成り立つ/跟各国进行贸易才能立国 gēn gèguó jìnxíng màoyì cái néng lìguó

こうえつ【校閲する】校阅 jiàoyuè；校订 jiàodìng（英 revise）▶すでに著者の～を経ている/已经过作者的校阅 yǐ jīngguò zuòzhě de jiàoyuè ▶これは誰が～したんだ/这是谁校订的？ zhè shì shéi jiàodìng de?

こうえん【公園】公园 gōngyuán（英 a park）▶児童～/儿童公园 értóng gōngyuán ▶この町に児童～を作りたい/想在这个城镇造一个儿童公园 xiǎng zài zhège chéngzhèn zào yí ge értóng gōngyuán ▶国立～/国立公园 guólì gōngyuán ▶一帯の海が国立～に指定された/这一带的海域被指定为国立公园 zhè yídài de hǎiyù bèi zhǐdìngwéi guólì gōngyuán

こうえん【公演する】公演 gōngyǎn（英 perform）▶海外～/国外公演 guówài gōngyǎn ▶今月は名古屋で来月は京都で～する/这个月在名古屋, 下个月在京都进行公演 zhège yuè zài Mínggǔwū, xià ge yuè zài Jīngdū jìnxíng gōngyǎn ▶～回数が百回を越えた/公演场次超过了一百场 gōngyǎn chǎngcì chāoguòle yìbǎi chǎng

こうえん【好演】精彩表演 jīngcǎi biǎoyǎn（英 a good performance）▶塚本の～が光った/冢本氏的精彩演出别具一格 Zhǒngběn shì de jīngcǎi yǎnchū bié jù yì gé ▶秀子が～した/秀子演得很精彩 Xiùzǐ yǎnde hěn jīngcǎi

こうえん【後援する】支援 zhīyuán；后援 hòuyuán（英 support; back up）▶～会/后援会 hòuyuánhuì ▶林選手の～会が発足した/林选手的后援会开始活动了 Lín xuǎnshǒu de hòuyuánhuì kāishǐ huódòng le ▶ある億万長者が私

を～してくれる/有个亿万富翁为我提供赞助 yǒu ge yìwàn fùwēng wèi wǒ tígōng zànzhù

こうえん【高遠な】 高大 gāodà; 远大 yuǎndà (英 *lofty; noble*) ▶運動は～を揭げて発足した/(那次)运动树立起远大的理想开始行动了 (nà cì)yùndòng shùlìqǐ yuǎndà de lǐxiǎng kāishǐ xíngdòng le

こうえん【講演する】 演讲 yǎnjiǎng; 讲演 jiǎngyǎn (英 *lecture*) ▶～会/讲演会 jiǎngyǎnhuì; 报告会 bàogàohuì ▶～会を催す/举办讲演会 jǔbàn jiǎngyǎnhuì ▶あなたに～をお願いしたい/(我们)想请您演讲 (wǒmen)xiǎng qǐng nín yǎnjiǎng ▶母校に帰って～する/回到母校讲演 huídào mǔxiào jiǎngyǎn

こうお【好悪】 (英 *one's prejudices*) ▶彼は人に対する～の念が激しい/他对人的爱憎都很强烈 tā duì rén de àizēng dōu hěn qiángliè

こうおつ【甲乙】 (英 *A and B; difference*) ▶～つけがたい/互为伯仲 hù wéi bózhòng; 不相上下 bù xiāng shàngxià ▶二人の実力は～つけがたい/两个人的实力不相上下 liǎng ge rén de shílì bù xiāng shàngxià

こうおん【恒温】 恒温 héngwēn (英 *constant temperature*) ▶～動物/恒温动物 héngwēn dòngwù

こうおん【高音】〔音楽〕高音 gāoyīn (英 *a high tone*) ▶このスピーカーは～がきれいに出る/这种喇叭能发出很优美的高音 zhè zhǒng lǎba néng fāchū hěn yōuměi de gāoyīn ▶～部のメンバーが足りない/(合唱团)缺少高音部的成员 (héchàngtuán)quēshǎo gāoyīnbù de chéngyuán

こうおん【高温】 高温 gāowēn (英 *high temperature*) ▶～殺菌/高温杀菌 gāowēn shājūn ▶～殺菌を施す/进行高温杀菌 jìnxíng gāowēn shājūn ▶～多湿/高温潮湿 gāowēn cháoshī ▶あの辺には～多湿の島が多い/那一带有很多炎热潮湿的岛屿 nà yídài yǒu hěn duō yánrè cháoshī de dǎoyǔ

ごうおん【轟音】 轰鸣 hōngmíng (英 *a roar*) ▶ジェット機の～がすさまじい/喷气式飞机的轰鸣震耳欲聋 pēnqìshì fēijī de hōngmíng zhèn ěr yù lóng ▶戦闘機が～を残して飛び去った/战斗机留下一阵轰鸣划空而去 zhàndòujī liúxià yízhèn hōngmíng huà kōng ér qù

こうか【工科】 工科 gōngkē (英 *the engineering department*) ▶～大学/工科大学 gōngkē dàxué

こうか【効果】 成效 chéngxiào; 效果 xiàoguǒ (英 *an effect; efficacy*) ▶～がある/有效 yǒuxiào ▶～が現れる/见效 jiànxiào; 奏效 zòuxiào ▶～が大きい/效果大 xiàoguǒ dà; 灵验 língyàn ▶～のない/无效 wúxiào ▶あなたの一言が実に～的でした/您的一句话真灵验 nín de yí jù huà zhēn língyàn ▶祈祷に何の～があるのか/祈祷又有什么用呢？ qídǎo yòu yǒu shénme yòng ne？ ▶彼は～のない努力を重ねている/他在重复着徒劳的努力 tā zài chóngfùzhe túláo de nǔlì ▶最小の努力で最大の～をあげる/用最小的努力获取最大的成果 yòng zuì xiǎo de nǔlì huòqǔ zuì dà de chéngguǒ ▶劇団で～を担当する/在剧团担任音响效果的工作 zài jùtuán dānrèn yīnxiǎng xiàoguǒ de gōngzuò

こうか【校歌】 校歌 xiàogē (英 *a school〔college〕song*) ▶甲子園で～が流れる/在甲子园球场播放校歌 zài Jiǎzǐyuánqiúchǎng bōfàng xiàogē

こうか【降下する】 下降 xiàjiàng; 降落 jiàngluò (英 *descend; come down; drop*) ▶急～/急剧下降俯冲 jíjù xiàjiàng fǔchōng ▶落下傘で～する/用降落伞降落 yòng jiàngluòsǎn jiàngluò ▶飛行機が急～する/飞机猛然下降 fēijī měngrán xiàjiàng

こうか【高価】 高价 gāojià; 重价 zhòngjià; 昂贵 ánggui (英 *dear; expensive; costly*) ▶～な時計を身につける/戴着昂贵的手表 dàizhe ángguì de shǒubiǎo

こうか【高架】〔鉄道〕高架铁道 gāojià tiědào;〔橋〕高架桥 gāojiàqiáo (英 *overhead*) ▶道は～の下をくぐる/道路从高架桥的下面通过 dàolù cóng gāojiàqiáo de xiàmian tōngguò ▶町の真ん中を～鉄道が走っている/高架铁路穿过城市中心 gāojià tiělù chuānguò chéngshì zhōngxīn

こうか【硬化する】 硬化 yìnghuà (英 *stiffen; harden*) ▶態度が～する/态度强硬起来 tàidù qiángyìngqǐlái ▶なぜか先方の態度が～した/不知为什么对方的态度强硬了起来 bù zhī wèi shénme duìfāng de tàidù qiángyìngleqǐlái ▶動脈～を心配する/担心动脉硬化 dānxīn dòngmài yìnghuà

こうか【硬貨】 硬币 yìngbì; 铸币 zhùbì (英 *a coin*) ▶紙幣を～に取り替える/把纸币换成硬币 bǎ zhǐbì huànchéng yìngbì ▶泉に～を投げ入れる/把硬币投进泉水里 bǎ yìngbì tóujìn quánshuǐlǐ ▶会費を～で払う/用硬币支付会费 yòng yìngbì zhīfù huìfèi

こうが【高雅な】 高雅 gāoyǎ (英 *elegant*)

ごうか【豪華な】 豪华 háohuá (英 *luxurious; gorgeous*) ▶～なドレスを身につける/身穿豪华的连衣裙 shēn chuān háohuá de liányīqún ▶親の遺産で～に暮らす/靠父母的遗产过奢华的生活 kào fùmǔ de yíchǎn guò shēhuá de shēnghuó ♦～客船 カリブ海を～客船でいく/乘坐豪华客轮游览加勒比海 chéngzuò háohuá kèlún yóulǎn Jiālèbǐhǎi ～版 ▶次号は～版で行こう/下期出一集精装版的吧 xià qī chū yì jí jīngzhuāngbǎn de ba

こうかい【公海】 公海 gōnghǎi; 国际水域 guójì shuǐyù (英 *the high seas; the open sea*) ▶～上で海賊に襲われる/在公海遭到海盗的袭击 zài gōnghǎi zāodào hǎidào de xíjī

こうかい【公開する】 公开 gōngkāi; 开放 kāifàng (英 *make public; exhibit;*［封切］*release*) ▶～討論/公开讨论 gōngkāi tǎolùn ▶未～/还

没有公开 hái méiyǒu gōngkāi ▶近日~/近期开始公开 jìnqī kāishǐ gōngkāi ▶未~の絵がいくつもある/有好几幅尚未发表的画 yǒu hǎojǐ fú shàngwèi fābiǎo de huà ▶大臣に~質問状を提出する/向大臣提出公开质问信 xiàng dàchén tíchū gōngkāi zhìwènxìn ▶新作映画が近日中に~される/新电影将于近期公映 xīndiànyǐng jiāng yú jìnqī gōngyìng ▶テレビ~討論会/电视公开讨论会 diànshì gōngkāi tǎolùnhuì ▶彼のコレクションが博物館で~された/他的收藏作品在博物馆展出 tā de shōucáng zuòpǐn zài bówùguǎn zhǎnchū ▶この件は~の席で議論しよう/这件事在公开场合进行讨论吧 zhè jiàn shì zài gōngkāi chǎnghé jìnxíng tǎolùn ba

◆~講座 川崎大学の~講座を受講する/参加川崎大学的公开讲座 cānjiā Chuānqí dàxué de gōngkāi jiǎngzuò　~状 公开信 gōngkāixìn　非~ 非公开 fēi gōngkāi ▶会議は非~とする/会议不予公开 huìyì bù yǔ gōngkāi

こうかい【後悔する】 后悔 hòuhuǐ; 追悔 zhuīhuǐ; 懊悔 àohuǐ (英 *repent*; *regret*) ▶~先に立たず/后悔不及 hòuhuǐ bù jí ▶二日酔いのたびに~している/每次大醉之后，第二天早上总是很后悔 měicì dà zuì zhīhòu, dì'èr tiān zǎoshang zǒngshì hěn hòuhuǐ ▶彼は一生~するだろう/他大概要后悔一辈子 tā dàgài yào hòuhuǐ yíbèizi

こうかい【航海する】 航海 hánghǎi; 航行 hángxíng (英 *make a voyage*) ▶~に出れば半年は帰れない/一出海就是半年回不来 yì chū hǎi jiùshì bàn nián huíbùlái

◆一等~士 大副 dàfù　~図 海图 hǎitú　~日誌 航海日志 hánghǎi rìzhì

こうかい【口外する】 泄露 xièlòu; 泄漏 xièlòu (英 *disclose*; *reveal*) ▶この件は~無用に願いたい/这件事请保密 zhè jiàn shì qǐng bǎomì ▶~しないと約束してくれた/他答应不泄密 tā dāyīng bú xièmì

こうがい【口蓋】〔解〕口盖 kǒugài; 上颚 shàng'è (英 *a palate*) ▶軟~/软腭 ruǎn'è　硬~/硬腭 yìng'è ▶~垂/悬雍垂 xuán yōng chuí; 小舌 xiǎoshé

こうがい【公害】 公害 gōnghài (英 *environmental pollution*) ▶あの工場は~を垂れ流していた/那个工厂排放过公害 nàge gōngchǎng páifàngguò gōnghài ▶~はいまや国際問題だ/公害现在成了国际问题 gōnghài xiànzài chéngle guójì wèntí ▶~のない町に移り住む/搬到没有公害的城镇居住 bāndào méiyǒu gōnghài de chéngzhèn jūzhù ▶~病認定患者/公害病认定患者 gōnghàibìng rèndìng huànzhě

こうがい【郊外】 郊外 jiāowài; 郊区 jiāoqū (英 *the suburbs*) ▶~は不便だが空気がいい/郊区不方便，可是空气很好 jiāoqū bù fāngbiàn, kěshì kōngqì hěn hǎo ▶彼は中心街を避けて~に住んでいる/他避开市中心，住在郊外 tā bìkāi shì zhōngxīn, zhùzài jiāowài

こうがい【校外】 校外 xiàowài (英 *out-of-school*) ▶生徒の~学習に時間を割く/(老师)抽时间带学生到校外学习 (lǎoshī) chōu shíjiān dài xuésheng dào xiàowài xuéxí ▶~活動を重視する/重视课外活动 zhòngshì kèwài huódòng

こうがい【梗概】 概要 gàiyào; 梗概 gěnggài (英 *an outline*; *a synopsis*) ▶小説の~は味がない/小说的概要很乏味 xiǎoshuō de gàiyào hěn fáwèi ▶以下に~を示す/下面介绍概要 xiàmian jièshào gàiyào

こうがい【慷慨】 慷慨 kāngkǎi (英 *indignation*)

ごうかい【豪快な】 粗豪 cūháo; 豪爽 háoshuǎng; 痛快 tòngkuài (英 *stirring*; *heroic*) ▶~なホームランだ/痛快淋漓的本垒打 tòngkuai línlí de běnlěidǎ ▶彼は~に飲み~に笑った/他大口喝酒，开怀大笑 tā dàkǒu hējiǔ, kāihuái dàxiào

ごうがい【号外】 号外 hàowài (英 *an extra*) ▶新聞各社は~を出して伝えた/各报社发出号外报道 gè bàoshè fāchū hàowài bàodào ▶メダル一つのために~が出た/为了一枚金牌发出号外 wèile yī méi jīnpái fāchū hàowài

こうかいどう【公会堂】 会堂 huìtáng; 礼堂 lǐtáng (英 *a public hall*; *a city hall*) ▶市の~で音楽会がある/在市礼堂有音乐会 zài shìlǐtáng yǒu yīnyuèhuì ▶この市には~が三つもある/这个市里竟有三座公会堂 zhège shìli jìng yǒu sān zuò gōnghuìtáng

こうかがく【光化学】〔化学〕光化学 guānghuàxué (英 *photochemistry*) ▶~スモッグ/光化学烟雾 guānghuàxué yānwù ▶市内に~スモッグが発生した/城里发生了光化学烟雾 chénglì fāshēngle guānghuàxué yānwù ▶外出の際には~スモッグに注意して下さい/出门的时候请留心光化学烟雾 chūmén de shíhou qǐng liúxīn guānghuàxué yānwù

こうかきょう【高架橋】 高架桥 gāojiàqiáo; 旱桥 hànqiáo (英 *an elevated bridge*) ▶線路を跨いで~がかかっている/旱桥跨越铁路 hànqiáo kuàyuè tiělù

こうかく【口角】〔解〕嘴角 zuǐjiǎo; 口角 kǒujiǎo (英 *the corners of the mouse*) ▶~炎/口角炎 kǒujiǎoyán

~泡を飛ばす 唾沫横飞 tuòmo héngfēi ▶~を飛ばして議論する/唾沫横飞地与人争论 tuòmo héngfēi de yǔ rén zhēnglùn

日中比較 中国語の '口角 kǒujué' は「口論」を表す. 'kǒujiǎo' と読むと「口もと」の意味.

こうかく【広角】 广角 guǎngjiǎo (英 *a wide angle*) ▶~レンズ/广角镜头 guǎngjiǎo jìngtóu ▶~レンズで撮影する/用广角镜头摄影 yòng guǎngjiǎo jìngtóu shèyǐng

こうかく【降格する】 降格 jiànggé; 降级 jiàngjí (英 *demote*) ▶森部長が支店長に~した/森处长降级当了支店长 Sēn chùzhǎng jiàngjí dāngle zhīdiànzhǎng ▶人事がみんなの話題になった/降级人事成了大家的话题 jiàngjí rénshì chéngle dàjiā de huàtí

こうがく【工学】 工学 gōngxué; 工程学 gōngchéngxué (英 *engineering*) ▶ ~部/工程学院 gōngchéng xuéyuàn ▶ ~部で土木~を専攻する/在工学院专攻土木工程学 zài gōngxuéyuàn zhuāngōng tǔmù gōngchéngxué

♦機械~ 机械工程学 jīxiè gōngchéngxué 電気~ 电气工程学 diànqì gōngchéngxué

こうがく【光学】 光学 guāngxué (英 *optics*) ▶ ~機器/光学器材 guāngxué qìcái ▶ ~ガラス/光学玻璃 guāngxué bōli ▶ ~顕微鏡/光学显微镜 guāngxué xiǎnwēijìng

こうがく【後学】 (英 *for future reference*) ▶ ~のため理由を聞かせてくれないか/为了今后作参考,能给我讲讲原因吗? wèile jīnhòu zuò cānkǎo, néng gěi wǒ jiǎngjiang yuányīn ma?

こうがく【高額】 高額 gāo'é (英 *a large sum (of money)*) ▶ ~の給料/高薪 gāoxīn ▶ ~紙幣/大额钞票 dà'é chāopiào ▶ 彼には~の所得がある/他有高收入 tā yǒu gāoshōurù ▶ ~紙幣は偽造されやすい/大面额钞票容易被伪造 dàmiàn'é chāopiào róngyì bèi wěizào

ごうかく【合格する】 合格 hégé; 及格 jígé; 考上 kǎoshàng (英 *pass an examination*) ▶ ~者/及格者 jígézhě ▶ ~者が胴上げされている/大家把考取的人抛向空中 dàjiā bǎ kǎoqǔ de rén pāoxiàng kōngzhōng ▶ 不~/不及格 bù jígé; 落榜 luòbǎng ▶ 今年も不~だった/今年又落榜了 jīnnián yòu luòbǎng le ▶ ~通知/录取通知书 lùqǔ tōngzhīshū ▶ ~通知を受け取る/收到录取通知书 shōudào lùqǔ tōngzhīshū ▶ ~発表する/出榜 chūbǎng; 发榜 fābǎng ▶ ~発表は2月20日です/二月二十号发榜 èr yuè èrshí hào fābǎng

♦~点 合格分 hégéfēn

こうがくしん【向学心】 求学心 qiúxuéxīn; 求知欲 qiúzhīyù (英 *desire for the pursuit of learning*) ▶ ~に燃える/热心求学 rèxīn qiúxué ▶ みんなみんな~に燃えている/大家都在勤奋求学 dàjiā dōu zài qínfèn qiúxué

こうがくねん【高学年】 高年级 gāoniánjí (英 *the higher classes*) ▶ ~になると声変わりする子もいる/到了高年级有的孩子变声 dàole gāoniánjí yǒude háizi biànshēng

こうかくるい【甲殻類】 甲壳类 jiǎqiàolèi (英 *the crustacea*)

こうかつ【狡猾な】 狡猾 jiǎohuá; 刁滑 diāohuá (英 *cunning; sly; artful*) ▶ ~な人間/滑头 huátóu; 老奸巨猾 lǎojiān jùhuá ▶ 彼は~な人間には見えない/他不像是一个狡猾的人 tā bú xiàng shì yí ge jiǎohuá de rén ▶ 彼らの策はいかにも~だった/他们的计算实在太狡猾了 tāmen de jìcè shízài tài jiǎohuá le

こうかん【交換する】 交换 jiāohuàn; 互换 hùhuàn; 调换 diàohuàn (英 *exchange; barter*) ▶ ~条件/交换条件 jiāohuàn tiáojiàn ▶ 厳しい~条件を出す/提出了苛刻的交换条件 tíchūle kēkè de jiāohuàn tiáojiàn ▶ 研究所間で情報を~する/研究所之间交换信息 yánjiūsuǒ zhījiān jiāohuàn xìnxī ▶ 隣の人に席を~してもらった/跟旁边的人调换了座位 gēn pángbiān de rén diàohuànle zuòwèi ▶ 私は~留学生として来日した/我作为一个交换留学生来到日本 wǒ zuòwéi yí ge jiāohuàn liúxuéshēng láidào Rìběn ▶ 日本語と中国語の~教授をする/双方互教日语和汉语 shuāngfāng hù jiāo Rìyǔ hé Hànyǔ

♦~台 かつて通話は~台を通した/过去通电话要经过总机 guòqù tōng diànhuà yào jīngguò zǒngjī

こうかん【交歓する】 联欢 liánhuān (英 *exchange greetings; fraternize*) ▶ ~会/联欢会 liánhuānhuì ▶ 桜の下で両国代表は~した/两国代表在樱花树下联欢 liǎngguó dàibiǎo zài yīnghuāshùxià liánhuān ▶ 老人たちの~会を好ましく眺めた/愉快地观望着老人们的联欢会 yúkuài de guānwàngzhe lǎorénmen de liánhuānhuì

こうかん【好感】 好感 hǎogǎn (英 *good feeling; a favorable impression*) ▶ ~を持つ/产生好感 chǎnshēng hǎogǎn ▶ なかなか~の持てる青年だね/让人产生好感的青年 ràng rén chǎnshēng hǎogǎn de qīngnián ▶ 彼には誰もが~を抱く/任何人都会对他抱有好感 rènhérén dōu huì duì tā bàoyǒu hǎogǎn

こうかん【好漢】 好汉 hǎohàn (英 *a good fellow*) ▶ ~惜しむらくは誘惑に弱い/可惜的是好汉禁不起诱惑 kěxī de shì hǎohàn jīnbuqǐ yòuhuò

こうかん【高官】 高级官员 gāojí guānyuán; 高级干部 gāojí gànbù (英 *a high official*) ▶ 搜査の手は~に及んだ/搜查涉及到了高级官员 sōuchá shèjídàole gāojí guānyuán ▶ ~の腐敗がささやかれている/人们在议论着高层的腐败 rénmen zài yìlùnzhe gāocéng de fǔbài

こうかん【鋼管】 钢管 gāngguǎn (英 *a steel tube*) ▶ 地下に~を埋設する/在地下埋设钢管 zài dìxià máishè gāngguǎn

こうがん【厚顔】 厚脸皮 hòuliǎnpí (英 *impudence*) ▶ ずいぶん~なやつだな/真是一个厚脸皮的家伙 zhēn shì yí ge hòuliǎnpí de jiāhuo

~無恥 厚颜无耻 hòuyán wúchǐ ▶ ~無恥にも程がある/厚颜无耻也该有个分寸 hòuyán wúchǐ yě gāi yǒu ge fēncun

こうがん【睾丸】 〔解〕睾丸 gāowán (英 *the testicles*)

ごうかん【強姦する】 强奸 qiángjiān; 奸污 jiānwū (英 *rape; violate*) ▶ ~の罪で逮捕される/因犯强奸罪被逮捕 yīn fàn qiángjiānzuì bèi dàibǔ

こうがんざい【抗癌剤】 (薬)抗癌药 kàng'áiyào (英 *an anticancer drug*) ▶ ~を投与する/施用抗癌药 shīyòng kàng'áiyào ▶ ~の副作用で苦しむ/由于抗癌药的副作用而痛苦 yóuyú kàng'áiyào de fùzuòyòng ér tòngkǔ

こうかんしんけい【交感神経】 〔解〕交感神经

経 jiāogǎn shénjīng (英 *a sympathetic nerve*)

こうき【工期】 工期 gōngqī; 施工期 shīgōngqī (英 *construction period*) ▶～に間に合わせる/赶工期 gǎn gōngqī ▶雪のため/～が伸びる/由于下雪,工期拖延 yóuyú xià xuě, gōngqī tuōyán

こうき【広軌】 宽轨 kuānguǐ (英 *a broad gauge*) ▶～鉄道/宽轨铁路 kuānguǐ tiělù

こうき【好奇】 好奇 hàoqí (英 *curiosity*) ▶～の目で見る/用好奇的眼光看 yòng hàoqí de yǎnguāng kàn

こうき【好機】 机遇 jīyù; 好机会 hǎojīhuì; 良机 liángjī (英 *a good opportunity; a good chance*) ▶～をつかむ/抓住机遇 zhuāzhù jīyù ▶～を逃す/失去良机 shīqù liángjī ▶僕はみすみす～を逃した/我白白错过了好机会 wǒ báibái cuòguòle hǎojīhuì ▶得がたい～だったのになぁ/这么难得的好机会,真遗憾啊 zhème nándé de hǎojīhuì, zhēn yíhàn a

こうき【後記】 后记 hòujì (英 *a postscript*; 《略》*P.S.*) ▶編集～/编后记 biānhòujì

こうき【後期】 后期 hòuqī; 后半期 hòubànqī; 第二学期 dì'èr xuéqī (英 *the latter term*; [学校で] *the second semester*) ▶前期の遅れを～に取り戻す/第一学期拖下的内容在第二学期赶上 dìyī xuéqī tuōxià de nèiróng zài dì'èr xuéqī gǎnshàng ▶～から教科書が変わる/从第二学期开始换教材 cóng dì'èr xuéqī kāishǐ huàn jiàocái ▶僕は～の印象派の作品が好きだ/我喜欢晚期印象派的作品 wǒ xǐhuan wǎnqī yìnxiàngpài de zuòpǐn

こうき【香気】 香气 xiāngqì (英 *fragrance*) ▶梅林に～がただよう/梅林飘着阵阵清香 méilín piāozhe zhènzhèn qīngxiāng

こうき【校紀】 校纪校风 xiàojì xiàofēng (英 *school discipline*) ▶～を乱す/败坏学校校风纪 bàihuài xuéxiào fēngjì ▶最近特に～を乱す生徒が多い/最近败坏校风纪的学生特别多 zuìjìn bàihuài xiàofēng de xuéshēng tèbié duō

こうき【校旗】 校旗 xiàoqí (英 *a school flag*) ▶～を掲げて行進する/举着校旗前进 jǔzhe xiàoqí qiánjìn

こうき【高貴な】 崇高 chónggāo; 高贵 gāoguì; 尊贵 zūnguì (英 *noble*) ▶あれでこそ～な精神の持ち主というものだ/那样才是真正具有崇高精神的人 nàyàng cái shì zhēnzhèng jùyǒu chónggāo jīngshén de rén

こうき【綱紀】 纲纪 gāngjì; 纪律 jìlǜ (英 *official discipline*) ▶～粛正/整顿纲纪 zhěngdùn gāngjì ▶幹部が先頭に立って～粛正を図れ/干部要带头整顿纪律 gànbù yào dàitóu zhěngdùn jìlǜ ▶役所の～がゆるんでいる/机关的纲纪松懈 jīguān de gāngjì sōngxiè

こうぎ【広義】 广义 guǎngyì (英 *a wide sense*) ▶～の解釈/广义的解释 guǎngyì de jiěshì ▶～に解釈すればそうなる/从广义来说是这样的 cóng guǎngyì láishuō shì zhèyàng de

こうぎ【交誼】 交情 jiāoqíng; 交谊 jiāoyì (英 *friendship*) ▶～を結ぶ/结交 jiéjiāo

こうぎ【抗議する】 抗议 kàngyì (英 *protest*) ▶当局の決定に厳重に～する/严正抗议当局的决定 yánzhèng kàngyì dāngjú de juédìng ▶監督の～は却下された/领队的抗议被驳回了 lǐngduì de kàngyì bèi bóhuí le

♦～運動 ▶全土にわたって～運動が起こった/全国掀起了抗议运动 quánguó xiānqǐle kàngyì yùndòng ▶～集会;抗议集会 kàngyì jíhuì ▶正門前で～集会を開く/大门前召开了抗议集会 dàmén qián zhàokāile kàngyì jíhuì ～文 官邸に～文が殺到した/抗议信纷纷寄到官邸 kàngyìxìn fēnfēn jìdào guāndǐ

こうぎ【厚誼】 厚谊 hòuyì (英 *friendly regard*) ▶御～に感謝いたします/感谢您的深情厚意 gǎnxiè nín de shēnqíng hòuyì

こうぎ【講義する】 讲学 jiǎngxué; 讲课 jiǎngkè (英 *give a lecture*) ▶～を受ける/听讲 tīngjiǎng; 听课 tīngkè ▶～を始める/开讲 kāijiǎng; 开课 kāikè ▶午後は奥村教授の～だった/下午是奥村教授的课 xiàwǔ shì Àocūn jiàoshòu de kè ▶4月から現代史の～を始める/从四月起开现代史的课 cóng sì yuè qǐ kāi xiàndàishǐ de kè ▶私は大学で言語学の～をしている/我在大学讲授语言学 wǒ zài dàxué jiǎngshòu yǔyánxué ▶午前は藤木先生の～に出席する/上午去听藤木老师的课 shàngwǔ qù tīng Téngmù lǎoshī de kè ▶あの大学には公害に関する～がある/那所大学开设了有关公害的课程 nà suǒ dàxué kāishèle yǒuguān gōnghài de kèchéng

日中比較 中国語の'讲义 jiǎngyì'は「講義録」のことをいう。

ごうき【剛毅】（英 *fortitude*）▶～な彼もついに冑を脱いだ/刚强的他最后也认输了 gāngqiáng de tā zuìhòu yě rènshū le

~木訥（[ぼく]）仁に近し《論語》 刚毅木讷近仁 gāngyì mù nè jìn rén

ごうぎ【豪気な】 豪放 háofàng; 豪迈 háomài; 豪爽 háoshuǎng (英 *brave; great*) ▶彼は全く～な男だ/他真是一个豪放的男子汉 tā zhēn shì yí ge háofàng de nánzǐhàn ▶10億の寄付とは～だね/捐献了十亿,真够豪爽的 juānxiànle shíyì, zhēn gòu háoshuǎng de

ごうぎ【合議する】 合议 héyì; 协商 xiéshāng (英 *confer*) ▶～制/合议制 héyìzhì ▶採用の可否は担当者の～で決められる/是否采用,负责人协商决定 shìfǒu cǎiyòng, fùzérén xiéshāng juédìng

こうきあつ【高気圧】〔気象〕高气压 gāoqìyā (英 *high pressure*) ▶九州方面に～が張り出している/九州方面出现了高气压 Jiǔzhōu fāngmiàn chūxiànle gāoqìyā ▶移動性～/移动型高气压 yídòngxíng gāoqìyā

こうきしん【好奇心】 好奇心 hàoqíxīn (英 *curiosity*) ▶～が強い/好奇心强 hàoqíxīn qiáng ▶子供は～が強い/孩子好奇心旺盛 háizi hàoqíxīn wàngshèng ▶君の話はえらく～をそそるね/你

的话真勾起我的好奇心 nǐ de huà zhēn gōuqǐ wǒ de hàoqíxīn

こうきゅう【恒久】 永恒 yǒnghéng; 永久 yǒngjiǔ (英 permanence) ▶〜的/永久性 yǒngjiǔxìng ▶いかなる制度も〜的ではない/任何制度都不会是永恒的 rènhé zhìdù dōu bú huì shì yǒnghéng de ▶〜平和を願う気持ちは誰にも負けない/(我)渴望永久和平的愿望比谁都强 (wǒ) kěwàng yǒngjiǔ hépíng de yuànwàng bǐ shéi dōu qiáng

こうきゅう【高級な】 高档 gāodàng; 上好 shànghǎo; 高级 gāojí (英 high-class; high-ranking; senior) ▶〜品/高档商品 gāodàng shāngpǐn; 上品 shàngpǐn ▶〜ブランド/高档名牌 gāodàng míngpái ▶《プログラミング言語の》〜言語/高级语言 gāojí yǔyán ▶デパートの〜品を見て歩く/逛百货公司浏览高级商品 guàng bǎihuò gōngsī liúlǎn gāojí shāngpǐn ▶僕には〜ブランド趣味はない/我对高级品牌不感兴趣 wǒ duì gāojí pǐnpái bù gǎn xìngqù ▶あんな〜家に住んでみたい/想住在那样高级的住房里 xiǎng zhùzài nàyàng gāojí de zhùfángli

こうきゅう【高給】 高工资 gāogōngzī; 高薪 gāoxīn (英 a high salary) ▶あいつは〜取りだからなぁ/他是拿高薪的嘛 tā shì ná gāoxīn de ma ▶〜で雇われる/被高薪雇佣 bèi gāoxīn gùyòng ▶年齢の割りに〜を取っている/岁数不大工资不少 suìshu bú dà gōngzī bù shǎo

ごうきゅう【号泣する】 号啕 háotáo; 大声哭 dàshēng kū (英 cry bitterly) ▶娘が救出されて彼は〜した/女儿得救, 他放声大哭 nǚ'ér déjiù, tā fàngshēng dàkū ▶〜はいつまでも続いた/号啕不绝 háotáo bù jué

こうきゅうび【公休日】 公休日 gōngxiūrì〔法定の〕 a legal holiday) ▶〜は勉強にあてている/公休日用来学习 gōngxiūrì yònglái xuéxí

こうきょ【皇居】 皇宫 huánggōng; 王宫 wánggōng (英 the Imperial Palace) ▶〜一周マラソン/绕皇宫一周的马拉松 rào huánggōng yì zhōu de mǎlāsōng ▶〜前広場/皇宫前的广场 huánggōng qián de guǎngchǎng

こうきょう【公共】 公共 gōnggòng (英 the public) ▶〜の利益を図る/谋求公共利益 móuqiú gōnggòng lìyì

♦〜施設│公共设施 gōnggòng shèshī ▶〜施設は税金で維持される/公共设施靠税收来维持 gōnggòng shèshī kào shuìshōu lái wéichí ▶〜心│公共道德心 gōnggòng dàodéxīn ▶〜心の豊かな人間になってほしい/希望能成为一个富有公德心的人 xīwàng néng chéngwéi yí ge fùyǒu gōngdéxīn de rén ▶〜性│公共性 gōnggòngxìng ▶〜性の乏しい事業はやめよう/缺乏公共性的事就别干了 quēfá gōnggòngxìng de shì jiù bié gàn le ▶〜料金│支付公用事业的费用 zhīfù gōngyòng shìyè de fèiyòng ▶〜料金を据え置く/公用事业费维持现有水平 gōngyòng shìyèfèi wéichí xiànyǒu shuǐpíng

こうきょう【好況】 景气 jǐngqì; 繁荣 fánróng (英 a prosperity) ▶〜なんて一時の幻だ/所谓繁荣不过是一场黄粱美梦 suǒwèi fánróng búguò shì yì cháng huángliáng měimèng

こうぎょう【工業】 工业 gōngyè (英 industry) ▶〜は農業を破壊する/工业会破坏农业 gōngyè huì pòhuài nóngyè ▶〜化を急ぐツケが回ってきたのだ/为了急于实现工业化付出了很多代价 wèile jíyú shíxiàn gōngyèhuà fùchūle hěn duō dàijià

♦〜団地│农村が〜団地に変わった/农村变成了工业园区 nóngcūn biànchéngle gōngyè yuánqū

こうぎょう【鉱業】 矿业 kuàngyè (英 the mining industry) ▶日本には〜資源がろくにない/日本没有什么矿物资源 Rìběn méiyǒu shénme kuàngwù zīyuán

こうぎょう【興行する】 上演 shàngyǎn; 表演 biǎoyǎn; 演出 yǎnchū (英 show; run a show) ▶正月〜の切符は売り切れた/新年节目的票都卖光了 xīnnián jiémù de piào dōu màiguāng le ▶サーカス団は2週間の〜を打った/杂技团演出了两个星期 zájìtuán yǎnchūle liǎng ge xīngqī ▶その芝居は〜的には成功したが…/那出戏的票房收入很成功, 不过… nà chū xì de piàofáng shōurù hěn chénggōng, búguò…

こうぎょう【興業】 创业 chuàngyè (英 promotion of industry) ▶殖産〜/振兴产业 zhènxīng chǎnyè

こうきょうがく【交響楽】 〔音楽〕交响乐 jiāoxiǎngyuè (英 a symphony) ▶彼は生涯に〜を7つ作った/他一生中创作了七部交响乐 tā yìshēng zhōng chuàngzuòle qī bù jiāoxiǎngyuè

こうきん【公金】 公款 gōngkuǎn (英 public money〔funds〕) ▶〜を横領する/贪污公款 tānwū gōngkuǎn ▶〜に手をつける/染指公款 rǎnzhǐ gōngkuǎn

こうきん【抗菌の】 抗菌 kàngjūn (英 antibacterial)

♦〜加工│抗菌加工 kàngjūn jiāgōng ▶まだ〜加工がすんでいない/还没进行抗菌加工 hái méi jìnxíng kàngjūn jiāgōng ▶〜処理│抗菌处理 kàngjūn chǔlǐ ▶まな板に〜処理を施す/对切菜板进行抗菌处理 duì qiēcàibǎn jìnxíng kàngjūn chǔlǐ

こうきん【拘禁する】 监禁 jiānjìn; 拘禁 jūjìn (英 confine; keep in custody) ▶これは不当な〜だ/这是不正当的拘禁 zhè shì bú zhèngdàng de jūjìn ▶理由も告げずに〜するのか/连理由都不告诉就要拘禁吗? lián lǐyóu dōu bú gàosu jiùyào jūjìn ma?

ごうきん【合金】 合金 héjīn (英 an alloy) ▶真鍮は銅と亜鉛の〜だ/黄铜是铜和锌的合金 huángtóng shì tóng hé xīn de héjīn

こうぐ【工具】 工具 gōngjù (英 a tool; an implement) ▶仕事の前に〜を点検する/工作之前打点工具 gōngzuò zhīqián dǎdiǎn gōngjù

「～書」って何ですか/"工具书"是什么意思？ "gōngjùshū" shì shénme yìsi？

こうくう【航空】 航空 hángkōng (英 *aviation; flying*)
♦ **～貨物** 空运货物 kōngyùn huòwù ▶ ～貨物が激増している/空运货物急剧增加 kōngyùn huòwù jījù zēngjiā **～管制官** ▶ ～管制官の指示を聞き違えた/听错了航空管制人员的指示 tīngcuòle hángkōng guǎnzhì rényuán de zhǐshì **～工学** 航空工程学 hángkōng gōngchéngxué ▶ 大学では～工学を専攻した/在大学专攻航空工程 zài dàxué zhuāngōng hángkōng gōngchéng **～事故** 航空事故 hángkōng shìgù **～写真** 航空摄影 hángkōng shèyǐng ▶ ～写真で面積を測る/用航空摄影来测量面积 yòng hángkōng shèyǐng lái cèliáng miànjī **～便** 航空邮件 hángkōng yóujiàn；航空信 hángkōngxìn ▶ ～便で送ってくれ/用航空信寄来吧 yòng hángkōngxìn jìlái ba **～母艦** 航空母舰 hángkōng mǔjiàn ▶ ～母艦は動く基地だ/航空母舰是一个可以移动的军事基地 hángkōng mǔjiàn shì yí ge kěyǐ yídòng de jūnshì jīdì

こうくう【高空】 高空 gāokōng；云霄 yúnxiāo (英 *a high altitude*) ▶ ～を飛行機雲が伸びていく/高空显示出一道喷气机的白烟 gāokōng xiǎnshìchū yí dào pēnqìjī de báiyān ▶ ～に白い雲が浮かんでいる/高空飘浮着白云 gāokōng piāofúzhe báiyún

こうぐう【厚遇する】 优待 yōudài；厚待 hòudài；款待 kuǎndài (英 *treat... kindly; show great hospitality to...*) ▶ 我々は思わぬ～に感激した/我们对出乎意料的款待非常感激 wǒmen duì chūhū yìliào de kuǎndài fēicháng gǎnjī ▶ 我々は破格に～されていた/我们受到了破格的优待 wǒmen shòudàole pògé de yōudài

こうぐん【行軍する】 〔軍隊の〕行军 xíngjūn (英 *march*) ▶ 強～で今夜中に仕上げてしまおう/今天晚上开个夜车把它干完了吧 jīntiān wǎnshang kāi ge yèchē bǎ tā gànwán le ba ▶ 雪の中で～することもあった/在大雪天也行过军 zài dàxuětiān yě xíngguò jūn

こうぐん【紅軍】 红军 Hóngjūn (英 *the Red Army*) ▶ 君は～の長征を知っているか/你知道红军的长征吗？ nǐ zhīdào Hóngjūn de chángzhēng ma？

こうけい【口径】 口径 kǒujìng (英 *a caliber*) ▶ 懐に32～のピストルを忍ばせていた/怀里揣着一支三十二口径的手枪 huáilǐ chuāizhe yì zhī sānshi'èr kǒujìng de shǒuqiāng

こうけい【光景】 光景 guāngjǐng；情景 qíngjǐng；场面 chǎngmiàn (英 *a spectacle; a sight; a scene*) ▶ その悲惨な～を声もなく眺めていた/一声不吭地看着那个悲惨的情景 yì shēng bù kēng de kànzhe nàge bēicǎn de qíngjǐng ▶ その～は生涯忘れないだろう/那个情景我恐怕一辈子也忘不了 nàge qíngjǐng wǒ kǒngpà yíbèizi yě wàngbuliǎo

こうけい【後継】 (英 *succession*) ▶ ～争いは避けたい/希望避免后继之争 xīwàng bìmiǎn hòujì zhī zhēng

こうげい【工芸】 工艺 gōngyì；手工艺 shǒugōngyì (英 *industrial arts*) ▶ あの人は名高い～家/他是一位著名的手工艺作家 tā shì yí wèi zhùmíng de shǒugōngyì zuòjiā
♦ **～品** 工艺品 gōngyìpǐn ▶ 地元の作家の～品を展示している/展出了本地作家的工艺品 zhǎnchūle běndì zuòjiā de gōngyìpǐn

> 日中比較 中国語の'工艺 gōngyì'は「美術的な作品を作ること」という意味の他に「工業技術」も指す。

ごうけい【合計する】 统共 tǒnggòng；合计 héjì；总计 zǒngjì (英 *total; sum up*) ▶ ～すると予算額を越えていた/加在一起就超过了预算金额 jiāzài yìqǐ jiù chāoguòle yùsuàn jīn'é ▶ 診療～で50日になる/诊疗一共进行了五十天 zhěnliáo yígòng jìnxíngle wǔshí tiān
♦ **～金額** 总额 zǒng'é ▶ ～金額はいくらですか/总额一共多少钱？ zǒng'é yígòng duōshao qián？ **～点** 总分 zǒngfēn ▶ 5科目の～点をはじき出す/算出五项科目的总分 suànchū wǔ xiàng kēmù de zǒngfēn

> 日中比較 中国語の'合计 héjì'は「思案する」を意味する。'héjì'と読めば「合計する」意味となる。

こうけいき【好景気】 好景气 hǎojǐngqì (英 *prosperity; a boom*) ▶ みんなが～に浮かれていた/大家都沉醉在经济繁荣的气氛中 dàjiā dōu chénzuìzài jīngjì fánróng de qìfēn zhōng ▶ ～で街中が賑わっていた/由于经济繁荣市面上很热闹 yóuyú jīngjì fánróng shìmiànshang hěn rènao

こうけいしゃ【後継者】 继承人 jìchéngrén；接班人 jiēbānrén (英 *a successor*) ▶ ～を育てる/培养接班人 péiyǎng jiēbānrén ▶ ～がなかなか決まらない/继承人总是定不下来 jìchéngrén zǒngshì dìngbuxiàlái ▶ ～を育てるのも社長の仕事だ/培养接班人也是总经理的职责 péiyǎng jiēbānrén yě shì zǒngjīnglǐ de zhízé

こうげき【攻撃する】 攻击 gōngjī；打击 dǎjī (英 *attack*) ▶ ～をしかける/出击 chūjī；发动攻击 fādòng gōngjī ▶ いきなり～をしかけてきた/(他们)突然发起了进攻 (tāmen) tūrán fāqǐle jìngōng ▶ 明朝8時を期して総～を実施する/明早早上八点整发起总攻 míngtiān zǎoshang bā diǎn zhěng fāqǐ zǒnggōng ▶ ～的/攻击性 gōngjīxìng ▶ あいつ俺に対してなぜか～的なんだ/不知为什么他对我总是带着刺儿 bù zhī wèi shénme tā duì wǒ zǒngshì dàizhe cìr ▶ ～は最良の防御である/进攻是最好的防御 jìngōng shì zuì hǎo de fángyù
♦ **人身～** ▶ 人身～はよくない/人身攻击可不好 rénshēn gōngjī kě bù hǎo **総～** 总攻 zǒnggōng

こうけつ【高潔】 高尚 gāoshàng；清高 qīnggāo

（英 nobility）▶～な人/正人君子 zhèngrén jūnzǐ ▶その人格は～だった/他的人品很高尚 tā de rénpǐn hěn gāoshàng ▶氏は～な人柄で知られていた/谁都知道他是一个正人君子 shéi dōu zhīdào tā shì yí ge zhèngrén jūnzǐ

ごうけつ【豪傑】豪侠 háoxiá; 豪杰 háojié (英 a hero; a great man)▶彼は小心者のくせに～を気取っている/他明明是个胆小鬼却要冒充豪杰 tā míngmíng shì ge dǎnxiǎoguǐ què yào màochōng háojié ▶君の～笑いは楽しいねぇ/你豪爽的大笑真让人开心啊 nǐ háoshuǎng de dàxiào zhēn ràng rén kāixīn a

こうけつあつ【高血圧】〔医〕高血压 gāoxuèyā (英 high blood pressure)▶～は我が家の遺伝だ/高血压是我们家的遗传 gāoxuèyā shì wǒmen jiā de yíchuán ▶～の薬を飲む/服降压药 fú jiàngyāyào ▶～に悩む/被高血压所困扰 bèi gāoxuèyā suǒ kùnrǎo

こうけっか【好結果】好結果 hǎojiéguǒ (英 a good result)▶無欲で臨んだことが～を生んだ/无私无欲带来了好结果 wúsī wúyù dàiláile hǎojiéguǒ ▶予想だにせぬ～に我が目を疑った/出乎预料的好结果让我怀疑起自己的眼睛来了 chūhū yùliào de hǎojiéguǒ ràng wǒ huáiyíqǐ zìjǐ de yǎnjing lái le

こうけん【後見する】**1**〔後ろ盾〕辅助 fǔzhù; 辅佐 fǔzuǒ (英 prompt)**2**〔法律で〕监护 jiānhù (英 act as guardian)▶～人/监护人 jiānhùrén ▶私が～人に指定された/我被指定为监护人 wǒ bèi zhǐdìngwéi jiānhùrén ▶あなたが～してあげなさい/你来辅佐他吧 nǐ lái fǔzuǒ tā ba

こうけん【貢献する】贡献 gòngxiàn; 出力 chūlì (英 contribute)▶彼の～にはみんなが感謝している/大家都在感谢他的贡献 dàjiā dōu zài gǎnxiè tā de gòngxiàn ▶少しでも復興に～したい/多少也要为复兴做出一些贡献 duōshǎo yě yào wèi fùxīng zuòchū yìxiē gòngxiàn

こうけん【高見】高见 gāojiàn; 雅教 yǎjiào (英 your opinions)▶先生の御～をうかがいたいですな/想请教先生的高见 xiǎng qǐngjiào xiānsheng de gāojiàn

こうげん【公言する】声言 shēngyán; 声称 shēngchēng (英 declare)▶彼は自分は反会長派だと～していた/他声称自己是反会长派的 tā shēngchēng zìjǐ shì fǎnhuìzhǎngpài de

こうげん【巧言】花言巧语 huāyán qiǎoyǔ (英 flattery; flattering speech)▶～を弄したって騙されないよ/不管你怎么花言巧语我也不会上当 bùguǎn nǐ zěnme huāyán qiǎoyǔ wǒ yě búhuì shàngdàng

ことわざ 巧言令色鮮(?)なし仁 巧言令色鲜矣仁 qiǎo yán lìng sè xiǎn yǐ rén

こうげん【広言する】夸口 kuākǒu; 说大话 shuō dàhuà (英 declare)

こうげん【光源】光源 guāngyuán (英 a source of light)

こうげん【抗原】〔生理〕抗原 kàngyuán (英 an antigen)▶～抗体反応/抗原抗体反应 kàngyuán kàngtǐ fǎnyìng

こうげん【高原】高原 gāoyuán (英 a plateau; a tableland)▶～へ避暑に行く/去高原避暑 qù gāoyuán bì shǔ ▶～を開拓してキャベツを作る/开垦高原种植洋白菜 kāikěn gāoyuán zhòngzhí yángbáicài ▶～の湖畔の宿に来ています/来到高原湖边的旅馆 láidào gāoyuán húbian de lǚguǎn

こうけん【合憲】合乎宪法 héhū xiànfǎ (英 being constitutional)▶最高裁で～判决が出た/最高法院作出合乎宪法的判决 zuìgāo fǎyuàn zuòchū héhū xiànfǎ de pànjué

こうけん【剛健な】刚健 gāngjiàn (英 sturdy)▶質実/刚健质朴 gāngjiàn zhìpǔ

こうげんびょう【膠原病】〔医〕胶原病 jiāoyuánbìng (英 a collagen disease)▶～は原因が分からない/胶原病的原因不清楚 jiāoyuánbìng de yuányīn bù qīngchu

こうけんりょく【公権力】公权 gōngquán; 国家权利 guójiā quánlì (英 public authority)▶～の介入を許すな！/反对国家权利的干涉！fǎnduì guójiā quánlì de gānshè!

こうご【口語】口语 kǒuyǔ (英 the spoken language)▶この一節を～に訳しなさい/请把这一段翻译成口语 qǐng bǎ zhè yí duàn fānyìchéng kǒuyǔ

♦～詩/白话诗 báihuàshī ～体/口语体 kǒuyǔtǐ ▶手紙はいつも～体で書く/总是用口语写信 zǒngshì yòng kǒuyǔ xiě xìn

こうご【交互に】交互 jiāohù; 交替 jiāotì; 互相 hùxiāng (英 mutually; alternately)▶一本のペンを二人で～に使う/两个人交替着使用一支笔 liǎng ge rén jiāotìzhe shǐyòng yì zhī bǐ

ごうご【豪語する】夸口 kuākǒu; 豪言壮语 háoyán zhuàng yǔ (英 talk big; brag; boast)▶「10年後には俺が総理だ」と彼は～した/他扬言："十年后我就是总理" tā yángyán: "Shí nián hòu wǒ jiùshì zǒnglǐ"

こうこう【口腔】口腔 kǒuqiāng (英 the mouth; the oral cavity)参考 医学界では「口腔」を「こうくう」と発音する。▶～衛生/口腔卫生 kǒuqiāng wèishēng

こうこう【孝行】孝敬 xiàojìng; 孝顺 xiàoshùn (英 filial duty)▶～息子/孝子 xiàozǐ ▶親～/孝順父母 xiàoshùn fùmǔ ▶～息子を持って幸せです/有一个孝顺的儿子真幸福！yǒu yí ge xiàoshùn de érzi zhēn xìngfú！▶ほんとうに親～な娘だねぇ/真是一个孝顺的女儿呀 zhēn shì yí ge xiàoshùn de nǚ'ér a ▶～は強要するものではない/孝顺不能勉强 xiàoshùn bùnéng miǎnqiǎng

ことわざ 孝行をしたい時には親はなし 想尽孝心的时候父母却不在世了 xiǎng jìn xiàoxīn de shíhou fùmǔ què bú zài shì le; 子欲行孝而父母双亡 zǐ yù xíng xiào ér fùmǔ shuāng wáng

こうこう【航行する】航行 hángxíng (英 navigate）▶海峡の〜の安全を維持せよ/维护海峡航行的安全 wéihù hǎixiá hángxíng de ānquán ▶豪華船が太平洋を〜する/豪华客轮航行在太平洋上 háohuá kèlún hángxíngzài Tàipíngyángshang

こうこう【高校】 高中 gāozhōng；高级中学 gāojí zhōngxué（英 a (senior) high school）▶〜生/高中生 gāozhōngshēng ▶〜を受験する/考高中 kǎo gāozhōng ▶職業〜が多様化している/职业高中呈现多样化 zhíyè gāozhōng chéngxiàn duōyànghuà

[日中比較] 中国語の'高校 gāoxiào'は'高等学校 gāoděng xuéxiào'の略であり，'大学 dàxué'などと「高等教育機関」全般を指す.

こうこう【煌煌と】 辉煌 huīhuáng；亮堂堂 liàngtāngtāng（英 brilliantly）▶〜と輝く/灿烂灿烂 cànlàn；耀眼 yàoyǎn ▶海辺の家には灯が〜とついていた/海滨的人家灯火辉煌 hǎibīn de rénjiā dēnghuǒ huīhuáng

こうごう【皇后】 皇后 huánghòu；王后 wánghòu（英 an empress; a queen）

ごうごう【囂囂たる】（英 uproaring）▶〜たる非難の声があがる/一谴责的呼声沸沸扬扬 qiǎnzé de hūshēng fèifēi yángyáng

ごうごう【轟轟】 轰隆隆 hōnglōnglōng（英 rumblingly）▶列車が〜と音をたてて走り過ぎる/列车轰隆轰隆地开过去 lièchē hōnglōng hōnglōng de kāiguòqù

こうこうがい【硬口蓋】〔解〕硬腭 yìng'è（英 the hard palate）

こうごうしい【神神しい】 庄严 zhuāngyán；神圣 shénshèng（英 divine; holy; sublime）▶〜の姿が描かれている/描绘出庄严的神像 miáohuìchū zhuāngyán de shénxiàng ▶木の間を漏れる光が神々しく見えた/透过树叶的光斑显得很神圣 tòuguò shùyè de guāngbān xiǎnde hěn shénshèng

こうごうせい【光合成】 光合作用 guānghé zuòyòng（英 photosynthesis）

こうこうや【好好爺】 和气爷爷 héqi yéye（英 a good-natured old man）▶家ではただの〜です/在家里是一个和蔼的老人 zài jiālǐ zhǐ shì yí ge hé'ǎi de lǎorén

こうこがく【考古学】 考古学 kǎogǔxué（英 archeology）▶北方〜/北方考古学 běifāng kǎogǔxué ▶海洋〜/海洋考古学 hǎiyáng kǎogǔxué

こうこく【公告】 公告 gōnggào；公布 gōngbù（英 a public notice）▶すでに官報紙上に〜されている/已经在政府公报上颁布了 yǐjīng zài zhèngfǔ gōngbàoshang bānbù le

こうこく【広告する】 广告 guǎnggào（英 advertise）▶〜を出す/登广告 dēng guǎnggào ▶新聞〜/报纸广告 bàozhǐ guǎnggào ▶朝刊に謝罪〜を出す/在早报上登出谢罪广告 zài zǎobàoshang dēngchū xièzuì guǎnggào ▶〜を出して家政婦を求める/登广告找保姆 dēng guǎng-

gào zhǎo bǎomǔ ▶3行〜で家出息子に呼びかける/在报纸上登三行广告召唤离家出走的儿子 zài bàozhǐshang dēng sān háng guǎnggào zhàohuàn líjiā chūzǒu de érzi

♦**〜代理店**：广告商 guǎnggàoshāng ▶文案は〜代理店に考えてもらおう/文字方案请广告商来操办吧 wénzì fāng'àn qǐng guǎnggàoshāng lái cāobàn ba ~**主**：广告主 guǎnggàozhǔ ▶〜がはっきりしない/不清楚谁是广告主 bù qīngchu shéi shì guǎnggàozhǔ ~**媒体**：广告媒介 guǎnggào méijiè ▶〜媒体も戦国時代だ/广告媒体也是群雄割据 guǎnggào méitǐ yě shì qúnxióng gējù ~**ビラ**：迷惑な〜ビラが多い/有很多骚扰性的广告传单 yǒu hěn duō sāorǎoxìng de guǎnggào chuándān

こうこく【抗告する】〔法〕上诉 shàngsù（英 complain; appeal）▶最高裁に〜する/向最高法院上诉 xiàng zuìgāo fǎyuàn shàngsù

こうこつ【恍惚】（英 ecstasy）▶〜とする/出神 chūshén；痴呆 chīdāi ▶〜の人になるには早すぎるぞ/这么年轻还不至于痴呆吧 zhème niánqīng hái bú zhìyú chīdāi ba ▶僕は光の中で〜となっていた/我在光亮中出神了 wǒ zài guāngliàng zhōng chūshén le ▶〜として歌に聞き入る/出神地听着歌声 chūshén de tīngzhe gēshēng

[日中比較] 中国語の'恍惚 huǎnghū'は「意識が朦朧としている」ことを指す.

こうこつ【硬骨】 硬骨头 yìnggǔtou（英 firm character）▶さすがに彼は〜漢だ/他真不愧是个硬汉子 tā zhēn búkuì shì ge yìnghànzi

こうこつもじ【甲骨文字】 甲骨文 jiǎgǔwén（英 ancient Chinese chracters inscribed on bones and tortoise shells）

こうこのうれい【後顧の憂い】 后顾之忧 hòugù zhī yōu（英 anxiety about one's future）▶これで〜なく旅立てる/这样就可以毫无后顾之忧地踏上旅途了 zhèyàng jiù kěyǐ háowú hòugù zhī yōu de tàshàng lǚtú le

こうさ【交差する】 相交 xiāngjiāo；交叉 jiāochā（英 cross; intersect）▶立体〜橋/立交桥 lìjiāoqiáo ▶道路と鉄道が〜する/公路和铁路交叉 gōnglù hé tiělù jiāochā ▶立体〜橋が都市の景観を変えた/立交桥改变了城市景观 lìjiāoqiáo gǎibiànle chéngshì jǐngguān

[日中比較] 中国語の'交差 jiāochāi'は「報告・復命する」ことを指す.

こうさ【考査する】 测验 cèyàn；考查 kǎochá；审查 shěnchá（英 test; examine）▶人物〜で何を見るのか/在审查人的时候看重什么？ zài shěnchá rén de shíhou kànzhòng shénme？▶期末〜が進路に影響する/期末考试将影响今后的前程 qīmò kǎoshì jiāng yǐngxiǎng jīnhòu de qiánchéng

こうさ【黄砂】 黄沙 huángshā；黄尘 huángchén（英 yellow sand）▶今年も〜が飞んできた/今年风沙又来了 jīnnián fēngshā yòu lái le

こうざ【口座】 账户 zhànghù；户头 hùtóu（英

an account）▶銀行預金〜/银行存款户头 yínháng cúnkuǎn hùtóu ▶〜を開く/开户头 kāi hùtóu ▶大阪銀行に預金〜を開いた/在大阪银行开了存款账户 zài Dàbǎn yínháng kāile cúnkuǎn zhànghù ▶〜が悪用されている/银行账户被用来作坏事 yínháng zhànghù bèi yòng lái zuò huàishì ▶僕の〜に振り込んでくれ/汇到我的账户里 huìdào wǒ de zhànghùli

こうざ【高座】 曲艺舞台 qǔyì wǔtái（英 *the stage*）▶〜で倒れれば本望だ/能死在舞台上我也就够了 néng sǐzài wǔtáishang wǒ yě jiù gòu le ▶おまえが〜に上がる日を楽しみにしているよ/我们期待着有一天你能登上舞台 wǒmen qīdàizhe yǒuyìtiān nǐ néng dēngshàng wǔtái

こうざ【講座】 讲座 jiǎngzuò（英 *a course*）▶新規に〜が開設される/开设新讲座 kāishè xīnjiǎngzuò ▶公開〜に市民もつめかけた/市民们也赶来参加功开讲座 shìmínmen yě gǎnlái cānjiā gōngkāi jiǎngzuò ▶寄付〜の人気は上々だ/捐赠的讲座人气很旺 juānzèng de jiǎngzuò rénqì hěn wàng

こうさい【公債】 公债 gōngzhài（英 *a public debt*; *bond*）▶〜に頼って財政を支える/靠公债来维持财政 kào gōngzhài lái wéichí cáizhèng ▶〜を発行して赤字を埋める/发行公债来填补亏空 fāxíng gōngzhài lái tiánbǔ kuīkong

こうさい【交際する】 交际 jiāojì; 交往 jiāowǎng; 应酬 yìngchou（英 *associate with…*）▶校長は男女〜にうるさい/校长对男女交际问题很严格 xiàozhǎng duì nánnǚ jiāojì wèntí hěn yángé ▶彼らは3年間〜した後結婚した/他们交往三年以后结婚了 tāmen jiāowǎng sān nián yǐhòu jiéhūn le ▶彼は〜が広い/他交际很广 tā jiāojì hěn guǎng

◆〜費 应酬费 yìngchoufèi ▶〜費の使いすぎだ/应酬费花得太多了 yìngchoufèi huāde tài duō le

こうさい【光彩】 光彩 guāngcǎi（英 *luster*; *brilliance*）▶舞台の彼女はひときわ〜を放っていた/在舞台上她独放异彩 zài wǔtáishang tā dú fàng yìcǎi

コウサイ【香菜】 ⇨コリアンダー

こうざい【功罪】 功过 gōngguò; 功罪 gōngzuì（英 *merits and demerits*）▶〜相半ばする/功罪兼半 gōngzuì jiān bàn ▶任期半ばで〜は論じられない/任期还没满不能评价功过 rènqī hái méi mǎn bùnéng píngjià gōngguò

こうざい【鋼材】 钢材 gāngcái（英 *steel*）▶〜の値動きが激しい/钢材的价格浮动很大 gāngcái de jiàgé fúdòng hěn dà ▶〜が値上がりしている/钢材在涨价 gāngcái zài zhǎngjià ▶〜を売買する/买卖钢材 mǎimài gāngcái

こうさく【工作する】 ❶【ものを作る】制作 zhìzuò; 手工 shǒugōng; 劳作 láozuò（英 *build*; *make*）▶《小学校の》図画〜/图画手工课 túhuà shǒugōngkè ▶僕は小学校で図画〜が得意だ/在小学，美术手工是我的强项 zài xiǎoxué, měishù shǒugōng shì wǒ de qiángxiàng

❷【手を打つ】（英 *maneuver*）▶政界〜は進んでいるのかい/对政界的工作有进展吗？ duì zhèngjiè de gōngzuò yǒu jìnzhǎn ma? ▶君も陰で〜してるんだろ/你也在暗中活动吧？ nǐ yě zài ànzhōng huódòng ba?

◆裏〜 幕后活动 mùhòu huódòng ▶彼らの裏〜にやられた/他们的幕后活动使我们吃了亏 tāmen de mùhòu huódòng shǐ wǒmen chīle kuī

〜員 〜员が入国したらしい/间谍好像已经入境了 jiàndié hǎoxiàng yǐjing rùjìng le 〜機械;工作母机 gōngzuò mǔjī; 机床 jīchuáng

> 日中比較 中国語の '工作 gōngzuò' は広く「働くこと」「仕事」を指す。日本語の「裏で活動すること」「図工」の意味はない。

こうさく【交錯する】 交错 jiāocuò（英 *mingle*; *become entangled*）▶光が〜する/交相辉映 jiāoxiāng huī yìng ▶期待と不安が〜する/希望和不安交织在心中 xīwàng hé bù'ān jiāozhī zài xīnzhōng ▶光と影の〜を図案化した/把阴阳交错绘制成图案 bǎ yīnyáng jiāocuò huìzhìchéng tú'àn

こうさく【耕作する】 耕种 gēngzhòng; 耕作 gēngzuò; 种地 zhòngdì（英 *cultivate*; *farm*）▶〜地/耕地 gēngdì ▶〜地が荒地と化す/耕地变成了荒地 gēngdì biànchéngle huāngdì ▶こんな山あいにも〜する人はいる/在这样的山沟里也有人在耕作 zhèyàng de shāngōuli yě yǒu rén zài gēngzuò ▶島の土地は〜に適していなかった/岛上的土地不适于耕作 dǎoshang de tǔdì bú shìyú gēngzuò

こうさつ【考察する】 考察 kǎochá; 探讨 tàntǎo（英 *consider*; *study*）▶両国の関係を歴史的に〜する/从历史的角度考察两国的关系 cóng lìshǐ de jiǎodù kǎochá liǎngguó de guānxi ▶もうすこし掘り下げた〜がほしい/希望能进一步深入探讨 xīwàng néng jìnyībù shēnrù tàntǎo

こうさつ【絞殺する】 绞杀 jiǎoshā; 勒死 lēisǐ（英 *choke… to death*）▶死因は〜と判明した/判明死亡原因为绞杀 pànmíng sǐwáng yuányīn wéi jiǎoshā ▶細い紐で〜したらしい/好像是用细绳子勒死的 hǎoxiàng shì yòng xìshéngzi lēisǐ de

こうざつ【交雑する】〖生物〗杂交 zájiāo（英 *cross-fertilize*）▶〜種/杂交种 zájiāozhǒng

こうさてん【交差点】 十字路口 shízì lùkǒu; 交叉点 jiāochādiǎn（英 *an intersection*）▶急ぎ足で〜を渡る/急匆匆地穿过十字路口 jícōngcōng de chuānguò shízì lùkǒu ▶〜に差しかかる/来到十字路口 láidào shízì lùkǒu

こうさん【公算】 可能性 kěnéngxìng（英 *probability*）▶メダルを取る〜が大きい/获得奖牌的可能性很大 huòdé jiǎngpái de kěnéngxìng hěn dà ▶合格の〜大である/及格的可能性很大 jígé de kěnéngxìng hěn dà

こうさん【降参する】 投降 tóuxiáng; 投诚 tóuchéng; 认输 rènshū（英 *surrender*）▶糧道を断

たれて私は~した/被切断了补给线我只好认输了 bèi qiēduànle bǔjǐxiàn wǒ zhǐhǎo rènshū le ▶やぁ~~, 坊やは強いなぁ/哎呀, 我服输了. 小家伙, 你够厉害的啊！āiyā, wǒ fúshū le. xiǎojiāhuo, nǐ gòu lìhai de a！

こうざん【高山】 高山 gāoshān (英 *a high mountain*) ▶~病/高山反应 gāoshān fǎnyìng; 高原病 gāoyuánbìng ▶~植物/高山植物 gāoshān zhíwù ▶チベット旅行では~病が心配だ/去西藏旅行我担心得高原病 qù Xīzàng lǚxíng wǒ dānxīn dé gāoyuánbìng ▶~植物を守れ！/保护高山植物！bǎohù gāoshān zhíwù！

こうざん【鉱山】 矿 kuàng; 矿山 kuàngshān (英 *a mine*) ▶~の労働者/矿工 kuànggōng ▶~の採算がとれない/矿山不合算 kuàngshān bù hésuàn ▶ニッケル~が見つかった/发现了镍矿 fāxiànle nièkuàng ▶~を採掘する/开采矿山 kāicǎi kuàngshān

こうし【子牛】 小牛 xiǎoniú; 牛犊 niúdú (英 *a calf*) ▶~の肉/小牛肉 xiǎoniúròu ▶~のステーキ/小牛排 xiǎoniúpái

こうし【公私】 公私 gōngsī (英 *public and private matters*) ▶~混同にも程がある/公私混淆也该有个分寸 gōngsī hùnxiáo yě gāi yǒu ge fēncun ▶~を混同するのはいかがなものか/怎么能公私不分呢？zěnme néng gōngsī bù fēn ne？
♦~混同：公私不分 gōngsī bù fēn

こうし【公使】 公使 gōngshǐ (英 *an envoy; a minister*) ▶~を駐在させる/派驻公使 pàizhù gōngshǐ ▶~に任命される/被任命为公使 bèi rènmìng wéi gōngshǐ
♦~館：公使馆 gōngshǐguǎn; 使馆 shǐguǎn ▶~館を開設する/开设公使馆 kāishè gōngshǐguǎn

こうし【孔子】 孔子 Kǒngzǐ (英 *Confucius*) ▶~廟/孔庙 Kǒngmiào

こうし【行使する】 行使 xíngshǐ (英 *exercise; use*) ▶権利の~/行使权利 xíngshǐ quánlì ▶我々は武力を~しない/我们不行使武力 wǒmen bù xíngshǐ wǔlì ▶一票の~は私の権利だ/投票是我的权利 tóupiào shì wǒ de quánlì

こうし【格子】 格子 gézi; 方格 fānggé (英 *a lattice; a grille*) ▶~戸/格子门 gézimén ▶~戸をくぐり出る/钻出格子门 zuānchū gézimén ▶鉄~/铁栅栏 tiězhàlan ▶鉄~の中は寒かろう/铁窗里够冷的吧 tiěchuānglǐ gòu lěng de ba？
♦~縞：方格 fānggé ▶~縞のシャツが似合う/穿方格图案的衬衫很合适 chuān fānggé tú'àn de chènshān hěn héshì

こうし【嚆矢】 嚆矢 hāoshǐ; 开端 kāiduān (英 *the first*)

こうし【講師】 讲师 jiǎngshī (英 *a lecturer*) ▶本日の~は宮本先生です/今天由宫本老师主讲 jīntiān yóu Gōngběn lǎoshī zhǔjiǎng ▶大学で非常勤~を務める/在大学兼讲师 zài dàxué dāng jiānkè jiǎngshī

こうじ【小路】 小胡同 xiǎohútòng; 小巷 xiǎoxiàng (英 *an alley*) ▶袋~/死胡同 sǐhútòng ▶袋~から抜け出せない/进了死胡同出不来 jìnle sǐhútòng chūbulái

こうじ【工事】 工程 gōngchéng (英 *work; construction*) ▶~する/施工 shīgōng;《家屋の》装修 zhuāngxiū ▶~が3ヶ月も遅れている/工程晚了三个月 gōngchéng wǎnle sān ge yuè ▶昨日の夜道路を~していた/昨天晚上修路了 zuótiān wǎnshang xiūlù le ▶橋はいま復旧~中である/桥梁现在正在修复 qiáoliáng xiànzài zhèngzài xiūfù
♦~現場：工地 gōngdì ▶~現場を視察する/视察工地 shìchá gōngdì
日中比较 中国語の'工事 gōngshì'は軍事上の「防御施設」を指す.

こうじ【公示する】 揭示 jiēshì; 公布 gōngbù; 公告 gōnggào (英 *announce; notify*) ▶選挙の~はいつになるかな/选举的公告什么时候出来呢？xuǎnjǔ de gōnggào shénme shíhou chūlái ne？▶総選挙の投票日を~する/公布大选的投票日期 gōngbù dàxuǎn de tóupiào rìqī

こうじ【好事】 *something lucky*
ことわざ 好事魔多し 好事多磨 hǎoshì duō mó
ことわざ 好事門を出でず, 悪事千里を走る 好事不出门, 丑事传千里 hǎoshì bù chūmén, chǒushì chuán qiānlǐ

こうじ【好餌】 香饵 xiāng'er;《餌食(えじき)》冤大头 yuāndàtóu (英 *a bait; a lure*)

こうじ【麹】 曲 qū [酵母] *yeast*) ▶~菌/曲霉 qūméi

ごうし【合資】 合资 hézī (英 *limited*) ▶~会社/合资公司 hézī gōngsī ▶~会社を設立する/设立合资公司 shèlì hézī gōngsī ▶~企業/合资企业 hézī qǐyè

こうしき【公式】 **❶**[数学] 公式 gōngshì; 式 shì (英 *a formula*) ▶~化する/公式化 gōngshìhuà ▶~を使って計算する/用数学公式计算 yòng shùxué gōngshì jìsuàn ▶おまえの~主義的な発想にはうんざりだ/你这种公式化的想法真让人受够了 nǐ zhè zhǒng gōngshìhuà de xiǎngfǎ zhēn ràng rén shòu gòu le
❷[公の] 正式 zhèngshì (英 *formality*) ▶彼は昨年来~の場に姿を見せていない/他从去年以来一直没有在公共场合露面 tā cóng qùnián yǐlái yìzhí méiyǒu zài gōnggòng chǎnghé lòumiàn ▶《野球》いよいよ~戦が始まる/（职业棒球的）正规循环赛即将开始 (zhíyè bàngqiú de)zhèngguī xúnhuánsài jíjiāng kāishǐ
♦~訪問：正式访问 zhèngshì fǎngwèn ▶一週間の~訪問が決まった/决定进行一个星期的公式访问 juédìng jìnxíng yí ge xīngqī de gōngshì fǎngwèn

こうしき【硬式】 (英 *regulation*) ▶~野球/硬式棒球 yìngshì bàngqiú ▶高校に入って~ボールを握った/上高中以后就用硬球了 shàng gāozhōng yǐhòu jiù yòng yìngqiú le ▶~テニス/硬

式网球 yìngshì wǎngqiú

こうせい【高姿勢】 強硬態度 qiángyìng tàidù (英 an aggressive attitude) ▶あの〜がいつまでもつかな/那种强硬态度能维持多久呢？ nà zhǒng qiángyìng tàidù néng wéichí duōjiǔ ne? ▶あまり〜に出るな/态度别太强硬了 tàidù bié tài qiángyìng le ▶私は〜で乗り切るつもりだった/我是打算用强硬态度闯过那一关 wǒ shì dǎsuan yòng qiángyìng tàidù chuǎngguò nà yì guān

こうしつ【皇室】 皇室 huángshì; 皇家 huángjiā (英 the Imperial Household) ▶〜典範/皇室法典 huángshì fǎdiǎn ▶〜会議を招集する/召开皇家会议 zhàokāi huángjiā huìyì

こうしつ【硬質な】 硬质 yìngzhì (英 hard) ▶文章がちょっと〜な感じがする/文章有点儿硬 wénzhāng yǒudiǎnr yìng ▶〜ガラス/…ガラス製の花瓶/硬质玻璃制的花瓶 yìngzhì bōlizhì de huāpíng

こうじつ【口実】 借口 jièkǒu; 口实 kǒushí (英 an excuse; a pretext) ▶〜を見つける/找借口 zhǎo jièkǒu; 托词 tuōcí ▶〜/假托 jiǎtuō; 借口 jièkǒu ▶うまい〜を見つけたね/你找到了巧妙的借口啊 (nǐ) zhǎodàole qiǎomiào de jièkǒu a ▶母親の病を〜にする/拿母亲的病来作借口 ná mǔqin de bìng lái zuò jièkǒu

こうしゃ【後者】 后者 hòuzhě (英 the latter; the second) ▶私は〜の意味に理解する/我按后者的意思来理解 wǒ àn hòuzhě de yìsi lái lǐjiě ▶前者を採るか〜を採るか/采用前者还是后者 cǎiyòng qiánzhě háishi hòuzhě

こうしゃ【校舎】 校舎 xiàoshè (英 a schoolhouse; a school building) ▶我が校は〜が狭い/我们学校的校舎很小 wǒmen xuéxiào de xiàoshè hěn xiǎo ▶学校は人だ、〜ではない/学校靠的是人才, 不是校园 xuéxiào kào de shì réncái, bú shì xiàoyuán

こうしゃ【降車】 (英 getting out) ▶〜は順序よく願います/请按次序下车 qǐng àn cìxù xià chē ♦〜口 老人が〜口で手間取っていた/有个老人在下车门口磨蹭, 耽误了时间 yǒu ge lǎoren zài xiàchē ménkǒu móceng, dānwule shíjiān

ごうしゃ【豪奢な】 豪华 háohuá; 奢侈 shēchǐ (英 luxurious) ▶親の遺産で〜な生活をする/靠父母的遺産过奢侈的生活 kào fùmǔ de yíchǎn guò shēchǐ de shēnghuó

こうしゃく【公爵】 公爵 gōngjué (英 a prince)

こうしゃく【侯爵】 侯爵 hóujué (英 a marquis)

こうしゃく【講釈】 说书 shuōshū;讲解 jiǎngjiě (英 a lecture; [讲談] storytelling) ▶あいつの〜には味がある/他说书很有味儿 tā shuōshū hěn yǒu wèi ▶ほう、親に向かって〜するか/嚯, 你要给父母讲大道理啊？ huò, nǐ yào gěi fùmǔ jiǎng dàdàoli a?
〜師見てきたような嘘をつき 说谎说得像模像样 shuōhuǎng shuōde xiàngmú xiàngyàng
♦〜師/说书先生 shuōshū xiānsheng

こうしゃほう【高射砲】 高射炮 gāoshèpào (英 an antiaircraft gun) ▶〜を撃つ/开高射炮 kāi gāoshèpào ▶で敵機をねらう/用高射炮打敌机 yòng gāoshèpào dǎ díjī

こうしゅ【攻守】 攻守 gōngshǒu (英 offense and defense) ▶〜所を変える/转守为攻 zhuǎn shǒu wéi gōng; 转攻为守 zhuǎn gōng wéi shǒu ▶これで交渉は〜所を変えた/这样, 交涉双方攻守易位了 zhèyàng, jiāoshè shuāngfāng gōngshǒu yì wèi le

こうじゅ【口授する】 口授 kǒushòu (英 state orally) ▶これは先生の〜を記録したノートだ/这是记有老师口授内容的笔记本 zhè shì jìyǒu lǎoshī kǒushòu nèiróng de bǐjìběn

こうしゅう【口臭】 口臭 kǒuchòu (英 mouth odor; bad breath) ▶〜を予防する/预防口臭 yùfáng kǒuchòu ▶〜がする/有口臭 yǒu kǒuchòu

こうしゅう【公衆】 公众 gōngzhòng; 公共 gōnggòng (英 the public) ▶僕は〜の面前で罵倒された/我被当众大骂了一顿 wǒ bèi dāngzhòng dà màle yí dùn
♦〜衛生/公共卫生 gōnggòng wèishēng ▶〜衛生を充実させる/搞好公共卫生 gǎohǎo gōnggòng wèishēng 〜電話/公用电话 gōngyòng diànhuà ▶いま〜電話からかけています/我现在打的是公用电话 wǒ xiànzài dǎ de shì gōngyòng diànhuà 〜道德/公德 gōngdé; 公共道德 gōnggòng dàodé ▶〜道德はしっかり守ろう/严格遵守公共道德 yángé zūnshǒu gōnggòng dàodé 〜便所/公厕 gōngcè ▶〜便所で用を足す/上公共厕所方便 shàng gōnggòng cèsuǒ fāngbiàn

こうしゅう【講習する】 讲习 jiǎngxí (英 give a course) ▶〜会/讲习会 jiǎngxíhuì ▶夏期〜会に申し込む/报名参加暑期讲座 bàomíng cānjiā shǔqī jiǎngzuò ▶介護について〜を受ける/参加有关护理的讲习会 cānjiā yǒuguān hùlǐ de jiǎngxíhuì

こうしゅうは【高周波】 高频 gāopín (英 high frequency) ▶〜の電波を発する/发出高频电波 fāchū gāopín diànbō

こうしゅけい【絞首刑】 绞刑 jiǎoxíng (英 death by hanging) ▶彼が〜が執行された/他被处以绞刑 tā bèi chǔyǐ jiǎoxíng

こうじゅつ【口述する】 口述 kǒushù (英 state orally; dictate) ▶〜筆記させる/口授 kǒushòu; 口述笔记 kǒushù bǐjì ▶〜自伝を〜させる/在病床上他口述自传请人笔录 zài bìngchuángshang tā kǒushù zìzhuàn qǐng rén bǐlù ▶彼は〜筆記がうまい/他很擅长录别人的口述 tā hěn shàncháng bǐlù biéren de kǒushù

こうじゅつ【後述する】 后述 hòushù (英 say later) ▶〜するように, 彼の病状は…/如下所述, 他的病情… rúxià suǒ shù, tā de bìngqíng…

事件の経過については～する/随后我会介绍事件的经过 suíhòu wǒ huì jièshào shìjiàn de jīngguò

こうしょ【高所】 高地 gāodì (英 *a high place; high ground*) ▶私はひどい～恐怖症である/我有很严重的恐高症 wǒ yǒu hěn yánzhòng de kǒnggāozhèng ▶大所～から考えてもらいたい/希望能从大局考虑 xīwàng néng cóng dàjú kǎolǜ

こうじょ【公序】 (英 *public order and morals*) ▶～良俗を乱す/伤风败俗 shāng fēng bài sú

こうじょ【皇女】 公主 gōngzhǔ (英 *an Imperial princess*)

こうじょ【控除する】 扣除 kòuchú (英 *deduct; exempt*) ▶基礎～/固定扣除 gùdìng kòuchú ▶扶養～/扶养减免 fúyǎng jiǎnmiǎn; 扶养扣除 fúyǎng kòuchú ▶僕はまだ扶養～の対象だ/我现在还是受抚养的对象 wǒ xiànzài háishi shòu fúyǎng de duìxiàng ▶寄付金は所得から～できる/捐款可以从所得金额中减轻纳税 juānkuǎn kěyǐ cóng suǒdé jīn'é zhōng jiǎnqīng nàshuì ▶必要経費は～される/可扣除必要经费 kě kòuchú bìyào jīngfèi

こうしょう【口承】 (英 *oral tradition*) ▶～文学/口头文学 kǒutóu wénxué

こうしょう【公称】 号称 hàochēng; 名义 míngyì (英 *official; publicized*) ▶販売部数10万部と～している/号称销量有十万本 hàochēng xiāoliàng yǒu shíwàn běn ▶～7億の年商/号称一年营商七亿 hàochēng yì nián yíngshāng qīyì

こうしょう【公証】 公证 gōngzhèng (英 *notarization*) ▶～人役場/公证处 gōngzhèngchù

こうしょう【公傷】 公伤 gōngshāng (英 *a job-related injury*) ▶実験中のやけどは～のはずだ/在实验中被烧伤, 应该算作公伤 zài shíyàn zhōng bèi shāoshāng, yīnggāi suànzuò gōngshāng ▶それは～とは認められない/这不能算公伤 zhè bùnéng suànshì gōngshāng

こうしょう【交渉する】 **1**【かけあう】交渉 jiāoshè; 谈判 tánpàn (英 *negotiate*) ▶～がまとまる/谈判达成协议 tánpàn dáchéng xiéyì ▶社長じきじきに当たる/总经理亲临交涉 zǒngjīnglǐ qīnlín jiāoshè ▶これで～がまとまるだろう/这样, 谈判将达成协议 zhèyàng, tánpàn jiāng dáchéng xiéyì ▶版権獲得の～を申し入れる/要求进行获取版权的交涉 yāoqiú jìnxíng huòqǔ bǎnquán de jiāoshè ▶値引きを～する/协商减价 xiéshāng jiǎnjià ▶両国はようやく～の席についに至った/两国总算坐到了谈判桌前 liǎngguó zǒngsuàn zuòdàole tánpànzhuō qián ▶我々は あくまで～による解決を目指す/我们坚持通过谈判谋求解决 wǒmen jiānchí tōngguò tánpàn móuqiú jiějué ▶領土～/领土谈判 lǐngtǔ tánpàn **2**【関係を持つ】 (英 *relate*) ▶～を持つ/有关系 yǒu guānxi; 有来往 yǒu láiwǎng ▶共立社とも～を持つ/跟共立社也有来往 gēn Gònglìshè yě yǒu láiwǎng

こうしょう【考証する】 考証 kǎozhèng (英 *study; research*) ▶屏風の絵の時代を～する/考证屏风上绘画的年代 kǎozhèng píngfēngshang huìhuà de niándài
♦～学 ｜考据学 kǎojùxué ▶その時代は～学が盛んだった/那个时代盛行考据学 nàge shídài shèngxíng kǎojùxué 時代～ ｜时代考证 shídài kǎozhèng ▶このドラマは時代～がしっかりしている/这个电视剧的时代考证很可靠 zhège diànshìjù de shídài kǎozhèng hěn kěkào

こうしょう【哄笑】 哄笑 hōngxiào; 大笑 dàxiào (英 *loud laughter*) ▶彼は勝ち誇って～した/他得意洋洋地大笑起来 tā déyì yángyáng de dàxiàoqǐlai ▶いかにも～（え）にさわる～だった/那样哄堂大笑实在让人恼火 nàyàng hōngtáng dà xiào shízài ràng rén nǎohuǒ

こうしょう【校章】 校徽 xiàohuī (英 *a school emblem*) ▶胸に～が輝いている/胸口的校徽闪闪发光 xiōngkǒu de xiàohuī shǎnshǎn fāguāng ▶あなたに～をデザインしてもらいたい/想请您来设计校徽 xiǎng qǐng nín lái shèjì xiàohuī

こうしょう【高尚な】 高尚 gāoshàng (英 *noble; elegant; highbrow*) ▶～いう趣味が～だ/他的爱好很高尚 tā de àihào hěn gāoshàng ▶あまり～な話はしないでくれ/别唱高调 bié chàng gāodiào

こうしょう【鉱床】 矿 kuàng; 矿床 kuàngchuáng (英 *mineral deposits*) ▶有望な～を掘り当てる/开采到很有希望的矿床 kāicǎidào hěn yǒu xīwàng de kuàngchuáng

こうじょう【口上】《芝居》开场白 kāichǎngbái; 述说 shùshuō; 照会 zhàohuì (英 *a prologue*) ▶いかにもあの人らしい～だ/这真像是他的谈话方法 zhè zhēn xiàng shì tā de tánhuà fāngfǎ ▶舞台から～を述べる/在舞台上致词 zài wǔtáishang zhìcí ▶大使館に～書を手渡す/向大使馆递交备忘录 xiàng dàshǐguǎn dìjiāo bèiwànglù

こうじょう【工場】 工厂 gōngchǎng;《手工業の》作坊 zuōfang →こうば【工場】(英 *a factory*) ▶～長/厂长 chǎngzhǎng ▶～を建設する/建工厂 jiàn gōngchǎng ▶～は公害源にもなりうる/工厂也可能变成公害之源 gōngchǎng yě kěnéng biànchéng gōnghài zhī yuán ▶自動車～/汽车厂 qìchēchǎng ▶廃水/工厂废水 gōngchǎng fèishuǐ

こうじょう【交情】 交情 jiāoqing (英 *friendship*) ▶我々の～は深まった/我们加深了友情 wǒmen jiāshēnle yǒuqíng

こうじょう【向上する】 提高 tígāo; 进步 jìnbù; 上进 shàngjìn (英 *progress; improve*) ▶彼は～心が強い/他上进心很强 tā shàngjìnxīn hěn qiáng ▶学力の～を図る/力求提高学力 lìqiú tígāo xuélì ▶人は日々に～しなくてはいけない/人要天天向上 rén yào tiāntiān xiàng shàng ▶教育の質を～させたい/要提高教育质量 yào tígāo jiàoyù zhìliàng

こうじょう【厚情】 厚谊 hòuyì; 美意 měiyì; 盛情 shèngqíng (英 *kindness*; *favor*) ▶御～まことにありがとうございました/衷心感谢你们的盛情 zhōngxīn gǎnxiè nǐmen de shèngqíng

こうじょう【恒常】 恒久 héngjiǔ (英 *constancy*) ▶～性/永久性 yǒngjiǔxìng ▶～的/永恒 yǒnghéng ▶～的な運動施設が欲しい/想要一个长久的运动场所 xiǎng yào yí ge chángjiǔ de yùndòng chǎngsuǒ

ごうしょう【豪商】 巨商 jùshāng (英 *a wealthy merchant*) ▶～の屋敷を町の名所にする/把巨商的豪宅开放成镇子里的观光名胜 bǎ jùshāng de háozhái kāifàngchéng zhènzili de guānguāng míngshèng

ごうじょう【強情】 倔强 juéjiàng; 顽固 wángù; 牛脾气 niúpíqi (英 *stubbonness*) ▶～な/顽固 wángù; 倔强 juéjiàng ▶彼の～は父親ゆずりだ/他继承了父亲的牛脾气 tā jìchéngle fùqin de niúpíqi ▶きみにおまえは～な子だよ/你真是个倔强的孩子 nǐ zhēn shì ge juéjiàng de háizi ▶その～な性格が災いした/那个顽固的性格吃了亏 nàge wángù de xìnggé chīle kuī ▶彼はつまらぬことで～をはった/他为了无聊的琐事发牛脾气 tā wèile wúliáo de suǒshì fā niúpíqi

こうじょうせん【甲状腺】【解】甲状腺 jiǎzhuàngxiàn (英 *the thyroid gland*) ▶～ホルモン/甲状腺激素 jiǎzhuàngxiàn jīsù ▶～が肥大する/甲状腺肥大 jiǎzhuàngxiàn féidà

こうしょく【公職】 公职 gōngzhí (英 *public office*) ▶～に就く/担任公职 dānrèn gōngzhí

こうしょく【好色な】 好色 hàosè (英 *amorous*; *lustful*)
♦～家 彼は顔に似合わぬ～家である/他表面上很老实，其实是一个好色鬼 tā biǎomiànshang hěn lǎoshi, qíshí shì yí ge hàosèguǐ

こうじる【高じる】 加剧 jiājù; 加重 jiāzhòng; 发展 fāzhǎn (英 *grow worse*) ▶趣味が高じて本業になる/爱好发展成本行 àihào fāzhǎnchéng běnháng

こうじる【講じる】 ❶【講義する】讲 jiǎng; 讲授 jiǎngshòu (英 *lecture*) ▶大学で日本文学を～/在大学讲授日本文学 zài dàxué jiǎngshòu Rìběn wénxué ❷【策を】讲求 jiǎngqiú; 采取 cǎiqǔ (英 *take measures*) ▶早急に対策を講じます/及时采取对策 jíshí cǎiqǔ duìcè

こうしん【亢進】 亢进 kàngjìn (英 *a rise*; *an increase*) ▶心悸～がひどい/心脏悸动恶化 xīnzàng jìdòng èhuà ▶インフレが～している/通胀日益严重 tōngzhàng rìyì yánzhòng

こうしん【交信する】 通讯联系 tōngxùn liánxì (英 *exchange messages*) ▶遭難船との～が途絶えた/跟遇难船只失去了通讯联系 gēn yùnàn chuánzhī shīqùle tōngxùn liánxì ▶ベースキャンプと～する/跟大本营进行通讯联系 gēn dàběnyíng jìnxíng tōngxùn liánxì

こうしん【行進する】 进行 jìnxíng; 行进 xíngjìn; 游行 yóuxíng (英 *march*; *parade*) ▶園児たちの～が可愛らしい/幼儿园儿童的行列真可爱 yòu'éryuán értóng de hángliè zhēn kě'ài ▶プラカードを掲げて街を～する/举着标牌上街游行 jǔzhe biāopái shàngjiē yóuxíng
♦～曲｜进行曲 jìnxíngqǔ ▶～曲が大通りに鳴り響く/进行曲在大街上回响 jìnxíngqǔ zài dàjiēshang huíxiǎng

こうしん【更新する】 更新 gēngxīn; 刷新 shuāxīn (英 *renew*; *update*) ▶契約を～する/更新合同 gēngxīn hétong ▶アパートの賃貸契約を～する/更新公寓的租赁合同 gēngxīn gōngyù de zūlìn hétong ▶果たして世界記録を～なるか/能不能刷新世界纪录呢？ néngbunéng shuāxīn shìjiè jìlù ne

こうしん【後身】 (英 *the descendant*) ▶塾の～が現在の広崎大学なのである/那所私塾后来变成了现在的广崎大学 nà suǒ sīshú hòulái biànchéngle xiànzài de Guǎngqí dàxué

こうしん【後進】 后进 hòujìn; 后来人 hòuláirén; 落后 luòhòu［後輩］*a junior*; *a younger man*) ▶～に道を譲る/为后来人让位 wèi hòuláirén ràngwèi ▶～に道を譲る気はない/我不愿意为后来人让位子 wǒ bú yuànyì wèi hòuláirén ràng wèizi ▶そういう意識の～性が問題なのだ/问题就在于意识上的这种落后性 wèntí jiù zàiyú yìshíshang de zhè zhǒng luòhòuxìng

こうじん【公人】 公职人员 gōngzhí rényuán; 公众人物 gōngzhòng rénwù (英 *a public person*) ▶今日の私は～として発言しておきます/今天我以公职身份发言 jīntiān wǒ yǐ gōngzhí shēnfen fāyán

こうじん【幸甚】 十分荣幸 shífēn róngxìng; 为荷 wéihè (英 *appreciation*) ▶御笑覧いただければ～です/如能拨冗笑览，不胜荣幸 rú néng bōrǒng xiào lǎn, búshèng róngxìng

こうじん【後塵】 后尘 hòuchén ▶～を拝する/甘拜下风 gān bài xià fēng ▶あいつの～を拝するのは御免だ/我可不会输给他 wǒ kě bùhuì shūgěi tā

こうしんじょ【興信所】 信用调查所 xìnyòng diàocháusuǒ (英 *a detective agency*) ▶彼の素行調査を依頼する/请信用调查所调查他平素的行为 qǐng xìnyòng diàocháusuǒ diàochá tā píngsù de xíngwéi

こうじんぶつ【好人物】 好人 hǎorén; 老好人 lǎohǎorén (英 *a good-natured person*) ▶あれはただ～というだけの男です/他不过是个老好人 tā búguò shì yí ge lǎohǎorén

こうしんりょう【香辛料】 香辣调料 xiānglà tiáoliào; 作料 zuòliao (zuóliao) (英 *spice*) ▶スープに～を加える/在汤里加放香辣调料 zài tānglǐ jiāfàng xiānglà tiáoliào

こうず【構図】 构图 gòutú; 布景 bùjǐng; 布局 bùjú (英 *composition*) ▶～を決める/决定布局 juédìng bùjú ▶事件の～/事件的全貌 shìjiàn de quánmào ▶画面の～を決める/决定画面的构图 juédìng huàmiàn de gòutú ▶事件の～が浮

こうすい【香水】 香水 xiāngshuǐ（英 perfume; scent）▶〜のにおいが強すぎて/香水的味儿太重了 xiāngshuǐ de wèir tài zhòng le ▶中学生が〜をつけている/中学生竟用香水 zhōngxuéshēng jìng yòng xiāngshuǐ

こうすい【硬水】 硬水 yìngshuǐ（英 hard water）

こうずい【洪水】 洪水 hóngshuǐ；大水 dàshuǐ（英 a flood）▶〜警報を発令する/发布防洪警报 fābù fánghóng jǐngbào ▶〜に襲われる/遭受洪水袭击 zāoshòu hóngshuǐ xíjī ▶〜が2階まで上がってきた/洪水淹到了二楼 hóngshuǐ yāndàole èr lóu ▶抗議の手紙が〜のように殺到した/抗议信像洪水般地涌来 kàngyìxìn xiàng hóngshuǐ bān de yǒnglái

こうすいりょう【降水量】〘気象〙降水量 jiàngshuǐliàng；降雨量 jiàngyǔliàng（英 rainfall; precipitation）▶昨日一日の〜が200ミリを越えた/昨天一天的降雨量超过了二百毫米 zuótiān yì tiān de jiàngyǔliàng chāoguòle èrbǎi háomǐ

こうずか【好事家】（英 a dilettante）▶後世の〜が珍重してくれるだろう/后世好事之徒大概会加以重视的 hòushì hàoshì zhī tú dàgài huì jiāyǐ zhòngshì de

こうせい【公正な】 公平 gōngpíng；公道 gōngdao；公正 gōngzhèng（英 fair; impartial）▶〜な意見/持平之论 chípíng zhī lùn ▶いかにも〜な意見である/实在是公道的意见 shízài shì gōngdao de yìjiàn ▶〜な処置/公正的措施 gōngzhèng de cuòshī ▶〜な立場に立って/站在不偏不倚的立场 zhànzài bù piān bù yǐ de lìchǎng ▶その処置は〜であったか/那个处理公平吗？ nàge chǔlǐ gōngpíng ma?

♦〜証書|公证书 gōngzhèngshū 〜取引委員会|公正交易会 gōngzhèng jiāoyìhuì

こうせい【攻勢】 攻势 gōngshì（英 the offensive）▶〜をかける/进攻 jìngōng ▶彼らの議論の〜の前に私はたじたじだった/在他们的理论攻势面前我狼狈不堪 zài tāmen de lǐlùn gōngshì miànqián wǒ lángbèi bù kān ▶我々は一気に〜をかけた/我们一鼓作气发动了进攻 wǒmen yì gǔ zuò qì fādòngle jìngōng ▶彼はここから〜に転じた/他从此开始转守为攻 tā cóngcǐ kāishǐ zhuǎn shǒu wéi gōng

こうせい【更生する】 自新 zìxīn；更生 gēngshēng；复兴 fùxīng（英 reform oneself）▶心から少年たちの〜を願う/衷心期望少年们改过自新 zhōngxīn qīwàng shàoniánmen gǎiguò zìxīn ▶会社が〜法の適用を申請する/申请施行公司复兴法 shēnqǐng shīxíng gōngsī fùxīngfǎ

こうせい【厚生】 卫生福利 wèishēng fúlì；保健 bǎojiàn（英 public〔social〕welfare）▶福利〜/福利保健 fúlì bǎojiàn ▶〜施設/福利设施 fúlì shèshī ▶〜施設が充実している/福利设施很充实 fúlì shèshī hěn chōngshí

♦〜年金|养老金 yǎnglǎojīn ▶〜年金で暮らしを立てる/靠养老金过日子 kào yǎnglǎojīn guò rìzi

こうせい【後世】 后代 hòudài；后世 hòushì（英 after ages; future generations）▶〜に名を残す/万古流芳 wàngǔ liúfāng；永垂不朽 yǒng chuí bù xiǔ ▶彼はきっと〜に名を残す/他一定会后世流芳的 tā yīdìng huì hòushì liúfāng de ▶改革への評価は〜の人々が下す/由后人去评说改革成败 yóu hòurén qù píngshuō gǎigé chéngbài

こうせい【後生】 〜畏(おそ)るべし 后生可畏 hòushēng kě wèi

こうせい【恒星】〘天文〙恒星 héngxīng（英 a fixed star）

こうせい【校正する】〘印刷〙校对 jiàoduì；校正 jiàozhèng（英 read proof）▶これは誰が〜したんだ/这是谁校对的啊 zhè shì shéi jiàoduì de a! ▶〜にミスはつきものだ/校正少不了出错 jiàozhèng shǎobùliǎo chūcuò

♦〜係|校对员 jiàoduìyuán 〜刷り|校样 jiàoyàng ▶〜刷りに書き込む/在校样上修改 zài jiàoyàngshang xiūgǎi

こうせい【構成】 结构 jiégòu；构成 gòuchéng（英 construction; composition; structure）▶〜のしっかりした小説を書きなさい/小说要写得结构严谨 xiǎoshuō yào xiěde jiégòu yánjǐn ▶〜/构成 gòuchéng；组成 zǔchéng ▶5人で委員会を〜する/由五个人组成委员会 yóu wǔ ge rén zǔchéng wěiyuánhuì

♦家族〜|家庭成员结构 jiātíng chéngyuán jiégòu ▶うちの家族〜なんて単純なもんだ/我的家庭成员很单纯 wǒ de jiātíng chéngyuán hěn dānchún 〜要素|成分 chéngfèn ▶〜要素が複雑すぎる/成分太复杂了 chéngfèn tài fùzá le

ごうせい【合成の】 合成 héchéng（英 composite）,〘化学〙synthetic）▶新繊維の〜に成功した/成功地合成了新的纤维 chénggōng de héchéngle xīn de xiānwéi ▶これは二種の化合物から〜したものだ/这是由两种化合物合成的 zhè shì yóu liǎng zhǒng huàhéwù héchéng de

♦〜語|复合词 fùhécí 〜ゴム|合成橡胶 héchéng xiàngjiāo 〜写真|蒙太奇照片 méngtàiqí zhàopiàn；合成照片 héchéng zhàopiàn 〜樹脂|合成树脂 héchéng shùzhī 〜繊維|合成纤维 héchéng xiānwéi；人造纤维 rénzào xiānwéi 〜洗剤|合成洗涤剂 héchéng xǐdíjì

ごうせい【豪勢な】 阔气 kuòqì；豪华 háohuá；气派 qìpài（英 splendid; grand; luxurious）▶グリーン車で旅行とは〜なものだ/坐软卧车去旅行真够豪华的 zuò ruǎnwòchē qù lǚxíng zhēn gòu háohuá de ▶今日は〜な結婚式だったねぇ/今天的婚礼真气派 jīntiān de hūnlǐ zhēn qìpài

こうせいぶっしつ【抗生物質】〘医〙抗生素 kàngshēngsù（英 an antibiotic）▶〜のおかげで生きのびた/靠抗生素活了下来 kào kàngshēngsù huóxiàlái ▶〜を注射する/注射抗生素 zhùshè

こうせき　kàngshēngsù　▶～を使って副作用が出た/使用抗生素发生了副作用 shǐyòng kàngshēngsù fāshēngle fùzuòyòng

こうせき【功績】　功绩 gōngjì; 功劳 gōngláo（英[業績] *an achievment*; [貢献] *contribution*）▶～をあげる/建功 jiàn gōng; 立功 lì gōng ▶彼は改革に大きな～を残した/他为改革立了大功 tā wèi gǎigé lìle dàgōng; 他为改革留下了伟大的功绩 tā wèi gǎigé liúxiàle wěidà de gōngjì ▶この事業の成功は彼の～だ/这项事业的成功是他的功劳 zhè xiàng shìyè de chénggōng shì tā de gōngláo

こうせき【航跡】　航迹 hángjì（英 *a wake*）▶船は長い～を曳いて進んだ/船只航行留下了长长的浪花 chuánzhī hángxíng liúxiàle chángcháng de lànghuā

こうせき【鉱石】　矿 kuàng; 矿石 kuàngshí（英 *an ore*）▶～を掘り出す/开采出矿石 kāicǎichū kuàngshí ▶鉄～は輸入に頼っている/铁矿石要依靠进口 tiěkuàngshí yào yīkào jìnkǒu

こうせきうん【高積雲】【気象】高积云 gāojīyún（英 *an altocumulus*）

こうせきそう【洪積層】【地学】洪积层 hóngjīcéng（英 *a diluvial formation*）

こうせつ【公設の】　公营 gōngyíng（英 *public*; *municipal*）▶～の青果市場に出荷する/往公营的蔬菜果品市场发货 wǎng gōngyíng de shūcài guǒpǐn shìchǎng fāhuò ▶駅前の駐輪場は～が望ましい/车站前的存车场最好是由公家来办 chēzhàn qián de cúnchēchǎng zuìhǎo shì yóu gōngjiā lái bàn

こうせつ【巧拙】　优劣 yōuliè; 好坏 hǎohuài（英 *skill*）▶私には人の絵の～を言う力がない/我没能力去评价别人的绘画的优劣 wǒ méi nénglì qù píngjià biéren de huìhuà de yōuliè

こうせつ【降雪】　下雪 xià xuě（英 *a snowfall*）▶～量/降雪量 jiàngxuěliàng ▶激しい～に悩まされる/因大雪而困扰 yīn dàxuě ér kùnrǎo ▶昨夜は15センチの～があった/昨天晚上下了十五公分的雪 zuótiān wǎnshang xiàle shíwǔ gōngfēn de xuě

こうせつ【高説】　高见 gāojiàn; 高论 gāolùn（英 *a valuable opinion*）▶御～まことにありがたく拝聴いたしました/非常幸运聆听了您的高论 fēicháng xìngyùn língtīngle nín de gāolùn

こうせつ【口舌】　口舌 kǒushé（英 *words*）▶あいつはただの～の徒だ/他不过是一个耍嘴皮子的家伙 tā búguò shì yí ge shuǎ zuǐpízi de jiāhuo

こうせつ【豪雪】　大雪 dàxuě（英 *heavy snow*）▶～地帯/大雪地带 dàxuě dìdài ▶～で数量化できない/大雪的灾害无法用数值来表现 dàxuě de zāihài wúfǎ yòng shùzhí lái biǎoxiàn ▶人々は～に耐えて生きている/人们忍受着大雪而顽强地生存 rénmen rěnshòuzhe dàxuě ér wánqiáng de shēngcún

こうせん【公選する】　公选 gōngxuǎn; 民众选举 mínzhòng xuǎnjǔ（英 *elect by popular vote*）▶首長は～される/首长由民众公选 shǒuzhǎng yóu mínzhòng gōngxuǎn

こうせん【交戦】　交火 jiāohuǒ; 交战 jiāozhàn（英 *war; a battle*）▶両国は～状態に入った/两国进入了交战状态 liǎngguó jìnrùle jiāozhàn zhuàngtài ▶国境をはさんで～する/隔着国境交火 gézhe guójìng jiāohuǒ

こうせん【光線】　光线 guāngxiàn; 亮光 liàngguāng（英 *light*; *a beam*, *a ray*）▶山並みが逆～に浮かび出る/山峦在逆光中浮现出剪影 shānluán zài nìguāng zhōng fúxiànchū jiǎnyǐng ▶強い～を当てる/用强光照射 yòng qiángguāng zhàoshè

こうせん【好戦】　好战 hàozhàn（英 *belligerence*）▶彼らは～的な集団であるらしい/他们好像是一个好战的集团 tāmen hǎoxiàng shì yí ge hàozhàn de jítuán

こうせん【抗戦する】　抗战 kàngzhàn（英 *offer resistance*; *resist*）▶中国は日本への～を貫徹した/中国坚持对日抗战 Zhōngguó jiānchí duì Rì kàngzhàn ▶攻め来る敵には～せよ/对入侵的敌军进行抗战 duì rùqīn de díjūn jìnxíng kàngzhàn

こうせん【高専】　高专 gāozhuān（英 *a technical college*）参考 日本の「高専（高等専門学校）」は中国では'中专（中等专业学校）'に相当する。▶工業～/工业高等专业学校 gōngyè gāoděng zhuānyè xuéxiào

こうせん【鉱泉】　矿泉 kuàngquán（英 *a mineral spring*; [飲料] *mineral water*）▶～が湧き出る/涌出矿泉 yǒngchū kuàngquán ▶～から飲料を作る/用矿泉制造饮料 yòng kuàngquán zhìzào yǐnliào

こうぜん【公然の】　公开 gōngkāi; 公然 gōngrán（英 *open*; *public*）▶彼らの仲は～の秘密だ/他们的关系是公开的秘密 tāmen de guānxi shì gōngkāi de mìmì ▶彼らは～と規則を無視している/他们公然无视规则 tāmen gōngrán wúshì guīzé ▶～猥褻（ﾜｲｾﾂ）罪/公开猥亵罪 gōngkāi wěixièzuì

こうぜん【昂然と】　昂然 ángrán（英 *proudly*; *triumphantly*）▶～と立ち向かう/昂然面对 ángrán miànduì ▶彼は～と難問に立ち向かった/他毅然地面对困难的问题 tā yìrán de miànduì kùnnan de wèntí ▶あの～たる姿が何ともいえない/那种昂然的态度无法用语言来形容 nà zhǒng ángrán de tàidù wúfǎ yòng yǔyán lái xíngróng

ごうぜん【傲然と】　傲慢 àomàn; 高傲 gāo'ào（英 *proudly*）▶～と構える/摆架子 bǎi jiàzi; 自高自大 zì gāo zì dà ▶その～な態度が人々の反感を買った/那种傲慢的态度受到人们的反感 nà zhǒng àomàn de tàidù shòudào rénmen de fǎngǎn

こうそ【公訴する】【法】公诉 gōngsù（英 *prosecute*）▶検察は～した/检察院提起公诉 jiǎncháyuàn tíqǐ gōngsù

こうそ【控訴する】〔法〕上诉 shàngsù (英 *appeal*) ▶~を棄却する/驳回上诉 bóhuí shàngsù ▶原告側はただちに東京高裁に~した/原告方立即向东京高院上诉 yuángàofāng lìjí xiàng Dōngjīng gāoyuàn shàngsù

[日中比較] 中国語の'控訴 kòngsù'は「告発・糾弾する」ことを指す．

こうそ【酵素】〔生物〕酵素 jiàosù; 酶 méi (*a ferment*) ▶~消化/消化酶 xiāohuàméi

こうぞ【楮】〔植物〕葡蟠 púpán (*a paper mulberry*)

こうそう【広壮な】 宏大 hóngdà; 宏伟 hóngwěi (英 *grand; magnificent*) ▶~な屋敷に住んでいる/住在宏伟的豪宅里 zhùzài hóngwěi de háozháili

こうそう【抗争する】 抗争 kàngzhēng; 争斗 zhēngdòu; 对抗 duìkàng (英 *fight; struggle*) ▶水利をめぐって村と村とが~する/就水利问题村子之间发生纠纷 jiù shuǐlì wèntí cūnzi zhījiān fāshēng jiūfēn

♦内部~ 内讧 nèihòng; 内部纠纷 nèibù jiūfēn ▶内部~に明け暮れる/成天陷入内讧 chéngtiān xiànrù nèihòng

こうそう【高僧】 高僧 gāosēng (*a high priest*) ▶~の説教を聞く/聆听高僧教诲 língtīng gāosēng jiàohuì

こうそう【高層の】 高层 gāocéng (英 *multi-story; high-rise*) ▶~住宅の生活にも慣れた/已经习惯了高层公寓的生活 yǐjing xíguànle gāocéng gōngyù de shēnghuó ▶もっぱら~建築を手がける/专门经手高层建筑 zhuānmén jīngshǒu gāocéng jiànzhù ▶一帯に~ビルが立ち並ぶ/这一带摩天大楼林立 zhè yídài mótiān dàlóu línlì ▶~気象を観測する/观测高空气象 guāncè gāokōng qìxiàng

♦~建築 高层建筑 gāocéng jiànzhù ~住宅 高层公寓 gāocéng gōngyù ~ビル 高层大楼 gāocéng dàlóu; 摩天大楼 mótiān dàlóu

こうそう【構想】 构思 gòusī; 设想 shèxiǎng (英 *conception; an idea*) ▶~する/构思 gòusī; 构想 gòuxiǎng; 文思 wénsī ▶チーム作りの~を練る/仔细构思团队建设 zǐxì gòusī tuánduì jiànshè ▶都市計画の~を示す/提出了城市计划的构思 tíchūle chéngshì jìhuà de gòusī ▶どんな物語が~されているか楽しみだ/人们在期盼着，作者正在构思一个什么样的故事呢？ rénmen zài qīpànzhe, zuòzhě zhèngzài gòusī yí gè shénmeyàng de gùshi ne?

こうぞう【構造】 构造 gòuzào; 结构 jiégòu (英 *structure; construction*) ▶文の/句子结构 jùzi jiégòu ▶おまえとは頭の~が違うよ/我跟你的大脑结构就不一样 wǒ gēn nǐ de dànǎo jiégòu jiù bù yíyàng ▶内部はどういう~になっているか/内部是一个什么样的结构呢？ nèibù shì yí gè shénmeyàng de jiégòu ne? ▶この機種には~上の欠陥がある/这种型号的机器在结构上存在缺陷 zhè zhǒng xínghào de jīqì zài jiégòushang cúnzài quēxiàn

♦~言語学 结构语言学 jiégòu yǔyánxué ~式〔化学〕结构公式 jiégòu gōngshì

ごうそう【豪壮な】 雄伟 xióngwěi; 豪华 háohuá (英 *splendid; grand*) ▶~華麗な/富丽堂皇 fùlì tánghuáng ▶~華麗な舞台を演出する/导演出富丽堂皇的舞台 dǎoyǎnchū fùlì tánghuáng de wǔtái ▶ずいぶん~な邸宅だなぁ/真是雄伟的豪宅啊 zhēn shì xióngwěi de háozhái a

こうそく【光速】 光速 guāngsù (*light velocity*)

こうそく【拘束する】 管束 guǎnshù; 辖制 xiázhì; 约束 yuēshù (英*restrain*) ▶犯人の身柄を~/拘留犯人 jūliú fànrén ▶誰でも法律の~を受ける/任何人都要受到法律的制约 rènhé rén dōu yào shòudào fǎlǜ de zhìyuē

♦~時間 坐班时间 zuòbān shíjiān ▶実質的な~時間が長すぎる/实际上的坐班时间太长了 shíjìshang de zuòbān shíjiān tài cháng le

[日中比較] 中国語の'拘束 jūshù'には「束縛する」という意味と「人前でぎこちない」「堅苦しい」という意味がある．

こうそく【校則】 校规 xiàoguī (英 *school regulations*) ▶~に定められている/校规里有规定 xiàoguīli yǒu guīdìng ▶~にそむいて処分された/违反校规受到处分 wéifǎn xiàoguī shòudào chǔfēn ▶~を改正する/修改校规 xiūgǎi xiàoguī

こうそく【高速の】 高速 gāosù; 快速 kuàisù (英 *high speed*) ▶列車が~で走り過ぎる/列车快速行驶过去 lièchē kuàisù xíngshǐguòqù ▶~増殖炉が運転を始めた/高速中子增殖反应堆开始运行 gāosù zhōngzǐ zēngzhí fǎnyìngduī kāishǐ yùnxíng

こうそく【梗塞】 梗塞 gěngsè (*blocking*; 〔医学〕*an infarct*) ▶社会はいわば~状態にあった/社会陷入了某种停滞状态 shèhuì xiànrùle mǒu zhǒng tíngzhì zhuàngtài

♦心筋~〔医〕心肌梗塞 xīnjīgěngsè ▶心筋~を起こして入院する/心肌梗塞发作住院 xīnjīgěngsè fāzuò zhùyuàn

こうぞく【後続の】(英 *following; succeeding*) ▶~の球児のために範を示してもらいたい/请为新来的棒球少年们示范 qǐng wèi xīn lái de bàngqiú shàoniánmen shìfàn ▶~部隊が到着する/后续部队到达 hòuxù bùduì dàodá

こうぞく【皇族】 王室 wángshì; 皇族 huángzú (英 *royalty*)

こうぞく【航続】 续航 xùháng (英 *cruising*) ▶あの機種は~距離が長い/这种型号的飞机续航跑离远 zhè zhǒng xínghào de fēijī xùháng pǎolí yuǎn

ごうぞく【豪族】 豪门 háomén (英 *a powerful clan*) ▶彼は~を先祖にもつ/他是豪门的后代 tā shì háomén de hòudài ▶~の屋敷が今は廃墟となっている/豪门的宅邸现在变成了废墟 háomén de zháidǐ xiànzài biànchéngle fèixū

こうそくど【高速度】 高速 gāosù (英 *a high speed*) ▶これは～撮影による映像です/这是用高速摄影拍下的画面 zhè shì yòng gāosù shèyǐng pāixià de huàmiàn

こうそくどうろ【高速道路】 高速公路 gāosù gōnglù (英 *an expressway; a superhighway*) ▶～に熊が出たそうだ/听说高速公路上出现了熊 tīngshuō gāosù gōnglùshang chūxiànle xióng ▶～は過疎化を促進する/高速公路会加速地方人口减少 gāosù gōnglù huì jiāsù dìfāng rénkǒu jiǎnshǎo

こうたい【交替する・交代する】 交替 jiāotì; 交接 jiāojiē (英 *replace; change places*) ▶～制で勤務する/换班 huànbān; 倒班 dǎobān ▶～で/轮流 lúnliú; 轮换 lúnhuàn ▶～で休む/轮休 lúnxiū; 轮流休息 lúnliú xiūxi 三～制で勤務する/三班倒 sānbāndǎo ▶ピッチャーに～/替换投手！ひまな時期に～で休んでおきなさい/请在空闲的时候轮流休息 qǐng zài kòngxián de shíhou lúnliú xiūxi ▶ちょっと運転を～してくれ/替我开一会儿吧 tì wǒ kāi yíhuìr ba ▶2 時間～で働く/每隔两个小时换班工作 měi gé liǎng ge xiǎoshí huànbān gōngzuò ▶～の看護師が現れない/换班的护士没来 huànbān de hùshi méi lái

こうたい【抗体】 〔生理〕抗体 kàngtǐ; 抵抗力 dǐkànglì (英 *an antibody*) ▶私にはすでに～ができている/我已经有抵抗力了 wǒ yǐjing yǒu dǐkànglì le; 我已经有免疫力了 wǒ yǐjing yǒu miǎnyìlì le

こうたい【後退する】 倒退 dàotuì; 后退 hòutuì (英 *retreat*) ▶成績が～する/学习成绩退步 xuéxí chéngjì tuìbù ▶景気が～する/经济状况滑坡 jīngjì zhuàngkuàng huápō ▶～に～を重ねているではないか/这不是一退再退吗？ zhè bú shì yì tuì zài tuì ma？ ▶その案は明らかな～だ/那个方案明显地不如从前了 nàge fāng'àn míngxiǎn de bùrú cóngqián le

こうだい【広大な】 广大 guǎngdà; 浩瀚 hàohàn (英 *vast; extensive*) ▶北京大学は～なキャンパスに恵まれている/北京大学拥有宽阔的校园 Běijīng dàxué yōngyǒu kuānkuò de xiàoyuán

♦**〜無辺** 苍茫 cāngmáng; 广漠 guǎngmò ▶～無辺の原野が広がる/眼前是一片广袤无垠的旷野 yǎnqián shì yí piàn guǎngmào wúyín de kuàngyě

日中比較 中国語の'广大 guǎngdà'は「広く大きい」という意味の他に「人数がおびただしい」という意も持つ.

こうだい【後代】 后代 hòudài; 后世 hòushì (英 *future generations*) ▶あの人は～に名を残すだろう/那个人一定会留名后世的 nàge rén yídìng huì liú míng hòushì de

こうだい【高大な】 高大 gāodà; 远大 yuǎndà (英 *grand; lofty*) ▶～な理想/远大的理想 yuǎndà de lǐxiǎng; 高尚的理想 gāoshàng de lǐxiǎng ▶～な理想を掲げて着実に歩もう/胸怀远大理想，脚踏实地向前进 xiōnghuái yuǎndà lǐxiǎng, jiǎo tà shídì xiàng qián jìn

こうたいごう【皇太后】 太后 tàihòu; 皇太后 huángtàihòu (英 *the Empress Dowager*)

こうたいし【皇太子】 皇太子 huángtàizǐ; 太子 tàizǐ (英 *the Prince Imperial*)

こうだか【甲高】 (英 *a high instep*) ▶僕は足が～なのです/我的脚背高 wǒ de jiǎobèi gāo ▶～の靴を探す/选购脚背高的鞋子 xuǎngòu jiǎobèi gāo de xiézi

こうたく【光沢】 光泽 guāngzé (英 *shine; gloss*) ▶～のある色紙でツリーを飾る/用带光泽的彩纸装点圣诞树 yòng dài guāngzé de cǎizhǐ zhuāngdiǎn shèngdànshù ▶どうやって～を描き出すのですか/怎么样表现出光泽呢？ zěnmeyàng biǎoxiànchū guāngzé ne？ ▶柱は磨かれてやわらかな～が出ていた/柱子经过研磨发出柔和的光泽 zhùzi jīngguò yánmó fāchū róuhé de guāngzé

♦**〜紙** 光泽纸 guāngzézhǐ

ごうだつ【強奪する】 抢劫 qiǎngjié; 掠夺 lüèduó (英 *rob; plunder*) ▶银行から現金を～する/从银行抢劫现款 cóng yínháng qiǎngjié xiànkuǎn ▶～犯人はすぐ捕まった/抢劫犯很快就落网了 qiǎngjiéfàn hěn kuài jiù luòwǎng le

こうだん【公団】 公団 gōngtuán (英 *a public corporation*) ▶僕はずっと～住宅に住んでいる/我一直住在公団住宅里 wǒ yìzhí zhùzài gōngtuán zhùzháili ▶道路～を民営化する/把道路公団转为民办 bǎ dàolù gōngtuán zhuǎnwéi mínbàn

こうだん【講談】 评书 píngshū; 说书 shuōshū (英 *storytelling; a story*) ▶～を語る/说书 shuōshū ▶仇討ちものの～を語る/说书的讲报仇的故事 shuōshū de jiǎng fùchóu de gùshi ▶～は大切な伝統芸能だ/评书是一种宝贵的传统艺术 píngshū shì yì zhǒng bǎoguì de chuántǒng yìshù

♦**〜師** ▶子供の頃～師になりたかった/小时候我想当说评书的 xiǎoshíhou wǒ xiǎng dāng shuō píngshū de

ごうたん【豪胆な】 大胆 dàdǎn; 勇敢 yǒnggǎn; 豪迈 háomài (英 *bold; daring; fearless*) ▶こんな所に彼の～な一面が現れている/在这里体现了他勇敢的一个侧面 zài zhèlǐ tǐxiànle tā yǒnggǎn de yí ge cèmiàn

こうだんし【好男子】 好汉 hǎohàn; 美男子 měinánzǐ (英 *a handsome man; a good-looking man*) ▶あいつは見るからに～だ/他一看就知道是一条好汉 tā yí kàn jiù zhīdào shì yì tiáo hǎohàn

こうち【拘置する】 监禁 jiānjìn; 拘禁 jūjìn (英 *detain*) ▶～されて取り調べを受ける/被拘禁受到审讯 bèi jūjìn shòudào shěnxùn ▶～所に送られる/被送进拘留所 bèi sòngjìn jūliúsuǒ

こうち【狡知】 诡计 guǐjì (英 *craft; cunning*) ▶よくああいう～が働くものだ/真够狡猾的！ zhēn gòu jiǎohuá de！▶あの男は実に〜に長(た)けている/那个男人真是诡计多端 nàge nánrén zhēn shì guǐjì duō duān

こうち【耕地】 耕地 gēngdì；农田 nóngtián（英 *arable land*; *plowland*）▶日本は〜を減らしている/日本在缩减耕地面积 Rìběn zài suōjiǎn gēngdì miànjī ▶冬の間に〜整理が進んだ/冬季里耕地整饬顺利进行 dōngjìlǐ gēngdì zhěngchì shùnlì jìnxíng
♦〜面積：耕地面积 gēngdì miànjī

こうち【高地】 高地 gāodì；高原 gāoyuán（英 *high ground*; *a highland*; *an upland*）▶長距離選手が〜トレーニングを実施する/长跑选手进行高地训练 chángpǎo xuǎnshǒu jìnxíng gāodì xùnliàn ▶〜に住む民族もいる/有的民族居住在高原 yǒude mínzú jūzhù zài gāoyuán

こうちく【構築する】 构筑 gòuzhù；修筑 xiūzhù（英 *build*; *erect*; *construct*）▶堤防を〜する/筑堤 zhùdī ▶データベースを〜する/组建数据库 zǔjiàn shùjùkù ▶水利体系を〜する/构建水利系统 gòujiàn shuǐlì xìtǒng

こうちゃ【紅茶】 红茶 hóngchá（英 *black tea*）▶〜はレモンにして下さい/红茶请加柠檬 hóngchá qǐng jiā níngméng ▶朝はまず〜を入れる/早晨先沏红茶 zǎochen xiān qī hóngchá

こうちゃく【膠着する】 胶着 jiāozhuó；僵持 jiāngchí（英 *stick*; *adhere*）▶〜している/僵持 jiāngchí ▶会议は依然〜している/会议依旧陷入僵局 huìyì yīrán xiànrù jiāngjú ▶日本語は〜語の仲間だ/日语是一种胶着语 Rìyǔ shì yì zhǒng jiāozhuóyǔ
♦〜状態：僵局 jiāngjú；胶着状态 jiāozhuó zhuàngtài ▶彼の介入で計画は〜状態に陥った/由于他的干涉，计划陷入僵局 yóuyú tā de gānshè, jìhuà xiànrù jiāngjú

こうちょう【好調】 顺当 shùndang；顺利 shùnlì（英 *good*; *favorable*）▶〜は長くは続かない/良好状况不会持久 liánghǎo zhuàngkuàng búhuì chíjiǔ ▶〜な滑り出しで期待がもてる/由于开头顺利，前景可望 yóuyú kāitóu shùnlì, qiánjǐng kě wàng ▶俺はいま絶〜だ/我现在处于最佳状态 wǒ xiànzài chǔyú zuìjiā zhuàngtài ▶万事〜に運んだ/万事顺利 wànshì shùnlì

こうちょう【紅潮する】 红脸 hóngliǎn（英 *flush*; *blush*）▶頬を〜させる/脸涨得通红 liǎn zhàngde tōnghóng；脸蛋儿变得通红 liǎndànr biànde tōnghóng；两颊绯红 liǎng jiá fēihóng ▶頬を〜させて喜びを語る/满脸通红地讲述着喜悦 mǎnliǎn tōnghóng de jiǎngshùzhe xǐyuè ▶彼女は顔を〜した/她两颊飘红 tā liǎng jiá piāo hóng

こうちょう【校長】 校长 xiàozhǎng（英 *a principal*）▶〜が改革の先頭に立っている/校长站在改革的最前沿 xiàozhǎng zhànzài gǎigé de zuìqiányán ▶このたび〜を拝命いたしました/这次我出任校长 zhè cì wǒ chūrèn xiàozhǎng ▶〜室に呼ばれる/被叫到校长室 bèi jiàodào xiàozhǎngshì
[日中比較] 中国語の'校长 xiàozhǎng'は小中高の「校長」だけでなく大学の「学長」のこともいう．

こうちょう【高潮】 ❶ 满潮 mǎncháo（英 *the high tide*）▶〜時には水が川を逆流する/满潮的时候，水顺着河道流而上 mǎncháo de shíhou, shuǐ shùnzhe hé nìliú ér shàng ❷【勢い】高潮 gāocháo（英 *the climax*）▶観衆の興奮は最〜に達した/观众的兴奋达到了最高潮 guānzhòng de xīngfèn dádàole zuìgāocháo

こうちょうかい【公聴会】 听证会 tīngzhènghuì；意见听取会 yìjiàn tīngqǔhuì（英 *a public hearing*; *an open hearing*）▶その問題で〜が開かれた/为了那个问题召开了听证会 wèile nàge wèntí zhàokāile tīngzhènghuì ▶〜で意见を述べる/在意见听取会上陈述意见 zài yìjiàn tīngqǔhuìshang chénshù yìjiàn

こうちょく【硬直する】 僵 jiāng；僵硬 jiāngyìng；僵直 jiāngzhí（英 *stiffen*; *become stiff*）▶関節が〜する/关节僵化 guānjié jiānghuà ▶緊張で全身が〜する/因为紧张全身僵硬 yīnwèi jǐnzhāng quánshēn jiāngyìng ▶死後〜が始まる/尸体开始僵硬 shītǐ kāishǐ jiāngyìng

ごうちょく【剛直な】 刚强 gāngqiáng；刚直 gāngzhí（英 *upright*）▶ああいう〜な人物は貴重である/那种刚直的人才很宝贵 nà zhǒng gāngzhí de réncái hěn bǎoguì ▶彼は今回も〜に決断した/他这次也做出了耿直的决断 tā zhè cì yě zuòchūle gěngzhí de juéduàn

こうちん【工賃】 工钱 gōngqian（英 *wages*; *pay*）▶〜はいくらなの/工钱是多少？gōngqian shì duōshao? ▶わずかな〜を得て家计を助けた/挣些微薄的工钱来补贴家用 zhèng xiē wēibó de gōngqian lái bǔtiē jiāyòng

こうつう【交通】 交通 jiāotōng（英 *traffic*; *transportation*）▶大都市は〜システムが複雑だ/大城市交通系统很复杂 dàchéngshì jiāotōng xìtǒng hěn fùzá ▶彼は〜遺児への支援を続けている/他一直在援助交通事故的遗孤 tā yìzhí zài yuánzhù jiāotōng shìgù de yígū ▶祭りの日は付近の〜を遮断する/节日里，这一带禁止通车 jiérìlǐ, zhè yídài jìnzhǐ tōngchē
♦〜違反 ▶〜違反で罰金を取られた/违反交通规则被罚了款 wéifǎn jiāotōng guīzé bèi fále kuǎn 〜機関：交通机关 jiāotōng jīguān ▶〜には三つの〜機関を使っている/上班要利用三个交通公司 shàngbān yào lìyòng sān ge jiāotōng gōngsī 〜規制：交通管制 jiāotōng guǎnzhì ▶〜規制が厳しい/交通管治很严 jiāotōng guǎnzhì hěn yán 〜事故：车祸 chēhuò ▶〜事故が頻発する/交通事故频频发生 jiāotōng shìgù pínpín fāshēng 〜渋滞：交通堵塞 jiāotōng dǔsè ▶彼らは〜渋滞に巻き込まれた/他们被卷入了堵车的洪流 tāmen bèi juǎnrùle dǔchē de hóngliú 〜手段：交通工具 jiāotōng gōngjù ▶夜更けて〜手段がなくなった/夜深了，末班车都没了 yè shēn le, mòbānchē dōu méi le 〜費 ▶ずいぶ

こうつごう【好都合な】 凑巧 còuqiǎo; 方便 fāngbiàn; 有利于 yǒulì yú (英 good; convenint) ▶御一緒できれば～です/能跟您在一起就好了 néng gēn nín zài yìqǐ jiù hǎo le ▶世の中そんな～にはできていない/世上没有那么巧的事 shìshàng méiyǒu nàme qiǎo de shì

こうてい【工程】 工序 gōngxù; 阶段 jiēduàn (英 a manufacturing process) ▶いくつもの～を経て製品になる/经过多项工序完成产品 jīngguò duō xiàng gōngxù wánchéng chǎnpǐn
◆～管理｜工序管理 gōngxù guǎnlǐ ▶～管理がたるんでる/工序管理松懈 gōngxù guǎnlǐ sōngxiè 作業～｜工作的程序 gōngzuò de chéngxù ▶作業～に乱れを生じる/工作程序发生混乱 gōngzuò chéngxù fāshēng hùnluàn

日中比較 中国語の'工程 gōngchéng'は「(大规模な)工事」および「プロジェクト」を意味する。

こうてい【公邸】 公馆 gōngguǎn; 官邸 guāndǐ (英 an official residence)

こうてい【行程】 路程 lùchéng; 行程 xíngchéng (英 distance; a journey; a march) ▶どういう～を組もうか/怎么安排行程？ zěnme ānpái xíngchéng? ▶松島まではここから1日の～だ/从这儿到松岛要一天的路程 cóng zhèr dào Sōngdǎo yào yì tiān de lùchéng

こうてい【肯定する】 赞成 zànchéng; 肯定 kěndìng (英 confirm; agree with...) ▶的な肯定 kěndìng ▶私は彼らの主張を～する/我赞成他们的意见 wǒ zànchéng tāmen de yìjiàn ▶彼は～的な見方をしている/他持赞同的看法 tā chí zàntóng de kànfǎ ▶次の～文を否定文に直せ/把下列肯定句改成否定句 bǎ xiàliè kěndìngjù gǎichéng fǒudìngjù

こうてい【皇帝】 皇帝 huángdì; 天子 tiānzǐ (英 an emperor) ▶陛下/皇上 huángshang

こうてい【校訂する】 校订 jiàodìng (英 revise; emend) ▶このテキストはすでに早川氏の～を経ている/这个文本已经过早川氏的校订 zhège wénběn yǐ jīngguò Zǎochuān shì de jiàodìng ▶～がずさんなんだ/校订得很粗糙 jiàodìng hěn cūcāo

こうてい【校庭】 校园 xiàoyuán; 操场 cāochǎng (英 the playground; the school grounds; [大学の] the campus) ▶～を走り回る/在学校的操场上跑来跑去 zài xuéxiào de cāochǎngshang pǎolái pǎoqù ▶～に花吹雪が舞う/校园里樱花像雪片儿一样飘舞 xiàoyuánlǐ yīnghuā xiàng xuěpiànr yíyàng piāowǔ

こうてい【航程】 航程 hángchéng (英 [航海] a voyage; [航空] a flight) ▶本船の～は千キロを超えるだろう/这条船的航程恐怕超过一千公里了吧 zhè tiáo chuán de hángchéng kǒngpà chāoguò yìqiān gōnglǐ le ba

こうてい【高低】 高低 gāodī; 上下 shàngxià (英 rise and fall; height; [音の] pitch) ▶～差/高度差 gāodù chā;《声の》调门儿 diàoménr ▶価格は性能の～に連動しない/价格跟性能的高低无关 jiàgé gēn xìngnéng de gāodī wúguān ▶このコースは～差が大きい/这条路线高低起伏很大 zhè tiáo lùxiàn gāodī qǐfú hěn dà ▶声に～があるから合唱が成り立つ/声音高低有序，才能构成合唱 shēngyīn gāodī yǒu xù, cái néng gòuchéng héchàng

こうてい【高弟】 高足 gāozú; 得意门生 déyì ménshēng (英 one of the best pupils) ▶彼は山岸門下の～だ/他是山岸门下的高足 tā shì Shān'àn ménxià de gāozú ▶あんな男が先生の～を気取るのは許せない/不能容许那种人自吹是老师的得意门生 bùnéng róngxǔ nà zhǒng rén zìchuī shì lǎoshī de déyì ménshēng

こうでい【拘泥する】 拘泥 jūnì; 拘执 jūzhí; 执泥 zhíní (英 adhere to...; stick to...) ▶字句に～して趣旨を見失う/拘泥于措辞而失去宗旨 jūnì yú cuòcí ér shīqù zōngzhǐ

ごうてい【豪邸】 豪宅 háozhái (英 a fine house)

こうてき【公的】 公家的 gōngjia de; 公共的 gōnggòng de; 公有的 gōngyǒu de (英 public; official) ▶～資金/国家资金 guójiā zījīn ▶銀行に～資金を投入する/向银行注入国家资金 xiàng yínháng zhùrù guójiā zījīn ▶～な場で失言する/在公共场合讲错话 zài gōnggòng chǎnghé jiǎngcuò huà ▶～に責任を問う/正式追究责任 zhèngshì zhuījiū zérèn

こうてき【好適の】 适宜 shìyí; 适合 shìhé; 正好 zhènghǎo (英 suitable; fitted) ▶彼の欠席は会議にはむしろ～だった/他的缺席反倒给会议带来了好结果 tā de quēxí fǎndào gěi huìyì dàilái le hǎo jiéguǒ ▶老人の遠足に～の地である/最适合老人郊游的地方 zuì shìhé lǎorén jiāoyóu de dìfang

こうてきしゅ【好敵手】 好对手 hǎo duìshǒu (英 a good match at...; a worthy opponent) ▶～に出会う/棋逢对手 qí féng duìshǒu ▶僕は甲子園で生涯の～に出会った/我在甲子园结识了一位生涯与共的好对手 wǒ zài Jiǎzǐyuán jiéshíle yí wèi shēngyá yǒugòng de hǎo duìshǒu ▶二人は互いに～だった/两个人棋逢对手 liǎng ge rén qí féng duìshǒu

こうてつ【更迭する】 更迭 gēngdié; 更换 gēnghuàn (英 change; recall; replace) ▶大臣の～が躓きの始まりだった/自从更换大臣，政权开始走下坡 zìcóng gēnghuàn dàchén, zhèngquán kāishǐ zǒu xiàpō ▶局長を～する/更换局长 gēnghuàn júzhǎng

こうてつ【鋼鉄】 钢铁 gāngtiě (英 steel) ▶かつて「～の女」と呼ばれた人がいた/曾经有一个人被称为"铁血女人" céngjīng yǒu yí ge rén bèi chēngwéi "tiěxuè nǚrén" ▶～のかたまりのような

戦車/好似一块钢铁的战车 hǎosì yí kuài gāngtiě de zhànchē

こうてん【公転する】 公转 gōngzhuàn (英 *revolve*) ▶地球の〜/地球的公转 dìqiú de gōngzhuàn ▶地球の〜なんて信じられるか/你能相信地球的公转吗？nǐ néng xiāngxìn dìqiú de gōngzhuàn ma？▶月は地球の周りを〜する/月亮围着地球公转 yuèliang wéizhe dìqiú gōngzhuàn

こうてん【好天】 好天气 hǎo tiānqì (英 *fine weather*) ▶〜に恵まれる/天公作美 tiāngōng zuòměi ▶運動会は〜に恵まれた/天公作美, 运动会赶上好天气 tiāngōng zuòměi, yùndònghuì gǎnshàng hǎo tiānqì ▶明日も〜を期待しよう/明天可望也是一个好天气 míngtiān kě wàng yě shì yí ge hǎo tiānqì

こうてん【好転する】 好转 hǎozhuǎn (英 *turn for the better; improve*) ▶病状が〜する/病情好转 bìngqíng hǎozhuǎn；见好 jiànhǎo ▶〜の兆し/转机 zhuǎnjī ▶景気〜の兆しが見えてきた/看到了景气好转的苗头 kàndàole jǐngqì hǎozhuǎn de miáotou

こうてん【荒天】 坏天气 huài tiānqì；恶劣的天气 èliè de tiānqì (英 *stormy weather*) ▶〜をついて海に出る/冒着暴风雨出海 màozhe bàofēngyǔ chūhǎi ▶〜のため欠航となる/由于天气恶劣停止航行 yóuyú tiānqì èliè tíngzhǐ hángxíng

こうでん【香典】 奠仪 diànyí (英 *condolence money*) ▶〜返し/对奠仪的回礼 duì diànyí de huílǐ ▶〜返しのタオルが届いた/作为奠仪的回礼, 丧主家寄来了毛巾 zuòwéi diànyí de huílǐ, sāngzhǔjiā jìláile máojīn ▶〜はいくら包む？/奠仪袋里应该包多少钱？diànyídài yīnggāi bāo duōshao qián？

こうてんてき【後天的】 后天性 hòutiānxìng (英 *acquired; after-birth; postnatal*) ▶彼の病気は〜なものだ/他的病是后天性的 tā de bìng shì hòutiānxìng de

こうと【狡兔】
ことわざ 狡兔死して走狗煮らる 狡兔死走狗烹 jiǎo tù sǐ zǒu gǒu pēng

こうど【光度】 亮度 liàngdù (英 *luminosity; brightness*)

こうど【高度】 ❶【高さ】 高度 gāodù (英 *altitude; height*) ▶〜を保つ/保持高度 bǎochí gāodù ▶一定の〜を保って飛行する/保持一定高度飞行 yídìng gāodù fēixíng ▶〜3万フィートに達する/高度上升到三万英尺 gāodù shàngshēngdào sānwàn yīngchǐ ❷【技術などの】 高度 gāodù (英 *a high degree*) ▶〜なテクニック/高度的技术 gāodù de jìshù ▶操縦には〜なテクニックが必要だ/驾驶飞机要有高超的技术 jiàshǐ fēijī yào yǒu gāochāo de jìshù

♦〜計:高度計 gāodùjì　〜成長:高度增长 gāodù zēngzhǎng　〜先端技術:高尖技术 gāojiānjìshù

こうど【黄土】 黄土 huángtǔ (英 *yellow soil*)

こうど【硬度】 硬度 yìngdù (英 *hardness; solidity*) ▶硬水はもちろん〜が高い/硬水的硬度当然高 yìngshuǐ de yìngdù dāngrán gāo

こうとう【口頭で】 口头 kǒutóu (英 *orally*) ▶〜で伝える/口传 kǒuchuán ▶今後の日程を〜で伝えた/口头通知今后的日程 kǒutóu tōngzhī jīnhòu de rìchéng

♦〜試問(をする):口试 kǒushì ▶今日は〜試問がある/今天有口试 jīntiān yǒu kǒushì

こうとう【公党】 政党 zhèngdǎng (英 *an political party*) ▶これは〜間の約束である/这是政党之间的约定 zhè shì zhèngdǎng zhījiān de yuēdìng ▶〜が〜を中傷してよいのか/政党怎么可以对别的政党进行中伤呢？zhèngdǎng zěnme kěyǐ duì biéde zhèngdǎng jìnxíng zhòngshāng ne？

こうとう【高等な】 高等 gāoděng；高级 gāojí (英 *high; higher; advanced*) ▶専門学校/高专 gāozhuān ▶〜動物/高等动物 gāoděng dòngwù ▶君だって〜教育を受けたんだろう/你也受过高等教育吧？nǐ yě shòuguò gāoděng jiàoyù ba？▶工業〜専門学校/工业高级专科学校 gōngyè gāojí zhuānkē xuéxiào ▶僕だって〜動物の端くれだ/我也算是一个高等动物吧 wǒ yě suànshì yí ge gāoděng dòngwù ba

♦〜裁判所:高等法院 gāoděng fǎyuàn　〜数学:高等数学 gāoděng shùxué

こうとう【高踏的な】 孤芳自赏 gū fāng zì shǎng；清高 qīnggāo (英 *highbrow; transcendent*) ▶あの人はどうも〜でね/他总免不了孤芳自赏的味道 tā zǒng miǎnbuliǎo gū fāng zì shǎng de wèidao ▶ああいう〜派とはつきあえない/和那种清高的人相处不来 hé nà zhǒng qīnggāo de rén xiāngchǔbùlái

こうとう【高騰する】 升涨 shēngzhǎng；上涨 shàngzhǎng；腾贵 téngguì (英 *rise; jump; soar*) ▶物価が〜する/物价腾贵 wùjià téngguì ▶地価の〜に打つ手がない/对地价高涨, 无计可施 duì dìjià gāozhǎng, wú jì kě shī

こうとう【喉頭】 喉头 hóutóu (英 *the larynx*) ▶〜癌/喉癌 hóu'ái ▶〜癌におかされる/患咽喉癌 huàn yānhóu'ái

こうどう【公道】 ❶【正しい道理】 公道 gōngdào (英 *justice*) ▶天下の〜/天下正道 tiānxià zhèngdào ▶それでは天下の〜にそむく/这会违背天下的公道 zhè huì wéibèi tiānxià de gōngdào ❷【公共の道路】 公路 gōnglù (英 *a highway; a public way*) ▶〜を占拠して騒ぐ/占据公路造闹事 zhànjù gōnglù zào nàoshì

こうどう【行動する】 行动 xíngdòng；行为 xíngwéi；活動 huódòng (英 *act; move; behave*) ▶〜力のある/积极 jījí；有活动能力 yǒu huódòng nénglì ▶〜半径/行动范围 xíngdòng fànwéi ▶〜力のある若者が望ましい/期待具有积极性的年轻人 qīdài jùyǒu jījíxìng de niánqīngrén ▶私は〜半径が小さいのです/我的活动范围很小 wǒ de huódòng fànwéi hěn xiǎo ▶ただち

こうどう【坑道】 地道 dìdào; 坑道 kēngdào; 矿坑 kuàngkēng (英 *a drift; a shaft*) ▶～を掘り進む/挖掘坑道 wājué kēngdào ▶～に入っていく/下到坑道 xià kēngdào ▶落盤で～がふさがれる/塌方把坑道堵住了 tāfāng bǎ kēngdào dǔzhù le

こうどう【黄道】〖天文〗黄道 huángdào (英 *the ecliptic*) ▶～吉日を選んで華燭の典をあげた/选择黄道吉日举行婚礼 xuǎnzé huángdào jírì jǔxíng hūnlǐ

こうどう【講堂】礼堂 lǐtáng (英 *a lecture hall; an auditorium*) ▶3 時に～に集合されたい/请于三点在礼堂集合 qǐng yú sān diǎn zài lǐtáng jíhé ▶式は～で行う/仪式在礼堂举行 yíshì zài lǐtáng jǔxíng

ごうとう【強盗】強盗 qiángdào (英 *burglary; robbery;*〔人〕*a robber*) ▶～を働く/抢劫 qiǎngjié ▶出来心で～を働く/一时糊涂去抢劫 yìshí hútu qù qiǎngjié ▶～を捕まえる/逮捕强盗 dàibǔ qiángdào ▶夜の路上で～に襲われる/夜晚在路上遭到强盗的袭击 yèwǎn zài lùshang zāodào qiángdào de xíjī ▶銀行にピストル～が入った/银行里闯进来了持枪强盗 yínhánglǐ chuǎngjìnlaile chíqiāng qiángdào

ごうとう【合同の】❶〖一緒に〗联合 liánhé; 共同 gòngtóng (英 *combined; united; joint*) ▶～練習/联合练习 liánhé liànxí ▶陸上部の～練習に参加する/参加田径部的联合练习 cānjiā tiánjìngbù de liánhé liànxí ▶～で行う/联合举行 liánhé jǔxíng; 协办 xiébàn ▶消防訓練を～で行う/共同进行消防训练 gòngtóng jìnxíng xiāofáng xùnliàn ❷〖幾何の〗(英 *congruent*) ▶～な三角形/全等三角形 quánděng sānjiǎoxíng ▶この二つの三角形は～である/这两个三角形是全等三角形 zhè liǎng ge sānjiǎoxíng shì quánděng sānjiǎoxíng

日中比較 中国語の'合同 hétong'は「契約」という意味である。

こうとうがっこう【高等学校】高中 gāozhōng; 高级中学 gāojí zhōngxué (英 *a (senior) high school*) ▶～は中等教育機関の一つである/高中是中级教育机关 gāozhōng shì zhōngjí jiàoyù jīguān ▶第三～を閉鎖する/关闭第三高中 guānbì dìsān gāozhōng

日中比較 中国語の'高等学校 gāoděng xuéxiào'は「高等教育機関」全般を指す。

こうとうぶ【後頭部】脑勺 nǎosháo; 后脑勺子 hòunǎo sháozi (英 *the back of the head*) ▶～がきれいに光っている/后脑勺闪闪发光 hòunǎosháo shǎnshǎn fāguāng ▶～を打って病院に運ばれた/后脑门受伤被送往医院 hòunǎomén shòushāng bèi sòngwǎng yīyuàn

こうとうむけい【荒唐無稽な】荒诞不经 huāngdàn bù jīng; 荒唐 huāngtáng; 荒谬 huāngmiù (英 *absurd; fantastic*) ▶そんな説は～な寝言だ/那样的说法是荒谬的梦话 nàyàng de shuōfa shì huāngmiù de mènghuà

こうとく【公徳】公德 gōngdé (英 *public morality*) ▶～心/公德心 gōngdéxīn ▶～心に欠ける親が多い/缺乏公德的家长很多 quēfá gōngdé de jiāzhǎng hěn duō

こうどく【購読】讲读 jiǎngdú; 精读 jīngdú (英 *reading; translation*) ▶この春から『万葉集』を～している/从今年春天开始讲读《万叶集》cóng jīnnián chūntiān kāishǐ jiǎngdú《Wànyèjí》▶もっと原書～の時間がほしい/希望能增加原著精读的课时 xīwàng néng zēngjiā yuánzhù jīngdú de kèshí

こうどく【購読する】订阅 dìngyuè (英 *subscribe*) ▶定期～/定期订阅 dìngqī dìngyuè ▶三種の雑誌を定期～する/订阅三种杂志 dìngyuè sān zhǒng zázhì ▶どんな新聞を～していますか/你在订阅什么报纸？nǐ zài dìngyuè shénme bàozhǐ?

◆～料／订阅费 dìngyuèfèi ▶～料が高いからをやめる/费用太贵所以不订阅了 fèiyong tài guì suǒyǐ bú dìngyuè le

こうどくそ【抗毒素】〖生理〗抗毒素 kàngdúsù (英 *an antitoxin*)

こうない【坑内】坑道内 kēngdàonèi; 矿井里 kuàngjǐnglǐ (英 *a pit; a shaft*) ▶～火災/矿井火灾 kuàngjǐng huǒzāi ▶～火災が発生する/矿井里发生了火灾 kuàngjǐnglǐ fāshēngle huǒzāi ▶まだ3名が～に取り残されている/还有三名矿工被埋在矿井里 háiyǒu sān míng kuànggōng bèi máizài kuàngjǐnglǐ

こうない【校内】校内 xiàonèi (英 *the school*) ▶～に不審者が入っている/学校里混进了可疑的人 xuéxiàoli hùnjìnle kěyí de rén ▶～を清潔に保つ/保持校内清洁 bǎochí xiàonèi qīngjié ▶～暴力はなぜ起きるか/校园内暴力为什么会发生？xiàoyuán nèi bàolì wèi shénme huì fāshēng?

こうない【港内】港口里 gǎngkǒuli (英 *the harbor*) ▶～に霧笛が響いた/港口里响起了汽笛声 gǎngkǒuli xiǎngqǐle qìdíshēng ▶避難の船が～をうずめた/避难的船只挤满了港湾 bìnàn de chuánzhī jǐmǎnle gǎngwān

こうない【構内】境内 jìngnèi (英 *the premises*) ▶～立ち入り禁止/禁止入内 jìnzhǐ rùnèi ▶化学工場は～立ち入り禁止になっている/化工厂禁止闲人入内 huàgōngchǎng jìnzhǐ xiánrén rù nèi ▶～を巡回する/在院内巡回检查 zài yuànnèi xúnhuí jiǎnchá ▶駅の～放送でそれを聞いた/在车站的广播里听到了那个消息 zài chēzhàn de guǎngbōli tīngdàole nàge xiāoxi

こうないえん【口内炎】〖医〗口腔炎 kǒuqiāngyán (英 *stomatitis*) ▶～ができて物が食えない/口腔溃疡，不能吃东西 kǒuqiāng kuìyáng, bùnéng chī dōngxi

こうなん【後難】 后患 hòuhuàn (英 *future troubles; the consequences*) ▶～を恐れて口をつぐむ/害怕以后麻烦,闭口不谈 hàipà yǐhòu máfan, bìkǒu bù tán

こうなん【硬軟】 软硬 ruǎn yìng; 刚柔 gāng róu (英 *hardness and softness*) ▶あの人は～両様の手を使う/那个人软硬兼施 nàge rén ruǎn yìng jiān shī

こうにち【抗日】 抗日 kàng Rì (英 *resistance to Japan*) ▶～戦争/抗日战争 Kàng Rì zhànzhēng

こうにゅう【購入する】 购买 gòumǎi; 置办 zhìbàn; 购置 gòuzhì (英 *purchase; buy*) ▶一括～/统一购买 tǒngyī gòumǎi ▶予算切れで～は難しい/由于预算用完了,难以购买 yóuyú yùsuàn yòngwán le, nányí gòumǎi ▶新居の家具を一括～する/统一购置新房的家具 tǒngyī gòuzhì xīnfáng de jiājù

こうにん【公認する】 公认 gōngrèn (英 *recognize officially*) ▶～候補/公认候选人 gōngrèn hòuxuǎnrén ▶党の～候補として出馬する/作为党的公认候选人参选 zuòwéi dǎng de gōngrèn hòuxuǎnrén cānxuǎn ▶彼は党の～を得られなかった/他没能得到政党的公认 tā méi néng dédào zhèngdǎng de gōngrèn ▶労働党は小田氏を～した/劳动政党公认小田女士为候选人 Láodòng zhèngdǎng gōngrèn Xiǎotián nǚshì wéi hòuxuǎnrén ▶彼は未～記録ながら10秒を切った/虽说是非公式记录,他突破了十秒大关 suīshuō shì fēigōngshì jìlù, tā tūpòle shí miǎo dàguān ▶会計士の試験は難関である/注册会计师的考试是个难关 zhùcè kuàijìshī de kǎoshì shì ge nánguān

こうにん【後任】 后任 hòurèn (英 *a successor; a replacement*) ▶～となる/接任 jiērèn; 继任 jìrèn ▶私が～に選ばれた/我被选为后任 wǒ bèi xuǎnwéi hòurèn ▶理事の～が決まらない/理事的后任定不下来 lǐshì de hòurèn dìngbuxiàlái ▶会長が～を指名する慣行になっている/由会长来指名后继人成了惯例 yóu huìzhǎng lái zhǐmíng hòujìrén chéngle guànlì

こうねつ【高熱】 高温 gāowēn; 高烧 gāoshāo (英 *intense heat*; [体熱] *a high fever*) ▶～が出る/发高烧 fā gāoshāo ▶肺炎は～が出る/肺炎会发高烧 fèiyán huì fā gāoshāo ▶～を発して1週間寝こんだ/发高烧,一个星期卧床不起 fā gāoshāo, yí ge xīngqī wòchuáng bù qǐ ▶金属は～でとける/金属在高温里会熔化 jīnshǔ zài gāowēnli huì rónghuà

こうねつひ【光熱費】 煤电费 méidiànfèi (英 *expenses for light and fuel*) ▶～がかかりすぎる/煤电费的开销太大了 méidiànfèi de kāixiāo tài dà le ▶～をおさえる/节约煤电费 jiéyuē méidiànfèi

こうねん【光年】 【天文】光年 guāngnián (英 *a light-year*) ▶その星は地球から約400～離れている/那颗星星距离地球约有四百光年 nà kē xīngxing jùlí dìqiú yuē yǒu sìbǎi guāngnián

こうねん【後年】 将来 jiānglái; 后期 hòuqī; 晚年 wǎnnián (英 *future years; years to come*) ▶犯罪歴など～の彼からは想像もつかない/从晚年的他怎么也想像不到曾有过犯罪记录 cóng wǎnnián de tā zěnme yě xiǎngxiàngbudào céng yǒuguò fànzuì jìlù ▶～むくいを受けるだろう/晚年会遭报应的吧 wǎnnián huì zāo bàoyìng de ba

こうねんき【更年期】 更年期 gēngniánqī (英 *the change of life*; [月経閉止] *menopause*) ▶～障害/更年期障碍 gēngniánqī zhàng'ài ▶多くの婦人が～障害に悩む/很多妇女受到更年期障碍的折磨 hěn duō fùnǚ shòudào gēngniánqī zhàng'ài de zhémó ▶彼女は～に達した/她到了更年期 tā dàole gēngniánqī ▶～を迎えてますます悩みが増えた/到了更年期,烦恼越来越多 dàole gēngniánqī, fánnǎo yuèláiyuè duō

こうのう【効能】 成效 chéngxiào; 功能 gōngnéng; 效能 xiàonéng (英 *effect; efficacy*) ▶～書き/功效说明书 gōngxiào shuōmíngshū ▶～書きを信じた私が愚かでした/我真傻,轻信了说明书上写的疗效 wǒ zhēn shǎ, qīngxìnle shuōmíngshūshang xiě de liáoxiào ▶やたらと～書きを並べるから信用されないのだ/写满了各种疗效,反倒不可信 xiěmǎnle gèzhǒng liáoxiào, fǎndào bù kěxìn ▶～が現れる/见效 jiàn xiào ▶～が現れるまでには時間がかかる/要等一段时间才能见效 yào děng yí duàn shíjiān cái néng jiàn xiào ▶すばらしい～があるという/据说有出色的疗效 jùshuō yǒu chūsè de liáoxiào

コウノトリ【鸛】 【鳥】白鹳 báiguàn (英 *a stork*) ▶～を人工飼育する/人工饲养白鹳 réngōng sìyǎng báiguàn

こうは【硬派】 ❶【妥協しない人】強硬派 qiángyìngpài (英 *a hard-liner*) ❷【男性誇示の人】嫌恶软弱的人 xiánwù ruǎnruò de rén (英 *a rustic*) ▶あいつは軟派に見えるが心は～だ/他看起来像花花公子,实际上是个男子汉 tā kànqǐlai xiàng huāhuā gōngzǐ, shíjìshang shì ge nánzǐhàn ▶～の政治家として知られている/作为一个强硬派政治家他很有名 zuòwéi yí ge qiángyìngpài zhèngzhìjiā tā hěn yǒumíng

こうば【工場】 厂 chǎng; 工厂 gōngchǎng; 作坊 zuòfang →こうじょう【工場】(英 *a factory; a plant*) ▶町～でロケットを作る/在街道工厂生产火箭 zài jiēdào gōngchǎng shēngchǎn huǒjiàn ▶下請け～にしわ寄せがゆく/下属工厂受到影响 xiàshǔ gōngchǎng shòudào yǐngxiǎng

こうはい【交配する】 交配 jiāopèi; 交配 jiāowèi; 杂交 zájiāo (英 *crossbreed; hybridize*) ▶～種/杂交种 zájiāozhǒng ▶これは一種のバラです/这是杂交玫瑰 zhè shì zájiāo méigui ▶愛犬の～には費用がかかる/爱犬的交配费用很贵 àiquǎn de jiāopèi fèiyong hěn guì ▶虎とライオンを～しようと試みる/尝试让老虎跟狮子交配 chángshì ràng lǎohǔ gēn shīzi jiāopèi

こうはい【後輩】 **后辈** hòubèi; **后进** hòujìn; **小辈** xiǎobèi ([英] *one's juniors; younger members*) ▶彼はよく～の面倒を見る/他经常照顾晚辈 tā jīngcháng zhàogù wǎnbèi ▶～をなめるな/别小看后辈 bié xiǎokàn hòubèi ▶大学では 2 年～だった/在大学比我低两级 zài dàxué bǐ wǒ dī liǎng jí

こうはい【荒廃する】 **荒芜** huāngwú; **荒废** huāngfèi ([英] *be ruined; decay*) ▶～した家屋/残垣断壁 cán yuán duàn bì ▶～した家屋を取り壊す/把破废的房子拆除 bǎ pòfèi de fángzi chāichú ▶人心の～がすさまじい/精神的荒废很深刻 jīngshén de huāngfèi hěn shēnkè

[日中比較] 中国語の'荒废 huāngfèi'には「すさむ」という意味の他に「勉強などをおろそかにする」という意味もある.

こうばい【公売】 (**公开**)**拍卖** (gōngkāi) pāimài ([英] *a public sale* 〔*auction*〕) ▶差し押さえ物件を～に付する/把扣押的房地产公开拍卖 bǎ kòuyā de fángdìchǎn gōngkāi pāimài

こうばい【勾配】 **坡度** pōdù; **倾斜度** qīngxiédù ([英] *a slope; an incline*) ▶急～/陡坡 dǒupō ▶緩やかな～をゆっくりと上った/顺着慢坡缓缓地往上走 shùnzhe mànpō huǎnhuǎn de wǎng shàng zǒu ▶トタン屋根は～が急だった/镀锌铁皮的屋顶坡度很陡 dùxīn tiěpí de wūdǐng pōdù hěn dǒu ▶鉄路は 50 分の 1 の～で上っている/铁道以五十分之一的坡度上升 tiědào yǐ wǔshí fēn zhī yī de pōdù shàngshēng

こうばい【購買する】 **购买** gòumǎi ([英] *purchase*) ▶～層/购买阶层 gòumǎi jiēcéng ▶～力/购买力 gòumǎilì ▶～層が広い/购买阶层的幅度很大 gòumǎi jiēcéng de fúdù hěn dà ▶勤労者の～力が減った/劳动阶层的购买力下降了 láodòng jiēcéng de gòumǎilì xiàjiàng le ▶CM に～意欲をそそられた/购买欲受到广告的诱惑 gòumǎiyù shòudào guǎnggào de yòuhuò

コウバイ【紅梅】 〔植物〕**红梅** hóngméi ([英] *red plum blossoms*) ▶祖父は～の開花を待たずに逝った/祖父没有等到红梅开花就去世了 zǔfù méiyǒu děngdào hóngméi kāihuā jiù qùshì le ▶植木市で～を買った/在花木市场买了红梅 zài huāmù shìchǎng mǎile hóngméi

こうばいすう【公倍数】 〔数〕**公倍数** gōngbèishù ([英] *a common multiple*)

◆**最小～** ▶5 と 7 と 9 の最小～と求めよ/求五、七和九的最小公倍数 qiú wǔ、qī hé jiǔ de zuìxiǎo gōngbèishù

こうはく【紅白】 **红白** hóngbái ([英] *red and white*) ▶～試合/红白两队的比赛 hóngbái liǎngduì de bǐsài ▶～試合をする/分成红队和白队比赛 fēnchéng hóngduì hé báiduì bǐsài ▶式のあと～の饅頭をもらった/典礼之后收到红白两色的点心 diǎnlǐ zhīhòu shōudào hóngbái liǎngsè de diǎnxin

◆**～歌合戦**《大晦日夜の》 ：(除夕夜的)**红白两队的歌谣比赛** (chúxīyè de) hóngbái liǎngduì de gēyáo bǐsài

こうばく【広漠たる】 **广漠** guǎngmò; **辽阔** liáokuò; **茫茫的** mángmáng de ([英] *vast; extensive*) ▶～たる原野/辽阔的原野 liáokuò de yuányě ▶眼下に～たる原野が広がっている/眼下展现着一片无边无际的原野 yǎnxià zhǎnxiànzhe yí piàn wú biān wú jì de yuányě

こうばしい【香ばしい】 **芳馥** fāngfù; **芳香** fāngxiāng ([英] *fragrant; aromatic*) ▶ほうじ茶の～香りが流れてくる/焙茶飘来一阵馥郁的芳香 bèichá piāolái yízhèn fùyù de fāngxiāng

こうはつ【後発の】 **后出发** hòu chūfā ([英] *of a latecomer*) ▶～部隊/后发队伍 hòu fā duìwu ▶～の企業/后起企业 hòuqǐ qǐyè

ごうはら【業腹な】 **恼火** nǎohuǒ ([英] *trying; annoying*) ▶あいつに負けるのは～だ/输给那个家伙真恼火 shūgěi nàge jiāhuo zhēn nǎohuǒ ▶～な気分を抱えて帰宅した/揣着一肚子气回家了 chuāizhe yí dùzi qì huíjiā le

こうはん【公判】 **公审** gōngshěn ([英] *a (public) trial*) ▶～を開く/开庭公审 kāitíng gōngshěn ▶～に報道陣が詰めかける/采访人员拥到公审现场 cǎifǎng rényuán yōngdào gōngshěn xiànchǎng ▶彼は拘置所で～を待っている/他在拘留所里等待着公审 tā zài jūliúsuǒli děngdàizhe gōngshěn

こうはん【広範な・広汎な】 **广泛** guǎngfàn; **广大** guǎngdà ([英] *extensive; widespread*) ▶彼は～な知識を有する/他富有渊博的知识 tā fùyǒu yuānbó de zhīshi ▶～な調査を実施する/进行广泛调查 jìnxíng guǎngfàn diàochá

こうはん【甲板】 **甲板** jiǎbǎn ([英] *a deck*) ▶～員/甲板员 jiǎbǎnyuán; 水手 shuǐshǒu ▶～長/甲板长 jiǎbǎnzhǎng; 水手长 shuǐshǒuzhǎng

こうはん【後半】 **后一半** hòu yíbàn; **后半** hòubàn ([英] *the latter half; the second half*) ▶～に得点を重ねる/比赛后半场连连得分 bǐsài hòubànchǎng liánlián défēn ▶～が勝負だ/后半场是胜败的关键 hòubànchǎng shì shèngbài de guānjiàn ▶ドラマの～を見損なった/没看完电视剧的后半部分 méi kànwán diànshìjù de hòubàn bùfen ▶シーズンの～戦がスタートした/下半赛季开始了 xiàbàn sàijì kāishǐ le

こうばん【交番】 《警察の》**治安岗亭** zhì'ān gǎngtíng; **警亭** jǐngtíng ([英] *a police box*) ▶～で道をたずねる/在警亭问路 zài jǐngtíng wèn lù ▶拾った財布を～に届ける/把捡到的钱包交给警亭 bǎ jiǎndào de qiánbāo jiāogěi jǐngtíng

ごうはん【合板】 **三合板** sānhébǎn; **胶合板** jiāohébǎn ([英] *plywood; plyboard*) ▶～製の書架は歪みやすい/三合板的书架容易变形 sānhébǎn de shūjià róngyì biànxíng

こうはんい【広範囲】 **广大范围** guǎngdà fànwéi; **广泛** guǎngfàn ([英] *a broad range; a wide variety of...*) ▶被害は～にわたる/损失范围很广 sǔnshī fànwéi hěn guǎng ▶台風の被害は～にわたった/台风的受灾范围很广 táifēng de shòuzāi

こうふ 【工費】 工程费 gōngchéngfèi (英 *the cost of construction*) ▶〜が膨張する/工程费膨胀 gōngchéngfèi péngzhàng ▶〜の１割カットを指示する/做出指示削减一成的工程费 zuòchū zhǐshì xuējiǎn yì chéng de gōngchéngfèi

こうひ 【公費】 公费 gōngfèi (英 *public expenditure*) ▶〜をちょろまかす/盗窃公款 dàoqiè gōngkuǎn ▶これは〜とは認められない/这不能算是公费 zhè bùnéng suànshì gōngfèi ▶それは〜で負担する/这个用公费来支付 nàge yòng gōngfèi lái zhīfù ▶これで可以报销 zhè kěyǐ bàoxiāo

こうび 【交尾する】 交尾 jiāowěi; 配对 pèiduì (英 *mate*) ▶愛犬が野良犬と〜するのは避けたい/我想避免爱犬跟野狗交配 wǒ xiǎng bìmiǎn àiquǎn gēn yěgǒu jiāopèi ▶猫の〜期はにぎやかだ/猫在交配时期闹得厉害 māo zài jiāopèi shíqī nàode lìhai

こうび 【後尾】 (英 *the rear*) ▶列の〜からは先頭が見えない/队伍尾看不见队伍的先头 zài duìwěi kànbujiàn duìwu de xiāntóu ▶辛うじて〜にくっついて歩く/紧赶慢赶,好歹跟着队伍往前走 jǐn gǎn màn gǎn, hǎodǎi gēnzhe duìwěi wǎng qián zǒu

ごうひ 【合否】 合格与否 hégé yǔ fǒu (英 *success or failure*) ▶〜はホームページ上で発表する/合格与否在网页上发表 hégé yǔ fǒu zài wǎngyèshang fābiǎo ▶〜の判定に疑義をはさむ/对合格的判定表示怀疑 duì hégé de pàndìng biǎoshì huáiyí

こうヒスタミンざい 【抗ヒスタミン剤】 (薬) 抗组胺药 kàngzǔ'ànyào (英 *an antihistamine*) ▶〜を投与する/给病人开抗组胺药 gěi bìngrén kāi kàngzǔ'ànyào ▶ジンマシンには〜が効く/抗组胺药对荨麻疹有效 kàngzǔ'ànyào duì xúnmázhěn yǒuxiào

こうひょう 【公表する】 发表 fābiǎo; 公布 gōngbù (英 *announce publicly; publicize*) ▶文書の〜に踏み切る/下決心公布文件 xià juéxīn gōngbù wénjiàn ▶部内の不祥事を〜する/对外公开内部的丑事 duìwài gōngkāi nèibù de chǒushì ▶協定の〜を恐れる人もいる/有人害怕发表协定内容 yǒu rén hàipà fābiǎo xiédìng nèiróng

こうひょう 【好評】 好评 hǎopíng; 称赞 chēngzàn (英 *favorable criticism*) ▶〜を博する/博得好评 bódé hǎopíng ▶番組の〜に気をよくする/节目获得好评,心情舒畅 jiémù huòdé hǎopíng, xīnqíng shūchàng

こうひょう 【講評する】 讲评 jiǎngpíng (英 *criticize; review*) ▶入選作を〜する/讲评当选作品 jiǎngpíng dāngxuǎn zuòpǐn ▶岩本氏の〜は自体がおもしろい/岩本氏的讲评本身很有意思 Yánběn shì de jiǎngpíng běnshēn hěn yǒu yìsi

こうびん 【後便で】 下次的信 xià cì de xìn (英 *in one's next letter; by next mail*) ▶詳しくは〜にてお知らせいたします/将在下次的信件里奉告详情 jiāng zài xià cì de xìnjiànli fènggào xiángqíng

こうひんしつ 【高品質の】 上好 shànghǎo; 优质 yōuzhì (英 *high-quality*) ▶我が家に〜のテレビが入った/我家安装了高质量的电视 wǒjiā ānzhuāngle gāozhìliàng de diànshì

こうふ 【公布する】 颁布 bānbù; 公布 gōngbù (英 *proclaim; make public*) ▶新法を〜する/颁布新的法令 bānbù xīn de fǎlìng

こうふ 【交付する】 发给 fāgěi; 交付 jiāofù (英 *deliver; grant; issue*) ▶〜金/补助金 bǔzhùjīn ▶〜金を受け取る/《公的》接受拨款 jiēshòu bōkuǎn;《個人的》领补助金 lǐng bǔzhùjīn ▶補助金の〜を申請する/申请补助拨款 shēnqǐng bǔzhùjīn bōkuǎn ▶証明書を〜する/发证明书 fā zhèngmíngshū

こうふ 【坑夫】 采煤工人 cǎiméi gōngrén; 矿工 kuànggōng (英 *a miner; a mineworker*) ▶その頃は〜に事故はつきものだった/当时对矿工来说,遭遇事故是家常便饭 dāngshí duì kuànggōng láishuō, zāoyù shìgù shì jiācháng biànfàn

こうぶ 【後部】 后方 hòufāng; 后部 hòubù (英 *the rear; the hind part*;[船の]*the stern*) ▶〜の非常口から逃れ出た/从后方的紧急出口逃出去了 cóng hòufāng de jǐnjí chūkǒu táochūqu le ▶〜座席に忘れ物があった/在后座上发现了遗失物品 zài hòuzuòshang fāxiànle yíshī wùpǐn ▶車の〜がひどくへこんだ/车后部陷进去一大块 chē hòubù xiànjìnqù yí dà kuài ▶〜客は車両の〜にかたまっている/乘客都挤在车厢的后方 chéngkè dōu jǐzài chēxiāng de hòufāng

こうふう 【校風】 校风 xiàofēng (英 *school customs〔tradition〕*) ▶〜にひかれて入学する/因为向往其校风而上那所学校 yīnwèi xiàngwǎng qí xiàofēng ér shàng nà suǒ xuéxiào ▶我が〜をさらに高めよう/进一步提高我们的校风 jìn yí bù tígāo wǒmen de xiàofēng

こうふく 【幸福】 幸福 xìngfú; 造化 zàohuà (英 *happiness; welfare*;[幸運] *good fortune*) ▶あなたが〜をもたらしてくれたのです/是你给我带来的幸福 shì nǐ gěi wǒ dàilái de xìngfú ▶私はこの上なく〜な生涯を送ることができた/我度过了无比幸福的一生 wǒ dùguòle wúbǐ xìngfú de yìshēng ▶〜に暮らしているので安心してくれ/我过得很幸福,你就放心吧 wǒ guòde hěn xìngfú, nǐ jiù fàngxīn ba ▶私は温かい〜感に満たされた/我内心充满了温暖的幸福感 wǒ nèixīn chōngmǎnle wēnnuǎn de xìngfúgǎn

こうふく 【降伏する】 降服 xiángfú; 投降 tóuxiáng (英 *surrender*) ▶〜は屈辱だった/投降是屈辱的 tóuxiáng shì qūrǔ de ▶〜を復興のバネにする/把投降转换成复兴的动力 bǎ tóuxiáng zhuǎnhuànchéng fùxīng de dònglì ▶もはや〜するしかない/事到如今只好投降了 shì dào rújīn zhǐhǎo tóuxiáng le ▶文書に署名する/在投

降文件上签名 zài tóuxiáng wénjiànshang qiānmíng
◆無条件〜｜无条件投降 wútiáojiàn tóuxiáng
▪日中比較 中国語の'降伏 xiángfú'は「降伏させる」こと，「制圧する」ことを指す．

こうぶつ【好物】 爱吃的东西 ài chī de dōngxi (英 one's favorite dish〔food〕) ▶焼きいもは僕の大〜です/烤白薯是我最喜欢吃的东西 kǎobáishǔ shì wǒ zuì xǐhuan chī de dōngxi ▶彼は〜の煎餅を切らすことがない/他身边总是备有自己喜爱的脆饼 tā shēnbiān zǒngshì bèiyǒu zìjǐ xǐ'ài de cuìbǐng

こうぶつ【鉱物】 矿物 kuàngwù (英 a mineral) ▶日本には〜資源がない/日本没有矿物资源 Rìběn méiyǒu kuàngwù zīyuán
◆〜学｜矿物学 kuàngwùxué

こうふん【興奮する】 兴奋 xīngfèn；激动 jīdòng；冲动 chōngdòng (英 excite；agitate) ▶〜していつまでも寝つけない/兴奋得总也睡不着 xīngfènde zǒng yě shuìbuzháo ▶〜するなと言うほうが無理だ/让他别激动，怎么可能呢？ ràng tā bié jīdòng, zěnme kěnéng ne？ ▶僕は〜を抑えられなかった/我控制不住自己的兴奋 wǒ kòngzhìbuzhù zìjǐ de xīngfèn ▶彼は〜しやすいたちだ/他的性格容易冲动 tā de xìnggé róngyì chōngdòng
◆〜剤 ▶〜剤を使う/使用兴奋剂 shǐyòng xīngfènjì

こうぶん【行文】 行文 xíngwén (英 a style) ▶〜がいかにも滑らかだ/行文十分流畅 xíngwén shífēn liúchàng ▶〜の巧みさが羨ましい/行文巧妙令人羡慕 xíngwén qiǎomiào lìng rén xiànmù

こうぶん【構文】 句法 jùfǎ；句子结构 jùzi jiégòu；文章结构 wénzhāng jiégòu (英 sentence structure) ▶〜が単純だから分かりやすい/句子结构简单，所以好懂 jùzi jiégòu jiǎndān, suǒyǐ hǎo dǒng ▶〜に工夫がほしい/要在文章结构上下功夫 yào zài wénzhāng jiégòushang xià gōngfu

こうぶんし【高分子】 (英 a high molecule) ▶〜化合物/高分子化合物 gāofēnzǐ huàhéwù

こうぶんしょ【公文書】 公文 gōngwén；文书 wénshū (英 an official document) ▶〜を偽造する/伪造公文 wěizào gōngwén ▶〜に記録されている/记录在公文上 jìlù zài gōngwénshang

こうべ 头 tóu；首 shǒu (英 a head) ▶〜を垂れる/垂头 chuítóu ▶〜をめぐらす/回首 huíshǒu

こうへい【公平な】 公平 gōngpíng；公道 gōngdao；公允 gōngyǔn (英 impartial；fair；just) ▶〜に扱いがたい/处理得不公正 chǔlǐde bù gōngpíng ▶〜に言えば，彼だけが悪いわけではない/说句公道话，并不是他一个人的错 shuō jù gōngdaohuà, bìng bú shì tā yí ge rén de cuò ▶審判は〜無私な判定を求められている/裁判员必须作出公正无私的判决 cáipànyuán bìxū zuòchū gōngzhèng wúsī de pànjué

こうへん【後編】 后编 hòubiān；下集 xiàjí (英 [後半] the latter part；[続編] a sequel) ▶〜が待ち遠しい/我们盼望着续集问世 wǒmen pànwàngzhe xùjí wènshì ▶資料集の〜に収録されている/收在资料集的后篇 shōuzài zīliàojí de hòupiān

こうべん【抗弁する】 抗辩 kàngbiàn (英 protest) ▶被告側の〜は論理に無理がある/被告方的对抗辩论在逻辑上有些牵强 bèigàofāng de duìkàng biànlùn zài luójíshang yǒu xiē qiānqiǎng ▶彼は口を尖らせて〜した/他噘着嘴争辩 tā juēzhe zuǐ zhēngbiàn

ごうべん【合弁】 合办 hébàn；合资 hézī (英 joint) ▶〜企業/合营企业 héyíng qǐyè ▶上海で〜企業を始めた/他们在上海创办了合资企业 tāmen zài Shànghǎi chuàngbànle hézī qǐyè ▶〜の難しさは心得ている/我很了解合资的困难 wǒ hěn liǎojiě hézī de kùnnan

こうほ【候補】 ❶【立候補】 候选 hòuxuǎn (英 candidacy) ▶〜者/候选人 hòuxuǎnrén ▶〜者を立てすぎる/候选人推举得太多了 hòuxuǎnrén tuījǔde tài duō le ▶国民党が私を〜に立てるという/国民党说要让我当候选人 Guómíndǎng shuō yào ràng wǒ dāng hòuxuǎnrén ▶対立〜を立てる/推举对立候选人 tuījǔ duìlì hòuxuǎnrén ▶改革党の公認〜として立つ/作为改革党的公认候选人参选 zuòwéi Gǎigédǎng de gōngrèn hòuxuǎnrén cānxuǎn ▶身替わり〜/候选人的替身 hòuxuǎnrén de tìshēn
❷【可能性のあるもの】 候补 hòubǔ (英 a possibility) ▶彼は次期社長の有力〜と目されている/他被看作是下一任总经理最有望的候补 tā bèi kànzuò shì xià yí rèn zǒngjīnglǐ zuì yǒuwàng de hòubǔ ▶受賞〜を5名にしぼる/获奖候补人被锁定为五名 huòjiǎng hòubǔrén bèi suǒdìngwéi wǔ míng ▶優勝〜の筆頭にあげられる/被认为是最有希望夺冠的 bèi rènwéi shì zuì yǒu xīwàng duóguàn de

こうぼ【公募する】 公开招聘 gōngkāi zhāopìn；招募 zhāomù；征集 zhēngjí (英 invite applications；[株] offer bonds) ▶教授1名を〜する/公开招聘一名教授 gōngkāi zhāopìn yī míng jiàoshòu ▶1名の〜に対して70名が応募した/公开招募的一个名额，有七十个人应招 gōngkāi zhāomù de yí ge míng'é, yǒu qīshí ge rén yìngzhāo

こうぼ【酵母】 酵母 jiàomǔ (英 yeast) ▶〜菌なしでパンはできない/烤面包少不了酵母菌 kǎo miànbāo shǎobuliǎo jiàomǔjūn

こうほう【工法】 施工方法 shīgōng fāngfǎ (英 an engineering method)

こうほう【公法】 公法 gōngfǎ (英 public law) ▶国際〜を武器にする/以国际公法作为武器 yǐ guójì gōngfǎ zuòwéi wǔqì ▶〜学者/公法学者 gōngfǎxuézhě

こうほう【公報】 公报 gōngbào (英 an official bulletin) ▶父に受章の〜が入った/父亲收到了获得勋章的公报 fùqin shōudàole huòdé xūn-

こうほう【公報】 宣传 xuānchuán；公关活动 gōngguān huódòng（英 *public information*; *public relations*）▶市の〜でそれを知った／在市的公报上得知那件事 zài shì de gōngbàoshang dézhī nà jiàn shì ▶父の戦死の〜を受け取った日に僕は生まれた／在收到父亲战死公报的那一天我出生了 zài shōudào fùqīn zhànsǐ gōngbào de nà yì tiān wǒ chūshēng le

こうほう【広報】 宣传 xuānchuán；公关活动 gōngguān huódòng（英 *public information*; *public relations*）▶我が社は〜活動を重視する／我们公司重视宣传活动 wǒmen gōngsī zhòngshì xuānchuán huódòng ▶〜課からお答えします／由宣传科做出答复 yóu xuānchuánkē zuòchū dáfù

こうほう【後方】 后方 hòufāng；后面 hòumian；后头 hòutou（英 *rear*; *backward*）▶〜からトラックがやってくる／后边开来一辆卡车 hòubian kāilái yí liàng kǎchē ▶〜に下がって休む／去后方休息 qù hòufāng xiūxi ▶〜基地を強化せよ／强化后勤基地 qiánghuà hòuqín jīdì
◆〜勤務；后勤 hòuqín ▶来週から〜勤務に回る／从下个星期调到后勤工作 cóng xià ge xīngqī diàodào hòuqín gōngzuò

こうほう【高峰】 高峰 gāofēng（英 *a high peak*）▶ヒマラヤには〜が連なる／喜马拉雅山高峰相连 Xǐmǎlāyǎshān gāofēng xiānglián ▶我が師は学界の最〜だ／我的老师是学术界的顶峰 wǒ de lǎoshī shì xuéshùjiè de dǐngfēng

こうほう【工房】 工作室 gōngzuòshì；作坊 zuòfang（英 *a workshop*）

こうぼう【弘法】▶〜大師／弘法大师 Hóngfǎ dàshī
ことわざ 弘法筆を選ばず 善书者不择笔 shàn shū zhě bù zé bǐ
ことわざ 弘法も筆の誤り 智者千虑，必有一失 zhìzhě qiān lù, bì yǒu yì shī

こうぼう【光芒】 光芒 guāngmáng（英 *a beam of light*）▶雲間から〜がさした／在云朵间射出了光芒 zài yúnduǒ jiān shèchūle guāngmáng ▶淡い〜をよぎるように雁が渡った／大雁飞过，好像是在穿过那片暗淡的光芒 dàyàn fēiguò, hǎoxiàng shì zài chuānguò nà piàn àndàn de guāngmáng

こうぼう【攻防】 攻守 gōngshǒu；攻防 gōngfáng（英 *a battle fought in alternate offense and defense*）▶〜戦／进攻防御战 jìngōng fángyùzhàn ▶激しい〜戦を展開する／展开了激烈的进攻防御战 zhǎnkāile jīliè de jìngōng fángyùzhàn ▶両者の〜は見ごたえがあった／观看双方的进攻和防守，真过瘾 guānkàn shuāngfāng de jìngōng hé fángshǒu, zhēn guòyǐn

こうぼう【興亡】 兴亡 xīngwáng（英 *rise and fall*; *ups and downs*）▶王朝の〜の歴史をたどる／追溯王朝兴亡的历史 zhuīsù wángcháo xīngwáng de lìshǐ ▶〜をかけて参戦した／他们为了藩国的生死存亡而参战了 tāmen wèile fānguó de shēngsǐ cúnwáng ér cānzhàn le

こうほう【号砲】 号炮 hàopào（英 *a signal gun*）▶〜を鳴らす／放号炮 fàng hàopào

ごうほう【合法な】 合法 héfǎ（英 *legal*; *lawful*）▶〜的/合法 héfǎ ▶ちゃんと〜的に進めているんだろうね／你们是按照法律程序办的吧？nǐmen shì ànzhào fǎlǜ chéngxù bàn de ba? ▶これは〜的手段で入手した情報です／这是靠合法手段获得的情报 zhè shì kào héfǎ shǒuduàn huòdé de qíngbào ▶非〜/非法 fēifǎ ▶非〜活動に従事する／从事非法活动 cóngshì fēifǎ huódòng ▶賭博を〜化する動きがある／有动向要把赌博合法化 yǒu dòngxiàng yào bǎ dǔbó héfǎhuà ▶その取引は〜性が疑わしい／那笔交易的合法性令人怀疑 nà bǐ jiāoyì de héfǎxìng lìng rén huáiyí

ごうほう【豪放な】 豪放 háofàng；豪爽 háoshuǎng（英 *openhearted*; *large-minded*）▶いやはや〜な方ですなぁ／哎呀！真是一个豪爽的汉子啊 āiyā！zhēn shì yí ge háoshuǎng de hànzi a ▶あいつは〜磊落(らいらく)の見本のような男だ／他是一个典型的豪放磊落的汉子 tā shì yí ge diǎnxíng de háofàng lěiluò de hànzi

こうぼく【公僕】 公仆 gōngpú（英 *a public servant*）▶私はこれでも〜の一員です／我也算是一名公仆啊 wǒ yě suànshì yì míng gōngpú a ▶〜を名乗るのは照れるね／自称公仆还真有点不好意思 zìchēng gōngpú hái zhēn yǒudiǎn bùhǎoyìsi

こうほん【稿本】 手稿 shǒugǎo；原稿 yuángǎo；草稿 cǎogāo（英 *a manuscript*; *an MS*）▶遺作は〜のまま文学館に納められた／遗著以手稿的形式被收藏到文学馆 yízhù yǐ shǒugǎo de xíngshì bèi shōucáng dào wénxuéguǎn

こうま【子馬】 马驹子 mǎjūzi（英 *a colt*）▶〜と一緒に牧場を走る／跟马驹子一起在牧场里奔跑 gēn mǎjūzi yìqǐ zài mùchǎngli bēnpǎo ▶〜を競走馬に育てるのです／要把这匹马驹子培养成竞赛马 yào bǎ zhè pǐ mǎjūzi péiyǎngchéng jìngsàimǎ

こうまい【高邁な】 崇高 chónggāo（英 *lofty*; *noble*）▶〜な精神／高尚的精神 gāoshàng de jīngshén ▶あんな〜精神を持ちたいものだ／真想具有那么崇高的精神啊 zhēn xiǎng jùyǒu nàme chónggāo de jīngshén a ▶〜な理想を掲げて奉仕活動をする／树立崇高理想，从事志愿活动 shùlì chónggāo lǐxiǎng, cóngshì zhìyuàn huódòng

ごうまん【高慢な】 高傲 gāo'ào；傲气 àoqì；高傲自大 gāo'ào zì dà（英 *haughty*; *arrogant*）▶その〜な態度を改めなさい／你应该改正那种傲慢的态度 nǐ yīnggāi gǎizhèng nà zhǒng àomàn de tàidù ▶あいつの〜の鼻を挫(くじ)いてやった／我给他泼了一盆冷水，挫伤了他的傲气 wǒ gěi tā pōle yì pén lěngshuǐ, cuòshāngle tā de àoqì

ごうまん【傲慢な】 傲慢 àomàn；自恃 zìshì（英 *haughty*; *arrogant*）▶あの〜さが鼻持ちならない／那么傲慢，令人反感 nàme àomàn, lìng rén fǎngǎn ▶彼が〜なのは実は自信がないからだろう／

こうみゃく【鉱脈】 鉱脉 kuàngmài (英 *a vein; a deposit*) ▶豊富な〜を掘り当てる/开采到了丰富的矿藏 kāicǎidàole fēngfù de kuàngcáng

こうみょう【功名】 功名 gōngmíng (英 *a great exploit*) ▶〜心/野心 yěxīn; 功名心 gōngmíngxīn ▶〜心に駆られて暴走する/被野心所驱使而胡作非为 bèi yěxīn suǒ qūshǐ ér hú zuò fēi wéi ▶〜は夢に終わった/功名到头来成了一场虚梦 gōngmíng dàotóulái chéngle yì cháng xūmèng ▶二人で〜を争った/两个人争功 liǎng ge rén zhēng gōng

こうみょう【巧妙な】 巧妙 qiǎomiào; 高妙 gāomiào (英 *skillful; clever*) ▶〜なやり方/巧妙的作法 qiǎomiào de zuòfǎ ▶〜な策/妙計 miàojì; 巧計 qiǎojì ▶〜な手口で人をだます/用巧妙的手段骗人 yòng qiǎomiào de shǒuduàn piàn rén ▶〜に誘導して契約させる/巧妙地诱导对方签约 qiǎomiào de yòudǎo duìfāng qiānyuē ▶その細工はなんとも〜である/那个工艺真是绝活 nàge gōngyì zhēn shì juéhuó

こうみょう【光明】 光明 guāngmíng (英 *light, hope*) ▶〜を見出す/看到光明 kàndào guāngmíng ▶前途に一縷(ﾙ)の〜を見出す/前途看到一线光明 qiántú kàndào yíxiàn guāngmíng ▶その言葉に充ちていた/那句话里充满了光明 nà jù huàli chōngmǎnle guāngmíng

こうみん【公民】 公民 gōngmín (英 *a citizen*) ▶〜館を改修する/翻修公民馆 fānxiū gōngmínguǎn

◆〜権 公民权 gōngmínquán ▶彼は目下〜権を停止されている/现在他的公民权被停止了 xiànzài tā de gōngmínquán bèi tíngzhǐ le

こうむ【公務】 公事 gōngshì; 公务 gōngwù (英 *official duties*) ▶〜の合間に趣味に励む/在公务之余, 热衷于业余爱好 zài gōngwù zhī yú, rèzhōng yú yèyú àihào

◆〜員 ▶父は国家〜員である/父亲是国家公务员 fùqin shì guójiā gōngwùyuán ◆〜執行妨害 妨碍执行公务罪 fáng'ài zhíxíng gōngwù zuì ▶〜執行妨害で逮捕される/因触犯妨碍执行公务罪被捕 yīn chùfàn fáng'ài zhíxíng gōngwù zuì bèibǔ

こうむ【校務】 校务 xiàowù (英 *school duties*) ▶〜で出張する/为学校公务出差 wèi xuéxiào gōngwù chūchāi ▶この時期は〜が錯綜する/这个时期学校公务错综繁杂 zhège shíqī xuéxiào gōngwù cuòzōng fánzá

こうむてん【工務店】 个体经营的建筑公司 gètǐ jīngyíng de jiànzhù gōngsī (英 *an engineering firm*) ▶設計施工は橋本〜に頼んだ/委托桥本工程店设计施工 wěituō Qiáoběn gōngchéngdiàn shèjì shīgōng

こうむる【被る】 受到 shòudào (英 *receive; suffer*) ▶恩恵を〜/受到恩惠 shòudào ēnhuì; 得到好处 dédào hǎochu ▶あの人からはずいぶん恩恵を被っている/收到那个人多方关照 shōudào nàge rén duōfāng guānzhào ▶被害を〜/遭受灾害 zāoshòu zāihài; 受害 shòuhài ▶雪で大きな損害を被った/由于大雪, 遭受了巨大的灾害 yóuyú dàxuě, zāoshòule jùdà de zāihài ▶そんな役目はごめん〜/那样的任务我实在不能接受 nàyàng de rènwu wǒ shízài bùnéng jiēshòu

こうめい【公明】 光明 guāngmíng; 《政治が》清明 qīngmíng (英 *fairness; justice*) ▶僕はいつだって〜正大だ/我向来都是光明正大的 wǒ xiànglái dōu shì guāngmíng zhèngdà de ▶〜な政治はかけ声ばかりだ/清明的政治都是些空话 qīngmíng de zhèngzhì dōu shì xiē kōnghuà

こうめい【高名な】 ❶ 有名 著名 zhùmíng (英 *famous*) ▶〜な作家が講演に来る/著名的作家前来演讲 zhùmíng de zuòjiā qiánlái yǎnjiǎng ▶彼もとうとう〜になった/他终于也出名了 tā zhōngyú yě chūmíng le ❷ 御尊名 大名 dàmíng; 令名 lìngmíng (英 *your name*) 御〜はかねて承っております/一直久仰大名 yìzhí jiǔyǎng dàmíng

ごうも【豪も】 丝毫也 sīháo yě (英 *(not) in the least*) ▶妥協の余地は〜ない/没有丝毫妥协的余地 méiyǒu sīháo tuǒxié de yúdì ▶本社は現場の苦悩を〜理解していない/总公司一点也不理解第一线的苦衷 zǒnggōngsī yìdiǎn yě bù lǐjiě dìyīxiàn de kǔzhōng

こうもう【孔孟】 Confucius and Mencius ▶〜の徒のような口をきくじゃないか/少摆孔孟弟子的架子 shǎo bǎi Kǒng-Mèng dìzǐ de jiàzi

ごうもう【剛毛】 硬毛 yìngmáo (英 *a bristle*) ▶腕に〜が生えている/胳膊上长着硬硬的汗毛 gēboshang zhǎngzhe yìngyìng de hànmáo

こうもく【項目】 项目 xiàngmù; 条款 tiáokuǎn (英 *an item; a clause*) ▶〜別/按项目 àn xiàngmù ▶〜別に検討する/按项目逐条探讨 àn xiàngmù zhútiáo tàntǎo ▶五つの〜を立てよう/设五个项目吧 shè wǔ ge xiàngmù ba

日中比較 中国語の'项目 xiàngmù'は「個々の細目」という意味の他に「種目」や「プロジェクト」をもいう。▶田径项目 tiánjìng xiàngmù/陸上競技種目 ▶项目经理 xiàngmù jīnglǐ/プロジェクトマネージャー

コウモリ【蝙蝠】 〔動物〕蝙蝠 biānfú (英 *a bat*) ▶〜が夕暮れの軒端(ﾉｷﾊﾞ)を飛び交う/蝙蝠在黄昏的屋檐前飞舞 biānfú zài huánghūn de wūyán qián fēiwǔ ▶「〜傘」なんて今どき言うかね/"黑蝙蝠伞"这个词现在还说吗？"hēibiānfúsǎn" zhège cí xiànzài hái shuō ma?

こうもん【肛門】 〔解〕肛门 gāngmén (英 *the anus*)

こうもん【後門】
ことわざ 前門の虎, 後門の狼 前门送虎, 后门进狼 qiánmén sòng hǔ, hòumén jìn láng

こうもん【校門】 校门 xiàomén (英 *a school gate*) ▶〜はがんじょうな鉄柵だった/校门是结实的铁栅栏 xiàomén shì jiēshi de tiězhàlán ▶〜

を入ると「蛍の光」が聞こえてきた/一走进校门就听到了《萤之光》这首乐曲 yì zǒujìn xiàomén jiù tīngdàole《Yíng zhī guāng》zhè shǒu yuèqǔ

ごうもん【拷問】 拷问 kǎowèn; 拷打 kǎodǎ (英 *torture*) ▶容疑者を~にかける/对嫌疑人进行拷问 duì xiányírén jìnxíng kǎowèn ▶~されて罪を認める/被拷问后认了罪 bèi kǎowèn hòu rènle zuì ▶往時の一部屋が残されている/昔日的刑讯室还留着 xīrì de xíngxùnshì hái liúzhe

こうや【荒野】 荒野 huāngyě; 荒原 huāngyuán (英 *wilderness; a wasteland*) ▶無人の~が広がっている/荒无人烟的旷野展现在眼前 huāng wú rényān de kuàngyě zhǎnxiàn zài yǎnqián ▶~を嵐が吹きぬける/狂风吹过荒原 kuángfēng chuīguò huāngyuán ▶~を開墾する/开垦荒原 kāikěn huāngyuán

こうや【紺屋】 染匠 rǎnjiàng; 染坊 rǎnfang (英 *a dyer*)
ことわざ 紺屋の白袴(ばかま) 无暇自顾 wú xiá zì gù; 卖油娘子水梳头 màiyóu niángzi shuǐ shūtóu

こうやく【公約する】 诺言 nuòyán; 公约 gōngyuē; 誓约 shìyuē (英 *pledge*) ▶選挙~/选举时的诺言 jìngxuǎn shí de nuòyán ▶選挙~はいいことづくめだ/竞选时的诺言净是甜言蜜语 jìngxuǎn shí de nuòyán jìng shì tiányán mìyǔ ▶いくつも~を並べる/罗列了好几条诺言 luólièle hǎojǐ tiáo nuòyán ▶選挙の時の~を果たす/实现竞选时的诺言 shíxiàn jìngxuǎn shí de nuòyán ▶道路を通すと~する/许诺开通公路 xǔnuò kāitōng gōnglù

こうやく【膏薬】 膏药 gāoyao; 药膏 yàogāo (英[貼り薬]*plaster*,[軟膏]*salve*) ▶~を貼る/贴膏药 tiē gāoyao ▶打ち身に~を貼る/往打伤的地方上贴膏药 wǎng dǎshāng de dìfangshang tiē gāoyao ▶擦り傷には~がよく効いた/膏药对擦伤很管用 gāoyao duì cāshāng hěn guǎnyòng

こうやくすう【公約数】〔数〕公约数 gōngyuēshù (英 *a common measure* 〔*divisor*〕) ◆最大~ ▶70と72の最大~は幾つか/七十和七十二的最大公约数是多少? qīshí hé qīshí'èr de zuìdà gōngyuēshù shì duōshao?

こうやどうふ【高野豆腐】《食品》冻豆腐 dòngdòufu (英 *frozen and dried tofu*)

こうゆうの【公有の】 公有 gōngyǒu (英 *public; public-owned*) ▶~地/公有地 gōngyǒudì ▶~地を払い下げる/出售公有土地 chūshòu gōngyǒu tǔdì ▶公園は~の財産だ/公园是公有财产 gōngyuán shì gōngyǒu cáichǎn

こうゆう【交友】 交游 jiāoyóu; 交际 jiāojì (英[人]*a friend*) ▶私は~範囲が狭い/我的交际范围很狭小 wǒ de jiāojì fànwéi hěn xiáxiǎo ▶~範囲を拡げるように努めなさい/你要扩大交际范围 nǐ yào kuòdà jiāojì fànwéi ▶彼らの~関係は長い/他们交往的时间很长 tāmen jiāowǎng de shíjiān hěn cháng

こうゆう【交遊】 交游 jiāoyóu; 交际 jiāojì (英 *companionship*) ▶~が広い/交游很广 jiāoyóu hěn guǎng

こうゆう【校友】 校友 xiàoyǒu (英 *a schoolmate; an alumnus*) ▶~に寄付を仰ぐ/请求校友捐赠 qǐngqiú xiàoyǒu juānzèng ▶困った時には~が頼りだ/为难的时候靠校友 wéinán de shíhou kào xiàoyǒu

◆~会｜校友会 xiàoyǒuhuì ▶宮原さんと~会で顔を合わせた/在校友会上我跟宫原氏相遇了 zài xiàoyǒuhuìshang wǒ gēn Gōngyuán shì xiāngyù le ▶~会雑誌に回想記を連載する/在校友会的杂志上连载回忆录 zài xiàoyǒuhuì de zázhìshang liánzái huíyìlù

ごうゆう【豪勇】 (英 *valor; daring*) ▶若い頃は~と謳われたものだ/年轻时被人称赞说是豪爽勇敢 niánqīng shí bèi rén chēngzàn shuō shì háoshuǎng yǒnggǎn ▶かつては~で鳴らした男だ/曾经是以勇猛而闻名的好汉 céngjīng shì yǐ yǒngměng ér wénmíng de hǎohàn

ごうゆう【豪遊】 尽情玩乐 jìnqíng wánlè; 狂欢 kuánghuān (英 *go on a spree*) ▶熱海で一晩~する/在热海尽情地玩一个晚上 zài Rèhǎi jìnqíng de wán yí ge wǎnshang ▶花街での~にも飽きた/对在花街柳巷的狂欢已经感到厌腻了 duì zài huājiē liǔxiàng de kuánghuān yǐjing gǎndào yànnì le ▶一晩の~でボーナスを空にした/狂欢了一个晚上把奖金都耗光了 kuánghuānle yí ge wǎnshang bǎ jiǎngjīn dōu hàoguāng le

こうよう【公用】 公事 gōngshì; 公用 gōngyòng (英 *official duty*) ▶英語は日本の~語ではない/英语不是日本的公用语 Yīngyǔ bú shì Rìběn de gōngyòngyǔ ▶~で2, 3日留守にする/为了公事离开两三天 wèile gōngshì líkāi liǎng sān tiān

◆~車｜公用车 gōngyòngchē ▶家族には~車は使わせない/不让家属乘坐公用车 bú ràng jiāshǔ chéngzuò gōngyòngchē

こうよう【孝養】 孝顺 xiàoshùn; 孝敬 xiàojìng (英 *filial duty*) ▶~を尽くす/尽孝 jìn xiào ▶父母に~を尽くす/为父母尽孝心 wèi fùmǔ jìn xiàoxīn ▶何をすれば~になるのか/做什么才算是孝顺呢? zuò shénme cái suànshì xiàoshùn ne?

こうよう【効用】 功用 gōngyòng; 效用 xiàoyòng (英 *utility*,[效能]*an effect*) ▶こんな薬にも~があるのかな/这种药也会有功效吗? zhè zhǒng yào yě huì yǒu gōngxiào ma? ▶盛んに禁煙の~を説く/大力主张戒烟的效用 dàlì zhǔzhāng jièyān de xiàoyòng

こうよう【紅葉する】 红叶 hóngyè (英 *turn red; turn yellow*) ▶信州の~を見に来ませんか/您不来观赏信州的红叶吗? nín bù lái guānshǎng Xìnzhōu de hóngyè ma? ▶~にはまだ少し早い/看红叶还嫌早了一点 kàn hóngyè hái xián zǎole yìdiǎn ▶全山がみごとに~する/满山都是绚丽的红叶 mǎnshān dōu shì xuànlì de

こうよう　hóngyè

こうよう【高揚する】 昂扬 ángyáng；高昂 gāo'áng（英 *exalt; raise; enhance*）▶士気が～する/士气高涨 shìqì gāozhǎng ▶初戦の勝利でいよいよ士気が～した/旗开得胜，士气越发高涨 qí kāi dé shèng, shìqì yuèfā gāozhǎng ▶人命尊重の精神の～をはかる/发扬光大尊重生命的精神 fāyáng guāngdà zūnzhòng shēngmìng de jīngshén

こうようじゅ【広葉樹】 阔叶树 kuòyèshù（英 *a broad-leaf tree*）▶山麓は～で覆われている/山麓覆盖着阔叶树 shānlù fùgàizhe kuòyèshù ▶どこまでも～が続く/阔叶树林连绵不尽 kuòyè-shùlín liánmián bú jìn

ごうよく【強欲な】 贪婪 tānlán；贪心 tānxīn（英 *greedy*）▶布団を剥がしてでも～に取り立てる/贪婪地逼债，连最后一张皮也不放过 tānlán de bīzhài, lián zuìhòu yì zhāng pí yě bú fàngguò ▶彼らの～ぶりには呆れる/他们的那种贪得无厌让我惊讶 tāmen de nà zhǒng tāndé wúyàn ràng wǒ jīngyà

こうら【甲羅】 甲壳 jiǎqiào；盖子 gàizi（英 *a shell*）▶砂浜で～を干す/在沙滩上晒后背 zài shātānshang shài hòubèi ▶～を経たじいさまにはかなわない/对那些阅历丰富的老爷爷，我是望尘莫及 duì nàxiē yuèlì fēngfù de lǎoyéye, wǒ shì wàng chén mò jí

こうらく【行楽】 游览 yóulǎn（英 *an excursion; an outing*）▶絶好の～日和/理想的出游天气 lǐxiǎng de chūyóu tiānqì
◆～客／游客 yóukè ▶～客でごったがえしていた/车站里游客们拥挤不堪 chēzhànli yóukèmen yōngjǐ bù kān　**～シーズン**／游览的旺季 yóulǎn de wàngjì；最佳游览季节 zuìjiā yóulǎn jìjié ▶いよいよ～シーズンの到来だ/游览旺季即将到来 yóulǎn wàngjì jíjiāng dàolái ～地／游览地 yóulǎndì；景点 jǐngdiǎn ▶旅行は～地を避けよ/旅行最好避开游览景点 lǚxíng zuìhǎo bìkāi yóulǎn jǐngdiǎn

こうり【小売りする】 零卖 língmài；零售 língshòu（英 *retail*）▶～価格/零售价格 língshòu jiàgé ▶運賃が～価格にはねかえる/运费会影响零售价格 yùnfèi huì yǐngxiǎng língshòu jiàgé ▶～店/零售店 língshòudiàn ▶細々と～店を営んでいる/惨淡经营着零售店 cǎndàn jīngyíngzhe língshòudiàn ▶～販売/门市 ménshì ▶当社は～販売はいたしません/本公司不作零售 běngōngsī bú zuò língshòu ▶駅前で酒の～をやっている/在车站前零售酒类 zài chēzhàn qián língshòu jiǔlèi

こうり【公理】〔論理学〕公理 gōnglǐ（英 *an axiom*）

こうり【功利】 功利 gōnglì（英 *utility*）▶～主義／功利主义 gōnglì zhǔyì ▶～的に立ち回るのはいやだ/我讨厌钻营功利 wǒ tǎoyàn zuānyíng gōnglì

こうり【高利】 重利 zhònglì；高利 gāolì（英 *high interest*）▶やむなく～の金に手を出す/不得不借高利贷 bùdébù jiè gāolìdài ▶～で金を貸している/放高利贷 fàng gāolìdài
◆**～貸**／{金を貸す}高利贷 gāolìdài;《人》高利贷主 gāolì dàizhǔ ▶～貸しはカタカナ名称が多い/高利贷主有很多使用片假名的名称 gāolì dàizhǔ yǒu hěn duō shǐyòng piànjiǎmíng de míngchēng

ごうり【合理】 合理 hélǐ（英 *rationality*）▶～的/合理 hélǐ ▶賃金削減には～的な根拠がない/削减工资没有合理的根据 xuējiǎn gōngzī méiyǒu hélǐ de gēnjù ▶不～な規則/不合理的规则 bù hélǐ de guīzé ▶不～な規則が生き残っている/遗留着不合理的规章制度 yíliúzhe bù hélǐ de guīzhāng zhìdù ▶～化する/合理化 hélǐhuà ▶人減らしを～化という/把削减员工称之为合理化 bǎ xuējiǎn yuángōng chēng zhī wéi hélǐhuà ▶作業工程を～化する/对工作程序实行合理化 duì gōngzuò chéngxù shíxíng hélǐhuà ▶万事に～性を追求する/任何事情都要追求合理性 rènhé shìqing dōu yào zhuīqiú hélǐxìng
◆**～主義**／彼は～主義を貫徹した/他的合理主义很彻底 tā de hélǐ zhǔyì hěn chèdǐ ▶～主義者/合理主义者 hélǐ zhǔyìzhě

ごうりき【強力】（英［案内者］*a mountain guide*）▶登山史に名高い～/在登山史上有名的向导 zài dēngshānshǐshang yǒumíng de xiàngdǎo

こうりつ【公立の】 公立 gōnglì（英 *public*）▶息子は～に入れます/让儿子上公立学校 ràng érzi shàng gōnglì xuéxiào ▶ずっと～校で教えてきた/一直在公立学校任教 yìzhí zài gōnglì xuéxiào rènjiào

こうりつ【効率】 效率 xiàolǜ（英 *efficiency*）▶～の悪い/低效率 dīxiàolǜ ▶あの機種は～が悪い/那种型号的机器效率低 nà zhǒng xínghào de jīqì xiàolǜ dī ▶もう少し～を上げられないか/能不能把效率再提高一点？ néngbunéng bǎ xiàolǜ zài tígāo yìdiǎn?

こうりつ【高率】 高比率 gāobǐlǜ；高率 gāolǜ（英 *high rate*）▶金利が～になってもやむをえない/高利息是不得已的 gāolìxī yě shì bùdéyǐ de ▶彼のバットは～を維持している/他保持着很高的安打率 tā bǎochízhe hěn gāo de āndǎlǜ

こうりゃく【攻略する】 攻克 gōngkè（英 *capture; invade*）▶敵の陣地を～する/攻克敌方阵地 gōngkè dífāng zhèndì ▶隣国～の秘策がある/有攻占邻国的秘计 yǒu gōngzhàn línguó de mìjì

こうりゃく【後略】 以下省略 yǐxià shěnglüè（英 *omission of the rest*）

こうりゅう【交流】 **1**〖交わる〗交流 jiāoliú（英 *an interchange*）▶文化～/文化交流 wénhuà jiāoliú ▶もっと人事の～をはかろう/进一步发展人事交流 jìn yíbù fāzhǎn rénshì jiāoliú ▶両国間の～はいよいよ盛んである/两国之间的交流日益频繁 liǎngguó zhījiān de jiāoliú rìyì pínfán

▶国際～委員会/国际交流委员会 guójì jiāoliú wěiyuánhuì ❷【電流の】(英 *an alternating current*) ▶～発電機/交流发电机 jiāoliú fādiànjī

こうりゅう【拘留する】 拘留 jūliú; 扣留 kòuliú (英 *take... into custody*) ▶あなたを殺人のかどで～する/由于杀人嫌疑对你进行拘留 yóuyú shārén xiányí duì nǐ jìnxíng jūliú ▶5日後に～を解かれた/五天后解除拘留 wǔ tiān hòu jiěchú jūliú ▶彼はなおも～中である/他还在拘留中 tā hái zài jūliú zhōng

こうりゅう【興隆する】 兴起 xīngqǐ; 兴隆 xīnglóng; 兴盛 xīngshèng (英 *rise*) ▶こうして草原の国は～を極めた/这样草原之国的兴隆达到了顶峰 zhèyàng cǎoyuán zhī guó de xīnglóng dádàole dǐngfēng ▶新宗派はいよいよ～していった/新宗派越来越兴盛了 xīnzōngpài yuèláiyuè xīngshèng le

ごうりゅう【合流する】 ❶【川が】合流 héliú; 汇合 huìhé (英 *flow together*) ▶～地点/汇合点 huìhédiǎn ▶～地点は霧が深い/汇合点雾很重 huìhédiǎn wù hěn zhòng ▶二筋の川が～する/两条河汇合 liǎng tiáo hé huìhé ❷【人が】 会合 huìhé (英 *join*) ▶現地で～する/在现场会合 zài xiànchǎng huìhé ▶現地で調査団に～する/在现场跟调查团会合 zài xiànchǎng gēn diàochátuán huìhé ▶上海で家族と～する予定である/预定在上海跟家人会合 yùdìng zài Shànghǎi gēn jiārén huìhé

こうりょ【考慮する】 考虑 kǎolǜ; 衡量 héngliang; 斟酌 zhēnzhuó (英 *consider*) ▶～に値する/值得考虑 zhíde kǎolǜ ▶その案は～に値する/那个方案值得考虑 nàge fāng'àn zhíde kǎolǜ ▶その点にも～を払ってもらいたい/这一点也请斟酌 zhè yìdiǎn yě qǐng zhēnzhuó ▶私の立場も～していただきたい/希望能考虑我的立场 xīwàng néng kǎolǜ wǒ de lìchǎng ▶その件はなお～中である/那件事还在考虑 nà jiàn shì hái zài kǎolǜ

こうりょう【荒涼とした】 荒凉 huāngliáng; 荒无人烟 huāng wú rényān (英 *desolate; dreary; bleak*) ▶～たる光景を前に立ちつくしていた/站在荒凉的景色前，久久不能离去 zhànzài huāngliáng de jǐngsè qián, jiǔjiǔ bùnéng líqù ▶家の中は～としていた/家里的情景很凄凉 jiāli de qíngjǐng hěn qīliáng

こうりょう【香料】 ❶【芳香のもと】 香料 xiāngliào (英 *perfume*) ▶～を加える/放香料 fàng xiāngliào ▶～がにおう/香料飘香 xiāngliào piāoxiāng ❷【香辛料】 香料 xiāngliào (英 *spices*)

こうりょう【校了】〘印刷〙 校毕 jiàobì; 校对完毕 jiàoduì wánbì (英 *final proofreading*) ▶5時までに～したい/五点以前想把它校完 wǔ diǎn yǐqián xiǎng bǎ tā jiàowán ▶～の判を押す/盖上校毕的印章 gàishàng xiàobì de yìnzhāng

こうりょう【黄粱】
ことわざ 黄粱一炊(ᅟ)の夢 黄粱一梦 huángliáng yí mèng ▶しょせんは～一炊の夢に終わった/到头来不过是一场黄粱美梦 dàotóulái búguò shì yì chǎng huángliáng měimèng

こうりょう【綱領】 纲领 gānglǐng (英 *general principles; a party line*) ▶出版連合会は新たに～を決めた/出版联合会决定了新的纲领 chūbǎn liánhéhuì juédìngle xīn de gānglǐng ▶市民党の～にはこう書かれている/市民党的纲领是这样写的 Shìmíndǎng de gānglǐng shì zhèyàng xiě de

こうりょう【稿料】 稿费 gǎofèi (英 *a manuscript fee*) ▶わずかな～を受け取る/收到一点微薄的稿费 shōudào yìdiǎn wēibó de gǎofèi ▶来月には～が入るはずだ/下个月稿费应该进账 xià ge yuè gǎofèi yīnggāi jìn zhàng

こうりょく【効力】 效力 xiàolì (英 *effect; force; validity*) ▶協定の～が発生する/协定生效 xiédìng shēngxiào ▶～のない/无效 wúxiào ▶父は～のない薬ばかり飲んでいる/爸爸净吃一些不管用的药 bàba jìng chī yìxiē bù guǎnyòng de yào ▶今日で条約が～を失う/自今日起条约失效 zì jīnrì qǐ tiáoyuē shīxiào

こうりん【光臨】 光临 guānglín; 惠临 huìlín (英 *your visit*) ▶ぜひとも御～たまわりますよう/谨请光临 jǐn qǐng guānglín; 请您务必光临 qǐng nín wùbì guānglín ▶本日は竹井先生の御～を得て…/今天有幸请到竹井先生光临… jīntiān yǒuxìng qǐngdào Zhújǐng xiānsheng guānglín…

こうれい【好例】 好例子 hǎolìzi (英 *a good example*) ▶彼などは努力の人の～だね/他那样的人正是努力的典范 tā nàyàng de rén zhèngshì nǔlì de diǎnfàn ▶目の前に～がいるじゃないか/眼前不是有一个好榜样吗？ yǎnqián bú shì yǒu yí ge hǎobǎngyàng ma?

こうれい【恒例】 惯例 guànlì (英 *the custom; the usual practice*) ▶～行事/定例的活动 dìnglì de huódòng ▶村の～の行事が無事にすんだ/村子的惯例活动顺利结束 cūnzi de guànlì huódòng shùnlì jiéshù ▶この行事も～となりました/这个活动也成了惯例 zhège huódòng yě chéngle guànlì ▶～により新会員が壇上に並ぶ/按照惯例新会员在台上排成一行 ànzhào guànlì xīnhuìyuán zài táishang páichéng yīháng

こうれい【高齢】 高龄 gāolíng; 年迈 niánmài; 老龄 lǎolíng (英 *an advanced age*) ▶～であることが問題ですか/老龄本身有什么问题吗？ lǎolíng běnshēn yǒu shénme wèntí ma? ▶80の～で大学入試に挑む/以八十岁高龄挑战高考 yǐ bāshí suì gāolíng tiǎozhàn gāokǎo ▶氏は～にもかかわらず現役を続けている/先生尽管是高龄还坚持在第一线 xiānsheng jǐnguǎn shì gāolíng hái jiānchí zài dìyīxiàn

♦～化社会｜高龄社会 gāolíng shèhuì ▶～化社会のひずみが深刻だ/老龄社会的负面影响很严重 lǎolíng shèhuì de fùmiàn yǐngxiǎng hěn yánzhòng ～者|老年人 lǎoniánrén; 耆老 qílǎo

ごうれい

▶～者を大切にしているか/你们关心老年人吗？ nǐmen guānxīn lǎoniánrén ma?

ごうれい【号令】 号令 hàolìng; 口令 kǒulìng (英 *an order; command*) ▶～をかける/发令 fālìng ▶～に従って行動する/听从号令行动 tīngcóng hàolìng xíngdòng ▶いまや天下に～する身である/现在肩负号令天下的重任 xiànzài jiānfù hàolìng tiānxià de zhòngrèn

こうれつ【後列】 后排 hòupái (英 *the back row*) ▶～の左から3人目が太宰治だ/后排左数第三个人是太宰治 hòupái zuǒshǔ dìsān ge rén shì Tàizǎi Zhì

こうろ【行路】 道路 dàolù; 行程 xíngchéng (英 *a course; a road*) ▶人生の～の行く手に光が見える/人生道路的前方看到了光明 rénshēng dàolù de qiánfāng kàndàole guāngmíng ▶～の人々はみな無関心だった/路上的行人都毫不理会 lùshang de xíngrén dōu háobù lǐhuì

こうろ【香炉】 香炉 xiānglú (英 *an incense burner*) ▶青磁の～に高値がついた/青瓷的香炉标着高价 qīngcí de xiānglú biāozhe gāojià ▶遺影の前に～がぽつんと置かれていた/遗像前孤零零地摆着一尊香炉 yíxiàng qián gūlínglíng de bǎizhe yì zūn xiānglú

こうろ【航路】 航道 hángdào; 航路 hánglù (英 *a sea lane;* [辺] *a line*) ▶あの頃はハワイに憧れたものだ/那时候，大家都很向往夏威夷航线 nà shíhou, dàjiā dōu hěn xiàngwǎng Xiàwēiyí hángxiàn ▶急遽～を変更した/急速改变航线 jísù gǎibiàn hángxiàn ▶外国～の船が出航する/国际航线的轮船出航 guójì hángxiàn de lúnchuán chūháng ▶～標識の光がうるむ/航标灯的光线朦胧 hángbiāodēng de guāngxiàn ménglóng

こうろ【高炉】 高炉 gāolú; 炼铁炉 liàntiělú (英 *a blast furnace*) ▶そびえ立つ～を見上げる/仰望矗立着的高炉 yǎngwàng chùlìzhe de gāolú ▶～の前はすさまじく熱い/高炉前热极了 gāolú qián rè jíle

こうろう【功労】 功绩 gōngjì; 功劳 gōngláo (英 *an exploit*) ▶これまでの～を称えて金杯を贈る/为表彰以往的功绩赠送金杯 wèi biǎozhāng yǐwǎng de gōngjì zèngsòng jīnbēi ▶あなたこそ最大の～者です/您才是最大的功臣 nín cái shì zuìdà de gōngchén ▶新薬開発の～により表彰された/因开发新药之功受到表彰 yīn kāifā xīnyào zhī gōng shòudào biǎozhāng

こうろく【高禄】 (英 *a salary salary*) ▶無能の身で～を食(は)むものは心苦しい/无功受禄深感惭愧 wú gōng shòu lù shēngǎn cánkuì

こうろん【口論する】 吵架 chǎojià; 吵嘴 chǎozuǐ; 口角 kǒujué (英 *dispute; argue*) ▶そもそも～の原因は何だ/到底是为什么吵架？ dàodǐ shì wèi shénme chǎojià? ▶いきなり～が始まった/突然吵闹了起来 tūrán jiù chǎoleqǐlai ▶二人は激しく～した/两个人吵得不可开交 liǎng ge rén chǎode bùkě kāijiāo

こうろん【公論】 公论 gōnglùn (英 *public opinion*) ▶天下の～に従って行動しよう/遵从天下之公论而为 zūncóng tiānxià zhī gōnglùn ér wéi

こうろんおつばく【甲論乙駁】 争论不休 zhēng lùn bù xiū (英 *pros and cons*) ▶～、議論はまとまりそうになかった/你说东，他说西，看样子讨论不出一个结论来 nǐ shuō dōng, tā shuō xī, kàn yàngzi tǎolùnbuchū yí ge jiélùn lái

こうわ【講和する】 讲和 jiǎnghé; 媾和 gòuhé (英 *make peace with...*) ▶～会议/和会 héhuì; 和谈 hétán ▶～会议をリードする/主导和谈 zhǔdǎo hétán ▶～条约に調印する/在和约上签字 zài héyuēshang qiānzì ▶ようやく～の希望が見えた/总算看到讲和的希望了 zǒngsuàn kàndào jiǎnghé de xīwàng le ▶我が国は～する用意がある/我国做好了讲和的准备 wǒguó zuòhǎole jiǎnghé de zhǔnbèi

こうわ【講話】 讲话 jiǎnghuà; 报告 bàogào (英 *a lecture*) ▶老僧の～に聞き入る/聆听老僧教诲 língtīng lǎosēng jiàohuì ▶一連の～をまとめて本にする/把一系列的报告汇编成书 bǎ yíxìliè de bàogào huìbiānchéng shū ▶午後は吉岡氏の～がある/下午吉冈先生的报告 xiàwǔ Jígāng xiānsheng de bàogào

こうわん【港湾】 港湾 gǎngwān (英 *harbors*) ▶日本には～都市が多い/日本有很多港湾城市 Rìběn yǒu hěn duō gǎngwān chéngshì ▶ここは～施設がまだ不備だ/这里的港湾设施还不完备 zhèlǐ de gǎngwān shèshī hái bù wánbèi

ごうわん【剛腕】 铁腕 tiěwàn (英 *a strong arm*) ▶～投手/有实力的投手 yǒu bìlì de tóushǒu ▶彼は名だたる～投手である/他是一位著名的臂力过人的投手 tā shì yí wèi zhùmíng de bìlì guòrén de tóushǒu ▶反対意見を～でねじふせる/用铁腕征服反对意见 yòng tiěwàn zhēngfú fǎnduì yìjiàn

こえ【声】 ❶[話や歌の] 声音 shēngyīn; 嗓子 sǎngzi (英 *a voice*; [鳥の] *a song*) ▶歌～がよく響く/歌声高亢 gēshēng gāokàng ▶～を詰まらせる/哽 gěng; 说不下去 shuōbuxiàqu ▶涙で～を詰まらせる/含着眼泪，声音嘶哑了 hánzhe yǎnlèi, shēngyīn sīyǎ le ▶～を出す/出声 chūshēng; 吱声 zīshēng ▶きびしい～で叱る/厉声斥责 lìshēng chìzé ▶～を立てない/不出声 bù chū shēng ▶～をひそめて話す/悄悄地说话 qiāoqiāo de shuō huà ▶話したいが～にならない/我想说却说不出声音来 wǒ xiǎng shuō què shuōbuchū shēngyīn lái ▶電話の～が助けを求めていた/电话中的对方在呼救 diànhuà de duìfāng zài hūjiù ▶～を限りに愛を叫んだ/用尽力气大声呼唤着爱 yòngjìn lìqi dàshēng hūhuànzhe ài ▶～を大にして言いたい/我要大声诉说 wǒ yào dàshēng sùshuō ▶悪口は～の届かない所で言ってくれ/要说坏话，去听不见的地方说 yào shuō huàihuà, qù tīngbujiàn de dìfang shuō ▶やたらな～を出すな/别乱出声儿 bié luàn chū shēngr ▶街ゆく～

女に～をかける/向着走在街上的少女打招呼 xiàng zǒu zài jiēshang de shàonǚ dǎ zhāohu ▶小鳥の～で目が覚めた/被小鸟的叫声吵醒了 bèi xiǎoniǎo de jiàoshēng chǎoxǐng le ▶師走の～を聞くとがぜん焦りを覚える/腊月将近，突然开始焦急了 làyuè jiāngjìn, tūrán kāishǐ jiāojí le
❷【意見】意见 yìjiàn (英 an opinion) ▶大衆の～/群众的呼声 qúnzhòng de hūshēng ▶もっと大衆の～を聞け/要多倾听群众的意见 yào duō qīngtīng qúnzhòng de yìjiàn ▶国民の～に答える/回答国民的呼声 huídá guómín de hūshēng ▶業界では非難の～が高かった/业界里，责难的呼声很强 yèjièli, zénàn de hūshēng hěn qiáng ▶～無きに～に耳傾ける/倾听无声的意见 qīngtīng wúshēng de yìjiàn

～が掛かる ▶テレビ局から～が掛かって出演することになった/受到电视台的邀请决定出演节目 shòudào diànshìtái de yāoqǐng juédìng chūyǎn jiémù

こえ【肥】 肥料 féiliào; 粪肥 fènféi (英 manure)

ごえい【護衛する】 警卫 jǐngwèi; 守护 shǒuhù (英 guard) ▶要人には常に～がつく/重要人物经常配备警卫 zhòngyào rénwù jīngcháng pèibèi jǐngwèi ▶警官の～のもとに帰宅した/在警官的守护下回家 zài jǐngguān de shǒuhùxià huíjiā ▶～するのは我々の役目だ/护卫(您)是我们的任务 hùwèi(nín)shì wǒmen de rènwu

～艦 ▶护卫舰 hùwèijiàn

ごえいか【御詠歌】 朝山拜庙歌 cháoshān bàimiàogē (英 a Buddhist chant) ▶あの娘は若いのに～を習っている/那个姑娘年纪轻轻的，却在练习朝山歌 nàge gūniang niánjì qīngqīng de, què zài liànxí cháoshāngē ▶～が彼の唯一の趣味だった/朝山歌是他唯一的爱好 cháoshāngē shì tā wéiyī de àihào

こえがわり【声変わり】 变声 biànshēng; 变嗓子 biàn sǎngzi; 声带变化 shēngdài biànhuà (英 the change of one's voice) ▶まだ～がすまない少年が歌った/那歌是一个还没变声的少年唱的 nà gē shì yí ge hái méi biànshēng de shàonián chàng de ▶そろそろ～する年ごろだ/快到变声的年纪了 kuài dào biànshēng de niánjì le

こえだ【小枝】 枝条 zhītiáo; 枝杈 zhīchà (英 a twig) ▶梅の～で鶯が鳴く/梅树枝头黄莺在歌唱 méishù zhītóu huángyīng zài gēchàng ▶桜の～をかざして歩く/举着樱花的小树枝走路 jǔzhe yīnghuā de xiǎoshùzhī zǒu lù

ごえつどうしゅう【呉越同舟】 吴越同舟 Wú Yuè tóng zhōu (英 two opposing groups in the same boat) ▶両チームは～，同じ飛行機で福岡に向かった/两队吴越同舟，乘一架飞机前往福冈 liǎngduì Wú Yuè tóng zhōu, chéng yí jià fēijī qiánwǎng Fúgāng

こえる【肥える】 ❶【人が】胖 pàng (英 put on weight) ▶少し肥えたんじゃないか/是不是胖了一点儿？ shìbushì pàngle yìdiǎnr? ❷【動物が】肥 féi (英 get fat) ▶見てくれよ，この肥えた豚/快来看，这口肥猪 kuài lái kàn, zhè kǒu féizhū ❸【土地が】肥沃 féiwò (英 grow fertile) ▶肥えた土だから花がよく育つ/因为土地肥沃，所以花儿长得很好 yīnwèi tǔdì féiwò, suǒyǐ huā'ér zhǎng de hěn hǎo ❹【感覚が】有鉴赏力 yǒu jiànshǎnglì (英 a good eye; a good palate; a good ear)

舌が～ 口味高 kǒuwèi gāo; 讲究吃 jiǎngjiu chī ▶あいつは舌が肥えてるからなぁ/他可讲究吃了 tā kě jiǎngjiu chī le

耳が～ 耳朵灵 ěrduo líng ▶さすが君は耳が肥えてるね/你的耳朵真灵 nǐ de ěrduo zhēn líng

目が～ 眼力高 yǎnlì gāo; 有审美眼光 yǒu shěnměi yǎnguāng ▶あの人は絵画には目が肥えている/他对绘画很有鉴赏力 tā duì huìhuà hěn yǒu jiànshǎnglì

こえる【越える・超える】 ❶【通過する】超过 chāoguò; 越过 yuèguò (英 pass; cross) ▶国境を～/越过边界 yuèguò biānjiè ▶川を～/过河 guò hé ▶川を～と我が家はすぐそこだった/过了河就是我家了 guòle hé jiù shì wǒ jiā le
❷【上まわる】超过 chāoguò; 超越 chāoyuè (英 exceed) ▶それは僕の能力の限界を越えている/那可超过了我能力的界限 nà kě chāoguòle wǒ nénglì de jièxiàn ▶被害のひどさは想像を越えている/严重的灾情超出了想像 yánzhòng de zāiqíng chāochūle xiǎngxiàng ▶目標を～/超过目标 chāoyuè mùbiāo ▶イチローの記録を越えた/超过了一朗的纪录 chāoguòle Yīlǎng de jìlù ▶彼はもはや生死を越えた境地にあった/他早已体验过了超越生死的心境 tā zǎoyǐ tǐyànguòle chāoyuè shēngsǐ de xīnjìng
❸【まさる】(英 surpass) ▶師匠を～成果をあげた/创造的成果胜过了师傅 chuàngzào de chéngguǒ shèngguòle shīfu

限界を～ 超过界限 chāoguò jièxiàn
想像を～ 超出想像 chāochū xiǎngxiàng

コエンドロ ⇨コリアンダー

こおう【呼応する】 相应 xiāngyìng; 呼应 hūyìng (英 act in concert) ▶内外～して環境保護を訴える/内外相应呼吁环保 nèiwài xiāngyìng hūyù huánbǎo ▶その運動に～する人々が各地で…/跟这个运动相呼应，人们在各地… gēn zhège yùndòng xiāng hūyìng, rénmen zài gèdì…

ゴーカート 游戏汽车 yóuxì qìchē; 玩用汽车 wányòng qìchē (英 a go-cart)

コークス 焦炭 jiāotàn; 煤焦 méijiāo (英 coke)

ゴーグル 风镜 fēngjìng; 护目镜 hùmùjìng (英 goggles) ▶雪山では～をつけた/在雪山上戴上护目镜 zài xuěshānshang dàishang hùmùjìng ▶～がくもってよく見えない/风镜上结了雾看不见 fēngjìngshang jiéle wù kànbujiàn

ゴーサイン 前进的信号 qiánjìn de xìnhào (英 green light) ▶～を出す/开绿灯 kāi lǜdēng ▶建設計画に～を出す/为建设计划开绿灯 wèi jiànshè jìhuà kāi lǜdēng ▶大臣の～はまだか/大臣的批准还没下来吗？ dàchén de pīzhǔn hái méi xiàlái ma？

ゴージャス 华丽 huálì；豪华 háohuá（英 gorgeous）▶～な部屋なので身がすくんだ/因为是豪华的房间，身子不由得缩成一团 yīnwèi shì háohuá de fángjiān, shēnzi bùyóude suōchéng yì tuán ▶照明のせいで古着が～に見える/因为灯光的关系，旧衣服也显得华丽了 yīnwèi dēngguāng de guānxi, jiù yīfu yě xiǎnde huálì le

コース 1【道路】路线 lùxiàn；线路 xiànlù（英 a route; a course）▶今日は散歩の～を変えよう/今天换一条散步的路线 jīntiān huàn yì tiáo sànbù de lùxiàn ▶出世～/发迹的途径 fājì de tújìng；出人头地之路 chū rén tóu dì zhī lù ▶出世～を駆けのぼる/顺着发迹的阶梯青云直上 shùnzhe fājì de jiētī qīng yún zhí shàng ▶飛行機は那覇への～をとった/飞机取道那霸航线 fēijī qǔdào Nàba hángxiàn 2【競技の】跑道 pǎodào（英 a course; a lane）▶僕は第一～を走る/我跑第一跑道 wǒ pǎo dìyī pǎodào ▶マラソン～/马拉松的路线 mǎlāsōng de lùxiàn 3【料理の】（英 a course）▶フル～/全席 quánxí；套餐 tàocān ▶フル～の料理を食べる/吃豪华套餐 chī háohuá tàocān 4【学科の】（英 a course）▶入門～/初学课程 chūxué kèchéng ▶入門～を履修する/履修入门课程 lǚxiū rùmén kèchéng

コースター 1【ジェットコースター】过山车 guòshānchē；轨道滑坡车 guǐdào huápōchē（英 a roller coaster）2【コップの下敷き】杯托 bēituō；杯垫 bēidiàn（英 a coaster）

ゴースト 1【テレビの】重像 chóngxiàng；双重图像 shuāngchóng túxiàng（英 a ghost）2【幽霊】（英 a ghost）
◆～タウン ▶その町は～タウンと化していた/那儿变成了一座鬼城 nàr biànchéngle yí zuò guǐchéng

ゴーストライター 代笔人 dàibǐrén（英 a ghost writer）▶どうせ～が書いたんだろ/反正是别人代写的吧？fǎnzheng shì biérén dàixiě de ba？▶彼女の著書の～をつとめる/担任她著作的代笔人 dānrèn tā zhùzuò de dàibǐrén

コーチ 教练 jiàoliàn；训练 xùnliàn（英 coaching；[人] a coach）▶野球の～/棒球教练 bàngqiú jiàoliàn ▶少年野球を～する/执教少年棒球队 zhíjiào shàonián bàngqiúduì ▶～に僕らの意志が伝わらない/教练不能领会我们的意思 jiàoliàn bùnéng lǐnghuì wǒmen de yìsi ▶がいいから力が伸びる/因为教练好所以实力提高了 yīnwèi jiàoliànhǎo suǒyǐ shílì tígāo le ▶プロの～を受ける/接受专业训练 jiēshòu zhuānyè xùnliàn ▶～の仕方を工夫する/推敲训练方法 tuīqiāo xùnliàn fāngfǎ

コーディネーター 策划者 cèhuàzhě；协调人 xiétiáorén；配合人 pèihérén（英 a coordinator）▶国際シンポジウムで～をつとめた/担任了国际研讨会的策划人 dānrènle guójì yántǎohuì de cèhuàrén

コーティング 涂膜 túmó；涂层 túcéng（英 coating）

コーデュロイ 灯心绒 dēngxīnróng；条绒 tiáoróng（英 corduroy）▶～のズボン/灯心绒的裤子 dēngxīnróng de kùzi

コート 1【衣類】大衣 dàyī；外套 wàitào；外衣 wàiyī（英 a coat）▶ダスター～/风衣 fēngyī ▶レイン～/雨衣 yǔyī 2【競技場】球场 qiúchǎng（英 a court）▶テニス～/网球场 wǎngqiúchǎng

コード 1【規定】准则 zhǔnzé；规定 guīdìng（英 a code）2【分類の】▶～ナンバー/编码 biānmǎ；电码 diànmǎ 3【暗号の】密码 mìmǎ（英 a code）/代号 dàihào

コード 《線》软线 ruǎnxiàn；电线 diànxiàn（英 a cord）▶電源～/电源导线 diànyuán dǎoxiàn ▶～レス電話/无绳电话 wúshéng diànhuà ▶～が短い/电线短 diànxiàn duǎn ▶～を伸ばしてプラグにつなぐ/把电线拉长连接插头 bǎ diànxiàn lāchán liánjiē chātóu

こおどり【小躍りする】雀跃 quèyuè；手舞足蹈 shǒu wǔ zú dǎo（英 jump for joy）▶子供たちは～して喜んだ/孩子们欣喜雀跃 háizimen xīnxǐ quèyuè ▶私の失脚に～してやがいる/有人因为我下台乐得手舞足蹈 yǒu rén yīnwèi wǒ xiàtái lède shǒu wǔ zú dǎo

コーナー 1【かど・すみ】角落 jiǎoluò；犄角 jījiǎo（英 a corner）▶巧みに～を突く/棒球投手巧妙地投出角球 bàngqiú tóushǒu qiǎomiào de tóuchū jiǎoqiú ▶～に追いつめる/把对手赶到角落 bǎ duìshǒu gǎndào jiǎoluò 2【曲がり角】弯道 wāndào（英 a corner）▶最終～/最后的弯道 zuìhòu de wāndào ▶人生の最終～にさしかかる/临近人生最后的弯道 línjìn rénshēng zuìhòu de wāndào 3【一画】专柜 zhuānguì；栏目 lánmù（英 a zone; a section）▶化粧品の【売り場】/化妆品柜台 huàzhuāngpǐn guìtái ▶僕の意見が投稿～に載った/我的意见登载在读者来信栏 wǒ de yìjiàn dēngzǎi zài dúzhě láixìnlán

コーパス 语料库 yǔliàokù（英 a corpus）▶～を相手に用例を集める/从语料库收集例句 cóng yǔliàokù shōují lìjù

コーヒー 咖啡 kāfēi（英 coffee）▶～を入れる/冲咖啡 chōng kāfēi ▶～を入れるにはコツがある/沏咖啡有诀窍 qī kāfēi yǒu juéqiào ▶～豆を自分で挽く/自己磨咖啡豆 zìjǐ mò kāfēidòu ▶角の小さな～店によく通った/我常常去街角的那个小咖啡厅 wǒ chángcháng qù jiējiǎo de nàge xiǎo kāfēitīng
◆～茶碗 ▶陶器の～茶碗もいいもんだ/陶器的咖啡杯也不错啊 táoqì de kāfēibēi yě búcuò a ～ポット 咖啡壶 kāfēihú ～メーカー 煮咖啡器 zhǔkāfēiqì

コーラ 可乐 kělè（英 a Coke）▶コカ～/可口可乐 Kěkǒukělè ▶ペプシ～/百事可乐 Bǎishìkělè ▶～は冷やして飲むとうまい/可乐还是喝凉的好

味儿 kělè háishi hē liáng de yǒu wèir；冰镇可乐才好喝 bīngzhèn kělè cái hǎohē

コーラス 合唱 héchàng（英 *a chorus*）▶～グループ/合唱队 héchàngduì ▶子守歌を～で歌う/合唱摇篮曲 héchàng yáolánqǔ ▶彼女は～グループの一員である/她是合唱队的成员 tā shì héchàngduì de chéngyuán ▶夜ふけて蛙の～がいっそう高まった/夜深人静，青蛙的合唱更热闹了 yè shēn rén jìng, qīngwā de héchàng gèng rènao le

コーラン〔宗教〕古兰经 Gǔlánjīng（英 *the Koran*）

こおり【氷】冰 bīng；凌 líng（英 *ice*）▶～水/冰镇凉水 bīngzhèn liángshuǐ ▶池に～が張る/池塘上结冰 chítángshang jié bīng ▶～で冷やす/冰镇 bīngzhèn ▶のぼせた頭を～で冷やす/用冰块给上火的头部降温 yòng bīngkuài gěi shànghuǒ de tóubù jiàng wēn ▶～砂糖を頬ばる/大口吃冰糖 dà kǒu de chī bīngtáng ▶彼女は～のように冷たい表情で答えた/她用冷若冰霜的表情来回答 tā yòng lěng ruò bīngshuāng de biǎoqíng lái huídá ▶港が～に閉ざされた/港湾被冰封住了 gǎngwān bèi bīng fēngzhù le
◆～枕 冰枕头 bīngzhěntou　ぶっかき～ 碎冰块儿 suìbīngkuàir

こおりつく【凍り付く】结冻 jiédòng（英 *be frozen*）▶星空が～ようだった/寒冷的星空好像结了冰 hánlěng de xīngkōng hǎoxiàng jiéle bīng ▶今朝は道路が凍り付いていた/今天早上路面结冰了 jīntiān zǎoshang lùmiàn jié bīng le　彼女の顔が凍り付いた/她的脸僵住了 tā de liǎn jiāngzhù le

コーリャン【高粱】〔植物〕高粱 gāoliang；蜀黍 shǔshǔ（英 *kaoliang*）▶～酒/高粱酒 gāoliangjiǔ ▶～畑は緑の海だ/高粱地像一片绿色的海洋 gāoliangdì xiàng yí piàn lǜsè de hǎiyáng ▶～を主食にする/把高粱当成主食 bǎ gāoliang dàngchéng zhǔshí

こおる【凍る】冻 dòng；冻结 dòngjié；上冻 shàng dòng（英 *freeze; be frozen*）▶道路が凍っている/路面结着冰 lùmiàn jiézhe bīng ▶道路が凍っていて危ない/路面结了冰很危险 lùmiàn jiéle bīng hěn wēixiǎn ▶洗濯物がかちかちに凍った/晾在外边的衣服冻得硬邦邦的 liàngzài wàibian de yīfu dòngde yìngbāngbāng de ▶～うな水に浸かって身を清める/泡在冰冷的水里清洗身体 pàozài bīnglěng de shuǐli qīngxǐ shēntǐ ▶～ような怖い映画を見た/看恐怖电影吓得丢了魂 kàn kǒngbù diànyǐng xiàde diūle hún

ゴール ❶【決勝点・目標点】终点 zhōngdiǎn（英 *the finish line*）▶先頭切って～インする/首先到达终点 shǒuxiān dàodá zhōngdiǎn ▶晴れて二人は～インした/两人正式结婚了 liǎngrén zhèngshì jiéhūn le　❷〔サッカー・ホッケーなどの〕球门 qiúmén（英 *the goal*）▶～キーパー/守门员 shǒuményuán ▶～ライン/终点线 zhōngdiǎnxiàn ▶～を决める/射中球门 shèzhòng qiúmén；踢进球门 tījìn qiúmén　❸【目的】目标 mùbiāo（英 *the goal*）▶～インする/达到目的 dádào mùdì ▶編纂の～はもう目の前に来ている/编纂工作即将完成 biānzuǎn gōngzuò jíjiāng wánchéng

コールサイン 呼号 hūhào（英 *a call sign*）

コールタール 煤焦油 méijiāoyóu（英 *coal tar*）▶路上の～が鼻を刺す/路上的柏油味刺鼻 lùshang de bǎiyóuwèi cìbí ▶木材に～を塗る/在木材上涂上煤焦油 zài mùcáishang túshang méijiāoyóu

コールテン ⇨コーデュロイ

ゴールデンウイーク 黄金周 huángjīnzhōu（*'Golden Week' holidays*）▶～には100万人が海外に出かけた/黄金周有一百万人出国 huángjīnzhōu yǒu yìbǎi wàn rén chūguó ▶～を当てこんでみやげ物を仕入れる/商家期待着黄金周商机买进礼品 shāngjiā qīdàizhe huángjīnzhōu shāngjī mǎijìn lǐpǐn

ゴールデンタイム〔テレビ〕黄金时段 huángjīn shíduàn；收视高峰的时间 shōushì gāofēng de shíjiān（英 *prime time*）▶優勝決定戦が今夜の～を制した/决赛直播赢得了今晚黄金时段的最高收视率 juésài zhíbō yíngdéle jīnwǎn huángjīn shíduàn de zuìgāo shōushìlǜ

コールドクリーム 冷霜 lěngshuāng（英 *a cold cream*）

コオロギ【蟋蟀】〔虫〕蟋蟀 xīshuài；蛐蛐儿 qūqur（英 *a cricket*）▶金を賭けて～を闘わせる/斗蛐蛐儿赌钱 dòu qūqur dǔ qián ▶～の鳴き声を楽しむ/欣赏蟋蟀的鸣叫声 xīnshǎng xīshuài de míngjiàoshēng ▶草むらで～が鳴く/蟋蟀在草丛里鸣叫 xīshuài zài cǎocóngli míngjiào

コーン〔トウモロコシ〕玉米 yùmǐ；玉米粒 yùmǐlì（英 *corn*）▶～スープ/玉米汤 yùmǐtāng ▶～フレーク/玉米片 yùmǐpiàn ▶朝食は～フレークで済ませた/早饭随便吃了一些玉米片 zǎofàn suíbiàn chīle yìxiē yùmǐpiàn

コーン〔アイスクリームの〕圆锥形蛋卷 yuánzhuīxíng dànjuǎn（英 *a cone*）

こか【古歌】古诗 gǔshī；古曲 gǔqǔ（英 *an old song*）▶この景色は～にも詠われている/这个景色在古诗里也曾被描写过 zhège jǐngsè zài gǔshīli yě céng bèi miáoxiěguò

こがい【子飼いの】从小养大 cóng xiǎo yǎng dà；亲手培养 qīnshǒu péiyǎng（英 *reared from young*）▶～の社員が手柄をたてた/亲手培养的职员立了功 qīnshǒu péiyǎng de zhíyuán lìle gōng

こがい【戸外の】屋外 wūwài；户外 hùwài（英 *outdoor*）▶車椅子で～に出る/坐轮椅去屋外 zuò lúnyǐ qù wūwài ▶たまには～の空気を吸いたい/偶尔也想呼吸一下屋外的空气 ǒu'ěr yě xiǎng hūxī yíxià wūwài de kōngqì

ごかい【誤解する】误会 wùhuì；误解 wùjiě（英 *misunderstand*）▶～される/被误会 bèi wùhuì ▶僕は～されやすい/我容易被人误会 wǒ róngyì

bèi rén wùhuì ▶〜が〜を生む/误解又招来新的误会 wùjiě yòu zhāolái xīn de wùhuì ▶君は全く〜しているよ/你完全误会了 nǐ wánquán wùhuì le ▶二人の間の〜を解きたい/希望两个人之间能化解误会 xīwàng liǎng ge rén zhījiān néng huàjiě wùhuì
〜を招く ▶言葉足らずで〜を招く/因为解释得不清楚招人误会 yīnwèi jiěshìde bù qīngchu zhāo rén wùhuì

こがいしゃ【子会社】子公司 zǐgōngsī ㊤ a subsidiary firm ▶〜に出向する/派到子公司 pàidào zǐgōngsī ▶〜を使って危ない取り引きをする/利用子公司来进行风险交易 lìyòng zǐgōngsī lái jìnxíng fēngxiǎn jiāoyì

コカイン 可卡因 kěkǎyīn; 古柯碱 gǔkējiǎn ㊤ cocain) ▶〜を密売する/秘密贩卖可卡因 mìmì fànmài kěkǎyīn ▶はれっきとした麻薬である/可卡因可是名副其实的毒品 kěkǎyīn kě shì míng fù qí shí de dúpǐn

ごかく【互角】势均力敌 shì jūn lì dí; 不相上下 bù xiāng shàng xià ㊤ equal; even) ▶〜の勝負/平局 píngjú ▶名人相手に〜の勝負を展開する/与高手对局, 平分秋色 yǔ gāoshǒu duìjú, píng fēn qiū sè ▶なんとか〜に戦った/勉强打成了平局 miǎnqiǎng dǎchéngle píngjú

ごがく【語学】外语 wàiyǔ; 外语学习 wàiyǔ xuéxí ㊤ language study) ▶日本〜を研究する/研究日语语言学 yánjiū Rìyǔ yǔyánxué ▶〜力が足りない/外语能力不足 wàiyǔ nénglì bùzú ▶君には〜の才がある/你有语言才能 nǐ yǒu yǔyán cáinéng ▶〜の授業が楽しみだった/当时我很喜欢外语课 dāngshí wǒ hěn xǐhuan wàiyǔkè

ごかくけい【五角形】五边形 wǔbiānxíng ㊤ a pentagon)

こかげ【木陰】树荫 shùyīn; 树凉儿 shùliángr ㊤ the shade of a tree) ▶〜に入って日射しを避ける/走进树荫躲避阳光 zǒujìn shùyīn duǒbì yángguāng ▶老人たちが〜で将棋をさす/老人们在树荫里下棋 lǎorénmen zài shùyīnlǐ xiàqí ▶大きな松が〜を作っている/大松树形成了树荫 dàsōngshù xíngchéngle shùyīn

こがす【焦がす】❶【物を】烤煳 kǎohú ㊤ burn; scorch) ▶アイロンでワイシャツを焦がした/熨斗把衬衫烤煳了 yùndǒu bǎ chènshān kǎohú le ❷【胸を】烦恼 fánnǎo; 焦虑 jiāolǜ ㊤ be consumed) ▶彼女は太郎への思いに胸を焦がしていた/她思念着太郎心绪焦虑 tā sīniànzhe Tàiláng xīnxù jiāolǜ

こがた【小型の】小型 xiǎoxíng; 袖珍 xiùzhēn; 迷你 mínǐ ㊤ of small size; small) ▶人間が〜になった/人变得渺小了 rén biànde miǎoxiǎo le ▶カメラがどんどん〜化する/照相机越来越小型化 zhàoxiàngjī yuèláiyuè xiǎoxínghuà ▶〜飛行機がビルにぶつかった/小型飞机撞在高楼上 xiǎoxíng fēijī zhuàngzài gāolóushàng
◆〜自動車 小型汽车 xiǎoxíng qìchē; 微型汽车 wēixíng qìchē ▶〜トラック ▶〜トラックの販売が伸びない/小型卡车销路不佳 xiǎoxíng kǎchē xiāolù bù jiā

こがたな【小刀】小刀 xiǎodāo; 刀子 dāozi ㊤ a knife) ▶私たちは〜で鉛筆を削ったものだ/当时我们用小刀削铅笔 dāngshí wǒmen yòng xiǎodāo xiāo qiānbǐ ▶小学校の工作には〜を使った/在小学的手工课上用过小刀 zài xiǎoxué de shǒugōngkèshang yòngguò xiǎodāo

こかつ【枯渇する】枯竭 kūjié ㊤ run dry; run out) ▶私の才能が〜しちゃった/我的才能枯竭了 wǒ de cáinéng kūjié le ▶資金が〜して動きがとれない/由于资金匮乏, 进退维谷 yóuyú zījīn kuìfá, jìn tuì wéi gǔ

ごがつ【五月】五月 wǔ yuè ㊤ May) ▶風薫る〜, 二人はめでたく結婚した/在风暖花香的五月, 两个人圆满地结婚了 zài fēng nuǎn huā xiāng de wǔ yuè, liǎng ge rén yuánmǎn de jiéhūn le
◆〜人形 ▶床の間には〜人形が飾ってある/在壁龛上摆放着五月节的偶人 zài bìkānshang bǎifàngzhe wǔyuèjié de ǒurén

こがね【小金】小笔钱款 xiǎobǐ qiánkuǎn ㊤ a small fortune) ▶あの老人, 〜を貯めているらしいよ/那个老人好像积蓄了一小笔钱 nàge lǎorén hǎoxiàng jīxùle yì xiǎobǐ qián

こがね【黄金】黄金 huángjīn ㊤ gold) ▶原に〜の波がゆれる/平原上滚动着金黄色的波浪 píngyuánshang gǔndòngzhe jīnhuángsè de bōlàng ▶〜作りの太刀を飾る/装点着黄金的大刀 zhuāngdiǎnzhe huángjīn de dàdāo

コガネムシ【黄金虫】【虫】金龟子 jīnguīzǐ ㊤ a goldbug)

こがら【小柄な】❶【体格が】矮个儿 ǎigèr; 身材短小 shēncái duǎnxiǎo ㊤ of small build) ▶力士にしてはひどく〜だ/作为一名相扑力士个子小得可怜 zuòwéi yì míng xiāngpū lìshì gèzi xiǎode kělián ❷【模様が】小花纹 xiǎode kēlián ❷【模様が】小花纹 xiǎohuāwén ㊤ a small pattern) ▶私は〜の着物が好みです/我喜欢小花纹的和服 wǒ xǐhuan xiǎo huāwén de héfú

こがらし【木枯らし】寒风 hánfēng; 冷风 lěngfēng ㊤ a cold wintry wind) ▶〜が吹く/刮寒风 guā hánfēng ▶〜に身を震わせる/寒风吹来, 浑身发抖 hánfēng chuīlái, húnshēn fādǒu ▶〜がふきすさぶ/寒风呼啸 hánfēng hūxiào

こがれる【焦がれる】渴望 kěwàng ㊤ yearn for...) ▶恋〜/热恋 rèliàn ▶外国のスターに恋〜/迷恋着外国明星 míliànzhe wàiguó míngxīng ▶彼女の返事を待ち〜/渴望得到她的答复 kěwàng dédào tā de dáfù ▶焦がれ死にするなんて大げさだよ/说相思病会想死人, 太夸张了 shuō xiāngsībìng huì xiǎngsǐ rén, tài kuāzhāng le

こがん【湖岸】湖滨 húbīn; 湖边 húbiān ㊤ a lake-shore) ▶〜の宿に泊まる/投宿湖滨的旅馆 tóusù húbīn de lǚguǎn ▶〜に別荘を構える/在湖滨拥有别墅 zài húbīn yōngyǒu biéshù

ごかん【五官】五官 wǔguān ㊤ the five organs

of sense）～は順調に機能している/五官功能完好 wǔguān gōngnéng wánhǎo

ごかん【五感】 五感 wǔgǎn （英 *the five senses*）▶～をとぎすます/让五感变得敏锐 ràng wǔgǎn biànde mǐnruì ▶暑くて～が鈍っている/热得五感都迟钝了 rède wǔgǎn dōu chídùn le

ごかん【互換する】 互換 hùhuàn （英 *interchangeability*）▶三大学間で単位の～を認めることとなった/三所大学之间开始认可学分互换 sān suǒ dàxué zhījiān kāishǐ rènkě xuéfēn hùhuàn
◆～性 互換性 hùhuànxìng ▶両機種に～性がない/两种型号之间没有互换性 liǎng zhǒng xínghào zhījiān méiyǒu hùhuànxìng

ごかん【語幹】 语干 yǔgàn；词干 cígàn （英 *a stem*）

ごかん【語感】 ❶ 〖語のニュアンス〗语感 yǔgǎn （英 *a nuance*）▶「あいびき」には古めかしい～がある/"幽会"这个词带有古老的语感 "yōuhuì" zhège cí dàiyǒu gǔlǎo de yǔgǎn ❷ 〖言葉に対する感覚〗对语言的感觉 duì yǔyán de gǎnjué （英 *a feeling of the language*）
～鋭い 语感敏锐 yǔgǎn mǐnruì ▶彼は～が鋭い/他语感很好 tā yǔgǎn hěn hǎo

ごがん【護岸】 护岸 hù'àn （英 *shore protection*）▶～林/护岸林 hù'ànlín ▶柳を植えて林を作る/种柳树当护岸林 zhòng liǔshù dàng hù'ànlín ▶砂袋では～の役に立たない/用沙袋对护岸没有效果 yòng shādài duì hù'àn méiyǒu xiàoguǒ ▶～工事が始まる/护岸工程开工 hù'àn gōngchéng kāigōng

こかんせつ【股関節】〖解〗股关节 gǔguānjié （英 *a hip joint*）▶～を脱臼する/股关节脱臼 gǔguānjié tuō jiù

こき【古稀】 古稀 gǔxī （英 *one's seventieth birthday*）▶来年は～を迎える/明年迎来古稀之年 míngnián yíngmái gǔxī zhī nián ▶野口博士～記念論文集/野口博士古稀纪念论文集 Yěkǒu bóshì gǔxī jìniàn lùnwénjí ▶～の祝いは辞退する/谢绝古稀之年的祝贺 xièjué gǔxī zhī nián de zhùhè

ごき【語気】 语气 yǔqì；口气 kǒuqì （英 *a tone*）▶～を強める/加重语气 jiāzhòng yǔqì ▶～を強めて詰問する/加强语气进行质问 jiāqiáng yǔqì jìnxíng zhìwèn ▶～が荒い/语气粗野 yǔqì cūyě ▶気が立っていて～が荒い/情绪激动语气粗暴 qíngxù jīdòng yǔqì cūbào

ごき【誤記】 笔误 bǐwù；写错 xiěcuò （英 *an error in writing*）▶単純な～が多すぎるんだよ，君は/你啊，简单的笔误太多了 nǐ a, jiǎndān de bǐwù tài duō le ▶～を気づかず読みすごす/没有发现笔误照样读了下去 méiyǒu fāxiàn bǐwù zhàoyàng dúlièxiàqu ▶名前を～して失礼した/写错名字，太失礼了 xiěcuò míngzi, tài shīlǐ le

ごぎ【語義】 词义 cíyì （英 *the meaning of a word; a definition*）▶「かける」は～が多岐にわたる/"かける"的词义繁多 "kàkeru" de cíyì fánduō ▶～を五つに分けて例文をつける/分成五种词义做例句 fēnchéng wǔ zhǒng cíyì zuò lìjù

こきおろす 贬斥 biǎnchì；贬低 biǎndī （英 *disparage; run... down*）▶そんなに～ことはないだろう/不应该贬得那么一钱不值吧 bù yīnggāi biǎnde nàme yì qián bù zhí ba ▶こきおろされてもケロリとしている/被贬得一钱不值却满不在乎 bèi biǎnde yì qián bù zhí què mǎnbúzàihu

ごきげん【御機嫌な】 高兴 gāoxìng （英 *happy*）▶すっかり～だね/(你)情绪真好 (nǐ)qíngxù zhēn hǎo ▶〖別れ際に〗～よう/再会 zàihuì ▶～伺い/问候 wènhòu；请安 qǐng ān ▶～伺いに出向く/前去问候 qiánqù wènhòu ▶～を取る/讨好儿 tǎo hǎor；巴结 bājie ▶～～ななめ/闹情绪 nào qíngxù；心情不佳 xīnqíng bù jiā ▶今日は～ななめだった/(他)今天心情不好 (tā)jīntiān xīnqíng bù hǎo

こきざみ【小刻み】 细碎 xìsuì；微微 wēiwēi （英 *little by little; inch by inch*）▶～に震える/微微地颤抖 wēiwēi de chàndǒu ▶緊張で手が～に震える/因为紧张手微微颤抖 yīnwèi jǐnzhāng shǒu wēiwēi chàndǒu ▶料金を～に上げる/一点一点提高费用 yìdiǎn yìdiǎn tígāo fèiyong

こきつかう【扱き使う】 驱使 qūshǐ；使唤 shǐhuan （英 *work... hard; sweat*）▶亭主を扱き使いやがるんだよ/把我这个老公当牛马 bǎ wǒ zhège lǎogōng dàng niúmǎ ▶安月给で扱き使われる/工资很低还被肆意地使唤 gōngzī hěn dī hái bèi sìyì de shǐhuan

こぎつける【漕ぎ着ける】 达成 dáchéng （英 〖船に〗*row up to...*；〖合意など〗*reach*）▶ようやく完成に漕ぎ着けた/好不容易才完成 hǎobù róngyì cái wánchéng

こぎって【小切手】 支票 zhīpiào；票据 piàojù （英 *a check*）▶支払いは～でよろしいか/可以用支票来付款吗？ kěyǐ yòng zhīpiào lái fùkuǎn ma？▶10万円の～を切る/开出十万日元的支票 kāichū shíwàn Rìyuán de zhīpiào ▶不渡り～をつかまされる/被空头支票欺骗了 bèi kōngtóu zhīpiào qīpiàn le ▶に裏書きする/在支票背面签字 zài zhīpiào bèimiàn qiānzì ▶～が不渡りになる/支票被拒付 zhīpiào bèi jùfù

ゴキブリ〖虫〗蟑螂 zhāngláng；蜚蠊 fěilián （英 *a cockroach*）▶～が枕元を這い回る/蟑螂在枕头边上爬来爬去 zhāngláng zài zhěntoubiānshang pálái páqù ▶薬で～を退治する/用药驱除蟑螂 yòng yào qūchú zhāngláng

こきみ【小気味】
～よい 心情痛快 xīnqíng tòngkuai ▶あの人は～よい文章を書く/他写一些痛快淋漓的文章 tā xiě yìxiē tòngkuai línlí de wénzhāng ▶あの人の話しぶりは～がよい/他说起话来很痛快 tā shuōqǐ huà lái hěn tòngkuai ▶あの男の失敗を～よく思う/他失败让人感到心情痛快 tā de shībài ràng rén gǎndào xīnqíng tòngkuai

こきゃく【顧客】 顾客 gùkè；主顾 zhǔgù （英 *a customer*）▶少しずつ～が増えてきた/顾客渐渐

増加了 gùkè jiànjiàn zēngjiā le ▶～へのサービスが足りない/为顾客提供的服务跟不上 wèi gùkè tígōng de fúwù gēnbushàng ▶～を何より大事にしている/顾客至上 gùkè zhìshàng

こきゅう【呼吸】 **1**【息】呼吸 hūxī；喘气 chuǎnqì 〔英〕a breath）▶～が速い/呼吸紧促 hūxī jǐncù ▶病人の～が速くなった/病人的呼吸变得急促 bìngrén de hūxī biàndé jícù ▶～器官/呼吸器官 hūxī qìguān ▶ついに～が止まった/终于停止了呼吸 zhōngyú tíngzhǐle hūxī ▶动物は生涯に５億回～する/动物一辈子要呼吸五亿次 dòngwù yībèizi yào hūxī wǔyì cì ▶～困难に陥る/呼吸变得困难 hūxī biàndé kùnnan **2**【调子】节奏 jiézòu；步调 bùdiào 〔英〕the knack）▶～を合わせる/配合 pèihé ▶彼に～を合わせて伴奏する/配合他的节拍伴奏 pèihé tā de jiépāi bànzòu ▶～おいて話しかける/停顿片刻开始说话 tíngdùn piànkè kāishǐ shuōhuà ▶二人の～がぴったり合う/两个人配合得很好 liǎng ge rén pèihéde hěn hǎo

◆～装置 ▶～装置を取りはずす/解除呼吸装置 jiěchú hūxī zhuāngzhì 人工～ ▶人工～を施す/进行人工呼吸 jìnxíng réngōng hūxī

こきゅう【胡弓】〔乐器〕胡琴 húqín；二胡 èrhú 〔英〕a Chinese fiddle）▶～の音がむせび泣く/胡琴声在抽泣 húqínshēng zài chōuqì ▶水边で一人を弾く/一个人在水边拉胡琴 yí ge rén zài shuǐbiān lā húqín

こきょう【故郷】故乡 gùxiāng；老家 lǎojiā；家乡 jiāxiāng 〔英〕one's birthplace; one's home country）▶～に錦を飾る/衣锦还乡 yī jǐn huán xiāng ▶18の時～を捨てた/十八岁的时候抛弃了故乡 shíbā suì de shíhou pāoqìle gùxiāng ▶むしょうに～が恋しい/非常怀念故乡 fēicháng huáiniàn gùxiāng ▶～に戻って農業を継ぐ/回到老家继承农业 huídào lǎojiā jìchéng nóngyè

こぎれい【小奇麗な】整洁 zhěngjié；干净利落 gānjìng lìluo 〔英〕neat; trim; tidy）▶～な家に住んでいる/住在一所整洁的房子里 zhùzài yì suǒ zhěngjié de fángzili ▶身なりを～にする/装着打理干净 zhuāngzhe dǎlǐ gānjìng

こく【酷】苛刻 kēkè 〔英〕severe; harsh; cruel）▶～な处分だ/处置很严厉 chǔzhì hěn yánlì ▶あまりに～な処分だった/那个处分太苛刻了 nàge chǔfēn tài kēkè le ▶君、ちょっと～だよ/你啊，干得太过分了 nǐ a, gàn de tài guòfēn le

こく【濃】醇厚 chúnhòu 〔英〕body）▶この酒は～がある/这酒很醇 zhè jiǔ hěn chún ▶あの人の文章には絶妙の～がある/他的文章有一种绝妙的韵味 tā de wénzhāng yǒu yì zhǒng juémiào de yùnwèi

こぐ【漕ぐ】划 huá 〔英〕row; pull the oar）▶ボートを～/划船 huá chuán ▶自転车を～/蹬自行车 dēng zìxíngchē ▶ブランコを～/打秋千 dǎ qiūqiān ▶自転车を漕いで通勤する/骑自行车上班 qí zìxíngchē shàngbān ▶会议中に舟を漕いでいた/开会的时候打瞌睡了 kāihuì de shíhou

dǎ kēshuì le ▶社会という大海に漕ぎ出す/向社会这片大海出航 xiàng shèhuì zhè piàn dàhǎi chūháng

ごく【極】极 jí；极其 jíqí 〔英〕very; extremely）▶～わずかの/极少 jíshǎo；微小 wēixiǎo ▶残りは～わずかです/只剩下极少的一部分 zhǐ shèngxià jíshǎo de yíbùfen ▶～単纯に考えているのである/我的想法很单纯 wǒ de xiǎngfa hěn dānchún ▶～幼い顷上海に住んでいた/孩提时在上海住过 háití shí zài Shànghǎi zhùguò

ごく【语句】词句 cíjù；词语 cíyǔ；语词 yǔcí 〔英〕words and phrases）▶适切な～を探す/寻找确切的词语 xúnzhǎo quèqiè de cíyǔ ▶～のつながりがよくない/词句衔接得不好 cíjù xiánjiēde bùhǎo

ごくあく【极悪な】极其狠毒 jíqí hěndú 〔英〕most wicked; brutal）▶ああいうやつを～人というのだ/这种人纯粹就是恶棍 zhè zhǒng rén chúncuì jiù shì ègùn

◆～犯罪 ▶许しがたい～犯罪だ/不可容忍的滔天大罪 bùkě róngrěn de tāotiān dàzuì ～非道：~极悪极 zuì dà è jí；穷凶极恶 qióngxiōng jí è；万恶 wàn'è ▶人間はここまで～非道になれるのか/人类怎么能这样穷凶极恶呢？ rénlèi zěnme néng zhèyàng qióngxiōng jí è ne？

こくい【国威】国威 guówēi 〔英〕the national prestige）▶ミサイルが～を輝かすわけではない/导弹并不能为国增光 dǎodàn bìng bùnéng wèi guó zēngguāng ▶选手には～のことなど考えさせるな/不要让选手们去考虑国家的威望 búyào ràng xuǎnshǒumen qù kǎolǜ guójiā de wēiwàng

ごくい【极意】绝招 juézhāo；秘法 mìfǎ；奥秘 àomì 〔英〕the secret）▶～は教えられるものではない/绝招是教不会的 juézhāo shì jiāobuhuì de ▶～をきわめるなど梦のまた梦です/要想彻底领会其中奥秘，是一个可望而不可即的梦想 yào xiǎng chèdǐ lǐnghuì qízhōng àomì, jiǎnzhí shì yí ge kě wàng ér bùkě jí de mèngxiǎng

こくいっこく【刻一刻と】每时每刻 měishí měikè；时时刻刻 shíshíkèkè；时刻地 shíkè de 〔英〕every moment）▶空の色が～と変わっていく/天空的色彩每时每刻都在变化 tiānkōng de sècǎi měishí měikè dōu zài biànhuà ▶～と死が近づく/死期一秒一秒地临近 sǐqī yì miǎo yì miǎo de líjìn

こくいん【刻印】刻记号 kè jìhao；刻印章 kè yìnzhāng 〔英〕a hallmark）▶花瓶の底に～がある/花瓶的底座刻着记号 huāpíng de dǐzuò kèzhe jìhao ▶隅に屋号の～を打った/在角上打上了商号的印记 zài jiǎoshang dǎshàngle shānghào de yìnjì

こくう【虚空】〔英〕the empty space）▶死体は～をつかんでいた/尸体双手上举好像要抓什么 shītǐ shuāngshǒu shàngjǔ hǎoxiàng yào zhuā shénme ▶破れ凧が～に揺れている/破风筝在空中飘荡 pòfēngzheng zài kōngzhōng piāodàng

こくうん【国运】国家的命运 guójiā de mìngyùn (英 the destiny of the nation) ▶～を賭(と)する戦いに敗れた/拿国家命运作赌注的战争打败了 ná guójiā mìngyùn zuò dǔzhù de zhànzhēng dǎbài le ▶～いよいよ隆盛である/国运日益昌盛 guóyùn rìyì chāngshèng

こくうん【黒雲】 阴云 yīnyún; 乌云 wūyún (英 black clouds) ▶～がいっきに広がった/阴云大作 yīnyún dàzuò

こくえい【国営の】 国营 guóyíng; 官办 guānbàn (英 managed by the government; national) ▶～事業/国营事业 guóyíng shìyè ▶～事業を民営に移す/把国营事业移交民营 bǎ guóyíng shìyè yíjiāo mínyíng

こくえき【国益】 国家利益 guójiā lìyì (英 the national interest) ▶会議では～がぶつかり合った/在会议上各国之间的利益发生冲突 zài huìyìshang gèguó zhījiān de lìyì fāshēng chōngtū ▶社益と～を天秤にかける/把公司和国家的利益放在天平上衡量 bǎ gōngsī hé guójiā de lìyì fàngzài tiānpíngshang héngliáng

こくおう【国王】 国王 guówáng (英 a king; a sovereign; a monarch)

こくがい【国外】 海外 hǎiwài; 国外 guówài (英 outside the country; abroad) ▶～追放になる/被驱逐出境 bèi qūzhú chūjìng ▶～に逃亡をはかって失敗した/企图逃亡国外却遭失败 qìtú táowáng guówài què zāo shībài ▶～への持ち出しが禁じられている/禁止带到国外 jìnzhǐ dàidào guówài; 禁止携带出国 jìnzhǐ xiédài chūguó

こくがく【国学】 国学 guóxué (英 the study of Japanese classical literature)
◆～者/国学专家 guóxué zhuānjiā
〔日中比较〕中国语的'国学 guóxué'是, 哲学や歴史学などを含む「中国の伝統的学問」や「国子監 guózǐjiàn」などの「旧時, 国が設立した学校」を指す.

こくぎ【国技】 (英 a national sport) ▶相撲はもはや～とは言えまい/相扑已经不能说是日本的国技了吧 xiāngpū yǐjīng bùnéng shuō shì Rìběn de guójìle ba

こくげん【刻限】 约定的时刻 yuēdìng de shíkè; 限期 xiànqī (英 time; [定刻] a fixed time) ▶～に遅れて失格する/赶不上规定时间, 丧失资格 gǎnbushàng guīdìng shíjiān, sàngshī zīgé ▶～を守れないなら約束するな/如果不能遵守期限就不要许诺 rúguǒ bùnéng zūnshǒu qīxiàn jiù búyào xǔnuò

こくご【国語】 ❶〔母国語〕国语 guóyǔ; 母语 mǔyǔ (英 one's mother tongue) ▶世代の溝は～に顕著に現れる/代沟在国语使用上体现得很明显 dàigōu zài guóyǔ shǐyòngshang tǐxiànde hěn míngxiǎn ❷〔日本語〕日语 Rìyǔ (英 Japanese) ▶～研究に精進する/钻研国语 zuānyán guóyǔ ▶～審議会/国语审议会 guóyǔ shěnyìhuì ❸〔教科としての〕语文 yǔwén; 国语 guóyǔ; 国文 guówén (英 a language) ▶中学で～を教える/在中学教国语 zài zhōngxué

jiāo guóyǔ ▶～の教科書を編纂する/编国语教材 biān guóyǔ jiàocái

ごくごく【咕嘟咕嘟地】 gūdū gūdū de (英 [～飲む] gulp water loudly) ▶牛乳を～飲む/咕嘟咕嘟地大口喝牛奶 gūdū gūdū de dàkǒu hē niúnǎi

こくさい【国債】 国库券 guókùquàn; 公债 gōngzhài (英 government bonds) ▶～を発行する/发行公债 fāxíng gōngzhài ▶～が値下がりする/国库券跌价 guókùquàn diējià

こくさい【国際】 国际 guójì (英 international) ▶テロは～的な脅威である/恐怖主义是国际性的威胁 kǒngbù zhǔyì shì guójìxìng de wēixié ▶～世論に訴える/诉诸国际舆论 sù zhū guójì yúlùn ▶彼は～的に名高い/他在国际上名望很高 tā zài guójìshang míngwàng hěn gāo ▶犯罪も～化した/犯罪活动也国际化了 fànzuì huódòng yě guójìhuà le ▶～社会で孤立してはならない/不能在国际社会陷入孤立 bùnéng zài guójì shèhuì xiànrù gūlì ▶政治家なのに～感覚が欠けている/身为政治家却缺乏国际感觉 shēn wéi zhèngzhìjiā què quēfá guójì gǎnjué ▶～協力事業団/国际协力事业团 guójì xiélì shìyètuán ▶～収支が赤字になる/国际收支出现逆差 guójì shōuzhī chūxiàn nìchà
◆～結婚/国际婚姻 guójì hūnyīn ▶～結婚は簡単ではない/国际结婚可不简单 guójì jiéhūn kě bù jiǎndān ◆～児童デー(6月1日)/六一儿童节 Liù-Yī Értóngjié; 国际儿童节 Guójì Értóngjié ◆～情勢/国际局势 guójì júshì ▶～情勢を見極めて方針を決める/看清国际形势后决定方针 kànqīng guójì xíngshì hòu juédìng fāngzhēn ◆～電話/国际电话 guójì diànhuà ▶北京に～電話をかける/往北京打国际电话 wǎng Běijīng dǎ guójì diànhuà ◆～婦人デー(3月8日)/三八妇女节 Sān-Bā Fùnǚjié ◆～連合/联合国 Liánhéguó

ごくさいしき【極彩色の】 色彩鲜艳 sècǎi xiānyàn; 五颜六色 wǔ yán liù sè; 五彩缤纷 wǔcǎi bīnfēn (英 richly-colored) ▶正面に～の刺繍がかかっている/正面悬挂着五彩缤纷的刺绣 zhèngmiàn xuánguàzhe wǔcǎi bīnfēn de cìxiù

こくさく【国策】 国策 guócè; 国家政策 guójiā zhèngcè (英 a national policy) ▶彼らは～に従って移住したのだ/他们是听从国家政策移居的 tāmen shì tīngcóng guójiā zhèngcè yíjū de ▶当時の指導者は～を誤った/当时的领导人实行了错误的国家政策 dāngshí de lǐngdǎorén shíxíngle cuòwù de guójiā zhèngcè

こくさん【国産の】 国产 guóchǎn (英 domestic; domestically produced) ▶～車に買いかえる/换购国产车 huàn gòu guóchǎnchē ▶～品の使用を奨励する/鼓励使用国产品 gǔlì shǐyòng guóchǎnhuò

こくし【酷使する】 驱使 qūshǐ; 残酷使用 cánkù shǐyòng (英 work... hard; sweat) ▶我が愛車に～に耐えて長持ちしている/我心爱的汽车久经沙场保持着长寿 wǒ xīn'ài de qìchē jiǔjīng

こくじ【告示する】 告示 gàoshì; 通告 tōnggào (英 notify; announce) ▶内閣〜が新聞に載っている/报纸上登载了内阁通告 bàozhǐshang dēngzǎile nèigè tōnggào ▶文書にして〜する/以文件形式通告 yǐ wénjiàn xíngshì tōnggào

こくじ【国字】 和制汉字 hézhì hànzì (英 the Japanese script) ▶「峠」なんておもしろい〜ですね/"峠" 这个日本国字真有趣儿 "峠" zhège Rìběn guózì zhēn yǒuqùr

こくじ【国事】 国务 guówù; 国事 guóshì (英 the affairs of state) ▶〜に奔走すると称して金をせびる/声称为国事奔波索取金钱 shēngchēngwéi guóshì bēnbō suǒqǔ jīnqián ▶〜犯として裁かれる/作为政治犯被审判 zuòwéi zhèngzhìfàn bèi shěnpàn

こくじ【酷似する】 活像 huóxiàng; 酷似 kùsì; 极为相似 jíwéi xiāngsì (英 be very similar to...) ▶2枚の絵が〜している/两幅画极为相似 liǎng fú huà jíwéi xiāngsì ▶彼は顔が父親に〜している/他的脸活像他父亲 tā de liǎn huóxiàng tā fùqin

ごくし【獄死】 死在狱中 sǐzài yù zhōng (英 death in prison) ▶〜にも保険金はおりますか/死在监狱里也能得到保险金吗? sǐzài jiānyuli yě néng dédào bǎoxiǎnjīn ma? ▶彼は寒冷の地で〜した/他在寒冷的地方死在监狱里 tā zài hánlěng de dìfang sǐzài jiānyùli

こくしょ【酷暑】 酷暑 kùshǔ; 盛暑 shèngshǔ; 炎暑 yánshǔ (英 intense heat) ▶〜の時期になる/入伏 rùfú ▶〜を冒して参集する/冒着酷暑聚会 màozhe kùshǔ jùhuì ▶〜にめげず練習にはげむ/不畏酷暑勤奋练习 bú wèi kùshǔ qínfèn liànxí ▶〜の候いかがお過ごしでしょうか/酷暑时节, 谨致问候 kùshǔ shíjié, jǐn zhì wènhòu

こくじょう【国情】 国情 guóqíng (英 the conditions of a country) ▶〜の違いを考えてごらん/请考虑双方国情的不同 qǐng kǎolǜ shuāngfāng guóqíng de bùtóng ▶しっかりと〜を見てきてくれ/你要脚踏实地的考察当地的国情 nǐ yào jiǎo tà shí dì de kǎochá dāngdì de guóqíng

ごくじょう【極上の】 极好 jí hǎo; 上好 shànghǎo (英 the best...; the choicest...) ▶〜品/极品 jípǐn ▶牛肉の〜品を贈られた/别人送来了最高级牛肉 biéren sòngláile zuì gāojí niúròu ▶〜のワインが手に入った/搞到了极品葡萄酒 gǎodàole jípǐn pútáojiǔ

こくじょく【国辱】 国耻 guóchǐ (英 a national disgrace) ▶あの女の言動は〜ものだ/那个女人的所作所为简直是国家的耻辱 nàge nǚrén de suǒ zuò suǒ wéi jiǎnzhí shì guójiā de chǐrǔ

こくじん【黒人】 黑人 hēirén (英 an African American (アメリカの)) ▶この地域には〜が多い/这个地区黑人很多 zhège dìqū hēirén hěn duō ▶〜選手の活躍が目立つ/黑人选手大显身手, 令人瞩目 hēirén xuǎnshǒu dà xiǎn shēn shǒu, lìng rén zhǔmù

◆〜霊歌/黑人圣歌 hēirén shènggē ▶〜霊歌のコーラスに酔う/陶醉在黑人慰灵曲的合唱歌声里 táozuì zài hēirén wèilíngqǔ de héchàng gēshēngli

こくすい【国粋】 国粋 guócuì (英 nationality) ▶〜主義/国粋主义 guócuì zhǔyì

こくぜ【国是】 国是 guóshì; 国策 guócè; 国家宗旨 guójiā zōngzhǐ (英 the policy of the nation) ▶自由平等を〜とする/把自由平等作为国家宗旨 bǎ zìyóu píngděng zuòwéi guójiā zōngzhǐ ▶核開発をしないことも〜だ/不开发核武器也是国家宗旨 bù kāifā héwǔqì yě shì guójiā zōngzhǐ

こくせい【国政】 国政 guózhèng; 国家政治 guójiā zhèngzhì (英 government) ▶〜に参加する/参预国政 cānyù guózhèng ▶〜は誰にゆだねるべきか/应该把国家政治交给谁呢? yīnggāi bǎ guójiā zhèngzhì jiāogěi shéi ne? ▶少数者が〜を左右した/少数人把持了国家政治 shǎoshùrén bǎchíle guójiā zhèngzhì

こくせい【国勢】 国势 guóshì; 国情 guóqíng (英 the power of the country)

◆〜調査/▶5年ごとに〜調査を実施する/每五年进行一次人口普查 měi wǔ nián jìnxíng yí cì rénkǒu pǔchá

こくぜい【国税】 国税 guóshuì (英 a national tax) ▶国家財政は〜でまかなうはずのものだ/国家财政应该靠国税来维持 guójiā cáizhèng yīnggāi kào guóshuì lái wéichí ▶〜に加えて地方税もある/除国税之外还有地方税 chú guóshuì zhīwài háiyǒu dìfangshuì

こくせき【国籍】 国籍 guójí (英 nationality) ▶〜を取得する/取得国籍 qǔdé guójí ▶日本〜を取得する/取得日本国籍 qǔdé Rìběn guójí ▶あなたの〜はどこですか/你的国籍是哪里? nǐ de guójí shì nǎli? ▶〜を離脱するのも自由です/脱离国籍也是自由的 tuōlí guójí yě shì zìyóu de ▶〜不明の不明国籍船 bùmíng guójí ▶〜不明の船が出没する/有国籍不明的船只出没 yǒu guójí bùmíng de chuánzhī chūmò

◆二重〜/双重国籍 shuāngchóng guójí

こくそ【告訴する】 打官司 dǎ guānsi; 控告 kònggào (英 accuse; charge) ▶〜を取り下げる/撤回诉讼 chèhuí sùsòng ▶隣人を〜する/控告邻居 kònggào línjū

◆〜状/▶〜状を読んでから対応を考える/看过诉状以后再考虑对策 kànguò sùzhuàng yǐhòu zài kǎolǜ duìcè

[日中比較] 中国語の '告诉 gàosu' は「言う」「告げる」という意味である.

こくそう【国葬】 国葬 guózàng (英 a national funeral) ▶元首相には〜にふさわしい功績があった/以前首相的功绩, 应该享用国葬待遇 yǐqián shǒuxiàng de gōngjì, yīnggāi xiǎngyòng guózàng dàiyù ▶秋晴れのもと元大統領の〜が営まれた/在秋季的晴空下，举行了前总统的国葬 zài qiūjì de qíngkōngxia, jǔxíngle qián zǒngtǒng de guózàng

こくそう【穀倉】 粮仓 liángcāng; 产粮区 chǎnliángqū; 稻米之乡 dàomǐ zhī xiāng (英 a granary) ▶越後は第一の〜である/越后是首屈一指的稻米之乡 Yuèhòu shì shǒu qū yì zhǐ de dàomǐ zhī xiāng ▶〜地帯/谷仓地区 gǔcāng dìqū; 产粮区 chǎnliángqū ▶〜地帯を貫いて鉄道が走っている/铁路贯穿产粮地区 tiělù guànchuān chǎnliáng dìqū

ごくそう【獄窓】 铁窗 tiěchuāng; 牢房 láofáng (英 a prison) ▶〜につながれる/被关进牢房 bèi guānjìn láofáng

コクゾウムシ【穀象虫】〔虫〕象鼻虫 xiàngbíchóng (英 a rice weevil)

こくぞく【国賊】 国贼 guózéi (英 a traitor) ▶名士が一夜にして〜となる/名士一夜之间变成了卖国贼 míngshì yí yè zhījiān biànchéngle màiguózéi ▶正義を叫べば〜と見なされるのか/难道主张正义就会被视为国贼吗？nándào zhǔzhāng zhèngyì jiù huì bèi shìwéi guózéi ma？

こくたい【国体】 ❶〖国家形態〗国家体制 guójiā tǐzhì (英 national constitution) ▶彼は〜の護持を最優先した/他们最优先考虑的是维持国家体制 tāmen zuì yōuxiān kǎolǜ de shì wéichí guójiā tǐzhì ❷〖国民体育大会〗全国运动会 quánguó yùndònghuì (英 the National Athletic Meet) ▶来年の〜は鹿児島で催される/明年的国民体育大会在鹿儿岛举行 míngnián de guómín tǐyù dàhuì zài Lù'érdǎo jǔxíng ▶彼女は〜で三連覇をなしとげた/她在国民体育大会上蝉联了三冠 tā zài guómín tǐyù dàhuìshang chánliánle sān guàn

コクタン【黒檀】〖植物〗黑檀 hēitán; 乌木 wūmù (英 an ebony) ▶〜の文机をあつらえる/定做乌木的日式书桌 dìngzuò wūmù de Rìshì shūzhuō

こくち【告知する】 通知 tōngzhī; 启事 qǐshì (英 notify) ▶癌は本人に〜すべきなのか/癌症应该通知本人吗？ áizhèng yīnggāi tōngzhī běnrén ma？ ▶納税〜書が届いた/收到了纳税通知书 shōudàole nàshuì tōngzhīshū

こぐち【小口の】 ❶〖少量〗少量 shǎoliàng (英 a small lot of...) ▶〜の預金/少额存款 shǎo'é cúnkuǎn ▶〜の預金も積み上げれば大きい/少额存款积累起来也是大数目 shǎo'é cúnkuǎn jīleiqǐlai yě shì dàshùmù ▶〜の注文を取って歩く/跑街争取小订单 pǎo jiē zhēngqǔ xiǎodìngdān ❷〖切り口〗(英 the cut end) ▶〜切りにする〈野菜など〉/横切 héngqiē; 切细 qiēxì ▶カブを〜切りにする/把芜菁切细 bǎ wújīng qiēxì ❸〖書物の〗切口 qiēkǒu (英 the edge)

ごくつぶし【穀潰し】 饭桶 fàntǒng (英 a parasite) ▶おまえなんかただの〜だ/你这样的只不过是个饭桶 nǐ zhèyàng de zhǐbuguò shì ge fàntǒng

こくてい【固定の】 国家制定 guójiā zhìdìng; 国家指定 guójiā zhǐdìng (英 national) ▶〜公園/国定公园 guódìng gōngyuán ▶秋吉台が〜公園に指定された/秋吉台被指定为国家公园 Qiūjítái bèi zhǐdìng wéi guójiā gōngyuán ▶かつて小学教科書は〜だった/从前小学的教科书是国家制定的 cóngqián xiǎoxué de jiàokēshū shì guójiā zhìdìng de

こくてん【黒点】〖天文〗太阳黑子 tàiyáng hēizǐ《太阳》(英 a black spot) ▶〜は地球にさまざまな影響を与える/太阳黑子给地球带来各种影响 tàiyáng hēizǐ gěi dìqiú dàilái gè zhǒng yǐngxiǎng ▶〜を観測する/观测太阳黑子 guāncè tàiyáng hēizǐ

こくど【国土】 国土 guótǔ (英 a country; a territory) ▶狭い〜をいかに開発するか/怎样开发狭窄的国土 zěnyàng kāifā xiázhǎi de guótǔ ▶〜開発/开发国土 kāifā guótǔ ▶〜開発とは環境破壊のことだろう/所谓"国土开发"就是破坏环境嘛 suǒwèi "guótǔ kāifā" jiùshì pòhuài huánjìng ma

こくどう【国道】 国道 guódào; 公路 gōnglù (英 a national road) ▶夜霧の〜4号線/夜雾中的国道四号线 yèwù zhōng de guódào sì hào xiàn ▶山を削って〜を通す/开山凿岭，打通国道 kāi shān záo lǐng, dǎtōng guódào ▶海岸沿いに〜が走る/国道沿着海岸延伸 guódào yánzhe hǎi'àn yánshēn

> 参考 日本の「国道，府県道…」に相当する中国の市街地道路以外の道路は，すべて '公路 gōnglù' である。

こくない【国内】 国内 guónèi; 海内 hǎinèi (英 the interior) ▶〜の情勢/国内形势 guónèi xíngshì ▶〜の情勢が心配だ/国内的形势让人担心 guónèi de xíngshì ràng rén dānxīn ▶彼はもはや〜には敵がいない/他在国内已经无敌了 tā zài guónèi yǐjing wúdí le ▶それは純粋に〜問題である/那纯粋是国内问题 nà chúncuì shì guónèi wèntí ▶〜線の客が伸びない/国内线的乘客没有增长 guónèixiàn de chéngkè méiyǒu zēngzhǎng ▶〜産業を強化したい/需要强化国内产业 xūyào qiánghuà guónèi chǎnyè

こくなん【国難】 国难 guónàn (英 a national crisis) ▶〜に殉じた人々を記念する/纪念殉身国难的人们 jìniàn xùn shēn guónàn de rénmen ▶〜を食いものにする輩もいる/也有发国难财之流 yě yǒu fā guónàn cái zhī liú

こくねつ【酷熱】 酷热 kùrè (英 very hot) ▶〜の地で発掘調査をする/在酷热之地进行挖掘调査 zài kùrè zhī dì jìnxíng wājué diàochá

こくはく【告白する】 交代 jiāodài; 坦白 tǎnbái (英 confess) ▶愛を〜する/吐露爱情 tǔlù àiqíng ▶真相を〜する/坦白真相 tǎnbái zhēnxiàng ▶その〜を聞いて私は仰天した/听到那个坦白，我大吃了一惊 tīngdào nàge tǎnbái, wǒ dà chīle yì jīng

[日中比較] 中国語の'告白 gàobái'は「声明する，説明する」ことを指す．

こくはく【酷薄な】 刻薄 kèbó; 无情 wúqíng（英 *cruel*）

こくはつ【告発する】 告发 gàofā; 检举 jiǎnjǔ; 揭发 jiēfā（英 *inform; accuse*）▶内部～/揭发内幕 jiēfā nèimù; 局内人揭露内情 júnèirén jiēlù nèiqíng ▶粉飾決算を～する/揭发公司做假账的事情 jiēfā gōngsī zuò jiǎzhàng de shìqíng ▶～を受けて捜査に乗りだす/收到检举，开始搜查 shōudào jiǎnjǔ, kāishǐ sōuchá ▶内部～者が左遷された/内部揭发者被降职了 nèibù jiēfāzhě bèi jiàngzhí le

こくばん【黒板】 黑板 hēibǎn（英 *a blackboard*）▶～に大きな字を書く/在黑板上写大字 zài hēibǎnshang xiě dàzì ▶～に犬の絵がかいてある/黑板上画着狗的画 hēibǎnshang huàzhe gǒu de huà ▶～拭き/板擦儿 bǎncār ▶～拭きを叩く/敲黑板擦儿 qiāo hēibǎncār

こくひ【国費】 国家经费 guójiā jīngfèi; 公费 gōngfèi（英 *national expenditure*〔*expenses*〕）▶～を投じる/投入公费 tóurù gōngfèi ▶～留学生/公费留学生 gōngfèi liúxuéshēng ▶～留学生を受け入れる/接收公费留学生 jiēshōu gōngfèi liúxuéshēng ▶エネルギー開発に巨額の～を投じる/投入国库巨资，开发能源 tóurù guókù jùzī, kāifā néngyuán ▶滞在費は～でまかなう/逗留费用由国费支出 dòuliú fèiyong yóu guófèi zhīchū

こくび【小首】（英 *bend one's head to one side*）▶～を傾げる/歪头 wāitóu ▶奇怪呀，他歪着头说 qíguài ya, tā wāizhe tóu shuō ▶猫が～をかしげてこちらを見た/猫歪着头朝这边看过来 māo wāizhe tóu cháo zhèbiān kànguòlai

ごくひ【極秘】 绝密 juémì（英 *top secret*）▶～文書/绝密文件 juémì wénjiàn ▶パソコンから～文書が流出する/电脑泄露了绝密文件 diànnǎo xièlòule juémì wénjiàn ▶計画は～のうちに進められた/计划在绝对保密的情况下进行 jìhuà zài juéduì bǎomì de qíngkuàngxià jìnxíng ▶～情報を漏らす/泄露绝密情报 xièlòu juémì qíngbào

こくびゃく【黒白】 黑白 hēibái; 是非 shìfēi（英 *good and bad*; *right and wrong*）▶～を明らかにする/辨明是非 biànmíng shìfēi ▶今日こそ～を明らかにするぞ/就在今天，要弄清黑白! jiù zài jīntiān, yào nòngqīng hēibái! ▶すでに～は明らかだ/已经黑白分明了 yǐjing hēibái fēnmíng le ▶法廷で～を争う/在法庭上辨明是非 zài fǎtíngshang biànmíng shìfēi

こくひょう【酷評】 严厉批评 yánlì pīpíng（英 *severe criticism*）▶～される/受到严厉批评 shòudào yánlì pīpíng ▶彼の～に私はうちのめされた/我被他批得体无完肤一蹶不振 wǒ bèi tā pīde tǐ wú wán fū yì jué bú zhèn ▶彼女は彼の最新作を～した/她把他的最新作品批得一无是处 tā bǎ tā de zuì xīn zuòpǐn pīde yì wú shì chù

こくひん【国賓】 国宾 guóbīn（英 *a national guest*）▶スペイン国王が～として来訪される/西班牙国王作为国宾来访 Xībānyá guówáng zuòwéi guóbīn láifǎng ▶～級の取扱いを受ける/受到了国宾级的待遇 shòudàole guóbīnjí de dàiyù

ごくひん【極貧】 赤贫 chìpín; 极度贫穷 jídù pínqióng（英 *extreme poverty*）▶一家は～にあえいでいた/一家人的生活在极度贫穷中 yìjiārén de shēnghuó zài jídù pínqióng zhōng

こくふく【克服する】 克服 kèfú（英 *overcome*）▶困難を～して進んでください/请你们克服困难，向前进 qǐng nǐmen kèfú kùnnan, xiàng qiánjìn ▶彼は感情の～に失敗したのだ/他没克制住感情 tā méi kèzhìzhù gǎnqíng

こくぶん【国文】 国文 guówén; 日本文学 rìběn wénxué（英 *the Japanese language*; *Japanese literature*）▶大学では～を専攻した/在大学里专攻"国文学" zài dàxuélǐ zhuāngōng "guówénxué" ▶～法が分からなくて苦労した/不懂"国文法"，吃了不少苦头 bù dǒng "guówénfǎ", chīle bùshǎo kǔtóu

[日中比較] 中国語の'国文 guówén'は「中国の文字・文章」を指す．

こくべつしき【告別式】 告别仪式 gàobié yíshì; 遗体告别式 yítǐ gàobiéshì（英 *a farewell service*）▶～は10時から行われる/告别仪式于十点举行 gàobié yíshì yú shí diǎn jǔxíng ▶～で弔辞を読む/在告别式上致悼辞 zài gàobiéshìshang zhì dàocí

こくほう【国宝】 国宝 guóbǎo; 国家重点保护文物 guójiā zhòngdiǎn bǎohù wénwù（英 *a national treasure*）▶～の仏像を展示する/展示国宝佛像 zhǎnshì guóbǎo fóxiàng ▶～級の/相当于国宝的 xiāngdāng yú guóbǎo de ▶～級の価値がある/有国宝级的价值 yǒu guóbǎojí de jiàzhí

♦人間～ ▶人間～に選ばれる/被选为人材国宝 bèi xuǎnwéi réncái guóbǎo

こくほう【国法】 国法 guófǎ（英 *the laws of the country*）▶彼の行為は～を犯すものだ/他的行为触犯了国法 tā de xíngwéi chùfànle guófǎ ▶～は個人を守る武器でなくてはならぬ/国法应该是保护个人的武器 guófǎ yīnggāi shì bǎohù gèrén de wǔqì

こくぼう【国防】 国防 guófáng（英 *national defense*）▶かの国は～計画がずさんである/那个国家的国防计划一塌胡涂 nàge guójiā de guófáng jìhuà yì tā hú tú

♦～費 ▶～費の伸び率が注目されている/国防经费的增长率引人关注 guófáng jīngfèi de zēngzhǎnglǜ yǐn rén guānzhù

こぐまざ【小熊座】 〔天文〕小熊座 xiǎoxióngzuò（英 *the Little Bear*; *Ursa Minor*）

こくみん【国民】 国民 guómín（英〔全体〕*a nation*；〔1人〕*a citizen*）▶～所得/国民收入 guómín shōurù ▶～総生産/国民生产总值 guómín shēngchǎn zǒngzhí ▶～所得と～総生

産とどう違うんだ/国民收入和国民总产值怎么不一样? guómín shōurù hé guómín zǒngchǎnzhí zěnme bù yíyàng? ▶〜党/国民党 Guómíndǎng ▶我々は平和を愛する〜である/我们是热爱和平的国民 wǒmen shì rè'ài hépíng de guómín ▶すべての〜は法の下で平等である/任何国民在法律面前都是平等的 rènhé guómín zài fǎlǜ miànqián dōu shì píngděng de ▶〜性に欠陥がある/国民性有缺陷 guómínxìng yǒu quēxiàn ▶〜感情を無視して政治は成りたたない/无视国民的感情,这样的政治是不能成立的 wúshì guómín de gǎnqíng, zhèyàng de zhèngzhì shì bùnéng chénglì de
♦〜健康保険/国民健康保险 guómín jiànkāng bǎoxiǎn 〜投票 ▶〜投票にかける/由国民投票决定 yóu guómín tóupiào juédìng 〜の祝日/国民的假日 guómín de jiàrì

こくむ【国務】国务 guówù (英 *the affairs of state; state affairs*) ▶《アメリカの》〜長官/国务卿 guówùqīng

こくめい【克明な】细致 xìzhì; 精细周密 jīngxì zhōumì (英 *detailed*) ▶彼は〜な記録を残していた/他留下了详细的记录 tā liúxiàle xiángxì de jìlù ▶カメラは動きを〜にとらえていた/摄像机将一举一动清晰地记录下来了 shèxiàngjī jiāng yì jǔ yí dòng qīngxī de jìlùxiàlai le

こくめい【国名】国名 guómíng; 国号 guóhào (英 *the name of a coutry*)

こくもつ【穀物】谷物 gǔwù; 粮食 liángshi; 庄稼 zhuāngjia (英 *grain*) ▶〜倉庫/粮仓 liángcāng ▶〜倉庫にネズミが巣くっている/粮仓里老鼠成群 liángcāngli lǎoshǔ chéngqún ▶水が豊かで〜がよく育つ/水资源丰富, 庄稼长得很好 shuǐzīyuán fēngfù, zhuāngjia zhǎngde hěn hǎo

こくゆう【国有の】国有 guóyǒu (英 *state-owned; state*) 〜化する/国有化 guóyǒuhuà ▶研究所を〜化する/将研究所收归国有 jiāng yánjiūsuǒ shōuguī guóyǒu ▶この国の鉄道は〜である/这个国家的铁路是国有的 zhège guójiā de tiělù shì guóyǒu de ▶〜地を民間会社に払い下げる/把国家所有的地卖给民间公司 bǎ guójiā suǒyǒu de dì màigěi mínjiān gōngsī

こくようせき【黒曜石】《鉱物》黑曜石 hēiyàoshí (英 *obsidian*)

ごくらく【極楽】极乐世界 jílè shìjiè (英 *paradise*) ▶君は〜とんがいられて幸せだねぇ/你这么逍遥自在, 真幸福 nǐ zhème xiāoyáo zìzài, zhēn xìngfú ▶あの人は〜へ行くにちがいない/他一定能去极乐净土 tā yídìng néng qù jílè jìngtǔ ▶〜往生する日を夢見ていた/梦想着升入极乐世界的日子 mèngxiǎngzhe shēngrù jílè shìjiè de rìzi

こくり 頷首 hànshǒu; 点头 diǎntóu ▶少女は〜とうなずいた/少女轻轻地点了点头 shàonǚ qīngqīng de diǎnle diǎntóu ▶祖母は〜〜と舟をこいでいる/祖母仰仰后合地打瞌睡 zǔmǔ qián yǎng hòu hé de kēshuì

ごくり 咕嘟 gūdū ▶彼は〜と水を飲み込んだ/他一口气把水喝了下去 tā yìkǒuqì bǎ shuǐ hēle xiàqu ▶緊張して〜と唾を飲む/紧张得咕嘟咽了一口口水 jǐnzhāngde gūdū yànle yì kǒu kǒushuǐ

こくりつ【国立】国立 guólì (英 *national*) ▶〜大学/国立大学 guólì dàxué 〜劇場がまた増える/国立剧场又增加了 guólì jùchǎng yòu zēngjiā le
♦〜競技場/国立田径场 guólì tiánjìngchǎng 〜公園/国立公园 guólì gōngyuán

こくりょく【国力】国力 guólì (英 *national power*) ▶〜に見合った貢献をする/作出和国力相当的贡献 zuòchū hé guólì xiāngdāng de gòngxiàn ▶〜以上の軍隊をもつ/拥有超出国力的军队 yōngyǒu chāochū guólì de jūnduì

こくるい【穀類】谷物 gǔwù; 五谷 wǔgǔ (英 *cereals; grain*)

こくれん【国連】联合国 Liánhéguó (英 *the United Nations*) ▶〜の常任理事国/联合国常任理事国 Liánhéguó chángrèn lǐshìguó ▶〜の常任理事国には拒否権がある/联合国的常任理事国拥有否决权 Liánhéguó de chángrèn lǐshìguó yōngyǒu fǒujuéquán
♦〜軍/联合国军 Liánhéguójūn ▶〜軍が治安維持に当たる/由联合国军队维持治安 yóu Liánhéguó jūnduì wéichí zhì'ān 〜決議/联合国决议 Liánhéguó juéyì ▶〜決議抜きで派兵する/没有通过联合国决议而派遣军队 méiyǒu tōngguò Liánhéguó juéyì ér pàiqiǎn jūnduì 〜憲章/联合国宪章 Liánhéguó xiànzhāng ▶〜憲章を読み直す/重读联合国的宪章 chóngdú Liánhéguó de xiànzhāng 〜事務総長/联合国秘书长 Liánhéguó mìshūzhǎng ▶〜事務総長に就任する/就任联合国秘书长 jiùrèn Liánhéguó mìshūzhǎng 〜総会/联合国大会 Liánhéguó dàhuì ▶〜総会で過半数を取れない/在联合国全体会议上得不到半数 zài Liánhéguó quántǐ huìyìshang débudào bànshù 〜大使/联合国大使 Liánhéguó dàshǐ 〜代表/联合国代表 Liánhéguó dàibiǎo 〜平和維持軍/联合国维和部队 Liánhéguó wéihé bùduì 〜本部/联合国总部 Liánhéguó zǒngbù

ごくろう【御苦労】受累 shòulèi; 辛苦了 xīnkǔ le (英 *a trouble*) ▶あの人も会議会議で〜なことだ/那个人也要整天开会, 真够辛苦的 nàge rén yě yào zhěngtiān kāihuì, zhēn gòu xīnkǔ de ▶〜さまでした/到此结束, 大家辛苦了 dào cǐ jiéshù, dàjiā xīnkǔ le

こくろん【国論】舆论 yúlùn (英 *public 〔national〕 opinion*) ▶〜を二分する大論争となった/成了使国民舆论一分为二的大争论 chéngshǐ guómín yúlùn yì fēn wéi èr de dàzhēnglùn ▶〜が沸騰して収まりがつかない/全国舆论沸沸扬扬, 不可收拾 quánguó yúlùn fèifèi yángyáng, bùkě shōushi

こぐん【孤軍】孤军 gūjūn (英 *an unsupported army*) ▶〜奮闘する/孤军奋战 gūjūn fènzhàn

こけ
～にする 瞧不起 qiáobuqǐ; 愚弄 yúnòng

コケ【苔】〖植物〗苔藓 táixiǎn; 青苔 qīngtái（英 moss）▶幹が～に覆われている/树干上布满青苔 shùgànshang bùmǎn qīngtái ▶～むした生苔 shēngtái ▶～むした庭/布满青苔的庭园 bùmǎn qīngtái de tíngyuán ▶そんなギャグはもう～が生えているよ/那种噱头早过时了 nà zhǒng xuétóu zǎo guòshí le ▶舌に～ができる/舌上长了舌苔 shéshang zhǎng shétái

ごけ【後家】寡妇 guǎfu; 遗孀 yíshuāng（英 a widow）▶母は若くして～となった/母亲年纪轻轻的就成了寡妇 mǔqin niánjì qīngqīng de jiù chéngle guǎfu ▶彼女の～のがんばりは見上げたものだ/她作为寡妇勤奋耐劳, 真令人佩服 tā zuòwéi guǎfu qínfèn nàiláo, zhēn lìng rén pèifú

こけい【固形の】固体 gùtǐ（英 solid）▶～物/固体的东西 gùtǐ de dōngxi ▶廃油を～化する/将废油凝固 jiāng fèiyóu nínggù
◆～燃料|固体燃料 gùtǐ ránliào ▶～燃料を鍋料理に使う/用固体燃料做火锅 yòng gùtǐ ránliào zuò huǒguō

ごけい【互恵】互惠 hùhuì（英 reciprocity）▶平等／平等互惠 píngděng hùhuì ▶～条約/互惠条约 hùhuì tiáoyuē

ごけい【語形】词形 cíxíng（英 a word form）▶～変化は学習者泣かせだ/词形的变化让学习者大伤脑筋 cíxíng de biànhuà ràng xuéxízhě dà shāng nǎojīn

こけおどし【虚仮脅し】空架子 kōngjiàzi; 装腔作势 zhuāngqiāng zuòshì（英 a bluff）▶あんなのはただの～だ/那种东西仅仅是个花架子 nà zhǒng dōngxi jǐnjǐn shì ge huājiàzi ▶～に乗って買ってしまった/被虚架子蒙骗, 买下来了 bèi xūjiàzi mēngpiàn, mǎixiàlai le

こげくさい【焦げ臭い】糊味儿 húwèir（英 have a burning smell）▶部屋じゅうが～/整个房间有糊味儿 zhěnggè fángjiān yǒu húwèir ▶～においがするぞ/有股糊味儿啊 yǒu gǔ húwèir a

こけし 圆头小木偶人（日本东北地区特产）yuántóu xiǎo mù'ǒurén(Rìběn dōngběi dìqū tèchǎn)（英 a wooden doll of a girl）▶ろくろで削って～に仕上げる/用木螺钻削成日式木偶 yòng mùluózuàn xiāochéng Rìshì mù'ǒu ▶～は顔が命だ/日式木偶的脸最重要 Rìshì mù'ǒu de liǎn zuì zhòngyào

こげちゃいろ【焦茶色】咖啡色 kāfēisè; 深棕色 shēnzōngsè（英 dark brown）▶～のシャツを着る/穿着深棕色的衬衣 chuānzhe shēnzōngsè de chènyī

こけつ【虎穴】
ことわざ 虎穴に入らずんば虎子を得ず 不入虎穴, 焉得虎子 bú rù hǔxué, yān dé hǔzǐ

こげつく【焦げ付く】 ❶〖なべに〗烤糊 kǎohú（英 burn）▶煮物が鍋に～/菜煮煳了沾在锅上 cài zhǔhúle zhānzài guōshang ❷〖貸し金が〗収不回来 shōubuhuílái（英 be unrecoverable）▶貸した金が～/贷款变成呆帐 dàikuǎn biànchéng dāizhàng

こけらおとし【柿落とし】首次公演 shǒucì gōngyǎn（英 the opening of a new theater）▶～には吉右衛門がやってくる/剧场落成首次公演, 吉右卫门会来 jùchǎng luòchéng shǒucì gōngyǎn, Jíyòuwèimén huì lái

こける 跌倒 diēdǎo; 摔倒 shuāidǎo（英 fall down）

こける【痩ける】消瘦 xiāoshòu; 憔悴 qiáocuì（英 sink; lose flesh）▶こけた頬に無精ひげが伸びている/消瘦的两颊长着没刮的胡子 xiāoshòu de liǎng jiá zhǎngzhe méi guā de húzi ▶彼はげっそり頬がこけていた/他脸颊一下子变得消瘦了 tā liǎnjiá yíxiàzi biànde xiāoshòu le

こげる【焦げる】煳 hú; 焦 jiāo（英 scorch; burn）▶お焦げ/锅巴 guōbā ▶魚が～/鱼烤焦了 yú kǎojiāo le ▶鍋底の焦げたところを剥がす/把锅底的锅巴刷干净 bǎ guōdǐ de guōbā shuā gānjìng ▶魚の～においがする/闻到鱼糊了的味道 wéndào yú húle de wèidao ▶うっすら焦げたパンはうまい/稍微煳一点儿的面包好吃 shāowēi hú yìdiǎnr de miànbāo hǎochī

こけん【沽券】品格 pǐngé; 体面 tǐmian（英 one's dignity）▶～にかかわる/有伤尊严 yǒu shāng zūnyán; 有失体面 yǒushī tǐmian

ごげん【語源】语源 yǔyuán（英 the origin of a word; etymology）▶カボチャの～はカンボジアにゆききと/南瓜的词源可以追溯到柬埔寨 nánguā de cíyuán kěyǐ zhuīsù dào Jiǎnpǔzhài ▶「だて」の～は伊達政宗にある/「だて」的词源是伊达政宗「だて」de cíyuán shì Yīdá Zhèngzōng

ここ 这儿 zhèr; 这里 zhèli（英 here; this place）▶～から駅まで 15 分かかる/从这儿到车站要十五分钟 cóng zhèr dào chēzhàn yào shíwǔ fēnzhōng ▶～までおいで/到这儿来 dào zhèr lái ▶～しばらくは見かけない/最近没见到 zuìjìn méi jiàndào ▶～で休憩しませんか/大家休息一下吧 dàjiā xiūxi yíxià ba ▶～だけの話だがこんどの社長は…/这话只在这儿说, 这次来的总经理…zhè huà zhǐ zài zhèr shuō, zhècì lái de zǒngjīnglǐ… ▶あいつは～ぞというところで打つ/他在关键时候打得好 tā zài guānjiàn shíhou dǎde hǎo

ここ【個個の】个别 gèbié; 各别 gèbié（英 individual; several）▶～別々に申告する/一个一个分别申报 yí ge yí ge fēnbié shēnbào ▶～の意見をまとめる/集中各个意见 jízhōng gègè yìjiàn

ここ【古語】古语 gǔyǔ（英 an archaic word）▶～辞典でさがす/用古语词典查 yòng gǔyǔ cídiǎn chá

ごご【午後】下午 xiàwǔ; 午后 wǔhòu（英 afternoon）▶～の時間を使って練習しよう/整个下午的时间都用来练习吧 zhěnggè xiàwǔ de shíjiān dōu yòng lái liànxí ba ▶～は会議でふさがって

いる/下午都开会，没有时间 xiàwǔ dōu kāihuì, méiyǒu shíjiān ▶～3時に到着する/下午三点到达 xiàwǔ sān diǎn dàodá ▶彼は～の便で青島に発つ/他坐下午的飞机去青岛 tā zuò xiàwǔ de fēijī qù Qīngdǎo

ココア 可可 kěkě (英 *cocoa*) ▶～はここにある/可可在这里 kěkě zài zhèlǐ ▶砂糖を入れずに～を飲む/不放糖喝可可 bú fàng táng hē kěkě

ここう【虎口】
～を脱する 虎口脱生 hǔ kǒu tuō shēng

ここう【孤高の】 孤傲 gū'ào; 孤高 gūgāo (英 *aloof from others*) ▶あいつの～づらが気に入らん/那家伙一脸孤高的样子，我看不惯 nà jiāhuo yì liǎn gūgāo de yàngzi, wǒ kànbuguàn ▶～の人でいるのも楽じゃないよ/做一个孤高的人也不容易 zuò yí ge gūgāo de rén yě bù róngyì

ここう【糊口】(英 *a living*)
～をしのぐ 糊口 húkǒu ▶ ～をしのぐ/皿洗いをして～をしのぐ/靠洗盘子糊口 kào xǐ pánzi húkǒu

ごごう【古豪】 老手 lǎoshǒu; 老资格 lǎozīgé (英 *a veteran*)

ごこう【後光】 身后的光环 shēnhòu de guānghuán (英 *a halo*) ▶画像の聖人には～が射している/画像中的圣人背后光芒四射 huàxiàng zhōng de shèngrén bèihòu guāngmáng sì shè

こごえ【小声】 小声 xiǎoshēng; 轻声 qīngshēng (英 *a low voice; a whisper*) ▶～で話す/小声说话 xiǎoshēng shuōhuà; 叽咕 jīgu ▶悪口は～で話す/坏话用小声说 huàihuà yòng xiǎoshēng shuō ▶病気見舞いではつい～になる/看望病人的时候，声音自然就小了 kànwàng bìngrén de shíhou, shēngyīn zìrán jiù xiǎo le

こごえる【凍える】 冻僵 dòngjiāng (英 *be chilled*) ▶指先が～/指尖冻僵 zhǐjiān dòngjiāng ▶冬の作業は指先が～/冬天干活，手指尖被冻僵了 dōngtiān gànhuó, shǒuzhǐjiān bèi dòngjiāng le ▶～ような寒さ/冷得要冻僵了 lěngde yào dòngjiāng le ▶朝晚は～ような寒さである/早晚气温低，像要被冻僵似的 zǎowǎn qìwēn dī, xiàng yào bèi dòngjiāng shìde ▶彼は山で凍え死んだ/他在山上被冻死了 tā zài shānshang bèi dòngsǐ le

ここかしこ 这里那里 zhèlǐ nàlǐ; 到处 dàochù (英 *here and there*)

ここく【故国】 故国 gùguó; 祖国 zǔguó (英 *one's homeland*) ▶～の山がなつかしい/思念故国的山 sīniàn gùguó de shān ▶ようやく～に帰る日がきた/回归祖国的日子终于到了 huíguī zǔguó de rìzi zhōngyú dào le ▶～を思わぬ夜とてなかった/没有一夜不想念故国 méiyǒu yí yè bù xiǎngniàn gùguó

ごこく【五穀】 五谷 wǔgǔ (英 *the five main cereals*) ▶～豊穣/五谷丰收 wǔgǔ fēngshōu; 五谷丰登 wǔgǔ fēngdēng ▶神社に参って～豊穣を祈る/去神社祈祷五谷丰登 qù shénshè qídǎo wǔgǔ fēngdēng

ここち【心地】 心情 xīnqíng (英 *a feeling*) ▶生きた～がしない/吓死我了! xiàsǐ wǒ le! ▶着のよい服/合身的衣服 héshēn de yīfu; 穿着很舒适的衣服 chuānzhe hěn shūshì de yīfu ▶じつに着のよい服である/的确是穿起来很舒服的衣服 díquè shì chuānqǐlai hěn shūfu de yīfu ▶雲に浮かぶような着～のよさがあった/穿起来就像是飘在云里一样惬意 chuānqǐlai jiù xiàng shì piāozài yúnli yíyàng qièyì

日中比較 中国語の'心地 xīndì'は「気性」や「気持ち」を意味する。

ここちよい【心地よい】 舒服 shūfu; 舒适 shūshì; 畅快 chàngkuài (英 *pleasant*) ▶～眠りに陥る/进入了甜美的睡眠 jìnrùle tiánměi de shuìmián

こごと【小言】 申斥 shēnchì; 责备 zébèi; 牢骚 láosao (英 *scolding; a rebuke*) ▶～を言う/发牢骚 fā láosao ▶～を食う/挨批评 ái pīpíng ▶～を食うのは毎度のことだった/每次都免不了挨骂 měicì dōu miǎnbuliǎo áimà ▶父母の牢骚话已经听腻了 fùmǔ de láosaohuà yǐjīng tīngnì le

ココナッツ〔植物〕椰子果 yēziguǒ (英 *a coconut*)

こころ【心】 ❶【精神】心 xīn; 心地 xīndì; 心灵 xīnlíng; 心肠 xīncháng (英 *the mind; the heart*) ▶～も身体も健全である/心身健全 xīnshēn jiànquán ▶彼は～の病に犯されている/他的精神有问题了 tā de jīngshén yǒu wèntí le; 他得了心病 tā déle xīnbìng ▶人の～を読むのは苦手だ/不善于理解别人的心 bú shànyú lǐjiě biéren de xīn ▶～を入れ替えて働きます/浪子回头，好好儿工作 làngzǐ huítóu, hǎohāor gōngzuò

❷【心情・思い】(英 *a feeling; consideration*) ▶ついに私は～を決めた/我终于下了决心 wǒ zhōngyú xiàle juéxīn ▶～と心が通じ合う/心心相印 xīn xīn xiāng yìn ▶ある人なら分かっている有良心的人都明白 yǒu liángxīn de rén dōu míngbai ▶3人の～を合わせれば10人力って/三个人齐心就有十个人的力量 sān ge rén qíxīn jiù yǒu shí ge rén de lìliang ▶彼女は最近～がすさんでいる/最近她心绪颓唐 zuìjìn tā xīnxù tuítáng ▶やさしい言葉が～にしみる/亲切关怀的话打动了我的心 qīnqiè guānhuái de huà dǎdòngle wǒ de xīn ▶～にかなう男がいないらしい/她好像没有看得上的男人 tā hǎoxiàng méiyǒu kàndeshàng de nánrén

❸【意味】(英 *a meaning; an implication*) ▶茶の～が分かる/懂得茶道的心 dǒngde chádào de xīn

顔で笑って～で泣いている 脸上在笑，心里在哭 liǎnshang zài xiào, xīnlǐ zài kū

～が動く 动心 dòngxīn ▶その誘いに～が動いていた/我对那个邀请动心了 wǒ duì nàge yāoqǐng dòngxīn le

～が広い 开豁 kāihuò; 坦荡 tǎndàng; 虚怀若谷 xū huái ruò gǔ ▶先生は～が広い/老师的胸襟很宽 lǎoshī de xiōngjīn hěn kuān

~から　衷心 zhōngxīn；由衷 yóuzhōng　▶~から感謝する/衷心感謝 zhōngxīn gǎnxiè

~ここにあらず　心不在焉 xīn bú zài yān

~ならずも　▶~ならずも反対に回った/不情愿地站到了反对的行列 bù qíngyuàn de zhàndàole fǎnduì de hángliè

~に浮かぶ　▶あるアイデアが~に浮かんだ/有一个想法浮现在我的心里 yǒu yí ge xiǎngfa fúxiàn zài wǒ de xīnli

~に刻む　铭心 míngxīn　▶師の言葉を~に刻む/把老师的话铭刻在心里 bǎ lǎoshī de huà míngkè zài xīnli

~に誓う　矢志 shǐzhì；暗自发誓 ànzì fāshì　▶試合に勝つと~に誓う/在心里发誓要打赢比赛 zài xīnli fāshì yào dǎyíng bǐsài

~にもないこと　▶~にもないことを言うな/别说言不由衷的话 bié shuō yán bù yóu zhōng de huà

~のこもった　深切 shēnqiè；热诚 rèchéng；热情 rèqíng　▶~のこもった贈り物/情深意重的礼物 qíng shēn yì zhòng de lǐwù

~の底から　全心全意 quán xīn quán yì　▶~の底から愛している/从心里爱 cóng xīnli ài

~を奪われる　▶僕は~の絵に~を奪われた/那幅画深深地吸引了我 nà fú huà shēnshēn de xīyǐnle wǒ

~を鬼にする　狠心 hěnxīn；忍心 rěnxīn　▶~を鬼にして子を叱る/狠下心来教训孩子 hěn xià xīn lái jiàoxùn háizi

~を引かれる　▶私はその女性に~を引かれた/我被那个女性吸引了 wǒ bèi nàge nǚxìng xīyǐn le

こころあたたまる【心暖まる・心温まる】　暖人心怀 nuǎn rén xīnhuái（英 heartwarming）　▶今日は~話を聞いた/今天听了温暖人心的话 jīntiān tīngle wēnnuǎn rénxīn de huà

こころあたり【心当たり】　线索 xiànsuǒ；主意 zhǔyi；印象 yìnxiàng（英 an idea; something in mind）　▶~の有り／有印象 yǒu yìnxiàng　▶そういう資料なら~がある/那样的资料我好像见过 nàyàng de zīliào wǒ hǎoxiàng jiànguò　▶この名前に~がありますか/你对这个名字有印象吗？nǐ duì zhège míngzi yǒu yìnxiàng ma？　▶~がない／没听说过 méi tīngshuōguò；摸不着头绪 mōbuzháo tóuxù　▶~を捜してみた/我找遍了我能想到的地方 wǒ zhǎo biànle wǒ néng xiǎngdào de dìfang

こころいき【心意気】　气魄 qìpò；气概 qìgài（英 spitit）　▶君たちの~に感動した/我为你们的气概所感动 wǒ wèi nǐmen de qìgài suǒ gǎndòng

こころえ【心得】　❶【知識】素养 sùyǎng；心得 xīndé；经验 jīngyàn（英 knowledge）　▶茶の湯の~/茶道的知识 chádào de zhīshi　▶少しは茶の湯の~もある/我对茶道稍有心得 wǒ duì chádào shāo yǒu xīndé　❷【規則】常识 chángshí；须知 xūzhī（英 rules）　▶社会人として の~/社会常识 shèhuì chángshí；社会成员的须知 shèhuì chéngyuán de xūzhī　▶社会人としての~を欠いている/缺乏作为一个社会人的常识 quēfá zuòwéi yí ge shèhuì rén de chángshí　❸【職名】代理 dàilǐ（英 chief）　▶課長に昇進する/晋升成了科长代理 jìnshēng chéngle kēzhǎng dàilǐ

> 日中比較 中国語の'心得 xīndé'は「学習や実践を通じて体得した知識・収穫」を指す．▶学习心得 xuéxí xīndé/学習レポート

こころえがお【心得顔に】（英 knowingly）　▶~にうなずく/好像懂了似的点头 hǎoxiàng dǒngle shìde diǎntóu　▶~で招き入れる/(他)好像什么都知道了似的把我引进门去 (tā) hǎoxiàng shénme dōu zhīdàole shìde bǎ wǒ yǐnjìn mén qù

こころえちがい【心得違い】　❶【思い違い】误会 wùhuì；想错 xiǎngcuò（英 misunderstanding）　▶私はとんだ~をしていた/我完全误会了 wǒ wánquán wùhuì le　❷【間違った考えや行為】错误 cuòwù；不合情理 bù hé qínglǐ（英 misbehavior）　▶それは若者の~だ/那是年轻人的越轨行为 nà shì niánqīngrén de yuèguǐ xíngwéi

こころえる【心得る】　领会 lǐnghuì；理解 lǐjiě；懂得 dǒngde（英 learn; know）　▶~/掌握情况 zhǎngwò qíngkuàng　▶委細心得ました/一切都知道了 yíqiè dōu zhīdào le

こころおきなく【心置きなく】　毫不客气 háo bú kèqi；坦率 tǎnshuài；不顾虑地 bú gùlǜ de（英 without reserve; freely）　▶これで~海外に赴任できる/这样就能没有顾虑地去国外工作了 zhèyàng jiù néng méiyǒu gùlǜ de qù guówài gōngzuò le　▶どうぞ、~話して下さい/请不要有顾虑, 敞开谈谈 qǐng búyào yǒu gùlǜ, chǎngkāi tántan

こころおぼえ【心覚え】　❶【記憶】记忆 jìyì（英 memory）　▶どうも~がないんだが/怎么也没有这个记忆 zěnme yě méiyǒu zhège jìyì　❷【メモ】条子 tiáozi；备忘录 bèiwànglù（英 a note）　▶~に赤い付箋を貼っておく/贴一个红标签做记号 tiē yí ge hóngbiāoqiān zuò jìhao

こころがかり【心掛かり】　担心 dānxīn；挂念 guàniàn（英 care）

こころがけ【心掛け】　留心 liúxīn；用心 yòngxīn；为人 wéirén（英 intention; attention）　▶~がよい/用心很好 yòngxīn hěn hǎo；心地善良 xīndì shànliáng　▶~が悪い/不肯用心 bù kěn yòngxīn；作风不好 zuòfēng bùhǎo　▶日ごろの~がよいから好天に恵まれた/平时为人很好, 所以天气也很照顾 píngshí wéirén hěn hǎo, suǒyǐ tiānqì yě hěn zhàogù　▶そんな~では上達しない/那样的心态, 可不会有长进 nàyàng de xīntài, kě búhuì yǒu zhǎngjìn

こころがける【心掛ける】　留心 liúxīn；留意 liúyì；铭记在心 míngjì zài xīn（英 intend; keep in mind）　▶疲れがたまらないよう~/平时注意别太累了 píngshí zhùyì bié tài lèi le　▶適当な資料がないか心掛けておきましょう/我们经以留意有没有合适的资料吧 wǒmen jīngyǐ liúyì yǒuméi yǒu héshì de zīliào ba

こころがまえ【心構え】 决心 juéxīn; 思想准备 sīxiǎng zhǔnbèi; 心态 xīntài (英 *one's mental attitude*) ▶～ができていない/没有做好思想准备 méiyǒu zuòhǎo sīxiǎng zhǔnbèi ▶病に向きあう～を説く/讲解应该以什么心态去面对癌症 jiǎngjiě yīnggāi yǐ shénme xīntài qù miànduì áizhèng

こころがわり【心変わりする】 变心 biànxīn (英 *change one's mind*) ▶あの人の～が悲しい/他的变心真可悲 tā de biànxīn zhēn kěbēi ▶彼はたちまち～した/他一下子就变心了 tā yíxiàzi jiù biànxīn le ▶～を責める/谴责变心 qiǎnzé biànxīn

こころくばり【心配りする】 关怀 guānhuái; 关心 guānxīn (英 *consider*) ▶隣人の～がゆき届く/邻居的关心无微不至 línjū de guānxīn wú wēi bú zhì ▶私へも～をしてくれている/(他)对我也很关心 (tā) duì wǒ yě hěn guānxīn

こころぐるしい【心苦しい】 难过 nánguò; 难为情 nánwéiqíng (英 *feel sorry; be painful*) ▶好意に甘えるばかりで～/总是受照顾，真不好意思 zǒngshì shòu zhàogù, zhēn bùhǎoyìsi

こころざし【志】 心胸 xīnxiōng; 抱负 bàofù; 志向 zhìxiàng (英 *ambition; hope; will*) ▶～を遂げる/实现志向 shíxiàn zhìxiàng; 如愿以偿 rúyuàn yǐ cháng ▶～を立てる/立志 lìzhì ▶～はよかったのだが結果は…/那个志向很好，但是结果… nàge zhìxiàng hěn hǎo, dànshì jiéguǒ… ▶～を立てて故郷を離れる/立志离开了故乡 lìzhì líkāile gùxiāng ▶事～と違って職さがしの日々である/事与愿违，每天都在找工作 shì yǔ yuàn wéi, měi tiān dōu zài zhǎo gōngzuò

こころざす【志す】 立志 lìzhì; 志愿 zhìyuàn (英 *intend; make up one's mind*) ▶音楽家を志して練習に励む/立志要做音乐家，而在努力练习 lìzhì yào zuò yīnyuèjiā, ér zài nǔlì liànxí

こころしずか【心静かに】 安详地 (英 *calmly*) ▶～に死を待つ/心情平静地等待死亡 xīnqíng píngjìng de děngdài sǐwáng ▶自然を友に～な日を送る/以大自然为朋友，过着平静的日子 yǐ dàzìrán wéi péngyou, guòzhe píngjìng de rìzi

こころして【心して】 注意 zhùyì; 留心 liúxīn (英 *with care*) ▶～聞く/注意听 zhùyì tīng

こころじょうぶ【心丈夫である】 心里有底 xīnlǐ yǒu dǐ; 踏实 tāshí (英 *feel safe*) ▶彼がついているから～/有他在，我感觉安心 yǒu tā zài, wǒ gǎnjué ānxīn

こころづかい【心遣い】 关怀 guānhuái; 费心 fèixīn (英 *consideration*) ▶暖かい～が嬉しかった/我真高兴(他)对我的温暖关怀 wǒ zhēn gāoxìng (tā) duì wǒ de wēnnuǎn guānhuái ▶ちょっとした～で空気が変わるものだ/稍微花点儿心思，气氛就不一样 shāowēi huā diǎnr xīnsi, qìfēn jiù bù yíyàng

こころづくし【心尽くしの】 费尽心思 fèijìn xīnsi; 苦心 kǔxīn; 精心 jīngxīn (英 *kind; warm*) ▶姉の～の祝いが届いた/姐姐精心准备贺礼送到了 jiějie jīngxīn zhǔnbèi hèlǐ sòngdào le

こころづけ【心付け】 小费 xiǎofèi; 赏钱 shǎngqián; 茶钱 cháqián (英 *a tip*) ▶～をはずむ/付了不少小费 fùle bùshǎo xiǎofèi

こころづもり【心積もり】 念头 niàntou; 打算 dǎsuan (英 *a preparation*) ▶まだ何の～もできていない/还没有什么打算 hái méiyǒu shénme dǎsuan

こころづよい【心強い】 胆壮 dǎnzhuàng; 有倚仗 yǒu yǐzhàng (英 *reassuring*) ▶君がいてくれるから～よ/你在这儿，我觉得真放心 nǐ zài zhèr, wǒ juéde zhēn fàngxīn ▶あなたの参加は～限りです/有你参加，就有了底气 yǒu nǐ cānjiā, jiù yǒule dǐqì

こころない【心ない】 轻率 qīngshuài; 欠考虑 qiàn kǎolǜ; 不体贴 bù tǐtiē; 无情 wúqíng (英 *heartless*) ▶～冗談が私の人生を歪めた/轻率的玩笑扭曲了我的人生 qīngshuài de wánxiào niǔqūle wǒ de rénshēng

こころなしか【心なしか】 心理作用 xīnlǐ zuòyòng; 总觉得 zǒng juéde (英 *somehow*) ▶彼は～寂しそうだった/可能是心理作用吧，我总觉得他有些寂寞 kěnéng shì xīnlǐ zuòyòng ba, wǒ zǒng juéde tā yǒuxiē jìmò

こころならずも【心ならずも】 不得已 bùdéyǐ; 无可奈何 wú kě nài hé (英 *against one's will*)

こころにくい【心憎い】 了不起 liǎobuqǐ; 令人钦佩的 lìng rén qīnpèi de (英 *exquisite; admirable*) ▶～までに配慮がゆき届いている/体贴无微不至，真让人佩服 tǐtiē wú wēi bú zhì, zhēn ràng rén pèifú

こころね【心根】 心肠 xīncháng; 内心 nèixīn (英 *one's true heart*) ▶やさしい～/性情温柔 xìngqíng wēnróu ▶やさしい～の方でした/他是一个心肠好的人 tā shì yí ge xīncháng hǎo de rén ▶～が卑しい/心地卑劣 xīndì bēiliè ▶あの男は～が卑しい/那个男人心灵卑鄙 nàge nánrén xīnlíng bēibǐ

こころのこり【心残り】 遗憾 yíhàn; 留恋 liúliàn; 恋恋不舍 liànliàn bù shě (英 *regret*) ▶もはや～はない/已经没有留恋了 yǐjīng méiyǒu liúliàn le ▶あのとき買っておけばと、～で仕方がない/我非常后悔那时候没有买下来 wǒ fēicháng hòuhuǐ nà shíhou méiyǒu mǎixiàlai

こころばかり【心ばかりの】 (英 *small*) ▶～のしるし/小意思 xiǎoyìsi ▶～のお礼のしるしです/只是一点儿小小的谢意 zhǐ shì yìdiǎnr xiǎoxiǎo de xièyì

こころひそかに【心密かに】 暗自 ànzì (英 *secretly*) ▶～誓う/暗自发誓 ànzì fāshì ▶～復讐を誓う/心理暗暗地发誓要报仇 xīnlǐ àn'àn de fāshì yào bàochóu

こころぼそい【心細い】 心中不安 xīnzhōng bù'ān; 胆怯 dǎnqiè; 心虚 xīnxū (英 *helpless; lonely*) ▶俺ひとりじゃ～なぁ/我一个人可有点

こころまかせ【心任せに】 随心所欲 suí xīn suǒ yù (英 at one's own will) ▶君の〜にしていいよ/你想怎么做就怎么做吧 nǐ xiǎng zěnme zuò jiù zěnme zuò ba

こころまち【心待ちにする】 盼望 pànwàng (英 look forward to...) ▶父の帰国を〜にしている/盼望着父亲回国 pànwàngzhe fùqin huíguó ▶春の訪れを〜にしている/我一心盼望春天的来临 wǒ yīxīn pànwàng chūntiān de láilín

こころみ【試み】 尝试 chángshì (英 a trial; a test) ▶〜に酢を加えた/试着加了一点儿醋 shì zhe jiāle yìdiǎnr cù

こころみる【試みる】 尝试 chángshì; 试行 shìxíng (英 try; test) ▶新しいやり方を〜/试行新的办法 shìxíng xīn de bànfǎ ▶反論を試みたがなう相手ではなかった/试着反驳，但辩不过对手 shìzhe fǎnbó, dàn biànbuguò duìshǒu

こころもち【心持ち】 ❶ [気持ち] 心情 xīnqíng (英 a feeling) ▶いい〜で花を見ていた/心情愉快地在赏花 xīnqíng yúkuài de zài shǎng huā ❷ [やや・すこし] 稍微 shāowēi; 稍稍 shāoshāo (英 a little) ▶髪を〜短くして下さい/请把头发请稍微剪短一点儿 qǐng bǎ tóufa qǐng shāowēi jiǎnduǎn yìdiǎnr

こころもとない【心許ない】 靠不住 kàobuzhù; 不牢靠 bù láokao (英 uneasy; uncertain) ▶あの市長では心許なく思われる/那个市长让人觉得不放心 nàge shìzhǎng ràng rén juéde bú fàngxīn

こころやすい【心安い】 亲密 qīnmì (英 familiar; friendly) ▶〜友人/亲密的朋友 qīnmì de péngyou ▶〜友人だから何でも話せる/因为是知心朋友，什么都可以说 yīnwèi shì zhīxīn péngyou, shénme dōu kěyǐ shuō

こころやすらか【心安らかな】 安心 ānxīn; 悠然 yōurán (英 peaceful) ▶〜な老後を送りたい/想悠然自得地养老 xiǎng yōurán zìdé de yǎnglǎo ▶いまどきはとても〜ではいられない/现在这样实在无法安心 xiànzài zhèyàng shízài wúfǎ ānxīn

こころゆくまで【心行くまで】 尽情 jìnqíng; 纵情 zòngqíng (英 to the full) ▶〜味わう/尽情品尝 jìnqíng pǐncháng ▶〜楽しむ/纵情欢乐 zòngqíng huānlè

こころよい【快い】 愉快 yúkuài; 甜美 tiánměi; 惬意 qièyì (英 pleasant; comfortable) ▶〜眠り/香甜的睡梦 xiāngtián de shuìmèng ▶〜眠りをむさぼる/沉醉于甜美的睡眠 chénzuì yú tiánměi de shuìmián ▶小鸟の声が耳に〜/小鸟的声音很悦耳 xiǎoniǎo de shēngyīn hěn yuè'ěr

こころよく【快く】 慨然 kǎirán; 高兴地 gāo xìng de (英 willingly) ▶〜引き受ける/欣然允诺 xīnrán yǔnnuò

こころよし【快し】 高兴 gāoxìng; 愉快 yúkuài (英 be pleased) ▶今回の决定を私は〜としない/对于这次的决定，我并不高兴 duìyú zhè cì de juédìng, wǒ bìng bù gāoxìng

ここん【古今の】 自古至今 zìgǔ zhìjīn; 古今 gǔjīn (英 of all ages) ▶未曾有(ぞう)の津波が襲った/遭受了亘古未有的海啸袭击 zāoshòule gènggǔ wèiyǒu de hǎixiào xíjī 〜東西 古今中外 gǔjīn zhōngwài ▶〜東西の文化が融合している/古今东西的文化融和在一起 gǔjīn dōngxī de wénhuà rónghé zài yìqǐ 〜を通じて 亘古至今 gèngǔ zhìjīn ▶〜を通じて例がない/古往今来没有前例 gǔ wǎng jīn lái méiyǒu qiánlì

ごこん【語根】 词根 cígēn (英 a word root)

ごごんし【五言詩】 五言诗 wǔyánshī (英 a poem with five characters in one line)

ごごんぜっく【五言絶句】 五言绝句 wǔyán juéjù (英 a poem of four lines, each contains five characters)

ごごんりっし【五言律詩】 五律 wǔlǜ (英 a poem of eight lines, each contains five characters)

こさ【濃さ】 浓淡 nóngdàn (英 depth (of color); strength (of tea)) ▶影の〜から時刻を知る/根据影子的浓淡推测时间 gēnjù yǐngzi de nóngdàn tuīcè shíjiān ▶料理長に塩味の〜を注意された/被厨师长批评味道太咸 bèi chúshīzhǎng pīpíng wèidao tài xián

ごさ【誤差】 误差 wùchā; 偏差 piānchā (英 an error; an aberration) ▶〜が少ない/误差很小 wùchā hěn xiǎo ▶〜を見込んで設計してある/把误差计算在内来设计 bǎ wùchā jìsuàn zàinèi lái shèjì ▶多少の〜は免れない/稍许的误差是难免的 shāoxǔ de wùchā shì nánmiǎn de

ござ【茣蓙】 草席 cǎoxí; 席 xí; 席子 xízi (英 a straw mat) ▶〜を敷く/铺席子 pū xízi ▶〜に寝そべる/躺在草席上 tǎngzài cǎoxíshang

こさい【小才のきく】 小才能 xiǎocáinéng (英 smart; clever) ▶あれは〜のきく男だ/那是个有点小才干的人 nà shì ge yǒudiǎn xiǎocáigān de rén

ごさい【後妻】 继配 jìpèi; 后妻 hòuqī (英 one's second wife) ▶〜をもらう/续弦 xù xián ▶〜に入る/当后妻 dāng hòuqī

こざいく【小細工】 手脚 shǒujiǎo; 小动作 xiǎodòngzuò; 小花招 xiǎohuāzhāo (英 a cheap trick) ▶〜を弄する/耍花招 shuǎ huāzhāo ▶〜たな〜はよせ/别做那种鳖脚的小动作了 bié yào nà zhǒng biéjiǎo de xiǎodòngzuò le

こざかしい【小賢しい】 小聪明 xiǎocōngming; 滑头 huátóu (英 smartish; shrewd) ▶子供が〜口をきくんじゃない/小孩说话，别耍小机灵 xiǎohái shuōhuà, bié shuǎ xiǎojīling ▶その男は〜舞いが目立った/那个人真爱耍滑头 nàge rén zhēn ài shuǎ huátóu

こざかな【小魚】 小鱼 xiǎoyú（英 *a small fish*）

こさく【小作をする】 佃耕 diàngēng；租地耕种 zū dì gēng zhòng（英 *tenant*）▶祖父の代までは～をしていた/到祖父那辈为止是佃农 dào zǔfù nà bèi wéizhǐ shì diànnóng

♦**～権**：租佃权 zūzhòngquán **～人**：佃农 diànnóng ▶この村にも～人争議はあった/这个村子也发生过佃农抗争 zhège cūnzi yě fāshēngguò diànnóng kàngzhēng

こさじ【小匙】 小匙 xiǎochí（英 *a teaspoon*）▶～一杯の塩を加える/加一小勺盐 jiā yì xiǎosháo yán ▶～で砂糖をすくう/用小汤匙舀糖 yòng xiǎotāngchí yǎo táng

こざっぱりした 干净利落 gānjìng lìluò（英 *neat; tidy; cozy*）▶～した身なり/打扮得很整洁 dǎbande hěn zhěngjié ▶～した身なりで現れる/干净利落地出现(在大家面前) gānjìng lìluo de chūxiàn (zài dàjiā miànqián)

こさめ【小雨】 小雨 xiǎoyǔ（英 *a light rain; a drizzle*）▶～に濡れながら歩く/淋着小雨走路 línzhe xiǎoyǔ zǒu lù ▶外は～が降っていた/外面下着小雨 wàimiàn xiàzhe xiǎoyǔ

こざら【小皿】 碟 dié；碟子 diézi（英 *a small dish*）▶～に取り分ける/分盛到碟子上 fēnchéng dào diézishang ▶おかずを～に取り分ける/把菜分盛在小碟里 bǎ cài fēnchéng zài xiǎodiélǐ

こさん【古参】 老资格 lǎozīgé（英 *an old-timer*）▶～兵/老兵 lǎobīng ▶～兵にしごかれる/被老兵调教 bèi lǎobīng tiáojiào ▶～の社員に遠慮する/不敢得罪老职员 bù gǎn dézuì lǎozhíyuán

ごさん【午餐】 午餐 wǔcān（英 *a lunch*）▶～会に招かれる/被邀请参加午餐会 bèi yāoqǐng cānjiā wǔcānhuì

ごさん【誤算】 失策 shīcè；算错 suàncuò；估计错误 gūjì cuòwù（英 *an error*）▶ひどい～をしたものだ/大大的失策了 dàdà de shīcè le ▶彼の失敗が～だった/我没有估计到他会失败 wǒ méiyǒu gūjì dào tā huì shībài

こし【腰】 腰 yāo（英 *the waist*）▶座席に～を下ろす/在座位上坐下 zài zuòwèishang zuòxià ▶もっと仕事に～をいれろ/要对工作更加敬业 yào duì gōngzuò gèngjiā jìngyè ▶～の曲がった老婆/腰弯着的老太婆 yāo wānzhe de lǎotàipó ▶～までつかって魚を釣る/把腰泡到河里来钓鱼 bǎ yāo pàodào héli lái diàoyú ▶彼は～が低くなった/他比以前谦虚了 tā bǐ yǐqián qiānxū le ▶話の～を折って悪いけど…/对不起，打断你的话… duìbuqǐ，dǎduàn nǐ de huà… ▶～を据えてかかってくれ/这是个艰巨的工程，大家踏踏实实地干吧 zhè shì ge jiānjù de gōngchéng, dàjiā tātāshíshí de gàn ba

～が重い 懒 lǎn ▶～が重い彼がようやく動いた/懒于动弹的他终于行动起来 lǎnyú dòngtan de ta zhōngyú xíngdòngqǐlai

～のすわった 安心 ānxīn；稳当 wěndang ▶なかなか～のすわった人物だね/真是个扎实的人材 zhēn shì ge zhāshi de réncái

～を上げる 终于开始行动 zhōngyú kāishǐ xíngdòng ▶彼はやっと重い～を上げた/他好不容易行动起来了 tā hǎobù róngyì xíngdòngqǐlai le

～をかがめる 哈腰 hāyāo；弯腰 wānyāo；欠身 qiànshēn ▶～をかがめてあいさつする/弯腰行礼 wānyāo xínglǐ

～を抜かす 惊いて～を抜かす/吓得人都软了 xiàde rén dōu ruǎn le

～を伸ばす 伸腰 shēnyāo ▶立ち上がって～を伸ばす/站起来伸腰 zhànqǐlai shēnyāo

こじ【固執する】 （英 *persist*）▶自说を～して譲らない/坚持自己的意见，不让步 jiānchí zìjǐ de yìjiàn, bú ràngbù；固执已见，不让步 gùzhí yǐjiàn, bú ràngbù

こじ【固辞】 坚持推辞 jiānchí tuīcí（英 *decline positively*）▶会長への就任を彼は～した/他坚决推辞出任会长 tā jiānjué tuīcí chūrèn huìzhǎng

こじ【孤児】 孤儿 gū'ér（英 *an orphan*）▶～院/孤儿院 gū'éryuàn ▶私はとうとう天涯の～となってしまった/我结果成了一个举目无亲的孤儿 wǒ jiéguǒ chéngle yí ge jǔmù wúqīn de gū'ér ▶～はどこで育てられるのだろう/孤儿可以在哪儿得到抚养呢? gū'ér kěyǐ zài nǎr dédào fǔyǎng ne?

こじ【故事】 典故 diǎngù（英 *an origin*）▶中国の～を引きつつ祝辞を述べる/引用中国的典故致祝词 yǐnyòng Zhōngguó de diǎngù zhì zhùcí ▶その～なら僕も知っている/那个典故我也知道 nàge diǎngù wǒ yě zhīdào

♦**～来歴** ▶この壷の～を聞かせよう/我告诉你这个罐子的故事和来历吧 wǒ gàosu nǐ zhège guànzi de gùshi hé láilì ba

📘日中比較 中国語の'故事 gùshi'は「物語」の意味である。

こじ【誇示する】 显示 xiǎnshì；炫耀 xuànyào（英 *show... proudly*）▶物の豊かさを～する/炫耀物质的丰富 xuànyào wùzhì de fēngfù ▶ああいうバストを～されては感心しない/那么显派自己的胸脯，真让人不敢领教 nàme xiǎn pài zìjǐ de xiōngpú, zhēn ràng rén bù gǎn lǐngjiào

-ごし【-越し】 隔着 gézhe；透过 tòuguò；经过 jīngguò ▶垣根～に菊が咲いている/菊花隔着篱笆开放 júhuā gézhe líba kāifàng ▶3年～の借金に苦しめられている/被欠了三年的借款折磨 bèi qiànle sān nián de jièkuǎn zhémó

ごじ【誤字】 笔误 bǐwù；错字 cuòzì（英 *a wrong letter*；［誤植］*a misprint*）▶変換ミスはりっぱな～だ/选字错误就是笔误 xuǎnzì cuòwù jiù shì bǐwù ▶～を訂正する/订正错字 dìngzhèng cuòzì ▶～を指摘されてカッとなった/被指出有错字，一下子就火了 bèi zhǐchū yǒu cuòzì, yíxiàzi jiù huǒ le ▶～だらけの手紙を受け取った/我受到了一封错字连篇的信 wǒ shòudàole yì fēng cuòzì lián piān de xìn

こじあける【こじ開ける】 撬开 qiàokāi *force... open* ▶バールでドアを～/用铁撬撬开门 yòng tiěqiào qiàokāi mén

こしあん【漉し餡】 豆沙馅儿 dòushā xiànr (英 *strained bean paste*)

こしいた【腰板】〖建築〗裙板 qúnbǎn (英 *panels; a baseboard*) ▶～を張る/(墙上)贴裙板 (qiángshang)tiē qúnbǎn ▶～に落書きする/在裙板上胡写 zài qúnbǎnshang húxiě ▶～が剥がれる/裙板剥落了 qúnbǎn bōluò le

こじか【子鹿】 小鹿 xiǎolù (英 *a fawn*) ▶森で～が生まれた/森林里，一只小鹿出生了 sēnlínli, yì zhī xiǎolù chūshēng le

こしかけ【腰掛け】 凳子 dèngzi (英 *a seat; a chair*) ▶～仕事/临时的工作 línshí de gōngzuò ▶～仕事では困ります/临时工的态度可不行 línshígōng de tàidù kě bùxíng

こしかける【腰掛ける】 坐下 zuòxià (英 *sit down*) ▶うっかり犬に腰掛けた/不小心坐在狗身上了 bù xiǎoxīn zuòzài gǒushēnshang le

こしかた【来し方】(英 *bygone days*) ▶不眠の夜は～し末を考えた/在不眠的夜晚，考虑自己走过来的路和要走下去的路 zài bù mián de yèwǎn, kǎolǜ zìjǐ zǒuguòlai de lù hé yào zǒuxiàqu de lù; 在不眠之夜思前想后 zài bù mián zhī yè sī qián xiǎng hòu

こしき【古式】 古式 gǔshì (英 *the old rite*) ▶～にのっとる/仿照古式 fǎngzhào gǔshì

こじき【乞食】 乞丐 qǐgài; 讨饭的 tǎofàn de (英 *a beggar*) ▶町から町へ～をして回る/走街串巷，沿途乞讨 zǒu jiē chuàn xiàng, yántú qǐtǎo ▶昔は～は3日すればやめられないと言った/以前就说，乞丐过三天就会上瘾 yǐqián jiù shuō, qǐgài guò sān tiān jiù huì shàngyǐn

ごしき【五色】 五彩 wǔcǎi; 五色 wǔsè (英 *the five main colors*) ▶竹の葉に～の短冊を下げ/在竹叶上拴上五色的诗签 zài zhúyèshang shuānshàng wǔ sè de shīqiān

こしぎんちゃく【腰巾着】 跟包的 gēnbāo de; 跟班的 (英 *a henchman*)

こしくだけ【腰くだけになる】 半途而废 bàntú ér fèi (英 *break down halfway*) ▶反対されて僕はたちまち～になった/遭到反对，我一下子就没有了底气 zāodào fǎnduì, wǒ yíxiàzi jiù méiyǒule dǐqì

ごしごし 使劲儿 shǐjìnr ▶タオルで～背中をこする/用毛巾使劲儿搓背 yòng máojīn shǐjìnr cuō bèi ▶風呂場のタイルを～洗う/猛擦浴室的瓷砖 měng cā zhèjiā de cízhuān

こしたんたん【虎視眈眈】 虎视眈眈 hǔ shì dān dān (英 *vigilantly*) ▶～と社長の座をねらう/虎视眈眈地盯着总经理的位置 hǔ shì dān dān de dīngzhe zǒngjīnglǐ de wèizhi

こしつ【固執する】 固执 gùzhí; 执泥 zhínì (英 *adhere; persist*) ▶彼は自説に～して発展がない/他固执己见，所以没有进展 tā gùzhí jǐ jiàn, suǒyǐ méiyǒu jìnzhǎn

> [日中比較] 中国語の'固执 gùzhí'は「自分の考えにこだわる」という意味の他に「頑固である」という意味もある。

こしつ【個室】 单间 dānjiān; 单人房间 dānrén fángjiān; 雅座 yǎzuò (英 *a private room; a room of one's own*) ▶～は料金が高い/单间的费用高 dānjiān de fèiyòng gāo ▶～を取ってくれ/给我订一个单间 gěi wǒ dìng yí ge dānjiān

ごじつ【後日】 改天 gǎitiān; 日后 rìhòu (英 *later; some day*) ▶～談/后话 hòuhuà; 日后的事情 rìhòu de shìqing ▶それには～談がある/那事还有后话 nà shì háiyǒu hòuhuà ▶お持ちします/改天拿来 gǎitiān nálái ▶～の参考に聞いておきたい/我想听听，以做今后的参考 wǒ xiǎng tīngting, yǐ zuò jīnhòu de cānkǎo

こしつき【腰つき】(英 *a bearing; a pose*) ▶危なっかしい～で歩く/腰部不稳定地走着 yāobù bù wěndìng de zǒuzhe

ゴシック ❶〖書体〗(英 *Gothic*) ▶～体/黑体字 hēitǐzì; 粗体字 cūtǐzì ▶詩の引用を～体にする/引用诗的部分用黑体字 yǐnyòng shī de bùfen yòng hēitǐzì ❷〖様式〗(英 *Gothic architecture*) ▶～建築/哥特式建筑 Gētèshì jiànzhù

こじつける 穿凿 chuānzáo; 附会 fùhuì (英 *strain the meaning*) ▶無理やり～/很勉强地解释 hěn miǎnqiáng de jiěshì

ゴシップ 闲谈 xiántán; 街谈巷议 jiē tán xiàng yì (英 *a gossip*) ▶～記事/花边新闻 huābiān xīnwén ▶離婚の記事が～欄に載る/有关离婚的报道登在花边新闻栏里 yǒuguān líhūn de bàodào dēngzài huābiān xīnwénlánli

ごじっぽひゃっぽ【五十歩百歩】 半斤八两 bàn jīn bā liǎng; 五十步笑百步 wǔshí bù xiào bǎi bù (英 *There is not much to choose between the two*) ▶俺もおまえも～だ/我和你都是半斤八两 wǒ hé nǐ dōu shì bàn jīn bā liǎng

こしぬけ【腰抜け】 胆怯 dǎnqiè; 软骨头 ruǎngǔtou; 窝囊废 wōnangfèi (英 *a coward*) ▶僕はそんな～じゃない/我才不是软骨头呢 wǒ cái bú shì ruǎngǔtou ne

こしぼね【腰骨】 腰椎骨 yāozhuīgǔ (英 *the hipbone*) ▶転んで～にひびが入った/摔了一跤，腰骨摔出了裂缝 shuāile yì jiāo, yāogǔ shuāichūle lièfèng ▶～のある人ですね/真是个坚毅的人 zhēn shì ge jiānyì de rén

こじま【小島】 小岛 xiǎodǎo (英 *a small island; an islet*) ▶死体は沖の～に流れついた/尸体被冲到了海面的小岛上 shītǐ bèi chōngdàole hǎimiàn de xiǎodǎoshang

ごしゃ【誤射】(英 *firing by mistake*) ▶猟銃の～で友を傷つけた/不小心误发猎枪，伤了朋友 bù xiǎoxīn wù fā lièqiāng, shāngle péngyou

こしゃく【小癪な】 令人恼火 lìng rén nǎohuǒ; 狂妄 kuángwàng (英 *saucy; cheeky*) ▶何を～、/你狂什么，浑蛋 nǐ kuáng shénme, húndàn

dàn ▶若僧が~な口をきくじゃないか/你这小子还真大言不惭！nǐ zhè xiǎozi hái zhēn dà yán bù cán !

ごしゃく【語釈】 语义解释 yǔyì jiěshì (英 an explanation of a word) ▶難解な言葉に~をつける/给难懂的词加上语义解释 gěi nándǒng de cí jiāshàng yǔyì jiěshì

こしゅ【固守する】 固守 gùshǒu (英 adhere; persist) ▶自陣を~せよ/坚守自己的阵地 jiānshǒu zìjǐ de zhèndì

ごじゅう【五十】 五十 wǔshí (英 fifty) ▶面接は~音順に行う/面试以五十音为顺 miànshì yǐ wǔshí yīn wéi shùn ▶昨年は~肩に苦しんだ/去年因为五十肩而很痛苦 qùnián yīnwèi wǔshí jiān ér hěn tòngkǔ

ごじゅう【五重の】 五重 wǔchóng (英 fivefold)
◆~奏 五重奏 wǔchóngzòu ~の塔 五重塔 wǔchóngtǎ

こじゅうと【小舅】 ❶【夫の兄弟】大伯子 dàbǎizi; 小叔子 xiǎoshūzi (英 one's husband's brother) ❷【妻の兄弟】大舅子 dàjiùzi; 小舅子 xiǎojiùzi (英 one's wife's brother)

こじゅうとめ【小姑】 ❶【夫の姉妹】大姑子 dàgūzi; 小姑儿 xiǎogūr; 小姑子 xiǎogūzi (英 one's husband's sister) ❷【妻の姉妹】大姨子 dàyízi; 小姨子 xiǎoyízi (英 one's wife's sister) ▶~は鬼千匹と言うよ/俗话说一个小姑子能顶个一千个鬼 súhuà shuō yí ge xiǎogūzi néng dǐng ge yìqiān ge guǐ

ごしゅきょうぎ【五種競技】〘スポーツ〙五项全能 wǔ xiàng quán néng (英 the pentathlon)

コジュケイ【小綬鶏】〘鳥〙竹鸡 zhújī (英 a bamboo partridge)

ごじゅん【語順】 词序 cíxù; 语序 yǔxù (英 word order) ▶~を誤るとひどく違った意味になる/把词顺弄错了，意思就会相差很远 bǎ císhùn nòngcuòle, yìsi jiù huì xiāngchà hěn yuǎn

こしょ【古書】 旧书 jiùshū (英 an old book; a rare book) ▶彼は~に埋もれてやっている/他在旧书堆里不亦乐乎 tā zài jiùshūduīlǐ bú yì lè hū ▶~店/旧书铺 jiùshūpù ▶~店には独特のにおいがある/旧书店里有一种独特的味道 jiùshūdiànli yǒu yì zhǒng dútè de wèidao ▶~展示会に出品する/在旧书展示会上展出 zài jiùshū zhǎnshìhuì shàng zhǎnchū ▶~市で『雪国』の初版本を見つけた/在旧书市场找到了《雪国》的第一版 zài jiùshū shìchǎng zhǎodàole 《Xuěguó》 de dìyī bǎn

ごじょ【互助】 互助 hùzhù (英 mutual help) ▶みんな~の精神が厚い/大家互助的精神很浓 dàjiā hùzhù de jīngshén hěn nóng
◆~会 互助会 hùzhùhuì ▶職場の~会から餞別をもらった/从公司的互助会里领了送别的钱 cóng gōngsī de hùzhùhuìlǐ lǐngle sòngbié de qián

こしょう【呼称】 称呼 chēnghu; 称谓 chēngwèi (英 naming) ▶彼は会社で「虫博士」という~をもっている/他在公司有"昆虫博士"的称号 tā zài gōngsī yǒu "kūnchóng bóshì" de chēnghào

こしょう【故障する】 毛病 máobìng; 故障 gùzhàng (英 break down; go wrong) ▶~中/现在发生故障 xiànzài fāshēng gùzhàng; 失灵 shīlíng ▶膝を~する/膝盖出毛病 xīgài chū máobìng ▶膝を~して出場できない/因为膝盖受伤，不能出场 yīnwèi xīgài shòushāng, bùnéng chūchǎng ▶決定の間際になって~を言い立てる/到了决定的关头，又开始挑毛病 dàole juédìng de guāntóu, yòu kāishǐ tiāo máobìng ▶エレベーターの~を直す/修理电梯的故障 xiūlǐ diàntī de gùzhàng ▶~した時計を修理に出す/把有故障的钟拿去修理 bǎ yǒu gùzhàng de zhōng náqù xiūlǐ ▶心臓に~があります/心脏有毛病 xīnzàng yǒu máobìng ▶肩の~に悩まされる/为肩膀的毛病伤脑筋 wèi jiānbǎng de máobìng shāng nǎojīn ▶エンジンが~した/马达发生了故障 mǎdá fāshēngle gùzhàng ▶~の原因をつきとめる/查明故障的原因 chámíng gùzhàng de yuányīn

こしょう【湖沼】 湖泽 húzé; 湖沼 húzhǎo (英 a lake)

コショウ【胡椒】【食品】胡椒 hújiāo (英 pepper) ▶~の粉/胡椒粉 hújiāofěn ▶~をかける/撒胡椒 sǎ hújiāo ▶~がきいている/胡椒味很浓 hújiāowèi hěn nóng ▶焼肉に~をふりかける/把胡椒撒在烤肉上 bǎ hújiāo sǎzai kǎoròushang

ごしょう【後生だから】 (英 For God's sake) ▶~だからもうしばらく待ってくれ/求求你了，再等我几天好不好? qiúqiu nǐ le, zài děng wǒ jǐ tiān hǎobuhǎo? ▶安物の指輪を~大事に持っている/虽说是便宜的戒指，但她都很珍惜 suīshuō shì piányi de jièzhi, dàn tā dōu hěn zhēnxī

ごしょく【誤植】【印刷】排错字 páicuò zì (英 a misprint) ▶~を見落とす/漏看了排错了的字 lòukànle páicuòle de zì ▶~が誤解を生む/因为有排错了的印字产生误解 yīnwèi yǒu páicuòle de yìnzì chǎnshēng wùjiě

こしょくそうぜん【古色蒼然】 古色古香 gǔsè gǔxiāng (英 antique-looking) ▶棚には~たる青銅器が置かれていた/架子上摆着古色古香的青铜器 jiàzishang bǎizhe gǔsè gǔxiāng de qīngtóngqì

こしらえる【拵える】 做 zuò; 造 zào (英 manufacture; invent) ▶洋服を~/做西服 zuò xīfú ▶料理を~/做菜 zuòcài ▶話を~/编造谎言 biānzào huǎngyán ▶子供たちに洋服を拵えてやる/给孩子们做西服 gěi háizimen zuò xīfú ▶正月用の料理を~/做过年的菜 zuò guònián de cài ▶うまい話を拵えたものだ/(你)这话编得真好 (nǐ) zhè huà biānde zhēn hǎo ▶金は自分で拵えたそうだ/据说钱是自己准备的 jùshuō qián shì zìjǐ zhǔnbèi de

こじらす ❶【病気などを】恶化 èhuà; 加剧 jiājù (英 get worse) ▶かぜを~/感冒加重 gǎnmào jiāzhòng ▶かぜをこじらせて肺炎になる/感冒加重变成了肺炎 gǎnmào jiāzhòng biànchéngle fèiyán　❷【物事を】复杂化 fùzáhuà；更加麻烦 gèngjiā máfan（英 *make... worse*）▶それでは事をこじらせるだけだ/那样只会把事情复杂化 nàyàng zhǐ huì bǎ shìqing fùzáhuà

こじれる　❶【病気が】（英 *get worse*）▶風邪が～/感冒恶化 gǎnmào èhuà　▶風邪がこじれて入院する羽目になった/感冒恶化要住院了 gǎnmào èhuà yào zhùyuàn le　❷【物事が】拧 níng；别扭 bièniu（英 *go wrong*）▶話が～/情况更糟了 qíngkuàng gèng zāo le　▶話がこじれて裁判沙汰になる/谈崩了，要上法庭 tán bēngle, yào shàng fǎtíng　▶二人の仲はこじれたままだ/两个人还在闹别扭 liǎng ge rén hái zài nào bièniu

こじわ【小皺】　小皱纹 xiǎozhòuwén（英 *little wrinkles*）▶目じりの～が気になってきた/开始担心自己眼角的小皱纹了 kāishǐ dānxīn zìjǐ yǎnjiǎo de xiǎozhòuwén le

こじん【古人】　古人 gǔrén（英 *the ancients*）

こじん【故人】　死者 sǐzhě；故人 gùrén（英 *the departed*）▶ひとりの思い出に浸る/一个人沉浸在对故人的思念中 yí ge rén chénjìn zài duì gùrén de sīniàn zhōng　▶～を偲んで語りあう/一起叙说对故人的怀念 yìqǐ xùshuō duì gùrén de huáiniàn

こじん【個人】　个人 gèrén；个体 gètǐ（英 *an individual; a private person*）▶～事業主/个体户 gètǐhù　▶～的な/私人 sīrén　▶～の悩みを聞いてくれないか/你能听我说说个人的烦恼吗？nǐ néng tīng wǒ shuōshuo gèrén de fánnǎo ma?　▶これは～として申し上げるのですが/这是我个人的意见… zhè shì wǒ gèrén de yìjiàn…　▶～の権利は守られねばならぬ/必须保护个人的权利 bìxū bǎohù gèrén de quánlì　▶彼は～の資格でそう言った/他以个人的资格那么说 tā yǐ gèrén de zīgé nàme shuō　▶ピアノの～教授を依頼する/请人个别指导钢琴 qǐng rén gèbié zhǐdǎo gāngqín　▶味覚には～差がある/每个人味觉上都会有所不同 měige rén wèijuéshang dōu huì yǒu suǒ bùtóng　▶～攻撃は慎んでもらいたい/请(你)不要进行人身攻击 qǐng(nǐ) búyào jìnxíng rénshēn gōngjī　▶～主義を貫くのはむずかしい/要坚持个人主义可不容易 yào jiānchí gèrén zhǔyì kě bù róngyì　▶とかく～プレーに走る選手がいる/有些选手喜欢个人出风头 yǒuxiē xuǎnshǒu xǐhuan gèrén chū fēngtou

♦～経営：**个人经营** gèrén jīngyíng　▶うちなんか～経営も同然ですよ/我们公司和个体户没什么两样 wǒmen gōngsī hé gètǐhù méi shénme liǎngyàng　～タクシー：**个人经营的出租汽车** gèrén jīngyíng de chūzū qìchē

ごしん【誤診する】　误诊 wùzhěn（英 *diagnose... wrongly*）▶新米医師の～でひどい目にあった/被新手医生误诊，惨透了 bèi xīnshǒu yīshēng wùzhěn, cǎntòu le　▶いかにして～を防ぐか/怎么才能防止误诊 zěnme cái néng fángzhǐ wùzhěn　▶名医も～することがある/名医也有误诊的时候 míngyī yě yǒu wùzhěn de shíhou

ごしん【誤判】　误判 wùpàn（英 *a misjudgment*）▶僕は世紀の～をこの目で見た/我亲眼目睹了世纪性的误判 wǒ qīnyǎn mùdǔle shìjìxìng de wùpàn　▶～するのは人間だからだ/因为是人，所以有误判 yīnwèi shì rén, suǒyǐ yǒu wùpàn

ごしん【防身】　防身 fángshēn（英 *for personal protection*）▶～のため犬を連れて出ることにしている/为了防身，我带着狗出去 wèile fángshēn, wǒ dàizhe gǒu chūqù　▶～用のピストルを持ってなんてとんでもない/根本用不着带什么防身用的手枪 gēnběn yòngbuzháo dài shénme fángshēnyòng de shǒuqiāng

♦～術：**护身术** hùshēnshù　▶あなたも～術を習いなさい/你也学学护身术吧 nǐ yě xuéxue hùshēnshù ba

こす【越す】　超过 chāoguò；越过 yuèguò；逾越 yúyuè（英 *go across; pass*）；[年月を] *spend*；[超過] *exceed*；[移転] *move*）▶冬を～/越冬 yuèdōng　▶鴨はこの沼で冬を～/野鸭在这个沼泽地过冬 yěyā zài zhège zhǎozédì guò dōng　▶新しい家に～/搬到新的房子 bāndào xīn de fángzi　▶引退を機に新しい家に越した/趁着退休搬进了新家 chènzhe tuìxiū bānjìnle xīnjiā　▶川を～と風景が変わった/过了河，风景就变了 guòle hé, fēngjǐng jiù biàn le　▶気温が四十度を～とは驚きだ/气温超过了四十度，真令人惊奇 qìwēn chāoguòle sìshí dù, zhēn lìng rén jīngqí　▶どうぞまたお越し下さい/请下次再来 qǐng xiàcì zài lái　▶5 年越しの借金に苦しめられている/我欠债超过了五年，被搞得惨透了 wǒ qiànzhài chāoguòle wǔ nián, bèi gǎode cǎntòu le　▶安いに越したことはない/没有比便宜更好的事了 méiyǒu bǐ piányi gèng hǎo de shì le

峠を～　病状が峠を～/病情渡过危险期 bìngqíng dùguò wēixiǎnqī　▶熱も下がり肺炎は峠を越した/退烧了，肺炎也就过了危险期 tuìshāole, fèiyán yě jiù guòle wēixiǎnqī le

こす【濾す・漉す】　滤 lǜ；滤过；过滤 guòlǜ（英 *filter; strain*）▶あずきをつぶして～/把小豆碾碎过滤 bǎ xiǎodòu niǎnsuì guòlǜ　▶この川の水は濾しても飲めない/这条河里的水，即使过滤也不能喝 zhè tiáo hélǐ de shuǐ, jíshǐ guòlǜ yě bùnéng hē

こすい【湖水】　湖水 húshuǐ；湖 hú（英 *a lake*）▶～は紅葉の山を映していた/湖水倒映着长满红叶的山 húshuǐ dàoyìngzhe zhǎngmǎn hóngyè de shān　遊覧船で～を渡る/坐游览船穿过湖面 zuò yóulǎnchuán chuānguò húmiàn

こすい【鼓吹する】　鼓舞 gǔwǔ（英 *inspire*）▶ひとつ選手の士気を～してやろう/我来鼓舞一下选手们的士气吧 wǒ lái gǔwǔ yíxià xuǎnshǒumen de shìqì ba

こすう【戸数】　户数 hùshù（英 *the number of houses*）▶村の～は 200 戸に満たなかった/村

子里的户数没有超过二百户 cūnzili de hùshù méiyǒu chāoguò èrbǎi hù

こずえ【梢】樹梢 shùshāo；梢头 shāotóu（英 *the top of a tree*）▶雀が〜で鳴いている/麻雀在树梢叫 máquè zài shùshāo jiào ▶月が松の〜にさしかかった/月亮靠近了松树枝头 yuèliang kàojìnle sōngshù zhītóu

コスチューム装束 zhuāngshù；服装 fúzhuāng（英 *a costume*）▶舞台用の〜/表演用的服装 biǎoyǎnyòng de fúzhuāng

コスト成本 chéngběn；工本 gōngběn（英 *cost*）▶〜が高くつく/成本增高 chéngběn zēnggāo ▶それでは〜が高くつく/那样的话，成本太高 nàyàng de huà, chéngběn tài gāo ▶〜パフォーマンス/成本实效 chéngběn shíxiào；性价比 xìngjiàbǐ ▶もっと〜ダウンを計れないか/能不能再降低成本? néngbunéng zài jiàngdī chéngběn? ▶〜割れに追いこまれる/被迫得低于成本(出售) bèi bīde dīyú chéngběn (chūshòu)

コスモス ❶【植物】大波斯菊 dàbōsījú（英 *a cosmos*）▶〜は郷愁をそそる花だ/大波斯菊是引发乡愁的花 dàbōsījú shì yǐnfā xiāngchóu de huā ❷【宇宙】宇宙 yǔzhòu（英 *the cosmos*）▶ミクロ〜ってどれほど小さいんだ/微观世界有多小呢？wēiguān shìjiè yǒu duō xiǎo ne?

こすりつける【擦り付ける】磨蹭 móceng（英 *rub*）▶畳にひたいを擦り付けて謝る/把额头贴在榻榻米上谢罪 bǎ étóu tiēzài tàtàmǐshang xiè zuì

こする【擦る】擦 cā；蹭 cèng；搓 cuō（英 *rub; scrub*）▶タオルでごしごしからだを〜/用毛巾用力地搓身体 yòng máojīn yònglì de cuō shēntǐ ▶高速の出口で擦っちゃった/汽车在高速公路的出口蹭伤了 qìchē zài gāosù gōnglù de chūkǒu cèngshāng le ▶僕は思わず目を擦った/我情不自禁地擦了擦眼睛 wǒ qíng bù zì jīn de cāle cā yǎnjing

ごする【伍する】匹敵 pǐdí（英 *rank among...*）▶その娘は男子に伍して働いた/那个姑娘跟男人一起干活 nàge gūniang gēn nánrén yìqǐ gànhuó

こすれる【擦れる】（英 *be rubbed*）▶樹木が擦れあって山火事を起こした/树木互相摩擦，引起了山火 shùmù hùxiāng mócā, yǐnqǐle shānhuǒ

こせい【個性】个性 gèxìng（英 *individual character; personality*）▶〜的な/有个性 yǒu gèxìng；独特的 dútè de ▶なんとも〜的な字を書きますね/写的字真有个性啊 xiě de zì zhēn yǒu gèxìng a ▶あなたの詩はじつに〜的だ/你的诗真是很有个性 nǐ de shī zhēn shì hěn yǒu gèxìng ▶彼らは〜が強い/他们各自都很有个性 tāmen gèzì dōu hěn yǒu gèxìng ▶この子らの〜を伸ばしてやりたい/想培养这些孩子的个性 xiǎng péiyǎng zhè xiē háizi de gèxìng

ごせい【語勢】语气 yǔqì（英 *a tone*）▶彼は突然〜を強めた/他突然加强了语气 tā tūrán jiāqiángle yǔqì

ごせいこうき【五星紅旗】五星红旗 Wǔxīng Hóngqí（《中国的国旗》）（英 *the Five Golden Stars in the Red Sky Flag*）

こせいだい【古生代】〔地学〕古生代 gǔshēngdài（英 *the Paleozoic era*）

こせき【戸籍】户口 hùkǒu（英 *the register*）▶〜を調査する/查户口 chá hùkǒu ▶〜上はまだ彼の妻です/在户口上还是他的妻子 zài hùkǒushang háishi de qīzi ▶〜抄本/〜抄本をとる/开户口证明 kāi hùkǒu zhèngmíng ▶〜筆頭人/户主 hùzhǔ

こせき【古跡】古迹 gǔjì（英 *a historic spot*）▶戦国時代の〜をたずねる/访问战国时代的古迹 fǎngwèn Zhànguó shídài de gǔjì

こせこせ小里小气 xiǎolixiǎoqi（英 *fuss about trifles*）▶そんなことに〜するな/别那么小里小气的 bié nàme xiǎolixiǎoqì de

こぜに【小銭】零钱 língqián（英 *small money*）▶〜がないので1万円札を出した/没有零钱，就拿出了一万日元的钞票 méiyǒu língqián, jiù náchūle yíwàn Rìyuán de chāopiào ▶〜を貯め込んでいるそうじゃないか/听说你攒了不少零钱 tīngshuō nǐ cuánle bùshǎo língqián ▶〜入れ/硬币用钱包 yìngbìyòng qiánbāo

こぜりあい【小競り合い】 ❶【戦い】小冲突 xiǎochōngtū（英 *a brush*）▶警官隊との間で〜があった/和警察队之间有小冲突 hé jǐngcháduì zhījiān yǒu xiǎochōngtū ❷【もめごと】小纠纷 xiǎojiūfēn（英 *a quarrel*）▶慰謝料をめぐって〜を演じた/为了离婚赔偿费发生了一点小纠纷 wèile líhūn péichángfèi fāshēngle yìdiǎn xiǎojiūfēn

こせん【古銭】古钱 gǔqián（英 *an ancient coin*）▶〜集めに熱中する/热衷于收集古钱 rèzhōng yú shōují gǔqián ▶〜の魅力に取りつかれる/被古钱的魅力迷住了 bèi gǔqián de mèilì mízhù le

ごせん【互選】（英 *mutual election*）▶委員長は委員の〜とする/委员长由委员之间互选 wěiyuánzhǎng yóu wěiyuán zhījiān hù xuǎn

ごぜん【午前】上午 shàngwǔ；午前 wǔqián（英 *in the morning*）▶〜中ずっと〜/〜中ずっとパソコンに向かっていた/整个上午一直面对着电脑 zhěnggè shàngwǔ yìzhí miànduìzhe diànnǎo ▶残業で今夜も帰りは〜様だ/有加班，今天下班回到家又得明天早晨了 yǒu jiābān, jīntiān xiàbān huídào jiā yòu de míngtiān zǎochen le ▶月曜の〜に到着の予定である/预定星期一的早上到达 yùdìng xīngqī yī de zǎoshang dàodá ▶〜10時に誕生した/上午十点出生了 shàngwǔ shí diǎn chūshēng le ▶〜の便でお届けします/上午送到 shàngwǔ sòngdào

ごせんし【五線紙】〔音楽〕五线谱 wǔxiànpǔ（英 *music paper; a music sheet*）▶〜にメロディを書き入れる/在五线谱上写上旋律 zài wǔxiànpǔshang xiěshàng xuánlǜ

こせんじょう【古戦場】古战场 gǔzhàngchǎng (英 *an ancient battlefield*) ▶ここは源平の戦いで名高い～だ/这儿是有名的源平之战的古战场 zhèr shì yǒumíng de Yuán-Píng zhī zhàn de gǔzhànchǎng

-こそ ▶今度～合格するぞ/这次一定要考上 zhècì yídìng yào kǎoshàng ▶寒い冬があるから～春がうれしいのだ/因为有寒冷的冬天，春天才令人高兴 yīnwèi yǒu hánlěng de dōngtiān, chūntiān cái lìng rén gāoxìng ▶これも君の助けがあったれば～だ/这也正是因为有了你的帮助 zhè yě zhèngshì yīnwèi yǒule nǐ de bāngzhù ▶今で貧乏暮らしをしているが，昔は…/虽说现在过着贫穷的日子，以前可是… suīshuō xiànzài guòzhe pínqíng de rìzi, yǐqián kěshì… ▶あいつは身なり～派手だが，実際は…/那家伙虽说穿着很华丽，实际上… nà jiāhuo suīshuō chuānzhe hěn huálì, shíjìshang… ▶私は感謝～すれ恨みなどさらさらない/我只有感谢，哪有半点儿冤恨 wǒ zhǐyǒu gǎnxiè, nǎ yǒu bàndiǎnr yuānhèn ▶年～とっているがセンスは若い/虽然上了年纪，但是想法还很年轻 suīrán shàngle niánjì, dànshì xiǎngfa hái hěn niánqīng ▶あなた～ひとに迷惑かけてるじゃないの/你才给别人在添麻烦呢 nǐ cái gěi biéren zài tiān máfan ne ▶僕～謝らなければならない/我才应该向您道歉呢 wǒ cái yīnggāi xiàng nín dàoqiàn ne

こぞう【小僧】 小和尚 xiǎohéshang; 小伙计 xiǎohuǒjì; 毛孩子 máoháizi (英 *a shop boy*); [寺の] *a priestling*) ▶『～の神様』という小説がある/有一本小说叫《小徒弟的神仙》yǒu yì běn xiǎoshuō jiào《Xiǎotúdì de shénxiān》 ▶近所のいたずら～に悩まされる/我为邻居的淘气小孩儿大伤脑筋 wǒ wèi línjū de táoqì xiǎoháir dà shāng nǎojīn
ことわざ 門前の小僧習わぬ経を読む 耳濡目染，无师自通 ěr rú mù rǎn, wú shī zì tōng
▶膝～転んで膝～を擦りむいた/摔倒了擦伤了膝盖 shuāidǎole cāshāngle xīgài

ごそう【護送する】 解送 jiěsòng; 护送 hùsòng; 押运 yāyùn (英 *escort*) ▶～車/囚车 qiúchē ▶犯人を列車で～する/用火车解送犯人 yòng huǒchē xièsòng fànrén

ごぞう【五臓】 五脏 wǔzàng (英 *the five viscera*) ▶～六腑にしみわたる/铭感五中 mínggǎn wǔzhōng ▶うまい酒が～六腑にしみわたる/甘露渗透五脏六腑 gānlù shèntòu wǔzàng liùfǔ ▶夢は～の疲れだ/做梦是因为五脏的疲劳 zuòmèng shì yīnwèi wǔzàng de píláo

こそく【姑息な】 权宜 quányí (英 *makeshift*) ▶～な手段で切り抜ける/用权宜之计应付过去 yòng quányí zhī jì yìngfùguòqu
日中比較 中国語の'姑息 gūxī'は「原則を曲げて大目に見る」ことを言う。

ごぞく【語族】 语系 yǔxì (英 *a family of languages*) ▶インドヨーロッパ～/印欧语系 Yīn-Ōu yǔxì

こそこそ 鬼鬼祟祟 guǐguǐsuìsuì; 偷偷摸摸 tōutōumōmō; 嘀嘀咕咕 dídígūgū (英 *stealthily*) ▶陰で～悪口を言う/在背后嘀嘀咕咕地说坏话 zài bèihòu dídígūgū de shuō huàihuà ▶男は～立ち去った/他偷偷摸摸地离开了 tā tōutōumōmō de líkāi le

こぞって【挙って】 全体 quántǐ; 全都 quándōu; 一致 yízhì (英 *in a body; with one accord*) ▶運動会には～参加しましょう/大家积极参加运动会吧 dàjiā jījí cānjiā yùndònghuì ba ▶マスコミは～非難した/媒体一齐谴责 méitǐ yìqí qiǎnzé

こそどろ【こそ泥】 小偷 xiǎotōu (英 *a sneak thief*) ▶暮らしに困って～を働く/因为生活窘困当了小偷 yīnwèi shēnghuó jiǒngkùn dāngle xiǎotōu

こそばゆい 痒痒 yǎngyǎng; 难为情 nánwéiqíng (英 *ticklish*) ▶ほめられて～気がした/受到表扬，感到挺难为情的 shòudào biǎoyáng, gǎndào tǐng nánwéiqíng de

こたい【固体】 固体 gùtǐ (英 *a solid*)
◆～燃料：固体燃料 gùtǐ ránliào

こたい【個体】 个体 gètǐ (英 *an individual*) ▶(動物の)反応はもちろん～差がある/(动物的)反应当然有个体差异 (dòngwù de)fǎnyìng dāngrán yǒu gètǐ chāyì ▶識別は容易ではない/个体辨别不容易 gètǐ biànbié bù róngyì

こだい【古代】 古代 gǔdài (英 *ancient times; antiquity*) ▶～の暮らしに興味がある/对古代的生活有兴趣 duì gǔdài de shēnghuó yǒu xìngqù ▶～史にロマンを求める人が多い/在古代史里追求浪漫的人很多 zài gǔdàishǐli zhuīqiú làngmàn de rén hěn duō

こだい【誇大な】 夸大 kuādà; 夸张 kuāzhāng (英 *exaggerated*) ▶～宣伝/夸张的宣传 kuāzhāng de xuānchuán; 吹嘘 chuīxū ▶～妄想/夸大妄想 kuādà wàngxiǎng ▶～妄想に取りつかれる/被夸大妄想迷住了心窍 bèi kuādà wàngxiǎng mízhùle xīnqiào ▶～広告で人をだます/用夸张的广告骗人 yòng kuāzhāng de guǎnggào piàn rén

ごたい【五体】 五体 wǔtǐ; 全身 quánshēn (英 *the whole body*) ▶～満足/五体完整 wǔtǐ wánzhěng; 全身健康 quánshēn jiànkāng ▶我が子は～満足に生まれた/我家的孩子五体完整地生了下来 wǒ jiā de háizi wǔtǐ wánzhěng de shēnglexiàlai

ごたいりく【五大陸】 五大洲 wǔ dàzhōu (英 *the five continents*)

こたえ【答え】 回答 huídá; 答案 dá'àn (英 *an answer*) ▶～を出す/解答 jiědá ▶～は明日このバットで出す/我用这根球棒给你一个回答 wǒ yòng zhè gēn qiúbàng gěi nǐ yí ge huídá ▶～が間違っている/回答错了 huídá cuò le ▶今月中には～を出さないといけない/本月之内要给答复 běn yuè zhīnèi yào gěi dáfù ▶それでは～になっていない/那是答非所问 nà shì dá fēi suǒ wèn; 你根本没有回答我的问题 nǐ gēnběn méiyǒu huídá wǒ de wèntí

こたえる【応える】 ❶〖恩義などに〗报答 bàodá(英 *respond*) ▶何とか期待に～ことができた/总算没有辜负期待 zǒngsuàn méiyǒu gūfù qīdài ❷〖身にしみる〗受不了 shòubuliǎo; 够戗 gòuqiàng(英 *come home*) ▶暑さが～/热得够戗 rède gòuqiāng; 热得受不了 rède shòubuliǎo ▶年をとると暑さが～/上了年纪的话, 太热就受不了 shàngle niánjì de huà, tài rè jiù shòubuliǎo ▶彼の批判が応えたよ/他的批评对我打击很大 tā de pīpíng duì wǒ dǎjī hěn dà

こたえる【堪える】 受得了 shòudeliǎo; 维持 wéichí(英 *stand*) ▶いつまで持ち堪えられるかな/能维持多久呢？ néng wéichí duōjiǔ ne? ▶この味は何度飲んでも堪えられないな/这个味道不管喝多少遍都不过瘾 zhège wèidao bùguǎn hē duōshao biàn dōu bú guòyǐn

こたえる【答える】〖問いに〗回答 huídá; 对答 duìdá(英 *answer; reply*) ▶質問に～/答复提问 dáfù tíwèn ▶10秒以内に答えよ/请在十秒以内回答 qǐng zài shí miǎo yǐnèi huídá ▶「はい」か「いいえ」で答えて下さい/请用"是"或"不是"回答 qǐng yòng "shì" huò "bú shì" huídá [参考]中国語で「はい」と答える時「是 shì」と言えば かなり改まったフォーマルなニュアンスを持つ. '对 duì' は相手の言っていることが正しいと認めることを意味し, '好 hǎo' は相手の提案や要求に賛成したり同意したりすることに使う.

こだかい【小高い】(英 *slightly elevated*) ▶丘の上から町を見下ろした/在小山坡上俯瞰城市 zài xiǎoshānpōshang fǔkàn chéngshì

こだから【子宝】 孩子 háizi; 宝宝 bǎobao(英 *children*) ▶3人もの～に恵まれた/生了三个孩子 shēngle sān ge háizi

ごたく【御託】 絮絮叨叨 xùxù dāodāo; 夸夸其谈 kuākuā qí tán(英 *a tedious talk*) ▶さんざん～を並べて帰っていった/絮叨了半天以后回去了 xùdaole bàntiān yǐhòu huíqù le

ごたごた ❶〖もめごと〗乱子 luànzi; 纠纷 jiūfēn; 争吵 zhēngchǎo(英 *trouble*) ▶あの家は～が絶えない/那家纠纷的事不断 nà jiā jiūfēn de shì búduàn ▶人事の～に巻き込まれる/被卷入人事纠纷中 bèi juǎnrù rénshì jiūfēn zhōng ▶遺産をめぐって～している/为了争遗产, 发生了纠纷 wèile zhēng yíchǎn, fāshēngle jiūfēn ▶こんなことで～言いたくない/为这种事我也不想多废话 wèi zhè zhǒng shì wǒ yě bù xiǎng duō fèihuà ❷〖混乱〗(英 *a mess*) ▶店先が～している/店前乱七八糟的 diàn qián luàn qī bā zāo de

こだし【小出しに】(英 *bit by bit*) ▶～にする/一点一点地拿出来 yìdiǎn yìdiǎn de náchūlai ▶～に使う〖金〗/零花 línghuā; 零用 língyòng ▶智恵を～にする/每次拿出一点儿主意来 měicì náchū yìdiǎn zhǔyi lái ▶金を～に使うからかえって不経済だ/零买零花, 反而不省钱 líng mǎi líng huā, fǎn'ér bù shěngqián

こだち【木立】 林子 línzi; 树丛 shùcóng; 小树林 xiǎoshùlín(英 *a clump of trees; a grove*)

木枯らしが～を吹きぬける/寒风吹过树林 hánfēng chuīguò shùlín ▶杉の下でバスを待った/在杉树林下等汽车 zài shānshùlínxia děng qìchē

こたつ【炬燵】 被炉 bèilú(英 *a kotatsu; the feet and legs warmer*) ▶～布団/被炉的被子 bèilú de bèizi ▶～に足を入れる/把脚伸进被炉里 bǎ jiǎo shēnjìn bèilúli ▶うちはもう～を入れているよ/我们家已经在烤被炉了 wǒmen jiā yǐjīng zài kǎo bèilú le ▶猫は～で丸くなる/猫蜷缩在被炉上 māo quánsuō zài bèilúshang

ごたつく 混乱 hùnluàn(英 *quarrel*) ▶入院騒ぎでごたついている/因为要住院, 所以乱成一团 yīnwèi yào zhùyuàn, suǒyǐ luànchéng yì tuán ▶人事はとかく～ものだ/人事问题总是最麻烦的 rénshì wèntí zǒngshì zuì máfan de

ごたぶん【御多分にもれず】 一般惯例 yìbān guànlì(英 *like the rest*) ▶～私も腹が出ている/我也毫不例外肚子胖得挺了起来 wǒ yě háobù lìwài dùzi pàngde tǐngleqǐlai

こだま【木霊】 回声 huíshēng; 回响 huíxiǎng(英 *an echo*) ▶むなしく～が返るのみだった/只有回声在空荡荡地回响 zhǐ yǒu huíshēng zài kōngdàngdàng de huíxiǎng ▶歌声が山に～した/歌声在山里回响 gēshēng zài shānli huíxiǎng

ごたまぜ【ごた混ぜ】 混杂 hùnzá; 搀杂 chānzá; 杂烩 záhuì(英 *a hodgepodge*) ▶～の杂乱 záluàn ▶～にする/混杂 hùnzá ▶柿やミカンが～になっている/柿子和橘子混在一起了 shìzi hé júzi hùnzài yìqǐ le ▶この文章は～の印象がある/这篇文章像个杂烩 zhè piān wénzhāng xiàng ge záhuì ▶いくつかの方言を～にして使う/把几种方言混在一起用 bǎ jǐ zhǒng fāngyán hùnzài yìqǐ yòng

こだわる 讲究 jiǎngjiu; 拘泥 jūnì; 固执 gùzhí(英 *be particular about...*) ▶形式に～/讲究形式 jiǎngjiu xíngshì ▶形式にこだわりすぎるよくない/太拘泥于形式不好 tài jūnì yú xíngshì bù hǎo ▶小さなミスにいつまでこだわっているんだ/你还要在小毛病上纠缠多久! nǐ hái yào zài xiǎomáobìngshang jiūchán duōjiǔ!

こちこち ❶〖頭が〗顽固 wángù; 生硬 shēngyìng(英 *stubborn*) ▶あいつは頭が～だから冗談が通じない/他太死板了, 开不了玩笑 tā tài sǐbǎnle, kāibuliǎo wánxiào ❷〖乾いて〗硬ying; 干巴 gānba(英 *dry and hard*) ▶餅が～になっている/糯米饼变得硬邦邦的了 nuòmǐbǐng biànde yìngbāngbāng de le ❸〖緊張して〗僵 jiāng; 僵硬 jiāngyìng(英 *tense*) ▶～になる/怯场 qièchǎng ▶見合の席で僕は～に固まっていた/在相亲席上, 我紧张得好像僵硬了似的 zài xiāngqīn xíshang, wǒ jǐnzhāngde hǎoxiàng jiāngyìngle shìde ❹〖凍って〗硬邦邦 yìngbāngbāng(英 *frozen*) ▶夜の間に雪は～に凍っていた/晚上雪冻得硬邦邦的了 wǎnshang xuě dòngde yìngbāngbāng de le

ごちそう【御馳走】 丰盛的菜 fēngshèng de

ごちゃごちゃ

肴饌 yáozhuàn; 盛情款待 shèngqíng kuǎndài (英 *a fine dish*; [もてなし] *a treat*) ▶今日は僕が～するよ/今天我请客 jīntiān wǒ qǐngkè ▶いろいろな～がでた/上了各种各样的好吃的菜肴 shàngle gè zhǒng gè yàng de hǎochī de càiyáo ~様〈御馳走になった時に〉吃好了 chīhǎo le; 吃饱了 chībǎo le; 承您款待了 chéng nín kuǎndài le;〈男女間の仲のよさを冷やかす〉瞧你们美的 qiáo nǐmen měi de ～になる 承蒙招待 chéngméng zhāodài ▶たいへん～になりました/太谢谢您的招待了 tài xièxie nín de zhāodài le ▶先生に鰻を～になった/老师请我吃了鳗鱼 lǎoshī qǐng wǒ chīle mányú

ごちゃごちゃ 凌乱 língluàn; 乱七八糟 luàn qī bā zāo (英 *messy*) ▶～した町並み/杂乱的街道 záluàn de jiēdào ▶～にする[なる]/弄得乱七八糟 nòngde luàn qī bā zāo ▶和書も洋書も～にする/日本书和外国书混在一起 Rìběnshū hé wàiguóshū hùnzài yìqǐ ▶～した町並みが続く/延伸着杂乱无章的街道 yánshēnzhe záluàn wúzhāng de jiēdào ▶頭の中が～になった/脑袋里面都乱成一团糟了 nǎodai lǐmiàn dōu luànchéng yì tuán zāo le ▶大勢の人が～集まっていた/很多人乱哄哄地聚在一起 hěn duō rén luànhōnghōng de jùzai yìqǐ

ごちゃまぜ【ごちゃ混ぜ】 搀杂 chānzá; 错杂 cuòzá (英 *a mess*) ▶～にする/搀杂 chānzá ▶経験者も未経験者も～にする/有经验的和没经验的都混在一起 yǒu jīngyàn de hé méi jīngyàn de dōu hùnzài yìqǐ

ごちょう【誇張する】 夸张 kuāzhāng; 浮夸 fúkuā; 夸大 kuādà (英 *exaggerate; overstate*) ▶彼の話は～が多い/他的话很夸张 tā de huà hěn kuāzhāng ▶成果が～して伝えられている/成果被夸大流传 chéngguǒ bèi kuādà liúchuán

ごちょう【語調】 语调 yǔdiào; 声调 shēngdiào; 腔调 qiāngdiào (英 *an accent; a tone*) ▶酔って～が怪しくなった/喝醉了腔调也怪了起来 hēzuìle qiāngdiào yě guàileqǐlai ▶ここで彼は～を強めた/在此他加强了语调 zài cǐ tā jiāqiángle yǔdiào

こちら 1【こっちの方】 这边 zhèbiān; 这里 zhèli (英 *this side*) ▶～へどうぞ/请到这边来 qǐng dào zhèbiān lái ▶山の～側は雨が多い/山的这边雨很多 shān de zhèbiān yǔ hěn duō 2【自分】 我们 wǒmen; 我 wǒ (英 *we; I*) ▶～から連絡します/我来联系 wǒ lái liánxì ▶あとで～から連絡します/过后我和你们联系 guòhòu wǒ hé nǐmen liánxì ▶～も仕事を回して下さいよ/你也把一些工作交给我们做吧 nǐ yě bǎ yìxiē gōngzuò jiāogěi wǒmen zuò ba ▶～こそお世話になりました/我才受到了你们的帮助 wǒ cái shòudàole nǐmen de bāngzhù 3【この人】 (英 *this*) ▶～は田中さんです/这位是田中先生 zhèwèi shì Tiánzhōng xiānsheng ▶その本は～にさし上げて下さい/请把这本书送给这位先生[女士] qǐng bǎ zhè běn shū sònggěi zhè wèi xiānsheng[nǚshì]

こぢんまり 小而整齐 xiǎo ér zhěngqí (英 *small and orderly*) ▶道沿いに～した農家があった/路边有一户小而整洁的农家 lùbiān yǒu yí hù xiǎo ér zhěngjié de nóngjiā

こつ 秘訣 mìjué; 诀窍 juéqiào; 窍门 qiàomén (英 *a knack*) ▶～をつかむ/找窍门 zhǎo qiàomén ▶彼は早くも商売の～をつかんだ/他早就掌握了做买卖的窍门 tā zǎojiù zhǎngwòle zuò mǎimài de qiàomén ▶コーヒーを入れるには～がある/煮咖啡有窍门 zhǔ kāfēi yǒu qiàomén ▶ベテランは～を心得ている/老手都掌握着诀窍 lǎoshǒu dōu zhǎngwòzhe juéqiào

こつ【骨】 (英 *a bone*;[遺骨] *ashes; remains*) ▶～上げする/捡骨灰 jiǎn gǔhuī

ごつい 粗大 cūdà; 粗糙 cūcāo (英 *rough; blunt*)

こっか【国花】 国花 guóhuā (英 *a national flower*) ▶日本の～は桜である/日本的国花是樱花 Rìběn de guóhuā shì yīnghuā

こっか【国家】 国家 guójiā (英 *a state; a country; a nation*) ▶～の未来は諸君の肩にかかっている/国家的前途就落在各位的肩上 guójiā de qiántú jiù luòzài gèwèi de jiānshang ▶～間の約束は破れない/国家之间的约定不能不遵守 guójiā zhījiān de yuēdìng bùnéng bù zūnshǒu ▶医師の～試験に通った/通过了医生的国家考试 tōngguòle yīshēng de guójiā kǎoshì ▶～公務員にもいろいろある/国家公务员也分成几种 guójiā gōngwùyuán yě fēnchéng jǐ zhǒng

こっか【国歌】 国歌 guógē (英 *the national anthem*) ▶五輪会場に～が流れる/奥林匹克的会场里响起了国歌 Àolínpǐkè de huìchǎngli xiǎngqǐle guógē ▶～にはそれぞれの歴史がある/国歌都有各自的由来 guógē dōu yǒu gèzì de yóulái ▶千秋楽には～を歌う/〈大相扑赛事最后一天的〉千秋乐唱国歌 (dàxiāngpū sàishì zuìhòu yì tiān de)qiānqiūlè chàng guógē

文化 中国の国歌《义勇军行进曲 Yìyǒngjūn xíngjìncí》(義勇軍行進曲)は田汉 Tián Hàn 作詞, 聂耳 Niè Ěr 作曲で, もともと1935年制作の《风云儿女 Fēngyún érnǚ》(風雲児女)という映画の主題歌.

こっかい【国会】 国会 guóhuì (英 *a national assembly*) ▶彼を～に送りこもうではないか/我们把他选进国会吧 wǒmen bǎ tā xuǎnjìn guóhuì ba ▶～のテレビ中継を見る/看国会的电视转播 kàn guóhuì de diànshì zhuǎnbō ▶～議員がまるで世襲制になっている/国会议员好像都成了世袭制的了 guóhuì yìyuán hǎoxiàng dōu chéngle shìxízhì de le

♦～議事堂/国会议事堂 guóhuì yìshìtáng; 国会大厦 guóhuì dàxià ～図書館/国会图书馆 guóhuì túshūguǎn

こづかい【小遣い】 零花钱 línghuāqián; 零用钱 língyòngqián (英 *pocket money*) ▶お婆さんに～をもらう/跟奶奶要零花钱 gēn nǎinai yào línghuāqián ▶～帳はつけているか/你记零花钱的账吗? nǐ jì línghuāqián de zhàng ma? ▶～稼ぎに英語を教えている/我教英语赚些零花钱 wǒ jiāo Yīngyǔ zhuàn xiē línghuāqián

こっかく【骨格】 骨格 gǔgé (英 a bone structure); [体格] physique ▶～標本/骨架标本 gǔgé biāoběn ▶建物の～が完成した/建筑的构架已经建成了 jiànzhù de gòujià yǐjīng jiànchéng le ▶チームの～はでき上がった/运动队的骨架形成了 yùndòngduì de gǔgé xíngchéng le ▶～たくましく育つ/苗壮地成长 zhuózhuàng de chéngzhǎng

こっかん【酷寒】 严寒 yánhán (英 severe cold) ▶～の地/冰天雪地 bīng tiān xuě dì ▶～の地で研究を進める/在严寒的地方进行研究 zài yánhán de dìfang jìnxíng yánjiū ▶～に耐えて咲く花もある/也有冒着严寒开放的花朵 yě yǒu màozhe yánhán kāifàng de huāduǒ

ごっかん【極寒】 严寒 yánhán (英 the coldest season) ▶～のさなかに滝に打たれる/在严寒之中让瀑布冲洗身躯 zài yánhán zhīzhōng ràng pùbù chōngxǐ shēnqū ▶～を冒して漁に出る/冒着严寒出去打鱼 màozhe yánhán chūqù dǎyú

こっき【克己】 克己 kèjǐ (英 self-control) ▶～心/克己精神 kèjǐ jīngshén

こっき【国旗】 国旗 guóqí (英 a national flag) ▶～を掲揚、悬挂国旗 xuánguà guóqí ▶～を先頭に選手団が入場する/以国旗打头, 选手团入场 yǐ guóqí dǎtóu, xuǎnshǒutuán rùchǎng ▶～が風にはためく/国旗随风飘舞 guóqí suí fēng piāowǔ

> 文化 中国の国旗は'五星红旗 Wǔxīng Hóngqí'という. 地の赤は革命を表し, 五つの黄色い星のうち, 大きい星は中国共産党を表し, その横にある小さな四つの星はそれぞれ労働者, 農民, 都市プチブル, 民族ブルジョワジーを表す.

こっきょう【国教】 国教 guójiào (英 a state religion)

こっきょう【国境】 国境 guójìng; 边境 biānjìng; 边界 biānjiè (英 the border) ▶～を越える/越过国境 yuèguò guójìng ▶今日自転車で～を越えた/今天骑着自行车跨越了国境 jīntiān qízhe zìxíngchē kuàyuèle guójìng ▶～を侵犯する/侵犯国境 qīnfàn guójìng ▶～紛争/边界争端 biānjiè zhēngduān ▶～紛争のため入国できない/因为有国境线的争端, 不能入境 yīnwèi yǒu guójìngxiàn de zhēngduān, bùnéng rùjìng ▶中国と～を接する国々はいくつあるか/和中国国境接壤的国家有多少? hé Zhōngguó guójìng jiērǎng de guójiā yǒu duōshao? ▶～が緊張している/国境线很紧张 guójìngxiàn hěn jǐnzhāng ▶～線が極端に長い/国境线极端漫长 guójìngxiàn jíduān màncháng

こっく【刻苦する】 刻苦 kèkǔ (英 work hard) ▶～勉励/刻苦勤奋 kèkǔ qínfèn; 吃苦耐劳 chīkǔ nàiláo ▶～勉励の甲斐があった/刻苦勤奋有了成效 kèkǔ qínfèn yǒule chéngxiào ▶若者の

～する姿は貴い/年轻人奋斗的风采很高尚 niánqīngrén fèndòu de fēngcǎi hěn gāoshàng

コック【料理人】 厨师 chúshī; 大师傅 dàshīfu (英 a cook) ▶赤坂ホテルの～長を勤めている/我在赤坂宾馆做厨师长 wǒ zài Chìbǎn bīnguǎn zuò chúshīzhǎng

こづく【小突く】 ❶【つつく】捅 tǒng; 戳 chuō (英 poke) ▶ひじで～/用胳膊肘儿捅 yòng gēbozhǒu tǒng ▶ひじで小突いて起こしてやった/用胳膊肘捅了捅, 叫醒了他 (他) yòng gēbozhǒu tǒngle tǒng, jiàoxǐng le(tā) ❷【いじめる】欺负 qīfu; 折磨 zhémo (英 rough up) ▶弱い者を～とは卑怯だぞ/欺负弱者是卑鄙的 qīfu ruòzhě shì bēibǐ de

コックピット 驾驶室 jiàshǐshì;〈戰闘機の〉战机座舱 zhànjī zuòcāng (英 a cockpit) ▶一度～に座ってみたい/盼望能在(飞机)驾驶席上坐一次 pànwàng néng zài(fēijī)jiàshǐxíshang zuò yí cì

こっくり ▶～うなずく/点头 diǎntóu ▶その子は～うなずいた/那个孩子点了点头 nàge háizi diǎnle diǎntóu ▶彼女は～とうなずいて挨拶した/她点头打了打招呼 tā diǎntóu dǎle zhāohu

こっくりこっくりする 打盹儿 dǎdǔnr (英 dose) ▶午後の授業はつい～する/下午上课, 不由自主地就打起盹儿来了 xiàwǔ shàngkè, bù yóu zìzhǔ de jiù dǎqǐ dǔnr lái le

こっけい【滑稽な】 好笑 hǎoxiào; 滑稽 huájī (英 funny) ▶～な話/可笑的话 kěxiào de huà ▶父が語る～な話に笑いころげた/父亲说的滑稽话让我笑得前仰后合 fùqin shuō de huájīhuà ràng wǒ xiàode qián yǎng hòu hé ▶彼の言いわけが～だった/他的解释很滑稽 tā de jiěshì hěn huájī

こっけいせつ【国慶節】 国庆节 Guóqìngjié (10月1日) (英 the Anniversary of the Founding of the people's Republic China)

こっけん【国権】 国家权力 guójiā quánlì; 统治权 tǒngzhìquán (英 state power) ▶～を発動する/行使国家权力 xíngshǐ guójiā quánlì

こっこ【国庫】 国库 guókù (英 the National Treasury) ▶～に入れる/收归国库 shōuguī guókù ▶没収資産は～に入れる/没收的资产都收归国库 mòshōu de zīchǎn dōu shōuguī guókù ▶経費は～で負担する/经费由国库负担 jīngfèi yóu guókù fùdān

♦ ～補助金/国库辅助金 guókù fǔzhùjīn

-ごっこ ▶鬼～を見かけなくなった/捉迷藏的游戏很少见了 zhuō mícáng de yóuxì hěn shǎojiàn le ▶園児たちの銀行～/幼儿园孩子们玩的银行家游戏 yòu'éryuán háizimen wán de yínhángjiā yóuxì

こっこう【国交】 邦交 bāngjiāo; 国交 guójiāo (英 diplomatic relations) ▶～を結ぶ/缔结邦交 dìjié bāngjiāo ▶隣国と～を結ぶ運びとなった/即将和邻国达成邦交 jíjiāng hé línguó dáchéng bāngjiāo ▶～を絶つ/断绝邦交 duànjué bāng-

ごつごうしゅぎ

jiāo ▶ ～の回復/恢复邦交 huīfù bāngjiāo ▶ ～の回復が氏の悲願だった/恢复邦交是他的夙愿 huīfù bāngjiāo shì tā de sùyuàn ▶ ～の正常化/邦交正常化 bāngjiāo zhèngchánghuà ▶ ようやく～の正常化が実現した/终于实现了邦交的正常化 zhōngyú shíxiànle bāngjiāo de zhèngchánghuà

ごつごうしゅぎ【御都合主義】 机会主义 jīhuì zhǔyì (英 *opportunism*) ▶ 大国の～に振りまされる/被大国的机会主义所捉弄 bèi dàguó de jīhuì zhǔyì suǒ zhuōnòng ▶ また会長の～が出た/会长的机会主义又来了 huìzhǎng de jīhuì zhǔyì yòu lái le

こっこく【刻刻】 一时一刻 yìshí yíkè; 一刻一刻 yíkè yíkè (英 *every moment*〔*hour*〕) ▶ 臨終の時が～と近づいていた/死神一刻一刻地逼近了 sǐshén yíkè yíkè de bījìn le

こつこつ 埋头苦干 máitóu kǔgàn (英 *steadily*) ▶ ～貯める/埋头积蓄 máitóu jīxù ▶ ～努力する/孜孜不倦 zīzī bú juàn ▶ ～貯めて家を建てる/一点点攒钱, 盖了房子 yìdiǎndiǎn cuán qián, gàile fángzi ▶ ～働く人は貴重だ/勤勤恳恳工作的人很可贵 qínqínkěnkěn gōngzuò de rén hěn kěguì ▶ ～勉強する/脚踏实地地学习 jiǎo tà shí dì de xuéxí

ごつごつ (英 *rugged*) ▶ 応対に出たのは～した感じの男だった/出来接待的是一个感觉粗鲁的男人 chūlái jiēdài de shì yí ge gǎnjué cūlǔ de nánrén ▶ 母は～した手で撫でてくれた/母亲用粗糙的手抚摸着我 mǔqin yòng cūcāo de shǒu fǔmōzhe wǒ

こっし【骨子】 大要 dàyào; 要旨 yàozhǐ; 框架 kuàngjià (英 *the main point; the gist*) ▶ 論文の～はだいたいまとまった/论文的骨架基本上成型了 lùnwén de gǔjià jīběnshang chéngxíng le

こつずい【骨髄】〔解〕 骨髄 gǔsuǐ (英 *the bone marrow*) ▶ 恨み～に徹する/恨之入骨 hèn zhī rù gǔ ▶ ～移植を受ける/接收骨髓移植手术 jiēshōu gǔsuǐ yízhí shǒushù
◆～バンク ～に登録する/在"骨髓银行"登记 zài "gǔsuǐ yínháng" dēngjì

こっせつ【骨折する】 骨折 gǔzhé (英 *fracture*) ▶ 複雑～で処置が手間取った/因为是粉碎性骨折, 治疗很费事 yīnwèi shì fěnsuìxìng gǔzhé, zhìliáo hěn fèishì ▶ ～の有無を調べる/检查是否骨折了 jiǎnchá shìfǒu gǔzhé le ▶ 転倒で足をする/摔了一交, 腿骨折了 shuāile yì jiāo, tuǐgǔ zhé le

こつぜん【忽然と】 忽然 hūrán (英 *suddenly*) ▶ ～と現れる/忽然出现 hūrán chūxiàn ▶ 男は～と現れ～と消えた/他突然出现, 又突然消失了 tā tūrán chūxiàn, yòu tūrán xiāoshī le

こつそしょうしょう【骨粗鬆症】〔医〕 骨质疏松症 gǔzhì shūsōngzhèng (英 *osteoporosis*) ▶ ～が相当に進んでいる/骨质疏松相当严重了 gǔzhì shūsōng xiāngdāng yánzhòng le

こっそり 偷偷 tōutōu; 暗暗 àn'àn; 悄悄 qiāo-qiāo (英 *quietly; secretly*) ▶ 彼はその壷を～と持ちだした/他偷偷地把那个瓷瓶拿走了 tā tōutōu de bǎ nàge cípíng názǒu le ▶ 審査の経過を～知らせる/偷偷地告诉审查的经过 tōutōu de gàosu shěnchá de jīngguò ▶ 彼は裏口から～逃げ出した/他从后门悄悄地逃出来了 tā cóng hòumén qiāoqiāo de táochūlái le

ごっそり 全部 quánbù; 精光 jīngguāng (英 *entirely; completely*) ▶ ～盗まれる/被偷得精光 bèi tōude jīngguāng ▶ 工事の資材を～盗まれる/工程的材料被偷得一干二净 gōngchéng de cáiliào bèi tōude yì gān èr jìng

ごったがえす【ごった返す】 杂乱无章 záluàn wú zhāng; 拥挤不堪 yōngjǐ bùkān (英 〔人で〕 *be very crowded;* 〔物が〕 *be cluttered*) ▶ 境内は人でごった返していた/神社境内人山人海 shénshè jìngnèi rén shān rén hǎi

ごったに【ごった煮】 大杂烩 dàzáhuì (英 *a hodgepodge; a potpourri*) ▶ 今夜は～にしようか/今天吃大杂烩怎么样? jīntiān chī dàzáhuì zěnmeyàng? ▶ まるで～のような顔ぶれだね/真是鱼龙混杂, 什么人都有 zhēn shì yú lóng hùn zá, shénme rén dōu yǒu

こっち【此方】 (英 *here; this way*) ▶ こうなりゃ勝利は～のもんだ/这样, 胜利就是我们的了 zhèyàng, shènglì jiù shì wǒmen de le ▶ あっち～ひっぱり回す/带着(他)去这儿去那儿 dàizhe (tā) qù zhèr qù nàr ▶ 僕は～がいい/我喜欢这个 wǒ xǐhuan zhège

こづち【小槌】 小棒槌 xiǎobàngchuí (英 *a mallet*) ▶ ～は打ち出の～ではないんだよ/爸爸可不是摇钱树 bàba kě bú shì yáoqiánshù

ごっちゃ 混同 hùntóng; 混杂 hùnzá ▶ 神と仏を～にするな/别把神和佛混为一谈 bié bǎ shén hé fó hùnwéi yì tán ▶ 徹夜続きで夜と昼が～になり/老是熬夜, 白天和晚上部分不清了 lǎoshì áoyè, báitiān hé wǎnshang dōu fēnbuqīng le

こつつぼ【骨壷】 骨灰盒 gǔhuīhé; 骨灰罐 gǔhuīguàn (英 *an urn*) ▶ 息子は～になって帰ってきた/儿子化成骨灰回来了 érzi huàchéng gǔhuī huílái le ▶ ～を納める/把骨灰放进墓地里 bǎ gǔhuī fàngjìn mùdìli

こづつみ【小包】 包裹 bāoguǒ (邮便) (英 *a parcel*) ▶ ～を送る/寄包裹 jì bāoguǒ ▶ 故郷の友に～を送る/给故乡的朋友寄包裹 gěi gùxiāng de péngyou jì bāoguǒ ▶ 母から～で松茸が届いた/妈妈给我寄来了松茸 māma gěi wǒ jìláile sōngróng

こってり ❶〔味が〕 浓 nóng; 油腻 yóunì (英 *richly; heavily*) ▶ ～した味/味道浓 wèidao nóng ▶ この～した味がたまらない/这个浓厚的味道真好吃 zhège nónghòu de wèidao zhēn hǎochī ❷〔ひどく〕 (英 *severely*) ▶ ～としぼられた/被狠狠地训了一顿 bèi hěnhěn de xùnle yí dùn

こっとう【骨董】 古董 gǔdǒng; 古玩 gǔwán; 骨董 gǔdǒng (英 *an antique*) ▶ あいつは～に目

がない/他特别喜欢古董 tā tèbié xǐhuan gǔdǒng ▶~を鑑定する/鉴定古董 jiàndìng gǔdǒng ▶~屋/古玩商店 gǔwán shāngdiàn ▶~屋を営む/在温泉乡经营古董店 zài wēnquánxiāng jīngyíng gǔdǒngdiàn ▶あの人はもはや一品ですよ/那个人已经是老古董了 nàge rén yǐjing shì lǎogǔdǒng le ▶~品の時計/古董手表 gǔdǒng shǒubiǎo
◆~収集家:古董收藏家 gǔdǒng shōucángjiā

コットン〖植物〗棉花 miánhuā; 棉布 miánbù (英 cotton) ▶~パンツ/棉布裤子 miánbù kùzi

こつなんかしょう【骨軟化症】〖医〗软骨病 ruǎngǔbìng

こつにく【骨肉】骨肉 gǔròu; 骨血 gǔxuè (英 one's own flesh and blood; blood relatives) ▶~の争い/骨肉相残 gǔròu xiāngcán ▶遺産をめぐって~の争いが始まった/为了遗产开始了骨肉之争 wèile yíchǎn kāishǐle gǔròu zhī zhēng

こっぱみじん【木端微塵】碎片 suìpiàn; 粉末 fěnmò (英 a chip; a splinter) ▶土器は~に砕けた/土器粉碎了 tǔqì fěnsuì le ▶あんなチーム、~に打ち砕いてやる/像那样的球队、我要把他们打得一败涂地 xiàng nàyàng de qiúduì, wǒ yào bǎ tāmen dǎde yí bài tú dì

こつばん【骨盤】〖解〗骨盆 gǔpén (英 the pelvis)

こっぴどく厉害 lìhai; 狠狠 hěnhěn (英 harshly; severely) ▶~叱る/臭骂 chòumà ▶~殴る/毒打 dúdǎ ▶おやじに~叱られた/被父亲狠狠地骂了一顿 bèi fùqin hěnhěn de màle yí dùn ▶みんなが俺を~批判する/大家都很严厉地批评我 dàjiā dōu hěn yánlì de pīpíng wǒ

こつぶ【小粒】小粒 xiǎolì (英 a small grain) ▶俺は人間が~だからなあ/我这个人只是个小人物 wǒ zhège rén zhǐ shì ge xiǎorénwù ▶山椒は~でぴりりと辛い/花椒虽小但很辣 huājiāo suī xiǎo dàn hěn là

コップ杯子 bēizi; 玻璃杯 bōlibēi (英 a glass) ▶あんな紛争は~の中の嵐だ/那种斗争不过像是在茶杯里起风浪 nà zhǒng dòuzhēng búguò xiàng shì zài chábēili qǐ fēnglàng ▶~で酒をあおる/用大杯子喝酒 yòng dàbēizi hē jiǔ ▶~1杯の水をごくごくと飲んだ/一口气喝光了一杯子水 yìkǒuqì hēguāngle yì bēizi shuǐ

こつまく【骨膜】〖解〗骨膜 gǔmó (英 the periosteum) ▶~炎/骨膜炎 gǔmóyán

こづれ【子連れで】带着孩子 dàizhe háizi (英 with one's child) ▶~同士で再婚する/两个有孩子的人再婚 liǎng ge yǒu háizi de rén zàihūn ▶娘が~で戻ってきた/女儿带着孩子回来了 nǚ'ér dàizhe háizi huílái le

ごつんと(英 with a thump) ▶頭を柱に~ぶつけた/头一下子撞在柱子上 tóu yíxiàzi zhuàngzài zhùzishang

こて【鏝】**❶**〖左官用具〗抹子 mǒzi (英 a trowel) ▶~で壁を塗る/用抹子抹墙 yòng mǒzi mǒ qiáng **❷**〖はんだ〗焊烙铁 hànlàotiě (英 soldering iron) hàn lào tiě **❸**〖整髪用アイロン〗烫发钳 tàngfàqián (英 a curling iron) ▶~をあててウェーブをかける/用烫发钳烫卷发 yòng tàngfàqián tàng juǎnfà

ごて【後手】后手 hòushǒu (英 the defensive hand)(围棋, 将棋)
~に回る 陷于被动 xiànyú bèidòng; 晚了一步 wǎnle yí bù ▶対策が~に回る/对策晚了一步 duìcè wǎnle yí bù

こてい【固定する】固定 gùdìng (英 fix; settle; anchor) ▶~客/常客 chángkè ▶~観念/成规 chéngguī; 固定观念 gùdìng guānniàn ▶~観念に縛られている/被固定观念束缚 bèi gùdìng guānniàn shùfù ▶~資産/固定资产 gùdìng zīchǎn ▶~資産には税金がかかる/固定资产要上税 gùdìng zīchǎn yào shàngshuì ▶~客が増えはじめた/固定客人开始增加了 gùdìng kèrén kāishǐ zēngjiā le ▶書架を壁に~する/把书架固定在墙壁上 bǎ shūjià gùdìng zài qiángbìshang ▶彼には4万票の~票がついている/他拥有四万张固定选票 tā yōngyǒu sìwàn zhāng gùdìng xuǎnpiào

こてき【鼓笛】鼓和笛子 gǔ hé dízi (英 a drum and a fife)
◆~隊:鼓笛队 gǔdíduì ▶少女たちの~隊が通っていった/少女们的鼓笛队通过了 shàonǚmen de gǔdíduì tōngguò le

ごてごて厚厚的 hòuhòu de (英 excessively) ▶~飾り付ける/装饰得太过分 zhuāngshìde tài guòfèn ▶~化粧した顔が気持ち悪かった/脸上浓妆艳抹的, 看着不舒服 liǎnshang nóng zhuāng yàn mǒ de, kànzhe bù shūfu

こてさき【小手先】小技巧 xiǎojìqiǎo (英 the hand) ▶~が器用である/很有点小技巧 hěn yǒu diǎn xiǎojìqiǎo ▶~のごまかしでは通用しない/耍小手腕是行不通的 shuǎ xiǎoshǒuwàn shì xíngbùtōng de

こてしらべ【小手調べをする】小试身手 xiǎoshì shēnshǒu (英 have a try) ▶~に一曲弾いてみよう/我来弹上一曲, 小试一下身手 wǒ lái tánshàng yì qǔ, xiǎoshì yíxià shēnshǒu

コデマリ【小手毬】〖植物〗麻叶绣线菊 máyè xiùxiànjú (英 a spirea)

こてん【古典】古典 gǔdiǎn (英 a classic; classical literature) ▶~としての価値がある/作为古典具有价值 zuòwéi gǔdiǎn jùyǒu jiàzhí ▶そういう~の手法はもう飽きられている/这种老一套的手法人们已经看腻了 zhè zhǒng lǎoyítào de shǒufǎ rénmen yǐjing kànnì le
◆~音楽:古典音乐 gǔdiǎn yīnyuè　~主義:古典主义 gǔdiǎn zhǔyì　~文学:古典文学 gǔdiǎn wénxué ▶西洋の~文学を専攻したい/我想专攻西方古典文学 wǒ xiǎng zhuāngōng xīfāng gǔdiǎn wénxué

こてん【個展】个人展览会 gèrén zhǎnlǎnhuì (英 a private exhibition) ▶~を開く/举办个人展览会 jǔbàn gèrén zhǎnlǎnhuì ▶銀座の画廊

で～を開く/在银座的画廊开个展 zài Yínzuò de huàláng kāi gèzhǎn

ごてん【御殿】 宫殿 gōngdiàn; 豪宅 háozhái; 府邸 fǔdǐ (英 *a palace*) ▶～のような家に住む/住在像宫殿般的宅子里 zhùzài xiàng gōngdiàn bān de zháizili ▶あの歌手の屋敷は三島～と呼ばれている/那个歌手的家被叫做三岛宫殿 nàge gēshǒu de jiā bèi jiàozuò Sāndǎo gōngdiàn

ごてんごてんに 彻底 chèdǐ; 体无完肤 tǐ wú wán fū (英 *mercilessly*) ▶～にやられた/惨败 cǎnbài ▶今日は杉本が～にやられた/今天杉本真是体无完肤 jīntiān Shānběn zhēn shì tǐ wú wán fū

こてんぱん 落花流水 luò huā liú shuǐ (英 *mercilessly*) ▶～に負けた/惨败 cǎnbài ▶東大は法大に～に負けた/东大被法大打得一败涂地 Dōngdà bèi Fǎdà dǎde yí bài tú dì ▶合評会で～にたたかれた/在联合评论会我被狠狠批评了 zài liánhé pínglùnhuì wǒ bèi hěnhěn de pīpíng le

こと【古都】 故都 gùdū; 古都 gǔdū (英 *an ancient sity*) ▶この菓子には～の香りがある/这个点心有古都的风情 zhège diǎnxin yǒu gǔdū de fēngqíng ▶～を歩く/漫步古都 mànbù gǔdū

こと【事】 事情 shìqing (英 *a matter*; [事情] *circumstances*) ▶よくない～/勾当 gòudang ▶～よくない～と知りながらやってしまった/虽然知道不是好事，还是做了 suīrán zhīdào bú shì hǎoshì, háishi zuò le ▶大した～はない/没什么 méi shénme; 不碍事 bú àishì ▶日本に行った～がある/去过日本 qùguo Rìběn ▶次第によっては/看情况 kàn qíngkuàng ▶なに～/什么事? shénme shì? ▶この子はしゃべる～ができない/这个孩子不会说话 zhège háizi búhuì shuō huà ▶午後には着くとの～だった/说是下午到达 shuō shì xiàwǔ dàodá ▶君の知った～じゃない/不用你管 búyòng nǐ guǎn ▶ここに至ってはもう引き返せない/事到如今，已经没有办法后退了 shì dào rújīn, yǐjing méiyǒu bànfǎ hòutuì le ▶携帯は使わない～/我不用手机 wǒ bù yòng shǒujī ▶何も驚く～はない/没什么可大惊小怪的 méi shénme kě dà jīng xiǎo guài de ▶運動会は～なく済んだ/运动会平安结束了 yùndònghuì píng'ān jiéshù le ▶彼は～もなげに言った/他若无其事地说 tā ruò wú qí shì de shuō ▶～によると知らないのかもしれない/说不定他也不知道 shuōbudìng tā yě bù zhīdào ▶～を分けて話す/把事情分开讲 bǎ shìqing fēnkāi jiǎng ▶な～も～を構えるつもりはないんだ/我也不是小题大作 wǒ yě bú shì xiǎo tí dà zuò ▶署員総出で～に当たった/署员全体总动员处理事情 shǔyuán quántǐ zǒngdòngyuán chǔlǐ shìqing

こと【異にする】 不同 bùtóng; 有区别 yǒu qūbié (英 *differ from...*) ▶税務署とは見解を～にする/和税务局的看法不一样 hé shuìwùjú de kànfǎ bù yíyàng

こと【琴】 筝 zhēng; 古琴 gǔqín (英 *a koto*; *a traditional Japanese harp*) ▶～を弾く/弹琴 tán qín ▶竹藪ごしに～の音が漏れてくる/透过竹林传来了琴声 tòuguò zhúlín chuánláile qínshēng

こと【糊塗する】 敷衍 fūyǎn; 掩饰 yǎnshì; 搪塞 tángsè (英 *patch up*) ▶失敗を～する/掩饰失败 yǎnshì shībài

> 日中比较 中国語の 'hútu 糊涂' は「間抜けな, でたらめな」の意.

-ごと 连……一起 lián…yìqǐ (英 *together with...*) ▶皮～油で揚げる/带皮炸 dài pí zhá ▶丸～食べる/整个地吃 zhěnggè de chī

-ごと【-毎に】 每 měi (英 *every*; *each*) ▶一時間～に気温を測る/每一个小时测一次气温 měi yí ge xiǎoshí cè yí cì qìwēn ▶日～に寒くなる/一天比一天冷 yì tiān bǐ yì tiān lěng ▶二週間～に交替する/每两周交替一次 měi liǎngzhōu jiāotì yí cì ▶一週間～に届けてくる/每星期送来 měi xīngqī sònglái ▶家～に伝えて歩く/向每家每户传达 xiàng měijiā měihù chuándá ▶一雨～に蕾がふくらむ/每下一场雨，花蕾就会长大 měi xià yì cháng yǔ, huālěi jiù huì zhǎngdà ▶彼は会う～に不平を言う/每次见到他，他都在抱怨 měi cì jiàndào tā, tā dōu zài bàoyuàn

ことう【孤島】 孤岛 gūdǎo (英 *a solitary island*) ▶陸の～/交通不便的僻壤 jiāotōng búbiàn de pìrǎng ▶陸上の孤島 lùdìshang de gūdǎo ▶村は陸の～と化した/村子变成了陆地上的孤岛了 cūnzi biànchéngle lùdìshang de gūdǎo le ▶彼らは～に漂着した/他们漂流到孤岛上 tāmen piāoliúdào gūdǎoshang le

こどう【鼓動する】 跳动 tiàodòng; 搏动 bódòng; 脉搏 màibó (英 *beat*; *pulsate*) ▶心臓の～/心脏的搏动 xīnzàng de bódòng ▶新時代の～が聞こえる/触摸到新时代的脉搏 chùmōdào xīnshídài de màibó ▶カフェインは心臓の～を速くする/咖啡因加快心脏的跳动 kāfēiyīn jiākuài xīnzàng de tiàodòng

ごとう【語頭】 词头 cítóu (英 *the beginning of a word*)

ごとう【誤答】 误答 wùdá; 答错 dácuò (英 *a wrong answer*)

こどうぐ【小道具】 小工具 xiǎogōngjù; 小道具 xiǎodàojù (英 *(stage) properties*) ▶劇団で～を担当する/在剧团担任小道具 zài jùtuán dānrèn xiǎodàojù

ことかく【事欠く】 缺乏 quēfá (英 *lack*) ▶明日の米にも～ありさまだ/都到了家无隔夜粮的地步了 dōu dàole jiā wú géyèliáng de dìbù le ▶言うに事欠いて「このボケ」とは何だ/太过分了，你怎么能说 "这个浑蛋" 呢! tài guòfènle, nǐ zěnme néng shuō "Zhège húndàn" ne!

事欠かない 不乏 bùfá ▶人材には事欠かない/不缺乏人材 bù quēfá réncái

ことがら【事柄】 事情 shìqing (英 *a matter*; *an affair*) ▶私の手に余る～だ/这件事情我处理不好 zhè jiàn shìqing wǒ chǔlǐbuhǎo ▶～をわ

きまえて物を言え/你先弄明白了再说话 nǐ xiān nòng míngbaile zài shuōhuà

こどく【孤独な】 孤独 gūdú；孤寡 gūguǎ；寂寞 jìmò（英 solitary; lonely）▶彼は異郷で〜と闘っていた/他在异乡和孤独斗争 tā zài yìxiāng hé gūdú dòuzhēng ▶私は会社でも〜だった/我在公司也很孤独 wǒ zài gōngsī yě hěn gūdú ▶老後の〜な暮らしを想像してみる/想像老后孤独的生活 xiǎngxiàng lǎohòu gūdú de shēnghuó

ごどく【誤読する】 读错 dúcuò；误解 wùjiě（英 misread）▶「山木」を「山本」と〜する/把"山木"误读成"山本" bǎ "Shānmù" wùdúchéng "Shānběn" ▶手紙の趣旨を〜する/误解了信的意思 wùjiěle xìn de yìsi

ごとごと（英 rattling）▶ローカル列車が〜走る/乡间火车在咯噔咯噔地奔走 xiāngjiān huǒchē zài gēdēng gēdēng de bēnzǒu

ことごとく【悉く】 一概 yígài，一切 yíqiè（英 entirely; wholly）▶予言は〜外れた/预言全都落空了 yùyán quándōu luòkōng le

ことごとに【事毎に】 每件事 měi jiàn shì（英 in everything; in every attempt）▶彼は僕に〜意地悪した/他凡事总会我使坏 tā fánshì zǒng gěi wǒ shǐhuài

ことこまかに【事細かに】 详尽 xiángjìn；仔细 zǐxì；详细 xiángxì（英 in detail; minutely）▶交渉の経過を〜説明した/我仔细说明了交涉的经过 wǒ zǐxì shuōmíngle jiāoshè de jīngguò

ことさら【殊更】 ❶『わざと』故意 gùyì（英 on purpose）▶あいつは〜カタカナ語を使う/他特别喜欢用片假名的外来词汇 tā tèbié xǐhuan yòng piànjiǎmíng de wàilái cíhuì ❷『特に』特意 tèyì（英 especially）▶取り上げる事でもないのですが…/也没什么要特别提出来的… yě méi shénme yào tèbié tíchūlai de…

ことし【今年】 今年 jīnnián（英 this year）→こんねん（今年）▶〜は還暦を迎える/今年就是我的花甲元年了 jīnnián jiù shì wǒ de huājiǎ yuánnián le ▶〜に賭けていたのだがだめだった/我把希望寄托在今年，但是还是不行 wǒ xīwāng jìtuō zài jīnnián, dànshì háishi bùxíng ▶〜は西軍が勝つだろう/今年西军会胜利吧 jīnnián xījūn huì shènglì ba

-ごとし 如 rú；像 xiàng；似的 …síde（英 seem）▶光陰矢の〜/光阴似箭 guāng yīn sì jiàn ▶前述の〜/如前所述 rú qián suǒ shù ▶星のごとくきらめく/如星光般地闪烁 rú xīngguāng bān de shǎnshuò

ことたりる【事足りる】 够用 gòuyòng；足够 zúgòu（英 be sufficient）▶100万円もあれば十分/有一百万日元就是够了 yǒu yìbǎi wàn Rìyuán jiùshì gòu le ▶読み書きができれば—仕事です/这是一个只要认识字就可以胜任的工作 zhè shì yí ge zhǐyào rènshi zì jiù kěyǐ shèngrèn de gōngzuò

ことづかる【言付かる】 托付 tuōfù；受托 shòutuō；托给 tuōgěi（英 be asked to give [tell]…）▶彼から君へのプレゼントを言付かってきたよ/他托付我送礼物转交给你 tā tuōfù wǒ bǎ lǐwù zhuǎnjiāo gěi nǐ

ことづけ【言付け】 口信 kǒuxìn（英 a message）▶〜を頼む/托带口信 tuōdài kǒuxìn ▶弟に母への〜を頼む/让弟弟给母亲带口信 ràng dìdi gěi mǔqin dài kǒuxìn ▶お〜がございますか/您有留言吗? nín yǒu liúyán ma?

ことづける【言付ける】 转告 zhuǎngào；捎带口信 shāodài kǒuxìn；委托 wěituō（send… by ～）▶彼にみやげを言付けたから受け取ってくれ/我让他转交给你一件土特产，请收下 wǒ ràng tā zhuǎnjiāo gěi nǐ yí jiàn tǔtèchǎn, qǐng shōuxià

ことづて【言伝】 ❶『伝言』口信 kǒuxìn；转达 zhuǎndá（英 a message）❷『伝え聞いたこと』传闻 chuánwén（英 rumor）▶〜たしかに彼に伝えました/我准确地把你的留言转告他了 wǒ zhǔnquè de bǎ nǐ de liúyán zhuǎngào tā le ▶〜に耳にしてはいるが…/我虽然听到过一些传闻，wǒ suīrán tīngdàoguò yìxiē chuánwén…

ことなかれ【事勿れ】 ▶〜主義 消极主义 xiāojí zhǔyì；得过且过 dé guò qiě guò；多一事不如少一事 duō yí shì bùrú shǎo yí shì ▶会長は〜主義なんだよ/会长总是想多一事不如少一事 huìzhǎng zǒngshì xiǎng duō yí shì bùrú shǎo yí shì

ことなる【異なる】 不同 bùtóng；不一样 bù yíyàng；两样 liǎngyàng（英 differ; be different）▶風習は地域によって〜/风俗因地区不同而各异 fēngsú yīn dìqū bùtóng ér gè yì；十里不同风 shí lǐ bù tóng fēng ▶あなたとは異なった見解をもっている/我和你有不同的见解 wǒ yǔ nǐ yǒu bùtóng de jiànjiě

ことに【殊に】 特别 tèbié；格外 géwài；尤其 yóuqí（英 especially; in particular）▶この句が〜すばらしい/这个俳句格外出色 zhège páijù géwài chūsè ▶今日は—痛みがひどい/今天特别疼 jīntiān tèbié téng

ことのほか【殊の外】 格外 géwài；意外 yìwài；极端地 jíduānde（英 exceedingly）▶今日は—気分がよい/今天精神分外好 jīntiān jīngshen fènwài hǎo ▶僕は星の動きに〜興味がある/我对星星的变化特别感兴趣 wǒ duì xīngxing de biànhuà tèbié gǎn xìngqù

ことば【言葉】 话 huà；话语 huàyǔ；言语 yányǔ（英 language；[語] a word；[表現] an expression）▶話し〜と書き〜/口语和书面语 kǒuyǔ hé shūmiànyǔ ▶売り〜に買い〜/你来一言我还一语 nǐ lái yì yán wǒ huán yì yǔ；顶来顶去 dǐng lái dǐng qù ▶僕は〜の壁を越えられなかった/我没能过语言这一关 wǒ méinéng guò yǔyán zhè yì guān ▶〜巧みに勧誘する/花言巧语地劝诱 huā yán qiǎo yǔ de quànyòu ▶園児一人一人に〜をかける/向每一个幼儿园的孩子打招呼 xiàng měi yí ge yòu'éryuán de háizi dǎ zhāohu ▶この苦しみは〜では表せない/这种痛苦

无法用语言表达 zhè zhǒng tòngkǔ wúfǎ yòng yǔyán biǎodá ▶～を尽くして説得する/费尽口舌去说服 fèijìn kǒushé qù shuōfú ▶会議の席では～をつつしみなさい/在会议上要注意自己的言辞 zài huìyìshang yào zhùyì zìjǐ de yáncí ▶そこは～のあやというものだ/这不过是个小小的文字游戏 zhè búguò shì ge xiǎoxiǎo de wénzì yóuxì
甘い～ 甜言蜜语 tiányán mìyǔ ▶～にい気をつけよう/要注意甜言蜜语 yào zhùyì tiányán mìyǔ
～が過ぎる 说得有点儿过火 shuōde yǒudiǎnr guòhuǒ ▶先輩に対して～が過ぎるぞ/你对前辈说得太过分了 nǐ duì qiánbèi shuōde tài guòfèn le
～が足りない 词不达意 cí bù dá yì; 说得太少 shuōde tài shǎo ▶～が足りなくて誤解された/没有说清楚, 被误解了 méiyǒu shuō qīngchu, bèi wùjiě le
～にならない 说不出话来 shuōbuchū huà lái; 用语言形容不出来 yòng yǔyán xíngróngbuchūlai ▶嬉しすぎて～にならない/太高兴了, 话都说不出来了 tài gāoxìngle, huà dōu shuōbuchūlai le
～を選ぶ 措辞 cuòcí ▶～を選んで話すんだよ/说话要注意措辞 shuōhuà yào zhùyì cuòcí
～を濁す 支吾 zhīwú; 支吾其词 zhīwú qí cí ▶～を濁して答えない/含糊其词地不回答 hánhu qí cí de bù huídá

ことばじり【言葉尻】
～をとらえる 抠字眼儿 kōu zìyǎnr ▶～をとらえて攻めかかる/抠着字眼儿攻击(我) kōuzhe zìyǎnr gōngjī(wǒ)

ことばづかい【言葉遣い】 措辞 cuòcí; 说法 shuōfǎ (英) *one's language*) ▶彼女は～が上品だ/她的措辞很文雅 tā de cuòcí hěn wényǎ ▶部下に対しても丁寧な～をする/对部下措辞也很客气 duì bùxià cuòcí yě hěn kèqi ▶彼は子供のにやかましい/他对小孩儿说话用词很挑剔 tā duì xiǎoháir de shuōhuà yòng cí hěn tiāotī

こども【子供】 孩子 háizi; 小孩儿 xiǎoháir; 小朋友 xiǎopéngyou; 儿女 érnǚ (英) *a child*) ▶～の時から詩が好きだった/我从小时候就喜欢诗 wǒ cóng xiǎoshíhou jiù xǐhuan shī ▶～が生まれる/生孩子 shēng háizi ▶来年春には～が生まれる/明年春天, 孩子就要出世了 míngnián chūntiān, háizi jiùyào chūshì le ▶～用の/儿童使用 értóng shǐyòng ▶～用の自転車を買う/买孩子用的自行车 mǎi háizi yòng de zìxíngchē ▶僕だって～じゃないんだ/我也不是孩子了 wǒ yě bú shì háizi le ▶我が家は～が王様だ/我们家孩子是小皇帝 wǒmen jiā háizi shì xiǎohuángdì ▶八人の～を育てた/扶养了八个孩子 fúyǎngle bā ge háizi ▶夫人は三人の～の母である/夫人是三个孩子的母亲 fūrén shì sān ge háizi de mǔqin ▶～じみたしぐさをする/动作很像孩子 dòngzuò hěn xiàng háizi ▶彼はまだ～だ/他还是个孩子 tā hái shì ge háizi; 他还很幼稚 tā hái hěn yòuzhì ▶～心にもくやしかった/虽说是孩子, 心里也不服气 suīshuō shì háizi, xīnli yě bù fúqì

～だまし 哄孩子 hǒng háizi; 低劣的手段 dīliè de shǒuduàn ▶そんな～だましの手には乗らない/那种哄孩子的把戏, 我可不上当 nà zhǒng hǒng háizi de bǎxì, wǒ kě bú shàngdàng ▶～の日 儿童节 értóngjié ～服 童装 tóngzhuāng ～部屋 小孩儿房 xiǎoháir fáng

こどもっぽい【子供っぽい】 孩子气 háiziqi (英) *childish*) ▶おまえはいつまでも～なぁ/你这么大了还是像个孩子 nǐ zhème dàle háishi xiàng ge háizi ▶そんな～歌がよく歌えるね/你还真敢唱这种孩子气的歌 nǐ hái zhēn gǎn chàng zhè zhǒng háiziqì de gē

こともなげに【事もなげに】 若无其事 ruò wú qí shì; 轻而易举 qīng ér yì jǔ (英) *indifferently*) ▶彼は一宙返りをして見せた/他轻而易举地翻了个跟斗给我们看 tā qīng ér yì jǔ de fānle ge gēndou gěi wǒmen kàn

ことよせる【事寄せる】 假借 jiǎjiè; 假托 jiǎtuō (英) *make an excuse*) ▶出張に事寄せて観光する/假托出差去旅游 jiǎtuō chūchāi qù lǚyóu

ことり【小鸟】 小鸟 xiǎoniǎo (英) *a little bird*) ▶～が逃げた/小鸟飞跑了 xiǎoniǎo fēipǎo le ▶～に餌をやる/给小鸟喂食 gěi xiǎoniǎo wèi shí ▶～を飼う/养小鸟 yǎng xiǎoniǎo

ことわざ【諺】 俗话 súhuà; 俗语 súyǔ; 谚语 yànyǔ (英) *a proverb; a saying*) ▶～にも言う「急がば回れ」/俗话说得好, 宁走十步远, 不走一步险 súhuà shuōde hǎo, nìng zǒu shí bù yuǎn, bù zǒu yí bù xiǎn

ことわり【断り】 ❶【辞退】谢绝 xièjué (英 *declining*) ▶～の電話を入れる/打回绝的电话 dǎ huíjué de diànhuà ❷【拒絶】拒绝 jùjué; 禁止 jìnzhǐ (英) *refusal*) ▶犬の糞お～/君子不留狗粪 jūnzǐ bù liú gǒufèn ❸【予告】预告 yùgào (英) *notice*) ❹【謝罪】道歉 dàoqiàn (英) *an apology*)

～なしに 径自 jìngzì ▶～なしに使わせてもらったよ/没打招呼就先用了 méi dǎ zhāohu jiù xiān yòng le

～を入れる 预先通知 yùxiān tōngzhī ▶一言を入れておきなさい/你也要先打一个招呼嘛! nǐ yě yào xiān dǎ yí ge zhāohu ma!

ことわり【理】 道理 dàoli; 理由 lǐyóu (英 *reason*)

ことわる【断る】 回绝 huíjué; 推辞 tuīcí; 推却 tuīquè; (事前に) 预先通知 yùxiān tōngzhī (英 *refuse; reject*) ▶申し出を～/拒绝提议 jùjué tíyì ▶課長に断って早退した/先向科长说了一下, 就早退了 xiān zǎotuì le ▶誰に断って使ってるんだ/你跟谁说了, 就在用! nǐ gēn shéi shuōle, jiù zài yòng! ▶デートに誘ったが体(⑤)よく断られた/我邀请她去约会, 但被她婉言拒绝了 wǒ yāoqǐng tā qù yuēhuì, dàn bèi tā wǎnyán jùjué le ▶彼女は彼からの援助の申し出を断った/她拒绝了他的帮助 tā jùjuéle tā de bāngzhù

こな【粉】 粉 fěn; 粉末 fěnmò (英) *flour; pow-*

der) ▶白い～/白色粉末 báisè fěnmò 注意 中国語の'白粉 báifěn'には「ヘロイン」の意味がある．▶小麦を～にひく/把小麦磨成粉 bǎ xiǎomài mòchéng fěn

こなぐすり【粉薬】 散剂 sǎnjì; 药粉 yàofěn; 药面 yàomiàn 英 *a powder medicine*) ▶～を飲む/吃药粉 chī yàofěn

こなごな【粉粉にする】 粉碎 fěnsuì; 破碎 pòsuì; 稀烂 xīlàn 英 *crush*) ▶花瓶を～に打ち砕いた/把花瓶打得粉碎 bǎ huāpíng dǎde fěnsuì ▶壺は～に砕けた/瓷瓶被打得粉碎 cípíng bèi dǎde fěnsuì

こなし 举止 jǔzhǐ; 体态 tǐtài 英 *a carriage; a posture*) ▶身の～が落ち着いている/待人接物很从容 dài rén jiē wù hěn cóngróng ▶頭ごなしに叱りつけるもんじゃないよ/你别不分青红皂白就骂! nǐ bié bù fēn qīng hóng zào bái jiù mà! ▶腹ごなしにピンポンする/为助消化打打乒乓 wèi zhù xiāohuà dǎda pīngpāng

こなす 处理 chǔlǐ; 掌握 zhǎngwò; 运用 yùnyòng 英［使いこなす］*manage; handle*) ▶難しい課題を難なく～/很难的课题也很容易地处理 hěn nán de kètí yě hěn róngyì de chǔlǐ ▶値を下げて数で～/降低价钱，靠多卖维持利润 jiàngdī jiàqian, kào duōmài wéichí lìrùn ▶巧みに馬を乗り～/很熟练地骑马 hěn shúliàn de qí mǎ

こなせっけん【粉石鹸】 洗衣粉 xǐyīfěn 英 *soap powder*)

こなみじん【粉微塵に】 粉碎 fěnsuì 英 *into pieces*) ▶土偶は砕けて～になった/土偶碎成了粉末 tǔǒu suìchéngle fěnmò

こなミルク【粉ミルク】 奶粉 nǎifěn 英 *milk powder*) ▶～を溶かす/泡奶粉 pào nǎifěn

こなゆき【粉雪】 粉末雪 fěnmòxuě; 细雪 xìxuě 英 *powder snow*) ▶外にはさらさら～が降っている/外面下着细雪 wàimian xiàzhe xìxuě

こなれる ❶【消化される】消化 xiāohuà 英 *be digested*) ▶さっきの飯がまだこなれない/刚才吃的饭还没有消化 gāngcái chī de fàn hái méiyǒu xiāohuà ❷【たくみになる】熟练 shúliàn; 掌握 zhǎngwò; 娴熟 xiánshú 英 *master*) ▶よくこなれた文章/精练的文章 jīngliàn de wénzhāng

こにもつ【小荷物】 小件行李 xiǎo jiàn xíngli 英 *a parcel*) ▶～は各自がお持ち下さい/请各自拿上小件行李 qǐng gèzì náshàng xiǎo jiàn xíngli

コニャック（酒）科涅克白兰地 kēniēkè báilándì 英 *cognac*)

ごにん【誤認する】 看错 kàncuò; 错认 cuòrèn; 误认 wùrèn 英 *mistake... for*～) ▶無辜の民をテロリストと～する/把无辜的老百姓当成了恐怖分子 bǎ wúgū de lǎobǎixìng dàngchéngle kǒngbù fènzǐ ▶とっさの～が惨事を招いた/一时没看清招来了悲惨的事故 yìshí méi kànqīng zhāoláile bēicǎn de shìgù

こにんずう【小人数】 人数少 rénshù shǎo; 少

数人 shǎoshùrén 英 *a few people*) ▶～クラス/人数少的班 rénshù shǎo de bān ▶こんな～ではチームが作れない/这么少的人可组不成一个队伍 zhème shǎo de rén kě zǔbuchéng yí ge duì

こぬかあめ【小糠雨】 毛毛雨 máomáoyǔ; 细雨 xìyǔ; 烟雨 yānyǔ 英 *a fine rain*) ▶頭髪が～にしっとり濡れた/头发被细雨淋湿了 tóufa bèi xìyǔ línshī le

コネ《コネクション》关系 guānxi; 后门 hòumén; 门路 ménlu 英 *a connection*) ▶～をつける/拉关系 lā guānxi ▶父の～で就職する/靠着父亲的关系就职了 kàozhe fùqin de guānxi jiùzhí le ▶あの会社には～がある/我在那个公司里有关系 wǒ zài nàge gōngsī yǒu guānxi ▶～をきかせる/走关系 zǒu guānxi

コネクター 连接器 liánjiēqì 英 *a connector*)

こねこ【子猫】 小猫儿 xiǎomāor 英 *a kitten; a pussy*)

ごねどく【ごね得】 靠歪理获利 kào wāilǐ huòlì; 耍赖占便宜 shuǎlài zhàn piányi 英 *gains through complaint*) ▶～は許さないよ/不能让蛮不讲理的人得逞 bùnéng ràng mán bù jiǎng lǐ de rén déchěng

こねる【捏ねる】 和 huó; 揉 róu 英 *knead*) ▶粘土を～/搋粘土 chuāi niántǔ ▶両手で球を～/两手捏球 liǎngshǒu niē qiú ▶屁理屈を～/强词夺理 qiǎng cí duó lǐ ▶屁理屈を～ひまに手を動かせ/你有讲歪道理的时间，还不赶紧动手! nǐ yǒu jiǎng wāi dàoli de shíjiān, hái bù gǎnjǐn dòngshǒu! ▶だだを～/磨 mó; 缠 chán ▶おもちゃ売場でだだを～/在卖完具的柜台赖着不走 zài mài wánjù de guìtái làizhe bù zǒu

ごねる 捣麻烦 dǎo máfan; 撒赖 sālài; 耍无赖 shuǎ wúlài 英 *complain*) ▶彼一人がごねている/他一个人在耍赖 tā yí ge rén zài shuǎlài

この 这 zhè; 这个 zhège 英 *this; these*) ▶～話は聞かなかったことにしてくれ/你就当没听到过这件事 nǐ jiù dàng méi tīngdàoguo zhè jiàn shì ▶～2, 3日姿が見えない/这两，三天没见到(他) zhè liǎng, sān tiān méi jiàndào (tā) ▶～父にして～子あり/有其父，就有其子 yǒu qí fù, jiù yǒu qí zǐ ▶～バカ！/笨蛋! bèndàn!

このあいだ【この間】 前不久 qián bùjiǔ; 前几天 qián jǐ tiān; 日前 rìqián 英 *the other day; a few days ago*) ▶～はありがとう/上次多谢了 shàng cì duōxiè le ▶～の話なんだが…/上次的那件事… shàng cì de nà jiàn shì… ▶あいつ～退院したばかりだろ/那家伙，前几天刚出院吧 nà jiāhuo, qián jǐ tiān gāng chūyuàn ba ▶～のお父さんに会ったよ/前几天，我见到你爸爸了 qián jǐ tiān, wǒ jiàndào nǐ bàba le

このうえ【この上】 更 gèng; 再 zài; 此外 cǐwài 英 *more; further; besides*) ▶～あなたに乗り出すしかないでな/到这个地步只能靠你出面啦 dào zhège dìbù zhǐ néng kào nǐ chūmiàn la ▶～ない 莫大 mòdà; 无比 wúbǐ; 无上 wúshàng ▶

私は～ない喜びに浸っていた/我沉浸在无比的喜悦中 wǒ chénjìn zài wúbǐ de xǐyuè zhōng ▶いやぁもう煩わしいこと～ないよ/没有比这更麻烦的了 méiyǒu bǐ zhè gèng máfan de le

このかた【この方】 ❶〖以来〗以来 yǐlái; 以后 yǐhòu（英 since）▶10 年～北京には行ったことがない/十年以来没去过北京 shí nián yǐlái méi qùguò Běijīng ❷〖人〗这位 zhè wèi ▶～は斎藤さんです/这位是斎藤先生 zhè wèi shì Zhāiténg xiānsheng

このかん【この間】 这期间 zhè qījiān（英 for this time）▶～の事情を説明する/说明这段时间的情况 shuōmíng zhè duàn shíjiān de qíngkuàng ▶～僕は海外にいた/那段时间我在海外 nà duàn shíjiān wǒ zài hǎiwài

このくらい【この位】 这样的程度 zhèyàng de chéngdù（英 about this; as much as this）▶～でいいんじゃない/这样差不多了吧 zhèyàng chàbuduō le ba ▶今日は～にしておこう/今天就到这儿吧 jīntiān jiù dào zhèr ba

このご【この期】 这个境地 zhège jìngdì（英 this last moment）▶～に及んでまだ迷っている/到了这个时候, 还在犹豫 dàole zhège shíhou, hái zài yóuyù ▶～期に及んでまだ目がさめないか/事到如今你还不醒悟 shì dào rújīn nǐ hái bù xǐngxīng

このごろ【この頃】 最近 zuìjìn; 近来 jìnlái; 这些日子 zhèxiē rìzi（英 now; nowadays; in these days）▶あいつ～様子がへんだぞ/他最近有点儿不对劲 tā zuìjìn yǒudiǎnr bú duìjìn ▶～はほとんどの駅で禁煙で今は車站几乎都不许抽烟了 jìnlái chēzhàn jīhū dōu bùxǔ chōuyān le ▶～の子供はかわいそうだ/现在的孩子们都很可怜 xiànzài de háizimen dōu hěn kělián

このさい【この際】 这时 zhè shí; 这个机会 zhège jīhuì（英 now; at this time）▶～言っておこう/趁此机会让我来说 chèn cǐ jīhuì ràng wǒ lái shuō ▶～はっきり言っておくが…/今天我要把话说明白… jīntiān wǒ yào bǎ huà shuō míngbai…

このさき【この先】 ❶〖時間的に〗今后 jīnhòu; 将来 jiānglái（英 in future）▶辞めて～とうするつもりだ/辞职以后, 你打算怎么办？ cízhí yǐhòu, nǐ dǎsuan zěnme bàn? ❷〖空間的に〗前面 qiánmian（英 beyond this）▶～に銀行がある/前边有银行 qiánbiān yǒu yínháng

このたび【この度】 这次 zhècì; 这回 zhèhuí（英 this time）▶～札幌に転居しました/这次搬到札幌了 zhècì bāndào Zháhuǎng le ▶～はお気の毒なことでした/对您的不幸表示慰问 duì nín de búxìng biǎoshì wèiwèn ▶～の事故については…/关于这次的事故… guānyú zhècì de shìgù…

このつぎ【この次】 下次 xià cì; 下回 xià huí（next time; another time）▶おまえは～だ/下一个轮到你 xià yí ge lúndào nǐ ▶～は容赦しないぞ/下次我可不饶你! xià cì wǒ kě bù ráo nǐ! ▶出発は～の列車になります/坐下一趟列车出发

zuòxià yí tàng lièchē chūfā ▶また～にしよう/下次再说吧 xià cì zàishuō ba

このとき【この時】 这时 zhè shí; 这会儿 zhèhuìr（英 at this time）▶～をおいて挑戦の機会はない/放弃这次, 就没有挑战的机会了 fàngqì zhècì, jiù méiyǒu tiǎozhàn de jīhuì le ▶10 年後の～この場所で会おう/十年后的这个时间在这里见面吧 shí nián hòu de zhège shíjiān zài zhèlǐ jiànmiàn ba

このぶんでは【この分では】 这样看来 zhèyàng kànlái; 这样下去 zhèyàng xiàqù（英 under the present circumstances）▶～明日は雪かもしれない/看样子明天还会下雪 kàn yàngzi míngtiān hái huì xià xuě ▶～落第するぞ/照这样下去要不及格的! zhào zhèyàng xiàqù yào bù jígé de!

このへん【この辺】 这一带 zhè yídài; 这附近 zhè fùjìn（英 around here; near here）▶～で見かけた/在这附近看见了 zài zhè fùjìn kàndào le ▶～でお開きにします/就到此结束 jiù dào cǐ jiéshù ▶去年～で熊を見かけた/去年在这个附近看到了狗熊 qùnián zài zhège fùjìn kàndào gǒuxióng ▶まぁ～が潮時かな/现在是时候了吧 xiànzài shì shíhou le ba ▶～はよく洪水が起きます/这个附近老是发洪水 zhège fùjìn lǎoshì fā hóngshuǐ

このほど【この程】 最近 zuìjìn; 这次 zhècì（英 this time）▶～就職が内定しました/最近工作内定了 zuìjìn gōngzuò nèidìng le

このまえ【この前】 上次 shàng cì; 最近 zuìjìn（英 the other day）▶～会った時は元気だったよ/上次见面的时候还很健康呢 shàng cì jiànmiàn de shíhou hái hěn jiànkāng ne ▶～の日曜に退院したんだ/上星期天出院了 shàng xīngqī tiān chūyuàn le

このましい【好ましい】 令人喜欢的 lìng rén xǐhuan de（英 welcome; agreeable）▶いかにも～女性だった/真是个招人喜欢的女性 zhēn shì ge zhāo rén xǐhuan de nǚxìng ▶教育上好ましくない/不利于教育 bú lìyú jiàoyù ▶好ましからぬ人物/不受欢迎的人 bú shòu huānyíng de rén

このまま 就这样 jiù zhèyàng（英 as it is; as they are）▶～では卒業できない/这样下去, 是毕不了业的 zhèyàng xiàqù, shì bìbuliǎo yè de ▶けが人を～にしてはおけない/不能放着伤员不管 bùnéng fàngzhe shāngyuán bùguǎn ▶～暫く様子を見ます/就这样看看情况 jiù zhèyàng kànkan qíngkuàng

このみ【木の実】 果实 guǒshí（英 a nut）▶裏庭に～が落ちる/后院里树上的果子掉下来了 hòuyuànlǐ shùshang de guǒzi diàoxiàlai le ▶～を食べる/松鼠吃树上的果实 sōngshǔ chī shùshang de guǒshí

このみ【好み】 爱好 àihào; 嗜好 shìhào;（《食べ物の》口味 kǒuwèi; 胃口 wèikǒu（英 liking; taste）▶私の～だ/合我的口味 hé wǒ de kǒuwèi ▶私の～で和食にしてもらった/按照我的意

好，选择了日本菜 ànzhào wǒ de xǐhào, xuǎnzéle Rìběncài ▶ロックは僕の〜に合わない/我不爱好摇滚乐 wǒ bú àihào yáogǔnyuè ▶食べ物の〜を伺っておきましょう/请问(您)爱吃什么？ qǐng wèn(nín) ài chī shénme? ▶彼女は彼の〜のタイプではない/她不是他喜欢的类型 tā bú shì tā xǐhuan de lèixíng ▶君と僕では〜が違う/你和我的嗜好不一样 nǐ hé wǒ de shìhào bù yíyàng

このむ【好む】 喜欢 xǐhuan；喜爱 xǐ'ài (英 like; be fond of...) ▶〜と好まざるにかかわらずやらねばならん/不管你喜欢不喜欢都要干 bùguǎn nǐ xǐhuan bù xǐhuan dōu yào gàn ▶彼は新劇より歌舞伎を〜/比起话剧来, 他更喜欢歌舞伎 bǐqǐ huàjù lái, tā gèng xǐhuan gēwǔjì ▶監督なんて〜する仕事ではないぞ/领队可不是那么好干的 lǐngduì kě bú shì nàme hǎo gàn de

このよ【この世】 人世 rénshì；现世 xiànshì；人间 rénjiān (英 this world; the present life) ▶〜に生きているかぎり…/只要活在这个世上, … zhǐyào huózài zhège shìshàng, … ▶〜の地獄を味わった/我尝到了人间地狱的滋味儿 wǒ chángdàole rénjiān dìyù de zīwèir ▶〜のものとも思われない/可不像是尘世间的东西 kě bú xiàng shì chénshì jiān de dōngxi

このよう 这么 zhème；这样 zhèyàng (英 like this) ▶〜なことは人には話せない/这样的事不能告诉人 zhèyàng de shì bùnéng gàosu rén ▶〜に申しております/他是这么说的 tā shì zhème shuō de

こばか【小馬鹿にする】 嘲弄 cháonòng；鄙视 bǐshì (英 look down on...) ▶人を〜にしやがって/敢嘲弄我! gǎn cháonòng wǒ!

こはく【琥珀】 琥珀 hǔpò (英 amber) ▶〜色/琥珀色 hǔpòsè

ごはさん【御破算にする】 拉倒 lādǎo；吹 chuī；作废 zuòfèi (英 cancell) ▶旅行計画を〜になった/旅行计划作废了 lǚxíng jìhuà zuòfèi le ▶縁談はいったん〜にしよう/相亲的事先拉倒了吧 xiāngqīn de shì xiān lādǎo le ba

こばしり【小走り】 小跑 xiǎopǎo (英 a trot) ▶父親のあとから〜についてゆく/小跑着跟在父亲后面 xiǎopǎozhe gēnzài fùqīn hòumian

こばな【小鼻】 鼻翼 bíyì (英 the wings of the nose) ▶〜をうごめかせて語る/得意洋洋地讲述 déyì yángyáng de jiǎngshù

こばなし【小話】 小故事 xiǎogùshi；笑话 xiàohua (英 a funny short story) ▶江戸〜/江户的笑话 Jiānghù de xiàohua

こばなれ【子離れ】 离开子女 líkāi zǐnǚ (英 to let go of their children) ▶少子化の時代は〜が難しい/在孩子少的年代, 父母很难脱离孩子 zài háizi shǎo de niándài, fùmǔ hěn nán tuōlí háizi

こはば【小幅】 小幅度 xiǎofúdù (英 single breadth) ▶値動きは〜にとどまった/(股票等的)面值浮动范围比较小 (gǔpiào děng de) miànzhí fúdòng fànwéi bǐjiào xiǎo

こばむ【拒む】 拒绝 jùjué；阻止 zǔzhǐ (英 refuse; reject) ▶入港を〜/拒绝船只入港 jùjué chuánzhī rùgǎng ▶泣きつかれて拒みきれなかった/她(他)一哭, 就没法拒绝了 bèi(tā)yì kū, jiù méi fǎ jùjué le

コバルト〔化学〕 钴 gǔ (英 cobalt) ▶〜照射療法/钴射疗法 gǔshè liáofǎ ▶〜ブルー/深蓝色 shēnlánsè

こはるびより【小春日和】 小阳春 xiǎoyángchūn (英 mild autumn weather; Indian summer) ▶4, 5日〜が続いていた/小阳春天持续了四、五日 xiǎoyángchūntiān chíxùle sì、wǔ rì

こはん【湖畔】 湖滨 húbīn；湖畔 húpàn (英 a lakeside) ▶〜の宿は紅葉に包まれていた/湖畔的旅馆被红叶环绕 húpàn de lǚguǎn bèi hóngyè huánrào

こばん【小判】 (江戸时代的)椭圆形小金币 (Jiānghù shídài de) tuǒyuánxíng xiǎojīnbì (英 a koban; an oval gold coin used in the Edo period)

猫に〜 ▶詩集なんて僕には猫に〜だ/诗集对我来说是瞎子点灯笼 shījí duì wǒ láishuō shì xiāzi diǎn dēnglóng

ごはん【御飯】 ❶【米の】饭 fàn；米饭 mǐfàn (英 boiled rice) ▶〜茶わん/饭碗 fànwǎn ▶〜が炊き上がる/饭煮好了 fàn zhǔhǎo le ▶〜をよそってみよう/我来盛饭吧 wǒ lái chéng fàn ba ❷【食事】 a meal) ▶〜を食べる/吃饭 chīfàn ▶〜ですよ/吃饭啦 chīfàn la ▶〜どきの客は迷惑だ/吃饭时候的来客是最讨厌的了 chīfàn shíhòu de láikè shì zuì tǎoyàn de le

ごばん【碁盤】 棋盘 qípán (英 a go board) ▶〜の目/围棋盘格子 wéiqípán gézi ▶〜をはさんで対座する/对坐在棋盘的两侧 duìzuò zài qípán de liǎng cè ▶道路が〜の目のように走っている/笔直的道路像棋盘一样整齐 bǐzhí de dàolù xiàng qípán yíyàng zhěngqí

こび【媚び】 媚 mèi (英 coquetry) ▶〜を売る/卖好 màihǎo；卖俏 màiqiào

ごび【語尾】 词尾 cíwěi；语尾 yǔwěi (英 the ending of a word) ▶〜がはっきりしない/句尾语调含糊 jùwěi yǔdiào hánhu

▶〜変化〔文法〕 词尾的变化 cíwěi de biànhuà

コピー ❶【複写】复印件 fùyìnjiàn；复制品 fùzhìpǐn (英 a copy) ❷【複製・模造】(英 copy; imitation) ▶〜違法/盗版 dàobǎn ▶〜ライト/版权 bǎnquán ▶違法〜が氾濫する/违法的复制商品到处泛滥 wéifǎ de fùzhì shāngpǐn dàochù fànlàn ❸【広告文】广告文字 guǎnggào wénzì；广告词 guǎnggàocí (英 copy) ▶〜ライター/广告文字撰稿员 guǎnggào wénzì zhuànggǎoyuán

〜する 复印 fùyìn；《データファイルなどの》复制 fùzhì ▶資料を3部ずつ〜する/资料各复印三份 zīliào gè fùyìn sān fèn ▶ファイルを〜する/复制文件 fùzhì wénjiàn

♦~機﹕复印机 fùyìnjī　~用紙﹕复印纸 fùyìnzhǐ　▶~用紙を補給する/补充复印纸 bǔchōng fùyìnzhǐ

こひつじ【小羊・子羊】 羔羊 gāoyáng（英 *a lamb*）　▶おまえどうしたって「迷える~」って顔じゃないよ/你不要装出一副"迷茫的小羊羔"的样子了 nǐ búyào zhuāngchū yí fù "míméng de xiǎoyánggāo" de yàngzi le

こびと【小人】 小矮人 xiǎo'ǎirén；侏儒 zhūrú（英 *a dwarf*）

こびへつらう【媚び諂う】 阿谀 ēyú；点头哈腰 diǎntóu hāyāo；谄媚 chǎnmèi（英 *flatter*）　▶せっせと上司に~/一个劲儿讨好上司 yígejìnr tǎohǎo shàngsi

ごびゅう【誤謬】 谬误 miùwù；错误 cuòwù；误谬 wùmiù（英 *a mistake*）　▶この報告には幾か~がある/这个报告里有几处谬误 zhège bàogàoli yǒu jǐ chù miùwù　▶~を指摘されて慌てた/被指出错误，一下子慌了 bèi zhǐchū cuòwù, yíxiàzi huāng le

こびりつく 巴 bā; 粘 zhān; 粘住 zhānzhù（英 *stick; adhere*）　▶靴に泥が~/泥粘到鞋上 ní zhāndào xiéshang　▶言葉が耳に~/话语牢牢留在耳边 huàyǔ láoláo liúzài ěrbiān　▶恨みの言葉が耳にこびりついて離れない/怨言索回耳畔，无法忘却 yuànyán suǒhuí ěrpàn, wúfǎ wàngquè

こびる【媚びる】 阿谀 ēyú；谄媚 chǎnmèi；迎合 yínghé（英 *flatter*）　▶大衆に~/迎合大众 yínghé dàzhòng

こぶ【鼓舞する】 鼓舞 gǔwǔ（英 *encourage*）　▶士気を~する/鼓舞士气 gǔwǔ shìqì

こぶ【瘤】 包 bāo；瘤子 liúzi（英 ［打撲の］ *a bump*; ［ラクダの］ *a hump*; ［木の節］ *a knot*）　▶頭に~を作る/头上起了个包 tóushang qǐ le ge bāo　▶僕には課長が目の上の~だった/对我来说，科长就是个眼中钉 duì wǒ láishuō, kēzhǎng jiùshì ge yǎnzhōngdīng　▶頭に~ができる/脑袋上长了瘤子 nǎodaishang zhǎngle liúzi　▶ラクダの~/驼峰 tuófēng

こふう【古風な】 古式 gǔshì；旧式 jiùshì（英 *old-fashioned*）　▶なたたずまいの家だった/是旧式的民居 shì jiùshì de mínjū　▶若いのに~な考えをお持ちですね/你年纪轻轻的，想法倒是挺老派的嘛 nǐ niánjì qīngqīng de, xiǎngfa dàoshì tǐng lǎopài de ma

ごふく【呉服】 和服 héfú（英 *kimonos*）　▶うちでは~は扱いません/我们店不销售和服 wǒmen diàn bù xiāoshòu héfú
♦~店﹕和服店 héfúdiàn

ごぶごぶ【五分五分】 参半 cānbàn；不分上下 bù fēn shàngxià（英 *even; fifty-fifty*）　▶やっと~にもちこんだ/终于打成了平手 zhōngyú dǎchéngle píngshǒu　▶合格の見込みは~だ/合格的可能性是成败参半 hégé de kěnéngxìng shì chéngbài cānbàn

ごぶさた【御無沙汰】 久违 jiǔwéi；好久没见 hǎojiǔ méi jiàn（英 ［手紙で］ *failure to write*; ［訪問で］ *failure to call*）　▶~を重ねております/久违了 jiǔwéi le　▶釣りの方はすっかり~だ/好久没有钓过鱼了 hǎojiǔ méiyǒu diàoguò yú le

こぶし【拳】 拳头 quántou（英 *a fist*）　▶~を握る/握拳 wòquán　▶~でなぐる/用拳头揍 yòng quántou zòu　▶~を振りあげる/挥舞拳头 huīwǔ quántou

コブシ〔植物〕 辛夷 xīnyí（英 *a kobus magnolia*）

こぶつ【古物】 古董 gǔdǒng；旧货 jiùhuò（英 ［骨董］ *antiques*; ［中古］ *a secondhand article*）　▶~を扱う/买卖古董 mǎimài gǔdǒng
♦~商﹕古董商人 gǔdǒng shāngrén

こぶとり【小太り】 略胖 lüèpàng（英 *plumpish; fattish*）　▶~の女が店长をしている/略微发胖的女人在当店长 lüèwēi fāpàng de nǚrén zài dāng diànzhǎng

コブラ【動物】 眼镜蛇 yǎnjìngshé（英 *a cobra*）　▶~に咬まれる/被眼镜蛇咬了 bèi yǎnjìngshé yǎo le

こぶり【小降り】 下得小 xiàde xiǎo（英 *a light rain*）　▶雨は次第に~になった/雨渐渐变小了 yǔ jiànjiàn biàn xiǎo le

こふん【古墳】 古墓 gǔmù；古坟 gǔfén（英 *an old burial mound; an ancient tomb*）　▶~を掘る/挖古坟 wā gǔfén　▶~から銅鏡が出てきた/古坟里出了铜镜 gǔfénli chūle tóngjìng　▶~時代/古坟时代 gǔfén shídài

こぶん【子分】 党徒 dǎngtú；仆从 púcóng；手下 shǒuxià（英 *a follower*）　▶俺は親分の一の~だ/我是大哥的第一号手下 wǒ shì dàgē de dìyī hào shǒuxià　▶~を連れて出かける/带着手下出去 dàizhe shǒuxià chūqù　▶おまえを~にしてやる/我收你做手下 wǒ shōu nǐ zuò shǒuxià

こぶん【古文】 古文 gǔwén（英 *ancient writing*）　▶~が苦手なんだ/古文不拿手 gǔwén bù náshǒu

ごへい【語弊のある】 语病 yǔbìng；说法不妥 shuōfa bù tuǒ（英 *misleading*）　▶こういう言い方は~があるが…/这种说法有点儿不妥… zhè zhǒng shuōfa yǒudiǎnr bù tuǒ…

こべつ【戸別】 按户 àn hù；挨门 āi mén（英 *from house to house*）　▶~訪問/挨户访问 āi hù fǎngwèn

こべつ【個別に】 个别 gèbié；分头 fēntóu（英 *individually; separately*）　▶~に対处する/个别处理 gèbié chǔlǐ　▶学力に応じて~指導を行う/根据学习成绩进行个别指导 gēnjù xuéxí chéngjì jìnxíng gèbié zhǐdǎo

コペルニクス〔人名〕（英 *Copernicus*）　▶経営陣はの転回を遂げようとしている/经营层想来一个一百八十度的转变 jīngyíngcéng xiǎnglái yí ge yìbǎi bāshí dù de zhuǎnbiàn

ごほう【語法】 ❶〔文法〕语法 yǔfǎ（英 *usage*）　▶先生に~上の誤りを指摘された/被老师指出了语法上的错误 bèi lǎoshī zhǐchūle yǔfǎshang de cuòwù　❷〔言葉づかい〕措辞 cuòcí

(英 *wording*）▶日常会話に詩的~は合わない/日常会话不适用诗词的措辞 rìcháng huìhuà bú shìyòng shīcí de cuòcí

ごほう【誤報】讹传 échuán；误报 wùbào（英 *a false report; misinformation*）▶~したのはあの新聞社だけだ/误报了的只有那个报社 wùbàole de zhǐ yǒu nàge bàoshè ▶勝ったというのは~だった/赢了的消息是误报 yíngle de xiāoxi shì wùbào

ゴボウ【牛蒡】【植物】牛蒡 niúbàng（英 *a burdock*）▶~を抜きにする/一口气拔出来 yìkǒuqì báchūlai，一个一个地带走 yí ge yí ge de dàizǒu；接二连三地超越 jiē èr lián sān de chāoyuè ▶座りこんだ市民を~抜きにする/把静坐示威的市民一个一个地带走 bǎ jìngzuò shìwēi de shìmín yí ge yí ge dàizǒu ▶7人を~抜きにして先頭に立つ/一口气超过七个人，到了前面 yìkǒuqì chāoguò qī ge rén, dàole qiánmian

ごぼごぼ汨汨地 gǔgǔ de（英 *bubbling*）▶~と水が湧き出て来た/水汨汨涌出 shuǐ gǔgǔ yǒngchū

こぼす【零す】洒 sǎ；撒 sā（英 *spill; drop*；[不平] *complain*）▶涙を~/落泪 luòlèi ▶ぐちを~/发牢骚 fā láosāo ▶大粒の涙を~/流下了大颗的泪 liúxiàle dàkē de lèi ▶コーヒーを膝にこぼした/把咖啡洒到了膝盖上 bǎ kāfēi sǎdàole xīgàishang ▶ぐち一つこぼさず働く/毫无抱怨地工作 háowú bàoyuàn de gōngzuò

こぼね【小骨】❶【魚の】*fine bones*）▶魚の~がのどに刺さる/鱼刺扎在喉咙上了 yúcì zhāzài hóulóngshang le ❷【小さな苦労】（英 *a little trouble*）▶~の折れる仕事だったよ/那个工作是有点费劲 nàge gōngzuò shì yǒudiǎn fèijìn

こぼれる【零れる】❶【もれ落ちる】洒掉 sǎdiào；溢出 yìchū（英 *drop*）▶涙が~/流泪 liúlèi ▶聞くだに涙が~/一听就流下眼泪 yì tīng jiù liúxià yǎnlèi ▶グラスの水が~/玻璃杯里的水洒出来 bōlíbēili de shuǐ sǎchūlai ▶コーヒーが床にこぼれた/咖啡洒在地板上了 kāfēi sǎzài dìbǎnshang le ❷【満ち満ちている】洋溢 yángyì（英 *overflow*）▶歌声から若さがこぼれ出ていた/歌声中洋溢着青春的气息 gēshēng zhōng yángyìzhe qīngchūn de qìxī ❸【ちらりと現れる】一晃露出 yíhuǎng lùchū（英 *be flashed*）▶笑うと白い歯がこぼれた/一笑就露出白白的牙齿 yí xiào jiù lùchū báibái de yáchǐ

ごほん（英 *coughing*）▶~~とせきこんだ/不停地咳嗽 bùtíng de késou

こほんのう【子煩悩な】疼爱孩子 téng'ài háizi（英 *doting*）▶彼は町内でも指折りの~である/他在我们这片儿疼爱孩子是出了名的 tā zài wǒmen zhè piànr téng'ài háizi shì chūle míng de

こま【独楽】陀螺 tuóluó（英 *a top*）▶~回し/转陀螺 zhuàn tuóluó；陀螺杂技人 tuóluó zájìyìrén ▶~を回す/转陀螺 zhuàn tuóluó ▶得意の技は~回しだ/拿手的技巧是转陀螺 náshǒu de jìqiǎo shì zhuàn tuóluó ▶べいで遊ぶ/玩铁陀螺 wán tiětuóluó

こま【駒】❶【馬】马驹子 mǎjùzi（英 *a horse*）▶路傍の柳に~をつないだ/把小马驹栓在路边的柳树上 bǎ xiǎomǎjù shuānzài lùbiān de liǔshùshang ❷【将棋など】棋子儿 qízǐr（英 *a piece*）▶手~が足りない/棋子不够 qízǐ bú gòu ▶~をならべる/摆棋子 bǎi qízǐ ▶~を動かす/走棋 zǒu qí

こま【齣】场面 chǎngmiàn；景色 jǐngsè（英 [フィルム・漫画の] *a frame*，[場面] *a scene*）▶4~漫画/四幅一组的漫画 sì fú yì zǔ de mànhuà ▶日常生活の一~/日常生活之中的一个情景 rìcháng shēnghuó zhīzhōng de yí ge qíngjǐng ▶映画の一~/一个镜头 yí ge jìngtóu；一个场面 yí ge chǎngmiàn ▶映画の一~が目に焼きついている/电影中的一个场面深深地映在我的眼帘 diànyǐng zhōng de yí ge chǎngmiàn shēnshēn de yìngzài wǒ de yǎnlián ▶週に8~授業がある/每周有八节课 měizhōu yǒu bā jié kè

ゴマ【胡麻】【植物】芝麻 zhīma（英 *a sesame*）▶~油/香油 xiāngyóu；麻油 máyóu
~をする 拍马屁 pāi mǎpì；溜须拍马 liū xū pāi mǎ ▶~をするのも芸のうちさ/会拍马屁也是一种本事 huì pāi mǎpì yě shì yì zhǒng běnshi ▶あの~すり野郎め！/那个马屁精！nàge mǎpìjīng!

コマーシャル广告 guǎnggào（英 *a commercial*）▶~ソング/广告歌曲 guǎnggào gēqǔ ▶~に出演する/在广告片里演出 zài guǎnggào piànli yǎnchū ▶化粧品の~/化妆品的广告 huàzhuāngpǐn de guǎnggào

こまい【古米】陈大米 chéndàmǐ（英 *old rice*）▶~がどっさり倉庫に眠っている/陈米大量堆积在仓库里 chénmǐ dàliàng duījī zài cāngkùli

こまいぬ【狛犬】石狮子 shíshīzi（英 *a pair of gurdian dogs at the gate of a shrine*）

こまかい【細かい】❶【小さい・細い】细 xì；零细 língxì；细密 xìmì（英 *small; fine*）▶~お金を御用用意下さい/请准备些零钱 qǐng zhǔnbèi xiē língqián ▶~雨がしとしと降る/细雨连绵 xìyǔ liánmián ▶千円を細かくする/把一千日元兑成零钱 bǎ yìqiān Rìyuán duìchéng língqián ❷【詳しい・微細な】仔细 zǐxì；详细 xiángxì；过细 guòxì（英 *detailed*）▶そんな~ことを訊くなよ/你别打听那么仔细 nǐ bié dǎting nàme zǐxì ▶~ことをせんさくする/揣测些小事 chuǎicè xiē xiǎoshì ▶こうしたことが細かく定めてある/这些事情都有详细规定 zhèxiē shìqing dōu yǒu xiángxì guīdìng ▶彼にはこういう~仕事はできない/他不太会做这样的细活 tā bú tài huì zuò zhèyàng de xìhuó ▶彼は神経が~/他很细致 tā hěn xìzhì ❸【金銭感覚】精打细算 jīng dǎ xì suàn；吝啬 lìnsè（英 *stingy*）▶あの人は金銭に~/他用钱精打细算 tā yòng qián jīng dǎ xì suàn

ごまかし【誤魔化し】把戏 bǎxì；花招 huāzhāo；糊弄 hùnong（英 *deception; trickery*）▶私には通用しないよ/我可不是好糊弄的 wǒ kě bú shì hǎo hùnong de ▶~を見破る/识破花招

ごまかす shípò huāzhāo ▶税金の～がばれる/蒙混纳税的事被揭穿 méng hùn nàshuì de shì bèi jiēchuān

ごまかす【誤魔化す】 敷衍 fūyǎn; 假充 jiǎchōng; 蒙 mán; 蒙骗 méngpiàn (英 *deceive*) ▶笑って～/笑着敷衍过去 xiàozhe fūyǎnguòqu ▶人目を～のはお手のものだった/蔽人耳目是(他的)拿手好戏 bì rén ěrmù shì(tā de)náshǒu hǎoxì ▶水を飲んで空腹を～/喝水充饥 hē shuǐ chōng jī ▶帐簿をごまかして脱税する/造假账逃税 zàojiǎ zhàng táo shuì

こまぎれ【細切れ】（肉の）肉丝 ròusī; 碎片 suìpiàn; 片断 piànduàn (英 *chopped meat*; [切れ端] *a scrap*) ▶～の豚肉/猪肉片儿 zhūròu piànr ▶記憶が～になっている/记忆变成了片段 jìyì biànchéngle piànduàn ▶肉を～にする/把肉切成片 bǎ ròu qiēchéng piàn

こまく【鼓膜】【解】耳膜 ěrmó (英 *the eardrum*) ▶～が破れる/鼓膜破裂 gǔmó pòliè ▶～が破れるほどの音がした/声音响得要震破耳膜 shēngyīn xiǎngde yào zhènpò ěrmó

こまごま【細細した】琐细 suǒxì; 零七八碎 língqībāsuì; 零碎 língsuì (英 *detailed*; *minute*) ▶～した用事を言いつける/吩咐别人做一些琐小的事情 fēnfu biéren zuò yīxiē xiǎoxiǎo de shìqing

ごましおあたま【胡麻塩頭の】花白头发 huābái tóufa (英 *with salt-and-pepper hair*) ▶今や～の老人になる/现在已经是花白头发的老人了 xiànzài yǐjīng shì huābái tóufa de lǎorén le

こましゃくれた 耍小聪明 shuǎ xiǎocōngming; 装大人样 zhuāng dàrenyàng (英 *cheeky*) ▶年端(は)もゆかないのに～口をきく/年纪不大，说起话来倒挺老成的 niánjì bú dà, shuōqǐ huà lái dào tǐng lǎochéng de

こまた【小股】(英 *short steps*) ▶～に歩く/迈着小碎步 màizhe xiǎosuìbù ▶あいつに～をくられた/被他钻了空子 bèi tā zuānle kòngzi

こまち【小町】(英 *a beauty*) ▶あの婆さんだって昔は～娘だったんだ/别看那个老太婆，以前还是小西施呢 bié kàn nàge lǎotàipó, yǐqián hái shì xiǎo Xīshī ne

こまぬく【拱く】（fold (one's arm)) ▶手をこまぬいて見ている/袖手旁观 xiù shǒu páng guān ▶人の難儀を手をこまぬいて見ている/袖手旁观别人的难处 xiù shǒu páng guān biéren de nánchu

こまめに 勤勤恳恳 qínqínkěnkěn; 勤快 qínkuài (英 *briskly*) ▶～連絡する/勤联系 qín liánxì ▶骨身惜しまず～働く/不辞辛劳，勤勤恳恳工作 bù cí xīnláo, qínqínkěnkěn gōngzuò

こまもの【小間物】(英 *fancy goods*)
◆～屋/小百货店 xiǎobǎihuòdiàn; 小卖店 xiǎomàidiàn ▶町の小さな～屋/镇上的小百货店 zhènshang de xiǎobǎihuòdiàn

こまやか【細やかな】(英 *warm*; *tender*; *close*) ▶～な愛情に包まれて育つ/在深厚的爱情中长大 zài shēnhòu de àiqíng zhōng zhǎngdà

こまらせる【困らせる】刁难 diāonàn; 为难 wéinán (英 *bother*) ▶あなたを～つもりじゃないのよ/我并不想让你为难 wǒ bìng bù xiǎng ràng nǐ wéinán

こまりきる【困りきる】窘迫 jiǒngpò; 狼狈 lángbèi (英 *be utterly troubled*) ▶困り切った顔/满脸困惑 mǎnliǎn kùnhuò ▶彼の困りきった顔がおかしかった/他满脸狼狈的样子，真有意思 tā mǎnliǎn lángbèi de yàngzi, zhēn yǒu yìsi

こまりもの【困り者】令人头痛的人 lìng rén tóutòng de rén; 给人带来麻烦的人 gěi rén dàilái máfan de rén (英 *a nuisance*) ▶あいつはクラスの～なんだ/他是班上的捣蛋鬼 tā shì bānshang de dǎodàngguǐ

こまる【困る】 **❶**【困難】困难 kùnnan; 麻烦 máfan (英 *be in trouble*) ▶困ったことになった/这下可麻烦了 zhè xià kě máfan le ▶困った時にはお互いさ/碰到了难事要互相帮助嘛 pèngdàole nánshì yào hùxiāng bāngzhù ma ▶私は困った立場に陥った/我陷入了困难的处境 wǒ xiànrùle kùnnan de chǔjìng

❷【金に】穷困 qióngkùn (英 *be hard up for money*) ▶金に困っている/没钱, 很窘迫 méi qián, hěn jiǒngpò

❸【迷惑·当惑】感到困难 gǎndào kùnnan; 为难 wéinán; 困惑 kùnhuò (英 *be embarrassed*) ▶君，それは～よ/你这样可不好! nǐ zhèyàng kě bù hǎo! ▶あいつには困ったもんだ/那家伙也真麻烦 nà jiāhuo yě zhēn máfan ▶そう俺を困らせるな/别让我这么为难 bié ràng wǒ zhème wéinán ▶彼は返事に困った/他不好回答了 tā bùhǎo huídá le

こまわり【小回りがきく】（小さく回る）转小弯 zhuǎn xiǎowān (英 *be capable of small sharp turns*); （素早く対応する）灵活 línghuó (英 *be flexible*) ▶この車は～がきく/这辆车转弯灵活 zhè liàng chē zhuǎnwān línghuó ▶あの男はけっこう～がきくんです/他挺灵活的 tā tǐng línghuó de

コマンド **❶**【指示】命令 mìnglìng; 指令 zhǐlìng (英 *a command*) **❷**【特殊部隊】突击部队 tūjī bùduì (英 *a commando*)

こみ【込みの】包括在内 bāokuò zàinèi; 总共 zǒnggòng (英 *lump*) ▶椅子も～で机を買う/买一套带椅子的桌子 mǎi yí tào dài yǐzi de zhuōzi ▶これはすべて～の金額だ/这是包括了全部费用的金额 zhè shì bāokuòle quánbù fèiyong de jīn'é

◆税～/包括税款在内 bāokuò shuìkuǎn zàinèi ▶消費税～で 800 円いただきます/包括消费税在内，一共八百日元 bāokuò xiāofèishuì zàinèi, yígòng bābǎi Rìyuán

ごみ【塵】尘土 chéntǔ; 秽土 huìtǔ; 垃圾 lājī (英 *dust*; *trash*; *garbage*) ▶～を捨てる/倒垃圾 dào lājī ▶～をあさる/捡破烂儿 jiǎn pòlànr ▶砂浜に～を捨てる/把垃圾扔在沙滩上 bǎ lājī rēngzài shātānshang ▶烏が～をあさる/乌鸦翻垃圾找吃的东西 wūyā fān lājī zhǎo chī de dōngxi ▶ボランティアで～拾いをする/做义工去捡垃圾 zuò yìgōng qù jiǎn lājī ▶床が～だらけになった/地板上都是垃圾 dìbǎnshang dōu shì lājī ▶～は～袋に入れて出す/把垃圾装进垃圾袋里扔出去 bǎ lājī zhuāngjìn lājīdàilǐ rēngchūqu ▶ここは～捨て場ではないぞ/这儿不是垃圾站 zhèr bú shì lājīzhàn

♦～箱 垃圾箱 lājīxiāng 粗大～ 大件垃圾 dà jiàn lājī

こみあう【込み合う】 挤 jǐ; 拥挤 yōngjǐ (英 be crowded; be jammed) ▶朝はいつも～/早上总是很拥挤 zǎoshang zǒngshì hěn yōngjǐ ▶～バスで足を踏まれた/在拥挤的公共汽车上被踩了脚 zài yōngjǐ de gōnggòng qìchēshang bèi cǎile jiǎo

こみあげる【込み上げる】 涌上来 yǒngshànglai (英 be filled with...) ▶嬉しさが～/充满喜悦 chōngmǎn xǐyuè; 抑制不住喜悦 yìzhìbuzhù xǐyuè ▶吐き気が～/恶心 ěxin; 作呕 zuò'ǒu ▶涙が～/涌出泪水 yǒngchū lèishuǐ ▶腹の底から嬉しさが込み上げてきた/从心底里涌上来一阵喜悦 cóng xīndǐli yǒngshànglai yízhèn xǐyuè ▶泣くまいとしても涙が込み上げてくる/强忍着想不哭,但是泪水却涌了出来 qiǎngrěnzhe xiǎng bù kū, dànshì lèishuǐ què yǒngle chūlái ▶込み上げてくる怒りをなんとか抑えた/总算强忍住心头的怒火 zǒngsuàn qiǎngrěnzhù xīntóu de nùhuǒ

こみいる【込み入る】 复杂 fùzá; 错综 cuòzōng (英 be complicated) ▶込み入った事情/复杂的情况 fùzá de qíngkuàng ▶込み入った事情があるらしい/好像有一些复杂的情况 hǎoxiàng yǒu yìxiē fùzá de qíngkuàng ▶話の筋が込み入っていて/故事的情节错综复杂 gùshi de qíngjié cuòzōng fùzá

コミカル 轻松滑稽的 qīngsōng huájī de (英 comical) ▶～ソング/滑稽歌 huájīgē ▶～なしぐさをする/动作很滑稽 dòngzuò hěn huájī

ごみごみした 杂乱无章 záluàn wú zhāng; 乱七八糟 luàn qī bā zāo (英 untidy) ▶～した通りが続く/尽是杂乱无章的道路 jǐn shì záluàn wú zhāng de dàolù ▶バラックが～と並んでいる/杂乱地挤满了窝棚 záluàn de jǐmǎnle wōpeng

こみだし【小見出し】 小标题 xiǎobiāotí (英 a subhead) ▶～をつける/加上小标题 jiāshàng xiǎobiāotí

こみち【小路・小道】 小路 xiǎolù (英 a narrow path; an alley) ▶田園の～をたどる/走在田间的小路上 zǒuzài tiánjiān de xiǎolùshang ▶～に迷いこむ/迷路走到小路上了 mílù zǒudào xiǎolùshang le

コミック 漫画 mànhuà; 轻喜剧 qīngxǐjù (英 a comic) ▶～オペラ/喜歌剧 xǐgējù ▶～ソング/滑稽歌 huájīgē ▶～雑誌が全盛である/漫画杂志处在鼎盛状态 mànhuà zázhì chǔzài dǐngshèng zhuàngtài

コミッショナー (英 a commissioner) ▶権限のない～/没有权限的联盟负责人 méiyǒu quánxiàn de liánméng fùzérén

コミッション 佣金 yòngjīn (英 a commission《手数料》) ▶口ききをして～を取る/帮着说话,拿佣金 bāngzhe shuōhuà, ná yòngjīn ▶この～はわいろと認定される/这个佣金被认定是贿赂 zhège yòngjīn bèi rèndìng shì huìlù

こみみ【小耳】 ～にはさむ 偶然听到 ǒurán tīngdào ▶人事のうわさを～にはさむ/偶然听到有关人事的传言 ǒurán tīngdào yǒuguān rénshì de chuányán

コミューン 公社 gōngshè (英 a commune) ▶パリ～/巴黎公社 Bālí gōngshè

コミュニケ 公报 gōngbào (英 a communiqué) ▶共同～/联合公报 liánhé gōngbào ▶共同～を発表する/发表共同声明 fābiǎo gòngtóng shēngmíng

コミュニケーション 通信 tōngxìn; 交流 jiāoliú; 沟通 gōutōng (英 communication) ▶～を図る/争取沟通 zhēngqǔ gōutōng ▶あのグループとは～が成り立たない/和那帮人没有办法沟通 hé nà bāng rén méiyǒu bànfǎ gōutōng ▶親子の間の～が大切だ/亲子间的沟通是很重要的 qīnzǐ jiān de gōutōng shì hěn zhòngyào de ▶世代間の～ギャップが広がっている/代沟越来越大了 dàigōu yuèláiyuè dà le

コミュニスト 共产主义者 gòngchǎn zhǔyìzhě (英 a communist)

コミュニズム 共产主义 gòngchǎn zhǔyì (英 communism)

コミュニティ 地区性社会 dìqūxìng shèhuì; 共同体 gòngtóngtǐ; 社区 shèqū (英 a community)

こむ【込む・混む】 拥挤 yōngjǐ (英 be crowded; be packed) ▶朝は電車に～/早上电车很拥挤 zǎoshang diànchē hěn yōngjǐ ▶今月は予定が混んでいる/这个月的安排很满 zhège yuè de ānpái hěn mǎn ▶手の込んだいたずらをする/恶作剧想得很厉害 èzuòjù xiǎngde hěn zhōudào ▶～紛れ/混进 hùnjìn ▶行列に紛れ～/混进队伍中 hùnjìn duìwu zhōng ▶信じ～/完全相信 wánquán xiāngxìn ▶神の救いを信じ～/相信神的帮助 xiāngxìn shén de bāngzhù ▶教え～/灌输 guànshū ▶料理の技を教え～/教会烹饪的技巧 jiāohuì pēngrèn de jìqiǎo

ゴム 胶皮 jiāopí; 橡胶 xiàngjiāo (英 rubber) ▶～粘土/橡皮泥 xiàngpíní ▶～ひも/皮筋儿 píjīnr; 松紧带儿 sōngjǐndàir ▶～ボール/皮球 píqiú ▶～で消す/用橡皮擦掉 yòng xiàngpí cādiào ▶～ボートで川を下る/坐橡皮船漂流 zuò xiàngpíchuán piāoliú ▶風船が飛んでゆく/气球飘走了 qìqiú piāozǒu le ▶～毬(毬)をつく/拍橡皮球 pāi xiàngpíqiú ▶～印を押す/盖上橡皮图章 gàishàng xiàngpí túzhāng ▶～の木/橡胶树 xiàngjiāoshù

♦～長靴 胶靴 jiāoxuē ▶長靴をはく/穿长筒雨鞋 chuān chángtǒng yǔxié 輪～ ▶輪～でとめる/用橡皮筋绑住 yòng xiàngpíjīn bǎngzhù

コムギ【小麦】 〔植物〕小麦 xiǎomài (英 wheat) ▶～を輸入する/进口小麦 jìnkǒu xiǎo-

こむぎこ mài ▶~色の肌がまぶしい/浅棕色的皮肤闪闪发光 qiǎnzōngsè de pífū shǎnshǎn fā guāng

こむぎこ【小麦粉】白面 báimiàn; 面粉 miànfěn (英 wheat flour) 注意「白面儿 báimiànr' は「ヘロイン」の意味. ▶~をこねる/揉面粉 róu miànfěn

こむすめ【小娘】丫头 yātou; 小姑娘 xiǎogūniang (英 a young girl) ▶あんな~にもて遊ばれている/被那个小丫头耍了 bèi nàge xiǎoyātou shuǎ le

こむらがえり【腓返り】腿肚子抽筋 tuǐdùzi chōujīn (英 a leg cramp) ▶泳いでいて~を起こした/游泳的时候抽筋了 yóuyǒng de shíhou chōujīn le

こめ【米】大米 dàmǐ; 稻米 dàomǐ (英 rice) ▶~をとぐ/淘米 táomǐ ▶~の飯はうまい/大米饭真好吃 dàmǐfàn zhēn hǎochī ▶あの人はまるで~搗(つ)きバッタだね/那个人我像是磕头虫 nàge rén zhēn xiàng shì kētóuchóng ▶~作り農家も悩みが大きい/生产大米的农家烦恼很多 shēngchǎn dàmǐ de nóngjiā fánnǎo hěn duō ▶当地は名高い~所である/本地是有名的大米产地 běndì shì yǒumíng de dàmǐ chǎndì
♦~櫃(びつ) ▶あの子がうちの~櫃なんです《比喻的》/那个孩子是我们家的饭碗 nàge háizi shì wǒmen jiā de fànwǎn

こめかみ【顳】额角 éjiǎo; 太阳穴 tàiyángxué; 颞颥 nièrú (英 a temple) ▶~がひくひく動く/太阳穴在抽动 tàiyángxué zài chōudòng

こめつぶ【米粒】大米粒 dàmǐlì (英 a grain of rice) ▶~のように小さい/像米粒那样小 xiàng mǐlì nàyang xiǎo

コメディアン 喜剧演员 xǐjù yǎnyuán; 滑稽演员 huájī yǎnyuán; 丑角 chǒujué (英 a comedian)

コメディー 喜剧 xǐjù; 滑稽戏 huájīxì (英 a comedy) ▶~映画/喜剧片 xǐjùpiàn; 喜剧电影 xǐjù diànyǐng ▶高名な~作家/很有名的喜剧作家 hěn yǒumíng de xǐjù zuòjiā

こめぬか【米糠】米糠 mǐkāng (英 rice bran)

こめや【米屋】粮店 liángdiàn (英 a rice shop)

こめる【込める】(英 put into...; [弾丸を] load) ▶ここは特に力を込めて話せ/这儿要特别地用力强调 zhèr yào tèbié de yòng lì qiángdiào ▶心を込めて手紙を書いた/充满感情地写信 chōngmǎn gǎnqíng de xiě xìn ▶銃に弾を~/枪里装上子弹 qiāngli zhuāngshàng zǐdàn ▶これは手数料を込めた金額である/这是包含手续费的金额 zhè shì bāohán shǒuxùfèi de jīn'é

ごめん【御免】(拒否) 不愿意 bú yuànyì; 讨厌 tǎoyàn; 算了 suànle (英 refusal); 《谢罪》对不起 duìbuqǐ; 请原谅 qǐng yuánliàng (英 I'm sorry.) ▶そういう仕事は~こうむる/我不愿意做这种工作 wǒ bú yuànyì zuò zhè zhǒng gōngzuò ▶あいつの代役など~だ/我不想做他的替身 wǒ bù xiǎng zuò tā de tìshēn ▶この3月でお役に~になった/今年三月就不干了 jīnnián sān yuè jiù

bú gàn le ▶~なさい, 私のミスでした/对不起, 是我的错 duìbuqǐ, shì wǒ de cuò
~下さい 有人吗？yǒu rén ma?

コメント 评价 píngyǐ; 意见 yìjiàn (英 a comment) ▶ノー~/无可奉告 wú kě fènggào ▶大臣に~を求める/请大臣发表看法 qǐng dàchén fābiǎo kànfǎ ▶现段階では~しようがない/现阶段无法发表意见 xiànjiēduàn wúfǎ fābiǎo yìjiàn

ごもくずし【五目寿司】【料理】什锦寿司 shíjǐn shòusī (英 various fish and vegetables mixed into sushi rice)

ごもくならべ【五目並べ】《ゲーム》五子棋 wǔzǐqí (英 gomoku: gobang)

こもごも【交交】(英 by turns; one after another) ▶彼らは~に語った/他们交替着说 tāmen jiāotìzhe shuō ▶家電製品が~現れては消えてゆく/家电产品相继出现, 又相继消失 jiādiàn chǎnpǐn xiāngjì chūxiàn, yòu xiāngjì xiāoshī

こもじ【小文字】小写 xiǎoxiě (英 a small letter)

こもち【子持ちである】(英 be a mother〔father〕) ▶相手は二人の~である/对方有两个孩子 duìfang yǒu liǎng ge háizi
♦~鰈(かれい) ▶鰈の時期になった/到了吃带子鲽鱼的时候了 dàole chī dài zǐ diéyú de shíhou

ごもっとも【御尤もです】有道理 yǒu dàoli (英 Right.) ▶お怒りは~です. ですが…/您生气也有道理, 但是… nín shēngqì yě yǒu dàoli, dànshì…

こもの【小物】❶ [こまごましたもの] 小东西 xiǎo dōngxi (英 small items) ▶~入れ/盒 hé; 小袋 xiǎodài ❷ [小人物] 小人物 xiǎo rénwù (英 an unimportant person) ▶~を犠牲にして, 大物は太る/一将成名万骨枯 yí jiàng chéngmíng wàn gǔ kū ▶彼なんかだ~だ/他还是小人物 tā hái shì xiǎorénwù ❸ [獲物などが] 小杂鱼 xiǎozáyú (英 small fry) ▶~ばかり釣れる/钓上来的鱼都是小的 diàoshànglai de yú dōu shì xiǎo de

こもり【子守】照看孩子 zhàokàn háizi (英 nursing; [人] a nurse) ▶~を雇う/请看孩子的人 qǐng kān háizi de rén ▶ちゃんと~するんだよ/好好看孩子啊 hǎohǎo kānzhe háizi a

こもりうた【子守歌】催眠曲 cuīmiánqǔ; 摇篮曲 yáolánqǔ (英 a lullaby) ▶母の背中で~を聞いた/在母亲的背上听摇篮曲 zài mǔqīn de bèishang tīng yáolánqǔ

こもる【籠もる】❶ [家に] 闭门不出 bì mén bù chū (英 stay indoors) ▶休日は家に籠もって読書する/休息日闭门在家看书 xiūxīrì bì mén zàijiā kàn shū ❷ [煙や空気が] 充满 chōngmǎn; 《声の》含糊 hánhu (英 be stuffy) ▶部屋じゅうにタバコの煙が籠もっている/房间里充满了香烟味 fángjiānli chōngmǎnle xiāngyānwèi ❸ [満ちる] (英 be filled with...) ▶ストレスが内に籠もって心の病になる/压力都憋在心里, 会得心

病的压力 dōu biēzài xīnlì, huì dé xīnbìng de 心の籠もった　**热情洋溢** rèqíng yángyì ▶心の籠もった贈り物/充满感情的礼物 chōngmǎn gǎnqíng de lǐwù

こもん【顧問】　顾问 gùwèn（英 *an adviser; a consultant*）▶橋本氏を〜に迎える/请桥本氏当顾问 qǐng Qiáoběn shì dāng gùwèn ▶このたび〜を辞することとした/这次我决定辞去顾问一职 zhècì wǒ juédìng cíqù gùwèn yì zhí ▶〜料は要らない/我不要顾问费 wǒ bú yào gùwènfèi
♦〜弁護士　▶〜弁護士と相談のうえで回答する/我和顾问律师商量以后再回答 wǒ hé gùwèn lǜshī shāngliang yǐhòu zài huídá

こもんじょ【古文書】　古文书 gǔwénshū（英 *ancient manuscripts*）▶〜学/古文献学 gǔwénxiànxué ▶〜に埋まって日を送る/埋在古代文献里过日子 máizài gǔdài wénxiànlǐ guò rìzi

こや【小屋】　❶【小さい建物】棚子 péngzi；窝棚 wōpeng；小屋 xiǎowū（英 *a hut*）▶物置き〜を建てる/盖一间放杂物的小房间 gài yì jiān fàng záwù de xiǎofángjiān ▶山〜にたどりつく/终于走到山里的小屋 zhōngyú zǒudào shānlǐ de xiǎowū　❷【家畜を入れる】窝 wō；畜舎 chùshè（英 *a pen*）▶犬は犬〜で眠る/狗在狗窝里睡觉 gǒu zài gǒuwōli shuìjiào　❸【興行用の】棚子 péngzi（英 *a booth*）▶町はずれに芝居〜があった/在镇的角落以前有一家小戏园子 zài zhèn de jiǎoluò yǐqián yǒu yì jiā xiǎoxìyuánzi

こやく【子役】　小演员 xiǎoyǎnyuán（英 *a child actor*）▶主役が〜に食われている/主角被小演员盖过了 zhǔjué bèi xiǎo yǎnyuán gàiguò le ▶劇団が〜を募集する/剧团招小演员 jùtuán zhāo xiǎoyǎnyuán

ごやく【誤訳】　错译 cuòyì；误译 wùyì（英 *mistranslation*）▶この本は〜だらけだ/这本书到处是错误翻译 zhè běn shū dàochù shì cuòwù fānyì ▶〜に気づく/发现了错误翻译 fāxiànle cuòwù fānyì ▶好んで〜するわけじゃないんだ/我也不是成心要翻译错的 wǒ yě bú shì chéngxīn yào fānyìcuò de

こやくにん【小役人】　下级官吏 xiàjí guānlì；小官员 xiǎoguānyuán（英 *a petty official*）▶山崎は〜のせがれである/山崎是一个下级官吏的儿子 Shānqí shì yí ge xiàjí guānlì de érzi

こやし【肥やし】　肥料 féiliào；营养 yíngyǎng（英 *manure; fertilizer*）▶苦劳は人生の〜だ/艰难困苦是人生的养分 jiānnán kùnkǔ shì rénshēng de yǎngfèn ▶〜をやり過ぎてはいけない/浇太多的肥料不行 jiāo tài duō de féiliào bùxíng

こやす【肥やす】（英 *manure; fertilize*）▶公金をかすめて私腹を〜/揩公家的油，中饱私囊 kāi gōngjia de yóu, zhōng bǎo sī náng ▶肥やした土に苗を植える/在施了肥的土地上种禾苗 zài shīle féi de tǔdìshang zhòng hémiáo ▶たくさん名画を見て目を肥やしなさい/要多看些名画，培养自己的眼力 yào duō kàn xiē mínghuà, péiyǎng zìjǐ de yǎnlì

こやみ【小止み】（英 *a break*）▶雨が〜になる/暂时下不了 zànshí bú xià le ▶〜なく銃声が続いた/枪声不断 qiāngshēng búduàn

こゆう【固有の】　原有 yuányǒu；固有 gùyǒu；内在 nèizài（英 *peculiar; proper*）▶それは私に〜な性格かもしれない/那可能是我特有的癖好 nà kěnéng shì wǒ tèyǒu de pǐhào ▶秋田犬は日本〜の動物だ/秋田犬是日本固有的动物 Qiūtiánquǎn shì Rìběn gùyǒu de dòngwù

こゆうめいし【固有名詞】〔文法〕专有名词 zhuānyǒu míngcí；专名 zhuānmíng（英 *a proper noun*）▶年をとると〜が出てこない/上了年纪，专有名词老是想不起来 shàngle niánjì, zhuānyǒu míngcí lǎoshì xiǎngbuqǐlái

こゆき【小雪】　小雪 xiǎoxuě（英 *light snow*）▶〜がちらつく/下小雪 xià xiǎoxuě

こゆび【小指】　小指 xiǎozhǐ；小拇指 xiǎomuzhǐ（英 *the little finger*；[足の] *the little toe*）▶〜をからめて約束する/钩了小拇指，约好了 gōule xiǎomuzhǐ, yuēhǎo le

こよう【雇用する】　雇佣 gùyōng；录用 lùyòng（英 *engage; employ*）▶〜を促進する/促进雇用 cùjìn gùyòng ▶〜調整は避けられない/不可避免要进行雇用调整（解雇人）bù kě bìmiǎn yào jìnxíng gùyòng tiáozhěng(jiěgù rén)
♦〜機会均等法　雇用机会均等法 gùyōng jīhuì jūnděngfǎ　〜期間　〜期間を延長する/延长雇用期限 yáncháng gùyòng qīxiàn　〜主　雇主 gùzhǔ ▶〜主と話し合う/和雇主交涉 hé gùzhǔ jiāoshè　〜保険　失业保险 shīyè bǎoxiǎn；雇佣保险 gùyōng bǎoxiǎn ▶〜保险が適用されます/可以适用雇佣保险 kěyǐ shìyòng gùyōng bǎoxiǎn

ごよう【御用】　❶【用事】（英 *business*）▶何か〜でしょうか/有何贵干？yǒu hé guìgàn? ▶お〜だ/小事一桩 xiǎoshì yì zhuāng　❷【注文】（英 *an order*）▶若い頃は〜聞きに回っていた/年轻的时候只能做听差的 niánqīng de shíhou zhǐ néng zuò tīngchāi de
♦〜納め　▶今年は〜納めが早まった/这一年的工作提前结束了 zhè yì nián de gōngzuò tíqián jiéshù le　〜組合　御用工会 yùyòng gōnghuì　〜新聞　御用报纸 yùyòng bàozhǐ

ごよう【誤用】　误用 wùyòng（英 *a misuse*）▶〜がいつのまにか〜でなくなる/错误的用法无形中变成通用的了 cuòwù de yòngfǎ wúxíngzhōng biànchéng tōngyòng de le ▶カタカナ語を〜する/错误地使用片假名的词汇 cuòwù de shǐyòng piànjiǎmíng de cíhuì

こよなく　格外 géwài；特别 tèbié（英 *deeply*）▶〜愛する/格外喜欢 géwài xǐhuan

こよみ【暦】　历书 lìshū；日历 rìlì（英 *a calendar*）▶〜をめくる/翻日历 fān rìlì ▶〜の上ではもう春だ/按节气来说已经是春天了 àn jiéqì láishuō yǐjing shì chūntiān le

こより　纸捻 zhǐniǎn；细纸绳 xìzhǐshéng（英 *a paper string*）▶〜をよる/搓纸捻 cuō zhǐniǎn

こら 喂 wèi (英 *Hey!*) ▶～何をするか！/喂，你在干什么！wèi, nǐ zài gàn shénme!

こらい【古来】 古来 gǔlái (英 *from ancient times*) ▶それは日本～の伝統だ/这是日本古来的传统 zhè shì Rìběn gǔlái de chuántǒng ▶この地方は～多くの詩人を輩出した/这个地方自古以来就诗人辈出 zhège dìfāng zìgǔ yǐlái jiù shīrén bèichū

ごらいこう【御来光】 日出 rìchū (英 *the sunrise*) ▶山頂で～を拝む/在山顶上拜日出 zài shāndǐngshang bài rìchū ▶その荘厳さに打たれた/被日出的庄严景色所震撼 bèi rìchū de zhuāngyán jǐngsè suǒ zhènhàn

こらえる【堪える】 忍耐 rěnnài; 忍受 rěnshòu (英 *bear*) ▶ぐっと笑いを～/拼命忍住笑 pīnmìng rěnzhù xiào ▶これ以上痛みを堪えられない/我再也忍不住疼痛了 wǒ zài yě rěnbuzhù téngtòng le

ごらく【娯楽】 娱乐 yúlè; 乐趣 lèqù (英 *amusement; entertainment*) ▶おやじにとっては働くことが～なんだ/对爸爸来说，工作就是乐趣 duì bàba láishuō, gōngzuò jiù shì lèqù
◆～施設 ▶この町には～施設がない/这个城市没有娱乐设施 zhège chéngshì méiyǒu yúlè shèshī ◆～番組 ▶～番組ばかり見ている/尽看娱乐节目 jǐn kàn yúlè jiémù

こらしめ【懲らしめ】 惩戒 chéngjiè; 教训 jiàoxùn (英 *punishment*) ▶～のため玩具を取り上げた/没收玩具，以示惩罚 mòshōu wánjù, yǐ shì chéngfá

こらしめる【懲らしめる】 教训 jiàoxun; 惩治 chéngzhì (英 *chasten*) ▶うんと懲らしめてやる/我要好好教训他! wǒ yào hǎohǎo jiàoxun tā!

こらす【凝らす】 (趣向を) *elaborate*) ▶工夫を～/费尽心思 fèijìn xīnsī ▶目を～/目不转睛 mù bù zhuǎn jīng; 凝视 níngshì ▶彼は彼なりに工夫を凝らした/他也尽了自己的力，花了一番功夫 tā yě jìnle zìjǐ de lì, huāle yīfān gōngfu ▶目を凝らしてよく見る/睁大眼睛，好好看看 zhēngdà yǎnjing, hǎohǎo kànkan ▶息を凝らして見守る/屏住呼吸，在关注 bǐngzhù hūxī, zài guānzhù

コラム 专栏 zhuānlán (英 *a column*) ▶関東新聞の～が面白い/关东报纸的栏目很有意思 Guāndōng bàozhǐ de lánmù hěn yǒu yìsi ▶夕日新聞の～を書いている/我在给夕日报纸的栏目撰稿 wǒ zài gěi Xīrì bàozhǐ de lánmù zhuàngǎo ◆～ニスト; 专栏作家 zhuānlán zuòjiā

ごらん【御覧】 もう一度やって～/再来一次 zài lái yí cì ▶では～に入れましょう/那么，请各位看吧 nàme, qǐng gèwèi kànkan ba ▶～，あれが北極星だよ/请看，那就是北极星 qǐng kàn, nà jiù shì běijíxīng

こり【凝り】 (英 *stiffness; a kink*) ▶肩の～をもみほぐす/按摩肩膀，缓解肩酸 ànmó jiānbǎng, huǎnjiě jiān suān

コリアンダー 〔植物〕香菜 xiāngcài; 芫荽 yánsuī (英 *a coriander*)

ごりおし【ごり押し】 强制推行 qiángzhì tuīxíng; 强行 qiángxíng (英 *a strong-arm method*) ▶議案は彼らが～に通してしまった/议案被他们强行通过了 yì'àn bèi tāmen qiángxíng tōngguò le ▶～すると反動がこわいぞ/一味强行的话，反作用会很可怕 yíwèi qiángxíng dehuà, fǎnzuòyòng huì hěn kěpà

こりかたまる【凝り固まる】 热衷于 rèzhōng yú 〔凝結〕*curdle*; 〔熱狂〕*be fanatical*) ▶共和党支持に～/狂热地支持共和党 kuángrè de zhīchí Gònghédǎng ▶阪神びいきに凝り固まった男たち/热衷于阪神球团的男人们 rèzhōng yú Bǎnshén qiútuán de nánrénmen

こりこう【小利口な】 小聪明 xiǎocōngming (英 *smartish; pert*) ▶若いのに～に立ち回るものだ/虽然年纪小，但是挺有心眼儿 suīrán niánjì xiǎo, dànshì tǐng yǒu xīnyǎnr ▶～な人間は大成しない/小聪明的人是没有大成就的 xiǎocōngming de rén shì méiyǒu dàchéngjiù de

こりごり【懲り懲りする】 (英 *have enough of...*) ▶あの女のおしゃべりには～だ/我对她的唠叨已经烦透了 wǒ duì tā de láodao yǐjīng fántòu le ▶一度やって～した/做过一次，就再也不想做了 zuòguò yí cì, jiù zài yě bù xiǎng zuò le

こりしょう【凝り性】 着迷 zháomí; 执着 zhízhuó (英 *fastidious*) ▶～だから始めたらやめられない/生性执着，一旦开始就不肯罢休 shēngxìng zhízhuó, yídàn kāishǐ jiù bù kěn bàxiū

こりつ【孤立する】 孤立 gūlì (英 *be isolated*) ▶私は社内で完全に～した/我在公司里面完全孤立了 wǒ zài gōngsī lǐmiàn wánquán gūlì le ▶～無援/孤立无援 gūlì wúyuán ▶～無援で戦い続ける/孤立无援地继续战斗 gūlì wúyuán de jìxù zhàndòu ▶中国語は代表的な～語である/汉语是典型的孤立语 Hànyǔ shì diǎnxíng de gūlìyǔ

ごりむちゅう【五里霧中である】 五里雾中 wǔlǐwù zhōng (英 *be quite in the dark*) ▶～ないまま～を手探りしていた/没有一个方针，在迷茫中尝试 méiyǒu yí ge fāngzhēn, zài mímáng zhōng chángshì

ごりやく【御利益】 灵验 língyàn (英 *divine favor*) ▶てきめんに～があった/马上就有神灵保佑了 mǎshàng jiù yǒu shénlíng bǎoyòu le ▶お狐さまの～を信じる/相信狐狸仙的法力 xiāngxìn húlíxiān de fǎlì

こりょ【顧慮する】 顾虑 gùlǜ; 考虑 kǎolǜ (英 *consider*) ▶周辺への影響を～する/考虑对周围的影响 kǎolǜ duì zhōuwéi de yǐngxiǎng ▶彼の意向にも～を払う/顾及他的意向 gùjí tāmen de yìxiàng

こりょうりや【小料理屋】 日式小菜馆儿 Rìshì xiǎocàiguǎnr (英 *a small Japanese restaurant where they serve à la carte dishes*)

ゴリラ 〚動物〛大猩猩 dàxīngxing (英 a gorilla)
こりる【懲りる】 惩前毖后 chéng qián bì hòu; 吃够苦头 chīgòu kǔtóu (英 learn a lesson) ▶おまえもこれで懲りただろう/有了这次，你也该长点儿记性了吧 yǒule zhècì, nǐ yě gāi zhǎng diǎnr jìxingle ba
ことわざ あつものに懲りてなますを吹く 一朝被蛇咬，十年怕井绳 yìzhāo bèi shé yǎo, shí nián pà jǐngshéng
こる【凝る】 ❶〚物事に〛讲究 jiǎngjiu (英 be devoted) ▶なかなか凝ったデザインだね/这个造型还真独特 zhège zàoxíng hái zhēn dútè ▶彼はいま表現に凝っている/他现在在对单口相声着了迷 tā xiànzài duì dānkǒu xiàngshēng zháole mí ❷〚肩が〛发酸 fāsuān; 酸痛 suāntòng (英 get stiff) ▶会議に出ると肩が～/一开会肩膀就发酸 yí kāihuì jiānbǎng jiù fāsuān
コルク 软木 ruǎnmù; 栓皮 shuānpí (英 a cork) ▶～栓/软木塞 ruǎnmùsāi ▶～の栓を抜く/拔软木塞 bá ruǎnmùsāi
♦～抜き: 拔软木塞的起子 bá ruǎnmùsāi de qǐzi
コルセット 〚服飾〛束腹带 shùfùdài; 紧身衣 jǐnshēnyī; 整形矫正服 zhěngxíng jiǎozhèngfú (英 a corset) ▶～をつける/穿整形衣 chuān zhěngxíngyī ▶～がきつくて苦しい/整形衣很紧，穿着难受 zhěngxíngyī hěn jǐn, chuānzhe nánshòu
コルネット 〚楽器〛短号 duǎnhào (英 a cornet) ▶～を吹く/吹短号 chuī duǎnhào
ゴルフ 〚スポーツ〛高尔夫球 gāo'ěrfūqiú (英 golf) ▶～クラブ/高尔夫球俱乐部 gāo'ěrfūqiújùlèbù ▶～場/高尔夫球场 gāo'ěrfūqiúchǎng ▶70過ぎたらグラウンド～をどうぞ/过了七十岁，请来打场内高尔夫 guòle qīshí suì, qǐng lái dǎ chǎngnèi gāo'ěrfū
これ 这，这个 zhè; zhèige (英 this) ▶～を一つ下さい/给我一个这样的 gěi wǒ yí ge zhèyàng de ▶～に書いて下さい/请写在这上面 qǐng xiězài zhè shàngmian ▶～がうるさいんでね/她太啰唆了 tā tài luōsuo le ▶～だけの選手はそういないだろう/这样的选手是很少见的 zhèyàng de xuǎnshǒu shì hěn shǎojiàn de ▶～ほど頼んでもだめかい/这么求你都没用吗？zhème qiú nǐ dōu méiyòng ma? ▶話は～で終わりだ/这件事到此就算 jiàn shì dào cǐ jiéshù ▶じゃ後は～で失礼/那么，我就告辞了 nàme, wǒ jiù gàocí le ▶もう～きりで会えないのです/到此为止，以后再不见面了 dào cǐ wéi zhǐ, yǐhòu zài bú jiànmiàn le ▶彼には～といった著作はない/他也没有值得一提的著作 tā yě méiyǒu zhíde yì tí de zhùzuò
これから 今后 jīnhòu (英 now) ▶～先が楽しみだ/今后会越来越好 jīnhòu huì yuèláiyuè hǎo ▶いざ～という時に事故にあって…/没想到刚有些起色，就碰到了事故… méi xiǎngdào gāng yǒu xiē qǐsè, jiù pèngdàole shìgù… ▶始まるところだ/刚要开始 gāng yào kāishǐ ▶君はまだ～の人だ/你今后的前途还很远大 nǐ jīnhòu de qiántú hái hěn yuǎndà ▶～行って間に合うかな/现在去来得及吗？xiànzài qù láidejí ma?
コレクション 收集 shōují; 收藏品 shōucángpǐn (英 a collection) ▶絵画の～を美術館に寄贈する/把收藏到的画捐赠给美术馆 bǎ shōucángdào de huà juānzèng gěi měishùguǎn ▶パリ・〈デザイナーの〉/巴黎时装展 Bālí shízhuāngzhǎn
コレクター 收藏家 shōucángjiā (英 a collector)
コレクトコール 对方付款电话 duìfāng fùkuǎn diànhuà (英 a collect call) ▶～で国際電話をかける/打对方付款的国际电话 dǎ duìfāng fùkuǎn de guójì diànhuà
これこれ 如此这样的 rúcǐ zhèyàng de (英 so and so) ▶～だとわけを話す/一五一十地说原因 yī wǔ yī shí de shuō yuányīn ▶～の事情で行けなくなった/因为各种原因不能去了 yīnwèi gè zhǒng yuányīn bùnéng qù le
これしき ～の事で諦めるな/别为了这么一点儿大的事情放弃了 bié wèile zhème yìdiǎnr dà de shìqing fàngqì le
コレステロール 〚生理〛胆固醇 dǎngùchún (英 cholesterol) ▶～値を下げる/降低胆固醇 jiàngdī dǎngùchún
これっぽっち 这么点儿 zhèmediǎnr (英 such a small…) ▶～の給料では食べていけない/这么一点儿工资，不可能生活 zhème yìdiǎnr gōngzī, bùkěnéng shēnghuó ▶晩飯は～かい/晚饭就这么一点儿吗？wǎnfàn jiù zhème yìdiǎnr ma?
これほど【これ程】 这么 zhème; 这样 zhèyàng ▶～不思議な話は聞いたことがない/没有听说过这么奇怪的事儿 méiyǒu tīngshuōguo zhème qíguài de shìr ▶僕が～までに尽くしているのに…/我这么尽心尽力… wǒ zhème jìn xīn jìn lì…
これまで 从来 cónglái; 以往 yǐwǎng; 一向 yíxiàng (英 until now) ▶本物のパンダは～見たことがなかった/从来没见过真的熊猫 cónglái méi jiànguò zhēn de xióngmāo ▶～の粗筋/至今为止的梗概 zhìjīn de gěnggài ▶今日の勉強は～にしよう/今天学到这儿 jīntiān xuédào zhèr ▶君との仲も～だ/和你的关系也到此为止了 hé nǐ de guānxi yě dào cǐ wéi zhǐ le
これみよがし【これ見よがしに】 大模大样 dàmú dàyàng (英 ostentatiouly) ▶～に腕を組んで歩く/大模大样地挽着胳膊走 dàmú dàyàng de wǎnzhe gēbo zǒu
これら 这些 zhèxiē (英 these) ▶～はみんな僕のものだ/这些都是我的 zhèxiē dōu shì wǒ de ▶～の中から一つ選ぶ/从这中间选一个 cóng zhè zhōngjiān xuǎn yí ge
コレラ 〚医〛霍乱 huòluàn (英 cholera) ▶～に感染する/感染了霍乱 gǎnrǎnle huòluàn ▶～が発生する/发生了霍乱 fāshēngle huòluàn ▶～ワクチン/霍乱菌苗 huòluàn jūnmiáo ▶～ワクチ

ンを手配する/筹备霍乱疫苗 chóubèi huòluàn yìmiáo
♦〜菌/霍乱病菌 huòluàn bìngjūn

-ころ【-頃】 时分 shífèn; 时节 shíjié; 前后 qiánhòu 〈英 time; [およそ] about〉 ▶そろそろ着く〜だ/差不多快到了 chàbuduō kuài dào le ▶あの〜君は若かった/那个时候，你还年轻 nàge shíhou, nǐ hái niánqīng ▶〜を見て提案するもりだ/我准备看准时机提议 wǒ zhǔnbèi kànzhǔn shíjī tíyì ▶桜の〜には帰れるだろう/樱花开放的时候，我大概能回来 yīnghuā kāifàng de shíhou, wǒ dàgài néng huílái ▶10時〜には着くでしょう/大概十点左右会到吧 dàgài shí diǎn zuǒyòu huì dào ba ▶今〜から風が出た/日落的时候刮风了 rìluò de shíhou guāfēng le 《果物が》今が食べ〜だ/现在正是最好吃的季节 xiànzài zhèngshì zuì hǎochī de jìjié

ごろ【語呂】〈英 the ring〉 ▶〜がよい/很顺口 hěn shùnkǒu ▶〜合わせも言葉の遊びである/谐音也是文字游戏 xiéyīn yě shì wénzì yóuxì

ゴロ 《野球》地滚球 dìgǔnqiú 〈英 a grounder〉 ▶凡〜でも全力で走れ/打一个地滚球，也要拼命跑 dǎ yí ge dìgǔnqiú, yě yào pīnmìng pǎo

ころあい【頃合い】 《時間的に》恰好的时机 qiàhǎo de shíjī 〈英 the right time〉 ▶〜を見はからって/看时机 kàn shíjī ▶〜をはかって仲裁する/看好时机，调停吧 tiáotíng ba ▶そろそろ散会の〜だ/差不多到散会的时候了 chàbuduō dào sànhuì de shíhou le ▶〜の大きさの靴がない/没有大小合适的鞋子 méiyǒu dàxiǎo héshì de xiézi

コロイド〔化学〕胶体 jiāotǐ; 胶态 jiāotài 〈英 a colloid〉

ころがす【転がす】 滚 gǔn; 滚动 gǔndòng; 倒手 dǎoshǒu 〈英 tumble down; roll〉 ▶サイコロを〜/掷色子 zhì shǎizi ▶土地を〜(転売する)/倒卖地产 dǎomài dìchǎn ▶土地を転がして大もうけした/倒卖土地，赚了大钱 dǎomài tǔdì, zhuànle dàqián ▶車を転がして海へ行く/开着车去海边 kāizhe chē qù hǎibiān

ころがる【転がる】 滚 gǔn; 滚动 gǔndòng; 转 zhuàn〔回転〕roll; [倒れる] fall〉 ▶ボールが〜/球滚动 qiú gǔndòng ▶ベッドに〜/躺在床上 tǎngzài chuángshang ▶缶詰が床に転がっている/地板上放着罐头 dìbǎnshang fàngzhe guàntou ▶袋からミカンが転がり出た/橘子从口袋里滚出来了 júzi cóng kǒudaili gǔnchūlai le ▶働き口がどこにでも転がっているわけではない/工作也不是哪儿都有 gōngzuò yě bú shì nǎr dōu yǒu ▶叔父の遺産が転がり込む/突然继承了叔父的遗产 tūrán jìchéngle shūfù de yíchǎn ▶友人のアパートに転がり込む/投靠朋友住进了他的公寓 tóukào péngyou zhùjìnle tā de gōngyù ▶順位が転がり落ちるのは早かった/名次很快就掉下来了 míngcì hěn kuài jiù diàoxiàlai le

ことわざ 転がる石に苔は生えぬ 流水不腐 liúshuǐ bù fǔ; 滚动的石头不长苔 gǔndòng de shítou bù zhǎng tái

ごろく【語録】 语录 yǔlù 〈英 the sayings〉

ころげまわる【転げ回る】 翻滚 fāngǔn 〈英 roll about〉 ▶転げ回って苦しむ/左右翻滚，很痛苦 zuǒyòu fāngǔn, hěn tòngkǔ ▶(滑稽得)捧着肚子打滚腹を抱えて転げ回った/(滑稽得)捧着肚子打滚 (huájide) pěngzhe dùzi dǎ gǔn

ころころ 骨碌 gūlu 〈英 [〜転がる] roll over and over〉 ▶〜と転がる/咕噜咕噜地滚动 gūlūgūlū de gǔndòng; 叽里咕噜地滚动 jīligūlū gǔndòng ▶〜ビー玉を転がす/弹玻璃球 tán bōliqiú ▶〜笑う/格格地笑 gēgē de xiào ▶あの娘は〜よく笑う/那个女孩儿经常咯咯地笑 nàge nǚháir jīngcháng gēgē de xiào ▶〜と太る/圆乎乎 yuánhūhū ▶隣りの坊やは〜太っている/邻居的小男孩胖乎乎的 línjū de xiǎonánhái pànghūhū de ▶考えが〜と変わる/常常改变想法 chángcháng gǎibiàn xiǎngfa ▶あいつの考えが〜変わった/他的想法老变来变去 tā de xiǎngfa lǎo biànláibiànqù ▶蛙が〜鳴いている/青蛙在呱呱地叫 qīngwā zài gūgū de jiào

ごろごろ ❶〔腹の鳴る音〕叽里咕噜 jīligūlū 〈英 a rumble〉 ▶腹が〜いう/肚子咕咕地响 dùzi gūgū de xiǎng ❷〔雷の音〕隆隆 lónglóng 〈英 a roll〉 ▶雷が〜と鳴りひびく/雷在轰隆隆地响 léi zài hōnglōnglōng de xiǎng ❸〔転がる音〕咕噜咕噜 gūlūgūlū 〈英 a rumble〉 ▶谷間に石が〜重なっている/山谷之间石头重叠着 shāngǔ zhījiān shítou chóngdiézhe

〜する 家で〜しています/在家闲躺着 zàijiā xiántǎngzhe

〜鳴らす 猫がのどを〜鳴らす/猫骨碌骨碌地发出声音 māo gūlugūlu de fāchū shēngyīn

ころし【殺し】 杀 shā; 杀人 shārén 〈英 a murder; a homicide〉 ▶〜の現場に駆けつける/赶到凶杀的现场 gǎndào xiōngshā de xiànchǎng ▶親〜子〜が頻発している/杀父母，杀孩子的事件经常发生 shā fùmǔ, shā háizi de shìjiàn jīngcháng fāshēng ▶一つの村が皆〜に遭った/全村都遭屠杀 quáncūn dōu zāo túshā ▶ああいう男は飼い〜にしておこう/对那种人就要养着不用 duì nà zhǒng rén jiù yào yǎngzhe bú yòng

ころしもんく【殺し文句】 迷魂汤 míhúntāng; 甜言蜜语 tiányán mìyǔ 〈英 a killing expression〉 ▶〜にころりと参った/被花言巧语迷惑了 bèi huāyán qiǎoyǔ míhuò le

ころしや【殺し屋】 刺客 cìkè; 凶手 xiōngshǒu; 杀手 shāshǒu 〈英 a killer; a hitman〉 ▶〜を雇う/雇杀手 gù shāshǒu ▶裏の稼業は〜だった/幕后的职业是杀手 mùhòu de zhíyè shì shāshǒu

ころす【殺す】 杀 shā; 诛戮 zhūlù〔家畜を〕; 宰 zǎi 〈英 kill〉 ▶人を〜/杀人 shārén ▶人材を生かすも〜も上司次第だ/发挥人材还是毁掉人材都取决于上司 fāhuī réncái háishi huǐdiào réncái dōu qǔjué yú shàngsi ▶笑いをかみ〜/拼命忍着不笑 pīnmìng rěnzhe bú xiào ▶怒りを押し〜/强压怒火 qiángyā nùhuǒ ▶虫も殺さぬ顔を

しているが…/一脸慈悲的样子… yì liǎn cíbēi de yàngzi…

コロタイプ【印刷】珂罗版 kēluóbǎn (英 *a collotype*) ▶これは~による複製だ/这个是用珂罗版复制的 zhège shì yòng kēluóbǎn fùzhì de

ごろつき 流氓 liúmáng; 痞子 pǐzi (英 *a rowdy*; *a ruffian*) ▶近所に手のつけられない~がいる/我家附近有一个无药可救的流氓 wǒ jiā fùjìn yǒu yí ge wú yào kě jiù de liúmáng

コロッケ【料理】油炸土豆饼 yóuzhá tǔdòubǐng (英 *a croquette*) ▶~を揚げる/炸土豆饼 zhá tǔdòubǐng ▶カニ~/蟹肉土豆炸饼 xièròu tǔdòu zhábǐng ▶クリーム~/奶油土豆炸饼 nǎiyóu tǔdòu zhábǐng

コロナ【天文】日冕 rìmiǎn (英 *a corona*)

ごろね【ごろ寝する】躺下 tǎngxià; 和衣打盹儿 hé yī dǎdǔnr (英 *take a nap*) ▶駅のベンチで~していた/睡在车站的长椅上了 shuìzài chēzhàn de chángyǐshang le

ころぶ【転ぶ】摔 shuāi; 摔交 shuāijiāo (英 *tumble down*; *fall down*) ▶すべって~/滑倒 huádǎo ▶どっちに転んでも/不管结果如何 bùguǎn jiéguǒ rúhé ▶ころんでもただでは損はない/不管结果怎样, 都不会吃亏 bùguǎn jiéguǒ zěnyàng, dōu búhuì chīkuī ▶転ばぬ先の杖/未雨绸缪 wèi yǔ chóumóu; 防患未然 fáng huàn wèi rán ▶雪道ですべって~/在雪道上摔倒了 zài xuědàoshang shuāidǎo le ▶自転車で転んでけがをする/骑自行车摔倒受了伤 qí zìxíngchē shuāidǎo shòule shāng ▶駆けだしたとたんに~/刚一起跑就摔倒了 gāng yìqǐ pǎo jiù shuāidǎo le

転んでもただでは起きない 雁过拔毛 yàn guò bá máo; 栽了跟头也不忘记捞一把 zāile gēntou yě bú wàngjì lāo yì bǎ

ころも【衣】衣 yī (英 *clothes*); [法式] *a robe*; [食物の] *a coating*) ▶天ぷらの~/天麸罗的面衣 tiānfuluó de miànyī ▶天ぷらの~が厚い/天麸罗裹的面很厚 tiānfuluó guǒ de miàn hěn hòu ▶僧の~/法衣 fǎyī ▶宗教の~をまとった詐欺商法/披着宗教外衣的欺诈商法 pīzhe zōngjiào wàiyī de qīzhà shāngfǎ

◆~替え|更衣 gēngyī; 服装换季 fúzhuāng huànjì ▶~替えの時期になった/到了换衣服的季节了 dàole huàn yīfu de jìjié le

ころりと (英 *easily*; [突然] *suddenly*; [すっかり] *entirely*) ▶人形の首が~と落ちた/木偶的头扑通地掉下来了 mù'ǒu de tóu pūtōng de diàoxiàlai le ▶甘い言葉に~と騙された/轻易地被甜言蜜语欺骗了 qīngyì de bèi tiányán mìyǔ qīpiàn le ▶あの元気な老人が~と逝ってしまった/那个健康的老人一下就去世了 nàge jiànkāng de lǎorén yíxiàzi jiù qùshì le ▶その一言で局面は~と変わった/因为那一句话, 局面整个改变了 yīnwèi nà yí jù huà, júmiàn zhěnggè gǎibiàn le

コロン 冒号 màohào (《句読点の「：」》 (英 *a colon*)

こわい【怖い】可怕 kěpà (英 *fearful*; *dreadful*; *scary*) ▶~もの無し/没有可怕的 méiyǒu kěpà de ▶いまの彼は~もの無しだ/现在的他, 什么都不怕 xiànzài de tā, shénme dōu búpà ▶~よう, 助けてぇ/我害怕呀, 救救我 wǒ hàipà ya, jiùjiu wǒ ▶世の中に金ほど~ものはない/世界上没有比钱更可怕的东西了 shìjièshang méiyǒu bǐ qián gèng kěpà de dōngxi le ▶黙って使ってあとが~ぞ/连招呼也不打就用了, 你会后悔的 lián zhāohu yě bù dǎ jiù yòngle, nǐ huì hòuhuǐ de ▶あの人はおこらせたら~/惹了他可不是闹着玩儿的 rěle tā kě bú shì nàozhe wánr de ▶一度は~目に会ったほうがいいんだ/让(他)碰到一次可怕的事也好 ràng(tā) pèngdào yí cì kěpà de shì yěhǎo

こわいろ【声色】模仿别人的语调 mófǎng biéren de yǔdiào; 口技 kǒujì (英 *vocal mimicry*) ▶~を使う/演口技 yǎn kǒujì ▶スターの~を使う/表演明星的口技 biǎoyǎn míngxīng de kǒujì ▶オレオレ詐欺か~がうまい/打电话欺骗汇款的人口才很好 dǎ diànhuà qīpiàn huìkuǎn de rén kǒucái hěn hǎo

こわがる【怖がる】怕 pà; 害怕 hàipà (英 *fear*; *be afraid*) ▶なにも~ことはない/没有什么可怕的 méiyǒu shénme kěpà de ▶そいつの~顔がおかしかった/那人害怕的神情真可笑 nà rén hàipà de shénqíng zhēn kěxiào ▶その犬は花火の音を怖がった/那条狗害怕烟火的声音 nà tiáo gǒu hàipà yānhuǒ de shēngyīn ▶おまえを見れば鬼だって怖がって逃げ出すさ/看到你的话, 鬼都会被吓跑 kàndào nǐ de huà, guǐ dōu huì bèi xiàpǎo

こわき【小脇に】腋下 yèxià (英 *under one's arm*) ▶本を~に抱えて家を出た/腋下夹着书, 走出了家门 yèxià jiāzhe shū, zǒuchūle jiāmén

こわごわ【怖怖】怯生生 qièshēngshēng; 提心吊胆 tí xīn diào dǎn (英 *timidly*; *fearfully*) ▶犬を~なでる/怯生生地抚摸狗 qièshēngshēng de fǔmō gǒu ▶牛を~なでてみた/提心吊胆地摸了摸牛 tí xīn diào dǎn de mōle mō niú

ごわごわの 硬梆梆 yìngbāngbāng (英 *rough*) ▶~したシートで包む/用粗糙的塑料布包起来 yòng cūcāo de sùliàobù bāoqǐlai

こわざ【小技】(英 *a subtle technique*) ▶~もたくみですね/小技巧也很灵的嘛 xiǎojìqiǎo yě hěn líng de ma ▶僕はけっこう~がきくんだ/我的小技巧也挺管用的 wǒ de xiǎojìqiǎo yě tǐng guǎnyòng de

こわす【壊す】毁坏 huǐhuài; 打破 dǎpò (英 *break*; *destroy*) ▶おもちゃを~/把玩具弄坏 bǎ wánjù nònghuài ▶腹を~/泻肚 fùxiè; 泻肚子 xiè dùzi ▶話を~/破坏谈判 pòhuài tánpàn ▶古い建物を~/拆除古老的建筑物 chāichú gǔlǎo de jiànzhùwù ▶食べすぎて腹を~/吃多了, 吃坏了肚子 chīduōle, chīhuàile dùzi ▶彼が出てきて話を壊した/他一出面就谈崩了 tā yì chūmiàn jiù tánbēng le

こわだか【声高に】(英 *loudly*) ▶彼女は人前

こわね【声音】 口音 kǒuyin; 声调 shēngdiào (英 *a tone of voice*) ▶あのやさしい~が懐かしい/那温柔的声调真让人怀念 nà wēnróu de shēngdiào zhēn ràng rén huáiniàn

こわばる【強張る】 僵硬 jiāngyìng; 僵 jiāng; 生硬 shēngyìng; 板起面孔 bǎnqǐ miànkǒng (英 *become stiff; stiffen*) ▶彼の表情が強張った/他的表情僵硬了 tā de biǎoqíng jiāngyìng le ▶彼は体を強張らせて聞きいった/他全身紧张地听入了迷 tā quánshēn jǐnzhāng de tīngrùle mí

ごわり【五割】 百分之五十 bǎifēn zhī wǔshí; 五成 wǔ chéng ▶~引き/对折 duìzhé ▶~引きの出血サービス/打五折的血本大甩卖 dǎ wǔ zhé de xuèběn dàshuǎimài ▶勝率が~を越えればよしとしよう/获胜率超过五成就可以了吧 huòshènglǜ chāoguò wǔ chéng jiù kěyǐ le ba

こわれもの【壊れ物】 (英 *a fragile article*) ▶~、注意《包装の表記》/易碎物品,小心轻放 yìsuì wùpǐn, xiǎoxīn qīng fàng ▶~は入っていませんか/里面有没有易碎物品? lǐmiàn yǒuméiyǒu yìsuì wùpǐn? ▶老いた母を~のように抱えて家に入った/把老母亲小心翼翼地抱进了家 bǎ lǎo mǔqīn xiǎo xīn yì yì de bàojìnle jiā

こわれる【壊れる】 坏 huài; 破 pò; 砸 zá (英 *break down; be broken; fall apart*) ▶時計が~(故障する)/表出毛病 biǎo chū máobìng ▶計画が~/计划归于泡影 jìhuà guīyú pàoyǐng ▶話が~/告吹 gàochuī ▶せっかくの企画が壊れてしまった/好不容易做成的计划流产了 hǎobù róngyì zuòchéng de jìhuà liúchǎn le ▶それでは話が~よ/这样的话,这件事要黄 zhèyàng de huà, zhè jiàn shì yào huáng ▶信頼関係がすっかり壊れた/信赖关系完全被破坏了 xìnlài guānxi wánquán bèi pòhuài le

こん【根】 ❶《数学・化学》根 gēn (英 *a root; a radical*) ▶方程式の~を求めよ/求方程式的根 qiú fāngchéngshì de gēn ❷《根気》耐力 nàilìng (英 *patience*) ▶~が尽きる/精疲力竭 jīng pí lì jié ▶~をつめる/专心致志 zhuānxīn zhìzhì; 聚精会神 jù jīng huì shén ▶精も~も尽きる/精疲力竭 jīng pí lì jié ▶~をつめて勉強する/专心读书 zhuānxīn dúshū ▶こうなると~比べだ/到了这个时候,就是比耐性了 dàole zhège shíhou, jiùshì bǐ nàixìng le

◆平方~/平方根 píngfānggēn

こん【紺】 (色) 深蓝色 shēnlánsè; 藏青色 zàngqīngsè (英 *dark blue; navy blue*) ▶~の制服に身を包む/穿着深蓝色的制服 chuānzhe shēnlánsè de zhìfú

こんい【懇意】 亲昵 qīnnì; 亲密 qīnmì (英 *intimate; friendly*) ▶~にしている友人/亲密的朋友 qīnmì de péngyou ▶~にしている店の主/交往亲密的店主 jiāowǎng qīnmì de diànzhǔ ▶和尚とはかねて~の仲である/我跟和尚是多年来的老交情 wǒ gēn héshang shì duō nián lái de lǎo jiāoqing

こんいん【婚姻】 婚姻 hūnyīn (英 *marriage; matrimony*) ▶~届/结婚登记 jiéhūn dēngjì ▶~届を提出する/交结婚登记 jiāo jiéhūn dēngjì ▶~関係は確認している/已确认婚姻关系 yǐ quèrèn hūnyīn guānxi

こんか【婚家】 婆家 pójia (英 *one's husband's family*)

こんかい【今回】 这次 zhècì; 这回 zhèhuí (英 *this time; now*) ▶我が校の入学式も~が最後となる/我校的入学典礼,这次是最后一次了 wǒ xiào de rùxué diǎnlǐ, zhècì shì zuìhòu yí cì le ▶~理事長に就任した市川です/我是这次出任理事长的市川 wǒ shì zhècì chūrèn lǐshìzhǎng de Shìchuān

こんがらがる 扭结 niǔjié; 纠缠 jiūchán; 紊乱 wěnluàn (英 *get entangled*; [問題などが] *become complicated*) ▶話が~/事情纠缠不清 shìqíng jiūchán bù qīng ▶靴ひもが~/鞋带缠在一起 xiédài chán zài yìqǐ ▶おまえが口を出すから話が~んだ/就是因为你多嘴,所以这件事变得复杂了 jiùshì yīnwèi nǐ duōzuǐ, suǒyǐ zhè jiàn shì biànde fùzá le

こんがりと 烤得焦黄 kǎode jiāohuáng (英 *nicely browned*) ▶パンが~と焼き上がった/面包烤得焦黄 miànbāo kǎode jiāohuáng ▶~と焼けた肌がまぶしい/被晒成褐色的皮肤闪闪发亮 bèi shàichéng hèsè de pífū shǎnshǎn fāliàng

こんかん【根幹】 基干 jīgàn; 根本 gēnběn (英 *the root and trunk*) ▶税制は財政の~/税制是财政的基础 shuìzhì shì cáizhèng de jīchǔ ▶それは組織の~を揺るがす大問題だった/那是一个能从根本上动摇组织的大问题 nà shì yí ge néng cóng gēnběnshang dòngyáo zǔzhī de dà wèntí

こんがん【懇願する】 央求 yāngqiú; 恳求 kěnqiú (英 *entreat*) ▶我々の~も空しかった/我们的恳求也无济于事 wǒmen de kěnqiú yě wú jì yú shì ▶私は必死で援助を~した/我拼命恳请援助 wǒ pīnmìng kěnqǐng yuánzhù

こんき【今期】 应届 yīngjiè (英 *this term; this session*) ▶~の営業成績はどうだった/本期的营业成绩怎么样? běn qī de yíngyè chéngjì zěnmeyàng? ▶~は好調を維持できた/这一期可以维持良好的状态 zhè yì qī kěyǐ wéichí liánghǎo de zhuàngtài ▶私は~いっぱいで引退する/我将于这届期满后退下来 wǒ jiāng yú zhè jiè qīmǎn hòutuìxiàlái

こんき【根気】 耐性 nàixìng (英 *perseverance; patience*) ▶~よく/坚持不懈 jiānchí búxiè ▶~よく働くんだよ/工作要有耐心 gōngzuò yào yǒu nàixìng ▶~がある/具有耐性 jùyǒu nàixìng ▶~のない/缺少耐性 quēshǎo nàixìng ▶~がないでどうする/你怎么能这么没有耐心呢? nǐ zěnme néng zhème méiyǒu nàixīn ne?

▶教育は〜のいる仕事です/教育是需要耐心的工作 jiàoyù shì xūyào nàixīn de gōngzuò ▶さすがの彼も〜が尽きた/即使是他也失去了耐心 jíshǐ shì tā yě shīqùle nàixīn

こんき【婚期】 结婚年龄 jiéhūn niánlíng (英 marriageable age) ▶〜に達する/到了结婚年龄 dàole jiéhūn niánlíng ▶気がついたら〜を逸していた/突然才发现自己过了结婚年龄 tūrán cái fāxiàn zìjǐ guòle jiéhūn niánlíng

こんきゅう【困窮する】 穷困 qióngkùn; 贫穷 pínqióng; 窘困 jiǒngkùn (英 be poor; be hard pressed) ▶住宅〜者/没有住宅的人 méiyǒu zhùzhái de rén ▶生活に〜する/生活穷困 shēnghuó qióngkùn ▶生活を訴える/倾述生活的窘迫 qīngshù shēnghuó de jiǒngpò ▶あなただけが〜しているわけではありません/也不只是你困难 yě bùzhǐ shì nǐ kùnnan

こんきょ【根拠】 依据 yījù; 根据 gēnjù (英 the basis; the ground) ▶〜のない/莫须有 mòxūyǒu; 没有根据 méiyǒu gēnjù ▶〜のない推論にすぎない/不过是没有根据的推论 búguò shì méiyǒu gēnjù de tuīlùn ▶〜もなしに/凭空 píngkōng; 瞎 xiā ▶〜もなしに人を疑うな/不要瞎怀疑人 búyào xiā huáiyí rén ▶理論的〜/理论根据 lǐlùn gēnjù ▶法律的〜/法律根据 fǎlǜ gēnjù

こんきょち【根拠地】 根据地 gēnjùdì (英 a base) ▶登山隊は山麓に〜を構えた/登山队在山脚下建立了根据地 dēngshānduì zài shānjiǎoxia jiànlìle gēnjùdì

こんく【困苦】 困苦 kùnkǔ (英 hardships) ▶〜に耐える/忍受困苦艰难 rěnshòu kùnkǔ jiānnán

ゴング 铜锣 tóngluó;《ボクシングの》钟声 zhōngshēng (英 a gong) ▶〜が鸣る/(拳击的)钟响了 (quánjī de) zhōng xiǎng le

コンクール 竞演会 jìngyǎnhuì; 比赛会 bǐsàihuì (英 a competition; a contest) ▶農業〜に出品する/参加农产品竞赛会 cānjiā nóngchǎnpǐn jìngsàihuì ▶合唱〜で優勝する/在合唱比赛上获冠军 zài héchàng bǐsàihuì shang huò guànjūn

コンクリート 【建築】混凝土 hùnníngtǔ (英 concrete) ▶〜ミキサー车/水泥搅拌车 shuǐní jiǎobànchē ▶門わきを〜で固める/用水泥加门 yòng shuǐní jiāgù mén ▶〜を流し込む/将水泥冲进去 jiāng shuǐní chōngjìnqu ▶鉄筋〜の校舎/钢筋混凝土的校舍 gāngjīn hùnníngtǔ de xiàoshè ▶〜ブロックを積む/堆水泥块 duī shuǐní kuài

コングロマリット 联合大企业 liánhé dàqǐyè (英 a conglomerate)

ごんげ【権化】 化身 huàshēn (英 the incarnation) ▶悪の〜/凶恶狠毒的人 xiōng'è hěndú de rén ▶悪の〜にだって涙はある/就算是邪恶的化身,也会流眼泪 jiùsuàn shì xié'è de huàshēn, yě huì liú yǎnlèi ▶あの人はいまや権力の〜だ/那个人现在已经成为权力的化身了 nàge rén xiànzài yǐjing shì quánlì de huàshēn le

こんげつ【今月】 这个月 zhège yuè; 本月 běnyuè (英 this month) ▶〜も赤字だ/这个月又是入不敷出 zhège yuè yòu shì rù bù fū chū ▶〜で契约が切れる/这个月,合同就到期 zhège yuè, hétong jiù dàoqī ▶〜5日に结婚します/这个月五号结婚 zhège yuè wǔ hào jiéhūn

こんけつじ【混血儿】 混血儿 hùnxuè'ér (英 a child of mixed parentage)

こんげん【根源】 根源 gēnyuán; 根本 gēnběn (英 the root; the origin) ▶〜的な問題は避けて通る/避开了根本的問題 bìkāile gēnběn de wèntí ▶諸悪の〜/一切坏事的根源 yíqiè huàishì de gēnyuán ▶现代社会的諸悪の〜/现代社会的万恶之根源 xiàndài shèhuì de wàn'è zhī gēnyuán ▶腐败の〜を断つ/断绝腐败的根源 duànjué fǔbài de gēnyuán

こんご【今後】 今后 jīnhòu; 以后 yǐhòu (英 after this; in the future) ▶〜ともよろしく/今后请多多关照 jīnhòu qǐng duōduō guānzhào ▶〜の僕を見ていてほしい/希望大家看我今后的表现 xīwàng dàjiā kàn wǒ jīnhòu de biǎoxiàn ▶〜はどうするの/以后你怎么办? yǐhòu nǐ zěnme bàn? ▶〜数年の間に研究を完成させたい/我想在今后几年之内完成研究 wǒ xiǎng zài jīnhòu jǐ nián zhīnèi wánchéng yánjiū

こんこう【混交】 混杂 hùnzá (英 mix up)

こんごう【混合する】 混合 hùnhé; 搀和 chānhuo (英 mix; blend) ▶〜ワクチン/混合菌苗 hùnhé jūnmiáo ▶〜ワクチンを接種する/接种混合疫苗 jiēzhòng hùnhé yìmiáo ▶〜肥料/复合肥料 fùhé féiliào ▶三種の茶葉を〜する/把三种茶叶掺在一起 bǎ sān zhǒng cháyè chānzài yìqǐ ◆〜ダブルス 男女混合双打 nánnǚ hùnhé shuāngdǎ 〜物 混合物 hùnhéwù

コンコース 中央广场 zhōngyāng guǎngchǎng; 中央大厅 zhōngyāng dàtīng (英 a concourse) ▶〜は渡航者でいっぱいだった/中央大厅里面都是要出国的人 zhōngyāng dàtīng lǐmiàn dōu shì yào chūguó de rén

ごんごどうだん【言語道断】 言语道断 yányǔ dào duàn; 岂有此理 qǐ yǒu cǐ lǐ (英 outrageous) ▶責任を取らぬとは〜/不负责任真是岂有此理 bú fù zérèn zhēn shì qǐ yǒu cǐ lǐ

こんこんと【昏昏と】 (英 sleep soundly) ▶〜眠り続ける/沉然大睡 chénrán dàshuì ▶生還後、太郎は〜眠り続けた/太郎得救后一直沉睡不起 Tàiláng déjiù hòu yìzhí chénshuìbuqǐ

こんこんと【滚滚と】 (英 copiously) ▶〜水が湧き出る/滚滚地涌出水 gǔngǔn de yǒngchū shuǐ ▶道の脇に〜水が湧き出ていた/路边,水滚滚涌出 lùbiān, shuǐ gǔngǔn yǒngchū

こんこんと【恳恳と】 恳切 kěnqiè (英 earnestly) ▶〜言って聞かせる/谆谆告诫 zhūnzhūn quànshuō; 反复劝说 fǎnfù quànshuō

コンサート 演奏会 yǎnzòuhuì; 音乐会 yīnyuèhuì (英 a concert) ▶この秋は〜がたて続けだ/

こんざい

这个秋天音乐会不断 zhège qiūtiān yīnyuèhuì búduàn ▶この町にも~ホールができた/我们这里也有了音乐厅 wǒmen zhèlǐ yě yǒule yīnyuètīng ▶~マスターを務める/担任首席演奏者 dānrèn shǒuxí yǎnzòuzhě

こんざい【混在する】 混在一起 hùnzài yìqǐ; 搀杂在一起 chānzá zài yìqǐ (英 be intermingled)

こんざつ【混雑する】 拥挤 yōngjǐ; 杂乱 záluàn; 杂沓 zátà (英 confuse; disorder) ▶~を避けて回り道する/绕开拥挤的道路 ràokāi yōngjǐ de dàolù ▶どうしてこう~するんだ/为什么这么拥挤? wèi shénme zhème yōngjǐ? ▶夕方は~がひどい/傍晚特别拥挤 bàngwǎn tèbié yōngjǐ ▶いかにして交通の~を緩和するなら/怎么样才能减轻交通堵塞? zěnmeyàng cái néng jiǎnqīng jiāotōng dǔsè?

コンサルタント 顾问 gùwèn; 咨询 zīxún (英 a consultant) ▶経営~/经营顾问 jīngyíng gùwèn

こんじ【根治する】 根治 gēnzhì; 除根 chúgēn (英 cure completely) ▶長年の腰痛が~した/根治了腰疼的老毛病 gēnzhìle yāotòng de lǎomáobìng ▶水虫を~するのは無理だろう/脚气病是不可能根治的吧 jiǎoqìbìng shì bù kěnéng gēnzhì de ba

こんじき【金色の】 金色 jīnsè; 金黄色 jīnhuángsè (英 gold) ▶銀杏の葉が~に染まっている/银杏的树叶被变成了金色 yínxìng de shùyè bèi biànchéngle jīnsè ▶宮殿の~の屋根瓦/宫殿金色的屋顶瓦 gōngdiàn jīnsè de wūdǐngwǎ

こんじゃく【今昔】 今昔 jīnxī (英 past and present) ▶母校を訪れて~の感を覚えた/重返母校，感受到今昔的变化 chóngfǎn mǔxiào, gǎnshòudào jīnxī de biànhuà

こんしゅう【今週】 这个星期 zhège xīngqī; 本周 běnzhōu; 本星期 běnxīngqī (英 this week) ▶~には僕が当番です/这个星期是我值日 zhège xīngqī shì wǒ zhírì ▶治療のため~いっぱい休みます/为了治疗这个星期都休息 wèile zhìliáo zhège xīngqī dōu xiūxi ▶試合は~だったね/(忘了,)比赛是这周啊? (wàngle,)bǐsài shì zhè zhōu a! ▶~中に仕上げてくれ/请这周之内做完 qǐng zhè zhōu zhīnèi zuòwán

こんじょう【今生】 今生 jīnshēng; 今世 jīnshì (英 this life) ▶~の別れ/永别 yǒngbié

こんじょう【根性】 骨气 gǔqì; 脾气 píqí; 毅力 yìlì (英 nature; sprit) ▶~がない/没有骨气 méiyǒu gǔqì; 缺乏毅力 quēfá yìlì ▶~が悪い/心眼不好 xīnyǎn bùhǎo ▶役人~/官气 guānqì; 官架子 guānjiàzi ▶あの娘はなかなか~がある/那个女孩儿很有骨气 nàge nǚháir hěn yǒu gǔqì ▶そういうたかり~がいけないんだ/你这种骗人的根性可不好 nǐ zhè zhǒng piànrén de gēnxìng kě bù hǎo ▶~の腐ったやつだ/不成器的东西！bù chéngqì de dōngxi

こんしん【渾身】 浑身 húnshēn (英 all one's might) ▶~の力をこめてバットを振った/使出浑身力气，挥起了球棒 shǐchū húnshēn lìqi, huīqǐle qiúbàng

こんしんかい【懇親会】 联欢会 liánhuānhuì; 联谊会 liányìhuì (英 a social meeting)

こんすい【昏睡】 昏睡 hūnshuì (英 fall into a coma) ▶~状態/昏迷状态 hūnmí zhuàngtài ▶彼はまだ~から醒めない/他还没有从昏迷状态中苏醒 tā hái méiyǒu cóng hūnmí zhuàngtài zhōng sūxǐng ▶~状態に陥る/陷入昏迷状态 xiànrù hūnmí zhuàngtài

コンスタント 不断地 búduàn de; 稳定地 wěndìng de (英 constant) ▶~に上位を保つ/稳定地保持领先的位置 wěndìng de bǎochí lǐngxiān de wèizhi ▶成績が~だから安心だ/因为成绩稳定，所以很放心 yīnwèi chéngjì wěndìng, suǒyǐ hěn fàngxīn

こんせい【混声】【音楽】 (英 mixed voice) ▶~合唱/混声合唱 hùnshēng héchàng

こんせい【混成】 混成 hùnchéng; 混合 hùnhé (英 mixture) ▶~チーム/混合队 hùnhéduì ▶~チームだから呼吸が合わない/因为是混编队，所以配合不好 yīnwèi shì húnbiānduì, suǒyǐ pèihé bùhǎo

こんせい【懇請する】 恳求 kěnqiú; 求情 qiúqíng (英 implore) ▶復興支援を~する/恳求帮助重建 kěnqiú bāngzhù chóngjiàn ▶~がなくても助成はします/不恳求也会补助 bù kěnqiú yě huì bǔzhù

こんせき【痕跡】 痕迹 hénjì; 踪迹 zōngjì (英 traces; tracks) ▶~を残す/留下踪迹 liúxià zōngjì ▶戦国時代の寺院が今なお~を残している/战国时代的寺院至今仍留有遗迹 Zhànguó shídài de sìyuàn zhìjīn réng liúyǒu yíjī ▶戦争の~はどこにもない/战争的痕迹已经没有了 zhànzhēng de hénjì yǐjing méiyǒu le

こんぜつ【根絶する】 杜绝 dùjué; 根除 gēnchú; 根绝 gēnjué (英 root out; uproot) ▶麻薬を~しよう/彻底杜绝毒品 chèdǐ dùjué dúpǐn ▶ごきぶりは~できないだろう/蟑螂没办法根除吧 zhāngláng méi bànfǎ gēnchú ba

こんせつていねい【懇切丁寧に】 恳切 kěnqiè (英 kindly; cordially) ▶~に教えてくれた/耐心详细地教给了我 nàixīn xiángxì de jiāogěile wǒ ▶~な指導に感激した/很感激(他)对我亲切细致的指导 hěn gǎnjī(tā)duì wǒ qīnqiè xìzhì de zhǐdǎo

コンセプト 构想 gòuxiǎng (英 a concept) ▶基本~は以下の通りです/基本的构想如下 jīběn de gòuxiǎng rúxià

こんせん【混戦】 混战 hùnzhàn (英 a confused fight) ▶~状態/混战的状态 hùnzhàn de zhuàngtài ▶~状態から抜け出すのはどのチームか/从混战状态中领先的是哪个队? cóng hùnzhàn zhuàngtài zhōng lǐngxiān de shì nǎge duì?

こんせん【混線】 串线 chuàn xiàn; 混乱 hùnluàn (英 get entangled; [電話] get crossed) ▶電話が~する/电话串线 diànhuà chuàn xiàn

▶その頃は電話がよく～した/那个时候电话经常串线 nàge shíhou diànhuà jīngcháng chuàn xiàn ▶話が～しているよ/话乱了套了 huà luànle tào le

こんぜんいったい【渾然一体】 浑然一体 húnrán yìtǐ ▶新旧世代が～となる/新老两代完美结合浑然一体 xīnlǎo liǎngdài wánměi jiéhé húnrán yìtǐ

コンセンサス 一致意见 yízhì yìjiàn；共识 gòngshí（英 a consensus）▶住民の～が得られない/没有得到居民的共识 méiyǒu dédào jūmín de gòngshí

コンセント 插座 chāzuò；插口 chākǒu（英 an outlet）▶～に差し込む/插进插座 chājìn chāzuò

コンソーシアム（英 a consortium）▶地域の７大学図書館で～を形成する/地区的七个大学图书馆组成了一个联合体 dìqū de qī ge dàxué túshūguǎn zǔchéngle yí ge liánhétǐ

コンソメスープ〘料理〙清汤 qīngtāng（英 consommé）

こんだく【混濁する】 浑浊 húnzhuó；混浊 hùnzhuó；模糊 móhu（英 get turbid）▶～した液体/混浊的液体 hùnzhuó de yètǐ ▶意識が～する/意识朦胧 yìshí ménglóng

コンダクター 乐队指挥 yuèduì zhǐhuī；向导 xiàngdǎo（英 a conductor）▶ツアーの指示通りに歩く/按照导游的指示走 ànzhào dǎoyóu de zhǐshì zǒu

コンタクト ❶【接触】联系 liánxì；接触 jiēchù（英 a contact）▶保護者が忙しくて～が取れない/家长很忙，没能取得联系 jiāzhǎng hěn máng, méi néng qǔdé liánxì ❷〘レンズ〙隐形眼镜 yǐnxíng yǎnjìng（英 contacts）▶ハード／硬式眼镜 yìngshì yǎnjìng ▶ソフト～/软式眼镜 ruǎnshì yǎnjìng ▶～レンズ/隐形眼镜 yǐnxíng yǎnjìng ▶～をはめる/戴上隐形眼镜 dàishàng yǐnxíng yǎnjìng ▶あなたも～？/你也戴着隐形眼镜? nǐ yě dàizhe yǐnxíng yǎnjìng ma?

こんだて【献立】 饭菜 fàncài；食谱 shípǔ（英 a menu）▶毎日の～に頭を悩ます/为每天吃什么伤脑筋 wèi měitiān chī shénme shāng nǎojīn

こんたん【魂胆】 企图 qǐtú（英 a hidden intention）▶～がある/有企图 yǒu qǐtú ▶あいつの～は見えすいている/那家伙的算盘很明显 nà jiāhuo de suànpán hěn míngxiǎn ▶何か～があるのだろ？/你到底打的是什么算盘？ nǐ dàodǐ dǎ de shì shénme suànpán?

こんだん【懇談する】 畅谈 chàngtán；座谈 zuòtán（英 have a familiar talk）▶～会/座谈会 zuòtánhuì；恳谈会 kěntánhuì ▶今日の～会ですから…/今天请大家随便谈谈… jīntiān qǐng dàjiā suíbiàn tántan… ▶教育について父母と～する/就教育问题，和父母座谈 jiù jiàoyù wèntí, hé fùmǔ zuòtán

コンチェルト〘音楽〙协奏曲 xiézòuqǔ（英 a concerto）▶ピアノ～/钢琴协奏曲 gāngqín xiézòuqǔ

こんちゅう【昆虫】 昆虫 kūnchóng（英 an insect）▶～採集/采集昆虫 cǎijí kūnchóng ▶父といっしょに～採集に出かけた/和父亲一起去采集昆虫 hé fùqīn yìqǐ qù cǎijí kūnchóng

コンテ ❶【絵画用の】炭铅笔 tànqiānbǐ；素描笔 sùmiáobǐ（英 Conté）▶～で描く/画素描画 huà sùmiáo ❷【映画などの】（英 a script）绘～/分镜头脚本 fēnjìngtóu jiǎoběn ▶～を作る/做分镜头效果图 zuò fēnjìngtóu xiàoguǒtú

こんてい【根底】 根本 gēnběn；基础 jīchǔ（英 the root; the basis）▶制度を～から覆そうと計る/计划从根本上推翻制度 jìhuà cóng gēnběnshang tuīfān zhìdù ▶事件の～に根深い憎悪が潜んでいた/事件的根底里隐藏着深刻的仇恨 shìjiàn de gēndǐ li yǐncángzhe shēnkè de chóuhèn ▶運動の～をなすのは…という信念である/组成运动基础的是…的信念 zǔchéng yùndòng jīchǔ de shì…de xìnniàn

コンディショナー 护发素 hùfàsù（英 a conditioner）

コンディション 条件 tiáojiàn；状况 zhuàngkuàng（英 condition）▶今日はグラウンドの～が悪い/今天球场的状态不好 jīntiān qiúchǎng de zhuàngtài bùhǎo ▶最高の～で出場したい/我想以最佳状态出场 wǒ xiǎng yǐ zuìjiā zhuàngtài chūchǎng ▶～を整える/调整状态 tiáozhěng zhuàngtài

コンテクスト 前后关系 qiánhòu guānxi；上下文 shàngxiàwén；语境 yǔjìng（英 a context）▶～を離れては言葉は意味を持たない/离开语境，词汇就没有意义 líkāi yǔjìng, cíhuì jiù méiyǒu yìyì ▶歴史の～の中で見るならば…/放在历史的脉络中看的话… fàngzài lìshǐ de màiluò zhōng kàn de huà…

コンテスト 比赛 bǐsài；竞赛 jìngsài；比赛会 bǐsàihuì（英 a contest; a competition）▶歌謡～で１位になる/在歌曲比赛中得了第一 zài gēqǔ bǐsài zhōng déle dìyī ▶～に出場する/在比赛中出场 zài bǐsài zhōng chūchǎng

コンテナ 集装箱 jízhuāngxiāng；货箱 huòxiāng（英 a container）▶～輸送/集装箱运输 jízhuāngxiāng yùnshū ▶～トラック/集装箱卡车 jízhuāngxiāng kǎchē ▶～につめる/装集装箱 zhuāng jízhuāngxiāng
♦～船：集装箱轮船 jízhuāngxiāng lúnchuán

コンデンサー 电容器 diànróngqì（英 a condenser）

コンデンスミルク（食品）炼乳 liànrǔ；浓缩牛奶 nóngsuō niúnǎi（英 condensed milk）▶～を薄めて飲む/将浓缩牛奶稀释后喝 jiāng nóngsuō niúnǎi xīshì hòu hē

コンテンツ 内容 nèiróng（英 contents）▶社内に～事业部を新设した/在公司内成立内容事业部 zài gōngsī nèi xīn chénglì nèiróng shìyèbù

コント 小品 xiǎopǐn（英 a short story）

こんど【今度】 ❶【今回】这次 zhècì（英 this

こんとう【昏倒する】 晕倒 yūndǎo（英 *faint away*）▶打たれてリングで～／被打倒在拳击场上 bèi dǎdǎo zài quánjīchǎngshang ▶私は幾度か～の経験がある／我有过几次晕倒的经验 wǒ yǒuguò jǐ cì yūndǎo de jīngyàn

こんどう【混同する】 混同 hùntóng；混在一起 hùnzài yìqǐ（英 *mistake... for~*）▶公私～はやめろ／不要公私不分! bú yào gōngsī bù fēn! ▶人気と実力を～する／把人气和实力混为一谈 bǎ rénqì hé shílì hùnwéi yì tán

コンドーム 避孕套 bìyùntào（英 *a condom*）

ゴンドラ ❶【ベネチアの船】凤尾船 fèngwěichuán（英 *a gondola*）▶～が水にたゆたう／凤尾船在水中荡漾 fèngwěichuán zài shuǐ zhōng dàngyàng ❷【気球・ロープウェイなどの】吊篮 diàolán；空中吊车 kōngzhōng diàochē；缆车 lǎnchē（英 *a gondole*）▶～から紅葉を見る／从缆车上看红叶 cóng lǎnchēshang kàn hóngyè ▶～に乗りこむ／坐进缆车 zuòjìn lǎnchē

コントラスト 对照 duìzhào；反差 fǎnchā；对比 duìbǐ（英 *contrast*）▶～が强い／对比鲜明 duìbǐ xiānmíng ▶この写真は～が强い／这张照片反差大 zhè zhāng zhàopiàn fǎnchā dà ▶黒と黄色が絶妙の～をなしている／黑色和黄色组成绝妙的对比 hēisè hé huángsè zǔchéng juémiào de duìbǐ

コントラバス〔音楽〕低音提琴 dīyīn tíqín（英 *a contrabass; a double bass*）

コンドル〔鳥〕兀鹫 wùjiù；神鹰 shényīng（英 *a condor*）

コントロール 抑制 yìzhì；管理 guǎnlǐ；控制 kòngzhì（英 *control*）▶食欲を～する／抑止食欲 yìzhǐ shíyù ▶～がよい［悪い］／【制球力】具有［没有］制球力 jùyǒu[méiyǒu] zhìqiúlì ▶～のよさが彼の持ち味だ／控球能力强是他的特长 kòngqiú nénglì qiáng shì tā de tècháng ▶～タワー／监控中心 jiānkòng zhōngxīn ▶〈事柄が〉俺の力ではもう～できない／靠我的力量控制不了局面 kào wǒ de lìliang kòngzhìbuliǎo júmiàn

こんとん【混沌】 混沌 hùndùn；混乱 hùnluàn（英 *a chaos*）▶～とした／混沌不清 hùndùn bù qīng ▶～とした不安に包まれている／被不可名状的不安笼罩 bèi bùkě míngzhuàng de bù'ān lǒngzhào ▶運動はすでに～を抜け出した／运动已经从混乱局面中走出来了 yùndòng yǐjīng cóng hùnluàn júmiàn zhōng zǒuchūlai le

❷【次回】下一次 xià yí cì（英 *next time*）▶また～ね／下次再见 xiàcì zàijiàn ▶～こそ勝ってみせよう／下次一定要赢 xiàcì yídìng yào yíng ▶～から場所を代えよう／下次换一个位置吧 xiàcì huàn yí ge wèizhi ba

こんな 这样 zhèyàng；这么 zhème（英 *such; like this*）▶そんな～の話をする／说说如此这般的话 shuōshuo rúcǐ zhèbān de huà ▶あなたが～では话がつきません／你如果这样，可起不了表率作用 nǐ rúguǒ zhèyàng, kě qǐbuliǎo biǎoshuài zuòyòng ▶～ことってあるんだね［話の切り出しに］／想不到有这样的事 xiǎngbudào yǒu zhèyàng de shì ▶～に出かけるんですか／下得这么大，你还出去吗? xiàde zhème dà, nǐ hái chūqu ma? ▶～わけで間に合わなかったので／因此就没来得及 yīncǐ jiù méi láidejí

こんなん【困難な】 困难 kùnnan；难处 nánchu；艰难 jiānnán（英 *difficult; hard*）▶～に遭遇する／碰壁 pèngbì；遇到困难 yùdào kùnnan ▶実現は～だ／实现是很困难的事 shíxiàn shì hěn kùnnan de shì ▶极めて～な状況にある／处于极其困难的状态 chǔyú jíqí kùnnan de zhuàngtài ▶～を克服して前進しよう／克服困难，一起前进吧 kèfú kùnnan, yìqǐ qiánjìn ba ▶我々は～に直面している／我们现在面临着困难 wǒmen xiànzài miànlínzhe kùnnan ▶～きわまる／极为困难 jíwéi kùnnan；艰巨 jiānjù ▶我々の任务は～きわまる／我们的任务极其困难 wǒmen de rènwu jíqí kùnnan

こんにち【今日】 今天 jīntiān（英 *today; nowadays*）▶～の繁栄が嘘のようだ／今天的繁荣就像做梦一样 jīntiān de fánróng jiù xiàng zuò mèng yíyàng ▶いかにも～的なドラマだ／切实反映当今时事的电视剧 qièshí fǎnyìng dāngjīn shíshì de diànshìjù ▶その物語を～に置きかえると…／把那个故事拿到今天来看…… bǎ nàge gùshi nádào jīntiān lái kàn…… ▶敗戦から～まで／从战败到今天 cóng zhànbài dào jīntiān

こんにちは【今日は】 你好 nǐ hǎo；您好 nín hǎo（英 *Hello; Hi*）

コンニャク【蒟蒻】〔植物〕蒟蒻 jǔruò（英 *paste made from the devil's-tongue*）▶～芋／魔芋 móyù

こんにゅう【混入する】 搀和 chānhuo；搀杂 chānzá（英 *mix; mingle*）▶毒物の～が認められる／确认搀进了毒物 quèrèn chānjìnle dúwù ▶米に大麦が～している／米里搀杂着大麦 mǐli chānzázhe dàmài ▶コーヒーに砒素を～する／在咖啡里兑进砒霜 zài kāfēili duìjìn pīshuāng

こんねん【今年】 今年 jīnnián（英 *this year*）→ことし（今年）▶～限りで会社をやめます／干到今年，我将辞去公司的工作 gàndào jīnnián, wǒ jiāng cíqù gōngsī de gōngzuò ▶～度予算はどれほどの規模か／今年的年度预算的规模有多大? jīnnián de niándù yùsuàn de guīmó yǒu duō dà?

コンパ 聚会 jùhuì；联欢会 liánhuānhuì（英 *a party; a social*）▶～の席で知りあう／在聚会上认识 zài jùhuìshang rènshi ▶新入生の歓迎を開く／开新生欢迎会 kāi xīnshēng huānyínghuì

コンバイン〔農機具〕康拜因 kāngbàiyīn；联合收割机 liánhé shōugējī（英 *a combine*）

コンパクト ■[小型] 小型 xiǎoxíng; 袖珍 xiùzhēn (英 compact) ▶～にまとまった辞書/小型辞典 xiǎoxíng cídiǎn ■[化粧品] 带镜小粉盒 dàijìng xiǎofěnhé (英 a compact) ▶～を開いて化粧を直す/打开小粉盒补妆 dǎkāi xiǎofěnhé bǔ zhuāng

コンパクトディスク 光盘 guāngpán; CD CD (英 a compact disk; (略) CD)

コンパス ■[文具] 圆规 yuánguī (英 a pair of compasses) ▶～で円を描く/用圆规画圆 yòng yuánguī huà yuán ■[羅針盤] 指南针 zhǐnánzhēn (英 a mariner's compass) ■[足] 腿 tuǐ (英 a foot) ▶～が长い/腿长 tuǐ cháng; 步幅宽 bùfú kuān ▶いまどきの若者は～が长い/现在的年轻人腿很长 xiànzài de niánqīngrén tuǐ hěn cháng

こんばん【今晚】今晚 jīnwǎn; 今天晚上 jīntiān wǎnshang (英 this evening; tonight)

こんばんは【今晩は】你好 nǐ hǎo; 晚上好 wǎnshang hǎo (英 Good evening!)

コンビ 搭档 dādàng; 搭配 dāpèi; 一对儿 yíduìr (英 a combination) ▶～を组む/组成搭档 zǔchéng dādàng; 结成对儿 jiéchéng duìr ▶名～/好搭档 hǎodādàng ▶こうして二人は～を组んだ/这样，两个人就成了搭当 zhèyàng, liǎng ge rén jiù chéngle dādàng ▶彼らは当代の名～である/他们是当代的名搭当 tāmen shì dāngdài de míngdādàng ▶あの～はけんか别れした/那对搭档吵翻了 nà duì dādàng chǎofān le

コンビーフ（缶詰）咸牛肉罐头 xiánniúròu guàntou (英 corned beef)

コンビナート 联合企业 liánhé qǐyè (英 a industrial complex) ▶海沿いに一大鉄鋼～が出现した/沿海出现了一个大型钢铁联合企业 yánhǎi chūxiànle yí ge dàxíng gāngtiě liánhé qǐyè

コンビニ 方便店 fāngbiàndiàn; 便利店 biànlìdiàn（コンビニエンスストア）(英 a convenience store) ▶～で弁当を买う/在方便店买盒饭 zài fāngbiàndiàn mǎi héfàn ▶近所に～ができた/我家附近开了一家便利店 wǒ jiā fùjìn kāile yì jiā biànlìdiàn

コンビネーション 配合 pèihé; 联合 liánhé;（衣服）联衣裤 liányīkù (英 combination) ▶～の靴/双色搭配的鞋子 shuāngsè dāpèi de xiézi

コンピュータ 电脑 diànnǎo; 电子计算机 diànzǐ jìsuànjī (英 a computer) ▶～制御のシステム/电脑控制的系统 diànnǎo kòngzhì de xìtǒng ▶～に保存する/保存在电脑里 bǎocún zài diànnǎoli ▶俺, ～が使えないんだ/我可不会用电脑！wǒ kě bùhuì yòng diànnǎo! ▶～に振り回される/被电脑摆弄 bèi diànnǎo bǎinòng ▶～時代は社会矛盾が激化する/在电脑时代，社会矛盾激化 zài diànnǎo shídài, shèhuì máodùn jīhuà ▶～援用学習/利用电脑的学习 lìyòng diànnǎo de xuéxí

◆～ウイルス 电脑病毒 diànnǎo bìngdú ▶～ウイルスにとりつかれる/电脑染上了病毒 diànnǎo rǎnshàngle bìngdú ～グラフィックス 电脑图像 diànnǎo túxiàng ▶～グラフィックスを使って映画を作る/用电脑图像制作电影 yòng diànnǎo túxiàng zhìzuò diànyǐng ～ゲーム／～ゲームに夢中になる/对电脑游戏着迷 duì diànnǎo yóuxì zháomí ～言语:计算机语言 jìsuànjī yǔyán ～リテラシー:电脑运用能力 diànnǎo yùnyòng nénglì スーパー～:超级电脑 chāojí diànnǎo パーソナル～:个人电脑 gèrén diànnǎo

こんぶ【昆布】海带 hǎidài (英 a sea tangle; a kelp) ▶～でだしを取る/用海带提取汤汁 yòng hǎidài tíqǔ tāngzhī ▶～飴/海带糖 hǎidàitáng

コンプレックス 自卑感 zìbēigǎn (英 an inferiority complex) ▶私は～のかたまりだ/我满脑子自卑感 wǒ mǎnnǎozi zìbēigǎn ▶マザー～/恋母情结 liànmǔ qíngjié ▶都会人に対して～をもつ/对大城市的人怀有自卑感 duì dàchéngshì de rén huáiyǒu zìbēigǎn

コンプレッサー 压缩机 yāsuōjī; 压气机 yāqìjī (英 a compressor)

コンペ 比赛会 bǐsàihuì (英 a competition) ▶ゴルフ～/高尔夫球比赛会 gāo'ěrfūqiú bǐsàihuì ▶职场のゴルフ～に出る/参加单位的高尔夫球比赛 cānjiā dānwèi de gāo'ěrfūqiú bǐsài ▶设计～で一等になる/在设计比赛中得了一等奖 zài shèjì bǐsài zhōng déle yī děng jiǎng

こんぺき【紺碧】碧蓝 bìlán (英 deep blue) ▶～の海を眼下に见る/俯视碧蓝的海水 fǔshì bìlán de hǎishuǐ ▶～の空に日は辉く/蓝蓝的天空上阳光灿烂 lánlán de tiānkōngshang yángguāng cànlàn

コンベヤー 输送机 shūsòngjī (英 a conveyor) ▶ベルト～/传送带 chuánsòngdài ▶ベルト～で运ばれるような人生/好像是被传送带输送的人生 hǎoxiàng shì bèi chuánsòngdài shūsòng de rénshēng

こんぼう【混紡】(英 mixed (yarn) spinning) ▶～織物/混纺织物 hùnfǎng zhīwù ▶～生地/混纺 hùnfǎng ▶ポリエステルとウールの～生地/是化纤和羊毛的混纺 shì huàxiān hé yángmáo de hùnfǎng ▶綿 20％～のワイシャツ/棉百分之二十混纺的衬衣 mián bǎifēn zhī èrshí hùnfǎng de chènyī

こんぼう【棍棒】棍子 gùnzi; 棍棒 gùnbàng (英 a club) ▶～を振り回して暴れた/那男的挥舞着棍子闹事 nà nán de huīwǔzhe gùnzi nàoshì ▶～で殴る/用棒子殴打 yòng bàngzi ōudǎ

こんぽう【梱包する】捆扎 kǔnzā; 打包 dǎbāo; 包装 bāozhuāng (英 pack up) ▶慎重に～を解く/小心地打开包装 xiǎoxīn de dǎkāi bāozhuāng ▶古陶器を念入りに～する/精心地包装好古陶器 jīngxīn de bāozhuānghǎo gǔtáoqì

コンポーネント 部件 bùjiàn; 成分 chéngfen (英 component) ▶～ステレオ/音响组合 yīnxiǎng zǔhé ▶ミニ～/迷你音响组合 mínǐ yīnxiǎng zǔhé

こんぽん【根本】 根本 gēnběn；基本 jīběn（英 *the foundation; the basis*）▶計画を～から練り直せ/从根本上重拟计划 cóng gēnběnshang chóng nǐ jìhuà ▶我々は～を誤った/我们的出发点错了 wǒmen de chūfādiǎn cuò le ▶それこそ教育の～問題ではないか/这才是教育的根本问题! zhè cái shì jiàoyù de gēnběn wèntí! ▶～的 gēnběn ▶諸君は～的に間違っている/诸位从根本上错了 zhūwèi cóng gēnběnshang cuò le

コンマ 逗号 dòuhào《句読点の「，」》（英 *a comma*）▶ここに～を打てばよい/在这儿打逗号就可以了 zài zhèr dǎshàng dòuhào jiù kěyǐ le ▶～の位置がへんだ/逗号的位置有点儿怪 dòuhào de wèizhi yǒudiǎn guài ▶～以下だと見られてもよいのか/被人看作等外品也没关系吗？bèi rén kànzuò děngwàipǐn yě méi guānxi ma？

こんめい【昏迷】 昏迷 hūnmí；迷惘 míwǎng（英 *confusion*）▶意識が～のなかをさまよっていた/当时处于意识昏迷状态 dāngshí chǔyú yìshí hūnmí zhuàngtài

こんめい【混迷】 混乱 hùnluàn；乱七八糟 luàn qī bā zāo（英 *bewilderment; (mental) confusion*）▶～を深める/混乱加剧了 hùnluàn jiājù le ▶彼らの運動はいよいよ～を深めた/他们的运动越来越混乱了 tāmen de yùndòng yuè lái yuè hùnluàn le ▶政界は～に陥った/政界陷入了混乱之中 zhèngjiè xiànrùle hùnluàn zhīzhōng

こんもり ❶【茂る】茂密 màomì（英 *thickly*）▶～とした森/茂密的森林 màomì de sēnlín ▶杉木立が～茂っていた/杉树丛生长得很茂密 shānshùcóng shēngzhǎngde hěn màomì ❷【盛り上がる】圆鼓鼓 yuángǔgǔ；隆起 lóngqǐ ▶裏手に～した丘があった/在后面有一个隆起的小山丘 zài hòumian yǒu yí ge lóngqǐ de xiǎoshānqiū

こんや【今夜】 今晚 jīnwǎn（英 *this evening; tonight*）▶～は月がきれいだ/今晚的月亮很漂亮 jīnwǎn de yuèliang hěn piàoliang ▶～の列車で旅立ちます/我坐今晚的火车出发 wǒ zuò jīnwǎn de huǒchē chūfā ▶連続ドラマは～で終わり/连续剧到今晚结束 liánxùjù dào jīnwǎn jiéshù

こんやく【婚約する】 婚约 hūnyuē；订婚 dìnghūn；《女性が》许婚 xǔhūn（英 *be engaged*）▶～を解消する/退婚 tuìhūn；退亲 tuìqīn；悔婚 huǐhūn ▶二人は晴れて～した/两个人终于订婚了 liǎng ge rén zhōngyú dìnghūn le ▶～者《女》/未婚妻 wèihūnqī ▶～者《男》/未婚夫 wèihūnfū ▶両親に～者を引き合わせる/把结婚对象介绍给双亲 bǎ jiéhūn duìxiàng jièshào gěi shuāngqīn ▶～指輪 订婚戒指 dìnghūn jièzhi ▶～指輪を見せびらかす/炫耀订婚戒指 xuànyào dìnghūn jièzhi

こんらん【混乱】 混乱 hùnluàn；纷乱 fēnluàn（英 *confuse*）▶～させる/打乱 dǎluàn；搅乱 jiǎoluàn ▶君が議論を～させるんだ/你搅乱了议论 nǐ jiǎoluànle yìlùn ▶～に陥る/陷入混乱 xiànrù hùnluàn ▶乱成一锅粥 luànchéng yì guō zhōu ▶～状態/一锅粥 yì guō zhōu ▶3日たっても～状態が続いている/过了三天，混乱状态仍在持续 guòle sān tiān, hùnluàn zhuàngtài réng zài chíxù ▶大～/特別混乱 tèbié hùnluàn ▶日本国中に～が/日本国内一片混乱 Rìběn guónèi yípiàn hùnluàn ▶交通の～は避けられない/交通的混乱不可避免 jiāotōng de hùnluàn bùkě bìmiǎn ▶～の責任を取って辞職する/因为混乱，引咎辞职 yīnwèi hùnluàn, yǐnjiù cízhí ▶頭が～して判断がつかない/头脑混乱，无法判断 tóunǎo hùnluàn, wúfǎ pànduàn ▶～に乗じて姿を消す/乘混乱离开了 chéng hùnluàn líkāi le ▶法廷に～が生じた/法庭上出现了混乱 fǎtíngshang chūxiànle hùnluàn

こんりゅう【建立する】 修建 xiūjiàn；兴修 xīngxiū（英 *erect; build*）▶五重塔を～する/修建五重塔 xiūjiàn wǔchóngtǎ ▶寺院の～のため喜捨を願いたい/为了兴建寺院，请布施 wèile xīngjiàn sìyuàn, qǐng bùshī

こんりんざい【金輪際】 绝对 juéduì；断然 duànrán（英 [けっして] *never; not... at all*）▶～行かない/绝对不去 juéduì bú qù ▶酒なんぞ飲まないぞ/这一辈子我也不喝酒了 zhè yíbèizi wǒ yě bù hējiǔ le

こんれい【婚礼】 婚礼 hūnlǐ；喜事 xǐshì（英 *a wedding ceremony*）▶親戚の～に呼ばれる/被邀请参加亲戚的婚礼 bèi yāoqǐng cānjiā qīnqi de hūnlǐ ▶めでたい～の席で失言する/在大喜的婚礼宴席上失言了 zài dàxǐ de hūnlǐ yànxíshang shīyán le ▶明日は娘の～だ/明天是我女儿的婚礼 míngtiān shì wǒ nǚ'ér de hūnlǐ

こんろ【焜炉】 火炉 huǒlú；炉子 lúzi（英 *a cooking stove*）▶ガス～/煤气炉 méiqìlú ▶ガス～に点火する/点上煤气炉 diǎnshàng méiqìlú ▶電気～/电炉 diànlú ▶～で湯をわかす/用炉子烧水 yòng lúzi shāo shuǐ

こんわく【困惑する】 困惑 kùnhuò；迷惘 míwǎng；受窘 shòujiǒng（英 *be puzzled*）▶～しきった表情/窘态 jiǒngtài；面带难色 miàn dài nánsè ▶～しきった表情で語る/满脸困惑地说 mǎnliǎn kùnhuò de shuō ▶彼の～を見かねて助け舟を出した/看不过去他的窘态，帮了一把 kànbuguòqu tā de jiǒngtài, bāngle yì bǎ

さ

さ【差】 ❶ [へだたり・違い] 差 chā; 差异 chāyì; 差别 chābié; 差距 chājù; 区别 qūbié (英 difference) ▶両者の意見に大きな～はない/双方意见没有什么大的差别 shuāngfāng yìjiàn méiyǒu shénme dà de chābié ▶同僚と～がつく/跟同事有差距 gēn tóngshì yǒu chājù ▶個体～が無いことはありえない/个体之间不可能没有差异 gètǐ zhījiān bù kěnéng méiyǒu chāyì ▶給料の～だけでなく仕事内容にも男女～がある/不仅在工资上,而且在工作内容上也存在着男女差别 bùjǐn zài gōngzīshang, érqiě zài gōngzuò nèiróngshang yě cúnzàizhe nánnǚ chābié ❷ [数の差] 差额 chā'é; 数差 chāshù (英 a margin) ▶～を求める/求差 qiúchā ▶ (競技で) ～をつける/领先 lǐngxiān; 差别 chābié ▶～を縮める[ひろげる]/缩小[扩大]差距 suōxiǎo[kuòdà]chājù ▶年齢の～/年龄上的差距 niánlíngshang de chājù ▶朝晩の気温の～が甚だしい/早晚的气温差很大 zǎowǎn de qìwēnchā hěn dà ▶1 点の～で勝つ[負ける]/只赢[输]了一分 zhǐ yíng[shū]le yì fēn

ざ【座】 ❶ [席] 座位 zuòwèi (英 a seat) ▶～につく/就座 jiùzuò ▶～を立ったきり戻ってこない/离开座位一去不回 líkāi zuòwèi yí qù bù huí ▶ちょっと～をはずしてくれないか/请回避一下好吗? qǐng huíbì yíxià hǎo ma?
❷ [集会の場] (英 the gathering) ▶～が白けた/冷场 lěngchǎng ▶その一言ですっかり～が白けた/只因那一句话一下子冷了场 zhǐ yīn nà yí jù huà yíxiàzi lěngle chǎng ▶～を盛り上げる/场面气氛热烈 chǎngmiàn qìfēn rèliè ▶～を取りもつ/应酬 zài chǎng yìngchou
❸ [地位] 地位 dìwèi (英 a position) ▶妻の～/妻子的身份 qīzi de shēnfèn ▶チャンピオンの～につく/登上冠军的宝座 dēngshàng guànjūn de bǎozuò ▶権力の～についている/掌握权力 zhǎngwò quánlì; 登上权力的宝座 dēngshàng quánlì de bǎozuò

さあ (英 now; well) ▶～, 出かけよう/喂, 走吧 wèi, zǒu ba ▶～, お入り下さい/请, 请进 qǐng, qǐng jìn ▶～, 大変/啊, 不得了 à, bùdéliǎo ▶さあ, 見てごらん/来, 看一下 lái, kàn yíxià ▶～, 来い/喂, 来吧 wèi, lái ba ▶～, どうですかねえ/嗯, 怎么说呢 ng, zěnme shuō ne

サーカス (英) 马戏 mǎxì; 杂技 zájì (英 a circus) ▶～団/马戏团 mǎxìtuán ▶町はずれで～を興行する/在城边上演马戏 zài chéngbiān shàngyǎn mǎxì ▶～の大テント/上演马戏的大帐篷 shàngyǎn mǎxì de dàzhàngpeng ▶～の芸人/马戏演员 mǎxì yǎnyuán

サーキット 赛车场 sàichēchǎng (英 a circuit) ▶鈴鹿～/铃鹿赛车场 Línglù sàichēchǎng

サークル 小组 xiǎozǔ; 班 bān (英 a circle) ▶～活动/小组活动 xiǎozǔ huódòng ▶読書～/读书会 dúshūhuì ▶大学の～で運命の人と出会った/在大学的课外活动小组遇见了意中人 zài dàxué de kèwài huódòng xiǎozǔ yùjiànle yìzhōngrén

ざあざあ 哗哗 huāhuā; 哗啦 huālā (英 [rain が] (it rains) heavily) ▶雨が降る/雨哗哗哗地下 yǔ huālāhuālā de xià ▶～降りの大雨になった/下起倾盆大雨来了 xiàqǐ qīngpén dàyǔ lai le ▶～水をかける/哗啦哗啦地泼水 huālāhuālā de pōshuǐ

ザーサイ 《食品》 榨菜 zhàcài (英 Chinese pickles)

サージ 《布地》 哔叽 bìjī (英 serge) ▶～の服/哔叽衣服 bìjī yīfu

サーチライト 探照灯 tànzhàodēng (英 a searchlight) ▶～であちこち照らす/探照灯四处照射 tànzhàodēng sìchù zhàoshè ▶～が一艘のボートを照らし出した/探照灯发现了一艘小艇 tànzhàodēng fāxiànle yì sōu xiǎotǐng

サーバー 〘電算〙 服务器 fúwùqì (英 a server)

サービス ❶ [もてなし・奉仕] 服务 fúwù; 《物品の》 附带赠送 fùdài zèngsòng (英 service) ▶アフター～/保修 bǎoxiū ▶セルフ～/自助 zìzhù ▶週末は家庭～なんだ/周末为家庭服务 zhōumò wèi jiātíng fúwù ▶単なるリップ～だ/光是嘴上说好听的 guāng shì zuǐshang shuō hǎotīng de ▶あの店は～がよい/那家店的服务很周到 nà jiā diàn de fúwù hěn zhōudào ▶これは店の～です/这是我们店的赠品 zhè shì wǒmen diàn de zèngpǐn ❷ 〘テニス〙 发球 fāqiú (英 a service)

◆～エリア (高速道路脇の) (高速公路的)服务区 (gāosù gōnglù de) fúwùqū ～业 服务行业 fúwù hángyè ～残業 无偿加班 wúcháu jiābān ～ステーション 服务站 fúwùzhàn ～料 (料理店などの) 服务费 fúwùfèi モーニング～ 早餐服务 zǎocān fúwù

サービスエース 〘スポーツ〙 发球得分 fāqiú défēn (英 a service ace) ▶～を决める/来个发球得分 lái ge fāqiú défēn

サーブ 〘スポーツ〙 发球 fāqiú (英 a service; a serve) ▶～を返す/反击发球 fǎnjī fāqiú ▶～を落とす/发球失误 fāqiú shīwù

サーファー 冲浪运动员 chōnglàng yùndòngyuán (英 a surfer) ▶～が高波にさらわれた/冲浪运动员被大浪卷进去了 chōnglàng yùndòngyuán bèi dàlàng juǎnjìnqu le

サーフィン 〘スポーツ〙 冲浪运动 chōnglàng yùndòng (英 surfing) ▶雨の中で～に興じる若者がいる/有年轻人在雨中尽情冲浪 yǒu niánqīngrén zài yǔ zhōng jìnqíng chōnglàng

◆サーフボード 冲浪板 chōnglàngbǎn

サーベル 佩刀 pèidāo; 马刀 mǎdāo (英 a saber) ▶～を拔く/拔出佩刀 báchū pèidāo

サーモスタット 恒温器 héngwēnqì (英 a

thermostat)

サーモン 〘魚〙鮭魚 guīyú; 三文鱼 sānwényú (英 *a salmon*) ▶～ピンク/淡紅色 dànhóngsè ▶スモーク～/熏鮭魚 xūnguīyú

サーロイン 牛腰肉 niúyāoròu (英 *sirloin*) ▶～ステーキ/牛腰肉排 niúyāoròupái

さい【才】才能 cáinéng; 才幹 cáigàn (英 *ability*) ▶才子はとかく～におぼれる/聪明忌被聪明误 cōngmíng zǒng bèi cōngmíng wù ▶実務の～に乏しい/缺乏实务才能 quēfá shíwù cáinéng ▶語学の～がある/有语言才能 yǒu yǔyán cáinéng

さい【再】再 zài; 重新 chóngxīn (英 *re-; again*) ▶彼の実力を～認識させられた/他的实力被重新认识了 tā de shílì bèi chóngxīn rènshi le ▶～就職/再就职 zài jiùzhí

さい【差異】差异 chāyì; 差別 chābié; 区别 qūbié (英 *difference*) ▶その甚だしい２案が討議にかけられた/差异悬殊的两个方案被交付讨论 chāyì xuánshū de liǎng ge fāng'àn bèi jiāofù tǎolùn ▶たいした～はない/没什么大区别 méi shénme dàqūbié

さい【歳】〘年齢〙岁 suì (英 *age*) ▶何～ですか/几岁？ jǐ suì?; 多大？ duō dà?; 多大岁数？ duō dà suìshu?; 多大年纪？ duō dà niánjì? ▶20～で／二十岁 èrshí suì ▶今年7～になる/今年七岁了 jīnnián qī suì le ▶3～の子供/三岁的孩子 sān suì de háizi ▶15～以上の青少年/十五岁以上的青少年 shíwǔ suì yǐshàng de qīngshàonián

さい【際に】时候 shíhou (英 *when*...) ▶入学の～に父から贈られた時計だ/入学之际，父亲送给我的表 rùxué zhī jì, fùqīn sònggěi wǒ de biǎo ▶この～おまえに言っておくことがある/在此之际，我有些话要对你说 zài cǐ zhī jì, wǒ yǒuxiē huà yào duì nǐ shuō ▶出発の～には手荷物を点検して下さい/出发前请检查一下行李 chūfā qián qǐng jiǎnchá yíxià xíngli ▶こういう～だからやむを得ないよ/在这种时候也是没有办法的 zài zhè zhǒng shíhou yě shì méiyǒu bànfǎ de

さい【賽】色子 shǎizi; 骰子 tóuzi (英 *a dice*) ▶～を振る/掷色子 zhì shǎizi ▶～は投げられた/大局已定，只能实行 dàjú yǐ dìng, zhǐ néng shíxíng

サイ【犀】〘動物〙犀牛 xīniú (英 *a rhinoceros*)

-さい【-祭】(英 *a festival*) ▶音楽[映画]祭/音乐[电影]节 yīnyuè[diànyǐng]jié

ざい【在】(英 *outskirts*) ▶新潟の～に住む/住在新潟的乡下 zhùzài Xīnxì de xiāngxia ▶～の者/乡下人 xiāngxiarén ▶～所/故乡 gùxiāng ▶月を見れば生まれ～所を思い出す/看见月亮就想起故乡 kànjiàn yuèliang jiù xiǎngqǐ gùxiāng

ざい【材】❶〘原料〙原料 yuánliào; 材料 cáiliào (英 *material*) ▶廃～を利用して小屋を作る/利用废旧材料搭了间小屋 lìyòng fèijiù cáiliào dāle jiān xiǎowū ❷〘有能な人〙人材 réncái (英 *a talent*) ▶有用の～を求める/寻求有用人才 xúnqiú yǒuyòng réncái ▶彼は我が校が生んだ逸～だ/他是我校培养的高才 tā shì wǒ xiào péiyǎng de gāocái

ざい【財】財富 cáifù; 財宝 cáibǎo (英 *a fortune*) ▶一代で～を成す/一代发家 yí dài fājiā ▶貴重な文化～が焼けた/珍贵的文化财产被烧毁了 zhēnguì de wénhuà cáichǎn bèi shāohuǐ le

さいあい【最愛の】最亲爱的 zuì qīn'ài de (英 *one's dearest*) ▶～の妻に先立たれる/最爱的妻子先走了 zuì'ài de qīzi xiān zǒu le ▶～の息子/最心爱的儿子 zuì xīn'ài de érzi

さいあく【最悪】最糟糕 zuì zāogāo; 最坏 zuì huài (英 *the worst*) ▶～の事態/最坏的地步 zuì huài de dìbù ▶彼は～のタイミングでやってきた/他在最糟糕的时候来了 tā zài zuì zāogāo de shíhou lái le ▶～の場合は中止もありうる/最坏的情况下也可能中止 zuì huài de qíngkuàngxia yě kěnéng zhōngzhǐ

ざいあく【罪悪】罪悪 zuì'è; 罪戾 zuìlì (英 [宗教,道徳上の] *a sin*; [犯罪] *a crime*) ▶～感にさいなまれる/被罪悪感折磨 bèi zuì'ègǎn zhémó ▶～感を抱かない人間/没有罪恶感的人 méiyǒu zuì'ègǎn de rén ▶あの子は万引きを～だと思っていない/那个孩子不觉得偷东西是犯罪 nàge háizi bù juéde tōu dōngxi shì fànzuì

ざいい【在位する】在位 zàiwèi (英 *be on the throne*) ▶～期間が60年を越えた/在位期间超过了六十年 zàiwèi qījiān chāoguòle liùshí nián

さいえん【才媛】才女 cáinǚ (英 *a talented woman*) ▶あの人は在学中から～の誉れ高かった/她在学校时以才女闻名 tā zài xuéxiào shí jiù yǐ cáinǚ wénmíng

さいえん【再演する】再次上演 zàicì shàngyǎn; 重演 chóngyǎn (英 *repeat; present again*)

さいえん【菜園】菜圃 càipǔ; 菜畦 càiqí; 菜园 càiyuán (英 *a vegetable garden*) ▶家庭～/家庭菜园 jiātíng càiyuán

サイエンス 科学 kēxué; 自然科学 zìrán kēxué (英 *science*) ▶～フィクション/科学幻想 kēxué huànxiǎng; 科幻 kēhuàn (SF)

さいおうがうま【塞翁が馬】 ことわざ 塞翁が馬 塞翁失马焉知非福 sàiwēng shī mǎ yān zhī fēi fú; 人间万事塞翁马 rénjiān wànshì sàiwēng mǎ (英 *Inscrutable are the ways of Heaven*)

さいか【災禍】灾祸 zāihuò; 灾难 zāinàn (英 *disaster*) ▶～に遭う/遭遇灾祸 zāoyù zāihuò

さいか【裁可】批准 pīzhǔn (英 *sanction*) ▶社長の～を仰ぐ/请求总经理的批准 qǐngqiú zǒngjīnglǐ de pīzhǔn

ざいか【財貨】财货 cáihuò; 钱财 qiáncái; 财物 cáiwù (英 *wealth*)

ざいか【罪科】罪悪 zuì'è; 罪过 zuìguo (英 *an offense*) ▶～を問う/问罪 wènzuì

ざいか【罪過】罪过 zuìguo; 罪戾 zuìlì (英 [宗

律上の] *an offense*; [道徳上の] *a sin*) ▶戦争の～を反省する/反省战争的罪过 fǎnxǐng zhànzhēng de zuìguo ▶これで～が消えるわけではない/罪过不是这样就能消去的 zuìguo bú shì zhèyàng jiù néng xiāoqù de

さいかい【再会する】 再会 zàihuì; 重逢 chóngféng (英 *meet again*) ▶～を約束する/约定重逢 yuēdìng chóngféng ▶姉妹が20年ぶりに～した/事隔二十年, 姐妹俩重逢了 shì gé èrshí nián, jiěmèi liǎ chóngféng le

日中比較 中国語の'再会 zàihuì'は「再び会う」という意味を持つ他「さようなら」というあいさつでもある.

さいかい【再開する】 重新开始 chóngxīn kāishǐ (英 *resume*) ▶討論を～する/重新开始讨论 chóngxīn kāishǐ tǎolùn ▶交渉を～する/重新开始交涉 chóngxīn kāishǐ jiāoshè ▶外交関係を～する/恢复外交关系 huīfù wàijiāo guānxi ▶雨がやんで試合が～された/雨停了, 比赛又继续了 yǔ tíng le, bǐsài yòu jìxù le

さいがい【災害】 灾害 zāihài (英 *a disaster*) ▶自然～/自然灾害 zìrán zāihài ▶～保険/灾害保险 zāihài bǎoxiǎn ▶～を蒙る/遭受灾害 zāoshòu zāihài; 受灾 shòuzāi ▶長雨が甚大な～をもたらす/长时间降雨带来巨大灾害 chángshíjiān jiàngyǔ dàilái jùdà zāihài

ことわざ 災害は忘れた頃にやってくる 灾害总在将被忘却的时候到来 zāihài zǒng zài jiāng bèi wàngquè de shíhou dàolái

♦～救助法|救灾法 jiùzāifǎ ～地|受灾地区 shòuzāi dìqū ～補償|灾害补偿 zāihài bǔcháng

さいかい【財界】 经济界 jīngjìjiè (英 *the financial 〔business〕world*) ▶～の大物/经济界大人物 jīngjìjiè dàrénwù ▶政策は～の意向に影響される/政策受到经济界意见的影响 zhèngcè shòudào jīngjìjiè yìjiàn de yǐngxiǎng

♦～人|经济界人士 jīngjìjiè rénshì

ざいがい【在外】 在国外 zài guówài (英 *overseas*) ▶～同胞/海外同胞 hǎiwài tóngbāo ▶～研究員/海外研究员 hǎiwài yánjiūyuán

♦～公館|驻外使馆 zhùwài shǐguǎn

日中比較 中国語の'在外 zàiwài'は「不在である」「…を除く」という意味である.

さいかいはつ【再開発】 重新开发 chóngxīn kāifā (英 *redevelopment*) ▶～計画のため立ち退きを迫られている/因重新开发的计划被迫撤离 yīn chóngxīn kāifā de jìhuà bèipò chèlí ▶市街地～事業/重新开发市区的事业 chóngxīn kāifā shìqū de shìyè

さいかいもくよく【斎戒沐浴する】 斋戒沐浴 zhāijiè mùyù (英 *undergo a purification of mind and body*)

さいかく【才覚】 才智 cáizhì; 机智 jīzhì; 机灵 jīlíng (英 *resources*) ▶～がある/有机智 yǒu jīzhì ▶金の～がつかない/筹不到款 chóubudào kuǎn

ざいがく【在学する】 在校 zàixiào (英 *attend school*) ▶～生/在校学生 zàixiào xuésheng ▶私は上海大学の工学部3年に～中です/我在上海大学的工学院三年级学习 wǒ zài Shànghǎi dàxué de gōngxuéyuàn sān niánjí xuéxí ▶私の～中にこんなこともありました/我上学的时候也有过这样的事 wǒ shàngxué de shíhou yě yǒuguò zhèyàng de shì

♦～証明書|在校证明书 zàixiào zhèngmíngshū

さいかくにん【再確認する】 再次确认 zàicì quèrèn; 再确认 zài quèrèn (英 *reconfirm*) ▶受験番号を～する/再次确认准考证号码 zàicì quèrèn zhǔnkǎozhèng hàomǎ ▶航空便の～をしたい/我想再确认一下航班 wǒ xiǎng zài quèrèn yíxià hángbān

サイカチ〔植物〕皂荚 zàojiá (英 *a Japanese honey locust*)

さいかん【才幹】 才干 cáigàn; 才能 cáinéng (英 *ability*)

さいかん【再刊する】 复刊 fùkān; 再发行 zài fāxíng (英 *reissue*) ▶同人誌～のめどが立った/同人杂志复刊的事有头绪了 tóngrén zázhì fùkān de shì yǒu tóuxù le

さいき【才気】 才华 cáihuá; 才气 cáiqì (英 *a gift*) ▶～あふれる新人が入ってきた/来了一个才华横溢的新人 láile yí ge cáihuá héngyì de xīnrén ▶君はどうも～走るきらいがある/你总有点恃才好胜的毛病 nǐ zǒng yǒudiǎn shì cái hàoshèng de máobìng

さいき【再起する】 再起 zàiqǐ; 恢复原状 huīfù yuánzhuàng (英 *recover; come back*) ▶我が社はもはや～不能だ/我们公司无法东山再起了 wǒmen gōngsī wúfǎ Dōngshān zàiqǐ le ▶君が挫折から～する日を待っているよ/我们期待着你早日从挫折中站起来 wǒmen qīdàizhe nǐ zǎorì cóng cuòzhé zhōng zhànqǐlai

さいぎ【猜疑】 猜忌 cāijì; 猜嫌 cāixián (英 [疑惑] *suspicion*; 嫉妬 *jealousy*) ▶～心の強い/疑心太重 yíxīn tài zhòng ▶～心を深める/心越来越重 yíxīn yuèláiyuè zhòng ▶あの人はいつも僕を～の目で見る/那个人总用怀疑的目光看我 nàge rén zǒng yòng huáiyí de mùguāng kàn wǒ

さいきょ【再挙】 重整旗鼓 chóng zhěng qígǔ (英 *another attempt*) ▶～を図る/企图卷土重来 qǐtú juǎn tǔ chóng lái

さいきょう【最強の】 最强 zuìqiáng (英 *the strongest…*)

さいきょういく【再教育する】 再教育 zài jiàoyù (英 *reeducate; retrain*) ▶～を受ける/接受再教育 jiēshòu zài jiàoyù ▶社会人に～の場を提供する/为已工作的人提供再教育的机会 wèi yǐ gōngzuò de rén tígōng zài jiàoyù de jīhuì

さいきん【細菌】 细菌 xìjūn (英 *a germ; a bacillus*) ▶～を培養する/培养细菌 péiyǎng xìjūn ▶～兵器/细菌武器 xìjūn wǔqì

♦～学者|细菌学者 xìjūn xuézhě ～戦|细菌战 xìjūnzhàn

さいきん【最近の】 近来 jìnlái; 最近 zuìjìn (英) *the latest; recent* ▶～のできごと/最近发生的事 zuìjìn fāshēng de shì ▶～まで/直到最近 zhídào zuìjìn ▶～彼を見かけないね/最近没见到他啊 zuìjìn méi jiàndào tā a ▶彼は～消息が不明だ/他最近音信不明 tā zuìjìn yīnxìn bùmíng ▶責任問題は～の論争で再び提起された/在最近的论战中，重新提起了责任问题 zài zuìjìn de lùnzhàn zhōng, chóngxīn tídàole zérèn wèntí ▶～まで勘違いしていた/直到最近我都误会了 zhídào zuìjìn wǒ dōu wùhuì le ▶事故は～10年間記録的に増加している/近十年来，事故创纪录地增加了 jìn shí nián lái, shìgù chuàng jìlù de zēngjiā le

【日中比較】中国語の‘最近 zuìjìn’は「近い過去」の他，近い将来の「近々」をも表す．

ざいきん【在勤する】 在职 zàizhí; 任职 rènzhí (英) *serve* ▶～証明書/在职证明书 zàizhí zhèngmíngshū ▶あの方とはロンドン支社に一中に知り合った/我和他是在伦敦分社工作时认识的 wǒ hé tā shì zài Lúndūn fēnshè gōngzuò shí rènshi de ▶領事として神戸に～している/在神戸出任領事 zài Shénhù chūrèn lǐngshì

さいぎんみ【再吟味する】 再斟酌 zài zhēnzhuó (英) *reexamine* ▶数字を～する必要がある/有必要重新审视各项数字 yǒu bìyào chóngxīn shěnshì gè xiàng shùzì

さいく【細工する】 **❶【工芸】** 工艺 gōngyì; 手工艺 shǒugōngyì (英) *work* ▶～物/工艺品 gōngyìpǐn ▶麦藁(わら)で恐竜を作る/用麦秸编制恐龙 yòng màijiē biānzhì kǒnglóng ▶これはいい～だ/这个工艺真好 zhège gōngyì zhēn hǎo **❷【詭計】** 耍花招 shuǎ huāzhāo (英) *cook up* ▶影でこそこそ～する/暗中搞鬼 ànzhōng dǎoguǐ ▶下手な～をするな/别耍花招 bié shuǎ huāzhāo
♦**金属～**/金属工艺 jīnshǔ gōngyì

さいくつ【採掘する】 开采 kāicǎi; 采掘 cǎijué (英) *mine* ▶石油を～する/开采石油 kāicǎi shíyóu
♦**～権**/开采权 kāicǎiquán ▶～権をめぐる交渉が長びいている/有关开采权的商谈迟迟没有结论 yǒuguān kāicǎiquán de shāngtán chíchí méiyǒu jiélùn

サイクリング 自行车旅行 zìxíngchē lǚxíng (英) *cycling* ▶～に出かける/骑自行车去旅行 qí zìxíngchē qù lǚxíng
♦**～専用道路**/自行车专用路 zìxíngchē zhuānyònglù

サイクル 周期 zhōuqī (英) *a cycle* ▶地震の発生には一定の～がある/发生地震有一定的周期 fāshēng dìzhèn yǒu yídìng de zhōuqī

サイクロトロン〘理学〙回旋加速器 huíxuán jiāsùqì (英) *a cyclotron*

さいくん【細君】 妻子 qīzi; 老婆 lǎopo; 夫人 fūrén (英) *one's wife*

さいぐんび【再軍備】 重新军备 chóngxīn jūnbèi (英) *rearmament* ▶～に反対する/反对重搞武装 fǎnduì chónggǎo wǔzhuāng

ざいけ【在家】 在家 zàijiā (英) *a layman* ▶～の人/在家人 zàijiārén ▶《仏教徒の》～信者/在家教徒 zàijiā jiàotú

さいけいこく【最恵国】 最惠国 zuìhuìguó (英) *a most favored nation* ▶～待遇/最惠国待遇 zuìhuìguó dàiyù ▶～待遇を与える/给予最惠国待遇 jǐyǔ zuìyōuhuìguó dàiyù

さいけいれい【最敬礼する】 鞠躬 jūgōng (英) *make a deep bow* ▶彼女の努力に～する/非常敬佩她的努力 fēicháng jìngpèi tā de nǔlì

さいけつ【採血する】 采血 cǎi xuè (英) *collect blood*; [腕から] *draw blood* ▶病院で検査用に～された/在医院检查被抽了血 zài yīyuàn jiǎnchá bèi chōule xuè

さいけつ【採決する】 表决 biǎojué (英) *vote; take a vote* ▶原案について挙手により～する/对原案举手表决 duì yuán'àn jǔshǒu biǎojué ▶議案を～に付す/对议案进行表决 duì yì'àn jìnxíng biǎojué ▶～してよろしいですか/可以进行表决吗？kěyǐ jìnxíng biǎojué ma?
♦**強行～** 审议を打ち切って強行～する/停止审议强行表决 tíngzhǐ shěnyì qiángxíng biǎojué ▶起立～/起立表决 qǐlì biǎojué

さいけつ【裁決する】 裁决 cáijué (英) *decide* ▶国税庁の～を仰ぐ/请示国税庁的裁决 qǐngshì Guóshuìtīng de cáijué ▶可同数の場合は委員長が～する/赞成票和反对票相同的情况下由委员长裁决 zànchéngpiào hé fǎnduìpiào xiāngtóng de qíngkuàngxia yóu wěiyuánzhǎng cáijué

さいげつ【歳月】 时间 shíjiān; 岁月 suìyuè (英) *time; years* ▶5年の～が流れた/过去了五年时间 guòqùle wǔ nián shíjiān ▶～を要する/需要年头 xūyào niántóu ▶～を経るにつれて彼に対する世間の理解が深まった/随着时间流逝，加深了人们对他的理解 suízhe shíjiān liúshì, jiāshēnle rénmen duì tā de lǐjiě
ことわざ **歳月人を待たず** 岁月不待人 suìyuè bú dài rén

さいけん【再建する】 **❶【建造】** 重建 chóngjiàn; 改建 gǎijiàn (英) *rebuild; reconstruct* ▶劇場～のめどが立たない/剧场重建一直没有眉目 jùchǎng chóngjiàn yìzhí méiyǒu méimù ▶焼失した五重の塔を～する/重建被烧毁的五重塔 chóngjiàn bèi shāohuǐ de wǔchóngtǎ **❷【組織】** 改组 gǎizǔ (英) *rebuild; reconstruct* ▶会社を～する/改组公司 gǎizǔ gōngsī ▶財政～に政治生命を賭ける/为了重建财政，不惜政治生命 wèile chóngjiàn cáizhèng, bù xī zhèngzhì shēngmìng

さいけん【債券】〘金融〙债券 zhàiquàn (英) *a (loan) bond; a debenture* ▶～投资/债券投资 zhàiquàn tóuzī ▶～を発行する/发行债券 fāxíng zhàiquàn

さいけん【債権】〘金融〙债权 zhàiquán (英) *a credit* ▶～者/债主 zhàizhǔ ▶～を譲渡する/转让债权 zhuǎnràng zhàiquán ▶不良～重

くのしかある/被坏账压得喘不上气来 bèi huàizhàng yāde chuǎnbushàng qì lái

さいげん【再現する】 再现 zàixiàn；重现 chóngxiàn （英 *reproduce*） ▶当時の様子を～/再现当时的情况 zàixiàn dāngshí de qíngkuàng ▶壁画を忠実に～する/如实地重现当时的壁画 rúshí de chóngxiàn dāngshí de bìhuà ▶奈良時代の寺を～する/重现奈良时代的寺庙 chóngxiàn Nàiliáng shídài de sìmiào

さいげん【際限】 边际 biānjì；止境 zhǐjìng （英 *limits*; *bounds*） ▶彼の自慢話が～なく続く/他不停地自吹自擂 tā bùtíng de zì chuī zì léi ▶こんな議論を始めると～がない/这样的争论一开始就没个头 zhèyàng de zhēnglùn yì kāishǐ jiù méi gètóu ▶これを許したら、あとは～がなくなる/如果纵容了这件事，今后将不可收拾 rúguǒ zòngróngle zhè jiàn shì, jīnhòu jiāng bùkě shōushi

ざいげん【財源】 财源 cáiyuán （英 *financial resources*; *funds*） ▶～が乏しい/财源贫乏 cáiyuán pínfá ▶～を確保する/确保财源 quèbǎo cáiyuán ▶～をどこに求めるか/从哪里寻求财源呢？cóng nǎli xúnqiú cáiyuán ne？

さいけんさ【再検査】 复查 fùchá （英 *reexamine*） ▶血液を～/血液复查 xuèyè fùchá ▶半年後に胃を～する必要がある/半年后需要复查胃部 bàn nián hòu xūyào fùchá wèibù

さいけんとう【再検討する】 重新研究 chóngxīn yánjiū （英 *reexamine*; *restudy*） ▶～を要求する/要求重新审查 yāoqiú chóngxīn shěnchá ▶～するまでもない/用不着重新考虑 yòngbuzháo chóngxīn kǎolü ▶介護制度に～を加えたい/希望再次对看护制度加以研究 xīwàng zàicì duì kānhù zhìdù jiāyǐ yánjiū

さいこ【最古の】 最古老的 zuì gǔlǎo de （英 *the oldest*） ▶中国～の医書/中国最早的医学书 Zhōngguó zuì gǔlǎo de yīxuéshū

さいご【最後】 最后 zuìhòu；最终 zuìzhōng；末了 mòliǎo （英 *the last*; *the end*） ▶～の審判（キリスト教の）/末日审判 mòrì shěnpàn ▶始めたことは～までやり通す/事情做了就要做到底 shìqing zuòle jiù yào zuò dàodǐ ▶～の手段として法的な措置も辞さない/作为最终手段不惜诉诸法律 zuòwéi zuìzhōng shǒuduàn bù xī sùzhū fǎlǜ ▶～の一人まで戦う/战斗到最后一个人 zhàndòudào zuìhòu yí ge rén ▶三月～の日曜日/三月最后一个星期天 sān yuè zuìhòu yí ge xīngqītiān ▶～から2番目の列に座る/坐在倒数第二排的座位上 zuòzài dàoshǔ dì'èr pái de zuòwèishang ▶急用で映画を～まで見られなかった/因为有急事，所以电影没能看完 yīnwèi yǒu jíshì, suǒyǐ diànyǐng méi néng kànwán ▶講義を～で聞く/听课听到最后 tīngkè tīngdào zuìhòu

さいご【最期】 临终 línzhōng （英 *one's last moment*; *one's death*） ▶母の～をみとる/为母亲送终 wèi mǔqin sòngzhōng ▶悲惨な～を遂げる/以悲惨的结局离开人世 yǐ bēicǎn de jiéjú líkāi rénshì

ざいこ【在庫】 库存 kùcún （英 *goods in stock*） ▶～品/存货 cúnhuò；库存货 kùcúnhuò ▶～整理をする/盘库 pánkù ▶～量の調整が必要だ/有必要调整在库数量 yǒu bìyào tiáozhěng zàikù shùliàng ▶～が切れる/库存已尽 kùcún yǐ jìn ▶～品を売り払う/出售库存货 chūshòu kùcúnhuò

◆～一掃セール 清仓甩卖 qīngcāng shuǎimài ～調べ查库存 chá kùcún

さいこう【再考する】 再次考虑 zàicì kǎolǜ；重新考虑 chóngxīn kǎolǜ （英 *reconsider*） ▶原子力を含むエネルギー政策を～する/重新考虑包括原子能在内的能源政策 chóngxīn kǎolǜ bāokuò yuánzǐnéng zàinèi de néngyuán zhèngcè ▶～の余地がない/没有重新考虑的余地 méiyǒu chóngxīn kǎolǜ de yúdì

さいこう【再校する】 〔印刷〕再校 zàijiào （英 *prove again*）
◆要～ 要重新校正 yào chóngxīn jiàozhèng

さいこう【再興する】 复兴 fùxīng （英 *revive*） ▶国家の～をはかる/计划复兴国家 jìhuà fùxīng guójiā ▶老舗(しにせ)の～が待たれる/老店有待复兴 lǎodiàn yǒudài fùxīng

さいこう【採光】 采光 cǎiguāng （英 *lighting*） ▶天井に～用の窓がある/天花板上有一个采光用的窗户 tiānhuābǎnshang yǒu yí ge cǎiguāng yòng de chuānghu ▶～のよい部屋/采光好的房间 cǎiguāng hǎo de fángjiān

さいこう【最高】 最高 zuìgāo；至高无上 zhìgāo wú shàng；至上 zhìshàng （英 *the highest*） ▶～のもの/天字第一号 tiānzì dìyī hào ▶大学に合格して～の気分だ/考进大学，心情极佳 kǎojìn dàxué, xīnqíng jí jiā ▶年度末は～に忙しい/年度末忙得要命 niándùmò mángde yàomìng ▶今日の芝居は～だった/今天的戏好极了 jīntiān de xì hǎojí le ▶彼は～のコンディションだった/当时他的状态最好 dāngshí tā de zhuàngtài zuì hǎo ▶彼女の～の演技だったと言えよう/可以说那是她最出色演技 kěyǐ shuō nà shì tā zuì chūsè yǎnjì ▶あなたの血圧は～120，最低70です/您的血压，最高是一百二十，最低是七十 nín de xuèyā, zuìgāo shì yìbǎi èrshí, zuìdī shì qīshí ▶～の値をつける（競売で）/叫到最高的价格 jiàodào zuìgāo de jiàgé

◆～学府 最高学府 zuìgāo xuéfǔ ～限度 最高限度 zuìgāo xiàndù ～裁判所 最高法院 zuìgāo fǎyuàn ～点（試験の）最高得分 zuìgāo défēn

ざいこう【在校する】 在校 zàixiào （英 ［在籍する］ *be enrolled in a school*） ▶～生 在校生 zàixiàoshēng ▶～生を代表して送辞を述べる/代表在校学生致送别辞 dàibiǎo zàixiào xuésheng zhì sòngbiécí

ざいごう【罪業】 孽障 nièzhàng；罪孽 zuìniè （英 *a sin*） ▶～を重ねる/罪孽深重 zuìniè shēnzhòng ▶～の報いがこわい/罪孽的报应很可怕 zuìniè de bàoyìng hěn kěpà

さいこうきゅう【最高級の】 最高级 zuìgāojí; 最高质量 zuìgāo zhìliàng (英) *the highest class* 〔*grade*〕

さいこうちょう【最高潮】 最高潮 zuìgāocháo; 顶点 dǐngdiǎn (英) *a climax* ▶スタンドの興奮は～に達した/观众的情绪达到了最高潮 guānzhòng de qíngxù dádàole zuìgāocháo

さいこうふ【再交付する】 重新发给 chóngxīn fāgěi (英) *reissue* ▶免許証を～する/重新发行执照 chóngxīn fāxíng zhízhào

さいこうほう【最高峰】 最高峰 zuìgāofēng; 顶峰 dǐngfēng (英) *the highest peak* ▶アルプスの～/阿尔卑斯山的顶峰 Ā'ěrbēisīshān de dǐngfēng ▶画坛の～/画坛的泰斗 huàtán de tàidǒu

さいごつうちょう【最後通牒】 最后通牒 zuìhòu tōngdié (英) *an ultimatum* ▶事実上の～といえる/可以说实际上就是最后通牒 kěyǐ shuō shíjìshang jiù shì zuìhòu tōngdié ▶～をつきつける/下最后通牒 xià zuìhòu tōngdié

さいこよう【再雇用】 重新雇用 chóngxīn gùyòng (英) *reemployment* ▶定年退職者を～する/重新雇佣退休人员 chóngxīn gùyòng tuìxiū rényuán

さいころ【骰子】 色子 shǎizi; 骰子 tóuzi (英) *a dice* ▶～を振る/掷色子 zhì shǎizi ▶いかさま～/作假的色子 zuòjiǎ de shǎizi

サイコロジー 心理学 xīnlǐxué (英) *psychology*

さいこん【再婚する】 再婚 zàihūn; 〔女性が〕再嫁 zàijià; 改嫁 gǎijià (英) *marry again* ▶ママは～する時パパは初婚だった/我妈是改嫁，我爸是初婚 wǒ mā shì gǎijià, wǒ bà shì chūhūn ▶僕たちは子连れ同士で～します/我们俩个带着孩子再婚 wǒmen liǎng ge dàizhe háizi zàihūn

さいさき【幸先】 兆头 zhàotou; 预兆 yùzhào (英) *a good omen* ▶～がいい/预兆吉利 yùzhào jílì; 开端良好 kāiduān liánghǎo ▶我がチームは～のよいスタートを切った/我们队幸运地旗开得胜 wǒmen duì xìngyùn de qí kāi dé shèng ▶そいつは～がよい/那是一个好兆头 nà shì yí ge hǎozhàotou

さいさん【再三】 一再 yízài; 再三 zàisān (英) *repeatedly* ▶～再四/再三再四 zàisān zàisì ▶～の脅しにも屈しなかった/面对屡次三番的威胁，没有屈服 miànduì lǚcì sān fān de wēixié, méiyǒu qūfú

さいさん【採算】 合算 hésuàn (英) *calculation of profit* ▶～がとれる/上算 shàngsuàn ▶～が合う/合算 hésuàn ▶～のとれない路線/收支不合算的交通路线 shōuzhī bù hésuàn de jiāotōng lùxiàn

◆独立～制 | 独立核算制 dúlì hésuànzhì

ざいさん【財産】 财产 cáichǎn; 财富 cáifù; 财物 cáiwù (英) *property* ▶～家/富户 fùhù ▶知的～権が侵される/知识产权受到侵害 zhīshi chǎnquán shòudào qīnhài ▶私には～といえるほどのものはありません/我没有什么谈得上的财产 wǒ méiyǒu shénme tándeshàng de cáichǎn ▶～をつくる/创造财富 chuàngzào cáifù ▶～を使い果たす/耗尽财产 hàojìn cáichǎn ▶～を残す[受け継ぐ]/留下[接受]财产 liúxià[jiēshòu]cáichǎn ▶人民の生命～を保護する/保护人民的生命财产 bǎohù rénmín de shēngmìng cáichǎn ▶～目あてに結婚する/为了财产而结婚 wèile cáichǎn ér jiéhūn ▶～管理は弁護士に任せている/委托律师管理财产 wěituō lǜshī guǎnlǐ cáichǎn

◆私有～ | 私有财产 sīyǒu cáichǎn

さいし【才子】 才子 cáizǐ (英) *a talented man* ▶～佳人/才子佳人 cáizǐ jiārén

~才に倒れる 聪明反被聪明误 cōngmíng fǎn bèi cōngmíng wù

さいし【妻子】 妻子 qīzǐ; 家眷 jiājuàn; 家小 jiāxiǎo (英) *one's wife and children* ▶～を養う/养家糊口 yǎngjiā húkǒu ▶～ある男性とつき合っているらしい/听说她和一个有妇之夫在交往 tīngshuō tā hé yí ge yǒu fù zhī fū zài jiāowǎng

[日中比較] 中国語の'妻子 qīzǐ'は「妻」という意味である．'qīzi'と読めば「妻子(さい)」の意味になる．

さいし【祭祀】 祭祀 jìsì (英) *religious rites* ▶～を主宰する/主掌祭祀 zhǔzhǎng jìsì

さいじ【細事】 琐事 suǒshì; 小事 xiǎoshì (英) *a trifle* ▶～にこだわらない/不拘泥于琐事 bù jūnǐ yú suǒshì

さいしあい【再試合】 再次比赛 zàicì bǐsài (英) *a rematch* ▶決勝戦は～にもつれこんだ/决赛不分胜负，进入再次比赛 juésài bù fēn shèngfù, jìnrù zàicì bǐsài

さいしき【彩色】 彩色 cǎisè (英) *coloring* ▶～を施す/上色 shàngshǎi; 着色 zhuóshè ▶壁画の～は半ば剥げ落ちていた/壁画的色彩已经有一半脱落了 bìhuà de sècǎi yǐjing yǒu yíbàn tuōluò le

さいしけん【再試験】 重新考试 chóngxīn kǎoshì (英) *reexamine* ▶不合格者に～する/不及格的人补考 bù jígé de rén bǔkǎo

さいじつ【祭日】 节日 jiérì (英) *a national holiday*; [祭] *a festival day* ▶日曜～は休館です/节假日休馆 jiéjiàrì xiūguǎn

ざいしつ【在室】 (英) *IN* (揭示) ▶「～」のランプがついている/"在房间"的指示灯亮着 "zài fángjiān" de zhǐshìdēng liàngzhe

ざいしつ【材質】 质地 zhìdì (英) *the quality of the material* ▶～が劣化する/质地退化 zhìdì tuìhuà ▶家具を作るには～を選ぶ/为做家具挑选材质 wèi zuò jiājù tiāoxuǎn cáizhì

さいしゅ【採取する】 提取 tíqǔ; 采集 cǎijí (英) [選ぶ] *pick*; [取る] *gather* ▶指紋を～する/提取指纹 tíqǔ zhǐwén ▶薬草を～する/采集草药 cǎijí cǎoyào ▶サンプルを～する/提取样品 tíqǔ yàngpǐn

さいしゅう【採集する】 采集 cǎijí (英) *collect*; *gather* ▶昆虫を～/采集昆虫 cǎijí kūnchóng ▶化石の～に夢中になる/热衷于采集化石 rèzhōng yú cǎijí huàshí ▶標本を～する/采集标本 cǎijí

biāoběn ▶夏休みの課題は植物~だった/暑假作业是采集植物 shǔjià zuòyè shì cǎijí zhíwù

さいしゅう【最終の】 最后 zuìhòu；最终 zuìzhōng (英 *the last*) ▶~段階/尾期 wěiqī ▶~決断を下すのはあなただ/下最后决定的是你 xià zuìhòu juédìng de shì nǐ ▶~決定をする/定案 dìng'àn；定局 dìngjú 《交通機関で》~に間に合う/赶上末班车 gǎnshàng mòbānchē ▶工事が~段階にさしかかった/工程进入最终阶段 gōngchéng jìnrù zuìzhōng jiēduàn ▶~的には合意に達した/最终达成一致 zuìzhōng dáchéng yízhì ▶~弁論を行う/进行最后辩论 jìnxíng zuìhòu biànlùn

◆**~駅**|终点站 zhōngdiǎnzhàn ~**走者**《リレーチームの》 |(接力赛中小组的)最后一名选手(jièlìsài zhōng xiǎozǔ de) zuìhòu yì míng xuǎnshǒu ~**日**《展覧会などの》|(展览会等的)最后一天 (zhǎnlǎnhuì děng de) zuìhòu yì tiān ~**列车**|末班车 mòbānchē ~**論告**《法》|(检察官的)最后陈述 (jiǎncháguān de) zuìhòu chénshù

ざいじゅう【在住する】 居住 jūzhù (英 *reside; live*) ▶ニューヨークの日本人/侨居纽约的日本人 qiáojū Niǔyuē de Rìběnrén ▶市内に~する方を対象にします/以居住在市里的人为对象 yǐ jūzhù zài shìlǐ de rén wéi duìxiàng ▶日本~の外国人/居住在日本的外国人 jūzhù zài Rìběn de wàiguórén

さいしゅつ【歳出】 岁出 suìchū (英 *annual expenditure*) ▶~削減に取り組む/开始对年度支出进行削减 kāishǐ duì niándù zhīchū jìnxíng xuējiǎn

さいしゅっぱつ【再出発する】 重新开始 chóngxīn kāishǐ (英 *make a fresh start*) ▶基礎から~する/从基础重新开始 cóng jīchǔ chóngxīn kāishǐ ▶今日が君の人生の~の日だ/今天是你人生的新起点 jīntiān shì nǐ rénshēng de xīnqǐdiǎn

さいしょ【最初の】 首先 shǒuxiān；最初 zuìchū；开头 kāitóu (英 *the first*) ▶~の一歩が大切だ/开头的第一步很重要 kāitóu de dìyī bù hěn zhòngyào ▶~の計画では半年で終わるはずだった/按照最初的计划，应该半年就结束了 ànzhào zuìchū de jìhuà, yīnggāi bàn nián jiù jiéshù le ▶~に行ったのは田中君だった/当初从事这项工作的是田中 dāngchū cóngshì zhè xiàng gōngzuò de shì Tiánzhōng ▶~からつまづく/从一开始就不顺 cóng yì kāishǐ jiù bú shùn

さいじょ【才女】 才女 cáinǚ (英 *a talented woman*) ▶彼女は類まれな~であるが世話女房でもあった/她是一位出类拔萃的才女，也是一位贤慧能干的妻子 tā shì yí wèi chūlèi bácuì de cáinǚ, yě shì yí wèi xiánhuì nénggàn de qīzi

ざいしょ【在所】 《すみか》住所 zhùsuǒ (英 *one's residence*)；《田舎》乡下 xiāngxià；乡间 xiāngjiān (英 *the country*)；《故郷》家乡 jiāxiāng；故乡 gùxiāng (英 *one's hometown*)

さいしょう【宰相】 宰相 zǎixiàng (英 *the prime minister*)

さいしょう【最小の】 最小 zuìxiǎo (英 *the smallest; the least*) ▶~限度/最小限度 zuìxiǎo xiàndù ▶~公倍数/最小公倍数 zuìxiǎo gōngbèishù ▶世界~の鉄道模型/世界上最小的铁路模型 shìjièshang zuìxiǎo de tiělù móxíng

さいしょう【最少の】 最少 zuìshǎo (英 *minimum*)

さいじょう【斎場】 殡仪馆 bìnyíguǎn (英 *a funeral hall*) ▶葬儀は青山~で営まれた/葬礼在青山殡仪馆举行 zànglǐ zài Qīngshān bìnyíguǎn jǔxíng

さいじょう【最上の】 最上 zuìshàng；最优 zuìyōu (英 *the best*) ▶~の品/最佳品 zuìjiāpǐn ▶~階/最顶层 zuìdǐngcéng ▶~の寛ぎ空間/最舒适的空间 zuì shūshì de kōngjiān ▶~の幸福感にひたる/沉浸在无比的幸福之中 chénjìn zài wúbǐ de xìngfú zhīzhōng

ざいしょう【罪障】 (英 *sins*) ▶~の消滅を願う/希望消去自己的罪孽 xīwàng xiāoqù zìjǐ de zuìniè

ざいじょう【罪状】 罪状 zuìzhuàng；罪案 zuì'àn (英 *a crime*) ▶~認否/罪状承认与否 zuìzhuàng chéngrèn yǔfǒu ▶~を否認する/否认罪状 fǒurèn zuìzhuàng ▶その~は証拠不十分のため取り下げられた/其罪状由于证据不足而被撤销 qí zuìzhuàng yóuyú zhèngjù bùzú ér bèi chèxiāo ▶殺人の~で死刑を宣告された/因杀人罪被宣判死刑 yīn shārénzuì bèi xuānpàn sǐxíng

さいじょうきゅう【最上級の】 最上级 zuìshàngjí；最高级 zuìgāojí；第一流 dìyīliú (英 *the best-quality*) ▶~の賛辞/最高的赞辞 zuìgāo de zàncí ▶~生/最高班级的学生 zuìgāo bānjí de xuésheng

さいしょうげん【最小限の】 最小限度 zuìxiǎo xiàndù；最低程度 zuìdī chéngdù；起码 qǐmǎ (英 *minimum*) ▶損害を~に抑える/将损失控制在最低程度 jiāng sǔnshī kòngzhì zài zuìdī chéngdù ▶~必要な/起码需要的 qǐmǎ xūyào de ▶~必要の機能を取り入れた新製品/具备最基本使用功能的新产品 jùbèi zuì jīběn shǐyòng gōngnéng de xīnchǎnpǐn

さいしょく【彩色する】 上色 shàngshǎi (英 *coloring*) ▶~画/彩画 cǎihuà

さいしょく【菜食する】 素食 sùshí；菜食 càishí (英 *live on a vegetable diet*) ▶~主義/素食主义 sùshí zhǔyì ▶最近は~志向が強い/最近素食主义的倾向很强 zuìjìn sùshí zhǔyì de qīngxiàng hěn qiáng

ざいしょく【在職】 在职 zàizhí (英 *be in office*) ▶~年数/工龄 gōnglíng ▶現に~する職員/现在的在职员工 xiànzài de zàizhí yuángōng ▶~期間が20年に達した/在职期间达到二十年 zàizhí qījiān dádàole èrshí nián

さいしょくけんび【才色兼備】 才貌双全 cáimào shuāngquán (英 *be both*) *beautiful and*

さいしょり【再処理する】 重新处理 chóngxīn chǔlǐ (英 reprocess) ▶ごみの～/垃圾再处理 lājī zàichǔlǐ ▶核燃料を～工場/重新处理核燃料的工厂 chóngxīn chǔlǐ hérányào de gōngchǎng

さいしん【再審する】 再审 zàishěn; 复审 fùshěn; 重审 chóngshěn (英 retry) ▶～を請求する/请求重审 qǐngqiú chóngshěn ▶～請求を棄却する/驳回重审的请求 bóhuí chóngshěn de qǐngqiú ▶～で無罪となった/二审被判无罪 èrshěn bèi pàn wúzuì

さいしん【細心】 细心 xìxīn; 严密 yánmì (英 very careful) ▶～の注意を払う/严密注意 yánmì zhùyì ▶(メールの)添付ファイルには～の注意を払って取り扱え/请慎重处理(电子邮件的)附件 qǐng shènzhòng chǔlǐ (diànzǐ yóujiàn de) fùjiàn

さいしん【最新】 最新 zuìxīn (英 the newest) ▶《雑誌の》～号/最近一期 zuìjìn yì qī ▶～流行/时新 shíxīn ▶時髦 shímáo ▶～流行の服/时装 shízhuāng ▶～のウイルス/最新型的病毒 zuìxīnxíng de bìngdú ▶～式の最新式 zuìxīnshì ▶～式の体重計はデジタル表示がほとんどだ/最新式的体重计基本上都是电子数码的 zuìxīnshì de tǐzhòngjì jīběnshang dōu shì diànzǐ shùmǎ de

さいじん【才人】 才子 cáizǐ (英 a talented person) ▶ああいう～は大成しないぞ/那种有小聪明的人成不了大器 nà zhǒng yǒu xiǎocōngming de rén chéngbuliǎo dàqì

さいしんさ【再審査】 (英 reexamination) ▶ 5 年ごとに～する/每隔五年重新审查 měi gé wǔ nián chóngxīn shěnchá

サイズ 尺寸 chǐcùn; 大小 dàxiǎo; 《靴や帽子の》尺码 chǐmǎ (英 a size) ▶～が合う/尺码合适 chǐmǎ héshì ▶～が合わない/尺码不合适 chǐmǎ bù héshì ▶自分に合った～の服が見つからない/找不到跟自己尺码合适的衣服 zhǎobudào gēn zìjǐ chǐmǎ héshì de yīfu ▶手のひら～のパソコン/巴掌大小的电脑 bāzhang dàxiǎo de diànnǎo ▶それにはいろいろな～がある/那有各种尺寸的 nà yǒu gèzhǒng chǐcun de ▶「あなたの～は」「9号です」/"你穿多大号儿的？"Nǐ chuān duō dà hàor de ？" "9号 Jiǔ hào" "～が合うかどうか着てみよう/穿穿看尺寸合适不合适 chuānchuan kàn chǐcun héshìbuhéshì ▶靴の～はどのくらいですか/你穿多大号的鞋？nǐ chuān duō dà hào de xié？▶～を計る/量尺寸 liáng chǐcun

ざいす【座椅子】 无腿靠椅 wú tuǐ kàoyǐ (英 a legless chair) ▶～に座る/坐在无腿靠椅上 zuòzài wú tuǐ kàoyǐshang

さいすん【採寸する】 量尺寸 liáng chǐcun (英 take a person's measurements)

さいせい【再生する】 ❶【蘇生】复活 fùhuó (英 come to life again) ▶汚れた川を～する/把污浊的河流治好 bǎ wūzhuó de héliú zhìhǎo ▶なぜトカゲの尻尾は～するのか/为什么蜥蜴的尾巴能重新长出来呢？wèi shénme xīyì de wěiba néng chóngxīn zhǎngchūlai ne？❷【音声・画像】重放 chóngfàng (英 play back) ▶ビデオを～する/放录像 fàng lùxiàng ▶规格が違ううでこのプレイヤーでは～できない/由于制式不同,用这台机器不能播放 yóuyú zhìshì bùtóng, yòng zhè tái jīqì bùnéng bōfàng ❸【廃品の】再生 zàishēng; 更生 gēngshēng (英 recycle) ▶～紙/再生纸 zàishēngzhǐ ❹【更生】新生 xīnshēng (英 reform oneself) ▶～の道を歩む/踏上新生之路 tàshàng xīnshēng zhī lù

さいせい【再製する】 重制 chóngzhì; 重做 chóngzuò; 改制 gǎizhì (英 remake) ▶本製品は許可なく～することを禁止する/本产品未经许可不得复制 běn chǎnpǐn wèijīng xǔkě bù dé fùzhì

◆～品/翻新的物品 fānxīn de wùpǐn

ざいせい【在世】 在世 zàishì (英 one's lifetime) ▶故人の～中皆様には大変お世話になりました/故人生前受到各位多方关照 gùrén shēngqián shòudào gèwèi duōfāng guānzhào

ざいせい【財政】 财政 cáizhèng (英 finances) ▶～が豊かである/财政充裕 cáizhèng chōngyù ▶～が困難である/财政困难 cáizhèng kùnnan ▶～を建て直す/改革财政 gǎigé cáizhèng ▶地方～/地方财政 dìfāng cáizhèng ▶赤字～/财政赤字 cáizhèng chìzì ▶～状態の悪い会社/财政不良的公司 cáizhèng bùliáng de gōngsī

◆健全～/健全的财政 jiànquán de cáizhèng ～運営/财政经营 cáizhèng jīngyíng ～政策/财政政策 cáizhèng zhèngcè

さいせいき【最盛期】 最盛期 zuìshèngqī; 鼎盛期 dǐngshèngqī; 旺季 wàngjì (英 the height of prosperity) ▶文化の～を迎える/迎来了文化的鼎盛期 yínglái le wénhuà de dǐngshèngqī ▶～を迎えたカニ漁/迎来旺季的螃蟹鱼汛 yínglái wàngjì de pángxiè yúxùn ▶ぶどうは今が～だ/现在是葡萄收获的大忙季节 xiànzài shì pútao shōuhuò de dàmáng jìjié

さいせいさん【再生産する】 再生产 zàishēngchǎn (英 reproduce) ▶拡大～する/扩大再生产 kuòdà zàishēngchǎn ▶貧困と憎悪を～する/贫困与憎恶被重复增值 pínkùn yǔ zēngwù bèi chóngfù zēngzhí

さいせき【採石する】 采石 cǎishí (英 quarry) ▶～場/采石场 cǎishíchǎng

ざいせき【在籍する】 在籍 zàijí (英 be on the school register) ▶文学部に～する/学籍在文学院 xuéjí zài wénxuéyuàn ▶二千人の学生がいる大学/拥有二千名在校学生的大学 yōngyǒu èrqiān míng zàixiào xuésheng de dàxué

◆～証明書/学籍证明书 xuéjí zhèngmíngshū

さいせん【再選する】 重选 chóngxuǎn; 再次当选 zàicì dāngxuǎn (英 reelect) ▶大统领に～される可能性は低い/再次当选大总统的可能性小 zàicì dāngxuǎn dàzǒngtǒng de kěnéngxìng hěn xiǎo ▶彼は~を目ざして出馬を計画している/为了再次当选,他正在计划出马参选 wèile zàicì dāngxuǎn, tā zhèngzài jìhuà chūmǎ cānxuǎn

さいせん【賽銭】 香钱 xiāngqián; 香火钱 xiānghuǒqián (英 *an offering of money*) ▶~をあげる/献香钱 xiàn xiāngqián ▶~箱/香资箱 xiāngzīxiāng ▶~泥棒/偷香钱的贼 tōu xiāngqián de zéi

さいぜん【最前の】 最前面 zuìqiánmiàn (英 *the forefront*) ▶~列/最前排 zuìqiánpái

さいぜん【最善の】 最好 zuì hǎo; 最佳 zuìjiā (英 *best*) ▶~の策/上上策 shàngshàngcè ▶~を尽くす/竭尽全力 jiéjìn quánlì ▶~の選択とは言いがたい/很难说这是最佳选择 hěn nánshuō zhè shì zuìjiā xuǎnzé ▶~の治療法を施す/实施最好的治疗方法 shíshī zuì hǎo de zhìliáo fāngfǎ ▶~の努力を尽くす/尽最大努力 jìn zuìdà nǔlì

さいぜんせん【最前線】 最前线 zuìqiánxiàn; 第一线 dìyīxiàn (英 *the front*) ▶~に立つ/站在最前线 zhànzài zuìqiánxiàn

さいぜんたん【最先端】 最前端 zuìqiánduān; 最尖端 zuìjiānduān (英 *the frontiers*) ▶流行の～をゆく/走在流行的最前端 zǒuzài liúxíng de zuìqiánduān ▶ロケットは～技術の結集である/火箭是最尖端技术的产物 huǒjiàn shì zuìjiānduān jìshù de chǎnwù

さいそく【細則】 细则 xìzé (英 *detailed regulations*) ▶~を設ける/设定细则 shèdìng xìzé

さいそく【催促する】 催 cuī; 催促 cuīcù (英 *press*) ▶返事を～する/催促回音 cuīcù huíyīn ▶矢の～/催得很紧 cuī de hěn jǐn ▶彼に金を返すよう～する/催他还钱 cuī tā huán qián ▶何度も原稿を～する/一次又一次地催原稿 yí cì yòu yí cì de cuī yuángǎo ▶契約の履行を～する/催促履行合同 cuīcù lǚxíng hétong ◆借金の～状/催促偿还借款的信 cuīcù chánghuán jièkuǎn de xìn

さいた【最多の】 最多 zuìduō (英 *the most...*)

サイダー 汽水 qìshuǐ (英 *soda pop*)

さいたい【妻帯する】 有妻子 yǒu qīzi (英 *get married*) ▶~者/有妇之夫 yǒu fù zhī fū ▶~して落ち着きが出た/有了妻子后显得稳重了 yǒule qīzi hòu xiǎnde wěnzhòng le

さいだい【細大】 ~もらさず 一五一十 yì wǔ yì shí; 不分巨细 bù fēn jùxì ▶事故の顛末を～もらさず報告せよ/把事故的原委一五一十地报告上来 bǎ shìgù de yuánwěi yì wǔ yì shí de bàogàoshànglai

さいだい【最大の】 最大 zuìdà (英 *the greatest*) ▶~の危機/最大的危机 zuìdà de wēijī ▶~公約数/最大公约数 zuìdà gōngyuēshù ▶世界～の恐竜/世界上最大的恐龙 shìjièshang zuìdà de kǒnglóng ▶今年～の収穫は何か/今年最大的收获是什么? jīnnián zuìdà de shōuhuò shì shénme? ▶史上～の作戦/历史上最大的战役 lìshǐshang zuìdà de zhànyì ▶多数の

幸福をはかる/为大多数人谋求最大的幸福 wèi dàduōshùrén móuqiú zuìdà de xìngfú ◆~速力/最大速度 zuìdà sùdù

さいだいげん【最大限の】 最大限度 zuìdà xiàndù (英 *maximum*) ▶~の努力/最大限度的努力 zuìdà xiàndù de nǔlì ▶~に活用する/最大限度有效利用 zuìdà xiàndù yǒuxiào lìyòng

さいたく【採択する】 通过 tōngguò (英 *adopt*) ▶決議案を～する/通过决议 tōngguò juéyì ▶申請～率は25%ぐらいになる/申请获得选定的比率大概为百分之二十五 shēnqǐng huòdé xuǎndìng de bǐlǜ dàgài wéi bǎi fēn zhī èrshíwǔ

ざいたく【在宅】 在家 zàijiā (英 *be at home*) ▶~勤務/在家工作 zàijiā gōngzuò ▶~看護/在家护理 zàijiā hùlǐ ▶御主人は御～ですか/您先生在家吗? nín xiānsheng zàijiā ma? ▶~介護サービス/在家护理服务 zàijiā hùlǐ fúwù ▶午後はたいてい～しています/下午一般都在家 xiàwǔ yìbān dōu zàijiā

さいたる【最たる】 最甚 zuìshèn; 最典型 zuìdiǎnxíng (英 *the best...; the worst...*)

さいたん【採炭】 采煤 cǎi méi (英 *mine coal*) ▶~量/采煤量 cǎiméiliàng

さいたん【最短】 最短 zuìduǎn (英 *the shortest*) ▶~距離/最近距离 zuìjìn jùlí ▶~コースをとる/抄近路 chāo jìnlù ▶今月の日照時間は過去～だった/这个月的日照时间是以往最短的 zhège yuè de rìzhào shíjiān shì yǐwǎng zuì duǎn de

さいだん【祭壇】 祭坛 jìtán (英 *an altar*) ▶彼らは神の～の前でお互いに誓い合った/他们在神的祭坛前相对起誓 tāmen zài shén de jìtán qián xiāngduì qǐshì

さいだん【裁断する】 ❶【切断】切断 qiēduàn; 剪裁 jiǎncái; 裁剪 cáijiǎn (英 *cut*) ▶生地を～する/剪裁布料 jiǎncái bùliào ▶シュレッダーで書類を～する/用切书机切碎文件 yòng qiēshūjī qiēsuì wénjiàn ▶~用の鋏/裁缝用的剪刀 cáifeng yòng de jiǎndāo ❷【判断】裁决 cáijué; 裁断 cáiduàn (英 *judge*) ▶最後の～を下す/做出最后裁决 zuòchū zuìhòu cáijué ▶会長の～を仰ぐ/提请会长裁决 tíqǐng huìzhǎng cáijué ◆~機:剪裁机 jiǎncáijī

ざいだん【財団】 财团 cáituán; 基金会 jījīnhuì (英 *a foundation*) ▶~法人/财团法人 cáituán fǎrén

さいち【才知】 才智 cáizhì (英 *wit*) ▶~に長(た)ける/多才多智 duō cái duō zhì ▶ここには～のある者ばかりが集まっている/这里聚集的都是有才智的人 zhèlǐ jùjí de dōu shì yǒu cáizhì de rén

さいちゅう【最中に】 正在…时 zhèngzài…shí (英 *in the middle of...*) ▶会議の～に/正在开会的时候 zhèngzài kāihuì de shíhou ▶授業の～にケータイをかける学生/在课堂上打手机的学生 zài kètángshang dǎ shǒujī de xuésheng ▶入浴

の～に電話がかかってきた/正在洗澡的时候来电话了 zhèngzài xǐzǎo de shíhou lái diànhuà le

ざいちゅう【在中】 在内 zàinèi (英 containing) ▶見本～/样品在内 yàngpǐn zàinèi ▶写真～/内有照片 nèi yǒu zhàopiàn

さいちゅうもん【再注文する】 重新订购 chóngxīn dìnggòu (英 reorder)

さいちょう【最長の】 最长 zuìcháng (英 the longest...)

さいちょうさ【再調査する】 重新调查 chóngxīn diàochá; 复查 fùchá (英 reexamine) ▶事件を～する/复查案件 fùchá ànjiàn

さいてい【再訂する】 重新修订 chóngxīn xiūdìng (英 revise again) ▶～版/新修订版 xīn xiūdìngbǎn

さいてい【最低の】 最低 zuìdī; 最差 zuìchà; 起码 qǐmǎ (英 the lowest) ▶～気温/最低气温 zuìdī qìwēn ▶～賃金制/最低工资制度 zuìdī gōngzī zhìdù ▶～条件/最低条件 zuìdī tiáojiàn ▶～な男/最差的家伙 zuìchà de jiāhuo; 下贱东西 xiàjiàn dōngxi ▶x投票率は過去～となった/投票率是以往最低的一次 tóupiàolǜ shì yǐwǎng zuìdī de yí cì
♦～価格:最低价格 zuìdī jiàgé ～生活:起码的生活水平 qǐmǎ de shēnghuó shuǐpíng

さいてい【裁定する】 裁定 cáidìng; 裁决 cáijué (英 decide) ▶～を下す/作出裁决 zuòchū cáijué ▶～を待つ/等待裁决 děngdài cáijué ▶～に従う/服从裁决 fúcóng cáijué ▶適否は理事長が～する/是否妥当,由理事长裁决 shìfǒu tuǒdang, yóu lǐshìzhǎng cáijué

さいていげん【最低限の】 起码 qǐmǎ (英 minimum) ▶～の常識すらない/连最起码的常识都没有 lián zuì qǐmǎ de chángshí dōu méiyǒu ▶～1週間かかる/起码要一周 qǐmǎ yào yì zhōu ▶～必要なマナー/最起码的礼貌 zuì qǐmǎ de lǐmào

さいてき【最適な】 最合适 zuì héshì; 最适宜 zuì shìyí (英 the most suitable) ▶～の人物/最适宜的人物 zuì shìdàng de rénwù ▶この本は小学生に～だ/这本书最适合小学生读 zhè běn shū zhì shìhé xiǎoxuéshēng dú ▶共同作業に～人数は5人だ/共同工作最合适的人数是五个人 gòngtóng gōngzuò zuì héshì de rénshù shì wǔ ge rén ▶寝る前に聴く～の音楽はモーツアルトだ/最适宜在就寝前听的音乐是莫扎特的作品 zuì shìyí zài jiùqǐn qián tīng de yīnyuè shì Mòzhātè de zuòpǐn

ざいテク【財テク】 理财 lǐcái; 赚钱手段 zhuànqián shǒuduàn (英 financial management) ▶～に失敗して大赤字を出した/理财失败,弄出很大赤字 lǐcái shībài, nòngchū hěn dà chìzì

さいてん【採点する】 判分 pànfēn; 评分 píngfēn (英 mark; marking;［競技の］scoring) ▶～が甘い/评分宽 píngfēn kuān ▶あの審判は～が辛い/那个裁判评分儿很严 nàge cáipàn píngfēn hěn yán ▶5点法で～する/用五分制判分儿 yòng wǔfēnzhì pànfēn
♦～者:判分人员 pànfēn rényuán ～表:(比赛的)记分卡 (bǐsài de) jìfēnkǎ ～簿:(比赛的)记分册 (bǐsài de) jìfēncè

さいてん【祭典】 典礼 diǎnlǐ; 祭礼 jìlǐ; 庆祝活动 qìngzhù huódòng (英 a festival) ▶～を行う/举行典礼 jǔxíng diǎnlǐ ▶市民スポーツの～/市民体育的盛会 shìmín tǐyù de shènghuì ▶歌の～/歌曲的盛会 gēqǔ de shènghuì

サイト《インターネット》网点 wǎngdiǎn; 网站 wǎngzhàn (英 a site) ▶気象情報～/天气资讯网站 tiānqì zīxùn wǎngzhàn ▶～マップ/网导导览 wǎngzhàn dǎolǎn ▶公式～/公式网站 gōngshì wǎngzhàn

さいど【再度】 再次 zàicì; 再度 zàidù; 重新 chóngxīn (英 again) ▶～を要求する/再次请求 zàicì qǐngqiú ▶話し合いは～決裂した/谈判再度破裂 tánpàn zàidù pòliè ▶卒業検定に～挑戦する/重新投考毕业检定考试 chóngxīn tóukǎo bìyè jiǎndìng kǎoshì

サイド ❶［側面］侧面 cèmiàn; 旁边 pángbiān (英 a side) ▶プール～に人影がない/游泳池边一个人也没有 yóuyǒng chíbiān yí ge rén yě méiyǒu ❷［立場］方面 fāngmiàn (英 a standpoint) ▶住民～から問題を検討する/从居民方面考虑问题 cóng jūmín fāngmiàn kǎolǜ wèntí

さいとうぎ【再討議する】 复议 fùyì; 重新讨论 chóngxīn tǎolùn (英 discuss again)

さいどく【再読する】 重读 chóng dú; 再读一遍 zài dú yíbiàn (英 read again) ▶『罪と罰』を～する/重读《罪与罚》chóngdú 《Zuì yǔ fá》

さいとつにゅう【再突入】 (英 reentry) ▶大気圏に～する/再次冲进大气层 zàicì chōngjìn dàqìcéng

サイドテーブル 茶几 chájī (英 a side table)

サイドビジネス 副业 fùyè (英 a side job) ▶～に精を出す/热心于副业 rèxīn yú fùyè

サイドブレーキ《自動車》手闸 shǒuzhá (英 an emergency brake) ▶～をかけ忘れた/忘了拉手闸 wàngle lā shǒuzhá

サイドミラー 反光镜 fǎnguāngjìng (英 a side mirror)

サイドライン《テニス・サッカー》边线 biānxiàn (英 a sideline) ▶～すれすれに球を集める/集中打边线球 jízhōng dǎ biānxiànqiú

さいなむ【苛む】 折磨 zhémó (英 torment) ▶不安にさいなまれる/焦虑不堪 jiāolǜ bù kān ▶原因不明の病が人々を～/原因不明的疾病折磨着人们 yuányīn bùmíng de jíbìng zhémózhe rénmen ▶彼はそれを聞いて嫉妬にさいなまれた/他听到那件事妒火中烧 tā tīngdào nà jiàn shì dùhuǒ zhōng shāo

さいなん【災難】 灾难 zāinàn (英［不幸］a misfortune;［災禍］a calamity) ▶～に遭う/遇难 yùnàn; 遭殃 zāoyāng ▶不慮の～/出乎意料

的灾难 chūhū yīliào de zāinàn ▶彼らに～が降りかかった/灾祸降临在他们身上 zāihuò jiànglín zài tāmen shēnshang ▶この10日間大小の～に悩まされた/这十来天，不断受到大大小小的灾难的困扰 zhè shí lái tiān, búduàn shòudào dàdàxiǎoxiǎo de zāinàn de kùnrǎo ▶～を免れる/幸免灾祸 xìngmiǎn zāihuò

ざいにち【在日】 在日本 zài Rìběn (英 *resident in Japan*) ▶～華僑/旅日华侨 lǚRì huáqiáo ▶～米軍基地/驻日美军基地 zhùRì Měijūn jīdì ▶～韓国人二世/侨居日本的第二代韩国人 qiáojū Rìběn de dì'èr dài Hánguórén

さいにゅう【歳入】 岁入 suìrù (英 *annual revenue*) ▶～の大部分は税収入からなっている/年度收入的大部分来源于税收 niándù shōurù de dàbùfen láiyuán yú shuìshōu

◆～歳出：收入与支出 niándù shōurù yǔ zhīchū ▶～増[減]/年度收入增加[减少] niándù shōurù zēngjiā [jiǎnshǎo]

さいにん【再任する】 连任 liánrèn; 重任 chóngrèn (英 *reappoint*) ▶議長に～する/连任议长 liánrèn yìzhǎng ▶任期は2年だが～は妨げない/任期为两年，可以连任 rènqī wéi liǎng nián, kěyǐ liánrèn

ざいにん【在任する】 在任 zàirèn; 任职 rènzhí (英 *be in office*) ▶～期間/在任期间 zàirèn qījiān ▶校長として～中，学校運営に苦悩した/出任校长期间，为学校的运营而烦恼 chūrèn xiàozhǎng qījiān, wèi xuéxiào de yùnyíng ér fánnǎo ▶彼は1年半で辞めた/他在职一年半就辞职了 tā zàizhí yì nián bàn jiù cízhí le

ざいにん【罪人】 罪犯 zuìfàn; 罪人 zuìrén (英 *a criminal*)

さいにんしき【再認識する】 重新认识 chóngxīn rènshi (英 *recognize anew*) ▶企業は社会の責任を～すべきである/企业应该重新认识对社会的职责 qǐyè yīnggāi chóngxīn rènshi duì shèhuì de zhízé ▶人々は森林の価値を～し始めた/人们开始重新认识森林的价值 rénmen kāishǐ chóngxīn rènshi sēnlín de jiàzhí

さいねん【再燃する】 复燃 fùrán; 复发 fùfā (英 *be revived*) ▶ブームの～/热潮的再现 rècháo de zàixiàn ▶戦争責任の問題が～する/再次引发有关战争责任问题 zàicì yǐnfā yǒuguān zhànzhēng zérèn wèntí

さいねんしょう【最年少の】 最年轻 zuì niánqīng; 最小 zuìxiǎo (英 *the youngest*) ▶僕はそのクラスでは～だった/我在班里最年轻 wǒ zài bānli zuì niánqīng

さいねんちょう【最年長の】 年纪最大 niánjì zuì dà (英 *the oldest*) ▶私はこの中では～です/我在这里年纪最大 wǒ zài zhèlǐ niánjì zuì dà

さいのう【才能】 才能 cáinéng; 才华 cáihuá; 才干 cáigàn (英 *a talent*) ▶あふれる～/才华横溢 cáihuá héngyì ▶～を発揮する/发挥才能 fāhuī cáinéng ▶～を伸ばす/增长才干 zēngzhǎng cáigàn ▶自分の～を生かす仕事に就きたい/我想

从事可以发挥自己才能的工作 wǒ xiǎng cóngshì kěyǐ fāhuī zìjǐ cáinéng de gōngzuò ▶多くの企業が～を殺している/很多企业在扼杀员工的才能 hěn duō qǐyè zài èshā yuángōng de cáinéng ▶～の乏しい人/缺乏才干的人 quēfá cáigàn de rén ▶彼女は語学的の～に恵まれている/她有语言天賦 tā yǒu yǔyán tiānfù ▶彼は数学者になる～を兼ね備えた数学家の才能 tā jùbèi chéngwéi shùxuéjiā de cáinéng

さいのめ【賽の目】 色子点儿 shǎizi diǎnr (英 [さいころの目] *a pip*; [さいころ形] *small cubes*) ▶～に切る/切成丁儿 qiēchéng dīngr ▶豆腐を～に切る/把豆腐切成丁儿 bǎ dòufu qiēchéng dīngr

さいはい【再拝】 再次敬礼 zàicì jìnglǐ (英 *bow twice*) ▶頓首～/顿首再拜[敬礼] dùnshǒu zàibài[jìnglǐ]

さいはい【采配】 (英 *a command; an order*) ▶～を振る/指挥 zhǐhuī; 做主 zuòzhǔ ▶見事な～/出色的指挥 chūsè de zhǐhuī ▶勝つには勝ったが監督の～に疑問が残った/赢是赢了，不过在教练的指挥方面还有问题 yíng shì yíng le, búguò zài jiàoliàn de zhǐhuī fāngmiàn hái yǒu wèntí

さいばい【栽培する】 栽培 zāipéi; 栽种 zāizhòng; 种植 zhòngzhí (英 *cultivate*) ▶温室～/温室栽培 wēnshì zāipéi ▶人工～/人工种植 réngōng péizhí ▶無農薬で野菜を～するのは並大抵ではない/不用农药种植蔬菜可不是一件轻而易举的事 búyòng nóngyào zhòngzhí shūcài kě bú shì yí jiàn qīng ér yì jǔ de shì ▶有機～/有机种植 yǒujī zhòngzhí

◆水耕～: 无土栽培 wú tǔ zāipéi

日中比較 中国語の'栽培 zāipéi'は植物だけでなく人材を「育てる」ことについてもいう。

さいばし【菜箸】 长筷子 chángkuàizi; 公筷 gōngkuài (英 *long chopsticks for cooking*)

さいばしる【才走る】 耍聪明 shuǎ cōngming; 聪明过头 cōngming guòtóu (英 *be cleverish*) ▶才走ったことをして信用を失う/耍聪明而失去信用 shuǎ cōngming ér shīqù xìnyòng

さいはつ【再発する】 复发 fùfā; 再一次发生 zài yí cì fāshēng (英 *recur*) ▶～を防止する/止复发 fángzhǐ fùfā ▶事故～防止対策を強化する/强化防止事故再次发生的对策 qiánghuà fángzhǐ shìgù zàicì fāshēng de duìcè ▶テロ～の危険性はむしろ高まった/再次发生恐怖事件的危险性反倒增加了 zàicì fāshēng kǒngbù shìjiàn de wēixiǎnxìng fǎndào zēngjiā le ▶彼の病気が～した/他的病发发了 tā de bìng fùfā le ▶紛争が～する恐れがある/有可能再次发生纠纷 yǒu kěnéng zàicì fāshēng jiūfēn

ざいばつ【財閥】 财阀 cáifá (英 *a finacial group; a zaibatsu*) ▶～解体/解散财阀 jiěsàn cáifá ▶新興～/新财阀 xīncáifá ▶彼は～の御曹司に生まれた/他是生在财阀家的公子 tā shì shēngzài cáifájiā de gōngzǐ

さいはっこう【再発行する】 再发行 zài fāxíng (英 *reissue*) ▶本状は～しませんので大切に保管して下さい/本文件不再发行，请妥善保存 běn wénjiàn búzài fāxíng, qǐng tuǒshàn bǎocún

さいはて【最果ての】 最边远 zuì biānyuǎn; 最边际 zuì biānjì (英 *the farthest*) ▶僕は～の地に流れついた/我流浪到最边远的地方 wǒ liúlàngdào zuì biānyuǎn de dìfang ▶～の旅人/浪迹天涯的旅人 làngjì tiānyá de lǚrén

サイバネティックス 控制论 kòngzhìlùn《人工頭脳学》(英 *cybernetics*)

さいはん【再犯】 再犯 zàifàn; 重犯 chóngfàn (英 *a second offense*) ～率/重犯率 chóngfànlǜ ▶性犯罪の～率は41％である/性犯罪的重犯率为百分之四十一 xìngfànzuì de chóngfànlǜ wéi bǎi fēn zhī sìshíyī

さいはん【再版する】 再版 zàibǎn; 重版 chóngbǎn; 重印 chóngyìn (英 *reprint*)

さいばん【裁判する】 审判 shěnpàn; 审理 shěnlǐ (英 *try; judge*) ▶一沙汰/打官司 dǎ guānsi ▶～官/法官 fǎguān; 审判员 shěnpànyuán ▶～所/法院 fǎyuàn ▶～長/审判长 shěnpànzhǎng; 庭长 tíngzhǎng ▶～官を～する弹劾所/对法官进行审判的弹劾法院 duì fǎguān jìnxíng shěnpàn de tánhé fǎyuàn ▶～を受ける/接受审判 jiēshòu shěnpàn ▶～沙汰にならずに解決された/那个事件没有诉诸公堂就解决了 nàge shìjiàn méiyǒu sùzhū gōngtáng jiù jiějué le ▶この事件は～で争うのに何年もかかろう/这个事件打官司恐怕要花好几年 zhège shìjiàn dǎ guānsi kǒngpà yào huā hǎojǐ nián ▶～に勝つ[負ける]/官司打赢[输]了 guānsi dǎyíng [shū] le

♦**軍事～** 军事审判 jūnshì shěnpàn ～**費用**|诉讼费用 sùsòng fèiyong

[日中比較] 中国語の'裁判 cáipàn'はスポーツの「審判」のこと。

さいひ【採否】 采纳与否 cǎinà yǔfǒu (英 *adoption or rejection*) ▶～を決定する/决定采纳与否 juédìng cǎinà yǔfǒu

さいひ【歳費】 ❶【年間費用】一年的费用 yì nián de fèiyong (英 *annual expenditure*) ❷【国会議員の】年薪 niánxīn (英 *an annual allowance*) ▶田中正造は国会議員の～を辞退した/田中正造退还了国会议员的年薪 Tiánzhōng Zhèngzào tuìhuánle guóhuì yìyuán de niánxīn

さいひょうか【再評価する】 重新评价 chóngxīn píngjià (英 *revaluate*) ▶過去の実績を～する/重新评价过去的成绩 chóngxīn píngjià guòqù de chéngjì ▶有重新评价诗人中原中也的趋势 yǒu chóngxīn píngjià shīrén Zhōngyuán Zhōngyě de qūshì

さいひょうせん【砕氷船】【船舶】破冰船 pòbīngchuán (英 *an icebreaker*)

さいふ【財布】 钱包 qiánbāo (英 *a purse; a wallet*) ▶家では妻が～を握っている/在家里由妻子管钱 zàijiāli yóu qīzi guǎn qián ▶～のひもを締める/管紧钱，不浪费 guǎnjǐn qián, bú làngfèi

さいぶ【細部】 细节 xìjié; 细部 xìbù (英 *details*) ▶～に至るまで計画する/周密地计划 zhōumì de jìhuà

サイフォン ⇨サイホン

ざいぶつ【財物】 财货 cáihuò; 财物 cáiwù (英 *property*) ▶～を蓄える/积蓄财物 jīxù cáiwù

さいぶん【細分する】 细分 xìfēn (英 *subdivide*) ▶利益を～するといくらにもならない/利益一分化就没有多少了 lìyì yì fēnhuà jiù méiyǒu duōshǎo le

♦～**化**|化整为零 huà zhěng wéi líng ▶学問分野の～化が進む/学术领域划分得越来越细 xuéshù lǐngyù huàfēnde yuèláiyuè xì

さいべつ【細別する】 详细区分 xiángxì qūfēn (英 *subdivide*) ▶テーマごとに項目を～する/根据不同主题详细区分项目 gēnjù bùtóng zhǔtí xiángxì qūfēn xiàngmù

さいへんせい【再編成する】 重新组成 chóngxīn zǔchéng (英 *reorganize*) ▶超大国が世界新秩序の～を企図している/超级大国企图重组世界新秩序 chāojí dàguó qǐtú chóngzǔ shìjiè xīnzhìxù ▶新年度から学部の教育課程を～する/从新年度开始重组学院的教育课程 cóng xīnniándù kāishǐ chóngzǔ xuéyuàn de jiàoyù kèchéng

さいほう【再訪する】 再次访问 zàicì fǎngwèn (英 *revisit*) ▶想い出の地を～する/旧地重游 jiùdì chóng yóu

さいほう【裁縫】 裁缝 cáiféng; 缝纫 féngrèn (英 *needlework; sewing*) ▶～道具/裁缝工具 cáiféng gōngjù ▶～セット/针线包 zhēnxiànbāo ▶今時の娘は～ができない/当今的姑娘们不会做针线活 dāngjīn de gūniangmen búhuì zuò zhēnxiànhuó ▶～がうまい/针线活做得好 zhēnxiànhuó zuòde hǎo

♦～**師**|裁缝 cáiféng ～**箱**|针线盒 zhēnxiànhé ～**鋏**(ばさ)|裁缝用的剪刀 cáiféng yòng de jiǎndāo

[日中比較] 中国語の'裁缝'は'cáifeng'と読み「仕立て屋」のこと。

さいぼう【細胞】 细胞 xìbāo (英 *a cell*) ▶～核/细胞核 xìbāohé ▶～分裂/细胞分裂 xìbāo fēnliè ▶～膜/细胞膜 xìbāomó ▶肝～/肝细胞 gānxìbāo ▶あいつは単～だからな/那家伙是个单细胞 nà jiāhuo shì ge dānxìbāo

♦**癌**～|癌细胞 áixìbāo ～**組織**|细胞组织 xìbāo zǔzhī ～**融合**|细胞融合 xìbāo rónghé

ざいほう【財宝】 财宝 cáibǎo (英 *treasure*) ▶天下の～を手中に収める/得到世间至宝 dédào shìjiān zhìbǎo ▶海底に沈んでいる～を探す/寻找沉没在大海深处的财宝 xúnzhǎo chénmò zài dàhǎi shēnchù de cáibǎo

さいほうじょうど【西方浄土】《仏教》西天 xītiān (英 *the Western Pure Land*) ▶～から阿弥陀如来が来迎される/(临终时)阿弥陀佛从西方极乐迎接 (línzhōng shí) Ēmítuófó cóng xīfāng jílè yíngjiē

さいほうそう【再放送する】 重播 chóngbō (英 *rebroadcast*) ▶これまで反響が大きかった番組を～する/重播以往听众反响强烈的节目 chóngbō yǐwǎng tīngzhòng fǎnxiǎng qiángliè de jiémù

サイボーグ 人造人 rénzàorén (改造人間) (英 *a cyborg*)

サイホン 虹吸管 hóngxīguǎn (英 *a siphon*) ▶～でコーヒーを淹(い)れる/用虹吸管玻璃壶沏咖啡 yòng hóngxīguǎn bōlíhú qī kāfēi
◆～作用 虹吸效应 hóngxī xiàoyìng

さいまつ【歳末】 年末 niánmò; 年底 niándǐ; 年终 niánzhōng (英 *the end of the year*) ▶～大売り出し/年末大甩卖 niánmò dà shuǎimài ▶～助け合い基金/年底互助基金 niándǐ hùzhù jījīn ▶～商戦/年底商场大战 niándǐ shāngchǎng dàzhàn ▶～は誰も彼も気ぜわしい/年底大家都事多心急 niándǐ dàjiā dōu shì duō xīnjí

さいみつ【細密な】 密实 mìshi (英 *minute*) ▶～画/工笔画 gōngbǐhuà ▶～な手法で描かれた虎/用工笔画法画的老虎 yòng gōngbǐ huàfǎ huà de lǎohǔ

さいみん【催眠】 催眠 cuīmián (英 *hypnosis*) ▶～状態/催眠状态 cuīmián zhuàngtài ▶～剤/安眠药 ānmiányào ▶人によっては簡単な暗示だけで～術にかかる/有的人只要施以简单的暗示就会进入催眠状态 yǒude rén zhǐyào shīyǐ jiǎndān de ànshì jiù huì jìnrù cuīmián zhuàngtài ▶自己～/自我催眠 zìwǒ cuīmián
◆～術 催眠术 cuīmiánshù ▶～術をかける/施行催眠术 shīxíng cuīmiánshù ～師 催眠师 cuīmiánshī ～療法 催眠疗法 cuīmián liáofǎ

さいむ【債務】【金融】债务 zhàiwù (英 *a debt*) ▶～を負う/负债 fùzhài ▶～者/欠债者 qiànzhàizhě ▶～を履行する/还债 huánzhài ▶～を償還する/偿还债务 chánghuán zhàiwù ▶多重～に陥る/陷入多重债务 xiànrù duōchóng fùzhài ▶～不履行で訴えられる/因不履行债务而被起诉 yīn bù lǚxíng zhàiwù ér bèi qǐsù

ざいむ【財務】【金融】财务 cáiwù (英 *financial affairs*) ▶～管理/财务管理 cáiwù guǎnlǐ ▶～をつかさどる/掌管财务 zhǎngguǎn cáiwù ▶第一四半期の～報告/首季财务报告 shǒujì cáiwù bàogào ▶～大臣/财务大臣 cáiwù dàchén
◆～官 财务官 cáiwùguān ～省 财政部 cáizhèngbù

ざいめい【罪名】 罪名 zuìmíng (英 *a charge*) ▶～は道路交通法違反だ/罪名为违反道路交通法 zuìmíng wéi wéifǎn dàolù jiāotōngfǎ

さいもく【細目】 细目 xìmù; 细节 xìjié (英 *details*) ▶～を決める/规定细节 guīdìng xìjié ▶入学者選抜についての実施～を定める/关于入学人员的选拔，规定实施细节 guānyú rùxué rényuán de xuǎnbá, guīdìng shíshí xìjié ▶～にわたる審議を行う/对细节进行审议 duì xìjié jìnxíng shěnyì

ざいもく【材木】 木材 mùcái; 木料 mùliào (英 *wood*; [建築用の] *timber*) ▶～置き場/木材堆积场 mùcái duījīchǎng ▶～を筏に組んで川を下る/把木材编成木筏顺流而下 bǎ mùcái biānchéng mùfá shùn liú ér xià ▶～を伐り出す/采伐木材 cǎifá mùcái
◆～屋 木料店 mùliàodiàn

ざいや【在野】 在野 zàiyě (英 *out of office*) ▶～の人材/在野人才 zàiyě réncái ▶～の考古学研究家/民间的考古学家 mínjiān de kǎogǔxuéjiā ▶～の士を登用する/起用在野人士 qǐyòng zàiyě rénshì

さいやく【災厄】 祸福 zāihuò; 灾难 zāinàn; 劫难 jiénàn (英 [不幸] *a misfortune*; [災禍] *a calamity*) ▶～が降りかかる/劫难临头 jiénàn líntóu ▶台風に地震と列島は～続きだ/台风接着地震，列岛灾难不断 táifēng jiēzhe dìzhèn, lièdǎo zāinàn búduàn

さいゆうしゅう【最優秀の】 最优 zuìyōu; 最佳 zuìjiā (英 *the best*) ▶～選手/最佳选手 zuìjiā xuǎnshǒu ▶～映画/最佳影片 zuìjiā yǐngpiàn ▶昨年の～賞作品が盗作と分かった/去年获得最佳奖的作品原来是剽窃的 qùnián huòdé zuìjiǎjiǎng de zuòpǐn yuánlái shì piāoqiè de

さいゆしゅつ【再輸出する】 再出口 zài chūkǒu (英 *reexport*)

さいゆにゅう【再輸入する】 再进口 zài jìnkǒu (英 *reimport*)

さいよう【採用する】 ❶【採りあげる】采用 cǎiyòng; 采纳 cǎinà; 采取 cǎiqǔ (英 *adopt*) ▶意见を～する/采纳意见 cǎinà yìjiàn ▶ビデオを証拠として～する/把录像作为证据采纳 bǎ lùxiàng zuòwéi zhèngjù cǎinà ❷【雇いいれる】录取 lùqǔ; 录用 lùyòng (英 *employ*) ▶～試験/录取考试 lùqǔ kǎoshì ▶～通知/录取通知书 lùqǔ tōngzhīshū ▶現地～/当地录用 dāngdì lùyòng ▶好きなタイプと嫌いなタイプの人間を～することにしている/我要录取那些自己喜爱的人和自己讨厌的人 wǒ yào lùqǔ nà xiē zìjǐ xǐ'ài de rén hé zìjǐ tǎoyàn de rén

さいらい【再来】 ❶【再び来る】再来 zài lái; 再次到来 zàicì dàolái (英 *a second...*) ▶この調子でいくとインフレの～は避けられない/按照这种倾向发展下去，通货膨胀的再次发生是无法避免的 ànzhào zhè zhǒng qīngxiàng fāzhǎnxiàqù, tōnghuò péngzhàng de zàicì fāshēng shì wúfǎ bìmiǎn de ❷【生まれかわり】复生 fùshēng; 再世 zàishì (英 *reincarnation*) ▶彼はモーツァルトの～といわれる/他被誉为莫扎特再世 tā bèi yù wéi Mòzhātè zàishì ▶キリストの～を見るような目で私を見た/用好像看基督复生一样的目光望着我 yòng hǎoxiàng kàn Jīdū fùshēng yíyàng de mùguāng wàngzhe wǒ

ざいらい【在来の】 原有 yuányǒu; 固有 gùyǒu (英 *usual*) ▶～の方法/以往的方法 yǐwǎng de fāngfǎ; 土法 tǔfǎ ▶～工法による木造住宅を建てる/用传统的施工方法盖木结构房子 yòng chuántǒng de shīgōng fāngfǎ gài mùjiégòu fángzi ▶《鉄道で》～線を乗り継いでのんびり旅を

ざいりゅう

する/转乘火车悠闲地旅行 zhuǎnchéng huǒchē yōuxián de lǚxíng
◆〜種 ▶一種が激減し外来種がふえてきた/原有品种急剧减少，外来品种种渐渐增加 yuányǒu pǐnzhǒng jíjù jiǎnshǎo, wàilái pǐnzhǒng jiànjiàn zēngjiā

ざいりゅう【在留する】 侨居 qiáojū (英 reside; live) ▶もう3年も中国に〜している/已经侨居中国三年 yǐjīng qiáojū Zhōngguó sān nián ▶〜手続きする/办理居留手续 bànlǐ jūliú shǒuxù ▶〜届の提出を忘れるな/不要忘了提交在留申请 búyào wàngle tíjiāo zàiliú shēnqǐng ▶ロンドンの〜邦人/侨居伦敦的日本人 qiáojū Lúndūn de Rìběnrén

さいりょう【最良の】 最佳 zuìjiā; 最好 zuì hǎo (英 the best) ▶〜のパートナー/最佳伙伴 zuìjiā huǒbàn ▶生涯〜の日/一生中最好的一天 yìshēng zhōng zuì hǎo de yì tiān ▶彼はウォーキングが〜の健康法だと信じている/他相信散步是最好的健身法 tā xiāngxìn sànbù shì zuì hǎo de jiànshēnfǎ ▶〜の条件で取り引きさせていただきます/请让我们以最佳条件进行交易 qǐng ràng wǒmen yǐ zuìjiā tiáojiàn jìnxíng jiāoyì ▶生涯の〜の時をつまらぬ仕事に浪費してしまった/人生最美好的时光都消磨在无聊的工作中了 rénshēng zuì měihǎo de shíguāng dōu xiāomó zài wúliáo de gōngzuò zhōng le

さいりょう【裁量】 酌情处理 zhuóqíng chǔlǐ; 定夺 dìngduó (英 discretion) ▶この件は君の〜に任せる/此事由你定夺 cǐ shì yóu nǐ dìngduó ▶個人の〜に任す/由个人酌情处理 yóu gèrén zhuóqíng chǔlǐ
◆〜権 ▶〜権を逸脱する/超越了决定权 chāoyuèle juédìngquán

さいりよう【再利用する】 再次利用 zàicì lìyòng (英 reuse) ▶廃棄物を資源として〜する/把废弃物作为资源再次利用 bǎ fèiqìwù zuòwéi zīyuán zàicì lìyòng

ざいりょう【材料】 材料 cáiliào; 原料 yuánliào (英 a material; 〖資料〗data) ▶実験〜/实验用的材料 shíyàn yòng de cáiliào ▶料理の〜が揃わないがなんとか間に合わそう/做菜的材料不齐全，不过可以想办法应付 zuòcài de cáiliào bù qíquán, búguò kěyǐ xiǎng bànfǎ yìngfù ▶彼の失言が格好の攻撃〜となった/他的失言成了理想的攻击材料 tā de shīyán chéngle lǐxiǎng de gōngjī cáiliào ▶伝記の〜を集める/收集写传记的资料 shōují xiě zhuànjì de zīliào ▶この小説は〜を実際の裁判記録から得ている/这本小说的素材大部分由法庭的纪录 zhè běn xiǎoshuō de sùcái dàbùfen láizì fǎtíng de jìlù
◆建築〜 建筑材料 jiànzhù cáiliào 〜費 材料费 cáiliàofèi
日中比较 中国語の'材料 cáiliào'は「資材」「題材」という意味のほかに「適役」という意味もある.

ざいりょく【財力】 財力 cáilì (英 financial power; means) ▶子供の学力は親の〜がものをいう学歴社会/由父母的经济实力来决定孩子学力的学历社会 yóu fùmǔ de jīngjì shílì lái juédìng háizi xuélì de xuélì shèhuì

ザイル 绳索 shéngsuǒ (英 a climbing rope) ▶「運命を分けた〜」〖映画名〗/划分命运的绳索 Huàfēn mìngyùn de shéngsuǒ

さいるい【催涙】(英 a tear...)
◆〜ガス 催泪瓦斯 cuīlèi wǎsī ▶デモ隊に〜ガスを浴びせる/向示威人群散布催泪瓦斯 xiàng shìwēi rénqún sànbù cuīlèi wǎsī 〜スプレー 催泪喷雾器 cuīlèi pēnwùqì 〜弾 ▶〜弾を発射する/发射催泪弹 fāshè cuīlèidàn

さいれい【祭礼】 祭礼 jìlǐ; 祭祀仪式 jìsì yíshì (英 a festival) ▶神社の〜に大勢の人が押し寄せた/神社的祭礼涌来了大批的人 shénshè de jìlǐ yǒnglái le dàpī de rén

サイレン 警笛 jǐngdí; 汽笛 qìdí (英 a siren) ▶〜を鳴らす/拉响警笛 lāxiǎng jǐngdí ▶空襲警報の〜が鳴る/响起空袭的警笛 xiǎngqǐ kōngxí de jǐngdí ▶パトカーが〜を鳴らしてやってきた/警车拉响警笛开了过来 jǐngchē lāxiǎng jǐngdí kāileguòlai

サイレント 〖映画〗无声电影 wúshēng diànyǐng (英 a silent movie) ▶〜マジョリティー/沉默的大众 chénmò de dàzhòng

サイロ 简仓 tǒngcāng (英 a silo) ▶〖ミサイル〗地下〜/〖导弹〗地下发射井 (dǎodàn)dìxià fāshèjǐng ▶セメント〜/水泥筒仓 shuǐní tǒngcāng

さいろく【採録する】 ❶〖記録〗采录 cǎilù; 选录 xuǎnlù (英 extract) ▶要旨を〜する/选录要点 xuǎnlù yàodiǎn ▶投稿を積極的に〜する〖雑誌に〗/积极选录投稿 jījí xuǎnlù tóugǎo
❷〖録音〗录音 lùyīn (英 record) ▶野鳥の鳴き声を〜する/把野鸟的鸣叫录下来 bǎ yěniǎo de míngjiào lùxiàlai

さいわい【幸い】 ❶〖幸せ〗幸运 xìngyùn; 万幸 wànxìng (英 happiness) ▶不幸中の〜/不幸中之大幸 búxìng zhōng zhī dàxìng ▶お役に立てれば〜です/要是对您有用的话，就太好了 yàoshi duì nín yǒuyòng de huà, jiù tài hǎo le ▶「心の貧しい人は〜である」〖マタイ伝〗/"心灵贫困的人是幸运的"〖马太福音〗"Xīnlíng pínkùn de rén shì xìngyùn de"〖Mǎtài fúyīn〗▶川に落ちなくて〜でした/幸运的是没有掉到河里去 xìngyùn de shì méiyǒu diàodào hélǐ qù ❷〖運よく〗好在 hǎozài; 幸而 xìng'ér; 幸亏 xìngkuī (英 good luck; luckily) ▶〜命は取りとめた/幸好生命抢救过来了 xìnghǎo shēngmìng qiǎngjiùguòlai le ▶車はビルに衝突したが〜けが人は出なかった/车子撞到大楼，幸好没有人受伤 chēzi zhuàngdào dàlóu, xìnghǎo méiyǒu rén shòushāng ▶明日は一日曜日だからみんなで…/明天恰好是星期天，咱们一起… míngtiān qiàhǎo shì xīngqītiān, zánmen yìqǐ…

サイン ❶〖署名〗签名 qiānmíng; 签字 qiānzì;

签署 qiānshǔ (英 *a signature*) ▶ここに～して下さい/请在这儿签名 qǐng zài zhèr qiānmíng ▶契約書に～する前に内容をきちんと確認しなければならない/在合同上签字之前应该仔细确认内容 zài hétongshang qiānzì zhīqián yīnggāi zǐxì quèrèn nèiróng ▶作者に～をしてもらう/请作者签名 qǐng zuòzhě qiānmíng ▶～攻めに会う/被要求签名的人围起来 bèi yāoqiú qiānmíng de rén bāowéiqǐlái ❷【合図】**信号** xìnhào;**暗号** ànhào (英 *a signal; a sign*) ▶～を送る/打暗号 dǎ ànhào ❸【数学の】**正弦** zhèngxián (英 *a sine*)

◆～会｜**签名会** qiānmínghuì ～ペン｜**签字笔** qiānzìbǐ;**万能笔** wànnéngbǐ

ざいん【座員】(剧团等的)**团员** (jùtuán děng de) tuányuán (英 *a member of a troupe*) ▶一流劇団の正式～になる/成为一流剧团的正式团员 chéngwéi yīliú jùtuán de zhèngshì tuányuán

サウスポー 《野球》**左手投手** zuǒshǒu tóushǒu;**左撇子** zuǒpiězi (英 *a southpaw; a lefty*)

サウナ **蒸汽浴** zhēngqìyù;**桑那浴** sāngnàyù (英 *a sauna*) ▶フィンランドは～の国/芬兰是桑那浴之国 Fēnlán shì sāngnàyù zhī guó

サウンドトラック **声带** shēngdài;(映画の)**电影配乐** diànyǐng pèiyuè (英 *a soundtrack*)

さえ **连** lián;**甚至** shènzhì (英 *even*;〔だけ〕*only*) ▶私で～できる/连我都会 lián wǒ dōu huì ▶金～あれば行ける/只要有钱就能去 zhǐyào yǒu qián jiù néng qù ▶君～よければ俺は反対しない/只要你同意, 我就不反对 zhǐyào nǐ tóngyì, wǒ jiù bù fǎnduì ▶子供に～できる/连小孩子都会 lián xiǎoháizi dōu huì ▶君は練習～すればうまくなる/你只要练习就会进步 nǐ zhǐyào liànxí jiù huì jìnbù ▶おもしろく～あればよい/只要有意思就行 zhǐyào yǒu yìsi jiù xíng

さえ【冴え】 **敏锐** mǐnruì;**高超** gāochāo;**英明** yīngmíng (英 *keen intelligence*) ▶采配の～/指挥英明 zhǐhuī yīngmíng ▶腕の～を見せる/显示出高超的本领 xiǎnshìchū gāochāo de běnlǐng ▶頭の～がもどり集中力が増してきた/头脑恢复了清醒, 注意力更集中了 tóunǎo huīfùle qīngxǐng, zhùyìlì gèng jízhōng le

さえき【差益】 **差额利益** chā'é lìyì (英 *a margin of profit*) ▶為替～/外汇兑换利润 wàihuì duìhuàn lìrùn ▶円高～/由于日元升值产生的利润 yóuyú Rìyuán shēngzhí chǎnshēng de lìrùn

さえぎる【遮る】 ❶【日光などを】**挡** dǎng;**遮** zhē;**遮蔽** zhēbì (英 *block*) ▶日射しを～/挡阳光 dǎng yángguāng ▶すだれを掛けて直射日光を～/挂上帘子遮挡阳光 guàshàng liánzi zhēdǎng yángguāng ▶高層ビルに遮られて海が見えない/被高层建筑遮挡住视线, 看不见大海 bèi gāocéng jiànzhù zhēdǎngzhù shìxiàn, kànbujiàn dàhǎi ▶視界を～ものがない/没有任何东西遮挡视线 méiyǒu rènhé dōngxi zhēdǎng shìxiàn ❷【妨げる】**阻止** zǔzhǐ;**拦阻** lánzǔ (英 *interrupt;*

obstruct) ▶行く手を～/挡路 dǎnglù;拦住去路 lánzhù qùlù ▶話を～/打岔 dǎchà;打断别人的说话 dǎduàn biéren de shuōhuà ▶歩道を～放置自転車/影响步行通路的乱停自行车 yǐngxiǎng bùxíng tōnglù de luàn tíng zìxíngchē

さえずる【囀る】(鸟が)**叫** jiào (英 *sing; chirp*) ▶小鳥が～豊かな自然環境を取りもどす/恢复到有小鸟啼鸣的丰饶的自然环境 huīfùdào yǒu xiǎoniǎo tímíng de fēngráo de zìrán huánjìng ▶鳥の～声/鸟的啼叫声 niǎo de tíjiàoshēng

さえる【冴える】(英〔光など〕*be clear*;〔腕前など〕*be skillful*) ▶勘が～/直觉敏锐 zhíjué mǐnruì ▶技が～/手艺高超 shǒuyì gāochāo ▶気分が冴えない/情绪不佳 qíngxù bù jiā ▶目が冴えて眠れない/兴奋得睡不着 xīngfènde shuìbuzháo ▶冴えない男/寒酸的家伙 hánsuān de jiāhuo ▶冴えた夜/清冷的晚 qīnglěng de wǎn ▶監督の采配が～/总教练的指挥很精彩 zǒngjiàoliàn de zhǐhuī hěn jīngcǎi ▶月が～/月色清澈 yuèsè qīngchè ▶フルートが冴えた音色を奏でる/长笛奏出清脆的音色 chángdí zòuchū qīngcuì de yīnsè ▶顔色が冴えない/脸色不佳 liǎnsè bù jiā ▶彼の冴えない演技で芝居がぶちこわしになった/他蹩脚的演技坏了整台戏 tā biéjiǎo de yǎnjì huàile zhěng tái xì

さえわたる【冴え渡る】 **清澈** qīngchè;**清澄** qīngchéng (英 *very clear*) ▶月明かりが～/月光皎洁通明 yuèguāng jiǎojié tōngmíng

さお【竿】 **竿子** gānzi (英 *a pole; a rod*) ▶物干し～/晒衣竿 shàiyīgān ▶《船の》～をさす/撑船篙 chēng chuángāo ▶～竹売りから～を買ったことがあるかい/你从沿街叫卖的人那里买过竹竿儿吗？ nǐ cóng yánjiē jiàomài de rén nàli mǎiguò zhúgānr ma？

◆～秤(ばかり)｜**杆秤** gǎnchèng 釣～｜**钓鱼竿儿** diàoyúgānr 旗～｜**旗杆** qígān

さおさす【棹さす】(比喩的に)**撑船** chēngchuán (英 *ride with the times*) ▶時流に～/顺应潮流 shùnyìng cháoliú ▶情に棹させば流される/拘于情则迷于理 jūyú qíng zé míyú lǐ

さか【坂】 **斜坡** xiépō;**坡道** pōdào (英 *a slope*) ▶～を登る/上坡 shàngpō ▶～を下りる/《比喩的に》下坡 xiàpō ▶50の～を越える/过了五十大关 guòle wǔshí dàguān ▶神戸は～の多い街です/神户是一座坡道很多的城市 Shénhù shì yí zuò pōdào hěn duō de chéngshì ▶『～の上の雲』《司馬遼太郎》/《坡上的云彩》Pōshang de yúncai ▶ゆるやかな〔急な〕～/缓〔陡〕坡 huǎn〔dǒu〕pō ▶家は～を上りつめたところにある/家在一上坡的地方 jiā zài yí shàngpō de dìfang ▶50の～にさしかかっている/将近五十岁了 jiāngjìn wǔshí suì le

さが【性】(生まれつきの性質)**本性** běnxìng (英 *one's nature*);**性格** xìnggé;(习慣)**习惯** xíguàn;**风气** fēngqì (英 *a convention*)

さかい【境】 **界限** jièxiàn;**境界** jìngjiè (英 *a*

さかうらみ

border) ～を接する/交界 jiāojiè; 接境 jiējìng; 接壤 jiērǎng ▶～一目/分界线 fēnjièxiàn ▶お隣りとの～に高い板塀がある/跟邻居家的分界线上有一堵高木板墙 gēn línjūjiā de fēnjièxiànshang yǒu yì dǔ gāo mùbǎnqiáng ▶生と死の～をさまよう/徘徊在生死线上 páihuái zài shēngsǐxiànshang ▶失恋を～に彼はすっかり人が変わった/自从失恋，他整个人全变了 zìcóng shīliàn, tā zhěnggè rén quán biàn le ▶日没を～に急に冷えてきた/太阳一下山，天一下子就冷下来了 tàiyáng yí xià shān, tiān yíxiàzi jiù lěngxiàlai le ▶フランスとスペインの～をなすピレネー山脈/法国和西班牙以比利牛斯山脉为边界 Fǎguó hé Xībānyá yǐ Bǐlìniúsī shānmài wéi biānjiè

さかうらみ【逆恨み】 (英 *undue resentment*) ▶なぜ彼らは私たちを～しているのか/他们为什么反倒恨我们呢？ tāmen wèi shénme fǎndào hèn wǒmen ne ? ▶奴に忠告したら～された/对他好心相劝反而遭到他的怨恨 duì tā hǎoxīn xiāngquàn fǎn'ér zāodào tā de yuànhèn

さかえる【栄える】 繁荣 fánróng; 兴隆 xīnglóng; 兴盛 xīngshèng (英 *prosper*) ▶永遠に～帝国はない/没有一个国会永远兴盛 méiyǒu yí ge dìguó huì yǒngyuǎn xīngshèng ▶地域と共に～企業でありたい/希望自己的企业能跟地域社会共同繁荣 xīwàng zìjǐ de qǐyè néng gēn dìyù shèhuì gòngtóng fánróng

さがく【差額】 差额 chā'é (英 *a difference*) ▶～を支払う/支付差额 zhīfù chā'é ▶～ベッド/征收差额的病床 zhēngshōu chā'é de bìngchuáng ▶～料金/差价费 chājiàfèi

さかぐら【酒蔵】 酒窖 jiǔjiào; 酒库 jiǔkù (英 *a wine cellar*)

さかご【逆子】 逆产 nìchǎn (英 *a foot presentation*) ▶～で生まれる/逆产出生 nìchǎn chūshēng

[日中比較] 中国語の'逆子 nìzǐ'は「親不孝な子」のことをいう。

さかさ【逆さ】 倒 dào; 颠倒 diāndǎo; 相反 xiāngfǎn (英 *the reverse*) ▶～に置く/倒置 dàozhì ▶～まつげ/倒睫 dàojié ▶湖に～富士が映る/湖面上映出富士山的倒影 húmiànshang yìngchū Fùshìshān de dàoyǐng

さかさま【逆さまの】 颠倒 diāndǎo (英 *inverted*) ▶まっ～に落ちる/头朝地摔了下来 tóu cháo de shuāilexiàlai ▶鏡は顔を左右に～に映す/照镜子时面孔是左右相反的 zhào jìngzi shí miànkǒng shì zuǒyòu xiāngfǎn de ▶国旗を上下～に揚げる/把国旗上下颠倒地升起来 bǎ guóqí shàngxià diāndǎo de shēngqǐlai

さがしもの【捜し物をする】 要找的东西 yào zhǎo de dōngxi; 寻找失物 xúnzhǎo shīwù (英 *look for...*) ▶～は何ですか/你在找什么？ nǐ zài zhǎo shénme?

さがす【捜す・探す】 找 zhǎo; 寻找 xúnzhǎo (英 *look for...*) ▶捜し回る/四处寻找 sìchù xúnzhǎo ▶捜し求める/寻求 xúnqiú ▶仕事を～/找工作 zhǎo gōngzuò ▶犯人を～/搜索犯人 sōusuǒ fànrén ▶手頃なアパートを～/找一个价格适宜的公寓 zhǎo yí ge jiàgé shìyí de gōngyù ▶ポケットの中を～/在口袋里摸 zài kǒudàili mō ▶引き出しをかき回して写真を～/翻抽屉找照片 fān chōuti zhǎo zhàopiàn ▶飼い猫がいなくなり町中をくまなく～/养的猫丢了，找遍了整条街 yǎng de māo diū le, zhǎobiànle zhěng tiáo jiē ▶適当な言い訳を頭の中で捜した/在脑子里找适当的借口 zài nǎozili zhǎo shìdàng de jièkǒu

さかずき【盃】 酒杯 jiǔbēi (英 *a sake cup*) ▶別れの～/送行酒 sòngxíngjiǔ ▶～のやりとりをする/推杯换盏 tuī bēi huàn zhǎn; 互相敬酒 hùxiāng jìngjiǔ ▶～に酒をなみなみとつぐ/把酒杯斟满 bǎ jiǔbēi zhēnmǎn ▶心ゆくまで～を傾ける/尽情畅饮 jìnqíng chàngyǐn ▶～を干す/干杯 gānbēi ▶兄弟の～を交わす/饮酒为盟，结为兄弟 yǐnjiǔ wéi méng, jiéwéi xiōngdì

さかぞり【逆剃りする】 倒剃 dàotì (英 *shave upward*) ▶～するとお肌が荒れます/戗着胡子刮脸会伤皮肤 qiāngzhe húzi guā liǎn huì shāng pífū

さかだち【逆立ちする】 倒立 dàolì (英 *stand on one's hands*) ▶独楽(こま)が～する/陀螺倒立 tuóluó dàolì ▶この犬は～してオシッコする/这条狗会倒立着撒尿 zhè tiáo gǒu huì dàolìzhe sā niào ▶それは～したって君にはできないよ/这是你怎样努力也办不到的 zhè shì nǐ zěnyàng nǔlì yě bànbudào de

さかだてる【逆立てる】 倒立 dàolì; 倒竖 dàoshù (英 *[犬などが毛を] bristle its hair*) ▶怒り(で)髪を～/怒发冲冠 nù fà chōng guān ▶柳眉を～/倒竖起柳眉 dàoshùqǐ liǔméi ▶猫が毛を～/猫的毛倒竖了起来 māo de máo dàoshùlequǐlai

さかだる【酒樽】 酒桶 jiǔtǒng (英 *a wine cask*)

さかて【逆手】 ❶【手の使い方】 (英 *a reverse grip*) ▶～に持つ/倒握 dàowò ▶短刀を～に握る/倒持短刀 dàochí duǎndāo ❷【反撃】 (英 *the reverse logic*) ▶先方の論拠を～にとる/把对方的论据为已所用反击 bǎ duìfāng de lùnjù wéi yǐ suǒ yòng fǎnjī ▶逆境を～にとる/把困境当作机遇 bǎ kùnjìng dàngzuò jīyù

さかな【肴】 酒肴 jiǔyáo; 酒菜 jiǔcài; 下酒 xiàjiǔ (英 *a relish (taken with wine)*) ▶人を～にする/以人为话题取乐 yǐ rén wéi huàtí qǔlè ▶からすみを～にするときはちょっと火であぶる/用乌鱼子下酒，要先在火上烤一下儿 yòng wūyúzi xiàjiǔ, yào xiān zài huǒshang kǎo yíxiàr ▶焼き鳥を～にお酒を飲みましょう/用烤鸡肉串就酒，喝两盅吧！ yòng kǎojīròuchuàn jiù jiǔ, hē liǎng zhōng ba ! ▶課長の失策を～に一杯飲んだ/拿科长的失误做下酒菜，喝了一杯 ná kēzhǎng de shīwù zuò xiàjiǔcài, hēle yì bēi

さかな【魚】 鱼 yú (英 *a fish*) ▶～の卵《食

用))/鱼子 yúzǐ ▶川～/河鱼 héyú ▶～をさばく/料理鱼 liàolǐ yú ▶チベット人は一般に～を食べない/西藏人一般不吃鱼 Xīzàngrén yìbān bù chī yú ▶～を焼く/烤鱼 kǎo yú ▶日本人はよく～を食べる/日本人经常吃鱼 Rìběnrén jīngcháng chī yú ▶～の骨が喉に刺さる/鱼刺扎着喉咙了 yúcì zhāzhe hóulóng le

♦～釣り ▶～釣りには絶好の日和だ/最适合钓鱼好日子 zuì shìhé diàoyú hǎorìzi ▶～釣り道具一式/一套鱼具 yí tào yújù ▶～屋；鱼店 yúdiàn

さかなで【逆撫でする】 触怒 chùnù (英 *rub against the grain*) ▶国民感情を～する/伤害国民感情 shānghài guómín gǎnqíng ▶我々の神経を～する言葉だ/伤害我们感情的话 shānghài wǒmen gǎnqíng de huà

さかねじ【逆捩じ】
～を食わせる 加以反击 jiāyǐ fǎnjī；倒打一耙 dàodǎ yì pá

さかのぼる【溯る】 回溯 huísù (英 [流れを] *go upstream*；[時間を] *go back*) ▶川を～/逆流而上 nìliú ér shàng ▶原点に～/追本溯源 zhuī běn sù yuán ▶5世紀に～/追溯到五世纪 zhuīsùdào wǔ shìjì ▶川がきれいになって鮭が～うになった/河水变清，鲑鱼逆流而上了 héshuǐ biàn qīng, guīyú nìliú ér shàng le ▶4月1日に溯って法律を適用する/追溯到四月一日开始适用这项法律 zhuīsùdào sì yuè yí rì kāishǐ shìyòng zhè xiàng fǎlǜ

さかば【酒場】 酒吧 jiǔbā (英 *a bar*) ▶気取らない大衆～で飲む/在不讲排场的小酒馆儿里喝酒 zài bù jiǎng páichǎng de xiǎojiǔguǎnrli hē jiǔ

さかまく【逆巻く】（波が）翻滚 fāngǔn；汹涌 xiōngyǒng；翻腾 fānténg (英 *rage*) ▶船体は～大波に飲み込まれた/船身被翻滚的巨浪吞没了 chuánshēn bèi fāngǔn de jùlàng tūnmò le

さかみち【坂道】 坡道 pōdào；坡路 pōlù (英 *a slope*) ▶～を登る/走上坡路 zǒushàng pōlù ▶～を下る/走下坡路 zǒuxià pōlù ▶横浜は意外に～が多い/令人意外的是横滨的坡路很多 lìng rén yìwài de shì Héngbīn de pōlù hěn duō ▶自転車をこいで～を登る/骑自行车爬坡 qí zìxíngchē pá pō ▶～発進（車）/在坡路上启动汽车 zài pōlùshang qǐdòng qìchē

さかもり【酒盛り】 酒宴 jiǔyàn (英 *a drinking bout*) ▶一仕事終えて～をする/干完一项工作后开怀畅饮 gànwán yí xiàng gōngzuò hòu kāihuái chàngyǐn ▶「一人～」《落語》/《独自一人摆酒宴 Dúzì yì rén bǎi jiǔyàn》

さかや【酒屋】 酒店 jiǔdiàn (英 [店] *a wine store*；[人] *a wine dealer*) ▶造り～/酒坊 jiǔfāng

さかゆめ【逆夢】 与现实相反的梦 yǔ xiànshí xiāngfǎn de mèng (英 *a dream meaning the opposite*) ▶～ということもあるから気にするな/你别在意，有时候梦里的事儿跟现实相反 nǐ

bié zàiyì, yǒushíhòu mèngli de shìr gēn xiànshí zhèng xiāngfǎn ▶遅刻の夢を見たんですよ，～でしたがね/梦见自己迟到，结果是反梦 mèngjiàn zìjǐ chídào, jiéguǒ shì fǎnmèng

さからう【逆らう】 顶 dǐng；作对 zuòduì (英 [反対する] *oppose*；[従わない] *disobey*) ▶風に～/顶风 dǐngfēng ▶運命に～/与命运抗争 yǔ mìngyùn kàngzhēng ▶親に～/顶撞父母 dǐngzhuàng fùmǔ ▶登山は重力に～愚行だ/爬山是跟地球引力做对的愚蠢行为 páshān shì gēn dìqiú yǐnlì zuòduì de yúchǔn xíngwéi ▶奴は親に逆らってばかりいる/他总是在反抗父母 tā zǒngshì zài fǎnkàng fùmǔ ▶世の風潮に～/违背社会潮流 wéibèi shèhuì cháoliú ▶渡り鳥が風に逆らって飛び立つ/候鸟顶风飞翔 hòuniǎo dǐngfēng fēixiáng

ことわざ 忠言耳に逆らう 忠言逆耳 zhōngyán nì ěr

さかり【盛り】 盛期 shèngqī (英 *the height*；*the prime*) ▶夏の～/盛夏 shèngxià ▶桜が～だ/樱花盛开 yīnghuā shèngkāi ▶人生の～/人生的盛年 rénshēng de shèngnián ▶上野の桜は今～だ/现在上野正是樱花盛开 xiànzài Shàngyě zhèngshì yīnghuā shèngkāi ▶男の働き～に腰痛が襲う/正值壮年却患上腰疼 zhèngzhí zhuàngnián què huànshàng yāoténg ▶花の～を過ぎる/花期已过 huāqí yǐ guò

さかりば【盛り場】 闹市 nàoshì；红灯区 hóngdēngqū (英 *the busiest quarters*) ▶夜の～を遊び回る/夜里在繁华街四处游逛 yèli zài fánhuájiē sìchù yóuguàng

さがる【下がる】 ❶[位置・状態が] 下降 xiàjiàng；降低 jiàngdī (英 *go down*) ▶水位が～/水位下降 shuǐwèi xiàjiàng ▶物価が～/物价下跌 wùjià xiàdiē ▶気温が～/气温下降 qìwēn xiàjiàng；气温降低 qìwēn jiàngdī ▶成績が～/成绩下降 chéngjì xiàjiàng ▶笑うと目尻が～可愛い方だ/那时候她一笑起来眼角往下垂，很可爱 nà shíhou tā yí xiàoqǐlai yǎnjiǎo wǎng xiàchuí, hěn kě'ài ▶血圧がなかなか下がらない/血压总是降不下来 xuèyā zǒngshì jiàngbuxiàlái ▶熱が～/退烧 tuìshāo

❷[ぶら下がる] 垂 chuí；垂悬 chuíxuán (英 *hang down*) ▶氷柱(つらら)が～/垂着冰溜子 chuízhe bīngliùzi

❸[後退する] 后退 hòutuì (英 *go back*) ▶白線の内側に～/退到白线内侧 tuìdào báixiàn nèicè ▶後ろに一歩～/向后退一步 xiàng hòu tuì yí bù

さかん【左官】 泥水匠 níshuǐjiàng；泥瓦匠 níwǎjiàng (英 *a plasterer*)

さかん【盛んな】 ❶[勢いがある] 旺盛 wàngshèng (英 *energetic*) ▶食欲が～だ/食欲旺盛 shíyù wàngshèng ▶血気～である/血气方刚 xuèqì fāng gāng ▶火がパチパチと～に燃えている/火焰噼啪作响，熊熊燃烧 huǒyàn pīpā zuòxiǎng, xióngxióng ránshāo

❷[元気な] 健壮 jiànzhuàng；强壮 qiángzhuàng (英 vigorous) ▶老いてますます~だ/老当益壮 lǎo dāng yì zhuàng

❸【繁盛】繁荣 fánróng; 兴隆 xīnglóng; 兴旺 xīngwàng (英 prosperous) ▶サッカーが~になる/足球运动兴旺起来 zúqiú yùndòng xīngwàngqǐlai ▶欧州では自転車レースが~だ/在欧洲自行车比赛很盛行 zài Ōuzhōu zìxíngchē bǐsài hěn shèngxíng ▶日本では野球が~である/在日本很盛行棒球 zài Rìběn hěn shèngxíng bàngqiú

❹【熱心な】热烈 rèliè; 积极 jījí; 洋洋 yángyáng (英 enthusiastic) ▶~に拍手する/热烈鼓掌 rèliè gǔzhǎng ▶彼は聴衆から~な拍手を受けた/他获得了听众热烈的掌声 tā huòdéle tīngzhòng rèliè de zhǎngshēng ▶に歓迎する/盛大欢迎 shèngdà huānyíng ▶先生はなぜか松本君を~に褒める/不知为什么，老师热情地表扬松本 bù zhī wèi shénme, lǎoshī rèqíng de biǎoyáng Sōngběn ▶新人賞をもらって以来電話が~にかかってくる/获得新人奖以后, 接二连三的接到电话 huòdé xīnrénjiǎng yǐhòu, jiē èr lián sān de jiēdào diànhuà

さがん【左岸】 左岸 zuǒ'àn (英 the left bank) ▶渓流を~に渡る/渡到溪流的左岸 dùdào xīliú de zuǒ'àn

さがん【砂岩】 砂岩 shāyán (英 sandstone)

さき【先】 ❶【物の先端】 尖端 jiānduān; 尖儿 jiānr; 头儿 tóur (英 a point; an end) ▶ペン~/钢笔尖儿 gāngbǐjiānr ▶指の~に力を入れてツボを押します/指尖用力按穴位 zhǐjiān yònglì àn xuéwèi ▶日本の箸はふつう~がとがっている/日本的筷子头儿一般是尖的 Rìběn de kuàizitóur yìbān shì jiān de

❷【前方】前头 qiántou; 前面 qiánmian (英 ahead) ▶2軒~に住んでいる/住在前面第二家 zhùzài qiánmian dì'èr jiā ▶目と鼻の~/近在咫尺 jìn zài zhǐchǐ ▶この~で右へ曲がりなさい/在前边儿往右拐 zài qiánbianr wǎng yòu guǎi ▶バス停は目と鼻の~にある/公交车站近在咫尺 gōngjiāo chēzhàn jìn zài zhǐchǐ

❸【将来】头里 tóuli; 今后 jīnhòu (英 the future) ▶お～まっくら/前途渺茫 qiántú miǎománg ▶この商売は~が知れている/这一行没什么前途 zhè yì háng méi shénme qiántú ▶~のことを考えると恐ろしくなる/瞻望前景，不寒而栗 zhānwàng qiánjǐng, bù hán ér lì ▶(碁, 将棋などで)何十手も~を読む/预先考虑好几十手 yùxiān kǎolǜ hǎojǐ shí bù ▶~の見込みがない/没有盼头 méiyǒu pàntou ▶これから~はおまえ一人がやれ/以后就你一个人干吧 zhè yǐhòu jiù yí ge rén lái gàn ba ▶選挙は1年以上~のことだ/选举还是一年多以后的事儿 xuǎnjǔ hái shì yì nián duō yǐhòu de shìr ▶~を急ぎますので失礼いたします/我有急事，先走一步 wǒ yǒu jíshì, xiān zǒu yí bù

❹【順序の】先 xiān (英 first) ▶どうぞお~に/请您先来 qǐng nín xiān lái ▶彼はドアをあけて真っ~に入った/他打开门抢先走了进去 tā dǎkāi mén

qiǎngxiān zǒulejìnqu ▶「鶏が～か卵が～か」の問題だ/这是一个"先有鸡还是先有蛋"的问题 zhè shì yí ge "xiān yǒu jī háishi xiān yǒu dàn" de wèntí ▶遊びより仕事が~だ/工作比玩儿重要 gōngzuò bǐ wánr zhòngyào

❺【地点】(英 one's destination) ▶行き~/去处 qùchù ▶勤め~/工作单位 gōngzuò dānwèi

❻【先方】 对方 duìfāng (英 the other party) ▶~さまが何とおっしゃるかね/对方会说什么呢? duìfāng huì shuō shénme ne?

~を争う 抢先 qiǎngxiān; 争先 zhēngxiān; 争先恐后 zhēngxiān kǒnghòu ▶彼らは~を争ってバスに乗ろうとした/他们争先恐后地挤公共汽车 tāmen zhēngxiān kǒnghòu de jǐ gōnggòng qìchē

さぎ【詐欺】 欺骗 qīpiàn; 诈骗 zhàpiàn (英 a fraud) ▶~に遭う/受骗 shòupiàn ▶~を働く/行骗 xíngpiàn ▶~師/骗子手 piànzishǒu; 骗子 piànzi ▶ネット~/网络诈骗 wǎngluò zhàpiàn ▶~結婚で訴えられる/因欺骗结婚被起诉 yīn qīpiàn jiéhūn bèi qǐsù ▶~で金を巻き上げる/诈骗金钱 zhàpiàn jīnqián

~事件:诈骗事件 zhàpiàn shìjiàn

サギ【鷺】〔鳥〕鹭鸶 lùsī (英 a snowy heron) ▶アオ～/苍鹭 cānglù

さきおくり【先送りする】 延迟 yánchí; 推迟 tuīchí (英 put off) ▶結論を~する/推迟结论 tuīchí jiélùn ▶今回も抜本改革を~した/这次又推迟了彻底的改革 zhècì yòu tuīchíle chèdǐ de gǎigé

さきおととい【一昨昨日】 大前天 dàqiántiān (英 three days ago)

さきおととし【一昨昨年】 大前年 dàqiánnián (英 three years ago)

さきがけ【先駆け】 先驱 xiānqū; 前驱 qiánqū (英 the lead; a forerunner) ▶流行の~/时尚的先驱 shíshàng de xiānqū ▶春の~/春天的前兆 chūntiān de qiánzhào ▶春の~黄梅が咲く/春天的使者迎春花开放 chūntiān de shǐzhě yíngchūnhuā kāifàng

さきがける【先駆ける】 当先 dāngxiān; 率先 shuàixiān (英 herald) ▶世界に~省エネ研究/领先于世界的节能研究 lǐngxiān yú shìjiè de jiénéng yánjiū ▶上海は時代に~国際都市だ/上海是一座领先时代的国际都市 Shànghǎi shì yí zuò lǐngxiān shídài de guójì dūshì ▶世界に先駆けて実用化に成功した/在全世界领先实现了实用化 zài quánshìjiè lǐngxiān shíxiànle shíyònghuà

さきごろ【先頃】 前些天 qián xiē tiān (英 not long ago) ▶逮捕された山野氏は無実している/前些日子被逮捕的山野氏声称自己无罪 qián xiē rìzi bèi dàibǔ de Shānyě shì shēngchēng zìjǐ wúzuì

さきざき【先先】 ❶【行く末】 将来 jiānglái (英 the future) ▶~を考える/考虑将来 kǎolǜ jiānglái ❷【行く場所すべて】(英 every place a person goes to) ▶行く~/所到各处

suǒ dào gèchù ▶行く~でトラブルを起こす/他到哪里就在哪里惹祸 tā dào nǎli jiù zài nǎli rěhuò ▶大統領は行く~で抗議デモに迎えられた/大总统所到之处，都遭到人们的抗议游行 dàzǒngtǒng suǒ dào zhī chù, dōu zāodào rénmen de kàngyì yóuxíng

サキソフォン〘楽器〙萨克管 sàkèguǎn 〈英〉 *a saxophone*〉

さきだつ【先立つ】 ❶【先になる】领先 lǐngxiān; 带头 dàitóu; 率先 shuàixiān〈英〉*go before...*〉▶先立って寄付する/带头捐献 dàitóu juānxiàn ❷【先に死ぬ】先死 xiān sǐ〈英〉*die before...*〉▶妻に先立たれし/妻子先死 qīzi xiān sǐ ▶親に~不孝をお許し下さい/请原谅孩儿不孝走在父母之前 qǐng yuánliàng hái'ér búxiào zǒuzài fùmǔ zhīqián ❸【優先する】〈英〉*precede*〉▶~物は金だ/万事钱当先 wànshì qián dāngxiān ▶キリスト生誕に~こと500年のことである/比基督诞生早五百年的事 bǐ Jīdū dànshēng zǎo wǔbǎi nián de shì ▶大会開始に先立って来賓の長い挨拶があった/在大会开始以前，先由来宾作了冗长的致辞 zài dàhuì kāishǐ yǐqián, xiān yóu láibīn zuòle rǒngcháng de zhìcí

さきっぽ【先っぽ】 尖儿 jiānr〈英〉*a tip*〉▶半島の~にある灯台/在半岛顶端的灯塔 zài bàndǎo dǐngduān de dēngtǎ

さきどり【先取りする】 先收 xiān shōu〈英〉*take... in advance*〉▶時代を~する/抢在时代前面 qiǎngzài shídài qiánmiàn ▶社会の変化を~するビジネス/领先于社会变化的事业 lǐngxiān yú shèhuì biànhuà de shìyè

さきのばし【先延ばしする】 延缓 yánhuǎn; 推迟 tuīchí〈英〉*postpone*〉▶仕事を~にする/延缓工作 yánhuǎn gōngzuò ▶支払いを1ヶ月~することもできます/付款也可以延缓到一个月以后 fùkuǎn yě kěyǐ yánhuǎndào yí ge yuè yǐhòu

さきばしる【先走る】 抢先 qiǎngxiān〈英〉*go too far ahead*〉▶あまり~な/别太出风头 bié tài chū fēngtou ▶気持ちばかりが先走って行動が伴わない/眼高手低 yǎn gāo shǒu dī

さきばらい【先払いする】 预付 yùfù; 先付 xiānfù〈英〉*make an advance payment*〉▶銀行振り込みで~する/用银行转账方式预付 yòng yínháng zhuǎnzhàng fāngshì yùfù ▶運賃~のバスに乗る/乘坐先付车钱的公共汽车 chéngzuò xiān fù chēqián de gōnggòng qìchē

さきぶれ【先触れ】 先声 xiānshēng; 前兆 qiánzhào; 预告 yùgào〈英〉*a foretaste*〉▶台風の~/台风的前兆 táifēng de qiánzhào ▶災害は何の~もなくいきなり襲ってきた/那场灾害没有任何前兆就突然袭来了 nà cháng zāihài méiyǒu rènhé qiánzhào jiù tūrán xílái le ▶その夜は厳しい冬の~か、ひどく寒かった/那天夜晚也许是严冬的前兆非常寒冷 nà tiān yèwǎn yěxǔ shì yándōng de qiánzhào fēicháng hánlěng

さきぼう【先棒】 走卒 zǒuzú〈英〉*a cat's-paw*〉▶お~を担ぐ 当爪牙 dāng zhǎoyá; 充当走卒 chōngdāng zǒuzú ▶権力のお~を担ぐ新聞/为权力鸣锣开道的报纸 wèi quánlì míng luó kāi dào de bàozhǐ

さきほこる【咲き誇る】 盛开 shèngkāi; 争艳 zhēngyàn〈英〉*be in full bloom*〉▶園内に数万株のつつじが~/园内几万株映山红盛开 yuán nèi jǐ wàn zhū yìngshānhóng shèngkāi

さきぼそり【先細りする】《衰える》每况愈下 měi kuàng yù xià; 日益衰退 rìyì shuāituì〈英〉*taper off*〉▶現状維持にこだわると必ず~する/拘泥于维持现状必然会日益衰退 jūní yú wéichí xiànzhuàng bìrán huì rìyì shuāituì ▶組合加入率は一方的/工会的参加率每况愈下 gōnghuì de cānjiālù měi kuàng yù xià

さきほど【先程】 刚才 gāngcái; 方才 fāngcái〈英〉*a little while ago*〉▶大雨が降った/刚才下了一场暴雨 gāngcái xiàle yì cháng bàoyǔ ▶先生は~からお待ちです/老师已等了一会儿了 lǎoshī yǐ děngle yíhuìr le ▶~は失礼しました/刚才失礼了 gāngcái shīlǐ le ▶~お願いした件はいかがでしょうか/刚才拜托的那件事您看怎么样？ gāngcái bàituō de nà jiàn shì nín kàn zěnmeyàng?

さきまわり【先回りする】 ❶【目的地に】先去 xiān qù〈英〉*arrive ahead of...*〉▶~して待つ/先去等着 xiān qù děngzhe ▶パトカーで空港に~して犯人を待ち受ける/警车抢先赶到机场等犯人的到来 jǐngchē qiǎngxiān gǎndào jīchǎng děngdài fànrén de dàolái ❷【物事を】抢先 qiǎngxiān〈英〉*forestall*〉▶人の話を~する/抢话说 qiǎnghuà shuō ▶噂ばかりが~する/谣言先传开了 yáoyán xiān chuánkāi le

さきみだれる【咲き乱れる】 盛开 shèngkāi〈英〉*bloom all over*〉▶道の辺にコスモスが咲き乱れている/路边大波斯菊盛开 lùbiān dàbōsījú shèngkāi

さきもの【先物】 期货 qīhuò〈英〉*futures*〉▶~値段/期货价格 qīhuò jiàgé ▶~取引/期货交易 qīhuò jiāoyì ▶~を買う/买期货 mǎi qīhuò ▶~買いでベンチャー企業に投資する/就当买期货，投资创新企业 jiù dàng mǎi qīhuò, tóuzī chuàngxīn qǐyè

さきゅう【砂丘】 沙丘 shāqiū〈英〉*a dune*〉▶~の風紋/沙丘上的风纹 shāqiūshang de fēngwén

さきゆき【先行き】 前途 qiántú; 将来 jiānglái〈英〉*the future*〉▶~が不安だ/前途令人不安 qiántú lìng rén bù'ān ▶景気の~への懸念が強まる/对经济前景的担忧增强了 duì jīngjì qiánjǐng de dānyōu zēngqiáng le ▶~不透明だ/前景渺茫 qiánjǐng miǎománg

さぎょう【作業する】 工作 gōngzuò; 作业 zuòyè; 劳动 láodòng〈英〉*work, an operation*〉▶~場/车间 chējiān; 作坊 zuōfang ▶~台/工作台 gōngzuòtái; 平台 píngtái ▶~服/工作服 gōngzuòfú ▶流れ~/流水作业 liúshuǐ zuòyè

IT導入で効率よく～できるようになった/由于引进IT, 提高了工作效率 yóuyú yǐnjìn IT, tígāole gōngzuò xiàolǜ ▶～時間を短縮できる/可以缩短工作时间 kěyǐ suōduǎn gōngzuò shíjiān
◆清掃～員 清洁工 qīngjiégōng
[日中比較] 中国語の'作业 zuòyè'は主に軍事・生産関連の「作業」を指す他,「宿題」をも指す.

ざきょう【座興】 余兴 yúxìng;《比喩的に》玩笑 wánxiào (英 *an entertainment*) ▶あれはほんの～に言っただけだよ/那不过是凑热闹说说而已 nà búguò shì còu rènao shuōshuo éryǐ

さきん【砂金】 沙金 shājīn (英 *gold dust*) ▶～を探る/淘金 táojīn

さきんじる【先んじる】 抢先 qiǎngxiān (英 *go ahead*) ▶我々は彼らより一手先んじている/我们比他们先走了一步 wǒmen bǐ tāmen xiān zǒule yí bù ▶彼らに先んじられた/被他们领先了 bèi tāmen lǐngxiān le ▶時勢に～/走在时代前列 zǒuzài shídài qiánliè ▶彼は時代に先んじてそのことの必要性に気づいていた/他领先于时代, 认识到那个问题的重要性 tā lǐngxiān yú shídài, rènshidào nàge wèntí de zhòngyàoxìng
[ことわざ] **先んずれば人を制す** 先发制人 xiān fā zhì rén

さく【作】《作品》著作 zhùzuò; 作品 zuòpǐn (英 *a work*; [作柄] *a crop*) ▶会心の～/得意之作 déyì zhī zuò ▶稲の～がよい/稻子收成很好 dàozi shōucheng hěn hǎo ▶「考える人」はロダンの～だ/《沉思者》是罗丹的作品《Chénsīzhě》shì Luódān de zuòpǐn ▶この詩は誰の～ですか/这首诗是谁的作品？zhè shǒu shī shì shéi de zuòpǐn?

さく【咲く】 开 kāi; 开花 kāihuā (英 *bloom*; *blossom*) ▶椿の花が咲いた/茶花开了 cháhuā kāi le ▶野に～花/田野上盛开的花朵 tiányěshang shèngkāi de huāduǒ ▶「みかんの花～丘」《童謡》/《柑橘花开的山岗 Gānjúhuā kāi de shāngǎng》

さく【柵】 栅栏 zhàlan; 围栏 wéilán (英 *a fence*) ▶暴徒が～を乗り越えて乱入した/暴徒越过栅栏闯了进来 bàotú yuèguò zhàlan chuǎnglejìnlai ▶～の中に入らないで下さい/请不要跨越围栏 qǐng búyào kuàyuè wéilán ▶～を設ける/设置栅栏 shèzhì zhàlan ▶～で囲む/用栅栏围起来 yòng zhàlan wéiqǐlai

さく【割く】《時間を》腾出 téngchū; 抽工夫 chōu gōngfu (英 *spare*) ▶準備に十分な時間が割けない/抽不出充分的时间来准备 chōubuchū chōngfèn de shíjiān lái zhǔnbèi

さく【策】 策略 cèlüè; 计谋 jìmóu (英 [計画] *a plan*; [政策] *a policy*) ▶～を講じる/采取对策 cǎiqǔ duìcè ▶～を練る/拟定计划 nǐdìng jìhuà ▶解決～を考える/考虑解决方法 kǎolǜ jiějué fāngfǎ ▶彼には何の～もない/他毫无对策 tā háowú duìcè ▶施しようがなかった/无计可施 wú jì kě shī ▶～を誤る/失策 shīcè
～を弄(ﾛｳ)する 玩弄手段 wánnòng shǒuduàn

さく【裂く】 ❶ [刃物などで] 切开 qiēkāi; 割开 gēkāi; 撕开 sīkāi (英 *cut*; *tear*) ▶布を2枚に～/把布撕成两块 bǎ bù sīchéng liǎng kuài ▶手紙をきれぎれに～/把信撕得粉碎 bǎ xìn sīde fěnsuì ▶鶏肉をゆでて手で～/把鸡肉煮熟用手撕开 bǎ jīròu zhǔshú yòng shǒu sīkāi ▶耳を～ような音/震耳欲聋的声音 zhèn ěr yù lóng de shēngyīn ❷ [仲を] 离间 líjiàn (英 *split*; *separate*) ▶夫婦の仲を～/挑拨离间夫妻关系 tiǎobō líjiàn fūqī guānxi

さくい【作為】 作为 zuòwéi; 造作 zàozuo (英 *deliberateness*) ▶～的な/不自然的 bú zìrán de; 做作 zuòzuo ▶～の跡がありすぎている/造作的痕迹很明显 zàozuo de hénjì hěn míngxiǎn ▶行政の不～責任を追及する/追究行政上玩忽职守的责任 zhuījiū xíngzhèngshang wánhū zhíshǒu de zérèn
[日中比較] 中国語の'作为 zuòwéi'は「つくりごと」という意味を持つ他,「…として」という介詞の働きも持つ. ▶作为教師… zuòwéi jiàoshī…/教師として…

さくいん【索引】 索引 suǒyǐn; 引得 yǐndé (英 *an index*) ▶～を引く/查索引 chá suǒyǐn ▶人名～/人名索引 rénmíng suǒyǐn ▶～をつける/加索引 jiā suǒyǐn

さくおとこ【作男】 长工 chánggōng (英 *a farm hand*)

さくがら【作柄】 年成 niáncheng; 年景 niánjǐng; 收成 shōucheng (英 *a harvest*; *a crop*) ▶平年並の～/和往年一样的收成 hé wǎngnián yíyàng de shōucheng ▶～がよい[悪い]/收成好[不好] shōucheng hǎo[bù hǎo]

さくがんき【削岩機】 凿岩机 záoyánjī (英 *a rock drill*)

さくげん【削減する】 减削 jiǎnxuē; 紧缩 jǐnsuō; 削减 xuējiǎn (英 *cut*; *reduce*) ▶経費を～する/削减经费 xuējiǎn jīngfèi ▶コストを～する/削减成本 xuējiǎn chéngběn ▶来年度は25%～するという目標を掲げた/提出目标在下一个财政年度削减百分之二十五 tíchū mùbiāo zài xià yí ge cáizhèng niándù xuējiǎn bǎi fēn zhī èrshíwǔ ▶予算を一律5%～する/预算一律削减百分之五 yùsuàn yílǜ xuējiǎn bǎi fēn zhī wǔ ▶人員を～する/削减人员 xuējiǎn rényuán

さくご【錯誤する】 错误 cuòwù (英 *make a mistake*) ▶時代に～/不合时代 bù hé shídài ▶試行～/反复试验 fǎnfù shìyàn ▶彼らの言動は時代～も甚だしい/他们的言行太不合时代了 tāmen de yánxíng tài bù hé shídài le

さくさくする 脆 cuì; 酥脆 sūcuì;《擬音》沙棱 shāleng (英 *be crisp*) ▶～したりんご/脆苹果 cuì píngguǒ ▶霜柱を～踏みつけながら歩いた/踩着霜柱沙沙作响地走 cǎizhe shuāngzhù shāshā zuòxiǎng de zǒu

ざくざく《擬音》沙沙 shāshā (英 *crunch*) ▶砂地を～と踏み歩く/脚踩沙地沙沙响 jiǎo cǎi shādì shāshā xiǎng

さくさん【酢酸】〔化学〕醋酸 cùsuān (英 acetic acid)

さくし【作詞する】作词 zuò cí (英 write the lyrics)
♦~家:作词家 zuòcíjiā

さくし【策士】谋士 móushì (英 a tactician) ▶中村氏は~と呼ばれた老獪(ろうかい)な人物だ/中村氏被人们称作谋士,是个老奸巨滑的人物 Zhōngcūn shì bèi rénmen chēngzuò móushì, shì ge lǎojiān jùhuá de rénwù
~策に溺れる 聪明反被聪明误 cōngmíng fǎn bèi cōngmíng wù

さくじつ【昨日】昨日 zuórì; 昨天 zuótiān (英 yesterday)

さくしゃ【作者】作者 zuòzhě (英 an author; an writer) ▶~不詳の小説が出回っている/不明作者的小说流传于市 bùmíng zuòzhě de xiǎoshuō liúchuán yú shì ▶~プロフィール/作者简介 zuòzhě jiǎnjiè

さくしゅ【搾取する】剥削 bōxuē; 榨取 zhàqǔ; 盘剥 pánbō (英 exploit) ▶中間~/中间剥削 zhōngjiān bōxuē ▶中間マージンを~する/剥削中间利润 bōxuē zhōngjiān lìrùn ▶~する側と~される側/剥削一方与被剥削一方 bōxuē yìfāng yǔ bèi bōxuē yìfāng ▶資本家の~/资本家的剥削 zīběnjiā de bōxuē

さくじょ【削除する】删掉 shāndiào; 删除 shānchú (英 delete) ▶古いファイルを~する(コンピュータで)/删除旧文档 shānchú jiùwéndàng ▶彼の名を会員名簿から~する/把他的名字从会员名单上删除 bǎ tā de míngzi cóng huìyuán míngdānshang shānchú ▶1項目を~する/删除一条 shānchú yì tiáo

さくじょう【索条】钢索 gāngsuǒ (英 a cable)

さくず【作図する】绘制 huìzhì; 制图 zhìtú (英 draw a figure)

さくせい【作成する】《文書・計画など》编制 biānzhì; 拟定 nǐdìng;《製作する》制作 zhìzuò; 制造 zhìzào (英 make) ▶法案を~する/拟定法案 nǐdìng fǎ'àn ▶ホームページを~する/制作主页 zhìzuò zhǔyè ▶証書を~する/制作证书 zhìzuò zhèngshū

サクセスストーリー 成功的故事 chénggōng de gùshi (英 a success story) ▶あの英雄は~が映画になる/那英雄的成功故事被拍成电影 nà yīngxióng de chénggōng gùshi bèi pāichéng diànyǐng

さくせん【作戦】作战 zuòzhàn; 战术 zhànshù (英 《軍の行動》operations;《戦術》tactics) ▶~計画を立てる/拟定作战计划 nǐdìng zuòzhàn jìhuà ▶~を変更する/变更战术 biàngēng zhànshù ▶~を練る/精心制定作战计划 jīngxīn zhìdìng zuòzhàn jìhuà ▶我々はどの段階で~を誤ったか/我们在什么地方做错了呢? wǒmen zài shénme dìfang zuòcuò le ne?
♦~会議:策划会议 cèhuà huìyì

さくそう【錯綜する】错综 cuòzōng; 交错 jiāocuò; 交织 jiāozhī (英 get complicated) ▶情報が~する/情报错综 qíngbào cuòzōng ▶議論が~して方向性が見出せない/意见纷纭讨论不出方向性 yìjiàn fēnyún tǎolùn bù chū fāngxiàngxìng

さくづけ【作付け】播种 bōzhòng; 种植 zhòngzhí (英 planting) ▶~面積/播种面积 bōzhòng miànjī ▶今年から小麦の~を始めた/从今年开始种植小麦 jīnnián kāishǐ zhòngzhí xiǎomài

さくてい【策定する】制定 zhìdìng (英 work out; decide on...) ▶計画を~する/制定计划 zhìdìng jìhuà ▶ガイドラインを~する/制定基本方针 zhìdìng jīběn fāngzhēn

さくどう【策動する】策动 cèdòng; 策划 cèhuà (英 maneuver) ▶~に乗る/中了阴谋 zhòngle yīnmóu ▶~家/阴谋家 yīnmóujiā ▶古い政治勢力が議会で~している/旧的政治势力在议会策划阴谋 jiù de zhèngzhì shìlì zài yìhuì cèhuà yīnmóu

さくにゅう【搾乳する】挤奶 jǐ nǎi (英 milk)
~機/挤奶机 jǐnǎijī

さくねん【昨年】去年 qùnián (英 last year) ▶今年度は~より四割安だ/本年度比去年便宜了四成 běn niándù bǐ qùnián piányile sì chéng

さくばく【索莫とした】《風景》荒寂 (fēngjǐng) huāngjì;《心情》寂寥 (xīnqíng) jìliáo (英 dreary) ▶~とした風景/荒凉的风景 huāngliáng de fēngjǐng ▶~とした気持/失落的心情 shīluò de xīnqíng

さくばん【昨晩】昨晚 zuówǎn; 昨天晚上 zuótiān wǎnshang (英 last night)

さくひん【作品】作品 zuòpǐn (英 a work) ▶芸術~/艺术作品 yìshù zuòpǐn ▶入選~/得奖作品 déjiǎng zuòpǐn ▶魯迅の~をまだ一つも読んでいない/鲁迅的作品我连一篇也没看过 Lǔ Xùn de zuòpǐn wǒ lián yì piān yě méi kànguo
♦文芸~:文艺作品 wényì zuòpǐn

さくふう【作風】格调 gédiào; 风格 fēnggé (英 a style) ▶独自の~/独特风格 dútè fēnggé ▶独自の~を作り出す/创造出独特的风格 chuàngzàochū dútè de fēnggé ▶幻想的な~で知られる画家/以幻想风格而知名的画家 yǐ huànxiǎng fēnggé ér zhīmíng de huàjiā ▶他人の~をまねる/模仿别人的风格 mófǎng biéren de fēnggé

さくぶん【作文する】作文 zuòwén (英 write a composition) ▶~の授業/写作课 xiězuòkè ▶こんなの官僚が書いた~じゃないか/这种不过是官僚做的文章 zhè zhǒng búguò shì guānliáo zuò de wénzhāng ▶単なる~に終わる《計画などが》/结果不过是一纸空文 jiéguǒ búguò shì yì zhǐ kōngwén
♦英~:用英语造句 yòng Yīngyǔ zàojù

さくぼう【策謀】策谋 cèmóu; 计策 jìcè (英 an intrigue) ▶社長追放の~を巡らす/策划赶走总经理 cèhuà gǎnzǒu zǒngjīnglǐ
~家:阴谋家 yīnmóujiā

さくもつ【作物】 作物 zuòwù; 庄稼 zhuāngjia; 农作物 nóngzuòwù （英 crops; farm products） ▶～を栽培する/栽培作物 zāipéi zuòwù ▶経済～/经济作物 jīngjì zuòwù ▶この村の主な～といえば, 大豆, ジャガイモです/这个村子的主要农作物是荞麦, 大豆和马铃薯 zhège cūnzi de zhǔyào nóngzuòwù shì qiáomài, dàdòu hé mǎlíngshǔ

さくや【昨夜】 昨晚 zuówǎn; 昨夜 zuóyè （英 last night） ▶～見た夢/昨天晚上做的梦 zuótiān wǎnshang zuò de mèng ▶遅く, 北京から電話があった/昨天夜里很晚, 从北京来了一个电话 zuótiān yèli hěn wǎn, cóng Běijīng láile yí ge diànhuà

サクラ【桜】 1 【花の】 樱花 yīnghuā （英 a cherry; ［花］cherry blossoms） ▶八重～/重瓣儿樱花 chóngbànr yīnghuā ▶頬（ほお）を～色に染める/脸上泛起绯红 liǎnshang fànqǐ fēihóng **2** 【客を装った】 托儿 tuōr （英 a decoy） ▶～エビ/樱虾 yīngxiā ▶～前線/前線が北上する/樱花开放的前锋北上 yīnghuā kāifàng de qiánfēng běishàng ▶～肉/马肉 mǎròu

サクラソウ【桜草】 【植物】樱草 yīngcǎo （英 a primrose）

さくらん【錯乱する】 错乱 cuòluàn （英 go mad） ▶～状態/错乱状态 cuòluàn zhuàngtài ▶精神～状態で善悪の判断ができなかった/处于精神错乱的状态, 判断不了是非 chǔyú jīngshén cuòluàn de zhuàngtài, pànduànbuliǎo shìfēi

サクランボ【桜桃・桜ん坊】 【植物】樱桃 yīngtáo （英 a cherry）

さぐり【探り】 试探 shìtàn （英 sounding） ▶～を入れる/探口气 tàn kǒuqì; 探听 tàntīng ▶それとなく～を入れて本音を聞き出す/婉转地试探对方的本意 wǎnzhuǎn de shìtàn duìfāng de běnyì

さぐりだす【探り出す】 查出 cháchū; 探出 tànchū （英 find out; sound out） ▶内情を～/查出内情 cháchū nèiqíng ▶彼女の本心を～/探听出她的本意 tàntīngchū tā de běnyì

さくりゃく【策略】 策略 cèlüè; 计策 jìcè; 计谋 jìmóu （英 a stratagem; a trick） ▶～を巡らす/玩弄策略 wánnòng cèlüè ▶～を用いる/用计 yòngjì ▶まんまと敵の～にはまってしまった/完全中了敌人的诡计 wánquán zhòngle dírén de guǐjì ▶～に富む/足智多谋 zú zhì duō móu ▶～で勝つ/以计谋取胜 yǐ jìmóu qǔshèng

日中比較 中国語の'策略 cèlüè'は「はかりごと」という意味の他に形容詞として「機転がきく」ことをも表す.

さぐる【探る】 1 【見えないものを】 摸 mō; 摸索 mōsuǒ （英 feel） ▶ポケットを～/摸兜儿 mō dōur ▶慌てて ポケットを探ったがキーはなかった/急忙摸了一下口袋, 里边没有钥匙 jímáng mōle yíxià kǒudai, lǐbian méiyǒu yàoshi **2** 【調べる】試探 shìtàn; 侦察 zhēnchá （英 sound out; spy） ▶敵情を～/侦察敌情 zhēnchá díqíng ▶原因を～/查究原因 cháyún yuányīn ▶様子を～/探听情况 tàntīng qíngkuàng ▶糸口を～/摸出头绪 mōchū tóuxù ▶アジトを探り当てる/找到地下窝点 zhǎodào dìxià wōdiǎn ▶人の考えを～/试探別人想法 shìtàn biérén xiǎngfa ▶互いに相手の気持を探り合う/互相试探对方的心情 hùxiāng shìtàn duìfāng de xīnqíng ▶可能性を～/探索可能性 tànsuǒ kěnéngxìng **3** 【探訪する】探访 tànfǎng; 探索 tànsuǒ （英 explore） ▶秘境を～/探索秘境 tànsuǒ mìjìng

さくれい【作例】 范例 fànlì （英 an example） ▶短歌の～を示す/举短歌的范例 jǔ duǎngē de fànlì

さくれつ【炸裂する】 爆炸 bàozhà; 爆裂 bàoliè （英 explode） ▶爆弾が～する/炸弹爆炸 zhàdàn bàozhà ▶砲弾が～し多数の死傷者が出た/炮弾爆炸, 造成多人死伤 pàodàn bàozhà, zàochéng duōrén sǐshāng

ザクロ【柘榴】 【植物】石榴 shíliu （英 a pomegranate） ▶～石/石榴石 shíliúshí

さけ【酒】 酒 jiǔ （英 liquor; ［日本酒］sake; ［ぶどう酒］wine） ▶～におぼれる/纵酒 zòngjiǔ ▶～に酔う/酒醉 jiǔzuì; 喝醉 hēzuì ▶～の肴/酒菜 jiǔcài; 小菜 xiǎocài ▶～をたしなむ/嗜酒 shìjiǔ ▶～を温める/筛 shāi; 烫酒 tàng jiǔ ▶～を勧める（宴席で）/劝酒 quàn jiǔ ▶私は～は一滴もやらない/我滴酒不沾 wǒ dī jiǔ bù zhān ▶～の勢いで上司を殴ってしまった/借着酒劲儿把上司给打了 jièzhe jiǔjìnr bǎ shàngsi gěi dǎ le ▶～浸りになる/整天离不开酒 zhěngtiān líbukāi jiǔ ▶あの男はひどく～癖が悪い/那个男人喝了酒就不成样 nàge nánrén hēle jiǔ jiù bù chéng yàng ▶～類/酒类 jiǔlèi ▶お～はほどほどに飲むのが一番いい/喝酒最好是适可而止 hē jiǔ zuìhǎo shì shì kě ér zhǐ ▶～の飲みすぎは毒ですよ/酒喝多了会伤身体, 喝多了会损害身体健康 ▶お～は20歳になったら飲んでいい/满二十岁才可以饮酒 mǎn èrshí suì cái kěyǐ yǐn jiǔ ▶～を飲んで車を運転してはならない/酒后不可以开车 jiǔhòu bù kěyǐ kāichē

文化 中国の伝統的な酒は蒸留酒の'白酒 báijiǔ', 醸造酒の'黄酒 huángjiǔ'に大別される. '白酒'は 50 から 65 度, '黄酒'は 20 度ほど. 最近は嗜好の変化もあり度数の低いビールとワインの消費が増えている.

サケ【鮭】 【魚】鲑鱼 guīyú; 大麻哈鱼 dàmáhǎyú （英 a salmon） ▶～缶/鲑鱼罐头 guīyú guàntou

さけかす【酒粕】 《食品》酒糟 jiǔzāo （英 sake lees）

さけがたい【避け難い】 难免 nánmiǎn; 免不了 miǎnbuliǎo （英 inevitable） ▶武力衝突は～/难免武装冲突 nánmiǎn wǔzhuāng chōngtū ▶問題が表面化するのは～/问题的表面化在所难免 wèntí de biǎomiànhuà zài suǒ nánmiǎn

さげすむ【蔑む】 蔑视 mièshì; 轻蔑 qīngmiè; 鄙薄 bǐbó （英 despise） ▶～ような目つきで僕を

見た/用鄙夷的目光看我 yòng bǐyí de mùguāng kàn wǒ ▶自分自身を~/自己看不起自己 zìjǐ kànbuqǐ zìjǐ ▶他人を~ことで自分のプライドを守る/靠蔑视别人来维持自己的自尊心 kào mièshì biérén lái wéichí zìjǐ de zìzūnxīn

さけのみ【酒飲み】 酒鬼 jiǔguǐ；酒徒 jiǔtú (英 a (heavy) drinker) ▶~の亭主に愛想をつかす/对酒鬼丈夫没有感情了 duì jiǔguǐ zhàngfu méiyǒu gǎnqíng le

さけび【叫び】 呼声 hūshēng；叫声 jiàoshēng (英 a shout; a scream) ▶魂の~/灵魂的呼声 línghún de hūshēng ▶ムンクの「~」/蒙克的作品『呼喊』Méngkè de zuòpǐn "Hūhǎn" ▶助けを求める~声が聞こえた/听到有人呼救 tīngdào yǒu rén hūjiù ▶核実験に反対する~/反对核试验的呼声 fǎnduì héshìyàn de hūshēng

さけぶ【叫ぶ】 **1**【大声で】喊 hǎn；叫喊 jiàohǎn；叫唤 jiàohuan (英 shout) ▶助けてくれと~/大声喊道："救命啊！" dàshēng hǎndào: "Jiùmìng a!" ▶喜んで~/高兴得叫了起来 gāoxìngde jiàoleqǐlai **2**【主張する】呼喊 hūhǎn；呼吁 hūyù (英 appeal) ▶社会の平等を~/呼吁社会平等 hūyù shèhuì píngděng

さけめ【裂け目】 裂口 lièkǒu；裂缝 lièfèng (英 a crack) ▶コンクリートの~から野草が生えてきた/从水泥的裂缝里长出了野草 cóng shuǐní de lièfèngli zhǎngchūle yěcǎo ▶壁の~から覗く/通过墙壁的裂缝窥视 tōngguò qiángbì de lièfèng kuīshì ▶地面の~/地面上的裂缝 dìmiànshang de lièfèng

さける【裂ける】 裂 liè；裂开 lièkāi；破裂 pòliè (英【破裂】burst；【裂開】tear) ▶シャツが破けて/衬衫破了 chènshān pò le ▶口が裂けても言えない/死也不说 sǐ yě bù shuō ▶袋が~/口袋破了 kǒudai pò le ▶縦方向に裂けやすい/纵向容易裂开 zòngxiàng róngyì lièkāi ▶この布地はなかなか裂けない/这种料子不容易破 zhè zhǒng liàozi bù róngyì pò

さける【避ける】 避 bì；避开 bìkāi；躲避 duǒbì (英 avoid) ▶人目を~/躲人眼目 duǒ rén yǎnmù ▶混雑を~/避开拥挤 bìkāi yōngjǐ ▶コメントを~/暂不评论 zàn bù pínglùn ▶自動車を~/躲开汽车 duǒkāi qìchē ▶どうしても避けきれない事故がある/有的事故怎么也避免不了 yǒude shìgù zěnme yě bìmiǎnbuliǎo ▶彼はその問題をことさら避けた/他故意回避那个问题 tā gùyì huíbì nàge wèntí ▶新聞記者を~/躲避记者 duǒbì jìzhě ▶責任を~/逃避责任 táobì zérèn ▶都会の暑さを~/逃离大城市的炎热 táolí dàchéngshì de yánrè ▶ラッシュアワーの車の混雑を~/避开高峰时间汽车的洪流 bìkāi gāofēng shíjiān qìchē de hóngliú

さげる【下げる】 **1**【位置を】降低 jiàngdī；降下 jiàngxià (英 lower) ▶頭を~/低头 dī tóu ▶カメラの位置を下げてごらん/把镜头向下调试调试看 bǎ jìngtóu xiàng xià tiáoshìtiáoshì kàn **2**【数値・価値を】(英 lower；reduce) ▶売り值を~/降低售价 jiàngdī shòujià ▶格付けを~/降级 jiàngjí ▶男を~/丢脸 diūliǎn ▶温度を~/降低温度 jiàngdī wēndù ▶テレビのボリュームを~/把电视音量调小 bǎ diànshì yīnliàng tiáo xiǎo ▶血圧を~/降低血压 jiàng xuèyā ▶家賃を~/降低房租 jiàngdī fángzū ▶合格ラインを~/降低录取分数线 jiàngdī lùqǔ fēnshùxiàn **3**【つるす】挂 guà；吊 diào (英 hang) ▶看板を~/挂招牌 guà zhāopai ▶窓辺に風鈴を~/在窗边挂上风铃 zài chuāngbiān guàshàng fēnglíng **4**【後方へ動かす】后撤 hòuchè (英 move back) ▶いすを~/把椅子撤到后面去 bǎ yǐzi chèdào hòumian qù **5**【片付ける】(英 clear away) ▶膳を~/撤下碗筷 chèxià wǎnkuài

さげる【提げる】 拎 līn；提 tí (英 carry... in one's hand) ▶かばんを~/拎提包 līn tíbāo ▶かばんを手に提げて傘をさす/手提皮包打着伞 shǒutí píbāo dǎzhe sǎn ▶ID カードを首から~/脖子上挂着身份卡 bózishang guàzhe shēnfenkǎ

さげん【左舷】 〖船舶〗左舷 zuǒxián (英 the port side) ▶~前方/左舷前方 zuǒxián qiánfāng ▶~に傾く/向左舷倾斜 xiàng zuǒxián qīngxié

ざこ【雑魚】 小杂鱼 xiǎozáyú；《比喻的に》小人物 xiǎorénwù (英 small fry) ▶俺たち~なんか相手にされないさ/不会理会我们这些小人物的 búhuì lǐhuì wǒmen zhè xiē xiǎorénwù de ♦~寝 ▶山小屋で~寝する/在山中小屋，大家挤在一起睡觉 zài shān zhōng xiǎowū, dàjiā jǐzài yìqǐ shuìjiào

ざこう【座高】 坐高 zuògāo (英 one's sitting height) ▶~の高い人間のうしろの席/上身高的人身后的座位 shàngshēn gāo de rénshēn hòu de zuòwèi

さこく【鎖国】 锁国 suǒguó (英 national isolation) ▶~令/海禁 hǎijìn ▶~政策/锁国政策 suǒguó zhèngcè ▶~状態にある国/处于锁国状态之下的国家 chǔyú suǒguó zhuàngtài zhīxià de guójiā

さこつ【鎖骨】 〖解〗锁骨 suǒgǔ (英 the collarbone) ▶~を骨折する/锁骨骨折 suǒgǔ gǔzhé ▶左の~にひびが入った/左面锁骨骨裂 zuǒmiàn suǒgǔ gǔ liè

ざこつ【坐骨】 〖解〗坐骨 zuògǔ (英 the hipbone) ▶~神経/坐骨神经 zuògǔ shénjīng ♦~神経痛：坐骨神经疼 zuògǔ shénjīngténg

ササ【笹】 〖植物〗细竹 xìzhú；矮竹 ǎizhú (英 bamboo grass) ▶~を小川に流す/在小河里放小竹叶船 zài xiǎohélǐ fàng xiǎozhúyèchuán ♦~の葉：矮竹叶 ǎizhúyè

ささい【些細な】 细小 xìxiǎo；细碎 xìsuì；轻微 qīngwēi (英 trivial) ▶~な問題/微不足道的问题 wēi búzúdào de wèntí ▶~な損失/轻微的损失 qīngwēi de sǔnshī ▶一見~な間違いが重大な結果を引き起こす/看起来轻微的错误

却可能会造成严重的后果 kànqǐlai qīngwēi de cuòwù què kěnéng huì zàochéng yánzhòng de hòuguǒ ▶～なこと／微不足道的事 wēi bùzúdào de shì ▶～なことを気にする／为琐事而操心 wèi suǒshì ér cāoxīn

ささえ【支え】 支架 zhījià；支柱 zhīzhù；支子 zhīzi（英 *a support; a prop*）▶心の～／精神支柱 jīngshén zhīzhù ▶大切なのは家族の～だ／宝贵的是家人的支持 bǎoguì de shì jiārén de zhīchí ▶それが今では彼の唯一の～であった／这是他现在唯一的依靠 zhè shì tā xiànzài wéiyī de yīkào

サザエ【栄螺】〔貝〕蝾螺 róngluó（英 *a turbo*）

ささえる【支える】 ❶【物を】撑 chēng；顶 dǐng；托 tuō（英 *support; prop*）▶柱で～／用柱子支住 yòng zhùzi zhīzhù **❷**【維持する】支撑 zhīchēng；支持 zhīchí；挽扶 chānfú（英 *support*）▶一家を～／养家 yǎngjiā ▶支えきれない／架不住 jiàbuzhù ▶父の収入だけでは家族を支えきれない／只靠父亲的收入维持不了家庭生活 zhǐ kào fùqin de shōurù wéichíbuliǎo jiātíng shēnghuó ▶その考えが彼の信念を支えた／那个想法支撑着他的信念 nàge xiǎngfǎ zhīchēngzhe tā de xìnniàn ▶命を～貴重な水／维持生命的宝贵的水 wéichí shēngmìng de bǎoguì de shuǐ ▶棒で塀を～／用棍子支撑墙壁 yòng gùnzi zhīchēng qiángbì ▶石油利権が彼の政権を～／石油利权是他的政权支柱 shíyóu lìquán shì tā de zhèngquán zhīzhù

ささくれ 肉刺 ròucì（英 *a fine split*；[指先の] *a hangnail*）▶中指の～をなめては撫でた／舔一舔中指的肉刺，摸一摸 tiǎn yì tiǎn zhōngzhǐ de ròucì, mō yì mō

ささくれる 起毛 qǐ máo（英 *split finely*；[指先が] *have hangnails*）▶指が～／手指起肉刺 shǒuzhǐ qǐ ròucì ▶神経が～／精神烦躁 jīngshén fánzào ▶会議続きで心が～／接二连三的会议让人心情烦躁 jiē èr lián sān de huìyì ràng rén xīnqíng fánzào

ササゲ【大角豆】〔植物〕豇豆 jiāngdòu（英 *a cowpea*）

ささげる【捧げる】 ❶【高く上げる】擎 qíng；捧 pěng（英 *hold up*）▶両手で優勝カップを捧げもつ／双手举起优胜的奖杯 shuāngshǒu jǔqǐ yōushèng de jiǎngbēi **❷**【神仏や目上に差し上げる】献 xiàn；供 gòng（英 *offer*）▶祈りを～／祈祷 qídǎo **❸**【与える】献出 xiànchū；奉献 fèngxiàn（英 *devote*）▶一つの会社に一生を～つもりはない／我不打算把自己的一生奉献给一个公司 wǒ bù dǎsuan bǎ zìjǐ de yìshēng fèngxiàn gěi yí ge gōngsī

ささつ【査察する】 检查 jiǎnchá（英 *inspect*）▶核～／核武器核查 héwǔqì héchá ▶～官／监察官 jiāncháguān
♦空中～／空中监察 kōngzhōng jiǎnchá ▶核施設の建設状況を空中～する／从空中监查核设施的建设情况 cóng kōngzhōng jiǎnchá héshèshī de jiànshè qíngkuàng

さざなみ【漣・細波・小波】 涟漪 liányī；微波 wēibō；波纹 bōwén（英 *a ripple*）▶～が立つ／微波荡漾 wēibō dàngyàng ▶湖水に～が立っていた／湖水泛起波纹 húshuǐ fànqǐ bōwén ▶最近チーム内に何かと～が立つ／最近团队内部动不动就有点小风波 zuìjìn tuánduì nèibù dòngbudòng jiù yǒudiǎn xiǎofēngbō ▶噂は～のように広がっていった／那个谣言像波纹一样扩散开去 nàge yáoyán xiàng bōwén yíyàng kuòsànkāiqu

さざめく 喧闹 xuānnào（英 *laugh and talk merrily*）▶笑い～／说说笑笑 shuōshuō xiàoxiào ▶にぎやかに笑い～人々／喧嚷谈笑的人们 xuānrǎng tánxiào de rénmen

ささめゆき【細雪】 微雪 wēixuě；细雪 xìxuě（英 *fine snow*）

ささやか な 小小 xiǎoxiǎo；微小 wēixiǎo（英 *small; modest*）▶～な贈り物／薄礼 bólǐ ▶月一回歌舞伎を観るのは私の～な贅沢です／每个月看一次歌舞伎是我的一点儿小小的奢侈 měi ge yuè kàn yí cì gēwǔjì shì wǒ de yìdiǎnr xiǎoxiǎo de shēchǐ ▶～な喜びを感じる／感到小小的喜悦 gǎndào xiǎoxiǎo de xǐyuè

ささやき【囁き】 私语 sīyǔ；耳语 ěryǔ（英 *a whisper; a murmur*）▶～声／耳语声 ěryǔshēng ▶悪魔の～／恶魔的私语 èmó de sīyǔ ▶恋の～／爱的私语 ài de sīyǔ ▶風の～が眠気を誘った／轻风的绵绵细语邀人入梦 qīngfēng de miánmián xìyǔ yāo rén rùmèng

ささやく【囁く】 低语 dīyǔ；耳语 ěryǔ；私语 sīyǔ；嘀咕 dígu（英 *whisper; murmur*）▶～と／谈恋爱 tán liàn'ài ▶引退が囁かれている会長／传闻要隐退的会长 chuánwén yào yǐntuì de huìzhǎng ▶耳元で「きれいだね」と囁いた／在耳边低语："你真美" zài ěrbiān dīyǔ: "Nǐ zhēn měi"

ささる【刺さる】 刺入 cìrù；扎 zhā（英 *stick*）▶矢が肩に～／箭头刺入肩头 jiàntóu cìrù jiāntóu ▶言葉が胸に～／话语刺心 huàyǔ cìxīn ▶手にトゲが刺さった／手上扎了一根刺儿 shǒushang zhāle yì gēn cìr ▶ハチに刺された／被蜂子叮了 bèi fēngzi dīng le ▶のどに魚の小骨が刺さった／喉咙被鱼刺儿扎了 hóulóng bèi yúcìr zhā le ▶足に釘が～／脚被图钉扎了 jiǎo bèi túdīng zhā le

サザンカ【山茶花】〔植物〕茶梅 chámei（英 *a sasanqua*）

さし【差し】 两人相对 liǎng rén xiāngduì（英 *face-to-face*）▶～で飲む／二人对饮 èr rén duì yǐn

さじ【匙】 匙子 chízi；小勺 xiǎosháo（英 *a spoon*）▶銀の～／银勺儿 yínsháor ▶小～一杯の塩を加える／加一小勺儿盐 jiā yì xiǎosháor yán ▶～に山盛り2杯の砂糖／满满两大勺儿糖 mǎnmǎn liǎng dà sháor táng ▶～ですくう／用勺儿舀 yòng sháor yǎo
～加減 斟酌的药量 zhēnzhuó yàoliàng ▶それは

の～加減一つでどうにでもなる/那件事由他来掌握，可轻可重 nà jiàn shì yóu tā lái zhǎngwò, kě qīng kě zhòng

～を投じる 放弃 fàngqì; 无可救药 wúkě jiùyào ▶医者が～を投じるような病気も少なくない/有不少病让大夫也束手无策 yǒu bùshǎo bìng ràng dàifu yě shùshǒu wú cè

さじ【瑣事】 瑣事 suǒshì (英 *a trifle*) ▶～にだわる/拘泥于瑣事 jūnì yú suǒshì

ざし【座視する】 坐视 zuòshì (英 *remain an idle onlooker*) ▶～するに忍びない/不忍坐视 bùrěn zuòshì ▶～することを許されない重大な事態だ/这事关重大，我们不可坐视 zhè shì guān zhòngdà, wǒmen bùkě zuòshì ▶彼の苦境は～するに忍びなかった/对他的苦境不能视而不闻 duì tā de kǔjìng bùnéng shì ér bù wén

さしあげる【差し上げる】 ❶【高く上げる】举 jǔ; 擎 qíng (英 *lift up*) ▶高々と～/高高地举起 gāogāo de jǔqǐ ▶両手で子供を高く～/用双手把孩子高高举起 yòng shuāngshǒu bǎ háizi gāogāo jǔqǐ ❷【与える】赠送 zèngsòng; 给 gěi; 敬奉 jìngfèng (英 *give*) ▶お礼を～/送礼 sònglǐ ▶突然お手紙を～失礼を許しして～/冒昧地给您写信，请原谅我的失礼 màomèi de gěi nín xiě xìn, qǐng yuánliàng wǒ de shīlǐ

さしあたり【差し当たり】 暂且 zànqiě; 权且 quánqiě (英 *at present*) ▶～問題はないと思います wǒ kàn zànshí búhuì yǒu wèntí ▶～これで間に合う/目前这也够用的了 mùqián zhè yě gòu yòng de le ▶～それはいらない/眼下还用不着那个 yǎnxià hái yòngbuzháo nàge

さしいれ【差し入れする】 送慰劳品 sòng wèiláopǐn (英 *send in...*) ▶避難所に食べ物や飲み物を～/把食品和饮料送到避难所 bǎ shípǐn hé yǐnliào sòngdào bìnànsuǒ

～郵便～口 投信口 tóuxìnkǒu

さしえ【挿し絵】 插画 chāhuà; 插图 chātú (英 *an illustration*) ▶～を入れる/加上插图 jiāshàng chātú ▶画家/插图画家 chātú huàjiā ▶～がいっぱいある物語/有很多插图的故事书 yǒu hěn duō chātú de gùshìshū

さしおく【差し置く】 撇开 piēkāi; 抛开 pāokāi; 搁置 gēzhì (英 *set aside; ignore*) ▶余談は差し置いて/撇开闲话 piēkāi xiánhuà ▶先輩を差し置いて/忽视前辈 hūshì qiánbèi ▶俺を差し置いて勝手な真似をするな/不许你不经我同意随便做 bùxǔ nǐ bù jīng wǒ tóngyì suíbiàn zuò ▶担任の先生を差し置いて校長と談判する/越过班主任老师直接跟校长谈判 yuèguò bānzhǔrèn lǎoshī zhíjiē gēn xiàozhǎng tánpàn ▶何を差し置いても急かで行くしかない/只能不顾一切地赶去 zhǐ néng bú gù yíqiè de gǎnqù

さしおさえ【差し押さえ】 扣押 kòuyā (英 *attachment*) ▶～命令/扣押命令 kòuyā mìnglìng ▶残念ながら、はまぬがれません/遗憾的是，免不了被扣押 yíhàn de shì, miǎnbuliǎo bèi kòuyā

さしおさえる【差し押さえる】 扣 kòu; 扣押 kòuyā; 查封 cháfēng (英 *attach*) ▶財産を～/查封财产 cháfēng cáichǎn ▶一方的に給料を～のは不当だ/单方面地扣押工资是不合理的 dānfāngmiàn de kòuyā gōngzī shì bù hélǐ de ▶税金の滞納が財産を差し押さえられることもある/拖欠税款的话，有可能会被查封财产 tuōqiàn shuìkuǎn dehuà, yǒu kěnéng huì bèi cháfēng cáichǎn

さしかえる【差し替える】 更换 gēnghuàn; 取代 qǔdài (英 *replace*) ▶記事を～/更换消息 gēnghuàn xiāoxi ▶図版を大幅に～/大幅更换插图 dàfú gēnghuàn chātú ▶委員を会長派に～/把委員更换成会长一派的人 bǎ wěiyuán gēnghuànchéng huìzhǎng yípài de rén

さしかかる【差し掛かる】 临近 línjìn; 接近 jiējìn (英 *come to...*) ▶坂道に～/临近坡道 línjìn pōdào ▶交渉が山場に～/谈判接近关头 tánpàn jiējìn guāntóu ▶峠に～頃には空模様が怪しくなってきた/接近山顶的时候天色突变 jiējìn shāndǐng de shíhou tiānsè tūbiàn

さしかける【差し掛ける】 从上遮盖 cóng shàng zhēgài (英 *hold...over ~*) ▶客に傘を～/给宾客打伞 gěi bīnkè dǎ sǎn

さしがね【差し金】 (指図) 教唆 jiàosuō; 引诱 yǐnyòu (英 *instigation*) ▶有力者の～/实力者的唆使 shílìzhě de suōshǐ ▶彼の変心は誰かの～に違いない/他的变节肯定有人指使 tā de biànjié kěndìng yǒu rén zhǐshǐ

さしき【挿し木】 插条 chātiáo (英 *a cutting*) ▶～する/扦插 qiānchā; 插枝 chā zhī

さじき【桟敷】 ❶【祭見物などの】临时搭建的看台 línshí dājiàn de kàntái (英 *a stand*) ❷【劇場などの】观众席两边的特等座位 guānzhòngxí liǎngbiān de tèděng zuòwèi (英 *a box*) ◆天井～/顶层楼座 dǐngcéng lóuzuò

ざしき【座敷】 日式房间 Rìshì fángjiān (英 *a Japanese-style room*) ▶～に通す/让进客厅 ràngjìn kètīng ▶～机/日式房间用的矮桌 Rìshì fángjiān yòng de ǎizhuō ▶～牢/禁闭室 jìnbìshì ▶～わらし/座敷童子(日本东北地区传说中保佑家运的精灵) zuòfū tóngzǐ (Rìběn Dōngběi dìqū chuánshuō zhōng bǎoyòu jiāyùn de jīnglíng)

さしきず【刺し傷】 刺伤 cìshāng (英 *a stab wound*)

さしこ【刺し子】 衲的厚布片 nà de hòubùpiàn (英 *quilted clothes*)

さしこみ【差し込み】 ❶【コンセント】插座 chāzuò (英 *an outlet*) ❷【プラグ】插头 chātóu; 插销 chāxiāo (英 *a plug*) ▶～口/插口 chākǒu; 插座 chāzuò ▶～に入れる/插进插座 chājìn chāzuò ▶～から抜く/拔出插头 báchū chātóu ❸【痛み】剧痛 jùtòng (英 *griping pains in the belly*) ▶会議中激しい～に襲われた/会议时感到一阵剧痛 huìyì shí gǎndào yízhèn jùtòng

さしこむ【差し込む】 ❶【挿入】插 chā; 插入 chārù (英 put in; plug in) ▶鍵を鍵穴に~/把钥匙插钥匙孔 bǎ yàoshi chā yàoshikǒng ▶ポケットに手を~/把手伸进口袋 bǎ shǒu shēnjìn kǒudai ▶コンセントにコードを~/把电线插进插座 bǎ diànxiàn chājìn chāzuò ❷【光が】射入 shèrù (英 come in) ▶朝日が病室に~/朝阳照射进病房 zhāoyáng zhàoshèjìn bìngfáng ❸【胃腸が痛む】绞痛 jiǎotòng (英 have a griping pain) ▶身をかがめて~痛みに耐えた/蜷着身子强忍剧痛 quánzhe shēnzi qiǎngrěn jùtòng

さしころす【刺し殺す】 刺杀 cìshā (英 stab... to death)

さしさわり【差し障り】 妨碍 fáng'ài; 阻碍 zǔ'ài; 障碍 zhàng'ài (英 an hindrance; offense) ▶~ない/没有妨碍 méiyǒu fáng'ài ▶~が生じる/出现障碍 chūxiàn zhàng'ài ▶~のない範囲でお話し下さい/请您在方便的范围内谈一下 qǐng nín zài fāngbiàn de fànwéi nèi tán yíxià ▶商売には~がなかった/没有影响买卖 méiyǒu yǐngxiǎng mǎimài

さししめす【指し示す】 指出 zhǐchū; 指点 zhǐdiǎn; 指画 zhǐhuà (英 show; point out) ▶到達点を~/指点目标 zhǐdiǎn mùbiāo

さしず【指図する】 指示 zhǐshì; 指挥 zhǐhuī; 指使 zhǐshǐ (英 order; instruct) ▶~を求める/请求指示 qǐngqiú zhǐshì ▶~を受ける/接受指示 jiēshòu zhǐshì ▶あごで~する/颐指气使 yí zhǐ qì shǐ ▶親方の~どおりに少しずつ大工仕事を覚えていった/按照师傅的指示逐渐掌握了木匠活儿 ànzhào shīfu de zhǐshì zhújiàn zhǎngwòle mùjiānghuór ▶君の~なんか受けない/我不接受你的指使 wǒ bù jiēshòu nǐ de zhǐshǐ

さしずめ ❶【結局】总之 zǒngzhī (英 after all) ❷【いまのところ】目前 mùqián; 眼下 yǎnxià (英 for the time being) ▶~は困らない/眼下钱不紧张 yǎnxià qián bù jǐnzhāng ▶~おまえはインテリなんだな/总之，你也是个知识分子嘛！zǒngzhī, nǐ yě shì ge zhīshi fènzǐ ma! ▶~洋風煮込みってとこかな/算是西式炖杂烩吧 suànshì xīshì dùnzáhuì ba

さしせまる【差し迫る】 迫近 pòjìn; 逼近 bījìn (英 be imminent) ▶締め切りが差し迫っている/截止期限迫近了 jiézhǐqī pòjìn le ▶地球温暖化問題が差し迫った課題となっている/全球气候变暖问题成为一个亟待解决的课题 quánqiú qìhòu biànnuǎn wèntí chéngwéi yí ge jí dài jiějué de kètí ▶約束の日が差し迫った/约定的日期迫在眉睫了 yuēdìng de rìqī pòzài méijié le ▶差し迫った問題を解決するのが肝要だ/关键是要解决紧迫的问题 guānjiàn shì yào jiějué jǐnpò de wèntí

さしだしにん【差出人】 发信人 fāxìnrén (英 a sender) ▶~不明の手紙が届いた/收到一封寄信人不明的信 shōudào yì fēng jìxìnrén bùmíng de xìn

さしだす【差し出す】 ❶【前方へ】伸出 shēnchū (英 hold out) ▶手を~/伸出手 shēnchū shǒu ▶名刺を~/递名片 dì míngpiàn ❷【提供】献出 xiànchū (英 offer) ▶命を~/献身 xiànshēn ❸【提出】提出 tíchū (英 submit) ▶書類を~/提出文件 tíchū wénjiàn ▶辞表を~/提出辞职信 tíchū cízhíxìn ❹【発送】寄出 jìchū; 发出 fāchū (英 send) ▶案内状を~/发出请帖 fāchū qǐngtiě

さしちがえる【刺し違える】 对刺 duìcì (英 stab each other) ▶彼と一覚悟で談判に臨む/抱着和他拼了的决心出席谈判 bàozhe hé tā pīnle de juéxīn chūxí tánpàn ▶彼ら兄弟は差し違えて死んでいた/他们两兄弟对刺身亡 tāmen liǎng xiōngdì duìcì shēnwáng

さしつかえ【差し支え】 妨碍 fáng'ài [支障] a hindrance; [不便] an inconvenience ▶~ない/没有妨碍 méiyǒu fáng'ài; 没关系 méi guānxi; 不妨 bùfáng ▶~なければお話し願えますか/如果没关系的话，请说出来好吗？rúguǒ méi guānxi dehuà, qǐng shuōchūlai hǎo ma? ▶日常生活には~ない/对日常生活无妨碍 duì rìcháng shēnghuó wú fáng'ài ▶書類はコピーでも~ありません/文件用复印件也无妨 wénjiàn yòng fùyìnjiàn yě wúfáng ▶明日は~ない/明天没有问题 míngtiān méiyǒu wèntí ▶今日は夏だと言っても~ないほどの暑さだ/今天这么热，简直可以说是夏天了 jīntiān zhème rè, jiǎnzhí kěyǐ shuō shì xiàtiān le

さしつかえる【差し支える】 妨碍 fáng'ài (英 be hindered; affect) ▶仕事に~/妨碍工作 fáng'ài gōngzuò ▶腰痛で歩行にも~/腰疼连走路都会受影响 yāoténg lián zǒulù dōu huì shòu yǐngxiǎng ▶早く寝ないと明日の仕事に~よ/早点儿睡吧，不然会影响明天的工作 zǎodiǎnr shuì ba, bùrán huì yǐngxiǎng míngtiān de gōngzuò

さして (不)怎么 (bù) zěnme; (没)那么 (méi) nàme (英 not very...; not... much) ▶暮らしは~楽じゃない/日子不怎么好过 rìzi bù zěnme hǎoguò

さして【指し手】 ❶【将棋の動き】棋步 qíbù (英 a move) ▶あざやかな~でしたね/真是精彩的一着啊 zhēn shì jīngcǎi de yì zhāo a ❷【人】棋手 qíshǒu (英 a shogi player) ▶君はなかなかの~だね/你是个相当不错的棋手 nǐ shì ge xiāngdāng búcuò de qíshǒu

さしでがましい【差し出がましい】 多管闲事 duō guǎn xiánshì; 越分 yuèfēn (英 forward; intrusive) ▶~ことで恐縮ですが…/请原谅我多管闲事，麻烦您… qǐng yuánliàng wǒ duō guǎn xiánshì, máfan nín… ▶~ことを言うな/少管闲事 shǎo guǎn xiánshì ▶~ようですが、一言御注意申し上げます/恕我多事，有一句话要提请注意 shù wǒ duōshì, yǒu yí jù huà yào tíqǐng zhùyì

さしでぐち【差し出口】 多嘴 duōzuǐ (英 uncalled-for remark) ▶~でしたらお詫びします/

恕我多嘴 shù wǒ duōzuǐ ▶横から~を挟むから余計ややこしくなる/(你)在旁边多嘴多舌，把事情弄得更麻烦了 (nǐ)zài pángbiān duōzuǐ duōshé, bǎ shìqíng nòng de gèng máfan le

さしとめる【差し止める】 禁止 jìnzhǐ; 不许 bùxǔ (英 *forbid*) ▶発売を~/禁止销售 jìnzhǐ xiāoshòu ▶その件に関する報道を~/关于那件事的报道被禁止了 guānyú nà jiàn shì de bàodào bèi jìnzhǐ le ▶出入りを~/禁止出入 jìnzhǐ chūrù

さしね【指し値】 《株式》指定价格 zhǐdìng jiàgé (英 *a limit price*) ▶~注文/限价定单[委托] xiànjià dìngdān[wěituō]

さしのべる【差し伸べる】 伸出 shēnchū (英 *hold out*) ▶手を~/伸出手 shēnchū shǒu ▶困っている人に救いの手を~/对困难的人伸出求援之手 duì kùnnan de rén shēnchū qiúyuán zhī shǒu ▶片手を差し伸べて助け起こす/伸出一只手把他扶起来 shēnchū yì zhī shǒu bǎ tā fúqǐlai

さしはさむ【差し挟む】 夹 jiā (英 *put... between~*) ▶口を~/插嘴 chāzuǐ ▶疑いを~余地がない/不容怀疑 bùróng huáiyí ▶総裁の人事権に口を~/关于总裁的人事权,没有我们插嘴的份儿 guānyú zǒngcái de rénshìquán, méiyǒu wǒmen chāzuǐ de fènr ▶異議を~/提出异议 tíchū yìyì

さしひかえる【差し控える】 ❶【そばに】伺候 cìhou; 等候 děnghòu (英 *wait*) ▶傍に秘書3人が~/旁边有三个秘书待命 pángbiān yǒu sān ge mìshū dàimìng ❷【遠慮・控え目にする】暂停 zàntíng; 节制 jiézhì; 避免 bìmiǎn (英 *withhold*) ▶健康のため飲酒を~/为了健康节制饮酒 wèile jiànkāng jiézhì yǐnjiǔ ▶コメントを~/免作评价 miǎn zuò píngjià ▶答弁を差し控えさせていただきます/请允许我回避答辩 qǐng yǔnxǔ wǒ huíbì dábiàn ▶発言を~/避免发言 bìmiǎn fāyán

さしひき【差し引き】 扣除 kòuchú (英 *balance; deduction*) ▶~勘定/差额结算 chā'é jiésuàn ▶~ゼロになる/扣除抵消 kòuchú dǐxiāo ▶~残高は50万円です/结算后的余额为五十万日元 jiésuàn hòu de yú'é wéi wǔshí wàn Rìyuán ▶損益を~する/结算盈亏 jiésuàn yíngkuī

さしひく【差し引く】 扣 kòu; 扣除 kòuchú (英 *take off; deduct*) ▶給与から保険料を~/从工资中扣除保险费 cóng gōngzī zhōng kòuchú bǎoxiǎnfèi ▶税金を差し引いて25万円の収入/扣除税收入为二十五万日元 kòuchú shuìkuǎn shōurù wéi èrshíwǔ wàn Rìyuán

さしまわす【差し回す】 派遣 pàiqiǎn (英 *send... around*) ▶迎えの車を~/派车迎接 pài chē yíngjiē

さしみ【刺身】 生鱼片 shēngyúpiàn (英 *slices of raw fish*) ▶平目の~/比目鱼生鱼片 bǐmùyú shēngyúpiàn ▶~のつま/配生鱼片的萝卜丝儿等 pèi shēngyúpiàn de luóbosīr děng ▶僕なんかどうせ~のつまだからな/我不过是个可有可无的角色 wǒ búguò shì ge kě yǒu kě wú de juésè ▶~の盛り合わせ/生鱼片拼盘 shēngyúpiàn pīnpán ▶まぐろの~/金枪鱼的生鱼片 jīnqiāngyú de shēngyúpiàn

さしむかい【差し向かい】 对坐 duìzuò ([向かい合いで] *face to face*) ▶~で飲む/对酌 duìzhuó ▶~に座ると目のやり場に困る/相对而坐,眼睛不知应该往哪儿看 xiāngduì ér zuò, yǎnjīng bù zhī yīngzāi wǎng nǎr kàn

さしむける【差し向ける】 对准 duìzhǔn; 发派 fāpài (英 *send*) ▶救助の者を~/派出救援人员 pàichū jiùyuán rényuán ▶政敵に刺客を~/向政敌派出刺客 xiàng zhèngdí pàichū cìkè ▶迎えの自動車を~/派汽车迎接 pài qìchē yíngjiē

さしもどす【差し戻す】 发还 fāhuán; 退交 tuìjiāo (英 *send back*) ▶本件を原裁判所に~/本案退还给原法庭 běn àn tuìhuán gěi yuánfǎtíng

さしもの【指物】 嵌木家具 qiànmù jiājù (英 *cabinetwork*) ▶~師/家具木匠 jiājù mùjiang

さしゅ【詐取する】 骗 piàn; 诈取 zhàqǔ (英 *swindle*) ▶個人情報を~する/骗取个人信息 piànqǔ gèrén xìnxī

さしょう【些少】 少许 shǎoxǔ (英 *a little*) ▶~ですがお納め下さい/钱不多,请收下 qián bù duō, qǐng shōuxià

さしょう【査証】 签证 qiānzhèng (英 *a visa*) ▶~免除/免签签证 miǎnchú qiānzhèng
>[日中比較] 中国語の「査证 cházhèng」は「調べて証明する」という意味の動詞である.

さしょう【詐称する】 虚报 xūbào (英 *represent oneself falsely to be...*) ▶年齢~/虚报年龄 xūbào niánlíng ▶経歴~で罪に問われる/因谎报经历而被问罪 yīn huǎngbào jīnglì ér bèi wènzuì

ざしょう【座礁する】 触礁 chùjiāo (英 *run aground*) ▶濃霧のため漁船が~した/因为大雾,渔船触礁了 yīnwèi dàwù, yúchuán chùjiāo le

さじょうのろうかく【砂上の楼閣】 空中楼阁 kōngzhōng lóugé (英 *a house built on the sand*) ▶それは~の如きもので何の基盤もなく…/那好像沙滩上的楼阁一样没有任何基础,… nà hǎoxiàng shātānshang de lóugé yíyàng méiyǒu rènhé jīchǔ,…

さしわたし【差し渡し】 直径 zhíjìng (英 *a diameter*) ▶東西の~約500メートルの湖/东西直径约为五百米的湖 dōngxī zhíjìng yuē wéi wǔbǎi mǐ de hú ▶~2メートルの巨木/直径为二米的大树 zhíjìng wéi èr mǐ de dàshù

さじん【砂塵】 灰沙 huīshā; 沙尘 shāchén (英 *a cloud of dust*) ▶大陸で吹き上げられた~が天空を覆う/从大陆漫天盖地地刮来了沙尘 cóng dàlù pū tiān gài dì de guālái le shāchén ▶~が突然舞い上った/沙尘腾空而起 shāchén téngkōng ér qǐ

さしんぼう【左心房】 〖解〗左心房 zuǒxīnfáng (英 *the left atrium*)

さす【刺す】 ❶【蚊やノミなどが】叮 dīng (英

bite)

❷【毒虫が】蜇 zhē（英 sting）▶スズメバチに刺され重体になる/被马蜂叮成重伤 bèi mǎfēng dīngchéng zhòngshāng

❸【刃物などで】扎 zhā；攮 nǎng；刺 cì（英 stab）▶胸を～/言紮/刺心的话 cìxīn de huà ▶一人の男が何者かに背中をナイフで刺された/一位男子被人从背后用刀刺杀 yí wèi nánzǐ bèi rén cóng bèihòu yòng dāo cìshā ▶その時～ような視線を感じた/当时感到一种像箭一样锋利的目光 dāngshí gǎndào yì zhǒng xiàng jiàn yíyàng fēnglì de mùguāng

❹【刺激】（英 bite）▶舌を～/扎舌头 zhā shétou ▶～ような/像针刺似的 xiàng zhēn cì shìde ▶鼻を～臭い/刺鼻的臭味儿 cìbí de chòuwèir

さす【指す】**❶**【示す】指 zhǐ；指示 zhǐshì（英 point）▶時計の針が3時を指している/时针指着三点 shízhēn zhǐzhe sān diǎn ▶「あれをごらん」と指を～/用手指着说"看那儿" yòng shǒu zhǐzhe shuō "Kàn nàr" ▶南極点では磁石はどこをのか/在南极磁石指向哪个方向呢？zài nánjí císhí zhǐxiàng nǎge fāngxiàng ne？

❷【意味する】（英 mean; refer to…）▶誰のことを指しているんですか/指的是谁 zhǐ de shì shéi ▶日本語で花といえば桜を～ことが多い/日语中的花大多是指樱花 Rìyǔ zhōng de huā dàduō shì zhǐ yīnghuā

❸【目指す】指向 zhǐxiàng；向 xiàng（英 head）▶燕の群が南を指して旅立つ/燕群向南出发 yànqún xiàng nán chūfā

❹【密告】（英 tip off）▶警察に～/向警察告密 xiàng jǐngchá gàomì

さす【砂州】沙洲 shāzhōu（英 a sand bar）

さす【射す】照射 zhàoshè；射 shè（英 shine）▶日が～/日光照射 rìguāng zhàoshè ▶この部屋は西日が～んだ/这个房间西晒 zhège fángjiān xī shài ▶このあたりは昼間も日が射さない/这一带白天也没有阳光 zhè yídài báitiān yě méiyǒu yángguāng

さす【差す】**❶**【加える】（英 add; put… into ～）▶目薬を～/上眼药 shàng yǎnyào ▶油を～/上油 shàng yóu ▶紅を～/抹口红 mǒ kǒuhóng ▶事故多発で旅行ブームに水を～/事故频繁发生,给旅行热泼冷水 shìgù pínfán fāshēng, gěi lǚxíngrè pō lěngshuǐ

❷【高くかざす】打 dǎ（英 put up）▶傘を～/打伞 dǎ sǎn

❸【気分が生じる】（英 come over…）▶眠気が～/产生睡意 chǎnshēng shuìyì；发困 fākùn ▶魔が～/中魔 zhòngmó；鬼迷心窍 guǐ mí xīnqiào ▶誰につもい魔が～瞬間があるものだ/谁都会遇到鬼迷心窍的一刹那 shéi dōu huì yùdào guǐ mí xīnqiào de yíchànà

❹【帯びる】（英 come）▶頬に赤みが～/脸上发红 liǎnshang fāhóng

❺【満ちる】（英 rise）▶潮が～/潮水上涨 cháoshuǐ shàngzhǎng

さす【挿す】插 chā（英 insert; put… in～）▶花瓶に花を～/把花插进花瓶里 bǎ huā chājìn huāpíngli

さすが【流石に】**❶**【そういうものの】到底 dàodǐ（英 though）▶～に嫌とは言えなかった/到底没说出不来 dàodǐ méi shuōchūbulái ▶～に彼も怒り出した/就连他也发怒了 jiù lián tā dōu fānù le ▶往年の名選手も～に動きがにぶくなった/就连当年的著名选手动作也变得迟缓了 jiù lián dāngnián de zhùmíng xuǎnshǒu dòngzuò yě biànde chíhuǎn le

❷【いかにもやはり】还是 háishi；不愧 búkuì（英 indeed）▶～ベテランだ/不愧为老手啊 búkuì wéi lǎoshǒu a

❸【さしもの】（英 even）▶～の名弁護士もお手上げだ/就连著名律师都毫无办法 jiù lián zhùmíng lǜshī dōu háowú bànfǎ ▶～の私もイライラしてきた/就连我也开始急躁起来 jiù lián wǒ yě kāishǐ jízàoqǐlai

さずかる【授かる】被授予 bèi shòuyǔ；《学位など》获得 huòdé；《子供》怀孕 huáiyùn（英 be given; be gifted）▶子宝を～/天赐贵子 tiān cì guìzǐ ▶彼は特別の才能を授かっている/他有得天独厚的才能 tā yǒu dé tiān dú hòu de cáinéng

さずける【授ける】**❶**【与える】授予 shòuyǔ；赏赐 shǎngcì（英 grant）▶学位を～/授予学位 shòuyǔ xuéwèi ▶勲章を～/授予勋章 shòuyǔ xūnzhāng ▶【伝授】传授 chuánshòu（英 teach）▶極意を～/传授秘诀 chuánshòu mìjué ▶知恵を～/出主意 chū zhǔyi ▶生きるための知恵を～教育/能够传授生存智慧的教育 nénggòu chuánshòu shēngcún zhìhuì de jiàoyù

サスペンス 悬念 xuánniàn；使人紧张的 shǐ rén jǐnzhāng de（英 suspense）▶～映画/惊险影片 jīngxiǎn yǐngpiàn ▶スリルに富んだストーリー展開/充满惊险和悬念的故事情节 chōngmǎn jīngxiǎn hé xuánniàn de gùshi qíngjié

サスペンダー 〚服飾〛背带 bēidài；吊裤带 diàokùdài（英 suspenders）

さすらう 流荡 liúdàng；流浪 liúlàng；漂泊 piāobó（英 wander; roam）▶一年間何の当てもなく大陸をさすらった/毫无目标地在大陆漂泊了整整一年 háowú mùbiāo de zài dàlù piāobóle zhěngzhěng yì nián ▶さしずめ俺はさすらう人生だったな/归根到底我这一生都是在漂泊 guī gēn dào dǐ wǒ zhè yìshēng dōu shì zài piāobó

さする【摩る】抚摩 fǔmó；揉 róu；摩 mó（英 gently rub）▶背中を～/摩挲后背 mósuō hòubèi ▶痛いところを手で～/用手抚摩疼痛的地方 yòng shǒu fǔmó téngtòng de dìfang

ざする【座する】《座る》坐 zuò（英 sit）；《巻き添えになる》受牵连 shòu qiānlián；连坐 liánzuò（英 be involved）▶汚職事件に座して辞職する/因牵连贪污事件辞职 yīn qiānlián tānwū shìjiàn cízhí

ざせき【座席】位子 wèizi;座位 zuòwèi;席位 xíwèi;(船や飛行機の)舱位 cāngwèi (英 *a seat*) ▶~に着く/入座 rùzuò ▶~の順序/席次 xícì ▶~を譲る/让座 ràng zuòwèi ▶~を予約する/订座儿 dìng zuòr ▶会館には200人分の~がある/会馆有二百个座位 huìguǎn yǒu èrbǎi ge zuòwèi
♦~指定券︰座位票 zuòwèipiào ~表︰座席表 zuòxíbiǎo

させつ【左折する】左转 zuǒzhuǎn;往左拐 wǎng zuǒ guǎi (英 *turn left*) ▶次の角を~しなさい/在下一个拐角儿往左拐 zài xià yí ge guǎijiǎor wǎng zuǒ guǎi ▶禁止/禁止左转弯 jìnzhǐ zuǒ zhuǎnwān ▶交差点を~すると右手に市役所が見えます/在路口往左拐,马路右边儿就是市政府 zài lùkǒu wǎng zuǒ guǎi, mǎlù yòubiānr jiù shì shìzhèngfǔ

ざせつ【挫折する】受挫 shòucuò;挫折 cuòzhé (英 *fail*) ▶今回もダイエットは途中で~した/这次减肥也是半途而废 zhè cì jiǎnféi yě shì bàntú ér fèi ▶計画は~した/计划受挫了 jìhuà shòucuò le ▶感/受挫感 shòucuògǎn ▶18の時から~感を抱えて生きてきた/从十八岁开始就带着挫折感生活 cóng shíbā suì kāishǐ jiù dàizhe cuòzhégǎn shēnghuó

させる叫 jiào;使 shǐ;让 ràng (英 [強制] *make*;[許可] *let*) ▶子供に勉強~/让孩子学习 ràng háizi xuéxí ▶読書~/让读书 ràng dúshū ▶子供も大人も夢中に~ゲーム/使孩子和大人都入迷的游戏 shǐ háizi hé dàren dōu rùmí de yóuxì ▶彼は子供たちを好きなようにさせておく/孩子们爱怎么样,他就让孩子们怎么样 háizimen ài zěnmeyàng, tā jiù ràng háizimen zěnmeyàng ▶それには考えさせられた/那件事让我们深思 nà jiàn shì ràng wǒmen shēnsī

させん【左遷する】降职 jiàngzhí;贬职 biǎnzhí;贬谪 biǎnzhé (英 *demote*) ▶今度の異動は事実上の~だ/这次调动实际上就是降职 zhè cì diàodòng shíjishang jiù shì jiàngzhí

ざぜん【坐禅をする】坐禅 zuòchán;打坐 dǎzuò (英 *sit in the Zen position*)

さぞ想必 xiǎngbì;一定 yídìng;可能 kěnéng (英 *surely*) ▶~お疲れでしょう/想必累了吧 xiǎngbì lèi le ba ▶御両親も~お喜びでしょう/你父母一定会很高兴吧 nǐ fùmǔ yídìng huì hěn gāoxìng ba

さそい【誘い】(勧誘);劝诱 quànyòu;引诱 yǐnyòu (英 *temptation*);(招待);邀请 yāoqǐng (英 *invitation*) ▶~を断る/拒绝邀请 jùjué yāoqǐng ▶~に乗る/接受邀请 ▶听信了甜言蜜语的诱惑,会后悔的 tīngxìnle tiányán mìyǔ de yòuhuò, huì hòuhuǐ de ▶~を受ける/接到邀请 jiēdào yāoqǐng ▶食事の~を受ける/被请吃饭 bèi qǐng chīfàn
♦~水;契機 qìjī;引子 yǐnzi ▶この一言が~となって場が盛り上がった/以这一句话为契机,场

面一下子活跃了起来 yǐ zhè yí jù huà wéi qìjī, chǎngmiàn yíxiàzi huóyuèle qǐlai

さそいこむ【誘い込む】引诱 yǐnyòu (英 *tempt*) ▶悪の道へ~/引向邪道 yǐnxiàng xiédào ▶甘い罠に~/引诱进入甜蜜的陷井 yǐnyòu jìnrù tiánmì de xiànjǐng

さそう【誘う】 1 【勧誘する】约 yuē (英 *invite*) ▶人をドライブに~/约人去兜风 yuē rén qù dōufēng ▶春風に誘われる/被春风引动 bèi chūnfēng yǐndòng ▶デートに~/约人幽会 yuē rén yōuhuì ▶友人を映画に~/请朋友看电影 qǐng péngyou kàn diànyǐng 2 【引き起こす】招引 zhāoyǐn;引起 yǐnqǐ (英 *cause*; *induce*) ▶涙を~/催人泪下 cuī rén lèi xià ▶快適な眠りを~音楽/音乐催人进入甜蜜的梦乡 yīnyuè cuī rén jìnrù tiánmì de mèngxiāng ▶あくびを~演説だった/让人打哈欠的演讲 ràng rén dǎ hāqian de yǎnjiǎng 3 【誘惑】(英 *tempt*) ▶悪の道に~/引入邪路 yǐnrù xiélù

ざぞう【座像】坐像 zuòxiàng (英 *a seated statue*) ▶釈迦如来~/释迦如来坐像 Shìjiā rúlái zuòxiàng

サソリ【蠍】【動物】蝎子 xiēzi (英 *a scorpion*)

さそりざ【蠍座】【天文】天蝎座 tiānxiēzuò (英 *the Scorpion*; *Scorpio*)

さた【沙汰】 1 【評定・処置】处置 chǔzhì;处理 chǔlǐ (英 *instructions*) ▶金次第/有钱能使鬼推磨 yǒu qián néng shǐ guǐ tuīmò ▶近隣騒音が裁判に~になる/为了近邻的噪音问题打起了官司 wèile jìnlín de zàoyīn wèntí dǎqǐle guānsi ▶追って~するので待て/日后通知,请稍候 rìhòu tōngzhī, qǐng shāo hòu
2 【事柄・話題】事情 shìqing;行为 xíngwéi (英 *an affair*) ▶正気の~ではない/简直不是正常行为 jiǎnzhí bú shì zhèngcháng xíngwéi ▶60になっても色恋~ですか/都六十了,竟有风流韵事! dōu liùshí le, jìng yǒu fēngliú yùnshì! ▶出資の話が~やみになる/出资的事没有下文了 chūzī de shì méiyǒu xiàwén le ▶旅行どころ~ではない/根本谈不上旅行 gēnběn tánbushàng lǚxíng

さだか【定か】清楚 qīngchu;明确 míngquè (英 *clearly*) ▶彼の行方は~でない/他的下落不明 tā de xiàluò bùmíng

さだまる【定まる】 1 【決定】定局 dìngjú;决定 juédìng (英 *be decided*) ▶方针が~/方针已定 fāngzhēn yǐ dìng ▶人間の運命は何によって~のか/人的命运是由什么来决定的呢? rén de mìngyùn shì yóu shénme lái juédìng de ne?
2 【安定】稳定 wěndìng;固定 gùdìng (英 *settle*) ▶天下が~/天下安定 tiānxià āndìng ▶腰が定まらない/不专心 bù zhuānxīn ▶近頃はなかなか天候が定まらない/最近天气不稳定 zuìjìn tiānqì bù wěndìng

さだめ【定め】 1 【規則】规定 guīdìng (英 *a rule*; *a law*) 2 【運命】命运 mìngyùn;定数 dìngshù (英 *a destiny*; *a fate*) ▶国の~に従

さだめし【定めし】 想必 xiǎngbì; 一定 yídìng (英 surely) ▶彼らはいまごろ～難儀していることだろう/估计他们现在一定很困难吧 gūjì tāmen xiànzài yídìng hěn kùnnan ba ▶お忙しいことでしょう/想必一定很忙吧 xiǎngbì yídìng hěn máng ba

さだめる【定める】 ❶『制定』制定 zhìdìng (英 establish) ▶法律を～/制定法律 zhìdìng fǎlǜ ▶民族紛争は列強が勝手に国境を定めたことも原因である/列强肆意划定国界也是民族纠纷的一个原因 lièqiáng sìyì huàdìng guójiè yě shì mínzú jiūfēn de yí ge yuányīn ❷『安定させる』固定 gùdìng (英 settle) ▶ねらいを～/瞄准 miáozhǔn ▶住居を～/定居 dìngjū

ざだん【座談する】 座談 zuòtán (英 have a round-table talk) ▶彼は～の達人だ/他是座谈的名手 tā shì zuòtán de míngshǒu

ざだんかい【座談会】 座谈会 zuòtánhuì (英 a round-table talk)
[参考] 中国の'座谈会 zuòtánhuì'は「シンポジウム」に近く, 特定テーマをめぐって出席者全員が長い発言をする.

さち【幸】 ❶『幸せ』幸福 xìngfú; 幸运 xìngyùn (英 happiness) ▶～あれと祈る/祝你幸福 zhù nǐ xìngfú ▶彼の～薄い人生はこうして終わった/他不幸的人生就这样结束了 tā búxìng de rénshēng jiù zhèyàng jiéshù le ❷『食べ物』美味食品 měiwèi shípǐn (英 products; food) ▶山の～海の～/山珍海味 shānzhēn hǎiwèi

ざちょう【座長】 主席 zhǔxí; (劇団の) 领班人 lǐngbānrén; 团长 tuánzhǎng (英 the chairperson; [劇団の] the leader of a troupe) ▶審議会の～になる/当审议会的主席 dāng shěnyìhuì de zhǔxí

さつ【冊】 本 běn; 册 cè (英 a copy) ▶1 ～の本/一本书 yì běn shū ▶その本は1万～売れた/这本书卖了一万部 zhè běn shū mài le yíwàn bù

さつ【札】 钞票 chāopiào; 票子 piàozi (英 a bank note) ▶～入れ/皮夹子 píjiāzi ▶千円～/一千日元的钞票 yìqiān Rìyuán de chāopiào ▶一万円～をくずす/把一万日元纸币破开 bǎ yíwàn Rìyuán zhǐbì pòkāi
◆～束/大把的钞票 dàbǎ de chāopiào

ざつ【雑な】 粗糙 cūcāo (英 rough; careless) ▶～な造り/粗制滥造 cūzhì lànzào ▶～な性格/粗暴的性格 cūbào de xìnggé ▶～な文ですみません/不成样子的文章实在惭愧 bù chéng yàngzi de wénzhāng shízài cánkuì ▶あいつは仕事が～だから信用されないんだ/那家伙做事粗糙, 所以不受信任 nà jiāhuo zuòshì cūcāo, suǒyǐ bú shòu xìnrèn

さつい【殺意】 杀机 shājī (英 murderous intent) ▶～を抱く/胸怀杀机 xiōnghuái shājī; 存心害人 cúnxīn hàirén ▶その答えを聞いたとき相手に～を覚えた/听到那回答, 我恨不得杀了他 tīngdào nà huídá, wǒ hènbude shāle tā ▶わたしに～はなかった/我没有杀意 wǒ méiyǒu shāyì

さつえい【撮影する】 拍摄 pāishè; 摄影 shèyǐng; 照相 zhàoxiàng (英 take a picture; [映画を] film) ▶～技師/摄影师 shèyǐngshī ▶～所/电影制片厂 diànyǐng zhìpiànchǎng ▶記念～/照纪念相 zhào jìniànxiàng ▶小学校の運動会で父親が子供の姿を～する/在小学的运动会上父亲为孩子拍摄 zài xiǎoxué de yùndònghuìshang fùqin wèi háizi pāishè

ざつえき【雑役】 杂务 záwù; 勤杂 qínzá (英 odd jobs) ▶～夫/勤杂工 qínzágōng ▶工場で～ばかりやらされている/在工厂一直让我干杂活儿 zài gōngchǎng yìzhí ràng wǒ gàn záhuór

ざつおん【雑音】 杂音 záyīn; 噪声 zàoshēng; 噪音 zàoyīn (英 noise) ▶ラジオに～が入る/收音机出现杂音 shōuyīnjī chūxiàn záyīn ▶はたから余計な～を入れるな/不要在旁边插话 búyào zài pángbiān chāhuà ▶心臟の～/心脏的杂音 xīnzàng de záyīn

さっか【作家】 作家 zuòjiā (英 a writer; an author) ▶女流～/女作家 nǚzuòjiā ▶～協会/作家协会 zuòjiā xiéhuì ▶絵本～/连环画作家 liánhuánhuà zuòjiā ▶流行～/流行作家 liúxíng zuòjiā ▶陶芸～/陶艺家 táoyìjiā

ざっか【雑貨】 杂货 záhuò (英 general merchandise) ▶～屋/杂货铺 záhuòpù ▶当店はもっぱら輸入～を扱っている/本店专门经销进口杂货 běn diàn zhuānmén jīngxiāo jìnkǒu záhuò

サッカー [スポーツ] 足球 zúqiú (英 soccer) ▶～ブーム/足球热 zúqiúrè ▶～ファン/足球迷 zúqiúmí ▶W杯～/世界杯足球赛[世足赛] Shìjièbēi zúqiúsài[Shìzúsài]

さつがい【殺害する】 杀害 shāhài (英 murder) ▶～される/被杀害 bèi shāhài; 遇害 yùhài; 遇难 yùnàn ▶～事件/杀人事件 shārén shìjiàn ▶～現場/杀人现场 shārén xiànchǎng ▶帰宅途中通り魔に～された/在回家路上被歹徒杀害 zài huíjiā lùshang bèi dǎitú shāhài
◆～者/杀人犯 shārénfàn

さっかく【錯覚】 错觉 cuòjué (英 an illusion) ▶目の～/看错 kàncuò ▶～を起こす/产生错觉 chǎnshēng cuòjué ▶自分が偉くなったように～する/产生错觉, 以为自己很了不起 chǎnshēng cuòjué, yǐwéi zìjǐ hěn liǎobuqǐ ▶5月1日は祝日だと～していた/把五月一日当成节日了 bǎ wǔ yuè yī rì dàngchéng jiérì le

ざつがく【雑学】 杂学 záxué (英 knowledge of various matters) ▶彼は～の大家だ/他是杂学大师 tā shì záxué dàshī

さっかしょう【擦過傷】 蹭伤 cèngshāng (英 an abrasion) ▶幸い～ですんだ/幸好只是点擦伤 xìnghǎo zhǐshì diǎn cāshāng

ざっかん【雑感】 杂感 zágǎn (英 miscellaneous impressions) ▶北京生活の～を書き送り

ます/把北京的生活杂感写下来寄给你 bǎ Běijīng de shēnghuó zágǎn xiěxiàlai jìgěi nǐ

さっき【刚才】 gāngcái; 方才 fāngcái (英 *a little while ago*) ▶~はごめんね/刚才很抱歉 gāngcái hěn bàoqiàn ▶君からのメールをついー読んだばかりだ/你的电子邮件我刚看到 nǐ de diànzǐ yóujiàn wǒ gāng kàndào ▶僕は~帰ったばかりだ/我刚回来 wǒ gāng huílái ▶君は~何をしていたの？/你刚才在做什么呢？nǐ gāngcái zài zuò shénme ne？

さっき【殺気】 杀气 shāqì (英 *a thirst for blood*) ▶~を帯びる/带着杀气 dàizhe shāqì; 杀气腾腾 shāqì téngténg ▶~立った態度/凶狠的气势 xiōngěn de qìshì ▶~立った群衆が集まってきた/聚集了杀气腾腾的群众 jùjíle shāqì téngténg de qúnzhòng ▶街は~に満ちていた/街上充满了杀气 jiēshang chōngmǎnle shāqì

さつき【皐月】 (阴历)五月 (yīnlì) wǔ yuè (英 *May*)

ざっき【雑記】 杂记 zájì (英 *miscellaneous notes*) ▶~帳/杂记本 zájìběn ▶身辺／日常杂记 rìcháng zájì

さっきゅう【早急に】 火速 huǒsù; 火急 huǒjí; 紧急 jǐnjí (英 *immediately*) ▶~に連絡する/火速联络 huǒsù liánluò ▶~な対応が求められる/要求火速对应 yāoqiú huǒsù duìyìng ▶~に検討し実現すべきである/应该紧急商讨早日实现 yīnggāi jǐnjí shāngtǎo zǎorì shíxiàn

ざっきょ【雑居する】 杂居 zájū (英 *live together*) ▶~ビル/杂居大楼 zájū dàlóu ▶ビルの火災/杂居大楼的火灾 zájū dàlóu de huǒzāi ▶あの家には5世帯が~している/那所房子里杂居着五户人家 nà suǒ fángzili zájūzhe wǔ hù rénjia

さっきょく【作曲する】 作曲 zuòqǔ; 配曲 pèiqǔ; 谱写 pǔxiě (英 *compose*) ▶~家/作曲家 zuòqǔjiā ▶モーツァルト~「ピアノ・コンチェル18番」/莫扎特谱写的《第十八号钢琴协奏曲》Mòzhātè pǔxiě de 《Dìshíbā hào gāngqín xiézòuqǔ》 ▶歌詞に~する/为歌词谱曲 wèi gēcí pǔqǔ

さっきん【殺菌する】 杀菌 shājūn; 灭菌 mièjūn (英 *sterilize; pasteurize*) ▶低温～/低温消毒 dīwēn xiāodú ▶加熱～する/加热消毒 jiārè xiāodú

◆~剤 | 杀菌剂 shājūnjì ~力 | 杀菌力 shājūnlì

サック **❶**〔入れもの〕套儿 tàor; 套子 tàozi (英 *a case*) ▶指~/手指套 shǒuzhǐtào **❷**〔コンドーム〕避孕套 bìyùntào (英 *a condom*)

ザック 背包 bēibāo; 登山包 dēngshānbāo (英 *a rucksack*) ▶~に必ず雨具を入れる/登山包里必备雨具 dēngshānbāoli bìbèi yǔjù

サックス 〔楽器〕萨克斯管 sàkèsīguǎn (英 *a sax*)

ざっくばらんな 坦率 tǎnshuài; 心直口快 xīn zhí kǒu kuài (英 *frank*) ▶~に言う/坦率地说 tǎnshuài de shuō ▶~な人/心直口快的人 xīn zhí kǒu kuài de rén ▶~な意见交换を行った/

坦率地进行了意见交换 tǎnshuài de jìnxíngle yìjiàn jiāohuàn

ざっくり 《切り口・割れ目が》(裂得)很深 (liède) hěn shēn; (裂得)很大 (liède) hěn dà (英 *roughly*); 《手触り》粗拉 cūlā; 粗糙 cūcāo (英 *loosely*)

ざっけん【雑件】 杂事 záshì; 琐事 suǒshì (英 *miscellaneous matters*)

ざっこく【雑穀】 杂粮 záliáng; 粗粮 cūliáng (英 *minor cereals*) ▶山间地ではあわ・きびなどの~が栽培されている/山地里种着小米、黍子等杂粮 shāndìli zhòngzhe xiǎomǐ, shǔzi děng záliáng

さっこん【昨今】 最近 zuìjìn; 近来 jìnlái (英 *these days*) ▶~の若者文化/最近的青年文化 zuìjìn de qīngnián wénhuà ▶~の世論の動向が気になる/近来舆论的动向令人担忧 jìnlái yúlùn de dòngxiàng lìng rén dānyōu ▶~ゴミ処理問題/最近垃圾处理的问题 zuìjìn lājī chǔlǐ de wèntí ▶~駆け出しの若僧ではないんだ/不是最近初出茅庐的小伙子 bú shì zuìjìn chū chū máolú de xiǎohuǒzi

さっさと 急忙地 jímáng de; 迅速地 xùnsù de (英 *quickly*) ▶~片付ける/急忙地收拾 jímáng de shōushi ▶~出て行け/快滚出去！kuài gǔn chūqù！ ▶定時になると~帰っちゃった/一到点马上就回来了 yí dàodiǎn mǎshàng jiù huíjiā le

さっし【冊子】 册子 cèzi; 本子 běnzi (英 *a booklet*) ▶小~/小本 xiǎoběn ▶会员に~を配布する/给会员发手册 gěi huìyuán fā shǒucè

さっし【察し】 觉察 juéchá (英 《理解》*understanding*; 《臆測》*a guess*) ▶~がつく/察觉到 chájuédào ▶~がよい/善于推测 shànyú tuīcè ▶~の悪い人/不善解人意的人 bú shàn jiě rényì de rén ▶お~のとおりです/正如您所想象的 zhèngrú nín suǒ xiǎngxiàng de

サッシ 〔建築〕框格 kuànggé (英 *a sash*) ▶アルミ~/铝制窗框 lǚzhì chuāngkuàng

ざっし【雑誌】 杂志 zázhì; 刊物 kānwù (英 *a magazine*) ▶月刊~/月刊 yuèkān ▶~社/杂志社 zázhìshè ▶~学术/学术杂志 xuéshù zázhì ▶~に発表したものをまとめて本にする/把在杂志上发表过的东西汇编成书 bǎ zài zázhìshang fābiǎoguò de dōngxi huìbiānchéng shū

◆~記者 | 杂志记者 zázhì jìzhě

ざつじ【雑事】 琐事 suǒshì (英 *miscellaneous affairs*) ▶~にまぎれて届け出を忘れていました/忙于琐事忘记提交申请了 mángyú suǒshì wàngjì tíjiāo shēnqǐng le

◆~身辺 | 身边杂事 shēnbiān záshì

ざっしゅ【雑種】 杂交种 zájiāozhǒng; 杂种 zázhǒng (英 *a mixed breed*) ▶~犬/杂种狗 zázhǒnggǒu

> 日中比較 中国语的'杂种 zázhǒng'是「交配・交雑により生まれたもの」という意味を持つ他、「ろくでなし」を意味する罵り言葉にもなる。

ざっしゅうにゅう【雑収入】 杂项收入 zá-

さっしょう

xiàng shōurù ㊤ *miscellaneous income*）▶給与のほかに多少～がある/除了工资以外，还有些杂项收入 chúle gōngzī yǐwài, hái yǒu xiē záxiàng shōurù

さっしょう【殺傷する】 残害 cánhài; 杀伤 shāshāng（㊤ *shed blood*）▶この兵器は大量の人間を～する能力がある/这种武器对人有巨大的杀伤力 zhè zhǒng wǔqì duì rén yǒu jùdà de shāshānglì ▶連続児童～事件の真相/连续残杀儿童事件的真相 liánxù cánshā értóng shìjiàn de zhēnxiàng

ざっしょく【雑食の】 杂食 záshí（㊤ *omnivorous*）▶ ～動物/杂食动物 záshí dòngwù

さっしん【刷新する】 革新 géxīn; 刷新 shuāxīn（㊤ *reform*）▶人事の～/人事更新 rénshì gēngxīn ▶今月から紙面を～した/从这个月开始版面更新了 cóng zhège yuè kāishǐ bǎnmiàn gēngxīn le ▶市政を～する/革新市政 géxīn shìzhèng

さつじん【殺人】 杀人 shārén（㊤ *a murder*）▶ ～を犯す/犯杀人罪 fàn shārénzuì ▶ ～事件/命案 mìng'àn; 血案 xuè'àn ▶ ～の酷暑/热死人的酷暑 rè sǐrén de kùshǔ ▶彼は～容疑で訴えられた/他以杀人嫌疑被起诉 tā yǐ shārén xiányí bèi qǐsù
▶ ～未遂/杀人未遂 shārén wèisuì

さっする【察する】 推测 tuīcè; 推想 tuīxiǎng; 觉察 juéchá（［推察］ *guess*；［想像］ *imagine*）▶人の気持ちを～/体谅别人的心情 tǐliàng biéren de xīnqíng ▶関係者の心労は～に余りある/充分理解有关人员的辛劳 chōngfèn lǐjiě yǒuguān rényuán de xīnláo ▶そのお気持ちはよく察し致します/我能理解您的心情 wǒ néng lǐjiě nín de xīnqíng ▶危険を察してコースを変える/察觉到危险，改变路线 chájuédào wēixiǎn, gǎibiàn lùxiàn ▶～にあいつは癌に気づいていたんだ/估计他已经觉察到自己得癌了 gūjì tā yǐjing juéchádào zìjǐ dé ái le

ざつぜん【雑然と】 丛杂 cóngzá; 杂乱无章 záluàn wú zhāng; 乱七八糟 luàn qī bā zāo（㊤ *in disorder*）▶室内は～といろんな物が置いてあった/屋子里杂乱无章的放着各种东西 wūzili záluàn wú zhāng de fàngzhe gèzhǒng dōngxi

さっそう【颯爽】 飒爽 sàshuǎng（㊤ *gallantly; dashingly*）▶ ～と歩く/飒爽行进 sàshuǎng xíngjìn ▶ ～としている/够帅的 gòu shuài de ▶先生は自転車に乗り～と村を走り抜けた/老师骑着自行车精神抖擞地穿过村庄 lǎoshī qízhe zìxíngchē jīngshen dǒusǒu de chuānguò cūnzhuāng

ざっそう【雑草】 杂草 zácǎo（㊤ *weeds*）▶彼は～みたいにたくましい/他像杂草一样坚韧 tā xiàng zácǎo yíyàng jiānrèn ▶庭に～がはびこっている/院子里杂草丛生 yuànzili zácǎo cóngshēng ▶ ～を取る/拔草 bácǎo

さっそく【早速】 立即 lìjí; 立刻 lìkè; 马上 mǎshàng（㊤ *at once*）▶〈手紙で〉～返事をする/立即回信 lìjí huíxìn ▶新発売の製品を～使ってみた/马上试用新上市的产品 mǎshàng shìyòng xīn shàngshì de chǎnpǐn ▶到着したら～電話します/到达以后立刻打电话 dàodá yǐhòu lìkè dǎ diànhuà

ざった【雑多な】 丛杂 cóngzá; 繁多 fánduō; 猥杂 wěizá（㊤ *sundry*）▶種々～な/种类众多 zhǒnglèi zhòngduō ▶ ～な情報が混在している/繁杂的信息鱼龙混杂 fánzá de xìnxī yú lóng hùnzá ▶ ～な人々が集まった/各色人等相聚在一起 gè sè rén děng xiāngjù zài yìqǐ

ざつだん【雑談する】 闲话 xiánhuà; 闲谈 xiántán; 聊天儿 liáotiānr（㊤ *chat*）▶ ～はやめて本題にもどろう/闲话少说，言归正传 xiánhuà shǎo shuō, yán guī zhèng zhuàn ▶彼とはたまに～する程度の仲です/我跟他只不过是偶尔聊聊天儿的关系 wǒ gēn tā zhǐbuguò shì ǒu'ěr liáoliaotiānr de guānxi

さっち【察知する】 察觉 chájué; 觉察 juéchá（㊤ *perceive*）▶危険を自動的に～する機能をもつ/具有自动认知危险的功能 jùyǒu zìdòng rènzhī wēixiǎn de gōngnéng ▶襲撃を事前に～/事先察觉到袭击 shìxiān chájuédào xíjī

さっちゅうざい【殺虫剤】 杀虫剂 shāchóngjì; 杀虫药 shāchóngyào（㊤ *insecticide*）▶ ～をまく/撒农药 sǎ nóngyào

さっと ❶【突然】 突然 tūrán; 忽然 hūrán; 一下子 yíxiàzi（㊤ *suddenly*）▶風が～吹いてきた/一阵风忽然吹过 yí zhèn fēng hūrán chuīguò ❷【すばやく】（㊤ *quickly*）▶ ～逃げた/一溜烟逃跑了 yíliùyān táopǎo le ▶ ～身をかわす/迅速闪身 xùnsù shǎnshēn ▶塩こしょうして～火を通（煮）る/撒上盐和胡椒，稍微煮一下 sāshang yán hé hújiāo, shāowēi zhǔ yíxià ▶扉が～開いた/门一下就打开了 mén yíxià jiù dǎkāi le ▶食べ終わらないのに皿を～持って行ってしまった/还没吃完，服务员就把盘子收走了 hái méi chīwán, fúwùyuán jiù bǎ pánzi shōuzǒu le

ざっと 粗略地 cūlüè de; 大致 dàzhì（㊤ *roughly; briefly*）▶ ～計算する/约计 yuējì; 大概计算 dàgài jìsuàn ▶見積もって/约摸 yuēmo ▶ ～目を通す/浏览 liúlǎn ▶この一年を～振り返る/简要地回顾一下过去的一年 jiǎnyào de huígù yíxià guòqù de yì nián ▶彼の収入は～25万円だ/他的收入大约有二十五万日元 tā de shōurù dàyuē yǒu èrshíwǔ wàn Rìyuán ▶私がやれば～こんなものだ/我大致办到了这一步 wǒ dàzhì bàndàole zhè yí bù

さっとう【殺到する】 涌来 yǒnglái; 蜂拥而来 fēngyōng ér lái; 纷纷而来 fēnfēn ér lái（㊤ *rush*）▶注文が～/订购纷纷而来 dìnggòu fēnfēn ér lái ▶ファンが～する/追星族涌来 zhuīxīngzú yǒnglái ▶新聞社に批判と抗議が～した/对报社的批判和抗议纷至沓来 duì bàoshè de pīpàn hé kàngyì fēn zhì tà lái ▶群衆が～/群众蜂拥而至 qúnzhòng fēngyōng ér zhì ▶牛丼店には客が～している/牛肉盖浇饭店里顾客

络绎不绝 niúròu gàijiāo fàndiànlǐ gùkè luòyì bù jué

ざっとう【雑踏】 混乱拥挤 hùnluàn yōngjǐ (英 *hustle and bustle*) ▶～にまぎれる/混入杂乱的人群 hùnrù záluàn de rénqún ▶都会の～/都市的混乱拥挤 dūshì de hùnluàn yōngjǐ ▶～の中で孤独を感じる/在喧闹中感到孤独 zài xuānnào zhōng gǎndào gūdú ▶～するセンター街を通りぬける/穿过熙熙攘攘的"中心街" chuānguò xīxīrǎngrǎng de "zhōngxīnjiē"

ざつねん【雑念】 杂念 zániàn (英 *idle thoughts*) ▶～を振り払う/屏除杂念 bǐngchú zániàn ▶～が次々に浮かんできて集中できない/杂念接二连三地浮现，注意力没法集中 zániàn jiē èr lián sān de fúxiàn, zhùyìlì méi fǎ jízhōng

ざっぱく【雑駁な】 散漫 sǎnmàn；无系统 wú xìtǒng (英 *loose*) ▶～な知識/无系统的知识 wú xìtǒng de zhīshi ▶非常に～な話で恐縮です/我说得杂乱无章很抱歉 wǒ shuōde záluàn wú zhāng hěn bàoqiàn ▶～な議論/散漫的议论 sǎnmàn de yìlùn ▶彼は博識だが～だ/他知道得很多但是没有系统 tā zhīdàode hěn duō dànshì méiyǒu xìtǒng

さつばつ【殺伐たる】 杀气腾腾 shāqì téngténg (英 *bleak; bloody*) ▶～とした風景/荒凉的景象 huāngliáng de jǐngxiàng ▶近頃～とした事件が多発している/近来让人心慌乱的事件频频发生 jìnlái ràng rénxīn huāngluàn de shìjiàn pínpín fāshēng

さっぱり ❶『すっきり』整洁 zhěngjié；爽快 shuǎngkuai；痛快 tòngkuài (英 *clean; refreshed*) ▶シャワーを浴びて～した/洗个淋浴感觉很爽快 xǐ ge línyù gǎnjué hěn shuǎngkuai ▶試験が終わって気分が～した/考完试一身轻 kǎowán shì yì shēn qīng ▶彼はいつも～した身なりをしている/他总是打扮得干净利落 tā zǒngshì dǎbande gānjìng lìluo

❷『あっさり』清淡 qīngdàn (英 *plain*) ▶～した味/清淡的味道 qīngdàn de wèidao ▶～した人柄/爽快的性格 shuǎngkuai de xìnggé

❸『全く』全然 quánrán；完全 wánquán (英 *not at all*) ▶～わからない/完全不懂 wánquán bù dǒng ▶試験のできは～だ/考试的成绩糟透了 kǎoshì de chéngjì zāotòu le ▶僕は英語を～話せない/我根本不会说英语 wǒ gēnběn búhuì shuō Yīngyǔ ▶何を言っているのか～わからない/在说什么，我一句也听不懂 zài shuō shénme, wǒ yí jù yě tīngbudǒng

ざっぴ【雑費】 杂费 záfèi (英 *sundry expenses*) ▶～を削減する/削减杂费 xuējiǎn záfèi

ざっぴん【雑品】 杂物 záwù (英 *sundry articles*)

さっぷうけい【殺風景な】 冷冷清清 lěnglěngqīngqīng；平淡无奇 píngdàn wúqí (英 *bleak; bare*) ▶～な部屋/冷冷清清的房间 lěnglěngqīngqīng de fángjiān ▶～な生活によく飽きないね/如此平淡的生活，你还真不厌倦哪 rúcǐ píngdàn de shēnghuó, nǐ hái zhēn bú yànjuàn na ▶そこにあるのは～な眺めだけだった/那里尽是冷清的风景 nàli jìn shì lěngqīng de fēngjǐng

ざつぶん【雑文】 ❶『気楽な小文』小文章 xiǎowénzhāng (英 *a literary miscellany*) ▶～を書いて小遣いをかせぐ/写点小文章赚点零钱 xiě diǎn xiǎowénzhāng zhuàn diǎn língqián ❷『中国の文芸形式の一』杂文 záwén ▶鲁迅の～/鲁迅的杂文 Lǔ Xùn de záwén

[日中比较] 中国の'杂文 záwén'は文芸形式の一つ。戦闘性を帯びた社会時評を主たる内容とする．

サツマイモ【薩摩芋】 〖植物〗白薯 báishǔ；甘薯 gānshǔ (英 *a sweet potato*) ▶～を焼く/烤白薯 kǎo báishǔ

ざつむ【雑務】 杂务 záwù (英 *routine duties*) ▶教師は～が多い/教师的杂事太多 jiàoshī de záshì tài duō ▶～に追われて勉強できない/忙于杂事不能学习 mángyú záshì bùnéng xuéxí

ざつよう【雑用】 杂事 záshì；零活儿 línghuór；杂务 záwù (英 *chores*) ▶～をする/打杂儿 dǎzár ▶～に時間をとられる/被杂务占用时间 bèi záwù zhànyòng shíjiān

さつりく【殺戮する】 杀戮 shālù；屠杀 túshā (英 *slaughter*)

▶大量～/大规模杀戮 dàguīmó shālù

さて 却说 quèshuō；那么 nàme (英 *well; now*) ▶～、困ったな/哎呀，这可怎么办好呢 āiyā, zhè kě zěnme bàn hǎo ne ▶さて、本題に移りましょう/那么，咱们转入正题 nàme, zánmen zhuǎnrù zhèngtí ▶～、どうしよう/那，怎么办？nà, zěnme bàn? ▶～となると迷うなぁ/一旦要做的时候还是拿不定主意 yídàn yào zuò de shíhou háishi nábudìng zhǔyì

さてい【査定する】 审定 shěndìng；核实 héshí (英 *assess*) ▶建物を～する/评估建筑 pínggū jiànzhù ▶税の～に納得できない/对核定的税额无法接受 duì hédìng de shuì'é wúfǎ jiēshòu

▶～価格/审定价格 shěndìng jiàgé

サディスト 性虐待狂者 xìngnüèdàikuángzhě (英 *a sadist*)

サディズム 性虐待狂 xìngnüèdàikuáng (英 *sadism*)

さておき 暂且不提 zànqiě bù tí (英 *first of all*) ▶何は～まず乾杯/什么都别说先干一杯 shénme dōu bié shuō xiān gān yì bēi ▶冗談は～、本当のところはどうなんだ/玩笑归玩笑，事实上是怎么一回事呢? wánxiào guī wánxiào, shìshíshang shì zěnme yì huí shì ne? ▶費用は～治療が先だ/先别管费用，要抓紧治疗 xiān bié guǎn fèiyong, yào zhuājǐn zhìliáo

さてさて 哎呀呀 āiyāyā (英 *what; well, well*) ▶～、困ったことになった/哎呀呀，麻烦了 āiyāyā, máfan le ▶～、みごとにでき上がりましたな/哎呀呀, 做得真不错呀 āiyāyā, zuòde zhēn búcuò ya

さてつ【砂鉄】 铁砂 tiěshā (英 *iron sand*) ▶磁石で～を集める/用磁石把铁砂吸在一起 yòng císhí bǎ tiěshā xīzài yìqǐ

さてつ【蹉跌】 挫折 cuòzhé；失败 shībài（英 *a failure*）▶ ～をきたす/招致挫折 zhāozhì cuòzhé ▶『青春の～』『石川達三』/《青春的蹉跎 Qīngchūn de cuōtuó》

サテライト ❶【人工衛星】卫星 wèixīng（英 *a satellite*）❷【付属施設】▶ ～スタジオ/转播站 zhuǎnbōzhàn ▶ 駅前に～キャンパスを開設する/车站前开设卫星教室 chēzhàn qián kāishè wèixīng jiàoshì

サテン【布地】缎子 duànzi（英 *satin*）

さと【里】 ❶【人里】村庄 cūnzhuāng（英 *a village*）▶ ～山/靠近村落，跟人们生活密切相关的山林 kàojìn cūnluò, gēn rénmen shēnghuó mìqiè xiāngguān de shānlín ❷【実家・ふるさと】娘家 niángjia；老家 lǎojiā（英 *one's home*）▶ ～心がつく/想家 xiǎngjiā；思乡 sīxiāng ▶ ～に帰る/还乡 huánxiāng；回娘家 huí niángjia ▶ お～が知れる/暴露出身 bàolù chūshēn

さとい【聡い】（英 *smart*; *clever*）▶ 利に～/会打算盘 huì dǎ suànpán ▶ 耳が～/耳朵灵 ěrduo líng

サトイモ【里芋】〔植物〕芋头 yùtou；芋艿 yùnǎi（英 *a taro*）

さとう【砂糖】 糖 táng；砂糖 shātáng（英 *sugar*）
♦ 角～方白糖 fāngbáitáng ▶ 私はいつもコーヒーには角～を3個入れる/我平常喝咖啡总是放三块糖 wǒ píngcháng hē kāfēi zǒngshì fàng sān kuài táng

さどう【作動する】 发动 fādòng；运转 yùnzhuǎn；开动 kāidòng（英 *operate*; *work*）▶ 機械を～させる/起动机器 qǐdòng jīqì ▶ 機器が正常に～するか確認する/确认机器是否正常运转 quèrèn jīqì shìfǒu zhèngcháng yùnzhuǎn ▶ 警報装置が誤って～した/警报装置做出了错误的反应 jǐngbào zhuāngzhì zuòchūle cuòwù de fǎnyìng

さどう【茶道】 茶道 chádào（英 *the tea ceremony*）▶ ～の流派/茶道的流派 chádào de liúpài

サトウキビ【砂糖黍】〔植物〕甘蔗 gānzhe（英 *a sugar cane*）

サトウダイコン【砂糖大根】〔植物〕甜菜 tiáncài（英 *a sugar beet*）

さとおや【里親】 养父母 yǎngfùmǔ（英 *a foster parent*）▶ 今年からある少年の～を引き受けた/从今年开始成为了一个少年的养父母 cóng jīnnián kāishǐ chéngwéile yí ge shàonián de yǎngfùmǔ

さとがえり【里帰りする】 回娘家 huí niángjia（英 *make one's call at one's old home*）▶ 今回は海外からの～である/这回是从国外回来探亲 zhè huí shì cóng guówài huílái tànqīn

さとかた【里方】 娘家 niángjia（英 *one's wife's family*）▶ で不幸があった/娘家有丧事 niángjia yǒu sāngshì

さとご【里子】 寄养的孩子 jìyǎng de háizi（英 *a child put out to nurse*）▶ 僕は生まれて間もなく～に出された/我刚出生不久就被送去别家扶养 wǒ gāng chūshēng bùjiǔ jiù bèi sòngqù bié jiā fúyǎng

さとす【諭す】 教导 jiàodǎo；告诫 gàojiè；劝导 quàndǎo（英 *advise*; *admonish*）▶ 無作法を～/劝导无礼行为 quàndǎo wúlǐ xíngwéi ▶ 母は私に～ように言った/母亲对我谆谆教导 mǔqīn duì wǒ zhūnzhūn jiàodǎo ▶ 彼は何度諭しても同じ間違いをする/不管告诫多少次，他还是犯同样的错误 bùguǎn gàojiè duōshao cì, tā háishi fàn tóngyàng de cuòwù ▶ 不心得を～/劝诫他改正错误 quànjiè tā gǎizhèng cuòwù

さとり【悟り】 理解 lǐjiě；醒悟 xǐngwù［理解］*understanding*；［悟道］*spiritual awakening*）▶ ～を開く/大彻大悟 dà chè dà wù；悟道 wùdào ▶ ～がはやい/悟性好 wùxìng hǎo

さとる【悟る】 领悟 lǐngwù；醒悟 xǐngwù；觉察 juéchá；（仏教で）开悟 kāiwù（英 *see*; *understand*; *awaken*）▶ 今さらながら事の重大さを～/事到如今才醒悟到问题的严重 shì dào rújīn cái xǐngwùdào wèntí de yánzhòng ▶ 真理を～/领悟真理 lǐngwù zhēnlǐ ▶ 相手に悟られぬよう後をつける/不让对方察觉，跟踪过去 bú ràng duìfāng chájué, gēnzōng guòqu ▶ 悟ったようなことを言う/说些大省大悟的话 shuō xiē dà xǐng dà wù de huà

サドル（自転車などの）车座 chēzuò；座子 zuòzi（英 *a saddle*）▶ ～に跨る/跨上车座 kuàshàng chēzuò

さなえ【早苗】 稻秧 dàoyāng；幼苗 yòumiáo（英 *a rice sprout*）▶ ～を植える/插秧 chā yāng

さなか【最中に】 正当…中 zhèngdāng…zhōng；正在…时 zhèngzài…shí（英 *in the middle of...*）▶ 夏の～/正当盛夏 zhèngdāng shèngxià

さながら 宛然 wǎnrán；俨然 yǎnrán；仿佛 fǎngfú（英 *just like...*）▶ 実戦～/宛如实战一样 wǎnrú shízhàn yíyàng ▶ 絵のよう/如画一般 rú huà yìbān ▶ 本番～の防災訓練/身临现场的防灾训练 shēn lín xiànchǎng shìde fángzāi xùnliàn

サナギ【蛹】〔虫〕蛹 yǒng（英 *a chrysalis*; *a pupa*）▶ 蝶の～/蝴蝶的蛹 húdié de yǒng ▶ この～が蝶になるか蛾になるか/这个蛹能成为蝴蝶还是蛾子呢？zhège yǒng néng chéngwéi húdié háishi ézi ne?

サナトリウム 疗养院 liáoyǎngyuàn（英 *a sanatorium*）

さは【左派】 左派 zuǒpài（英 *the left wing*）▶ 中道～の政権/稳健左派的政权 wěnjiàn zuǒpài de zhèngquán

サバ【鯖】〔魚〕鲭鱼 qīngyú；鲐鱼 táiyú（英 *a mackerel*）▶ しめ～/醋渍鲭鱼 cù jìn qīngyú ▶ ～を読む/2,3歳を～を読んでいるに違いない/一定瞒了两三岁 yídìng mánle liǎng sān suì

さばき【裁き】 审判 shěnpàn（英 *a judgment*）

▶法の～を受けなくてはならない/必须接受法律制裁 bìxū shòu fǎlǜ zhìcái ▶～を下す/判决 pànjué ▶被告となって～の庭に立つ/成为被告站上法庭 chéngwéi bèigào zhànshàng fǎtíng

さばく【砂漠】 沙漠 shāmò (英 *a desert*) ▶ゴビ～/戈壁沙漠 Gēbì shāmò ▶サハラ～/撒哈拉沙漠 Sāhālā shāmò ▶地球上で深刻な～化が進んでいる/地球上的沙漠化发展得很严重 dìqiúshang de shāmòhuà fāzhǎnde hěn yánzhòng ▶～に樹を植える運動/沙漠植树运动 shāmò zhíshù yùndòng

さばく【捌く】 ❶【整理·処理】处理 chǔlǐ (英 *deal with...; sell*) ▶在庫品を～/处理库存 chǔlǐ kùcún ▶混乱を～/治理混乱 zhìlǐ hùnluàn ▶手綱を～/操纵缰绳 cāozòng jiāngshéng ▶大勢のお客を～のに苦労する/引导众多的顾客非常困难 yǐndǎo zhòngduō de gùkè fēicháng kùnnan ▶仕事が捌ききれない/处理不完工作 chǔlǐbuwán gōngzuò ❷【料理で】(英 *dress*) ▶魚を～/把鱼切成片 bǎ yú qiēchéng piàn ▶いかなら僕にも捌ける/墨鱼我也能拾掇 mòyú wǒ yě néng shíduo

さばく【裁く】 审判 shěnpàn; 裁判 cáipàn (英 *judge; decide*) ▶戦争犯罪を～/审判战争时的罪行 shěnpàn zhànzhēng shí de zuìxíng ▶人が裁かないで神が～はずがない/人们自己不去审判，神灵也不会来审判 rénmen zìjǐ bú qù shěnpàn, shénlíng yě búhuì lái shěnpàn ▶事件を～/对事件进行审判 duì shìjiàn jìnxíng shěnpàn

さばけた【捌けた】 开通 kāitōng; 通情达理 tōng qíng dá lǐ (英 *frank; open-minded*) ▶彼は～人だ/他是个通情达理的人 tā shì ge tōng qíng dá lǐ de rén

さばける【捌ける】 ❶【はける】销光 xiāoguāng; 畅销 chàngxiāo (英 *sell; be sold*) ❷【乱れが直る】整理好 zhěnglǐ hǎo (英 *clear up*) ▶渋滞が～/堵车已畅通 dǔchē yǐ chàngtōng ▶仕入れた数がうまく～のが問題だ/进的货能不能卖光, 很成问题 jìn de huò néngbunéng màiguāng, hěn chéng wèntí ▶この本はよく～/这本书销路很好 zhè běn shū xiāolù hěn hǎo

さばさば 痛快 tòngkuài (英 *frank*) (気持ちが) ～する/轻松愉快 qīngsōng yúkuài ▶～した性格/爽快的性格 shuǎngkuai de xìnggé ▶負けてかえって～した/输了以后反而觉得轻松了 shūle yǐhòu fǎn'ér juéde qīngsōng le ▶あいつがいなくなって～/那个家伙不在了, 真痛快 nàge jiāhuo bú zài le, zhēn tòngkuài

さはんじ【茶飯事】 家常便饭 jiācháng biànfàn; 日常小事 rìcháng xiǎoshì (英 *a matter of no importance*) ▶夫婦げんかなど日常～だ/夫妻吵架是平常事 fūqī chǎojià shì píngchángshì

さび【寂】 古雅 gǔyǎ; 古色古香 gǔsè gǔxiāng (英 *quiet simplicity*) ▶～のある声で詩を吟じる/用略带沧桑的声音吟诗 yòng lüè dài cāngsāng de shēngyīn yínshī

さび【錆】 锈 xiù (英 *rust*) ▶身から出た～/

咎由自取 jiù yóu zì qǔ ▶～止め塗料/防锈漆 fángxiùqī ▶私の英語も～ついてきた/我的英语已经生疏了 wǒ de Yīngyǔ yǐjing shēngshū le ▶～ついた缶/生锈的罐子 shēngxiù de guànzi

さびしい【寂しい】 寂静 jìjìng; 寂寞 jìmò (英 *lonely; desolate*) ▶～山道/僻静的山道 pìjìng de shāndào ▶～暮らし/寂寞的生活 jìmò de shēnghuó ▶彼は意外に寂しがり屋だ/没想到他是一个善感寂寞的人 méi xiǎngdào tā shì yí ge shàngǎn gūjì de rén ▶一人ぼっちで～/孤零零一个人真寂寞 gūlínglíng yí ge rén zhēn jìmò ▶～場所/孤寂的地方 gūjì de dìfang ▶知った顔が見えないのでとっても寂しかった/看不到熟悉的面孔, 有点儿寂寞 kànbudào shúxī de miànkǒng, yǒudiǎnr jìmò ▶君がいなくて非常に～/你不在, 我非常寂寞 nǐ bú zài, wǒ fēicháng jìmò 懐が～ 手头紧 shǒutóu jǐn

ざひょう【座標】 〖数〗坐标 zuòbiāo (英 *coordinates*) ▶～軸/坐标轴 zuòbiāozhóu

さびる【錆びる】 锈 xiù; 生锈 shēngxiù (英 *rust*) ▶錆びたナイフ/生锈的刀 shēngxiù de dāo ▶鉄はなぜ～のか/铁为什么会生锈? tiě wèi shénme huì shēngxiù

さびれる【寂れる】 冷落 lěngluò; 冷清 lěngqing; 萧条 xiāotiáo (英 *decline*) ▶寂れた商店街/冷清清的商店街 lěngqīngqīng de shāngdiànjiē ▶彼の商売も近来寂れてきた/他的生意近来开始萧条起来 tā de shēngyi jìnlái kāishǐ xiāotiáoqǐlai ▶その遊園地はだいぶ寂れてきた/那个游乐园冷清下来了 nàge yóulèyuán lěngqīngxiàlai le

サブ－ 补助 bǔzhù; 候补 hòubǔ《下位の·副の》 (英 *sub-*)
♦～カルチャー/亚文化 yàwénhuà ～タイトル/副标题 fùbiāotí ～ノート/补助笔记 bǔzhù bǐjì ～リーダー/副领队 fùlǐngduì

サファイア 〖鉱物〗蓝宝石 lánbǎoshí (英 *sapphire*)

サファリ 狩猎远征旅行 shòuliè yuǎnzhēng lǚxíng (英 *a safari*) ▶～パーク/野生动物园 yěshēng dòngwùyuán

ざぶざぶ 哗啦哗啦 huālāhuālā (英 *with a splash*) ▶～洗う/哗哗地洗 huāhuā de xǐ ▶川を～渡る/趟着水过河 tāngzhe shuǐ guò hé

サブタイトル 副题 fùtí (英 *a subtitle*)

ざぶとん【座布団】 坐垫 zuòdiàn (英 *a floor cushion*) ▶～に座る/坐在坐垫上 zuòzài zuòdiànshang ▶～を折って枕にする/把坐垫对折当枕头 bǎ zuòdiàn duìzhé dàng zhěntou

サフラン 〖植物〗藏红花 zànghónghuā (英 *a saffron*)

サブリミナル 潜意识的 qiányìshí de (英 *subliminal*) ▶～効果/潜移默化效果 qiányí mòhuà xiàoguǒ

ざぶん (英 *with a splash*) ▶～と川に飛び込む/扑通一下跳下河 pūtōng yíxià tiàoxià hé

さべつ【差別】《蔑視》歧视 qíshì (英 *discrimination*);《違い》差别 chābié; 区别 qūbié (英 *distinction*) ▶～を受ける/受歧视 shòu qíshì ▶外見だけで人を～するな/不要只看外表就歧视人 búyào zhǐ kàn wàibiǎo jiù qíshì rén ▶女性や少数民族が依然～されている/女性和少数民族依旧受到歧视 nǚxìng hé shǎoshù mínzú yījiù shòudào qíshì ▶年齢による～/年龄歧视 niánlíng qíshì ▶賃金の～をなくせ/消除工资差别 xiāochú gōngzī chābié
◆～化 ▶他社製品と～化を図る/寻求与其他公司同类产品的区别 xúnqiú yǔ qítā gōngsī tónglèi chǎnpǐn de qūbié ～待遇 差别对待 chābié duìdài ～撤廃 ▶撤廃の法律/废除歧视的法律 fèichú qíshì de fǎlǜ 人種～ ▶人種～を撤廃せよ/废除种族歧视 fèichú zhǒngzú qíshì 性～ 性歧视 xìngqíshì 無～殺人 无差别杀人 wú chābié shārén

日中比較 中国語の '差别 chābié' は主に「ちがい」を表す語で、見下す意味では '歧视 qíshì' などがよく使われる.

さほう【作法】礼节 lǐjié; 规矩 guīju (英 *manners*) ▶坐禅の～/打坐的规矩 dǎzuò de guīju ▶基本的な～もわきまえない/连基本的规矩都不懂 lián jīběn de guīju dōu bù dǒng ▶礼儀～を知っている/懂得礼节 dǒngde lǐjié

さぼう【砂防】防沙 fángshā (英 *erosion control*)
◆～林 防沙林 fángshālín

サポーター ❶〖身体につける〗护膝 hùxī; 护腕 hùwàn; 护腿 hùtuǐ (英 *an athletic supporter*) ▶～をつけてグラウンドに立つ/戴着护膝上球场 dàizhe hùxī shàng qiúchǎng ❷〖支持者〗支持者 zhīchízhě; 拥护者 yōnghùzhě (英 *a supporter*) ▶サッカーチームの～/足球队的支持者 zúqiúduì de zhīchízhě

サポート 支持 zhīchí; 扶持 fúchí (英 *support*) ▶～サービス《コンピュータや各種商品の問い合わせ》/支援服务 zhīyuán fúwù ▶ダイエットを～するサプリメント/帮助减肥的给养食品 bāngzhù jiǎnféi de jǐyǎng shípǐn ▶復興には諸君の～が不可欠だ/再建需要诸位的支援 zàijiàn xūyào zhūwèi de zhīyuán

サボタージュ 怠工 dàigōng (英 *a slowdown*)

サボテン 〖植物〗仙人掌 xiānrénzhǎng (英 *a cactus*) ▶～の育て方/仙人掌的栽培法 xiānrénzhǎng de zāipéifǎ

さほど (不)怎么 (bù) zěnme (英 *so much*) ▶～おもしろくない/不怎么有趣 bù zěnme yǒuqù ▶～に高い山ではなかった/不怎么高的山 bù zěnme gāo de shān ▶～の秀才とは見えないんだがね/不见得是个怎么样的秀才 bú jiànde shì ge zěnmeyàng de xiùcai

サボる 偷懒 tōulǎn; 旷工 kuànggōng; 开小差 kāi xiǎochāi (英 *skip*) ▶授業をサボって映画を見る/旷课看电影 kuàngkè kàn diànyǐng ▶練習を～口実を考える/找逃避练习的借口 zhǎo táobì liànxí de jièkǒu

ザボン〖植物〗柚子 yòuzi (英 *a shaddock*)

さま【様】 ❶〖様子〗样子 yàngzi; 情况 qíngkuàng (英 *appearance*) ▶～になっている/像样 xiàngyàng ▶～にならない/不成样子 bù chéng yàngzi; 不像样儿 bú xiàngyàngr; 不伦不类 bù lún bú lèi ▶この体型ではどんな服を着ても～にならない/这种体型穿什么衣服也不像样儿 zhè zhǒng tǐxíng chuān shénme yīfu yě bú xiàngyàngr

❷〖敬意・ていねい〗(英 *Mr.*; *Mrs.*; *Ms*) ▶山田～/山田先生 Shāntián xiānsheng ▶あちら～は何とおっしゃいました/那边儿是怎么说的? nàbiānr shì zěnme shuō de? ▶お世話～/承蒙关照 chéngméng guānzhào ▶御馳走～/吃好了 chī hǎo le; 谢谢您的款待 xièxie nín de kuǎndài ▶仏～に謝りなさい/向故人谢罪 xiàng gùrén xièzuì ▶御苦労～です/辛苦了 xīnkǔ le

ざま 丑态 chǒutài (英 *a shameful appearance*) ▶～を見ろ/活该 huógāi ▶何だその～は/瞧你那样子 qiáo nǐ nà yàngzi ▶これで不合格では～はないや/就这样不及格也太没面子了 jiù zhèyàng bù jígé yě tài méi miànzi le ▶死に～がみじめだった/死得很惨 sǐde hěn cǎn ▶何度も注意しておいたのに、この～だ/提醒过好几次，还是这副样子 tíxǐngguò hǎojǐ cì, háishi zhè fù yàngzi

サマータイム 夏季时间 xiàjì shíjiān; 夏令时间 xiàlìng shíjiān (英 *daylight saving time*)

さまがわり【様変わりする】变样 biànyàng (英 *change completely*) ▶故郷は5年ですっかり～した/故乡五年太变样了 gùxiāng wǔ nián tài biànyàng le

さまざま【様々な】各种各样 gèzhǒng gèyàng; 形形色色 xíngxíngsèsè; 种种 zhǒngzhǒng (英 *various*) ▶彼らは～なボランティア活動を行っている/他们在从事各种各样的志愿活动 tāmen zài cóngshì gèzhǒng gèyàng de zhìyuàn huódòng ▶この本に対する反応は～だった/对这本书的反应是多种多样的 duì zhè běn shū de fǎnyìng shì duōzhǒng duōyàng de ▶ここは～人が集う広場である/这里是聚集着各种各样人的广场 zhèlǐ shì jùjízhe gèzhǒng gèyàng rén de guǎngchǎng ▶人の心は～だ/人心是千差万别的 rénxīn shì qiānchā wànbié de

さます【冷ます】凉 liàng; 弄凉 nòngliáng (英 *cool*) ▶冷ましてから飲め/凉一凉再喝 liàngyiliàng zài hē ▶茹でたアスパラを冷水に取って素早く～/把煮好的芦笋在凉水里激一下 bǎ zhǔhǎo de lúsǔn zài liángshuǐlǐ jī yíxià ▶茶を吹いて～/把茶吹凉 bǎ chá chuī liáng ▶熱を～/退烧 tuìshāo

さます【覚ます】唤醒 huànxǐng (英 *wake up*) ▶目を～/醒来 xǐnglái ▶いい加減に目を覚ませ、お前は騙されているんだ/该清醒了，你被欺骗了 gāi qīngxǐng le, nǐ bèi qīpiàn le ▶酔いを覚まして帰ります/酒醒后回家 jiǔ xǐng hòu huíjiā ▶物音で目を～/被声音吵醒了 bèi shēngyīn chǎoxǐng le ▶夜中に幾度も目を覚ました/夜里醒了好几次 yèli xǐngle hǎojǐ cì

さまたげ【妨げ】 障碍 zhàng'ài；阻碍 zǔ'ài (英 *a hindrance*) ▶仕事の～になる/妨碍工作 fáng'ài gōngzuò ▶都会の明かりは星座観察の～になる/城市的灯火妨碍观察星座 chéngshì de dēnghuǒ fáng'ài guānchá xīngzuò ▶アルバイトは勉強の～となるかもしれない/打工可能会妨碍学习 dǎgōng kěnéng huì fáng'ài xuéxí ▶放置自行车的通行の～となる/乱停放自行车会妨碍交通 luàn tíngfàng zìxíngchē huì fáng'ài jiāotōng

さまたげる【妨げる】 妨碍 fáng'ài；障碍 zhàng'ài；阻碍 zǔ'ài (英 *hinder*) ▶ここから富士山まで視界を～るビルはありません/从这儿看富士山，没有妨碍视线的高层建筑 cóng zhèr kàn Fùshìshān, méiyǒu fáng'ài shìxiàn de gāocéng jiànzhù ▶オートバイの騒音が睡眠を～/摩托车的噪音影响睡眠 mótuōchē de zàoyīn yǐngxiǎng shuìmián

さまつ【瑣末な】 琐碎 suǒsuì；细小 xìxiǎo；微末 wēimò (英 *trivial*) ▶～な知識を詰め込む教育/灌输琐碎知识的教育 guànshū suǒsuì zhīshi de jiàoyù ▶～な問題にこだわる/拘泥于细小的问题 jūnyú xìxiǎo de wèntí

さまよう【彷徨う】 彷徨 pánghuáng；徘徊 páihuái；飘荡 piāodàng (英 *wander about*) ▶生死の境を～/徘徊在生死线上 pánghuáng zài shēngsǐxiànshang ▶「さまよえるオランダ人」《ワグナー》/《四处飘荡的荷兰人》Sìchù piāodàng de Hélánrén ▶刺激を求めてさまよい歩く若者/寻求刺激四处漂泊的年轻人 xúnqiú cìjī sìchù piāobó de niánqīngrén

サマリー 提要 tíyào；摘要 zhāiyào (英 *a summary*)

さみだれ【五月雨】 梅雨 méiyǔ (英 *an early summer rain*) ▶～式にストを打つ/零零星星地举行罢工 línglíngxīngxīng de jǔxíng bàgōng ▶～解散/自由解散 zìyóu jiěsàn

サミット 峰会 fēnghuì (英 *a summit*《首脑会談》) ▶環境～/环境峰会 huánjìng fēnghuì

さむい【寒い】 ❶【低温】 冷 lěng；寒 hánlěng (英 *cold*) ▶とても～朝/很冷的早晨 hěn lěng de zǎochen ▶～風/阴风 yīnfēng；寒风 hánfēng ▶～冬に備えてストーブを買う/准备度过寒冬买炉子 zhǔnbèi dùguò hándōng mǎi lúzi ▶う～冬の日の夕方/略带寒意的星期天傍晚/这些带寒意的星期天傍晚 shāodài hányì de xīngqītiān bàngwǎn ▶肌を刺すように～/刺骨地寒冷 cìgǔ de hánlěng ▶この冬は寒かった/这个冬天很冷 zhège dōngtiān hěn lěng

❷【貧弱】 贫弱 pínruò (英 *poor*) ▶お～福祉行政/贫弱的福利行政 pínruò de fúlì xíngzhèng ▶懐が～/手头缺钱 shǒutóu quē qián ▶彼の将来はお～と言わざるをえない/不得不指出，他的前景不妙 bùdébù zhǐchū, tā de qiánjǐng bú miào

❸【恐怖で】 chilly ▶恐ろしさに背筋が寒くなった/因恐惧感到脊背发凉 yīn kǒngjù gǎndào jǐbèi fāliáng

さむがる【寒がる】 怕冷 pàlěng (英 *complain of the cold*) ▶彼は寒がりだ/他怕冷 tā pàlěng ▶まだ秋なのに母はしきりに寒がった/还只是秋天，母亲就频频说冷 hái zhǐ shì qiūtiān, mǔqin jiù pínpín shuō lěng

さむけ【寒気】 发冷 fālěng (英 *a chill*) ▶ぞくぞく～がする/浑身发冷 húnshēn fālěng ▶発熱して～がする/发烧身上发冷 fāshāo shēnshang fālěng ▶それを見ただけでも～がする/只看一下就让人不寒而栗 zhǐ kàn yíxià jiù ràng rén bù hán ér lì

さむさ【寒さ】 寒气 hánqì (英 *cold*) ▶～が厳しい/严寒 yánhán ▶～に強い/耐寒 nàihán ▶～に震える/冻得发抖 dòngde fādǒu ▶この植物は～に弱い/这种植物不耐寒 zhè zhǒng zhíwù bú nàihán ▶～しのぎにランニングする/为了驱寒而跑步 wèile qūhán ér pǎobù ▶～を防ぐ工夫をする/想方设法防寒 xiǎngfāng shèfǎ fánghán

さむざむ【寒寒】 (英 *bleakly*) ▶～とした日/寒冷[冰冷]的日子 hánlěng[bīnglěng]de rìzi ▶～とした街の光景/荒凉的街景 huāngliáng de jiējǐng

さむぞら【寒空】 寒天 hántiān (英 *cold weather*) ▶子供たちが～の下で背を丸めている/孩子们在寒冷中蜷缩着身子 háizimen zài hánlěng zhōng quánsuōzhe shēnzi ▶この～に半袖姿で出歩く/这么冷的天，穿着短袖衣服出去 zhème lěng de tiān, chuānzhe duǎnxiù yīfu chūqù

さむらい【侍】 武士 wǔshì (英 *a samurai*) ▶「七人の～」《映画》/《七个武士》 Qī ge wǔshì ▶あいつは～だ/他是个有骨气的人 tā shì ge yǒu gǔqì de rén

サメ【鮫】【魚】 鲨鱼 shāyú (英 *a shark*) ▶～に襲われる/遭到鲨鱼的袭击 zāodào shāyú de xíjī

さめざめと (英 *bitterly*) ▶～泣く/潸然泪下 shānrán lèi xià

さめる【冷める】 凉 liáng；变凉 biànliáng (英 *cool down*) ▶スープが～/汤凉了 tāng liáng le ▶両親は～プが冷めない距離に住んでいる/父母就住在附近，一碗汤送过去都不会凉 fùmǔ jiù zhùzài fùjìn, yì wǎn tāng sòngguòqu dōu búhuì liáng ▶興が～/败兴 bàixìng；扫兴 sǎoxìng ▶興奋冷めやらず/余兴未尽 yúxìng wèijìn ▶いわゆるブームは急速に～ものだ/所谓的热潮很快就会降温 suǒwèi de rècháo hěn kuài jiù huì jiàngwēn de ▶冷めないようにする/别让它凉了 bié ràng tā liáng le

さめる【覚める】 ❶【眠りから】 醒 xǐng；睡醒 shuìxǐng (英 *wake up*) ▶目の～ような/鲜艳夺目 xiānyàn duómù ▶私は目が覚めやすい/我觉轻容易醒 wǒ jué qīng róngyì xǐng ❷【迷いから】 醒悟 xǐngwù；觉醒 juéxǐng (英 *come to one's sense*) ▶一時の迷いから覚め，また熱心に勉強している/他从一时的迷惑中醒悟过来，又开始热心工作了 tā cóng yìshí de míhuò zhōng xǐngwùguòlai, yòu kāishǐ rèxīn gōngzuò le ❸【酔いから】醒 xǐng (英 *get sober*) ▶聞いたとたんに酔いも覚めてしまった/一听那话，酒一下就醒了 yì tīng nà huà, jiǔ yīxià jiù xǐng le ▶目が~／ふつう朝 6 時には目が～/平常早上六点就醒 píngcháng zǎoshang liù diǎn jiù xǐng ▶目が～とあたりは真っ暗だった/醒来一看，四周一片漆黑 xǐnglái yí kàn, sìzhōu yí piàn qīhēi ▶物音で目が～/被声音吵醒 bèi shēngyīn chǎoxǐng

さめる【褪める】 褪 tuì (英 *fade away*) ▶色が～/褪色 tuìshǎi;掉色 diàoshǎi ▶洗濯すると色が～ことがあります/洗了以后会掉色 xǐle yǐhòu huì diàoshǎi ▶この色は洗っても褪めない/这种颜色洗了也不会褪色 zhè zhǒng yánsè xǐle yě búhuì tuìshǎi

さも (英 *really*) ▶あいつなら～ありそうなことだ/那家伙的话，很有可能 nà jiāhuo dehuà, hěn yǒu kěnéng ▶彼は～親切そうに購入を勧めた/他显得很热情地劝我购买 tā xiǎnde hěn rèqíng de quàn wǒ gòumǎi ▶～満足そうにうなずく/仿佛很满意地点头 fǎngfú hěn mǎnyì de diǎntóu

さもしい 低三下四 dī sān xià sì; 下贱 xiàjiàn (英 *mean*) ▶～根性/劣根性 liègēnxìng ▶そんな～まねは止めようぜ/(咱们)别那么低三下四 (zánmen)bié nàme dī sān xià sì

さもないと 要不 yàobù; 不然 bùrán (英 *or else; otherwise*) ▶急げ，～学校に遅れるぞ/快点儿吧, 不然学校该迟到了 kuài diǎnr ba, bùrán xuéxiào gāi chídào le

さもなければ 否则 fǒuzé; 不然 bùrán (英 *or else; otherwise*) ▶派遣先は香港か，～上海だ/派遣去的地方不是香港就是上海 pàiqiǎn qù de dìfang bú shì Xiānggǎng jiù shì Shànghǎi

さもん【査問する】 查问 cháwèn (英 *inquire*) ▶～委員会/调查委员会 diàochá wěiyuánhuì ▶厳しい～にさらされる/被严加盘查 bèi yánjiā pánchá

さや【莢】 豆荚 dòujiá (英 *a pod*) ▶～をむく/剥豆荚 bāo dòujiá

さや【鞘】 ❶【刀の】鞘 qiào; 刀鞘 dāoqiào (英 *a sheath*) ▶元の～に収まる/破镜重圆 pòjìng chóng yuán ▶刀の～を払う/拔刀出鞘 bádāo chūqiào ▶刀を～に収める/把刀插进刀鞘 bǎ dāo chājìn dāoqiào ❷【差額】(英 *a margin*) ▶米ドルの売買で～を稼ぐ/买卖美金赚差价 mǎimài měijīn zhuàn chājià

さやあて【鞘当て】 磨擦 mócā (英 *rivalry in love*《恋の》) ▶恋の～/争风吃醋 zhēngfēng chīcù ▶～にみんなは当惑していた/科长之间互相争风，让大家很困惑 kēzhǎng zhījiān xiānghù zhēngfēng, ràng dàjiā hěn kùnhuò

サヤインゲン【莢隠元】【植物】豆角儿 dòujiǎor (英 *a string bean*)

サヤエンドウ【莢豌豆】【植物】豌豆角儿 wāndòujiǎor (英 *a field pea*)

さやか【清かな】（輝き）明净 míngjìng;（音声）清朗 qīnglǎng (英 *clear; bright*) ▶月影～な夜/月光明净的夜晚 yuèguāng míngjìng de yèwǎn

ざやく【座薬】(薬) 坐药 zuòyào; 栓剂 shuānjì (英 *a suppository*) ▶～を入れる/插进坐药 chājìn zuòyào

さゆ【白湯】 白开水 báikāishuǐ (英 *plain hot water*) ▶薬は～で飲みなさい/用白开水吃药 yòng báikāishuǐ chī yào

さゆう【左右】❶【左と右】左右 zuǒyòu (英 *right and left*) ▶～を見回す/环顾左右 huángù zuǒyòu ▶言～にする/含糊其辞 hánhu qí cí ▶門を出ると我々は～に分れた/一出门我们就左右分成两路 yì chūmén wǒmen jiù zuǒyòu fēnchéng liǎng lù ❷【側近】左膀右臂 zuǒ bǎng yòu bì (英 *an aide*) ▶～に命じて資料を集める/命令亲近部下收集资料 mìnglìng qīnjìn bùxià shōují zīliào ▶まず～の意見を聞いた/先听一下部下的意见 xiān tīng yíxià bùxià de yìjiàn ～する《支配する》 ▶運命を～する/左右命运 zuǒyòu mìngyùn ▶生鮮野菜の価格は天候に～されがちだ/新鲜蔬菜的价格容易受到天气的影响 xīnxiān shūcài de jiàgé róngyì shòudào tiānqì de yǐngxiǎng ▶審判は感情に～されてはならない/裁判不能受感情所左右 cáipàn bùnéng shòu gǎnqíng suǒ zuǒyòu ▶人は環境に～される/人受到环境左右 rén shòudào huánjìng zuǒyòu

【日中比較】 中国語の '左右 zuǒyòu' は数量の後につくと「…くらい」という意味を表す。

ざゆうのめい【座右の銘】 座右铭 zuòyòumíng (英 *one's motto*) ▶あなたの～は何ですか/你的座右铭是什么？ nǐ de zuòyòumíng shì shénme?

さよう【左様】 那样 nàyàng;（肯定）没错 méi cuò (英 *so*) ▶～なことは一切存じません/那种事我完全不知道 nà zhǒng shì wǒ wánquán bù zhīdào ▶～でございます/对 duì

さよう【作用する】 作用 zuòyòng; 影响 yǐngxiǎng (英 *act*) ▶相互～/相互作用 xiānghù zuòyòng ▶自浄～が働かない/自净功能失效 zìjìng gōngnéng shīxiào ▶なだめる言葉が逆に～した/安慰的话反倒起了反作用 ānwèi de huà fǎndào qǐle fǎnzuòyòng ▶落ちた果実は自然の～で分解される/落下的果实被自然分解 luòxià de guǒshí bèi zìrán fēnjiě

さようなら 再见 zàijiàn; 再会 zàihuì →さよなら (英 *good-by*) ▶～を言う/告辞 gàocí; 辞别 cíbié ▶ごきげんよう，～/祝您平安，再见 zhù nín píng'ān, zàijiàn

さよく【左翼】 左派 zuǒpài; 左倾 zuǒqīng;《飛行機の》左翼 zuǒyì (英 *the left wing*) ▶～活動家/左派活动家 zuǒpài huódòngjiā ▶～呼ばわりされる/被人称为左派 bèi rén chēngwéi zuǒpài ▶～的傾向を示す/有左倾思想 yǒu zuǒqīng sīxiǎng

◆～団体:左派团体 zuǒpài tuántǐ

さよなら 告别 gàobié; 告辞 gàocí;（あいさつ）

再见 zàijiàn; 再会 zàihuì →さようなら (英 *good-by*) ▶今日で会社に～します/今天将和公司说再见 jīntiān jiāng hé gōngsī shuō zàijiàn ▶古い生活に～を告げる/跟旧的生活告别 gēn jiù de shēnghuó gàobié ▶～ホームラン/最后一局决定胜负的本垒打 zuìhòu yì jú juédìng shèngfù de běnlěidǎ ▶～パーティー/送别会 sòngbiéhuì

サヨリ【細魚】《魚》针鱼 zhēnyú (英 *a half-beak*)

さら《新品の》new ▶まっ～のタオル/新的毛巾 xīn de máojīn

さら【皿】**1**《大皿》盘子 pánzi (英 *a dish; a plate*) ▶《小皿》碟子 diézi (英 *a platter*) ▶～に盛る/盛在盘子里 chéngzài pánzili ▶晩飯には三～のおかずがついた/晚饭有三碟小菜 wǎnfàn yǒu sān dié xiǎocài ▶彼はもう一～平らげた/他又吃完了一盘儿 tā yòu chīwánle yì pánr ▶～洗いをする/洗盘子 xǐ pánzi

2《膝の》膝盖骨 xīgàigǔ (英 *a kneecap*) ▶膝の～にひびが入る/膝盖骨上发现骨裂 xīgàigǔ-shang fāxiàn gǔ liè

目を～のようにして探す 睁圆了眼睛寻找 zhēngyuánle yǎnjing xúnzhǎo

◆～洗い機/洗碗机 xǐwǎnjī

ざらにある 常见 chángjiàn; 俯拾即是 fǔ shí jí shì; 司空见惯 sīkōng jiàn guàn (英 *be common*) ▶盗作騒ぎは～にある話だ/剽窃事件司空见惯 piāoqiè shìjiàn sīkōng jiàn guàn ▶そんなことは～にあるものではない/那种事并不常见 nà zhǒng shì bìng bù chángjiàn ▶そんなのは～にあるできごとで誰も驚かない/那种事比比皆是,谁也不会吃惊 nà zhǒng shì bǐbǐ jiē shì, shéi yě búhuì chījīng

さらいげつ【再来月】下下月 xiàxiàyuè (英 *the month after next*)

さらいしゅう【再来週】下下周 xiàxiàzhōu (英 *the week after next*)

さらいねん【再来年】后年 hòunián (英 *the year after next*)

ざらう《復習する》复习 fùxí (英 *review*)

さらう【浚う】疏通 shūtōng; 疏浚 shūjùn (英 *clean; dredge*) ▶溝を～/疏浚沟渠 shūjùn gōuqú ▶川を浚って死体を捜す/淘河寻找尸体 táo hé xúnzhǎo shītǐ

さらう【攫う】抢走 qiǎngzǒu; 夺取 duóqǔ;《拉致》绑架 bǎngjià (英 *carry off*; [誘拐する] *kidnap*) ▶子供を～/拐走孩子 guǎizǒu háizi ▶全校の人気を～/博得全校喝彩 bódé quánxiào hècǎi ▶ボートが波にさらわれる/小船被波浪卷走了 xiǎochuán bèi bōlàng juǎnzǒu le

ざらがみ【ざら紙】粗纸 cūzhǐ (英 *rough paper*)

サラきん【サラ金】（面向工薪生活者的）高利贷 (miànxiàng gōngzī shēnghuózhě de) gāolìdài (英 *a consumer credit firm*) ▶～の取り立てに苦しむ/因被追讨高利贷而苦不堪言 yīn bèi zhuītǎo gāolìdài ér kǔ bù kān yán

さらけだす【さらけ出す】暴露 bàolù; 抖搂 dǒulou (英 *disclose*) ▶手の内を～/亮底 liàngdǐ ▶身内の恥を世間に～とはみっともない/把自家的耻辱暴露出来,太不体面了 bǎ zìjiā de chǐrǔ pùchūlai, tài bù tǐmiàn le ▶何もかもさらけ出して謝罪した/坦白谢罪 tǎnbái xièzuì ▶無知を～/暴露出无知 bàolùchū wúzhī

サラサ【更紗】《布地》印花布 yìnhuābù (英 *printed cotton; chintz*) ▶ジャワ～/爪哇印花布 Zhǎowā yìnhuābù

さらさら 1《擦れあう音》沙沙 shāshā; 飒飒 sàsà (英 *rustling*) ▶お茶漬けを～かきこむ/呼噜呼噜地把茶泡饭吃下去 hūlūhūlū de bǎ chápàofàn chīxiàqu ▶粉雪が～と降ってくる/雪花纷纷飘落 xuěhuā fēnfēn piāoluò ▶風に木の葉が～鳴る/风吹得树叶飒飒作响 fēng chuīde shùyè sàsà zuòxiǎng

2《水の流れ》潺潺 chánchán (英 *rippling*) ▶小川の水が～流れる/小河潺潺流过 xiǎohé chánchán liúguò

3《よどみない様》不停顿地 bù tíngdùn de (英 *fluently*) ▶～した土/稀松的沙土 xīsōng de shātǔ ▶手紙を～としたためる/刷刷地写信 shuāshuā de xiě xìn

さらさら【更更】丝毫(不) sīháo(bù); 一点儿也(不) yìdiǎnr yě(bù) (英 *not... at all*)

ざらざらする 刷拉刷拉 shuālāshuālā; 粗糙 cūcāo (英 *feel rough*) ▶床が砂で～する/沙子把地板弄得很不光滑 shāzi bǎ dìbǎn nòngde hěn bù guānghuá ▶～した声/粗声粗气 cūshēng cūqì ▶働きづめの母の掌は～していた/辛劳的母亲,手掌粗糙 xīnláo de mǔqin, shǒuzhǎng cūcāo

さらし【晒し】《布地》漂白布 piāobáibù (英 *bleached cotton*)

さらしもの【晒し者】被示众的罪人 bèi shìzhòng de zuìrén (英 *a criminal in the stocks*) ▶～になる/被众人嘲笑 bèi zhòngrén cháoxiào

さらす【晒す・曝す】**1**《日光に》晒 shài; 曝晒 pùshài (英 *expose*) ▶日に～/晒日光 shài rìguāng ▶日に晒されて色があせる/晒太阳会掉色 shài tàiyáng huì diàoshǎi ▶長年風雨に晒された塔はいまにも崩れそうだった/长年风吹雨淋,塔摇摇欲坠 chángnián fēng chuī yǔ lín, tǎ yáoyáo yù zhuì

2《水に》漂 piāo; 漂白 piǎobái (英 *soak*) ▶水に～/在水中漂白 zài shuǐ zhōng piǎobái ▶ほうれん草は塩水でゆでて水に晒します/把菠菜用盐水煮过以后,再放在清水里浸泡 bǎ bōcài yòng yánshuǐ zhǔguò yǐhòu, zài fàngzài qīngshuǐli jìnpào

3《人目に》(英 *expose to the public view*) 醜態を～/丢丑 diūchǒu ▶肌を～/赤露 chìlù ▶老醜を晒して生きております/不顾丢老丑地生活着 bú gù diū lǎochǒu de shēnghuózhe

4《危険などに》(英 *expose*) ▶身を危険に～/置身于险境 zhìshēn yú xiǎnjìng

サラソウジュ【沙羅双樹】〔植物〕娑罗双树 suōluóshuāngshù (英 *a sal tree*) ▶~の花の色、盛者必滅の理をあらわす/娑罗双树的花色，表示胜者必衰的哲理 suōluóshuāngshù de huāsè, biǎoshì shèngzhě bì shuāi de zhélǐ

サラダ〔料理〕色拉 sèlā; 沙拉 shālā; 生菜 shēngcài (英 *a salad*)
◆~オイル|色拉油 sèlāyóu; 生菜油 shēngcàiyóu ~ドレッシング|沙拉汁儿 shālāzhīr ~菜|沙拉菜 shālācài ~ボール|沙拉碗 shālāwǎn ハム~|火腿沙拉 huǒtuǐ shālā

さらち【更地】 空地 kòngdì (英 *an empty lot*) ▶~にする/腾出地皮 téngchū dìpí ▶我が家が取り壊しに~になった/我家被拆除，变成了空地 wǒ jiā bèi chāichú, biànchéngle kòngdì

ざらつく 粗糙 cūcāo (英 *feel rough*) ▶舌が~/舌面粗糙 shétiàn cūcāo ▶砂が舞って床が~/地板上落满灰尘，很不光滑 dìbǎnshang luòmǎn huīchén, hěn bù guānghuá

さらに【更に】 更 gèng; 更加 gèngjiā; 进一步 jìnyíbù (英 *still more*) ▶~努力する/更加努力 gèngjiā nǔlì ▶~調査する/进一步调查 jìnyíbù diàochá ▶~充実したサービスを提供する/提供更加充实的服务 tígōng gèngjiā chōngshí de fúwù ▶~悪いことに携帯の電池が切れてしまった/更糟糕的是，手机的电池也用光了 gèng zāogāo de shì, shǒujī de diànchí yě yòngguāng le

サラブレッド 英国产良种马 Yīngguóchǎn liángzhǒngmǎ (英 *a thoroughbred horse*)

サラミ（ソーセージ）《食品》腊香肠 làxiāngcháng; 色拉米香肠 sèlāmǐ xiāngcháng (英 *salami*)

ざらめ【粗目】(英 *granulated sugar*) ▶~糖/粗粒砂糖 cūlì shātáng ▶~雪/粗粒雪 cūlìxuě

サラリー 工资 gōngzī (英 *a salary*) ▶~をもらう/领工资 lǐng gōngzī ▶~マン/工薪阶层 gōngxīn jiēcéng

さらりと 光滑 guānghuá (英 *lightly*) ▶~した髪/光滑的头发 guānghuá de tóufa ▶~忘れた精光/清淡的酒 qīngdàn de jiǔ ▶~した味の酒/清淡的酒 qīngdàn de jiǔ

ザリガニ〔動物〕小龙虾 xiǎolóngxiā (英 *a crawfish; a crayfish*)

さりげない【さり気ない】 若无其事 ruò wú qí shì (英 *unconcerned; cool*) ▶~をする/轻装淡抹 qīngzhuāng dàn mǒ ▶刑事が~様子で男に話しかけた/刑警若无其事地跟那个男人搭话 xíngjǐng ruò wú qí shì de gēn nàge nánrén dāhuà ▶さり気なく告白する/很自然地吐露心声 hěn zìrán de tǔlù xīnshēng

サリチルさん【サリチル酸】〔化学〕水杨酸 shuǐyángsuān (英 *salicylic acid*)

さる【去る】 ❶【場所から】 走 zǒu; 离开 líkāi; 离去 líqù (英 *leave; quit*) ▶中国を~/离开中国 líkāi Zhōngguó ▶そうした考えが念頭を去らない/那个念头总是挥之不去 nàge niàntou zǒngshì huī zhī bú qù ▶台風は東の海上に去った/台风离开东部海面 táifēng líkāi dōngbù hǎimiàn ▶痛みはじきに去った/疼痛很快就消失了 téngtòng hěn kuài jiù xiāoshī le ▶この世を~/去世 qùshì

❷【時間的に】过去 guòqù; 过世 guòshì (英 *pass*) ▶今を~こと7年前/距现在七年前 jù xiànzài qī nián qián ▶~2月/刚过去的二月 gāng guòqù de èr yuè ▶そうして私の初恋は去っていった/就这样，我的初恋离我而去了 jiù zhèyàng, wǒ de chūliàn lí wǒ ér qù le

❸【隔てる】 距离 jùlí (英 *be distant*) ▶ここは東京を~こと500キロである/这儿离东京有五百公里 zhèr lí Dōngjīng yǒu wǔbǎi gōnglǐ
ことわざ **去る者は日々に疎(うと)し** 去者日日疏远 qùzhě rìrì shūyuǎn
去り難い 恋恋不舍 liànliàn bù shě; 舍不得离开 shěbude líkāi

さる【申】〔十二支〕申 shēn (英 *the year of the Monkey*) ▶父は~年、母は戌(いぬ)年の生まれなのです/爸爸属猴，妈妈属狗 bàba shǔ hóu, māma shǔ gǒu

さる【或る】 某 mǒu (英 *a certain*) ▶~人からこんな話を聞いた/从某人那里听说了这样的事 cóng mǒurén nàli tīngshuōle zhèyàng de shì ▶昔~ところに老婆さんが住んでいた/很久以前，在某个地方住着一位老婆婆 hěn jiǔ yǐqián, zài mǒu ge dìfang zhùzhe yí wèi lǎopópo

サル【猿】〔動物〕猴子 hóuzi (英 *a monkey; an ape*)
ことわざ **猿も木から落ちる** 老虎也有打盹儿的时候 lǎohǔ yě yǒu dǎdǔnr de shíhou

ざる【笊】 笊篱 zhàolí; 筐萝 pǒluo (英 *a bamboo basket*) ▶人々は~にお金を入れて洗う《銭洗弁天での風習》/人们把钱放在笊篱里洗 rénmen bǎ qián fàngzài zhàolí li xǐ
◆~碁|臭棋 chòuqí ~蕎麦|盛在笼屉里供餐的荞麦面条 chéngzài lǒngtì li gōngcān de qiáomài miàntiáo ~法|有漏洞的法律 yǒu lòudòng de fǎlǜ

さるぐつわ【猿轡】 堵嘴物 dǔzuǐwù (英 *a gag*) ▶~をかます/用东西堵住嘴 yòng dōngxi dǔzhù zuǐ

さるしばい【猿芝居】 猴戏 hóuxì;《下手なたくらみ》丑剧 chǒujù; 拙劣把戏 zhuōliè bǎxì (英 *a monkey show*) ▶説明会なんて住民を欺く~だ/所谓说明会，不过是欺骗居民的拙劣把戏 suǒwèi shuōmínghuì, búguò shì qīpiàn jūmín de zhuōliè bǎxì

サルスベリ【百日紅】〔植物〕紫薇 zǐwēi; 百日红 bǎirìhóng (英 *an crape myrtle*)

さるぢえ【猿知恵】 小聪明 xiǎocōngming (英 *shallow cunning*) ▶君の考えはしょせん~で失笑を買うだけだ/你的想法都是一些小聪明，只能被人笑话 nǐ de xiǎngfa dōu shì yìxiē xiǎocōngming, zhǐ néng bèi rén xiàohua

サルビア〔植物〕一串红 yíchuànhóng; 洋苏 yángsū (英 *a salvia*)

サルファざい【サルファ剤】 《薬》磺胺剂 huáng'ànjì (英 *a sulfa drug*)

サルベージ 救捞 jiùlāo; 海上救难 hǎishàng jiùnàn (英 *salvage*) ▶～船/海上救助船 hǎishàng jiùzhùchuán

さるまね【猿真似】 瞎模仿 xiā mófǎng; 东施效颦 Dōngshī xiào pín (英 *indiscriminate imitation*) ▶最初は西洋の～だと批判された/当初遭到批判,说是瞎模仿西方 dāngchū zāodào pīpàn, shuōshì xiā mófǎng xīfāng

さるまわし【猿回し】 猴戏 hóuxì; 耍猴儿 shuǎhóur (英 *a monkey showman*)

サルモネラきん【サルモネラ菌】 沙门菌 shāménjūn (英 *Salmonella*)

さるもの【然る者】 能手 néngshǒu (英 *a man of no mean ability*) ▶敵も～/不好对付 bù hǎo duìfù

-ざるをえない【-ざるを得ない】 不得不 bùdébù; 不能不 bùnéngbù (英 *have no other choice but to do*) ▶行か～/不得不去 bùdébú qù ▶引き受け～じゃないか/这不是非答应不可了吗？ zhè bú shì fēi dāying bùkě le ma？▶あの時はそうせざるを得なかったんだ/那次非得这么办 nà cì fēiděi zhème bàn

ざれうた【戯れ歌】 打油诗 dǎyóushī (英 *a comic song*)

されき【砂礫】 沙砾 shālì (英 *gravel*)

ざれごと【戯れ言】 戏言 xìyán; 玩笑的话 wánxiào de huà (英 *a joke*) ▶～を言う/开玩笑 kāi wánxiào

される 挨 ái; 被 bèi; 受 shòu ▶～がままになる/任人摆布 rèn rén bǎibu ▶馬鹿に～/被人瞧不起 bèi rén qiáobuqǐ ▶批判～/被批评 bèi pīpíng; 挨批评 ái pīpíng

サロン 沙龙 shālóng (英 *a salon*) ▶かつて貴族の～に出入りしていた/过去曾出入贵族沙龙 guòqù céng chūrù guìzú shālóng ▶ヘア～/美发廊 měifàláng ▶エステ～/美容院 měiróngyuàn

さわ【沢】 溪流 xīliú; 溪涧 xījiàn (英 *a swamp*) ▶～を登り/爬溪水源流 pá xīshuǐ yuánliú ▶～を渡る/渡过溪涧 dùguò xījiàn

さわかい【茶話会】 茶话会 cháhuàhuì (英 *a tea party*) ▶保育園の～で子育てについて話し合った/在保育院的茶话会上谈论育儿的话题 zài bǎoyùyuàn de cháhuàhuìshang tánlùn yù'ér de huàtí

さわがしい【騒がしい】 ❶『やかましい』 吵闹 chǎonào; 喧哗 xuānhuá; 嘈杂 cáozá (英 *noisy*) ▶子供が嫌いなのでなく, ～子供が嫌いなんだ/我不是讨厌孩子, 而是讨厌吵闹的孩子 wǒ bú shì tǎoyàn háizi, ér shì tǎoyàn chǎonào de háizi ▶ここは静かな住宅街だが朝から妙に～/这里是闲静的住宅街怎么一大早就这么吵闹 zhèlǐ shì xiánjìng de zhùzháiqū zěnme yídàzǎo jiù zhème chǎonào ▶～教室/吵闹的教室 chǎonào de jiàoshì ❷『情勢不安』 *troubled*) ▶世の中が～/世间动荡 shìjiān dòngdàng

さわがせる【騒がせる】 骚扰 sāorǎo; 轰动 hōngdòng; 喧闹 xuānnào (英 *disturb*) ▶お騒がせしました/打扰您了 dǎrǎo nín le ▶人騒がせな嘘をつくな/别撒弥天大谎 bié sā mí tiān dà huǎng

世間を～ ▶世間をお騒がせして申し訳ありません/惊动了社会, 非常抱歉 jīngdòngle shèhuì, fēicháng bàoqiàn

さわぎ【騒ぎ】 骚动 sāodòng; 骚乱 sāoluàn; 乱子 luànzi (英 *a noise; an uproar; a sensation*) ▶街はもうお祭り～だった/街上已经像过节一样喧闹了 jiēshang yǐjīng xiàng guòjié yíyàng xuānnào le ▶場内は大～になった/会场里一片喧哗 huìchǎngli yí piàn xuānhuá ▶ようやく～が静まった/混乱总算平息了下来 hùnluàn zǒngsuàn píngxīle xiàlai ▶町中そのニュースで大～だった/城里被那条新闻弄得沸沸扬扬 chénglǐ bèi nà tiáo xīnwén nòngde fèifèiyángyáng

◆爆弾～ ▶因炸弹引起的恐慌 yīn zhàdàn yǐnqǐ de kǒnghuāng

さわぎたてる【騒ぎたてる】 吵闹 chǎonào; 大惊小怪 dà jīng xiǎo guài; 叫嚣 jiàoxiāo (英 *make a big fuss*) ▶～ことはない/不要大惊小怪 búyào dà jīng xiǎo guài ▶～だけで背景や原因を追及しない/只是吵闹起哄却不追究事件的背景和原因 zhǐ shì chǎonào qǐhòng què bù zhuījiū shìjiàn de bèijǐng hé yuányīn ▶長年放置しておいて今になって～/长年以来置之不理, 现在却忽然炒作了起来 cháng nián yǐlái zhì zhī bù lǐ, xiànzài què hūrán chǎozuòle qǐlai ▶つまらないことで～/别为无聊的琐事而小题大做 bié wèi wúliáo de suǒshì ér xiǎotí dà zuò

さわぐ【騒ぐ】 ❶『声や音で』 吵 chǎo; 闹 nào; 吵闹 chǎonào (英 *make noise*) ▶子供が～/孩子吵闹 háizi chǎonào ▶自分で火を点けて火事だと～/自己放的火, 却吵闹着报火警 zìjǐ fàng de huǒ, què chǎonàozhe bào huǒjǐng ▶花見とは酒を飲んで～ことか/所谓赏花就是喝酒闹吗？ suǒwèi shǎnghuā jiù shì hē jiǔ húnào ma？ ❷『言い立てる』 骚动 sāodòng; 闹事 nàoshì (英 *clamor*) ▶別に～ほどのことではない/不值得大惊小怪 bù zhíde dà jīng xiǎo guài ▶女の子に騒がれるほどの男か/是那种值得让女生狂热的家伙吗？ shì nà zhǒng zhíde ràng nǚshēng kuángrè de jiāhuo ma？ ▶マスコミに騒がれる前に手を打つ/在大众媒体闹起来之前采取措施 zài dàzhòng méitǐ nàoqǐlai zhīqián cǎiqǔ cuòshī ❸『驚き・不安で』 (英 *get excited*) ▶血が～/热血沸腾 rèxuè fèiténg ▶胸が～/心里不安 xīnlǐ bù'ān

ざわざわ ❶『大勢の人が』 嘈杂 cáozá; 闹哄哄 nàohōnghōng (英 *noisily*) ▶観客の話し声が～と聞こえてくる/传来观众嘈杂的讲话声 chuánlái guānzhòng cáozá de jiǎnghuàshēng ❷『木の葉などが』 沙沙 shāshā (英 *rustlingly*) ▶木の葉が～音をたてる/树叶沙沙作响 shùyè shāshā zuòxiǎng

ざわつく 嘈杂 cáozá (英 get noisy) ▶心が～/志忑不安 tǎntè bù'ān

ざわめき 嘈杂声 cáozáshēng (英 noises) ▶～が遠のく/嘈杂声渐渐远去 cáozáshēng jiànjiàn yuǎnqù ▶一歩林に入ると木の葉の～が聞こえる/一走进树林就听到树叶沙沙作响 yì zǒujìn shùlín jiù tīngdào shùyè shāshā zuòxiǎng

ざわめく 嘈杂 cáozá (英 get noisy) ▶会場が～/会场嘈杂 huìchǎng cáozá ▶その歌手が舞台に出ると観客がざわめいた/那位歌星一登台，观众席上就热闹起来 nà wèi gēxīng yì dēngtái, guānzhòngxíshang jiù rènaoqǐlai

さわやか 爽やかな **❶**〖気分・環境が〗清爽 qīngshuǎng; 爽快 shuǎngkuai (英 fresh) ▶～な風/清风 qīngfēng ▶近頃～な目覚めを感じたことがない/最近醒来的时候没有清爽的感觉 zuìjìn xǐnglái de shíhou méiyǒu qīngshuǎng de gǎnjué ▶ぐっすり寝て気分が～である/睡得很熟，精神爽快 shuìde hěn shú, jīngshén shuǎngkuai ▶～な朝を迎える/迎来一个清爽的早晨 yínglái yí ge qīngshuǎng de zǎochen **❷**〖色や香り・人柄などが〗清淡 qīngdàn; 明快 míngkuài; 爽快 shuǎngkuai (英 cool) ▶～な香り/清香 qīngxiāng ▶弁舌～な人/舌锋敏捷的人 shéfēng mǐnjié de rén ▶彼女の～な笑顔が僕の活力源だった/她明快的笑容是我动力的源泉 tā míngkuài de xiàoróng shì wǒ dònglì de yuánquán

サワラ〖榁〗〖植物〗花柏 huābǎi

日中比較 日本語の「サワラ」は日本特産の常緑高木。中国語の'椹＝葚 shèn'は「桑の実」をいう。

サワラ〖鰆〗〖魚〗鲅鱼 bàyú; 马鲛鱼 mǎjiāoyú (英 a Spanish mackerel)

さわり〖触り〗**❶**〖触感〗触 chù (英 touch) ▶手～/手感 shǒugǎn ▶肌～のよい生地を選ぶ/选择穿起来舒服的布料 xuǎnzé chuānqǐlai shūfu de bùliào **❷**〖肝心な部分〗最精彩的部分 zuì jīngcǎi de bùfen (英 an impassioned passage) ▶～の演目を聞く/只听节目中最精彩的部分 zhǐ tīng jiémù zhōng zuì jīngcǎi de bùfen

さわり〖障り〗故障 gùzhàng; 障碍 zhàng'ài; 妨碍 fáng'ài (英 a bad effect) ▶仕事に～がある/影响工作 yǐngxiǎng gōngzuò ▶当たり～のない話をする/谈些无关痛痒的话 tán xiē wúguān tòngyǎng de huà

さわる〖触る〗**❶**〖接触〗触 chù; 触摸 chùmō; 沾手 zhānshǒu; 碰 pèng (英 touch; handle) ▶展示品に触らないで下さい/展出物品，请勿动手 zhǎnchū wùpǐn, qǐng wù dòngshǒu ▶指で赤ん坊の頬に触ってみる/用手指触摸婴儿的脸庞 yòng shǒuzhǐ chùmō yīng'ér de liǎnpáng ▶人の肩に触っても黙って通り過ぎる/碰到别人的肩膀却一声不吭走过去 pèngdào biéren de jiānbǎng què yì shēng bù kēng zǒuguòqu ▶金属類は～と冷たい/触摸金属，感到冰冷 chùmō jīnshǔ, gǎndào bīnglěng **❷**〖感情を害する〗触犯 chùfàn (英 irritate) ▶神経に～/伤害感情 shānghài gǎnqíng; 动人肝火 dòngrén gān huǒ **❸**〖かかわる〗(英 have to do with...) ▶寄ると～とその噂でもちきりだ/凑在一起就对那件事谈论不休 còuzài yìqǐ jiù duì nà jiàn shì tánlùn bù xiū

ことわざ 触らぬ神にたたりなし 多一事不如少一事 duō yí shì bùrú shǎo yí shì

さわる〖障る〗妨碍 fáng'ài (英 be harmful) ▶体に～/伤身体 shāng shēntǐ; 影响健康 yǐngxiǎng jiànkāng ▶しゃくに～/令人生气 lìng rén shēngqì ▶あいつのやることがいちいち気に～/那家伙干的事，样样惹人生气 nà jiāhuo gàn de shì, yàngyàng rě rén shēngqì

さん〖三〗三 sān;〖大字〗叄 sān (英 three) ▶日本～景/日本三大景观 Rìběn sān dà jǐngguān ▶～男坊は気楽でいいな/老三没有压力真好啊 lǎosān méiyǒu yālì zhēn hǎo a ▶～杯酢/用料酒，酱油和醋混合调制的调料 yòng liàojiǔ, jiàngyóu hé cù hùnhé tiáozhì de tiáoliào ▶「第～の男」(映画)/《第三个人 Dìsān ge rén》

さん〖桟〗〖建築〗梃子 língzi (英 a frame) ▶窓の～/窗棂子 chuānglíngzi

さん〖産〗**❶**〖出産〗生 shēng; 出生 chūshēng (英 a birth)〖産物〗出产 chūchǎn (英 a product) ▶台湾～の/台湾产的 Táiwānchǎn de ▶外国[国内]～の大豆/外国产的[国产]大豆 wàiguóchǎn de[guóchǎn]dàdòu ▶山形～のさくらんぼ/山形县出产的樱桃 Shānxíngxiàn chūchǎn de yīngtáo ▶彼は大阪の～である/他是大阪人 tā shì Dàbǎnrén **❸**〖財産〗(英 a property) ▶一代で～をなした/一代致富 yí dài zhìfù ▶初～ ▶初～が軽くてすんだ/第一胎轻松生产 dìyī tāi qīngsōng shēngchǎn

さん〖酸〗酸 suān (英 an acid) ▶このところ胃～過多なんだ/最近有些胃酸过多 zuìjìn yǒuxiē wèisuān guòduō

さん〖賛〗(英 a legend) ▶その絵には～がしてある/那幅画儿上有题诗 nà fú huàrshang yǒu tíshī

-さん〖敬称〗〖男性に〗先生 xiānsheng (英 Mr.);〖女性に〗女士 nǚshì, 小姐 xiǎojiě (英 Mrs.; Ms.) ▶周～/周先生 Zhōu xiānsheng ▶「～」付けで呼ぶ間柄/加上敬称来称呼的关系 jiāshàng jìngchēng lái chēnghu de guānxi ▶格～、且まって待ってくれ/阿格，且等一下 Ā Gé, qiě děng yíxià

さんい〖賛意〗赞成 zànchéng; 赞同 zàntóng (英 approval) ▶～を表する/表示赞成 biǎoshì zànchéng ▶～を得る/得到赞同 dédào zàntóng

さんいつ〖散逸する〗散失 sànshī (英 be scattered and lost) ▶～を防ぐ/防止散失 fángzhǐ sànshī ▶貴重な映像や写真が～する恐れがあ

る/珍贵的影像和照片有纷失之虞 zhēnguì de yǐngxiàng hé zhàopiàn yǒu fēnshī zhī yú ▶先生のコレクションの〜が惜しまれる/老师的藏品纷失真是太可惜了 lǎoshī de cángpǐn fēnshī zhēn shì tài kěxī le

さいいん【産院】 产院 chǎnyuàn (英 *a maternity hospital*)

さんか【参加する】 参加 cānjiā；参与 cānyù；加入 jiārù (英 *participate; participation*) ▶〜国/成员国 chéngyuánguó ▶シンポジウムに〜する/参加研讨会 cānjiā yántǎohuì ▶親子で〜する運動会/父母和孩子共同参与的运动会 fūmǔ hé háizi gòngtóng cānyù de yùndònghuì ▶300 名のマラソン選手がレースに〜した/有三百名马拉松选手参赛 yǒu sānbǎi míng mǎlāsōng xuǎnshǒu cānsài ▶オリンピックは〜することに意味がある/奥运会重在参与 Àoyùnhuì zhòngzài cānyù ▶展覧会への〜を申込む/申请参加展览会 shēnqǐng cānjiā zhǎnlǎnhuì

♦〜国 ▶〜国は120ヶ国に達した/参加国达到一百二十个 cānjiāguó dádào yìbǎi èrshí ge

さんか【惨禍】 惨祸 cǎnhuò；浩劫 hàojié (英 *disaster*) ▶戦争の〜/战争的浩劫 zhànzhēng de hàojié ▶原爆による〜を繰り返すな/不要重演原子弹的惨祸 búyào chóngyǎn yuánzǐdàn de cǎnhuò

さんか【産科】 产科 chǎnkē (英 *obstetrics*) ▶〜医/产科大夫 chǎnkē dàifu ▶〜医の不足は由々しき社会問題である/产科大夫不足是重大的社会问题 chǎnkē dàifu bùzú shì zhòngdà de shèhuì wèntí ▶病院［病棟］/产科医院［病房］ chǎnkē yīyuàn［bìngfáng］

さんか【傘下】 属下 shǔxià；附属 fùshǔ (英 *subsidiary*) ▶大手企業の〜に入る/归到大企业的属下 guīdào dàqǐyè de shǔxià

さんか【酸化する】 氧化 yǎnghuà (英 *oxidize*) ▶〜防止剤/阻氧化剂 zǔyǎnghuàjì ▶〜物/氧化物 yǎnghuàwù ▶〜作用/氧化作用 yǎnghuà zuòyòng ▶油脂は非常に〜しやすい性質をもっている/油脂具有非常容易氧化的性质 yóuzhī jùyǒu fēicháng róngyì yǎnghuà de xìngzhì

〜鉄/氧化铁 yǎnghuàtiě

さんか【賛歌】 赞歌 zàngē (英 *a song in praise*) ▶「雪山〜」［歌］/《雪山颂 Xuěshānsòng》 ▶あの小説は亡妻への〜なのだ/那部小说是献给亡妻的赞歌 nà bù xiǎoshuō shì xiàngěi wángqī de zàngē

さんが【山河】 江山 jiāngshān；山河 shānhé (英 *mountains and rivers*) ▶どれほどの〜を踏み越えてきただろう/到底踏过了多少山河啊 dàodǐ tàguòle duōshǎo shānhé a

さんが【参賀する】 朝贺 cháohè (英 *go and offer one's congratulations*) ▶宮中に〜する/进宫朝贺 jìn gōng cháohè

さんかい【山海】 (英 *mountains and seas*) ▶〜の珍味/山珍海味 shānzhēn hǎiwèi ▶〜の珍味をふんだんに盛り込んだ郷土料理/用山珍海味制作的豪华家乡菜 yòng shānzhēn hǎiwèi zhìzuò de háohuá jiāxiāngcài

さんかい【参会する】 与会 yùhuì；出席 chūxí (英 *attend a meeting*) ▶〜者のなかには外国人の姿もあった/与会者中还有外国人 yùhuìzhě zhōng hái yǒu wàiguórén

さんかい【散会する】 散会 sànhuì (英 *break up*) ▶会は午後9時に〜した/会议于下午九点散会 huìyì yú xiàwǔ jiǔ diǎn sànhuì ▶今日は出席者が少なく早々に〜した/今天出席的人太少, 很早就散会了 jīntiān chūxí de rén tài shǎo, hěn zǎo jiù sànhuì le

ざんがい【残骸】 残骸 cánhái (英 *a wreck*) ▶焼失したビルの〜/烧毁的大楼残骸 shāohuǐ de dàlóu cánhái ▶山中で不明機の〜を発見した/在山里发现了下落不明的飞机残骸 zài shānli fāxiànle xiàluò bùmíng de fēijī cánhái

さんかく【三角】 三角 sānjiǎo (英 *a triangle*) ▶目を〜にする/吊起眼角 diàoqǐ yǎnjiǎo ▶正〜形の内角はすべて60度である/正三角形的内角都是六十度 zhèngsānjiǎoxíng de nèijiǎo dōu shì liùshí dù

♦〜関数/三角函数 sānjiǎo hánshù 〜巾/三角巾 sānjiǎojīn 〜定規/三角规 sānjiǎoguī 〜錐/三棱锥 sānléngzhuī 〜測量/三角测量 sānjiǎo cèliáng 〜点/三角点

さんかく【参画する】 参与 cānyù (英 *take part in...*) ▶その計画に彼は当初から〜していた/他从一开始就参与了那个计划 tā cóng yì kāishǐ jiù cānyùle nàge jìhuà

さんがく【山岳】 山岳 shānyuè (英 *mountains*) ▶近年中高年の〜事故が多発している/近年来中老年的爬山事故频频发生 jìnnián lái zhōnglǎonián de páshān shìgù pínpín fāshēng

♦〜地方/山区 shānqū 〜部/〜部では新入部員を募集中です/登山俱乐部正在募集新部员 dēngshān jùlèbù zhèngzài mùjí xīnbùyuán

ざんがく【残額】 余额 yú'é (英 *the balance*) ▶ローンの〜を返済する/偿还贷款余额 chánghuán dàikuǎn yú'é ▶〜を支払う/支付余额 zhīfù yú'é

さんかくかんけい【三角関係】 三角恋爱 sānjiǎo liàn'ài (英 *a love triangle*) ▶〜のもつれによる殺人事件/因三角恋爱的纠葛而引发的杀人事件 yīn sānjiǎo liàn'ài de jiūgé ér yǐnfā de shārén shìjiàn ▶〜を清算する/了结三角恋爱的关系 liǎojié sānjiǎo liàn'ài de guānxi

さんかくす【三角洲】 三角洲 sānjiǎozhōu (英 *a delta*) ▶長江三角州（長三角）/长江三角洲（长三角）Chángjiāng sānjiǎozhōu (Cháng sānjiǎo)

さんがつ【三月】 三月 sān yuè (英 *March*)

さんかん【三寒】

〜四温/三寒四暖 sān hán sì nuǎn

さんかん【山間】 山区 shānqū；山间 shānjiān (英 *among the mountains*) ▶〜の町/山区里的镇子 shānqūli de zhènzi ▶〜の一軒宿/山里的

さんかん 一所旅館 shānli de yì suǒ lǚguǎn ▶～僻地で暮らす/在山沟里生活 zài shāngōuli shēnghuó

さんかん【参観する】 参观 cānguān; 观看 guānkàn (英 visit; inspect) ▶授業～/观摩教学 guānmó jiàoxué ▶お断り/谢绝参观 xièjué cānguān ▶～は事前予約が必要です/参观需要提前预约 cānguān xūyào tíqián yùyuē ▶今日は父親のための授業～日です/今天是为父亲们举办的学校观摩日 jīntiān shì wèi fùqinmen jǔbàn de xuéxiào guānmórì

さんかんぶ【山間部】 山区 shānqū; 山地 shāndì (英 a mountainous area) ▶～では雪になるでしょう/山区会下雪吧 shānqū huì xià xuě ba

ざんき【慚愧】 惭愧 cánkuì (英 shame) ▶～に堪えない/不胜惭愧 búshèng cánkuì ▶自分の仕事を省みて～の念にかられる/回顾自己的工作不胜惭愧 huígù zìjǐ de gōngzuò búshèng cánkuì

さんぎいん【参議院】 参议院 cānyìyuàn (英 the House of Councilors)

さんきゃく【三脚】 三脚架 sānjiǎojià (英 a tripod) ▶カメラを～に取り付ける/把照相机装在三脚架上 bǎ zhàoxiàngjī zhuāngzài sānjiǎojiàshang ▶妻と二人～でここまで来た/和妻相互扶持走到今天 hé qī xiānghù fúchí zǒudào jīntiān

ざんぎゃく【残虐な】 残虐 cánnüè; 凶残 xiōngcán; 残忍 cánrěn (英 cruel; brutal) ▶～な行為/凶残的行为 xiōngcán de xíngwéi ▶～なシーンが多いテレビゲーム/有很多残酷场景的电视游戏 yǒu hěn duō cánkù chǎngjǐng de diànshì yóuxì ▶核兵器の～性を世界に知らしめる/让世界了解核武器的残酷性 ràng shìjiè liǎojiě héwǔqì de cánkùxìng

さんきゅう【産休】 产假 chǎnjià (英 maternity leave) ▶～をとる/请产假 qǐng chǎnjià

さんきょう【山峡】 山峡 shānxiá (英 a gorge)

さんぎょう【産業】 产业 chǎnyè (英 industry) ▶～革命/产业革命 chǎnyè gémìng ▶～廃棄物/工业废弃物 gōngyè fèiqìwù ▶レジャー～/娱乐产业 yúlè chǎnyè ▶外食～/餐饮业 cānyǐnyè ▶流通～/物流业 wùliúyè; 流通业 liútōngyè ▶～構造の転換をはかる/谋求产业结构的转变 móuqiú chǎnyè jiégòu de zhuǎnbiàn ▶地場～を奨励する/奖励地域性产业 jiǎnglì dìyùxìng chǎnyè

> 日中比較 中国語の '产业 chǎnyè' は「商品・サービスを提供するための経済活動」という意味の他に「資産」の意味にもなる.

ざんぎょう【残業する】 加班 jiābān (英 work overtime) ▶～手当/加班费 jiābānfèi ▶毎日夜遅くまで～する/每天加班到深夜 měitiān jiābāndào shēnyè ▶サービス～を強いられる/被强制无偿加班 bèi qiángzhì wúcháng jiābān

ざんきん【残金】 余额 yú'é; 余款 yúkuǎn (英 the balance) ▶～はこれだけだ/余额只剩下这些了 yú'é zhǐ shèngxià zhèxiē le ▶～は来月にしてくれませんか/余款能延至下个月吗？ yúkuǎn néng yánzhì xià ge yuè ma?

サングラス 墨镜 mòjìng; 太阳镜 tàiyángjìng (英 sunglasses) ▶～をかける/戴墨镜 dài mòjìng

ざんげ【懺悔する】 忏悔 chànhuǐ (英 repent) ▶過去の過ちを～する/为以往的罪过而忏悔 wèi yǐwǎng de zuìguo ér chànhuǐ ▶～話を聞く/聆听忏悔 língtīng chànhuǐ ▶罪を～する/悔罪 huǐzuì

さんけい【山系】 山系 shānxì (英 a mountain range) ▶ヒマラヤ～/喜马拉雅山系 Xǐmǎlāyǎ shānxì

さんけい【参詣する】 参拜 cānbài; 朝拜 cháobài (英 visit) ▶～客/香客 xiāngkè ▶～者は毎日一人が絶えない/每天来这个寺院参拜的人群络绎不绝 měitiān lái zhège sìyuàn cānbài de rénqún luòyì bù jué

さんげき【惨劇】 惨案 cǎn'àn; 悲剧 bēijù (英 a tragedy) ▶～を繰り返す/不断制造惨案 búduàn zhìzào cǎn'àn ▶日常的な平和を瞬時に奪う戦争の～/日常的和平生活在一瞬间就被剥夺的战争悲剧 rìcháng de hépíng shēnghuó zài yíshùnjiān jiù bèi bōduó de zhànzhēng bēijù ▶～の現場/悲剧现场 bēijù xiànchǎng

さんけつ【酸欠】 缺氧 quēyǎng (英 oxygen deficiency) ▶マンホール内の～事故を防ぐ/防止在下水道里的缺氧事故 fángzhǐ zài xiàshuǐdàoli de quēyǎng shìgù ▶3000 メートル級の高山でよく～状態になる/在三千米级的高山上容易陷入缺氧状态 zài sānqiān mǐ jí de gāoshānshang róngyì xiànrù quēyǎng zhuàngtài

ざんげつ【残月】 残月 cányuè (英 a morning moon)

さんけん【散見する】 散见于各处 sǎnjiàn yú gèchù; 处处可见 chùchù kějiàn (英 be found here and there) ▶市街地の中に取り残されたような農地が～される/在市区里零星可以看到一些似乎是残留下来的农田 zài shìqūli língxīng kěyǐ kàndào yìxiē sìhū shì cánliúxiàlai de nóngtián

さんげん【三弦】 〖楽器〗三弦 sānxián (英 a samisen)

ざんげん【讒言】 谗言 chányán; 谮言 zènyán; 诽谤 fěibàng (英 slander) ▶彼を失脚させるために～した/为了让他下台而进谗言 wèile ràng tā xiàtái ér jìn chányán ▶彼の～により私は地位を失った/因为他的诽谤，我失去了自己的地位 yīnwèi tā de fěibàng, wǒ shīqùle zìjǐ de dìwèi

さんげんしょく【三原色】 三种原色 sān zhǒng yuánsè (英 the three primary colors)

さんけんぶんりつ【三権分立】 三权分立 sānquán fēnlì (英 separation of the three powers)

さんご【珊瑚】 珊瑚 shānhú (英 coral) ▶～樹/珊瑚树 shānhúshù ～礁/珊瑚礁 shānhújiāo

さんご【産後の】 产后 chǎnhòu (英 after childbirth) ▶～の肥立ちもよく、安心だ/产后恢复得

很好，这就放心了 chǎnhòu huīfùde hěn hǎo, zhè jiù fàngxīn le

さんこう【参考にする】 参考 cānkǎo; 参照 cānzhào (英 refer to...) ▶～資料／参考资料 cānkǎo zīliào ▶図書／参考书 cānkǎoshū ▶何を～に書いたの？／你参照什么写的？ nǐ cānzhào shénme xiě de? ▶～になる事例を紹介しましょう／介绍一些事例可供参考 jièshào yìxiē shìlì kě gōng cānkǎo

◆～書目《卷末の》 参考文献目录 cānkǎo wénxiàn mùlù ～人／～人の意見を聴取する／听取听证人的意见 tīngqǔ tīngzhèngrén de yìjiàn

ざんこう【残光】 残照 cánzhào; 余晖 yúhuī (英 an afterglow)

ざんごう【塹壕】 堑壕 qiànháo; 壕沟 háogōu; 战壕 zhànháo (英 a trench) ▶第一次大戦は事実上～戦であった／第一次世界大战实际上是一种堑壕战 dìyī cì shìjiè dàzhàn shíjìshang shì yì zhǒng qiànháozhàn

ざんこく【残酷な】 残酷 cánkù; 残忍 cánrěn (英 cruel; brutal) ▶優しい顔でずいぶん～なことを言うのですね／一副温柔的面孔，说的话够残酷的啊 yí fù wēnróu de miànkǒng, shuō de huà gòu cánkù de a ▶～な手口で人を殺す／用残忍的手段杀人 yòng cánrěn de shǒuduàn shā rén ▶それではあまりに～です／那太残酷了 nà tài cánkù le ▶寝たきり老人を～に取り扱う／残忍对待卧床不起的老人 cánrěn duìdài wòchuáng bù qǐ de lǎorén

さんさい【山菜】 野菜 yěcài (英 edible wild plants) ▶～を採りに山に入る／进山摘野菜 jìn shān zhāi yěcài ▶あの店は～料理が自慢である／那家店用野菜做的菜很有名 nà jiā diàn yòng yěcài zuò de cài hěn yǒumíng

さんざい【散在する】 散布 sànbù (英 lie scattered) ▶散布在村口外的石头佛像写生／给散布在村口外的石头佛像写生 gěi sànbù zài cūnkǒu wài de shítou fóxiàng xiěshēng ▶公共交通手段を持たない地域が数多く～する／有很多享受不到公交服务的地区分布在各地 yǒu hěn duō xiǎngshòubùdào gōngjiāo fúwù de dìqū fēnbù zài gèdì ▶校友は全国に～している／校友分布在全国各地 xiàoyǒu fēnbù zài quánguó gèdì

さんざい【散財する】 浪费 làngfèi (英 spend a lot of money) ▶人に～させる／让别人破费 ràng biérén pòfèi ▶今日はたいへん～をおかけしました／今天让您破费这么多 jīntiān ràng nín pòfèi zhème duō

さんさく【散策する】 散步 sànbù; 漫步 mànbù (英 stroll; walk) ▶川沿いを～する／沿着河散步 yánzhe hé sànbù

サンザシ【山査子】〖植物〗 山楂 shānzhā; 山里红 shānlǐhóng; 红果儿 hóngguǒr (英 a hawthorn)

さんさしんけい【三叉神経】〖解〗三叉神经 sānchā shénjīng (英 the trigeminal nerves)

ざんさつ【惨殺する】 惨杀 cǎnshā (英 murder brutally) ▶一家全員が～された／全家人惨遭杀害 quánjiārén cǎnzāo shāhài

◆～死体／惨遭杀害的尸体 cǎnzāo shāhài de shītǐ

さんさろ【三叉路】 三岔路 sānchàlù; 三岔路口 sānchà lùkǒu (英 a junction of three roads) ▶～を右に入る／在岔路口向右拐 zài chàlùkǒu xiàng yòu rù

さんさん【燦燦】 灿烂 cànlàn (英 brilliant) ▶太陽は～と輝く／阳光灿烂 yángguāng cànlàn ▶～と降りそそぐ太陽／灿烂的阳光 cànlàn de yángguāng

さんざん【散散】 (英 terribly) ▶～な目にあう／倒了大霉 dǎole dàméi ▶～迷惑をかける／添了很多麻烦 tiānle hěn duō máfan ▶今日のゲームは雨で～だった／今天的比赛被一场雨淋得狼狈不堪 jīntiān de bǐsài bèi yì chǎng yǔ línde lángbèi bù kān ▶～負かされる／输得一败涂地 shūde yí bài tú dì ▶病院では～待たされた／在医院等了大半天 zài yīyuàn děngle dàbàntiān ▶～不平をならべる／大发牢骚 dà fā láosao; 数落委屈 shùluo wěiqu ▶算数のテストは～な成績だった／算术考试的成绩糟透了 suànshù kǎoshì de chéngjì zāotòu le

さんさんくど【三三九度】 结婚的交杯酒仪式 jiéhūn de jiāobēijiǔ yíshì (英 the ceremony in traditional Japanese weddings of exchanging cups of sacred sake) ▶～の杯を交す／在婚礼上喝交杯酒 zài hūnlǐshang hē jiāobēijiǔ

さんさんごご【三三五五】 三三两两 sānsān liǎngliǎng; 三五成群 sān wǔ chéng qún (英 in twos and threes) ▶～打ち連れて来る／三三五五结伴而来 sānsān wǔwǔ jiébàn ér lái

さんし【蚕糸】 蚕丝 cánsī (英 silk yarn)

さんじ【参事】 参事 cānshì (英 a counselor)

さんじ【惨事】 惨案 cǎn'àn; 惨祸 cǎnhuò (英 a disaster; a tragedy) ▶旅客機が山中に激突する大～が起こった／客机撞到山里，发生了重大惨祸 kèjī zhuàngdào shānlǐ, fāshēngle zhòngdà cǎnhuò ▶ちょっとした不注意で事故が～が起きる／由于细小的疏忽会引发出悲惨的事故 yóuyú xìxiǎo de shūhu huì yǐnfāchū bēicǎn de shìgù

さんじ【産児】 生育 shēngyù (英 a newborn baby) ▶～制限／节制生育 jiézhì shēngyù; 计划生育 jìhuà shēngyù

さんじ【賛辞】 颂词 sòngcí; 赞词 zàncí (英 a compliment; praise) ▶引退する彼に心からの～を送った／向引退的他送上由衷的赞辞 xiàng yǐntuì de tā sòngshàng yóuzhōng de zàncí

ざんし【残滓】 (英 leavings; vestiges) ▶旧体制の～が形を変えて残っている／旧体制的残渣改变形式继续存在 jiùtǐzhì de cánzhā gǎibiàn xíngshì jìxù cúnzài

ざんし【惨死する】 惨死 cǎnsǐ (英 meet with a tragic death) ▶彼は翌日一体となって発見された／他在第二天变成一具惨不忍睹的尸体被发

現了 tā zài dì'èr tiān biànchéng yí jù cǎn bù rěn dǔ de shītǐ bèi fāxiàn le

ざんじ【暫時】 暫且 zànqiě; 暫时 zànshí; 一时 yìshí (英 *for a while*) ▶～休憩します/暂时休息 zànshí xiūxi ▶～お待ち下さい/暂请稍候 zàn qǐng shāo hòu

さんじかん【参事官】 参赞 cānzàn (英 *a counselor*)

サンシキスミレ【三色菫】 〔植物〕蝴蝶花 húdiéhuā (英 *a pansy*)

さんじげん【三次元の】 三次元 sāncìyuán; 立体(的) lìtǐ(de) (英 *three-dimensional*) ▶画像/立体画像 lìtǐ huàxiàng; 三维画像 sānwéi huàxiàng ▶我々は～の世界に生きている/我们生活在三维空间里 wǒmen shēnghuó zài sānwéi kōngjiānli

さんしすいめい【山紫水明】 山清水秀 shān qīng shuǐ xiù; 山明水秀 shān míng shuǐ xiù (英 *a scenic spot beauty*) ▶～のふるさとはどこへ消えたのか/山清水秀的故乡到哪里去了呢？ shān qīng shuǐ xiù de gùxiāng dào nǎli qù le ne?

さんしつ【産室】 产室 chǎnshì; 分娩室 fēnmiǎnshì (英 *a delivery room*)

さんしゃ【三者】 (英 *three persons*) ▶～の交涉/三方交涉 sānfāng jiāoshè ▶～三様の意見を言う/三方各持己见 sānfāng gè chí jǐ jiàn ♦～会談：三方会谈 sānfāng huìtán 第～機関:第三者機構 dìsānzhě jīgòu 第～評価:第三者的评价 dìsānzhě de píngjià; 局外人的评价 júwàirén de píngjià

ざんしゅ【斬首する】 斩首 zhǎnshǒu; 杀头 shātóu (英 *behead*) ▶彼は大衆の面前で～された/他被斩首示众 tā bèi zhǎnshǒu shìzhòng

さんしゅう【参集する】 聚集 jùjí (英 *gather*) ▶午後5時，正門前に～されたい/请于下午五时，在正门前集合 qǐngyú xiàwǔ wǔ shí, zài zhèngmén qián jíhé

さんじゅう【三重の】 三重 sānchóng (英 *triple*) ▶～奏/三重奏 sānchóngzòu ▶～唱/三重唱 sānchóngchàng ▶～衝突/汽车三重相撞的事故 qìchē sānchóng xiāngzhuàng de shìgù ▶～苦/三重痛苦 sānchóng tòngkǔ

さんじゅうろっけい【三十六計】 ことわざ 三十六計逃げるに如かず 三十六计走为上策 sānshíliù jì zǒu wéi shàngcè

さんしゅつ【産出する】 (資源) 出产 chūchǎn (英 *produce*; *yield*) ▶～額/产值 chǎnzhí ▶石油～国/产油国 chǎnyóuguó ▶オーストラリアは主要ウラン～国の一つだ/澳大利亚是世界上主要的铀矿生产国之一 Àodàlìyà shì shìjièshang zhǔyào de yóukuàng shēngchǎnguó zhīyī

さんしゅつ【算出する】 核计 héjì; 核算 hésuàn; 计算 jìsuàn (英 *calculate*) ▶見積もりを～する/估算 gūsuàn ▶経費を～する/计算经费 jìsuàn jīngfèi ▶コンピューターが～した数字は予想を裏切った/电子计算机计算出的数字与预想的不同 diànzǐ jìsuànjī jìsuàn chū de shùzì yǔ yùxiǎng de bùtóng

さんじゅつ【算術】 算术 suànshù (英 *arithmetic*) ▶～が下手だ/算术不好 suànshù bù hǎo

さんしゅのじんぎ【三種の神器】 三大件 sāndàjiàn (英 *the three status symbols*) ▶当節の若者の～は何かね/对现在的年轻人来说，三大件是什么呢？ duì xiànzài de niánqīngrén lái shuō, sān dàjiàn shì shénme ne?

サンシュユ【山茱萸】 〔植物〕山茱萸 shānzhūyú (英 *a Japanese cornel*)
▎参考 山茱萸は中国・朝鲜原産.

さんじょ【賛助する】 赞助 zànzhù (英 *support*) ▶～会員/赞助会员 zànzhù huìyuán ▶～会費/赞助会费 zànzhù huìfèi ▶運送業界の～を得る/得到物运行业的赞助 dédào wùyùn hángyè de zànzhù ▶～出演する/赞助演出 zànzhù yǎnchū

ざんしょ【残暑】 秋老虎 qiūlǎohǔ (英 *the heat of late summer*) ▶～見舞い/残暑问安 cánshǔ wèn'ān ▶～お見舞い申し上げます/谨致残暑季节的问候 jǐnzhì cánshǔ jìjié de wènhòu ▶9月半ば過ぎというのに～がきびしい/已经过了九月中旬，秋老虎还这么厉害 yǐjing guòle jiǔ yuè zhōngxún, qiūlǎohǔ hái zhème lìhai

さんしょう【参照する】 参看 cānkàn; 参阅 cānyuè; 参见 cānjiàn (英 *refer to*...) ▶別紙～/参阅另纸 cānyuè lìng zhǐ ▶関連資料を～する/参阅相关资料 cānyuè xiāngguān zīliào

サンショウ【山椒】 〔植物〕花椒 huājiāo (英 *Japanese pepper*) ▶～の実/花椒(籽儿) huājiāo(zǐr)
ことわざ 山椒は小粒でもぴりりと辛い 身体小，能力大 shēntǐ xiǎo, nénglì dà

さんじょう【三乗】 〔数〕立方 lìfāng (英 *cube*) ▶3の～は27である/3的三乘为二十七 sān de sān chéng wéi èrshíqī ▶～根:立方根 lìfānggēn

さんじょう【参上する】 拜访 bàifǎng; 访问 fǎngwèn (英 *visit*)

さんじょう【惨状】 惨状 cǎnzhuàng; 悲惨状况 bēicǎn zhuàngkuàng (英 *a terrible sight*) ▶原爆投下直後の～を撮影した写真/记录着原子弹爆炸后惨状的照片 jìlùzhe yuánzǐdàn bàozhà hòu cǎnzhuàng de zhàopiàn ▶事故の～を伝えるニュース/报道事故惨状的新闻 bàodào shìgù cǎnzhuàng de xīnwén ▶被災民の～は言語に絶するものがある/受灾居民的惨状难以言表 shòuzāi jūmín de cǎnzhuàng nányǐ yán biǎo

ざんしょう【残照】 夕照 xīzhào; 残照 cánzhào (英 *an afterglow*) ▶～に輝く金閣寺/映照残阳的金閣寺 yìngzhào cányáng de Jīngésì

サンショウウオ【山椒魚】 〔動物〕鲵鱼 níyú; 娃娃鱼 wáwayú (英 *a salamander*)

さんしょく【三色の】 三色 sānsè (英 *tricolored*) ▶～旗/三色旗 sānsèqí ▶～ボールペン/三色圆珠笔 sānsè yuánzhūbǐ ♦～菫 (すみれ)：蝴蝶花 húdiéhuā

さんしょく【三食】 (英 *three meals*) ▶～昼寝

付きの生活をしてみたい/想过一过一日三餐外带午睡的悠闲生活 xiǎng guò yí guò yí rì sān cān wài dài wǔshuì de yōuxián shēnghuó

さんしょく【蚕食する】 蚕食 cánshí (英 encroach) ▶領土を～する/蚕食领土 cánshí lǐngtǔ ▶海外企業に市場が～されている/被外国企业蚕食市场 bèi wàiguó qǐyè cánshí shìchǎng

さんじょく【産褥】 产褥 chǎnrù; 产床 chǎnchuáng (英 confinement) ▶～期/产褥期 chǎnrùqī ▶～につく/坐月子 zuò yuèzi

さんじる【参じる】 拜访 bàifǎng (英 visit) ▶馳せ～/急驰而来[去] jí chí ér lái[qù]

ざんしん【斬新な】 崭新 zhǎnxīn; 新颖 xīnyǐng (英 novel; original) ▶～な発想と創造性が欠かせない/不可缺乏新颖的构思和创造性 bùkě quēfá xīnyǐng de gòusī hé chuàngzàoxìng ▶～な意匠/新颖的设计 xīnyǐng de shèjì

さんすい【山水】 山水 shānshuǐ (英 a landscape painting) ▶～画/山水画 shānshuǐhuà ▶もともと～画を得意とする画家だった/她原来是一位擅长山水画的画家 tā yuánlái shì yí wèi shàncháng shānshuǐhuà de huàjiā 枯～/用砂石摹写山水景的庭园 yòng shāshí móxiě shānshuǐ fēngjǐng de tíngyuán

さんすい【散水する】 洒水 sǎ shuǐ; 喷水 pēn shuǐ (英 sprinkle... with water) ▶～車/洒水车 sǎshuǐchē ▶スプリンクラーで～する/用洒水器洒水 yòng sǎshuǐqì sǎ shuǐ

さんすう【算数】 算术 suànshù (英 arithmetic)

さんすくみ【三竦みになる】 三者互相牵制 sānzhě hùxiāng qiānzhì (英 get into a three-cornered confusion) ▶政界は～の状態から抜け出せないでいる/政界无法脱离三者相互牵制的局面 zhèngjiè wúfǎ tuōlí sānzhě xiānghù qiānzhì de júmiàn

サンスクリット 梵语 Fànyǔ (英 Sanskrit)

さんずのかわ【三途の川】 冥河 mínghé (英 the River Styx) ▶～を渡る/渡冥河 dù mínghé ▶～の川べりから引き返してきた/到了冥河边又被拉了回来 dàole mínghébiān yòu bèi lālehuílai

さんする【産する】 ❶【採れる】 出产 chūchǎn (英 produce) ▶小麦を～/产小麦 chǎn xiǎomài ▶アスベストは天然に～繊維状の鉱物である/石棉是一种自然形成的纤维状矿物 shímián shì yì zhǒng zìrán xíngchéng de xiānwéizhuàng kuàngwù ❷【出産】 生 shēng (英 give birth to...) ▶女児を～/生女儿 shēng nǚ'ér

さんせい【三省する】 三省 sānxǐng (英 reflect on... (three times a day))

さんせい【参政】 参政 cānzhèng (英 participation in politics) ▶～権/参政权 cānzhèngquán ▶永住外国人の～権/定居外国人的参政权 dìngjū wàiguórén de cānzhèngquán

さんせい【酸性】 酸性 suānxìng (英 acidity) ▶～土壌/酸性土壤 suānxìng tǔrǎng ◆～雨/酸雨 suānyǔ ▶～雨の影響で樹木が立ち枯れしている/受酸雨的影响，树木枯萎了

受到酸雨的影响，树木枯萎了 shòudào suānyǔ de yǐngxiǎng, shùmù kūwěi le ～紙/酸性纸 suānxìngzhǐ

さんせい【賛成する】 同意 tóngyì; 赞成 zànchéng; 赞同 zàntóng (英 agree; approve) ▶～多数/多数赞成 duōshù zànchéng ▶～少数で条例案は否決された/由于只有少数赞成，条例议案被否决了 yóuyú zhǐ yǒu shǎoshù zànchéng, tiáolì yì'àn bèi fǒujué le ▶委員の過半数が～する/超过半数的委员表示赞成 chāoguò bànshù de wěiyuán biǎoshì zànchéng ▶私は彼の意見には～しない/我不同意他的意见 wǒ bù tóngyì tā de yìjiàn ▶～の方は挙手して下さい/赞成的人请举手 zànchéng de rén qǐng jǔ shǒu ▶～投票をする/投赞成票 tóu zànchéngpiào

さんせき【山積する】 堆积如山 duījī rú shān (英 pile up) ▶～する課題を解決する/解决累积如山的问题 jiějué lěijī rú shān de wèntí ▶仕事が～している/工作堆积如山 gōngzuò duījī rú shān

ざんせつ【残雪】 残雪 cánxuě (英 the remaining snow) ▶高い山には～が多いので登山には要注意/高山上积着很多残雪，爬山时要多加小心 gāoshānshang jīzhe hěn duō cánxuě, páshan shí yào duō jiā xiǎoxīn

さんせん【参戦する】 参战 cānzhàn (英 enter a war) ▶彼らは来年のダカール・ラリーに～する/他们要参加明年从巴黎到达喀尔的汽车越野赛 tāmen yào cānjiā míngnián cóng Bālí dào Dákā'ěr de qìchē yuèyěsài ▶あの国は～を拒否した/那个国家拒绝参战 nàge guójiā jùjué cānzhàn

さんぜん【産前】 产前 chǎnqián (英 before childbirth) ▶～産後の休みをとる/产前产后休产假 chǎnqián chǎnhòu xiū chǎnjià

さんぜん【燦然と】 灿烂 cànlàn (英 brilliantly) ▶～と輝く/光辉灿烂 guānghuī cànlàn ▶彼の功績は永遠に～と輝く/他的功绩永远灿烂辉煌 tā de gōngjì yǒngyuǎn cànlàn huīhuáng

さんそ【酸素】 氧 yǎng (英 oxygen) ▶～ボンベ/氧气瓶 yǎngqìpíng ▶～化合物/氧化物 yǎnghuàwù ▶～液/液态氧 yètàiyǎng ◆～吸入/吸氧 xī yǎng ～マスク/氧气面罩 yǎngqì miànzhào

さんそう【山荘】 山庄 shānzhuāng; 山里的别墅 shānli de biéshù (英 a mountain villa) ▶暮らしも快適とは言えない/山间别墅的生活也说不上舒适 shānjiān biéshù de shēnghuó yě shuōbushàng shūshì ▶軽井沢に～を構えている/在轻井泽拥有山间别墅 zài Qīngjǐngzé yōngyǒu shānjiān biéshù

ざんぞう【残像】 视觉残留 shìjué cánliú; 余象 yúxiàng (英 an afterimage) ▶あの事故の～はいつまでも消えることがない/那个事故留下的阴影怎么也去不掉 nàge shìgù liúxià de yīnyǐng zěnme yě qùbudiào

さんぞく【山賊】 劫匪 jiéfěi; 土匪 tǔfěi (英 a bandit) ▶このあたりは～が出没する/这一带土匪

出没 zhè yídài tǔfěi chūmò ▶ ～行為/土匪行为 tǔfěi xíngwéi

さんそん【山村】 山村 shāncūn; 山庄 shānzhuāng (英 *a mountain village*) ▶ この美しい～もダムの底になる/这个美丽的山村也将被淹没在水库的湖底 zhège měilì de shāncūn yě jiāng bèi yānmò zài shuǐkù de húdǐ

ざんぞん【残存】 残存 cáncún; 残留 cánliú (英 *remain*) ▶ ～する産業廃棄物を処理する/处理残留的产业垃圾 chǔlǐ cánliú de chǎnyè lājī
◆～物:残留物体 cánliú wùtǐ

さんだい【参内する】 进宫 jìngōng (英 *visit the Imperial Palace*)

ざんだか【残高】 余额 yú'é (英 *the balance*) ▶ 預金～/存款余额 cúnkuǎn yú'é ▶ ～照会/余额查询 yú'é cháxún ▶ 収入支出差引～/收支相抵后的结算余额 shōuzhī xiāngdǐ hòu de jiésuàn yú'é
◆繰越～:累计结余 lěijì jiéyú

サンタクロース 圣诞老人 Shèngdàn lǎorén (英 *Santa Claus*)

さんだつ【簒奪する】 篡夺 cuànduó (英 *usurp*) ▶ 政権を～/篡夺政权 cuànduó zhèngquán

サンダル 凉鞋 liángxié (英 *sandals*) ▶ 履きで仕事をするのはいかがなものか/穿着凉鞋上班合适吗? chuānzhe liángxié shàngbān héshì ma ▶ ～を突っかけて街に出る/趿拉着凉鞋上街 tālazhe liángxié shàngjiē

さんたん【惨憺たる】 惨淡 cǎndàn; 悲惨 bēicǎn (英 *terrible*) ▶ 苦心～/苦心惨淡 kǔxīn cǎndàn ▶ 大いなる期待に反し～たる結果に終わる/(人们)抱着巨大的期盼却落得一个悲惨的结果 (rénmen)bàozhe jùdà de qīpàn què luòde yí ge bēicǎn de jiéguǒ ▶ 焼け跡は実に～たる光景を呈していた/一片焦土呈现出凄凉的景象 yí piàn jiāotǔ chéngxiànchū qīliáng de jǐngxiàng

さんたん【賛嘆する】 称叹 chēngtàn; 赞叹 zàntàn (英 *admire*) ▶ ～の眼差しで見つめる/用赞许的目光注视着 yòng zànxǔ de yǎnguāng zhùshìzhe ▶ その絵のみごとさに舌を巻いて～した/为那幅画的精彩而赞不绝口 wèi nà fú huà de jīngcǎi ér zàn bù juékǒu

さんだん【算段する】 张罗 zhāngluo; 筹措 chóucuò (英 [金を] *raise*; [くふうする] *contrive*) ▶ やりくり／～/东拼西凑 dōngpīn xīcòu ▶ 学費を～する/张罗学费 zhāngluo xuéfèi ▶ 資金を～する/筹集资金 chóují zījīn ▶ 夏服を買う～ばかりしている/她只想着如何买夏装 tā zhǐ xiǎngzhe rúhé mǎi xiàzhuāng ▶ うまく父に金を出させる～だった/想让父亲出钱来着 xiǎng ràng fùqin chū qián láizhe

さんだんじゅう【散弾銃】 散弹枪 sǎndànqiāng (英 *a shotgun*)

さんだんとび【三段跳び】【スポーツ】三级跳远 sān jí tiàoyuǎn (英 *the triple jump*)

さんだんろんぽう【三段論法】【論理学】三段论 sānduànlùn (英 *a syllogism*)

さんち【山地】 山地 shāndì; 山区 shānqū (英 *a mountainous district*)

さんち【産地】 产地 chǎndì (英 *a place of production*) ▶ ～直送のいちごを売る/在街头卖从产地直接运来的草莓 zài jiētóu mài cóng chǎndì zhíjiē yùnlái de cǎoméi ▶ みかんの～/橘子的产地 júzi de chǎndì ▶ この地方は米の～として名高い/这个地方是有名的稻米之乡 zhè dìfang shì yǒumíng de dàomǐ zhī xiāng

さんちょう【山頂】 山巅 shāndiān; 山峰 shānfēng (英 *a mountaintop*) ▶ 今はロープウエーで簡単に～に登れる/现在坐上缆车就可以轻而易举地登上山顶 xiànzài zuòshàng lǎnchē jiù kěyǐ qīng ér yì jǔ de dēngshàng shāndǐng ▶ ～からの展望は素晴らしい/从山顶上展望, 十分壮观 cóng shāndǐngshang zhǎnwàng, shífēn zhuàngguān

さんてい【算定する】 估计 gūjì; 估算 gūsuàn; 计量 jìliàng (英 *calculate*) ▶ 土地価格の～基準/地价的估算基准 dìjià de gūsuàn jīzhǔn ▶ 航空運賃はどうやって～するのか/航空运费是如何估算的呢? hángkōng yùnfèi shì rúhé gūsuàn de ne?

ざんてい【暫定の】 暂定 zàndìng (英 *provisional*) ▶ ～条例/暂行条例 zànxíng tiáolì ▶ ～予算/暂定预算 zàndìng yùsuàn ▶ 一定の地域で～的に施行する/在限定区域暂行实施 zài xiàndìng qūyù zànxíng shíshī
◆～措置:暂行措施 zànxíng cuòshī

サンデー 《アイスクリームの》圣代 shèngdài; 什锦冰激凌 shíjǐn bīngjīlíng (英 *a sundae*) ▶ チョコレート～/巧克力圣代 qiǎokèlì shèngdài ▶ いちご～/草莓圣代 cǎoméi shèngdài

さんど【三度】 三次 sān cì (英 *three times*; *thrice*) ▶ ～の食事にも事欠く始末だ/现在连一日三餐都吃不上 xiànzài lián yí rì sān cān dōu chībushàng
ことわざ 二度あることは三度ある 一而再, 再而三 yī ér zài, zài ér sān
ことわざ 仏の顔も三度 事不过三 shì bú guò sān
～目の正直 ▶ ～目の正直, 今度はついに合格したぞ/第三次总算梦想成真, 终于合格了 dìsān cì zǒngsuàn mèngxiǎng chéng zhēn, zhōngyú hégé le

サンドイッチ 【料理】三明治 sānmíngzhì; 三文治 sānwénzhì (英 *a sandwich*) ▶ 昼食は軽く～で済ませました/午饭随便吃了一点儿三明治 wǔfàn suíbiàn chīle yìdiǎnr sānmíngzhì

さんとう【三等】 三等 sān děng (英 *the third place*) ▶ ～賞/三等奖 sān děng jiǎng ▶ ～親/三等亲 sān děng qīn ▶ 新天地を求め, ～船に乗って移民した/为了谋求新天地, 坐上三等船舱去移民 wèile móuqiú xīntiāndì, zuòshàng sān děng chuáncāng qù yímín

さんどう【山道】 山道 shāndào (英 *a mountain path*) ▶ 高野山の～を一人の旅僧が道を急ぐ/高野山的山路上有一位云游僧在赶路 Gāoyěshān de shānlùshang yǒu yí wèi yúnyóusēng zài gǎnlù

さんどう【参道】 参拝用的道路 cānbài yòng de dàolù (英 *the approach (to a shrine)*) ▶表/正面的参拜道路 zhèngmiàn de cānbài dàolù ▶浅草寺の～には商店が立ち並ぶ/浅草寺的参拜道路两旁，商店鳞次栉比 Qiǎncǎosì de cānbài dàolù liǎngpáng, shāngdiàn lín cì zhì bǐ

さんどう【桟道】 栈道 zhàndào (英 *a plank bridge*) ▶蜀の～/(三国時代)蜀国的栈道 (Sānguó shídài) Shǔguó de zhàndào

さんどう【賛同する】 赞同 zàntóng (英 *approve*) ▶理事会の～を得る/得到董事会的赞同 dédào dǒngshìhuì de zàntóng ▶諸君の～を求める/谋求各位的赞同 móuqiú gèwèi de zàntóng ▶私は～しかねる/我无法赞同 wǒ wúfǎ zàntóng

ざんとう【残党】 余党 yúdǎng (英 *the remnants*) ▶何人かの～は森の中に逃げ込んだ/有几个残余分子逃进了森林里 yǒu jǐ ge cányú fènzǐ táojìnle sēnlínlǐ

さんとうぶん【三等分する】 三等分 sān děngfēn (英 *trisect*) ▶ケーキを～するのは意外に難しい/没想到要把蛋糕分成三等分还挺难的 méi xiǎngdào yào bǎ dàngāo fēnchéng sān děngfēn hái tǐng nán de

サンドバッグ 沙袋 shādài (英 *a punching bag*) ▶俺が叩かれ続ける～になる《批判を浴びる》/我会成为众矢之的 wǒ huì chéngwéi zhòng shǐ zhī dì

サンドペーパー 砂纸 shāzhǐ (英 *sandpaper*) ▶塗装する前に～で軽く磨いておく/在涂装之前用砂纸轻轻地研磨 zài túzhuāng zhīqián yòng shāzhǐ qīngqīng de yánmó

さんにゅう【参入する】 加入 jiārù; 进入 jìnrù (英 *enter*) ▶新規～/新进入 xīn jìnrù

さんにゅう【算入する】 算入 suànrù (英 *include*) ▶損金として～する/计算到亏损资金上 jìsuàndào kuīsǔn zījīnshang ▶必要経費に～する/计算到必要经费上 jìsuàndào bìyào jīngfèishang

さんにん【三人】 三个人 sān ge rén (英 *three persons*) ▶「～姉妹」(チェーホフ)/《三姉妹》Sānzǐmèi》 [ことわざ] 三人寄れば文殊の知恵 三个臭皮匠赛过诸葛亮 sān ge chòupíjiang sàiguò Zhūgě Liàng

ざんにん【残忍な】 残酷 cánkù; 残忍 cánrěn; 狠毒 hěndú (英 *cruel*) ▶息子は～な性格で危険な人間だ/儿子性格残忍，是个危险的人物 érzi xìnggé cánrěn, shì ge wēixiǎn de rénwù

さんにんしょう【三人称】 第三人称 dìsān rénchēng (英 *the third person*)

ざんねん【残念な】 遺憾 yíhàn; 可惜 kěxī; 惋惜 wǎnxī (英 *regrettable*) ▶～ですが/很遗憾的是 hěn yíhàn de shì ▶せっかくお越しいただいたのに～です/您难得来访却达成目的实在遗憾 nín nándé láifǎng què dáchéng mùdì shízài yíhàn ▶～ながらあなたは不合格です/很遗憾你不及格

hěn yíhàn nǐ bù jígé ▶君が参加できなくてまことに～だ/你不能参加真遗憾 nǐ bùnéng cānjiā zhēn yíhàn ▶御招待に応じられないのは～です/承蒙招待，不能前往，实在抱歉 chéngméng zhāodài, bùnéng qiánwǎng, shízài bàoqiàn ▶～なことに経済的理由で退学を余儀なくされた/遗憾的是由于经济上的原因不得不退学 yíhàn de shì yóuyú jīngjìshang de yuányīn bùdébù tuìxué ▶ああ、～！/真可惜,太遗憾了！▶みんな地団駄を踏んで～がった/大家捶胸顿足懊悔不已 dàjiā chuí xiōng dùn zú àohuǐ bùyǐ

さんば【産婆】 接生婆 jiēshēngpó (英 *a midwife*) ▶私たち親子は同じ～に取り上げられた/我们父子都是由一位接生婆接生的 wǒmen fùzǐ dōu shì yóu yí wèi jiēshēngpó jiēshēng de

サンバ 桑巴舞 sāngbāwǔ (英 *the samba*) ▶ブラジルで～を踊る/在巴西跳桑巴舞 zài Bāxī tiào sāngbāwǔ

さんぱい【参拝する】 参拜 cānbài; 礼拜 lǐbài (英 *worship*) ▶～客/香客 xiāngkè ▶神社に～する/去神社参拜 qù shénshè cānbài

ざんぱい【惨敗する】 惨敗 cǎnbài (英 *suffer a crushing defeat*) ▶つまらぬミスを連発してチームは～した/连连失误我方一败涂地 liánlián shīwù wǒfāng yí bài tú dì; 我们队由于接二连三地发生无谓的失误而一败涂地 wǒmen duì yóuyú jiē èr lián sān de fāshēng wúwèi de shīwù ér yí bài tú dì ▶収賄疑惑の市長が選挙で～した/牵涉受贿嫌疑的市长在选举中输得一塌糊涂 qiānshè shòuhuì xiányí de shìzhǎng zài xuǎnjǔ zhōng shūde yì tā hútu

さんばいきゅうはい【三拝九拝する】 三拜九叩 sān bài jiǔ kòu (英 *bow many times*) ▶～してやっとOKをもらった/一个劲儿地磕头作揖总算得到了承诺 yí ge jìnr de kētóu zuòyī zǒngsuàn dédàole chéngnuò

さんばがらす【三羽烏】 最杰出的三人 zuì jiéchū de sān rén; 三杰 sān jié (英 *a distinguished trio*) ▶囲碁界の若手～/围棋界最杰出的三位年轻棋手 wéiqíjiè zuì jiéchū de sān wèi niánqīng qíshǒu

さんばし【桟橋】 码头 mǎtou; 船埠 chuánbù (英 *a pier*) ▶～に船を横づけにする/把船横靠在栈桥边 bǎ chuán héng kàozài zhànqiáobiān

さんぱつ【散発的】 零散 língsǎn; 零星 língxīng (英 *sporadic*) ▶夜間～の銃声が聞こえた/夜晚听到零星的枪声 yèwǎn tīngdào língxīng de qiāngshēng ▶地方都市では～的な抗議デモが続いている/在地方城市仍零零散散不断发生抗议游行 zài dìfang chéngshì réng línglíngsǎnsǎn búduàn fāshēng kàngyì yóuxíng

[日中比較] 中国語の'散发 sànfā' は「配布する」こと、「香りなどを発する」ことをいう。

さんぱつ【散髪】 理发 lǐfà (英 *have one's hair cut*) ▶かみさんに～してもらった/让老婆给我理发 ràng lǎopo gěi wǒ lǐfà

ざんばらがみ【ざんばら髪】 披头散发 pī tóu

さんぱつ〔散髪〕 ► ~した頭/disheveled hair)

ざんぱん〔残飯〕 剰饭 shèngfàn 〔英 *the leavings (of a meal)*〕 ► 給食の~はほとんど生ゴミとして処理/学校的剩饭大多作为厨房垃圾处理 xuéxiào de shèngfàn dàduō zuòwéi chúfáng lājī chǔlǐ ► ~をあさって生き延びる/靠吃剩饭求生存 kào chī shèngfàn qiú shēngcún

さんはんきかん〔三半規管〕〔解〕半规管 bànguīguǎn〔英 *three semicircular canals*〕

さんび〔賛頌する〕 歌颂 gēsòng; 赞美 zànměi 〔英 *praise; admire*〕 ► ~歌/赞美歌 zànměigē ► 大自然を~する/赞美大自然 zànměi dàzìrán

さんぴ〔賛否〕 赞成和反对 zànchéng hé fǎnduì 〔英 *approval and disapproval*〕 ► 憲法改正の~を問う/关于修改宪法之可否,征求意见 guānyú xiūgǎi xiànfǎ zhī kěfǒu, zhēngqiú yìjiàn
♦~両論 ► その判決には~両論があった/关于那项判决,存在赞成与反对两种意见 guānyú nà xiàng pànjué, cúnzài zànchéng yǔ fǎnduì liǎng zhǒng yìjiàn

さんびょうし〔三拍子〕 ❶〔音楽〕三拍子 sān pāizi〔英 *triple time*〕 ❷〔条件〕 *three important conditions*〕 ► ~揃った一切条件具备 yíqiè tiáojiàn jùbèi ► 原作·俳優·監督~揃った話題作/原作、演员和导演三强联手的一部不同凡响的作品 yuánzuò、yǎnyuán hé dǎoyǎn sān qiáng liánshǒu de yí bù bùtóng fánxiǎng de zuòpǐn

ざんぴん〔残品〕 剩货 shènghuò 〔英 *the remaining stocks*〕 ► 〜僅少/库存所剩无几 kùcún suǒ shèng wújǐ

さんぶ〔三部〕〔英 *three parts*〕
♦~合唱:三重唱 sānchóngchàng

さんぷ〔産婦〕 产妇 chǎnfù〔英 *a woman in childbed*〕

さんぷ〔散布する〕 撒 sǎ; 散布 sànbù 〔英 *spray; scatter*〕 ► 除草剂を~する/洒除草剂 sǎ chúcǎojì ► 農薬剤を空中に~する/中空喷洒农药 kōngzhōng pēnsǎ nóngyào

ざんぶ〔残部〕 剩余部分 shèngyú bùfen〔英 *the rest*〕 ► 僅少/存货无几 cúnhuò wújǐ

さんぷく〔山腹〕 山坡 shānpō; 山腰 shānyāo 〔英 *a hillside*〕 ► ~は一面ツツジの花だった/山腰上盛开着一片杜鹃花 shānyāoshang shèngkāizhe yí piàn dùjuānhuā ► その寺は標高 250m の~にある/那座寺庙坐落在海拔二百五十米的山坡上 nà zuò sìmiào zuòluò zài hǎibá èrbǎi wǔshí mǐ de shānpōshang

さんぶさく〔三部作〕 分成三部的作品 fēnchéng sān bù de zuòpǐn; 三部曲 sānbùqǔ〔英 *a trilogy*〕 ► 「ゴッド·ファーザー」~/《教父》三部曲《Jiàofù》sānbùqǔ

さんふじんか〔産婦人科〕 妇产科 fùchǎnkē 〔英 *obstetrics and gynecology*〕 ► 近くの病院に~が新設された/附近的医院新设了妇产科 fùjìn de yīyuàn xīn shèle fùchǎnkē
♦~医 妇产科医生 fùchǎnkē yīshēng

さんぶつ〔産物〕 产物 chǎnwù〔英 *a product*; [成果] *a result*〕 ► 偶然の~/偶然的产物 ǒurán de chǎnwù ► 努力の~/努力的结果 nǔlì de jiéguǒ ► この制度は政治的妥協の~だ/这项制度是政治妥协的产物 zhè xiàng zhìdù shì zhèngzhì tuǒxié de chǎnwù ► 我が村の主要~はさくらんぼ、りんごです/我们村子的主要产品是樱桃和苹果 wǒmen cūnzi de zhǔyào chǎnpǐn shì yīngtáo hé píngguǒ

ざんぶと〔英 *with a splash*〕 ► ~水に飛び込む/"扑通"一声跳进水里去 "pūtōng" yì shēng tiàojìn shuǐli qu

サンプル 货样 huòyàng; 样本 yàngběn; 样品 yàngpǐn〔英 *a sample*〕 ► ~を採る/采样 cǎiyàng ► サンプリング調査/取样调查 qǔyàng diàochá ► へそ曲がりの~みたいな人だ/那人可以说是性情乖僻的典型 nà rén kěyǐ shuō shì xìngqíng guāipì de diǎnxíng

さんぶん〔散文〕 散文 sǎnwén〔英 *prose*〕 ► ~詩/散文诗 sǎnwénshī ► ~的な印象でロマンに欠ける/给人以散文式的印象,缺少浪漫色彩 gěi rén yǐ sǎnwénshì de yìnxiàng, quēshǎo làngmàn sècǎi

さんぽ〔散歩する〕 散步 sànbù; 溜达 liūda; 随便走走 suíbiàn zǒuzou〔英 *take a walk*〕 ► ~に出かける/出去散步 chūqù sànbù ► ~がてら/散步时顺便 sànbù shí shùnbiàn ► 毎朝近所を1時間ほど~するのが日課です/每天习惯在附近散步一个来小时 měitiān xíguàn zài fùjìn sànbù yí ge lái xiǎoshí ► 公園を~している途中偶然彼に会った/在公园散步的途中碰见了他 zài gōngyuán sànbù de lùshang pèngjiànle tā ► 犬を~させる/遛狗散步 liù gǒu sànbù

さんぼう〔参謀〕 参谋 cānmóu; 智囊 zhìnáng 〔英 *the staff; a staff officer*; [相談役] *an adviser*〕 ► 選挙~/选举顾问 xuǎnjǔ gùwèn ► あの会長には山田という~がついている/那个会长后面有一个叫山田的参谋 nàge huìzhǎng hòumian yǒu yí ge jiào Shāntián de cānmóu
♦~総長:总参谋长 zǒngcānmóuzhǎng ~本部:参谋本部 cānmóu běnbù

サンマ〔秋刀魚〕〔魚〕秋刀鱼 qiūdāoyú〔英 *a saury*〕 ► ~を焼く/烤秋刀鱼 kǎo qiūdāoyú ► 今年は~が豊漁だ/今年是秋刀鱼的丰收年 jīnnián shì qiūdāoyú de fēngshōunián

さんまい〔三枚〕 三张 sān zhāng; 三片 sān piàn〔英 *three pieces; three sheets*〕 ~におろす《魚》切成三片 qiēchéng sān piàn

さんまい〔三昧〕〔英 *absorption*〕 ► 読書~/埋头读书 máitóu dúshū ► 引退後毎天热衷于打高尔夫球 yǐntuì hòu měitiān rèzhōng yú dǎ gāo'ěrfūqiú
♦贅沢~ ► 贅沢~に育てられる/从小过着穷奢极欲的生活 cóngxiǎo guòzhe qióng shē jí yù de shēnghuó ► 贅沢~に暮らす/过着奢华的生活 guòzhe shēhuá de shēnghuó

さんまいめ〔三枚目〕 第三张 dìsān zhāng; 丑

角 chǒujué；小丑 xiǎochǒu（英 *a comedian*）▶～の写真は構図がいい/第三张照片的构图很好 dìsān zhāng zhàopiàn de gòutú hěn hǎo ▶とんだ～を演じちゃったよ/我到底出了洋相了 wǒ dàodǐ chūle yángxiàng le

さんまん【散漫な】 散漫 sǎnmàn；松散 sōngsǎn（英 *loose*）▶注意力～/注意力不集中 zhùyìlì bù jízhōng ▶テーマがはっきりせず～な印象しか残らない/主题不明确，只能给人留下松散的印象 zhǔtí bù míngquè, zhǐ néng gěi rén liúxià sōngsǎn de yìnxiàng ▶あんな～な読書では何も頭に残るまい/那么心不在焉地读书，什么也记不住 nàme xīn bú zài yān de dúshū, shénme yě jìbuzhù

さんみ【酸味】 酸味 suānwèi（英 *acidity; a sour taste*）▶～のある/酸的 suān de；酸不唧儿 suānbujīr ▶～が強い/酸味很强 suānwèi hěn qiáng ▶～を利かす/多用酸味 duō yòng suānwèi

さんみいったい【三位一体】 三位一体 sān wèi yì tǐ（英 *the Trinity*）

さんみゃく【山脈】 山脉 shānmài（英 *a mountain range*）▶アルプス～/阿尔卑斯山脉 Ā'ěrbēisī shānmài ▶ヒマラヤ～/喜马拉亚山脉 Xǐmǎlāyà shānmài

ざんむせいり【残務整理する】 办理善后工作 bànlǐ shànhòu gōngzuò；结束剩下事务 jiéshù shèngxià shìwù（英 *settle the remaining business*）▶退職を前に～に追われている/离职前，因为处理善后事务而十分繁忙 lízhí qián, yīnwèi chǔlǐ shànhòu shìwù ér shífēn fánmáng

さんめんきじ【三面記事】 社会新闻 shèhuì xīnwén（英 *city news*）▶～を熱心に読む/热衷于阅读社会新闻 rèzhōng yú yuèdú shèhuì xīnwén

さんめんきょう【三面鏡】 三面镜 sānmiànjìng（英 *a three-way mirror*）

さんもん【三文】 三文钱 sānwénqián；《比喻》极小的价值 jí xiǎo de jiàzhí（英 *cheapness*）▶～の値打ちもない/一文不值 yì wén bù zhí ▶小説/低级小说 dījí xiǎoshuō ▶～判で間に合わせる/用现成的廉价图章应付 yòng xiànchéng de liánjià túzhāng yìngfù ▶早起きは～の徳/早起三分利 zǎo qǐ sān fēn lì ▶～文士/三流的文人 sānliú de wénrén

さんもん【山門】 山门 shānmén（英 *a temple gate*）▶万福寺の～/万福寺的山门 Wànfúsì de shānmén

さんや【山野】 山野 shānyě（英 *fields and mountains*）▶～を駆け巡る/在山野上奔跑 zài shānyěshang bēnpǎo

さんやく【三役】 三个重要位置 sān ge zhòngyào wèizhì（英 *the three top-ranking officials*）▶党～/党内三要职 dǎngnèi sān yàozhí

さんやく【散薬】 药粉 yàofěn（英 *a powder medicine*）

さんゆこく【産油国】 产油国 chǎnyóuguó（英 *an oil-producing country*）▶ロシアは重要な～である/俄国是重要的产油国 Éguó shì zhòngyào de chǎnyóuguó

さんよ【参与する】 参与 cānyù（英 *participate in…*）▶国政に～する/参与国政 cānyù guózhèng

ざんよ【残余】 残余 cányú（英 *the rest*）▶～額/残余额 cányú'é；剩余 shèngyú ▶～の問題は引き続き検討するものとする/剩余的问题留待继续探讨 shèngyú de wèntí liúdài jìxù tàntǎo

さんようすうじ【算用数字】 阿拉伯数字 Ālābó shùzì（英 *Arabic numerals*）

さんらん【産卵する】 产卵 chǎnluǎn（英 *lay eggs*）▶～期/产卵期 chǎnluǎnqī ▶海龟は砂浜に～すると海へ帰る/海龟在沙滩上产卵后回到大海 hǎiguī zài shātānshang chǎnluǎn hòu huídào dàhǎi

さんらん【散乱する】 散乱 sǎnluàn（英 *be scattered about*）▶ゴミ箱の周辺にゴミが～している/垃圾箱四周散乱着垃圾 lājīxiāng sìzhōu sǎnluànzhe lājī

さんらん【燦爛たる】 灿烂 cànlàn（英 *brilliant*）▶～と輝く/光辉灿烂 guānghuī cànlàn ▶川の水に～たる陽光を照り返している/河水莹莹反射出灿烂的阳光 héshuǐ yíngyíng fǎnshèchū cànlàn de yángguāng

さんりゅう【三流の】 三流 sānliú；低级 dījí（英 *third-rate*）▶～映画/三流电影 sānliú diànyǐng ▶僕なんか～会社の一社員さ/我反正是三流公司的三流员工呗 wǒ fǎnzheng shì sānliú gōngsī de sānliú yuángōng bei

ざんりゅう【残留する】 残留 cánliú；残存 cáncún；留下 liúxià（英 *remain behind; stay behind*）▶～孤児/残留孤儿 cánliú gū'ér ▶農薬が～する/残存农药 cáncún nóngyào ▶片岡選手は来年もチームに～することにした/片冈选手明年也留在球队 Piàngāng xuǎnshǒu míngnián yě liúzài qiúduì

さんりん【山林】 山林 shānlín（英 *mountains and forests*）▶～地帯/林区 línqū ▶大規模な～火災が発生する/发生大规模的山林火灾 fāshēng dàguīmó de shānlín huǒzāi

さんりんしゃ【三輪車】 三轮车 sānlúnchē（英 *a tricycle*）▶三輪運搬車/平板三轮车 píngbǎn sānlúnchē ▶（観光用の）人力～/（观光用的）三轮车（guānguāng yòng de）sānlúnchē ▶子供が庭で～に乗っている/孩子在院子里骑小三轮车 háizi zài yuànzili qí xiǎosānlúnchē

サンルーム〔建築〕日光室 rìguāngshì（英 *a sunroom*）

さんれつ【参列する】 列席 lièxí；出席 chūxí（英 *attend*）▶葬儀に～する/列席葬礼 lièxí zànglǐ ▶表彰式には～者が多かった/出席表彰式的人很多 chūxí biǎozhāngshì yíshì de rén hěn duō

さんろく【山麓】 山脚 shānjiǎo；山麓 shānlù（英 *the foot of a mountain*）▶富士～を歩く/走在富士山脚下 zǒuzài Fùshìshān jiǎoxià

し

し【氏】（⊛［氏族］*a family*;［敬称］*Mr...*）▶某～/某人 mǒu rén; 某某先生 mǒumǒu xiānsheng

し【史】 历史 lìshǐ（⊛ *history*）▶～をひもとく/翻阅历史 fānyuè lìshǐ
◆日本～|日本史 Rìběnshǐ

し【四】 四 sì;《大字》肆 sì（⊛ *four*）

し【市】 市 shì; 城市 chéngshì（⊛［都市］*a city*;［行政区画］*a municipality*）▶上海～/上海市 Shànghǎishì ▶～に掛け合って保育園を作らせた/与市进行交涉，让其创建了托儿所 yǔ shì jìnxíng jiāoshè, ràng qí chuàngjiànle tuō'érsuǒ
◆～役所|市政府 shìzhèngfǔ

し【死】 死 sǐ; 死亡 sǐwáng（⊛ *death*）▶～に瀕する/瀕死 bīnsǐ ▶～に臨む/临死 línsǐ ▶危ない遊びが～を招く/危险的游戏招致死亡 wēixiǎn de yóuxì zhāozhì sǐwáng ▶～を賭して戦う/拼死搏斗 pīnsǐ bódòu ▶～を覚悟する/抱着必死的决心 bàozhe bì sǐ de juéxīn ▶酒が彼の～を早めた/饮酒加速了他的死亡 yǐnjiǔ jiāsùle tā de sǐwáng ▶恩師の～をいたむ/哀悼恩师逝世 āidào ēnshī shìshì
◆事故～|意外死亡 yìwài sǐwáng 自然～|自然死亡 zìrán sǐwáng ～の商人|军火商 jūnhuǒshāng ～の灰|原子尘 yuánzǐchén

し【師】 师 shī; 老师 lǎoshī;《プロの資格》师 shī（⊛ *a teacher*）▶～と仰ぐ/拜师 bàishī ▶～についてピアノを学ぶ/投师学习弹钢琴 tóushī xuéxí tán gāngqín ▶福沢先生を～と仰ぐ/尊福泽先生为师 zūn Fúzé xiānsheng wéi shī
◆美容～|美容师 měiróngshī

し【詞】 词 cí（⊛ *words*; *a speech*）▶～を作る/赋词 fù cí

し【詩】 诗 shī; 诗篇 shīpiān（⊛［全体］*poetry*;［1 編］*a poem*）▶～を作る/赋诗 fù shī; 作诗 zuò shī ▶～的な/富有诗意 fùyǒu shīyì

シ【音楽】 西 xī《ドレミ音階の第 7 音》（⊛ *si*）

-し（⊛ *and*; *besides*）▶腹は減った～頭は痛い～/又饿头又疼 yòu è tóu yòu téng; 又饿又疼 yòu è yòu téng

じ【地】 ❶【大地】地 dì（⊛ *the ground*）▶～ならし/平整土地 píngzhěng tǔdì
❷【素肌】皮肤 pífū（⊛ *one's skin*）▶～が白い/皮肤白 pífū bái
❸【布地】质地 zhìdì（⊛ *texture*）▶～の厚い/质地厚 zhìdì hòu ▶白～に青い模様の布/白底蓝花的布 báidǐ lánhuā de bù
❹【本性】天生 tiānshēng; 本相 běnxiàng（⊛ *one's nature*）▶～が出る/露出本相 lòuchū běnxiàng ▶彼女は演技をせず～で行くだけでよかった/她不靠演技，个人本色就很自然 tā bú kào yǎnjì, gèrén běnsè jiù hěn zìrán
ことわざ 雨降って地固まる 不打不成交 bù dǎ bù chéngjiāo

じ【字】 字 zì; 文字 wénzì（⊛ *a character*;［筆跡］*handwriting*）▶～を書く/写字 xiě zì ▶ちょうめんな～/工工整整的字 gōnggōngzhěngzhěng de zì ▶～が上手だ/字写得好 zì xiěde hǎo ▶大きい～で署名する/以大字签名 yǐ dàzì qiānmíng

じ【次】《次の》下 xià;《順序など》次 cì（⊛［次の］*the next*;［順序］*order*）▶～世代/下一代 xià yí dài ▶第二～/第二次 dì'èr cì

じ【時】（⊛ *time*; *o'clock*）▶午後 3 ～/午后三时 wǔhòu sān shí ▶下午三点 xiàwǔ sān diǎn ▶～ラッシュ/交通高峰时 jiāotōng gāofēngshí 何～ですか/几点？jǐ diǎn? ▶ちょうど 4 ～半/正好四点半 zhènghǎo sì diǎn bàn ▶ひかり 45 号は 13 ～ 20 分に発車する/光四十五号电车十三点二十分发车 guāng sìshíwǔ hào diànchē shísān diǎn èrshí fēn fāchē

じ【痔】【医】痔 zhì; 痔疮 zhìchuāng（⊛ *piles*; *hemorrhoids*）

じ【辞】（⊛ *a speech*）▶開会の～/开幕词 kāimùcí ▶祝～を述べる/致祝词 zhì zhùcí

しあい【試合】 比赛 bǐsài; 竞赛 jìngsài（⊛ *a match*; *a game*）▶～に出場する/参加比赛 cānjiā bǐsài ▶～を挑む/摆擂台 bǎi lèitái; 参与竞赛 cānyù jìngsài ▶我々は昨日京南大学と野球の～をした/我们昨天和京南大学比赛棒球了 wǒmen zuótiān hé Jīngnán dàxué bǐsài bàngqiú le ▶～に勝った/比赛获胜了 bǐsài huòshèng le ▶～の結果はどうでしたか/比赛结果怎么样？bǐsài jiéguǒ zěnmeyàng?
◆練習～|练习赛 liànxísài

じあい【自愛する】 保重 bǎozhòng; 珍重 zhēnzhòng（⊛ *take care of oneself*）▶酷暑の折から御～下さい/时值盛夏，请多保重 shí zhí shèngxià, qǐng duō bǎozhòng

じあい【慈愛】 慈爱 cí'ài（⊛ *love*; *affection*）▶～に満ちた/充满慈爱的 chōngmǎn cí'ài de

しあがり【仕上がり】 完成的情况 wánchéng de qíngkuàng（⊛ *finish*）▶～は明日です/明天完成 míngtiān wánchéng ▶内装の～が悪い/装潢做得不好 zhuānghuáng zuòde bùhǎo

しあがる【仕上がる】 做完 zuòwán; 完成 wánchéng（⊛ *be finished*）▶作品が～/作品完成 zuòpǐn wánchéng

しあげ【仕上げ】 完成 wánchéng; 最后加工 zuìhòu jiāgōng（⊛ *a finish*; *finishing touches*）▶～に念を入れる/精心加工 jīngxīn jiāgōng ▶～のすんでいない床（％）/没完工的地板 méigōng de dìbǎn

～をご覧（ろん）じろ 请看最后结果 qǐng kàn zuìhòu jiéguǒ

じあげ【地上げする】 强行收买土地 qiángxíng shōumǎi tǔdì（⊛ *buy plots of land up by force*）

しあげる【仕上げる】 完成 wánchéng; 做完

zuòwán（英 *finish*）▶今週中に仕上げてください/请于本周内完成 qǐngyú běn zhōunèi wánchéng

しあさって【明明後日】 大后天 dàhòutiān（英 *two days after tomorrow*）

しあつ【指圧】（英 *shiatsu; acupressure*）▶～療法/指压疗法 zhǐyā liáofǎ
◆～療法師/指压按摩师 zhǐyā ànmóshī

しあわせ【幸せな】 幸福 xìngfú; 幸运 xìngyùn（英 *happy*）▶～な家庭/幸福的家庭 xìngfú de jiātíng ▶～に暮らす/生活得很幸福 shēnghuódé hěn xìngfú ▶～者/幸运者 xìngyùnzhě ▶何が～になるかわからない/真料不到什么事会带来幸运 zhēn liàobùdào shénme shì huì dàilái xìngyùn ▶あなたの～を祈って《祈願する言葉》/祝你幸福 zhù nǐ xìngfú

しあん【私案】 个人设想 gèrén shèxiǎng（英 *one's private plan*）

しあん【思案】 思考 sīkǎo; 考虑 kǎolù; 寻思 xúnsi（英 *think*）▶～に暮れる/一筹莫展 yì chóu mò zhǎn ▶ほかに～のしようがない/想不出别的方法了 xiǎngbuchū biéde fāngfǎ le ▶ここが～のしどころだ/这是我该考虑的地方 zhè shì wǒ gāi kǎolǜ de dìfang
◆～顔/面带愁容 miàn dài chóuróng

しあん【試案】 试行方案 shìxíng fāng'àn（英 *a tentative plan*）▶改革の～を会議にかける/开会讨论改革的试行方案 kāihuì tǎolùn gǎigé de shìxíng fāng'àn

シアン〔化学〕氰 qíng（英 *cyanogen*）▶～化合物/氰化合物 qíng huàhéwù

しい【四囲】 四周 sìzhōu; 周围 zhōuwéi（英 *surroundings*）▶～の情勢/周围的情势 zhōuwéi de qíngshì ▶日本は～を海に囲まれている/日本四周环海 Rìběn sìzhōu huán hǎi

しい【思惟する】 思维 sīwéi; 思惟 sīwéi; 思考 sīkǎo（英 *think*）

しい【恣意】 恣意 zìyì; 任意 rènyì（英 *arbitrariness*）▶～的な/恣意的 zìyì de ▶我々は会長の～と憶測に振り回された/我们被会长的任意猜测折腾够了 wǒmen bèi huìzhǎng de rènyì cāicè zhēteng gòu le

じい【示威する】 示威 shìwēi（英 *demonstrate*）▶～運動/示威运动 shìwēi yùndòng

じい【自慰】 ❶【自ら慰める】自慰 zìwèi（英 *self-consolation*）❷【オナニー】手淫 shǒuyín（英 *masturbation*）

じい【辞意】 辞职之意 cízhí zhī yì（英 *one's intention to resign*）▶～を表明する/表明辞职之意 biǎomíng cízhí zhī yì ▶～が固い/辞职的意愿坚决 cízhí de yìyuàn jiānjué

シーエム【CM】 广告 guǎnggào（英 *a commercial*）

しいか【詩歌】 诗歌 shīgē（英 *poems; poetry*）

しいく【飼育する】 养 yǎng; 喂 wèi; 饲养 sìyǎng（英 *breed; raise*）▶～係/饲养员 sìyǎngyuán ▶金魚を～する/养金鱼 yǎng jīnyú

じいさん【爺さん】 老头儿 lǎotóur; 老大爷 lǎodàye（英 *an old man*）

シーシー【CC】 立方厘米 lìfāng límǐ《立方センチメートル》

じいしき【自意識】 自我意识 zìwǒ yìshí（英 *self-consciousness*）▶お前は～過剰なんだよ/你是自我意识太强了 nǐ shì zìwǒ yìshí tài qiáng le

シージャック 劫夺船只 jiéduó chuánzhī（英 *a seajack*）

シースルー 透明服装 tòumíng fúzhuāng（英 *see-through*）

シーズン 季节 jìjié（英 *a season*）▶行楽の～最盛期/出游旺季 chūyóu wàngjì

シーズンオフ 淡季 dànjì（英 *the off-season*）

シーソー 压板 yàbǎn; 跷跷板 qiāoqiāobǎn（英 *a seesaw*）▶～ゲーム/拉锯战 lājùzhàn

シイタケ【椎茸】（きのこ）香菇 xiānggū; 香蕈 xiāngxùn;《どんこ》冬菇 dōnggū（英 *a shiitake mushroom*）

しいたげる【虐げる】 虐待 nüèdài; 摧残 cuīcán; 欺凌 qīlíng（英 *oppress*）▶弱者を～/虐待弱者 nüèdài ruòzhě ▶虐げられた人々/受虐待的人们 shòu nüèdài de rénmen

シーツ 被单 bèidān; 床单 chuángdān; 褥单 rùdān（英 *a sheet*）▶ベッドの～を取り替える/换床单 huàn chuángdān

しいて【強いて】 勉强 miǎnqiǎng; 硬 yìng（英 *by force*）▶～勉强させることはない/不必非用功不可 búbì fēi yònggōng bùkě ▶～そうなさることはありません/你不需要勉强那么做 nǐ bù xūyào miǎnqiǎng nàme zuò

シーディー【CD】 光盘 guāngpán（英 *a CD*）▶～プレーヤー/光盘播放机 guāngpán bōfàngjī ▶～ロム《CD-ROM》/只读光盘 zhǐ dú guāngpán

シート ❶〖席〗座席 zuòxí（英 *a seat*）▶～が堅くて尻が痛い/座席硬,弄得臀部疼疼 zuòxí yìng, nòngde túnbù téng ▶～ベルトをお締め下さい/请系好安全带 qǐng jìhǎo ānquándài ❷〖カバー〗罩布 zhàobù; 苫布 shànbù（英 *a cover*）▶僕たちは雨よけ～の下に身を寄せ合った/我们在避雨的罩布下偎依在一起 wǒmen zài bì yù de zhàobùxia wēiyī zài yìqǐ

シード〔スポーツ〕种子 zhǒngzi（英 *seed*）▶～チーム/种子队 zhǒngzǐduì ▶第１～の選手/第一号种子选手 dìyī hào zhǒngzǐ xuǎnshǒu; 首发选手 shǒufā xuǎnshǒu

ジーパン【Gパン】 ⇨ジーンズ

ジープ〔自動車〕吉普车 jípǔchē; 越野车 yuèyěchē（英 *a jeep*）

シーフード 海鲜 hǎixiān; 鱼鲜 yúxiān（英 *seafood*）

ジーメン【Gメン】 便衣警察 biànyī jǐngchá（英 *an investigator*）

シーラカンス〔魚〕空棘鱼 kōngjíyú（英 *a coelacanth*）

しいる【強いる】 逼 bī；强迫 qiǎngpò (英 force) ▶自白を～/强令坦白 qiánglìng tǎnbái ▶同意を～/逼迫同意 bīpò tóngyì ▶服従を～/强制屈服 qiángzhì fúcóng ▶寄付を～/强求捐赠 qiǎngqiú juānzèng ▶残業を～/强使加班 qiǎngshǐ jiābān

シール 封缄 fēngjiān；贴纸 tiēzhǐ (英 a seal; a sticker) ▶旅行荷物に～を貼る/在旅行行李上贴上贴纸 zài lǚxíng xínglishang tiēshàng tiēzhǐ

シールド 屏蔽 píngbì (英 a shield)

しいれ【仕入れ】 (英 stocking; laying in stock) ◆～先 进货来源 jìnhuò láiyuán ～高 进货量 jìnhuòliàng ～値段 进货价 jìnhuòjià ～品 购入的货物 gòurù de huòwù

シーレーン 航路 hánglù (英 a sea lane)

しいれる【仕入れる】 ❶【商品・原料】采购 cǎigòu；购买 gòumǎi；购进 gòujìn (英 lay in...; stock) ▶カナダから木材を～/从加拿大购进木材 cóng Jiānádà gòujìn mùcái ❷【知識など】获得 huòdé；取得 qǔdé (英 get; obtain) ▶情報を～/获得信息 huòdé xìnxī ▶そんな知識をどこから仕入れてるんだい/你是从哪儿获得这样的知识的呢 nǐ shì cóng nǎr huòdé zhèyàng de zhīshi de ne

じいろ【地色】 底色 dǐsè；本色 běnshǎi (英 the ground color)

しいん【子音】〖音声学〗辅音 fǔyīn；子音 zǐyīn (英 a consonant)

しいん【死因】 死因 sǐyīn；致死原因 zhìsǐ yuányīn (英 the cause of a person's death) ▶～を明らかにする/查明死因 chámíng sǐyīn ▶～は不明である/死因不明 sǐyīn bùmíng ▶過労が彼の～となった/他的死因是过度劳累 tā de sǐyīn shì guòdù láolèi

しいん【試飲する】 (英 sample) ▶ワインの～会/葡萄酒的试饮会 pútáojiǔ de shìyǐnhuì

シーン 镜头 jìngtóu；场景 chǎngjǐng；场面 chǎngmiàn (英 a scene) ▶ラスト～/最后场面 zuìhòu chǎngmiàn

じいん【寺院】 寺院 sìyuàn；寺庙 sìmiào (英 a temple)

じーんとなる (英 be deeply moved) ▶その歌を聞いて～となった/听了那歌深受感动 tīngle nà gē shēn shòu gǎndòng

ジーンズ〖服飾〗牛仔裤 niúzǎikù (英 jeans) ▶その女優はいつも～をはいている/那个女演员总是穿牛仔裤 nàge nǚyǎnyuán zǒngshì chuān niúzǎikù

じう【慈雨】 喜雨 xǐyǔ (英 a welcome rain) ▶干天(ﾝ)の～/久旱逢甘雨 jiǔhàn féng gānyǔ

しうち【仕打ち】〔対別人的〕行为 (duì biéren de) xíngwéi；冷淡的对待 lěngdàn de duìdài (英 treatment) ▶ひどい～/无礼的对待 wúlǐ de duìdài

しうんてん【試運転する】 试车 shìchē (英 make a trial run) ▶～を行う/试运行 shì yùnxíng

シェア 市场占有率 shìchǎng zhànyǒulǜ (英 a share) ▶2割の～を占める/占有百分之二十的市场 zhànyǒu bǎifēn zhī èrshí de shìchǎng

しえい【市営の】 市营 shìyíng (英 municipal; city-run) ▶～バス/市营公共汽车 shìyíng gōnggòng qìchē；市营巴士 shìyíng bāshì ◆～アパート 市营公寓 shìyíng gōngyù

しえい【私営の】 私营 sīyíng (英 privately operated) ▶～企業/私营企业 sīyíng qǐyè

じえい【自営の】 个体经营 gètǐ jīngyíng (英 self-employed) ▶～業/个体户 gètǐhù ▶～で商売を始める/从个体户开始做生意 cóng gètǐhù kāishǐ zuò shēngyi

じえい【自衛する】 自卫 zìwèi (英 defend oneself) ▶～権/自卫权 zìwèiquán ▶～のためでも武器は持たない/就是为了自卫也不拿武器 jiùshì wèile zìwèi yě bù ná wǔqì ◆海上～隊 海上自卫队 hǎishàng zìwèiduì ～力 自卫能力 zìwèi nénglì

シェーカー (カクテルの)调酒器 tiáojiǔqì (英 a (cocktail) shaker)

シェービングクリーム 剃须膏 tìxūgāo (英 shaving cream)

しえき【私益】 个人利益 gèrén lìyì；私利 sīlì (英 private interests) ▶～にとらわれて公益を忘れる/只顾私利, 忘记公益 zhǐ gù sīlì, wàngjì gōngyì

しえき【使役する】 劳役 láoyì；役使 yìshǐ (英 employ) ▶〖文法〗～動詞/使役动词 shǐyì dòngcí

ジェスチャー ❶【身振り】手势 shǒushì (英 a gesture) ▶彼は～で黙っているように合図した/他用手势暗示让我别说话 tā yòng shǒushì ànshì ràng wǒ bié shuōhuà ❷【見せかけ】姿态 zītài (英 a show) ▶彼は本当はその気はなく, ただの～にすぎなかった/他其实没有那意思, 只是做个样子而已 tā qíshí méiyǒu nà yìsi, zhǐ shì zuò ge yàngzi éryǐ

ジェット (英 a jet)
◆～気流 喷气气流 pēnqì qìliú ～旅客機 喷气式客机 pēnqìshì kèjī ジャンボ～機 巨型喷气式客机 jùxíng pēnqìshì kèjī

ジェットコースター 过山车 guòshānchē (英 a roller coaster)

シェパード〖犬〗牧羊狗 mùyánggǒu (英 a German shepherd)

シェフ 厨师长 chúshīzhǎng (英 a chef)

シェリー〖酒〗雪利酒 xuělìjiǔ (英 sherry)

シェルパ (英 a Sherpa) ▶～の案内人/舍帕族人登山向导 Shèpàzúrén dēngshān xiàngdǎo

しえん【支援する】 支援 zhīyuán (英 support) ▶～を請う/求援 qiúyuán ▶被災地の復興を～/支援灾区的复兴 zhīyuán zāiqū de fùxīng

しえん【私怨】 私怨 sīyuàn (英 a personal grudge) ▶～をはらす/报 sīyuàn

しえん【紫煙】 香烟烟雾 xiāngyān yānwù (英 blue tobacco smoke) ▶～をくゆらす/喷云吐雾

pēn yún tǔ wù

しえん【試演する】 观摩演出 guānmó yǎnchū; 试演 shìyǎn (英 *give a trial performance*)

しお【塩】 盐 yán (英 *salt*) ▶ ～を少し入れる/搁点儿盐 gē diǎnr yán ▶ ～を一つまみ入れる/放一撮盐 fàng yì cuō yán ▶ ～で味をつける/用盐调味 yòng yán tiáowèi ▶ スープの～加減をみる/尝尝汤的咸淡 chángchang tāng de xiándàn ▶ ～入れ《食卓用》/盐瓶 yánpíng

しお【潮】 海潮 hǎicháo (英 *the tide; a current*) ▶ ～が引く/退潮 tuìcháo; 落潮 luòcháo ▶ ～が満ちる/涨潮 zhǎngcháo ▶ ～の満ち干/海潮 hǎicháo; 潮汐 cháoxī ▶ ～の変わり目だ/潮流变化的时候 cháoliú biànhuà de shíhou

しおあじ【塩味】 咸味 xiánwèi (英 *a salty taste*) ▶ ～がきいている/咸津津 xiánjīnjīn

しおかげん【塩加減】 咸淡 xiándàn (英 *seasoning with salt*) ▶ ～をみる/尝咸淡 cháng xiándàn

しおかぜ【潮風】 海风 hǎifēng (英 *a sea breeze*) ▶ 甲板に出て～に吹かれる/来到甲板上沐浴在海风中 láidào jiǎbǎnshang mùyù zài hǎifēng zhōng

しおからい【塩辛い】 咸 xián (英 *salty*)

しおき【仕置き】 惩罚 chéngfá (英 *punishment*) ▶ ～を受ける/受到惩罚 shòudào chéngfá

しおくり【仕送りする】 汇寄生活费 huìjì shēnghuófèi (英 *send an allowance*) ▶ 親から毎月8万円の～を受ける/每个月从父母那儿得到八万日元的生活补贴 měige yuè cóng fùmǔ nàr dédào bāwàn Rìyuán de shēnghuó bǔtiē ▶ 田舎の母親が娘の学費の～をしていた/乡下的母亲一直给女儿寄学费 xiāngxia de mǔqīn yìzhí gěi nǚ'ér jì xuéfèi

しおけ【塩気】 盐分 yánfèn; 咸味 xiánwèi (英 *a salty taste*) ▶ ～が足りない/咸味不够 xiánwèi bú gòu

しおさい【潮騒】 海潮声 hǎicháoshēng (英 *the sound of the sea*) ▶ 目を閉じればあの～が聞こえてくる/一闭眼就听得见那海潮声 yì bì yǎn jiù tīngdejiàn nà hǎicháoshēng

しおざけ【塩鮭】 咸鲑鱼 xiánguīyú (英 *a salted salmon*)

しおしおと 无精打采 wú jīng dǎ cǎi (英 *with a heavy heart*) ▶ ～と引き下がる/无精打采地退出 wú jīng dǎ cǎi de tuìchū

しおづけ【塩漬け】 腌 yān (英 *salted food*) ▶ ～にする/用盐腌 yòng yán yān ▶ 白菜の～/咸白菜 xián báicài

しおどき【潮時】 《好機》时机 shíjī; 潮水涨落时 cháoshuǐ zhǎngluòshí (英 *a chance*) ▶ ～を待つ/等待时机 děngdài shíjī ▶ そろそろ～だな/时机差不多到了吧 shíjī chàbuduō dào le ba

シオニズム 犹太复国主义 Yóutài fùguó zhǔyì (英 *Zionism*)

しおひがり【潮干狩】 赶海拾贝 gǎnhǎi shí bèi (英 *gathering shellfish*) ▶ 次の日曜～に行こう

か/下星期日咱们去赶海, 怎么样? xiàxīngqīrì zánmen qù gǎnhǎi, zěnmeyàng?

しおみず【塩水】 盐水 yánshuǐ; 潮水 cháoshuǐ (英 *salt water*)

しおやき【塩焼き】 加盐烤 jiā yán kǎo (英 [魚の] *fish broiled with salt*)

しおゆで【塩茹でする】 盐水煮 yánshuǐ zhǔ (英 *boil... in salty water*)

しおらしい 温顺 wēnshùn (英 *gentle; modest-looking*) ▶ ～ことを言う/说温顺话 shuō wēnshùnhuà ▶ しおらしく振る舞う/举止温顺 jǔzhǐ wēnshùn

しおり【栞】 《本挟み》书签儿 shūqiānr (英 *a bookmark*); 《案内書》指南 zhǐnán (英 *a guide*)

しおれる【萎れる】 ❶《草木が》蔫 niān; 萎蔫 wěiniān; 枯萎 kūwěi (英 *wither*) ▶ 花が～/花蔫了 huā niān le ❷《気落ち》沮丧 jǔsàng; 颓靡 tuímí; 委靡 wěimí (英 *be downhearted*) ▶ 叱られてうち～/挨训后萎靡不振 áixùnhòu wěimǐ bú zhèn

しおん【歯音】 〖音声学〗齿音 chǐyīn (英 *a dental sound*)

シオン【紫苑】 〖植物〗紫菀 zǐwǎn (英 *an aster*)

じおん【字音】 (汉字的)读音 (hànzì de) dúyīn (英 *the pronunciation of a Chinese character*)

しか【史家】 史学家 shǐxuéjiā (英 *a historian*)

しか【市価】 市价 shìjià; 市场价格 shìchǎng jiàgé (英 *a market price*) ▶ ～の2割引きで売る/以市价的八折出售 yǐ shìjià de bā zhé chūshòu ▶ ～の変動/市价变动 shìjià biàndòng

しか【歯科】 牙科 yákē (英 *dentistry*) ▶ ～医/牙科医生 yákē yīshēng; 牙医 yáyī
◆～医院/牙科医院 yákē yīyuàn ～技工士/牙科技师 yákē jìshī

シカ【鹿】 〖動物〗鹿 lù (英 *a deer*) ▶ ～の角/鹿角 lùjiǎo
ことわざ 鹿を追うものは山を見ず 追鹿者不见山 zhuī lù zhě bú jiàn shān
ことわざ 鹿を指して馬となす 指鹿为马 zhǐ lù wéi mǎ
ことわざ 鹿の角(?)を蜂が刺す 蜂蜇鹿角, 不觉痛痒 fēng zhē lùjiǎo, bù jué tòngyǎng

-しか (英 *only*) ▶ 東京へ来てまだ1か月に～ならない/来东京后才只有一个月 lái Dōngjīng hòu cái zhǐ yǒu yí ge yuè ▶ 金はこれだけ～ない/钱只有这些 qián zhǐ yǒu zhè xiē ▶ これ～方法はない/只有这个方法 zhǐ yǒu zhège fāngfǎ

しが【歯牙】 (英 *teeth and tusks*) ▶ ～にもかけない/认为不值一提 rènwéi bù zhí yì tí; 不放在眼里 bú fàngzài yǎnlǐ

じか【直に】 直接 zhíjiē; 径直 jìngzhí (英 *directly*) ▶ 肌に～に着る/贴身穿 tiēshēn chuān ▶ ～談判する/直接交涉 zhíjiē jiāoshè; 直接谈判 zhíjiē tánpàn

じか【時価】 时价 shíjià (英 *the current price*)

▶〜三百元の皿/时价三百元的盘子 shíjià sān-bǎi yuán de pánzi

じが【自我】 自我 zìwǒ (英 the self) ▶〜に目覚める/意识到自我 yìshí dào zìwǒ

しかいする【司会する】 主持会议 zhǔchí huìyì (英 preside)
♦〜者 :(儀式の)司仪 sīyí; (舞台の)报幕员 bàomùyuán; (テレビなどの)主持人 zhǔchírén

しかい【四海】 天下 tiānxià; 四海 sìhǎi (英 the whole world) ▶〜波静か/风平浪静, 天下太平 fēng píng làng jìng, tiānxià tàipíng

〜兄弟(成) 四海之内皆兄弟 sìhǎi zhīnèi jiē xiōngdì

しかい【視界】 眼界 yǎnjiè; 视野 shìyě (英 the field of vision; view) ▶〜に入る/进入视野 jìnrù shìyě ▶〜を広げる/开阔视野 kāikuò shìyě ▶〜が広い/眼界开阔 yǎnjiè kāikuò ▶〜がよい/视野好 shìyě hǎo ▶濃霧のため〜が悪くなった/因为浓雾, 可见度不高 yīnwèi nóngwù, kějiàndù bù gāo ▶〜をさえぎる/遮挡视线 zhēdǎng shìxiàn ▶〜から消える/从视野中消失 cóng shìyě zhōng xiāoshī ▶やっと目標地点が〜に入った/终于看到了目标地 zhōngyú kàndàole mùbiāodì

しがい【市外】 市外 shìwài (英 the suburbs) ▶〜通话/长途电话 chángtú diànhuà

しがい【市街】 市街 shìjiē [街路] the streets; [市] 城区 chéngqū ▶〜戦に巻き込まれて死ぬ/卷入巷战而身亡 juǎnrù xiàngzhàn ér shēn wáng

しがい【死骸】 尸体 shītǐ; 死尸 sǐshī (英 a dead body; a corpse)

じかい【次回】 下次 xiàcì; 下回 xiàhuí (英 next time) ▶(雑誌などで)〜完結/下回结束 xiàhuí jiéshù

じかい【自戒】 自戒 zìjiè; 自己约束自己 zìjǐ yuēshù zìjǐ (英 self-discipline) ▶今後そういうあやまちのないように〜します/自己要求自己今后再不犯这样的错误 zìjǐ yāoqiú zìjǐ jīnhòu zài bú fàn zhèyàng de cuòwù

じかい【磁界】 地磁场 dìcíchǎng (英 a magnetic field)

じがい【自害する】 自杀 zìshā (英 kill oneself)

しがいせん【紫外線】 紫外线 zǐwàixiàn; 紫外光 zǐwàiguāng (英 ultraviolet rays) ▶〜をあてて/照射紫外线 zhàoshè zǐwàixiàn

しかえし【仕返しする】 报复 bàofù; 回报 huíbào; 回手 huíshǒu (英 take revenge) ▶それで少しは〜をしてやったという気持ちがした/这样多少有种报复过他的感觉 zhèyàng duōshǎo yǒu zhǒng bàofùguò tā de gǎnjué

しかく【四角】 四角形 sìjiǎoxíng; 四方形 sìfāngxíng (英 a square; [長方形] a rectangle) ▶〜い顔/四方脸儿 sìfāngliǎnr ▶〜い字/方块字 fāngkuàizì ▶〜四面な/规规矩矩的 guīguījǔjǔ de ▶〜ばった挨拶をする/郑重其事地打招呼 zhèngzhòng qí shì de dǎ zhāohu

しかく【死角】 死角 sǐjiǎo (英 the dead angle; a blind spot) ▶〜に入る/进入死角 jìnrù sǐjiǎo

しかく【刺客】 刺客 cìkè (英 an assassin) ▶〜を放つ/派出刺客 pàichū cìkè

しかく【視覚】 视觉 shìjué (英 the sense of sight; vision) ▶事故のあと〜障害に苦しんでいる/事故发生后, 一直苦于视力障碍 shìgù fāshēnghòu, yìzhí kǔyú shìlì zhàng'ài
♦〜器官 :视觉器官 shìjué qìguān

しかく【資格】 资格 zīgé; 身份 shēnfèn (英 qualification) ▶〜を備える/够格 gòugé ▶〜を失う/失去资格 shīqù zīgé ▶入学〜がある/有入学资格 yǒu rùxué zīgé ▶教师たる〜を備えている/有资格当教师 yǒu zīgé dāng jiàoshī ▶〜が足りない/资格不够 zīgé bú gòu ▶〜を与える/赋予资格 fùyǔ zīgé ▶介护士の〜をとる/取得护理师资格 qǔdé hùlǐshī zīgé
♦〜試験 :资格考试 zīgé kǎoshì 〜審査 :资格审查 zīgé shěnchá

しがく【史学】 史学 shǐxué (英 history)

しがく【私学】 私立学校 sīlì xuéxiào (英 a private school〔college, university〕) ▶大学は〜に進んだ/考进私立大学 kǎojìn sīlì dàxué

しかく【字画】 笔画 bǐhuà (英 the strokes of a Chinese character) ▶〜索引/笔画索引 bǐhuà suǒyǐn ▶子供の名前は〜の少ない字を選んでつけた/选择笔画少的字给孩子命名 xuǎnzé bǐhuà shǎo de zì gěi háizi míngmíng

じかく【自覚する】 觉悟 juéwù; 自觉 zìjué; 认识到 rènshidào (英 be aware of...; [悟る] realize) ▶社会人としての〜を持つ/有作为一个社会人的自觉 yǒu zuòwéi yí ge shèhuìrén de zìjué ▶〜が足りない/觉悟不够 juéwù bú gòu ▶〜を高める/提高觉悟 tígāo juéwù ▶〜症状/自觉症状 zìjué zhèngzhuàng ▶自分の责任の重さを〜する/认识到自己的责任是怎样地重大 rènshi dào zìjǐ de zérèn shì zěnyàng de zhòngdà

しかけ【仕掛け】 ❶ 〖働きかけ〗 行动 xíngdòng (英 engineering) ▶敌の〜を待つ/等着敌人开始行动 děngzhe dírén kāishǐ xíngdòng ❷ 〖からくり〗 装置 zhuāngzhì (英 a device)
♦〜花火 :大型图案烟花 dàxíng tú'àn yānhuā

しかける【仕掛ける】 ❶ 〖動作を始める〗 开始 kāishǐ (英 begin; start) ▶作业を仕挂けた途端/工作刚开始就… gōngzuò gāng kāishǐ jiù… ❷ 〖戦争などを〗 挑动 tiǎodòng; 掀动 xiāndòng (英 start) ▶攻撃を〜/发起攻击 fāqǐ gōngjī ❸ 〖装置を〗 安 ān; 设 shè (英 set up; plant) ▶爆弾を〜/安设炸弾 ānshè zhàdàn ▶誰かが大使館に爆弾を仕挂けた/有人在大使馆设置了炸弹 shìzhōle zhàdàn
わなを〜 设圈套 shè quāntào ▶テロリストを捕えるために警察は驚くようなわなを仕挂けた/为了捉住恐怖分子, 警察设计了惊人的圈套 wèile zhuōzhù kǒngbù fènzǐ, jǐngchá shèjìle jīngrén de quāntào

しかし【然し】 但是 dànshì; 可是 kěshì; 不过

búguò〈英 *but*〉▶友だちをかばうのはよい，〜嘘をついてはいけない/保护朋友是对的，但是不能撒谎 bǎohù péngyou shì duì de, dànshì bùnéng sā huǎng ▶〜に大いに考えだった。〜お金がかかりすぎた/这是一个好主意，可是花钱太多 zhè shì yí ge hǎo zhǔyi, kěshì huā qián tài duō

じがじさん【自画自賛する】 自吹自擂 zì chuī zì léi; 自卖自夸 zì mài zì kuā〈英 *blow one's own trumpet*〉

じかせい【自家製の】 自制 zìzhì〈英 *homemade*〉▶〜のジャム/自制的果酱 zìzhì de guǒjiāng

じかせん【耳下腺】〖解〗耳下腺 ěrxiàxiàn (英 *the parotid gland*)▶〜炎/耳下腺炎 ěrxiàxiànyán

じがぞう【自画像】 自画像 zìhuàxiàng〈英 *a self-portrait*〉

しかた【仕方】 方法 fāngfǎ〈英 *a method; a way*〉▶料理の〜/烹调法 pēngtiáofǎ ▶〜がない/没办法 méi bànfǎ; 没法子 méi fǎzi ▶謝るより〜がない/只好赔罪 zhǐ hǎo péizuì ▶恨まれても〜がない/遭到怨恨也没办法 zāodào yuànhèn yě méi bànfǎ ▶待っていても〜がない/等也白等 děng yě bái děng ▶かわいくて〜がない/可爱得不得了 kě'àide bùdéliǎo ▶腹が立って〜がない/气得不得了 qìde bùdéliǎo ▶しゃくにさわって〜がない/气得不行 qìde bùxíng ▶どうしてもというなら〜がない/如果你一定想这样的话，那也只好随你 rúguǒ nǐ yídìng xiǎng zhèyàng dehuà, nà yě zhǐ hǎo suí nǐ ▶相手が子供じゃ〜がない/对方是个孩子，没有办法 duìfāng shì ge háizi, méiyǒu bànfǎ ▶泣いたって〜がない/哭了也没有用 kūle yě méiyǒu yòng ▶ないとあきらめる/没有办法，只好放弃 méiyǒu bànfǎ, zhǐ hǎo fàngqì

じがため【地固めする】 夯地 hāng dì; 打地基 dǎ dìjī;〖比喻〗做好准备 zuòhǎo zhǔnbèi ▶選挙のための〜に余念がない/为了选举专心作准备 wèile xuǎnjǔ zhuānxīn zuò zhǔnbèi

-しがち 容易 róngyì; 往往 wǎngwǎng〈英 *likely to do*〉▶病気を〜だ/容易生病 róngyì shēngbìng

じかちゅうどく【自家中毒】 自体中毒 zìtǐ zhòngdú〈英 *autotoxemia*〉

しかつ【死活】 死活 sǐhuó; 生死攸关 shēng sǐ yōu guān〈英 *life and death*〉▶〜にかかわる/生死攸关 shēng sǐ yōu guān ▶〜問題/生死攸关的问题 shēng sǐ yōu guān de wèntí

しがつ【四月】 四月 sì yuè〈英 *April*〉▶〜馬鹿《4月1日》/愚人节 Yúrénjié

じかつ【自活する】 自食其力 zì shí qí lì〈英 *support oneself*〉▶〜の道/自立之路 zìlì zhī lù

しかつめらしい 一本正经 yì běn zhèng jīng〈英 *formal; solemn*〉▶〜顔をする/道貌岸然 dàomào ànrán ▶〜ことをきらいだ/我最讨厌假装正经 wǒ zuì tǎoyàn jiǎzhuāng zhèngjīng

しかと【確と】 ❶〖はっきりと〗明确 míngquè; 确实 quèshí; 的确 díquè〈英 *certainly*〉▶〜相違ない/的确是那样 díquè shì nàyàng ❷〖しっかりと〗紧 jǐn; 好好儿 hǎohāor〈英 *tightly*〉

じかどうちゃく【自家撞着】 自相矛盾 zìxiāng máodùn〈英 *self-contradiction*〉

しがない 微不足道 wēi bù zú dào; 渺小 miǎoxiǎo;《貧しい》贫穷 pínqióng〈英 *humble; poor*〉▶〜サラリーマンに何ができよう/一个小小的公司职员能做什么呀 yí ge xiǎoxiǎo de gōngsī zhíyuán néng zuò shénme ya ▶〜暮らしを送る/过着贫穷的生活 guòzhe pínqióng de shēnghuó

じがね【地金】 原料金属 yuánliào jīnshǔ;《比喻》本性 běnxìng〈英 *metal*〉▶〜が出る/露马脚 lòu mǎjiǎo

しかねない 很可能做到 hěn kěnéng zuòdào〈英 *be likely to...; be capable of...*〉▶人殺しも〜ほど怒っている/气得杀人放火什么都干得出来 qìde shārén fànghuǒ shénme dōu gàndechūlái ▶彼女ならそういうことを〜と思う/如果是她的话，是不可能干出那种事的 rúguǒ shì tā dehuà, shì bùkěnéng gànchū nà zhǒng shì de

じかはつでんそうち【自家発電装置】 自家发电设备 zìjiā fādiàn shèbèi〈英 *an in-house power generator*〉

しかばね【屍】 死尸 sǐshī〈英 *a corpse; a dead body*〉▶生ける〜/行尸走肉 xíng shī zǒu ròu

じかび【直火】 〜で焼く 直接烘烤 zhíjiē hōngkǎo

しがみつく 紧紧抱住 jǐnjǐn bàozhù〈英 *cling to...*〉▶過去の栄光に〜/抱住过去的荣誉不放 bàozhù guòqù de róngyù bú fàng

しかめっつら【顰めっ面】 愁眉苦脸 chóuméi kǔliǎn〈英 *a frowning face; a grimace*〉▶〜する/皱起眉头 zhòu qǐ méitóu

しかめる【顰める】 皱眉 zhòu méi〈英 *frown; grimace*〉▶顔を〜/皱眉头 zhòu méitóu ▶痛みで顔をしかめ，再び目をとじた/疼得皱起眉头，再次闭上了眼睛 téngde zhòuqǐ méitóu, zàicì bìshàngle yǎnjing

しかも【然も】 而且 érqiě; 同时 tóngshí;《逆接》却 què〈英 *moreover; and yet*〉▶彼は二枚目で，〜女性に優しい/他长得好看，而且对女性也殷勤 tā zhǎngde hǎokàn, érqiě duì nǚxìng yě yīnqín ▶途中夕立に降られ，〜傘なしだった/半路上下起了一阵急雨，却没有带伞 bànlùshàng xiàqǐle yí zhèn jíyǔ, què méiyǒu dài sǎn ▶山田先生は経済学の教授で，〜詩を書いている/山田老师是经济学教授，还作诗 Shāntián lǎoshī shì jīngjìxué jiàoshòu, hái zuò shī

じかよう【自家用】 自用 zìyòng; 家用 jiāyòng〈英 *private use*〉▶〜車/自用小汽车 zìyòng xiǎoqìchē

◆〜ジェット機 私人喷气式飞机 sīrén pēnqìshì fēijī

しがらみ 羁绊 jībàn; 障碍 zhàng'ài〈英 *bondage*〉

しかる【叱る】 责备 zébèi；批评 pīpíng；叱责 chìzé (英 *scold*) ▶あの子を叱らないでください/请不要责备他 qǐng búyào zébèi tā ▶そんなに怠けているというのは先生に叱られるぞ/你这么懒，总有一天会被老师批评的 nǐ zhème lǎn, zǒng yǒu yì tiān huì bèi lǎoshī pīpíng de

しかるに【然るに】 然而 rán'ér (英 *however*) ▶〜，反省の色が見えない/然而，看不出反省的样子 rán'ér, kànbuchū fǎnxǐng de yàngzi

しかるべき【然るべき】 ❶【ふさわしい】适当的 shìdàng de；相当的 xiāngdāng de；合适的 héshì de (英 *proper; suitable*) ▶〜人/适当的人物 shìdàng de rénwù ▶〜人からの紹介状/适当人物所写的介绍信 shìdàng rénwù suǒ xiě de jièshàoxìn ▶〜理由なしに/没有适当的理由 méiyǒu shìdàng de lǐyóu ❷【当然な】应该的 yīnggāi de (英 *justifiable*) ▶処罰されて〜だ/受处分也是应当的 shòu chǔfèn yě shì yīngdāng de

しかるべく【然るべく】 适当地 shìdàng de；酌情 zhuóqíng (英 *properly*) ▶〜御配慮のほどを/请酌情处理 qǐng zhuóqíng chǔlǐ

しかん【士官】 军官 jūnguān (英 *an officer*) ▶〜学校/军官学校 jūnguān xuéxiào ▶〜候補生/候补军官 hòubǔ jūnguān

しかん【史観】 史观 shǐguān (英 *a historical view*) ▶唯物〜/唯物史观 wéiwù shǐguān

しかん【弛緩する】 松弛 sōngchí；涣散 huànsàn (英 *relax*) ▶規律が〜/纪律涣散 jìlǜ huànsàn

しがん【志願する】 志愿 zhìyuàn；应征 yìngzhēng；报名 bàomíng (英 *apply; volunteer*) ▶〜者/报名者 bàomíngzhě ▶〜者数が二千名に減った/志愿者减少至两千名 zhìyuànzhě jiǎnshǎo zhì liǎngqiān míng

じかん【次官】 次官 cìguān (英 *a vice-minister*) ▶外務〜/外务省次官 wàiwùshěng cìguān；外交部副部长 wàijiāobù fùbùzhǎng

じかん【時間】 ❶【時刻】时间 shíjiān (英 *the time*) ▶〜が迫っている/时间紧迫 shíjiān jǐnpò ▶〜に遅れる/误点 wù diǎn；过时 guò shí ▶うそろそろ寝る〜/快到睡觉的时间了 kuài dào shuìjiào de shíjiān le ▶〜を尋ねる/问问时间 wèn shíjiān ▶〜を守る/遵守时间 zūnshǒu shíjiān ▶約束の〜に遅れた/比约好的时间来晚了 bǐ yuēhǎo de shíjiān lái wǎn le ▶日本〜で午後8時/日本时间下午八点 Rìběn shíjiān xiàwǔ bā diǎn

❷【60分】小时 xiǎoshí (英 *an hour*) ▶2〜/两小时 liǎng xiǎoshí ▶その町は東京から車でわずか2〜のところにある/那城市离东京只有两小时的车程 nà chéngshì lí Dōngjīng zhǐ yǒu liǎng xiǎoshí de chēchéng ▶24〜営業/二十四小时营业 èrshísì xiǎoshí yíngyè

❸【幅のある時間】时间 shíjiān；工夫 gōngfu (英 *time*) ▶〜がない/没时间 méi shíjiān ▶〜がかかる/费时间 fèi shíjiān ▶〜を作る/挤时间 jǐ shíjiān；抽时间 chōu shíjiān ▶〜がないのだ，急いでくれ/没时间了，快点儿！méi shíjiān le, kuài diǎnr! ▶〜はいくらでもある，急ぐな/时间有的是，不用急 shíjiān yǒudeshì, búyòng jí ▶彼はいつも物事を〜をかけて考える/他总是花很多时间思考事情 tā zǒngshì huā hěn duō shíjiān sīkǎo shìqíng ▶講演のあと質疑応答の〜がある/讲演后设有答疑时间 jiǎngyǎnhòu shèyǒu dáyí shíjiān ▶〜をつぶす/消磨时间 xiāomó shíjiān ▶〜がはやくたつ/时间过得快 shíjiān guòde kuài ▶仕事が終わらないうちに〜切れになる危険がある/有可能工作还没做完时间就到了 yǒu kěnéng gōngzuò hái méi zuòwán shíjiān jiù dào le

◆営業〜/营业时间 yíngyè shíjiān　〜外勤務/加班 jiābān　〜帯/时区 shíqū ▶アメリカは〜帯が4つある/美国跨越四个时区 Měiguó kuàyuè sì ge shíqū

じかんきゅう【時間給】 计时工资 jìshí gōngzī (英 *payment by the hour*) ▶コンビニで〜で働く/在便利店打小时工 zài biànlìdiàn dǎ xiǎoshígōng

じかんひょう【時間表】 (英 *a timetable; a schedule*) ▶大会の初日に〜が配られる/在大会的第一天发时间表 zài dàhuì de dìyī tiān fā shíjiānbiǎo

じかんわり【時間割り】《学校の》课程表 kèchéngbiǎo (英 *a timetable; a schedule*)

しき【士気】 士气 shìqì (英 *morale; fighting spirit*) ▶〜が上がる/士气高昂 shìqì gāo'áng ▶〜を鼓舞する/鼓舞士气 gǔwǔ shìqì ▶〜を阻喪する/士气低落 shìqì dīluò

しき【四季】 四季 sìjì (英 *the four seasons*) ▶〜折々の花が咲く/盛开着四季应时的鲜花 shèngkāizhe sìjì yìngshí de xiānhuā ▶〜の変化/四季的变化 sìjì de biànhuà ▶〜を通じて風が強い/一年四季都刮大风 yì nián sìjì dōu guā dàfēng

しき【式】 ❶【儀式】仪式 yíshì；典礼 diǎnlǐ (英 *a ceremony*) ▶〈結婚〉〜を挙げる/举行婚礼 jǔxíng hūnlǐ ▶入学〜/入学式 rùxuéshì ▶就任〜/就职典礼 jiùzhí diǎnlǐ ▶娘が婿の田舎で結婚〜をあげた/女儿在女婿老家举行了结婚仪式 nǚ'ér zài nǚxu lǎojiā jǔxíngle jiéhūn yíshì ▶開通〜/开通典礼 kāitōng diǎnlǐ

❷【数学などの】式子 shìzi (英 *a formula; an expression*) ▶公〜/公式 gōngshì ▶分子〜/分子式 fēnzǐshì ▶方程〜/方程式 fāngchéngshì

❸【方式】方式 fāngshì (英 *a method*) ▶日本〜経営/日本式的经营 Rìběnshì de jīngyíng 洋〜トイレ/西式厕所 xīshì cèsuǒ；洗手间 xǐshǒujiān ▶ゴシック〜建築/哥德式建筑 gēdéshì jiànzhù

◆〜次第/仪式程序 yíshì chéngxù

しき【死期】 死期 sǐqī (英 *the time of death*) ▶〜が近づく/死期临近 sǐqī línjìn ▶手術が〜を早める結果となった/手术倒加速了死亡 shǒushù dào jiāsùle sǐwáng

しき【志気】 志气 zhìqì；干劲 gànjìn（英 eagerness）▶～がみなぎる/充满干劲 chōngmǎn gànjìn

しき【指揮する】 指挥 zhǐhuī（英 command；[音楽で] conduct）▶占領軍の一下にある/在占领军的指挥下 zài zhànlǐngjūn de zhǐhuīxia ▶大友先生の～で演奏する/由大友先生指挥演奏 yóu Dàyǒu xiānsheng zhǐhuī yǎnzòu
◆～官：指挥官 zhǐhuīguān

しぎ【試技】 〖スポーツ〗试做 shìzuò；(跳躍)试跳 shìtiào；(投擲)试投 shìtóu；(重量挙げ)试举 shìjǔ（英 a trial）

シギ【鴫】 〖鳥〗鷸 yù（英 a snipe）

じき【次期】 下届 xiàjiè（英 next）▶～首相/下届首相 xiàjiè shǒuxiàng ▶～大統領選に出馬する/参加下一届大总统选举 cānjiā xià yí jiè dàzǒngtǒng xuǎnjǔ

じき【直に】 立即 lìjí；马上 mǎshàng（英 right away；[まもなく] soon）▶～に戻る/马上就回来 mǎshàng jiù huílái ▶もう～夏だ/很快就到夏天了 hěn kuài jiù dào xiàtiān le

じき【時期】 时期 shíqī（英 time；[季節] a season）▶～尚早/为时尚早 wéi shí shàng zǎo ▶今は～が悪い/现在不是时候 xiànzài bú shì shíhou

じき【時機】 机会 jīhuì；时机 shíjī（英 time；[機会] a chance）▶～をうかがう/窥伺时机 kuīsì shíjī ▶～を待つ/等待时机 děngdài shíjī ▶～を逃がす/错过时机 cuòguò shíjī ▶～到来/时机已到 shíjī yǐ dào；时机成熟 shíjī chéngshú

じき【磁気】 磁性 cíxìng（英 magnetism）▶～あらし/磁暴 cíbào ▶～テープ/磁带 cídài

じき【磁器】 瓷器 cíqì（英 porcelain）

じき【字義】 字义 zìyì（英 the meaning of a word）▶～通りに解釈する/按字面意思解释 àn zìmiàn yìsi jiěshì

じき【児戯】 儿戏 érxì（英 a childish act）▶～に等しい/等于儿戏 děngyú érxì

じき【時宜】 时宜 shíyí（英 the proper occasion）▶～にかなう/适合时宜 shìhé shíyí ▶～を得た/适时 shìshí ▶君の作為は～を得ない/你的做法不合时宜 nǐ de zuòfǎ bù hé shíyí

しきい【敷居】 门槛 ménkǎn（英 [入り口の] the threshold；[戸の] a doorsill）▶二度とあの娘にこの家の～はまたがせない/不会再让她踏进这个家门 búhuì zài ràng tā tàjìn zhège jiāmén

～が高い 不敢登门 bù gǎn dēngmén ▶あれ以来どうも～が高くなりました/自那以后，总觉得不敢登门了 zì nà yǐhòu, zǒng juéde bù gǎn dēngmén le

しきいし【敷石】 铺路石 pūlùshí（英 a pavement；[個々の] a paving stone）▶～を敷く/铺铺路石 pū pūlùshí

しきがわ【敷皮】 《靴の》鞋垫儿 xiédiànr（英 an inner sole）

しききん【敷金】 押金 yājīn（英 a security deposit）▶～を入れて部屋を借りる/交押金租房 jiāo yājīn zū fáng

しきけん【識見】 见识 jiànshi（英 judgment）▶～のある/有见识 yǒu jiànshi

しきさい【色彩】 ❶〖色どり〗彩色 cǎisè；色彩 sècǎi；颜色 yánsè（英 a color; a hue）▶～の美しい絵/颜色鲜艳的画 yánsè xiānyàn de huà ❷〖傾向〗倾向 qīngxiàng；色彩 sècǎi（英 a color; a tinge）▶政治的の～/政治色彩 zhèngzhì sècǎi ▶この国は軍国的の～が濃い/这个国家军国色彩严重 zhège guójiā jūnguó sècǎi yánzhòng ▶地方的の～/地方色彩 dìfāng sècǎi
◆～感覚：色彩感觉 sècǎi gǎnjué

しきし【色紙】 方形厚纸笺 fāngxíng hòuzhǐjiān（英 a square piece of fancy paper）

しきじ【式辞】 祝词 zhùcí（英 an address）▶～を述べる/致祝词 zhì zhùcí ▶～を読む/宣读祝词 xuāndú zhùcí

じきじき【直直に】 亲自 qīnzì；直接 zhíjiē（英 personally）▶～に訴える/直接上告 zhíjiē shànggào ▶大臣～の依頼なんだよ/是大臣亲自委托我的 shì dàchén qīnzì wěituō wǒ de

しきしゃ【指揮者】 〖音楽〗指挥 zhǐhuī（英 a conductor）

しきしゃ【識者】 有识之士 yǒushí zhī shì（英 intelligent people）

しきじゃく【色弱】 〖医〗色弱 sèruò（英 partial color blindness）

しきじょう【式場】 礼堂 lǐtáng；会场 huìchǎng（英 a ceremonial hall）▶～はどこですか/会场在哪里？ huìchǎng zài nǎli?

しきじょう【色情】 色情 sèqíng（英 sexual desire）▶～狂/色鬼 sèguǐ ▶～をそそる/挑逗情欲 tiǎodòu qíngyù

しきそ【色素】 〖生理〗色素 sèsù（英 pigment）▶～沈着/色素沉着 sèsù chénzhuó

じきそ【直訴する】 直接上告 zhíjiē shànggào（英 make a direct appeal）

しきたり【仕来たり】 惯例 guànlì；常规 chángguī（英 a custom）▶～を破る/打破惯例 dǎpò guànlì ▶～に従う/仿照惯例 fǎngzhào guànlì

ジギタリス 〖植物〗洋地黄 yángdìhuáng；毛地黄 máodìhuáng（英 a digitalis）

しきち【敷地】 地基 dìjī；用地 yòngdì（英 a site; a lot）▶～面積/地基面积 dìjī miànjī ▶～内/地之内 yòngdì zhīnèi ▶家の～は300平方メートルある/这家占地三百平方米 zhè jiā zhàn dì sānbǎi píngfāngmǐ

しきちょう【色調】 色调 sèdiào（英 a color tone）▶～が淡い/色调淡 sèdiào dàn

しきつめる【敷き詰める】 铺满 pūmǎn（英 spread... all over...）

じきでし【直弟子】 直系传人 zhíxì chuánrén（英 one's pupil）

しきてん【式典】 典礼 diǎnlǐ（英 a ceremony）▶記念～/纪念典礼 jìniàn diǎnlǐ

じきでん【直伝】 直接传授 zhíjiē chuánshòu

(英 *hand down directly*)

じきひつ【直筆】 亲笔 qīnbǐ (英 *an autograph*) ▶～の書簡/亲笔书简 qīnbǐ shūjiǎn

しきふ【敷布】 褥单 rùdān; 床单 chuángdān (英 *a sheet*) ▶～を敷く/铺床单 pū chuángdān ▶～を替える/换床单 huàn chuángdān

しきふく【式服】 礼服 lǐfú (英 *a ceremonial dress*)

しきぶとん【敷布団】 褥子 rùzi (英 *a mattress*)

しきべつ【識別する】 辨别 biànbié; 分辨 fēnbiàn; 识别 shíbié (英 *discriminate*) ▶偽物と本物が～できない/无法辨别真货假货 wúfǎ biànbié zhēnhuò jiǎhuò

しきもう【色盲】 〔医〕色盲 sèmáng (英 *color blindness*) ▶彼は～だ/他是色盲 tā shì sèmáng

しきもの【敷物】 垫子 diànzi; 铺垫 pūdiàn (英 *a carpet*, [小型の] *a rug*) ▶虎の皮の～/虎皮垫子 hǔpí diànzi

じぎゃく【自虐】 自己虐待自己 zìjǐ nüèdài zìjǐ; 自虐 zìnüè (英 *self-torment*) ▶あいつは～趣味なんだよ/他是喜欢自虐 tā jiùshì xǐhuan zìnüè

しきゅう【子宮】 〔解〕子宫 zǐgōng (英 *the womb*; *the uterus*) ▶～ガン/子宫癌 zǐgōng'ái ▶～外妊娠/宫外孕 gōngwàiyùn

しきゅう【支給する】 发 fā; 支付 zhīfù (英 *supply*; *provide*) ▶現物～/实物支付 shíwù zhīfù ▶給料を～する/发工资 fā gōngzī ▶旅費を～する/支付旅费 zhīfù lǚfèi

しきゅう【至急】 紧急 jǐnjí; 赶快 gǎnkuài; 从速 cóngsù (英 *urgency*) ▶～御連絡下さい/请从速联系 qǐng cóngsù liánxì ▶大～完成する/火速完成 huǒsù wánchéng

じきゅう【自給する】 自给 zìjǐ (英 *provide for oneself*) ▶～自足/自给自足 zìjǐ zìzú ▶食糧～率/粮食自给率 liángshí zìjǐlǜ

じきゅう【持久】 持久 chíjiǔ (英 *endurance*) ▶～戦/持久战 chíjiǔzhàn ▶～力/耐力 nàilì

じきゅう【時給】 小时工资 xiǎoshí gōngzī (英 *payment by the hour*) ▶～1,000円払います/每小时支付一千日元 měi xiǎoshí zhīfù yìqiān Rìyuán ▶～900円でアルバイトしないか/一小时九百日元的小时工，你做不做？yì xiǎoshí jiǔbǎi Rìyuán de xiǎoshígōng, nǐ zuòbuzuò?

しきゅうしき【始球式】 开球式 kāiqiúshì (英 *the ceremonial first ball*) ▶大統領の～で試合が始まった/由总统开球，比赛正式开始 yóu zǒngtǒng kāiqiú, bǐsài zhèngshì kāishǐ

しきょ【死去する】 去世 qùshì; 死去 sǐqù (英 *die*) ▶彼の～の知らせに驚いた/听到他的死讯，非常震惊 tīngdào tā de sǐxùn, fēicháng zhènjīng

じきょ【辞去する】 告辞 gàocí; 告别 gàobié (英 *take one's leave*)

しきょう【司教】 主教 zhǔjiào (英 *a bishop*)

しきょう【市況】 市面 shìmiàn; 市场情况 shìchǎng qíngkuàng; 行情 hángqíng (英 *market conditions*) ▶株式～/股市行情 gǔshì hángqíng

しぎょう【始業】 开始工作 kāishǐ gōngzuò;《学校》开学 kāixué (英 *commencement of work*) ▶～時間/上班时间 shàngbān shíjiān ▶～式/开学典礼 kāixué diǎnlǐ

じきょう【口供する】 口供 kǒugòng; 招供 zhāogòng; 自供 zìgòng (英 *confess*) ▶～を翻す/翻供 fāngòng ▶～書/自供状 zìgòngzhuàng ▶～だけで物証がない/只有口供，没有物证 zhǐ yǒu kǒugòng, méiyǒu wùzhèng

じぎょう【事業】 事业 shìyè (英 *an enterprise*; *a business*) ▶慈善～/慈善事业 císhàn shìyè ▶～を興す/起业 qǐyè; 创办事业 chuàngbàn shìyè; 创业 chuàngyè ▶彼はある～をやっている/他在从事某种事业 tā zài cóngshì mǒu zhǒng shìyè

しきょうひん【試供品】 试用品 shìyòngpǐn (英 *a sample*) ▶ローションの無料の～を試した/试用了化妆水的免费试用装 shìyòngle huàzhuāngshuǐ de miǎnfèi shìyòngzhuāng

しきょく【支局】 分局 fēnjú; 分支机构 fēnzhī jīgòu (英 *a branch office*)

しきよく【色欲】 色欲 sèyù; 情欲 qíngyù (英 *sexual desire*) ▶～を抑える/抑制色欲 yìzhì sèyù

じきょく【時局】 时局 shíjú (英 *a situation*) ▶重大な～/重大的时局 zhòngdà de shíjú ▶～が悪化する/时局恶化 shíjú èhuà

じきょく【磁極】 磁极 cíjí (英 *a magnetic pole*) ▶～のN極/北极 běijí ▶～のS極/南极 nánjí

しきり【仕切り】 间隔 jiàngé; 隔 gé (英 *a partition*; *a boundary*) ▶～板/隔板 gébǎn ▶～線/界限 jièxiàn ▶～を取りはずす/去除间隔板 qùchú jiàngébǎn

しきりに【頻りに】 连连 liánlián; 频繁 pínfán; 屡次 lǚcì (英 [しばしば] *frequently*; [熱心に] *eagerly*) ▶～謝る/连连道歉 liánlián dàoqiàn ▶～うなずく/频频点头 pínpín diǎntóu ▶～反対する/连连反对 liánlián fǎnduì ▶～勧める/频频推荐 pínpín tuījiàn ▶雨が～降る/雨下个不停 yǔ xià ge bùtíng

しきる【仕切る】 ❶〖区切る〗隔 gé (英 *partition*) ▶カーテンで～/用帘子隔开 yòng liánzi gékāi ▶部屋を二間に～/把屋子隔成两间 bǎ wūzi géchéng liǎng jiān ❷〖取りしきる〗掌管 zhǎngguǎn; 主持 zhǔchí; 承担 chéngdān (英 *manage*) ▶宴会を～/主持宴会 zhǔchí yànhuì ▶家事を～/承担家务 chéngdān jiāwù ❸〖決算する〗结账 jiézhàng; 清账 qīngzhàng (英 *settle accounts*)

しきん【至近】 (英 *point blank range*) ▶ピストルの弾が～距離から発射された/手枪的子弹是从极近的地方射出的 shǒuqiāng de zǐdàn shì cóng jí jìn de dìfang shèchū de

しきん【資金】 资金 zījīn (英 *a fund*; *capital*)

▶~を集める/筹集资金 chóují zījīn ▶~源/资金来源 zījīn láiyuán ▶~不足/资金不足 zījīn bù zú ▶~力では彼らにはかなわない/论财力，我们不如他们 lùn cáilì, wǒmen bùrú tāmen ▶~繰りがつかない/资金周转不开 zījīn zhōuzhuǎnbùkāi ▶住宅~が不足する/住宅资金不足 zhùzhái zījīn bù zú ▶地震からの復興~を調達する/筹集震后重建资金 chóují zhènhòu zài jiàn zījīn

◆回転~/流动资金 liúdòng zījīn 結婚~ ▶息子は結婚~の足りない分を母親に無心した/儿子向母亲要结婚不够的资金 érzi xiàng mǔqin suǒyào jiéhūn bú gòu de zījīn 政治~/政治资金 zhèngzhì zījīn

しぎん【詩吟】 吟诗 yínshī (英 *recitation of a Chinese poem*)

しきんせき【試金石】 试金石 shìjīnshí (英 *a touchstone; a test*) ▶その事件は新知事の~となった/那事件成了新知事的试金石 nà shìjiàn chéngle xīnzhīshì de shìjīnshí

しく【詩句】 诗句 shījù (英 *a verse*)

しく【敷く】 ❶【延べ広げる】铺 pū; 垫 diàn (英 *spread*) ▶布団を~/铺床 pū chuáng; 铺被褥 pū bèirù ▶ござを敷いて花見をする/铺上席子赏花 pūshàng xízi shǎng huā ▶道路に煉瓦を敷いて明治の風情を出す/路上铺着砖，显示出明治时代的风情 lùshang pūzhe zhuān, xiǎnshìchū Míngzhì shídài de fēngqíng

❷【抑えつける】欺压 qīyā; 压制 yāzhì (英 *have... under one's control*) ▶亭主を尻に~/欺压丈夫 qīyā zhàngfu

❸【配置する】布置 bùzhì; 发布 fābù (英 *lay*) ▶鉄道を~/铺设铁路 pūshè tiělù ▶背水の陣を~/布下背水阵 bùxià bèishuǐzhèn ▶戒厳令を~/发布戒严令 fābù jièyánlìng

じく【字句】 字句 zìjù (英 *words; wording*) ▶~を訂正/订正字句 dìngzhèng zìjù ▶~を変えて現代の人にも分かるようにする/改变字句，让现代人也能看懂 gǎibiàn zìjù, ràng xiàndàirén yě néng kàndǒng ▶~にこだわらない翻訳/不拘泥于字句的翻译 bù jūní yú zìjù de fānyì

じく【軸】 ❶【棒】轴 zhóu (英 *an axis; an axle*) ▶車~/车轴 chēzhóu ▶~受け/轴承 zhóuchéng

❷【柄】杆儿 gǎnr (英 *a holder*); [茎] *a stem*) ▶マッチ~/火柴杆 huǒcháigǎn ▶ペン~/钢笔杆儿 gāngbǐgǎnr

❸【掛け軸】挂轴 guàzhóu (英 *a hanging scroll*)

❹【物事の】核心 héxīn; 中心 zhōngxīn (英 *the central point*) ▶彼が~となって捜査を進める/以他为核心进行搜查 yǐ tā wéi héxīn jìnxíng sōuchá ▶私はチームワークを~とする競技が好きだ/我喜欢以团体为中心的运动 wǒ xǐhuan yǐ tuántǐ wéi zhōngxīn de yùndòng

じくう【時空】 时空 shíkōng (英 *time and space*) ▶~を越える/超越时空 chāoyuè shíkōng

しぐさ【仕種・仕草】 举止 jǔzhǐ; 动作 dòngzuò; 身段 shēnduàn (英 [身ぶり] *gesture*; [演技] *acting*) ▶大きな~で話す/举止夸张地说话 jǔzhǐ kuāzhāng de shuō huà ▶子猫の~はほんとうにかわいい/小猫的动作真的可爱 xiǎomāo de dòngzuò zhēn de kě'ài

ジグザグ 曲里拐弯 qūlíguǎiwān; 之字形 zhīzìxíng; 锯齿形 jùchǐxíng (英 *a zigzag*) ▶坂道を自転車で~に進む/骑着自行车在坡路上之字形爬行 qízhe zìxíngchē zài pōlùshang zhīzìxíng páxíng ▶~模様/之字形的图案 zhīzìxíng de túàn

しくしく 抽抽搭搭 chōuchōudādā (英 [泣く] *sob*) ▶~泣く/抽泣 chōuqì

じくじく 潮湿 cháoshī (英 *oozy*) ▶傷が化膿して~する/伤口化脓湿漉漉的 shāngkǒu huànóng shīlūlū de

じくじたる【忸怩たる】 愧疚 kuìjiù (英 *ashamed*) ▶内心~ものがある/内心有愧 nèixīn yǒukuì

しくじり 失败 shībài; 失误 shīwù (英 *a failure*) ▶~は許されない/不允许失败 bù yǔnxǔ shībài

しくじる 失败 shībài; 砸锅 záguō; 栽跟头 zāi gēntou (英 *fail*) ▶短気を起こして得意先を~/没有耐性失去了老客户 méiyǒu nàixìng shīqùle lǎokèhù ▶事業をしくじって田舎に帰る/生意失败回老家 shēngyi shībài huí lǎojiā

ジグソーパズル《ゲーム》拼图游戏 pīn tú yóuxì (英 *a jigsaw puzzle*)

じぐち【地口】 俏皮话 qiàopíhuà (英 *a pun*)

しくつ【試掘する】 试钻 shìzuān; 勘探 kāntàn (英 *prospect*) ▶新しい温泉源を~する/勘探新的温泉源 kāntàn xīn de wēnquányuán ▶石油の~権をめぐって国家間で争う/两国争夺石油的开采权 liǎng guó zhēngduó shíyóu de kāicǎiquán

シグナル ❶【信号機】红绿灯 hónglǜdēng; 信号机 xìnhàojī (英 *a traffic signal*) ❷【合図】信号 xìnhào (英 *a signal, a sign*) ▶「ゴー」の~を送る/发出"开始！"的信号 fāchū "kāishǐ!" de xìnhào

しくはっく【四苦八苦する】 千辛万苦 qiān xīn wàn kǔ; 辛辛苦苦 xīnxīnkǔkǔ (英 *be in an agony*) ▶経営を軌道に乗せるために~した/千辛万苦地设法让经营步入正轨 qiān xīn wàn kǔ de shèfǎ ràng jīngyíng bùrù zhèngguǐ

しくみ【仕組み】 结构 jiégòu; 构造 gòuzào (英 [構造] *construction*; [仕掛け] *a mechanism*) ▶新しい投資信託の大体の~を説明する/说明新信托投资的概要 shuōmíng xīn xìntuō tóuzī de gàiyào ▶政治の~が分からない/不明白政治的机制 bù míngbai zhèngzhì de jīzhì

しくむ【仕組む】 谋划 móuhuà; 计划 jìhuà; 策划 cèhuà (英 *plan; devise*) ▶巧妙に仕組まれた詐欺事件/精心策划的诈骗案 jīngxīn cèhuà de zhàpiàn'àn

シクラメン〔植物〕仙客来 xiānkèlái（英 *a cyclamen*）

しぐれ〔時雨〕（初冬の）阵雨 zhènyǔ（英 *a drizzling rain*）▶一日中〜る/一整天断断续续地下着雨 yì zhěngtiān duànduànxùxù de xiàzhe yǔ

しけ【時化】❶〔暴風雨〕海上风暴 hǎishàng fēngbào（英 *stormy weather*）❷〔不漁〕（因海上风暴）打不着鱼 （yīn hǎishàng fēngbào）dǎbuzháo yú（英 *scarcity of fish*）▶全くの〜でどの漁民も打ちひしがれていた/因暴风雨打不着鱼，渔民都面带愁容 yīn bàofēngyǔ dǎbuzháo yú, yúmín dōu miàn dài chóuróng

しけい【死刑】死刑 sǐxíng（英 *capital punishment*）▶〜に処する/处死 chǔsǐ ▶〜囚/死囚 sǐqiú ▶殺人罪で〜判決を受ける/因杀人罪被判死刑 yīn shārénzuì bèi pàn sǐxíng ▶〜を宣告する/宣判死刑 xuānpàn sǐxíng ▶〜を執行する/执行死刑 zhíxíng sǐxíng

しけい【私刑】私刑 sīxíng（英 *lynch law*）

しけい【紙型】〔印刷〕纸型 zhǐxíng（英 *a matrix*）

しげい【至芸】绝技 juéjì；绝艺 juéyì；绝招 juézhāo（英 *excellent arts and crafts*）

じけい【次兄】二哥 èrgē（英 *one's second eldest brother*）

じけいだん【自警団】自卫团 zìwèituán（英 *a vigilante corps*）

しげき【史劇】历史剧 lìshǐjù（英 *a historical play*）

しげき【刺激】する ❶刺激 cìjī（英 *stimulate*）▶〜物/刺激物 cìjīwù ▶〜臭/刺激气味 cìjī qìwèi ▶人を〜する/刺激人 cìjī rén ▶好奇心を〜する/激起好奇心 jīqǐ hàoqíxīn ▶神経を〜する/刺激神经 cìjī shénjīng ▶この映画は青少年には〜が強すぎる/这电影给青少年的刺激太强 zhè diànyǐng gěi qīngshàonián de cìjī tài qiáng ▶〜のない生活/平淡的生活 píngdàn de shēnghuó

しげき【詩劇】诗剧 shījù（英 *a poetic drama*）

しげしげ【繁繁と】❶〔たびたび〕频繁 pínfán（英 *frequently*）▶〜と通う/频繁往来 pínfán wǎnglái ❷〔じっと〕仔细 zǐxì（英 *fixedly*）▶〜と見る/端详 duānxiang；仔细地看 zǐxì de kàn

しけつ【止血】する 止血 zhǐxuè（英 *stop bleeding*）▶〜剤/止血药 zhǐxuèyào

じけつ【自決】する ❶〔自殺〕自杀 zìshā；自尽 zìjìn（英 *kill oneself*）▶敗北の責任を取って〜/承担失败的责任而自杀 chéngdān shībài de zérèn ér zìshā ❷〔自ら決める〕自決 zìjué（英 *determine by oneself*）▶民族〜/民族自决 mínzú zìjué

しげみ【茂み】草丛 cǎocóng（英 *a thicket*）

しける【時化る】❶〔海が荒れる〕海上闹风暴 hǎishàng nào fēngbào（英 *become stormy*）❷〔不景気な〕萧条 xiāotiáo；郁闷 yùmèn（英 *be depressed*）▶しけた面(2)をしてるな/别做出一幅愁眉苦脸的样子 bié zuòchū yì fú chóuméi kǔliǎn de yàngzi

しける【湿気る】发潮 fācháo；受潮 shòucháo（英 *become damp*）

しげる【茂る】繁茂 fánmào；茂盛 màoshèng（英 *grow thick*）▶木の茂った山/绿树繁茂的青山 lǜshù fánmào de qīngshān ▶葉の茂った木/枝繁叶茂的树 zhī fán yè mào de shù

しけん【私見】个人意见 gèrén yìjiàn；己见 jǐjiàn（英 *one's personal opinion*）▶〜によれば景気回復はそう遠くない/我个人认为，经济复苏的日子不会太远 wǒ gèrén rènwéi, jīngjì fùsū de rìzi búhuì tài yuǎn

しけん【私権】私权 sīquán（英 *a private right*）

しけん【試験】する ❶〔人の能力を〕考试 kǎoshì；测验 cèyàn（英 *examine*）▶面接〜/面试 miànshì ▶筆記〜/笔试 bǐshì ▶〜に受かる/通过考试 tōngguò kǎoshì；考上 kǎoshàng ▶〜に落ちる/没考上 méi kǎoshàng；落榜 luòbǎng ▶名落孙山 míng luò Sūn Shān ▶〜を免除する/免试 miǎnshì ▶〜場/考场 kǎochǎng ▶〜問題/考题 kǎotí；试题 shìtí ▶〜はどうだった/の得意 怎么样？ kǎode zěnmeyàng？ ▶成績の悪い者に再度〜をする/对成绩不好的人进行补试 duì chéngjì bùhǎo de rén jìnxíng bǔshì ▶一人〜を受ける/一个人接受考试 yí ge rén jiēshòu kǎoshì ▶〜でよい点を取る/考试取得好分数 kǎoshì qǔdé hǎofēnshù

❷〔物の性能を〕试験 shìyàn；検验 jiǎnyàn；化验 huàyàn（英 *test*）▶品質を〜する/检验质量 jiǎnyàn zhìliàng ▶1ヶ月〜的に使ってみて下さい/请试用一个月 qǐng shìyòng yí ge yuè ▶それらの商品は〜的に販売されている/那些商品先试着卖来看看 nà xiē shāngpǐn xiān shìzhe mài lái kànkan

しげん【至言】至理名言 zhìlǐ míngyán（英 *a wise saying*）▶「大知は愚の如し」とは〜である/"大智若愚"真是至理名言 "dà zhì ruò yú" zhēn shì zhìlǐ míngyán

しげん【資源】资源 zīyuán（英 *resources*）▶地下〜/地下资源 dìxià zīyuán ▶〜に富む/资源丰富 zīyuán fēngfù ▶我が国は〜に乏しい/我们国家资源贫乏 wǒmen guójiā zīyuán pínfá ▶〜開発/资源开发 zīyuán kāifā ▶天然〜/天然资源 tiānrán zīyuán ▶人的〜/人力资源 rénlì zīyuán ▶〜を開発する/开发资源 kāifā zīyuán

じけん【事件】事件 shìjiàn；案件 ànjiàn（英 *an incident; an affair*）▶〜が起きる/发生案件 fāshēng ànjiàn ▶〜を捜査する/侦查事件 zhēnchá shìjiàn ▶殺人〜/杀人案 shārén'àn ▶その〜の容疑者/那案件的嫌疑犯 nà ànjiàn de xiányífàn ▶その〜で多くの人が拘留された/因那事件很多人被拘留 yīn nà shìjiàn hěn duō rén bèi jūliú

じげん【次元】次元 cìyuán；维 wéi（英 *a dimension*）▶四〜の世界/四维世界 sìwéi shìjiè

じげん【時限】 ❶[授業の]课时 kèshí；学时 xuéshí（英 a time）▶一～目/第一节课 dìyī jié kè ❷[時間を決めた]限期 xiànqī（英 a time limit）▶～ストライキ/限期罢工 xiànqī bàgōng ▶～立法/限制立法 xiànzhì lìfǎ
◆~爆弾 定时炸弹 dìngshí zhàdàn ▶~爆弾が仕掛けられていた/安装着定时炸弹 ānzhuāngzhe dìngshí zhàdàn

しけんかん【試験管】 试管 shìguǎn（英 a test tube）▶~ベビー/试管婴儿 shìguǎn yīng'ér

しこ【四股を踏む】（相撲）抬腿踏脚 tái tuǐ tà jiǎo（英 stamp one's feet for a warm-up）

しご【死後】 死后 sǐhòu；身后 shēnhòu（英 after one's death）▶~硬直/死后僵直 sǐhòu jiāngzhí ▶その死体は～10日間を経過したものと推定される/那尸体据推测死后已经过了十天了 nà shītǐ jù tuīcè sǐhòu yǐjīng guòle shí tiān le

しご【死語】 ❶[単語]废词 fèicí；死词 sǐcí（英 an obsolete word）❷[言語]死语 sǐyǔ（英 a dead language）

しご【私語】 私语 sīyǔ（英 a whisper）▶教室では～を禁じる/教室里不准私语 jiàoshìli bù zhǔn sīyǔ

じこ【自己】 自我 zìwǒ；自己 zìjǐ（英 self；oneself）▶初めての集まりで～紹介をする/在第一次聚会上做自我介绍 zài dìyī cì jùhuìshang zuò zìwǒ jièshào
◆~欺瞞 そんなの~欺瞞だ/那不就是欺骗自己的嘛 nà bú jiùshì qīpiàn zìjǐ de ma ◆嫌悪 自我厌恶 zìwǒ yànwù ◆~満足 自我满足 zìwǒ mǎnzú ◆~流 自己独创的做法 zìjǐ dúchuàng de zuòfǎ；自己独特的做法 zìjǐ dútè de zuòfǎ

じこ【事故】 事故 shìgù；意外 yìwài（英 an accident）▶~に遭う/遇到意外 yùdào yìwài ▶~現場/事故现场 shìgù xiànchǎng ▶~死/事故死亡 shìgù sǐwáng ▶~を防ぐ/防止事故 fángzhǐ shìgù ▶交通～/交通事故 jiāotōng shìgù；交通肇事 jiāotōng zhàoshì；车祸 chēhuò ▶交差点での事故/在十字路口遇到交通事故 zài shízì lùkǒu yùdào jiāotōng shìgù ▶幼い子が酔っ払い運転の～にあった/小孩子遇到酒后驾车的交通事故 xiǎoháizi yùdào jiǔhòu jiàchē de jiāotōng shìgù

じご【事後】 事后 shìhòu（英 after the fact）▶~承諾/事后承认 shìhòu chéngrèn ▶~処理/善后处理 shànhòu chǔlǐ
◆~報告 事后报告 shìhòu bàogào

じこあんじ【自己暗示】 自我暗示 zìwǒ ànshì（英 autosuggestion）▶~をかける/进行自我暗示 jìnxíng zìwǒ ànshì

しこう【至高】 最高 zuìgāo；至高无上 zhì gāo wú shàng（英 supremacy）

しこう【志向】 志向 zhìxiàng；意向 yìxiàng（英 an intention；an aim）▶男子学生にもブランド～が増えた/现在追求名牌的男生也多起来了 xiànzài zhuīqiú míngpái de nánshēng yě duōqǐlai le ▶政治家～の学生/立志从政的学生 lìzhì cóngzhèng de xuéshēng

しこう【私行】 私生活 sīshēnghuó（英 private conduct）▶~を暴く/暴露私生活 bàolù sīshēnghuó

しこう【思考する】 思考 sīkǎo；思维 sīwéi（英 think）▶プラス～/积极乐观的思维方式 jījí lèguān de sīwéi fāngshì
◆~力 ▶年を取ると~力がにぶる/上了年纪，思考能力也会下降 shàngle niánjì, sīkǎo nénglì yě huì xiàjiàng

しこう【施行する】 施行 shīxíng；实施 shíshī（英 enforce）▶法律を～/实施法律 shíshī fǎlǜ ▶飲酒運転者を厳しく罰する法律が来月から～される/从下月开始实行严查酒后驾驶的法规 cóng xiàyuè kāishǐ shíxíng yán chá jiǔhòu jiàshǐ de fǎguī

しこう【歯垢】 牙垢 yágòu（英 plaque）▶~をとる/除去牙垢 chúqù yágòu

しこう【嗜好】 嗜好 shìhào；口味 kǒuwèi（英 taste；liking）▶~が変わる/口味改变 kǒuwèi gǎibiàn ▶これは僕の~に合わない/这不合我的口味 zhè bù hé wǒ de kǒuwèi ▶~品/嗜好品 shìhàopǐn ▶~の問題だ/这是嗜好的问题 zhè shì shìhào de wèntí

じこう【事項】 事项 shìxiàng；项目 xiàngmù（英 a matter；[項目] an item）

じこう【時効】 时效 shíxiào（英 prescription）▶~期間/时效期间 shíxiào qījiān ▶この事件は～が成立した/这个事件过了时效 zhège shìjiàn guòle shíxiào ▶あの約束はもう～だ/那个诺言就算作废了 nàge nuòyán jiù suàn zuòfèi le

じこう【時候】 时令 shílìng（英 the season；[天気] weather）▶~の挨拶/时令问候 shílìng wènhòu ▶今の～としては暖かいな/这个季节还这么暖和啊? zhège jìjié hái zhème nuǎnhuo a? ▶気分がすぐれない．～のせいかな/精神不爽，是不是天气的缘故？jīngshén bù shuǎng, shìbushì tiānqì de yuángù?

じごう【次号】 下一期 xià yì qī（英 the next issue）▶~完結/下次结束 xiàcì jiéshù ▶以下～/请看下回分解 qǐng kàn xiàhuí fēnjiě

しこうさくご【試行錯誤】（英 trial and error）▶~を重ねる/反复试验 fǎnfù shìyàn

じごうじとく【自業自得】 自作自受 zì zuò zì shòu；咎由自取 jiù yóu zì qǔ；自食其果 zì shí qí guǒ（英 the natural consequences of bad behavior）▶彼は口をたたいていたが～の報いを受けた/他常常说大话，才会咎由自取 tā chángcháng shuō dàhuà, cái huì jiù yóu zì qǔ

じごえ【地声】 天生的嗓子 tiānshēng de sǎngzi（英 one's natural voice）▶彼は～が大きくこの会議室では廊下の人に聞こえる/他的嗓门大，在这个会议室的话走廊里的人都能听见 tā de sǎngmén dà, zài zhège huìyìshì de huà zǒulángli de rén dōu néng tīngjiàn

しごき 严教 yán jiào;《意地悪く》欺负 qīfu (英 *harsh training*; [新入生の] *hazing*) ▶この世界では～が指導として考えられている/在这个世界，大家认为欺负新生是一种指导/in this world, dàjiā rènwéi qīfu xīnshēng shì yì zhǒng zhǐdǎo

しごく ❶【細長いものを】捋 luō; 撸 lū (英 *draw... through one's hand*) ▶枝についている葉をしごき落とす/把树枝上的叶子捋下来 bǎ shùzhīshàng de yèzi luōxiàlái ❷【訓練する】严格训练 yángé xùnliàn (英 *drill... hard*) ▶山田先生の授業は～から、まじめな生徒はみな物になる/山田老师对学生指导严格，认真的学生都能成材 Shāntián lǎoshī duì xuésheng zhǐdǎo yángé, rènzhēn de xuésheng dōu néng chéngcái

しごく【至極】极为 jíwéi; 非常 fēicháng (英 *very; quite*) ▶～もっともだ/对极了 duìjí le ▶残念～/遗憾万分 yíhàn wànfēn

じこく【自国】本国 běnguó (英 *of one's own country*) ▶～語/本国语 běnguóyǔ

じこく【時刻】时刻 shíkè; 钟点 zhōngdiǎn; 时候 shíhou (英 *time; an hour*) ▶～を知らせる/报时 bào shí ▶～表/时刻表 shíkèbiǎo ▶日本では～表どおりに発車しないのは珍しい/在日本，极少有不按时刻表发车的事 zài Rìběn, jí shǎo yǒu bú àn shíkèbiǎo fā chē de shì

じごく【地獄】地狱 dìyù (英 *hell*) ▶～耳/顺风耳 shùnfēng'ěr; 耳朵尖 ěrduo jiān ▶あの経験はこの世の～だった/那经历真的是活地狱 nà jīnglì zhēn de shì huódìyù

～で仏に会ったよう 绝路逢生 juélù féng shēng

～の沙汰も金次第 有钱能使鬼推磨 yǒu qián néng shǐ guǐ tuī mò

じこけんじ【自己顕示】自我表现 zìwǒ biǎoxiàn (英 *self-display*) ▶彼は人一倍～欲が強い/他自我表现的欲望比一般人强得多 tā zìwǒ biǎoxiàn de yùwàng bǐ yìbānrén qiángde duō

じこしょうかい【自己紹介する】自我介绍 zìwǒ jièshào (英 *introduce oneself*)

じこしょうだく【事後承諾する】追认 zhuīrèn; 事后同意 shìhòu tóngyì (英 *give an ex post facto approval*)

しごせん【子午線】经线 jīngxiàn; 子午线 zǐwǔxiàn (英 *a meridian*)

じこせんでん【自己宣伝する】自我宣传 zìwǒ xuānchuán; 自吹自擂 zì chuī zì léi (英 *advertise oneself*)

しごたま 很多 hěn duō (英 *a lot*) ▶～儲ける/赚了很多钱 zhuànle hěn duō qián ▶彼は～株で儲けた/他在股票上赚了不少 tā zài gǔpiàoshang zhuànle bùshǎo ▶～ある/有的是 yǒudeshì

しごと【仕事】❶【働くこと】工作 gōngzuò; 活儿 huór (英 *work; business*) ▶～をする/工作 gōngzuò; 做工 zuògōng; 劳动 láodòng ▶野良～/庄稼活儿 zhuāngjiahuór ▶～がひけ/下工 xiàgōng; 下班 xiàbān ▶～に行く/出工 chūgōng; 上班 shàngbān ▶～をさぼる/旷工 kuànggōng ▶～を休む/缺勤 quēqín; 歇工 xiēgōng; 请假 qǐng jià ▶～を終える/收工 shōugōng; 下班 xiàbān ▶～でインドへ行く/因工作去印度 yīn gōngzuò qù Yìndù ▶今日の～はこれで終わりとしよう/今天的工作到此结束吧 jīntiān de gōngzuò dào cǐ jiéshù ba ▶～中である/正在上班 zhèngzài shàngbān ▶彼女は～を終えるまで食事をしない/她工作不结束不吃饭 tā gōngzuò bù jiéshù bù chīfàn ▶急ぎの～をプロダクションに回す/紧急的工作交给专门人士 jǐnjí de gōngzuò jiāogěi zhuānmén rénshì ▶日曜日は店は～を休む/星期日店里休息 xīngqīrì diànli xiūxi ▶食事中の～の話はなしだ/吃饭的时候不要谈工作 chīfàn de shíhou búyào tán gōngzuò ▶週末、～から解放されると、何をしたいですか/周末从工作中解放出来，你准备做什么？ zhōumò cóng gōngzuò zhōng jiěfàngchūlai, nǐ zhǔnbèi zuò shénme? ▶それは金のもうかる～だ/那是赚钱的活儿 nà shì zhuànqián de huór

❷【職業】职业 zhíyè (英 *an occupation*) ▶～につく/就业 jiùyè ▶～をやめる/辞职 cízhí ▶あなたのお～は何ですか/您的工作是什么？ nín de gōngzuò shì shénme? ▶定年になって新しい～を捜す/退休后找新工作 tuìxiūhòu zhǎo xīngōngzuò ▶趣味の油絵が高じて一生の～となった/作为爱好的油画竟成为一生的工作 zuòwéi àihào de yóuhuà jìng chéngwéi yìshēng de gōngzuò

じことうすい【自己陶酔する】自我陶醉 zìwǒ táozuì (英 *be narcissistic*)

しごとば【仕事場】(工場の)车间 chējiān; (手作業の)作坊 zuōfang; (文筆などの)书房 shūfáng (英 *one's place of work*)

じこひはん【自己批判】自我批评 zìwǒ pīpíng; 检讨 jiǎntǎo (英 *self-criticism*)

じごほうこく【事後報告する】补报 bǔbào; 事后报告 shìhòu bàogào (英 *make an ex post facto report*)

じこほんい【自己本位の】自私自利 zì sī zì lì (英 *self-centered*)

じこまんぞく【自己満足する】自满 zìmǎn; 自我满足 zìwǒ mǎnzú (英 *feel self-satisfied*)

しこみ【仕込み】❶【仕込むこと】准备 zhǔnbèi (英 *preparation; stocking*) ▶料理の～/准备饭菜 zhǔnbèi fàncài ❷【身につけたこと】(英 *training; education*) ▶イギリス～のユーモア/在英国养成的幽默 zài Yīngguó yǎngchéng de yōumò ▶彼の料理は本場のフランス～だ/他做法国菜的手艺是在法国学的 tā zuò Fǎguócài de shǒuyì shì zài Fǎguó xué de

しこむ【仕込む】❶【教える】(英 *teach; train*) ▶芸を～/教技艺 jiāo jìyì ▶子供に商売を～/教孩子经商 jiāo háizi jīngshāng ▶犬に芸を～/训狗 xùn gǒu ❷【醸造品で】酿 niàng; 下 xià (英 *prepare the ingredients for...*) ▶味噌を～/下酱 xià jiàng ❸【仕入れる】采购

cǎigòu; 买进 mǎijìn (英 *stock; lay in*) ▶食糧を～/买进粮食 mǎijìn liángshi

しこり **❶**〖筋肉の〗疙瘩 gēda (英 *a lump; a stiffness*) ▶～ができる/长疙瘩 zhǎng gēda ▶彼女は不幸にも乳に～があったのを見逃した/她很不幸,乳房的肿块未被及时发现是 tā hěn búxìng, rǔfáng de zhǒngkuài wèi bèi jíshí fāxiàn **❷**〖気分〗隔阂 géhé; 隔膜 gémó (英 *bad feelings*) ▶〈心に〉～が残る/产生隔阂 chǎnshēng géhé

しこん【歯根】牙根 yágēn (英 *the root of a tooth*)

しさ【示唆する】暗示 ànshì; 启发 qǐfā (英 *suggest*) ▶～に富んだ/充满启发的 chōngmǎn qǐfā de ▶～に富む論文/引人深思的论文 yǐn rén shēnsī de lùnwén ▶有益な～をいただく/得到有益的启示 dédào yǒuyì de qǐshì

じさ【時差】时差 shíchā (英 *time difference*) ▶～ぼけ/时差不适应 shíchā bú shìyìng; 时差反应 shíchā fǎnyìng ▶～出勤/错开时间上班 cuòkāi shíjiān shàngbān ▶東京とニューヨークでは 14 時間の～がある/东京和纽约有十四个小时的时差 Dōngjīng hé Niǔyuē yǒu shísì ge xiǎoshí de shíchā

しさい【子細・仔細】**❶**〖詳細〗仔细 zǐxì; 详细 xiángxì (英 *details*) ▶～に語る/详细述说 xiángxì shùshuō **❷**〖詳しい事情〗缘故 yuángù; 原委 yuánwěi; 根底 gēndǐ (英 *circumstances*) ▶～を述べる/详现原委 xiángshù yuánwěi ▶～ありげな様子/好像另有隐情的样子 hǎoxiàng lìng yǒu yǐnqíng de yàngzi **❸**〖差し支え〗妨碍 fáng'ài (英 *trouble*) ▶特に～はない/没有特别妨碍 méiyǒu tèbié fáng'ài ▶あれこれ～があって今は発表できない/因各种理由现在无法公布 yīn gè zhǒng lǐyóu xiànzài wúfǎ gōngbù

しさい【司祭】神甫 shénfu; 司铎 sīduó (英 *a priest*)

しさい【詩才】诗才 shīcái (英 *poetical talent*)

しざい【死罪】死刑 sǐxíng (英 *capital punishment*)

しざい【私財】个人财产 gèrén cáichǎn; 私产 sīchǎn (英 *private property*) ▶～を投じて学校を創設する/投入个人财产创办学校 tóurù gèrén cáichǎn chuàngbàn xuéxiào

しざい【資材】资材 zīcái; 材料 cáiliào (英 *materials*) ▶建築～が高騰してマンション も値が上がった/因建筑材料涨价,公寓价格也开始上扬 yīn jiànzhù cáiliào zhǎngjià, gōngyù jiàgé yě kāishǐ shàngyáng

じざい【自在な】自如 zìrú; 自由自在 zìyóu zìzài (英 *free*) ▶～に操る/操纵自如 cāozòng zìrú

しさく【思索する】思索 sīsuǒ; 沉思 chénsī; 思维 sīwéi (英 *meditate*) ▶最近では～にふけることもなくなった/最近很少一个人沉思了 zuìjìn hěn shǎo yí ge rén chénsī le

しさく【施策】措施 cuòshī; 对策 duìcè (英 *a policy; a measure*) ▶～を講じる/采取措施 cǎiqǔ cuòshī

しさく【詩作する】作诗 zuò shī (英 *write a poem*)

しさく【試作する】试制 shìzhì (英 *produce experimentally*) ▶～品/试制品 shìzhìpǐn ♦～車:试制车 shìzhìchē ▶～车是幕で覆われ、4 人のガードマンが配置された/新开发的汽车上罩着黑布,旁边还配有四个保镖 xīn kāifā de qìchēshang zhàozhe hēibù, pángbiān hái pèi yǒu sì ge bǎobiāo

じさく【自作】自制 zìzhì; 〖著作など〗自己写作 zìjǐ xiězuò (英 *one's own work*) ▶～自演/自编自演 zìbiān zìyǎn ▶～の詩/自己创作的诗 zìjǐ chuàngzuò de shī

じざけ【地酒】土产酒 tǔchǎnjiǔ (英 *locally brewed sake*) ▶地元でしか売られなかった～も最近では東京でも売りに出ている/原本只在当地销售的酒,现在东京也有卖的了 yuánběn zhǐ zài dāngdì xiāoshòu de jiǔ, xiànzài Dōngjīng yě yǒu mài de le

しさつ【刺殺する】刺杀 cìshā (英 *stab... dead*)

しさつ【視察する】考察 kǎochá; 视察 shìchá (英 *inspect*) ▶～団/考察团 kǎochátuán ▶議員の～とは名ばかりで,実情は観光旅行だった/议员的视察团只是个名义,实际上是观光 yìyuán de shìchátuán zhǐ shì ge míngyì, shíjìshang shì guānguāng

じさつ【自殺する】自杀 zìshā; 自尽 zìjìn (英 *commit suicide; kill oneself*) ▶～を図る/企图自杀 qǐtú zìshā ▶～未遂/自杀未遂 zìshā wèisuì ▶～行為/自杀性行为 zìshāxìng xíngwéi ▶小学生がいじめを苦にマンションから投身～した/小学生因同学欺负, 从公寓跳楼自杀 xiǎoxuéshēng yīn shòu tóngxué qīfu, cóng gōngyù tiàolóu zìshā ▶母親を道連れに～する/带着母亲一起自尽 dàizhe mǔqīn yìqǐ zìjìn

しさん【四散する】四散 sìsàn; 四飞五散 sì fēi wǔ sàn (英 *scatter*)

しさん【試算する】估算 gūsuàn (英 *make a trial calculation*) ▶経費を～する/估算经费 gūsuàn jīngfèi ▶市役所の～によれば…/据市政府的估算… jù shìzhèngfǔ de gūsuàn…

しさん【資産】财产 cáichǎn; 资产 zīchǎn (英 *property*) ▶固定～/固定资产 gùdìng zīchǎn ▶彼は株でたいへんな～を作った/他通过股票积攒了大笔资产 tā tōngguò gǔpiào jīzǎnle dà bǐ zīchǎn ▶ろくに～のない人/没什么资产的人 méi shénme zīchǎn de rén ♦～家:财主 cáizhǔ ▶彼は祖母に都心部の宅地を譲られたいへんな～家になった/他继承了祖母在市中心的宅地, 成为了富翁 tā jìchéngle zǔmǔ zài shì zhōngxīn de zháidì, chéngwéile fùwēng

しざん【死産する】(英 *have a still-birth*) ▶不幸にも彼らの最初の子供は～だった/很不幸他们第一个孩子是个死婴 hěn búxìng tāmen dìyī ge háizi shì ge sǐyīng

じさん【自賛する】 自夸 zìkuā；自我夸耀 zìwǒ kuāyào（英 praise oneself）

じさん【持参する】 自备 zìbèi；自带 zìdài（英［持って来る］bring；［持って行く］take）▶弁当～で/盒饭自备 héfàn zìbèi ▶娘に～金を持たせてやる/给女儿陪嫁钱 gěi nǚ'ér péijiàqián

しし【史詩】 史诗 shǐshī（英 a historical poem）

しし【四肢】 四肢 sìzhī；肢体 zhītǐ（英 the limbs）

シシ【獅子】 狮子 shīzi（英 a lion）
ことわざ 獅子身中の虫　害群之马 hài qún zhī mǎ；祸患内生 huòhuàn nèi shēng
～奮迅《戦闘で》 奮迅の働きをする/勇猛地奋斗 yǒngměng de fèndòu

しじ【支持する】 拥护 yōnghù；支持 zhīchí（英 support）▶～を得る/得到拥护 dédào yōnghù ▶～者/拥护者 yōnghùzhě ▶僕は新しい首相を断然～する/我坚决支持新首相 wǒ jiānjué zhīchí xīnshǒuxiàng ▶彼は全国民に～されている/他得到全体国民的支持 tā dédào quántǐ guómín de zhīchí ▶若者の全面的～を受けて都知事選に出る/得到年轻人的全面支持，参选都知事 dédào niánqīngrén de quánmiàn zhīchí, cānxuǎn dūzhīshì
◆～率：支持率 zhīchílǜ

しじ【私事】 私事 sīshì（英 private matters）▶～にわたる/涉及私事 shèjí sīshì ▶～にわたって恐縮ですが昨日末の娘が婚約いたしました/在这里说私事真是不好意思，昨天我的小女儿订婚了 zài zhèlǐ shuō sīshì zhēn shì bù hǎoyìsi, zuótiān wǒ de xiǎonǚ'ér dīnghūn le

しじ【指示する】 指示 zhǐshì；命令 mìnglìng（英 direct）▶～に従う/服从命令 fúcóng mìnglìng ▶～を仰ぐ/请求指示 qǐngqiú zhǐshì ▶君を病院まで連れていくよう～されている/我接到指示陪你去医院 wǒ jiēdào zhǐshì péi nǐ qù yīyuàn

しじ【師事する】 拜师 bàishī（英 study under...）▶古田氏に～してバイオリンを習う/拜古田先生为师学拉小提琴 bài Gǔtián xiānsheng wéi shī xué lā xiǎotíqín

じじ【時事】 时事 shíshì（英 current events）▶～問題/时事问题 shíshì wèntí
◆～漫画：时事漫画 shíshì mànhuà

じじこくこく【時時刻刻】 时时刻刻 shíshíkèkè（英 every moment）▶～に変化する/时时刻刻发生变化 shíshíkèkè fāshēng biànhuà ▶天候は～に変化した/天气时时刻刻发生变化 tiānqì shíshíkèkè fāshēng biànhuà

ししざ【獅子座】〖天文〗狮子座 shīzizuò（英 the Lion; Leo）

ししそんそん【子子孫孫】 子子孙孙 zǐzǐsūnsūn；世世代代 shìshìdàidài（英 posterity）▶技法を～に伝える/将此技法世世代代地传下去 jiāng cǐ jìfǎ shìshìdàidài de chuánxiàqù

しじだいめいし【指示代名詞】〖文法〗指示代词 zhǐshì dàicí（英 a demonstrative pronoun）

ししつ【資質】 资质 zīzhì；天资 tiānzī（英 one's nature）

しじつ【史実】 史实 shǐshí（英 a historical fact）

じしつ【自失する】（英 be stupefied）▶茫然～する/茫然自失 mángrán zìshī

じじつ【事実】 事实 shìshí（英 a fact）▶～に照らして処置を決める/对照事实采取措施 duìzhào shìshí cǎiqǔ cuòshī ▶～に基づいて 判断する/根据事实判断 jùshí ▶～に反する/失实 shīshí ▶～を曲げる/歪曲事实 wāiqū shìshí ▶～は否定できない/事实无法否认 shìshí wúfǎ fǒurèn ▶それは～を知らない者の言うことだ/那是不明真相的人的看法 nà shì bùmíng zhēnxiàng de rén de kànfǎ ▶～を直視する/面对事实 miànduì shìshí ▶～に基づいた話/基于事实的内容 jīyú shìshí de nèiróng ▶週刊誌の～無根のレポート/周刊毫无根据的报道 zhōukān háowú gēnjù de bàodào
～上 ▶～上私は少しも知らないのだ/实际上，我什么都不知道 shíjìshang, wǒ shénme dōu bù zhīdào ▶それは～上の敗北だ/那实际上是输了 nà shíjìshang shì shū le
～は小説よりも奇なり （生活中的）实事比小说更有传奇色彩（shēnghuó zhōng de）shìshí bǐ xiǎoshuō gèng yǒu chuánqí sècǎi

じじつ【時日】 日期 rìqī；时日 shírì（英 a date）▶～は追って知らせます/日期随后通知 rìqī suíhòu tōngzhī ▶完成までには～を要する/到完成为止需要时日 dào wánchéng wéizhǐ xūyào shírì

ししばな【獅子鼻】 塌鼻子 tābízi（英 a pug nose）

ししまい【獅子舞】 狮子舞 shīziwǔ（英 a dance wearing a lion's mask at the New Year）

シジミ【蜆】〖貝〗蚬 xiǎn（英 a shijimi mussel）

ししゃ【支社】 分公司 fēngōngsī（英 a branch office）▶～を置く/设立分公司 shèlì fēngōngsī

ししゃ【死者】 死者 sǐzhě；死人 sǐrén（英 a dead person）▶～に鞭打つ/鞭尸 biān shī ▶～は10名に達した/死者已达十人 sǐzhě yǐ dá shí rén ▶その火事は～を20名を出した/那场大火致使二十人丧生 nà chǎng dàhuǒ zhìshǐ èrshí rén sàngshēng ▶多数の～/大量的死者 dàliàng de sǐzhě ▶罰則強化で交通事故の～の数が減った/加强惩罚制度后，交通事故的死亡人数有所减少 jiāqiáng chéngfá zhìdù hòu, jiāotōng shìgù de sǐwáng rénshù yǒusuǒ jiǎnshǎo

ししゃ【使者】 使者 shǐzhě（英 a messenger）▶～を送る/派遣使者 pàiqiǎn shǐzhě

しシャ【試写する】 预映 yùyìng；试映 shìyìng（英 preview）▶～会/试映会 shìyìnghuì ▶主演男優の挨拶があってすぐ映画～会が始まった/男主角致辞后电影试映会马上就开始了 nánzhǔjué zhìcíhòu diànyǐng shìyìnghuì mǎshàng jiù kāishǐ le

ししゃ【試射】 试射 shìshè（英 trial firing）▶海域を警戒しながら機銃を～した/一边警戒海域，

ししょ

じしゃ【自社】 本公司 běn gōngsī; 我公司 wǒ gōngsī (英 one's company) ▶〜株を買う/买自己公司的股票 mǎi zìjǐ gōngsī de gǔpiào

ししゃく【子爵】 子爵 zǐjué (英 a viscount) ◆〜夫人/子爵夫人 zǐjué fūrén

じしゃく【磁石】 磁石 císhí; 吸铁石 xītiěshí (英 a magnet) 方位〜/指南针 zhǐnánzhēn

じじゃく【自若】 自若 zìruò (英 self-possessed) ▶〜たる態度/神态自若 shéntài zìruò ▶泰然〜/泰然自若 tàirán zìruò

ししゃごにゅう【四捨五入する】 四舍五入 sì shě wǔ rù (英 round off) ▶小数点以下を〜する/小数点以下四舍五入 xiǎoshùdiǎn yǐxià sì shě wǔ rù

シシャモ【柳葉魚】〔魚〕柳叶鱼 liǔyèyú (英 a shishamo smelt)

ししゅ【死守】 死守 sǐshǒu; (包囲の中で)困守 kùnshǒu (英 defend desperately) ▶利益の 3%だけは〜する/死守利益百分之三的底线 sǐshǒu lìyì bǎi fēn zhī sān de dǐxiàn ▶孤岛を 2 年間〜した/困守了两年孤岛 kùnshǒule liǎng nián gūdǎo

ししゅ【詩趣】 诗意 shīyì; 诗趣 shīqù (英 poetry) ▶〜に富む/充满诗意 chōngmǎn shīyì ▶露天風呂からの眺めは〜に富んでいる/从露天温泉看到的风景充满诗意 cóng lùtiān wēnquán kàndào de fēngjǐng chōngmǎn shīyì

じしゅ【自主】 自主 zìzhǔ; 主动 zhǔdòng (英 independence) ▶〜独立/独立自主 dúlì zìzhǔ ▶〜権/自主权 zìzhǔquán ▶〜的に通用門での監視を始めた/家长会自发地开始在便门站岗 jiāzhǎnghuì zìfā de kāishǐ zài biànmén zhàngǎng ◆〜規制 主動限制/マスコミが報道を〜規制した/传媒主动限制报道 chuánméi zhǔdòng xiànzhì bàodào 〜性 主動性 zhǔdòngxìng ▶〜性のない生徒を運動部に誘う/邀请没有主动性的学生进体育活动小组 yāoqǐng méiyǒu zhǔdòngxìng de xuésheng jìn tǐyù huódòng xiǎozǔ

じしゅ【自首する】 投案 tóu'àn; 自首 zìshǒu (英 give oneself up to police) ▶犯人が父親に付き添われて〜した/罪犯在父亲的陪同下自首了 zuìfàn zài fùqīn de péitóng xià zìshǒu le

ししゅう【刺繡する】 刺绣 cìxiù (英 embroider) ▶〜糸/绣花线 xiùhuāxiàn ▶〜針/刺绣针 cìxiùzhēn ▶小熊の〜がある帽子を姪にプレゼントした/送给侄女绣有小熊的帽子 sònggěi zhínǚ xiùyǒu xiǎoxióng de màozi

ししゅう【詩集】 诗集 shījí (英 an anthology)

しじゅう【四十】 (英 forty) ▶日本で面積が〜番目の県/在日本面积排行第四十的县 zài Rìběn miànjī páiháng dìsìshí de xiàn ▶〜にして惑わず/四十而不惑 sìshí ér bú huò

しじゅう【始終】 ❶【始めから終わりまで】始終 shízhōng; 自始至终 zì shǐ zhì zhōng (英 from beginning to end) ▶一部〜/从头到尾 cóng tóu dào wěi; 一五一十 yī wǔ yī shí ❷【いつも】经常 jīngcháng; 时常 shícháng; 老是 lǎoshì (英 always) ▶彼は〜電車の中に傘を忘れる/他经常把雨伞忘在电车里 tā jīngcháng bǎ yǔsǎn wàngzài diànchēli ▶彼は〜遅れて来る/他老迟到 tā lǎo chídào ▶〜テレビを見ている/老看电视 lǎo kàn diànshì

じしゅう【次週】 下周 xiàzhōu; 下星期 xiàxīngqī (英 next week; the coming week)

じしゅう【自習する】 自学 zìxué; 自习 zìxí (英 study by oneself) ▶〜室/自习室 zìxíshì ▶〜時間/自习时间 zìxí shíjiān ▶クラスの先生が風邪のため 1 時間目は〜とする/因老师感冒，第一节课自修 yīn lǎoshī gǎnmào, dìyī jié kè zìxiū

じじゅう【自重】 自重 zìzhòng (英 dead weight) ▶1 トンの車輛/自重一吨的车 zìzhòng yì dūn de chē

じじゅう【侍従】 侍从 shìcóng (英 a chamberlain)

シジュウカラ【四十雀】〔鳥〕大山雀 dàshānquè (英 a great tit)

しじゅうそう【四重奏】〘音楽〙四重奏 sìchóngzòu (英 a quartette) ▶弦楽〜/弦乐四重奏 xiányuè sìchóngzòu

ししゅうびょう【歯周病】 牙周病 yázhōubìng (英 periodontal disease)

ししゅく【私淑】 私淑 sīshū; 衷心景仰 zhōngxīn jǐngyǎng (英 be strongly influenced by...) ▶当時私は近村氏に〜していた/那时我十分敬仰近村先生 nà shí wǒ shífēn jìngyǎng Jìncūn xiānsheng

ししゅく【私塾】 私塾 sīshú (英 a private school)

じしゅく【自粛する】 自我克制 zìwǒ kèzhì; 自我约束 zìwǒ yuēshù (英 exercise self-control) ▶派手な宣伝を〜する/尽量少做夸张的宣传 jǐnliàng shǎo zuò kuāzhāng de xuānchuán

ししゅつ【支出する】 支出 zhīchū; 开支 kāizhī (英 pay; spend) ▶〜超過になる/超支 chāozhī ▶〜を抑える/减缩支出 jiǎnsuō zhīchū ▶軍事〜/军费支出 jūnfèi zhīchū ▶収入と〜/收入和支出 shōurù hé zhīchū ▶食費の〜を控える/控制伙食费的支出 kòngzhì huǒshífèi de zhīchū

じじゅん【耳順】 耳顺 ěrshùn; 六十岁 liùshí suì (英 the sixtieth year of age)

ししゅんき【思春期】 青春期 qīngchūnqī (英 adolescence) ▶息子が〜に達する/儿子到了青春期 érzi dàole qīngchūnqī

ししょ【支署・支所】 分公司 fēngōngsī; 办事处 bànshìchù (英 a branch office)

ししょ【司書】 图书管理员 túshū guǎnlǐyuán (英 a librarian)

ししょ【史書】 史书 shǐshū (英 a history book)

ししょ【私書】 私人信件 sīrén xìnjiàn (英 a private document)

しじょ【子女】 儿女 érnǚ; 子女 zǐnǚ;《女の子》女儿 nǚ'ér (英 *a child*) ▶帰国～/归国子女 guīguó zǐnǚ ▶良家の～/良家女儿 liángjiā nǚ'ér

じしょ【地所】 地产 dìchǎn; 地皮 dìpí (英 *a lot of land; an estate*) ▶田舎に五千平米の～を持っている/在乡下拥有五千平方米的地产 zài xiāngxia yǒngyǒu wǔqiān píngfāngmǐ de dìchǎn

じしょ【字書】 字典 zìdiǎn; 字书 zìshū (英 *a dictionary of Chinese characters*)

じしょ【自署する】 自己签名 zìjǐ qiānmíng (英 *sign*) ▶これはあなたが～した誓約書ですよ/这是您亲自签名的誓约书 zhè shì nín qīnzì qiānmíng de shìyuēshū

じしょ【辞書】 词典 cídiǎn (英 *a dictionary*) ▶～を引く/查词典 chá cídiǎn ▶中国語の～は引き方がわからない/不知道中文词典的查法 bù zhīdào Zhōngwén cídiǎn de cháfǎ
[参考] '词典 cídiǎn' は単語や熟語の意味や用法について解説したもの, '字典 zìdiǎn' は漢字一つ一つの読みや意味を解説したもの.

じじょ【次女】 次女 cìnǚ; 二女儿 èrnǚ'ér (英 *one's second daughter*)

じじょ【自助】 自助 zìzhù; 自力更生 zìlì gēngshēng (英 *self-help*) ▶何よりも～努力が肝心です/最要紧的是自助精神 zuì yàojǐn de shì zìzhù jīngshén

ししょう【支障】 故障 gùzhàng; 障碍 zhàng'ài (英 *a hindrance; an obstacle*) ▶～をきたす/造成故障 zàochéng gùzhàng ▶～がない/没有妨碍 méiyǒu fáng'ài ▶葬儀は万事～なく運んだ/葬礼进行得非常顺利 zànglǐ jìnxíngde fēicháng shùnlì

ししょう【死傷する】 伤亡 shāngwáng; 死伤 sǐshāng (英 *be killed or injured*)
♦～者 ▶～者が出た/大楼火灾造成大量人死伤 dàlóu huǒzāi zàochéng dàliàng rén sǐshāng ▶その戦闘で我が軍に多数の～者を出した/本次战役造成我军大量死伤 běn cì zhànyì zàochéng wǒ jūn dàliàng sǐshāng

ししょう【師匠】 师傅 shīfu; 宗师 zōngshī (英 *a teacher; a master*) ▶～について生け花を習う/向师傅学习插花 xiàng shīfu xuéxí chāhuā

しじょう【史上】 历史上 lìshǐshang (英 *in recorded history*) ▶～例を見ない/史无前例 shǐ wú qiánlì

しじょう【市場】 市场 shìchǎng;《販路》销路 xiāolù (英 *a market*) ▶～価格/市价 shìjià ▶今日の東京～は閑散としている/今天的东京市场很冷清 jīntiān de Dōngjīng shìchǎng hěn lěngqing ▶秋の味覚の秋刀魚が～に出回る/秋天的美味刀鱼上市了 qiūtiān de měiwèi qiūdāoyú shàngshì le ▶～を開拓する/开拓新市场 kāituò xīnshìchǎng
♦売手～ ▶大学卒業生の売手～/大学毕业生就职方市场 dàxué bìyèshēng jiùzhífāng shìchǎng 外国～ ▶海外市场 hǎiwài shìchǎng 買手～ ▶大学卒業生の買手～/大学毕业生招聘方市场 dàxué bìyèshēng zhāopìnfāng shìchǎng 国内～/国内市场 guónèi shìchǎng ～開放/开放市场 kāifàng shìchǎng ～調査/市场调查 shìchǎng diàochá

しじょう【至上の】 至上 zhìshàng; 最高 zuìgāo; 无比 wúbǐ (英 *supreme*)
♦～命令 ▶最高命令 zuìgāo mìnglìng ▶納期厳守の～命令/严守交货期的至上命令 yánshǒu jiāohuòqī de zhìshàng mìnglìng

しじょう【私情】 私情 sīqíng (英 *personal feelings*) ▶～にとらわれる/徇私 xùnsī ▶～をはさみ/挟私 xiésī ▶～のために罪を見逃す/被私情所左右饶恕罪行 bèi sīqíng suǒ zuǒyòu ráoshù zuìxíng ▶～をさしはさむ余地がない/不能掺夹私情 bùnéng chánjiā sīqíng

しじょう【紙上】《新聞の》报刊上 bàokānshang; 版面 bǎnmiàn (英 *in the newspaper*) ▶～座談会が面白かった/那报上的座谈记录很有意思 nà bàoshang de zuòtán jìlù hěn yǒu yìsi

しじょう【詩情】 诗意 shīyì; 诗情 shīqíng (英 *poetic sentiment*) ▶～豊かな/充满诗意 chōngmǎn shīyì; 富有诗情 fùyǒu shīqíng

しじょう【試乗する】 试乘 shìchéng (英 *test-drive*)

しじょう【誌上】 杂志上 zázhìshang (英 *in a magazine*)

じしょう【自称する】 自称 zìchēng; 自封 zìfēng (英 *call oneself...*) ▶作家というのは～に過ぎない/作家只不过是他自封的 zuòjiā zhǐbuguò shì tā zìfēng de

じじょう【自乗する】〔数〕自乘 zìchéng (英 *square*) ▶～数/自乘数 zìchéngshù ▶苦痛が～される《比喩》/痛苦百倍增加 tòngkǔ bǎibèi zēngjiā

じじょう【事情】 情况 qíngkuàng; 情形 qíngxing (英 *circumstances*) ▶内部～/内情 nèiqíng ▶～に明るい/了解内情 liǎojiě nèiqíng ▶～聴取/听取情况 tīngqǔ qíngkuàng ▶食料～/食物情况 shíwù qíngkuàng ▶～を打ち明ける/说明事故 shuōmíng yuángù ▶あの人の場合は～が違いますよ/那个人情况不同 nàge rén qíngkuàng bùtóng ▶いかなる～があっても自分から負けを認めない/在任何情况下也不会自己承认失败 zài rènhé qíngkuàngxia yě bùhuì zìjǐ chéngrèn shībài ▶家庭の～で彼女は大学進学をあきらめた/因为家庭原因她放弃了升大学 yīnwèi jiātíng yuányīn tā fàngqìle shēng dàxué ▶彼は中国の北京の交通～に明るい/他很了解北京的交通情况 tā hěn liǎojiě Běijīng de jiāotōng qíngkuàng

じじょうさよう【自浄作用】 自净作用 zìjìng zuòyòng (英 *self-purification*)

じじょうじばく【自縄自縛】 作茧自缚 zuòjiǎn zì fù (英 *it's a case of being caught in one's own trap*)

ししょうせつ【私小説】 （日本特有的）自叙体小説 (Rìběn tèyǒu de) zìxùtǐ xiǎoshuō （英 *a novel based on the author's personal experiences*）

ししょく【試食する】 品尝 pǐncháng （英 *sample*）▶デパートの食品売り場ではいろんな物が～できる/在百货商店食品商场可以试尝各种食品 zài bǎihuò shāngdiàn shípǐn shāngchǎng kěyǐ shìcháng gè zhǒng shípǐn
◆～会 ▶二人はホテルの～に出かけた/两个人去参加宾馆的品尝会 liǎng ge rén qù cānjiā bīnguǎn de pǐnchánghuì ～品：试尝食品 shìcháng shípǐn

じしょく【辞職する】 辞职 cízhí （英 *resign*）▶～願い/辞呈 cíchéng；辞职书 cízhíshū ▶県議会は知事の～を勧告する/县议会劝告知事辞职 xiànyìhuì quàngào zhīshì cízhí ▶～を申し出る/提出辞职 tíchū cízhí ▶内閣は総～した/内阁全体辞职 nèigé quántǐ cízhí

じじょでん【自叙伝】 自传 zìzhuàn （英 *an autobiography*）▶その小説は彼の半～風の作品だ/那小说是他半自传式的作品 nà xiǎoshuō shì tā bàn zìzhuànshì de zuòpǐn

ししょばこ【私書箱】 信箱 xìnxiāng；邮政专用信箱 yóuzhèng zhuānyòng xìnxiāng （英 *a post-office box*）

ししん【私心】 私心 sīxīn；自利心 zìlìxīn （英 *selfishness*）▶～のない人/无私心的人 wúsī de rén ▶いささかの～もない/没存一丝私心 méi cún yìsī sīxīn ▶～をはさむ/存有私心 cún yǒu sīxīn

ししん【私信】 私信 sīxìn；私人信件 sīrén xìnjiàn （英 *a private letter*）

ししん【指針】 ❶〖磁石などの針〗指针 zhǐzhēn （英 *a compass needle*）❷〖手引〗指南 zhǐnán；指针 zhǐzhēn （英 *a guide*）▶行動の～/行动的指针 xíngdòng de zhǐzhēn ▶長生きのための五つの～を守る/为了长寿坚守五大方针 wèile chángshòu jiānshǒu wǔ dàfāngzhēn ▶人生の～/人生的指针 rénshēng de zhǐzhēn

しじん【私人】 私人 sīrén；个人 gèrén （英 *a private citizen*）▶公人ではなく～としての発言です/不是作为公人，而是作为一个私人的发言 bú shì zuòwéi gōng rén, ér shì zuòwéi yí ge sīrén de fāyán

しじん【詩人】 诗人 shīrén （英 *a poet*）▶～肌である/有诗人的风度 yǒu shīrén de fēngdù

じしん【地震】 地震 dìzhèn （英 *an earthquake*）▶～が起きる/发生地震 fāshēng dìzhèn ▶マグニチュード8.2の～/氏氏八点二级的地震 Lǐ shì bā diǎn èr jí de dìzhèn ▶日本は～国だ/日本是地震多发国 Rìběn shì dìzhèn duōfā guó ▶昨夜10時ごろ弱い～があった/昨晚十点左右有轻微地震 zuówǎn shí diǎn zuǒyòu yǒu qīngwēi dìzhèn ▶これは私が経験した最も激しい～だ/这是我所经历过的最大的地震 zhè shì wǒ suǒ jīnglìguò de zuìdà de dìzhèn ▶強い～が北海道を見舞った/大地震袭击了北海道 dàdìzhèn xíjīle Běihǎidào ▶この地域は～がひんぱんにおきる/这个地区频繁发生地震 zhège dìqū pínfán fāshēng dìzhèn
◆～学：地震学 dìzhènxué ～活動：地震活动 dìzhèn huódòng ～観測：地震观测 dìzhèn guāncè ～計：地震仪 dìzhènyí ～災害救援活動：抗震救灾活动 kàngzhèn jiùzāi huódòng ～対策：抗震对策 kàngzhèn duìcè ～波：震波 zhènbō ～予知：地震预测 dìzhèn yùcè

じしん【自身】 本身 běnshēn；自己 zìjǐ；自身 zìshēn （英 *oneself*）▶私～/我自己 wǒ zìjǐ ▶君～はどうするつもりだ/你自己打算怎么办？ nǐ zìjǐ dǎsuan zěnme bàn? ▶～の力で今の企業を築き上げた/他靠自己的力量建立起现在这个企业 tā kào zìjǐ de lìliàng jiànlìqǐ xiànzài zhège qǐyè

じしん【自信】 信心 xìnxīn；自信心 zìxìnxīn （英 *self-confidence*）▶～がある/有自信 yǒu zìxìn；有把握 yǒu bǎwò ▶～がない/没有自信 méiyǒu zìxìn；没有把握 méiyǒu bǎwò ▶～を取り戻す/恢复自信 huīfù zìxìn ▶～をなくす/丧失信心 sàngshī zìxìn ▶彼の～を傷つけるできごとだった/那件是刺伤了他的自信心 nà jiàn shì cìshāngle tā de zìxìnxīn ▶彼はその大学に合格する～があった/他有自信考上那所大学 tā yǒu zìxìn kǎoshàng nà suǒ dàxué ▶彼女は自分の魅力に～がなかった/她对自己的魅力没有自信 tā duì zìjǐ de mèilì méiyǒu zìxìn ▶彼は先生の助言で～を取り戻した/他从老师的建议中又找回了自信 tā cóng lǎoshī de jiànyì zhōng yòu zhǎohuíle zìxìn ▶彼はその企画を会議の席で～をもって話した/他在会议上充满自信地介绍了那个企划 tā zài huìyìshang chōngmǎn zìxìn de jièshàole nàge qǐhuà

～過剰 过分自信 guòyú zìxìn

～満々 信心十足 xìnxīn shízú；满怀自信 mǎnhuái zìxìn

じしん【磁針】 磁针 cízhēn （英 *a magnetic needle*）

ししんけい【視神経】 视神经 shìshénjīng （英 *the optic nerve*）

じすい【自炊する】 自己做饭 zìjǐ zuòfàn （英 *cook one's own meals*）

しすう【指数】 指数 zhǐshù （英 *an index number*）▶知能～/智商 zhìshāng ▶物価～/物价指数 wùjià zhǐshù

しすう【紙数】 页数 yèshù；篇幅 piānfu （英 *space*）▶～に限りがある/篇幅有限 piānfu yǒuxiàn

しずか【静かな】 安静 ānjìng；平静 píngjìng （英 *silent; quiet*）▶～な海/宁静的海面 níngjìng de hǎimiàn ▶～な人柄/文静的性格 wénjìng de xìnggé ▶～にしなさい/安静点儿 ānjìng diǎnr ▶～に酒を飲む/安静地喝酒 ānjìng de hē jiǔ ▶彼がいなくなると急に部屋が～になった/他一走，房间里一下子就安静下来了 tā yì zǒu, fángjiānli yíxiàzi jiù ānjìngxiàlai le

-しすぎる【-し過ぎる】 過度 guòdù (英 *do too much*) ▶心配～/过度担心 guòdù dānxīn

しずく【雫】 水滴 shuǐdī (英 *a drop; a drip*) ▶風呂場の天井から～がたれる/从浴室屋顶上滴下露水 cóng yùshì wūdǐngshang dīxià lùshuǐ

しずけさ【静けさ】 寂静 jìjìng; 肃静 sùjìng (英 *silence; quietness*) ▶嵐の前の～/暴风雨来临前的寂静 bàofēngyǔ láilínqián de jìjìng ▶教室で水を打ったような～となった/教室里变得鸦雀无声 jiàoshìlǐ biànde yā què wú shēng ▶辺りは不気味な～に包まれていた/周围静得令人毛骨悚然 zhōuwéi jìngde lìng rén máo gǔ sǒngrán

しずしずと【静々と】 静静地 jìngjìng de; 静悄悄地 jìngqiāoqiāo de (英 *quietly; gracefully*) ▶観客の前を行列が～と進む/队列静静地从观众前走过 duìliè jìngjìng de cóng guānzhòngqián zǒuguò

システム 体系 tǐxì; 体制 tǐzhì; 系统 xìtǒng (英 *a system*) ▶～化する/系统化 xìtǒnghuà ▶流通の～が改善される/改善流通系统 gǎishàn liútōng xìtǒng ▶銀行のオンライン～で並ぶ/在银行的自动取款机前排队 zài yínháng de zìdòng qǔkuǎnjīqián páiduì ▶～エンジニア/系统工程师 xìtǒng gōngchéngshī ▶～キッチン/现代化组合厨房 xiàndàihuà zǔhé chúfáng; 整体厨房 zhěngtǐ chúfáng

ジステンパー 〔医〕犬瘟热 quǎnwēnrè (英 *distemper*)

ジストマ 〔寄生虫〕肝蛭 gānzhì; 肝吸虫 gānxīchóng; 肺吸虫 fèixīchóng (英 *a distome*)

ジストロフィー 〔医〕营养障碍 yíngyǎng zhàng'ài; 营养不良 yíngyǎng bùliáng (英 *dystrophy*) ▶進行性筋～/进行性肌肉萎缩症 jìnxíngxìng jīròu wěisuōzhèng

じすべり【地滑り】 滑坡 huápō; 坍方 tānfāng; 山崩 shānbēng (英 *a landslide*) ▶梅雨時に～の被害がでる/梅雨时节经常有山体滑坡 méiyǔ shíjié jīngcháng yǒu shāntǐ huápō ▶選選挙で某党は～の大勝利を勝ち得た/总选举上某党势不可挡获得了大胜利 zǒngxuǎnjǔshang mǒu dǎng shì bùkě dǎng huòdéle dàshènglì

しずまりかえる【静まり返る】 寂静无声 jìjìng wú shēng; 静悄悄 jìngqiāoqiāo (英 *become completely quiet*)

しずまる【静まる・鎮まる】 平静 píngjìng; 安静 ānjìng (英 *become quiet*; [反乱などが] *be suppressed*) ▶会場が～/会场安静下来 huìchǎng ānjìngxiàlai ▶反乱が～/叛乱平定 pànluàn píngdìng ▶痛みが～/疼痛缓解 téngtòng huǎnjiě ▶気が～/心情平静下来 xīnqíng píngjìngxiàlai ▶暴風が～/狂风平静下来 kuángfēng píngjìngxiàlai ▶幕が開くと聴衆は静まった/一拉开帷幕, 听众就安静下来了 yì lākāi wéimù, tīngzhòng jiù ānjìngxiàlai le ▶満月を見ると気持ちが静まった/看见满月心就静下来了 kànjiàn mǎnyuè xīn jiù jìngxiàlai le ▶今日は砲声が静まっている/今天炮声安静下来了 jīn-

tiān pàoshēng ānjìngle xiàlái ▶恐慌が鎮まって, 人々が音楽を楽しむようになった/惊慌平息后, 人们开始享受音乐 jīnghuāng guòhòu, rénmen kāishǐ xiǎngshòu yīnyuè ▶彼は笑いが～のを待って言った/他等笑声平息后开始说 tā děng xiàoshēng guòhòu kāishǐ shuō

しずむ【沈む】 ❶ 〔船や日が〕沉 chén; 沉没 chénmò; 下沉 xiàchén (英 *sink; set*) ▶船が～/船沉落 chuán chénluò ▶日が～/日落 rìluò; 太阳下山 tàiyáng xiàshān ▶村が水に沈んだ/村庄被水淹没了 cūnzhuāng bèi shuǐ yānmò le ▶真冬の夕日は見る間に～/隆冬的夕阳转眼之间就下山了 lóngdōng de xīyáng zhuǎnyǎn zhījiān jiù xiàshān le ▶この会社はいつも沈みかけた船に例えられた/这个公司一直被比作快要沉没的船 zhège gōngsī yìzhí bèi bǐzuò kuàiyào chénmò de chuán

❷ 〔気分が〕低沉 dīchén; 低落 dīluò (英 *feel depressed*) ▶沈んだ顔/情绪低落的面容 qíngxù dīluò de miànróng ▶彼女はとても沈んだ様子である/她看起来情绪很低落的样子 tā kànqǐlai qíngxù hěn dīluò de yàngzi ▶父が死んでも母は悲しい～ことはなかった/虽然父亲过世了, 但母亲并未因此沉浸在悲伤中 suīrán fùqīn guòshì le, dàn mǔqīn bìng wèi yīncǐ chénjìn zài bēishāng zhōng

しずめる【沈める】 沉 chén (英 *sink*) ▶船を～/让船沉入水中 ràng chuán chénrù shuǐzhōng ▶自ら底に穴をあけて船を沈めた/在船底凿孔, 让船沉下去 zài chuándǐ záo kǒng, ràng chuán chénxiàqù ▶借金を抱えた彼は小さな温泉町に身を沈めていた/他带着一身债藏身于温泉乡的小镇 tā dàizhe yì shēn zhài cángshēn yú wēnquánxiāng de xiǎozhèn ▶椅子に身を～/深深地坐在椅子上 shēnshēn de zuòzài yǐzishang

しずめる【静める・鎮める】 镇定 zhèndìng 平定 píngdìng; 平息 píngxī (英 *calm*; [镇压する] *put down*) ▶鳴りを～/悄然无声 qiǎorán wúshēng ▶怒りを～/息怒 xīnù ▶痛みを～/止痛 zhǐtòng; 减轻痛苦 jiǎnqīng tòngkǔ ▶深呼吸をして心を～/深呼吸静静心 shēnhūxī jìngjìng xīn ▶内乱を～ために軍隊を派遣する/派军队镇压内乱 pài jūnduì zhènyā nèiluàn ▶殺気だった群衆を～/镇压情绪高涨的群众 zhènyā qíngxù gāozhǎng de qúnzhòng

しする【資する】 有帮助 yǒu bāngzhù; 有益于 yǒuyì yú (英 *contribute to...*) ▶人生に～若い時の海外生活/对人生大有帮助的年轻时代的海外生活 duì rénshēng dà yǒu bāngzhù de niánqīng shídài de hǎiwài shēnghuó ▶武士の日常生活研究に～資料/对研究武士日常生活大有帮助的资料 duì yánjiū wǔshì rìcháng shēnghuó dà yǒu bāngzhù de zīliào

じする【侍する】 侍候 shìhòu (英 *wait on...*)

じする【持する】 ❶ 〔維持〕持 chí; 保持 bǎochí (英 *maintain*) ▶身を高く～/持身高洁 chíshēn gāojié ▶満を～/引满弓弦 yǐnmǎn gōngxián; 保持极限状态 bǎochí jíxiàn zhuàngtài ❷【固く守る】遵守 zūnshǒu; 恪守 kèshǒu (英 *observe*) ▶戒を～/遵守教训 zūnshǒu jiàoxun

じする【辞する】《帰る》告辞 gàocí (英 *leave*); 《辞職》辞去 cíqù (英 *resign*) ▶死をも辞さない/宁死不辞 nìng sǐ bù cí ▶職を辞して田舎の母親の介護に専念する/辞职回老家专心护理母亲 cízhí huí lǎojiā zhuānxīn hùlǐ mǔqīn

しせい【四声】四声 sìshēng (英 *the four tones of Chinese characters*)

しせい【市井】市井 shìjǐng; 人间 rénjiān (英 *a town*) ▶～に身を置いて贫しい人々に教育を施す/置身于市井施教于贫困的人们 zhìshēn yú shìjǐng shījiào yú pínkùn de rénmen

しせい【市制】市制 shìzhì (英 *a municipal system*) ▶～をしく/实行市制 shíxíng shìzhì

しせい【市政】市政 shìzhèng (英 *municipal administration*)

しせい【至誠】至诚 zhìchéng (英 *absolute sincerity*)

しせい【私製の】私人制造 sīrén zhìzào; 自制 zìzhì (英 *privately-made*) ▶年贺状には～はがきを使う/用自己做的明信片作贺年卡 yòng zìjǐ zuò de míngxìnpiàn zuò hèniánkǎ

しせい【姿勢】❶【格好】姿势 zīshì (英 *posture*) ▶～がいい/姿势端正 zīshì duānzhèng ▶～を正す/挺直身体 tǐngzhí shēntǐ ▶楽な～で講演を聴く/找个舒服的姿势听讲演 zhǎo ge shūfu de zīshì tīng jiǎngyǎn ▶～がよいので実際以上に背が高く見えた/因为姿势好, 所以比实际身高看起来高 yīnwèi zīshì hǎo, suǒyǐ bǐ shíjì shēngāo kànqǐlai gāo ▶先生に～を正して挨拶する/向老师好好打招呼 xiàng lǎoshī hǎohǎo dǎ zhāohu ❷【態度】态度 tàidu; 姿态 zītài (英 *an attitude*) ▶～/积极的姿态 jījí de tàidu ▶二つの党派は对决の～を强めている/两大党派加强了对决的姿态 liǎng dà dǎngpài jiāqiángle duìjué de zītài ▶彼は最初はいつも低～で临む/他一开始总是采取低姿态 tā yì kāishǐ zǒngshì cǎiqǔ dīzītài

しせい【施政】施政 shīzhèng (英 *administration; government*) ▶～方针/施政方针 shīzhèng fāngzhēn

◆～権 ▶～権が移る/政权转移 zhèngquán zhuǎnyí

じせい【自生する】野生 yěshēng (英 *grow wild*)

じせい【自制する】自制 zìzhì; 克制自己 kèzhì zìjǐ (英 *control oneself*) ▶老学者といえども～できない感情がある/虽说是老学者, 也有无法控制自己感情的时候 suīshuō shì lǎoxuézhě, yě yǒu wúfǎ kòngzhì zìjǐ gǎnqíng de shíhou

◆～心|自制能力 zìzhì nénglì ▶～心を失う/失去自制力 shīqù zìzhìlì ▶昔のことを思い出し, ～心を失う/回想往事, 不能自已 huíxiǎng wǎngshì, bùnéng zìyǐ

じせい【自省する】自省 zìxǐng; 反省 fǎnxǐng (英 *reflect on oneself*)

じせい【自製の】自制 zìzhì (英 *of one's own making*)

じせい【時世】时世 shíshì; 时代 shídài (英 *the times*) ▶御～/世道 shìdào

じせい【時制】《文法》时态 shítài (英 *a tense*)

じせい【時勢】时势 shíshì; 形势 xíngshì (英 *the times*) ▶～にうとい/不识时务 bù shí shíwù ▶～がよくなるのを待とう/等待时势好转 děngdài shíshì hǎozhuǎn ▶～に押されて田舎の行事が消えていく/时代推移, 乡下的惯例仪式渐渐消失了 shídài tuīyí, xiāngxia de guànlì yíshì jiànjiàn xiāoshī le ▶彼も～に逆らうほどの気力はない/他也没有逆流而行的力量 tā yě méiyǒu nìliú ér xíng de lìliang ▶年金生活を送る身でも新聞くらい読んで～に遅れないようにする/就算养老金生活, 还是坚持看报以免跟不上形势 jiùsuàn kào yǎnglǎojīn shēnghuó, háishi jiānchí kàn bào yǐmiǎn gēnbushàng xíngshì

じせい【辞世】辞世 císhì (英 *death*) ▶～の句/临终诗句 línzhōng shījù; 绝命诗 juémìngshī

じせい【磁性】磁性 cíxìng (英 *magnetism*)

しせいかつ【私生活】私生活 sīshēnghuó (英 *one's private life*) ▶～に立ち入る/干预私生活 gānyù sīshēnghuó

しせいじ【私生児】私生子 sīshēngzǐ (英 *an illegitimate child*)

しせき【史跡】史迹 shǐjì; 古迹 gǔjì (英 *a historical site*) ▶暇を設けては一人～を訪ねる/抽时间一个人去探访古迹 chōu shíjiān yí ge rén qù tànfǎng gǔjì ▶滅びゆく～を保存する/保存即将消失的史迹 bǎocún jíjiāng xiāoshī de shǐjì

しせき【歯石】牙石 yáshí; 牙垢 yágòu (英 *tartar*) ▶～を取り除く/去掉牙石 qùdiào yáshí

じせき【次席】次席 cìxí; 副职 fùzhí; 第二位 dì'èr wèi (英 *the second place*)

じせき【自責】自责 zìzé; 内心自咎 nèixīn zìjiù (英 *self-reproach*) ▶～の念にかられる/深感自咎 shēn gǎn zìjiù

じせき【事績】事迹 shìjì (英 *an achievement*)

しせつ【私設】私立 sīlì; 私人设立 sīrén shèlì (英 *private*) ▶～秘書/私人秘书 sīrén mìshū ▶～博物館/私立博物馆 sīlì bówùguǎn

しせつ【使節】使节 shǐjié (英 *an envoy*) ▶～としてイギリスへ行く/作为使节前往英国 zuòwéi shǐjié qiánwǎng Yīngguó ▶美しい女性の親善～/美丽的女性亲善大使 měilì de nǚxìng qīnshàn dàshǐ

◆～団|使団 shǐtuán ▶遠い国からの～団を歓迎する/欢迎远道而来的使节团 huānyíng yuǎndào ér lái de shǐjiétuán

しせつ【施設】设备 shèbèi; 设施 shèshī (英 *an institution*) ▶老母を～に入れる/把老母送进养护设施 bǎ lǎomǔ sòngjìn yǎnghù shèshī ▶～の子供たち/儿童收容设施的孩子 értóng shōuróng sheshī de háizi

♦医療～ ¦医疗设施 yīliáo shèshī　教育～ ¦教育设施 jiàoyù shèshī　軍事～ ¦军事设施 jūnshì shèshī　娯楽～ ¦娱乐设施 yúlè shèshī

じせつ【自説】己见 jǐjiàn（英 *one's opinion*）▶～に固執する/固执己见 gùzhí jǐjiàn

じせつ【時節】❶【時候】时节 shíjié；时令 shílìng（英 *the season*）▶～はずれの雪が降る/下不合时令的雪 xià bù hé shílìng de xuě　❷【機会】时机 shíjī；机会 jīhuì（英 *a chance*）▶～到来/时机成熟 shíjī chéngshú　▶～を待つ/等待时机 děngdài shíjī　❸【時勢】时势 shíshì；时代 shídài（英 *the times*）▶～柄，海外旅行は見合わせよう/鉴于当前形势，还是不去海外旅行为好 jiànyú dāngqián xíngshì, háishi bú qù hǎiwài lǚxíng wéi hǎo

しせん【支線】支线 zhīxiàn（英 *a branch line*）▶～道路/支线道路 zhīxiàn dàolù

しせん【死線】生死关头 shēngsǐ guāntóu；死亡线 sǐwángxiàn（英 *the borderline between life and death*）▶私は何度も～を越えた/我好几次闯过生死关头 wǒ hǎojǐ cì chuǎngguò shēngsǐ guāntóu

しせん【視線】视线 shìxiàn；眼光 yǎnguāng（英 *one's eyes; a look*）▶犬から～をそらす/把视线从狗身上移开 bǎ shìxiàn cóng gǒu shēnshang yíkāi　▶～を避ける/避开视线 bìkāi shìxiàn　▶彼女と～が合った/和她视线碰到一起 hé tā shìxiàn pèngdào yìqǐ　▶～を課長に向ける/把视线投向科长 bǎ shìxiàn tóuxiàng kēzhǎng　▶～をとらえる/捕捉视线 bǔzhuō shìxiàn

しぜん【自然】❶【自然】自然 zìrán；自然界 zìránjiè；大自然 dàzìrán（英 *nature*）▶～の恵み/大自然的恩惠 dàzìrán de ēnhuì　▶～の驚異/大自然的惊人之处 dàzìrán de jīngrén zhī chù　▶子供たちを～に親しませる/让孩子们接触大自然 ràng háizimen jiēchù dàzìrán　❷【自然な・自然に】自然 zìrán；不由得 bùyóude（英 *natural; naturally*）▶病気が～に治る/自然痊愈 zìrán quányù　▶～な動作/自然的动作 zìrán de dòngzuò　▶～の成り行きにまかせる/顺其自然 shùn qí zìrán　▶都会育ちで，～にそういうことができる/在都市长大，自然而然会做些事 zài dūshì zhǎngdà, zìran ér rán huì zuò nà xiē shì　▶彼女の歌に～と拍手が起こった/听了她的歌，人们不由得鼓起掌来 tīngle tā de gē, rénmen bùyóude gǔqǐ zhǎng lái　▶そういう問題は～に解決するだろう/那种问题自然就会解决吧 nà zhǒng wèntí zìrán jiù huì jiějué ba

♦～減 ¦自然减少 zìrán jiǎnshǎo　～現象 ¦自然现象 zìrán xiànxiàng　～災害 ¦自然灾害 zìrán zāihài　～食品 ¦自然食品 zìrán shípǐn　～増 ¦自然增长 zìrán zēngzhǎng　～淘汰 ¦自然淘汰 zìrán táotài　～保護 ¦保护自然 bǎohù zìrán

じせん【自薦する】自荐 zìjiàn（英 *recommend oneself*）

じせん【自選】自选 zìxuǎn；自己选择 zìjǐ xuǎnzé（英 *one's own selection*）▶～小说集全10卷/自选小说集全十卷 zìxuǎn xiǎoshuōjí quán shí juàn

じぜん【次善の】次善 cìshàn（英 *the second best*）▶～の策/中策 zhōngcè；次善之策 cìshàn zhī cè

じぜん【事前に】事前 shìqián；事先 shìxiān（英 *beforehand*）▶～に通告する/预先通知 yùxiān tōngzhī　▶選挙の～運動/选举公告以前的违法选举运动 xuǎnjǔ gōnggào yǐqián de wéifǎ xuǎnjǔ yùndòng　▶～協議の対象になる/成为事前协议的对象 chéngwéi shìqián xiéyì de duìxiàng

じぜん【慈善】慈善 císhàn（英 *charity*）▶～事業/慈善事业 císhàn shìyè

しそ【始祖】始祖 shǐzǔ；鼻祖 bízǔ（英 *the founder*）

シソ【紫蘇】〖植物〗紫苏 zǐsū（英 *a beefsteak plant*）

しそう【死相】死相 sǐxiàng（英 *the seal of death*）▶～が現れる/露出死相 lùchū sǐxiàng

しそう【志操】操守 cāoshǒu；节操 jiécāo（英 *principle*）▶～堅固/操守坚定 cāoshǒu jiāndìng

しそう【思想】思想 sīxiǎng；想法 xiǎngfa（英 *an idea; thought*）▶～家/思想家 sīxiǎngjiā　▶彼は～には冷静だが行動においては素早い/他慎于思，敏于行 tā shèn yú sī, mǐn yú xíng　▶危険な～の持ち主/有危险思想的人 yǒu wēixiǎn sīxiǎng de rén

♦～統制 ¦思想统制 sīxiǎng tǒngzhì　～問題 ¦思想问题 sīxiǎng wèntí

しそう【詞藻】辞藻 cízǎo（英 *a rhetorical flourish*）▶彼の～の豊かさにはほとほと感心する/他的词藻那么丰富实在令人佩服 tā de cízǎo nàme fēngfù shízài lìng rén pèifú

しそう【詩想】诗的构思 shī de gòusī；诗里的思想 shīli de sīxiǎng（英 *a poetical imagination*）▶～がわく/涌现诗思 yǒngxiàn shīsī

しそう【試走】试跑 shìpǎo（英 *a practice run*）▶マラソンコースを～する/试跑马拉松路线 shìpǎo mǎlāsōng lùxiàn

しぞう【死蔵する】死藏 sǐcáng；藏着不用 cángzhe bú yòng（英 *keep... idle*）▶その資料を私は長らく～している/那资料被我藏了很久也没用 nà zīliào bèi wǒ cángle hěn jiǔ yě méi yòng

じぞう【地蔵】地藏菩萨 Dìzàng púsà（英 *Jizo; a stone statue of a guardian deity of children and travelers*）

しそうのうろう【歯槽膿漏】〖医〗牙槽脓漏 yácáo nóng lòu（英 *pyorrhea*）

しそく【子息】（别人的）儿子（biéren de）érzi（英 *one's son*）▶御～/令郎　lìngláng；公子 gōngzǐ

しぞく【氏族】氏族 shìzú（英 *a clan*）▶～制度/氏族制度 shìzú zhìdù

じそく【時速】时速 shísù（英 *speed per hour*）

▶～200キロ/时速二百公里 shísù èrbǎi gōnglǐ ▶～60キロで車を走らせる/以时速六十公里的速度行驶 yǐ shísù liùshí gōnglǐ de sùdù xíngshǐ

じぞく【持続する】 持续 chíxù; 延续 yánxù; 保持 bǎochí (英 *continue*) ▶～力/耐力 nàilì 《子供などの》注意を～できる時間/保持注意力的时间 kě bǎochí zhùyìlì de shíjiān ▶～の的な努力を行う/持续努力 chíxù nǔlì

しそこなう【仕損なう】 弄错 nòngcuò; 搞糟 gǎozāo; 失误 shīwù (英 *make a mistake*) ▶バトンパスを～/传棒传失误 chuánbàng chuánshīwù

しそん【子孫】 子孙 zǐsūn; 后代 hòudài; 后裔 hòuyì (英 *a descendant*) ▶～が絶える/断根 duàngēn; 绝后 juéhòu ▶～が繁栄する/子孙旺盛 zǐsūn wàngshèng 秘伝を～に伝える/将秘诀交给子孙 jiāng mìjué jiāogěi zǐsūn

じそんしん【自尊心】 自尊心 zìzūnxīn (英 *self-respect; pride*) ▶彼の～を傷つけた/伤了他的自尊心 shāngle tā de zìzūnxīn ▶～を取り戻す/恢复自尊心 huīfù zìzūnxīn ▶そうしないと私の～が許さない/不这样做，我的自尊心受不了 bú zhèyàng zuò, wǒ de zìzūnxīn shòubùliǎo ▶～を失う/丧失自尊心 sàngshī zìzūnxīn ▶～が強い/自尊心强 zìzūnxīn qiáng

した【下】 ❶〖位置〗下 xià; 底下 dǐxia; 下边 xiàbian (英 *under...*) ▶15ページの～から3行目に間違いがある/十五页倒数第三行有错误 shíwǔ yè dàoshǔ dìsān háng yǒu cuòwù ▶腰から～が麻痺する/腰部以下麻痹 yāobù yǐxià mábì ▶「～へ参ります」とエレベーター嬢が言った/电梯小姐说: "电梯下行" diàntī xiǎojiě shuō: "Diàntī xiàxíng" ▶～を向いて歩く/低着头走 dīzhe tóu zǒu ▶木の～で話をする/在树下说话 zài shùxià shuōhuà ▶牧山部長の～で働く/在牧山部长手下工作 zài Mùshān bùzhǎng shǒuxià gōngzuò ❷〖年齢など〗小 xiǎo; 低 dī (英 *younger*) ▶二つ～の妹/小两岁的妹妹 xiǎo liǎng suì de mèimei ▶彼は僕の3年～のクラスだった/他比我低三届又比我的自己 tā bǐ wǒ dī sān jiè ❸〖事前の〗预先 yùxiān; 事先 shìxiān (英 *before...*) ▶ちょっと～相談をしておきたいんだが/我想预先商量一下 wǒ xiǎng yùxiān shāngliang yíxià

～も置かぬもてなし 热情款待 rèqíng kuǎndài
～検分 预先检查 yùxiān jiǎnchá ～準備 预先准备 yùxiān zhǔnbèi ▶1週間かけて会議の～準備をする/用一个星期作会议的准备工作 yòng yí ge xīngqī zuò huìyì de zhǔnbèi gōngzuò ～調べ 预先调查 yùxiān diàochá 《授業の》予习 yùxí ▶家を買うには近所の～調べも必要です/买房子需要事先调查一下附近的情况 mǎi fángzi xūyào shìxiān diàochá yíxià fùjìn de qíngkuàng ▶明日の～調べは済んだの/明天的课，你预习好了吗？ míngtiān de kè, nǐ yùxí hǎo le ma?

した【舌】 舌头 shétou (英 *a tongue*) ▶～がこわばる/结舌 jiéshé ▶～がもつれる/舌头不灵活 shétou bù línghuó ▶～を出す/伸出舌头 shēnchū shétou ▶～が荒れている/舌头上有疮 shétou shànghuǒ ▶～が回らない/舌头转不过来 shétou zhuǎnbuguòlái 嫌な味が～に残る/舌头上留有怪味 shétoushang liúyǒu guàiwèi ▶その言葉が～の先まで出かかっていた/话到嘴边，话到嘴边 huà dào zuǐbiān ▶～を噛むような長い言葉/让人舌头打结的长句 ràng rén shétou dǎjié de chángjù 陰で～を出す/暗中嘲笑 ànzhōng cháoxiào

～の根の乾かぬうちに 言犹在耳 yán yóu zài ěr
～を巻く 赞叹不已 zàntàn bù yǐ ▶少年の記憶力に～を巻く/少年的记忆力令人结舌 shàonián de jìyìlì lìng rén jiéshé

シダ【羊歯】〖植物〗羊齿 yángchǐ (英 *a fern*)

じた【自他】 自己和他人 zìjǐ hé tārén (英 *oneself and others*) ▶～共に認める/众所公认 zhòng suǒ gōngrèn ▶～共に許す本当の学者だ/众所公认的真正的学者 zhòng suǒ gōngrèn de zhēnzhèng de xuézhě

じだ【耳朶】 耳朵 ěrduo (英 *a lobe*) ▶言葉が～に残る/言犹在耳 yán yóu zài ěr ▶その話から～に触れている/那件事有所耳闻 nà jiàn shì yǒusuǒ ěr wén

したあご【下顎】〖解〗下颚 xià'è; 下巴 xiàba; 下颌 xiàhé (英 *the lower jaw*)

したい【死体】 尸首 shīshou; 尸体 shītǐ; 死尸 sǐshī (英 *a corpse; a dead body*) ▶身元不明の～/身份不明的尸体 shēnfen bùmíng de shītǐ ▶雪解けのあと多くの鹿の～が表れた/冰雪融化后，很多死鹿的尸体显露了出来 bīngxuě rónghuàhòu, hěn duō sǐlù de shītǐ xiǎnlùle chūlái ▶～遺棄 尸体遗弃 shītǐ yíqì ～解剖 尸体解剖 shītǐ jiěpōu

したい【肢体】 肢体 zhītǐ (英 *limbs*) ▶豊満な～/丰满的肢体 fēngmǎn de zhītǐ

したい【姿態】 仪态 yítài; 姿态 zītài (英 *a figure*)

-したい 《望む・欲する》想 xiǎng; 要 yào; 愿意 yuànyì (英 *want*) ▶留学～/想留学 xiǎng liúxué ▶彼女は～ことはたいてい何でもした/她想做的事差不多全都做了 tā xiǎng zuò de shì chàbuduō quándōu zuò le ▶今日は仕事をしたくない/今天我不想工作 jīntiān wǒ bù xiǎng gōngzuò

～放題 ～放題をする/随心所欲 suí xīn suǒ yù; 为所欲为 wéi suǒ yù wéi

しだい【次第】 ❶〖順序〗次序 cìxù; 程序 chéngxù (英 *order*) ▶式～/仪式的程序 yíshì de chéngxù
❷〖前の動作後直ちに〗就 jiù; 立即 lìjí (英 *as soon as...*) ▶雨がやみ～出発する/雨一停就出发 yǔ yì tíng jiù chūfā ▶到着～連絡します/一到就和您联系 yí dào jiù hé nín liánxì ▶申込～，面接が行われる/报名后就进行面试 bàomínghòu jiù jìnxíng miànshì
❸〖…によって決まる〗看 kàn (英 *depend on...*)

▶明日の運動会はお天気～/明天的运动会要看天气如何 míngtiān de yùndònghuì yào kàn tiānqì rúhé ▶うまくいくかどうかはあなた～だ/成功不成功就看你的 chénggōngbuchénggōng jiù kàn nǐ de le ▶君の腕～で採用される/录不录用就看你的水平了 lùbulùyòng jiù kàn nǐ de shuǐpíng le ▶万事は君の決心～だ/万事就看你是否下定决心了 wànshì jiù kàn nǐ shìfǒu xiàdìng juéxīn le ▶決定は君～だ/决定权在你 juédìngquán zài nǐ ▶今の世の中は金～だ/现在这世道，关键是钱 xiànzài zhè shìdào, guānjiàn shì qián

❹【事情】情况 qíngkuàng；缘由 yuányóu （英 circumstances）；缘故 yuángù ▶～はこうです/事情的缘由是这样的 shìqing de yuányóu shì zhèyàng de ▶～によっては許さない/如在某种情况下，将无法原谅 rú zài mǒu zhǒng qíngkuàngxia, jiāng wúfǎ yuánliàng

じたい【字体】 字体 zìtǐ （英 the form of a character；［活字の］ a type） ▶大きい～で印刷する/用大号字体印刷 yòng dàhào zìtǐ yìnshuā

じたい【自体】 自身 zìshēn；本身 běnshēn （英 itself） ▶～の力/作品本身的力量 zuòpǐn běnshēn de lìliang ▶その考え～は悪くない/这想法自身不错 zhè xiǎngfa zìshēn búcuò

じたい【事態】 事态 shìtài；形势 xíngshì （英 a situation） ▶～が悪化する/事态恶化 shìtài èhuà ▶～の成り行きを見守る/关注事态的发展变化 guānzhù shìtài de fāzhǎn biànhuà ▶～は緊迫している/事态紧迫 shìtài jǐnpò ▶政府は～をりっぱに収拾しつつあった/政府很好地收拾着局面 zhèngfǔ hěn hǎo de shōushizhe júmiàn ▶その政府答弁は～をかえって悪くした/政府的辩解让事态反而恶化了 zhèngfǔ de biànjiě ràng shìtài fǎn'ér èhuà le ▶緊急～が発生する/发生紧急事态 fāshēng jǐnjí shìtài

じたい【辞退する】 推辞 tuīcí；谢绝 xièjué （英 decline；refuse） ▶招待を～する/谢绝邀请 xièjué yāoqǐng ▶彼は会長に再選されたが，病気だからと言って～した/他再次当选会长，不过他说有病而辞退了 tā zàicì dāngxuǎn huìzhǎng, búguò tā shuō yǒu bìng ér cítuì le ▶申し出を～する/谢绝提议 xièjué tíyì

じだい【地代】 地租 dìzū （英 a land rent） ▶～を払う/交地租 jiāo dìzū ▶狭い土地を月 5 万円の～で借りた/以每月五万日币的地租借了一块狭窄的土地 yǐ měiyuè wǔwàn Rìbì de dìzū jièle yí kuài xiázhǎi de tǔdì

じだい【次代】 下一代 xià yí dài （英 the next generation）

じだい【時代】 时代 shídài （英 a period; an age） ▶～に遅れる/过时 guòshí ▶それはもう～遅れだ/那已经落后于时代了 nà yǐjing luòhòu yú shídài le ▶～の寵児/时代的宠儿 shídài de chǒng'ér ▶～を画する成果が/划时代的成就 huàshídài de chéngjiù ▶～がかった/古色古香 gǔ sè gǔ xiāng ▶現代は原子力の～だ/现在是原子能的时代 xiànzài shì yuánnéng de shídài ▶若者の風俗を見ると～が変わったと思う/看到年轻人的习俗感到了时代的变化 kàndào niánqīngrén de xísú gǎndàole shídài de biànhuà ▶そういう習慣は今の～には珍しい/那种习惯在现在这个时代很少见 nà zhǒng xíguàn zài xiànzài zhège shídài hěn shǎojiàn ▶思えばあの～が一番楽しかった/想起来那个时代最快乐了 xiǎngqǐlai nàge shídài zuì kuàilè le ▶大学～にフランス語を学んだ/大学时代学法语 dàxué shídài xué Fǎyǔ ▶もう彼の～は終わった/他的时代已经结束了 tā de shídài yǐjing jiéshù le ▶父にも古きよき～があった/爸爸过去也有过好时光 bàba guòqù yě yǒuguo hǎoshíguāng

♦～劇/历史剧 lìshǐjù；古装戏 gǔzhuāngxì ～考証/历史的考证 lìshǐ de kǎozhèng ～錯誤/时代错误 shídài cuòwù；与时代不合 yǔ shídài bù hé ～背景/时代背景 shídài bèijǐng

じだいしゅぎ【事大主義】 事大主义 shìdà zhǔyì；权势主义 quánshì zhǔyì （英 toadyism）

しだいに【次第に】 渐渐 jiànjiàn；慢慢 mànmàn；逐渐 zhújiàn （英 gradually） ▶彼は～興奮し始めた/他渐渐兴奋起来 tā jiànjiàn xīngfènqǐlai ▶陽気は～春めいてきた/天气渐渐露出了春意 tiānqì jiànjiàn lùchūle chūnyì；春色渐浓 chūnsè jiàn nóng

したう【慕う】 ❶【恋しく思う】爱慕 àimù；思慕 sīmù；思念 sīniàn （英 long for...） ▶故郷を～/思念故乡 sīniàn gùxiāng ▶母を～/想念母亲 xiǎngniàn mǔqin ▶彼女は恋人のあとを慕って上京した/她追随恋人而来到东京 tā zhuīsuí liànrén ér láidào Dōngjīng ❷【敬服して】敬仰 jìngyǎng；景仰 jǐngyǎng；倾慕 qīngmù （英 adore） ▶その先生は卒業生にたいへん慕われている/那位老师深受毕业生的敬仰 nà wèi lǎoshī shēn shòu bìyèshēng de jìngyǎng

したうけ【下請け】 转包 zhuǎnbāo （英 a subcontract） ▶その仕事を～する/转包那项工作 zhuǎnbāo nà xiàng gōngzuò ▶忙しいのでの仕事を～に出す/因为太忙，把工作转包给别人 yīnwèi tài máng, bǎ gōngzuò zhuǎnbāo gěi biéren

♦～仕事/转包业务 zhuǎnbāo yèwù

したうち【舌打ちする】 咂嘴 zāzuǐ；咂舌 zāshé （英 click one's tongue; tut） ▶新聞を見ながら～する/一边看报纸，一边咂舌 yìbiān kàn bàozhǐ, yìbiān zāshé

したえ【下絵】 画稿 huàgǎo （英 a rough sketch; a design） ▶～を描く/画画稿 huà huàgǎo

したがう【従う】 ❶【随行する】随 suí；跟随 gēnsuí （英 follow） ▶観光ガイドに従って歩く/跟着导游走 gēnzhe dǎoyóu zǒu ❷【服従する】服从 fúcóng；听从 tīngcóng；顺从 shùncóng （英 obey） ▶妻の意見に～/听从妻子的意见 tīngcóng qīzi de yìjiàn ▶指示に～/服从指示 fúcóng zhǐshì ▶良心に～/遵从良心 zūncóng liángxīn ▶親に従わない/不服从

父母 bù fúcóng fùmǔ ▶地震の時は誘導に従って下さい/地震时请遵从引导 dìzhèn shí qǐng zūncóng yǐndǎo ▶人の忠告に従って行動する/听从别人的忠告行动 tīngcóng biéren de zhōnggào xíngdòng

3【沿って進む】顺 shùn；沿 yán（英 go along...）▶道に従って曲がる/顺着道路拐弯 shùnzhe dàolù guǎiwān ▶川の流れに〜/顺着河水流向 shùnzhe héshuǐ liúxiàng

4【規則・習慣のままに】依照 yīzhào；遵循 zūnxún；遵照 zūnzhào（英 observe; obey）▶法律に〜/依照法律 yīzhào fǎlǜ ▶慣例に〜/遵循惯例 zūnxún guànlì ▶先例に〜/遵从先例 zūncóng xiānlì ▶契約書に〜/遵照合同 zūnzhào hétong

5【伴う】随 suí（英 accompany）▶時がたつに従って悲しみが薄れる/随着时光流逝，悲伤也被冲淡 suízhe shíguāng liúshì, bēishāng yě bèi chōngdàn ▶年を取るに従って短気になる/随着年纪增大变得没有耐性了 suízhe niánjì zēngdà biànde méiyǒu nàixìng le

ことわざ 郷に入っては郷に従え 入乡随俗 rù xiāng suí sú

したがえる【従える】**1**【引き連れる】率领 shuàilǐng（英 be attended by...）▶部下を〜/率领部下 shuàilǐng bùxià ▶生徒を従えてみんなの前にあらわる/率领学生出现在大家的前面 shuàilǐng xuésheng chūxiàn zài dàjiā de qiánmian **2**【服従させる】征服 zhēngfú（英 conquer）▶天下を〜/征服天下 zhēngfú tiānxià ▶敵を従えて勢力を伸ばす/征服敌人扩大势力 zhēngfú dírén kuòdà shìlì

したがき【下書き】草稿 cǎogǎo；底稿 dǐgǎo（英 a rough copy; a draft）▶〜なしに一気に書く/不打草稿直接写 bù dǎ cǎogǎo zhíjiē xiě

したがって【従って】所以 suǒyǐ；因此 yīncǐ；因而 yīn'ér（英 consequently）▶私に過失はない，〜謝罪はしない/我没有错，所以不道歉 wǒ méiyǒu cuò, suǒyǐ bú dàoqiàn

したぎ【下着】内衣 nèiyī（英 underwear）▶新しい〜に着替える/换上新内衣 huànshàng xīnnèiyī ▶着替えの〜/替换的内衣 tìhuàn de nèiyī

したく【支度する】预备 yùbèi；准备 zhǔnbèi（英 get ready; prepare）▶食事の〜をする/准备吃饭 zhǔnbèi chīfàn ▶旅の〜が整う/旅行准备好行装 lǚxíng zhǔnbèi hǎo xíngzhuāng ▶チェックリストに従って〜は完了した/按照一览表做好准备 ànzhào yīlǎnbiǎo zuòhǎo zhǔnbèi ▶外出の〜に時間がかかる/外出的准备很花时间 wàichū de zhǔnbèi hěn huā shíjiān

◆〜金 ：安家费 ānjiāfèi

したく【私宅】私人住宅 sīrén zhùzhái（英 one's private residence）

じたく【自宅】自宅 zìzhái；家 jiā（英 one's home; one's house）▶その時〜にいた/那时候在家 nà shíhou zàijiā ▶迷い犬を〜に連れ帰る/把迷路的狗带回家 bǎ mílù de gǒu dài huíjiā ▶〜

の電話番号を教える/告诉家里的电话号码 gàosu jiālǐ de diànhuà hàomǎ

◆〜監禁 ：监禁 jiānjìn ▶少女を〜監禁する事件が起こった/发生了把少女监禁在家的事件 fāshēngle bǎ shàonǚ jiānjìn zàijiā de shìjiàn ～待機 ：在家待命 zàijiā dàimìng ～療養 ▶退院して〜療養となる/出院后在家休养 chūyuànhòu zàijiā xiūyǎng

したくちびる【下唇】下嘴唇 xiàzuǐchún（英 the lower lip）

したげいこ【下稽古】（英 rehearsal）▶舞台で〜する/在舞台排练 zài wǔtái páiliàn

したごころ【下心】鬼胎 guǐtāi；用心 yòngxīn（英 a secret desire）▶〜がある/别有用心 bié yǒu yòngxīn；心怀鬼胎 xīn huái guǐtāi ▶昔の学友からの連絡には〜があった/老同学和我联系是别有用心 lǎotóngxué hé wǒ liánxì shì bié yǒu yòngxīn

したごしらえ【下拵え】预备 yùbèi；事先准备 shìxiān zhǔnbèi（英 preparations）▶魚を〜をする/把鱼预先收拾干净 bǎ yú yùxiān shōushi gānjìng

したさき【舌先】舌尖 shéjiān（英 the tip of the tongue）▶〜で言いくるめる/巧言哄骗 qiǎoyán hǒngpiàn ▶〜三寸/三寸不烂之舌 sān cùn bú làn zhī shé

したざわり【舌触り】口感 kǒugǎn（英 the feeling on the tongue）▶この食べ物は〜がよい/这个食品口感很好 zhège shípǐn kǒugǎn hěn hǎo

したじ【下地】**1**【基礎】基础 jīchǔ；底子 dǐzi（英 the groundwork; a foundation）▶民主主义の〜はまだできていない/民主主义还没奠定基础 mínzhǔ zhǔyì hái méi diàndìng jīchǔ ▶後々の商売の〜を作る/为将来的生意做好准备 wèi jiānglái de shēngyi zuòhǎo zhǔnbèi **2**【素質】素质 sùzhì；天性 tiānxìng（英 the makings）▶〜がいいから上達が早い/因为素质好，学得也很快 yīnwèi sùzhì hǎo, xuéde yě hěn kuài

したじ【仕出し】外送饭菜 wàisòng fàncài；外卖 wàimài（英 catering）▶パーティー用の料理の〜/用于派对的外送饭菜 yòngyú pàiduì de wàisòng fàncài

◆〜弁当 ：外卖盒饭 wàimài héfàn ～屋 ：外送店 wàisòngdiàn

したしい【親しい】亲密 qīnmì；亲近 qīnjìn（英 close; familiar; friendly）▶〜友人/亲密的朋友 qīnmì de péngyou ▶店長とは高校が同期で〜間柄だ/和店长高中是同级，所以关系很近 hé diànzhǎng gāozhōng shì tóngjí, suǒyǐ guānxi hěn jìn ▶通りで親しげに話をしていた人はどなたですか/在路上聊得很亲近的那位是谁啊？ zài lùshang liáode hěn qīnjìn de nà wèi shì shéi a?

親しい仲にも礼儀あり 亲密也要有个分寸 qīnmì yě yào yǒu ge fēncun

したじき【下敷き】**1**【文房具】垫板 diànbǎn（英 a plastic sheet）**2**【物語の原型】蓝

したしみ【親しみ】 亲近 qīnjìn; 亲切 qīnqiè; 亲热 qīnrè (英 *friendship*; *familiarity*) ▶~を覚える/感觉亲近 gǎnjué qīnjìn ▶~のある態度で接する/以亲切的态度接触 yǐ qīnqiè de tàidu jiēchù ▶彼は女性が~を感じる政治家だ/他是位让女性感到亲近的政治家 tā shì wèi ràng nǚxìng gǎndào qīnjìn de zhèngzhìjiā ▶子供たちに観察を通じて植物への~を持たせる/让孩子们通过观察, 对植物抱有亲近感 ràng háizimen tōngguò guānchá, duì zhíwù bàoyǒu qīnjìngǎn

したしむ【親しむ】 亲近 qīnjìn; 喜好 xǐhào (英 *get familiar*) ▶酒に~/喜欢喝酒 xǐhuan hē jiǔ ▶読書に~習慣を子供のうちから育てる/从孩提时培养爱读书的习惯 cóng háití shí péiyǎng ài dúshū de xíguàn ▶近くの川原で自然と~/在附近的河滩近距离接触自然 zài fùjìn de hétān jìnjùlí jiēchù zìrán ▶定年後は都会を離れてに~のが夢だ/梦想退休后离开都市务农 mèngxiǎng tuìxiūhòu líkāi dūshì wùnóng ▶彼は親しみやすい人だ/他很平易近人 tā hěn píngyì jìn rén

したたか【強か】 **❶**【程度が大】 大量 dàliàng; 用力 yònglì (英 *much*; *heavily*) ▶~酒を飲む/喝大量的酒 hē dàliàng de jiǔ ▶~打たれる/被狠狠地打 bèi hěnhěn de dǎ **❷**【手ごわい】 厉害 lìhai; 不好惹的 bù hǎorě de (英 *hard*; *severely*) ▶物がない時代に~に生きた親たち/在物质缺乏的时代顽强生活的父辈 zài wùzhí quēfá de shídài wánqiáng shēnghuó de fùbèi ▶~な交渉相手/很难对付的谈判对手 hěn nán duìfu de tánpàn duìshǒu

したためる【認める】 《書き記す》书写 shūxiě (英 *write*) ▶手紙を~/修书 xiūshū; 写信 xiě xìn ▶外国に住む友達に一筆したためた/给住在外国的朋友修书一笔 gěi zhùzài wàiguó de péngyou xiūshū yì bǐ

したたらず【舌足らずな】 咬舌儿 yǎoshér;《表现不足》 辞不达意 cí bù dáyì (英 *insufficient*) ▶~な文章/辞不达意的文章 cí bù dáyì de wénzhāng ▶説明が~で集会は混乱した/词不达意的说明使得集会陷入混乱 cí bù dáyì de shuōmíng shǐde jíhuì xiànrù hùnluàn

したたる【滴る】 滴 dī; 滴答 dīda (英 *drop*; *drip*) ▶汗が~/滴汗 dī hàn ▶緑が~/青翠欲滴 qīngcuì yù dī ▶血が~ようなビフテキを食べてみたい/想尝尝嫩得带血的牛排 xiǎng chángchang nènde dài xiě de niúpái

したつづみ【舌鼓】 (英 *smacking one's lips*) ▶~を打つ 《因好吃》 咂嘴形容吃得很香甜的样子 (yīn hǎochī) zāzuǐ xíngróng chīde hěn xiāngtián de yàngzi ▶母親の恒例の年越しそばに~を打つ/

香甜地吃妈妈拿手的新年荞麦面 xiāngtián de chī māma náshǒu de xīnnián qiáomàimiàn

したっぱ【下っ端】 地位低 dìwèi dī; 下级 xiàjí (英 *an underling*) ▶~役人/下级官吏 xiàjí guānlì ▶役人からキャリアに昇る/从一个小公务员走上领导岗位 cóng yí ge xiǎogōngwùyuán zǒushàng lǐngdǎo gǎngwèi ▶~社员/公司的小职员 gōngsī de xiǎozhíyuán

したづみ【下積み】 居于人下 jūyú rénxia obscurity; [荷物の] *the lower layer*) ▶~生活をおくる/过居于人下的生活 guò jūyú rénxia de shēnghuó ▶長い~時代を経て主役に抜擢される/经过多年无声无息的日子, 终于被选为主角 jīngguò duōnián wú shēng wú xī de rìzi, zhōngyú bèi xuǎn wéi zhǔjué ▶~から身を起こす/从居于人下的生活翻身 cóng jūyú rénxià de shēnghuó fānshēn

したて【下手】 下风 xiàfēng; 下面 xiàmian (英 *the lower part*)

~に出る 谦虚 qiānxū; 居人下风 jū rén xiàfēng

◆~投げ〔相撲〕：从对方腋下伸过手去抓带子把对方摔倒 cóng duìfāng yèxià shēnguò shǒu qù zhuā dàizi bǎ duìfāng shuāidǎo ▶~投げ〔野球〕：低手投球 dīshǒu tóu qiú ▶~投げ投手/低手投球的投手 dīshǒu tóu qiú de tóushǒu

日中比较 中国语的'下手 xiàshǒu'是「着手する」ことをいう.

したて【仕立て】 **❶**【裁縫】 缝纫 féngrèn (英 *sewing*; *tailoring*) ▶~がよい/衣服做得好 yīfu zuòde hǎo ▶~屋/裁缝 cáifeng; 成衣铺 chéngyīpù ▶今のスーツはどれもこれも~がよい/现在的套装每件都做工很好 xiànzài de tàozhuāng měi jiàn dōu zuògōng hěn hǎo ▶イタリア生地でロンドン~の服/意大利布料伦敦剪裁的衣服 Yìdàlì bùliào Lúndūn jiǎncái de yīfu **❷**【準備】 准备 zhǔnbèi (英 *preparations*) ▶特別~のバスでゆっくり見物する/乘坐特别准备的巴士悠闲观光 chéngzuò tèbié zhǔnbèi de bāshì yōuxián guānguāng

したてなおす【仕立て直す】 翻新 fānxīn (英 *remake*) ▶娘の成人式では母親の昔の晴れ着を仕立て直して着せた/女儿成人仪式的时候, 母亲把以前的盛装改了给女儿穿 nǚ'ér chéngrén yíshì de shíhou, mǔqīn bǎ yǐqián de shèngzhuāng gǎile gěi nǚ'ér chuān

したてる【仕立てる】 **❶**【服を】 制做 zhìzuò; 缝制 féngzhì (英 *make*; *tailor*) ▶和服を現代風の洋服に~/把和服改装为现代风格的西服 bǎ héfú gǎicǎi wéi xiàndài fēnggé de xīfú **❷**【教え込む】培养 péiyǎng (英 *train*) ▶3年で一人前の植木職人に~/三年培养出一个够格的植树人 sān nián péiyǎng chū yí ge gòugé de zhíshùrén **❸**【用意する】 准备 zhǔnbèi (英 *prepare*) ▶特別列車を~/准备专车 zhǔnbèi zhuānchē

したどり【下取りする】 贴换 tiēhuàn; 折价换取 zhéjià huànqǔ (英 *take... as a trade-in*)

車を～に出す/汽车以旧贴价换新 qìchē yǐ jiù tiē jià huàn xīn

したなめずり【舌なめずりする】 舔嘴唇 tiǎn zuǐchún;〈比喩〉垂涎三尺 chuíxián sān chǐ (英 *lick one's lips*) ▶メロンを前にして思わず～した/白兰瓜在眼前, 不由得舔了舔嘴唇 báilánguā zài yǎnqián, bùyóude tiǎnletiǎn zuǐchún ▶悪徳業者が～して待ち構える/道德败坏的商人急不可耐的等待着 dàodé bàihuài de shāngrén jí bùkě nài de děngdàizhe

したぬり【下塗りする】 涂底子 tú dǐzi (英 *give the first coating*)

したばえ【下生え】 树下草木 shùxià cǎomù (英 *undergrowth*)

じたばた 慌张 huāngzhāng; 手忙脚乱 shǒumáng jiǎoluàn (英 *wriggle*) ▶今さら～するな/事到如今不要再慌张了 shì dào rújīn búyào zài huāngzhāng le

したばたらき【下働き】 **1**『人の下で働く』在人之下工作 zài rén zhīxià gōngzuò (英 *subordinate work*) **2**『雑用』勤杂人员 qínzá rényuán; 跑腿儿 pǎotuǐr (英 *an underservant*)

したはら【下腹】 小肚子 xiǎodùzi; 小腹 xiǎofù (英 *the lower abdomen*)

したび【下火になる】 **1**『火事が』减弱 jiǎnruò (英 *burn low*) ▶火事が～になる/火势减弱 huǒshì jiǎnruò **2**『流行などが』衰退 shuāituì; 不时兴 bù shíxīng (英 *go out of vogue*) ▶去年騒がれた人気ドラマもすっかり～になった/去年红极一时的电视剧已经一点也不时兴了 qùnián hóngjí yìshí de diànshìjù yǐjing yìdiǎn yě bù shíxīng le

シタビラメ【舌平目】〚魚〛牛舌鱼 niúshéyú; 舌鳎 shétǎ (英 *a sole*)

したまち【下町】 老城区 lǎochéngqū (英 *the old downtown district*) ▶～に住む/住在老城区 zhùzài lǎochéngqū ▶東京の～に生まれる/出生在东京的老城区 chūshēng zài Dōngjīng de lǎochéngqū

したまぶた【下瞼】〚解〛下眼皮 xiàyǎnpí (英 *the lower eyelid*)

したまわる【下回る】 低于 dīyú (英 *be below...*) ▶昨年の水準を～/低于去年水准 dīyú qùnián shuǐzhǔn

したみ【下見する】 预先检查 yùxiān jiǎnchá (英 *make a preliminary inspection*) ▶試験会場の～もせずに受験する/也不预先去看考场就去考试 yě bú yùxiān qù kàn kǎochǎng jiù qù kǎoshì

したむき【下向き】 **1**『下方に向くこと』朝下 cháo xià; 向下 xiàng xià (英 *a downward look*) ▶～に置く/朝下放 cháo xià fàng **2**『衰え』衰落 shuāiluò; 衰退 shuāituì (英 *a decline*) ▶株式相場が～になる/股市衰落 gǔshì shuāiluò

したやく【下役】《部下》部下 bùxià; 属下 shǔxià;《下級の役人》下级职员 xiàjí zhíyuán (英 *a minor official*)

したよみ【下読みする】 预读 yùdú (英 *read beforehand*)

じだらく【自堕落な】 堕落 duòluò; 懒散 lǎnsǎn (英 *slovenly*) ▶～な生活をする/过着自甘堕落的生活 guòzhe zì gān duòluò de shēnghuó

したりがお【したり顔】 得意的面孔 déyì de miànkǒng (英 *a proud look*) ▶～に話す/得意洋洋地说话 déyì yángyáng de shuōhuà

シダレヤナギ【枝垂柳】〚植物〛垂柳 chuíliǔ (英 *a weeping willow*)

したわしい【慕わしい】 爱慕 àimù; 怀念 huáiniàn (英 *dear*)

シタン【紫檀】〚植物〛紫檀 zǐtán; 红木 hóngmù (英 *a rosewood*)

しだん【師団】 师 shī (英 *a division*) ▶～長/师长 shīzhǎng

しだん【詩壇】 诗坛 shītán (英 *poetical circles*)

じたん【時短】 缩短工作时间 suōduǎn gōngzuò shíjiān (英 *the reduction of working hours*)

じだん【示談】 说和 shuōhe; 和解 héjiě; 调停 tiáotíng (英 *an out-of-court settlement*) ▶交通事故の～が成立した/交通事故达成和解 jiāotōng shìgù dáchéng héjiě

◆～金 和解费 héjiěfèi

じだんだ【地団駄】 ～を踏む 顿足 dùnzú; 跺脚 duòjiǎo ▶～を踏んで悔しがる/后悔得直跺脚 hòuhuǐde zhí duòjiǎo

しち【七】 七 qī;《大字》柒 qī (英 *seven*) ⇨なな(七) ▶勝算は～分3厘だ/胜率七比三 shènglǜ qī bǐ sān

しち【死地】 死地 sǐdì; 险境 xiǎnjìng (英 *the jaws of death*) ▶～に追いやる/把人置于死地 bǎ rén zhìyú sǐdì ▶～を脱する/脱离险境 tuōlí xiǎnjìng ▶～に赴く/赴死 fù sǐ

しち【質】 当 dàng;《抵当》抵押 dǐyā (英 *pawn*) ▶～に入れる/当当 dàngdàng; 典押 diǎnyā ▶～草/当头 dàngtou ▶～屋/当铺 dàngpù ▶時計を～に入れる/当表 dàng biǎo ▶～を受け出す/赎当 shúdàng ▶～が流れる/当死 dàng sǐ

◆～流れ品 死号 sǐhào ～札 当票 dàngpiào

じち【自治】 自治 zìzhì (英 *self-government*) ▶～権/自治权 zìzhìquán ▶地方～/地方自治 dìfāng zìzhì

◆～会《学生の》自治会 zìzhìhuì

しちかいき【七回忌】 七年忌日 qī nián jìchén (6周年に当たる) (英 *the sixth anniversary of a person's death*) ▶明日は父の～の法要を営むす/明天为父亲七年忌辰做法事 míngtiān wéi fùqīn qī nián jìchén zuò fǎshì

しちがつ【七月】 七月 qī yuè (英 *July*)

しちごちょう【七五調】 ～の詩/七五调韵文 (前半句七个音节, 后半句五个音节) qī wǔ diào yùnwén (qiánbànjù qī ge yīnjié, hòubànjù wǔ ge yīnjié)

しちごん【七言】 七言诗 qīyánshī ▶～絶句/七绝 qījué ▶～律诗/七律 qīlǜ

しちてんばっとう【七転八倒】 (英 *the writhe*

しちふくじん【七福神】 七福神 qīfúshén；带来福气的七位神 dàilái fúqì de qī wèi shén (英 *the Seven Deities of Good Luck*)

シチメンチョウ【七面鳥】 〖鳥〗吐绶鸡 tǔshòujī；火鸡 huǒjī (英 *a turkey*) ▶～のように顔色が変る/脸色一阵红一阵白 liǎnsè yí zhèn hóng yí zhèn bái

しちゃく【試着する】 试穿 shìchuān (英 *try on*) ▶～室/试衣室 shìyīshì

しちゅう【支柱】 支架 zhījià；支柱 zhīzhù (英 *a prop*) ▶一家の～を失う/失去全家的顶梁柱 shīqù quánjiā de dǐngliángzhù

しちゅう【市中】 街上 jiēshang；市内 shìnèi (英 *in the town*) ▶～銀行/民间银行 mínjiān yínháng ▶～を徘徊する/徘徊在街上 páihuái zài jiēshang

しちゅう【死中】
～に活を求める 死中求生 sǐ zhōng qiú shēng

シチュー 〖料理〗炖的菜 dùn de cài (英 *stew*) ▶ビーフ～/炖牛肉 dùn niúròu

しちょう【市庁】 市政厅 shìzhèngtīng；市政府 shìzhèngfǔ (英 *a city hall*) ▶～舎/市政大楼 shìzhèng dàlóu

しちょう【市長】 市长 shìzhǎng (英 *a mayor*)

しちょう【思潮】 思潮 sīcháo (英 *the current thought*) ▶文芸～/文艺思潮 wényì sīcháo

しちょう【視聴する】 视听 shìtīng (英 *view*) ▶～覚教育/电教 diànjiào；电化教育 diànhuà jiàoyù ▶～者/观众 guānzhòng；收看者 shōukànzhě ▶～率/收看率 shōukànlǜ ▶～率の高い番組/收视率高的节目 shōushìlǜ gāo de jiémù

しちょう【試聴する】 试听 shìtīng (英 *listen to... before buying it*) ▶～室/试听室 shìtīngshì ▶CDを買う前に～する/买光盘前试听一下 mǎi guāngpán qián shìtīng yíxià

じちょう【次長】 副职 fùzhí (英 *a vice-director*) ▶後任は～が昇格する/后任者由原来的副职担任 hòurènzhě yóu yuánlái de fùzhí dānrèn

じちょう【自重する】 自重 zìzhòng；自爱 zì'ài (英 *be prudent*) ▶ここは～して発言を控えた/在这个问题上采取谨慎态度, 不乱发言 zài zhège wèntíshang cǎiqǔ jǐnshèn tàidu, bú luàn fāyán

じちょう【自嘲する】 自嘲 zìcháo (英 *mock oneself*)

しちょく【司直】 司法当局 sīfǎ dāngjú；审判员 shěnpànyuán (英 *a judge*) ▶～の手にゆだねる/委托给法院审判 wěituō gěi fǎyuàn shěnpàn ▶～の手にかかる/经司法部门之手 jīng sīfǎ bùmén zhī shǒu

しちりん【七輪】 炭炉 tànlú (英 *a portable clay cooking stove*)

じちんさい【地鎮祭】 奠基仪式 diànjī yíshì (英 *a ground-breaking ceremony*)

しっ《人を制して》 嘘 shī (英 *Hush!*) ▶～, 黙って/嘘, 别说话 shī, bié shuōhuà ▶～と言って野良猫を追い払う/发出嘘声, 把野猫赶走 fāchū shīshēng, bǎ yěmāo gǎnzǒu

しつ【質】 质量 zhìliàng (英 *quality*) ▶～がよい/质量好 zhìliàng hǎo ▶～が悪い/质量差 zhìliàng chà ▶～をよくする/提高质量 tígāo zhìliàng ▶～的にも量的にも申し分ない/质量和数量上都没问题 zhìliàng hé shùliàngshang dōu méi wèntí

じつ【実】 ❶〖真実〗真实 zhēnshí；实际 shíjì (英 *truth*) ▶～を言うと/说真的 shuō zhēn de；老实说 lǎoshí shuō ▶～の娘/亲女儿 qīnnǚ'ér ❷〖実体〗实质 shízhì (英 *substance*) ▶～を伴わない/华而不实 huá ér bù shí ▶名を捨てて～を取る/舍名求实 shě míng qiú shí ▶有名無～/有名无实 yǒu míng wú shí ❸〖まごころ〗(英 *sincerity*) ▶～のある/真诚 zhēnchéng；诚意 chéngyì ▶～を尽くす/竭尽忠诚 jiéjìn zhōngchéng；全心全意 quán xīn quán yì

しつい【失意の】 失意 shīyì；落泊 luòbó；不得志 bù dé zhì (英 *disappointed*) ▶～の生涯/坎坷一生 kǎnkě yìshēng ▶～のどん底にある/处于失意的低谷 chǔyú shīyì de dīgǔ

じつい【実意】 ❶〖本心〗本心 běnxīn；真意 zhēnyì (英 *one's true intentions*) ▶せめて我々には～を明かのでほしい/起码祖你把真实想法告诉我们 qǐmǎ děi bǎ zhēnshí xiǎngfa gàosu wǒmen ❷〖まごころ〗真诚 zhēnchéng；忠诚 zhōngchéng (英 *sincerity*) ▶～を示す/显示出诚意 xiǎnshì chū chéngyì

じついん【実印】 正式印章 zhèngshì yìnzhāng (英 *one's registered seal*)

しつう【歯痛】 牙疼 yáténg (英 *toothache*)

しつうはったつ【四通八達】 四通八达 sì tōng bā dá (英 *~している*) *run in every direction*)

じつえき【実益】 实益 shíyì；实惠 shíhuì (英 *actual profit; practical use*) ▶私の野菜づくりは趣味と～を兼ねている/我栽培蔬菜既出于兴趣也为实惠 wǒ zāipéi shūcài jì chūyú xìngqù yě wèi shíhuì ▶～のある/有实益 yǒu shíyì

じつえん【実演する】 实地表演 shídì biǎoyǎn (英 *give a demonstration*)

しつおん【室温】 室温 shìwēn (英 *room temperature*) ▶～を25℃に上げて下さい/请把室温提高到二十五度 qǐng bǎ shìwēn tígāo dào èrshíwǔ dù

しっか【失火する】 失火 shīhuǒ (英 *start a fire by negligence*)

じっか【実家】 娘家 niángjiā (英 *one's parental home*)

しつがい【室外の】 室外 shìwài (英 *outdoors*)

じつがい【実害】 实际损害 shíjì sǔnhài (英 *actual harm*) ▶その台風は～を与えなかった/那场台风没有带来什么实际上的灾害 nà cháng táifēng méiyǒu dàilái shénme shíjìshang de zāihài

しつがいこつ【膝蓋骨】〔解〕膝盖骨 xīgàigǔ (英 *the kneecap*)

しっかく【失格する】 失去资格 shīqù zīgé; 丧失资格 sàngshī zīgé (英 *be disqualified*) ▶俺なんか父親～だな/我作为父亲是不称职的 wǒ zuòwéi fùqīn shì bú chènzhí de

じつがく【実学】 实学 shíxué; 实用科学 shíyòng kēxué (英 *practical learning*)

しっかり ❶〖安定・丈夫に〗坚实 jiānshí; 牢固 láogù (英 *strongly*) ▶経済基盤が～している/经济基础坚实的 jīngjì jīchǔ jiānshí de ▶～した土台/坚固的地基 jiāngù de dìjī ▶立場が～している/立场坚实 lìchǎng jiānshí
❷〖きつく・固く〗好好儿 hǎohāor (英 *tightly*) ▶～押さえる/用力按 yònglì àn ▶紐を～結ぶ/把绳子系紧 bǎ shéngzi jìjǐn ▶～鍵をかける/锁好 suǒhǎo ▶～つかまる/紧紧抓住 jǐnjǐn zhuāzhù
❸〖元気に・はっきりと〗健壮 jiànzhuàng; 结实 jiēshi (英 *vigorously*; *clearly*) ▶足腰が～している/腰腿健壮 yāotuǐ jiànzhuàng ▶～憶えている/记得清楚 jìde qīngchu ▶年を取っても～した声で話す/上了年龄仍说话清晰 shàngle niánlíng réng shuōhuà qīngxī
❹〖堅実に〗稳健 wěnjiàn (英 *steadily*; *reliably*) ▶～者/能干可靠的人 nénggàn kěkào de rén ▶～した考え/稳健的想法 wěnjiàn de xiǎngfa ▶若いのに～した考えを持っている/虽然年轻但想法稳健 suīrán niánqīng dàn xiǎngfa wěnjiàn ▶彼女は非常に～した女性だった/她是个非常沉稳的女性 tā shì ge fēicháng chénwěn de nǚxìng ▶彼は酒をのんでも～している/他喝了酒也不乱性 tā hēle jiǔ yě bú luàn xìng

しっかん【疾患】 疾病 jíbìng (英 *disease*) ▶心～/心脏病 xīnzàngbìng

じっかん【十干】 天干 tiāngān (英 *the ten calendar signs*) ▶～十二支/天干地支 tiāngān dìzhī

じっかん【実感する】 真实感受 zhēnshí gǎnshòu; 实感 shígǎn (英 *realize*) ▶まだ夢中で～がわきません/到现在还不敢相信这是真的 dào xiànzài hái bùgǎn xiāngxìn zhè shì zhēn de

しっき【漆器】 漆器 qīqì (英 *lacquerware*)

しつぎ【質疑】 质疑 zhìyí; 提问 tíwèn (英 *a question*) ▶～応答/质疑答辩 zhìyí dábiàn; 问答 wèndá ▶報告終了後～応答の時間を設ける/报告结束后设有质疑答辩的时间 bàogào jiéshùhòu shèyǒu zhìyí dábiàn de shíjiān

じつぎ【実技】 实用技术 shíyòng jìshù (英 *practical skill*) ▶～試験/技术考试 jìshù kǎoshì

しっきゃく【失脚する】 垮台 kuǎtái; 下台 xiàtái; 倒台 dǎotái (英 *lose one's position*) ▶些細な事件で彼は～した/他因为一些琐事而下台 tā yīnwèi xiē suǒshì ér xiàtái ▶彼が～しても彼の後をつぐだろう/他即使倒台也会有人接替 tā jíshǐ dǎotái yě huì yǒu rén jiētì

しつぎょう【失業する】 失业 shīyè (英 *lose one's job*) ▶～者/失业者 shīyèzhě ▶～率/失业率 shīyèlǜ ▶彼は今は～中です/他现在失业 tā xiànzài shīyè ▶日本の二十歳台の～率は5％を越えている/日本二十岁到三十岁之间的人失业率超过百分之五 Rìběn èrshí suì dào sānshí suì zhījiān de rén shīyèlǜ chāoguò bǎi fēn zhī wǔ

じつきょう【実況】 实况 shíkuàng (英 *the actual scene*) ▶～検分/实地调查 shídì diàochá ♦～中継/实况转播 shíkuàng zhuǎnbō ▶早朝大リーグの～中継がある/早上有美国棒球大联赛的实况转播 zǎoshang yǒu Měiguó bàngqiú dàliánsài de shíkuàng zhuǎnbō

じつぎょう【実業】 实业 shíyè (英 *business*) ▶～家/实业家 shíyèjiā ▶～に従事している/搞实业 gǎo shíyè ▶～界に入る/进入实业界 jìnrù shíyèjiè

しっきん【失禁】〔医〕失禁 shījìn (英 *incontinence*)

しっく【疾駆する】 飞驰 fēichí; 驰驱 chíqū; 奔驰 bēnchí (英 *ride fast*)

シックな 潇洒 xiāosǎ; 风雅 fēngyǎ; 雅致 yǎzhi (英 *chic*; *smart*) ▶～なネクタイ/雅致的领带 yǎzhi de lǐngdài

しっくい【漆喰】 灰泥 huīní (英 *plaster*; *stucco*) ▶～を塗る/抹灰泥 mò huīní

しっくり 合适 héshì; 符合 fúhé; 融洽 róngqià (英 *exactly*; *nicely*) ▶あの二人は～いっていない/他们俩合不来 tāmen liǎ hébulái ▶～こない/不对劲儿 bú duìjìnr ▶それは原語の意味に～合う/那和原文的意思完全相吻合 nà hé yuánwén de yìsi wánquán xiāng wěnhé ▶新しいカーテンはこの部屋に～こない/新窗帘和这个房间不相合 xīnchuānglián hé zhège fángjiān bù xiāng hé

じっくり 仔细地 zǐxì de; 好好儿 hǎohāor; 踏踏实实 tātāshíshí (英 *deliberately*) ▶今日は君と～語ろうと思う/今天我想和你好好儿谈谈 jīntiān wǒ xiǎng hé nǐ hǎohāor tántan ▶～考える/仔细思考 zǐxì sīkǎo ▶～腰をすえて仕事をする/专心致志地工作 zhuānxīn zhìzhì de gōngzuò

しっけ【湿気】 潮气 cháoqi; 湿气 shīqi (英 *humidity*; *damp*; *moisture*) ▶～を帯びる/受潮 shòucháo ▶～を防ぐ/防潮 fángcháo ▶日本は～の多い国だ/日本是个多湿的国家 Rìběn shì ge duōshī de guójiā

しつけ【躾】 教养 jiàoyǎng; 家教 jiājiào; 管教 guǎnjiào (英 *training*; *discipline*) ▶～がよい/家教好 jiājiào hǎo ▶あの店では従業员のかなり厳しい/那家店对店员管教得非常严格 nà jiā diàn duì diànyuán guǎnjiàode fēicháng yángé ▶最近の子供は家庭での～が足りない/最近的孩子在家里受的管教不够 zuìjìn de háizi zài jiālǐ shòu de guǎnjiào bú gòu

しっけい【失敬】《礼儀知らず》不恭 bùgōng; 失礼 shīlǐ (英 *rudeness*);《辞去する》告辞 gàocí; **失陪** shīpéi (英 *good-bye*); 《盗む》**偷拿** tōuná (英 *a theft*) ▶ ～なことを言う/出言不逊 chūyán búxùn ▶ 通りすがりに～なことを言う/路过时顺嘴说些失敬的话 lùguò shí shùnzuǐ shuō xiē shījìng de huà ▶ 挨拶をしたのに黙って通り过ぎるなんて～なやつだ/人家打招呼而他理也不理地走过, 真是个没礼貌的家伙 rénjiā dǎ zhāohu ér tā lǐ yě bùlǐ de zǒuguò, zhēn shì ge méi lǐmào de jiāhuo ▶ 他人の物を～する/偷别人的东西 tōu biérén de dōngxi

じっけい【実兄】 胞兄 bāoxiōng; 亲哥哥 qīngēge (英 *one's real older brother*)

じっけい【実刑】 实际的刑罚 shíjì de xíngfá (英 *imprisonment without suspension*) ▶ ～を科する/判定实刑 pàndìng shíxíng

しっける【湿気る】 含湿气 hán shīqì; 发潮 fācháo; 受潮 shòucháo (英 *become damp*)

しつける【仕付ける】 **❶**【やり慣れる】做惯 zuòguàn (英 *be used to...*) ▶ 仕付けた仕事/干惯了的工作 gànguànle de gōngzuò **❷**【縫い物に仕付けをする】绷 bēng (英 *tack*) ▶ 着物の袖を～ぃる/把袖子绷上 bǎ xiùzi bēngshàng

しつける【躾ける】 管教 guǎnjiào; 教育 jiàoyù (英 *train; teach manners*) ▶ 子供を～/教育孩子 jiàoyù háizi ▶ 大抵の家庭では子供を～ことに苦労している/大多家庭都在教育孩子方面很操心 dàduō jiātíng dōu zài jiàoyù háizi fāngmiàn hěn cāoxīn ▶ うちの犬は家の中に住むよう躾けられている/我家的狗被训练得可以在屋子里生活 wǒ jiā de gǒu bèi xùnliànde kěyǐ zài wūzili shēnghuó

しつげん【失言する】 失口 shīkǒu; 失言 shīyán (英 *make a slip of the tongue*) ▶ ～する/失言 shīyán; 说走嘴 shuō zǒuzuǐ ▶ ～を取り消す/收回失言 shōuhuí shīyán ▶ あの～で防衛大臣は更迭されれた/防卫大臣因为那次失言而被撤换了 fángwèi dàchén yīnwèi nà cì shīyán ér bèi chèhuàn le ▶ 大臣の発言は～ではなくて本音だ/大臣的发言不是失言, 而是真心话 dàchén de fāyán bú shì shīyán, ér shì zhēnxīnhuà

しつげん【湿原】 湿原野 shīyuányě; 湿草地 shīcǎodì (英 *marshland*)

じっけん【実権】 实权 shíquán (英 *real power*) ▶ 軍が～を握る/军队掌握实权 jūnduì zhǎngwò shíquán ▶ 家庭では細君が～を握っている/在家里是太太当家 zài jiāli shì tàitai dāngjiā ▶ 彼は大株主であの会社の～を握っている/他是那家公司的大股东, 掌握着公司的实权 tā shì nà jiā gōngsī de dàgǔdōng, zhǎngwòzhe gōngsī de shíquán ▶ 我が国の～はいったい誰の手に握られているのか/我国的实权究竟掌握在谁手中 wǒguó de shíquán jiūjìng zhǎngwò zài shéi shǒu zhōng

◆～派 **当权派** dāngquánpài; **实权派** shíquánpài

じっけん【実験する】 试验 shìyàn (英 *experiment*) ▶ ～室/实验室 shíyànshì ▶ 動物～/动物实验 dòngwù shíyàn ▶ 彼はマウスでその薬の～をした/他用老鼠做了药物实验 tā yòng lǎoshǔ zuòle yàowù shíyàn ▶ 新しい方法を～的に試してみた/用新方法试验了一下 yòng xīnfāngfǎ shìyànle yíxià ▶ そのプランはまだ一段階にとどまっている/那个计划仍停留在试验阶段 nàge jìhuà réng tíngliú zài shìyàn jiēduàn

◆～場 **试验场地** shìyàn chǎngdì　～台 **实验台** shíyàntái; **试验品** shìyànpǐn ▶ 新しい薬品の～台にされる/被作为新药的试验品 bèi zuòwéi xīnyào de shìyànpǐn

じつげん【実現する】 实现 shíxiàn (英 *realize*; [事実となる] *come true*) ▶ 長年の夢が～された/多年的梦想实现了 duōnián de mèngxiǎng shíxiàn le ▶ ～不可能な経営計画/无法实现的经营计划 wúfǎ shíxiàn de jīngyíng jìhuà ▶ 要求を～させるために署名運動を始めた/为实现要求展开了签名运动 wèi shíxiàn yāoqiú zhǎnkāile qiānmíng yùndòng

しつこい **❶**【性格・態度が】缠人 chán rén; 执拗 zhíniù (英 *persistent*) ▶ しつこく質問する/问个不住 wèn ge bú zhù ▶ 彼は性格が～/他脾气很执拗 tā píqi hěn zhíniù ▶ 私の風邪は全く～/我得的感冒老是不好 wǒ dé de gǎnmào lǎoshì bùhǎo ▶ 彼みたいに～男は嫌われる/像他那样纠缠不休的男人讨人嫌 xiàng tā nàyàng jiūchán bùxiū de nánrén tǎo rén xián ▶ 不動産屋がしつこく電話をかけてくる/不动产公司纠缠不休地打电话来 búdòngchǎn gōngsī jiūchán bùxiū de dǎ diànhuà lái ▶ 他人のことをしつこく聞きたがる/对别人的事刨根问底 duì biérén de shì páogēn wèndǐ ▶ コーチは選手のスタートの姿勢をしつこく正した/教练多次纠正运动员的起跑姿势 jiàoliàn duōcì jiūzhèng yùndòngyuán de qǐpǎo zīshì **❷**【味が】腻 nì; 油腻 yóunì (英 *heavy*)

しっこう【失効する】 失效 shīxiào (英 *lapse*; *lose effect*) ▶ この規定は事実上すでに～ている/这个规定实际上已经失效 zhège guīdìng shíjìshang yǐjīng shīxiào

しっこう【執行する】 执行 zhíxíng (英 *execute*) ▶ ～部/执行部 zhíxíngbù ▶ 死刑を～する/执行死刑 zhíxíng sǐxíng ▶ 職務～中に殺害された/在执行任务时被杀害 zài zhíxíng rènwu shí bèi shāhài ▶ 議会が法律を作り, 政府が法を～する/议会立法, 政府执法 yìhuì lìfǎ, zhèngfǔ zhífǎ

◆公務～妨害 **公务～妨害**で逮捕される/因妨碍执行公务被逮捕 yīn fáng'ài zhíxíng gōngwù bèi dàibǔ　～猶予 **缓期执行** huǎnqī zhíxíng; **缓刑** huǎnxíng ▶ 懲役 1 年～猶予 3 年に処する/判处一年徒刑, 缓期执行三年 pànchǔ yì nián túxíng, huǎnqī zhíxíng sān nián

じっこう【実行する】 施行 shīxíng; 实行 shíxíng (英 *carry out*) ▶ 約束を～する/实践自己的诺言 shíjiàn zìjǐ de nuòyán ▶ ～可能な方法/切实可行的办法 qièshí kěxíng de bànfǎ ▶ 彼は言葉ばかりで～しない男だ/他是个光说不做的人 tā shì ge guāng shuō bú zuò de rén ▶ 我々は意志決定に時間がかかるが, その～はすばやい/虽

然我们决定意向很花时间,但实行起来却很快 suīrán wǒmen juédìng yìxiàng hěn huā shíjiān, dàn shíxíngqǐlai què hěn kuài ▶その計画を～に移すには機が熟していない/那个计划目前实行的时机还不成熟 nàge jìhuà fù zhū shíxíng de shíjī hái bù chéngshú ▶計画を～するには資金が足りない/实行计划还缺少资金 shíxíng jìhuà hái quēshǎo zījīn ▶荒天のため～を見合わせる/由于暴风雨暂缓进行 yóuyú bàofēngyǔ zànhuǎn jìnxíng

不言～ 彼は不言の～の人だ/他是个多干少说的人 tā shì ge duō gàn shǎo shuō de rén

じっこう【実効】 実効 shíxiào;实效性 shíxiàoxìng (英 *actual effect*) ▶食品安全対策をより～あるものにする/把食品安全工作作得更有实效 bǎ shípǐn ānquán gōngzuò zuòde gèng yǒu shíxiào

しっこく【漆黒】 乌黑 wūhēi;漆黑 qīhēi (英 *pitch-dark*) ▶～の闇夜/漆黑的夜色 qīhēi de yèsè

しつごしょう【失語症】 〘医〙失语症 shīyǔzhèng (英 *aphasia*)

じっこん【昵懇】 亲昵 qīnnì;亲密 qīnmì (英 *familiar*) ▶彼とは～の仲だ/我和他交往很亲密 wǒ hé tā jiāowǎng hěn qīnmì

じっさい【実際】 实际 shíjì;实在 shízài;(確かに)的确 díquè (英 *actually*) ▶～問題/实际问题 shíjì wèntí ▶～にはそううまくいかないだろう/实际上不是那么顺利吧 shíjìshang bú shì nàme shùnlì ba ▶試合は～には30分遅れて始まった/比赛其实延迟了三十分钟开始 bǐsài qíshí yánchíle sānshí fēnzhōng kāishǐ ▶試合場は～より大きく見えた/比赛场地看起来比实际上的要大 bǐsài chǎngdì kànqǐlai bǐ shíjìshang de yào dà ▶～的な知識/实际知识 shíjì zhīshi ▶これは～にあった話だ/这是真人真事 zhè shì zhēnrén zhēnshì ▶あいつには～迷惑しているんだ/那个家伙实在令人感到为难 nàge jiāhuo shízài lìng rén gǎndào wéinán

じつざい【実在する】 客观存在 kèguān cúnzài (英 *exist*) ▶その映画には～の人物が登場する/在那部电影里有实际人物出场 zài nà bù diànyǐngli yǒu shíjì rénwù chūchǎng ▶その人物は確かに～したが半年前に交通事故で亡くなった/的确有过那个人,但在半年前死于交通事故 díquè yǒuguò nàge rén, dàn zài bànniánqián sǐyú jiāotōng shìgù

〘日中比較〙中国語の'实在'は'shízài'と読むと「本物の」「本当に」「実際には」という意味になる。▶实在的本事 shízài de běnshi/確かな腕前/時間は本当に限られている また'shízai'と読むと「着実である」という意味になる。▶他干活实在 tā gànhuó shízai/彼は仕事ぶりが着実だ

しっさく【失策】 失策 shīcè;失算 shīsuàn;失误 shīwù (英 *a mistake*; *an error*) ▶三塁手の～で試合は負けた/因为三垒手的失误比赛输了 yīnwèi sānlěishǒu de shīwù bǐsài shū le ▶戦略上の大～/战略上的重大失策 zhànlüèshang de zhòngdà shīcè

しつじ【執事】 管家 guǎnjiā (英 *a steward*)

じっし【十指】 (英 *ten fingers*) ▶～に余る/不止十个 bù zhǐ shí ge ▶～の指す所/众人所指 zhòngrén suǒ zhǐ

じっし【実子】 亲生子女 qīnshēng zǐnǚ (英 *one's real child*)

じっし【実施する】 実施 shíshī;実行 shíxíng (英 *conduct*; *put... into operation*) ▶政策を～する/实施政策 shíshī zhèngcè ▶新しい法律が四月一日に～される/新法在四月一日实施 xīnfǎ zài sì yuè yī rì shíshī ▶今年も2週間の語学研修が～される/今年也实施两星期的外语进修 jīnnián yě shíshī liǎng xīngqī de wàiyǔ jìnxiū

じっしつ【実質】 实质 shízhì (英 *substance*) ▶～の伴わない/名存实亡 míng cún shí wáng ▶～的には/实质上 shízhìshang ▶この案は形式が先行し～が伴っていない/这个方案只是先走形式,并不带有实质 zhège fāng'àn zhǐshì xiān zǒuxíngshì, bìng bú dài yǒu shízhì ▶これは～の値上げだ/这实质上就是涨价 zhè shízhìshang jiùshì zhǎngjià ▶多くの討議を経て～的な合意に達する/经过多次讨论,达成实质性的协议 jīngguò duōcì tǎolùn, dáchéng shízhìxìng de xiéyì

しつじつごうけん【質実剛健】 刚毅质朴 gāngyì zhìpǔ (英 *simple and sturdy*)

じっしゃ【実写する】 写实 xiěshí;拍照实况 pāizhào shíkuàng (英 *take a picture of...*) ▶～映画/纪实片 jìshípiàn

じっしゃかい【実社会】 现实社会 xiànshí shèhuì;实际社会 shíjì shèhuì (英 *the real world*) ▶娘がやっと大学を卒業して～に出ていった/女儿终于大学毕业走入实际社会 nǚ'ér zhōngyú dàxué bìyè zǒurù shíjì shèhuì ▶大学で学んだくらいは～では通用しない/在大学学的那点儿东西在实际社会中行不通 zài dàxué xué de nà diǎnr dōngxi zài shíjì shèhuì zhōng xíngbutōng

じっしゅう【実収】 《収入》实际收入 shíjì shōurù;《収穫》实际收获 shíjì shōuhuò (英 *a real income*)

じっしゅう【実習する】 实习 shíxí (英 *practice*) ▶～生/实习生 shíxíshēng;见习生 jiànxíshēng ▶教育～を受ける/进行教学实习 jìnxíng jiàoxué shíxí ▶料理の～講座に人気が集まる/烹饪实习讲座很受欢迎 pēngrèn shíxí jiǎngzuò hěn shòu huānyíng

じっしゅきょうぎ【十種競技】 〘スポーツ〙十项全能比赛 shí xiàng quánnéng bǐsài (英 *the decathlon*) ▶～選手/十项全能选手 shí xiàng quánnéng xuǎnshǒu

しつじゅん【湿潤な】 湿润 shīrùn;潮湿 cháoshī (英 *moist*) ▶～な気候/湿润的气候 shīrùn de qìhòu

しっしょう【失笑する】 失笑 shīxiào (英 *titter*) ▶～が漏れる/不禁失笑 bùjìn shīxiào ▶～を買

う/引人発笑 yǐn rén fāxiào ▶彼は会議で馬鹿な発言をして～を買った/他在会议上胡乱发言引人发笑 tā zài huìyìshang húluàn fāyán yǐn rén fāxiào

じっしょう【実証する】 証实 zhèngshí; 实证 shízhèng（英 *prove*）▶～済/得到证实 dédào zhèngshí ▶～主義/实证主义 shízhèng zhǔyì ▶民間で信じられていた俗説が科学的に～された/在民间被相信的世俗之说得到了科学实证 zài mínjiān bèi xiāngxìn de shìsú zhī shuō dédàole kēxué zhèngshí ▶彼は～的な研究を積み上げてきた/他一直从事着实证性的研究 tā yìzhí cóngshìzhe shízhèngxìng de yánjiū

じつじょう【実情】 实情 shíqíng; 真情 zhēnqíng（英 *the actual state*）▶～に合わない/不符合真情 bù fúhé zhēnqíng ▶～を踏まえる/根据实情 gēnjù shíqíng ▶彼は世界のエネルギーの～に詳しい/他对全球能源的实际情况很熟悉 tā duì quánqiú néngyuán de shíjì qíngkuàng hěn shúxī ▶津波被害の～調査団/海啸灾害实情调查团 hǎixiào zāihài shíqíng diàochátuán ▶航空機の騒音の～を訴える/诉说飞机噪音的实情 sùshuō fēijī zàoyīn de shíqíng ▶仕事に見合った給料が出ないのが～です/实际情况是与工作相应的工资发不出来 shíjì qíngkuàng shì yǔ gōngzuò xiāngyìng de gōngzī fābuchūlái

しつじょく【失職】 失业 shīyè; 失去职位 shīqù zhíwèi（英 *lose one's job*）
【日中比較】 中国語の '失职 shīzhí' は「職務を果たさない」ことを指す.

しっしん【失神する】 昏迷 hūnmí; 昏过去 hūnguòqu（英 *faint*）▶彼女は興奮のあまり～してしまった/因为过度激动她昏了过去 yīnwèi guòdù jīdòng tā hūnleguòqu
【日中比較】 中国語の '失神 shīshén' は「うっかりする」ことを指す.

しっしん【湿疹】〚医〛湿疹 shīzhěn（英 *eczema*）▶～ができる/出湿疹 chū shīzhěn ▶赤ん坊の顔に～が出た/婴儿脸上出湿疹了 yīng'ér liǎnshang chū shīzhěn le

じっしんほう【十進法】〚数〛十进制 shíjìnzhì（英 *the decimal system*）

じっすう【実数】（本当の数）实数 shíshù;〚数〛实数 shíshù（英 *a real number*）

しっする【失する】 ❶〚失う〛失去 shīqù; 丢 diū（英 *lose*）▶機会を～/失去机会 shīqù jīhuì ▶面目を～/丢面子 diū miànzi ▶礼を～/失礼 shīlǐ ❷〚度が過ぎる〛过于 guòyú; 太 tài（英 *be excessive*）▶寛大に～/过于宽大 guòyú kuāndà ▶この法律改正は遅きに～/这项法律的修改太迟了 zhè xiàng fǎlǜ de xiūgǎi tài chí le

しっせい【叱正】 指正 zhǐzhèng（英 *correction*）▶御～を賜る/敬请指正 jìngqǐng zhǐzhèng

しっせい【失政】 失政 shīzhèng; 恶政 èzhèng（英 *misgovernment*）▶幕府の～/幕府的弊政 mùfǔ de bìzhèng

しっせい【執政】 执政 zhízhèng（英 *administration*）

しっせい【湿性の】 湿性 shīxìng（英 *wet*）▶～皮膚炎/湿性皮炎 shīxìng píyán

じっせいかつ【実生活】 实际生活 shíjì shēnghuó; 现实生活 xiànshí shēnghuó（英 *real life*）▶～に役立つ/对现实生活有用 duì xiànshí shēnghuó yǒuyòng ▶～ではそんな具合にうまくいかない/在现实生活中不会像那样顺利 zài xiànshí shēnghuó zhōng búhuì xiàng nàyàng shùnlì ▶～でも珍しいことではない/即使在现实生活中也不是什么稀奇的事 jíshǐ zài xiànshí shēnghuó zhōng yě bú shì shénme xīqí de shì

しっせき【叱責する】 斥责 chìzé; 申斥 shēnchì; 训斥 xùnchì（英 *scold*）▶～を受ける/受到斥责 shòudào chìzé ▶あの時の先生の～をばねに成功しました/那时老师的斥责成为动力，我取得了成功 nà shí lǎoshī de chìzé chéngwéi dònglì, wǒ qǔdéle chénggōng

じっせき【実績】 实际成绩 shíjì chéngjì; 实绩 shíjì（英 *actual results*）▶～をあげる/取得成绩 qǔdé chéngjì ▶彼は支店長として～をあげた/他作为分店店长作出了实际成绩 tā zuòwéi fēndiàn diànzhǎng zuòchūle shíjì chéngjì ▶君は～がないから信用されない/因为你没有实绩，所以没人相信你 yīnwèi nǐ méiyǒu shíjì, suǒyǐ méi rén xiāngxìn nǐ ▶新入社員の一年目から売り上げ～をあげた/新进公司的第一年开始就作出营业成绩来了 xīn jìn gōngsī de dìyī nián kāishǐ jiù zuòchū yíngyè chéngjì lái le

じっせん【実戦】 实战 shízhàn（英 *actual fighting*）▶～経験 shízhàn jīngyàn ▶祖父は～に参加したことがある/我爷爷参加过实际作战 wǒ yéye cānjiāguo shíjì zuòzhàn

じっせん【実践する】 实践 shíjiàn（英 *practice*）▶理論と～/理论和实践 lǐlùn hé shíjiàn ▶彼はこれまでの考えに～に移した/他把至今为止的想法付诸实践 tā bǎ zhìjīn wéi zhǐ de xiǎngfa fù zhū shíjiàn

じっせん【実線】 实线 shíxiàn（英 *a solid line*）

しっそ【質素な】 俭朴 jiǎnpǔ; 朴素 pǔsù（英 *simple*）▶～な服装/朴素的服装 pǔsù de fúzhuāng ▶～な食事/粗茶淡饭 cūchá dànfàn ▶田舎の祖母は～に暮らしている/住在乡下的奶奶过着俭朴的生活 zhùzài xiāngxia de nǎinai guòzhe jiǎnpǔ de shēnghuó ▶～な生活を送りながら、困窮者への寄付を欠かさない/自己过着俭朴的生活，却仍不间断地捐款资助穷人 zìjǐ guòzhe jiǎnpǔ de shēnghuó, què réng bú jiànduàn de juānkuǎn zīzhù qióngrén

しっそう【失踪する】 失踪 shīzōng; 匿迹 nìjì（英 *disappear*）▶多額の借金を残して～する/欠下一大笔债而销声匿迹 qiànxià yí dàbǐ zhài ér xiāoshēng nìjì ▶家財道具をそのままにした若い夫婦の～は不気味だ/一对年轻夫妇留下家具下落不明，真是令人害怕 yí duì niánqīng fūfù liúxià jiājù xiàluò bùmíng, zhēn shì lìng rén hàipà

しっそう【疾走する】 奔跑 bēnpǎo; 飞奔 fēibēn; 飞驰 fēichí (英 *run at full speed*) ▶白い車が～していくのが見えました/我看见一台白色的汽车飞驰而去 wǒ kànjiàn yì tái báisè de qìchē fēichí ér qù

じっそう【実相】 真相 zhēnxiàng; 真实情况 zhēnshí qíngkuàng (英 *the actual state*) ▶社会の～/社会真相 shèhuì zhēnxiàng

じつぞう【実像】 实像 shíxiàng; 真面貌 zhēnmiànmào (英 *a true image; the true nature*) ▶アパートの遺留品から犯人の～が浮かんだ/遗留在公寓里的物品，显露出了犯人的真实形象 yíliú zài gōngyùli de wùpǐn, xiǎnlùchūle fànrén de zhēnshí xíngxiàng ▶政界の黒幕の～をあばく/揭露政界黑幕的真面目 jiēlù zhèngjiè hēimù de zhēnmiànmù

しっそく【失速する】 失速 shīsù (英 *stall*) ▶バブルがはじけて日本の経済は～した/泡沫经济破灭，日本的经济开始失速 pàomò jīngjì pòmiè, Rìběn de jīngjì kāishǐ shīsù ▶飛行機が突然～する/飞机突然失速 fēijī tūrán shīsù

じっそく【実測する】 实际测量 shíjì cèliáng (英 *measure; survey*) ▶～図/实测图 shícètú

じつぞん【実存】 实际存在 shíjì cúnzài (英 *existence*) ▶～主義/存在主义 cúnzài zhǔyì

しった【叱咤する】 叱咤 chìzhà; [励ます] 激励 jīlì (英 *scold*; [激励] *encourage*) ▶～激励/大声激励 dàshēng jīlì ▶監督は夏の大会に向けて～激励した/领队为了夏季大赛大声打气 lǐngduì wèile xiàjì dàsài dàshēng dǎqì

しったい【失態】 失态 shītài; 丢脸 diūliǎn; 出丑 chūchǒu (英 *a blunder*) ▶～を演じる/出丑 chūchǒu; 出洋相 chū yángxiàng ▶いざという時に大～を演じる/在紧急关头，出大洋相 zài jǐnjí guāntóu, chū dàyángxiàng

じったい【実体】 本质 běnzhì; 实质 shízhí; 实际内容 shíjì nèiróng (英 *substance*; [本性] *the true nature*) ▶～をつかむ/抓住本质 zhuāzhù běnzhì ▶新興宗教の～が明らかになった/新兴宗教的本质显露出来了 xīnxīng zōngjiào de běnzhì xiǎnlùchūlai le

じったい【実態】 真实情况 zhēnshí qíngkuàng (英 *the actual circumstances*) ▶本学では毎年学生生活～調査を行っている/本大学每年进行学生生活实际情况调查 běn dàxué měinián jìnxíng xuéshēng shēnghuó shíjì qíngkuàng diàochá

しったかぶり【知ったか振り】 不懂装懂 bù dǒng zhuāng dǒng; 假装知道 jiǎzhuāng zhīdào (英 *a know-it-all*) ▶～は大けがのもと/硬装内行总会带来祸害 yìng zhuāng nèiháng zǒng huì dàilái huòhai ▶～をしてあとで恥をかく/不懂装懂事后出丑 bù dǒng zhuāng dǒng shìhòu chūchǒu

じつだん【実弾】 实弹 shídàn (英 *live ammunition*) ▶～演習/实弹演习 shídàn yǎnxí ▶慎重に～をこめる/小心翼翼地装填实弹 xiǎoxīn yìyì de zhuāngtián shídàn

しっち【失地】 失地 shīdì (英 *a lost territory*) ▶～を回復する/收复失地 shōufù shīdì

しっち【湿地】 湿地 shīdì (英 *a swamp*) ▶生活污水から～を保護する/保护湿地不被生活污水污染 bǎohù shīdì bú bèi shēnghuó wūshuǐ wūrǎn ▶～に生える植物/生长在湿地的植物 shēngzhǎng zài shīdì de zhíwù

じっち【実地】 实地 shídì; 现场 xiànchǎng; 实际 shíjì (英 *practice*) ▶～訓練/实地训练 shídì xùnliàn ▶～は理論ほど容易ではない/实地行动不像理论那么容易 shídì xíngdòng bú xiàng lǐlùn nàme róngyì ▶その理論を～に応用する/把那个理论应用到现实中 bǎ nàge lǐlùn yìngyòng dào xiànshí zhōng
♦～検証/实地查证 shídì cházhèng　容疑者を伴い犯行現場を～検証する/带着嫌疑犯在犯罪现场进行现场查证 dàizhe xiányífàn zài fànzuì xiànchǎng jìnxíng xiànchǎng cházhèng　**～試験** ▶車の～試験を一回でパスした/汽车的驾驶考试一次就通过了 qìchē de jiàshǐ kǎoshì yí cì jiù tōngguò le　**～調査** /现场调查 xiànchǎng diàochá ▶未開の地を～調査する/对未开垦的土地进行实地调查 duì wèi kāikěn de tǔdì jìnxíng shídì diàochá

じっちゅうはっく【十中八九】 十有八九 shí yǒu bā jiǔ; 百儿八十 bǎi'erbāshí (英 *nine times out of ten*) ▶彼が勝つだろう/他十有八九会获胜的 tā shí yǒu bā jiǔ huì huòshèng de ▶今海に投げ出されると～助からない/如果现在被抛到海里的话, 十有八九是没救的 rúguǒ xiànzài bèi pāodào hǎilǐ dehuà, shí yǒu bā jiǔ shì méi jiù de

じっちょく【実直な】 勤恳 qínkěn; 正直 zhèngzhí; 耿直 gěngzhí (英 *sincere*) ▶彼は～な人で、部下にも信頼が厚い/他是一位耿直的人, 深受部下信赖 tā shì yí wèi gěngzhí de rén, shēn shòu bùxià xìnlài ▶山田さんは～に34年間経理畑を勤め上げた/山田在会计部门勤勤恳恳工作了三十四年 Shāntián zài kuàijì bùmén qínqínkěnkěn gōngzuòle sānshísì nián

しっつい【失墜する】 丧失 sàngshī; 失掉 shīdiào (英 *lose*) ▶信用を～する/丧失信用 sàngshī xìnyòng　権威の～/丧失威信 sàngshī wēixìn ▶戦後父親の権威は～し続けている/战后父性的威严不断降低 zhànhòu fùxìng de wēiyán búduàn jiàngdī ▶大臣の威信は相次ぐスキャンダルで～した/大臣因为接连不断的丑闻而威信扫地 dàchén yīnwèi jiēlián búduàn de chǒuwén ér wēixìn sǎodì

じつづき【地続きの】 接壤 jiērǎng; 邻接 línjiē (英 *adjacent*) ▶私の家と兄の家とは～である/我家和哥哥家邻接着 wǒ jiā hé gēge jiā línjiēzhe

じってい【実弟】 胞弟 bāodì; 亲弟弟 qīndìdi (英 *one's real brother*)

しつてき【質的な】 质的 zhìde (英 *qualitative*) ▶～向上/质量提高 zhìliàng tígāo ▶～変化がおきる/发生

質的変化 fāshēng zhì de biànhuà

しってん【失点】 ❶【競技などで】失分 shīfēn; 输分 shūfēn（英 *a point allowed in a game*）▶大量に~で戦意も失せた/输了好多分，失去了斗志 shūle hǎoduō fēn, shīqùle dòuzhì ❷【マイナス】过错 guòcuò; 失误 shīwù（英 *a mistake*）▶彼は業務上の~を重ねた/他在业务上屡屡犯错 tā zài yèwùshang lǚlǚ fàn cuò ▶新社長はこの１年~なく300人の従業員の生活を守った/公司新的总经理在这一年中没有丢分，保证了三百人职工的生活 gōngsī xīn de zǒngjīnglǐ zài zhè yì nián zhōng méiyǒu diūfēn, bǎozhèngle sānbǎi rén zhígōng de shēnghuó

しっと【嫉妬する】 吃醋 chīcù; 嫉妒 jídù; 妒忌 dùjì（英 *be jealous*）▶~心/嫉妒心 jídùxīn ▶彼は彼女に~心から悪質なメールを送り続けた/出于嫉妒心，他接连不断地给她发送恶意的短信 chūyú jídùxīn, tā jiēlián búduàn de gěi tā fāsòng èyì de duǎnxìn ▶~に燃える/妒火中烧 dùhuǒ zhōng shāo ▶~深い/爱吃醋 ài chīcù ▶私は~とは無縁だ/我和嫉妒是不沾边儿的 wǒ hé jídù shì bù zhānbiānr de ▶彼女は一郎のことで秋子に~していた/她因为一郎的事而嫉妒秋子 tā yīnwèi Yīláng de shì ér jídù Qiūzǐ

しつど【湿度】 湿度 shīdù（英 *humidity*）▶~が高い/湿度高 shīdù gāo ▶~が低い/湿度低 shīdù dī ▶~計/湿度计 shīdùjì ▶軽井沢の別荘は~の高い夏を避ける/湿度大的夏天在轻井泽的别墅避暑 shīdù dà de xiàtiān zài Qīngjǐngzé de biéshù bìshǔ

じっと 一动不动 yí dòng bú dòng;《見る》目不转睛 mù bù zhuǎn jīng（英 *still; fixedly; patiently*）▶彼は一座っている/他一动不动地坐在那儿 tā yí dòng bú dòng de zuòzài nàr ▶~見つめる/目不转睛地看 mù bù zhuǎn jīng de kàn ▶彼は~人の顔を見つめるせがある/他总是喜欢目不转睛地盯着别人的脸 tā zǒngshì xǐhuan mù bù zhuǎn jīng de dīngzhe biéren de liǎn ▶忙しくて~してる暇がない/忙得站不住脚 mángde zhànbuzhù jiǎo ▶彼は~成り行きを見ていた/他静观事态 tā jìngguān shìtài ▶赤ん坊は一時も~していない/小宝宝一会儿也闲不住 xiǎobǎobao yíhuìr yě xiánbuzhù ▶每辱を~こらえる/默默地忍耐着屈辱 mòmò de rěnnàizhe qūrǔ ▶~耳を澄ます/侧耳倾听 cè'ěr qīngtīng ▶私は心配で~していられなかった/我因为担心坐卧不安 wǒ yīnwèi dānxīn zuò wò bù'ān

しっとう【執刀する】 执刀 zhídāo; 主刀 zhǔdāo（英 *operate*）▶~医/主刀医生 zhǔdāo yīshēng ▶手術は松田博士の~で行われた/手术是由松田博士主刀进行的 shǒushù shì yóu Sōngtián bóshì zhǔdāo jìnxíng de

じつどう【実働】 实际工作 shíjì gōngzuò（英 *actual working*）▶~時間/实际工作时间 shíjì gōngzuò shíjiān ▶１日～８時間である/每天实际工作八小时 měitiān shíjì gōngzuò bā xiǎoshí

しっとり ❶【湿り気の行き渡った】潮呼呼 cháohūhū; 湿润 shīrùn（英 *moist*）▶草は露で~とぬれていた/露水使草变得湿淋淋的 lùshuǐ shǐ cǎo biànde shīlínlín de ❷【味わいのある】安祥 ānxiáng; 有情趣 yǒu qíngqù（英 *gentle*）▶良夫は~とした気持ちで歌う/良夫沉静地唱歌 Liángfū chénjìng de chànggē

しつない【室内】 室内 shìnèi（英 *the inside of a room*）▶~アンテナ/室内天线 shìnèi tiānxiàn ♦~管弦楽団 ~プール/室内游泳池 shìnèi yóuyǒngchí ~遊戯/室内游戏 shìnèi yóuxì

しつないがく【室内楽】【音楽】室内乐 shìnèiyuè（英 *chamber music*）

じつに【実に】 实在 shízài; 委实 wěishí; 真是 zhēn shi（英 *really*）▶~不思議な事件だ/真是不可思议的事件 zhēn shì bùkě sīyì de shìjiàn ▶~楽しい一日でした/实在是愉快的一天 shízài shì yúkuài de yì tiān ▶彼女は母親として~素晴らしかった/她作为一个母亲真的是非常出色 tā zuòwéi yí ge mǔqīn zhēn de shì fēicháng chūsè

しつねん【失念する】 忘 wàng; 忘掉 wàngdiào（英 *forget*）▶つい，名前を~してしまった/无意中忘了名字 wúyì zhōng wàngle míngzi

じつは【実は】 说实在的 shuō shízài de; 老实说 lǎoshi shuō; 其实 qíshí（英 *in fact*）▶~昨日は寝ていないんだ/老实说昨天一宿没睡 lǎoshi shuō zuótiān yì xiǔ méi shuì ▶~の計算は私の間違いでした/说实话那个计算是我弄错了 shuō shíhuà nàge jìsuàn shì wǒ nòngcuò le ▶悲しいふりをして~喜んでいるのだ/装作悲伤的样子，其实心里美滋滋的 zhuāngzuò bēishāng de yàngzi, qíshí xīnli měizīzī de

ジッパー 拉锁 lāsuǒ; 拉链 lāliàn（英 *a zipper*）▶~をしめる/拉上拉锁 lāshàng lāsuǒ

しっぱい【失敗する】 失败 shībài（英 *fail*）▶~は成功のもと/失败乃成功之母 shībài nǎi chénggōng zhī mǔ ▶わずかで~はただ/小错也是错 xiǎocuò yě shì cuò ▶入学試験に~する/入学考试落榜 rùxué kǎoshì luòbǎng ▶彼女の説得を試みたが~した/试图说服她但却没成功 shìtú shuōfú tā dàn què méi chénggōng ▶彼女は結婚に二度~した/她的两次婚姻都很失败 tā de liǎng cì hūnyīn dōu hěn shībài ▶叔父は事業に~して多くの借金を抱えた/叔父因事业失败欠下很多债 shūfù yīn shìyè shībài qiànxià hěn duō zhài ▶~を繰り返して成功のきっかけをつかむ/经过反复失败，捉住成功的机会 jīngguò fǎnfù shībài, zhuōzhù chénggōng de jīhuì

じっぱひとからげ【十把一からげ】 不分青红皂白 bù fēn qīng hóng zào bái（英 *sweeping generalizations*）▶~に論じる/眉毛胡子一把抓地讨论 méimao húzi yì bǎ zhuā de tǎolùn ▶同じクラスの連中を~に罚する/对同班同学的学生不分青红皂白地一律加以惩罚 duì tóngbān tóngxué de xuésheng bù fēn qīng hóng zào bái de yílǜ jiāyǐ chéngfá

しっぴ【失費】 开销 kāixiāo; 开支 kāizhī

expenses）▶～がかさむ/开销增多 kāixiāo zēngduō

じっぴ【実費】 实际费用 shíjì fèiyong; 成本价格 chéngběn jiàgé（英 actual expenses）▶ 2万円だけいただきます/只拿两万日元的成本费 zhǐ ná liǎngwàn Rìyuán de chéngběnfèi ▶アルバイト料とは別に交通費を～支給する/在打工报酬之外另行支付实际交通费 zài dǎgōng bàochóu zhīwài lìngxíng zhīfù shíjì jiāotōngfèi

しっぴつ【執筆する】 执笔 zhíbǐ; 撰稿 zhuǎngǎo; 写稿 xiěgǎo（英 write）▶～を依頼する/约稿 yuē gǎo; 委托执笔 wěituō zhíbǐ ▶～者/撰稿人 zhuàngǎorén；～料/稿酬 gǎochóu ▶朝9時には原稿を～します/早上九点开始撰稿 zǎoshang jiǔ diǎn kāishǐ zhuàngǎo

しっぷ【湿布する】 湿敷 shīfū（英 put a compress）▶温～/热敷法 rèfūfǎ ▶足首に～する/在脚腕上做湿敷 zài jiǎowànshang zuò shīfū

じっぷ【実父】 亲生父亲 qīnshēng fùqin（英 one's real father）

しっぷう【疾風】 疾风 jífēng（英 a gale）▶～のように去る/飞奔而去 fēibēn ér qù ▶～怒涛の時代/狂飙时期 kuángbiāo shíqí

ことわざ 疾風に勁草を知る 疾风知劲草 jífēng zhī jìngcǎo

じつぶつ【実物】 实物 shíwù（英 the real thing; the genuine thing）▶～大の/与实物一样大 yǔ shíwù yíyàng dà ▶～を見なくてはなんとも言えない/不看实物无法表态 bú kàn shíwù wúfǎ biǎotài ▶～そっくりに描く/画得和实物一模一样 huàde hé shíwù yìmú yíyàng ▶彼女は写真より～のほうがきれいだ/她本人比照片漂亮 tā běnrén bǐ zhàopiàn piàoliang ▶これは～に似せたまがい物だ/这是个仿照实物做的赝品 zhè shì ge fǎngzhào shíwù zuò de yànpǐn

しっぺい【疾病】 疾病 jíbìng（英 a disease）▶～予防の手引き/预防疾病的小册子 yùfáng jíbìng de xiǎocèzi

しっぺがえし【しっぺ返し】 立刻还击 lìkè huánjī; 回敬 huíjìng（英 retaliation; tit for tat）▶～をする/马上报复 mǎshàng bàofù ▶世界中で自然破壊の手痛い～に遭っている/全世界都因破坏自然而立即遭到报复 quánshìjiè dōu yīn pòhuài zìrán ér lìjí zāodào bàofù

しっぽ【尻尾】 尾巴 wěiba（英 a tail）
～を出す 露出马脚 lòuchū mǎjiǎo ▶問い詰められるとすぐ～を出した/一被追问起来立刻露出了马脚 yí bèi zhuīwènqǐlai lìkè lùchūle mǎjiǎo
～をつかまえる 抓住小辫 zhuāzhù xiǎobiàn ▶彼はちょいちょいうそを言うので私は～をつかまえてやった/因为他常常说谎，我就抓住了他的这个把柄 yīnwèi tā chángcháng shuō huǎng, wǒ jiù zhuāzhùle tā de zhège bǎbǐng ▶彼は～をつかまえられないように用心している/为了不被抓住把柄，他总是小心翼翼地 wèile bú bèi zhuāzhù bǎbǐng, tā zǒngshì xiǎoxīn yìyì de
～を振る 摇尾巴 yáo wěiba;《比喩的に》奉承 fèngcheng ▶あいつは上司に～を振ってばかりいる/那家伙对上司一味地摇尾奉承 nà jiāhuo duì shàngsi yíwèi de yáo wěi fèngcheng
～を巻く 认输 rènshū; 夹起尾巴 jiāqǐ wěiba ▶彼らは～を巻いて逃げていった/他们夹着尾巴逃走了 tāmen jiāzhe wěiba táozǒu le

じつぼ【実母】 亲生母亲 qīnshēng mǔqin（英 one's real mother）

しつぼう【失望する】 失望 shīwàng（英 be disappointed）▶～感/失望感 shīwànggǎn ▶新社長の就任挨拶に～感が広がった/对新任总经理的就任讲话充满了失望感 duì xīnrèn zǒngjīnglǐ de jiùrèn jiǎnghuà chōngmǎnle shīwànggǎn ▶あの男の態度にはひどく～した/我对他的态度太失望了 wǒ duì tā de tàidu tài shīwàng le ▶この問題で会社側の対応にすっかり～した/公司对这个问题的对应让人彻底失望了 gōngsī duì zhège wèntí de duìyìng ràng rén chèdǐ shīwàng le ▶あのあどけない少女を～させるわけにいかない/不能让那个天真无邪的女孩子失望 bùnéng ràng nàge tiānzhēn wúxié de nǚháizi shīwàng ▶彼はあの時～の色を顔に出した/那时他的脸上露出了失望的神色 nà shí tā de liǎnshang lùchūle shīwàng de shénsè

しっぽうやき【七宝焼き】 景泰蓝 jǐngtàilán（英 cloisonné）

しつぼく【質朴な】 朴实 pǔshí; 质朴无华 zhìpǔ wúhuá（英 simple）▶～な人柄/人品质朴 rénpǐn zhìpǔ

しつむ【執務する】 办公 bàngōng（英 attend to one's business）▶～時間/办公时间 bàngōng shíjiān ▶今会長は～中である/会长现在正在办公 huìzhǎng xiànzài zhèngzài bàngōng

じつむ【実務】 实际业务 shíjì yèwù（英 business）▶～家/实干家 shígànjiā ▶彼は～の経験が浅い/他的实际业务经验不多 tā de shíjì yèwù jīngyàn bù duō

しつめい【失明する】 失明 shīmíng; 瞎 xiā（英 lose one's eyesight）▶ガスボンベの破裂で危うく～するところだった/液化气罐的爆炸差一点使人眼睛失明 yèhuàqìguàn de bàozhà chà yìdiǎn shǐ rén yǎnjing shīmíng

じつめい【実名】（英 one's real name）▶地方新聞に友人の～入りの記事が出た/地方报纸的报导出现了我朋友的名字 dìfāng bàozhǐ de bàodǎo chūxiànle wǒ péngyou de míngzi

しつもん【質問する】 提问 tíwèn; 问事 wènshì; 质疑 zhíyí（英 ask a question）▶～を受け流す/避而不答 bì ér bù dá ▶ユーモアを交えて～に答えた/夹杂着幽默回答提问 jiāzázhe yōumò huídá tíwèn ▶簡単な～をする/进行简单的提问 jìnxíng jiǎndān de tíwèn ▶出席の皆さんに～ます/向在座的大家提问 xiàng zàizuò de dàjiā tíwèn ▶矢継ぎ早に～を浴びせる/接二连三地提出质问 jiē èr lián sān de tíchū zhìwèn ▶株主総会で～を抑える/阻止在股东大会上的提问 zǔzhǐ zài gǔdōng dàhuìshang de tíwèn ▶会

しつよう【執拗に】 執拗 zhíniù; 固执 gùzhí; 顽强 wánqiáng (英 *persistently*) ▶～に食い下がる/纠缠不放 jiūchán bú fàng ▶～な電話勧誘が後を絶たない/难缠的电话劝诱接连不断 nánchán de diànhuà quànyòu jiēlián búduàn ▶その回答に納得せず～に問いただす/不接受那个回答而固执地追问 bù jiēshòu nàge huídá ér gùzhí de zhuīwèn

じつよう【実用】 实用 shíyòng (英 *practical use*) ▶～品/实用品 shíyòngpǐn ▶最近の漆器類は～と装飾を兼ねている/最近的漆器既实用又美观 zuìjìn de qīqì jì shíyòng yòu měiguān ▶～一点張りの重たいテーブル/只讲究实用的沉重的桌子 zhǐ jiǎngjiu shíyòng de chénzhòng de zhuōzi ▶日本の衛星も実験衛星から～衛星に進んだ/日本的卫星也从实验领域提升到了实用的领域 Rìběn de wèixīng yě cóng shíyàn lǐngyù tíshēng dàole shíyòng de lǐngyù ▶とうもろこしが車の燃料として～化される/玉米作为汽车燃料开始付诸实用 yùmǐ zuòwéi qìchē ránliào kāishǐ fù zhū shíyòng

じづら【字面】 字面 zìmiàn (英 *the appearance of written words*) ▶～を見ればただの礼状だ/从字面上看只不过是一封感谢信 cóng zìmiànshang kàn zhǐbuguò shì yì fēng gǎnxièxìn

しつらえる【設える】 陈设 chénshè; 摆布 bǎibu; 布置 bùzhì (英 *set up; prepare*) ▶客席を階段状に～/把观众席设置成阶梯式坐位 bǎ guānzhòngxí shèzhìchéng jiētīshì zuòwèi ▶避難者のためにテントを～/为避难者搭设帐篷 wèi bìnànzhě dāshè zhàngpeng

じつり【実利】 功利 gōnglì; 实惠 shíhuì (英 *utility*) ▶何の～もない/没有什么实惠 méiyǒu shénme shíhuì ▶～を重んじる社長でありながらオペラの鑑賞が趣味だ/虽然是重视实际利益的总经理，却有着欣赏歌剧的爱好 suīrán shì zhòngshì shíjì lìyì de zǒngjīnglǐ, què yǒuzhe xīnshǎng gējù de àihào

しつりょう【質量】 ❶〖物質の分量〗 质量 zhìliàng (英 *mass*) ▶～不変の法則/质量守恒定律 zhìliàng shǒuhéng dìnglǜ ❷〖質と量〗 质和量 zhì hé liàng (英 *quality and quantity*) ▶～ともに保証する/保质保量 bǎo zhì bǎo liàng

日中比較 中国語の'质量 zhìliàng'は「物体が有する物質の量」という意味の他に「品質」をも表す.

じつりょく【実力】 ❶〖技量〗 实力 shílì (英 *one's ability*) ▶～がある/实力雄厚 shílì xiónghòu ▶～を発揮する/发挥实力 fāhuī shílì ▶彼は英語の～がある/他的英语很有实力 tā de Yīngyǔ hěn yǒu shílì ▶彼の～は誰しもが認めるところだ/他的实力是谁都承认的 tā de shílì shì shéi dōu chéngrèn de ▶試験で～を出しきれなかった/在考试中没有发挥出全部实力 zài kǎoshì zhōng méiyǒu fāhuīchū quánbù shílì ▶親の威光でなく～で出世する/不靠父母的威望，靠自己的实力取得成功 bú kào fùmǔ de wēiwàng, kào zìjǐ de shílì qǔdé chénggōng ▶両選手には～の差がない/那两位选手没有实力差距 nà liǎng wèi xuǎnshǒu méiyǒu shílì chājù ▶決勝戦は前評判どおりに～者同士の戦いになった/不出所料决赛成为一场具有实力的两队的比赛 bù chū suǒ liào juésài chéngwéi yì chǎng jùyǒu shílì de liǎng duì de bǐsài ▶当社は～本位で昇給を決めます/本公司凭个人实力加薪 běn gōngsī píng gèrén shílì jiāxīn ❷〖武力〗 武力 wǔlì (英 *arms*) ▶～に訴える/诉诸武力 sù zhū wǔlì; 动武 dòngwǔ ▶警官隊はついに～行使に出た/警察队终于动用了武力 jǐngcháduì zhōngyú dòngyòngle wǔlì

しつれい【失礼な】 ❶〖無礼〗 失礼 shīlǐ; 不礼貌 bù lǐmào; 无礼 wúlǐ (英 *rude; impolite*) ▶～なことをいう/说话无礼 shuōhuà wúlǐ ▶～な態度をとる/态度不礼貌 tàidu bù lǐmào ▶～ですが/对不起 duìbuqǐ ▶女性に年齢を聞くのは～です/问女性的年龄是不礼貌的 wèn nǚxìng de niánlíng shì bù lǐmào de ▶お話中～ですが/对不起打断一下你们的谈话 duìbuqǐ dǎduàn yíxià nǐmen de tánhuà ▶突然お伺いして～しました/突然造访，尚请见谅 tūrán zàofǎng, shàng qǐng jiànliàng ▶～しました．電話番号を間違えました/对不起，打错电话号码了 duìbuqǐ, dǎcuò diànhuà hàomǎ le ❷〖辞去〗 (英 *Excuse me.*) ▶お先に～します/我先走了 wǒ xiān zǒu le; 失陪了 shīpéi le ▶彼は「～します」と言って部屋を出た/他说了一声"告辞了"，走出了房间 tā shuōle yì shēng "Gàocí le", zǒuchūle fángjiān

じつれい【実例】 实例 shílì (英 *an example*) ▶～を挙げる/举实例 jǔ shílì ▶説明より失敗の～を一つ挙げるのがよい/与其说明解释，不如举一个失败的实例 yǔqí shuōmíng jiěshì, bùrú jǔ yí ge shībài de shílì ▶～を挙げて説明する/举实际例子进行说明 jǔ shíjì lìzi jìnxíng shuōmíng ▶今までそのような～はない/至今为止没有那样的实例 zhìjīn wéizhǐ méiyǒu nàyàng de shílì

しつれん【失恋する】 失恋 shīliàn (英 *be disap-*

pointed in love）▶~の痛手から立ち直る/从失恋的打击中振作起来 cóng shīliàn de dǎjī zhōng zhènzuòqǐlai ▶私の初恋は~に終わった/我的初恋以失恋告终了 wǒ de chūliàn yǐ shīliàn gàozhōng le ▶~の思い出は四十になっても五十になってもいいものです/失恋的记忆到四十岁到五十岁都是美好的 shīliàn de jìyì dào sìshí suì dōu wǔshí suì dōu shì měihǎo de

じつろく【実録】 实录 shílù（英 *a true record*）▶~物/报告文学 bàogào wénxué；纪实文学 jìshí wénxué

じつわ【実話】 实话 shíhuà；真人真事 zhēnrén zhēnshì（英 *a true story*）▶~に基づいたドラマ/基于真人真事的戏剧 jīyú zhēnrén zhēnshì de xìjù

して【仕手】〖株式〗大户 dàhù（英 *a speculator*）

してい【子弟】 子弟 zǐdì（英 *children*）▶名家の~/名门子弟 míngmén zǐdì

してい【私邸】 私人寓所 sīrén yùsuǒ；私邸 sīdǐ（英 *one's private residence*）

してい【指定】 指定 zhǐdìng（英 *appoint*）▶~席/指定席 zhǐdìngxí；对号座位 duìhào zuòwèi ▶~の場所/指定地点 zhǐdìng dìdiǎn ▶~の場所で待ち合わせる/在指定的地方见面 zài zhǐdìng de dìfang jiànmiàn ▶会合の日時を~/指定集合的时间 zhǐdìng jíhé de shíjiān ▶重要文化財に~する/指定国家重点文物 zhǐdìng wéi guójiā zhòngdiǎn wénwù ▶~の銀行口座に振り込む/存入指定的银行帐号 cúnrù zhǐdìng de yínháng zhànghào ▶学校で~された体操着/学校指定的体操服 xuéxiào zhǐdìng de tǐcāofú

してい【師弟】 师生 shīshēng；师徒 shītú（英 *teacher and student*）▶~関係/师徒关系 shītú guānxi

しでかす【仕出かす】 做出 zuòchū；闯出 chuǎngchū；干出 gànchū（英 *do*）▶とんだことを仕出かした/做了一件大错事 zuòle yí jiàn dàcuòshì ▶彼は何を~かわかったものじゃない/不知道他会作出什么事来 bù zhīdào tā huì zuòchū shénme shì lái

してき【私的な】 私人的 sīrén de（英 *private*; *personal*）▶~発言/个人的发言 gèrén de fāyán ▶~な問題ですから公の場では回答しない/因为是个人问题，在公共场合不予回答 yīnwèi shì gèrén wèntí, zài gōnggòng chǎnghé bùyǔ huídá

してき【指摘する】 指出 zhǐchū；(誤りを) 指摘 zhǐzhāi（英 *point out*）▶~の誤り/指出错误 zhǐchū cuòwù ▶1頁に4つも誤りを~する/在一页中指出四个错误 zài yí yè zhōng zhǐchū sì ge cuòwù ▶貴重な御~ありがとうございました/谢谢你所提的宝贵意见 xièxie nǐ suǒ tí de bǎoguì yìjiàn ▶鋭い~に緊張する/对尖锐的指摘而感到紧张 duì jiānruì de zhǐzhāi ér gǎndào jǐnzhāng ▶税务署から告示漏れを受ける/被

税务局指出漏报 bèi shuìwùjú zhǐchū lòubào

[日中比較] 中国語の'指摘 zhǐzhāi'は「誤りを指摘し非難する」ことをいう。

してき【詩的な】 富有诗意 fùyǒu shīyì（英 *poetic*）▶~感興が湧く/诗兴大发 shīxìng dà fā ▶~イメージ/富有诗意的形象 fùyǒu shīyì de xíngxiàng

じてき【自適】 自在 zìzài（英 *comfortableness*）▶悠々~の生活/悠闲自在的生活 yōuxián zìzài de shēnghuó

してつ【私鉄】 私营铁路 sīyíng tiělù；民营铁路 mínyíng tiělù（英 *a private railroad*）

-しては（…にしては）按…来说 àn … lái shuō；（…としては）作为 zuòwéi ▶君に~よく書けている/按你来说写得很好 àn nǐ lái shuō xiěde hěn hǎo ▶素人(ﾅﾛﾄ)に~歌がうまい/就业余爱好者而言歌唱得真不错 jiù yèyú àihàozhě ér yán gēchàngde zhēn búcuò ▶個人と~賛成できません/作为个人，我不能赞成 zuòwéi gèrén, wǒ bùnéng zànchéng

してやる 骗 piàn；(うまくやる) 做得妙 zuòde miào（英 *be cheated*）▶あいつにまんまとしてやられた/彻底被那家伙骗了/彻底被那家伙骗了 chèdǐ bèi nà jiāhuo piàn le ▶してやったりとほくそ笑む/暗自高兴自己做得妙 ànzì gāoxìng zìjǐ zuòde miào

してん【支店】 分店 fēndiàn；分号 fēnhào；(銀行の) 分行 fēnháng（英 *a branch office*）▶~が300軒もあるスーパーのチェーンを統率している/他统率着下属三百家分店的超市连锁店 tā tǒngshuàizhe xiàshǔ sānbǎi jiā fēndiàn de chāoshì liánsuǒdiàn ▶この書店は上海、北京、ニューヨークにも~を出している/这家书店在上海、北京和纽约都设有分店 zhè jiā shūdiàn zài Shànghǎi, Běijīng hé Niǔyuē dōu shèyǒu fēndiàn

♦~長 分店经理 fēndiàn jīnglǐ

してん【支点】〖物理〗支点 zhīdiǎn（英 *a fulcrum*）

してん【視点】 观点 guāndiǎn；角度 jiǎodù（英 *a viewpoint*）▶~を変える/改变视点 gǎibiàn shìdiǎn ▶相手の~に立つ/站在对方的立场上 zhànzài duìfāng de lìchǎngshang ▶その話はいろな~から語られている/那件事被人以各种观点谈论着 nà jiàn shì bèi rén yǐ gèzhǒng guāndiǎn tánlùnzhe ▶客観的な~から考える/从客观观点来考虑 cóng kèguān guāndiǎn lái kǎolǜ ▶国際的な~に立つ/立足于国际性的观点 lìzú yú guójìxìng de guāndiǎn ▶ダム建設を自然破壊の~から見直す/从破坏自然的观点重新研究建设水库一事 cóng pòhuài zìrán de guāndiǎn chóngxīn yánjiū jiànshè shuǐkù yí shì

しでん【市電】 市内有轨电车 shìnèi yǒuguǐ diànchē（英 *a streetcar*）

[日中比較] 中国語の'市电 shìdiàn'は「住宅用の電気」のこと。なお中国の電圧は普通220ボルト。

じてん【字典】 字典 zìdiǎn（英 *a dictionary of*

じてん【次点】《選挙などで》落选者中得票最多 luòxuǎnzhě zhōng dé piào zuìduō (英 *a runner-up*) ▶鈴木氏は五百票を集めて〜となった/铃木以五百选票数位居第二 Língmù yǐ wǔbǎi xuǎnpiàoshù wèijū dì'èr

じてん【自転する】 自转 zìzhuàn (英 *rotate*) ▶地球は〜する/地球自转 dìqiú zìzhuàn ▶地球の〜が夜と昼を生じる/地球自转产生昼夜变换 dìqiú zìzhuàn chǎnshēng zhòuyè biànhuàn

じてん【事典】 百科词典 bǎikē cídiǎn (英 *an encyclopaedia*) ▶植物〜/植物百科 zhíwù bǎikē ▶歴史〜/历史词典 lìshǐ cídiǎn

じてん【時点】 时期 shíqī; 时间 shíjiān (英 *a point of time*) ▶その〜ではまだ帰宅の途上にあった/那个时还在回家的路上 nàge shí hái zài huíjiā de lùshang ▶その情報は現〜ではまだ確認されていません/那个信息到目前为止还没有确认过 nàge xìnxī dào mùqián wéizhǐ hái méiyǒu quèrèn

じてん【辞典】 词典 cídiǎn; 辞书 císhū (英 *a dictionary*) ▶中日〜/中日辞典 Zhōng-Rì cídiǎn ▶和英〜/日英辞典 Rì-Yīng cídiǎn ▶方言〜を編纂する/编写方言辞典 biānxiě fāngyán cídiǎn ▶〜ではどうなっている/词典上怎么解释的? cídiǎnshang zěnme jiěshì de?

じでん【自伝】 自传 zìzhuàn (英 *an autobiography*) ▶〜的小説/自传体小说 zìzhuàntǐ xiǎoshuō ▶チャップリン〜/卓别林自传 Zhuóbiélín zìzhuàn

じてんしゃ【自転車】 自行车 zìxíngchē; 脚踏车 jiǎotàchē (英 *a bicycle*) ▶〜に乗る/骑自行车 qí zìxíngchē ▶駅まで〜で行く/骑自行车到车站 qí zìxíngchē dào chēzhàn ▶この坂は〜では登れない/这个坡骑自行车爬不上去 zhège pō qí zìxíngchē pábushàngqù ▶毎日この辺を〜で通る/每天骑自行车路过这一带 měitiān qí zìxíngchē lùguò zhè yídài

してんのう【四天王】 四大天王 sì dà tiānwáng; 四大金刚 sì dà jīngāng (英 *the four Buddhist guardian deities*; *the best four*)

しと【使徒】 使徒 shǐtú (英 *an apostle*) ▶平和の〜/和平使者 hépíng shǐzhě

しと【使途】 用途 yòngtú; 开销情况 kāixiāo qíngkuàng (英 *use*) ▶〜不明金/不明金 bùmíng de qián ▶金の〜がはっきりしない/款项用途不明 kuǎnxiàng yòngtú bùmíng ▶〜を明らかにする/弄清金钱使用状况 nòngqīng jīnqián shǐyòng zhuàngkuàng ▶その金は〜がすでに決まっていて、癌の研究に当てられるはずである/那笔钱的用途已经决定下来了，应该用于癌症的研究 nà bǐ qián de yòngtú yǐjing juédìngxiàlai le, yīnggāi yòngyú áizhèng de yánjiū

しとう【死闘する】 死斗 sǐdòu; 殊死搏斗 shūsǐ bódòu (英 *fight desperately*) ▶夜は野生動物たちの静かな〜が演じられている/夜晚野生动物展开无声的生死决斗 yèwǎn yěshēng dòngwùmen zhǎnkāi wúshēng de shēngsǐ juédòu

しどう【私道】 私有道路 sīyǒu dàolù (英 *a private road*)

しどう【始動する】 开动 kāidòng; 启动 qǐdòng (英 *start*) ▶電源が入りモーターが〜する/电源一通马达启动 diànyuán yì tōng mǎdá qǐdòng

しどう【指導する】 指导 zhǐdǎo; 教导 jiàodǎo; 领导 lǐngdǎo (英 *guide*) ▶〜を受ける/接受指导 jiēshòu zhǐdǎo ▶〜員/辅导员 fǔdǎoyuán; 指导员 zhǐdǎoyuán ▶〜者/领导 lǐngdǎo; 领袖 lǐngxiù ▶子供たちを〜する/辅导孩子们 fǔdǎo háizimen ▶学習の〜をする/进行学习指导 jìnxíng xuéxí zhǐdǎo ▶〜的役割を演じる/发挥领导作用 fāhuī lǐngdǎo zuòyòng ▶よろしく御〜をお願いします/敬请指教 jìngqǐng zhǐjiào ▶山田先生の〜は厳しい/山田老师辅导很严格 Shāntián lǎoshī fǔdǎo hěn yángé

◆**行政〜** :行政指导 xíngzhèng zhǐdǎo ▶行政〜を受けている企業が多数ある/很多企业接受了行政指导 hěn duō qǐyè jiēshòule xíngzhèng zhǐdǎo ▶〜要領 :指导大纲 zhǐdǎo dàgāng ▶小学校の〜要領はなかなか決定されない/小学的指导大纲非常难以制定 xiǎoxué de zhǐdǎo dàgāng fēicháng nányǐ zhìdìng

じどう【自動の】 自动 zìdòng (英 *automatic*) ▶〜ドア/自动门 zìdòngmén ▶〜販売機/无人售货机 wúrén shòuhuòjī ▶〜制御/自动控制 zìdòng kòngzhì; 自控系统 zìkòng xìtǒng ▶この契約はお互いに異論がなければ〜的に延長される/这个合同如果双方没有异议，将自动延续 zhège hétong rúguǒ shuāngfāng méiyǒu yìyì, jiāng zìdòng yánxù ▶このエレベーターは5時以後は〜になる/这台电梯五点以后自动运转 zhè tái diàntī wǔ diǎn yǐhòu zìdòng yùnzhuǎn

〜化する 自动化 zìdònghuà

◆**〜操縦** :自动操控 zìdòng cāokòng ▶〜操縦に切り替える/（飞机）转换为自动驾驶 (飞机) zhuǎnhuàn wéi zìdòng jiàshǐ

じどう【児童】 儿童 értóng; 孩童 háitóng (英 *a child*) ▶〜文学/儿童文学 értóng wénxué ▶〜向きのテレビ番組/面向儿童的电视节目 miànxiàng értóng de diànshì jiémù ▶〜向けに書き直された名作/面向儿童重新改写的名著 miànxiàng értóng chóngxīn gǎixiě de míngzhù

◆**〜憲章** :儿童宪章 Értóng xiànzhāng

じどうし【自動詞】《文法》不及物动词 bùjíwù dòngcí; 自动词 zìdòngcí (英 *an intransitive verb*)

じどうしゃ【自動車】 汽车 qìchē (英 *an automobile*; *a car*) ▶〜を運転する/开汽车 kāi qìchē ▶〜に乗る/乘坐汽车 chéngzuò qìchē ▶ここは東京から〜で3時間以内の距離にある/从东京到那里坐汽车需要不到三小时的时间 cóng Dōngjīng dào nàlǐ zuò qìchē xūyào bú dào sān xiǎoshí de shíjiān ▶会議場まで〜を用意しております/准备了到会场的汽车 zhǔnbèile dào huìchǎng de qìchē ▶〜メーカーは毎年新车を作って

しなもの

いる/汽车厂家每年都生产新车 qìchē chǎngjiā měinián dōu shēngchǎn xīnchē
♦~教習所【汽车驾驶学校 qìchē jiàshǐ xuéxiào; 驾校 jiàxiào ▶~教習所に通う/上驾校 shàng jiàxiào ~事故【车祸 chēhuò ▶昨年1年間で当県の~事故死亡者は110人だった/去年一年该县的车祸死亡人数为一百一十人 qùnián yì nián gāi xiàn de chēhuò sǐwáng rénshù wéi yībǎi yīshí rén ~修理【汽车修理 qìchē xiūlǐ ▶~修理工場で点検してもらう/在汽车修理厂进行点检 zài qìchē xiūlǐchǎng jìnxíng diǎnjiǎn ~保険【汽车保险 qìchē bǎoxiǎn ▶~保险に入る/加入汽车保险 jiārù qìchē bǎoxiǎn

しどけない 邋遢 lātā; 懒散 lǎnsǎn; 不整齐 bù zhěngqí 〈英 slovenly〉 ▶~格好/衣冠不整 yīguān bù zhěng; 邋邋遢遢的样子 lālātātā de yàngzi

しとげる【仕遂げる】 完成 wánchéng; 做完 zuòwán 〈英 accomplish〉

しとしと 〈英 gently〉 ▶~と雨が降りだした/淅淅沥沥下起雨来了 xīxīlìlì xiàqǐ yǔ lái le ▶春雨が~と降る/春雨淅淅沥沥地下 chūnyǔ xīxīlìlì de xià

じとじとする 湿漉漉 shīlùlù 〈英 be damp〉 ▶~するシーツ/湿漉漉的床单 shīlùlù de chuángdān

しとめる【仕留める】 打死 dǎsǐ; 射死 shèsǐ 〈英 kill; shoot down〉 ▶熊を銃で~/用枪打死一只熊 yòng qiāng dǎsǐ yì zhī xióng

しとやか【淑やかな】 文雅 wényǎ; 娴雅 xiányǎ; 文静 wénjìng 〈英 graceful〉 ▶物腰が~である/举止端庄 jǔzhǐ duānzhuāng

しどろもどろに 语无伦次 yǔ wú lúncì; 吞吞吐吐 tūntūntǔtǔ 〈英 confusedly〉 ▶~に答える/语无伦次地回答 yǔ wú lúncì de huídá ▶彼は反対尋問に~になった/他受到对方询问,变得吞吞吐吐 tā shòudào duìfāng xúnwèn, biànde tūntūntǔtǔ

しな【品】 ❶【品物】物品 wùpǐn; 商品 shāngpǐn; 货 huò 〈英 an article; goods〉 ▶~不足/缺货 quēhuò ▶あの店は~が豊富である/那家店商品丰富 nà jiā diàn shāngpǐn fēngfù ▶色々な~を取りそろえておく/备齐各种东西 bèiqí gèzhǒng dōngxi ▶御注文の~が入荷しました/订购的商品到货了 dìnggòu de shāngpǐn dào huò le ▶お歳暮の~を選ぶのはいつも苦労する/选购年终礼品总是操心费力 xuǎngòu niánzhōng lǐpǐn zǒngshì cāoxīn fèilì ▶ポロシャツならばこちらの~は2割引きです/要买马球衫的话,这里的商品打八折,jiàrù/要买马球衫的话,这里的商品打八折 yào mǎi mǎqiúshān dehuà, zhèlǐ de shāngpǐn dǎ bā zhé ❷【品質】〈英 quality〉 ▶~が悪い/质量差 zhìliàng chà ▶安いだけあって~が落ちる/到底是便宜货,质量就是不行 shì piányihuò, zhìliàng jiùshì bùxíng ▶利益が出なくても~を落とさずに売る/即使没有盈利也不降低质量卖 jíshǐ méiyǒu yínglì yě bú jiàngdī zhìliàng mài

しな【科】 ~を作る 卖俏 màiqiào; 作媚态 zuò mèitài ▶彼女は先生に~を作って答える/她故作媚态回答老师的问题 tā gùzuò mèitài huídá lǎoshī de wèntí

しない【市内】 市内 shìnèi 〈英 in the city〉 ▶五千円以上お買い上げの方は~配達が無料です/购买五千日元以上的顾客,市内免费送货上门 gòumǎi wǔqiān Rìyuán yǐshàng de gùkè, shìnèi miǎnfèi sònghuò shàngmén
♦~観光【市内观光 shìnèi guānguāng ▶少し休んでから~観光に出かける/稍微休息之后进行市内观光 shāowēi xiūxi zhīhòu jìnxíng shìnèi guānguāng

しない【竹刀】 竹剑 zhújiàn 〈英 a bamboo sword〉

しなう 弯曲 wānqū; 柔软 róuruǎn 〈英 bend〉 ▶枝が雪の重みでしなった/因为积雪的重量压弯了枝条 yīnwèi jīxuě de zhòngliàng yāwānle zhītiáo ▶体をしならせて投球する/扭转身体投球 niǔzhuǎn shēntǐ tóu qiú

しなうす【品薄】 缺货 quēhuò 〈英 a shortage of supply〉 ▶天候不順で長袖のポロシャツが~になる/因为天气反常,长袖休闲衫缺货 yīnwèi tiānqì fǎncháng, chángxiù xiūxiánshān quēhuò

しながき【品書き】 货单 huòdān; 菜单 càidān 〈英 a list; [献立表] a menu〉 ▶壁に~を貼る/在墙壁上贴菜单 zài qiángbìshang tiē càidān

しなかず【品数】 品种 pǐnzhǒng; 货色 huòsè 〈英 the number of articles〉 ▶~が多い/品种繁多 pǐnzhǒng fánduō ▶あの店は~がそろっている/那家店铺品种齐全 nà jiā diànpù pǐnzhǒng qíquán

しなぎれ【品切れ】 缺货 quēhuò; 脱销 tuōxiāo; 卖光 màiguāng 〈英 out of stock〉 ▶若者向けのテレビゲームが~になる/面向年轻人的电视游戏脱销 miànxiàng niánqīngrén de diànshì yóuxì tuōxiāo

しなさだめ【品定めする】 品评 pǐnpíng; 评价 píngjià 〈英 evaluate〉 ▶マーケットで鮮魚を~する/在市场上品评鲜鱼 zài shìchǎngshang pǐnpíng xiānyú

しなだれる 《枝などが》弯垂 wānchuí; 下垂 xiàchuí;《人が》偎依 wēiyī; 偎靠 wēikào 〈英 [枝が] droop; [寄り添う] nestle up〉

しなびる【萎びる】 枯萎 kūwěi; 蔫 niān; 干瘪 gānbiě 〈英 wither; shrivel up〉 ▶野菜が~/蔬菜枯萎 shūcài kūwěi ▶萎びた手/干瘪的手 gānbiě de shǒu

しなぶそく【品不足】 〈英 short supply〉 ▶冬物衣料が~になる/冬季服装缺货 dōngjì fúzhuāng quēhuò

しなもの【品物】 东西 dōngxi; 物件 wùjiàn; 品 wùpǐn 〈英 an article〉 ▶~を揃える/备齐物品 bèiqí wùpǐn; 品种齐全 pǐnzhǒng qíquán ▶~で払う/用实物支付 yòng shíwù zhīfù ▶割れ物の~は送れません/易碎的东西不能送 yìsuì

シナモン【植物】肉桂 ròuguì (英 cinnamon)

しなやかな ❶【弾力があってよくしなう】柔韧 róurèn; 柔软 róuruǎn (英 flexible) ▶~な足腰/柔韧的腰腿 róurèn de yāotuǐ ▶（準備体操で）体を~にする/(通过做准备体操)让身体灵活柔软 (tōngguò zuò zhǔnbèi tǐcāo) ràng shēntǐ línghuó róuruǎn ▶～な革をつかった紳士カバン/使用柔软的皮革制成的男士用皮包 shǐyòng róuruǎn de pígé zhìchéng de nánshìyòng píbāo ▶過去の事例にとらわれず~に考える/不拘泥于过去的事例,灵活地思考 bù jūnī yú guòqù de shìlì, línghuó de sīkǎo ❷【姿態が上品な】轻盈 qīngyíng; 婷婷 tíngtíng; 雅致 yǎzhi (英 lithe; graceful) ▶~な身のこなし/婀娜多姿的体态 ēnuó duōzī de tǐtài ▶大勢の人前で~に舞う/在众人面前翩翩起舞 zài zhòngrén miànqián piānpiān qǐ wǔ

じならし【地均しする】平地 píngdì; 整地 zhěngdì;《比喻》准备工作 zhǔnbèi gōngzuò (英 level the ground) ▶宅地を~する/平整住宅用地 píngzhěng zhùzhái yòngdì ▶候補者を一人に絞る~をする/做事前的准备工作,把候补精简到一个人 zuò shìqián de zhǔnbèi gōngzuò, bǎ hòubǔ jīngjiǎn dào yí ge rén

じなり【地鳴り】地声 dìshēng (英 a rumbling of the earth) ▶大地震の時に~がした/大地震发生的时候,听到地声了 dàdìzhèn fāshēng de shíhou, tīngdào dìshēng le

シナリオ 脚本 jiǎoběn; 剧本 jùběn (英 a scenario) ▶~ライター/剧本作者 jùběn zuòzhě ▶~を書く/编剧 biānjù ▶映画の~/电影剧本 diànyǐng jùběn ▶少子化で日本経済の~が狂う/出生率降低影响了日本经济的发展计划 chūshēnglǜ jiàngdī yǐngxiǎngle Rìběn jīngjì de fāzhǎn jìhuà

しなん【至難の】极难 jínán (英 most difficult) ▶~の業（ゎざ）/非常困难 fēicháng kùnnan ▶彼女を説得するのは~の業だ/说服她难上加难 shuōfú tā nán shàng jiā nán

しなん【指南する】指导 zhǐdǎo; 向导 xiàngdǎo (英 teach; instruct) ▶~役/教导 jiàodǎo

じなん【次男】次子 cìzǐ; 二儿子 èr'érzi (英 one's second son)

シニア 上级 shàngjí; 年长者 niánzhǎngzhě; 高年龄 gāoniánjí (英 senior)

しにがお【死に顔】遗容 yíróng (英 a dead face) ▶母の安らかな~をまだ覚えている/我仍记得母亲安祥的遗容 wǒ réng jìde mǔqin ānxiáng de yíróng

しにがね【死に金】《死蔵する金》死钱 sǐqián;《むだ金》冤枉钱 yuānwangqián (英 wasted money) ▶これ以上~を使う気はない/不想再花

冤枉钱 bù xiǎng zài huā yuānwangqián

しにがみ【死に神】催命鬼 cuīmìngguǐ; 丧门神 sāngménshén (英 the god of death; Death) ▶~にとりつかれる/被追命鬼缠住了 bèi zhuīmìngguǐ chánzhù le

シニカルな 冷嘲 lěngcháo; 讥讽 jīfěng; 爱挖苦人的 ài wākǔ rén de (英 cynical) ▶~な表現/冷嘲的表现手法 lěngcháo de biǎoxiàn shǒufǎ ▶~な笑い/讥笑 jīxiào

しにぎわ【死に際】临死 línsǐ; 临终 línzhōng (英 one's last moments) ▶~に言い残す/临终遗言 línzhōng yíyán ▶彼は派手な生活を送ったが~はさびしかった/他生前过着浮华的生活,但临死时却很惨 tā shēngqián guòzhe fúhuá de shēnghuó, dàn línsǐ shí què hěn cǎn

しにくい 不好做 bùhǎo zuò; 难做 nán zuò (英 difficult) ▶集中~/难以集中 nányǐ jízhōng ▶この日本語は英語に~/这句日语很难翻译成英语 zhè jù Rìyǔ hěn nán fānyìchéng Yīngyǔ

シニシズム 犬儒主义 quǎnrú zhǔyì (英 cynicism)

しにしょうぞく【死に装束】装裹 zhuāngguo; 寿衣 shòuyī (英 a shroud)

しにせ【老舗】老字号 lǎozìhao (英 a long-established shop) ▶~の清酒メーカーが倒産した/老牌子的清酒厂家破产了 lǎopáizi de qīngjiǔ chǎngjiā pòchǎn le

しにそこない【死に損ない】该死 gāisǐ; 老不死 lǎo bù sǐ ▶ [よぼよぼの老人] a dotard ▶~め/该死的东西 gāisǐ de dōngxi

しにたえる【死に絶える】绝灭 juémiè; 绝种 juézhǒng; 死光 sǐguāng (英 die out)

しにはじ【死に恥】死后的羞辱 sǐhòu de xiūrǔ (英 a shameful death) ▶~をさらす/死后遗羞 sǐhòu yíxiū

しにばしょ【死に場所】死的地方 sǐ de dìfang (英 a place to die) ▶~を得る/死得其所 sǐ dé qí suǒ ▶~を求めてさまよう/找地方寻死四处徘徊 zhǎo dìfang xúnsǐ sìchù páihuái

しにばな【死に花】死后的荣誉 sǐhòu de róngyù (英 a glorious death) ▶あの人は~を咲かせた/他死得光荣 tā sǐde guāngróng

しにみず【死に水】临终（时润湿嘴唇的）水 línzhōng (shí rùnshī zuǐchún de) shuǐ (英 the last earthly drink of water given to a dying person) ▶~をとる/送终 sòngzhōng

しにめ【死に目】临终 línzhōng; 临死 línsǐ (英 be present at a person's deathbed) ▶母親の~に会えた/赶上了给母亲送终 gǎnshàngle gěi mǔqin sòngzhōng

しにものぐるい【死に物狂いで】拼命 pīnmìng; 拼死 pīnsǐ; 拼死拼活 pīnsǐ pīnhuó (英 desperately) ▶子供たちを大学に行かせるために~で働いた/为了让孩子们上大学不要命地工作 wèile ràng háizimen shàng dàxué bú yào mìng de gōngzuò

しにょう【屎尿】粪便 fènbiàn; 屎尿 shǐniào

(英 *wastes*) ▶〜処理/收拾粪便 shōushi fènbiàn

しにわかれる【死に別れる】 死别 sǐbié (英 *lose; be bereaved of...*) ▶5歳で彼は両親に死に別れた/他五岁时父母去世了 tā wǔ suì shí fùmǔ qùshì le ▶彼女は夫に死に別れた/丈夫先逝而去 zhàngfu xiān tā ér qù

しにん【死人】 死人 sǐrén (英 *a dead person*) ▶〜に口なし/死人无法对证 sǐrén wúfǎ duìzhèng ▶山火事で身元不明の〜が出た/在山火中发现了身分不明的死者 zài shānhuǒ zhōng fāxiànle shēnfen bùmíng de sǐzhě

じにん【自任】 自居 zìjū; 自命 zìmìng; 自视 zìshì (英 [自負する]*regard oneself*) ▶名士を〜する/自命为名士 zìmìng wéi míngshì ▶偉大な発明王と〜する/以伟大的发明王自居 yǐ wěidà de fāmíngwáng zìjū

じにん【自認】 自己承认 zìjǐ chéngrèn (英 *admit; acknowledge*) ▶過失を〜する/自己认错 zìjǐ rèncuò ▶間違っていたことを〜する/自己承认做错了事 zìjǐ chéngrèn zuòcuòle shì

じにん【辞任する】 辞职 cízhí (英 *resign*) ▶学長を〜する/辞去校长职务 cíqù xiàozhǎng zhíwù ▶売り上げ不振の責任を取って取締役を〜する/因销售额不佳而引咎辞去董事职务 yīn xiāoshòu'é bù jiā ér yǐnjiù cíqù dǒngshì zhíwù ▶女性問題で副知事の〜を要求する/因女性丑闻而要求副知事辞职 yīn nǚxìng chǒuwén ér yāoqiú fùzhīshì cízhí

しぬ【死ぬ】 ❶【死亡】 死 sǐ; 去世 qùshì (英 *die*) ▶生きるか〜かの/生死存亡的 shēngsǐ cúnwáng de ▶〜ほど疲れた/累得要命 lèide yàomìng ▶死んだほうがましだ/活着不如死了好 huózhe bùrú sǐle hǎo ▶〜ほど彼女に会いたい/想死她了 xiǎngsǐ tā le; 想见她想得要命 xiǎngjiàn tā xiǎngde yàomìng ▶若くして癌で〜/年纪轻轻就死于癌症 niánjì qīngqīng jiù sǐyú áizhèng ▶鉄道事故で〜/死于铁道事故 sǐyú tiědào shìgù ▶季節はずれの大雪でもう少しで〜ところだった/差一点儿就死于不合时令的大雪之中 chàyìdiǎnr jiù sǐyú bù hé shíling de dàxuě zhīzhōng ▶親より先に〜/死在双亲之前 sǐzài shuāngqīn zhīqián ▶死んだ父/去世的父亲 qùshì de fùqin ▶死んだように青ざめている/脸色像死一样地发青 liǎnsè xiàng sǐ yīyang de fā qīng ▶私は〜までの大事な出会いを忘れないだろう/我也许到死都不会忘记那个夏天的邂逅 wǒ yěxǔ dào sǐ dōu búhuì wàngjì nàge xiàtiān de xièhòu ▶〜覚悟で取り組む/准备拼死去做 zhǔnbèi pīnsǐ qù zuò ▶死んだものとあきらめる/权当死了而断念 quándàng sǐle ér duànniàn ▶奴なんか死んでしまえばよい/那家伙死了最好 nà jiāhuo sǐle zuìhǎo

❷【活気がなくなる】 (英 *be lifeless*) ▶目が死んでいる/双目无神 shuāngmù wú shén

❸【活用されなくなる】 不起作用 bù qǐ zuòyòng (英 *be unused*)

じぬし【地主】 地主 dìzhǔ (英 *a landowner*)

じねつ【地熱】 地热 dìrè (英 *the heat of the earth's interior*) ▶〜発電/地热发电 dìrè fādiàn ▶〜のエネルギー/地热能源 dìrè néngyuán

シネラマ(商標) 立体电影 lìtǐ diànyǐng; 宽银幕 kuānyínmù (英 *Cinerama*)

しのうこうしょう【士農工商】 士农工商 shì nóng gōng shāng (英 *the four classes of warriors, farmers, craftsmen and tradesmen in Japanese feudal society*)

しのぎ【凌ぎ】 勉强摆脱 miǎnqiǎng bǎituō (英 *getting through a difficult situation*) ▶一時〜/暂时应付 zànshí yìngfù ▶退屈/解闷 jiěmèn ▶寒さ〜/御寒 yùhán

しのぎ【鎬】
〜を削る 激烈交锋 jīliè jiāofēng ▶世界のトップメーカーが〜を削る/世界一流厂家展开激烈竞争 shìjiè yīliú chǎngjiā zhǎnkāi jīliè jìngzhēng

しのぐ【凌ぐ】 ❶【耐える】 忍受 rěnshòu (英 *bear*) ▶ピンチを〜/忍受逆境 rěnshòu nìjìng ▶飢えを〜/忍饥挨饿 rěn jī ái è ▶今年の夏は暑くて凌ぎにくい/今年夏天热得难受 jīnnián xiàtiān rède nánshòu ▶凌ぎやすい季節/容易过的季节 róngyì guò de jìjié ❷【凌駕する】 超过 chāoguò; 凌驾 língjià (英 *surpass*) ▶前作を〜/超过上次的作品 chāoguò shàng cì de zuòpǐn ▶親父は息子たちを〜ほど元気だ/父亲硬朗得胜过儿子们 fùqin yìnglangde shèngguò érzimen ▶今年のスキー客は去年を凌いだ/今年的滑雪人数超过了去年 jīnnián de huáxuě rénshù chāoguòle qùnián ❸【防ぐ】 (英 *keep out*) ▶寒さを〜/御寒 yùhán ❹【切り抜ける】 (英 *tide over...*) ▶百万円あれば当座の生活は凌げる/如果有一百万日元的话, 暂时可以维持生活 rúguǒ yǒu yìbǎi wàn Rìyuán dehuà, zànshí kěyǐ wéichí shēnghuó ▶彼は平気で一時凌ぎを言う/他满不在乎地敷衍了事 tā mǎn bú zàihu de fūyǎn liǎoshì

しのばせる【忍ばせる】 暗藏 àncáng (英 *hide*) ▶ピストルを〜/暗藏手枪 àncáng shǒuqiāng ▶足音を〜/蹑手蹑脚 niè shǒu niè jiǎo ▶万一の場合に備えて, バッグにお金を忍ばせておいた/为了预防万一, 在包里暗藏了钱 wèile yùfáng wànyī, zài bāoli àncángleqian ▶刑事は木の陰に身を忍ばせた/刑警在树阴里藏了起来 xíngjǐng zài shùyīnli cánglěqǐlai

しのびあい【忍び会い】 幽会 yōuhuì (英 *a secret meeting*)

しのびあし【忍び足】 蹑手蹑脚 niè shǒu niè jiǎo (英 *with stealthy steps*) ▶〜で入口に近寄った/悄悄地走近入口 qiāoqiāo de zǒujìn rùkǒu

しのびがたい【忍び難い】 难以忍受 nányǐ rěnshòu; 难堪 nánkān (英 *unbearable*)

しのびこむ【忍び込む】 潜入 qiánrù; 偷偷地进入 tōutōude jìnrù (英 *steal into...*) ▶泥棒が窓から忍び込んだ/小偷从窗子悄悄溜进来 xiǎo-

しのびなき【忍び泣き】 偷偷哭泣 tōutōu kūqì; 鳴咽 wūyè(英 subdued sobbing) ▶夜中に姉の〜を聞いた/深夜听见了姐姐偷偷地哭泣 shēnyè tīngjiànle jiějie tōutōu de kūqì

しのびよる【忍び寄る】 悄悄地靠近 qiāoqiāo de kàojìn (英 steal up to...) ▶老いが〜/不觉老之将至 bùjué lǎo zhī jiāng zhì ▶〜秋の気配/不觉间秋色渐浓 bùjuéjiān qiūsè jiàn nóng ▶悪知恵が心に〜/心头偷偷起了坏主意 xīntóu tōutōu qǐle huàizhǔyi

しのびわらい【忍び笑い】 偷笑 tōuxiào; 窃笑 qièxiào (英 a titter)

しのぶ【忍ぶ】 **1**【我慢する】忍受 rěnshòu; 忍耐 rěnnài (英 bear) ▶恥を〜/忍辱 rěnrǔ ▶飢えを〜/忍受饥饿 rěnshòu jīè ▶この本は手放すに忍びない/这本书不忍放手 zhè běn shū bù rěn fàngshǒu **2**【人目を避ける】隐藏 yǐncáng; 躲避 duǒbì (英 hide oneself) ▶世を〜/避人耳目 bì rén ěrmù ▶人目を〜/隐密的恋情 yǐnmì de liànqíng ▶恋人の所へ忍んで行く/偷偷地到情人那里去 tōutōu de dào qíngrén nàli qù

しのぶ【偲ぶ】 回忆 huíyì; 怀念 huáiniàn; 缅怀 miǎnhuái (英 recall) ▶往時を〜/追忆往事 zhuīyì wǎngshì ▶三船敏郎を〜特別番組/怀念三船敏郎的特别节目 huáiniàn Sānchuán Mǐnláng de tèbié jiémù

しば【柴】 柴 chái (英 brushwood; firewood) ▶〜刈り/砍柴 kǎn chái

じば【磁場】〔理学〕磁场 cíchǎng (英 a magnetic field)

しはい【支配する】 统治 tǒngzhì; 支配 zhīpèi (英 [統治] rule; [管理] control) ▶〜者/统治者 tǒngzhìzhě ▶メディアが世論を〜する/媒体控制舆论 méitǐ kònggzhì yúlùn ▶人間は環境に〜される/人是受环境支配的 rén shì shòu huánjìng zhīpèi de ▶自然の法則に〜される/受自然规律支配 shòu zìrán guīlǜ zhīpèi

[日中比較] 中国語の'支配 zhīpèi'は「勢力下に置いて治めたり制約を加えたりする」という意味の他に「配分する」意味も持つ

しばい【芝居】 戏 xì; 戏剧 xìjù (英 a play; [まね] playacting) ▶〜を見る/看戏 kàn xì ▶〜がはねる/散戏 sàn xì ▶小屋/戏场 xìchǎng; 戏院 xìyuàn ▶〜好き/戏迷 xìmí ▶母の上京の楽しみは〜見物です/母亲来东京的乐趣就是看戏 mǔqīn lái Dōngjīng de lèqù jiùshì kàn xì ▶彼女は音楽と〜が大好きだ/她特别喜欢音乐和戏剧 tā tèbié xǐhuan yīnyuè hé xìjù ▶私はあまり〜に行きません/我不怎么去看戏 wǒ bù zěnme qù kàn xì ▶〜がはねた/戏散场了 xì sànchǎng le ▶〜を打つ《比喻的に》/耍花招 shuǎ huāzhāo ▶彼は〜がうまいからごまかされるな/他很会演戏,可别上当啊！tā hěn huì yǎnxì, kě bié shàngdàng a! ▶彼は実は〜のつもりだった/他实际上是准备耍花招的 tā shíjìshang shì zhǔnbèi shuǎ huāzhāo de

しはいにん【支配人】 经理 jīnglǐ (英 a manager) ▶ホテルの〜/宾馆的经理 bīnguǎn de jīnglǐ

♦副 〜副経理 fùjīnglǐ

じはく【自白する】 坦白 tǎnbái; 供认 gòngrèn; 自供 zìgòng (英 confess) ▶〜を強要する/逼供 bīgòng ▶彼は人殺しを〜した/他供认杀了人 tā gòngrèn shāle rén

じばく【自爆】 自爆 zìbào; 自己爆炸 zìjǐ bàozhà (英 blow oneself up) ▶〜装置/自爆装置 zìbào zhuāngzhì ▶4人のテロリストが〜死した/四名恐怖份子自爆身亡 sì míng kǒngbù fènzi zìbào shēnwáng

しばし 暫时 zànshí; 片刻 piànkè; 少时 shǎoshí (英 for a while) ▶彼は〜物思いに沈んだ/他沉思了一会儿 tā chénsīle yíhuìr

しばしば 屡次 lǚcì; 再三 zàisān; 常常 chángcháng (英 often)

じはだ【地肌】 **1**【土地の表面】地面 dìmiàn; 地表 dìbiǎo (英 the surface of the ground) ▶隕石が激突した痕跡は黒い〜となって残った/陨石的剧烈冲击使地表留下了黑色的痕迹 yǔnshí de jùliè chōngjī shǐ dìbiǎo liúxiàle hēisè de hénjì **2**【皮膚】皮肤 pífū (英 skin) ▶日焼け止めクリームを〜にすり込む/把防晒霜擦到皮肤上 bǎ fángshàishuāng cādào pífūshang

しはつ【始発】 头班车 tóubānchē (英 the first train [car]) ▶〜駅/起点站 qǐdiǎnzhàn ▶〜列車でゴルフに行く/乘头班火车去打高尔夫 chéng tóubān huǒchē qù dǎ gāo'ěrfū

じはつてき【自発的な】 主动 zhǔdòng; 自愿 zìyuàn; 自发 zìfā (英 voluntary) ▶〜行動/自发性的行动 zìfāxìng de xíngdòng ▶〜に救災活動に参加する/主动参加救灾活动 zhǔdòng cānjiā jiùzāi huódòng

しばふ【芝生】 草地 cǎodì; 草坪 cǎopíng (英 a lawn; [芝草] grass) ▶サッカー場の〜の手入れをする/修整足球场的草坪 xiūzhěng zúqiúchǎng de cǎopíng ▶《掲示》〜に入るべからず/请勿践踏草坪 qǐng wù jiàntà cǎopíng

[ことわざ] 隣の芝生は青い 别人家的花香 biéren jiā de huā xiāng, 这山望着那山高 zhè shān wàng-zhe nà shān gāo

じばら【自腹】 自己负担经费 zìjǐ fùdān jīngfèi (英 one's own money)

〜を切る 自己掏腰包 zìjǐ tāo yāobāo ▶〜を切って講習会に出席する/自己掏钱参加讲习会 zìjǐ tāo qián cānjiā jiǎngxíhuì

しはらい【支払い】 支付 zhīfù; 开支 kāizhī; 付款 fùkuǎn (英 payment) ▶〜手形/付款票据 fùkuǎn piàojù ▶〜伝票/支付凭单 zhīfù píngdān ▶〜を請求する/要求付款 yāoqiú fùkuǎn ▶小切手の〜を停止する/停止支票付款 tíngzhǐ zhīpiào fùkuǎn ▶済みの小切手/已兑现的支票 yǐ duìxiàn de zhīpiào ▶〜期限がくる/到了支付期限 dàole zhīfù qīxiàn ▶〜期間が過ぎて

いる/过了支付期限 guòle zhīfù qīxiàn ◆〜期日|付款日期 fùkuǎn rìqí 〜高|支付金额 zhīfù jīn'é 〜能力|支付能力 zhīfù nénglì

しはらう【支払う】 付 fù; 支付 zhīfù; 付款 fùkuǎn (英 pay) ▸勘定を〜/付账 fùzhàng ▸医疗费を〜/支付医疗费 zhīfù yīliáofèi ▸その自動車の代金の約3分の2を支払った/支付了那辆汽车的大约三分之二的车价 zhīfùle nà liàng qìchē de dàyuē sān fēn zhī èr de chējià ▸期日までに10万円〜/到期支付十万日元 dàoqī zhīfù shíwàn Rìyuán ▸現金で〜/用现金付款 yòng xiànjīn fùkuǎn ▸カードで〜/用信用卡付款 yòng xìnyòngkǎ fùkuǎn

しばらく 一会儿 yíhuìr; 不久 bùjiǔ; 暂且 zànqiě (［短い間］for a while;［長い間］for a long time) ▸〜でした/久违了 jiǔ wéi le; 好久不见 hǎojiǔ bú jiàn ▸〜ぶりの上天気だ/好久没有的好天气 hǎojiǔ méiyǒu de hǎotiānqì ▸彼は〜ぶりで帰宅した/隔了很久之后，他才回家了 géle hěn jiǔ zhīhòu, tā cái huíjiā le ▸〜お待ち下さい/请稍等一下 qǐng shāo děng yíxià ▸研二君は〜見ないうちに大きくなったね/研二好久不见长大了 Yán'er hǎojiǔ bú jiàn zhǎngdà le ▸この一年忙しかったので〜休暇を取ります/因为这一年太忙了, 暂时请假一段时间 yīnwèi zhè yì nián tài máng le, zànshí qǐngjià yí duàn shíjiān ▸もう〜の辛抱だ/暂时再忍耐一会儿 zànshí zài rěnnài yíhuìr

しばる【縛る】 ❶〖ひもや縄で〗扎 zā; 绑 bǎng; 捆 kǔn (英 tie; bind) ▸後ろ手に〜/倒背双手绑绑 dàobèi shuāngshǒu kǔnbǎng ▸きつく〜/绑紧 bǎngjǐn ▸1ヶ月分の古新聞を〜/把一个月的旧报纸捆起来 bǎ yí ge yuè de jiùbàozhǐ kǔnqǐlai ❷〖制限する〗制约 zhìyuē; 约束 yuēshù; 束缚 shùfù (英 restrict; bind) ▸時間に縛られる/受时间制约 shòu shíjiān zhìyuē ▸金に縛られる/受金钱所束缚 shòu jīnqián suǒ shùfù ▸仕事に縛られて子供の相手ができない/被工作束缚, 不能陪孩子 bèi gōngzuò shùfù, bùnéng péi háizi ▸規則に縛られる/受规则拘束 shòu guīzé jūshù ▸明日は何物にも縛られない一日になるだろう/明天将是自由轻松的一天 míngtiān jiāng shì zìyóu qīngsōng de yì tiān

しはん【市販する】 在市场上出售 zài shìchǎngshang chūshòu (英 put... on the market) ▸その製品は〜されてすぐ売り切れた/那种产品一上市就马上卖光了 nà zhǒng chǎnpǐn yí shàngshì jiù mǎshàng màiguāng le

しはん【師範】 师傅 shīfu; 宗师 zōngshī (英 a teacher; a master) ▸〜学校/师范学校 shīfàn xuéxiào ▸柔道の〜/柔道教师 róudào jiàoshī

じばん【地盤】 地盘 dìpán; 地基 dìjī (英［地面］ground) ▸このあたりは〜が固い/这附近地基坚硬 zhè fùjìn dìjī jiāngù ▸新しい食材を使って料理人としての〜を築いた/使用新的食品材料, 构筑了作为烹饪专家的领域 shǐyòng xīn de shípǐn cáiliào, gòuzhùle zuòwéi pēngrèn zhuān-

jiā de lǐngyù ▸［選挙で］新人は都市部を中心に〜を固めた/新候选人以城市为中心巩固了自己的势力范围 xīnhòuxuǎnrén yǐ chéngshì wéi zhōngxīn gǒnggùle zìjǐ de shìlì fànwéi ▸国会议员であった父の〜をそのまま引き継ぐ/完全继承原国会议员的父亲的地盘 wánquán jìchéng yuán guóhuì yìyuán de fùqin de dìpán ▸地下水をくみ上げすぎて〜が沈下した/过多使用地下水导致地基下沈 guòduō shǐyòng dìxiàshuǐ dǎozhì dìjī xiàchén ▸地元の商店の〜沈下が著しい/当地小商店基础崩溃的状况十分显著 dāngdì xiǎoshāngdiàn jīchǔ bēngkuì de zhuàngkuàng shífēn xiǎnzhù

しはんき【四半期】 季度 jìdù (英 a quarter of the year) ▸本年度の第1〜の売り上げ/本年度的第一季度的销售额 běn niándù de dìyī jìdù de xiāoshòu'é

しはんせいき【四半世紀】 四分之一世纪 sì fēn zhī yī shìjì (英 a quarter-century)

しはんぶん【四半分】 四分之一 sì fēn zhī yī; 四等分 sì děngfēn (英 a fourth; a quarter) ▸白菜を〜に切る/把白菜切成均等的四份 bǎ báicài qiēchéng jūnděng de sì fèn

しひ【私費】 自费 zìfèi (英 at one's own expense) ▸〜留学/自费留学 zìfèi liúxué ▸〜を投じて民具資料館をつくる/自己出钱修建生活用具资料馆 zìjǐ chū qián xiūjiàn shēnghuó yòngjù zīliàoguǎn

じひ【自費】 自费 zìfèi (英 at one's own expense) ▸〜出版/自费出版 zìfèi chūbǎn ▸〜でアメリカに留学する/自费去美国留学 zìfèi qù Měiguó liúxué

じひ【慈悲】 慈悲 cíbēi; 慈善 císhàn (英 mercy) ▸〜深い人/（心地）仁慈的人（xīndì）réncí de rén ▸あなたのお〜におすがりしたい/还得仰仗您的好心 hái děi yǎngzhàng nín de hǎoxīn ▸〜の心/慈悲之心 cíbēi zhī xīn

シビア 严厉 yánlì; 严肃 yánsù (英 severe) ▸〜な結論/严厉的结论 yánlì de jiélùn ▸この報告を〜に受け止める/认真对待这份报告 rènzhēn duìdài zhè fèn bàogào

じびいんこうか【耳鼻咽喉科】 耳鼻喉科 ěrbíhóukē (英 otolaryngology)

じびき【字引】 字典 zìdiǎn; 词典 cídiǎn (英 a dictionary) ▸生き〜/活字典 huózìdiǎn ▸〜を引く/查字典 chá zìdiǎn

じびきあみ【地引き網】 拖网 tuōwǎng (英 a dragnet) ▸〜を引く/拉拖网 lā tuōwǎng

じひつ【自筆】 手笔 shǒubǐ; 亲笔 qīnbǐ (英 of one's own handwriting) ▸〜の手紙/亲笔信 qīnbǐxìn ▸〜原稿/手稿 shǒugǎo

じひびき【地響き】 地面震动声 dìmiàn zhèndòngshēng; 大地轰鸣 dàdì hōngmíng (英 a heavy thud) ▸建物が〜を立てて倒れた/建筑物发出轰鸣坍塌了 jiànzhùwù fāchū hōngmíng tāntā le

しひょう【指標】 指标 zhǐbiāo; 目标 mùbiāo;

しひょう【标志】biāozhì (英 *an index; a guideline*) ▶景気回復の～/经济复苏的指标 jǐngqì fùsū de zhǐbiāo ▶水質汚染の～/水污染指标 shuǐwūrǎn zhǐbiāo

しひょう【師表】shībiǎo (英 *a model*) ▶一校の～と仰がれる/被尊为全校之师表 bèi zūnwéi quánxiào zhī shībiǎo

しびょう【死病】juézhèng (英 *a fatal disease*) ▶～に取りつかれる/患不治之症 huànbuzhì zhī zhèng

じひょう【時評】shíping; 时事评论 shíshì pínglùn (英 *comments on current events*)

じひょう【辞表】cíchéng; 辞职书 cízhíshū (英 *a letter of resignation*) ▶～を出す/递交辞呈 dìjiāo cíchéng ▶～を撤回する/收回辞呈 shōuhuí cíchéng ▶～を受理する/受理辞呈 shòulǐ cíchéng ▶これからの人生のことを考えて会社に～を提出した/考虑到今后的人生，向公司提交了辞呈 kǎolǜ dào jīnhòu de rénshēng, xiàng gōngsī tíjiāole cíchéng

じびょう【持病】lǎobìng; 旧病 jiùbìng; 痼疾 gùjí (英 *a chronic disease*) ▶～が出る/犯老病 fàn lǎobìng ▶何か～をお持ちですか？/有什么老毛病吗？ yǒu shénme lǎomáobìng ma？ ▶梅雨時には決まって～の腰痛に苦しむ/梅雨季节总是犯腰痛的老毛病 méiyǔ jìjié zǒngshì fàn yāotòng de lǎomáobìng

シビリアンコントロール 文官控制 wénguān kòngzhì (英 *civilian control*)

しびれ【痺れ】 麻 má; 麻木 mámù (英 *numbness*) ▶足に～が切れる/腿麻了 tuǐ má le ▶返事が待てずに～を切らして相手に電話をかけた/等回信等得急了，就给对方打了电话 děng huíxìn děngde jí le, jiù gěi duìfāng dǎle diànhuà
▶～薬:麻药 máyào

しびれる【痺れる】 ❶【麻痺する】麻木 mámù; 发麻 fāmá; 发木 fāmù (英 *go numb*) ▶足が痺れた/脚麻了 jiǎo má le ▶足が痺れて歩けない/脚麻得走不动 jiǎo máde zǒubudòng ❷【陶酔する】陶酔 táozuì (英 *be carried away*) ▶ジャズに～/陶酔于爵士乐 táozuì yú juéshìyuè ▶彼女の横顔の美しさに～/陶酔于她侧脸的美貌 táozuì yú tā cèliǎn de měimào

しびん【溲瓶】 尿盆 niàopén; 尿瓶 niàopíng; 夜壺 yèhú (英 *a chamber pot*)

じびん【次便】 (航空機の)下一个航班 xià yí ge hángbān (英 *on the next flight*); (郵便の)下一次信 xià yí cì xìn (英 *by the next mail*) ▶家族とは別に～で行くことにした/决定和家里人分开，乘下一个航班去 juédìng hé jiālirén fēnkāi, chéng xià yí ge hángbān qù

しぶ【支部】 支部 zhībù (英 *a branch*) ▶福岡で秋の～大会を開く/在福冈召开秋季支部大会 zài Fúgāng zhàokāi qiūjì zhībù dàhuì

しぶ【四部】 (英 *four parts*) ▶～合奏/四部合奏 sìbù hézòu ▶～合唱/四部合唱 sìbù héchàng

しぶ【渋】 涩味 sèwèi (英 *astringent juice*) ▶～柿/涩柿子 sèshìzi ▶柿の～を抜く/去除柿子的涩味 qùchú shìzi de sèwèi ▶茶～/茶锈 cháxiù; 茶垢 chágòu

じふ【自負する】 自负 zìfù; 自命 zìmìng (英 *be self-confident*) ▶長年の経験を～する/以长年的经验自负 yǐ chángnián de jīngyàn zìfù
◆～心:自负心 zìfùxīn; 自尊心 zìzūnxīn

【日中比较】中国語の'自负 zìfù'は「自分の能力・仕事に自信を持つ」という意味の他に「うぬぼれる」ことも表す。

じふ【慈父】 慈父 cífù (英 *an affectionate father*)

しぶい【渋い】 ❶【味が】 涩 sè (英 *rough*) ▶柿がまだ～/柿子还涩 shìzi hái sè ▶～赤ワイン/醇厚的红葡萄酒 chúnhòu de hóngpútaojiǔ ❷【落ち着いた趣の】古雅 gǔyǎ; 雅致 yǎzhi (英 *quiet; tasteful*) ▶～色/颜色雅致 yánsè yǎzhì ▶好みが～/趣味古雅 qùwèi gǔyǎ ▶あの俳優は～脇役で名を成した/那个演员凭老练的配角表演而成名 nàge yǎnyuán píng lǎoliàn de pèijué biǎoyǎn ér chéngmíng ❸【けちな】小气 xiǎoqi; 吝啬 lìnsè (英 *stingy*) ▶うちの女房は食事にはおおまかだが、洋服代には～/我老婆在饮食费用上慷慨大方，但在衣物上花钱小气 wǒ lǎopo zài yǐnshí fèiyongshang kāngkǎi dàfang, dàn zài yīwùshang huāqián xiǎoqi ❹【不満げ】 快快不乐 yāngyāng bú lè (英 *sullen*) ▶今月の売り上げに部長は～顔をした/看了这个月的销售额，部长绷起了面孔 kànle zhège yuè de xiāoshòu'é, bùzhǎng bēngqǐle miànkǒng

しぶおんぷ【四分音符】 《音楽》四分音符 sì fēn yīnfú (英 *a quarter note*)

しぶかわ【渋皮】 内皮 nèipí (英 *the astringent inner skin*) ▶栗の～を取る/去除栗子内皮 qùchú lìzi nèipí
▶～が剥(む)ける 漂亮起来 piàoliangqǐlai

しぶき【飛沫】 飞沫 fēimò (英 *a spray; a splash*) ▶～を上げる/溅起飞沫 jiànqǐ fēimò ▶～が掛かる/溅上飞沫 jiànshàng fēimò ▶水～/水花 shuǐhuā; 浪花 lànghuā ▶滝の～がかかった/溅上了瀑布的水滴 jiànshàngle pùbù de shuǐdī ▶車が～をあげて進む/汽车溅起水花向前行驶 qìchē jiànqǐ shuǐhuā xiàng qián xíngshǐ

しふく【私服】 便衣 biànyī (英 *plain clothes*) ▶～刑事/便衣警察 biànyī jǐngchá ▶制服から～に着替える/脱下制服换上便服 tuōxià zhìfú huànshàng biànfú

しふく【私腹】 (英 *one's own profit*) ▶～を肥やす 中饱私囊 zhōngbǎo sīnáng

しふく【雌伏する】 雌伏 cífú (英 *bide one's time*) ▶～十年/雌伏十年 cífú shí nián

ジプシー 吉卜赛 jíbǔsài (英 *a gypsy*)

しぶしぶ【渋渋】 勉强 miǎnqiǎng (英 *reluctantly*) ▶～承知する/勉强同意 miǎnqiǎng tóngyì ▶～支払う/不情愿地付款 bù qíngyuàn de fùkuǎn ▶親に言われて～貯金を始めた/挨了

父母说之后，勉勉强强地开始了储蓄 áile fùmǔ shuō zhīhòu, miǎnmiǎnqiǎngqiǎng de kāishǐle chǔxù

しぶつ【私物】 私有物 sīyǒuwù; 私人物品 sīrén wùpǐn（英 *one's private property*）▶～はロッカーに入れなさい/个人物品放入柜橱里 gèrén wùpǐn fàngrù guìchúli ▶理事長は学校を～化している/理事长把学校当做个人的私有物 lǐshìzhǎng bǎ xuéxiào dàngzuò gèrén de sīyǒuwù

じぶつ【事物】 事物 shìwù（英 *things*）

ジフテリア【医】白喉 báihóu（英 *diphtheria*）

シフト 改变 gǎibiàn; 替换 tìhuàn（英 *a shift*）▶～レバー/换挡装置 huàndǎng zhuāngzhì ▶（野球などで）～する/变布阵 biàn bùzhèn

しぶとい 顽固 wángù; 倔强 juéjiàng（英 *tough; tenacious*）▶何と—バッターだ/多么顽强的击球手啊 duōme wánqiáng de jīqiúshǒu a ▶～交涉相手に辟易する/对顽固的谈判对手束手无策 duì wángù de tánpàn duìshǒu shù shǒu wú cè

じふぶき【地吹雪】 风卷雪 fēngjuǎnxuě（英 *drifting snow*）

しぶみ【渋み】 涩味 sèwèi（英 *astringency*）

しぶる【渋る】 ❶【滞る】不畅 bú chàng; 发涩 fāsè（英 *hang back*）▶筆が/文笔不畅 wénbǐ bú chàng ❷【ためらう】不肯 bùkěn; 不情愿 bù qíngyuàn（英 *hesitate*）▶返事を～/迟迟不回答 chíchí bù huídá ▶出し～/舍不得拿出来 shěbude náchūlai ▶出席を渋って儲け話を聞き損ねた/由于不肯出席，没有听到发财的信息 yóuyú bùkěn chūxí, méiyǒu tīngdào fācái de xìnxī

しふん【私憤】 私愤 sīfèn（英 *a personal grudge*）▶～を抱く/怀有私愤 huáiyǒu sīfèn

しぶん【四分する】 分成四份 fēnchéng sì fèn（英 *divide in four*）▶仕事はもう四分の三まできている/工作已经完成了四分之三 gōngzuò yǐjing wánchéngle sì fēn zhī sān

～五裂 四分五裂 sì fēn wǔ liè

しぶん【死文】 具文 jùwén; 空文 kōngwén（英 *a dead letter*）▶～と化す/成为具文 chéngwéi jùwén

しぶん【詩文】 诗文 shīwén（英 *prose and poetry*）

じぶん【自分】 自己 zìjǐ; 自个儿 zìgěr; 自身 zìshēn（英 *self; oneself*）▶～のことは～でやる/自己的事自己做 zìjǐ de shì zìjǐ zuò ▶～で蒔いた種/咎由自取 jiù yóu zì qǔ ▶～のものをどうしようと勝手だ/怎么处理自己的东西随我的便 zěnme chǔlǐ zìjǐ de dōngxi suí wǒ de biàn ▶一人でやれ/你自己一个人做！nǐ zìjǐ yí ge rén zuò!▶僕は～で洗濯をする/我自己洗衣服 wǒ zìjǐ xǐ yīfu ▶～で言うのもおかしいが私は相当よくやりました/不是我自夸，我做得相当好 bú shì wǒ zìkuā, wǒ zuòde xiāngdāng hǎo ▶なぜ成功したのか～ながらわからない/自己也不知道为什么会成功 zìjǐ yě bù zhīdào wèi shénme huì chénggōng ▶これは～の考えでしたことだ/这是出于自己的想法而做的 zhè shì chūyú zìjǐ de xiǎngfa ér zuò de ▶その話は～のことを言われているようだった/那些话好像说的是我 nà xiē huà hǎoxiàng shuō de shì wǒ ▶彼女の立場は只考虑自己的事就可以 tā suǒ chǔ de lìchǎng shì zhǐ kǎolǜ zìjǐ de shì jiù kěyǐ

じぶん【時分】 时侯 shíhou; 时刻 shíkè（英 *time*）▶～どき/吃饭时候 chīfàn shíhou ▶もうそろそろ帰ってくる～です/快到回来的时间了 kuài dào huílái de shíjiān le

じぶんかって【自分勝手な】 自私 zìsī; 任意 rènyì（英 *selfish*）▶彼は～な男だ/他是一个我行我素的人 tā shì yí ge wǒ xíng wǒ sù de rén ▶人間とは～な動物だ/人是一种一意孤行的动物 rén shì yì zhǒng yī yì gū xíng de dòngwù ▶課長はみんなに相談せずに～に日程を決める/科长没有和大家商量就擅自决定日程 kēzhǎng méiyǒu hé dàjiā shāngliang jiù shànzì juédìng rìchéng

しぶんしょ【私文書】 私人文件 sīrén wénjiàn（英 *a private document*）▶～偽造/伪造个人文件 wěizào gèrén wénjiàn

しへい【紙幣】 纸币 zhǐbì; 钞票 chāopiào（英 *paper money*）▶新～を発行する/发行新纸币 fāxíng xīnzhǐbì ▶1万円～には福沢諭吉の肖像が印刷されている/一万日元的纸币上，印着福泽谕吉的肖像 yīwàn Rìyuán de zhǐbìshang, yìnzhe Fúzé Yùjí de xiàoxiàng

じへいしょう【自閉症】【医】孤独症 gūdúzhèng; 自闭症 zìbìzhèng（英 *autism*）

じべた【地べた】 地下 dìxia; 地面 dìmiàn（英 *the ground*）

しべつ【死別する】 永别 yǒngbié; 永诀 yǒngjué; 死别 sǐbié（英 *lose; be bereaved of...*）▶夫に～する/与丈夫死别 yǔ zhàngfu sǐbié

しへん【四辺】 四边 sìbiān（英 *four sides*）▶～形/四边形 sìbiānxíng

しへん【紙片】 纸片 zhǐpiàn（英 *a piece of paper*）

しへん【詩篇】 诗篇 shīpiān《诗集》（英 *a book of poems*）

しべん【至便な】 极为便利 jíwéi biànlì; 非常方便 fēicháng fāngbiàn（英 *very convenient*）▶交通～/交通极为方便 jiāotōng jíwéi fāngbiàn

しべん【思弁】 思辨 sībiàn（英 *speculation*）

じへん【事変】 事变 shìbiàn（英 *an incident*）▶～が起こる/发生事变 fāshēng shìbiàn ▶満州～/九一八事变 Jiǔ-Yībā shìbiàn

じべん【自弁】 自己负担 zìjǐ fùdān（英 *pay one's own expenses*）▶交通費は～でお願いします/请自己负担交通费 qǐng zìjǐ fùdān jiāotōngfèi

しぼ【思慕する】 思慕 sīmù; 恋慕 liànmù（英 *long for...*）

じぼ【字母】 字母 zìmǔ（英 [印刷] *a font of type*）

しほう【司法】 司法 sīfǎ (英 administration of justice) ▶~機関/司法机关 sīfǎ jīguān ▶~権/司法权 sīfǎquán
◆国際~裁判所/国际法庭 guójì fǎtíng ~解剖/司法解剖 sīfǎ jiěpōu ~試験/司法考试 sīfǎ kǎoshì ~書士/司法代书人 sīfǎ dàishūrén ~制度/司法制度 sīfǎ zhìdù

しほう【四方】 四方 sìfāng; 四周 sìzhōu (英 all sides) ▶5メートル~/五米见方 wǔmǐ jiànfāng ▶~を海に囲まれた国/四面环海的国家 sìmiàn huán hǎi de guójiā ▶そのビルの最上階からは都市の10キロメートル~が見渡せる/从那座大厦的最顶层可以环视方圆十公里的城市景色 cóng nà zuò dàshà de zuì dǐngcéng kěyǐ huánshì fāngyuán shí gōnglǐ de chéngshì jǐngsè
~八方 四面八方 sìmiàn bāfāng ▶~八方から囲まれる/从四面八方被包围起来 cóng sìmiàn bāfāng bèi bāowéiqǐlai

しほう【至宝】 至宝 zhìbǎo (英 the greatest treasure) ▶国家の~/国家至宝 guójiā zhìbǎo ▶美術館にはロシアの~がきらびやかに展示されている/美术馆展示着灿烂夺目的俄罗斯至宝 měishùguǎn zhǎnshìzhe cànlàn duómù de Éluósī zhìbǎo

しほう【私法】〔法〕私法 sīfǎ (英 private law)

しぼう【死亡】する 死亡 sǐwáng; 死去 sǐqù (英 die) ▶~通知/讣告 fùgào; 讣闻 fùwén ▶冬山に登ったままの登山家の~を確認した/冬季登山失踪的登山家已被确认死亡 dōngjì dēngshān shīzōng de dēngshānjiā yǐ bèi quèrèn sǐwáng ▶~者/死者 sǐzhě ▶その鉄道事故で107名の~者が出た/在那次铁路事故中死了一百零七人 zài nà cì tiělù shìgù zhōng sǐle yìbǎi líng qī rén ▶昨年旅客機の事故による~者は1名もなかった/去年死于飞机事故的人数为零 qùnián sǐyú fēijī shìgù de rénshù wéi líng ▶最も~率の高い病気/死亡率最高的疾病 sǐwánglǜ zuìgāo de jíbìng
◆~欄《新聞の》讣告栏 fùgàolán

しぼう【志望】する 志愿 zhìyuàn; 志向 zhìxiàng (英 want) ▶民間の景気が悪いので公務員を~する/民间经济不景气，因此打算当公务员 mínjiān jīngjì bùjǐngqì, yīncǐ dǎsuan dāng gōngwùyuán ▶家出のタレント~者が後を絶たない/立志当演艺人员而逃出家门的人不绝于后 lìzhì dāng yǎnyì rényuán ér táochū jiāmén de rén bù jué yú hòu ▶大学受験で第2~校に合格した/参加大学入学考试，考上了第二志愿的大学 cānjiā dàxué rùxué kǎoshì, kǎoshàngle dì'èr zhìyuàn de dàxué

しぼう【脂肪】 脂肪 zhīfáng (英 fat) ▶腹に~がつく/腹部脂肪增加 fùbù zhīfáng zēngjiā ▶体の~を燃やしてエネルギーにする/燃烧身体的脂肪转换为能量 ránshāo shēntǐ de zhīfáng zhuǎnhuàn wéi néngliàng
◆~肥り/虚胖 xūpàng

じほう【時報】 ❶〖標準時刻を知らせる〗报时 bàoshí (英 a time signal) ▶正午の~/正午的报时 zhèngwǔ de bàoshí ❷〖時事を知らせる雑誌〗时报 shíbào (英 a newsmagazine) ▶経済~/经济时报 jīngjì shíbào

じぼうじき【自暴自棄】 自暴自弃 zìbào zìqì (英 desperation) ▶母親の突然の死で~になる/因为母亲的突然死亡变得自暴自弃 yīnwèi mǔqin de tūrán sǐwáng biànde zìbào zìqì

しほうだい【仕放題する】 随心所欲 suí xīn suǒ yù (英 act just as one pleases)

しぼむ ❶〖植物が〗萎蔫 wěiniān; 萎谢 wěixiè (英 fade; wither) ▶花が~/花儿萎谢了 huār wěixiè le ▶これらの花は夕方になると~/这些花一到傍晚就枯萎了/这些花一到傍晚就枯萎了 zhè xiē huā yí dào bàngwǎn jiù kūwěi le ❷〖膨らんでいた物が縮む〗瘪 biě (英 deflate) ▶風船が~/气球瘪了 qìqiú biě le ▶夢が~/梦想成为泡影 mèngxiǎng chéngwéi pàoyǐng ❸〖泡と消える〗(英 fade; wither) ▶気持ちが~/心情沮丧 xīnqíng jǔsàng ▶いい企画だと思ったのに部長の一言ですぐしぼんだ/自以为是很好的企划，却因为部长的一句话而立即泡汤了 zì yǐwéi shì hěn hǎo de qǐhuà, què yīnwèi bùzhǎng de yí jù huà ér lìjí pàotāng le

しぼり【絞り】 ❶〖絞り染め〗绞缬 jiǎoxié (英 tie-dyeing) ❷〖カメラの〗光圈 guāngquān (英 a diaphragm) ▶~を開放する/打开光圈 dǎkāi guāngquān

しぼりかす【搾り滓】 渣 zhā (英 strained lees) ▶油の~/油渣子 yóuzhāzi

しぼりき【絞り器】(英 a squeezer) ▶レモン~/柠檬榨汁器 níngméng zhàzhīqì

しぼりだす【絞り出す】 ❶〖絞って外に出す〗挤出 jǐchū (英 squeeze out) ▶歯磨きをチューブから~/挤出牙膏 jǐchū yágāo ❷〖比喩的に・努力して〗(英 force out) 想出 xiǎngchū; 挤出 jǐchū ▶声を~/努力挤出声音来 nǔlì jǐchū shēngyīn lái ▶アイデアを~/好不容易想出主意 hǎobù róngyì xiǎngchū zhǔyi ▶打開策を~/极力想出解决办法 jílì xiǎngchū jiějué bànfǎ

しぼりとる【搾り取る】 榨取 zhàqǔ; 挤 jǐ (英 squeeze) ▶税金を~/榨取税金 zhàqǔ shuìjīn

しぼる【絞る】 ❶〖ねじって〗拧 níng (英 wring; squeeze) ▶雑巾を~/拧抹布 níng mābù ▶ワイシャツを絞らずに乾かす/衬衫不拧水而晾干 chènshān bù nǐng shuǐ ér liànggān ❷〖範囲や量を〗缩小 suōxiǎo; 缩减 suōjiǎn (英 turn down; narrow) ▶レンズを~/缩小光圈 suōxiǎo guāngquān ▶レンズを16に絞ってシャッターを切る/把镜头的光圈缩小到十六按下快门 bǎ jìngtóu de guāngquān suōxiǎo dào shíliù ànxià kuàimén ▶ボリュームを~/降低音量 jiàngdī yīnliàng ▶的を~/对准目标 duìzhǔn mùbiāo ▶捜査の範囲を~/缩小捜査范围 suōxiǎo sōuchá fànwéi ▶候補者を5人から2人に~/候选人由五人缩减到两人 hòuxuǎnrén yóu wǔ rén suōjiǎn dào liǎng rén

しぼる【搾る】 ❶〖水分を出す〗榨 zhà; 挤 jǐ

(英 wring; squeeze）▶油を~/榨油 zhà yóu ▶乳を~/挤奶 jǐ nǎi ▶リンゴの汁を~/榨苹果汁 zhà píngguǒzhī ❷【無理に出させる】(英 squeeze）▶知恵を~/绞尽脑汁 jiǎojìn nǎozhī ▶税を~/强征税收 qiángzhēng shuìshōu ❸【強く責める】(英 scold）▶父に搾られる/被父亲严加责备 bèi fùqin yánjiā zébèi

しほん【資本】 资本 zīběn (英 capital）▶百万円の~で商売を始める/用一百万日元的资本开始经商 yòng yìbǎi wàn Rìyuán de zīběn kāishǐ jīngshāng ▶多額の~を観光事業に投じる/把巨额资本投入到观光事业中 bǎ jù'é zīběn tóurù dào guānguāng shìyè zhōng

◆**外国~** /外资 wàizī ~**家** /资本家 zīběnjiā ~**金** /本金 běnjīn; 本钱 běnqián; 股本 gǔběn ~**主義** /资本主义 zīběn zhǔyì

しま【島】 岛 dǎo; 海岛 hǎidǎo (英 an island）；(なわばり) 势力范围 shìlì fànwéi (英 one's territory）▶南の~で育つ/在南方的海岛上长大 zài nánfāng de hǎidǎoshang zhǎngdà ▶瀬戸内海には人の住んでいない~がいくつもある/濑户内海有好几座没有人住的海岛 Làihùnèihǎi yǒu hǎojǐ zuò méiyǒu rén zhù de hǎidǎo

しま【縞】 条纹 tiáowén (英 stripes）▶横~/横格 hénggé ▶縦~/竖格 shùgé ▶僕らのユニホームは細い縦~だ/我们队的运动服是竖条细纹的 wǒmen duì de yùndòngfú shì shùtiáo xìwén de

しまい【仕舞い】 ❶【終了】结束 jiéshù (英 a close）▶店~/闭店 bìdiàn; 停业 tíngyè 《店で》今日はお~です/今天关门了 jīntiān guānmén le ▶今日は早~にしよう/今天提前下班吧 jīntiān tíqián xiàbān ba ❷【最後】最后 zuìhòu (英 an end）~には泣き出した/最后哭了起来 zuìhòu kūleqǐlai ~には刑务所行きになるぞ/最后要进监狱的哟 zuìhòu yào jìn jiānyù de yōu

しまい【姉妹】 姐妹 jiěmèi; 姊妹 zǐmèi (英 sisters）▶~都市/姊妹城市 zǐmèi chéngshì; 友好城市 yǒuhǎo chéngshì

-じまい【-仕舞い】 (…せずに終わる）▶…せず~/到底没有(做…) dàodǐ méiyǒu (zuò…）▶答えは結局分からず~だった/答案到底还是没有弄清楚 dá'àn dàodǐ háishi méiyǒu nòng qīngchu

しまう【仕舞う】 ❶【終了】结束 jiéshù (英 finish）▶今店舞儿 shōutān ❷【きちんと中に入れる】收拾 shōushi; 整理 zhěnglǐ; 放进 fàngjìn (英 put away; store）▶ポケットに~/放进口袋里 fàngjìn kǒudàili ▶物置に~/装进库房 zhuāngjìn kùfáng ▶預金通帳を安全な所に~/把存折放到安全的地方 bǎ cúnzhé fàngdào ānquán de dìfang ▶サーフボードを冬の間しまっておく/冬天把冲浪板收拾起来 dōngtiān bǎ chōnglàngbǎn shōushiqǐlai ▶思い出を心に~/把回忆藏在心里 bǎ huíyì cángzài xīnli

-しまう【-仕舞う】 (…してしまう）完 wán (英 have done）▶朝のうちに掃除を終えて~/在早上打扫完 zài zǎoshang dǎsǎowán ▶いやなことは早く忘れて~に限る/厌恶的事情最好早点儿忘掉 yànwù de shìqing zuìhǎo zǎodiǎnr wàngdiào ▶その雑誌は電車の中で読み終わってしまった/那本杂志在电车上就读完了 nà běn zázhì zài diànchēshang jiù dúwán le ▶話しこんでいる間に外は暗くなってしまった/谈话之间外面已经黑下来了 tánhuà zhījiān wàimian yǐjing hēixiàlai le

シマウマ【縞馬】 〔動物〕斑马 bānmǎ (英 a zebra）

じまえ【自前で】 自己出钱 zìjǐ chū qián (英 at one's own expense）▶職人は道具を~で揃える/工匠自己花钱置办工具 gōngjiàng zìjǐ huā qián zhìbàn gōngjù

じまく【字幕】 〔映画〕字幕 zìmù (英 subtitles）▶日本語の~/日语字幕 Rìyǔ zìmù

しまぐに【島国】 岛国 dǎoguó (英 an island country）

◆**~根性** ▶日本人は自分たちの視野の狭さを~根性と称している/日本人把自己视野的狭隘称为岛国根性 Rìběnrén bǎ zìjǐ shìyě de xiá'ài chēngwéi dǎoguó gēnxìng

しまつ【始末する】 ❶【処理する】处理 chǔlǐ; 收拾 shōushi (英 dispose of…）▶ゴミを~する/处理垃圾 chǔlǐ lājī ▶犬の糞を~する/收拾狗粪 shōushi gǒufèn ▶火の~をする/熄灭用过的火 xīmiè yòngguò de huǒ ▶自分の問題だから自分で~しなさい/是你自己问题，自己处理好了 shì nǐ zìjǐ de wèntí, zìjǐ chǔlǐhǎo le ❷【倹約する】俭省 jiǎnshěng (英 economize）▶日々の食費も~する/日常的伙食费也要节俭 rìcháng de huǒshífèi yě yào jiéjiǎn ❸【結果】结果 jiéguǒ (英 the result）▶バブルがはじけてこの~だ/泡沫经济崩溃，到底落到这个地步 pàomò jīngjì bēngkuì, dàodǐ luòdào zhège dìbù

~**に負えない** 不好处理 bùhǎo chǔlǐ; 不好惹 bùhǎo rě ▶~に負えないいたずらっ子/叫人没法管的淘气包 jiào rén méi fǎ guǎn de táoqìbāo

◆**~書** /悔过书 huǐguòshū; 检讨书 jiǎntǎoshū ~**屋** /节俭的人 jiéjiǎn de rén

しまながし【島流し】 流刑 liúxíng; (左遷）流放 liúfàng; 左迁 zuǒqiān; 调到远方 diàodào yuǎnfāng (英 exile）

シマヘビ【縞蛇】 〔動物〕菜花蛇 càihuāshé (英 a Japanese striped snake）

しまり【締まり】 ❶【緩みのないこと】紧 jǐn; 紧凑 jǐncòu (英 firmness）▶~がない/散漫 sǎnmàn; 松弛 sōngchí ▶彼は口に~がない/他嘴巴不严 tā zuǐ bù yán ▶~のない格好でタバコを買いに行く/穿着散慢地去买烟 chuānzhuó sànmàn de qù mǎi yān ▶男も女も~のない体つきの中高年が増えた/无论男女，肌肉松弛的中高年人增多了 wúlùn nánnǚ, jīròu sōngchí de zhōnggāoniánrén zēngduō le ❷【出費を抑えること】节省 jiéshěng; 节约 jiéyuē (英 thrift）▶~屋/节俭的人 jiéjiǎn de rén ❸【戸締まり】关门 guānmén; 锁门 suǒmén

（英 locking） ▶戸の〜をきちんとする/把门锁上 bǎ mén suǒshàng

しまる【閉まる】 关 guān；关闭 guānbì（英 shut; close）▶ドアが〜/门关上 mén guānshàng ▶その扉はどうしてもきちんと閉まらなかった/那扇门怎么也关不好 nà shàn mén zěnme yě guānbuhǎo ▶銀行は3時に閉まります/银行三点钟关门 yínháng sān diǎnzhōng guānmén ▶《车内广播》御注意下さい。ドアが閉まります/《各位乘客》请注意，车门关闭（gèwèi chéngkè）qǐng zhùyì, chēmén guānbì ▶戸が独りでに閉まった/门自动关上了 mén zìdòng guānshàng le ▶商店街のシャッターはほとんど閉まったままだった/商店街的门几乎一直都关着 shāngdiànjiē de mén jīhū yìzhí dōu guānzhe

しまる【締まる】 ❶〖緩みがなくなる〗紧闭 jǐnbì（英 tighten）▶蓋が〜/盖子紧闭 gàizi jǐnbì ▶風呂の栓がきちんと締まっていなかった/浴室的热水开关没有好好关紧 yùshì de rèshuǐ kāiguān méiyǒu hǎohǎo guānjǐn ❷〖引き締まる〗紧绷绷 jǐnbēngbēng（英 be firm）▶締まった筋肉/紧绷绷的肌肉 jǐnbēngbēng de jīròu ❸〖緊張する〗紧张 jǐnzhāng（英 be tense）▶気持ちが〜/精神紧张 jīngshén jǐnzhāng ▶対戦相手が決まって身の〜思いだった/比赛的对手决定了，有一种浑身紧张的感觉 bǐsài de duìshǒu juédìng le, yǒu yī zhǒng húnshēn jǐnzhāng de gǎnjué

じまん【自慢する】 吹 chuī；自夸 zìkuā；自吹自擂 zìchuī zìléi（英 boast）▶〜話/夸耀其谈 kuākuā qí tán ▶彼女が息子を〜するのももっともだ/她夸奖自己的儿子也是有道理的 tā kuājiǎng zìjǐ de érzi yě shì yǒu dàolǐ de ▶伯母さんは器量〜だ/伯母喜欢夸耀自己的姿色 bómǔ xǐhuan kuāyào zìjǐ de zīsè ▶彼女の〜の料理はハンバーグです/她的拿手菜是汉堡牛肉饼 tā de náshǒucài shì hànbǎo niúròubǐng

しみ【染み】 ❶〖汚れ〗污点 wūdiǎn；痕迹 hénjì（英 a stain）▶〜を抜く/除掉污垢 chúdiào wūgòu ▶天井には雨漏りの〜がついていた/顶棚因为漏雨形成了（一块）痕迹 dǐngpéng yīnwèi lòu yǔ xíngchéngle (yí kuài) hénjì ▶晴れ着に〜を付けないでね/一身盛装可不要弄上什么痕迹呀 yìshēn shèngzhuāng kě búyào nòngshàng shénme hénjì ya ❷〖汚点〗玷污 diànwū（英 a blot）▶経歴に〜がつく/玷污经历 diànwū jīnglì ❸〖顔などの〗斑点 bāndiǎn（英 a blotch）▶顔の日焼けが〜になる/脸晒黑后会形成皮肤斑 liǎn shàihēihòu huì xíngchéng pífū bān

シミ【紙魚】〘虫〙蛀虫 zhùchóng；衣鱼 yīyú；书蠹 shūdù（英 a bookworm）

じみ【地味な】 ❶〖形・模様・色などが〗素淡 sùdàn；老气 lǎoqi（英 plain; quiet）▶〜な服装/老气的服装 lǎoqi de fúzhuāng ▶そのネクタイはあなたには少し〜だ/那条领带你系着有点儿老气 nà tiáo lǐngdài nǐ jìzhe yǒudiǎnr lǎoqi ❷〖考え・態度が〗朴素 pǔsù；朴实 pǔshí（英 reserved）▶〜に暮らす/生活朴素 shēnghuó pǔsù ▶万事が〜な人でした/干什么都很朴实的人 gàn shénme dōu hěn pǔshí de rén ▶二人は〜な結婚式を挙げた/两个人举行了简单的结婚仪式 liǎng ge rén jǔxíngle jiǎndān de jiéhūn yíshì

じみ【滋味】 滋味 zīwèi（英 tastiness）▶〜に富む/富有滋味 fùyǒu zīwèi ▶〜深い言葉/耐人寻味的言辞 nài rén xún wèi de yáncí

しみこむ【染み込む】 渗入 shènrù；渗透 shèntòu；浸透 jìntòu（英 sink into...）▶雨水が土に〜/雨水渗透了泥土 yǔshuǐ shèntòule nítǔ ▶心に〜あの歌/沁人心脾的那首歌 qìn rén xīn pí de nà shǒu gē

しみじみ 痛切 tòngqiè；深切 shēnqiè（英 keenly; heartily）▶〜と語る/深有感触地说 shēn yǒu gǎnchù de shuō ▶君の親切は〜ありがたいと思っている/你的热情使我深有感触 nǐ de rèqíng shǐ wǒ shēn yǒu gǎnchù ▶その必要性を〜感じる/深深感到其必要性 shēnshēn gǎndào qí bìyàoxìng

しみず【清水】 泉水 quánshuǐ；清泉 qīngquán（英 clear water）▶〜が湧き出る/泉水喷涌 quánshuǐ pēnyǒng

じみち【地道な】 踏实 tāshi；勤恳 qínkěn（英 steady）▶〜な努力/踏踏实实地努力 tātāshīshí de nǔlì ▶〜に暮らす/勤劳度日 qínláo dùrì

[日中比较] 中国語の'地道 dìdao'は「本場の」という意味である。

しみつく【染み付く】 沾染上 zhānrǎnshàng（英 be dyed deeply）▶貧乏暮らしがすっかり染み付いている/已经过惯了穷日子 yǐjīng guòguànle qióng rìzi

しみったれ（けち）吝啬 lìnsè；悭吝 qiānlìn；〖意気地なし〗小气 xiǎoqi（英 stinginess）▶〜た格好/寒酸的样子 hánsuān de yàngzi ▶私は〜た男は嫌いです/我讨厌小气的男人 wǒ tǎoyàn xiǎoqi de nánrén

しみでる【染み出る】 渗出 shènchū（英 ooze out）▶傷口からまだ血が染み出ている/伤口还渗着血 shāngkǒu hái shènzhe xiě

しみとおる【染み透る】 渗入 shènrù；浸透 jìntòu（英 soak through...）▶骨の髄まで〜/渗入骨髓 shènrù gǔsuǐ ▶帽子に汗が〜/汗水浸透了帽子 hànshuǐ jìntòule màozi

しみゃく【支脈】 支脉 zhīmài（英 a branch）

シミュレーション 模拟 mónǐ；仿真 fǎngzhēn（英 simulation）

しみる【染みる】 ❶〖刺激が〗杀 shā；刺 cì（英 smart）▶眼に〜/刺眼睛 cì yǎnjīng；杀眼睛 shā yǎnjīng ▶煙が目に染みた/烟气刺眼 yānqì cìyǎn ❷〖液体が〗浸 jìn；渗 shèn（英 soak）▶インクが〜/墨水洇纸 mòshuǐ yīn zhǐ ❸〖心に感じる〗深深感到 shēnshēn gǎndào（英 come home to...）▶彼の忠告が身に染みた/他的忠告铭刻在心 tā de zhōnggào míngkè zài xīn

しみん【市民】 市民 shìmín 〈英〉 *a citizen* ▶~運動/市民运动 shìmín yùndòng ▶広島の~/广岛市民 Guǎngdǎo shìmín ▶アメリカの~権を取る/取得美国公民权 qǔdé Měiguó gōngmínquán ◆~税：市民税 shìmínshuì

じむ【事務】 事务 shìwù 〈英〉 *business; office work* ▶~を執る/办事 bànshì；办公 bàngōng ▶~室/办公室 bàngōngshì ▶~所/办事处 bànshìchù ▶~を引き継ぐ/交接工作 jiāojiē gōngzuò ▶彼女は3年の~の経験がある/她有三年的工作经验 tā yǒu sān nián de gōngzuò jīngyàn ▶何人か~員がそこにいた/有几个工作人员在那里 yǒu jǐ ge gōngzuò rényuán zài nàli

◆~総長《国連》：（联合国）秘书长 (Liánhéguó) mìshūzhǎng

ジム 健身房 jiànshēnfáng；《ボクシング》拳击练习场 quánjī liànxíchǎng 〈英〉 *a gym*

しむける【仕向ける】 促使 cùshǐ；主使 zhǔshǐ 〈英〉 *induce* ▶彼がその早朝に仕事をするよう仕向けた/设法让他在那天早上工作 shèfǎ ràng tā zài nà tiān zǎoshang gōngzuò

しめあげる【締め上げる】 《責め立てる》勒紧 lēijǐn；严厉追究 yánlì zhuījiū；严厉斥责 yánlì chìzé [厳しくとがめる] *question... severely*

しめい【氏名】 姓名 xìngmíng 〈英〉 *a (full) name* ▶~を隠す/隐姓埋名 yǐn xìng mái míng

しめい【使命】 任务 rènwu；使命 shǐmìng 〈英〉 *a mission* ▶~を果たす/完成使命 wánchéng shǐmìng ▶彼は一年後に~を果たして帰国した/他在一年后完成使命归国 tā zài yì nián hòu wánchéng shǐmìng guīguó ▶彼は重大な~を帯びて中国に渡った/他担负着重要的使命去了中国 tā dānfùzhe zhòngyào de shǐmìng qùle Zhōngguó

しめい【指名する**】** 点名 diǎnmíng；指名 zhǐmíng 〈英〉 *nominate* ▶研究会で発表するように先生に～された/被老师指名在研究会上做报告 bèi lǎoshī zhǐmíng zài yánjiūhuìshang zuò bàogào

じめい【自明の**】** 不言而喻 bù yán ér yù 〈英〉 *self-evident* ▶~の理/自明之理 zìmíng zhī lǐ

しめいてはい【指名手配する**】** 通缉 tōngjī 〈英〉 *put... on a wanted list* ▶殺人で~中の犯人/杀人通缉犯 shārén tōngjīfàn

しめきり【締め切り】 截止 jiézhǐ；期限 qīxiàn 〈英〉 *a deadline* ▶~日/截止日期 jiézhǐ rìqī ▶~が迫る/截止期将至 jiézhǐqī jiāng zhì ▶~に間に合う/截止期前来得及 jiézhǐqīqián láidejí ▶予約の~は明日です/明天预约截止 míngtiān yùyuē jiézhǐ ▶原稿の~は9月10日です/稿件的截止日期是九月十号 gǎojiàn de jiézhǐ rìqī shì jiǔ yuè shí hào ▶~を延ばす/延长截止期限 yáncháng jiézhǐ qīxiàn

しめきる【締め切る・閉め切る】 ❶〖閉ざす〗紧闭 jǐnbì；关紧 guānjǐn 〈英〉 *shut up* ❷〖打ち切る〗截止 jiézhǐ 〈英〉 *close* ▶原稿受付を~/截稿 jiégǎo ▶願書の受付は2月20日で締め切ります/受理志愿书在二月二十日截止 shòulǐ zhìyuànshū zài èr yuè èrshí rì jiézhǐ

しめくくる【締め括る】 结束 jiéshù；总结 zǒngjié 〈英〉 *settle; round off* ▶彼はみなの出席のお礼を言ってスピーチを締め括った/他对大家的出席表示感谢，以此结束发言 tā duì dàjiā de chūxí biǎoshì gǎnxiè, yǐ cǐ jiéshù fāyán

しめころす【絞め殺す】 勒死 lēisǐ；扼杀 èshā 〈英〉 *strangle... to death*

しめし【示し】 示范 shìfàn；表率 biǎoshuài 〈英〉 *a lesson* ▶~がつかない/不能做表率 bùnéng zuò biǎoshuài

しめしあわせる【示し合わせる】 合谋 hémóu；事先串通 shìxiān chuàntōng 〈英〉 *arrange in advance* ▶彼らは警察に言う話を示し合わせた/他们事先串通好了对警察说的话 tāmen shìxiān chuàntōnghǎole duì jǐngchá shuō de huà ▶あらかじめ示し合わせたようにはいかなかった/进展得没有像事先商定的那样顺利 jìnzhǎnde méiyǒu xiàng shìxiān shāngdìng de nàyàng shùnlì

じめじめした ❶〖湿気を帯びた〗湿漉漉 shīlūlū；潮湿 cháoshī 〈英〉 *damp; wet* ▶~した天気/潮湿的天气 cháoshī de tiānqì ❷〖陰気な・活気ない〗沉闷 chénmèn 〈英〉 *gloomy* ▶~した性格/忧郁的性格 yōuyù de xìnggé

しめす【示す】 ❶〖実際に出して見せる〗出示 chūshì 〈英〉 *show* ▶例を~/列例 shìlì ▶手本を~/示范 shìfàn ▶証明書を~/出示证件 chūshì zhèngjiàn ▶地図で~/用地图表示 yòng dìtú biǎoshì ▶誠意を~/表现出诚意 biǎoxiànchū chéngyì ❷〖指して教える〗〈英〉 *point* ▶手紙は彼らの意図を示していない/那封信没有表示出他们的意图 nà fēng xìn méiyǒu biǎoshìchū tāmen de yìtú ▶チャートを示しながら講演は進んだ/指着图表进行讲演 zhǐzhe túbiǎo jìnxíng jiǎngyǎn

しめす【湿す】 润 rùn；弄湿 nòngshī 〈英〉 *moisten* ▶のどを~/润嗓子 rùn sǎngzi

しめた《いいぞ》太好了 tài hǎo le；太棒了 tài bàng le 〈英〉 *Good!*

しめだし【締め出し】 排挤 páijǐ；排斥 páichì；不让进门 bú ràng jìn mén 〈英〉 *a shutout* ▶~を食う/遭到排挤 zāodào páijǐ

しめだす【締め出す】 排挤 páijǐ；抵制 dǐzhì；不让进 bú ràng jìn 〈英〉 *shut out* ▶家を締め出される/被关在门外 bèi guānzài ménwài ▶外国製品を~/抵制洋货 dǐzhì yánghuò

しめつ【死滅する**】** 死绝 sǐjué；灭绝 mièjué 〈英〉 *die out* ▶人口爆発とともに絶滅の道をたどっている/随着人口爆发，野生动物走上了灭绝的道路 suízhe rénkǒu bàofā, yěshēng dòngwù zǒushàngle mièjué de dàolù

じめつ【自滅する**】** 自取灭亡 zìqǔ mièwáng 〈英〉 *destroy oneself*

しめつける【締め付ける】 ❶〖強く締める〗拧

紧 níngjǐn; 勒紧 lēijǐn(英 *fasten tight*) ▶ねじを~/拧紧螺丝 nǐngjǐn luósī **2**〖圧迫する〗严加管束 yánjiā guǎnshù(英 *compress*) ▶夜中に胸が締めつけられる感じがして目が覚めた/夜间感到胸口憋闷就醒了 yèjiān gǎndào xiōngkǒu biēmen jiù xǐng le ▶その写真には心を締めつけられる/那张照片让人看了揪心 nà zhāng zhàopiàn ràng rén kànle jiūxīn ▶経費削減で運転手の待遇締めつけが始まった/为了缩减经费开始卡紧司机待遇 wèile suōjiǎn jīngfèi kāishǐ qiǎjǐn sījī dàiyù

しめっぽい〖湿っぽい〗 **1**〖湿気が多い〗潮湿 cháoshī; 潮润 cháorùn(英 *damp*) ▶~空气/潮湿的空气 cháoshī de kōngqì **2**〖陰気くさい〗忧郁 yōuyù; 阴郁 yīnyù(英 *gloomy*) ▶~气分/忧郁的心情 yōuyù de xīnqíng ▶景気のいい話から一話に変わった/愉快的话题变成了忧郁的话题 yúkuài de huàtí biànchéngle yōuyù de huàtí

しめて〖締めて〗 合计 héjì; 共计 gòngjì; 一共 yígòng(英 *in total*) ▶~20万円の売り上げ/合计二十万日元的销售额 héjì èrshí wàn Rìyuán de xiāoshòu'é

しめなわ〖注連縄〗 稻草绳(挂在神殿前表示里面为神圣的地方) dàocǎoshéng (guàzài shéndiànqián biǎoshì lǐmiàn wéi shénshèng de dìfang)(英 *a sacred Shinto rope marking the border of a sacred area*)

しめやか 肃静 sùjìng; 肃穆 sùmù(英 *quietness*; *gentleness*) ▶~に語り合う/静静地谈话 jìngjìng de tánhuà ▶~に通夜を営む/肃穆地在灵前守夜 sùmù de zài língqián shǒuyè

しめり〖湿り〗 湿气 shīqì; 潮气 cháoqì;〖お湿り〗好雨 hǎoyǔ(英 *dampness*; *moisture*;[雨] *rain*) ▶手に~をくれる/把手掌润湿一下 bǎ shǒuzhǎng rùnshī yíxià ▶この夕立はいい~になった/这场雷阵雨真是下得好 zhè cháng léizhènyǔ zhēn shì xiàde hǎo

しめりけ〖湿り気〗 湿气 shīqì; 潮气 cháoqì (英 *dampness*; *moisture*)

しめる〖占める〗 占 zhàn; 占有 zhànyǒu; 占据 zhànjù(英 *occupy*) ▶席を~/占座位 zhàn zuòwèi ▶大多数を~/占大多数 zhàn dàduōshù ▶首位を~/居首位 jū shǒuwèi ▶私たちの会社はそのビルの1階と2階を占めています/我们公司占了那座楼的一楼和二楼 wǒmen gōngsī zhànle nà zuò lóu de yī lóu hé èr lóu ▶この学部では女子が学生総数の3分の2を~/这个系女生占学生总数的三分之二 zhège xì nǚshēng zhàn xuéshēng zǒngshù de sān fēn zhī èr ▶議会で過半数を~/在议会中占半数以上的议席 zài yìhuì zhōng zhàn bànshù yǐshàng de yìxí

しめる〖閉める〗 关闭 guānbì; 关上 guānshàng (英 *close*; *shut*) ▶窓を~/关上窗户 guāngshàng chuānghu ▶出たあとはドアを閉めて下さい/出去之后请随手带门 chūqù zhīhòu qǐng suíshǒu dài mén

しめる〖湿る〗 **1**〖水分を含んだ〗湿 shī; 潮湿 cháoshī; 受潮 shòucháo(英 *become damp*) ▶湿った空気/潮湿的空气 cháoshī de kōngqì **2**〖雰囲気が沈む〗郁闷 yùmèn; 低沉 dīchén(英 *be low*) ▶気分が~/情绪低落 qíngxù dīluò ▶会社の景気は湿りがちだ/公司的业绩总是上不去 gōngsī de yèjī zǒngshì shàngbuqù

しめる〖絞める〗 勒 lēi; 绞 jiǎo(英 *choke*; *strangle*) ▶首を~/掐脖子 qiā bózi; 勒脖子 lēi bózi ▶鶏を~/勒死家鸡 lēisǐ jiājī; 宰鸡 zǎi jī ▶遺体には首を絞められた跡があった/遗体的颈部留有被勒的痕迹 yítǐ de jǐngbù liúyǒu bèi lēi de hénjì

しめる〖締める〗 **1**〖きつく縛る〗勒 lēi; 系 jì; 拧紧 nǐngjǐn(英 *tighten*; *fasten*; *bind*) ▶ベルトを~/勒紧裤带 lēijǐn kùdài ▶シートベルトをお締め下さい/请系好安全带 qǐng jìhǎo ānquándài ▶ねじを~/拧紧丝钉 nǐng luósīdīng ▶ボルトをきつく締める/拧紧螺丝 nǐngjǐn luósī ▶彼はネクタイを締めて上着を着た/他系好领带穿好上衣 tā jìhǎo lǐngdài chuānhǎo shàngyī **2**〖決算する〗结算 jiésuàn; 合计 héjì(英 *close*; *total*) ▶売り上げを~/结算销售额 jiésuàn xiāoshòu'é **3**〖引き締める〗紧张 jǐnzhāng; 管束 guǎnshù(英 *be firm with...*) ▶気を~/振奋精神 zhènfèn jīngshén **4**〖節約する〗节约 jiéyuē; 节省 jiéshěng; 缩减 suōjiǎn(英 *economize*) ▶家計を~/缩减家计支出 suōjiǎn jiājì zhīchū **5**〖料理で〗腌 yān(英 *pickle*) ▶サバを酢で~/用醋腌鲐鱼 yòng cù yān táiyú

しめん〖四面〗 四面 sìmiàn(英 *four sides*) ▶~楚歌/四面楚歌 sìmiàn Chǔgē ▶~体/四面体 sìmiàntǐ

しめん〖紙面〗 版面 bǎnmiàn; 篇幅 piānfu(英 *space*) ▶~を割く/匀出篇幅 yúnchū piānfu ▶与えられた~では十分に論じられない/所给的篇幅不足以充分一论述 suǒ gěi de piānfu bùzúyǐ chōngfèn yí lùnshù

じめん〖地面〗 地面 dìmiàn; 地下 dìxià; 地表 dìbiǎo(英 *the surface of the ground*)

しも〖下〗 **1**〖川の下流〗下游 xiàyóu(英 *the lower reaches*) ▶~へ下る/顺流而下 shùn liú ér xià ▶この川の5キロメートル~に吊り橋がある/在这条河的下游五公里的地方，有一座吊桥 zài zhè tiáo hé de xiàyóu wǔ gōnglǐ de dìfang, yǒu yí zuò diàoqiáo **2**〖体の腰から下の部分〗下半身 xiàbànshēn(英 *the lower half of the body*) ▶~の世話をする/伺候病人大小便 cìhou bìngrén dàxiǎobiàn **3**〖下位の座席〗末席 mòxí; 下座 xiàzuò(英 *a lower seat*) ▶~に控える/在末席待命 zài mòxí dàimìng **4**〖その他〗 ▶~3桁が123の番号/后面三位是一二三的号码 hòumian sān wèi shì yī èr sān de hàomǎ

しも〖霜〗 霜 shuāng(英 *frost*) ▶~が降りる/

下霜 xià shuāng ▶～を取る/除霜 chú shuāng ▶今朝初～が降りた/今天早上降了第一场霜 jīntiān zǎoshang jiàngle dìyī cháng shuāng ▶畑は～で真っ白だった/地里因为下霜一片白 dìli yīnwèi xià shuāng yí piàn bái ▶四月半ばの遅い～で新茶に被害が出た/四月中旬晚来的降霜使新茶受灾了 sì yuè zhōngxún wǎn lái de jiàngshuāng shǐ xīnchá shòuzāi le

じもく【耳目】 耳目 ěrmù (英 *eyes and ears*) ▶～を驚かす/耸动视听 sǒngdòng shìtīng; 耸人听闻 sǒng rén tīngwén ▶～となって働く/充当耳目 chōngdāng ěrmù ▶～を惹く/引人注目 yǐn rén zhùmù

しもごえ【下肥】 粪肥 fènféi (英 *night soil*) ▶～を施す/施粪肥 shī fènféi

しもざ【下座】 下座 xiàzuò; 末席 mòxí (英 *a lower seat*)

しもじも【下下】 老百姓 lǎobǎixìng; 平民 píngmín (英 *the common people*)

しもて【下手】 ❶【下座の方】下边 xiàbian; 下座 xiàzuò (英 *the lower part*) ❷【川下】下游 xiàyóu (英 *the lower reaches*) ❸【舞台の】舞台左边 wǔtái zuǒbian (英 *the left of the stage*) ▶老け役の吉三郎～より退場/扮演老人的吉三郎从舞台左边退场 bànyǎn lǎorén de Jísānláng cóng wǔtái zuǒbian tuìchǎng

じもと【地元】 本地 běndì; 当地 dāngdì (英 *a local area*) ▶野球は～チームへの応援が盛大である/对当地棒球队的声援气氛浩大 duì dāngdì bàngqiúduì de shēngyuán qìshì hàodà ▶この計画に対して～では反対運動が起こった/针对这个计划当地发起了反对运动 zhēnduì zhège jìhuà dāngdì fāqǐle fǎnduì yùndòng

しもとり【下取り】 除霜 chúshuāng (英 *defrosting*) ▶～装置/除霜装置 chúshuāng zhuāngzhì ▶冷蔵庫の～/冰箱除霜 bīngxiāng chúshuāng

しもばしら【霜柱】 霜柱 shuāngzhù (英 *frost columns*) ▶～が立つ/结成霜柱 jiéchéng shuāngzhù

しもはんき【下半期】 下半年 xiàbànnián (英 *the latter half of the year*) ▶～の営業利益は一千万円だった/下半年盈利一千万元 xiàbànnián yínglì yìqiān wàn Rìyuán

しもぶくれ【下膨れ】 大下巴 dàxiàba; 两腮宽 liǎngsāi kuān (英 *full-cheeked*)

しもふり【霜降り】 ❶【霜がおりること】降霜 jiàngshuāng (英 *frosting*) ❷【織物の】两色纱混纺的布 liǎng sè shā hùnfǎng de bù (英 *pepper-and-salt*) ❸【牛肉の】夹有脂肪(的高档牛肉) jiāyǒu zhīfáng (de gāodàng niúròu) (英 *marbled*)

しもべ【僕】 奴仆 núpú; 仆人 púrén (英 *a servant*)

しもやけ【霜焼け】 冻疮 dòngchuāng; 冻伤 dòngshāng (英 *chilblains*) ▶南国で～にかかるは珍しい/在南方生冻疮是很少见的 zài nánfāng shēng dòngchuāng shì hěn shǎojiàn de

しもよけ【霜除け】 防霜 fángshuāng (英 *frost protection*) ▶～ファン/防霜扇 fángshuāngshàn

しもん【指紋】 指纹 zhǐwén (英 *a fingerprint*) ▶～をとる/取指纹 qǔ zhǐwén ▶～を残す/留下指纹 liúxià zhǐwén ▶～で身元を割り出す/靠指纹推断出身分 kào zhǐwén tuīduànchū shēnfen

しもん【試問する】 考试 kǎoshì (英 *question*) ▶口頭～/口试 kǒushì; 面试 miànshì

しもん【諮問】 咨询 zīxún (英 *consult*) ▶～機関/咨询机关 zīxún jīguān ▶知事は事務簡素化に関し、～委員会を設立した/知事设立了关于简化办公的咨询委员会 zhīshì shèlìle guānyú jiǎnhuà bàngōng de zīxún wěiyuánhuì

じもん【自問する】 自问 zìwèn (英 *ask oneself*) ▶～自答する/自问自答 zìwèn zìdá

しゃ【紗】 纱 shā (英 *silk gauze*)

しや【視野】 ❶【視界】视野 shìyě; 眼帘 yǎnlián (英 *a field of vision*) ▶～に入る/进入视野 jìnrù shìyě ❷【思考・判断の範囲】视野 shìyě; 眼界 yǎnjiè (英 *horizons*) ▶～が狭い/眼界狭小 yǎnjiè xiáxiǎo ▶～を広める/打开眼界 dǎkāi yǎnjiè ▶この本を読むと～が広がる/读这本书会开阔视野 dú zhě běn shū huì kāikuò shìyě

じゃ【蛇】 蛇 shé (英 *a snake; a serpent*) ▶～の道は蛇(じゃ) 奸雄识奸雄 jiānxióng shí jiānxióng; 一行知一行 yìháng zhī yìháng; 蛇有蛇路, 鼠有鼠路 shé yǒu shélù, shǔ yǒu shǔlù

じゃあ(さて) 那么 nàme; 那 nà (英 *well; now*) ▶～, こうしよう/那就这样吧 nà jiù zhèyàng ba

ジャー 热水瓶 rèshuǐpíng; 保温瓶 bǎowēnpíng (英 *a jar;*「魔法びん」*a thermos bottle*)

じゃあく【邪悪】 邪恶 xié'è (英 *evil*)

シャーシ (汽车)底盘 (qìchē) dípán (英 *a chassis*)

ジャージー (布地)针织筒形布 zhēnzhī tǒngxíngbù; (運動着)针织运动衫 zhēnzhī yùndòngshān; (乳牛)泽西奶牛 zéxī nǎiniú (英 *jersey*)

しゃあしゃあ (英 *shamelessly*) ▶彼は～と嘘をつく/他满不在乎地撒谎 tā mǎn bú zàihu de sā huǎng

ジャーナリスト 记者 jìzhě; 新闻工作者 xīnwén gōngzuòzhě (英 *a journalist*)

ジャーナリズム 新闻出版业 xīnwén chūbǎnyè; 新闻报道界 xīnwén bàodàojiè (英 *journalism*)

ジャーナル 定期刊物 dìngqī kānwù; 杂志 zázhì (英 *a journal*)

シャープ ❶【音楽の】高半音符 gāobànyīnfú; 升半音号 shēngbànyīnhào (英 *a sharp*) ❷【鋭い】尖锐 jiānruì; 锋利 fēnglì (英 *sharp*) ▶彼は～な頭脳と豊かな感性をもつ/他头脑清晰感性丰富 tā tóunǎo qīngxī gǎnxìng fēngfù

シャープペンシル 活心铅笔 huóxīn qiānbǐ;

自動鉛筆 zìdòng qiānbǐ (英 *a mechanical pencil*) ▶~の芯/铅条 qiāntiáo

シャーベット 《菓子》果子露冰激凌 guǒzìlù bīngjīlíng (英 *sherbet*)

シャーマニズム 萨满教 Sàmǎnjiào; 巫术 wūshù (英 *shamanism*)

しゃい【謝意】 ❶【感謝の意】谢意 xièyì (英 *gratitude*) ▶~を表す/致谢 zhìxiè; 深表谢意 shēn biǎo xièyì ❷【謝罪の意】歉意 qiànyì (英 *an apology*) ▶丁寧に頭を下げて~を表した/恭恭敬敬地低头表示歉意 gōnggōngjìngjìng de dītóu biǎoshì qiànyì

シャイ 腼腆 miǎntiǎn; 羞怯 xiūqiè《内气》(英 *shy*) ▶~な性格/腼腆的性格 miǎntiǎn de xìnggé

ジャイロスコープ 回转仪 huízhuǎnyí (英 *a gyroscope*)

しゃいん【社員】 公司职员 gōngsī zhíyuán (英 *a company employee*) ▶彼は証券会社の~だ/他是证券公司的职员 tā shì zhèngquàn gōngsī de zhíyuán
◆正~/正式职员 zhèngshì zhíyuán

しゃおく【社屋】 公司办公楼 gōngsī bàngōnglóu (英 *an office building*)

しゃおんかい【謝恩会】 (学生在毕业时举办的)谢恩会 (xuésheng zài bìyè shí jǔbàn de) xiè'ēnhuì (英 *a thank-you party for the teachers*)

しゃか【釈迦】 释迦 Shìjiā; 佛爷 fóye (英 *Shakyamuni; the Buddha*) ▶お~になる/报废 bàofèi
お~様でも気がつくまい 神不知, 鬼不觉 shén bù zhī, guǐ bù jué
~に説法 班门弄斧 Bān mén nòng fǔ

しゃかい【社会】 社会 shèhuì (英 *society*) ▶~的地位/社会地位 shèhuì dìwèi ▶~学/社会学 shèhuìxué ▶~主义/社会主义 shèhuìzhǔyì ▶~性/社会性 shèhuìxìng ▶~問題/社会问题 shèhuì wèntí ▶~保障/社会保障 shèhuì bǎozhàng ▶~人/社会一员 shèhuì yì yuán; 参加工作的人 cānjiā gōngzuò de rén ▶~に出る/走入社会 zǒushàng shèhuì ▶定年後は社会~のために尽くしたい/退休之后想为地方社会尽力 tuìxiū zhīhòu xiǎng wèi dìfang shèhuì jìnlì ▶彼はすでに~的制裁を受けている/他已经受到了社会的制裁 tā yǐjing shòudàole shèhuì de zhìcái ▶この春から~人になる/今年春天走上社会参加工作 jīnnián chūntiān zǒushàng shèhuì cānjiā gōngzuò ▶~福祉/社会福利 shèhuì fúlì

ジャガいも【ジャガ芋】 〘植物〙土豆儿 tǔdòur; 马铃薯 mǎlíngshǔ; 洋芋 yángyù (英 *a potato*) ▶~をゆでる/煮土豆 zhǔ tǔdòu

しゃがむ 蹲 dūn (英 *squat*) ▶地面に~/蹲在地上 dūnzài dìshang ▶膝が痛くてしゃがめない/膝盖痛不能蹲下 xīgài tòng bùnéng dūnxià

しゃがれごえ【嗄れ声の】 沙哑声 shāyǎshēng (英 *a hoarse voice*)

しゃがれる【嗄れる】 沙哑 shāyǎ; 嘶哑 sīyǎ (英 *become hoarse*) ▶声が~ほど大声でしゃべる/大声说得嗓子嘶哑 dàshēng shuōde sǎngzi sīyǎ

しゃかん【舎監】 舍监 shèjiān (英 *a dormitory superintendent*)

しゃかんきょり【車間距離】 行车距离 xíngchē jùlí (英 *the distance between cars*) ▶高速道路では~を十分にとりなさい/在高速公路上要保持一定的行车距离 zài gāosù dàolùshang yào bǎochí yídìng de xíngchē jùlí

じゃき【邪気】 ❶【病などの悪い気】邪气 xiéqì (英 *bad air*) ▶~を払う/祈祷驱邪 qídǎo qūxié ❷【悪意】恶意 èyì; 坏心眼儿 huàixīnyǎnr (英 *malice*) ▶~のないいたずらのはずだったが/原本是无恶意的小恶作剧 yuánběn shì wú èyì de xiǎo'èzuòjù

じゃきょう【邪教】 邪教 xiéjiào (英 *a heresy*)

しゃく【尺】〘長さの単位〙尺 chǐ; 长度 chángdù (英 *a shaku; the Japanese foot*) ▶~が足りない/长度不够 chángdù bú gòu

しゃく【酌をする】 斟酒 zhēnjiǔ (英 *pour sake*)

しゃく【癪】 气人 qìrén; 讨厌 tǎoyàn (英 *annoyance*) ▶~な奴/讨厌的家伙 tǎoyàn de jiāhuo ▶~にさわる/令人发怒 lìng rén fānù; 气人 qìrén ▶~の種/使人生气的原因 shǐ rén shēngqì de yuányīn ▶何と~な奴だ/真是个讨厌的家伙 zhēn shì ge tǎoyàn de jiāhuo ▶あんな男に負けるのは~だ/输给那种人真窝火 shūgěi nà zhǒng rén zhēn wōhuǒ ▶あんなことを言われるなんて~だ/被人那么说可真不好受 bèi rén nàme shuō kě zhēn bù hǎoshòu

しゃく【試薬】 〘化学〙试剂 shìjì; 试药 shìyào (英 *a reagent*)

-じゃく【-弱】 不足 bùzú; 来 lái (英 *a little more than...*) ▶10キロ~の道/不足十公里的路 bùzú shí gōnglǐ de lù

じゃくアルカリ【弱アルカリ】 弱碱 ruòjiǎn (英 *a weak alkali*)

しゃくい【爵位】 爵位 juéwèi (英 *a peerage*)

しゃくざい【借財】 欠债 qiànzhài; 借款 jièkuǎn (英 *a debt*) ▶~がかさむ/债台高筑 zhàitái gāo zhù

じゃくさん【弱酸】 弱酸 ruòsuān (英 *a weak acid*) ▶~性の/弱酸性的 ruòsuānxìng de

しゃくし【杓子】 勺子 sháozi (英 *a dipper*) ▶~定規な/墨守成规 mòshǒu chéngguī ▶~定規なことを言うなよ/别讲什么死规矩了 bié jiǎng shénme sǐguījǔ le
猫も~も 不管张三李四 bùguǎn Zhāng Sān Lǐ Sì; 不论什么 búlùn shénme ▶猫も~も海外旅行に行きたがる/不论谁都想去国外旅游 búlùn shéi dōu xiǎng qù guówài lǚyóu

じゃくし【弱視】 弱视 ruòshì (英 *weak eyesight*)

じゃくしゃ【弱者】 弱者 ruòzhě (英 *the weak*) ▶これでは~切り捨てになってしまう/这样一来, 弱者抛在了脑后 zhèyàng yìlái, bǎ ruòzhě pāo zàile nǎohòu

しゃくしゃく【綽綽たる】 绰绰有余 chuòchuò yǒu yú（英 *calm and composed*）▶余裕～/从容不迫 cóngróng bú pò

しゃくしょ【市役所】 市政府 shìzhèngfǔ（英 *a city hall*）

じゃくしょう【弱小な】 弱小 ruòxiǎo（英 *small and weak*）▶～国家/弱小国家 ruòxiǎo guójiā

しゃくぜん【釈然と】 释然 shìrán（英 *satisfied*）▶～としない/不甚了然 bú shèn liǎorán ▶彼の説明はどうも～としない/总觉得他的说明使人难以信服 zǒng juéde tā de shuōmíng shǐ rén nányǐ xìnfú

じゃくたい【弱体な】 软弱 ruǎnruò；无力 wúlì（英 *weak*）▶経験者不足で営業部が～化する/因为缺少有经验的人，营业部变弱了 yīnwèi quēshǎo yǒu jīngyàn de rén, yíngyèbù biànruò le

しゃくち【借地】 租用的土地 zūyòng de tǔdì（英 *leased land*）
◆～権/租地权 zūdìquán ～人/租地人 zūdìrén ～料/地租 dìzū

じゃぐち【蛇口】 水龙头 shuǐlóngtou（英 *a tap*）▶～をひねる/拧水龙头 níng shuǐlóngtou

じゃくてん【弱点】 弱点 ruòdiǎn；缺点 quēdiǎn；把柄 bǎbǐng（英 *a weak point*）▶～を克服する/克服弱点 kèfú ruòdiǎn ▶～をつかむ/抓辫子 zhuā biànzi ▶～をつく/抓住弱点 zhuāzhù ruòdiǎn ▶～を隠す/掩盖缺点 yǎngài quēdiǎn ▶誰にも何か～がある/谁都有些弱点 shéi dōu yǒu xiē ruòdiǎn

じゃくでん【弱電】 弱电 ruòdiàn（英 *a weak electric current*）

しゃくど【尺度】 ❶【長さ】长度 chángdù（英 *length*）▶～を計る/量长度 liáng chángdù；量尺寸 liáng chǐcùn ❷【評価・判断の基準】尺度 chǐdù；标准 biāozhǔn（英 *a standard*）▶人を評価する～/评价人物的尺度 píngjià rénwù de chǐdù ▶比較しても～が違う/即使做比较, 尺度也不同 jíshǐ zuò bǐjiào, chǐdù yě bùtóng

しゃくどういろ【赤銅色】 紫铜色 zǐtóngsè（英 *brown*）▶全身が～に日焼けしている/全身晒成紫红色了 quánshēn shàichéng zǐhóngsè le

シャクトリムシ【尺取り虫】〔虫〕尺蠖 chǐhuò（英 *a measuring worm*）

シャクナゲ【石楠花】〔植物〕杜鹃花 dùjuānhuā（英 *a rhododendron*）

じゃくにく【弱肉】 ～強食 弱肉强食 ruò ròu qiáng shí

しゃくねつ【灼熱の】 灼热 zhuórè；火热 huǒrè（英 *incandescent*）▶～の太陽/火热的太阳 huǒrè de tàiyáng ▶～の恋/热恋 rèliàn

じゃくねん【若年・弱年】 青年 qīngnián；年轻 niánqīng（英 *young age*）▶～層/年轻人 niánqīngrén ▶～性認知症/青年痴呆症 qīngnián chīdāizhèng

じゃくはい【若輩】 青少年 qīngshàonián；年轻人 niánqīngrén；未成熟的人 wèi chéngshú de rén（英 *a young person*）▶～者が生意気なことを言うな/年轻人说话显得傲慢不逊 niánqīngrén shuōhuà xiǎnde àomàn búxùn

しゃくはち【尺八】〔楽器〕尺八 chǐbā（英 *a bamboo clarinet*）

しゃくほう【釈放する】 释放 shìfàng（英 *release*）▶～される/获释 huòshì ▶仮～/假释 jiǎshì ▶まじめな態度が認められ仮～される/被认为态度老实, 得以临时释放 bèi rènwéi tàidu lǎoshi, déyǐ línshí shìfàng

〖日中比較〗中国语の'释放 shìfàng'は「拘禁を解く」という意味の他に「放出する」という意味もある.

しゃくめい【釈明する】 辨明 biànmíng；申辩 shēnbiàn（英 *explain*）▶報道陣に事件のいきさつを～をする/向新闻报道记者们说明事件的经过 xiàng xīnwén bàodào jìzhěmen shuōmíng shìjiàn de jīngguò

しゃくや【借家】 租房 zūfáng（英 *a rented house*）▶～人/房客 fángkè；租户 zūhù ▶新婚当初は鎌倉に～住まいをしていた/刚结婚时在镰仓借房子住 gāng jiéhūn shí zài Liáncāng zū fángzi zhù

シャクヤク【芍薬】〔植物〕芍药 sháoyao（英 *a peony*）

しゃくよう【借用する】 借用 jièyòng（英 *borrow*）▶無断～を禁ず/禁止擅自借用 jìnzhǐ shànzì jièyòng
◆～語/借用词 jièyòngcí；借词 jiècí ▶英語からの～語/来自英语的外来语 láizì Yīngyǔ de wàiláiyǔ ～証書/借据 jièjù

しゃくりあげる【しゃくり上げる】 抽泣 chōuqì；抽噎 chōuyē（英 *sob convulsively*）▶息子は しゃくり上げながら話した/儿子一边抽泣一边说 érzi yībiān chōuqì yībiān shuō

しゃくりょう【酌量する】 酌量 zhuóliáng；斟酌 zhēnzhuó（英 *consider*）▶情状～/酌情 zhuóqíng ▶情状～の余地なし/没有量情减刑的余地 méiyǒu liàng qíng jiǎnxíng de yúdì

しゃげき【射撃する】 射击 shèjī（英 *shoot*）▶～の名手/神枪手 shénqiāngshǒu ▶～競技/击比赛 shèjī bǐsài ▶～場/射击场 shèjīchǎng ▶アメリカでは主婦もピストルの～の練習をする/在美国主妇也都练习手枪射击 zài Měiguó zhǔfù yě dōu liànxí shǒuqiāng shèjī

ジャケット ❶【上着】茄克 jiākè；短上衣 duǎnshàngyī（英 *a jacket*）❷【CD・レコードの】唱片套 chàngpiàntào（英 *a jacket*）

しゃけん【車検】 汽车检查 qìchē jiǎnchá（英 *the official safety checkout of a car*）▶～証/车检证 chējiǎnzhèng ▶～に出す/（把车）拿去接受车检（bǎ chē）náqù jiēshòu chējiǎn ▶～が切れる/车检过期 chējiǎn guòqī

じゃけん【邪険な】 无情 wúqíng；刻薄 kèbó（英 *harsh*）▶～にする/刻薄对待 kèbó duìdài

▶そう～にしないでよ/别那么刻薄 bié nàme kèbó

しゃこ【車庫】車庫 chēkù (英 *a car shed; a garage*) ▶運転の教習には～へ入れという技術課程がある/驾驶教学中设有开进车库这一门技术课程 jiàshǐ jiàoxué zhōng shèyǒu kāijìn chēkù zhě yī mén jìshù kèchéng ▶家の車を入れるところも電車を置くところも～という/存放自家用车的地方和停置电车的地方都叫做车库 cúnfàng zìjiāyòngchē de dìfang hé tíngzhì diànchē de dìfang dōu jiàozuò chēkù

シャコ【蝦蛄】〖動物〗虾蛄 xiāgū (英 *a squilla*)

しゃこう【社交】社交 shèjiāo; 交际 jiāojì (英 *social intercourse*) ▶～界/社交界 shèjiāojiè ▶～上手(${}^{\text{じょうず}}$)な/善于交际 shànyú jiāojì ▶～辞令/社交辞令 shèjiāo cílìng ▶～ダンス/交际舞 jiāojìwǔ ▶彼女は～性に欠ける/她缺乏社交性 tā quēfá shèjiāoxìng ▶彼女はなかなかの～家だ/她可是个善于交际的人 tā kě shì ge shànyú jiāojì de rén ▶彼は～辞令でそう言っただけだ/他只是以外交辞令那样说说而已 tā zhǐshì yǐ wàijiāo cílìng nàyàng shuōshuo éryǐ

しゃこう【遮光する】遮光 zhēguāng (英 *shade*) ▶～カーテン/遮光帘 zhēguānglián

じゃこう【麝香】麝香 shèxiāng (英 *musk*)

しゃこうしん【射倖心】侥幸心理 jiǎoxìng xīnlǐ (英 *a speculative spirit*) ▶～をあおる/激发侥幸心理 jīfā jiǎoxìng xīnlǐ

しゃさい【社債】公司债券 gōngsī zhàiquàn (英 *a debenture*)

しゃざい【謝罪する】谢罪 xièzuì; 赔罪 péizuì; 道歉 dàoqiàn (英 *apologize*) ▶～を求める/要求谢罪 yāoqiú xièzuì ▶～するニュースが多すぎる/赔礼谢罪的新闻太多了 péilǐ xièzuì de xīnwén tài duō le ▶新聞に～広告を出す/在报上刊登道歉广告 zài bàoshang kāndēng dàoqiàn guǎnggào

しゃさつ【射殺する】枪杀 qiāngshā; 击毙 jībì (英 *shoot to death*) ▶人家近くに出てきた熊が～された/在民宅附近出没的熊被打死了 zài mínzhái fùjìn chūmò de xióng bèi dǎsǐ le

しゃし【斜視】斜视 xiéshì; 斜眼 xiéyǎn (英 *a squint*)

しゃし【奢侈な】奢侈 shēchǐ (英 *luxurious*) ▶～に流れる/沉于奢侈 liúyú shēchǐ

しゃじ【謝辞】谢词 xiècí (英 *an address of thanks*; [わび] *an apology*) ▶～を述べる/致谢词 zhì xiècí

しゃじく【車軸】车轴 chēzhóu; 轮轴 lúnzhóu; 轴心 zhóuxīn (英 *an axle*)

しゃじつ【写実的な】写实 xiěshí (英 *realistic*) ▶私は絵は抽象よりも～のほうが好きだ/与抽象画相比，我对写实画更感兴趣 yǔ chōuxiànghuà xiāngbǐ, wǒ duì xiěshíhuà gèng gǎn xìngqù

しゃじつしゅぎ【写実主義】写实主义 xiěshí zhǔyì (英 *realism*)

じゃじゃうま【じゃじゃ馬】〈馬〉烈马 lièmǎ; 〈女性〉野丫头 yěyātóu; 悍妇 hànfù (英 〈馬〉*a unruly horse*; 〈女〉*a shrew*)

しゃしゅ【社主】业主 yèzhǔ (英 *the proprietor of a company*)

しゃしゅ【射手】枪手 qiāngshǒu; 射手 shèshǒu (英 *a marksman*; [弓の] *an archer*) ▶『魔弾の～』《ウェーバー》/《魔弾射手》Módàn shèshǒu》

しゃしゅつ【射出する】射出 shèchū; 发射 fāshè (英 *emit*)

しゃしょう【車掌】乘务员 chéngwùyuán; 售票员 shòupiàoyuán (英 *a conductor*) ▶最近電車の女性には珍しくない/最近电车上的女乘务员也不少见了 zuìjìn diànchēshang de nǚchéngwùyuán yě bù shǎojiàn le

しゃしん【写真】照片 zhàopiàn; 相片 xiàngpiàn (英 *a photograph*) ▶～を撮る/拍摄 pāishè; 拍照 pāizhào; 照相 zhàoxiàng ▶～家/摄影家 shèyǐngjiā ▶～集/影集 yǐngjí ▶君は～写りがいい/你很上相 nǐ hěn shàngxiàng ▶本物より～のほうがよい/照片胜过真人 zhàopiàn shèngguò zhēnrén ▶大勢で撮った集合～/大家在一起照的集体像 dàjiā zài yìqǐ zhào de jítǐxiàng ▶家族揃っての～がない/没有全家福 méiyǒu quánjiāfú ▶デジカメで～を撮りまくってもシャッター音はうるさくない/用数码相机一个劲儿地照也没有按快门的杂音 yòng shùmǎ xiàngjī yī ge jìnr de zhào yě méiyǒu àn kuàimén de zá yīn

[日中比較] 中国語の'写真 xiězhēn'は名詞として「肖像画」、動詞として「肖像画を描く」ことをいう。

じゃしん【邪心】邪念 xiénàn; 邪心 xiéxīn (英 *an evil intent*) ▶大金を前にして彼は～を起こした/在巨款面前, 他起了邪念 zài jùkuǎn miànqián, tā qǐle xiénàn

じゃしん【邪神】凶神 xiōngshén (英 *an evil god*)

ジャズ〖音楽〗爵士乐 juéshìyuè (英 *jazz*) ▶～バンド/爵士乐队 juéshìyuèduì

じゃすい【邪推する】猜忌 cāijì; 猜疑 cāiyí (英 *suspect without reason*) ▶それは君の～だよ/那是你的瞎猜 nà shì nǐ de xiā cāi

ジャスト正好 zhènghǎo; 整 zhěng (英 *just*) ▶7時～/七点整 qī diǎn zhěng

ジャスミン〖植物〗茉莉 mòlì; 茉莉花茶 mòlihuāchá (英 *a jasmine*)

しゃする【謝する】❶〖感謝〗致谢 zhìxiè; 感谢 gǎnxiè; 道谢 dàoxiè (英 *thank*) ▶厚意を～/感谢厚意 gǎnxiè hòuyì ❷〖謝罪〗谢罪 xièzuì; 道歉 dàoqiàn (英 *apologize*) ▶無沙汰を～/久疏问候, 歉甚 jiǔshū wènhòu, qiànshèn ❸〖断る〗谢绝 xièjué; 拒绝 jùjué (英 *refuse*) ▶申し出を～/拒绝要求 jùjué yāoqiú

しゃせい【写生する】写生 xiěshēng (英 *sketch*) ▶古い民家をの～/古老房子的写生画 lǎofángzi de xiěshēnghuà

しゃせい【射精する】射精 shèjīng (英 *ejacu-

しゃせつ【社説】社论 shèlùn (英 *an editorial*) ▶ドル安問題を～で論じる/在社论中评论美元汇价降低的问题 zài shèlùn zhōng pínglùn Měiyuán huìjià jiàngdī de wèntí

しゃぜつ【謝絶する】谢绝 xièjué (英 *refuse*) ▶面会～/谢绝会面 xièjué huìmiàn ▶彼は危篤で面会～だった/他因为病危谢绝会面 tā yīnwèi bìngwēi xièjué huìmiàn

しゃせん【車線】行车线 xíngchēxiàn (英 *a (traffic) lane*) ▶～変更する/改变行车线 gǎibiàn xíngchēxiàn ▶追い越し～/超车线 chāochēxiàn ▶片側4～の道路/单边四车道的道路 dānbiān sì chēdào de dàolù

しゃせん【斜線】斜线 xiéxiàn (英 *an oblique line*) ▶～を引く/画斜线 huà xiéxiàn

しゃそう【車窓】车窗 chēchuāng (英 *a car window*) ▶テレビの風景が音もなく映る/电视上无声地放映车窗外的风景 diànshìshang wúshēng de fàngyìng chēchuāngwài de fēngjǐng

しゃそう【社葬】公司葬 gōngsīzàng (英 *a company funeral*)

しゃたい【車体】车身 chēshēn (英 *the body (of a car)*)

しゃたく【社宅】公司的职工宿舍 gōngsī de zhígōng sùshè (英 *a company house*)

しゃだつ【洒脱な】洒脱 sǎtuō; 潇洒 xiāosǎ (英 *free and easy*) ▶軽妙な～エッセイ/清俏洒脱的散文 qīngqiào sǎtuō de sǎnwén

しゃだん【遮断する】截断 jiéduàn; 隔绝 géjué; 隔断 géduàn (英 *cut off*) ▶外界との交通を全く～する/完全隔绝与外界的交通 wánquán géjué yǔ wàijiè de jiāotōng ▶犯人の姿を人の目から～する/把犯人的身影隔在人们的视线以外 bǎ fànrén de shēnyǐng gézài rénmen de shìxiàn yǐwài

◆～機【踏切の】:道口栏杆 dàokǒu lángān

しゃだんほうじん【社団法人】社团法人 shètuán fǎrén (英 *a corporation aggregate*)

シャチ【鯱】〔動物〕逆戟鲸 nìjǐjīng (英 *a killer whale*)

しゃちゅう【車中で】车上 chēshang; 车中 chēzhōng (英 *in a train〔car〕*) ▶昔は田舎に帰るのに～で一泊した/以前回老家时在车中过一宿 yǐqián huí lǎojiā shí zài chē zhōng guò yí xiǔ

しゃちゅう【社中】❶〖会社の中〗公司内 gōngsīnèi; 社内 shènèi (英 *the inside of a company*) ❷〖同門・仲間〗同仁 tóngrén; 同伙 tónghuǒ; 伙伴 huǒbàn (英 *a troupe*)

しゃちょう【社長】总经理 zǒngjīnglǐ (英 *the president*) ▶～室/总经理室 zǒngjīnglǐshì ▶副～/副总经理 fùzǒngjīnglǐ ▶我が社の～はまだ20代だ/我们公司的总经理还没到三十岁 wǒmen gōngsī de zǒngjīnglǐ hái méi dào sānshí suì

日中比較 「社長」は中国語では'总经理 zǒngjīnglǐ'という。単に'经理 jīnglǐ'といえばマネージャーを指す。したがって「経理」は中国では各部門あるいは会社そのものを預かる人間を表す。なお過去に'人民公社 rénmín gōngshè'のトップを'社长 shèzhǎng'といった。

シャツ 衬衫 chènshān; 衬衣 chènyī (英 *an undershirt*) ▶ランニング～/背心 bèixīn ▶私は麦藁帽子と～1枚で夏をすごした/我一顶草帽和一件衬衫就过了一个夏天 wǒ yì dǐng cǎomào hé yí jiàn chènshān jiù guòle yí ge xiàtiān

じゃっか【弱化する】减弱 jiǎnruò; 弱化 ruòhuà (英 *weaken*)

ジャッカル〔動物〕豺狗 cháigǒu (英 *a jackal*)

しゃっかん【借款】(国家间的)借款 (guójiā jiān de) jièkuǎn; 贷款 dàikuǎn (英 *a loan*) ▶～を供与する/提供贷款 tígōng dàikuǎn ▶～協定/贷款协定 dàikuǎn xiédìng ▶円～/日元贷款 Rìyuán dàikuǎn ▶10亿ドルの～を申し込む/申请十亿美元的贷款 shēnqǐng shíyì Měiyuán de dàikuǎn

じゃっかん【若干の】若干 ruògān; 有些 yǒuxiē (英 *some*) ▶〈値が〉高い/有些费 yǒuxiē guì ▶～の間違いがある/有些错误 yǒuxiē cuòwù ▶演奏会場は～空席がある/演奏会场还有若干空位子 yǎnzòu huìchǎng háiyǒu ruògān kōngwèizi ▶～名募集/招募若干名 zhāomù ruògān míng

じゃっかん【弱冠】弱冠 ruòguàn; 年少 niánshào (英 *youth*) ▶～18歳/年仅十八岁 nián jǐn shíbā suì

じゃっき【惹起する】惹 rě; 引起 yǐnqǐ (英 *cause*) ▶混乱を～する/引起混乱 yǐnqǐ hùnluàn ▶面倒を～する/惹麻烦 rě máfan

ジャッキ 千斤顶 qiānjīndǐng (英 *a jack*) ▶油圧～/油压千斤顶 yóuyā qiānjīndǐng ▶～で持ち上げる/用千斤顶架起来 yòng qiānjīndǐng jiàqǐlai

しゃっきん【借金する】借钱 jièqián; 负债 fùzhài; 借款 jièkuǎn (英 *borrow money*) ▶～がある/有负债 yǒu fùzhài ▶～を完済する/清欠 qīngqiàn ▶～を踏み倒す/赖账 làizhàng ▶～を返す/还债 huán zhài ▶～して家を建てる/借款盖房子 jièkuǎn gài fángzi ▶なんとか～せずに子供を大学にやった/没有借钱而想方设法供孩子上了大学 méiyǒu jiè qián ér xiǎng fāng shè fǎ gōng háizi shàngle dàxué ▶あの男は100万円の～がある/那个男的欠债一百万日元 nàge nán de qiànzhài yìbǎi wàn Rìyuán ▶～で首が回らない/被负债压得喘不过气来 bèi fùzhài yāde chuǎnbuguò qì lái ▶退職金で家の～を返す/用退职金偿还家里的欠款 yòng tuìzhíjīn chánghuán jiālǐ de qiànkuǎn ▶賃貸に住む老夫婦～の催促はしたくない/不想向租房住的老夫妇催促还债 bù xiǎng xiàng zūfáng zhù de lǎofūfù cuīcù huánzhài

ジャック《トランプ》杰克 jiékè; 钩儿 gōur (英 *the jack*)

しゃっくり 嗝 gé（英 *a hiccup*）▶～が出る/打嗝儿 dǎgér; 呃逆 ènì ▶～が止まらない/不停地打嗝儿 bùtíng de dǎgér

しゃっけい【借景】 借景 jièjǐng（英 *borrowed scenery*）

ジャッジ【審判員】 裁判员 cáipànyuán;《判定》判决 pànjué（英 *a judge*）▶～を下す/裁判 cáipàn

シャッター ❶【カメラの】快门 kuàimén（英 *a shutter*）▶～を押す/按快门 àn kuàimén ▶～スピード/快门速度 kuàimén sùdù ❷【よろい戸】百叶窗 bǎiyèchuāng（英 *a shutter*）▶～を下ろす/拉下百叶窗 lāxià bǎiyèchuāng

しゃっちょこばる 拘谨 jūjǐn; 太紧张 tài jǐnzhāng（英 *be stiff*）

シャットアウトする 关在门外 guānzài ménwài; 不让进入 bú ràng jìnrù; 开除 kāichú（英 *shut out*）▶報道陣を～する/把记者不让进入 bǎ jìzhě bú ràng jìnrù

シャットダウン【電算】关机 guānjī（英 *shutdown*）

シャッポ 帽子 màozi（英 *a hat*）▶～を脱ぐ 认输 rènshū; 甘拜下风 gān bài xiàfēng

しゃてい【射程】 射程 shèchéng（英 *range*）▶～距離/射程距离 shèchéng jùlí ▶～内にはいる/进入射程以内 jìnrù shèchéng yǐnèi ▶～外に出る/超出射程以外 chāochū shèchéng yǐwài ▶この弾道ミサイルの～は3500キロに達する/这种弹道导弹射程达三千五百公里 zhè zhǒng dàndào dǎodàn shèchéng dá sānqiān wǔbǎi gōnglǐ

しゃてき【射的】 打靶 dǎbǎ（英 *shooting*）▶～場《遊戯の》/射击游乐场 shèjī yóuxìchǎng

しゃでん【社殿】 神殿 shéndiàn（英 *the main building of a shrine*）

しゃとう【斜塔】（英 *a leaning tower*）▶ピサの～/比萨斜塔 Bǐsà xiétǎ

しゃどう【車道】 车道 chēdào（英 *a roadway*）▶子供に～側を歩かせるな/别让孩子在靠车道的一边走 bié ràng háizi zài kào chēdào de yìbiān zǒu

じゃどう【邪道】 邪道 xiédào; 斜路 xiélù; 歪门邪道 wāimén xiédào（英 *an evil way*）▶それは～というものだ/那就是邪门歪道 nà jiùshì xiémén wāidào

シャドーキャビネット 影子内阁 yǐngzi nèigé（英 *a shadow cabinet*）

シャトル ❶【バドミントンの】羽毛球 yǔmáoqiú（英 *a shuttlecock*）❷【織機の杼】梭子 suōzi（英 *a shuttle*）

◆～バス/班车 bānchē ～便/定期航班 dìngqí hángbān スペース～/航天飞机 hángtiān fēijī;《台湾·香港》太空穿梭机 tàikōng chuānsuōjī

しゃない【車内で】 车内 chēnèi; 车上 chēshang（英 *in a train〔car〕*）▶～販売/车上贩卖 chēshang fànmài ▶～に傘を置き忘れた/把伞忘在车上了 bǎ sǎn wàngzài chēshang le

～放送 ▶～放送がうるさい/电车上的广播很讨厌 diànchēshang de guǎngbō hěn tǎoyàn

しゃない【社内】 公司内 gōngsīnèi（英 *in-house*）▶～報/公司报 gōngsībào ▶～結婚/和公司同事结婚 hé gōngsī tóngshì jiéhūn

しゃなりしゃなり（英 *affectedly*）▶～と歩く/（女人）装模作样地走（nǚrén）zhuāng mú zuò yàng de zǒu

しゃにくさい【謝肉祭】 狂欢节 kuánghuānjié（英 *the carnival*）

しゃにむに【遮二無二】 拼命地 pīnmìng de; 不顾一切地 bú gù yíqiè de（英 *recklessly*）▶～突進する/横冲直撞 héngchōng zhízhuàng ▶～ゴール目がけて～突っこむ/朝着终点不顾一切地猛冲 cháozhe zhōngdiǎn bú gù yíqiè de měngchōng

じゃねん【邪念】 妄念 wàngniàn; 邪念 xiénián（英 *a wicked thought*）▶～を抱く/怀有邪念 huáiyǒu xiénián ▶～を振り払う/抛弃邪念 pāoqì xiénián

しゃば【娑婆】 ❶【現世】尘世 chénshì; 人间 rénjiān（英 *this world*）▶～気がある/有世俗之心 yǒu shìsú zhī xīn ▶～気が抜けない/不能摆脱追求名利之心 bùnéng bǎituō zhuīqiú mínglì zhī xīn ❷【囚人から見た外の世界】狱外世界 yùwài shìjiè（英 *the outside world*）▶～の空気はうめぇや/狱外的空气真清新 yùwài de kōngqì zhēn qīngxīn

じゃばら【蛇腹】 蛇纹管 shéwénguǎn（英〔カメラの〕*a bellows*）

しゃふ【車夫】 车夫 chēfū; 拉车人 lāchērén（英 *a rickshaw man*）

ジャブ《ボクシング》刺拳 cìquán（英 *a jab*）▶～で相手の出方を見る/打刺拳看看对方出招 dǎ cìquán kàn duìfāng chū zhāo

しゃぶしゃぶ【料理】涮牛肉 shuànniúròu; 火锅 huǒguō（英 *a Japanese dish of thinly sliced beef boiled briefly in broth and served with a soy-based sauce*）

じゃぶじゃぶ 哗啦哗啦 huālāhuālā（英 *with a splash*）▶～洗濯する/哗啦哗啦地洗 huālāhuālā de xǐ ▶～歩いて川を渡る/哗啦哗啦地蹚过河 huālāhuālā de tāngguò hé

しゃふつ【煮沸する】 煮沸 zhǔfèi; 烧开 shāokāi（英 *boil*）▶～消毒/煮沸消毒 zhǔfèi xiāodú ▶この水は～しないと飲めない/这种水不烧开不能喝 zhè zhǒng shuǐ bù shāokāi bùnéng hē

シャフト 车轴 chēzhóu; 旋转轴 xuánzhuǎnzhóu（英 *a shaft*）

しゃぶる 嘬 suǒ; 咂 zā（英 *suck*）▶指を～/嘬手指 suō shǒuzhǐ ▶あいつと付き合うと君は骨までしゃぶられるぞ/要和那家伙交往上，你会被敲骨吸髓的 yào hé nà jiāhuo jiāowǎng shàng, nǐ huì bèi qiāo gǔ xī suǐ de

しゃへい【遮蔽する】 遮蔽 zhēbì; 掩蔽 yǎnbì（英 *cover*）▶～物に身を隠す/在掩盖物中藏身 zài yǎngàiwù zhōng cángshēn

しゃべる【喋る】 说 shuō; 讲 jiǎng (英 talk) ▶お喋り《人》/话匣子 huàxiázi; 多嘴多舌的人 duōzuǐ duōshé de rén; 小广播 xiǎoguǎngbō ▶秘密を~/说出秘密 shuōchū mìmì; 泄漏秘密 xièlòu mìmì ▶2時間立て続けに喋った/接连说了两个小时 jiēlián shuōle liǎng ge xiǎoshí ▶よくまああんなに喋れるものだ/竟然能那样地口若悬河 jìngrán néng nàyàng de kǒu ruò xuán hé ▶彼女はどんな時でも穏やかな喋り方をする/她无论在什么时候说话都很温和 tā wúlùn zài shénme shíhou shuōhuà dōu hěn wēnhé ▶彼は会議中一言も喋らなかった/他在会议上一言不发 tā zài huìyìshang yì yán bù fā ▶先生がいなくなると, 生徒たちは一度にがやがや喋り始めた/老师一走, 学生们一下子吵吵嚷嚷地开始说起来了 lǎoshī yì zǒu, xuéshengmen yíxiàzi chǎochǎorǎngrǎng de kāishǐ shuōqǐlai le

シャベル 铲子 chǎnzi; 铁锹 tiěqiāo; 铁锨 tiěxiān (英 a shovel) ▶~ですくう/用铁锹撮 yòng tiěqiāo cuō ▶~で穴を掘る/用铁铲挖坑 yòng tiěchǎn wā kēng

しゃへん【斜辺】 斜边 xiébiān (英 an oblique side)

しゃほん【写本】 抄本 chāoběn; 写本 xiěběn (英 a manuscript)

シャボン 肥皂 féizào; 香皂 xiāngzào (英 soap) ▶~玉/肥皂泡儿 féizàopàor

じゃま【邪魔する】 ❶ [障害] 干扰 gānrǎo; 妨碍 fáng'ài; 阻碍 zǔ'ài (英 obstruct) ▶仕事の~をする/妨碍工作 fán'ài gōngzuò ▶交通を~する/阻碍交通 zǔ'ài jiāotōng ▶勉强中だから~をしないように/他正在学习, 别去干扰他 tā zhèngzài xuéxí, bié qù gānrǎo tā ▶私はあなたの出世の~をしたくはありません/我不想阻碍你飞黄腾达 wǒ bù xiǎng zǔ'ài nǐ fēihuáng téngdá ▶テーブルを運ぶのにこの机が~になる/要搬动台子, 这张桌子碍事 yào bāndòng táizi, zhè zhāng zhuōzi àishì ▶その音が~で本が読めなかった/由于那种声音干扰, 无法读书 yóuyú nà zhǒng shēngyīn gānrǎo, wúfǎ dúshū ▶隣りの高い塀が眺めの~をする/邻居的高墙成了眺望景观时的障碍 línjú de gāoqiáng chéngle tiàowàng jǐngguān shí de zhàng'ài ▶その建物が~になって空が見えない/那座建筑物挡得看不见天 nà zuò jiànzhùwù dǎngde kànbujiàn tiān ▶義理の母を~者扱いにする/把岳母当做碍事的人 bǎ yuèmǔ dàngzuò àishì de rén ❷ [訪問] 打搅 dǎjiǎo; 拜访 bàifǎng (英 visit) ▶お~しました/打搅您了 dǎjiǎo nín le; 打扰您了 dǎrǎo nín le ▶明日お~します/明天拜访你 míngtiān bàifǎng nǐ

〖日中比較〗中国語の'邪魔 xiémó' は「悪魔」のこと.

ジャム《食品》果酱 guǒjiàng (英 jam) ▶いちご~/草莓酱 cǎoméijiàng

シャムネコ【シャム猫】《動物》暹罗猫 xiānluómāo (英 a Siamese cat)

しゃめい【社命】 公司的命令 gōngsī de mìnglìng (英 the order of one's company) ▶彼は~によりロンドンへ留学したエリートである/他是奉公司之命去伦敦留学的优秀职员 tā shì fèng gōngsī zhī mìng qù Lúndūn liúxué de yōuxiù zhíyuán

しゃめん【斜面】 斜坡 xiēpō; 斜面 xiémiàn (英 a slope) ▶山の~/山坡 shānpō ▶急~を滑り降りる/滑下陡坡 huáxià dǒupō

しゃめん【赦免する】 赦免 shèmiǎn (英 pardon)

シャモ【軍鶏】 〔鳥〕斗鸡 dòujī (英 a gamecock)

しゃもじ【杓文字】 饭勺 fànsháo (英 a rice scoop)

しゃよう【社用で】 公司业务 gōngsī yèwù (英 on the business of one's firm) ▶~で中国の出版社に表敬訪問する/因公司业务拜访中国的出版社 yīn gōngsī yèwù bàifǎng Zhōngguó de chūbǎnshè

しゃよう【斜陽】 斜阳 xiéyáng; 夕阳 xīyáng (英 the setting sun)
◆~産業:凋敝产业 diāobì chǎnyè ▶日本ではすでに~産業だ/在日本已经属于夕阳产业 zài Rìběn yǐjīng shǔyú xīyáng chǎnyè

じゃらじゃら 哗啷哗啷 huālānghuālāng (英 jingle) ▶小銭が~いう/硬币哗啷哗啷响 yìngbì huālānghuālāng xiǎng

しゃり【舎利】 《仏教》舍利 shèlì (英 Buddha's bone); 《白米》白米饭 báimǐfàn (英 white rice)

じゃり【砂利】 碎石 suìshí; 沙石 shāshí (英 gravel) ▶~道/砾石路 lìshílù ▶農道に~を敷く/在农用道上铺上碎石子 zài nóngyòngdàoshang pūshàng suìshízi

しゃりょう【車両】 车辆 chēliàng (英 a vehicle) ▶~税/车捐 chējuān ▶~通行禁止/禁止车辆通行 jìnzhǐ chēliàng tōngxíng ▶~故障/车辆故障 chēliàng gùzhàng

しゃりん【車輪】 车轮 chēlún; 车轱辘 chēgūlu (英 a wheel) ▶前の~/前车轮 qiánchēlún
大~ ▶大~で仕事を片付ける/拼命处理工作 pīnmìng chǔlǐ gōngzuò

しゃれ【洒落】 ❶ [ジョーク] 俏皮话 qiàopíhuà; 诙谐话 huīxiéhuà (英 a joke; a pun) ▶あいつは~が通じない/他不懂幽默 tā bù dǒng yōumò ▶~を飛ばす/说俏皮话 shuō qiàopíhuà ▶僕にはその~がわからない/我不理解那种幽默 wǒ bù lǐjiě nà zhǒng yōumò ▶~がうまい/俏皮话说得好 qiàopíhuà shuōde hǎo ❷ [身なり・服装] 穿着讲究 chuānzhuó jiǎngjiū; 打扮 dǎban (英 fashionableness) ▶お~/爱打扮 ài dǎban ▶お~をする/打扮 dǎban

〖日中比較〗中国語の'洒落 sǎluò' は「垢抜けしている」こと, 容器から「こぼれる」ことをいう.

しゃれい【謝礼】 报酬 bàochou; 谢礼 xièlǐ (英 a reward) ▶~金/酬金 chóujīn; 谢金 xièjīn

しゃれこうべ【髑髏】 骷髅 kūlóu; 头骨 tóugǔ (英 a weatherbeaten skull)

しゃれた【洒落た】 別致 biézhì; 雅致 yǎzhi (英)[気の利いた] witty; [洗練された] elegant) ▶—口をきくじゃないか/你说得很有趣儿啊 nǐ shuōde hěn yǒuqù a ▶~な店/别致的名字 biézhì de míngzi ▶この先にレストランがある/前面有家雅致的餐馆 qiánmiàn yǒu jiā yǎzhì de cānguǎn

しゃれる【洒落る】 ❶[身なりを飾る]打扮得漂亮 dǎbande piàoliang (英) be dressed smartly) ❷[ジョークを言う]说俏皮话 shuō qiàopihuà (英) joke)

じゃれる 嬉耍 xīshuǎ; 撒欢儿 sāhuānr; 嬉戏 xīxì (英) play) ▶しばらく子猫とじゃれあっていた/跟小猫嬉耍了一会儿 gēn xiǎomāo xīshuǎle yíhuìr

シャワー 淋浴 línyù (英) a shower) ▶~を浴びる/洗淋浴 xǐ línyù ▶~室/淋浴室 línyùshì

ジャンク[船舶] 中国式帆船 Zhōngguóshì fānchuán; 舢板 shānbǎn (英) a junk)

ジャングル 原始森林 yuánshǐ sēnlín; 密林 mìlín (英) a jungle) ▶ジム/攀登架 pāndēngjià

じゃんけん【じゃん拳する】 猜拳 cāiquán; 石头剪子布 shítou jiǎnzi bù (英) play rock-paper-scissors)

じゃんじゃん (英)[音] clangor; [絶え間なく] continuously) ▶~鐘が鳴る/钟当当地响 zhōng dāngdāng de xiǎng ▶電話が~かかってくる/电话一个劲儿地打进来 diànhuà yí ge jìnr de dǎjìnlai

シャンソン[音楽](フランスの)香颂 xiāngsòng; 大众歌曲 dàzhòng gēqǔ (英) a chanson)

シャンデリア 枝形吊灯 zhīxíng diàodēng (英) a chandelier)

しゃんと ❶[姿勢が] 端正 duānzhèng; 挺直 tǐngzhí (英) upright) ▶背筋を~伸ばす/挺直身板 tǐngzhí shēnbǎn ❷[意志が] 坚定 jiāndìng; 清醒 qīngxǐng (英) hale and hearty) ❸[老人が] 结实 jiēshi; 硬朗 yìnglang (英) be in full possession of one's faculties) ▶彼は80歳だが、まだ~している/他虽然八十岁了，却还很硬朗 tā suīrán bāshí suì le, què hái hěn yìnglang

ジャンパー[服飾] 夹克 jiākè (英) a wind jacket) ▶~スカート/背心裙 bèixīnqún

シャンパン《酒》香槟酒 xiāngbīnjiǔ (英) champagne) ▶~をぽんと抜く/乒地一声打开香槟瓶 pīng de yì shēng dǎkāi xiāngbīnpíng

ジャンプ 跳 tiào; 跳跃 tiàoyuè (英) a jump) ▶スキー~競技/跳跃滑雪比赛 tiàoyuè huáxuě bǐsài ▶ハイ~/跳高 tiàogāo ▶~台/跳台 tiàotái

シャンプー 香波 xiāngbō; 洗发剂 xǐfàjì (英) shampoo) ▶~で髪を洗う/用香波洗头 yòng xiāngbō xǐ tóu

ジャンボ 巨大 jùdà (英) jumbo) ▶~サイズ/特大号 tèdàhào ▶~ジェット機/巨型喷气式客机 jùxíng pēnqìshì kèjī

ジャンル 种类 zhǒnglèi; 体裁 tǐcái (英) a genre)

しゅ【主】 ❶[中心](英) the principal part) ▶箱の裏に~成分を表示する/在箱子背面标明主要成分 zài xiāngzi bèimiàn biāomíng zhǔyào chéngfen ❷[キリスト教の]主 zhǔ; 基督 Jīdū 天主 tiānzhǔ (英) the Lord)
~たる ⇨しゅたる(主たる)
~として ⇨しゅとして(主として)

しゅ【朱】 朱红; 朱红 zhūhóng (英) vermilion) ▶~色の/朱红 zhūhóng ▶~を入れる/加红笔批注 jiā hóngbǐ pīzhù
~に交われば赤くなる 近朱者赤，近墨者黑 jìn zhū zhě chì, jìn mò zhě hēi

しゅ【種】 ❶[生物学上の]物种 wùzhǒng; 种 zhǒng (英) a species) ▶~が滅びる/绝种 juézhǒng ▶『~の起源』[書名]/《物种起源 Wùzhǒng qǐyuán》 ❷[種類] 种类 zhǒnglèi (英) a kind) ▶この~の事件/这种事件 zhè zhǒng shìjiàn ▶この~のバラは棘がない/这个品种的玫瑰没有刺 zhège pǐnzhǒng de méigui méiyǒu cì

しゅい【首位】 第一名 dìyī míng; 首位 shǒuwèi; 首屈一指 shǒu qū yì zhǐ (英) the first place) ▶~を占める/居首位 jū shǒuwèi ▶三つの個人競技で日本が~を占めた/在三项个人赛中日本居首位 zài sān xiàng gèrénsài zhōng Rìběn jū shǒuwèi ▶折り返し点で~に立つ/在折回点时处于首位 zài zhéhuídiǎn shí chǔyú shǒuwèi ▶~は逃したが、自己記録は更新した/虽然没有取得第一，但刷新了自我记录 suīrán méiyǒu qǔdé dìyī, dàn shuāxīnle zìwǒ jìlù
◆~打者 击球率第一的击球员 jīqiúlǜ dìyī de jīqiúyuán

しゅい【趣意】 宗旨 zōngzhǐ (英)[目的] the purpose; [要点] the point) ▶~書/宗旨书 zōngzhǐshū ▶…という~の手紙を受け取る/接到了一封大意是…的信 jiēdàole yì fēng dàyì shì … de xìn

しゅいん【手淫】 手淫 shǒuyín (英) masturbation)

しゅいん【主因】 主要原因 zhǔyào yuányīn (英) the principal cause)

しゅう [擬音] 咻 xiū (英) a hiss) ▶風船は~といってしぼんだ/气球咻地一声瘪了 qìqiú xiū de yì shēng biě le

しゅう【州】 州 zhōu (英) a state) ▶オレゴン~/俄勒冈州 Éléigāngzhōu

しゅう【周】 圏 quān; 周 zhōu (英) a circuit) ▶1~400メートルのトラック/一圈四百米的跑道 yì quān sìbǎi mǐ de pǎodào ▶上野までは山手線で半~する/坐山手线转半圈到上野站 zuò Shānshǒuxiàn zhuǎn bànquān dào Shàngyězhàn ▶選手の列が場内を1~する/运动员列队绕场一周 yùndòngyuán lièduì rào chǎng yì zhōu

しゅう【衆】 众人 zhòngrén; (特定的)人们 (tèdìng de) rénmen (英) great numbers) ▶~に抜きん出る/出众 chūzhòng ▶威勢がいい若い~/一群有朝气的年轻人 yì qún yǒu zhāoqì de niánqīngrén

しゅう【週】 星期 xīngqī；礼拜 lǐbài；周 zhōu（英 *a week*）▶每～/每星期 měi xīngqī；每周 měizhōu ▶～末/周末 zhōumò ▶その 1，2，3 年との土曜日に彼はまたやって来た/一两个星期之后的星期六，他又来了 yī liǎng ge xīngqī zhīhòu de xīngqī liù, tā yòu lái le ▶来～の今日/下星期的今天 xiàxīngqī de jīntiān ▶明けに/下星期一 xiàxīngqī yī ▶学校でも 5 日制を採用している/学校也采用了每星期五天上课制 xuéxiào yě cǎiyòngle měi xīngqī wǔ tiān shàngkèzhì ▶～に二度しか練習できない/一周只能练习两次 yī zhōu zhǐ néng liànxí liǎng cì

しゅう【私有する】 私有 sīyǒu（英 *take private possession*）▶～財産/私有财产 sīyǒu cáichǎn ▶～地につき，無断駐車を禁ず/因属私人土地，禁止擅自停车 yīn zhǔ sīrén tǔdì, jìnzhǐ shànzì tíngchē ▶工場の敷地は社長の～地だ/工厂的用地是总经理的私有土地 gōngchǎng de yòngdì shì zǒngjīnglǐ de sīyǒu tǔdì

しゅう【雌雄】 雌雄 cíxióng《オスとメス》（英 *male and female*）▶～同体/雌雄同体 cíxióng tóngtǐ ～を決する《勝敗》 一决雌雄 yì jué cíxióng

じゅう【十】 十 shí；《大字》拾 shí（英 *ten*）▶～中八九/十有八九 shí yǒu bā jiǔ

じゅう【柔】 ことわざ **柔よく剛を制す** 柔能制刚 róu néng zhì gāng

じゅう【銃】 枪 qiāng（英 *a gun*）▶～を撃つ/开枪 kāi qiāng ▶～を構える/托枪 tuō qiāng

じゅう【自由】 自由 zìyóu（英 *free*）▶～市場/农贸市场 nóngmào shìchǎng；自由市场 zìyóu shìchǎng ▶～型/自由泳 zìyóuyǒng ▶～業/自由职业者 zìyóu zhíyèzhě ▶～自在な/自由自在 zìyóu zìzài ▶どうぞ御～に召し上がってください/请随便使用 qǐng suíbiàn yòng ▶～を勝ち取る/争取自由 zhēngqǔ zìyóu ▶この国には言論の～がない/这个国家没有言论自由 zhège guójiā méiyǒu yánlùn zìyóu ▶行くもとどまるも君のだ/或去或留随你便 huò qù huò liú suí nǐ biàn ▶～に行動することを許されている/允许自由活动 yǔnxǔ zìyóu huódòng ▶～にお使い下さい/请随便使用 qǐng suíbiàn shǐyòng

じゅう【事由】 事由 shìyóu；理由 lǐyóu（英 *a reason*）▶～の如何にかかわらず許可できない/无论任何事由都不能允许 wúlùn rènhé shìyóu dōu bùnéng yǔnxǔ

しゅうあく【醜悪な】 丑陋 chǒulòu；丑劣 chǒuliè（英 *ugly*）▶～な行為/丑恶的行为 chǒu'è de xíngwéi ▶相続をめぐって遺族間で～な争いをする/围绕遗产继承问题，遗属之间展开了丑陋的纠纷 wéirào yíchǎn jìchéng wèntí, yíshǔ zhījiān zhǎnkāile chǒulòu de jiūfēn

じゅうあつ【重圧】 重压 zhòngyā；压力 yālì（英 *heavy pressure*）▶精神的～に耐えられない/承受不了心理上的重压 chéngshòubuliǎo xīnlǐshang de zhòngyā

しゅうい【周囲】 1 【物のまわり】四周 sìzhōu；周围 zhōuwéi（英 *the circumference*）▶この木の～はどれくらいありますか/这棵树有多粗？zhè kē shù yǒu duō cū？▶～4 キロの小島/周长为四公里的小岛 zhōucháng wéi sì gōnglǐ de xiǎodǎo

2 【環境】环境 huánjìng；周围的人 zhōuwéi de rén（英 *the surroundings*）▶彼は自分の～で何が起っているのかすっかり忘れている/他完全忘记了自己周围发生了什么 tā wánquán wàngjìle zìjǐ zhōuwéi fāshēngle shénme ▶～の目を気にすることはない/不用管周围人的眼光 búyòng guǎn zhōuwéi rén de yǎnguāng

しゅうい【拾遺】 拾遗 shíyí（英 *gleanings*）▶～集/拾遗集 shíyíjí

じゅうい【獣医】 兽医 shòuyī（英 *a veterinarian*）

じゅういちがつ【十一月】 十一月 shíyī yuè（英 *November*）

しゅういつ【秀逸な】 优秀 yōuxiù；卓绝 zhuójué；出众 chūzhòng（英 *exellent*）▶彼のデザインは～だ/他的设计出众 tā de shèjì chūzhòng

しゅうう【驟雨】 骤雨 zhòuyǔ（英 *a shower*）

しゅうえき【収益】 收益 shōuyì（英 *profit*）▶～が減る/减少收益 jiǎnshǎo shōuyì ▶～を得る/得到收益 dédào shōuyì ▶財源は観光事業からの～である/财政资源是来自观光事业的收益 cáizhèng zīyuán shì láizì guānguāng shìyè de shōuyì ▶コンサートの～/音乐会的收益 yīnyuèhuì de shōuyì

しゅうえき【就役する】（軍艦）服役（jūnjiàn）fúyì（英 *go into commission*）▶新しい原潜が来週にも～する/新的核潜艇下星期就开始服役 xīn de héqiántǐng xiàxīngqī jiù kāishǐ fúyì

しゅうえん【終焉】 绝命 juémìng；临终 línzhōng（英 *the end*）▶～の地/绝命之处 juémìng zhī chù ▶ここが芭蕉～の地だ/这里是松尾芭蕉去世之地 zhèlǐ shì Sōngwěi Bājiāo qùshì zhī dì

しゅうえん【終演】 演完 yǎnwán；落幕 luòmù（英 *the end of a show*）▶～予定時刻/预定的演完时刻 yùdìng de yǎnwán shíkè

じゅうおう【縦横に】 纵横 zònghéng（英 *lengthwise and crosswise*）▶鉄道が～に通じている/铁路四通八达 tiělù sì tōng bā dá ▶～無尽に活躍する/自由自在地活跃 zìyóu zìzài de huóyuè

しゅうか【衆寡】 ～敵せず 寡不敌众 guǎ bù dí zhòng

じゅうか【銃火】 枪火 qiānghuǒ（英 *fire*）▶～を浴びる/遭到射击 zāodào shèjī

しゅうかい【集会する】 集会 jíhuì（英 *hold a meeting*）▶～の自由/集会的自由 jíhuì de zìyóu ▶抗議～/抗议集会 kàngyì jíhuì ▶環境污染反対の大～を催した/举行反对环境污染的盛大集会 jǔxíng fǎnduì huánjìng wūrǎn de shèngdà jíhuì ▶地区の役員が～所に集まった/地区干部在会议厅集合开会 dìqū gànbù zài huìyìtīng jíhé kāihuì

シュウカイドウ【秋海棠】〘植物〙秋海棠 qiūhǎitáng (英 *a hardy begonia*)

しゅうかく【収穫する】 ❶〘農作物の〙收 shōu; 收获 shōuhuò; 收成 shōucheng (英 *harvest*) ▶麦を～する/收麦子 shōu màizi ～高/收获量 shōuhuòliàng ▶この秋は天候が不順で～が少ない/今年秋天因为气候反常收获很少 jīnnián qiūtiān yīnwèi qìhòu fǎncháng shōuhuò hěn shǎo ❷〘成果〙收获 shōuhuò; 成果 chéngguǒ (英 *produce results*) ▶旅の～が多かった/旅行的收获很多 lǚxíng de shōuhuò hěn duō ▶会場で10年間の研究の～を報告する/在会上汇报十年来的研究成果 zài huìshang huìbào shí nián lái de yánjiū chéngguǒ ▶その会議は何の～もなく終わった/那次会议毫无收获就结束了 nà cì huìyì háowú shōuhuò jiù jiéshù le

しゅうがく【修学する】 学习 xuéxí; 修学 xiūxué (英 *study*) ▶毎年―旅行は沖縄に決まっている/每年的学校旅游都是去冲绳 měinián de xuéxiào lǚyóu dōu shì qù Chōngshéng

しゅうがく【就学する】 就学 jiùxué (英 *enter school*) ▶～年齢/就学年龄 jiùxué niánlíng

じゅうがつ【十月】 十月 shí yuè (英 *October*)

しゅうかん【収監する】 收监 shōujiān; 关押 guānyā; 监禁 jiānjìn (英 *imprison*) ▶～状/监禁令 jiānjìnlìng

しゅうかん【習慣】 习惯 xíguàn (英 *a habit; a custom*) ▶早寝早起きの～/早睡早起的习惯 zǎo shuì zǎo qǐ de xíguàn ▶よい～を身につける/养成良好的习惯 yǎngchéng liánghǎo de xíguàn ▶悪い～がつく/养成坏习惯 yǎngchéng huàixíguàn ▶この薬は～性がある/这种药容易让人上瘾 zhè zhǒng yào róngyì ràng rén shàngyǐn ▶喫煙の悪い～をやめる/戒掉吸烟的恶习 jièdiào xīyān de èxí ▶欧米型の食～/欧美式的饮食习惯 Ōu-Měishì de yǐnshí xíguàn ▶日曜日の朝はジョギングで汗を流すのを～にしている/星期日早上已形成了通过慢跑出一身汗的习惯 xīngqīrì zǎoshang yǐ xíngchéngle tōngguò mànpǎo chū yì shēn hàn de xíguàn

ことわざ 習慣は第二の天性 习惯乃第二天性 xíguàn nǎi dì'èr tiānxìng

しゅうかん【週刊の】 周报 zhōubào; 周刊 zhōukān (英 *weekly*)

◆～誌|周刊 zhōukān ▶シニア向けの健康問題を扱う～誌が増えた/登载针对老年人健康问题的周刊杂志发布增加 dēngzài zhēnduì lǎoniánrén jiànkāng wèntí de zhōukān zázhì yǒusuǒ zēngjiā

しゅうかん【週間】 一个星期 yí ge xīngqī; 周 zhōu (英 *a week*) ▶読書～/读书周 dúshūzhōu ▶四～/四个星期 sì ge xīngqī ▶交通安全～/交通安全周 jiāotōng ānquán zhōu

じゅうかん【重患】 重病(人) zhòngbìng(rén) (英 *a serious case*)

じゅうかん【縦貫する】 纵贯 zòngguàn (英 *run lengthwise*) ▶～道路/纵贯公路 zòngguàn gōnglù ▶九州を～する道路が14年かけて完成した/纵贯九州的道路花费十四年建成 zòngguàn Jiǔzhōu de dàolù huāfèi shísì nián jiànchéng

じゅうがん【銃眼】 枪眼 qiāngyǎn (英 *a loophole*)

しゅうき【周忌】 周年忌辰 zhōunián jìchén (英 *the anniversary of a person's death*) ▶一～/一周年忌辰 yìzhōunián jìchén

しゅうき【周期】 周期 zhōuqī (英 *a cycle; a period*) ▶～的な/周期性的 zhōuqīxìng de

しゅうき【秋季】 秋季 qiūjì (英 *autumn*) ▶～運動会/秋季运动会 qiūjì yùndònghuì

しゅうき【臭気】 臭气 chòuqì; 臭味 chòuwèi (英 *a bad smell*) ▶～がする/有臭味 yǒu chòuwèi ▶～を放つ/散发臭味 sànfā chòuwèi

しゅうぎ【祝儀】 庆祝仪式 qìngzhù yíshì; 红事 hóngshì; 〘チップ〙赏钱 shǎngqián; 〘祝い金〙红包 hóngbāo (英 *[心づけ] a tip; [祝い物] a congratulatory gift*) ▶黑の服は～、不～両方面とも着て行ける/穿黑色的服装, 红白喜事两方面都可以去 chuān hēisè de fúzhuāng, hóngbái xǐshì liǎng fāngmiàn dōu kěyǐ qù ▶～をはずんでやって下さいな/请给多点儿赏钱吧 qǐng gěi duōdiǎnr shǎngqián ba

しゅうぎ【衆議】 众人商议 zhòngrén shāngyì (英 *consultation*) ▶今年こそ富士山に登ろうと～一決した/大家都一致决定今年一定要登富士山 dàjiā dōu yízhì juédìng jīnnián yídìng yào dēng Fùshìshān

じゅうき【什器】 用具 yòngjù (英 *a utensil*) ▶新しい生活を迎えるために～を買いそろえる/为了开始新生活, 购置各种日用具 wèile kāishǐ xīnshēnghuó, gòuzhì gèzhǒng rìcháng yòngjù

しゅうぎいん【衆議院】 众议院 Zhòngyìyuàn (英 *the House of Representatives*)

じゅうきかんじゅう【重機関銃】 重机关枪 zhòngjīguānqiāng (英 *a heavy machine gun*)

しゅうきゅう【週休】 周休 zhōuxiū (英 *a weekly holiday*) ▶2日制/周休两日制 zhōuxiū liǎng rì zhì; 每周双休制 měizhōu shuāngxiū zhì

しゅうきゅう【週給】 周薪 zhōuxīn (英 *weekly pay*) ▶このアルバイトは～3万円である/打这个工周薪三万日元 dǎ zhège gōng zhōuxīn sānwàn Rìyuán

じゅうきょ【住居】 住宅 zhùzhái (英 *a house*) ▶ここは事務所としてではなく～として使っている/这里不是用作办公室, 而是用作住宅的 zhèlǐ bú shì yòngzuò bàngōngshì, ér shì yòngzuò zhùzhái de ▶2年おきに転任なので～を定められない/每隔两年就要调任, 因此住所不能确定下来 měi gé liǎng nián jiùyào diàorèn, yīncǐ zhùsuǒ bùnéng quèdìngxiàlái

しゅうきょう【宗教】 宗教 zōngjiào (英 *re-*

ligion) ▶～を信じる/信教 xìnjiào ▶～家/宗教家 zōngjiàojiā ▶「～は何ですか」「仏教です」/"你信仰什么宗教？" "佛教 Fójiào" ▶悩みのある人を食い物にする新興の～団体/把有烦恼的人当做利用工具的新兴宗教团体 bǎ yǒu fánnǎo de rén dàngzuò lìyòng gōngjù de xīnxīng zōngjiào tuántǐ

しゅうぎょう【修業する】 修业 xiūyè; 学习 xuéxí (㊦ *study*) ▶～年限/修业年限 xiūyè niánxiàn ▶パリの一流レストランで2年間～したあと日本に帰った/在巴黎的一流餐厅学习了两年技艺之后回到日本 zài Bālí de yìliú cāntīng xuéxíle liǎng nián jìyì zhīhòu huídào Rìběn

しゅうぎょう【終業】 (㊦ *the close of work*) ◆～式 结业式 jiéyèshì

しゅうぎょう【就業する】 (職を持つ) 就业 jiùyè;《仕事を始める》上班 shàngbān (㊦ *start work*) ▶～中の事故は保障される/工作中的事故可以得到保障 gōngzuò zhōng de shìgù kěyǐ dédào bǎozhàng
◆～規則 上班规则 shàngbān guīzé; 工作规则 gōngzuò guīzé ▶～時間 上班时间 shàngbān shíjiān ▶～は9時から5時の8時間が基本である/上班时间基本从九点到五点的八小时 shàngbān shíjiān jīběnshang shì cóng jiǔ diǎn dào wǔ diǎn de bā xiǎoshí

じゅうぎょういん【従業員】 工作人员 gōngzuò rényuán; 职工 zhígōng (㊦ *an employee*) ▶ガソリンスタンドの～は制服がある/加油站的工作人员有制服 jiāyóuzhàn de gōngzuò rényuán yǒu zhìfú ▶～専用通路/职工专用通道 zhígōng zhuānyòng tōngdào

しゅうきょく【終曲】 终曲 zhōngqǔ (㊦ *the finale*)

しゅうきょく【終局】 终局 zhōngjú; 结局 jiéjú (㊦ *an end*) ▶囲碁の～の場面で大波乱が起こった/在围棋的终局出现了大的变化 zài wéiqí de zhōngjú chūxiànle dà de biànhuà

しゅうきん【集金する】 收款 shōukuǎn; 收钱 shōu qián (㊦ *collect money*) ▶～人/收款员 shōukuǎnyuán

じゅうきんぞく【重金属】 重金属 zhòngjīnshǔ (㊦ *heavy metal*)

しゅうぐ【衆愚】 群愚 qúnyú (㊦ *the ignorant crowd*) ▶～政治/群愚政治 qúnyú zhèngzhì

ジュークボックス 投币式自动唱机 tóubìshì zìdòng chàngjī (㊦ *a jukebox*) ▶～でジャズを聞く/用投币式自动唱机听爵士乐 yòng tóubìshì zìdòng chàngjī tīng juéshìyuè

シュークリーム 《菓子》奶油泡芙 nǎiyóu pàofú (㊦ *a cream puff*)

じゅうぐん【従軍する】 从军 cóngjūn; 随军 suíjūn (㊦ *serve in a war*) ▶～記者/随军记者 suíjūn jìzhě

しゅうけい【集計する】 合计 héjì; 总计 zǒngjì (㊦ *total*)

じゅうけい【重刑】 重刑 zhòngxíng (㊦ *a heavy penalty*) ▶～に処す/处以重刑 chǔyǐ zhòngxíng

じゅうけいしょう【重軽傷】 (㊦ *a slight or serious injury*) ▶バス旅行で8名の～を出した/乘坐观光巴士旅行的旅客中有八名分别受了重伤或轻伤 chéngzuò guānguāng bāshì lǚxíng de lǚkè zhōng yǒu bā míng fēnbié shòule zhòngshāng huò qīngshāng

しゅうげき【襲撃する】 袭击 xíjī (㊦ *attack*) ▶敵を～する/袭击敌人 xíjī dírén ▶寝入ったところを3人組に～された/刚睡着的时候遭到了三人团伙的袭击 gāng shuìzháo de shíhou zāodàole sān rén tuánhuǒ de xíjī

じゅうげき【銃撃】 枪击 qiāngjī; 射击 shèjī (㊦ *shooting*) ▶紛争地域では連日～戦が絶えない/在纷争地区枪击战斗连日不断 zài fēnzhēng dìqū qiāngjī zhàndòu liánrì búduàn ▶巡視船は停船命令を無視した不審な漁船に～を加えた/巡逻艇向无视停船命令的可疑渔船开枪射击 xúnluótǐng xiàng wúshì tíngchuán mìnglìng de kěyí yúchuán kāiqiāng shèjī

しゅうけつ【終結する】 告终 gàozhōng; 终结 zhōngjié; 结束 jiéshù (㊦ *end*) ▶冷戦は1989年に～した/冷战在一九八九年结束 lěngzhàn zài yī jiǔ bā jiǔ nián jiéshù

しゅうけつ【集結する】 集结 jíjié; 结集 jiéjí (㊦ *concentrate*) ▶軍隊を～する/结集部队 jiéjí bùduì ▶兵力を～する/集结兵力 jíjié bīnglì ▶メーデー参加者はその公園に～した/"五一（国际劳动节）"的参加者聚集到那个公园 "Wǔ-Yī(Guójì láodòngjié)" de cānjiāzhě jùjí dào nàge gōngyuán

じゅうけつ【充血する】 充血 chōngxuè (㊦ *be congested*) ▶～した目でにらむ/瞪着充血的眼睛 dèngzhe chōngxuè de yǎnjing

しゅうげん【祝言】 喜事 xǐshì; 婚礼 hūnlǐ (㊦ *a wedding*) ▶～を挙げる/举行婚礼 jǔxíng hūnlǐ

じゅうけん【銃剣】 刺刀 cìdāo (㊦ *a bayonet*)

しゅうこう【周航する】 乘船周游 chéngchuán zhōuyóu (㊦ *sail around*) ▶世界～の豪華客船「飛鳥」/周游世界的豪华客轮"飞鸟"号 zhōuyóu shìjiè de háohuá kèlún "Fēiniǎo" hào

しゅうこう【修好】 友好 yǒuhǎo; 修好 xiūhǎo (㊦ *amity*) ▶～条約/友好条约 yǒuhǎo tiáoyuē

しゅうこう【就航する】 (㊦ *go into service*) ▶500人乗りの旅客機が鹿児島行きに～する/可以乘坐五百人的班机将开始飞往鹿儿岛 kěyǐ chéngzuò wǔbǎi rén de bānjī jiāng kāishǐ fēiwǎng Lù'érdǎo

しゅうごう【集合する】 集合 jíhé (㊦ *gather*) ▶朝6時に駅の改札口に～する/早上六点在车站的检票口集合 zǎoshang liù diǎn zài chēzhàn de jiǎnpiàokǒu jíhé
◆～時間 集合时间 jíhé shíjiān ▶～時間を間違えた/错过了集合时间 cuòguòle jíhé shíjiān

じゅうこう〜場所：集合地点 jíhé dìdiǎn ▶〜場所を前もって確認する/事先确认集合地点 shìxiān quèrèn jíhé dìdiǎn

じゅうこう【重厚】 稳重 wěnzhòng；庄重 zhuāngzhòng（英 grave; deep）▶〜な家具が配された部屋/摆放着庄重的家具的房间 bǎifàngzhe zhuāngzhòng de jiājù de fángjiān ▶3時間を越える〜な映画/超过三小时内容深刻的电影 chāoguò sān xiǎoshí nèiróng shēnkè de diànyǐng

じゅうこう【銃口】 枪口 qiāngkǒu（英 the muzzle of a gun）▶〜を突き付けて金庫を開けさせる/用枪口逼着打开保险柜 yòng qiāngkǒu bīzhe dǎkāi bǎoxiǎnguì ▶住民に〜を向ける/把枪口对准住民 bǎ qiāngkǒu duìzhǔn zhùmín

じゅうこうぎょう【重工業】 重工业 zhònggōngyè（英 heavy industries）▶〜は大きな湾近くに発達する/重工业在靠近大港湾的地域很发达 zhònggōngyè zài kàojìn dàgǎngwān de dìyù hěn fādá

じゅうごや【十五夜】 中秋夜 Zhōngqiūyè（英 a full moon night）▶〜に月見をする/中秋夜赏月 Zhōngqiūyè shǎngyuè

じゅうこん【重婚】 重婚 chónghūn（英 bigamy）

ジューサー 榨汁器 zhàzhīqì（英 a juicer）

しゅうさい【秀才】 秀才 xiùcai；高才生 gāocáishēng；尖子 jiānzi（英 a brilliant person）▶7人の子供が7人とも〜で各分野で活躍している/七个子女个个都是尖子,活跃在各个领域中 qī ge zǐnǚ gègè dōu shì jiānzi, huóyuè zài gègè lǐngyù zhōng

じゅうざい【重罪】 重罪 zhòngzuì（英 felony）▶江戸時代〜を犯せば島流しになった/在江户时代如果犯了重罪就会流放到孤岛上 zài Jiānghù shídài rúguǒ fànle zhòngzuì jiù huì liúfàng dào gūdǎoshang

しゅうさく【秀作】 杰作 jiézuò；优秀作品 yōuxiù zuòpǐn（英 an excellent work）

しゅうさく【習作】 习作 xízuò（英 a study）

じゅうさつ【銃殺する】 枪毙 qiāngbì；枪决 qiāngjué（英 shoot to death）▶将軍は「〜せよ」と命令した/将军下令"枪毙！" jiāngjūn xiàlìng "Qiāngbì！"

しゅうさん【集散する】 集散 jísàn（英 gather and distribute）▶〜地/集散地 jísàndì ▶離合〜/聚散离合 jùsàn líhé

しゅうし【収支】 收支 shōuzhī（英 revenue and expenditure）
◆国際〜：国际收支 guójì shōuzhī ▶〜決算：收支结算 shōuzhī jiésuàn ▶多くの企業が〜決算の月を3月末に置く/大多数企业把收支结算月设定在三月末 dàduōshù qǐyè bǎ shōuzhī jiésuàn yuè shèdìng zài sān yuè mò

しゅうし【宗旨】 ❶［宗教の］教义 jiàoyì（英 doctrine）❷［自分の考え］主张 zhǔzhāng；主义 zhǔyì（英 one's principles）

しゅうし【修士】 硕士 shuòshì（英 a master's degree）▶〜課程/硕士课程 shuòshì kèchéng ▶〜号/硕士学位 shuòshì xuéwèi ▶彼女はフランスで〜号をとった/她在法国取得了硕士学位 tā zài Fǎguó qǔdéle shuòshì xuéwèi

> 日中比較 中国語の'修士 xiūshì'とは「修道士」のこと.

しゅうし【終止】 终止 zhōngzhǐ；结束 jiéshù（英 a stop）
〜符を打つ 打上句号 dǎshàng jùhào；结束 jiéshù ▶結婚生活に〜符を打つ/结束了婚姻生活 jiéshùle hūnyīn shēnghuó

しゅうし【終始】 一直 yìzhí；自始至终 zì shǐ zhì zhōng；始终 shǐzhōng（英 from beginning to end）▶〜変わらない/始终不渝 shǐzhōng bù yú ▶〜一貫して彼の発言を支持した/始终支持他的发言 shǐzhōng zhīchí tā de fāyán ▶送別会は〜なごやかな雰囲気で行われた/欢送会一直在欢乐的气氛中进行 huānsònghuì yìzhí zài huānlè de qìfēn zhōng jìnxíng

しゅうじ【修辞】 修辞 xiūcí（英 a figure of speech）▶〜学/修辞学 xiūcíxué

しゅうじ【習字】 习字 xízì；练习书法 liànxí shūfǎ（英 penmanship; calligraphy）

じゅうし【重視する】 重视 zhòngshì；注重 zhùzhòng；看重 kànzhòng（英 attach importance to...）▶英語とパソコン運用技量を〜する企業/重视英语和电脑运用技能的企业 zhòngshì Yīngyǔ hé diànnǎo yùnyòng jìnéng de qǐyè

じゅうじ【十字】 十字 shízì（英 a cross）▶〜を切る/划十字 huà shízì ▶〜を切ってマリア像にぬかずく/(在胸前)划十字,向玛利娅像膜拜（zài xiōngqián）huà shízì, xiàng Mǎlìyàxiàng móbài ▶自分の〜架を背負わなければならぬ/必须要背着自己的十字架 bìxū yào bēizhe zìjǐ de shízìjià

じゅうじ【従事する】 从事 cóngshì（英 engage in...）▶労働に〜する/从事劳动 cóngshì láodòng ▶高校を卒業すると同時に漁業に〜する/高中毕业后立即从事渔业 gāozhōng bìyèhòu lìjí cóngshì yúyè ▶新鮮な野菜づくりに〜する農家/从事种植新鲜蔬菜的农民 cóngshì zhòngzhí xīnxiān shūcài de nóngmín

じゅうじざい【自由自在に】（英 with perfect freedom）▶〜に英語を使いこなす/自由自在地运用英语 zìyóu zìzài de yùnyòng Yīngyǔ

しゅうじつ【終日】 整天 zhěngtiān；终日 zhōngrì（英 all day long）▶その日は〜忙しかった/那一天整天都很忙 nà yì tiān zhěngtiān dōu hěn máng

しゅうじつ【週日】 平日 píngrì（英 a weekday）▶定年後の〜はよく映画を見る/退休以后,我平日常常看电影 tuìxiū yǐhòu, wǒ píngrì chángcháng kàn diànyǐng

じゅうじつ【充実した】 充实 chōngshí（英 full）▶内容を〜させる/充实内容 chōngshí nèiróng ▶気力〜/精神旺盛 jīngshen wàngshèng

▶～した生活を送る/过充实的生活 guò chōngshí de shēnghuó ▶内容の～した本/内容充实的书籍 nèiróng chōngshí de shūjí
◆～感:**充实感** chōngshígǎn ▶海を見ながらの朝食は人生の～感を感じる/望着大海吃早餐的时候,体会着充实的人生 wàngzhe dàhǎi chī zǎocān de shíhou, tǐhuìzhe chōngshí de rénshēng

じゅうじほうか【十字砲火】 交叉炮火 jiāochā pàohuǒ (英)*a crossfire*) ▶兵士たちは待ち伏せの～を浴びた/士兵们遭到了交叉炮火的伏击 shìbīngmen zāodàole jiāochā pàohuǒ de fújí

ジュウシマツ【十姉妹】〔鳥〕白腰文鸟 báiyāo wénniǎo (英)*a common finch*)

じゅうしゃ【従者】 随从 suícóng; 随员 suíyuán (英)*an follower*)

しゅうしゅう【収拾する】 收拾 shōushi (英)*save; bring under control*) ▶～がつかない/不可收拾 bùkě shōushi ▶事態を～するのになお数日かかるでしょう/收拾局势还要花几天呢 shōushi júshì hái yào huā jǐ tiān ba ▶次から次へと不始末が露見してもはや～できない/丑事一个接一个地暴露出来,已经无法收拾了 chǒushì yí ge jiē yí ge de bàolùchūlái, yǐjing wúfǎ shōushi le

日中比較 中国語の'收拾 shōushi'は「混乱した状態を收める」という意味の他に,「片づける」という意味もある. 收拾房子 shōushi fángzi/部屋を片づける

しゅうしゅう【収集する】 收集 shōují; 搜集 sōují (英)*collect*) ▶切手～/集邮 jíyóu ▶情報を～分析して対策を練る/收集情报,进行分析,研究对策 shōují qíngbào, jìnxíng fēnxī, yánjiū duìcè

じゅうじゅう(擬音) (英)*sizzling*) ▶～いう音/滋滋声 zīzīshēng ▶朝のベーコンの～いう音が食欲を誘う/早上煎腊肉的那种滋滋声诱人食欲 zǎoshang jiān làròu de nà zhǒng zīzīshēng yòu rén shíyù

じゅうじゅう【重重】 深深 shēnshēn; 充分 chōngfèn (英)*repeatedly*; [十分]*very well*) ▶それは私も～承知している/那一点我也是深深知道的 nà yì diǎn wǒ yě shì shēnshēn zhīdào de ▶～おわび申し上げます/我深深地表示歉意 wǒ shēnshēn de biǎoshì qiànyì

日中比較 中国語の'重重 chóngchóng'は「幾重にも重なっている」ことをいう. なお中国語で「々」は用いない. ▶問題重重 wèntí chóngchóng/問題が山積みである

しゅうしゅく【収縮する】 收缩 shōusuō (英)*contract*) ▶筋肉が～する/肌肉收缩 jīròu shōusuō ▶瞳孔が～する/瞳孔收缩 tóngkǒng shōusuō

しゅうじゅく【習熟する】 熟习 shúxí; 熟练 shúliàn (英)*become proficient in...*) ▶外国語に～する/熟习外语 shúxí wàiyǔ ▶見よう見まねでパソコンの操作に～する/边看边学地掌握电脑的操作 biān kàn biān xué de zhǎngwò diànnǎo de cāozuò

じゅうじゅん【従順な】 驯服 xùnfú; 顺从 shùncóng (英)*obedient*) ▶息子は～な女性だと彼女を紹介した/儿子介绍他的女朋友,说她是个温顺的女孩子 shuō tā shì ge wēnshùn de nǚháizi ▶この犬はあまり主人に～でない/那只狗不太听主人的话 nà zhī gǒu bú tài tīng zhǔrén de huà ▶政府決定に～すぎる国民/过于遵从政府决策的国民 guòyú zūncóng zhèngfǔ juécè de guómín

じゅうしょ【住所】 地址 dìzhǐ; 住址 zhùzhǐ; 住所 zhùsuǒ (英)*one's address*) ▶この用紙に～氏名を書きなさい/把住址姓名写在这张纸上 bǎ zhùzhǐ xìngmíng xiězài zhè zhāng zhǐshang ▶現在の～はどちらですか/你现在住哪儿? nǐ xiànzài zhù nǎr? ▶～変更の場合はお知らせ下さい/变换地址的时候,请通知一下 biànhuàn dìzhǐ de shíhou, qǐng tōngzhī yíxià ▶森さんの～と電話番号は御存知ですか/您知道森先生的地址和电话吗? nín zhīdào Sēn xiānsheng de dìzhǐ hé diànhuà ma? ▶同窓会名簿のために彼女の～を尋ねまわった/为了编写同学会的名册,到处打听她的住址 wèile biānxiě tóngxuéhuì de míngcè, dàochù dǎtīng tā de zhùzhǐ

◆～不定:**住所不固定** zhùsuǒ bú gùdìng ▶～不定の若者が多数都会で暮らす/有很多没有固定住所的青年人生活在城市里 yǒu hěn duō méiyǒu gùdìng zhùsuǒ de qīngniánrén shēnghuó zài chéngshìli ～不明:**住所不明** zhùzhǐ bùmíng ▶～不明で葉書が帰ってきた/因为住址不明,明信片被打回来了 yīnwèi zhùzhǐ bùmíng, míngxìnpiàn bèi dǎ huílái le ～録:**住址名簿** zhùzhǐ míngbù

しゅうしょう【愁傷】 悲伤 bēishāng (英)*deep sorrow*) ▶御～さまです/真令人悲伤 zhēn lìng rén bēishāng; 表示衷心的哀悼 biǎoshì zhōngxīn de āidào

じゅうしょう【重症の】 重病 zhòngbìng; 重症 zhòngzhèng (英)*seriously ill*) ▶～患者/重症患者 zhòngzhèng huànzhě

じゅうしょう【重唱】〔音楽〕重唱 chóngchàng (英)*part-singing*)

じゅうしょう【重傷】 重伤 zhòngshāng (英)*a serious injury*) ▶～を負う/负重伤 fù zhòngshāng ▶その事故で1名の死者と5名の～者が出た/在那场事故中一人死亡,五人重伤 zài nà chǎng shìgù zhōng yì rén sǐwáng, wǔ rén zhòngshāng ▶～者から先に病院に搬送する/先把重伤者送往医院 xiān bǎ zhòngshāngzhě sòngwǎng yīyuàn ▶彼は全治3ヶ月の～を負った/他受了重伤,需要三个月才能全愈 tā shòule zhòngshāng, xūyào sān ge yuè cái néng quán yù ▶彼女は～だが命に別状はない/她虽然受了重伤,但没有生命危险 tā suīrán shòule zhòngshāng, dàn méiyǒu shēngmìng wēixiǎn

しゅうしょうろうばい【周章狼狽する】 狼狈周章 lángbèi zhōuzhāng; 周章失措 zhōuzhāng shīcuò (英)*lose one's presence of mind*)

しゅうしょく【秋色】 **秋色** qiūsè; **秋意** qiūyì （[英] *autumn scenery*） ▸～が深まる/秋意渐浓 qiūyì jiàn nóng

しゅうしょく【修飾する】 **修饰** xiūshì （[英] *ornament*;［文法］*modify*） ▸～語/修饰语 xiūshìyǔ ▸副詞～語/状语 zhuàngyǔ

しゅうしょく【就職する】 **就业** jiùyè; **参加工作** cānjiā gōngzuò （[英] *find employment*） ▸銀行に～する/在银行找到工作 zài yínháng zhǎodào gōngzuò ▸卒業前に～が決まる/毕业之前找到工作 bìyè zhīqián zhǎodào gōngzuò ▸ようやく～が決まった/总算定下了工作单位 zǒngsuàn dìngxiàle gōngzuò dānwèi ▸マスコミ関係の～口が極端に少ない/与媒体有关的工作单位极少 yǔ méitǐ yǒuguān de gōngzuò dānwèi jí shǎo ▸この数年大学生の～難が続いている/这几年大学生找工作一直很难 zhè jǐ nián dàxuéshēng zhǎo gōngzuò yìzhí hěn nán ▸夏には～活動は終盤を迎える/夏天求职活动到了最后阶段 xiàtiān qiúzhí huódòng dàole zuìhòu jiēduàn

[日中比較] 中国語の '就职 jiùzhí' は「高いポストに就く」ことをいう.

じゅうしょく【住職】 **住持** zhùchí; **方丈** fāngzhang （[英] *the chief priest*）

じゅうじろ【十字路】 **十字街头** shízì jiētóu; **十字路口** shízì lùkǒu （[英] *a crossroads*） ▸～であれこれ迷う/在十字路口感到迷茫 zài shízì lùkǒu gǎndào mímáng

しゅうしん【執心する】 **迷恋** míliàn; **贪恋** tānliàn （[英] *be attached*） ▸祖母は最近お金に～するようになった/奶奶最近被金钱迷住了心窍 nǎinai zuìjìn bèi jīnqián mízhùle xīnqiào ▸あなた, 直子さんに御～ね/你对直子可够着迷的呢 nǐ duì Zhízǐ kě gòu zháomí de ne

しゅうしん【終身】 **终身** zhōngshēn; **一生** yìshēng （[英] *all one's life*） ▸～刑/无期徒刑 wúqī túxíng ▸企業は～雇用制度を取らなくなった/企业取消了终身雇用制 qǐyè qǔxiāole zhōngshēn gùyòngzhì

しゅうしん【就寝する】 **就寝** jiùqǐn; **睡觉** shuìjiào （[英] *go to bed*）

しゅうじん【囚人】 **犯人** fànrén; **囚犯** qiúfàn; **囚徒** qiútú （[英] *a prisoner*）

しゅうじん【衆人】 **众人** zhòngrén （[英] *the people*） ▸～環視の中で化粧を直した/众目睽睽之下补妆 zhòngmù kuíkuí zhīxià bǔzhuāng

じゅうしん【重心】 **重心** zhòngxīn （[英] *the center of gravity*） ▸～を失う/失去平衡 shīqù pínghéng ▸平均台の上で～を保つ/在平衡木上保持重心平衡 zài pínghéngmùshang bǎochí zhòngxīn pínghéng

じゅうしん【重臣】 **重臣** zhòngchén; **元老** yuánlǎo （[英] *a chief retainer*）

じゅうしん【銃身】 **枪杆** qiānggǎn; **枪管** qiāngguǎn （[英] *the barrel*）

ジュース [1]〚果汁〛**果汁** guǒzhī （[英] *juice*） ▸トマト～/西红柿果汁 xīhóngshì guǒzhī ▸オレンジ～/橙汁 chéngzhī; 橘子水 júzishuǐ ▸庭のりんごを～にする/用庭院里的苹果做果汁 yòng tíngyuànli de píngguǒ zuò guǒzhī [2]〚テニスなど〛**平局** píngjú （[英] *deuce*） ▸～になる/(比赛)打成平局 (bǐsài) dǎchéng píngjú

じゅうすい【重水】 〔化学〕**重水** zhòngshuǐ （[英] *heavy water*）

じゅうすいそ【重水素】 〔化学〕**重氢** zhòngqīng （[英] *heavy hydrogen*）

しゅうせい【修正する】 **修改** xiūgǎi; **修正** xiūzhèng （[英] *revise*） ▸憲法を～する/修正宪法 xiūzhèng xiànfǎ ▸作文に～を加える/修改作文 xiūgǎi zuòwén ▸～主義/修正主义 xiūzhèng zhǔyì ▸《宇宙船が》軌道を～する/修正轨道 xiūzhèng guǐdào ▸無～で法案を可決する/不加修正使法案通过 bù jiā xiūzhèng shǐ fǎ'àn tōngguò

しゅうせい【修整する】 **修整** xiūzhěng （[英] *retouch*） ▸映画フィルムを～する/修整电影胶卷 xiūzhěng diànyǐng jiāojuǎn

しゅうせい【終生】 **终生** zhōngshēng; **毕生** bìshēng （[英] *all one's life*） ▸～忘れない/终生难忘 zhōngshēng nán wàng ▸～の事業/毕生事业 bìshēng shìyè

しゅうせい【習性】 《動物の》**习性** xíxìng; 《癖》**习癖** xípǐ （[英] *a habit*） ▸アフリカ象の～/非洲象的生活习性 fēizhōuxiàng de shēnghuó xíxìng ▸この鳥は雄が卵を抱いて孵(かえ)す～がある/这种鸟有雄性抱蛋孵化的习性 zhè zhǒng niǎo yǒu xióngxìng bào dàn fūhuà de xíxìng

しゅうせい【集成する】 **集成** jíchéng; **汇集** huìjí （[英] *collect*）

じゅうせい【銃声】 **枪声** qiāngshēng （[英] *a shot; the report of a gun*） ▸突然～が一発とどろいた/突然一声枪响 tūrán yì shēng qiāng xiǎng

じゅうぜい【重税】 **重税** zhòngshuì （[英] *a heavy tax*） ▸我々は所得税, 住民税など～を課せられている/我们被课以所得税、居民税等重税 wǒmen bèi kè yǐ suǒdéshuì、jūmínshuì děng zhòngshuì ▸～に苦しむ/苦于重税 kǔyú zhòngshuì

しゅうせき【集積する】 **集聚** jíjù （[英] *accumulate*） ▸～回路/集成电路 jíchéng diànlù ▸木材の～所/木材集聚地 mùcái jíjùdì

じゅうせき【重責】 **重任** zhòngrèn （[英] *a heavy responsibility*） ▸～を担う/身负重任 shēn fù zhòngrèn

[日中比較] 中国語の '重责 zhòngzé' は「厳しく処罰する」こと.

じゅうせき【自由席】 《劇場の》**散座儿** sǎnzuòr （[英] *a nonreserved seat*）

しゅうせん【周旋する】 **斡旋** wòxuán; **介绍** jièshào （[英] *act as an agent*）
◆～料：介绍费 jièshàofèi

しゅうせん【終戦】 **战争结束** zhànzhēng jiéshù （[英] *the end of a war*）

しゅうぜん【修繕する】 **修理** xiūlǐ; **修缮** xiū-

しゅう; 修補 xiūbǔ (英 repair) ▶その家に住むには水周りの〜が必要である/要在那个房子住，上下水道需要修理 yào zài nàge fángzi zhù, shàngxià shuǐdào xūyào xiūlǐ ▶この靴は〜が必要だ/这双鞋需要修补 zhè shuāng xié xūyào xiūbǔ

じゅうぜん【十全の】十全 shíquán; 完善 wánshàn; 齐全 qíquán (英 perfect) ▶〜な準備を整える/做好完善的准备 zuòhǎo wánshàn de zhǔnbèi

じゅうぜん【従前】 从前 cóngqián (英 until now; as usual) ▶通りに/一如既往 yì rú jìwǎng

しゅうそ【臭素】〔化学〕溴 xiù (英 bromine)

じゅうそう【重奏】〔音楽〕重奏 chóngzòu (英 an ensemble) ▶弦楽四〜/弦乐四重奏 xiányuè sìchóngzòu

じゅうそう【重曹】〔化学〕小苏打 xiǎosūdá; 碳酸氢钠 tànsuān qīngnà (英 bicarbonate)

じゅうそう【縦走する】南北纵行 nánběi zòngxíng; 沿山脊走 yán shānjǐ zǒu (英 traverse) ▶日本アルプスを〜する/沿着日本阿尔卑斯山走 yánzhe Rìběn Ā'ěrbēisīshān zǒu

しゅうそく【収束する】了结 liǎojié; 完结 wánjié (英 be concluded) ▶無益な争いもこれで〜するだろう/无益的争论也该到此结束了吧 wúyì de zhēnglùn yě gāi dào cǐ jiéshù le ba

しゅうそく【終息する】结束 jiéshù; 平息 píngxī (英 end) ▶戦争も〜した/战争结束了 zhànzhēng jiéshù le

しゅうぞく【習俗】 习俗 xísú (英 manners and customs)

じゅうぞく【充足する】 充足 chōngzú; 满足 mǎnzú (英 satisfy) ▶〜感/充足感 chōngzúgǎn ▶欲望を〜させる/满足欲望 mǎnzú yùwàng

じゅうぞく【従属する】隶属 lìshǔ; 从属 cóngshǔ (英 be subordinate)

しゅうたい【醜態】丑态 chǒutài (英 disgraceful behavior) ▶〜をさらす/出洋相 chū yángxiàng; 丢丑 diūchǒu ▶人前で〜を演じる/当众出丑 dāngzhòng chūchǒu; 在人前丢脸 zài rénqián diūliǎn

じゅうたい【重態】病危 bìngwēi; 病笃 bìngdǔ (英 serious condition) ▶今朝未明，父は〜に陥った/今早凌晨，父亲病危 jīnzǎo língchén, fùqin bìngwēi

じゅうたい【渋滞する】堵塞 dǔsè; 阻塞 zǔsè; (車で) 堵车 dǔchē (英 be jammed) ▶交通〜/交通堵塞 jiāotōng dǔsè; 交通阻塞 jiāotōng zǔsè ▶交通〜を緩和する/缓解交通堵塞 huǎnjiě jiāotōng dǔsè ▶この通りはいつも〜している/这条路一直堵车 zhè tiáo lù yìzhí dǔchē

じゅうたい【縦隊】纵队 zòngduì (英 a file) ▶2 列〜/两列纵队 liǎng liè zòngduì ▶一年生が運動会で 4 列〜で行進する/一年级的学生们在运动会上排成四列纵队行进 yīniánjí de xuéshengmen zài yùndònghuìshang páichéng sì liè zòngduì xíngjìn

じゅうだい【十代の】(英 teen-age) ▶僕はまだ〜である/我才十几岁 wǒ cái shíjǐ suì

じゅうだい【重大な】重大 zhòngdà; 严重 yánzhòng; 重要 zhòngyào (英 important; serious) ▶〜な時機/紧要关头 jǐnyào guāntóu ▶〜事件/重大事件 zhòngdà shìjiàn ▶海水温度の上昇は漁業に〜影響を及ぼす/海水温度上升对渔业有着重大的影响 hǎishuǐ wēndù shàngshēng duì yúyè yǒuzhe zhòngdà de yǐngxiǎng ▶ささいなことが〜問題に発展する/琐碎的小事发展成重大问题 suǒsuì de xiǎoshì fāzhǎnchéng zhòngdà wèntí ▶生活用水の垂れ流しはその湖の生態を〜な危機にさらす/随便排放生活用水使湖水的生态面临严重危机 suíbiàn páifàng shēnghuóyòng shuǐ shǐ húshuǐ de shēngtài miànlín yánzhòng wēijī ▶売り上げの減少に対して執行役員の責任は〜である/对销售额的减少，执行干部的责任重大 duìyú xiāoshòu'é de jiǎnshǎo, zhíxíng gànbù de zérèn zhòngdà

しゅうたいせい【集大成する】集大成 jídàchéng (英 compile... into one book)

じゅうたく【住宅】住房 zhùfáng; 住宅 zhùzhái (英 a house) ▶〜地/住宅区 zhùzháiqū ▶貧しい人々に〜を供給する/为穷人提供住房 wèi qióngrén tígōng zhùfáng ▶都会では狭いところでも〜を建てる/城市里狭小的地方也盖房子 chéngshìlǐ xiáxiǎo de dìfang yě gài fángzi ▶都会の〜難は今に始まったことではない/城市的住房难并非现在开始的 chéngshì de zhùfángnán bìngfēi xiànzài kāishǐ de ▶資金を捻出するのに大変な思いをする/为了筹措住宅资金可真够受的 wèile chóucuò zhùzhái zījīn kě zhēn gòushòude ▶この辺は広い敷地を持つ古い〜が多い/这一带有很多拥有大片土地的老房子 zhè yídài yǒu hěn duō yōngyǒu dàpiàn tǔdì de lǎofángzi

◆〜ローン|住房贷款 zhùfáng dàikuǎn

しゅうだん【集団】集体 jítǐ; 集团 jítuán (英 a group; a mass) ▶反革命〜/反革命集团 fǎngémìng jítuán ▶アフリカ象は〜を作って行動する/非洲象结成群体共同行动 fēizhōuxiàng jiéchéng qúntǐ gòngtóng xíngdòng ▶食中毒の〜発生/发生集体食物中毒 fāshēng jítǐ shíwù zhòngdú ▶暴行のニュースは後を絶たない/团伙使用暴力的新闻接连不断 tuánhuǒ shǐyòng bàolì de xīnwén jiēlián búduàn

◆〜検診|集体体检 jítǐ tǐjiǎn ▶年に一度，会社は〜検診を受けさせなければならない/公司必须一年一次让员工们集体接受体检 gōngsī bìxū yì nián yí cì ràng yuángōngmen jítǐ jiēshòu tǐjiǎn ~生活|集体生活 jítǐ shēnghuó ▶〜生活を送る/过集体生活 guò jítǐ shēnghuó ~訴訟|集体诉讼 jítǐ sùsòng ▶公害の〜訴訟/控告公害的集体诉讼 kònggào gōnghài de jítǐ sùsòng

じゅうたん【絨毯】地毯 dìtǎn (英 a carpet) ▶〜の敷きつめられた部屋/全都铺了地毯的房间

quándōu pūle dìtǎn de fángjiān

じゅうだん【銃弾】 枪弹 qiāngdàn; 子弹 zǐdàn (英 *a bullet*) ▶~による傷/子弹枪伤 zǐdàn qiāngshāng

じゅうだん【縦断する】 纵贯 zòngguàn (英 *run through...*) ▶~面/纵断面 zòngduànmiàn

しゅうち【周知】 众所周知 zhòng suǒ zhōuzhī (英 *common knowledge*) ▶高血圧になったら薬を毎日服用するのは～のことだ/得了高血压就得每天吃药,这是众所周知的事情 déle gāoxuèyā jiù děi měitiān chī yào, zhè shì zhòng suǒ zhōuzhī de shìqing ▶新しい伝票の書き方を～徹底させる/彻底让大家弄清楚传票的新写法 chèdǐ ràng dàjiā nòng qīngchu chuánpiào de xīnxiěfǎ

しゅうち【羞恥】 羞耻 xiūchǐ; 怕羞 pàxiū (英 *shyness*) ▶~心/羞耻心 xiūchǐxīn ▶~心のない/不知羞耻 bù zhī xiūchǐ ▶彼らは～のかけらもない/他们一点儿也没有羞耻心 tāmen yìdiǎnr yě méiyǒu xiūchǐxīn

しゅうち【衆知】 (英 *the wisdom of many*) ▶~を集める/集思广益 jí sī guǎng yì

しゅうちく【修築する】 修筑 xiūzhù; 修理 xiūlǐ (英 *repair*) ▶校舎の～が始まった/开始修理校舍了 kāishǐ xiūlǐ xiàoshè le

しゅうちゃく【執着する】 执着 zhízhuó; 留恋 liúliàn; 贪恋 tánliàn (英 *cling; be attached*) ▶~心/执着之念 zhízhuó zhī niàn ▶生への～/对生的执着 duì shēng de zhízhuó ▶彼は現在の地位に～している/他贪恋现在的地位 tā tānliàn xiànzài de dìwèi ▶おのれの生に～しない人はいない/没有人不贪恋自己的生命 méiyǒu rén bù tānliàn zìjǐ de shēngmìng

しゅうちゃくえき【終着駅】 终点站 zhōngdiǎnzhàn (英 *a terminal station*)

しゅうちゅう【集中する】 集中 jízhōng; 聚集 jùjí (英 *concentrate*) ▶～豪雨/集中性暴雨 jízhōngxìng bàoyǔ ▶～攻撃/集中攻击 jízhōng gōngjī ▶～力/集中力 jízhōnglì ▶工業が沿海地区に～している/工业集中在沿海地区 gōngyè jízhōng zài yánhǎi dìqū ▶今話題の彼一人に質問が～する/提问集中在成为话题人物的他一个人身上 tíwèn jízhōng zài chéngwéi huàtí rénwù de tā yí ge rén shēnshang ▶僕は注意をしていられる時間が極めて短い/我能集中注意力的时间极其短 wǒ néng jízhōng zhùyìlì de shíjiān jíqí duǎn ▶彼はその問題の解決に努力を～した/他集中全力去解决那个问题 tā jízhōng quánlì qù jiějué nàge wèntí ▶読書には～力が必要です/读书需要注意力集中 dúshū xūyào zhùyìlì jízhōng ▶生徒たちはジェット戦闘機の離着陸音に～力を失った/学生们因喷气式战斗机的噪音不能集中注意力 xuéshengmen yīn pēnqìshì zhàndòujī qǐluò de zàoyīn bùnéng jízhōng zhùyìlì ▶プロ野球選手の一球一打に掛ける～力は凄い/职业棒球选手对每一球每一打的集中力十分惊人 zhíyè bàngqiú xuǎnshǒu duì měi yì qiú měi yì dǎ de jízhōnglì shífēn jīngrén

しゅうちょう【酋長】 酋长 qiúzhǎng (英 *a chief*)

じゅうちん【重鎮】 重要人物 zhòngyào rénwù; 泰斗 tàidǒu (英 *a leading figure*)
> 日中比較 中国語の'重鎮 zhòngzhèn'は軍事・経済などで「重要な都市」のこと.

しゅうてい【修訂する】 修订 xiūdìng (英 *revise*) ▶~版/修订本 xiūdìngběn

しゅうてん【終点】 终点 zhōngdiǎn; 终点站 zhōngdiǎnzhàn (英 *the terminus*) ▶~には何時に着きますか/几点到终点呢? jǐ diǎn dào zhōngdiǎn ne? ▶このバスで～まで行ってそこから30分歩きます/坐这辆公共汽车到终点,从那里再走三十分钟 zuò zhè liàng gōnggòng qìchē dào zhōngdiǎn, cóng nàli zài zǒu sānshí fēnzhōng ▶仙台がこの列車の～です/这次列车的终点站是仙台 zhè cì lièchē de zhōngdiǎnzhàn shì Xiāntái

しゅうでん【終電】 ⇒しゅうでんしゃ【終電車】

じゅうてん【充填する】 填充 tiánchōng (英 *fill up*) ▶~材/填充材料 tiánchōng cáiliào ▶タイルの目地を～材で補強する/用填充材料强化瓷砖接缝 yòng tiánchōng cáiliào qiánghuà cízhuān jiēfèng

じゅうてん【重点】 重点 zhòngdiǎn; 着重点 zhuózhòngdiǎn (英 *an important point*) ▶~を押さえる/把握重点 bǎwò zhòngdiǎn ▶若い読者に～を置く/把重点放在年轻读者上 bǎ zhòngdiǎn fàngzai niánqīng dúzhěshang ▶その問題を～的に調べる/着重调查那个问题 zhuózhòng diàochá nàge wèntí ▶行方不明になった子供を川下の深みを～的に浚(さら)う/搜索失踪儿童,重点探察河流下游的深处 sōusuǒ shīzōng értóng, zhòngdiǎn tàncháhé liú xiàyóu de shēnchù

じゅうでん【充電する】 充电 chōngdiàn; (比喩) 休整 xiūzhěng (英 *charge*) ▶~器/充电器 chōngdiànqì ▶電池に～する/给电池充电 gěi diànchí chōngdiàn ▶この髭剃り器は絶えず～しなくてはならない/这个剃须刀须要经常充电 zhège tìxūdāo xūyào jīngcháng chōngdiàn ▶《比喩的に》～の休暇をとる/休整 xiūzhěng ▶3ヶ月海外で～してきた/在国外休整三个月储存了活力 zài guówài xiūzhěng sān ge yuè chǔcúnle huólì

しゅうでんしゃ【終電車】 末班电车 mòbān diànchē (英 *the last train*) ▶～でも多くの女性が乗っている/连末班电车也有很多女性乘坐 lián mòbān diànchē yě yǒu hěn duō nǚxìng chéngzuò

しゅうと【舅】 公公 gōnggong; 岳父 yuèfù (英 *one's father-in-law*)
> 日中比較 中国語の'舅 jiù'は'舅舅'の形で「母の兄弟」を指す.

シュートする (バスケット) 投篮 tóulán; (サッカー) 射门 shèmén; (野球) 自然曲线球 zìrán qūxiānqiú (英 *shoot*) ▶4本～して1本ゴールする/四次射门，一次进球 sì cì shèmén, yí cì jìn qiú

じゅうど【重度の】 程度严重 chéngdù yánzhòng (英 *severe*) ▶～の障害/严重残疾 yánzhòng cánjí

しゅうとう【周到な】 周到 zhōudào; 周全 zhōuquán (英 *careful*) ▶～な準備を整える/准备得很周到 zhǔnbèide hěn zhōudào

しゅうどう【修道】 (英 *religious study*) ▶～院/修道院 xiūdàoyuàn ▶～僧/修道士 xiūdàoshì

じゅうとう【充当する】 充当 chōngdāng; 填补 tiánbǔ (英 *appropriate*) ▶不足額は予備費から～する/不足的金额从预备费中划拨 bùzú de jīn'é cóng yùbèifèi zhōng huàbō ▶人员は必要なだけ～する/人员需要几个就补充几个 rényuán xūyào jǐ ge jiù bǔchōng jǐ ge

じゅうどう【柔道】 (スポーツ) 柔道 róudào (英 *judo*) ▶～家/柔道家 róudàojiā ▶～着/柔道服 róudàofú

しゅうとく【拾得する】 拾取 shíqǔ; 拾得 shídé (英 *find*) ▶駅の～物/在车站捡到的东西 zài chēzhàn jiǎndào de dōngxi ▶～者/拾遺者 shíyízhě

しゅうとく【習得する】 学好 xuéhǎo; 学会 xuéhuì; 掌握 zhǎngwò (英 *learn*) ▶技術を～する/掌握技术 zhǎngwò jìshù ▶言語は環境よりは本人のやる気だ/学习语言与其说取决于环境不如说取决于本人的干劲 xuéxí yǔyán yǔqí shuō qǔjué yú huánjìng bùrú shuō qǔjué yú běnrén de gànjìn

しゅうとめ【姑】 (夫の母) 婆婆 pópo;（妻の母) 岳母 yuèmǔ; 丈母娘 zhàngmǔniáng (英 *one's mother-in-law*)

日中比較 中国語の'姑 gū'は'姑姑'の形で「父の姉妹」を指す。

じゅうなん【柔軟な】 ❶【体が】柔软 róuruǎn (英 *supple*) ▶～体操/柔软体操 róuruǎn tǐcāo ▶かつて私も体が～で苦もなく手が床に付いた/以前我的身体也很柔软，不费事就可以手摸着地 yǐqián wǒ de shēntǐ yě hěn róuruǎn, bú fèishì jiù kěyǐ shǒu mōzhe dì ❷【考えが】灵活 línghuó; 不拘泥 bù jūnì (英 *flexible*) ▶～な態度/灵活的态度 línghuó de tàidu ▶～性を失う/僵化 jiānghuà ▶何事にも～に対応する/任何事情都灵活对应 rènhé shìqing dōu línghuó duìyìng ▶彼の～な態度はどちら側の人にも信頼がある/他灵活的态度在任何一方的人中都有信赖感 tā línghuó de tàidu zài rènhé yìfāng de rén zhōng dōu yǒu xìnlàigǎn

じゅうに【十二】 (英 *twelve*) ◆十二進法；十二进位法 shí'èr jìnwèifǎ

じゅうにがつ【十二月】 十二月 shí'èr yuè (英 *December*)

じゅうにし【十二支】 十二支 shí'èrzhī; 地支 dìzhī (英 *the zodiac of the Orient*)

じゅうにしちょう【十二指腸】 〔解〕十二指肠 shí'èrzhǐcháng (英 *the duodenum*)

じゅうにぶん【十二分】 充分 chōngfèn; 十二分 shí'èrfēn (英 *more than enough*) ▶君はもう～に働いた/你的贡献已经足够了 nǐ de gòngxiàn yǐjīng zúgòu le

しゅうにゅう【収入】 收入 shōurù; 进项 jìnxiang (英 *income*) ▶～印紙/印花税票 yìnhuā shuìpiào ▶臨時～/临时收入 línshí shōurù; 外快 wàikuài ▶～と支出のバランス/收支平衡 shōuzhī pínghéng ▶安定した～/稳定的收入 wěndìng de shōurù ▶多額の～/大笔收入 dàbǐ shōurù ▶親子4人が生活できる～がある/收入够一家四口人生活 shōurù gòu yì jiā sì kǒu rén shēnghuó ▶～を得る/索得收入 suǒdé shōurù ▶不況で～が減る/因为不景气收入减少 yīnwèi bùjǐngqì shōurù jiǎnshǎo ▶～以内の生活をする/过花销不超过收入的生活 guò huāxiao bù chāoguò shōurù de shēnghuó ▶石油による～/石油收益金 shíyóu shōuyìjīn ▶主たる～源/主要的收入来源 zhǔyào de shōurù láiyuán ▶広告～/来自广告的收入 láizì guǎnggào de shōurù ▶彼は貸家からの家賃～がある/他租赁房屋,收取房利 tā zūlìn fángwū, shōuqǔ fángzū ▶彼女のアルバイトで家計が助かっている/靠她打工的收入贴补家用 kào tā dǎgōng de shōurù tiēbǔ jiāyòng

しゅうにん【就任する】 就职 jiùzhí; 就任 jiùrèn (英 *be inaugurated*) ▶最年少で大統領に～する/以最年轻的年纪就任总统 yǐ zuì niánqīng de niánjì jiùrèn zǒngtǒng ▶大統領～式/总统就职典礼 zǒngtǒng jiùzhí diǎnlǐ ▶～演説をテレビを通じて行う/通过电视转播就职演说 tōngguò diànshì zhuǎnbō jiùzhí yǎnshuō

じゅうにん【住人】 住户 zhùhù; 居民 jūmín (英 *an inhabitant; a resident*) ▶同じマンションの～30名が反対する/同一公寓的居民三十人反对 tóngyī gōngyù de jūmín sānshí rén fǎnduì

じゅうにんといろ【十人十色】 十个人十个样 shí ge rén shí ge yàng; 十个指头不一般齐 shí ge zhǐtou bù yìbān qí (英 *So many men, so many minds.*)

じゅうにんなみ【十人並みの】 普通 pǔtōng; 一般 yìbān; 平均水平 píngjūn shuǐpíng (英 *average*) ▶彼の頭脳は～以上だ/他的头脑超过一般人 tā de tóunǎo chāoguò yìbānrén

しゅうねん【周年】 周年 zhōunián (英 *an anniversary*) ▶5～/五周年 wǔ zhōunián

しゅうねん【執念の】 執著之念 zhízhuó zhī niàn (英 *revengeful; tenacious*) ▶県警の～の捜査で犯人逮捕に漕ぎつけた/在县警察坚持不懈的搜查下，犯人终于被逮捕 zài xiànjǐngchá jiānchí bú xiè de sōucháxià, fànrén zhōngyú bèi dàibǔ ▶～深い/执着的 zhízhuó de; 固执 gùzhí; 执拗 zhíniù ▶～深くかつての交際相手につきまとう/执拗地追缠以前曾交往的对象 zhíniù de zhuīchán yǐqián céng jiāowǎng de duìxiàng

じゅうねん【十年】 十年 shí nián (英 *ten*

～一昔 十年一過如同隔世 shí nián yí guò rútóng géshì

しゅうのう【収納する】 收纳 shōunà；收进 shōujìn（英 store）▶部屋数は多いが～スペースが少ない/房间数虽然很多，但是存放东西的空间却很少 fángjiānshù suīrán hěn duō, dànshì cúnfàng dōngxi de kōngjiān què hěn shǎo
◆～室：收藏室 shōucángshì

しゅうは【周波】 周波 zhōubō；频率 pínlǜ（英 a cycle）▶～低～/低频率 dīpínlǜ
◆～数：频率 pínlǜ ▶NHKの第一に～数を合わせる/调频调到NHK广播第一台 tiáopín tiáodào NHK guǎngbō dìyī tái

しゅうは【宗派】 宗派 zōngpài（英 a sect）▶～の異なった者たちの争い/属于不同宗派的人的斗争 shǔyú bùtóng zōngpài de rén de dòuzhēng

> 日中比较 中国語の'宗派 zōngpài'は「宗教の中での分派」という意味の他に「セクト」という意味も持つ。

しゅうは【秋波】 秋波 qiūbō（英 an amorous glance）▶～を送る/送秋波 sòng qiūbō

しゅうはい【集配】 收发 shōufā；收送 shōusòng（英 collection and delivery）▶郵便の～/收发邮件 shōufā yóujiàn ▶～時刻/收集和送的时间 shōují hé dìsòng de shíjiān ▶運送屋の～トラック/搬运公司的收送车 bānyùn gōngsī de shōusòngchē

じゅうばこ【重箱】（装菜的）套盒（zhuāng cài de）tàohé（英 lacquered boxes）
～の隅をつつくような 斤斤计较 jīnjīn jìjiào；挑剔 tiāoti

しゅうバス【終バス】 末班车 mòbānchē（英 the last bus）▶～に乗り遅れる/没赶上末班车 méi gǎnshàng mòbānchē

じゅうはちばん【十八番】 拿手 náshǒu（英 one's forte）

しゅうばん【終盤】 收尾阶段 shōuwěi jiēduàn（英 the last stage）▶試合は何事もなく～を迎えた/比赛圆满迎来尾声 bǐsài yuánmǎn yínglái wěishēng

じゅうはん【重版する】〔印刷〕再版 zàibǎn；重版 chóngbǎn；重印 chóngyìn（英 print a second impression）▶その本は何回も～された/那本书已重版多次 nà běn shū yǐ chóngbǎn duōcì

じゅうはん【従犯】 从犯 cóngfàn（英 an accessory）

しゅうび【愁眉】（英 a worried look）▶～を開く/展开愁眉 zhǎnkāi chóuméi

じゅうびょう【重病】 重病 zhòngbìng（英 a serious illness）▶～にかかる/得重病 dé zhòngbìng ▶～患者/重病患者 zhòngbìng huànzhě ▶彼本人が思っているほど～ではない/他的病并没有像他自己想的那么重 tā de bìng méiyǒu xiàng tā zìjǐ xiǎng de nàme zhòng

しゅうふく【修復する】 修复 xiūfù（英 restore）▶絵画の～/修复绘画 xiūfù huìhuà ▶五重塔の～には3年かかった/修复五重塔花费了三年 xiūfù wǔ chóng tǎ huāfèile sān nián ▶二人のこじれた仲の～を図った/试图修复两个人恶化的关系 shìtú xiūfù liǎng ge rén èhuà de guānxi

しゅうぶん【秋分】 秋分 qiūfēn（英 the autumnal equinox）
◆～の日 母は～の日に菊と酒を墓前に供えた/秋分节母亲在墓前供上了菊花和酒 Qiūfēnjié mǔqin zài mùqián gòngshàngle júhuā hé jiǔ

しゅうぶん【醜聞】 丑闻 chǒuwén（英 a scandal）▶～が立つ/丑闻传开 chǒuwén chuánkāi ▶大臣の政治の～が絶えない/大臣的政治丑闻接连不断 dàchén de zhèngzhì chǒuwén jiēlián búduàn

じゅうぶん【十分】 充足 chōngzú；充分 chōngfèn；足够 zúgòu（英 enough）▶お酒も食事も～いただきました/我已经酒足饭饱了 wǒ yǐjing jiǔ zú fàn bǎo le ▶それで～です/这已经足够了 zhè yǐjing zúgòu le ▶山で2泊するだけの食糧は～に持った/准备了足够两天登山露宿的食品 zhǔnbèile zúgòu liǎng tiān dēngshān lùsù de shípǐn ▶時間は～あるから余裕を持ってやりなさい/时间有的是，富富有余地做吧 shíjiān yǒudeshì, fùfù yǒuyú de zuò ba ▶まじめにやるなら2年もあれば～だ/如果认真学习的话，有两年就足够了 rúguǒ rènzhēn xuéxí dehuà, yǒu liǎng nián jiù zúgòu le ▶これで長さは～ですか/这个长度够吗？zhège chángdù gòu ma？▶読む価値は～ある/有足够的阅读价值 yǒu zúgòu de yuèdú jiàzhí ▶～考えてみる/充分考虑考虑 chōngfèn kǎolǜ kǎolǜ

> 日中比较 中国語の'十分 shífēn'は「非常に」という副詞。

しゅうへき【習癖】 恶习 èxí；坏毛病 huàimáobìng（英 a habit）

しゅうへん【周辺】 周围 zhōuwéi；四围 sìwéi（英 the periphery）▶～の情勢/周围的局势 zhōuwéi de júshì ▶公園の～にマンション群が広がる/公园附近到处是公寓大楼 gōngyuán fùjìn dàochù shì gōngyù dàlóu ▶横浜～は異国の趣がある/横滨周围有着一种异国情调 Héngbīn zhōuwéi yǒuzhe yì zhǒng yìguó qíngdiào ▶私の～の農家は主にハウス野菜を作っている/我家周围的农户主要栽培塑料大棚蔬菜 wǒ jiā zhōuwéi de nónghù zhǔyào zāipéi sùliào dàpéng shūcài

しゅうほう【週報】 周报 zhōubào；一个星期的汇报 yí ge xīngqī de huìbào（英 a weekly report）▶営業部員は～を出すことになっている/按规定，营业部的职员要交每周的汇报 àn guīdìng, yíngyèbù de zhíyuán yào jiāo měizhōu de huìbào

しゅうぼう【衆望】 众望 zhòngwàng（

popularity）▶～を担う/肩负众望 jiānfù zhòngwàng

じゅうほう【銃砲】枪炮 qiāngpào；枪支 qiāngzhī ▶ *guns*）▶アメリカの～店の有り様を見ると恐ろしい/一看美国的枪炮商店的光景就感到害怕 yí kàn Měiguó de qiāngpào shāngdiàn de guāngjǐng jiù gǎndào hàipà

シューマイ【焼売】〖料理〗烧卖 shāomai（*a steamed Chinese meat dumpling*）▶えび～/虾仁烧卖 xiārén shāomai

しゅうまく【終幕】❶〖芝居の〗结幕 jiémù；闭幕 bìmù（英 *the last scene*）❷〖事件の〗结局 jiéjú（英 *the end*）

しゅうまつ【終末】终局 zhōngjú；终了 zhōngliǎo；结局 jiéjú（英 *an end*）▶母は明け方～を迎えた/黎明时，母亲走到了人生尽头 límíng shí, mǔqīn zǒudàole rénshēng jìntóu

しゅうまつ【週末】周末 zhōumò（英 *a weekend*）▶～は伊東の別荘で過ごす/周末在伊东的别墅过 zhōumò zài Yīdōng de biéshù guò ▶～をスキーで楽しむ/滑雪度周末 huáxuě dù zhōumò

じゅうまん【充満する】充满 chōngmǎn（英 *be filled with...*）▶室内に煙が～する/屋里充满烟雾 wūli chōngmǎn yānwù ▶国民の不満が村々に～した/国民的不满遍布各个村庄 guómín de bùmǎn biànbù gègè cūnzhuāng

じゅうみん【住民】居民 jūmín（英 *inhabitants; residents*）▶～税/居民税 jūmínshuì ▶～はごみ焼却炉の建設に反対している/居民反对修建垃圾焚烧炉 jūmín fǎnduì xiūjiàn lājī fénshāolú

♦～投票｜居民投票 jūmín tóupiào ▶直接の～投票で決める/以居民直接投票表决 yǐ jūmín zhíjiē tóupiào biǎojué

しゅうめい【襲名する】继承师名 jìchéng shīmíng（英 *succeed to the name of...*）▶～披露/宣布继承师名的活动 xuānbù jìchéng shīmíng de huódòng

しゅうもく【衆目】众目 zhòngmù（英 *public attention*）▶この作品が彼の最高傑作であることは～の一致するところだ/大家一致认为这部作品是他的最佳杰作 dàjiā yízhì rènwéi zhè bù zuòpǐn shì tā de zuìjiā jiézuò

しゅうもん【宗門】（佛教的）宗派（Fójiào de）zōngpài（英 *a sect*）

じゅうもんじ【十文字】十字形 shízìxíng（英 *a cross*）▶～に交叉地 jiāochā de ▶資源ごみの古新聞を～に縛る/把可回收的旧报纸打成十字捆 bǎ kě huíshōu de jiùbàozhǐ dǎchéng shízì kǔn

しゅうや【終夜】整夜 zhěngyè；通宵 tōngxiāo（英 *all night*）▶～営業/通宵营业 tōngxiāo yíngyè ▶大晦日の電車は～運転です/除夕夜电车通宵运行 chúxīyè diànchē tōngxiāo yùnxíng

しゅうやく【集約する】汇集 huìjí；集约 jíyuē；总括 zǒngkuò（英 *put... together*）▶問題はこの一点に～される/问题集中在这一点上 wèntí jízhōng zài zhè yì diǎn shang

♦～農業｜集约农业 jíyuē nóngyè

じゅうやく【重役】《会社の》董事 dǒngshì（英 *a director; an executive*）▶彼は今は自動車会社の～におさまっている/他现在坐上了汽车公司董事的位子 tā xiànzài zuòshàngle qìchē gōngsī dǒngshì de wèizi ▶40歳になる前に～になる/在四十岁以前成为董事 zài sìshí suì yǐqián chéngwéi dǒngshì ▶売り上げ減の問題は～会で検討される/营业额减少的问题在董事会上进行讨论 yíngyè'é jiǎnshǎo de wèntí zài dǒngshìhuìshang jìnxíng tǎolùn ▶彼は名前だけの～で、役員手当は出ない/他只是名义上的董事，得不到董事补贴 tā zhǐshì míngyìshang de dǒngshì, débudào dǒngshì bǔtiē

じゅうゆ【重油】重油 zhòngyóu（英 *heavy oil*；[原油] *crude petroleum*）▶タンカーで～を運ぶ/用油轮运载重油 yòng yóulún yùnzài zhòngyóu

しゅうゆう【周遊する】周游 zhōuyóu（英 *make a tour*）▶～券/周游券 zhōuyóuquàn ▶秋の北海道～券が値引きして売り出される/秋天的北海道周游券降价出售 qiūtiān de Běihǎidào zhōuyóuquàn jiàngjià chūshòu

しゅうよう【収用する】征用 zhēngyòng（英 *expropriate*）▶地権者は反対したが土地～が執行された/虽然遭到了土地所有者的反对，但还是征用了土地 suīrán zāodàole tǔdì suǒyǒuzhě de fǎnduì, dàn háishi zhēngyòngle tǔdì

♦土地～法｜土地征用法 tǔdì zhēngyòngfǎ

しゅうよう【収容する】容纳 róngnà；收容 shōuróng（英 *accommodate*）▶～所/集中营 jízhōngyíng；收容所 shōuróngsuǒ ▶千人の～能力のある講堂/能容纳一千人的礼堂 néng róngnà yìqiān rén de lǐtáng ▶事故の被害者は近くの病院に～された/事故的受害者被附近的医院所收容 shìgù de shòuhàizhě bèi fùjìn de yīyuàn suǒ jiēshōu ▶この映画館の～人数は300人です/这个电影院可以容纳三百人 zhège diànyǐngyuàn kěyǐ róngnà sānbǎi rén

♦強制～所｜集中营 jízhōngyíng

しゅうよう【修養する】修养 xiūyǎng；涵养 hányǎng（英 *cultivate one's mind*）▶君は精神の～が足りない/你缺乏精神方面的修养 nǐ quēfá jīngshén fāngmiàn de xiūyǎng

じゅうよう【重要な】要紧 yàojǐn；重要 zhòngyào（英 *important; significant; crucial*）▶～人物/重要人物 zhòngyào rénwù ▶～视/重视 zhòngshì ▶私にとっては非常に～なことだ/对我来说非常重要 duì wǒ lái shuō fēicháng zhòngyào ▶～な問題をバスの中で話す/重要的问题在公交车里讲 zài gōngjiāochēli jiǎng ▶～な仕事を任される/被委任以重要的工作 bèi wěirèn yǐ zhòngyào de gōngzuò ▶会議の裏方として～な役割を務める/作为会议幕后的工作人员，起着重要的作用 zuòwéi huìyì mùhòu de gōngzuò rényuán, qǐzhe zhòngyào de zuòyòng ▶太陽電池の～性は高まる一方だ/

太阳能电池的重要性日益高涨 tàiyángnéng diànchí de zhòngyàoxìng rìyì gāozhǎng ▶《指名手配された》～犯人のポスター/要犯的通缉画像 yàofàn de tōngjī huàxiàng
♦～参考人 ▶～参考人として警察に呼ばれる/作为重要的知情者被警察传唤 zuòwéi zhòngyào de zhīqíngzhě bèi jǐngchá chuánhuàn ～文化財 ▶雨乞いの石像が～文化財に指定される/乞雨的石像被指定为重要文化遗产 qǐyǔ de shíxiàng bèi zhǐdìng wéi zhòngyào wénhuà yíchǎn

じゅうよく【獣欲】 肉欲 ròuyù; 兽欲 shòuyù (英 carnal desire; lust)

しゅうらい【襲来する】 袭来 xílái; 袭击 xíjī (英 invade; attack; raid) ▶台風の～に備えて雨戸を補強する/为了防备台风的袭击加固了挡雨窗 wèile fángbèi táifēng de xíjī jiāgùle dǎngyǔchuāng

じゅうらい【従来】 从来 cónglái; 历来 lìlái; 以往 yǐwǎng (英 until now; formerly) ▶～通り/一如既往 yì rú jìwǎng ▶討議の結果～通りと決定した/经过讨论，决定和原来一样 jīngguò tǎolùn, juédìng hé yuánlái yíyàng ▶～職人の手でできてきた機械で作るようになった/原来是靠手工制作，现在变为机器生产了 yuánlái shì kào shǒugōng zhìzuò, xiànzài biànwéi jīqì shēngchǎn le ▶～の仕方では世界に通用しない/历来的方法在世界上不能通用 lìlái de fāngfǎ zài shìjièshang bùnéng tōngyòng

しゅうらく【集落】 村落 cūnluò; 村庄 cūnzhuāng (英 a village) ▶点在する～では年寄りだけが生活している/在零星分布的村庄里只生活着老人 zài língxīng fēnbù de cūnzhuāngli zhǐ shēnghuózhe lǎorén

しゅうり【修理】 修理 xiūlǐ (英 repair) ▶～工場/修理厂 xiūlǐchǎng ▶自動車を～する/修理汽车 xiūlǐ qìchē ▶その車は～に出す必要がある/那辆车需要修理 nà liàng chē xūyào xiūlǐ ▶～中のタンカー/正在修理的油轮 zhèngzài xiūlǐ de yóulún ▶中古車は～代がかさむ/旧车的修理费增多 jiùchē de xiūlǐfèi zēngduō ▶3年たって一人前の～工になった/过了三年成了独当一面的修理工 guòle sān nián chéngle dú dāng yí miàn de xiūlǐgōng ▶無料でガスレンジを～する/免费修理煤气灶 miǎnfèi xiūlǐ méiqìzào ▶～に出すよりは新たに買う方が安くつく/拿去修理还不如买新的便宜 náqù xiūlǐ hái bùrú mǎi xīn de piányi

日中比较 中国語の'修理 xiūlǐ'は「壊れたところを直す」という意味の他に「剪定する」という意味もある．

しゅうりょう【修了する】 结业 jiéyè; 学完 xuéwán (英 complete) ▶～証書/结业证书 jiéyè zhèngshū ▶義務教育を～する/完成义务教育 wánchéng yìwù jiàoyù

しゅうりょう【終了する】 结束 jiéshù; 终了 zhōngliǎo (英 end; finish) ▶試合が～した/比赛结束了 bǐsài jiéshù le ▶成功裡に～する/胜利结束 shènglì jiéshù ▶秋の市民運動会が無事～する/秋季市民运动会顺利结束 qiūjì shìmín yùndònghuì shùnlì jiéshù

じゅうりょう【重量】 重量 zhòngliàng; 分量 fènliàng (英 weight) ▶～超過の手荷物/超重的随身行李 chāozhòng de suíshēn xínglǐ ▶～感のある彫刻/有分量的雕刻 yǒu fènliàng de diāokè ▶軽量級より一級の試合の方が迫力がある/与轻量级相比，重量级的比赛更有震撼力 yǔ qīngliàngjí xiāngbǐ, zhòngliàngjí de bǐsài gèng yǒu zhènhànlì

♦～挙げ 举重 jǔzhòng ～トン ：重量吨位 zhòngliàng dūnwèi

文化 メートル法に基づく「キログラム」'公斤 gōngjīn'や「グラム」'克 kè'よりも，買い物やギョーザの注文などといった日常生活では伝統的な重さの単位である'斤 jīn'(500グラム)や'两 liǎng'(50グラム)が使われる．

じゅうりょく【重力】 重力 zhònglì (英 gravity; gravitation) ▶月の～/月球的重力 yuèqiú de zhònglì ▶地球の～圏内に入る/进入地球的重力圏内 jìnrù dìqiú de zhònglì quānnèi ▶大型輸送機を使って～状態を作る/使用大型运输机创造一个失重状态 shǐyòng dàxíng yùnshūjī chuàngzào yí ge shīzhòng zhuàngtài

じゅうりん【蹂躙する】 蹂躏 róulìn; 践踏 jiàntà (英 trample on...) ▶人権の～/践踏人权 jiàntà rénquán ▶アジアの小国が大国に～された/亚洲的小国受大国的蹂躏 Yàzhōu de xiǎoguó shòu dàguó de róulìn

ジュール 〖物理〗焦耳 jiāo'ěr (仕事量・熱量の単位) (英 a joule)

シュールレアリスム 超现实主义 chāoxiànshí zhǔyì (英 surrealism)

しゅうれい【秀麗な】 秀丽 xiùlì (英 graceful) ▶眉目～な/眉清目秀 méi qīng mù xiù

しゅうでんしゃ【終電車】 末班车 mòbānchē (英 the last train) ▶～に乗り遅れてタクシー代が高くついた/没赶上末班车，结果支付了很贵的出租车费 méi gǎnshàng mòbānchē, jiéguǒ zhīfùle hěn guì de chūzū chēfèi

しゅうれん【収斂する】 收缩 shōusuō; 收敛 shōuliǎn (英 converge) ▶問題を一点に～する/把问题归结为一点 bǎ wèntí guījié wéi yì diǎn

♦～剤 收敛剂 shōuliǎnjì

日中比较 中国語の'收敛 shōuliǎn'は「縮める」「縮まる」という意味の他に「表情や光が消えてなくなる」こと，「行いをおとなしくする」ことをいう．

しゅうれん【修練する】 锻炼 duànliàn; 磨练 móliàn (英 practice; drill) ▶～を積む/经常锻炼 jīngcháng duànliàn ▶長年の～の成果が現れた/经过多年锻炼，有了成果 jīngguò duōnián duànliàn, yǒule chéngguǒ

しゅうろう【就労する】 开始工作 kāishǐ gōngzuò; 上班 shàngbān (英 go to work; find work) ▶ストライキを中止して～する/停止罢工开始工作

tíngzhǐ bàgōng kāishǐ gōngzuò

じゅうろうどう【重労働】 重体力劳动 zhòngtǐlì láodòng; 重活 zhònghuó (英 *hard〔heavy〕 labor*) ▶～1年の刑を終えた/服完了一年重体力劳动改造的刑 fúwánle yì nián zhòngtǐlì láodòng gǎizào de xíng

しゅうろく【収録する】 ❶【資料などを】收录 shōulù; 辑录 jílù (英 *contrain*) ❷【録音・録画】录音 lùyīn; 录像 lùxiàng (英 *record*) ▶ 若い歌手が新曲をアメリカで～する/年轻歌手在美国录制新歌 niánqīng gēshǒu zài Měiguó lùzhì xīngē

じゅうろくミリ【十六ミリ】 十六毫米 shíliù háomǐ (英 *sixteen*) ▶～映画/十六毫米的电影 shíliù háomǐ de diànyǐng

しゅうわい【収賄する】 受贿 shòuhuì (英 *take a bribe*) ▶～で起诉される/因受贿而被起诉 yīn shòuhuì ér bèi qǐsù ▶～と贈賄/受贿和行贿 shòuhuì hé xínghuì

しゅえい【守衛】 门卫 ménwèi; 门岗 méngǎng; 看门人 kānménrén (英 *a guard; a doorkeeper*) ▶ 大学の～/大学的门卫 dàxué de ménwèi

じゅえき【樹液】 树液 shùyè (英 *sap*) ▶ 切り口から～がにじみ出る/树液从切口中渗出来 shùyè cóng qiēkǒu zhōng shènchūlai

じゅえきしゃ【受益者】 受益者 shòuyìzhě (英 *a beneficiary*) ▶ 費用は～負担とすべきである/费用应该由受益者负担 fèiyong yīnggāi yóu shòuyìzhě fùdān

しゅえん【主演する】 主演 zhǔyǎn (英 *star; play the leading part*) ▶～女優/女主角 nǚzhǔjué ▶～男優/男主角 nánzhǔjué ▶ 三船敏郎～の戦国映画/三船敏郎主演的战国电影 Sānchuán Mǐnláng zhǔyǎn de zhànguó diànyǐng

しゅえん【酒宴】 酒宴 jiǔyàn (英 *a feast*)

じゅかい【樹海】 树海 shùhǎi; 林海 línhǎi (英 *a sea of trees*) ▶ 富士山麓の～/富士山麓的林海 Fùshì shānlù de línhǎi

しゅかく【主客】 宾主 bīnzhǔ; 主次 zhǔcì (英 *host and guest*)
～転倒する 反客为主 fǎn kè wéi zhǔ; 喧宾夺主 xuān bīn duó zhǔ ▶ それは～転倒だ/那是喧宾夺主 nà shì xuān bīn duó zhǔ

しゅかく【主格】 〖文法〗主格 zhǔgé (英 *the nominative case*)

じゅがく【儒学】 儒学 rúxué (英 *Confucianism*)

しゅかん【主幹】 主管 zhǔguǎn; 主任 zhǔrèn (英 *the chief editor*) ▶ 編集～/主编 zhǔbiān

しゅかん【主観】 主观 zhǔguān (英 *subjectivity*) ▶～的な/主观性的 zhǔguānxìng de ▶～的に結論を下す/主观地下结论 zhǔguān de xià jiélùn ▶～を交えず客観的に述べる/不参入主观意识进行客观论述 bù cānrù zhǔguān yìshí jìnxíng kèguān lùnshù

しゅがん【主眼】 主要着眼点 zhǔyào zhuóyǎndiǎn; 重点 zhòngdiǎn (英 *the chief aim*) ▶ 社員の福利厚生に～を置く/将着眼点放在公司员工的福利保健上 jiāng zhuóyǎndiǎn fàngzài gōngsī yuángōng de fúlì bǎojiànshang

しゅき【手記】 手记 shǒujì (英 *a note; a memoir*) ▶ その女優は芸能界の裏話を～にまとめた/那位女演员把演艺界的秘闻写入手记 nà wèi nǚyǎnyuán bǎ yǎnyìjiè de mìwén xiěrù shǒujì

しゅき【酒気】 酒气 jiǔqì; 酒味 jiǔwèi (英 *the odor of liquor*) ▶～を帯びる/带酒气 dài jiǔqì

しゅぎ【主義】 主义 zhǔyì (英 *a principle; a doctrine*) ▶ マルクス～/马克思主义 Mǎkèsī zhǔyì ▶～を曲げて利益を取る/改变方针获取利益 gǎibiàn fāngzhēn huòqǔ lìyì ▶～のために死ぬ人もいるのだ/竟有为了主义而死的人 jìng yǒu wèile zhǔyì ér sǐ de rén ▶ 何をやるにしても彼は～節操がない/他做什么事儿都没有信仰 tā zuò shénme shìr dōu méiyǒu xìnyǎng ▶ 彼は悪に報いるに善をもって～だった/他坚持以善报恶的信条 tā jiānchí yǐ shàn bào è de xìntiáo ▶ 定年後は健康第一～でゆく/退休后健康放在第一位 tuìxiūhòu jiànkāng fàngzài dìyī wèi ▶ 事なかれ～で一生を送る/以但求无事的消极主义度过一生 yǐ dàn qiú wú shì de xiāojí zhǔyì dùguò yìshēng ▶ 菜食～が流行している/现在流行食素主义 xiànzài liúxíng sùshí zhǔyì

しゅきゃく【主客】 ⇨しゅかく(主客)

じゅきゅう【受給する】 領 (英 *receive*) ▶ 年金～者になるまでにまだ数年ある/再等几年才能拿到养老金 zài děng jǐ nián cái néng nádào yǎnglǎojīn

じゅきゅう【需給】 供求 gōngqiú; 供需 gōngxū (英 *supply and demand*) ▶～のバランス/供需平衡 gōngxū pínghéng ▶～関係/供求关系 gōngqiú guānxi

しゅぎょう【修行する】 《宗教上の》修道 xiūdào; 修练 xiūliàn; 练武 liànwǔ (英 *train oneself*) ▶ 京都の料亭で～を積む/在京都的一家餐馆学艺 zài Jīngdū de yì jiā cānguǎn xuéyì ▶～を終えると棟梁から一式を貰った/出师后从师傅那里得到一套木匠工具 chūshīhòu cóng shīfu nàli dédào yí tào mùjiang gōngjù

じゅきょう【儒教】 儒教 Rújiào (英 *Confucianism*)

じゅぎょう【授業】 讲课 jiǎngkè; 上课 shàngkè; 授课 shòukè (英 *teaching*) ▶～に出る/上课 shàngkè ▶～が終わる/下课 xiàkè ▶～をさぼる/逃学 táoxué ▶～料/学费 xuéfèi ▶～は8時に始まり2時に終わる/八点上课两点下课 bā diǎn shàngkè liǎng diǎn xiàkè ▶ 今日の～はこれで終わる/今天的课程就到这里 jīntiān de kèchéng jiù dào zhèli ▶ 明日は運動会で～はありません/明天开运动会, 不上课 míngtiān kāi yùndònghuì, bú shàngkè ▶ 中国語で～する/用汉语上课 yòng Hànyǔ shàngkè ▶ 教員がかぜのため～を休む/教员因为感冒不能上课 jiàoyuán yīnwèi gǎnmào bùnéng shàngkè ▶先生には~以外の仕事がたくさんある/老师在课堂以外还有很多工作 lǎoshī zài kètáng yǐwài háiyǒu hěn duō gōngzuò ▶社会人向けの特別~を受ける/听面向成人的特别课程 tīng miànxiàng chéngrén de tèbié kèchéng

♦~中 山田先生は今理科室で~中です/山田老师正在理科室上课 Shāntián lǎoshī zhèngzài lǐkēshì shàngkè ▶~中に居眠りする/课堂上打瞌睡 kètángshang dǎ kēshuì ▶~料 ~料はいくらですか/学费是多少？ xuéfèi shì duōshao?

しゅぎょく【珠玉】 珠宝 zhūbǎo;《比喻的に》珠玑 zhūjī（英 *a gem; a jewel*） ▶~の短編/杰出的短篇 jiéchū de duǎnpiān ▶~をちりばめる/镶嵌珠宝 xiāngqiàn zhūbǎo

じゅく【塾】 私塾 sīshú（英 *a juku; a cram school*） ▶~の先生/塾师 shúshī ▶進学~はどこでも繁盛している/入学补习班在哪儿都很火 rùxué bǔxíbān zài nǎr dōu hěn huǒ ▶近くのそろばん~に子供を行かせる/让孩子去附近的珠算教室学习 ràng háizi qù fùjìn de zhūsuàn jiàoshì xuéxí

しゅくい【祝意】 祝贺 zhùhè; 庆贺 qìnghè（英 *one's congratulations*） ▶~を表す/表示祝贺 biǎoshì zhùhè ▶…に~を表して挨拶をする/对…表示祝贺 duì… biǎoshì zhùhè

しゅくえい【宿営】 宿营 sùyíng（英 *be stationed*）

しゅくえん【祝宴】 喜宴 xǐyàn（英 *a feast; a banquet*） ▶留学する彼のためにささやかな~が開かれた/为即将留学的他举办小小的庆祝宴会 wèi jíjiāng liúxué de tā jǔbàn xiǎoxiǎo de qìngzhù yànhuì

しゅくえん【宿怨】 宿怨 sùyuàn; 世仇 shìchóu（英 *enmity*） ▶~を晴らす/报旧仇 bào jiùchóu

しゅくが【祝賀】 庆祝 qìngzhù; 祝贺 zhùhè（英 *a celebration*） ▶~行事/庆祝活动 qìngzhù huódòng ▶今日は国民全員が~すべき祭日です/今天是全体国民庆祝的节日 jīntiān shì quántǐ guómín qìngzhù de jiérì ▶優勝の~会を催す/举办优胜庆功会 jǔbàn yōushèng qìnggōnghuì

しゅくがん【宿願】 宿愿 sùyuàn; 夙愿 sùyuàn（英 *a long-cherished desire*） ▶横綱昇進への~を果たす/实现了升格为横纲的宿愿 shíxiànle shēnggé wéi hénggāng de sùyuàn

しゅくげん【縮減】 缩减 suōjiǎn; 减少 jiǎnshǎo（英 *reduce*） ▶支出を~する/缩减开支 suōjiǎn kāizhī

じゅくご【熟語】 复合词 fùhécí; 成语 chéngyǔ; 惯用语 guànyòngyǔ（英 *a set phrase; an idiom*）

しゅくさいじつ【祝祭日】 节日 jiérì; 节假日 jiéjiàrì（英 *a holiday*） ▶「海の日」は移動~に相当する/"海之日"是日期不固定的节日 "Hǎi zhī rì" shì rìqī bú gùdìng de jiérì

しゅくさつ【縮刷する】〔印刷〕缩印 suōyìn（英 *print in reduced size*） ▶その辞書の~版がよく売れる/那本辞典的缩印本销路很好 nà běn cídiǎn de suōyìnběn xiāolù hěn hǎo

しゅくじ【祝辞】 祝词 zhùcí（英 *a congratulatory address*） ▶来賓が~を述べる/来宾致祝词 láibīn zhì zhùcí

じゅくし【熟視する】 审视 shěnshì; 凝视 níngshì; 注视 zhùshì（英 *stare at…*）

しゅくじつ【祝日】 节日 jiérì（英 *a public holiday*） ▶6月には~はありません/六月份没有节日 liù yuèfēn méiyǒu jiérì

> 文化「旧正月」（毎年変動）'春节 Chūnjié'、「メーデー」（5月1日）'劳动节 Láodòngjié'、「建国記念日」（10月1日）'国庆节 Guóqìngjié' の前後は大型连休になり、交通機関が混雑する.

しゅくしゃ【宿舎】 宿舍 sùshè（英 *lodgings; quarters*）

しゅくしゃ【縮写】 缩小 suōxiǎo; 缩印 suōyìn（英 *copying*） ▶コピー機で70%に~する/用复印机缩印到百分之七十大小 yòng fùyìnjī suōyìn dào bǎi fēn zhī qīshí dàxiǎo

しゅくしゃく【縮尺】 缩尺 suōchǐ; 比例尺 bǐlìchǐ（英 *a scale; a reduced scale*） ▶~5万分の1の地図/比例尺为五万分之一的地图 bǐlìchǐ wéi wǔwàn fēn zhī yī de dìtú

♦~図 缩小比例图 suōxiǎo bǐlìtú

しゅくしゅく【粛粛たる】 庄严 zhuāngyán; 肃穆 sùmù; 肃然 sùrán（英 *solemnly*）

しゅくじょ【淑女】 淑女 shūnǚ; 女士 nǚshì（英 *a lady; a well-bred woman*）

しゅくしょう【縮小】 缩小 suōxiǎo; 紧缩 jǐnsuō（英 *reduce; curtail*） ▶~印刷[コピー]する/缩印 suōyìn ▶軍備~/裁军 cáijūn ▶事業を~する/缩小事业规模 suōxiǎo shìyè guīmó ▶人員を~する/缩减人员 suōjiǎn rényuán; 裁员 cáiyuán

しゅくしょうかい【祝勝会】 庆功会 qìnggōnghuì; 祝捷会 zhùjiéhuì（英 *a victory celebration*） ▶近所のラーメン屋で草野球の~を行う/在附近的拉面店举行业余棒球赛的庆功会 zài fùjìn de lāmiàn diàn jǔxíng yèyú bàngqiúsài de qìnggōnghuì

しゅくず【縮図】 缩图 suōtú; 缩小图 suōxiǎotú;《比喩的に》缩影 suōyǐng（英 *a reduced drawing; a miniature copy*） ▶人生の~/人生的缩影 rénshēng de suōyǐng ▶そこには社会の~が繰り広げられていた/那儿展现着一幅社会的缩影 nàr zhǎnxiànzhe yì fú shèhuì de suōyǐng ▶アメリカ社会の~/美国社会的缩影 Měiguó shèhuì de suōyǐng

じゅくす【熟す】 熟 shú; 成熟 chéngshú（英 *ripen; mature*） ▶熟したトマト/成熟的西红柿 chéngshú de xīhóngshì ▶機は熟した, 今こそ行動を起こす時だ/时机成熟, 现在应该行动 shíjī chéngshú, xiànzài yīnggāi xíngdòng

じゅくすい【熟睡する】 酣睡 hānshuì; 熟睡

shúshuì; 沉睡 chénshuì (英 sleep soundly) ▶テレビを付けっ放しで～する/开着电视沉睡 kāizhe diànshì chénshuì ▶私は窓が明るいと～できない/窗户太亮的话, 我不能熟睡 chuānghu tài liàng dehuà, wǒ bùnéng shúshuì ▶この10年私は～の味を忘れている/这十年来我忘记了熟睡的滋味 zhè shí nián lái wǒ wàngjìle shúshuì de zīwèi

しゅくせい【粛正する】 整顿 zhěngdùn; 整肃 zhěngsù (英 enforce discipline) ▶彼らは綱紀～を声高く叫んだ/他们大声呼吁整顿纲纪 tāmen dàshēng hūyù zhěngdùn gāngjì

しゅくせい【粛清する】 肃清 sùqīng; 清除 qīngchú (英 purge) ▶反対者はたちまち～された/反对派立即被肃清了 fǎnduìpài lìjí bèi sùqīng le ▶血の～の時代があった/有过血腥的肃清时代 yǒuguò xuèxīng de sùqīng shídài

じゅくせい【熟成】 成熟 chéngshú (英 mature; mellow) ▶ワインは樽の中でゆっくり～する/葡萄酒在木桶里面慢慢地酿成 pútaojiǔ zài mùtǒng lǐmiàn mànmàn de niàngchéng

しゅくだい【宿題】 ❶『学校の』(家庭)作业 (jiātíng) zuòyè; 课外作业 kèwài zuòyè (英 a home task; homework) ▶数学の～が山ほどある/数学作业多如山 shùxué zuòyè duō rú shān ▶休暇中の～/假期作业 jiàqī zuòyè ▶生徒に～を出す/给学生布置作业 gěi xuésheng bùzhì zuòyè ▶うちの子は夕食後に～をする/我家孩子在晚饭后做作业 wǒ jiā háizi zài wǎnfànhòu zuò zuòyè **❷**『未決問題』要解决的问题 yào jiějué de wèntí (英 a pending question) ▶処分の問題は次回まで～にしておこう/关于处分的问题, 留给下次会议解决吧 guānyú chǔfèn de wèntí, liúgěi xiàcì huìyì jiějué ba

じゅくたつ【熟達する】 熟练 shúliàn; 熟习 shúxí (英 become proficient; master) ▶スペイン語に～する/通晓西班牙语 tōngxiǎo Xībānyáyǔ

しゅくち【熟知する】 熟悉 shúxī; 熟知 shúzhī (英 know thoroughly; be fully informed) ▶内情を～している/通晓内情 tōngxiǎo nèiqíng ▶彼は会社の人事だけは～している/他对于公司的人事却知道得很清楚 tā duìyú gōngsī de rénshì què zhīdàode hěn qīngchu

しゅくちょく【宿直】 值宿 zhísù; 值夜班 zhí yèbān (英 night duty) ▶かつて先生方が持ち回りで～していた/以前老师要轮流值夜班 yǐqián lǎoshī yào lúnliú zhí yèbān ▶一室は裏間守衛室にあります/值班室在后门房里 zhíbānshì zài hòuménfángli

◆─員|值班员 zhíbānyuán

しゅくてき【宿敵】 夙仇 sùchóu; 宿敌 sùdí (英 an old enemy) ▶～を打倒する/打倒宿敌 dǎdǎo sùdí

しゅくてん【祝典】 庆典 qìngdiǎn (英 celebrations) ▶～をあげる/举行庆典 jǔxíng qìngdiǎn

しゅくでん【祝電】 贺电 hèdiàn (英 a congratulatory telegram) ▶受賞した友に～を打った/给获奖的朋友发去贺电 gěi déjiǎng de péngyou fāqù hèdiàn

じゅくどく【熟読】 精读 jīngdú (英 a thorough reading) ▶漱石の『心』を～する/精读漱石的《心》 jīngdú Shùshí de《Xīn》

しゅくば【宿場】 驿站 yìzhàn (英 a stage)

しゅくはい【祝杯】 祝酒 zhùjiǔ (英 a toast) ▶～を上げる/举杯祝酒 jǔ bēi zhùjiǔ ▶それはめでたい話だから～を上げよう/这是可喜可贺的事儿, 让我们干一杯 zhè shì kěxǐ kěhè de shìr, ràng wǒmen gān yì bēi

しゅくはく【宿泊する】 住宿 zhùsù; 投宿 tóusù; 下榻 xiàtà (英 lodge; stay) ▶友人のところに～する/在朋友那里过夜 zài péngyou nàli guòyè ▶岩戸温泉に～ができます/岩户温泉可以住宿 Yánhù wēnquán kěyǐ zhùsù ▶～所は隣町のホテルと決まった/决定在邻接的小镇的酒店住宿 juédìng zài línjiē de xiǎozhèn de jiǔdiàn zhùsù

◆─人名簿|住宿人名单 zhùsùrén míngdān ─料|住宿费 zhùsùfèi ▶ホテルの～料はシングルルームで五千円です/宾馆的住宿费是单人房间五千日元 bīnguǎn de zhùsùfèi shì dānrén fángjiān wǔqiān Rìyuán

しゅくふく【祝福する】 祝福 zhùfú; 祝贺 zhùhè (英 bless) ▶みんなに～されて結婚したい/我希望在大家的祝福中结婚 wǒ xīwàng zài dàjiā de zhùfú zhōng jiéhūn ▶諸君の前途を～して乾杯！/敬祝各位前途无量, 干杯！ jìngzhù gèwèi qiántú wúliàng, gānbēi！

しゅくほう【祝砲】 礼炮 lǐpào (英 a salute of guns) ▶～を撃つ/放礼炮 fàng lǐpào ▶21発の～が轟音とともに放たれた/隆隆声中发射了二十一发礼炮 lónglóngshēng zhōng fāshèle èrshíyī fā lǐpào

しゅくめい【宿命】 命中注定 mìng zhōng zhùdìng (英 fate; destiny) ▶～の対決は小さな小島で行われた/决定命运的较量在小岛进行 juédìng mìngyùn de jiàoliàng zài xiǎodǎo jìnxíng ▶息子の死を～とあきらめる/觉得儿子的死是命中注定的 juéde érzi de sǐ shì mìng zhōng zhùdìng de

じゅくりょ【熟慮する】 熟虑 shúlǜ; 深思 shēnsī; 仔细思考 zǐxì sīkǎo (英 deliberate) ▶～断行する/熟虑后断然实行 shúlǜhòu duànrán shíxíng ▶～しても決断が付かない/反复深思也难以做出决断 fǎnfù shēnsī yě nányǐ zuòchū juéduàn

じゅくれん【熟練】 熟练 shúliàn; 娴熟 xiánshú (英 skill; mastery) ▶～工/熟练工 shúliàngōng ▶～の技が生みだした製品だ/这是熟练技术创造出的产品 zhè shì shúliàn jìshù zàochū de chǎnpǐn ▶繊維メーカーから～工がいなくなる/纤维厂家的熟练工人没有了 xiānwéi chǎngjiā de shúliàn gōngrén méiyǒu le ▶造船技術は大いに～労働者を必要とする/造船技术必须要有熟练工 zàochuán jìshù bìxū yào yǒu shúliàngōng

しゅくん【主君】 主君 zhǔjūn; 主公 zhǔgōng

(英 *one's lord*〔*master*〕)

しゅくん【殊勲】 功勋 gōngxūn (英 *meritorious deeds*) ▶～をたてる/建奇功 jiàn qígōng
◆**最高**～**賞**〔野球〕:最高功臣奖 zuìgāo gōngchénjiǎng ～**賞**〔相撲〕:特殊功勋奖 tèshū gōngxūnjiǎng ～**打**〔野球〕:具有重要贡献的击球 jùyǒu zhòngyào gòngxiàn de jīqiú

しゅげい【手芸】 手工艺 shǒugōngyì (英 *handicrafts; manual arts*) ▶～品を売る店/卖手工艺品的店铺 mài shǒugōngyìpǐn de diànpù ▶老人ホームではボケないように～が盛んだ/养老院积极采用各种手工艺制作来防止老年痴呆 yǎnglǎoyuàn jījí cǎiyòng gèzhǒng shǒugōngyì zhìzuò lái fángzhǐ lǎonián chīdāi

日中比較 中国語の'手艺 shǒuyì'は「職人の腕前」を指す.

じゅけいしゃ【受刑者】 服刑者 fúxíngzhě;囚徒 qiútú (英 *a convict*)

しゅけん【主権】 主权 zhǔquán (英 *sovereignty; supremacy*) ▶～を侵犯する/侵犯主权 qīnfàn zhǔquán ▶在民/主权在民 zhǔquán zài mín
◆～**国家**:主权国家 zhǔquán guójiā ～**者**:主权者 zhǔquánzhě

じゅけん【受験する】 投考 tóukǎo;应考 yìngkǎo;应试 yìngshì (英 *take an examination*) ▶～資格/应试资格 yìngshì zīgé ▶～生/考生 kǎoshēng;投考生 tóukǎoshēng ▶大学～で上京する/进京参加大学考试 jìn jīng cānjiā dàxué kǎoshì ▶～者が教室で静かに待っている/考生在教室里静静地等候 kǎoshēng zài jiàoshìli jìngjìng de děnghòu
◆～**科目** ▶文学部の～科目は3科目です/文学院的考试科目有三科 wénxuéyuàn de kǎoshì kēmù yǒu sān kē ～**地獄**:备战考试的痛苦生活 bèizhàn kǎoshì de tòngkǔ shēnghuó ～**戦争** ▶～戦争は幼稚園から始まっている/从幼儿园起就开始进入了考试竞争 cóng yòu'éryuán qǐ jiù kāishǐ jìnrùle kǎoshì jìngzhēng ～**番号**:考号 kǎohào ～**票**:准考证 zhǔnkǎozhèng ～**料**:考试报名费 kǎoshì bàomíngfèi

しゅご【主語】〘文法〙主语 zhǔyǔ (英 *a subject word*)

しゅご【守護する】 守护 shǒuhù;保护 bǎohù (英 *protect; guard*)
◆～**神**:保护神 bǎohùshén

しゅこう【酒肴】 酒肴 jiǔyáo (英 *food and drink*)

しゅこう【趣向】 主意 zhǔyì;构思 gòusī (英 *a plan*) ▶なかなかおもしろい～だね/这个主意真有意思 zhège zhǔyi zhēn yǒu yìsi
～を凝らす 精心构思 jīngxīn gòusī;别具匠心 bié jù jiàngxīn

しゅごう【酒豪】 海量 hǎiliàng (英 *a hard drinker*) ▶～を自負した男だったが早死にした/他以能喝酒而自负却早早地死去 tā yǐ néng hē jiǔ ér zìfù què zǎozǎo de sǐqù

じゅこう【受講する】 听讲 tīngjiǎng;听课 tīngkè (英 *take a lecture*) ▶声楽のクラスを週一度～する/声乐班每周上一次课 měizhōu shàng yí cì kè ▶夏期講習に～する/参加汉语暑期讲习班学习 cānjiā Hànyǔ shǔqī jiǎngxíbān xuéxí ▶その講義は～者が多い/听那个课的人很多 tīng nàge kè de rén hěn duō
◆～**料**:听课费 tīngkèfèi

しゅこうぎょう【手工業】 手工业 shǒugōngyè (英 *manual industry; handicraft*)
◆～**者**:手工业者 shǒugōngyèzhě

しゅこうげい【手工芸】 工艺 gōngyì;手工艺 shǒugōngyì (英 *handicrafts; manual work*)

ジュゴン〔動物〕儒艮 rúgèn (英 *a dugong*)

しゅさ【主査】 主审 zhǔshěn (英 *a chief*) ▶博士論文の～/博士论文的主审 bóshì lùnwén de zhǔshěn

しゅさい【主宰する】 主持 zhǔchí;主办 zhǔbàn (英 *preside over...*) ▶そのころ彼は二つの研究会を～していた/那个时候他主持着两个研究会 nàge shíhou tā zhǔchízhe liǎng ge yánjiūhuì

日中比較 中国語の'主宰 zhǔzǎi'は「支配すること」および「支配する者」.

しゅさい【主催する】 主办 zhǔbàn;主持 zhǔchí (英 *host*) ▶～国/东道国 dōngdàoguó ▶会長の～で晩餐会が催される/在会长主办下举行晚宴 zài huìzhǎng zhǔbànxia jǔxíng wǎnyàn ▶～者側は参加者千人と発表した/主办方公布有一千人参加 zhǔbànfāng gōngbù yǒu yīqiān rén cānjiā ▶駅伝大会の～団体となる/成为远距离接力赛的主办团体 chéngwéi yuǎnjùlí jiēlìsài de zhǔbàn tuántǐ

しゅざい【取材する】 采访 cǎifǎng;探访 tànfǎng;取材 qǔcái (英 *interview*) ▶～記者/采访记者 cǎifǎng jìzhě ▶その雑誌の～は正確であった/那家杂志的采访是正确的 nà jiā zázhì de cǎifǎng shì zhèngquè de

しゅざん【珠算】 珠算 zhūsuàn (英 *calculation on the abacus*)

しゅさんち【主産地】 主要产地 zhǔyào chǎndì (英 *the chief producing district*)

しゅし【種子】 种子 zhǒngzi (英 *a seed; a pip*) ▶～植物/种子植物 zhǒngzi zhíwù ▶新種の花の貴重な～が数粒取れた/得到了几颗新品种花的贵重种子 dédàole jǐ kē xīnpǐnzhòng huā de guìzhòng zhǒngzi
◆**園芸用**～:园艺用的种子 yuányìyòng de zhǒngzi

しゅし【趣旨・主旨】 主旨 zhǔzhǐ;旨趣 zhǐqù;宗旨 zōngzhǐ (英 *purpose; meaning*) ▶彼の講演の～は「管理」であった/他演讲的主题是"管理" tā yǎnjiǎng de zhǔtí shì "guǎnlǐ" ▶～に賛同して署名する/同意宗旨,署上名字 tóngyì zōngzhǐ,shǔ shàng míngzì

じゅし【樹脂】 树脂 shùzhī (英 *resin*) ▶合成～/合成树脂 héchéng shùzhī ▶～加工する/涂

行树脂加工 jìnxíng shùzhī jiāgōng

しゅじい【主治医】 主治医生 zhǔzhì yīshēng (英 *a physician in charge*)

しゅじく【主軸】 (比喻的に)主轴 zhǔzhóu;中心人物 zhōngxīn rénwù;核心力量 héxīn lìliàng (英 *a linchpin*) ▶～となる選手/主力选手 zhǔlì xuǎnshǒu

しゅしゃ【取捨する】 选择取舍 xuǎnzé qǔshě (英 *select*; *choose*) ▶デザインや機能がいろいろあって～に迷う/式样和功能很多, 难以选择 shìyàng hé gōngnéng hěn duō, nányí xuǎnzé

しゅじゅ【種種】 种种 zhǒngzhǒng;各种 gèzhǒng;形形色色 xíngxíngsèsè (英 *various*; *different*) ▶文房具なら～の品物を扱います/经销各类文具用品 jīngxiāo gè lèi wénjù yòngpǐn ▶庭には～の木が植えてある/庭院里种着各种树木 tíngyuànli zhòngzhe gèzhǒng shùmù ▶ダンボールには～雑多な雑誌が入れてあった/纸板箱里放着五花八门的杂志 zhǐbǎnxiānglǐ fàngzhe wǔ huā bā mén de zázhì

じゅじゅ【授受】 授受 shòushòu (英 *give and receive*) ▶両人の間に金品の～はなかった/两个之间没有钱财交易 liǎng ge zhījiān méiyǒu qiáncái jiāoyì

しゅじゅう【主従】 主从 zhǔcóng (英 *master and servant*) ▶～関係/主从关系 zhǔcóng guānxi

しゅじゅつ【手術する】 手术 shǒushù;开刀 kāidāo (英 *perform an operation*) ▶～室/手术室 shǒushùshì ▶胸部の～をする/做胸部手术 zuò xiōngbù shǒushù ▶大きな～/大手术 dàshǒushù ▶心臓の～/心脏手术 xīnzàng shǒushù ▶～には2時間を要した/手术需要两小时 shǒushù xūyào liǎng xiǎoshí ▶早く～しないと手遅れになる/不快点儿动手术可就晚了 bú kuàidiǎnr dòng shǒushù kě jiù wǎn le ▶～を必要とする患者/有必要作手术的患者 yǒu bìyào zuò shǒushù de huànzhě ▶その患者は経過良好で～の必要は全くない/那位病人状况良好, 完全没有必要做手术 nà wèi bìngrén zhuàngkuàng liánghǎo, wánquán méiyǒu bìyào zuò shǒushù
◆開腹～:剖腹手术 pōufù shǒushù ～台:手术台 shǒushùtái ～用器具:手术用具 shǒushù yòngjù

じゅじゅつ【呪術】 念咒 niànzhòu;妖术 yāoshù (英 *magic*) ▶医者が～にすがるというのか/难道医生还依靠什么法术吗? nándào yīshēng hái yīkào shénme fǎshù ma?

しゅしょう【主将】 队长 duìzhǎng (英 *the captain*) ▶～を務める/担任队长 dānrèn duìzhǎng

しゅしょう【首相】 首相 shǒuxiàng;总理 zǒnglǐ (英 *the premier*) ▶第40代の～に選ばれる/被选为第四十任首相 bèi xuǎnwéi dìsìrèn de shǒuxiàng ▶近代化した～官邸/现代化了的首相官邸 xiàndàihuàle de shǒuxiàng guāndǐ ▶一国の～にふさわしい余裕と見識を持っている/作为一国首相, 具有与之相应的从容和见识 zuòwéi yì guó shǒuxiàng, jùyǒu yǔ zhī xiāngyìng de cóngróng hé jiànshí

しゅしょう【首唱】 首倡 shǒuchàng;倡导 chàngdǎo (英 *advocate*; *promote*) ▶自然環境のもろさを～する/首唱自然环境容易破坏的观点 shǒuchàng zìrán huánjìng róngyì pòhuài de guāndiǎn
◆～者:倡导者 chàngdǎozhě

しゅしょう【殊勝な】 值得敬佩 zhíde jìngpèi;可嘉 kějiā (英 *praiseworthy*; *admirable*) ▶～な心がけ/值得称赞的主意 zhíde chēngzàn de zhǔyi ▶～にも/令人钦佩 lìng rén qīnpèi ▶妻の誕生日にプレゼントするとは～な男だね/在妻子生日的时候送礼物, 真是值得敬佩的男人 zài qīzi shēngrì de shíhou sòng lǐwù, zhēn shì zhíde jìngpèi de nánrén

しゅじょう【衆生】 众生 zhòngshēng (英 *the people*)

じゅしょう【受賞する】 获奖 huòjiǎng;受赏 shòushǎng (英 *win a prize*) ▶レコード新人賞を～する/获得唱片新人奖 huòdé chàngpiàn xīnrénjiǎng ▶ノーベル賞～者/诺贝尔奖获得者 Nuòbèi'ěrjiǎng huòdézhě ▶直木賞～作家/获得直木奖的作家 huòdé Zhímùjiǎng de zuòjiā ▶皆の前で～の喜びを語る/在大家面前表达获奖的喜悦 zài dàjiā miànqián biǎodá huòjiǎng de xǐyuè

じゅしょう【授賞する】 发奖 fājiǎng;授奖 shòujiǎng (英 *award a prize*) ▶昨年は大賞を受賞し今年は～する側に回った/去年获得大奖, 今年为大奖颁奖 qùnián huòdé dàjiǎng, jīnnián wèi rén bānjiǎng
◆～式:授奖仪式 shòujiǎng yíshì

しゅしょく【主食】 主食 zhǔshí (英 *the staple food*) ▶米を～とする/把大米作为主食 bǎ dàmǐ zuòwéi zhǔshí

しゅしょく【酒色】 酒色 jiǔsè (英 *wine and women*) ▶～に耽る/沉溺于酒色 chénnì yú jiǔsè

しゅしん【主審】 主裁 zhǔcái;裁判长 cáipànzhǎng (英 *the chief umpire*)

しゅじん【主人】 ❶【あるじ】主人 zhǔrén;东家 dōngjia (英 *a host*) ▶一家の～/一家之主 yì jiā zhī zhǔ ▶パーティーで～役をつとめる/在宴会上担任东道主 zài yànhuìshang dānrèn dōngdàozhǔ ▶パン屋の～/面包店老板 miànbāodiàn lǎobǎn ▶店の～が新製品の説明をしている/店主对新产品进行说明 diànzhǔ duì xīnchǎnpǐn jìnxíng shuōmíng ❷【夫】丈夫 zhàngfu;先生 xiānsheng (英 *one's husband*) ▶《電話で》御～は御在宅ですか/(在电话里)您丈夫在家么? (zài diànhuàli) nín zhàngfu zàijiā ma? ▶～が部長になりましてね, おはは/我家先生当了部长哟, 嘻嘻嘻 wǒ jiā xiānsheng dāngle bùzhǎng yo, xīxīxī

じゅしん【受信する】 《放送を》接收 jiēshōu;收

じゅしん 听 shōutīng;《郵便など》收信 shōuxìn (英 receive a message) ～機/接收机 jiēshōujī ▶衛星放送の～状態が悪い/卫星转播的接收效果不好 wèixīng zhuǎnbō de jiēshōu xiàoguǒ bùhǎo
◆～人:收信人 shōuxìnrén ～料:收视费 shōushìfèi

じゅしん【受診する】 看病 kànbìng (英 consult a doctor)

しゅじんこう【主人公】 主人翁 zhǔrénwēng; 主人公 zhǔréngōng (英 a hero; a heroine) ▶父の名とドラマの～の名が同じだ/爸爸的名字和电视剧主人公的名字一样 bàba de míngzi hé diànshìjù zhǔréngōng de míngzi yíyàng

しゅす【繻子】《織物》缎子 duànzi (英 satin)

じゅず【数珠】 念珠 niànzhū; 数珠 shùzhū (英 a rosary) ▶～をつまぐりながら一心に祈る/捻着数珠专心地祈祷 niǎnzhe shùzhū zhuānxīn de qídǎo ▶検挙者が一つなぎになって車に乗せられる/检举者联成一串上了车 jiǎnjǔzhě liánchéng yí chuàn shàngle chē ▶～玉のような目/像念珠一样的眼睛 xiàng niànzhū yíyàng de yǎnjing

じゅすい【入水する】 投水(自杀) tóushuǐ (zìshā) (英 drown oneself)

しゅせい【守勢】 (英 the defensive) ～に立つ/处于守势 chǔyú shǒushì

しゅぜい【酒税】 酒税 jiǔshuì (英 the liquor tax)

じゅせい【受精する】《生物》受精 shòujīng (英 be fertilized) ～卵/受精卵 shòujīngluǎn

じゅせい【授精】 授精 shòujīng (英 insemination) ▶人工～/人工授精 réngōng shòujīng
◆体外～/体外授精 tǐwài shòujīng

しゅせいぶん【主成分】 主要成分 zhǔyào chéngfèn (英 chief elements; principal ingredients) ▶この薬の～はナトリウムです/这种药的主要成分是钠 zhè zhǒng yào de zhǔyào chéngfèn shì nà

しゅせき【手跡】 手迹 shǒujì; 笔迹 bǐjì (英 handwriting)

しゅせき【主席】 主席 zhǔxí (英 the Chairman) ▶国家～/国家主席 guójiā zhǔxí ▶毛～/毛主席 Máo zhǔxí

[日中比較] 中国语的 '主席 zhǔxí' 是「その政府の最高責任者」を意味する他に「会議の司会」「議長」をも意味する.

しゅせき【首席】 首席 shǒuxí; 第一名 dìyī míng (英 the head; the chief) ▶～代表/首席代表 shǒuxí dàibiǎo ▶三年間二人はクラスの～を争った/三年之间两个人为当班上的第一名而竞争 sān nián zhī jiān liǎng ge rén wèi dāng bānshang de dìyī míng ér jìngzhēng ▶彼女は作曲科を～で卒業した/她作为作曲科的第一名毕业 tā zuòwéi zuòqǔkē de dìyī míng bìyè
◆～判事:首席法官 shǒuxí fǎguān ～補佐官:首席助理 shǒuxí zhùlǐ

[日中比較] 中国语的 '首席 shǒuxí' には「最上位」という意味の他に「主賓席」という意味もある.

しゅせき【酒席】 酒席 jiǔxí; 宴席 yànxí (英 a feast) ～を設ける/设宴 shèyàn

しゅせんど【守錢奴】 守财奴 shǒucáinú (英 a miser)

しゅせんとうしゅ【主戦投手】《野球》主力投手 zhǔlì tóushǒu (英 the ace pitcher)

しゅせんろん【主戦論】 主战论 zhǔzhànlùn (英 jingoism)

じゅそ【呪詛する】 诅咒 zǔzhòu (英 a curse) ▶独裁者を～する声が巷に満ちた/诅咒独裁者的声音充斥大街小巷 zǔzhòu dúcáizhě de shēngyīn chōngchì dàjiē xiǎoxiàng

しゅぞう【酒造】 (英 brewing)
◆～家:酿酒者 niàngjiǔzhě ～工場:酿酒厂 niàngjiǔchǎng

じゅぞう【受像する】 显像 xiǎnxiàng (英 receive pictures) ▶～機/电视机 diànshìjī; 显像管 xiǎnxiàngguǎn

しゅぞく【種族】 种族 zhǒngzú (英［人類］a race) ▶あの辺の多くの～はタロイモが主食です/那边的很多种族以芋头为主食 nàbiān de hěn duō zhǒngzú yǐ yùtou wéi zhǔshí
◆～本能:种族本能 zhǒngzú běnnéng

しゅたい【主体】 主体 zhǔtǐ (英 the subject) ▶学生を～とするボランティア団体/以学生为主体的自愿者团体 yǐ xuésheng wéi zhǔtǐ de zìyuànzhě tuántǐ
◆～性:主体性 zhǔtǐxìng; 自主性 zìzhǔxìng ▶君はどうも～性が欠けているよ/你还是缺乏积极性 nǐ háishi quēfá jījíxìng

しゅだい【主題】 主题 zhǔtí (英 the theme; the subject) ▶～歌/主题歌 zhǔtígē ▶～から外れたエピソードを語る/偏离主题讲述小插曲 piānlí zhǔtí jiǎngshù xiǎochāqǔ ▶望郷を～にした映画/以思乡为主题的电影 yǐ sīxiāng wéi zhǔtí de diànyǐng

じゅたい【受胎する】 受胎 shòutāi; 受孕 shòuyùn (英 conceive)

じゅたく【受託する】 承包 chéngbāo; 受人委托 shòurén wěituō (英 be entrusted)
◆～金:委托费 wěituōfèi ～者:受托者 shòutuōzhě

じゅだく【受諾する】 承诺 chéngnuò; 接受 jiēshòu (英 accept...; consent to do) ▶講和の申し入れを～する/接受讲和的要求 jiēshòu jiǎnghé de yāoqiú ▶推薦～演説が寒空で行われる/接受推荐的演说在寒冷的天气下进行 jiēshòu tuījiàn de yǎnshuō zài hánlěng de tiānqìxia jìnxíng

しゅたる【主たる】 主要 zhǔyào (英 main) ▶～目的/主要的目的 zhǔyào de mùdì ▶～目的はアジア諸国との友好親善にある/主要目的在于与亚洲各国的睦邻友好 zhǔyào mùdì zàiyú yǔ Yàzhōu gèguó de mùlín yǒuhǎo

しゅだん【手段】 手段 shǒuduàn; 办法 bànfǎ (英 a means; a measure) ▶卑劣な～/卑劣的手段 bēiliè de shǒuduàn ▶交通～/交通工具 jiāotōng gōngjù ▶適切な～を取る/采取适当的

手段 cǎiqǔ shìdàng de shǒuduàn ▶あらゆる～を尽くす/用尽各种手段 yòngjìn gèzhǒng shǒuduàn ▶目的のためには～を選ばなくていいと考える/认为为达到目的可以不择手段 rènwéi wèi dádào mùdì kěyǐ bù zé shǒuduàn ▶最後のとして株主総会で発言する/作为最后的手段在股东大会上发言 zuòwéi zuìhòu de shǒuduàn zài gǔdōng dàhuìshang fāyán ▶平和的な交渉のが尽きた/用尽和平磋商的手段 yòngjìn hépíng cuōshāng de shǒuduàn

しゅちしゅぎ【主知主義】理智主义 lǐzhì zhǔyì (英 *intellectualism*)

しゅちにくりん【酒池肉林】酒池肉林 jiǔchí ròulín (英 *a sumptuous feast*)

しゅちゅう【手中】手中 shǒuzhōng (英 *in one's hand*) ▶～に収める/落在手中 luòzài shǒuzhōng ▶我々はもはや勝利を～に収めた/我们已经稳操胜券 wǒmen yǐjing wěn cāo shèng quàn

じゅちゅう【受注する】接受订货 jiēshòu dìnghuò (英 *receive an order*) ▶～が生産を上回る年が続いた/连年订单超过生产额 liánnián dìngdān chāoguò shēngchǎné ▶アジア各国が～高を競う/亚洲各国互相争夺订额 Yàzhōu gèguó hùxiāng zhēngduó dìngé

しゅちょ【主著】主要著作 zhǔyào zhùzuò (英 *one's major books*)

しゅちょう【主張する】主张 zhǔzhāng (英 *insist; claim*) ▶漁業団体は計画の中止を～する/渔业团体主张中止计划 yúyè tuántǐ zhǔzhāng zhōngzhǐ jìhuà ▶兄にそこの山は私に譲れと～した/向哥哥提议把那座山让给我 xiàng gēge tíyì bǎ nà zuò shān rànggěi wǒ ▶被告は無罪を～した/被告坚持自己无罪 bèigào jiānchí zìjǐ wúzuì ▶皆の～を聞き入れる/采纳大家的主张 cǎinà dàjiā de zhǔzhāng ▶我々は彼の～でを受諾した/在他的提议下我们接受了 zài tā de tíyìxia wǒmen jiēshòu le ▶どうすれば僕の～を分かってもらえるだろう/怎样才能使人明白我的主张呢 zěnyàng cái néng shǐ rén míngbai wǒ de zhǔzhāng ne ▶～を通す/坚持观点 jiānchí guāndiǎn

～を貫く 贯彻主张 guànchè zhǔzhāng；坚持主张 jiānchí zhǔzhāng

～を曲げる 改变主张 gǎibiàn zhǔzhāng；让步 ràngbù

しゅちょう【主潮】主流 zhǔliú (英 *the principal current*) ▶これが大正文学の～といってよい/这可以说是大正文学的主流 zhè kěyǐ shuō shì Dàzhèng wénxué de zhǔliú

しゅちょう【主調】基调 jīdiào；主调 zhǔdiào (英 *a dominant note*) ▶世論の～は厳罰論に傾いていた/舆论的主调倾向于严惩 yúlún de zhǔdiào qīngxiàng yú yánchéng

しゅちょう【首長】地方政府的首长 dìfāng zhèngfǔ de shǒuzhǎng (英 *a head; a chief*) ▶春には各地で～選挙がある/春季各地举行地方首长的选举 chūnjì gèdì jǔxíng dìfāng shǒuzhǎng de xuǎnjǔ

◆アラブ～国連邦 :阿拉伯联合酋长国 Ālābó liánhé qiúzhǎngguó

じゅつ【術】**1**【魔法】魔术 móshù (英 *magic*) ▶～をかける/施用魔术 shīyòng móshù ▶催眠～にかかる/施加催眠术 shījiā cuīmiánshù **2**【方法】技术 jìshù；策略 cèlüè；手段 shǒuduàn (英 *a means*) ▶出世～/成功之术 chénggōng zhī shù ▶保身の～/保身之策 bǎoshēn zhī cè ▶彼は世渡りの～に長(た)けている/他处世圆滑 tā chǔshì yuánhuá

しゅつえん【出演する】出演 chūyǎn；出场 chūchǎng；表演 biǎoyǎn (英 *appear; perform*) ▶～者/演员 yǎnyuán；表演者 biǎoyǎnzhě ▶ブロードウェイで6週間の～契約を結んだ/与百老汇签订六周的演出合同 yǔ Bǎilǎohuì qiāndìng liù zhōu de yǎnchū hétong ▶彼女は生涯で45本の映画に～した/她一生中出演了四十五部电影 tā yìshēng zhōng chūyǎnle sìshíwǔ bù diànyǐng ▶～者控え室/演员休息室 yǎnyuán xiūxishì

◆～契約 演出合同 yǎnchū hétong ～料 :出场费 chūchǎngfèi

しゅっか【出火する】起火 qǐhuǒ；失火 shīhuǒ (英 *break out*) ▶～の原因/起火原因 qǐhuǒ yuányīn ▶二階の子供部屋から～した/二楼孩子的房间里起火了 èr lóu háizi de fángjiānli qǐhuǒ le

しゅっか【出荷】发货 fāhuò (英 *send; ship*) ▶～月日/出厂日期 chūchǎng rìqī ▶品不足で緊急に～した/因货品不足而紧急发货 yīn huòpǐn bùzú ér jǐnjí fāhuò ▶桃の～が始まった/桃子开始上市 táozi kāishǐ shàngshì

◆～先 :接货地 jiēhuòdì

じゅっかい【述懐する】追述 zhuīshù；追叙 zhuīxù；谈心 tánxīn (英 *express one's sentiments*) ▶あの頃の苦労をしみじみと～/感慨地追述那个时候的辛苦 gǎnkǎi de zhuīshù nàge shíhou de xīnkǔ ▶彼の～を聞くうちに時が過ぎた/听他述说心事，不知不觉时间过去了 tīng tā shùshuō xīnshì, bùzhī bùjué shíjiān guòqù le

しゅっかん【出棺】出殡 chūbìn；出丧 chūsāng (英 *carry a coffin out of the house*) ▶～とともに母は玄関先で泣き崩れた/出殡的时候母亲在门口哭得死去活来 chūbìn de shíhou mǔqīn zài ménkǒu kūde sǐ qù huó lái

しゅつがん【出願する】报名 bàomíng；《受験の》报考 bàokǎo；《特許など》申请 shēnqǐng (英 *apply*) ▶～手続き/报考手续 bàokǎo shǒuxù ▶商標の登録を～する/申请商标注册 shēnqǐng shāngbiāo zhùcè

◆～人 :报名者 bàomíngzhě 特许～中 :正在申请专利 zhèngzài shēnqǐng zhuānlì

しゅっきん【出金】出钱 chū qián；付款 fùkuǎn (英 *payment*)

しゅっきん【出勤する】出勤 chūqín；上班 shàngbān (英 *go to the office*) ▶彼はその日は

～しなかった/他那天没有上班 tā nà tiān méiyǒu shàngbān ▶途中コーヒーを買って朝8時には～している/路上买了咖啡，早上八点就上班 lùshang mǎile kāfēi, zǎoshang bā diǎn jiù shàngbān ▶～簿にはきちんとゴム印が並んでいた/出勤簿上整齐地盖着印章 chūqínbùshang zhěngqí de gàizhe yìnzhāng ▶その会社の従業員の～時間はまちまちである/那家公司职员的上班时间各不相同 nà jiā gōngsī zhíyuán de shàngbān shíjiān gè bù xiāngtóng ▶休日は～は割増金が付きます/休假日出勤有加班补助 xiūjiàrì chūqín yǒu jiābān bǔzhù

しゅっけ【出家】 出家 chūjiā; 落发 luòfà (英 a priest; a bonze) ▶両親と妹の不慮の死を弔うために～する/为吊唁父母和妹妹的意外死亡而出家 wèi diàoyàn fùmǔ hé mèimei de yìwài sǐwáng ér chūjiā

しゅつげき【出撃する】 出击 chūjī (英 sally) ▶～命令/出击令 chūjīlìng ▶攻撃機は早朝5時に～していった/歼击机早上五点开始出击 jiānjījī zǎoshang wǔ diǎn kāishǐ chūjī

しゅっけつ【出欠】 出缺席 chūquēxí (英 attendance or absence) ▶～を取る/点名 diǎnmíng ▶～を取ります．挙手して下さい/现在点名，请举手 xiànzài diǎnmíng, qǐng jǔshǒu ▶～のお返事を下さい/请回信告诉是否参加 qǐng huíxìn gàosu shìfǒu cānjiā

しゅっけつ【出血する】 出血 chūxuè (英 bleed) ▶腕の～を止める/止住手腕的出血 zhǐzhù shǒuwàn de chūxuè ▶右足からひどく～している/右脚出血严重 yòujiǎo chūxuè yánzhòng ▶～多量のため死ぬ/因大量出血而死亡 yīn dàliàng chūxuè ér sǐwáng

♦～大サービス（小売店などの）：牺牲血本大减价 xīshēng xuèběn dàjiǎnjià; 大拍卖 dàpāimài; 亏本出售 kuīběn chūshòu 内～：内出血 nèichūxuè 脳～：脑溢血 nǎoyìxuè

しゅつげん【出現する】 出现 chūxiàn (英 appear) ▶こうしてコンピュータが～した/这样就出现了计算机 jìsuànjī zhèyàng jiù chūxiànle jìsuànjī ▶一夜明けると大きな湖が～した/一夜之后出现了大湖 yí yè zhīhòu chūxiànle dàhú ▶天才の～に我々は狂喜した/我们为出现了天才而欣喜若狂 wǒmen wèi chūxiànle tiāncái ér xīnxǐ ruò kuáng

じゅつご【述語】〔文法〕谓语 wèiyǔ (英 the predicate)

じゅつご【術語】 术语 shùyǔ (英 a technical term)

しゅっこう【出向する】 外调 wàidiào (英 be on loan to...) ▶～社員/临时调出的职员 línshí diàochū de zhíyuán ▶彼は子会社に～させられた/他被外调到分公司 tā bèi wàidiào dào fēngōngsī ▶彼は家族を残し単身北京に～中である/他留下家人一个人外调到北京 tā liúxià jiārén yí ge rén wàidiào dào Běijīng

しゅっこう【出航する】 出航 chūháng; 开航 kāiháng; 起锚 qǐmáo (英 sail; set sail)

しゅっこう【出港する】 出港 chūgǎng; 出航 chūháng (英 leave port) ▶漁船は解禁日の明け方一斉に～する/渔船在解禁日的黎明同时出港 yúchuán zài jiějìnrì de límíng tóngshí chūgǎng ▶波が荒いため～を見合わせた/因波浪汹涌暂不出港 yīn bōlàng xiōngyǒng zàn bù chūgǎng

じゅっこう【熟考する】 沉思 chénsī; 熟思 shúsī; 仔细考虑 zǐxì kǎolǜ (英 consider carefully) ▶～の上御返事をいたします/深思之后再回答 shēnsī zhīhòu zài huídá ▶彼は～するが決断は早い/他深思熟虑，但又很果断 tā shēnsī shúlǜ, dàn yòu hěn guǒduàn ▶中古の一戸建てかマンションか～中です/正在仔细考虑是选二手独幢楼还是公寓 zhèngzài zǐxì kǎolǜ shì xuǎn èrshǒu dúzhuànglóu háishi gōngyù

しゅっこく【出国する】 出境 chūjìng; 出国 chūguó (英 leave one's country) ▶～は簡単だが入国は難しい/出国容易入国难 chūguó róngyì rùguó nán

♦～カード：出境卡 chūjìngkǎ ～手続き：出境手续 chūjìng shǒuxù

しゅつごく【出獄する】 出狱 chūyù (英 be released from prison)

しゅっこんそう【宿根草】 宿根草 sùgēncǎo (英 a perennial)

じゅっさく【術策】 计谋 jìmóu; 权术 quánshù; 策略 cèlüè ▶～にはまる/中计 zhòngjì ▶～を用いる/使用计谋 shǐyòng jìmóu ▶あらゆる～を弄する/玩弄各种权术 wánnòng gèzhǒng quánshù ▶彼は自分の病気を政治的～に利用した/他把自己生病作为政治策略利用 tā bǎ zìjǐ shēngbìng zuòwéi zhèngzhì cèlüè lìyòng

しゅっさつ【出札】 售票 shòupiào; 卖票 màipiào ▶～係/售票员 shòupiàoyuán ▶～口/售票处 shòupiàochù

しゅっさん【出産】 生产 shēngchǎn; 分娩 fēnmiǎn; 临盆 línpén (英 give birth to...) ▶～休暇/产假 chǎnjià ▶～予定日/预产期 yùchǎnqī ▶元気な女の子を～する/生下健康的女孩儿 shēngxià jiànkāng de nǚhái ▶息子は嫁の～に立ち会った/儿媳妇生孩子时，儿子前往陪伴 érxífù shēng háizi shí, érzi qiánwǎng péibàn ▶彼女は来月～の予定です/她预计下个月生孩子 tā yùjì xià ge yuè shēng háizi

日中比较 中国語の'出产 chūchǎn'は「产出する」「生産する」ことを指す．

しゅっし【出資する】 出资 chūzī (英 invest; contribute) ▶～金/股金 gǔjīn ▶～者/出资者 chūzīzhě ▶～者を募って会社を興す/招募投资人办公司 zhāomù tóuzīrén bàn gōngsī ▶共同～/合资 hézī ▶焼酎メーカーに～する/向烧酒厂家出资 xiàng shāojiǔ chǎngjiā chūzī

しゅっしゃ【出社する】 上班 shàngbān (英 go to office) ▶社長は朝一番に～する/总经理一大早就去上班 zǒngjīnglǐ yídàzǎo jiù qù shàngbān

しゅっしょ【出所】 **❶**〖出典〗出处 chūchù;

出典 chūdiǎn（英 *the origin; the source*）▶～を確認する/确认出处 quèrèn chūchù ▶この文の～はシェイクスピアだ/这句话出自莎士比亚的作品 zhè jù huà chūzì Shāshìbǐyà de zuòpǐn ▶～がはっきりしない/出处不明 chūchù bùmíng

2【刑務所からの】出獄 chūyù（英 *release*）▶仮～/假释 jiǎshì ▶刑を償って～する/服刑后出狱 fúxíngòu chūyù ▶～したばかりの男/刚刚出狱的男子 gānggāng chūyù de nánzǐ

しゅっしょう【出生する】 出生 chūshēng；诞生 dànshēng（英 *be born*）▶～地を明記する/写清楚出生地点 xiě qīngchu chūshēng dìdiǎn ▶～年月日を記入する/输入出生年月日 shūrù chūshēng nián yuè rì ▶私の～の秘密が暴かれてしまった/我出生的秘密暴露了 wǒ chūshēng de mìmì bàolù le

♦～証明書｜出生证明 chūshēng zhèngmíng ～届｜出生登记 chūshēng dēngjì ▶私の～届には1日生まれとしてある/我的出生登记表上写的是一号出生的 wǒ de chūshēng dēngjìbiǎoshang xiě de shì yí hào chūshēng de ▶～届を提出する/提交出生登记 tíjiāo chūshēng dēngjì ▶～率｜出生率 chūshēnglǜ ▶日本では～率が毎年低下している/日本的出生率每年都在下降 Rìběn de chūshēnglǜ měinián dōu zài xiàjiàng

しゅつじょう【出場する】 上场 shàngchǎng；出场 chūchǎng，参加 cānjiā（英 *appear; be present*）▶～資格/出场资格 chūchǎng zīgé ▶～者/出场者 chūchǎngzhě ▶10日間の～停止を命ずる/下令停止十天的出场资格 xiàlìng tíngzhǐ shí tiān de chūchǎng zīgé ▶全国大会に初～する/第一次参加全国大会 dìyī cì cānjiā quánguó dàhuì ▶～を希望したが許されなかった/我希望出场却没被批准 wǒ xīwàng chūchǎng què méi bèi pīzhǔn ▶そのマラソンレースには80名の～者が参加した/那次马拉松长跑有八十名选手参加 nà cì mǎlāsōng chángpǎo yǒu bāshí míng xuǎnshǒu cānjiā

しゅっしょく【出色の】 出色 chūsè（英 *distinguished; outstanding*）▶～のできばえ/出色的成绩 chūsè de chéngjì

しゅっしょしんたい【出処進退】 进退 jìntuì；去留 qùliú（英 *a move*）▶～を決めかねる/进退两难 jìntuì liǎngnán ▶みんなの前で～を明らかにする/在大家面前公布去留 zài dàjiā miànqián gōngbù qùliú

しゅっしん【出身】 出身 chūshēn（英 *one's hometown*）▶～校/母校 mǔxiào ▶～地/出生地 chūshēngdì ▶どちらの御～ですか/您是哪里人？/您老家哪儿 ▶実業界～の外交官/出身于实业界的外交家 chūshēn yú shíyèjiè de wàijiāojiā ▶この会社の従業員はほとんど大学～です/这个公司的职员几乎都是大学毕业 zhège gōngsī de zhíyuán jīhū dōu shì dàxué bìyè

しゅつじん【出陣する】 上阵 shàngzhèn；出征 chūzhēng（英 *go to the front*）▶～式/出征仪式 chūzhēng yíshì

しゅっすい【出水する】 发水 fā shuǐ（英 *be flooded*）▶思いもしない場所で～し土砂崩れが起こった/在意想不到的地方发水，引起泥沙塌方 zài yìxiǎngbudào de dìfang fā shuǐ, yǐnqǐ níshā tāfāng

しゅっせ【出世】 成功 chénggōng；成名 chéngmíng；发迹 fājì（英 *be promoted*）▶～の近道/终南捷径 Zhōngnán jiéjìng ▶争いは嫌いだ/我讨厌仕途竞争 wǒ tǎoyàn shìtú jìngzhēng ▶ひたすら会社の～街道を歩む/在公司一路升任 zài gōngsī yílù shēngrèn ▶彼の～作は『輸出』という経済小説である/他的成名作是一部名为《出口》的经济小说 tā de chéngmíngzuò shì yí bù míng wéi《Chūkǒu》de jīngjì xiǎoshuō

♦～頭（がしら）｜最成功的人 zuì chénggōng de rén；发迹最快的人 fājì zuì kuài de rén

日中比较 中国語の'出世 chūshì'は「生まれ出る」ことをいう．

しゅっせい【出生】 ⇒しゅっしょう(出生)

しゅっせい【出征する】 出征 chūzhēng；从征 cóngzhēng（英 *go to war*）▶うちの祖父は第二次世界大戦で南方の島々に～した/我的祖父参加二战出征到南洋群岛 wǒ de zǔfù cānjiā Èrzhàn chūzhēng dào nányáng qúndǎo

しゅっせき【出席する】 出席 chūxí（英 *attend*）▶～をとる/点名 diǎnmíng ▶～簿/出席簿 chūxíbù ▶～が少ない/参加人少 cānjiā rén shǎo ▶重要報告を行うので全員の～を求めます/因为要作重要报告希望全体参加 yīnwèi yào zuò zhòngyào bàogào xīwàng quántǐ cānjiā ▶地区の清掃日の～率をよくする/提高地区清扫日的参加率 tígāo dìqū qīngsǎorì de cānjiālǜ ▶～できない人は理由を書いて下さい/不能参加的人请写明理由 bùnéng cānjiā de rén qǐng xiěmíng lǐyóu

♦～者｜出席者 chūxízhě ▶～者有资格者30人中わずかに10名だった/在够资格的三十个人中只有十个人参加 zài gòu zīgé de sānshí ge rén zhōng zhǐ yǒu shí ge rén cānjiā

しゅっそう【出走する】 参赛 cānsài（英 *go to the post*）▶馬主はその馬の～を取消した/马主取消了那匹马的参赛 mǎzhǔ qǔxiāole nà pǐ mǎ de cānsài ▶私の馬は～10頭のうちで2着に入った/我的马在参赛的十匹马中占第二位 wǒ de mǎ zài cānsài de shí pǐ mǎ zhōng zhàn dì'èr wèi

日中比较 中国語の'出走 chūzǒu'は「家出する」ことである．

しゅつだい【出題する】 出题 chūtí（英 *make questions*）▶『枕草子』の中から～される/从《枕草子》中出题 cóng《Zhěncǎozǐ》zhōng chūtí ▶歌会ではいつもその場で～される/在和歌会上经常是当场出题 zài hégēhuìshang jīngcháng shì dāngchǎng chūtí

しゅったん【出炭】 产煤 chǎnméi（英 *coal production*）

◆～量;産煤量 chǎnméiliàng ▶～量は激減したが質のいい石炭は需要は多い/産煤量急剧下跌,但对高质量的煤炭的需求却很大 chǎnméiliàng jíqù xiàdiē, dàn duì gāozhìliàng de méitàn de xūqiú què hěn dà

じゅっちゅう【術中】(英 *a trap*)〜に陥る 陷入圈套 xiànrù quāntào

しゅっちょう【出張する】 出差 chūchāi (英 *make a business trip*) ▶～させる/差遣 chāiqiǎn; 差使 chāishǐ ▶～所/办事处 bànshìchù ▶～旅費/差旅费 chāilǚfèi; 车马费 chēmǎfèi ▶海外～/海外出差 hǎiwài chūchāi ▶九州へ～を命じられる/奉命到九州出差 fèngmìng dào Jiǔzhōu chūchāi ▶新製品の説明で大阪に～中である/为了介绍新产品正在大阪出差 wèile jièshào xīnchǎnpǐn zhèngzài Dàbǎn chūchāi

しゅっちょう【出超】 顺差 shùnchā (英 *an excess of exports over imports*) ▶この10年～が続いている/这十年一直持续顺差 zhè shí nián yìzhí chíxù shùnchā

しゅってい【出廷する】 出庭 chūtíng (英 *appear in court*) ▶～を命じる/指令出庭 zhǐlìng chūtíng

しゅってん【出典】 出处 chūchù (英 *a source; an authority*) ▶～を明らかにする/标明出处 biāomíng chūchù ▶～を調べる/调查出处 diàochá chūchù

しゅってん【出店する】 开店 kāi diàn; 开分店 kāi fēndiàn (英 *open a new shop*) ▶海外に～する/在海外开店 zài hǎiwài kāi diàn

しゅってん【出展する】 展出 zhǎnchū (英 *exhobit*) ▶～作品/展出作品 zhǎnchū zuòpǐn

しゅつど【出土する】 出土 chūtǔ (英 *be excavated*) ▶造成地から勾玉が～する/在施工地出土勾玉 zài shīgōngdì chūtǔ gōuyù ▶～品/出土文物 chūtǔ wénwù ▶～品を陳列する/陈列出土文物 chénliè chūtǔ wénwù

しゅっとう【出頭する】 到某机关去 dào mǒu jīguān qù; 出面 chūmiàn (英 *appear; attend*) ▶～を命じる/传唤 chuánhuàn ▶3時間後に本人が～する/三小时后本人出面 sān xiǎoshí hòu běnrén chūmiàn

◆任意～;主动到警方出面 zhǔdòng dào jǐngfāng chūmiàn ▶任意～を求める/希望主动到警方出面 xīwàng zhǔdòng dào jǐngfāng chūmiàn

[日中比較] 中国語の'出头 chūtóu'は「困難を脱する」ことを指す.

しゅつどう【出動する】 出动 chūdòng (英 *go out; be dispatched*) ▶～を要請する/请求出动(军警等) qǐngqiú chūdòng (jūnjǐng děng) ▶被災地に自衛隊が～する/自卫队前往灾区 zìwèiduì qiánwǎng zāiqū ▶騒いだデモ隊鎮圧に機動隊が～した/机动队出动以镇压骚乱的游行队伍 jīdòngduì chūdòng yǐ zhènyā sāoluàn de yóuxíng duìwu ▶海難救助に巡視船が～する/巡逻船出动,以进行海难救助 xúnluóchuán chūdòng, yǐ jìnxíng hǎinán jiùzhù

しゅつにゅうこく【出入国】(英 *immigration*) ～管理/出入境管理 chūrùjìng guǎnlǐ

しゅつば【出馬する】 出马 chūmǎ;《交渉など》出面 chūmiàn;《選挙に》参加 cānjiā [選挙] *run for ...*) ▶選挙に～する/参加竞选 cānjiā jìngxuǎn ▶～宣言/出马宣言 chūmǎ xuānyán ▶参議院議員選挙に多数のタレントが～した/很多演艺界人士参加了参议院议员的选举 hěn duō yǎnyìjiè rénshì cānjiāle cānyìyìyuán de xuǎnjǔ ▶前回落選した候補者が今回も～している/上次落选的候补又参加了这次选举 shàng cì luòxuǎn de hòubǔ yòu cānjiāle zhè cì xuǎnjǔ ▶こういう交渉は会長に御～いただかないと…/这种谈判非会长出马不可 zhè zhǒng tánpàn fēi huìzhǎng chūmǎ bùkě

しゅっぱつ【出発する】 出发 chūfā; 动身 dòngshēn; 启程 qǐchéng (英 *start; depart*) ▶～を延期する/延期出发 yánqī chūfā ▶今朝は～が早かった/今天早上出发得很早 jīntiān zǎoshang chūfāde hěn zǎo ▶～する乗客を見送る/送将要出发的乘客 sòng jiāngyào chūfā de chéngkè ▶食料さえあればいつでも～します/只要有食物, 随时都可以～ zhǐyào yǒu shíwù, suíshí dōu kěyǐ chūfā ▶～はいつですか/什么时候出发? shénme shíhou chūfā? ▶大雨で沖縄行きの～が遅れる/因为大雨,前往冲绳的出发延迟了 yīnwèi dàyǔ, qiánwǎng Chōngshéng de chūfā yánchí le

◆～時刻;出发时刻 chūfā shíkè ▶～時刻がせまったが彼は現れなかった/快到出发时间了,但他还没有来 kuàiyào dào chūfā shíjiān le, dàn tā hái méiyǒu lái ▶～点;出发点 chūfādiǎn; 起点 qǐdiǎn ～ロビー《空港》;出发大厅 chūfā dàtīng

しゅっぱん【出帆する】 扬帆 yángfān; 开船 kāichuán (英 *sail*)

しゅっぱん【出版する】 出版 chūbǎn; 发行 fāxíng; 问世 wènshì (英 *publish*) ▶～社/出版社 chūbǎnshè ▶～の自由/出版自由 chūbǎn zìyóu ▶その小説は3種類の版が～されている/那部小说发行了三种版本 nà bù xiǎoshuō fāxíngle sān zhǒng bǎnběn ▶その本は～されていない/那本书没有出版 nà běn shū méiyǒu chūbǎn ▶～界も活気がない/出版界也没有活力 chūbǎnjiè yě méiyǒu huólì ▶この本の日本における～権は我が社がもっている/我们公司拥有这本书在日本的版权 wǒmen gōngsī yōngyǒu zhè běn shū zài Rìběn de bǎnquán ▶彼はアメリカで最も～部数の多い作家である/他是在美国作品出版部数最多的作家 tā shì zài Měiguó zuòpǐn chūbǎn bùshù zuìduō de zuòjiā

◆限定～;限定出版 xiàndìng chūbǎn 自費～;自费出版 zìfèi chūbǎn 予約～;预约出版 yùyuē chūbǎn

しゅっぴ【出費】 开销 kāixiāo; 花费 huāfèi; 费用 fèiyòng (英 *expenses; outlay; expenditure*) ▶～がかさむ/花费增多 huāfèi zēngduō ▶～を

抑える/节约开支 jiéyuē kāizhī ▶多額の〜をする/花销很大 huāxiao hěn dà ▶娘の成人式の〜が思いのほか掛かった/用于女儿成人式的花销出乎意料地高 yòngyú nǚ'ér chéngrénshì de huāxiao chūhū yìliào de gāo

しゅっぴん【出品する】 展出作品 zhǎnchū zuòpǐn（英 exhibit）▶秋の展覧会に油絵を〜する/将油画拿到秋季展览会上去展览 jiāng yóuhuà nádào qiūjì zhǎnlǎnhuìshang qù zhǎnlǎn
◆〜物：出品 chūpǐn ▶バザーの〜物/义卖会的出品 yìmàihuì de chūpǐn
| 日中比較 | 中国語の'出品 chūpǐn'は「製品」を指す．

しゅっぺい【出兵する】 出兵 chūbīng；派兵 pàibīng；出師 chūshī（英 send troops）▶イラクに〜したのはなぜだったか/为什么出兵伊拉克？wèi shénme chūbīng Yīlākè? ▶〜の是非を世論に問いたい/要向舆论征询对派兵的看法 yào xiàng yúlùn zhēngxún duì pàibīng de kànfa

しゅつぼつ【出没する】 出没 chūmò（haunt; make frequent appearances）▶痴漢が〜する/不时出现好色鬼 bùshí chūxiàn hàosèguǐ ▶不審船がこのあたりの海域に〜した/可疑船只出没于这片海域 kěyí chuánzhī chūmò yú zhè piàn hǎiyù ▶熊がエサを求めて人家近くに〜する/熊为了得到食物而出没于人家附近 xióng wèile dédào shíwù ér chūmò yú rénjiā fùjìn

しゅっぽん【出奔する】 出奔 chūbēn；逃跑 táopǎo（英 run away）

しゅつらん【出藍の誉れ】（英 surpassing one's master）
ことわざ 出藍の誉れ 青出于蓝而胜于蓝 qīng chū yú lán ér shèngyú lán

しゅつりょう【出漁する】 出海捕鱼 chūhǎi bǔyú（英 go out fishing）▶〜区域はハワイ沖まで広がる/出海捕鱼区域到达夏威夷海域 chūhǎi bǔyú qūyù dàodá Xiàwēiyí hǎiyù ▶まぐろを求めて〜する/为捕获金枪鱼而出海 wèi bǔdé jīnqiāngyú ér chūhǎi ▶夫婦で〜してうにを取る/夫妇出海捕海胆 fūfù chūhǎi bǔ hǎidǎn

しゅつりょく【出力】 ❶【機械の動力】输出功率 shūchū gōnglǜ（英 generating power）▶〜を上げる/增加输出功率 zēngjiā shūchū ▶〜五百馬力のエンジン/输出功率为五百马力的发动机 shūchū gōnglǜ wéi wǔbǎi mǎlì de fādòngjī ❷【コンピューターなどの】输出 shūchū（英 output）▶データを〜する/输出数据 shūchū shùjù

しゅつるい【出塁する】（野球）出垒 chū lěi（英 get to first base）▶ツーアウトから〜する/二出局后出垒 èr chūjú hòu chū lěi

しゅと【首都】 首都 shǒudū；京城 jīngchéng（英 a capital）▶〜に人が集中する/首都聚集了很多人 shǒudū jùjíle hěn duō rén ▶中国の〜は北京だがチリの〜はどこか/中国的首都在北京，智利的首都在哪儿呢？Zhōngguó de shǒudū zài Běijīng, Zhìlì de shǒudū zài nǎr ne? ▶10年に一度の大雪で〜の機能は麻痺した/十年一度的大雪使首都陷于瘫痪状态 shí nián yí dù de dàxuě shǐ shǒudū xiànyú tānhuàn zhuàngtài ▶〜の高速道路は四方八方に広がっている/首都的高速公路四通八达 shǒudū de gāosù gōnglù sì tōng bā dá
◆〜圏：首都圏 shǒudūquān ▶〜圏の地価は高い/首都一带的地价很贵 shǒudū yídài de dìjià hěn guì

しゅとう【種痘】 种痘 zhòngdòu（英 vaccination）

しゅどう【手動】 手工 shǒugōng；手动的 shǒudòng de（英 manual operation）▶〜に切り換える/换成手动式 huànchéng shǒudòngshì ▶ブレーキのハンドルを引く/拉手刹闸 lā shǒuzhá

しゅどう【主導する】 主导 zhǔdǎo（英 take the lead）▶〜的な役割/主导作用 zhǔdǎo zuòyòng

じゅどう【受動的】 被动 bèidòng（英 passive）▶〜のだと物事が身につかない/如果不积极的话，就很难掌握 rúguǒ bù jījí dehuà, jiù hěn nán zhǎngwò ▶〜喫煙の苦痛を分かって下さい/请理解间接吸烟的痛苦 qǐng lǐjiě jiànjiē xīyān de tòngkǔ
◆受動態〔文法〕：被动式 bèidòngshì；被动态 bèidòngtài

しゅどうけん【主導権】 主导权 zhǔdǎoquán（英 an initiative）▶〜を握る/掌握主导权 zhǎngwò zhǔdǎoquán ▶最初から試合の〜を握る/从最初起就掌握了比赛的主导权 cóng zuìchū qǐ jiù zhǎngwòle bǐsài de zhǔdǎoquán ▶激しい政党の〜争いは市民を巻き込んだ/激烈的政党主导权之争把市民席卷进去 jīliè de zhèngdǎng zhǔdǎoquán zhī zhēng bǎ shìmín xíjuǎnjìnqu

しゅどうしゃ【主導者】 领导 lǐngdǎo；领导者 lǐngdǎozhě（英 the leader）

しゅとく【取得する】 取得 qǔdé；获得 huòdé（英 acquire）▶学生時代に運転免許を〜する/在学生时代取得了驾驶执照 zài xuésheng shídài qǔdéle jiàshǐ zhízhào ▶退職してから教員の資格を〜する/退休之后取得教师资格 tuìxiū zhīhòu qǔdé jiàoshī zīgé
◆〜物：获得的东西 huòdé de dōngxi 不動産〜税/不动产取得税 búdòngchǎn qǔdéshuì

しゅとして【主として】 主要 zhǔyào；基本上 jīběnshang（英 chiefly）▶〜中高年を対象にしている/主要以中老年为对象 zhǔyào yǐ zhōnglǎonián wéi duìxiàng ▶〜老人から質問がある/主要是老人提问 zhǔyào shì lǎorén tíwèn ▶この料理は〜中国の福建から伝わった/这道菜主要是从中国的福建流传来的 zhè dào cài zhǔyào shì cóng Zhōngguó de Fújiàn liúchuán lái de

じゅなん【受難】 受难 shòunàn（英 sufferings; an ordeal）▶キリストの〜/耶稣受难 Yēsū shòunàn ▶今日は〜の一日だった/今天是灾难不断的一天 jīntiān shì zāinàn búduàn de yì tiān

ジュニア《少年》少年 shàonián；低年级 dīniánjí（英 a youth）；《息子》儿子 érzi（英 a

しゅにく【朱肉】 朱色印泥 zhūsè yìnní (英 cinnabar seal ink)

じゅにゅう【授乳する】 哺乳 bǔrǔ; 喂奶 wèi nǎi (英 breastfeed; suckle) ~期/哺乳期 bǔrǔqī ▶母牛が子牛に~する/母牛给小牛吃奶 mǔniú gěi xiǎoniú chī nǎi

しゅにん【主任】 主任 zhǔrèn (英 a chief official) ▶~弁護人/主任律师 zhǔrèn lǜshī ◆~技師｜主管技师 zhǔguǎn jìshī 営業部~/营业部主任 yíngyèbù zhǔrèn

しゅぬり【朱塗りの】 朱漆 zhūqī (英 vermilion) ▶~の椀/朱漆碗 zhūqīwǎn

しゅのう【首脳】 首长 shǒuzhǎng; 首脑 shǒunǎo (英 the head; the leader) ◆~会談｜首脑会谈 shǒunǎo huìtán ▶日米の~会談が京都で開かれる/日美的首脑会谈在京都召开 Rì-Měi de shǒunǎo huìtán zài Jīngdū zhàokāi ~陣/领导班子 lǐngdǎo bānzi ▶会社の~陣は社長を除き退陣した/除总经理以外，公司的最高层都退下来了 chú zǒngjīnglǐ yǐwài, gōngsī de zuìgāocéng dōu tuìxiàlai le

じゅのう【受納する】 收纳 shōunà; 收下 shōuxià (英 accept) ▶私の気持ちです。どうぞ御~下さい/这是我的心意，请收下 zhè shì wǒ de xīnyì, qǐng shōuxià

シュノーケル 通气管 tōngqìguǎn (英 a snorkel)

じゅばく【呪縛する】 用符咒镇住 yòng fúzhòu zhènzhù (英 put a spell on...) ▶~にかかる/被咒语镇住 bèi zhòuyǔ zhènzhù ▶~を解く/解开咒语 jiěkāi zhòuyǔ

しゅはん【主犯】 祸首 huòshǒu; 主犯 zhǔfàn (英 the principal)

しゅはん【首班】 首席 shǒuxí; 首领 shǒulǐng;《内阁》首相 shǒuxiāng (英 the head) ▶~を指名する演説/提名领头人的演说 tímíng lǐngtóurén de yǎnshuō

じゅばん【襦袢】〘服飾〙和服的衬衫 héfú de chènshān (英 an undershirt)

しゅび【守備】 守备 shǒubèi; 防备 fángbèi (英 defense) ▶~に着く/防守 fángshǒu ▶~を固める/加强守备 jiāqiáng shǒubèi ▶~の堅実な内野陣/守备稳健的内场阵营 shǒubèi wěnjiàn de nèichǎng zhènyíng ▶打球は前進~の三塁手の頭をこえた/球越过站在前方守备的三垒手的头 qiú yuèguò zhànzài qiánfāng shǒubèi de sānlěishǒu de tóu ▶~範囲の広い外野手/守备范围宽广的外场手 shǒubèi fànwéi kuānguǎng de wàichǎngshǒu ▶国境の~が手薄ではないか/边防守备不是很薄弱吗? biānfáng shǒubèi bú shì hěn bóruò ma?

しゅび【首尾】 ❶〘物事の始めから終わりまで〙首尾 shǒuwěi; 始终 shǐzhōng (英 beginning and end) ▶~一貫する/首尾一贯 shǒuwěi yíguàn; 始终如一 shǐ zhōng rú yī ❷〘経過・結果〙结果 jiéguǒ; 经过 jīngguò (英 the result) ▶~は上々/结果很好 jiéguǒ hěn hǎo ▶~よく/顺利地 shùnlì de ▶心配したが万事~よく運んだ/虽然感到很担心，但事情进行得很顺利 suīrán gǎndào hěn dānxīn, dàn shìqing jìnxíng de hěn shùnlì

じゅひ【樹皮】 树皮 shùpí (英 the bark) ▶~を剥ぐ/剥树皮 bāo shùpí

しゅひつ【主筆】 主笔 zhǔbǐ (英 the chief editor) ▶~を務める/担任主笔 dānrèn zhǔbǐ

しゅひつ【朱筆】 朱笔 zhūbǐ〘朱筆による書き入れ〙; 红笔 hóngbǐ (英 retouch) ▶~を加える/用红笔批改 yòng hóngbǐ pīgǎi

しゅびょう【種苗】 种和苗 zhǒng hé miáo (英 seeds and plants; seedlings)

しゅひょう【樹氷】 树挂 shùguà; 雾凇 wùsōng (英 a coating of ice on a tree) ▶~に覆われた木が朝日に輝いた/挂满树挂的树在朝阳中闪闪发光 guàmǎn shùguà de shù zài zhāoyáng zhōng shǎnshǎn fāguāng

しゅひん【主賓】 主宾 zhǔbīn; 主客 zhǔkè (英 main guests) ▶…を~として/把…作为主宾 bǎ… zuòwéi zhǔbīn ▶県知事を~に迎えて歓迎会が開かれた/以县知事为主宾，召开了欢迎会 yǐ xiànzhīshì wéi zhǔbīn, zhàokāile huānyínghuì

しゅふ【主婦】 主妇 zhǔfù (英 a housewife) ▶家庭の~/家庭主妇 jiātíng zhǔfù ▶~の務め/主妇的工作 zhǔfù de gōngzuò ▶~稼業のかたわらパソコンで内職する/主妇工作之外，利用电脑搞副业 zhǔfù gōngzuò zhīwài, lìyòng diànnǎo gǎo fùyè ▶~業に専念する/专心于主妇的工作 zhuānxīn yú zhǔfù de gōngzuò ▶家庭の~もやることがたくさんある/家庭妇女也有很多事做 jiātíng fùnǚ yě yǒu hěn duō shì zuò

しゅふ【首府】 首府 shǒufǔ; 首都 shǒudū (英 a capital)

シュプレヒコール 齐呼口号 qíhū kǒuhào (英 a chorus of shouts) ▶「打倒…」と~を唱える/高呼"打倒…"的口号 gāohū "Dǎdǎo…" de kǒuhào

しゅぶん【主文】〘法〙主文 zhǔwén (英 the text (of a judgment)) ▶…被告人を死刑に処する/判决主文．判处被告人死刑 pànjué zhǔwén. pànchǔ bèigàorén sǐxíng

じゅふん【受粉する・授粉する】 受粉 shòufěn; 授粉 shòufěn (英 pollinate; fertilize) ▶自花~/自花受粉 zìhuā shòufěn ▶人工~/人工授粉 réngōng shòufěn

しゅべつ【種別する】 类别 lèibié (英 classify) ▶~に分ける/分类 fēnlèi ▶みかんを~に並べる/把橘子按种类摆放 bǎ júzi àn zhǒnglèi bǎifàng

しゅほう【手法】 手法 shǒufǎ; 方法 fāngfǎ (英 technical skill; a method) ▶様々な~を試みる/尝试各种手法 chángshì gèzhǒng shǒufǎ ▶従来の~では片付かない/用过去的方法解决不了 yòng guòqù de fāngfǎ jiějuébuliǎo

しゅほう【主峰】 主峰 zhǔfēng (英 the main peak) ▶アルプス山脈の~/阿尔卑斯山的主峰

Ā'ěrbēisīshān de zhǔfēng

しゅほう【主砲】 ❶〔軍艦の〕主炮 zhǔpào (英 *the main gun*) ▶～が火を吹く/主炮开火 zhǔpào kāihuǒ ❷〔球技で〕▶チームの～/球队的主力击球手 qiúduì de zhǔlì jīqiúshǒu

しゅぼうしゃ【首謀者】 主谋人 zhǔmóurén; 首祸 shǒuhuò (英 *a leader; a ringleader*) ▶暴動の～が逮捕された/暴动的主谋被逮捕了 bàodòng de zhǔmóu bèi dàibǔ le

しゅぼば【種牡馬】 种马 zhǒngmǎ (英 *a stud; a stallion*)

しゅみ【趣味】 爱好 àihào; 兴趣 xìngqù (英 *a taste; a hobby*) ▶～は釣りだ/我的爱好是钓鱼 wǒ de àihào shì diàoyú ▶～のよいネクタイ/趣味高雅的领带 qùwèi gāoyǎ de lǐngdài ▶～の悪い/不雅致 bù yǎzhi ▶彼の～は異国的なものに傾いている/他对具有异国情调的东西感兴趣 tā duì jùyǒu yìguó qíngdiào de dōngxī gǎn xìngqù ▶彼女は～がいろいろある/她有很多爱好 tā yǒu hěn duō àihào ▶その家は～のよい家具調度が揃っていた/那家具格调高雅 nà jiā de jiājù gédiào gāoyǎ ▶そのセーターは私の～に合わない/那件毛衣我不喜欢 nà jiàn máoyī wǒ bù xǐhuan ▶朝早くから庭で～の園芸に励んでいる/从早上起就在庭院里从事自己喜欢的园艺 cóng zǎoshang qǐ jiù zài tíngyuànlǐ cóngshì zìjǐ xǐhuan de yuányì

日中比较 中国語の '趣味 qùwèi' は「人を引きつける要因」「味わい」のことである。

シュミーズ【服飾】 女用内衣 nǚyòng nèiyī (英 *a chemise; a slip*)

じゅみょう【寿命】 寿命 shòumìng; 寿数 shòushu (英 *the span of life; life expectancy*《保険で》) ▶～が延びる/寿命延长 shòumìng yáncháng ▶平均～/平均寿命 píngjūn shòumìng ▶乾電池の～/干电池的耐用期间 gāndiànchí de nàiyòng qījiān ▶彼の～を縮めた/酒让他减寿 jiǔ ràng tā jiǎn shòu ▶～が長い動物/寿命长的动物 shòumìng cháng de dòngwù ▶～の長い電球/使用寿命长的电灯 shǐyòng shòumìng cháng de diàndēng ▶十年も使ったこのテレビは～が長いほうだ/这台电视看了十年，寿命算长的了 zhè tái diànshì kànle shí nián, shòumìng suàn cháng de le

しゅもく【種目】 项目 xiàngmù (英 *an item; an event*)
◆営業～ 营业项目 yíngyè xiàngmù 競技～ 竞技项目 jìngjì xiàngmù

じゅもく【樹木】 树木 shùmù (英 *trees; vegetation*) ▶～の茂った丘/树木繁茂的小山岗 shùmù fánmào de xiǎoshāngāng ▶～に囲まれた都心の庭園/树木环绕的城市中心的庭园 shùmù huánrào de chéngshì zhōngxīn de tíngyuán

じゅもん【呪文】 咒文 zhòuwén; 咒语 zhòuyǔ (英 *an incantation*) ▶～を唱える/念念有词 niànnian yǒu cí; 念咒 niànzhòu

しゅやく【主役】 主角 zhǔjué (英 *the leading role*) ▶～を演じる/演主角 yǎn zhǔjué ▶事件の～/事件的主角 shìjiàn de zhǔjué ▶映画の～/影片的主角 yǐngpiàn de zhǔjué ▶その老演員はかつて冒険映画の～を演じていた/那位老演员曾经主演过惊险片 nà wèi lǎoyǎnyuán céngjīng zhǔyǎnguo jīngxiǎnpiàn ▶～で舞台にデビューする/作为主演初登舞台 zuòwéi zhǔyǎn chū dēng wǔtái ▶これからは原子力エネルギーの～になる/今后，原子能将成为主要的能源 jīnhòu, yuánzǐnéng jiāng chéngwéi zhǔyào de néngyuán

じゅよ【授与する】 授予 shòuyǔ (英 *give; award*) ▶～式/授予仪式 shòuyǔ yíshì ▶文化勲章を～される/被授予文化奖章 bèi shòuyǔ wénhuà jiǎngzhāng ▶卒業証書を～する/毕业证书 shòuyǔ bìyè zhèngshū

しゅよう【主要な】 主要 zhǔyào (英 *principal; leading; prime*) ▶～な内容/主要内容 zhǔyào nèiróng ▶～都市/主要城市 zhǔyào chéngshì ▶～道路には検問が設けられた/在主要道路上设有岗哨 zài zhǔyào dàolùshang shèyǒu gǎngshào ▶お茶の～産地は鹿児島になった/茶叶的主要产地变到鹿儿岛了 cháyè de zhǔyào chǎndì biàndào Lù'érdǎo le ▶この国の～産業は観光である/该国的主要产业是旅游业 gāi guó de zhǔyào chǎnyè shì lǚyóuyè ▶我が県の～産物は砂糖である/我们县的主要出产是砂糖 wǒmen xiàn de zhǔyào chūchǎn shì shātáng
◆～人物（劇の）主要人物 zhǔyào rénwù

しゅよう【腫瘍】〔医〕肿瘤 zhǒngliú (英 *a tumor*) ▶～ができる/长肿瘤 zhǎng zhǒngliú 悪性～/恶性肿瘤 èxìng zhǒngliú 脳～/脑瘤 nǎoliú ▶手術で脳～を取り除いた/用手术去掉了脑肿瘤 yòng shǒushù qùdiàole nǎozhǒngliú
◆良性～ 良性肿瘤 liángxìng zhǒngliú

じゅよう【受容する】 接受 jiēshòu (英 *receive*) ▶異文化の～/接受异域文化 jiēshòu yìyù wénhuà

じゅよう【需要】 需求 xūqiú; 需要 xūyào (英 *demand; want*) ▶～が増大する/需求增大 xūqiú zēngdà ▶～と供給/供求 gōngqiú ▶～が供給を上回る/供不应求 gōng bù yìng qiú ▶石炭は大いに～がある/很需要煤炭 hěn xūyào méitàn ▶主食の～を満たす/满足对主食的需求 mǎnzú duì zhǔshí de xūqiú ▶国産品の～が冷え込んでいる/对于国产品的需求正在下跌 duìyú guóchǎnpǐn de xūqiú zhèngzài xiàdiē
◆大口～者 大批量需求者 dàpīliàng xūqiúzhě

しゅよく【主翼】 主翼 zhǔyì (英 *a wing of a plane*) ▶～の左右にエンジンがくっつく/主翼的左右附有发动机 zhǔyì de zuǒyòu fùyǒu fādòngjī

しゅらば【修羅場】 武打场面 wǔdǎ chǎngmiàn; 大混乱 dàhùnluàn (英 *the scene of carnage*) ▶～をくぐり抜ける/逃出战场 táochū zhànchǎng; 经过残酷的斗争场面 jīngguò cánkù de dòuzhēng chǎngmiàn ▶懇談の席は一転～と化した/欢谈会突然变成了角斗场 huāntánhuì tūrán biànchéngle juédòuchǎng ▶彼は～

シュラフ 睡袋 shuìdài （英 *a sleeping bag*）

ジュラルミン 硬铝 yìnglǚ （英 *duralumin*）

しゅらん【酒乱】 酒疯 jiǔfēng（英 *drunken frenzy*）▶~の気がある/像要要酒疯 xiàng yào shuǎ jiǔfēng

じゅり【受理する】 受理 shòulǐ（英 *accept; receive*）▶告発を~する/受理告发 shòulǐ gàofā ▶~を拒む/拒绝受理 jùjué shòulǐ ▶入り口で願書を~する/在入口受理申请书 zài rùkǒu shòulǐ shēnqǐngshū ▶こういう請願は~が難しいな/这种申请很难受理 zhè zhǒng shēnqǐng hěn nán shòulǐ

じゅりつ【樹立する】 建立 jiànlì; 树立 shùlì（英 *establish; set up*）▶国交を~する/建立邦交 jiànlì bāngjiāo ▶世界記録を~する/创世界记录 chuàng shìjiè jìlù ▶新政府を~する/建立新政府 jiànlì xīnzhèngfǔ

しゅりゅう【主流】 主流 zhǔliú; 干流 gànliú（英 *the mainstream*）▶中国文学の~/中国文学的主流 Zhōngguó wénxué de zhǔliú ▶~を外れる/靠边儿站 kàobiānr zhàn ▶~に復帰する/回归主流 huíguī zhǔliú

◆~派 :主流派 zhǔliúpài ▶あの男はいつだって~派についている/他什么时候都跟着主流走 tā shénme shíhou dōu gēnzhe zhǔliú zǒu ▶反~派/反主流派 fǎnzhǔliúpài

しゅりゅうだん【手榴弾】 手榴弹 shǒuliúdàn（英 *a grenade*）

しゅりょう【狩猟する】 狩猎 shòuliè（英 *hunt*）▶~民族/狩猎民族 shòuliè mínzú ▶熊の~期は決められている/猎熊有一定的狩猎期 liè xióng yǒu yídìng de shòulièqī

◆~禁止期 :禁猎期 jìnlièqī

しゅりょう【首領】 首领 shǒulǐng; 头目 tóumù（英 *the chief; the leader*）▶盗賊団の~/盗贼的头目 dàozéi de tóumù

しゅりょう【酒量】 酒量 jiǔliàng（英 *one's drinking capacity*）▶~が多い/酒量大 jiǔliàng dà ▶四十を越えて~が増した/过了四十酒量增大 guòle sìshí jiǔliàng zēngdà ▶自分の~を越えないようにする/不超过自己的酒量 bù chāoguò zìjǐ de jiǔliàng

じゅりょう【受領する】 接收 jiēshōu; 收领 shōulǐng（英 *receive; get*）▶~証/发票 fāpiào; 收据 shōujù ▶この欄に~印を押して下さい/在这一栏里盖上领收印 zài zhè yì lánli gàishàng lǐngshōuyìn

しゅりょく【主力】 主力 zhǔlì（英 *the main strength*〔*force*〕）▶~メンバー/主力成员 zhǔlì chéngyuán ▶師団の~が出動した/师的主力出动了 shī de zhǔlì chūdòng le ▶今では全日本の~になっている/现在是日本队的主力 xiànzài shì Rìběnduì de zhǔlì ▶品種改良に~を注いでいる/现在对品种改良下主要精力 xiànzài duì pǐnzhǒng gǎiliáng xià zhǔyào jīnglì

◆~艦 :主力舰 zhǔlìjiàn ~選手 :主力选手 zhǔlì xuǎnshǒu

じゅりん【樹林】 树林 shùlín; 树丛 shùcóng（英 *a forest*）▶广叶~/阔叶树林 kuòyèshùlín

しゅるい【酒類】 （英 *alcoholic drinks; liquor*）▶会場内は~の販売が禁止されている/在会场内禁止销售酒类 zài huìchǎngnèi jìnzhǐ xiāoshòu jiǔlèi

しゅるい【種類】 品种 pǐnzhǒng; 种类 zhǒnglèi（英 *a kind; a sort; a class*）▶~が多い/种类多 zhǒnglèi duō ▶同じ~の/同类 tónglèi ▶~の違う/种类不同的 zhǒnglèi bùtóng de ▶あらゆる~の野菜/各种各样的蔬菜 gèzhǒng gèyàng de shūcài ▶こういう~のりんごを探している/正在寻找这个种类的苹果 zhèngzài xúnzhǎo zhège zhǒnglèi de píngguǒ ▶~別に分ける/分为各种类别 fēn wéi gèzhǒng lèibié ▶味は似ているが材料の~が違う/味道相似，材料种类不一样 wèidao xiāngsì, cáiliào zhǒnglèi bù yíyàng ▶5~の穀物が入っている/里面包含有五种谷物 lǐmiàn bāohán yǒu wǔ zhǒng gǔwù ▶珍しい~の魚がこの湾に生息する/这个海湾中生活着品种珍稀的鱼 zhège hǎiwān zhōng shēnghuózhe pǐnzhǒng zhēnxī de yú

じゅれい【樹齢】 树龄 shùlíng（英 *the age of a tree*）▶~三百年/树龄三百岁 shùlíng sānbǎi suì ▶~が分からない杉がこの山に隠れていた/这座山里长着一些树龄不明的杉树 zhè zuò shānli zhǎngzhe yìxiē shùlíng bùmíng de shānshù

シュレッダー 碎纸机 suìzhǐjī（英 *a shredder*）▶~にかける/放进碎纸机里切碎 fàngjìn suìzhǐjīli qiēsuì

しゅれん【手練】 灵巧 língqiǎo; 熟练 shúliàn（英 *skill*）▶~の早業(はやわざ)で強盗 5 人を地に這わせた/以神速的奇技把五个强盗打倒在地 yǐ shénsù de qíjì bǎ wǔ ge qiángdào dǎdǎo zài dì

シュロ【棕櫚】【植物】棕榈 zōnglǘ; 棕树 zōngshù（英 *a hemp palm*）▶~の繊維/棕毛 zōngmáo ▶~縄/棕绳 zōngshéng ▶~を見るとハワイの 3 日間を思い出す/看见棕榈，就想起了在夏威夷的三天 kànjiàn zōnglǘ, jiù xiǎngqǐle zài Xiàwēiyí de sān tiān

しゅわ【手話】 手语 shǒuyǔ; 哑语 yǎyǔ（英 *sign language*）▶~で話す/用手语谈话 yòng shǒuyǔ tánhuà ▶~を習う/学手语 xué shǒuyǔ

じゅわき【受話器】 耳机 ěrjī; 受话器 shòuhuàqì; 听筒 tīngtǒng（英 *a receiver*）▶~を置く/挂断电话 guàduàn diànhuà ▶~をとる/拿起听筒 náqǐ tīngtǒng ▶インターホンの~を手にする/手中拿着内线电话 shǒu zhōng názhe nèixiàn diànhuà ▶~がはずれていた/听筒没有放好 tīngtǒng méiyǒu fànghǎo ▶~を耳にあてる/把听筒靠近耳朵 bǎ tīngtǒng kàojìn ěrduo ▶~をがしゃんと置く/啪地一下放下电话 pā de yíxià fàngxià diànhuà ▶~に向って叫ぶ/对着电话大声喊 duìzhe diànhuà dàshēng hǎn ▶~の口を手でふさぐ/用手捂住电话 yòng shǒu wǔzhù diànhuà

しゅわん【手腕】 本領 běnlǐng; 才干 cáigàn; 手腕 shǒuwàn (英 *ability*; *tact*) ▶~を発揮する/发挥本领的外交 fāhuī běnlǐng de wàijiāo ▶この事件で日本の外交~が問われる/通过这件事，可以看到日本的外交手腕 tōngguò zhè jiàn shì, kěyǐ kàndào Rìběn de wàijiāo shǒuwàn ▶彼女は若年ながら経営~は大したものだ/她年纪很轻，但却很有经营能力 tā niánjì hěn qīng, dàn què hěn yǒu jīngyíng nénglì

しゅん【旬】 旺季 wàngjì; 最佳时期 zuìjiā shíqī; 应时 yìngshí (英 (*in*) *season*) ▶~の魚/旺季的鲜鱼 wàngjì de xiānyú ▶~の京菜を食べる/吃应时的京菜 chī yìngshí de jīngcài

じゅん【純な】 纯粹 chúncuì; 纯真 chúnzhēn (英 *simple*; *innocent*) ▶~な心/纯洁的心 chúnjié de xīn

じゅん【順】 次序 cìxù; 顺序 shùnxù (英 *order*) ▶~に並べる/依次排列 yīcì páiliè ▶~が逆になる/次序颠倒 cìxù diāndǎo ▶~を追って/依次地 yīcì de ▶~不同/没有次序 méiyǒu cìxù ▶アルファベット~で/按着罗马字母顺序 ànzhe Luómǎ zìmǔ shùnxù ▶背の高い~でゴールに入った/按照高矮顺序跑到了终点 ànzhào gāo'ǎi shùnxù pǎodàole zhōngdiǎn ▶年齢~に入場する/按照年龄顺序入场 ànzhào niánlíng shùnxù rùchǎng ▶到着~に一列に並ぶ/按照到来的顺序排成一列 ànzhào dàolái de shùnxù páichéng yí liè

♦着~/到达的顺序 dàodá de shùnxù

じゅんあい【純愛】 纯洁的爱 chúnjié de ài (英 *pure and innocent love*) ▶~を貫く/贯彻纯洁的爱 guànchè chúnjié de ài

じゅんい【順位】 名次 míngcì; 顺序 shùnxù; 次序 cìxù (英 *order*; *standing*; *placing*) ▶~をつける/决定位次 juédìng wèicì ▶優先~/优先次序 yōuxiān cìxù ▶人気投票の~/以受欢迎程度来排列的投票顺序 yǐ shòu huānyíng chéngdù lái páiliè de tóupiào shùnxù ▶団体戦の~は5位だった/团赛的名次是第五名 tuántǐsài de míngcì shì dìwǔ míng ▶成績の~は低いが人望がある/虽然成绩名次低，但是有人缘儿 suīrán chéngjì míngcì dī, dànshì yǒu rényuánr

しゅんえい【俊英】 精英 jīngyīng; 英才 yīngcái; 英俊 yīngjùn (英 *genius*) ▶~が揃う/精英荟萃 jīngyīng huìcuì

じゅんえき【純益】 纯利 chúnlì; 净利 jìnglì (英 *net profit*; *proceeds*) ▶~をあげる/获得纯利 huòdé chúnlì ▶~率/纯利率 chúnlìlǜ ▶10万円の~をあげた/得到了十万日元的纯利 dédàole shíwàn Rìyuán de chúnlì

じゅんえん【順延する】 顺延 shùnyán; 依次推迟 yīcì tuīchí (英 *postpone*) ▶雨天~/雨天顺延 yǔtiān shùnyán

じゅんおくり【順送りする】 依序传递 yīxù chuándì (英 *pass it on*) ▶会議の席でメモをする/在会议中按顺序传纸条 zài huìyì zhōng ànzhào shùnxù chuán zhǐtiáo

しゅんが【春画】 春宫画 chūngōnghuà (英 *pornography*)

じゅんかする【純化する・醇化する】 醇化 chúnhuà; 纯化 chúnhuà (英 *refine*) ▶環境の~/环境的醇化 huánjìng de chúnhuà ▶精神を~する/醇化精神 chúnhuà jīngshén

じゅんかい【巡回する】 巡回 xúnhuí (英 *go round*; *make a tour*) ▶~パトロールをする/巡哨 xúnshào; 巡逻 xúnluó ▶~公演をする/巡演 xúnyǎn ▶交番は警官が~中で不在だった/警察正在巡逻，派出所没有人 jǐngchá zhèngzài xúnluó, pàichūsuǒ méiyǒu rén ▶東北地方を~講演する/在东北进行巡回演讲 zài Dōngběi jìnxíng xúnhuí yǎnjiǎng

♦~図書館/流动图书馆 liúdòng túshūguǎn

じゅんかいいん【準会員】 准会员 zhǔnhuìyuán (英 *an associate member*)

しゅんかしゅうとう【春夏秋冬】 春夏秋冬 chūn xià qiū dōng (英 *the four seasons*) ▶~を通じて/一年到头 yìnián dào tóu

じゅんかつゆ【潤滑油】 润滑油 rùnhuáyóu (英 *lubricating oil*) ▶組織の~/组织的润滑油 zǔzhī de rùnhuáyóu

しゅんかん【瞬間】 瞬间 shùnjiān; 一瞬之间 yíshùn zhījiān (英 *a moment*) ▶~的な/瞬间的 shùnjiān de ▶~の決定的な/决定性的一瞬间 juédìngxìng de yíshùn jiān ▶~最大風速60メートルを記録した/瞬间最大风速达到六十米 shùnjiān zuìdà fēngsù dádào liùshí mǐ ▶その~に彼の3度目の優勝が決まった/在那一瞬间他获得了第三次冠军 zài nà yíshùn jiān tā huòdéle dìsān cì guànjūn ▶親が目を離した~/子供は車道に飛び出た/就在父母疏忽的一瞬之间，孩子跑上了马路 jiù zài fùmǔ shūhu de yíshùn zhījiān, háizi pǎoshàngle mǎlù

♦~湯沸かし器/快速烧水器 kuàisù shāoshuǐqì

じゅんかん【旬刊】 旬刊 xúnkān (英 *published every ten days*)

じゅんかん【循環する】 循环 xúnhuán (英 *circulate*) ▶血液~/血液循环 xuèyè xúnhuán ▶悪~におちいる/陷入恶性循环 xiànrù èxìng xúnhuán ▶~器/循环器官 xúnhuán qìguān ▶血液は体内を~する/血液在身体里循环 xuèyè zài shēntǐlǐ xúnhuán ▶高血圧は内科の~器系で診察を受ける/高血压患者在内科循环器系接受诊疗 gāoxuèyā huànzhě zài nèikē xúnhuánqìxì jiēshòu zhěnliáo ▶狭い町中を~バスが通る/循环公交车在狭小的街上运行 xúnhuán gōngjiāochē zài xiáxiǎo de jiēshìshang yùnxíng

しゅんき【春季の】 春季 chūnjì; 春天 chūntiān (英 *springtime*)

シュンギク【春菊】 〔植物〕蓬蒿 pénghāo; 茼蒿 tónghāo (英 *a crown daisy*)

じゅんきゅう【準急】 快速列车 kuàisù lièchē; 普通旅客快车 pǔtōng lǚkè kuàichē (英 *a local express*)

じゅんきょ【準拠する】 按照 ànzhào；根据 gēnjù；依据 yījù（英 be based on…）▶教科書に～する/依据教科书 yījù jiàokēshū ▶教科書にして新しい参考書が作られる/根据教科书编写了新的参考书 gēnjù jiàokēshū biānxiěle xīn de cānkǎoshū

じゅんきょう【順境】 顺境 shùnjìng（英 comfortable circumstances）▶～に育つ/在顺境中长大 zài shùnjìng zhōng zhǎngdà

じゅんぎょう【巡業する】 巡回演出 xúnhuí yǎnchū（英 make a tour）▶地方へ/到各地巡回演出 dào gèdì xúnhuí yǎnchū ▶劇団は本拠地を離れて～中である/剧团离开大本营外出巡回演出 jùtuán líkāi dàběnyíng wàichū xúnhuí yǎnchū ▶相撲力士たちは地方へ出発した/相扑力士们前往外地巡回比赛 xiāngpū lìshìmen qiánwǎng wàidì xúnhuí bǐsài

じゅんきょうしゃ【殉教者】 殉道者 xùndàozhě（英 a martyr）

じゅんきょうじゅ【准教授】 副教授 fùjiàoshòu（英 an associate professor）

じゅんきん【純金の】 纯金 chúnjīn；赤金 chìjīn（英 pure-gold）▶～のネックレス/纯金的项链 chúnjīn de xiàngliàn

じゅんぎん【純銀の】 纯银 chúnyín（英 sterling-silver）

じゅんぐり【順繰りに】 依次 yīcì；轮流 lúnliú（英 in turn）▶家族は～に風邪をひいた/全家人轮流感冒 quánjiārén lúnliú gǎnmào

じゅんけつ【純血】 纯血统 chúnxuètǒng；纯种 chúnzhǒng（英 pure blood）▶一種の猫/纯种猫 chúnzhǒng māo

じゅんけつ【純潔な】 纯洁 chúnjié（英 pure；chaste）▶～を守る/保持纯洁 bǎochí chúnjié ▶～な乙女/纯洁的少女 chúnjié de shàonǚ

じゅんけっしょう【準決勝】 半决赛 bànjuésài（英 a semifinal）▶バレーボールで母校が3年ぶりに～に進出した/时隔三年母校的排球队入围了半决赛 shí gé sān nián mǔxiào de páiqiúduì rùwéile bànjuésài

しゅんこう【竣工する】 告竣 gàojùn；落成 luòchéng；完工 wángōng（英 be completed）▶～式/落成仪式 luòchéng yíshì ▶3年かけて橋が～する/花了三年工夫大桥竣工 huāle sān nián gōngfu dàqiáo jùngōng

じゅんこう【巡行する】 巡行 xúnxíng；巡回 xúnhuí（英 cruise）

じゅんこう【巡幸】 巡幸 xúnxìng（英 an imperial tour）

じゅんこう【巡航する】 巡航 xúnháng；游弋 yóuyì（英 cruise）

◆～速度/经济速度 jīngjì sùdù；巡航速度 xúnháng sùdù ～ミサイル/巡航导弹 xúnháng dǎodàn ▶深夜零時に～ミサイル攻撃が開始された/于深夜零点巡航导弹开始发动攻击 yú shēnyè líng diǎn xúnháng dǎodàn kāishǐ fādòng gōngjī

じゅんこくさん【純国産の】 纯国产 chúnguóchǎn（英 purely domestically produced）▶～のロケット/纯国产火箭 chúnguóchǎn huǒjiàn

じゅんさ【巡査】 巡警 xúnjǐng（英 a police officer）

◆～交通→交警 jiāojǐng

[日中比較] 中国語の'巡査 xúnchá'は「巡回する」ことを指す.

しゅんさい【俊才】 英才 yīngcái；俊才 jùncái（英 a genius）

ジュンサイ【蓴菜】〔植物〕莼菜 chúncài（英 a water shield）

しゅんじ【瞬時】 转瞬间 zhuǎnshùn jiān；转眼之間 zhuǎnyǎn zhījiān（英 a moment）▶～に行う/一下做好 yíxià zuòhǎo ▶～に瓦解する/瞬时瓦解 shùnshí wǎjiě ▶そのニュースは～のうちに世界に伝わった/那条新闻转瞬间传遍全世界 nà tiáo xīnwén zhuǎnshùn jiān chuánbiàn quánshìjiè ▶それは～のできごとであった/那是转眼之间发生的事 nà shì zhuǎnyǎn zhījiān fāshēng de shì

じゅんし【巡視】 巡视 xúnshì；巡逻 xúnluó（英 patrol）▶～船/巡航船 xúnhángchuán；巡逻艇 xúnluótǐng

じゅんし【殉死する】 殉死 xùnsǐ（英 kill oneself on the death of one's master）

じゅんじ【順次】 次第 cìdì；依次 yīcì（英 in order）▶～一言ずつ挨拶する/每个人轮流讲一句 měige rén lúnliú jiǎng yí jù

じゅんしゅ【遵守する】 遵守 zūnshǒu；遵循 zūnxún（英 observe）▶法令を～する/遵守法规 zūnshǒu fǎguī

しゅんじゅう【春秋】 ❶〖春と秋〗春秋 chūnqiū（英 spring and autumn）❷〖年月〗岁月 suìyuè（英 years）▶～を経る/几经星霜 jǐ jīng xīngshuāng ❸〖将来〗（英 a future）▶～に富む/前途有为 qiántú yǒuwéi

しゅんじゅん【逡巡する】 踌躇 chóuchú；犹豫 yóuyù（英 hesitate）▶彼はいささも～することなく果断に実行した/他毫不犹豫，果敢地这么做了 tā háo bù yóuyù, guǒgǎn de zhème zuò le

じゅんじゅん【順順に】 依次 yīcì；顺次 shùncì（英 in order）▶日本列島は～に梅雨があけてきます/日本列岛依次出梅了 Rìběn lièdǎo yīcì chūméi le

じゅんじゅん【諄諄と】 谆谆 zhūnzhūn（earnestly）▶～と説く/谆谆训诫 zhūnzhūn xùnjiè ▶先生は～と僕たちを教え導く/老师谆谆地教导我们 lǎoshī zhūnzhūn de jiàodǎo wǒmen

じゅんじょ【順序】 顺序 shùnxù；次序 cìxù（英 order）▶～が狂う/次序混乱 cìxù hùnluàn ▶～通り/依次 yīcì ▶～立てる/编次 biāncì ▶～を乱すな/别扰乱顺序 bié rǎoluàn shùnxù ▶電車は～よく乗り降りするのですよ/上下电车得按顺序来 shàngxià diànchē děi àn shùnxù lái ▶いつもの～を変える/改变平时的顺序 gǎibiàn píngshí de shùnxù ▶もとの～に戻す/恢复以往的顺序 huīfù yǐwǎng de shùnxù ▶起きた事を～立てて説明する/按照顺序说明事情的经过

ànzhào shùnxù shuōmíng shìqing de jīngguò ▶姓と名の〜を逆にする/把姓名顺序颠倒了 bǎ xìngmíng shùnxù diāndǎo le

じゅんじょう【純情な】 纯真 chúnzhēn; 纯情 chúnqíng (英 *pure in heart*) ▶〜可憐/天真可爱 tiānzhēn kěài

しゅんしょく【春色】 春光 chūnguāng; 春色 chūnsè (英 *spring scenery*) ▶〜が濃くなる/春色渐浓 chūnsè jiàn nóng

じゅんしょく【殉職する】 殉职 xùnzhí (英 *die in the pursuit of one's duties*) ▶〜者の慰霊塔/殉职人员的安魂碑 xùnzhí rényuán de ānhúnbēi

じゅんしょく【潤色する】 (英 *embellish*) ▶国際ニュースは往々にして〜されている/国际新闻往往会被润色加工 guójì xīnwén wǎngwǎng huì bèi rùnsè jiāgōng

じゅんじる【殉じる】【命を捧げる】 殉 xùn;〈行動を共にする〉跟随 gēnsuí (英 *die for ...*) ▶国家に〜/殉国 xùnguó ▶上司に〜/跟着上司一起辞职 gēnzhe shàngsi yìqǐ cízhí

じゅんじる【準じる】 按照 ànzhào; 依照 yīzhào (英 *apply correspondingly; be proportionate*) ▶前例に〜/照例 zhàolì ▶分からない手続きは先例に〜/不明白的手续参照前例 bù míngbai de shǒuxù cānzhào qiánlì ▶当機関の給与は公務員に準じて支給する/本机关的薪金按照公务员标准支付 běn jīguān de xīnjīn ànzhào gōngwùyuán biāozhǔn zhīfù

じゅんしん【純真な】 纯真 chúnzhēn; 纯洁 chúnjié (英 *innocent*) ▶〜な人/纯真的人 chúnzhēn de rén ▶〜な瞳/天真的眼睛 chúnzhēn de yǎnjing ▶全く〜な子供だ/真是个淳朴的孩子 zhēn shì ge chúnpǔ de háizi

じゅんすい【純粋な】 纯粹 chúncuì; 纯真 chúnzhēn; 地道 dìdao (英 *pure*) ▶〜の京都人/地道的京都人 dìdao de Jīngdūrén ▶〜で素朴な村の老婆/纯朴的老农妇 chúnpǔ de lǎonóngfù ▶貧しさで子供は〜さを失った/贫困使孩子失去了天真 pínkùn shǐ háizi shīqùle tiānzhēn ▶〜な感動をもらった映画だった/那是一部给人以淳朴感动的电影 nà shì yí bù gěi rén yǐ chúnpǔ gǎndòng de diànyǐng ▶温室で〜培養されたエリート集団/在温室里关门闭户精心培养出来的尖子集团 zài wēnshìlǐ guānmén bìhù jīngxīn péiyǎngchūlai de jiānzi jítuán

じゅんせい【純正】 纯正 chúnzhèng (英 *pure*) ▶〜食品/纯正食品 chúnzhèng shípǐn ▶当社の〜部品を販売する/经销本公司的纯正零件 jīngxiāo běn gōngsī de chúnzhèng língjiàn

しゅんせつ【春節】 春节 Chūnjié; 大年 dànián (英 *the Chinese New Year*) ▶横浜中華街の〜では獅子舞が行われる/横滨中华街的春节上演狮子舞 Héngbīn Zhōnghuájiē de Chūnjié shàngyǎn shīziwǔ

文化 旧暦の元旦のことを'春节 Chūnjié'といい、新暦の元旦よりもはるかに盛大にお祝いをする. この日のため日本の正月のように帰省ラッシュとＵターンラッシュが起こり, 数億人が移動する.

しゅんせつ【浚渫する】 疏浚 shūjùn (英 *dredge*) ▶〜工事/疏浚工程 shūjùn gōngchéng ▶〜船/浚泥船 jùnníchuán ▶河川〜作業/河流疏浚工程 héliú shūjùn gōngchéng ▶湾のヘドロを〜する/疏浚港湾的淤泥 shūjùn gǎngwān de yūní

じゅんぜん【純然たる】 纯粹 chúncuì; 完全 wánquán (英 *pure; absolute*) ▶彼は〜たる科学者だ/他是一个纯粹的科学家 tā shì yí ge chúncuì de kēxuéjiā ▶彼の行為は〜たる法律違反だ/他的行为纯属违法 tā de xíngwéi chúnshǔ wéifǎ

しゅんそく【俊足】 跑得快 pǎode kuài;《比喻》俊材 jùncái (英 *fleetness*) ▶〜の持ち主/腿快的人 tuǐ kuài de rén; 能快跑的人 néng kuài pǎo de rén ▶彼はクラス一番の〜だ/他在班里跑得最快 tā zài bānlǐ pǎode zuì kuài

じゅんたく【潤沢な】 丰富 fēngfù; 充裕 chōngyù (英 *abundant*) ▶〜な資金/充裕的资金 chōngyù de zījīn ▶広報に〜な予備費を使う/用丰富的备用资金来做广告 yòng fēngfù de bèiyòng zījīn lái zuò guǎnggào

じゅんちょう【順調な】 顺利 shùnlì; 顺当 shùndang; 良好 liánghǎo (英 *favorable*) ▶〜にいく/顺利进展 shùnlì jìnzhǎn ▶〜に高校に進学した/顺利地升入高中 shùnlì de shēngrù gāozhōng ▶このまま〜にいけば明朝には神戸港に接岸できる/像这样顺当的话，明天早上可以抵达神户港 xiàng zhèyàng shùndang dehuà, míngtiān zǎoshang kěyǐ dǐdá Shénhùgǎng ▶天気が〜に回復する/天气顺利地好转 tiānqì shùnlì de hǎozhuǎn

しゅんとなる 沮丧 jǔsàng; 垂头丧气 chuítóu sàngqì ▶〜なった/孩子们被批评得垂头丧气 háizimen bèi pīpíngde chuítóu sàngqì

じゅんど【純度】 纯度 chúndù (英 *purity*) ▶〜の高い/高纯度的 gāochúndù de ▶ 80％ までのヘロイン/纯度高达百分之八十的海洛因 chúndù gāodá bǎi fēn zhī bāshí de hǎiluòyīn

しゅんとう【春闘】 工会的春季斗争 gōnghuì de chūnjì dòuzhēng (英 *the annual spring labor offensive*) ▶かつての労働者の団結をうたった〜/过去工人们高呼团结进行的春季斗争 guòqù gōngrénmen gāohū tuánjié jìnxíng de chūnjì dòuzhēng

しゅんどう【蠢動する】 蠢动 chǔndòng; 策动 cèdòng (英 *wriggle*)

じゅんとう【順当な】 理应 lǐyīng; 理所当然 lǐ suǒ dāngrán; 合理 hélǐ (英 *proper*) ▶〜に勝つ/理所当然地胜利 lǐ suǒ dāngrán de shènglì ▶〜にいけば当選はまちがいない/如果顺利的话，肯定会当选 rúguǒ shùnlì dehuà, kěndìng huì dāngxuǎn ▶料金 4 万円は〜な額である/四万日元是个合理的价格 sìwàn Rìyuán shì ge hélǐ de jiàgé

じゅんなん【殉難】 殉难 xùnnàn (英 *martyrdom*) ▶～者/殉难者 xùnnànzhě

じゅんのう【順応する】 适应 shìyìng; 顺应 shùnyìng (英 *adapt*) ▶～が早い/适应快 shìyìng kuài ▶～させる/驯化 xùnhuà ▶～性/适应性 shìyìngxìng ▶新しい土地の気候に～する/顺应新地方的气候 shùnyìng xīndìfang de qìhòu ▶新しい制度にすばやく～する/迅速适应新制度 xùnsù shìyìng xīnzhìdù ▶70歳になってから都会のアパート生活には～できない/到了七十岁适应不了城里的公寓生活 dàole qīshí suì shìyìngbuliǎo chénglǐ de gōngyù shēnghuó

じゅんぱく【純白】 粹白 cuìbái; 纯白 chúnbái (英 *pure-white*) ▶～に輝く/纯白耀眼 chúnbái yàoyǎn ▶～のウエディングドレスを身にまとう/身穿雪白的婚纱 shēn chuān xuěbái de hūnshā

しゅんぱつりょく【瞬発力】 爆发力 bàofālì; 一瞬間的弹力 yíshùn jiān de tánlì (英 *explosive power*) ▶～がある/有爆发力 yǒu bàofālì ▶短距離では～を高めるトレーニングが必要だ/短跑训练要求提高爆发力 duǎnpǎo xùnliàn yāoqiú tígāo bàofālì

じゅんばん【順番】 轮班 lúnbān; 顺序 shùnxù (英 *in turn; in order*) ▶僕に～が来る/轮到我 lúndào wǒ ▶～に見る/轮流看 lúnliú kàn ▶～を乱す/打乱次序 dǎluàn cìxù ▶今度は君の読む～だ/这次轮到你来念 zhècì lún dào nǐ lái niàn ▶我々は～に車を運転した/我们轮流开车 wǒmen lúnliú kāichē ▶ラーメン屋の前でたくさんの人が～待ちをしている/拉面店前有很多人在排队等座 lāmiàndiànqián yǒu hěn duō rén zài páiduì děng zuò

じゅんび【準備する】 准备 zhǔnbèi; 筹备 chóubèi; 预备 yùbèi (英 *prepare*) ▶金(⌘)を～する/筹款 chóukuǎn ▶雨具を～する/预备雨具 yùjù ▶心の～ができていない/还没作好精神准备 hái méi zuòhǎo jīngshén zhǔnbèi ▶食事の～ができました/饭预备好了 fàn yùbèihǎo le ▶旅行の～で忙しい/忙着准备旅行 mángzhe zhǔnbèi lǚxíng ▶会議室を～する/布置会议室 bùzhì huìyìshì ▶結婚式の～を1年前から始める/从一年以前开始筹备婚礼 cóng yì nián yǐqián kāishǐ chóubèi hūnlǐ ▶早々と子供の新入学の～をする/早早儿地为孩子入学作准备 zǎozǎor de wèi háizi rùxué zuò zhǔnbèi ▶「～完了」と叫ぶ/呼叫"准备完毕" hūjiào "Zhǔnbèi wánbì"

♦**～運動**:准备运动 zhǔnbèi yùndòng ▶ジョギング前に～運動をする/跑步之前作准备运动 pǎobù zhīqián zuò zhǔnbèi yùndòng

[日中比較] 中国語の'准备 zhǔnbèi'は「用意する」という意味の他に「…するつもりである」という意味もある。

しゅんびん【俊敏な】 机敏 jīmǐn; 聪敏 cōngmǐn (英 *agile*) ▶～な動作/敏捷的动作 mǐnjié de dòngzuò

しゅんぷう【春風】 春风 chūnfēng (英 *a spring breeze*) ▶～駘蕩(⌘)/春风骀荡 chūnfēng dàidàng

じゅんぷう【順風】 顺风 shùnfēng (英 *a fair wind*) ▶～満帆(⌘)/一帆风顺 yì fān fēng shùn

しゅんぶん【春分】 春分 chūnfēn (英 *the vernal equinox*) ▶～の日/春分之日 Chūnfēn zhī rì

じゅんぶんがく【純文学】 纯文学 chúnwénxué (英 *serious literature*)

じゅんぽう【旬報】 旬报 xúnbào (英 *a ten-day report*)

じゅんぽう【順法の】 遵守法律 zūnshǒu fǎlǜ (英 *law-abiding*) ▶～精神/守法精神 shǒufǎ jīngshén

じゅんぼく【純朴】 纯朴 chúnpǔ; 淳厚 chúnhòu (英 *simple-hearted*) ▶～な青年/淳厚的青年 chúnhòu de qīngnián ▶田舎の～な人情/乡下纯朴的人情味 xiāngxia chúnpǔ de rénqíngwèi

しゅんめ【駿馬】 骏马 jùnmǎ; 骐骥 qíjì (英 *a swift horse*)

じゅんめん【純綿】 纯棉 chúnmián (英 *pure cotton*) ▶～製品/纯棉织品 chúnmián zhīpǐn

じゅんもう【純毛】 纯毛 chúnmáo (英 *pure wool*) ▶～のセーター/纯毛的毛衣 chúnmáo de máoyī

じゅんゆうしょう【準優勝】 亚军 yàjūn (英 *the second place in a contest*)

じゅんよう【準用する】 适用 shìyòng (英 *apply correspondingly*) ▶高校の校則を中学に～してよいか/高中的校规能不能适用于初中 gāozhōng de xiàoguī néngbunéng shìyòng yú chūzhōng

じゅんようかん【巡洋艦】 巡洋舰 xúnyángjiàn (英 *a cruiser*)

しゅんらい【春雷】 春雷 chūnléi (英 *spring thunder*)

シュンラン【春蘭】 〔植物〕春兰 chūnlán (英 *Cymbidium goeringii*)

じゅんり【純利】 纯利 chúnlì (英 *a net profit*)

じゅんりょう【純良な】 纯质 chúnzhì; 纯正 chúnzhèng (英 *pure*) ▶～バター/纯质黄油 chúnzhì huángyóu

じゅんれい【巡礼する】 巡礼 xúnlǐ; 朝圣 cháoshèng (英 *make a pilgrimage*) ▶メッカに～/去麦加朝圣 qù Màijiā cháoshèng ▶ラマ教信徒の～地/喇嘛教的信徒朝圣的地方 Lǎmajiào de xìntú cháoshèng de dìfang

じゅんれき【巡歴する】 游历 yóulì; 周游 zhōuyóu (英 *tour*) ▶諸国～の旅/周游各地的旅行 zhōuyóu gèdì de lǚxíng

しゅんれつ【峻烈な】 严峻 yánjùn; 严厉 yánlì (英 *severe*) ▶～な批判/严厉批评 yánlì pīpíng ▶取り調べは～を極めた/审讯极其严厉 shěnxùn jíqí yánlì

じゅんれつ【順列】 〔数〕排列 páiliè (英 *a permutation*)

じゅんろ【順路】 路线 lùxiàn (英 the (fixed) route) ▶~に従って展示物を見る/按照路线参观展品 ànzhào lùxiàn cānguān zhǎnpǐn ▶~案内の矢印/向导路标的箭头 xiàngdǎo lùbiāo de jiàntóu

[日中比較] 中国語の'順路 shùnlù'は「道すがら」という意味である.

しょ【書】 ❶『書道・書法』(英 calligraphy) ▶~を習う/学习书法 xuéxí shūfǎ ❷『筆跡』(英 handwriting) ▶芭蕉の~/芭蕉手迹 Bājiāo shǒujì ❸『本』书 shū; 书籍 shūjí (英 a book) ▶万巻の~を読む/读万卷书 dú wàn juàn shū ▶ビジネス~/商务书 shāngwùshū ▶人生を決めた一冊の~/影响人生的一本书 yǐngxiǎng rénshēng de yì běn shū ▶~を捨てて街へ出よう/抛掉书本走上街头 pāodiào shūběn zǒushàng jiētóu

[参考] 中国語では'习字 xízì'(字を練習する), '写字 xiězì'(字を書く)というと実用に重きがあり, '书法 shūfǎ'(書道)というと芸術的な意味合いを含む.

じょ【序】 ❶『始め』序 xù (英 a beginning); (順序)顺序 shùnxù; 次序 cìxù (英 order) ▶長幼の~/长幼之序 zhǎng yòu zhī xù

しょあく【諸悪】 万恶 wàn'è (英 all evils) ▶~の根源/万恶之根源 wàn'è zhī gēnyuán

じょい【女医】 女医生 nǚyīshēng; 女大夫 nǚdàifu (英 a woman doctor)

しょいこ【背負子】 背子 bēizi (英 a ladder-like wooden frame for carrying a load on the back)

しょいこむ【背負い込む】 担负 dānfù; 承担 chéngdān (英 be saddled with) ▶仕事を~/承担工作 chéngdān gōngzuò ▶そんなやっかいな仕事は背負い込みたくない/不想承担这么棘手的工作 bù xiǎng chéngdān zhème jíshǒu de gōngzuò ▶多額の借金を~/背了一屁股债 bēile yí pìgu zhài; 负了巨额的借款 fùle jù'é de jièkuǎn

しょいん【所員】 (研究所や事務所などの)职员 zhíyuán; 工作人员 gōngzuò rényuán (英 a member of the staff)

ジョイントベンチャー 合资企业 hézī qǐyè (英 a joint venture)

しょう【小】 小 xiǎo (英 smallness) ▶~人物/小人物 xiǎorénwù ▶大は~を兼ねる/大兼小用 dà jiān xiǎo yòng ▶~の月/小月 xiǎo yuè

[ことわざ] 小の虫を殺して大の虫を助ける 牺牲小者以救大者 xīshēng xiǎozhě yǐ jiù dàzhě; 丢卒保车 diū zú bǎo chē

しょう【正】 (英 punctually) ▶~2時に出発する/两点整出发 liǎng diǎn zhěng chūfā

しょう【性】 个性 gèxìng; 性情 xìngqíng (英 nature) ▶気の長い釣りは私の~に合わない/钓鱼需要耐性, 跟我的个性不合 diàoyú xūyào nàixìng, gēn wǒ de gèxìng bù hé ▶こんな豪勢な部屋は~に合わない/我不习惯这么奢华的房间 wǒ bù xíguàn zhème shēhuá de fángjiān ▶彼は心配~だ/他这个人爱操心 tā zhège rén ài cāoxīn

しょう【省】 ❶『官庁』省 shěng [参考] 中国の部சல では'部 bù'にあたる. (英 a ministry) ▶法务~/法务省 fǎwùshěng ❷『中国の行政区』省 shěng (英 a province) ▶广东~/广东省 Guǎngdōngshěng

しょう【背負う】 背 bēi; (役目を)承担 chéngdān (英 carry... on one's back) ▶荷物を~/背行李 bēi xíngli ▶ザックを背負って山歩きする/背背包去爬山 bēi bēibāo qù páshān ▶責任はみんな私が背負わされた/责任都让我来承担了 zérèn dōu ràng wǒ lái chéngdān le

しょう【将】 将 jiàng (英 a commander)

[ことわざ] 将を射んと欲すれば先ず馬を射よ 要射将先射马 yào shè jiàng xiān shè mǎ

しょう【商】 〖数〗商 shāng (英 the quotient)

しょう【章】 章 zhāng (英 a chapter) ▶4~に分ける/共分四章 gòng fēn sì zhāng ▶第2~/第二章 dì'èr zhāng

しょう【笙】 〖楽器〗笙 shēng (英 a traditional Japanese wind musical instrument) ▶~を吹く[演奏する]/吹笙 chuī shēng

しょう【勝】 胜利 shènglì; 赢 yíng (英 a victory) ▶7－2敗/七胜两负 qī shèng liǎng fù ▶20~投手は最近少ない/能赢二十场的投手最近很少见 néng yíng èrshí chǎng de tóushǒu zuìjìn hěn shǎojiàn

しょう【衝】 重任 zhòngrèn; 重要的立场 zhòngyào de lìchǎng (英 a key position) ▶~に当たる/肩负重任 jiānfù zhòngrèn; 承担任务 chéngdān rènwù ▶責任の~に当る/承担责任 chéngdān zérèn

しょう【賞】 奖 jiǎng (英 a prize) ▶~を受ける/受奖 shòujiǎng ▶~を与える/奖赏 jiǎngshǎng; 授奖 shòujiǎng ▶金~を与える/授予金奖 shòuyǔ jīnjiǎng ▶1等~/头等奖 tóuděngjiǎng ▶芥川~を受ける/获得"芥川文学奖" huòdé "Jièchuān wénxuéjiǎng"

しょう【子葉】 〖植物〗子叶 zǐyè (英 a seed leaf)

しよう【仕様】 做法 zuòfǎ; 办法 bànfǎ (英 a way) ▶~がない/没办法 méi bànfǎ ▶そうするりほかに~がない/只好这么办 zhǐhǎo zhème bàn ▶特別~の/特别做法的 tèbié zuòfǎ de ▶雪国向けの特別~の車/面向冰雪地区的具备特殊性能的汽车 miànxiàng bīngxuě dìqū de jùbèi tèshū xìngnéng de qìchē

◆~書 |规格说明书 guīgé shuōmíngshū ▶~書を書く/写规格说明书 xiě guīgé shuōmíngshū

しよう【私用】 私用 sīyòng; (用事)私事 sīshì (英 private) ▶公金を~に使う/挪用公款 nuóyòng gōngkuǎn ▶~で外出する/因私外出 yīn sī wàichū ▶これは~の備品です/这是私人物品 zhè shì sīrén wùpǐn ▶切手の~厳禁/严禁私自使用公家的邮票 yánjìn sīzì shǐyòng gōngjia de yóupiào

しよう【使用】 使用 shǐyòng; 用 yòng (英 use) ▶~上の注意/使用上的注意 shǐyòngshang de

zhùyì ▶~人/佣人 yōngrén; 用人 yòngren ▶コンピュータはいまや日常に~している/现在日常使用电脑 xiànzài rìcháng diànnǎo ▶コピー機は誰でも~してよい/复印机谁都可以使用 fùyìnjī shéi dōu kěyǐ shǐyòng ▶長期の~に耐えないプラスチック製品/经不起长期使用的塑料制品 jīngbuqǐ chángqī shǐyòng de sùliào zhìpǐn ▶年に一度~料を払う/每年支付一次使用费 měinián zhīfù yí cì shǐyòngfèi ▶~済み核燃料/使用过的核燃料 shǐyòngguò de héránliào ▶関係者以外の~を禁じる/除有关人员以外,禁止使用 chú yǒuguān rényuán yǐwài, jìnzhǐ shǐyòng ▶会議室の~後は電気を消すようにお願いします/用完会议室后, 请随手关灯 yòngwán huìyìshì hòu, qǐng suíshǒu guān dēng
◆~説明書《器具などの》　使用说明手册 shǐyòng shuōmíng shǒucè　《揭示》~中　正在使用 zhèngzài shǐyòng

しよう【枝葉の】　枝叶 zhīyè; 琐事 suǒshì（英 minor）▶そんなことは~末節だ/那都是些琐事 nà dōu shì xiē suǒshì

しよう【試用する】　试用 shìyòng（英 try; try out）▶~期間/试用期 shìyòngqī ▶1週間の~期間が設けられている/设定了一个星期的试用期 shèdìngle yí ge xīngqī de shìyòngqī ▶~品/试用品 shìyòngpǐn

じょう【条】《条文》条 tiáo（英 an article）▶第1~/第一条 dìyī tiáo ▶憲法第9~/宪法第九条 xiànfǎ dìjiǔ tiáo

じょう【情】情意 qíngyì; 感情 gǎnqíng（英［爱情］affection;［感情］emotions）▶~に流されない/心硬 xīnyìng ▶~にもろい/软心肠的 ruǎnxīncháng de ▶~の深い/深情 shēnqíng ▶~の激しい人/感情强烈的人 gǎnqíng qiángliè de rén ▶長くいっしょに暮らしていると~が移る/长期一起生活会产生感情 chángqī yìqǐ shēnghuó huì chǎnshēng gǎnqíng

じょう【畳】（英 the unit for counting tatami mats）▶6~の部屋/六张榻榻米大小的房间 liù zhāng tàtàmǐ dàxiǎo de fángjiān

じょう【錠】❶《金具の》锁 suǒ（英 a lock）▶~を下ろす/上锁 shàng suǒ ▶~をはずす/开锁 kāi suǒ ▶~をこじあけ侵入する/撬开锁闯进房间 qiàokāi suǒ chuǎngjìn fángjiān ❷《薬の単位》片 piàn（英 a tablet）▶1回3~服用/一次服三片 yí cì fú sān piàn

-じょう【-乗】乘方 chéngfāng（英 power）▶8を5~する/八的五乘方 bā de wǔ chéngfāng

じよう【滋養】养分 yǎngfèn; 滋养 zīyǎng（英 nourishment）
◆~強壮剂/补药 bǔyào　~物/补品 bǔpǐn

じょうあい【情愛】情爱 qíng'ài（英 affection）▶~の深い/深情厚爱 shēnqíng hòu'ài

しょうあく【掌握する】掌握 zhǎngwò; 执掌 zhízhǎng（英 grasp）▶~状況を~/掌握动态 zhǎngwò dòngtài ▶部下の~を心がける/用心掌握部下 yòngxīn zhǎngwò bùxià

しょうい【小異】小异 xiǎoyì（英 a minor difference）
ことわざ 小異を捨てて大同につく　求大同存小异 qiú dàtóng cún xiǎoyì

しょうい【少尉】少尉 shàowèi（英［陸軍・空軍］a second lieutenant;［海軍］an ensign）

じょうい【上位】上位 shàngwèi; 前 qián; 高名次 gāomíngcì（英 a higher rank）▶~を占める/占上位 zhàn shàngwèi ▶~10人に込む/入围前十名 rùwéi qián shí míng ▶~入賞者による演技/高名次获奖人的表演 gāomíngcì huòjiǎngrén de biǎoyǎn ▶~2チームが決勝ラウンドに進む/前两组进入决赛 qián liǎng zǔ jìnrù juésài ▶女性が~を独占した/女子独揽了高名次 nǚzǐ dúlǎnle gāomíngcì

じょうい【譲位する】让位 ràngwèi; 逊位 xùnwèi; 禅让 shànràng（英 abdicate the throne）

じょういかたつ【上意下達】上情下达 shàngqíng xiàdá（英 top-down）

しょういだん【焼夷弾】燃烧弹 ránshāodàn; 烧夷弹 shāoyídàn（英 an incendiary bomb）

しょういん【勝因】制胜原因 zhìshèng yuányīn（英 the cause of victory）▶~も敗因もすぐ分かる/胜负的原因都一目了然 shèngfù de yuányīn dōu yí mù liǎorán

じょういん【上院】（英 the Upper House）
◆~議員/上议院议员 shàngyìyuàn yìyuán

じょういん【乗員】乘务员 chéngwùyuán; 机组人员 jīzǔ rényuán（英 a crew member）▶乗客~の合計30名は無事である/乘客和乘务员共三十人平安无事 chéngkè hé chéngwùyuán gòng sānshí rén píng'ān wúshì

しょううちゅう【小宇宙】小宇宙 xiǎoyǔzhòu（英 a microcosm）

じょうえい【上映する】上映 shàngyìng; 放映 fàngyìng（英 show）▶同時~/同时上映 tóngshí shàngyìng ▶~中である/正在放映 zhèngzài fàngyìng ▶その映画はこの劇場で一日3回~される/那部电影在这个剧场每天上映三场 nà bù diànyǐng zài zhège jùchǎng měitiān shàngyìng sān chǎng ▶その映画は昨年各国で~された/那部电影去年在各国上映 nà bù diànyǐng qùnián zài gèguó shàngyìng ▶近日~/上映在即 shàngyìng zàijí
◆~時間　上映时间 shàngyìng shíjiān ▶この映画の~時間は2時間です/这部电影的上映时间是两个小时 zhè bù diànyǐng de shàngyìng shíjiān shì liǎng ge xiǎoshí

しょうエネ【省エネ】节能 jiénéng; 节省能源 jiéshěng néngyuán（英《省エネルギー》saving energy）▶~対策/节省能源对策 jiéshěng néngyuán duìcè ▶~対策に各国が取り組む/各国实施节能对策 gèguó shíshī jiénéng duìcè

しょうえん【招宴】招待宴会 zhāodài yànhuì（英 invitation to a party）▶~にあずかる/承蒙宴请 chéngméng yànqǐng

しょうえん【荘園】（英 a manor）▶イギリスの

～/英国的庄园 Yīngguó de zhuāngyuán

しょうえん【硝煙】 硝烟 xiāoyān (英 powder smoke) ♦～反応:硝烟反应 xiāoyān fǎnyìng ▶～反応が検出されなかった/未测出硝烟反应 wèi cèchū xiāoyān fǎnyìng

じょうえん【上演する】 演出 yǎnchū；上演 shàngyǎn；表演 biǎoyǎn (英 stage; perform) ▶～目/演出节目 yǎnchū jiémù ▶～を中止する/辍演 chuòyǎn；停止演出 tíngzhǐ yǎnchū ▶～回数/场次 chǎngcì ▶そのミュージカルは日本でも3ヶ月間～された/那部音乐剧在日本也上演了三个月 nà bù yīnyuèjù zài Rìběn yě shàngyǎnle sān ge yuè ▶「ハムレット」は帝劇で～中だ/《哈姆雷特》正在帝国剧院上演《Hāmǔléitè》zhèngzài Dìguó jùyuàn shàngyǎn

しょうおう【照応する】 呼应 hūyìng；照应 zhàoyìng (英 correspond) ▶出だしと結末が～する/开头和结尾相照应 kāitóu hé jiéwěi xiāng zhàoyìng

じょうおん【常温】 常温 chángwēn (英 normal temperature) ▶この食品は3ヶ月間～で保存がきく/这种食品在常温下可以保存三个月 zhè zhǒng shípǐn zài chángwēnxià kěyǐ bǎocún sān ge yuè

しょうおんき【消音器】 消音器 xiāoyīnqì (a muffler; a silencer) ▶～のついたトランペット/装有消音器的小号 zhuāngyǒu xiāoyīnqì de xiǎohào

しょうか【昇華する】 升华 shēnghuá (英 sublimate) ▶ドライアイスが～する/干冰升华 gānbīng shēnghuá

しょうか【消化する】 消化 xiāohuà (英 digest) ▶～のよい/好消化 hǎoxiāohuà ▶～の悪い/不好消化 bùhǎo xiāohuà ▶～を助ける/克食 kèshí ▶～作用/消化作用 xiāohuà zuòyòng ▶学んだ知識を～する/消化所学的知识 xiāohuà suǒ xué de zhīshi ▶～しやすい食べ物/容易消化的食品 róngyì xiāohuà de shípǐn
♦～器:消化器官 xiāohuà qìguān ～不良:消化不良 xiāohuà bùliáng ▶～不良を起こす盛りだくさんな内容/由于内容过剩引起"消化不良" yóuyú nèiróng guòshèng yǐnqǐ "xiāohuà bùliáng"

しょうか【消火する】 救火 jiùhuǒ；灭火 mièhuǒ (英 put out a fire) ▶消防车が来るまでみんなで～に当たった/在消防车到来之前，大家都来救火 zài xiāofángchē dàolái zhīqián, dàjiā dōu lái jiùhuǒ ▶山火事はほぼ～された/森林大火已基本扑灭 sēnlín dàhuǒ yǐ jīběn pūmiè
♦～器:灭火器 mièhuǒqì ▶～器を備える/装备灭火器 zhuāngbèi mièhuǒqì ～栓:消火栓 xiāohuǒshuān

しょうか【商科】 商科 shāngkē (英 a commercial department) ▶～大学/商科大学 shāngkē dàxué

しょうか【商家】 铺户 pùhù；商人家庭 shāngrén jiātíng (英 a merchant family) ▶佳子は～の次女に生まれた/佳子作为二女儿出生于商人家庭 Jiāzǐ zuòwéi èrnǚér chūshēng yú shāngrén jiātíng

ショウガ【生姜】 〔植物〕姜 jiāng (英 ginger) ▶新～/鲜姜 xiānjiāng ▶～湯/姜汤 jiāngtāng

じょうか【浄化する】 净化 jìnghuà (英 purify) ▶～槽/净化槽 jìnghuàcáo ▶魂の～/灵魂的净化 línghún de jìnghuà

しょうかい【哨戒する】 巡哨 xúnshào；巡逻 xúnluó (英 patrol) ▶～機/巡哨机 xúnshàojī ▶～艇/巡逻艇 xúnluótǐng

しょうかい【商会】 商行 shāngháng；公司 gōngsī (英 a company) ▶木村～/木村商会 Mùcūn shānghuì

|日中比较| 中国語の'商会 shānghuì' は「同業組合」「商業連合会」などを言う．

しょうかい【紹介する】 介绍 jièshào (英 introduce) ▶自己～/自我介绍 zìwǒ jièshào ▶先ず自己～しましょう/首先作一下自我介绍 shǒuxiān zuò yíxià zìwǒ jièshào ▶楊さんを御～いたします/给各位介绍杨先生 gěi gèwèi jièshào Yáng xiānsheng ▶患者に病院を～する/向病人介绍医院 xiàng bìngrén jièshào yīyuàn ▶先輩の～で彼女を知る/通过前辈的介绍认识了她 tōngguò qiánbèi de jièshào rènshile tā ▶親に恋人を～する/向父母介绍自己的恋人 xiàng fùmǔ jièshào zìjǐ de liànrén
♦～状:介绍信 jièshàoxìn ▶～状を持参する/携带介绍信 xiédài jièshàoxìn

しょうかい【照会する】 询问 xúnwèn；查对 cháduì；问讯 wènxùn (英 refer to) ▶地元警察に身元を～をする/向当地警方查对身份 xiàng dāngdì jǐngfāng cháduì shēnfen ▶不審な車のナンバーを～する/查对可疑的车辆牌照 cháduì kěyí de chēliàng páizhào ▶口座の残高～/确认账户的现存金额 quèrèn zhànghù de xiàncún jīn'é
♦～状:确认信 quèrènxìn

|日中比较| 中国語の'照会 zhàohuì' は「外交上の覚書」をいう．

しょうかい【詳解する】 详解 xiángjiě (英 explain in detail) ▶～する/详细注解 xiángxì zhùjiě ▶～国文法/详解日语语法 xiángjiě Rìyǔ yǔfǎ

しょうがい【生涯】 一生 yìshēng；终生 zhōngshēng；毕生 bìshēng (英 a life; a lifetime) ▶教育に～を捧げる/把一生献给教育工作 bǎ yìshēng xiàngěi jiàoyù gōngzuò ▶～忘れない/终生不忘 zhōngshēng bú wàng ▶幸せな～/幸福的一生 xìngfú de yìshēng ▶～の事業/终生事业 zhōngshēng shìyè 毕生事业 bìshēng shìyè ▶～の友/生死之交 shēngsǐ zhī jiāo ▶波乱に富んだ～を送る/度过动荡的一生 dùguò dòngdàng de yìshēng ▶生まれ故郷で～を終える/《故郷で生涯を過ごして》终生在故乡度过 zhōngshēng zài gùxiāng dùguò；《故郷へ戻って》在故乡结束自己的一生 zài gùxiāng jiéshù zìjǐ de yìshēng

▶短い~で多くのことを成す/短暂的一生却完成了众多的事业 duǎnzàn de yìshēng què wánchéngle zhòngduō de shìyè
◆~教育｜この年金では~教育は無理だ/靠这些养老金可不能"活到老,学到老" kào zhè xiē yǎnglǎojīn kě bùnéng "huódào lǎo, xuédào lǎo"

日中比較 日本語の「生涯」は「一生」を表すが，中国語の'生涯 shēngyá'は「一生のうち，ある仕事や活動に従事する期間」を意味する。▶几年的舞台生涯 jǐnián de wǔtái shēngyá/何年かの舞台生活

しょうがい【渉外】 公关 gōngguān (英 public relations) ▶~を担当/主管公关 zhǔguǎn gōngguān ▶彼女は社内事務よりは~に適している/让她在办公室里干事务,不如让她从事公关工作更合适 ràng tā zài bàngōngshìlǐ gàn shìwù, bùrú ràng tā cóngshì gōngguān gōngzuò gèng héshì

しょうがい【傷害】 伤害 shānghài (英 injury) ▶~罪/伤害罪 shānghàizuì
◆~事件｜伤害事件 shānghài shìjiàn ▶~事件を引き起こす/造成伤害事件 zàochéng shānghài shìjiàn ▶~保険｜伤害保险 shānghài bǎoxiǎn ▶仕事で車を運転するので~保険に入る必要がある/这个工作要开车,有必要加入伤害保险 zhège gōngzuò yào kāichē, yǒu bìyào jiārù shānghài bǎoxiǎn

しょうがい【障害】 障碍 zhàng'ài; 阻碍 zǔ'ài (英 an obstacle; [身体の] a disability) ▶~物/绊脚石 bànjiǎoshí/拦路虎 lánlùhǔ ▶~競走/障栏赛跑 kuàilán sàipǎo ▶定期的な収入のなさが~になる/障碍在于没有固定的收入 zhàng'ài zàiyú méiyǒu gùdìng de shōurù ▶~を乗り越えて結婚する/突破阻碍结婚 tūpò zǔ'ài jiéhūn ▶政治的な~を取り除く/清除政治上的障碍 qīngchú zhèngzhìshàng de zhàng'ài
◆言語~｜语言障碍 yǔyán zhàng'ài ▶軽い言語~が残った/留下了轻度的语言障碍 liúxiàle qīngdù de yǔyán zhàng'ài 身体~｜残疾 cánjí ▶身体~児を持つ親の苦労は並み大抵ではない/残疾儿童的父母付出的辛劳非同寻常 cánjí értóng de fùmǔ fùchū de xīnláo fēi tóng xúncháng 知的~｜智力障碍 zhìlì zhàng'ài ▶知的~者にもできる仕事がある/智障者也有可以胜任的工作 zhìzhàngzhě yě yǒu kěyǐ shèngrèn de gōngzuò

じょうがい【場外で】 场外 chǎngwài (英 outside the hall) ▶アジア杯決勝での~の騒乱/亚洲杯决赛场外的骚乱 Yàzhōubēi juésài chǎngwài de sāoluàn
◆~ホームラン｜飞出球场的本垒打 fēichū qiúchǎng de běnlěidǎ

しょうかく【昇格する】 升格 shēnggé; 晋级 jìnjí; 提升 tíshēng (英 be promoted) ▶短期大学から4年制大学に~する/从短期大学升格为四年制大学 cóng duǎnqī dàxué shēnggé wéi sì nián zhì dàxué ▶課長に~する/升任科长 shēngrèn kēzhǎng

しょうがく【小額】 小额 xiǎo'é (英 a small sum) ▶~紙幣/小额纸币 xiǎo'é zhǐbì

しょうがく【商学】 商学 shāngxué (英 commercial science)
◆~部 ▶(大学で)~部に進む/升入商学院 shēngrù shāngxuéyuàn

じょうかく【城郭】 城郭 chéngguō (英 a castle)

日中比較 中国語の'城郭 chéngguō'は「都市」をも言う。

しょうがくきん【奨学金】 奖学金 jiǎngxuéjīn; 助学金 zhùxuéjīn (英 a scholarship) ▶彼は~を得て大学へ行った/他获得奖学金上了大学 tā huòdé jiǎngxuéjīn shàngle dàxué ▶~をもらえずに大学進学を諦める/没有得到奖学金放弃了上大学的念头 méiyǒu dédào jiǎngxuéjīn fàngqìle shàng dàxué de niàntou

しょうがくせい【小学生】 小学生 xiǎoxuéshēng (英 an elementary school child) ▶桜の下を~が仲良く登校する/樱花树下小学生们亲热相伴去上学 yīnghuāshùxià xiǎoxuéshengmen qīnrè xiāngbàn qù shàngxué

しょうがくせい【奨学生】 奖学生 jiǎngxuéshēng (英 a scolarship student)

しょうがつ【正月】 《旧暦の》正月 zhēngyuè; 《新暦の》新年 xīnnián (英 the New Year)

日中比較 中国語の'正月 Zhēngyuè'は「旧暦の元日」を指す。'Zhèngyuè'ではないことに注意。

しょうがっこう【小学校】 小学 xiǎoxué (英 an elementary school) ▶~に上がる/上小学 shàng xiǎoxué ▶生徒はその~の先生にあこがれた/学生们敬仰那位小学老师 xuéshengmen jìngyǎng nà wèi xiǎoxué lǎoshī

じょうかまち【城下町】 (以城堡为中心的)古城 (yǐ chéngbǎo wéi zhōngxīn de) gǔchéng (英 a castle town) ▶この~には風情がある/这座以城堡为中心形成的古城很有风情 zhè zuò yǐ chéngbǎo wéi zhōngxīn xíngchéng de gǔchéng hěn yǒu fēngqíng

しょうかん【小寒】 小寒 xiǎohán (英 the second coldest period of winter)

しょうかん【召喚する】 传唤 chuánhuàn (英 summon) ▶証人を~する/传唤证人 chuánhuàn zhèngren ▶~状/传票 chuánpiào ▶~状を受けている/收到要求作证的通知书 shōudào yāoqiú zuòzhèng de tōngzhīshū

しょうかん【召還】 召回 zhàohuí; 召还 zhàohuán (英 recall) ▶着任早々の大使を本国に~する/把刚赴任的大使召回国 bǎ gāng fùrèn de dàshǐ zhàohuí guó

しょうかん【将官】 将官 jiàngguān (英 [陆军] a general; [海军] an admiral)

しょうかん【償還する】 偿还 chánghuán; 赔偿 péihuán (英 redeem)

しょうかん【情感】 情感 qínggǎn; 感情 qíngǎn (英 emotion) ▶~豊かに歌いあげる/充满情感地歌唱 chōngmǎn qínggǎn de gēchàng

しょうき【正気】 ❶【狂っていない】頭脳清醒 tóunǎo qīngxǐng; 神志正常 shénzhì zhèngcháng; 理智 lǐzhì (英 sanity) ▶~を失う/发昏 fāhūn; 丧心病狂 sàng xīn bìng kuáng ▶~を取り戻す/清醒过来 qīngxǐngguòlai ▶あの年で雪山登山とは全く~の沙汰ではない/那把年纪要去爬雪山, 简直是在发疯 nà bǎ niánjì yào qù pá xuěshān, jiǎnzhí shì zài fāfēng ❷【意識】(英 consciousness) ▶3分後に~にもどる/过了三分钟恢复了正常 guòle sān fēnzhōng huīfùle zhèngcháng

[日中比較] 中国語の'正气 zhèngqì'は「正しい気風」を指す.

しょうき【商機】商机 shāngjī (英 a business opportunity) ▶~は三日と続かない/商机总持续不了三天 shāngjī zǒng chíxùbuliǎo sān tiān

しょうき【勝機】胜机 shèngjī (英 a chance of victory) ▶~を逸する/错失制胜机会 cuòshī zhìshèng jīhuì

しょうぎ【将棋】棋 qí; 象棋 xiàngqí (英 a Japanese game similar to chess) ▶~の駒/棋子 qízǐ; 象棋子儿 xiàngqízǐr ▶~の手/着数 zháoshù ▶~の名手/象棋高手 xiàngqí gāoshǒu ▶~盤/棋盘 qípán ▶~をさす/下象棋 xià xiàngqí

◆~倒し :一个压一个地倒下 yíge yā yíge de dǎoxià ▶見物人が~倒しになる/看热闹的人接二连三地倒在地上 kàn rènao de rén jiē èr lián sān de dǎozài dìshang ▶ヘボ~:拙劣的棋术 zhuōliè de qíshù

じょうき【上気する】脸发红 liǎn fā hóng; 面红耳赤 miàn hóng ěr chì (英 be flushed)

じょうき【上記】上述 shàngshù (英 abovementioned) ▶~の通り/如上所述 rú shàng suǒ shù

じょうき【常軌】常轨 chángguǐ (英 a normal course of action) ▶~を逸する/出轨 chūguǐ; 越轨 yuèguǐ ▶~を逸した態度/反常的态度 fǎncháng de tàidu

じょうき【蒸気】《水の》蒸汽 zhēngqì (英 steam) ▶~を立てる/发出蒸汽 fāchū zhēngqì ▶~船/汽船 qìchuán ▶~タービン/汽轮机 qìlúnjī ▶~を止める/关上蒸汽 guānshàng zhēngqì

◆~機関車 :蒸汽机车 zhēngqì jīchē ▶観光シーズンに~機関車を走らせる/在旅游旺季启动蒸汽机车 zài lǚyóu wàngjì qǐdòng zhēngqì jīchē

じょうぎ【定規】尺 chǐ; 尺子 chǐzi (英 a ruler) ▶三角~/三角尺 sānjiǎochǐ ▶~で線を引く/用尺子划线 yòng chǐzi huà xiàn

じょうきげん【上機嫌な】兴高采烈 xìng gāo cǎi liè; 情绪很好 qíngxù hěn hǎo (英 goodhumored) ▶父はゆうべ~で帰ってきた/父亲昨晚兴高采烈地回到家里 fùqin zuówǎn xìng gāo cǎi liè de huídào jiālǐ

しょうきぼ【小規模な】小规模 xiǎoguīmó (英 small-scale)

しょうきゃく【消却する】《消去する》销掉 xiāodiào; 注销 zhùxiāo (英 eliminate)

しょうきゃく【焼却する】焚毁 fénhuǐ; 烧掉 shāodiào 《burn up》▶~炉/焚烧炉 fénshāolú ▶急いで書類を~した/急急忙忙烧掉文件 jíjímángmáng shāodiào wénjiàn

しょうきゃく【償却する】《借金を》偿还 chánghuán;《减価償却》折旧 zhéjiù (英 repay)

じょうきゃく【上客】《主賓》上宾 shàngbīn;《上得意》好主顾 hǎozhǔgù (英 a good customer)

じょうきゃく【乗客】乗客 chéngkè (英 a passenger) ▶~名簿/乘客名单 chéngkè míngdān ▶バスには~が乗っていなかった/公交车里没有乘客 gōngjiāochēlǐ méiyǒu chéngkè ▶~を途中で降ろす/让乘客在中途下车 ràng chéngkè zài zhōngtú xià chē

じょうきゃく【常客】常客 chángkè; 老主顾 lǎozhǔgù (英 a regular customer)

しょうきゅう【昇級する】升级 shēngjí; 提升 tíshēng (英 be promoted) ▶~試験/晋级考试 jìnjí kǎoshì ▶三級に~する/升到三级 shēngdào sān jí ▶~が早い/提升得很快 tíshēngde hěn kuài

しょうきゅう【昇給】增加工资 zēngjiā gōngzī; 提薪 tíxīn; 加薪 jiāxīn (英 a pay raise) ▶~は上よりも下に厚くすべきだ/提薪应该优先照顾下级 tíxīn yīnggāi yōuxiān zhàogù xiàjí

◆定期~ :定期加薪 dìngqī jiāxīn ▶定期~は4月の給料からです/定期加薪从四月份的工资开始 dìngqī jiāxīn cóng sì yuèfèn de gōngzī kāishǐ

じょうきゅう【上級】上面 shàngmian; 上级 shàngjí (英 an upper grade) ▶~裁判所/上级法院 shàngjí fǎyuàn

◆~生 :高年级学生 gāoniánjí xuésheng; 年级高的同学 niánjí gāo de tóngxué ▶~生になればいろいろ道具運びはしなくてよい/到了高年级就用不着搬用具了 dàole gāoniánjí jiù yòngbuzháo bān yòngjù le

しょうきゅうし【小休止する】小休息 xiǎoxiūxi; 休息一会儿 xiūxi yíhuìr (英 take a short rest) ▶~もなく2時間働いた/马不停蹄地干了两个小时 mǎ bù tíng tí de gànle liǎng ge xiǎoshí

しょうきょ【消去する】消去 xiāoqù; 消除 xiāochú; 抹掉 mǒdiào (英 delete) ▶~法で原因を見つける/用消去法找出原因 yòng xiāoqùfǎ zhǎochū yuányīn ▶~法では会社の発展はない/靠消极保守的方法, 公司无法进步 kào xiāojí bǎoshǒu de fāngfǎ, gōngsī wúfǎ jìnbù

しょうぎょう【商業】商业 shāngyè (英 commerce) ▶~手形/商业票据 shāngyè piàojù ▶~を営む/经商 jīngshāng ▶町の~地区/城镇的商业地区 chéngzhènlì de shāngyè dìqū ▶~高等学校/商业高中 shāngyè gāozhōng

じょうきょう【上京する】进京 jìnjīng; 上京 shàngjīng (英 go〔come〕to Tokyo) ▶母は年に

じょうきょう 一度孫を見に～する／母親毎年去东京看一次孙子 mǔqīn měinián qù Dōngjīng kàn yí cì sūnzi

じょうきょう【状況・情況】 状況 zhuàngkuàng; 情況 qíngkuàng; 情形 qíngxíng (英 circumstances) ▶～証拠／情况证据 qíngkuàng zhèngjù ▶～判断を誤る／看错情况 kàncuò qíngkuàng ▶今の家計～では娘に何もしてやれない／现在家里的经济条件根本没有能力帮助女儿 xiànzài jiāli de jīngjì tiáojiàn gēnběn méiyǒu nénglì bāngzhù nǚ'ér ▶警官に偶然目撃した交通事故の～を聞かれる／我偶然目睹了一场交通事故，警察向我盘问当时的情况 wǒ ǒurán mùdǔle yì chǎng jiāotōng shìgù, jǐngchá xiàng wǒ pánwèn dāngshí de qíngkuàng ▶～判断が甘くて複数の怪我人が出た／由于对状况判断的失误，造成多人负伤 yóuyú duì zhuàngkuàng pànduàn de shīwù, zàochéng duōrén fùshāng ▶急ぎ現場に行き、～を報告しろ／马上赶到现场汇报情况 mǎshàng gǎndào xiànchǎng huìbào qíngkuàng

しょうきょく【小曲】 小曲 xiǎoqǔ; 短曲 duǎnqǔ (英 a short piece of music)

しょうきょく【消極的】 消极 xiāojí (英 passive) ▶～的な態度を取る／采取消极的态度 cǎiqǔ xiāojí de tàidu

しょうきん【賞金】 赏金 shǎngjīn; 奖金 jiǎngjīn (英 prize money) ▶～をかける／悬赏 xuánshǎng ▶～をもらう／获得奖金 huòdé jiǎngjīn ▶それは名誉だけで～は何もつかない／那只不过是名誉，没有任何奖金 nà zhǐbuguò shì míngyù, méiyǒu rènhé jiǎngjīn ▶手がかりになる情報に～百万円を出します／对可以成为线索的情报，支付一百万日元的奖金 duì kěyǐ chéngwéi xiànsuǒ de qíngbào, zhīfù yībǎi wàn Rìyuán de jiǎngjīn

じょうきん【常勤の】 专职 zhuānzhí; 专任 zhuānrèn (英 full-time) ▶～講師／专职讲师 zhuānzhí jiǎngshī ▶今はその会社に～で勤めている／现在作为专职在那个公司工作 xiànzài zuòwéi zhuānzhí zài nàge gōngsī gōngzuò

じょうくう【上空に】 上空 shàngkōng; 天空 tiānkōng (英 in the sky) ▶鷹が一羽森の～を悠々と飛ぶ／一只鹰在森林的上空翱翔 yì zhī yīng zài sēnlín de shàngkōng áoxiáng ▶気球を～に送る／把气球送上天空 bǎ qìqiú sòngshàng tiānkōng

しょうぐん【将軍】 将军 jiāngjūn (英 a general; a shogun) ▶徳川幕府の最後の～／德川幕府的末代将军 Déchuān mùfǔ de mòdài jiāngjūn

じょうげ【上下】 上下 shàngxià; 高低 gāodī (英 the top and bottom; the rise and fall) ▶～の別なく／不分上下 bù fēn shàngxià ▶地位の～／地位的高低 dìwèi de gāodī ▶エレベーターが～する／电梯一上一下 diàntī yí shàng yí xià ▶～2巻／上下两卷 shàngxià liǎng juàn ▶物価が～する／物价颠簸 wùjià diānbǒ ▶方向の～

向 zòngxiàng ▶気温の～／气温的波动 qìwēn de bōdòng ▶患者の熱はこの3日間39度を～した／这三天病人的体温一直在三十九度左右徘徊 zhè sān tiān bìngrén de tǐwēn yìzhí zài sānshíjiǔ dù zuǒyòu páihuái

◆～水道：供排水 gōngpáishuǐ ▶地震で～水道が止まった／地震使供水和排水管都中断了 dìzhèn shǐ gōngshuǐ hé páishuǐguǎn dōu zhōngduàn le ◆～線：往返线 wǎngfǎnxiàn; 来回线 láihuíxiàn ▶落雷で新幹線の～線とも不通となった／由于雷电的影响，新干线的来回线路都不通车了 yóuyú léidiàn de yǐngxiǎng, xīngànxiàn de láihuí xiànlù dōu bù tōngchē le

しょうけい【小計する】 小计 xiǎojì (英 subtotal)

じょうけい【情景】 场景 chǎngjǐng; 景象 jǐngxiàng; 情景 qíngjǐng (英 a scene) ▶その時の～が目に浮かぶ／当时的场景浮现在眼前 dāngshí de chǎngjǐng fúxiàn zài yǎnqián ▶微笑ましい～／温馨的情景 wēnxīn de qíngjǐng

しょうけいもじ【象形文字】 象形文字 xiàngxíng wénzì (英 a hieroglyph)

しょうげき【衝撃】 打击 dǎjī; 冲击 chōngjī (英 a shock; an impact) ▶～を受ける／受打击 shòu dǎjī ▶彼女はその～で床に倒れた／受到那个打击，她跌倒在地板上 shòudào nàge dǎjī, tā diēdǎo zài dìbǎnshang ▶その映像は世界中に～を与えた／那个映像使全世界都震惊了 nàge yìngxiàng shǐ quánshìjiè dōu zhènjīng le ▶突然の友人の死に私は～を受けた／朋友突然去世，给了我很大的打击 péngyou tūrán qùshì, gěile wǒ hěn dà de dǎjī

◆～波：冲击波 chōngjībō ▶～波でガラスが割れた／冲击波毁坏了玻璃 chōngjībō huǐhuàile bōli

しょうけん【商権】 商业权 shāngyèquán (英 commercial rights)

しょうけん【証券】 证券 zhèngquàn (英 securities; a bill; a bond) ▶～市场／股市 gǔshì ▶～取引所／证券交易所 zhèngquàn jiāoyìsuǒ ▶有価～／有价证券 yǒujià zhèngquàn ▶あの～会社は店頭よりインターネットのほうが売り上げがある／那家证券公司的网上交易额超过了门市交易 nà jiā zhèngquàn gōngsī de wǎngshang jiāoyì'é chāoguòle ménshì jiāoyì

しょうげん【証言する】 证言 zhèngyán; 作证 zuòzhèng (英 testify) ▶目撃～／见证 jiànzhèng ▶あの目撃者の～は信用できる／那位见证人的证词值得相信 nà wèi jiànzhèngrén de zhèngcí zhíde xiāngxìn ▶不利な～／不利的证词 búlì de zhèngcí ▶子供の～者／作证的孩子 zuòzhèng de háizi ▶～台に立つ／出庭作证 chū tíng zuòzhèng

じょうけん【条件】 条件 tiáojiàn (英 a condition) ▶～付きで許可する／有条件地许可 yǒu tiáojiàn de xǔkě ▶結婚を認める～／有附带条件地同意结婚 yǒu fùdài tiáojiàn de tóngyì jiéhūn ▶～を提示する／提出条件 tíchū tiáojiàn

▶～をのむ/接受条件 jiēshòu tiáojiàn ▶必要～/必要条件 bìyào tiáojiàn ▶～が備わった/条件具備了 tiáojiàn jùbèi le ▶交渉を始めるための～を満たす/满足开始交涉的条件 mǎnzú kāishǐ jiāoshè de tiáojiàn ▶この申し出は即時停戦を～である/这项提案以立即停战为前提条件 zhè xiàng tí'àn yǐ lìjí tíngzhàn wéi qiántí tiáojiàn ▶無～降服する/无条件投降 wútiáojiàn tóuxiáng ▶労働～は後回しで就職する/暂且不去计较劳动条件参加工作 zànqiě bú qù jìjiào láodòng tiáojiàn cānjiā gōngzuò ▶～が合わず買うのをやめた/条件不合适,不买了 tiáojiàn bù héshì, bù mǎi le ▶そのアルバイトは～がいい/那份打工待遇不错 nà fèn dǎgōng dàiyù búcuò

♦悪～|不好的条件 bùhǎo de tiáojiàn ～反射|条件反射 tiáojiàn fǎnshè ▶～反射で身をかがめる/由于条件反射,身体向前倾 yóuyú tiáojiàn fǎnshè, shēntǐ xiàng qián qīng

じょうげん【上弦】 上弦 shàngxián (英 *the first quarter (of the moon)*) ▶～の月/上弦月 shàngxiányuè

じょうげん【上限】 上限 shàngxiàn; 最大限度 zuìdà xiàndù (英 *the upper limit*) ▶～を設ける/制定上限 zhìdìng shàngxiàn

しょうこ【証拠】 证据 zhèngjù; 佐证 zuǒzhèng (英 *evidence*) ▶～立てる/举出证据 jǔchū zhèngjù ▶～に基づいて判断する/根据证据判断 gēnjù zhèngjù pànduàn ▶～を隠滅する/毁灭证据 huǐmiè zhèngjù ▶～を固める/巩固证据 gǒnggù zhèngjù ▶～品/凭据 píngjù; 证物 zhèngwù ▶彼女が私を愛している～は何も無い/没有任何事实可以证明她是爱我的 méiyǒu rènhé shìshí kěyǐ zhèngmíng tā shì ài wǒ de ▶その足跡は彼がそこにいた明らかな～である/那个脚印显然证明他是在场的 nàge jiǎoyìn xiǎnrán zhèngmíng tā shì zài chǎng de ▶法廷に～として古いノートが持ち出された/作为证据, 在法庭上出示了过去的笔记 zuòwéi zhèngjù, zài fǎtíngshang chūshìle guòqù de bǐjì ▶～写真/作为证据的照片 zuòwéi zhèngjù de zhàopiàn ▶～不十分のために釈放される/因为证据不足被释放 yīnwèi zhèngjù bùzú bèi shìfàng ▶論より～ 事实胜于雄辩 shìshí shèngyú xióngbiàn

しょうご【正午に】 正午 zhèngwǔ; 中午 zhōngwǔ (英 *at noon*) ▶この町は～にチャイムが流される/这个镇子一到中午就播放报时的旋律 zhège zhènzi yí dào zhōngwǔ jiù bōfàng bàoshí de xuánlǜ

じょうこ【上古】 上古 shànggǔ; 太古 tàigǔ (英 *ancient times*)

じょうこ【上戸】 爱喝酒的人 ài hējiǔ de rén (英 *a good drinker*) ▶泣き～/酒后好哭的人 jiǔhòu hào kū de rén ▶笑い～/一喝酒就爱笑的人 yì hē jiǔ jiù ài xiào de rén

じょうく【冗句】 累赘的词句 léizhuì de cíjù; 赘言 zhuìyán (英 *a redundant word*) ▶～を省く/删去多余的字 shānqù duōyú de zì

じょうご【漏斗】 漏斗 lòudǒu; 漏子 lòuzi (英 *a funnel*) ▶昔はお酒の量り売りで～を使っていた/过去零售酒水曾使用过漏斗 guòqù língshòu jiǔshuǐ céng shǐyòngguo lòudǒu

しょうこう【小康】 暂时平稳 zànshí píngwěn;《社会状况の》暂时平静 zànshí píngjìng (英 *lull*) ▶彼の病気は～を保っている/他的病情现在维持着平稳状态 tā de bìngqíng xiànzài wéichízhe píngwěn zhuàngtài ▶戦乱は～状態に入っている/处于暂时的平静状态 chǔyú zànshí de píngjìng zhuàngtài

[日中比較] 中国语の'小康 xiǎokāng'は家が「比较的裕福である」ことをいう。

しょうこう【昇降する】 升降 shēngjiàng (英 *ascend and descend*)

♦～口 升降口 shēngjiàngkǒu; 出入口 chūrùkǒu ▶～口でつまずく/在楼梯口绊了一跤 zài lóutīkǒu bànle yì jiāo

しょうこう【将校】 军官 jūnguān; 武官 wǔguān (英 *an officer*) ▶陆军～/陆军军官 lùjūn jūnguān ▶女性の高级～/女性高级将领 nǚxìng gāojí jiànglǐng

しょうこう【焼香する】 焚香 fénxiāng; 烧香 shāoxiāng (英 *offer incense*) ▶遗族に一礼し～する/向遗族敬礼进香 xiàng yízú jìnglǐ jìnxiāng

しょうごう【称号】 称号 chēnghào (英 *a title*) ▶～を与える/授予称号 shòuyǔ chēnghào

しょうごう【商号】 字号 zìhao; 商号 shānghào (英 *a trade name*) ▶～登记/字号登记 zìhào dēngjì

しょうごう【照合する】 查对 cháduì; 核对 héduì (英 *verify*) ▶数千万の年金記録を～する/核对几千万件养老金记录 héduì jǐqiān wàn jiàn yǎnglǎojīn jìlù

じょうこう【条項】 条款 tiáokuǎn (英 *an item*) ▶契約にはそんな～はない/合同上没有这项条款 hétongshang méiyǒu zhè xiàng tiáokuǎn ▶細かい字で追加～が書いてあった/用小字写着附加条款 yòng xiǎozì xiězhe fùjiā tiáokuǎn

じょうこう【乗降する】 上下车 shàngxià chē; 上下船 shàngxià chuán (英 *get on and off*) ▶～口/出入口 chūrùkǒu

じょうこう【情交】 交情 jiāoqing;《男女間の》肉体关系 ròutǐ guānxì (英 *a sexual liaison*) ▶～を結ぶ/性交 xìngjiāo

しょうこうい【商行為】 商业行为 shāngyè xíngwéi (英 *a commercial transaction*)

じょうこうきゃく【乗降客】 上下乘客 shàngxià chéngkè (英 *passengers getting on and off*) ▶日に決まった～がこの停留所を使う/每天有固定的乘客在这个车站上下车 měitiān yǒu gùdìng de chéngkè zài zhège chēzhàn shàngxià chē

しょうこうぎょう【商工業】 工商业 gōngshāngyè (英 *commerce and industry*)

しょうこうぐん【症候群】 综合症 zōnghézhèng (英 *a syndrome*)
♦ダウン～〚医〛唐氏综合症 Tángshì zōnghézhèng

しょうこうしゅ【紹興酒】 绍兴酒 shàoxīngjiǔ; 老酒 lǎojiǔ (熟成したもの) (英 *shaoxing rice wine*)

しょうこうねつ【猩紅熱】〚医〛猩红热 xīnghóngrè (英 *scarlet fever*)

しょうこく【小国】 小国 xiǎoguó (英 *a small country*) ▶バチカンは～ながら無数の信者がやってくる/梵蒂冈虽说是个小国，却有无数的信徒前来朝拜 Fàndìgǎng suīshuō shì ge xiǎoguó, què yǒu wúshù de xìntú qiánlái cháobài

しょうこく【生国】 出生地 chūshēngdì; 故乡 gùxiāng (英 *one's native country*)

しょうこく【上告する】 上诉 shàngsù (英 *appeal to a higher court*) ▶判决を不服として～する/对判决不服向最高法院进行上诉 duì pànjué bù fú xiàng zuìgāo fǎyuàn jìnxíng shàngsù ▶～を棄却する/驳回上告 bóhuí shànggào

しょうことなしに 无可奈何 wúkě nàihé; 不得已 bùdéyǐ (英 *unwillingly*) ▶～退学して家にもどる/不得已退学回家 bùdéyǐ tuìxué huíjiā

しょうこり【性懲り】 ～もなく 不接受教训，还〚又〛… bù jiēshòu jiàoxun, hái〚yòu〛… ▶～もなく株に手を出して損をする/好了伤疤忘了疼又去炒股赔了钱 hǎole shāngbā wàngle téng yòu qù chǎogǔ péile qián

しょうこん【商魂】 经商的气魄 jīngshāng de qìpò (英 *a commercial spirit*) ▶～たくましい/富有经商气魄 fùyǒu jīngshāng qìpò

しょうさ【小差】 微小的差别 wēixiǎo de chābié (英 *by a narrow margin*) ▶～で敗れた/差点儿就取胜了 chàdiǎnr jiù qǔshèng le ▶～で勝つ/险胜 xiǎn shèng

しょうさ【少佐】 少校 shàoxiào (英 [陸軍] *a major*; [海軍] *a lieutenant commander*)

しょうさい【商才】 商业才干 shāngyè cáigàn; 商业头脑 shāngyè tóunǎo (英 *business talent*) ▶～に長(た)けている/擅长经商 shàncháng jīngshāng ▶～のある人だった/他是个有商业头脑的人 tā shì ge yǒu shāngyè tóunǎo de rén

しょうさい【詳細】 详细 xiángxì; 仔细 zǐxì (英 *details*) ▶～に述べる/详细叙述 xiángxì xùshù ▶非常に～な調査/非常细仔细的调查 fēichángxì zǐxì de diàochá ▶子供の頃の戦争の記憶を～に記述する/详细地记述儿时的战争记忆 xiángxì de jìshù érshí de zhànzhēng jìyì ▶資料を～に調べる/仔细地调查资料 zǐxì de diàochá zīliào ▶半年後の報告書は～にわたっていた/半年后的报告详尽无遗 bànniánhòu de bàogào xiángjìn wúyí ▶～を語る/讲述细节 jiǎngshù xìjié ▶～は追ってお知らせします/细节随后通知 xìjié suíhòu tōngzhī

じょうさい【城塞・城砦】 城堡 chéngbǎo; 城寨 chéngzhài (英 *a fort*)

じょうざい【浄財】 捐款 juānkuǎn (英 *honest money*) ▶～を募る/募捐 mùjuān

じょうざい【錠剤】 药片 yàopiàn (英 *a tablet*) ▶その薬は～でも手に入る/那种药可以买到药片儿 nà zhǒng yào kěyǐ mǎidào yàopiànr ▶アスピリンの～を2粒飲む/吃两片阿司匹林 chī liǎng piàn āsīpǐlín

じょうさく【上策】 上策 shàngcè; 上计 shàngjì (英 *the best plan*)

しょうさっし【小冊子】 小册子 xiǎocèzi (英 *a booklet*)

しょうさん【称賛する・賞賛する】 赞扬 zànyáng; 称赞 chēngzàn (英 *praise*) ▶彼らの健闘は～に値する/他们的顽强拼搏值得赞扬 tāmen de wánqiáng pīnbó zhíde zànyáng ▶～の言葉/赞语 zànyǔ ▶～を浴びる/饱受赞誉 bǎoshòu zànyù ▶彼はその映画で世界の～を浴びた/那部电影使他誉满全球 nà bù diànyǐng shǐ tā yùmǎn quánqiú ▶人々は彼の思い切った決断を～した/人们称赞他果敢的决断 rénmen chēngzàn tā guǒgǎn de juéduàn

しょうさん【勝算】 得胜的把握 déshèng de bǎwò (英 *a chance of winning*) ▶がある/有获胜的把握 yǒu huòshèng de bǎwò ▶～がない/没有把握获胜 méiyǒu bǎwò huòshèng ▶日本チームには始めから～はなかった/日本队原本就没有机会获胜 Rìběnduì yuánběn jiù méiyǒu jīhuì huòshèng

しょうさん【硝酸】〚化学〛硝酸 xiāosuān (英 *nitric acid*) ▶～銀/硝酸银 xiāosuānyín
♦～ナトリウム:硝酸氨 xiāosuān'ān

しょうし【子子】 少子 shǎozǐ; 孩子少 háizi shǎo (英 *a small number of children*) ▶政府の～高齢化対策は後手に回っている/政府贻误了对少子高龄化问题的解决 zhèngfǔ dàile wùle duì shǎozǐ gāolínghuà wèntí de jiějué ▶小学校は～化の影響で廃校が相次ぐ/小学受到少子化的影响相继关门停办 xiǎoxué shòudào shǎozǐhuà de yǐngxiǎng xiāngjì guānmén tíngbàn

しょうし【笑止】 可笑 kěxiào (英 *absurdity*) ▶千万/可笑万分 kěxiào wànfēn

しょうし【焼死する】 烧死 shāosǐ (英 *be burned to death*) ▶～を免れる/没有被烧死 méiyǒu bèi shāosǐ ▶爆発による大火で100人近くの～者がでた/有近一百个人被爆炸引发的大火烧死 yǒu jìn yībǎi ge rén bèi bàozhà yǐnfā de dàhuǒ shāosǐ ▶～体が発見される/烧死的尸体被发现了 shāosǐ de shītǐ bèi fāxiàn le

しょうじ【小事】 小事 xiǎoshì (英 *a trifle*) ▶～にこだわる/拘泥于小事 jūnì yú xiǎoshì ～は大事 小事可酿大祸 xiǎoshì kě niàng dàhuò

しょうじ【障子】 纸拉窗 zhǐlāchuāng; 纸拉门 zhǐlāmén (英 *a shoji; a paper-covered sliding door*) ▶～紙/拉窗纸 lāchuāngzhǐ
ことわざ 壁に耳あり，障子に目あり 隔墙有耳 géqiáng yǒu ěr

じょうし【上司】 上级 shàngjí; 上司 shàngsi 英 *one's superior*) ▶直属の~/顶头上司 dǐngtóu shàngsi ▶~も部下も給料にほとんど差がない/上下级的工资都没有什么差距 shàngxiàjí de gōngzī dōu méiyǒu shénme chājù ▶~に恵まれない/没遇上好领导 méi yùshàng hǎolǐngdǎo

じょうし【上梓する】出版 chūbǎn (英 *publish*)

じょうし【城址】古城遗址 gǔchéng yízhǐ (英 *the ruins of a city*)

じょうし【情死する】情死 qíngsǐ (英 *commit a lovers' suicide*)

じょうじ【常時】平时 píngshí; 经常 jīngcháng (英 *always*) ▶~見張っていないといけない/得成天盯住了 děi chéngtiān dīngzhù le

じょうじ【情事】风流韵事 fēngliú yùnshì; 偷情 tōuqíng (英 *a love affair*) ▶~を重ねる/反复偷情 fǎnfù tōuqíng

日比较 中国語の'情事 qíngshì'は「事情」「事例」を意味する。

しょうじがいしゃ【商事会社】贸易公司 màoyì gōngsī; 商社 shāngshè (英 *a commercial company*)

しょうじき【正直な】诚实 chéngshí; 老实 lǎoshi (英 *honest*) ▶~者/老实人 lǎoshírén ▶~に答える/诚实地回答 chéngshí de huídá ▶~なところ行くか行かないか迷っている/老实说, 我正在犹豫去还是不去 lǎoshí shuō, wǒ zhèngzài yóuyù qù háishi bú qù ▶~な感想を述べる/陈述真实的感想 chénshù zhēnshí de gǎnxiǎng ▶~に白状しろ/老实坦白! lǎoshí tǎnbái!

~は一生の宝 诚实是一生之宝 chéngshí shì yìshēng zhī bǎo

~者がばかを見る 老实人吃亏 lǎoshírén chī kuī

じょうしき【常識】常识 chángshí; 常情 chángqíng (英 *common knowledge*; [良識] *common sense*) ▶~的な/常识性的 chángshíxìng de ▶~のある/有常识 yǒu chángshí ▶~外れ/不合常规 bù hé chángguī; 违背常情 wéibèi chángqíng ▶それは~だ/这是常识 zhè shì chángshí ▶彼は~を欠いている/他缺乏常识 tā quēfá chángshí ▶彼は~があるからそんなことはしない/他懂道理不会干那种事 tā dǒng dàoli búhuì gàn nà zhǒng shì ▶ちょっと~を働かせれば悪いとわかるはずだ/但凡懂点道理, 一定会明白那是不应该的 dànfán dǒng diǎn dàoli, yídìng huì míngbai nà shì bù yīnggāi de ▶世間の~/社会常识 shèhuì chángshí ▶~では考えられないできごとだ/那件事超出了人们的常识 nà jiàn shì chāochūle rénmen de chángshí ▶親の~を疑う/作父母的社会常识真让人怀疑 zuò fùmǔ de shèhuì chángshí zhēn ràng rén huáiyí ▶~問題が50題中半分あった/在五十道考题当中有一半属于常识性问题 zài wǔshí dào kǎotí dāngzhōng yǒu yíbàn shǔyú chángshíxìng wèntí

しょうしつ【消失する】消失 xiāoshī; 失去 shīqù (英 *disappear*) ▶権利が~する/权利失效 quánlì shīxiào ▶操作中にデータが~する/在操作中遗失了数据 zài cāozuò zhōng yíshīle shùjù

しょうしつ【焼失する】烧毁 shāohuǐ; 烧掉 shāodiào (英 *be burned down*) ▶~を免れる/免遭烧毁 miǎn zāo shāohuǐ

◆~家屋︰烧毁的房屋 shāohuǐ de fángwū

じょうしつ【上質の】优质 yōuzhì (英 *of fine quality*) ▶~纸/优质纸 yōuzhìzhǐ

じょうじつ【情実】情面 qíngmiàn; 人情 rénqíng; 私情 sīqíng (英 *personal considerations*) ▶~にとらわれる/碍于情面 àiyú qíngmiàn ▶~にとらわれない/不讲情面 bù jiǎng qíngmiàn ▶公事には~を排除なくてはならない/公事必须排除私情 gōngshì bìxū páichú sīqíng ▶~に左右される/受到私情的干扰 shòudào sīqíng de gānrǎo

しょうしみん【小市民】小市民 xiǎoshìmín (英 *a petit bourgeois*)

しょうしゃ【商社】商行 shāngháng; 贸易公司 màoyì gōngsī; 商社 shāngshè (英 *a business firm*)

しょうしゃ【勝者】得胜者 déshèngzhě; 胜利者 shènglìzhě (英 *a winner*)

しょうしゃ【照射する】照射 zhàoshè; (比喻)揭开隐秘部分 jiēkāi yīnmì bùfen (英 *irradiate*) ▶レントゲン~/爱克斯光照射 àikèsīguāng zhàoshè ▶人間の内面を~する作品/揭示人的内心世界的作品 jiēshì rén de nèixīn shìjiè de zuòpǐn

しょうしゃ【瀟洒な】潇洒 xiāosǎ (英 *elegant*) ▶~な服装をしている/身穿潇洒的服装 shēn chuān xiāosǎ de fúzhuāng

しょうじゃ【生者】生物 shēngwù (英 *living things*) ▶~必滅/生者必灭 shēngzhě bì miè

じょうしゃ【乗車する】乗车 chéng chē; 上车 shàng chē (英 *get on; get in*) ▶~賃/车费 chēfèi ▶御~下さい/请上车 qǐng shàng chē ▶御~の方はお急ぎ下さい/要上车的乘客请抓紧时间 yào shàng chē de chéngkè qǐng zhuājǐn shíjiān ▶上野で3人~する/在上野车站有三个人上车 zài Shàngyě chēzhàn yǒu sān ge rén shàng chē

◆~口︰乗车口 chéngchēkǒu ▶~口に立たないで下さい/请不要站在乗车口 qǐng búyào zhànzài chéngchēkǒu ~券︰车票 chēpiào ▶~券のほかに特急券が必要です/除了车票还要有特快票 chúle chēpiào hái yào yǒu tèkuàipiào

じょうしゅ【情趣】情趣 qíngqù; 情味 qíngwèi (英 *a sentiment*)

じょうじゅ【成就する】成就 chéngjiù; 实现 shíxiàn (英 *accomplish*) ▶大願/夙愿实现 sùyuàn shíxiàn ▶大改革を~する/实现了重大改革 shíxiànle zhòngdà gǎigé

しょうしゅう【召集する】召集 zhàojí; 召开 zhàokāi (英 *call*; *summon*) ▶~令状/入伍通知 rùwǔ tōngzhī ▶国会を~する/召开国会 zhàokāi guóhuì ▶軍隊に~される/被征兵 bèi zhēngbīng

しょうしゅう【招集する】召开 zhàokāi (英

しょうじゅう【小銃】 步枪 bùqiāng (英 *a rifle*) ▶~を自動/自动步枪 zìdòng bùqiāng ▶~で打つ/用步枪射击 yòng bùqiāng shèjī ▶~弾/步枪子弹 bùqiāng zǐdàn

じょうしゅう【常習】 瘾 yǐn (英 *habitualness*) ▶~犯/惯犯 guànfàn ▶麻薬~者/瘾君子 yǐnjūnzǐ; 吸毒者 xīdúzhě ▶彼は学校では遅刻の~犯だ/他在学校是个迟到的惯犯 tā zài xuéxiào shì ge chídào de guànfàn ▶睡眠薬を~する/吃安眠药上瘾 chī ānmiányào shàngyǐn

しょうじゅつ【詳述する】 详述 xiángshù; 阐述 chǎnshù (英 *explain in detail*)

じょうじゅつ【上述の】 上述 shàngshù (英 *above-mentioned*) ▶~のごとく/如上所述 rú shàng suǒ shù

じょうしゅび【上首尾】 顺利完成 shùnlì wánchéng; 结果圆满 jiéguǒ yuánmǎn (英 *a great success*) ▶万事~/万事大吉 wànshì dàjí ▶初日から~だった/头一天就很顺 tóu yì tiān jiù hěn shùn

しょうじゅん【照準】 瞄准 miáozhǔn (英 *aim*) ▶~が狂う/没瞄准 méi miáozhǔn ▶全国大会に~を合わせて練習する/瞄准全国大会进行练习 miáozhǔn quánguó dàhuì jìnxíng liànxí
♦~器/瞄准器 miáozhǔnqì

じょうじゅん【上旬に】 上旬 shàngxún (英 *at the beginning of the month*) ▶8月~/八月上旬 bā yuè shàngxún ▶5月~の花の盛りに帰る/五月上旬花开之际就回来 wǔ yuè shàngxún huā kāi shí jiù huílái

しょうしょ【小暑】 小暑 xiǎoshǔ (英 *the time when the hot season begins*)

しょうしょ【証書】 证书 zhèngshū; 字据 zìjù (英 *a bond; a deed*) ▶借用~/借据 jièjù ▶卒業~/毕业证书 bìyè zhèngshū; 文凭 wénpíng

しょうじょ【少女】 少女 shàonǚ; 小姑娘 xiǎogūniang (英 *a girl*) ▶~時代の写真/少女时代的照片 shàonǚ shídài de zhàopiàn

しょうしょう【少々】 有点儿 yǒudiǎnr; 少许 shǎoxǔ (英 [数] *a few*; [量] *a little*) ▶~お待ちを/请稍微等一会儿 qǐng shāowēi děng yíhuìr ▶卵2個とお塩~が必要です/需要两个鸡蛋和一点儿盐 xūyào liǎng ge jīdàn hé yìdiǎnr yán ▶彼は中国語を~話せる/他能说一点儿汉语 tā néng shuō yìdiǎnr Hànyǔ ▶~疲れた/有点儿累了 yǒudiǎnr lèi le ▶~大きな声で話して下さい/请大点儿声音 qǐng dàdiǎnr shēngyīn

しょうしょう【少将】 少将 shàojiàng (英 [陸軍] *a major general*; [海軍] *a rear admiral*)

しょうしょう【蕭蕭たる】 萧萧 xiāoxiāo; 萧瑟 xiāosè (英 *dismally*) ▶~たる秋の雨/秋雨潇潇 qiūyǔ xiāoxiāo

しょうじょう【症状】 病情 bìngqíng; 症状 zhèngzhuàng (英 *a symptom*; [容態] *the condition of a patient*) ▶~が現れる/出现症状 chūxiàn zhèngzhuàng ▶~が悪化する/病情恶化 bìngqíng èhuà ▶自覚~/自觉症状 zìjué zhèngzhuàng ▶重い~/严重的症状 yánzhòng de zhèngzhuàng ▶娘は日に当たりすぎて軽い脱水~になった/女儿被太阳晒得太厉害，出现轻微脱水症状 nǚ'ér bèi tàiyáng shàide tài lìhai, chūxiàn qīngwēi tuōshuǐ zhèngzhuàng

しょうじょう【賞状】 奖状 jiǎngzhuàng (英 *a certificate of merit*)

じょうしょう【上昇する】 上升 shàngshēng; 上涨 shàngzhǎng (英 *rise*) ▶物価が~する/物价上涨 wùjià shàngzhǎng ▶税金も上がり物価も少しずつ~している/税金上涨，物价也在上升 shuìjīn shàngzhǎng, wùjià yě zài shàngshēng ▶気温が夜になって~/到了晚上气温上升 dàole wǎnshang qìwēn shàngshēng ▶彼の人気が~する/他的人望高涨 tā de rénwàng gāozhǎng ▶彼は~志向が強い/他的向上爬的欲望很强烈 tā de xiàng shàng pá de yùwàng hěn qiángliè
♦~気流/上升气流 shàngshēng qìliú ▶気球は~気流に乗る/气球遇到上升气流 qìqiú yùdào shàngshēng qìliú

じょうしょう【常勝の】 常胜 chángshèng (英 *invincible*) ▶~将軍/常胜将军 cháng shèng jiāngjūn

じょうじょう【上上の】 非常好 fēicháng hǎo; 满不错 mǎn búcuò (英 *the very best*) ▶気分は~/情绪高涨 qíngxù gāozhǎng ▶初めての焼き物としては~のできばえだ/头一次烧的瓷器做得满不错 tóu yí cì shāo de cíqì zuòde mǎn búcuò ▶今日は~の天気だ/今天天气晴空万里了 jīntiān tiānqì qíngkōng wànlǐ le

じょうじょう【上場する】 (株式) 上市 shàngshì (英 *list*) ▶東証一部~の株/东京证券第一部上场的股票 Dōngjīng zhèngquàn dìyī bù shàngchǎng de gǔpiào

日中比較 中国語の '上场 shàngchǎng' は役者や選手が「登場する」ことをいう.

じょうじょう【情状】 案情 ànqíng; 情况 qíngkuàng (英 *circumstances*) ▶~酌量/酌情 zhuóqíng ▶その残虐な行為に~の余地はない/那种残忍的行为，没有酌情宽恕的余地 nà zhǒng cánrěn de xíngwéi, méiyǒu zhuóqíng kuānshù de yúdì

しょうじょうぶっきょう【小乗仏教】 (仏教) 小乘佛教 Xiǎochéng Fójiào (英 *Hinayama Buddhism*)

しょうしょく【少食】 饭量小 fànliàng xiǎo (英 *light eating*) ▶彼は~ながらおいしい物は知っている/他饭量不大却很懂美食 tā fànliàng búdà què hěn dǒng měishí

じょうしょく【常食する】 常食 chángshí; 家常的饭食 jiācháng de fànshí (英 *live on*) ▶日本では米を~する/日本以大米作为主食 Rìběn yǐ dàmǐ zuòwéi zhǔshí

しょうじる【生じる】 产生 chǎnshēng; 发生 fāshēng (英 *happen*; *arise*) ▶疑惑を~/产生

疑虑 chǎnshēng yílǜ ▶多くの困難が～/产生不少困难 chǎnshēng bùshǎo kùnnan ▶不都合が生じて出席できない/出了麻烦不能参加 chūle máfan bùnéng cānjiā ▶子供が生まれて生活に大きな変化が生じた/孩子出生后生活发生了很大变化 háizi chūshēnghòu shēnghuó fāshēngle hěn dà biànhuà ▶言い訳をすればするほど矛盾が～/越是辩解越是自相矛盾 yuè shì biànjiě yuè shì zìxiāng máodùn ▶学生間に対立が生じている/学生之间发生对立 xuésheng zhījiān fāshēng duìlì

じょうじる【乗じる】 ❶【掛算】乗 chéng (英 multiply) ▶15に8を～/十五乘八 shíwǔ chéng bā ❷【つけ込む】乗 chéng; 趁 chèn (英 take advantage of...) ▶機会に乗じてうまい汁を吸う/乘机占便宜 chéngjī zhàn piányi ▶夜陰に乗じて/趁夜色 chèn yèsè

しょうしん【小心な】 胆小 dǎnxiǎo (英 timid) ▶～者/胆小者 dǎnxiǎozhě

～翼々 小心谨慎 xiǎoxīn jǐnshèn; 小心翼翼 xiǎoxīn yìyì ▶～翼々として暮らす/小心谨慎地生活 xiǎoxīn jǐnshèn de shēnghuó

日中比較 中国語の'小心 xiǎoxīn'は「気をつける」ことを指す。

しょうしん【昇進する】 晋级 jìnjí; 晋升 jìnshēng (英 be promoted) ▶～が早い/晋升快 jìnshēng kuài ▶彼女は能力はあったがなぜか～の対象から外された/她很有能力,但不知为什么被排除出晋升名单 tā hěn yǒu nénglì, dàn bù zhī wèi shénme bèi páichúchū jìnshēng míngdān ▶彼は何事にも用心深いために～が遅れた/他不论做什么都是小心谨慎,所以晋升得很慢 tā búlùn zuò shénme dōu shì xiǎoxīn jǐnshèn, suǒyǐ jìnshēngde hěn màn

しょうしん【傷心の】 伤心 shāngxīn; 悲伤 bēishāng (英 heartbroken) ▶～の北海道旅行/感伤的北海道之旅 gǎnshāng de Běihǎidào zhī lǚ ▶～のあまりやせ衰える/过度悲伤而消瘦衰弱 guòdù bēishāng ér xiāoshòu shuāiruò

しょうじん【小人】 小人 xiǎorén (英 a small-minded person)

ことわざ 小人閑居して不善をなす 小人闲居为不善 xiǎorén xiánjū wéi bùshàn

しょうじん【精進する】 ❶【仏教の】斋戒 zhāijiè; 修行 xiūxíng (英 purify oneself) ❷【懸命な努力】专心致志 zhuānxīn zhìzhì; 勤学苦练 qín xué kǔ liàn (英 devote oneself) ▶彼はその競技会に備えて非常な～をしている/他为了准备那场比赛而勤学苦练 tā wèile zhǔnbèi nà chǎng bǐsài ér qín xué kǔ liàn

▶～料理/斋饭 zhāifàn; 素餐 sùcān ▶6日間～料理だけの日々をおくる/整整吃了六天斋 zhěngzhěng chīle liù tiān zhāi

じょうしん【上申する】 呈报 chéngbào; 申报 shēnbào (英 report) ▶～書/呈文 chéngwén ▶局長に～する/呈报局长 chéngbào júzhǎng

じょうじん【常人】 常人 chángrén; 普通人 pǔtōngrén (英 an ordinary person)

しょうしんじさつ【焼身自殺】 焚身自杀 fén shēn zìshā (英 suicide by fire)

しょうしんしょうめい【正真正銘の】 货真价实 huò zhēn jià shí; 千真万确 qiānzhēn wànquè; 真正 zhēnzhèng (英 true) ▶この花器は～の江戸時代の備前焼です/这个花瓶是货真价实的江户时代的备前瓷器 zhège huāpíng shì huò zhēn jià shí de Jiānghù shídài de Bèiqián cíqì

じょうず【上手な】 善于 shànyú; 很会 hěn huì; 巧妙 qiǎomiào (英 good) ▶聞き～/善听 shàn tīng ▶話し～/会说 huì shuō ▶買い物／很会买东西 hěn huì mǎi dōngxi ▶やりくり～/善于安排生活 shànyú ānpái shēnghuó ▶～なうそをつく/撒谎撒得高明 sā huǎng sāde gāomíng ▶水泳が～だ/游泳很拿手 yóuyǒng hěn náshǒu ▶金もうけが～だ/擅长赚钱 shàncháng zhuàn qián ▶日本語が～ですね/日语真棒 Rìyǔ zhēn bàng ▶彼は歌が～だった/他唱歌儿唱得很好 tā chàng gēr chàngde hěn hǎo ▶少し練習すれば字は～になる/稍微练一下子字就能写得漂亮 shāowēi liàn yíxiàzi zì jiù néng xiěde piàoliang ▶～にピアノを弾く/钢琴弹得很好 gāngqín tánde hěn hǎo

ことわざ 上手の手から水が漏る 智者千虑必有一失 zhìzhě qiānlǜ bì yǒu yì shī

お～ 奉承话 fèngchenghuà ▶お～を言う/说奉承话 shuō fèngchenghuà; 谄媚 chǎnmèi ▶お～者/善于奉承的人 shànyú fèngcheng de rén

日中比較 中国語の'上手 shàngshǒu'は「始める」ことをいう。

しょうすい【憔悴する】 憔悴 qiáocuì; 枯槁 kūgǎo (英 become haggard) ▶～しきった/恹恹 yānyān; 极端憔悴 jíduān qiáocuì

じょうすい【上水】 上水 shàngshuǐ; 自来水 zìláishuǐ (英 [設備] waterworks; [水] city water) ▶～道/上水道 shàngshuǐdào

じょうすい【浄水】 净水 jìngshuǐ (英 clean water) ▶～場/净水场 jìngshuǐchǎng ▶～装置/净水装置 jìngshuǐ zhuāngzhì ▶～池/净水池 jìngshuǐchí

しょうすう【小数】〔数〕小数 xiǎoshù; 尾数 wěishù (英 a decimal (fraction)) ▶～点/小数点 xiǎoshùdiǎn ▶～第2位まで求める/求两位小数 qiú liǎng wèi xiǎoshù

しょうすう【少数】 少数 shǎoshù (英 a small number of...) ▶～意見を尊重する/尊重少数意见 zūnzhòng shǎoshù yìjiàn ▶我が編集スタッフは～精鋭と形容される/我们编辑班被称为少数精锐部队 wǒmen biānjíbān bèi chēngwéi shǎoshù jīngruì bùduì ▶選ばれた～の人々が戦いを先導した/经过挑选的少数人员引导战斗 jīngguò tiāoxuǎn de shǎoshù rényuán yǐndǎo zhàndòu

▶～派 ;少数派 shǎoshùpài ▶経済優先の意見は～派である/持经济优先观点的人是少数派 chí jīngjì yōuxiān guāndiǎn de rén shì shǎoshù-

pài ～民族/少数民族 shǎoshù mínzú
じょうすう【乗数】〔数〕乗数 chéngshù (英 *a multiplier*)
じょうすう【常数】〔数・理学〕常数 chángshù (英 *a constant*)
しょうする【称する】 ❶【名乗る・名付ける】叫做 jiàozuò; 名字叫 míngzi jiào; 称为 chēngwéi (英 *call*) ▶石山と～男/叫作石山的男子 jiàozuò Shíshān de nánzǐ ▶彼が発明と～もの/被他称作是发明的事物 bèi tā chēngzuò shì fāmíng de shìwù ▶地元には鮎つり名人と称される人が8人もいる/在当地有八个人被称为钓香鱼的名手 zài dāngdì yǒu bā ge rén bèi chēngwéi diào xiāngyú de míngshǒu ❷【偽る】称 chēng (英 *pretend*) ▶病気と称して/借口有病 jièkǒu yǒubìng ▶友人と称して/假称是朋友 jiǎchēng shì péngyou ▶海外視察と称して税金で観光旅行に行く/借海外考察的名动用税款去观光旅游 jiè hǎiwài kǎochá de míng dòngyòng shuìkuǎn qù guānguāng lǚyóu ▶ゴッホ作品と称する絵を買わされた/被骗购买了据称是凡高作品的画儿 bèi piàn gòumǎile jùchēng shì Fángāo zuòpǐn de huàr
しょうする【賞する】 称赞 chēngzàn; 表扬 biǎoyáng; 赏 shǎng (英 *praise*)
しょうせい【招請する】 邀请 yāoqǐng (英 *invite*) ▶～に応ずる/应邀 yìngyāo ▶～状/邀请书 yāoqǐngshū ▶～国/邀请国 yāoqǐngguó
しょうせい【笑声】 笑声 xiàoshēng (英 *laughter*) ▶～が起こる/发出笑声 fāchū xiàoshēng
じょうせい【上声】 上声 shàngshēng; 上声 shǎngshēng (英 *the third tone*)
じょうせい【上製】 精制 jīngzhì (英 *superior*) ▶～本/精装书 jīngzhuāngshū
じょうせい【情勢】 情况 qíngkuàng; 形势 xíngshì; 局势 júshì (英 *a situation*) ▶～に明るい/了解形势 liǎojiě xíngshì ▶国際～/国际形势 guójì xíngshì ▶～分析/形势分析 xíngshì fēnxī ▶若い人たちの雇用～がよくなる/年轻人的就业状况出现了好转 niánqīngrén de jiùyè zhuàngkuàng chūxiànle hǎozhuǎn ▶現在の～に変化が見られない/现在的局势还看不到变化 xiànzài de júshì hái kànbudào biànhuà ▶中東～の判断を誤る/错误判断中东局势 cuòwù pànduàn Zhōngdōng júshì ▶緊迫した～/紧张的局势 jǐnzhāng de júshì
じょうせい【醸成する】 酿造 niàngzào; 酿成 niàngchéng (英 ［酒などを］ *brew*; ［引き起こす］ *cause*) ▶酒の～/酿酒 niàngjiǔ ▶社会不安を～する/造成社会不安 zàochéng shèhuì bù'ān
じょうせき【上席】 ❶【上座の】上座 shàngzuò (英 *a seat of honor*) ▶～につく/就上座 jiù shàngzuò ❷【上級の】(英 *a higher rank*) ▶～判事/首席法官 shǒuxí fǎguān ❸【上位の席次】(英 *precedence*) ▶～を占める/占上位 zhàn shàngwèi
じょうせき【定石】 基本定式 jīběn dìngshì;

常规 chángguī;《囲碁の》棋谱 qípǔ (英 *established tactics*) ▶～通りに/按照常规 ànzhào chángguī ▶～を踏む/循规蹈矩 xún guī dǎo jǔ ▶囲碁～を研究する/研究棋谱 yánjiū qípǔ ▶～通りのバント攻撃/按照常规的送垒进攻 ànzhào chángguī de sòng lěi jìngōng
しょうせつ【小説】 小说 xiǎoshuō (英 *a novel*) ▶事実は～よりも奇なり/事实比小说还离奇 shìshí bǐ xiǎoshuō hái líqí ▶～にあるみたいだ/那简直像小说一样 nà jiǎnzhí xiàng xiǎoshuō yíyàng ▶ケータイ～を書く/写手机小说 xiě shǒujī xiǎoshuō
◆SF～/科幻小说 kēhuàn xiǎoshuō ～家/小说家 xiǎoshuōjiā 長編～/长编～を映画化する/把长篇小说搬上银幕 bǎ chángpiān xiǎoshuō bānshàng yínmù
しょうせつ【小節】 ❶【音楽の】小节 xiǎojié (英 *a bar*) ▶第2～/第二小节 dì'èr xiǎojié ▶ベートベンの「運命」の初めの数～/贝多芬《命运》开头的几个小节 Bèiduōfēn《Mìngyùn》kāitóu de jǐ ge xiǎojié ❷【小さな義理】小节 xiǎojié (英 *slight fidelity*) ▶～にこだわる/拘泥于小节 jūnì yú xiǎojié
しょうせつ【章節】 章节 zhāngjié (英 *chapters and sections*) ▶～に区切る/区分章节 qūfēn zhāngjié
しょうせつ【詳説する】 详细说明 xiángxì shuōmíng (英 *explain in detail*)
じょうせつ【常設の】 常设 chángshè (英 *standing*) ▶～展示物/常设展品 chángshè zhǎnpǐn
じょうぜつ【饒舌な】 饶舌 ráoshé (英 *talkative*) ▶～家/饶舌家 ráoshéjiā ▶酒が入ると～になる/一喝酒, 话就多起来 yì hē jiǔ, huà jiù duōqǐlái
しょうせっかい【消石灰】 消石灰 xiāoshíhuī (英 *slaked lime*)
しょうせん【商船】 商船 shāngchuán (英 *a merchant vessel*) ▶～大学/商船大学 shāngchuán dàxué ▶鉄鉱石を運ぶ～会社が利益を上げる/运送铁矿石的商船公司提高了收益 yùnsòng tiěkuàngshí de shāngchuán gōngsī tígāole shōuyì
しょうせん【商戦】 市场竞争 shìchǎng jìngzhēng; 商战 shāngzhàn (英 *a sales battle*)
しょうぜん【悄然】 悄然 qiǎorán; 沮丧 jǔsàng (英 *dispiritedly*) ▶～たる顔つき/沮丧的神情 jǔsàng de shénqíng ▶～と立ち去る/快快而去 yàngyàng ér qù
じょうせん【乗船する】 乘船 chéng chuán; 上船 shàng chuán (英 *go on board*) ▶～券/客票 kèpiào ▶始発のフェリーに～する/乘坐头一班渡轮 chéngzuò tóu yì bān dùlún
しょうそ【勝訴する】 胜诉 shèngsù (英 *win a suit*)
じょうそ【上訴する】 上诉 shàngsù (英 *appeal*) ▶最高裁判所に～する/向最高法院上诉

xiàng zuìgāo fǎyuàn shàngsù

しょうそう【少壮の】 少壮 shàozhuàng (英 *young*) ▶～企業家／少壮派企业家 shàozhuàngpài qǐyèjiā ▶有为な研究員／少壮有为的研究员 shàozhuàng yǒuwéi de yánjiūyuán

しょうそう【尚早】 尚早 shàng zǎo (英 *prematureness*) ▶時期～／为时尚早 wéishí shàng zǎo ▶今結論を出すのは時期～である／现在下结论为时尚早 xiànzài xià jiélùn wéishí shàng zǎo

しょうそう【焦燥する】 焦躁 jiāozào (英 *be impatient*) ▶～感／焦躁感 jiāozàogǎn

しょうぞう【肖像】 肖像 xiàoxiàng (英 *a portrait*) ▶～画／肖像画 huàxiànghuà ▶～画を描く／画肖像画儿 huà xiàoxiànghuàr ▶壁に油絵の～画が掛かっている／墙上挂着肖像油画儿 qiángshang guàzhe xiàoxiàng yóuhuà ▶～画家／画像画家 huàxiànghuàjiā ▶～権／肖像权 xiàoxiàngquán

じょうそう【上奏する】 上奏 shàngzòu (英 *report to the throne*) ▶～文／奏章 zòuzhāng

じょうそう【上層】 上层 shàngcéng (英 *upper*) ▶会社の～部／公司的上层领导 gōngsī de shàngcéng lǐngdǎo

じょうそう【情操】 情操 qíngcāo (英 *a sentiment*) ▶～教育／美育 měiyù；情操教育 qíngcāo jiàoyù

じょうぞう【醸造する】 酿造 niàngzào (英 *brew*) ▶～酒／酿造的酒 niàngzào de jiǔ ▶日本酒は米を～して作ります／日本酒使用大米酿造出来的 Rìběnjiǔ shǐyòng dàmǐ niàngzàochūlai de

しょうそく【消息】 信息 xìnxī；音信 yīnxìn；消息 xiāoxi (英 *news; information*) ▶～を知らせる／传信 chuánxìn ▶～通である／灵通消息 língtōng xiāoxi ▶～不明である／杳无音信 yǎo wú yīnxìn ▶インドにいる息子からの～がない／前往印度的儿子失去了音信 qiánwǎng Yìndù de érzi shīqùle yīnxìn ▶高校の同窓会名簿で彼女の～が分かった／在高中学友会的名单上得知她的音信 zài gāozhōng xuéyǒuhuì de míngdānshang dézhī tā de yīnxìn ▶卒業以来彼女の～は分からない／毕业以后就没听说她的消息了 bìyè yǐhòu jiù méi tīngshuō tā de xiāoxi le

♦~筋 ▶ある～筋は山本氏のことを億万長者と推定している／某消息灵通人士推测山本先生是一位百万富翁 mǒu xiāoxi língtōng rénshì tuīcè Shānběn xiānsheng shì yí wèi bǎiwàn fùwēng

しょうぞく【装束】 装束 zhuāngshù；服装 fúzhuāng (英 *costume*) ▶黒～／黑色装束 hēisè zhuāngshù

しょうたい【小隊】 排 pái (英 *a platoon*) ▶～長／排长 páizhǎng

しょうたい【正体】 ❶【本当の姿】真面目 zhēnmiànmù；原形 yuánxíng (英 *one's true character*) ▶～を現す／原形毕露 yuánxíng bìlù；现形 xiànxíng ▶～不明の／真相不明的 zhēnxiàng bùmíng de ▶妖怪がついにその～を現す／妖怪终于现出原形 yāoguài zhōngyú xiànchū yuánxíng ▶インターネットで彼の～をつかんだ／在因特网上弄清楚了他的真面目 zài yīntèwǎngshang nòng qīngchule tā de zhēnmiànmù ▶～不明の物体／来历不明的物体 láilì bùmíng de wùtǐ ❷【正気】神志 shénzhì；意识 yìshí (英 *consciousness*) ▶～を失う／神志不清 shénzhì bù qīng ▶～なく眠って寝床まで動かせなかった／父亲呼呼大睡，没法把他抬到被窝里去 fùqin hūhū dà shuì, méi fǎ bǎ tā táidào bèiwōli qù

しょうたい【招待】 邀请 yāoqǐng；请客 qǐngkè；招待 zhāodài (英 *invite*) ▶～に応じる／应邀 yìngyāo ▶今夜はお客を～しています／今天晚上邀请客人 jīntiān wǎnshang yāoqǐng kèrén ▶～を断る／拒绝邀请 jùjué yāoqǐng ▶お年寄りが地元の小学校の～で出席する／老人们受到当地小学的邀请前来列席 lǎorénmen shòudào dāngdì xiǎoxué de yāoqǐng qiánlái lièxí

♦~客 来宾 láibīn ～券 招待券 zhāodàiquàn ▶映画の～券／电影的招待券 diànyǐng de zhāodàiquàn ～状 请帖 qǐngtiě；请柬 qǐngjiǎn ～席 来宾席 láibīnxí

[日中比較] 中国語の'招待 zhāodài'は「客として来てもらう」という意味の他に「もてなす」こともいう。

じょうたい【上体】 上身 shàngshēn (英 *the upper body*) ▶～を起こす／坐起身来 zuòqǐ shēn lái

じょうたい【状態】 状态 zhuàngtài；情况 qíngkuàng；情形 qíngxing (英 *a state*) ▶健康～／健康状况 jiànkāng zhuàngkuàng ▶危険な／危险的情况 wēixiǎn de qíngkuàng ▶彼の今の健康～では外出はできない／他现在的健康状态不能外出 tā xiànzài de jiànkāng zhuàngtài bùnéng wàichū ▶意識不明の～で病院に運ばれる／在神志不清的情况下被送到医院 zài shénzhì bù qīng de qíngkuàngxia bèi sòngdào yīyuàn ▶最悪の経済～に陥る／陷入最糟糕的经济状态 xiànrù zuì zāogāo de jīngjì zhuàngtài ▶台風がどんな～かテレビに映す／电视屏幕呈现出台风的现状 diànshì píngmù chéngxiànchū táifēng de xiànzhuàng ▶倒壊した家を以前の～に戻すには相当の日数が掛かる／把倒塌的房屋恢复原状需要相当多的时间 bǎ dǎotā de fángwū huīfù yuánzhuàng xūyào xiāngdāng duō de shíjiān ▶その国は内戦～にある／那个国家处于内战状况 nàge guójiā chǔyú nèizhàn zhuàngkuàng

じょうたい【常態】 常态 chángtài (英 *a normal state*) ▶～を回復する／恢复正常 huīfù zhèngcháng

じょうだい【上代の】 上古 shànggǔ (英 *ancient*)

しょうだく【承諾する】 答应 dāying；应允 yīngyǔn；承诺 chéngnuò (英 *consent*) ▶～を得る／得到同意 dédào tóngyì ▶事後～／事后应允 shìhòu yīngyǔn ▶しぶしぶ～する／勉强地答

じょうたつ

応 miǎnqiǎng de dāying ▶二つ返事で〜する/痛快地答应 tòngkuài de dāying ▶未成年の参加は保護者の〜が必要である/未成年者参加时需要家长的承诺 wèichéngniánzhě cānjiā shí xūyào jiāzhǎng de chéngnuò ▶親の〜がなくとも結婚はできる/不经过父母承诺也可以结婚 bù jīngguò fùmǔ chéngnuò yě kěyǐ jiéhūn

じょうたつ【上達する】 长进 zhǎngjìn; 进步 jìnbù (英 improve) ▶〜が早い/进步很快 jìnbù hěn kuài ▶技術が〜する/技术有长进 jìshù yǒu zhǎngjìn ▶中国語は少しは〜しましたか/汉语水平是否有些进步了？ Hànyǔ shuǐpíng shìfǒu yǒuxiē jìnbù le? ▶囲碁の〜が早い/围棋的棋艺进步很快 wéiqí de qíyì jìnbù hěn kuài ▶毎日練習することが〜の秘訣です/进步的秘诀在于每天练习 jìnbù de mìjué zàiyú měitiān liànxí

しょうたん【賞嘆する】 赞叹 zàntàn (英 admire)

しょうだん【商談】 商务谈判 shāngwù tánpàn; 谈交易 tán jiāoyì (英 a business talk) ▶〜する/洽谈 qiàtán ▶〜がまとまる/成交 chéngjiāo ▶社長に三度会って〜が成立した/跟总经理见面三次谈成了买卖 gēn zǒngjīnglǐ jiànmiàn sān cì tánchéngle mǎimài

日中比較 中国語の'商谈 shāngtán'とは「話し合うこと」「協議すること」である.

じょうたん【上端】 上端 shàngduān (英 the upper end)

じょうだん【上段】 **1**【高い段】上层 shàngcéng; 上排 shàngpái (英 an upper row) ▶本棚の〜/书架的上层 shūjià de shàngcéng ▶レフトスタンド〜にボールは飛び込んだ/球飞到左方看台的最上一层 qiú fēidào zuǒfāng kàntái de zuì shàng yì céng **2**【上座】上座 shàngzuò (英 an upper seat) ▶〜を勧める/请坐上座 qǐng zuò shàngzuò **3**【武道・囲碁などの】高段位 gāoduànwèi (英 a high rank〔dan〕) ▶〜者/高段位者 gāoduànwèizhě

じょうだん【冗談】 玩话 wánhuà; 笑谈 xiàotán (英 a joke) ▶〜はやめろ/别开玩笑了 bié kāi wánxiào le ▶〜を言う/打哈哈 dǎ hāha; 开玩笑 kāi wánxiào ▶それは〜のつもりか/那是不是在开玩笑啊？ nà shìbushì zài kāi wánxiào a? ▶〜じゃない. 約束の日は今日だ/岂有此理，约定的日子就在今天 qǐ yǒu cǐ lǐ, yuēdìng de rìzi jiù zài jīntiān ▶2000 ページの辞書を来年刊行するとは〜が過ぎる/两千页词典明年就出版，这个玩笑开得太大了 liǎngqiān yè cídiǎn míngnián jiù chūbǎn, zhège wánxiào kāide tài dà le ▶むきになるな. 君は〜がわからないか/别当真. 你连玩笑都听不出来吗？ bié dàngzhēn. nǐ lián wánxiào dōu tīngbuchūlái ma? ▶彼は記者に〜を言った/他当着记者开玩笑 tā dāngzhe jìzhě kāi wánxiào ▶〜にもほどがあるだけだ/不过是开个玩笑嘛 búguò shì kāi ge wánxiào ma ▶〜はさておき本題に入りましょう/闲话少说，书归正传 xiánhuà shǎo shuō, shū guī zhèngzhuàn

しょうち【承知する】 **1**【知る】 知道 zhīdào; 明白 míngbai (英 know) ▶御〜のとおり/如您所知/如您所晓 ▶偽物と〜の上で買う/明知是假的而敢买 míngzhī shì jiǎ de ér gǎn mǎi ▶そんなこと百も〜だ/这种事我当然明白 zhè zhǒng shì wǒ dāngrán míngbai ▶リスク は〜の上で行う/我担风险是早就知道的 chéngdān fēngxiǎn shì zǎojiù zhīdào de **2**【許可・同意】 答应 dāying; 允诺 yǔnnuò; 同意 tóngyì (英 permit) ▶両親はあなたと結婚することを〜しないだろう/父母恐怕不会同意跟你结婚的 fùmǔ kǒngpà búhuì tóngyì gēn nǐ jiéhūn de ▶〜したことを聞かんと〜せんぞ/不听话我可不原谅你 bù tīnghuà wǒ kě bù yuánliàng nǐ ▶御依頼の件は〜しました/你托付的事我知道了 nǐ tuōfù de shì wǒ zhīdào le ▶そんな条件では彼女は〜しないだろう/那样的条件她不会答应的 nàyàng de tiáojiàn tā búhuì dāying de ▶君さえ〜ならば僕に異論はない/只要你承认我就没有意见 zhǐyào nǐ chéngrèn wǒ jiù méiyǒu yìjiàn

しょうち【招致する】 聘请 pìnqǐng; 邀请 yāoqǐng (英 invite) ▶京剧団を〜する/邀请京剧团 yāoqǐng jīngjùtuán ▶次回オリンピックを〜する/申办下一届奥运会 shēnbàn xià yí jiè Àoyùnhuì

日中比較 中国語の'招致 zhāozhì'は「ある結果を引き起こす」「人材を求める」という意味である.

じょうち【常置する】 常设 chángshè (英 keep permanently) ▶〜委員会/常设委员会 chángshè wěiyuánhuì

じょうちゃん【嬢ちゃん】 小姑娘 xiǎogūniang; 小妹妹 xiǎomèimei (英 a little girl)

しょうちゅう【掌中】 手心 shǒuxīn; 手中 shǒuzhōng (英 in the palm of one's hand) ▶〜に収める/掌握 zhǎngwò; 落在手里 luòzài shǒuli ▶〜の玉 掌上明珠 zhǎngshang míngzhū

しょうちゅう【焼酎】 烧酒 shāojiǔ; 白酒 báijiǔ (英 shochu; a traditional Japanese distilled liquor made from grain, sweet potatoes, etc)

じょうちゅう【常駐する】 常驻 chángzhù (英 be stationed) ▶アメリカの〜記者/常驻美国记者 chángzhù Měiguó jìzhě ▶外国企業の〜代表機構/外国企业的常驻代表机构 wàiguó qǐyè de chángzhù dàibiǎo jīgòu

じょうちょ【情緒】 情趣 qíngqù; 情调 qíngdiào (英 atmosphere) ▶〈感情〉情绪 qíngxù (英 emotion) ▶〜的/有情趣 yǒu qíngqù ▶〜豊かな/充满情趣 chōngmǎn qíngqù ▶南国〜豊かな鹿児島/充满南国风情的鹿儿岛 chōngmǎn nánguó fēngqíng de Lù'érdǎo ▶異国〜/异国情趣 yìguó qíngqù ▶江戸〜漂う下町/飘溢着江户情趣的庶民街区 piāoyìzhe Jiānghù qíngqù de shùmín jiēqū ▶〜不安定/情绪不稳定 qíngxù bù wěndìng

日中比較 中国語の'情绪 qíngxù'はある活動に対する「意欲」「気持ち」を表す.

しょうちょう【小腸】〔解〕小肠 xiǎocháng

(英 *the small intestine*)

しょうちょう【消長】 消长 xiāocháng; 兴衰 xīngshuāi; 增减 zēngjiǎn (英 *rise and fall*) ▶害虫の生態と～を把握する/掌握害虫的生态与增减 zhǎngwò hàichóng de shēngtài yǔ zēngjiǎn

しょうちょう【象徴する】 象征 xiàngzhēng (英 *symbolize*) ▶～的な/象征性的 xiàngzhēngxìng de ▶鳩とオリーブの枝は平和の～である/鸽子和橄榄枝象征着和平 gēzi hé gǎnlǎnzhī xiàngzhēngzhe hépíng ▶天皇は日本国および日本国民統合の～である/天皇是日本国家和日本国民统合的象征 tiānhuáng shì Rìběn guójiā hé Rìběn guómín tǒnghé de xiàngzhēng

じょうちょう【冗長な】 累赘 léizhui; 冗长 rǒngcháng (英 *verbose*) ▶～な文は読まれない/冗长的文章没有读者 rǒngcháng de wénzhāng méiyǒu dúzhě

じょうちょう【情調】 情调 qíngdiào; 情趣 qíngqù (英 *a mood*) ▶～のこもった/充满情趣的 chōngmǎn qíngqù de ▶異国～/异国情调 yìguó qíngdiào

しょうちょく【詔勅】 诏书 zhàoshū; 敕书 chì-shū (英 *an Imperial edict*)

しょうちん【消沈する】 消沉 xiāochén; 沮丧 jǔsàng (英 *grow completely disheartened*) ▶意気～する/意气消沉 yìqì xiāochén

じょうてい【上程する】 向议会提出 xiàng yìhuì tíchū (英 *introduce... on the agenda*)

じょうでき【上出来】 结果成功 jiéguǒ chénggōng; 做得好 zuòde hǎo (英 *well-done*) ▶試験は～だ/考得很好 kǎode hěn hǎo

しょうてん【昇天する】 归天 guītiān; 升天 shēngtiān (英 *go to heaven*)

しょうてん【商店】 商店 shāngdiàn; 店铺 diànpù (英 *a store*) ▶～が倒産する/商店倒闭 shāngdiàn dǎobì ▶夫婦で経営する商店/夫妻经营的商店 fūqī jīngyíng de shāngdiàn/夫妻店 fūqīdiàn

♦~街 | 商店街 shāngdiànjiē; 商业区 shāngyèqū ▶全国的に地方の～街はさびれている/地方的商店街呈现出全国规模的萧条 dìfāng de shāngdiànjiē chéngxiànchū quánguó guīmó de xiāotiáo

しょうてん【焦点】 焦点 jiāodiǎn; 中心 zhōngxīn (英 *a focus*) ▶～が合わない/焦点未对准 jiāodiǎn wèi duìzhǔn ▶～距離/焦距 jiāojù ▶話題の～/话题的中心 huàtí de zhōngxīn ▶議論の～/争论的核心 zhēnglùn de héxīn ▶予の山頂に～を合わせる/把焦点对准积雪的山顶 bǎ jiāodiǎn duìzhǔn jīxuě de shāndǐng ▶この小説の～は官僚の腐敗に置かれている/这本小说的焦点在于官僚的腐败 zhè běn xiǎoshuō de jiāodiǎn zàiyú guānliáo de fǔbài ▶彼女の横顔にカメラの～を合わす/把焦点对准她面孔的侧面 bǎ jiāodiǎn duìzhǔn tā miànkǒng de cèmiàn ▶～が合っていない家族写真/焦点没对好的全家照

jiāodiǎn méi duìhǎo de quánjiāzhào

しょうでん【小伝】 小传 xiǎozhuàn (英 *a biographical sketch*) ▶孫文～/孙中山小传 Sūn Zhōngshān xiǎozhuàn

じょうてんき【上天気】 好天气 hǎotiānqì (英 *fine weather*) ▶～になる/天气变好 tiānqì biànhǎo

しょうと【省都】 省会 shěnghuì (英 *the capital of a province*)

しょうど【焦土】 焦土 jiāotǔ (英 *scorched earth*) ▶～と化す/化成焦土 huàchéng jiāotǔ ▶～作戦/焦土战争 jiāotǔ zhànzhēng

しょうど【照度】 照度 zhàodù (英 *illumination intensity*) ▶～計/照度计 zhàodùjì

じょうと【譲渡する】 移交 yíjiāo; 转让 zhuǎnràng (英 *transfer*) ▶～証書/转让证书 zhuǎnràng zhèngshū ▶署名して～する/签名转让 qiānmíng zhuǎnràng ▶不動産を～する/出让房地产 chūràng fángdìchǎn

じょうど【浄土】 净土 jìngtǔ (英 *the Pure Land*) ▶～信仰/净土信仰 jìngtǔ xìnyǎng ▶～真宗/净土真宗 jìngtǔ zhēnzōng

しょうとう【消灯する】 熄灯 xīdēng (英 *turn off lights*)

♦~時間 | 熄灯时间 xīdēng shíjiān ▶寮では～時間は10時と決めてある/规定十点为宿舍的关灯时间 guīdìng shí diǎn wéi sùshè de guāndēng shíjiān

しょうどう【衝動】 冲动 chōngdòng (英 *an impulse*) ▶～的な発言/冲动性的发言 chōngdòngxìng de fāyán ▶～に駆られる/出于冲动 chūyú chōngdòng ▶～的な行動/冲动性的行为 chōngdòngxìng de xíngwéi ▶彼女はアクセサリー類が好きですぐ～買いをする/她喜爱首饰，很容易心血来潮地购买 tā xǐ'ài shǒushi, hěn róngyì xīnxuè lái cháo de gòumǎi

じょうとう【上等な】 高级 gāojí; 上等 shàngděng; 高档 gāodàng (英 *excellent*) ▶～品/上品 shàngpǐn ▶～な毛布/高级毛毯 gāojí máotǎn

じょうとう【常套】 老一套 lǎoyītào; 常用 chángyòng (英 *conventional*) ▶困った時にはすぐ泣くのが彼女の～手段だ/一为难就哭泣是她的惯用伎俩 yī wéinán jiù kūqì shì tā de guànyòng jìliǎng

じょうどう【常道】 常规 chángguī (英 *a proper way*) ▶取引の～/交易的常规 jiāoyì de chángguī ▶～を踏み外す/越出常规 yuèchū chángguī

じょうとうく【常套句】 陈词滥调 chén cí làn diào; 口头禅 kǒutóuchán (英 *a stock phrase*)

じょうとうしき【上棟式】 上梁仪式 shàngliáng yíshì (英 *a framework-raising ceremony*) ▶～を行う/举行上梁仪式 jǔxíng shàngliáng yíshì

しょうどく【消毒する】 消毒 xiāodú (英 *disinfect*) ▶～液/消毒液 xiāodúyè ▶～済みの/消

毒过的 xiāodúguò de ▶日光～をする/进行日光消毒 jìnxíng rìguāng xiāodú ▶焼いて～した針でトゲを取る/用火消毒后的针来挑刺儿 yòng huǒ xiāodúhòu de zhēn lái tiāo cìr

じょうとくい【上得意】 大主顾 dàzhǔgù; 好顾客 hǎogùkè（英 *a good customer*）

しょうとつ【衝突する】 冲撞 chōngzhuàng; 相撞 xiāngzhuàng; 冲突 chōngtū（英 *collide*; [争う] *conflict*）▶～を和らげる/缓冲 huǎnchōng ▶～を避ける/避免冲突 bìmiǎn chōngtū ▶雨の中をバスとタクシーが正面～した/在雨天公交车和出租车迎面相撞 zài yǔtiān gōngjiāochē hé chūzūchē yíngmiàn xiāngzhuàng ▶利害の～がからむ問題が起きるかもしれない/可能会发生出于利益冲突的矛盾 kěnéng huì fāshēng chūyú lìyì chōngtū de máodùn ▶軍と反対勢力が大通りで～した/军队和反对派在大街上发生了冲突 jūnduì hé fǎnduìpài zài dàjiēshang fāshēngle chōngtū ▶島の領有をめぐって武力～が起きた/海岛主权引发了武装冲突 hǎidǎo zhǔquán yǐnfāle wǔzhuāng chōngtū

♦～事故|撞车事故 zhuàngchē shìgù ▶飲酒運転による～事故/喝酒开车引发的撞车事故 hē jiǔ kāichē yǐnfā de zhuàngchē shìgù

しょうとりひき【商取引】 交易 jiāoyì（英 *a commercial transaction*）

じょうない【場内】 场内 chǎngnèi（英 *the inside of a hall*）▶～アナウンス/场内广播 chǎngnèi guǎngbō ▶～整理を行う/整理场内秩序 zhěnglǐ chǎngnèi zhìxù ▶サッカーは発炎筒で騒然となった/因扔进了发烟筒足球场里一片哗然 yīn rēngjìnle fāyāntong zúqiúchǎnglǐ yí piàn huárán

しょうに【小児】 小儿 xiǎo'ér（英 *an infant*）

♦～科|儿科 érkē; 小儿科 xiǎo'érkē ～科医|儿科大夫 érkē dàifu ～麻痺|小儿麻痹 xiǎo'ér mábì

しょうにゅうせき【鐘乳石】 钟乳石 zhōngrǔshí（英 *a stalactite*）

しょうにゅうどう【鐘乳洞】 钟乳岩洞 zhōngrǔ yándòng（英 *a stalactite cave*）

しょうにん【上人】 《仏教》上人 shàngrén（英 *a holy priest*）▶法然～/法然上人 Fǎrán shàngrén

しょうにん【承認する】 批准 pīzhǔn; 承认 chéngrèn（英 *approve*）▶～を得る/得到承认 dédào chéngrèn ▶国連は東ティモールの独立を～した/联合国承认了东帝汶的独立 Liánhéguó chéngrènle Dōngdìwèn de dúlì

しょうにん【商人】 商人 shāngrén（英 *a merchant*）▶大阪の～はしぶといことで有名だ/大阪商人以有耐性而著名 Dàbǎn shāngrén yǐ yǒu nàixìng ér zhùmíng ▶『ベニスの～』/《威尼斯商人》Wēinísī shāngrén》

しょうにん【証人】 见证人 jiànzhèngrén; 证人 zhèngren（英 *a witness*）▶～喚問/传唤证人 chuánhuàn zhèngren ▶～台に立つ/出庭作证 chūtíng zuòzhèng

じょうにん【常任の】 常任 chángrèn（英 *standing*）▶～委員/常委 chángwěi ▶～委員会/常任委员会 chángrèn wěiyuánhuì

♦～理事国|常任理事国 chángrèn lǐshìguó

しょうね【性根】 本性 běnxìng; 根性 gēnxìng（英 *nature*）▶～が腐っている/本性恶劣 běnxìng èliè ▶～を入れかえる/洗心革面 xǐ xīn gé miàn ▶～の曲がった小役人/性格扭曲的小官僚 xìnggé niǔqū de xiǎoguānliáo ▶～を入れ替えて働く/脱胎换骨做工作 tuō tāi huàn gǔ zuò gōngzuò

じょうねつ【情熱】 热情 rèqíng; 激情 jīqíng（英 *passion*）▶～的な/充满热情 chōngmǎn rèqíng ▶～を傾ける/倾注热情 qīngzhù rèqíng ▶彼は演劇に～を燃やしている/他把热情都倾注在演剧上 tā bǎ rèqíng dōu qīngzhù zài yǎnjùshang ▶故郷の再生事業に～を注ぐ/把热情倾注在重振故乡的事业中 bǎ rèqíng qīngzhù zài chóngzhèn gùxiāng de shìyè zhōng

しょうねつじごく【焦熱地獄】 炼狱 liànyù; 火海 huǒhǎi（英 *a burning hell*）

しょうねん【少年】 少年 shàonián（英 *a boy*）▶～時代には本をたくさん読んだ/在少年时代读了不少书 zài shàonián shídài dúle bùshǎo shū ▶この町には～野球のチームが五つある/这座城市有五个少年棒球队 zhè zuò chéngshì yǒu wǔ ge shàonián bàngqiúduì

ことわざ 少年老いやすく学成りがたし 少年易老学难成 shàonián yì lǎo xué nán chéng

～大志を抱け 年轻人要胸怀大志 niánqīngrén yào xiōng huái dàzhì

♦～院|工读学校 gōngdú xuéxiào; 教养院 jiàoyǎngyuàn

じょうねん【情念】 （抑止不住的）感情（yìzhǐbuzhù de）gǎnqíng（英 *passion*）▶～がわく/感情涌上来 gǎnqíng yǒngshànglai

しょうねんば【正念場】 关键局面 guānjiàn júmiàn; 紧要关头 jǐnyào guāntóu（英 *the crucial moment*）▶～を迎える/面临紧要关头 miànlín jǐnyào guāntóu ▶漁獲交渉も～を迎えている/捕鱼谈判也迎来了关键局面 bǔyú tánpàn yě yíngláile guānjiàn júmiàn

しょうのう【小脳】 《解》小脑 xiǎonǎo（英 *the cerebellum*）

しょうのう【笑納する】 笑纳 xiàonà（英 *accept smilingly*）▶御～下さい/请笑纳 qǐng xiàonà

しょうのう【樟脳】 樟脑 zhāngnǎo（英 *camphor*）

じょうのう【上納する】 上缴 shàngjiǎo（英 *pay*）▶～金/上缴金 shàngjiǎojīn

しょうのつき【小の月】 小月 xiǎoyuè（英 *a month of 30 days or less*）

じょうば【乗馬】 骑马 qí mǎ（英 *riding*）▶～ズボン/马裤 mǎkù ▶～靴/马靴 mǎxuē ▶～がうまい/马骑得很好 mǎ qíde hěn hǎo ▶彼女は～に熱中している/她迷上了骑马 tā míshàngle qí mǎ

しょうはい【勝敗】 胜负 shèngfù; 胜败 shèngbài; 雌雄 cíxióng (英 *victory or defeat*) ▶~を決する/决胜负 jué shèngbài ▶~を度外視して正々堂々と戦う/把胜败视之度外, 堂堂正正的临战 bǎ shèngbài shì zhī dùwài, tángtángzhèngzhèng de línzhàn

しょうはい【賞杯】 奖杯 jiǎngbēi (英 *a trophy*) ▶優勝~を掲げる/赢得冠军举杯庆贺 yíngdé guànjūn jǔbēi qìnghè

しょうばい【商売する】 买卖 mǎimai; 生意 shēngyi; 经商 jīngshāng (英 *do business*) ▶~の元手/本钱 běnqián; 资本 zīběn ▶~替えする/改行 gǎiháng; 跳行 tiàoháng ▶旅行関係の~/有关旅游的行业 yǒuguān lǚyóu de hángyè ▶こう人が通らなければ~にならない/来往人这么少做不成买卖 láiwǎng rén zhème shǎo zuòbuchéng mǎimai ▶がうまい/擅长做买卖 shàncháng zuò mǎimai ▶年寄り向けの丁寧な~で繁盛する/以高龄顾客为对象的服务周到的买卖生意兴隆 yǐ gāolíng gùkè wéi duìxiàng de fúwù zhōudào de mǎimai shēngyì xīnglóng ▶今年は猛暑で電気屋は~繁盛だ/因为今年盛夏异常炎热, 电器行生意兴隆 yīnwèi jīnnián shèngxià yìcháng yánrè, diànqìháng shēngyi xīnglóng ▶日本人観光客を相手に実入りのいい~をする/以日本的游客为对象做盘算的生意 yǐ Rìběn de yóukè wéi duìxiàng zuò pánsuan de shēngyi ▶会社をやめて~を始める/辞掉公司的工作开始经商 cídiào gōngsī de gōngzuò kāishǐ jīngshāng ▶~に精を出す/用心经商 yòngxīn jīngshāng

◆~敵【~敵】: 商敌 shāngdí; 竞争对手 jìngzhēng duìshǒu ▶隣の通りに新たな~敵(がたき)が出店した/商场对手在近邻的街上开张了 shāngchǎng duìshǒu zài jìnlín de jiēshang kāizhāng le

しょうばつ【賞罰】 奖惩 jiǎngchéng; 赏罚 shǎngfá (英 *reward and punishment*) ▶~なし/无赏罚 wú shǎngfá

じょうはつ【蒸発する】（水分が）蒸发 zhēngfā (英 *evaporate*); (比喩) 失踪 shīzōng (英 *disappear*) ▶アルコールはすぐ~する/酒精很快就会挥发 jiǔjīng hěn kuài jiù huī fāfā ▶去年おやじが~した/去年爸爸失踪了 qùnián bàba shīzōng le

しょうばん【相伴する】 陪人一起吃[喝] péi rén yìqǐ chī[hē] (英 *partake of…*) ▶お~にあずかる/沾光 zhānguāng

じょうはんしん【上半身】 上身 shàngshēn (英 *the upper half of the body*) ▶~裸になる/赤背 chìbèi; 赤膊 chìbó ▶~裸でスポーツに興じる/裸露着上身, 热衷于运动 luǒlùzhe shàngshēn, rèzhōng yú yùndòng ▶~の写真を添付する/附带半身照片 fùdài bànshēn zhàopiàn

しょうひ【消費する】 消耗 xiāohào; 消费 xiāofèi (英 *consume*) ▶~財/消费品 xiāofèipǐn ▶~が拡大する/消费扩大 xiāofèi kuòdà ▶石油~国/石油消费国 shíyóu xiāofèiguó ▶夏は冷房による電力の~が激しい/夏天开空调使电力消费剧增 xiàtiān kāi kōngtiáo shǐ diànlì xiāofèi jùzēng ▶不景気で国内の~が伸びない/由于不景气, 国内消费不振 yóuyú bùjǐngqì, guónèi xiāofèi bú zhèn

◆~税【消費税】 xiāofèishuì ▶~税が10%になるかもしれない/消费税可能会提高到百分之十 xiāofèishuì kěnéng huì tígāo dào bǎi fēn zhī shí

しょうび【焦眉】 ~の問題/亟待解决的问题 jídài jiějué de wèntí ~の急 当务之急 dāng wù zhī jí; 燃眉之急 rán méi zhī jí

しょうび【賞美する】 赏识 shǎngshí; 欣赏 xīnshǎng (英 *admire*) ▶~に値する/值得赏识 zhíde shǎngshí

じょうび【常備する】 常备 chángbèi (英 *have…ready*) ▶~薬/常备药 chángbèiyào ▶風邪薬を始め、~薬が机の引き出し一杯に入れてある/桌子的抽屉里装满了感冒药之类的日常备用药 zhuōzi de chōutili zhuāngmǎnle gǎnmàoyào zhīlèi de rìcháng bèiyòngyào

しょうひょう【商標】 商标 shāngbiāo; 牌号 páihào (英 *a trademark*) ▶~を盗用する/冒牌 màopái ▶登録~/注册商标 zhùcè shāngbiāo

しょうひん【小品】 小品 xiǎopǐn; 小作品 xiǎozuòpǐn (英 *a short piece*) ▶彼の作る鳥の彫刻は~だが生きているようだ/他制作的小鸟雕塑虽然是个小件, 却栩栩如生 tā zhìzuò de xiǎoniǎo diāosù suīrán shì ge xiǎojiàn, què xǔxǔ rú shēng

[日中比較] 中国語の'小品 xiǎopǐn'は演芸の「コント」をも言う.

しょうひん【商品】 商品 shāngpǐn; 货物 huòwù (英 *a commodity*); [総称] *goods*) ▶~を注文する/订货 dìnghuò ▶この~は傷が付いている/这件商品有瑕疵 zhè jiàn shāngpǐn yǒu xiácī ▶ソファーは~ですので座らないで下さい/沙发是商品, 请不要坐在上边 shāfā shì shāngpǐn, qǐng búyào zuòzài shàngbian ▶ここは~の回転がはい/这里商品周转很快 zhèlǐ shāngpǐn zhōuzhuǎn hěn kuài

◆~券【購物券】 gòuwùquàn ▶デパートの~券を貰う/收到百货商店的购物券 shōudào bǎihuò shāngdiàn de gòuwùquàn

しょうひん【賞品】 奖品 jiǎngpǐn (英 *a prize*) ▶~をもらう/获得奖品 huòdé jiǎngpǐn

じょうひん【上品な】 文雅 wényǎ; 优雅 yōuyǎ; 斯文 sīwen (英 *graceful*) ▶~な物腰/风度优雅 fēngdù yōuyǎ ▶彼女にはどことなく~なところがある/她身上有一种不可名状的优雅 tā shēnshang yǒu yì zhǒng bùkě míngzhuàng de yōuyǎ ▶~な家庭に育つ/出生于一个优雅的家庭 chūshēng yú yí ge yōuyǎ de jiātíng ▶言葉づかいが~だ/谈吐斯文 tántǔ sīwen ▶~な服装をしている/穿着典雅 chuānzhuó diǎnyǎ ▶~ても私は彼女の生い立ちはよく知っている/不管她怎么装文雅, 我是很清楚她的身世的 bùguǎn tā zěnme zhuāng wényǎ, wǒ shì hěn qīngchu tā de shēnshì de

しょうふ【娼婦】 娼妇 chāngfù; 妓女 jìnǚ (英 *a prostitute*)

しょうぶ【勝負】 胜负 shèngfù; 胜败 shèngbài; 输赢 shūyíng (英 *have a game*; *fight*) ▶～がつく/分胜负 fēn shèngfù ▶簡単に～がついた/轻而易举地定了输赢 qīng ér yì jǔ de dìngle shūyíng ▶そのパンチ一発で～がついたように見えた/看上去这一拳好像是决定了胜败 kànshàngqu zhè yì quán hǎoxiàng shì juédìngle shèngbài ▶～に出る/去决战 qù juézhàn ▶はじめから～にならなかった/一开始就不是对手 yì kāishǐ jiù bú shì duìshǒu ▶あの二人ならいい～になる/那两个人可是棋逢对手 nà liǎng ge rén kěshì qí féng duìshǒu ▶正々堂々と～する/堂堂正正地一决输赢 tángtángzhèngzhèng de yì jué shūyíng ▶患者は今夜が～です/对病人来说今天晚上是关键 duì bìngrén lái shuō jīntiān wǎnshang shì guānjiàn

～は時の運 胜负要靠天时 shèngfù yào kào tiānshí

♦～事 ▶～事に熱中して身を滅ぼした/热衷于博弈, 招致身亡 rèzhōng yú bóyì, zhāozhì shēnwáng

ショウブ【菖蒲】〔植物〕菖蒲 chāngpú (英 *a sweet flag*)

じょうふ【情夫】 情夫 qíngfū; 外遇 wàiyù (英 *a lover*)

じょうふ【情婦】 情妇 qíngfù; 外遇 wàiyù (英 *a mistress*)

じょうぶ【上部の】 上面 shàngmiàn; 上层 shàngcéng (英 *upper*) ▶～構造/上层建筑 shàngcéng jiànzhù

じょうぶ【丈夫な】 健康 jiànkāng; 壮健 zhuàngjiàn; 结实 jiēshi (英〔強い〕*strong*;〔健康な〕*healthy*) ▶～に育つ/发育健壮 fāyù jiànzhuàng ▶この木綿生地は～です/这块棉布很结实 zhè kuài miánbù hěn jiēshi ▶足腰が～である/身子骨很硬朗 shēnzigǔ hěn yìnglang ▶祖母は小柄だが～で長生きしている/祖母身材瘦小却是健康长寿 zǔmǔ shēncái shòuxiǎo què shì jiànkāng chángshòu ▶バランスのいい食事と運動で～な体をつくる/营养平衡的饮食和运动可以造就健康的身体 yíngyǎng pínghéng de yǐnshí hé yùndòng kěyǐ zàojiù jiànkāng de shēntǐ ▶母は退院してから元通りに～になった/母亲出院以后恢复了以往的健康 mǔqīn chūyuàn yǐhòu huīfùle yǐwǎng de jiànkāng

日中比較 中国語の'丈夫 zhàngfu'は「夫」を指す。

しょうふく【承服する】 服从 fúcóng; 听从 tīngcóng (英 *accept*) ▶～できない/不能服从 bùnéng fúcóng ▶参加していない決定には～できない/未经参与的决定, 无法服从 wèijīng cānyù de juédìng, wúfǎ fúcóng

しょうふだ【正札】 价目牌 jiàmùpái; 明码正价 míngmǎ zhèngjià (英 *a price mark*)

じょうぶつ【成仏する】 成佛 chéngfó; 去世 qùshì (英 *die*)

しょうぶん【性分】 性情 xìngqíng; 本性 běnxìng; 秉性 bǐngxìng (英 *nature*) ▶～に合わない/不合秉性 bù hé bǐngxìng ▶生れつきそういう～なんだ/生来就是这种本性 shēnglái jiùshì zhè zhǒng běnxìng

じょうぶん【条文】 条文 tiáowén (英〔本文〕*a text*;〔条項〕*a provision*) ▶～に明記する/明记在条文里 míngjì zài tiáowénli

しょうへい【招聘する】 招聘 zhāopìn; 聘请 pìnqǐng (英 *invite*) ▶～に応じる/应聘 yìngpìn ▶外部からの～をする/外聘教师 wài pìn jiàoshī ▶彼は中田氏を大学に～しようとして骨を折っていた/为了把中田先生聘请到大学来, 他花了很大的功夫 wèile bǎ Zhōngtián xiānsheng pìnqǐng dào dàxué lái, tā huāle hěn dà de gōngfu

しょうへい【将兵】 官兵 guānbīng (英 *officers and men*)

しょうへき【障壁】 壁垒 bìlěi (英 *a barrier*) ▶非関税～/非关税壁垒 fēiguānshuì bìlěi ▶日本製品に対して厳しい～をもうけた/对日本产品设置了严格的贸易壁垒 duì Rìběn chǎnpǐn shèzhìle yángé de màoyì bìlěi

じょうへき【城壁】 城墙 chéngqiáng (英 *a castle wall*) ▶～を巡らす/围上城墙 wéishàng chéngqiáng ▶東欧の古い町の多くは～に囲まれている/东欧的许多古镇都被城墙环绕 Dōng Ōu de xǔduō gǔzhèn dōu bèi chéngqiáng huánrào

しょうへん【小片】 碎片 suìpiàn; 小片 xiǎopiàn (英 *a small piece*)

しょうべん【小便する】 尿 niào; 小便 xiǎobiàn; 撒尿 sā niào (英 *urinate*) ▶犬が電柱に～をする/狗往电线杆上撒尿 gǒu wǎng diànxiàngānshang sā niào ▶子供は人目を避ければどこで～してもいい/只要不被别人看见, 小孩儿在哪儿都可以撒尿 zhǐyào bú bèi biéren kànjiàn, xiǎoháir zài nǎr dōu kěyǐ sā niào ▶60歳を越えると～が近い/一过六十岁就尿频 yí guò liùshí suì jiù niàopín ▶～を我慢すると碌(?)なことはない/憋着不撒尿, 对身体可没有好处 biēzhe bù sā niào, duì shēntǐ kě méiyǒu hǎochu ▶立～を禁ずる/不许随地小便 bù xǔ suídì xiǎobiàn; 君子自重 jūnzǐ zìzhòng ▶寝～/尿床 niào chuáng

じょうほ【譲歩する】 让步 ràngbù; 退让 tuìràng (英 *concede*) ▶～して彼の条件をいれた/作出让步, 接受了他的条件 zuòchū ràngbù, jiēshòule tā de tiáojiàn ▶あいつ一歩も～しないんだ/那个家伙丝毫也不让步 nàge jiāhuo sīháo yě bú ràngbù ▶その条件までは～します/那是让步的底线 nà shì ràngbù de dǐxiàn ▶最大限の～をする/作出最大限度的让步 zuòchū zuìdà xiàndù de ràngbù

しょうほう【商法】 ❶〔商売の仕方〕经商方法 jīngshāng fāngfǎ (英 *a business method*) ▶悪徳～/恶劣的经商方法 èliè de jīngshāng fāngfǎ ❷【法】商法 shāngfǎ ㊥ *the commercial law* ▶ ～に違反する/违犯商法 wéifàn shāngfǎ

しょうほう【詳報】 详细报道 xiángxì bàodào ㊥ *a detailed report*

しょうぼう【消防】 消防 xiāofáng ㊥ *fire fighting* ▶ 正月明けにはこの港で～艇による演習がある/过完年,消防艇要在这个海港进行演习 guòwán nián, xiāofángtǐng yào zài zhèige hǎigǎng jìnxíng yǎnxí ▶ ～士は常に出動の準備をしている/消防队员随时准备出动 xiāofáng duìyuán suíshí zhǔnbèi chūdòng

♦～車 救火车 jiùhuǒchē;消防车 xiāofángchē ▶ ～車が火災現場に向かう/消防车赶到火灾现场 xiāofángchē gǎndào huǒzāi xiànchǎng ～署 消防局 xiāofángjú;消防站 xiāofángzhàn ▶ ～署は交通の便のいいところにある/消防队设在交通方便的地方 xiāofángduì shèzài jiāotōng fāngbiàn de dìfang ～隊 消防队 xiāofángduì ～梯子(ﾊｼｺﾞ)車 升降式消防车 shēngjiàngshì xiāofángchē

じょうほう【定法】 规定 guīdìng;常规 chángguī ㊥ *the usual way*

じょうほう【乗法】【数】乘法 chéngfǎ ㊥ *multiplication* ▶ ～記号(×)/乘号 chénghào

じょうほう【情報】 信息 xìnxī;消息 xiāoxi;情报 qíngbào ㊥ *information* ▶ ～が漏れる/消息走风 xiāoxi zǒu fēng ▶ 内部から～が漏れる/情报从内部泄露出来 qíngbào cóng nèibù xièlòuchūlai ▶ ～を漏らす/泄露消息 xièlòu xiāoxi ▶ ～を知らせる/通风报信 tōng fēng bào xìn ▶ 誤った～/错误的情报 cuòwù de qíngbào ▶ 秘密～/機関/谍报机关 diébào jīguān ▶ インターネットによって極秘～が流れ出る/绝密情报从因特网上泄露出来 juémì qíngbào cóng yīntèwǎngshang xièlòuchūlai ▶ ～源を探る/搜寻信息来源 sōuxún xìnxī láiyuán ▶ (インターネットで) 2語で探す～検索/用两个单词来搜寻的信息检索系统 yòng liǎng ge dāncí lái sōuxún de xìnxī jiǎnsuǒ xìtǒng ▶ 災害地の～収集につとめる/尽力收集受灾地区的信息 jìnlì shōují shòuzāi dìqū de xìnxī ▶ 詳しい～を報告する/报告详情 bàogào xiángqíng ▶ 互いに～を交換する/互相交换情报 hùxiāng jiāohuàn qíngbào ▶ メディアによる～の洪水に振り回される/被来自自媒体的信息浪潮所摆布 bèi láizì zìméitǐ de xìnxī làngcháo suǒ bǎibu ▶ ～誌が氾濫している/信息杂志泛滥成灾 xìnxī zázhì fànlàn chéngzāi

♦～化社会【情報化社会】 xìnxīhuà shèhuì ▶ ～化社会と呼ばれて久しい/信息化社会这个称呼已经用了很久 xìnxīhuà shèhuì zhège chēnghu yǐjīng yòngle hěn jiǔ le ～公開【信息公开】 xìnxī gōngkāi ▶ 財務省の～公開/财务省的信息公开 cáiwùshěng de xìnxī gōngkāi ～システム【信息系統】 xìnxī xìtǒng ～処理【信息处理】 xìnxī chǔlǐ

日中比較 中国語の'情報 qíngbào'は今日では多く「機密情報」の意味で使われる.

しょうほん【抄本】 节本 jiéběn;摘录本 zhāilùběn ㊥ *an extract* ▶ 戸籍～/户口一部分的复印件 hùkǒu yí bùfen de fùyìnjiàn;户口抄本 hùkǒu chāoběn

日中比較 中国語の'抄本 chāoběn'は「写本」のこと.

じょうまえ【錠前】 锁 suǒ ㊥ *a lock* ▶ ～をおろす/上锁 shàng suǒ

しょうようせつ【枝葉末節】 细枝末节 xìzhī mòjié;枝节 zhījié;末节 mòjié ㊥ *minor details*

じょうまん【冗漫な】 烦冗 fánrǒng;冗长 rǒngcháng ㊥ *wordy* ▶ ～な文章/烦冗的文章 fánrǒng de wénzhāng

しょうみ【正味】 净 jìng ㊥ *a net* ▶ ～の重量/净重 jìngzhòng ▶ ～の値段/净价 jìngjià ▶ ～の話/实质性的话 shízhìxìng de huà ▶ ～2日で完成する/实际用了两天工夫就完成了 shíjì yòngle liǎng tiān gōngfu jiù wánchéng le

しょうみ【賞味する】 欣赏滋味 xīnshǎng zīwèi;品味 pǐnwèi ㊥ *relish* ▶ ～期限/品味期限 pǐnwèi qīxiàn;保质期 bǎozhìqī ▶ ～期限が切れる/过了保质期 guòle bǎozhìqī

じょうみ【情味】 情趣 qíngqù ㊥ *human feelings* ▶ ～豊かな/富有情趣的 fùyǒu qíngqù de

じょうみゃく【静脈】【解】静脉 jìngmài ㊥ *a vein* ▶ ～注射/静脉注射 jìngmài zhùshè

じょうむ【常務】 ㊥ *a managing director* ▶ ～取締役/常务董事 chángwù dǒngshì

じょうむいん【乗務員】 乘务员 chéngwùyuán;(列車の) 列车员 lièchēyuán ㊥ *a crew member* ▶ ～が検札に来る/列车员来检票 lièchēyuán lái jiǎnpiào

♦客室～ (航空機の)【机组人员】 jīzǔ rényuán ▶ 客室～に不審な物を届ける/把可疑物品送交机组乘务员 bǎ kěyí wùpǐn sòngjiāo jīzǔ chéngwùyuán

しょうめい【証明する】 证明 zhèngmíng;证实 zhèngshí ㊥ *prove* ▶ …であることを～す/谨此证明 jǐn cǐ zhèngmíng ▶ 彼はそれが真実であることを～した/他证实了那件事的真情 tā zhèngshíle nà jiàn shì de zhēnqíng ▶ それは結果が～している/这件事的结果就是明证 zhè jiàn shì de jiéguǒ jiùshì míngzhèng ▶ 無実を～する/证明清白 zhèngmíng qīngbái ▶ 自分の身分を～するには写真付きの運転免許証が一番いい/附带照片的驾照是证明自己身份最好的凭证 fùdài zhàopiàn de jiàzhào shì zhèngmíng zìjǐ shēnfen zuìhǎo de píngzhèng

♦～書 证件 zhèngjiàn;证明书 zhèngmíngshū ▶ ～書を交付する/出示证件 chūshì zhèngjiàn

しょうめい【照明する】 照明 zhàomíng;灯光 dēngguāng ㊥ *illuminate* ▶ ～器具/照明器具 zhàomíng qìjù ▶ ～弾が闇夜に飛び交う/照明弹在夜空飞舞 zhàomíngdàn zài yèkōng fēiwǔ ▶ ～係も舞台裏では忙しい/灯光员也在后台忙碌 dēngguāngyuán yě zài hòutái mánglù ▶

しょうめつ

間接~の部屋にする/布置成间接照明型的房间 bùzhìchéng jiànjiē zhàomíng xíng de fángjiān ◆**舞台~**:舞台照明 wǔtái zhàomíng

しょうめつ【消滅する】 消灭 xiāomiè; 绝灭 juémiè;《効力など》失效 shīxiào (英 become extinct; expire) ▶~させる/毁灭 huǐmiè ▶自然~する/自然灭绝 zìrán mièjué ▶この条约は今年いっぱいで~する/这项条约将于今年年底失效 zhè xiàng tiáoyuē jiāng yú jīnnián niándǐ shīxiào

しょうめん【正面の】 对面 duìmiàn; 正面 zhèngmiàn (英 front) ▶~を向く/面向前方 miànxiàng qiánfāng ▶~玄関/正门 zhèngmén ▶~図/正视图 zhèngshìtú ▶声を掛けられて真~から顔を見る/听到招呼声，和他打了一个照面儿 tīngdào zhāohu shēng, hé tā dǎle yí ge zhàomiànr ▶~からその問題に取り組む/正面处理那个问题 zhèngmiàn chǔlǐ nàge wèntí ▶~攻撃を敢行する/实施正面进攻 shíshī zhèngmiàn jìngōng ▶彼のトラックは観光バスと~衝突した/他的卡车和游览汽车迎面相撞 tā de kǎchē hé yóulǎn qìchē yíngmiàn xiāngzhuàng

しょうもう【消耗する】 消耗 xiāohào; 耗损 hàosǔn (英 consume) ▶~が激しい/耗损严重 hàosǔn yánzhòng ▶~戦/消耗战 xiāomózhàn ▶~品/消耗品 xiāohàopǐn ▶エネルギーを~する/消耗精力 xiāohào jīnglì ▶冷たい海水の中で体力を~する/在冷凉的海水中消耗体力 zài bīngliáng de hǎishuǐ zhōng xiāohào tǐlì

じょうもの【上物の】 好货 hǎohuò; 高级品 gāojípǐn (英 high-quality) ▶~の紹興酒/上等绍兴酒 shàngděng shàoxīngjiǔ

しょうもん【証文】 借据 jièjù; 字据 zìjù (英 a bond) ▶~を入れる/立字据 lì zìjù ▶彼の言葉は~と同じだ/他的承诺与字据一样可靠 tā de chéngnuò yǔ zìjù yíyàng kěkào ▶~を入れて金を借りる/交借用证书作借钱 jiāo jièyòng zhèngshū zuò jiè qián

~の出し遅れ 马后炮 mǎhòupào ▶今ごろ詫びても~の出し遅れというものだ/事到如今道歉也已经来不及了 shì dào rújīn dàoqiàn yě yǐjīng láibují le

じょうもん【城門】 城门 chéngmén (英 a castle gate)
参考 中国における '城门 chéngmén' は「都市を囲む城壁の門」のこと。

しょうやく【生薬】《中医》生药 shēngyào; 中草药 zhōngcǎoyào (英 crude drugs)

しょうやく【抄訳】 摘译 zhāiyì (英 an abridged translation)

じょうやく【条約】 条约 tiáoyuē; 公约 gōngyuē (英 a treaty) ▶~に調印する/签署条约 qiānshǔ tiáoyuē ▶戦後五十年たってから平和~を結ぶ/战后经过五十年后缔结和平条约 zhànhòu jīngguò wǔshí nián hòu dìjié hépíng tiáoyuē ▶~を破る/撕毁条约 sīhuǐ tiáoyuē ▶~改正/修改条约 xiūgǎi tiáoyuē

◆**通商~**:通商条约 tōngshāng tiáoyuē

じょうやど【定宿・常宿】 经常投宿的旅馆 jīngcháng tóusù de lǚguǎn; 常住的饭店 chángzhù de fàndiàn (英 one's regular hotel)

じょうやとう【常夜灯】 长明灯 chángmíngdēng (英 an all-night light)

しょうゆ【醤油】 酱油 jiàngyóu (英 soy(sauce)) ▶薄口~/淡色酱油 dànsè jiàngyóu ▶~差し/酱油瓶儿 jiàngyóupíngr

しょうよ【賞与】 红利 hónglì; 奖金 jiǎngjīn (英 a bonus) ▶夏の~/夏季奖金 xiàjì jiǎngjīn

じょうよ【剰余】 余剩 yúshèng (英 a surplus; [差引残額] a balance) ▶残高/结余 jiéyú ▶~金が出る/钱有富余 qián yǒu fùyu

じょうよ【譲与する】 出让 chūràng; 转让 zhuǎnràng (英 transfer)

しょうよう【小用】《小便》小便 xiǎobiàn (英 urine) ▶~に立つ/去方便一下 qù fāngbiàn yíxià

しょうよう【従容として】 从容 cóngróng (英 calmly) ▶~として死を迎える/从容赴死 cóngróng fùsǐ

しょうよう【商用で】 商务 shāngwù (英 on business) ▶~で上海に行く/因商务去上海 yīn shāngwù qù Shànghǎi ▶~語/商业用语 shāngyè yòngyǔ

◆~**文**:商务文件 shāngwù wénjiàn

じょうよう【常用する】 常用 chángyòng;《薬を》经常服用 jīngcháng fúyòng (英 use habitually) ▶~語/常用词语 chángyòng cíyǔ ▶彼は高血圧の薬を~しています/他经常服用降压药 tā jīngcháng fúyòng jiàngyāyào ▶麻薬携帯者も麻薬~者も逮捕される/携带毒品的人和吸毒者一律逮捕 xiédài dúpǐn de rén hé xīdúzhě yílǜ dàibǔ

じょうようしゃ【乗用車】 轿车 jiàochē; 卧车 wòchē; 小车 xiǎochē (英 a passenger car)

しょうようじゅりん【照葉樹林】 常绿阔叶林 chánglǜ kuòyèlín (英 a broadleaf evergreen forest)

じょうよく【情欲】 情欲 qíngyù (英 lust)

しょうらい【将来の】 将来 jiānglái; 未来 wèilái; 前途 qiántú (英 the future) ▶~に備える/为未来做准备 wèi wèilái zuò zhǔnbèi ▶日本の少子高齢化の~を考えると暗くなる/考虑到日本少子高龄化的未来，就感到暗淡 kǎolǜ dào Rìběn shǎozǐ gāolínghuà de wèilái, jiù gǎndào àndàn ▶この子の~のために貯金をする/为了这孩子的未来存钱 wèile zhè háizi de wèilái cúnqián ▶~の展望/对将来的展望前程 duì jiānglái de zhǎnwàng qiánchéng ▶~性がある/很有前途 hěn yǒu qiántú ▶~性のある女優/富有潜力的女演员 fùyǒu qiánlì de nǚyǎnyuán ▶~性のある人物だ/有发展潜力的人物 yǒu fāzhǎn qiánlì de rénwù ▶この仕事には~性がない/这个工作没有前途 zhège gōngzuò méiyǒu qiántú ▶会社の~/公司的前途 gōngsī de qiántú

夢/将来的梦想 jiānglái de mèngxiǎng ▶—のある若者/前程远大的年轻人 qiánchéng yuǎndà de niánqīngrén ▶近い—車は太陽電池だけで走るようなるだろう/在不久的将来，只靠太阳电池就可以开车了吧 zài bùjiǔ de jiānglái, zhǐ kào tàiyáng diànchí jiù kěyǐ kāichē le ba ▶彼の—は保証されている/他的前途绝对没有问题 tā de qiántú juéduì méiyǒu wèntí ▶彼は陸上選手として—有望だ/他作为一名田径选手很有前途 tā zuòwéi yì míng tiánjìng xuǎnshǒu hěn yǒu qiántú

しょうり【勝利する】 胜利 shènglì 〈英 *a victory; a win*〉 ▶—を収める/取胜 qǔshèng ▶—を祝う/祝捷 zhùjié ▶—をかちとる/争取胜利 zhēngqǔ shènglì ▶思いもしない大—を得る/取得意想不到的巨大胜利 qǔdé yìxiǎngbúdào de jùdà shènglì ▶—は確実だ/稳操胜券 wěn cāo shèngquàn ▶決定的—/决定性的胜利 juédìngxìng de shènglì ▶—の栄冠を得る/获得胜利的桂冠 huòdé shènglì de guìguān ▶—は本当に努力した人に輝く/胜利之星为真正努力的人而照耀 shènglì zhī xīng wèi zhēnzhèng nǔlì de rén ér zhàoyào
♦～者 ▶—者は肩車されて行進した/获胜者被扛在肩上游行 huòshèngzhě bèi kángzài jiānshang yóuxíng

じょうり【条理】 道理 dàolǐ；条理 tiáolǐ 〈英 *reason*〉 ▶—にかなう/合乎道理 héhū dàolǐ ▶—に反する/不讲理 bù jiǎnglǐ；不合理 bù hélǐ

じょうり【情理】 情理 qínglǐ 〈英 *logic and emotion*〉 ▶—にかなう/合情合理 hé qíng hé lǐ ▶—を尽くす/尽情尽理 jìn qíng jìn lǐ

じょうりく【上陸する】 登陆 dēnglù 〈英 *go ashore*; [台風が] *strike*〉 ▶—作戦/登陆作战 dēnglù zuòzhàn ▶—用舟艇/登陆艇 dēnglùtǐng ▶台風が午前3時に大隅半島に—した/台风于临晨三点在大隅半岛登陆了 táifēng yú línchén sān diǎn zài Dàyú bàndǎo dēnglù le ▶二人の見張り番を残し全員島に—する/留下两个人盯着，其余的人全体登上海岛 liúxià liǎng ge rén dīngzhe, qíyú de rén quántǐ dēngshàng hǎidǎo

しょうりつ【勝率】 比赛获胜率 bǐsài huòshènglǜ 〈英 *the percentage of victories to the total number of matches*〉

しょうりゃく【省略する】 略去 lüèqù；省略 shěnglüè 〈英 *omit*〉 ▶—记号/省略号 shěnglüèhào ▶以下同文につき—する/下文相同予以省略 xiàwén xiāngtóng yǔyǐ shěnglüè ▶挨拶を—して直ちに本論に入る/省去寒暄立刻进入正题 shěngqù hánxuān lìkè jìnrù zhèngtí

じょうりゅう【上流の】 **1**【川の】上流 shàngliú；上游 shàngyóu 〈英 *upstream*〉 ▶—へ航行する/溯流上行 sùliú shàngxíng ▶—のダムから多量の水が流された/从上游水库流下来大量的水 cóng shàngyóu shuǐkù liúxiàlái dàliàng de shuǐ ▶鮭が—に上っていく/鲑鱼逆流而上 guīyú nìliú ér shàng ▶その大きな滝はこの滝よりももっと～にあります/那个巨大的瀑布比这个瀑布更靠近上游 nàge jùdà de pùbù bǐ zhège pùbù gèng kàojìn shàngyóu **2**【社会的地位が】〈英 *upperclass*〉
♦～階級：上流阶级 shàngliú jiējí ▶彼女は昔の上海の—階級の出である/她出生于旧时上海的上流社会 tā chūshēng yú jiùshí Shànghǎi de shàngliú shèhuì ～社会：上层社会 shàngcéng shèhuì ▶～社会に出入りする/出入上层社会 chūrù shàngcéng shèhuì

じょうりゅう【蒸留する】 蒸馏 zhēngliú 〈英 *distill*〉 ▶—酒/蒸馏酒 zhēngliújiǔ ▶～水/蒸馏水 zhēngliúshuǐ

しょうりょ【焦慮する】 焦急 jiāojí；焦灼 jiāozhuó 〈英 *be anxious*〉

しょうりょう【少量】 少量 shǎoliàng；少许 shǎoxǔ 〈英 *a little*〉 ▶—の塩/少量的盐 shǎoliàng de yán ▶—のブランデーを垂らす/放进少量的白兰地 fàngjìn shǎoliàng de báilándì

しょうりょう【渉猟する】 搜寻 sōuxún；涉猎 shèliè 〈英 *read extensively*〉 ▶文献を—する/涉猎文献 shèliè wénxiàn

しょうりょう【精霊】 精灵 jīnglíng 〈英 *the spirit of a dead person*〉 ▶～流し/"盂兰会"用放河灯来悼念祖先 "yúlánhuì" yòng fàng hédēng lái dàoniàn zǔxiān

じょうりょく【常緑の】 常绿 chánglǜ 〈英 *evergreen*〉 ▶～樹/常绿树 chánglǜshù

しょうりょくか【省力化する】 省力 shěnglì；节省劳力 jiéshěng láolì 〈英 *save labor*〉

しょうりんじ【少林寺】 〈英 *the Shaolin Temple*〉 ▶～拳/少林拳 shàolínquán

じょうるり【浄瑠璃】 净琉璃 jìngliúlí；用三弦琴伴唱的说唱曲艺 yòng sānxiánqín bànchàng de shuōchàng qǔyì 〈英 *a chanted narrative with samisen accompaniment*〉 ▶人形—/人偶净琉璃 rén'ǒu jìngliúlí

しょうれい【省令】 内阁各省的政令 nèigé gèshěng de zhènglìng 〈英 *a ministerial ordinance*〉

しょうれい【症例】 病例 bìnglì 〈英 *a case*〉

しょうれい【奨励する】 奖励 jiǎnglì；鼓励 gǔlì 〈英 *encourage*〉 ▶新品種の栽培を—する/鼓励栽培新品种 gǔlì zāipéi xīnpǐnzhǒng
♦～金：奖金 jiǎngjīn ▶販売促進のために—金を出す/为了促进销售发放奖金 wèile cùjìn xiāoshòu fāfàng jiǎngjīn

じょうれい【条令】 条令 tiáolìng；条例 tiáolì 〈英 *an ordinance*〉 ▶—違反/违反条令 wéifǎn tiáolìng

じょうれん【常連】 常客 chángkè 〈英 *a regular customer*〉 ▶カラオケの—は女子高校生だ/卡拉OK的常客是高中女生 kǎlā OK de chángkè shì gāozhōng nǔshēng

じょうろ【如雨露】 喷壶 pēnhú 〈英 *a watering can*〉

しょうろう【鐘楼】 钟楼 zhōnglóu（英 a bell tower）
しょうろく【抄録する】 摘录 zhāilù；抄录 chāolù（英 extract）
しょうろん【詳論】 详细议论 xiángxì yìlùn（英 a full discussion）▶～を展開する/展开详细议论 zhǎnkāi xiángxì yìlùn
しょうわ【小話】 小故事 xiǎogùshi（英 a small story）
しょうわ【笑話】 笑话 xiàohua（英 a humorous story）
しょうわ【唱和する】 跟着呼喊 gēnzhe hūhǎn（英 join in the chorus）▶御一下さい，乾杯！/请大家跟着喊，干杯! qǐng dàjiā gēnzhe hǎn, gānbēi!
しょうわくせい【小惑星】 小行星 xiǎoxíngxīng（英 an asteroid）
しょうわるい【性悪な】 心眼儿坏 xīnyǎnr huài；居心不良 jūxīn bùliáng（英 ill-natured）
じょうわんぶ【上腕部】 上臂 shàngbì（英 the upper arm）
しょえん【初演】 首次演出 shǒucì yǎnchū（英 give the first public performance）▶本邦～/国内首演 guónèi shǒuyǎn
じょえん【助演する】 配演 pèiyǎn（英 play a supporting role）▶一俳優/配角 pèijué ▶～者は30年前に主演女優賞を取った女優だった/配角是一位在三十年以前获得过最佳女主角奖的女演员 pèijué shì yí wèi zài sānshí nián yǐqián huòdéguo zuìjiā nǚzhǔjuéjiǎng de nǚyǎnyuán
ショー 展览 zhǎnlǎn；表演 biǎoyǎn（英 a show）▶～ビジネス/演艺事业 yǎnyì shìyè ▶モーター～/汽车展览 qìchē zhǎnlǎn
じょおう【女王】 女王 nǚwáng（英 a queen）▶蜂/母蜂 mǔfēng；蜂王 fēngwáng ▶エリザベス～/伊丽莎白女王 Yīlìshābái nǚwáng
ショーウインドー 橱窗 chúchuāng（英 a show window）▶クリスマスの～を飾りつける/布置圣诞橱窗 bùzhì shèngdàn chúchuāng ▶～の陳列品をのぞき込む/凝视橱窗里的陈列品 níngshì chúchuānglǐ de chénlièpǐn ▶～を見て歩く/信步浏览商店的橱窗 xìnbù liúlǎn shāngdiàn de chúchuāng
ジョーカー 《トランプ》百搭 bǎidā；大鬼 dàguǐ（英 a joker）
ジョーク 笑话 xiàohua；玩笑 wánxiào（英 a joke）
ショーケース 货柜 huòguì；橱窗 chúchuāng（英 a showcase）
ジョーゼット 乔其纱 qiáoqíshā《布地》（英 georgette）
ショーツ 三角裤 sānjiǎokù（英 shorts）
ショート 《野球》游击手 yóujīshǒu（英 a shortstop）▶2塁を守った後～を守る/防守二垒以后担任游击防卫 fángshǒu èrlěi yǐhòu dānrèn yóujī fángwèi
ショートする 〔電気〕短路 duǎnlù；捷路 jiélù（英 short-circuit）▶電線がどこかで～している/电线在哪儿发生短路了 diànxiàn zài nǎr fāshēng duǎnlù le
ショートカット 短发 duǎnfà《髪型》（英 a short haircut）
ショートケーキ 花蛋糕 huādàngāo（英 shortcake）▶ブルーベリーの載った～を食べる/吃装饰着蓝莓的花型蛋糕 chī zhuāngshìzhe lánméi de huāxíng dàngāo
ショートパンツ 〔服飾〕短裤 duǎnkù（英 shorts）▶白い～で練習する/穿着白短裤练习 chuānzhe báiduǎnkù liànxí
ショービニズム 大民族主义 dàmínzú zhǔyì；沙文主义 Shāwén zhǔyì（英 chauvinism）
ショール 〔服飾〕披肩 pījiān（英 a shawl）▶毛皮の～を肩にかける/把毛皮披肩围在肩上 bǎ pímáo pījiān wéizài jiānshang
ショールーム 样品间 yàngpǐnjiān；商品陈列室 shāngpǐn chénlièshì（英 a showroom）
しょか【初夏】 初夏 chūxià（英 early summer）▶～の島は蜜柑の白い花が盛りだ/初夏的岛上盛开着橘子的白花儿 chūxià de dǎoshang shèngkāizhe júzi de báihuār
しょか【書架】 书架 shūjià（英 a bookshelf）▶図書館の～/图书馆的书架 túshūguǎn de shūjià
しょか【書家】 书法家 shūfǎjiā（英 a calligrapher）
しょが【書画】 书画 shūhuà；字画 zìhuà（英 paintings and calligraphic works）▶～骨董〈ぉぅ〉/书画古董 shūhuà gǔdǒng
しょかい【初回】 初次 chūcì；第一次 dìyī cì（英 the first time）
じょがい【除外する】 除去 chúqù；除外 chúwài（英 exclude）▶レポートを出した人は～する/除去已经提交报告的人 chúqù yǐjing tíjiāo bàogào de rén
しょがくしゃ【初学者】 初学者 chūxuézhě（英 a beginner）▶～向けの古典/面向初学者的古典作品 miànxiàng chūxuézhě de gǔdiǎn zuòpǐn
じょがくせい【女学生】 女生 nǚshēng（英 a female student）
しょかつ【所轄する】 所辖 suǒxiá；管辖 guǎnxiá（英 have jurisdiction）▶～署/所属的派出所 suǒ shǔ de pàichūsuǒ ▶～の官庁に届け出る/向主管官署呈报 xiàng zhǔguǎn guānshǔ chéngbào
じょがっこう【女学校】 女子学校 nǚzǐ xuéxiào（英 a girls' school）▶義理の母は旧制の～の亡き友人を懐かしむ/岳母缅怀旧制女子学校的已故学友 yuèmǔ miǎnhuái jiùzhì nǚzǐ xuéxiào de yǐgù xuéyǒu
しょかん【所感】 所感 suǒgǎn；感想 gǎnxiǎng（英 one's impressions）
しょかん【所管する】 管辖 guǎnxiá；主管 zhǔguǎn（英 have jurisdiction）
しょかん【書簡】 书信 shūxìn；信札 xìnzhá

(英 *a letter*) ▶～を送る/致函 zhìhán ▶県知事が首相宛に～を送る/县知事向总理寄出信函 xiànzhīshì xiàng zǒnglǐ jìchū xìnhán

じょかん【女官】 宫女 gōngnǚ (英 *a court lady*)

じょかんとく【助監督】（映画演劇の）副導演 fùdǎoyǎn (英 *an assistant director*)

しょき【初期の】 初期 chūqī (英 *early*) ▶（ハードディスクを）～化する/格式化(电脑硬盘) géshìhuà (diànnǎo yìngpán) ▶この病気は～のうちに治療すれば簡単に治る/这种病早期治疗的话很容易治愈 zhè zhǒng bìng zǎoqī zhìliáo dehuà hěn róngyì zhìyù

しょき【所期する】 所期 suǒqī; 预期 yùqī (英 *desire*) ▶～の目的を果たす/达到预期目的 dádào yùqī mùdì

しょき【書記】 书记 shūjì; 文书 wénshū (英 *put on record*) ▶～官/书记官 shūjìguān
◆～長 ～長に選ばれる/当选为秘书长 dāngxuǎn wéi mìshūzhǎng

しょきあたり【暑気あたりする】 中暑 zhòngshǔ; 受暑 shòushǔ (英 *be affected by the heat*) ▶～を防ぐ/避暑 bìshǔ

しょきばらい【暑気払いをする】 去暑 qùshǔ; 祛暑 qūshǔ (英 *forget the summer heat*)

しょきゅう【初級の】 初级 chūjí (英 *elementary*) ▶～クラス/初级班 chūjíbān ▶～中国語を学ぶ/学习初级汉语 xuéxí chūjí Hànyǔ ▶～, 中級, 上級とだんだん難しくなる/从初级, 中级到高级, 越来越难 cóng chūjí, zhōngjí dào gāojí, yuèláiyuè nán

じょきょ【除去する】 除掉 chúdiào; 除去 chúqù; 清除 qīngchú (英 *remove*) ▶世界中の地雷を～する/在全世界清除地雷 zài quánshìjiè qīngchú dìléi ▶病巣の～/切除病灶 qiēchú bìngzào

しょぎょう【所業】 所作所为 suǒ zuò suǒ wéi; 行径 xíngjìng (英 *behavior*)

しょぎょうむじょう【諸行無常】 诸行无常 zhūxíng wúcháng (英 *All things are transient*)

じょきょく【序曲】 前奏曲 qiánzòuqǔ; 序曲 xùqǔ; 引子 yǐnzi (英 *a prelude*) ▶戦争の～/战争的序曲 zhànzhēng de xùqǔ

ジョギング 跑步 pǎobù; 健身跑 jiànshēnpǎo (英 *jogging*) ▶～シューズ/跑鞋 pǎoxié

しょく【食】 饮食 yǐnshí;［食事］(英 *a meal*);［食欲］*appetite* ▶～が進まない/没有胃口 méiyǒu wèikǒu ▶～が細い/吃得少 chīde shǎo ▶私は日に昼と夜の2～しか取りません/我每天只吃午饭和晚饭两餐 wǒ měitiān zhǐ chī wǔfàn hé wǎnfàn liǎng cān ▶秋になると～が進む/一到秋天就食欲旺盛 yí dào qiūtiān jiù shíyù wàngshèng ▶夏が来るといつも～が細る/每到夏天总是没有食欲 měi dào xiàtiān zǒngshì méiyǒu shíyù
◆～文化 饮食文化 yǐnshí wénhuà

しょく【職】 职业 zhíyè; 工作 gōngzuò (英 *a job*) ▶～に就く/参加工作 cānjiā gōngzuò ▶～を辞する/辞职 cízhí; 卸任 xièrèn ▶～を求める/找工作 zhǎo gōngzuò; 谋事 móushì ▶～を去る/离职 lízhí; 卷铺盖 juǎn pūgài ▶手に～をつける/学会手艺 xuéhuì shǒuyì ▶大学を卒業するとすぐ～についた/大学一毕业马上就参加工作了 dàxué yí bìyè mǎshàng jiù cānjiā gōngzuò le ▶わずか2ヶ月その～にあった/那份工作只干了两个月 nà fèn gōngzuò zhǐ gànle liǎng ge yuè ▶～を転々と変える/工作换来换去 gōngzuò huànlái huànqù ▶健康を害して～を失う/身体垮掉失去了工作 shēntǐ kuǎdiào shīqùle gōngzuò ▶ハローワークで～を捜す/在职业介绍所找工作 zài zhíyè jièshàosuǒ zhǎo gōngzuò ▶何か手に～がないと, いざというときに困る/不掌握一门技术, 万一失业可就麻烦了 bù zhǎngwò yì mén jìshù, wànyī shīyè kě jiù máfan le ▶父は不況で～を奪われた/由于不景气父亲失去了工作 yóuyú bùjǐngqì fùqīn shīqùle gōngzuò ▶部下の不始末の責任を取って～を辞する/为部下的失误承担责任而辞职 wèi bùxià de shīwù chéngdān zérèn ér cízhí

しょく【私欲】 私欲 sīyù (英 *self-interest*) ▶～に走る/追求私利 zhuīqiú sīlì ▶～にかられてこれまでの名誉を失う/利令智昏失去了以往的名誉 lì lìng zhì hūn shīqùle yǐwǎng de míngyù ▶石川さんは～のない先輩だった/石川先生是一位不谋私利的前辈 Shíchuān xiānsheng shì yí wèi bù móu sīlì de qiánbèi

しょくあたり【食あたり】 食物中毒 shíwù zhòngdú (英 *food poisoning*) ▶～を起こす/引起食物中毒 yǐnqǐ shíwù zhòngdú

しょくいん【職員】 职员 zhíyuán (英 *a staff member*) ▶～が14名いる/有十四名职员 yǒu shísì míng zhíyuán ▶～はわずか40名だ/职员只有四十名 zhíyuán zhǐ yǒu sìshí míng
◆～組合 职员工会 zhíyuán gōnghuì ～室 教員室 jiàoyuánshì

しょぐう【処遇する】 待遇 dàiyù (英 *treat*) ▶～を誤る/错待 cuò dài ▶彼は公平な～を受けた/他受到公平的待遇 tā shòudào gōngpíng de dàiyù ▶彼女は冷たい～を受けた/她受到了冷遇 tā shòudàole lěngyù

しょくえん【食塩】 食盐 shíyán; 盐 yán (英 *salt*) ▶～水/盐水 yánshuǐ

しょくぎょう【職業】 工作 gōngzuò; 行业 hángyè; 职业 zhíyè (英 *an occupation*) ▶～を変える/改行 gǎiháng; 跳行 tiàoháng ▶彼の～は理髪師だ/他的职业是理发师 tā de zhíyè shì lǐfàshī ▶あなたの～は何ですか/你干什么工作？/nǐ gàn shénme gōngzuò？▶彼にはちゃんとした～がある/他有一份正当的工作 tā yǒu yí fèn zhèngdàng de gōngzuò ▶～に伴う危険/伴随行业的危险 bànsuí hángyè de wēixiǎn ▶自分に適した～を探す/找一个适合自己的工作 zhǎo yí ge shìhé zìjǐ de gōngzuò
◆～安定所 职业安定所 zhíyè āndìngsuǒ ～病

職業病 zhíyèbìng ▶目の酷使から来る～病/用眼过度造成的职业病 yòng yǎn guòdù zàochéng de zhíyèbìng

しょくご【食後】 饭后 fànhòu; 餐后 cānhòu (英 after a meal) ▶～のデザート/餐后点心 cānhòu diǎnxīn ▶1日3回、～30分以内に服用/每天三次，饭后三十分钟之内服用 měitiān sān cì, fànhòu sānshí fēnzhōng zhīnèi fúyòng ▶～のコーヒーを飲む/饮用饭后的咖啡 yǐnyòng fànhòu de kāfēi

しょくざい【贖罪する】 赎罪 shúzuì (英 atone for a sin) ▶～金/赎罪金 shúzuìjīn

しょくさん【殖産】 增加生产 zēngjiā shēngchǎn (英 the promotion of industry) ▶～に努める/努力增产 nǔlì zēngchǎn ▶～兴业/增产兴业 zēngchǎn xīngyè

しょくし【食指】 食指 shízhǐ (英 the index finger) ▶～が動く/起贪心 qǐ tānxīn; 感兴趣 gǎn xìngqù

しょくじ【食事】 饭 fàn; 餐 cān; 饭菜 fàncài (英 a meal) ▶～をする/吃饭 chīfàn; 用膳 yòngshàn ▶～を共にする/共餐 gòngcān ▶海の見えるこの部屋を～付きで一泊3万円だ/能看到海景的这个房间含餐费一天要三万日元 néng kàndào hǎijǐng de zhège fángjiān hán cānfèi yì tiān yào sānwàn Rìyuán ▶2日間～らしい～をしていない/两天没吃到一顿像样的饭了 liǎng tiān méi chīdào yí dùn xiàngyàng de fàn le ▶子供に～をさせる/供孩子吃饭 gōng háizi chīfàn ▶今～中です/现在正在吃饭 xiànzài zhèngzài chīfàn ▶子供の～の用意をする/给孩子准备吃的 gěi háizi zhǔnbèi chī de ▶～の後片づけをする/饭后收拾餐具 fànhòu shōushí cānjù ▶太り気味で～に気をつける/有些发胖注意饮食 yǒuxiē fāpàng zhùyì yǐnshí ▶そろそろ～にしよう/该吃饭了 gāi chīfàn le ▶朝はパンとミルクであっさり～を済ます/早饭很随便，吃点儿面包喝点儿牛奶 zǎofàn hěn suíbiàn, chī diǎnr miànbāo hē diǎnr niúnǎi

しょくしゅ【触手】 触手 chùshǒu (英 a tentacle) ▶～を伸ばす/伸手拉拢 shēnshǒu lālǒng ▶新たな儲け話に～を伸ばす/插手新的赚钱机会 chāshǒu xīn de zhuànqián jīhuì

しょくしゅ【職種】 职别 zhíbié; 职业的种类 zhíyè de zhǒnglèi (英 the kind of occupation) ▶～にこだわらない/不论职业种类 búlùn zhíyè zhǒnglèi ▶～を選ぶ/选择职业种类 xuǎnzé zhíyè zhǒnglèi

しょくじゅ【植樹する】 植树 zhíshù; 种树 zhòng shù (英 plant trees) ▶記念～/纪念植树 jìniàn zhíshù

しょくじょ【織女】 织女 zhīnǚ (英［星］Vega) ▶～星/织女星 zhīnǚxīng

しょくしょう【食傷する】 吃腻 chīnì (英 be sick and tired of...) ▶～気味である/有些腻了 yǒuxiē nì le ▶彼の自慢話にはすっかり～している/对他的自吹自擂早就听腻了 duì tā de zìchuī zìlèi zǎojiù tīngnì le

しょくしょう【職掌】 职务 zhíwù (英 one's official position)

しょくじりょうほう【食餌療法】 食物疗法 shíwù liáofǎ (英 a dietary cure)

しょくしん【触診する】 触诊 chùzhěn (英 palpate)

しょくせい【植生】 植被 zhíbèi (英 vegetation)

しょくせい【職制】 **1**【制度】职务的编制 zhíwù de biānzhì (英 the organization of an office) ▶～を改める/改编制 gǎi biānzhì **2**【管理職】单位里的基层干部 dānwèili de jīcéng gànbù (英 the management)

しょくせいかつ【食生活】 饮食生活 yǐnshí shēnghuó (英 eating habits) ▶～を改善する/改善饮食生活 gǎishàn yǐnshí shēnghuó ▶我が家の～は貧しい/我家的伙食很清贫 wǒ jiā de huǒshí hěn qīngpín

しょくせき【職責】 职分 zhífēn; 职责 zhízé (英 one's duty) ▶～を全うする/尽职 jìnzhí ▶その大臣は病気がちのため～を果たすことはできなかった/那个大臣苦于疾病没能尽职 nàge dàchén kǔyú jíbìng méi néng jìnzhí

しょくぜん【食前】 饭前 fànqián (英 before a meal) ▶～に薬を飲む/饭前吃药 fànqián chī yào

♦～酒/饭前酒 fànqiánjiǔ; 开胃酒 kāiwèijiǔ

しょくだい【燭台】 灯台 dēngtái; 烛台 zhútái (英 a candlestick)

しょくたく【食卓】 餐桌 cānzhuō; 饭桌 fànzhuō (英 a dining table) ▶～を囲む/一家人一起吃饭 yìjiārén yìqǐ chīfàn ▶魚料理が～にのぼる/餐桌上摆上做好的鱼 cānzhuōshang bǎishàng zuòhǎo de yú

♦～塩/餐桌上的食盐 cānzhuōshang de shíyán

しょくたく【嘱託する】 委托 wěituō; 非专职的工作人员 fēi zhuānzhí de gōngzuò rényuán (英 entrust... with～)

♦～殺人/受托杀害 shòutuō shāhài

しょくちゅう【食虫植物】 食虫植物 shíchóng zhíwù (英 an insectivore)

しょくちゅうどく【食中毒】 食物中毒 shíwù zhòngdú (英 food poisoning) ▶～を起こす/引起食物中毒 yǐnqǐ shíwù zhòngdú

しょくつう【食通】 美食家 měishíjiā (英 a gourmet)

しょくどう【食堂】 餐厅 cāntīng; 饭厅 fàntīng; 食堂 shítáng (英［部屋］a dining room;［店］a restaurant) ▶～車/餐车 cānchē ▶その列车には～车がある/那趟列车上有餐车 nà tàng lièchēshang yǒu cānchē

しょくどう【食道】〔解〕食道 shídào; 食管 shíguǎn (英 the esophagus) ▶～癌/食道癌 shídào'ái

しょくにく【食肉】 食肉 shíròu (英 meat) ▶乳牛10頭と～用の牛が3頭/十头奶牛和三头肉牛 shí tóu nǎiniú hé sān tóu ròuniú

しょくにん【職人】 工匠 gōngjiàng; 匠人 jiàngrén (英 *a craftsman*) ▶～気質(かたぎ)/手艺人脾气 shǒuyìrén píqi ▶～仕事/匠人的活计 jiàngrén de huóji

しょくのう【職能】 职能 zhínéng; 业务能力 yèwù nénglì (英 *function*) ▶～給/职务工资 zhíwù gōngzī

しょくば【職場】 工作单位 gōngzuò dānwèi; 岗位 gǎngwèi; 职守 zhíshǒu (英 *one's place of work*) ▶新しい～へ配置転換する/调到新的工作岗位 diàodào xīn de gōngzuò gǎngwèi ▶～結婚する/和单位同事结婚 hé dānwèi tóngshì jiéhūn ▶彼は私と同じ～の同僚です/他跟我是同一个单位的同事 tā gēn wǒ shì tóngyī ge dānwèi de tóngshì ▶来年定年で慣れ親しんだ～を離れます/明年就要退休离开很有感情的工作单位了 míngnián jiùyào tuìxiū líkāi hěn yǒu gǎnqíng de gōngzuò dānwèi le ▶～まで電車で1時間掛かります/坐电车到单位要一个小时 zuò diànchē dào dānwèi yào yí ge xiǎoshí

しょくばい【触媒】 〔化学〕催化剂 cuīhuàjì (英 *a catalyst*)

しょくはつ【触発】 刺激 cìjī; 激发 jīfā; 触发 chùfā (英 *touch off*) ▶～を受ける/受刺激 shòu cìjī

しょくパン【食パン】 主食面包 zhǔshí miànbāo (英 *bread*)

しょくひ【食費】 伙食费 huǒshífèi (英 *food cost*; *food expenses*) ▶～を切り詰める/节约伙食费 jiéyuē huǒshífèi ▶夫婦二人では～は幾らも掛かりません/夫妻俩口伙食费花不了多少钱 fūqī liǎ kǒu huǒshífèi huābuliǎo duōshao qián

しょくひん【食品】 食品 shípǐn (英 *food*) ▶～添加物/食品添加剂 shípǐn tiānjiājì ▶冷凍～/冷冻食品 lěngdòng shípǐn ▶～衛生/食品卫生 shípǐn wèishēng

◆自然～ 健康ブームで自然～がよく売れます/由于健康成为时尚,绿色食品的销路很好 yóuyú jiànkāng chéngwéi shíshàng, lǜsè shípǐn de xiāolù hěn hǎo

しょくぶつ【植物】 植物 zhíwù (英 *a plant*) ▶～油/素油 sùyóu; 植物油 zhíwùyóu ▶～園/植物园 zhíwùyuán ▶～学/植物学 zhíwùxué ▶～人間/植物人 zhíwùrén ▶熱帯～を温室に植える/在暖房里栽培热带植物 zài nuǎnfángli zāipéi rèdài zhíwù ▶珍しい～を採集する/采集珍奇的植物 cǎijí zhēnqí de zhíwù ▶～性たんぱく質を多く取る/多摄取植物性蛋白质 duō shèqǔ zhíwùxìng dànbáizhì

しょくぶん【職分】 职分 zhífèn; 职务 zhíwù (英 *one's duty*) ▶～を果たす/尽职 jìnzhí

しょくぼう【嘱望する】 嘱望 zhǔwàng; 期望 qīwàng (英 *expect much of...*) ▶将来を～された/将来被寄予极大希望 jiānglái bèi jìyǔ jí dà xīwàng ▶彼は大学で～されている/他在大学深受嘱望 tā zài dàxué shēn shòu zhǔwàng

しょくみん【植民する】 殖民 zhímín (英 *colonize*) ▶～地/殖民地 zhímíndì ▶～地政策/殖民地政策 zhímíndì zhèngcè

しょくむ【職務】 任务 rènwu; 职务 zhíwù (英 *a duty*) ▶～についている/在职 zàizhí ▶～を果たす/尽职 jìnzhí ▶～怠慢/玩忽职守 wánhū zhíshǒu ▶～執行を妨害する/妨碍执行任务 fáng'ài zhíxíng rènwu

◆～質問 曲がり角で～質問を受ける/在街角受到警察盘问 zài jiējiǎo shòudào jǐngchá pánwèn

しょくもう【植毛する】 植毛 zhímáo (英 *transplant hair*)

しょくもく【嘱目する】 瞩目 zhǔmù; 注目 zhùmù (英 *pay attention to...*) ▶万人が～する/万人期待 wànrén qīdài

しょくもつ【食物】 食物 shíwù (英 *food*) ▶～繊維/食物纤维 shíwù xiānwéi ▶～連鎖/食物链 shíwùliàn ▶～を与える/提供食物 tígōng shíwù

しょくよう【食用の】 食用 shíyòng (英 *edible*) ▶～油/食油 shíyóu ▶～蛙/牛蛙 niúwā

しょくよく【食欲】 食欲 shíyù; 胃口 wèikǒu (英 *an appetite*) ▶～がない/没有胃口 méiyǒu wèikǒu ▶～が出る/开胃 kāiwèi ▶～をそそる/引起食欲 yǐnqǐ shíyù ▶～不振/食欲不振 shíyù búzhèn ▶～が増進する/增进食欲 zēngjìn shíyù ▶～を満たす/满足食欲 mǎnzú shíyù ▶彼はいつも～旺盛だ/他总是食欲旺盛 tā zǒngshì shíyù wàngshèng

しょくりょう【食料】 食物 shíwù (英 *food*) ▶～品/食品 shípǐn ▶～品店/副食商店 fùshí shāngdiàn; 食品店 shípǐndiàn ▶近くに～品店がない/附近没有食品店 fùjìn méiyǒu shípǐndiàn

しょくりょう【食糧】 粮食 liángshi (英 *food*) ▶～援助/粮食援助 liángshi yuánzhù ▶～難/粮食短缺 liángshi duǎnquē ▶アフリカは年々～事情が悪くなっている/非洲的粮食问题逐年加重 Fēizhōu de liángshi wèntí zhúnián jiāzhòng ▶降水量が少なく～危機に陥る/降雨量少陷入粮食危机 jiàngyǔliàng shǎo xiànrù liángshi wēijī

しょくりん【植林する】 人工造林 réngōng zàolín (英 *plant trees*) ▶杉の木を原野いっぱいに～する/在原野上种满杉树 zài yuányěshang zhòngmǎn shānshù

しょくれき【職歴】 资历 zīlì; 职历 zhílì (英 *one's job experiences*) ▶彼は多彩な～の持ち主だ/他是个资历丰富的人 tā shì ge zīlì fēngfù de rén

しょくん【諸君】 〔呼び掛け〕诸位 zhūwèi (英 *Ladies and Gentlemen*)

じょくん【叙勲する】 叙勋 xùxūn; 授勋 shòuxūn (英 *decorate*) ▶春の～者/春季的授勋者 chūnjì de shòuxūnzhě

しょけい【処刑する】 处决 chǔjué; 处死 chǔsǐ (英 *execute*) ▶殺人犯が～される/杀人犯被处决 shārénfàn bèi chǔjué ▶～場に引き立てられる/被押上刑场 bèi yāshàng xíngchǎng

じょけい【女系】 母系 mǔxì (英 the female line) ▶~家族/母系家族 mǔxì jiāzú
じょけい【叙景】 叙景 xùjǐng (英 a description of scenery)
じょけつ【女傑】 女杰 nǚjié (英 a brave woman)
しょげる 沮喪 jǔsàng; 自馁 zìněi; 颓丧 tuísàng (英 be depressed)
しょけん【初見で】 初次看到 chūcì kàndào;《音楽》初看乐谱而演奏 chū kàn yuèpǔ ér yǎnzòu (英 at sight) ▶~の人/初次见面的人 chūcì jiànmiàn de rén ▶~で演奏する/视奏 shìzòu
しょけん【所見】 意见 yìjiàn; 看点 kàndiǎn (英 one's views) ▶~を述べる/阐述自己的观点 chǎnshù zìjǐ de guāndiǎn
じょげん【助言する】 建议 jiànyì; 忠告 zhōnggào; 出主意 chū zhǔyi (英 advise) ▶~を求める/征求意见 zhēngqiú yìjiàn ▶彼に一言~す る/向他提一个忠告 xiàng tā tí yí ge zhōnggào
じょげん【序言】 前言 qiányán; 序言 xùyán (英 a preface)
しょこ【書庫】 书库 shūkù (英 a library); [図書館の] the stacks
しょこう【諸侯】 诸侯 zhūhóu (英 feudal lords)
しょこう【曙光】 曙光 shǔguāng; 晨曦 chénxī (英 dawn) ▶~が射す/曙光照射 shǔguāng zhàoshè ▶回復の~/恢复的曙光 huīfù de shǔguāng
じょこう【徐行する】 徐行 xúxíng (英 slow down) ▶~運転/慢速驾驶 mànsù jiàshǐ
しょこく【諸国】 各国 gèguó (英 various countries) ▶近隣~/周边国家 zhōubiān guójiā
しょこん【初婚】 初婚 chūhūn (英 one's first marriage) ▶二人とも~だった/双方都是头婚 shuāngfāng dōu shì tóuhūn
しょさ【所作】 举止 jǔzhǐ; 动作 dòngzuò (英 acting; one's carriage)
しょさい【所載】 登载 dēngzǎi; 所载 suǒ zǎi (英 a report) ▶3月号~の記事/三月号所载的报道 sān yuè hào suǒ zài de bàodào
しょさい【書斎】 书房 shūfáng; 书斋 shūzhāi (英 a study)
しょざい【所在する】 所在 suǒzài; 下落 xiàluò (英 [在る・居る] there is; there are) ▶~地/所在地 suǒzàidì ▶責任の~/责任所在 zérèn suǒzài ▶彼女の~が不明である/她下落不明 tā xiàluò bùmíng
~ない 无事可作 wú shì kě zuò
じょさいない【如才ない】 办事圆滑 bànshì yuánhuá (英 tactful) ▶皆の前では~ことを言う/在众人面前说话十分圆滑 zài zhòngrén miànqián shuōhuà shífēn yuánhuá
しょさん【所産】 成果 chéngguǒ; 结果 jiéguǒ (英 a product) ▶産業革命の~/产业革命的成果 chǎnyè gémìng de chéngguǒ

じょさんし【助産師】 接生员 jiēshēngyuán; 助产士 zhùchǎnshì (英 a midwife)
しょし【初志】 初志 chūzhì; 初衷 chūzhōng (英 one's original intention) ▶~を翻す/改变初志 gǎibiàn chūzhì ▶~を貫徹する/贯彻初衷 guànchè chūzhōng
しょし【書誌】 书志 shūzhì (英 a bibliography) ▶~学/书志学 shūzhìxué; 图书学 túshūxué
しょじ【所持する】 带有 dàiyǒu; 携带 xiédài (英 possess) ▶~品/所携物品 suǒxié wùpǐn ▶彼は麻薬~のかどで逮捕された/他因为持有毒品被捕 tā yīnwèi chíyǒu dúpǐn bèibǔ
◆不法~：违法持有 wéifǎ chíyǒu
しょじ【諸事】 万事 wànshì; 诸事 zhūshì (英 various matters)
じょし【女子】 女 nǚ; 女子 nǚzǐ (英 a girl; a woman) ▶~学生/女生 nǚshēng ▶~大学/女子大学 nǚzǐ dàxué ▶~バレー/女排 nǚpái
じょし【女史】 女士 nǚshì (英 she)
じょし【助詞】〔文法〕助词 zhùcí (英 a particle)
じょじ【女児】 女儿 nǚ'ér (英 a girl)
じょじ【叙事】 叙事 xùshì (英 narration) ▶~詩/叙事诗 xùshìshī
しょしき【書式】 格式 géshi (英 a form) ▶~にのっとる/依照格式 yīzhào géshi ▶4月から~が変わる/从四月起格式将改变 cóng sì yuè qǐ géshi jiāng gǎibiàn
じょしつ【除湿する】 除湿 chúshī; 使干燥 shǐ gānzào (英 dehumidify) ▶風呂場に~器をつける/在浴室安装除湿器 zài yùshì ānzhuāng chúshīqì
じょしゅ【助手】 助理 zhùlǐ; 助手 zhùshǒu;《大学の》助教 zhùjiāo (英 an assistant) ▶《乗用車の》~席/助手席 zhùshǒuxí
しょしゅう【初秋】 初秋 chūqiū; 早秋 zǎoqiū (英 early autumn)
しょしゅう【所収の】 所载 suǒ zài; 所收录 suǒ shōulù (英 included...)
しょしゅつ【初出】 首次出现 shǒucì chūxiàn (英 the first appearance)
じょじゅつ【叙述する】 叙述 xùshù (英 describe)
しょじゅん【初旬】 初旬 chūxún (英 the beginning of the month) ▶5月~/五月初旬 wǔ yuè chūxún
しょじょ【処女】 处女 chǔnǚ (英 a virgin) ▶~作/处女作 chǔnǚzuò ▶~航海/初航 chūháng
しょじょう【書状】 信件 xìnjiàn (英 a letter)
じょしょう【序章】 序章 xùzhāng; 绪论 xùlùn (英 an introduction)
じょじょう【叙情】 抒情 shūqíng (英 lyricism) ▶~的な/抒情的 shūqíng de ▶~詩/抒情诗 shūqíngshī ▶~的な歌だとみなされる/被认为是抒情歌曲 bèi rènwéi shì shūqíng gēqǔ
じょじょに【徐々に】 逐渐 zhújiàn; 渐渐

しょしん【初心】 初志 chūzhì; 初衷 chūzhōng (英 *one's original intention*) ▶~を貫く/贯彻初志 guànchè chūzhì ▶~者/初学者 chūxuézhě
ことわざ 初心忘るべからず 勿忘初衷 wù wàng chūzhōng

しょしん【初診】 初诊 chūzhěn (英 *the first medical examination*) ▶~料/初诊费 chūzhěnfèi

しょしん【初審】 初审 chūshěn; 第一审 dìyīshěn (英 *the first trial*)

しょしん【所信】 信念 xìnniàn (英 *one's belief*) ▶~を貫く/贯彻信念 guànchè xìnniàn ▶~表明/表明政治见解 biǎomíng zhèngzhì jiànjiě

じょすう【序数】 序数 xùshù (英 *an ordinal number*) ▶~詞/序数词 xùshùcí

じょすう【除数】〔数〕除数 chúshù (英 *a divisor*)

じょすうし【助数詞】〖文法〗量词 liàngcí (英 *a numeral classifier*)

しょずり【初刷り】〖印刷〗首次印刷 shǒucì yìnshuā; 第一次印刷 dìyī cì yìnshuā (英 *the first impression*)

しょする【処する】 处理 chǔlǐ; 应付 yìngfù (英 *deal with...*) ▶難局に~/对付困难局面 duìfu kùnnan júmiàn ▶事を~/处理事情 chǔlǐ shìqíng ▶被告を懲役 5 年に~/被告处以五年有期徒刑 bèigào chǔ yǐ wǔ nián yǒuqī túxíng ▶死刑に処せられる/被处以死刑 bèi chǔ yǐ sǐxíng

じょする【叙する】 ❶〖爵位・勲等などを〗授予 shòuyǔ (英 *confer*) ▶勲二等に~/授予二等勲章 shòuyǔ èr děng xūnzhāng ❷〖文章・詩歌に表す〗叙述 xùshù (英 *describe*) ▶複雑な心境を~/表述复杂的心境 biǎoshù fùzá de xīnjìng

しょせい【処世】 处世 chǔshì (英 *conduct of life*) ▶~術/处世方法 chǔshì fāngfǎ

しょせい【書生】 书生 shūshēng; 学生 xuésheng (英 *a student*)

じょせい【女性】 女性 nǚxìng; 女子 nǚzǐ; 妇女 fùnǚ (英 *a woman*) ▶~ホルモン/雌性激素 cíxìng jīsù ▶彼には~問題は何もなかった/他没有任何男女问题 tā méiyǒu rènhé nánnǚ wèntí ▶全~に対する侮辱/对所有女性的侮辱 duì suǒyǒu nǚxìng de wǔrǔ ▶~運転手/女司机 nǚsījī

じょせい【女婿】 女婿 nǚxu (英 *one's son-in-law*)

じょせい【助成する】 补助 bǔzhù (英 *aid*) ▶~金/补助金 bǔzhùjīn ▶国の~金/国家的援助经费 guójiā de yuánzhù jīngfèi

じょせい【助勢する】 援助 yuánzhù; 帮助 bāngzhù (英 *back*)

じょせいコーラス【女声コーラス】 女声合唱 nǚshēng héchàng (英 *a female chorus*)

しょせいじゅつ【処世術】 处世之道 chǔshì zhī dào (英 *the secret of success in life*) ▶彼は会社での~に長(た)けている/他很擅长在公司的处世之道 tā hěn shàncháng zài gōngsī de chǔshì zhī dào

じょせいと【女生徒】 女生 nǚshēng (英 *a schoolgirl*)

しょせき【書籍】 图书 túshū; 书籍 shūjí (英 *a book*)

じょせき【除籍する】 开除 kāichú (英 *strike a person's name off the register*) ▶大学を卒业できずに~になる/大学毕不了业, 被开除学籍 dàxué bìbuliǎo yè, bèi kāichú xuéjí

しょせつ【諸説】 各种意见 gèzhǒng yìjiàn; 众说 zhòngshuō (英 *various opinions*) ▶~が飛び交う/众说纷纭 zhòngshuō fēnyún

じょせつ【序説】 绪论 xùlùn; 序论 xùlùn (英 *an introductin*)

じょせつ【除雪する】 除雪 chúxuě (英 *clear the snow*) ▶~車/除雪车 chúxuěchē

しょせん【初戦】 初战 chūzhàn (英 *the first match*) ▶~を勝利で飾る/初战告捷 chūzhàn gàojié

しょせん【所詮】 究竟 jiūjìng; 到底 dàodǐ; 毕竟 bìjìng (英 *after all*) ▶~もう終わった恋だ/反正是已经过去的爱情 fǎnzheng shì yǐjing guòqù de àiqíng

しょそう【諸相】 各种形象 gèzhǒng xíngxiàng; 各种情况 gèzhǒng qíngkuàng (英 *various aspects*)

しょぞう【所蔵する】 收藏 shōucáng; 所藏 suǒcáng (英 *possess*) ▶~品/收藏品 shōucángpǐn ▶この刀は山田氏の~である/这把刀是山田先生的收藏品 zhè bǎ dāo shì Shāntián xiānsheng de shōucángpǐn

じょそう【女装する】 男扮女装 nán bàn nǚzhuāng (英 *disguise oneself as a woman*)
日中比較 中国語の'女装 nǚzhuāng'はメンズに対する「レディースウエア」のこと。

じょそう【助走する】 助跑 zhùpǎo (英 *run up*) ▶~路/助跑道 zhùpǎodào

じょそうざい【除草剤】 除草剤 chúcǎojì (英 *a weed killer*) ▶畑に~を撒く/给农田撒除草剂 gěi nóngtián sǎ chúcǎojì

しょぞく【所属する】 归属 guīshǔ; 所属 suǒshǔ (英 *belong to...*) ▶無~の/无党派的 wúdǎngpài de ▶球団~のトレーナー/球团专属的按摩士 qiútuán zhuānshǔ de ànmóshī

しょぞん【所存】 打算 dǎsuan; 想法 xiǎngfa (英 *an intention*) ▶一層の努力をする~です/打算进一步努力 dǎsuan jìnyíbù nǔlì

しょたい【所帯】 家庭 jiātíng; 住户 zhùhù (英 *a household*) ▶~を持つ/成家 chéngjiā ▶~持ち/已成家的 yǐ chéngjiā de ▶大~/大家庭 dàjiātíng

しょたい【書体】 字体 zìtǐ (英 *a style of handwriting*)
しょだい【初代の】 第一代 dìyī dài; 第一任 dìyī rèn (英 *the first*)
じょたい【除隊する】 退伍 tuìwǔ (英 *be discharged from military service*)
しょたいめん【初対面】 初次见面 chūcì jiànmiàn (英 *the first meeting*) ▶～の挨拶を述べる/初次见面,进行问候 chūcì jiànmiàn, jìnxíng wènhòu
しょだな【書棚】 书架 shūjià (英 *a bookshelf*)
しょだん【処断する】 处置 chǔzhì; 清算 qīngsuàn (英 *judge*)
しょだん【初段】 (英 *the first grade*) ▶柔道～/柔道初段 róudào chū duàn
しょち【処置する】 处置 chǔzhì; 措施 cuòshī (英 [処理] *dispose of...*; [手当] *treat*) ▶適切に～する/适当处理 shìdàng chǔlǐ ▶応急～/应急措施 yìngjí cuòshī ▶金がなくて全く～なしだった/因为没钱,根本没法儿办 yīnwèi méi qián, gēnběn méi fǎr bàn ▶地震の被害者に迅速に～が取られた/对地震受灾的人及时地采取了措施 duì dìzhèn shòuzāi de rén jíshí de cǎiqǔle cuòshī
しょちゅう【暑中】 (英 *midsummer*) ▶～見舞いを出す/寄去盛夏的问候 jìqù shèngxià de wènhòu
しょちょう【初潮】〔生理〕初次月经 chūcì yuèjīng (英 *the first menstrual period*)
しょちょう【所長】 (英 *a head*) ▶研究所～/研究所所长 yánjiūsuǒ suǒzhǎng
しょちょう【署長】 (英 *a head*) ▶警察～/警察署长 jǐngcháshǔzhǎng
じょちょう【助長する】 助长 zhùzhǎng; 促进 cùjìn (英 *promote*) ▶国際友好を～する/促进国际友好 cùjìn guójì yǒuhǎo
しょっかく【食客】 食客 shíkè; 门客 ménkè (英 *a parasite*)
しょっかく【触角】 触角 chùjiǎo; 触须 chùxū (英 *an antenna*)
しょっかく【触覚】 触觉 chùjué (英 *the sense of touch*) ▶～器官/触觉器官 chùjué qìguān
しょっかん【食間に】 (英 *between meals*) ▶～に服用のこと/在两顿饭中间服用 zài liǎng dùn fàn zhōngjiān fúyòng
しょっき【食器】 餐具 cānjù (英 *tableware*) ▶～棚/橱柜 chúguì; 碗柜 wǎnguì
ジョッキ《ビールの》大啤酒杯 dà píjiǔbēi; 扎啤 zhāpí (英 *a beer mug*)
ジョッキー 骑手 qíshǒu《競馬騎手》 (英 *a jockey*)
ショッキング 骇人听闻 hài rén tīngwén; 令人震惊 lìng rén zhènjīng (英 *shocking*) ▶～なできごと/骇人听闻的事件 hài rén tīngwén de shìjiàn
ショック 休克 xiūkè; 冲击 chōngjī (英 *a shock*) ▶～を与える/冲击 chōngjī; 震动 zhèndòng ▶全世界に～を与える/震惊世界 zhènjīng shìjiè ▶電気～を与える/施加电流冲击 shījiā diànliú chōngjī ▶それは～だった/这真让人吃惊 zhè zhēn ràng rén chījīng ▶ペニシリン注射による～死/由于注射盘尼西林休克致死 yóuyú zhùshè pánníxīlín xiūkè zhìsǐ
♦～療法/休克疗法 xiūkè liáofǎ
しょっけん【食券】 餐券 cānquàn; 饭票 fànpiào (英 *a meal ticket*)
しょっけん【職権】 职权 zhíquán (英 *official power*) ▶～濫用/滥用职权 lànyòng zhíquán ▶議長の～で議会は召集された/行使议长职权召开议会 xíngshǐ yìzhǎng zhíquán zhàokāi yìhuì
しょっこう【燭光】 烛光 zhúguāng《明るさの単位》 (英 *candlepower*)
しょっこう【職工】 工人 gōngrén (英 *a workman*)
<日中比較> 中国语の'职工 zhígōng'は'职员 zhíyuán'(事務職員)と'工人 gōngrén'(肉体労働者)の総称.
しょっちゅう 常常 chángcháng; 经常 jīngcháng; 时不时 shíbùshí (英 *all the time*) ▶彼らは～喧嘩(ﾅん)している/他们经常吵架 tāmen jīngcháng chǎojià ▶彼は～あくびをする/他常常打哈欠 tā chángcháng dǎ hāqian
ショット ❶〔画像で〕镜头 jìngtóu (英 *a shot*) ❷〔ゴルフ・テニスなどで〕击球 jīqiú (英 *a shot*) ▶ナイス～/好球 hǎoqiú
しょっぱい【塩っぱい】 咸 xián (英 *salty*)
しょっぱな 开头 kāitóu; 开始 kāishǐ (英 *the start*) ▶～から失敗した/刚开始就失败了 gāng kāishǐ jiù shībài le
ショッピング 购物 gòuwù; 买东西 mǎi dōngxi (英 *shop*) ▶～センター/购物中心 gòuwù zhōngxīn ▶～モール/购物街 gòuwùjiē
しょて【初手】 开头 kāitóu (英 *the first move*)
しょてい【所定の】 指定 zhǐdìng; 规定 guīdìng (英 *appointed*) ▶～の時間/规定的时间 guīdìng de shíjiān ▶～の場所で/在指定的场所 zài zhǐdìng de chǎngsuǒ
じょてい【女帝】 女皇 nǚhuáng; 女皇帝 nǚhuángdì (英 *an empress*)
しょてん【書店】 书店 shūdiàn (英 *a bookstore*)
しょとう【初冬】 初冬 chūdōng (英 *early winter*)
しょとう【初等の】 初级 chūjí; 初等 chūděng (英 *elementary*) ▶～教育/初等教育 chūděng jiàoyù
しょとう【初頭】 初期 chūqī (英 *the beginning*) ▶今世紀～に/在本世纪初期 zài běn shìjì chūqī
しょとう【諸島】 诸岛 zhūdǎo (英 *islands*) ▶南西～/西南诸岛 xīnán zhūdǎo
しょどう【書道】 书法 shūfǎ (英 *calligraphy*) ▶～家/书法家 shūfǎjiā
じょどうし【助動詞】〔文法〕助动词 zhù-

dòngcí 英 *an auxiliary verb*)

しょとく【所得】 収入 shōurù（英 *an income*）▶～税/所得税 suǒdéshuì ▶高額～者/高收入者 gāoshōurùzhě ▶低～者のための住宅/面向低收入者的住房 miànxiàng dīshōurùzhě de zhùfáng

じょなん【女難】 女禍 nǚhuò（英 *trouble with women*）

しょにち【初日】 第一天 dìyī tiān（英 *the first day*）▶僕はいつも観劇の～に行く/我看戏总是赶头一天 wǒ kàn xì zǒngshì gǎn tóu yì tiān

しょにんきゅう【初任給】 初次任职的工资 chūcì rènzhí de gōngzī（英 *a starting salary*）▶大卒の～/大学毕业生最初的工资 dàxué bìyèshēng zuìchū de gōngzī

しょねん【初年】 第一年 dìyī nián（英 *the first year*）▶～度/第一年度 dìyī niándù

じょのくち【序の口】 刚刚开始 gānggāng kāishǐ（英 *a beginning*）▶これくらいはまだ～で、これからの登りが大変だ/这点儿路刚刚是个开头，往后的上坡才叫艰难呐 zhè diǎnr lù gānggāng shì ge kāitóu, wǎnghòu de shàngpō cái jiào jiānnán ne

しょばつ【処罰する】 处分 chǔfèn；惩处 chéngchǔ（英 *punish*）▶～を受ける/受罚 shòufá；受处分 shòu chǔfèn ▶飲酒運転は厳重に～する/严厉处罚酒后驾车 yánlì chǔfá jiǔhòu jiàchē

しょはん【初犯】 初犯 chūfàn（英 *the first offense*）▶彼は～だったので釈放された/他是初犯，所以被释放了 tā shì chūfàn, suǒyǐ bèi shìfàng le

しょはん【初版】 初版 chūbǎn；第一版 dìyī bǎn（英 *the first edition*）▶～本/初版本 chūbǎnběn

しょはん【諸般の】 各种 gèzhǒng；种多 zhòngduō（英 *various*）▶～の事情により販売を中止致しました/由于诸多原因停止销售 yóuyú zhūduō yuányīn tíngzhǐ xiāoshòu

じょばん【序盤】 初期阶段 chūqī jiēduàn（英 *the early stages*）▶～戦/序战 xùzhàn

しょひょう【書評】 书评 shūpíng（英 *a book review*）▶～欄/书评专栏 shūpíng zhuānlán ▶彼女の本は好意的な～をされた/她的书得到了善意的评论 tā de shū dédàole shànyì de pínglùn

しょふう【書風】 书法风格 shūfǎ fēnggé（英 *a style of handwriting*）

しょぶん【処分する】 ❶【罰する】 处分 chǔfèn；惩处 chéngchǔ（英 *punish*）▶～を受ける/受罚 shòufá ▶懲戒～/惩戒处分 chéngjiè chǔfèn ❷【始末する】 处理 chǔlǐ；卖掉 màidiào（英 *dispose of...*）▶家を～する/卖房子 mài fángzi ▶積み上がった本の～に困り切っている/对堆积如山的书束手无策 duì duījī rú shān de shū shùshǒu wúcè

じょぶん【序文】 前言 qiányán；序言 xùyán（英 *a preface*）

しょほ【初歩の】 初级 chūjí（英 *elementary*）▶～的な/初级的 chūjí de ▶～を学ぶ/入门 rùmén ▶～から始める/从头开始 cóngtóu kāishǐ ▶～の英語/零起点英语 líng qǐdiǎn Yīngyǔ

しょほう【処方する】 配方 pèifāng；处方 chǔfāng（英 *prescribe*）▶精神安定剤を～する/开精神安定剂的处方 kāi jīngshén āndìngjì de chǔfāng ▶～箋/处方笺 chǔfāngjiān ▶～箋を書く/开药方 kāi yàofāng ▶～箋なしで買える薬/不用药方也能购买的药品 bú yòng yàofāng yě néng gòumǎi de yàopǐn

しょほう【諸方に】 各处 gèchù；各地 gèdì（英 *in various places*）

しょぼくれた 委靡 wěimǐ；无精打采 wú jīng dǎ cǎi（英 *depressed*）

しょぼしょぼ ❶【雨が】 淅淅沥沥 xīxīlìlì（英 *drizzling*）▶雨が～と降り続く/雨淅淅沥沥地下个不停 yǔ xīxīlìlì de xià ge bùtíng ❷【目が】（英 *bleary*）▶《眠くて》目が～する/困得眼睛睁不开 kùnde yǎnjing zhēngbukāi；眼睛迷迷糊糊的 yǎnjing mímíhúhú de ❸【わびしい】（英 *depressed; miserable*）▶～とした後ろ姿/无精打采的背影 wú jīng dǎ cǎi de bèiyǐng

じょまく【序幕】 序幕 xùmù（英 *the opening scene*）

じょまく【除幕】 揭幕 jiēmù（英 *unveil*）▶～式/揭幕典礼 jiēmù diǎnlǐ

しょみん【庶民】 老百姓 lǎobǎixìng；群众 qúnzhòng（英 *the common people*）▶～的な人柄/平易近人 píngyì jìn rén

しょむ【庶務】 庶务 shùwù；总务 zǒngwù（英 *general affairs*）▶～係/庶务人员 shùwù rényuán

しょめい【書名】 书名 shūmíng（英 *the title of a book*）▶～索引/书名索引 shūmíng suǒyǐn

しょめい【署名する】 签名 qiānmíng；签署 qiānshǔ（英 *sign*）▶～の集まる/征集签名 zhēngjí qiānmíng ▶～捺印/签名盖章 qiānmíng gàizhāng ▶契約書に～する/在合同上签字 zài hétongshang qiānzì ◆～運動/签名运动 qiānmíng yùndòng ▶全国で～運動を行う/在全国展开签名运动 zài quánguó zhǎnkāi qiānmíng yùndòng

じょめい【助命する】 饶命 ráomìng；免死 miǎnsǐ（英 *spare a person's life*）▶～を嘆願する/请求免死 qǐngqiú miǎnsǐ

じょめい【除名する】 除名 chúmíng；开除 kāichú（英 *strike a person's name off the list*）▶～処分/开除处分 kāichú chǔfèn ▶クラブから～される/被俱乐部开除 bèi jùlèbù kāichú

しょめん【書面】 书面；《手紙》书信 shūxìn（英 ［手紙］*a letter*; ［文書］*a document*）▶～による回答/书面回答 shūmiàn huídá ▶～審査/书面审查 shūmiàn shěnchá ▶口約束ではなく～にする/不是口头承诺而是白纸黑字 bú shì kǒutóu chéngnuò érshì báizhǐ hēizì

しょもう【所望する】 希望 xīwàng；要求 yāoqiú（英 *desire*）

しょもく【書目】 书目 shūmù (英) *a catalog of books*

しょもつ【書物】 书 shū; 书本 shūběn; 书籍 shūjí (英) *a book*）▶～をたくさん持っている/有很多藏书 yǒu hěn duō cángshū

しょや【初夜】 初夜 chūyè; 第一夜 dìyī yè (英) *the bridal night*

じょや【除夜】 除夕 chúxī; 大年夜 dàniányè (英) *New Year's Eve*）▶～の鐘/除夕钟声 chúxī zhōngshēng

じょやく【助役】 助理 zhùlǐ; 地方政府的副职 dìfāng zhèngfǔ de fùzhí（副市长 fùshìzhǎng, 副镇长 fùzhènzhǎng など）(英) *an assistant official*

しょゆう【所有する】 有 yǒu; 所有 suǒyǒu (英) *own; possess*）▶～格/所有格 suǒyǒugé ▶～権/产权 chǎnquán; 所有权 suǒyǒuquán ▶～者/物主 wùzhǔ ▶～制/所有制 suǒyǒuzhì ▶～物/所有物 suǒyǒuwù ▶この土地と建物は近所の鈴木さんが～している/近邻的铃木先生拥有这片土地和建筑物 jìnlín de Língmù xiānsheng yōngyǒu zhè piàn tǔdì hé jiànzhùwù

> [日中比较] 中国語の'所有 suǒyǒu'は「自分のものとして持つ」という意味がある他「すべての」という形容詞でもある.

じょゆう【女優】 女演员 nǚyǎnyuán (英) *an actress*）▶映画～/电影女演员 diànyǐng nǚyǎnyuán ▶主演～/女主角 nǚzhǔjué

しょよう【所用】 事情 shìqing; 事务 shìwù (英) *business*）▶～で出かける/因事外出 yīn shì wàichū

しょよう【所要の】 所需 suǒ xū; 需要 xūyào (英) *required*）
◆～時間/所需时间 suǒ xū shíjiān

しょり【処理する】 处理 chǔlǐ; 对付 duìfu; 办理 bànlǐ (英) *dispose of...*）▶～能力/办事能力 bànshì nénglì ▶事後～/事后处理 shìhòu chǔlǐ ▶熱～する/热处理 rèchǔlǐ ▶廃棄物の～/废弃物处理 fèiqìwù chǔlǐ ▶ごみ～工場/垃圾处理厂 lājī chǔlǐchǎng

> [日中比较] 中国語の'処理 chǔlǐ'には「物事をさばいて始末をつける」という意味の他に「安く売り払う」という意味もある.

じょりゅう【女流の】 (英) *woman*）▶～作家/女作家 nǚzuòjiā

じょりょく【助力する】 帮助 bāngzhù; 协助 xiézhù (英) *help*）▶～を惜しまない/全力协助 quánlì xiézhù ▶～を求める/求助 qiúzhù

しょるい【書類】 文件 wénjiàn; 公文 gōngwén (英) *papers*）▶～鞄/公文包 gōngwénbāo; 公事包 gōngshìbāo ▶～審査/书面审查 shūmiàn shěnchá ▶重要～/重要文件 zhòngyào wénjiàn ▶面接の前に～選考がある/在面试之前有书面选拔 zài miànshì zhīqián yǒu shūmiàn xuǎnbá ▶～をそろえる/备齐书面材料 bèiqí shūmiàn cáiliào

ショルダーバッグ 挎包 kuàbāo (英) *a shoulder bag*

じょれつ【序列】 名次 míngcì; 序列 xùliè [地位] *rank*; [順位] *order*）▶～をつける/排序 páixù
◆年功～/资历序列 zīlì xùliè ◆企业的年功～を見直す/重新审视企业论资排辈的制度 chóngxīn shěnshì qǐyè lùn zī pái bèi de zhìdù

しょろう【初老の】 刚入老年 gāng rù lǎonián; 半老 bànlǎo (英) *middle-aged*）▶～の紳士/半老的绅士 bànlǎo de shēnshì

じょろん【序論】 绪论 xùlùn (英) *an introduction*

しょんぼりする 无精打采 wú jīng dǎ cǎi; 怅然 chàngrán; 惆怅 chóuchàng (英) *be depressed*

しら
～を切る 佯装不知 yángzhuāng bù zhī; 装聋作哑 zhuāng lóng zuò yǎ

じらい【地雷】 地雷 dìléi (英) *a landmine*）▶～を踏む/踩地雷 cǎi dìléi ▶～を除去する/排除地雷 páichú dìléi

しらうお【白魚】 【魚】银鱼 yínyú (英) *a whitebait*）▶～のような手/十指纤纤 shízhǐ xiānxiān

しらが【白髪】 白发 báifà (英) *white hair*）▶～交じりの/斑白 bānbái ▶～頭/白头发 báitóufa ▶少し～が出始めている/开始长出一些白发 kāishǐ zhǎngchū yìxiē báifà

シラカバ【白樺】 【植物】白桦 báihuà (英) *a white birch*

しらき【白木】 本色木料 běnsè mùliào (英) *plain wood*）▶～造り/本色木料造的 běnsè mùliào zào de

しらける【白ける】 败兴 bàixìng; 扫兴 sǎoxìng (英) *become chilled*）▶座が～/冷场 lěngchǎng

しらこ【白子】 【魚の精巣】鱼白 yúbái (英) *milt*

シラサギ【白鷺】 【鳥】白鹭 báilù; 鹭鸶 lùsī (英) *a white heron*

しらじらしい【白白しい】 ❶【見えすいた】明显的 míngxiǎn de; 显而易见 xiǎn ér yì jiàn (英) *transparent*）▶～世辞/露骨的恭维 lùgǔ de gōngwei ▶～うそ/明显的谎言 míngxiǎn de huǎngyán ❷【興ざめな】(英) *insipid*）▶～空気が流れる/气氛令人扫兴 qìfēn lìng rén sǎoxìng

しらす【白子】 【魚】小沙丁鱼 xiǎoshādīngyú (英) *the young of sardine*

じらす【焦らす】 使焦急 shǐ jiāojí; 使人干着急 shǐ rén gàn zháojí (英) *irritate*

しらずしらず【知らず知らず】 不知不觉 bùzhī bùjué; 无意识 wúyìshí (英) *unconsciously*）▶～恋に落ちていた/不知不觉落入情网 bùzhī bùjué luòrù qíngwǎng ▶～に悪い習慣に陥る/不知不觉地染上恶习 bùzhī bùjué de rǎnshàng èxí

しらせ【知らせ】 通知 tōngzhī; 消息 xiāoxi (英) *a report; news*）▶～を待つ/等待消息 děngdài xiāoxi ▶虫の～/莫名其妙的预感 mò míng qí miào de yùgǎn

しらせる【知らせる】 告诉 gàosu; 告知 gàozhī; 通知 tōngzhī (英 *let... know*) ▶明日お知らせします/明天通知 míngtiān tōngzhī ▶準備ができたら知らせて下さい/准备好了，请来通知 zhǔnbèi hǎo le, qǐng lái tōngzhī ▶警察に〜/通报警察 tōngbào jǐngchá ▶母が心配しないようにそのことは知らせておく/为了不让母亲担心，不告诉她那件事 wèile bú ràng mǔqin dānxīn, bú gàosu tā nà jiàn shì

しらたき【白滝】《食品》魔芋粉丝 móyù fěnsī (英 *stringy konnyaku*)

しらたまこ【白玉粉】《食品》糯米粉 nuòmǐfěn (英 *rice flour*)

しらちゃける【白茶ける】 退色 tuìshǎi; 褪色 tuìshǎi (英 *discolored*)

しらない【知らない】 不知道 bù zhīdào;《面識》不认识 bú rènshi (英 *strange*) ▶〜人/陌生人 mòshēngrén

しらなみ【白波】 白浪 báilàng (英 *foaming waves*)

しらぬかお【知らぬ顔】 生人 shēngrén (英 *a stranger*) ⇨しらんかお(知らん顔)

しらぬまに【知らぬ間に】 不知不觉地 bù zhī bù jué de; 不知什么时候 bù zhī shénme shíhou (英 *before one's knows*) ▶〜日が暮れていた/不知什么时候天都黑了 bù zhī shénme shíhou tiān dōu hēi le

しらばくれる 装糊涂 zhuāng hútu; 装蒜 zhuāngsuàn (英 *pretend not to know*) ▶〜んじゃないよ/别装蒜 bié zhuāngsuàn

シラバス 教学大纲 jiàoxué dàgāng (英 *a syllabus*)

しらはのや【白羽の矢】 (英 *a white-feathered arrow*)
〜が立つ 选中 xuǎnzhòng ▶主役として彼女に〜が立った/她被选为主角 tā bèi xuǎnwéi zhǔjué

しらふ【素面で】 没喝醉 méi hēzuì (英 *when not drunk*) ▶こんなことは〜で言えない/没喝醉不敢说这样的话 méi hēzuì bùgǎn shuō zhèyàng de huà

シラブル 音节 yīnjié (英 *a syllable*)

しらべ【調べ】 ❶《詩歌・音楽の調子》音调 yīndiào; 音律 yīnlǜ (英 *a tune*) ▶妙(ᵗᵃᵉ)なる〜/美妙的旋律 měimiào de xuánlǜ **❷**《調べること》调查 diàochá; 审查 shěnchá (英 *an investigation*) ▶〜がつく/调查清楚 diàochá qīngchu

しらべなおす【調べ直す】 重新调查 chóngxīn diàochá (英 *reinvestigate*)

しらべもの【調べ物】 调查 diàochá (英 *something to check up on*) ▶〜をする/进行调查 jìnxíng diàochá

しらべる【調べる】 查 chá; 调查 diàochá; 检查 jiǎnchá (英 *study; investigate*) ▶住所を〜/查找住处 cházhǎo zhùchù ▶エンジンを〜/查看发动机 chákàn fādòngjī ▶文書を〜/查阅文件 cháyuè wénjiàn ▶容疑者を〜/盘问嫌疑犯 pánwèn xiányífàn ▶明日の学課を〜/备一下明天的课 bèi yíxià míngtiān de kè ▶骨折していないかどうか〜/检查是不是骨折了 jiǎnchá shìbúshì gǔzhé le ▶ポケットを〜/翻口袋 fān kǒudai ▶答案を〜/对答案 duì dá'àn ▶辞书で〜/查词典 chá cídiǎn

シラミ【虱】〖虫〗虱子 shīzi (英 *a louse*) ▶〜つぶしに調べる 一一调查 yīyī diàochá

しらむ【白む】 变白 biànbái; 发白 fābái (英 *grow light*) ▶東の空が〜/东方发白 dōngfāng fābái; 东方露出了鱼肚白 dōngfāng lòuchūle yúdùbái

しらんかお【知らん顔をする】 佯装不知 yángzhuāng bù zhī; 漠不关心 mò bù guānxīn; 不管不理 bù guǎn bù lǐ (英 *look on... with indifference*) →しらぬかお(知らぬ顔) ▶人の苦しみに〜をする/对别人的痛苦漠不关心 duì biéren de tòngkǔ mò bù guānxīn

しらんぷり【知らんぷり】 故作不知 gù zuò bù zhī; 佯装不知 yángzhuāng bù zhī (英 *feigned ignorance*)

しり【尻】 ❶〖でん部〗屁股 pìgu (英 *the buttocks*) ▶〜を蹴られる/被踢屁股 bèi tī pìgu ▶〜を振って歩く/扭着屁股走路 niǔzhe pìgu zǒu lù **❷**《物事の最後部》末尾 mòwěi (英 *the end*) ▶言葉〜/话尾 huàwěi ▶〜から数える/倒数 dàoshǔ **❸**《容器・果物の底》底部 dǐbù (英 *the bottom*) ▶德利の〜/酒壶底 jiǔhúdǐ **❹**《後方・背後》后边 hòubian (英 *the back; the rear*) ▶人の〜についていく/跟着人家屁股走 gēnzhe rénjia pìgu zǒu

女の〜を追う 追逐女人 zhuīzhú nǚrén
〜が重い 屁股沉 pìgu chén
〜が軽い 轻佻 qīngtiāo
〜に火のついた 火烧眉毛 huǒ shāo méimao
〜を叩く 鞭策 biāncè
〜をまくる 撩起后衣襟 liāoqǐ hòuyījīn; 翻脸 fānliǎn
〜を持ちこむ 追究责任 zhuījiū zérèn
女房の〜に敷かれる 耳朵软 ěrduo ruǎn; 怕老婆 pà lǎopo

しり【私利】 私利 sīlì (英 *one's own interests*) ▶〜をむさぼる/贪图私利 tāntú sīlì ▶〜欲/自私自利 zìsī zìlì

じり【事理】 事理 shìlǐ; 道理 dàolǐ (英 *reason*) ▶〜明白/道理清楚 dàolǐ qīngchu

しりあい【知り合い】 相识 xiāngshí (英 *an acquaintance*) ▶〜になる/结识 jiéshí ▶中学時代の〜が多い/初中时代的朋友很多 chūzhōng shídài de péngyou hěn duō

しりあう【知り合う】 结识 jiéshí; 认识 rènshi (英 *get to know*)

しりあがり【尻上がりに】 越往后越… yuè wǎnghòu yuè … (英 *in an upward trend*) ▶〜に調子がよくなる/越到后面进行得越好 yuè dào hòumian jìnxíngde yuè hǎo ▶成績が〜によくなる/成绩越来越好 chéngjì yuèláiyuè hǎo

シリーズ【系列】 xìliè (英 a series) ▶～小説/系列小说 xìliè xiǎoshuō

シリウス〔天文〕天狼星 tiānlángxīng (英 Sirius)

しりうま【尻馬】
～に乗る 盲从 mángcóng; 雷同 léitóng ▶人の～に乗って騒ぎたてる/跟从别人大吵大闹 gēn cóng biéren dà chǎo dà nào

しりおし【尻押しする】 作后盾 zuò hòudùn; 撑腰 chēngyāo (英 support) ▶労働組合の～で託児所をつくる/在工会的支持下建托儿所 zài gōnghuì de zhīchíxia jiàn tuō'érsuǒ ▶この急がない工事は市の幹部が～をしたのだ/市里的干部给这项并不紧要的工程撑腰 shìli de gànbù gěi zhè xiàng bìng bù jǐnyào de gōngchéng chēngyāo

じりき【自力で】 自力 zìlì (英 unaided; by oneself) ▶～で脱出する/自力挣脱 zìlì zhēngtuō ▶～更生/自力更生 zìlì gēngshēng ▶彼は～で家を建てた/他靠自己的力量盖好房子 tā kào zìjǐ de lìliang gài hǎofángzi

しりきれとんぼ【尻切れとんぼ】 半途而废 bàntú ér fèi (英 be left unfinished) ▶話が～になる/话说了半截就断 huà shuōle bànjié jiù duàn

しりごみ【尻込みする】 踌躇 chóuchú; 畏缩 wèisuō; 后退 hòutuì (英 hesitate) ▶～しないで一回やってみなさい/不要畏缩，干一回试试 búyào wèisuō, gàn yì huí shìshi

シリコン 硅 guī (英 silicon)

じりじり(英 inch by inch) ▶～と迫る/步步逼近 bùbù bījìn ▶日差しが～と照りつける/太阳火辣辣地照着 tàiyáng huǒlàlà de zhàozhe ▶～苛立つ/焦虑不堪 jiāolǜ bùkān ▶物価が～と上がる/物价渐渐上涨 wùjià jiànjiàn shàngzhǎng

しりすぼみ【尻すぼみになる】 龙头蛇尾 lóngtóu shéwěi; 有头无尾 yǒu tóu wú wěi (英 taper) ▶改革が～になった/改革有头无尾 gǎigé yǒu tóu wú wěi

しりぞく【退く】 退 tuì; 退出 tuìchū [退却する] retreat; [引退する] retire ▶現役を～/退役 tuìyì; 退休 tuìxiū ▶一步も～ない/一步也不后退 yí bù yě bú hòutuì ▶高齢を理由に実業界を～/以上了年纪为理由，从产业界退了下来 yǐ shàngle niánjì wéi lǐyóu, cóng chǎnyèjiè tuìlexiàlai

しりぞける【退ける】 ❶〖敵を〗 击退 jītuì (英 defeat) 敵を～/击退敌人 jītuì dírén ❷〖要求を〗 拒绝 jùjué; 驳回 bóhuí (英 reject) ▶彼の提言を～/拒绝他的建议 jùjué tā de jiànyì ▶控訴を～/驳回上诉 bóhuí shàngsù ❸〖遠ざける〗 撤消 chèxiāo; 斥退 chìtuì (英 keep away) ▶無能な人間を～/撤消无能的人员 chèxiāo wúnéng de rényuán

しりつ【市立】 市立 shìlì (英 municipal) ▶～図書館/市立图书馆 shìlì túshūguǎn ▶～病院/市立医院 shìlì yīyuàn

しりつ【私立】 私立 sīlì (英 private) ▶～学校/私立学校 sīlì xuéxiào ▶その学校は～だ/那所学校是私立的 nà suǒ xuéxiào shì sīlì de

じりつ【自立する】 自决 zìjué; 自立 zìlì; 独立 dúlì (英 become independent) ▶～心/自立思想 zìlì sīxiǎng ▶多くの若者が経済的に～できていない/很多年轻人在经济上不能独立 hěn duō niánqīngrén zài jīngjìshang bùnéng dúlì

じりつ【自律の】 自律 zìlǜ (英 autonomous) ▶～神経/自律神经 zìlǜ shénjīng ▶～神経失調症/自律神经失调症 zìlǜ shénjīng shītiáozhèng

しりつくす【知り尽くす】 洞悉 dòngxī; 洞晓 dòngxiǎo; 了如指掌 liǎo rú zhǐ zhǎng (英 know thoroughly) ▶この件では表から裏まですべて～/对这件事了如指掌 duì zhè jiàn shì liǎo rú zhǐ zhǎng

しりとり【尻取り】 文字接龙游戏 wénzì jiēlóng yóuxì (英 a word-chain game)

しりぬく【知り抜く】 洞悉 dòngxī (英 know thoroughly)

しりぬぐい【尻ぬぐいする】 擦屁股 cā pìgu (英 clean up a person's mess) ▶人の～ばかりさせられる/总是替别人擦屁股 zǒngshì tì biéren cā pìgu

じりひん【じり貧の】 越来越坏 yuèláiyuè huài (英 dwindling) ▶～になる/每况愈下 měikuàng yù xià ▶このままでは～だよ/这样下去会越来越糟 zhèyàng xiàqù huì yuèláiyuè zāo

しりめ【尻目に】 无视 wúshì; 不理 bù lǐ (英 at naught) ▶～にかける/无视不理 wúshì bù lǐ ▶彼はあわてる仲間を～にさっさと立ち去った/他不顾慌张的伙伴，匆匆离去 tā bú gù huāngzhāng de huǒbàn, cōngcōng líqù

しりめつれつ【支離滅裂な】 支离破碎 zhīlí pòsuì; 颠三倒四 diān sān dǎo sì (英 incoherent) ▶君の話は～だ/你的话颠三倒四的 nǐ de huà diān sān dǎo sì de

しりもち【尻餅】 屁股蹲儿 pìgudūnr (英 a fall on one's buttocks) ▶～をつく/摔个屁股蹲儿 shuāi ge pìgudūnr ▶凍結した雪に滑って～をついた/在冻结的雪上滑了个屁股蹲儿 zài dòngjié de xuěshang huále ge pìgudūnr

しりゅう【支流】 支流 zhīliú (英 a tributary; a branch) ▶この川は信濃川の～の一つです/这条河是信浓川的一条支流 zhè tiáo hé shì Xìnnóngchuān de yì tiáo zhīliú

じりゅう【時流】 时代潮流 shídài cháoliú (英 the current of the times) ▶～に乗る/顺应潮流 shùnyìng cháoliú ▶～に外れた仕事/冷门工作 lěngmén gōngzuò ▶～に逆らう/违背时代潮流 wéibèi shídài cháoliú

しりょ【思慮】 思虑 sīlǜ (英 thought) ▶～の浅い/鄙薄 bǐbó ▶～の足りない/轻率的 qīngshuài de ▶～の深い/深谋远虑 shēnmóu yuǎnlǜ ▶～分別のある/慎重思虑 shènzhòng sīlǜ ▶紧张のあまりに彼は～分別をなくした/过分紧张，让他不能冷静地思考 guòfèn jǐnzhāng, ràng tā bùnéng lěngjìng de sīkǎo

しりょう【史料】 史料 shǐliào（英 *historical materials*）

しりょう【死霊】 鬼魂 guǐhún（英 *the spirit of a dead person*）▶～に取り憑かれる/被鬼魂迷住 bèi guǐhún mízhù

しりょう【資料】 材料 cáiliào；资料 zīliào（英 *materials; data*）▶～を集める/收集资料 shōují zīliào

しりょう【飼料】 饲料 sìliào；养料 yǎngliào（英 *fodder*）▶配合～/配合饲料 pèihé sìliào ▶～用とうもろこしの大半はアメリカ産だ/用作饲料的玉米大多数产于美国 yòngzuò sìliào de yùmǐ dàduōshù chǎnyú Měiguó

しりょく【死力】 全力 quánlì（英 *desperate efforts*）▶～を尽くす/拼死 pīnsǐ

しりょく【視力】 视力 shìlì；眼力 yǎnlì（英 *eyesight*）▶～を失う/失明 shīmíng ▶～は左右とも 1.0 である/两只眼睛的视力都是一点零 liǎng zhī yǎnjing de shìlì dōu shì yì diǎn líng ▶～が衰える/视力衰退 shìlì shuāituì

◆～検査：视力检查 shìlì jiǎnchá ▶～検査を受ける/检查视力 jiǎnchá shìlì

しりょく【資力】 财力 cáilì（英 *means*）▶～に乏しい人に対し裁判費用を援助する/为缺乏财力的人提供审判费用的资助 wèi quēfá cáilì de rén tígōng shěnpàn fèiyong de zīzhù

じりょく【磁力】 磁力 cílì（英 *magnetic force*）▶～計/磁力计 cílìjì ▶～線/磁力线 cílìxiàn

シリンダー 汽缸 qìgāng（英 *a cylinder*）

しる【汁】 ❶【液体】汁 zhī；汁液 zhīyè（英 *juice*）▶レモン～/柠檬汁 níngméngzhī ▶～をしぼる/榨汁儿 zhà zhīr ❷【料理】汤 tāng（英 *soup*）▶味噌～/酱汤 jiàngtāng ❸【利益】利益 lìyì；便宜 piányi（英 *profit*）▶甘い～を吸う/揩油 kāiyóu；占便宜 zhàn piányi

しる【知る】 ❶【知識としてもつ・理解する】知道 zhīdào；懂得 dǒngde；理解 lǐjiě（英 *know; learn*）▶善悪を～/懂得善恶 dǒngde shàn'è ▶苦労を～/体会辛苦 tǐhuì xīnkǔ ▶酒の味を～/品味到酒的滋味 pǐnwèi dào jiǔ de zīwèi ▶知らない字/不认识的字 bú rènshi de zì ▶会ったことはないが彼女のことは聞いて知っている/没有见过面，但是听说过她的事儿 méiyǒu jiànguo miàn, dànshì tīngshuōguo tā de shìr ▶彼女について何も知らない/关于她，几乎什么都不了解 guānyú tā, jīhū shénme dōu bù liǎojiě ▶あの事故のことは多少知っている/那场事故，我略微知道一些 nà chǎng shìgù, wǒ lüèwēi zhīdào yìxiē ▶この部分については知りません/这部分我不知道 zhè bùfen wǒ bù zhīdào ▶これは日本のあまり知られていない一面です/这是日本鲜为人知的一个侧面 zhè shì Rìběn xiǎn wéi rén zhī de yí ge cèmiàn ▶健康を失って初めて健康のありがたさを～/失去健康才懂得健康的宝贵 shīqù jiànkāng cái dǒngde jiànkāng de bǎoguì ▶一を聞いて十を～/悟性好 wùxìng hǎo ▶勝利の喜びを知った/品味到胜利的喜悦 pǐnwèi dào shènglì de xǐyuè ▶彼は世の中をよく知っている/他对世上的事了如指掌 tā duì shìshàng de shì liǎo rú zhǐ zhǎng ▶私の～限りではこれが初めてです/据我所知，这是第一次 jù wǒ suǒ zhī, zhè shì dìyī cì ▶彼は知ったかぶりをする/他不懂装懂 tā bù dǒng zhuāng dǒng

❷【知り合いである】认识 rènshi（英 *know*）▶よく知っている人/很熟悉的人 hěn shúxī de rén ▶「彼を知っているのか」「よく知っている」/"你认识他吗？" "我们很熟" "Nǐ rènshi tā ma?" "Wǒmen hěn shú"

❸【気が付く】感到 gǎndào（英 *find out*）▶毎年この鳥が来ると秋になったことを～/每年一看到这种鸟，就能感到秋天的到来 měinián yí kàndào zhè zhǒng niǎo, jiù néng gǎndào qiūtiān de dàolái ▶今朝の地震は知らなかった/今天早上的地震没感觉到 jīntiān zǎoshang de dìzhèn méi gǎnjué dào

❹【関知する】▶あいつが死のうと僕の知ったことではない/他要死要活，我可管不着 tā yào sǐ yào huó, wǒ kě guǎnbuzháo ▶お前の知ったことではない/跟你没关系 gēn nǐ méi guānxi

ことわざ 知らぬが仏 眼不见心不烦 yǎn bú jiàn xīn bù fán

参考 人や事物を見知っているという意味で知っている場合は'认识 rènshi'を，相手についての情報や知識を持っているという意味で知っている場合は'知道 zhīdào'を使う.

シルエット 身影 shēnyǐng（英 *a silhouette*）

シルク 绢 juàn；丝织品 sīzhīpǐn；丝绸 sīchóu（英 *silk*）▶～ハット/大礼帽 dàlǐmào ▶～ロード/丝绸之路 sīchóu zhī lù

しるこ【汁粉】 年糕小豆汤 niángāo xiǎodòu tāng（英 *sweet adzuki soup with grilled rice cakes in it*）

ジルコン〔鉱物〕锆石 gàoshí（英 *zircon*）

しるし【印・証・標】 记号 jìhao（英 *a mark; a sign*）▶～をつける/作记号 zuò jìhao ▶出席者に～をつける/在参加的人的名字前面上记号 zài cānjiā de rén de míngziqián huàshàng jìhao ▶ほんのお～です/是一点儿小小的意思 shì yìdiǎnr xiǎoxiǎo de yìsi

しるす【記す】〈書きとめる〉记下 jìxià；写下 xiěxià（英 *write down*）；〈記憶する〉铭记 míngjì（英 *keep in mind*）▶氏名を～/写下姓名 xiěxià xìngmíng ▶感激を心に～/把感激记在心中 bǎ gǎnjī jìzài xīnzhōng

ジルバ〔音楽〕吉特巴舞 jítèbāwǔ（英 *a jitterbug*）

シルバー 银 yín；银色 yínsè（英 *silver*）▶～グレイ/银灰色 yínhuīsè

しれい【司令】 司令 sīlìng（英 *a command*）▶～官/司令官 sīlìngguān ▶～部/司令部 sīlìngbù ▶～塔/指挥塔 zhǐhuītǎ

しれい【指令する】 指令 zhǐlìng；命令 mìnglìng（英 *order*）▶～を発する/发出命令 fāchū mìng-

じれい まだ上からの〜を受けていない/还没有接到上级的指示 hái méiyǒu jiēdào shàngjí de zhǐshì

じれい【事例】事例 shìlì; 例子 lìzi (英 *an example*) ▶〜研究/事例研究 shìlì yánjiū ▶代表的な〜を挙げて説明しよう/举一个代表性的例子来说明 jǔ yí ge dàibiǎoxìng de lìzi lái shuōmíng

じれい【辞令】❶【任免文書】任免命令 rènmiǎn mìnglìng (英 *a writ of appointment*) ▶〜が出る/发布任免令 fābù rènmiǎnlìng ❷【形式的な挨拶】外交辞令 wàijiāo cílìng ▶社交/客套话 kètàohuà

しれつ【熾烈】激烈 jīliè; 炽烈 chìliè (英 *keen*) ▶〜を極める/炽烈已极 chìliè yǐjí ▶〜な受注競争が繰り広げられる/为拿到订单而展开激烈的竞争 wèi nádào dìngdān ér zhǎnkāi jīliè de jìngzhēng

しれつきょうせい【歯列矯正】齿列矫正 chǐliè jiǎozhèng (英 *straightening of irregular teeth*)

じれったい 让人焦急 ràng rén jiāojí; 令人着急 lìng rén zháojí (英 *irritating*) ▶〜なぁ、なんべん言ったらわかるんだい/真让人焦急, 说多少遍才明白啊 zhēn ràng rén zháojí, shuō duōshao biàn cái míngbai a

しれる【知れる】❶【知られる】被知道 bèi zhīdào; 被发觉 bèi fājué (英 *become known*) ▶世間に〜/在世上传开 zài shìshàng chuánkāi ▶黙っていれば, 誰にも知れずに済んだのに/(当时要是)不说, 谁也不会知道 (dāngshí yàoshi) bù shuō, shéi yě búhuì zhīdào ❷【自然と分かる】知道 zhīdào; 明白 míngbái (英 *be found*) ▶気心が〜/脾气投合 píqi tóuhé ▶目つきでそれと〜/一看眼神就知道 yí kàn yǎnshén jiù zhīdào ▶彼の実力なんか知れたものだよ/他的实力不怎么样 tā de shílì bù zěnmeyàng ▶【登山で】こんな山なんかたかが知れてるよ/这样的山, 算不了什么 zhèyàng de shān, suànbuliǎo shénme ▶そんな食い方をするとお里が〜ぞ/一看你这样吃饭, 就知道你的老底儿 yí kàn nǐ zhèyàng chīfàn, jiù zhīdào nǐ de lǎodǐr

じれる 焦急 jiāojí; 着急 zháojí (英 *be irritated*) ▶何をそんなにじれているのだ/干吗那么着急啊？gànmá nàme zháojí a？

しれわたる【知れ渡る】传遍 chuánbiàn; 为人所知 wéi rén suǒ zhī (英 *be known to all*)

しれん【試練】考验 kǎoyàn (英 *a trial*) ▶〜に耐える/经得起考验 jīngdeqǐ kǎoyàn ▶〜の時が来た/接受考验的时刻到了 jiēshòu kǎoyàn de shíkè dào le

ジレンマ 进退两难 jìntuì liǎngnán; 夹板困境 jiābǎn kùnjìng (英 *a dilemma*) ▶〜に陥る/左右为难 zuǒyòu wéinán ▶〜から抜け出す/从夹板困境中摆脱出来 cóng jiābǎn kùnjìng zhōng bǎituōchūlái

しろ【白】❶【色】白 bái (英 *white*) ▶〜旗/白旗 báiqí ❷【無罪】清白 qīngbái (英 *innocence*) ▶彼は〜だ/他无罪 tā wúzuì ▶彼はその犯罪に関しては〜だ/关于那个案子他是清白的 guānyú nàge ànzi tā shì qīngbái de

> 文化 中国では白は喪中の色である. 葬式のことを'白事 báishì'といい, 都市部では欧米式の黒い喪服を用いるようなところもあるが, 農村部では白い喪服を用いているところが多い.

しろ【城】〔建築〕城 chéng (英 *a castle*) ▶〜を築く/筑城 zhù chéng ▶〜跡/城址 chéngzhǐ ▶自分の〜を持つ/拥有自己的天地 yōngyǒu zìjǐ de tiāndì

> 日中比較 中国語の'城 chéng'は「都市」や「市街地」を指す.

-しろ（甲であれ乙であれ）不论 búlùn; 不管 bùguǎn;（かりに…でも）即使 jíshǐ; 就是 jiùshì ▶好むに〜好まないに〜/不喜欢不喜欢 bùguǎn xǐhuan bù xǐhuan ▶病気だったに〜連絡はして下さい/即使生病也请联系 jíshǐ shēngbìng yě qǐng liánxì

シロアリ【白蟻】〔虫〕白蚁 báiyǐ (英 *a termite*)

しろい【白い】白 bái; 白色 báisè (英 *white*) ▶〜シャツ/白衬衫 báichènshān ▶〜ハンカチ/白手帕 báishǒupà ▶髪に〜ものが交じっている/夹杂着白发 jiāzázhe báifà

〜目で見る ▶彼を〜目で見る/给他一个白眼 gěi tā yí ge báiyǎn

じろう【痔瘻】瘘管 lòuguǎn; 肛瘘 gānglòu (英 *an anal fistula*)

しろうと【素人】外行 wàiháng; 门外汉 ménwàihàn (英 *an amateur*) ▶〜芸/业余技艺 yèyú jìyì ▶〜離れした/不像外行 bú xiàng wàiháng ▶〜目に/在门外汉眼中 zài ménwàihàn yǎnzhōng ▶〜が吹き出物を療法で治療すると危ない/小脓包靠外行来治很危险 xiǎonóngbāo kào wàiháng lái zhì hěn wēixiǎn ▶この絵は〜が描いたとは思えない/这幅画看上去不像外行画的 zhè fú huà kànshàngqu bú xiàng wàiháng huà de ▶〜が手に負えるようなことじゃない/这可不是外行干得了的 zhè kěbushì wàiháng gàndeliǎo de

シロキクラゲ【白木耳】〔きのこ〕白木耳 báimù'ěr; 银耳 yín'ěr (英 *Tremella fuciformis*)

しろくじちゅう【四六時中】无时无刻 wú shí wú kè; 一天到晚 yì tiān dào wǎn (英 *night and day*) ▶騒音に悩まされた/一天到晚受到噪音困扰 yì tiān dào wǎn shòudào zàoyīn kùnrǎo

シロクマ【白熊】〔動物〕白熊 báixióng (英 *a polar bear*)

しろくろ【白黒】❶【モノクロ】黑白 hēibái (英 *black-and-white*) ▶〜映画/黑白电影 hēibái diànyǐng ❷【物事の是非・善悪】是非 shìfēi (英 *right or wrong*) ▶〜をつける/分清是非 fēnqīng shìfēi ❸【比喩】▶彼は驚いて目を〜させた/他吃惊得目瞪口呆 tā chījīngde mù dèng kǒu dāi

しろざけ【白酒】〔甘酒〕白甜酒 báitiánjiǔ

しろざとう【白砂糖】 白糖 báitáng (英 *white sugar*)

しろじ【白地の】 白地 báidì (英 *white cloth*)
> 日中比較 中国語の'白地 báidì'は「作付けをしていない田畑」をも意味する．

じろじろ 盯着 dīngzhe; 目不转睛地 mù bù zhuǎn jīng de (英 *staringly*) ▶～見る/打量 dǎliang; 盯着看 dīngzhe kàn; 凝视 níngshì ▶人の顔をそんなに～見るもんじゃないよ/别这样目不转睛地看人 bié zhèyàng mù bù zhuǎn jīng de kàn rén

しろタク【白タク】 黑车 hēichē; 无照运营的出租车 wú zhào yùnyíng de chūzūchē (英 *an unlicensed taxi*)

シロップ 糖浆 tángjiāng (英 *syrup*) ▶ガム～/糖浆佐料 tángjiāng zuǒliào

しろぬり【白塗りの】 涂白 túbái (英 *white-painted*)

しろバイ【白バイ】 警察用白色摩托车 jǐngchá yòng báisè mótuōchē (英 *a police motorcycle*)

シロフォン 〔楽器〕木琴 mùqín (英 *a xylophone*)

しろぼし【(勝利)白星】 胜利 shènglì; 白星 báixīng (英 *a win*) ▶初戦を～で飾った/初战告捷 chūzhàn gàojié

しろみ【白身】 ❶〖卵の〗蛋白 dànbái; 蛋清 dànqīng (英 *the white*) ❷〖肉の〗肥肉 féiròu (英 *white meat*)

しろめ【白目】 白眼珠 báiyǎnzhū (英 *the white of the eye*) ▶～をむく/翻白眼 fān báiyǎn ▶～で見る/藐视人 miǎoshì rén

しろもの【代物】 东西 dōngxi; 家伙 jiāhuo 〖品物〗 *an article*, 〖人〗 *a fellow*) ▶たいした～ではない/不是什么好东西 bú shì shénme hǎodōngxi ▶なかなかの～だ/了不起的家伙 liǎobuqǐ de jiāhuo ▶やつはやっかいな～だ/他是个难对付的家伙 tā shì ge nán duìfu de jiāhuo

じろりと (英 *with a piercing glance*) ▶～と睨む/瞪一眼 dèng yì yǎn

じろん【持論】 一贯的主张 yíguàn de zhǔzhāng (英 *one's theory*) ▶～を展開する/阐述一贯的主张 chǎnshù yíguàn de zhǔzhāng

しわ【皺】 皱纹 zhòuwén; 褶 zhě; 褶子 zhězi (英 *wrinkles*) ▶～が寄る/起皱纹 qǐ zhòuwén ▶眉間に～を寄せる/皱眉头 zhòu méitóu ▶深い～が彼の顔に刻まれている/脸上刻满了深深的皱纹 liǎnshàng kèmǎnle shēnshēn de zhòuwén ▶みんな額に～を寄せて相談している/大家都皱着额头在商量 dàjiā dōu zhòuzhe étóu zài shāngliang ▶目じりに～が出はじめた/眼角开始出现皱纹 yǎnjiǎo kāishǐ chūxiàn zhòuwén ▶この布は～にならない/这种布不会起褶儿 zhè zhǒng bù búhuì qǐ zhěr ▶アイロンで～をのばす/用熨斗烫平褶子 yòng yùndòu tàngpíng zhězi

しわがれる【嗄れる】 ⇒しゃがれる(嗄れる)

しわくちゃ【皺くちゃな】 皱皱巴巴 zhòuzhoubābā (英 *wrinkled*) ▶嬉しくって顔を～にする/乐得满脸是褶 lède mǎnliǎn shì zhě ▶～の1万円札/皱皱巴巴的一万日元钞票 zhòuzhoubābā de yíwàn Rìyuán chāopiào

しわけ【仕分けする】 分类 fēnlèi; 分项 fēnxiàng (英 *classify*) ▶売れずに戻ってきた本を～する/给没卖掉退回来的书分类 gěi méi màidiào tuìhuílai de shū fēnlèi

しわざ【仕業】 所做 suǒ zuò; 行为 xíngwéi; 勾当 gòudang (英 *an act*) ▶やつの～に違いない/肯定是那家伙捣的鬼 kěndìng shì nà jiāhuo dǎo de guǐ ▶これは泥棒の～に違いない/这肯定是小偷干的 zhè kěndìng shì xiǎotōu gàn de ▶内部の者の～/内部人干的勾当 nèibù de rén gàn de gòudang

じわじわと 逐步地 zhúbù de; 渐渐 jiànjiàn (英 *slowly but steadily*) ▶～追い詰める/步步紧追 bùbù jǐnzhuī ▶逃走犯の周りは～せばめられていった/追捕逃亡犯的包围网越收越紧 zhuībǔ táowángfàn de bāowéiwǎng yuè shōu yuè jǐn

しわす【師走】 腊月 làyuè; 〔阴历〕十二月 (yīnlì) shí'èr yuè (英 *December*)

しわよせ【皺寄せする】 转移坏影响 zhuǎnyí huàiyǐngxiǎng; 转嫁 zhuǎnjià (英 *pass... on to...*) ▶人に～する/转嫁给别人 zhuǎnjià gěi biérén ▶～が我が社にまで及ぶ/不良影响扩散到我们公司来 bùliáng yǐngxiǎng kuòsàn dào wǒmen gōngsī lái ▶経営の無策が全部社員に～されていた/经营失策的恶果都转嫁到了员工身上 jīngyíng shīcè de èguǒ dōu zhuǎnjià dàole yuángōng shēnshang

じわり【地割り】 土地的区划 tǔdì de qūhuà (英 *allotment of land*)

じわれ【地割れ】 地裂 dìliè (英 *a crack in the ground*) ▶～ができる/出现地裂 chūxiàn dìliè ▶地震で～ができた/地震使地面出现了裂缝 dìzhèn shǐ dìmiàn chūxiànle lièfèng

しん【心】 心 xīn (英 *heart*) ▶口は悪いが～はいい人だ/他说话难听却是个心地善良的人 shuōhuà nántīng què shì ge xīndì shànliáng de rén; 刀子嘴，豆腐心 dāozi zuǐ, dòufu xīn ▶こういう場所で働くのは～がつかれる/在这种地方工作真劳神 zài zhè zhǒng dìfang gōngzuò zhēn láoshén ▶彼女は～が強い/她内心坚强 tā nèixīn jiānqiáng

しん【芯】 ❶〖鉛筆の〗芯 xīn (英 *lead*) ▶鉛筆の～/铅笔芯 qiānbǐxīn ▶～のやわらかい鉛筆/软芯铅笔 ruǎnxīn qiānbǐ ▶替え～〖シャープペンシルの〗/自动铅笔的芯 zìdòng qiānbǐ de xīn ❷〖灯芯〗灯芯 dēngxīn 芯 xīn (英 *a wick*) ❸〖体の中心部〗中心 zhōngxīn (英 *a core*) ▶御飯に～がある/饭夹生了 fàn jiāshēng le ▶彼は～まで腐っている/他坏透了 tā huàitòu le ▶体の～まで凍えるほど寒い/透心凉 tòu xīn liáng

しん【真の】 真正 zhēnzhèng (英 *true*) ▶～の

勇気/真的勇気 zhēn de yǒngqì ▶～に迫る/逼真 bīzhēn；绘声绘色 huì shēng huì sè

じんち【陣地】 阵地 zhèndì；(接尾辞)集体 jítǐ (英 a camp) ▶見晴らしのいいところを～をしく/在视野开阔的地方布阵 zài shìyě kāikuò de dìfang bùzhèn ▶選手団の第一～が出発する/第一批选手团出发 dìyī pī xuǎnshǒutuán chūfā

ジン(酒) 杜松子酒 dùsōngzǐjiǔ；金酒 jīnjiǔ (英 gin) ▶～トニック/金汤力 jīntānglì ▶～フィズ/金菲士 jīnfēishì

しんあい【親愛なる】 亲爱 qīn'ài (英 dear) ▶～なる友/挚友 zhìyǒu ▶～の情/亲爱之情 qīn'ài zhī qíng

じんあい【仁愛】 仁爱 rén'ài (英 benevolence)

じんあい【塵埃】 尘埃 chén'āi；尘土 chéntǔ (英 dust) ▶～にまみれる/满身尘埃 mǎnshēn chén'āi

しんあん【新案】 新设计 xīnshèjì (英 a new idea) ▶特許/新设计专利 xīnshèjì zhuānlì

しんい【真意】 真意 zhēnyì；真心 zhēnxīn (英 one's real intention) ▶～を探る/探听真意 tàntīng zhēnyì ▶～を汲み取る/体察本意 tǐchá běnyì ▶彼女の～を確かめたい/我想确认她的真心 wǒ xiǎng quèrèn tā de zhēnxīn ▶君は私の～を誤解している/你误解了我的真心 nǐ wùjiěle wǒ de zhēnxīn

じんい【人為】 人为 rénwéi；人工 réngōng (英 the work of humans) ▶～的な/人为的 rénwéi de ▶災害/人祸 rénhuò

しんいり【新入りの】 新来的 xīn lái de (英 new; fresh) ▶～のくせに偉そうなことを言うな/只是个新来的, 说话别那么没大没小的 zhǐshì ge xīn lái de, shuōhuà bié nàme méi dà méi xiǎo de

しんいんせい【心因性の】 心因性 xīnyīnxìng (英 psychogenic) ▶～反応/心因性反应 xīnyīnxìng fǎnyìng

じんいん【人員】 人员 rényuán (英〔人数〕the number of persons; 〔全体〕the personnel) ▶～を削減する/裁员 cáiyuán ▶～配備/编制 biānzhì ▶～不足のため対応できない/因为人手不够, 没法办理 yīnwèi rénshǒu bú gòu, méi fǎ bànlǐ ◆～整理/精简人员 jīngjiǎn rényuán；裁员 cáiyuán ▶定年間近の社员が～整理の対象になる/年近退休的员工成了裁员的对象 nián jìn tuìxiū de yuángōng chéngle cáiyuán de duìxiàng

じんう【腎盂】〔解〕肾盂 shènyú (英 the renal pelvis) ▶～炎/肾盂炎 shènyúyán

しんうち【真打ち】 压台演员 yātái yǎnyuán；最后出场的高手 zuìhòu chūchǎng de gāoshǒu (英 a headliner)

しんえい【新鋭】 新秀 xīnxiù；有力的新手 yǒulì de xīnshǒu (英 new and powerful) ▶サッカー界の～/足球界的新秀 zúqiújiè de xīnxiù

じんえい【陣営】 阵地 zhèndì；阵营 zhènyíng (英 a camp) ▶保守～/保守阵营 bǎoshǒu zhènyíng

しんえいたい【親衛隊】 卫队 wèiduì (英 bodyguards)；(芸能人の)追星族 zhuīxīngzú (英 ardent fans)

しんえん【深淵】 深渊 shēnyuān (英 an abyss) ▶～に臨むがごとし/如临深渊 rú lín shēnyuān

しんえん【深遠な】 奥妙 àomiào；高深 gāoshēn (英 profound) ▶～な思想/高深的思想 gāoshēn de sīxiǎng

じんえん【腎炎】〔医〕肾炎 shènyán (英 nephritis)

しんおん【心音】 心音 xīnyīn (英 heart sound)

しんか【臣下】 臣下 chénxià；臣子 chénzǐ (英 a subject)

しんか【真価】 真价 zhēnjià；真正本领 zhēnzhèng běnlǐng (英 true value) ▶～が問われる/考验是否真有能力 kǎoyàn shìfǒu zhēn yǒu nénglì ▶～を認める/赏识真价 shǎngshí zhēnjià ▶逆境で～を発揮する/身处逆境也可以发挥真正的本领 shēn chǔ nìjìng kěyǐ fāhuī zhēnzhèng de běnlǐng ▶次作品で彼の～が問われることになる/在下一部作品中, 才显示出他的真正才能 zài xià yí bù zuòpǐn zhōng, cái xiǎnshìchū tā de zhēnzhèng cáinéng

しんか【深化する】 深化 shēnhuà；加深 jiāshēn (英 deepen)

しんか【進化】 进化 jìnhuà；演化 yǎnhuà (英 evolve) ▶～論/进化论 jìnhuàlùn ▶長い月日をかけて～する/历经漫长的岁月实现进化 lìjīng màncháng de suìyuè shíxiàn jìnhuà

じんか【人家】 人家 rénjiā；人烟 rényān (英 a dwelling house) ▶～がない/不见人烟 bú jiàn rényān ▶草原の彼方に～が見えた/看到草原远方有一户人家 kàndào cǎoyuán yuǎnfāng yǒu yí hù rénjiā

> 日中比較 中国語の'人家'は'rénjia'と発音すれば「他人」, また「特定の他人」のことである. 'rénjiā'と発音すれば「人の住む家」「家庭」の意味になる.

しんかい【深海】 深海 shēnhǎi (英 the deep sea) ▶～魚/深海鱼类 shēnhǎi yúlèi ▶～探査船/深海探测船 shēnhǎi tàncèchuán

しんがい【心外な】 遗憾 yíhàn (英 regrettable) ▶そのような非難を受けるとは～だ/受到那样的责难很遗憾 shòudào nàyàng de zénàn hěn yíhàn

しんがい【侵害する】 侵害 qīnhài；侵犯 qīnfàn (英 violate) ▶人権～/侵犯人权 qīnfàn rénquán ▶憲法に定められた表现の自由が～される/宪法规定的言论自由受到侵犯 xiànfǎ guīdìng de yánlùn zìyóu shòudào qīnfàn

しんがい【震駭する】 震骇 zhènhài；震惊 zhènjīng (英 be terrified) ▶世界を～させる/震惊世界 zhènjīng shìjiè

じんかい【塵芥】 尘芥 chénjiè；垃圾 lājī (英 dust)

しんがいかくめい【辛亥革命】 辛亥革命 Xīnhài gémìng (英 the Xinhai Revolution)

じんかいせんじゅつ【人海戦術】 人海战

しんかい【人海戦術】 人海战术 rénhǎi zhànshù (英 human-wave tactics) ▶～で地震現場を整理する/靠人海战术来重整地震灾区 kào rénhǎi zhànshù lái chóngzhěng dìzhèn zāiqū

しんかいち【新開地】 新开辟的地方 xīn kāipì de dìfang (英 a newly-opened land)

しんがお【新顔】 新手 xīnshǒu; 新人 xīnrén; 新来的人 xīn lái de rén (英 a newcomer; a new face) ▶～に辛い仕事を割り当てる/分派新人担任艰苦的工作 fēnpài xīnrén dānrèn jiānkǔ de gōngzuò

しんがく【神学】 神学 shénxué (英 theology)

しんがく【進学する】 升学 shēngxué (英 enter a school of higher grade) ▶～率/升学率 shēngxuélǜ ▶高校に～する/升高中 shēng gāozhōng

じんかく【人格】 品性 pǐnxìng; 人格 réngé (英 character; personality) ▶～を無視する/无视人格 wúshì réngé ▶～形成/人格形成 réngé xíngchéng ▶～者/人格高尚的人 réngé gāoshàng de rén ▶～を尊重する/尊重人格 zūnzhòng réngé ▶彼は裏表の激しい二重～である/他有着表里极端不一致的双重人格 tā yǒuzhe biǎolǐ jíduān bù yízhì de shuāngchóng réngé

じんかくか【人格化する】 神化 shénhuà (英 deify)

しんがた【新型の】 新型 xīnxíng (英 new-type; new model) ▶～車両/新型车辆 xīnxíng chēliàng

しんがっき【新学期】 新学期 xīnxuéqī (英 a new school term) ▶9月1日は～の始まる日だ/九月一号是新学期第一天 jiǔ yuè yí hào shì xīnxuéqī dìyī tiān

しんがら【新柄】 新花样 xīnhuāyàng (英 a new pattern)

しんがり【殿】 后卫 hòuwèi; 殿军 diànjūn (英 the rear) ▶～を務める/作后卫 zuò hòuwèi

しんかん【信管】 信管 xìnguǎn; 引线 yǐnxiàn (英 a fuse) ▶～を外す/摘下信管 zhāixià xìnguǎn

しんかん【森閑とした】 寂静 jìjìng; 冷静 lěngjìng (英 still) ▶～とした山林/寂静的山林 jìjìng de shānlín

しんかん【新刊】 新刊 xīnkān (英 newly-published) ▶～書/新书 xīnshū ▶～書評/新书评介 xīnshū píngjiè

しんかん【新館】 新馆 xīnguǎn (英 a new building)

しんかん【震撼する】 震撼 zhènhàn (英 be shocked) ▶全国を～させる/震撼全国 zhènhàn quánguó ▶9.11は全世界を～させた/九・一一事件震撼了全世界 Jiǔ·Yāoyāo shìjiàn zhènhànle quánshìjiè

しんがん【心眼】 慧眼 huìyǎn (英 one's mind's eye) ▶～で見る/睁开慧眼看 zhēngkāi huìyǎn kàn

しんがん【真贋】 真假 zhēnjiǎ; 真伪 zhēnwěi (英 suthenticity) ▶～を見分ける/识别真伪 shíbié zhēnwěi

しんかんせん【新幹線】 新干线 xīngànxiàn (英 the Shinkansen) ▶东京発の始発の～に乗る/乘坐从东京发车的头班新干线 chéngzuò cóng Dōngjīng fāchē de tóubān xīngànxiàn

しんき【新奇な】 新奇 xīnqí; 新颖 xīnyǐng (英 novel)

しんき【新規の】 新 xīn; 重新 chóngxīn (英 new) ▶～まき直しを図る/打算从头做起 dǎsuan cóngtóu zuòqǐ ▶～に始める/重新开始 chóngxīn kāishǐ

しんぎ【信義】 信义 xìnyì (英 faith) ▶～を守る/守信义 shǒu xìnyì ▶～を踏みにじる/背信弃义 bèi xìn qì yì

しんぎ【真偽】 真伪 zhēnwěi (英 truth or falsehood) ▶～をただす/查究真伪 chájiū zhēnwěi ▶～を確かめる/弄清真伪 nòngqīng zhēnwěi ▶～のほどは定かでない/真假难辩 zhēnjiǎ nán biàn

しんぎ【審議する】 审议 shěnyì; 咨议 zīyì (英 consider; deliberate) ▶～会/审议会 shěnyìhuì ▶市議会はその議案を～中である/市议会还在审议那项议题 shìyìhuì hái zài shěnyì nà xiàng yìtí ▶～未了にする/作为"审议未决"处理 zuòwéi "shěnyì wèijué" chǔlǐ ▶改めて討議することにして継続～/作为继续审议的议题，留待日后重新讨论 zuòwéi jìxù shěnyì de yìtí, liúdài rìhòu chóngxīn tǎolùn

じんぎ【仁義】 仁义 rényì; 情义 qíngyì (英 humanity and justice) ▶～を重んじる/重仁义 zhòng rényì ▶～にもとる/不讲义气 bù jiǎng yìqi

しんきいってん【心機一転する】 心情一新 xīnqíng yì xīn (英 change one's mind) ▶～してモンゴルに留学することにした/心情一新，决定去蒙古留学 xīnqíng yì xīn, juédìng qù Měnggǔ liúxué

しんきくさい【辛気臭い】 烦躁 fánzào; 使人厌烦 shǐ rén yànfán (英 tedious) ▶～話はやめてくれ/令人烦躁的话就别说了 lìng rén fánzào de huà jiù bié shuō le

しんきげん【新紀元】 新纪元 xīnjìyuán (英 a new epoch) ▶～を画する/划时代 huà shídài

しんきこうしん【心悸昂進】 心悸亢进 xīnjì kàngjìn (英 palpitation)

しんきじく【新機軸】 新方案 xīnfāng'àn; 新规划 xīnguīhuà (英 a new device) ▶～を生み出す/别开生面 bié kāi shēng miàn ▶～を生み出さないと会社はジリ貧のままになる/如果不想出新的方案，公司的状况会越来越糟 rúguǒ bù xiǎngchū xīn de fāng'àn, gōngsī de zhuàngkuàng huì yuèláiyuè zāo

しんきのうていし【心機能停止】 心功能停止 xīngōngnéng tíngzhǐ (英 cessation of heart function)

しんきゅう【針灸・鍼灸】 针灸 zhēnjiǔ (英

しんきゅう **acupuncture and moxibustion**）▶～師/针灸大夫 zhēnjiǔ dàifu ▶～のつぼ/穴位 xuéwèi

しんきゅう【進級する】 升班 shēngbān；升级 shēngjí（英 **be promoted**）▶～試験/升级考试 shēngjí kǎoshì

しんきゅう【新旧の】 新旧 xīnjiù（英 **old and new**）▶～交替/新旧交替 xīnjiù jiāotì ▶～の社長の挨拶/新老总经理的致辞 xīnlǎo zǒngjīnglǐ de zhìcí

しんきょ【新居】 新居 xīnjū（英 **one's new house**）▶～を構える/定住新居 dìngzhù xīnjū ▶今週末に～に引っ越す/本周末搬进新家 běn zhōumò bānjìn xīnjiā

しんきょう【心境】 心境 xīnjìng；心地 xīndì（英 **a state of mind**）▶～の変化/心情变化 xīnqíng biànhuà ▶～を打ち明ける/说出心里话 shuōchū xīnlǐhuà ▶今の～はいかがですか/现在感受如何？xiànzài gǎnshòu rúhé？

しんきょう【進境】 进步的程度 jìnbù de chéngdù（英 **progress**）▶～著しい/进步显著 jìnbù xiǎnzhù ▶～を示す/显示进步 xiǎnshì jìnbù ▶技術的に何の～も見られない/技术方面没有任何进步 jìshù fāngmiàn méiyǒu rènhé jìnbù

しんきょう【新教】 基督教 jīdūjiào；新教 Xīnjiào（英 **Protestantism**）

しんきょうち【新境地】 新天地 xīntiāndì；新领域 xīnlǐngyù（英 **a new ground**）▶～を開く/打开新天地 dǎkāi xīntiāndì

しんきょく【新曲】 新曲 xīnqǔ（英 **a new tune**）

しんきょくめん【新局面】 新局面 xīnjúmiàn（英 **a new phase**）▶～を迎える/迎接新局面 yíngjiē xīnjúmiàn

しんきろう【蜃気楼】 海市蜃楼 hǎi shì shèn lóu；蜃景 shènjǐng（英 **a mirage**）

しんきろく【新記録】 新记录 xīnjìlù（英 **a new record**）▶～を打ち立てる/创造新记录 chuàngzào xīnjìlù ▶跳ぶたびに～をつくる/每跳一次都创新纪录 měi tiào yí cì dōu chuàng xīnjìlù

しんぎん【呻吟する】 呻吟 shēnyín；感到苦恼 gǎndào kǔnǎo（英 **moan**）▶後継者問題で～する/因继承人问题而感到苦恼 yīn jìchéngrén wèntí ér gǎndào kǔnǎo ▶難しい課題に遭遇して～する/遇到难题感到头痛 yùdào nántí gǎndào tóutòng

しんきんかん【親近感】 亲近感 qīnjìngǎn（英 **a sense of closeness**）▶何となく彼に～を抱く/不知为什么，对他怀有亲近感 bù zhī wèi shénme, duì tā huáiyǒu qīnjìngǎn

しんきんこうそく【心筋梗塞】 心肌梗塞 xīnjī gěngsè（英 **myocardial infarction**）

しんく【辛苦】 辛酸 xīnsuān；艰苦 jiānkǔ（英 **hardship**）▶～をなめる/饱尝辛酸 bǎocháng xīnsuān

しんく【真紅の】 深红 shēnhóng；鲜红 xiānhóng（英 **crimson**）▶深紅の優勝旗を揭げる/举起鲜红色的优胜旗帜 jǔqǐ shēnhóngsè de yōushèng qízhì

しんぐ【寝具】 寝具 qǐnjù（英 **bedding**）

しんくう【真空の】 真空 zhēnkōng（英 **vacuum**）▶～管/电子管 diànzǐguǎn；真空管 zhēnkōngguǎn ▶～パック/真空包装 zhēnkōng bāozhuāng

ジンクス 倒霉事 dǎoméishì（英 **a jinx**）▶～を破る/破除倒霉事 pòchú dǎoméishì

シンクタンク 智囊团 zhìnángtuán（英 **a think tank**）

シングル 《一人用》单人 dānrén；《独身》单身 dānshēn（英 **single**）▶～ベッド/单人床 dānrénchuáng ▶～ライフ/单身生活 dānshēn shēnghuó ▶～ルーム/单人房间 dānrén fángjiān
◆シングルス（球技で）单打 dāndǎ

シンクロナイズドスイミング 〔スポーツ〕 花样游泳 huāyàng yóuyǒng（英 **synchronized swimming**）

しんぐん【進軍する】 进军 jìnjūn（英 **march**）▶～ラッパ/进军号 jìnjūnhào

しんけい【神経】 神经 shénjīng（英 **a nerve**）▶～を使う/费神 fèishén ▶彼は～が太い/他脸皮很厚 tā liǎnpí hěn hòu；他很皮实 tā hěn píshi ▶噛むと歯が～にさわる/一嚼就会刺激牙神经 yì jiáo jiù huì cìjī yáshénjīng ▶救急車のサイレンの音が～にさわる/救护车的警报声让人感到烦躁 jiùhùchē de jǐngbàoshēng ràng rén gǎndào fánzào ▶～をいらだたせる/使人焦急 shǐ rén jiāojí ▶彼女は～が参っている/她的神经崩溃了 tā de shénjīng bēngkuì le ▶～を張りつめる/神经紧张 shénjīng jǐnzhāng ▶彼はひどく～質だ/他太神经质了 tā tài shénjīngzhì le
◆～過敏 神经过敏 shénjīng guòmǐn ～外科 神经外科 shénjīng wàikē ～衰弱 神经衰弱 shénjīng shuāiruò ～組織 神经组织 shénjīng zǔzhī ～麻痺 神经麻痺 shénjīng mábì

しんげき【進撃する】 进攻 jìngōng（英 **attack**）▶快～/顺利进攻 shùnlì jìngōng

しんげき【新劇】 话剧 huàjù（英 **the new drama (in Japan in contrast with the traditional drama, such as Kabuki and Noh)**）

しんけつ【心血】 心血 xīnxuè（英 **heart and soul**）▶～を注ぐ/呕心沥血 ǒu xīn lì xuè；倾注心血 qīngzhù xīnxuè

しんげつ【新月】 朔月 shuòyuè；新月 xīnyuè（英 **a new moon**）▶今夜は～だ/今天晚上是一钩新月 jīntiān wǎnshang shì yì gōu xīnyuè

しんけん【真剣な】 认真 rènzhēn；严肃 yánsù（英 **serious**）▶～に/认真地 rènzhēn de ▶私は～すです/我是认真的 wǒ shì rènzhēn de ▶彼は～な目つきで私を見た/他用严肃的眼神看着我 tā yòng yánsù de yǎnshén kànzhe wǒ

しんけん【親権】 父母对孩子的权力和义务 fùmǔ duì háizi de quánlì hé yìwù（英 **parental authority**）▶～者/家长 jiāzhǎng

しんげん【進言する】 建议 jiànyì；提意见 tí yìjiàn（英 **advise**）

しんげん【箴言】 箴言 zhēnyán (英 *a maxim*) ▶～集/箴言集 zhēnyánjí

しんげん【震源】 震源 zhènyuán (英 *the seismic center*) ▶～地は千葉県南部である/震源在千叶县南部 zhènyuán zài Qiānyèxiàn nánbù

じんけん【人権】 人权 rénquán (英 *human rights*) ♦基本的～/基本人权 jīběn rénquán ～蹂躙/践踏人权 jiàntà rénquán ～侵害/侵犯人权 qīnfàn rénquán ～擁護/拥护人权 yōnghù rénquán

じんけんひ【人件費】 劳务费 láowùfèi; 工价 gōngjià (英 *personnel expenses*) ▶～を削減する/削减劳务费 shānjiǎn láowùfèi ▶～が高い/人力费很贵 rénlìfèi hěn guì

しんこ【糝粉】 粳米粉 jīngmǐfěn (英 *rice flour*)

しんご【新語】 新词 xīncí; 新语 xīnyǔ (英 *a new word*)

じんご【人後】 ～に落ちない 不落于人后 bú luòyú rénhòu ▶がんばりのきくことでは～に落ちない/论毅力绝不亚于别人 lùn yìlì juébù yàyú biérén

しんこう【信仰】 信仰 xìnyǎng; 信奉 xìnfèng (英 *believe in...*) ▶仏教を～する/信奉佛教 xìnfèng Fójiào ▶～の自由/信仰的自由 xìnyǎng de zìyóu

しんこう【侵攻する】 侵犯 qīnfàn; 进攻 jìngōng (英 *invade*)

しんこう【振興する】 振兴 zhènxīng (英 *promote*) ▶スポーツを～する/振兴体育运动 zhènxīng tǐyù yùndòng ▶産業の～を図る/试图振兴产业 shìtú zhènxīng chǎnyè

しんこう【深更】 半夜 bànyè; 深夜 shēnyè (英 *the dead of the night*) ▶～に及ぶ/直到深夜 zhí dào shēnyè

しんこう【進行する】 进展 jìnzhǎn; 进行 jìnxíng (英 *advance*) ▶病気が～する/病情发展 bìngqíng fāzhǎn ▶物語の～が早い/故事进展得很快 gùshi jìnzhǎnde hěn kuài ▶～係/司仪 sīyí ▶～性の/发展性的 fāzhǎnxìng de ▶～方向/前进方向 qiánjìn fāngxiàng ▶仕事はどんどん～している/工作进展顺利 gōngzuò jìnzhǎn shùnlì ▶～中の列車/运行中的列车 yùnxíng zhōng de lièchē ▶捜査が～中である/侦查正在进行 zhēnchá zhèngzài jìnxíng

日中比較 中国語の'进行 jìnxíng'は「前へ進む」という意味の他に「行う」ことも指す. ▶进行洽商 jìnxíng qiàshāng/協議を行う

しんこう【進攻する】 进攻 jìngōng (英 *attack*)

しんこう【新興の】 新兴 xīnxīng (英 *new*) ▶～住宅地は不便だが広々している/新开发的住宅区不方便, 但是很宽敞 xīn kāifā de zhùzháiqū bù fāngbiàn, dànshì hěn kuānchang ♦～国/新兴国家 xīnxīng guójiā ～産業/新兴产业 xīnxīng chǎnyè ～宗教/新兴宗教 xīnxīng zōngjiào

しんこう【親交】 深交 shēnjiāo (英 *friendship*) ▶～を深める/加深交情 jiāshēn jiāoqíng ▶～を結ぶ/结为好友 jiéwéi hǎoyǒu

しんごう【信号】 信号 xìnhào; 红绿灯 hónglǜdēng (英 *a signal*) ▶無視/闯红绿灯 chuǎng hónglǜdēng ▶～を送る/发信号 sòng xìnhào ▶～が青になった/交通信号灯变成了绿灯 jiāotōng xìnhàodēng biànchéngle lǜdēng 赤～で止まる/红灯止步 hóngdēng zhǐbù ♦～機/红绿灯 hónglǜdēng; 交通信号灯 jiāotōng xìnhàodēng ▶～機のない踏切で事故が多発する/没有信号灯的铁路道口常常发生事故 méiyǒu xìnhàodēng de tiělù dàokǒu chángcháng fāshēng shìgù モールス～/摩尔斯信号 Mó'ěrsī xìnhào

じんこう【人口】 人口 rénkǒu (英 *a population*) ▶～密度/人口密度 rénkǒu mìdù ▶～調査/人口普查 rénkǒu pǔchá ▶七千人の町が祭りとなると10倍の～に膨れる/七千人的小镇一到祭礼人口就增长到十倍 qīqiān rén de xiǎozhèn yí dào jìlǐ rénkǒu jiù zēngzhǎng dào shí bèi ▶その島は～約50万である/那座岛上大约有五十万人口 nà zuò dǎoshang dàyuē yǒu wǔshí wàn rénkǒu ▶シンガポールは～密度が高い/新加坡的人口密度很高 Xīnjiāpō de rénkǒu mìdù hěn gāo

じんこう【人工の】 人工 réngōng; 人造 rénzào (英 *artificial*) ▶～芝の野球場/人工草坪的棒球场 réngōng cǎopíng de bàngqiúchǎng ♦～衛星/人造卫星 rénzào wèixīng ～呼吸/～呼吸をほどこす/进行人工呼吸 jìnxíng réngōng hūxī ～授精/人工授精 réngōng shòujīng ～透析/人工透析 réngōng tòuxī

しんこきゅう【深呼吸する】 深呼吸 shēnhūxī (英 *breathe deeply*)

しんこく【申告する】 申报 shēnbào; 报告 bàogào (英 *report*) ▶漏れ/漏报 lòubào ▶確定～/所得税申报 suǒdéshuì shēnbào ▶修正～書/修正申报书 xiūzhèng shēnbàoshū ▶所得税の～/申报所得税 shēnbào suǒdéshuì ▶税务署に税の～をする/去税务所报税 qù shuìwùsuǒ bào shuì

しんこく【深刻な】 (事態) 严重 yánzhòng; 重大 zhòngdà; (心情) 严肃 yánsù (英 *serious*) ▶住宅難がいよいよ～だ/房荒越来越严重 fánghuāng yuèláiyuè yánzhòng ▶～な不況/严重的经济萧条 yánzhòng de jīngjì xiāotiáo ▶～な水不足になる/发生严重的缺水问题 fāshēng yánzhòng de quēshuǐ wèntí ▶彼らは～な顔で何か話し合っている/他们表情严肃地交谈着什么 tāmen biǎoqíng yánsù de jiāotánzhe shénme

日中比較 中国語の'深刻 shēnkè'は「印象などが深い」ことを指す.

しんこっちょう【真骨頂】 本来面目 běnlái miànmù; 真正本领 zhēnzhèng běnlǐng (英 *one's true value*) ▶～を発揮する/发挥真正本领 fāhuī zhēnzhèng běnlǐng

しんこん【新婚の】 新婚 xīnhūn (英 *newly-*

しんさ【審査する】 審查 shěnchá; 审核 shěnhé (英 examine) ▶～員/审查员 shěncháyuán ▶資格～/资格审查 zīgé shěnchá

しんさい【震災】 震灾 zhènzāi (英 an earthquake disaster) ▶神户も新潟も～に遭った/神户和新潟都遭受到地震灾害 Shénhù hé Xīnxì dōu zāoshòu dào dìzhèn zāihài

じんさい【人災】 人祸 rénhuò (英 a man-made disaster) ▶これは天灾でなく～だ/这不是天灾而是人祸 zhè bú shì tiānzāi ér shì rénhuò

じんざい【人材】 人才 réncái (英 a talented person) ▶～を育成する/培养人才 péiyǎng réncái

しんさく【新作】 新作品 xīnzuòpǐn (英 a new work) ▶～映画/新产影片 xīn chǎn yǐngpiàn

しんさつ【診察する】 诊察 zhěnchá; 看病 kànbìng; 诊视 zhěnshì (英 examine) ▶～してもらう/看病 kànbìng ▶医者に～してもらう/去看医生 qù kàn yīshēng ▶～時間/门诊时间 ménzhěn shíjiān ▶～室/诊室 zhěnshì ▶～料/门诊费 ménzhěnfèi

しんさん【辛酸】 辛酸 xīnsuān; 辛苦 xīnkǔ; 酸楚 suānchǔ (英 hardships) ▶～を舐(な)める/饱经风霜 bǎo jīng fēngshuāng ▶～を舐め尽くす/饱尝辛酸 bǎocháng xīnsuān

しんざん【新参】 新来 xīn lái (英 new) ▶～者/新手 xīnshǒu

しんし【真摯な】 认真 rènzhēn; 真挚 zhēnzhì (英 sincere) ▶～な態度/真挚的态度 zhēnzhì de tàidu

しんし【紳士】 绅士 shēnshì (英 a gentleman) ▶～的な/绅士风度的 shēnshì fēngdù de ▶～協定/君子协定 jūnzǐ xiédìng ▶～服/西服 xīfú; 西装 xīzhuāng ▶～服売り場/男式服装柜台 nánshì fúzhuāng guìtái ▶～用品の売り場は何階ですか/在几楼出售男士用品？ zài jǐ lóu chūshòu nánshì yòngpǐn?

じんじ【人事】 (英 personnel affairs) ▶～の若返りを図る/刷新人事，使队伍年轻化 shuāxīn rénshì, shǐ duìwu niánqīnghuà

ことわざ **人事を尽くして天命を待つ** 尽人事待天命 jìn rénshì dài tiānmìng

♦～異動 | 人事调动 rénshì diàodòng ▶ 4月に～異動がある/四月有人事变动 sì yuè yǒu rénshì biàndòng ▶～課 | 人事处 rénshìchù

しんしき【神式】 神道的仪式 shéndào de yíshì (英 Shinto rites) ▶～で式を挙げる/以神道仪式举行婚礼 yǐ shéndào yíshì jǔxíng hūnlǐ

しんしきの【新式の】 新式 xīnshì; 新方式 xīnfāngshì (英 new-style) ▶～のテレビ/新式电视机 xīnshì diànshìjī

シンジケート 辛迪加 xīndíjiā; 企业联合组织 qǐyè liánhé zǔzhī (英 a syndicate) ▶～を組む/结成辛迪加 jiéchéng xīndíjiā

しんじこむ【信じ込む】 深信不疑 shēn xìn bù yí (英 have no doubt that...)

しんじだい【新時代】 新时代 xīnshídài (英 a new age) ▶～に突入する/跨入新时代 kuàrù xīnshídài

しんしつ【心室】 〔解〕心室 xīnshì (英 a ventricle)

しんしつ【寝室】 卧房 wòfáng; 卧室 wòshì (英 a bedroom)

しんじつの【真実の】 真实 zhēnshí (英 true) ▶～味のない/没有真实性 méiyǒu zhēnshíxìng ▶～を曲げる/歪曲事实 wāiqū shìshí

じんじふせい【人事不省】 不省人事 bù xǐng rénshì; 假死 jiǎsǐ (英 unconsciousness) ▶～に陥る/陷入不省人事的状态 xiànrù bù xǐng rénshì de zhuàngtài; 昏迷 hūnmí

しんじゃ【信者】 教徒 jiàotú; 信徒 xìntú (英 a believer)

じんじゃ【神社】 神社 shénshè (英 a Shinto shrine) ▶京都の八坂～にお参りする/去参拜京都的八坂神社 qù cānbài Jīngdū de Bābǎn shénshè

ジンジャーエール 《饮み物》姜汁清凉饮料 jiāngzhī qīngliáng yǐnliào (英 ginger ale)

しんしゃく【斟酌する】 酌情 zhuóqíng; 酌量 zhuóliáng (英 consider) ▶双方の言い分を～する/斟酌双方的意见 zhēnzhuó shuāngfāng de yìjiàn ▶採点に～を加える/评分时照顾一下 píngfēn shí zhàogù yíxià ▶～のない批評/不客气的批评 bú kèqi de pīpíng

しんしゅ【進取】 进取 jìnqǔ (英 enterprise) ▶～の気性/进取的精神 jìnqǔ de jīngshén

しんしゅ【新酒】 新酒 xīnjiǔ (英 fresh sake)

しんしゅ【新種】 新品种 xīnpǐnzhǒng (英 a new species of...) ▶～のウイルス/新型病毒 xīnxíng bìngdú

しんじゅ【真珠】 珍珠 zhēnzhū; 珠子 zhūzi (英 a pearl) ▶～貝/珍珠贝 zhēnzhūbèi ▶～のネックレス/珍珠项链 zhēnzhū xiàngliàn

じんしゅ【人種】 人种 rénzhǒng; 种族 zhǒngzú (英 a race) ▶～差別/种族歧视 zhǒngzú qíshì ▶～偏見/种族偏见 zhǒngzú piānjiàn

♦～問題 ▶～問題に取り組む/着手处理种族问题 zhuóshǒu chǔlǐ zhǒngzú wèntí

しんじゅう【心中する】 情死 qíngsǐ (英 commit a double suicide) ▶無理～一家/强迫情死和全家自杀 qiǎngpò qíngsǐ hé quánjiā zìshā

しんしゅく【伸縮する】 伸缩 shēnsuō (英 expand and contract) ▶～性/伸缩性 shēnsuōxìng ▶～自在な/伸缩自由的 shēnsuō zìyóu de

しんしゅつ【進出する】 进入 jìnrù; 打进 dǎjìn (英 advance) ▶海外～/进入外国 jìnrù wàiguó ▶あの会社は世界10ヶ国に～している/那家

公司打进全世界十个国家 nà jiā gōngsī dǎjìn quánshìjiè shí ge guójiā ▶日本品は海外いたるところに～している/日本产品遍布海外 Rìběn chǎnpǐn biànbù hǎiwài ▶他の分野に～する/走进其他领域 zǒujìn qítā lǐngyù

日中比较 中国語の'进出 jìnchū'は「出入りする」ことをいう.

しんしゅつ【新出の】 新出 xīnchū; 新出现 xīn chūxiàn (英 new) ▶～単語/生词 shēngcí

しんしゅつ【滲出する】 渗出 shènchū (英 ooze out) ▶～液/渗出液 shènchūyè

じんじゅつ【仁術】 仁术 rénshù (英 a benevolent act) ▶医は～なり/医为仁术 yī wéi rénshù

しんしゅつきぼつ【神出鬼没の】 神出鬼没 shén chū guǐ mò (英 elusive) ▶～の怪盗二十面相/神出鬼没的怪盗二十面相 shén chū guǐ mò de guàidào èrshí miànxiàng

しんしゅん【新春】 新春 xīnchūn; 新年 xīnnián 参考 '新春'は一般に旧暦の正月をいう. (英 the New Year) ▶～を迎える/迎新春 yíng xīnchūn

しんじゅん【浸潤する】 浸润 jìnrùn (英 saturate) ▶肺～/浸润型肺结核 jìnrùnxíng fèijiéhé; 肺浸润 fèijìnrùn

しんしょ【新書】（新刊書）新书 xīnshū;（新书版の本）新开本 xīnkāiběn (英［新刊書］a new book;［新書版］a small-sized paperback) ▶岩波～/岩波新书 Yánbō xīnshū

しんしょ【親書】 亲笔信 qīnbǐxìn (英 an autograph letter) ▶特使は大統領からの～を携えていた/特使携带着总统的亲笔信 tèshǐ xiédàizhe zǒngtǒng de qīnbǐxìn

しんしょう【心証】 印象 yìnxiàng;（裁判官の）心证 xīnzhèng (英 an impression) ▶～をよくする/产生好印象 chǎnshēng hǎoyìnxiàng ▶～を悪くする/产生坏印象 chǎnshēng huàiyìnxiàng

しんしょう【心象】 印象 yìnxiàng; 心里的景象 xīnlǐ de jǐngxiàng (英 an image) ▶～風景/心中出现的风景 xīnzhōng chūxiàn de fēngjǐng

しんしょう【身上】 财产 cáichǎn; 家产 jiāchǎn (英 property) ▶～をつぶしてしまう/赔了财产 péile cáichǎn ▶～をつぶす/败家 bài jiā

日中比较 中国語の'身上 shēnshang'は「体に」という意味を表す.

しんしょう【辛勝する】 险胜 xiǎnshèng (英 win narrowly) ▶1対0で～した/以一比零险胜 yǐ yī bǐ líng xiǎnshèng

しんじょう【心情】 心情 xīnqíng; 心意 xīnyì (英 one's heart) ▶～的に/感情上 gǎnqíngshang ▶～を察する/体察心情 tǐchá xīnqíng ▶～的には賛成しかねるが、この際現実的に考えるしかない/在感情上难以赞成，但现在不能不现实地考虑 zài gǎnqíngshang nányǐ zànchéng, dàn xiànzài bùnéngbù xiànshí de kǎolǜ

しんじょう【身上】 ❶【身の上】身世 shēnshì; 个人经历 gèrén jīnglì (英 one's personal affairs) ▶～書/身世调查书 shēnshì diàochá-shū ❷【とりえ】长处 chángchu (英 one's merit) ▶ぐちを言わないのがあの男の～だ/不发牢骚正是他的长处 bù fā láosao zhèngshì tā de chángchu ▶そこがおまえの～なのだ/这正是你的可取之处 zhè zhèngshì nǐ de kěqǔ zhī chù

しんじょう【信条】 信条 xìntiáo; 信念 xìnniàn (英 a creed; a belief) ▶～を守る/坚持信条 jiānshǒu xìntiáo

しんじょう【真情】 真情 zhēnqíng; 衷情 zhōngqíng (英 true feelings) ▶～を吐露する/吐露真情 tǔlù zhēnqíng

じんじょう【尋常の】 普通 pǔtōng; 寻常 xúncháng; 一般 yìbān (英 ordinary) ▶～でない/不寻常 bù xúncháng; 非常 fēicháng ▶～一様の手段ではだめだ/用一般的方法可不行 yòng yìbān de fāngfǎ kě bùxíng

しんしょうしゃ【身障者】 残疾人 cánjírén (英 a disabled person) ▶自動車事故で～となる/碰上驾驶事故成了残疾人 pèngshàng jiàshǐ shìgù chéngle cánjírén

しんしょうひつばつ【信賞必罰】 信赏必罚 xìn shǎng bì fá (英 give fitting rewards and punishment)

しんしょうぼうだい【針小棒大】 言过其实 yán guò qí shí; 小题大做 xiǎotí dà zuò

しんしょく【侵食する】 侵害 qīnhài; 侵蚀 qīnshí (英 encroach)

しんしょく【浸食する】 浸蚀 jìnshí; 侵蚀 qīnshí (英 erode) ▶～作用/浸蚀作用 jìnshí zuòyòng ▶海水に～された岩石/被海水浸蚀的岩石 bèi hǎishuǐ jìnshí de yánshí ▶波が陸地を～する/波浪侵蚀陆地 bōlàng qīnshí lùdì

しんしょく【神職】 神职 shénzhí (英 a Shinto priest)

しんしょく【寝食】 寝食 qǐnshí (英 food and sleep) ▶～を忘れる/废寝忘食 fèi qǐn wàng shí ▶～を共にする/同吃同住 tóng chī tóng zhù ▶～を忘れて仕事に打ち込む/废寝忘食地埋头工作 fèi qǐn wàng shí de máitóu gōngzuò

しんじる【信じる】 ❶【本当だと思う】信 xìn; 相信 xiāngxìn (英 believe) ▶霊の存在を～/相信灵魂的存在 xiāngxìn línghún de cúnzài ▶君の話はそのままでは信じられない/你的话可不能全信 nǐ de huà kě bùnéng quán xìn ▶その川は信じ難いほど汚れている/那条河脏得难以置信 nà tiáo hé zāngde nányǐ zhìxìn ❷【信用・信頼する】信赖 xìnlài; 相信 xiāngxìn (英 trust) ▶師を～/相信老师 xiāngxìn lǎoshī ▶君は人を信じすぎる/你太轻信别人了 nǐ tài qīngxìn biérén le ❸【信仰する】信仰 xìnyǎng; 信奉 xìnfèng (英 believe in...) ▶仏教を～/信佛教 xìn Fójiào ▶キリスト教を～/信奉基督教 xìnfèng Jīdūjiào

しんしん【心身】 身心 shēnxīn; 体魄 tǐpò (英 mind and body) ▶～ともに健康である/身心俱健 shēnxīn jù jiàn ▶～ともに衰える/精疲力竭 jīng pí lì jié

しんしん【津津】 (英 brimming with...) ▶興味

～で/津津有味 jīnjīn yǒu wèi

しんしん【深深】（英 *deeply*）▶夜は～と更けわたる/夜深人静 yè shēn rén jìng ▶寒さが～と身にしみる/寒气刺骨 hánqì cìgǔ

しんしん【新進】 新锐 xīnruì；新生 xīnshēng；新露头角 xīn lù tóujiǎo（英 *rising*）▶～の音楽家/新锐音乐家 xīnruì yīnyuèjiā ▶一気鋭の作家も 3 作でおしまいになった/新露头角的作家，出了三本书也就告一段落了/新露头角的作家 zuòjiā, chūle sān běn shū yě jiù gào yíduànluò le

しんじん【信心する】 信 xìn；信仰 xìnyǎng（英 *believe in...; have faith in...*）▶～深い/虔诚信仰 qiánchéng xìnyǎng ▶～深い家庭に育つ/生长在一个信仰虔诚的家庭 shēngzhǎng zài yí ge xìnyǎng qiánchéng de jiātíng

> 日中比较 中国語の 'Xīn xìnxīn' は「自信」を指す

しんじん【深甚】（英 *deep*）▶～なる謝意を表する/致以深深的谢意 zhìyǐ shēnshēn de xièyì

しんじん【新人】 新人 xīnrén；新手 xīnshǒu（英 *a new figure*）▶～を入れる/接纳新手 jiēnà xīnshǒu ▶～を発掘する/发掘新人 fājué xīnrén

じんしん【人心】 民心 mínxīn；人心 rénxīn *public sentiments*）▶～を得る/得人心 dé rénxīn ▶～を惑わす/蛊惑人心 gǔhuò rénxīn ▶～の動揺を収める政治家がいない/没有政治家能够控制人心的动摇 méiyǒu zhèngzhìjiā nénggòu kòngzhì rénxīn de dòngyáo

じんしん【人身】 人身 rénshēn；〈個人の身の上〉个人身上 gèrén shēnshang（英 *the human body*）▶～事故/人身事故 rénshēn shìgù ▶鉱山で幾度か～事故があった/矿山发生了几次人身事故 kuàngshān fāshēngle jǐ cì rénshēn shìgù ▶彼らは政敵の～攻撃を始めた/他们开始对政敌进行人身攻击 tāmen kāishǐ duì zhèngdí jìnxíng rénshēn gōngjī

しんしんそうしつ【心神喪失】〔法〕精神失常 jīngshén shīcháng（英 *insanity*）

しんすい【心酔する】 醉心于 zuìxīn yú；崇拜 chóngbài；钦佩 qīnpèi（英 *be fascinated*）▶その歌手の～者/那位歌星的崇拜者 nà wèi gēxīng de chóngbàizhě

しんすい【浸水する】 淹 yān；浸水 jìnshuǐ（英 *be flooded*）▶床下～/地板下面浸水 dìbǎn xiàmiàn jìnshuǐ ▶地下街に～する/水淹地下商场 shuǐ yān dìxià shāngchǎng ▶洪水によって道沿いの人家が～した/洪水使路边的住房被水淹了 hóngshuǐ shǐ lùbiān de zhùfáng bèi shuǐ yān le ▶～は五百戸に上った/有五百户家庭被水淹没了地板 yǒu wǔbǎi hù jiātíng bèi shuǐ yānmòle dìbǎn

しんすい【進水する】 下水 xiàshuǐ（英 *be launched*）▶～式/下水典礼 xiàshuǐ diǎnlǐ ▶コンテナ船が～して水にすべって浮かんだ/集装箱船从下水台滑下去，浮在水面上 jízhuāngxiāngchuán cóng xiàshuǐtái huáxiàqu, fúzài shuǐmiànshang

しんずい【真髄】 精华 jīnghuá；精髓 jīngsuǐ（英 *the essence*）▶～を究める/探究精髓 tànjiū jīngsuǐ

しんせい【申請する】 申请 shēnqǐng（英 *apply*）▶息子を～人にする/让儿子做申请人 ràng érzi zuò shēnqǐngrén

♦～書:申请书 shēnqǐngshū ▶～書を提出する/提交申请书 tíjiāo shēnqǐngshū

しんせい【真正な】 真正 zhēnzhèng（英 *authentic*）▶～相続人/真正继承人 zhēnzhèng jìchéngrén

しんせい【真性の】 天性 tiānxìng；《病気の》真性 zhēnxìng（英 *genuine*）▶～コレラ/真性霍乱 zhēnxìng huòluàn

しんせい【神性】 神性 shénxìng；《心》心 xīn；精神 jīngshén（英 *divinity*）

しんせい【神聖な】 神圣 shénshèng（英 *sacred*）

しんせい【新制】 新制度 xīnzhìdù（英 *a new system*）▶～に切り替わる/转入新制度 zhuǎnrù xīnzhìdù

しんせい【新星】〔天文〕新星 xīnxīng（英 *a new star*）▶～を発見する/发现新星 fāxiàn xīnxīng ▶歌謡界期待の～/歌谣界瞩望的新星 gēyáojiè zhǔwàng de xīnxīng

じんせい【人生】 人生 rénshēng（英 *life*）▶～観/人生观 rénshēngguān ▶～経験/人生经验 rénshēng jīngyàn ▶君はまだ若い，これからが～だ/你还年轻，你的一生刚刚开始 nǐ hái niánqīng, nǐ de yìshēng gānggāng kāishǐ ▶十分に～を楽しむ/充分享受人生 chōngfèn xiǎngshòu rénshēng

しんせいじ【新生児】 产儿 chǎn'ér；新生婴儿 xīnshēng yīng'ér（英 *a newborn baby*）

しんせいだい【新生代】 新生代 xīnshēngdài（英 *the Cenozoic period*）

しんせいめん【新生面】 新领域 xīnlǐngyù；新面目 xīnmiànmù；生面 shēngmiàn（英 *a new field*）▶～を開く/别开生面 bié kāi shēngmiàn

しんせかい【新世界】 新世界 xīnshìjiè；新大陆 xīndàlù（英 *a new world*）；[アメリカ大陸] the New World）

しんせき【真跡】 真迹 zhēnjì（英 *one's own handwriting*）▶魯迅(ろじん)の～/鲁迅的真迹 Lǔ Xùn de zhēnjì

しんせき【親戚】 亲戚 qīnqi；《父方に限る》本家 běnjiā（英 *a relative*）

じんせきみとう【人跡未踏の】 人迹未至 rénjì wèi zhì；人迹未到 rénjì wèi dào（英 *untrodden*）▶～の地/人迹未至的地方 rénjì wèi zhì de dìfang

しんせつ【新設する】 新设 xīnshè（英 *establish*）▶～大学/新设的大学 xīnshè de dàxué ▶薬学部を～する/新设药物学院 xīnshè yàowù xuéyuàn

しんせつ【新雪】 新雪 xīnxuě（英 *fresh snow*）▶～を滑る/在新雪上滑雪 zài xīnxuěshang huáxuě

しんせつ【新説】 新学说 xīnxuéshuō (英 *a new theory*) ▶～を立てる/创立新学说 chuànglì xīnxuéshuō

しんせつ【親切な】 好意 hǎoyì; 厚意 hòuyì; 热情 rèqíng (英 *kind*) ▶～があだになる/帮倒忙 bāng dàománg ▶～に応対する/热情接待 rèqíng jiēdài ▶～心/好心好意 hǎoxīn hǎoyì ▶地元の人が～に道を教えてくれた/当地人热情地给我指路 dāngdìrén rèqíng de gěi wǒ zhǐ lù ▶せっかくの～を無にしてはいけない/不能辜负人家的一番好意 bùnéng gūfù rénjia de yì fān hǎoyì ▶これは御～に/多谢你的好意 duōxiè nǐ de hǎoyì ▶外国からの人には～にする/善待外宾 shàndài wàibīn

[日中比較] 中国語の'亲切 qīnqiè'は「心のこもった」「親しみのこもった」という意味であり、日本語のような「相手のことを思いやる」というニュアンスはない。

しんせん【神仙】 神仙 shénxiān (英 *a supernatural being*)

しんせん【新鮮な】 新鲜 xīnxiān; 清新 qīngxīn (英 *fresh*) ▶～な魚介類/新鲜的鱼虾 xīnxiān de yúxiā ▶～な発想/崭新的想法 zhǎnxīn de xiǎngfa ▶～な空気を入れる/换一下清新空气 huàn yíxià qīngxīn kōngqì

しんぜん【親善】 亲善 qīnshàn; 友好 yǒuhǎo (英 *friendship*) ▶～試合/友谊赛 yǒuyìsài ▶～大使/友好使节 yǒuhǎo shǐjié ▶～使節として小学生が派遣される/小学生作为友好大使被派遣 xiǎoxuéshēng zuòwéi yǒuhǎo dàshǐ bèi pàiqiǎn

じんせん【人選する】 人选 rénxuǎn (英 *select a suitable person*) ▶～を誤る/选错人 xuǎncuò rén ▶後任の～を急ぐ必要がある/需要赶快选出后任 xūyào gǎnkuài xuǎnchū hòurèn

[日中比較] 中国語の'人选 rénxuǎn'は「適当な人を選ぶ」という意味の他に、「ある基準に合った候補者」という意味も持つ。

しんぜんび【真善美】 真善美 zhēnshànměi (英 *the good, the true and the beautiful*)

しんそう【真相】 实情 shíqíng; 真相 zhēnxiàng (英 *the truth*) ▶～が明らかになる/真相大白 zhēnxiàng dà bái ▶～を究明する/查明真相 chámíng zhēnxiàng ▶事件の～を究める/追究事件的真相 zhuījiū shìjiàn de zhēnxiàng ▶～を明らかにする/弄清真相 nòngqīng zhēnxiàng ▶～は闇の中だ/真相隐藏在黑幕后 zhēnxiàng yǐncáng zài hēimùhòu

しんそう【深窓】 深闺 shēnguī (英 *a secluded room in a large house*) ▶～の令嬢/深闺小姐 shēnguī xiǎojiě

しんそう【深層】 (英 *the depths*) ▶～心理/深层心理 shēncéng xīnlǐ ▶地球の～部/地球深层 dìqiú shēncéng

しんそう【新装】 重新装修 chóngxīn zhuāngxiū (英 *refurbish*) ▶～成った大阪駅の焕然一新的大阪车站 huànrán yìxīn de Dàbǎn chēzhàn

しんぞう【心臓】 ❶【器官】心脏 xīnzàng (英 *a heart*) ▶～移植/心脏移植 xīnzàng yízhí ▶～肥大/心脏肥大 xīnzàng féidà ▶～病/心脏病 xīnzàngbìng ▶～発作/心脏病发作 xīnzàngbìng fāzuò ▶～マヒ/心脏麻痹 xīnzàng mábì ▶彼の正常な～の鼓動は1分間に約75である/他的正常脉搏数约为每分钟七十五次 tā de zhèngcháng màibóshù yuē wéi měi fēnzhōng qīshiwǔ cì ▶それを見た時には、はっとして～の鼓動がとまった/见到那个情景，我大吃一惊，心脏好像停止了跳动 jiàndào nàge qíngjǐng, wǒ dà chī yì jīng, xīnzàng hǎoxiàng tíngzhǐle tiàodòng ▶～がどきとした/心嘭地跳了一下 xīn pēng de tiàole yíxià ❷【中心】(英 *the heart*) ▶～部/心脏；中心地区 zhōngxīn dìqū ▶ニューヨーク市の～部/纽约市的中心部 Niǔyuēshì de zhōngxīnbù ❸【比喩】(英 *a nerve*) ▶～が強い/脸皮厚 liǎnpí hòu ▶彼の～の強いのには驚いた/他脸皮这么厚，真让人吃惊 tā liǎnpí zhème hòu, zhēn ràng rén chījīng

しんぞう【新造】 新造 xīnzào (英 *newly-made*) ▶～船/新造船只 xīnzào chuánzhī

じんぞう【人造】 人造 rénzào (英 *man-made*) ▶～湖/人造湖 rénzàohú; 人工湖 réngōnghú

じんぞう【腎臓】 肾脏 shènzàng (英 *a kidney*) ▶～病/肾病 shènbìng

しんぞく【親族】 亲属 qīnshǔ; 亲戚 qīnqi (英 *a relative*)

じんそく【迅速な】 迅速 xùnsù (英 *quick*) ▶～な対応/迅速处理 xùnsù chǔlǐ ▶彼らは～に連絡してくれた/他们迅速地跟我们取得了联系 tāmen xùnsù de gēn wǒmen qǔdéle liánxì

しんそこ【心底】 衷心 zhōngxīn; 心地 xīndǐ (英 *the bottom of one's heart*) ▶～から願う/衷心渴求 zhōngxīn kěqiú ▶～惚れる/打心眼儿喜欢 dǎ xīnyǎnr xǐhuan ▶あの男が～嫌いになった/彻底厌恶那个男的了 chèdǐ yànwù nàge nán de le

しんそつ【新卒の】 新毕业 xīn bìyè (英 *fresh from college〔school〕*) ▶～者《大学からの》/新毕业生 xīnbìyèshēng

しんたい【身体】 身体 shēntǐ; 躯体 qūtǐ (英 *the body*) ▶～頑健な/身强体壮 shēn qiáng tǐ zhuàng

健全なる精神は健全なる～に宿る 健全的精神要依仗于健康的身体 jiànquán de jīngshén yào yīzhàng yú jiànkāng de shēntǐ

◆～言語/身体语言 shēntǐ yǔyán; 姿态语言 zītài yǔyán ～検査/体格检查 tǐgé jiǎnchá;《持ち物の》搜身检查 sōushēn jiǎnchá ～障害者/残疾人 cánjírén

しんたい【進退】 去留 qùliú; 进退 jìntuì (英 *movement*) ▶～窮まる/进退维谷 jìntuì wéi gǔ; 左右为难 zuǒyòu wéinán ▶歴史ある出版社の

役員たちは～を共にした/历史悠久的出版社的领导们同舟共济 lìshǐ yōujiǔ de chūbǎnshè de lǐngdǎomen tóng zhōu gòng jì
◆～伺い ▶～伺いを出す/提交请示去留的辞呈 tíjiāo qǐngshì qùliú de cíchéng

しんだい【身代】家产 jiāchǎn; 家业 jiāyè 英 *a fortune*) ▶～を築く/积攒家业 jīzǎn jiāyè ▶～をつぶす/败家 bàijiā; 荡尽家产 dàngjìn jiāchǎn

しんだい【寝台】 ❶【ベッド】床 chuáng; 卧床 wòchuáng 英 *a bed*) ❷【乗り物の】卧铺 wòpù 英 *a berth*) ▶～車/卧铺列车 wòpù lièchē ▶～席/铺位 pùwèi ▶～料金/卧铺车费 wòpùchēfèi ▶～列车は少なくなった/卧铺车少了 wòpùchē shǎo le

じんたい【人体】人体 réntǐ 英 *a human body*) ▶～実験/人体实验 réntǐ shíyàn

じんたい【靱帯】韧带 rèndài 英 *a ligament*) ▶～損傷/韧带损伤 rèndài sǔnshāng

じんだい【甚大な】非常大 fēicháng dà 英 *very great*) ▶～な被害/极大的损害 jí dà de sǔnhài; 极大的灾害 jí dà de zāihài ▶今回の地震によって～な被害がもたらされた/这次地震带来了极大的灾害 zhè cì dìzhèn dàiláile jí dà de zāihài

しんたいそう【新体操】艺术体操 yìshù tǐcāo 競技種目)英 *rhythmic gymnastics*)

しんたいりく【新大陸】新大陆 xīndàlù; 新天地 xīntiāndì 英 *a new continent*; [アメリカ大陸] *the New World*)

しんたく【信託する】信托 xìntuō 英 *trust…with～*) ▶～銀行/信托银行 xìntuō yínháng ▶～証書/信托证书 xìntuō zhèngshū ▶この地域は国連による～統治領である/这个地区是联合国托管的领土 zhège dìqū shì Liánhéguó tuōguǎn de lǐngtǔ ▶国民の～に応える/不辜负人民委托 bù gūfù rénmín wěituō
◆投資～ ▶投資～は元金を補償しないリスクがあります/信托投资有不保证本金的风险 xìntuō tóuzī yǒu bù bǎozhèng běnjīn de fēngxiǎn

しんたく【神託】神谕 shényù 英 *an oracle*) ▶～が下る/神谕下达 shényù xiàdá

シンタックス句法 jùfǎ; 造句法 zàojùfǎ 英 *syntax*)

じんだて【陣立て】布阵 bùzhèn 英 *a battle formation*) ▶～を整える/摆好阵势 bǎihǎo zhènshì

しんたん【心胆】心胆 xīndǎn 英 *a heart*) ▶～を寒からしめる/使人胆战心惊 shǐ rén dǎn zhàn xīn jīng

しんだん【診断する】〔病気を〕诊断 zhěnduàn;〔会社などを〕分析鉴定 fēnxī jiàndìng 英 *diagnose*) ▶～書/诊断书 zhěnduànshū ▶耐震～/抗震鉴定 kàngzhèn jiàndìng ▶彼女の病気は大腸癌と～された/她的病被诊断为大肠癌 tā de bìng bèi zhěnduàn wéi dàcháng'ái
◆健康～ ▶年に一度健康～を受ける/每年接受一次健康体检 měinián jiēshòu yí cì jiànkāng tǐjiǎn

じんち【知知】人类的智慧 rénlèi de zhìhuì 英 *human intelligence*) ▶～の及ぶところではない/不是人类的智慧所能达到的 bú shì rénlèi de zhìhuì suǒ néng dádào de

じんち【陣地】阵地 zhèndì 英 *a position*) ▶～を固守する/坚守阵地 jiānshǒu zhèndì ▶～を争奪する/争夺阵地 zhēngduó zhèndì

しんちく【新築する】新建 xīnjiàn; 新盖 xīngài 英 *build*) ▶～祝い/祝贺新房建成的礼物 zhùhè xīnfáng jiànchéng de lǐwù ▶息子たちは古家を壊して～した/儿子们拆掉老房子盖了新房 érzimen chāidiào lǎofángzi gàile xīnfáng

じんちくむがい【人畜無害】人畜无害 rénchù wúhài 英 *utterly harmless*) ▶～な殺虫剤がありうるのか/能有对人畜无害的杀虫剂吗？ néng yǒu duì rénchù wúhài de shāchóngjì ma?

しんちゃ【新茶】新茶 xīnchá 英 *the first tea of the season*) ▶～を味わう/品尝新茶 pǐncháng xīnchá

しんちゃく【新着の】新到 xīn dào 英 *newly-arrived*) ▶～ビデオソフト/新到的影像软件 xīn dào de yǐngxiàng ruǎnjiàn

しんちゅう【心中】内心 nèixīn; 心中 xīnzhōng; 心地 xīndì 英 *one's heart*) ▶～を語る/谈心 tánxīn ▶～を察する/体谅内心 tǐliàng nèixīn ▶思いがけない事態に彼は～穏やかではなかった/遇到意想不到的情况，他的内心十分慌乱 yùdào yìxiǎngbúdào de qíngkuàng, tā de nèixīn shífēn huāngluàn

しんちゅう【真鍮の】黄铜 huángtóng 英 *brass*) ▶～のねじ/黄铜螺丝 huángtóng luósī

しんちゅう【進駐する】进驻 jìnzhù 英 *occupy*) ▶～軍/驻军 zhùjūn ▶～軍とは占領軍のことでした/进驻军就是占领军 zhùjūn jiùshì zhànlǐngjūn

じんちゅう【陣中】战阵之中 zhànzhèn zhīzhōng; 前线 qiánxiàn 英 *a battlefield camp*) ▶～見舞い/慰问前线战士 wèiwèn qiánxiàn zhànshì

しんちょ【新著】新著 xīnzhù 英 *a new book*)

しんちょう【伸張する】扩展 kuòzhǎn; 扩大 kuòdà 英 *extend*)

しんちょう【身長】身长 shēncháng; 身高 shēngāo 英 *height*) ▶～が高い/个子高 gèzi gāo ▶～が伸びる/长个子 zhǎng gèzi ▶～は1メートル80センチある/身高有一米八零 shēngāo yǒu yì mǐ bā líng ▶中学生の頃～がのびる/上初中的时候长个子 shàng chūzhōng de shíhou zhǎng gèzi ▶～順に並ぶ/按身高排队 àn shēngāo páiduì ▶あなたの～はこれ以上伸びません/你不会再长高了 nǐ búhuì zài zhǎnggāo le

しんちょう【深長な】深长 shēncháng 英 *meaningful*) ▶意味～な/意味深长 yìwèi shēncháng

しんちょう【慎重な】谨慎 jǐnshèn; 慎重 shènzhòng（英 carefull）▶～を期する/希望慎重对待 xīwàng shènzhòng duìdài ▶～さを欠く/缺乏谨慎 quēfá jǐnshèn ▶この案件はきわめて複雑なので～に対応したい/这个事件极其复杂，需要慎重应对 zhè ge shìjiàn jíqí fùzá, xūyào shènzhòng yìngduì ▶～な、しかし決然たる態度をとる/采取谨慎却又坚定的态度 cǎiqǔ jǐnshèn què yòu jiāndìng de tàidu ▶～に行動する/谨慎行动 jǐnshèn xíngdòng

しんちょう【新調する】 新制 xīn zhì；新做的衣服 xīn zuò de yīfu（英 make）▶背広を～する/新做一套西服 xīn zuò yí tào xīfú

ジンチョウゲ【沈丁花】〖植物〗瑞香 ruìxiāng；丁香 dīngxiāng（英 a daphne）

しんちょく【進捗】 进展 jìnzhǎn（英 make good progress）▶～状況/进展情况 jìnzhǎn qíngkuàng

しんちんたいしゃ【新陳代謝】〖生理〗新陈代谢 xīn chén dài xiè（英 metabolism）

しんぱい【心配する】 担心 dānxīn；担忧 dānyōu（英 worry）▶～の表情/愁容 chóuróng ▶彼は～のあまりげっそり痩せた/他因为担心过度，消瘦了很多 tā yīnwèi dānxīn guòdù, xiāoshòule hěn duō

じんつう【陣痛】 阵痛 zhèntòng（英 labor pains）▶～が始まる/开始阵痛 kāishǐ zhèntòng

じんつうりき【神通力】 神通 shéntōng（英 supernatural powers）▶孫悟空を～をふるう/孙悟空大显神通 Sūn Wùkōng dà xiǎn shéntōng

しんてい【心底】 内心 nèixīn；真心 zhēnxīn（英 the bottom of one's heart）▶～を見抜く/看透内心 kàntòu nèixīn

しんてい【進呈する】 奉送 fèngsòng（英 present）▶《商店などのサービスの》粗品～/敬赠菲仪 jìngzèng fěiyí

しんてき【心的な】 心理上的 xīnlǐshang de；精神上的 jīngshénshang de（英 mental）▶～変化/精神上的变化 jīngshénshang de biànhuà ▶～外傷後ストレス障害（PTSD）/心理创伤后应激障碍 xīnlǐ chuāngshānghòu yìngjī zhàng'ài ▶～風景/精神领域里的风景 jīngshén lǐngyùlǐ de fēngjǐng

じんてき【人的な】 人的 rén de（英 human）▶～資源/人力资源 rénlì zīyuán

シンデレラ 灰姑娘 Huīgūniang（英 Cinderella）▶～ボーイ/走运青年 zǒuyùn qīngnián

しんてん【進展する】 进展 jìnzhǎn（英 develop）▶その計画はもう何ヶ月も～していない/那项计划已经有好几个月没有进展了 nà xiàng jìhuà yǐjing yǒu hǎojǐ ge yuè méiyǒu jìnzhǎn le

しんてん【親展】 亲启 qīnqǐ《封筒の表書き》（英 Confidential; Personal）

しんでん【神殿】 神殿 shéndiàn（英 a shrine）▶パルテノン～/巴特农神殿 Bātènóng shéndiàn

しんでんず【心電図】 心电图 xīndiàntú（英 an electrocardiogram）▶～をとる/做心电图 zuò xīndiàntú

しんてんち【新天地】 新天地 xīntiāndì（英 a new world）▶～を求める/寻求新天地 xúnqiú xīntiāndì

しんと（英 silently; quietly）▶～静まる/肃静 sùjìng；鸦雀无声 yā què wú shēng ▶会场は～静まった/全场变得寂静无声 quánchǎng biànde jìjìng wú shēng

しんと【信徒】 信徒 xìntú；信仰者 xìnyǎngzhě（英 a believer）

しんど【深度】 深度 shēndù（英 depth）▶湖の～を測る/测量湖水深度 cèliáng húshuǐ shēndù

しんど【進度】 进度 jìndù（英 progress）▶～が遅い/进度慢 jìndù màn ▶僕のクラスは数学の～が遅れている/我们班的数学课进度落后了 wǒmen bān de shùxuékè jìndù luòhòu le

しんど【震度】 震度 zhèndù（英 seismic intensity）▶昨夜～5強の地震がその地区を襲った/昨天晚上，烈度为五度强的地震袭击了该地区 zuótiān wǎnshang, lièdù wéi wǔ dù qiáng de dìzhèn xíjīle gāi dìqū

じんと（英 [感動で] moving；[しびれて] numb）▶目がしらが～なる/鼻子发酸 bízi fāsuān ▶胸に～くる/感人肺腑 gǎn rén fèifǔ ▶つま先が～しびれる/脚尖发麻 jiǎojiān fāmá

しんどい【疲れる】 累 lèi；疲劳 píláo（英 tired）；《難儀だ》费劲儿 fèijìnr（英 hard）▶～仕事/费劲儿的工作 fèijìnr de gōngzuò

しんとう【心頭】 ▶怒り～に発する/怒上心头 nùshàng xīntóu

ことわざ 心頭を滅却すれば火もまた涼し 灭却心头火亦凉 mièquè xīntóu huǒ yì liáng

しんとう【浸透する】 浸透 jìntòu；渗透 shèntòu（英 permeate）▶～圧/渗透压 shèntòuyā ▶人々の意識に～する/渗透到人们的意识里 shèntòu dào rénmen de yìshíli ▶アスファルト道路のため雨水が地下に～しない/因为是柏油马路，雨水不会渗透到地下 yīnwèi shì bǎiyóu mǎlù, yǔshuǐ búhuì shèntòu dào dìxià

しんとう【神道】 神道 shéndào（英 Shintoism）▶国家～/国家神道 guójiā shéndào

しんとう【新党】 新党 xīndǎng（英 a new party）▶～を旗揚げする/结成新党 jiéchéng xīndǎng

しんとう【親等】 亲等 qīnděng（英 the degree of relationship）
◆1～/一等亲 yì děng qīn

しんどう【振動する】 振荡 zhèndàng；振动 zhèndòng（英 vibrate）▶トラックが通ると窓ガラスが～する/卡车一通过，窗上的玻璃就会振动 kǎchē yì tōngguò, chuāngshang de bōli jiù huì zhèndòng

しんどう【神童】 神童 shéntóng（英 an infant genius）▶かつて～と呼ばれた人がこの会社にはたくさん働いている/有很多过去被誉为神童的人在这个公司工作 yǒu hěn duō guòqù bèi yùwéi shéntóng de rén zài zhège gōngsī gōngzuò

しんどう【震動する】 震动 zhèndòng（英

shake）▶～させる/撼动 hàndòng ▶ダンプカーが通るたびに家が～する/翻斗车一通过，房子就会震动 fāndǒuchē yì tōngguò, fángzi jiù huì zhèndòng

じんとう【陣頭】 前线 qiánxiàn；第一线 diyīxiàn（英 *the head of an army*）▶～に立つ/站在第一线 zhànzài dìyīxiàn ▶～指挥/前线指挥 qiánxiàn zhǐhuī

じんどう【人道】 人道 réndào（英 *humanity*）▶～主义/人道主义 réndào zhǔyì ▶～上/人道上 réndàoshang ▶～的な扱い/符合人道的措施 fúhé réndào de cuòshī ▶非～的な行为/非人道的行为 fēiréndào de xíngwéi

じんとうぜい【人頭税】 人头税 réntóushuì（英 *a poll tax*）

じんとく【人德】 品德 pǐndé（英 *one's natural virtue*）▶彼は～があって尊敬される/他德高望重，受到尊敬 tā dé gāo wàng zhòng, shòudào zūnjìng

じんどる【陣取る】（*場所を*）占地 zhàndì（英 *occupy*）▶舞台正面に～/占舞台正面的位置 zhàn wǔtái zhèngmiàn de wèizhì ▶彼らは桜の下で陣取ってどんちゃん騒ぎをしている/他们在樱花下面占了一块地，尽情嬉玩 tāmen zài yīnghuā xiàmian zhànle yí kuài dì, jìnqíng xī wán

シンナー 稀释剂 xīshìjì；信纳水 xìnnàshuǐ（英 *thinner*）▶～中毒/信纳水中毒 xìnnàshuǐ zhòngdú ▶～を吸う/吸信纳 xī xìnnà

しんにち【親日】 亲日 qīnRì（英 *pro-Japanese*）▶～派/亲日派 qīnRìpài

しんにゅう【侵入する】 侵入 qīnrù；入侵 rùqīn；侵犯 qīnfàn（英 *invade*）▶他人の領分に～する/侵犯别人的领域 qīnfàn biérén de lǐngyù
◆不法～/非法侵入 fēifǎ qīnrù ▶不法～罪で逮捕される/因非法侵入的罪名被逮捕 yīn fēifǎ qīnrù de zuìmíng bèi dàibǔ

しんにゅう【進入する】 进入 jìnrù（英 *go into*）▶～禁止/禁止进入 jìnzhǐ jìnrù

しんにゅうしゃいん【新入社員】 新职员 xīnzhíyuán（英 *a new employee*）▶4月には～がオフィス街にあふれる/四月在写字楼区到处都是新职员 sì yuè zài xiězìlóuqū dàochù dōu shì xīnzhíyuán

しんにゅうせい【新入生】 新生 xīnshēng（英 *a new student*）

しんにん【信任する】 信任 xìnrèn（英 *place confidence in...*）▶～を得る/得到信任 dédào xìnrèn ▶～が厚い/深受信任 shēnshòu xìnrèn ▶政府は国民の～を失った/政府失去了国民的信任 zhèngfǔ shīqùle guómín de xìnrèn
～投票/信任投票 xìnrèn tóupiào ▶～投票に敗れる/在信任投票时败下阵来 zài xìnrèn tóupiào shí bài xià zhèn lái

しんにん【新任の】 新任 xīnrèn（英 *newly-appointed*）▶～教师/新任教师 xīnrèn jiàoshī ▶～の挨拶を述べる/新上任时致辞 xīn shàngrèn shí zhìcí

しんね【新値】 新价格 xīnjiàgé（英 *a new high*）

しんねん【信念】 信念 xìnniàn；信心 xìnxīn（英 *belief*）▶～を貫く/贯彻信念 guànchè xìnniàn ▶～が固い/信念坚定 xìnniàn jiāndìng ▶彼らは自分たちの政治制度に～を持っている/他们对自己的政治制度持有信念 tāmen duì zìjǐ de zhèngzhì zhìdù chíyǒu xìnniàn ▶～をもって語る/充满信念地讲述 chōngmǎn xìnniàn de jiǎngshù

しんねん【新年】 新年 xīnnián（英 *a new year; the New Year*）▶～を祝う/祝贺新年 zhùhè xīnnián ▶～おめでとう/恭贺新年 gōnghè xīnnián

しんのう【親王】 亲王 qīnwáng（英 *an Imperial prince*）

しんぱ【新派】 新流派 xīnliúpài（英 *a new school*）▶～を起こす/创立新流派 chuànglì xīnliúpài

シンパ 支援者 zhīyuánzhě；同路人 tónglùrén（英 *a sympathizer*）▶～を募る/征求支援者 zhēngqiú zhīyuánzhě

しんぱい【心肺】 心肺 xīnfèi（英 *the heart and the lungs*）▶～蘇生/心肺复苏 xīnfèi fù sū ▶～機能が衰える/心肺功能衰竭 xīnfèi gōngnéng shuāijié

しんぱい【心配する】 担心 dānxīn；忧愁 yōulǜ；怕 pà（英 *worry*）▶～でならない/忧心忡忡 yōuxīn chōngchōng ▶～事/心事 xīnshì ▶娘はいつも～の種だ/女儿总是让我们操心的原因 nǚ'ér zǒngshì ràng wǒmen cāoxīn de yuányīn ▶試験の結果をひどく～している/非常担忧考试结果 fēicháng dānyōu kǎoshì jiéguǒ ▶それを忘れる～のないよう書き留めておいた/为了不用担心忘却，作了记录 wèile búyòng dānxīn wàngquè, zuòle jìlù ▶そのことでは～いらない/不必为这件事担心 búbì wèi zhè jiàn shì dānxīn ▶何の～もせずに自由に動き回る/无忧无虑地自由往来 wú yōu wú lǜ de zìyóu wǎnglái ▶いらぬ～だ/多管闲事 duō guǎn xiánshì

じんぱい【塵肺】〔医〕尘肺 chénfèi（英 *pneumoconiosis*）

しんぱく【心拍】 心跳 xīntiào（英 *a heartbeat*）

しんばつ【神罰】 天谴 tiānqiǎn（英 *divine punishment*）▶～が下る/天谴降临 tiānqiǎn jiànglín

シンバル【楽器】铙 bó（英 *cymbals*）

しんぱん【侵犯する】 进犯 jìnfàn；侵犯 qīnfàn（英 *violate*）▶領空を～する/侵犯领空 qīnfàn lǐngkōng

しんぱん【新版】 新版 xīnbǎn（英 [新改訂] *a new edition*）

しんぱん【審判する】 裁判 cáipàn（英 *judge; umpire; referee*）▶～員/裁判员 cáipànyuán ▶野球の～員/棒球的裁判 bàngqiú de cáipàn

> 日中比較 中国語の'审判 shěnpàn'は「裁判」を表す．日本語と中国語で「裁判」と「審判」の意味は逆になる．

しんび【審美】 審美 shěnměi (英 aesthetic appreciation) ▶~眼/審美能力 shěnměi nénglì

しんぴ【神秘】 奥秘 àomì; 神秘 shénmì (英 a mystery) ▶~を探る/探究奥秘 tànjiū àomì ▶~的な/神秘的な tā kě shì ge réncái 彼はなかなか変わった~だ/他真是个怪人 tā zhēn shì yí ge guàirén ▶作中の~/作品里的人物 zuòpǐnli de rénwù ▶社員の採用はもっぱら~本位で決めています/采用员工的时候全看人品 cǎiyòng yuángōng de shíhou quán kàn rénpǐn

シンプル 简单 jiǎndān; 简朴 jiǎnpǔ; 朴素 pǔsù (英 simple)

しんぶん【新聞】 报 bào; 报纸 bàozhǐ (英 a newspaper) ▶~に载る/上报 shàngbào; 登在报上 dēngzài bàoshang 通勤帰りに~の夕刊を買う/下班的路上买晚报 xiàbān de lùshang mǎi wǎnbào ▶~の信用を損なう/使报纸丧失信赖 shǐ bàozhǐ sàngshī xìnlài ▶~に実名で出ている/以真名实姓见报 yǐ zhēn míng shí xìng jiànbào 自分勝手な大臣が~でたたかれる/任性的大臣受到报纸的攻击 rènxìng de dàchén shòudào bàozhǐ de gōngjī ▶一番安い~を取る/订最便宜的报纸 dìng zuì piányi de bàozhǐ スポーツの記者/体育报的记者 tǐyùbào de jìzhě ▶~休刊日をすぐ忘れてポックスを見に行く/总是忘记报纸的休刊日, 去信箱取报 zǒngshì wàngjì bàozhǐ de xiūkānrì, qù xìnxiāng qǔ bào

◆~記事: 报纸消息 bàozhǐ xiāoxi ~記者: 新闻记者 xīnwén jìzhě ~広告: ~广告で謝罪する/在报上登载广告致歉 zài bàoshang dēngzǎi guǎnggào zhìqiàn ~社: 报社 bàoshè

日中比較 中国语の'新闻 xīnwén'は「ニュース」のことである。▶新闻节目 xīnwén jiémù/ニュース番組

じんぶん【人文】 人文 rénwén (英 culture; humanity) ▶~科学/人文科学 rénwén kēxué

しんぺい【新兵】 新兵 xīnbīng (英 a recruit) ▶アメリカは絶えず~を海外に派遣する/美国总是不断把新兵派往海外 Měiguó zǒngshì búduàn bǎ xīnbīng pài wǎng hǎiwài

ジンベイザメ【甚平鮫】 [魚] 鲸鲨 jīnghāshā (英 a whale sharp)

しんぺん【身辺】 身边 shēnbiān (英 one's daily life) ▶~が騒がしい/身边不宁静 shēnbiān bù níngjìng ▶~警護/贴身护卫 tiēshēn hùwèi ▶~整理/处理身边的事情 chǔlǐ shēnbiān de shìqíng

しんぽ【進歩する】 进步 jìnbù; 向上 xiàngshàng; 前进 qiánjìn (英 make progress) ▶日本は中国よりロボット技術が~している/日本的自动装置技术比中国先进 Rìběn de zìdòng zhuāngzhì jìshù bǐ Zhōngguó xiānjìn ▶地球温暖化の問題では目立った~はない/在全球气候变暖的问题上没有取得瞩目的进展 zài quánqiú qìhòu biànnuǎn de wèntíshang méiyǒu qǔdé zhǔmù de jìnzhǎn

しんぼう【心房】 [解] 心房 xīnfáng (英 an atrium) ▶~細動/心房颤动 xīnfáng chàndòng

---

しんび【審美】 審美 shěnměi (英 aesthetic appreciation) ▶~眼/審美能力 shěnměi nénglì

しんぴ【神秘】 奥秘 àomì; 神秘 shénmì (英 a mystery) ▶~を探る/探究奥秘 tànjiū àomì ▶~的な/神秘的な ~的な/神秘的 shénmì de ▶宇宙の~を解く/揭开宇宙的神秘 jiēkāi yǔzhòu de shénmì

しんぴつ【真筆】 真迹 zhēnjì (英 an autograph) ▶空海の~/空海的真迹 Kōnghǎi de zhēnjì

しんぴつ【親筆】 亲笔 qīnbǐ (英 handwriting by a person of high ranking)

しんぴょうせい【信憑性】 可靠性 kěkàoxìng (英 reliability) ▶~が薄い/不够可靠 bú gòu kěkào ▶彼の証言は~がない/他的证词不可靠 tā de zhèngcí bù kěkào

しんぴん【新品の】 新品 xīnpǐn; 新货 xīnhuò (英 new) ▶~同様/和新品一样 hé xīnpǐn yíyàng ▶车の古タイヤを~と取り換える/把汽车的旧轮胎换成新的 bǎ qìchē de jiùlúntāi huànchéng xīn de

じんぴん【人品】 人品 rénpǐn; 仪表 yíbiǎo (英 one's personal appearance) ▶~卑しからぬ/品貌不俗 pǐnmào bù sú

しんぶ【深部】 深处 shēnchù (英 the deep interior)

しんぷ【神父】 神甫 shénfu (英 [カトリック教の] a father)

しんぷ【新婦】 新妇 xīnfù; 新娘 xīnniáng (英 a bride)

しんぷ【新譜】 新歌曲 xīngēqǔ; 新谱 xīnpǔ (英 a newly-released record)

しんぷう【新風】 新风 xīnfēng (英 a new trend) ▶高校生がゴルフ界に~を吹き込む/一个高中生为高尔夫球界送来一阵新风 yí ge gāozhōngshēng wèi gāo'ěrfūqiúujiè sònglái yí zhèn xīnfēng

シンフォニー [音楽] 交响乐 jiāoxiǎngyuè (英 a symphony)

しんぷく【心服する】 倾佩 qīngpèi; 心服 xīnfú (英 have a high regard)

しんぷく【信服する】 信服 xìnfú; 服气 fúqì (英 have absolute trust) ▶~される/为人信服 wéi rén xìnfú

しんぷく【振幅】 振幅 zhènfú (英 amplitude) ▶~が大きい/振幅大 zhènfú dà

しんぷく【震幅】 震幅 zhènfú (英 the amplitude of an earthquake)

しんふぜん【心不全】 [医] 心力衰竭 xīnlì shuāijié (英 heart failure)

じんふぜん【腎不全】 [医] 肾功能衰竭 shèn gōngnéng shuāijié (英 renal failure)

しんぶつ【神仏】 神佛 shénfó (英 gods and Buddha) ▶生きて帰れるよう~に祈る/向神佛祈祷能够生还 xiàng shénfó qídǎo nénggòu shēnghuán

じんぶつ【人物】 人物 rénwù; 人品 rénpǐn;《傑物》人才 réncái 英 [人柄] personality; [人] a

しんぼう【心棒】 軸 zhóu;《組織の中心》核心 héxīn（英 an axle） ▶独楽(ã)の〜/陀螺轴 tuóluó zhóu

しんぼう【辛抱する】 忍耐 rěnnài; 忍受 rěnshòu;《辛抱強さ》耐性 nàixìng（英 be patient） ▶〜強い/有耐心 yǒu nàixīn ▶もう〜できない/我忍耐不住了 wǒ rěnnàibuzhù le /娘は何をしても〜がない/女儿不论干什么都没有耐性 nǚ'ér búlùn gàn shénme dōu méiyǒu nàixìng

しんぼう【信望】 信誉 xìnyù; 声望 shēngwàng（英 confidence） ▶〜の厚い/信誉高 xìnyù gāo ▶彼は社内の〜を集めている/他在公司里很有声望 tā zài gōngsīli hěn yǒu shēngwàng

しんぽう【信奉】【信奉する】 信奉 xìnfèng; 信仰 xìnyǎng（英 believe） ▶〜者/信仰者 xìnyǎngzhě

じんぼう【人望】 名望 míngwàng; 人望 rénwàng; 威望 wēiwàng（英 popularity） ▶〜が厚い/很有人望 hěn yǒu rénwàng ▶〜を失う/失去人望 shīqù rénwàng ▶彼は人の苦労を知らなかったので〜がなかった/他不了解别人的艰辛，所以没有人望 tā bù liǎojiě biéren de jiānxīn, suǒyǐ méiyǒu rénwàng

しんぼうえんりょ【深謀遠慮】 深谋远虑 shēn móu yuǎn lù（英 far-sightedness）

しんぼく【親睦】 和睦 hémù（英 friendship） ▶〜を図る/谋求和睦 móuqiú hémù ▶〜会/联谊会 liányìhuì

シンポジウム 学术讨论会 xuéshù tǎolùnhuì; 专题讨论会 zhuāntí tǎolùnhuì; 座谈会 zuòtánhuì（英 a symposium）

シンボル 象征 xiàngzhēng（英 a symbol）

しんまい【新米】《人》新手 xīnshǒu; 生手 shēngshǒu（英 a beginner）;《新しい米》新大米 xīndàmǐ（英 new rice） ▶彼女はその会社では〜である/她在那个公司是个新手 tā zài nàge gōngsī shì ge xīnshǒu ▶彼はその仕事については〜ではない/关于那个工作他可不是生手 guānyú nàge gōngzuò tā kěbushì shēngshǒu

じんましん【蕁麻疹】〘医〙蕁麻疹 xúnmázhěn（英 hives） ▶〜が出る/出荨麻疹 chū xúnmázhěn

しんみ【新味】 新颖 xīnyǐng; 新意 xīnyì（英 novelty） ▶〜に欠ける/缺乏新颖 quēfá xīnyǐng ▶〜を出す/创新 chuàngxīn ▶後追いの商品に〜を加える/给后发的商品创造新意 gěi hòufā de shāngpǐn chuàngzào xīnyì

しんみ【親身】 亲骨肉 qīngǔròu; 亲人 qīnrén（英 kind） ▶〜になって/像亲人一样 xiàng qīnrén yíyàng; 热情 rèqíng

〖日中比較〗中国語の'亲身 qīnshēn'は「身をもって」という意味である。

しんみつ【親密】 亲密 qīnmì; 贴心 tiēxīn（英 close） ▶〜な間柄/亲密的关系 qīnmì de guānxi ▶彼女は編集部の佐藤君とは〜である/她跟编辑部的佐藤关系亲密 tā gēn biānjíbù de Zuǒténg guānxi qīnmì

じんみゃく【人脈】 人际关系 rénjì de guānxi（英 one's network of contacts） ▶〜を広げる/扩大人际关系 kuòdà rénjì guānxi ▶彼は英語学界には広い〜を持っている/他在英语学界拥有广泛的人际关系 tā zài Yīngyǔ xuéjiè yōngyǒu guǎngfàn de rénjì guānxi

しんみょう【神妙な】 令人钦佩 lìng rén qīnpèi;《従順》老老实实 lǎolǎoshíshí（英 meek） ▶〜な心がけ/值得钦佩的志向 zhídé qīnpèi de zhìxiàng

しんみりと 消沉 xiāochén; 沉静 chénjìng; 平心静气 píngxīn jìngqì（英 sadly; quietly） ▶亡き友人のエピソードを〜と話す/满怀深情地讲述已故友人的往事 mǎnhuái shēnqíng de jiǎngshù yǐgù yǒurén de wǎngshì ▶戦争中の話になって、みんな〜となった/说到战争中的事，大家都沉静下来 shuōdào zhànzhēng zhōng de shì, dàjiā dōu chénjìngxiàlai ▶君はやけに〜しているじゃないか/你也太消沉了 nǐ yě tài xiāochén le

じんみん【人民】 人民 rénmín（英 the people） ▶〜元/人民币 rénmínbì ▶〜公社《かつての集団農場》/人民公社 rénmín gōngshè ▶〜大会堂/人民大会堂 Rénmín dàhuìtáng ▶〜日報/人民日报 Rénmín rìbào ▶〜服/中山装 zhōngshānzhuāng ▶「〜に奉仕する」は単なるスローガンか/"为人民服务"只是口号吗？ "wèi rénmín fúwù" zhǐshì kǒuhào ma ?

しんめ【新芽】 新芽 xīnyá; 嫩芽 nènyá（英 a sprout） ▶〜が出る/发芽 fāyá ▶土手沿いに桜が〜をふいている/在土堤上樱花萌发出新芽 zài tǔdīshang yīnghuā méngfāchū xīnyá

しんめい【身命】 身家性命 shēnjiā xìngmìng（英 one's life） ▶〜を賭す/赌上身家性命 dǔshàng shēnjiā xìngmìng

しんめい【神明】 神 shén（英 a god） ▶天地〜に誓う/向天地神明发誓 xiàng tiāndì shénmíng fāshì

じんめい【人名】 人名 rénmíng（英 the name of a person） ▶〜辞典/人名辞典 rénmíng cídiǎn ▶どこかで見た〜だ/在哪儿见过的人名儿 zài nǎr jiànguo de rénmíngr

じんめい【人命】 人命 rénmìng; 生命 shēngmìng（英 human life） ▶〜を救う/营救人命 yíngjiù rénmìng ▶その事故で15人の〜が失われた/在那场事故里有十五个人丧失了生命 zài nà chǎng shìgùli yǒu shíwǔ ge rén sàngshīle shēngmìng ▶〜救助で表彰される/由于抢救生命受到表彰 yóuyú qiǎngjiù shēngmìng shòudào biǎozhāng ▶これは〜にかかわる重大事だ/这是关系到人命的大事 zhè shì guānxìdào rénmìng de dàshì

シンメトリー 对称 duìchèn（英 symmetry）

しんめんもく【真面目】 真面目 zhēnmiànmù; 本事 běnshi（英 one's true worth） ▶〜を発揮する/发挥真正本事 fāhuī zhēnzhèng běnshi

しんもつ【進物】 赠礼 zènglǐ; 赠品 zèngpǐn; 礼品 lǐpǐn（英 a gift） ▶〜用の箱には別料金を要です/礼品的盒子要另收费 lǐpǐn de hézi yào lìng shōufèi

しんもん【審問する】 审问 shěnwèn；提审 tíshēn (英 *examine*) ▶~される/事件関係者を~する/提审涉案人员 tíshēn shè'àn rényuán

じんもん【尋問する】 盘问 pánwèn；讯问 xùnwèn (英 *question*) ▶不審~/盘问可疑人 pánwèn kěyírén ▶街角で警官に~される/在街头受到警察的盘问 zài jiētóu shòudào jǐngchá de pánwèn

しんや【深夜に】 深更半夜 shēngēng bànyè；深夜 shēnyè (英 *at dead of night*) ▶4日に一度~勤務がある/每四天上一次夜班儿 měi sì tiān shàng yí cì yèbānr ▶~営業のコンビニ/深夜营业的方便店 shēnyè yíngyè de fāngbiàndiàn ▶労使交渉は~に及んだ/劳资双方的谈判拖延到深夜 láozī shuāngfāng de tánpàn tuōyán dào shēnyè

♦**~放送**：深夜广播 shēnyè guǎngbō ▶眠れない時は~放送を聴く/睡不着觉的时候听深夜广播 shuìbuzháo jiào de shíhou tīng shēnyè guǎngbō

~割増金：深夜加费 shēnyè jiāfèi

しんやく【新薬】 新药 xīnyào (英 *a new drug*) ▶~を開発する/开发新药 kāifā xīnyào

しんやくせいしょ【新約聖書】 新约圣书 Xīnyuē shèngshū (英 *the New Testament*)

しんゆう【親友】 好朋友 hǎopéngyou；挚友 zhìyǒu；知己朋友 zhījǐ péngyou (英 *a close friend*) ▶~になる/成为至交 chéngwéi zhìjiāo ▶無二の~/唯一的挚友 wéiyī de zhìyǒu ▶東京でできた~とは年に一度は温泉に行く/每年跟在东京结识的好朋友去洗一次温泉 měinián gēn zài Dōngjīng jiéshí de hǎopéngyou qù xǐ yí cì wēnquán

日中比較 中国語の'亲友 qīnyǒu'は「親類と友達」のことを指す.

しんよう【信用】 信用 xìnyòng；信任 xìnrèn (英 *trust*) ▶~できない/信不过 xìnbuguò ▶~できる/靠得住 kàodezhù ▶~に傷がつく/危害信誉 wēihài xìnyù ▶~を重んじる/讲信用 jiǎng xìnyòng ▶~を失う/失信 shīxìn ▶彼女の言うことをそのまま~した/我完全相信了她说的话 tā wánquán xiāngxìnle tā shuō de huà ▶彼女は彼をあまり~していない/她并不太相信他 tā bìng bú tài xiāngxìn tā ▶快活さで取引先の社長の~を得る/凭着乐天的性格获得了客户总经理的信任 píngzhe lètiān de xìnggé huòdéle kèhù zǒngjīnglǐ de xìnrèn ▶一度の新聞沙汰で~がなくなった/被报纸曝过一次光就失去了信用 bèi bàozhǐ pùguo yí cì guāng jiù shīqùle xìnyòng ▶~商売は第一/做买卖要诚信第一 zuò mǎimai yào chéngxìn dìyī

♦**~貸付**：信用贷款 xìnyòng dàikuǎn **~取引**：信用交易 xìnyòng jiāoyì

じんよう【陣容】 阵容 zhènróng；人马 rénmǎ (英 *a lineup*) ▶~を整える/整顿阵容 zhěngdùn zhènróng ▶教授の~が素晴らしい/教授阵容很出色 jiàoshòu zhènróng hěn chūsè

しんようじゅ【針葉樹】 针叶树 zhēnyèshù (英 *a conifer*) ▶~林/针叶树林 zhēnyèshùlín

しんらい【信頼する】 信赖 xìnlài；信任 xìnrèn；相信 xiāngxìn (英 *trust*) ▶~して任せる/信托 xìntuō ▶~できない/靠不住 kàobuzhù ▶~できる/可靠 kěkào ▶~に応える/不辜负信赖 bù gūfù xìnlài ▶~を裏切る/失信 shīxìn ▶私は彼を絶対に~している/我绝对相信他 wǒ juéduì xìnrèn tā ▶彼は~するに足る社員だ/他是个值得信任的员工 tā shì ge zhíde xìnrèn de yuángōng ▶彼は自分の力を~し過ぎる/他过于相信自己的力量了 tā guòyú xiāngxìn zìjǐ de lìliang le

しんらつ【辛辣な】 嘴尖 zuǐjiān；辛辣 xīnlà；尖刻 jiānkè (英 *sharp*) ▶~な風刺/辛辣的讽刺 xīnlà de fěngcì ▶~な言葉は人ではなく自分に向けなさい/尖刻的言语不要对人，应该说给自己听 jiānkè de yányǔ bú yào duì rén, yīnggāi shuō gěi zìjǐ tīng ▶酔うと同僚を~にこきおろす/一喝醉就尖刻地批评同事 yì hēzuì jiù jiānkè de pīpíng tóngshì

しんらばんしょう【森羅万象】 森罗万象 sēnluó wànxiàng (英 *all objects in nature*)

しんり【心理】 心理 xīnlǐ (英 *a state of mind; psychology*) ▶~学/心理学 xīnlǐxué ▶~的な/心理上的 xīnlǐshang de ▶~群集/群集心理 qúnjí xīnlǐ ▶奇怪な事件には~分析が必要だ/对离奇的事件有必要进行心理分析 duì líqí de shìjiàn yǒu bìyào jìnxíng xīnlǐ fēnxī

しんり【真理】 真理 zhēnlǐ；真谛 zhēndì (英 *truth*) ▶~の探究/探究真理 tànjiū zhēnlǐ ▶彼の言うことにも一面の~がある/他的话有一部分在理 tā de huà yǒu yíbùfen zàilǐ

しんり【審理する】 审理 shěnlǐ (英 *try*)

じんりき【人力】 人工 réngōng；人力 rénlì (英 *human power*) ▶~車/洋车 yángchē；黄包车 huángbāochē ▶~で作りあげる/靠人工做成 kào réngōng zuòchéng

しんりゃく【侵略する】 侵略 qīnlüè (英 *invade*) ▶~者/侵略者 qīnlüèzhě ▶隣国を~する/侵略邻国 qīnlüè línguó

しんりょ【深慮】 深思 shēnsī；深思熟虑 shēnsī shúlǜ (英 *prudence*) ▶~遠謀/深谋远虑 shēnmóu yuǎnlǜ

しんりょう【診療する】 诊疗 zhěnliáo；诊治 zhěnzhì；诊察治疗 zhěnchá zhìliáo (英 *treat*) ▶~中/治疗中 zhìliáo zhōng ▶~所/诊疗所 zhěnliáosuǒ；诊所 zhěnsuǒ ▶自宅で~を受ける/在自己家里接受诊疗 zài zìjǐ jiālǐ jiēshòu zhěnliáo ▶~時間は朝9時から夕方5時までです/门诊时间从早上九点到下午五点 ménzhěn shíjiān cóng zǎoshang jiǔ diǎn dào xiàwǔ wǔ diǎn

しんりょく【新緑の】 新绿 xīnlǜ (英 *fresh green*) ▶~の季節/新绿季节 xīnlǜ jìjié ▶山々は~したたるばかりだった/山峦上一片青翠欲滴的景色 shānluánshang yí piàn qīngcuì yù dī de

じんりょく【尽力する】 尽力 jìnlì; 效劳 xiàoláo (英 make an effort) ▶貧しい国の農業のために〜する/为贫困国家的农业尽力 wèi pínkùn guójiā de nóngyè jìnlì

しんりん【森林】 森林 sēnlín (英 a forest) ▶〜地帯/林区 línqū ▶広大な〜地帯を列車で旅行/乘列车在辽阔的森林地区旅行 chéng lièchē zài liáokuò de sēnlín dìqū lǚxíng ▶二酸化炭素削減のために〜資源を大事にする/为了削减二氧化碳, 珍惜森林资源 wèile xuējiǎn èryǎnghuàtàn, zhēnxī sēnlín zīyuán

◆〜鉄道｜森林鉄道 sēnlín tiědào 〜浴 ▶〜浴をする/洗森林浴 xǐ sēnlínyù

じんりん【人倫】 人伦 rénlún (英 morality; humanity) ▶〜にそむく/违背人伦 wéibèi rénlún

しんるい【親類】 亲属 qīnshǔ (英 a relative) ▶〜縁者/亲戚 qīnqi ▶彼女とは同じ歳で近い〜だ/我和她同岁, 是近亲 wǒ hé tā tóngsuì, shì jìnqīn

じんるい【人類】 人类 rénlèi (英 mankind) ▶〜愛/人类之爱 rénlèi zhī ài ▶〜学/人类学 rénlèixué ▶この映画は〜の滅亡がテーマだ/这个电影的主题是人类的灭亡 zhège diànyǐng de zhǔtí shì rénlèi de mièwáng

しんれい【心霊】 心灵 xīnlíng; 灵魂 línghún (英 spirit) ▶〜現象/心灵现象 xīnlíng xiànxiàng ▶〜写真/心灵照相 xīnlíng zhàoxiàng

しんれき【新暦】 新历 xīnlì; 阳历 yánglì; 公历 gōnglì (英 the new [solar] calendar)

しんろ【針路】 航向 hángxiàng; 路线 lùxiàn (英 a course) ▶〜を誤る/偏离航路 piānlí hánglù ▶〜を変える/改变航路 gǎibiàn hánglù ▶人生の〜/人生方向 rénshēng fāngxiàng ▶〜を東にとる/把前进方向指向东方 bǎ qiánjìn fāngxiàng zhǐxiàng dōngfāng

しんろ【進路】 进路 jìnlù; 前途 qiántú; 去路 qùlù (英 a course) ▶〜を阻む/阻挡去路 zǔdǎng qùlù ▶〜を切り開く/开辟进路 kāipì jìnlù ▶高校の〜指導/高中毕业后方向的指导 gāozhōng bìyèhòu fāngxiàng de zhǐdǎo

しんろう【心労】 操劳 cāoláo; 操心 cāoxīn (英 cares) ▶〜が重なる/费心劳神 fèixīn láoshén ▶御〜をおかけしてすみません/让您操心, 真对不起 ràng nín cāoxīn, zhēn duìbuqǐ

しんろう【新郎】 新郎 xīnláng (英 a bridegroom) ▶〜新婦/新郎新娘 xīnláng xīnniáng ▶〜新婦の再登場を拍手で迎える/鼓掌欢迎新郎新娘再次出场 gǔzhǎng huānyíng xīnláng xīnniáng zàicì chūchǎng

しんわ【神話】 神话 shénhuà (英 a myth) ▶〜学/神话学 shénhuàxué ▶ギリシャ〜/希腊神话 Xīlà shénhuà

す

す【州】 沙滩 shātān; 沙洲 shāzhōu (英 a sandbank) ▶大雨で川の中〜に取り残される/遇上大雨, 被困在河中的沙洲上 yùshàng dàyǔ, bèi kùnzài hé zhōng de shāzhōushang

す【巣】 ❶【動物の】窝 wō; 窝巣 wōcháo (英 a nest) ▶〜にこもる/蹲窝 dūn wō ▶〜を作る/筑巢 zhù cháo ▶クモの〜/蜘蛛网 zhīzhūwǎng ▶愛の〜/爱巢 ài cháo ❷【同類のたまり場】巣穴 cháoxué; 贼窝 zéiwō (英 a haunt; a nest) ▶悪党の〜/恶党的巢穴 èdǎng de cháoxué

す【酢】【食品】醋 cù (英 vinegar) ▶合わせ〜/(加别的调料做成的)混合醋 (jiā biéde tiáoliào zuòchéng de) hùnhécù

◆〜の物｜醋拌凉菜 cù bàn liángcài

す【鬆】【大根などの】空心 kōngxīn (英 a pore) ▶ダイコンに〜が入った/萝卜糠了 luóbo kāng le

ず【図】 ❶【物の形状を描いたもの】图 tú; 图表 túbiǎo; 图画 túhuà (英 a drawing) ❷【光景】情景 qíngjǐng; 情况 qíngkuàng; 光景 guāngjǐng (英 a sight) ▶見られた〜ではない/不堪入目的情景 bùkān rùmù de qíngjǐng ❸【企み】心意 xīnyì (英 a plan; a plot) ▶〜に当たる/恰中心意 qiàzhòng xīnyì ▶計画は〜に当たった/计划如愿以偿 jìhuà rú yuàn yǐ cháng ▶〜に乗る/得意忘形 déyì wàngxíng ▶この野郎, 〜に乗りやがるんだから/这个家伙, 得意忘形也该有个分寸吧 zhège jiāhuo, déyì wàngxíng yě gāi yǒu ge fēncun ba ▶ちょっと優しくするとすぐ〜に乗ってくる/一给脸就得意忘形 yì gěi liǎn jiù déyì wàngxíng

ず【頭】 头 tóu (英 a head) ▶〜が高い/傲慢无礼 àomàn wúlǐ; 高傲 gāo'ào

すあし【素足】 赤脚 chìjiǎo; 光脚 guāngjiǎo (英 bare feet) ▶〜にスニーカーを履く/光着脚穿运动鞋 guāngzhe jiǎo chuān yùndòngxié ▶〜で歩く/光着脚走路 guāngzhe jiǎo zǒulù

ずあん【図案】 图案 tú'àn (英 a design) ▶オリジナルの〜を作る/独自制作图案 dúzì zhìzuò tú'àn ▶イメージを〜化する/把脑子里的形象制作成图案 bǎ nǎozi li de xíngxiàng zhìzuòchéng tú'àn

◆〜家｜图案设计师 tú'àn shèjìshī

すい【粋】 ❶【精華】精华 jīnghuá (英 the essence; the cream) ▶東西文化の〜を集めた建築物/融汇了东西文化之精华的建筑 rónghuì le dōngxī wénhuà zhī jīnghuá de jiànzhù ▶〜を集める/聚其精华 jù qí jīnghuá ❷【思いやり】通达人情 tōngdá rénqíng; 懂事 dǒngshì (英 delicacy) ▶〜を利かす/体贴人情 tǐtiē rénqíng

すい【酸い】 酸 suān (英 sour)
〜も甘いも噛(ガ)み分ける 通达人情世故 tōngdá

ずい【髄】 骨髄 gǔsuǐ [骨の] the marrow; [植物の] the pith ▶骨の～までしみる/深入骨髓 shēnrù gǔsuǐ ▶あいつは骨の～まで腐っている/那个家伙骨子里都是黑的 nàge jiāhuo gǔzili dōu shì hēi de ▶骨の～まで寒さがしみる/脊梁骨发冷 jǐliánggǔ fālěng

すいあげる【吸い上げる】 吸上 xīshàng; 抽上 chōushàng;《比喩》榨取 zhàqǔ (英 suck 〔pump〕up) ▶ポンプで水を～/用泵抽水 yòng bèng chōu shuǐ ▶消費者の生の声を～/汲取消费者的生的声音 jíqǔ xiāofèizhě de hūshēng ▶植民地から利益を～/从殖民地榨取利益 cóng zhímíndì zhàqǔ lìyì

すいあつ【水圧】 水压 shuǐyā; 液压 yèyā (英 water pressure) ▶～がかかる/有液压作用 yǒu yèyā zuòyòng ▶～が上がる/水压增强了 shuǐyā zēngqiáng le
◆～計｜水压计 shuǐyājì

すいい【水位】 水位 shuǐwèi (英 the water level) ▶～が上がる/上涨 shàngzhǎng ▶～は5メートルの高さに達した/水位上升到五米 shuǐwèi shàngshēng dào wǔ mǐ
◆警戒～｜警戒水位 jǐngjiè shuǐwèi ～計｜水位计 shuǐwèijì

すいい【推移する】 推移 tuīyí; 变迁 biànqiān (英 change) ▶時代の～/时代的变迁 shídài de biànqiān ▶ここ数年失業率はほぼ横ばいで～している/这几年失业率基本上维持在一定水平 zhè jǐ nián shīyèlǜ jīběnshàng wéichí zài yídìng shuǐpíng

ずいい【随意に】 随意 suíyì; 自便 zìbiàn (英 voluntarily) ▶～/随意你決定 ▶行くも留まるも君の～だ/去走是留由你自己决定 shì qù shì liú yóu nǐ zìjǐ juédìng ▶どうぞ御～に/请随意 qǐng suíyì
◆～科目｜自由选择科目 zìyóu xuǎnzé kēmù

すいいき【水域】 水域 shuǐyù; 海域 hǎiyù (英 the water area) ▶危険～/危险水域 wēixiǎn shuǐyù ▶排他的経済～/排他性经济海域 páitāxìng jīngjì hǎiyù ▶漁業～/渔业海域 yúyè hǎiyù

ずいいち【随一の】 第一 dìyī; 首屈一指 shǒu qū yī zhǐ; 居首 jūshǒu (英 the best) ▶当代の～/当代第一 dāngdài dìyī ▶当代～指的陶芸家/当代首屈一指的陶瓷艺术家 dāngdài shǒu yī zhǐ de táocí yìshùjiā ▶シドニーはオーストラリアーの大都市です/悉尼是澳大利亚最大的城市 Xīní shì Àodàlìyà zuì dà de chéngshì

スイートピー 【植物】香豌豆 xiāngwāndòu (英 a sweet pea)

スイートポテト 《菓子》白薯点心 báishǔ diǎnxin (英 a sweet potato)

スイートルーム 套间 tàojiān (英 a suite)

ずいいん【随員】 随从 suícóng; 随员 suíyuán (英 an attendant) ▶政府代表～として会議に列席した/作为政府代表的随员列席会议 zuòwéi zhèngfǔ dàibiǎo de suíyuán lièxí huìyì

すいうん【水運】 水运 shuǐyùn (英 water transportation) ▶～業/水上运输业 shuǐshàng yùnshūyè ▶～の便がよい/水运方便 shuǐyùn fāngbiàn ▶古くから江南地方では～が発達していた/自古以来江南地区的水运就很发达 zìgǔ yǐlái Jiāngnán dìqū de shuǐyùn jiù hěn fādá

すいうん【衰運】 颓运 tuíyùn; 衰运 shuāiyùn (英 declining fortune) ▶～を脱する/摆脱颓运 bǎituō tuíyùn ▶～に向かう/气数渐微 qìshu jiàn wēi

すいえい【水泳】 游泳 yóuyǒng (英 swimming) ▶～は高齢者の健康にとってよい運動だ/游泳是一项有利于老年人健康的运动 yóuyǒng shì yī xiàng yǒulì yú lǎoniánrén jiànkāng de yùndòng ▶プールへ～に行く/去游泳池游泳 qù yóuyǒngchí yóuyǒng ▶この子は～が上手だ/这个孩子很会游泳 zhège háizi hěn huì yóuyǒng
◆～着｜游泳衣 yóuyǒngyī ～スクール｜游泳学校 yóuyǒng xuéxiào ～選手｜游泳选手 yóuyǒng xuǎnshǒu ～大会｜游泳比赛 yóuyǒng bǐsài ～パンツ｜游泳裤 yóuyǒngkù ～帽｜游泳帽 yóuyǒngmào

すいおん【水温】 水温 shuǐwēn (英 the temperature of the water) ▶～計/水温计 shuǐwēnjì ▶魚の養殖には～管理が重要だ/对养鱼来说，水温管理很重要 duì yǎng yú lái shuō, shuǐwēn guǎnlǐ hěn zhòngyào

すいか【水火】 (英 water and fire) ▶～の仲/水火不相容 shuǐhuǒ bù xiāngróng ▶～も辞さぬ覚悟です/赴汤蹈火在所不辞 fù tāng dǎo huǒ zài suǒ bù cí

スイカ【西瓜】 【植物】西瓜 xīguā (英 a watermelon) ▶～の種/西瓜籽儿 xīguāzǐr

すいがい【水害】 水災 shuǐzāi; 洪災 hóngzāi; 水患 shuǐhuàn (英 a flood disaster) ▶～が起こる/闹水灾 nào shuǐzāi ▶～対策を再検討する/重新研究防洪对策 chóngxīn yánjiū fánghóng duìcè ▶～に見舞われる/遭受水灾 zāoshòu shuǐzāi
◆～地｜水灾地区 shuǐzāi dìqū; 洪区 hóngqū

スイカズラ【忍冬】 【植物】忍冬 rěndōng (英 a Japanese honeysuckle)

すいがら【吸殻】 《タバコの》烟头 yāntóu; 烟屁股 yānpìgu (英 a cigarette end) ▶～入れ/烟灰缸 yānhuīgāng ▶～を拾う/捡烟头 jiǎn yāntóu ▶～を捨てる/扔烟头 rēng yāntóu

すいかん【酔漢】 醉汉 zuìhàn (英 a drunkard)

すいがん【酔眼】 醉眼 zuìyǎn (英 drunken eyes) ▶～朦朧たる/醉眼朦胧 zuìyǎn ménglóng ▶～朦朧として千鳥足で帰宅する/醉眼朦胧，东倒西歪地往家走 zuìyǎn ménglóng, dōng dǎo xī wāi de wǎng jiā zǒu

ずいき【随喜する】 喜悦感激 xǐyuè gǎnjī

rejoice) ▶~の涙を流す/感激涕零 gǎnjī tìlíng

すいきゅう【水球】(球技の) 水球 shuǐqiú (英 water polo)

スイギュウ【水牛】〔動物〕水牛 shuǐniú (英 a water buffalo)

すいきょ【推挙する】荐举 jiànjǔ; 推举 tuījǔ (英 recommend) ▶彼は名誉会員に~された/他被推举为名誉会员 tā bèi tuījǔwéi míngyù huìyuán

すいぎょ【水魚】(英 fish and water) ことわざ 水魚の交わり 鱼水情 yúshuǐqíng

すいきょう【酔狂・粋狂な】 异想天开 yì xiǎng tiān kāi; 轻狂 qīngkuáng (英 eccentric) ▶今どき政治家をめざそうとはよっぽど~な学生だ/现今居然想当政治家,可真是一个轻狂的学生 xiànjīn jūrán xiǎng dāng zhèngzhìjiā, kě zhēn shì yí ge qīngkuáng de xuésheng ▶だてや~でやっているわけじゃない/这样做既不是炫耀, 也不是异想天开 zhèyàng zuò jì bú shì xuànyào, yě bú shì yì xiǎng tiān kāi

すいギョーザ【水餃子】〔料理〕水饺 shuǐjiǎo (a boiled Chinese dumpling) ▶彼の郷里では年越しに~を食べる習慣がある/他的老家过年有吃水饺的习惯 tā de lǎojiā guònián yǒu chī shuǐjiǎo de xíguàn

すいぎん【水銀】汞 gǒng; 水银 shuǐyín (英 mercury) ▶濃度の高い魚類/水银含量高的鱼类 shuǐyín hánliàng gāo de yúlèi
♦~体温計: 水银体温表 shuǐyín tǐwēnbiǎo ~中毒: 水银中毒 shuǐyín zhòngdú ~電池: 汞电池 gǒngdiànchí ~灯: 汞灯 gǒngdēng; 水银灯 shuǐyíndēng

すいけい【水系】水系 shuǐxì (英 a water system) ▶長江~/长江水系 Chángjiāng shuǐxì

すいけい【推計する】推算 tuīsuàn (英 estimate) ▶~学/归纳统计学 guīnà tǒngjìxué ▶20年後の人口を~する/推算二十年以后的人口 tuīsuàn èrshí nián yǐhòu de rénkǒu

すいげん【水源】水源 shuǐyuán; 泉源 quányuán; 源头 yuántóu (英 the source of a river) ▶~地/水源地 fāyuándì ▶この川は富士山を~としている/这条河的发源地在富士山 zhè tiáo hé de fāyuándì zài Fùshìshān

すいこう【水耕の】水田栽培 shuǐtián zāipéi (英 hydroponic) ▶~栽培トマト/用水栽培的西红柿 yòng shuǐ zāipéi de xīhóngshì

すいこう【推敲する】推敲 tuīqiāo (英 polish) ▶~を重ねる/反复推敲 fǎnfù tuīqiāo ▶論文を~する/推敲论文 tuīqiāo lùnwén

すいこう【遂行する】执行到底 zhíxíng dàodǐ; 完成 wánchéng (英 perform) ▶任務を~する/完成任务 wánchéng rènwu ▶計画~のために全力を尽くす/为了完成计划而竭尽全力 wèile wánchéng jìhuà ér jiéjìn quánlì

すいごう【水郷】水乡 shuǐxiāng; 泽国 zéguó (英 a riverside [lakeside] district) ▶~めぐりの旅/周游水乡之旅 zhōuyóu shuǐxiāng zhī lǚ

ずいこう【随行する】随从 suícóng; 随同 suítóng; 随行 suíxíng (英 attend) ▶~員/随员 suíyuán ▶社長に~してフランスに行く/随同总经理前往法国 suítóng zǒngjīnglǐ qiánwǎng Fǎguó

すいこむ【吸い込む】❶〖液体・気体を〗抽 chōu; 吸进 xījìn〖液体を〗suck in;〖気体を〗breathe in) ▶新鮮な空気を胸いっぱいに~/深深地吸进新鲜的空气 shēnshēn de xījìn xīnxiān de kōngqì ▶有毒ガスを~/吸进毒气 xījìn dúqì ▶タバコを深く~/深深地吸了一口烟 shēnshēn de xī le yì kǒu yān
❷〖人や物を〗卷入 juǎnrù; 淹没 yānmò (swallow up) ▶眠りに吸い込まれる/被带入梦乡 bèi dàirù mèngxiāng

すいさい【水彩】水彩 shuǐcǎi (英 watercolor painting) ▶~画/水彩画 shuǐcǎihuà ▶~絵の具/水彩画的颜料 shuǐcǎihuà de yánliào ▶~画家/水彩画家 shuǐcǎihuàjiā

すいさし【吸いさし】烟头 yāntóu; 烟蒂 yāndì (英 a cigarette end) ▶タバコの~を灰皿に押しつけて消す/在烟灰缸里熄灭烟头 zài yānhuīgānglǐ xīmiè yāntóu

すいさつ【推察する】推想 tuīxiǎng; 猜想 cāixiǎng; 推测 tuīcè (英 guess) ▶原因を~する/推想原因 tuīxiǎng yuányīn ▶御~の通りです/您猜得对 nín cāideduì ▶御~におまかせします/你可以随便推测 nǐ kěyǐ suíbiàn tuīcè ▶僕の~に誤りがなければそれは事実ではありません/如果我没有猜错的话,这件事不属实 rúguǒ wǒ méiyǒu cāicuò de huà, zhè jiàn shì bù shǔshí

すいさん【水産】水产 shuǐchǎn; 渔产 yúchǎn (英 fishery) ▶~業/水产业 shuǐchǎnyè ▶~物/水产物 shuǐchǎnwù; 水产品 shuǐchǎnpǐn ▶~資源を守る/保护水产资源 bǎohù shuǐchǎn zīyuán
♦~学: 水产学 shuǐchǎnxué ~試験場: 水产试验场 shuǐchǎn shìyànchǎng

すいさんか【水酸化】 氢氧化 qīngyǎnghuà (英 hydration) ▶~物/氢氧化物 qīngyǎnghuàwù ▶~カルシウム/氢氧化钙 qīngyǎnghuàgài ▶~ナトリウム/氢氧化钠 qīngyǎnghuànà

すいし【水死する】溺死 nìsǐ; 淹死 yānsǐ (英 be drowned) ▶~体/淹死的尸体 yānsǐ de shītǐ ▶行方不明だった男児は近くの川で~していた/失踪的男孩儿溺死在附近的河里了 shīzōng de nánháir nìsǐ zài fùjìn de héli le

すいじ【炊事する】炊事 chuīshì; 做饭 zuòfàn; 起火 qǐhuǒ (英 cook) ▶~係/炊事员 chuīshìyuán ▶~道具/厨具 chújù; 炊具 chuījù ▶疲れて帰宅すると~する気力も失せている/筋疲力尽地回到家, 连自己做饭的力气也没有了 jīn pí lì jìn de huídào jiā, lián zìjǐ zuòfàn de lìqi yě méiyǒu le ▶キャンプ場の~場/露营地的伙房 lùyíngdì de huǒfáng

ずいじ【随時】随时 suíshí (英 at any time; whenever occasion arises) ▶入学/随时入学 suíshí rùxué ▶~お申し出下さい/请随时提

出来 qǐng suíshí tíchūlai ▶ブログは毎日～更新している/博客每天随时更新 bókè měitiān suíshí gēngxīn

すいしつ【水質】 水质 shuǐzhì (英 water quality) ▶～汚染/水质污浊 shuǐzhì wūzhuó・～検査/水质检查 shuǐzhì jiǎnchá ▶台所排水も～汚染の原因の一つです/厨房污水也是水质污染的一个原因 chúfáng wūshuǐ yě shì shuǐzhì wūrǎn de yí ge yuányīn ▶～浄化に取り組む/致力于净化水质的工作 zhìlì yú jìnghuà shuǐzhì de gōngzuò

すいしゃ【水車】 水车 shuǐchē (英 a waterwheel) ▶～小屋/水磨房 shuǐmòfáng ▶「美し～小屋の娘」《シューベルト》/《水磨坊的美丽姑娘 Shuǐmòfáng de měilì gūniang》

すいじゃく【衰弱する】 衰弱 shuāiruò; 萎靡 wěiruò (英 weaken) ▶～する子供たち/由于营养不良而衰弱的孩子们 yóuyú yíngyǎng bùliáng ér shuāiruò de háizimen ▶若者の言語能力は～する一方だ/年轻人的语言能力日渐贫乏 niánqīngrén de yǔyán nénglì rìjiàn pínfá

◆神経～/神経衰弱 shénjīng shuāiruò

すいしゅ【水腫】〘医〙水肿 shuǐzhǒng (英 dropsy) ▶肺～/肺水肿 fèishuǐzhǒng

すいじゅん【水準】 水平 shuǐpíng; 水准 shuǐzhǔn (英 a standard) ▶～器/水准器 shuǐzhǔnqì ▶～を上回る/高于水准 gāoyú shuǐzhǔn ▶文化～/文化水准 wénhuà shuǐzhǔn ▶生活～を向上させる/提高生活水平 tígāo shēnghuó shuǐpíng ▶～に達する/达到水平 dádào shuǐpíng ▶難民の数は最悪の～に達した/难民人数达到最坏的水平 nànmín rénshù dádào zuì huài de shuǐpíng

ずいしょ【随所に】 随处 suíchù; 到处 dàochù (英 everywhere) ▶このマンションには～に防犯カメラが設置されている/这栋公寓里到处都安装着监控摄像机 zhè dòng gōngyùli dàochù dōu ānzhuāngzhe jiānkòng shèxiàngjī ▶彼の演説は～に外来語がまじる/他的演说中到处都夹杂着外来语 tā de yǎnshuō zhōng dàochù dōu jiāzázhe wàiláiyǔ

すいしょう【水晶】〘鉱物〙水晶 shuǐjīng; 石英 shíyīng (英 crystal) ▶～時計/石英钟 shíyīngzhōng ▶～体/晶状体 jīngzhuàngtǐ

◆～占い/用水晶石占卜 yòng shuǐjīng shízhànbǔ 紫～/紫晶 zǐjīng

すいしょう【推奨する】 推荐 tuījiàn; 推重 tuīzhòng (英 recommend) ▶この映画は～に値する作品です/这部电影是一个值得推重的作品 zhè bù diànyǐng shì yí ge zhídé tuīzhòng de zuòpǐn

すいじょう【水上の】 水上 shuǐshàng (英 aquatic) ▶～運動/航运 hángyùn ▶～生活者/船户 chuánhù ▶～バイク/水上摩托 shuǐshàng mótuō ▶～バス/水上巴士 shuǐshàng bāshì ▶～レストラン/水上餐厅 shuǐshàng cāntīng

◆～競技/水上竞技 shuǐshàng jìngjì ～警察/水上警察 shuǐshàng jǐngchá ～スキー/水橇滑水 shuǐqiāo huáshuǐ ～飛行機/水上飞机 shuǐshàng fēijī

ずいしょう【瑞祥】 祥瑞 xiángruì; 吉兆 jízhào (英 a good omen) ▶～が現れる/出现吉兆 chūxiàn jízhào

すいじょうき【水蒸気】 水蒸气 shuǐzhēngqì; 蒸汽 zhēngqì (英 steam; 〘自然発生の〙vapor) ▶～爆発/蒸汽爆炸 zhēngqì bàozhà

すいしん【水深】 水深 shuǐshēn (英 the depth of water) ▶～を測る/测量水深 cèliáng shuǐshēn ▶このデジカメは～5メートルまで水中撮影ができる/这种数码相机可以在五米深的水中进行拍摄 zhè zhǒng shùmǎ xiàngjī kěyǐ zài wǔ mǐ shēn de shuǐzhōng jìnxíng pāishè ▶琵琶湖の平均～は41.2メートルだ/琵琶湖的平均水深为四十一点二米 Pípáhú de píngjūn shuǐshēn wéi sìshíyī diǎn èr mǐ

すいしん【垂心】〘数〙垂心 chuíxīn (英 an orthocenter)

すいしん【推進する】 推进 tuījìn; 推动 tuīdòng (英 propel; [事柄を] promote) ▶～力/推进力 tuījìnlì ▶仕事を～する/推进工作 tuījìn gōngzuò ▶重点的にバイオテクの研究開発を～する/重点推进生物工程的研发开发 zhòngdiǎn tuījìn shēngwù gōngchéng de yánjiū kāifā ▶実際には彼がその企画を～した/实际上是他推动了那项计划 shíjìshang shì tā tuīdòng le nà xiàng jìhuà

◆～用燃料〘ロケットの〙动力燃料 dònglì ránliào

すいじん【粋人】 风流雅士 fēngliú yǎshì (英 a person of refined tastes)

すいすい 轻快地 qīngkuài de; 轻易地 qīngyì de; 顺利地 shùnlì de (英 lightly; easily) ▶～と解決する/顺利地解决 shùnlì de jiějué ▶熱帯魚が～泳いでいる/热带鱼在轻快地游动 rèdàiyú zài qīngkuài de yóudòng ▶この本は僕にも～読める/这本书我也能轻松地阅读 zhè běn shū wǒ yě néng qīngsōng de yuèdú

すいせい【水生の・水棲の】 水生 shuǐshēng; 水栖 shuǐqī (英 aquatic) ▶～動物/水族 shuǐzú; 水栖动物 shuǐqī dòngwù

◆～昆虫/水生昆虫 shuǐshēng kūnchóng

すいせい【水性の】 水性 shuǐxìng (英 water) ▶～インク/水墨 shuǐmò ▶～ガス/水煤气 shuǐméiqì ▶～塗料/水性涂料 shuǐxìng túliào

日中比較 中国語の'水性 shuǐxìng'は「水溶性」という意味の他に「泳ぎの心得」のこともいう. ▶水性不好 shuǐxìng bù hǎo/泳げない

すいせい【水星】〘天文〙水星 shuǐxīng (英 Mercury)

すいせい【水勢】 水势 shuǐshì (英 the force of water) ▶川に入ると意外に～が強い/到了河里，没想到水势还挺猛 dàole héli, méi xiǎngdào shuǐshì hái tǐng měng

すいせい【彗星】〘天文〙彗星 huìxīng; 扫帚星 sàozhouxīng (英 a comet) ▶彼女は文学界に～

のように現れた/她像一顆閃亮的彗星似的出現在文壇 tā xiàng yì kē shǎnliàng de huìxīng shìde chūxiàn zài wéntán
♦ ハレー〜|哈雷彗星 Hāléi huìxīng

すいせいがん【水成岩】〖地学〗水成岩 shuǐchéngyán (英 *an aqueous rock*)

すいせん【垂線】垂线 chuíxiàn; 垂直线 chuízhíxiàn; 铅垂线 qiānchuíxiàn (英 *a perpendicular line*) ▶〜を下ろす/画垂线 huà chuíxiàn

すいせん【推薦する】推荐 tuījiàn; 荐举 jiànjǔ; 引荐 yǐnjiàn (英 *recommend*) 〜入学の新入生/推荐入学的新生 tuījiàn rùxué de xīnshēng
♦〜者|推荐人 tuījiànrén; 介绍人 jièshàorén 〜状|推荐信 tuījiànxìn

スイセン【水仙】〖植物〗水仙 shuǐxiān (英 *a narcissus*)

すいせんトイレ【水洗トイレ】水洗式厕所 shuǐxǐshì cèsuǒ; 冲水厕所 chōngshuǐ cèsuǒ; 冲水马桶 chōngshuǐ mǎtǒng (英 *a flush toilet*) ▶〜がかなり普及してきた/冲水式厕所已经相当普及了 chōngshuǐshì cèsuǒ yǐjīng xiāngdāng pǔjíle ▶〜の水が出なくなると大変だ/冲水马桶要是不出水可就麻烦了 chōngshuǐ mǎtǒng yàoshi bù chū shuǐ kě jiù máfan le

すいぜんのまと【垂涎の的】垂涎的对象 chuíxián de duìxiàng; 羡慕的对象 xiànmù de duìxiàng (英 *the envy of everyone*) ▶〜となる/成为垂涎的对象 chéngwéi chuíxián de duìxiàng

すいそ【水素】氢 qīng (英 *hydrogen*) ▶〜ガス/氢气 qīngqì 〜爆弹/氢弹 qīngdàn 〜イオン/氢离子 qīnglízǐ

すいそう【水葬する】水葬 shuǐzàng; 海葬 hǎizàng (英 *bury at sea*)

すいそう【水槽】水槽 shuǐcáo; 贮水箱 zhùshuǐxiāng (英 *a water tank*)

すいそう【吹奏する】吹奏 chuīzòu (英 *play*)
♦〜楽|吹奏乐 chuīzòuyuè 〜全国〜楽コンクール/吹奏乐全国大赛 chuīzòuyuè quánguó dàsài

すいぞう【膵臓】胰脏 yízàng (英 *a pancreas*) ▶〜癌/胰腺癌 yíxiàn'ái

ずいそう【随想】随想 suíxiǎng (英 *stray thoughts*) ▶〜録/随想录 suíxiǎnglù

すいそく【推測する】推测 tuīcè; 猜想 cāixiǎng; 推想 tuīxiǎng (英 *guess; conjecture*) ▶〜通り/不出所料 bù chū suǒ liào 〜の域を出ない/只不过是推测而已 zhǐbuguò shì tuīcè éryǐ ▶〜が当たる/推测得对 tuīcède duì ▶わしが賄賂をもらったというのは君たち記者の猜测而已 shuō wǒ shòuhuì, zhè zhǐbuguò shì nǐmen jìzhě de cāicè éryǐ 〜各側面から事故原因を〜する/从各方面来推测事故原因 cóng gè fāngmiàn lái tuīcè shìgù yuányīn

すいぞくかん【水族館】水族馆 shuǐzúguǎn (英 *an aquarium*)

すいたい【衰退する】衰退 shuāituì; 衰颓 shuāi-tuí; 衰替 shuāitì (英 *decline*) ▶このままでは商店街の〜は避けがたい/这样下去, 商店街的衰颓是难以避免的 zhèyàng xiàqù, shāngdiànjiē de shuāituí shì nányǐ bìmiǎn de ▶彼の人気は〜しつつある/他的人望正在衰退 tā de rénwàng zhèngzài shuāituì ▶〜期を迎える/面临衰退期 miànlín shuāituìqī

すいたい【推戴する】拥戴 yōngdài (英 *have... as the president of...*) ▶高山博士を名誉会長に〜する/拥戴高山博士为名誉会长 yōngdài Gāoshān bóshì wéi míngyù huìzhǎng

すいたい【酔態】醉态 zuìtài (英 *drunkenness*) ▶とんだ〜を演じる/酒后出尽洋相 jiǔhòu chūjìn yángxiàng

すいちゅう【水中の】水中 shuǐzhōng (英 *underwater*) ▶〜生物/水族 shuǐzú 〜眼镜/潜水护目镜 qiánshuǐ hùmùjìng; 水中护目镜 shuǐzhōng hùmùjìng 〜歩行/在水里行走 zài shuǐlǐ xíngzǒu ▶彼の死体は〜3メートルのところに横たわっていた/他的尸体躺在水深三米的地方 tā de shītǐ tǎngzài shuǐshēn sān mǐ de dìfang
♦〜音波探知機|声纳 shēngnà 〜花|插在水杯等容器里做装饰的花 chāzài shuǐbēi děng róngqìlǐ zuò zhuāngshì de huā 〜カメラ|水中摄影机 shuǐzhōng shèyǐngjī 〜翼船|水翼船 shuǐyìchuán

ずいちょう【瑞兆】吉兆 jízhào (英 *a good omen*)

すいちょく【垂直な】垂直 chuízhí; 铅直 qiānzhí (英 *vertical; perpendicular*) ▶〜線/垂线 chuíxiàn ▶〜に切り立つ崖/垂直的峭壁 chuízhí de qiàobì ▶ポールを地面に対して〜に打ち込む/把桩子垂铅直地打进地面 bǎ zhuāngzi chuíqiānzhí de dǎjìn dìmiàn
♦〜尾翼|垂直尾翼 chuízhí wěiyì 〜離着陸機|垂直起降的飞机 chuízhí qǐjiàng de fēijī 〜離陸|垂直起飞 chuízhí qǐfēi

すいつく【吸い付く】吸着 xīzhuó (英 *stick*) ▶蛭(ひる)が足に吸い付いて離れない/蚂蟥死死地吸在脚上 mǎhuáng sǐsǐ de xīzài jiǎoshang

スイッチ电门 diànmén; 开关 kāiguān; 电钮 diànniǔ (英 *a switch*) ▶〜を入れる/开电门 kāi diànmén; 按开关 àn kāiguān ▶ラジオの〜を入れる/开收音机 kāi shōuyīnjī ▶〜を切る/把开关关上 bǎ kāiguān guānshàng ▶教室を出る時は忘れずに電灯の〜を切って下さい/离开教室的时候别忘了随手关灯 líkāi jiàoshì de shíhou bié wàng le suíshǒu guāndēng

すいてい【水底】水底 shuǐdǐ (英 *the bottom of the water*) ▶〜にヘドロが堆積する/水底堆积着淤泥 shuǐdǐ duījīzhe yūní

すいてい【推定する】推定 tuīdìng; 估量 gūliáng; 测度 cèduó (英 *estimate; presume*) ▶被害の〜は容易でない/难以估量受害状况 nányǐ gūliáng shòuhài zhuàngkuàng ▶〜無罪/推定为无罪 tuīdìngwéi wúzuì ▶このカメの〜年齢は100歳だ/估计这只乌龟的年龄为一百岁 gūjì

zhě zhī wūguī de niánlíng wéi yìbǎi suì ▶死亡～時刻は昨夜9時／推定死亡时刻在昨天晚上九点 tuīdìng sǐwáng shíkè zài zuótiān wǎnshang jiǔ diǎn
♦～価格／推定价格 tuīdìng jiàgé ～相続人〔法〕／推定継承人 tuīdìng jìchéngrén
すいてき【水滴】 水滴 shuǐdī; 水珠儿 shuǐzhūr (㊥ *a drop of water*) ▶悪天候でカメラのレンズに～がつく／由于天气恶劣，照相机镜头沾上了水珠 yóuyú tiānqì èliè, zhàoxiàngjī jìngtóu zhānshàngle shuǐzhū ▶蛇口から～の落ちる音が気になって眠れない／被水滴从水龙头滴下来的声音搅得睡不着 bèi shuǐdī cóng shuǐlóngtóu dīxiàlai de shēngyīn jiǎode shuìbuzháo
すいでん【水田】 水田 shuǐtián; 水稻田 shuǐdàotián (㊥ *a paddy*) ▶～地帯／水田地区 shuǐtián dìqū ▶～に水を引き入れる／往水田里引水 wǎng shuǐtiánli yǐn shuǐ
すいとう【水痘】〔医〕水痘 shuǐdòu (㊥ *chicken pox*)
すいとう【水筒】 水壶 shuǐhú (㊥ *a water bottle*) ▶1リットル入りの～／容量为一公升的水壶 róngliàng wéi yì gōngshēng de shuǐhú ▶遠足に～を持って行く／带着水壶去郊游 dàizhe shuǐhú qù jiāoyóu ▶～の蓋／水壶盖儿 shuǐhú gàir
すいとう【水稲】 水稻 shuǐdào (㊥ *paddy rice*)
すいとう【出納】 出纳 chūnà (㊥ *receipts and expenses*) ▶～係／出纳员 chūnàyuán ▶～簿／出纳簿 chūnàbù
すいどう【水道】 ❶ 自来水 zìláishuǐ (㊥ [水] *running water*; [設備] *waterworks*) ▶～を引く／安装自来水 ānzhuāng zìláishuǐ ▶～の蛇口／水龙头 shuǐlóngtóu ▶この村には～が引かれていない／这个村子还没有通自来水 zhège cūnzi hái méiyǒu tōng zìláishuǐ ▶その家には～がある／那家有自来水 nà jiā yǒu zìláishuǐ ▶～の栓／自来水开关 zìláishuǐ kāiguān ▶～の水がそのまま飲めるのはありがたい／自来水不用消毒就可以饮用，真是太好了 zìláishuǐ búyòng xiāodú jiù kěyǐ yǐnyòng, zhēn shì tài hǎo le ❷〖海峡〗 海峡 hǎixiá (㊥ *a channel*)
♦～管／自来水管 zìláishuǐguǎn ～局／自来水公司 zìláishuǐ gōngsī ～工事（建物の）／自来水工程 zìláishuǐ gōngchéng ～メーター／水表 shuǐbiǎo ～料▶～料が未払いです／没交水费 méi jiāo shuǐfèi
すいどう【隧道】 隧道 suìdào (㊥ *a tunnel*)
すいとる【吸い取る】❶〖吸収する〗吸 xī; 吸取 xīqǔ (㊥ *absorb; suck up*) ▶～養分を～／吸取养分 xīqǔ yǎngfēn ▶新しい知識を～／吸收新知识 xīshōu xīnzhīshi ▶水を～／吃水 chīshuǐ ▶掃除機でゴミやホコリを～／用吸尘器吸垃圾和灰尘 yòng xīchénqì xī lājī hé huīchén ▶汗をよく～シャツ／能吸汗的衬衫 néng xī hàn de chènshān ❷〖利益を取り上げる〗榨取 zhàqǔ; 剥削 bōxuē (㊥ *squeeze*) ▶もうけを～／榨取利润

zhàqǔ lìrùn
すいとん【水団】 疙瘩汤 gēdatāng (㊥ *boiled flour dumplings*)
すいなん【水難】 水灾 shuǐzāi; 水上事故 shuǐshàng shìgù (㊥ *a disaster by water*) ▶～に遭う／水上遇难 shuǐshàng yùnàn; 遭受水灾 zāoshòu shuǐzāi ▶連日の悪天候で～事故が多発した／恶劣的天气接连不断，水上事故频频发生 èliè de tiānqì jiēlián búduàn, shuǐshàng shìgù pínpín fāshēng
すいばく【水爆】 氢弹 qīngdàn (㊥ *a hydrogen bomb*)
♦～実験／氢弹试验 qīngdàn shìyàn
ずいはん【随伴する】❶〖供として〗跟随 gēnsuí; 随同 suítóng; 陪伴 péibàn (㊥ *attend*) ▶～者は2名に制限する／随同只限两名 suítóng zhǐ xiàn liǎng míng ❷〖伴って起こる〗随着 suízhe (㊥ *accompany*) ▶～現象／相关现象 xiāngguān xiànxiàng
すいはんき【炊飯器】 电饭锅 diànfànguō; 电饭煲 diànfànbāo (㊥ *a rice cooker*) ▶～で御飯を炊く／用电饭锅煮饭 yòng diànfànguō zhǔ fàn
すいび【衰微する】 衰落 shuāiluò; 衰微 shuāiwēi (㊥ *decline*) ▶人口の減少によって国力は一時的に～に向かう／由于人口减少，国力暂时出现衰落 yóuyú rénkǒu jiǎnshǎo, guólì zànshí chūxiàn shuāiluò
ずいひつ【随筆】 漫笔 mànbǐ; 随笔 suíbǐ; 散文 sǎnwén (㊥ *an essay*)
♦～家／随笔作家 suíbǐ zuòjiā ～集／随笔集 suíbǐjí
すいふ【水夫】 海员 hǎiyuán; 水手 shuǐshǒu (㊥ *a sailor*) ▶ポパイは不思議な～です／波拜是一个神奇的水手 Bōbài shì yí ge shénqí de shuǐshǒu ▶～になる／当水手 dāng shuǐshǒu
♦～長／水手长 shuǐshǒuzhǎng
すいぶん【水分】 水分 shuǐfèn (㊥ *water*) ▶～をとる／吸收水分 xīshōu shuǐfèn ▶この果物は～が多い／这种水果水分很多 zhè zhǒng shuǐguǒ shuǐfèn hěn duō ▶大量に汗をかくと～が失われる／大量出汗会消耗水分 dàliàng chū hàn huì xiāohào shuǐfèn ▶熱中症の予防には適切な～補給が必要です／为了预防中暑要适当地补充水分 wèile yùfáng zhòngshǔ yào shìdàng de bǔchōng shuǐfèn
ずいぶん【随分】 相当 xiāngdāng; 十分 shífēn (㊥ 〖かなり〗 *pretty*; 〖非常に〗 *very (much)*) ▶～たくさんある／有很多 yǒu hěn duō ▶～な言いぐさ／太过分的说法 tài guòfèn de shuōfǎ ▶想像していたことと～違うね／跟当初的想象相差很大 gēn dāngchū de xiǎngxiàng xiāngchà hěn dà ▶今日は～寒いね／今天可够冷的 jīntiān kě gòu lěng de ▶まあ～ひどいことをおっしゃる／你这张嘴够厉害的 nǐ zhè zhāngzuǐ kě gòu lìhai de ▶～な奴だな／这小子太过分了 zhè xiǎozi tài guòfèn le

すいへい【水平な】 水平 shuǐpíng (英 level; horizontal) ▶～線/水平线 shuǐpíngxiàn ▶～面/水准 shuǐzhǔn ▶カメラを～にかまえる/把相机拿平 bǎ xiàngjī náping ▶機体を～にする/把机体拉平 bǎ jītǐ lāpíng

♦～飛行〖航空〗:水平飞行 shuǐpíng fēixíng

すいへい【水兵】 水兵 shuǐbīng (英 a sailor) ～服:水兵服 shuǐbīngfú

すいほう【水泡】 水泡 shuǐpào; 泡影 pàoyǐng (英 foam) ▶～に帰する/化为泡影 huàwéi pàoyǐng ▶彼らの陰謀は～に帰した/他们的阴谋化为泡影 tāmen de yīnmóu huàwéi pàoyǐng

すいほう【水疱】〖医〗水疱 shuǐpào (英 a blister)

すいぼう【水防】 防汛 fángxùn; 防洪 fánghóng (英 prevention of floods) ▶～訓練/防汛训练 fángxùn xùnliàn ▶～対策は万全か/防洪对策万无一失了吗? fánghóng duìcè wàn wú yì shī le ma?

すいぼう【衰亡する】 衰亡 shuāiwáng (英 decline) ▶なぜローマ帝国は～したか/罗马帝国为什么会衰亡? Luómǎ dìguó wèi shénme huì shuāiwáng?

すいぼくが【水墨画】〖美術〗水墨画 shuǐmòhuà (英 an India-ink painting) ▶～を描く/画水墨画 huà shuǐmòhuà

すいぼつ【水没】 沉没 chénmò; 淹没 yānmò (英 be submerged) ▶洪水で田畑が～した/洪水淹没了田地 hóngshuǐ yānmò tiándì ▶温暖化でこの島は～の危機にさらされている/由于全球变暖，这座小岛面临着被淹没的危机 yóuyú quánqiú biànnuǎn, zhège xiǎodǎo miànlínzhe bèi yānmò de wēijī ▶ダム建設により多くの村が～する/因为修建水库，很多村庄被水淹没了 yīnwèi xiūjiàn shuǐkù, hěn duō cūnzhuāng bèi shuǐ yānmò le

すいま【睡魔】 睡魔 shuìmó (英 sleepiness) ▶～に襲われる/睡魔缠身 shuìmó chánshēn ▶～と闘う/跟睡魔搏斗 gēn shuìmó bódòu

スイミツトウ【水蜜桃】〖植物〗水蜜桃 shuǐmìtáo (英 a peach)

すいみゃく【水脈】 水脉 shuǐmài; 潜流 qiánliú (英 a water vein)

すいみん【睡眠】 睡眠 shuìmián (英 sleep) ▶～が浅い/睡不踏实 shuìbùtāshi ▶ほとんど～をとらずに勉強する/为了学习几乎不睡觉 wèile xuéxí jīhū bú shuìjiào ▶～不足/睡眠不足 shuìmián bùzú ▶休日にふだんの～不足を取り戻す/利用休息日来弥补平时的睡眠不足 lìyòng xiūxirì lái míbǔ píngshí de shuìmián bùzú

♦～時間:睡眠时间 shuìmián shíjiān ▶一日に必要な～時間にはかなり個人差がある/每天必须的睡眠时间，个人之间的差异很大 měitiān bìxū de shuìmián shíjiān, gèrén zhījiān de chāyì hěn dà ▶障碍:睡眠障碍 shuìmián zhàng'ài ～薬:催眠药 cuīmiányào

すいめん【水面】 水面 shuǐmiàn (英 the surface of the waters) ▶燕(つぱめ)が1羽～すれすれに飛ぶ/一只燕子擦着水面飞 yì zhī yànzi cāzhe shuǐmiàn fēi ▶枯葉が池の～に浮かんでいる/枯叶漂浮在池塘水面上 kūyè piāofú zài chítáng shuǐmiànshang ▶～下の戦いが激しい/背后的暗斗非常激烈 bèihòu de àndòu fēicháng jīliè

すいもの【吸い物】〖料理〗汤 tāng; 清汤 qīngtāng (英 Japanese clear soup)

♦～椀(わん):汤碗 tāngwǎn

すいもん【水門】 水闸 shuǐzhá; 闸门 zhámén (英 a water gate) ▶～を閉じる/关闭水闸 guānbì shuǐzhá

すいよう【水溶性の】 水溶 shuǐróng (英 water-soluble) ▶～液/水溶液 shuǐróngyè ▶～性ペンキ/水溶性油漆 shuǐróngxìng yóuqī

すいようび【水曜日】 星期三 xīngqīsān; 礼拜三 lǐbàisān (英 Wednesday)

すいよく【水浴】 洗澡 xǐzǎo; 沐浴 mùyù (英 bathe in water) ▶「～する女」《美術作品》/《沐浴的女人 Mùyù de nǚrén》

すいよせる【吸い寄せる】 吸引 xīyǐn (英 draw) ▶吸い寄せられたように入っていく/被吸引似的走进去 bèi xīyǐn shìde zǒujìnqu

すいらい【水雷】 水雷 shuǐléi (英 a torpedo; a mine) ▶～艇/水雷艇 shuǐléitǐng ▶～を敷設する/安放水雷 ānfàng shuǐléi ▶～に触れる/碰上水雷 pèngshàng shuǐléi

すいり【水利】 ❶〖水運の便〗水运 shuǐyùn (英 water transportation) ▶～がよい/水运便利 shuǐyùn biànlì; 水运方便 shuǐyùn fāngbiàn ❷〖水の利用〗水利 shuǐlì (英 utilization of water) ▶～権/用水权 yòngshuǐquán

すいり【推理する】 推理 tuīlǐ; 推论 tuīlùn; 推断 tuīduàn (英 reason) ▶正しい～/正确的推理 zhèngquè de tuīlǐ ▶犯行の動機を～する/推断犯罪动机 tuīduàn fànzuì dòngjī ▶～力を鍛える/培养推理能力 péiyǎng tuīlǐ nénglì

♦～小説:侦探小说 zhēntàn xiǎoshuō

すいりく【水陸】 水陆 shuǐlù (英 land and water) ▶～両用/水陆两用 shuǐlù liǎngyòng ▶～両用のバス/水陆两用巴士 shuǐlù liǎngyòng bāshì

すいりゅう【水流】 水流 shuǐliú (英 a water current) ▶ジェット～/喷射水流 pēnshè shuǐliú

すいりょう【水量】 水量 shuǐliàng (英 the volume of water) ▶～計/水量计 shuǐliàngjì ▶～の増した川は歩いて渡れない/水量增加的河流走不过去 shuǐliàng zēngjiā de héliú zǒubuguòqù

すいりょう【推量する】 推测 tuīcè; 猜测 cāicè; 估计 gūjì (英 guess) ▶～を当てる/瞎猜 xiācāi ▶～がはずれた/估计错了 gūjì cuò le ▶～の根拠/推测的依据 tuīcè de yījù

すいりょく【水力の】 水力 shuǐlì (英 hydraulic) ▶～で発電する/用水力发电 yòng shuǐlì fādiàn

♦～学:水力学 shuǐlìxué ～発電所:水电站 shuǐdiànzhàn; 水力发电站 shuǐlì fādiànzhàn

すいれいしき【水冷の】 水冷式 shuǐlěngshì (英 water-cooled) ▶~エンジン/水冷式发动机 shuǐlěngshì fādòngjī

スイレン【睡蓮】 〖植物〗睡莲 shuìlián (英 a water lily)

すいろ【水路】 ❶〖送水路〗水道 shuǐdào; 水渠 shuǐqú; 河渠 héqú (英 a waterway) ❷〖航路〗水路 shuǐlù; 航路 hánglù (英 a waterway)
◆~標識/航标 hángbiāo

すいろん【推論する】 推论 tuīlùn (英 reason) ▶~に過ぎない/不过是推论而已 búguò shì tuīlùn éryǐ ▶様々な状況証拠から~して誤った結論を出す/根据各种状况进行推论，做出错误的结论 gēnjù gè zhǒng zhuàngkuàng jìnxíng tuīlùn, zuòchū cuòwù de jiélùn

スイング 《ジャズの形式》爵士摇摆乐 juéshì yáobǎiyuè; 〈野球など〉挥动 huīdòng (英 a swing) ▶クラブを大きく~する/用力挥动高尔夫球棒 yònglì huīdòng gāo'ěrfūqiúbàng

すう【吸う】 ❶〖気体や液体などを〗吸 xī; 吮 shǔn; 吮吸 shǔnxī (英 [気体を] breathe; [液体を] suck) ▶ジュースをストローで~/用吸管儿吸果汁 yòng xīguǎnr xī guǒzhī ▶新鮮な空気を深々と~/深深地吸进新鲜的空气 shēnshēn de xījìn xīnxiān de kōngqì ▶赤ん坊が指を~/婴儿吃手指头 yīng'ér chī shǒuzhǐtou ❷〖タバコを〗抽 chōu (英 smoke) ▶タバコを~/抽烟 chōuyān; 吸烟 xīyān ▶ここでタバコを吸ってもよろしいですか/这儿可以吸烟吗？ zhèr kěyǐ xīyān ma? ❸〖吸収する〗吸收 xīshōu (英 absorb) ▶水分を~/吸收水分 xīshōu shuǐfèn

すう【数】 ❶〖数量〗数 shù; 数目 shùmù; 数量 shùliàng (英 a number) ▶奇~/单数 dānshù; 奇数 jīshù ▶偶~/双数 shuāngshù; 偶数 ǒushù ❷〖いくつかの〗几 jǐ; 数 shù (英 several) ▶~ページ/几页 jǐ yè ▶ここ~年/这几年 zhè jǐ nián ▶~十年/几十年 jǐshí nián ▶~十年/十几年 shíjǐ nián ▶~百万ドル/几百万美金 jǐbǎi wàn Měijīn

スウェーデン 瑞典 Ruìdiǎn (英 Sweden)
◆~語/瑞典语 Ruìdiǎnyǔ ～人/瑞典人 Ruìdiǎnrén

すうがく【数学】 数学 shùxué; 算学 suànxué (英 mathematics) ▶~は私が一番好きな科目です/数学是我最喜欢的学科 shùxué shì wǒ zuì xǐhuan de xuékē ▶~の問題を解く/解答数学题 jiědá shùxuétí
◆~者/数学家 shùxuéjiā

すうき【数奇な】 坎坷 kǎnkě; 〈不運な〉不幸 búxìng (英 varied) ▶~な運命/坎坷的命运 kǎnkě de mìngyùn ▶彼女は~な運命をたどった/她经历了坎坷的命运 tā jīnglì le kǎnkě de mìngyùn

すうききょう【枢機卿】 枢机主教 shūjī zhǔjiào (英 a cardinal)

すうけい【崇敬する】 崇敬 chóngjìng (英 revere) ▶~の念を禁じえない/崇敬的心情油然而生 chóngjìng de xīnqíng yóurán ér shēng

すうこう【崇高な】 崇高 chónggāo (英 lofty) ▶~な使命を達成する/完成了崇高的使命 wánchéng le chónggāo de shǐmìng

すうし【数詞】 〖文法〗数词 shùcí (英 a numeral)

すうじ【数字】 数字 shùzì; 数码 shùmǎ (英 a figure; a numeral) ▶アラビア数字 Ālābó shùzì ▶汉~/汉字数字 Hànzì shùzì ▶具体的な~で示す/出示具体的数字 chūshì jùtǐ de shùzì ▶僕は~に弱い/我不擅长数字 wǒ bú shàncháng shùzì
◆ローマ~/罗马数字 Luómǎ shùzì

すうじ【数次】 几次 jǐ cì (英 several times) ▶~にわたる修正を経る/经过了几次修改 jīngguòle jǐ cì xiūgǎi

すうしき【数式】 数式 shùshì (英 a numerical formula)

すうじくこく【枢軸国】 轴心国 zhóuxīnguó (英 the Axis powers)

すうじつ【数日】 几天 jǐ tiān; 数日 shùrì (英 several days) ▶~前/前几天 qián jǐ tiān ▶ここ~のうちに何かが起こる/就在这几天恐怕会出事儿 jiù zài zhè jǐ tiān kǒngpà huì chūshìr

ずうずうしい【図図しい】 脸皮厚 liǎnpí hòu; 不要脸 búyàoliǎn; 厚颜无耻 hòuyán wúchǐ (英 impudent) ▶お願いですがよろしく御配慮下さい/这是很冒昧的请求，请您多加关照 zhè shì hěn màomèi de qǐngqiú, qǐng nín duō jiā guānzhào ▶あの男は~からきらわれる/那个男人脸皮厚，让人讨厌 nàge nánrén liǎnpí hòu, ràng rén tǎoyàn ▶彼は図々しくもまた金を借りにきた/他脸皮真厚，又来借钱了 tā liǎnpí zhēn hòu, yòu lái jiè qián le

すうせい【趨勢】 倾向 qīngxiàng; 趋向 qūxiàng; 趋势 qūshì (英 a trend) ▶~を見極める/看清趋势 kànqīng qūshì ▶现在の~/现在的趋势 xiànzài de qūshì ▶時代の~を読み取る/审视时代的趋向 shěnshì shídài de qūxiàng

ずうたい【図体】 个儿 gèr; 个头儿 gétóur (英 a body; a bulk) ▶大きい~/大个头儿 dàgètóur ▶~の大きいガキ/傻大个儿 shǎdàgèr ▶个头很大的毛孩子 gètóu hěn dà de máoháizi ▶あいつは~ばかり大きくて何の役にもたたない/他个子倒不小，可是什么用场也派不上 tā gèzi dào bù xiǎo, kěshì shénme yòngchǎng yě pàibushàng

すうち【数値】 数值 shùzhí; 数字 shùzì (英 numerical value) ▶~目標を設定する/设定具体的数字目标 shèdìng jùtǐ de shùzì mùbiāo

スーツ 西服套装 xīfú tàozhuāng (英 a suit) ▶~ケース/手提箱 shǒutíxiāng; 提箱 tíxiāng ▶ビジネス~/商务用西装 shāngwùyòng xīzhuāng ▶女性用/女式西装 nǚshì xīzhuāng

すうっと (英 quietly; refreshingly) ▶~すり抜け

る/顺利地挤过去 shùnlì de jǐguòqu ▶涙が～流れる/一行眼泪蜿蜒地流下来 yì háng yǎnlèi shuā de liúxiàlai ▶胸が～する/心情舒畅 xīnqíng shūchàng ▶彼女は～部屋を出て行った/她飕地走出了房间 tā sōu de zǒuchūle fángjiān

スーパーインポーズ 叠印字幕 diéyìn zìmù（英 superimposition）

スーパーコンピュータ 超级计算机 chāojí jìsuànjī（英 a supercomputer）

スーパーマーケット 超级商场 chāojí shāngchǎng; 自选商场 zìxuǎn shāngchǎng; 超市 chāoshì（英 a supermarket）

スーパーマン 超人 chāorén（英 a superman）

すうはい【崇拝する】 崇拜 chóngbài; 推崇 tuīchóng（英 worship）▶～者/崇拜者 chóngbàizhě ▶英雄を～する/崇拜英雄 chóngbài yīngxióng

◆偶像～/偶像崇拜 ǒuxiàng chóngbài 个人～/个人崇拜 gèrén chóngbài ▶個人～を強化して独裁体制をつくる/加强个人崇拜建立独裁体制 jiāqiáng gèrén chóngbài jiànlì dúcái tǐzhì

すうばい【数倍】 几倍 jǐ bèi（英 severalfold）▶この作業システムでは従来より～効率が上がります/用这个系统，工作效率比以往提高了几倍 yòng zhège xìtǒng, gōngzuò xiàolǜ bǐ yǐwǎng tígāole jǐ bèi ▶これでは～の費用がかかる/这要花费几倍的费用 zhè yào huāfèi jǐ bèi de fèiyong

スープ【料理】 汤 tāng（英 soup）▶～は音を立てて飲んではいけません/喝汤的时候不能出声 hē tāng de shíhou bùnéng chū shēng ▶チキン～/鸡汤 jītāng

ズームレンズ 变焦镜头 biànjiāo jìngtóu（英 a zoom lens）

すうり【数理】 ❶【数理】 数理 shùlǐ（英 a mathematical principle）▶～哲学/数理逻辑 shùlǐ luójí ▶～言語学/数理语言学 shùlǐ yǔyánxué ❷【計算】（英 figures）▶～に明るい/擅长计算 shàncháng jìsuàn
◆～経済学/数理经济学 shùlǐ jīngjìxué

すうりょう【数量】 数量 shùliàng（英 quantity）▶～詞/数量词 shùliàngcí ▶経済現象を～的に分析する/对经济现象进行计量分析 duì jīngjì xiànxiàng jìnxíng jìliàng fēnxī

すうれつ【数列】〚数〛 数列 shùliè（英 a sequence of numbers）

すえ【末】 ❶【末端】 头 tóu; 末端 mòduān（英 the end）▶枝の～/枝梢 zhīshāo ❷【末子】 最小的孩子 zuì xiǎo de háizi（英 the youngest child;［子孫］a descendant）▶（男の）～っ子/老儿子 lǎo'érzi ❸【ある期間の終わり】（英 the end）▶月～/月末 yuèdǐ ▶5月の～に/到五月底 dào wǔ yuè dǐ ❹【物事の結果】 结局 jiéjú; 结果 jiéguǒ; 最后 zuìhòu（英 after...）▶放浪の～実家に帰ってた/流浪之后回到了父母家 liúláng zhīhòu huídàole fùmǔjiā

❺【将来】 将来 jiānglái; 前途 qiántú（英 the future）▶～長くお幸せでありますように/祝你们白头偕老 zhù nǐmen báitóu xié lǎo ▶～頼もしい/前途有为 qiántú yǒuwéi; 前途无量 qiántú wúliàng ▶～が案じられる/他的未来令人担忧 tā de wèilái lìng rén dānyōu ▶～恐ろしい子供だ/这孩子将来不得了 zhè háizi jiānglái bùdéliǎo ❻【道徳・秩序の乱れた時代】 末世 mòshì（英 a degenerate age）▶世も～だ/这是什么世道 zhè shì shénme shìdào

スエード 反毛皮革 fǎnmáo pígé; 起毛皮革 qǐmáo pígé（英 suede）▶～の靴/反毛皮鞋 fǎnmáo píxié

すえおき【据え置きの】 搁置 gēzhì; 存放 cúnfàng;［数值］维持不变 wéichí bú biàn（英 unredeemable; deferred）▶～にする/搁置不动 gēzhì bú dòng ▶～期間/存放期间 cúnfàng qījiān ▶金利/利息维持不变 lìxī wéichí bú biàn ▶ガス料金は当分～にする/煤气费目前维持不变 méiqìfèi mùqián wéichí bú biàn

すえおく【据え置く】 维持不变 wéichí bú biàn; 搁置 gēzhì（英 leave... as it is）▶公务员の給料を～方針である/政府决定将公务员的薪水维持不变 zhèngfǔ juédìng jiāng gōngwùyuán de xīnshuǐ wéichí bú biàn ▶来年度の授業費を～ことは難しい/下个年度的学费要想维持不变很困难 xià ge niándù de xuéfèi yào xiǎng wéichí bú biàn hěn kùnnan

スエズうんが【スエズ運河】 苏伊士运河 Sūyīshì yùnhé（英 the Suez Canal）

すえぜん【据え膳】 现成饭 xiànchéngfàn（英 a table set before... for a meal）▶上げ膳～/坐享其成 zuò xiǎng qí chéng

すえつけ【据え付けの】 安装 ānzhuāng; 固定 gùdìng（英 fixed）▶～の本棚/固定式书架 gùdìngshì shūjià ▶エアコンの～を専門業者に依頼する/请专业施工人员安装空调 qǐng zhuānyè shīgōng rényuán ānzhuāng kōngtiáo

すえつける【据え付ける】 安装 ānzhuāng; 装置 zhuāngzhì（英 fix; install）▶最新の機械を～/安装最新式的机器 ānzhuāng zuìxīnshì de jīqì

すえっこ【末っ子】 最小的孩子 zuì xiǎo de háizi（英 the youngest child (of one's family)）

すえひろがり【末広がり】 扇形展开 shànxíng zhǎnkāi; 走向兴旺 zǒuxiàng xīngwàng（英 broadening toward the end）▶八は～で縁起がいい数だ/"八"字因为底宽，是个吉祥的数字 "bā" zì yīnwèi dǐ kuān, shì ge jíxiáng de shùzì

すえる【据える】 ❶【物を動かないように置く】 安放 ānfàng; 摆设 bǎishè（英 place; fix）❷【落ち着ける】 定心 dìngxīn; 决心 juéxīn（英 settle）▶性根を～/使性情稳定下来 shǐ xìngqíng wěndìngxiàlái; 沉下心来 chénxià xīn lái ▶腰を据えて仕事に取り組む/踏下心来干工作 tàxià xīn lái gàn gōngzuò ❸【人を地位・任務に就かせる】 让…就任 ràng

…jiùrèn；任…为 rèn…wéi（英 place）▶校长に～/安排当校长 ānpái dāng xiàozhǎng ▶彼は息子を後釜に～ような社長じゃない/他不是那种让自己的孩子当接班人的老板 tā bú shì nà zhǒng ràng zìjǐ de háizi dāng jiēbānrén de lǎobǎn

4【その他】 ▶お灸を～《こらしめる》/教训 jiàoxùn ▶じっと目を～/目不转睛地看 mù bù zhuǎn jīng de kàn

すえる【饐える】 馊 sōu（英 turn sour; go bad）▶饐えかけた饭に茶をかけて食べる/用茶泡在快变馊的米饭里吃下去 yòng chá pàozài kuàiyào biàn sōu de mǐfànli chīxiàqu

ずが【図画】 画儿 huàr；图画 túhuà（英 drawing）▶～工作/图画手工 túhuà shǒugōng ▶～がうまい/擅长画画儿 shàncháng huà huàr ▶～の時間/美术课 měishùkè

スカート 裙子 qúnzi（英 a skirt）▶～をはく/穿裙子 chuān qúnzi ▶～をまくる/撩裙子 liāo qúnzi
◆タイト～：紧身裙 jǐnshēnqún プリーツ～：百褶裙 bǎizhěqún フレアー～：荷叶裙 héyèqún ロング～：长裙 chángqún

スカーフ 领巾 lǐngjīn；头巾 tóujīn；围巾 wéijīn（英 a scarf）▶～を巻く/戴围巾 dài wéijīn

ずかい【図解する】 图解 tújiě（英 illustrate）▶操作の手順を～して示す/用图显示操作方法 yòng tú xiǎnshì cāozuò bùzhòu

ずがいこつ【頭蓋骨】 颅骨 lúgǔ；头盖骨 tóugàigǔ；头骨 tóugǔ（英 a skull）▶～骨折/颅骨骨折 lúgǔ gǔzhé

スカイダイビング 跳伞 tiàosǎn（英 skydiving）▶～に挑戦する/挑战跳伞 tiǎozhàn tiàosǎn

スカイブルー 蔚蓝 wèilán（英 sky-blue）

スカウトする 物色 wùsè；《その役目の人》物色者 wùsèzhě（英 scout）▶企業が優秀な人材を～する/企业物色优秀的人才 qǐyè wùsè yōuxiù de réncái

すがお【素顔】 没化妆的脸 méi huàzhuāng de liǎn；平素的面孔 píngsù de miànkǒng；《ありのままの姿》本来面目 běnlái miànmù（英 an unpainted face）▶ハリウッドスターの～/好莱坞明星日常的形象 Hǎoláiwù míngxīng rìcháng de xíngxiàng ▶道化師は～を見せない/小丑不露没化妆的脸 xiǎochǒu bú lòu méi huàzhuāng de liǎn

すかさず【透かさず】 立刻 lìkè；即刻 jíkè（英 at once; immediately）▶浮きが沈むと～釣竿を上げる/浮标一沉，立刻就把钓竿拉起来 fúbiāo yì chén, lìkè jiù bǎ diàogān lāqǐlai ▶蒸気機関車がトンネルを出ると～シャッターを切った/蒸汽机车一出隧道就按快门 zhēngqì jīchē yì chū suìdào jiù àn kuàimén

すかし【透かし】 水印 shuǐyìn；水纹 shuǐwén（英 a watermark）▶この紙幣には～が入っていない/这张纸币没印水印 zhè zhāng zhǐbì méi yìn shuǐyìn

すかす《機嫌をとる》 哄 hǒng；哄骗 hǒngpiàn（英 coax; flatter）▶彼には脅したりすかしたりしても無駄なことだ/对他连哄带吓也没有用 duì tā lián hǒng dài xià yě méiyǒu yòng

すかす《気取る》 装腔作势 zhuāngqiāng zuòshì；摆架子 bǎ jiàzi（英 assume airs）▶彼はいやにすかしている/他特别装腔作势 tā tèbié zhuāngqiāng zuòshì

すかす【透かす・空かす】 **1**【空間を作る】空 kòng（英 leave a space）▶枝を～/打枝 dǎzhī ▶腹を～/空着肚子 kòngzhe dùzi ▶みんな腹を空かせて気が立っている/大家饿着肚子情绪很不稳定 dàjiā èzhe dùzi qíngxù hěn bù wěndìng **2**【物を通して見る】透过 tòuguò（英 look through...）▶新緑の木立を透かして陽光が漏れてくる/阳光透过浅绿色的树林 yángguāng tòuguò qiǎnlǜsè de shùlín ▶木の葉を透かして太陽を見る/透过树叶看太阳 tòuguò shùyè kàn tàiyáng

ずかずか 没礼貌地《走进》 méi lǐmào de (zǒujìn)；毫不客气地《闯进》 háo bú kèqi de (chuǎngjìn)（英 directly; rudely）▶～と上がりこむ/冒冒失失地闯了进来 màomaoshīshī de chuǎngle jìnlái ▶彼は～僕の部屋にはいって来た/他毫不客气地闯进了我的房间 tā háobú kèqi de chuǎngjìnle wǒ de fángjiān

すがすがしい【清清しい】 清爽 qīngshuǎng；清新 qīngxīn（英 refreshing）▶～空气/清新的空气 qīngxīn de kōngqì ▶朝風が～/晨风清爽 chénfēng qīngshuǎng ▶緑の風薰る～季節になりました/春风送绿空气清新的季节又来到了 chūnfēng sòng lǜkōngqì qīngxīn de jìjié yòu láidào le ▶引退を決めた彼の表情は清々しかった/作出了引退的决定，他如释重负 zuòchūle yǐntuì de juédìng, tā rú shì zhòngfù

すがた【姿】 姿态 zītài；形态 xíngtài；身影 shēnyǐng（英 a figure）《状態》a state）▶～をくらます/匿影藏形 nì yǐng cáng xíng；匿迹 nìjì ▶～を現す/出现 chūxiàn；露面 lòumiàn ▶～がとても美しい/姿态十分漂亮 zītài shífēn piàoliang ▶～が似ている/形态相似 xíngtài xiāngsì ▶昨日から愛犬の～が見えない/从昨天起爱犬的身影就不见了 cóng zuótiān qǐ àiquǎn de shēnyǐng jiù bú jiàn le ▶この町には元の～はどこにもない/这个镇子已经找不到过去的踪影了 zhège zhènzi yǐjing zhǎobudào guòqù de zōngyǐng le ▶我が母校はトーナメントから早々と～を消した/我们母校早早儿地就从淘汰赛中销声匿迹了 wǒmen mǔxiào zǎozāor de jiù cóng táotàisài zhōng xiāo shēng nì jì le

すがたみ【姿見】 穿衣镜 chuānyījìng（英 a full-length mirror）

スカッシュ **1**【飲み物】 鲜果汁 xiānguǒzhī（英 a fizzy drink）▶レモン～/柠檬苏打饮水 níngméng sūdáshuǐ **2**【スポーツ】 墙网球 qiángwǎngqiú（英 squash）

すかっとする 痛快 tòngkuài; 清爽 qīngshuǎng; 舒畅 shūchàng;（味が）爽口 shuǎngkǒu（英 be refreshed; be refreshing）▶~した味/爽口 shuǎngkǒu ▶何か~した飲み物がほしいな/想喝点什么爽口的饮料 xiǎng hē diǎn shuǎngkǒu de yǐnliào ▶晴れ上がる/天晴气朗令人舒畅 tiān qíng qì lǎng lìng rén shūchàng ▶朝から頭が~しない/早上起来，脑子就不清爽 zǎoshang qǐlái, nǎozi jiù bù qīngshuǎng ▶プールでひと泳ぎしたら気分が~した/在游泳池里游了一圈，觉得很痛快 zài yóuyǒngchí li yóule yì quān, juéde hěn tòngkuài

ずがら【図柄】图案 tú'àn; 花样 huāyàng（英 a design）

すがりつく 缠住不放 chánzhù bú fàng; 抱住 bàozhù（英 cling to...）▶子供が母親の腕に~/孩子抱着母亲的胳膊不放 háizi bàozhe mǔqin de gēbo bú fàng

すがる ❶【つかまる】缠住 chánzhù（英 cling to...）▶藁にも~思い/急来抱佛脚的心情 jí lái bào fójiǎo de xīnqíng ▶杖にすがって歩く/拄着拐杖走路 zhǔzhe guǎizhàng zǒulù ▶女は男の肩にすがって泣いた/女子偎依在男人的肩膀上不停地哭泣 nǚzǐ wēiyī zài nánrén de jiānbǎngshang bùtíng de kūqì ❷【頼りにする】依靠 yīkào; 求助 qiúzhù（英 depend on...）▶~ような目/露出哀求的目光 lùchū āiqiú de mùguāng ▶もう神仏に~しかありません/已经到了听天由命地步了 yǐjing dàole tīng tiān yóu mìng dìbù le ▶人の情けに~/求助于别人的慈悲心 qiúzhù yú biérén de cíbēixīn

ずかん【図鑑】图鉴 tújiàn; 图谱 túpǔ（英 a picture book）▶昆虫~/昆虫图鉴 kūnchóng tújiàn

スカンク【動物】臭鼬鼠 chòuyòushǔ（英 a skunk）

スカンジナビア 斯堪的纳维亚 Sīkāndínàwéiyà（英 Scandinavia）

すかんぴん【素寒貧】赤贫 chìpín; 一无所有 yī wú suǒ yǒu（英 extreme poverty）▶~な男/一无所有的人 yī wú suǒ yǒu de rén

すき【好き】❶【心がひかれる】喜欢 xǐhuan; 爱 ài（英 favorite）▶僕は君が~だ/我爱你 wǒ ài nǐ ▶猫が~だ/喜欢猫 xǐhuan māo ▶中華料理が~だ/爱吃中国菜 ài chī Zhōngguócài ▶僕はここにいるのが~だ/我喜欢在这儿 wǒ xǐhuan zài zhèr ▶こういうタイプの女は~でない/我不喜欢那种女人 wǒ bù xǐhuan nà zhǒng nǚrén ▶彼女はチョコレートが大~だ/她特别喜欢巧克力 tā tèbié xǐhuan qiǎokèlì ❷【物好きな】好事 hàoshì（英 faddish）▶~者/好事者 hàoshìzhě ▶何も~なことをやってるんじゃないよ/我并不是好事儿才这么做的 wǒ bìng bú shì hàoshìr cái zhème zuò de ❸【思うままに】任意 rènyì; 随便 suíbiàn（英 as one likes）▶~にしなさい/随你的便吧 suí de biàn ba ▶~なだけ食べる/你爱吃多少就吃多少 nǐ ài chī duōshao jiù chī duōshao ▶あの男は~な時に食事をする/他什么时候想吃就什么时候吃 tā shénme shíhou xiǎng chī jiù shénme shíhou chī ▶君の~なのを取りたまえ/你喜欢什么就拿什么吧 nǐ xǐhuan shénme jiù ná shénme ba

ことわざ 好きこそ物の上手なれ 好者能精 hàozhě néng jīng

すき【隙】❶【物のすきま】缝 fèng; 缝隙 fèngxì（英 an opening）▶戸の~/门缝 ménfèng ❷【ひま】空 kòng; 闲暇 xiánxiá; 余暇 yúxiá（英 leisure）▶仕事の~/工作余暇 gōngzuò yúxiá ❸【油断】空子 kòngzi; 疏忽 shūhu; 隙 xì（英 carelessness）▶~がある/有疏忽 yǒu shūhu ▶~のない/无隙可乘 wú xì kě chéng ▶~を衝(つ)く/乘隙 chéngxì; 乘间 chéngjiàn ▶おまえに~があるから相手に狙われるんだ/你有隙可乘才被人钻了空子 nǐ yǒu xì kě chéng cái bèi rén zuānle kòngzi ▶一分の~もない服装をした男/服装整齐一丝不苟的男子 fúzhuāng zhěngqí yì sī bù gǒu de nánzǐ

すき【鋤】犁 lí（英 a spade; a plow）▶~で耕す/用犁耕地 yòng lí lí dì

スギ【杉】【植物】杉树 shānshù; 杉木 shāmù（英 a Japanese cedar）▶~材で家具を作る/用杉木做家具 yòng shāmù zuò jiājù

◆~花粉 杉树花粉 shānshù huāfěn

-すぎ【-過ぎ】❶ 过 guò; 多 duō（英 after...; past）▶3 時 10 分~/三点过十分 sān diǎn guò shí fēn ▶5 時~にはもう帰宅していた/五点过就已经回家了 wǔ diǎn guò jiù yǐjing huíjiā le ▶~じゃない？/你是不是吃得太多了点儿 nǐ shìbushi chī de tài duōle diǎnr ▶ 70 ~のおばあさんが近づいてきた/一位七十多岁的老奶奶走了过来 yí wèi qīshí duō suì de lǎonǎinai zǒule guòlái

-ずき【-好き】喜欢 xǐhuan; 爱 ài（英 a lover of...）▶世話~/乐于助人 lèyú zhù rén; 喜欢照顾人 xǐhuan zhàogù rén ▶新しもの~/喜欢新(生)事物 xǐhuan xīn(shēng)shìwù ▶旅行~/喜欢旅行 xǐhuan lǚxíng ▶酒~/爱喝酒 ài hē jiǔ

スキー【スポーツ】滑雪 huáxuě（英 skiing; [スキー板] (a pair of) skis）▶~板/滑雪板 huáxuěbǎn ▶~シューズ/滑雪鞋 huáxuěxié ▶~場/滑雪场 huáxuěchǎng ▶北海道へ~に行く/去北海道滑雪 qù Běihǎidào huáxuě ▶私は~は初めてです/我是第一次滑雪 wǒ shì dìyī cì huáxuě

◆水上~ 滑水 huáshuǐ ~リフト 滑雪缆车 huáxuě lǎnchē

スキーヤー 滑雪者 huáxuězhě（英 a skier）

すきかって【好き勝手に】随便 suíbiàn; 任性 rènxìng（英 selfishly）▶~に振る舞う/为所欲为 wéi suǒ yù wéi ▶~なことを言う/随便乱说 suíbiàn luàn shuō

すききらい【好き嫌い】 好恶 hàowù (英 *likes and dislikes*) ▶~が激しい/挑剔大 tiāoti dà ▶人の~が激しい/对人爱憎分明 duì rén àizēng fēnmíng ▶~を言っている時じゃない/现在可不是表现自己好恶的时候 xiànzài bú shì biǎoxiàn zìjǐ hàowù de shíhou ▶私は食べ物には~がない/我不挑食 wǒ bù tiāo shí

すぎさる【過ぎ去る】 ❶【通り過ぎる】走过去 zǒuguòqu; 通过 tōngguò (英 *pass*) ❷【時が】过去 guòqù (英 *pass*)

すきずき【好き好き】 各有所好 gè yǒu suǒ hào (英 *be a matter of taste*)
ことわざ 蓼(たで)食う虫も好き好き 萝卜青菜各有所爱 luóbo qīngcài gè yǒu suǒ ài; 人各有所爱 rén gè yǒu suǒ ài

ずきずきする (英 *throb with pain*) ▶頭が~痛む/头感到阵痛 tóu gǎndào zhèntòng ▶歯が~疼く/牙齿阵阵发痛 yáchǐ zhènzhèn fā tòng

スキップする 两腿交替跳着走 liǎngtuǐ jiāotì tiàozhe zǒu (英 *skip*)

すきとおる【透き通る】 ❶【中や向こう側が見える】透明 tòumíng (英 *be transparent*) ▶（皮膚などが）~ように白い/白净 báijìng ▶その若い女性の肌は~に白い/那个年轻女子的皮肤洁白如玉 nàge niánqīng nǚzǐ de pífū jiébái rú yù ▶透き通った青空に紅葉が映える/晴朗的蓝天衬托着红叶 qínglǎng de lántiān chèntuōzhe hóngyè ❷【声で】清亮 qīngliàng (英 *be clear*)

-すぎない【過ぎない】 不过…（而已）búguò…(éryǐ); 只 zhǐ; 罢了 bàle (英 *be nothing but…*) ▶それは単に政治家のポーズに~/不过是政治家做出的姿态而已 bù búguò shì zhèngzhìjiā zuòchū de zītài éryǐ ▶それは君の妄想に~よ/那只不过是你的妄想 nà zhǐbuguò shì nǐ de wàngxiǎng ▶その言葉は全くお世辞に~/那些话全都不过是客套话 quándōu búguò shì kètàohuà ▶ほんの一例に~/仅仅是其中的一个例子而已 jǐnjǐn shì qízhōng de yí ge lìzi éryǐ ▶偶然の一致に~/只是偶然的巧合 zhǐshì ǒurán de qiǎohé ▶為すべきことを為したに~/无非是做了该做的事罢了 wúfēi shì zuòle gāi zuò de shì bàle

すきばら【空き腹】 空腹 kōngfù (英 *an empty stomach*) ▶~では敵に勝てない/饿着肚子可战胜不了敌人 èzhe dùzi kě zhànshèngbuliǎo dírén ▶まずい物なし/肚子饿了什么都觉得好吃 dùzi èle shénme dōu juéde hǎochī

すきほうだい【好き放題する】 为所欲为 wéi suǒ yù wéi; 任意 rènyì; 随便 suíbiàn (英 *do as one likes*) ▶~に/任意地 rènyì de ▶飲み物は~です/饮料随便喝 yǐnliào suíbiàn hē ▶~しゃべる/畅所欲言 chàng suǒ yù yán

すきま【透き間・隙間】 缝 fèng; 缝隙 fèngxì; 间隙 jiànxì (英 *a crack; an opening*) ▶風が~から吹き込んでくる/风从门缝吹进来 fēng cóng ménfèng chuījìnlai ▶屋根の~から雨が漏る/雨水从房顶的缝隙漏进来 yǔshuǐ cóng fángdǐng de fèngxì lòujìnlai ▶ドアに少し~がある/门上有一丝缝隙 ménshang yǒu yì sī fèngxì

すきまかぜ【透き間風】 贼风 zéifēng (英 *a draft*) ▶~が入る/漏风 lòufēng

スキムミルク 脱脂牛奶 tuōzhī niúnǎi (英 *skim milk*)

すきやき【鋤焼き】 【料理】日式牛肉火锅 Rìshì niúròu huǒguō (英 *sukiyaki*) ▶~鍋/日式牛肉火锅所用的平底锅 Rìshì niúròu huǒguō suǒ yòng de píngdǐguō

スキャナ 扫描器 sǎomiáoqì (英 *a scanner*)

スキャンダル 丑闻 chǒuwén (英 *a scandal*) ▶~を暴露する/暴露丑闻 bàolù chǒuwén ▶~が発覚する/丑闻被发现 chǒuwén bèi fāxiàn ▶~に巻き込まれる/被卷进丑闻 bèi juǎnjìn chǒuwén

スキューバダイビング 【スポーツ】水肺潜水 shuǐfèi qiánshuǐ (英 *scuba diving*)

すぎる【過ぎる】 ❶【場所】过 guò; 经过 jīngguò; 通过 tōngguò (英 *pass*) ▶台風が~/台风过去了 táifēng guòqu le ▶天津を~、まもなく北京に着く/过了天津，就到北京了 guòle Tiānjīn, jiù dào Běijīng le ▶どうやら最悪の事態は過ぎ去ったようだ/最坏的情况似乎已经过去了 zuì huài de qíngkuàng sìhū yǐjing guòqu le
❷【時間】过 guò; 过去 guòqu (英 *pass*) ▶約束の時間を過ぎた、まだ来ない/过了约定的时间还不来 guòle yuēdìng de shíjiān hái bù lái ▶秋が過ぎて冬になった/秋天一过，就到冬天了 qiūtiān yí guò, jiù dào dōngtiān le ▶時が~につれてその騒動も沈静化してきた/时间流逝，那场风波也渐平静下来 shíjiān liúshì, nà chǎng fēngbō yě jiù píngjìngxiàlai ▶退職年齢を過ぎても働いている/过了退休年龄还在工作 guòle tuìxiū niánlíng hái zài gōngzuò ▶過ぎたことは過ぎたことだ/过去的事就让它过去吧 guòqù de shì jiù ràng tā guòqu ba
❸【程度】过度 guòdù; 过分 guòfèn; 太 tài (英 *go too far*) ▶わがままが~/过于任性 guòyú rènxìng ▶冗談が~/玩笑开得太过火 wánxiào kāide tài guòhuǒ ▶言い~/说得太过分 shuōde tài guòfèn ▶この本は難しい/这本书太难 zhè běn shū tài nán ▶処分が厳しい/处分得太严了 chǔfènde tài yán le ▶日本人は働き~と言われる/都说日本人工作太忙 dōu shuō Rìběnrén gōngzuò tài máng
ことわざ 過ぎたるは及ばざるがごとし 犹过不及 guò yóu bù jí

スキン ❶【肌】皮肤 pífū (英 *skin*) ▶~ケア/护肤 hùfū ▶~クリーム/护肤霜 hùfūshuāng ▶母親と赤ん坊の~シップは大切である/母亲跟婴儿的肌肤接触很重要 mǔqin gēn yīng'ér de jīfū jiēchù hěn zhòngyào ❷【皮革】皮革 pígé (英 *skin*) ▶~/鹿皮 lùpí ❸【コンドーム】避孕套 bìyùntào (英 *a condom*)

ずきん【頭巾】 (英 *a hood*) ▶『赤ずきん』(童

話)/《小红帽 Xiǎohóngmào》

スキンダイビング 【スポーツ】赤身潜水运动 chìshēn qiánshuǐ yùndòng (英 skin diving)

すく【好く】 喜欢 xǐhuan; 爱 ài (英 like) ▶人に好かれる/招人喜欢 zhāo rén xǐhuan ▶いけすかない奴/讨厌的家伙 tǎoyàn de jiāhuo ▶彼はみんなに好かれている/他被大家所喜爱 tā bèi dàjiā suǒ xǐ'ài ▶好いた同士がなぜ一緒になれぬ/为什么相爱的人不能在一起 wèi shénme xiāng'ài de rén bùnéng zài yìqǐ

すく【空く】 ❶【まばら】 空 kōng; 少 shǎo; 稀疏 xīshū (英 become less crowded) ▶車内はとても空いている/车厢里空得很 chēxiāngli kòngde hěn ▶空いている時間をねらって行ったが込んでいた(床屋などで)/选了一个空闲的时间段去，没想到客人却很多 xuǎnle yí ge kòngxián de shíjiānduàn qù, méi xiǎngdào kèrén què hěn duō ❷【空腹】 空 kōng; 饿 è (英 be hungry) ▶腹が一/肚子饿了 dùzi è le ▶腹が機嫌が悪くなる/肚子一饿，情绪就不好 dùzi yí è, qíngxù jiù bù hǎo ❸【ひま】 有空 yǒu kòng; 空闲 kòngxián (英 be free) ▶手が空いているのなら手伝ってくれ/你要有空，就来帮帮忙 nǐ yào yǒu kòng, jiù lái bāngbang máng ▶手が一とすぐおしゃべりを始める/一闲下来就开始聊天 yì xiánxiàlai jiù kāishǐ liáotiān ❹【心が晴れる】 痛快 tòngkuài (英 feel refreshed) ▶胸の～思いだ/心里很痛快 xīnli hěn tòngkuài

すく【梳く】 梳 shū (英 comb) ▶髪を～/梳头 shū tóu

すく【透く】 ❶【隙間ができる】 有缝隙 yǒu fèngxì (英 have a gap) ▶歯の間が～/齿间有缝隙 chǐjiān yǒu fèngxì ❷【透けて見える】 透过 tòuguò (英 be transparent) ▶川底が透いている/河水清澈见底 héshuǐ qīngchè jiàn dǐ

すく【漉く】 抄 chāo (英 make) ▶紙を～/抄纸 chāo zhǐ

すく【鋤く】 犁 lí (英 plow) ▶畑を～/犁地 lí dì

すぐ【直ぐ】 ❶【ただちに】 马上 mǎshàng; 立刻 lìkè (英 at once; immediately) ▶～帰る/马上就回去 mǎshàng jiù huíqù ▶この問題に～答えるのは難しい/这个问题很难立即回答 zhège wèntí hěn nán lìjí huídá ▶思いついたら～取りかかる/想到了马上就动手做 xiǎngdàole mǎshàng jiù dòngshǒu zuò ▶しばらくやったら～飽きる/做了一会儿就腻了 zuòle yíhuìr jiù nì le ▶彼の言っていることは～には意味が分からなかった/他说的意思我一时半会儿没明白 tā shuō de yìsi wǒ yìshí bànhuìr méi míngbai ❷【間もなく】 随后 suíhòu; 快…了 kuài…le (英 soon; presently) ▶もう～11時だ/快十一点了 kuài shíyī diǎn le ▶僕は～にそこに着いた/我很快就到那儿了 wǒ hěn kuài jiù dào nàr le ❸【距離的に】 就 jiù (英 close by) ▶～そば/很近 hěn jìn; 就在那儿 jiù zài nàr ▶郵便局は～近くにある/邮局就在附近 yóujú jiù zài fùjìn

❹【容易に】 容易 róngyì (英 easily) ▶～分かる/容易明白 róngyì míngbai ▶～怒る/爱生气 ài shēngqì ▶～にかぜをひく(この種の天気)容易感冒／(他的体质)爱感冒 (tā de tǐzhì) ài gǎnmào ▶坂道を上ると～疲れる/走上坡路容易累 zǒushàng pōlù róngyì lèi ▶こんな簡単な理屈は誰でも～に分かるだろう/这么简单的道理任何人都不难理解 zhème jiǎndān de dàolǐ rènhé rén dōu bù nán lǐjiě

-ずく 凭 píng; 据 jù (英 by…; for…) ▶腕～で追い出した/凭力气赶了出去 píng lìqi gǎnle chūqù ▶相談～で決める/根据咨询结果来决定 gēnjù zīxún jiéguǒ lái juédìng

すくい【救い】 救援 jiùyuán;《心の》安慰 ānwèi (英 help; relief) ▶～の手を差し伸べる/伸出救助之手 shēnchū jiùzhù zhī shǒu ▶～を求める/求救 qiújiù ▶せめてもの～/总算是一点儿安慰 zǒngsuàn shì yìdiǎnr ānwèi

すくいぬし【救い主】 救星 jiùxīng ([救助者] rescuer; [キリスト] the Saviour)

すくう【掬う】 捞 lāo; 舀 yǎo (英 dip; scoop) ▶魚を～/捞鱼 lāo yú ▶粥を～/舀粥 yǎo zhōu ▶スープをスプーンで～/用汤匙舀汤 yòng tāngchí yǎo tāng ▶彼は水を手で掬って飲んだ/他用手捧着水喝 tā yòng shǒu pěngzhe shuǐ hē ▶私は彼に足を掬われた/我被他绊了一脚 wǒ bèi tā bànle yì jiǎo

すくう【救う】 救 jiù; 挽救 wǎnjiù; 拯救 zhěngjiù (英 help; save) ▶命を～/挽救生命 wǎnjiù shēngmìng ▶急場を～/救急 jiùjí ▶被災者を～/解救灾民 jiějiù zāimín ▶これは救い難い社会の病根である/这是一个难以拯救的社会病根 zhè shì yí ge nányǐ zhěngjiù de shèhuì bìnggēn

すくう【巣食う】 ❶【鳥などが】 筑巢 zhùcháo; 搭窝 dāwō (英 build a nest) ❷【悪人が】 盘踞 pánjù (英 haunt; have a base) ▶やつらは社会に～寄生虫だ/那伙人是盘踞在社会的寄生虫 nà huǒ rén shì pánjù zài shèhuì de jìshēngchóng

スクーター 小型摩托 xiǎoxíng mótuō; 踏板式摩托车 tàbǎnshì mótuōchē (英 a scooter) ▶～に乗る/骑小型摩托 qí xiǎoxíng mótuō

スクープ 抢先刊登的特快消息 qiǎngxiān kāndēng de tèkuài xiāoxi (英 a scoop) ▶殺人事件を～する/抢先报道杀人事件 qiǎngxiān bàodào shārén shìjiàn

スクーリング 面授 miànshòu; 上课 shàngkè (英 schooling) ▶～を受ける/(通信教育課程で)/去学校上课 qù xuéxiào shàngkè

すぐさま【直ぐさま】 赶紧 gǎnjǐn; 立即 lìjí (英 immediately) ▶知らせを聞くと～タクシーをひろった/听到通知后，赶紧叫了一辆出租汽车 tīngdào tōngzhī hòu, gǎnjǐn jiàole yí liàng chūzū qìchē ▶暴動は～鎮圧された/暴动立刻就被镇压了 bàodòng lìkè jiù bèi zhènyā le

すくすく 茁壮 zhuózhuàng (英 healthily) ▶～と成長する/茁壮成长 zhuózhuàng chéngzhǎng

すくない【少ない】 少 shǎo (英[数が] few; [量が] little) ▶このランチは野菜が～な/这份午餐蔬菜很少啊 zhè fèn wǔcān shūcài hěn shǎo a ▶この小説には不満な点が少なからずある/对这本小说我有不少意见 duì zhè běn xiǎoshuō wǒ yǒu bùshǎo yìjiàn ▶食べ残しやゴミを少なくする/减少剩饭和垃圾 jiǎnshǎo shèngfàn hé lājī ▶緑が少なくなる/绿树减少了 lǜshù jiǎnshǎo le ▶金がいよいよ少なくなってきた/钱越来越少了 qián yuèláiyuè shǎo le ▶少なからぬ人がそこに集まった/有不少人聚集在那里 yǒu bùshǎo rén jùjí zài nàli

すくなくとも【少なくとも】 至少 zhìshǎo; 起码 qǐmǎ (英 at least) ▶～単語二千語を憶えなさい/至少要记住两千个单词 zhìshǎo yào jìzhù liǎngqiān ge dāncí ▶～現状のままではいけません/起码不能总是像现在这个样子 qǐmǎ bùnéng zǒngshì xiàng xiànzài zhège yàngzi

すくなめ【少な目】 少一些 shǎo yìxiē (英 a moderate amount of...) ▶少しーにしてくれませんか/能不能少一些？ néngbunéng shǎo yìxiē?

すくむ【竦む】 畏缩 wèisuō; 缩手缩脚 suōshǒu suōjiǎo (英 cower; shrink) ▶吊り橋を渡るとき足が竦んだ/过吊桥的时候两条腿发软 guò diàoqiáo de shíhou liǎng tiáo tuǐ fāruǎn ▶身の～ような断崖絶壁/令人心惊肉跳的悬崖绝壁 lìng rén xīn jīng ròu tiào de xuányá juébì

-ずくめ 完全 wánquán; 净是 jìngshì (英 all; full of...) ▶黒～の服装/从上到一下身黒 cóng shàng dào xià yìshēn hēi ▶異例～の大会/完全破例的大会 wánquán pòlì de dàhuì

すくめる【竦める】 [肩］shrug; [首］duck) ▶肩を～/耸肩膀 sǒng jiānbǎng ▶首を～/缩脖子 suō bózi ▶彼はちょっと呆れたように肩を竦めた/他惊讶地耸起了肩膀 tā jīngyà de sǒngqǐle jiānbǎng

スクラップ 废品 fèipǐn; 废铁 fèitiě (英 scrap) ▶船を解体し～にして売る/把船拆了卖废铁 bǎ chuán chāile mài fèitiě
◆～ブック: 剪贴簿 jiǎntiēbù

スクラム 〈ラグビー〉争球 zhēngqiú (英 a scrum)
～を組んで 挽臂成横队 wǎnbì chéng héngduì ▶～を組んで前進する/挽着胳膊前进 wǎnzhe gēbo qiánjìn

スクランブル ❶【緊急発進】紧急迎击 jǐnjí yíngjī (英 a scramble) ❷【卵焼き】〈scrambled eggs〉 ▶～エッグ/炒鸡蛋 chǎojīdàn
◆～交差点 行人自由穿行的交叉路口 xíngrén zìyóu chuānxíng de jiāochā lùkǒu

スクリーン 〔映画〕银幕 yínmù (英 a screen)
スクリプト 剧本 jùběn (英 a script)

スクリュー 螺旋桨 luóxuánjiǎng (英 a screw)
すぐれる【優れる・勝れる】 ❶【他にまさる】优越 yōuyuè; 杰出 jiéchū (英 be better than...) ▶優れた人材/优秀的人才 yōuxiù de réncái ▶脳手術に優れた医者/擅长脑手术的医生 shàncháng nǎoshǒushù de yīshēng ▶優れた頭脳を求める大学/招募杰出人才的大学 zhāomù jiéchū réncái de dàxué ❷【よい状態】优良 yōuliáng (英 feel well) ▶健康が優れない/健康欠佳 jiànkāng qiànjiā ▶気分が優れない/心情不好 xīnqíng bù hǎo ▶顔色が優れないがどうかしたのか/你脸色不太好，怎么啦？ nǐ liǎnsè bú tài hǎo, zěnme la?

ずけい【図形】 图形 túxíng (英 a figure)
スケート 滑冰 huábīng; 溜冰 liūbīng (英 skating; [スケート靴] (a pair of) skates) ▶～靴/冰鞋 bīngxié ▶～リンク/滑冰场 huábīngchǎng ▶～スピード/速度滑冰 sùdù huábīng ▶フィギュア～/花样滑冰 huāyàng huábīng

スケートボード 滑板 huábǎn (英 skateboarding; [板] a skateboard)
スケープゴート 替死鬼 tìsǐguǐ; 替罪羊 tìzuìyáng (英 a scapegoat) ▶私は奴らの～にされた/我当了他们的替罪羊 wǒ dāngle tāmen de tìzuìyáng

スケール ❶【ものさし】尺子 chǐzi; 尺度 chǐdù (英 a measure) ❷【規模】规模 guīmó (英 a scale) ▶～の大きなプロジェクト/规模宏大的计划 guīmó hóngdà de jìhuà ▶彼は～の大きい人物だ/他是一个器量很大的人 tā shì yí ge qìliàng hěn dà de rén

すげかえる【すげ替える】 换 huàn; 更换 gēnghuàn (英 change) ▶大臣の首を～/更换大臣 gēnghuàn dàchén; 撤换大臣 chèhuàn dàchén

スケジュール 日程 rìchéng (英 a schedule) ▶～を組む/编制日程 biānzhì rìchéng ▶～にのぼる/提上日程 tíshàng rìchéng ▶～がぎっしりつまっている/日程安排得很紧 rìchéng ānpáide hěn jǐn ▶～通りに/按照预定计划 ànzhào yùdìng jìhuà ▶今月の練習～を変更する/更改这个月的训练日程 gēnggǎi zhège yuè de xùnliàn rìchéng ▶ハード～の旅行/日程紧张的旅行 rìchéng jǐnzhāng de lǚxíng

ずけずけ 不讲情面 bù jiǎng qíngmiàn; 毫无保留地 háo wú bǎoliú de (英 bluntly) ▶～言う/直言不讳 zhí yán bú huì ▶母は父の欠点を～言う/母亲毫不留情地指出了父亲的缺点 mǔqin háo bù liúqíng de zhǐchūle fùqin de quēdiǎn ▶そんなに～言ったってだめだよ/说话不能那么不讲情面 shuōhuà bùnéng nàme bù jiǎng qíngmiàn

スケソウダラ【助宗鱈】 〔魚〕明太鱼 míngtàiyú (英 an pollack)
すけだち【助太刀する】 拔刀相助 bá dāo xiāngzhù; 助一臂之力 zhù yì bì zhī lì; 帮助 bāngzhù (英 help; assist) ▶～の人/帮手 bāngshou ▶一人じゃどうにもならん、～を頼むよ/我一个人无能

スケッチ

スケッチする 速写 sùxiě 英 *sketch* ▶〜ブック/速写本 sùxiěběn ▶〜旅行/写生旅行 xiěshēng lǚxíng ▶野の花を〜する/速写野花儿 sùxiě yěhuār

すけっと【助っ人】 帮手 bāngshou 英 *a helper* ▶野球に勝ったのは外国人〜の力があったからだ/正是因为有了外国帮手，才打赢了这场棒球赛 zhèngshì yīnwèi yǒule wàiguó bāngshou, cái dǎyíngle zhè chǎng bàngqiúsài

すげない 冷淡 lěngdàn；冷落 lěngluò 英 *cold* ▶すげなくする/冷淡 lěngdàn ▶すげなく断る/冷淡地拒绝 lěngdàn de jùjué ▶彼の〜の返事にがっかりした/对他冷冰冰的回答感到失望 duì tā lěngbīngbīng de huídá gǎndào shīwàng

すけべえ【助平】 色鬼 sèguǐ 英 *a lewd fellow* ▶〜親爺/好色的老爷们儿 hàosè de lǎoyémenr ▶〜根性/好色本性 hàosè běnxìng

すげる 安上 ānshàng；插入 chārù 英 *fix* ▶人形の首を〜/给人形安上头 gěi rénxíng ānshàng tóu

スコア 得分 défēn 英 *a score* ▶〜をつける/记分 jìfēn ▶〜ボード/记分板 jìfēnbǎn ▶9対5の〜で勝った/以九比五的比分取胜 yǐ jiǔ bǐ wǔ de bǐfēn qǔshèng
▶〜ブック/得分表 défēnbiǎo；记分簿 jìfēnbù

すごい【凄い】 ❶【恐ろしい】 可怕 kěpà 英 *terrible* ▶〜目つき/恶狠狠的眼光 èhěnhěn de yǎnguāng ▶〜光景/可怕的情景 kěpà de qíngjǐng ▶〜地震/可怕的地震 kěpà de dìzhèn ▶妻は〜剣幕で夫に殴りかかった/妻子气势汹汹地扑向丈夫 qīzi qìshì xiōngxiōng de pūxiàng zhàngfu

❷【大層な】 非常 fēicháng；厉害 lìhai 英 *awful* ▶凄く暑い/非常热 fēicháng rè；热得要命 rèdé yàomìng ▶映画館は凄く込んでいる/电影院里非常拥挤 diànyǐngyuànli fēicháng yōngjǐ ▶それは〜話だ/这可不寻常 zhè kě bù xúncháng

❸【すばらしい】 了不起 liǎobùqǐ；好得很 hǎode hěn 英 *wonderful* ▶今度のルーキーは〜/这回的新手实在了不起 zhè huí de xīnshǒu shízài liǎobùqǐ ▶君の姉さん〜美人だな/你姐姐是一位绝色的美女 nǐ jiějie shì yí wèi juésè de měinǚ ▶〜腕の職人/技艺高超的手艺人 jìyì gāochāo de shǒuyìrén

ずこう【図工】 图画与手工 túhuà yǔ shǒugōng 英 *drawing and manual arts* ▶〜の授業は楽しかった/图画手工课很有意思 túhuà shǒugōng kè hěn yǒu yìsi

スコール 南洋上特有的急风暴雨 nányáng shàng tèyǒu de jífēng bàoyǔ 英 *a squall*

すこし【少し】 ❶【数量・程度】 稍微 shāowēi；略微 lüèwēi；一点儿 yìdiǎnr 英 [数] *a few*；[量] *a little* ▶〜ずつ/逐渐 zhújiàn ▶塩を〜足して下さい/加一点儿盐 jiā yìdiǎnr yán ▶〜も恐れない/一点儿也不怕 yìdiǎnr yě bú pà ▶彼女が結婚したことを〜も知らなかった/她结婚了，我一点儿也不知道 tā jiéhūn le, wǒ yìdiǎnr yě bù zhīdào ▶もう〜便利な所に住みたい/我想住在方便一点儿的地方 ▶英語が〜上手になった/英语说得好一点儿了 Yīngyǔ shuōde hǎo yìdiǎnr le ▶僕は高校時代に〜サッカーをやった/我上高中的时候练过一下儿足球 wǒ shàng gāozhōng de shíhou liànguo yíxiàr zúqiú ▶もう〜でおぼれるところだった/差一点儿就淹死了 chàyìdiǎnr jiù yānsǐ le；差一点儿没淹死 chàyìdiǎnr méi yānsǐ ▶〜でも早いほうがいい/最好能早一点 zuìhǎo néng zǎo yìdiǎn ▶〜でもお役に立てば幸いです/能为您尽一点儿力，十分荣幸 néng wèi nín jìn yìdiǎnr lì, shífēn róngxìng ▶もう〜離れて歩いて下さい/离我远点儿走 lí wǒ yuǎn diǎnr zǒu

❷【時間】 一会儿 yíhuìr；yìhuǐr；不久 bùjiǔ 英 *(a little while; a moment)* ▶お待ち下さい/请稍微等一下 qǐng shāowēi děng yíxià ▶もう〜で終わります/一会儿就完了 yìhuǐr jiù wán le ▶〜前に読んだ本/前不久读过的书 qián bùjiǔ dúguo de shū

すごす【過ごす】 ❶【時間を】 过 guò；度过 dùguò；消磨 xiāomó 英 *spend; pass* ▶日を〜/过日子 guò rìzi ▶楽しい夜を〜/度过愉快的夜晚 dùguò yúkuài de yèwǎn ▶避暑地で一夏を〜/在避暑地度过一个夏天 zài bìshǔdì dùguò yí ge xiàtiān ▶これだけ金があれば1ヶ月は過ごせる/有这些钱能过一个月 yǒu zhè xiē qián néng guò yí ge yuè ▶時を無駄に〜/浪费时光 làngfèi shíguāng ❷【程度を】 过度 guòdù 英 *go too much* ▶〜度を〜/过量 guòliàng ▶つい酒を〜/不知不觉就喝多了 bù zhī bù jué zuì hēduō le

すごすご 灰溜溜 huīliūliū；无精打彩 wú jīng dǎ cǎi 英 *dejectedly* ▶〜と引き下がる/无精打彩地退下 wú jīng dǎ cǎi de tuìxià ▶借金を断られて〜帰ってくる/没借到钱灰溜溜地回来了 méi jièdào qián huīliūliū de huílái le

スコッチ 苏格兰威士忌 Sūgélán wēishìjì《ウィスキー》英 *Scotch whisky*

スコットランド 苏格兰 Sūgélán 英 *Scotland*

スコップ 铲子 chǎnzi；铁锹 tiěqiāo；铁锨 tiěxiān 英 *a shovel; a scoop* ▶〜で穴を掘る/用铁锹挖洞 yòng tiěqiāo wā dòng

すこぶる【頗る】 颇为 pōwéi；很 hěn 英 *very* ▶彼は〜不機嫌である/他很不高兴 tā hěn bù gāoxìng ▶我々は〜丁重に迎えられた/我们受到了颇为郑重的欢迎 wǒmen shòudàole pōwéi zhèngzhòng de huānyíng

すごみ【凄味】 可怕 kěpà；狰狞 zhēngníng 英 *ghastliness* ▶〜をきかす/吓唬人 xiàhu rén

すごむ【凄む】 威吓 wēihè；恐吓 kǒnghè；吓唬 xiàhu 英 *threaten* ▶生徒に凄まれて先生は点数を変えた/受到学生的恐吓老师把分数更改了 shòudào xuésheng de kǒnghè lǎoshī bǎ fēnshù gěnggǎi le

すこやか【健やかな】 健康 jiànkāng; 健全 jiànquán (英 healthy) ▶〜に育つ/苗壮成长 zhuózhuàng chéngzhǎng; 誰しも子供の〜な成長を願う/任何人都希望孩子健康成长 rènhé rén dōu xīwàng háizi jiànkāng chéngzhǎng

すごろく【双六】 升官图 shēngguāntú; 双六 shuānglù (英 sugoroku; a Japanese backgammon) ▶人生は〜のように浮き沈みがあるものだ/人生就像升官图游戏一样沉浮无定 rénshēng jiù xiàng shēngguāntú yóuxì yíyàng chénfú wú dìng

すさまじい【凄まじい】 ❶【恐ろしい】可怕 kěpà; 惊人 jīngrén (英 terrible) ▶狂風が〜/狂风可怕 kuángfēng kěpà ▶彼は〜勢いで突っかかってきた/他气势汹汹地冲了过来 tā qìshì xiōngxiōng de chōngle guòlái ▶〜光景に息をのむ/面对可怕的情景目瞪口呆 miànduìzhe kěpà de qíngjǐng mù dèng kǒu dāi
❷【激しい】猛 měng; 猛烈 měngliè (英 tremendous) ▶〜土石流/猛烈的泥石流 měngliè de níshíliú ▶〜爆発でビルが倒壊した/剧烈的爆炸使大楼倒塌了 jùliè de bàozhà shǐ dàlóu dǎotā le

すさむ【荒む】〈生活・精神が〉墮落 duòluò; 颓废 tuífèi (英 grow wild) ▶荒んだ生活を送る/过颓废的生活 guò tuífèi de shēnghuó ▶仕事にあぶれて心が～ばかりだ/丢了工作精神日渐颓废了 diūle gōngzuò jīngshén rìjiàn tuífèi le

ずさん【杜撰な】 粗糙 cūcāo; 粗心 cūxīn; 粗枝大叶 cūzhī dàyè (英 careless; slipshod) ▶管理が〜だ/管理不善 guǎnlǐ búshàn ▶〜な辞書编制滥造的词典 cūzhì lànzào de cídiǎn ▶警察の〜な捜査で真犯人を取り逃がす/由于警察粗心的调查, 放跑了真的犯人 yóuyú jǐngchá cūxīn de diàochá, fàngpǎole zhēn de fànrén

すし【鮨・寿司】 寿司 shòusī (英 sushi; vinegared rice with a slice of fish on it) ▶回転〜/回转寿司 huízhuǎn shòusī ▶〜屋/寿司店 shòusīdiàn

すじ【筋】 ❶【筋肉の】筋 jīn (英 a tendon) ▶〜がつる/抽筋 chōujīn ▶〜を違える/扭筋 niǔjīn
❷【道理】理 lǐ (英 reason) ▶〜が通る/有条有理 yǒu tiáo yǒu lǐ ▶そんなのは〜の通らぬたわごとだ/那简直就是不讲道理的胡话 nà jiǎnzhí jiùshì bù jiǎng dàolǐ de húhuà ▶彼女の議論は〜が通らない/她的主张不合理 tā de zhǔzhāng bù hélǐ ▶彼は何事も〜を通す男だ/他对什么事都很坚持原则 tā duì shénme shì dōu hěn jiānchí yuánzé
❸【あらすじ】梗概 gěnggài; 情节 qíngjié (英 a plot)
❹【情報源】方面 fāngmiàn (英 a source) ▶これは確かな〜から聞いた話だ/这是从可靠的消息来源得到的情报 zhè shì cóng kěkào de xìnxī láiyuán dédào de qíngbào ▶外交〜によると首脑会谈は友好的だったそうだ/根据外交方面消息, 首脑会谈在友好气氛中进行 gēnjù wàijiāo fāngmiàn xiāoxi, shǒunǎo huìtán zài yǒuhǎo qìfēn zhōng jìnxíng
❺【素質】素质 sùzhì (英 an aptitude) ▶芸の〜/艺术素质 yìshù sùzhì ▶彼は碁の〜がよい/他的围棋素质很好 tā de wéiqí sùzhì hěn hǎo
❻【線状の】〈単位〉条 tiáo 道 dào (英 a line) ▶一〜の道/一条路 yì tiáo lù ▶一〜の光/一道光 yí dào guāng ▶涙が二〜頬をつたわった/泪水在脸颊上留下两道泪痕 lèishuǐ zài liǎnjiáshang liúxià liǎng dào lèihén
❼【繊維】筋 jīn (英 a fiber; 【野菜の】a string) ▶豌豆(豆)の〜をとる/摘除豌豆筋 zhāichú wāndòujīn

ずし【図示する】 图解 tújiě (英 illustrate; draw a diagram) ▶全体のシステム構成が分かるように〜する/用图解来表示整个机构组织 yòng tújiě lái biǎoshì zhěnggè jīgòu zǔzhī ▶作業の手順を〜する/用图解来表示操作顺序 yòng tújiě lái biǎoshì cāozuò shùnxù

ずし【厨子】 佛龛 fókān (英 a small shrine)

すじあい【筋合い】 道理 dàolǐ; 理由 lǐyóu (英 a reason) ▶とやかく言われる〜ではない/没理由被说三道四 méi lǐyóu bèi shuō sān dào sì ▶そんなくだらない質問に答える〜はない/没有必要回答那种无聊的问题 méiyǒu bìyào huídá nà zhǒng wúliáo de wèntí ▶あんたにバカと言われる〜はない/你有什么资格骂我傻 nǐ yǒu shénme zīgé mà wǒ shǎ ▶裁判所が裁くべき〜のものではない/这种事不应该由法院来判决 zhè zhǒng shì bù yīnggāi yóu fǎyuàn lái pànjué

すじかい【筋交い】〈建築〉斜支柱 xiézhīzhù (英 [斜材] a diagonal beam) ▶壁に〜を入れる/把斜支柱嵌进墙壁 bǎ xiézhīzhù qiànjìn qiángbì

すじがき【筋書き】 ❶【あらすじ】情节 qíngjié; 梗概 gěnggài (英 an outline) ❷【仕組んだ展開】计划 jìhuà; 设计 shèjì (英 a plan) ▶サッカーは〜のないドラマだ/足球赛好比一场没有剧本的戏 zúqiúsài hǎobǐ yì chǎng méiyǒu jùběn de xì ▶すべてが〜通りに行われた/一切都按照原定计划进行了 yíqiè dōu ànzhào yuándìng jìhuà jìnxíng le ▶すべてにあらかじめ〜があるように思えた/好像一切都是事先设计好的 hǎoxiàng yíqiè dōu shì shìxiān shèjìhǎo de

すじがねいり【筋金入りの】 坚定不移 jiāndìng bù yí; 经过千锤百炼 jīngguò qiān chuí bǎi liàn (英 staunch) ▶彼は〜の右翼だ/他是一个坚定的右翼 tā shì yí ge jiāndìng de yòuyì ▶〜の皮肉屋/炉火纯青的讽刺家 lúhuǒ chúnqīng de fěngcìjiā

ずしき【図式】 图解 tújiě; 图标 túbiāo (英 a diagram) ▶〜化する/图解化 tújiěhuà ▶彼の作品は余りにも〜の過ぎて面白味に欠ける/他的作品过于形式化, 缺乏趣味儿 tā de zuòpǐn guòyú xíngshìhuà, quēfá qùwèir

すじこ【筋子】〈食品〉咸鲑鱼子 xiánguīyúzǐ (英 salmon roe)

すじちがい【筋違いの】《見当違い》不対頭 bú duìtóu; 不合理 bù hélǐ ㊥ *wrong* ▶矛先を俺たちに向けるのは～だ/矛头指向我们，毫无道理 máotóu zhǐxiàng wǒmen, háo wú dàolǐ ▶君は～な理屈だ/你的观点不合道理 nǐ de guāndiǎn bù hé dàolǐ

すしづめ【鮨詰め】挤满 jǐmǎn; 挤得要死 jǐde yào sǐ ㊥ *be packed like sardines* ▶電車は乗客で～だった/电车里的乘客挤得好像罐头里的沙丁鱼 diànchēli de chéngkè jǐde hǎoxiàng guàntouli de shādīngyú

すじみち【筋道】 ❶【道理】条理 tiáolǐ; 义利 yìlǐ ㊥ *reason* ▶ちゃんと～が立っている/头头是道 tóutóu shì dào ▶そんな～が立たないことを言うのではない/不该说这种没有条理的话 bù gāi shuō zhè zhǒng méiyǒu tiáolǐ de huà ▶～を立てて反論する/有条有理地反驳 yǒu tiáo yǒu lǐ de fǎnbó ❷【手続きの順序】程序 chéngxù ㊥ *order* ▶～を踏んで話し合おう/按照程序讨论吧，ànzhào chéngxù tǎolùn ba

すじむかい【筋向かいに】 斜对面 xiéduìmiàn ㊥ *diagonally opposite* ▶うちの～に銭湯がある/我家的斜对面是一个澡堂 wǒ jiā de xiéduìmiàn shì yí ge zǎotáng ▶そのレストランは中央病院の～にある/那家餐厅在中央医院的斜对面 nà jiā cāntīng zài zhōngyāng yīyuàn de xiéduìmiàn

すじめ【筋目】 ❶【折り目】衣服的折痕 yīfu de zhéhén ㊥ *a fold* ❷【論理】条理 tiáolǐ ㊥ *logic*

すじょう【素性】 来路 láilu; 来历 láilì; 出身 chūshēn ㊥ [生まれ] *birth*; [経歴] *one's past career* ▶～の知れない骨董/来路不明的古董 láilu bù míng de gǔdǒng ▶～の知れない人は雇えない/不能雇佣来历不明的人 bùnéng gùyōng láilì bù míng de rén ▶～が怪しい/出身可疑 chūshēn kěyí ▶～は争えない/秉性难移 bǐngxìng nán yí ▶～を明かす/表明真实身分 biǎomíng zhēnshí shēnfen

ずじょう【頭上】 头上 tóushàng ㊥ *overhead* ▶～注意/注意头上 zhùyì tóushàng ▶鳩の糞が～に落ちる/鸽子粪掉在了头上 gēzi fèn diàozài le tóushàng ▶ヘリコプターが２機～を飛んでいった/头上飞过去两架直升飞机 tóushàng fēiguòqu liǎng jià zhíshēng fēijī

▶日中比較 中国語の'头上 tóushàng'は「頭に」という意味にもなる。

ずしんと ㊥ *with a thud* ▶石が～落ちてきた/石头咚咚一声掉了下来 shítou gūdōng yì shēng diàole xiàlái ▶突然～地響きがした/大地突然发出砰砰一声响 dàdì tūrán fāchū hōngxiǎng

すす【煤】 煤烟 méiyān; 烟子 yānzi ㊥ *soot* ▶煙突に～がたまる/烟筒里挤满了煤烟 yāntongli jǐmǎnle méiyān ▶古い民家の天井や壁は～で黒くなっている/古旧民居的天花板和墙壁被煤烟熏黑了 gǔjiù mínjū de tiānhuābǎn hé qiángbì bèi méiyān xūnhēi le ▶墨は～で造る/墨是用煤烟做的 mò shì yòng méiyān zuò de

すず【鈴】 铃 líng; 铃铛 língdang ㊥ *a bell* ▶～を鳴らす/摇铃 yáo líng; 打铃 dǎ líng ▶～の音/铃声 língshēng ▶～を振るような声/银铃般的声音 yínlíng bān de shēngyīn

すず【錫】 锡 xī ㊥ *tin* ▶～製のちろり/锡制的烫酒壶 xīzhì de tàngjiǔhú ◆～製品/锡制品 xīzhìpǐn

スズカケ〔植物〕悬铃木 xuánlíngmù; 法国梧桐 Fǎguó wútóng ㊥ *a plane*

ススキ【薄】〔植物〕芒草 mángcǎo ㊥ *Japanese pampas grass*

スズキ【鱸】〔魚〕鲈鱼 lúyú ㊥ *a sea bass*

すすぐ【濯ぐ・雪ぐ】 ❶【水で洗う】冲洗 chōngxǐ; 涮 shuàn ㊥ *wash* ▶小川で洗濯物を～/在小河边冲洗衣服 zài xiǎohébiān chōngxǐ yīfu ❷【口を】漱 shù ㊥ *rinse* ▶口を～/漱口 shùkǒu ❸【恥・不名誉を】洗 xǐ; 洗雪 xǐxuě; 洗刷 xǐshuā ㊥ *wipe out* ▶污名を～/洗去污名 xǐqù wūmíng; 洗雪污名 xǐxuě wūmíng ▶屈辱を～/雪耻 xuě chǐ ▶会稽の恥を～/洗雪会稽之耻 xǐxuě Guìjī zhī chǐ

すすける【煤ける】 烟熏 yānxūn ㊥ *become sooty* ▶人気のない煤けた街並み/不见人影儿的灰暗的街道 bú jiàn rényǐngr de huī'àn de jiēdào

すずしい【涼しい】 ❶【空気が】凉快 liángkuai; 凉爽 liángshuǎng ㊥ *cool; refreshing* ▶陽気がだんだんと涼しくなってきた/天气渐渐凉爽起来 tiānqì jiànjiàn liángshuǎngqǐlai ▶山の上はさすがに～/山上到底是凉快 shānshang dàodǐ shì liángkuai ▶涼しそうなシャツだね/你这件衬衫显得真凉快 nǐ zhè jiàn chènshān xiǎnde zhēn liángkuai ▶暦では秋だというのに一向に涼しくならない/已经入了秋，可是却没有一丝凉意 yǐjing rùle qiū, kěshì què méiyǒu yì sī liángyì ▶太陽が沈んでから涼しくなりだした/太阳一下山天气就凉快了 tàiyáng yí xià shān tiānqì jiù liángkuai le ❷【目・音が】清澈 qīngchè; 明亮 míngliàng ㊥ *clear* ▶目元が～/眼睛亮晶晶的 yǎnjing liàngjīngjīng de ❸【平然とした】满不在乎 mǎn bú zàihu ㊥ *cool* ▶彼は～顔で立っていた/他满不在乎地站在那里 tā mǎn bú zàihu de zhànzài nàli

すずなり【鈴なり】 ❶【果実が】结满枝 jiē mǎnzhī ㊥ *grow in clusters* ▶熟した柿が～にぶら下がっている/熟了的柿子果实累累累 shúle de shìzi guǒshí léiléi ❷【人が】许多人挤在一起 xǔduō rén jǐzài yìqǐ ㊥ *be crammed with...* ▶～の観衆/成群结队的观众 chéngqún jiéduì de guānzhòng ▶ビルの窓という窓に人が～になっている/大楼所有的窗户前都挤满了人 dàlóu suǒyǒu de chuānghùqián dōu jǐmǎnle rén

すすはらい【煤払い】 大扫除 dàsǎochú; 清扫 qīngsǎo ㊥ *housecleaning* ▶大仏様の～/给大佛像清扫灰埃 gěi dàfóxiàng qīngsǎo huī'āi

すずみ【涼みに行く】 乘凉 chéngliáng ㊥ *go out to cool oneself* ▶うちわ片手の～客/手拿

団扇乗涼的客人 shǒu ná tuánshàn chéngliáng de kèrén

すすみぐあい【進み具合】 步骤 bùzhòu；进度 jìndù；进展 jìnzhǎn（英 progress）▶工事の～はどうですか/工程进展得怎么样？ gōngchéng jìnzhǎnde zěnmeyàng？

すすみでる【進み出る】 走上前去 zǒushàng qián qù；上前 shàngqián（英 step forward）▶一人の男が恐る恐る進み出た/一名男子诚惶诚恐地走上前去 yì míng nánzǐ chénghuáng chéngkǒng de zǒushàng qián qù

すすむ【進む】 ❶【前方へ】进 jìn；前进 qiánjìn；行进 xíngjìn（英 advance；move forward）▶前へ進む！/向前进！ xiàng qián jìn！▶ベき道が見えない/看不到前进的方向 kànbudào qiánjìn de fāngxiàng ▶この船は30ノットで北北西に進んでいる/这条船以三十海里的时速向西北偏北方向前进 zhè tiáo chuán yǐ sānshí hǎilǐ de shísù xiàng xīběi piān běi fāngxiàng qiánjìn ❷【物事がはかどる】进展 jìnzhǎn（英 make progress）▶研究が～/研究顺利进展 yánjiū shùnlì jìnzhǎn ▶この前はどこまで進んだか/上一节课我们学到哪儿了？ shàng yì jié kè wǒmen xuédào nǎr le？ ▶原稿はどのくらい進んでいますか/原稿进展得怎么样？ yuángǎo jìnzhǎn de zěnmeyàng？ ❸【進歩・上達する】进步 jìnbù；发展 fāzhǎn（英 advance；improve）▶進んだ思想の人/思想进步的人 sīxiǎng jìnbù de rén ▶進んだ医療技術を学ぶ/学习先进的医疗技术 xuéxí xiānjìn de yīliáo jìshù ▶この国はエコロジーに関しては我々より10年進んでいる/这个国家在生态学领域比我们要领先十年 zhège guójiā zài shēngtàixué lǐngyù bǐ wǒmen yào lǐngxiān shí nián ▶科学が～/科学发展 kēxué fāzhǎn ❹【段階が上がる】升 shēng（英 advance；move up）▶大学に～/升大学 shēng dàxué ▶決勝に～/进入决赛 jìnrù juésài ❺【盛んになる】增进 zēngjìn（英 increase）▶食が～/食欲旺盛 shíyù wàngshèng ▶近頃食が進まない/近来食欲不振 jìnlái shíyù bùzhèn ❻【積極的になる】主动 zhǔdòng；自愿 zìyuàn（英 feel inclined）▶気が進まない/不愿意 bú yuànyì ▶進んで勉強する/主动学习 zhǔdòng xuéxí ▶彼らは自ら進んで情報を提供する/他们积极主动地提供信息 tāmen jījí zhǔdòng de tígōng xìnxī ❼【時計が】快 kuài（英 gain；be fast）▶時計が～/表快 biǎo kuài ▶この時計は30分進んでいる/这个钟(表)快三十分钟 zhège zhōng(biǎo) kuài sānshí fēnzhōng ❽【悪化する】恶化 èhuà；加重 jiāzhòng；加剧 jiājù（英 get worse）▶インフレが～/通货膨胀加剧 tōnghuò péngzhàng jiājù ▶彼の病気はかなり進んでいた/他的病情恶化得很厉害 tā de bìngqíng èhuà de hěn lìhai ▶最近めっきり老眼が進んだ/最近老花眼加重了 zuìjìn lǎohuāyǎn jiāzhòng le

すずむ【涼む】 乘凉 chéngliáng；纳凉 nàliáng；过风儿 guòguo fēngr（英 cool oneself）▶公園も暑いので中央図書館で涼む/因为公园里也很热，就去中央图书馆乘凉 yīnwèi gōngyuánli yě hěn rè, jiù qù zhōngyāng túshūguǎn chéngliáng ▶木陰で～きりん/在树荫下乘凉的长颈鹿 zài shùyīnxia chéngliáng de chángjǐnglù

スズムシ【鈴虫】〔虫〕金钟儿 jīnzhōngr（英 a bell cricket）

スズメ【雀】〔鳥〕麻雀 máquè（英 a sparrow）▶～が鳴く/麻雀在叫 máquè zài jiào
ことわざ 雀百まで踊りを忘れず 江山易改, 本性难移 jiāngshān yì yì gǎi, běnxìng nán yí
～の涙 ▶～の涙ほどの利息しか付かない/只支付少得可怜的利息 zhǐ zhīfù shǎode kělián de lìxī

スズメバチ【雀蜂】〔虫〕马蜂 mǎfēng；胡蜂 húfēng（英 a wasp；a hornet）▶～に刺されるとショック死することがある/被马蜂蛰，有时会导致休克死亡 bèi mǎfēng zhē, yǒushí huì dǎozhì xiūkè sǐwáng

すすめる【進める】 ❶【前へ行かせる】使前行 shǐ qiánxíng（英 advance；move forward）▶車を～/驱车前进 qūchē qiánjìn ▶一歩進めて/进一步 jìn yí bù ❷【物事を進行させる】进行 jìnxíng（英 advance；go ahead with…）▶話を～/继续说下去 jìxù shuōxiàqu ▶会議を～/进行会议 jìnxíng huìyì ▶都市緑化を～/推进城市绿化 tuījìn chéngshì lǜhuà ▶辛味は食欲を～/辣的开胃 là de kāiwèi ▶早急に調査を進めます/尽快进行调查 jǐnkuài jìnxíng diàochá ▶予定通り計画を～/按照定计划进行 àn yuándìng jìhuà jìnxíng ❸【時計を】拨快 bōkuài（英 put forward）▶時計を十分～/把表拨快十分钟 bǎ biǎo bōkuài shí fēnzhōng

すすめる【勧める】 劝 quàn；劝诱 quànyòu；推荐 tuījiàn（英［推挙］recommend；［勧告］advise）▶退職を～/劝人退休 quàn rén tuìxiū ▶リサイクルを～/鼓励废物利用 gǔlì fèiwù lìyòng ▶自分の愛読書は人には勧めない/自己爱读的书不向别人推荐 zìjǐ ài dú de shū bú xiàng biérén tuījiàn ▶下戸に酒を無理に～/别硬灌不会喝酒的人 bié yìng guàn bùhuì hē jiǔ de rén ▶彼は私にこの辞書を勧めた/他向我推荐这本辞典 tā xiàng wǒ tuījiàn zhè běn cídiǎn

すずやか【涼やかな】 清凉 qīngliáng；凉爽 liángshuǎng（英 refreshing）

スズラン【鈴蘭】〔植物〕铃兰 línglán（英 a lily of the valley）

すずり【硯】 砚台 yàntai（英 an inkstone）▶端溪の～/端砚 Duānyàn
◆～箱：砚台盒儿 yàntáihér

すすりなく【啜り泣く】 抽泣 chōuqì；啜泣 chuòqì（英 sob）▶隣室から～声が聞こえる/从隔壁房间里传来抽泣声 cóng gébì fángjiānli chuánlái chōuqìshēng

すする【啜る】 啜 chuò；呷 xiā；《鼻水を》抽

chōu (英 sip) ▶茶を〜/喝一口茶 xiā yì kǒu chá ▶洟(½)を〜/抽鼻涕 chōu bítì ▶カップ麺を〜/吃方便面 chī fāngbiànmiàn

ずせつ【図説する】 図解说明 tújiě shuōmíng (英 illustrate)

すそ【裾】 ❶【衣服の】下摆 xiàbǎi; 裤脚 kùjiǎo (英 a hem) ▶無料で〜上げします/免费缲裤脚 miǎnfèi qiāo kùjiǎo ▶歩くとスカートの〜が床をひきずつた/走起来裙摆拖在地板上 zǒuqǐlái qún bǎituō zài dìbǎnshang ▶ズボンの〜をまくる/卷起裤脚 juǎnqǐ kùjiǎo ▶ワイシャツの〜をズボンに差しこむ/把衬衫的下摆塞进裤腰里 bǎ chènshān de xiàbǎi sāijìn kùyāoli ❷【山の】山麓 shānlù; 山脚 shānjiǎo (英 the foot) ❸【物の端】末端 mòduān (英 the end)

すその【裾野】 山麓的斜坡地 shānlù de xiépōdì (英 the foot of a mountain) ▶伝統芸能の〜を広げる/发展传统艺术的爱好者 fāzhǎn chuántǒng yìshù de àihàozhě ▶富士の〜に位置する村/坐落在富士山脚的村落 zuòluò zài Fùshìshānjiǎo de cūnluò

スター 〖花形〗明星 míngxīng (英 a star) ▶大〜/大明星 dàmíngxīng ▶の卵/还没成名的艺人 hái méi chéngmíng de yìrén
◆映画〜 电影明星 diànyǐng míngxīng 〜システム 明星中心制 míngxīng zhōngxīnzhì

スタート 〖スポーツ〗起跑 qǐpǎo; 起点 qǐdiǎn (英 start) ▶〜ライン/起跑线 qǐpǎoxiàn ▶選手が一斉に〜を切る/选手们同时起跑 xuǎnshǒumen tóngshí qǐpǎo ▶僕はいつも〜でまずく/我总是在开头的时候栽跟头 wǒ zǒngshì zài kāitóu de shíhou zāi gēntou ▶〜でつまずく差をつける/起跑时拉开距离 qǐpǎo shí lākāi jùlí ▶〜する/开始 kāishǐ; 起动 qǐdòng; 出发 chūfā

スタイリスト ❶【おしゃれ】讲究穿戴的人 jiǎngjiū chuāndài de rén (英 a stylish person) ❷【職業】形象设计师 xíngxiàng shèjìshī; 美容师 měiróngshī (英 a stylist)

スタイル ❶【格好】姿态 zītài; 身材 shēncái; 体型 tǐxíng (英 a figure) ▶〜がいい/身材好 shēncái hǎo; 身材苗条 shēncái miáotiao ▶〜をよくするために体操をする/为改善体型作体操 wèi gǎishàn tǐxíng zuò tǐcāo ❷【形式･様式】方式 fāngshì; 式样 shìyàng (英 a style) ▶ライフ〜/生活方式 shēnghuó fāngshì ▶ライフ〜を見直す/重新审视以往的生活方式 chóngxīn shěnshì yǐwǎng de shēnghuó fāngshì ▶ヘア〜/发型 fàxíng ❸【作風など】文体 wéntǐ; 风格 fēnggé (英 a style) ▶演奏〜/演奏风格 yǎnzòu fēnggé ▶ニュー〜/新风 xīnfēng
◆〜ブック 时装样本 shízhuāng yàngběn

すだく【集く】 群鸣 qúnmíng; 群集 qúnjí (英 [集まる] gather; [鳴く] chirp)

スタグフレーション 〖経済〗滞胀 zhìzhàng (英 stagflation)

すたこら 慌张地 huāngzhāng de (英 hurriedly) ▶〜と逃げる/慌慌张张地逃跑 huāngzhāngzhāng de táopǎo

スタジアム 球场 qiúchǎng; 体育场 tǐyùchǎng (英 a stadium) ▶サッカー〜/足球场 zúqiúchǎng
◆オリンピック〜 奥运会场 Àoyùnhuìchǎng 〜ジャンパー 〖(运动员)防寒用的夹克 (yùndòngyuán) fánghányòng de jiākè

スタジオ ❶【練習用の】练习室 liànxíshì (英 a studio) ❷【撮影用の】制片厂 zhìpiànchǎng; 摄影棚 shèyǐngpéng (英 a studio) ❸【放送用の】演播室 yǎnbōshì; 播音室 bōyīnshì (英 a studio) ❹【録音用の】录音室 lùyīnshì (英 a studio) ▶音楽〜/录音间 lùyīnjiān; 录音棚 lùyīnpéng

すたすた 急忙 jímáng; 匆忙 cōngmáng; 以轻快的步子 yǐ qīngkuài de bùzi (英 briskly) ▶〜行ってしまう/疾步走了 jíbù zǒu le ▶男は女を無視して〜先を歩いていく/男的不顾女的，大步流星地抢先走了 nán de bú gù nǚ de, dàbù liúxīng de qiǎngxiān zǒu le

ずたずたに 粉碎 fěnsuì; 撕裂 sīliè (英 to pieces) ▶心が〜に引き裂かれる/心都被撕裂了 xīn dōu bèi sīliè le ▶〜にされてのプライドは〜になった/作为一个男人的自尊心彻底崩溃了 zuòwéi yí ge nánrén de zìzūnxīn chèdǐ bēngkuì le ▶手紙を〜に裂く/把信撕得粉碎 bǎ xìn sī de fěnsuì ▶神経が〜になった/精神疲惫不堪 jīngshén píbèi bùkān

すだつ【巣立つ】 ❶【ひなが】出窝 chūwō (英 leave the nest) ❷【独立する】自立成人 zìlì chéngrén (英 stand on one's own legs) ▶学校を卒業して社会に〜時がきた/从学校毕业走上社会的时刻来到了 cóng xuéxiào bìyè zǒushàng shèhuì de shíkè láidào le

スタッカート 〖音楽〗断音 duànyīn (英 staccato) ▶〜で弾く/用断音演奏 yòng duànyīn yǎnzòu

スタッフ 全体员工 quántǐ yuángōng; 职员 zhíyuán (英 [総称] a staff; [1人] a staff member) ▶編集〜を募集する/招募编辑人员 zhāomù biānjí rényuán ▶山田君も〜の一員である/山田也是成员之一 Shāntián yě shì chéngyuán zhīyī

スタミナ 耐力 nàilì; 持久力 chíjiǔlì (英 stamina) ▶〜のつく食物/增加持久力的食品 zēngjiā chíjiǔlì de shípǐn ▶〜がある/有耐力 yǒu nàilì

すだれ【簾】 帘子 liánzi (英 a bamboo blind) ▶軒先に〜を掛ける/在房檐上挂帘子 zài fángyánshang guà liánzi

すたれる【廃れる】 ❶【行われなくなる】废除 fèichú; 废弃 fèiqì; 过时 guòshí (英 go out of use) ▶敬語が〜/敬语废弃不用了 jìngyǔ fèiqì bú yòng le ❷【衰える】败坏 bàihuài; 衰落 shuāiluò; 凋零 diāolíng (英 decline) ▶道德が〜/道德败坏 dàodé bàihuài

スタンダード 标准 biāozhǔn; 规范 guīfàn (英 a standard)

スタンド 《観覧席》看台 kàntái;《酒場など》柜台 guìtái;《簡便な店》站 zhàn (英 *a stand*) ▶~バー/柜台式酒吧 guìtáishì jiǔbā 軽食~/小吃柜台 xiǎochī guìtái ▶一塁~は満員になった/一垒方向的看台座无虚席 yīlěi fāngxiàng de kàntái zuò wú xū xí
~ブレーをやる 哗众取宠 huā zhòng qǔ chǒng
◆ガソリン~/加油站 jiāyóuzhàn 自転車の~/自行车的支架 zìxíngchē de zhījià 電気~/台灯 táidēng ブック~/书架 shūjià

スタントマン 替身演员 tìshēn yǎnyuán (英 *a stunt man*) ▶彼は~を使わず自分で演じた/他不用替身演员,自己演了 tā búyòng tìshēn yǎnyuán, zìjǐ yǎn

スタンプ ❶【印影】图章 túzhāng、戳子 chuōzi (英 *a stamp*) ~台/印台 yìntái ❷【郵便の】邮戳 yóuchuō (英 *a postmark*) ▶~を押す/盖邮戳 gài yóuchuō
◆記念~/纪念图章 jìniàn túzhāng

スチーム 蒸汽 zhēngqì, [暖房] *steam heating*) ▶~暖房/暖气 nuǎnqì ▶この部屋は~が通っている/这间屋子有暖气 zhè jiān wūzi yǒu nuǎnqì

スチール 钢 gāng (英 *steel*) ▶~ギター/电吉他 diànjítā ▶~缶/铁罐 tiěguàn
◆~写真【映画】剧照 jùzhào 宣伝用~写真/宣传用的剧照 xuānchuányòng de jùzhào

スチュワーデス 空中小姐 kōngzhōng xiǎojiě;女乘务员 nǚchéngwùyuán (英 *a stewardess; a flight attendant*)

-ずつ (英 *by; each; every*) ▶少し~揃える/一点儿一点儿地备齐 yīdiǎnr yīdiǎnr de bèiqí ▶一つ~解決する/一个一个地解决 yí ge yí ge de jiějué ▶一人に二冊~与える/给一个人两本 gěi yí ge rén liǎng běn ▶階段を二段~上る/一步两个台阶地上楼 yí bù liǎng ge táijiē de shàng lóu

ずつう【頭痛】头痛 tóutòng; 头疼 tóuténg (英 *a headache*) ▶~がする/头疼 tóuténg ▶~持ちである/有头疼的老毛病 yǒu tóuténg de lǎomáobìng
~鉢巻である 真叫人心烦 zhēn jiào rén xīn fán
◆~の種/烦恼的原因 fánnǎo de yuányīn ▶この問題は全く~の種だ/这个问题真让人头疼 zhège wèntí zhēn ràng rén tóuténg ~薬/头疼药 tóuténgyào

すっからかん 精光 jīngguāng;空荡荡 kōngdàngdàng (英 *quite penniless*) ▶ギャンブルで財布の中は~になった/赌博把身上的钱输个精光 dǔbó bǎ shēnshang de qián shū ge jīngguāng ▶株の暴落で~になった/由于股票的暴跌变得一文不名 yóuyú gǔpiào de bàodiē biànde yì wén bù míng ▶~に絞り取られる/被剥削一无所有 bèi bōxuē de yì wú suǒ yǒu

すっかり 全部 quánbù; 完全 wánquán (英 *all; completely*) ▶食糧が~なくなる/粮食罄尽 liángshi qìngjìn ▶~満足する/心满意足 xīn mǎn yì zú ▶古里の景色は~変わっていた/故乡的景色全变了 gùxiāng de jǐngsè quán biàn le ▶彼は私のことを~忘れてしまったようだ/他好像完全把我给忘了 tā hǎoxiàng wánquán bǎ wǒ gěi wàng le ▶~準備を整える/充分做好准备 chōngfèn zuòhǎo zhǔnbèi

ずつき【頭突き】(英 *a head butt*) ▶相手に~を食らわす/用头猛撞对方 yòng tóu měngzhuàng duìfāng

ズッキーニ 〖植物〗西葫芦 xīhúlu (英 *a zucchini*)

すっきり ❶【気分·天候が】爽快 shuǎngkuai;痛快 tòngkuài (英 *refreshed; clear*)《気分が》~する/爽快 shuǎngkuai 《気分がどうも~しない》/心情不痛快 xīnqíng bú tòngkuài ▶~しない空模様/不晴朗的天气 bù qínglǎng de tiānqì ❷【余計なもののない】简洁 jiǎnjié;整洁 zhěngjié (英 *simple*) ▶~した文章/明白利索的文章 míngbai lìsuo de wénzhāng ▶冷蔵庫の中を片づけて~した/把冰箱收拾得很整洁 bǎ bīngxiāng shōushi de hěn zhěngjié

ズックの 帆布 fānbù (英 *canvas*) ▶~靴/帆布鞋 fānbùxié ▶~の旅行かばん/帆布旅行包 fānbù lǚxíngbāo

すっくと 猛然 měngrán;霍地 huòdì (英 *straight*) ▶~立ちあがる/猛然站起来 měngrán zhànqǐlái

ずっこける【転ぶ】摔倒 shuāidǎo; 跌倒 diēdǎo (英 *slip down*)

ずっしり (英 *heavily*) ▶~重い/沉甸甸 chéndiāndiān ▶~重い上下2巻本/沉甸甸的上下两卷书 chéndiāndiān de shàngxià liǎng juàn de shū ▶小銭が一杯で~重い財布/装满了硬币的沉甸甸的钱包 zhuāngmǎnle yìngbì de chéndiāndiān de qiánbāo ▶責任が~と重く肩にのしかかった/沉重的责任落在了肩头 chénzhòng de zérèn luòzàile jiāntóu

すったもんだする 吵架 chǎojià;争吵 zhēngchǎo (英 *make a lot of fuss*) ▶~の末彼らは離婚した/一场纠纷之后他们离婚了 yì cháng jiūfēn zhīhòu tāmen líhūn le ▶~の騒ぎをする/闹翻了天 nàofānle tiān

すってんころり 扑通摔倒 pūtōng shuāidǎo ▶凍った步道で~と転ぶ/在冻冰的路上摔了一大跤 zài dòngbīng de lùshang shuāile yídàjiāo

すってんてん 精光 jīngguāng;一文不名 yì wén bù míng;一无所有 yī wú suǒ yǒu (英 *quite penniless*) ▶競馬で~になった/赛马输得精光 sàimǎ shūde jīngguāng

すっと 《動作》轻快 qīngkuài;《気分》痛快 tòngkuài (英 *straight; quickly; refreshed*) ▶~伸びた枝/轻快舒展的树枝 qīngkuài shūzhǎn de shùzhī ▶~手を出す/迅速伸出手来 xùnsù shēnchū shǒu lái ▶胸が~する/心中畅快 xīnzhōng chàngkuài ▶胸のつかえが下りて~した/心理的疙瘩解开以后就痛快了 xīnlǐ de gēda jiěkāi yǐhòu jiù tòngkuài le ▶ソファーに座ってい

ずっと

た女が～立ち上がった/坐在沙发上的女人轻快地站了起来 zuòzài shāfāshang de nǚrén qīngkuài de zhànle qǐlai ▶ドアが～開く/门轻轻地开了 mén qīngqīng de kāi le

ずっと ❶【はるかに】…得多 … de duō (英 *much*) ▶～多い/多得多 duōde duō ▶この小説のほうが～面白いよ/这本小说比那本有趣儿多了 zhè běn xiǎoshuō bǐ nà běn yǒuqùr duō le ▶彼のほうが～利口だ/他比你聪明多了 tā bǐ nǐ cōngmíng duō le ❷【途切れずに】一直 yìzhí; 总是 zǒngshì (英 *all the time; all the way*) ▶～待っている/一直在等着 yìzhí zài děngzhe ▶彼のことは子供の時から～知っている/我从小就认识他 wǒ cóngxiǎo jiù rènshi tā ▶彼女は朝から晩まで～しゃべっている/她从早到晚说个不停 tā cóng zǎo dào wǎn shuō ge bùtíng ▶途中～立ちづめだった/在车上我一直站着 zài chēshang wǒ yìzhí zhànzhe ▶その間～とろ火で煮なさい/不间断地一直用文火炖 bú jiànduàn de yìzhí yòng wénhuǒ dùn ❸【時間・距離が離れて】(英 *long; far*) ▶彼は～以前に煙草をやめた/他很久以前就戒烟了 tā hěn jiǔ qǐqián jiù jiè yān le ▶～遠くに雪山が見える/远方可以遥望雪山 yuǎnfāng kěyǐ yáowàng xuěshān ▶～前の席に座る（映画館などで）/坐在很前面 zuòzài hěn qiánmian

すっぱい【酸っぱい】 酸 suān; 酸溜溜 suānliūliū (英 *sour*) ▶～ぱくなる/发酸 fāsuān ▶この果物は～味がする/这种水果带酸味儿 zhè zhǒng shuǐguǒ dài suānwèir

口を酸っぱくして言う 说得口干舌燥 shuōde kǒugān shé zào

すっぱだか【素っ裸の】 赤裸裸 chìluǒluǒ; 一丝不挂 yì sī bú guà (英 *stark-naked*) ▶～になる/脱光 tuōguāng ▶～になって泳ぐ/赤裸着游泳 chìluǒzhe yóuyǒng

すっぱぬく【素っ破抜く】 揭穿 jiēchuān; 说破 shuōpò (英 *disclose*) ▶秘密を～/揭穿秘密 jiēchuān mìmì

すっぱり ❶【鮮やかに切るさま】唰得一刀 shuāde yì dāo (英 *slashingly*) ▶彼とは一緣が切れた/跟他一刀两断了 gēn tā yì dāo liǎng duàn le ❷【思い切りよく】干脆 gāncuì (英 *resolutely*) ▶～諦める/干脆断念头 gāncuì duàn niàntou ▶彼はタバコを～やめた/他把烟戒得干净 tā bǎ yān jiède hěn gānjìng

すっぽかす 撂下 liàoxià; 扔下 rēngxià;【約束を】爽约 shuǎngyuē (英【人を】*give... the slip*; 【仕事を】*leave... undone*) ▶約束を～/失约 shīyuē ▶おまえは仕事をすっぽかしてどこへ行っていたのだ/你扔下工作上哪儿去了？ nǐ rēngxià gōngzuò shàng nǎr qù le？ ▶彼女は彼との約束をすっぽかしてしまった/她对他爽约了 tā duì tā shuǎngyuē le

すっぽり 整个儿 zhěnggèr (英 *completely*) ▶村は～雪に覆われた/整个村子笼罩在雪中 zhěnggè cūnzi lǒngzhào zài xuě zhōng ▶パソコンはかばんに～収まった/电脑正好可以装进书包 diànnǎo zhènghǎo kěyǐ zhuāngjìn shūbāo ▶～頭巾(ずきん)をかぶる/套棉帽 tào miánmào

スッポン【鼈】【動物】鳖 biē; 甲鱼 jiǎyú (英 *a soft-shelled turtle*) ▶～料理/甲鱼菜 jiǎyúcài

[ことわざ] 月とすっぽん 天壤之別 tiān rǎng zhī bié ▶月とすっぽんの違いがある/一个天上，一个地下，不可同日而语 yí ge tiānshàng, yí ge dìxià, bù kě tóngrì ér yǔ

すで【素手】 空手 kōngshǒu; 徒手 túshǒu (英 *a bare hand*) ▶～で戦う/徒手作战 túshǒu zuòzhàn ▶～で触るとやけどする/空手去摸会烫伤的 kōngshǒu qù mō huì tàngshāng de ▶毛虫を～でつまみ上げる/徒手抓起毛虫 túshǒu zhuāqǐ máochóng

すていし【捨て石】 ❶【堤防・工事などの】投入水底的石头 tóurù shuǐdǐ de shítou (英 *a riprap*) ❷【囲碁の】弃子 qìzǐ (英 *a sacrificed stone*) ❸【犠牲】牺牲 xīshēng (英 *a sacrifice*) ▶～になる覚悟をする/做好牺牲的准备 zuòhǎo xīshēng de zhǔnbèi

ステーキ 牛排 niúpái (英 *a steak*) ▶～を焼く/烤牛排 kǎo niúpái

ステージ 舞台 wǔtái; 戏台 xìtái (英 *a stage*) ▶～に立つ/上舞台 shàng wǔtái

ステーション 车站 chēzhàn (英 *a station*) ▶サービス～/服务站 fúwùzhàn ▶キー～/关键电台 guānjiàn diàntái ▶宇宙～/宇航站 yǔhángzhàn

ステータス 地位 dìwèi; 身份 shēnfèn (英 *status*) ▶～シンボル/地位的象征 dìwèi de xiàngzhēng

ステートメント 声明 shēngmíng (英 *a statement*) ▶～を発表する/发表声明 fābiǎo shēngmíng

すておく【捨て置く】 置之不理 zhì zhī bù lǐ; 搁置不用 gēzhì bú yòng (英 *leave... alone*) ▶このまま～には惜しい資料だ/这些资料搁置不用太可惜了 zhè xiē zīliào gēzhì bú yòng tài kěxī le

すてき【素敵な】 极好 jí hǎo; 极妙 jímiào; 帅 shuài (英 *wonderful*) ▶～なプレゼントをもらう/收到宝贵的礼物 shōudào bǎoguì de lǐwù ▶～なお召し物ですね/你打扮得真酷 nǐ dǎbande zhēn kù ▶彼女は笑顔が～だ/她的笑容很动人 tā de xiàoróng hěn dòngrén ▶まあ～/啊，真棒！a, zhēn bàng！▶～な若者がやって来た/来了一位帅气的小伙子 láile yí wèi shuàiqì de xiǎohuǒzi

すてご【捨て子】 弃儿 qì'ér; 弃婴 qìyīng (英 *a deserted child*) ▶～を育てる/收养弃婴 shōuyǎng qìyīng ▶～をする/遗弃孩子 yíqì háizi

すてぜりふ【捨て台詞】 (英 *a parting shot*) ▶～を吐く/临走时说出恐吓的话 línzǒu shí shuōchū kǒnghè de huà ▶「今に見ておれ」と～を残して走り去った/"咱们走着瞧！"他留下这句话就跑了 "Zánmen zǒuzhe qiáo！" tā liúxià zhè jù

ステッカー 张贴的宣传物 zhāngtiē de xuānchuánwù; 标签 biāoqiān (英 *a sticker*) ▶～を張る/贴标签 tiē biāoqiān

ステッキ 拐杖 guǎizhàng; 手杖 shǒuzhàng (英 *a stick*) ▶～を突いて歩く/拄着拐杖走 zhǔzhe guǎizhàng zǒu

ステップ ❶【ダンスの】舞步 wǔbù (英 *a step*) ▶軽やかに～を踏んで踊る/迈着轻快的舞步跳舞 màizhe qīngkuài de wǔbù tiàowǔ ❷【車両などの】踏板 tàbǎn (英 *a step*) ❸【段階】阶梯 jiētī (英 *a step*) ▶成功への～/成功的阶梯 chénggōng de jiētī ▶着実に～を踏んで進む/一步一个脚印地前进 yí bù yí ge jiǎoyìn de qiánjìn ❹【草原】草原 cǎoyuán (英 *a steppe*)

すててこ 短衬裤 duǎnchènkù (英 *men's long underpants*)

すでに【既に】已经 yǐjing; 业已 yèyǐ (英 *already*) ▶高速道路は～渋滞が始まっている/高速公路已经开始堵车了 gāosù gōnglù yǐjing kāishǐ dǔchē le ▶駅に着いたとき列車は～発車していた/到车站的时候列车已经开走了 dào chēzhàn de shíhou lièchē yǐjing kāizǒu le

すてね【捨て値】白扔似的廉价 báirēng shìde liánjià (英 *at a giveaway price*) ▶在庫処分のために～で売る/清仓廉价大甩卖 qīngcāng liánjià dàshuǎimài

すてば【捨て場】可以抛弃东西的地方 kěyǐ pāoqì dōngxi de dìfang (英 *a dumping place*) ▶ごみの～がない/没有地方倒垃圾 méiyǒu dìfang dào lājī

すてばち【捨て鉢な】破罐破摔 pòguàn pòshuāi; 自暴自弃 zì bào zì qì (英 *desperate*) ▶「どうにでもなれ」と～な気分になる/破罐子破摔地想: "随他去吧！" pòguànzi pòshuāi de xiǎng: "Suí tā qù ba!"

すてみ【捨て身の】拼命 pīnmìng; 豁出命 huōchū mìng (英 *desperate*) ▶～の攻撃をする/豁出性命发动攻击 huōchū xìngmìng fādòng gōngjī ▶～になって勝負する/豁出命来争输赢 huōchū mìng lái zhēng shūyíng

すてる【捨てる】扔 rēng; 抛弃 pāoqì; 放弃 fàngqì (英 [投げ捨てる]*throw away*; [見捨てる]*forsake*) ▶ごみを～/扔垃圾 rēng lājī ▶祖国を～/舍弃祖国 shěqì zǔguó ▶命を～/舍命 shěmìng ▶吸い殻を～/丢烟头 diū yāntóu ▶妻子を～て放浪の旅に出る/抛弃老婆孩子去浪迹天涯 pāoqì lǎopo háizi qù làngjì tiānyá ▶駅前に自転車を乗り～/把自行车扔在车站前 bǎ zìxíngchē rēngzài chēzhànqián ▶彼は最初から勝負を捨てているようだ/他好像从一开始就没想打赢 tā hǎoxiàng cóng yì kāishǐ jiù méi xiǎng dǎyíng ▶彼の案もまんざら捨てたもんじゃない/他的方案并不一定没有价值 tā de fāng'àn bìng bù yídìng méiyǒu jiàzhí ▶音楽家としての将来を捨てて実業界に入る/他放弃了音乐家的前程进入实业界 tā fàngqìle yīnyuèjiā de qiánchéng jìnrù

shíyèjiè ▶彼はその女を捨ててしまった/他把那个女孩儿给抛弃了 tā bǎ nàge nǚháir gěi pāoqì le [ことわざ]捨てる神あれば拾う神あり 天无绝人之路 tiān wú jué rén zhī lù

ステレオ 立体声 lìtǐshēng (英 *a stereo*) ▶～放送/立体声广播 lìtǐshēng guǎngbō

ステレオタイプ 旧框框 jiùkuàngkuàng; 常规 chángguī (英 *a stereotype*) ▶日本に対する～な先入観/对日本先入为主的固定观念 duì Rìběn xiān rù wéi zhǔ de gùdìng guānniàn

ステロイドざい【ステロイド剤】(薬) 类固醇剂 lèigùchúnjì (英 *a steroid*)

ステンドグラス 彩色玻璃 cǎisè bōli; 彩画玻璃 cǎihuà bōli (英 *stained glass*) ▶～の窓/嵌着彩色玻璃的窗户 qiànzhe cǎisè bōli de chuānghu

ステンレス 不锈钢 búxiùgāng (英 *stainless steel*) ▶～包丁/不锈钢菜刀 búxiùgāng càidāo

ストア 商店 shāngdiàn (英 *a store*) ◆コンビニエンス～/便利店 biànlìdiàn ディスカウント～/廉价商店 liánjià shāngdiàn

ストイックな 禁欲 jìnyù (英 *stoic*) ▶～な生き方/禁欲的生活方式 jìnyù de shēnghuó fāngshì

すどおし【素通しの】透明 tòumíng; 〈レンズの〉平光 píngguāng (英 *plain-glass; transparent*) ▶～のメガネ/平光眼镜 píngguāng yǎnjìng ▶大きな～の窓/大透明玻璃窗 dà tòumíng bōlichuāng

ストーブ 火炉 huǒlú; 炉子 lúzi (英 *a heater*; [石炭・薪の] *a stove*) ▶石油～/煤油炉 méiyóulú ▶～を焚(た)く/生炉子 shēng lúzi ◆ガス～/煤气炉 méiqìlú 電気～/电炉 diànlú

すどおり【素通りする】❶【立ち寄らないで通り過ぎる】过门不入 guò mén bú rù (英 *pass by...*) ▶うちの近くに来ながら～するとは水くさいぞ/来到我家附近, 也不进来坐坐, 太见外 láidào wǒjiā fùjìn, yě bú jìnlái zuòzuo, tài jiànwài le ❷【話の中で触れない】(英 *don't mention*) ▶要点を～して話す/避而不谈要点 bì ér bù tán yàodiǎn

ストーリー 故事 gùshi; 剧情 jùqíng; 情节 qíngjié (英 *a story*) ▶～テラー/擅长拟构情节的作家 shàncháng nǐgòu qíngjié de zuòjiā ▶ラブ～/爱情故事 àiqíng gùshi

ストール〔服飾〕披肩 pījiān (英 *a stole*) ▶首に～を巻く/把披肩围在脖子上 bǎ pījiān wéizài bózishang

ストッキング〔服飾〕袜子 wàzi; 长袜 chángwà;〈パンスト〉连裤袜 liánkùwà (英 *stockings*) ▶～をはく/穿长袜 chuān chángwà ▶～を脱ぐ/脱长袜 tuō chángwà

ストック ❶【在庫品】存储 cúnchǔ; 存货 cúnhuò; 库存 kùcún (英 *stock*) ▶商品が～切れる/商品已经没有库存了 shāngpǐn yǐjing méiyǒu kùcún le ▶～がある/有存货 yǒu cúnhuò ❷【スキー】滑雪杖 huáxuězhàng (英 *a stick*) ❸【花】紫罗兰 zǐluólán (英 *a stock*)

ストップ 停止 tíngzhǐ（英 stop）▶～ウォッチ/跑表 pǎobiǎo ▶～高/涨停价格 zhǎngtíng jiàgé ▶増税に～をかける/停止増税 tíngzhǐ zēngshuì

すどまり【素泊まり】（英 staying overnight without meals）▶その宿は～の客が多い/那个旅馆光住宿不用餐的客人很多 nàge lǚguǎn guāng zhùsù bú yòngcān de kèrén hěn duō ▶～で一泊いくらですか/光住宿不用餐，住一天多少钱？guāng zhùsù bú yòngcān, zhù yì tiān duōshao qián?

ストライキ 罢工 bàgōng;《学校の》罢课 bàkè（英 go on strike）▶無期限～/无期限罢工 wúqīxiàn bàgōng ▶～権/罢工权 bàgōngquán

ストライク《野球》好球 hǎoqiú（英 a strike）

ストライド 步幅 bùfú（英 a stride）▶大きな～で走る/迈着大步跑 màizhe dàbù pǎo

ストライプ 条纹 tiáowén（英 striped）▶～のシャツ/条纹衬衫 tiáowén chènshān

ストリキニーネ（薬）马钱子碱 mǎqiánzǐjiǎn; 士的宁 shìdìníng（英 strychnine）

ストリップショー 脱衣舞 tuōyīwǔ（英 a striptease）

ストレート 直 zhí; 笔直 bǐzhí;《ボクシング》直拳 zhíquán（英 straight）▶～にぶつかる/正面交锋 zhèngmiàn jiāofēng ▶～な発言/坦率的发言 tǎnshuài de fāyán ▶～に質問する/坦率地提问 tǎnshuài de tíwèn ▶～で飲む/不加水喝 bú duìshuǐ hē ▶ウイスキーの～/不加水的威士忌 bù jiā shuǐ de wēishìjì ▶《野球》～ボール/直球球 zhíxiànqiú ▶～の四球/连投了四个坏球 liántóule sì ge qiú ▶～で勝つ/大获全胜，一局也没输 dàhuò quánshèng, yì jú yě méi shū

ストレス（精神的な緊張）压力 yālì, 重压 zhòngyā; 精神疲劳 jīngshén píláo（英 stress）▶～を解消する/消除精神疲劳 xiāochú jīngshén píláo ▶～がたまると体の不调になる/压力太重会影响身体 yālì tài zhòng huì yǐngxiǎng shēntǐ ▶～が多い職場/压力太大的工作单位 yālì tài dà de gōngzuò dānwèi
♦～性潰瘍〔医〕：神经性溃疡 shénjīngxìng kuìyáng

ストレッチ《体操の》伸展运动 shēnzhǎncāo;《競技場の》直线跑道 zhíxiàn pǎodào（英 stretch）▶～ングをする/做伸展运动 zuò shēnzhǎn yùndòng

ストレプトマイシン（薬）链霉素 liànméisù（英 streptomycin）

ストロー 吸管 xīguǎn; 麦管 màiguǎn（英 a straw;〔紙の〕a sipper）▶～ハット/草帽 cǎomào ▶～で飲む/用吸管儿喝 yòng xīguǎnr hē

ストローク １【水泳・ボート】划 huá, 一划 yíhuá（英 a stroke）２【テニス・卓球の一打ち】抽球 chōuqiú（英 a stroke）

ストロボ 闪光灯 shǎnguāngdēng（英 a strobe）▶～禁止/禁止使用闪光灯 jìnzhǐ shǐyòng shǎnguāngdēng

ストロンチウム〔化学〕锶 sī（英 strontium）

すとん １【軽いものが落ちる擬音】扑腾 pūtēng（英 thump）▶メガネが～と床に落ちた/眼镜儿"啪"的一声掉地上 yǎnjìngr "pā" de yì shēng diàozài dìshang ▶肩を上げて～と落とす（体操）/耸起肩膀然后一下放松 sǒngqǐ jiānbǎng ránhòu yíxià fàngsōng ２【数値が急に減少するさま】一下子 yíxiàzi; 急剧 jíjù（英 drop sharply）▶営業成績が～と落ちる/营业额急剧下跌 yíngyè'é jíjù xiàdiē

ずどん（銃声）a bang;〔落下音〕a thud）▶～と一発銃声が聞こえた/听到一声沉闷的枪声 tīngdào yì shēng chénmèn de qiāngshēng ▶トラックから積み荷が～と落ちた/货物从卡车上沉重地掉了下来 huòwù cóng kǎchēshang chénzhòng de diàole xiàlai

すな【砂】 沙子 shāzi（英 sand）▶～遊び/玩儿沙子 wánr shāzi ▶～煙/沙尘 shāchén ▶～地/沙土 shātǔ ▶～を嚙むような味気ない生活/形同嚼蜡的乏味生活 xíng tóng jiáo là de fáwèi shēnghuó ▶靴に～が入る/鞋里进沙子了 xiélǐ jìn shāzi le
♦～時計：沙漏 shālòu

すなあらし【砂嵐】 沙暴 shābào（英 a sandstorm）▶～が起こる/刮起沙尘暴 guāqǐ shāchénbào

すなお【素直な】 １【心がねじ曲がっていないさま】天真 tiānzhēn; 朴实 pǔshí; 老实 lǎoshi（英 gentle; frank）▶～に従う/顺从 shùncóng ▶～な人/老实人 lǎoshirén ▶もっと自分に～になれ/做一个更加真实的自我 zuò yí ge gèngjiā zhēnshí de zìwǒ ▶～に意見を受け入れる/坦率地接受意见 tǎnshuài de jiēshòu yìjiàn ▶～に白状しなさい/你要老实交待 nǐ yào lǎoshi jiāodài ２【癖のないさま】（英 simple）▶～な文字/工整的文字 gōngzhèng de wénzì ▶～な髪の毛/顺溜的头发 shùnliu de tóufa

スナック １【店】酒吧 jiǔbā; 小吃店 xiǎochīdiàn（英 a snack bar）２【軽い菓子】小吃 xiǎochī; 点心 diǎnxīn; 零食 língshí（英 a snack）

スナッチ《重量挙げ》抓举 zhuājǔ（英 the snatch）

スナップ １【写真】快相 kuàixiàng; 快照 kuàizhào（英 a snapshot）▶～写真を撮る/拍快相 pāi kuàixiàng ２【スポーツ】手腕力 shǒuwànlì（英 a snap）▶《野球で》～を利かす/有效使用手腕 yǒuxiào shǐyòng shǒuwàn ３【留め金具】（英 a snap fastener）▶～ホック/摁扣儿 ènkòur; 子母扣儿 zǐmǔkòur ▶～をはめる/扣上子母扣 kòushàng zǐmǔkòu

すなば【砂場】 沙地 shādì; 沙池 shāchí（英 a sandbox）▶子供を～で遊ばせる/让孩子在沙池里玩儿 ràng háizi zài shāchíli wánr

すなはま【砂浜】 海滩 hǎitān; 沙滩 shātān（英 a sandy beach）▶沖縄の美しい～/冲绳美丽的沙滩 Chōngshéng měilì de shātān

すなぶろ【砂風呂】 沙浴 shāyù (英 *a sand bath*) ▶～で一汗かく/先沙浴出一身汗 xiān shāyù chū yìshēn hàn

すなやま【砂山】 沙丘 shāqiū (英 *a sand hill*)

すなわち【即ち】 ❶〖言いかえると〗即 jí; 也就是 yě jiùshì (英 *namely*) ▶中国の首都，～北京/中国的首都，即北京 Zhōngguó de shǒudū, jí Běijīng ❷〖そうすれば〗则 zé; 就 jiù (英 *then*) ▶信ずれば～救われる/相信则得救 xiāngxìn zé déjiù ▶戦えば～勝つ/一斗争就胜利 yí dòuzhēng jiù shènglì

スニーカー 球鞋 qiúxié; 旅游鞋 lǚyóuxié (英 *sneakers*)

ずぬける【図抜ける】 出众 chūzhòng; 特别 tèbié (英 *be outstanding*) ▶彼はクラスで図抜けて背が高い/他在班里特别高 tā zài bānlǐ tèbié gāo ▶彼の文章は図抜けてうまい/他的文章特别出色 tā de wénzhāng tèbié chūsè

すね【脛】 胫 jìng; 小腿 xiǎotuǐ (英 *a shin*) ▶～毛/胫毛 jìngmáo; 小腿上的毛 xiǎotuǐshang de máo ▶机の角に～をぶつける/腿撞在桌角上了 tuǐ zhuàngzài zhuōjiǎoshang le

～に傷持つ身 有过去的人 yǒu guòqù de rén
◆～当て〖スポーツ〗护胫 hùjìng

すねかじり 靠父母养活 kào fùmǔ yǎnghuo (英 *a sponger*)

すねもの【拗ね者】 性情乖僻的人 xìngqíng guāipì de rén (英 *a cross-grained person*)

すねる【拗ねる】 执拗起来 zhíniùqǐlai; 闹别扭 nào biènìu (英 *be sulky*) ▶彼女は叱られるとすぐ～/她一被批评就闹情绪 tā yí bèi pīpíng jiù nào qíngxù

世を～〖義憤から〗愤世嫉俗 fèn shì jí sú; 〖投げやりな〗玩世不恭 wán shì bù gōng

ずのう【頭脳】 头脑 tóunǎo; 脑筋 nǎojīn (英 *a head; brains*) ▶～労働/脑力劳动 nǎolì láodòng ▶～明晰/头脑清晰 tóunǎo qīngxī ▶～の流出/人才外流 réncái wàiliú ▶～集団/智囊团 zhìnángtuán ▶～的なプレー/智能型打法 zhìnéngxíng dǎfǎ ▶彼は明晰(ஃ)な～の持ち主である/他是一个头脑冷静清晰的人 tā shì yí ge tóunǎo lěngjìng qīngxī de rén

〖日中比较〗中国語の'头脑 tóunǎo'は「頭の働き」という意味の他に集団の「かしら」も指す．

スノータイヤ 防滑轮 fánghuálún (英 *a snow tire*)

スノーボード 〖スポーツ〗滑板滑雪 huábǎn huáxuě (英 *snowboarding*)

すのこ【簀子】(せいろの)竹筻子 zhúbìzi;《风呂場などの》泄水板 xièshuǐbǎn; 用木条做的漏水板 yòng mùtiáo zuò de lòushuǐbǎn (英 *a drainboard*)

すのもの【酢の物】 醋拌凉菜 cùbàn liángcài (英 *a vinegard dish*)

スパークする〖放電〗飞火星 fēi huǒxīng; 发火花 fā huǒhuā (英 *spark*)

スパート〖スポーツ〗加油 jiāyóu; 冲刺 chōngcì (英 *a spurt*) ▶ラスト～/最后冲刺 zuìhòu chōngcì ▶ゴール前 50 メートルで～をかける/在离终点五十米的地点开始冲刺 zài lí zhōngdiǎn wǔshí mǐ de dìdiǎn kāishǐ chōngcì

スパーリング〖ボクシング〗对打练习 duìdǎ liànxí (英 *sparring*) ▶3 ラウンドの～をやる/进行三个回合的对打练习 jìnxíng sān ge huíhé de duìdǎ liànxí

スパイ 间谍 jiàndié; 密探 mìtàn; 特务 tèwu (英 *a spy*) ▶～活動をする/从事间谍活动 cóngshì jiàndié huódòng ▶～容疑で逮捕される/因涉嫌间谍罪被逮捕 yīn shèxián jiàndiézuì bèi dàibǔ ▶～飛行/间谍飞行 jiàndié fēixíng
◆産業～/产业间谍 chǎnyè jiàndié ～衛星/间谍卫星 jiàndié wèixīng; 侦察卫星 zhēnchá wèixīng ～網/间谍网 jiàndiéwǎng 二重～/双重间谍 shuāngchóng jiàndié

スパイク ❶〖靴底の釘〗鞋底钉 xiédǐdīng (英 *a spike*) ▶～シューズ/钉鞋 dīngxié ❷〖バレーボール〗(英 *a spike*) ▶～する/扣球 kòuqiú ▶見事に～を決める/漂亮地完成扣杀 piàoliang de wánchéng kòushā

スパイス 调料 tiáoliào (英 *spice*) ▶～の利いた肉料理/有香料风味的肉菜 yǒu xiāngliào fēngwèi de ròucài

スパゲッティ〖食品〗意大利面条 Yìdàlì miàntiáo (英 *spaghetti*)

すばこ【巣箱】 鸟巢箱 niǎocháoxiāng; 窝箱 wōxiāng (英 *a nest box*) ▶木に～を掛ける/在树上安鸟箱 zài shùshang ān niǎoxiāng

すばしこい 敏捷 mǐnjié; 灵活 línghuó; 灵敏 língmǐn (英 *quick*) ▶～奴だな/真是一个灵活的家伙 zhēn shì yí ge línghuó de jiāhuo ▶リスがすばしこく走り回る/松鼠敏捷地跑来跑去 sōngshǔ mǐnjié de pǎo lái pǎo qù

すぱすぱ ❶〖タバコを吸うさま〗(英 *with quick puffs*) ▶～タバコをふかす/大口吸烟 dàkǒu xīyān ❷〖物を切るさま〗(英 *straight*) ▶～大根を切る/咔咔地切萝卜 kākā de qiē luóbo ❸〖物事をさっさと行うさま〗(英 *smoothly*) ▶問題を～片づける/大刀阔斧地处理问题 dàdāo kuòfǔ de chǔlǐ wèntí

ずばずば (英 *frankly*) ▶～言う/毫不客气地说 háo bú kèqi de shuō

すはだ【素肌】 (未化妆的)皮肤 (wèi huàzhuāng de) pífu; 肌肤 jīfū (英 *bare skin*) ▶～がきれい/皮肤很美 pífu hěn měi ▶～にシャツを着る/不穿内衣直接穿衬衫 bù chuān nèiyī zhíjiē chuān chènshān ▶浴衣は～に着るものだ/穿浴衣时不应该穿内衣 chuān yùyī shí bù yīnggāi chuān nèiyī

スパナ 扳手 bānshou (英 *a spanner; a wrench*) ▶モンキー～/活动扳手 huódòng bānshou

ずばぬける【図抜ける】 超凡 chāofán; 超群 chāoqún; 无与伦比 wú yǔ lún bǐ (英 *be outstanding*) ▶彼はずば抜けた運動神経をも持つ/他具有超群的运动神经 tā jùyǒu chāoqún de yùndòng shénjīng

すばやい【素早い】 ❶【行動が】麻利 máli; 赶快 gǎnkuài; 迅速 xùnsù (英 quick) ▶素早く避ける/赶快躲闪 gǎnkuài duǒshǎn ▶情報を素早く入手する/迅速地掌握情报 xùnsù de zhǎngwò qíngbào ❷【頭の回転が】敏捷 mǐnjié; 机敏 jīmǐn (英 quick) ▶～判断/机敏的判断 jīmǐn de pànduàn ▶彼らはさすがに反応が～/他们的反应果然敏捷 tāmen de fǎnyìng guǒrán mǐnjié

すばらしい【素晴らしい】 精彩 jīngcǎi; 绝妙 juémiào; 真棒 zhēnbàng (英 wonderful) ▶今夜のコンサートは素晴らしかった/今天晚上的音乐会太精彩了 jīntiān wǎnshang de yīnyuèhuì tài jīngcǎi le ▶それは～/真棒! zhēn bàng! ▶～美人/大美人! dàměirén! ▶素晴らしく清潔な部屋/非常整洁干净的房间 fēicháng zhěngjié gānjìng de fángjiān

ずばり 一针见血 yì zhēn jiàn xiě; 直截了当 zhíjié liǎodàng (英 bluntly; exactly) ▶思ったことを～と言う/心直口快 xīn zhí kǒu kuài ▶彼は言いにくいことを～と言う/难以启口的事他也能一语道破 nányǐ qǐkǒu de shì tā yě néng yì yǔ dàopò ▶～質問する/直截了当地提问 zhíjié liǎodàng de tíwèn ▶まさにそのもの・です/真是一语说中 zhēn shì yì yǔ shuōzhòng ▶～と解答/回答得一针见血 huídáde yì zhēn jiàn xiě

すばる【昴】【天文】昴宿星团 Mǎosù xīngtuán 《星团》(英 the Pleiades)

スパルタ 斯巴达 Sībādá (英 Sparta) ▶～教育/斯巴达式教育 Sībādáshì jiàoyù

スパン《時間の幅》跨度 kuàdù (英 a span) ▶ライフ～/寿命 shòumìng ▶長い～で考える/长远考虑 chángyuǎn kǎolǜ

ずはん【図版】 图版 túbǎn (英 an illustration)

スピーカー 扬声器 yángshēngqì; 扩音器 kuòyīnqì; 喇叭 lǎba (英 a speaker) ▶～で物売りする/用扩音器叫卖 yòng kuòyīnqì jiàomài ▶校庭の～から音楽が流れる/校园的扩音器播放着音乐 xiàoyuán de kuòyīnqì bōfàngzhe yīnyuè

スピーチ 讲话 jiǎnghuà; 演讲 yǎnjiǎng; 致词 zhìcí (英 a speech) ▶結婚式の～を頼まれる/被约请在结婚典礼上致词 bèi yuēqǐng zài jiéhūn diǎnlǐshang zhìcí ▶日本人は一般に人前で～するのは苦手だ/一般来说日本人不善于在别人面前演讲 yìbān lái shuō Rìběnrén bú shànyú zài biérén miànqián yǎnjiǎng

スピード 速度 sùdù (英 speed) ▶～を上げる/加快速度 jiākuài sùdù ▶その车は突然～を上げて逃走した/那辆车突然加快速度逃跑了 nà liàng chē tūrán jiākuài sùdù táopǎo le ▶～を落とす/减低速度 jiǎndī sùdù ▶～メーター/速度表 sùdùbiǎo ▶～写真/快速摄影 kuàisù shèyǐng ▶仕事を～アップする/提高工作速度 tígāo gōngzuò sùdù ▶違反をやる/违章超速 wéizhāng chāosù

◆～制限:限速 xiànsù

スピードスケート 速度滑冰 sùdù huábīng (英 speed skating)

スピッツ〔動物〕丝毛犬 sīmáoquǎn (英 a spitz dog)

ずひょう【図表】 图表 túbiǎo (英 a chart) ▶～で示す/用图表显示 yòng túbiǎo xiǎnshì ▶一目で分かるように～化する/制成图表, 以起到一目了然的效果 zhìchéng túbiǎo, yǐ qǐdào yīmù liǎorán de xiàoguǒ

スピリット 精神 jīngshén (英 spirit) ▶フロンティア～/开拓精神 kāituò jīngshén ▶ファイティング～/斗志 dòuzhì

スピン (英 a spin) ▶〈テニス〉ボールに～をかける/打旋球 dǎ xuánqiú; 削球 xiāoqiú

スフィンクス 狮身人面像 shīshēn rénmiànxiàng (英 Sphinx)

スプーン 匙子 chízi; 小勺儿 xiǎosháor (英 a spoon) ▶～1杯の砂糖/一勺糖 yì sháo táng ▶～で子供に食べさせる/用勺儿给孩子喂饭 yòng sháor gěi háizi wèi fàn

すぶた【酢豚】【料理】古老肉 gǔlǎoròu; 糖醋肉 tángcùròu (英 sweet-and-sour pork)

ずぶとい【図太い】 厚脸皮 hòuliǎnpí (英 impudent) ▶あいつは～神経の持ち主だ/一个粗鲁的家伙 yí ge cūlǔ de jiāhuo ▶図太く生き残る/厚着脸皮活下来 hòuzhe liǎnpí huóxiàlai

ずぶぬれ【ずぶ濡れ】 湿透 shītòu; 落汤鸡 luòtāngjī (英 wet all over) ▶雨で～になった/被雨淋得像只落汤鸡 bèi yǔ línde xiàng zhī luòtāngjī

ずぶの 完全 wánquán (英 rank) ▶～素人/一窍不通的外行 yí qiào bù tōng de wàiháng ▶料理は～素人です/烹饪完全是一个外行 pēngrèn wánquán shì yí ge wàiháng

すぶり【素振り】〈ラケットなどの〉空抡 kōnglūn (英 a practice swing)

ずぶりと (英 home) ▶足が～泥の中にはまった/脚扑哧一下陷进泥里 jiǎo pūchī yíxià xiànjìn nílǐ

スプリング ❶【ばね】弹簧 tánhuáng (英 a spring) ❷【春】春天 chūntiān (英 spring) ▶～コート/风衣 fēngyī

スプリンクラー 喷灌器 pēnguànqì; 洒水设备 sǎshuǐ shèbèi; 自动洒水灭火器 zìdòng sǎshuǐ mièhuǒqì (英 a sprinkler)

スプリンター〈短距離走者〉短跑运动员 duǎnpǎo yùndòngyuán (英 a sprinter)

スプレー 喷雾器 pēnwùqì; 喷子 pēnzi (英 a spray)

すべ【術】 办法 bànfǎ; 方法 fāngfǎ (英 a way) ▶なす～がない/没门儿 méi ménr; 束手无策 shùshǒu wú cè ▶事实かどうか确认する～がない/是否属实无法确认 shìfǒu shǔshí wúfǎ quèrèn ▶身を守る～を知らない子供たち/不知道怎样自我保护的孩子们 bù zhīdào zěnyàng zìwǒ bǎohù de háizimen

スペア ❶【予備】备用 bèiyòng (英 a spare)

▶～タイヤ/备用轮胎 bèiyòng lúntāi ▶電池の～がない/没有备用电池 méiyǒu bèiyòng diànchí ❷【ボウリング】(英 a spare) ▶～をとる/补中 bǔzhòng

スペアミント 留兰香 liúlánxiāng; 绿薄荷 lǜbòhè (英 spearmint)

スペアリブ 排骨 páigǔ (英 spareribs)

スペイン 西班牙 Xībānyá (英 Spain) ▶～語/西班牙语 Xībānyáyǔ ▶～人/西班牙人 Xībānyárén

スペース ❶【空間】场地 chǎngdì; 空间 kōngjiān (英 space) ▶テーブルを置く～/摆放桌子的空间 bǎifàng zhuōzi de kōngjiān ▶車を停める～がない/没有停车位 méiyǒu tíngchēwèi ❷【印刷物の紙面】空 kòng; 篇幅 piānfu (英 space) ▶～を割く/留出空来 liúchū kòng lái ▶図表を入れる～が必要だ/需要留有加图表的位置 xūyào liú yǒu jiā túbiǎo de wèizhi ❸【宇宙空間】太空 tàikōng (英 space) ▶～シャトル/太空穿梭机 tàikōng chuānsuōjī; 航天飞机 hángtiān fēijī

スペード (トランプ) 黑桃 hēitáo (英 a spade) ▶～のエース/黑桃 A hēitáo A

すべからく 必须 bìxū; 应当 yīngdāng (英 at all costs) ▶人は～働くべし/人皆必须劳动 rén jiē bìxū láodòng

-すべき (英 should) ▶～だ/应该 yīnggāi ▶～でない/不应该 bù yīnggāi; 不可 bùkě

スペクタクル 壮观 zhuàngguān (英 a spectacle) ▶～映画/大场面的影片 dàchǎngmiàn de yǐngpiàn

スペクトル 〖物理〗光谱 guāngpǔ (英 spectrum)
♦～分析/光谱分析 guāngpǔ fēnxī

スペシャリスト 专家 zhuānjiā (英 a specialist)

スペシャル 特殊 tèshū; 特别 tèbié (英 special) ▶～イベント/特别活动 tèbié huódòng

すべすべ 光滑 guānghuá; 光溜溜 guāngliūliū; 光润 guāngrùn (英 smooth) ▶～の肌/光滑的皮肤 guānghuá de pífū ▶～した川辺の石/河边光溜溜的石头 hébiān guāngliūliū de shítou

すべて【全て】 都 dōu; 全都 quándōu; 一切 yíqiè (英 all) ▶見るもの～/所见一切 suǒ jiàn yíqiè ▶金が～ではない/金钱并非万能 jīnqián bìng fēi wànnéng ▶ついに～が明るみに出た/终于真相大白 zhōngyú zhēnxiàng dàbái ▶知っていることは～話した/知道的事我都说了 zhīdào de shì wǒ dōu shuō le ▶～の点で申し分がない/各方面都很出色 gè fāngmiàn dōu hěn chūsè
ことわざ 全ての道はローマに通ず 条条大路通罗马 tiáotiáo dàlù tōng Luómǎ; 殊途同归 shūtú tóng guī

すべらす【滑らす】 滑 huá (英 let slip) ▶うっかり口を～/不小心说走了嘴 bù xiǎoxīn shuōzǒule zuǐ ▶凍った道で足を～/在结冰的路上滑倒了 zài jiébīng de lùshang huádǎo le

すべりおちる【滑り落ちる】 滑落 huáluò; 下落 xiàluò (英 slip off; slip down) ▶屋根に積もった雪が～/屋顶上的积雪滑落下来 wūdǐngshang de jīxuě huáluòxiàlái ▶彼の人気は 9 位へと滑り落ちた/他的人望下落到了第九位 tā de rénwàng xiàluòdàole dìjiǔ wèi

すべりおりる【滑り降りる】 滑下 huáxià (英 slide down) ▶彼女は斜面を滑り降りた/她从斜坡上滑了下去 tā cóng xiépōshang huále xiàqù

すべりこむ【滑り込む】 〘時間〙赶上 gǎnshàng; 〘野球〙滑进去 huájìnqu (英 slide into...) ▶面接に～/赶上面试 gǎnshàng miànshì ▶試験時間ぎりぎりに滑り込んだ/差点就没赶上考试时间 chàdiǎn jiù méi gǎnshàng kǎoshì shíjiān; 总算赶上了考试时间 zǒngsuàn gǎnshàngle kǎoshì shíjiān

すべりだい【滑り台】 滑梯 huátī (英 a slide)

すべりだし【滑り出し】 开端 kāiduān; 开头 kāitóu (英 a start) ▶～は順調だ/开头顺利 kāitóu shùnlì ▶～はまずまずだった/开头还算顺利 kāitóu hái suàn shùnlì

すべりどめ【滑り止め】 ❶【滑るのを防ぐ物】防滑物 fánghuáwù (英 a skid) ▶階段に～テープを貼る/在楼梯上贴防滑胶带 zài lóutīshang tiē fánghuá jiāodài ▶～マット/防滑脚垫儿 fánghuá jiǎodiànr ▶～のタイヤ/防滑轮胎 fánghuá lúntāi ❷【受験で】防止考不上 fángzhǐ kǎobushàng (英 an insurance against failure) ▶～に他の学校も受ける/怕考不上志愿的学校而多报考的学校 pà kǎobushàng zhìyuàn de xuéxiào ér duō bàokǎo de xuéxiào

スペリング 拼法 pīnfǎ (英 spelling) ▶英語の～は間違いやすい/英语的单词容易拼错 Yīngyǔ de dāncí róngyì pīncuò

すべる【滑る】 ❶【滑らかに移動する】滑行 huáxíng (英 slide) ▶スキーで～/滑雪 huáxuě ▶氷の上を軽快に～/在冰面上轻快地滑行 zài bīngmiànshang qīngkuài de huáxíng ▶白鳥が～ように湖面に降りる/天鹅像滑冰一样降落在湖面上 tiān'é xiàng huábīng yíyàng jiàngluò zài húmiànshang ❷【表面がつるつるするさま】滑 huá (英 be slippery) ▶足が～/脚打滑 jiǎo dǎhuá ▶コップを洗っているとき手が滑って割ってしまった/洗杯子的时候手一滑就摔碎了 xǐ bēizi de shíhou shǒu yī huá jiù shuāisuì le ❸【余計なことを言う】(英 slip out) ▶口が～/走嘴 zǒuzuǐ; 说漏 shuōlòu ❹【試験に失敗する】(英 fail) ▶試験に～/没考上 méi kǎoshàng

スポイト 玻璃吸管 bōli xīguǎn (英 a dropper)

スポークスマン 代言人 dàiyánrén; 发言人 fāyánrén (英 a spokesperson) ▶大使館の～がコメントを発表する/大使馆发言人发表评论 dàshǐguǎn fāyánrén fābiǎo pínglùn ▶政府の～/政府发言人 zhèngfǔ fāyánrén

スポーツ 体育运动 tǐyù yùndòng (英 a sport; [総称] sports) ▶何か～をおやりですか/你做什么运动吗？ nǐ zuò shénme yùndòng ma?

ずぼし

◆アウトドア～/室外运动 shìwài yùndòng　ウインター～/冬季运动 dōngjì yùndòng　～医学/体育医学 tǐyù yīxué　～ウエア/运动服 yùndòngfú　～カー/跑车 pǎochē;赛车 sàichē　～記者/体育记者 tǐyù jìzhě　～クラブ/运动俱乐部 yùndòng jùlèbù　～ジム/健身房 jiànshēnfáng　～シャツ/运动衫 yùndòngshān　～選手/运动员 yùndòngyuán　～センター/体育中心 tǐyù zhōngxīn　～店/体育用品商店 tǐyù yòngpǐn shāngdiàn　～ニュース/体育新闻 tǐyù xīnwén　～放送/体育节目 tǐyù jiémù　～マン/运动员 yùndòngyuán　～マンシップ/运动道德 yùndòng dàodé

ずぼし【図星】要害 yàohài （英 *the bull's-eye*）　▶～だ/正中要害 zhèng zhòng yàohài　▶彼は～をさされてドギマギした/他被击中要害心慌意乱 tā bèi jīzhòng yàohài xīn huāng yì luàn

すぽっと（英 *straight; easily*）　▶ドアのノブが～抜けた/门上的把手砰的一声脱落了 ménshang de bǎshou pēng de yì shēng tuōluò le

スポット ❶【場所】地点 dìdiǎn;场所 chǎngsuǒ（英 *a spot*）　▶今人気の～/现在受欢迎的地方 xiànzài shòu huānyíng de dìfang　▶観光～/旅游景点 lǚyóu jǐngdiǎn　❷【テレビ・ラジオ番組に挟む】插播 chābō（英 *a spot*）　▶～広告/插播广告 chābō guǎnggào　▶～ニュース/插播新闻 chābō xīnwén　❸【注目】焦点 jiāodiǎn　▶今注目のミュージシャンに～を当てる/把焦点集中在眼下引人注目的音乐家身上 bǎ jiāodiǎn jízhōng zài yǎnxià yǐn rén zhùmù de yīnyuèjiā shēnshang

スポットライト 聚光灯 jùguāngdēng（英 *a spotlight*）　▶～を浴びる/大受瞩目 dà shòu zhǔmù

すぼめる 收 shōu;缩 suō（英 *make... narrower*）　▶傘を～/折起伞 zhéqǐ sǎn;收拢伞 shōu sǎn　▶口を～/抿嘴 mǐnzuǐ　▶狭い道で傘をすぼめて人とすれちがう/在狭窄的路上收起雨伞跟对面的来人错身而过 zài xiázhǎi de lùshang shōuqǐ yǔsǎn gēn duìmiàn de láirén cuò shēn ér guò　▶寒さに肩をすぼめて歩く/因为寒冷缩着肩膀走路 yīnwèi hánlěng suōzhe jiānbǎng zǒulù

ずぼらな 懒散 lǎnsǎn;吊儿郎当 diào'er lángdāng（英 *slovenly*）　▶彼は～男だ/他是一个懒散的男人 tā shì yí ge lǎnsǎn de nánrén

ズボン 裤子 kùzi（英 *trousers*）　▶～をはく/穿上裤子 chuānshàng kùzi　▶下/衬裤 chènkù　～吊り/吊裤带 diàokùdài　半～/短裤 duǎnkù　▶～をまくりあげる/卷起裤脚 juǎnqǐ kùjiǎo　▶～のポケット/裤兜儿 kùdōur

スポンサー 赞助商 zànzhùshāng;广告主 guǎnggàozhǔ（英 *a sponsor*）　▶～を下りる/退出广告赞助 tuìchū guǎnggào zànzhù

スポンジ 海绵 hǎimián（英 *a sponge*）　▶～で汚れを拭き取る/用海绵擦掉污痕 yòng hǎimián cādiào wūhén　◆～ケーキ/西式蛋糕 xīshì dàngāo

スマートな ❶【姿が】苗条 miáotiao;潇洒 xiāosǎ（英 *slim*）　▶彼女はとても～だ/她很苗条 tā hěn miáotiao　▶～に着こなす/穿着潇洒 chuānzhuó xiāosǎ　❷【行動が】漂亮 piàoliang;洒脱 sātuō（英 *sophisticated*）　▶～に答える/洒脱地回答 sātuō de huídá　▶もっと～にやりなさい/希望你干得更漂亮一点儿 xīwàng nǐ gàndé gèng piàoliang yìdiǎnr

すまい【住まい】❶【暮らし】住 zhù;居住 jūzhù（英 *living*）　▶一人～/一个人住 yí ge rén zhù;独身生活 dúshēn shēnghuó　▶お～はどちらですか/您住在哪儿? nín zhùzài nǎr?　▶田舎～を好む/喜欢住在乡下 xīhuan zhùzài xiāngxia　❷【住居】住房 zhùfáng;寓所 yùsuǒ;住处 zhùchù（英 *a house; a residence*）　▶立派なお～ですね/这房子可真不错 zhè fángzi kě zhēn búcuò　▶都心に～を構える/在市中心置了房子 zài shìzhōngxīn zhìle fángzi

すまう【住まう】居住 jūzhù;住 zhù（英 *live*）

すましじる【澄まし汁】〖料理〗清汤 qīngtāng（英 *clear soup*）

すましや【澄まし屋】装模作样的人 zhuāng mú zuò yàng de rén（英 *a smug person*）　▶彼みたいな～は苦手だ/我受不了像他那样装模作样的人 wǒ shòubuliǎo xiàng tā nàyàng zhuāng mú zuò yàng de rén

すます【済ます】❶【なし終える】作完 zuòwán（英 *finish*）　▶仕事を～/做完工作 zuòwán gōngzuò　▶勘定を～/结完账 jiéwán zhàng　▶借金をしないで～/不用借钱,独自完成 búyòng jiè qián, dúzì wánchéng　❷【間に合わせ】将就 jiāngjiu;应付 yìngfu（英 *make do with...*）　▶昼飯抜きで～/不吃午饭将就过去 bù chī wǔfàn jiāngjiuguòqu　▶てっとり早く～/迅速麻利地弄完 xùnsù máli de nòngwán　▶雑誌は立ち読みで～/在货架前阅读就行了 zài huòjiàqián yuèdú jiù xíng le

すます【澄ます】❶【にごりなどを】澄 dèng（英 *make clear*）　▶水を～/把水澄清 bǎ shuǐ dèngqīng　❷【集中する】（英 *strain*）　▶耳を～/侧耳倾听 cè'ěr qīngtīng　▶耳を澄まして鳥の囀(さえず)りを聞く/侧耳倾听小鸟的歌唱 cè'ěr qīngtīng xiǎoniǎo de gēchàng　❸【気取る】装模作样 zhuāng mú zuò yàng;自持清高 zì chí qīnggāo（英 *put on airs*）　▶何を澄ましているの?/你装什么蒜呢? nǐ zhuāng shénme suàn ne?　▶彼女はいつも澄ましていて話しかけにくい/她总是自持清高,很难跟她搭话儿 tā zǒngshì zìchí qīnggāo, hěn nán gēn tā dā huàr

スマッシュする〖テニス〗扣杀 kòushā;扣球 kòuqiú（英 *smash*）

すみ【炭】炭 tàn;木炭 mùtàn（英 *charcoal*）　▶～を焼く/烧炭 shāo tàn

すみ【隅】角落 jiǎoluò（英 *a corner*）　▶荷物を部屋の～に置く/把行李放在屋子的角落 bǎ xíngli fàngzài wūzi de jiǎoluò　▶当地のことは～から～まで知っている/对当地的情况明察秋毫 duì dāngdì de qíngkuàng míngchá qiūháo

重箱の～をつつく 吹毛求疵 chuī máo qiú cī
～に置けない 不可軽視 bùkě qīngshì ▶彼は～に置けないやつだ/他可是一个不容忽视的人物 tā kěshì yí ge bù róng hūshì de rénwù

すみ【墨】墨 mò (英 *India ink*) ▶～絵/水墨画 shuǐmòhuà ▶～で書く/用毛笔写 yòng máobǐ xiě; 画水墨画儿 huà shuǐmòhuàr ▶～をする/研墨 yán mò
～を流したよう ▶空は～を流したように暗かった/天上漆黑 tiānshàng qīhēi

すみか【住み処】住处 zhùchù; 家 jiā (英 *a dwelling*) ▶終(つい)の～をどこにするか/在哪儿养老送终呢？zài nǎr yǎnglǎo sòngzhōng ne？▶ここは野良猫の～になっている/这里成了野猫们的家了 zhèlǐ chéngle yěmāomen de jiā le

すみきる【澄み切る】清澈 qīngchè; 澄彻 chéngchè (英 *be perfectly clear*) ▶澄み切った秋の水/清澈的秋水 qīngchè de qiūshuǐ

すみごこち【住み心地】居住的感觉 jūzhù de gǎnjué (英 *livability*) ▶～がよい/住着舒服 zhùzhe shūfu ▶～が悪い/住着不舒服 zhùzhe bù shūfu ▶この家の～はどうですか/这所房子住着怎么样？zhè suǒ fángzi zhùzhe zěnmeyàng？

すみこみ【住み込みで】住在雇主家 zhùzài gùzhǔjiā (英 *with free board and lodging*) ▶～の使用人/住在雇主家的佣人 zhùzài gùzhǔjiā de yòngren ▶店に～で働く/住在店里干活儿 zhùzài diànli gànhuór

すみこむ【住み込む】(英 *live in*...) ▶メードとして雇用主の家に～/当保姆住在雇主家里 dāng bǎomǔ zhùzài gùzhǔjiāli

すみずみ【隅隅】到处 dàochù; 各个角落 gègè jiǎoluò (英 *every corner*) ▶廊下の～まできれいに掃除をする/把走廊的犄角旮旯儿都打扫得干干净净 bǎ zǒuláng de jījiǎo gālár dōu dǎsǎode gāngānjìngjìng

すみつく【住み着く】(人が) 定居 dìngjū;(動物が) 栖息 qīxī (英 *settle*) ▶寄生虫が体内に～/寄生虫寄居在身体里 jìshēngchóng jìjū zài shēntǐli

すみなれる【住み慣れる】住惯 zhùguàn (英 *get used to living*) ▶住み慣れた土地/住惯的地方 zhùguàn de dìfang ▶住み慣れた家を手離す/放弃已经住惯的房子 fàngqì yǐjīng zhùguàn de fángzi

すみび【炭火】炭火 tànhuǒ (英 *charcoal fire*) ▶～を起こす/生炭火 shēng tànhuǒ ▶～で魚を焼く/用炭火烤鱼 yòng tànhuǒ kǎo yú

すみません【済みません】对不起 duìbuqǐ; 抱歉 bàoqiàn (英 *I'm sorry; excuse me*) ▶どうも～/很抱歉 hěn bàoqiàn ▶「～」では済まない/光说句"对不起"可不行 guāng shuō jù "Duìbuqǐ" kě bùxíng ▶初步的な質問で～が教えて下さい/不好意思，请教一个初浅的问题 bù hǎoyìsi, qǐngjiào yí ge chūqiǎn de wèntí ▶～がその胡椒を取って下さい《食卓で》/劳驾，请把那个胡椒递过来 láojià, qǐng bǎ nàge hújiāo dìguòlai ▶～，駅はどこですか/跟您打听一下，去车站怎么走？gēn nín dǎtīng yíxià, qù chēzhàn zěnme zǒu？

すみやか【速やかに】迅速 xùnsù; 从速 cóngsù (英 *quickly*) ▶～に避難して下さい/请迅速避难 qǐng xùnsù bìnàn ▶当局の～な対応が求められる/当局应该从速处理 dāngjú yīnggāi cóngsù chǔlǐ

すみやき【炭焼き】**1**【木炭を作る】烧炭 shāotàn (英 *charcoal making*) ▶～小屋/烧炭工棚 shāotàn gōngpéng **2**【炭火で焼く】用炭火烤 yòng tànhuǒ kǎo (英 *charcoal grilling*)

スミレ【菫】【植物】堇菜 jǐncài (英 *a violet*) ▶～色/堇色 jǐnsè; 紫罗兰 zǐluólán; 深紫色 shēnzǐsè

すみわたる【澄み渡る】清彻 qīngchè; 澄清 chéngqīng (英 *be perfectly clear*) ▶空が～/晴空万里 qíngkōng wànlǐ ▶澄み渡った秋の空/秋天晴朗的天空 qiūtiān qínglǎng de tiānkōng ▶空気の澄み渡った高原/空气清爽的高原 kōngqì qīngshuǎng de gāoyuán

すむ【住む】居住 jūzhù; 住 zhù (英 *live*) ▶彼はハワイに住んでいる/他住在夏威夷 tā zhùzài Xiàwēiyí ▶この部屋には誰も住んでいない/这个房间没人住 zhège fángjiān méi rén zhù ▶被災者に～家もない/灾民没有房子住 zāimín méiyǒu fángzi zhù ▶彼の住んでいる通りはとても賑やかだ/他住的那条街特别热闹 tā zhù de nà tiáo jiē tèbié rènao

ことわざ **住めば都** 住惯的地方最舒服 zhùguàn de dìfang zuì shūfu; 久居为安 jiǔ jū wéi ān

すむ【済む】结束 jiéshù; 完 wán; 过去 guòqù (英 *end*) ▶引っ越しが～/搬完家 bānwán jiā ▶かすり傷で～/幸而只擦破皮 xìng'ér zhǐ cāpò pí ▶電話一本で～/打个电话就够了 dǎ ge diànhuà jiù gòu le ▶気が～/满意 mǎnyì ▶もうすぐ～からちょっと待っていて/快要结束了，请稍候 kuàiyào jiéshù le, qǐng shāo hòu ▶入国手続きは済んだ/办好了入境手续 bànhǎole rùjìng shǒuxù ▶恨み言は気が～まで吐き出しなさい/把肚子里的怨气都说出来吧 bǎ dùzili de yuànqì dōu shuōchūlai ba ▶済んだことはしかたがない/过去的事儿就让它过去吧 guòqù de shìr jiù ràng tā guòqù ba ▶謝まっただけでは済まないぞ/光靠嘴上道歉可解决不了问题 guāng kào zuǐshang dàoqiàn kě jiějuébuliǎo wèntí ▶現在でもかなりの人々は税を払わないで済んでいる/现在也有相当多的人不纳税而蒙混过去 xiànzài yě yǒu xiāngdāng duō de rén bú nàshuì ér ménghùnguòqù ▶お咎めなしで済ます/不予追纠 bùyǔ zhuījiū

すむ【澄む】澄清 chéngqīng; 清澈 qīngchè (英 *become clear*) ▶澄んだ声/清脆的声音 qīngcuì de shēngyīn ▶心が～/心情宁静 xīnqíng níngjìng ▶澄んだ川の水/清澈的河水 qīngchè de héshuǐ ▶月が澄んでいる/清亮的月亮 qīngliang de yuèliang ▷澄んだ目/明亮的眼睛 míngliàng de yǎnjing

スムーズ 圆滑 yuánhuá；顺利 shùnlì（英 *smooth*）▶～に進行する/顺利进行 shùnlì jìnxíng ▷交渉は～に進んだ/交涉进行得很顺利 jiāoshè jìnxíngde hěn shùnlì

ずめん【図面】图样 túyàng；图纸 túzhǐ（英 *a drawing*；[設計図] *a plan*）▶～を描く/制图 zhìtú；绘图 huìtú

すもう【相撲】相扑 xiāngpū；摔跤 shuāijiāo（英 *sumo wrestling*）
他人の褌で～をとる 借花献佛 jiè huā xiàn fó
♦大～興行/大相扑表演 dàxiāngpū biǎoyǎn ～取り/相扑选手 xiāngpū xuǎnshǒu

スモッグ 烟雾 yānwù（英 *smog*）▶光化学～/光化学烟雾 guānghuàxué yānwù ▷上空に少し～がある/上空有一些烟雾 shàngkōng yǒu yìxiē yānwù
♦～警報/烟雾警报 yānwù jǐngbào

スモモ【李】〖植物〗李子 lǐzi（英 *a Japanese plum*）

すやき【素焼きの】（英 *unglazed*）▶～のかめ/瓦罐 wǎguàn ▷～の器/素陶器 sùtáoqì

すやすや（英 *peacefully*）▶～眠る/香甜地睡 xiāngtián de shuì

-すら 连 lián；甚至 shènzhì（英 *even*）▶ひらがな～満足に書けない/连平假名也写不好 lián píngjiǎmíng yě xiěbuhǎo

スライス 切片 qiēpiàn；〖ゴルフ〗曲打 qūdǎ（英 *slice*）▶～ハム/火腿肉片 huǒtuǐ ròupiàn ▷にんにくを薄く～する/把蒜头切成薄片 bǎ suàntóu qiēchéng báopiàn ▶〖ゴルフ〗ボールが右に～する/球向右划出一条曲线 qiú xiàng yòu huàchū yì tiáo qūxiàn

スライドする ❶〖滑る〗滑动 huádòng（英 *slide*）▶物価～制/按物价浮动的工资等制度 àn wùjià fúdòng de gōngzī děng zhìdù ❷〖映写の〗幻灯 huàndēng（英 *a slide*）▶～を映す/演幻灯 yǎn huàndēng ▶カラー～/彩色幻灯 cǎisè huàndēng

ずらかる 逃走 táozǒu；溜号 liūhào；开小差 kāi xiǎochāi（英 *run away*）▶いつの間にか彼はずらかっていた/不知什么时候他溜了 bù zhī shénme shíhou tā liū le

ずらす ❶〖位置を少し動かす〗挪 nuó（英 *move*）▶視点を～/挪动视点 nuódòng shìdiǎn ▶椅子の位置をずらそう/挪挪椅子的位置吧 nuónuo yǐzi de wèizhi ba ❷〖日時を変更する〗错开 cuòkāi（英 *stagger*）▶一ヶ月～/错开一个月 cuòkāi yí ge yuè ▶時間をずらして出勤する/错开时间上班 cuòkāi shíjiān shàngbān

すらすら 流利 liúlì；顺利 shùnlì（英 *smoothly*；*easily*）▶～答える/流利地回答 liúlì de huídá ▶～運ぶ/畅行 chàngxíng ▷すべてが～行くとは限らない/并不是所有的事都进行得很顺利 bìng bú shì suǒyǒu de shì dōu jìnxíngde hěn shùnlì le

▶すべてが～と運んだ/一切都进行得很顺利 yíqiè dōu jìnxíng de hěn shùnlì ▷難問を～解く/顺利地解答难题 shùnlì de jiědá nántí

スラックス〖服飾〗女西装裤 nǚxīzhuāngkù；女裤 nǚkù；便裤 biànkù（英 *slacks*）

スラブ《民族の》斯拉夫 Sīlāfū（英 *the Slavs*）
♦～語/斯拉夫语 Sīlāfūyǔ ～人/斯拉夫人 Sīlāfūrén

スラム 贫民窟 pínmínkū（英 *a slum*）▶～化した街/变成贫民窟的街区 biànchéng pínmínkū de jiēqū

すらりと ❶〖刀を抜くさま〗嗖地一下 sōu de yíxià（英 *smoothly*）▶腰の刀を～抜いた/搜地一下拔出腰刀 sōu de yíxià báchū yāodāo ❷〖スマートな〗苗条 miáotiao（英 *slenderly*）▶～した美しい脚/苗条的美腿 miáotiao de měituǐ ▶～したスタイルの女性/身材苗条的女性 shēncái miáotiao de nǚxìng

ずらりと 一大排 yí dà pái（英 *in a row*［*line*］）▶新製品が店頭に～並ぶ/店里摆满了新产品 diànlǐ bǎimǎnle xīnchǎnpǐn ▷沿道には見物人が～並んでいた/路旁排满了参观的人群 lùpáng páimǎnle cānguān de rénqún

スラローム《スキー競技の》回转比赛 huízhuǎn bǐsài（英 *the slalom*）

スラング〖俗語〗俚语 lǐyǔ；行话 hánghuà（英 *a slang word*；*slang*）

スランプ《心の》一时不振 yìshí búzhèn；低谷 dīgǔ（英 *a slump*）▶～に陥る/陷入低谷 xiànrù dīgǔ ▷～を脱する/脱离低谷 tuōlí dīgǔ

すり【掏摸】扒手 páshǒu；小偷 xiǎotōu（英 *a pickpocket*）▶～に気を付けて下さい/留神小偷 liúshén xiǎotōu；谨防扒手 jǐnfáng páshǒu ▷～を働く/偷东西 tōu dōngxi ▷～に財布をやられた/钱包被小偷偷了 qiánbāo bèi xiǎotōu tōu le

すりあがる【刷り上がる】印完 yìnwán（英 *be off the press*）▶刷り上がったばかりの雑誌/刚印出来的杂志 gāng yìnchūlai de zázhì ▶今月末には～予定だ/预定在这个月底印好 yùdìng zài zhège yuèdǐ yìnhǎo

ずりおちる【ずり落ちる】滑落 huáluò；滑下 huáxià（英 *slip down*）▶ズボンが～/裤子滑下来 kùzi huáxiàlai ▶バッグが肩から～/书包从肩膀上滑下来 shūbāo cóng jiānbǎngshang huáxiàlai ▶ベッドからふとんが～/被子从床上滑下来 bèizi cóng chuángshang huáxiàlai

すりかえる【すり替える】偷换 tōuhuàn（英 *change secretly*）▶本物を偽物と～/用假货替换真货 yòng jiǎhuò tìhuàn zhēnhuò ▶試験問題を～/偷换考试题 tōuhuàn kǎoshìtí

すりガラス【擦り硝子】磨沙玻璃 móshā bōli；毛玻璃 máobōli（英 *frosted glass*）

すりきず【擦り傷】擦伤 cāshāng（英 *a scratch*）▶車の～を補修する/修补车上的擦痕 xiūbǔ chēshang de cāhén

すりきれる【擦り切れる】磨破 mópò；磨断 móduàn（英 *wear out*）▶彼女は擦り切れたジー

ンズをはいている/她穿着一条磨破的牛仔裤 tā chuānzhe yì tiáo mópò de niúzǎikù ▶テープが～ほど聞いた/听了无数遍，连录音带都快磨断了 tīnglè wúshù biàn, lián lùyīndài dōu kuài móduàn le ▶神経が擦り切れそうだ/精神快崩溃了 jīngshén kuài bēngkuì le

すりこぎ【擂り粉木】 研磨棒 yánmóbàng; 擂槌 léichuí (英 *a wooden pestle*)

すりこむ【刷り込む】 印上 yìnshàng (英 *insert*)

すりこむ【擦り込む】《薬などを》擦上 cāshàng; 抹上 mǒshàng (英 *rub... in*) ▶軟膏を～/抹软膏 mǒ ruǎngāo ▶手のひらで日焼け止めを背上腰护肤膏 wǎng shǒubèishang cā hùfūgāo

スリット (英 *a slit*) ▶～の入ったスカート/开衩的裙子 kāichà de qúnzi

スリッパ 拖鞋 tuōxié (英 *mules*) ▶～をつっかける/趿拉着拖鞋 tālazhe tuōxié

スリップ ❶【滑ること】滑 huá; 打滑 dǎhuá (英 *a skid*) ▶～する/滑 huá ▶事故/滑车事故 huáchē shìgù ▶凍結した道路で車が～した/在冻冰的路上车打滑了 zài dòngbīng de lùshang chē dǎhuá le ❷【婦人下着】衬裙 chènqún (英 *a slip*)
♦～注意《揭示》:小心车子打滑 xiǎoxīn chēzi dǎhuá

すりつぶす【擦り潰す】研磨 yánmó; 捣碎 dǎosuì (英 *grind down*), [柔らかいものを] *mash* ▶蒸かしたジャガイモを～/把蒸好的土豆捣成土豆泥儿 bǎ zhēnghǎo de tǔdòu dǎochéng tǔdòunír

すりぬける【擦り抜ける】钻过 zuānguò; 躲过 duǒguò (英 *pass through...*) ▶人混みを擦り抜けて逃げる/钻过拥挤的人群逃跑 zuānguò yōngjǐ de rénqún táopǎo ▶法律の網を～/逃脱法网 táotuō fǎwǎng

すりばち【擂り鉢】研钵 yánbō; 擂钵 léibō (英 *an earthenware mortar*) ▶～で胡麻をする/用擂钵捣芝麻 yòng léibō dǎo zhīma

すりへらす【磨り減らす】磨损 mósǔn (英 *wear away*) ▶神経を～/劳神 láoshén; 耗费心血 hàofèi xīnxuè ▶靴底を～/磨损鞋底(了) mósǔn xiédǐ(le) ▶心身を磨り減らして働く/操心劳神地工作 cāoxīn láoshén de gōngzuò

すりへる【磨り減る】❶【こすって少なくなる】磨损 mósǔn (英 *wear down*) ▶片方の靴だけ～/只有一只鞋磨损了 zhǐ yǒu yì zhī xié mósǔn le ▶タイヤが～/轮胎磨损 lúntāi mósǔn ❷【使いすぎてだめになる】(英 *wear out*) ▶神経が～/心神耗尽 xīnshén hàojìn ❸【少しずつ減る】(英 *lessen*) ▶財産が～/财产渐渐耗尽 cáichǎn jiànjiàn hàojìn

すりみ【擂り身】肉糜 ròumí; 肉泥 ròuní (英 *paste*)

スリムな 细长 xìcháng;《体型》苗条 miáotiao; 瘦长 shòucháng (英 *slim*) ▶～な体型/苗条的身材 miáotiao de shēncái

すりむく【擦りむく】擦破 cāpò; 擦伤 cāshāng (英 *graze*) ▶滑って膝を擦りむいた/滑了一跤擦伤膝盖 huále yì jiāo cāshāng xīgài

すりもの【刷り物】印刷品 yìnshuāpǐn (英 *printed matter*) ▶～にして配る/做成印刷品散发 zuòchéng yìnshuāpǐn sànfā

すりよる【擦り寄る】挪近 nuójìn; 贴近 tiējìn; 凑近 còujìn (英 *edge up*) ▶子猫が足元に擦り寄ってくる/小猫往脚边凑过来 xiǎomāo wǎng jiǎobiān còuguòlái ▶権力に～/附炎趋势 fù yán qū shì; 攀龙附凤 pān lóng fù fèng

スリラー 惊险 jīngxiǎn (英 *a thriller*) ▶～映画/惊险影片 jīngxiǎn yǐngpiàn ▶～小说/惊险小说 jīngxiǎn xiǎoshuō

スリル 惊险 jīngxiǎn (英 *a thrill*) ▶～満点の冒険ツアー/极为惊险的探险旅行 jíwéi jīngxiǎn de tànxiǎn lǚxíng ▶～を感じる/感到惊险 gǎndào jīngxiǎn ▶～を求める/寻求刺激 xúnqiú cìjī

する 做 zuò; 干 gàn; 办 bàn (英 *do*) ▶テニスを～/打网球 dǎ wǎngqiú ▶あくびを～/打哈欠 dǎ hāqian ▶音が～/有声音 yǒu shēngyīn ▶寒気が～/发冷 fālěng ▶ネクタイを～/系领带 jì lǐngdài ▶夕食は何にしますか/晚上吃什么？ wǎnshang chī shénme? ▶～ことが何もない/没事儿可干 méi shìr kě gàn; 无所事事 wú suǒ shì shì ▶それはいくらしましたか/买那个花了多少钱？ mǎi nàge huāle duōshao qián? ▶会議ではよく居眠りを～/开会的时候常打瞌睡 kāihuì de shíhou cháng dǎ kēshuì ▶ピアノの稽古を～/学弹钢琴 xué tán gāngqín

する【刷る】印刷 yìnshuā (英 *print*) ▶版画を～/印版画 yìn bǎnhuà ▶三千部～/印三千部 yìn sānqiān bù

する【掏る】扒 pá; 扒窃 páqiè (英 *pick a person's pocket*) ▶掏腰包 tāo yāobāo ▶钱包被窃 qiánbāo bèi qiè

する【擦る・磨る・擂る】❶[こする]擦 cā; 磨擦 mócā (英 *rub*) ▶マッチを～/划火柴 huá huǒchái ▶墨を～/研墨 yán mò ❷【使い果たす】耗尽 hàojìn; 输 shū (英 *lose*) ▶有り金を～/把手头的钱全输光了 bǎ shǒutóu de qián quán shūguāng le ❸【すりつぶす】(英 *mash*) 捣 dǎo

ずる【狡】滑头 huátóu; 油滑 yóuhuá (英 [行为] *a trick*), [人] *a dodger*) ▶～をする/耍滑 shuǎhuá ▶～休み/偷懒 tōulǎn ▶～は許さんぞ/不许耍滑头 bùxǔ shuǎ huátóu

ずるい【狡い】狡猾 jiǎohuá; 油滑 yóuhuá (英 *cunning*) ▶～手を使う/耍滑 shuǎhuá ▶狡く立ち回る/投机取巧 tóujī qǔqiǎo ▶～ことはやめよう/别耍滑头了 bié shuǎ huátóu le

ずるがしこい【狡賢い】奸诈 jiānzhà; 油头滑脑 yóu tóu huá nǎo (英 *cunning*) ▶～人/老狐狸 lǎohúli ▶～狐の話/狡猾狐狸的故事 jiǎohuá húli de gùshi

ずるける 偷懒 tōulǎn (英 *be lazy*) ▶学校での勉強を～/在学习上偷懒 zài xuéxíshang tōulǎn

するする 顺当地 shùndàng de; 无阻碍地 wú zǔ'ai de (英 smoothly; easily) ▶～と幕が上がる/幕布滑顺地升上去 mùbù huáshùn de shēngshàngqu ▶～と滑る/顺溜地下滑 shùnliū de xiàhuá ▶～と木に登る/轻巧地爬上树 qīngqiǎo de páshàng shù

ずるずる ❶［液体を吸う擬音］哧溜哧溜 chīliūchīliū (英 noisily) ▶スープを～する/哧溜哧溜地喝汤 chīliūchīliū de hē tāng ▶～と洟をする/唏溜唏溜地吸鼻涕 xīliūxīliū de xī bítì ❷［物を引きずるさま］拖着移动 tuōzhe yídòng (英 trailingly) ▶すそを～引きずる/拖拉着衣襟 tuōlāzhe yījīn ❸［物事の決まりをつけないさま］拖拖拉拉 tuōtuōlālā (英 draggingly) ▶～と返事を延ばす/拖拖拉拉不回音 tuōtuōlālā bù huíyīn ▶期限を～と引き伸ばす/拖拖拉拉地推迟期限 tuōtuōlālā de tuīchí qīxiàn ▶～半年間居座る/死乞白赖地赖了半年 sǐqǐbáilài de làile bàn nián

すると ❶［そうすると］于是 yúshì; 这样就 zhèyang jiù (英 just then) ▶～扉が開いた/于是门就开了 yúshì mén jiù kāi le ❷［それなら］那么 nàme; 这么一来 zhème yì lái; 就是说 jiùshì shuō (英 then) ▶～知らなかったのは私だけか/那么, 只有我不知道了 nàme, zhǐ yǒu wǒ bù zhīdào le ▶～何も起こらなかったということだな/就是说什么也没有发生啊 jiùshì shuō shénme yě méiyǒu fāshēng a

するどい【鋭い】 ❶［刃物などが］锋利 fēnglì; 锋快 fēngkuài (英 sharp; cutting) ▶～ナイフ/锋利的小刀 fēnglì de xiǎodāo ❷［感覚・頭脳が優れている］敏锐 mǐnruì (英 sharp; keen) ▶～洞察力/敏锐的洞察力 mǐnruì de dòngchálì ▶勘が～/直觉敏锐 zhíjué mǐnruì ▶犬は嗅覚が～/狗的鼻子很敏感 gǒu de bízi hěn mǐngǎn ❸［物に向かう勢いが激しい］厉害 lìhai (英 violent) ▶～パンチ/狠狠的一拳 hěnhěn de yì quán ❹［人心を厳しく突く］尖锐 jiānruì; 锋利 fēnglì (英 sharp) ▶～批判/尖锐的批评 jiānruì de pīpíng ▶目つきが～/目光刺人 mùguāng cìrén ▶～指摘を受ける/受到尖锐的指摘 shòudào jiānruì de zhǐzhāi

-するほかない【-する他ない】 只好 zhǐhǎo; 只能 zhǐnéng (英 there is no other way but to...)

するめ【鯣】 《食品》鱿鱼干 yóuyúgān (英 dried squid)

するりと 滑溜溜地 huáliūliū de (英 smoothly) ▶運動靴が～脱げた/刺溜一下地脱下球鞋 cīliū yíxià de tuōxià qiúxié ▶～手から抜ける/从手中滑落 cóng shǒuzhōng huáluò

ずれ ❶［位置的の］偏差 piānchā; 差异 chāyì (英 a gap) ▶多少の～はあっても, 彼の予想は外れない/虽说略有偏差，但他的预测还是对的 suīshuō lüè yǒu piānchā, dàn tā de yùcè háishi duì de ❷［時間・時期の］不合 bùhé; 错开 cuòkāi (英 a lag) ▶家族の食事時間に～がある/全家人吃饭的时间错开了 quánjiārén chīfàn de shíjiān cuòkāi le ❸［考え・気持ちの］分歧 fēnqí (英 difference) ▶双方の考え方に～がある/双方的想法存在距离 shuāngfāng de xiǎngfa cúnzài jùlí

スレート【建築】石板 shíbǎn; 石棉瓦 shímiánwǎ (英 a slate) ▶～で屋根をふく/用石棉瓦盖房顶 yòng shímiánwǎ gài fángdǐng

ずれこむ【ずれ込む】 推迟到 tuīchí dào (英 be delayed) ▶ビルの完成は7月にずれ込んだ/大楼的落成推迟到七月 dàlóu de luòchéng tuīchí dào qī yuè

すれすれに (英 [時間的に] just in time; [距離的に] almost touching) ▶自動車が体の横を～に通る/汽车擦身而过 qìchē cā shēn ér guò ▶水面に～に飛ぶ/贴着水面飞 tiēzhe shuǐmiàn fēi ▶定刻～に到着した/差一点儿没赶到 chà yìdiǎnr méi gǎndào ▶違法～のことをする/打法律的擦边球 dǎ fǎlǜ de cābiānqiú

すれちがう【擦れ違う】 ❶［近くを逆方向に］错过去 cuòguòqu; 擦肩而过 cā jiān ér guò (英 pass by...; pass each other) ▶列车と～/火车错车 huǒchē cuòchē ▶狭い道でトラックと～/在一条狭窄的路上, 迎面驶来的卡车和我擦身而过 zài yì tiáo xiázhǎi de lùshang, yíngmiàn shǐlái de kǎchē hé wǒ cā shēn ér guò ▶登山道で人と～時「今日は」と声をかける/在爬山路上和人相遇时要问候一声"你好" zài páshān lùshang hé rén xiāngyù shí yào wènhòu yì shēng "Nǐ hǎo" ▶二人は途中どこかで擦れ違ったにちがいない/两个人肯定在路上的什么地方错过了 liǎng ge rén kěndìng zài lùshang de shénme dìfang cuòguò le ❷［論点が］不吻合 bù wěnhé (英 be at cross purposes) ▶意見が～/意见不吻合 yìjiàn bù wěnhé

すれっからし【擦れっ枯らし】 油子 yóuzi; 滑头 huátóu (英 a shameless fellow) ▶彼女は根っからの～だ/她完全是个老油条 tā wánquán shì ge lǎoyóutiáo

すれる【擦れる】 ❶［こすれて減る・痛む］磨破 mópò (英 be worn) ▶かかとが～/脚后跟磨破 jiǎohòugēn mópò ▶袖口が～/袖口磨破 xiùkǒu mópò ❷［純粋さを失う］油滑 yóuhuá (英 lose one's innocence) ▶世間にもまれて～/久经世故而变油滑了 jiǔjīng shìgù ér biàn yóuhuá le ▶彼は少しも擦れたところがない青年だ/他是个朴实无华的好青年 tā shì ge pǔshí wúhuá de hǎoqīngnián

ずれる ❶［滑り動く］错 cuò; 错位 cuòwèi (英 slip out of position) ▶背骨が～/脊背错位 jǐgǔ cuòwèi ▶設定時刻が15秒ほどずれている/设定时刻错了十五秒 shèdìng shíkè cuòle shíwǔ miǎo ▶メガネがずれて困ります/眼镜儿位置不对真别扭 yǎnjìngr wèizhi bú duì zhēn bièniu ❷［基準から外れる］偏离 piānlí; 偏 piān (英 turn aside）▶予定が〜/预定有变动 yùdìng yǒu biàndòng ▶時代感覚が〜/偏离时代 piānlí shídài ▶論点が〜/论点不对头 lùndiǎn bú duìtóu

スロー 缓慢 huǎnmàn（英 slow）▶〜モーション/慢镜头 màn jìngtóu ▶〜ライフ/悠闲的生活 yōuxián de shēnghuó ▶〜ボール/慢球 mànqiú

スローガン 口号 kǒuhào；呼号 hūhào；《文字の》标语 biāoyǔ（英 a slogan）▶〜を掲げる/提出口号 tíchū kǒuhào ▶〜を叫ぶ/喊口号 hǎn kǒuhào ▶交通安全〜を募集する/募集交通安全的标语 mùjí jiāotōng ānquán de biāoyǔ

> [文化] 中国の街に掲げられているスローガンの類は，多くがめでたい色調である赤地に黄色で書かれる．白地に黒の文字はあまりない．これは白黒の色調が喪に通じるため．

スロープ 斜坡 xiépō（英 a slope）▶雪の〜を下る/在雪地走下坡 zài xuědì zǒu xiàpō

スローモー な 慢腾腾 mànmantēngtēng（英 slow）▶〜な仕事ぶりでらちが明かない/慢腾腾地工作，迟迟不见进展 màntēngtēng de gōngzuò, chíchí bú jiàn jìnzhǎn

ずろく【図録】 图谱 túpǔ（英 a pictorial record）

スロットル 油门 yóumén（英 a throttle）

スワップ ❶【情報交換】信息交换 xìnxī jiāohuàn（英 information exchange）❷【スワップ取引】互惠信贷 hùhuì xìndài（英 a swap）❸【夫婦交換】夫妻交换 fūqī jiāohuàn（swapping）

すわり【座り】 稳定性 wěndìngxìng（英 stability）▶〜のよい/安稳 ānwěn ▶あなたが会長になればいちばん〜がよい/你当会长是最合适的 nǐ dāng huìzhǎng shì zuì héshì de ▶〜心地のよい椅子/坐着很舒适的椅子 zuòzhe hěn shūshì de yǐzi

すわりこみ【座り込み】 〜をする 静坐示威 jìngzuò shìwēi

すわりこむ【座り込む】 坐下不动 zuòxià bú dòng；《抗議などで》静坐示威 jìngzuò shìwēi （英 sit down）

すわる【座る】 坐 zuò（英 sit down）▶ソファーに〜/坐沙发 zuò shāfā ▶電車の優先席に〜/坐在电车的优待座席上 zuòzài diànchē de yōudài zuòxíshang ▶座ったまま作業ができる/可以坐着工作 kěyǐ zuòzhe gōngzuò ▶10人座れるテーブル/坐得下十个人的桌子 zuòdexià shí ge rén de zhuōzi ▶ちゃんと座りなさい/坐好了！zuòhǎo le！

すわる【据わる】 ❶【しっかりと定まる】稳定 wěndìng（英 be fixed）▶首が〜/婴儿的脖子能挺起来 yīng'ér de bózi néng tǐngqǐlai ❷【動じない】沉着 chénzhuó（英 have guts）▶性根が〜/本性沉着 běnxìng chénzhuó ▶酒が入ると度胸が〜/酒一下肚，胆子就壮了 jiǔ yí xiàdù, dǎnzi jiù zhuàng le ❸【動きが止まる】不动 búdòng（英 be fixed）▶酔って目が〜/醉得眼睛发直 zuìde yǎnjīng fāzhí

すんか【寸暇】 片刻 piànkè；寸暇 cùnxiá（英 a spare moment）▶〜を惜しむ/珍惜寸暇 zhēnxī cùnxiá ▶〜を惜しんで筋力トレーニングする/争分夺秒地锻炼肌肉 zhēng fēn duó miǎo de duànliàn jīròu

ずんぐり 矮胖 ǎipàng（英 thickset）▶〜した体型/胖墩墩的体型 pàngdūndūn de tǐxíng ▶〜した戦車/笨重的坦克 bènzhòng de tǎnkè

すんげき【寸劇】 短剧 duǎnjù（英 a skit）▶〜を演じる/演短剧 yǎn duǎnjù

すんごう【寸毫】 丝毫 sīháo；分毫 fēnháo（the least）▶〜の悪意もない/丝毫恶意也没有 sīháo èyì yě méiyǒu ▶〜の狂いもない/分毫不差 fēnháo bù chā

すんこく【寸刻】 寸刻 cùnkè（英 a moment）▶〜を争う/刻不容缓 kè bù rónghuǎn

すんし【寸志】 寸心 cùnxīn；寸意 cùnyì；《贈り物を謙遜して》小意思 xiǎoyìsi（英 a little token of one's gratitude）

すんじ【寸時】 片刻 piànkè；片时 piànshí（英 a moment）▶〜も忘れない/一刻也不能忘 yíkè yě bùnéng wàng ▶この機械は〜も休まず動いてくれる/这台机器片刻不休地运转 zhè tái jīqì piànkè bù xiū de yùnzhuǎn ▶子供は〜も母親から離れなかった/小孩子一分钟也不离开母亲 xiǎoháizi yì fēnzhōng yě bù líkāi mǔqin

ずんずん 迅速 xùnsù；［継続］steadily（英 quickly; steadily）▶〜仕事を進める/迅速开展工作 xùnsù kāizhǎn gōngzuò ▶彼女は振り返りもせず歩いて行った/她头也不回，径直地走了 tā tóu yě bù huí, jìngzhí de zǒu le ▶子供が〜育つ/孩子不断地成长 háizi búduàn de chéngzhǎng

すんぜん【寸前】 眼看就要 yǎnkàn jiùyào；即将 jíjiāng（英 just before）▶倒産〜である/眼看就要破产 yǎnkàn jiù yào pòchǎn ▶爆発〜に/即将爆发时 jíjiāng bàofā shí ▶地球上の多くの野生動物が絶滅〜にある/地球上的很多种野生动物都濒临灭绝 dìqiúshang de hěn duō zhǒng yěshēng dòngwù dōu bīnlín mièjué ▶ゴールで抜かれる/眼看到终点时被人超过 yǎnkàn dào zhōngdiǎn shí bèi rén chāoguò

すんだん【寸断】 寸断 cùnduàn（英 cut to pieces）▶豪雨による山崩れで道路は〜された/由于暴雨山石塌方，道路被破坏得支离破碎 yóuyú bàoyǔ shānshí tāfāng, dàolù bèi pòhuàide zhīlí pòsuì

すんてつ【寸鉄】 寸铁 cùntiě（英 a small weapon）▶身に〜も帯びず/身无寸铁 shēn wú cùntiě ▶〜人を刺す/一针见血 yì zhēn jiàn xiě

すんでのところ【すんでの所】 差一点儿 chà yìdiǎnr；几乎 jīhū（英 very nearly）▶彼女は〜で車にひかれるところだった/她差点儿被车轧了 tā chàdiǎnr bèi chē yà le ▶〜で列車に乗り遅れるところだった/差一点儿没赶上列车 chà yìdiǎnr méi gǎnshang lièchē

ずんどう【寸胴の】 上下一样粗 shàngxià yíyàng cū；直筒 zhítǒng（英 cylindrical）▶〜

鍋/直筒锅 zhítǒngguō ▶あいつは～だ/他是个直筒身材 tā shì ge zhítǒng shēncái

すんなり ① 〖しなやかで細い〗 苗条 miáotiao; 细长 xìcháng （英 *slim; slender*） ② 〖滞りなく〗 順利 shùnlì; 不費力 bú fèilì （英 *smoothly*） ▶～認める/马上承认 mǎshàng chéngrèn ▶交渉は～運んだ/交涉进行得顺利 jiāoshè jìnxíng de shùnlì ▶株主総会は思ったほど～とは進まなかった/股东大会进行得没有预想的那么顺利 gǔdōng dàhuì jìnxíng de méiyǒu yùxiǎng de nàme shùnlì ▶彼女はその厄介な要求を～と受け入れた/她痛快地接受了那个令人为难的要求 tā tòngkuài de jiēshòule nàge lìng rén wéinán de yāoqiú

すんびょう【寸秒】 分秒 fēnmiǎo （英 *a moment*） ▶～を争って応急処置をする/争分夺秒地紧急处理 zhēng fēn duó miǎo de jǐnjí chǔlǐ

すんぴょう【寸評】 短評 duǎnpíng （英 *a brief comment*）

すんぶん【寸分】 一丝一毫 yì sī yì háo; 分毫 fēnháo （英 *a bit*） ▶～違わない/分毫不差 fēnháo bù chā ▶の狂いもなく正確に作動する（機械類が）/分毫不差地准确运转 fēnháo bù chā de zhǔnquè yùnzhuǎn ▶～の隙もないスタイル/完美无缺的衣装 wánměi wúquē de yīzhuāng

すんぽう【寸法】 ① 〖物の長さ〗 尺寸 chǐcun; 尺码 chǐmǎ （英 *length*） ▶～を測る/量尺码 liáng chǐmǎ ▶～が合わない/尺寸不合适 chǐcun bù héshì ▶木材を～通りに切断する/按照尺寸锯木料 ànzhào chǐcun jù mùliào ② 〖もくろみ・計画〗 打算 dǎsuan; 企图 qǐtú （英 *a plan*） ▶横取りする～だ/打算抢夺 dǎsuan qiǎngduó ▶なるほど、そういう～か/原来打的是这个主意啊！ yuánlái dǎ de shì zhège zhǔyi a！

せ

せ【背】 ① 〖背中〗 后背 hòubèi （英 *one's back*） ▶～を向ける/不理睬 bù lǐcǎi ▶校門を～にして立つ/背对着校门站立 bèiduìzhe xiàomén zhànlì ▶父に～を向ける/背对着父亲 bèiduìzhe fùqīn ② 〖物の後ろ側〗 （英 *the back*） ▶いすの～/椅子背 yǐzibèi ▶本の～/书背 shūbèi ▶本の～にかびがはえる/书的背面长霉了 shū de bèimiàn zhǎng méi le ③ 〖盛り上がって連なっている部分〗 （英 *a ridge*） ▶山の～/山脊 shānjǐ ④ 〖身長〗 （英 *height*） ▶～が高い/个子高 gèzi gāo ▶兄は僕より～が低い/哥哥比我个子矮 gēge bǐ wǒ gèzi ǎi ▶～の順に並ぶ/按身高排队 àn shēngāo páiduì

～に腹は変えられぬ 为大利只好牺牲小利 wèi dàlì zhǐhǎo xīshēng xiǎolì; 情况所迫，不得已而为之 qíngkuàng suǒ pò, bùdéyǐ ér wéi zhī

せ【瀬】 ① 〖川などで浅いところ〗 浅滩 qiāntān （英 *a ford; the shallows*） ▶～を渡る/过浅滩 guò qiāntān ② 〖境遇・立場〗 （英 *circumstances*） ▶やっと逢う～がかなった/终于实现了见面的夙愿 zhōngyú shíxiànle jiànmiàn de sùyuàn

ことわざ **負うた子に教えられて浅瀬を渡る** 受教于孺子而顺利过河 shòujiào yú rúzǐ ér shùnlì guò hé

立つ～がない 无地自容 wú dì zì róng ▶それでは私の立つ～がない/这样的话，我就无法做人了 zhèyàng de huà, wǒ jiù wúfǎ zuòrén le

ぜ【是】 （英 *righteousness*） ▶原案を～とするもの 120 票/赞成原案的有一百二十票 zànchéng yuán'àn de yǒu yìbǎi èrshí piào

～が非でも ～が非でも参加してもらいたい/无论如何，请务必参加 wúlùn rúhé, qǐng wùbì cānjiā

せい【正】 ① 〖正しいこと〗 正道 zhèngdào （英 *right*） ▶～は邪を制す/正义压倒邪恶 zhèngyì cháng yādǎo xié'è ② 〖主たること〗 正的 zhèng de （英 *principal; original*） ▶副委員長/正副委员长 zhèngfù wěiyuánzhǎng ③ 〖数がゼロより大きいこと〗 （英 *plus*） ▶～の数/正数 zhèngshù

せい【生】 生命 shēngmìng; 生活 shēnghuó; 活 huó （英 *life*） ▶あらゆるものすべてが愛おしい/一切有生命的都可爱 yíqiè yǒu shēngmìng de dōu kě'ài ▶まだまだ～に執着がある/对生命还很执着 duì shēngmìng hái hěn zhízhuó ▶この世に～を享(きょう)けて 50 年/在这个世界上已经活了五十年了 zài zhège shìjièshang yǐjing huóle wǔshí nián le

せい【制】 制 zhì; 制度 zhìdù （英 *a system*） ▶4 年～大学/四年制大学 sìniánzhì dàxué ▶3 交替～で勤務する/三班制上班 sānbānzhì shàngbān ▶定年～を しく/施行退休制度 shīxíng tuìxiū zhìdù

せい【姓】 姓 xìng; 姓氏 xìngshì （英 *a family name*） ▶～は丹下，名は左膳/姓丹下，名左膳 xìng Dānxià, míng Zuǒshàn ▶福澤～を名乗る/自称姓福泽 zìchēng xìng Fúzé ▶結婚後も旧～を名乗る/结婚以后还使用旧姓 jiéhūn yǐhòu hái shǐyòng jiùxìng

文化 漢民族の姓は「張」('张 Zhāng')，「李」('李 Lǐ')など基本的に漢字一字である．「欧陽」('欧阳 Ōuyáng')のような二字姓は珍しい．少数民族の姓を漢字表記する場合は何字にもわたることがある．

せい【性】 ① 〖生まれつき〗 本性 běnxìng （英 *nature*） ▶人間の～は善である/人的本性是善良的 rén de běnxìng shì shànliáng de ② 〖雄・雌の区別〗 （英 *sex*） ▶～による差別/性别歧视 xìngbié qíshì ③ 〖セックス〗 性 xìng （英 *sex*） ▶～欲/性欲 xìngyù ▶～に目覚める/开始对性有意识了 kāishǐ duì xìng yǒu yìshí le

4【接尾辞】▶悪〜のインフレ/恶性通货膨胀 èxìng tōnghuò péngzhàng ▶可能〜が乏しい/可能性很小 kěnéngxìng hěn xiǎo ▶将来〜に富む/有前途 yǒu qiántú

せい【所為】(英 *cause*) ▶…の〜である/原因在… yuánýīn zài … ▶の〜にする/归咎于… guījiù yú … ▶実験失敗は僕の〜なんだ/试验失败是我的原因 shìyàn shībài shì wǒ de yuányīn ▶敗退をコーチの〜にする/把打输出局的责任推给教练 bǎ dǎshū chūjú de zérèn tuīgěi jiàoliàn

せい【背】(英 *height*) ▶ずいぶん〜が高いね/个子真高啊 gèzi zhēn gāo a ▶二人で〜比べてごらん/两个人比一下身高看看 liǎng ge rén bǐ yíxià shēngāo kànkan

せい【精】**1**【精力・元気】精力 jīnglì (英 *energy*) ▶〜を出す/勉励 miǎnlì; 勤勉 qínmiǎn ▶仕事に〜を出す/努力工作 nǔlì gōngzuò ▶〜をつける/补充营养 bǔyǎng; (チョウセン)ニンジンを飲んで〜をつける/喝人参增强体质 hē rénshēnjīng zēngqiáng tǐzhì ▶〜も根も尽き果てる/精疲力尽 jīng pí lì jìn ▶〜が出ますね/你干得很卖力啊 nǐ gàn de hěn mài lì a **2**【物に宿る魂】(英 *a spirit*) ▶木の〜/树精 shùjīng ▶花の〜に引き寄せられる/被花精所吸引 bèi huājīng suǒ xīyǐn

-せい【-製】(英 *- made; made of...*) ▶日本〜の車/日本生产的汽车 Rìběn shēngchǎn de qìchē ▶それは米国〜である/那是美国制造的 nà shì Měiguó zhìzào de

ぜい【税】税 shuì (英 *a tax*) ▶〜を納める/纳税 nàshuì; 交税 jiāoshuì; 缴税 jiǎoshuì ▶おとなしく〜を納める/老老实实地纳税 lǎolǎoshíshí de nàshuì ▶〜込み/税款在内 shuìkuǎn zàinèi ▶〜込みで1500円です/含税是一千五百日元 hán shuì shì yìqiān wǔbǎi Rìyuán ▶酷い〜に泣く/苦于酷税 kǔyú kùshuì ▶給料から〜を引かれた/从工资中扣税 cóng gōngzī zhōng kòu shuì ▶年玉に〜は掛からない/压岁钱不扣税 yāsuìqián bú kòu shuì ▶〜引き後の手取りは20万円を切る/扣税后到手的工资不到二十万日元 kòu shuì hòu dàoshǒu de gōngzī bú dào èrshí wàn Rìyuán

♦消費〜 消費〜がもうすぐ上がる/消费税不久就要涨了 xiāofèishuì bùjiǔ jiùyào zhǎng le

ぜい【贅】(英 *luxury*) ▶〜を尽くす/极尽奢华 jí jìn shēhuá ▶〜を尽くして身を飾る/极尽奢华的打扮 jí jìn shēhuá de dǎbàn ▶宮殿を〜を尽くした建築である/宫殿是极尽奢华的建筑 gōngdiàn shì jí jìn shēhuá de jiànzhù

せいあくせつ【性悪説】性恶论 xìng'èlùn (英 *the view that humans are born evil*) ▶私は〜には与(くみ)しない/我不同意性恶论 wǒ bù tóngyì xìng'èlùn

せいあつ【制圧する】压服 yāfú; 制伏 zhìfú (英 *bring... under the control*) ▶部隊はたちまち町を〜した/部队立即掌握了城市 bùduì lìjí zhǎngwòle chéngshì ▶数で反対论を〜する/凭着数量

优势, 压制反对意见 píngzhe shùliàng yōushì, yāzhì fǎnduì yìjiàn

せいあん【成案】成案 chéng'àn (英 *a definite plan*) ▶改革プランはようやく〜を得た/改革方案终于通过了 gǎigé fāng'àn zhōngyú tōngguò le ▶まだ〜に到らない/最后方案还没有订好 zuìhòu fāng'àn hái méiyǒu dìnghǎo

せいい【誠意】诚意 chéngyì (英 *sincerity*) ▶〜を尽くす/竭诚 jiéchéng ▶被害者に〜を尽くす/对被害者竭尽诚意 duì bèihàizhě jiéjìn chéngyì ▶〜に欠ける/缺乏诚意 quēfá chéngyì ▶彼の態度は〜に欠ける/他的态度缺乏诚意 tā de tàidù quēfá chéngyì ▶あんな〜のない人とは別れなさい/那种没有诚意的人, 跟他分手吧 nàyàng méiyǒu chéngyì de rén, gēn tā fēnshǒu ba ▶〜をもって解決に当たる/诚心诚意地解决问题 chéngxīn chéngyì de jiějué wèntí

せいいき【声域】声域 shēngyù (英 *a voice range*) ▶〜が広い/声域宽 shēngyù kuān

せいいき【聖域】**1**【宗教における】圣地 shèngdì (英 *a holy ground*) ▶宗教上の〜を侵す/侵犯圣地 qīnfàn shèngdì **2**【当事者間で不可侵の領域・事柄】(英 *a sanctuary*) ▶踏み込んだ論争/介入禁区的争论 jièrù jìnqū de zhēnglùn ▶彼らの〜に踏み込んで利権を求める/为了谋求利益, 侵犯他们的圣地 wèile móuqiú lìyì, qīnfàn tāmen de shèngdì ▶野鳥が〜に逃げこむ/野鸟逃到保护区里 yěniǎo táodào bǎohùqūli

せいいく【生育】生长 shēngzhǎng (英 *growth*) ▶今年の小麦の〜状態はどうかね/今年小麦长得怎么样啊 jīnnián xiǎomài zhǎngde zěnmeyàng a?

[日中比較] 中国語の'生育 shēngyù'は「生む」ことである.

せいいく【成育】成长 chéngzhǎng (英 *growth*) ▶あゆはこの川で〜する/香鱼在这条河里长大 xiāngyú zài zhè tiáo héli zhǎngdà ▶パンダの〜を見守ろう/密切关注熊猫的成长吧 mìqiè guānzhù xióngmāo de chéngzhǎng ba

せいいっぱい【精一杯】竭尽全力 jiéjìn quánlì; 尽量 jǐnliàng (英 *to the utmost*) ▶〜がんばります/竭尽全力 jiéjìn quánlì ▶家族を食わしていくのが〜です/养活一家人就已经尽了全力了 yǎnghuo yìjiārén jiù yǐ jìnle quánlì le

せいいん【成因】成因 chéngyīn (英 *an origin*) ▶日本列島の〜を研究する/研究日本列岛形成的原因 yánjiū Rìběn lièdǎo xíngchéng de yuányīn

せいいん【成員】成员 chéngyuán (英 *a member*) ▶調査団の〜8名は今日出発した/调查团的成员八人今天出发了 diàochátuán de chéngyuán bā rén jīntiān chūfā le

せいう【晴雨】(英 *rain or shine*) ▶遠足は〜にかかわらず実施する/不管阴雨, 郊游如期举行 bùguǎn qíng yǔ, jiāoyóu rúqí jǔxíng

♦～計：晴雨表 qíngyǔbiǎo
セイウチ【海象】〘動物〙海象 hǎixiàng（英 a walrus）
せいうん【青雲】
～の志 鸿鹄之志 hónghú zhī zhì ▶～の志を抱いて上京した/胸怀雄心壮志来到东京 xiōnghuái xióngxīn zhuàngzhì láidào Dōngjīng
せいうん【星雲】星云 xīngyún（英 a nebula）▶～群/星云群 xīngyúnqún
せいうん【盛運】好运 hǎoyùn（英 prosperity）▶～を祈る/祝好运 zhù hǎoyùn ▶我が国は～に向かおうとしていた/我国正面临着发展的良好机运 wǒguó zhèng miànlínzhe fāzhǎn de liánghǎo jīyùn
せいえい【精鋭】精锐 jīngruì（英 the best）▶～を率いる/率领精锐 shuàilǐng jīngruì ▶～部隊/精锐部队 jīngruì bùduì ▶～を率いて選手権大会に臨む/率领精锐参加锦标赛 shuàilǐng jīngruì cānjiā jǐnbiāosài
せいえき【精液】精液 jīngyè（英 semen）
せいえん【声援する】声援 shēngyuán；助威 zhùwēi；［激励する］encourage）▶～を送る/加油助威 jiāyóu zhùwēi ▶スタンドから～を送る/在观众席上助威 zài guānzhòngxíshang zhùwēi ▶声をからして～する/声嘶力竭地助威 shēng sī lì jié de zhùwēi ▶御～ありがとうございます/感谢声援 gǎnxiè shēngyuán
せいえん【製塩】制盐 zhìyán（英 salt making）▶我が市は～業が盛んである/我市的制盐业很兴盛 wǒ shì de zhìyányè hěn xīngshèng ▶その地方では塩水湖から～している/那个地方用盐水湖的水制盐 nàge dìfang yòng yánshuǐhú de shuǐ zhìyán
せいおう【西欧】西欧 Xī Ōu（英 Western Europe）▶～文明の摂取につとめた/努力吸收西欧的文明 nǔlì xīshōu Xī Ōu de wénmíng ▶生活様式が～化する/生活方式西化 shēnghuó fāngshì Xīhuà ▶～風の家に住む/住在西欧风格的住宅里 zhùzài Xī Ōu fēnggé de zhùzháilǐ
せいおん【清音】〘音声学〙清音 qīngyīn（英 a voiceless sound）
せいか【正価】实价 shíjià（英 a net price）▶～販売/实价出售 shíjià chūshòu ▶我が社は～販売でゆく/我们公司采用实价销售的方针 wǒmen gōngsī cǎiyòng shíjià xiāoshòu de fāngzhēn
せいか【正貨】正币 zhèngbì；金银币 jīnyínbì（英 specie）▶～準備/硬币储备 yìngbì chǔbèi
せいか【生花】❶【生きた花】鲜花 xiānhuā（英 a fresh flower）▶～を飾る/摆上鲜花 bǎishàng xiānhuā ▶玄関に～を飾る/用鲜花装饰门口 yòng xiānhuā zhuāngshì ménkǒu ▶会場を～で飾る/用鲜花装饰会场 yòng xiānhuā zhuāngshì huìchǎng ❷【華道】〖英〗flower arrangement）▶～を習う/学插花 xué chāhuā
せいか【生家】出生之家 chūshēng zhī jiā（英 the house where one was born）▶～を訪ねる/走娘家 zǒu niángjiā ▶ゲーテの～を訪ねる/访问歌德诞生的家 fǎngwèn Gēdé dànshēng de jiā ▶～はすでに跡形もない/出生的家已经荡然无存了 chūshēng de jiā yǐjīng dàngrán wú cún le
せいか【声価】声价 shēngjià；名声 míngshēng；信誉 xìnyù（英 a reputation）▶～を上げる/提高声价 tígāo shēngjià ▶彼は一躍～を上げた/他一下子名声大作 tā yíxiàzi míngshēng dàzuò ▶～が定まる/声价确定 shēngjià quèdìng ▶この一年で君の～が定まるのだ/这一年将决定你的声誉 zhè yì nián jiāng juédìng nǐ de shēngyù
せいか【成果】成果 chéngguǒ；成就 chéngjiù；收获 shōuhuò（英 a result）▶～を収める/获得成就 huòdé chéngjiù ▶輝かしい～を収める/取得辉煌的成果 qǔdé huīhuáng de chéngguǒ ▶今度の旅で思わぬ～があった/这次的旅行取得了预想不到的成果 zhè cì de lǚxíng qǔdéle yùxiǎngbudào de chéngguǒ ▶なぜこう～に乏しいのか/为什么成果这么少？wèi shénme chéngguǒ zhème shǎo？
せいか【青果】蔬菜和水果 shūcài hé shuǐguǒ（英 vegetables and fruits）▶うちは～しか扱いません/我们只经营蔬菜水果 wǒmen zhǐ jīngyíng shūcài shuǐguǒ
♦～市場：蔬菜水果市场 shūcài shuǐguǒ shìchǎng ▶～市場に卸す(する)/批发给蔬菜水果市场 pīfā gěi shūcài shuǐguǒ shìchǎng
せいか【盛夏】盛暑 shèngshǔ；盛夏 shèngxià（英 midsummer）▶～の候いかがお過ごしですか/盛夏之际，您过得怎么样？shèngxià zhījì, nín guòde zěnmeyàng？
せいか【聖火】圣火 shènghuǒ（英 a sacred fire；[オリンピックの] the Olympic Sacred Flame）▶～ランナー/圣火接力队员 shènghuǒ jiēlì duìyuán ▶～リレー/圣火接力 shènghuǒ jiēlì ▶～が燃え続ける/圣火一直在燃烧着 shènghuǒ yìzhí zài ránshāozhe ▶～を運ぶ/运送圣火 yùnsòng shènghuǒ
せいか【聖歌】圣歌 shènggē（英 a sacred song；a hymn）▶～隊/唱诗班 chàngshībān ▶教会から～隊の歌が流れてきた/从教会里传来唱诗班的歌声 cóng jiàohuìlǐ chuánlái chàngshībān de gēshēng ▶～を歌う/唱圣歌 chàng shènggē
せいか【精華】精英 jīngyīng；精华 jīnghuá（英 the essence）▶青磁の～/青瓷的精华 qīngcí de jīnghuá ▶古代建築の～がここにある/这里有古代建筑的精华 zhèlǐ yǒu gǔdài jiànzhù de jīnghuá
せいか【製菓】糕点制作 gāodiǎn zhìzuò（英 confectionery）▶～業/糕点制作行业 gāodiǎn zhìzuò hángyè ▶岡本～株式会社/冈本糕点制作公司 Gāngběn gāodiǎn zhìzuò gōngsī
せいか【製靴】制鞋 zhìxié（英 shoemaking）
せいかい【正解する】❶【正しく解答すること】正确解答 zhèngquè jiědá（英 answer correctly）▶全問～/所有问题都答对 suǒyǒu wèntí dōu

dáduì ▶昨日の試験は全問～だった/昨天的考试全部答对了 zuótiān de kǎoshì quánbù dáduì le ❷【結果としてよかったこと】(英) make the right choice) ▶タクシーに乗って～だった/坐出租车坐对了 zuò chūzūchē zuòduì le

せいかい【政界】 政界 zhèngjiè (英) the political world) ▶彼は若くして～に入った/他年纪轻轻就进入了政界 tā niánjì qīngqīng jiù jìnrùle zhèngjiè ▶落選を機に～を退く/以落选为契机，从政界引退 yǐ luòxuǎn wéi qìjī, cóng zhèngjiè yǐntuì ▶～の表裏を知り尽くす/熟知政界的表面和内幕 shúzhī zhèngjiè de biǎomiàn hé nèimù

せいかい【盛会】 盛会 shènghuì (英) a successful meeting) ▶～のうちに終わった/隆重结束 lóngzhòng jiéshù ▶祝賀会はたいへんな～だった/庆贺会开得很热烈 qìnghèhuì kāide hěn rèliè

せいかいけん【制海権】 制海权 zhìhǎiquán (英) command of the sea) ▶～を握る/掌握制海权 zhǎngwò zhìhǎiquán

せいかがく【生化学】 生物化学 shēngwù huàxué (英) biochemical) ▶～者/生化学家 shēnghuàxuéjiā

せいかく【正確な】 确切 quèqiè; 正确 zhèngquè; 准确 zhǔnquè (英) correct; accurate) ▶その情報は～さを欠く/那个情报不够正确 nàge qíngbào bú gòu zhèngquè ▶～な時間は分かりますか/你知道准确的时间吗？ nǐ zhīdào zhǔnquè de shíjiān ma？ ▶実験経過を～に記録する/正确地记录试验的经过 zhèngquè de jìlù shìyàn de jīngguò
～を期する 期望准确 qīwàng zhǔnquè ▶再度点検して～を期する/再次检查，期待准确 zàicì jiǎnchá, qīdài zhǔnquè

せいかく【性格】 脾气 píqi; 性格 xìnggé; 性情 xìngqíng (英) a character) ▶破綻者/有心理障碍的人 yǒu xīnlǐ zhàng'ài de rén ▶それは彼の～的な欠陥と言うしかない/那只能说是他性格上的缺陷 nà zhǐ néng shuō shì tā xìnggéshang de quēxiàn ▶～描写に特に優れている/特别擅长性格描写 tèbié shàncháng xìnggé miáoxiě
～が悪い 性格不好 xìnggé bùhǎo ▶おまえ～が悪いぞ/你脾气可不好 nǐ de píqi kě bùhǎo
～の不一致 性格不合 xìnggé bùhé ▶～の不一致が理由で別れるそうだ/据说因为性格不合要分手 jùshuō yīnwèi xìnggé bùhé yào fēnshǒu
～のよい 脾气好 píqi hǎo ▶～はよいのだけれど…/性格是不错，但是… xìnggé shì búcuò, dànshì…

♦～俳優 个性演员 gèxìng yǎnyuán ▶彼は得がたい～俳優だった/他是一个难得的个性演员 tā shì yí ge nándé de gèxìng yǎnyuán

せいかく【精確な】 精确 jīngquè (英) precise) ▶～さ/精度 jīngquè ▶この時計は～さが自慢です/这个表以精确闻名 zhège biǎo yǐ jīngquè wénmíng ▶あの人の知識はじつに～だ/他的知识非常精确 tā de zhīshi fēicháng jīngquè

せいかく【製革】 制革 zhìgé (英) leather manufacturing) ▶～業/制革业 zhìgéyè

せいがく【声楽】 声乐 shēngyuè (英) vocal music) ▶毎週～のレッスンに通う/每个星期去学习声乐 měi ge xīngqī qù xuéxí shēngyuè
♦～家 声乐家 shēngyuèjiā ▶日本を代表する～家の一人である/是能代表日本的声乐家之一 shì néng dàibiǎo Rìběn de shēngyuèjiā zhīyī

ぜいがく【税額】 税额 shuì'é (英) the amount of a tax) ▶～に不服がある/对纳税额不满 duì nàshuì'é bùmǎn ▶～の修正に応じる/同意修正纳税额 tóngyì xiūzhèng nàshuì'é

せいかつ【生活する】 过日子 guò rìzi; 生活 shēnghuó; 过活 guòhuó (英) live) ▶この仕事に～がかかっている/靠这份工作生活 kào zhè fèn gōngzuò shēnghuó ▶母の細腕に一家の～がかかっていた/一家人的生活就全落在母亲细小的肩上了 yìjiārén de shēnghuó jiù quán luòzàile mǔqin xìxiǎo de jiānshang le ▶～が苦しい/生活穷困 shēnghuó qióngkùn; 日子难过 rìzi nánguò ▶～が豊かである/生活富裕 shēnghuó fùyù ▶豊かな～を夢見る/梦想着富裕的生活 mèngxiǎngzhe fùyù de shēnghuó ▶～の手段/生计 shēngjì; 生活手段 shēnghuó shǒuduàn ▶～の手段が得られない/没有谋生的手段 méiyǒu móushēng de shǒuduàn ▶近隣の～音に悩む/为邻居的生活杂音而烦恼 wèi línjū de shēnghuó záyīn ér fánnǎo ▶～苦による自殺/因生活困难而自杀 yīn shēnghuó kùnnan ér zìshā ▶独身～に終止符を打つ/给独生生活打上句号 gěi dúshēng shēnghuó dǎshàng jùhào ▶現代社会で～するには現金がいる/在现代社会生活需要现金 zài xiàndài shèhuì shēnghuó xūyào xiànjīn ▶異郷の～様式に興味が尽きない/对异乡的生活方式充满兴趣 duì yìxiāng de shēnghuó fāngshì chōngmǎn xìngqù ▶～保護を受ける/接受最低生活保障 jiēshòu zuìdī shēnghuó bǎozhàng
♦～環境 生活环境 shēnghuó huánjìng ▶～環境ががらりと変わった/生活环境骤然改变 shēnghuó huánjìng zhòurán gǎibiàn ～協同組合/消费合作社 xiāofèi hézuòshè ～水準/生活水平 shēnghuó shuǐpíng ▶～水準は高いが家族の仲が悪い/生活水平高，可是家庭关系不好 shēnghuó shuǐpíng gāo, kěshì jiātíng guānxi bùhǎo ～習慣病/生活习惯病 shēnghuó xíguàn bìng ～費/生活费 shēnghuófèi ▶～費がかさむ一方だ/生活费不断增加 shēnghuófèi búduàn zēngjiā

せいかん【生還する】 生还 shēnghuán (英) return alive) ▶宇宙から～する/从宇宙生还 cóng yǔzhòu shēnghuán
♦～者 生还者 shēnghuánzhě ▶漂流からの～者/漂流的幸存者 piāoliú de xìngcúnzhě

せいかん【精悍な】 精悍 jīnghàn (英) fearless) ▶～な顔つきの者だった/是一个面部精悍的年轻人 shì yí ge miànbù jīnghàn de niánqīngrén

せいかん【製缶】 制罐 zhìguàn (英) can manufacturing）◆～工場:制罐厂 zhìguànchǎng

せいかん【静観する】 静观 jìngguān；冷静地观察 lěngjìng de guānchá（英 wait and see）▶事態を～する/静观局面 jìngguān júmiàn ▶我々には～は許されない/不容我们静观 bùróng wǒmen jìngguān

せいがん【請願する】 请愿 qǐngyuàn（英 petition）▶市議会に～する/向市议会请愿 xiàng shìyìhuì qǐngyuàn ▶国民には～権がある/国民有请愿权 guómín yǒu qǐngyuànquán

◆～書:请愿书 qǐngyuànshū ▶国会に～書を提出する/向国会提出请愿书 xiàng guóhuì tíchū qǐngyuànshū

ぜいかん【税関】 海关 hǎiguān（英 a customhouse; the customs）▶～に申告する/报关 bàoguān ▶～を通る/通过海关 tōngguò hǎiguān ▶～に高級時計を申告する/向海关申报高级手表 xiàng hǎiguān shēnbào gāojí shǒubiǎo ▶～をごまかして通る/偷过海关 tōuguò hǎiguān ▶～の申告書を書く/写海关申报表 xiě hǎiguān shēnbàobiǎo

せいがんざい【制癌剤】（薬）抗癌剂 kàng'áijì（英 an anticancer agent）▶～を投与する/投入抗癌药物 tóurù kàng'ái yàowù ▶～の副作用で苦しむ/因为抗癌药物的副作用而痛苦 yīnwèi kàng'ái yàowù de fùzuòyòng ér tòngkǔ

せいき【世紀】 世纪 shìjì（英 a century）▶～の祭典/百年大典 bǎinián dàdiǎn ▶21～を生きる君たちへ/致生活在二十一世纪的诸君 zhì shēnghuó zài èrshíyī shìjì de zhūjūn ▶いざ我らの～の始まりだ/我们的时代终于开始了 wǒmen de shídài zhōngyú kāishǐ le ▶あの人は前～の遺物のように見られている/她被看成是上个世纪的遗物 tā bèi kànchéng shì shàng ge shìjì de yíwù ▶～の記録を打ちたてる/创立了创世纪的纪录 chuànglìle chuàng shìjì de jìlù

せいき【正規の】 正规 zhèngguī（英 regular）▶～のルート/正规途径 zhèngguī tújìng ▶すべて～の商品でいるとこで輸入した品だ/都是从正常途径进口的商品 dōu shì cóng zhèngcháng tújìng jìnkǒu de shāngpǐn ▶彼は～に選出された役員ではない/他不是按正常手续选出来的干部 tā bú shì àn zhèngcháng shǒuxù xuǎnchūlai de gànbù ▶～の手続きをふんでもらいたい/请你按照正常手续办 qǐng nǐ ànzhào zhèngcháng shǒuxù bàn

せいき【生気】 朝气 zhāoqì；生机 shēngjī；生气 shēngqì（英 life; vigor）▶～を取り戻す/恢复生机 huīfù shēngjī ▶彼女の歌は～に充ちていた/她的歌声充满生气 tā de gēshēng chōngmǎn shēngqì

～盛んな 充满朝气 chōngmǎn zhāoqì；朝气蓬勃 zhāoqì péngbó ▶今がいちばん～盛んな時期なん/现在正是意气风发的时候 xiànzài zhèngshì yìqì fēngfā de shíhou

～のない 死气沉沉 sǐqì chénchén；呆滞 dāizhì ▶なんだか～のない顔をしている/他好像没什么精神似的 tā hǎoxiàng méi shénme jīngshen shìde

日中比較 中国語の'生气 shēngqì'は「活気」の他に「怒る」ことも意味する.

せいき【性器】 性器 xìngqì；生殖器 shēngzhíqì（英 sexual organs）

せいき【精気】 元气 yuánqì（英 a spirit; energy）▶万物の～/万物之元气 wànwù zhī yuánqì ▶全身に～がみなぎってきた/全身精力倍增 quánshēn jīnglì bèizēng ▶天地の～を集める/集天地灵气于一身 jí tiāndì língqì yú yì shēn

せいぎ【正義の】 公道 gōngdào；正义 zhèngyì（英 right; just）▶彼は～感が強い/他的正义感很强 tā de zhèngyìgǎn hěn qiáng ▶～は守られねばならぬ/一定要严守正义 yídìng yào yánshǒu zhèngyì ▶それは～に反する/这有悖于正义 zhè yǒu bèiyú zhèngyì ▶～の戦いとは誰にとっての～か/所谓正义的战争是对谁而言的正义? suǒwèi zhèngyì de zhànzhēng shì duì shéi ér yán de zhèngyì?

◆～漢:血性汉子 xuèxìng hànzi ▶～漢を気取る/以正义汉自居 yǐ zhèngyìhàn zìjū

せいきまつ【世紀末】 世纪末 shìjìmò（英 the end of a century）▶～的な倫理の崩壊/像到了世纪末日的伦理崩溃 xiàng dàole shìjì mòrì de lúnlǐ bēngkuì

◆～文学《19 世纪末の》：十九世纪末文学 shíjiǔ shìjìmò wénxué

せいきゃく【政客】 政客 zhèngkè（英 a statesman）▶町ではいっぱしの～である/(他)在镇里也算是一个政客 (tā)zài zhènli yě suànshì yí ge zhèngkè

せいきゅう【性急な】 急躁 jízào（英 hasty）▶おまえは～すぎる/你操之过急了 nǐ cāo zhī guòjí le ▶～に成果を求めるな/不要性急地追求成果 búyào xìngjí de zhuīqiú chéngguǒ

せいきゅう【請求する】 要求 yāoqiú；索取 suǒqǔ（英 demand）▶そういう～には応じられない/不能接受这种要求 bùnéng jiēshòu zhè zhǒng yāoqiú ▶代金の支払いを～する/要求支付货款 yāoqiú zhīfù huòkuǎn

◆～書:账单 zhàngdān ▶～書が送られてくる/账单寄来了 zhàngdān jìlái le

日中比較 中国語の'请求 qǐngqiú'は「申請する」ことをいう.

せいきょ【逝去する】 逝世 shìshì；去世 qùshì；与世长辞 yǔ shì chángcí（英 pass away）▶芭蕉は旅先で～した/芭蕉在旅途中逝世了 Bājiāo zài lǚtú zhōng shìshì le ▶お父上の御～を深くお悔やみ申し上げます/对于尊父的逝世表示哀悼 duìyú zūnfù de shìshì zhōngxīn biǎoshì āidào

せいぎょ【制御する】 制导 zhìdǎo；驾御 jiàyù；控制 kòngzhì（英 control）▶自己を～する/克制自己 kèzhì zìjǐ ▶感情を～する/控制感情 kòngzhì gǎnqíng ▶生産ラインはコンピューターになっている/生产线由电脑控制 shēngchǎnxiàn yóu diànnǎo kòngzhì ▶私の力では～できない/

凭我的力量无法控制 píng wǒ de lìliang wúfǎ kòngzhì ♦～装置；控制装置 kòngzhì zhuāngzhì ▶自动～装置をつけている/装上自动控制装置 zhuāngshàng zìdòng kòngzhì zhuāngzhì ～不能；不能驾御 bùnéng jiàyù ▶原子炉が～不能に陥った/核反应堆陷入了无法控制的地步了 héfǎnyìngduī xiànrùle wúfǎ kòngzhì de dìbù le

せいきょう【生協】 消费合作社 xiāofèi hézuòshè (英 *a cooperative society*) ▶食品は～が配達してくれる/食品由合作社送来 shípǐn yóu hézuòshè sònglái ▶～に加入する/加入合作社 jiārù hézuòshè

せいきょう【政教】 (英 *religion and politics*) ▶～分離の原則を貫く/贯彻政教分离的原则 guànchè zhèngjiào fēnlí de yuánzé

せいきょう【盛況】 盛况 shèngkuàng (英 *prosperity*) ▶文化祭は空前の～を呈した/文化节呈现出空前的盛况 wénhuàjié chéngxiànchū kōngqián de shèngkuàng ▶今年も～が見込まれる/今年预期也是盛况 jīnnián yùqī yě shì shèngkuàng

せいぎょう【正業】 正当职业 zhèngdàng zhíyè (英 *an honest calling*) ▶足を洗って～につく/改邪归正，找到正当职业 gǎixié guīzhèng, zhǎodào zhèngdàng zhíyè ▶～とはいえない仕事で稼ぐ/从事不算正当的职业赚钱 cóngshì bú suàn zhèngdàng de zhíyè zhuànqián

せいぎょう【生業】 生业 shēngyè；职业 zhíyè；以…为职业 yǐ…wéi zhíyè (英 *an occupation*) ▶米作りを～としている/以种大米为职业 yǐ zhòng dàmǐ wéi zhíyè

せいきょういく【性教育】 性教育 xìngjiàoyù (英 *sex education*) ▶～をする/进行性教育 jìnxíng xìngjiàoyù

せいきょうかい【正教会】 希腊正教会 Xīlà zhèngjiàohuì (ギリシア正教会) (英 *the Orthodox Church*)

せいきょうと【清教徒】 清教徒 Qīngjiàotú (英 *a Puritan*) ▶まるで～のような暮らしをする/过着像清教徒一样的生活 guòzhe xiàng Qīngjiàotú yíyàng de shēnghuó

せいきょく【正極】 阳极 yángjí；正极 zhèngjí (英 *a positive electrode*)

せいきょく【政局】 政局 zhèngjú (英 *the political situation*) ▶～が安定している/政局稳定 zhèngjú wěndìng ▶～が行き詰まる/政局僵滞 zhèngjú jiāngzhì ▶～の混迷が深まる/政局的混乱进一步加深了 zhèngjú de hùnluàn jìn yí bù jiāshēn le ▶どう打開するか/怎么样才能打破政局的僵局呢？ zěnmeyàng cái néng dǎpò zhèngjú de jiāngjú ne?

せいきん【精勤する】 辛勤工作 xīnqín gōngzuò (英 *be diligent*) ▶手当/全勤津贴 quánqín jīntiē ▶雨の日も風の日も～する/不管刮风下雨都辛勤工作 bùguǎn guā fēng xià yǔ dōu xīnqín gōngzuò ▶卒業のとき～賞をもらった/毕业的时候，领到了全勤奖 bìyè de shíhou, lǐngdàole quánqínjiǎng

ぜいきん【税金】 税 shuì (英 *tax*) ▶～がかかる/上税 shàngshuì；税款 shuìkuǎn ▶何を買っても～がかかる/买什么都加了税 mǎi shénme dōu jiāle shuì ▶～を取る/课税 kèshuì ▶～を申告する/报税 bàoshuì ▶～を納める/纳税 nàshuì ▶～をおとなしく～を納める/老老实实缴税 lǎolǎoshíshí jiǎoshuì ▶この工事は～でまかなわれる/那项工程是使用税金修建的 nà xiàng gōngchéng shì shǐyòng shuìjīn xiūjiàn de

せいく【成句】 成语 chéngyǔ；谚语 yànyǔ (英 *a set phrase*) ▶～を使いこなす/娴熟地运用成语 xiánshú de yùnyòng chéngyǔ

せいくうけん【制空権】 制空权 zhìkōngquán (英 *command of the air*) ▶～を握る/掌握制空权 zhǎngwò zhìkōngquán

せいくらべ【背比べる】 比高矮 bǐ gāo'ǎi (英 *measure oneself with…*) ▶二人で～してごらん/你们两个人比比个子吧 nǐmen liǎng ge rén bǐbǐ gèzi ba ▶二人の成績はまぁどんぐりの～だね/他们俩的成绩，只能说是半斤八两啊 tāmen liǎ de chéngjì, zhǐ néng shuō shì bàn jīn bā liǎng a

せいけい【生計】 生计 shēngjì (英 *a living*) ▶文筆で～を立てる/以文笔谋生 yǐ wénbǐ móushēng ▶こうして私は～の道を絶たれた/这样我失去了营生之路 zhèyàng wǒ shīqùle yíngshēng zhī lù

せいけい【西経】 西经 xījīng (英 *west longitude*) ▶～25度/西经二十五度 xījīng èrshíwǔ dù

せいけい【整形する】 整形 zhěngxíng (英 *have plastic surgery*) ▶あの顔は～したんだよ/那张脸是整过容的 nà zhāng liǎn shì zhěngguo róng de ▶手術で機能を取り戻す/做整形手术恢复机能 zuò zhěngxíng shǒushù huīfù jīnéng ♦～外科；整形外科 zhěngxíng wàikē

せいけつ【清潔な】 ❶〖衛生的〗干净 gānjìng；洁净 jiéjìng；清洁 qīngjié (英 *clean; hygienic*) ▶～にする/弄干净 nòng gānjìng ▶からだを～にする/清洁身体 qīngjié shēntǐ ▶身のまわりを～に保つ/保持身边的清洁 bǎochí shēnbiān de qīngjié ❷〖人柄・行いが〗廉洁 liánjié (英 *clean*) ▶～な政治家はとかく人気がない/廉洁的政治家经常不受欢迎 liánjié de zhèngzhìjiā jīngcháng bú shòu huānyíng

せいけん【政見】 政见 zhèngjiàn (英 *one's political views*) ▶～を発表する/发表政治见解 fābiǎo zhèngzhì jiànjiě ▶君とは～を異にする/我和你的政治见解不一样 wǒ hé nǐ de zhèngzhì jiànjiě bù yíyàng ▶～放送を参考にしますか（投票に際して）/你参考媒体的施政演说吗？ nǐ cānkǎo méitǐ de shīzhèng yǎnshuō ma?

せいけん【政権】 政权 zhèngquán (英 *political power*) ▶～が交代する/政权更替 zhèngquán gēngtì ▶選挙で右派～にノーを言う/通过选举对右派政权说不 tōngguò xuǎnjǔ duì yòupài

zhèngquán shuō bù
~の座につく 掌握政权 zhǎngwò zhèngquán; 掌权 zhǎngquán ▶民意を背景に~の座につく/以民意为背景掌握政权 yǐ mínyì wéi bèijǐng zhǎngwò zhèngquán

~を握る 当政 dāngzhèng; 执政 zhízhèng ▶次に~を握るのは誰だろう/接下来由谁执政呢？ jiēxiàlái yóu shéi zhízhèng ne？

♦軍事~ 军事政权 jūnshì zhèngquán

せいげん【正弦】〔数〕正弦 zhèngxián (英 a sine)

せいげん【制限する】限制 xiànzhì (英 restrict) ▶数に~がある/数目有限 shùmù yǒuxiàn ▶国民の権利に~を加える/对国民的权利加以限制 duì guómín de quánlì jiāyǐ xiànzhì ▶趣味に年齢の~はない/兴趣爱好是没有年龄限制的 xìngqù àihào shì méiyǒu niánlíng xiànzhì de ▶医師に食事を~される/饮食受到医生限制 yǐnshí shòudào yīshēng xiànzhì

♦~時間 限制时间 xiànzhì shíjiān ▶~時間をいっぱいに使う/用完了限定的时间 yòngwánle xiàndìng de shíjiān ▶~速度 限制速度 xiànzhì sùdù ▶~速度はしっかり守れ/严格遵守限速 yángé zūnshǒu xiànsù 無~に 无限制地 wúxiànzhì de ▶美しい山河を無~に掘り崩す/没有限制地破坏美丽的山河 méiyǒu xiànzhì de pòhuài měilì de shānhé

ぜいげん【税源】税源 shuìyuán (英 a source of taxation) ▶~はどこに求めるか/在什么地方找税源呢？ zài shénme dìfang zhǎo shuìyuán ne？ ▶~を確保する/确保税源 quèbǎo shuìyuán

ぜいげん【贅言する】赘言 zhuìyán; 赘述 zhuìshù (英 dwell on...) ▶彼の責任については~を要しない/关于他的责任毋庸赘言 guānyú tā de zérèn wú yōng zhuìyán

せいご【正誤】正误 zhèngwù (英 right and wrong; [訂正] correction) ▶~を見極める/弄清正误 nòngqīng zhèngwù ▶答の~を見極める/弄清解答的正误 nòngqīng jiědá de zhèngwù

♦~表 勘误表 kānwùbiǎo ▶~表をつける/附上正误表 fùshàng zhèngwùbiǎo

せいご【生後】生后 shēnghòu (英 after one's birth) ▶~間もなく母と別れた/出生后不久就和母亲别到了 chūshēng hòu bùjiǔ jiù hé mǔqīn líbié le ▶~4ヶ月の乳児/出生后四个月的婴儿 chūshēng hòu sì ge yuè de yīng'ér

せいご【成語】典故 diǎngù; 成语 chéngyǔ (英 a set phrase) ▶難しい~にてこずる/为难解的成语犯愁 wèi nánjiě de chéngyǔ fànchóu ▶~は言葉を豊かにする/成语能丰富语言 chéngyǔ néng fēngfù yǔyán

せいこう【生硬な】死板 sǐbǎn (英 crude) ▶~な文章/生硬的文章 shēngyìng de wénzhāng ▶こんな~な文章ではだめだ/这样生硬的文章是不行的 zhèyàng shēngyìng de wénzhāng shì

bùxíng de ▶僕の文章はまだまだ~だ/我的文章还很生硬 wǒ de wénzhāng hái hěn shēngyìng

せいこう【成功する】❶〖成し遂げる〗成功 chénggōng; 胜利 shènglì (英 succeed; achieve) ▶これで~間違いなし/这样就一定能成功 zhèyàng jiù yídìng néng chénggōng ▶~を祈る/祝你成功 zhù nǐ chénggōng ▶彼は実験の~を発表した/他发表了实验成功的消息 tā fābiǎo le shíyàn chénggōng de xiāoxi ▶我々の計画は~した/我们的计划成功了 wǒmen de jìhuà chénggōng le

❷〖富・地位を得る〗发迹 fājì (英 succeed) ▶俳優として~する/作为演员获得成功 zuòwéi yǎnyuán huòdé chénggōng ▶弁護士に~報酬を支払う/支付律师胜诉的报酬 zhīfù lǜshī shèngsù de bàochóu

♦~者 成功者 chénggōngzhě ▶彼は人生の~者といってよい/可以说他是人生的成功者 kěyǐ shuō tā shì rénshēng de chénggōngzhě

せいこう【性交】性交 xìngjiāo; 交媾 jiāogòu (英 sexual intercourse) ▶~をひかえるよう医師に言われた/医生嘱咐说要节制性交 yīshēng zhǔfù shuō yào jiézhì xìngjiāo

♦~不能 不能性交 bùnéng xìngjiāo

せいこう【性向】性格 xìnggé (英 a disposition) ▶温和な~/温和的性格 wēnhé de xìnggé ▶争いを好む~をもつ/生性好斗 shēngxìng hào dòu

せいこう【性行】品行 pǐnxíng (英 character and conduct) ▶~不良/品行不端 pǐnxíng bùduān ▶~不良で退学処分を受けた/因为品行不良而被勒令退学了 yīnwèi pǐnxíng bùliáng ér bèi lèlìng tuìxué le

せいこう【政綱】政纲 zhènggāng (英 a political program)

せいこう【精巧な】精巧 jīngqiǎo; 工致 gōngzhì; 细巧 xìqiǎo (英 elaborate) ▶この機械は実に~にできている/这个机器制作得真精巧 zhège jīqì zhìzuòde zhēn jīngqiǎo ▶僕はその~な細工のとりこになった/我被那个精致的工艺品迷住了 wǒ bèi nàge jīngzhì de gōngyìpǐn mízhù le

せいこう【製鋼】炼钢 liàngāng (英 steel manufacture) ▶~所/炼钢厂 liàngāngchǎng

せいこう【整合】调整 tiáozhěng; 使合适 shǐ héshì (英 consistency) ▶~性/整合性 zhěnghéxìng

せいこうい【性行為】性行为 xìngxíngwéi (英 a sex act) ▶~があったかなかったか/有没有性行为？ yǒuméiyǒu xìngxíngwéi？ ▶~を強要する/强行要求性行为 qiángxíng yāoqiú xìngxíngwéi

せいこううどく【晴耕雨読】晴耕雨读 qíng gēng yǔ dú (英 working in the fields on fine days and reading books on rainy days) ▶~の生活を送る/过晴耕雨读的生活 guò qíng gēng yǔ dú de shēnghuó

せいこうとうてい【西高東低】

♦~の冬型気圧配置 西高东低型(日本冬季的

気圧分布）xī gāo dōng dī xíng (Rìběn dōngjì de qìyā fēnbù)

せいこうほう【正攻法】 正面攻击法 zhèngmiàn gōngjīfǎ（英 *the regular tactics for attack*）▶我々は～でゆく/我们采取正面突破的办法 wǒmen cǎiqǔ zhèngmiàn tūpò de bànfǎ

せいこく【正鵠】（英 *the bull's eye; the point*）～を射る[得る] 切中要点 qièzhòng yàodiǎn；攻其要害 gōng qí yàohài ▶その判断は～を得ている/那个判断很得要领 nàge pànduàn hěn dé yàolǐng

せいこん【成婚】 结婚 jiéhūn；成婚 chénghūn（英 *marriage*）

せいこん【精根】 精力 jīnglì（英 *energy*）▶～尽き果てる/精疲力竭 jīng pí lì jié

せいこん【精魂】 精神 jīngshén；精力 jīnglì（英 *energy*）▶～を込める/尽心竭力 jìn xīn jié lì ▶～を込めた仕事が認められなかった/竭尽精力的工作没能得到肯定 jiéjìn jīnglì de gōngzuò méi néng dédào kěndìng ▶～を傾けて制作する/竭尽精力制作动画 jiéjìn jīnglì zhìzuò

せいさ【精査】（英 *a careful examination*）▶押収文書を～する/细查没收来的文件 xìchá mòshōulái de wénjiàn

せいざ【正座】 跪着坐 guìzhe zuò；跪坐 guìzuò（英 *sit upright with the calves under the buttocks*）▶僕は～が苦手だ/我不习惯跪着坐 wǒ bù xíguàn guìzhe zuò ▶～してあいさつを受ける/跪坐着接受问候 guìzuòzhe jiēshòu wènhòu

せいざ【星座】 星座 xīngzuò；星宿 xīngxiù（英 *a constellation*）▶～表/星座图 xīngzuòtú ▶冬の～/冬天的星座 dōngtiān de xīngzuò

せいさい【正妻】 嫡妻 díqī；正房 zhèngfáng；正妻 zhèngqī（英 *a legal wife*）▶～の座に直る/坐上了正妻的位置 zuòshàngle zhèngqī de wèizhi

せいさい【制裁する】 制裁 zhìcái（英 *punish*; *impose sanctions*）▶～を受ける/受到制裁 shòudào zhìcái ▶鉄拳～を受ける/受到铁拳制裁 shòudào tiěquán zhìcái ▶～は覚悟の上だ/有心理准备被制裁 yǒu xīnlǐ zhǔnbèi bèi zhìcái ▶経済～を実施する/实行经济制裁 shíxíng jīngjì zhìcái

せいさい【精彩・生彩】 精彩 jīngcǎi（英 *brilliance*）▶～に富む/有声有色 yǒu shēng yǒu sè ▶彼の作品はひときわ～を放った/他的作品特别引人注目 tā de zuòpǐn tèbié yǐn rén zhù mù ～を欠く 缺乏生气 quēfá shēngqì；不精彩 bù jīngcǎi ▶今日の演説は～を欠いた/今天的演说缺乏亮点 jīntiān de yǎnshuō quēfá liàngdiǎn

せいざい【製材】 制材 zhìcái（英 *saw*）▶～所/木材加工厂 mùcái jiāgōngchǎng；制材厂 zhìcáichǎng ▶原木がこんなふうに～されるのだ/原木这样被制成木材 yuánmù zhèyàng bèi zhìchéng mùcái

せいざい【製剤】 制剂 zhìjì（英 *formulation*）▶～会社/制药公司 zhìyào gōngsī ▶血液制剂 xuèyè zhìjì

せいさく【制作】（英 *production*）▶出展作品を～する/制作参展作品 zhìzuò cānzhǎn zuòpǐn ▶二人して記録映画の～に当たる/两个人担任纪录片的制作 liǎng ge rén dānrèn jìlùpiàn de zhìzuò

せいさく【政策】 政策 zhèngcè（英 *a policy*）▶～を決める/拟订政策 nǐdìng zhèngcè ▶～を実施する/落实政策 luòshí zhèngcè ▶新たなエネルギー～を実施する/实行新的能源政策 shíxíng xīn de néngyuán zhèngcè ▶経済～の策定に参画する/参加拟定经济政策 cānjiā nǐdìng jīngjì zhèngcè ▶上に～あれば下に対策あり/上有政策，下有对策 shàng yǒu zhèngcè, xià yǒu duìcè ▶これが党の～だ/这就是党的政策 zhè jiùshì dǎng de zhèngcè ▶～論争を繰り広げる/开展针对政策的争论 kāizhǎn zhēnduì zhèngcè de zhēnglùn

せいさく【製作する】 ❶【道具・機械で物を作る】制造 zhìzào（英 *manufacture*）▶～所/制造所 zhìzàosuǒ；制造厂 zhìzàochǎng ▶精工社は精密機械の～で名高い/精工社在精密机械制造行业享有盛名 Jīnggōngshè zài jīngmì jīxiè zhìzào hángyè xiǎngyǒu shèngmíng ❷【映画・演劇・テレビ番組などを】制作 zhìzuò（英 *produce*）▶娯楽映画を～する/拍制娱乐影片 pāizhì yúlè yǐngpiān

♦～費 20億円の～費をかけた/花费了二十亿日元的制作费 huāfèile èrshí yì Rìyuán de zhìzuòfèi

せいさつよだつ【生殺与奪】 生杀予夺 shēng shā yǔ duó（英 *the power of life and death*）▶～の権を握る/掌握生杀大权 zhǎngwò shēngshā dàquán

せいさべつ【性差別】 性别歧视 xìngbié qíshì（英 *sex discrimination*）▶～を許容するのか/难道容许性别歧视吗？nándào róngxǔ xìngbié qíshì ma？▶～はなぜ生じるか/为什么会出现性别歧视？wèi shénme huì chūxiàn xìngbié qíshì？

せいさん【生産する】 生产 shēngchǎn；出产 chūchǎn（英 *produce*）▶この地方ではメロンを～している/这个地方生产香瓜 zhège dìfang shēngchǎn xiāngguā ▶～を停止する/停产 tíngchǎn ▶一時～を停止しよう/暂且停产吧 zànqiě tíngchǎn ba ▶注文～/定做 dìngzuò ▶～的な/建设性的 jiànshèxìng de ▶～的な議論をしよう/让我们展开建设性的讨论吧 ràng wǒmen zhǎnkāi jiànshèxìng de tǎolùn ba ▶～性の向上をはかる/计划提高生产性 jìhuà tígāo shēngchǎnxìng ▶～管理に工夫をこらす/在生产管理上找窍门 zài shēngchǎn guǎnlǐshang zhǎo qiàomén ▶～費がかかりすぎる/生产费太高 shēngchǎnfèi tài gāo

♦～過剰 生产过剩 shēngchǎn guòshèng ▶～過剰に陥る/陷入生产过剩的状况 xiànrù shēngchǎn guòshèng de zhuàngkuàng ～手段 生产

せいさん【成算】 成算 chéngsuàn (英 hope of success) ▶～がある/胸中有数 xiōng zhōng yǒu shù; 胸有成竹 xiōng yǒu chéngzhú ▶僕は十分～がある/我有十足的把握 wǒ yǒu shízú de bǎwò ▶～がない/没把握 méi bǎwò ▶あの戦争は～もなしに始めたのだ/那次战争是在没有把握的情况下开始的 nà cì zhànzhēng shì zài méiyǒu bǎwò de qíngkuàngxia kāishǐ de

せいさん【青酸】 氰酸 qíngsuān (英 cyanic acid) ▶～カリ/氰酸钾 qíngsuānjiǎ ▶～カリを飲んで死ぬ/喝氰酸钾而死 hē qíngsuānjiǎ ér sǐ ▶コーヒーから～が検出された/从咖啡中检查出氰酸 cóng kāfēi zhōng jiǎncháchū qíngsuān

せいさん【凄惨】 凄惨 qīcǎn (英 ghastly) ▶～な事件/惨案 cǎn'àn ▶～な事件が続く/惨案接二连三地发生 cǎn'àn jiē èr lián sān de fāshēng ▶彼らの最期は～をきわめた/他们死得极惨 tāmen sǐde jícǎn

せいさん【清算する】 ❶【貸し借りを】結算 jiésuàn; 清算 qīngsuàn (英 settle) ▶借金を～する/还清借款 huánqīng jièkuǎn ❷【関係·事柄を】(英 end) ▶三角関係を～する/了结三角关系 liǎojié sānjiǎo guānxi

せいさん【聖餐】 圣餐 shèngcān (英 the Lord's Supper)

せいさん【精算する】 细算 xìsuàn (英 adjust) ▶～所/补票处 bǔpiàochù ▶料金～所/结算处 jiésuànchù ▶出張旅費の～がまだだよ/还没有结算出差费呢 hái méiyǒu jiésuàn chūchāifèi ne ▶今週中に～して下さい/请你在这周内结算 qǐng nǐ zài zhè zhōu nèi jiésuàn

せいさんかくけい【正三角形】 正三角形 zhèngsānjiǎoxíng; 等边三角形 děngbiān sānjiāoxíng (英 an equilateral triangle)

せいし【正史】 正史 zhèngshǐ (英 an official history) ▶～に記されている/记载在正史里 jìzǎi zài zhèngshǐlǐ ▶～を鵜呑みにしてはいけない/不能囫囵吞枣地读正史 bùnéng hú lún tūn zǎo de dú zhèngshǐ

せいし【正視する】 正视 zhèngshì; 直视 zhíshì (英 look... in the face) ▶～に耐えない/不敢正视 bùgǎn zhèngshì ▶悲惨で～に耐えない/惨不忍睹 cǎn bù rěndǔ ▶自分が招いた結果を～するんだ/直视自己导致的结果 zhíshì zìjǐ dǎozhì de jiéguǒ

せいし【生死】 生死 shēngsǐ; 死活 sǐhuó (英 life and death) ▶～に関わる/性命攸关 xìngmìng yōu guān ▶～に関わるわけではない/不是事关生死的伤 bú shì shì guān shēngsǐ de shāng ▶～を分ける時/生死关头 shēngsǐ guāntóu ▶～の境をさまよう/徘徊在生死线上 páihuái zài shēngsǐxiànshang ▶俺はおまえと～を共にする/我和你生死与共 wǒ hé nǐ shēngsǐ yǔgòng ▶残る一人は～不明だ/剩下的一个人生死不明 shèngxià de yí ge rén shēngsǐ bùmíng

せいし【制止する】 制止 zhìzhǐ (英 check) ▶～を振りきる/不听劝阻 bù tīng quànzǔ ▶～を振り切って逃走する/摆脱阻拦, 逃跑 bǎituō zǔlán, táopǎo ▶係員一人では～しきれない/一个工作人员制服不住 yí ge gōngzuò rényuán zhìfúbuzhù ▶発言の～が彼の怒りに火をつけた/制止了他的发言让他火冒三丈 zhìzhǐle tā de fāyán ràng tā huǒ mào sān zhàng

せいし【精子】 精子 jīngzǐ (英 a sperm)

せいし【製糸】 缫丝 sāosī (英 silk reeling) ▶～業/缫丝业 sāosīyè

せいし【製紙】 造纸 zàozhǐ (英 paper making) ▶～工場/造纸厂 zàozhǐchǎng

せいし【誓紙】 宣誓书 xuānshìshū (英 a written oath) ▶いまどき～を入れるだなんて…/这个年代还要写宣誓书… zhège niándài hái yào xiě xuānshìshū…

せいし【静止する】 静止 jìngzhǐ (英 come to rest) ▶～衛星/同步卫星 tóngbù wèixīng ▶カメラの前で～する/在照相机前静止 zài zhàoxiàngjī qián jìngzhǐ

せいじ【青磁】 青瓷 qīngcí (英 celadon porcelain) ▶～の花瓶/青瓷花瓶 qīngcí huāpíng

せいじ【政治】 政治 zhèngzhì (英 politics) ▶～家/政治家 zhèngzhìjiā ▶わたくしは夢ある～を行います/我要搞理想的政治 wǒ yào gǎo yǒu lǐxiǎng de zhèngzhì ▶～家と～屋は違うんだ/政治家和政治掮客是不同的 zhèngzhìjiā hé zhèngzhì qiánkè shì bùtóng de ▶～生命を賭けて臨む/我以我的政治生命为代价来对待 wǒ yǐ wǒ de zhèngzhì shēngmìng wéi dàijià lái duìdài ▶いかにも～的な解決だ/典型的政治妥协 diǎnxíng de zhèngzhì tuǒxié ▶～の貧困が嘆かわしい/政治上的贫困真可悲 zhèngzhìshang de pínkùn zhēn kěbēi ▶彼の～手腕に注目しよう/让我们注目他的政治手腕吧 ràng wǒmen zhùmù tā de zhèngzhì shǒuwàn ba ▶今日の集まりは～ぬきだよ/今天的集会上不谈政治 jīntiān de jíhuìshang bù tán zhèngzhì

◆～学 | 政治学 zhèngzhìxué ～機構 | 政治机构 zhèngzhì jīgòu ～結社 | 政治结社 zhèngzhì jiéshè ～献金 | 政治捐款 zhèngzhì juānkuǎn ～権力 | 政权 zhèngquán ～犯 | 政治犯 zhèngzhìfàn ～倫理 | 政治伦理 zhèngzhì lúnlǐ

せいしき【正式な】 正式 zhèngshì (英 formal; regular) ▶～な手続きがすんでいない/正式手续没办好 zhèngshì shǒuxù méi bànhǎo ▶二人は～に婚約した/两个人正式订婚了 liǎng ge rén zhèngshì dìnghūn le

せいしつ【性質】 ❶【性格】性格 xìnggé; 为人 wéirén (英 a character; a nature) ▶彼は激しやすい～に生まれついている/他生性容易激动 tā

せいじつ【誠実な】 老实 lǎoshi; 诚实 chéngshí; 厚道 hòudao (英 sincere) ▶~で真面目な/笃实 dǔshí ▶彼は~で真面目な方です/他是个诚实认真的人 tā shì ge chéngshí rènzhēn de rén ▶苦情には~に対処する/对顾客的抱怨诚实对待 duì gùkè de bàoyuàn chéngshí duìdài ▶~は彼の最大の長所だ/诚实是他最大的长处 chéngshí shì tā zuìdà de chángchu

せいじゃ【正邪】 正邪 zhèngxié (英 right and wrong) ▶~の見分けは難しい/识别正邪是很难的 shíbié zhèngxié shì hěn nán de ▶人は~をあわせもっている/人具有正邪的两面 rén jùyǒu zhèng xié de liǎng miàn

せいじゃ【聖者】 圣人 shèngrén (英 a saint) ▶~伝/圣人传 shèngrénzhuàn 「~の行進」《曲名》/《圣者的行进 Shèngzhě de xíngjìn》

せいしゃいん【正社員】 正式职员 zhèngshì zhíyuán (英 a regular employee) ▶~を減らしすぎた/正式职员削减多了 zhèngshì zhíyuán xuējiǎn duō le ▶~に採用される/被录用成正式职员 bèi lùyòng chéng zhèngshì zhíyuán

せいじゃく【静寂な】 幽静 yōujìng; 寂静 jìjìng (英 still) ▶~を破って銃声が聞こえた/枪声打破寂静, 传了过来 qiāngshēng dǎpò jìjìng, chuánle guòlái ▶森は~に満ちていた/森林里充满了寂静 sēnlínli chōngmǎnle jìjìng

ぜいじゃく【脆弱な】 脆弱 cuìruò (英 fragile) ▶~な神経/脆弱的神经 cuìruò de shénjīng ▶~な地盤/地基松软 dìjī sōngruǎn ▶からだが~で勤労に耐えられない/身体虚弱, 不能胜任劳动 shēntǐ xūruò, bùnéng shèngrèn láodòng ▶~な地盤にビルは建たない/赢弱的地基上不能盖楼 léiruò de dìjīshang bùnéng gài lóu

せいしゅ【清酒】 清酒 qīngjiǔ (英 refined sake)

ぜいしゅう【税収】 税收 shuìshōu (英 tax revenue) ▶~が伸びない/税收没有增长 shuìshōu méiyǒu zēngzhǎng ▶~の10％増を見込んで予算を組む/在税收增长百分之十的前提下编制预算 zài shuìshōu zēngzhǎng bǎi fēn zhī shí de qiántíxia biānzhì yùsuàn

せいしゅく【静粛な】 静穆 jìngmù; 肃静 sùjìng (英 quiet) ▶御~に/请肃静 qǐng sùjìng ▶御~に願います/请安静 qǐng ānjìng ▶会場は再び~にもどった/会场又重新回到了肃静中 huìchǎng yòu chóngxīn huídàole sùjìng zhōng

せいじゅく【成熟する】 ❶[果実・穀物が] 成熟 chéngshú (英 ripen) ❷[人や事柄が] 成熟 chéngshú de (英 mature) ▶~した肉体/发育成熟的身体 fāyù chéngshú de shēntǐ ▶機運が~する/时机成熟 shíjī chéngshú ▶改革の条件が~するのを待って いる/等待着改革的成熟 děngdàizhe gǎigé

tiáojiàn de chéngshú ▶演技者としては未~だ/作为演艺者还不成熟 zuòwéi yǎnyìzhě hái bù chéngshú

せいしゅん【青春】 青春 qīngchūn (英 youth) ▶~は二度とない/青春不再来 qīngchūn bú zài lái; 青春一去不复返 qīngchūn yí qù bú fù fǎn ▶~を謳歌する/充分享受青春年华 chōngfèn xiǎngshòu qīngchūn niánhuá ▶~時代には道に迷ってばかりいた/青春时代一直是迷茫着的 qīngchūn shídài yìzhí dí mímángzhe de

せいじゅん【清純】 纯真 chúnzhēn; 纯洁 chúnjié (英 pure) ▶~な乙女の頃もあったわよ/我也曾有过纯真的少女时代呀 wǒ yě céng yǒuguo chúnzhēn de shàonǚ shídài ya ▶~派のアイドル/纯洁派的偶像 chúnzhēnpài de ǒuxiàng

せいしょ【清書する】 誊写 téngxiě; 誊清 téngqīng (英 make a fair copy) ▶~した原稿/清稿 qīnggǎo ▶~は必要ありません/没有必要誊写 méiyǒu bìyào téngxiě ▶原稿を~する/誊写原稿 téngxiě yuángǎo

せいしょ【聖書】 圣经 Shèngjīng; 圣书 Shèngshū (英 the Bible) ▶新約/新约圣经 Xīnyuē Shèngjīng ▶旧約/旧约圣经 Jiùyuē Shèngjīng ▶~を引用する/引用圣书 yǐnyòng Shèngshū ▶~にはこう書かれている/圣书上是这样写的 Shèngshūshang shì zhèyàng xiě de

せいしょう【斉唱する】 ❶[同じ文句を] (英 chant in chorus) ▶万歳~/齐呼万岁 qíhū wànsuì ▶祈りの言葉を~する/齐呼祈祷的句子 qíhū qídǎo de jùzi ❷[同じ旋律を] (英 sing in unison) ▶国歌~/齐唱国歌 qíchàng guógē

せいしょう【政商】 政商 zhèngshāng (英 a businessman closely connected with politicians) ▶いつも~が出入りしていた/政商经常出入 zhèng shāng jīngcháng chūrù

せいじょう【正常】 正常 zhèngcháng; 健康 jiànkāng (英 normal) ▶~に戻るにはなお時間がかかる/恢复正常还要时间 huīfù zhèngcháng hái yào shíjiān ▶国交を~化する/邦交正常化 bāngjiāo zhèngchánghuà ▶父母と~な関係が崩れた/父母与孩子间的正常关系破裂了 fùmǔ yǔ háizi jiān de zhèngcháng guānxi pòliè le

せいじょう【性情】 性格 xìnggé (英 a nature; a character) ▶明るい~/开朗的性格 kāilǎng de xìnggé ▶明るい~に生まれついている/生来就是开朗的性格 shēnglái jiùshì kāilǎng de xìnggé ▶困れば神にすがるのも人の~である/碰到困难去求神, 也是人之常情 pèngdào kùnnan qù qiú shén, yě shì rén zhī chángqíng

せいじょう【政情】 政局 zhèngjú (英 a political situation) ▶~に通じている/通晓政界情况 tōngxiǎo zhèngjiè qíngkuàng ▶~不安/政局不安 zhèngjú bù'ān ▶早く~不安を鎮めてもらいたい/希望能早日平定不安定的政局 xīwàng néng zǎorì píngdìng bù āndìng de zhèngjú ▶~は混沌としている/政局迷茫不清 zhèngjú mímáng bù

せいじょう

qīng

せいじょう【清浄な】 清洁 qīngjié (英 clean) ▶~にする/净化 jìnghuà ▶汚れた心を~にする/净化污浊的心灵 jìnghuà wūzhuó de xīnlíng ▶~空气~器/空气清洁器 kōngqì qīngjiéqì ▶病室内を~に保つ/保持病房的清洁 bǎochí bìngfáng de qīngjié

せいじょうき【星条旗】 星条旗 xīngtiáoqí；美国国旗 Měiguó guóqí (英 the Stars and Stripes)

せいしょうねん【青少年】 青少年 qīngshàonián (英 the youth) ▶彼は~に人気がある/他在青少年中很受欢迎 tā zài qīngshàonián zhōng hěn shòu huānyíng ▶今日の青少年は明日の中年だ/今天的青少年就是明天的中年人 jīntiān de qīngshàonián jiùshì míngtiān de zhōngniánrén

せいしょく【生色】 生机 shēngjī (英 a lively look) ▶~を失う/面无人色 miàn wú rénsè ▶~を取り戻す/恢复生气 huīfù shēngqì ▶顔はたるんで~がない/表情松懈，没有生气 biǎoqíng sōngxiè, méiyǒu shēngqì

せいしょく【生殖する】 生殖 shēngzhí (英 reproduce) ▶~器/生殖器 shēngzhíqì ▶細胞/生殖细胞 shēngzhí xìbāo ▶~腺/性腺 xìngxiàn

せいしょく【聖職】 神职 shénzhí；神圣的职业 shénshèng de zhíyè (英 a sacred profession; [牧師の職] holy orders) ▶~につく/担任神圣的工作 dānrèn shénshèng de gōngzuò ▶教職はかつては~と見なされた/教师曾经被看作是神圣的职业 jiàoshī céngjīng bèi kànzuò shì shénshèng de zhíyè

せいじほう【正字法】 正字法 zhèngzìfǎ (英 orthography) ▶~をしっかり学ぶ/好好地学正字法 hǎohāo de xué zhèngzìfǎ

せいしん【清新な】 清新 qīngxīn (英 fresh) ▶体操界に~な気運をもたらすだろう/会给体操界带来清新的气象 huì gěi tǐcāojiè dàilái qīngxīn de qìxiàng

せいしん【精神】 精神 jīngshén；心思 shénsī；心灵 xīnlíng (英 spirit; [心] mind) ▶~を集中する/凝神 níngshén；心神专注 xīnshén zhuānzhù ▶~の集中を欠く/精神不集中 jīngshén bù jízhōng ▶~を集中して講義を聴く/集中精力听讲 jízhōng jīnglì tīngjiǎng ▶最後は~力がかぎになる/最后关头，精神力量很关键 zuìhòu guāntóu, jīngshén lìliang hěn guānjiàn ▶この こう~的に参っているんだ/最近精神上很疲劳 zuìjìn jīngshénshang hěn píláo ▶~に異常がある/精神异常 jīngshén yìcháng ▶~異常は認められない/不能认定是精神异常 bùnéng rèndìng shì jīngshén yìcháng

ことわざ 精神一到何事か成らざらん 只要功夫深，铁杵磨成针 zhǐyào gōngfū shēn, tiěchǔ mó chéng zhēn

◆~衛生 :精神卫生 jīngshén wèishēng ▶~衛生によくない/精神健康不好 duì jīngshén jiànkāng bùhǎo ~科医 ▶~科医の治療を受ける/接受精神科医生的治疗 jiēshòu jīngshénkē yīshēng de zhìliáo ~鑑定 ▶被告に~鑑定を受けさせる/让被告接受精神鉴定 ràng bèigào jiēshòu jīngshén jiàndìng ~錯乱 :神经错乱 shénjīng cuòluàn ▶~錯乱に陥る/陷入精神错乱 xiànrù jīngshén cuòluàn ~状態 :精神状态 jīngshén zhuàngtài；心神 xīnshén ▶彼の~状態はどうかな/他的精神状态怎么样？ tā de jīngshén zhuàngtài zěnmeyàng？ ~的重荷 :精神包袱 jīngshén bāofu ▶~的重荷に耐えられない/不能承受精神的重担 bùnéng chéngshòu jīngshén de zhòngdàn ~年齢 ▶彼は~年齢がまだ幼いね/他心理年龄还很幼稚啊！ tā xīnlǐ niánlíng hái hěn yòuzhi a！ ~分析 :精神分析 jīngshén fēnxī ~力 :魄力 pòlì

日中比較 中国語の '精神' は 'jīngshen' と読めば 「元気である」 ことを意味する.

せいじん【成人する】 成人 chéngrén；大人 dàren；成年人 chéngniánrén (英 come of age; grow up) ▶諸君はりっぱな~だ/你们都是名副其实的成人了 nǐmen dōu shì míng fù qí shí de chéngrén le ▶子供たちは~して家を離れた/孩子们长大成人，离开了家 háizimen zhǎngdà chéngrén, líkāile jiā ▶君の~を祝って辞書を贈る/送一本辞典来祝贺你成人 sòng yì běn cídiǎn lái zhùhè nǐ chéngrén

~向きの 面向成人的 miànxiàng chéngrén de ▶~向きの雑誌/成人杂志 chéngrén zázhì
◆~映画:成人影片 chéngrén yǐngpiàn ~の日 ▶~の日の記念写真/成人节的纪念照片 Chéngrénjié de jìniàn zhàopiàn ~病 ▶~病の検査を受ける/接受成人病的检查 jiēshòu chéngrénbìng de jiǎnchá

せいじん【聖人】 圣人 shèngrén (英 a saint) ▶現代の~とたたえられる/被称为现代的圣人 bèi chēngwéi xiàndài de shèngrén ▶あの~づらが気にくわん/我讨厌那幅满脸圣人的姿态 wǒ tǎoyàn nà fú mǎnliǎn shèngrén de zītài

せいしんせいい【誠心誠意】 诚心诚意 chéngxīn chéngyì；实心实意 shíxīn shíyì；真心实意 zhēnxīn shíyì (英 wholeheartedly) ▶~取り組む所存です/我决心真心实意地去干 wǒ juéxīn zhēnxīn shíyì de qù gàn

せいず【製図する】 绘图 huìtú；制图 zhìtú (英 draft) ▶~は完璧だ/制图完美无缺 zhìtú wán měi wú quē ▶目をこすりつつ~する/揉着眼睛制图 róuzhe yǎnjīng zhìtú

せいすい【盛衰】 兴衰 xīngshuāi (英 rise and fall) ▶栄枯~は世のならいだ/兴衰沉浮是世之常理 xīngshuāi chénfú shì shì zhī chánglǐ ▶この老木は我が家の~を証した/这棵老树见证了我家的兴衰 zhè kē lǎoshù jiànzhèngle wǒ jiā de xīngshuāi

せいずい【精髄】 精髓 jīngsuǐ (英 the essence) ▶~を究める/探究精髓 tànjiū jīngsuǐ ▶文学の~を究めたい/我要探究文学的精髓 wǒ yào tànjiū wénxué de jīngsuǐ

せいすう【正数】〘数〙正数 zhèngshù (英 *a positive number*)

せいすう【整数】〘数〙整数 zhěngshù (英 *an integral number*)

せいする【制する】(英 *control*; [押える] *suppress*) ▶機先を～/先発制人 xiān fā zhì rén ▶暴動を～/制止暴动 zhìzhǐ bàodòng ▶暴動を武力で制しはしたものの…/虽然用武力制止了暴动… suīrán yòng wǔlì zhìzhǐle bàodòng… ▶機先を制して発言する/先发制人地发言 xiān fā zhì rén de fāyán ▶立とうとするのを手で制した/用手势制止了他离席 yòng shǒushì zhìzhǐle tā lí xí 先んずれば人を制す 先发制人 xiān fā zhì rén

せいせい【生成】する(英 *create*) 产生 chǎnshēng ▶薬品を～する/制成新药 zhìchéng xīnyào ▶～文法/生成语法 shēngchéng yǔfǎ ▶こうして火山が～した/这样火山就形成了 zhèyàng huǒshān jiù xíngchéng le

せいせい【清清】する清爽 qīngshuǎng (英 *feel refreshed*) ▶言うだけのことは言ったから気が～した/把想说的都说完了, 心情很舒畅 bǎ xiǎng shuō de dōu shuōwán le, xīnqíng hěn shūchàng ▶早く借金を返して～したい/我想早日还掉借款, 无债一身轻 wǒ xiǎng zǎorì hái diào jièkuǎn, wú zhài yì shēn qīng

せいせい【精製】する炼制 liànzhì (英 *refine*) ▶石油を～する/炼制石油 liànzhì shíyóu

せいぜい【精精】❶[できるだけ] 尽量 jǐnliàng (英 *as much as possible*) ▶～努力することです/应该尽量努力 yīnggāi jǐnliàng nǔlì **❷**[たかだか] 大不了 dàbuliǎo; 至多 zhìduō (英 *at the most*) ▶長くて一十日だろう/最长也超过不过十天吧 zuìcháng yě chāobuguò shí tiān ba ▶食ってゆくのが～だ/充其量也就只能吃上饭 chōngqíliàng yě jiù zhǐ néng chīshàng fàn

ぜいせい【税制】税制 shuìzhì (英 *a tax system*) ▶～改革/税制改革 shuìzhì gǎigé ▶今回の～改革の眼目は何か/这次税制改革的要点是什么? zhè cì shuìzhì gǎigé de yàodiǎn shì shénme? ▶～をいじりまわす/把税制改来改去 bǎ shuìzhì gǎi lái gǎi qù

ぜいぜいいう(英 *wheeze*) ▶喉が～いう/喉咙呼哧呼哧地响 hóulóng hūchīhūchī de xiǎng

せいせいかつ【性生活】性生活 xìngshēnghuó (英 *one's sex life*)

せいせいどうどう【正正堂堂と】堂堂正正 tángtángzhèngzhèng; 挺胸昂首参加比赛 tǐng xiōng áng shǒu cānjiā bǐsài (英 *fair and square*) ▶お互い～と戦おう/互相堂堂正正地比赛吧 hùxiāng tángtángzhèngzhèng de bǐsài ba ▶彼の～たる態度は人々を感動させた/他那堂堂正正的态度感动了人们 tā nà tángtángzhèngzhèng de tàidù gǎndòngle rénmen

せいせき【成績】成绩 chéngjì; 成就 chéngjiù (英 *results*) ▶よい～を挙げる/取得好成绩 qǔdé hǎochéngjì ▶～表/成绩表 chéngjìbiǎo ▶営業～/营业成绩 yíngyè chéngjì ▶頭はよいのに～が悪い/头脑聪明, 但是成绩不好 tóunǎo cōngmíng, dànshì chéngjì bùhǎo ▶営業～が上向いてきた/营业成绩开始提高了 yíngyè chéngjì kāishǐ tígāo le ▶15勝4敗の～でシーズンを終えた/以十五胜四败的成绩结束了赛程 yǐ shíwǔ shèng sì bài de chéngjì jiéshùle sàichéng ▶優秀な～で卒業する/以优秀的成绩毕业 yǐ yōuxiù de chéngjì bìyè

せいせっかい【生石灰】生石灰 shēngshíhuī (英 *calcium oxide*)

せいせん【生鮮】新鲜 xīnxiān (英 *fresh*) ▶～食料品/鲜货 xiānhuò ▶スーパーの～食品コーナー/超市的生鲜食品区 chāoshì de shēngxiān shípǐnqū

せいせん【聖戦】圣战 shèngzhàn (英 *a holy war*) ▶～という名の侵略戦争/以圣战为名的侵略战争 yǐ shèngzhàn wéi míng de qīnlüè zhànzhēng

せいせん【精選】する精选 jīngxuǎn (英 *select carefully*) ▶贈答品の反物を～する/精选用作礼品的衣料 jīngxuǎn yòngzuò lǐpǐn de yīliào

せいぜん【生前】生前 shēngqián (英 *during one's lifetime*) ▶～をしのぶ/缅怀生前 miǎnhuái shēngqián ▶彼は～そう言っていた/他生前这么说 tā shēngqián zhème shuō ▶師の～の偉業をしのぶ/追忆老师生前的伟业 zhuīyì lǎoshī shēngqián de wěiyè ▶彼女の死顔は～より美しく見えた/她的遗容看似比生前更美 tā de yíróng kàn sì bǐ shēngqián gèng měi

せいぜん【整然と】井井有条 jǐngjǐng yǒu tiáo; 有条不紊 yǒu tiáo bù wěn; 整齐 zhěngqí (英 *orderly*) ▶～と並ぶ/整齐排列 zhěngqí páiliè ▶～たる街の区画が心に残った/整齐的街道格局给我留下了深刻的印象 zhěngqí de jiēdào géjú gěi wǒ liúxiàle shēnkè de yìnxiàng ▶理路～と説明する/井井有条地说明 jǐngjǐng yǒu tiáo de shuōmíng

せいぜんせつ【性善説】(英 *the view that humans are born good*) ▶～を信奉する/信奉性善论 xìnfèng xìngshànlùn ▶～の立場に立つ/站在性善论的立场 zhànzài xìngshànlùn de lìchǎng

せいそ【清楚な】素净 sùjìng; 清秀 qīngxiù (英 *neat and clean*) ▶彼女は～な身なりで現れた/她以一身素净的打扮出现 tā yǐ yì shēn sùjìng de dǎbàn chūxiàn ▶夫人はひときわ～に見えた/夫人显得格外清秀 fūrén xiǎnde géwài qīngxiù

日中比較 中国語の'清楚 qīngchu' は「はっきりしている」という意味.

せいそう【正装する】正装 zhèngzhuāng (英 *be in full dress*) ▶～で祝宴に出席する/身着正装出席庆贺宴会 shēnzhuó zhèngzhuāng chūxí qìnghè yànhuì ▶～に身を包む/正装着体 zhèngzhuāng zhuótǐ ▶心うきうき～した/满怀激动, 穿上了正装 mǎnhuái jīdòng, chuānshàngle zhèngzhuāng

せいそう【政争】政治斗争 zhèngzhì dòuzhēng (英 *a political strife*) ▶～に巻きこまれる/卷入

せいそう 政治斗争 juǎnrù zhèngzhì dòuzhēng ▶もう～はうんざりだ/太讨厌政治斗争了 tài tǎoyàn zhèngzhì dòuzhēng le ▶倫理問題を～の具にする/把伦理问题作为政治斗争的材料 bǎ lúnlǐ wèntí zuòwéi zhèngzhì dòuzhēng de cáiliào

せいそう【星霜】 岁月 suìyuè；年月 niányuè (英 *years*) ▶幾～を重ねる/几经风霜 jǐ jīng xīngshuāng；多年过去 duōnián guòqù ▶どれほどの～を重ねたことか/不知经历了多少岁月 bù zhī jīnglìle duōshao suìyuè ▶艱難辛苦幾～/经历了多少艰难困苦的岁月啊 jīnglìle duōshao jiānnán kùnkǔ de suìyuè a

せいそう【清掃する】 清扫 qīngsǎo；打扫 dǎsǎo (英 *clean*) ▶隅々まで～が行き届く/各个角落都打扫遍了 gègè jiǎoluò dōu dǎsǎo biàn le ▶室内の～を指示する/命令做室内卫生 mìnglìng zuò shìnèi wèishēng ▶全員で海辺を～した/全体人员做海边的清扫工作 quántǐ rényuán zuò hǎibiān de qīngsǎo gōngzuò

◆**～車** 垃圾车 lājīchē

せいそう【盛装する】 盛装 shèngzhuāng (英 *be dressed up*) ▶～してパーティーに出る/穿着盛装参加晚会 chuānzhe shèngzhuāng cānjiā wǎnhuì ▶私は～はきらいです/我不喜欢华丽的服装 wǒ bù xǐhuan huálì de fúzhuāng ▶今宵の彼女は～をこらしている/今宵的她身着盛装 jīnxiāo de tā shēnzhuó shèngzhuāng

せいぞう【製造する】 制造 zhìzào；生产 shēngchǎn (英 *manufacture*) ▶これは江戸時代に～が始まっている/这是从江户时代开始制造的 zhè shì cóng Jiānghù shídài kāishǐ zhìzào de ▶これは海外で～しています/这是在国外制造的 zhè shì zài guówài zhìzào de

◆**～業** 制造业 zhìzàoyè ▶～業の後継者難が深刻だ/制造业的后继无人的问题很严重 zhìzàoyè de hòujì wú rén de wèntí hěn yánzhòng ～**工程** 工序 gōngxù ▶幾つもの～工程を経る/经过好几道制造工序 jīngguò hǎojǐ dào zhìzào gōngxù ～**年月日** 生产年月日 shēngchǎn niányuèrì ▶商品に～年月日を明記する/在商品上明确写上生产的年月日 zài shāngpǐnshang míngquè xiěshàng shēngchǎn de niányuèrì ～**物責任** ▶～物責任を認めて賠償する/承认对产品负责，并进行赔偿 chéngrèn duì chǎnpǐn fùzé, bìng jìnxíng péicháng ～**法** ：～法はひとには教えられない/制造法不能告诉别人 zhìzàofǎ bùnéng gàosu biérén ～**元** 制造商 zhìzàoshāng ▶～元はどこか/是哪个厂家生产的？ shì nǎge chǎngjiā shēngchǎn de?

[日中比較] 中国語の'制造 zhìzào'には、「製品を作る」という意味の他に「でっちあげる」という意味もある．

せいそうけん【成層圏】 平流层 píngliúcéng (英 *the stratosphere*) ▶～を飛ぶ/在平流层飞行 zài píngliúcéng fēixíng

せいそく【生息する】 生栖 shēngqī；生存 shēngcún (英 *inhabit*) ▶狼の～が確認された/观察到有狼的生息 guānchá dào yǒu láng de shēngxī ▶あの島には大トカゲが～している/那座岛上生栖着巨大的蜥蜴 nà zuò dǎoshang shēngqīzhe jùdà de xīyì ▶～地/生栖地 shēngqīdì ▶ひぐまの～地/马熊的生息地 mǎxióng de shēngxīdì

せいぞろい【勢揃いする】 聚齐 jùqí；聚集 jùjí (英 *get together*) ▶一族～の写真をとる/照全家福 zhào quánjiāfú ▶新年には一門が～する/元旦前后，一门人聚集一堂 Yuándàn qiánhòu, yìménrén jùjí yītáng

せいぞん【生存する】 生存 shēngcún；生息 shēngxī (英 *exist; survive*) ▶中浜さんの～が確認された/中滨先生的生存已得到确认 Zhōngbīn xiānsheng de shēngcún yǐ dédào quèrèn ▶瓦礫の下で～している/在瓦砾下生存着 zài wǎlì xià shēngcúnzhe ▶～権は憲法で保障されている/生存权受宪法保障 shēngcúnquán shòu xiànfǎ bǎozhàng

◆**～競争** 生存竞争 shēngcún jìngzhēng ▶～競争がはげしい/生存竞争很激烈 shēngcún jìngzhēng hěn jīliè ～**者** 幸存者 xìngcúnzhě ▶～者は 3 名に過ぎなかった/生存者仅有三个人 shēngcúnzhě jǐn yǒu sān ge rén ～**率** 存活率 cúnhuólǜ

せいたい【生体】 活体 huótǐ (英 *a living body*) ▶～解剖/活体解剖 huótǐ jiěpōu

◆**～肝移植** 活体肝移植 huótǐ gānyízhí ～**実験** 生物实验 shēngwù shíyàn ▶～実験を行う/进行活体实验 jìnxíng huótǐ shíyàn ～**反応** 生物反应 shēngwù fǎnyìng ▶もはや～反応がない/已经没有活体反应了 yǐjing méiyǒu huótǐ fǎnyìng le

せいたい【生態】 生态 shēngtài (英 *a mode of life; ecology*) ▶～学/生态学 shēngtàixué ▶～系/生态系 shēngtàixì ▶外来種が～系を乱している/外来种扰乱了生态系 wàiláizhǒng rǎoluànle shēngtàixì ▶シカの～系/鹿的生态 lù de shēngtài

せいたい【声帯】 〔解〕声带 shēngdài (英 *the vocal chords*) ▶～を痛める/损伤声带 sǔnshāng shēngdài ▶～模写/口技 kǒujì ▶～を痛めて歌えない/声带损伤，不能唱歌 shēngdài sǔnshāng, bùnéng chànggē ▶～模写が客を喜ばせた/口技表演受到客人们的欢迎 kǒujì biǎoyǎn shòudào kèrénmen de huānyíng

せいたい【政体】 (英 *a form of government*) ▶共和～/共和政体 gònghé zhèngtǐ ▶立憲～/立宪政体 lìxiàn zhèngtǐ

せいたい【静態】 静态 jìngtài (英 *static*) ▶～統計/静态统计 jìngtài tǒngjì

せいだい【盛大な】 盛大 shèngdà；隆重 lóngzhòng (英 *grand*) ▶葬儀は～に営まれた/隆重地举行了葬礼 lóngzhòng de jǔxíng zàngli ▶～なића盛大的祝贺宴会/召开盛大的祝贺宴会 zhàokāi shèngdà de zhùhè yànhuì ▶会合は～だった/会议很盛大 huìyì hěn shèngdà

せいたいじ【正体字】 正体字 zhèngtǐzì（英 the standard form of a character）

せいだく【清濁】 清浊 qīngzhuó（英 purity and impurity）▶〜をあわせ呑む/心胸广大 xīnxiōng guǎngdà; 兼容并蓄 jiān róng bìng xù

ぜいたく【贅沢な】 豪华 háohuá; 阔气 kuòqi; 奢侈 shēchǐ（英 luxurious）▶〜三昧/穷奢极侈 qióng shē jí chǐ ▶〜品/奢侈品 shēchǐpǐn ▶「〜は敵だ」「いや素敵だ」"奢侈是祸害 Shēchǐ shì huòhai" "不对，那是福分 Búduì, nà shì fúfen" ▶留学など〜だ/留学是奢侈的事 liúxué shì shēchǐ de shì ▶〜な暮らしをする/过着奢侈的生活 guòzhe shēchǐ de shēnghuó ▶お屋敷で〜に育つ/在豪华的房子里被奢侈地抚养大 zài háohuá de fángzili bèi shēchǐ de fǔyǎng dà ▶夫はそんな〜を言う/老公提出过分的要求 lǎogōng tíchū guòfēn de yāoqiú ▶そんな〜はできない/那样的奢侈是不行的 nàyàng de shēchǐ shì bùxíng de

せいたん【生誕する】 诞生 dànshēng（英 be born）▶太宰治の〜100年を記念する/纪念太宰治诞生一百周年 jìniàn Tàizǎi Zhì dànshēng yībǎi zhōunián

せいだん【星団】〖天文〗星团 xīngtuán（英 a cluster of stars）

せいだん【清談】 清谈 qīngtán（英 pure conversation）

せいち【生地】 出生地 chūshēngdì（英 one's birthplace）▶芭蕉の〜を訪ねる/访问芭蕉的出生地 fǎngwèn Bājiāo de chūshēngdì ▶彼の〜は不明である/他的出生地不明 tā de chūshēngdì bùmíng

せいち【聖地】 圣地 shèngdì（英 a sacred place）▶〜に詣（もう）でる/朝圣 cháoshèng ▶〜をめざして巡礼の列が行く/巡礼的行列向着圣地前进 xúnlǐ de hángliè xiàngzhe shèngdì qiánjìn

せいち【精緻】 精致 jīngzhì（英 fine）▶描写を〜を極めていた/描写极其细致 miáoxiě jíqí xìzhì ▶〜な細工に感服した/对精致的工艺品感到钦佩 duì jīngzhì de gōngyìpǐn gǎndào qīnpèi

せいち【整地する】 平整土地 píngzhěng tǔdì; 地 zhěngdì（英 level the ground）▶〜が順調に運んだ/平整土地的工作进行得很顺利 píngzhěng tǔdì de gōngzuò jìnxíng de hěn shùnlì ▶焼け跡を〜する/平整火灾后的废墟 píngzhěng huǒzāihòu de fèixū

ぜいちく【筮竹】（占いの）筮签 shìqiān（英 divining sticks）▶まず〜の一本を抜き取る/先抽出一根签 xiān chōuchū yì gēn qiān

せいちゃ【製茶する】 制茶 zhì chá（英 manufacture tea）▶〜の工程/生产茶叶的工序 shēngchǎn cháyè de gōngxù

せいちゅう【成虫】 成虫 chéngchóng（英 an imago）▶卵は一年たって〜になった/卵经过一年变成了成虫 luǎn jīngguò yì nián biànchéngle chéngchóng ▶〜の命は短い/成虫的寿命很短 chéngchóng de shòumìng hěn duǎn

せいちゅう【掣肘する】 牵制 qiānzhì（英 restrain）▶誰にも〜されたくない/我不想受到任何人的牵制 wǒ bù xiǎng shòudào rènhé rén de qiānzhì ▶君に〜を加える気はない/我并不想妨碍你 wǒ bìng bù xiǎng fáng'ài nǐ ▶上司から何かと〜を受けた/受到上司各种形式的阻扰 shòudào shàngsi gèzhǒng xíngshì de zǔrǎo

せいちゅう【精虫】 精子 jīngzǐ（英 a spermatozoon）

せいちょう【正調】 正统唱法 zhèngtǒng chàngfǎ（英 the orthodox tune）▶〜小諸馬子唄/正调小诸马夫歌 zhèngdiào Xiǎozhū mǎfūgē ▶故郷の民謡を〜で歌う/用正调唱故乡的民谣 yòng zhèngdiào chàng gùxiāng de mínyáo

せいちょう【声調】❶〖声の調子〗声调 shēngdiào（英 a tone of voice）▶その詩吟の〜は丘の上にまで聞こえた/那吟诗的声调，传到了小山丘上 nà yínshī de shēngdiào, chuándàole xiǎoshānqiūshang ❷〖四声の高低・昇降〗声调 shēngdiào; 四声 sìshēng（英 a tone）▶僕は結局〜が身につかなかった/我到底没有学会声调 wǒ dàodǐ méiyǒu xuéhuì shēngdiào

せいちょう【成長する】 成长 chéngzhǎng; 生长 shēngzhǎng; 发展 fāzhǎn（英 grow）▶〜を遂げる/长大成人 zhǎngdà chéngrén ▶〜産業/发展中产业 fāzhǎn zhōng chǎnyè ▶作家として大きな〜を遂げた/作为一个作家成长了一大步 zuòwéi yí ge zuòjiā chéngzhǎngle yídàbù ▶おまえの〜を見届けて死にたい/我想在死前看到你长大 wǒ xiǎng zài sǐ qián kàndào nǐ zhǎngdà ▶彼女は大女優に〜した/她成长为大演员了 tā chéngzhǎng wéi dàyǎnyuán le ▶彼は〜して医師となった/他成长成了医生 tā chéngzhǎng chéngle yīshēng ▶経済〜率が5％を越えた/经济增长率超过了百分之五 jīngjì zēngzhǎnglǜ chāoguòle bǎi fēn zhī wǔ

◆〜株《比喻的》: 大有前途者 dàyǒu qiántúzhě ▶彼は我が社の〜株だ/他是我们公司大有希望的人才 tā shì wǒmen gōngsī dà yǒu xīwàng de réncái

せいちょう【性徴】（英 a sexual characteristic）▶二次〜/第二性征 dì'èr xìngzhēng

せいちょう【清聴】 垂听 chuítīng（英 listen courteously）▶御〜有難うございました/承蒙垂听，非常感谢 chéngméng chuítīng, fēicháng gǎnxiè

せいつう【精通する】 精通 jīngtōng; 通晓 tōngxiǎo; 精于 jīngyú（be well versed in...）▶芸能界の裏事情に〜する/精通文艺界的内幕 jīngtōng wényìjiè de nèimù

せいてい【制定する】 拟定 nǐdìng; 制定 zhìdìng（英 enact）▶〜法/成文法 chéngwénfǎ ▶新法に〜に踏みきる/决定制定新法 juédìng zhìdìng xīnfǎ ▶新たな規制法を〜する/制定新的规制法 zhìdìng xīn de guīzhìfǎ

せいてき【性的】 性的 xìng de（英 sexual）▶〜不能/阳痿 yángwěi ▶〜不能に効く薬ができ

た/有了治疗性功能障碍的药了 yǒule zhìliáo xìnggōngnéng zhàng'ài de yào le ▶～倒錯/性反常行为 xìng fǎncháng xíngwéi ▶～倒錯にのめりこむ/陷入了性别错乱 xiànrùle xìngbié cuòluàn ▶～魅力が売りのアイドル/以性感魅力为特长的偶像 yǐ xìnggǎn mèilì wéi tècháng de ǒuxiàng ▶～いやがらせを受ける/受到性骚扰 shòudào xìngsāorǎo ▶～関係を迫る/强迫发生性关系 qiǎngpò fāshēng xìngguānxi ▶～衝動にかられる/受性冲动所驱使 shòu xìngchōngdòng suǒ qūshǐ

せいてき【政敵】 政敌 zhèngdí (英 *a political opponent*) ▶～がいるから前進がある/因为有政敌，才有进步 yīnwèi yǒu zhèngdí, cái yǒu jìnbù

せいてき【静的】 静态的 jìngtài de (英 *static*) ▶～な美/静态美 jìngtàiměi

せいてつ【製鉄】 炼铁 liàntiě (英 *iron manufacture*) ▶～所/钢铁厂 gāngtiěchǎng

せいてん【青天】 青天 qīngtiān (英 *a blue sky*) ▶～白日の身となる/冤罪得到了昭雪 yuānzuì dédàole zhāoxuě

ことわざ **青天の霹靂**（※） ▶先生の死は～の霹靂だ/老师的死真是青天霹雳 lǎoshī de sǐ zhēn shì qīngtiān pīlì

せいてん【晴天】 晴天 qíngtiān (英 *fine weather*) ▶～に恵まれる/遇到晴朗天气 yùdào qínglǎng tiānqì ▶運動会は～に恵まれた/运动会幸运地在晴天中举行 yùndònghuì xìngyùn de zài qíngtiān zhōng jǔxíng

せいてん【聖典】 圣经 shèngjīng (英 *a sacred book*)

せいてんかん【性転換する】 变性 biànxìng (英 *change sex*) ▶～手術を施す/做变性手术 zuò biànxìng shǒushù ▶～するのが最良の道だと思う/我认为做变性手术是最好的办法 wǒ rènwéi zuò biànxìng shǒushù shì zuìhǎo de bànfǎ

せいでんき【静電気】 静电 jìngdiàn (英 *static electricity*) ▶冬は特に～が起きる/冬天特别易起静电 dōngtiān tèbié yì qǐ jìngdiàn

せいと【生徒】 学生 xuésheng (英 *a student*; [小学校・中学校の] *a pupil*) ▶全校の～の前で歌う/在全校学生前面唱歌 zài quánxiào xuésheng qiánmian chànggē ▶私は自分の～を信じる/我相信自己的学生 wǒ xiāngxìn zìjǐ de xuésheng ▶私は～がかわいいのだ/我觉得学生们很可爱 wǒ juéde xuéshengmen hěn kě'ài ▶～会活動に忙しい/忙着学生会的活动 mángzhe xuéshēnghuì de huódòng

せいと【征途】 征途 zhēngtú (英 *a military expedition*) ▶校歌に送られて～に就く/在欢送的校歌中踏上了征途 zài huānsòng de xiàogē zhōng tà shàngle zhēngtú

せいど【制度】 制度 zhìdù (英 *a system*) ▶貨幣～/币制 bìzhì ▶人員採用のあり方を～化する/将采用人员的办法制度化 jiāng cǎiyòng rényuán de bànfǎ zhìdùhuà ▶家族～に縛られる/被家族制度束缚 bèi jiāzú zhìdù shùfù ▶～が時代に合わない/制度不适合时代 zhìdù bú shìhé shídài

せいど【精度】 精度 jīngdù; 精密度 jīngmìdù (英 *precision*) ▶この器械は～が高い/这个器械的精密度很高 zhège qìxiè de jīngmìdù hěn gāo ▶～の高い技術が誇りだ/精度极高的技术是我们的自豪 jīngmìdù jíde jìshù shì wǒmen de zìháo ▶いかにして診断の～を上げるか/怎么样才能提高诊断的精确度呢？ zěnmeyàng cái néng tígāo zhěnduàn de jīngquèdù ne?

せいとう【正当な】 正当 zhèngdàng; 合理 hélǐ (英 *just*) ▶不正を～化する/把非法行为为正当化 bǎ fēifǎ xíngwéi zhèngdàngh uà ▶仕事は～に評価しなくてはいけない/一定要公正地评价工作 yídìng yào gōngzhèng de píngjià gōngzuò ▶～な根拠/正当的依据 zhèngdàng de yījù ▶彼の抗議には～な根拠がない/他的抗议没有正当的根据 tā de kàngyì méiyǒu zhèngdàng de gēnjù

♦～**防衛** [自卫 zìwèi; 正当防卫 zhèngdàng fángwèi] ▶～防衛が認められた/被认定是正当防卫 bèi rèndìng shì zhèngdàng fángwèi

日中比较 中国語の'正当'は'zhèngdāng'と読めば「ちょうど…の時に当たる」という意味になる．

せいとう【正統な】 正宗 zhèngzōng; 正统 zhèngtǒng (英 *orthodox*) ▶～派の話芸/正统派的说话艺术 zhèngtǒngpài de shuōhuà yìshù ▶流派を継ぐ/继承流派的正统 jìchéng liúpài de zhèngtǒng ▶あの時代は異常な思想が～だと見なされた/那个时代把异常的思想当成了正统 nàge shídài bǎ yìcháng de sīxiǎng dàngchéngle zhèngtǒng

せいとう【政党】 党派 dǎngpài; 政党 zhèngdǎng (英 *a political party*) ▶～政治/政党政治 zhèngdǎng zhèngzhì ▶新～を結成する/结成新政党 jiéchéng xīn zhèngdǎng ▶二大～制の歴史は長くない/两大政党制的历史不很长 liǎngdà zhèngdǎngzhì de lìshǐ bù hěn cháng

せいとう【精糖】 白糖 báitáng (英 *refined sugar*)

せいとう【製糖】 制糖 zhìtáng (英 *sugar manufacture*) ▶～工場/糖厂 tángchǎng

せいどう【正道】 正道 zhèngdào; 正路 zhènglù (英 *the right path*) ▶我々は堂々と～を歩む/我们堂堂正正地走正道 wǒmen tángtángzhèngzhèng de zǒu zhèngdào ▶～に立ち戻れ/回到正道 huídào zhèngdào ▶彼は晩年になって～を踏みはずした/到了晚年，他偏离了正道 dàole wǎnnián, tā piānlíle zhèngdào

せいどう【青銅】 青铜 qīngtóng (英 *bronze*) ▶中国古代の～器/中国古代的青铜器 Zhōngguó gǔdài de qīngtóngqì ▶公园に～の女人像を置く/把青铜的女人像放在公园里 bǎ qīngtóng de nǚrénxiàng fàngzài gōngyuánlǐ

せいどう【聖堂】 教堂 jiàotáng (英 *a church*; *a temple*) ▶丘の上に～が建った《キリスト教》/在山丘上建了教堂 zài shānqiūshang jiànle jiàotáng

▶湯島~《孔子廟》/汤岛圣堂 Tāngdǎo shèngtáng

せいどうき【制動機】 制动器 zhìdòngqì (英 *a brake*) ▶~を点検する/检查制动器 jiǎnchá zhìdòngqì

せいとく【生得】 天生 tiānshēng (英 *inborn*) ▶この色使いは~の才だ/这种使用颜色的方法是天生之才 zhè zhǒng shǐyòng yánsè de fāngfǎ shì tiānshēng zhī cái ▶~の明るさで周囲をなごませる/用天生的开朗使周围的气氛快乐 yòng tiānshēng de kāilǎng shǐ zhōuwéi de qìfēn kuàilè

せいどく【精読する】 精读 jīngdú (英 *read intensively*) ▶二度三度~してごらん/你细细地读两三遍看看 nǐ xìxì de dú liǎng sān biàn kànkan ▶~ばかりが能ではない/光会精读也算不了什么 guāng huì jīngdú yě suànbuliǎo shénme

せいとん【整頓する】 整顿 zhěngdùn; 整饬 zhěngchì; 归置 guīzhi (英 *put... in order*) ▶整理~を心がける/平时注意整理清洁 píngshí zhùyì zhěnglǐ qīngjié ▶物置を~する/整理仓库 zhěnglǐ cāngkù

せいなる【聖なる】 神圣 shénshèng (英 *holy; sacred*) ▶~土地/神圣的土地 shénshèng de tǔdì ▶民族の~土地/民族的神圣土地 mínzú de shénshèng tǔdì

せいなん【西南】 西南 xīnán (英 *southwestern*) ▶北京市から~15キロほどのところに盧溝橋がある/在北京市西南十五公里左右的地方有卢沟桥 zài Běijīngshì xīnán shíwǔ gōnglǐ zuǒyòu de dìfang yǒu Lúgōuqiáo ▶~部には雪が予想される/预计在西南部有雪 yùjì zài xīnánbù yǒu xuě ▶~西の風/西南偏西方向的风 xīnán piānxī fāngxiàng de fēng ▶専用機は離陸してすぐ~に進路をとった/专机起飞后马上飞向西南的航线 zhuānjī qǐfēi hòu mǎshàng fēixiàng xīnán de hángxiàn

ぜいにく【贅肉】 肥肉 féiròu (英 *superfluous flesh*) ▶~がつく/发胖 fāpàng; 长膘 zhǎngbiāo ▶せっせと体を動かして~を落とした/活动身体, 减少肥肉 huódòng shēntǐ, jiǎnshǎo féiròu

せいにくてん【精肉店】 (英 *a butcher's*) 肉铺 ròupù

せいねん【成年】 成年 chéngnián (英 *the age of adulthood*) ▶子供たちはみな~に達した/孩子们都已经成年了 háizimen dōu yǐjing chéngnián le ▶未~者の入場お断り/禁止未成年者入内 jìnzhǐ wèichéngniánzhě rù nèi

日中比較 中国語の'成年 chéngnián'は「一人前と認められる年齢」という意味の他に「一年中」という意味も持つ。

せいねん【青年】 青年 qīngnián (英 *a young man*;［総称］*young people*) ▶~時代はつまずいてばかりいた/青年时代都在走弯路 qīngnián shídài dōu zài zǒu wānlù ▶いまや期待の~実業家である/现在已经是肩负众望的青年实业家 xiànzài yǐjing shì jiānfù zhòngwàng de qīngnián

shíyèjiā ▶ある日感じのよい~が訪ねてきた/有一天一个给人印象很好的青年来访问 yǒu yìtiān yí ge gěi rén yìnxiàng hěn hǎo de qīngnián lái fǎngwèn

せいねんがっぴ【生年月日】 出生年月日 chūshēng niányuèrì (英 *the date of one's birth*) ▶この欄に~を記入します/在这一栏填写出生年月日 zài zhè yì lán tiánxiě chūshēng niányuèrì

せいのう【性能】 性能 xìngnéng (英 *performance; efficiency*) ▶~の悪い/性能差 xìngnéng chà ▶~のよい品は高くても売れる/性能很好的商品, 价钱贵也能卖出去 xìngnéng hěn hǎo de shāngpǐn, jiàqian guì yě néng màichūqu ▶エンジンの~が悪い/马达的性能不好 mǎdá de xìngnéng bùhǎo ▶~を高める/提高性能 tígāo xìngnéng ▶どこまで~を高めるか見ていてくれ/你就等着, 看我能把功能提高多少 nǐ jiù děngzhe, kàn wǒ néng bǎ gōngnéng tígāo duōshao

♦~試験:性能试验 xìngnéng shìyàn

せいは【制覇する】 **❶**【権力を握る】称霸 chēngbà (英 *dominate*) **❷**【競技で優勝する】得冠军 dé guànjūn (英 *win the championship*) ▶選挙区では市民党が~した/选举区这方面市民党获胜了 xuǎnjǔqū zhè fāngmiàn Shìmíndǎng huòshèng le ▶初出場で全国~を成し遂げた/第一次参赛就获得了全国冠军 dìyī cì cānsài jiù huòdéle quánguó guànjūn

せいばい【成敗する】 处罚 chǔfá; 惩罚 chéngfá (英 *punish*;［裁く］*judge*) ▶けんか両~/各打五十大板 gè dǎ wǔshí dàbǎn

せいはつ【整髪】 理发 lǐfà (英 *cut a person's hair*) ▶~料/理发费 lǐfàfèi ▶~は月に1度と決めている/每月理一次发是我的习惯 měiyuè lǐ yí cì fā shì wǒ de xíguàn ▶~しているひまがない/没时间理发 méi shíjiān lǐfà

せいばつ【征伐する】 征伐 zhēngfá (英 *conquer*)

せいはん【正犯】 主犯 zhǔfàn (英 *the principal offense*) ▶共同~/同案主犯 tóng'àn zhǔfàn ▶彼は単独~として裁かれた/他作为单独正犯被判刑了 tā zuòwéi dāndú zhèngfàn bèi pànxíng le ▶6人の共同~/六个共同正犯 liù ge gòngtóng zhèngfàn

せいはん【製版する】［印刷］制版 zhìbǎn; 拼板 pīnbǎn (英 *make plates*) ▶写真~/照相制版 zhàoxiàng zhìbǎn

せいはんざい【性犯罪】 性犯罪 xìngfànzuì (英 *a sex offense*) ▶分别ある大人が~に走る/通晓事理的成人走上了性犯罪的路 tōngxiǎo shìlǐ de chéngrén zǒushàngle xìngfànzuì de lù ▶この辺りは~が多発している/这附近性犯罪频发 zhè fùjìn xìngfànzuì pínfā

せいはんたい【正反対の】 正相反 zhèngxiāngfǎn (英 *exactly the opposite*) ▶私の意見は君とは~だ/我的意见和你正相反 wǒ de yìjian hé nǐ zhèngxiāngfǎn ▶~の方向に進む/走上截然相反的方向 zǒushàng jiérán xiāngfǎn de fāng-

せいひ【正否】（英 right or wrong）▶事の～は速断できない/不能马上判断事情的是非 bùnéng mǎshàng pànduàn shìqing de shìfēi

せいひ【成否】 成功与否 chénggōng yǔfǒu（英 success or failure）▶～の鍵を握る/掌握着成败的钥匙 zhǎngwòzhe chéngbài de yàoshi; 是成功的关键 shìfǒu chénggōng de guānjiàn ▶彼の技術が～の鍵を握っている/他的技术是能不能成功的关键 tā de jìshù shì néng bùnéng chénggōng de guānjiàn ▶～は問わない、全力でかかれ/不问能否成功，全力以赴！bú wèn néng fǒu chénggōng, quánlì yǐ fù！▶～は君の努力にかかっている/成功与否全靠你的努力 chénggōng yǔfǒu quán kào nǐ de nǔlì

せいび【整備する】 整备 zhěngbèi（英 maintain; equip）▶細部まで丹念に～する/每一个细部都认真地维修 měi yí ge xìbù dōu rènzhēn de wéixiū ▶車両／车辆配备 chēliàng xiūpèi ▶車両～に手ぬかりはないか/车辆的维修没有遗漏吗？chēliàng de wéixiū méiyǒu yílòu ma？

せいひつ【静謐】 宁静 níngjìng（英 peace and calm）▶境内は～に包まれていた/寺院内一片静谧 sìyuànnèi yí piàn jìngmì ▶彼の詩はいかにも～だ/他的诗很有静谧的气氛 tā de shī hěn yǒu jìngmì de qìfēn

せいひょう【製氷する】 制冰 zhìbīng（英 make ice）▶～皿/制冰容器 zhìbīng róngqì ▶冷藏库で～する/用冰箱制冰 yòng bīngxiāng zhìbīng ◆～工場:制冰工厂 zhìbīng gōngchǎng

せいびょう【性病】 性病 xìngbìng; 花柳病 huāliǔbìng（英 a venereal disease）▶～にかかる/得性病 dé xìngbìng ▶出張先から～をもらって帰る/在出差的地方传染上性病回来 zài chūchāi de dìfang chuánrǎnshàng xìngbìng huílái

せいひれい【正比例する】 正比 zhèngbǐ; 正比例 zhèngbǐlì（英 be in direct proportion）▶生産と出荷は～の関係にある/生产和发货成正比例关系 shēngchǎn hé fāhuò chéng zhèngbǐlì guānxi ▶売り上げと収益は必ずしも～しない/营业额和利润并不一定成正比例 yíngyè'é hé lìrùn bìng bù yídìng chéng zhèngbǐlì

せいひん【清貧の】 清寒 qīnghán; 清贫 qīngpín（英 poor but honest）▶～に甘んずる/甘于清贫 gānyú qīngpín ▶～生活を送る/过清贫生活 guò qīngpín shēnghuó

せいひん【製品】 产品 chǎnpǐn; 成品 chéngpǐn; 出品 chūpǐn; 制品 zhìpǐn（英 a product）▶新～/新产品 xīnchǎnpǐn ▶半～/半成品状态出厂/半成品的状态出厂 bànchéngpǐn de zhuàngtài chūchǎng ▶秋には新～を世に問います/秋天新产品问世 qiūtiān xīnchǎnpǐn wènshì ▶ガラス～/玻璃制品 bōli zhìpǐn ▶電気～/电器产品 diànqì chǎnpǐn

せいふ【正負】 正负 zhèngfù（英 positive and negative）▶～の記号/正负的记号 zhèngfù de jìhao ▶次世代に残す～の遺産/留给后代的正负遗产 liúgěi hòudài de zhèngfù yíchǎn

せいふ【政府】 政府 zhèngfǔ（英 a government）▶～高官/政府高官 zhèngfǔ gāoguān ▶～の当局の確切見解を示せ/请出示政府当局的确切见解 qǐng chūshì zhèngfǔ dāngjú de quèqiè jiànjiě ▶～は何をしとんのか/政府在做什么！zhèngfǔ zài zuò shénme！▶～の干渉が多すぎる/政府的干涉太多 zhèngfǔ de gānshè tài duō ▶～筋の発言によると…/据政府方面的发言说… jù zhèngfǔ fāngmiàn de fāyán shuō…

せいぶ【西部】 ❶[地域の西] 西部地区 xībù dìqū（英 the western part）▶県の～は雪が多い/县的西部雪很多 xiàn de xībù xuě hěn duō ❷[アメリカの西の地方]（英 the West）▶～開拓史/西部开拓史 xībù kāituòshǐ ▶～劇/西部片 xībùpiàn

せいふく【正副】 正副 zhèngfù（英[役名の] principal and vice; [書類の] original and copy）▶～議長を選出する/选出正副议长 xuǎnchū zhèngfù yìzhǎng ▶書類は～2通提出して下さい/请提交正副两份文件 qǐng tíjiāo zhèngfù liǎng fèn wénjiàn

せいふく【制服】 制服 zhìfú（英 a uniform）▶～を私服に着替える/把制服换成便装 bǎ zhìfú huànchéng biànzhuāng ▶～がよく似合うよ/很适合穿制服 hěn shìhé chuān zhìfú ▶～で学校に通う/穿着制服上学 chuānzhe zhìfú shàngxué ▶～姿/制服装束 zhìfú zhuāngshù ▶～姿で写真をとる/穿着制服照相 chuānzhe zhìfú zhàoxiàng

せいふく【征服する】 征服 zhēngfú; 制伏 zhìfú（英 conquer）▶彼は冬のエベレスト～の夢をかなえた/他完成了征服冬天的珠穆朗玛峰的梦想 tā wánchéngle zhēngfú dōngtiān de Zhūmùlǎngmǎfēng de mèngxiǎng ▶あの時代はジャズが世界を～した/那个年代，爵士乐征服了世界 nàge niándài, juéshìyuè zhēngfúle shìjiè

せいぶつ【生物】 生物 shēngwù（英 a living thing）▶～学/生物学 shēngwùxué ▶～兵器/生物武器 shēngwù wǔqì ▶～が生きにくい環境になる/变成生物难以生存的环境 biànchéng shēngwù nányǐ shēngcún de huánjìng ▶～工学の発展は目ざましい/生物工学取得非常显著的发展 shēngwù gōngxué qǔdé fēicháng xiǎnzhù de fāzhǎn

せいぶつ【静物】 静物 jìngwù（英 still life）▶彼女は好んで～を描いた/她喜好画静物 tā xǐhào huà jìngwù ▶～画/静物画 jìngwùhuà ▶ピカソの～画がオークションにかかった/拍卖毕加索的静物画 pāimài Bìjiāsuǒ de jìngwùhuà

せいふん【製粉する】 磨粉 mófěn（英 mill flour）▶～所/面粉厂 miànfěnchǎng

せいぶん【正文】 正文 zhèngwén（英 the official text）▶条约の～は二ヶ国語で書かれている/条约的正文是用两国文字写成的 tiáoyuē de zhèngwén shì yòng liǎng guó wénzì xiěchéng de

せいぶん【成分】 成分 chéngfen (英 *an ingredient*) ▶薬物の~を分析する/分析药物的成分 fēnxī yàowù de chéngfen

> 日中比較 中国語の'成分 chéngfen'は「構成している要素」という意味の他に、出身家庭の「階級区分」(貧農, 労働者, 地主, 資本家など)をも意味する.

せいぶん【成文】 成文 chéngwén (英 *statutory form*) ▶~法/成文法 chéngwénfǎ ▶~化する/成文化 chéngwénhuà ▶慣行を~化する/把例行的事成文化 bǎ lìxíng de shì chéngwénhuà ▶あの国には~憲法がない/那个国家没有成文宪法 nàge guójiā méiyǒu chéngwén xiànfǎ

せいへき【性癖】 癖性 pǐxìng (英 *one's natural disposition*) ▶彼には困った~がある/他有很糟糕的坏毛病 tā yǒu hěn zāogāo de huài máobìng ▶彼の~を飲みこむまでには時間がかかった/花了不少时间领会到他的性癖 huāle bùshǎo shíjiān lǐnghuì dào tā de xìngpǐ

せいべつ【生別する】 生別 shēngbié (英 *become separated from... for life*) ▶7歳で~した母をさがしている/在寻找七岁时离别的母亲 zài xúnzhǎo qī suì shí líbié de mǔqin

せいべつ【性別】 性别 xìngbié (英 *the distinction of sex*) ▶年齢~に関係なく応募できる/不论年龄性别可以应征 bùlùn niánlíng xìngbié kěyǐ yìngzhēng ▶ひなの~を鑑定する/鉴定小鸡的性别 jiàndìng xiǎojī de xìngbié

せいへん【政変】 政変 zhèngbiàn (英 *a political change*) ▶~が起こる/变天 biàntiān; 发生政变 fāshēng zhèngbiàn ▶~により改革派は一掃された/由于政变, 改革派被一扫而光 yóuyú zhèngbiàn, gǎigépài bèi yì sǎo ér guāng

せいぼ【生母】 生母 shēngmǔ (英 *one's real mother*) ▶私は~の顔も知らない/我连亲生母亲都没见过 wǒ lián qīnshēng mǔqin dōu méi jiànguo ▶夢の中で~と語る/在梦中和生母说话 zài mèng zhōng hé shēngmǔ shuōhuà

せいぼ【声母】 〔音声学〕〔中国語の〕声母 shēngmǔ

せいぼ【歳暮】 年礼 niánlǐ (英 *a year-end gift*) ▶~のシーズンがやってきた/送年礼的季节到来了 sòng niánlǐ de jìjié dàolái le ▶今年も山本さんから~が届いた/今年山本也寄来了年礼 jīnnián Shānběn yě jìláile niánlǐ ▶~に何を贈ろうか/年礼送什么好呢？niánlǐ sòng shénme hǎo ne ?

せいぼ【聖母】 圣母 shèngmǔ (英 *the Holy Mother*)

♦~マリア:圣母玛丽亚 shèngmǔ Mǎlìyà

せいほう【西方の】 西方 xīfāng (英 *western*)

せいほう【製法】 制法 zhìfǎ (英 *a method of manufacture*) ▶これは我が家に秘伝の~だ/这是我家秘传的制法 zhè shì wǒ jiā mìchuán de zhìfǎ ▶テレビで菓子の~を学ぶ/通过电视, 学做点心 tōngguò diànshì, xué zuò diǎnxin

せいぼう【声望】 声望 shēngwàng (英 *a reputation*) ▶町では誰より~が高い/在城市里比谁的声望都高 zài chéngshìli bǐ shéi de shēngwàng dōu gāo ▶奨学事業に貢献して~を得た/对奖学事业做出贡献, 赢得了声望 duì jiǎngxué shìyè zuòchū gòngxiàn, yíngdéle shēngwàng

せいぼう【制帽】 制帽 zhìmào (英 *a uniform cap*); 〔学校の〕*a school cap*) ▶あの学校には~がある/那个学校有制帽 nàge xuéxiào yǒu zhìmào ▶駅員は真夏でも~をかぶる/铁路员盛夏的时候也戴制帽 tiělùyuán shèngxià de shíhou yě dài zhìmào

ぜいほう【税法】 税法 shuìfǎ (英 *the tax law*) ▶来年度から~が変わる/明年度开始, 税法有变动 míngniándù kāishǐ, shuìfǎ yǒu biàndòng ▶~改正/修改税法 xiūgǎi shuìfǎ ▶~改正を審議する/审议改正税法 shěnyì gǎizhèng shuìfǎ

せいほうけい【正方形】 正方形 zhèngfāngxíng (英 *a regular square*)

せいほく【西北の】 西北 xīběi (英 *northwestern*) ▶船は~に進路をとった/船向西北前进 chuán xiàng xīběi qiánjìn

せいぼつねん【生没年】 生卒年 shēngzúnián (英 *the years of a person's birth and death*) ▶蕪村の~は分かりますか/你知道芜村的生卒年吗？nǐ zhīdào Wúcūn de shēng zúnián ma ?

せいホルモン【性ホルモン】 〖生理〗性激素 xìngjīsù (英 *a sex hormone*)

せいほん【正本】 **❶**〖謄本の一種〗正本 zhèngběn (英 *an attested copy*) ▶~を作製する/制作正本 zhìzuò zhèngběn **❷**〖転写・副本の原本〗原本 yuánběn (英 *the original copy*) ▶~と照合する/和原本对照 hé yuánběn duìzhào

せいほん【製本する】 装订 zhuāngdìng (英 *bind a book*) ▶原稿を~して保存する/把原稿装订保存 bǎ yuángǎo zhuāngdìng bǎocún ▶よい本なのに~がよくない/是好书, 可惜装订不好 shì hǎoshū, kěxī zhuāngdìng bùhǎo

♦~屋:装订公司 zhuāngdìng gōngsī

せいまい【精米】 碾米 niǎnmǐ (英 *polish rice*) ▶~機/碾米机 niǎnmǐjī ▶~所/碾米厂 niǎnmǐchǎng ▶ブランド米も~しないとうまくない/即使是名牌米, 不碾也不好吃 jíshǐ shì míngpái mǐ, bù niǎn yě bù hǎochī

せいみつ【精密な】 精密 jīngmì; 细致 xìzhì; 致密 zhìmì (英 〔詳細〕*detailed*; 〔精確〕*precise*) ▶~機械/精密仪器 jīngmì yíqì ▶あの人はまるで~機械のようだ/他简直就和精密机械一样 tā jiǎnzhí jiù hé jīngmì jīxiè yíyàng ▶胃の~検査を受ける/接受胃的精密检查 jiēshòu wèi de jīngmì jiǎnchá ▶職人の手際が機械よりも~だった/工匠的手艺比机械还精密 gōngjiàng de shǒuyì bǐ jīxiè hái jīngmì ▶~な地図を作製する/制作精密地图 zhìzuò jīngmì dìtú

せいみょう【精妙な】 精巧 jīngqiǎo; 灵巧 língqiǎo (英 *exquisite*) ▶実に~な細工だ/真是精巧的工艺品 zhēn shì jīngqiǎo de gōngyìpǐn

せいむ【政務】 政事 zhèngshì; 政务 zhèngwù (英 state affairs) ▶～を執る/执政 zhízhèng ▶終日官邸で～を執る/终日在官邸执行政务 zhōngrì zài guāndǐ zhíxíng zhèngwù ▶～より閥務を優先する/把自己门派的事，摆在国家的政务之上 bǎ zìjǐ ménpài de shì, bǎizài guójiā de zhèngwù zhīshàng ▶～官を拝命する/被任用为政务官 bèi rènyòng wéi zhèngwùguān

ぜいむ【税務】 税务 shuìwù (英 taxation business) ▶この時期は一相談が一挙に増えた/这个时期，有关税务的咨询一举增加 zhège shíqí, yǒuguān shuìwù de zīxún yījǔ zēngjiā

ぜいむしょ【税務署】(英 a tax office) ▶～へ税金の申告に行く/去税务署申报税金 qù shuìwùshǔ shēnbào shuìjīn

せいめい【生命】 生命 shēngmìng; 性命 xìngmìng (英 life;［精髓］the soul) ▶彼の詩の～は永遠である/他的诗的生命是永恒的 tā de shī de shēngmìng shì yǒnghéng de ▶このままでは～の危険がある/这样下去有生命危险 zhèyàng xiàqù yǒu shēngmìng wēixiǎn ▶選手～を賭(と)して走る/豁出自己的体育生涯参加赛跑 huōchū zìjǐ de tǐyù shēngyá cānjiā sàipǎo ▶彫像に～を吹き込む/把生命注入雕像里 bǎ shēngmìng zhùrù diāoxiànglǐ

◆～維持装置｜生命维持装置 shēngmìng wéichí zhuāngzhì ▶～維持装置ははずしてもらいたい/请拔掉维持生命的医疗设备 qǐng bádiào wéichí shēngmìng de yīliáo shèbèi ◆～力｜活力 huólì; 元气 yuánqì ▶～力が強いから病気には負けない/因为生命力很强，不会输给病魔的 yīnwèi shēngmìnglì hěn qiáng, búhuì shūgěi bìngmó de

せいめい【声明する】 声明 shēngmíng; 公报 gōngbào (英 declare; announce) ▶我々は以下の如く反対を～する/我们发表声明作出如下反对 wǒmen fābiǎo shēngmíng zuòchū rúxià fǎnduì ▶教育改革に関して～を出す/关于教育改革发表声明 guānyú jiàoyù gǎigé fābiǎo shēngmíng

◆共同～｜联合声明 liánhé shēngmíng ▶共同～を発表する/发表共同声明 fābiǎo gòngtóng shēngmíng ◆～書｜声明书 shēngmíngshū ▶～書の受け取りを拒否する/拒绝接受声明书 jùjué jiēshòu shēngmíngshū

せいめい【姓名】 姓名 xìngmíng; 名字 míngzi (英 a full name) ▶問われた～を名乗った/被问起姓名，就回答了他 bèi wènqǐ xìngmíng, jiù huídále tā ▶～判断/根据姓名用汉字推断人的命运 gēnjù xìngmíng yòng hànzì tuīduàn rén de mìngyùn ▶若いくせに～判断に凝っている/年纪不大，对姓名算命倒是很着迷 niánjì bú dà, duì xìngmíng suànmìng dàoshì hěn zháomí

せいめいせつ【清明節】 清明 qīngmíng (英 one of the 24 divisions of a year, around April 5) ▶～には江南ではたいてい雨が降る/清明节的时候，江南基本上下雨 Qīngmíngjié de shíhòu, Jiāngnán jīběnshang xià yǔ

せいめいほけん【生命保険】 生命保险 shēngmìng bǎoxiǎn; 人寿保险 rénshòu bǎoxiǎn (英 life insurance) ▶～会社/人寿保险公司 rénshòu bǎoxiǎn gōngsī ▶～に入る/加入生命保险 jiārù shēngmìng bǎoxiǎn ▶夫に～をかける/给丈夫加入生命保险 gěi zhàngfu jiārù shēngmìng bǎoxiǎn

せいもん【正門】 前门 qiánmén; 正门 zhèngmén (英 the front gate) ▶～を入ると噴水がある/走入正门，就有喷水 zǒurù zhèngmén, jiù yǒu pēnshuǐ ▶～前で待ち合わせる/在正门前碰头 zài zhèngménqián pèngtóu

せいもん【声門】 声门 shēngmén (英 the glottis)

せいもん【声紋】 声纹 shēngwén (英 a voiceprint) ▶～から犯人を割り出す/用声纹找出犯人 yòng shēngwén zhǎochū fànrén

せいもん【誓文】 誓文 shìwén (英 a written oath) ▶「五箇条の御～」/《五条誓言 Wǔ tiáo shìyán》

せいや【聖夜】 圣诞前夜 Shèngdàn qiányè (英 a holy night) ▶～に鈴の音が聞こえた/圣诞夜听到了铃声 Shèngdànyè tīngdàole língshēng ▶都会の～は星なき夜だ/大都会的圣诞夜，是没有星空的夜晚 dàdūhuì de Shèngdànyè, shì méiyǒu xīngkōng de yèwǎn

せいやく【制約する】 制约 zhìyuē; 限制 xiànzhì (英 restrict) ▶～が多い/限制太多 xiànzhì tài duō ▶教育現場には～が多い/对教育基层的制约过多 duì jiàoyù jīcéng de zhìyuē guòduō ▶時間に～されて動けない/被时间所制约，不能行动 bèi shíjiān suǒ zhìyuē, bùnéng xíngdòng ▶法律の～を受けない/不受法律的制约 bú shòu fǎlǜ de zhìyuē

せいやく【製薬】 制药 zhìyào (英 medicine manufacture) ▶～会社/制药公司 zhìyào gōngsī ▶～工場/药厂 yàochǎng

せいやく【誓約する】 誓约 shìyuē (英 make an oath) ▶秘密を守ることを～する/发誓保守秘密 fāshì bǎoshǒu mìmì ▶～どおりに払ってもらおう/按照誓约，请付钱 ànzhào shìyuē, qǐng fùqián ◆～書｜誓约书 shìyuēshū ▶～書にサインする/在誓约书上签字 zài shìyuēshūshang qiānzì

せいゆ【精油】（香料）精油 jīngyóu; 芳香油 fāngxiāngyóu (英 oil refining)

せいゆ【製油する】 炼油 liànyóu (英 manufacture oil)
◆～所｜炼油厂 liànyóuchǎng

せいゆう【声優】 配音演员 pèiyīn yǎnyuán (英 a voice actor) ▶～によってドラマが引き立つ/配音演员使电视剧增色不少 pèiyīn yǎnyuán shǐ diànshìjù zēngsè bùshǎo

せいよう【西洋の】 西洋 Xīyáng (英 Western)

～医学/西医 Xīyī ▶～音楽/西乐 Xīyuè ▶～史/西洋史 Xīyángshǐ ▶～人/洋人 yángrén ▶～料理/西餐 Xīcān

せいよう【静養する】 静养 jìngyǎng; 休养 xiūyǎng（⑨ rest） ▶いまは馬も～の時期だ/现在这个时期,马也正在休养 xiànzài zhège shíqī, mǎ yě zhèngzài xiūyǎng ▶山の温泉で～していた/在山中的温泉静养 zài shān zhōng de wēnquán jìngyǎng

せいよく【性欲】 情欲 qíngyù; 性欲 xìngyù（⑨ sexual desire） ▶ストレスのせいで～が減退する/因为精神压力,性欲减退 yīnwèi jīngshén yālì, xìngyù jiǎntuì ▶～を満たす/满足性欲 mǎnzú xìngyù

せいらい【生来】 ❶ 【生まれつき】生来 shēnglái（⑨ by nature） ▶私は～の臆病者だ/我是天生的胆小鬼 wǒ shì tiānshēng de dǎnxiǎoguǐ ▶彼は～の芸術家といってよい/可以说他是天生的艺术家 kěyǐ shuō tā shì tiānshēng de yìshùjiā ❷ 【生まれてこのかた】有生以来 yǒushēng yǐlái（⑨ since one was born） ▶～かぜ一つ引いたことがない/生下来就没有感冒过 shēngxiàlai jiù méiyǒu gǎnmàoguo

せいり【生理】 ❶ 【生命の現象・機能】生理 shēnglǐ（⑨ physiology） ▶～学/生理学 shēnglǐxué ▶～の要求でちょっと中座します/我想出去方便一下 wǒ xiǎng chūqù fāngbiàn yíxià ❷ 【月経】月经 yuèjīng（⑨ menstruation; one's period） ▶～休暇/经期例假 jīngqī lìjià ▶～痛/痛经 tòngjīng ▶～休暇は取りづらい/很难请月经病假 hěn nán qǐng yuèjīng bìngjià ▶～痛に悩む/为痛经而烦恼 wèi tòngjīng ér fánnǎo ▶今～中です/现在来月经了 xiànzài lái yuèjīng le ～用品 ▶～用品のコーナーはどこですか/卖月经用品的柜台在什么地方？ mài yuèjīng yòngpǐn de guìtái zài shénme dìfang？

せいり【整理する】 整 zhěng; 整理 zhěnglǐ; 收拾 shōushi（⑨ put in order; [分類する] sort out） ▶原稿を～する/整理草稿 zhěnglǐ cǎogǎo ▶人員を～する/裁员 cáiyuán ▶ロッカーの～がなっていない/柜子的整理不到位 guìzi de zhěnglǐ bú dàowèi ▶図書を分類～する/把图书分类整理 bǎ túshū fēnlèi zhěnglǐ ▶負債を～して再出発しよう/还清负债,重新开始吧 huánqīng fùzhài, chóngxīn kāishǐ ba

◆～券 ▶並んで～券を受け取る/排队拿号 páiduì ná hào ～番号 ▶/次序号 cìxùhào

ぜいりし【税理士】 税理士 shuìlǐshì（⑨ a licensed tax accountant） ▶～の資格を取る/拿税理士的资格 ná shuìlǐshì de zīgé ▶税金のことは～に任せてある/税金的事交给税理士办 shuìjīn de shì jiāogěi shuìlǐshì bàn

せいりつ【成立する】 成立 chénglì; 通过 tōngguò（⑨ [存立] come into existence; [締結] be concluded） ▶3分の2の出席で委員会は～する/有三分之二的出席率,委员会就可以成立 yǒu sān fēn zhī èr de chūxílǜ, wěiyuánhuì jiù kěyǐ chénglì ▶難産の末予算が～した/经过艰难的讨论,预算得以通过 jīngguò jiānnán de tǎolùn, yùsuàn déyǐ tōngguò ▶法案の～が危ぶまれる/能否通过法案,很微妙 néng fǒu tōngguò fǎ'àn, hěn wēimiào

ぜいりつ【税率】（⑨ tax rate） ▶～を引き上げる/提高税率 tígāo shuìlǜ

せいりゃく【政略】 政治策略 zhèngzhì cèlüè（⑨ political tactics） ▶～結婚/策略性婚姻 cèlüèxìng hūnyīn; 政治联姻 zhèngzhì liányīn ▶見えすいた～結婚だ/明显的政治联姻 míngxiǎn de zhèngzhì liányīn ▶彼は若いのに～にたけている/他年纪不大,但精于谋略 tā niánjì bú dà, dàn jīngyú móulüè

せいりゅう【清流】 清流 qīngliú（⑨ a clear stream） ▶～に浸って身を清める/浸泡在清流中,清净身体 jìnpào zài qīngliú zhōng, qīngjìng shēntǐ

せいりゅう【整流】 【電気】整流 zhěngliú（⑨ rectification） ▶～器/整流器 zhěngliúqì

せいりゅうとう【青竜刀】 青龙刀 qīnglóngdāo（⑨ a Chinese broadsword） ▶～を振りまわす/挥舞青龙刀 huīwǔ qīnglóngdāo

せいりょう【声量】 音量 yīnliàng（⑨ the volume of a voice） ▶～豊かな/声音宏亮 shēngyīn hóngliàng ▶～豊かに歌いあげる/声音宏亮地放声歌唱 shēngyīn hóngliàng de fàngshēng gēchàng ▶歌手としては～が足りない/作为歌手,声音不够宏亮 zuòwéi gēshǒu, shēngyīn bú gòu hóngliàng

せいりょう【清涼な】 清凉 qīngliáng（⑨ cool; refreshing） ▶～飲料水/清凉饮料 qīngliáng yǐnliào ▶山の宿は～感に満ちていた/山中的旅店充满了清凉感 shān zhōng de lǚdiàn chōngmǎnle qīngliánggǎn

せいりょうざい【清涼剤】 清凉剂 qīngliángjì（⑨ a refrigerant） ▶一服の～となるできごと/令人振奋的事件 lìng rén zhènfèn de shìjiàn ▶～を飲んでも胸やけはなおらない/喝了清凉剂,烧心的感觉也没有好 hēle qīngliángjì, shāoxīn de gǎnjué yě méiyǒu hǎo ▶彼の美談はまさしく一服の～だった/他的美谈完全就是一服清凉剂 tā de měitán wánquán jiùshì yí fù qīngliángjì

せいりょく【勢力】 势力 shìlì; 力量 lìliang（⑨ power; [影響力] influence） ▶反対派の～が衰える/反对派的势力衰退 fǎnduìpài de shìlì shuāituì ▶野党が～を伸ばしてきた/在野党在扩大势力 zàiyědǎng zài kuòdà shìlì ▶新興の～力は侮れないぞ/新兴势力的力量不能小看 xīnxīng shìlì de lìliang bùnéng xiǎokàn ▶県政界で絶大の～をふるう/在县里的政界拥有绝对的势力 zài xiànlǐ de zhèngjiè yōngyǒu juéduì de shìlì

◆～範囲 | 地盘 dìpán; 势力范围 shìlì fànwéi ▶このあたりは私の～範囲だよ/这一带是我的势力范围 zhè yídài shì wǒ de shìlì fànwéi

せいりょく【精力】 精力 jīnglì（⑨ energy） ▶～的な/精力充沛 jīnglì chōngpèi ▶彼の～的な

仕事ぶりに頭が下がる/我佩服他拼命工作的精神 hěn pèifú tā pīnmìng gōngzuò de jīngshén ▶彼は～絶倫のうわさが高い/他精力绝伦的传言很多是 tā jīnglì juélún de chuányán hěn duō ▶～を注ぐ/下工夫 xià gōngfu ▶新車開発に～を注ぐ/把精力投入新车开发上 bǎ jīnglì tóurù xīnchē kāifāshang ▶彼は～が衰えた/他的精力衰退了 tā de jīnglì shuāituì le

◆～剤：精力増強剤 jīnglì zēngjìnjì

せいれい【政令】 政令 zhènglìng (英 *a government ordinance*) ▶今回の措置は～に違反する/这次的措施违反政令 zhè cì de cuòshī wéifǎn zhènglìng ▶～を撤廃する/撤销政令 chèxiāo zhènglìng ▶～指定都市/政令指定城市 zhènglìng zhǐdìng chéngshì

せいれい【聖霊】 《キリスト教の》圣灵 shènglíng (英 *the Holy Ghost*)

せいれい【精励する】 奋勉 fènmiǎn；勤奋 qínfèn；勉励 miǎnlì (英 *be diligent*) ▶私は日夜職務に～した/我日夜勤奋工作 wǒ rìyè qínfèn gōngzuò ▶彼は～ぶりを認められ引き上げられた/他的勤奋得到认可，提升了 tā de qínfèn dédào rènkě, tíshēng le

せいれい【精霊】 ❶〖万物に宿る霊〗精灵 jīnglíng (英 *a spirit*) ▶あの山の樹々にも～が宿っている/那座山的每棵树上都有精灵存在 nà zuò shān de měi kē shùshang dōu yǒu jīnglíng cúnzài ❷〖死者の霊魂〗死者灵魂 sǐzhě línghún (英 *the spirit; the soul*) ▶盆には火をともし～を送り迎えます/盂兰盆节的时候，在盘上点上火，迎送精灵 Yúlánpénjié de shíhou, zài pánshang diǎnshàng huǒ, yíngsòng jīnglíng

せいれき【西暦】 公历 gōnglì (英 *the Christian era; Anno Domini*) ▶明治政府は～何年に成立したか/明治政府是西历哪年成立的？ Míngzhì zhèngfǔ shì xīlì nǎ nián chénglì de?

せいれつ【整列する】 站队 zhànduì；排队 páiduì (英 *line up*) ▶5列に分かれて～せよ/分成五队排好 fēnchéng wǔ duì páihǎo

せいれん【清廉な】 清廉 qīnglián；廉洁 liánjié (英 *honest*) ▶～な政治家は力がない/清廉的政治家没有实力 qīngliánde zhèngzhìjiā méiyǒu shílì ▶～潔白/清廉 qīnglián ▶自分は天に誓って～潔白である/我对天发誓，是清廉洁白的 wǒ duì tiān fāshì, shì qīnglián jiébái de

せいれん【精練する】 ❶〖繊維を〗提炼 tíchún；提炼 tíliàn (英 *scour*) ▶～済みの反物/是提炼过了的料子 shì tíliàn guòle de liàozi ❷〖よく訓練する〗精心训练 jīngxīn xùnliàn (英 *train well*) ▶～された軍隊/训练有素的军队 xùnliàn yǒusù de jūnduì

せいれん【精錬】 精炼 jīngliàn (英 *refining*) ▶鉄を～する/将铁提炼 jiāng tiě tíchún ▶言葉が～されて詩になる/语言经过精炼后成为诗 yǔyán jīngguò jīngliàn hòu chéngwéi shī

せいろう【晴朗な】 清朗 qīnglǎng (英 *clear*) ▶天気～/天气清朗 tiānqì qīnglǎng ▶天気は～だが俺の心は曇っている/天气晴朗，我的心却很阴沉 tiānqì qínglǎng, wǒ de xīn què hěn yīnchén

せいろう【蒸籠】 笼屉 lóngtì；蒸笼 zhēnglóng (英 *a steaming basket*) ▶～でまず餅米を蒸しあげる/先用蒸笼蒸糯米 xiān yòng zhēnglóng zhēng nuòmǐ ▶茶碗蒸しを～に並べる/把鸡蛋羹摆在蒸笼里 bǎ jīdàngēng bǎizài zhēnglónglǐ

せいろん【正論】 正论 zhènglùn；正确的言论 zhèngquè de yánlùn (英 *a fair argument*) ▶君はいつも～を吐く/你老是说正论 nǐ lǎoshì shuō zhènglùn ▶それは～ではあるが現実には…/那虽然说得没错，但是现实却… nà suīrán shuōde méicuò, dànshì xiànshí què…

せいろん【政論】 政论 zhènglùn (英 *political argument*) ▶飲み屋の～はその場かぎりだ/在酒吧谈的政论，都是不能兑现的话 zài jiǔbā tán de zhènglùn, dōu shì bùnéng duìxiàn de huà

セーター 毛衣 máoyī (英 *a sweater*) ▶夫の～を編む/给丈夫织毛衣 gěi zhàngfu zhī máoyī ▶赤い～の老人/穿红毛衣的老人 chuān hóngmáoyī de lǎorén ▶～の上にコートを羽織る/在毛衣上披上大衣 zài máoyīshang pīshàng dàyī

セーフ 安全 ānquán (英 *safe*) ▶列車に滑り込み～、いや危なかった/冲着跑进列车，差点儿没有迟到 chōngzhe pǎojìn lièchē, chàdiǎnr méiyǒu chídào

セーブ 保留 bǎoliú (英 *save*) ▶決戦に備えて力を～する/为了迎接决战，保存力量 wèile yíngjiē juézhàn, bǎocún lìliang

セーフガード 保护措施 bǎohù cuòshī (英 *a safeguard*) ▶3品目について～を発動する/对三个产品采取保护措施 duì sān ge chǎnpǐn cǎiqǔ bǎohù cuòshī

セーラーふく【セーラー服】 〖服飾〗水兵服 shuǐbīngfú (英 *a sailor suit*) ▶女学校の制服は～だった/女校的校服是水手服 nǚxiào de xiàofú shì shuǐshǒufú

セール 出售 chūshòu (英 *a sale*) ▶バーゲン～/大贱卖 dàjiànmài；大减价 dàjiǎnjià ▶歳末バーゲン～/年末降价甩卖 niánmò jiàngjià shuǎimài

セールス 推销 tuīxiāo (英 *sales*) ▶新薬の～で地方を回る/为推销新药，遍走各个地方 wèi tuīxiāo xīnyào, biàn zǒu gègè dìfang ▶慣れぬ～に心身をすりへらす/因为不习惯推销，身心很疲惫 yīnwèi bù xíguàn tuīxiāo, shēnxīn hěn píbèi

セールスプロモーション 促销活动 cùxiāo huódòng (英 *sales promotion*)

セールスポイント 商品特点 shāngpǐn tèdiǎn (英 *a selling point*) ▶自身の～をもっと強調しなさい/你要更加强调自己的优势 nǐ yào gèngjiā qiángdiào zìjǐ de yōushì

セールスマン 推销员 tuīxiāoyuán (英 ［男］ *a salesman*；［女］ *a saleswoman*) ▶「～の死」(戏曲)/《推销员之死 Tuīxiāoyuán zhī sǐ》 ▶保険の～が家にやってきた/保险的推销员到家里来了

băoxiăn de tuīxiāoyuán dào jiālǐ lái le

せおいなげ【背負い投げ】（柔道）背起摔倒 bēiqǐ shuāidăo (英 *a shoulder throw*) ▶～で一本取られた/（柔道）被对方背起摔倒，为"一本"输（róudào）bèi duìfāng bēiqǐ shuāidăo, wéi "yī běn" shū ▶うっかり気を許して～を食らった/不小心被摔了一个大跟头 bù xiăoxīn bèi shuāile yí ge dàgēntou

せおう【背負う】背 bēi；背负 bēifù；承担 chéngdān (英 *carry... on the back*; [借金などを] *shoulder*) ▶借金を～/负债 fùzhài ▶厄介事を～/承担麻烦事 chéngdān máfanshì ▶我が市は多額の借金を背負っている/我们市背着很多的债 wŏmen shì bēizhe hěn duō de zhài ▶とんだ厄介事を背負い込んだ/陷入了意想不到的麻烦事 xiànrùle yìxiăngbúdào de máfanshì ▶ランドセルを背負って学校に向かう/背着书包上学 bēizhe shūbāo shàngxué

せおよぎ【背泳ぎ】仰泳 yăngyŏng (英 *the backstroke*) ▶～で軽く流す/游仰泳，轻松自如 yóu yăngyŏng, qīngsōng zìrú ▶僕は～が苦手だ/我不太会游仰泳 wŏ bú tài huì yóu yăngyŏng

セオリー理论 lǐlùn；学说 xuéshuō (英 *a theory*) ▶～どおりにする/按照理论做 ànzhào lǐlùn zuò

せかい【世界】世界 shìjiè；天地 tiāndì；全球 quánqiú (英 *the world*) ▶～一周旅行/环球旅行 huánqiú lǚxíng ▶～観/世界观 shìjièguān ▶医学の～/医学界 yīxuéjiè ▶芸能の～/演艺界 yănyìjiè；影视界 yĭngshìjiè ▶グリム童話の～/格林童话的世界 Gélín tónghuà de shìjiè ▶～銀行に融資を要請する/申请世界银行的贷款 shēnqĭng shìjiè yínháng de dàikuăn ▶子供には子供の～がある/孩子们有孩子们的世界 háizimen yŏu háizimen de shìjiè ▶～遺産に登録される/被注册成为世界遗产 bèi zhùcè chéngwéi shìjiè yíchăn ▶第三の国々/第三世界的国家 dìsān shìjiè de guójiā ▶～はまだまだ広い/世界还很大 shìjiè hái hěn dà ▶彼の功績は～が認めている/他的功绩为世界所承认 tā de gōngjì wéi shìjiè suŏ chéngrèn ▶君とは生きる～が違う/和你不是一个世界的 hé nǐ bú shì yí ge shìjiè de ▶日本には～的な企業がいくつもある/日本有许多世界闻名的企业 Rìběn yŏu xŭduō shìjiè wénmíng de qĭyè ▶この作品で彼は～に名を知られた/由于这个作品，他成为世界名人 yóuyú zhège zuòpĭn, tā chéngwéi shìjiè míngrén ▶我が社の相手は～だ/我们公司的对象是全世界 wŏmen gōngsī de duìxiàng shì quánshìjiè

◆**～各地【四海】世界各地；世界各地 gèdì** ▶～各地から救援物資が届く/从世界各地寄来了救援物资 cóng shìjiè gèdì jìláile jiùyuán wùzī ~**記録** ▶～記録を樹立する/创立世界纪录 chuànglì shìjiè jìlù ~**平和**【**世界和平**】 shìjiè hépíng ▶～平和はみんなの願いだ/世界的和平是所有人的夙愿 shìjiè de hépíng shì suŏyŏurén de sùyuàn ~**保健機関**；**世界卫生组织** shìjiè wèishēng zŭzhī **第2次～大戦**；**第二次世界大战** Dì'èr cì shìjiè dàzhàn

せかいいち【世界一】世界第一 shìjiè dìyī (英 *the best... in the world*) ▶これが～大きな仏像だ/这就是世界最大的佛像 zhè jiùshì shìjiè zuìdà de fóxiàng

せかす【急かす】催促 cuīcù；催 cuī (英 *hurry*) ▶～から慌てるんだ/你一催我，我就着急了 nĭ yì cuī wŏ, wŏ jiù zháojí le ▶急かされるとかえって能率が落ちる/被催促反而会降低效率 bèi cuīcù făn'ér huì jiàngdī xiàolǜ

せかせか草草 căocăo；急忙 jímáng；急匆匆 jícōngcōng (英 *restlessly*) ▶バスを待ちながら～歩きまわった/等公共汽车的时候，焦急地绕着圈子走 děng gōnggòng qìchē de shíhou, jiāojí de ràozhe quānzi zŏu ▶おまえはいつも～していろな/你老是匆匆忙忙的 nǐ lăoshì cōngcōng-mángmáng de

せかっこう【背格好】身量 shēnliang；身材 shēncái (英 *stature*) ▶～がそっくりな/身材相似 shēncái xiāngsì ▶あの親子は～がそっくりなんだよ/父子俩的身材完全一样 fùzĭ liă de shēncái wánquán yíyàng

ぜがひでも【是が非でも】无论如何 wúlùn rúhé；务必 wùbì (英 *at all costs*) ▶～私の案を御採用いただきたい/无论如何请采取我的方案 wúlùn rúhé qĭng căiqŭ wŏ de fāng'àn ▶彼が～と頼むのだから承知せざるをえない/人家是诚心诚意来求我，我也不得不答应 rénjiā shì chéngxīn chéngyì lái qiú wŏ, wŏ yě bùdébù dāyìng

せがむ央求 yāngqiú；缠磨 chánmo (英 *pester*) ▶孫にせがまれて動物園へ行った/被孙子缠着，去了动物园 bèi sūnzi chánzhe, qùle dòngwùyuán ▶彼女は母にスカートを買ってくれとせがんだ/她求妈妈给她买裙子 tā qiú māma gěi tā măi qúnzi

せがれ【倅】儿子 érzi (英 *one's son*) ▶がようやく大学を出ました/我儿子好不容易大学毕业了 wŏ érzi hăobù róngyì dàxué bìyè le ▶～をよろしくお引き立て下さい/请多多关照我家儿子 qǐng duōduō guānzhào wŏ jiā érzi

セカンド (英 *second*) ▶海辺に～ハウスをもっている/在海边有别墅 zài hăibiān yŏu biéshù ▶手術の前に～オピニオンを聞きたい/在做手术前，我想听听别的医生的意见 zài zuò shŏushùqián, wŏ xiăng tīngtīng biéde yīshēng de yìjiàn ◆**～ベース**（野球）二垒 èrlěi

せき【咳をする】咳嗽 késou (英 *cough*) ▶～が止まらない/咳嗽不止 késou bùzhĭ ▶～止め/止咳药 zhĭkéyào ▶夜になると～が止まらない/到了晚上就咳嗽不止 dàole wănshang jiù késou bù zhĭ ▶漢方の～止めを飲む/喝中医的止咳药 hē Zhōngyī de zhĭkéyào ▶激しく～をするので見ているのが辛い/看到咳嗽那么剧烈得真觉得难受 kàndào késou nàme jùlièle zhēn juéde nánshòu ▶彼は～払いをしてから入っていった/他咳了一下，走了进去 tā késou yíxià, zŏule jìnqù

せき【席】 ❶【座る場所】座位 zuòwèi; 坐位 zuòwèi（英 a seat）▶～に着く/入席 rùxí; 就席 jiùxí ▶指定された～に着く/坐到指定的位置 zuòdào zhǐdìng de wèizhi ▶～の暖まる暇がない/席不暇暖 xí bù xiá nuǎn ▶～を立つ/离开坐位 líkāi zuòwèi; 退席 tuìxí ▶憤然として～を立つ/愤然离席 fènrán lí xí ▶～を譲る/让座位 ràng zuòwèi ▶老人に～を讓るのは常識だぞ/给老人让座是常识 gěi lǎorén ràngzuò shì chángshí ▶課長は今～をはずしております/科长现在不在 kēzhǎng xiànzài bú zài ▶学年はじめに～ぎめをする/学年开始的时候安排座位 xuénián kāishǐ de shíhòu ānpái zuòwèi ❷【地位・身分】（英 a position; a post）▶重役の～/董事之职 dǒngshì zhī zhí ▶会長の～が空いたままになっている/会长的位置一直都是空着的 huìzhǎng de wèizhi yìzhí dōu shì kòngzhe de ❸【集まりの場所】（英 a place）▶話し合いの～を設ける/设交流的场所 shè jiāoliú de chǎngsuǒ

せき【堰】 水闸 shuǐzhá; 船闸 chuánzhá; 堤坝 dībà（英 a dam）▶～を切ったように/如同潮水决堤一般 rútóng cháoshuǐ juédī yībān ▶彼は～を切ったようにしゃべりだした/他像打开了水闸一样说起来 tā xiàng dǎkāile shuǐzhá yíyàng shuōqǐlai ▶～を設けて水を止める/建堤坝截住水流 jiàn dībà jiézhù shuǐliú

せき【積】（英 the product）〖数〗积 jī ▶15と18の～を求めよ/求十五和十八的积 qiú shíwǔ hé shíbā de jī

せき【籍】 户籍 hùjí; 户口 hùkǒu（英 one's family register）▶～を入れる/上户口 shàng hùkǒu; 入户 rùhù ▶結婚して～を入れる/结婚迁户口 jiéhūn qiān hùkǒu ▶僧～にある身ながら詩人であった/是僧人，同时也是诗人 shì sēngrén, tóngshí yě shì shīrén ▶本校には三千人の学生が～をおいている/本校有三千学生在籍 běnxiào yǒu sānqiān xuésheng zàijí

せきうん【積雲】 积云 jīyún（英 cumulus）▶真夏の空に～が浮かぶ/盛夏的天空中飘着积云 shèngxià de tiānkōng zhōng piāozhe jīyún

せきえい【石英】 石英 shíyīng（英 quartz）▶～ガラス/石英玻璃 shíyīng bōli

せきがいせん【赤外線】 红外线 hóngwàixiàn; 热线 rèxiàn（英 infrared rays）▶～写真/红外线照片 hóngwàixiàn zhàopiàn ▶患部に～を当てる/用红外线照患部 yòng hóngwàixiàn zhào huànbù ▶高空から～写真を撮る/从高空照红外线相片 cóng gāokōng zhào hóngwàixiàn xiàngpiàn

♦～カメラ ┃红外线照相机 hóngwàixiàn zhàoxiàngjī

せきがく【碩学】 硕学 shuòxué; 大学者 dàxuézhě（英 a great scholar）▶～の誉れ高い/博学望高 bóxué wànggāo ▶あの先生は～の権威だ/那位老师是闻名于世的大学者 nà wèi lǎoshī shì wénmíng yúshì de dàxuézhě

せきこむ【咳き込む】 不断咳嗽 búduàn késou; 不住地咳嗽 bùzhù de késou（英 have a fit of coughing）▶僕は激しく咳き込んだ/我剧烈地咳了起来 wǒ jùliè de kéle qǐlai

せきこむ【急き込む】 着急 zháojí; 焦急 jiāojí（英 become impatient）▶僕は急き込んでたずねた/我着急地询问 wǒ zháojí de xúnwèn

せきさい【積載する】 载重 zàizhòng（英 load）▶その艦は核兵器を～していた/那艘舰艇搭载着核武器 nà sōu jiàntǐng dāzàizhe héwǔqì ♦～能力｜载重能力 zàizhòng nénglì ▶そのトラックの～能力は5トンだった/那辆卡车的载重量是五吨 nà liàng kǎchē de zàizhòngliàng shì wǔ dūn ～量｜载重量 zàizhòngliàng ▶～量を超えて積みこむ/装货超过载重量 zhuānghuò chāoguò zàizhòngliàng

せきざい【石材】 石料 shíliào; 石材 shícái（英 (building) stone）▶普請場に～を運びこむ/把石料运进建筑工地 bǎ shíliào yùnjìn jiànzhù gōngdì ▶～店を営む/经营石料店 jīngyíng shíliàodiàn

せきさん【積算する】 ❶【累計する】累计 lěijì（英 add up）▶～温度/累计温度 lěijì wēndù ▶1年の光熱費を～すると30万円を越えた/一年的煤电费加起来超过三十万日元 yì nián de méidiànfèi jiāqǐlai chāoguò sānshí wàn Rìyuán ❷【見積もり計算する】估算 gūsuàn（英 estimate）▶～の根拠が暧昧である/估算的依据模糊不清 gūsuàn de yījù móhubuqīng

せきじ【席次】 ❶【席順】席次 xícì; 座次 zuòcì（英 the seating order）▶会議の～を決める/决定会议座次 juédìng huìyì zuòcì ❷【成績・地位の順位】（英 standing; ranking）▶～が上がる/名次上升 míngcì shàngshēng ▶～が3番上がる/名次提高了三位 míngcì tígāole sān wèi

せきじつ【昔日】 昔日 xīrì; 往昔 wǎngxī（英 old days）▶～の面影/往日的风貌 wǎngrì de fēngmào ▶宿場町の～の面影を残す/留下昔日交通要道的风貌 liúxià xīrì jiāotōng yàodào de fēngmào ▶彼にはもはや～の威勢はない/他已经没有往日的气势了 tā yǐjing méiyǒu wǎngrì de qìshì le

せきじゅうじ【赤十字】 红十字 hóngshízì（英 a red cross）▶～社/红十字会 Hóngshízìhuì ▶日本～社/日本红十字会 Rìběn Hóngshízìhuì ▶～病院/红十字医院 hóngshízì yīyuàn

せきじゅん【石筍】 石笋 shísǔn（英 a stalagmite）

せきじゅん【席順】 座次 zuòcì（英 the order of seats）▶～を巡っていさかいを起こす/围绕着座次发生争论来 wéiràozhe zuòcì fāshēng zhēnglùnlái ▶～に不満をもつ/对座次不满 duì zuòcì bùmǎn

せきしょ【関所】 关口 guānkǒu; 关卡 guānqiǎ（英 a barrier）▶設立で検問する/设立关口检查 shèlì guānkǒu jiǎnchá ▶県予選という最初の～でひっかかった/在第一道关口县预选赛中

就被卡住了 zài dìyī dào guānkǒu xiànyùxuǎnsàishang jiù bèi qiǎzhù le

せきじょう【席上】 会上 huìshàng《会合などの場》*at the meeting* ▶委員会の会議上で思わぬ反論に出くわした/在委员会的会议上碰到了预想不到的反对 zài wěiyuánhuì de huìyìshang pèngdàole yùxiǎngbudào de fǎnduì

せきしょく【赤色の】 红色 hóngsè (英 *red*) ▶～灯《パトカーなどの》/红灯 hóngdēng ▶パトカーの～灯が点滅する/警车的红灯在闪烁 jǐngchē de hóngdēng zài shǎnshuò ▶～政権が誕生する/红色政权诞生 hóngsè zhèngquán dànshēng

せきずい【脊髄】 〖解〗脊髓 jǐsuǐ (英 *the spinal cord*) ▶～炎/脊髓炎 jǐsuǐyán ▶～炎におかされる/患上了脊髓炎 huànshàngle jǐsuǐyán

セキセイインコ【背黄青鸚哥】 〖鳥〗背黄绿鹦鹉 bèihuánglǜ yīngwǔ (英 *a budgerigar*)

せきせつ【積雪】 积雪 jīxuě (英 *(fallen) snow*) ▶～量/积雪量 jīxuěliàng ▶～のため道路が閉鎖された/因为有积雪，道路被封闭了 yīnwèi yǒu jīxuě, dàolù bèi fēngbì le ▶その急行は～で立ち往生した/那辆快车因为积雪，不能动弹了 nà liàng kuàichē yīnwèi jīxuě, búnéng dòngtán le ▶～は 2 メートルに達した/积雪达到了两米 jīxuě dádàole liǎng mǐ ▶今年は未曾有の～を見た/今年遇上了前所未有的积雪 jīnnián yùshàngle qián suǒ wèi yǒu de jīxuě

せきぜん【積善】 积善 jī shàn; 积德 jī dé (英 *a series of good deeds*)

～の家には必ず余慶あり 积善之家必有余庆 jīshàn zhī jiā bì yǒu yúqìng

せきぞう【石造】 石造 shízào; 石制 shízhì (英 *stone*) ▶～の教会の塔がそびえる/耸立着石造的教会尖塔 sǒnglìzhe shízào de jiàohuì jiāntǎ

せきぞう【石像】 石像 shíxiàng (英 *a stone statue*) ▶～を彫る/雕石像 diāo shíxiàng

せきたてる【急き立てる】 催 cuī (英 *hurry*) ▶鳥の声が道を急げと～/鸟的声音好像在催促着赶路似的 niǎo de shēngyīn hǎoxiàng zài cuīcùzhe gǎnlù shìde ▶女房に急き立てられて家を出た/被老婆催着，走出了家门 bèi lǎopo cuīzhe, zǒuchūle jiāmén

せきたん【石炭】 煤 méi; 煤炭 méitàn (英 *coal*) ▶～を掘る/采煤 cǎiméi ▶～ガス/煤气 méiqì ▶～ストーブ/煤炉 méilú ▶～酸/煤酸 méisuān

セキチク【石竹】 〖植物〗石竹 shízhú (英 *a (China) pink*) ▶玄関脇に～の鉢があった/在房门旁边有一个石竹的花盆 zài fángmén pángbiān yǒu yí ge shízhú de huāpén

せきちゅう【脊柱】 〖解〗脊梁骨 jǐlianggǔ; 脊柱 jǐzhù (英 *the spinal column*) ▶～が湾曲している/脊梁骨歪了 jǐlianggǔ wāi le

せきちん【赤沈】 〖医〗血沉 xuèchén《赤血球沈降速度》

せきつい【脊椎】 〖解〗脊椎 jǐzhuī (英 *the vertebrae*) ▶～カリエスを患う/患上了脊椎骨疡 huànshàngle jǐzhuī gǔyáng
♦～動物:脊椎动物 jǐzhuī dòngwù

せきてい【石庭】 (英 *a rock garden*) ▶僕はその～を半日見入っていた/我在那个石头庭院观赏了大半天 wǒ zài nàge shítou tíngyuàn guānshǎngle dàbàntiān

せきてっこう【赤鉄鉱】 〖鉱物〗赤铁矿 chìtiěkuàng (英 *hematite*)

せきとう【石塔】 ❶〖石の塔〗石塔 shítǎ (英 *a stone pagoda*) ❷〖墓碑〗墓碑 mùbēi; 五轮石塔 wǔlún shítǎ (英 *a tombstone*) ▶両親の墓に～をたてる/在双亲的墓上立起墓碑 zài shuāngqīn de mùshang lìqǐ mùbēi

せきどう【赤道】 赤道 chìdào (英 *the equator*) ▶～を超える/越过赤道 yuèguò chìdào ▶船は明日～を超える/船明天越过赤道 chuán míngtiān yuèguò chìdào ▶～直下/赤道上 chìdàoshang ▶～直下の島で暮らす/在赤道上的海岛生活 zài chìdàoshang de hǎidǎo shēnghuó

せきとめる【塞き止める】 ❶〖流れを〗拦住 lánzhù (英 *dam up*) ▶川の水を～/截流 jiéliú ▶人の流れを～/阻挡人流 zǔdǎng rénliú ▶柵を並べて人の流れを～/排起栅栏，阻挡人流 páiqǐ zhàlan, zǔzhù rénliú ▶大量の流木が川の流れを塞き止めていた/大量的流木阻住了河流 de liúmù zǔzhùle héliú ❷〖物事の広がりを〗控制 kòngzhì (英 *check*) ▶うわさの蔓延(まん)を～/阻止谣言扩散 zǔzhǐ yáoyán kuòsàn

せきとり【関取】 〖相撲〗关取《地位が'十两'以上の力士》guānqǔ《dìwèi zài 'shíliǎng' yǐshàng de lìshì》(英 *a sekitori; a professional sumo wrestler belonging to the makuuchi and juryo*) ▶とうとう～になれた/终于当上了关取 zhōngyú dāngshàngle guānqǔ

せきにん【責任】 责任 zérèn (英 *responsibility*) ▶それは君の～だ/那是你的责任 nà shì nǐ de zérèn ▶そんなのは自己～というものだ/像这样的情况就叫自己负责 xiàng zhèyàng de qíngkuàng jiù jiào zìjǐ fùzé ▶僕にも～がある/我也有责任 wǒ yě yǒu zérèn ▶内閣の～を問う/追究内阁的责任 zhuījiū nèigé de zérèn ▶部下に～を転嫁する/把责任转嫁给部下 bǎ zérèn zhuǎnjià gěi bùxià ▶親としての～を痛感する/作为父母，痛感责任 zuòwéi fùmǔ, tònggǎn zérèn

～感の強い 责任感很强 zérèngǎn hěn qiáng ▶あれは～感の強い男だ/他是个责任感很强的人 tā shì ge zérèngǎn hěn qiáng de rén

～を負う 负责 fùzé ▶君まで～を負うことはない/用不着由你来承担责任 yòngbuzháo yóu nǐ lái chéngdān zérèn

～をとる 引咎 yǐnjiù ▶結果については私が～をとる/结果都由我来承担责任 jiéguǒ dōu yóu wǒ lái chéngdān zérèn

～を逃れる 卸责 xièzé ▶～を逃れるつもりはない/不打算逃避责任 bù dǎsuan táobì zérèn

～を持つ 负责 fùzé ▶～を持って任务に取り組ん

でもらいたい/希望你们能负责任地执行任务 xīwàng nǐmen néng fù zérèn de zhíxíng rènwu ◆～者：负责人 fùzérén；主任 zhǔrèn ▶～者を呼べ、～者が来て/把负责人叫来，负责人 bǎ fùzérén jiàolái, fùzérén

せきねん【積年の】 积年 jīnián；多年 duōnián （英 long-standing） ▶～の恨みを晴らす/雪除多年的仇恨 xuěchú duōnián de chóuhèn ▶この制度こそが～の弊害の根源である/这个制度才是多年的弊害根源 zhège zhìdù cái shì duōnián de bìhài gēnyuán

せきのやま【関の山】 最大限度 zuìdà xiàndù；最多不过 zuìduō búguò （英 the utmost one can do） ▶今の戦力では勝率 3 割が～だ/靠现在的力量，获胜率有三成就不错了 kào xiànzài de lìliang, huòshènglǜ yǒu sān chéng jiù búcuò le

せきはい【惜敗する】 败得可惜 bàide kěxī；惜败 xībài （英 lose a close game） ▶「～」という言葉は聞き飽きた/我都听腻了 "惜败" 这个词 wǒ dōu tīngnìle "xībài" zhège cí ▶延長のすえ 3 対 2 で～した/延长后以三比二的比分惜败 yáncháng hòu yǐ sān bǐ èr de bǐfēn xībài

せきばく【寂寞たる】 凄凉 qīliáng；寂寞 jìmò （英 lonely; desolate） ▶この～を慰めてくれる人はもういない/失去了消除我的寂寞的人 shīqùle xiāochú wǒ de jìmò de rén ▶冬枯れの～たる光景の中にたたずむ/在冬天枯萎寂寞的背景中伫立着 zài dōngtiān kūwěi jìmò de bèijǐng zhōng zhùlìzhe

せきばらい【咳払いをする】 干咳 gānké （英 clear one's throat） ▶彼は～を一つしてから語り始めた/他咳了一下，开始说起来 tā kéle yíxià, kāishǐ shuōqǐlai

せきはん【赤飯】 红豆饭 hóngdòufàn （英 rice boiled together with red beans） ▶～を炊いて合格を祝う/煮红豆饭庆祝合格 zhǔ hóngdòufàn qìngzhù hégé

せきばん【石版】 石版 shíbǎn （英 ［術］ lithography；［画］ a lithograph） ▶～刷り/石印 shíyìn ▶～画/石版画 shíbǎnhuà

せきひ【石碑】 ❶［石造りの碑］石碑 shíbēi （英 a stone monument） ▶神社の境内に～が建っている/在神社的院落里有石碑 zài shénshè de yuànluòli yǒu shíbēi ❷［墓石］墓碑 mùbēi （英 a tombstone）

せきひん【赤貧】 赤贫 chìpín （英 extreme poverty）
〜洗うが如し 赤贫如洗 chìpín rú xǐ；一贫如洗 yì pín rú xǐ ▶～洗うが如き生活が何年か続いた/赤贫如洗的生活持续了几年 chìpín rú xǐ de shēnghuó chíxùle jǐ nián

せきぶつ【石仏】 石佛 shífó （英 a stone Buddhist image）

せきぶん【積分する】 〔数〕积分 jīfēn （英 integrate） ▶～方程式/积分方程 jīfēn fāngchéng

せきへい【積弊】 积弊 jībì （英 long-standing evils） ▶～を打破するのは容易ではない/打破积弊不是容易的事 dǎpò jībì bú shì róngyì de shì

せきべつ【惜別】 惜别 xībié （英 one's sorrow of parting） ▶～の情/惜别之情 xībié zhī qíng

せきぼく【石墨】 石墨 shímò （英 graphite）

せきむ【責務】 本分 běnfèn；责任 zérèn （英 duty） ▶～を全うする/完成任务 wánchéng rènwu；尽本分 jìn běnfèn ▶おのれの～を全うする/完成自己的任务 wánchéng zìjǐ de rènwu

せきめん【石綿】 石棉 shímián （英 asbestos）

せきめん【赤面する】 红脸 hóngliǎn；害羞 hàixiū （英 blush） ▶～恐怖症/红脸恐怖症 hóngliǎn kǒngbùzhèng ▶夫人にかわいいと言われて～した/夫人说我可爱，弄得我脸红了 fūren shuō wǒ kě'ài, nòngde wǒ liǎnhóng le ▶実に～の至りです/真是羞愧之至 zhēn shì xiūkuì zhī zhì

せきゆ【石油】 石油 shíyóu；煤油 méiyóu （英 petroleum; oil） ▶～王/石油大王 shíyóu dàwáng ▶～化学/石油化学 shíyóu huàxué ▶～危機は今後も繰り返される/石油危机今后还会反复发生 shíyóu wēijī jīnhòu hái huì fǎnfù fāshēng ▶～ストーブで暖を取る/用石油炉取暖 yòng shíyóulú qǔnuǎn ▶海底の～を掘り当てた/探到了海底的石油 tàndàole hǎidǐ de shíyóu ◆液化～ガス：液化天然气 yèhuà tiānránqì ～コンビナート：石油联合 shíyóu liánhé ～資源 ▶～資源には限りがある/石油资源是有限的 shíyóu zīyuán shì yǒuxiàn de ～輸出国機構：石油输出国组织 shíyóu shūchūguó zǔzhī

セキュリティー 防犯 fángfàn；防护 fánghù （英 security） ▶～システム/防犯系统 fángfàn xìtǒng ▶～システムの盲点を衝く/钻安全系统的漏洞 zuān ānquán xìtǒng de lòudòng ▶サイバー～はだいじょうぶか/计算机防范没有问题吗？jìsuànjī fángfàn méiyǒu wèntí ma？ ▶ホーム～/家庭保安系统 jiātíng bǎo'ān xìtǒng

せきらら【赤裸裸な】 赤裸裸 chìluǒluǒ （英 frank） ▶～に告白する/彻底坦白 chèdǐ tǎnbái ▶性の～な表現が罪に問われた/赤裸裸的性表现受到法律追究 chìluǒluǒ de xìngbiǎoxiàn shòudào fǎlǜ zhuījiū ▶私生活を～に告白する/赤裸裸地告白私生活 chìluǒluǒ de gàobái sīshēnghuó

せきらんうん【積乱雲】 积雨云 jīyǔyún （英 a cumulonimbus）

せきり【赤痢】 〔医〕赤痢 chìlì；痢疾 lìji （英 dysentery） ▶全国で～が流行した/全国流行赤痢 quánguó liúxíng chìlì ▶旅先で～にかかった/在旅途中染上了赤痢 zài lǚtú zhōng rǎnshàngle chìlì

せきりょう【席料】 场租费 chǎngzūfèi；〔演艺场の〕座位费 zuòwèifèi；票费 piàofèi；座儿钱 zuòrqián （英 ［室代］ the charge for a room；［料理店］a cover charge） ▶～はいただきません/不收座儿钱 bù shōu zuòérqián ▶高い～を取られた/交了很贵的座位费 jiāole hěn guì de zuòwèifèi

せきりょう【寂寥たる】 寂寥 jìliáo （英 lonely）

▶その句の〜感が胸に染み透る/这句诗的寂寥感沁人心扉 zhè jù shī de jìliáogǎn qìn rén xīnfēi ▶彼は独居の〜に耐えられるだろうか/他能忍受独居的寂寞吗？ tā néng rěnshòu dújū de jìmò ma？

せきりょう【責了】 责任校对完毕 zérèn jiàoduì wánbì（英 O. K. with corrections）▶これで〜にしよう/责任校对就到此为止吧 zérèn jiàoduì jiù dào cǐ wéi zhǐ ba

せきれい【鶺鴒】〔鳥〕鹡鸰 jílíng（英 a water wagtail）

せく【急く】 急 jí（英 hurry）▶気が〜/着急 zháojí ▶〜ことはない/不必仓促 búbì cāngcù

ことわざ 急いては事を仕損じる 急中易出错 jí zhōng yì chūcuò

セクシー 肉感 ròugǎn；性感 xìnggǎn（英 sexy）▶〜なドレス/性感的女装 xìnggǎn de nǚzhuāng ▶本年度の最も〜な男優に選ばれた/被选为本年度最性感的男演员 bèi xuǎn wéi běn niándù zuì xìnggǎn de nányǎnyuán

セクション 部分 bùfen；部门 bùmén（英 a section）▶販売部は四つの〜に分かれている/销售部被分成四个部门 xiāoshòubù bèi fēnchéng sì ge bùmén ▶クイズのノン〜部門で入賞する/在猜迷节目的任意部门得奖 zài cāimí jiémù de rènyì bùmén déjiǎng

セクター 部门 bùmén；领域 lǐngyù（英 a sector）▶鉄道は第三の〜の運営である/铁路由地方政府和企业联营 tiělù yóu dìfang zhèngfǔ hé qǐyè liányíng

セクト 派系 pàixì；支派 zhīpài；宗派 zōngpài（英 a sect）▶〜主義/宗派主义 zōngpài zhǔyì ▶いくつかの政治〜が入り乱れていた/有几个政治派系交错并存 yǒu jǐ ge zhèngzhì pàixì jiāocuò bìngcún

セクハラ 性骚扰 xìng sāorǎo（英 sexual harassment）▶〜は重大な犯罪である/性骚扰是重大的犯罪 xìngsāorǎo shì zhòngdà de fànzuì ▶〜で上司を訴える/告上司性骚扰 gào shàngsi xìngsāorǎo ▶こういう発言は〜になるかな/像这样的发言会被认为是性骚扰吗？ xiàng zhèyàng de fāyán huì bèi rènwéi shì xìngsāorǎo ma？

セクレタリー 秘书 mìshū（英 a secretary）

せけん【世間】 ❶【世の中】 世间 shìjiān；世面 shìmiàn（英 the world）▶〜を知る/见世面 jiàn shìmiàn ▶〜離れのした発想がおもしろい/非常规的思考方式很有意思 fēichángguī de sīkǎo fāngshì hěn yǒu yìsi ▶〜の口に戸は立てられぬ/众口难防 zhòngkǒu nán fáng ▶〜の口がうるさい/世人的嘴是很难应付的 shìrén de zuǐ shì hěn nán duìfu de ▶〜さまに顔向けできない/没脸对世人 méiliǎn duì shìrén ▶〜を騒がせたことをお詫びする/惊扰了大家，深表歉意 jīngrǎole dàjiā，shēn biǎo qiànyì ▶〜的な常識の中で生きて悪いか/生活在世间的常识里有什么不对吗？ shēnghuó zài shìjiān de chángshíli yǒu shénme búduì ma？ ▶若いのに〜ずれしている/年纪很轻，却很懂世故 niánjì hěn qīng, què hěn dǒng shìgu

❷【交際範囲】（英 a circle of acquaintance）▶〜が広い/交际范围广 jiāojì fànwéi guǎng ▶あの人は〜が広い/他的交际很广 tā de jiāojì hěn guǎng ▶〜が狭い/交际面窄 jiāojìmiàn zhǎi ▶広い〜を狭く生きる/在广阔的世界中生活得很狭窄 zài guǎngkuò de shìjiè zhōng shēnghuó de hěn xiázhǎi

〜知らず 不懂世故 bù dǒng shìgù ▶あいつは〜知らずにも程がある/他再不懂事也得有分寸 tā zài bù dǒngshì yě děi yǒu fēncun

〜並みの 一般的 yībān de ▶〜並みの暮らしがしたい/想生活得和一般人一样 xiǎng shēnghuóde hé yībānrén yíyàng

〜の注目を引く 引人注目 yǐn rén zhùmù ▶第一作で〜の注目を引いた/第一作就引起了第一瞩目 dìyī zuò jiù yǐnqǐle shèhuì de zhǔmù

〜の人 世人 shìrén ▶〜の人は何も知らされていなかった/普通老百姓什么都没被告知 pǔtōng lǎobǎixìng shénme dōu méi bèi gàozhī

せけんてい【世間体】 面子 miànzi；体面 tǐmiàn（英 appearances）▶〜を気にする/讲面子 jiǎng miànzi ▶それでは〜が悪い/这样太没面子了 zhèyàng tài méi miànzi le ▶〜をかまっている場合ではない/现在也顾不上体面了 xiànzài yě gùbushàng tǐmiàn le

せけんばなし【世間話】 闲话 xiánhuà（英 small talk）▶〜をする/聊天儿 liáotiānr；谈天 tántiān；闲扯 xiánchě ▶メールで〜をする/用电子邮件聊天 yòng diànzǐ yóujiàn liáotiān ▶〜からすずれた企画が生まれた/在聊天中，产生了优秀的计划 zài liáotiān zhōng, chǎnshēngle yōuxiù de jìhuà

せこ【世故】 世故 shìgù（英 worldly affairs）▶〜に暗い/不懂世故 bù dǒng shìgù ▶〜に長(た)ける/通达世故 tōngdá shìgù ▶〜に通じても信用されるわけではない/通达世故也未必能获得信任 tōngdá shìgù yě wèibì néng huòdé xìnrèn

せこい 小气 xiǎoqi（英 small-minded）▶あんな〜まねをしなくてもいいのに/用不着做得那么小气的嘛 yòngbuzháo zuòde nàme xiǎoqi de ma ▶〜やつだと笑うなら笑え/你想说我小气，就说吧 nǐ xiǎng shuō wǒ xiǎoqi, jiù shuō ba

せこう【施工】 施工する shīgōng（英 construct）▶〜業者/施工者 shīgōngzhě ▶実際の〜は来月からになる/实际的施工从下个月开始 shíjì de shīgōng cóng xià ge yuè kāishǐ ▶〜業者は入札で決める/通过投标定施工承包商 tōngguò tóubiāo dìng shīgōng chéngbāoshāng

せじ【世事】 尘世 chénshì；世面 shìmiàn（英 worldly affairs）▶〜に疎い/阅历浅 yuèlì qiǎn；不懂事 bù dǒngshì ▶私は〜に疎(うと)いものですから…/我对世事的阅历浅… wǒ duì shìshì de yuèlì qiǎn…

せじ【世辞】 奉承 fèngcheng；恭维 gōngwei（英 flattery）▶お〜を言う/说奉承话 shuō fèngchenghuà ▶お～が上手い/善于吹捧 shànyú chuīpěng ▶君もお～が上手いね/你也很会说奉承话嘛 nǐ yě hěn huì shuō fèngchenghuà ma ▶見えすいたお～を言う/说些露骨的恭维话 shuō xiē lùgǔ de gōngwéihuà

セシウム 〔化学〕铯 sè (英 *cesium*)

せしめる 骗取 piànqǔ; 抢夺 qiǎngduó (英 *wheedle*) ▶親父から小遣いをせしめてきた/从爸爸那儿要来了零花钱 cóng bàba nàr yàoláile línghuāqián ▶人をだまして金を～/欺骗别人, 骗取钱财 qīpiàn biérén, piànqǔ qiáncái

せしゅ【施主】 ❶【寺に施す人】施主 shīzhǔ (英 *a donor*) ❷【葬式の当主】治丧者 zhìsāngzhě (英 *the chief mourner*) ❸【建築主】施工主 shīgōngzhǔ (英 *an owner*)

せしゅう【世襲の】 世袭 shìxí (英 *hereditary*) ▶政界はまるで～制ではないか/政界不就是世袭制一样吗? zhèngjiè bú jiù shì shìxí yíyàng ma? ▶創業以来当主の名を～してきた/创业以来, 一直沿用主人的名字 chuàngyè yǐlái, yìzhí yányòng zhǔrén de míngzì

せじょう【世情】 世态 shìtài (英 *the ways of the world*) ▶～に通じている/通达世路人情 tōngdá shìlù rénqíng ▶あれでこう～に通じている/别看那样, 他也很通情达理的 bié kàn nàyàng, tā yě hěn tōngqíng dálǐ de

せじん【世人】 世人 shìrén (英 *people*) ▶～の注目を集める/引起世人瞩目 yǐnqǐ shìrén zhǔmù ▶～に知られては困るのだが, 実は…/被世人所知就不好办了, 实际上… bèi shìrén suǒ zhī jiù bùhǎo bànle, shíjìshang…

せすじ【背筋】 脊梁 jǐliang (英 *the spine*) ▶～が寒くなる/不寒而栗 bù hán ér lì ▶～を伸ばす/挺直身腰 tǐngzhí shēnyāo ▶見るだに～が寒くなった/一看, 就不寒而栗 yí kàn, jiù bù hán ér lì ▶～を伸ばして校歌を歌う/挺直腰板唱校歌 tǐngzhí yāobǎn chàng xiàogē ▶褒められて～がむずむずした/一被夸奖, 就觉得背上发痒 yí bèi kuājiǎng, jiù juéde bèishang fāyǎng

セスナ (商標) 小型飞机 xiǎoxíng fēijī; 赛斯纳 sàisīnà (英 *a Cessna*)

ぜせい【是正する】 改正 gǎizhèng; 修正 xiūzhèng (英 *correct*) ▶早急に～が必要である/需要即刻改正 xūyào jíkè gǎizhèng ▶こういうふうに～してどうだろう/这样改怎么样? zhèyàng gǎi zěnmeyàng?

せせこましい ❶【狭苦しい】狭窄 xiázhǎi (英 *narrow; cramped*) ▶家がせせこましく立ち並んでいる/一家一家的房子挨得紧紧的 yìjiā yìjiā de fángzi āide jǐnjǐn de ❷【心が狭い】心胸狭窄 xīnxiōng xiázhǎi (英 *narrow-minded*) ▶～考え/狭隘的想法 xiá'ài de xiǎngfa ▶そんな～考えでは信用されないぞ/这样心胸狭窄可得不到信任啊 zhèyàng xīnxiōng xiázhǎi kě débudào xìnrèn a

ぜぜひひ【是是非非】 (英 *being fair and just*) ▶私は議会で～主義を貫くつもりだ/我准备在议会上贯彻是非分明的原则 wǒ zhǔnbèi zài yìhuìshang guànchè shìfēi fēnmíng de yuánzé

せせらぎ 浅溪 qiǎnxī (英 [流れ] *a little stream*; [音] *a murmur*) ▶我は小川の～を聞いて育った/我是听着小河的潺潺流水长大的 wǒ shì tīngzhe xiǎohé de chánchán liúshuǐ zhǎngdà de ▶家の裏を～が流れている/我家后面流着一条小溪 wǒ jiā hòumian liúzhe yì tiáo xiǎoxī

せせらわらう【せせら笑う】 嘲笑 cháoxiào; 嘲讽 cháofěng; 嗤笑 chīxiào (英 *laugh derisively*) ▶僕の試案を部長はせせら笑った/部长嘲笑我提交的试行方案 bùzhǎng cháoxiào wǒ tíjiāo de shìxíng fāng'àn ▶彼のせせら笑いに僕は深く傷ついた/他的嘲笑深深地伤害了我 tā de cháoxiào shēnshēn de shānghàile wǒ

せそう【世相】 世态 shìtài (英 *social conditions*) ▶これはいかにも～を反映した事件だ/这是一个真切反映世态的事件 zhè shì yí ge zhēnqiè fǎnyìng shìtài de shìjiàn ▶少年犯罪に～がよく現れている/少年犯罪真切地体现了世态 shàonián fànzuì zhēnqiè de tǐxiànle shìtài

せぞく【世俗】 世俗 shìsú (英 *worldly things; the world*) ▶～にこびる/阿谀世俗 ēyú shìsú ▶～にこびるのは嫌だ/我不喜欢附庸世俗 wǒ bù xǐhuan fùyōng shìsú ▶～的な/庸俗 yōngsú ▶～的な成功には満足できない/不能满足于世间一般的成功 bùnéng mǎnzú yú shìjiān yìbān de chénggōng ▶歴史の街が～化する/历史的城市变得世俗化 lìshǐ de chéngshì biànde shìsúhuà ▶山に登ると～を超越した気分になる/登上山就好像摆脱了世俗似的 dēngshàng shān jiù hǎoxiàng bǎituōle shìsú shìde

せたい【世帯】 家庭 jiātíng (英 *a household; a family*) ▶貧困～が増えている/贫困家庭在增加 pínkùn jiātíng zài zēngjiā ▶～主の署名捺印が必要です/需要户主的签名盖章 xūyào hùzhǔ de qiānmíng gàizhāng

一～当たり 每家 měi jiā ▶一～当たり 1500 円の負担になる/一个家庭负担一千五百日元 yí ge jiātíng fùdān yìqiān wǔbǎi Rìyuán

♦～主 户主 hùzhǔ; 家长 jiāzhǎng **二～住宅** 两代同居的住宅 liǎngdài tóngjū de zhùzhái

せだい【世代】 世代 shìdài; 一代 yí dài; 辈辈 bèi bèi (英 *a generation*) ▶孫の～/孙子辈 sūnzibèi ▶孙の～と机を並べて勉强している/和自己的孙子辈的孩子们一起并桌读书 hé zìjǐ de sūnzibèi de háizimen yìqǐ bìngzhuō dúshū ▶若い～/年轻一代 niánqīng yí dài ▶若い～に受けついでほしい/希望年轻的一代能继承下去 xīwàng niánqīng de yí dài néng jìchéng xiàqù

～間のずれ 代沟 dàigōu ▶～間のずれはどこの世界にもある/代沟在什么地方都有 dàigōu zài shénme dìfang dōu yǒu

～交代する 世代交替 shìdài jiāotì; 老一代与年轻一代交接班 lǎo yí dài yǔ niánqīng yí dài jiāo jiēbān ▶文壇も～交代が進んでいる/文坛也在进行换代 wéntán yě zài jìnxíng huàndài

日中比較 中国語の'世代 shìdài'には「年齢層」という意味の他に「長い間」「代々」という意味がある.

せたけ【背丈】 身量 shēnliang; 个子 gèzi; 身长 shēncháng (英 height) ▶每日～が伸びているような気がする/好像每天身高都在长 hǎoxiàng měitiān shēngāo dōu zài zhǎng ▶柱にもたれて～を測る/靠在柱子上量身高 kàozài zhùzishang liáng shēngāo

せち【世知】 処世才能 chǔshì cáinéng (英 worldly wisdom) ▶～に長(た)けた人らしい判断だ/就是一个善于处世的人的判断 jiùshì yí ge shànyú chǔshì de rén de pànduàn

せちがらい【世知辛い】 ❶【勘定が細かい】斤斤计较 jīnjīn jìjiào (英 stingy) ▶あんなに～奴とは思わなかった/真没想到他是那样斤斤计较的人 zhēn méi xiǎngdào tā shì nàyàng jīnjīn jìjiào de rén ❷【暮らしにくい】(英 hard to live) ▶～世の中/艰难的世道 jiānnán de shìdào; 日子不好过 rìzi bù hǎoguò ▶おまえも～世の中に出てゆくのだね/你也要步入艰辛的社会啊！ nǐ yě yào bùrù jiānxīn de shèhuì a !

せつ【切なる】 恳切 kěnqiè (英 earnest) ▶～に誠意恳 chéngkěn de ▶早期の御回復を～に祈り上げます/盼望您早日康复 pànwàng nín zǎorì kāngfù ▶～なる願いも空しく返事は来なかった/衷心的希望落空了，回信没有来 zhōngxīn de xīwàng luòkōngle, huíxìn méiyǒu lái

せつ【説】 学说 xuéshuō; 论点 lùndiǎn; 主张 zhǔzhāng (英 [意見] a view; [学説] a theory; [風評] rumor) ▶～を唱える/提倡某学说 tíchàng mǒuzhǒng xuéshuō ▶社長の～に異を唱える/跟董事长唱反调 gēn dǒngshìzhǎng chàng fǎndiào ▶お～の通りです/正如您所说 zhèngrú nín suǒ shuō ▶あれは自殺だという～がある/也有一种是说法认为是自杀 yě yǒu yì zhǒng shì shuōfǎ rènwéi shì zìshā ▶あなたとは～を異にする/我和你的见解不一样 wǒ hé nǐ de jiànjiě bù yíyàng ▶新たに～を立てる/重新创建学说 chóngxīn chuàngjiàn xuéshuō

せつ【節】 ❶【節操】贞操 zhēncāo (英 constancy; principles) ▶～を守る/守节 shǒujié ▶～を曲げる/屈节 qūjié ▶氏は～を守りぬいた/他保持了自己的节操 tā bǎochíle zìjǐ de jiécāo ❷【時間的な区切り目・折】(英 an occasion) ▶その～はお世話になりました/那个时候给您添不少麻烦 nàge shíhou gěi nín tiānle bùshǎo máfan ▶こちらへお出かけの～はお立ち寄り下さい/上这边来的时候，一定来玩 shàng zhèbiān lái de shíhou, yídìng láiwán ❸【文章などの区切り】段 duàn (英 a paragraph; a passage) ▶物語の一～/一段故事 yí duàn gùshi ▶物語の一～にこんなことが書かれていた/在故事里有这样一段 zài gùshili yǒu zhèyàng yí duàn

せつえい【設営する】 安营 ānyíng; 建立野营 jiànlì yěyíng (英 set up) ▶被災地のテントは～進んでいるか/灾区的帐篷搭建工作进行得怎么样？zāiqū de zhàngpeng dājiàn gōngzuò jìnxíng de zěnmeyàng ? ▶ベースキャンプを～する/建立基地营帐 jiànlì jīdì yíngzhàng

せつえん【節煙する】 节烟 jiéyān (英 cut down on one's smoking) ▶家族の前で～を誓う/在全家人面前发誓少吸烟 zài quánjiārén miànqián fāshì shǎo xīyān ▶今日から～することにした/从今天开始决定节制吸烟 cóng jīntiān kāishǐ juédìng jiézhì xīyān

ぜつえん【絶縁する】 ❶【縁を切る】断绝关系 duànjué guānxi (英 break with...) ▶～状/决交书 juéjiāoshū ▶多年の友に～を言い渡す/向多年的朋友宣告绝交 xiàng duōniánde péngyou xuāngào juéjiāo ▶こうして僕らは～した/这样我们绝交了 zhèyàng wǒmen juéjiāo le ▶～状を書く/写绝交信 xiě juéjiāoxìn ❷【物理的伝導を断つ】【電気】绝缘 juéyuán (英 insulate) ▶～体/非导体 fēidǎotǐ; 绝缘体 juéyuántǐ

ぜっか【舌禍】 (英 an unfortunate slip of the tongue) ▶～を招く/招致舌祸 zhāozhì shéhuò ▶～で傷つく/受到中伤 shòudào zhòngshāng ▶会長がまた～事件を引き起こした/会长又失言了 huìzhǎng yòu shīyán le

ぜっか【絶佳な】 绝佳 juéjiā; 极好 jíhǎo (英 superb) ▶風景～/风景绝佳 fēngjǐng juéjiā

せっかい【切開する】 切开 qiēkāi (英 incise) ▶心臓の～手術を受ける/接受心脏切开手术 jiēshòu xīnzàng qiēkāi shǒushù ▶帝王～で生まれの/剖腹产出生的 pōufùchǎn chūshēng de ▶大腿を～して破片を取り出す/切开大腿取出碎片 qiēkāi dàtuǐ qǔchū suìpiàn

せっかい【石灰】 石灰 shíhuī (英 lime) ▶～岩/石灰岩 shíhuīyán ▶～質/石灰质 shíhuīzhì ▶～/石灰石 shíhuī shí ▶～でラインを引く/用石灰画线 yòng shíhuī huà xiàn ▶湿った土間に～を撒く/在潮湿的土地房间撒上石灰 zài cháoshī de tǔdì fángjiān sǎshàng shíhuī

♦～水 石灰水 shíhuīshuǐ

せつがい【雪害】 雪害 xuěhài (英 snow damage) ▶この地方は毎年～に苦しんでいる/这个地方每年都遭雪害 zhège dìfang měinián dōu zāo xuěhài ▶りんごが～でやられた/苹果遭了雪害 píngguǒ zāole xuěhài

ぜっかい【絶海】 (英 the distant sea) ▶～の孤岛/远海上的孤岛 yuǎnhǎishang de gūdǎo ▶私一人が～の孤岛に漂着した/我一个人飘到了远海的孤岛上 wǒ yí ge rén piāodàole yuǎnhǎi de gūdǎoshang

せっかく【折角】 ❶【心を砕いた】(英 kind) ▶～の忠告を無駄にする/苦心忠告归于泡影 kǔxīn zhōnggào guīyú pàoyǐng ▶～のお招きですが当日は所用で出席できません/有违您的盛情邀请，我当天因为有事儿去不了 yǒuwéi nín de shèngqíng yāoqǐng, wǒ dàngtiān yīnwèi yǒu shìr qùbuliǎo ❷【めったにない】(英 rare) ▶

~の好機を逃す/错过难得的机会 cuòguò nándé de jīhuì ▶~の日曜が雨で台なしだ/好不容易盼来星期天，却偏偏赶上下雨 hǎobù róngyì pànlái xīngqītiān, què piānpiān gǎnshàng xià yǔ ❸【努力が報われず】(英)with much trouble) ▶~来たのに留守なんだ/好不容易来了，但是没有人 hǎobù róngyì lái le, dànshì méiyǒu rén ▶~教えてやったのに忘れてるんだよ，あいつ/我好不容易教了他，但是他居然忘了 wǒ hǎobù róngyì jiāole tā, dànshì tā jūrán wàng le

せっかち【急性】急性 jíxìng; 急性子 jíxìngzi; 性急 xìngjí (英)quick-tempered) ▶君も~だねぇ/你也挺性急的 nǐ yě tǐng xìngjí de ▶年をとると~になる/上了年纪，就变得急躁了 shàng le niánjì, jiù biàn de jízào le ▶彼は~に問いかけた/他着急地问 tā zháojí de wèn

せっかん【石棺】石棺 shíguān (英)a stone coffin)

せっかん【折檻する】责备 zébèi; 打骂 dǎmà (英)punish; chastise) ▶いたずらな子は親が~したものだ/(那时候)对待调皮的孩子，父母就是会管教的 (nà shíhou)duìdài tiáopí de háizi, fùmǔ jiùshì huì guǎnjiào de

せつがん【切願する】恳请 kěnqǐng; 切盼 qièpàn; 切望 qièwàng (英)entreat) ▶~がかなって弁護士になれた/夙愿实现，当上了律师 sùyuàn shíxiàn, dāngshàngle lǜshī ▶イタリア留学を~する/期盼能去意大利留学 qīpàn néng qù Yìdàlì liúxué

せつがん【接岸する】(英)come alongside the pier) ▶フェリーは桟橋に~した/渡轮在码头靠岸了 dùlún zài mǎtou kàoàn le

ぜつがん【舌癌】【医】舌癌 shé'ái (英)cancer on the tongue)

せつがんレンズ【接眼レンズ】目镜 mùjìng (英)an eyepiece)

せっき【石器】石器 shíqì (英)a stone implement) ▶~時代/石器时代 shíqì shídài ▶海岸から~が出た/海岸里出了石器 hǎi'ànli chūle shíqì ▶この町に新~時代の遺跡がある/这个城市里有新石器时代的遗迹 zhège chéngshìli yǒu xīnshíqì shídài de yíjì

せっき【節気】节气 jiéqi (英)the 24 seasonal divisions of the year) ▶二十四~/二十四节气 èrshisì jiéqi

せつぎ【節義】(英)fidelity to one's principles) ▶~を全うする/守节操 shǒu jiécāo

せっきゃく【接客する】接待客人 jiēdài kèrén (英)attend to a customer) ▶~業/服务业 fúwùyè ▶あの店は~態度がよくない/那家店的接客态度不好 nà jiā diàn de dàikè tàidù bùhǎo

日中比较 中国語の'接客 jiēkè'は妓女が「客を取る」ことをいう.

せっきょう【説教する】❶【神仏の教えを】说教 shuōjiào; 归戒 guījiè; 劝戒 quànjiè (英)preach a sermon) ▶住職の~を聞くのが楽しみだ/盼望住持讲道 pànwàng zhùchí jiǎngdào ❷【物の道理を】教训 jiàoxun; 说教 shuōjiào (英)lecture) ▶先生にたっぷり~された/被老师狠狠说了一顿 bèi lǎoshī hěnhěn shuōle yí dùn ▶~くさい話はやめてくれ/别用教训的口气说话 bié yòng jiàoxùn de kǒuqì shuōhuà

ぜっきょう【絶叫する】拼命喊叫 pīnmìng hǎnjiào (英)cry out) ▶あれは歌ではなく~だ/那不是歌是狂叫 nà bú shì gē shì kuángjiào ▶助けを求めて~する/狂叫求救 kuángjiào qiújiù

せっきょく【積極的な】积极 jījí; 主动 zhǔdòng (英)positive) ▶あの子は何事にも~のだ/那孩子对什么事都很积极 nà háizi duì shénme shì dōu hěn jījí ▶あの~的な姿勢が評価されたのだ/那种积极的态度获得了很高的评价 nà zhǒng jījí de tàidù huòdéle hěn gāo de píngjià ▶提携の申し出に~的に応じる/积极响应要相互合作的提案 jījí xiǎngyìng yào xiānghù hézuò de tí'àn ▶君はどうも~性に欠けるね/你好像缺乏积极性 nǐ hǎoxiàng quēfá jījíxìng ▶~策が裏目に出る/积极策略起了反作用 jījí cèlüè qǐle fǎnzuòyòng

せっきん【接近する】接近 jiējìn; 靠近 kàojìn; 贴近 tiējìn (英)approach) ▶実力が~する/实力接近 shílì jiējìn ▶台風が本州に~している/台风在接近本州 táifēng zài jiējìn Běnzhōu ▶両校の実力が~する/两校的实力接近 liǎng xiào de shílì jiējìn ▶そいつが何かと僕に~してくるんだ/他老是想要接近我 tā lǎoshì xiǎng yào jiējìn wǒ ▶最近の両社の~ぶりが気になる/最近两家公司接近的动向令人担忧 zuìjìn liǎng jiā gōngsī jiējìn de dòngxiàng lìng rén dānyōu

せっく【節句】传统节日 chuántǒng jiérì (英)a seasonal festival)

ことわざ なまけ者の節句ばたらき 三十晚上搓草绳 sānshí wǎnshàng cuō cǎoshéng

◆端午の~/端午节 Duānwǔjié 桃の~/桃花节 Táohuājié

ぜっく【絶句】❶【漢詩の】绝句 juéjù (英)a Chinese quatrain) ▶別れに当たって五言~を一首詠んだ/在离别之际，我作了一首五言绝句 zài líbié zhījì, wǒ zuòle yì shǒu wǔyán juéjù ❷【言葉が出ない】说不出话来 (英)be struck speechless) ▶問われて僕は~した/被一问，我就无言可对了 bèi yí wèn, wǒ jiù wúyán kě duì le

セックス性 xìng; 性交 xìngjiāo; 性别 xìngbié (英)sex) ▶~の味をおぼえる/尝到性爱的滋味 chángdào xìng'ài de zīwèi ▶彼らは~レス夫婦だ/这对夫妇没有性生活 zhè duì fūfù méiyǒu xìngshēnghuó ▶競技のあと~チェックを受ける/竞技之后要查性别 jìngjì zhīhòu yào chá xìngbié ▶~シンボルと呼ばれる女優だった/曾经有被称为性象征的女演员 céngjīng yǒu bèi chēngwéi xìngxiàngzhēng de nǚyǎnyuán

◆~アピール/性魅力 xìngmèilì

せっけい【設計する】设计 shèjì (英)plan; design) ▶日本庭園を~する/设计日本庭院 shèjì Rìběn tíngyuàn ▶生活~が杜撰すぎる/生活

計太随意了 shēnghuó shèjì tài suíyì le ▶橋の～に重大なミスがあった/桥梁的设计存在着重大失误 qiáoliáng de shèjì cúnzàizhe zhòngdà shīwù

~図を書く 画设计图 huà shèjìtú; 打样 dǎyàng

◆~士 设计师 shèjìshī

せっけい【雪渓】 雪谷 xuěgǔ (英 *a gorge filled with snow even in summer*) ▶~を滑りおりる/从雪谷里滑下来 cóng xuěgǔli huáxiàlai

ぜっけい【絶景】 奇景 qíjǐng; 绝景 juéjǐng (英 *a superb view*) ▶目の前の～に息をのんだ/看到眼前的绝景,不禁叹为观止 kàndào yǎnqián de juéjǐng, bùjīn tàn wéi guān zhǐ

せっけっきゅう【赤血球】 红血球 hóngxuèqiú (英 *a red blood corpuscle*)

せっけん【石鹸】 肥皂 féizào; 胰子 yízi (英 *soap*) ▶~水/肥皂水 féizàoshuǐ ▶薬用～/药用肥皂 yàoyòng féizào ▶～でしっかり手を洗いなさい/用肥皂好好地洗手 yòng féizào hǎohǎo de xǐshǒu ▶母はいつも～のにおいがしていた/母亲总是带着肥皂的香味儿 mǔqīn zǒngshì dàizhe féizào de xiāngwèir

◆化粧～/香皂 xiāngzào 粉～/洗衣粉 xǐyīfěn 洗濯～/洗衣肥皂 xǐyī féizào

せっけん【席巻する】 席卷 xíjuǎn (英 *sweep*) ▶外国人力士が土俵を～している/外国力士席卷了相扑界 wàiguó lìshì xíjuǎnle xiāngpūjiè

せっけん【接見する】 ❶[上位の人が] 接见 jiējiàn (英 *grant an audience*) ▶国王が大使を～する/国王接见大使 guówáng jiējiàn dàshǐ ❷[弁護士などが] 会见 huìjiàn (英 *meet with...*) ▶～室/会见室 huìjiànshì ▶親は～できないのですか/父母不能会见吗? fùmǔ bùnéng huìjiàn ma?

せつげん【雪原】 雪原 xuěyuán (英 *a snowfield*) ▶～を馬橇(きり)が駆けぬけていった/马橇驰过雪原 mǎqiāo chíguò xuěyuán ▶北極の～にテントを張る/在北极的雪原上搭帐篷 zài běijí de xuěyuánshang dā zhàngpeng

せつげん【節減する】 节减 jiéjiǎn; 节约 jiéyuē; 节省 jiéshěng (英 *reduce*) ▶経費を～する/节省经费 jiéshěng jīngfèi ▶人員の～を計る/筹划节俭人员 chóuhuà jiéjiǎn rényuán

ゼッケン 运动员的号码布 yùndòngyuán de hàomǎbù (英 *a number cloth*) ▶～5番の選手が見えてきた/五号运动员走过来了 wǔ hào yùndòngyuán zǒuguòlai le ▶広告入りの～をつける/别着带有广告的号码布 biézhe dàiyǒu guǎnggào de hàomǎbù

せっこう【斥候】 侦察 zhēnchá (英 *a scout*) ▶～を放つ/派侦察兵 pài zhēnchábīng ▶～に出た兵士が帰ってこない/出去侦察的士兵没回来 chūqù zhēnchá de shìbīng méi huílái

せっこう【石工】 石匠 shíjiang (英 *a mason*)

せっこう【石膏】 石膏 shígāo (英 *plaster*) ▶～細工/石膏工艺品 shígāo gōngyìpǐn ▶～ボードで天井を張る/用石膏板做天花板 yòng shí-gāobǎn zuò tiānhuābǎn ▶ヴィーナスの～像/维纳斯的石膏像 Wéinàsī de shígāoxiàng

せつごう【接合する】 接合 jiēhé; 接口 jiēkǒu; 接头 jiētóu (英 *join*) ▶～部/接头部分 jiētóu bùfen ▶水道管を～する/接水道管 jiē shuǐdàoguǎn ▶～部に亀裂が入る/接口部分出现龟裂 jiēkǒu bùfen chūxiàn jūnliè

ぜっこう【絶交する】 绝交 juéjiāo (英 *break off with...*) ▶今日限り君とは～する/今天就跟你绝交 jīntiān jiù gēn nǐ juéjiāo ▶もう君とは～だ/和你断交了 hé nǐ duànjiāo le

ぜっこう【絶好の】 绝好 juéhǎo; 极好 jíhǎo; 绝妙 juémiào (英 *ideal*) ▶我々は～の機会を逃したのだ/我们错过了一个绝好的机会 wǒmen cuòguòle yí ge juéhǎo de jīhuì

ぜっこうちょう【絶好調】 绝好状态 juéhǎo zhuàngtài (英 *the best condition*) ▶いまや僕は～だ/现在我的状态特别好 xiànzài wǒ de zhuàngtài tèbié hǎo

せっこつ【接骨する】 接骨 jiēgǔ (英 *set a broken bone*) ▶～医/接骨医生 jiēgǔ yīshēng

せっさたくま【切磋琢磨】 切磋琢磨 qiē cuò zhuó mó (英 *close application*) ▶彼らは互いに～につとめた/他们互相切磋共同向上 tāmen hùxiāng qiēcuō gòngtóng xiàngshàng

ぜっさん【絶賛】 非常称赞 fēicháng chēngzàn; 赞不绝口 zàn bù jué kǒu; 叫绝 jiàojué (英 *praise highly*) ▶君の原稿を編集長が～していたよ/主编对你的稿子赞不绝口 zhǔbiān duì nǐ de gǎozi zàn bù jué kǒu

~を博する 博得赞赏 bódé zànshǎng ▶彼の出品作は～を博した/他的参展作品获得了赞赏 tā de cānzhǎn zuòpǐn bódéle zànshǎng

せっし【摂氏】 摄氏 Shèshì (英 *centigrade*) ▶～四十度/摄氏四十度 Shèshì sìshí dù ▶～温度計/摄氏温度计 Shèshì wēndùjì ▶この町の夏は～四十度を越える暑さだ/此地夏天的温度超过了四十度 cǐdì xiàtiān de wēndù chāoguòle sìshí dù

せつじつ【切実な】 迫切 pòqiè; 殷切 yīnqiè (英 [緊急な] *urgent*; [深刻な] *earnest*) ▶～な問題/切身问题 qièshēn wèntí ▶僕の～な願いが彼女に届かなかった/她没有理解到我的迫切愿望 tā méiyǒu lǐjiě dào wǒ de pòqiè yuànwàng ▶日常生活の～な問題がおろそかにされている/日常生活的切实问题被忽视了 rìcháng shēnghuó de qièshí wèntí bèi hūshì le ▶教育の難しさを～に感じる/切实地感受到教育的难度 qièshí de gǎnshòu dào jiàoyù de nándù

[日中比較] 中国語の「切实 qièshí」は「実情に合う」ことを表す.

せっしゃ【拙者】 在下 zàixià; 鄙人 bǐrén (英 *I*)

せっしゃ【接写する】 近拍 jìnpāi (英 *take a close-up picture of...*) ▶蓮の花を～する/近拍莲花 jìnpāi liánhuā ▶これは愛犬を～で撮った写真です/这是我的爱犬的近拍照片 zhè shì wǒ de àiquàn de jìnpāi zhàopiàn

せつしやくわん【切歯扼腕する】 咬牙切齿 yǎo yá qiè chǐ (*be deeply chagrined*) ▶逆転を許して〜する/比分被反超,痛恨地咬牙切齿 bǐfēn bèi fǎnchāo, tònghèn de yǎo yá qiè chǐ

せっしゅ【窃取する】 窃取 qièqǔ (*steal*) ▶救援金の〜がばれてクビになった/窃取救济金的事败露,被解雇了 qièqǔ jiùjìjīn de shì bàilù, bèi jiěgù le ▶男はせっせと賽銭を〜していた/他一直在窃取香钱 tā yìzhí zài qièqǔ xiāngqián

せっしゅ【接種する】 接种 jiēzhòng (*inoculate*) ▶予防〜を受ける/接受预防接种 jiēshòu yùfáng jiēzhòng ▶ワクチンを〜する/接种疫苗 jiēzhòng yìmiáo

せっしゅ【摂取する】 摄取 shèqǔ; **吸取** xīqǔ ([食物,荣养を] *take*; [文化を] *assimilate*) ▶近代日本はまず西洋文化を〜した/近代日本首先是吸收了西方文化 jìndài Rìběn shǒuxiān shì xīshōu le xīfāng wénhuà ▶塩分の〜量が多すぎる/盐分的摄取量过多 yánfēn de shèqǔliàng guòduō

せっしゅ【節酒する】 节酒 jiéjiǔ (*drink in moderation*) ▶明日からの〜を誓うのは簡単だ/发誓说明天开始节酒很简单 fāshì shuō míngtiān kāishǐ jiéjiǔ hěn jiǎndān ▶医者に言われて〜している/被医生提醒,在节酒 bèi yīshēng tíxǐng, zài jiéjiǔ

せっしゅう【接収する】 接收 jiēshōu; **收缴** shōujiǎo (*requisition*) ▶農地を〜して空軍基地にする/接收农地,变成空军基地 jiēshōu nóngdì, biànchéng kōngjūn jīdì ▶ビルの〜が解除された/接收楼房的事被停止了 jiēshōu lóufáng de shì bèi tíngzhǐ le

日中比较 中国語の'接收 jiēshōu'には「所有物を取り上げる」という意味の他に「受け取る」という意味もある。

せつじよ【切除する】 割除 gēchú; **切除** qiēchú (*excise*) ▶片肺の〜が必要だ/需要切除一叶肺 xūyào qiēchú yí yè fèi ▶癌の患部を〜する/切除癌症的患部 qiēchú áizhèng de huànbù

せっしょう【折衝する】 交涉 jiāoshè; **磋商** cuōshāng; **协商** xiéshāng (*negotiate*) ▶外交〜/外交交涉 wàijiāo jiāoshè ▶〜を重ねる/反复交涉 fǎnfù jiāoshè ▶大臣間で〜を重ねる/大臣之间反复交涉 dàchén zhījiān fǎnfù jiāoshè ▶漁業問題に関しロシアと〜している/和俄国协商渔业问题 hé Éguó xiéshāng yúyè wèntí

せっしょう【殺生】 ❶【生き物を殺すこと】 杀生 shāshēng (*destruction of life*) ▶無益な〜はしたくない/我不想无益地杀生 wǒ bù xiǎng wúyì de shāshēng ❷**【むごいさま】不留情** bù liúqíng; **残酷** cángù (*cruel*) ▶そんな〜なことを言うなよ/别说这么狠毒的话 bié shuō zhème hěn dú de huà ▶そんな〜な/您饶了我吧 nín ráole wǒ ba

ぜっしょう【絶唱】 绝唱 juéchàng (*sing with great emotion*) ▶この詩はまさに古今の〜だ/这首诗才堪称古今的绝唱 zhè shǒu shī cái kānchēng gǔjīn de juéchàng

ぜっしょう【絶勝】 佳绝 jiājué (*of superb scenery*) ▶〜の地/佳地 shèngdì ▶松島こそは〜の地である/松岛才是佳绝的胜地 Sōngdǎo cái shì jiājué de shèngdì

せつじょうしゃ【雪上車】 雪上行走的履带车 xuěshang xíngzǒu de lǚdàichē (*a snowmobile*)

せっしょく【接触する】 ❶【近づいて触れる】 接触 jiēchù (*touch*) ▶車の〜事故を起こす/引起车辆的刮蹭事故 yǐnqǐ chēliàng de guācèng shìgù ▶〜すると爆発するよ/一碰上了,就会爆炸的 yí pèngshàng le, jiù huì bàozhà de ▶コードの〜が悪いようだ/电线的接触不好 diànxiàn de jiēchù bùhǎo ❷**【他と交涉を持つ】联络** liánluò (*contact*) ▶〜を持つ/来往 láiwang; 交往 jiāowǎng ▶〜を断つ/断绝来往 duànjué láiwang ▶その男との〜を断つ/断绝了和他的接触 duànjuéle hé tā de jiēchù ▶大使館と〜を保つ/和大使馆保持接触 hé dàshǐguǎn bǎochí jiēchù ▶某社の社員が〜してきた/某公司的职员来联系了 mǒu gōngsī de zhíyuán lái liánxì le

せっしょく【節食する】 节食 jiéshí (*eat in moderation*) ▶あいつに〜なんてできるわけがない/他是不可能节食的 tā shì bù kěnéng jiéshí de ▶減量のために〜してるんだ/为了减肥,我在节食 wèile jiǎnféi, wǒ zài jiéshí

せつじょく【雪辱する】 雪耻 xuěchǐ; **洗刷耻辱** xǐshuā chǐrǔ (*have one's revenge*) ▶〜戦/雪耻战 xuěchǐzhàn ▶彼らはみごとに〜を果たした/他们成功地雪耻了 tāmen chénggōng de xuěchǐ le ▶いかにして〜するか作戦を練る/我们在计划怎么样雪耻 wǒmen zài jìhuà zěnmeyàng xuěchǐ

ぜっしょく【絶食する】 绝食 juéshí (*abstain from food*) ▶〜療法/绝食疗法 juéshí liáofǎ ▶彼らはいっせいに〜して抗議した/他们一起绝食抗议 tāmen yìqǐ juéshí kàngyì ▶検査のため〜を余儀なくされた/为了检查,不得不绝食 wèile jiǎnchá, bùdébù juéshí

せっすい【節水する】 节水 jiéshuǐ (*save water*) ▶住民に〜を呼びかける/呼吁居民节水 hūyù jūmín jiéshuǐ ▶我が家は〜に努めている/我家在努力节水 wǒ jiā zài nǔlì jiéshuǐ ▶もっともっと〜しよう/更加努力节水吧 gèngjiā nǔlì jiéshuǐ ba

せっする【接する】 邻接 línjiē; **接触** jiēchù (*touch; be adjacent to...*) ▶公園に接した家/邻接公园的房子 línjiē gōngyuán de fángzi ▶中国語に〜/接触汉语 jiēchù Hànyǔ ▶中国語に〜機会が増えた/接触中文的机会增多了 jiēchù Zhōngwén de jīhuì zēngduō le
客に〜 接待客人 jiēdài kèrén ▶客に〜仕事をしている/做接待客人的工作 zuò jiēdài kèrén de gōngzuò
朗報に〜 接到喜报 jiēdào xǐbào ▶朗报に接して

歓声があがった/接到喜报，欢声四起 jiēdào xǐbào, huānshēng sìqǐ

ぜっする【絶する】 be beyond... ▶言語に～/无法用语言表达 wúfǎ yòng yǔyán biǎodá; 不可名状 bùkě míngzhuàng ▶言語に～惨状だった/难以言表的惨状 nányǐ yánbiǎo de cǎnzhuàng ▶想像を～/无法想像 wúfǎ xiǎngxiàng ▶雪の多さは想像を絶した/大雪超出了想象 dàxuě chāochūle xiǎngxiàng

せっせい【摂生する】 养生 yǎngshēng (英 take care of one's health) ▶～につとめた甲斐あった/多亏了平时注意养生 duōkuīle píngshí zhùyì yǎngshēng ▶そんな不～な生活で健康になるわけがない/过那种不健康的生活，不可能没有病 guò nàyàng bú jiànkāng de shēnghuó, bù kěnéng méiyǒu bìng

せっせい【節制】 节制 jiézhì (英 be moderate) ▶酒もタバコも～しています/烟和酒都在节制 yān hé jiǔ dōu zài jiézhì

ぜっせい【絶世の】 绝世 juéshì (英 peerless) ▶～の美女/绝世佳人 juéshì jiārén

せつせつ【切々と】 痛切 tòngqiè (英 earnestly) ▶～と訴える/痛切诉说 tòngqiè sùshuō ▶支援の願いを～と訴える/真切地恳求援助 zhēnqiè de kěnqiú yuánzhù ▶私は生きる難しさを～と噛みしめた/我真切地体会到生活的艰难 wǒ zhēnqiè de tǐhuì dào shēnghuó de jiānnán

せっせと 辛勤 xīnqín; 拼命 pīnmìng; 孜孜不倦 zīzī bújuàn; 一个劲儿 yígejìnr (英 hard) ▶～働く/拼命工作 pīnmìng gōngzuò ▶よそ見をしないで/不要四处乱看，认真工作！ búyào sìchù luànkàn, rènzhēn gōngzuò！ ▶ピアノの稽古に～通う/认真去学弹钢琴 rènzhēn qù xué tán gāngqín

せっせん【接戦】 激烈交锋 jīliè jiāofēng; 难分胜负 nán fēn shèngfù (英 have a close contest) ▶我々はついに～を制した/我们终于赢得了这场难分胜负的比赛 wǒmen zhōngyú yíngdéle zhè chǎng nán fēn shèngfù de bǐsài ▶両校の～は実に見ごたえがあった/两校打得难解难分，非常精彩 liǎng xiào dǎde nán jiě nán fēn, fēicháng jīngcǎi ▶強豪を相手に～に持ちこんだ/与强劲的对手展开激战 yǔ qiángjìng de duìshǒu zhǎnkāi jīzhàn

せっせん【接線】 〖数〗切线 qiēxiàn (英 a tangent) ▶円に～を引く/在圆上画一条切线 zài yuánshang huà yì tiáo qiēxiàn

せつぜん【截然と】 (英 distinctly) ▶勢力範囲が～と分かれている/势力范围截然分开 shìlì fànwéi jiérán fēnkāi ▶そこには～たる貧富の差があった/这里有明显的贫富差别 zhèlǐ yǒu míngxiǎn de pínfù chābié

ぜっせん【舌戦】 舌战 shézhàn (英 verbal warfare) ▶～を繰り広げる/展开舌战 zhǎnkāi shézhàn

せっそう【節操】 节操 jiécāo (英 constancy) ▶～をなくす/失节 shījié; 屈节 qūjié
～がない 没有节操 méiyǒu jiécāo ▶だいたいあいつは～がないんだ/他本来就没有节操 tā běnlái jiù méiyǒu jiécāo
～を貫く 守节 shǒujié ▶彼は～を貫いて生涯を終えた/他一生都严守节操 tā yìshēng dōu yánshǒu jiécāo

せっそく【拙速に】 求快不求好 qiú kuài bù qiú hǎo; 拙速 zhuōsù (英 hastily) ▶兵は～を尊ぶ/兵贵拙速 bīng guì zhuōsù ▶～に事を運んではならない/办事一味追求速度可不行 bànshì yíwèi zhuīqiú sùdù kě bùxíng

せつぞく【接続する】 接上 jiēshàng; 连接 liánjiē; （交通機関の）衔接 xiánjiē (英 connect) ▶コードを電源に～する/把插销接上电源 bǎ chāxiāo jiēshàng diànyuán ▶列車の～が悪い/列车的连接不好 lièchē de liánjiē bùhǎo ▶この列車は次の駅で急行に～する/乘坐这次列车可以在下站转乘快车 chéngzuò zhè cì lièchē kěyǐ zài xià zhàn zhuǎnchéng kuàichē

せつぞくし【接続詞】 〖文法〗连词 liáncí (英 a conjunction)

せっそくどうぶつ【節足動物】 节肢动物 jiézhī dòngwù (英 an arthropod)

セッター ❶〖犬〗塞特猎狗 sàitè liègǒu (英 a setter) ❷〖バレーボール〗二传手 èrchuánshǒu (英 a setter) ▶彼女は全日本の名～だった/她是日本队有名的二传手 tā shì Rìběnduì yǒumíng de èrchuánshǒu

せったい【接待する】 招待 zhāodài; 张罗 zhāngluo (英 entertain) ▶今夜は得意先を～することになっている/今晚定下来要接待老主顾 jīnwǎn dìngxiàlái yào jiēdài lǎozhǔgù ▶社長宅で茶の～にあずかった/在总经理家接受茶点款待 zài zǒngjīnglǐ jiā jiēshòu chádiǎn kuǎndài
◆～費 招待费 zhāodàifèi ▶～費がかさむ/接待费增多 jiēdàifèi zēngduō

ぜったい【舌苔】 舌苔 shétāi (英 fur on the tongue)

ぜったい【絶対に】 ❶〖比較・対立するもののない〗绝对 juéduì (英 absolutely) ▶我々は～的な優位に立っている/我们有绝对的优势 wǒmen yǒu juéduì de yōushì ▶議会では市民党が～多数を占める/在议会里，市民党占了绝对多数 zài yìhuìlǐ, shìmíndǎng zhànle juéduì duōshù
❷〖決して…ない〗断然 duànrán (英 never) ▶俺の目の黒いうちは～だめだ/我在世之年绝对不行 wǒ zàishì zhī nián juéduì bùxíng ▶そんな無法は～許さないぞ/绝不允许那么无法无天 juébù yǔnxǔ nàme wú fǎ wú tiān
❸〖どうしても〗(英 at any cost) ▶～に勝つ/一定要胜 yídìng yào shèng ▶こんどこそ～に勝つ/下次绝对会赢 xià cì juéduì huì yíng ▶法案には～反対である/坚决反对这条法案 jiānjué fǎnduì zhè tiáo fǎ'àn ▶医師に～安静を命じられた/医生对我说要绝对静养 yīshēng duì wǒ shuō yào juéduì jìngyǎng

ぜつだい

▶**〜音感** ▶この子には〜音感が備わっている/这个孩子有绝对音感 zhège háizi yǒu juéduì yīngǎn

ぜつだい【絶大な】 极大 jídà (英 *enormous*) ▶彼の功績は〜である/他的功绩是极大的 tā de gōngjì shì jídà de ▶〜なる御支援を賜わりたい/希望得到各位极大的支援 xīwàng dédào gèwèi jídà de zhīyuán

ぜったいおんど【絶対温度】 绝对温度 juéduì wēndù (英 *absolute temperature*)

ぜったいぜつめい【絶体絶命の】 走投无路 zǒu tóu wú lù; 山穷水尽 shān qióng shuǐ jìn (英 *driven into a corner*) ▶僕は〜のピンチに立たされた/我被逼得走投无路 wǒ bèi bīde zǒu tóu wú lù

ぜったいち【絶対値】 绝对值 juéduìzhí (英 *an absolute value*)

せったく【拙宅】 敝宅 bìzhái; 舍下 shèxià; 寒舍 hánshè (英 *my house*) ▶たまには〜にもお越し下さい/请有空的时候, 光临寒舍 qǐng yǒu kòng de shíhou, guānglín hánshè

せつだん【切断する】 切断 qiēduàn; 截断 jiéduàn; 切割 qiēgē (英 *cut*) ▶〜面/剖面 pōumiàn ▶クレーン車が電話線を〜した/吊车把电话线弄断了 diàochē bǎ diànhuàxiàn nòngduàn le ▶片足を〜せざるをえなかった/不得不切除一条腿 bùdébù qiēchú yì tiáo tuǐ

せっち【接地】 (英 *touching the ground*) ▶飛行機が滑走路を外れて〜する/飞机偏离了跑道着陆 fēijī piānlíle pǎodào zhuólù

せっち【設置する】 **1**【機械類を備える】安装 ānzhuāng; 安设 ānshè; 设置 shèzhì (英 *install*) ▶玄関に防犯カメラを〜する/在大门口安装防盗相机 zài dàménkǒu ānzhuāng fángdào xiàngjī **2**【施設・機関を設ける】建立 jiànlì (英 *establish*) ▶社内に調査委員会を〜する/在公司里设置调查委员会 zài gōngsīli shèzhì diàochá wěiyuánhuì

せっちゃく【接着する】 黏着 niánzhuó; 黏结 niánjié (英 *glue*) ▶〜剤/胶粘剂 jiāozhānjì; 黏合剂 niánhéjì ▶折れた仏像の指をにかわで〜する/把佛像折断的手指用胶接上 bǎ fóxiàng zhéduàn de shǒuzhǐ yòng jiāo jiēshàng ▶おまえの口に〜剤をつけろ/把你的嘴用胶水粘上！ bǎ nǐ de zuǐ yòng jiāoshuǐ zhānshàng！ ▶瞬間〜剤/立粘胶 lìzhānjiāo

日中比较 中国语的'接着 jiēzhe'是命令文里「受け止める」という意味になる他, 「続けて」「引き続いて」という意味にもなる.

せっちゅう【折衷する】 折中 zhézhōng; 折衷 zhézhōng (英 *work out a compromise*) ▶我が家の暮らしは和洋〜だ/我们家的生活是和洋折衷 wǒmen jiā de shēnghuó shì Hé-Yáng zhézhōng

▶〜案/折中方案 zhézhōng fāng'àn ▶〜案は双方に不満が残った/双方对折衷方案都有不满 shuāngfāng duì zhézhōng fāng'àn dōu yǒu bùmǎn

せっちゅう【雪中】 (英 *in the snow*) ▶〜の梅見なんて年寄りくさいよ/雪中看梅, 真像老人一样 xuě zhōng kàn méi, zhēn xiàng lǎorén yíyàng

ぜっちょう【絶頂】 **1**【山の頂上】顶峰 dǐngfēng (英 *the top*) ▶山の〜に立つ/站在顶峰 zhànzài dǐngfēng **2**【物事の最高点】极点 jídiǎn (英 *the height*) ▶得意の〜にある/得意到顶点 déyì dào dǐngdiǎn ▶人気〜の/红得发紫 hóngde fāzǐ ▶人気〜のスターには下り坂が待っている/等着红得发紫的明星是下坡路 děngzhe hóngde fāzǐ de míngxīng de shì xiàpōlù

せっつく (英 *press*) ▶子供にせっつかれてゲーム機を買った/被孩子缠着买了游戏机 bèi háizi chánzhe mǎile yóuxìjī ▶母が私に見合いをせっつく/母亲逼着我相亲 mǔqīn bīzhe wǒ xiāngqīn

せってい【設定する】 **1**【物事を作り定める】拟定 nǐdìng; 制定 zhìdìng (英 *set*; *establish*) ▶状況〜が現実に合わない/情况的设定不符合现实 qíngkuàng de shèdìng bù fúhé xiànshí ▶問題を〜して仮説を立てる/设定问题, 提出假想 shèdìng wèntí, tíchū jiǎxiǎng **2**【法的に】(英 *establish*; *institute*) ▶抵当権を〜する/确定抵押权 quèdìng dǐyāquán

セッティング 准备 zhǔnbèi; 安排 ānpái (英 *a setting*) ▶我々の手で両者の和解の場を〜した/通过我们的努力, 安排了双方和解的机会 tōngguò wǒmen de nǔlì, ānpáile shuāngfāng héjiě de jīhuì

せってん【接点】 **1**【幾何】切点 qiēdiǎn (英 *a point of contact*) ▶円 A と線 B との〜/圆 A 和线 B 的切点 yuán A hé xiàn B de qiēdiǎn **2**【物事の触れ合う点】接触点 jiēchùdiǎn (英 *a point of contact*) ▶対立する両者の〜を求める/寻求对立双方的妥协点 xúnqiú duìlì shuāngfāng de tuǒxiédiǎn ▶どうしも両国の〜が見出せない/怎么也找不到两国之间的联结点 zěnme yě zhǎobudào liǎng guó zhījiān de liánjiédiǎn

せつでん【節電する】 节电 jiédiàn (英 *save electricity*) ▶我が家は〜に努めている/我家在努力节电 wǒ jiā zài nǔlì jiédiàn ▶これ以上どうやって〜するんだ/怎么才能更加节电呢？ zěnme cái néng gèngjiā jiédiàn ne？

セット **1**【一揃い】一套 yí tào (英 *a set*) ▶コーヒーを〜をそろえる/买齐一套咖啡用具 mǎiqí yí tào kāfēi yòngjù ▶茶器は〜でないと売りません/茶具不是一套不卖 chájù bú shì yí tào bú mài ▶応接〜を買ったが置く場所がない/买了一套沙发, 但是没有地方放 mǎile yí tào shāfā, dànshi méiyǒu dìfang fàng **2**【スポーツ試合の区切り】一局 yì jú (英 *a set*) ▶1〜を先取する/先赢一局 xiān yíng yì jú ▶1〜目を落とす/先输一局 xiān shū yì jú **3**【映画・テレビなどの装置】布景 bùjǐng; 一套装置 yí tào zhuāngzhì (英 *a set*) ▶〜で撮影する/在布景前拍摄 zài bùjǐng qián pāishè ❹【機械などを装置すること】(英)a setting) ▶~する/安装 ānzhuāng ▶タイマーを~する/设定定时 shèdìng dìngshí

せつど【節度】 节制 jiézhì (英)moderation) ▶~のある/有节制 yǒu jiézhì ▶~を失う/失去节制 shīqù jiézhì ▶~をもって飲む/喝酒不过量 hē jiǔ bú guòliàng ▶彼の~あるふるまいは好感がもてる/他的那种有节制的风度让人有好感 tā de nà zhǒng yǒu jiézhì de fēngdù ràng rén yǒu hǎogǎn ▶~をわきまえて飲みなさい/喝酒要有节制 hēde yào yǒu jiézhì

せつとう【窃盗する】 偷盗 tōudào; 偷窃 tōuqiè (英)commit theft) ▶彼は~を働いて捕まった/他去盗窃被抓了 tā qù dàoqiè bèi zhuā le ▶~事件/窃案 qiè'àn; 盗窃案 dàoqiè'àn ▶町内で~事件が頻発している/社区里再三发生盗窃事件 shèqūlǐ zàisān fāshēng dàoqiè shìjiàn ▶~犯/盗窃犯 dàoqièfàn ▶これは~常習者のしわざだ/这是盗窃惯犯的所作所为 zhè shì dàoqiè guànfàn de suǒ zuò suǒ wéi

せつとうじ【接頭辞】〔文法〕词头 cítóu; 前缀 qiánzhuì (英)a prefix)

せっとく【説得する】 说服 shuōfú; 劝说 quànshuō (英)persuade) ▶あの分からず屋はどうにも~できない/怎么也说服不了那个老顽固 zěnme yě shuōfúbùliǎo nàge lǎowángù ▶彼は~力のある話し方をする/他的说话方式很有说服力 tā de shuōhuà fāngshì hěn yǒu shuōfúlì ▶旅行を止めるように彼女を~した/说服她不去旅行 shuōfú tā bú qù lǚxíng ▶彼を~してタバコをやめさせた/说服他戒烟了 shuōfú tā jièyān le

せつな【刹那】 刹那 chànà; 瞬间 shùnjiān (英)an instant) ▶~主義/一时快乐主义 yìshí kuàilè zhǔyì ▶そういう~主義的な生き方が嫌なんだ/那种及时行乐主义的活法，我不喜欢 nà zhǒng jíshí xínglè zhǔyì de huófǎ, wǒ bù xǐhuan

せつない【切ない】难受 nánshòu; 难过 nánguò (英)painful) ▶この~胸の内を聞いてくれ/请你听听我心里的难过 qǐng nǐ tīngting wǒ xīnli de nánguò ▶呆けてゆく親を見るのは~よ/看着逐渐痴呆的父亲，心里真难过 kànzhe zhújiàn chīdāi de fùqin, xīnlǐ zhēn nánguò

せっぱく【切迫する】❶【時間・期限が】紧迫 jǐnpò; 紧促 jǐncù (英)draw near) ▶期日が~する/期限紧迫 qīxiàn jǐnpò ▶決済の期日が~する/结账的日期快要来了 jiézhàng de rìqī kuàiyào lái le ❷【緊張】急迫 jípò; 吃紧 chījǐn (英)grow tense) ▶事態が~する/事态吃紧 shìtài chījǐn ▶両国関係は~の度が高まった/两国关系的紧张度增加了 liǎng guó guānxi de jǐnzhāngdù zēngjiā le

せっぱつまる【切羽詰まる】走投无路 zǒu tóu wú lù; 迫不得已 pò bù dé yǐ; 万不得已 wàn bù dé yǐ (英)be driven into a corner) ▶せっぱつまって心にもないことを言った/在万不得已的情况下，说了言不由衷的话 zài wàn bù dé yǐ de qíngkuàngxia, shuōle yán bù yóu zhōng de huà ▶声に妙にせっぱつまった感じがあった/声音里好像有点走投无路的感觉 shēngyīn lǐ hǎoxiàng yǒudiǎn zǒu tóu wú lù de gǎnjué

せっぱん【折半する】 平分 píngfēn; 折半 zhébàn; 对半 duìbàn (英)go fifty-fifty) ▶両社で利益を~するそうだ/据说两家企业平分利益 jùshuō liǎng jiā qǐyè píngfēn lìyì ▶費用は彼と~した/费用和他均摊 fèiyong hé tā jūntān

ぜっぱん【絶版】绝版 juébǎn (英)out of print) ▶~になる/绝版 juébǎn ▶私の本なんて初版たちまち~です/我的书初版就变成了绝版 wǒ de shū chūbǎn jiù biànchéngle juébǎn ▶その本は~になって久しい/那本书成为绝版有很久了 nà běn shū chéngwéi juébǎn yǒu hěn jiǔ le

せつび【設備する】 配备 pèibèi; 设备 shèbèi (英)equip) ▶~の整った/设备完整的 shèbèi wánzhěng de ▶~の整った学校へゆきたい/我想去设备好的学校 wǒ xiǎng qù shèbèi hǎo de xuéxiào ▶運動を整える/准备运动设施 zhǔnbèi yùndòng shèshī ▶そこには身障者のための~がない/那里没有为残疾人服务的设施 nàli méiyǒu wèi cánjírén fúwù de shèshī ▶この家は防火に金をかけている/这家在防火设备上花了不少钱 zhè jiā zài fánghuǒ shèbèishang huāle bùshǎo qián

♦~投資/设备投资 shèbèi tóuzī ▶~投資に前向きである/对设备投资持积极态度 duì shèbèi tóuzī chí jījí tàidù

せつびじ【接尾辞】〔文法〕词尾 cíwěi; 后缀 hòuzhuì (英)a suffix)

せっぴつ【拙筆】拙笔 zhuōbǐ (英)poor handwriting)

ぜっぴつ【絶筆】 绝笔 juébǐ (英)one's last writing) ▶このエッセイが先生の~となった/这篇随笔成了这位作家的绝笔 zhè piān suíbǐ chéngle zhèi wèi zuòjiā de juébǐ

ぜっぴん【絶品】 杰作 jiézuò; 佳作 jiāzuò (英)a superb article) ▶いやいや、これは~ですねぇ/哎呀，这真是杰作啊 āiyā, zhè zhēn shì jiézuò a

せっぷく【切腹する】剖腹自杀 pōufù zìshā (英)commit harakiri) ▶武家の男子は７歳で~の作法を教えられた/武士家的男子在七岁时就要学习怎样切腹自杀 wǔshìjiā de nánzǐ zài qī suì shí jiùyào xuéxí zěnyàng qiēfù zìshā

せつぶん【節分】立春前一天 lìchūn qián yì tiān (英)the day before the beginning of spring) ▶~には豆まきをする/在立春的前夕要撒豆子 zài lìchūn de qiánxī yào sǎ dòuzi

せっぷん【接吻する】接吻 jiēwěn (英)kiss)

ぜっぺき【絶壁】 陡壁 dǒubì; 绝壁 juébì (英)a sheer precipice) ▶目の前に~が立ちはだかっている/眼前悬崖峭壁挡住了去路 yǎnqián xuányá qiàobì dǎngzhùle qùlù ▶断崖~/悬崖峭壁 xuányá qiàobì ▶断崖~をよじ登る/爬上悬崖峭壁 páshàng xuányá qiàobì

せっぺん【雪片】 雪花 xuěhuā; 雪片 xuěpiàn (英)a snowflake)

せつぼう【切望する】 渇望 kěwàng; 切盼 qièpàn; 梦寐以求 mèngmèi yǐ qiú (英 desire earnestly) ▶住民の〜にこたえてもらいたい/希望能回应居民的热切希冀 xīwàng néng huíyìng jūmín de rèqiè xīwàng ▶彼女はパリ行きを〜している/她热切希望能去巴黎 tā rèqiè xīwàng néng qù Bālí

せっぽう【説法】 ❶【仏教を説く】说法 shuōfǎ; 讲经 jiǎngjīng (英 preach Buddhism) ▶釈迦に〜/班门弄斧 Bān mén nòng fǔ ▶坊さんの〜を聞く/听和尚说法 tīng héshang shuōfǎ ❷【道理を説く】规劝 guīquàn (英 lecture) ▶息子にうんと〜してやる/我要给儿子好好儿讲讲 wǒ yào gěi érzi hǎohāor jiǎngjiang

[日中比较] 中国語の'说法'は'shuōfa'と読むと「言い方」「見解」を表す.

ぜつぼう【絶望する】 绝望 juéwàng (英 despair) ▶彼は〜の空しさに気づいた/他感到了绝望的虚无 tā gǎndàole juéwàng de xūwú ▶〜感がこみ上げてきた/胸中涌现出绝望感 xiōng zhōng yǒngxiànchū juéwànggǎn ▶彼らの生存は〜視されている/他们的生存被认为是绝望的了 tāmen de shēngcún bèi rènwéi shì juéwàng de le ▶これはもう〜的な数値だ/这真是个令人绝望的数字 zhè zhēn shì ge lìng rén juéwàng de shùzì ▶あいつは飲むたびに人生に〜しているよ/他每喝一次都对人生感到绝望 tā měi hē yí cì dōu duì rénshēng gǎndào juéwàng

ぜっぽう【舌鋒】 (英 a sharp tongue) ▶〜鋭く/谈锋犀利 tánfēng xīlì; 唇枪舌剑 chún qiāng shé jiàn ▶〜鋭く非をついた/尖锐地指出错误 jiānruì de zhǐchū cuòwù

ぜつみょう【絶妙な】 绝妙 juémiào; 入神 rùshén (英 exquisite) ▶その比喩がまた〜だった/那个比喻真是绝妙 nàge bǐyù zhēn shì juémiào ▶〜なタイミングでギャグを放つ/在绝妙的时候开了一个玩笑 zài juémiào de shíhou kāile yí ge wánxiào ▶〜の技/绝招 juézhāo ▶〜の技に観客は酔いしれた/观众们为绝妙的演技所陶醉 guānzhòngmen wéi juémiào de yǎnjì suǒ táozuì

ぜつむ【絶無】 绝无 juéwú; 绝对没有 juéduì méiyǒu (英 nothing) ▶〜に等しい/几乎为零 jīhū wéi líng ▶かの国に石油資源は〜である/那个国家根本没有石油资源 nàge guójiā gēnběn méiyǒu shíyóu zīyuán ▶犯罪の〜を期したい/期望犯罪绝迹 qīwàng fànzuì juéjì

せつめい【説明する】 说明 shuōmíng; 解释 jiěshì; 介绍 jièshào (英 explain) ▶〜が足りない/解释不充分 jiěshì bù chōngfèn ▶当局の〜が足りない/当局的说明不够 dāngjú de shuōmíng bùgòu ▶この資料があればなんとか〜がつく/有这个资料的话，还能说得过去 yǒu zhège zīliào de huà, hái néng shuōdeguòqu ▶あなたは〜責任を果たしていない/你们没有尽说明义务 nǐmen méiyǒu jìn shuōmíng yìwù ▶来週にも住民〜会を開きます/下周即将召开居民说明会 xiàzhōu jíjiāng zhàokāi jūmín shuōmínghuì ▶図表を使って〜する/使用图表说明 shǐyòng túbiǎo shuōmíng ▶写真に〜をつける/给照片加说明 gěi zhàopiàn jiā shuōmíng ▶〜的な文章では小説にならない/说明式的文章是不能成为小说的 shuōmíngshì de wénzhāng shì bùnéng chéngwéi xiǎoshuō de

◆**〜書**:说明书 shuōmíngshū ▶使用の前に〜書をよく読みなさい/在使用前请仔细阅读说明书 zài shǐyòng qián qǐng zǐxì yuèdú shuōmíngshū

ぜつめい【絶命する】 绝命 juémìng; 死亡 sǐwáng (英 die) ▶「ありがとう」の一語を残して〜した/说了一句"谢谢"就死去了 shuōle yí jù "Xièxie" jiù sǐqù le

ぜつめつ【絶滅する】 ❶【生物が】灭绝 mièjué; 绝灭 juémiè; 绝种 juézhǒng (英 become extinct) ▶〜寸前/濒于灭绝 bīnyú mièjué ▶北極グマは〜が危惧されている/北极熊面临绝迹的危险 běijíxióng miànlín juéjì de wēixiǎn ▶恐竜は数千万年も前に〜した/恐龙在数千万年前就绝迹了 kǒnglóng zài shùqiān wàn nián qián jiù juéjì le ❷【物事が】杜绝 dùjué (英 eradicate) ▶犯罪を〜しよう/杜绝犯罪 dùjué fànzuì ▶養蚕業は〜寸前にある/养蚕业濒于灭绝 yǎngcányè bīnyú mièjué

せつもん【設問する】 提出问题 tíchū wèntí; 出题 chūtí (英 pose a question) ▶〜に答えよ/回答提出的问题 huídá tíchū de wèntí ▶以下の〜に答えよ/回答以下的问题 huídá yǐxià de wèntí

せつやく【節約する】 节省 jiéshěng; 节约 jiéyuē (英 economize) ▶エネルギーの〜は地球的な課題だ/节约能源是一个全球性的课题 jiéyuē néngyuán shì yí ge quánqiúxìng de kètí ▶費用を〜するために片道は歩いて下さい/为了节约费用，单程请走路 wèile jiéyuē fèiyong, dānchéng qǐng zǒulù ▶こうすれば労力の〜になる/这样的话就能节约劳力 zhèyàng de huà jiù néng jiéyuē láolì ▶金は〜して使え/钱要省着花 qián yào shěngzhe huā

せつゆ【説諭する】 教诲 jiàohuì; 训戒 xùnjiè; 劝告 quàngào (英 admonish) ▶先生に懇々と〜された/被老师恳切地教诲了一通 bèi lǎoshī kěnqiè de jiàohuìle yítòng ▶〜の言葉は頭の上を素通りした/告诫的话成了耳边风 gàojiè de huà chéngle ěrbiānfēng

せつり【摂理】 (英 Divine Providence) ▶神の〜/天意 tiānyì; 神的意志 shén de yìzhì ▶自然の〜/自然规律 zìrán guīlǜ ▶自然の〜には驚かされる/自然规律让人惊叹 zìrán guīlǜ ràng rén jīngtàn

せつりつ【設立する】 成立 chénglì; 开办 kāibàn; 设立 shèlì (英 establish) ▶新たに大学を〜する/设立新大学 shèlì xīndàxué ▶〜趣意書に共鳴する/与设立意向书共鸣 yǔ shèlì yìxiàngshū gòngmíng

ぜつりん【絶倫】 绝伦 juélún (英 matchless)

▶武勇～/武勇绝伦 wǔyǒng juélún ▶武勇～の男も妻には勝てなかった/英雄无敌的男人也没赢过老婆 yīngxióng wúdí de nánrén yě méi yíngguo lǎopo ▶かつては精力～を誇っていた/以前可是以精力绝伦闻名的 yǐqián kěshì yǐ jīnglì juélún wénmíng de

せつれつ【拙劣な】 拙劣 zhuōliè《英 clumsy》▶～極まりない/拙劣无比 zhuōliè wúbǐ ▶彼らのプランも～極まりない/他们的计划极其拙劣 tāmen de jìhuà jíqí zhuōliè ▶～な技術が事故を招いた/粗劣的技术酿成了事故 cūliè de jìshù niàngchéngle shìgù

せつわ【説話】 故事 gùshi《英 a tale; a narrative》▶仏教～/佛教故事 Fójiào gùshi ▶民間～を採集する/收集民间故事 shōují mínjiān gùshi

◆～文学 : 民间口头流传文学 mínjiān kǒutou liúchuán wénxué

[日中比較] 中国語の '说话 shuōhuà' は「話す」ことを意味する.

せとぎわ【瀬戸際】 紧要关头 jǐnyào guāntóu《英 a critical moment》▶在来種が滅亡の～にあるそうだ/听说原有品种正频于灭绝 tīngshuō yuányǒu pǐnzhǒng zhèng pínyú mièjué ▶私は命の～から舞い戻った/我从鬼门关走了一圈 wǒ cóng guǐménguān zǒule yì quān ▶～の努力が実った/最后关头的努力有效了 zuìhòu guāntóu de nǔlì yǒuxiào le

せともの【瀬戸物】 瓷器 cíqì; 陶器 táoqì《英 china》

せなか【背中】 ❶〖動物の背〗背 bèi; 脊背 jǐbèi; 脊梁 jǐliang《英 the back》▶～のかゆみに手が届かない/挠不到背上的痒 náobudào bèishang de yǎng ▶僕はみんなに～を向けて立っていた/我背着大家站着 wǒ bèizhe dàjiā zhànzhe ❷〖物の後ろ側〗背面 bèimiàn《英 the back》▶その本は～の紺文字が剥〔は〕げていた/那本书背面的蓝色文字剥落了 nà běn shū bèimiàn de lánsè wénzì bōluò le ▶二軒の家は～合わせに建っている/这两栋房子背靠着背 zhè liǎng dòng fángzi bèi kàozhe bèi

ぜに【銭】《英 money》▶～のあるやつは言うことが違うね/有钱人说话就是不一样 yǒuqiánrén shuōhuà jiùshì bù yíyàng ▶これは～金の問題じゃないんだ/这不是什么钱不钱的问题 zhè bú shì shénme qián bù qián de wèntí

ぜにん【是認する】 承认 chéngrèn; 同意 tóngyì《英 approve》▶子供の非行を～する親がいる/有的家长容忍孩子的不良行为 yǒude jiāzhǎng róngrěn háizi de bùliáng xíngwéi ▶彼は自分のしわざだと～した/他承认是自己做的坏事 tā chéngrèn shì zìjǐ zuò de huàishì

せぬき【背抜きの】《英 unlined at the back》▶～の背広/背部不挂里儿的西装 bèibù bú guà lǐr de xīzhuāng

ゼネコン 综合土木建设工程公司 zōnghé tǔmù jiànshè gōngchéng gōngsī《英 a general contractor》

ゼネスト 总罢工 zǒngbàgōng《英 a general strike》

せのび【背のびする】 ❶〖つま先で〗伸腰 shēnyāo; 跷起脚 qiāoqǐ jiǎo《英 stand on tiptoe》▶人垣のうしろから～して見物する/在人墙后面踮起脚来看 zài rénqiáng hòumian diǎnqǐ jiǎo lái kàn ❷〖実力以上に〗逞能 chěngnéng《英 try to do what is beyond one's ability》▶あまり～するとけがをするよ/不要太逞能了, 会要摔跟头的 búyào tài chěngnéng le, huì yào shuāi gēntou de

せばまる【狭まる】 变窄 biànzhǎi《英 become narrow》▶ここで川幅が急に～/在这里河面突然变窄 zài zhèlǐ hémiàn tūrán biàn zhǎi

せばめる【狭める】 缩小 suōxiǎo; 缩短 suōduǎn《英 narrow》▶選択の範囲を狭めてはどうか/缩小选择的范围怎么样？ suōxiǎo xuǎnzé de fànwéi zěnmeyàng? ▶間口を1メートル狭めてくれ/把门面缩小一米 bǎ ménmian suōxiǎo yì mǐ

セパレーツ ❶〖婦人服〗上下分开的套装 shàngxià fēnkāi de tàozhuāng《英 separates》❷〖組み合わせ式の道具類〗组合式器具 zǔhéshì qìjù《英 separates》

せばんごう【背番号】 后背号码 hòubèi hàomǎ《英 a uniform number》▶彼は～18を背負って投げ続けた/他身负十八号坚持投球 tā shēn fù shíbā hào jiānchí tóu qiú

せひ【施肥する】 施肥 shīféi《英 fertilize》

ぜひ【是非】《英 by all means; at any cost》❶〖何としても〗务必 wùbì ▶～読みたい/一定要读一读 yídìng yào dúyídú ▶～出席して下さい/务请出席 wùqǐng chūxí ▶そんな映画なら～見たい/要是那样的电影, 我想务必一看 yàoshi nàyàng de diànyǐng, wǒ xiǎng wùbì yí kàn ❷〖是と非〗是非 shìfēi; 曲直 qūzhí《英 right and wrong》▶～を問う/问清是非 wènqīng shìfēi ▶投票で～を問う/通过投票来判断是非 tōngguò tóupiào lái pànduàn shìfēi ▶これも仕事だから～もない/这也是工作, 是不得不做的 zhè yě shì gōngzuò, shì bùdébù zuò de

[日中比較] 中国語の '是非 shìfēi' には「是と非」という意味の他に「いざこざ」「トラブル」という意味もある.

セピア 暗褐色 ànhèsè《色》《英 sepia》▶～色の写真の中に父母の青春が眠っている/父母的青春凝结在发黄的像片中 fùmǔ de qīngchūn níngjié zài fāhuáng de xiàngpiàn zhōng

せひょう【世評】 舆论 yúlùn; 公共舆论 gōnggòng yúlùn《英 rumor; reputation》▶作品がようやく～に上るようになった/作品终于被世人所谈论了 zuòpǐn zhōngyú bèi shìrén suǒ tánlùn le ▶～を恐れていては何もできないぞ/如果怕舆论的话, 什么事情都干不了 rúguǒ pà yúlùn de huà, shénme shìqing dōu gànbuliǎo ▶～の高いわりにつまらぬ映画だった/虽说世人的评价颇高, 但其

実是个没意思的电影 suīshuō shìrén de píngjià pō gāo, dàn qíshí shì ge méi yìsi de diànyǐng

せびる 死皮赖脸地要求 sǐ pí lài liǎn de yào; 恳求 kěnqiú; 硬要求 yìng yāoqiú (英 *pester*) ▶母親に金を～/向母亲要钱 xiàng mǔqīn yào qián

せびれ【背鰭】 脊鳍 jǐqí (英 *a dorsal fin*) ▶サメの～が海面を切り裂いた/鲨鱼的脊鳍划破了海面 shāyú de jǐqí huápòle hǎimiàn

せびろ【背広】 西服 xīfú；(男式)西装 (nánshì) xīzhuāng (英 *a business suit*) ▶君の～姿はなかなかいいよ/你穿着西装的样子相当不错 nǐ chuānzhe xīzhuāng de yàngzi xiāngdāng búcuò ▶三つ揃いの～を着て出席した/穿着三件套的西装出席 chuānzhe sānjiàntào de xīzhuāng chūxí

せぶみ【瀬踏みする】 试探 shìtàn (英 *sound out*) ▶ライバルの出方を～する/试探对手的态度 shìtàn duìshǒu de tàidù ▶本会談の前に先方の出方を～しておく/在正式会谈之前，先试探对方的虚实 zài zhèngshì huìtán zhīqián, xiān shìtàn duìfāng de xūshí

せぼね【背骨】 脊梁骨 jǐlianggǔ；脊柱 jǐzhù (英 *the backbone*) ▶期待が重くて～が折れそうだ/期望太大，怕要压垮我的脊梁骨 qīwàng tài dà, pà yào yākuǎ wǒ de jǐlianggǔ ▶あいつは組织の～みたいな存在なんだ/他的存在就像组织的脊梁柱一样 tā de cúnzài jiù xiàng zǔzhī de jǐliangzhù yíyàng

せまい【狭い】 窄 zhǎi；狭小 xiáxiǎo；窄小 zhǎixiǎo (英 [幅が] *narrow*; [小さい] *small*) ▶～部屋/窄小的房间 zhǎixiǎo de fángjiān ▶入り口が～/入口狭窄 rùkǒu xiázhǎi ▶交际が～/交际面窄 jiāojìmiàn zhǎi ▶道幅がどんどん狭くなる/路越来越窄 lù yuèláiyuè zhǎi ▶母は世間が～/妈妈生活的世界很窄 māma shēnghuó de shìjiè hěn zhǎi ▶視野が～と独善的になるぞ/视野狭窄就会变得自以为是 shìyě xiázhǎi jiù huì biànde zì yǐ wéi shì ▶世間は広いようで～/世界虽大冤家路窄 shìjiè suī dà yuānjiā lù zhǎi ▶君のおかげで肩身が～/因为你，我也丢脸了 yīnwèi nǐ, wǒ yě diūliǎn le

～知識 浅薄的知识 qiǎnbó de zhīshi ▶僕には～知識しかない/我的知识面很狭隘 wǒ de zhīshimiàn hěn xiá'ài

了见が～ 想法偏狭 xiǎngfa piānxiá ▶おまえは案外了见が～な/想不到你心胸还挺窄的 xiǎngbudào nǐ xīnxiōng hái tǐng zhǎi de

せまくるしい【狭苦しい】 挤得难受 jǐde nánshòu (英 *cramped*) ▶一間の部屋で起居している/在狭窄的一间房子里起居 zài xiázhǎi de yì jiān fángzili qǐjū

せまる【迫る】 ❶ [近づく] 迫近 pòjìn；逼近 bījìn (英 *approach*) ▶敵軍が迫ってきた/敌军在逼近 díjūn zài bījìn ▶山が目の前に迫っている/山接近到眼前了 shān jiējìn dào yǎnqián le ▶万感胸に～/百感交集 bǎi gǎn jiāo jí ▶締切が2日後に迫っている/两天后就到截稿期限了 liǎng tiān hòu jiù dào jiégǎo qīxiàn le ▶世界記録にあと5秒で～/只差五秒就赶上世界记录了 zhǐ chà wǔ miǎo jiù gǎnshàng shìjiè jìlù le ❷【強いる】(英 *press*) ▶必要に迫られる/为需要所迫 wéi xūyào suǒ pò ▶返済を～/逼债 bīzhài ▶必要に迫られて絵を手放した/被逼无奈，只好把画卖了 bèi bī wúnài, zhǐhǎo bǎ huà tuōshǒu le ▶大臣を更迭するよう首相に～/逼迫总理更换大臣 bīpò zǒnglǐ gēnghuàn dàchén

核心に～ 逼近核心 bījìn héxīn ▶捜査はいよいよ核心に迫ってきた/搜查终于逼近了核心 sōuchá zhōngyú bījìnle héxīn

死期が～ 死期将至 sǐqī jiāng zhì ▶死期が迫って家族が呼ばれた/死期接近，家属被叫来了 sǐqī jiējìn, jiāshǔ bèi jiàolái le

セミ【蝉】 〔虫〕蝉 chán；知了 zhīliǎo (英 *a cicada*) ▶聞こえるのはただ～の声だけだった/听到的只是蝉声 tīngdào de zhǐshì chánshēng ▶～しぐれが郷愁をかきたてる/蝉鸣勾起了乡愁 chánmíng gōuqǐle xiāngchóu

ゼミ(ナール) 研究班 yánjiūbān；课堂讨论 kètáng tǎolùn (英 *a seminar*) ▶今夜は～のコンパだ/今天晚上要和研究班的同学们聚会 jīntiān wǎnshang yào hé yánjiūbān de tóngxuémen jùhuì ▶明日は～で発表なんだ/明天要在讨论课上作报告 míngtiān yào zài tǎolùnkèshang zuò bàogào

セミコロン 分号 fēnhào (;) (英 *a semicolon*)

セミナー (英 *a seminar*) ▶夏の経営～に申し込んだ/申请参加夏天的经营集训班 shēnqǐng cānjiā xiàtiān de jīngyíng jíxùnbān

セミプロ 半职业性的 bànzhíyèxìng de (英 *a semiprofessional*) ▶彼らはアマチュアという名の～だ/他们名义上是业余选手，实际上是半职业选手 tāmen míngyìshang shì yèyú xuǎnshǒu, shíjìshang shì bàn zhíyè xuǎnshǒu

せめ【攻め】 进攻 jìngōng (英 *the offensive*) ▶～に転じる/转入进攻 zhuǎnrù jìngōng ▶～の一手/一味进攻 yíwèi jìngōng

せめ【責め】 (英 *responsibility*; *blame*) ▶～を負う/负责任 fù zérèn ▶～を果たす/尽职责 jìn zhízé ▶事故の～を負って辞職した/负起事故的责任，辞职 fùqǐ shìgù de zérèn, cízhí ▶これでどうにか～を果たした/这样我就算是完成了自己的责任了 zhèyàng wǒ jiù suànshì wánchéngle zìjǐ de zérèn le

せめあぐむ【攻めあぐむ】 难以攻破 nányǐ gōngpò (英 *be at a loss how to attack effectively*) ▶ボールを支配してはいるものの攻めあぐんだ/虽然一直控制着球，但是进攻没有成效 suīrán yìzhí kòngzhìzhe qiú, dànshì jìngōng méiyǒu chéngxiào

せめいる【攻め入る】 攻入 gōngrù；入侵 rùqīn (英 *invade*) ▶戦車隊は国境を越えて攻め入った/坦克部队从国境入侵进来 tǎnkè bùduì yuèguò guójìng rùqīn jìnlái

せめおとす【攻め落とす】 攻陷 gōngxiàn；攻破 gōngpò (英 *capture*) ▶総攻撃のすえに敵陣

を攻め落とした/发动总攻击之后，攻破了敌阵 fādòng zǒnggōngjī zhīhòu, gōngpòle dízhèn

せめぎあう【せめぎ合う】 互相争执 hùxiāng zhēngzhí; 互相斗争 hùxiāng dòuzhēng (英 *fight each other*)

せめさいなむ【責め苛む】 苛责 kēzé; 百般折磨 bǎibān zhémó (英 *treat cruelly*) ▶良心に責め苛まれる/受到良心的谴责 shòudào liángxīn de qiǎnzé

せめたてる【責め立てる】 ❶[非難する] 严加指责 yánjiā zhǐzé (英 *reproach*) ▶課長は僕の小さな落ち度を～んだ/科长严厉地责备我的小小过失 kēzhǎng yánlì de zébèi wǒ de xiǎoxiǎo guòshī ❷[催促する] 催 cuī (英 *urge*) ▶子供に責め立てられる/被孩子催促 bèi háizi cuīcù ▶借金取りに責め立てられる/被催着要债 bèi cuīzhe yào zhài

せめて 至少 zhìshǎo (英 *at least*) ▶～もう一度会ってくれないか/希望至少能再见一面 xīwàng zhìshǎo néng zài jiàn yímiàn ▶～電話ぐらいくれてもいいじゃないか/起码要给我打个电话吧! qǐmǎ yào gěi wǒ dǎ ge diànhuà ba! ▶～もの慰めだ/总算是个安慰 zǒngsuàn shì ge ānwèi ▶命が助かったのが～もの慰めだ/性命得救了，总算是个安慰 xìngmìng déjiù le, zǒngsuàn shì ge ānwèi

せめほろぼす【攻め滅ぼす】 攻破 gōngpò (英 *conquer*) ▶晋は魏を攻め滅ぼした/晋灭了魏 Jìn mièle Wèi

せめる【攻める】 进攻 jìngōng; 攻打 gōngdǎ (英 *attack*) ▶あの剛腕投手をどうやって攻めようか/怎样对付那个快球投手呢? zěnyàng duìfu nàge kuàiqiú tóushǒu ne? ▶隣国を～準備は整った/做好了攻打邻国的准备 zuòhǎole gōngdǎ línguó de zhǔnbèi

せめる【責める】 ❶[非難する] 责备 zébèi; 责怪 zéguài; 非难 fēinàn (英 *blame*) ▶不注意を～/责备粗心 zébèi cūxīn;责怪他不注意 zéguài tā bú zhùyì ▶みんなが彼の不注意を責めた/大家都责怪他的疏忽 dàjiā dōu zéguài tā de shūhu ▶彼はひそかに自分を責めた/他暗暗地责备自己 tā àn'àn de zébèi zìjǐ ▶君こそ責められるべきだ/你才应该受到责怪 nǐ cái yīnggāi shòudào zéguài ❷[せがむ] 催促 cuīcù (英 *pester*) ▶妻に責められる/被妻子催促 bèi qīzi cuīcù ▶妻に責められて冷蔵庫を買いかえた/被妻子催着买了一个新冰箱 bèi qīzi cuīzhe mǎile yí ge xīnbīngxiāng ❸[痛めつける] (英 *torture*) ▶鞭で～/用鞭子拷打 yòng biānzi kǎodǎ ▶白状しろと鞭で～/为了逼取招供，用鞭子打 wèile bīqū zhāogòng, yòng biānzi dǎ

セメント 水泥 shuǐní; 洋灰 yánghuī; 水门汀 shuǐméntīng (英 *cement*) ▶塀に～を塗る/在墙上涂上水泥 zài qiángshang túshàng shuǐní ▶～に砂をまぜる/往水泥里掺沙子 wǎng shuǐníli chān shāzi ▶～工場/水泥工厂 shuǐní gōngchǎng

せもじ【背文字】 书脊文字 shūjǐ wénzì (英 *the title on the spine of a book*)

せもたれ【背もたれ】 靠背 kàobèi (英 *a backrest*) ▶～がきしんでギーッと鳴った/椅子背发出了吱吱嘎嘎的声音 yǐzibèi fāchūle zhīzhīgāgā de shēngyīn

-せよ (英 *though; even if*) ▶子供に～そんながままは許せない/即使是孩子，那样任性的行为也不可原谅 jíshǐ shì háizi, nàyàng rènxìng de xíngwéi yě bùkě yuánliàng ▶真偽いずれに～よく調査する必要がある/无论真伪如何，都有必要好好儿进行调查 wúlùn zhēnwěi rúhé, dōu yǒu bìyào hǎohǎor jìnxíng diàochá

ゼラチン 明胶 míngjiāo (英 *gelatin*) ▶～ペーパー/胶纸 jiāozhǐ

ゼラニウム [植物]天竺葵 tiānzhúkuí (英 *a geranium*)

セラミック 陶瓷器 táocíqì (英 *ceramics*) ▶～製の義歯/陶制假牙 táozhì jiǎyá

せり【競り】 (競り売り) 拍卖 pāimài (英 *an auction*) ▶～にかける/拍卖 pāimài ▶～市/拍卖行 pāimàiháng ▶古銭のコレクションを～にかける/把古币的收藏品拿去竞卖 bǎ gǔbì de shōucángpǐn náqù jìngmài ▶オークションで～負ける/在拍卖市场上输给了别人 zài pāimài shìchǎngshang shūgěile biéren

セリ【芹】 [植物]水芹 shuǐqín (英 *a water dropwort*)

せりあう【競り合う】 (英 *compete*) ▶ゴール前で激しく競り合った/在终点前激烈竞争 zài zhōngdiǎnqián jīliè jìngzhēng ▶二人は終盤まで猛烈な競り合いを演じた/两人的激烈争夺一直进行到最后阶段 liǎng rén de jīliè zhēngduó yìzhí jìnxíng dào zuìhòu jiēduàn

ゼリー 果子冻 guǒzidòng (英 *jelly*; [菓子] *a jelly*) ▶～状の/胶状的 jiāozhuàng de

セリウム [化学]铈 shì (英 *cerium*)

せりおとす【競り落とす】 拍卖中标 pāimài zhòngbiāo (英 [競売人が] *knock... down*; [買い手が] *make a successful bid*) ▶古い茶碗を500万円で競り落とした/在拍卖市场上花五百日元买下了一个古瓷碗 zài pāimài shìchǎngshang huā wǔbǎi wàn Rìyuán mǎixiàle yí ge gǔcíwǎn

せりだし【迫り出し】 《舞台の》推出装置 tuīchū zhuāngzhì (英 *a trapdoor*)

せりだす【迫り出す】 突出 tūchū (英 *stick out*) ▶腹が～/腆肚子 tiǎn dùzi ▶40を過ぎて腹が出はじめてきた/过四十岁以后，肚子开始大了 guò sìshí suì yǐhòu, dùzi kāishǐ dà le ▶迫り出した腹を突き出して歩く/腆着大肚子走路 tiǎnzhe dàdùzi zǒulù

せりふ【台詞】 ❶[劇の] 台词 táicí; 说白 shuōbái (英 *one's lines*) ▶～を言う/念白 niànbái ▶～が出てこない/台词出来不 táicí chūbulái ▶～を忘れて立ち往生する/忘了台词，进退维谷

wàngle táicí, jìntuì wéigǔ ❷【言いぐさ】(英 one's words) ▶その～は聞き飽きた/那种说词听够了 nà zhǒng shuōcí tīnggòu le ▶一人前のことを言うなんか/你说的话倒是像那么回事 nǐ shuō de huà dàoshì xiàng nàme huí shì

せる【競る】 ❶【負けまいと争う】竞争 jìngzhēng (英 compete) ❷【競売で値をつりあげる】争着出高价 zhēngzhe chū gāojià; 喊价 hǎnjià (英 bid)

セルフサービス 顾客自选 gùkè zìxuǎn; 自助服务 zìzhù fúwù (英 self-service) ▶～の食事/自助餐 zìzhùcān ▶社员食堂は～になっている/职员食堂是自己服务 zhíyuán shítáng shì zìjǐ fúwù ▶コーヒーは～でお願いします/咖啡请自己服务 kāfēi qǐng zìjǐ fúwù

セルフタイマー 《カメラの》自拍装置 zìpāi zhuāngzhì (英 a self-timer) ▶～をセットする/设定好自拍装置 shèdìnghǎo zìpāi

セルロイド 赛璐珞 sàilùluò (英 celluloid)

セルロース〔化学〕纤维素 xiānwéisù (英 cellulose)

セレナーデ〔音乐〕小夜曲 xiǎoyèqǔ (英 a serenade) ▶春の夜に～が流れてくる/春天的夜里传来小夜曲 chūntiān de yèlǐ chuánlái xiǎoyèqǔ

セレニウム〔化学〕硒 xī (英 selenium)

セレモニー 仪式 yíshì; 典礼 diǎnlǐ (英 a ceremony) ▶～とはいろいろ退屈なものだ/仪式一般都是无聊的 yíshì yìbān dōu shì wúliáo de

ゼロ【零】 ❶【数字】零 líng (英 a zero) ▶1対～でも10対～でも負けは負けだ/不管是一比零还是十比零输就是输 bùguǎn shì yī bǐ líng háishì shí bǐ líng shū jiùshì shū ▶請求書には～がいくつもついていた/账单上的金额有好几位数 zhàngdānshang de jīn'é yǒu hǎor wèishù ▶彼らは～メートル地帯に住んでいる/他们住在海拔零米的地区 tāmen zhùzài hǎibá líng mǐ de dìqū ❷【何もないこと】无 wú (英 nothing) ▶この作品は芸術性が～だ/这个作品没有艺术性 zhège zuòpǐn méiyǒu yìshùxìng

ゼロックス 复印机 fùyìnjī (商標) (英 Xerox) ▶～で複写する/用复印机复印 yòng fùyìnjī fùyìn

セロテープ 玻璃纸胶带 bōlizhǐ jiāodài; 透明胶纸 tòumíng jiāozhǐ (商標) (英 Scotch tape) ▶～で貼りつける/用透明胶纸粘上 yòng tòumíng jiāozhǐ bāozhùshàng

セロファン 玻璃纸 bōlizhǐ; 赛璐玢 sàilùfēn (英 cellophane) ▶～で包む/用玻璃纸包住 yòng bōlizhǐ bāozhù

セロリ〔植物〕芹菜 qíncài (英 celery)

せろん【世論】 舆论 yúlùn (英 public opinion) ▶～調査/民意测验 mínyì cèyàn ▶我が社には～を測る独自のシステムがある/我们公司有测民意的独特系统 wǒmen gōngsī yǒu cè mínyì de dútè xìtǒng ▶新法については～がやかましい/民意对新法很严 mínyì duì xīnfǎ hěn yán ▶我々は懸命に～に訴えた/我们拼命地呼吁舆论 wǒmen pīnmìng de hūyù yúlùn

せわ【世話する】(英 take care of…) 看护 kānhù; 照顾 zhàogù; 关照 guānzhào ▶職を～する/介绍职业 jièshào zhíyè ▶自分で種明かしているんだから～はないや/自己说出谜底，这倒省事了 zìjǐ shuōchū mídǐ, zhè dào shěngshì le ▶嫁さんを～しようか/我给你找个老婆怎么样？ wǒ gěi nǐ zhǎo ge lǎopo zěnmeyàng？ ▶病人の～をする/看护病人 kānhù bìngrén ▶娘の～になっている/受到女儿照顾 shòudào nǚ'ér zhàogù ▶～のやける子だよ、まったく/这孩子净给人添麻烦，真没办法！ zhè háizi jìng gěi rén tiān máfan, zhēn méi bànfǎ

大きなお～ 多管闲事 duō guǎn xiánshì

お～になる ▶大変お～になりました/给您添了很大的麻烦 gěi nín tiānle hěn dà de máfan

～好き ▶近所に～好きの老人がいる/街坊里有的老人爱帮助人 jiēfangli yǒude lǎorén ài bāngzhù rén

～を焼く 操劳 cāoláo

せわしい【忙しい】 忙 máng; 匆忙 cōngmáng (英 busy) ▶往来が～/来去匆匆 láiqù cōngcōng ▶今日も～一日だった/今天又是繁忙的一天 jīntiān yòu shì fánmáng de yì tiān ▶息遣いが忙しくなった/呼吸变急了 hūxī biànjí le

せわしない【忙しない】 忙碌 mánglù (英 restless) ▶全く～人だよ/真是个忙碌的人 zhēn shì ge mánglù de rén ▶町から町へと忙しなく飛び歩いた/忙忙碌碌地在城之间跑来跑去 mángmanglùlù de zài chéng zhījiān pǎo lái pǎo qù

せわにょうぼう【世話女房】 能干的妻子 nénggàn de qīzi (英 a good wife)

せわにん【世話人】 干事 gànshi; 斡旋人 wòxuánrén (英 a manager; an organizer) ▶～に名を連ねる/联名当干事 liánmíng dāng gànshi

せわやく【世話役】 斡旋人 wòxuánrén; 干事 gànshi (英 a manager; an organizer) ▶～を引き受ける/接受干事的工作 jiēshòu gànshi de gōngzuò

せん【千】 千 qiān;《大字》仟 qiān (英 a thousand) ▶～円均一のコーナーがある/有一千日元均一的专区 yǒu yìqiān Rìyuán jūnyī de zhuānqū

親の意見となすびの花は～に一つも無駄はない 父母的话和茄子的花，百无一虚 fùmǔ de huà hé qiézi de huā, bǎi wú yì xū

せん【先】 ❶【他に先んずる】(英 ahead) ▶～を越す/占先 zhànxiān ▶～を取る/领先 lǐngxiān; 抢先 qiǎngxiān ❷【過去】(英 before) ▶～に会った人／以前遇到的人 yǐqián yùdào de rén ▶～に会った人じゃないか/这不是以前见过的人吗？ zhè bú shì yǐqián jiànguo de rén ma？ ▶～から知っている/从前就知道 cóngqián jiù zhīdào ❸【前の】(英 former…) ▶～の家/从前的房子 cóngqián de fángzi ▶～の家はどうなっているかな/以前的房子现在怎么样了？ yǐqián de fángzi xiànzài zěnmeyàng le？

せん【栓】 塞 sāi; 盖儿 gàir (英 *a stopper*) ▶瓶の〜/瓶塞子 píngsāizi ▶耳に〜をする/把耳朵塞上 bǎ ěrduo sāishàng ▶コルク〜/木塞 mùsāi ▶瓶に〜をする/把瓶子塞上栓 bǎ píngzi sāishàng shuān ▶ビールの〜を抜く/起啤酒瓶盖儿 qǐ píjiǔpíng gàir ▶ガスの〜をしっかりしめる/牢牢地关上煤气开关 láoláo de guānshàng méiqì kāiguān

せん【線】 ❶【直線などの】线 xiàn; 线条 xiàntiáo (英 *a line*) ▶〜を引く/划线 huà xiàn ▶グラウンドに白い〜を引く/在操场上画白线 zài cāochǎngshang huà báixiàn ▶〜の美しいデッサン/线条优美的素描 xiàntiáo yōuměi de sùmiáo ❷【物の輪郭】轮廓 lúnkuò (英 *an outline*) ▶体の〜/身体的轮廓 shēntǐ de lúnkuò ▶体の〜がくっきり出ている/身体的线条明显地出来了 shēntǐ de xiàntiáo míngxiǎn de chūlái le ❸【電話や鉄道の】线 xiàn (英 *a line; a track*) ▶新〜が開通した/新线开通 xīnxiàn kāitōng ▶3番に電車が入る/电车进入三号站台 diànchē jìnrù sān hào zhàntái ▶外〜から電話です/外线打来电话 wàixiàn dǎlái diànhuà ❹【方針】方针 fāngzhēn (英 *a policy*) ▶その〜で交渉する/按此方针交涉 àn cǐ fāngzhēn jiāoshè ▶その〜で交渉を進めます/就照这个方向谈判 jiù zhào zhège fāngxiàng tánpàn ❺【その他】 ▶どうもあの人は〜が細い/他好像气度不大 tā hǎoxiàng qìdù bú dà ▶彼の成績はいい〜を行っている/他的成绩还算不错 tā de chéngjì hái suàn búcuò ▶越えてはならない〜を越えた/越过了不该超越的界限 yuèguòle bù gāi chāoyuè de jièxiàn

せん【選】 (英 *selection*) ▶力作だったが〜にもれた/虽说是力作，但是没被选上 suī shuō shì lìzuò, dànshì méi bèi xuǎnshàng ▶3〜を目ざして出馬する/出马争取第三次当选 chūmǎ zhēngqǔ dìsān cì dāngxuǎn

ぜん【全】 (英 *all; whole*) ▶〜世界が注目している/全世界注目 quánshìjiè zhùmù ▶彼が〜責任を引っかぶった/他承担了所有的责任 tā chéngdānle suǒyǒu de zérèn ▶私は〜人格をかけて発言している/我以我的整个人格发言 wǒ yǐ wǒ de zhěnggè réngé fāyán

ぜん【前】 (英 *ex-*) ▶〜首相は、はて誰だったかな/前任首相是谁来着？ qiánrèn shǒuxiàng shì shéi láizhe? ▶〜半生を本にしてみた/把前半生写成了书 bǎ qiánbànshēng xiěchéngle shū ▶〜近代的思考から脱却してもらいたい/希望你们能摆脱前现代的思考 xīwàng nǐmen néng bǎituō qiánxiàndài de sīkǎo

ぜん【善】 善 shàn (英 *goodness*) ▶〜には〜、悪には悪の報いがある/善有善报，恶有恶报 shàn yǒu shànbào, è yǒu èbào

ことわざ 善は急げ 好事要快做 hǎoshì yào kuài zuò

ぜん【禅】 禅 chán (英 *Zen*) ▶〜寺にこもって〜を組む/关在庙里打禅 guānzài miàolǐ dǎchán

ぜん【膳】 ❶【台】饭桌 fànzhuō (英 *a table*) ▶お〜を運ぶ/端菜 duān cài ❷【箸や飯の数】(英 [箸] *a pair of...*; [飯] *a bowl of...*) ▶箸一〜/一双筷子 yì shuāng kuàizi ▶夜は松茸が〜に上った/晚餐席上有松蘑 wǎncān xíshang yǒu sōngmó ▶夕食の〜につく/来吃晚饭 lái chī wǎnfàn

-ぜん【-然】 (英 *like...*) ▶政治家〜としている/(摆出)一副政治家的样子 (bǎichū)yí fù zhèngzhìjiā de yàngzi

ぜんあく【善悪】 善恶 shàn'è (英 *good and evil*) ▶〜の見境がない/是非不分 shìfēi bù fēn ▶あの連中は〜の見境がない/那些家伙没有善恶之分 nà xiē jiāhuo méiyǒu shàn'è zhī fēn ▶是非〜をわきまえて行動してもらいたい/希望你们能明白是非善恶行动 xīwàng nǐmen néng míngbai shìfēi shàn'è xíngdòng

せんい【船医】 船上医生 chuánshàng yīshēng (英 *a ship's doctor*)

せんい【戦意】 斗志 dòuzhì (英 *a fighting spirit*) ▶彼らは早々と〜を喪失した/他们早早地就丧失了斗志 tāmen zǎozǎo de jiù sàngshīle dòuzhì ▶我々にはもともと〜がないのである/我们本来就没有斗志 wǒmen běnlái jiù méiyǒu dòuzhì

せんい【繊維】 纤维 xiānwéi (英 *a fiber*) ▶〜製品に関税をかける/给纤维制品加关税 gěi xiānwéi zhìpǐn jiā guānshuì ▶〜の多い食事を心がけている/注意平时多吃纤维多的食物 zhùyì píngshí duō chī xiānwéi duō de shíwù ▶〜工業/纤维工业 xiānwéi gōngyè

◆食物〜：食物纤维 shíwù xiānwéi 〜製品：纤维制品 xiānwéi zhìpǐn

ぜんい【善意】 善良心肠 shànliáng xīncháng; 好意 hǎoyì; 善意 shànyì (英 *good intentions*) ▶〜の人/善良的人 shànliáng de rén ▶〜に解釈する/往好的方面解释 wǎnghǎo de fāngmiàn jiěshì ▶〜からしたことが大事を招いた/出于善意做的事招来了大祸 chūyú shànyì zuò de shì zhāoláile dàhuò ▶〜の申し出を邪推する/猜忌别人好心的提议 cāijì biérén hǎoxīn de tíyì

せんいき【戦域】 战区 zhànqū (英 *a war area*) ▶いつの間にか〜が拡大している/不知不觉战区扩大了 bùzhī bùjué zhànqū kuòdà le

ぜんいき【全域】 全地区 quándìqū (英 *the whole area*) ▶被害は半島〜に及んだ/被害涉及到了半岛的全部区域 bèihài shèjí dàole bàndǎo de quánbù qūyù ▶都内〜が豪雨に見舞われた/东京的整个市区遭受暴雨袭击 Dōngjīng de zhěnggè shìqū zāoshòu bàoyǔ xíjī

せんいちやものがたり【千一夜物語】 一千零一夜故事 Yìqiān líng yí yè gùshi (英 *The Thousand and One Nights*)

せんいつ【専一】 专一 zhuānyī (英 *exclusively; earnestly*) ▶学問に〜に励む/专心致志搞学问 zhuānxīn zhìzhì gǎo xuéwen

せんいん【船員】 船工 chuángōng; 船员 chuányuán; 《外洋船の》海员 hǎiyuán (英 *one*

ぜんいん【全員】 全体人员 quántǐ rényuán (英 all members) ▶クラス～が感染した/全班都感染了 quánbān dōu gǎnrǎn le ▶～で支援しよう/全体人员都去支援吧 quántǐ rényuán dōu qù zhīyuán ba ▶～一体となって戦った/全体一致战斗了 quántǐ yízhì zhàndòu le ▶～異議なく承認した/全体没有异议地通过了 quántǐ méiyǒu yìyì de tōngguò le

せんえい【尖鋭な】 尖锐 jiānruì; 激进 jījìn (英 radical) ▶運動は次第に～化していった/运动逐渐尖锐起来 yùndòng zhújiàn jiānruìqǐlai ▶彼は意識は～なのだ/他的意识很尖锐 tā de yìshí hěn jiānruì ▶組織内に～の対立をはらんでいる/组织内部孕育着尖锐的对立 zǔzhī nèibù yùnyùzhe jiānruì de duìlì

> 日中比较 中国語の'尖锐 jiānruì'は音が「甲高い」ことや感覚などが「鋭い」ことも指す.

ぜんえい【前衛】 先锋 xiānfēng; 前锋 qiánfēng; 前卫 qiánwèi (英 [球技の] a forward; [政治運動などの] a vanguard) ▶～劇/前卫派戏剧 qiánwèipài xìjù ▶～小説/先锋小说 xiānfēng xiǎoshuō ▶《球技で》木村が～にあがってきた/木村进入前卫 Mùcūn jìnrù qiánwèi ▶～美術/前卫美术 qiánwèi měishù

せんえき【戦役】 战役 zhànyì (英 a war) ▶先次の～で一家は離散を余儀なくされた/在上次的战役中，一家被迫流离失散 zài shàng cì de zhànyì zhōng, yì jiā bèipò liúlí shīsàn

せんえつ【僭越】 冒昧 màomèi; 僭越 jiànyuè (英 presumptuous) ▶～ながら私が司会いたします/恕我冒昧，我来做主持 shù wǒ màomèi, wǒ láizuò zhǔchí

せんおう【専横な】 专横 zhuānhèng (英 arbitrary) ▶俺はもう社長の～を見過ごしにできない/总经理的专横，我已经不能容忍了 zǒngjīnglǐ de zhuānhèng, wǒ yǐjing bùnéng róngrěn le ▶会長は～に過ぎる/会长过于专横 huìzhǎng guòyú zhuānhèng

ぜんおん【全音】 〔音楽〕全音 quányīn (英 a whole tone)

ぜんおんかい【全音階】 〔音楽〕全音阶 quányīnjiē (英 the diatonic scale)

せんか【泉下】 (英 the other world) ▶～で父上が喜んでおいでだろう/九泉下的尊父也一定高兴了 jiǔquánxià de zūnfù yě yídìng gāoxìng le ▶～の先生に褒めていただきたい/希望得到九泉之下老师的褒奖 xīwàng dédào jiǔquán zhīxià lǎoshī de bāojiǎng

せんか【戦火】 战火 zhànhuǒ (英 war) ▶両国はついに～を交えるにいたった/两国终于交战了 liǎng guó zhōngyú jiāozhàn le ▶～が砂漠を越えて拡大した/战火越过了沙漠扩大了 zhànhuǒ yuèguòle shāmò kuòdà le

せんか【戦果】 战果 zhànguǒ; 战绩 zhànjì (英 war results) ▶赫々(かく)たる～ばかりが伝わってきた/传来的只是显赫的战果 chuánlái de zhǐshì xiǎnhè de zhànguǒ ▶もう十分に～をあげた/已经取得足够的成果了 yǐjing qǔdé zúgòu de chéngguǒ le

せんか【戦禍】 战祸 zhànhuò (英 war damage) ▶～に巻き込まれる/卷入战祸 juǎnrù zhànhuò ▶全土が～を被った/全土遭受了战争灾难 quántǔ zāoshòule zhànzhēng zāinàn ▶～はこんな田舎にまで及んでいた/战祸都殃及到了像这样的乡下 zhànhuò dōu yāngjí dàole xiàng zhèyàng de xiāngxia

せんか【選歌】 和歌选 hégēxuǎn; 选和歌 xuǎn hégē (英 the selection of poems; [選ばれた歌] a selected poem) ▶新聞の歌壇の～に見入る/看报纸的诗坛选诗看入了迷 kàn bàozhǐ de shītán xuǎnshī kànrùle mí ▶今回の～は荒木先生にお願いしました/请荒木老师担任本届和歌选的评选工作 qǐng Huāngmù lǎoshī dānrèn běnjiè hégēxuǎn de píngxuǎn gōngzuò

せんが【線画】 线条画 xiàntiáohuà (英 a line drawing)

ぜんか【全科】 全部学科 quánbù xuékē (英 [科目] all the subjects; [課程] all the courses) ▶あの子は～で5を取っている/那孩子所有科目都拿了"优" nà háizi suǒyǒu kēmù dōu nále "yōu"

ぜんか【前科】 前科 qiánkē (英 a criminal record) ▶～者/有前科者 yǒu qiánkē zhě ▶彼には傷害の～がある/他有伤害他人的前科 tā yǒu shānghài tārén de qiánkē ▶男は～10犯を売り物にした/他把十次前科当作了资本 tā bǎ shí cì qiánkē dàngzuòle zīběn

せんかい【仙界】 仙境 xiānjìng (英 an abode of immortals)

せんかい【旋回する】 回旋 huíxuán; 旋转 xuánzhuǎn; 盘旋 pánxuán (英 circle; turn) ▶練習機が～を繰り返す/练习机一次又一次地盘旋 liànxíjī yí cì yòu yí cì de pánxuán ▶トンビがゆっくりと～する/老鹰悠然地盘旋着 lǎoyīng yōurán de pánxuánzhe ▶船は岬を過ぎて大きく～した/船驶过海岬转了一个大弯 chuán shǐguò hǎijiǎ zhuǎnle yí ge dàwān

せんがい【選外】 落选 luòxuǎn (英 rejected) ▶～佳作/未入选的佳作 wèi rùxuǎn de jiāzuò ▶残念ながら今年も～だった/遗憾的是今年又落选了 yíhàn de shì jīnnián yòu luòxuǎn le

ぜんかい【全快する】 痊愈 quányù (英 recover completely) ▶～祝い/祝贺痊愈 zhùhè quányù ▶この顔色なら～は間もないと思われた/看脸色觉得不久就会痊愈了 kàn liǎnsè juéde bùjiǔ jiù huì quányù le ▶おかげで～しました/托您的福，我已经痊愈了 tuō nín de fú, wǒ yǐjing quányù le

ぜんかい【全壊する】 全毁 quánhuǐ (英 be completely destroyed) ▶《地震で》家屋が～した/房屋全部倒塌 fángwū quánbù dǎotā ▶辛うじて～は免れた/幸免全部倒塌 xìngmiǎn quánbù dǎotā

ぜんかい【前回の】 上次 shàngcì (英 the last)

▶~の講義を一ヶ所訂正します/上次的讲义有一个地方要订正 shàng cì de jiǎngyì yǒu yí ge dìfang yào dìngzhèng ▶~あのように申し上げましたが、実は…/上次我是那么说了，其实… shàng cì wǒ shì nàme shuō le, qíshí… ▶~までのあらすじ/到上回为止的梗概 dào shànghuí wéi zhǐ de gěnggài

ぜんかいいっち【全会一致で】 与会者全体一致 yùhuìzhě quántǐ yízhì（英 *unanimously*） ▶~で採択した/全会一致通过 quánhuì yízhì tōngguò ▶昇任人事は～の承認が望ましい/提职最好是全会一致同意 tízhí de shì zuìhǎo shì quánhuì yízhì tóngyì

せんがく【浅学】 浅学 qiǎnxué（英 *shallow knowledge*） ▶~の身の～を顧みず会長職を引き受けた/不顾才疏学浅，承担了会长职务 bú gù cái shū xué qiǎn, chéngdānle huìzhǎng zhíwù ▶~非才の私に勤まりましょうか/才疏学浅的我能胜任吗？ cái shū xué qiǎn de wǒ néng shèngrèn ma?

ぜんがく【全学】 大学全体 dàxué quántǐ; 全校 quánxiào（英 *the whole university*） ▶学生たちは～ストライキを決議した/学生们决议全校罢课 xuéshengmen juéyì quánxiào bàkè ▶異例の～教授会が開かれた/非同寻常地召开了全校教授会 fēi tóng xúncháng de zhàokāile quánxiào jiàoshòuhuì

ぜんがく【全額】 全额 quán'é（英 *the total amount*） ▶~返済する/偿清 chángqīng ▶前払い金は～返済します/订金全额退还 dìngjīn quán'é tuìhuán ▶授業料が～免除になった/学费全免 xuéfèi quánmiǎn

せんかくしゃ【先覚者】 先知 xiānzhī; 先觉 xiānjué（英 *a pioneer*） ▶~はとかく不遇である/先知者普遍怀才不遇 xiānzhīzhě pǔbiàn huái cái bú yù

せんかん【専管】 专管 zhuānguǎn（英 *exclusive control*） ▶これは財務部の～事項だ/这是财务部的专管事项 zhè shì cáiwùbù de zhuānguǎn shìxiàng

◆~水域：专属水域 zhuānshǔ shuǐyù ▶~水域の境界をめぐって紛糾が絶えない/在专属水域界线问题上，不断发生纠纷 zài zhuānshǔ shuǐyù de jièxiàn wèntíshang, búduàn fāshēng jiūfēn

せんかん【戦艦】 战舰 zhànjiàn; 战船 zhànchuán（英 *a battleship*） ▶「宇宙～ヤマト」/《宇宙战舰大和号》Yǔzhòu zhànjiàn Dàhéhào ▶~の時代はとっくに終わった/战舰时代早就结束了 zhànjiàn shídài zǎojiù jiéshù le

せんがん【洗眼】（英 *eyewashing*） ▶眼科へ行って～してもらった/去眼科洗眼了 qù yǎnkē xǐ yǎn le ▶~薬/洗眼药 xǐyǎnyào

せんがん【洗顔する】 洗脸 xǐliǎn（英 *wash one's face*） ▶~石鹸/香皂 xiāngzào ▶今朝の時目まいがした/今天早上洗脸的时候有些头晕 jīntiān zǎoshang xǐliǎn de shíhou yǒuxiē tóuyūn ▶冷水で～すると目が覚める/用冷水洗脸就会清醒 yòng lěngshuǐ xǐliǎn jiù huì qīngxǐng

ぜんかん【全巻】 ❶【すべての巻】全卷 quánjuàn（英 *a complete set*） ▶~を一括購入すると専用書架がつく/一次性购买全卷的话，送专用书架 yícìxìng gòumǎi quánjuàn de huà, sòng zhuānyòng shūjià ❷【全体】（英 *the whole volume*） ▶著者の神経が～にゆき渡っている/通篇体现了作者的用心 tōngpiān tǐxiànle zuòzhě de yòngxīn

せんき【疝気】 疝气 shànqì（英 *colic*） ▶~を病む/得疝气 dé shànqì ▶他人の～を頭痛に病む/替别人瞎操心 tì biéren xiā cāoxīn ▶寒い日は～に苦しんだ/天冷的时候，被疝气害苦了 tiān lěng de shíhou, bèi shànqì hàikǔ le

せんき【戦記】 战事记录 zhànshì jìlù（英 *a record of war*） ▶『レイテ～』《大岡昇平》/《莱德战记 Láidé zhànjì》

せんき【戦機】 战机 zhànjī（英 *the time for fighting*） ▶~が熟す/战机成熟 zhànjī chéngshú ▶~を逸す/坐失战机 zuòshī zhànjī

せんぎ【詮議する】 ❶【評議して明らかにする】评议 píngyì（英 *discuss*） ❷【罪人を調べる】审讯 shěnxùn（英 *question*） ▶今さら死人を～できるものではない/现在已经不可能审讯死人了 xiànzài yǐjīng bù kěnéng shěnxùn sǐrén le

ぜんき【前記】 上述 shàngshù（英 *abovementioned*） ▶今回～の場所に転居いたしました/这次搬家到了上记的地方 zhè cì bānjiā dàole shàngjì de dìfang

ぜんき【前期の】 前期 qiánqī（英 *the first half year*） ▶~利益が予想を上回った/前期的利润超过了预想 qiánqī de lìrùn chāoguòle yùxiǎng ▶~の試験が目の前だ/上期考试迫在眉睫 shàngqī kǎoshì pòzài méijié ▶~繰越金/前期的余款 qiánqī de yúkuǎn

せんきゃく【先客】（英 *a preceding visitor*） ▶~があってしばらく待った/因为有先到的客人，所以等了一回儿 yīnwèi yǒu xiān dào de kèren, suǒyǐ děngle yìhuír

せんきゃく【船客】 船客 chuánkè（英 *a (ship's) passenger*） ▶~船上の乗客彼此都很融洽了/船上的乘客彼此都很融洽了 chuánshang de chéngkè bǐcǐ dōu hěn róngqià le ▶~名簿に彼の名はなかった/船客名单上没有他的名字 chuánkè míngdānshang méiyǒu tā de míngzi

せんきゃくばんらい【千客万来】 顾客纷至沓来 gùkè fēn zhì tà lái（英 *have a lot of visitors*）

せんきょ【占拠する】 占据 zhànjù; 占有 zhànyǒu; 占领 zhànlǐng（英 *occupy*） ▶公園の一角を～して住みつく/占据了公园的一角，住了下来 zhànjùle gōngyuán de yìjiǎo, zhùlexiàlai ▶不法～は許されない/不允许非法占有 bù yǔnxǔ fēifǎ zhànyǒu

せんきょ【選挙する】 选举 xuǎnjǔ（英 *elect*） ▶~公報/选举公报 xuǎnjǔ gōngbào ▶違反を取り締まる/取缔违反选举法的行为 qǔdì wéifǎn xuǎnjǔfǎ de xíngwéi ▶春には各地で～が行われる/春天里各地进行选举 chūntiānli gèdì jìnxíng xuǎnjǔ ▶市長～に打って出る/参选市长 cānxuǎn shìzhǎng ▶～に勝って政権を取るぞ/赢选举，夺政权 ▶～速報をテレビで見入る/看电视的选举速报看入迷了 kàn diànshì de xuǎnjǔ sùbào kàn rùmí le ◆～管理委員会:选举管理委员会 xuǎnjǔ guǎnlǐ wěiyuánhuì ～区:选区 xuǎnqū ～区の地盤固めに奔走する/为巩固选区的地盘而奔走 wèi gǒnggù xuǎnjǔqū de dìpán ér bēnzǒu ～権:选举权 xíngshǐ xuǎnjǔquán ～人名簿:选民名簿 xuǎnjǔquán ▶～権を行使する/行使选举权 xíngshǐ xuǎnjǔquán ～人名簿:选民名簿 xuǎnmín míngdān ～民:选民 xuǎnmín ▶～民にそっぽを向かれている/他为选民所不理睬 tā wéi xuǎnmín suǒ bù lǐcǎi 被～権:被选举权 bèixuǎnjǔquán

せんぎょ【鮮魚】 鲜鱼 xiānyú (英 *fresh fish*) ▶彼は～店を営んでいる/他经营鲜鱼店 tā jīngyíng xiānyúdiàn

せんきょう【戦況】 战况 zhànkuàng (英 *the war situation*) ▶彼は一人～を見守った/他一个人在守望战况 tā yī ge rén zài shǒuwàng zhànkuàng ▶～は刻々と変化した/战况时时刻刻在变化 zhànkuàng shíshíkèkè zài biànhuà

せんぎょう【専業の】 专职 zhuānzhí (英 *full-time; specialized*) ▶～でない/业余 yèyú ▶ピアノは私の～ではない/钢琴不是我的专业 gāngqín bú shì wǒ de zhuānyè ▶～主婦/家庭妇女 jiātíng fùnǚ ▶～主婦だって楽じゃないわよ/专业主妇也不是容易做的 zhuānyè zhǔfù yě bú shì róngyì zuò de ▶～農家はもはや絶滅の危機にある/专业农家已经接近灭绝的危机了 zhuānyè nóngjiā yǐjīng jiējìn mièjué de wēijī le

せんきょうし【宣教師】 传教士 chuánjiàoshì (英 *a missionary*)

せんきょく【戦局】 战局 zhànjú (英 *the state of the war*) ▶原潜の投入が～を有利に導いた/核潜艇的投入把战局引向有利的局面 héqiántǐng de tóurù bǎ zhànjú yǐnxiàng yǒulì de júmiàn ▶～は我々に有利に展開した/战局的发展对我们有利 zhànjú de fāzhǎn duì wǒmen yǒulì

せんきょく【選曲】 选曲 xuǎnqǔ (英 *tuning*)

せんぎり【千切り】 (英 *long thin strips*) ▶大根を～にする/把白萝卜切成细丝 bǎ báiluóbo qiēchéng xìsī

せんきん【千金】 千金 qiānjīn (英 *a large amount of money*) ▶子の可愛さは～にも代え難い/孩子的可爱是千金难买的 háizi de kě'ài shì qiānjīn nán mǎi de ▶～を費やして大観の絵を買った/花重金买来了横山大观的画 huāfèi qiānjīn mǎiláile Héngshān Dàguān de huà ▶この浜に沈む夕陽は～の値うちがある/夕阳沉入这片海滨的景色有千金一刻的价值 xīyáng chénrù zhè piàn hǎibīn de guāngjǐng yǒu yīkè de jiàzhí 一攫(か<)～を夢みる 梦想一攫千金 mèngxiǎng yī

jué qiānjīn

日中比較 中国語の'千金 qiānjīn'には「多額のお金」という意味の他、他人の娘をていねいに言う「令嬢、お嬢様」の意味もある。

せんく【先駆】 先驱 xiānqū (英 *go ahead*) ▶～的な事業/创举 chuàngjǔ ▶彼こそは業界の～者だった/他才是业界的先驱者 tā cái shì yèjiè de xiānqūzhě

せんぐ【船具】 船具 chuánjù (英 *rigging*)

せんく【前駆】 前駆 qiánqū (英 *lead the way*) ▶～する白バイの姿が見えてきた/看见前面开道的白色警用摩托车了 kànjiàn qiánmiàn kāidào de báisè jǐngyòng mótuōchē le ▶～の馬の様子がおかしかった/跑在前头的马有点儿怪 pǎozài qiántou de mǎ yǒudiǎnr guài

せんぐう【遷宮する】 迁宮 qiāngōng (英 *install the sacred symbol in a new shrine*)

せんくち【先口】 先预约 xiān yùyuē (英 *a previous engagement*) ▶～がある/有先约 yǒu xiānyuē ▶俺のほうが～だよ/是我先约定的 shì wǒ xiān yuēdìng de ▶なんだ、もう～があるのか/噢，原来已有预约了 ōu, yuánlái yǐ yǒu yùyuē le

ぜんぐん【全軍】 全军 quánjūn (英 *the whole army*); [スポーツで] *the whole team*) ▶彼のプレーが～の士気を高めた/他的表现提高了全军的士气 tā de biǎoxiàn tígāole quánjūn de shìqì ▶一夜のうちに撤退していた/全军在一夜之间撤退了 quánjūn zài yī yè zhījiān chètuì le

せんぐんばんば【千軍万馬】 (英 *many battles*) ▶君のような～の強者(つわもの)が何を怯えているんだ/像你这样经历过千军万马的，有什么可怕 xiàng nǐ zhèyàng jīnglìguo qiānjūn wànmǎ de, yǒu shénme kěpà

せんけい【扇形の】 扇形 shànxíng (英 *fan-shaped*) ▶～グラフ/扇形表 shànxíngbiǎo

ぜんけい【全景】 全景 quánjǐng (英 *a complete view*) ▶そこには校舎の～が写っていた/照片里有校舍的全景 zhàopiànli yǒu xiàoshè de quánjǐng ▶山上からは町の～を見渡すことができた/从山上可以一览城市的全景 cóng shānshang kěyǐ yīlǎn chéngshì de quánjǐng

ぜんけい【前掲の】 (英 *above-mentioned*) ▶～書 158 ページ/在前书 158 页 zài qiánshū yībǎi wǔshíbā yè ▶～の図に見るとおり、この 3 年間の…/前表所示，在这三年里… qián biǎo suǒ shì, zài zhè sān nián lǐ…

ぜんけい【前景】 前景 qiánjǐng (英 *the foreground*) ▶～の岩が大きすぎる/前景的岩石太大 qiánjǐng de yánshí tài dà ▶～には古い松の木がある/前景有一颗古松 qiánjǐng yǒu yì kē gǔsōng

ぜんけい【前傾】 (英 *forward tilting*) ▶やや～ぎみに歩いた/身体有点儿前倾地走了 shēntǐ yǒudiǎnr qiánqīng de zǒu le ▶～姿勢を取る/作前倾姿势 zuò qiánqīng zīshì

せんけつ【先決する】 先决 xiānjué (英 *settle*

せんけつ【鮮血】 鮮血 xiānxuè (英 *fresh blood*) ▶たらたらと〜が滴った/鲜血滴滴答答地滴下来 xiānxuè dīdīdādā de dīxiàlai ▶白いシャツが〜に染まる/鲜血染红了白衬衣 xiānxuè rǎnhóngle báichènyī

せんげつ【先月】 上月 shàngyuè (英 *last month*) ▶売り上げが〜から上向いている/营业额从上月开始提高了 yíngyè'é cóng shàngyuè kāishǐ tígāo le ▶〜5日が誕生日でした/上月五号是生日 shàng yuè wǔ hào shì shēngrì ▶『囲碁講座』の〜号はまだ残っているかな/《围棋讲座》的上月号还有吗？《Wéiqí jiǎngzuò》de shàngyuèhào háiyǒu ma? ▶妻を見送ったのはつい〜のことだ/安葬妻子还是上月的事 ānzàng qīzi háishi shàngyuè de shì

せんけん【先見】 (英 *foresight*) ▶何しろ僕には〜の明があるから/还是我有先见之明啊 háishi wǒ yǒu xiānjiàn zhī míng a ▶〜性に富む論文で感心しました/富有前瞻性的论文，令人佩服 fùyǒu qiánzhānxìng de lùnwén, lìng rén pèifú

せんけん【先賢】 先贤 xiānxián (英 *ancient sages*)

せんけん【浅見】 浅见 qiǎnjiàn (英 *a shallow view*) ▶〜を述べさせていただくなら…/依拙见看… yī zhuōjiàn kàn… ▶あれはあいつの〜短慮だ/那是他的浅见短虑 nà shì tā de qiǎnjiàn duǎnlǜ

せんげん【宣言する】 宣言 xuānyán; 宣布 xuānbù; 宣告 xuāngào (英 *declare*) ▶世界人権〜/世界人权宣言 shìjiè rénquán xuānyán ▶世界に向けて独立を〜する/向世界发表独立宣言 xiàng shìjiè fābiǎo dúlì xuānyán ▶その点は我々の〜に盛られていない/这点没有写进我们的宣言中 zhè diǎn méiyǒu xiějìn wǒmen de xuānyán zhōng ▶全員が〜書に署名した/全体人员在宣言书上署名了 quántǐ rényuán zài xuānyánshūshang shǔmíng le ▶…、以上〜する/…、以上宣言 …, yǐshàng xuānyán

ぜんけん【全権】 全权 quánquán (英 *full powers*) ▶あなたに〜を委任します/全权委任给你 quánquán wěirèn gěi nǐ ▶彼が軍の〜を握っている/他掌握了军队的全权 tā zhǎngwòle jūnduì de quánquán

◆〜大使/全权大使 quánquán dàshǐ

ぜんげん【前言】 前言 qiányán (英 *one's previous remarks*) ▶〜を取り消す/收回前言 shōuhuí qiányán ▶間際になって〜を翻す/在最后关头推翻了前言 zài zuìhòu guāntóu tuīfānle qiányán

日中比較 中国語の'前言 qiányán'は「前に言った言葉」の他、「序文、前書き」をも指す。

ぜんげん【漸減する】 渐减 jiànjiǎn (英 *decrease gradually*) ▶倒産件数は〜傾向にある/破产的件数有渐减的倾向 pòchǎn de jiànshù yǒu jiànjiǎn de qīngxiàng ▶発行部数が〜している/发行数量在渐减 fāxíng shùliàng zài jiànjiǎn

せんこ【千古】《大昔》太古 tàigǔ; 远古 yuǎngǔ (英 *remote antiquity*);《永遠》千古 qiāngǔ; 永远 yǒngyuǎn (英 *eternity*)

〜不易 千古不易 qiāngǔ búyì

せんご【戦後】 二战后 Èrzhàn hòu (英 *the post-war period*) ▶〜生まれの首相が誕生した/产生战后出生的首相 chǎnshēng zhànhòu chūshēng de shǒuxiàng ▶〜派作家の時代も遠くなった/战后派作家的时代也很遥远了 zhànhòupài zuòjiā de shídài yě hěn yáoyuǎn le ▶幾多の歌謡曲が〜を流れていった/战后有多少首歌曲流行过 zhànhòu yǒu duōshao shǒu gēqǔ liúxíngguo

ぜんご【前後】 ❶《位置・順序》前后 qiánhòu; 先后 xiānhòu [位置] *the front and the rear*; [順序] *order*) ▶話に〜のつながりがない/说话颠三倒四 shuōhuà diān sān dǎo sì ▶話が〜する/(说话)次序颠倒 (shuōhuà) cìxù diāndǎo ▶父と〜して兄も死んだ/父兄相继死去 fùxiōng xiāngjì sǐqù ▶〜を左右を見回す/环视前后左右 huánshì qiánhòu zuǒyòu ▶我が校は〜を川に挟まれている/我们学校前后被河流夹在中间 wǒmen xuéxiào qiánhòu dōu bèi héliú jiāzài zhōngjiān ▶〜の考えもなく買ってしまった/不顾后果买了下来 bú gù hòuguǒ mǎilexiàlai ▶私の言葉は〜関係を無視して引用された/我的话被别人断章取义地引用了 wǒ de huà bèi biéren duànzhāngqǔyì de yǐnyòng le

❷《接尾辞的に》(英 *about*) ▶100人〜/一百人左右 yībǎi rén zuǒyòu ▶夜8時〜に/夜晚八点前后 yèwǎn bā diǎn qiánhòu ▶新規に100人〜を採用する予定である/有新招收一百人左右的计划 yǒu xīn zhāoshōu yībǎi rén zuǒyòu de jìhuà ▶夜8時〜に電話が鳴った/夜里八点左右电话响了 yèli bā diǎn zuǒyòu diànhuà xiǎng le

〜不覚 醉って〜不覚に眠りこんだ/醉得昏天黑地地睡着了 zuìde hūntiān hēidì de shuìzháo le

せんこう【先行する】 (英 *go ahead*) ▶実力よりも人気が〜する/实力赶不上名气 shílì gǎnbushàng míngqi ▶会議に〜してパーティーがある/会前有联欢 huìqián yǒu liánhuān ▶我がチームが3点〜している/我队先得三分 wǒ duì xiān dé sānfēn ▶〜集団はもう着いているかな/先行的团队到达了没有？ xiānxíng de tuánduì dàodále méiyǒu? ▶論文をまず読みなさい/先看看先行研究 xiān kànkan xiānxíng yánjiū ▶今場所は黒星が〜している/他在这次场所（大相扑的比赛）负数领先 tā zài zhè cì chǎngsuǒ(dàxiāngpū de bǐsài), fùshù lǐngxiān ▶IT分野で開拓社に〜を許す/在IT行业中被开拓社领先 zài IT hángyè zhōng bèi Kāituòshè lǐngxiān

せんこう【先攻する】《スポーツ》先攻 xiāngōng

せんこう ▷ attack first; go to bat first）

せんこう【専攻する】 専攻 zhuāngōng；专业 zhuānyè （英 specialize in...） ▷ ～科目/专业科目 zhuānyè kēmù ▷ ～専攻歴史 zhuāngōng lìshǐ ▷ 君の～は何なの/你的专业是什么？ nǐ de zhuānyè shì shénme？ ▷ 大学では日本史を～した/在大学专攻日本史 zài dàxué zhuāngōng Rìběnshǐ

せんこう【穿孔する】 穿孔 chuānkǒng （英 perforate） ▷ ～機/穿孔机 chuānkǒngjī ▷ 胃壁に～が認められる/确认是胃壁穿孔 quèrèn shì wèi bì chuānkǒng

せんこう【閃光】 闪光 shǎnguāng （英 a flash） ▷ 暗闇に～が走り、砲声が聞こえてきた/黑夜中出现闪光，枪声也传来了 hēiyè zhōng chūxiàn shǎnguāng, qiāngshēng yě chuánlái le ▷ 花火は一瞬の～を放って消えた/焰火发出一瞬的光就消失了 yànhuǒ fāchū yíshùn de guāng jiù xiāoshī le

せんこう【戦功】 战功 zhàngōng （英 distinguished services in war） ▷ ～をたてる/立战功 lì zhàngōng ▷ 合戦のたびに～をたてた/每次战斗中都立有战功 měi cì zhàndòu zhōng dōu lì yǒu zhàngōng

せんこう【潜行する】 ❶【水中に】潜行 qiánxíng （英 go underwater） ❷【隠密裡に】秘密行动 mìmì xíngdòng （英 travel incognito） ▷ 敵国に～する/潜入敌国 qiánrù díguó ❸【取り締まりを逃れて】（英 go underground） ▷ 地下に～する/地下活动 dìxià huódòng ▷ 上から～の指示が伝えられた/上面指示说要潜伏 shàngmiàn zhǐshì shuō yào qiánfú

せんこう【潜航】 ❶【ひそかに航行する】秘密航行 mìmì hángxíng （英 navigate secretly） ▷ 夜陰に乗じて～する/趁夜秘密航行 chènyè mìmì hángxíng ❷【水中を航行する】潜水航行 qiánshuǐ hángxíng （英 navigate underwater） ▷ 海中深く～する/深海潜航 shēnhǎi qiánháng

せんこう【線香】 线香 xiànxiāng；香 xiāng （英 an incense stick） ▷ ～をあげる/焚香 fénxiāng；烧香 shāoxiāng ▷ 父の遺影に～をたむけた/给父亲的遗影烧香 gěi fùqīn de yíyǐng shāoxiāng ▷ ～花火のような生涯だった/好像是花炮一样的人生 hǎoxiàng shì huāpào yíyàng de rénshēng

せんこう【選考する】 选拔 xuǎnbá；评选 píngxuǎn （英 select） ▷ 誰がどういう基準で～するの/谁用什么标准审查 shéi yòng shénme biāozhǔn shěnchá？

◆書類～：书面选拔 shūmiàn xuǎnbá ▷ 書類～ではねられた/在书面审查的阶段被淘汰了 zài shūmiàn shěnchá de jiēduàn bèi táotài le ▷ ～委員 ▷ ～委員に任命された/被任命为选拔委员 bèi rènmìng wéi xuǎnbá wěiyuán ～基準：选拔标准 xuǎnbá biāozhǔn ▷ ～基準を明文化してもらいたい/请把选拔的基准明文化 qǐng bǎ xuǎnbá de jīzhǔn míngwénhuà

ぜんこう【全校】 全校 quánxiào （英 the whole school） ▷ ～生徒に呼びかける/呼吁全校学生 hūyù quánxiào xuésheng ▷ ～をあげて応援に出むく/全校出动，一齐声援 quánxiào chūdòng, yìqí shēngyuán

ぜんこう【前項】 ❶【前の項目】前项 qiánxiàng；前项条款 qiánxiàng tiáokuǎn （英 the preceding clause） ▷ ～の目的を達するため…/为了达到前项所说的目的… wèile dádào qiánxiàng suǒ shuō de mùdì… ❷【数学の】前项 qiánxiàng （英 the antecedent）

ぜんこう【善行】 善行 shànxíng （英 a good deed） ▷ ～を積む/行善积德 xíngshàn jīdé ▷ ～を施す/行善 xíngshàn ▷ 日ごろの～が認められ表彰された/平时做的好事得到评价，受到了表彰 píngshí zuò de hǎoshì dédào píngjià, shòudàole biǎozhāng

せんこく【先刻】 ❶【先ほど】刚才 gāngcái （英 a little while ago） ▷ ～から待っている/等了一会儿了 děngle yíhuìr le ▷ ～お話しした通りです/正如刚才所说 zhèngrú gāngcái suǒ shuō ❷【既に】已经 yǐjīng （英 already） ▷ ～御承知とは思いますが…/想必您已经知道了… xiǎng bì nín yǐjīng zhīdào le… ▷ そんなことは～承知だ/那件事早就知道了 nà jiàn shì zǎojiù zhīdào le

せんこく【宣告する】 ❶【告げ知らせる】宣告 xuāngào （英 pronounce） ▷ 自己破産を～する/宣告自我破产 xuāngào zìwǒ pòchǎn ▷ 破産の～に涙がこぼれた/听到宣告破产，不禁流下了眼泪 tīngdào xuāngào pòchǎn, bùjīn liúxiàle yǎnlèi ▷ 医者は彼女に1ヶ月の命だと～した/医生宣告她只有一个月的生命了 yīshēng xuāngào tā zhǐ yǒu yí ge yuè de shēngmìng le ❷【判決を言い渡す】宣判 xuānpàn （英 sentence） ▷ 有罪を～する/宣判有罪 xuānpàn yǒuzuì

ぜんこく【全国】 （英 the whole country） ▷ 各地/全国各地 quánguó gèdì；五湖四海 wǔ hú sì hǎi ▷ ～各地から激励の便りが届いた/从全国各地寄来了鼓励的信 cóng quánguó gèdì jìláile gǔlì de xìn ▷ その試合はテレビで～に放送された/那场比赛通过电视向全国转播 nà chǎng bǐsài tōngguò diànshì xiàng quánguó zhuǎnbō ▷ 我が校はサッカーで～的に知られている/我校的足球在全国都有名 wǒ xiào de zúqiú zài quánguó dōu yǒumíng ▷ 来年は～大会を目指します/明年的目标是参加全国大会 míngnián de mùbiāo shì cānjiā quánguó dàhuì

ぜんごさく【善後策】 善后对策 shànhòu duìcè；善后工作 shànhòu gōngzuò （英 remedial measures） ▷ 早急に～を講じてもらいたい/希望你们尽快考虑善后对策 xīwàng nǐmen jǐnkuài kǎolǜ shànhòu duìcè

ぜんこん【善根】 善行 shànxíng （英 a good deed） ▷ ～を施せば自分にかえってくるのだ/行善的人必有好报 xíngshàn de rén bì yǒu hǎobào

ぜんざ【前座】 ［芸］an opening performance；［芸人］a preliminary performer ▷ 今

日は私が～を勤めましょう/今天我来抛砖引玉吧 jīntiān wǒ lái pāo zhuān yǐn yù ba ▶あの師匠は～のうちから光っていた/那个大师在初出茅庐的时候就引人注目了 nàge dàshī zài chū chū máolú de shíhou jiù yǐnrén zhùmù le

センサー 传感器 chuángǎnqì (英 *a sensor*) ▶温度が上がると～が反応して警報が鳴る/温度上升传感器就有反应, 会发出警报 wēndù shàngshēng chuángǎnqì jiù yǒu fǎnyìng, huì fāchū jǐngbào ▶～のスイッチを入れる/把传感器的开关打开 bǎ chuángǎnqì de kāiguān dǎkāi

せんさい【先妻】 前妻 qiánqī (英 *one's former wife*) ▶～の子供もよくなついた/前妻的孩子也很顺从她 qiánqī de háizi yě hěn shùncóng tā

せんさい【戦災】 战祸 zhànhuò (英 *war damage*) ▶施設で～孤児の世話をする/在设施里照顾战争孤儿 zài shèshīlǐ zhàogù zhànzhēng gū'ér ▶幸いに～を免れることができた/幸运地躲过了战争的灾害 xìngyùn de duǒguòle zhànzhēng de zāihài

せんさい【繊細な】 **1**[形が細く小さい] 纤细 xiānxì (英 *slender; fine*) [参考]'纤细 xiānxì' は具体的なものが「細い」「細かい」ことをいう。▶～な指が激しく鍵盤をたたく/纤细的手指激烈地敲打键盘 xiānxì de shǒuzhǐ jīliè de qiāodǎ jiànpán **2**[感情が細やかな] 细腻 xìnì (英 *delicate*) ▶～な神経/细腻的感觉 xìnì de gǎnjué ▶おまえは神経が～すぎるんだ/你过于敏感了 nǐ guòyú mǐngǎn le

せんざい【洗剤】 洗涤剂 xǐdíjì (英 *a detergent*) ▶中性～/中性洗涤剂 zhōngxìng xǐdíjì ▶合成～/合成洗涤剂 héchéng xǐdíjì

せんざい【潜在する】 潜在 qiánzài (英 *be latent*) ▶平和な表情の裏に殺意が～していた/在平和的表情后面潜藏着杀意 zài pínghé de biǎoqíng hòumian qiáncángzhe shāyì ▶この統計には～失業者が含まれていない/在这个统计中没有包含潜在的失业者 zài zhège tǒngjì zhōng méiyǒu bāohán qiánzài de shīyèzhě ◆～意識/潜意识 qiányìshí; 下意识 xiàyìshí ▶～意識が働いて/潜在意识在起作用 qiánzài yìshí zài qǐ zuòyòng ～能力/潜力 qiánlì ▶選手の～能力を掘り起こせ/挖掘选手的潜在能力 wājué xuǎnshǒu de qiánzài nénglì

ぜんさい【前菜】 凉菜 liángcài; 冷盘 lěngpán; 小吃 xiǎochī (英 *an hors d'oeuvre*)

ぜんざい【善哉】 加年糕片的小豆粥 jiā niángāopiàn de xiǎodòuzhōu (汁粉) (英 *sweet adzuki soup with grilled rice cakes in it*) ▶雪を見ながらよく～を食べた/经常看着雪吃红豆粥 jīngcháng kànzhe xuě chī hóngdòuzhōu

せんざいいちぐう【千載一遇】 千载一时 qiān zǎi yì shí (英 *once-in-a-lifetime*) ▶～のチャンス 千载难逢的机遇 qiān zǎi nán féng de jīyù ▶彼が今日あるのは～のチャンスをものにしたからだ/他能有今天, 是因为把握住了千载难逢的时机 tā néng yǒu jīntiān, shì yīnwèi bǎwòzhùle qiān zǎi nán féng de shíjī

せんさく【詮索する】 探索 tànsuǒ (英 *search*) ▶世間の～の目にさらされる/被外人所猜忌 bèi wàirén suǒ cāijì ▶人のことをあれこれ～するなよ/不要琢磨别人的这个那个的 búyào zhuómó biérén de zhège nàge de ▶あいつの～好きにはあきれるよ/真拿他的多管闲事的性格没办法 zhēn ná tā de duō guǎn xiánshì de xìnggé méi bànfǎ

せんさばんべつ【千差万別な】 千差万别 qiān chā wàn bié (英 *multifarious*) ▶人の顔は～、心だって同様だ/就像人的脸一样, 心也是千差万别的 jiù xiàng rén de liǎn yíyàng, xīn yě shì qiān chā wàn bié de

センザンコウ【穿山甲】 〔動物〕 穿山甲 chuānshānjiǎ (英 *a pangolin*)

せんし【先史】 史前 shǐqián (英 *prehistory*) ▶～学/史前学 shǐqiánxué ▶～時代の暮らしの跡/史前时代生活的遗迹 shǐqián shídài shēnghuó de yíjì

せんし【戦士】 战士 zhànshì (英 *a warrior*) ▶企業～/拼命为企业工作的人 pīnmìng wèi qǐyè gōngzuò de rén ▶プロレタリアの～/无产阶级战士 wúchǎn jiējí zhànshì ▶無名の～の墓/无名战士之墓 wúmíng zhànshì zhī mù ▶産業～によって成長は支えられた/产业战士支撑着成长 chǎnyè zhànshì zhīchēngzhe chéngzhǎng

せんし【戦史】 (英 *the history of a war*) ▶それは～に残る大激戦だった/那是留入战史的激烈战斗 nà shì liúrù zhànshǐ de jīliè zhàndòu ▶勝者の書いた～と敗者の書いた～/胜者写的战史和败者写的战史 shèngzhě xiě de zhànshǐ hé bàizhě xiě de zhànshǐ

せんし【戦死する】 阵亡 zhènwáng; 战死 zhànsǐ (英 *be killed in battle*) ▶僕の生まれた日に父の～の公報が入った/我出生的那天, 家里接到了父亲战死的公报 wǒ chūshēng de nà tiān, jiālǐ jiēdàole fùqīn zhànsǐ de gōngbào ▶この島でいったい何人が～したのだろう/这个岛上到底有多少人阵亡了? zhège dǎoshang dàodǐ yǒu duōshao rén zhènwáng le? ▶彼は～者一人一人の名を読んだ/他一个一个地念着战死者的姓名 tā yí ge yí ge de niànzhe zhànsǐzhě de xìngmíng

せんじ【戦時】 战时 zhànshí (英 *wartime*) ▶～体制/战时体制 zhànshí tǐzhì ▶祖父は～体制を肌で覚えているという/祖父说他亲身体验过战时体制 zǔfù shuō tā qīnshēn tǐyànguo zhànshí tǐzhì ▶～中の言動が罪に問われた/战时中的言行被问了罪 zhànshí zhōng de yánxíng bèi wènle zuì

ぜんし【全市】 **1**[市全体] 全市 quánshì (英 *the whole city*) ▶諸君の活躍を～をあげて応援します/全市共同声援你们 quánshì gòngtóng shēngyuán nǐmen **2**[すべての市] 所有城市 suǒyǒu chéngshì (英 *all the cities*) ▶～で首長が交替した/县里所有的市长都换了人 xiànlǐ suǒyǒu de shìzhǎng dōu huànle rén

ぜんし【全紙】 ❶［紙面全体］整版 zhěngbǎn（英 *the whole space*）❷［すべての新聞］一切报纸 yíqiè bàozhǐ（英 *all the newspapers*）▶一面トップで報道した/所有报纸都在头版头条报道了 suǒyǒu bàozhǐ dōu zài tóubǎn tóutiáo bàodao le

ぜんし【前肢】（四足動物の）前肢 qiánzhī（英 *a foreleg*）

ぜんし【善事】 ❶［よい行い］好事 hǎoshì（英 *a good deed*）❷［めでたいこと］喜事 xǐshì（英 *a happy event*）

ぜんじ【漸次】 渐渐 jiànjiàn; 逐渐 zhújiàn（英 *gradually*）▶事件の全貌が～明らかとなった/事件的全貌逐渐地清晰了 shìjiàn de quánmào zhújiàn de qīngxī le

せんじぐすり【煎じ薬】 汤剂 tāngjì; 汤药 tāngyào（英 *a medical decoction*）▶僕は毎日～を飲んでいる/我每天都喝汤药 wǒ měi tiān dōu hē tāngyào ▶～は手間がかかる/熬药很费事 áo yào hěn fèishì

せんしつ【船室】 船舱 chuáncāng（英 *a cabin*）▶南国の月が～の窓を照らしている/南国的月亮照在船舱的窗户上 nánguó de yuèliang zhàozài chuáncāng de chuānghushang ▶旅行社を通して～を予約した/通过旅行社预订了船票 tōngguò lǚxíngshè yùdìngle chuánpiào

せんじつ【先日】 日前 rìqián; 前几天 qián jǐ tiān; 前些日子 qián xiē rìzi（英 *the other day*）▶～お願いしました件はその後どうなりました/上次拜托您办的事，之后怎么样了？ shàng cì bàituō nín bàn de shì, zhīhòu zěnmeyàng le？▶～のお話は当方といたしましては承諾いたしかねます/上次的事，我方难以同意 shàng cì de shì, wǒfāng nányǐ tóngyì

ぜんじつ【前日】 头天 tóutiān; 前一天 qián yì tiān（英 *the day before*）▶彼は～の口論などけろりと忘れていた/他把前一天吵架的事忘了个一干二净 tā bǎ qián yì tiān chǎojià de shì wàngle ge yì gān èr jìng ▶出発の～になって日程が変わった/到了要出发的前一天，日程改变了 dàole yào chūfā de qián yì tiān, rìchéng gǎibiàn le

せんじつめる【煎じ詰める】 ❶［茶・薬を］熬透 áotòu（英 *boil down*）▶薬草を～/熬透草药 áotòu cǎoyào ❷［考え・意見を］归根结底 guīgēn jiédǐ; 总而言之 zǒng ér yán zhī（英 *boil down*）▶煎じ詰めれば金の毒に侵されていたのだ/总而言之，就是被钱所毒害了 zǒng ér yán zhī, jiùshì bèi qián suǒ dúhài le

ぜんじどう【全自動の】 全自动 quánzìdòng（英 *fully automatic*）▶～洗濯機/全自动洗衣机 quánzìdòng xǐyījī ▶操作は～になっている/操作是全自动的 cāozuò shì quánzìdòng de

せんしゃ【洗車する】 洗车 xǐchē（英 *wash a car*）▶給油のついでに～も頼もう/加油，顺便洗车 jiāyóu, shùnbiàn qīng xǐ chē ▶日曜はよく自宅の車庫で～する/星期天大体在自己家的车库里洗车 xīngqītiān dàtǐshang zài zìjǐ jiā de chēkùli xǐ chē

せんしゃ【戦車】 坦克 tǎnkè（英 *a tank*）▶～部隊/坦克部队 tǎnkè bùduì ▶砂漠に～部隊を派遣する/派遣坦克部队到沙漠地带 pàiqiǎn tǎnkè bùduì dào shāmò dìdài ▶対～砲が威力を発揮する/反坦克炮发挥威力 fǎn tǎnkèpào fāhuī wēilì

▶～兵/坦克兵 tǎnkèbīng

せんじゃ【撰者】《文章・書物》撰者 zhuànzhě;《詩歌集》选编者 xuǎnbiānzhě（英 *a selector*）

せんじゃ【選者】 评选人 píngxuǎnrén（英 *a selector*）▶朝日歌壇の～を務める/担任朝日和歌坛的评选人 dānrèn Zhāorì hégētán de píngxuǎnrén ▶～から選評をうかがいましょう/听听评选人的选评吧 tīngting píngxuǎnrén de xuǎnpíng ba

ぜんしゃ【前車】（英 *a car ahead*）
ことわざ 前車の覆(⻅)るは後車の戒め　前车之覆，后车之戒 qiánchē zhī fù, hòu chē zhī jiè ～の轍(てつ)を踏む 蹈袭覆辙 dǎoxí fùzhé; 重蹈覆辙 chóng dǎo fùzhé

ぜんしゃ【前者】 前者 qiánzhě（英 *the former*）▶～は性能において後者に劣る/前者在性能上赶不上后者 qiánzhě zài xìngnéngshang gǎnbushàng hòuzhě ▶～を100とすれば後者は70にも及ばないだろう/如果说前者是一百的话，后者连七十也不到 rúguǒ shuō qiánzhě shì yìbǎi dehuà, hòuzhě lián qīshí yě bú dào

せんしゅ【先取する】 先取 xiān qǔ; 先得 xiān dé（英 *score... first*）▶～点/先得分 xiāndéfēn ▶1点～する/先得一分 xiān dé yì fēn

せんしゅ【船主】 船主 chuánzhǔ（英 *a ship-owner*）

せんしゅ【船首】《船舶》船头 chuántóu（英 *the bow*）▶私は～に立って大海を見渡した/我站在船头眺望大海 wǒ zhànzài chuántóu tiàowàng dàhǎi ▶フェリーは～から沈んでいった/客轮从船头开始沉入了大海 kèlún cóng chuántóu kāishǐ chénrùle dàhǎi

せんしゅ【選手】 选手 xuǎnshǒu（英 *a player*）▶～団/选手团 xuǎnshǒutuán ▶～を振りながら入場する/选手们挥手走入运动场 xuǎnshǒumen huīshǒu zǒurù yùndòngchǎng ▶～宣誓の言葉がよかった/选手宣誓的誓言令人振奋 xuǎnshǒu xuānshì de shìyán lìng rén zhènfèn ▶世界～権大会に出場する/参加世界锦标赛 cānjiā shìjiè jǐnbiāosài ▶大学ではテニスの～だった/大学时代是网球选手 dàxué shídài shì wǎngqiú xuǎnshǒu ▶最優秀～に選ばれる/被评为最优秀选手 bèi píng wéi zuìjiā xuǎnshǒu

せんしゅう【千秋】 千秋 qiānqiū（英 *a thousand years*）▶一日～/一日千秋 yí rì qiānqiū; 寸阴若岁 cùn yīn ruò suì ▶一日～の思いであなたを待っていました/一日千秋地等着你 yí rì qiānqiū de děngzhe nǐ

せんしゅう【先週】 上星期 shàngxīngqī; 上拜 shànglǐbài; 上周 shàngzhōu（英 *last week*）

▶～は何事もなく過ぎた/上周很平稳地过去了 shàngzhōu hěn píngwěn de guòqù le ▶～の月曜に彼は倒れた/上周一他病倒了 shàngzhōuyī tā bìngdǎo le

せんしゅう【専修する】 专修 zhuānxiū (英 *specialize in...*) ▶～学校/专科学校 zhuānkē xuéxiào

せんしゅう【選集】 选集 xuǎnjí (英 *an anthology*; *a selection*) ▶昭和詩～を編む/编辑昭和诗选集 biānjí Zhāohé shīxuǎnjí

せんじゅう【先住の】 原住 yuánzhù (英 *indigenous*) ▶～民族/原住民族 yuánzhù mínzú ▶～民族の文化遺産はどうなっているか/土著民族的文化遗产问题是怎么处理的？tǔzhù mínzú de wénhuà yíchǎn wèntí shì zěnme chǔlǐ de？新住民は～民の風習を知らない/新居民对于原住居民的风俗一无所知 xīnjūmín duìyú yuánzhù jūmín de fēngsú yī wú suǒ zhī

せんじゅう【専従】 专职 zhuānzhí (英 *work exclusively for...*) ▶彼は組合の～になった/他成了工会的专职员工 tā chéngle gōnghuì de zhuānzhí yuángōng ▶農業～者は減る一方だ/专职从事农业的人越来越少 zhuānzhí cóngshì nóngyè de rén yuèláiyuè shǎo

ぜんしゅう【全集】 全集 quánjí (英 *the complete works*) ▶～の第14巻に収録されている/收录在全集第十四卷里 shōulù zài quánjí dìshísì juànlǐ ▶世界美術～/世界美术全集 shìjiè měishù quánjí

ぜんしゅう【禅宗】 禅宗 chánzōng (英 *Zen*)

せんしゅうらく【千秋楽】 相扑和戏剧演出最后一天 xiāngpū hé xìjù yǎnchū zuìhòu yì tiān (英 *the last day of a public performance*) ▶公演の～とあって客の入りは上々だった/因为是演出的最后一天，所以上座率很高 yīnwèi shì yǎnchū de zuìhòu yì tiān, suǒyǐ shàngzuòlǜ hěn gāo

せんしゅつ【選出する】 提选 tíxuǎn; 推选 tuīxuǎn; 选举 xuǎnjǔ (英 *elect*) ▶代表の～に手間取る/选举代表很费时间 xuǎnjǔ dàibiǎo hěn fèi shíjiān ▶こうして私は町会長に～された/就这样我被推选为社区主任 jiù zhèyàng wǒ bèi tuīxuǎn wéi shèqū zhǔrèn

せんじゅつ【戦術】 战术 zhànshù (英 *tactics*) ▶天候を利用した～を立てる/制订了一个利用气候的战术 zhìdìngle yí ge lìyòng qìhòu de zhànshù ▶まんまと～にひっかかる/彻底地被战术所欺骗 chèdǐ de bèi zhànshù suǒ qīpiàn ▶～家/战术家 zhànshùjiā ▶彼は長期を見通した～家だった/他是具有战略眼光的战术家 tā shì jùyǒu zhànlüè yǎnguāng de zhànshùjiā ▶～核兵器/战术核武器 zhànshù héwǔqì

ぜんじゅつ【前述する】 前述 qiánshù (英 *say above*) ▶～のとおり/如前所述 rú qián suǒ shù ▶～のとおり我々は厳しい状況に置かれている/如前所述我们面临的情况十分严峻 rú qián suǒ shù wǒmen miànlín de qíngkuàng shífēn yánjùn ▶この点に関しては～した/关于这一点已经前述了 guānyú zhè yì diǎn yǐjīng qiánshù le

せんしょ【選書】 选编丛书 xuǎnbiān cóngshū (英 *selected works*)

ぜんしょ【全書】 全书 quánshū (英 *a complete book*) ▶百科～/百科全书 bǎikē quánshū ▶六法～/六法全书 liùfǎ quánshū ▶四庫～/四库全书 sìkù quánshū

ぜんしょ【善処する】 妥善处理 tuǒshàn chǔlǐ (英 *take proper steps*) ▶関係者と協議のうえ～いたします/和有关人员协议后，妥善处理 héyǒuguān rényuán xiéyìhòu, tuǒshàn chǔlǐ ▶「～」の仕方を我々は気　ますよ/我们关注所谓"妥善处理"的方法 wǒmen guānzhù suǒwèi "tuǒshàn chǔlǐ" de fāngfǎ

せんしょう【先勝する】 先胜 xiānshèng (英 *win the first game*) ▶～したから有利というわけではない/先胜未必有利 xiānshèng wèibì yǒulì

せんじょう【洗浄】 冲洗 chōngxǐ; 清洗 qīngxǐ; 洗涤 xǐdí (英 *wash; irrigate*) ▶～剂/洗涤剂 xǐdíjì ▶闇の資金の～に手を貸す/帮助别人洗黑钱 bāngzhù biérén xǐ hēiqián ▶胃～する/洗胃 xǐwèi

せんじょう【戦場】 战场 zhànchǎng (英 *a battlefield*) ▶～に赴く/上战场 shàng zhànchǎng; 从征 cóngzhēng ▶家族を残して～に赴く/撇下家人，奔赴战场 piēxià jiārén, bēnfù zhànchǎng ▶～からの手紙が届く/收到从战场来的信 shōudào cóng zhànchǎng lái de xìn ▶グラウンドは選手の～だ/运动场就是选手们的战场 yùndòngchǎng jiùshì xuǎnshǒumen de zhànchǎng ▶～の露と消える/战死疆场 zhànsǐ jiāngchǎng

ぜんしょう【全勝する】 全胜 quánshèng (英 *win all the games*) ▶横綱一人が～街道をつっ走っている/横纲一个人保持全胜 hénggāng yí ge rén bǎochí quánshèng ▶リーグ戦で～したのだからすごい/在循环赛取得了全胜，太了不起了 zài xúnhuánsài qǔdéle quánshèng, tài liǎobuqǐ le

ぜんしょう【全焼する】 烧光 shāoguāng (英 *burn down*) ▶なんとか～は免れた/总算免于被烧光 zǒngsuàn miǎnyú bèi shāoguāng ▶2階建てアパートを～した/两层的公寓都烧光了 liǎng céng de gōngyù dōu shāoguāng le

ぜんしょう【前章】 前一章 qián yì zhāng (英 *the foregoing chapter*) ▶～に続いて茶道の歴史を述べる/继续前一章讲茶道的历史 jìxù qián yì zhāng jiǎng chádào de lìshǐ ▶～で述べたことに若干の補充をしておく/对前一章内容进行若干补充 duì qián yì zhāng nèiróng jìnxíng ruògān bǔchōng

ぜんじょう【前条】 前条 qiántiáo (英 *the foregoing article*)

ぜんじょう【禅譲する】 禅让 shànràng (英 *abdicate*) ▶ワンマン会長がついに～を決意した/大权独揽的会长终于决定禅让了 dàquán dúlǎn de huìzhǎng zhōngyú juédìng shànràng le ▶社

長職を～した/让出了总经理的职务 ràngchūle zǒngjīnglǐ de zhíwù

ぜんしょうせん【前哨戦】《比喩的にも使う》 前哨战 qiánshào-zhàn (英 *a preliminary skirmish*) ▶谷間で小さな～があった/山谷里发生了小规模的前哨战 shāngǔli fāshēngle xiǎoguīmó de qiánshàozhàn ▶今度の知事選は総選挙の～だ/这次的知事选举是总选举的前哨战 zhè cì de zhīshì xuǎnjǔ shì zǒngxuǎnjǔ de qiánshàozhàn

せんじょうてき【扇情的】 引起情欲的 yǐnqǐ qíngyù de (英 *sensational*; ［情欲をそそる］*suggestive*) ▶～な写真/挑逗性的照片 tiǎodòu-xìng de zhàopiàn ▶広告に～な写真は困る/广告上不应该登煽情的照片 guǎnggàoshang bù yīnggāi dēng shānqíng de zhàopiàn

せんしょく【染色】 染色 rǎnsè (英 *dye*) ▶頭髪の～には二の足を踏んだ/犹豫很久才染的发 yóuyù hěn jiǔ cái rǎn de fā ▶このゆかた地は工場で～している/这块做浴衣的布料是在工厂染上色的 zhè kuài zuò yùyī de bùliào shì zài gōngchǎng rǎnshàng sè de

せんしょく【染織】 染织 rǎnzhī (英 *dye and weave*) ▶美大で～を学ぶ/在美术大学学习染织 zài měishù dàxué xuéxí rǎnzhī ▶晩秋の庭をイメージして～してみた/以深秋的庭院为构想染织 yǐ shēnqiū de tíngyuàn wéi gòuxiǎng rǎnzhī

せんしょくたい【染色体】 染色体 rǎnsètǐ (英 *a chromosome*) ▶～異常/染色体异常 rǎnsètǐ yìcháng

せんじる【煎じる】 煎 jiān；熬 áo (英 *boil*) ▶太郎くんの爪の垢でも煎じて飲ませたい/哪怕有太郎的一半就好了 nǎpà yǒu Tàiláng de yíbàn jiù hǎo le ▶薬草を煎じたにおいが部屋にこもる/屋子里充满了熬药的味道 wūzili chōngmǎnle áo yào de wèidao

せんしん【先進の】 进步 jìnbù；先进 xiānjìn (英 *advanced*) ▶彼は～的な考えをもっている/他拥有先进的思想 tā yōngyǒu xiānjìn de sīxiǎng ▶我が社の～技術が大いに貢献した/本公司的先进技术做出了巨大贡献 běn gōngsī de xiānjìn jìshù zuòchūle jùdà gòngxiàn

せんしん【専心する】 专注 zhuānzhù (英 *devote oneself*) ▶一意～/专心致志 zhuānxīn zhìzhì ▶一意～研究に精進する/专心致志地研究 zhuānxīn zhìzhì de yánjiū ▶退職後は親の介護に～した/退休后专心照料父母 tuìxiūhòu zhuānxīn zhàoliào fùmǔ

せんじん【千尋】 (英 *fathomlessness*)
◆～の谷 跌入千寻深谷 diērù qiānxún shēngǔ ▶獅子は子供を～の谷に突き落とす/狮子把孩子推入千寻深谷 shīzi bǎ háizi tuīrù qiānxún shēngǔ

せんじん【先人】 前人 qiánrén (英 *one's predecessors*) ▶～の英知に学ぶ/学习前人的智慧 xuéxí qiánrén de zhìhuì

せんじん【先陣】 前阵 qiánzhèn；先锋 xiānfēng；先驱 xiānqū (英 *the van of an army*) ▶～を争う/抢占 qiǎngzhàn ▶両社が激しい～争いを演じた/两家公司为领先展开了激烈的竞争 liǎng jiā gōngsī wèi lǐngxiān zhǎnkāile jīliè de jìngzhēng

～を切る 打头阵 dǎ tóuzhèn ▶私が～を切って批判の声をあげた/由我打头阵，引起了一阵批判 yóu wǒ dǎ tóuzhèn, yǐnqǐle yízhèn pīpàn

せんじん【戦陣】 战场 zhànchǎng；阵线 zhènxiàn (英 *a battlefield*) ▶～にあっては瞬時の油断も許されない/在战场上，不允许有半点麻痹 zài zhànchǎngshang, bù yǔnxǔ yǒu bàndiǎn mábì

ぜんしん【全身】 浑身 húnshēn；一身 yìshēn；满身 mǎnshēn (英 *the whole body*) ▶～汗びっしょりとなった/出了满身大汗 chūle mǎnshēn dàhàn ▶～麻酔を施して手術/实施全身麻醉后进行手术 shíshí quánshēn mázuìhòu jìnxíng shǒushù ▶仕事に～全霊を打ちこむ/全心全意投入工作 quánxīn quányì tóurù gōngzuò ▶熱が出て～がだるい/发烧了, 浑身没力 fāshāo le, húnshēn méi lì ▶～に火傷を負う/全身负烧伤 quánshēn fù shāoshāng

ぜんしん【前身】 前身 qiánshēn (英 *a predecessor*) ▶本学の～は高商である/本大学的前身是高等商学专科学校 běn dàxué de qiánshēn shì gāoděng shāngxué zhuānkē xuéxiào ▶今さら～を洗うのは止めてくれ/事到如今, 不要调查以往的经历了 shì dào rújīn, búyào diàochá yǐwǎng de jīnglì le

ぜんしん【前進する】 前进 qiánjìn；推进 tuījìn；进展 jìnzhǎn (英 *advance*) ▶これ以上の～は無理だ/不能再前进了 bùnéng zài qiánjìn le ▶～の命令が下った/下达了前进的命令 xiàdále qiánjìn de mìnglìng ▶一行は風にさからって～/一行人逆风前进 yìxíngrén nìfēng qiánjìn ▶1歩後退, 2歩～/后退一步, 前进两步 hòutuì yí bù, qiánjìn liǎng bù ▶再建計画は確実に～している/重建计划在着实进展 chóngjiàn jìhuà zài zhuóshí jìnzhǎn

ぜんしん【漸進する】 渐进 jiànjìn (英 *progress gradually*) ▶～主義/渐进主义 jiànjìn zhǔyì ▶その～主義の生き方が歯がゆいのだ/那种渐进主义的生活态度令人着急 nà zhǒng jiànjìn zhǔyì de shēnghuó tàidù lìng rén zháojí ▶改革を～的に進めよう/让改革逐步地前进吧 ràng gǎigé zhúbù de qiánjìn ba

せんしんこく【先進国】 (英 *an advanced country*) 发达国家 fādá guójiā ▶～首脳会议/发达国家首脑会议 fādá guójiā shǒunǎo huìyì ▶ようやく我が国も先進国の仲間入りを果たした/我国终于加入到了发达国家的行列之中 wǒguó zhōngyú jiārù dàole fādá guójiā de hángliè zhīzhōng

ぜんじんみとう【前人未到の】 前无古人 qián wú gǔrén (英 *untrodden*) ▶マラソンで～の記録

が出た/马拉松比赛，出现了前所未有的记录 mǎlāsōng bǐsài, chūxiànle qián suǒ wèi yǒu de jìlù ▶彼はついに～の山頂に立った/他终于站立在无人到达过的山巅了 tā zhōngyú zhànlì zài wú rén dàodáguo de shāndiān le ▶～の森林/前人未到的森林 qiánrén wèi dào de sēnlín

せんす【扇子】 扇子 shànzi; 折扇 zhéshàn (英 *a folding fan*) ▶～であおぐ/用扇子扇 yòng shànzi shān ▶～をひろげる/打开扇子 dǎkāi shànzi

センス 眼光 yǎnguāng; 感觉 gǎnjué (英 *a sense*) ▶～がある/有眼光 yǒu yǎnguāng ▶～がよい/有审美能力 yǒu shěnměi nénglì ▶彼はユーモアの～に欠ける/他缺乏幽默感 tā quēfá yōumògǎn ▶美的～がよい/审美能力高 shěnměi nénglì gāo ▶～のいいネクタイだね/品味高雅的领带 pǐnwèi gāoyǎ de lǐngdài

せんすい【泉水】 泉水 quánshuǐ (英 *a fountain*) ▶庭の～にきれいな鯉が泳いでいた/院子的泉水里游动着美丽的鲤鱼 yuànzi de quánshuǐlǐ yóudòngzhe měilì de lǐyú ▶庭に～をつくる/在院子里挖泉水 zài yuànzi lǐ wā quánshuǐ

せんすい【潜水】する 潜水 qiánshuǐ (英 *dive*) ▶あまり潜ると～病になるぞ/下潜太深，会得潜水病的 xiàqián tài shēn, huì dé qiánshuǐbìng de ♦～夫【潜水员】qiánshuǐyuán ▶～夫が船腹の穴を点検した/潜水员检查了船身的洞 qiánshuǐyuán jiǎnchále chuánshēn de dòng ～服【潜水服】qiánshuǐfú ▶～服に身を包む/身穿潜水服 shēn chuān qiánshuǐfú

せんすいかん【潜水艦】 潜水艇 qiánshuǐtǐng; 潜艇 qiántǐng (英 *a submarine*) ▶～が近海に侵入している/潜水艇侵入近海 qiánshuǐtǐng qīnrù jìnhǎi ▶原子力～/核潜艇 héqiántǐng

せんする【宣する】 宣布 xuānbù (英 *declare*) ▶議長が閉会を宣した/会议主席宣布散会 huìyì zhǔxí xuānbù sànhuì

ぜんせ【前世】 前世 qiánshì (英 *one's former existence*) ▶彼は～は猿だったかも知れない/他前世或许是猴子 tā qiánshì huòxǔ shì hóuzi ▶僕たちの結婚は～の約束だったのだ/我们的婚姻是前世的约定 wǒmen de hūnyīn shì qiánshì de yuēdìng

せんせい【先生】 (教師)老师 lǎoshī (英 *a teacher*); (医師)大夫 dàifu (英 *a doctor*) ▶～に言いつけるぞ/向老师告状去 xiàng lǎoshī gàozhuàng qù ▶…, まさか癌では…/大夫, 难道是癌症… dàifu, nándào shì áizhèng…

> 日中比較 中国語では'先生 xiānsheng'は男性一般の敬称として使う。たとえ相手が教員や医者などであっても'李先生''王先生'などと呼ぶ。

せんせい【先制する】 先发制人 xiān fā zhì rén (英 *score the game's first run*) ▶たちまち2点を～した/瞬间领先了两分 shùnjiān lǐngxiānle liǎng fēn ▶～攻撃をかける/发起主动攻击 fāqǐ zhǔdòng gōngjī

せんせい【宣誓】する 发誓 fāshì; 起誓 qǐshì; 宣誓 xuānshì (英 *take an oath*) ▶健太君、りっぱな～だったよ/健太，你的宣誓很棒嘛 Jiàntài, nǐ de xuānshì hěn bàng ma ▶証人はまず～して下さい/请证人首先宣誓 qǐng zhèngren shǒuxiān xuānshì ♦～書 ;宣誓书 xuānshìshū ▶～書を読み上げ/宣读宣誓书 xuāndú xuānshìshū

せんせい【専制】 专制 zhuānzhì (英 *despotism*) ▶いまだに～政治は続いている/专制政治仍然继续到今天 zhuānzhì zhèngzhì réngrán jìxù dào jīntiān

ぜんせい【全盛】 全盛 quánshèng (英 *at the height of one's power*) ▶彼らの会社はかつて～を極めていた/他们公司曾盛极一时 tāmen gōngsī céng shèng jí yì shí ♦～期 ;全盛期 quánshèngqī ▶彼にはもはや～期の面影はない/完全看不出他曾红极一时 wánquán kànbuchū tā céng hóngjí yìshí

ぜんせい【善政】 善政 shànzhèng (英 *wise administration*) ▶～を施す/施行善政 shīxíng shànzhèng

せんせいくんしゅ【専制君主】 专制君主 zhuānzhì jūnzhǔ (英 *an absolute monarch*) ▶～制/君主专制 jūnzhǔ zhuānzhì

せんせいじゅつ【占星術】 占星术 zhānxīngshù (英 *astrology*) ▶～は天文学の母であり敵である/占星术既是天文学的母亲, 又是它的敌人 zhānxīngshù jì shì tiānwénxué de mǔqin, yòu shì tā de dírén ▶～で人事を決めたそうだ/据说是根据占星术决定的人事 jùshuō shì gēnjù zhānxīngshù juédìng de rénshì

せんせいりょく【潜勢力】 潜在势力 qiánzài shìlì (英 *latent force*) ▶その集団は全国に～を伸ばしていた/那个集团在全国扩展了潜在势力 nàge jítuán zài quánguó kuòzhǎnle qiánzài shìlì

センセーショナルな 过激 guòjī; 煽情性 shānqíngxìng (英 *sensational*) ▶事件は～に報道された/事件被过激地报道了 shìjiàn bèi guòjī de bàodào le

センセーション 大轰动 dàhōngdòng (英 *a sensation*) ▶～を巻き起こす/引起大轰动 yǐnqǐ dàhōngdòng ▶～氏の受賞は一大～を巻き起こした/他的获奖引起了极大轰动 tā de huòjiǎng yǐnqǐle jídà hōngdòng

ぜんせかい【全世界】 全世界 quánshìjiè; 举世 jǔshì; 全球 quánqiú (英 *the whole world*) ▶彼の偉業は～が拍手を贈った/他的伟大事业得到了全世界的赞颂 tā de wěidà shìyè dédàole quánshìjiè de zànsòng ▶～に平和が訪れますように/祝愿全世界和平 zhùyuàn quánshìjiè hépíng ▶それは～を巻き込む戦争だった/这是一场波及到了全世界的战争 zhè shì yì cháng bōjí dàole quánshìjiè de zhànzhēng

せんせき【船籍】 船籍 chuánjí (英 *the nationality of a ship*) ▶パナマの貨物船/巴拿马船籍的货船 Bānámǎ chuánjí de huòchuán ▶～を外国に登記する/把船籍登记在国外 bǎ chuánjí dēngjì zài guówài ▶～不明の船が出没する/有

せんせき　船籍不明的船只出没 yǒu chuánjí bùmíng de chuánzhī chūmò

せんせき【戦跡】 战迹 zhànjì (英 *an old battlefield*) ▶〜には高層ビルが建ち並んでいた/古代的战场变成了林立的高楼 gǔdài de zhànchǎng biànchéngle línlì de gāolóu ▶〜を訪ねる調査旅行/探访战争遗迹的调查旅行 tànfǎng zhànzhēng yíjì de diàochá lǚxíng

せんせき【戦績】 战绩 zhànjì (英 [戦争の] *a war record*; [競技の] *a record*) ▶輝かしい〜/辉煌战绩 huīhuáng zhànjì ▶輝かしい〜を残して引退する/留下辉煌的战绩后引退 liúxià huīhuáng de zhànjì hòu yǐntuì ▶〜がはかばかしくない/战绩不如意 zhànjì bù rúyì

ぜんせつ【前説】 以前的意见 yǐqián de yìjiàn; 前人的学说 qiánrén de xuéshuō (英 *one's former opinion*) ▶彼はあっさり〜をくつがえした/他轻易地推翻了以前的意见 tā qīngyì de tuīfān le yǐqián de yìjiàn

せんせん【宣戦する】 宣战 xuānzhàn (英 *declare war*) ▶〜を布告する/宣战 xuānzhàn

せんせん【戦線】 战线 zhànxiàn; 阵线 zhènxiàn (英 *the front*) ▶〜を離脱する/脱离战场 tuōlí zhànchǎng ▶統一〜を組む/建立统一战线 jiànlì tǒngyī zhànxiàn ▶〜が拡大しすぎている/战线过于扩大 zhànxiàn guòyú kuòdà ▶就職〜は寒風にさらされている/就业市场上秋风萧瑟 jiùyè shìchǎngshang qiūfēng xiāosè

ぜんぜん【戦前の】 **1**【大戦前の】战争以前 zhànzhēng yǐqián; 二战以前 èrzhàn yǐqián (英 *prewar*) ▶俺たち〜派はなぁ，性根が据わってんな/我们这些战前派，可不是胆小鬼 wǒmen zhè xiē zhànqiánpài, kě bú shì dǎnxiǎoguǐ ▶〜には見られなかった光景です/这是战前所不能看到的光景 zhè shì zhànqián suǒ bùnéng kàndào de guāngjǐng **2**【試合・勝負の始まる前】赛前 sàiqián (英 *pregame*) ▶〜の予想では断然有利だったのに/根据赛前预想，本来是非常有利的 gēnjù sàiqián yùxiǎng, běnlái shì fēicháng yǒulì de

ぜんせん【全線】 **1**【路線の全体】全线 quánxiàn (英 *the whole line*) ▶〜不通/全线不通 quánxiàn bùtōng ▶中央線は〜不通となっている/中央线全线不通 Zhōngyāngxiàn quánxiàn bùtōng **2**【戦線の全体】各条战线 gètiáo zhànxiàn (英 *the whole front*) ▶〜にわたって攻撃を受けた/各条战线都受到了攻击 gè tiáo zhànxiàn dōu shòudàole gōngjī

ぜんせん【前線】 **1**【戦場の】前敌 qiándí; 前方 qiánfāng; 前线 qiánxiàn (英 *the front*) ▶〜の兵隊の苦労を思え/想想前线士兵的辛苦 xiǎngxiang qiánxiàn shìbīng de xīnkǔ **2**【仕事・運動の】前线 qiánxiàn (英 *the front*) ▶セールスの〜/销售前线 xiāoshòu qiánxiàn ▶彼らは通商の最〜で働いている/他们在通商贸易的最前线工作 tāmen zài tōngshāng màoyì de zuì qiánxiàn gōngzuò **3**【気象の】锋面 fēngmiàn (英 *a front*) ▶桜〜が北上する/樱花锋面向北移动 yīnghuā fēngmiàn xiàng běi yídòng

◆温暖〜 暖锋 nuǎnfēng 寒冷〜 冷锋 lěngfēng ▶寒冷〜が張り出してくる/冷锋扩展过来 lěngfēng kuòzhǎn guòlái 梅雨〜 梅雨锋面 méiyǔ fēngmiàn ▶梅雨〜の動きが活発だ/梅雨锋面的活动很活跃 méiyǔ fēngmiàn de huódòng hěn huóyuè

ぜんせん【善戦する】 善战 shànzhàn (英 *fight well*) ▶〜むなしく敗退する/竭尽全力，却很遗憾地失败了 jiéjìn quánlì, què hěn yíhàn de shībài le 強豪を相手に〜する/力敌强敌 lìdí qiángdí

ぜんぜん【全然】 全然 quánrán; 根本 gēnběn; 完全 wánquán (英 [少しも] *not at all*; [肯定的強調] *entirely*) ▶常識というものを〜知らない/根本不知道什么是常识 gēnběn bù zhīdào shénme shì chángshí ▶彼女は〜興味を示さなかった/她没有表示出一点兴趣 tā méiyǒu biǎoshìchū yìdiǎn xìngqù

〜違う 根本不同 gēnběn bùtóng ▶あいつはもう〜違う/他的器量就是与众不同 tā de qìliàng jiùshì yǔ zhòng bùtóng

せんせんきょうきょう【戦戦競競】 战战兢兢 zhànzhànjīngjīng; 心惊胆战 xīn jīng dǎn zhàn (英 *in great fear*) ▶その〜たる姿は見ていて気の毒だった/他那副战战兢兢的样子，真可怜 tā nà fù zhànzhànjīngjīng de yàngzi, zhēn kělián ▶不正がいつばれるかと彼は〜としている/他时刻担心自己的不法行为会暴露出来 tā shíkè dānxīn zìjǐ de bùfǎ xíngwéi huì bàolùchūlai

せんせんげつ【先先月】 上上个月 shàngshàng ge yuè (英 *the month before last*)

せんぞ【先祖】 祖上 zǔshàng; 祖先 zǔxiān (英 *an ancestor*) ▶〜代々/祖祖辈辈 zǔzǔbèibèi ▶〜代々の墓に参る/给祖先扫墓 gěi zǔxiān sǎomù ▶これは〜代々言い伝えられてきたことです/这是祖祖辈辈一直传下来的话 zhè shì zǔzǔbèibèi yìzhí chuánxiàlai de huà ▶〜伝来の/祖传 zǔchuán ▶〜伝来の家宝を手放す/把祖上的传家宝出手了 bǎ zǔshàng de chuánjiābǎo chūshǒu le ▶御〜様に申し訳がない/对不起祖先 duìbùqǐ zǔxiān

せんそう【船倉】 [船舶] 船舱 chuáncāng; 货舱 huòcāng (英 *the hold of a ship*)

せんそう【船窓】 [船舶] 船窗 chuánchuāng (英 *a porthole*)

せんそう【戦争】 **1**【武力による闘争】战争 zhànzhēng (英 *a war*) ▶〜をする/作战 zuòzhàn; 打仗 dǎzhàng ▶世界を相手に〜をするか/打算与世界为敌吗？ dǎsuan yǔ shìjiè wéi dí ma? ▶〜に敗れる/战败 zhànbài ▶我々は〜に敗れたのだ/我们战败了 wǒmen zhànbài le ▶〜映画/战争片 zhànzhēngpiàn ▶〜映画を撮る/拍摄战争影片 pāishè zhànzhēng yǐngpiàn ▶冷たい〜の時代が続いた/冷战持续了

段时期 lěngzhàn chíxùle yí duàn shíqī ▶~で国土は荒廃した/因为战争，国土荒废了 yīnwèi zhànzhēng, guótǔ huāngfèi le 《憲法は~をうたっている/宪法坚决主张要放弃战争 xiànfǎ jiānjué zhǔzhāng yào fàngqì zhànzhēng ❷【激しい競争】竞争 jìngzhēng（英 fierce competition）▶貿易~が激化する/贸易战激化 màoyìzhàn jīhuà 《受験~をくぐり抜ける/通过考试的重重难关 tōngguò kǎoshì de chóngchóng nánguān

ぜんそう【前奏】❶【楽曲の】前奏 qiánzòu（英 a prelude）▶~曲/前奏曲 qiánqǔ 《~に続いて僕は歌いだした/紧接着前奏，我唱了起来 jǐnjiēzhe qiánzòu, wǒ chàngleqǐlai ❷【前ぶれ】前兆 qiánzhào（英 a prelude）▶破局の~/悲惨结局的前兆 bēicǎn jiéjú de qiánzhào 《いさかいは二人の破局の~だった/争吵是两人关系破裂的前奏 zhēngchǎo shì liǎng rén guānxi pòliè de qiánzòu

ぜんそう【禅僧】禅僧 chánsēng（英 a Zen priest）

せんそく【船側】〘船舶〙船舷 chuánxián（the side of a ship）

せんぞく【専属する】专属 zhuānshǔ（belong exclusively to...）▶共栄社と~契約を結ぶ/与共荣社签订了专属契约 yǔ Gòngróngshè qiāndìngle zhuānshǔ qìyuē 《あれが楽団~のピアニストです/他是乐队的专职钢琴家 tā shì yuèduì de zhuānzhí gāngqínjiā

ぜんそく【喘息】〘医〙气喘 qìchuǎn; 哮喘 xiàochuǎn（英 asthma）▶~患者/哮喘患者 xiàochuǎn huànzhě 《息子は~持ちなんだ/我儿子患哮喘病 wǒ érzi huàn xiàochuǎnbìng 》~の発作に苦しむ/受哮喘病发作折磨 shòu xiàochuǎnbìng fāzuò zhémó

【日中比较】中国语の'喘息 chuǎnxī'は「息を切らす」ことを指す。

ぜんそくりょく【全速力で】全速 quánsù（英 at full speed）▶~で走る/飞奔 fēibēn 《ゴールめざして~で走る/朝着目标，全力奔跑 cháozhe mùbiāo, quánlì bēnpǎo 《遅れを取り戻そうと船は~を出した/为了补回落下的时间，船全速前进 wèile bǔhuí luòxià de shíjiān, chuán quánsù qiánjìn

ぜんそん【全損】（保険で）全部损失 quánbù sǔnshī（英 total loss）

センター（中心）中心 zhōngxīn; 中央 zhōngyāng（英 a center）▶ショッピング~で買い物をす/在购物中心买东西 zài gòuwù zhōngxīn mǎi dōngxi 《市の文化~が音楽会を企画した/市文化中心策划了音乐会 shì wénhuà zhōngxīn cóuhuàle yīnyuèhuì 《~試験に遅刻する/参加大学统考，迟到了 cānjiā dàxué tǒngkǎo, chídào le

センターハーフ（サッカー・ホッケーの）中卫 zhōngwèi（英 a center halfback）

センターライン ❶【競技場の】中线 zhōngxiàn（英 the centerline）▶~付近で押し合う/在中线附近互相冲撞 zài zhōngxiàn fùjìn hùxiāng chōngzhuàng ❷【道路の】隔离线 gélíxiàn（英 the centerline）《~を越えて逆走する/越过道路中间线在相反车线行驶 yuèguò dàolù zhōngjiānxiàn zài xiāngfǎn chēxiàn xíngshǐ

せんたい【船体】〘船舶〙船体 chuántǐ（英 a hull;［船］a ship）▶~が大きく傾いた/船体倾斜很大 chuántǐ qīngxié hěn dà 《~の巨大さに思わず息をのんだ/面对巨大的船身瞠目结舌 miànduì jùdà de chuánshēn chēng mù jié shé

せんたい【船隊】船队 chuánduì（英 a fleet (of ships)）▶~が水平線に姿を見せた/船队出现在水平线上 chuánduì chūxiàn zài shuǐpíngxiànshang 《~を追跡する潜水艦がいた/有一艘潜水艇追踪着船队 yǒu yì sōu qiánshuǐtǐng zhuīzōngzhe chuánduì

せんたい【戦隊】战队 zhànduì（英 a squadron）▶~を組む/组成战斗队 zǔchéng zhàndòuduì 《航空~が基地に戻る/航空战斗机队飞回基地 hángkōng zhàndòujīduì fēihuí jīdì

せんたい【蘚苔】苔藓 táixiǎn（英 bryophytes）

せんだい【先代】前任 qiánrèn; 上一代 shàng yí dài（英 one's predecessor; one's father）▶~が生きていたらどんなに喜ぶことか/要是上一代还活着，应该多高兴啊 yàoshi shàng yí dài hái huózhe, yīnggāi duō gāoxìng a 《~の団十郎を見たことがある/看到过上一代的团十郎 kàndaoguo shàng yí dài de Tuánshílángo

せんだい【船台】船台 chuántái（英 the slips）

ぜんたい【全体】❶【物・事柄の全部】全体 quántǐ; 整体 zhěngtǐ; 总体 zǒngtǐ（英 the whole）▶~的に/通盘 tōngpán 《~の論旨がはっきりしない/整体的论点不明确 zhěngtǐ de lùndiǎn bù míngquè 》町~に被害は及んだ/灾害扩展到了全城 zāihài kuòzhǎn dàole quánchéng 《~として彼はよくやった/整体来说，他做得不错 zhěngtǐ lái shuō, tā zuòde búcuò 》~主义の下での生活/在极权主义国家的生活 zài jíquán zhǔyì guójiā de shēnghuó ❷【もともと】原本 yuánběn; 究竟 jiūjìng（英 from the first）▶~私には無理なのだ/原本我是办不到的 yuánběn wǒ shǐ bànbudào de 《~どういうことなんだ/究竟是怎么回事 jiūjìng shì zěnme huí shì

~的に言えば 总的来说 zǒngde lái shuō ▶~的に言えば予想以上の成果だった/总的来说，是意想不到的成果 zǒngde lái shuō, shì yìxiǎngbudào de chéngguǒ

◆~像：整体形象 zhěngtǐ xíngxiàng ▶~像が見えてくる/整体图浮现出来了 zhěngtǐtú fúxiàn chūlái le

ぜんたい【全隊】全队 quánduì（英 the whole troop）▶病菌は~にひろがっていった/病菌在全队扩散 bìngjūn zài quánduì kuòsàn

~, 止まれ《号令》全体，立定 quántǐ, lìdìng

ぜんだいみもん【前代未聞の】前所未闻 qián

せんたく suǒ wèi wén (英 *unprecedented*) ▶20歳の受賞なんて~ですよ/二十岁就得奖是前所未有的 èrshí suì jiù déjiǎng shì qián suǒ wèi yǒu de ▶あれこそ~の珍事だね/那真是前所未闻的新鲜事 nà zhēn shì qián suǒ wèi wén de xīnxiānshì

せんたく【洗濯する】 洗衣服 xǐ yīfu (英 *wash*) ▶シャツを~に出す/把衬衫送到洗衣店去洗 bǎ chènshān sòngdào xǐyīdiàn qù xǐ ▶連休は温泉で~をした/连休时到温泉去洗掉日常生活的污垢 liánxiū shí dào wēnquán qù xǐdiào rìcháng shēnghuó de wūgòu

~がきく 可洗的 kěxǐ de; 耐洗的 nàixǐ de ▶この生地は~がきかない/这种料子不能水洗 zhè zhǒng liàozi bùnéng shuǐxǐ

◆~板 搓板 cuōbǎn ▶~板でごしごし洗う/用搓衣板吭哧吭哧地洗 yòng cuōyībǎn kēngchikēngchi de xǐ ◆~ばさみ 晾衣服夹子 liàng yīfu jiāzi ~物 ~物を取り込む/把晾的衣服收进来 bǎ shài de yīfu shōujìnlai

せんたく【選択する】 选择 xuǎnzé; 抉择 juézé (英 *select*) ▶彼らならどれを~するかなぁ/他的话，会选什么呢？ tā de huà, huì xuǎn shénme ne？ ▶~は君の自由だ/选择是你的自由 xuǎnzé shì nǐ de zìyóu

~を誤る 选错 xuǎncuò ▶配偶者の~を誤ったね/选错了结婚的对象 xuǎncuòle jiéhūn de duìxiàng

◆~科目 选修科 xuǎnxiūkē ~肢 选择项目 xuǎnzé xiàngmù ▶四つの~肢から一つ選べ/从四个选项里面选择一个 cóng sì ge xuǎnxiàng lǐmiàn xuǎnzé yí ge

せんたくき【洗濯機】 洗衣机 xǐyījī (英 *a washing machine*) ▶コートを~では洗えない/大衣用洗衣机洗不了 dàyī yòng xǐyījī xǐbuliǎo ▶うっかり帽子を~に放り込んだ/不小心把帽子丢进了洗衣机 bù xiǎoxīn bǎ màozi diūjìnle xǐyījī

せんだつ【先達】 ❶【学問・技芸の】先行者 xiānxíngzhě; 前辈 qiánbèi (英 *a leader*) ▶学問は~に学ぶべし/做学问应该向前辈学习 zuò xuéwen yīnggāi xiàng qiánbèi xuéxí ❷【案内者】向导 xiàngdǎo (英 *a guide*) ▶~につき従って山に登る/跟随向导登山 gēnsuí xiàngdǎo dēngshān

せんだって【先だって】 前几天 qián jǐ tiān (英 *the other day*) ▶~お話した件ですが…/前几天所说的那件事… qián jǐ tiān suǒ shuō de nà jiàn shì… ▶~の電話でそう言っていた/前几天的电话里是那么说的 qián jǐ tiān de diànhuàlǐ shì nàme shuō de

ぜんだて【膳立てする】 (準備) 准备 zhǔnbèi (英 *set the table; prepare*) ▶我々は周到に~をした/我们进行了周到的准备 wǒmen jìnxíngle zhōudào de zhǔnbèi ▶課長の~は完全で社長も満足だった/科长的准备很周到，总经理很满意 kēzhǎng de zhǔnbèi hěn zhōudào, zǒngjīnglǐ hěn mǎnyì

ぜんだま【善玉】 好人 hǎorén (英 *a good guy*) ▶その小説では~と悪玉がはっきりしている/那本小说把好人坏人分得很清楚 nà běn xiǎoshuō bǎ hǎorén huàirén fēnde hěn qīngchu

せんたん【先端】 ❶【物の先の部分】顶端 dǐngduān (英 *a tip*) ▶石塔の~にトンボが止っている/在石塔的顶端停着一只蜻蜓 zài shítǎ de dǐngduān tíngzhe yì zhī qīngtíng ▶注射器の~が折れて腕に残った/注射器的顶端折了，留在了胳膊里面 zhùshèqì de dǐngduān zhé le, liúzàile gēbo lǐmiàn ❷【時代・流行の先頭】(英 *the forefront*) ▶流行の~を行く/领导新潮流 lǐngdǎo xīncháoliú; 开创新风尚 kāichuàng xīnfēngshàng ▶~技術/尖端技术 jiānduān jìshù ▶~技術の進歩は光より速い/先进技术进步比光快 xiānjìn jìshù jìnbù bǐ guāng hái kuài

せんたん【戦端】 战端 zhànduān (英 *hostilities*) ▶~を開く/开火 kāihuǒ; 打响 dǎxiǎng

せんだん【専断する】 专断 zhuānduàn; 武断 wǔduàn; 专横独断 zhuānhèng dúduàn (英 *make an arbitrary decision*) ▶会長は~の度が過ぎる/会长的独断专行过分了 huìzhǎng de dúduàn zhuānxíng guòfèn le ▶経営に関しては社長が~してきた/经营的事, 总经理一直是很独断的 jīngyíng de shì, zǒngjīnglǐ yìzhí shì hěn dúduàn de

せんだん【船団】 船队 chuánduì (英 *a fleet (of vessels)*) ▶救援物資を積んで~は出発した/船队装满救援物资出发了 chuánduì zhuāngmǎn jiùyuán wùzī chūfā le ▶護送~方式の行政指導/像用护卫舰队保护大型货船队一样的行政指导方式(保护主义政策) xiàng yòng hùwèi jiànduì bǎohù dàxíng huòchuánduì yíyàng de xíngzhèng zhǐdǎo fāngshì(bǎohù zhǔyì zhèngcè)

センダン【栴檀】〖植物〗旃檀 zhāntán (英 *a chinaberry*) ▶~は双葉よりかんばし/伟人自幼就出众 wěirén zì yòu jiù chū zhòng

せんち【戦地】 战地 zhàndì (英 *the front*) ▶~に赴く/上战场 shàng zhànchǎng ▶~の父の無事を祈る/祈求父亲在战场平安无事 qíqiú fùqin zài zhànchǎng píng'ān wú shì

ぜんち【全治する】 痊愈 quányù (英 *heal completely*) ▶~2週間と診断された/被诊断要两周才能痊愈 bèi zhěnduàn yào liǎng zhōu cái néng quányù ▶これだけの傷だと~の見込みはない/这样重的伤，没有痊愈的希望了 zhèyàng zhòng de shāng, méiyǒu quányù de xīwàng le ▶傷は間もなく~した/伤很快就痊愈了 shāng hěn kuài jiù quányù le

ぜんちし【前置詞】〖文法〗介词 jiècí (英 *a preposition*)

ぜんちぜんのう【全知全能】 全知全能 quán zhī quán néng (英 *omniscient and omnipotent*) ▶まぁ~の神にでもすがるんだね/你只能去求全知全能的神了 nǐ zhǐ néng qù qiú quán zhī quán néng de shén le

センチメートル 公分 gōngfēn; 厘米 límǐ (英

センチメンタル【感傷】 gǎnshāng; 多愁善感 duō chóu shàn gǎn（英 sentimental）▶あいつはよくよく～な男なんだ/那个家伙真是多愁善感 nàge jiāhuo zhēn shì duō chóu shàn gǎn ▶～ジャーニー/伤感之旅 gǎnshāng zhī lǚ

せんちゃ【煎茶】 烹茶 pēngchá; 煎茶 jiānchá（英 green tea）▶～は香りがよい/煎茶的香味很好 jiānchá de xiāngwèi hěn hǎo

せんちゃく【先着する】 先到 xiān dào（英 arrive first）▶予約は～順に受け付ける/预约按照先后顺序受理 yùyuē ànzhào xiānhòu shùnxù shòulǐ ▶ライバルはグラウンドに～していた/竞争对手先到了体育场 jìngzhēng duìshǒu xiān dàole tǐyùchǎng ▶～7名様に優待券を差し上げます/向先来的七位客人赠送优惠券 xiàng xiān lái de qī wèi kèrén zèngsòng yōuhuìquàn

せんちゅうは【戦中派】 战时派 zhànshípài（英 the war generation）▶父は典型的な～でした/父亲是一个典型的战时派 fùqin shì yí ge diǎnxíng de zhànshípài

せんちょう【船長】 **1**【船の乗組員の長】船长 chuánzhǎng（英 a captain）▶～は最後まで船を離れなかった/船长最后都没有离开船 chuánzhǎng zuìhòu dōu méiyǒu líkāi chuán **2**【船の長さ】船长 chuáncháng（英 the length of a ship）▶～200メートルのタンカー/船身二百米的油轮 chuánshēn èrbǎi mǐ de yóulún

ぜんちょう【全長】 全长 quáncháng（英 the total length）▶その蛇は～5メートルにも達していた/那条蛇全长达到五米 nà tiáo shé quáncháng dádào wǔ mǐ

ぜんちょう【前兆】 前兆 qiánzhào; 先兆 xiānzhào; 预兆 yùzhào（英 an omen; a sign）▶その歌の流行は震災の～だと言われた/那首歌的流行被说成是震灾的前兆 nà shǒu gē de liúxíng bèi shuōchéng shì zhènzāi de qiánzhào ▶脳梗塞の～に気づかなかった/没有发现脑梗塞的前兆 méiyǒu fāxiàn nǎogěngsè de qiánzhào

ぜんつう【全通する】 全线通车 quánxiàn tōngchē（英 be opened (to through traffic)）▶新線の～を祝って花火が上がった/燃放烟火，庆祝新线全面通车 ránfàng yānhuǒ, qìngzhù xīnxiàn quánmiàn tōngchē ▶東西線が～した日に母は生まれた/在东西线全线通车的那天，母亲出生了 zài Dōngxīxiàn quánxiàn tōngchē de nà tiān, mǔqin chūshēng le

せんて【先手】 先手 xiānshǒu（英 forestalling; [囲碁など] the first move）▶～を打つ/先下手为强 xiān xiàshǒu wéi qiáng ▶～必勝/先下手为强 xiān xiàshǒu wéi qiáng ▶～を打って仕入れを増やす/先发制人，增加进货 xiān fā zhìrén, zēngjiā jìnhuò ▶～を取って断りを言う/抢先拒绝了 qiǎngxiān jùjué le

せんてい【先帝】 先帝 xiāndì（英 the preceding emperor）

せんてい【剪定する】 修剪 xiūjiǎn; 修整 xiūzhěng（英 prune）▶街路樹の～を請け負う/承包修剪路边树木的工作 chéngbāo xiūjiǎn lùbiān shùmù de gōngzuò ▶庭の木を～する/修剪院子的树木 xiūjiǎn yuànzi de shùmù

せんてい【船底】（英 the bottom of a ship）▶～にはぽっかり穴があいている/船底漏了一个大洞 chuándǐ lòule yí ge dàdòng ▶～をむき出しにして沈む/船底朝天，沉了下去 chuándǐ cháo tiān, chénxiàqù

せんてい【選定する】 选定 xuǎndìng（英 select）▶後見人が～された/监护人被选定了 jiānhùrén bèi xuǎndìng le ▶候補者の～が難航している/候选人的选定工作碰到了困难 hòuxuǎnrén de xuǎndìng gōngzuò pèngdàole kùnnan

ぜんてい【前庭】 前院 qiányuàn（英 a front yard）

ぜんてい【前提】 前提 qiántí（英 a premise）▶結婚を～として付き合う/以结婚为前提交往 yǐ jiéhūn wéi qiántí jiāowǎng ▶～条件は一切つけない/不附加任何前提条件 bú fùjiā rènhé qiántí tiáojiàn

せんてつ【先哲】 先哲 xiānzhé（英 an ancient sage）

せんてつ【銑鉄】 生铁 shēngtiě; 铣铁 xiǎntiě（英 pig iron）

ぜんてつ【前轍】（英 ruts left by vehicles that have passed before）▶～を踏む/重蹈覆辙 chóng dǎo fùzhé

ぜんでら【禅寺】 禅宗寺院 chánzōng sìyuàn（英 a Zen temple）▶～にこもって思索する/闭门在禅宗寺院思索 bìmén zài chánzōng sìyuàn sīsuǒ ▶市は～を観光資源にしている/市里把禅宗寺院作为观光资源 shìlǐ bǎ chánzōng sìyuàn zuòwéi guānguāng zīyuán

せんでん【宣伝する】 **1**【広く伝える】宣传 xuānchuán（英 advertise）▶～が真実を伝えるわけではない/宣传传达的并不是真实情况 xuānchuán chuándá de bìng bú shì zhēnshí qíngkuàng ▶テレビで派手に～する/在电视大做宣传 zài diànshì dà zuò xuānchuán ▶～カーの音がうるさい/宣传车的声音很吵闹 xuānchuán de shēngyīn hěn chǎonào ▶～効果は満足だった/对宣传效果很满意 duì xuānchuán xiàoguǒ hěn mǎnyì ▶～部を強化せよ/强化宣传部！ qiánghuà xuānchuánbù! **2**【大げさに言う】吹嘘 chuīxū（英 exaggerate）▶自分の手柄を～する/吹嘘自己的功劳 chuīxū zìjǐ de gōngláo

◆～費 :宣传费 xuānchuánfèi ▶～費をかけるだけの価値はある/值得投入宣传费 zhíde tóurù xuānchuánfèi ～文句 ▶～文句についだまされた/被宣传广告欺骗了 bèi xuānchuán guǎnggào qīpiàn le

ぜんてんこうがた【全天候型の】 全天候 quántiānhòu（英 all-weather）▶～競技場/全天候型运动场 quántiānhòuxíng yùndòngchǎng

センテンス 句子 jùzi（英 a sentence）▶～短く分かりやすい/句子简短易懂 jùzi jiǎnduǎn yì

せんてんせい【先天性】 先天性 xiāntiānxìng（英 congenitalness）▶彼には〜疾患があった/他患有先天性疾病 tā huàn yǒu xiāntiānxìng jíbìng

せんてんてき【先天的】 先天 xiāntiān（inborn;〔病気など〕congenital）▶異常/先天异常 xiāntiān yìcháng ▶その子には〜な才能が認められた/人们发现那个孩子具有天赋 rénmen fāxiàn nàge háizi jùyǒu tiānfù ▶〜に泳ぐすべを知っている/天生就会游泳 tiānshēng jiù huì yóuyǒng

せんと【遷都する】 迁都 qiāndū（英 transfer the capital）▶〜論が下火になった/迁都论衰退了 qiāndōulùn shuāituì le ▶どこへ〜しようというのか/想把首都迁到哪里呢 xiǎng bǎ shǒudū qiāndào nǎli ne

せんど【先途】〈運命の分かれ目〉紧要关头 jǐnyào guāntóu; 关键 guānjiàn（英 the decisive moment）▶ここを〜と戦う/以此为紧要关头拼死奋战 yǐ cǐ wéi jǐnyào guāntóu pīnsǐ fènzhàn

せんど【鲜度】鲜度 xiāndù（英 degree of freshness）▶〜が落ちる/鲜度下降 xiāndù xiàjiàng ▶冷蔵しないと〜が落ちる/不冷藏，就不能保鲜 bù lěngcáng, jiù bùnéng bǎoxiān ▶当店は〜のよい魚しか扱いません/本店只卖新鲜的鱼 běn diàn zhǐ mài xīnxiān de yú

ぜんと【前途】 前程 qiánchéng; 前途 qiántú（英 a future）▶彼らは早くも〜に見切りをつけた/他们很快就对前途失去信心 tāmen hěn kuài jiù duì qiántú shīqù xìnxīn ▶若者の〜を誤ってはならない/不能耽误年轻人的前途 bùnéng dānwu niánqīngrén de qiántú

◆〜多難 |前途多难 qiántú duōnàn | 〜多難を承知のうえで話を受けた/知道前途会多难，还是答应了 zhīdào qiántú huì duōnàn, háishi dāying le 〜洋々 |鹏程万里 péng chéng wàn lǐ | 諸君の〜は洋々だ/诸君前途远大 zhūjūn qiántú yuǎndà

ぜんど【全土】 全国 quánguó（英 the whole country）▶〜に不満の声があがった/全国上下一片不满的声音 quánguó shàngxià yí piàn bùmǎn de shēngyīn ▶異常寒波が〜を襲った/全国受到异常寒流的袭击 quánguó shòudào yìcháng hánliú de xíjī

せんとう【先頭】 前列 qiánliè; 排头 páitóu; 先头 xiāntóu（英 the head; the lead）▶行列の〜は見えない/看不见队列的排头 kànbujiàn duìliè de páitóu ▶〜打者を打ち取る/击败先头打者 jībài xiāntóu dǎzhě

〜に立つ 当先 dāngxiān; 一马当先 yì mǎ dāng xiān ▶抗議行動の〜に立つ/站在抗议活动的最前列 zhànzài kàngyì huódòng de zuì qiánliè

〜を行く 先行 xiānxíng

〜を切る 领先 lǐngxiān ▶〜を切ってゴールインする/率先冲过终点 shuàixiān chōngguò zhōngdiǎn

せんとう【尖塔】 尖塔 jiāntǎ（英 a spire）▶教会の〜に月がかかった/月亮挂在教堂的尖塔上 yuèliang guàzài jiàotáng de jiāntǎshang

せんとう【戦闘する】 战斗 zhàndòu（英 combat）▶〜が生きがいのような男だった/(他)是把战斗看得比生命重的人 (tā)shì bǎ zhàndòu kànchéng shēngmìng de rén ▶両軍は〜状態に入った/两军进入了战斗状态 liǎng jūn jìnrùle zhàndòu zhuàngtài ▶非〜戦闘人員被迫拿起了枪/就连非战斗人员都被迫拿起了枪 jiù lián fēizhàndòu rényuán dōu bèipò náqǐle qiāng

◆〜機 |歼击机 jiānjījī; 战斗机 zhàndòujī 〜力 |战斗力 zhàndòulì | 我が方の〜力はお話にならんぞ/我方的战斗力简直不像话 wǒfāng de zhàndòulì jiǎnzhí bú xiànghuà

せんとう【銭湯】 澡堂 zǎotáng; 浴池 yùchí（英 a bathhouse）▶〜は憩いの場所だ/澡堂是休息的场所 zǎotáng shì xiūxi de chǎngsuǒ ▶〜に行く/去浴池 qù yùchí

せんどう【先導】 开路 kāilù; 引路 yǐnlù（英 lead）▶白バイの〜で車列は進んだ/由白色警用摩托车开路，车队向前开进 yóu báisè jǐngyòng mótuōchē kāilù, chēduì xiàng qián kāijìn ▶私が〜する/我来开路 wǒ lái kāilù

◆〜者 |先导 xiāndǎo; 领路人 lǐnglùrén | 〜者が道を間違えることもある/领路人也会走错路 lǐnglùrén yě huì zǒucuò lù

せんどう【扇動する】 煽动 shāndòng; 煽风点火 shānfēng diǎnhuǒ; 鼓动 gǔdòng（英 agitate）▶〜者/煽动者 shāndòngzhě ▶〜にのってテロに走る/受人蛊惑，走上了恐怖活动之路 shòu rén gǔhuò, zǒushàngle kǒngbù huódòng zhī lù ▶大衆を暴力へと〜する/煽动大众使用暴力 shāndòng dàzhòng shǐyòng bàolì

せんどう【船頭】 船夫 chuánfū; 舟子 zhōuzǐ（英 a boatman）▶村の渡しの〜さん/村里摆渡的船夫 cūnli bǎidù de chuánfū

ことわざ 船頭多くして船山に上る 艄公多，撑翻船 shāogōng duō, chēngfān chuán; 人多误事 rén duō wù shì

ぜんとう【前頭】〔解〕前顶 qiándǐng; 前头 qiántóu（英 the sinciput）▶〜部に傷がある/前头部有伤 qiántóubù yǒu shāng ▶人間は〜葉が発達している/人类的前头叶发达 rénlèi de qiántóuyè fādá

ぜんどう【善導する】 教人学好 jiāorén xuéhǎo（英 lead in the right direction）▶少年少女の〜に務める/担任教育少年的任务 dānrèn jiàoyù shàonián de rènwu ▶問題ある子を〜するのが仕事です/工作就是教育有问题的孩子 gōngzuò jiùshì jiàoyù yǒu wèntí de háizi

ぜんどう【蠕動する】 蠕动 rúdòng（英 writhe）▶葉のかげにミミズが〜していた/在叶子的背阴处，蚯蚓在蠕动 zài yèzi de bèiyīnchù, qiūyǐn zài rúdòng

◆〜運動 |蠕动运动 rúdòng yùndòng | 胃は〜運動で消化する/胃通过蠕动来消化 wèi tōngguò rúdòng lái xiāohuà

セントバーナード【犬】圣伯纳犬 shèngbónàquǎn（英 a Saint Bernard）▶ドアからのっそり～が現れた/从门口慢慢吞吞出现了一只圣伯纳犬 cóng ménkǒu mànmàntūntūn chūxiànle yì zhī shèngbónàquǎn

セントラルヒーティング 集中供暖 jízhōng gōngnuǎn（英 central heating）▶このビルは～になっている/这座建筑是集中供热 zhè zuò jiànzhù shì jízhōng gōngrè

ぜんなんぜんにょ【善男善女】善男信女 shànnán xìnnǚ（英 pious people）▶～の祈りの声が門の外まで聞こえる/门外就能听见善男信女的祈祷声音 ménwài jiù néng tīngjiàn shànnán xìnnǚ de qídǎo shēngyīn

センニチコウ【千日紅】〔植物〕千日红 qiānrìhóng（英 a globe amaranth）▶庭に～が咲き始めた/院子里的千日红绽开了 yuànzili de qiānrìhóng zhànkāi le

ぜんにちスト【全日スト】全天罢工 quántiān bàgōng（英 an all-day strike）▶組合は～を打つ構えでいる/工会摆出要全日罢工的姿势 gōnghuì bǎichū yào quánrì bàgōng de zīshì ▶～に突入する/开始全天罢工 kāishǐ quántiān bàgōng

ぜんにちせい【全日制】全日制 quánrìzhì（英 the full-time schooling system）▶その地域には～の高校がなかった/这个地区没有全日制的高中 zhège dìqū méiyǒu quánrìzhì de gāozhōng

ぜんにっぽん【全日本の】（英 all-Japan）▶～チームは善戦した/日本代表队尽力拼搏了 Rìběn dàibiǎoduì jìnlì pīnbó le ▶～代表に選ばれた/被选为代表日本的选手 bèi xuǎn wéi dàibiǎo Rìběn de xuǎnshǒu

せんにゅう【潜入する】潜入 qiánrù（英 sneak into...）▶組織にスパイが～している/组织里面潜入了间谍 zǔzhī lǐmiàn qiánrùle jiàndié ▶いかにして工作員の～を防ぐか/如何才能防止特工人员的潜入呢？rúhé cái néng fángzhǐ tègōng rényuán de qiánrù ne？

せんにゅうかん【先入観】成见 chéngjiàn；私见 sījiàn（英 a preconceived idea）▶～を持つ/有成见 yǒu chéngjiàn ▶君は～に捕われている/你受成见的束缚 nǐ shòu chéngjiàn de shùfù ▶～を捨て公平に判断してもらいたい/希望（你）能抛弃成见，公平判断 xīwàng（nǐ）néng pāoqì chéngjiàn, gōngpíng pànduàn

せんにょ【仙女】仙女 xiānnǚ（英 a fairy）▶～とみまがう美しさだった/仙女一般的美丽 xiānnǚ yìbān de měilì

せんにん【仙人】神仙 shénxiān；仙人 xiānrén（英 a hermit; an unworldly person）▶彼は山村で～のように暮している/他在山村里过着像神仙一样生活 tā zài shāncūnlǐ guòzhe xiàng shénxiān yíyàng shēnghuó ▶杜子春は～に憧れた/杜子春憧憬着成为神仙 Dù Zǐchūn chōngjǐngzhe chéngwéi shénxiān

せんにん【先任の】前任 qiánrèn（英 senior）▶～の支局員から指導を受ける/接受前任支局人员的指导 jiēshòu qiánrèn zhījú rényuán de zhǐdǎo

せんにん【専任の】专任 zhuānrèn；专职 zhuānzhí（英 full-time）▶調査会の事務を～で担当している/专职担任调查会的事务工作 zhuānzhí dānrèn diàocháhuì de shìwù gōngzuò ◆～教員|专任教员 zhuānrèn jiàoyuán ▶～教員に採用される/被录用为专职教员 bèi lùyòng wéi zhuānzhí jiàoyuán

せんにん【選任する】选任 xuǎnrèn（英 elect）▶事故調査委員を～する/选任事故调查委员 xuǎnrèn shìgù diàochá wěiyuán ▶会長の～をめぐって一悶着あった/为会长的人选，发生了争执 wèi huìzhǎng de rénxuǎn, fāshēngle zhēngzhí

ぜんにん【前任】前任 qiánrèn（英 former）▶～が偉かったから後任はつらいよ/前任很出色,后任感到压力很大 qiánrèn hěn chūsè, hòurèn gǎndào yālì hěn dà ▶5 年ぶりに～地を訪ねた/时隔五年，重访以前工作过的地方 shí gé wǔ nián, chóngfǎng yǐqián gōngzuòguo de dìfang ◆～者|前任 qiánrèn ▶～者から引継ぎを受ける/和前任办理了交接手续 hé qiánrèn bànlǐle jiāojiē shǒuxù

ぜんにん【善人】善人 shànrén；好人 hǎorén（英 a good person）▶あの人はほんと～だねえ/那个人真是好人 nàge rén zhēn shì hǎorén ◆～面(ヅ)した|伪善 wěishàn；装好人 zhuāng hǎorén ▶大悪人は～面して現れる/大坏蛋装出一副好人的面孔 dàhuàidàn zhuāngchū yí fù hǎorén de miànkǒng

せんぬき【栓抜き】起子 qǐzi（英 a cap opener）▶～でビールの栓を抜く/用起子打开啤酒 yòng qǐzi dǎkāi píjiǔ ▶コルクが安物で～がきかない/软木塞是便宜货，所以起子不管用 ruǎnmùsāi shì piányihuò, suǒyǐ qǐzi bù guǎnyòng

せんねん【先年】前些年 qián xiē nián（英 some years ago）▶～の洪水跡がまだ生々しい/前些年洪水的痕迹,还历历在目 qián xiē nián hóngshuǐ de hénjì, hái lìlì zàimù ▶～書いた論文が今ごろ話題になっている/前些年写的论文最近成为了话题 qián xiē nián xiě de lùnwén zuìjìn chéngwéile huàtí

せんねん【専念する】专心 zhuānxīn；一心一意 yì xīn yí yì（英 devote oneself to...）▶これからは学業に～します/从现在开始专心学业 cóng xiànzài kāishǐ zhuānxīn xuéyè

ぜんねん【前年】前一年 qián yì nián；头年 tóunián（英 the previous year）▶これが死の～に書いた詩だ/这是死前一年写的诗 zhè shì sǐqián yì nián xiě de shī ▶利益は～比 12% 増となった/利润比前一年增加了百分之十二 lìrùn bǐ qián yì nián zēngjiāle bǎi fēn zhī shí'èr

 日中比较 中国語の'前年 qiánnián'は「おととし」を指す。

せんのう【洗脳する】洗脑 xǐnǎo（英 brain-

ぜんのう

wash) ▶あいつ, すっかり~されちゃったなぁ/那家伙, 被人完完全全洗脑了 nà jiāhuo, bèi rén wánwánquánquán xǐnǎo le ▶~の試みは失敗に終わった/洗脑的企图最终以失败告终 xǐnǎo de qǐtú zuìzhōng yǐ shībài gàozhōng

ぜんのう【全納する】 缴齐 jiǎoqí (英 *pay in full*) ▶税金はその場で~した/税金当场缴齐了 shuìjīn dāngchǎng jiǎoqí le ▶料金の早期の~を呼びかける/呼吁早期缴齐使用费 hūyù zǎoqī jiǎoqí shǐyòngfèi

ぜんのう【全能の】 全能 quánnéng (英 *almighty*) ▶ほれた病この医者でも治せない/再高明的医生也治不好相思病 zài gāomíng de yīshēng yě zhìbuhǎo xiāngsībìng ▶イチローのような~プレーヤーになりたい/想成为像一朗那样全面的选手 xiǎng chéngwéi xiàng Yīlǎng nàyàng quánmiàn de xuǎnshǒu

ぜんのう【前納する】 预付 yùfù (英 *pay in advance*) ▶会費は~となっている/会费需要预付 huìfèi xūyào yùfù ▶学費は入学前に~した/学费在入学前已经缴纳了 xuéfèi zài rùxuéqián yǐjīng jiǎona le

ぜんば【前場】 前市 qiánshì《取引所の午前の取引》(英 *the morning market*) ▶~の寄りつきは堅調だった/前市开盘是上涨趋势 qiánshì kāipán shì shàngzhǎng qūshì

せんばい【専売する】 专卖 zhuānmài (英 *monopolize*) ▶イタリア製ワインは当社が~している/意大利制的葡萄酒由本社专营 Yìdàlì zhì de pútaojiǔ yóu běnshè zhuānyíng ▶~品/专卖商品 zhuānmài shāngpǐn ▶以前は塩も政府の~品だった/以前盐也是政府的专卖商品 yǐqián yán yě shì zhèngfǔ de zhuānmài shāngpǐn ▶~特許/专卖执照 zhuānmài zhízhào 「悲しい酒」はカラオケでの課長の~特許だ/《悲伤的酒》是课长唱卡拉 OK 的保留曲目《Bēishāng de jiǔ》shì kèzhǎng chàng kǎlā OK de bǎoliú qǔmù

せんぱい【先輩】 前辈 qiánbèi;《学校の》高年级同学 gāoniánjí tóngxué; 先参加工作的同事 xiān cānjiā gōngzuò de tóngshì (英 *a senior*) ▶大~/老前辈 lǎoqiánbèi ▶業界の~の御意见を伺おう/听听同业老前们的意见吧 tīngting tóngyè lǎoqiánmen de yìjiàn ba ▶高校の~と結婚する/和高中的校友结婚 hé gāozhōng de xiàoyǒu jiéhūn ▶おまえ, ~をなめるんのか/你小子, 没大没小的 nǐ xiǎozi, méi dà méi xiǎo de ▶彼は大学で私より 3 年~だった/他在大学高我三年级 tā zài dàxué gāo wǒ sān niánjí

日中比较 中国語の '辈' は世代の意味であるため, 一つ二つの年齢差で「先輩」「後輩」と称することはない. 中国語の '先輩 xiānbèi' は自分の親の, '后輩 hòubèi' は自分の子供の世代を指す.

ぜんぱい【全敗する】 全敗 quánbài (英 *be completely defeated*;[スポーツ]*lose all the games*) ▶中日 (ドラゴンズ) までの~は予想外だった/没想到赛程刚过半, 就都输了 méi xiǎngdào sàichéng gāng guòbàn, jiù dōu shū le ▶リーグ戦で~する/循环赛中全输了 xúnhuánsài zhōng quán shū le

ぜんぱい【全廃する】 全部废除 quánbù fèichú (英 *do away with*) ▶規制の~を公約に掲げる/提出全面废止限制的公约 tíchū quánmiàn fèizhǐ xiànzhì de gōngyuē ▶従来の制度を~するつもりだ/打算把以前的制度全部废除 dǎsuan bǎ yǐqián de zhìdù quánbù fèichú

せんぱく【浅薄な】 鄙陋 bǐlòu; 肤泛 fūfàn; 浅薄 qiǎnbó (英 *superficial*) ▶彼らの議論は~ではない/他们的议论不浅泛 tāmen de yìlùn bù fūqiǎn ▶~な思想にだまされる/被肤浅的思想所欺骗 bèi fūqiǎn de sīxiǎng suǒ qīpiàn ▶~な学問/浅薄的学识 qiǎnbó de xuéshí

せんぱく【船舶】 船只 chuánzhī; 船舶 chuánbó (英 *a vessel*) ▶~会社/船舶公司 chuánbó gōngsī ▶~保険/船舶保险 chuánbó bǎoxiǎn ◆**~事故** 海事 hǎishì ▶~事故は常时起こる/船舶事故时有发生 chuánbó shìgù shí yǒu fāshēng

せんばつ【選抜する】 选拔 xuǎnbá (英 *select*) ▶今年の~に我が校の出場が決定した/我校被选上参加今年选拔赛 wǒ xiào bèi xuǎnshàng cānjiā jīnnián xuǎnbásài ▶全国から~された強豪が技を競う/由从全国选拔来的强队同场竞技 yóu cóng quánguó xuǎnbálái de qiángduì tóngchǎng jìngjì

◆**~高校野球大会** 高中棒球选拔赛大会 gāozhōng bàngqiú xuǎnbásài dàhuì ~チーム 选拔队 xuǎnbáduì

せんぱつ【先発】 先动身 xiān dòngshēn (英 *start in advance*) ▶午前 4 時, 3 名が~した/凌晨四点, 三个人先出发了 língchén sì diǎn, sān ge rén xiān chūfā le ▶君たちに~隊を務めてもらおう/由你们来打前站吧 yóu nǐmen lái dǎ qiánzhàn ba ▶僕は~メンバーに起用されて勇み立った/我被起用为最先上场的球员, 跃跃欲试 wǒ bèi qǐyòng wéi zuìxiān shàngchǎng de qiúyuán, yuèyuè yù shì

♦**~投手** ▶~投手が 5 人はほしい/希望有五名先发投手 xīwàng yǒu wǔ míng xiānfā tóushǒu

せんぱつ【洗髪する】 洗发 xǐfà (英 *wash one's hair*) ▶~が煩わしい/洗头发很麻烦 xǐ tóufa hěn máfan ▶今はシャンプーで~している/现在用香波洗发 xiànzài yòng xiāngbō xǐ fà

せんばづる【千羽鶴】 千纸鹤 qiānzhǐhè; 千羽鹤 qiānyǔhè (英 *a string of one thousand origami cranes*) ▶先生の回復を祈ってみんなで~を折った/为了祈求老师身体恢复, 大家一起叠了千纸鹤 wèile qíqiú lǎoshī shēntǐ huīfù, dàjiā yìqǐ diéle qiānzhǐhè ▶慰霊碑にはたくさんの~が供えられている/镇魂碑前供奉着许多千纸鹤 zhènhúnbēiqián gōngfèngzhe xǔduō qiānzhǐhè

せんばん【千万】 万分 wànfēn (英 *exceedingly*) ▶迷惑~/极大麻烦 jídà máfan ▶無礼な言いぐさだ/非常无礼的说法 fēicháng wúlǐ de shuōfa ▶あの無神経め, まったく迷惑~だ/那个粗人把别人真

苦了 nàge cūrén bǎ biéren hàikǔ le ▶わしに挑戦とは笑止〜な/向我挑战真是可笑万分 xiàng wǒ tiǎozhàn zhēn shì kěxiào wànfēn

せんばん【旋盤】（機械で）车床 chēchuáng; 旋床 xuánchuáng（英 *a lathe*）▶〜工/车工 chēgōng ▶〜で削る/用车床削 yòng chēchuáng xiāo

せんばん【先般】那些天 qián xiē tiān（英 *the other day*）▶〜の件/上次那件事 shàng cì nà jiàn shì ▶〜申し上げましたように…/像前些日子对您说的那样… xiàng qián xiē rìzi duì nín shuō de nàyàng… ▶〜の会合では報告がなかった/上次会议上没有报告 shàng cì huìyìshang méiyǒu bàogào

せんばん【戦犯】战犯 zhànfàn（英［犯罪］*a war crime*;［人］*a war criminal*）▶A級〜/甲级战犯 jiǎjí zhànfàn ▶〜を裁く/审判战犯 shěnpàn zhànfàn

ぜんはん【前半の】前半 qiánbàn（英 *the first half*）▶〜と後半で言うことが違うじゃないか/你说的话不是前后矛盾吗？ nǐ shuō de huà bú shì qiánhòu máodùn ma？ ▶〜戦/前半场 qiánbànchǎng ▶〜戦を終えて印象はいかがでしたか/前半赛程结束，您有何感想？ qiánbàn sài-chéng jiéshù, nín yǒu hé gǎnxiǎng？

ぜんぱん【全般に】全盘 quánpán；整体 zhěngtǐ；普遍 pǔbiàn（英 *generally*）▶〜的に考える/通盘考虑 tōngpán kǎolǜ ▶これは日本の文化〜に言えることだ/这可以说是日本文化共通的话 zhè kěyǐ shuōshì Rìběn wénhuà gòngtōng de huà ▶今回は〜的に盛り上がりに欠けた/这次整体来说，欠缺高潮 zhè cì zhěngtǐ lái shuō, qiànquē gāocháo

せんび【船尾】［船舶］船艄 chuánshāo（英 *the stern*）▶〜灯/船尾灯 chuánwěidēng

せんび【戦備】战备 zhànbèi（英 *war preparations*）▶〜を整える/做好战备 zuòhǎo zhànbèi

せんび【戦費】战费 zhànfèi（英 *war expenditure*）▶莫大な〜を賄えない/不能支付数额庞大的战费 bùnéng zhīfù shù'é pángdà de zhànfèi ▶増大する〜が国民生活を圧迫した/增长的战费开支压迫了国民生活 zēngzhǎng de zhànfèi kāizhī yāpòle guómín shēnghuó

ぜんぴ【前非】（英 *one's past misdeeds*）▶〜を悔いる/痛悔前非 tònghuǐ qiánfēi

せんびょうし【戦病死する】作战期间病死 zuòzhàn qījiān bìngsǐ（英 *die from a disease contracted at the front*）▶彼の〜は壮烈な戦死と伝えられた/他在作战期间病死被传成壮烈的战死 tā zài zuòzhàn qījiān bìngsǐ bèi chuán-chéng zhuàngliè de zhànsǐ ▶祖父はジャングルで〜した/祖父在密林作战中病死了 zǔfù zài mìlín zuòzhàn zhōng bìngsǐ le

せんびょうしつ【腺病質の】［医］虚弱质 xū-ruòzhì（英 *scrofulous*）▶僕は〜に生まれついた/我生下来就体质虚弱 wǒ shēngxiàlái jiù tǐzhì xūruò

せんびん【先便】前信 qiánxìn（英 *one's last letter*）▶〜でお知らせした通り/正如前信所告知的那样 zhèngrú qiánxìn suǒ gàozhī de nàyàng

ぜんびん【前便】❶［前回の手紙］前信 qiánxìn（英 *one's last letter*）▶〜に書き落としておりました/在前信中忘了写了 zài qiánxìn zhōng wàngle xiě le ❷［すぐ前の飛行機の便］（英 *the last flight*）▶すでに〜で出発した/已经坐前一班飞机出发了 yǐjing zuò qián yì bān fēijī chūfā le

せんぶ【宣撫する】宣抚 xuānfǔ（英 *placate*）▶〜工作がうまくゆかない/宣抚工作进行得不顺利 xuānfǔ gōngzuò jìnxíng de bú shùnlì ▶昔一班にいた時…/以前在宣抚班的时候… yǐqián zài xuānfǔbān de shíhou…

せんぷ【先夫】前夫 qiánfū（英 *one's former husband*）▶〜は二人の子を残した/前夫留下两个孩子 qiánfū liúxià liǎng ge háizi

ぜんぶ【全部】全部 quánbù；一总 yìzǒng（英 *all*）▶〜で/一共 yígòng；统共 tǒnggòng；总共 zǒnggòng ▶午後の〜の時間を執筆にあてた/下午的全部时间用来写作 xiàwǔ de quánbù shíjiān yònglái xiězuò ▶〜でいくらですか/一共多少钱？ yígòng duōshao qián？ ▶図书馆の本は〜読んだ/图书馆书全都读过了 túshūguǎn shū quándōu dúguo le ▶これが財産の〜です/这就是全部财产 zhè jiùshì quánbù cáichǎn

ぜんぶ【前部】前部 qiánbù（英 *the front part*）▶バスは〜が大破していた/公共汽车的前部严重损坏 gōnggòng qìchē de qiánbù yánzhòng sǔnhuài ▶犠牲者は全員が〜座席にいた/牺牲者全都是坐在前面座位的 xīshēngzhě quándōu shì zuòzài qiánmian zuòwèi de

ぜんぷ【前夫】前夫 qiánfū；以前的丈夫 yǐqián de zhàngfu（英 *one's former husband*）▶〜の借金まで彼女に振りかかってきた/连前夫的债务都落在她身上 lián qiánfū de zhàiwù dōu luòzài tā shēnshang

せんぷう【旋風】旋风 xuànfēng（英 *a whirlwind*）▶業界に〜を巻き起こす/在业界刮起一阵旋风 zài yèjiè guāqǐ yízhèn xuànfēng

せんぷうき【扇風機】电风扇 diànfēngshàn；电扇 diànshàn（英 *an electric fan*）▶〜をつけていいかい/我打开电扇行吗？ wǒ dǎkāi diànshàn xíng ma？ ▶天井には〜が回っていた/当时顶棚的电风扇在转着 dāngshí dǐngpéng de diànfēngshàn zài zhuǎnzhe

せんぷく【船腹】❶［船の胴］船体 chuántǐ（英 *the side of a ship*）▶〜に波がぶつかる/波浪撞击着船体 bōlàng zhuàngjīzhe chuántǐ ❷［積載能力］（英 *tonnage*）▶〜がきわめて大きい/(这艘)船的运输能力很强 (zhè sōu) chuán de yùnshū nénglì hěn qiáng ❸［船舶の数と輸送量］（英 *vessels*）▶過剰の状態にある/船舶装载过重 chuáncāng zhuāngzài guòzhòng

せんぷく【潜伏する】❶［ひそかに隠れる］潜伏 qiánfú；隐伏 yǐnfú；潜藏 qiáncáng（英 *conceal*

ぜんぶく ▶山中に～する/在山中潜伏 zài shānzhōng qiánfú ▶市内某所に2ヶ月も～していた/在市里某个地方潜伏了两个月 zài shìlǐ mǒu ge dìfang qiánfúle liǎng ge yuè ❷ 〖病原体が〗潜伏 qiánfú (英 be latent)
◆～期間 〖潜伏期〗qiánfúqī ▶この病原菌は～期間が長い/这种病原菌潜伏期长 zhè zhǒng bìngyuánjūn qiánfúqī cháng

ぜんぷく【全幅】 最大限度 zuìdà xiàndù (英 utmost; complete) ▶彼に～の信頼を寄せる/寄予给他完全的信赖 jìyǔ gěi tā wánquán de xìnlài

ぜんぶん【全文】 全文 quánwén (英 [一文全体] the whole sentence; [本文全体] the full text) ▶手紙は～が英語で書かれていた/信的全文是用英语写成的 xìn de quánwén shì yòng Yīngyǔ xiěchéng de ▶以下に回答の～を引用する/以下引用回答的全文 yǐxià yǐnyòng huídá de quánwén

ぜんぶん【前文】 ❶ 〖前記の文〗上文 shàngwén (英 the above sentence) ▶調査の方法は～に記した通りです/调查方法就如前文所述 diàochá fāngfǎ jiù rú qiánwén suǒ shù ❷ 〖法令条項の前に置く文〗前言 qiányán (英 the preamble) ▶憲法の～がまぶしかった/宪法的前言光彩辉煌 xiànfǎ de qiányán guāngcǎi huīhuáng

せんべい【煎餅】〖菓子〗酥脆薄片饼干 sūcuì báopiàn bǐnggān; 脆饼 cuìbǐng (英 a sembei; a rice cracker) ▶おやつに～をかじる/零食吃饼干 língshí chī bǐnggān ▶～が堅くて咬めない/饼干太硬, 嚼不动 bǐnggān tài yìng, jiáobudòng ▶ごま～/芝麻饼干 zhīma bǐnggān 瓦～/瓦饼干 wǎbǐnggān
◆～布団 ▶～布団にくるまって寝る/裹在又薄又硬的被子里睡 guǒzài yòu báo yòu yìng de bèizili shuì

> 日中比較 中国語の'煎饼 jiānbǐng'は小麦粉などを薄くのばして焼いた食品.

せんぺい【尖兵・先兵】 ❶ 〖警戒・搜索の小部隊〗尖兵 jiānbīng (英 an advance detachment) ❷ 〖比喩的に〗先駆 xiānqū (英 the vanguard) ▶彼らは情報革命の～となった/他们成了信息革命的先驱 tāmen chéngle xìnxī gémìng de xiānqū

ぜんべい【全米の】 全美 quánMěi (英 all American) ▶彼は～の野球ファンを魅了した/他迷倒了全美的棒球迷 tā mídǎole quánMěi de bàngqiúmí ▶～がかたずをのんで見守っている/整个美国都担忧地关注着 zhěnggè Měiguó dōu dānyōu de guānzhùzhe

せんべつ【選別する】 筛选 shāixuǎn (英 sort) ▶人材を～する/挑选人才 tiāoxuǎn réncái ▶～ず物の～は手作業でやっている/不合格产品的拣选通过手工作业完成 bù hégé chǎnpǐn de jiǎnxuǎn tōngguò shǒugōng zuòyè wánchéng

せんべつ【餞別】 临别礼物 línbié lǐwù (英 a farewell gift) ▶～をおくる/临别送礼 línbié sònglǐ ▶転勤する同僚に～をおくる/给调动工作的同事送礼 gěi diàodòng gōngzuò de tóngshì sònglǐ ▶賄賂の隠れ蓑になる/临别赠礼成了贿赂的隐形蓑衣 línbié zènglǐ chéngle huìlù de yǐnxíng suōyī

> 日中比較 中国語の'饯别 jiànbié'は'壮行会を開く'という意味.

せんべん【先鞭】 (英 the initiative) ▶～をつける/抢先着手 qiǎngxiān zhuóshǒu; 占先 zhànxiān ▶ロケット開発の～をつけた/抢先进行了火箭的研发 qiǎngxiān jìnxíngle huǒjiàn de yánfā

ぜんぺん【全篇】 全篇 quánpiān (英 the whole book) ▶～に詩情がただよっている/全篇诗情洋溢 quánpiān shīqíng yángyì

ぜんぺん【前編】 前編 qiánbiān; 上集 shàngjí (英 the first part) ▶～だけでうんざりした/光看上集就觉得厌烦了 guāng kàn shàngjí jiù juéde yànfán le

せんぺんいちりつ【千篇一律】 千篇一律 qiān piān yí lǜ (英 monotonous) ▶君の書くものは～だ/你写的东西都是千篇一律 nǐ xiě de dōngxi dōu shì qiān piān yí lǜ

せんぺんばんか【千変万化する】 千変万化 qiānbiàn wànhuà (英 change endlessly) ▶妖怪の姿かたちは～した/妖怪的姿态千变万化 yāoguài de zītài qiānbiàn wànhuà

せんぼう【羨望する】 羨慕 xiànmù (英 envy) ▶少年たちは～のまなざしで僕を見た/少年们用羡慕的眼光看着我 shàoniánmen yòng xiànmù de yǎnguāng kànzhe wǒ ▶子供たちの～の的になる/成为孩子们羡慕的对象 chéngwéi háizimen xiànmù de duìxiàng ▶～と嫉妒の入り混じった複雑な気分だ/由羡慕和妒忌交织成的复杂心情 yóu xiànmù hé dùjì jiāozhī chéng de fùzá xīnqíng

せんぽう【先方】 对方 duìfāng (相手方) (英 the other party) ▶～から断ってきた/对方拒绝了 duìfāng jùjué le ▶～にも都合があるんだよ/对方也有难处 duìfāng yě yǒu nánchu

せんぽう【先鋒】 先锋 xiānfēng (英 the vanguard) ▶革新派の～/革新派的先锋 géxīnpài de xiānfēng ▶運動の～をつとめる/担当运动的先锋 dāndāng yùndòng de xiānfēng ▶彼は推進派の急～だ/他是推进派的急先锋 tā shì tuījìnpài de jíxiānfēng

せんぽう【戦法】 战术 zhànshù (英 tactics) ▶こちらの～は相手に読まれている/我方的战术被对手识破了 wǒfāng de zhànshù bèi duìshǒu shípò le ▶彼らはどんな～に出てくるか/他们会有什么战术呢? tāmen huì yǒu shénme zhànshù ne?

ぜんぼう【全貌】 全貌 quánmào; 整个面貌 zhěnggè miànmào (英 the entire picture) ▶事件の～が明らかになる/弄清楚事件的全貌 nòng qīngchǔ shìjiàn de quánmào ▶～を暴く/暴露全貌 bàolù quánmào

ぜんぽう【前方の】 前边 qiánbian; 前方 qiánfāng; 前面 qiánmian（英 ahead）▶~の村に珍しい木がある/前边的村子里有罕见的树 qiánbian de cūnzili yǒu hǎnjiàn de shù ▶~から銃弾が飛んでくる/从前方飞来子弹 cóng qiánfāng fēilái zǐdàn ▶50 メートル~に人が立っている/前面五十米处站着个人 qiánmiàn wǔshí mǐ chù zhànzhe ge rén

せんぼうきょう【潜望鏡】 潜望镜 qiánwàngjìng（英 a periscope）▶~を上げる/上升潜望镜 shàngshēng qiánwàngjìng ▶~を水面に出す/将潜望镜探出水面 jiāng qiánwàngjìng tànchū shuǐmiàn

せんぼつ【戦没する】 阵亡 zhènwáng（英 be killed in war）▶~者の慰霊祭を執り行う/举行阵亡者的纪念仪式 jǔxíng zhènwángzhě de jìniàn yíshì ▶この島で幾多の将兵が~した/有许多将士战死在这个岛上 yǒu xǔduō jiàngshìbīng zhànsǐ zài zhège dǎoshang

ぜんぽん【善本】 善本 shànběn（英 a well-preserved book）▶~は特別室に収めてある/珍贵的书放在特别室里收藏 zhēnguì de shū fàngzài tèbiéshìli shōucáng ▶~閲覧を申請する/申请阅读珍本 shēnqǐng yuèdú zhēnběn

ぜんまい【発条】 发条 fātiáo（英 a spring）▶~を巻く/上弦 shàngxián ▶~仕掛けの/发条装置的 fātiáo zhuāngzhì de ▶~仕掛けの人形のように立ち上がる/像装上发条的木偶一样站起来 xiàng zhuāngshàng fātiáo de mù'ǒu yíyàng zhànqǐlai

ゼンマイ【薇】〖植物〗紫萁 zǐqí（英 a flowering fern）

せんまいどおし【千枚通し】 锥子 zhuīzi（英 an awl）▶~でレポートに穴をあける/用锥子给报告书钻孔 yòng zhuīzi gěi bàogàoshū zuānkǒng

せんむ【専務】 专职 zhuānzhí;《専務取締役》常务董事 chángwù dǒngshì（英 a senior managing director）▶君に~をやってもらいたい/希望你来担任专务一职 xīwàng nǐ lái dānrèn zhuānwù yì zhí ▶~に楯突くわけではありませんが…/并不是想顶撞专务… bìng bú shì xiǎng dǐngzhuàng zhuānwù…

せんめい【鮮明な】 鲜明 xiānmíng（英 clear; vivid）▶旗幟(ｷ)を~にする/鲜明地打出旗帜 xiānmíng de dǎchū qízhì ▶画像が~だ/图像很清晰 túxiàng hěn qīngxī

せんめつ【殲滅する】 歼灭 jiānmiè; 清剿 qīngjiǎo; 全歼 quánjiān（英 annihilate）▶敌军を~する/歼灭敌军 jiānmiè díjūn

ぜんめつ【全滅する】 覆没 fùmò; 覆灭 fùmiè; 溃灭 kuìmiè（英 be annihilated; be completely destroyed）▶~させる/全歼 quánjiān ▶我が军~の悲報が入った/传来了我军全军覆没的噩耗 chuánláile wǒ jūn quánjūn fùmò de èhào ▶大水で稲が~した/洪水使水稻颗粒无收 hóngshuǐ shǐ shuǐdào kēlì wú shōu

ぜんめん【全面】 ❶〖新聞のページ〗整版 zhěngbǎn（英 a full page）▶~広告/整版广告 zhěngbǎn guǎnggào ▶派手に~広告を出す/大张旗鼓地刊登了整版广告 dà zhāng qí gǔ de kāndēngle zhěngbǎn guǎnggào

❷〖全ての面〗全面 quánmiàn; 通盘 tōngpán; 普遍 pǔbiàn（英 all aspects）▶事变は~戦争に発展していった/事变发展成了全面战争 shìbiàn fāzhǎn chéngle quánmiàn zhànzhēng ▶あなたの意見を~に支持します/全面支持你的意见 quánmiàn zhīchí nǐ de yìjiàn ▶~的な解決にはまだ時間がかかる/要全面解决问题还要花时间 yào quánmiàn jiějué wèntí hái yào huā shíjiān

ぜんめん【前面の】 前方 qiánfāng; 前面 qiánmian（英 front）▶~に押し出す/把教育改革推到前面 bǎ jiàoyù gǎigé tuīdào qiánmian ▶社長は~に出ないほうがよい/总经理还是不要出面的好 zǒngjīnglǐ háishi búyào chūmiàn de hǎo

せんめんき【洗面器】 脸盆 liǎnpén; 洗脸盆 xǐliǎnpén（英 a washbowl）▶~の水に月が映っていた/脸盆里的水映着月亮 liǎnpénli de shuǐ yìngzhe yuèliang

せんめんじょ【洗面所】 盥洗室 guànxǐshì; 厕所 cèsuǒ; 洗手间 xǐshǒujiān（英 a lavatory;〔家庭の〕a bathroom）▶~に入って涙をふいた/跑进洗手间，擦掉眼泪 pǎojìn xǐshǒujiān, cādiào yǎnlèi

せんもう【繊毛】〖生物〗纤毛 xiānmáo（英 a cilium）▶~運動/纤毛运动 xiānmáo yùndòng

ぜんもう【全盲】（英 total blindness）▶~のピアニスト/盲人钢琴家 mángrén gāngqínjiā ▶~の身で弁護士になった/双目失明当上了律师 shuāngmù shīmíng dāngshàngle lǜshī

せんもん【専門】 专科 zhuānkē; 专门 zhuānmén（英 a specialty）▶僕には~的なことは分からない/我对专业性问题不了解 wǒ duì zhuānyèxìng wèntí bù liǎojiě ▶歴史は彼の~ではない/历史不是他的专业 lìshǐ bú shì tā de zhuānyè ▶外交史を~に研究する/专门研究外交史 zhuānmén yánjiū wàijiāoshǐ ▶急速に~化が進んでいる/专业化急速发展 zhuānyèhuà jísù fāzhǎn ▶~外のことを聞かれても困るよ/问我专业之外的问题，我也很为难 wèn wǒ zhuānyè zhīwài de wèntí, wǒ yě hěn wéinán

◆~医│专科医生 zhuānkē yīshēng; 专门医生 zhuānmén yīshēng ▶~医に見てもらいなさい/请专科医生看看吧 qǐng zhuānkē yīshēng kànkan ba　~家│专家 zhuānjiā ▶俺だって~家の端くれだぞ/我也算是专家的一员 wǒ yě suànshì zhuānjiā de yì yuán　~学校│专科学校 zhuānkē xuéxiào; 职业技术学院 zhíyè jìshù xuéyuàn ▶経理の~学校に入る/进入会计专门学校 jìnrù kuàijì zhuānmén xuéxiào　~知識│专业知识 zhuānyè zhīshi; 专长 zhuāncháng ▶この仕事は~知識がなくては務まりません/这项工作没有专业知识胜任不了 zhè xiàng gōngzuò méiyǒu zhuānyè zhīshi shèngrènbùliǎo　~店 ▶~店を回ってさがす/转了几家专门店寻找 zhuǎnle jǐ jiā

ぜんもん【前門】（英 *a front gate*）
[ことわざ] 前門の虎，後門の狼　前门拒虎，后门进狼 qiánmén jù hǔ, hòumén jìn láng

せんや【先夜】 前些天夜晚 qián xiē tiān yèwǎn（英 *the other night*）▶～は失礼しました/前几天晚上打搅了 qián jǐ tiān wǎnshang dǎjiǎo le ▶～の会談で大筋は固まった/前几天晚上的会谈中, 大致的方向形成了 qián jǐ tiān wǎnshang de huìtán zhōng, dàzhì de fāngxiàng xíngchéng le

ぜんや【前夜】 ❶〖昨晩〗昨夜 zuóyè（英 *last night*）▶～の嵐が嘘のような天気である/昨天晚上的暴风雨简直令人难以想象 zuótiān wǎnshang de bàofēngyǔ jiǎnzhí lìng rén nányǐ xiǎngxiàng　❷〖前の晩〗前夕 qiánxī；前夜 qiányè（英 *the previous night*）
◆革命～：革命前夜 gémìng qiányè ▶まるで革命～のような騒ぎだな/闹出来的动静好像是革命前夜一样 nàochūlai de dòngjing hǎoxiàng shì gémìng qiányè yíyàng ▶～祭でうかれすぎた/在前夜祭上闹得太过分了 zài qiányèjìshang nàode tài guòfèn le

せんやく【先約】 ❶〖以前からの約束〗前约 qiányuē；以前的诺言 yǐqián de nuòyán（英 *a previous engagement*）▶～を果たす/履行前约 lǚxíng qiányuē　❷〖別の約束〗其他约会 qítā yuēhuì（英 *another engagement*）▶～がある/另有他约 lìng yǒu tā yuē ▶～があって出席できない/因为有他约, 不能出席 yīnwèi yǒu tā yuē, bùnéng chūxí

ぜんやく【全訳する】 全译 quányì（英 *make a complete translation*）▶新たに『水滸伝』の～が出た/《水浒传》的全译本新出版了 《Shuǐhǔzhuàn》 de quányìběn xīn chūbǎn le ▶君一人で～したの?/是你一个人全译的吗? shì nǐ yí ge rén quányì de ma?

せんゆう【占有する】 占 zhàn；占有 zhànyǒu（英 *occupy*）▶～率/占有率 zhànyǒulǜ ▶これらの土地を私は～している/这些土地都是我所有的 zhèxiē tǔdì dōu shì wǒ suǒyǒu de ▶共立社の市場～率は30%を越えた/共立社的市场占有率超过百分之三十 Gònglìshè de shìchǎng zhànyǒulǜ chāoguò bǎi fēn zhī sānshí
◆～権：占有权 zhànyǒuquán

せんゆう【専有する】 专有 zhuānyǒu（英 *take sole possession*）▶～面積/专有面积 zhuānyǒu miànjī

せんゆう【戦友】 战友 zhànyǒu（英 *a comrade (in arms)*）

せんよう【専用する】 专用 zhuānyòng（英 *use...*

all for oneself）▶～電話/专用电话 zhuānyòng diànhuà ▶自動車～道路/汽车专用道路 qìchē zhuānyòng dàolù ▶このコートは会員～となっております/这个网球场是会员专用的 zhège wǎngqiúchǎng shì huìyuán zhuānyòng de ▶夜間～出入口/夜间专用出入口 yèjiān zhuānyòng chūrùkǒu ▶婦人～車/妇女专用车厢 fùnǚ zhuānyòng chēxiāng

ぜんよう【全容】 全貌 quánmào（英 *the whole picture*）▶事件の～が明らかになる/事件的全貌弄清了 shìjiàn de quánmào nòngqīng le ▶早く～を解明してほしい/希望尽早地弄清全貌 xīwàng jǐnzǎo de nòngqīng quánmào

ぜんよう【善用する】 妥善利用 tuǒshàn lìyòng（英 *put... to good use*）▶せっかくの才能は～しなくては/既然有才能, 不能不好好儿用 jìrán yǒu cáinéng, bùnéng bù hǎohāor yòng

ぜんら【全裸の】 全裸 quánluǒ；赤裸裸 chìluǒluǒ；赤条条 chìtiáotiáo（英 *stark-naked*）▶～になるのは恥ずかしい/全裸令人难为情 quánluǒ lìng rén nánwéiqíng ▶～の死体が発見された/发现了全裸的尸体 fāxiànle quánluǒ de shītǐ ▶～で街を走って捕まった/在街上裸奔, 被抓了 zài jiēshang luǒ bèn, bèi zhuā le

せんらん【戦乱】 兵乱 bīngluàn；战乱 zhànluàn（英 *war*）▶～を逃れて移住する/离开战乱, 移居别处 líkāi zhànluàn, yíjū biéchù ▶～の巷と化した/首都变成了战乱的土地 shǒudū biànchéngle zhànluàn de tǔdì

せんり【千里】（英 *a thousand ri*）
[ことわざ] 悪事千里を走る　恶事传千里 èshì chuán qiān lǐ
[ことわざ] 千里の道も一歩から　千里之行始于足下 qiān lǐ zhī xíng shǐyú zúxià
一望～：一望千里 yí wàng qiān lǐ
ほれて通えば～も一里　有情千里来相会 yǒu qíng qiān lǐ lái xiānghuì

せんりがん【千里眼】 千里眼 qiānlǐyǎn（英 *clairvoyance*）▶あの占い師は～だそうだ/据说那位占卜师是千里眼 jùshuō nà wèi zhānbǔshī shì qiānlǐyǎn

せんりつ【旋律】 旋律 xuánlǜ（英 *a melody*）▶会場に美しい～が流れていた/会场里流淌着动听的旋律 huìchǎngli liútǎngzhe dòngtīng de xuánlǜ ▶～の美しさに心を奪われた/为优美的旋律而陶醉 wèi yōuměi de xuánlǜ ér táozuì

せんりつ【戦慄する】 战抖 zhàndǒu；战栗 zhànlì（英 *shudder*）▶～が走る/战栗 zhànlì ▶なだれを目の前にして～が背中を走った/看到雪崩在眼前发生, 后背不禁一阵战栗 kàndào xuěbēng zài yǎnqián fāshēng, hòubèi bú jìn yízhèn zhànlì ▶彼の口から～すべき事実が報告された/他亲口报告了令人战栗的事实 tā qīnkǒu bàogàole lìng rén zhànlì de shìshí

ぜんりつせん【前立腺】〖解〗前列腺 qiánlièxiàn（英 *the prostate gland*）▶～肥大症/前列腺肥大症 qiánlièxiàn féidàzhèng ▶～に癌が

せんりひん【戦利品】 戦利品 zhànlìpǐn（英 booty） ▶～を私(私)する/将战利品据为己有 jiāng zhànlìpǐn jù wéi jǐ yǒu

せんりゃく【戦略】 战略 zhànlüè（英 a strategy） ▶～家/战略家 zhànlüèjiā ▶販売～/销售战略 xiāoshòu zhànlüè ▶全局を見渡した～を立てる/审视全局，制定战略 shěnshì quánjú, zhìdìng zhànlüè ▶三興社はメディア～で後れを取った/三兴社在宣传战略上落后了 Sānxīngshè zài xuānchuán zhànlüèshang luòhòu le

♦～核兵器|戦略核武器 zhànlüè héwǔqì

ぜんりゃく【前略】 前略 qiánlüè（文書・手紙で） ▶～。突然で恐縮ですが…/您好．这么唐突实在失礼. nín hǎo. zhème tángtū shízài shīlǐ …

せんりゅう【川柳】 chuānliǔ（一种短诗形式，带有诙谐性和讽刺性）（英 a 17-syllable satirical poem） ▶70を過ぎて～を始めた/过了七十岁以后，开始学吟川柳 guòle qīshí suì yǐhòu, kāishǐ xué yín chuānliǔ ▶～が楽しくてしかたがない/我迷上了川柳 wǒ míshàngle chuānliǔ

せんりょ【千慮】（英 prudence）
ことわざ 千慮の一失 千虑一失 qiān lǜ yì shī; 智者千虑，必有一失 zhìzhě qiānlǜ, bì yǒu yì shī ▶さすがのあなたも～の一失でしたね/就连你也会有千虑一失的时候啊 jiù lián nǐ yě huì yǒu qiān lǜ yì shī de shíhou a

ことわざ 千慮の一得 千虑一得 qiān lǜ yì dé; 愚者千虑，必有一得 yúzhě qiānlǜ, bì yǒu yì dé

せんりょ【浅慮】 粗心 cūxīn; 鲁莽 lǔmǎng（英 imprudence） ▶～を恥じるばかりです/羞于考虑不周到 xiūyú kǎolǜ bù zhōudào ▶～はなりませぬ/不要想这么轻！búyào cǎilǜ yōu!

せんりょう【占領】 霸占 bàzhàn; 占战（武力で）; 占领 zhànlǐng（英 occupy） ▶二人分の座席を～している/占两人分的座位 zhàn liǎng rén de zuòwèi ▶～される/沦陷 lúnxiàn ▶広い部屋を一人で～する/一个人霸占大房间 yī ge rén bàzhàn dàfángjiān ▶～下で抵抗運動を続ける/在沦陷区继续开展抵抗运动 zài lúnxiànqū jìxù kāizhǎn dǐkàng yùndòng ▶首都に～の危機が迫った/首都被占领危机渐渐逼近了 shǒudū bèi zhànlǐng wēijī jiànjiān bījìn le

♦～軍|占领军 zhànlǐngjūn ▶～軍の紀律はどうか/占领军的纪律怎么样？ zhànlǐngjūn de jìlǜ zěnmeyàng?

せんりょう【染料】 染料 rǎnliào; 颜色 yánsè（英 dye） ▶～作物/染料作物 rǎnliào zuòwù ▶合成～/合成染料 héchéng rǎnliào

ぜんりょう【全量】 全部重量 quánbù zhòngliàng; 全部容量 quánbù róngliàng（英 a total amount）

ぜんりょう【善良な】 善良 shànliáng（英 good） ▶～な人/善人 shànrén ▶俺这でも～なる市民だぜ/我也算是一个善良的市民嘛！ wǒ yě suànshì yí ge shànliáng de shìmín ma!

せんりょうやくしゃ【千両役者】 名角 míngjué; 大师 dàshī（英 a star actor） ▶サッカー界の～/足球界明星 zúqiújiè míngxīng ▶～の名にふさわしい名人だ/真是名副其实的高手 zhēn shì míng fù qí shí de gāoshǒu ▶まさに球界の～だ/真是球界的大牌人物 zhēn shì qiújiè de dàpái rénwù

せんりょく【戦力】 兵力 bīnglì; 军事力量 jūnshì lìliang; 战斗力 zhàndòulì（英 war potential） ▶あの選手は～にならない/那个选手派不上用场 nàge xuǎnshǒu pàibushàng yòngchǎng ▶こんな～では戦争もできない/这样的战斗力，不能打仗 zhèyàng de zhàndòulì, bùnéng dǎzhàng ▶～を増強する/增强战斗力 zēngqiáng zhàndòulì ▶チームの～が強化された/队伍的战斗力得到强化 duìwu de zhàndòulì dédào qiánghuà

ぜんりょく【全力で】 全力 quánlì; 竭力 jiélì（英 with all one's strength） ▶～をあげて捜査に当たる/竭尽全力进行搜查 jiéjìn quánlì jìnxíng sōuchá ▶～を尽くして職務を遂行します/全力以赴履行义务 quánlì yǐ fù lǚxíng yìwù ▶あの人は何事にも～投球だ/他无论任何事情都全力以赴地去做 tā wúlùn rènhé shìqing dōu quánlì yǐ fù de qù zuò

ぜんりん【前輪】 前轮 qiánlún（英 a front wheel） ▶～駆動の車/前轮驱动的汽车 qiánlún qūdòng de qìchē

ぜんりん【善隣】 睦邻 mùlín（英 good neighborly relations） ▶～外交の実をあげる/取得了睦邻外交的成果 qǔdéle mùlín wàijiāo de chéngguǒ

せんれい【先例】 惯例 guànlì; 先例 xiānlì（英 a precedent） ▶～に従う/随惯例 suí guànlì ▶～となる/成为榜样 chéngwéi bǎngyàng ▶～のないケースなので…/这是一个没有先例的情况… zhè shì yí ge méiyǒu xiānlì de qíngkuàng…

せんれい【洗礼】 ❶ [キリスト教] 洗礼 xǐlǐ（英 baptism） ▶カトリックの教会で～を受けた/在天主教教会接受了洗礼 zài Tiānzhǔjiào jiàohuì jiēshòule xǐlǐ ❷ [試練] 考验 kǎoyàn（英 baptism） ▶猛特訓の～を受ける/经受艰苦训练的洗礼 jīngshòu jiānkǔ xùnliàn de xǐlǐ ▶新人にはじしきの～が待っていた/等待新来的，是严格训练的洗礼 děngdài xīnlái de, shì yángé xùnliàn de xǐlǐ

♦～名 ▶～名をヨセフといった/洗礼名叫约瑟夫 xǐlǐmíng jiào Yuēsèfū

ぜんれい【前例】 前例 qiánlì（英 a precedent） ▶～にならう/援例 yuánlì ▶～にならうだけでは進歩がない/仅仅遵循前例是不能进步的 jǐnjǐn zūnxún qiánlì shì bùnéng jìnbù de ▶～を作る/开先例 kāi xiānlì ▶諸君にいい～を作ってもらいたい/希望你们能给大家做个好的前例 xīwàng nǐmen néng gěi dàjiā zuò ge hǎo de qiánlì ▶こういう犯罪には～がない/这种犯罪，史无前例 zhè zhǒng fànzuì, shǐ wú qiánlì ▶当面は~に従って処理しよう/目前就按惯例处理吧 mùqián jiù àn guànlì chǔlǐ ba ▶これが~となった/这就成为前例了 zhè jiù chéngwéi qiánlì le

史上～のない 史无前例 shǐ wú qiánlì ▶史上～のない大津波だった/史无前例的大海啸 shǐ wú qiánlì de dàhǎixiào

ぜんれき【前歴】 经历 jīnglì; **出身** chūshēn; **前历** qiánlì (英 *one's past record*) ▶~がある/有前历 yǒu qiánlì ▶盗みの~がある/有偷盗的前科 yǒu tōudào de qiánkē ▶~を隠して応募する/隐瞒经历, 报名参加 yǐnmán jīnglì, bàomíng cānjiā ▶~が明るみに出て辞职に追いこまれた/过去的罪行曝光被迫辞职 guòqù de zuìxíng pùguāng bèipò cízhí

せんれつ【戦列】 战斗部队 zhàndòu bùduì; **斗争行列** dòuzhēng hángliè (英 *a line of battle*) ▶傷が治って～に復帰した/伤一好马上归队 shāng yì hǎo mǎshàng guīduì ▶嫌気がさして～を離れた/感到厌恶脱离了斗争的队伍 gǎndào yànwù tuōlíle dòuzhēng de duìwu

せんれつ【鮮烈】 (英 *vividness*) ▶彼の受賞作は読者に～な印象を与えた/他的获奖作品给读者留下了深刻的印象 tā de huòjiǎng zuòpǐn gěi dúzhě liúxiàle shēnkè de yìnxiàng

ぜんれつ【前列】 前列 qiánliè; **前排** qiánpái (英 *the front row*) ▶～から3人目が筆者/前排左三为作者 qiánpái zuǒ sān wéi zuòzhě ▶最～のいすに座る/坐在最前面的椅子 zuòzài zuì qiánmian de yǐzi

せんれん【洗練された】 洗练 xǐliàn; **高雅** gāoyǎ; **脱俗** tuōsú (英 *refined*) ▶なかなか～された文章を書くね/文章写得真是高雅脱俗啊 wénzhāng xiěde zhēn shì gāoyǎ tuōsú a ▶いかにも～された身のこなしだった/举止是如此地高雅 jǔzhǐ shì rú cǐ dì gāoyǎ

せんろ【線路】 铁路 tiělù; **轨道** guǐdào (英 *a railroad track*) ▶～は続くよどこまでも/铁路一直通往远方 tiělù yìzhí tōngwǎng yuǎnfāng ▶～を跨いで橋をかける/跨过铁路架桥 kuàguò tiělù jiàqiáo

◆ **～工事：线路施工** xiànlù shīgōng

[日中比較] 中国語の'线路 xiànlù'は「路線」のことである.

そ

そ【祖】(先祖) **祖先** zǔxiān (英 *an ancestor*); (元祖) **始祖** shǐzǔ; **鼻祖** bízǔ (英 *the founder*) ▶細菌学の～/细菌学的始祖 xìjūnxué de shǐzǔ

ソ【音楽】 **梭** suō (ドレミ音階の第5音) (英 *sol*) ▶～の音をもっと強く/"梭"的音再强一点儿！"suō"de yīn zài qiáng yìdiǎnr! ▶ハーモニカの～の音が出ない/这个口琴吹不出"梭"的音 zhège kǒuqín chuībuchū suō de yīn

そあく【粗悪な】 差 chà; **粗恶** cū'è; **低劣** dīliè (英 *coarse*) ▶~品/次品 cìpǐn; 次货 cìhuò ▶~品に注意/谨防次品 jǐnfáng cìpǐn ▶~品をつかまされた/真倒霉, 买了次货 zhēn dǎoméi, mǎile cìhuò

そいそしょく【粗衣粗食】 布衣蔬食 bùyī shūshí; **布衣粗食** bùyī cūshí (英 *a simple life*) ▶～に甘んじる/甘于布衣粗食的生活 gānyú bùyī cūshí de shēnghuó

そいとげる【添い遂げる】(結婚する) **如愿结婚** rúyuàn jiéhūn (英 *succeed in marrying*); (一生夫婦として暮らす) **白头偕老** báitóu xiélǎo (英 *be man and wife till parted by death*)

そいね【添い寝する】 陪着睡 péizhe shuì (英 *sleep with...*) ▶お母さんが赤ん坊に～する/妈妈陪婴儿睡觉 māma péi yīng'ér shuìjiào

そいん【素因】 原因 yuányīn (英 *a primary cause*) ▶アレルギーの～のある子供/具有过敏体质的孩子 jùyǒu guòmǐn tǐzhí de háizi

そいん【訴因】 起诉理由 qǐsù lǐyóu (英 *a charge; a count*) ▶~の認否を問う/询问是否承认起诉理由 xúnwèn shìfǒu chéngrèn qǐsù lǐyóu

そう 那样 nàyàng (英 *so*) ▶~です/是那样 shì nàyàng; 是的 shì de ▶~簡単ではない/不那么简单 bú nàme jiǎndān ▶「私は音楽が好きでしてね」「私も～です」/"我很喜欢音乐""我也是(这样)" Wǒ hěn xǐhuan yīnyuè" "Wǒ yě shì(zhèyàng)" ▶「君の方が彼より背が高いよ」「～ですか」/"和他相比, 还是你个儿高啊 Hé tā xiāngbǐ, háishi nǐ gèr gāo a" "是吗？" Shì ma?" ▶~は思わない/我不这样想 wǒ bú zhèyàng xiǎng ▶世の中は～したものだ/人世间就是这么回事 rénshìjiān jiù shì zhème huí shì ▶もし～なら嬉しいですね/如果是那样的话真让人高兴 rúguǒ shì nàyàng dehuà zhēn ràng rén gāoxìng ▶~こうしているうちに目的地に着いた/不知不觉中到达了目的地 bù zhī bù jué zhōng dàodále mùdìdì ▶~ひどいことを言うなよ/别说得那么过分啊 bié shuōde nàme guòfèn a ▶~難しくはない/不那么难 bú nàme nán ▶~ですね, 考えておきましょう/嗯, 让我想想吧 ng, ràng wǒ xiǎngxiang ba ▶あっ, ～だ(思いついて)/啊, 对了 à, duì le ▶それは～としてあれはどうなった/这个暂且不谈, 那, 另外那件事儿呢？ zhège zànqiě bù tán, nà, lìngwài nà jiàn shìr ne? ▶～いう疑いを持っていた/怀有那样的疑念 huái yǒu nàyàng de yí niàn ▶おっ, ～はさせないよ/嗬, 我可不能让你得逞 huò, wǒ kě bùnéng ràng nǐ déchéng ▶～かといって無視もできない…/话是这么说, 可也不能忽视啊 huà shì zhème shuō, kě yě bùnéng hūshì a

そう【沿う】 沿着 yánzhe; **按照** ànzhào (英 *follow*) ▶川に沿って散歩する/沿着河边散步 yánzhe hébiān sànbù ▶基本方針に～様々な取り組みを行う/按照基本方针实施各种措施 ànzhào jīběn fāngzhēn shíshī gè zhǒng cuòshī

▶道は湖岸に沿って走っている/道路环绕着湖岸 dàolù huánràozhe hú'àn ▶当初計画に沿って研究を進める/按照当初的计划开展研究 ànzhào dāngchū de jìhuà kāizhǎn yánjiū

そう【添う】 ❶ 【付き従う】紧跟 jǐn gēn; 跟随 gēnsuí; 随 suí （英 accompany） ▶影の形に～ように/形影不离 xíng yǐng bù lí ▶母のそばに～/陪母亲 péi mǔqin ❷【合致する】满足 mǎnzú; 符合 fúhé （英 meet） ▶期待に～/满足期望 mǎnzú qīwàng ▶御希望に～ように努力しましょう/设法满足你的要求 shèfǎ mǎnzú nǐ de yāoqiú ▶皆さまの御期待に～ようにがんばります/为不辜负各位的期望而努力 wèi bù gūfù gè wèi de qīwàng ér nǔlì ❸【連れ添う】结婚 jiéhūn （英 marry） ▶二人はいつになっても～ことができない/他们老结不了婚 tāmen lǎo jiébuliǎo hūn

そう【僧】 僧 sēng; 和尚 héshang （英 a (Buddhist) priest） ▶旅の～/行旅僧人 xínglǚ sēngrén ▶修行～/修行和尚 xiūxíng héshang

そう【箏】 〔楽器〕古筝 gǔzhēng （英 a koto）

そう【層】 层次 céngcì [地層] a layer; [社会層] a class ▶～をなす/成层 chéngcéng ▶読者～は幅広い/读者层面很广 dúzhě céngmiàn hěn guǎng ▶主な支持～は 20 代以上の男性だ/主要的支持层面是二十岁以上的男性 zhǔyào de zhīchízhě céngmiàn shì èrshí suì yǐshàng de nánxìng ▶選手の～が厚い/选手们人材济济 xuǎnshǒumen réncái jǐjǐ ▶同じ年齢の～の人たち/同一个年龄段的人们 tóng yí ge niánlíngduàn de rénmen

◆エリート～ 精英阶层 jīngyīng jiēcéng オゾン～ 臭氧层 chòuyǎngcéng

-そう ❶ 【様子】 （英 look; seem） ▶うれしそうだ/(他)看起来很高兴 (tā) kànqǐlai hěn gāoxìng ▶雨になりそうだ/看起来要下雨 kànqǐlai yào xià yǔ ❷【当然】（英 ought） ▶いい年をしてもうすこし分別がありそうなものだ/一(大)把年纪的人了，总应该再明白一些事情啊 yí(dà)bǎ niánjì de rén le, zǒng yīnggāi zài míngbai yìxiē shìlǐ a ❸【うわさ】（英 I hear） ▶来年には結婚するそうだ/据说明年要结婚 jùshuō míngnián yào jiéhūn

-そう【-艘】 只 zhī; 条 tiáo; 艘 sōu ▶ 1 ～の小舟/一只小船 yì zhī xiǎochuán

ぞう【像】 像 xiàng （英 a statue; an image） ▶大理石の～/大理石雕像 dàlǐshí diāoxiàng ▶父親～/父亲形象 fùqin xíngxiàng ▶～を結ぶ/成像 chéngxiàng ▶自由の女神～/自由女神像 zìyóu nǚshénxiàng ▶ネット社会の未来～/网络社会的未来前景 wǎngluò shèhuì de wèilái qiánjǐng ▶原爆の子の～/原子弹受害儿童雕像 yuánzǐdàn shòuhài értóng diāoxiàng ▶説明を聞いても具体～が浮かんでこない/听完解说还是描画不出具体形象 tīngwán jiěshuō háishi miáohuàbuchū jùtǐ xíngxiàng

ゾウ【象】 〔動物〕大象 dàxiàng （英 an elephant） ▶～は鼻が長い/大象鼻子长 dàxiàng bízi cháng ▶アフリカ～/非洲象 Fēizhōuxiàng ▶～使い/驯象人 xùnxiàngrén

そうあたり【総当たり】 循环赛 xúnhuánsài; 联赛 liánsài （英 round robin） ▶全チームの～で試合をする/在联赛中跟所有的队比赛 zài liánsài zhōng gēn suǒyǒu de duì bǐsài ▶スタッフが～で調査する/工作人员全力以赴进行调查 gōngzuò rényuán quánlì yǐ fù jìnxíng diàochá

◆～戦 循环赛 xúnhuánsài; 联赛 liánsài

そうあん【草案】 草案 cǎo'àn （英 a draft） ▶～を作る/草拟 cǎonǐ ▶法律の～を公表する/公布法律草案 gōngbù fǎlǜ cǎo'àn ▶演説の～を 8 回書き直した/演讲稿修改了八次 yǎnjiǎnggǎo xiūgǎile bā cì

そうあん【創案】 发明 fāmíng; 独创 dúchuàng （英 an original idea） ▶これは当社の～であります/这是本公司的发明 zhè shì běn gōngsī de fāmíng

そうい【相違】 差异 chāyì; 差别 chābié （英 difference） ▶～ない/没错 méicuò ▶上記の通り～ないことを証明する/谨证明以上记述属实 jǐn zhèngmíng yǐshàng jìshù shǔshí ▶意見の～/意见上的分歧 yìjiànshang de fēnqí ▶この二つの外交政策には明らかな～がある/在这两项外交政策上存在着明显的差异 zài zhè liǎng xiàng wàijiāo zhèngcèshang cúnzàizhe míngxiǎn de chāyì ▶～案にして反対意見が多かった/没想到反对意见很多 méi xiǎngdào fǎnduì yìjiàn hěn duō ▶何らかの事故が発生したに～ない/肯定是发生了什么事故 kěndìng shì fāshēngle shénme shìgù ▶二人の見解に基本的な～点はあまりない/两个人的意见没什么根本性的不同之处 liǎng ge rén de yìjiàn méi shénme gēnběnxìng de bùtóng zhī chù

そうい【創意】 创见 chuàngjiàn （英 originality） ▶～工夫する/苦心创造 kǔxīn chuàngzào ▶～に富んだアイデア/富于独创性的想法 fùyú dúchuàngxìng de xiǎngfǎ ▶この小説の筋は～を欠く/这篇小说的故事情节缺乏独创性 zhè piān xiǎoshuō de gùshi qíngjié quēfá dúchuàngxìng

そうい【総意】 大家の心愿 dàjiā de xīnyuàn; 全体の意见 quántǐ de yìjiàn （英 the general will） ▶国民の～/全体人民的意见 quántǐ rénmín de yìjiàn

そういう 那样的 nàyàng de （英 such） ▶～考え方もあるんですね/还有那样的想法啊 hái yǒu nàyàng de xiǎngfa a ▶～わけですよ/是那么一回事啊 shì nàme yì huí shì a ▶じゃあ、～ことで/那，就这样吧 nà, jiù zhèyàng ba

そういえば【そう言えば】 （英 for that matter） ▶～、彼の息子も歴史家だった/这么说来，他儿子也是历史学家 zhème shuōlái, tā érzi yě shì lìshǐxuéjiā

そういれば【総入れ歯】 全口假牙 quánkǒu jiǎyá; 满口假牙 mǎnkǒu jiǎyá （英 a whole set of false teeth）

そういん【僧院】 寺院 sìyuàn (英)[寺] *a temple*; [修道院] *a monastery*) ▶ ～で修行する/在寺院里修行 zài sìyuànli xiūxíng

そういん【総員】 全体人員 quántǐ rényuán (英) *the whole personnel*) ▶ ～起立で可決する/全体起立通过议案 quántǐ qǐlì tōngguò yì'àn ▶ ～70名/一共七十名 yígòng qīshí míng

ぞういん【増員する】 増员 zēngyuán (英) *increase the personnel*) ▶ 警備員を～して対処/增加保安人员来应对 zēngjiā bǎo'ān rényuán lái yìngduì ▶ 本年度中に100名～する予定だ/本年度内计划增加一百人 běn niándù nèi jìhuà zēngjiā yìbǎi rén

そううつびょう【躁鬱病】〔医〕躁郁症 zàoyùzhèng (英) *manic-depressive psychosis*) ▶ ～患者/躁郁症患者 zàoyùzhèng huànzhě ▶ ～になる/患上躁郁症 huànshàng zàoyùzhèng

そううん【層雲】〔気象〕层云 céngyún (英) *a stratus*)

ぞうえい【造営する】 营建 yíngjiàn; 营造 yíngzào (英) *build*) ▶ 寺院を～する/营建[营造]寺院 yíngjiàn[yíngzào] sìyuàn

ぞうえいざい【造影剤】〔医〕造影剂 zàoyǐngjì (英) *a contrast medium*) ▶ ～を注射して血管の写真を撮った/注射造影剂拍摄血管照片 zhùshè zàoyǐngjì pāishè xuèguǎn zhàopiàn

ぞうえん【造園】 营造庭园 yíngzào tíngyuán (英) *landscape gardening*) ▶ あの老人は名高い～家/那位老人是位营造庭园的著名专家 nà wèi lǎorén shì wèi yíngzào tíngyuán de zhùmíng zhuānjiā

ぞうえん【増援する】 增援 zēngyuán (英) *reinforce*) ▶ 医療スタッフの～を要請する/请求医护人员前来增援 qǐngqiú yīhù rényuán qiánlái zēngyuán

♦ ～部隊 增援部队 zēngyuán bùduì

ぞうお【憎悪する】 仇恨 chóuhèn; 憎恶 zēngwù; 憎恨 zēnghèn (英) *hate*) ▶ 互いに相手を長年にわたって～している/多年以来彼此憎恶着对方 duō nián yǐlái bǐcǐ zēngwùzhe duìfāng ▶ ～すべき凶悪犯罪/令人憎恶的凶残犯罪 lìng rén zēngwù de xiōngcán fànzuì

そうおう【相応の】 相称 xiāngchèn (英) *suitable*) ▶ 身分不～の/与身份不相符的 yǔ shēnfèn bù xiāngfú de ▶ 歳～の経験を積んでいる/积累了与年龄相符的经验 jīlěile yǔ niánlíng xiāngfú de jīngyàn ▶ 能力～の仕事をする/做与自己能力相符的工作 zuò yǔ zìjǐ nénglì xiāngfú de gōngzuò ▶ それ～のリスクがある/具有相应的风险 jùyǒu xiāngyìng de fēngxiǎn ▶ 身分～な暮らしをする/与身份相符地生活 yǔ shēnfen xiāngfú de shēnghuó

そうおん【騒音】 噪声 zàoshēng; 噪音 zàoyīn (英) *a noise*) ▶ ～公害/噪音公害 zàoyīn gōnghài ▶ ～防止条例/噪音防止条例 zàoyīn fángzhǐ tiáolì ▶ 近隣の～に悩まされる/苦于近邻的噪音 kǔyú jìnlín de zàoyīn ▶ 都会を離れて大自然の中で過ごす/远离城市的噪音，在大自然里生活 yuǎnlí chéngshì de zàoyīn, zài dàzìrán lǐ shēnghuó ▶ 日夜絶えず～を立てる/昼夜不停地发出噪音 zhòuyè bùtíng de fāchū zàoyīn ▶ 大通りに面しているので車の～がひどい/因为临街，汽车噪音相当吵 yīnwèi lín jiē, qìchē zàoyīn xiāngdāng chǎo

♦ ～測定器 噪音测定仪 zàoyīn cèdìngyí

そうか【喪家】

～の狗(いぬ) 丧家之犬 sàngjiā zhī quǎn ▶ どうした．～の狗みたいに元気がないぞ/你怎么啦？像一条丧家之犬无精打彩的 nǐ zěnme la？xiàng yì tiáo sàngjiā zhī quǎn wú jīng dǎ cǎi de

そうが【爪牙】 爪牙 zhǎoyá; 毒手 dúshǒu (英) *claws and fangs*) ▶ ～にかかる/遭到毒手 zāodào dúshǒu

ぞうか【造化】(英) *creation; nature*) ▶ ～の妙/造化之妙 zàohuà zhī miào ▶ ～の神/造物主 zàowùzhǔ

ぞうか【造花】 人造花 rénzàohuā; 假花 jiǎhuā (英) *an artificial flower*)

ぞうか【増加する】 增长 zēngzhǎng; 增加 zēngjiā (英) *increase*) ▶ ～の一途をたどる/有增无减 yǒu zēng wú jiǎn ▶ ゆっくりだが着実に～する/缓慢而扎实地增长 huǎnmàn ér zhāshí de zēngzhǎng ▶ 前年比5%～した/比去年增加了百分之五 bǐ qùnián zēngjiāle bǎi fēn zhī wǔ ▶ 人口の爆発的な～が予測される/预测人口会爆炸性增加 yùcè rénkǒu huì bàozhàxìng zēngjiā ▶ 観光収入の～が見込める/旅游业收入有望增加 lǚyóuyè shōurù yǒuwàng zēngjiā ▶ 犯罪の急激な～に検挙が追いつかない/犯罪急增，以致来不及逮捕嫌疑犯 fànzuì jí zēng, yǐzhì láibují dàibǔ xiányífàn ▶ 老人の自殺が～している/老年人的自杀在增加 lǎoniánrén de zìshā zài zēngjiā ▶ スタッフを5人から10人に～する/工作人员由五人增到十人 gōngzuò rényuán yóu wǔ rén zēngjiādào shí rén

♦ 自然～ 自然增长 zìrán zēngzhǎng　～率 增长率 zēngzhǎnglǜ

そうかい【壮快な】 痛快 tòngkuài (英) *exciting*) ▶ ～な気分/心情痛快 xīnqíng tòngkuài ▶ ランナーが～な走りを見せる/运动员跑得很痛快 yùndòngyuán pǎode hěn tòngkuài

そうかい【掃海する】 扫雷 sǎoléi (英) *sweep the sea (for mines)*) ▶ ～艇/扫雷艇 sǎoléitǐng

♦ ～作業 海上扫雷行动 hǎishang sǎoléi xíngdòng

そうかい【爽快な】 清爽 qīngshuǎng; 爽快 shuǎngkuai (英) *refreshing*) ▶ 気分～/精神爽快 jīngshén shuǎngkuài ▶ ～な目覚めを迎える/一觉醒来，精神清爽 yí jiào xǐnglái, jīngshén qīngshuǎng ▶ あれは～な経験だった/那是一次令人爽快的体验 nà shì yí cì lìng rén shuǎngkuai de tǐyàn ▶ 朝の散歩は～だ/早晨的散步让人感到清爽 zǎochen de sànbù ràng rén gǎndào qīngshuǎng

[日中比較] 中国語の'爽快 shuǎngkuài'には「さわやかで気持ちがよい」という意味の他に「性格がさっぱりしている」という意味もある．

そうかい【滄海】 沧海 cānghǎi (英 *the sea*) ▶~の一粟/沧海一粟 cānghǎi yí sù

そうかい【総会】 大会 dàhuì; 全会 quánhuì (英 *a general meeting*) ▶株主~/股东大会 gǔdōng dàhuì ▶年次~/年度大会 niándù dàhuì ▶~屋が暗躍する/股东会上有人暗中捣乱 gǔdōnghuìshang yǒu rén ànzhōng dǎoluàn
◆国連~|联合国大会 Liánhéguó dàhuì

そうがい【窓外】 窗外 chuāngwài (英 *outside the window*) ▶~の景色/窗外的景色 chuāngwài de jǐngsè ▶列車の座席から~に移りゆく景色を眺める/从火车的座席上眺望窗外不断变幻的风景 cóng huǒchē de zuòxíshang tiàowàng chuāngwài búduàn biànhuàn de fēngjǐng

そうがい【霜害】 霜冻 shuāngdòng; 霜害 shuānghài (英 *frost damage*) ▶~から作物を守る/保护农作物免遭霜害 bǎohù nóngzuòwù miǎn zāo shuānghài ▶リンゴの~対策/苹果的抗霜对策 píngguǒ de kàngshuāng duìcè ▶~を被る/遭受霜害 zāoshòu shuānghài

そうがかり【総掛かり】 全员出动 quányuán chūdòng; 全体动手 quántǐ dòngshǒu (英 *all together*) ▶地元の住民~で取り組む/当地居民齐心合力努力应对 dāngdì jūmín qíxīn hélì nǔlì yìngduì ▶スタッフ~で電話連絡する/工作人员一起动手打电话进行联系 gōngzuò rényuán yìqǐ dòngshǒu dǎ diànhuà jìnxíng liánxì

そうかく【総画】 总笔画数 zǒngbǐhuàshù (英 *an index by stroke counts*) ▶~索引/笔画检字 bǐhuà jiǎn zì

そうがく【総額】 总额 zǒng'é; 总数 zǒngshù (英 *the total amount*) ▶時価~100億ドル/时价总额达一百亿美元 shíjià zǒng'é dá yìbǎi yì Měiyuán

ぞうがく【増額】する 增额 zēng'é (英 *increase*) ▶援助を大幅に~する/大幅度增加援助额度 dàfúdù zēngjiā yuánzhù édù ▶賃金~を要求する/要求提高工资 yāoqiú tígāo gōngzī

そうかつ【総括】する 总结 zǒngjié; 总括 zǒngkuò (英 *summarize*) ▶~質問/综合质疑 zōnghé zhìyí ▶~責任者/总负责人 zǒng fùzérén ▶経験を~することが次のステップになる/总结过去的经验就是下一步的基础 zǒngjié guòqù de jīngyàn jiù shì xià yí bù de jīchǔ ▶実績を~的に評価する/全面评价成果 quánmiàn píngjià chéngguǒ

そうかつ【総轄】する 总辖 zǒngxiá (英 *supervise*) ▶事務局長は事務一切を~する/秘书长掌管所有事务 mìshūzhǎng zhǎngguǎn suǒyǒu shìwù

そうがわ【総革の】 (英 *full-leather-bound*) ▶~のソファー/全革沙发 quángé shāfā

そうかん【壮観】 壮观 zhuàngguān (英 *spectacular*) ▶山頂からの眺めは実に~だ/从山顶上眺望的景色实在是壮观 cóng shāndǐngshang tiàowàng de jǐngsè shízài shì zhuàngguān ▶そこは想像を絶する~な光景だ/那是一幕超乎想象的壮观景象 nà shì yí mù chāohū xiǎngxiàng de zhuàngguān jǐngxiàng

そうかん【相関】 相关 xiāngguān (英 *a correlation*) ▶~関係/连带关系 liándài guānxi ▶生態系の複雑で~的な関係/生态系错综复杂的相关关系 shēngtàixì cuòzōng fùzá de xiāngguān guānxi

そうかん【送還】する 遣返 qiǎnfǎn; 遣送 qiǎnsòng (英 *send back*) ▶強制~/强制遣返 qiángzhì qiǎnfǎn ▶本国へ~する/遣返回本国 qiǎnfǎnhuí běnguó
[日中比較] 中国語の'送还 sònghuán'は「ものを返す」という意味．

そうかん【創刊】する 创刊 chuàngkān (英 *start*) ▶~号/创刊号 chuàngkānhào ▶今年で~20周年を迎える/今年将迎来创刊二十周年 jīnnián jiāng yínglái chuàngkān èrshí zhōunián ▶~特集/创刊专集 chuàngkān zhuānjí ▶新しいコミック雑誌が~された/一部新的漫画杂志创刊了 yí bù xīn de mànhuà zázhì chuàngkān le

そうかん【総監】 总监 zǒngjiān (英 *an inspector general*) ▶警視~/警视总监 jǐngshì zǒngjiān

ぞうかん【増刊】する 增刊 zēngkān (英 *issue an extra number*) ▶~号/增刊号 zēngkānhào ▶臨時~/临时增刊 línshí zēngkān ▶今年は2度も~号を出した/今年出版了两期增刊 jīnnián chūbǎnle liǎng qī zēngkān

ぞうがん【象眼】する 镶嵌 xiāngqiàn (英 *inlay*) ▶唐草の模様を~する/镶嵌蔓草花纹 xiāngqiàn màncǎo huāwén
◆~細工|镶嵌工艺 xiāngqiàn gōngyì

そうがんきょう【双眼鏡】 双筒望远镜 shuāngtǒng wàngyuǎnjìng (英 *binoculars*) ▶~で野鳥を観察する/用双筒望远镜观察野鸟 yòng shuāngtǒng wàngyuǎnjìng guānchá yěniǎo

そうき【早期】 早期 zǎoqī; 早日 zǎorì (英 *an early stage*) ▶できるだけ~に対応したい/希望尽可能及早应对 xīwàng jǐnkěnéng jízǎo yìngduì
◆~警戒機|超级侦察机 chāojí zhēnchájī ~診断|早期诊断 zǎoqī zhěnduàn ~治療|早期治疗 zǎoqī zhìliáo ~発見|癌の~発見/癌症的早期发现 áizhèng de zǎoqī fāxiàn 病気を~発見する/早期发现疾病 zǎoqī fāxiàn jíbìng

そうき【想起】する 想起 xiǎngqǐ; 回忆 huíyì (英 *recall*) ▶写真によって子供時代を~する/由照片回忆起童年时代 yóu zhàopiàn huíyìqǐ tóngnián shídài ▶その状況は戦前の日本を~させる/那种情况使人想起战前的日本 nà zhǒng qíngkuàng shǐ rén xiǎngqǐ zhànqián de Rìběn

そうぎ【争議】 (論争) 争议 zhēngyì;《劳働争議》劳资纠纷 láozī jiūfēn; 工潮 gōngcháo (英 [ストライキ] *a strike*; [紛争] *a dispute*) ▶労働

~を起こす/闹工潮 nào gōngcháo ▶~を解決する/解决纠纷 jiějué jiūfēn ~行為を予告通知する/事先通知罢工行动 shìxiān tōngzhī bàgōng xíngdòng

そうぎ【葬儀】 丧事 sāngshì; 葬礼 zànglǐ (英 *a funeral*) ▶~に参列する/参加葬礼 cānjiā zànglǐ ▶~を行う/发送 fāsòng; 发表 fāsòng; 治丧 zhìsāng ◆社長の~は自宅において午後2時に行われる/总经理的葬礼将于下午两点在其府上举行 zǒngjīnglǐ de zànglǐ jiāng yú xiàwǔ liǎng diǎn zài qí fǔshàng jǔxíng ◆りっぱな~だった/一场体面的葬礼 yì chǎng tǐmiàn de zànglǐ

♦ ~場:殡仪馆 bìnyíguǎn ~屋:殡仪公司 bìnyí gōngsī

ぞうき【雑木】 杂树 záshù (英 *miscellaneous trees*) ▶~林/杂树丛 záshùcóng

ぞうき【臓器】 脏腑 zàngfǔ; 脏器 zàngqì (英 *internal organs*) ▶~移植/脏器移植 zàngqì yízhí ◆~が売買されているらしい/听说脏器当成了商品 tīngshuō zàngqì dàngchéngle shāngpǐn

そうきゅう【早急に】 火速 huǒsù; 急速 jísù (英 *immediately*) ▶~な回答をお願いします/请您尽快答复 qǐng nín jǐnkuài dáfù ▶この事件は~に真相を究明する必要がある/这一案件要火速查明真相 zhè yī ànjiàn yào huǒsù chámíng zhēnxiàng ▶~に判断を下す/迅速做出判断 xùnsù zuòchū pànduàn

そうきゅう【送球する】 传球 chuánqiú; 扔球 rēngqiú (英 *pass a ball*) ▶一塁へ~する/向一垒传球 xiàng yì lěi chuánqiú

そうきゅう【蒼穹】 苍穹 cāngqióng; 穹苍 qióngcāng (英 *a blue sky*)

そうきょ【壮挙】 壮举 zhuàngjǔ (英 *a great undertaking*) ▶北極点到達の~を成し遂げた/实现到达北极点的壮举 shíxiàn dàodá běijídiǎn de zhuàngjǔ ▶これは前人未到の~と言える/可以说这是一个前所未有的壮举 kěyǐ shuō zhè shì yí ge qián suǒ wèi yǒu de zhuàngjǔ

ソウギョ【草魚】〖魚〗草鱼 cǎoyú (英 *a grass carp*)

そうぎょう【創業する】 创办 chuàngbàn; 创业 chuàngyè (英 *start an enterprise; found*) ▶~者/创业者 chuàngyèzhě ▶僕は~200年を誇る老舗に生まれた/我出生在一家有二百年创业史的老字号 wǒ chūshēng zài yì jiā yǒu èrbǎi nián chuàngyèshǐ de lǎozìhào ▶我が社は~以来利益をあげてきている/我们公司自创业以来始终是赢利的 wǒmen gōngsī zì chuàngyè yǐlái shǐzhōng shì yínglì de ▶~70年を記念する/纪念创业七十周年 jìniàn chuàngyè qīshí zhōunián

そうぎょう【操業する】 开工 kāigōng; 作业 zuòyè (英 *operate*) ▶~を開始する/投入生产 tóurù shēngchǎn; 投产 tóuchǎn; 开工 kāigōng ▶~を停止する/停工 tínggōng ◆自転車~(资金慢性不足)靠借贷维持经营的状态 (zījīn mànxìng bùzú)kào jièdài wéichí jīngyíng de zhuàngtài ▶漁船が~中に衝突事故を起こした/渔船在海上作业时发生了相撞事故 yúchuán zài hǎishang zuòyè shí fāshēngle xiāngzhuàng shìgù ▶~を短縮する/缩减生产 suōjiǎn shēngchǎn

ぞうきょう【増強する】 増强 zēngqiáng; 加强 jiāqiáng (英 *reinforce*) ▶輸送力を~する/加强运输力量 jiāqiáng yùnshū lìliang ▶筋肉を~する/增强肌肉 zēngqiáng jīròu ▶軍事力の~を図る/企图增强军事力量 qǐtú zēngqiáng jūnshì lìliang ▶生産を~する/加强生产 jiāqiáng shēngchǎn

そうきょく【箏曲】 筝曲 zhēngqǔ (英 *koto music*) ▶~の演奏会/筝曲演奏会 zhēngqǔ yǎnzòuhuì

そうきょくせん【双曲線】 双曲线 shuāngqūxiàn (英 *a hyperbola*)

そうきん【送金する】 寄钱 jìqián; 汇款 huìkuǎn (英 *remit*) ▶~手数料/汇费 huìfèi ▶外国に~する/往外国汇款 wǎng wàiguó huìkuǎn ▶銀行振り込みで~する/通过银行汇款 tōngguò yínháng huìkuǎn ▶息子からの~を頼りにしている/指望儿子寄钱 zhǐwàng érzi jì qián ▶なぜか親からの~がとだえた/不知为什么父母不给我寄钱了 bù zhī wèi shénme fùmǔ bù gěi wǒ jì qián le

♦ ~小切手:汇款支票 huìkuǎn zhīpiào ~手形:汇款票据 huìkuǎn piàojù

ぞうきん【雑巾】 抹布 mābù; 揩布 zhǎnbù (英 *a dustcloth*) ▶~でふく/用抹布擦 yòng mābù cā ▶~をしぼる/拧抹布 níng mābù ▶濡れ~で拭き取る/用湿抹布擦掉 yòng shīmābù cādiào ▶床の~がけをする/用抹布擦地板 yòng mābù cā dìbǎn

♦ ~バケツ:洗抹布用的水桶 xǐ mābù yòng de shuǐtǒng

そうぐ【装具】 (英 *an outfit*) ▶登山~/登山用的装备 dēngshān yòng de zhuāngbèi ▶義肢~/肢装备 jiǎzhī zhuāngbèi

そうぐう【遭遇する】 遭 zāo; 遭到 zāodào; 遭遇 zāoyù (英 *meet with…*) ▶敵に~する/遇到敌人 yùdào dírén ▶事故に~する/遭遇事故 zāoyù shìgù ▶UFOに~する/遇到飞碟 yùdào fēidié ▶『未知との~』(映画名)/《与未知的相遇 Yǔ wèizhī de xiāngyù》(中国での公開タイトルは《第三类接触 Dìsān lèi jiēchù》) ▶山の中で熊に~した/在山里遇到了熊 zài shānli yùdàole xióng

そうくずれ【総崩れになる】 溃败 kuìbài; 崩溃 bēngkuì; 全部瓦解 quánbù wǎjiě (英 *be routed*) ▶人気馬が~となった/受欢迎的马彻底溃败了 shòu huānyíng de mǎ chèdǐ kuìbài le ▶敵陣営は~になった/敌方阵营全部瓦解了 dífāng zhènyíng quánbù wǎjiě le

そうくつ【巣窟】 巣穴 cháoxué; 贼窝 zéiwō (英 *a den*) ▶悪の~に捜查の手が入った/警方对匪窝采取行动 jǐngfāng duì fěikū cǎiqǔ xíngdòng

そうけ【宗家】 正宗 zhèngzōng (英 *the head*

family）▶流派の〜を名のる/自称是流派的正宗 zìchēng shì liúpài de zhèngzōng

ぞうげ【象牙】 象牙 xiàngyá (英 ivory) ▶〜の印/牙章 yázhāng ▶〜の細工/牙雕 yádiāo ▶〜質(歯の)/牙质 yázhì ▶〜海岸/象牙海岸 Xiàngyá hǎi'àn ▶〜色の紙/象牙色的纸 xiàngyásè de zhǐ

♦〜製品：象牙制品 xiàngyázhìpǐn 〜の塔：象牙之塔 xiàngyá zhī tǎ ▶〜の塔にとじこもる/封闭在象牙塔里 fēngbì zài xiàngyátǎli

そうけい【早計】 草率 cǎoshuài (英 rashness) ▶〜にすぎる/过急 guòjí ▶そう決めつけるのは〜だ/那样断言有点儿草率 nàyàng duànyán yǒudiǎnr cǎoshuài ▶これで問題が解決したと考えるのは〜にすぎないか/问题这样就解决了，你觉得是不是太草率了？ wèntí zhèyàng jiù jiějué le, nǐ juéde shìbushì tài cǎoshuài le？

そうけい【総計する】 总计 zǒngjì; 总共 zǒnggòng (英 total) ▶経費は〜およそ50万円になる/经费共计约五十万日元 jīngfèi gòngjì yuē wǔshí wàn Rìyuán ▶〜200万円の収入をあげる/一共获得二百万日元的收入 yígòng huòdé èrbǎi wàn Rìyuán de shōurù

そうげい【送迎する】 迎送 yíngsòng; 接送 jiēsòng (英 welcome or see off) ▶空港〜サービス/机场接送服务 jīchǎng jiēsòng fúwù ▶駅に着くと旅館の〜バスが待っていた/到车站时候，旅馆的接送巴士已经在那儿等着了 dào chēzhàn shíhou, lǚguǎn de jiēsòng bāshì yǐjīng zài nàr děngzhe le ▶一般〜客は立ち入り禁止(空港)/普通接送亲友的人禁止入内(机场) pǔtōng jiēsòng qīnyǒu de rén jìnzhǐ rù nèi(jīchǎng)

ぞうけい【造形する】 造型 zàoxíng (英 form) ▶〜美術/造型艺术 zàoxíng yìshù ▶〜作家/造型艺术家 zàoxíng yìshùjiā

ぞうけい【造詣】 造诣 zàoyì; 造就 zàojiù (英 knowledge) ▶〜を深める/深造 shēnzào ▶彼は西洋美術に〜が深い/他对西洋美术造诣很深 tā duì Xīyáng měishù zàoyì hěn shēn

そうけだつ【総毛立つ】 毛骨悚然 máogǔ sǒngrán (英 One's hair stands on end.) ▶想像するだけで全身が〜/仅仅想象一下也会毛骨悚然 jǐnjǐn xiǎngxiàng yíxià yě huì máogǔ sǒngrán

ぞうけつ【造血】 造血 zàoxuè (英 blood making) ▶〜剤/补血剂 bǔxuèjì; 造血剂 zàoxuèjì ▶〜作用がある食品/具有造血作用的食品 jùyǒu zàoxuè zuòyòng de shípǐn

ぞうけつ【増結する】 加挂 jiāguà (英 add cars) ▶車両を〜する/加挂车厢 jiāguà chēxiāng ▶当駅で二車両〜します/在本站加挂两节车厢 zài běn zhàn jiāguà liǎng jié chēxiāng

そうけっさん【総決算】 总结算 zǒngjiésuàn; 总决算 zǒngjuésuàn; (比喻) 总结 zǒngjié (英 conclusion; the outcome)

そうけん【双肩】 双肩 shuāngjiān (英 one's shoulders) ▶〜に掛かっている/挎在双肩上 kuàzài shuāngjiānshàng ▶成功するかどうかはひとえに君の〜に掛かっている/能否成功全都落在你的双肩上了 néng fǒu chénggōng quándōu luòzài nǐ de shuāngjiānshang le ▶みんなの期待を〜に負う/双肩担负着大家的期望 shuāngjiān dānfùzhe dàjiā de qīwàng

そうけん【壮健な】 健壮 jiànzhuàng (英 healthy) ▶いつまでも御〜でお過ごし下さい/愿您永远健康长寿 yuàn nín yǒngyuǎn jiànkāng chángshòu

そうけん【送検する】 送交检察院 sòngjiāo jiǎncháyuàn (英 commit... for trial) ▶書類/案件材料送交检察院 ànjiàn cáiliào sòngjiāo jiǎncháyuàn

そうけん【創見】 创见 chuàngjiàn (英 an original idea) ▶〜に満ちた/富于创见 fùyú chuàngjiàn ▶〜に富んだ文学論/富于创见的文学论 fùyú chuàngjiàn de wénxuélùn

そうげん【草原】 草原 cǎoyuán (英 grassland) ▶モンゴルの大〜/蒙古的大草原 Měnggǔ de dàcǎoyuán

ぞうげん【増減する】 消长 xiāozhǎng; 増减 zēngjiǎn (英 increase or decrease) ▶収入は月によって〜がある/收入每个月有所增减 shōurù měi ge yuè yǒusuǒ zēngjiǎn ▶ここ数年多少の〜はあるが大体同じである/最近几年有一点儿增减，但基本上差不多 zuìjìn jǐ nián yǒu yìdiǎnr zēngjiǎn, dàn jīběnshang chàbuduō

そうこ【倉庫】 仓库 cāngkù; 库房 kùfáng (英 a warehouse) ▶〜に貯蔵する/仓储 cāngchǔ; 库藏 kùcáng ▶売れ残った製品が〜に山積みになっている/卖剩下的产品在仓库里堆积如山 mài shèngxià de chǎnpǐn zài cāngkùli duījī rú shān ▶〜に預ける/寄存在仓库里 jìcún zài cāngkùli

♦〜会社：仓储公司 cāngchǔ gōngsī 〜係：仓库保管员 cāngkù bǎoguǎnyuán 〜業：仓储行业 cāngchǔ hángyè

そうご【相互の】 互相 hùxiāng; 相互 xiānghù; 彼此 bǐcǐ (英 mutual) ▶〜作用/相互作用 xiānghù zuòyòng ▶〜理解/互相理解 hùxiāng lǐjiě ▶〜協力/相互合作 xiānghù hézuò ▶それは我々への利益になるだろう/那会成为我们共同的利益吧 nā huì chéngwéi wǒmen gòngtóng de lìyì ba ▶〜の理解を深めるため交流事業を行う/为了加深相互理解而开展交流事业 wèile jiāshēn xiānghù lǐjiě ér kāizhǎn jiāoliú shìyè

♦〜依存の社会：互相依存的社会 hùxiāng yīcún de shèhuì 〜関係：互相间的关系 hùxiāng jiān de guānxì 〜扶助：互相帮助 hùxiāng bāngzhù; 互助 hù zhù 〜防衛条約：相互防卫条约 xiānghù fángwèi tiáoyuē 〜貿易：相互贸易 xiānghù màoyì 〜保険：相互保险 xiānghù bǎoxiǎn 〜連絡：互相联系 hùxiāng liánxì

ぞうご【造語】 创造新词 chuàngzào xīncí (英 word coinage; [語] a coined word) ▶〜成分/造词成分 zàocí chéngfèn ▶〜法/构词法 gòucí fǎ

そうこう【走行する】 行驶 xíngshǐ (英 travel)

▶～速度/行驶速度 xíngshǐ sùdù ▶～距離/行驶距离 xíngshǐ jùlí ▶高速道路を～中の乗用車が事故を起こした/行驶在高速公路上的小车发生了事故 xíngshǐ zài gāosù gōnglùshang de xiǎochē fāshēngle shìgù ▶この車の～距離は1万キロになっていた/这辆汽车的行驶距离已经达到了一万公里 zhè liàng qìchē de xíngshǐ jùlí yǐjing dádàole yíwàn gōnglǐ ▶～中の列車が脱線した/正在行驶的火车脱轨了 zhèngzài xíngshǐ de huǒchē tuō guǐ le

そうこう【奏功する】 成功 chénggōng; 奏效 zòuxiào（英 be successful）▶その治療法は劇的に～した/那种治疗方法戏剧性地见效了 nà zhǒng zhìliáo fāngfǎ xìjùxìng de jiànxiào le

そうこう【草稿】 草稿 cǎogǎo; 底稿 dǐgǎo（英 a draft）▶～を作る/打稿 dǎ gǎo; 拟稿 nǐ gǎo ▶作家自筆の～が見つかった/发现了作家的亲笔手稿 fāxiànle zuòjiā de qīnbǐ shǒugǎo ▶～なしで演説した/不打草稿讲演 bù dǎ cǎogǎo jiǎngyǎn ▶～演説ー執筆者/讲演稿的执笔者 jiǎngyǎngǎo de zhíbǐzhě

そうこう【操行】 操行 cāoxíng; 品行 pǐnxíng（英 conduct）▶あの子は小学校のころから～が悪かった/那个孩子从小学开始就品行恶劣 nàge háizi cóng xiǎoxué kāishǐ jiù pǐnxíng èliè

そうこう【糟糠】（英 chaff and bran） 糟糠 zāokāng ▶～の妻/糟糠之妻 zāokāng zhī qī

そうこう【霜降】 霜降 shuāngjiàng（陽暦で10月23日前後）（英 one of the 24 seasonal divisions of a year, around October 24）

そうごう【相好】 表情 biǎoqíng; 脸色 liǎnsè（英 looks）▶～を崩す/喜笑颜开 xǐ xiào yán kāi; 满面笑容 mǎnmiàn xiàoróng ▶孫の顔を見たとたんに彼は～を崩した/一看到孙子他就喜笑颜开了 yí kàndào sūnzi tā jiù xǐ xiào yán kāi le

日中比较 日本語の「相好 xiānghǎo」は「仲良し」、また「仲がいい」を指す。

そうごう【総合する】 综合 zōnghé（英 synthesize）▶～的/综合性的 zōnghéxìng de ▶各地の報告を～すると災害規模は中程度のもようだ/对来自各地的报告综合判断受灾规模为中等程度 duì láizì gè dì de bàogào zōnghé pànduàn shòuzāi guīmó wéi zhōngděng chéngdù ▶～成績で4位になる/综合成绩名列第四名 zōnghé chéngjì míng liè dìsì míng

◆～雑誌：综合性杂志 zōnghéxìng zázhì　～商社：综合贸易公司 zōnghé màoyì gōngsī　～大学：综合大学 zōnghé dàxué　～点：综合分数 zōnghé fēnshù　～病院：综合医院 zōnghé yīyuàn

そうこうかい【壮行会】 欢送会 huānsònghuì（英 a send-off party）▶～を開く/举行欢送会 jǔxíng huānsònghuì

そうこうげき【総攻撃する】 总攻 zǒnggōng（英 attack in full force）▶明朝6時、～を開始する/明天清晨六点，发动总攻击 míngtiān qīngchén liù diǎn, fādòng zǒnggōngjī ▶同僚

ちから～を食らった/受到同事们的围攻 shòudào tóngshìmen de wéigōng

そうこうしゃ【装甲車】 铁甲车 tiějiǎchē; 装甲车 zhuāngjiǎchē（英 an armored car）

そうこく【相剋する】 相克 xiāngkè; 抵触 dǐchù（英 conflict）▶双方の価値観が～する問題/双方的价值观互相抵触的问题 shuāngfāng de jiàzhíguān hùxiāng dǐchù de wèntí

そうこん【早婚】 早婚 zǎohūn（英 an early marriage）▶彼は～で子供はもう小学生だ/他属于早婚，孩子已经上小学了 tā shǔyú zǎohūn, háizi yǐjing shàng xiǎoxué le

そうごん【荘厳な】 庄严 zhuāngyán（英 sublime）▶ミサ曲/庄严弥撒曲 zhuāngyán mísaqǔ ▶～な儀式/庄严的仪式 zhuāngyán de yíshì

そうさ【走査】 扫描 sǎomiáo（英 scanning）▶～線/扫描线 sǎomiáoxiàn

そうさ【捜査】 搜查 sōuchá; 侦查 zhēnchá（英 investigate）▶殺人事件を～する/侦查杀人案件 zhēnchá shārén ànjiàn ▶警察は公開～に踏みきった/警察下决心进行公开搜查 jǐngchá xià juéxīn jìnxíng gōngkāi sōuchá ▶真犯人に～の手が及んだ/侦查之手已经触及了真正的犯人 zhēnchá zhī shǒu yǐjing chùjíle zhēnzhèng de fànrén ▶～の対象を広げる/扩大侦查对象的范围 kuòdà zhēnchá duìxiàng de fànwéi ▶強制～を実施する/实施强行搜查 shíshī qiángxíng sōuchá

◆～係（警察の）：侦查员 zhēncháyuán　～本部：犯罪侦查队指挥中心 fànzuì zhēncháduì zhǐhuī zhōngxīn　～網：侦查网 zhēncháwǎng　～令状：搜查证 sōucházhèng

そうさ【操作する】 ❶【機械などを】操纵 cāozòng; 操作 cāozuò（英 operate）▶コンピュータを～する/操作电脑 cāozuò diànnǎo ▶～ミスから大事故を招いた/由于操作失误引发了巨大事故 yóuyú cāozuò shīwù yǐnfāle jùdà shìgù ▶遠隔～ができる/可以遥控 kěyǐ yáokòng ▶リモコンを～する/操纵遥控器 cāozòng yáokòngqì ▶彼らは会長に遠隔～されているんだ/他们受到会长的远程操纵 tāmen shòudào huìzhǎng de yuǎnchéng cāozòng ▶～が簡単なコピー機がほしい/想有一台操作简单的复印机 xiǎng yǒu yì tái cāozuò jiǎndān de fùyìnjī ❷【資金などを】控制 kòngzhì（英 manipulate）▶株価を～する/控制股价 kòngzhì gǔjià

◆金融～/金融操作 jīnróng cāozuò

ぞうさ【造作】 费事 fèishì; 麻烦 máfan（英 trouble; difficulty）▶～をかける/添麻烦 tiān máfan ▶～もない/一点儿也不费事 yìdiǎnr yě bú fèishì

そうさい【相殺する】 抵消 dǐxiāo; 对消 duìxiāo; 两抵 liǎngdǐ（英 offset）▶貸付金と債務を～する/贷款和债务抵消 dàikuǎn hé zhàiwù dǐxiāo

◆～関税/抵消关税 dǐxiāo guānshuì

そうさい【総裁】 总裁 zǒngcái（英 a president）▶日銀～に就任する/出任日本银行的总

裁 chūrèn Rìběn yínháng de zǒngcái

そうざい【惣菜】 家常菜 jiāchángcài; 副食 fùshí (英 *a daily dish*) ▶~屋/家常菜店 jiāchángcài diàn

そうさく【捜索する】 捜索 sōusuǒ (英 *search*) ▶家宅~をする/抄家 chāojiā ▶脱税の疑いで家宅~を行う/因漏税嫌疑进行抄家 yīn lòushuì xiányí jìnxíng chāojiā ▶ほかに遭難者はなく~は終了した/再没有别的遇难者，搜索结束了 zài méiyǒu bié de yùnànzhě, sōusuǒ jiéshù le

♦~隊 搜查队 sōucháduì ~願い 願いを出す/提出搜寻申请 tíchū sōuxún shēnqǐng

そうさく【創作する】 创作 chuàngzuò (英 *create*) ▶~活動/创作活动 chuàngzuò huódòng ▶~料理/独家菜 dújiācài ▶最近~力の衰えが感じられる/最近感到创作力衰减 zuìjìn gǎndào chuàngzuòlì shuāijiǎn ▶転勤話はあいつの~だった/关于调动工作的事儿是他编造的谎话 guānyú diàodòng gōngzuò de shìr shì tā biānzào de huǎnghuà

ぞうさく【造作】 ❶【建具・装飾】 装修 zhuāngxiū (英 *furnishings*) ▶手の込んだ~をする/进行精致的装修 jìnxíng jīngzhì de zhuāngxiū ❷【顔の】 容貌 róngmào; 五官 wǔguān (英 *features*) ▶顔の~が整っている/容貌端庄 róngmào duānzhuāng; 五官端正 wǔguān duānzhèng

日中比較 中国語の'造作 zàozuò'は「わざとらしいことをする」の意味.

ぞうさつ【増刷する】 〖印刷〗増印 zēngyìn; 加印 jiāyìn (英 *reprint*) ▶500部~する/加印五百部 jiāyìn wǔbǎi bù ▶2000部の~が決まった/决定加印两千部 juédìng jiāyìn liǎngqiān bù

ぞうさない【造作ない】 容易 róngyì; 简单 jiǎndān, 一点儿也不费事 yìdiǎnr yě bú fèishì (英 *easy*) ▶彼は犬小屋を造作なく作りあげた/他轻而易举地造作了一个狗窝 tā qīng ér yì jǔ de xiūle yí ge gǒuwō

そうざらい【総浚い】 总复习 zǒngfùxí (英 *a general review*) ▶今学期に習ったことを~する/对本学期学过的内容进行总复习 duì běn xuéqí xuéguo de nèiróng jìnxíng zǒngfùxí

そうざん【早産する】 早产 zǎochǎn (英 *be born prematurely*) ▶この子は3週間~だった/这个孩子早产了三周 zhège háizi zǎochǎnle sān zhōu ▶~になりそうだった/差一点儿早产 chàyìdiǎnr zǎochǎn

ぞうさん【増産する】 増产 zēngchǎn (英 *increase production*) ▶人口増加に伴って食糧を~する必要がある/随着人口的增长，有必要增加粮食产量 suízhe rénkǒu de zēngzhǎng, yǒu bìyào zēngjiā liángshi chǎnliàng ▶~計画を策定する/制定增产计划 zhìdìng zēngchǎn jìhuà

そうし【創始する】 创始 chuàngshǐ; 首创 shǒuchuàng (英 *found*) ▶~者/创办人 chuàngbànrén; 创始人 chuàngshǐrén

そうじ【相似の】 相似 xiāngsì (英 *similar*) ▶

~形/相似形 xiāngsìxíng ▶あの兄弟はまるで~形だね/那对儿兄弟简直像一个模子刻出来的 nà duìr xiōngdì jiǎnzhí xiàng yí ge múzi kèchūlai de

♦~三角形 相似三角形 xiāngsì sānjiǎoxíng

そうじ【掃除する】 打扫 dǎsǎo; 扫除 sǎochú; 清理 qīnglǐ (英 *clean*) ▶私は~が苦手だ/我不善于打扫房间 wǒ bú shànyú dǎsǎo fángjiān ▶箒で庭を~する/用扫帚打扫院子 yòng sàozhou dǎsǎo yuànzi ▶部屋をきれいに~する/把房间打扫得干干净净 bǎ fángjiān dǎsǎode gāngānjìngjìng ▶この際政界を大~してもらいたい/在这种情况之下，要对政界进行大清理 zài zhè zhǒng qíngkuàng zhī xià, yào duì zhèngjiè jìnxíng dàqīnglǐ

♦~道具 扫除工具 sǎochú gōngjù ~当番 扫除值日 sǎochú zhírì ~の時間《学校の》 扫除时间 sǎochú shíjiān ~婦 女清扫员 nǚqīngsǎoyuán 年末の大~ 年末大扫除 niánmò dàsǎochú

日中比較 中国語の'扫除 sǎochú'には「汚れをなくしきれいにする」という意味の他に「取り除く」という意味もある.

ぞうし【増資する】 增加资本 zēngjiā zīběn (英 *increase capital*)

そうしき【葬式】 葬礼 zànglǐ (英 *a funeral*) ▶~を出す/举行葬礼 jǔxíng zànglǐ; 办白事 bàn báishì ▶仏式で~をする/举行佛教仪式的葬礼 jǔxíng Fójiào yíshì de zànglǐ ▶父の~のあと母が倒れた/给父亲办完葬礼，母亲就病倒了 gěi fùqin bànwán zànglǐ, mǔqin jiù bìngdǎo le

そうしき【総指揮】 总指挥 zǒng zhǐhuī (英 *supreme command*) ▶~をとる/任总指挥 rèn zǒngzhǐhuī ▶~官/总指挥官 zǒngzhǐhuīguān

そうじき【掃除機】 吸尘器 xīchénqì (英 *a vacuum cleaner*) ▶~をかける/用吸尘器扫地 yòng xīchénqì sǎodì

そうししゅつ【総支出】 总支出 zǒngzhīchū (英 *total expenditure*)

そうじしょく【総辞職】 总辞职 zǒngcízhí; 全体辞职 quántǐ cízhí (英 *resignation in a body*) ▶不信任决議が可決され内閣は~した/通过不信任案，内阁总辞职了 tōngguò búxìnrèn'àn, nèigé zǒngcízhí le

そうしそうあい【相思相愛】 相思相爱 xiāngsī xiāng'ài (英 *mutual love*) ▶二人はかつては~だった/两个人曾经相思相爱过 liǎng ge rén céngjīng xiāngsī xiāng'àiguo

そうしつ【喪失する】 丧失 sàngshī (英 *lose*) ▶自信/丧失自信 sàngshī zìxìn ▶~感/失落感 shīluògǎn ▶彼は失敗が続き次第に~感をしていった/他因为接连失败，逐渐丧失了自信 tā yīnwèi jiēlián shībài, zhújiàn sàngshīle zìxìn

♦記憶~ 丧失记忆 sàngshī jìyì 心神~《精神 失常 jīngshén shīcháng

そうして [時] *then*; [状態] *like that*) ▶~彼は消えた/就这样，他销声匿迹了 jiù zhèyàng,

そうじて tā xiāo shēng nì jì le ▶〜おいて下さい/你就那么办吧 nǐ jiù nàme bàn ba ▶〜いる間に日が暮れてきた/这样不知不觉中天黑了 zhèyàng bù zhī bù jué zhōng tiān hēi le

そうじて【総じて】 总之 zǒngzhī; 一般地说来 yìbān de shuōlái; 概括地说 gàikuò de shuō (英 *in general*) ▶作品は〜よいできだった/总的来说作品质量不错 zǒngdelái shuō zuòpǐn zhìliàng búcuò ▶欧米では〜肥満の人が多い/在欧美, 一般来说胖者很多 zài Ōu-Měi, yìbān lái shuō féipàngzhě hěn duō

そうしはいにん【総支配人】 总经理 zǒngjīnglǐ (英 *a general manager*)

そうしゃ【壮者】 壮年人 zhuàngniánrén (英 *a man in his prime*) ▶その老人は〜をしのぐほど元気だ/那个老人比壮年人还健康 nàge lǎorén bǐ zhuàngniánrén hái jiànkāng

そうしゃ【走者】 (陸上競技の) 赛跑运动员 sàipǎo yùndòngyuán; (リレーの) 接力赛运动员 jiēlìsài yùndòngyuán; (野球の) 跑垒员 pǎolěiyuán (英 *a runner*) ▶長距離〜/长跑运动员 chángpǎo yùndòngyuán ▶リレーの最終〜/接力赛最后一棒运动员 jiēlìsài zuìhòu yí bàng yùndòngyuán ▶一掃の2塁打/横扫所有跑垒员的二垒安打 héngsǎo suǒyǒu pǎolěiyuán de èr lěi āndǎ

そうしゃ【奏者】 演奏者 yǎnzòuzhě (英 *a player*) ▶トランペット〜/小号演奏者 xiǎohào yǎnzòuzhě

そうしゃ【掃射する】 (機銃で) 扫射 sǎoshè (英 *sweep with fire*) ▶敵の戦闘機が機銃〜を浴びせる/敌人的战斗机受到机枪扫射 dírén de zhàndòujī shòudào jīqiāng sǎoshè

そうしゃ【操車】 (鉄道で) 调车 diàochē (英 *marshaling*) ▶〜場/调车站 diàochēzhàn ◆〜係 (鉄道, バスなどの) 调度员 diàodùyuán

そうしゅ【宗主】 (英 *a suzerain*) ▶〜国/宗主国 zōngzhǔguó ▶〜権/宗主权 zōngzhǔquán

そうしゅ【漕手】 桨手 jiǎngshǒu; 划手 huáshǒu (英 *an oarsman*)

ぞうしゅ【造酒】 酿酒 niàngjiǔ (英 *brewing*)

そうじゅう【操縦する】 操纵 cāozòng; 操作 cāozuò; 驾驶 jiàshǐ (英 *handle; operate; pilot*) ▶航空機を〜する/操纵飞机 cāozòng fēijī ▶飛行機を巧みに〜して無事に着陸させた/机智灵活地驾驶飞机使其安全着陆了 jīzhì línghuó de jiàshǐ fēijī shǐ qí ānquán zhuólù le ▶妻にうまく〜されている/被妻子巧妙地操纵 bèi qīzi qiǎomiào de cāozòng ▶船が〜不能になった/船已经不能驾驶了 chuán yǐjīng bùnéng jiàshǐ le ▶思いのままに〜する/随心所欲地操纵 suí xīn suǒ yù de cāozòng

◆〜桿/驾驶杆 jiàshǐgǎn 〜士/驾驶员 jiàshǐyuán 〜室/驾驶舱 jiàshǐcāng 〜席/驾驶席 jiàshǐxí

ぞうしゅう【増収する】 增收 zēngshōu (英 *increase receipts*) ▶今期は〜増益が見込まれる/本期可望增收增利 běn qī kě wàng zēngshōu zēnglì ▶米作は昨年に比し2割方〜だった/稻米比去年增收了约百分之二十 dàomǐ bǐ qùnián zēngshōule yuē bǎi fēn zhī èrshí

そうしゅうにゅう【総収入】 总收入 zǒngshōurù (英 *gross income*) ▶観光〜は前年度の15パーセント増になった/旅游业总收入比上一年度增加了百分之十五 lǚyóuyè zǒngshōurù bǐ shàng yí niándù zēngjiāle bǎi fēn zhī shíwǔ

そうじゅうりょう【総重量】 毛重 máozhòng (英 *gross weight*) ▶〜は25kgに達する/毛重达二十五公斤 máozhòng dá èrshíwǔ gōngjīn

ぞうしゅうわい【贈収賄】 行贿受贿 xínghuì shòuhuì (英 *bribery*) ▶彼らは〜容疑で逮捕された/他们因涉嫌行贿受贿而被逮捕 tāmen yīn shèxián xínghuì shòuhuì ér bèi dàibǔ ▶事件を究明する/查明行贿受贿案件 cháming xínghuì shòuhuì ànjiàn

そうじゅく【早熟な】 早熟 zǎoshú (英 *precocious*) ▶〜な品種/早熟的品种 zǎoshú de pǐnzhǒng ▶最近の小学生は〜な子が多いようだ/最近的小学生里早熟的孩子好像很多 zuìjìn de xiǎoxuéshēngli zǎoshú de háizi hǎoxiàng hěn duō ▶〜の天才詩人/早熟的天才诗人 zǎoshú de tiāncái shīrén

そうじゅつ【槍術】 枪法 qiāngfǎ (英 *spearmanship*)

そうしゅん【早春】 早春 zǎochūn (英 *early spring*) ▶〜に咲く花/早春开放的花 zǎochūn kāifàng de huā ▶〜の風はまだ冷たい/早春的风还很凉 zǎochūn de fēng hái hěn liáng

そうしょ【草書】 草书 cǎoshū; 草体 cǎotǐ (英 *a cursive style of writing Chinese characters*) ▶「喜」を〜体で書くと七十七になる/"喜"字用草书一写, 很像"七十七"三个字 "xǐ" zì yòng cǎoshū yì xiě, hěn xiàng "qīshíqī" sān ge zì

そうしょ【叢書】 丛书 cóngshū (英 *a series; a library*) ▶ラテンアメリカ文学〜/拉美文学丛书 Lā-Měi wénxué cóngshū ▶共同研究の成果を〜として刊行する/把共同研究的成果作为丛书出版 bǎ gòngtóng yánjiū de chéngguǒ zuòwéi cóngshū chūbǎn

ぞうしょ【蔵書】 藏书 cángshū (英 *a collection of books; one's library*) ▶〜家/藏书家 cángshūjiā ▶この図書館には2万冊の〜がある/这家图书馆里有两万册藏书 zhè jiā túshūguǎnli yǒu liǎngwàn cè cángshū

◆〜印/藏书(印)章 cángshū (yìn) zhāng 〜目録/藏书目录 cángshū mùlù

そうしょう【宗匠】 宗匠 zōngjiàng (英 *a master*) ▶茶道の〜/茶道的宗匠 chádào de zōngjiàng

そうしょう【相称】 对称 duìchèn (英 *symmetry*) ▶放射〜/呈放射状对称 chéng fàngshèzhuāng duìchèn

そうしょう【総称する】 泛称 fànchēng; 总称 zǒngchēng; 统称 tǒngchēng (英 *call... generi-*

cally）▶落葉樹は秋に葉が落ちる樹木の～だ/落叶树是秋季落叶树木的总称 luòyè shù shì qiūjì luòyè shùmù de zǒngchēng ▶テニス、バスケット、サッカーなどを～して球技という/网球、篮球和足球等统称球类运动 wǎngqiú、lánqiú hé zúqiú děng tǒngchēng qiúlèi yùndòng

そうしよう【双子葉】〔植物〕双子叶 shuāngzǐyè（英 *a dicotyledon*）▶～植物/双子叶植物 shuāngzǐyè zhíwù

そうじょう【奏上する】上奏 shàngzòu（英 *report... to the Emperor*）

そうじょう【相乗】相乘 xiāngchéng（英 *multiplication*）▶～効果/相乘效应 xiāngchéng xiàoyīng ♦～作用｜相辅相成的作用 xiāngfǔ xiāngchéng de zuòyòng ～平均／几何平均数 jǐhé píngjūnshù

そうじょう【僧正】僧正 sēngzhèng；大法师 dàfǎshī（英 *a bishop*）▶大～/大僧正 dàsēngzhèng

そうじょう【騒擾】骚乱 sāoluàn；扰乱 rǎoluàn（英 *a disturbance*）

そうしょく【草食】草食 cǎoshí（英 *herbivorous*）▶～動物/草食动物 cǎoshí dòngwù

そうしょく【装飾する】装饰 zhuāngshì；修饰 xiūshì（英 *decorate*）▶～品/装饰品 zhuāngshìpǐn ▶室内～/室内装饰 shìnèi zhuāngshì ▶表紙の文字に～を施す/对封面文字加以修饰 duì fēngmiàn wénzì jiāyǐ xiūshì ▶～用の花/用于装饰的花 yòngyú zhuāngshì de huā ♦～芸術｜装饰艺术 zhuāngshì yìshù

そうしょく【僧職】僧职 sēngzhí（英 *the priesthood*）▶～にある人/僧职者 sēngzhízhě

ぞうしょく【増殖する】増殖 zēngzhí；増生 zēngshēng（英 *increase*）▶皮膚細胞が異常に～する/皮肤细胞异常增殖 pífū xìbāo yìcháng zēngzhí ▶種子によって～する/通过种子增殖 tōngguò zhǒngzǐ zēngzhí ♦～型原子炉｜增殖型核反应堆 zēngzhíxíng héfǎnyìngduī

そうしれいかん【総司令官】总司令 zǒngsīlìng（英 *the supreme commander*）

そうしん【送信する】发送 fāsòng；发报 fābào（英 *transmit（a message）*）▶～機/发报机 fābàojī ▶メールを～する/发送（电子）邮件 fāsòng (diànzǐ) yóujiàn ▶写真を電子メールで～する/用电子邮件发送照片 yòng diànzǐ yóujiàn fāsòng zhàopiàn ▶ボタンを押す/按发送键 àn fāsòngjiàn

> [日中比較] 中国語の'送信 sòngxìn'は「手紙を配達する」こと。また'送信儿 sòngxìnr'と発音すれば「知らせる」という意味になる。

そうしん【喪心する】失神 shīshén（英 *be stupefied*）▶～状態にある/陷于失神状态 xiànyú shīshén zhuàngtài

ぞうしん【増進する】増进 zēngjìn；増加 zēngjiā（英 *increase*）▶食欲が～する/食欲增进 shíyù zēngjìn ▶健康～/增进健康 zēngjìn jiànkāng ▶体力を～する/增强体力 zēngqiáng tǐlì ▶子供の創造力・表現力を～することが重要だ/提高儿童的创造力和表达能力很重要 tígāo értóng de chuàngzàolì hé biǎodá nénglì hěn zhòngyào ▶売り上げを～させる/增加营业额 zēngjiā yíngyè'é

そうしんぐ【装身具】装饰品 zhuāngshìpǐn；首饰 shǒushi（英 *accessories*）▶～店/装饰品商店 zhuāngshìpǐn shāngdiàn

そうすい【送水する】供水 gōngshuǐ；给水 jǐshuǐ（英 *supply water*）♦～管｜供水管 gōngshuǐguǎn

そうすい【総帥】总司令 zǒngsīlìng（英 *the (chief) commander*）▶グループ企業の～として活躍する/作为集团企业的统帅干得很不错 zuòwéi jítuán qǐyè de tǒngshuài gàndé hěn búcuò

ぞうすい【増水する】涨水 zhǎngshuǐ（英 *swell*）▶河川は上流の雨により急に～することがある/河流有时会因为上流降雨而突然涨水 héliú yǒushí huì yīnwèi shàngliú jiàngyǔ ér tūrán zhǎngshuǐ ▶雨で～した川/因为下雨而涨水的河 yīnwèi xià yǔ ér zhǎngshuǐ de hé

ぞうすい【雑炊】菜粥 càizhōu；杂烩粥 záhuìzhōu（英 *zosui; seasoned rice-porridge with vegetables, fish and other ingredients*）▶残り飯で～を作る/用剩饭做杂烩粥 yòng shèngfàn zuò záhuìzhōu

そうすう【総数】总数 zǒngshù（英 *the total (number)*）▶受験者の～は年々減少している/考生的总数逐年减少 kǎoshēng de zǒngshù zhúnián jiǎnshǎo ▶応募～は 2000 件を超えた/应征总数超过了两千件 yìngzhēng zǒngshù chāoguòle liǎngqiān jiàn

そうすかん【総すかん】（英 *the cold shoulder from everybody*）▶彼の案は皆から～を食らった/他的方案受到大家一致反对 tā de fāng'àn shòudào dàjiā yīzhì fǎnduì

そうする【奏する】奏 zòu［かなでる］*play*）▶楽を～/奏乐 zòuyuè ▶窮余の策が功を奏した/最后的一招奏效了 zuìhòu de yì zhāo zòuxiàole

ぞうする【蔵する】❶ ［所蔵する］藏 cáng；收藏 shōucáng（英 *have*）▶多くの古書を～/收藏许多古书 shōucáng xǔduō gǔshū ❷ ［内に含む］藏有 cángyǒu；含有 hányǒu（英 *entertain*）▶複雑な問題を～/含有复杂的问题 hányǒu fùzá de wèntí

そうせい【早世する】早死 zǎosǐ；夭折 yāozhé（英 *die young*）▶彼は二児をのこして～した/他撇下两个孩子早早离世 tā piēxià liǎng ge háizi zǎozǎo lí shì

そうせい【創世】创世 chuàngshì（英 *the creation of the world*）▶～記《旧約聖書》/创世记 chuàngshìjì

そうせい【叢生する】丛生 cóngshēng（英 *grow*

そうぜい【総勢】 总人数 zǒngrénshù (英 *the whole party*) ▶参加者は～50名だった/参加人数一共是五十名 cānjiā rénshù yígòng shì wǔ-shí míng

ぞうせい【造成する】 (英 *develop*) ▶～地/平整好的土地 píngzhěnghǎo de tǔdì ▶宅地～/平整住宅用地 píngzhěng zhùzhái yòngdì

> [日中比較] 中国語の'造成 zàochéng'は「結果をもたらす」ことを指す.

ぞうぜい【増税】 増加税额 zēngjiā shuì'é; 增税 zēng shuì (英 *a tax increase*) ▶大幅な～案が議会に提出された/大幅度的增税方案被提交到议会上 dàfúdù de zēngshuì fāng'àn bèi tíjiāodào yīhuìshang ▶～なしに実現できない/不增税就无法实现 bù zēng shuì jiù wúfǎ shíxiàn ▶～案を撤回する/撤回增税方案 chèhuí zēngshuì fāng'àn

そうせいじ【双生児】 孪生子 luánshēngzǐ; 双胞胎 shuāngbāotāi (英 *twins*) ▶一卵性～/同卵双胞胎 tóngluǎn shuāngbāotāi ▶二卵性～/异卵双胞胎 yìluǎn shuāngbāotāi

そうせいじ【早生児】 早产婴儿 zǎochǎn yīng'ér (英 *a prematurely-born baby*)

そうせき【僧籍】 僧人的身份 sēngrén de shēnfen (▶～に入る) *enter the priesthood*)

そうせつ【創設する】 创建 chuàngjiàn; 创办 chuàngbàn (英 *found*) ▶大学に国際関係学部を～する/大学创办国际关系学院 dàxué chuàngbàn guójì guānxi xuéyuàn ▶児童文学賞を～する/创办儿童文学奖 chuàngbàn értóng wénxuéjiǎng
♦**～者** 创立人 chuànglìrén; 创建人 chuàngjiànrén

そうぜつ【壮絶な】 壮烈 zhuàngliè (英 *heroic*) ▶～な最期を遂げる/壮烈牺牲 zhuàngliè xīshēng ▶～な戦いを繰り広げる/展开激烈的战斗 zhǎnkāi jīliè de zhàndòu

ぞうせつ【増設する】 增设 zēngshè (英 *establish more*) ▶メモリーを～する〈コンピュータの〉/增设内存 zēngshè nèicún ▶需要に応えるため組立工場を～する/为满足需要增建装配厂 wèi mǎnzú xūyào zēngjiàn zhuāngpèichǎng ▶小学校を10校～する/增设十所小学 zēngshè shí suǒ xiǎoxué

そうぜん【騒然】 骚乱 sāoluàn; 喧嚣 xuānxiāo; 喧闹 xuānnào (英 *confusion*) ▶場内は～となった/场内一片喧闹 chǎngnèi yí piàn xuānnào ▶全国を～させる汚職事件が続いた/令全国哗然的贪污案接二连三发生了 lìng quánguó huárán de tānwū'àn jiē èr lián sān fāshēng le

ぞうせん【造船】 造船 zàochuán (英 *shipbuilding*) ▶～所/造船厂 zàochuánchǎng; 船坞 chuánwù
♦**～技師** 造船工程师 zàochuán gōngchéngshī
♦**～会社** 造船公司 zàochuán gōngsī
♦**～台** 造船平台 zàochuán píngtái

そうせんきょ【総選挙】 大选 dàxuǎn (英 *a general election*) ▶～に出馬する/参加大选 cānjiā dàxuǎn

そうそう【早早】 急忙 jímáng; 赶紧 gǎnjǐn (英 *early; immediately*) ▶～に立ち去る/急忙走开 jímáng zǒukāi ▶新年～縁起でもない/新年伊始, 就呈现出不吉之兆 xīnnián yīshǐ, jiù chéngxiànchū bùjí zhī zhào ▶来週～にも処分が発表される見通しだ/估计下周一开始就会公布处罚结果 gūjì xià zhōu yī kāishǐ jiù huì gōngbù chǔfá jiéguǒ ▶帰国～風邪をひいてしまった/刚一回国马上就感冒了 gāng yì huíguó mǎshàng jiù gǎnmào le ▶雨が降り出し～に引き上げた/因为下起雨来, 马上就回去了 yīnwèi xiàqǐ yǔ lai, mǎshàng jiù huíqù le

そうそう【葬送する】 送丧 sòngsāng; 送葬 sòngzàng (英 *bury a person's remains*) ▶～曲/哀乐 āiyuè; 送葬曲 sòngzàngqǔ ▶～行进曲/葬礼进行曲 zànglǐ jìnxíngqǔ

そうそう【創造する】 创造 chuàngzào; 首创 shǒuchuàng (英 *create*) ▶～力/创造力 chuàngzàolì ▶～主/创造者 chuàngzàozhě; 造物主 zàowùzhǔ ▶天地～/开天辟地 kāi tiān pì dì ▶～的な発想で取り組む/用创造性思维全心投入 yòng chuàngzàoxìng sīwéi quánxīn tóurù ▶～性に富む人材を育成する/培养富于创造性的人才 péiyǎng fùyú chuàngzàoxìng de réncái

そうぞう【想像する】 想像 xiǎngxiàng; 假想 jiǎxiǎng; 设想 shèxiǎng (英 *imagine*) ▶～をたくましくする/大胆想像 dàdǎn xiǎngxiàng; 胡思乱想 hú sī luàn xiǎng ▶それは君の産物だ/那是你空想的产物 nà shì nǐ kōngxiǎng de chǎnwù ▶君は自分の～でそう考えているのだ/你是凭自己的想像那样考虑的 nǐ shì píng zìjǐ de xiǎngxiàng nàyàng kǎolǜ de ▶あとは君の～に任せる/其他的事任凭你想像 qítā de shì rènpíng nǐ xiǎngxiàng ▶～も及ばない/想像不到 xiǎngxiàngbudào ▶～をめぐらす/展开想像 zhǎnkāi xiǎngxiàng ▶～をかき立てる/激发想像力 jīfā xiǎngxiànglì
～がつく 想得到 xiǎngdedào ▶彼女の年齢がいくつかは～がつきますか/你能猜到她多大岁数了吗? nǐ néng cāidào tā duō dà suìshu le ma?
～を絶する 冬の東北は～を絶する寒さだった/冬天的东北超乎想像地寒冷 dōngtiān de dōngběi chāohū xiǎngxiàng de hánlěng
♦**～力** 想像力 xiǎngxiànglì ▶～力が豊かである/想像力丰富 xiǎngxiànglì fēngfù ▶～力に乏しい/缺乏想像力 quēfá xiǎngxiànglì ▶～力を働かせる/发挥想像力 fāhuī xiǎngxiànglì

そうぞうしい【騒騒しい】 闹哄哄 nàohōnghōng; 闹嚷嚷 nàorāngrāng; 喧闹 xuānnào (英 *noisy*) ▶～音楽/喧闹的音乐 xuānnào de yīnyuè ▶深夜でも～盛り場/深夜里也仍然闹嚷嚷的欢乐街 shēnyèlǐ yě réngrán nàorāngrāng de

そうそうたる【錚錚たる】 杰出 jiéchū; 拔尖儿 bájiānr（英 *distinguished*） ▶顔ぶれが並んでいる/头面人物聚集一堂 tóumiàn rénwù jùjí yì táng

そうそく【総則】 总章 zǒngzhāng; 总则 zǒngzé（英 *general rules*）
◆民法～:民法总则 mínfǎ zǒngzé

そうぞく【相続する】 继承 jìchéng（英 *inherit*） ▶遺産～/继承遗产 jìchéng yíchǎn ▶～権/继承权 jìchéngquán ▶～人/继承人 jìchéngrén ▶父の財産を～する/继承父亲的财产 jìchéng fùqīn de cáichǎn ▶放棄/放弃继承权 fàngqì jìchéngquán ▶妻は遺産の2分の1を～する権利がある/妻子拥有继承一半遗产的权利 qīzi yōngyǒu jìchéng yíbàn yíchǎn de quánlì
◆～税:继承税 jìchéngshuì ▶～が払えなくて土地を手放した/交不起继承税而放弃了祖上的地产 jiāobuqǐ jìchéngshuì ér fàngqìle zǔshàng de dìchǎn

そうそふ【曽祖父】 曾祖父 zēngzǔfù; 老爷爷 lǎoyéye（英 *one's great-grandfather*）

そうそぼ【曽祖母】 曾祖母 zēngzǔmǔ（英 *one's great-grandmother*）

そうそん【曽孫】 曾孙 zēngsūn（英 *one's great-grandchild*）

そうだ【操舵】 掌舵 zhǎngduò（英 *steering*） ▶～室/掌舵室 zhǎngduòshì ▶～手/舵手 duòshǒu; 掌舵人 zhǎngduòrén

-そうだ ⇨-そう

そうたい【早退する】 早退 zǎotuì（英 *leave early*） ▶彼は気分が悪くなり学校を～した/他身体不舒服，从学校早退了 tā shēntǐ bù shūfu, cóng xuéxiào zǎotuì le ▶保育園に子供を迎えに行くため会社を～した/为了去托儿所接孩子，从公司早退了 wèile qù tuō'érsuǒ jiē háizi, cóng gōngsī zǎotuì le ▶～届/早退申请 zǎotuì shēnqǐng

そうたい【相対】 相对 xiāngduì（英 *relativity*） ▶物価が上がると～的に収入が減ることになる/物价上升收入就相对减少了 wùjià shàngshēng shōurù jiù xiāngduì jiǎnshǎo le ▶事物の価値は～的だ/事物的价值是相对的 shìwù de jiàzhí shì xiāngduì de
◆～主義:相对主义 xiāngduì zhǔyì ～性原理:相对性原理 xiāngduìxìng yuánlǐ

そうたい【総体】 整体 zhěngtǐ; 总体 zǒngtǐ（英 *the whole (body)*） ▶～的仕組み/整体结构 zhěngtǐ jiégòu ▶河川の水質は～的には改善傾向にある/总的来说，河流的水质在逐渐改善 zǒngdelái shuō, héliú de shuǐzhì zài zhújiàn gǎishàn

そうだい【壮大な】 宏伟 hóngwěi; 雄伟 xióngwěi（英 *magnificent*） ▶～な計画/雄图 xióngtú; 宏伟的计划 hóngwěi de jìhuà ▶～な夢を描く/描绘宏伟的理想 miáohuì hóngwěi de lǐxiǎng ▶気宇～なロマン/规模宏伟的计划 guīmó hóngwěi de jìhuà ▶3000メートルを越える峰々が～な景観を見せる/超过三千米的群峰展现出雄伟的景观 chāoguò sānqiān mǐ de qúnfēng zhǎnxiànchū xióngwěi de jǐngguān

> 日中比较 中国語の'壮大 zhuàngdà'は「強大になる」ことをいう。

そうだい【総代】 总代表 zǒngdàibiǎo（英 *a representative*） ▶卒業生～に選ばれる/被选为毕业生总代表 bèi xuǎnwéi bìyèshēng zǒngdàibiǎo

ぞうだい【増大する】 增大 zēngdà; 膨胀 péngzhàng（英 *increase*） ▶詐欺の被害が～している/诈骗案的受害数目在扩大 zhàpiàn'àn de shòuhài shùmù zài kuòdà ▶人権侵害が～する傾向にある/侵犯人权的现象有增加倾向 qīnfàn rénquán de xiànxiàng jùyǒu zēngjiā qīngxiàng ▶党内での勢力を～させる/扩大在党内的势力 kuòdà zài dǎngnèi de shìlì ▶失業者数の～により社会不安が起こる/因失业人数的增加而引起社会的不稳定 yīn shīyè rénshù de zēngjiā ér yǐnqǐ shèhuì de bù wěndìng

そうだいしょう【総大将】 总司令 zǒngsīlìng; 头头儿 tóutóur（英 *a commander in chief*）

そうだち【総立ち】 全体起立 quántǐ qǐlì（英 *standing up all at once*） ▶満場～/全场起立 quánchǎng qǐlì ▶応援団は～になって大きな拍手を送った/拉拉队全体起立，雷鸣般地鼓了掌 lālāduì quántǐ qǐlì, léimíng bān de gǔle zhǎng

そうだつ【争奪する】 争夺 zhēngduó（英 *scramble*） ▶市場を～する/争夺市场 zhēngduó shìchǎng ▶各国が石油資源を～する/各国争夺石油资源 gè guó zhēngduó shíyóu zīyuán ▶優勝杯の～戦/冠军奖杯的争夺战 guànjūn jiǎngbēi de zhēngduózhàn

そうたん【操短】 缩短工时 suōduǎn gōngshí（操業短縮）（英 *a cutback in operations*）

そうだん【相談する】 商量 shāngliang; 商议 shāngyì; 协商 xiéshāng（英 *consult*） ▶友人と～する/跟朋友商量 gēn péngyou shāngliang ▶～がまとまる/达成协议 dáchéng xiéyì ▶～がある/有事要跟你商量 yǒu shì yào gēn nǐ shāngliang ▶人生～の回答者/咨询人生问题的解答者 zīxún rénshēng wèntí de jiědázhě ▶それはできない～だ/那根本不可能 nà gēnběn bù kěnéng ▶夫の手術について医者と～することにした/关于丈夫的手术我决定和医生商量一下 guānyú zhàngfu de shǒushù wǒ juédìng hé yīshēng shāngliang yíxià ▶責任者と～の上善処します/与负责人协商之后妥善处理 yǔ fùzérén xiéshāng zhīhòu tuǒshàn chǔlǐ ▶～相手がいない/没有可以商量的人 méiyǒu kěyǐ shāngliang de rén

～に乗る 参谋 cānmóu; 帮人出谋 bāng rén zhēnzhuó ▶～に乗ってくれよ/你帮我参谋一下呀 nǐ bāng wǒ cānmóu yíxià ya
◆結婚～所:婚姻介绍所 hūnyīn jièshàosuǒ

そうち【装置】 装置 zhuāngzhì; 设备 shèbèi

そうちく【増築する】 扩建 kuòjiàn; 增建 zēngjiàn (英 extend a building) ▶生徒増加のため4教室を～する/由于学生人数增加，扩建了四个教室 yóuyú xuésheng rénshù zēngjiā, kuòjiànle sì ge jiàoshì ▶平屋に2階部分を～する/在平房顶上增建了二楼 zài píngfáng dǐngshang zēngjiànle èr lóu

そうちゃく【装着する】 安装 ānzhuāng; 装 zhuāng (英 equip; put on) ▶車にタイヤを～す/给汽车安装轮胎 gěi qìchē ānzhuāng lúntāi ▶歯を削ってブリッジを～する/削磨牙齿装上齿桥 xiāomó yáchǐ zhuāngshàng chǐqiáo

そうちょう【早朝】 清晨 qīngchén; 凌晨 língchén (英 early morning) ▶～にもかかわらず大勢の人が押し寄せた/尽管是清晨，可还是有许多人蜂拥而至 jǐnguǎn shì qīngchén, kě háishi yǒu xǔduō rén fēngyōng ér zhì

そうちょう【早朝に】 (英 early in the morning) ▶～ウォーキング/清晨的步行 qīngchén de bùxíng ▶～から夜おそくまで働く/从清晨工作到深夜 cóng qīngchén gōngzuò dào shēnyè

そうちょう【荘重な】 庄重 zhuāngzhòng; 庄严 zhuāngyán (英 solemn) ▶ゴシック様式の～な建物/哥特式的庄严的建筑物 gētèshì de zhuāngyán de jiànzhùwù ▶～な音楽/庄重的音乐 zhuāngzhòng de yīnyuè

そうちょう【総長】 总长 zǒngzhǎng (英 a president) ▶検事～/最高检察院长 zuìgāo jiǎncháyuànzhǎng
◆大学～/大学校长 dàxué xiàozhǎng

ぞうちょう【増長する】 ❶ [はなはだしくなる] 滋长 zīzhǎng; 越来越厉害 yuèláiyuè lìhai (英 get more and more) ▶不信感が～する/滋长不信任 zīzhǎng bú xìnrèn ❷ [つけあがる] 自大 zìdà; 傲慢 àomàn (英 be puffed up) ▶彼は相当～している/他挺傲慢的 tā tǐng àomàn de ▶テスト結果がよかったからといって～するなよ/尽管考试结果很好可也不要因此自大 jǐnguǎn kǎoshì jiéguǒ hěn hǎo kě yě búyào yīncǐ zìdà
[日中比较] 中国語の'増长 zēngzhǎng'は「増大させる」ことを指す．

そうで【総出で】 全员出动 quányuán chūdòng (英 all together) ▶家族～で/全家出动 quánjiā chūdòng ▶一家～で畑の草取りをする/一家人全员出动去农田除草 yìjiārén quányuán chūdòng qù nóngtián chúcǎo ▶村民～で歓迎する/村民们全员出动来欢迎 cūnmínmen quányuán chūdòng lái huānyíng

そうてい【装丁する】 装订 zhuāngdìng; 装帧 zhuāngzhēn (英 bind) ▶～の立派な本/装帧精美的书 zhuāngzhēn jīngměi de shū

そうてい【想定する】 假定 jiǎdìng (英 suppose) ▶それは～外のことだった/那是一件出乎意料的事 nà shì yí jiàn chū hū yìliào de shì ▶津波を～した避難訓練/假定海啸发生而进行的避难演习 jiǎdìng hǎixiào fāshēng ér jìnxíng de bìnàn yǎnxí ▶最悪の事態を～して対策を立てる/假定发生最坏的事态制定对策 jiǎdìng fāshēng zuì huài de shìtài zhìdìng duìcè

ぞうてい【贈呈する】 赠送 zèngsòng; 赠 zèng (英 present) ▶記念品を～する/赠送纪念品 zèngsòng jìniànpǐn ▶～式を行う/举行赠送仪式 jǔxíng zèngsòng yíshì
◆～本/赠书 zèngshū

そうてん【争点】 争论焦点 zhēnglùn jiāodiǎn (英 a point at issue) ▶～をぼかす/使争论焦点变得模糊不清 shǐ zhēnglùn jiāodiǎn biànde móhu bù qīng ▶その国際会議は地球温暖化問題が～となった/在那个国际会议上，全球气候变暖的问题成了争论焦点 zài nàge guójì huìyìshang, quánqiú qìhòu biàn nuǎn de wèntí chéng le zhēnglùn jiāodiǎn ▶選挙の～/选举的争论焦点 xuǎnjǔ de zhēnglùn jiāodiǎn

そうてん【装塡する】 装 zhuāng; 装填 zhuāngtián (英 load) ▶カメラにフィルムを～する/往照相机里装上胶卷 wǎng zhàoxiàngjīli zhuāngshàng jiāojuǎn ▶単三乾電池を4本～する/装上四节三号干电池 zhuāngshàng sì jié sān hào gāndiànchí

そうでん【相伝の】 相传 xiāngchuán (英 hereditary) ▶それは一子～の秘薬だった/这是祖传的秘方 zhè shì zǔchuán de mìfāng

そうでん【送電する】 输电 shūdiàn (英 transmit electricity) ▶～線/高压线 gāoyāxiàn ▶～用鉄塔/用于输电的铁塔 yòngyú shūdiàn de tiětǎ

そうとう【相当】 ❶ [あてはまる] 相当 xiāngdāng (英 corresponding) ▶「おはよう」に～する中国語/与"おはよう"相当的汉语 yǔ "おはよう" xiāngdāng de Hànyǔ ▶年収に～する価格/相当于一年收入的价钱 xiāngdāng yú yì nián shōurù de jiàqian
❷ [見合う] 相称 xiāngchèn; 适合 shìhé; 等于 děngyú (英 proportionate) ▶労力に～する報酬/与劳动相称的报酬 yǔ láodòng xiāngchèn de bàochou ▶収入～の生活をする/过与收入相称的生活 guò yǔ shōurù xiāngchèn de shēnghuó
❸ [かなり] 相当 xiāngdāng; 颇 pō (英 pretty) ▶彼のテニスの腕は～なものだ/他打网球打得相当好 tā dǎ wǎngqiú dǎde xiāngdāng hǎo ▶駅まで～な距離がある/到车站有相当一段距离 dào chēzhàn yǒu xiāngdāng yí duàn jùlí ▶空港の出入国手続きは～時間がかかる/在机场办理出入境手续要花不少时间 zài jīchǎng bànlǐ chūrùjìng shǒuxù yào huā bùshǎo shíjiān ▶交通費を含めると～な金額になる/包括交通费在内的话，会是一笔可观的金额 bāokuò jiāotōngfèi zàinèi

dehuà, jiù huì shì yì bǐ kěguān de jīn'é

そうとう【掃討する】 扫荡 sǎodàng (英 *stamp out*) ▶反乱軍を~する/扫荡叛军 sǎodàng pànjūn
◆~戦 扫荡战 sǎodàngzhàn

そうとう【総統】 总统 zǒngtǒng (英 *a generalissimo*)

そうどう【騒動】 闹事 nàoshì; 骚动 sāodòng; 纠纷 jiūfēn (英 *disturbance*) ▶お家~/(围绕权力的)内部纠纷 (wéirào quánlì de)nèibù jiūfēn ▶警察が~を鎮圧した/警察镇压了骚动 jǐngchá zhènyāle sāodòng ▶両親の離婚が~と起こった/父母闹离婚了 fùmǔ nào líhūn le
◆学園~/校内纠纷 xiàonèi jiūfēn; 学潮 xuécháo

ぞうとう【贈答する】 赠答 zèngdá (英 *exchange presents*) ▶~品/赠品 zèngpǐn ▶儀礼的な~の習慣/礼节性的赠答习惯 lǐjiéxìng de zèngdá xíguàn

そうどういん【総動員する】 总动员 zǒngdòngyuán (英 *mobilize fully*) ▶専門家を~して問題を解決する/全面调动专家来解决问题 quánmiàn diàodòng zhuānjiā lái jiějué wèntí ▶一家~で引っ越しの手伝いに行った/全家总动员一起去帮忙搬家了 quánjiā zǒngdòngyuán yìqǐ qù bāngmáng bānjiā le

そうとく【総督】 总督 zǒngdū (英 *a governor-general*)

そうなめ【総嘗めにする】 席卷 xíjuǎn; 一一拿下 yīyī náxià (英 *win a sweeping victory*) ▶各賞を~にする/拿下全部奖项 náxià quánbù jiǎngxiàng ▶火は一山を~にした/大火烧遍了整座山 dàhuǒ shāobiànle zhěng zuò shān

そうなん【遭難する】 遇难 yùnàn; 遇险 yùxiǎn; 遭难 zāonàn (英 *meet with a disaster*; [船が] *be wrecked*) ▶現場/遇难现场 yùnàn xiànchǎng ▶信号/遇险信号 yùxiǎn xìnhào ▶山岳~事故が発生する/发生登山遇难事故 fāshēng dēngshān yùnàn shìgù ▶雪山で~する/在雪山上遇难 zài xuěshānshang zāonàn
◆救助隊/遇难救险队 yùnàn jiùxiǎnduì ~者/遇难人员 yùnàn rényuán ~船/遇难船只 yùnàn chuánzhī

ぞうに【雑煮】 年糕汤 niángāotāng; 烩糌粑 huìcíbā (英 *rice cakes boiled with vegetables*) ▶~を食べて初めて正月気分になる/吃上年糕汤,才像过年的样子 chīshàng niángāotāng, cái xiàng guònián de yàngzi

そうにゅう【挿入する】 插入 chārù; 穿插 chuānchā (英 *insert*) ▶~歌/插曲 chāqǔ ▶画像やイラストを~する/穿插进图像和插图等 chuānchājìn túxiàng hé chātú děng
◆~句/插入句 chārùjù

そうねん【壮年】 壮年 zhuàngnián; 盛年 shèngnián (英 *the prime of life*)

そうねん【想念】 想念 xiǎngniàn; 念头 niàntou; 想法 xiǎngfa (英 *a thought*) ▶ふと自殺という~が浮かんだ/心里忽然产生了自杀的念头 xīnlǐ hūrán chǎnshēngle zìshā de niàntou

そうは【走破する】 跑完 pǎowán; 跑遍 pǎobiàn (英 *run the whole distance*) ▶彼は5000キロを~した/他跑完了五千公里 tā pǎowánle wǔqiān gōnglǐ ▶中国大陸を25日間で~するバスツアー/用二十五天时间跑遍中国大陆的客车旅游团 yòng èrshíwǔ tiān shíjiān pǎobiàn Zhōngguó dàlù de kèchē lǚyóutuán

そうは【掻爬する】〖医〗 ❶【体内組織の除去】 刮除 guāchú; 切除 qiēchú (英 *curette*) ❷【人工中絶】 人工流产 réngōng liúchǎn (英 *perform an abortion*)

そうば【相場】 ❶【市価・時価】 市价 shìjià; 行情 hángqíng; 行市 hángshi (英 *the market price; the current price*) ▶~が上がる/行情上涨 hángqíng shàngzhǎng ▶~が下がる/行情下跌 hángqíng xiàdié; 疲软 píruǎn ▶今大豆の~はいくらくらいか/现在大豆的行情是多少? xiànzài dàdòu de hángqíng shì duōshao? ❷【投機·取引】 投机倒把 tóujī dǎobǎ (英 *speculation*) ▶~に手を出す/搞投买炒卖 gǎo chǎomǎi chǎomài ▶~でもうける[損をする]/靠炒汇赚钱[因炒汇赔钱] kào chǎohuì zhuànqián[yīn chǎohuì péiqián] ❸【社会通念】 (英 *estimation*) ▶金持ちはけちん坊と~ときまっている/大家都知道有钱人都是小气鬼 dàjiā dōu zhīdào yǒuqiánrén dōu shì xiǎoqìguǐ
◆円~/日元行情 Rìyuán hángqíng 外国為替~/外汇行情 wàihuì hángqíng 金(きん)~/货币行市 huòbì hángshì; 货币市价 huòbì shìjià ~師/投机商 tóujīshāng

ぞうはい【増配】 (株式) 增加分配额 zēngjiā fēnpèi'é; 增加股息 zēngjiā gǔxī (英 *an increased dividend*) ▶今期は5円の~になった/本期的股息增加了五日元 běn qī de gǔxī zēngjiāle wǔ Rìyuán

そうはく【蒼白な】 煞白 shàbái; 苍白 cāngbái (英 *pale*) ▶その知らせを聞くや彼は顔面~になった/一听到那个消息,他顿时脸色苍白 yì tīngdào nàge xiāoxi, tā dùnshí liǎnsè cāngbái

そうはせん【争覇戦】 锦标赛 jǐnbiāosài (英 *a struggle for supremacy*) ▶新人王~/新人王锦标赛 xīnrénwáng jǐnbiāosài

そうはつ【双発の】 双引擎 shuāngyǐnqíng (英 *twin-engine*) ▶~の旅客機/双引擎客机 shuāngyǐnqíng kèjī

そうはつ【増発する】 加开 jiākāi; 增加班次 zēngjiā bāncì (英 *operate an extra train*; [紙幣など] *issue*) ▶臨時列車を~する/增开临时列车 zēngkāi línshí lièchē ▶公債を~する/加发公债 jiāfā gōngzhài

そうばなてき【総花的】 利益均沾 lìyì jūnzhān (英 *across the board*) ▶~な予算編成/利益均沾的预算结构 lìyì jūnzhān de yùsuàn jiégòu ▶~な政策/利益均沾的政策 lìyì jūnzhān de zhèngcè

そうばん【早晩】 迟早 chízǎo; 早晚 zǎowǎn (英 *sooner or later*) ▶この問題は~解決できるだろう/这个问题迟早一定会解决吧 zhège wèntí chízǎo yídìng huì jiějué ba ▶会社は赤字経営で~倒産は免れない/公司因为赤字经营，迟早都会破产 gōngsī yīnwèi chìzì jīngyíng, chízǎo dōu huì pòchǎn

ぞうはん【造反する】 造反 zàofǎn; 反叛 fǎnpàn (英 *rebel*) ▶党内から次々と~者が出た/党内陆续出现了造反的人 dǎngnèi lùxù chūxiànle zàofǎn de rén
♦~運動/造反运动 zàofǎn yùndòng ~者；造反者 zàofǎnzhě；反抗者 fǎnkàngzhě；反叛者 fǎnpànzhě

そうび【壮美な】 壮丽 zhuànglì; 壮美 zhuàngměi (英 *sublime*)

そうび【装備する】 配备 pèibèi; 装备 zhuāngbèi (英 *equip oneself*) ▶完全に~で冬山に登る/装备周全地去登冬天的山 zhuāngbèi zhōuquán de qù dēng dōngtiān de shān ▶巡視艇が~している武器/巡逻艇装备的武器 xúnluótǐng zhuāngbèi de wǔqì

そうひょう【総評】 总评 zǒngpíng (英 *a general comment*) ▶最後に野村先生に~をお願いします/最后请野村先生来作个总评 zuìhòu qǐng Yěcūn xiānshēng lái zuò ge zǒngpíng

そうびょう【宗廟】 宗庙 zōngmiào (英 *an ancestral mausoleum*) ▶一族そろって~に詣でる/全家老小一起去拜宗庙 quánjiā lǎoxiǎo yìqǐ qù bài zōngmiào

そうびょう【躁病】 躁狂症 zàokuángzhèng (英 *mania*)

ぞうひょう【雑兵】 小卒 xiǎozú (英 *the rank and file*) ▶大将ばかりで~がいない/只有大将，没有小卒 zhǐ yǒu dàjiàng, méiyǒu xiǎozú

ぞうびん【増便する】 增加班次 zēngjiā bāncì (英 *increase the number of...*) ▶路線バスを~運行する/增加公交车班次运行 zēngjiā gōngjiāochē bāncì yùnxíng ▶成田-広州線を~する/增加成田至广州一线的航班 zēngjiā Chéngtián zhì Guǎngzhōu yí xiàn de hángbān

そうふ【送付する】 寄送 jìsòng; 发送 fāsòng (英 *send*) ▶~先リスト/收件人地址一览表 shōujiànrén dìzhǐ yīlǎnbiǎo ▶添付ファイルを~する/发送附件 fāsòng fùjiàn ▶入学願書を期限内に~する/在规定期限内寄出入学申请书 zài guīdìng qīxiàn nèi jìchū rùxué shēnqǐngshū

そうふ【総譜】 〔音楽〕总谱 zǒngpǔ (英 *a full score*)

ぞうふ【臓腑】 脏腑 zàngfǔ; 五脏六腑 wǔzàng liùfǔ; 内脏 nèizàng (英 *entrails*)

そうふう【送風する】 送风 sòngfēng; 吹风 chuīfēng (英 *ventilate*) ▶~機/鼓风机 gǔfēngjī; 送风机 sòngfēngjī ▶外気を冷気に変えて~する/把户外空气转换成冷风送进来 bǎ hùwài kōngqì zhuǎnhuànchéng lěngfēng sòngjìnlái

ぞうふく【増幅する】 放大 fàngdà; 扩大 kuòdà (英 *amplify*) ▶理事会への不信がますます~された/对理事会的不信任越来越扩大 duì lǐshìhuì de bú xìnrèn yuèláiyuè kuòdà ▶被害状況は~して伝えられた/受灾状况被传得很夸张 shòuzāi zhuàngkuàng bèi chuánde hěn kuāzhāng
♦~器/放大器 fàngdàqì

ぞうぶつしゅ【造物主】 造化 zàohuà; 造物主 zàowùzhǔ (英 *the Creator*)

ぞうへい【造幣】 造币 zàobì (英 *coinage*) ▶~局/造币局 zàobìjú

ぞうへい【増兵する】 增兵 zēngbīng (英 *reinforce the troops*) ▶大幅に~する/大幅度增兵 dàfúdù zēngbīng

そうへき【双璧】 双璧 shuāngbì (英 *the two greatest authorities*) ▶清華大学は北京大学と~をなす名門大学だ/清华大学和北京大学是堪称双璧的名牌大学 Qīnghuá dàxué hé Běijīng dàxué shì kānchēng shuāngbì de míngpái dàxué

そうべつ【送別】 送别 sòngbié; 送行 sòngxíng (英 *farewell*) ▶~会/欢送会 huānsònghuì ▶山本さんの~会を下記のとおり開きます/山本小姐的欢送会将于下列时间、地点举行 Shānběn xiǎojiě de huānsònghuì jiāng yú xiàliè shíjiān, dìdiǎn jǔxíng ▶~の辞/告别词 gàobiécí

ぞうほ【増補する】 增补 zēngbǔ (英 *enlarge*) ▶~改訂する/增订 zēngdìng ▶~版/增补本 zēngbǔběn

そうほう【双方】 双方 shuāngfāng; 彼此 bǐcǐ (英 *both sides*) ▶~の言い分を聞く/听取双方的意见 tīngqǔ shuāngfāng de yìjiàn ▶賛成反対~の立場から意見を出し合う/从赞成与反对双方角度相互提出意见 cóng zànchéng yǔ fǎnduì shuāngfāng jiǎodù xiānghù tíchū yìjiàn ▶~に誤解があった/彼此间有误会 bǐcǐ jiān yǒu wùhuì ▶この分野における~の協力を強化する/加强双方在这个领域里的合作 jiāqiáng shuāngfāng zài zhège lǐngyù lǐ de hézuò

そうほう【走法】 跑法 pǎofǎ (英 *a style of running*)

そうほう【奏法】 〔音楽〕演奏法 yǎnzòufǎ (英 *the way of playing*)

そうぼう【相貌】 相貌 xiàngmào; 面貌 miànmào (英 *looks*) ▶現代社会の~/现代社会的风貌 xiàndài shèhuì de fēngmào

そうぼう【僧坊】 禅房 chánfáng; 僧房 sēngfáng (英 *the residential quarters in a temple*)

そうほん【草本】 草本 cǎoběn (英 *a herb*) ▶常緑多年生~/常绿多年生草本植物 chánglù duōniánshēng cǎoběn zhíwù

そうほん【送本する】 发送书籍 fāsòng shūjí (英 *deliver books*)

そうほんけ【総本家】 本宗 běnzōng; 正宗 zhèngzōng (英 *the head family*)

そうほんしょくぶつ【草本植物】 草本植物 cǎoběn zhíwù (英 *a herbaceous plant*)

そうほんてん【総本店】 总店 zǒngdiàn (英

そうまくり【総まくり】 概观 gàiguān; 彻底揭露 chèdǐ jiēlù (英 *a general survey*) ▶外国映画〜/外国电影概观 wàiguó diànyǐng gàiguān ▶今年の話題作〜/今年的热门作品概观 jīnnián de rèmén zuòpǐn gàiguān

そうまとう【走馬灯】 走马灯 zǒumǎdēng (英 *a revolving lantern*) ▶子供の頃の思い出が〜のように駆け巡る/小时候的记忆像走马灯一样闪过 xiǎoshíhou de jìyì xiàng zǒumǎdēng yíyàng shǎnguò

そうみ【総身】 全身 quánshēn (英 *the whole body*)
ことわざ 大男総身に知恵が回りかね 四肢发达, 大脑贫乏 sìzhī fādá, dànǎo pínfá

そうむ【双務的】 bilateral ▶両国の〜的な協定/两国双边协定 liǎng guó shuāngbiān xiédìng
◆〜契約 双边合同 shuāngbiān hétong

そうむ【総務】 总务 zǒngwù (英 *general affairs*) ▶〜部/总务处 zǒngwùchù ▶〜課長/总务科长 zǒngwù kēzhǎng
◆〜会長 总务会长 zǒngwù huìzhǎng

そうめい【聡明な】 聪明 cōngmíng; 贤明 xiánmíng (英 *sagacious*) ▶〜な女性/聪明的女性 cōngmíng de nǚxìng ▶彼女は気品と〜さに満ちている/她气质文雅、聪明伶俐 tā qìzhì wényǎ, cōngmíng línglì

そうめいきょく【奏鳴曲】 〔音楽〕奏鸣曲 zòumíngqǔ (ソナタ) (英 *a sonata*)

そうめつ【掃滅する】 扫灭 sǎomiè; 歼灭 jiānmiè (英 *exterminate*) ▶侵略军を〜する/歼灭侵略军 jiānmiè qīnlüèjūn

そうめん【素麺】 〔食品〕挂面 guàmiàn (英 *very thin white noodles*)

そうもく【草木】 草木 cǎomù; 植物 zhíwù (英 *plants*)

そうもくじ【総目次】 总目 zǒngmù (英 *a complete table of contents*)

そうもくろく【総目録】 总目 zǒngmù (英 *a complete catalog*) ▶館藏雑誌〜/馆藏刊物总目 guǎncáng kānwù zǒngmù

ぞうもつ【臓物】 下水 xiàshui (英 *entrails*) ▶鶏〜の煮込み/炖鸡下水 dùn jīxiàshui

そうもとじめ【総元締め】 总管 zǒngguǎn (英 *a general manager*)

そうゆかん【送油管】 输油管道 shūyóu guǎndào (英 *an oil pipeline*)

ぞうよ【贈与する】 赠与 zèngyǔ; 赠送 zèngsòng (英 *give*) ▶娘に財産を〜する/向女儿赠送财产 xiàng nǚ'ér zèngsòng cáichǎn
◆〜税 赠与税 zèngyǔshuì

そうらん【総覧する】 综观 zōngguān; 汇编 huìbiān (英 *make a comprehensive survey*) ▶研究者〜/研究人员总汇编 yánjiū rényuán zǒnghuìbiān ▶ベンチャー企業〜/综观风险企业 zōngguān fēngxiǎn qǐyè

そうらん【騒乱】 骚乱 sāoluàn; 暴乱 bàoluàn; 动乱 dòngluàn (英 *a disturbance; a riot*) ▶〜が起こる/发生动乱 fāshēng dòngluàn ▶〜状態/骚乱状态 sāoluàn zhuàngtài ▶この国は〜が絶えない/这个国家暴乱不断 zhège guójiā bàoluàn búduàn
◆〜罪 ▶〜罪を適用する/适用暴乱罪 shìyòng bàoluànzuì

そうり【総理】 总理 zǒnglǐ (英 *the Prime Minister*) ▶〜大臣/总理大臣 zǒnglǐ dàchén ▶元〜/原任总理 yuánrèn zǒnglǐ ▶前〜/前任总理 qiánrèn zǒnglǐ ▶〜官邸/首相官邸 shǒuxiàng guāndǐ; 首相府 shǒuxiàngfǔ

ぞうり【草履】 草鞋 cǎoxié; 人字拖鞋 rénzì tuōxié (英 *zori; Japanese sandals*) ▶ゴム〜/胶拖鞋 jiāotuōxié

そうりつ【創立する】 创建 chuàngjiàn; 创始 chuàngshǐ; 开创 kāichuàng (英 *found*) ▶本大学は〜以来150年になります/本大学自创建以来已有一百五十年了 běn dàxué zì chuàngjiàn yǐlái yǐ yǒu yìbǎi wǔshí nián le ▶〜60周年記念祭/成立六十周年纪念庆典 chénglì liùshí zhōunián jìniàn qìngdiǎn
◆〜者 :创始人 chuàngshǐrén; 奠基人 diànjīrén

そうりょ【僧侶】 僧侣 sēnglǚ; 和尚 héshang (英 *a (Buddhist) priest*)

そうりょう【送料】 运费 yùnfèi; 邮费 yóufèi (英 〔郵便の〕 *postage*; 〔货物の〕 *carriage*) ▶〜込み/运费在内 yùnfèi zàinèi ▶〜無料/免费送货 miǎnfèi sònghuò ▶この小荷物の〜はいくらですか/这个小件行李的运费是多少钱？ zhège xiǎojiàn xínglǐ de yùnfèi shì duōshǎo qián？▶商品代金のほかに別途〜がかかります/除了货款以外, 还要另收运费 chúle huòkuǎn yǐwài, hái yào lìng shōu yùnfèi

そうりょう【総量】 总量 zǒngliàng (英 〔全ての量〕 *the total amount*; 〔全重量〕 *the gross weight*) ▶マグロ〜規制/金枪鱼总量限制 jīnqiāngyú zǒngliàng xiànzhì ▶硫黄酸化物の〜削減/硫磺氧化物的总量缩减 liúhuáng yǎnghuàwù de zǒngliàng suōjiǎn

そうりょう【総領】 老大 lǎodà (英 *the eldest child*) ▶〜息子/长子 zhǎngzǐ

そうりょうじ【総領事】 总领事 zǒnglǐngshì (英 *a consul general*)
◆〜館 总领事馆 zǒnglǐngshìguǎn

そうりょく【総力】 全力 quánlì (英 *all one's energy*) ▶〜をあげて/竭尽全力 jiéjìn quánlì ▶〜戦/总体战 zǒngtǐzhàn ▶関係機関が〜を結集して取り組む必要がある/需要有关部门集中全力来解决 xūyào yǒuguān bùmén jízhōng quánlì lái jiějué

ぞうりん【造林する】 造林 zàolín (英 *afforest*)

ソウル 灵魂 línghún (英 *soul*) ▶〜ミュージック/灵乐 língyuè

そうるい【走塁】 〔野球〕跑垒 pǎolěi (英 *base running*)

そうるい【藻類】 藻类 zǎolèi（英 algae）
そうれい【壮麗な】 壮丽 zhuànglì；富丽 fùlì（英 magnificent）▶大聖堂の～な音楽/大圣堂里庄严优美的音乐 dàshèngtáng li zhuāngyán yōuměi de yīnyuè ▶幻想的で～な舞台を繰り広げる/展开充满幻想的、壮丽的一幕 zhǎnkāi chōngmǎn huànxiǎng de, zhuànglì de yí mù ▶～な大建造物/壮丽宏伟的建筑 zhuànglì hóngwěi de jiànzhù

そうれつ【壮烈】 壮烈 zhuàngliè（英 heroic）▶～な最期をとげる/壮烈地结束一生 zhuàngliè de jiéshù yìshēng ▶若き兵士の～な戦いを描いた映画/描写年轻士兵们壮烈激战的电影 miáoxiě niánqīng shìbīngmen zhuàngliè jīzhàn de diànyǐng

そうれつ【葬列】 送葬行列 sòngzàng hángliè（英 a funeral procession）

そうろ【走路】 跑道 pǎodào（英 a track; a course）▶～妨害で失格する/因妨碍跑道而失去参赛资格 yīn fáng'ài pǎodào ér shīqù cānsài zīgé

そうろう【早漏】〔医〕早泄 zǎoxiè（英 premature ejaculation）

そうろん【総論】 总论 zǒnglùn（英 general remarks）▶政治学～/政治学总论 zhèngzhìxué zǒnglùn ▶彼らは一様に賛成，各論反対だ/他们赞成总论，却反对分论 tāmen zànchéng zǒnglùn, què fǎnduì fēnlùn

そうわ【挿話】 插话 chāhuà；插曲 chāqǔ（英 an episode）

そうわ【送話】 通话 tōnghuà（英 transmission）**～機** 话筒 huàtǒng

そうわ【総和】 总和 zǒnghé；总汇 zǒnghuì；总计 zǒngjì（英 the sum total）▶家族の医療費の～が月収を超えた/家属医疗费的总额超过了月薪 jiāshǔ yīliáofèi de zǒng'é chāoguòle yuèxīn

ぞうわい【贈賄】 行贿 xínghuì（英 a bribe）▶～側の会社/行贿方公司 xínghuìfāng gōngsī ▶彼は～の意識がなかった/他没有行贿的意图 tā méiyǒu xínghuì de yìtú
◆**～罪** ▶～罪で訴えられる/因行贿罪被起诉 yīn xínghuìzuì bèi qǐsù **～事件**：行贿案件 xínghuì ànjiàn

そえがき【添え書き】 追加字句 zhuījiā zìjù；附言 fùyán；附记 fùjì（英 a note；[追伸] a postscript）▶年賀状に手書きで～する/在贺年卡上手写附言 zài hèniánkǎshang shǒuxiě fùyán

そえぎ【添え木】 支棍儿 zhīgùnr（英 a support）；（骨折的）夹板 jiābǎn（英 a splint）▶トマトに～をする/给西红柿秧架上支棍儿 gěi xīhóngshìyāng jiàshàng zhīgùnr ▶骨折した腕に～を当てる/在骨折了的胳膊上打上夹板 zài gǔzhéle de gēboshang dǎshàng jiābǎn

そえもの【添え物】 陪衬 péichèn；配搭儿 pèidar（英 an addition）▶俺たちはしょせん～扱いでしかない/咱们这些人不过是陪衬罢了 zánmen zhè xiē rén búguò shì péichèn bà le

そえる【添える】 添 tiān；附加 fùjiā；增添 zēngtiān（英 attach；[加える] add）▶手紙に写真を2枚～/信中附上两张照片 xìnzhōng fùshàng liǎng zhāng zhàopiàn ▶彩りを～/添彩 tiāncǎi ▶誕生日プレゼントにメッセージを～/在生日礼物上附上贺词 zài shēngrì lǐwùshang fùshàng hècí ▶力を～/增添力量 zēngtiān lìliang ▶桜の花がグラウンドに趣を～/樱花给运动场增添情趣 yīnghuā gěi yùndòngchǎng zēngtiān qíngqù ▶家庭的雰囲気を～/增添家庭气氛 zēngtiān jiātíng qìfēn ▶ステーキにパセリを～/在牛排旁边配上荷兰芹 zài niúpái pángbiān pèishàng hélánqín
錦上花を～ 锦上添花 jǐnshang tiān huā

そえん【疎遠】 疏远 shūyuǎn；生疏 shēngshū（英 estrangement）▶古い友人と～になる/和老朋友疏远 hé lǎopéngyou shūyuǎn

ソース ❶〔食品〕调味汁 tiáowèizhī；沙司 shāsī（英 sauce）▶～をかける/淋上调味汁 línshàng tiáowèizhī **❷**〔源〕来源 láiyuán（英 a source）▶ニュース～/消息来源 xiāoxi láiyuán **❸**〔プログラム〕（英 a source）▶～コード/源代码 yuándàimǎ
◆**ウスター～**：辣酱油 làjiàngyóu **オイスター～**：蚝油沙司 háoyóu shāsī **ホワイト～**：白色调味汁 báisè tiáowèizhī

ソーセージ〔食品〕香肠 xiāngcháng；腊肠 làcháng（英 sausage）
◆**ウインナー～**：小腊肠 xiǎolàcháng；细香肠 xìxiāngcháng；维也纳香肠 wéiyěnà xiāngcháng

ソーダ〔化学〕碱 jiǎn；苏打 sūdá（英 soda）▶苛性～/烧碱 shāojiǎn；苛性钠 kēxìngnà

ソーダすい【ソーダ水】 汽水 qìshuǐ《清凉饮料水》（英 soda water）

ソーラー 太阳能 tàiyángnéng（英 solar）▶～カー/太阳能车 tàiyángnéngchē ▶～発電システム/太阳能发电系统设备 tàiyángnéng fādiàn xìtǒng shèbèi

そかい【租界】 租界 zūjiè（英 a concession）▶1845年上海にイギリス～が開設された/一八四五年在上海开设了英租界 yī bā sì wǔ nián zài Shànghǎi kāishèle Yīngzūjiè

そかい【疎開する】 疏散 shūsàn；迁移 qiānyí（英 evacuate）▶洪水で住民は～した/因为发洪水居民们被疏散了 yīnwèi fā hóngshuǐ jūminmen bèi shūsàn le ▶戦時中，学童～が行われた/战争时期曾进行学童疏散 zhànzhēng shíqí céng jìnxíng xuétóng shūsàn ▶子供たちを田舎に～させる/让孩子们迁移到乡下 ràng háizimen qiānyídào xiāngxia ▶～児童/被疏散儿童 bèi shūsàn értóng

そがい【阻害する】 阻碍 zǔ'ài；妨碍 fáng'ài（英 obstruct）▶青少年の健全な育成を～する/妨碍青少年的健康成长 fáng'ài qīngshàonián de jiànkāng chéngzhǎng ▶改革推進の～要因を排除する/排除阻碍改革前进的要因 páichú zǔ'ài gǎigé qiánjìn de yàoyīn

そがい【疎外する】 疏远 shūyuǎn; 排挤 páijǐ (英 alienate) ▶よそ者を～する/排挤异乡人 páijǐ yìxiāngrén ▶仲間から～されている/被同伙排挤出来 bèi tónghuǒ páijǐchūlai ▶～感をもつ/感到孤独 gǎndào gūdú
◆自己～/自我异化 zìwǒ yìhuà 人間～/人的异化 rén de yìhuà

そかく【組閣する】 组阁 zǔgé (英 form a cabinet) ▶派閥優先で～する/以优先派系的方法进行组阁 yǐ yōuxiān pàixì de fāngfǎ jìnxíng zǔgé

そぎおとす【削ぎ落とす】 刮 guā; 刮掉 guādiào; 削掉 xiāodiào (英 scrape... off) ▶魚のうろこを～/刮掉鱼鳞 guādiào yúlín ▶無駄を～/消除浪费 xiāochú làngfèi ▶余計な贅肉を～/减掉多余的赘肉 jiǎndiào duōyú de zhuìròu ▶古いペンキを～/刮掉旧油漆 guādiào jiùyóuqī

そぎとる【削ぎ取る】 剔 tī (英 slice... off) ▶骨についた肉を～/剔骨头 tī gǔtou ▶鍋の汚れを～/刮掉锅上的污渍 guādiào guōshang de wūzì

そきゅう【遡及する】 追溯 zhuīsù (英 be retroactive) ▶5年前まで～して税を徴収する/征收税款要追溯到五年前 zhēngshōu shuìkuǎn yào zhuīsùdào wǔ nián qián ▶この規定は本年4月に～して適用される/这项规定的适用期限可追溯到今年四月 zhè xiàng guīdìng de shìyòng qīxiàn kě zhuīsùdào jīnnián sì yuè

そく【足】 [履物の1組] a pair (英 a foot) ▶靴下3～/三双袜子 sān shuāng wàzi
◆～温器/暖脚器 nuǎnjiǎoqì

そぐ【削ぐ・殺ぐ】 削 xiāo; 刮 guā (英 slice... off; [減らす] reduce) ▶樹皮を～/削树皮 xiāo shùpí ▶勢いを～/削弱势力 xuēruò shìlì ▶興味を～/扫兴 sǎoxìng ▶給料が安くて働く意欲を～/由于工资低而削弱劳动热情 yóuyú gōngzī dī ér xuēruò láodòng rèqíng ▶敵の戦力を～/采取削弱敌军战斗力的战术 cǎiqǔ xuēruò díjūn zhàndòulì de zhànshù

ぞく【俗な】 通俗 tōngsú; 世俗 shìsú (英 common; vulgar) ▶～な人/庸俗的人 yōngsú de rén ▶～に言う/通俗地说 tōngsú de shuō; 俗话说 súhuà shuō ▶それは君らしくない～な考え方だな/这种世俗的想法其实不像是你的风格 zhè zhǒng shìsú de xiǎngfa zhēn bú xiàng shì nǐ de fēnggé ▶この本を～な興味で買ってきた/出于低级趣味买回了这本书 chūyú dījí qùwèi mǎihuíle zhè běn shū

ぞく【族】 族 zú (英 [家族] a family; [部族] a tribe) ▶モンゴル～/蒙古族 Měnggǔzú ▶深夜～/夜猫子 yèmāozi ▶～議員/在特定部门影响力很强的议员 zài tèdìng bùmén yǐngxiǎnglì hěn qiáng de yìyuán

ぞく【属】 [生物] 属 shǔ (英 a genus) ▶タンポポ～植物/蒲公英属植物 púgōngyīngshǔ zhíwù
◆～名/属名 shǔmíng

ぞく【賊】 贼 zéi (英 a thief; [反徒] a rebel) ▶～を捕まえる/捉贼 zhuō zéi ▶管理人室に～が侵入する/小偷进入管理员室 xiǎotōu jìnrù

guǎnlǐyuánshì ▶～軍/贼军 zéijūn

ぞくあく【俗悪な】 鄙俗 bǐsú; 低级 dījí; 庸俗 yōngsú (英 vulgar) ▶～な映画/副俗的电影 bǐsú de diànyǐng ▶金と権力を振りかざす～な人間/大肆炫耀金钱与权力的庸俗人物 dàsì xuànyào jīnqián yǔ quánlì de yōngsú rénwù

そくい【即位する】 即位 jíwèi; 登基 dēng jī (英 be enthroned) ▶皇帝に～する/登基当皇帝 dēngjī dāng huángdì
◆～式/登基典礼 dēngjī diǎnlǐ; 即位大典 jíwèi dàdiǎn

そくいん【惻隠】
～の情 恻隐之心 cèyǐn zhī xīn ▶～の情を持つ/心怀恻隐 xīnhuái cèyǐn

ぞくうけ【俗受けする】 受一般人欢迎 shòu yìbānrén huānyíng (英 appeal to popular taste) ▶～する小説/适合大众口味的小说 shìhé dàzhòng kǒuwèi de xiǎoshuō ▶～をねらう/迎合大众口味 yínghé dàzhòng kǒuwèi

ぞくえい【続映する】 继续放映 jìxù fàngyìng; 延长放映 yáncháng fàngyìng (英 continue to show) ▶その映画は～中だ/那部电影正在继续放映 nà bù diànyǐng zhèngzài jìxù fàngyìng ▶一週間～になる/延长放映一个星期 yáncháng fàngyìng yí ge xīngqī

ぞくえん【続演する】 继续演出 jìxù yǎnchū (英 continue to stage) ▶そのミュージカルは2ヶ月～された/那部音乐剧的演出延长了两个月 nà bù yīnyuèjù de yǎnchū yánchángle liǎng ge yuè

そくおう【即応する】 适应 shìyìng; 顺应 shùnyìng (英 conform to...; cope with...) ▶顧客ニーズに～する商品を作る/生产适应顾客需求的商品 shēngchǎn shìyìng gùkè xūqiú de shāngpǐn ▶社会の進展に～する行政サービスを行う/提供顺应社会发展的行政服务 tígōng shùnyìng shèhuì fāzhǎn de xíngzhèng fúwù

そくおん【促音】 [音声学] 促音 cùyīn (英 a double consonant)

ぞくぐん【賊軍】 叛军 pànjūn (英 a rebel army)

勝てば官軍負ければ～ 胜者王侯败者贼 shèngzhě wánghóu bàizhě zéi

ぞくけ【俗気】 俗情 súqíng; 俗气 súqi (英 worldliness) ▶～が抜けない坊主/割不断俗情的和尚 gēbuduàn súqíng de héshang ▶～のない静かな環境/远离尘俗的寂静的环境 yuǎnlí chénsú de jìjìng de huánjìng

ぞくご【俗語】 俚语 lǐyǔ; 俗话 súhuà (英 [集合的] slang; [個々の] a slang word)
[日中比較] 中国語の'俗语 súyǔ'は「ことわざ」を表す。

そくざ【即座に】 立即 lìjí; 立刻 lìkè; 即刻 jíkè (英 on the spot; immediately) ▶～に返答する/立刻回答 lìkè huídá ▶彼女は引退の噂を～に否定した/她立即否定了关于自己隐退的传闻 tā lìjí fǒudìngle guānyú zìjǐ yǐntuì de chuánwén

そくさい【息災】 无恙 wúyàng (英 good

そくし【即死する】 当场死亡 dāngchǎng sǐwáng (英 be killed instantly) ▶砲弾に直撃されて~する/因为被炮弹击中当场死亡 yīnwèi bèi pàodàn jīzhòng dāngchǎng sǐwáng

そくじ【即時】 立即 lìjí; 立刻 lìkè; 当场 dāngchǎng (英 immediately; on the spot) ▶~解雇を言い渡す/当场宣布解雇 dāngchǎng xuānbù jiěgù ▶~抗告/立即上诉 lìjí shàngsù ▶~通告/立即通知 lìjí tōngzhī ▶迷惑メールは~削除する/立即删掉搔扰邮件 lìjí shāndiào sāorǎo yóujiàn ▶~撤退する/立刻撤退 lìkè chètuì
◆~払い：即付现款 jí fù xiànkuǎn

ぞくじ【俗字】 俗字 súzì; 俗体字 sútǐzì (英 a simplified Chinese character)

ぞくじ【俗事】 尘事 chénshì; 琐事 suǒshì (英 worldly affairs) ▶~にかまけない/清高 qīnggāo ▶~に追われる/忙于琐事 mángyú suǒshì; 琐事缠身 suǒshì chánshēn ▶~にかまけて本業がおろそかになる/忙于琐事而忽略了本职工作 mángyú suǒshì ér hūluèle běnzhí gōngzuò

そくじつ【即日】 即日 jírì; 当天 dàngtiān (英 (on) the same day) ▶~開票/当天开箱点票 dàngtiān kāi xiāng diǎn piào ▶電話をいただければ~配達します/您打来电话，我们当天就可以送到您那儿 nín dǎ lái diànhuà, wǒmen dàngtiān jiù kěyǐ sòngdào nín nàr
◆~仕上がり：当天做完 dàngtiān zuòwán

そくしゃほう【速射砲】 速射炮 sùshèpào (英 a rapid-firing cannon)

ぞくしゅう【俗臭】 俗气 súqì; 粗俗 cūsú (英 vulgarity) ▶~を帯びた話/俗气的话 súqì de huà ▶ふんぷんたる当世の政治家/俗气熏天的当今政客 súqì xūn tiān de dāngjīn zhèngkè

ぞくしゅう【俗習】 俗习 súxí; 世俗习惯 shìsú xíguàn (英 the ways of the world)

ぞくしゅつ【続出する】 接连出现 jiēlián chūxiàn (英 occur one after another) ▶放火の被害が~する/纵火案接连不断 zònghuǒ'àn jiēlián búduàn ▶飢餓が広がり餓死者が~した/饥荒扩散，饿死者接连出现 jīhuāng kuòsàn, èsǐzhě jiēlián chūxiàn ▶~する不祥事に不信感が増す/因接连出现丑闻加深了不信任感 yīn jiēlián chūxiàn chǒuwén jiāshēnle búxìnrèngǎn

ぞくしょう【俗称】 俗称 súchēng (英 a common name) ▶虫垂炎を~を盲肠炎という/阑尾炎俗称"盲肠炎" lánwěiyán súchēng "mángchángyán"

そくしん【促進する】 促成 cùchéng; 促进 cùjìn; 推动 tuīdòng (英 quicken; promote) ▶雇用を~する/增加就业机会 zēngjiā jiùyè jīhuì ▶高齢者の社会参加を~する/推动老年人参与社会活动 tuīdòng lǎoniánrén cānyù shèhuì huódòng ▶運用管理の自動化を~する/促进操作管理的自动化 cùjìn cāozuò guǎnlǐ de zìdònghuà ▶両国の友好関係を~する/促进两国友好关系 cùjìn liǎng guó de yǒuhǎo guānxi

ぞくじん【俗人】 庸人 yōngrén; 庸俗的人 yōngsú de rén ([僧に対して] a layman) ▶~の私には理解しかねる/我为庸人，实在难以理解 wǒ wéi yōngrén, shízài nányǐ lǐjiě

ぞくじん【俗塵】 红尘 hóngchén; 尘世 chénshì (英 earthly affairs) ▶~を離れて静寂なる山中に入る/离开尘世进入寂静的深山 líkāi chénshì jìnrù jìjìng de shēnshān ▶大賢人は~にまみれて生きている/大贤生活在红尘俗市中 dàxián shēnghuó zài hóngchén súshì zhōng; 大隐于市 dàyǐn yú shì

ぞくす【属す】 在 zài; 属于 shǔyú (英 belong to...) ▶シソ科に~/属于紫苏科 shǔyú zǐsūkē ▶かもしかはウシ科に~動物だ/日本羚羊是属于牛科的动物 Rìběn língyáng shì shǔyú niúkē de dòngwù ▶彼は柔道部に属している/他属于柔道队 tā shǔyú róudàoduì ▶彼はどの派閥にも属さない/他不属于任何一派 tā bù shǔyú rènhé yípài

そくする【即する】 符合 fúhé ([基づく] be based on...; [適合する] conform to...) ▶現実に即した考え/符合现实的想法 fúhé xiànshí de xiǎngfa ▶地域の実状に即して適切に判断する/结合地域社会的现状进行实际的判断 jiéhé dìyù shèhuì de xiànzhuàng jìnxíng shíjì de pànduàn ▶現状に即していない/不切合实际 bú qièhé shíjì

ぞくせ【俗世】 尘世 chénshì; 世俗 shìsú; 人世 rénshì (英 the world)

そくせい【仄声】 仄声 zèshēng

そくせい【速成】 速成 sùchéng (英 quickly produced) ▶~教育/速成教育 sùchéng jiàoyù
◆~クラス：速成班 sùchéngbān ▶とりあえず英語~クラスで勉強しなさい/暂且在英语速成班学习吧 zànqiě zài Yīngyǔ sùchéngbān xuéxí ba

ぞくせい【属性】 属性 shǔxìng (英 an attribute)

そくせいさいばい【促成栽培】 人工促成 réngōng cùchéng (英 forcing culture) ▶~用ハウス/促成温室 cùchéng wēnshì ▶~の野菜/促成栽培的蔬菜 cùchéng zāipéi de shūcài

ぞくせかい【俗世界】 尘世 chénshì; 俗世 súshì (英 the world)

そくせき【即席の】 即席 jíxí; 即兴 jíxìng (英 extempore) ▶~曲/方便面 fāngbiànmiàn ▶~で曲を作る/即兴作曲 jíxìng zuòqǔ ▶~で答弁する/即席答复 jíxí dáfù
◆~料理：方便食物 fāngbiàn shíwù; 快餐 kuàicān ▶夕食は~料理で間に合わす/晚饭用快餐来敷衍 wǎnfàn yòng kuàicān lái fūyǎn

そくせき【足跡】 ❶[あしあと] 脚印 jiǎoyìn; 足迹 zújì (英 a footprint) ▶~をたどる/追寻脚印 zhuīxún jiǎoyìn ▶~を残す/留下足迹 liúxià zújì ▶彼は世界中の~の至らぬ所はない/全世界没有他足迹未至的地方 quánshìjiè méiyǒu tā zújì wèi zhì de dìfang ❷[業績] 业绩 yèjì (英 an achievement) ▶大きな~を残す/留下伟大的业

绩 liúxià wěidà de yèjì

ぞくせけん【俗世間】 尘世 chénshì; 俗世 súshì（英 the world）▶しょせん俺たちは～から離れられない/我们终究离不开这个尘世 wǒmen zhōngjiū líbukāi zhège chénshì ▶～を超越した桃源郷/超越了尘世的桃花源 chāoyuèle chénshì de táohuāyuán

ぞくせつ【俗説】 一般说法 yībān shuōfǎ; 民间传说 mínjiān chuánshuō（英 a popular view）▶～を覆す意外な事実が出る/发现了可以推翻一般说法的意外的事实 fāxiànle kěyǐ tuīfān yībān shuōfǎ de yìwài de shìshí ▶その考えは～にすぎない/那种意见不过是世间的说法 nà zhǒng yìjiàn búguò shì shìsú de shuōfǎ

ぞくせん【側線】〔魚〕侧线 cèxiàn（英 a lateral line）

そくせんそっけつ【即戦即決】 速战速决 sùzhàn sù jué（英 a blitzkrieg）

そくせんりょく【即戦力】 能够立刻使用的人材 nénggòu lìkè shǐyòng de réncái（英 battle-ready forces）▶～になる選手/能马上参赛的选手 néng mǎshàng cānsài de xuǎnshǒu ▶彼は～として期待されている/他作为一个能马上胜任工作的人材而深受期待 tā zuòwéi yí ge néng mǎshàng shèngrèn gōngzuò de réncái ér shēn shòu qīdài

ぞくぞく【続続】 接二连三 jiē èr lián sān; 陆续 lùxù（英 one after another）▶観衆が～とやって来た/观众接二连三地来了 guānzhòng jiē èr lián sān de lái le ▶数種の話題作が～と上演された/几部热门作品陆续上演了 jǐ bù rèmén zuòpǐn lùxù shàngyǎn le ▶頭に～とアイデアが浮かぶ/头脑里接二连三地冒出新点子 tóunǎoli jiē èr lián sān de màochū xīndiǎnzi

ぞくぞくする ❶【寒気(ヒゥ)で】打寒战 dǎ hánzhàn（英 shiver）▶寒くて全身が～する/冷得全身发抖 lěngde quánshēn fādǒu ▶熱で～寒気がする/因为发烧而打寒战 yīnwèi fāshāo ér dǎ hánzhàn ❷【楽しみで】心情激动 xīnqíng jīdòng; 令人万分激动 lìng rén wànfēn jīdòng（英 be thrilled）▶嬉しさに～する/高兴得浑身发抖 gāoxìngde húnshēn fādǒu ▶彼はその本が面白くて～しながら読んだ/他被那本书深深吸引，心情激动地把它读完 tā bèi nà běn shū shēnshēn xīyǐn, xīnqíng jīdòng de bǎ tā dúwán

そくたつ【速達】 快信 kuàixìn（英 special delivery）▶手紙を～で出す/用快件寄信 yòng kuàijiàn jìxìn
♦～料金/快信邮费 kuàixìn yóufèi

そくだん【即断】 当机立断 dāng jī lì duàn; 当场决定 dāngchǎng juédìng（英 an immediate decision）▶～即決/速断速决 sùduàn sùjué ▶僅かな根拠で～するわけにはいかない/不能根据有的这点材料当场决定 bùnéng gēnjù jǐn yǒu de zhè diǎn cáiliào dāngchǎng juédìng

そくだん【速断する】 ❶【すみやかな判断】从速判断 cóngsù pànduàn（英 decide promptly）❷【早まった判断】仓促判定 cāngcù pàndìng; 轻率地决定 qīngshuài de juédìng（英 decide hastily）

ぞくちょう【族長】 族长 zúzhǎng（英 the head of a family）;［部族の］a chief

ぞくっぽい【俗っぽい】 俗气 súqì; 庸俗 yōngsú（英 vulgar; worldly）▶観光客が押しかけ古い町並みが俗っぽくなった/游客蜂拥而至，使古老的街景变得一派俗气 yóukè fēngyōng ér zhì, shǐ gǔlǎo de jiējǐng biànde yí pài súqi ▶～言い方をすれば頭は使いようです/俗气点儿讲，脑子还是看人怎么用 súqi diǎnr jiǎng, nǎozi háishi kàn rén zěnme yòng

そくてい【測定する】 测定 cèdìng; 测量 cèliáng（英 measure）▶血圧を～する/量血压 liáng xuèyā ▶速度を～する/测定速度 cèdìng sùdù ▶放射能を～する/测量放射能 cèliáng fàngshènéng

そくど【速度】 速度 sùdù（英 speed）▶～を上げる/加快速度 jiākuài sùdù ▶～を落とす/减慢速度 jiǎnmàn sùdù ▶インターネットへの接続が遅い/互联网的连接速度很慢 wǎngluò de liánjiē sùdù hěn màn ▶この特急列車は最高～が150キロである/这列特快的最高速度是一百五十公里 zhè liè tèkuài de zuìgāo sùdù shì yìbǎi wǔshí gōnglǐ ▶1時間60キロの～で走っている/以时速六十公里的速度行驶 yǐ shísù liùshí gōnglǐ de sùdù xíngshǐ
♦制限～ 规定速度 guīdìng sùdù ▶制限～をオーバーする/超过规定速度 chāoguò guīdìng sùdù ♦～計/速度计 sùdùjì

そくとう【即答する】 立即回答 lìjí huídá（英 answer immediately）▶～を避ける/避免当场回答 bìmiǎn dāngchǎng huídá

ぞくとう【続投する】〔野球〕连投 liántóu;〔役職を〕继续担任 jìxù dānrèn; 连任 liánrèn（英 continue）

そくどく【速読する】 速读 sùdú; 名利观念 mínglì guānniàn（英 read rapidly）▶一冊の本を30分で～する/用三十分钟速读一本书 yòng sānshí fēnzhōng sùdú yì běn shū ▶大学で～術を身につけた/在大学学会了速读法 zài dàxué xuéhuìle sùdúfǎ

ぞくねん【俗念】 俗念 súniàn（英 earthly desires）▶～を去る/抛弃俗念 pāoqì súniàn

そくばい【即売する】 当场出售 dāngchǎng chūshòu（英 sell on the spot）▶～会/展销会 zhǎnxiāohuì

そくばく【束縛する】 束缚 shùfù; 拘束 jūshù（英 restrain）▶時間に～される/受时间限制 shòu shíjiān xiànzhì ▶私たちお互いを～しないようにしましょう/咱们不要再互相束缚了吧 zánmen búyào zài hùxiāng shùfù le ba ▶～を脱す/摆脱束缚 bǎituō shùfù ▶仕事に～される/被工作所束缚 bèi gōngzuò suǒ shùfù ▶何からも～されない自由な時間を持つ/拥有不受任何东西束缚的自由时间 yōngyǒu bú shòu rènhé dōng-

ぞくはつ

xi shùfù de zìyóu shíjiān

ぞくはつ【続発する】連続发生 liánxù fāshēng（英 *occur in succession*）▶～する医療ミス/连续发生的医疗事故 liánxù fāshēng de yīliáo shìgù ▶列車事故が～した/连续发生了列车事故 liánxù fāshēngle lièchē shìgù ▶チフスの～を防止する/防止伤寒的连续发生 fángzhǐ shānghán de liánxù fāshēng

そくひつ【速筆】写得快 xiěde kuài（英 *quick writing*）▶～の作家/写得快的作家 xiěde kuài de zuòjiā；下笔如飞的作家 xiàbǐ rú fēi de zuòjiā

ぞくぶつ【俗物】庸人 yōngrén；俗人 súrén（英 *a vulgar person; a snob*）▶それはしょせん～の発想だ/那终究是庸人的主意 nà zhōngjiū shì yōngrén de zhǔyi ▶私のような～にはとても真似ができません/像我这样的庸人根本学不来 xiàng wǒ zhèyàng de yōngrén gēnběn xuébùlái
◆～根性：庸人根性 yōngrén gēnxing

そくぶつてき【即物的】❶【事実に即した】现实主义的 xiànshízhǔyì de（英 *realistic*）▶～な描写/现实主义的描写 xiànshí zhǔyì de miáoxiě ❷【利害にとらわれた】注重功利的 zhùzhòng gōnglì de（英 *utilitarian*）▶～な考え方/功利主义的想法 gōnglì zhǔyì de xiǎngfa ▶君はずいぶん～だな/你可真现实 nǐ kě zhēn xiànshí

そくぶん【仄聞する】传闻 chuánwén（英 *hear indirectly*）▶～するところによると两社は合併するらしい/据传闻两家公司好像要合并 jù chuánwén liǎng jiā gōngsī hǎoxiàng yào hébìng

ぞくへん【続編】续编 xùbiān；续集 xùjí（英 *a sequel*）▶～の出版が待ち遠しい/急切盼望续编的出版 jíqiè pànwàng xùbiān de chūbǎn

そくほう【速報】快报 kuàibào；速报 sùbào（英 *a prompt report*）▶ニュース～/新闻快报 xīnwén kuàibào ▶選挙～/选举快报 xuǎnjǔ kuàibào ▶地震の情報を～する/速报地震消息 sùbào dìzhèn xiāoxi
◆テレビ～/电视快报 diànshì kuàibào

ぞくほう【続報する】补报 bǔbào；继续报导 jìxù bàodǎo（英 *make a subsequent report*）▶漁船遭難事故の～が入った/接到了渔船遇难事故的新消息 jiēdàole yúchuán yùnàn shìgù de xīnxiāoxi

ぞくみょう【俗名】俗名 súmíng（英【法名に対して】*a secular name*；[僧の] *one's name as a layman*）

ぞくむき【俗向きの】通俗性 tōngsúxìng；适合老百姓的 shìhé lǎobǎixìng de；面向大众的 miànxiàng dàzhòng de（英 *popular*）

ぞくめい【属名】〖生物〗属名 shǔmíng（英 *a generic name*）

ぞくめん【側面】❶【正面に対して】侧面 cèmiàn（英 *a side*）▶～図/侧视图 cèshìtú ❷【一面】片面 piànmiàn；一面 yímiàn；侧面 cèmiàn（英 *an aspect*）▶～から探る/从侧面了解 cóng cèmiàn liǎojiě ▶心理的～から分析する/从心理学角度进行分析 cóng xīnlǐxué jiǎodù jìnxíng fēnxī ▶敵の～を攻撃する/攻击敌人的侧面 gōngjī dírén de cèmiàn ▶～から観察する/从侧面进行观察 cóng cèmiàn jìnxíng guānchá ▶彼らの運動を～から援助する/从旁援助他们的运动 cóng páng yuánzhù tāmen de yùndòng ▶～を突く/攻打侧翼 gōngdǎ cèyì ▶あの男にはこんな～もあるんだね/他也有这样不为人知的一面 tā yě yǒu zhèyàng bù wéi rén zhī de yí miàn

ぞくよう【俗謡】民歌 míngē；通俗歌谣 tōngsú gēyáo（英 *a folk song*）

そくりょう【測量】测量 cèliáng；丈量 zhàngliáng（英 *survey*）▶～士/测量员 cèliángyuán ▶土地の面積を～する/测量土地面积 cèliáng tǔdì miànjī
◆～器：测量仪器 cèliáng yíqì ～技師：测量技师 cèliáng jìshī ～図：测量图 cèliángtú

そくりょく【速力】速度 sùdù（英 *speed*）▶～を増す/加快速度 jiākuài sùdù ▶～をゆるめる/减慢速度 jiǎnmàn sùdù ▶船の～はエンジンの馬力によって違う/船舶速度因引擎马力而不同 chuánbó sùdù yīn yǐnqíng mǎlì ér bùtóng ▶時速120キロの～を出す/时速有一百二十公里 shísù yǒu yìbǎi èrshí gōnglǐ
◆全～：全～で走る/全速奔跑 quánsù bēnpǎo

ぞくろん【俗論】庸俗论调 yōngsú lùndiào；通俗议论 tōngsú yìlùn（英 *a conventional view*）▶～を排す/排除庸俗论调 páichú yōngsú lùndiào ▶断片的な情報に基づく～が横行する/依据片面信息的庸俗论调到处泛滥 yījù piànmiàn xìnxī de yōngsú lùndiào dàochù fànlàn

そぐわない 不相称 bù xiāngchèn；不符合 bù fúhé（英 *be unsuitable*）▶実情に～/不符合实际 bù fúhé shíjí ▶必ずしも今の時代に～とは言えない/不能说就一定与现代不相称 bùnéng shuō jiù yídìng yǔ xiàndài bù xiāngchèn ▶場所に～発言をする/说话不得体 shuōhuà bù détǐ

そけいぶ【鼠蹊部】〖解〗鼠蹊部 shǔxībù（英 *the groin*）

そげき【狙撃する】狙击 jūjī（英 *snipe*）▶～兵/狙击手 jūjīshǒu ▶屋上からターゲットを～する/从楼顶上狙击目标 cóng lóudǐngshang jūjī mùbiāo

ソケット 插口 chākǒu；插座 chāzuò（英 *a socket*）

そこ 那边 nàbiān；那儿 nàr；那里 nàli（英 *there; that*）▶～まで言わなくてもいいじゃないか/话不要说得那么厉害 huà búyào shuōde nàme lìhai ▶～からどこへ行ったの/你从那儿又去哪儿了？nǐ cóng nàr yòu qù nǎr le？▶～が知りたいのだ/我就想知道那点啊 wǒ jiù xiǎng zhīdào nà diǎn a ▶～までは考えていなかった/我没有想到那一步 wǒ méiyǒu xiǎngdào nà yí bù ▶～へいくと私なんか不平は何一つない/在这点儿上，我没有任何不满 zài zhè diǎnrshang, wǒ méiyǒu rènhé bùmǎn

そこ【底】 底子 dǐzi (英 the bottom) ▶～が抜ける/掉底儿 diào dǐr ▶海の～/海底 hǎidǐ ▶～が浅い/底子浅 dǐzi qiǎn ▶川の～に急に深くなる所がある/在河底有突然深陷下去的地方 zài hédǐ yǒu tūrán shēnxiànxiàqu de dìfang ▶瓶の～にまだ少し残っている/瓶子底部还剩了一点儿 píngzi dǐbù hái shèngle yìdiǎnr ▶～のまで落ち込む/情绪低落到极点 qíngxù dīluòdào jídiǎn ▶財布の～をはたく/花光钱包里所有的钱 huāguāng qiánbāoli suǒyǒu de qián ▶景気の割れの可能性は少ない/经济跌破谷底的可能性不大 jīngjì diēpò gǔdǐ de kěnéngxìng bú dà ▶心の～から ▶心の～から楽しい/打心眼儿里高兴 dǎ xīnyǎnrli gāoxìng

～知れぬ ▶～知れぬパワーを秘めている/蕴藏着不可估量的力量 yùncángzhe bùkě gūliáng de lìliang

～が割れる 露馅儿 lòu xiànr

～をつく ▶資金が～をつく/资金花光了 zījīn huāguāng le ▶人気が～をつく/声望一落千丈 shēngwàng yí luò qiān zhàng

そご【齟齬】 齟齬 jǔyǔ; 矛盾 máodùn (英〔食い違い〕a contradiction; 〔不一致〕a disagreement) ▶～をきたす/发生齟齬 fāshēng jǔyǔ ▶両者の判断が～する/二者的判断出现分歧 èr zhě de pànduàn chūxiàn fēnqí

そこい【底意】 本意 běnyì; 本心 běnxīn (英 a secret intention) ▶～をはかりかねる/摸不清本意 mōbuqīng běnyì ▶彼はお人好しで相手の～を見抜けなかった/他老实巴交的,没看出来对方的本意 tā lǎoshibājiāo de, méi kànchūlai duìfāng de běnyì

そこいじ【底意地】 心眼儿 xīnyǎnr; 心肠 xīncháng (英 a hidden nature) ▶～の悪い質問をする/提出居心不良的问题 tí chū jūxīn bùliáng de wèntí

～が悪い 心眼儿坏 xīnyǎnr huài ▶～が悪い上司/心术不正的上司 xīnshù búzhèng de shàngsi

そこう【素行】 品行 pǐnxíng (英 conduct) ▶～不良/品行不良 pǐnxíng bùliáng ▶～調査/品行调查 pǐnxíng diàochá ▶～を改める/改正品行 gǎizhèng pǐnxíng ▶～が修まらない/品行不端 pǐnxíng bùduān

そこう【遡行する】 逆流而上 nìliú ér shàng (英 go upstream)

そこかしこ【到処】 到处 dàochù; 处处 chùchù (英 here and there)

そこく【祖国】 祖国 zǔguó (英 one's homeland) ▶彼は～のポーランドへ帰った/他回到了祖国波兰 tā huídàole zǔguó Bōlán ▶心が二つの～に引き裂かれる/心被两个祖国撕裂 xīn bèi liǎng ge zǔguó sīliè

◆～愛/爱国心 àiguóxīn

そこそこに １【慌ただしく】匆忙 cōngmáng; 仓促 cāngcù (英 hurriedly) ▶朝飯も～にホテルを出た/匆忙吃了早饭就出了宾馆 cōngmáng chīle zǎofàn jiù chūle bīnguǎn ２【まあまあ】差不多 chàbuduō (英 all right) ▶学校の成績は～だった/学校的成绩还可以 xuéxiào de chéngjì hái kěyǐ ３【接尾辞】大约 dàyuē; 大致 dàzhì (英 about; or so) ▶まだ 30 ～の若僧だ/是一个才三十左右的小伙子 shì yí ge cái sānshí zuǒyòu de xiǎohuǒzi

そこぢから【底力】 潜力 qiánlì; 毅力 yìlì (英 real power) ▶～を見せる/显出潜力 xiǎnchū qiánlì

そこつ【粗忽な】 粗心 cūxīn; 疏忽 shūhu (英 careless) ▶あいつの～にも困ったものだ/那家伙的粗心真让人没办法 nà jiāhuo de cūxīn zhēn ràng rén méi bànfǎ ▶～者/冒失鬼 màoshiguǐ ▶またカギをかけるのを忘れただと、おまえはほんとに～者だな/你又忘了锁门了？真是个冒失鬼 nǐ yòu wàngle suǒ mén le? zhēn shì ge màoshiguǐ

そこで 于是 yúshì; 因此 yīncǐ; 所以 suǒyǐ (英 so; then) ▶難題だった。～みんなの意見をきいた/遇上了难题，于是征求了大家的意见 yù shàngle nántí, yúshì zhēngqiúle dàjiā de yìjiàn ▶議論が沸騰した、～議長が休会を宣言した/争论非常激烈，因此主持人宣布休会 zhēnglùn fēicháng jīliè, yīncǐ zhǔchírén xuānbù xiūhuì

そこなう【損なう】 １【壊す】損害 sǔnhài; 伤害 shānghài; 破壊 pòhuài (英 destroy; 〔害する〕hurt) ▶健康を～/损害健康 sǔnhài jiànkāng ▶名誉を～/败坏名声 bàihuài míngshēng ▶美しい自然の景観を～/破坏美丽的自然景观 pòhuài měilì de zìrán jǐngguān ▶民族感情を～/伤害民族感情 shānghài mínzú gǎnqíng ▶子供の自尊心を～言葉を言ってはいけない/不能讲伤害孩子自尊心的话 bùnéng jiǎng shānghài háizi zìzūnxīn de huà ２【失敗する】没成功 méi chénggōng; 失败 shībài (英 fail) ▶書き～/写错 xiěcuò ▶言い～/说错 shuōcuò ▶バスに乗り～/错过了公交车 cuòguòle gōngjiāochē ▶御馳走を食べ損なった/你可是错过了一顿佳肴啊 nǐ kěshì cuòguòle yí dùn jiāyáo a

そこなし【底無しの】 没有底 méiyǒu dǐ; 无限度 wúxiàndù (英 bottomless) ▶～沼/无底的沼泽 wú dǐ de zhǎozé ▶～の大酒飲み/海量 hǎiliàng

そこに【底荷】 压舱货 yācānghuò (英 ballast)

そこぬけ【底抜けの】 没尽头 méi jìntóu; 没止境 méi zhǐjìng (英 bottomless) ▶～に明るい/特别开朗 tèbié kāilǎng ▶～のバカ/大傻瓜 dàshǎguā ▶あいつは～のお人好しだ/那家伙是一个好得没边儿的老实人 nà jiāhuo shì yí ge hǎode méi biānr de lǎoshirén ▶彼のあの～の明るさが魅力だ/他那极其开朗的性格正是他的魅力所在 tā nà jíqí kāilǎng de xìnggé zhèngshì tā de mèilì suǒ zài ▶～に騒ぐ/吵闹得天翻地覆 chǎonàode tiān fān dì fù

そこね【底値】 (株式)最低价 zuìdījià (英 the bottom price) ▶株価が～をつける/股价降到最低价 gǔjià jiàngdào zuìdījià

そこねる【損ねる】 ❶【害する】損害 sǔnhài (英 harm) ▶健康を~/损害健康 sǔnhài jiànkāng ▶機嫌を~/得罪人 dézuì rén ▶高層マンションが建つと景観を~/高层公寓一建起来就会破坏景观 gāocéng gōngyù yí jiànqǐlai jiù huì pòhuài jǐngguān ❷【失敗する】失败 shībài (英 fail) ▶食べ~/没吃上 méi chīshàng ▶見たかった映画を見損ねた/错过了一场很想看的电影 cuòguòle yì chǎng hěn xiǎng kàn de diànyǐng

そこはかとない 说不出地 shuōbuchū de; 难以形容地 nányǐ xíngróng de (英 somehow) ▶~悲しみ/说不出的悲哀 shuōbuchū de bēi'āi ▶~そこはかとなく漂う香/依稀飘来的香味 yīxī piāolái de xiāngwèi

そこひ【底翳】 〘医〙内障 nèizhàng《白内障》(英 cataract)

そこびえする【底冷えする】 寒冷刺骨 hánlěng cìgǔ (英 be chilled to the bone) ▶京都は夏は蒸し暑く冬は~がするという/听说, 京都夏天闷热不堪, 冬天寒冷刺骨 tīngshuō, Jīngdū xiàtiān mènrè bùkān, dōngtiān hánlěng cìgǔ

そこびかり【底光りがする】 暗中发光 ànzhōng fāguāng (英 give a quiet luster) ▶磨き込んで~する大黒柱/擦得暗中发亮的顶梁柱 cāde ànzhōng fāliàng de dǐngliángzhù

そこびきあみ【底引き網】 拖网 tuōwǎng (英 a trawl (net)) ▶~漁/拖网渔业 tuōwǎng yúyè

そこら ❶【その辺】那一带 nà yídài; 那里 nàli (英 around there) ▶~へんにある安物と質が違う/和那一带卖的廉价货质量不同 hé nà yídài mài de liánjiàhuò zhìliàng bùtóng ▶ラーメン屋は街の~じゅうにある/街上到处都是拉面馆 jiēshang dàochù dōu shì lāmiànguǎn ❷【それくらい】大约 dàyuē; 左右 zuǒyòu (英 or so) ▶歩いて行っても30分~で着く/走着去半个小时左右就到 zǒuzhe qù bàn ge xiǎoshí zuǒyòu jiù dào ▶入社して1年~で辞める/进公司大约一年就辞掉了工作 jìn gōngsī dàyuē yì nián jiù cídiàole gōngzuò

そさい【蔬菜】 青菜 qīngcài; 蔬菜 shūcài (英 vegetables)

そざい【素材】 素材 sùcái; 原材料 yuáncáiliào (英 a material; [小说などの] a subject matter) ▶料理の~/做菜的材料 zuòcài de cáiliào ▶地元の~にこだわった料理/注重本地材料的菜肴 zhùzhòng běndì cáiliào de càiyáo ▶この事件は小説の~になりそうだ/这个事件可能成为小说的素材 zhège shìjiàn kěnéng chéngwéi xiǎoshuō de sùcái

そざつ【粗雑な】 粗糙 cūcāo; 马虎 mǎhu; 草率 cǎoshuài (英 rough) ▶~な議論がまかりとおる/粗糙的议论横行 cūcāo de yìlùn héngxíng ▶調査が~だ/调查做得很草率 diàochá zuòde hěn cǎoshuài

そさん【粗餐】 粗餐 cūcān; 便饭 biànfàn (英 a plain dinner) ▶~を差し上げても存じます/想请您吃顿便饭 xiǎng qǐng nín chī dùn biànfàn

そし【阻止する】 阻拦 zǔlán; 阻止 zǔzhǐ (英 obstruct; prevent) ▶力ずくで~する/用力阻拦 yòng lì zǔlán ▶出入り口で不审者の侵入を~する/在出入口阻拦可疑人员侵入 zài chūrùkǒu zǔlán kěyǐ rényuán qīnrù ▶野生動物の密輸を~する/阻止走私野生动物 zǔzhǐ zǒusī yěshēng dòngwù ▶ストを事前に~する/将罢工阻止于未然中 jiāng bàgōng zǔzhǐ yú wèirán zhōng

そし【素子】 〘電気〙元件 yuánjiàn (英 an element)

そじ【素地】 质地 zhìdì; 底子 dǐzi; 基础 jīchǔ (英 an inclination; a foundation) ▶彼にはユーモアを理解する~がない/他没有理解幽默的素质 tā méiyǒu lǐjiě yōumò de sùzhì ▶この国に多様な意見を受け入れる~があるか/这个国家有接受多种多样意见的基础吗? zhège guójiā yǒu jiēshòu duō zhǒng duō yàng yìjiàn de jīchǔ ma?

そじ【措辞】 措辞 cuòcí (英 wording)

そしき【組織する】 ❶【人の集まり】机构 jīgòu; 组织 zǔzhī; 组成 zǔchéng (英 organization) ▶社会~/社会机构 shèhuì jīgòu ▶~立った研究/有系统的研究 yǒu xìtǒng de yánjiū ▶~立った行動/有组织的行动 yǒu zǔzhī de xíngdòng ▶~がえする/改变组织结构 gǎibiàn zǔzhī jiégòu ▶~的な取り組みが必要だ/有必要采取体系化的措施 yǒu bìyào cǎiqǔ tǐxìhuà de cuòshī ▶新たに研究会を~した/新组成了一个研究会 xīn zǔchéngle yí ge yánjiūhuì ▶~力を高める/提高组织力量 tígāo zǔzhī lìliàng ▶オリンピック~委員会/奥林匹克组织委员会 Àolínpǐkè zǔzhī wěiyuánhuì ❷【細胞の集まり】组织 zǔzhī (英 tissue) ▶筋肉~/肌肉组织 jīròu zǔzhī ▶神経~/神经组织 shénjīng zǔzhī

♦~改革 | 机构改革 jīgòu gǎigé ~体 | 组织体 zǔzhītǐ ~犯罪 | 集团犯罪 jítuán fànzuì ~票 | 集体投票的选票 jítǐ tóupiào de xuǎnpiào ~労働者 | 加入工会的工人 jiārù gōnghuì de gōngrén

そしつ【素質】 素质 sùzhì; 天分 tiānfèn; 天资 tiānzī (英 the makings; [適性] an aptitude) ▶コーチとしての~が十分にある/富有传教练的才能 fùyǒu zuò jiàoliàn de cáinéng ▶彼には生まれつき音楽の~がある/他天生就有音乐才能 tā tiānshēng jiù yǒu yīnyuè cáinéng ▶語学の~がある/具有语言天分 jùyǒu yǔyán tiānfèn

そして 于是 yúshì; 然后 ránhòu; 并且 bìngqiě (英 and; and then) ▶~誰もいなくなった/最后, 一个人也没有了 zuìhòu, yí ge rén yě méiyǒu le ▶私はなんとなくこの本屋に入った、~この本に出会った/我无意中进了书店, 于是遇到了这家书店 wǒ wúyì zhōng jìnle shūdiàn, yúshì yùdàole zhè běn shū ▶彼は服を新調した、~それはとてもよく似合った/他新做了衣服, 并且非常合适 tā xīn zuòle yīfu, bìngqiě fēicháng héshì

そしな【粗品】 薄礼 bólǐ (英 a small gift) ▶~ですがお受け取り下さい/一份薄礼, 敬请笑纳 yí fēn bólǐ, jìngqǐng xiàonà

そしゃく【咀嚼する】咀嚼 jǔjué (英 chew) ▶よく～すると脳が活性化する/细细咀嚼会激活大脑 xìxì jǔjué huì jīhuó dànǎo ▶この文章などが～しなければよさが分からない/这篇文章不反复咀嚼就体会不到其中之妙 zhè piān wénzhāng bù fǎnfù jǔjué jiù tǐhuìbùdào qí zhōng zhī miào

そしゃく【租借する】租借 zūjiè (英 lease) ▶～地/租借地 zūjiè dì ▶～権/租借权 zūjièquán

そしょう【訴訟】官司 guānsi; 诉讼 sùsòng (英 a lawsuit) ▶～に勝つ/胜诉 shèngsù ▶～に負ける/败诉 bàisù ▶～を取り下げる《原告が》/撤诉 chèsù ▶民事～/民事诉讼 mínshì sùsòng ▶～を起こす/起诉 qǐsù; 打官司 dǎ guānsi; 告状 gàozhuàng ▶周辺住民が国を相手に～を起こす/附近居民跟国家打官司 fùjìn jūmín gēn guójiā dǎ guānsi ▶妻が離婚～を起こす/妻子提出离婚诉讼 qīzi tíchū líhūn sùsòng
♦～事件/诉讼案件 sùsòng ànjiàn ～人/诉讼人 sùsòngrén ～手続/▶手续をとる/办理诉讼手续 bànlǐ sùsòng shǒuxù ～費用/诉讼费用 sùsòng fèiyòng

そじょう【俎上に上る】俎上 zǔshang (英 be under discussion) ▶～の鯉/俎上肉 zǔshang ròu; 网中鱼 wǎng zhōng yú ▶人権問題を～に載せて議論する/把人权问题提出来进行讨论 bǎ rénquán wèntí tíchū lái jìnxíng tǎolùn

そじょう【訴状】诉状 sùzhuàng; 状子 zhuàngzi; 起诉书 qǐsùshū (英 a petition) ▶裁判所に～を提出する/向法院提交诉状 xiàng fǎyuàn tíjiāo sùzhuàng

そしょく【粗食する】粗食 cūshí; 粗茶淡饭 cūchá dànfàn (英 take plain food) ▶粗衣～/粗衣淡食 cūyī dànshí; 布衣素食 bùyī sùshí ▶～に耐える/忍受粗茶淡饭 rěnshòu cūchá dànfàn

そしらぬ【素知らぬ】(英 unconcerned) ▶～ふりをする/若无其事 ruò wú qí shì; 假装不知道 jiǎzhuāng bù zhīdào; 佯作不知 yáng zuò bù zhī ▶彼は～ふりで通り過ぎた/他若无其事地走了过去 tā ruò wú qí shì de zǒuleguòqu

そしり【謗り】诽谤 fěibàng; 指责 zhǐzé; 非难 fēinàn (英 slander; censure) ▶世間の～を受ける/受到舆论的指责 shòudào yúlùn de zhǐzé ▶無責任の～を招く/招致不负责任的非难 zhāozhì bú fù zérèn de fēinàn ▶不誠実との～を免れない/难免被指责为不诚实 nánmiǎn bèi zhǐzé wéi bù chéngshí

そしる【謗る】诽谤 fěibàng; 讥诮 jīqiào; 责难 zénàn (英 slander; censure) ▶人をそしってばかりいてはいけない/不要光诽谤别人 búyào guāng fěibàng biérén

そすい【疎水】水道 shuǐdào; 水渠 shuǐqú (英 a canal) ▶湖から市内に～を引く/从湖泊往市内引水道 cóng húpō wǎng shìnèi yǐn shuǐdào

そすう【素数】〔数〕素数 sùshù (英 a prime number)

そせい【粗製の】粗制 cū zhì (英 coarse) ▶～乱造する/粗制滥造 cū zhì làn zào ▶～乱造の誹(そし)りを受ける/被指责为粗制滥造 bèi zhǐzé wéi cū zhì làn zào

そせい【組成】构成 gòuchéng; 组成 zǔchéng (英 composition) ▶分子の～/分子构成 fēnzǐ gòuchéng ▶～分析/构成分析 gòuchéng fēnxī ▶～物/构成物 gòuchéngwù

そせい【可塑性】可塑性 kěsùxìng (英 plasticity)

そせい【蘇生する】苏醒 sūxǐng; 回生 huíshēng (英 revive) ▶心肺～法/心肺苏醒法 xīnfèi sūxǐngfǎ ▶解放されて自由の～を実感した/获得解放,切身体会到恢复了自由 huòdé jiěfàng, qièshēn tǐhuìdào huīfùle zìyóu ▶息子は人工呼吸で～した/靠人工呼吸儿子苏醒过来了 kào réngōng hūxī érzi sūxǐngguòlai le ▶倒産会社を～させる/让破产的公司重获新生 ràng pòchǎn de gōngsī chóng huò xīnshēng

ぜぜい【租税】捐税 juānshuì; 税 shuì (英 taxes) ▶～収入が減少する/税收减少 shuìshōu jiǎnshǎo ▶新たな～が課されようとしている/将被征收新税 jiāng bèi zhēngshōu xīnshuì

そせき【礎石】基石 jīshí; 柱脚石 zhùjiǎoshí (英 a foundation stone) ▶古代寺院の～/古代寺院的基石 gǔdài sìyuàn de jīshí ▶我々の手で平和の～を築こう/让我们亲手奠定和平的基础 ràng wǒmen qīnshǒu diàndìng hépíng de jīchǔ

そせん【祖先】祖先 zǔxiān; 祖宗 zǔzong; 远祖 yuǎnzǔ (英 an ancestor) ▶人類の～/人类的祖先 rénlèi de zǔxiān
♦～崇拜/祖先崇拜 zǔxiān chóngbài

そそ【楚楚】楚楚 chǔchǔ (英 graceful) ▶～としてかわいい/楚楚可怜 chǔchǔ kělián ▶～たる風情の花/楚楚动人的花 chǔchǔ dòngrén de huā

そそう【阻喪する】沮丧 jǔsàng (英 be discouraged) ▶意気～する/意气沮丧 yìqì jǔsàng; 垂头丧气 chuí tóu sàng qì ▶負け試合が続いてすっかり元気を～した/连战连败士气一落千丈 lián zhàn lián bài shìqì yí luò qiān zhàng

そそう【粗相する】❶【失敗】差错 chācuò; 疏忽 shūhu (英 make a careless mistake) ▶とんだ～をいたしまして誠に申し訳ありません/我太疏忽了,真是对不起 wǒ tài shūhu le, zhēn shì duìbuqǐ ▶～のないように気を付けて下さい/请注意不要出什么差错 qǐng zhùyì búyào chū shénme chācuò ❷【おもらし】失禁 shījìn (英 have a toilet accident) ▶この犬は叱るとすぐに～する/这条狗一挨骂就撒尿 zhè tiáo gǒu yì āimà jiù sā niào

そぞう【塑像】塑像 sùxiàng; 造像 zàoxiàng (英 a plastic image)

そそぎこむ【注ぎ込む】流入 liúrù; 灌注 guànzhù; 注入 zhùrù (英 [流し込む] pour... into ～; [流れ込む] flow into...) ▶水を～/灌水 guàn shuǐ ▶全力を～/全力以赴 quán lì yǐ fù ▶川を経て海に～水が魚貝類を育てる/经过河川流入大海的水养育了鱼贝类 jīngguò héchuān liúrù dàhǎi de shuǐ yǎngyùle yúbèilèi

そそぐ【注ぐ】 ① 【流入】流入 liúrù (英 *flow into*…) ▶川が海に~/河水流入海里 héshuǐ liúrù hǎilǐ
② 【注入】倒 dào；注入 zhùrù (英 *pour... into*~) ▶コップに水を~/把水倒入杯里 bǎ shuǐ dàorù bēilǐ
③ 【集中】倾注 qīngzhù (英 *concentrate*) ▶全力を~/全力以赴 quánlì yǐ fù ▶子供に愛情を~/对孩子倾注爱情 duì háizi qīngzhù àiqíng ▶映画作りに情熱を~/对电影制作倾注热情 duì diànyǐng zhìzuò qīngzhù rèqíng
火に油を~ 火上浇油 huǒshang jiāo yóu

そそぐ【雪ぐ】 ⇒すすぐ（濯ぐ・雪ぐ）

そそくさと 草草 cǎocǎo；匆匆忙忙 cōngcōng mángmáng (英 *in haste*) ▶~引きあげる/急忙离开 jímáng líkāi ▶~帰り支度をする/匆匆忙忙地做回家的准备 cōngcōngmángmáng de zuò huíjiā de zhǔnbèi ▶~退散する/匆匆忙忙地逃走 cōngcōngmángmáng de táozǒu

そそっかしい 冒失 màoshi；毛手毛脚 máoshǒu máo jiǎo；毛躁 máozào (英 *careless; hasty*) ▶~人/冒失鬼 màoshiguǐ ▶~くせ/鲁莽的脾气 lǔmǎng de píqi ▶ほんとに君は~男だな/你可真是毛手毛脚的 nǐ kě zhēn shì máoshǒu máojiǎo de

そそのかす【唆す】 唆使 suōshǐ；怂恿 sǒngyǒng；挑唆 tiǎosuō (英 *tempt*) ▶子供に万引きするよう~/怂恿孩子扒窃 sǒngyǒng háizi páqiè ▶俺が唆したのではない、あいつが勝手にやったのだ/不是我唆使的，而是他自己干的 bú shì wǒ suōshǐ de, ér shì tā zìjǐ gàn de

そそりたつ【そそり立つ】 耸立 sǒnglì；屹立 yìlì；拔地而起 bádì ér qǐ (英 *rise (high)*) ▶切り立った崖が~/峭立的悬崖高高耸立 qiàolì de xuányá gāogāo sǒnglì

そそる 激起 jīqǐ；引起 yǐnqǐ (英 *excite*) ▶興味を~/引起兴趣 yǐnqǐ xìngqù ▶食欲を~/引动食欲 yǐndòng shíyù ▶講演会を聞いてひどく興味をそそられた/听了讲演引起了很大的兴趣 tīngle jiǎngyǎn yǐnqǐle hěn dà de xìngqù ▶好奇心を~テーマだ/这是一个激发好奇心的主题 zhè shì yí ge jīfā hàoqíxīn de zhǔtí

そぞろに (英 *involuntarily; somehow*) ▶試合の前は気も~だった/比赛前心情也有些散漫 bǐsàiqián xīnqíng yě yǒu xiē sǎnmàn

そぞろあるく【そぞろ歩く】 遛 liù；漫步 mànbù (英 *stroll*) ▶カメラを持って古都を~/拿着照相机在古都漫步 názhe zhàoxiàngjī zài gǔdū mànbù
♦そぞろ歩き 漫步 mànbù；信步而行 xìnbù ér xíng

そだい【粗大】 笨重 bènzhòng (英 *rough an large*) ▶~ゴミを収集する/收集大件垃圾 shōují dàjiàn lājī
日中比較 中国語の'粗大 cūdà'は「太く大きい」ことを指す.

そだち【育ち】 ① 【生育】发育 fāyù；成长 chéngzhǎng (英 *growth*) ▶東京生まれの、東京~だ/我是生在东京，长在东京的 wǒ shì shēngzài Dōngjīng, zhǎngzài Dōngjīng de ▶稲の~がよい/稻子长势良好 dàozi zhǎngshì liánghǎo
② 【しつけ】教育 jiàoyù；教养 jiàoyǎng (英 *upbringing*) ▶~がよい/家教好 jiājiào hǎo ▶温室~/娇生惯养的人 jiāo shēng guàn yǎng de rén ▶~のよさ/由此可以看出其教养 yóucǐ kěyǐ kànchū qí jiàoyǎng ▶金もあり、~もある/又有钱，家教又好 yòu yǒuqián, jiājiào yòu hǎo ▶田舎~の/在农村长大的 zài nóngcūn zhǎngdà de
氏より~ 门第远没有教育重要 méndì yuǎn méiyǒu jiàoyù zhòngyào
~盛り（子ども）正在长大的时候 (háizi) zhèngzài zhǎngdà de shíhou；发育期 fāyùqī ▶~盛りの子供/正在长身体的孩子 zhèngzài zhǎng shēntǐ de háizi

そだつ【育つ】 生长 shēngzhǎng；成长 chéngzhǎng；长大 zhǎngdà (英 *grow up; be brought up*) ▶子供が~環境が大きく変わった/孩子们成长的环境发生了很大变化 háizimen chéngzhǎng de huánjìng fāshēngle hěn dà biànhuà ▶東京で生まれて京都で育った/生在东京，长在京都 shēngzài Dōngjīng, zhǎngzài Jīngdū ▶親はなくとも子は~/没有父母孩子也能长大成人 méiyǒu fùmǔ háizi yě néng zhǎngdà chéngrén ▶母乳で育った子供/母乳喂养的孩子 mǔrǔ wèiyǎng de háizi ▶田舎で育った子供/在农村长大的孩子 zài nóngcūn zhǎngdà de háizi
ことわざ 寝る子は育つ 能睡的孩子长得好 néng shuì de háizi zhǎng de hǎo

そだてのおや【育ての親】 养父母 yǎngfùmǔ (英 *a foster parent*)

そだてる【育てる】 培养 péiyǎng；培育 péiyù；抚育 fǔyù [养育]；[教育] 训练 [饲养] *raise*) ▶後継者を~/培养接班人 péiyǎng jiēbānrén ▶弟子を~/造就弟子 zàojiù dìzǐ ▶花を~/养花 yǎng huā ▶ベランダでハーブを~/在阳台上养香草 zài yángtáishang yǎng xiāngcǎo ▶赤ん坊を母乳で~/用母乳喂养婴儿 yòng mǔrǔ wèiyǎng yīng'ér ▶マラソン選手を~/培养马拉松运动员 péiyǎng mǎlāsōng yùndòngyuán ▶子供を~ことにこんなにお金がかかる時代じゃない/哪个时代养育孩子也没有这样花钱 nǎge shídài yǎngyù háizi yě méiyǒu zhèyàng huā qián

そち【措置】 措施 cuòshī (英 *a measure*) ▶~を講じる/采取措施 cǎiqǔ cuòshī ▶緊急~/紧急措施 jǐnjí cuòshī ▶報復~を取る/采取报复措施 cǎiqǔ bàofù cuòshī ▶早急に適切な~を取る所存です/我打算迅速采取妥善的措施 wǒ dǎsuan xùnsù cǎiqǔ tuǒshàn de cuòshī ▶断固たる~/断然的措施 duànrán de cuòshī

そちら 那边 nàbiān；您 nín [そこ] (*over there*；[相手] *you*) ▶~さんはどちらさん？/您是

哪位啊？nín shì nǎ wèi a？ ▶〜はもう雪が降っていますか/你那儿已经下雪了吗？nǐ nàr yǐjing xià xuě le ma？ ▶〜は皆さんお元気ですか/你那儿各位都好吗？nǐ nàr gèwèi dōu hǎo ma？ ▶〜の御意見はいかがでしょう/您的意见怎么样？nín de yìjiàn zěnmeyàng？ ▶〜の方が安いよ/那边儿便宜！nàbiānr piányi！

そつ【過失】 guòshī；失误 shīwù（英 *a fault; an error*）▶〜仕事を〜をなくこなす/没有任何失误地工作 méiyǒu rènhé shīwù de gōngzuò
〜がない 无懈可击 wú xiè kě jī ▶彼は何をやっても〜がない/他无论做什么都无懈可击 tā wúlùn zuò shénme dōu wú xiè kě jī

そつう【疎通する】 沟通 gōutōng；疏通 shūtōng（英 *come to understand each other*）▶意思の〜をはかる/沟通意见 gōutōng yìjiàn ▶行政と住民の間で意思の〜を欠く/行政方面和居民之间缺乏意见的沟通 xíngzhèng fāngmiàn hé jūmín zhījiān quēfá yìjiàn de gōutōng

[日中比較] 中国语的"疏通 shūtōng"には「相手によく理解される」という意味の他に「溝をさらって流れをよくする」という意味もある。

ぞっか【俗化】 庸俗化 yōngsúhuà（英 *vulgarize;* [俗化される] *be vulgarized*）▶かつての聖地もすっかり〜してしまった/昔日的圣地已经完全庸俗化了 xīrì de shèngdì yǐjing wánquán yōngsúhuà le ▶ここはまだ〜されていない/那里还没有被庸俗化 nàlǐ hái méiyǒu bèi yōngsúhuà

ぞっかい【俗界】 尘世 chénshì；人间 rénjiān（英 *the (workaday) world*）▶〜を離れた深山幽谷の地/远离尘世的深山幽谷 yuǎnlí chénshì de shēnshān yōugǔ ▶〜を捨てる/离尘脱俗 líchén tuōsú

ぞっかん【続刊する】 继续出版 jìxù chūbǎn；续刊 xùkān（英 *continue to world*）

そっき【速記する】 速记 sùjì（英 *write... in shorthand*）▶供述を〜する/速记口供 sùjì kǒugòng
♦ 〜者 速记人 sùjìrén 〜録 速记录 sùjìlù

そっきゅう【速球】 快球 kuàiqiú（英 *a fast ball*）▶〜を投げる/投快球 tóu kuàiqiú
♦ 〜投手 快球投手 kuàiqiú tóushǒu

そっきょう【即興の】 即兴 jíxìng（英 *impromptu*）▶〜曲/即兴曲 jíxìngqǔ ▶彼は〜で山の姿を曲にした/他即兴把山岳的雄姿谱成了曲 tā jíxìng bǎ shānyuè de xióngzī pǔchéngle qǔ
♦ 〜演奏 即兴演奏 jíxìng yǎnzòu
♦ 〜詩 即兴诗 jíxìngshī 〜詩人 即兴诗人 jíxìngshīrén

そつぎょう【卒業する】 毕业 bìyè（英 *graduate*）▶〜式/毕业式 bìyèshì ▶〜試験/毕业考试 bìyè kǎoshì ▶〜証書/毕业证书 bìyè zhèngshū；文凭 wénpíng ▶高校を〜してから15年になる/自高中毕业已有十五年了 zì gāozhōng bìyè yǐ yǒu shíwǔ nián le ▶〜アルバム/毕业纪念相册 bìyè jìniàn xiàngcè ▶大学〜以来彼とは会っていない/大学毕业以后一直没有见过他 dàxué bìyè yǐhòu yìzhí méiyǒu jiànguo tā ▶毎年50名を〜生として送り出す/每年送走五十名毕业生 měinián sòngzǒu wǔshí míng bìyèshēng ▶私は1991年度の〜生である/我是一九九一届的毕业生 wǒ shì yī jiǔ jiǔ yī jiè de bìyèshēng
♦ 〜論文 毕业论文 bìyè lùnwén

そっきん【即金】 现金 xiànjīn；现款 xiànkuǎn（[现金] *cash;* [现金払い] *cash payment*）▶〜で払う/当场付款 dāngchǎng fùkuǎn ▶〜で買う/用现金买 yòng xiànjīn mǎi

そっきん【側近】 左右 zuǒyòu；亲信 qīnxìn（英 *an aide; those close to...*）▶大统领の〜/总统亲信 zǒngtǒng qīnxìn ▶首相〜筋の情報/来自首相亲信方面的消息 láizì shǒuxiàng qīnxìn fāngmiàn de xiāoxi

ソックス〘服飾〙 短袜 duǎnwà（英 *socks*）▶赤い〜をはく/穿上红短袜 chuānshàng hóngduǎnwà

そっくり ❶【似ていること】活像 huóxiàng；逼真 bīzhēn；一模一样 yì mú yí yàng（英 *be just like...*）▶本物の〜の偽ブランド/逼真的仿造名牌 bīzhēn de fǎngzào míngpái ▶彼女は母親〜だ/她和妈妈像极了 tā hé māma xiàngjíle ❷【そのまま・もとのまま】原封不动 yuánfēng búdòng（英 *the whole...*）▶財産を〜頂く/得到所有财产 dédào suǒyǒu cáichǎn ▶〜そのままにしておく/原封不动地那样放着 yuánfēng búdòng de nàyàng fàngzhe

そっくりかえる【そっくり返る】 翘 qiáo；挺胸凸肚 tǐng xiōng tū dù（英 *hold one's head high*）▶社長室でそっくり返って報告を聞いた/在总经理室挺着胸脯听部下报告 zài zǒngjīnglǐshì tǐngzhe xiōngpú tīng bùxià bàogào

ぞっけ【俗気】 俗气 súqì；俗情 súqíng（英 *worldliness*）▶彼はいつまでも〜が抜けない/他总也去不掉俗气 tā zǒng yě qùbudiào súqi

そっけつ【即決】 立即裁决 lìjí cáijué；当场决定 dāngchǎng juédìng（英 *decide on the spot*）
♦ 〜裁判 当场判决 dāngchǎng pànjué

そっけつ【速決する】 速决 sùjué（英 *make a quick decision*）

そっけない【素っ気ない】 冷淡 lěngdàn；漠不关心 mò bù guānxīn（英 *curt*）▶〜態度/冷淡的态度 lěngdàn de tàidu ▶返答はあまりにも〜なのだった/回答显得十分冷淡 huídá xiǎnde shífēn lěngdàn ▶素っ気なくする/冷淡对待 lěngdàn duìdài ▶あまり素っ気なくも断れないしねえ/又不能太冷淡地拒绝 yòu bùnéng tài lěngdàn de jùjué

そっこう【即効】 立刻生效 lìkè shēngxiào（英 *an immediate effect*）▶〜性がある/能立刻生效 néng lìkè shēngxiào
♦ 〜薬 速效药 sùxiàoyào ▶私は彼が最上の〜薬だと我来说他是最灵的药 duì wǒ lái shuō tā shì zuì líng de yào

そっこう【側溝】 路旁排水沟 lùpáng páishuǐgōu 〈英〉 *a side ditch*）

そっこう【速攻】 快速进攻 kuàisù jìngōng; 快攻 kuàigōng 〈英〉 *a swift attack*）

そっこう【速効】 速效 sùxiào 〈英〉 *a quick effect*）▶～性がある/有速效性 yǒu sùxiàoxìng ▶～肥料/速效肥料 sùxiào féiliào

ぞっこう【続行する】 继续进行 jìxù jìnxíng 〈英〉 *continue*）▶試合を～/继续进行比赛 jìxù jìnxíng bǐsài ▶交渉を～することで合意した/双方同意继续进行交涉 shuāngfāng tóngyì jìxù jìnxíng jiāoshè ▶資金難で研究を～することが不可能となった/由于资金短缺，已经不可能继续进行研究了 yóuyú zījīn duǎnquē, yǐjing bù kěnéng jìxù jìnxíng yánjiū le

そっこうじょ【測候所】 气象站 qìxiàngzhàn 〈英〉 *a meteorological observatory*）

そっこく【即刻】 即时 jíshí; 立刻 lìkè; 立即 lìjí 〈英〉 *at once*）▶これは不法占拠だから～立ち退きなさい/这是非法占据，请立即搬走 zhè shì fēifǎ zhànjù, qǐng lìjí bānzǒu ▶援助物資を送りに/立刻寄送援助物资 lìkè jìsòng yuánzhù wùzī ▶国外退去を命じる/命令立即出境 mìnglìng lìjí chūjìng

ぞっこく【属国】 附属国 fùshǔguó; 属国 shǔguó 〈英〉 *a dependency*）

ぞっこん 打心里 dǎ xīnli; 从心眼儿里 cóng xīnyǎnrli 〈英〉 *deeply*）▶～ほれこむ/从心眼儿里喜欢 cóng xīnyǎnrli xǐhuan ▶彼女のあの魅力には～参ってしまった/从心眼儿里迷上了她的魅力 cóng xīnyǎnrli míshàngle tā de mèilì

そっせん【率先する】 率先 shuàixiān; 带头 dàitóu 〈英〉 *take the lead*）▶～垂範/率先垂范 shuàixiān chuífàn; 带头示范 dàitóu shìfàn ▶大人が～してボランティア活動をする/大人率先带头做义务活动 dàrén shuàixiān dàitóu zuò yìwù huódòng ▶彼は～して海岸のゴミ拾いをやった/他带头捡了海岸上的垃圾 tā dàitóu jiǎnle hǎi'ànshang de lājī

そっち 那边儿 nàbiānr 〈英〉 *that*（それ）; *there*（そこ））▶（子供に）～に行っちゃだめよ/不要到那边儿去 búyào dào nàbiānr qù ▶（情況）～はどんな具合だ/你那儿怎么样？ nǐ nàr zěnmeyàng?

そっちのけ【そっち除けにする】 **1**［ほうっておく］ 丢开不管 diūkāi bù guǎn; 扔在一边 rēngzài yìbiān 〈英〉 *neglect*）▶子供～でマージャンに熱中している/把孩子扔在那里不管，只顾自己打麻将 bǎ háizi rēngzài nàli bù guǎn, zhǐgù zìjǐ dǎ májiàng ▶仕事～でサッカー国際試合を見る/把工作扔在一边，只顾看国际足球比赛 bǎ gōngzuò rēngzài yìbiān, zhǐgù kàn guójì zúqiú bǐsài ▶うちの子は勉強～でマンガばかり読んでいる/我家孩子把功课丢开不管，光看漫画 wǒ jiā háizi bǎ gōngkè diūkāi bùguǎn, guāng kàn mànhuà **2**［顔負け］〈英〉 *outdo*）▶本職も～のできばえ/做得比内行都好 zuòde bǐ nèiháng dōu hǎo

そっちゅう【卒中】 〔医〕卒中 cùzhòng 〈英〉 *apoplexy*）▶脳～/脑中风 nǎo zhòngfēng ▶重い［軽い］～の発作を起こす/引起严重的[轻度]中风 yǐnqǐ yánzhòng de[qīngdù]zhòngfēng

そっちょく【率直な】 坦率的 tǎnshuài de; 直率 zhíshuài; 直爽 zhíshuǎng 〈英〉 *frank*）▶～に言う/坦率地说 tǎnshuài de shuō ▶皆さんの～な感想を聞かせて下さい/请让我听听各位坦率的意见吧 qǐng ràng wǒ tīngtīng gè wèi tǎnshuài de yìjiàn ba ▶～な意見の表明/坦率意见表达 tǎnshuài de yìjiàn biǎodá ▶あまりに～な答えにこっちが戸惑ってしまった/因为对方回答得太直率，使我不知如何是好 yīnwèi duìfāng huídáde tài zhíshuài, shǐ wǒ bù zhī rúhé shì hǎo ▶～に言えばあなたの意見には賛同できない/坦率地说，我不能同意你的意见 tǎnshuài de shuō, wǒ bùnéng tóngyì nǐ de yìjiàn

そっと **1**［ひそかに］ 轻轻地 qīngqīng de; 偷偷地 tōutōu de; 悄悄地 qiāoqiāo de 〈英〉 *secretly*）▶子猫を抱き上げ～撫でた/抱起小猫轻轻地抚摸 bàoqǐ xiǎomāo qīngqīng de fǔmō ▶彼が～教えてくれた/他悄悄地告诉我 tā qiāoqiāo de gàosu wǒ ▶窓のすき間から～見る/从窗缝偷偷地看 cóng chuāngfèng tōutōu de kàn ▶～部屋を抜け出る/悄悄地溜出房间 qiāoqiāo de liūchū fángjiān ▶盗んだ宝石を～もとの位置にもどした/把偷来的宝石偷偷地放回原处 bǎ tōulái de bǎoshí tōutōu de fànghuí yuánchù **2**［静かに］〈英〉 *quietly*）▶今は興奮しているから～しておこう/他现在很冲动，让他一个人安静一会儿吧 tā xiànzài hěn chōngdòng, ràng tā yí ge rén ānjìng yíhuìr ba

ぞっとする 毛骨悚然 máogǔ sǒngrán; 不寒而栗 bù hán ér lì 〈英〉 *shudder*）▶～するような話/令人毛骨悚然的故事 lìng rén máogǔ sǒngrán de gùshi ▶それを見て～身ぶるいがした/看见那个东西，不由得毛骨悚然 kànjiàn nàge dōngxi, bùyóude máogǔ sǒngrán ▶考えただけでも～する/只是想一想都会打冷战 zhǐshì xiǎngyìxiǎng dōu huì dǎ lěngzhan ▶その話を聞いて～した/听了那个故事，不由得毛骨悚然 tīngle nàge gùshi, bùyóude máogǔ sǒngrán ▶～するほど美しい/她美得惊人 tā měide jīng rén ▶それはあまり～しない思いつきだ/那是一个不怎么样的主意 nà shì yí ge bù zěnmeyàng de zhǔyi

そっとう【卒倒する】 突然昏倒 tūrán hūndǎo; 晕倒 yūndǎo 〈英〉 *faint*）

そっぱ【反っ歯】 龅牙 bāoyá 〈英〉 *a bucktooth*）

そっぽ 旁边 pángbiān 〈英〉 *the other way*）▶～を向く/不理睬 bù lǐcǎi ▶彼はなぜか～を向いたままま黙っていた/不知道为什么他把脸扭向一边一直沉默 bù zhīdào wèi shénme tā bǎ liǎn niǔxiàng yìbiān yìzhí chénmò ▶学生はつまらない授業にはすぐ～を向く/对无聊的课学生们马上就不理睬 duì wúliáo de kè xuéshengmen mǎshàng jiù bùlǐ cǎi

そで【袖】 〈英〉 *a sleeve*）〔衣服〕袖子 xiùzi 〈英〉 ▶～口/袖口 xiùkǒu ▶～丈/袖长 xiùcháng ▶半～/短袖 duǎnxiù ▶長～のシャツ/长袖衬衫 chángxiù chènshān ▶筒～/圆筒袖 yuántǒngxiù ▶～をまくり上げる[たくしおろす]/把袖子卷起来[放下去] bǎ xiùzi juǎnqǐlái[fàngxiàqu] ▶～なしのワンピース/无袖连衣裙 wú xiù liányīqún

ことわざ **袖触り合うも多生の縁** 萍水相逢，也算有缘 píng shuǐ xiāng féng, yě suàn yǒuyuán

～にする 甩 shuǎi；不理睬 bù lǐ cǎi

無い～は振れない 巧妇难为无米之炊 qiǎofù nánwei wú mǐ zhī chuī

◆舞台の～/舞台两侧 wǔtái liǎngcè

ソテー 〖料理〗煎肉 jiānròu (英 *a sauté*) ▶ポーク～/煎猪肉 jiānzhūròu

ソテツ【蘇鉄】〖植物〗苏铁 sūtiě；铁树 tiěshù (英 *a cycad*)

そでのした【袖の下】 贿赂 huìlù (英 *a bribe*) ▶～を使う/行贿 xínghuì ▶～をもらう/受贿 shòuhuì

そと【外】 外边 wàibian；外头 wàitou；外面 wàimian (英 [外部] *the outside*；[外面] *the exterior*) ▶感情を～に出す/感情外露 gǎnqíng wàilù ▶～の空気/室外空气 shìwài kōngqì ▶～で人と会う/在外头会客 zài wàitou huìkè ▶このガラスは～からは見えません/这种玻璃从外边看不清里面 zhè zhǒng bōli cóng wàibian kànbuqīng lǐmiàn ▶〈子供に〉～で遊んでいらっしゃい/去外头玩儿吧 qù wàitou wánr ba ▶このイヤホーンは音が～に漏れる/这种耳机声音会漏到外面 zhè zhǒng ěrjī shēngyīn huì lòudào wàimian ▶窓の～の景色を眺める/眺望窗外的景色 tiàowàng chuāngwài de jǐngsè ▶たまには～で食事をしよう/有时候咱们去外面吃饭吧 yǒushíhòu zánmen qù wàimian chī fàn ba ▶今夜は友達といっしょに～で泊る/今天晚上和朋友一起在外面住 jīntiān wǎnshang hé péngyou yīqǐ zài wàimian zhù ▶犬を～に出す/把狗放到外面 bǎ gǒu fàngdào wàimian

そとうみ【外海】 外海 wàihǎi (英 *the open sea*)

そとがわ【外側】 外边 wàibian；外面 wàimian；外侧 wàicè (英 *the outside*) ▶ドアは～に開く/门向外面开 mén xiàng wàimian kāi ▶火星は地球のすぐ～を回っている/火星绕着离地球最近的外侧运转 huǒxīng ràozhe lí dìqiú zuìjìn de wàicè yùnzhuǎn

そとづら【外面】 外表 wàibiǎo；表面 biǎomiàn (英 *an appearance*) ▶～ばかり気にする/只在意表面 zhǐ zàiyì biǎomiàn ▶～で人を判断してはならない/不要只凭外表来判断人 búyào zhǐ píng wàibiǎo lái pànduàn rén

～がいい 对待外人好 duìdài wàirén hǎo ▶夫は～はいいけど家では暴君だ/我丈夫对外人和善，但在家里却是个暴君 wǒ zhàngfu duì wàirén héshàn, dàn zài jiālǐ què shì ge bàojūn

そとのり【外法】 外侧尺码 wàicè chǐmǎ 《内のりに対して》(英 *the outside measurement*)

そとば【卒塔婆】 （插在墓地的）塔形木牌 (chāzài mùdì de) tǎxíng mùpái (英 *a stupa; a (grave) shaft*)

そとぼり【外濠】 护城河 hùchénghé (英 *the outer moat*) ▶～を埋める/填平护城河 tiánpíng hùchénghé；突破外围防线 tūpò wàiwéi fángxiàn ▶我が社はすでに～を埋められたのだ/我们公司的外围防线已经被突破了 wǒmen gōngsī de wàiwéi fángxiàn yǐjīng bèi tūpò le

そとまご【外孫】 外孙 wàisūn；外孙女 wàisūnnǚ (英 *one's daughter's child*)

そとまた【外股で歩く】 迈方步 mài fāngbù；外八字脚 wàibāzìjiǎo (英 *walk with the toes pointing outward*)

そとまわり【外回りする】 跑外 pǎowài；跑外勤 pǎo wàiqín (英 *work outside*) ▶環状線の～/外环线 wàihuánxiàn ▶～の営业マン/跑外勤的推销员 pǎo wàiqín de tuīxiāoyuán ▶ちょっと～してきます/我出去跑一下外勤 wǒ chūqù pǎo yíxià wàiqín

ソナー 声纳 shēngnà (英 *sonar*) ▶～が魚群をとらえた/声纳探知到了鱼群 shēngnà tànzhīdào-le yúqún

そなえ【備え】 防备 fángbèi (英 *preparations*) ▶～を固める/加强防备 jiāqiáng fángbèi ▶台風に対する～は十分か/对台风的防备工作做好了吗？duì táifēng de fángbèi gōngzuò zuòhǎo le ma? ▶万一の～に貯金する/储蓄以备万一 chǔxù yǐ bèi wànyī

ことわざ **備えあれば憂いなし** 有备无患 yǒu bèi wú huàn

そなえつける【備え付ける】 设置 shèzhì；装置 zhuāngzhì；安置 ānzhì (英 *equip; install*) ▶家具を備え付けた部屋/带家具的房间 dài jiājù de fángjiān ▶台所に消火器を～/在厨房里安置灭火器 zài chúfángli ānzhì mièhuǒqì ▶教员室に備え付けの図書/教员室配备的图书 jiàoyuánshì pèibèi de túshū ▶宇宙船に備え付けたカメラ/装置在宇宙飞船上的摄像机 zhuāngzhì zài yǔzhòu fēichuánshang de shèxiàngjī

そなえもの【供物】 供品 gòngpǐn (英 *an offering*)

そなえる【供える】 上供 shànggòng；献上 xiànshàng (英 *offer*) ▶花を～/献花 xiànhuā ▶御先祖様に新米を～/向祖先供上新大米 xiàng zǔxiān gòngshàng xīndàmǐ

そなえる【備える】 ❶〖準備する〗预备 yùbèi (英 *prepare*) ▶試験に～/准备考试 zhǔnbèi kǎoshì ▶災害に～/防灾 fángzāi；防备灾害 fángbèi zāihài ▶予备の燃料を～/准备备用燃料 zhǔnbèi bèiyòng ránliào ▶万一に～医疗保険/为以防万一而加入的医疗保险 wèi yǐ fáng wànyī ér jiārù de yīliáo bǎoxiǎn ▶老後に備えて貯金する/为了安度晚年而存钱 wèile āndù wǎnnián ér cúnqián ▶来シーズンに備えてトレーニングを始める/为了准备下一季比赛而开始锻炼 wèile zhǔnbèi xià yí jì bǐsài ér kāishǐ duànliàn

❷【具備する】（英 be endowed with...） ▶音楽の才能を〜/具备音乐才能 jùbèi yīnyuè cáinéng ▶事務所にはパソコンとプリンターとが備えてある/办事处里配备了电脑和打印机 bànshìchùlǐ pèibèile diànnǎo hé dǎyìnjī ▶美しさと威厳を備えた寺院/美丽和壮严兼备的寺院 měilì hé zhuāngyán jiānbèi de sìyuàn

ソナタ【音楽】**奏鸣曲** zòumíngqǔ（英 a sonata） ▶〜形式/奏鸣曲形式 zòumíngqǔ xíngshì ▶ピアノ〜/钢琴奏鸣曲 gāngqín zòumíngqǔ

そなわる【備わる】 具备 jùbèi；**具有** jùyǒu；**设有** shèyǒu（英 be possessed of...） ▶品位が〜/有风度 yǒu fēngdù ▶会长としての威厳が備わってきた/渐渐具备了一个会长应有的威严 jiànjiàn jùbèile yí ge huìzhǎng yīngyǒu de wēiyán ▶必要な設備や機能が備わっていない/不具备必要的设备和功能 bú jùbèi bìyào de shèbèi hé gōngnéng ▶何室としても備わっている部屋/应有尽有的房间 yīng yǒu jìn yǒu de fángjiān

そねむ【嫉む】 嫉妒 jídù；**忌妒** jìdu（英 be jealous of...） ▶彼の出世を〜同僚に中傷される/被嫉妒他升迁的同事中伤 bèi jídù tā shēngqiān de tóngshì zhòngshāng

その 那 nà；**那个** nàge（英 that; the） ▶今が〜時だ/现在正是时候 xiànzài zhèngshì shíhou ▶〜ことだけは彼女に知られたくなかった/只有那件事不想让她知道 zhǐ yǒu nà jiàn shì bù xiǎng ràng tā zhīdào ▶〜自転車は僕のだ/那辆自行车是我的 nà liàng zìxíngchē shì wǒ de ▶〜日は天気がよかった/那天天气非常好 nà tiān tiānqì fēicháng hǎo ▶〜生徒はあまりしゃべらなかった/那个学生没怎么说话 nàge xuésheng méi zěnme shuōhuà

その【園】 花园 huāyuán；**园地** yuándì（英 a garden） ▶『桜の〜』（チェーホフ）/《樱桃园 Yīngtáoyuán》

そのうえ【その上】 并且 bìngqiě；**另外** lìngwài；**加之** jiāzhī（英 besides） ▶彼は傲慢で短気、〜けちだ/他傲慢而急躁, 并小气 tā àomàn ér jízào, bìng xiǎoqi ▶困ったことには子供が熱を出してしまった/另外, 棘手的是这孩子发烧了 lìngwài, jíshǒu de shì háizi fāshāo le

そのうち【その内】 不久 bùjiǔ；**过几天** guò jǐ tiān；**一会儿** yíhuìr（英 before long） ▶いまは夢中だが〜飽きてくるだろう《ゲームなどに》/现在倒是十分着迷, 不久就会厌烦的吧 xiànzài dàoshì shífēn zháomí, bùjiǔ jiù huì yànfán de ba ▶彼は自分の過ちに気がつくだろうよ/不久, 他一定会意识到自己的错误吧 bùjiǔ, tā yídìng huì yìshídào zìjǐ de cuòwù ba ▶〜伺いますよ/改天我去打扰你 gǎitiān wǒ qù dǎrǎo nǐ

そのかわり【その代わり】 但另一方面 dàn lìng yī fāngmiàn；**但是** dànshì（英 instead） ▶夜は真闇だった、〜星空がみごとだった/夜晚一片漆黑, 但是星空十分美丽 yèwǎn yí piàn qīhēi, dànshì xīngkōng shífēn měilì ▶英語を教えてあげるから、〜中国語を教えてくれ/我教你英语, 你教我汉语吧 wǒ jiāo nǐ Yīngyǔ, nǐ jiù jiāo wǒ Hànyǔ ba

そのくせ 尽管…可是 jǐnguǎn…kěshì；**却** què（英 and yet） ▶あいつは人の欠点ばかり言うが、〜自分の失策は知らぬ顔だ/尽管他净指责别人的缺点, 可是对自己的失误却装作不知道 jǐnguǎn tā jìng zhǐzé biéren de quēdiǎn, kěshì duì zìjǐ de shīwù què zhuāngzuò bù zhīdào ▶あの男は働き者だが、〜貯金は少しもない/他是个勤劳肯干的人, 却一点儿存款也没有 tā shì ge qínláo kěngàn de rén, què yìdiǎnr cúnkuǎn yě méiyǒu

そのくらい【その位】 这么 zhème；**那么** nàme（英 so many〔much〕） ▶〜で十分だ/这么多就够了 zhème duō jiù gòu le ▶〜は我慢できる/这点事还是能忍耐的 zhè diǎn shì háishi néng rěnnài de ▶謝っているんだから〜にしておけ/人家在道歉呢, 就这么算了吧 rénjia zài dàoqiàn ne, jiù zhème suàn le ba ▶完成までは〜の時間がかかるでしょう/要完成大概得花那么多时间吧 yào wánchéng dàgài děi huā nàme duō shíjiān ba ▶〜のことでこぼすなんて《与えている》/为了那么点儿事抱怨未免有些愚蠢 wèile nàme diǎnr shì bàoyuàn wèimiǎn yǒu xiē yúchǔn

そのご【その後】 后来 hòulái；**然后** ránhòu；**以后** yǐhòu（英 after that; [以来] (ever) since） ▶〜お変わりはありませんか/那以后你一切都好吗？nà yǐhòu nǐ yíqiè dōu hǎo ma？▶〜の経緯を見守る必要がある/有必要观察以后的经过 yǒu bìyào guānchá yǐhòu de jīngguò ▶〜彼女がどうなったか知っているか/你知道她后来的情况吗？nǐ zhīdào tā hòulái de qíngkuàng ma？▶文化大革命中と〜も一家は苦難の連続だった/文化大革命期间和文革后, 一家人也一直是灾难不断 Wénhuà dàgémìng qījiān hé Wéngé hòu, yìjiārén yě yìzhí shì zāinán búduàn

そのころ【その頃】 那个时候 nàge shíhou；**当时** dāngshí（英 at that time；[その当時] in those days） ▶〜のことをよく憶えています/那个时候的事我记得很清楚 nàge shíhou de shì wǒ jìde hěn qīngchu ▶〜は世間のことを何も知らない少年でした/那个时候我还是一个不谙世事的少年 nàge shíhou wǒ háishi yí ge bù ān shìshì de shàonián ▶〜市街には路面電車が縦横に走っていた/那个时候市区内的有轨电车还在纵横行驶 nàge shíhou shìqū nèi de yǒuguǐ diànchē hái zài zònghéng xíngshǐ ▶〜は帰宅しています/那个时候我肯定在家 nàge shíhou wǒ kěndìng zài jiā ▶〜としてはたいした旅行家だった/在当时来讲, 算是一个了不起的旅行家了 zài dāngshí lái jiǎng, suànshì yí ge liǎobuqǐ de lǚxíngjiā le

そのじつ【その実】 其实 qíshí；**实际上** shíjìshang（英 in fact） ▶景気がよさそうだが、〜内情は火の車なんだ/看来好像很繁荣, 而实际上经济很拮据 kànlái hǎoxiàng hěn fánróng, ér shíjìshang jīngjì hěn jiéjū ▶彼女は〜とても淋しが

りやなのだ/她实际上却非常怕寂寞 tā shíjìshang què fēicháng pà jìmò

そのすじ【その筋】 ❶[その方面]有关方面 yǒuguān fāngmiàn (英 that field) ▶これは一の人から聞いた話ですが…/这是我从有关方面听到的消息… zhè shì wǒ cóng yǒuguān fāngmiàn tīngdào de xiāoxi… ❷[当局]主管机关 zhǔguǎn jīguān;当局 dāngjú;警察 jǐngchá (英 the authorities) ▶~からのお達し/主管机关的通知 zhǔguǎn jīguān de tōngzhī ▶~の男らしいのが数人立っている/几个貌似警察的人站着 jǐ ge màosì jǐngchá de rén zhànzhe ▶[揭示]~の命により立入禁止/根据当局命令, 禁止入内 gēnjù dāngjú mìnglìng, jìnzhǐ rù nèi

そのせつ【その節】 那时 nà shí;那次 nèicì (英 that occasion) ▶~はお世話になりました/那时蒙您关照了 nà shí méng nín guānzhào le ▶~は御迷惑をおかけしました/那时给您添麻烦了 nà shí gěi nín tiān máfan le

そのた【その他】 其他 qítā;其余 qíyú;另外 lìngwài (英 the others) ▶~大勢で舞台に出た/作为一个跑龙套的上台了 zuòwéi yí ge pǎo lóngtào de shàngtáile ▶~酒, タバコ, ~刺激物は控えて下さい/请慎用酒、烟以及其他刺激物 qǐng shèn yòng jiǔ, yān yǐjí qítā cìjīwù

そのため【その為】 因此 yīncǐ;所以 suǒyǐ (英 for that reason) ▶~人身事故があり、~電車が長時間止まった/轨道上发生了人身事故, 因此电车停了很长时间 guǐdàoshang fāshēng le rénshēn shìgù, yīncǐ diànchē tíngle hěn cháng shíjiān

そのつもり【その積もり】 (英 I expect so.) ▶もちろん私は~ですよ/当然我是那样想的啊 dāngrán wǒ shì nàyàng xiǎng de a ▶~だったんだが気が変わったんだ/我原是那样想的, 但现在变卦了 wǒ yuán shì nàyàng xiǎng de, dàn xiànzài biànguàle

そのて【その手】 那种手段 nà zhǒng shǒuduàn;那一手 nà yì shǒu (英 that trick) ▶~は食わないぞ/我可上不了那个当 wǒ kě bú shàng nàge dàng ▶いつも~でやられるんだ/总是被那一套欺骗 zǒngshì bèi nà yí tào qīpiàn

そのとおり【その通り】 就是 jiùshì (英 You are right.) ▶全く~だ/你说得完全对 nǐ shuōde wánquán duì ▶彼は秀才だと聞いていたが、~だね/听说他很有才华, 还真是名符其实 tīngshuō tā hěn yǒu cáihuá, hái zhēn shì míng fú qí shí ▶~にする/就那样做 jiù nàyàng zuò

そのとき【その時】 那时 nà shí (英 at that time) ▶~に/到时候 dào shíhou ▶ちょうど~/正在那个时候 zhèngzài nàge shíhou,《过去の》当时 dāngshí ▶~になってみなければ分からない/不到那个时候谁也不知道 bú dào nàge shíhou shéi yě bù zhīdào ▶ちょうど~絵を画いていた/那时我正在画画儿 nà shí wǒ zhèngzài huà huàr

そのば【その場】 当场 dāngchǎng;就地 jiùdì (英 [場所] the spot;[場合] the occasion) ▶事件の時、私は~にいた/事件发生时, 我在现场 shìjiàn fāshēng shí, wǒ zài xiànchǎng ▶~しのぎ/权宜之计 quányí zhī jì ▶~の雰囲気になじめなかった/没能适应那个场合的气氛 méi néng shìyìng nàge chǎnghé de qìfēn ▶~で決める/当场决定 dāngchǎng juédìng ▶~はそれでなんとかなった/当场总算敷衍过去了 dāngchǎng zǒngsuàn fūyǎnguòqu le ▶~に居合わせた人が証人に/当时在场的人成为证人 dāngshí zàichǎng de rén chéngwéi zhèngren

~限りの 应付一时的 yìngfù yìshí de;只限当时的 zhǐ xiàn dāngshí de ▶~のことを言う/说应付一时的话 shuō yìngfù yìshí de huà

そのひぐらし【その日暮らし】 勉强糊口 miǎnqiǎng húkǒu;得过且过 dé guò qiě guò (英 a hand-to-mouth existence)

そのひと【その人】 那个人 nàge rén;他 tā;她 tā (英 the (very) person) ▶~の名は聞かなかった/没有问他的名字 méiyǒu wèn tā de míngzi ▶かつては実業界に~ありと言われていた/据说他曾经是实业界的知名人士 jùshuō tā céngjīng shì shíyèjiè de zhīmíng rénshì

そのへん【その辺】 ❶[場所]那边 nàbiān (英 about there) ▶~に交番がある/那附近有个警察亭 nà fùjìn yǒu ge jǐngchátíng ▶薬局がどこか~にあるはずだ/药店应该在那附近 yàodiàn yīnggāi zài nà fùjìn ▶~まで散歩に行ってくるよ/我去那边儿散散步就回来 wǒ qù nàbiānr sànsàn bù jiù huílái ▶~まで御一緒しましょう/我们一起走到那边儿吧 wǒmen yìqǐ zǒudào nàbiānr ba ❷[程度]那些 nàxiē (英 thereabouts) ▶今日は~でおしまいにしましょう/今天就到此结束吧 jīntiān jiù dào cǐ jiéshù ba ❸[事情]那一点 nà yìdiǎn;那一方面 nà yìfāngmiàn (英 the circumstances) ▶~はわからない/那方面我不明白 nà fāngmiàn wǒ bù míngbai ▶~のことは心得ている/那种事我心里有数 nà zhǒng shì wǒ xīnli yǒu shù ▶まあ~だ/大概就是那样吧 dàgài jiù shì nàyàng ba

そのほか【その外】 此外 cǐwài;另外 lìngwài (英 the others) ▶~のことはよく知りません/此外的事, 我不太清楚 cǐwài de shì, wǒ bú tài qīngchu ▶~にはこれといった特徴はありません/此外没有什么明显的特征 cǐwài méiyǒu shénme míngxiǎn de tèzhēng

そのまま 就那样 jiù nàyàng;原封不动 yuánfēng búdòng (英 as it is) ▶~にする/保持原样 bǎochí yuányàng ▶~横になっていなさい/你就那样躺着别动 nǐ jiù nàyàng tǎngzhe bié dòng ▶けが人を~数時間放置した/把受伤的人就那样搁置了几个小时 bǎ shòushāng de rén jiù nàyàng gēzhìle jǐ ge xiǎoshí ▶見たことを~話した/把看到的事情实讲了 bǎ kàndào de qíngkuàng rúshí jiǎng le ▶テーブルの~にしておけ/桌子就那样放着吧 zhuōzi jiù nàyàng fàngzhe ba

▶その件は～にしておいたほうがいい/那件事最好就那样放着不管 nà jiàn shì zuìhǎo jiù nàyàng fàngzhe bùguǎn

そのみち【その道】 **①**〖分野〗那方面 nà fāngmiàn（英 the field）▶～の人/内行 nèiháng；专家 zhuānjiā ▶～の達人/那方面的高手 nà fāngmiàn de gāoshǒu **②**〖色の道〗好色 hàosè（英 a love affair）▶色欲 sèyù ▶～にかけては達者なもんだよ/要说好色之道，他可了不起了 yào shuō hàosè zhī dào, tā kě liǎobuqǐ le

そのもの【その物】 本身 běnshēn（英 the very thing）▶真剣に／颇为认真 pōwéi rènzhēn ▶機械は故障はない/机械本身没有毛病 jīxiè běnshēn méiyǒu máobìng ▶彼は正直～だ/他是一个真正的老实人 tā shì yí ge zhēnzhèng de lǎoshírén ▶健康～だ/可结实了 kě jiēshi le

そのような 那样的 nàyàng de（英 such）

そば【傍】 旁边 pángbiān；身边 shēnbiān；附近 fùjìn；〔かたわら〕a side；〔付近〕a neighborhood）▶～に仕える/伺候 cìhou ▶～に寄る/挨近 āijìn；靠近 kàojìn ▶郵便ポストは駅の～にある/邮筒在车站旁边 yóutǒng zài chēzhàn pángbiān ▶俺の～によるな/离我远点儿！lí wǒ yuǎn diǎnr！▶繁華街のすぐ～にありながら意外に静かだ/尽管就在闹市区的旁边儿却想不到这么安静 jǐnguǎn jiù zài nàoshìqū de pángbiān què xiǎngbudào zhème ānjìng ▶習う～から忘れてしまう/学过就忘 xuéguo jiù wàng

ソバ【蕎麦】〔植物〕荞麦 qiáomài；〔麺類〕荞麦面条 qiáomài miàntiáo（英 buckwheat）
◆～屋/荞麦面店 qiáomàimiàndiàn 年越し～/辞岁荞麦面 císuì qiáomàimiàn

そばかす【雀斑】 雀斑 quèbān（英 freckles）▶～だらけの顔/布满雀斑的脸 bùmǎn quèbān de liǎn

そばだてる（英 prick up）▶耳を～/侧耳细听 cè'ěr xì tīng ▶お寺の鐘の音を耳をそばだてて聞いた/侧耳细听寺庙的钟声 cè'ěr xì tīng sìmiào de zhōngshēng

そばづえ【側杖を食う】 牵连 qiānlián；连累 liánlèi；城门失火，殃及池鱼 chéngmén shīhuǒ, yāng jí chíyú（英 get a by-blow）▶喧嘩の～を食う/受到别人吵架的牵连 shòudào biéren chǎojià de qiānlián

そびえる【聳える】 耸立 sǒnglì；屹立 yìlì（英 rise）▶都心に高層ビルが聳え立つ/摩天大楼耸立在城市中心地区 mótiān dàlóu sǒnglì zài chéngshì zhōngxīn dìqū ▶あの教授は学会に聳え立つ巨人だ/那位教授是屹立在学界的巨人 nà wèi jiàoshòu shì yìlì zài xuéjiè de jùrén

そびやかす【聳やかす】 耸动 sǒngdòng〔肩を〕draw up the shoulders）▶肩を～/耸肩 sǒngjiān ▶肩をそびやかして歩く/耸动肩膀走路 sǒngdòng jiānbǎng zǒulù

そびょう【祖廟】 宗祠 zōngcí；祠堂 cítáng（英 an ancestral mausoleum）

そびょう【素描】 素描 sùmiáo（英 a rough sketch）▶アメリカ～/美国素描 Měiguó sùmiáo ▶人物～/人物素描 rénwù sùmiáo

そふ【祖父】（父方の）祖父 zǔfù；（母方の）外祖父 wàizǔfù（英 one's grandfather）

ソファー 沙发 shāfā（英 a sofa）
◆～ベッド/沙发床 shāfāchuáng

ソフト （帽子）礼帽 lǐmào；呢帽 nímào（英 a soft hat）

ソフトな 软 ruǎn；柔软 róuruǎn（英 soft）▶～クリーム/软冰糕 ruǎnbīnggāo ▶～ドリンク/软饮料 ruǎnyǐnliào；不含酒精的饮料 bù hán jiǔjīng de yǐnliào ▶～フォーカス/软焦点 ruǎnjiāodiǎn ▶～ボール/垒球 lěiqiú ▶会談は～ムードで始まった/会谈在和谐的气氛中开幕 huìtán zài héxié de qìfēn zhōng kāimù ▶ハード面は立派だが～面はお粗末だ/硬件很强，而软件方面却很粗陋 yìngjiàn hěn qiáng, ér ruǎnjiàn fāngmiàn què hěn cūlòu

ソフトウエア〔電算〕软件 ruǎnjiàn；程序设备 chéngxù shèbèi（英 software）

そふぼ【祖父母】 祖父母 zǔfùmǔ（英 one's grandparents）

ソプラノ〔音楽〕女高音 nǚgāoyīn（英 soprano）
◆～歌手/女高音歌手 nǚgāoyīn gēshǒu

そぶり【素振り】 态度 tàidu；举止 jǔzhǐ；神态 shéntài（英 manner; air; behavior）▶知らない～/佯作不知 yángzuò bù zhī ▶怪しい～の男/举止可疑的人 jǔzhǐ kěyí de rén ▶つれない～をする/故作冷淡的态度 gù zuò lěngdàn de tàidu ▶慌てる～を見せない/没有一丝慌张的神态 méiyǒu yì sī huāngzhāng de shéntài

そぼ【祖母】（父方の）祖母 zǔmǔ；（母方の）外祖母 wàizǔmǔ（英 one's grandmother）

そほう【粗放な】 粗放 cūfàng；粗率 cūshuài（英 careless; rough）▶～な放牧システム/粗放的放牧方法 cūfàng de fàngmù fāngfǎ

そぼう【粗暴】 粗暴 cūbào；粗鲁 cūlǔ（英 wild; rough）▶～な性格/性情粗暴 xìngqíng cūbào ▶～な行為/粗鲁的行为 cūlǔ de xíngwéi ▶～な犯罪が多い/粗暴的案件很多 cūbào de ànjiàn hěn duō

そほうか【素封家】 世代相传的财主 shìdài xiāngchuán de cáizhǔ；历史长的大富户 lìshǐ hěn cháng de dàfùhù（英 a rich family）

そぼく【素朴な】 朴素 pǔsù；淳朴 chúnpǔ；朴实 pǔshí（英 simple; unsophisticated）▶～な人柄/为人朴实 wéirén pǔshí ▶昔ながらの～な味わいの菓子/保持过去朴素味道的点心 bǎochí guòqù pǔsù wèidao de diǎnxin ▶私は～な疑問を呈した/我提出了一个单纯的疑问 wǒ tíchūle yí ge dānchún de yíwèn

そぼふる【そぼ降る】 淅淅沥沥地下雨 xīxīlìlì de xià yǔ（英 drizzle）▶～雨に濡れながら歩いた/冒着细雨走路 màozhe xìyǔ zǒulù

そまつ【粗末な】 **①**〖品質・作りが〗粗糙 cūcāo；粗劣 cūliè（英 poor; coarse）▶～な食事/粗茶淡饭 cūchá dànfàn ▶～な住まい/简陋的

住房 jiǎnlòu de zhùfáng ❷【おろそかに扱う】粗率 cūshuài; 菲薄 fěibó; 简慢 jiǎnmàn (英 careless; rough) ▶《ものを》～にする/不爱惜 bú àixī; 糟蹋 zāotà ▶お客様に対して～のないように/别慢待了客人 bié màndài le kèrén ▶ずさんな危機管理/粗率的风险管理 cūshuài de fēngxiǎn guǎnlǐ ▶食べ物を～にしてはいけません/不要糟蹋食物 búyào zāotà shíwù ▶命を～にするな/不要草率拿 búyào cǎoshuài shēngmìng ▶自分のからだを～にすることは絶対にいけません/绝对不要慢待自己的身体 juéduì búyào màndài zìjǐ de shēntǐ ▶お～な評論だね/真是粗浅的评论啊 zhēn shì cūqiǎn de pínglùn a

そまる【染まる】 ❶【色に】染上 rǎnshàng (英 be dyed) ▶シャツが血に～/衬衫染上了血 chènshān rǎnshàngle xiě ❷【悪習などに】沾染 zhānrǎn (英 be tainted) ▶世俗の悪に～/沾染世俗的恶习 zhānrǎn shìsú de èxí

そむく【背く】 违背 wéibèi; 违抗 wéikàng; 违反 wéifǎn (英 反する) disobey; [反逆する] rise against ▶親に～/背叛父母 bèipàn fùmǔ ▶期待に～/辜负期望 gūfù qīwàng ▶世間の期待に～結果になってしまった/结果辜负了社会的期望 jiéguǒ gūfùle shèhuì de qīwàng ▶約束に～/违背诺言 wéibèi nuòyán; 违约 wéiyuē ▶国に～行为/背叛国家的行为 bèipàn guójiā de xíngwéi ▶世に～/弃世 qìshì

そむける【背ける】 背过去 bèiguòqu (英 turn... away) ▶恥ずかしそうに顔を～/害羞地背过脸去 hàixiū de bèiguò liǎn qu ▶大事なことから目を～/不正视重要的事 bú zhèngshì zhòngyào de shì

そめこ【染め粉】 粉末染料 fěnmò rǎnliào (英 dye)

そめもの【染め物】 印染织物 yìnrǎn zhīwù [染めること] dyeing; [品] dyed goods) ▶～屋/染坊 rǎnfang

そめる【染める】 染 rǎn (英 dye) ▶髪を～/染发 rǎn fà ▶布を～/染布 rǎn bù ▶手を～/插手 chāshǒu ▶犯罪に手を～/染指犯罪 rǎnzhǐ fànzuì ▶白髪を黒く～/把白头发染黑 bǎ báitóufa rǎnhēi ▶爪を赤く～/把指甲染红 bǎ zhǐjia rǎnhóng

そもそも 原来 yuánlái; 本来 běnlái; 究竟 jiūjìng (英 in the first place) ▶～のきっかけは5年前のことです/原来那件事的起源还要追溯到五年前 yuánlái nà jiàn shì de qǐyuán hái yào zhuīsù dào wǔ nián qián ▶～ナノとは何？/"纳诺"究竟是什么呢？"nànuò" jiūjìng shì shénme ne？ ▶～の始まりは何だったのか/那件事到底是怎么开始的呢？ nà jiàn shì dàodǐ shì zěnme kāishǐ de ne？

そや【粗野な】 粗野 cūyě; 粗鲁 cūlǔ (英 rough; coarse) ▶～な言葉/粗话 cūhuà ▶彼は～な振る舞いが目立つ/他的举止总是很粗鲁 tā de jǔzhǐ zǒngshì hěn cūlǔ

そよう【素養】 素养 sùyǎng; 修养 xiūyǎng (英 knowledge; [基礎] a grounding) ▶私には音楽の～がない/我没有音乐修养 wǒ méiyǒu yīnyuè xiūyǎng ▶彼は漢文の～がある/他有古汉语素养 tā yǒu gǔ Hànyǔ sùyǎng

そよかぜ【微風】 微风 wēifēng; 和风 héfēng (英 a gentle breeze) ▶川辺には～が吹いている/河边微风轻拂 hébiān wēifēng qīng fú

そよぐ 微微摇动 wēiwēi yáodòng (英 [さらさら鳴る] rustle; [ゆらぐ] quiver) ▶風に～/在风中飘舞 zài fēngzhōng piāowǔ ▶風に～枯葉の音/在风中枯叶沙沙作响 zài fēng zhōng kūyè shā-shā zuòxiǎng

そよそよと 习习 xíxí (英 gently) ▶涼風が～吹く/凉风习习 liángfēng xíxí

そよふく【そよ吹く】 微风轻拂 wēifēng qīng fú (英 blow gently) ▶春風～野道を歩く/走在春风拂面的乡间小道上 zǒuzài chūnfēng fú miàn de xiāngjiān xiǎodàoshang

そら 瞧 qiáo; 喂 wèi (英 There!; Look!) ▶～またはじまった/又来了！ yòu lái le！ ▶～見ろ/你瞧，我说对了吧 nǐ qiáo, wǒ shuōduì le ba

そら【空】 天 tiān; 天空 tiānkōng (英 the sky) ▶うわの～/心不在焉 xīn búzài yān ▶トンビが～を舞っている/老鹰在天空翱翔 lǎoyīng zài tiānkōng áoxiáng ▶～は雲一つなく晴れている/天空万里无云一片晴朗 tiānkōng wànlǐ wú yún yí piàn qínglǎng ▶～が晴れる/天晴 tiān qíng ▶雲で～がまっくらになる/浓云使天空一片黑暗 nóng yún shǐ tiānkōng yí piàn hēi'àn ▶どんより曇った～/阴沉沉的天空 yīnchénchén de tiānkōng ▶渡り鳥が～を飛ぶ/候鸟在天空飞翔 hòuniǎo zài tiānkōng fēixiáng ▶～の旅を楽しむ/享受空中旅行 xiǎngshòu kōngzhōng lǚxíng ▶～から見た眺めはすばらしい/从天上眺望的景色很美丽 cóng tiānshang tiàowàng de jǐngsè hěn měilì

そらいろ【空色】 天蓝色 tiānlánsè (英 sky blue)

そらおそろしい【空恐ろしい】 非常可怕 fēicháng kěpà (英 horrible) ▶人類の未来が～/对人类的未来我感到极大不安 duì rénlèi de wèilái wǒ gǎndào jí dà bù'ān

そらおぼえ【空覚え】 记住 jìzhù; 背诵 bèisòng; [うろ覚え] 记不清 jìbuqīng; 记得模模糊糊 jìde mómóhūhū (英 a faint memory)

そらごと【空言】 假话 jiǎhuà; 谎言 huǎngyán (英 a fib)

そらす【反らす】 [体を] 向后仰 xiàng hòu yǎng (英 bend) ▶胸を～/挺起胸脯 tǐngqǐ xiōngpú ▶上体を～と腰が痛む/一挺起上身腰就疼 yì tǐngqǐ shàngshēn yāo jiù téng

そらす【逸らす】 岔开 chàkāi (英 turn away) ▶話を～/岔开话题 chàkāi huàtí ▶彼はなぜか目をそらした/他不知为什么避开目光 tā bù zhī wèi shénme bìkāi mùguāng ▶話しかけて注意を～/跟他搭话分散注意力 gēn tā dāhuà fēnsàn zhùyìlì ▶それは当面の問題から民心を～ことになる/

那会把民众的注意从前前的问题转移 nà huì bǎ mínzhòng de zhùyì cóng yǎnqián de wèntí zhuǎnyí ▶人をそらさない話し方をする/说话的方式不得罪人 shuōhuà de fāngshì bù dézuì rén

そらぞらしい【空空しい】 假惺惺的 jiǎxīngxīng de; 虚情假意 xūqíng jiǎyì (英 feigned) ▶～おせじを言う/假惺惺地恭维 jiǎxīngxīng de gōngwei ▶～嘘をつく/明显地撒谎 míngxiǎn de sāhuǎng

そらで【空で】 凭记忆 píng jìyì (英 from memory) ▶～言う/背诵 bèisòng ▶～詩を朗読する/背诵诗歌 bèisòng shīgē

そらとぼける【空惚ける】 装糊涂 zhuāng hútu; 假装不知道 jiǎzhuāng bù zhīdào (英 feign ignorance) ▶彼は空惚けて何も知らないふりをした/他装糊涂作出什么都不知道的样子 tā zhuāng hútu zuòchū shénme dōu bù zhīdào de yàngzi

そらなみだ【空涙】 假眼泪 jiǎ yǎnlèi (英 false tears) ▶～を流す/假装流泪 jiǎzhuāng liú lèi

そらに【空似】 偶然相似 ǒurán xiāngsì (英 an accidental resemblance) ▶他人の～だ/只是偶然和别人相似 zhǐshì ǒurán hé biéren xiāngsì

ソラマメ【空豆】【植物】蚕豆 cándòu; 罗汉豆 luóhàndòu (英 a broad bean)

そらみみ【空耳】 幻听 huàntīng; 听错 tīngcuò (英 mishearing) ▶それは君の～だ/那是你听错了 nà shì nǐ tīngcuò le

そらもよう【空模様】 天色 tiānsè (英 the look of the sky) ▶～が怪しい/天色不好 tiānsè bùhǎo ▶はっきりしない～が続いている/一直是阴晴不定的天气 yīzhí shì yīnqíng búdìng de tiānqì ▶～が気になる/很担心天气 hěn dānxīn tiānqì ▶この～では午後は雨だな/看这天色下午肯定下雨 kàn zhè tiānsè xiàwǔ kěndìng xià yǔ

そらんじる【諳んじる】 背 bèi; 背诵 bèisòng (英 learn... by heart)

そり【反り】 翘曲 qiáoqū; 弯度 wāndù (英 warp) ▶～が合わない/脾气不合 píqi bùhé ▶この寺の屋根の～はゆるやかだ/这座寺庙的屋顶弯度很平缓 zhè zuò sìmiào de wūdǐng wāndù hěn pínghuǎn

そり【橇】 雪橇 xuěqiāo; 爬犁 páli (英 a sleigh; a sled) ▶犬～/狗爬犁 gǒupáli ▶～に乗る/乘坐雪橇 chéngzuò xuěqiāo; 坐爬犁 zuò páli

そりかえる【反り返る】 翘 qiào; 翘曲 qiáoqū (英 [人が] bend backward; [板などが] warp) ▶本の表紙が～/书皮翘起来 shūpí qiáoqǐlai ▶いすに反り返ってすわっている/挺胸坐在椅子上 tǐngxiōng zuòzài yǐzishang

ソリスト【音楽】独奏者 dúzòuzhě; 独唱者 dúchàngzhě (英 a soloist)

そりみ【反身になる】 仰头挺胸 yǎng tóu tǐng xiōng (英 lean backward)

そりゃく【粗略】 疏忽 shūhu; 草率 cǎoshuài (英 rough) ▶～に扱う/轻慢 qīngmàn ▶役所で～な扱いを受けた/在政府机关被慢待 zài zhèngfǔ jīguān bèi màndài

🔲日中比較 中国语的"粗略 cūlüè"是「おおざっぱに」という意味である。

そりゅうし【素粒子】【物理】基本粒子 jīběn lìzǐ; 元粒子 yuánlìzǐ (英 an elementary particle) ◆～論:基本粒子论 jīběn lìzǐlùn

そる【反る】 翘 qiáo; 翘曲 qiáoqū (英 warp; bend; [からだ] lean backward) ▶指がよく～/手指头翘得很高 shǒuzhǐtou néng qiào hěn gāo

そる【剃る】 剃 tì; 刮 guā (英 shave) ▶顔を～/刮脸 guā liǎn ▶ひげを～/刮胡子 guā húzi ▶髪を～/剃头 tì tóu

ゾル【化学】溶胶 róngjiāo《コロイド溶液》(英 a sol)

それ 那 nà; 那个 nàge (英 it; that) ▶～はなんですか?/那是什么? nà shì shénme? ▶～は困ります/这可麻烦了 zhè kě máfan le ▶～はないよ、話が違うじゃないか/不对吧, 这不是和原来说的不一样了吗? búduì ba, zhè bú shì hé yuánlái shuō de bù yíyàng le ma? ▶～くらいのことは自分でやれよ/那么点儿事你就自己做吧 nàme diǎnr shì nǐ jiù zìjǐ zuò ba ▶～には及ばない/那不必了 nà búbì la/le ▶～もそうだ/那倒也是 nà dào yě shì ▶～は～として、この問題についてまず話そう/那个暂且不谈, 咱们先谈谈这个问题吧 nàge zànqiě bù tán, zánmen xiān tántan zhège wèntí ba ▶～ほどまでにしなくてもいい/不至于那样吧! bú zhìyú nàyàng ba? ▶～につけても金がほしい/实在是想要钱 shízài shì xiǎng yào qián ▶～となく言う/委婉地说 wěiwǎn de shuō

それいがい【それ以外】 其他 qítā; 其余 qíyú; 另外 lìngwài (英 the others) ▶～のものはありますか/有没有别的? yǒuméiyǒu biéde?

それいらい【それ以来】 此后 cǐhòu; 从那以后 cóng nà yǐhòu (英 since then) ▶～彼には会っていない/从那以后我没有见过他 cóng nà yǐhòu wǒ méiyǒu jiànguo tā

それから ❶【その次に】然后 ránhòu; 还有 háiyǒu (英 then) ▶塩と砂糖と～酢を入れる/放盐、糖, 还有醋 fàng yán, táng, háiyǒu cù ▶吉田と池田と、～佐藤もいたな/有吉田、池田、还有佐藤 yǒu Jítián, Chítián, háiyǒu Zuǒténg ❷【その後】后来 hòulái (英 after that) ▶～が大変だったんだよ/后来可就严重了啊 hòulái kě jiù yánzhòng le a ▶先に上海に行き、～杭州に行く予定です/准备先去上海再去杭州 zhǔnbèi xiān qù Shànghǎi zài qù Hángzhōu ▶～どうなった?/后来怎么样了? hòulái zěnmeyàng le? ▶話は～だ/解决了这个问题以后才能开始进入正题 jiějué le zhège wèntí yǐhòu cái néng kāishǐ jìnrù zhèngtí

それこそ 才 cái; 那才是 nà cái shì; 正是 zhèng shì (英 the very; really) ▶～大変なことになる/这才够呛呢 zhè cái gòuqiàng ne ▶～願ってもないチャンスだ/那才是求之不得的好机会呀 nà cái shì qiú zhī bù dé de hǎo jīhuì ne

それしき 只那么点儿 zhǐ nàme diǎnr (

それじたい【それ自体】 本身 běnshēn (英 in itself) ▶~は少しも悪いことではない/事情本身根本没有什么不好 shìqing běnshēn gēnběn méiyǒu shénme bùhǎo

それぞれ 分别 fēnbié; 各个 gègè (英 respectively) ▶~に一つずつ配る/各给一份 gè gěi yí fèn ▶人~だ/人各不相同 rén gè bù xiāngtóng ▶メンバーは~に目標を語った/成员们分别谈了各自的目标 chéngyuánmen fēnbié tánle gèzì de mùbiāo

それだけ 那些 nàxiē; 那么多 nàme duō; 唯有那个 wéi yǒu nàge (英 that much; only that) ▶~でなく/不仅如此 bù jǐn rúcǐ; 不宁唯是 bú nìng wéi shì ▶今あるのは~だ/现有的就这些了 xiàn yǒu de jiù zhèxiē le ▶はごめんだ/唯有那件事我不能接受 wéi yǒu nà jiàn shì wǒ bùnéng jiēshòu ▶~で済んだのは運がよかった/仅仅那样就过去了真是运气好 jǐnjǐn nàyàng jiù guòqùle zhēn shì yùnqi hǎo ▶~が/我要说的就是这些 wǒ yào shuō de jiù shì zhèxiē

それっきり (英 since then) ▶~彼に会っていない/以后再也没见到他 yǐhòu zài yě méi jiàndào tā ▶計画は~になっている/计划就那样给放下了 jìhuà jiù nàyàng gěi fàngxià le ▶彼からは~何年も音沙汰がない/自那以后好多年都没有他的消息 zì nà yǐhòu hǎoduō nián dōu méiyǒu tā de xiāoxi

それっぽっち 那么点儿 nàme diǎnr (英 so small) ▶~のことで大騒ぎするな/别为那么点儿事儿大吵大闹 bié wèi nàme diǎnr shìr dà chǎo dà nào

それで 于是 yúshì; 所以 suǒyǐ (英 so; then) ▶~君は大学を中退したんだね/所以你就从大学中途退学了, 是吗? suǒyǐ nǐ jiù cóng dàxué zhōngtú tuìxué le, shì ma? ▶どうなったの/那以后怎么样了呢? nà yǐhòu zěnmeyàng le ne? ▶本当に~いいのか/这样真的没问题吗? zhèyàng zhēn de méi wèntí ma? ▶~思い出した/由此想起来了 yóucǐ xiǎngqǐlai le

それでこそ 那才称得上 nà cái chēngdeshàng (英 that's...) ▶~男だ/那才称得上男子汉 nà cái chēngdeshàng nánzǐhàn ▶~キャプテンだ/那才称得上是队长 nà cái chēngdeshàng shì duìzhǎng

それでは ❶【そういう状態では】那 nà; 那么 nàme (英 if so; then) ▶~困る/那可不好办了 nà kě bù hǎo bàn le ▶~無理だ/那也不容易了 nà kě jiù bù róngyì le ❷【では】(英 well) ▶~失礼します/那就告辞了 nà jiù gàocí le ▶~この辺でシンポジウムを終わりましょう/那么, 研讨会就此结束吧 nàme, yántǎohuì jiù dào cǐ jiéshù ba

それでも 尽管如此, …也 jǐnguǎn rúcǐ, …yě; 可是 kěshì (英 but; even so) ▶~私は行く/尽管如此, 我也去 jǐnguǎn rúcǐ, wǒ yě qù

それどころか 岂止那样 qǐzhǐ nàyàng (英 on the contrary) ▶外国旅行に行ったことがない, ~国内旅行もめったに行けない/我没有去外国旅行过, 岂止如此, 就连国内旅行也很少能去 wǒ méiyǒu qù wàiguó lǚxíngguo, qǐzhǐ rúcǐ, jiù lián guónèi lǚxíng yě hěn shǎo néng qù

それとなく 委婉地 wěiwǎn de; 婉转地 wǎnzhuǎn de; 暗地里 àndìli (英 in a roundabout way) ▶~尋ねる/套问 tàowèn ▶~彼に考え直すように言ってくれ/请婉转地告诉他, 请他重新考虑一下 qǐng wǎnzhuǎn de gàosu tā, qǐng tā chóngxīn kǎolǜ yíxià ▶~様子をさぐる/暗地里探听情况 àndìli tàntīng qíngkuàng

それとも 还是 háishi (英 or) ▶和食にしますか, ~中華にしますか/吃日餐还是吃中餐? chī rìcān háishi chī zhōngcān?

それなのに 尽管那样 jǐnguǎn nàyàng; 可是 kěshì (英 and yet) ▶~あの子は涙一つ見せなかった/尽管如此, 那个孩子没有流过一滴眼泪 jǐnguǎn rúcǐ, nàge háizi méiyǒu liúguo yì dī yǎnlèi

それなら 那么 nàme; 如果那样 rúguǒ nàyàng (英 then; if so) ▶~一緒に行きましょう/那么, 咱们一起去吧 nàme, zánmen yìqǐ qù ba

それなり 相应 xiāngyìng; 就那样 jiù nàyàng (英 in its own way; as it is) ▶~の理由がある/有相应的理由 yǒu xiāngyìng de lǐyóu ▶その件は~になっている/那件事就那样给搁置下来了 nà jiàn shì jiù nàyàng gěi gēzhìxiàlai le ▶この小説は~に面白い/这篇小说也有其相应的吸引力 zhè piān xiǎoshuō yě yǒu qí xiāngyìng de xīyǐnlì

それに 《付け加えて》而且 érqiě; 再说 zàishuō; 还有 háiyǒu (英 and)

そればかりか 不仅如此 bùjǐn rúcǐ; 而且 érqiě (英 besides) ▶頭が痛いし熱もある, ~全身がだるい/又头疼又发烧, 而且浑身乏力 yòu tóuténg yòu fāshāo, érqiě húnshēn fálì

それほど【それ程】 那么 nàme; 那样 nàyàng (英 so) ▶~おいしくない/没那么好吃 méi nàme hǎochī ▶おっしゃるなら引き受けましょう/您说得那样热心, 我就接下来吧 nín shuōde nàyàng rèxīn, wǒ jiù jiēxiàlai ba

それゆえ【それ故】 因此 yīncǐ; 所以 suǒyǐ (英 therefore)

それら 它们 tāmen; 那些 nàxiē (英 those; they) ▶~はまだ調査していません/那些事还没有调查 nàxiē shì hái méiyǒu diàochá

それる【逸れる】 偏离 piānlí (英 turn away; miss) ▶話が~/话走题了 huà zǒutí le ▶的を~/没打中 méi dǎzhòng ▶道を~/走岔路 zǒu chàlù ▶議論は本題から逸れてきた/讨论跑题了 tǎolùn pǎotí le ▶台風が東に逸れた/台风向东偏离 táifēng xiàng dōng piānlí ▶そこから道は左に~/道路从那儿岔向左边儿 dàolù cóng nàr

ソロ〚音楽〛独奏 dúzòu; 独唱 dúchàng（英 *a solo*）▶～アルバム/独奏专辑 dúzòu zhuānjí

そろい【揃い】 成套 chéngtào; 成组 chéngzǔ（英 *a suit; a set*）▶一つ/一套 yí tào ▶当面的生活道具は一一買った/买了一套眼下要用的生活用品 mǎile yí tào yǎnxià yào yòng de shēnghuó yòngpǐn ▶三つ～の背広/三件一套的西服 sān jiàn yí tào de xīfú

そろう【粗漏・疎漏】 疏忽 shūhu; 遗漏 yílòu（英 *a fault*）▶～のないように/不要疏忽 búyào shūhu

そろう【揃う】 ❶ 〖一様になる〗齐全 qíquán; 整齐 zhěngqí（英 *be equal*）▶メンバーが～/全体到齐 quántǐ dàoqí ▶大きさの揃った真珠の首飾り/用同样大小的珍珠制成的项链 yòng tóngyàng dàxiǎo de zhēnzhū zhìchéng de xiàngliàn ❷ 〖集まる〗（英 *gather*）▶この学校はよい教員が揃っている/这所学校聚集了优秀的教师 zhè suǒ xuéxiào jùjíle yōuxiù de jiàoshī ▶揃って出かける/全体一起出发 quántǐ yìqǐ chūfā ▶揃いも揃って礼儀知らずだ/有一个算一个都是些不懂礼貌的家伙 yǒu yí ge suàn yí ge dōu shì xiē bù dǒng lǐmào de jiāhuo

そろえる【揃える】 ❶ 〖集める〗备齐 bèiqí; 凑齐 còuqí（英 *collect*）▶シェイクスピアの作品を～/备齐莎士比亚的作品 bèiqí Shāshìbǐyà de zuòpǐn ❷ 〖整える〗摆好 bǎihǎo; 放好 fànghǎo（英 *put in order*）▶（脱いだ）靴をきちんと揃えておく/把（脱下来的）鞋整整齐齐摆好 bǎ(tuōxiàlái de) xié zhěngzhěngqíqí bǎihǎo ❸ 〖一様にする〗使一致 shǐ yízhì（英 *make even*）▶大きさを～/使大小一致 shǐ dàxiǎo yízhì ▶口を～/异口同声 yì kǒu tóng shēng ▶声を揃えて歓呼する/齐声欢呼 qíshēng huānhū

そろそろ ❶ 〖ゆっくり〗慢慢 mànmàn（英 *slowly*）▶～歩く/慢慢走 mànmàn zǒu ❷ 〖もうすぐ〗就要 jiù yào（英 *soon*）▶～失礼します/我该走了 wǒ gāi zǒu le ▶～時間だ/就要到时间了 jiù yào dào shíjiān le ▶～出かけようか/咱们差不多该走了吧 zánmen chàbuduō gāi zǒu le ba ▶～9時だ/快到九点了 kuài dào jiǔ diǎn le ▶彼は～40歳になる/他快要到四十岁了 tā kuàiyào dào sìshí suì le ▶～出発の時間だ/就要到出发时间了 jiùyào dào chūfā shíjiān le

ぞろぞろ 一个跟一个 yíge gēn yíge; 络绎不绝 luòyì bù jué; 成群 chéng qún（英 *in succession*）▶～部屋にはいる［を出る］/一个接一个走进［走出］房间 yí ge jiē yí ge zǒujìn[zǒuchū] fángjiān ▶子供たちが～ついて来た/孩子们成群结队地跟来了 háizimen chéng qún jiéduì de gēnlái le

そろばん【算盤】 算盘 suànpan（英 *an abacus*）▶～をはじく/打算盘 dǎ suànpan ▶～が合わない/不合算 bù hésuàn ▶～の珠/算盘珠

chāxiàng zuǒbiānr

suànpánzhū

そわそわする 心神不定 xīnshén búdìng; 坐立不安 zuò lì bù ān（英 *be nervous; be restless*）▶面接試験を前にして～する/临近面试,有些坐立不安 línjìn miànshì, yǒuxiē zuò lì bù ān

そん【損】 损失 sǔnshī（英 *loss; disadvantage*）▶～をする/吃亏 chīkuī; 亏损 kuīsǔn ▶トランプで1万円を～した/打扑克牌输了一万日元 dǎ pūkèpái shūle yíwàn Rìyuán ▶彼は商売をするたびに～をする/他每次做生意都亏 tā měi cì zuò shēngyi dōu kuī ▶君に～はかけない/不会让你吃亏的 búhuì ràng nǐ chīkuī de

ことわざ 損して得とれ 吃小亏占大便宜 chī xiǎokuī zhàn dàpiányi

そんえき【損益】 〔会計〕损益 sǔnyì; 盈亏 yíngkuī（英 *loss and gain; profit and loss*）
◆～勘定|计算盈亏 jìsuàn yíngkuī　～計算書|损益计算表 sǔnyì jìsuànbiǎo

そんかい【損壊する】 毀坏 huǐhuài; 破损 pòsǔn（英 *be destroyed*）▶器物～/毀坏财物 huǐhuài cáiwù ▶家屋の～は50戸に及んだ/受损害的房屋有五十栋 shòu sǔnhài de fángwū yǒu wǔshí dòng

そんがい【損害】 损害 sǔnhài; 损失 sǔnshī（英 *damage*; [損失] *loss*）▶～を被る/受害 shòuhài ▶～を与える/带来损失 dàilái sǔnshī ▶～賠償を求める/要求赔偿损失 yāoqiú péicháng sǔnshī ▶～賠償請求訴訟を起こす/为了索取损失赔偿而起诉 wèile suǒqǔ sǔnshī péicháng ér qǐsù
◆～保険|财产保险 cáichǎn bǎoxiǎn

ぞんがい【存外】 意外 yìwài; 竟 jìng（英 *unexpectedly*）

そんきん【損金】 〔会計〕赔的钱 péi de qián; 亏损金额 kuīsǔn jīn'é（英 *financial loss*）▶～に算入する（把这一款项）算入亏损金额 (bǎ zhè yí kuǎnxiàng)suànrù kuīsǔn jīn'é

そんけい【尊敬する】 敬敬 zūnjìng; 敬佩 jìngpèi（英 *respect*）▶～に値する/值得尊敬 zhíde zūnjìng ▶～の念/敬意 jìngyì ▶僕は父を心から～している/我衷心尊敬父亲 wǒ zhōngxīn zūnjìng fùqīn ▶～すべき人物/值得尊敬的人物 zhíde zūnjìng de rénwù

そんげん【尊厳】 尊严 zūnyán（英 *dignity*）▶人間の～を損なう/伤害人的尊严 shānghài rén de zūnyán ▶～死/尊严死 zūnyánsǐ ▶生命の～/生命的尊严 shēngmìng de zūnyán

そんざい【存在する】 存在 cúnzài（英 *exist*）▶多くの問題が～する/存在不少问题 cúnzài bùshǎo wèntí ▶それは日本には～しない/那在日本不存在 nà zài Rìběn bù cúnzài ▶彼は～感のある人間だ/他是一个引人注目的人 tā shì yí ge yǐn rén zhù mù de rén ▶あなたは神の～を信じますか/你相信神的存在吗? nǐ xiāngxìn shén de cúnzài ma? ▶ああいう人物は今日の社会では貴重な～だ/那种人在现代社会是珍贵的存在 nà zhǒng rén zài xiàndài shèhuì shì zhēnguì de cúnzài

ぞんざいに 粗鲁 cūlǔ；毛糙 máocao；粗糙 cūcāo（英 careless; rude）▶～に扱う/粗暴地对待 cūbào de duìdài ▶口のきき方が～だ/说话粗鲁 shuōhuà cūlǔ ▶～に書く/毛糙地写 máocao de xiě

そんしつ【損失】損失 sǔnshī（英 loss）▶～を被る/蒙受损失 méngshòu sǔnshī ▶～をもたらす/带来损失 dàilái sǔnshī

そんしょう【尊称】尊称 zūnchēng；敬称 jìngchēng（英 an honorific title）

そんしょう【損傷する】毁损 huǐsǔn；损伤 sǔnshāng（英 damage）▶タクシーに～を与える/使的士受到损伤 shǐ díshì shòudào sǔnshāng ▶頭部に～を被る/头部遭受伤害 tóubù zāoshòu shānghài

そんしょく【遜色】逊色 xùnsè（英 inferiority）▶～がない/毫无逊色 háowú xùnsè ▶～がある/显得逊色 xiǎnde xùnsè

そんじる【損じる】❶【感情を】损坏 sǔnhuài；损伤 sǔnshāng（英 hurt）▶機嫌を～/得罪 dézuì ❷【しくじる】失败 shībài；做坏 zuòhuài；做错 zuòcuò（英 damage; waste）▶書き～/写错 xiěcuò

そんする【存する】《存在する》存在 cúnzài（英 exist）；《残す》保留 bǎoliú；保持 bǎochí（英 remain）

そんする【損する】吃亏 chīkuī；损失 sǔnshī（英 lose）

そんぞく【存続する】继续存在 jìxù cúnzài；维持 wéichí（英 continue to exist）▶時代遅れの制度がいまも～している/落后于时代的制度至今依然继续存在 luòhòu yú shídài de zhìdù zhìjīn yīrán jìxù cúnzài

そんぞく【尊属】长辈亲属 zhǎngbèi qīnshǔ（英 a lineal ascendant）

そんだい【尊大な】自大 zìdà；自高自大 zì gāo zì dà（英 arrogant）▶～に構える/妄自尊大 wàng zì zūn dà ▶常に謙虚で～ぶることがない/始终很谦虚, 从不摆大架子 shǐzhōng hěn qiānxū, cóngbù bǎi dàjiàzi

そんたく【忖度する】忖度 cǔnduó；揣度 chuāiduó（英 guess）

そんちょう【村長】村长 cūnzhǎng（英 a village headman）

そんちょう【尊重する】尊重 zūnzhòng；重视 zhòngshì（英 respect）▶相手の意見を～する/尊重对方的意见 zūnzhòng duìfāng de yìjiàn ▶プライバシーを～する/尊重隐私 zūnzhòng yǐnsī ▶何より人命を～すべきだ/与任何东西相比, 人的生命更应受到尊重 yǔ rènhé dōngxi xiāngbǐ, rén de shēngmìng gèng yīng shòudào zūnzhòng

そんとく【得損】得失 déshī；盈亏 yíngkuī（英 loss and gain; interests）▶～にこだわる/计较 jìjiào；打算盘 dǎ suànpan ▶～勘定が合う/划算 huásuàn ▶～ずくで行動する/以得失为基准来行动 yǐ déshī wéi jīzhǔn lái xíngdòng ▶～を離れて支援する/不计得失地进行支援 bú jì déshī de jìnxíng zhīyuán

そんな 那样的 nàyàng de；那种 nà zhǒng（英 such; like that）▶～馬鹿な/岂有此理 qǐ yǒu cǐ lǐ ▶～ことはない/没有这么一回事 méiyǒu zhème yì huí shì ▶～ことだろうと思った/我想大概是这么回事吧 wǒ xiǎng dàgài shì zhème huí shì ba ▶～ことになろうとは思わなかった/没想到会成了这个样子 méi xiǎngdào huì chéngle zhège yàngzi ▶宗教のことを私は～ふうに考えている/对于宗教, 我是那样想的 duìyú zōngjiào, wǒ shì nàyàng xiǎng de

そんなに 那么 nàme（英 so; like that）▶～たくさん食べられるの/能吃那么多吗？néng chī nàme duō ma？▶～速く話さないで/别说那么快 bié shuō nàme kuài ▶～じろじろ見ないで/别那么一个劲儿地盯着我呀 bié nàme yí ge jìnr de dīngzhe wǒ ya ▶～急いでどこへ行くの/那么急三火四地去哪儿啊？nàme jí sān huǒ sì de qù nǎr a？

ぞんぶん【存分に】尽情地 jìnqíng de；放手 fàngshǒu；任情 rènqíng（英 to one's heart's content）▶～にやってくれ/请放手干吧 qǐng fàngshǒu gàn ba ▶～に食べる/敞开儿吃 chǎngkāir chī ▶～に腕をふるう/尽情地发挥本领 jìnqíng de fāhuī běnlǐng ▶思う～泣く/尽情地哭 jìnqíng de kū

そんぼう【存亡】存亡 cúnwáng（英 life or death; fate）▶国家～の危機/国家存亡的危机 guójiā cúnwáng de wēijī ▶人類の～に関わる問題/关系到人类存亡的问题 guānxìdào rénlèi cúnwáng de wèntí

そんみん【村民】村民 cūnmín（英 a villager）

そんめい【尊名】尊name zūnmíng；大名 dàmíng（英 your name）▶御～はかねがね伺っております/久闻大名 jiǔ wén dàmíng

ぞんめい【存命】在世 zàishì；健在 jiànzài（英 be alive）▶祖父はまだ～で絵を描いて楽しんでいる/我祖父还在世以画画儿为乐 wǒ zǔfù hái zàishì yǐ huà huàr wéi lè

そんもう【損耗する】损耗 sǔnhào（英 be worn out）

そんらく【村落】村庄 cūnzhuāng；村落 cūnluò（英 a village）

そんりつ【存立する】存在 cúnzài；存立 cúnlì（英 exist）▶国家の～が危うい/国家面临存亡的危机 guójiā miànlín cúnwáng de wēijī

そんりょう【損料】租金 zūjīn [使用料]（英 the rent）▶～を支払う/付租金 fù zūjīn ▶～なしで貸す/免费租借 miǎnfèi zūjiè

た【他】 其他 qítā; 别的 biéde（英 another; other）▶～を凌ぐ/超过其他所有的 chāoguò qítā suǒyǒu de ▶～に例を見ない悪質な犯罪だ/这是一桩前所未有的恶性犯罪 zhè shì yī zhuāng qián suǒ wèi yǒu de èxìng fànzuì ▶自～の区別ができない/不能对自己与他人加以区别 bùnéng duì zìjǐ yǔ tārén jiāyǐ qūbié

～は推して知るべし 别的就可想而知了 biéde jiù kě xiǎng ér zhī le

た【田】 水田 shuǐtián; 水地 shuǐdì（英 a rice〔paddy〕field）▶～に水を引く/往田里引水 wǎng tiánli yǐnshuǐ

ダークグリーン《色》苍翠 cāngcuì; 墨绿 mòlǜ（英 dark green）

ダークブルー《色》藏青 zàngqīng; 深蓝 shēnlán（英 dark blue）

ダークホース《比喻的》预想不到的劲敌 yùxiǎngbudào de jìngdí; 黑马 hēimǎ（英 a dark horse）▶彼は今大会の～と目されている/他被认为是这次比赛中出人意外的劲敌 tā bèi rènwéi shì zhè cì bǐsài zhōng chū rén yìwài de jìngdí

ターゲット 目标 mùbiāo; 指标 zhǐbiāo（英 a target）▶中年男性に～をしぼった商品/锁定中年男性顾客的商品 suǒdìng zhōngnián nánxìng gùkè de shāngpǐn

ダース 打 dá（英 a dozen）▶ゴルフボール半～/半打高尔夫球 bàn dá gāo'ěrfūqiú ▶鉛筆3〔三打鉛筆 sān dá qiānbǐ ▶～いくらで売られる/论打卖 lùn dá mài

ダーティー 肮脏 āngzāng; 卑鄙 bēibǐ（英 dirty）▶彼には～なイメージがつきまとう/他总是摆脱不掉肮脏的印象 tā zǒngshì bǎituōbudiào āngzāng de yìnxiàng

タートルネック《服飾》高领 gāolǐng; 直筒领 zhítǒnglǐng（英 a turtleneck）

ターニングポイント 转折点 zhuǎnzhédiǎn（英 a turning point）▶人生の～/人生的转折点 rénshēng de zhuǎnzhédiǎn

ターバン 缠在头上的头巾 chánzài tóushang de tóujīn（英 a turban）

ダービー（英 the Derby）▶日本～は日曜日に行われた/日本德比马赛于星期天举行了 Rìběn Débǐ Mǎsài yú xīngqītiān jǔxíng le

タービン 涡轮机 wōlúnjī; 叶轮 yèlún（英 a turbine）

◆**蒸気～** 汽轮机 qìlúnjī

ターボ（英 turbo）▶～ジェットエンジン/涡轮喷气发动机引擎 wōlún pēnqì fādòngjī yǐnqíng

ターミナル 终点站 zhōngdiǎnzhàn（英 a terminal）▶～ビル/候机楼 hòujīlóu ▶バス～/公交车终点站 gōngjiāochē zhōngdiǎnzhàn; 公共汽车总站 gōnggòng qìchē zǒngzhàn ▶～ケア/临终关怀 línzhōng guānhuái

タール 焦油 jiāoyóu; 柏油 bǎiyóu（英 tar）▶～を塗る/涂柏油 tú bǎiyóu

ターン 回转 huízhuǎn; 旋转 xuánzhuǎn（英 a turn）▶～する/转身 zhuǎnshēn ▶クイック～/快速转身 kuàisù zhuǎnshēn ▶50メートルの～/五十米转弯 wǔshí mǐ zhuǎnwān ▶～がうまい〔まずい〕/转身敏捷〔迟缓〕zhuǎnshēn mǐnjié〔chíhuǎn〕

ターンテーブル 转台 zhuàntái（英 a turntable）

たい【他意】 他意 tāyì（英 any other intention;〔悪意〕ill will）▶～のない/别无他意 bié wú tāyì ▶自分が書いたことに～はない/自己写的文字里别无他意 zìjǐ xiě de wénzìli bié wú tāyì ▶別に～はありません、あしからず/别无他意，请勿多想 bié wú tāyì, qǐng wù duō xiǎng

たい【体】 ❶【からだ】身体 shēntǐ（英 the body）▶右に～をかわす/向右闪身 xiàng yòu shǎnshēn ❷【かたち】《style》体裁 tǐcái; 样子 yàngzi ▶たまに書くのでは日記の～を成さない/偶尔动笔的话，就算不上日记本 ǒu'ěr dòngbǐ dehuà, jiù suànbushàng rìjìběn

名は～を表す 名表其体 míng biǎo qí tǐ

たい【対】 ❶【勝負の】对等 duìděng（英 equal）▶～で勝負する/同等级较量 tóngděng jí jiàoliàng ❷【点数の対照】比 bǐ（英 to...）▶5－3で勝つ/以五比三赢 yǐ wǔ bǐ sān yíng ▶2－1で負ける/以二比一输了 yǐ èr bǐ yī shū le ❸【対をなす組み合わせ】对 duì（英 versus）▶生徒に一～一の授業をする/给学生一对一地讲课 gěi xuésheng yī duì yī de jiǎngkè ▶ブラジル～スペインのサッカー試合/巴西对西班牙的足球赛 Bāxī duì Xībānyá de zúqiúsài

たい【隊】 队 duì（英 a party; a company; a band）▶～を編成する/建队 jiànduì; 组队 zǔduì ▶～を組んで行進する/列队前进 lièduì qiánjìn

タイ（英〔同点〕a tie）▶～にもちこむ/坚持到平局 jiānchídào píngjú ▶～記録/平记录 píngjìlù ▶試合は2対2の～に終った/比赛以二比二的平局结束 bǐsài yǐ èr bǐ èr de píngjú jiéshù ▶世界～記録を出す/创造世界平记录 chuàngzào shìjiè píngjìlù

◆**～スコア** 得分相同 défēn xiāngtóng

タイ【鯛】《魚》鲷鱼 diāoyú; 大头鱼 dàtóuyú（英 a sea bream）▶黒～/黑鲷 hēidiāo

腐っても～ 瘦死的骆驼比马大 shòusǐ de luòtuo bǐ mǎ dà

-たい 想… xiǎng…（英 wish; want）▶彼に会い～/想跟他见面 xiǎng gēn tā jiànmiàn ▶僕も行き～なあ/我也想去 wǒ yě xiǎng qù ▶泣き～よ/真想哭 zhēn xiǎng kū

だい【大】 大 dà（largeness; bigness）▶～の芝居好き/相当热心的戏迷 xiāngdāng rèxīn de xìmí ▶～の男が5人がかりでやっと持ち上げた/五个男子汉一起用力才抬起来 wǔ ge nánzǐhàn yìqǐ yònglì cái táiqǐlai ▶はがき～のコンパクトサイ

ズ/明信片大小的袖珍尺寸 míngxìnpiàn dàxiǎo de xiùzhēn chǐcun
～は小を兼ねる 大能兼小 dà néng jiān xiǎo
♦〜企業/大企业 dàqǐyè ▶〜手術/大手术 dàshǒushù ▶〜草原/大草原 dàcǎoyuán ▶〜都会/大都会 dàdūhuì; 大城市 dàchéngshì

だい【代】 代 dài（英 *a generation*）▶祖父の〜/祖父那一代 zǔfù nà yí dài ▶〜が替わる/换代 huàndài ▶10〜目の子孫/第十代子孙 dìshí dài zǐsūn ▶3〜前からここに住んでいます/从三代前就住在这里 cóng sān dài qián jiù zhùzài zhèlǐ ▶1950年〜に初の人工衛星が打ち上げられた/于二十世纪五十年代发射了第一颗人造卫星 yú èrshí shìjì wǔshí niándài fāshèle dìyī kē rénzào wèixīng ▶父親の〜に田舎から都会に移り住んだ/从父亲那一代从农村移居到了城市 cóng fùqīn nà yídài qǐ cóng nóngcūn yíjūdàole chéngshì ▶一〜で大企業を築き上げる/只一代就建成了一宗大企业 zhǐ yídài jiù jiànchéngle yì zōng dàqǐyè ▶30〜になったばかりの女/刚刚迈进三十门槛的女子 gānggāng màijìn sānshí ménkǎn de nǚzǐ ▶10〜の少年/十几岁的少年 shíjǐ suì de shàonián ▶部屋〜/房租 fángzū ▶電気〜/电费 diànfèi ▶ガス〜/煤气费 méiqìfèi ▶タクシー〜/出租车费 chūzūchēfèi

だい【台】 案子 ànzi; 台 tái（英 *a stand; a table; a mounting*）▶車3〜/三辆汽车 sān liàng qìchē ▶証言〜に立つ/站在证言台上 zhànzài zhèngyántáishang ▶出荷が百万〜に達する[を突破する]/上市量达到[超过]一百万大关 shàngshìliàng dádào[chāoguò]yìbǎi wàn dàguān ▶温度が30度〜にのぼった/温度升到了三十几度 wēndù shēngdàole sānshí jǐ dù ▶体重を60キロ〜に保つ/体重保持在六十公斤到七十公斤之间 tǐzhòng bǎochí zài liùshí gōngjīn dào qīshí gōngjīn zhījiān

だい【題】 題 tí; 題目 tímù（英 [題名] *a title*; [主題] *a subject; a theme*）▶…と題する/以…为题 yǐ… wéi tí ▶作文の〜を出す/出作文题 chū zuòwéntí ▶外国語の学び方という〜で講演する/以学习外语的方法为题作报告 yǐ xuéxí wàiyǔ de fāngfǎ wéi tí zuò bàogào ▶絵に〜をつける/给画命题 gěi huà mìngtí ▶無〜の絵/无题之画 wútí zhī huà ▶〜は立派だが中身がからっぽだ/题目堂皇，内容却很空洞 tímù tánghuáng, nèiróng què hěn kōngdòng

日中比較 中国語の'題 tí'は「タイトル」という意味の他に、「署名する」ことも意味する.

たいあたり【体当たりする】 冲撞 chōngzhuàng; 扑 pū（英 *throw oneself*）▶演劇に〜する/一心扑在戏剧上 yìxīn pūzài xìjùshang ▶〜取材でつかんだ特ダネ/全力以赴捕捉到的独家新闻 quánlì yǐ fù bǔzhuōdào de dújiā xīnwén ▶警官が犯人に〜をくらわせて逮捕した/警察全力冲撞逮捕了犯人 jǐngchá quánlì chōngzhuàng dàibǔle fànrén

タイアップ 合作 hézuò; 协作 xiézuò（英 *a tie-up*）▶テレビ局と〜して映画を作る/和电视台协作拍电影 hé diànshìtái xiézuò pāi diànyǐng

たいあん【対案】 反提案 fǎntí'àn; 反建议 fǎnjiànyì（英 *a counterproposal; a countermeasure*）▶野党が〜を出す/在野党提出了反建议 zàiyědǎng tíchūle fǎnjiànyì

たいあん【代案】 代替方案 dàitì fāng'àn（英 *an alternative plan; an alternative to a plan*）▶〜を示す/出示代替方案 chūshì dàitì fāng'àn

たいい【大尉】 上尉 shàngwèi（英 [陸軍] *a captain*; [海軍] *a lieutenant*; [空軍]（米）*a captain*）

たいい【大意】 大意 dàyì; 要旨 yàozhǐ（英 [要旨] *the gist; an outline*）▶論文の〜をつかむ/掌握论文大意 zhǎngwò lùnwén dàyì

日中比較 中国語の'大意'は'dàyì'と読めば「不注意である」ことをいう.

たいい【体位】 **1**[体の強さ] 体质 tǐzhì（英 *physical strength*）▶〜の向上を図る/力求增强体质 lìqiú zēngqiáng tǐzhì **2**[姿勢] 姿势 zīshì; 身体位置 shēntǐ wèizhì（英 *a position*）▶〜を変える/变换姿势 biànhuàn zīshì

たいい【退位】 退位 tuìwèi（英 *abdication*）▶国王が〜する/国王退位 guówáng tuìwèi

たいいく【体育】 体育 tǐyù（英 *physical training*; [教科名] *physical education*;（略）*P. E.*）▶〜館/体育馆 tǐyùguǎn ▶〜祭/体育节 tǐyùjié ▶〜の会長の人/粗犷的人 cūguǎng de rén ▶〜の時間は楽しかった/体育课真愉快 tǐyùkè zhēn yúkuài

だいいち【第一】 第一 dìyī（英 *the first; number one*）▶〜の/头号 tóuhào; 头等 tóuděng ▶〜に/首先 shǒuxiān ▶安全〜/安全第一 ānquán dìyī ▶会社の利益を〜に考える/把公司的利益放在第一位来考虑 bǎ gōngsī de lìyì fàngzài dìyī wèi lái kǎolǜ ▶次産業/第一产业 dìyī chǎnyè ▶〜の関心事/最关心的事 zuì guānxīn de shì ▶まず〜に何をやろうか/我们第一步做什么呢? wǒmen dìyī bù zuò shénme ne? ▶僕には〜どこから手をつけていいかわからない/首先我不知道该从什么地方入手 shǒuxiān wǒ bù zhīdào gāi cóng shénme dìfang rùshǒu ▶何といっても健康が〜だ/无论如何，健康才是最重要的 wúlùn rúhé, jiànkāng cái shì zuì zhòngyào de ▶客の満足こそ〜に考慮すべきことだ/顾客满意才是我们首先应该考虑的事 gùkè mǎnyì cái shì wǒmen shǒuxiān yīnggāi kǎolǜ de shì ▶〜に位する/位居第一 wèi jū dìyī ▶〜級の実業家/一流企业家 yīliú qǐyèjiā

だいいちい【第一位】 首位 shǒuwèi; 冠军 guànjūn（英 *the first ranking*）▶〜になる/夺冠 duóguàn

だいいちいんしょう【第一印象】 第一印象 dìyī yìnxiàng（英 *first impressions*）▶人を〜で判断しがちだ/人们很容易凭第一印象来判断人 rénmen hěn róngyì píng dìyī yìnxiàng lái pànduàn rén ▶彼の〜はどうでしたか/你对他的

第一印象怎么样？ nǐ duì tā de dìyī yìnxiàng zěnmeyàng?

だいいちにんしゃ【第一人者】 权威 quánwēi; 泰斗 tàidǒu 〔英 *the leading person*〕▶現代文学の〜/现代文学的泰斗 xiàndài wénxué de tàidǒu

だいいっき【第一期の】 首届 shǒujiè 〔英 *the first period* 〔*term*〕〕▶〜卒業生/首届毕业生 shǒujiè bìyèshēng

だいいっしん【第一審】 初审 chūshěn; 第一审 dìyīshěn 〔英 *the first trial*〕

だいいっせん【第一線】 第一线 dìyīxiàn; 最前列 zuìqiánliè 〔英 *the front line*〕▶〜で活躍する/在第一线工作 zài dìyīxiàn gōngzuò ▶会社経営の〜から身を退く/从企业经营的第一线退下来 cóng qǐyè jīngyíng de dìyīxiàn tuìxiàlai

だいいっぽ【第一歩】 第一步 dìyībù 〔英 *the first step*〕▶〜を踏み出す/迈出第一步 màichū dìyībù ▶彼は科学者への道の〜を踏み出した/他迈出了成为科学家的第一步 tā màichūle chéngwéi kēxuéjiā de dìyībù

たいいん【退院する】 出院 chūyuàn 〔英 *be out of the hospital*〕▶入〜を繰り返す/反复住院出院 fǎnfù zhùyuàn chūyuàn ▶思ったより早く〜できた/比预想提前出了院 bǐ yùxiǎng tíqián chūle yuàn

たいいん【隊員】 队员 duìyuán 〔英 *a member*; *the personnel*〕▶消防〜/消防队员 xiāofáng duìyuán

たいいんれき【太陰暦】 农历 nónglì; 阴历 yīnlì 〔英 *the lunar calendar*〕

たいえき【体液】 〔生理〕体液 tǐyè 〔英 *body fluids*〕

たいえき【退役する】 退伍 tuìwǔ; 退役 tuìyì; 复员 fùyuán 〔英 *retire from active service*〕
▶〜軍人/退役军人 tuìyì jūnrén; 退伍军人 tuìwǔ jūnrén

ダイエットする 减肥 jiǎnféi 〔英 *be on a diet*〕▶〜に失敗する/减肥失败 jiǎnféi shībài ▶〜して体重を落とす/用节食的方法减肥 yòng jiéshí de fāngfǎ jiǎnféi
▶〜食品/减肥食品 jiǎnféi shípǐn

たいおう【対応】 对应 duìyìng; 对付 duìfu 〔英 *correspondence*; 〔力量の〕 *match*〕▶事態に〜する/应付局面 yìngfù júmiàn ▶あらゆる可能性を考慮して慎重に〜する/考虑到所有可能性而慎重对应 kǎolǜdào suǒyǒu kěnéngxìng ér shènzhòng duìyìng ▶この件には柔軟な〜が求められる/这件事需要采取灵活的方法对应 zhè jiàn shì xūyào cǎiqǔ línghuó de fāngfǎ duìyìng ▶とんどちらの場合に〜できる/几乎可以应付任何局面 jīhū kěyǐ yìngfù rènhé júmiàn

だいおうじょう【大往生】 无疾而终 wú jí ér zhōng; 安然死去 ānrán sǐqù 〔英 *die a peaceful death*〕

ダイオード 二极管 èrjíguǎn 〔英 *a diode*〕

ダイオキシン 二噁英 èr'èyīng 〔英 *dioxin*〕

たいおん【体温】 体温 tǐwēn 〔英 *one's temperature*〕▶〜計/体温表 tǐwēnbiǎo ▶〜を計る/试表 shìbiǎo ▶〜は36度3分です/体温是三十六度三 tǐwēn shì sānshíliù dù sān ▶彼の〜は平熱より少し高い/他的体温比正常体温稍微高一点儿 tā de tǐwēn bǐ zhèngcháng tǐwēn shāowēi gāo yìdiǎnr ▶〜が上がる[下がる]/体温升高[降低] tǐwēn shēnggāo[jiàngdī]

たいか【大火】 大火灾 dàhuǒzāi 〔英 *a big fire*〕
▶近所に〜があった/附近发生了大火灾 fùjìn fāshēngle dàhuǒzāi

たいか【大家】 大家 dàjiā; 大师 dàshī; 权威 quánwēi 〔英 *an authority*; *a great master* 〔*scholar*〕〕▶書道の〜/书法大师 shūfǎ dàshī ▶〜の説を引用する/引用大师的说法 yǐnyòng dàshī de shuōfa

たいか【大過】 严重错误 yánzhòng cuòwù 〔英 *a serious mistake*〕▶〜なく/没有大错 méiyǒu dàcuò ▶5年間〜なく会長の職を勤めあげた/五年时间顺利地尽了会长的职责 wǔ nián shíjiān shùnlì de jìnle huìzhǎng de zhízé

たいか【耐火の】 耐火 nàihuǒ 〔英 *fireproof*〕▶〜金庫/耐火保险柜 nàihuǒ bǎoxiǎnguì ▶〜建築/耐火建筑 nàihuǒ jiànzhù
▶〜れんが/耐火砖 nàihuǒzhuān

たいか【退化する】 退化 tuìhuà 〔英 *retrogress*〕▶あまり使わない器官は〜する/不常用的器官退化 bù chángyòng de qìguān huì tuìhuà

たいか【滞貨】 滞货 zhìhuò; 滞销商品 zhìxiāo shāngpǐn 〔英 *accumulation of freight* 〔*cargo*〕〕
▶郵便物の〜は2，3日のうちに一掃されよう/积压的邮件能在两三天内清理掉吧 jīyā de yóujiàn néng zài liǎng sān tiān nèi qīnglǐdiào ba

たいが【大河】 大河 dàhé; 大江 dàjiāng 〔英 *a great river*〕▶〜ドラマ/大型电视连续剧 dàxíng diànshì liánxùjù ▶〜小说/规模宏大的长篇小说 guīmó hóngdà de chángpiān xiǎoshuō

だいか【代価】 代价 dàijià 〔英 *cost*; *price*〕▶〜を払う/付出代价 fùchū dàijià ▶目的達成のためにはいかなる〜も惜しまない/为了达到目的不惜付出任何代价 wèile dádào mùdì bùxī fùchū rènhé dàijià

たいかい【大会】 大会 dàhuì 〔英 *a grand meeting*; *a convention*〕▶花火〜/焰火晚会 yànhuǒ wǎnhuì; 焰火大会 yànhuǒ dàhuì ▶プログラム/大会进程表 dàhuì jìnchéngbiǎo ▶党〜を招集する/召开党大会 zhàokāi dǎngdàhuì ▶《競技会で》初日に〜記録が八つ破られた/第一天就有八项大会纪录被打破了 dìyī tiān jiù yǒu bā xiàng dàhuì jìlù bèi dǎpò le

たいかい【大海】 大海 dàhǎi 〔英 *an ocean*; *the high seas*〕▶〜の一滴/大海里的一滴水 dàhǎi-li de yì dī shuǐ; 沧海一滴 cānghǎi yì dī
ことわざ 井の中の蛙〜を知らず 坐井观天 zuò jǐng guān tiān

たいかい【退会する】 退会 tuìhuì 〔英 *with-*

たいがい【大概】 ❶【だいたい・あらまし】大概 dàgài; 大体上 dàtǐshang (英 *generally*; *mainly*; *largely*) ▶〜なんことだろうと思った/我想到可能大概就是那么一回事吧 wǒ xiǎngdàole dàgài jiù shì nàme yì huí shì ba ▶日曜日の夜は〜家に居ます/星期天晚上我一般都在家 xīngqītiān wǎnshang wǒ yībān dōu zàijiā ▶〜のことなら喜んでいたします/一般的事我都愿效劳 yībān de shì wǒ dōu yuàn xiàoláo; 一般的事我都很愿意去做 yībān de shì wǒ dōu hěn yuànyì qù zuò ❷【適度】(英 *moderately*) ▶無駄遣いも〜にしておけ/浪费也不要太过分了 làngfèi yě búyào tài guòfèn le ▶冗談も〜になさい/开玩笑也要适度 kāi wánxiào yě yào shìdù

たいがい【対外】 対外 duìwài (英 *foreign*) ▶〜政策/对外政策 duìwài zhèngcè ▶〜貿易/对外贸易 duìwài màoyì ▶〜投資/对外投资 duìwài tóuzī ▶〜債務/对外债务 duìwài zhàiwù

♦〜援助｜对外援助 duìwài yuánzhù 〜関係｜对外关系 duìwài guānxi

たいがいじゅせい【体外受精】〔医〕体外受精 tǐwài shòujīng (英 *testtube fertilization*)

たいかく【体格】 筋骨 jīngǔ; 体格 tǐgé (英 *physique*; *constitution*; *a build*) ▶〜のよい/体格好 tǐgé hǎo ▶〜の悪い/体格差 tǐgé chà ▶学校の机が〜に合わない/学校的课桌跟学生的体格不相称 xuéxiào de kèzhuō gēn xuésheng de tǐgé bù xiāngchèn ▶堂々たる〜の男/体格雄健的男子 tǐgé xióngjiàn de nánzǐ ▶スポーツマンらしい〜の人/体格貌似运动员的人 tǐgé màosì yùndòngyuán de rén

たいかく【対角】〔数〕对角 duìjiǎo (英 *the opposite angle*)

♦〜線｜对角线 duìjiǎoxiàn

たいがく【退学する】 退学 tuìxué; 辍学 chuòxué (英 *leave school*) ▶〜処分にする/开除 kāichú ▶病気のために中途〜する/因病辍学 yīn bìng chuòxué ▶大学を2年で〜する/上了两年大学就退学了 shàngle liǎng nián dàxué jiù tuìxué le ▶彼は大学を〜させられた/他被处分从大学退学了 tā bèi chǔfēn cóng dàxué tuìxué le

♦〜届｜退学申请(表) tuìxué shēnqǐng (biǎo)

だいがく【大学】(総合大学)大学 dàxué;《単科大学》学院 xuéyuàn (英 *a university*; ［単科］*a college*) ▶〜入試/高考 gāokǎo ▶〜生/大学生 dàxuéshēng ▶4年前を卒業した/四年前从大学毕业了 sì nián qián cóng dàxué bìyè le ▶〜に合格する/考上大学 kǎoshàng dàxué ▶〜で法律を学ぶ/在大学学习法律 zài dàxué xuéxí fǎlǜ ▶〜に行く［通う］/上大学 shàng dàxué ▶〜で人気があるのは情報と名のつく講座だ/在大学里最受欢迎的是带有"信息"二字的讲座 zài dàxuélǐ zuì shòu huānyíng de shì dài yǒu "xìnxī" èrzì de jiǎngzuò ▶〜入試センター試験/全国统一高考 quánguó tǒngyī gāokǎo

♦〜教授｜大学教授 dàxué jiàoshòu 〜総長｜大学校长 dàxué xiàozhǎng 〜紛争｜大学学潮 dàxué xuécháo

> [日中比较] 中国語で"大学 dàxué"といえば「総合大学」を指す。"学院 xuéyuàn"は「単科大学」あるいは大学内の「学部」を意味する。一般的に「大学」といいたいときは'大学'が使われる。

だいがくいん【大学院】 研究生院 yánjiūshēngyuàn (英 *a graduate school*) ▶〜生/研究生 yánjiūshēng ▶彼女は卒業後〜に進むつもりでいる/她毕业后打算上研究生院 tā bìyèhòu dǎsuan shàng yánjiūshēngyuàn ▶法科［経営学科］の〜/法律系［经营学系］研究生院 fǎlǜxì [jīngyíngxuéxì] yánjiūshēngyuàn

だいかぞく【大家族】 大户 dàhù; 大家庭 dàjiātíng (英 *a large family*)

だいかつ【大喝する】 大喝一声 dà hè yì shēng; 大声斥责 dàshēng chìzé (英 *shout*)

だいがわり【代替わりする】 换代 huàndài; 换店主 huàn diànzhǔ (英 *succeed to...*)

たいかん【体感】(英 *a physical feeling*) ▶〜温度｜体感温度 tǐgǎn wēndù ▶風が強くなり〜温度が一気に下がった/风大起来了，体感温度一下子降低了 fēng dàqǐlai le, tǐgǎn wēndù yíxiàzi jiàngdīle

たいかん【耐寒の】 耐寒 nàihán (英 *hardy*) ▶〜実験/抗寒试验 kànghán shìyàn ▶〜性のある観葉植物/具有耐寒性的观叶植物 jùyǒu nàihánxìng de guānyè zhíwù

♦〜訓練｜抗寒训练 kànghán xùnliàn

たいかん【退官する】 退休 tuìxiū; 辞去官职 cíqù guānzhí (英 *retire from ...*) ▶山田教授〜記念論文集/山田教授退休纪念论文集 Shāntián jiàoshòu tuìxiū jìniàn lùnwénjí ▶大学を定年〜する/到了退休年龄而从大学退职 dàole tuìxiū niánlíng ér cóng dàxué tuìzhí

たいがん【大願】(英 *one's ambition*) 〜成就｜实现大愿 shíxiàn dàyuàn

たいがん【対岸】 彼岸 bǐ'àn; 对岸 duì'àn (英 *the opposite side*) ▶〜の火事視する/隔岸观火 gé àn guān huǒ ▶国際テロ事件の〜の火事と見てはいけない/对国际恐怖事件不能采取隔岸观火的态度 duì guójì kǒngbù shìjiàn bùnéng cǎiqǔ gé àn guān huǒ de tàidù

たいかん【大寒】 大寒 dàhán (英 *the coldest season*)

たいかんしき【戴冠式】 加冕典礼 jiāmiǎn diǎnlǐ (英 *a coronation ceremony*)

たいき【大気】 大气 dàqì (英 *the atmosphere*; *the air*) ▶〜汚染/空气污染 kōngqì wūrǎn 〜圏外/太空 tàikōng ▶汚染物質を測定する/测量污染空气的物质 cèliáng wūrǎn kōngqì de wùzhì ▶ロケットが〜圏に再突入する/火箭再次冲进大气层 huǒjiàn zàicì chōngjìn dàqìcéng

たいき【大器】 大器 dàqì; 英才 yīngcái (英 *a man of great talent*) ▶俺は未完の〜なんだ/我是

个未成的英才 wǒ shì ge wèi chéng de yīngcái
ことわざ **大器晩成** 大器晚成 dàqì wǎn chéng ▶～晚成型的人/大器晚成型的人 dàqì wǎn chéng xíng de rén

たいき【待機する】 待命 dàimìng (英 *stand by*) ▶《携带电话の》～画面/待机画面 dàijī huàmiàn ▶～電力をオフにする/关掉待机电源 guāndiào dàijī diànyuán ▶500人の警官が万一にそなえて～している/为防备万一，五百名警察一起待命 wèi fángbèi wànyī, wǔbǎi míng jǐngchá yìqǐ dàimìng ▶乗員は宇宙への打ち上げのため～中である/宇航员为了航天发射而正在待机 yǔhángyuán wèile hángtiān fāshè ér zhèngzài dàijī ▶自宅～になる/在家待命 zàijiā dàimìng

たいぎ【大義】 大义 dàyì (英 *a reason; a cause*) ▶～名分/大义名分 dàyì míngfèn ▶そんなことをしては～名分がたたない/干这种事，名不正，言不顺 gàn zhè zhǒng shì, míng bú zhèng, yán bú shùn

たいぎ【大儀な】 麻烦 máfan; 费力 fèilì (英 *tedious; tiresome*) ▶日曜日に仕事に出るのは～だ/星期天去上班真辛苦 xīngqītiān qù shàngbān zhēn xīnkǔ

たいぎ【代議】 代议 dàiyì (英 *representation*) ▶～制度/代议制度 dàiyìzhì; 议会制 yìhuìzhì ▶～員/代议员 dàiyìyuán ▶～士/众议院议员 zhòngyìyuàn yìyuán

だいきぎょう【大企業】 大企业 dàqǐyè (英 *a big company*)

たいぎご【対義語】 反义词 fǎnyìcí (英 *an antonym*)

だいきぼ【大規模な】 规模宏大 guīmó hóngdà; 浩大 hàodà; 大规模 dàguīmó (英 *large-scale*) ▶～な災害/浩劫 hàojié; 大灾难 dàzāinàn ▶～な政府デモが起こる/发生了大规模的反政府示威游行 fāshēngle dàguīmó de fǎnzhèngfǔ shìwēi yóuxíng ▶～な調査を開始する/开始进行大规模的调查 kāishǐ jìnxíng dàguīmó de diàochá ▶～農業/大规模农业 dàguīmó nóngyè

たいきゃく【退却する】 撤退 chètuì; 退却 tuìquè (英 *retreat from...*) ▶敵軍の猛攻に～を余儀なくされた/面对敌军的猛攻无奈撤退 miànduì díjūn de měnggōng wúnài chètuì ▶将軍は全軍を～させた/将军令全军撤退 jiāngjūn lìng quánjūn chètuì ▶総～する/进行总撤退 jìnxíng zǒng chètuì

たいきゅう【耐久】 耐久 nàijiǔ; 持久 chíjiǔ (英 *durability*) ▶～性を持つ/具有耐久性 jùyǒu nàijiǔxìng ▶～力/持久力 chíjiǔlì ▶～ロードレース/耐久公路赛 nàijiǔ gōnglùsài
◆試験：耐久試験 nàijiǔ shìyàn ～消費財：耐久消费品 nàijiǔ xiāofèipǐn

だいきゅう【代休】 补假 bǔjià; 补休 bǔxiū (英 *a make-up holiday*) ▶～を取る/告假补休 gàojià bǔxiū

だいきゅうし【大臼歯】〚解〛大臼齿 dàjiùchǐ (英 *a molar*)

たいきょ【大挙して】 大举 dàjǔ; 蜂拥 fēngyōng (英 *in large numbers*) ▶彼らは～して上京した/他们大举进京了 tāmen dàjǔ jìn jīng le ▶団体客が～して押し寄せる/团体旅客蜂拥而至 tuántǐ lǚkè fēngyōng ér zhì

たいきょ【退去する】 离开 líkāi; 退出 tuìchū (英 *leave*) ▶国外～/驱逐出境 qūzhú chūjìng ▶この場からただちに～せよ/赶紧离开这里！gǎnjǐn líkāi zhèlǐ！；立刻走开！lìkè zǒukāi！▶不法入居者を強制～させる/强行勒令非法入住者退出 qiángxíng lèilìng fēifǎ rùzhùzhě tuìchū ▶48 時間以内に～を命じる《軍隊で》/命令其四十八小时以内撤退 mìnglìng qí sìshíbā xiǎoshí yǐnèi chètuì

たいぎょ【大魚】(英 *a big fish*) ▶～を逸する/失去好机会 shīqù hǎojīhuì; 错过良机 cuòguò liángjī ▶少しの油断で～を逃した/因为一点点疏忽放跑了一条大鱼 yīnwèi yìdiǎndiǎn shūhu fàngpǎole yì tiáo dàyú

ことわざ **大魚は小池（ちいさいけ）に棲（す）まず** 蛟龙非池中物 jiāolóng fēi chízhōngwù; 大才不能小用 dàcái bùnéng xiǎoyòng

たいきょう【胎教】 胎教 tāijiào (英 *prenatal training*) ▶モーツァルトの音楽は～にいい/莫扎特的音乐很合适胎教 Mòzhātè de yīnyuè hěn héshì tāijiào

たいぎょう【大業】 大业 dàyè; 伟大事业 wěidà shìyè (英 *a great task*) ▶～を成就する/成就大业 chéngjiù dàyè

たいぎょう【怠業】 怠工 dàigōng (英 *a slowdown*) ▶組織的～/有组织的怠工 yǒu zǔzhī de dàigōng

だいきょうこう【大恐慌】 经济大恐慌 jīngjì dàkǒnghuāng (英 *the Depression*) ▶アメリカに端を発して世界～が起こった/从美国开始世界发生了经济大恐慌 cóng Měiguó kāishǐ shìjiè fāshēngle jīngjì dàkǒnghuāng

たいきょく【大局】 大局 dàjú; 全局 quánjú (英 *a wide〔broad〕view*) ▶～をわきまえる/认识大局 rènshi dàjú ▶～を誤る/贻误大局 yíwù dàjú ▶～に影響なし/对大局没有影响 duì dàjú méiyǒu yǐngxiǎng ▶～を見ると決して無視できない兆候だ/综观大局，这是一个决不能忽视的征兆 zōngguān dàjú, zhè shì yí ge jué bùnéng hūshì de zhēngzhào ▶～から考えて判断すべきだ/应该从大局考虑作出判断 yīnggāi cóng dàjú kǎolǜ zuòchū pànduàn

たいきょく【対局する】 对局 duìjú; 下棋 xiàqí (英 *play a game of...*) ▶名人と～する/与名人对局 yǔ míngrén duìjú ▶コンピュータ相手に囲碁の～をする/以电脑为对手下围棋 yǐ diànnǎo wéi duìshǒu xià wéiqí

たいきょくけん【太極拳】 太极拳 tàijíquán ▶毎朝公園で～をする/每天早晨在公园打太极拳 měitiān zǎochen zài gōngyuán dǎ tàijíquán

だいきらい【大嫌い】 非常讨厌 fēicháng tǎoyàn (英 *hate; detest*) ▶僕はカラオケが～だ/我非

常讨厌卡拉 OK wǒ fēicháng tǎoyàn kǎlā OK ▶ 僕は君が～だ/我非常讨厌你 wǒ fēicháng tǎoyàn nǐ

たいきん【大金】 巨款 jùkuǎn（英 *a large sum of money*）▶～を儲ける/赚大钱 zhuàn dàqián ▶まだ一度もそんな～を持ったことがない/我从来没有拿过那么多的钱 wǒ cónglái méiyǒu náguo nàme duō de qián ▶～を投じて高速道路をつくる/投入巨款建设高速公路 tóurù jùkuǎn jiànshè gāosù gōnglù ▶来月には～がころげ込むはずだ/下月一定会拿到一大笔钱 xiàyuè yídìng huì nádào yí dàbǐ qián

だいきん【代金】 价款 jiàkuǎn；贷款 dàikuǎn（英 *a price; a cost*）▶～は前払いです/价款要预付 jiàkuǎn yào yùfù ▶バーで法外な～を請求された/在酒吧被要求支付贵得吓人的金额 zài jiǔbā bèi yāoqiú zhīfù guìde xiàrén de jīn'é ▶その品の～はまだ払ってない/那件商品的货款还没有付 nà jiàn shāngpǐn de huòkuǎn hái méiyǒu fù ▶～を取り立てる/催讨货款 cuītǎo huòkuǎn

たいく【体躯】 身躯 shēnqū；体格 tǐgé（英 *build*）▶堂々たる～のバリトン歌手/身躯伟岸的男中音歌手 shēnqū wěi'àn de nánzhōngyīn gēshǒu

だいく【大工】 木匠 mùjiang；木工 mùgōng（英 *a carpenter*）▶～道具/木工工具 mùgōng gōngjù ▶日曜～/业余木匠 yèyú mùjiang ▶～仕事をする/干木工活儿 gàn mùgōnghuór

たいくう【対空】 対空 duìkōng（英 *antiaircraft*）▶～砲火/对空炮火（射击）duìkōng pàohuǒ(shèjī) ▶～ミサイル/地对空导弹 dìduìkōng dǎodàn

たいくう【滞空】 空中航行 kōngzhōng hángxíng（英 *flight duration*）▶～時間/续航时间 xùháng shíjiān ▶～記録/空中航行记录 kōngzhōng hángxíng jìlù

たいぐう【待遇】 待遇 dàiyù（英 *treatment; reception; service*）▶～がよい/待遇好 dàiyù hǎo ▶～が悪い/待遇差 dàiyù chà ▶学校の教師は～が悪い/学校的老师待遇差 xuéxiào de lǎoshī dàiyù chà ▶～を改善する/改善待遇 gǎishàn dàiyù ▶労働者の～の改善/改善工人待遇 gǎishàn gōngrén dàiyù ▶旅館では思いもかけないい～を受けた/在旅馆受到了意想不到的款待 zài lǚguǎn shòudàole yìxiǎngbudào de kuǎndài ▶国賓クラスの～を受ける/受到国宾级待遇 shòudào guóbīnjí dàiyù

たいくつ【退屈】 无聊 wúliáo（英 *boredom*）▶～だ/闷得慌 mèndehuang ▶～しのぎをする/消遣 xiāoqiǎn；解闷 jiěmèn ▶あまりに～な会議なので途中で退席した/因为会议太无聊，所以中途退席了 yóuyú huìyì tài wúliáo, suǒyǐ zhōngtú tuìxí le ▶90 分の～な授業/九十分钟无聊的课 jiǔshí fēnzhōng wúliáo de kè ▶なんともはやな～奴だ/真是个无聊的家伙 zhēn shì ge wúliáo de jiāhuo ▶この仕事は全く～だ/这份工作真无聊 zhè fèn gōngzuò zhēn wúliáo ▶～を紛らす/解

闷 jiěmèn；消遣 xiāoqiǎn ▶～しのぎに読んでくれればいい/你闲着无聊时读一读就行了 nǐ xiánzhe wúliáo shí dúyìdú jiù xíng le ▶～そうな顔をする/一副百无聊赖的表情 yí fù bǎi wú liáolài de biǎoqíng

たいぐん【大軍】 大军 dàjūn（英 *a large force*）▶～を率いて出陣する/率领大军上阵 shuàilǐng dàjūn shàngzhèn

たいぐん【大群】 大群 dàqún（英 *a large crowd*）▶かもめの～が飛来する/飞来大群的海鸥 fēilái dàqún de hǎi'ōu ▶近くの森に～の鳥が棲みつく/成群的乌鸦在附近的森林里安家 chéngqún de wūyā zài fùjìn de sēnlínli ānjiā

たいけ【大家】 大户 dàhù；财主 cáizhǔ（英 *a distinguished family*）▶～の令嬢/大户人家的小姐 dàhù rénjiā de xiǎojiě

たいけい【大系】 大系 dàxì（英 *an outline*）▶世界文学～/世界文学大系 shìjiè wénxué dàxì

たいけい【大計】 大计 dàjì（英 *a far-reaching policy*）▶百年の～/百年大计 bǎinián dàjì ▶国家百年の～を立てる/树立国家的百年大计 shùlì guójiā de bǎinián dàjì

たいけい【体系】 体系 tǐxì；系统 xìtǒng（英 *a system*）▶賃金～を見直す/重新考虑工资体系 chóngxīn kǎolǜ gōngzī tǐxì ▶～的に研究する/进行系统性研究 jìnxíng xìtǒngxìng yánjiū ▶新しい学問～を構築する/构筑新的学术体系 gòuzhù xīn de xuéshù tǐxì ▶彼の思想には～がない/他的思想没有系统 tā de sīxiǎng méiyǒu xìtǒng ▶～化する/进行系统化 jìnxíng xìtǒnghuà

たいけい【体型】 身形 shēnxíng；体型 tǐxíng（英 *one's figure*）▶～を保つ/保持体型线 bǎochí tǐxíngxiàn ▶この服は私の～に合わない/这件衣服不适合我的体型 zhè jiàn yīfu bú shìhé wǒ de tǐxíng ▶その歳じゃ～が崩れるのも仕方がない/到了那个年龄体型走样儿也是没办法的事 dàole nàge niánlíng tǐxíng zǒuyàngr yě shì méi bànfǎ de shì ▶～をスマートに保つ/保持苗条的体型 bǎochí miáotiao de tǐxíng

たいけい【隊形】 队形 duìxíng（英 *formation*）▶3 列の～を作る/组成三排队形 zǔchéng sān pái duìxíng ▶～を整える/整理队形 zhěnglǐ duìxíng

だいけい【台形】〔数〕梯形 tīxíng（英 *a trapezoid*）

たいけつ【対決する】 较量 jiàoliàng；交锋 jiāofēng（英 *confront*）▶政府との～姿势を强める/加强与政府决战的气势 jiāqiáng yǔ zhèngfǔ juézhàn de qìshì ▶恐るべき敵と直接～する/与可怕的敌人正面交锋 yǔ kěpà de dírén zhèngmiàn jiāofēng

たいけん【体験する】 经历 jīnglì；体验 tǐyàn（英 *experience*）▶戦争～を語り継ぐ/把战争体验讲述给后代听 bǎ zhànzhēng tǐyàn jiǎngshù gěi hòudài tīng ▶～者のみが語りうる貴重な証言だ/(这是)只有亲身经历过的人才能讲出来的宝贵的证言 (zhè shì)zhǐyǒu qīnshēn jīnglìguo de rén cái néng jiǎngchūlai de bǎoguì de zhèngyán ▶留学－談/留学経験之谈 liúxué jīngyàn zhī tán ▶彼は～者としてそのことを語るに最もふさわしい/作为一名亲历者，他最适合讲述那件事 zuòwéi yī míng qīnlìzhě, tā zuì shìhé jiǎngshù nà jiàn shì

◆初～:第一次经历 dìyī cì jīnglì 幼時～:幼时经历 yòushí jīnglì

たいげん【大言】 大话 dàhuà (英 big talk) ▶～壮語する/说大话 shuō dàhuà; 夸海口 kuā hǎikǒu; 讲豪言壮语 jiǎng háo yán zhuàng yǔ ▶あいつは～癖がある/他爱吹牛 tā ài chuīniú

たいげん【体現する】 体现 tǐxiàn (英 embody) ▶黒澤明監督の理念を～した主人公/体现了导演黑泽明理念的主人公 tǐxiànle dǎoyǎn Hēizé Míng lǐniàn de zhǔréngōng

たいこ【太古】 太古 tàigǔ (英 ancient times) ▶～の時代/远古时代 yuǎngǔ shídài

たいこ【太鼓】 大鼓 dàgǔ (英 a drum) ▶～を打つ/打鼓 dǎ gǔ ▶～持ち/吹鼓手 chuīgǔshǒu; 帮闲 bāngxián

◆大～:大鼓 dàgǔ 小～:小鼓 xiǎogǔ ～橋:拱桥 gǒngqiáo

たいご【隊伍】 队列 duìliè; 队伍 duìwu (英 a line; the ranks; formation) ▶～を組む/组成队伍 zǔchéng duìwu; 排队 páiduì ▶～を乱す/搅乱队伍 jiǎoluàn duìwu

たいこう【大綱】 大纲 dàgāng; 纲要 gāngyào (英 general principles)

たいこう【対向】 对面 duìmiàn (英 the opposite) ▶～車/对开车 duìkāichē ▶～車と正面衝突する/与对开车迎面相撞 yǔ duìkāichē yíngmiàn xiāngzhuàng

◆～車線:对面行车线 duìmiàn xíngchēxiàn

たいこう【対抗する】 对抗 duìkàng (英 counter) ▶～試合/对抗赛 duìkàngsài 正面から～する手段を持たない/不具备从正面进行对抗的手段 bú jùbèi cóng zhèngmiàn jìnxíng duìkàng de shǒuduàn ▶不公平貿易に経済制裁で～する/以经济制裁来对抗不平等贸易 yǐ jīngjì zhìcái lái duìkàng bù píngděng màoyì ▶厳しい～策をとる/采取严厉的对抗措施 cǎiqǔ yánlì de duìkàng cuòshī ▶クラス～試合/班级对抗赛 bānjí duìkàngsài

◆～馬 :(競馬)对抗马 duìkàngmǎ;(選挙)对抗候选人 duìkàng hòuxuǎnrén

たいこう【退行する】 后退 hòutuì; 退化 tuìhuà;〔天文〕逆行 nìxíng (英 regress)

だいこう【代行する】 代办 dàibàn; 代理 dàilǐ (英 act for...) ▶飲酒客のために運転を～する/为饮酒的顾客代理驾驶 wèi yǐnjiǔ de gùkè dàilǐ jiàshǐ ▶会長に事故あるときは副会長が職務を～する/会长因故缺席时，由副会长代理其职务 huìzhǎng yīngù quēxí shí, yóu fùhuìzhǎng dàilǐ qí zhíwù

◆学長～:大学校长代理 dàxué xiàozhǎng dàilǐ ～機関:代办机构 dàibàn jīgòu

だいこう【代講する】 代课 dàikè (英 lecture as a substitute) ▶担当講師が病気のため他の講師が～する/因为任课教师生病，由其他老师代课 yīnwèi rènkè jiàoshī shēngbìng, yóu qítā lǎoshī dàikè

たいこうぼう【太公望】 钓鱼人 diàoyúrén; 钓鱼迷 diàoyúmí (英 an angler) ▶～を決め込む/装作钓鱼的人 zhuāngzuò diàoyú de rén

たいこく【大国】 大国 dàguó (英 a great nation〔power〕) ▶～主義/大国主义 dàguó zhǔyì ▶軍事～/军事大国 jūnshì dàguó ▶超～/超级大国 chāojí dàguó ▶～の横暴を許すな/不许大国横行霸道 bùxǔ dàguó héngxíng bàdào

だいこくばしら【大黒柱】 ❶〔建築〕顶梁柱 dǐnglíangzhù; 支柱 zhīzhù (英 the central pillar) ❷〔人〕中流砥柱 zhōngliú Dǐzhù; 主心骨 zhǔxīngǔ (英 the mainstay) ▶～となる/挑大梁 tiǎo dàliáng ▶一家の～/一家的顶梁柱 yìjiā de dǐngliángzhù

たいこばら【太鼓腹】 肥大的肚子 féidà de dùzi (英 a potbelly) ▶便々たる～/大腹便便 dàfù piánpián

たいこばん【太鼓判】 (英 an absolute guarantee) ▶～を押す/打保票 dǎ bǎopiào ▶一流シェフも～を押す美味しさ/连一流的厨师长都打保票的美味 lián yīliú de chúshīzhǎng dōu dǎ bǎopiào de měiwèi

だいごみ【醍醐味】 妙趣 miàoqù (英 a real pleasure) ▶思わぬ新しい体験は旅の～である/意想不到的新体验是旅行最大的妙趣 yìxiǎngbudào de xīntǐyàn shì lǚxíng zuìdà de miàoqù ▶これぞまさしく競馬の～/这正是赛马的妙趣所在 zhè zhèngshì sàimǎ de miàoqù suǒ zài

だいこん【大根】 萝卜 luóbo (英 a radish) ▶～おろし/萝卜泥 luóboní ▶～の千切り/萝卜丝 luóbosī ▶切干/干萝卜丝 gānluóbosī

だいこんやくしゃ【大根役者】 拙劣的演员 zhuōliè de yǎnyuán (英 a poor actor〔actress〕)

たいさ【大佐】 上校 shàngxiào (英 a colonel; a captain)

たいさ【大差】 显著的差别 xiǎnzhù de chābié (英 a wide difference) ▶～がない/没有多大差距 méiyǒu duō dà chājù ▶両者は実力では～がない/二者在实力上没有显著的差别 èrzhě zài shílìshang méiyǒu xiǎnzhù de chābié ▶南京チームで勝つ/南京队遥遥领先获胜 Nánjīngduì yáoyáo lǐngxiān huòshèng ▶我がチームは55点の～をつけて圧勝した/我们队以领先五十五分的绝对优势获胜了 wǒmenduì yǐ lǐngxiān wǔshíwǔ fēn de juéduì yōushì huòshèng le

たいざ【対座する】 对坐 duìzuò (英 sit face to face with...) ▶テーブルを挟んで二人は硬い表情で～した/隔着桌子，两个人表情生硬地相对坐下了 gézhe zhuōzi, liǎng ge rén biǎoqíng shēngyìng de xiāngduì zuòxià le

だいざ【台座】 底座 dǐzuò; 座子 zuòzi (英 a pedestal) ▶仏像の～に睡蓮の飾りがある/佛像

的底座有睡莲装饰 fóxiàng de dǐzuò yǒu shuìlián zhuāngshì

たいさい【大祭】 大祭 dàjì (英 *a grand festival*) ▶1300年前から続く伊勢神宮の〜/一千三百年前开始持续至今的伊势神宫大祭 cóng yìqiān sānbǎi nián qián kāishǐ chíxù zhìjīn de Yīshì shéngōng dàjì

たいざい【大罪】 大罪 dàzuì (英 *a great crime*) ▶〜を犯す/犯大罪 fàn dàzuì

たいざい【滞在する】 住宿 zhùsù; 逗留 dòuliú (英 *stay at...*) ▶長期〜型リゾートホテル/长期逗留型的度假村宾馆 chángqī dòuliúxíng de dùjiàcūn bīnguǎn ▶この温泉に一週間〜している/在这个温泉逗留了一个星期 zài zhège wēnquán dòuliúle yí ge xīngqī ▶前大統領が5日間〜の予定で来日した/前总统抵达日本，预计逗留五天 qián zǒngtǒng dǐdá Rìběn, yùjì dòuliú wǔ tiān ▶彼はたまたまその地に〜中でした/他偶然正在那里逗留 tā ǒurán zhèng zài nàli dòuliú ▶上海に暫く〜する/暂时逗留在上海 zànshí dòuliú zài Shànghǎi ▶〜許可証を取得する/领取居留许可证 lǐngqǔ jūliú xǔkězhèng ▶天然温泉が〜客の人気を集めている/天然温泉受到了住宿客人的欢迎 tiānrán wēnquán shòudàole zhùsù kèrén de huānyíng ▶宇宙〜の長時間記録をたてる/创停留宇宙宙最长时间的记录 chuàng tíngliú yǔzhòu zuìcháng shíjiān de jìlù

♦〜日数┊住宿天数 zhùsù tiānshù 〜費┊住宿费 zhùsùfèi

だいざい【題材】 题材 tícái (英 *a subject; a theme*) ▶ギリシア神話を〜にした劇/以希腊神话为题材的戏剧 yǐ Xīlà shénhuà wéi tícái de xìjù ▶動物を〜にして子供向けに書いた絵本/以动物为题材的面向儿童的图画书 yǐ dòngwù wéi tícái de miànxiàng értóng de túhuàshū

たいさく【大作】 大作 dàzuò; 杰作 jiézuò (英 *a great*〔*major*〕*work; a masterpiece*) ▶この映画は近来稀な〜だ/这部电影是近几年来罕见的杰作 zhè bù diànyǐng shì jìn jǐ nián lái hǎnjiàn de jiézuò ▶100号の〜を出品する《絵画》/展出一百号的大作 zhǎnchū yìbǎi hào de dàzuò

> 日中比較 中国語の'大作 dàzuò'には「大型の作品」という意味の他に，敬称としての「御著書」と「大いに起こる」という二つの意味もある．

たいさく【対策】 对策 duìcè (英 *a countermeasure*) ▶〜を練る/研究对策 yánjiū duìcè ▶〜を講じる/采取对策 cǎiqǔ duìcè ▶しっかりしたセキュリティー〜を講じる/采取完善的安全措施 cǎiqǔ wánshàn de ānquán cuòshī ▶即刻選挙の〜を考えねばならない/必须立刻考虑选举对策 bìxū lìkè kǎolǜ xuǎnjǔ duìcè ▶水害〜を急ピッチで進める/迅速实施水灾对策 xùnsù shíshī shuǐzāi duìcè ▶インフレ〜としての金融政策をどうするか/作为通胀对策，该如何制定金融政策呢？zuòwéi tōngzhàng duìcè, gāi rúhé zhìdìng jīnróng zhèngcè ne?

だいさく【代作する】 代写 dàixiě; 代笔 dàibǐ (英 *ghostwrite*)

♦〜者┊代作者 dàizuòzhě; 代笔者 dàibǐzhě

たいさん【退散する】(逃げる) 逃散 táosàn; 走开 zǒukāi (英 *run away*); 回去 huíqù; 走 zǒu (英 *go*) ▶悪霊を〜させる/赶走恶鬼 gǎnzǒu èguǐ ▶僕はそろそろ〜するよ/我该走了 wǒ gāi zǒu le ▶熊を〜させる/把熊赶走 bǎ xióng gǎnzǒu

たいざん【大山】
[ことわざ] 大山鳴動して鼠一匹 雷声大，雨点小 léishēng dà, yǔdiǎn xiǎo (英 *Much cry and little wool.*)

だいさん【第三の】 第三 dìsān (英 *the third; number three*) ▶〜勢力/第三势力 dìsān shìlì ▶〜の男/第三个男人 dìsān ge nánrén ▶〜国を経由して入国する/经由第三国入境 jīngyóu dìsān guó rùjìng

♦〜次産業┊第三产业 dìsān chǎnyè 〜世界┊第三世界 dìsān shìjiè

だいさんしゃ【第三者】 第三者 dìsānzhě; 局外人 júwàirén (英 *third party; an ousider*) ▶〜評価/局外人的评价 júwàirén de píngjià; 第三者的评价 dìsānzhě de píngjià ▶〜は口を出すな/局外人不要插嘴 júwàirén búyào chāzuǐ

> 日中比較 中国語の'第三者 dìsānzhě'には「不倫相手」の意味もある．

タイサンボク【泰山木】〖植物〗荷花玉兰 héhuā yùlán; 广玉兰 guǎngyùlán ▶〜は大きな白い花を咲かせた/广玉兰开了大朵的白花 guǎngyùlán kāile dàduǒ de báihuā

たいし【大志】 大志 dàzhì; 壮志 zhuàngzhì (英 *an ambition*) ▶〜を抱く/胸怀大志 xiōnghuái dàzhì; 壮志凌云 zhuàngzhì língyún ▶少年よ〜を抱け/少年啊，你当胸怀大志 shàonián a, nǐ dāng xiōnghuái dàzhì

たいし【大使】 大使 dàshǐ (英 *an ambassador*),〔特使〕an envoy) ▶〜館/大使馆 dàshǐguǎn; 使馆 shǐguǎn ▶国連〜/驻联合国大使 zhù Liánhéguó dàshǐ ▶特命全権〜/特命全权大使 tèmìng quánquán dàshǐ ▶〜級の会談/大使级会谈 dàshǐjí huìtán ▶駐英〜/驻英国大使 zhù Yīngguó dàshǐ ▶在米日本〜館/日本驻美国大使馆 Rìběn zhù Měiguó dàshǐguǎn

♦親善〜┊友好使节 yǒuhǎo shǐjié 〜館員┊大使馆馆员 dàshǐguǎn guǎnyuán

たいじ【対峙する】 对峙 duìzhì; 相持 xiāngchí (英 *confront; stand face to face with...*) ▶川を挟んで両軍が〜した/两军隔河对峙了 liǎng jūn gé hé duìzhì le ▶峡谷を隔てて相〜する高山/隔着峡谷相对峙的高山 gézhe xiágǔ xiāng duìzhì de gāoshān

たいじ【胎児】 胎 tāi; 胎儿 tāi'ér (英 *an embryo; a fetus*) ▶喫煙は〜への影響が懸念される/吸烟对胎儿的影响令人担忧 xīyān duì tāi'ér de yǐngxiǎng lìng rén dānyōu

たいじ【退治する】 打退 dǎtuì; 消灭 xiāomiè; 扑灭 pūmiè (英 *exterminate; destroy*) ▶ダニを

だいし

~する/消灭壁虱 xiāomiè bìshī ●鬼~する/打鬼 dǎ guǐ

だいし【台紙】 衬纸 chènzhǐ (英 a mount; a mat) ▶写真を~に貼る/把照片贴在衬纸上 bǎ zhàopiàn tiēzài chènzhǐshang

だいじ【大事】 ❶【大切な】 要紧 yàojǐn; 重要 zhòngyào (英 important) ▶~にする/珍重 zhēnzhòng ▶~に守る/爱护 àihù ▶~を取って/为谨慎起见 wèi jǐnshèn qǐjiàn ▶~を取って医者に診てもらいなさい/为慎重起见, 还是请医生看看吧 wèi shènzhòng qǐjiàn, háishi qǐng yīshēng kànkan ba ▶彼は健康は回復したが~を取って一年休学した/他虽然恢复了健康, 但为慎重起见休了一年学 tā suīrán huīfùle jiànkāng, dàn wèi shènzhòng qǐjiàn xiūle yì nián xué ●お体をお~に/请保重身体啊 qǐng bǎozhòng shēntǐ a ▶皆様へ~なお知らせがあります/有一个重要的通知要传达给大家 yǒu yí ge zhòngyào de tōngzhī yào chuándá gěi dàjiā ▶これは私の一番~な本だ/这是我最宝贵的一本书 zhè shì wǒ zuì bǎoguì de yì běn shū ▶彼にとっては~な娘だった/对他来说是最宝贵的女儿 duì tā lái shuō shì zuì bǎoguì de nǚ'ér ▶そこが~なところだ/那才是要紧处 nà cái shì yàojǐnchù ▶~なことから先にやれ/先从重要的事做起! xiān cóng zhòngyào de shì zuòqǐ! ▶試合でここ一番という~な時にエラーをした/在比赛的关键时刻失误了 zài bǐsài de guānjiàn shíkè shīwù le ▶子供を~にしすぎて甘やかしてはいけない/不要因过分爱护而娇惯孩子 búyào yīn guòfèn àihù ér jiāoguàn háizi ❷【重大事】 大事 dàshì; 大事业 dàshìyè (英 valuable) ▶~をなしとげる/成就大业 chéngjiù dàyè ▶若者が暴走して~を引き起こした/那些年轻人越轨闹出大问题了 nà xiē niánqīngrén yuèguǐ nàochū dàwèntí le

ことわざ 大事の前の小事 为了成就大事, 小事可以忽略 wèile chéngjiù dàshì, xiǎoshì kěyǐ hūlüè; 若想成就大事, 不可忽略小事 ruò xiǎng chéngjiù dàshì, bùkě hūlüè xiǎoshì

日中比較 中国语の'大事 dàshì'は「重大な事柄」という意味の他に「大々的に」という副词の意味もある。

だいじ【題辞】 题词 tící (英 an epigraph)

ダイジェスト 摘要 zhāiyào; 文摘 wénzhāi (英 要約 a digest) ▶~版/删节本 shānjiéběn; 缩写本 suōxiěběn

だいしきゅう【大至急】 火速 huǒsù; 十万火急 shí wàn huǒjí (英 very urgent) ▶~御連絡下さい/请火速跟我联系 qǐng huǒsù gēn wǒ liánxì ▶~お届けします/我将火速送给您送去 wǒ jiāng huǒsù gěi nín sòngqù

だいしぜん【大自然】 大自然 dàzìrán (英 nature) ▶~を満喫する/享受大自然 xiǎngshòu dàzìrán

たいした【大した】 (英 much; many) ▶~ものだ/了不起 zhēn liǎobuqǐ; 难能可贵 nán néng kě guì ▶~ことはない/没有什么大不了的 méiyǒu shénme dàbuliǎo de ▶~混乱もなく大会は終了した/没有发生什么混乱, 大会结束了 méiyǒu fāshēng shénme hùnluàn, dàhuì jiéshù le ▶~病気もせず無事任期を全うできた/没有生什么病, 顺利地完成了任期职务 méiyǒu shénme bìng, shùnlì de wánchéngle rènqī zhíwù ▶こんな約束を破ったって~ことじゃない/违反这种诺言也没有什么大不了的 wéifǎn zhè zhǒng nuòyán yě méiyǒu shénme dàbuliǎo de ▶彼は~政治家ではない/他不是一个了不起的政治家 tā bú shì yí ge liǎobuqǐ de zhèngzhìjiā ▶このことは彼らには~影響はないだろう/这件事对他没有什么大不了的影响吧 zhè jiàn shì duì tā méiyǒu shénme dàbuliǎo de yǐngxiǎng ba ▶彼は~ものにはなれまい/他大概成不了什么大器 tā dàgài chéngbuliǎo shénme dàqì ▶君は~友達だよ《反語》/你可真够朋友的啊! nǐ kě zhēn gòu péngyou de a!

たいしつ【体質】 体质 tǐzhì (英 a constitution) ▶私は元々太る~なんです/我本来就属于容易发胖的体质 wǒ běnlái jiù shǔyú róngyì fāpàng de tǐzhì ▶虚弱~/虚弱体质 xūruò tǐzhì ▶保守的で硬直した~を改める/改变保守僵化的体质 gǎibiàn bǎoshǒu jiānghuà de tǐzhì ▶政党の~を改善する必要がある/有必要改善政党的素质 yǒu bìyào gǎishàn zhèngdǎng de sùzhì ▶~が弱い【強い】/体质弱【强】 tǐzhì ruò[qiáng] ▶僕は~的にアルコールはだめなんです/我的体质不适合喝酒 wǒ de tǐzhì bú shìhé hē jiǔ

だいしっこう【代執行】 〖法〗代执行 dàizhíxíng (英 execution by a substitute)

たいして【大して】 (否定文として)并不那么… bìng bú nàme… (英 not much...) ▶~高くない/不怎么贵 bù zěnme guì ▶この映画は評判は高いが~面白くない/这部电影评价很高, 却没什么意思 zhè bù diànyǐng píngjià hěn gāo, què méi shénme yìsi ▶そんなこと~気にしていませんよ/对那种事我并不怎么在意啊 duì nà zhǒng shì wǒ bìng bù zěnme zàiyì a ▶世の中どう転んでも~変わりがない/世上的事儿万变不离其宗 shìshàng de shìr wàn biàn bù lí qí zōng ▶それは~問題ではない/那算不了什么问题 nà suànbuliǎo shénme wèntí

たいして【対して】 (…に)对 duì; 对于 duìyú (英 concerning...; agaist...) ▶ふつう親に~敬語は使わない/通常对自己的父母不使用敬语 tōngcháng duì zìjǐ de fùmǔ bù shǐyòng jìngyǔ ▶マスコミの報道に~私は異論がある/对于媒体的报道我有不同意见 duìyú méitǐ de bàodào wǒ yǒu bùtóng yìjiàn ▶それに~別案があります/对于那个问题有另外的方案 duìyú nàge wèntí yǒu lìngwài de fāng'àn

たいしゃ【大赦】 〖法〗大赦 dàshè (英 a grand amnesty) ▶~を行う/实行大赦 shíxíng dàshè ▶~で出所する/因为大赦而出狱 yīnwèi dàshè ér chūyù

たいしゃ【代謝】 〖生理〗代谢 dàixiè (英 me-

たいしゃ【退社する】 ❶【会社を辞める】辞职 cízhí; 退职 tuìzhí (英 *resign*) ▶彼女は結婚するために～したのではない/她不是因为要结婚才辞职的 tā bú shì yīnwèi yào jiéhūn cái cízhí de ❷【会社から帰る】下班 xiàbān (英 *leave*) ▶彼は毎日時間どおりに～する/他每天都按时下班 tā měitiān dōu ànshí xiàbān

♦ ～時刻: 下班时间 xiàbān shíjiān

だいじゃ【大蛇】 蟒蛇 mǎngshé; 大蛇 dàshé (英 *a big snake; a serpent*)

たいしゃく【貸借】 借贷 jièdài (英 *loan; debt and credit*) ▶～関係/借贷关系 jièdài guānxi ▶～対照表/资产负债表 zīchǎn fùzhàibiǎo ▶～料/租价 zūjià

だいしゃりん【大車輪】 ❶【鉄棒の】大回环 dàhuíhuán (英 *a giant swing*) ❷【懸命に】拼命 pīnmìng (英 *hard*) ▶一日も休まず～で働いた/一天也不休息地拼命工作 yì tiān yě bù xiūxi de pīnmìng gōngzuò ▶期日に間に合わせるため～で書いている/为了赶上日期而拼命地写 wèile gǎnshàng rìqī ér pīnmìng de xiě

たいじゅ【大樹】 大树 dàshù (英 *a big tree*)

ことわざ 寄らば大樹の陰〈諺〉 大树底下好乘凉 dàshù dǐxia hǎo chéngliáng

たいしゅう【大衆】 群众 qúnzhòng; 大众 dàzhòng (英 *the masses; the general public*) ▶～向けの/面向大众的 miànxiàng dàzhòng de ▶～化/大众化 dàzhònghuà ▶～文学/大众文学 dàzhòng wénxué ▶～的な人気がある政治家/受大众欢迎的政治家 shòu dàzhòng huānyíng de zhèngzhìjiā ▶～酒場/大众酒馆 dàzhòng jiǔguǎn ▶～の支持を失う/失去大众的支持 shīqù dàzhòng de zhīchí ▶～向きの値段におさえる/把价格控制在大众消费的水平 bǎ jiàgé kòngzhì zài dàzhòng xiāofèi de shuǐpíng ▶～の好みに迎合する/迎合大众的趣味 yínghé dàzhòng de qùwèi ▶一般～の理解が得られない/得不到普通百姓的理解 débùdào pǔtōng bǎixìng de lǐjiě ▶～運動を進める/推进大众运动 tuījìn dàzhòng yùndòng

♦ ～娯楽: 大众娱乐 dàzhòng yúlè ～紙: 大众报纸 dàzhòng bàozhǐ ～食堂: 大众食堂 dàzhòng shítáng

たいしゅう【体臭】 身体气味 shēntǐ qìwèi; 体臭 tǐxiù (英 *body odor*) ▶～が強い/身体气味很重 shēntǐ qìwèi hěn zhòng ▶～が気になる/在意身体气味 zàiyì shēntǐ qìwèi

たいじゅう【体重】 体重 tǐzhòng (英 *the weight; body weight*) ▶～を計る/量体重 liáng tǐzhòng ▶～計/人体秤 réntǐchèng ▶平均～/平均体重 píngjūn tǐzhòng ▶～はいくらですか/你体重是多少? nǐ tǐzhòng shì duōshao? ▶～は60キロです/体重是六十公斤 tǐzhòng shì liùshí gōngjīn ▶～が90キロあったのが70キロに減っている/体重原来是九十公斤，现在减到七十公斤 tǐzhòng yuánlái shì jiǔshí gōngjīn, xiànzài jiǎndào qīshí gōngjīn ▶～を3キロ減らす/减掉三公斤体重 jiǎndiào sān gōngjīn tǐzhòng ▶父は～を減らすために散歩をしている/父亲为了减轻体重坚持散步 fùqīn wèile jiǎnqīng tǐzhòng jiānchí sànbù ▶左足に～をかける/将体重放到左腿上 jiāng tǐzhòng fàngdào zuǒtuǐshang

たいしゅつ【帯出】 带出 dàichū (英 *take out*) ▶禁～/禁止带出 jìnzhǐ dàichū ▶～した資料は期限内に返却しなければならない/带出去的资料必须在规定期限内归还 dàichūqu de zīliào bìxū zài guīdìng qīxiànnèi guīhuán

たいしゅつ【退出】 退出 tuìchū (英 *leave*) ▶試験中に教室を～することはできない/考试时不能中途退出教室 kǎoshí shí bùnéng zhōngtú tuìchū jiàoshì ▶最後に部屋から～するときは電気を切って下さい/最后离开房间时请关灯 zuìhòu líkāi fángjiān shí qǐng guāndēng

♦ ～時間: 离开时间 líkāi shíjiān

日中比較 中国語の'退出 tuìchū'は「外へ出る」という意味の他に「脱退・引退する」という意味もある。

たいしょ【大所】 大处 dàchù (英 *a broad perspective*) ▶高所から見て/从大处着眼 cóng dàchù zhuóyǎn

たいしょ【大暑】 大暑 dàshǔ

たいしょ【対処する】 应付 yìngfù; 对付 duìfu (英 *meet; cope with...*) ▶～しきれない/应付不了 yìngfubuliǎo ▶左支右绌 zuǒ zhī yòu chù ▶緊急事態に～するための措置/为了应付紧急情况而制定的措施 wèile yìngfù jǐnjí qíngkuàng ér zhìdìng de cuòshī ▶地球規模の食糧危機にどう～するか/(该)如何面对全球规模的粮食危机？ (gāi) rúhé miànduì quánqiú guīmó de liángshi wēijī?

だいしょ【代書する】 代笔 dàibǐ (英 *write for...*)

たいしょう【大将】 ❶【軍隊の】上将 shàngjiàng (英 *a general; an admiral*) ▶陸軍～/陆军上将 lùjūn shàngjiàng ❷【あるじ】老板 lǎobǎn (英 *old man*) ▶お宅の～，元気かい/你们当家的好吗？ nǐmen dāngjiāde hǎo ma? ▶～，一杯どうです/老师傅，来一杯怎么样？ lǎoshīfu, lái yì bēi zěnmeyàng? ❸【かしら】头目 tóumù; 第一把手 dìyībǎshǒu (英 *a boss*) ▶がき～/孩子头 háizitóu ▶お山の～/山头大王 shāntóu dàwáng

たいしょう【大笑する】 大笑 dàxiào (英 *laugh out aloud*) ▶呵呵～する/哈哈大笑 hāhā dàxiào

たいしょう【大勝】 大胜 dàshèng; 大捷 dàjié (英 *a great victory*) ▶選挙で与党が～する/在选举中，执政党获得大胜 zài xuǎnjǔ zhōng, zhízhèngdǎng huòdé dàshèng

たいしょう【対症の】 (英 *symptomatic*) ▶～療法/对症疗法 duìzhèng liáofǎ

たいしょう【対称】 対称 duìchèn (英 symmetry) ▶～的な/对称的 duìchèn de ▶左右～の建物/左右对称的建筑物 zuǒyòu duìchèn de jiànzhùwù

たいしょう【対象】 对象 duìxiàng (英 an object) ▶老人～の商品/面向老人的商品 miànxiàng lǎorén de shāngpǐn ▶1000人の学童を～にアンケートを実施する/以一千名学童为对象实施问卷调查 yǐ yìqiān míng xuétóng wéi duìxiàng shíshī wènjuàn diàochá ▶この本は若者を～にしている/这本书以年轻人为对象 zhè běn shū yǐ niánqīngrén wéi duìxiàng

🗾日中比較 中国語の'对象 duìxiàng'は「めあて」という意味の他に「結婚相手」という意味もある。

たいしょう【対照】 对照 duìzhào; 对比 duìbǐ (英 contrast; [比較] comparison) ▶著しい～をなす/形成显著的对比 xíngchéng xiǎnzhù de duìbǐ ▶全く～的である/正相反的 zhèng xiāngfǎn de; 对比鲜明的 duìbǐ xiānmíng de ▶異なる言語を比較～する/比较对照不同的语言 bǐjiào duìzhào bùtóng de yǔyán

◆～言語学/对照语言学 duìzhào yǔyánxué

たいしょう【隊商】 骆驼队 luòtuoduì; 商队 shāngduì (英 a caravan) ▶東西を行き交う～/往来于东西方的商队 wǎnglái yú dōngxīfāng de shāngduì

たいじょう【退場する】 退场 tuìchǎng; 退席 tuìxí (英 leave; exit) ▶〈サッカーで〉レッドカードで一発～となった/被亮出红牌，一下子就退场了 bèi liàngchū hóngpái, yīxiàzi jiù tuìchǎng le ▶主役は花道から～する/主角走花道(位于观众席左侧的通向舞台的通道)退场 zhǔjué zǒu huādào(wèiyú guānzhòngxí zuǒcè de tōngxiàng wǔtái de tōngdào)tuìchǎng ▶代表団は決議に抗議して～した/代表团为了抗议大会决议而退场了 dàibiǎotuán wèile kàngyì dàhuì juéyì ér tuìchǎng le ▶彼は～を命じられた/他被勒令退场了 tā bèi lèlìng tuìchǎng le

だいしょう【大小】 大小 dàxiǎo (英 big and small) ▶様々の/大小不一 dàxiǎo bùyī ▶この10日間に～の災難に悩まされた/这十天里一直被大大小小的灾难所困扰 zhè shí tiān li yìzhí bèi dàdàxiǎoxiǎo de zāinàn suǒ kùnrǎo

だいしょう【代償】 代价 dàijià (英 compensation) ▶～として/作为代价 zuòwéi dàijià ▶现代文明の豊かさの～として温室化が…/作为现代文明富裕的代价，温室效应… zuòwéi xiàndài wénmíng fùyù de dàijià, wēnshì xiàoyìng… ▶～を支払う/赔偿 péicháng ▶自然を取り戻すには高価な～を払うことになる/为了恢复自然，要付出昂贵的代价 wèile huīfù zìrán, yào fùchū ánggùi de dàijià ▶それを得るためならどんな～を払ってもよい/为了得到它，无论付出什么代价都可以 wèile dédào tā, wúlùn fùchū shénme dàijià dōu kěyǐ

だいじょうぶ【大丈夫】 不要紧 bú yàojǐn; 没关系 méi guānxi; 可以放心 kěyǐ fàngxīn (英 safe; sure; certainly) ▶この水は飲んでも～ですか/这水可以喝吗？ zhè shuǐ kěyǐ hē ma? ▶～かどうか分からない/不知道是否没问题 bù zhīdào shìfǒu méi wèntí ▶年金制度は～か/养老金制度靠得住吗？ yǎnglǎojīn zhìdù kàodezhù ma? ▶この船は～か/这条船没问题吗？ zhè tiáo chuán méi wèntí ma? ▶ドアに鍵をかけなくても～ですか/门不上锁也不要紧吗？ mén bù shàng suǒ yě bú yàojǐn ma? ▶もう危険を脱した/不要紧，已经脱离危险了 bú yàojǐn, yǐjing tuōlí wēixiǎn le ▶「できますか」「～だ」/「行吗？」"没问题 Méi wèntí"

🗾日中比較 中国語の'大丈夫 dàzhàngfu'は「一人前の男」を表す。

たいじょうほうしん【帯状疱疹】 〔医〕带状疱疹 dàizhuàng pàozhěn (英 shingles)

だいじょうみゃく【大静脈】 〔解〕大静脉 dàjìngmài (英 the main vein)

たいしょく【退色する】 退色 tuìshǎi; 掉色 diàoshǎi (英 fade)

たいしょく【退職する】 退休 tuìxiū; 退职 tuìzhí (英 retire) ▶定年で～する/到年龄退休 dào niánlíng tuìxiū ▶～届/退职申请 tuìzhí shēnqǐng

◆～金/退职金 tuìzhíjīn; 退职时领取的一次性款子 tuìzhí shí lǐngqǔ de yícìxìng kuǎnzi ～者/退职人员 tuìzhí rényuán

たいしょくかん【大食漢】 大肚汉 dàdùhàn; 饭量大的人 fànliàng dà de rén (英 a big eater)

だいじり【台尻】 枪托 qiāngtuō (英 the butt)

たいしん【耐震】 抗震 kàngzhèn (英 earthquake-proof) ▶～構造/抗震结构 kàngzhèn jiégòu ▶～補強工事/抗震加固工程 kàngzhèn jiāgù gōngchéng ▶～強度/抗震强度 kàngzhèn qiángdù

たいじん【大人】 (大人物) 长者 zhǎngzhě; 君子 jūnzǐ (英 a great person); (おとな) 大人 dàrén (英 an adult) ▶～の風格/长者之风 zhǎngzhě zhī fēng

たいじん【対人】 (英 personal) ▶～恐怖症/惧人症 jùrénzhèng; 怕人 pàrén

◆～関係/人际关系 rénjì guānxi ▶～関係がうまくゆかない/搞不好人际关系 gǎobuhǎo rénjì guānxi

たいじん【対陣する】 对垒 duìlěi; 对阵 duìzhèn (英 face each other)

たいじん【退陣する】 (英 resign) (権力の座から) 下台 xiàtái; 下野 xiàyě ▶野党は内閣に～を迫る/在野党逼迫内阁下台 zàiyědǎng bīpò nèigé xiàtái ▶贈収賄事件のせいで県知事は～した/因为行贿受贿案件，县知事下台了 yīnwèi xínghuì shòuhuì ànjiàn, xiànzhīshì xiàtái le

だいしん【代診】 代诊 dàizhěn (英 an assistant doctor) ▶主治医の～をする/替主治医生代诊 tì zhǔzhì yīshēng dàizhěn

だいじん【大尽】 富豪 fùháo; 大财主 dàcáizhǔ (英 a millionaire) ▶～風を吹かす/摆阔气

だいじん【大臣】大臣 dàchén ㊥ *a minister*) ▶～のポスト/大臣職位 dàchén zhíwèi で～のポストを棒に振る/因失言丢了大臣乌纱帽 yīn shīyán diūle dàchén wūshāmào
◆国務～|国务大臣 guówù dàchén

だいじんぶつ【大人物】大人物 dàrénwù ㊥ *a great person*)

ダイス〈さいころ〉色子 shǎizi ㊥ *a dice*)

ダイズ【大豆】〔植物〕大豆 dàdòu; 黄豆 huángdòu ㊥ *a soybean*) ▶～油/豆油 dòuyóu

たいすい【耐水】防水 fángshuǐ; 耐水 nàishuǐ ㊥ *waterproof*) ▶～紙/防水纸 fángshuǐzhǐ / ～性の材料/耐水的材料 nàishuǐ de cáiliào

たいすう【対数】〔数〕对数 duìshù ㊥ *a logarithm*) ▶自然～/自然对数 zìrán duìshù
◆～関数|对数函数 duìshù hánshù ◆～表|对数表 duìshùbiǎo

だいすう【代数】〔数〕代数 dàishù; 代数学 dàishùxué ㊥ *algebra*) ▶～方程式/代数方程式 dàishù fāngchéngshì

だいすき【大好き】最喜欢 zuì xǐhuan; 酷爱 kù'ài ㊥ *favorite*) ▶ペット～人間/酷爱宠物的人 kù'ài chǒngwù de rén ◆お料理～/酷爱烹饪 kù'ài pēngrèn

たいする【対する】对 duì; 对于 duìyú ㊥ *opposite,*; *toward...*) ▶平和に～挑戦だ/是对和平的挑战 shì duì hépíng de tiǎozhàn ◆質問に～答/对问题的回答 duì wèntí de huídá ◆医療に～信頼/对医疗(机构)的信任 duì yīliáo(jīgòu)de xìnrèn ◆神に～冒涜/对神的冒渎 duì shén de màodú ◆授業に～アンケート/关于授课的问卷调查 guānyú shòukè de wènjuàn diàochá ◆教師に～暴力の実例/对教师施加暴力的实例 duì jiàoshī shījiā bàolì de shílì

だいする【題する】題為…、tíwéi…; 以…为题 yǐ…wéi tí ㊥ *under the title of...*) ▶「これからの高齢社会を生きる」と～講演会/题为《生活在今后的老龄化社会》的讲演会 tíwéi《Shēnghuó zài jīnhòu de lǎolínghuà shèhuì》de jiǎngyǎnhuì ▶「宇宙の中の私」と題して論文を書いた/写了题为《宇宙中的我》的论文 xiěle tíwéi《Yǔzhòu zhōng de wǒ》de lùnwén

たいせい【大成する】大成 dàchéng ㊥ *achieve greatness*) ▶俳優として～するだろう/将会成为名演员 jiāng huì chéngwéi míngyǎnyuán ◆ビジネスマンとして～する/作为一名商人很有成就 zuòwéi yì míng shāngrén hěn yǒu chéngjiù

たいせい【大勢】大局 dàjú; 大势 dàshì ㊥ *the general situation*) ▶～に従う/顺从大势 shùncóng dàshì ◆随大溜 suí dàliù ◆試合の～はもはや明らかだ/比赛的大局已经明确了 bǐsài de dàjú yǐjing míngquè le ◆世論の～は彼に非である/舆论的趋势对他很不利 yúlùn de qūshì duì tā hěn búlì ◆～に順応する/顺应大局形势 shùnyìng dàjú ◆～に逆行する/逆大局潮流而行 nì dàjú cháoliú ér xíng

たいせい【体制】体制 tǐzhì ㊥ *an organization; a structure*) ▶政治～をゆさぶる抗議デモ/动摇政治体制的抗议示威游行 dòngyáo zhèngzhì tǐzhì de kàngyì shìwēi yóuxíng ◆～側[反～側]の人間/当权者[反体制]一方的人 dāngquánzhě[fǎntǐzhì]yīfāng de rén ▶彼らは～に組み込まれてしまった/他们已被编入现行体制之中 tāmen yǐ bèi biānrù xiànxíng tǐzhì zhīzhōng

たいせい【体勢】体态 tǐtài; 姿势 zīshì ㊥ *a posture*) ▶横綱は～を立て直して反撃に出た/横纲重整姿势进行反攻 héngāng chóngzhěng zīshì jìnxíng fǎngōng

たいせい【胎生】胎生 tāishēng ㊥ *viviparity*)

たいせい【退勢】颓势 tuíshì; 衰势 shuāishì ㊥ *one's declining fortunes*) ▶～を挽回する/挽回衰势 wǎnhuí shuāishì ◆戦略的～は覆すことができない/战略性的衰退无法挽回 zhànlüèxìng de shuāituì wúfǎ wǎnhuí

たいせい【態勢】态势 tàishì; 阵脚 zhènjiǎo ㊥ *an attitude*) ▶～を整える/做好准备 zuòhǎo zhǔnbèi ◆新人の受け入れ～を整える/做好接受新成员的准备 zuòhǎo jiēshòu xīnchéngyuán de zhǔnbèi
◆戦闘～|战斗态势 zhàndòu tàishì 防御～|防御态势 fángyù tàishì

たいせいよう【大西洋】大西洋 Dàxīyáng ㊥ *the Atlantic Ocean*) ▶北～条約機構（NATO）/北大西洋公约组织 Běidàxīyáng gōngyuē zǔzhī
◆～憲章|大西洋宪章 Dàxīyáng xiànzhāng

たいせき【体積】体积 tǐjī ㊥ *cubic volume*)

たいせき【退席する】退席 tuìxí; 退场 tuìchǎng ㊥ *leave one's seat*) ▶会議を途中で～する/从会议中途退席 cóng huìyì zhōngtú tuìxí

たいせき【堆積する】沉积 chénjī; 堆积 duījī ㊥ *accumulate*) ▶土砂が～する/沙土堆积起来 shātǔ duījīqǐlai
◆～物〔岩, 石, 砂など〕|堆积物 duījīwù

たいせつ【大切】重要 zhòngyào; 要紧 yàojǐn; 宝贵 bǎoguì ㊥ *important; grave; valuable*) ▶～にする／珍惜 àixī; 珍爱 zhēn'ài ◆～な思い出の写真/充满回忆的珍贵照片 chōngmǎn huíyì de zhēnguì zhàopiàn ▶あなたにとって一番～なものは何ですか/对你来说，最宝贵的东西是什么呢？duì nǐ lái shuō, zuì bǎoguì de dōngxi shì shénme ne? ▶～な書類を失くす/丢失重要的文件 diūshī zhòngyào de wénjiàn ◆～な子供/心爱的孩子 xīn'ài de háizi ◆生涯で～な時期を無為に過ごす/无所作为地过一生中最宝贵的时光 wú suǒ zuò wéi de dùguò yìshēng zhōng zuì bǎoguì de shíguāng ◆～な金を無駄にする/浪费宝贵的金钱 làngfèi bǎoguì de jīnqián ▶私は金よりも時間を～にする/比起金钱，我更珍惜时间 bǐqǐ jīnqián, wǒ gèng zhēnxī shíjiān ▶人の絆を～にする/珍惜与他人之间的纽带 zhēnxī yǔ tārén zhījiān de niǔdài ◆親を～にする/孝顺父母 xiàoshùn fùmǔ

たいせん【大戦】大战 dàzhàn ㊥ *the World*

たいせん【対戦する】 対战 duìzhàn;《試合で》比赛 bǐsài (英 *compete*) ▶今シーズンの成績/本季的比赛成绩 běn jì de bǐsài chéngjì ▶準決勝でキューバチームと~する/在半决赛上和古巴队比赛 zài bànjuésàisheng hé Gǔbāduì bǐsài ▶強豪チームと~する/和强队比赛 hé qiángduì bǐsài

たいぜん【泰然とした】 泰然 tàirán (英 *cool; calm*) ▶彼はつねに~としていて何事にも動じない/他总是泰然自若,不为任何事所动 tā zǒngshì tàirán zì ruò, bù wéi rènhé shì suǒ dòng

ことわざ 泰然自若 泰然自若 tàirán zì ruò

だいぜんてい【大前提】 大前提 dàqiántí (英 *the major premise*) ▶人命の安全確保が~だ/确保人命安全才是大前提 quèbǎo rénmìng ānquán cái shì dàqiántí

たいそう【大層】 非常 fēicháng; 很 hěn (英 *very; very much; extremely*) ▶そんな~なもんじゃございません/并不是那么了不起的东西 bìng bú shì nàme liǎobuqǐ de dōngxi ▶おまえ~な口をきくじゃないか/你的架子还真大啊! nǐ de jiàzi hái zhēn dà a! ▶~寒い日が続いております/严寒的日子一直持续着 yánhán de rìzi yīzhí chíxùzhe ▶~家に住んでいるな/你住着这么气派的房子啊! nǐ zhùzhe zhème qìpài de fángzi a!

たいそう【体操】 体操 tǐcāo (英 *gymnastics*) ▶~演技/体操表演 tǐcāo biǎoyǎn ▶新/艺术体操 yìshù tǐcāo ▶~をする/做体操 zuò tǐcāo ▶思い立って腰痛を始めた/下决心开始做治疗腰痛的体操 xià juéxīn kāishǐ zuò zhìliáo yāotòng de tǐcāo

◆器械~/器械体操 qìxiè tǐcāo 柔軟~/柔软体操 róuruǎn tǐcāo ~選手/体操运动员 tǐcāo yùndòngyuán ~服/体操服 tǐcāofú 美容~/美容体操 měiróng tǐcāo ラジオ~/广播体操 guǎngbō tǐcāo

だいそつ【大卒】 大学毕业生 dàxué bìyèshēng (英 *a college (university) graduate*)

だいそれた【大それた】 非分 fēifēn; 狂妄 kuángwàng (英 *reckless; thoughtless*) ▶~野望を抱く/怀有狂妄的野心 huáiyǒu kuángwàng de yěxīn ▶~望みなどありません/没有非分之念 méiyǒu fēifēn zhī niàn ▶~罪を犯す/犯下滔天罪行 fànxià tāotiān zuìxíng ▶~ことをする/做无法无天的事 zuò wú fǎ wú tiān de shì

たいだ【怠惰】 懶惰 lǎnduò; 懶怠 lǎndài (英 *lazy; idle*) ▶~な生活/懒惰的生活 lǎnduò de shēnghuó; 懒散的生活 lǎnsǎn de shēnghuó

だいたい【大体】 大体 dàtǐ; 大致 dàzhì (英 *general; rough*) ▶~の内容/概略 gàilüè ▶~分かった/差不多明白了 chàbuduō míngbai le ▶~君は何をしているか/你到底是什么人啊？ nǐ dàodǐ shì shénme rén a? ▶~おまえが悪いんだ/本来是你不对呀 běnlái shì nǐ búduì ya ▶休みの日は~ゴルフをやっています/休息日里差不多都是打高尔夫球 xiūxīrìli chàbuduō dōu shì dǎ gāo'ěrfūqiú ▶~の計画を立てる/定下了大致的计划 dìngxiàle dàzhì de jìhuà ▶~君の言うとおりだ/差不多正像你说的那样 chàbuduō zhèng xiàng nǐ shuō de nàyàng ▶まあ~そんなところです/大概就是那么回事吧 dàgài jiù shì nàme huí shì ba ▶人生は~そうしたものだ/人生本来就是那么回事吧 rénshēng běnlái jiù shì nàme huí shì ba ▶君の言っていることは~は正しい/你说的基本上都很正确 nǐ shuō de jīběnshang dōu hěn zhèngquè

だいたい【大腿】【解】 大腿 dàtuǐ (英 *the thigh*) ▶~部/大腿 dàtuǐ ▶~骨骨折/大腿骨骨折 dàtuǐgǔ gǔzhé

だいたい【代替】 代替 dàitì (英 *alternative*) ▶~物/代替物 dàitìwù ▶~品/代用品 dàiyòngpǐn ▶~輸送/代办运输 dàibàn yùnshū ◆~エネルギー/代替能源 dàitì néngyuán

だいだい【代代】 世世代代 shìshìdàidài (英 *for generations*) ▶~伝わる/世传 shìchuán ▶あの家は~医者だ/他们家世世代代都是医生 tāmenjiā shìshìdàidài dōu shì yīshēng ▶先祖~の墓/祖坟 zǔfén

ダイダイ【橙】〔植物〕 橙子 chéngzi; 香橙 xiāngchéng (英 *a bitter orange*) ▶~色の日没/橘红色的落日 júhóngsè de luòrì

だいだいてき【大大的に】 大規模 dàguīmó (英 *on a large scale*) ▶~に宣伝する/大力宣传 dàlì xuānchuán ▶新商品を~に売り出す/大力推销新商品 dàlì tuīxiāo xīnshāngpǐn ▶マスコミがニュースで~に報じる/媒体在新闻节目上大规模地报道 méitǐ zài xīnwén jiémùshang dàguīmó jìnxíng bàodào

だいたすう【大多数】 大多数 dàduōshù (英 *the majority (of...)*) ▶住民の~は市の提案に反対した/大多数居民都反对市政府的提案 dàduōshù jūmín dōu fǎnduì shìzhèngfǔ de tí'àn ▶それが~の意見だとしても私どもは賛同できない/即使那是大多数人的意见,我们也不能同意 jíshǐ nà shì dàduōshù rén de yìjiàn, wǒmen yě bùnéng tóngyì

たいだん【対談する】 対谈 duìtán; 对话 duìhuà (英 *talk with...*) ▶高名な小説家と~する/和著名的小说家对话 hé zhùmíng de xiǎoshuōjiā duìhuà

だいたん【大胆な】 大胆 dàdǎn; 勇敢 yǒnggǎn (英 *bold*) ▶~になる/放胆 fàngdǎn ▶勝敗を~に予想する/大胆预测胜败结果 dàdǎn yùcè shèngbài jiéguǒ ▶彼女は~な服装で現れた/她身穿新颖出奇的衣服出现了 tā shēn chuān xīnyǐng chūqí de yīfu chūxiàn le ▶彼は~にも単身敵陣に乗り込んだ/他勇敢地只身闯入了敌人的阵地 tā yǒnggǎn de zhīshēn chuǎngrùle dírén de zhèndì ▶~不敵/胆大包天 dǎn dà bāo tiān

だいだんえん【大団円】 大团圆 dàtuányuán (英 [演劇の] *a (happy) ending*) ▶~を迎える

迎来圆满的结局 yínglái yuánmǎn de jiéjú

だいち【大地】 大地 dàdì (英 the earth; the ground) ▶~に足をつけて生きる/脚踏实地地生活 jiǎo tà shídì de shēnghuó

だいち【台地】 台地 táidì (英 a tableland; a plateau)

たいちゅう【対中】 对中 duì Zhōng (英 with China; to China) ▶~関係/对中关系 duì Zhōng guānxi ▶~貿易/对中贸易 duì Zhōng màoyì ▶~経済政策/对中经济政策 duì Zhōng jīngjì zhèngcè ▶~輸出/对中出口 duì Zhōng chūkǒu

たいちょ【大著】 巨著 jùzhù; 大作 dàzuò (英 a great work) ▶1500頁を超える~/超过一千五百页的巨著 chāoguò yīqiān wǔbǎi yè de jùzhù

たいちょう【体長】 身长 shēncháng (英 length) ▶~5メートルの巨大ワニ/身长达五米的巨型鳄鱼 shēncháng dá wǔ mǐ de jùxíng èyú

たいちょう【体調】 健康状态 jiànkāng zhuàngtài (英 physical condition) ▶~がよい/身体状态好 shēntǐ zhuàngtài hǎo ▶~が悪い/身体不快 shēntǐ búkuài ▶~を崩す/身体状态变坏 shēntǐ zhuàngtài biànhuài ▶~不良で欠席する/因健康状态不佳而缺席 yīn jiànkāng zhuàngtài bù jiā ér quēxí ▶登山前にトレーニングをして~を整える/登山前进行锻炼, 调整身体状态 dēngshān qián jìnxíng duànliàn, tiáozhěng shēntǐ zhuàngtài

たいちょう【退潮】 退潮 tuìcháo (英 a decline) ▶~期に入る/进入衰退期 jìnrù shuāituìqī ▶野球やサッカーに比べれば~ムードにある/和足球相比, 棒球呈现出衰退趋势 hé zúqiú xiāngbǐ, bàngqiú chéngxiànchū shuāituì qūshì ▶デジタルカメラに押されフィルムカメラの~が目立つ/数码相机抢了风头, 胶卷相机的衰退非常显著 bèi shùmǎ xiàngjī qiǎngle fēngtou, jiāojuǎn xiàngjī de shuāituì fēicháng xiǎnzhù

たいちょう【隊長】 领队 lǐngduì; 队长 duìzhǎng (英 a commander; a leader)

だいちょう【大腸】 〖解〗 大肠 dàcháng (英 the large intestine)
♦ ~菌/大肠菌 dàchángjūn

だいちょう【台帳】 清册 qīngcè; 底帐 dǐzhàng (英 a ledger; a register) ▶土地~/土地清册 tǔdì qīngcè ▶住民基本~/居民基本信息簿 jūmín jīběn xìnxīpù

タイツ 〖服飾〗 连裤袜 liánkùwà; 紧身衣裤 jǐnshēn yīkù (英 tights) ▶バレエの~/芭蕾舞用紧身衣裤 bālěiwǔ yòng jǐnshēn yīkù

たいてい【大抵】 大都 dàdū; 多半 duōbàn; 一般 yībān (英 almost) ▶雨の日以外は~自転車で登校する/除了下雨天以外, 大都骑自行车上学 chúle xiàyǔtiān yǐwài, dàdū qí zìxíngchē shàngxué ▶父は朝は~機嫌が悪い/父亲早晨多半心情不好 fùqin zǎochen duōbàn xīnqíng bù hǎo ▶~のことは我慢できる/一般的事都能忍耐 yībān de shì wǒ dōu néng rěnnài ▶~の本はネットで買う/多半都是在网上买书 duōbàn dōu shì zài wǎngshang mǎi shū ▶一晩寝たら~のことは忘れる/睡一个晚上, 多半的事都会忘掉 shuì yí ge wǎnshang, duōbàn de shì dōu huì wàngdiào

たいてい【退廷】 退庭 tuìtíng (英 leave the court) ▶被告は無言のまま~した/被告人一言不发地退庭了 bèigàorén yì yán bù fā de tuìtíng le ▶傍聴人に~を命じます/命令旁听者退庭 mìnglìng pángtīngzhě tuìtíng

だいていたく【大邸宅】 公館 gōngguǎn; 大宅院 dàzháiyuàn (英 a grand mansion)

たいてき【大敵】 大敌 dàdí (英 a great enemy; a great rival) ▶油断/切勿粗心大意 qièwù cūxīn dàyì ▶タバコは美容の~です/烟是美容之大敌 yān shì měiróng zhī dàdí ▶精密機器にとってほこりは~だ/对于精密仪器来说, 灰尘是大敌 duìyú jīngmì yíqì lái shuō, huīchén shì dàdí

たいでん【帯電する】 带电 dàidiàn (英 become charged)

たいと【泰斗】 泰斗 tàidǒu; 权威 quánwēi (英 an authority) ▶比較言語学の~が書いた新刊本/比较语言学泰斗所写的新书 bǐjiào yǔyánxué tàidǒu suǒ xiě de xīnshū

タイト な (服など) 紧身 jǐnshēn; (日程など) 排满 páimǎn (英 tight) ▶~なスケジュール/排满的日程 páimǎn de rìchéng

たいど【態度】 态度 tàidù; 风度 fēngdù (英 an attitude; a manner) ▶~を表明する/表态 biǎotài ▶~が大きい/傲慢 àomàn ▶~が悪い/态度不好 tàidù bùhǎo ▶詳しい事情を知らないことには~を決めかねる/不了解详情就不好表态 bù liǎojiě xiángqíng jiù bùhǎo biǎotài ▶あいつは~が大きいから皆から嫌われる/那家伙因为傲慢而被大家讨厌 nà jiāhuo yīnwèi àomàn ér bèi dàjiā tǎoyàn ▶相手によってころっと~を変える/见什么人说什么话 jiàn shénme rén shuō shénme huà ▶なんだか夫の~がそわそわしている/总觉得丈夫有点儿心神不宁 zǒng juéde zhàngfu yǒudiǎnr xīnshén bù níng ▶強硬な~をとる/采取强硬的态度 cǎiqǔ qiángyìng de tàidù ▶人生に対して積極的な~をもつ/对人生怀着积极的态度 duì rénshēng huáizhe jījí de tàidù ▶彼の~を硬化させる/使他的态度强硬起来 shǐ tā de tàidù qiángyìngqǐlai

たいとう【台頭する】 抬头 táitóu; 得势 déshì; 兴起 xīngqǐ (英 rise) ▶過激な民族主義が~する/过激的民族主义情绪开始抬头 guòjī de mínzú zhǔyì qíngxù kāishǐ táitóu ▶東アジア経済が~してきた/东亚经济抬头了 Dōng Yà jīngjì táitóu le

たいとう【対等】 对等 duìděng; 平等 píngděng; 同等 tóngděng (英 equal) ▶~に扱う/等量齐观 děng liàng qí guān ▶~の立場で話し合う/在平等的立场上对话 zài píngděng de lìchǎngshang duìhuà ▶~の権利を有する/拥有

たいどう【胎動】 胎动 tāidòng (英) [胎儿的] *fetal movement*; [新しい動き] *signs* ▶新たな命の〜を感じる/感觉到新生命的胎动 gǎnjuédào xīnshēngmìng de tāidòng ▶〜する次世代科学技術/前瞻性的新一代科学技术 qiánzhānxìng de xīn yí dài kēxué jìshù

だいどう【大道】 大街 dàjiē; 大道 dàdào (英) *a street* ▶〜芸/街头表演 jiētóu biǎoyǎn ▶〜を堂々と歩く/堂堂正正地走人间正道 tángtángzhèngzhèng de zǒu rénjiān zhèngdào ▶〜商人/街头摊贩 jiētóu tānfàn

だいどうげいにん【大道芸人】 街头艺人 jiētóu yìrén (英) *a street performer* ▶〜がパフォーマンスを競う/街头艺人比试演技 jiētóu yìrén bǐshì yǎnjì

だいどうしょうい【大同小異】 大同小异 dà tóng xiǎo yì (英) *nearly alike* ▶パソコンの性能はどのメーカーも〜だ/电脑的性能，哪个品牌都大同小异 diànnǎo de xìngnéng, nǎge pǐnpái dōu dà tóng xiǎo yì

だいどうみゃく【大動脈】 **1**[血管] 主动脉 zhǔdòngmài; 大动脉 dàdòngmài (英) *the main artery* **2**[交通の] 大动脉 dàdòngmài (英) *a main road* ▶国内運輸の〜/国内运输的大动脉 guónèi yùnshū de dàdòngmài

だいとうりょう【大統領】 总统 zǒngtǒng (英) *the President*
◆〜官邸｜总统官邸 zǒngtǒng guāndǐ ～候補者｜总统候选人 zǒngtǒng hòuxuǎnrén ～選挙｜总统竞选 zǒngtǒng jìngxuǎn ～夫人｜总统夫人 zǒngtǒng fūrén

だいとかい【大都会】 大城市 dàchéngshì; 通都大邑 tōng dū dà yì (英) *a big city* ▶〜の片隅に生きる/在大城市的角落生活 zài dàchéngshì de jiǎoluò shēnghuó

たいとく【体得する】 体会 tǐhuì; 领会 lǐnghuì (英) *master* ▶味つけのこつを〜する/领会调味的秘诀 lǐnghuì tiáowèi de mìjué ▶最先端技術を〜する/领会最先端的技术 lǐnghuì zuìxiānduān de jìshù

だいどく【代読する】 代读 dàidú (英) *read for...* ▶首相のメッセージを〜する/代读首相的致词 dàidú shǒuxiàng de zhìcí

だいどころ【台所】 厨房 chúfáng (英) *a kitchen* ▶〜用品/炊具 chuījù; 厨具 chújù ▶〜をあずかる/持家理财 chíjiā lǐcái ▶〜仕事をする/在厨房里干活儿 zài chúfánglǐ gànhuór

だいとし【大都市】 大城市 dàchéngshì; 都市 dūshì (英) *a big city* ▶〜圏の地価が上がる/都市圏的地价上涨 dūshìquān de dìjià shàngzhǎng

タイトスカート 〔服飾〕紧身裙 jǐnshēnqún (英) *a tight skirt*

タイトル **1**[書名・表題] 标题 biāotí; 题目 tímù (英) *a title* ▶古い映画の〜は忘れた/是个老电影，想不起题目了 shì ge lǎodiànyǐng, xiǎngbuqǐ tímù le **2**[選手権] 锦标 jǐnbiāo; 冠军 guànjūn (英) *a title* ▶〜を防衛する/卫冕 wèimiǎn ▶〜を争う/争冠军 zhēng guànjūn; 争锦标 zhēng jǐnbiāo
◆〜保持者｜冠军称号保持者 guànjūn chēnghào bǎochízhě ～マッチ｜锦标赛 jǐnbiāosài

たいない【体内】 体内 tǐnèi (英) *internal* ▶〜時計/生态钟 shēngtàizhōng ▶アスベストが〜に残る/石棉残留在体内 shímián cánliú zài tǐnèi ▶〜毒素/体内毒素 tǐnèi dúsù

たいない【対内】 对内 duìnèi (英) *domestic*; *home* ▶〜問題/对内问题 duìnèi wèntí ▶〜直接投资/对内直接投资 duìnèi zhíjiē tóuzī

たいない【胎内】 胎内 tāinèi (英) *the interior of the womb* ▶ハツカネズミは20日間母親の〜にいる/小家鼠在母亲体内孕育二十天 xiǎojiāshǔ zài mǔqīn tǐnèi yùnyù èrshí tiān

だいなし【台無しにする】 糟蹋 zāotà; 落空 luòkōng; 断送掉 duànsòngdiào (英) *spoil*; *ruin* ▶5年の辛苦が〜だ/五年的努力落空了 wǔ nián de nǔlì luòkōng le ▶折角の試合が雨で〜になった/好不容易盼来的比赛因为下雨泡汤了 hǎobù róngyì pàn lái de bǐsài yīnwèi xià yǔ pàotāng le ▶旱魃(<ruby>かつ</ruby>)でとうもろこしが〜になる/因为旱灾，玉米全被糟蹋了 yīnwèi hànzāi, yùmǐ quán bèi zāotà le ▶渋滞に巻き込まれて休暇が〜/赶上交通堵塞，休假全部落空了 gǎnshàng jiāotōng dǔsè, xiūjià quánbù luòkōng le ▶彼のお陰で計画が〜になった/全怪他，计划落空了 quán guài tā, jìhuà luòkōng le

ダイナマイト 炸药 zhàyào (英) *dynamite* ▶〜で岩盤を爆破する/用炸药炸破岩石层 yòng zhàyào zhàpò yánshícéng ▶〜を仕掛ける/装置炸药 zhuāngzhì zhàyào

ダイナミックな 动感 dònggǎn; 有生气 yǒu shēngqì (英) *dynamic* ▶若者の力强さを表現した〜な踊り/表现了年轻人强劲力量的生气勃勃的舞蹈 biǎoxiànle niánqīngrén qiángjìng lìliang de shēngqì bóbó de wǔdǎo ▶鯨が〜な泳ぎを見せる/鲸鱼表演了富于动感的泳姿 jīngyú biǎoyǎnle fùyú dònggǎn de yǒngzī ▶自然の〜な営みには驚嘆させられる/为大自然的生机而感叹 wèi dàzìrán de shēngjī ér gǎntàn

ダイナモ 发电机 fādiànjī (英) *a dynamo*

だいに【第二】 第二 dì'èr (英) *the second*; *number two* ▶それは〜の問題だ/那是第二位的问题 nà shì dì'èr wèi de wèntí ▶世界ランキング一位のテニス選手/世界排名第二的网球选手 shìjiè páimíng dì'èr de wǎngqiú xuǎnshǒu ▶65歳で彼女は〜の人生を歩み始めた/她从六十五岁开始走上了第二个人生 tā cóng liùshíwǔ suì kāishǐ zǒushàngle dì'èr ge rénshēng ▶〜義的な問題/次要的问题 cìyào de wèntí

ことわざ **習慣は第二の天性** 习惯乃第二天性 xíguàn nǎi dì'èr tiānxìng

だいにじ【第二次】 第二次 dì'èr cì (英 *secondary*)
◆〜産業|第二产业 dì'èr chǎnyè 〜世界大戦|第二次世界大战 Dì'èr cì Shìjiè Dàzhàn；二战 Èrzhàn

たいにち【対日】 对日 duì Rì (英 *with Japan; toward Japan*) ▶〜感情/对日感情 duì Rì gǎnqíng ▶〜貿易/对日贸易 duì Rì màoyì ▶〜関係の改善が見られる/对日关系出现改善 duì Rì guānxi chūxiàn gǎishàn ▶〜講和条約/对日和约 duì Rì héyuē

たいにん【大任】 重任 zhòngrèn (英 *a great task; an important duty*) ▶彼らは〜を果たして帰国した/他们完成重任回国了 tāmen wánchéng zhòngrèn huíguó le ▶〜を引き受ける/接受重任 jiēshòu zhòngrèn ▶〜を負う/肩负重任 jiānfù zhòngrèn

たいにん【退任する】 退任 tuìrèn；卸任 xièrèn (英 *resign from ...*) ▶来年1月末で社長を〜する/明年一月底从总经理的职位上退任 míngnián yī yuè dǐ cóng zǒngjīnglǐ de zhíwèishang tuìrèn

だいにん【代人】 代理人 dàilǐrén (英 *a proxy*) ▶〜を立てる/派代理人 pài dàilǐrén

ダイニング【*dining*】
〜キッチン|餐室厨房 cānshì chúfáng 〜テーブル|餐桌 cānzhuō 〜ルーム|饭厅 fàntīng；餐室 cānshì

たいねつ【耐熱の】 耐热 nàirè (英 *heatproof*) ▶〜ガラス/耐热玻璃 nàirè bōli ▶〜性に優れる/耐热性强 nàirèxìng qiáng

たいのう【滞納する】 拖欠 tuōqiàn；滞纳 zhìnà (英 *do not pay*) ▶税金を〜する/拖欠税款 tuōqiàn shuìkuǎn ▶月謝が3ヶ月〜になっている/拖欠了三个月学费 tuōqiànle sān ge yuè xuéfèi ◆〜金|拖欠款项 tuōqiàn kuǎnxiàng；未付款 wèi fùkuǎn

だいのう【大脳】〚解〛大脑 dànǎo (英 *the cerebrum*) ▶〜皮質/大脑皮层 dànǎo pícéng ▶〜生理学/大脑生理学 dànǎo shēnglǐxué

だいのじ【大の字】 (英 〜になる *lie spread-eagled*) ▶〜になって寝る/伸开手脚躺着 shēnkāi shǒujiǎo tǎngzhe

だいのつき【大の月】 大月 dàyuè (英 *a 31-day month*)

たいは【大破する】 严重毁坏 yánzhòng huǐhuài (英 *be greatly damaged*) ▶ヘリコプターが墜落して〜した/直升飞机坠落，机体严重受损了 zhíshēng fēijī zhuìluò, jītǐ yánzhòng shòusǔn le ▶津波で小学校が〜した/因为海啸，小学被冲毁了 yīnwèi hǎixiào, xiǎoxué bèi chōnghuǐ le

ダイバー 潜水员 qiánshuǐyuán (英 *a diver*)

たいはい【大敗する】 大败 dàbài (英 *be completely defeated*) ▶キューバに〜する/大败于古巴队 dàbài yú Gǔbāduì

日中比較 中国語の'大败 dàbài'には「大差で負ける」という意味の他に「徹底的に打ち負かす」という意味もある。

たいはい【退廃する】 颓废 tuífèi；颓败 tuíbài (英 *decline*) ▶綱紀及び道義の〜/纪律和道义的衰颓 jìlǜ hé dàoyì de shuāituí ▶〜的な社会の風潮/颓废的社会风气 tuífèi de shèhuì fēngqì ▶社会の〜と言葉も〜する/社会一旦颓废，语言也随之颓废 shèhuì yídàn tuífèi, yǔyán yě suí zhī tuífèi

だいばかり【台秤】 台秤 táichèng (英 *a platform scale*) ▶〜で体重をはかる/用台秤量体重 yòng táichèng liáng tǐzhòng

たいばつ【体罰】 体罚 tǐfá (英 *physical punishment*) ▶生徒に〜を加える/对学生施加体罚 duì xuésheng shījiā tǐfá ▶〜を禁止する/禁止体罚 jìnzhǐ tǐfá ▶躾であって〜ではない/这是管教，而不是体罚 zhè shì guǎnjiào, ér bú shì tǐfá

たいはん【大半】 多半 duōbàn；一大半 yídàbàn (英 *the greater part*) ▶〜の場所でタバコが吸えなくなる/多半场所都不能吸烟了 duōbàn de chǎngsuǒ dōu bùnéng xī yān le ▶戦災で市街地の〜が瓦礫に帰した/由于战争灾害，市区的一大半变成了废墟 yóuyú zhànzhēng zāihài, shìqū de yídàbàn biànchéngle fèixū ▶私は人生の〜をむだに過ごしたように思う/我觉得自己的大半辈子好像都虚度了 wǒ juéde zìjǐ de dàbàn bèizi hǎoxiàng dōu xūdù le

たいばん【胎盤】〚解〛胎盘 tāipán (英 *a placenta*)

たいひ【対比する】 对比 duìbǐ；对照 duìzhào (英 *compare*) ▶環境問題について両国を〜する/就环境问题来对比两国 jiù huánjìng wèntí lái duìbǐ liǎngguó

たいひ【待避する】 躲避 duǒbì (英 *take shelter*) ◆〜所《自動車道路の》|避车处 bìchēchù；避难所 bìnànsuǒ 〜線《鉄道の》|错车线 cuòchēxiàn

たいひ【退避する】 退避 tuìbì；躲避 duǒbì；疏散 shūsàn (英 *take shelter*) ▶速やかに安全な場所に〜する/迅速躲避到安全的地方 xùnsù duǒbìdào ānquán de dìfang

日中比較 中国語の'退避 tuìbì'は「そこから離れ危険を避ける」という意味の他に「回避する」という意味もある。

たいひ【堆肥】 堆肥 duīféi (英 *compost*) ▶〜を作る/积肥 jīféi ▶畑に〜を施す/给农田施堆肥 gěi nóngtián shī duīféi ▶生ごみで〜を作る/用厨房垃圾积肥 yòng chúfáng lājī jīféi

タイピスト 打字员 dǎzìyuán (英 *a typist*)

だいひつ【代筆する】 代笔 dàibǐ；代写 dàixiě (英 *write... for* 〜) ▶ラブレターを〜する/代写情书 dàixiě qíngshū

たいびょう【大病】 重病 zhòngbìng；大病 dàbìng (英 *a serious [major] illness*) ▶〜にかかる/患重病 huàn zhòngbìng

だいひょう【代表】 代表 dàibiǎo (英 *a repre-*

sentative；[代表団] a delegation）▶~的な/有代表性的 yǒu dàibiǎoxìng de ▶今世紀を~する企業/本世纪的企业 děibiǎo běnshìjì de qǐyè ▶彼は我々のクラスの代表 tā shì wǒmenbān de dàibiǎo ▶その点では現代青年の~だ/在这一点上他是现代青年的代表 zài zhè yì diǎnshang tā shì xiàndài qīngnián de dàibiǎo ▶あらゆる党派の代表が出席していた/所有党派的代表都出席了 suǒyǒu dǎngpài de dàibiǎo dōu chūxí le ▶国連に~を送っている国々/向联合国派出代表的各个国家 xiàng Liánhéguó pàichū dàibiǎo de gège guójiā ▶彼は日本を~して会議に列した/他代表日本出席了会议 tā dàibiǎo Rìběn chūxíle huìyì

♦~取締役/董事长 dǒngshìzhǎng　~番号《電話の》/总机号码 zǒngjī hàomǎ

ダイビング 潜水 qiánshuǐ；跳水 tiàoshuǐ（英 diving）▶スカイ~/跳伞 tiàosǎn

たいぶ【大部】 大部头 dàbùtóu（英 bulky）▶~の文書/大部头的文件 dàbùtóu de wénjiàn

タイプ ❶【種類・様式】 類型 lèixíng；样式 yàngshì（英 a type）▶級長~/班长类型 bānzhǎng lèixíng ▶ミニ~のシクラメン/微型仙客来 wēixíng xiānkèlái；迷你型仙客来 mínǐxíng xiānkèlái ▶新しい~のウイルス/新型病毒 xīnxíng bìngdú ▶彼は私の好きな~の人ではない/他不是我喜欢的那种类型的人 tā bú shì wǒ xǐhuan de nà zhǒng lèixíng de rén ▶実業家の人/实业家型的人 shíyèjiāxíng de rén
❷【タイプライターの略】（英 a typewriter）▶~印刷/打字印刷 dǎzì yìnshuā ▶この報告書をしておいてくれ/把这份报告打印出来！ bǎ zhè fèn bàogào dǎyìnchūlai!

だいぶ【大分】 很 hěn；相当 xiāngdāng（英 largely；pretty）▶~元気になった/大体上恢复健康 dàtǐshang huīfùle jiànkāng ▶~上達した/很有进步 hěn yǒu jìnbù ▶彼は~金に困っているようだ/他好像经济上相当困窘 tā hǎoxiàng jīngjìshang xiāngdāng kùnjiǒng ▶それはもう~前のことでよく憶えていない/那是很久以前的事了，我不记清了 nà shì hěn jiǔ yǐqián de shì le, wǒ bú jìqīng le ▶まだ~時間がある/还有很多时间 hái yǒu hěn duō shíjiān ▶~遅くなった/时间相当晚了 shíjiān xiāngdāng wǎn le

たいふう【台風】 台风 táifēng（英 a typhoon）▶~の目/台风眼 táifēngyǎn ▶~情報/台风消息 táifēng xiāoxi ▶1号が沖縄に接近中だ/一号台风正在靠近冲绳 yī hào táifēng zhèngzài kàojìn Chōngshéng ▶がフィリピンの東海上で発生する/菲律宾东部的海上发生台风 Fēilǜbīn dōngbù de hǎishàng fāshēng táifēng ▶~に襲われる/遭到台风袭击 zāodào táifēng xíjí ▶間もなく~圏内に入る/即将进入台风圈内 jíjiāng jìnrù táifēng quānnèi ▶~警報を発する/发布台风警报 fābù táifēng jǐngbào

だいふくもち【大福餅】 豆沙饼 dòushāgāo

だいふごう【大富豪】 巨富 jùfù（英 a millionaire）

だいぶつ【大仏】 大佛 dàfó（英 a great statue of Buddha）▶奈良の~/奈良大佛 Nàiliáng dàfó

だいぶぶん【大部分】 大部分 dàbùfen；大多 dàduō；多半 duōbàn（英 mostly）▶我々の~は信じなかった/我们大多没有相信 wǒmen dàduō méiyǒu xiāngxìn ▶観光客の~はアジア人だった/游客多半是亚洲人 yóukè duōbàn shì Yàzhōurén

タイプライター 打字机 dǎzìjī（英 a typewriter）▶~を打つ/打字 dǎ zì ▶和文/日文打字机 Rìwén dǎzìjī

たいぶんすう【帯分数】【数】 带分数 dàifēnshù（英 a mixed number〔fraction〕）

たいへい【太平】 太平 tàipíng（英 peace）▶~の世/太平盛世 tàipíng shèngshì ▶天下~/天下太平 tiānxià tàipíng

たいべい【対米】 对美 duì Měi（英 with the USA；toward the USA）▶~感情/对美感情 duì Měi gǎnqíng ▶~政策/对美政策 duì Měi zhèngcè ▶~関係/对美关系 duì Měi guānxi ▶~貿易/对美贸易 duì Měi màoyì ▶~輸出/对美出口 duì Měi chūkǒu

たいへいよう【太平洋】 太平洋 Tàipíngyáng（英 the Pacific Ocean）▶~沿岸/太平洋沿岸 Tàipíngyáng yán'àn
♦~環~地域/亚太地区 Yà-Tài dìqū

たいべつ【大別する】 大致分为… dàzhì fēnwéi…（英 classify roughly）▶楽器は「打つ」「吹く」「弾く」の三つに~できる/乐器可以大致分为"打击乐器"、"吹奏乐器"和"弹奏乐器"这三类 yuèqì kěyǐ dàzhì fēnwéi "dǎjī yuèqì"、"chuīzòu yuèqì" hé "tánzòu yuèqì" zhè sān lèi

たいへん【大変な】 不得了 bùdéliǎo；还了得 hái liǎode（英 serious；grave；terrible）▶~だ/不得了了 bùdéliǎo le ▶~嬉しい/非常高兴 fēicháng gāoxìng ▶~な学者/了不起的学者 liǎobuqǐ de xuézhě ▶~なことが起こった/发生了不得了的事 fāshēngle bùdéliǎo de shì ▶~な事件だった/那是一个重大的事件 nà shì yí ge zhòngdà de shìjiàn ▶数えるだけでも~な数字だ/光是数一数也是相当大的数字 guāng shì shǔyīshǔ yě shì xiāngdāng dà de shùzì ▶そのピアノを動かすのは~な仕事だった/搬动那架钢琴真费事儿 bāndòng nà jià gāngqín zhēn fèishìr ▶これには~な忍耐が必要だ/这需要付出相当大的忍耐 zhè xūyào fùchū xiāngdāng dà de rěnnài ▶このまま放置すると~なことになる/这样放置不管的话，后果将非常严重 zhèyàng fàngzhì bùguǎn dehuà, hòuguǒ jiāng fēicháng yánzhòng ▶それは~簡単なことです/那非常简单 nà fēicháng jiǎndān

日中比較 中国語の'大变 dàbiàn' は「大いに变わる」ことである。

だいべん【大便】 大便 dàbiàn（英 feces；excrement）▶~をする/拉屎 lā shǐ；出恭 chūgōng

だいべん【代弁する】 代言 dàiyán (英 speak for...) ▶～者/代言人 dàiyánrén ▶彼の希望を～しますと以下のように…/代替他表示如下的希望…/ dàitì tā biǎoshì rúxià de xīwàng…

たいほ【退歩する】 倒退 dàotuì; 退步 tuìbù (英 regress) ▶私は読書力が急速に～している/我的阅读能力在迅速衰退 wǒ de yuèdú nénglì zài xùnsù shuāituì

たいほ【逮捕する】 逮捕 dàibǔ; 拿获 náhuò (英 arrest) ▶～状/拘票 jūpiào ▶酒気帯び運転で現行犯～された/因为酒后驾车，被当场逮捕 yīnwèi jiǔhòu jiàchē, bèi dāngchǎng dàibǔ ▶5人の若者が強盗の罪で～された/五个年轻人因盗窃罪被逮捕了 wǔ ge niánqīngrén yīn dàoqièzuì bèi dàibǔ le ▶犯人はまだ～されない/犯人还没有被逮捕 fànrén hái méiyǒu bèi dàibǔ ▶～歴がある/有被捕经历 yǒu bèibǔ jīnglì

たいほう【大砲】 大炮 dàpào; 炮 pào (英 a heavy gun) ▶～を撃つ/放炮 fàngpào; 开炮 kāipào

たいぼう【待望する】 期待 qīdài; 期望 qīwàng; 盼望 pànwàng (英 eagerly wait for...) ▶～久しい停戦/盼望已久的停战 pànwàng yǐ jiǔ de tíngzhàn ▶彼ら夫婦に～の赤ん坊が産まれた/他们夫妻盼望已久的婴儿出生了 tāmen fūqī pànwàng yǐ jiǔ de yīng'ér chūshēng le ▶これは彼が～していたことだった/这是他所期望已久的 zhè shì tā suǒ qīwàng yǐ jiǔ de

たいぼう【耐乏】 忍受艰苦 rěnshòu jiānkǔ (英 austerity) ▶～生活をする/过清苦的生活 guò qīngkǔ de shēnghuó

たいぼく【大木】 大树 dàshù; 巨树 jùshù (英 a big tree)

だいほん【台本】 剧本 jùběn; 脚本 jiǎoběn (英 a playbook; a scenario) ▶～作家/剧本作家 jùběn zuòjiā ▶スポーツは～のないドラマだ/体育运动是没有脚本的戏剧 tǐyù yùndòng shì méiyǒu jiǎoběn de xìjù

たいま【大麻】 大麻 dàmá (英 hemp; marijuana) ▶～取締法/取缔大麻法 qǔdì dàmá fǎ; 毒品取缔法 dúpǐn qǔdìfǎ ▶～を吸う/吸大麻 xī dàmá; 吸毒 xīdú

タイマー 定时器 dìngshíqì; 时限开关 shíxiàn kāiguān (英 a timer) ▶エアコンの～を3時間に設定する/把空调的定时器设定为三个小时 bǎ kōngtiáo de dìngshíqì shèdìngwéi sān ge xiǎoshí

たいまい【大枚】 巨款 jùkuǎn (英 a big sum (of money)) ▶～百万円/一百万日元的巨款 yībǎi wàn Rìyuán de jùkuǎn ▶～をはたいて大辞典を買った/花光巨款，买了大辞典 huāguāng jùkuǎn, mǎile dàcídiǎn

たいまつ【松明】 火把 huǒbǎ; 火炬 huǒjù; 松明 sōngmíng (英 a torch) ▶～に火を灯す/点燃火把 diǎnrán huǒbǎ

たいまん【怠慢】 懈怠 xièdài; 玩忽 wánhū (英 negligence; carelessness) ▶彼は～なプレーが多い/他在比赛中散漫的动作很多 tā zài bǐsài zhōng sǎnmàn de dòngzuò hěn duō ▶職務～/玩忽职守 wánhū zhíshǒu

[日中比較] 中国语の'怠慢 dàimàn'は「そっけなくする」，もてなしが「行き届かない」という意味である．

だいみょう【大名】 《日本の》诸侯 zhūhóu (英 a daimyo; a feudal lord) ▶～旅行をする/豪华旅行 háohuá lǚxíng

[日中比較] 中国语の'大名 dàmíng'は「御高名」という意味の尊敬语．

タイミング 时机 shíjī; 适时 shìshí (英 timing) ▶～のよい/凑巧 còuqiǎo; 可巧 kěqiǎo ▶～の悪い/不凑巧 bú còuqiǎo ▶伴奏と～が合わない/与伴奏不合拍 yǔ bànzòu bù hépāi ▶完ぺきな～でシャッターを押す/在最恰当的时机按下快门儿 zài zuì qiàdàng de shíjī ànxià kuàiménr ▶～を考えて発売する/考虑适当时机开始出售 kǎolǜ shìdàng shíjī kāishǐ chūshòu ▶～を狂わせる/搅乱时机 jiǎoluàn shíjī ▶～の悪い冗談/不合时宜的玩笑 bùhé shíyí de wánxiào

タイム 时间 shíjiān; 时代 shídài (英 time; [中断] a time-out) ▶彼女は100メートルに13秒2の～を出した/她创造了十三秒二的百米赛跑记录 tā chuàngzàole shísān miǎo èr de bǎi mǐ sàipǎo jìlù ▶ストップウオッチで～を計る/用秒表测时间 yòng miǎobiǎo cè shíjiān ▶《競技で》～を取る/要求暂停 yāoqiú zàntíng ▶～レコーダーで出勤[退出]の時間を記録する/用打卡钟记录上班[下班]时间 yòng dǎkǎzhōng jìlù shàngbān [xiàbān] shíjiān

♦～アップ ;到时间 dào shíjiān; 规定时间已到 guīdìng shíjiān yǐ dào ～カード ;记时卡 jìshíkǎ ～カプセル ;时代资料储存器 shídài zīliào chúcúnqì ～テーブル ;时间表 shíjiānbiǎo; 列车时刻表 lièchē shíkèbiǎo

タイムアウト 暂停 zàntíng (英 a timeout)

タイムスイッチ 定时开关 dìngshí kāiguān (英 a time switch)

タイムスリップ 时间变幻 shíjiān biànhuàn (英 a time slip)

タイムマシン 航时机 hángshíjī (英 a time machine) ▶～に乗って平安时代に引き返す/搭乘时光机返回到平安时代 dāchéng shíguāngjī fǎnhuídào Píng'ān shídài

タイムリー[な] 及时 jíshí; 适时 shìshí (英 timely) ▶～な企画/适时的计划 shìshí de jìhuà

タイムリミット 限期 xiànqī; 期限 qīxiàn (英 a time limit) ▶～は午後5時だよ/时限是下午五点啊 shíxiàn shì xiàwǔ wǔ diǎn a

たいめい【待命】 待命 dàimìng (英 await) ▶彼は現在～中である/他现在正在待命 tā xiànzài zhèngzài dàimìng

だいめい【題名】 题名 tímíng; 标题 biāotí (英 a title) ▶～をつける/起标题 qǐ biāotí; 命题 mìngtí ▶「卒業」という～の映画/片名为《毕业》的电影 piànmíng wéi《Bìyè》de diànyǐng

🇯🇵🇨🇳比較 中国語の'题名 tímíng'には「タイトル」という意味の他に「名前を書きつける」という意味もある.

だいめいし【代名詞】 代名詞 dàimíngcí (英 *a pronoun*)

たいめん【体面】 面子 miànzi; 体面 tǐmiàn; tǐmian (英 *honor*) ▶~を重んじる/讲究面子 jiǎngjiu miànzi; 要脸 yàoliǎn ▶~にかかわる/关系到面子 guānxìdào miànzi ▶学校の~を汚す/损害学校的名誉 sǔnhài xuéxiào de míngyù ▶双方の~を保つ/保住双方的面子 bǎozhù shuāngfāng de miànzi

🇯🇵🇨🇳比較 中国語の'体面 tǐmiàn'には「面目」という意味の他に「光栄である」という意味もある.

たいめん【対面する】 见面 jiànmiàn; 会面 huìmiàn (英 *meet; see*) ▶化粧品を~販売する/面对面销售化妆品 miànduìmiàn xiāoshòu huàzhuāngpǐn ▶さあ,いよいよ母娘の御~です/现在,母女终于见面了！xiànzài, mǔnǚ zhōngyú jiànmiàn le !

たいもう【大望】 大志 dàzhì; 宏愿 hóngyuàn (英 *an ambition*) ▶~を抱く/胸怀大志 xiōnghuái dàzhì

だいもく【題目】 题目 tímù; 标题 biāotí; 主题 zhǔtí (英 *a title*)

タイヤ 轮胎 lúntāi; 车胎 chētāi (英 *a tire; a tyre*) ▶~を交換する/换轮胎 huàn lúntāi ▶~がパンクする/轮胎胀破了 lúntāi zhàngpò le ▶~に空気を入れる/往车胎里打气 wǎng chētāili dǎ qì ▶路面に~の跡が残る/路面上留下了车胎的痕迹 lùmiànshang liúxiàle chētāi de hénjì

ダイヤ 🔢【ダイヤモンド】 钻石 zuànshí; 金刚石 jīngāngshí (英 *a diamond*) ▶~婚式/钻石婚 zuànshíhūn ▶~の指輪/钻戒 zuànjiè

🔢【列車などの】 列车时刻表 lièchē shíkèbiǎo (英 *a schedule*) ▶~が乱れる/行车时间紊乱 xíngchē shíjiān wěnluàn ▶大雪で列車の~が大幅に乱れている/因为下大雪,列车运行严重紊乱 yīnwèi xià dàxuě, lièchē yùnxíng yánzhòng wěnluàn

🔢【トランプの】 方块儿 fāngkuàir (英 *a diamond*) ▶~のキング/方块王牌 fāngkuài wángpái

たいやく【大厄】 🔢【重大な災難】 大难 dànàn; 大祸 dàhuò (英 *a great calamity*) 🔢【厄年】厄运年龄 èyùn niánlíng (英 *a grand climacteric*) ▶俺,今年は~なんだ/今年我正是大厄之年啊 jīnnián wǒ zhèngshì dà'è zhī nián a

たいやく【大役】 重大使命 zhòngdà shǐmìng; 重要角色 zhòngyào juésè (英 *an important duty*; [劇の] *a major part* [*role*]) ▶~を果たす/完成重大使命 wánchéng zhòngdà shǐmìng ▶~を仰せつかる/接受重大使命 jiēshòu zhòngdà shǐmìng ▶ミュージカルの公演で~を演じる/在音乐剧中担任重要角色 zài yīnyuèjù zhōng dānrèn zhòngyào juésè

たいやく【対訳】 对译 duìyì (英 *parallel translation*) ▶この本は独英~である/这是德英对译本 zhè shì Dé-Yīng duìyìběn

たいやく【代役】 替角 tìjué; 代演 dàiyǎn (英 *a substitute; a stand-in*) ▶~を務める/代演 dàiyǎn

ダイヤモンド 〖鉱物〗 钻石 zuànshí; 金刚石 jīngāngshí (英 *a diamond*) ▶人工~/人工钻石 réngōng zuànshí

ダイヤル 🔢【ラジオなど】 标度盘 biāodùpán (英 *a dial*) ▶ラジオの深夜番組に~を合わせる/调频对准收音机的深夜节目 tiáopín duìzhǔn shōuyīnjī de shēnyè jiémù 🔢【電話の】 拨号盘 bōhàopán (英 *a dial*) ▶~で拨号电话 bō diànhuà ▶110番に~する/拨打110 bōdǎ yāo yāo líng

♦~アップ接続 : 拨号上网 bōhào shàngwǎng ~イン : 专线电话 zhuānxiàn diànhuà; 直拨电话 zhíbō diànhuà

たいよ【貸与】 出借 chūjiè; 借贷 jièdài (英 *lend; loan*) ▶奨学金を~する/借贷奖学金 jièdài jiǎngxuéjīn

たいよう【大洋】 大洋 dàyáng (英 *an ocean*) ▶~を航海する/在大洋上航行 zài dàyángshang hángxíng

たいよう【大要】 概要 gàiyào; 大要 dàyào (英 *an outline*; *a summary*) ▶~を述べる/阐述概要 chǎnshù gàiyào

たいよう【太陽】 〖天文〗太阳 tàiyáng (英 *the sun*) ▶~エネルギー/太阳能 tàiyángnéng ▶~系/太阳系 tàiyángxì ▶~電池/太阳电池 tàiyáng diànchí; 太阳能电池 tàiyángnéng diànchí ▶~暦/阳历 yánglì ▶~の光/阳光 yángguāng ▶~に当たる/晒太阳 shài tàiyáng ▶真っ赤な~/火红的太阳 huǒhóng de tàiyáng ▶~が昇る[沈む]/太阳升起[西沉] tàiyáng chū shēng[xī chén] ▶~の黒点/太阳黑子 tàiyáng hēizǐ ▶あなたは僕の~だ/你是我的太阳 nǐ shì wǒ de tàiyáng

♦~灯 : 太阳灯 tàiyángdēng

だいよう【代用する】 代用 dàiyòng; 代替 dàitì (英 *substitute... for...*) ▶~品/代用品 dàiyòngpǐn ▶コップを花瓶の~にする/用玻璃杯代替花瓶 yòng bōlibēi dàitì huāpíng ▶~食/代用食品 dàiyòng shípǐn ▶~監獄/代用监狱 dàiyòng jiānyù

たいようしゅう【大洋州】 大洋洲 Dàyángzhōu (英 *Oceania*)

たいようねんすう【耐用年数】 使用年限 shǐyòng niánxiàn (英 *durable years*) ▶~を過ぎたものは取り替えて下さい/请更换超过使用年限的东西 qǐng gēnghuàn chāoguò shǐyòng niánxiàn de dōngxi

たいら【平らな】 平 píng; 〘地勢が〙平坦 píngtǎn (英 *even; flat*; [水平] *level*) ▶河原の~な場所にテントを張る/在河滩上平坦的地方搭起帐篷 zài hétānshang píngtǎn de dìfang dāqǐ zhàngpeng ▶~な道/平坦的道路 píngtǎn de dàolù ▶いつも気分が~である/心情总是很祥和 xīnqíng zǒngshì hěn xiánghé ▶地面を~にする/把地面弄得平坦 bǎ dìmiàn xiūpíng

たいらげる【平らげる】 ❶【食い尽くす】吃光 chīguāng; 吃掉 chīdiào （英 *eat up*） ▶料理を軽く三人分~/轻而易举地吃三份饭菜 qīng ér yì jǔ de chīguāng sān fèn fàncài ❷【平定する】平定 píngdìng （英 *suppress*） ▶反乱軍を~/平定叛军 píngdìng pànjūn

だいり【代理】 代理 dàilǐ; 代办 dàibàn （英 *representative*） ▶~人/代理人 dàilǐrén ▶~を立てる/推出代理人 tuīchū dàilǐrén ▶本人の~で申請書を提出する/代替本人提交申请书 dàitì běnrén tíjiāo shēnqǐngshū ▶家族の人が~で投票する/由家里人代理投票 yóu jiālǐrén dàilǐ tóupiào

◆課長~|科长代理 kēzhǎng dàilǐ ~大使|大使代办 dàshǐ dàibàn ~店|代理商 dàilǐshāng 代理店 dàilǐdiàn

だいリーガー【大リーガー】 棒球甲级联赛的选手 bàngqiú jiǎjí liánsài de xuǎnshǒu （英 *a major leaguer*）

だいリーグ【大リーグ】 （アメリカの）棒球甲级联盟 bàngqiú jiǎjí liánméng （英 *a major league*）

たいりく【大陸】 大陆 dàlù （英 *a continent*） ▶~間弾道弾/洲际导弹 zhōujì dǎodàn ▶~性気候/大陆性气候 dàlùxìng qìhòu ▶~棚/大陆架 dàlùjià ▶~横断鉄道/横穿大陆的铁路 héngchuān dàlù de tiělù ▶発達した~性高気圧が張り出す/强劲的大陆型高气压扩展 qiángjìng de dàlùxíng gāoqìyā kuòzhǎn ▶彼は~的な性格だ/他属于大陆人脾气 tā shǔyú dàlùrén píqi

◆アジア[ヨーロッパ]~|亚洲[欧洲]大陆 Yàzhōu [Ōuzhōu]dàlù

だいりせき【大理石】 大理石 dàlǐshí （英 *marble*） ▶等身大の~像/和真人一样大的大理石雕像 hé zhēnrén yíyàng dà de dàlǐshí diāoxiàng ▶~のテーブル/大理石餐桌 dàlǐshí cānzhuō

たいりつ【対立する】 对立 duìlì; 对抗 duìkàng （英 *be opposed*） ▶意見が~する/意见相反 yìjiàn xiāngfǎn ▶~の溝が広がる/加深对立的隔阂 jiāshēn duìlì de géhé ▶キリスト教とイスラムの宗教~/基督教与伊斯兰教之间的宗教对立 Jīdūjiào yǔ Yīsīlánjiào zhījiān de zōngjiào duìlì ▶人が集まれば利害が~するものだ/人们聚在一起，就会出现利害冲突 rénmen jùzài yìqǐ, jiù huì chūxiàn lìhài chōngtū ▶相手陣営は~候補を擁立した/对方阵营推举了对抗的候选人 duìfāng zhènyíng tuījǔle duìkàng de hòuxuǎnrén

たいりゃく【大略】 概要 gàiyào; 概略 gàilüè （英 *an outline*, *a summary*） ▶を述べる/阐述梗概 chǎnshù gěnggài ▶主要课题は~次のごとし/主要课题摘要如下 zhǔyào kètí zhāiyào rúxià

たいりゅう【対流】（英 *convection*）（热などの）对流 duìliú ▶液体の~運動/液体的对流运动 yètǐ de duìliú yùndòng

たいりゅう【滞留する】 ❶【滞る】停滞 tíngzhì （英 *accumulate*） ▶荷物が長期間~する/行李长时间积压 xíngli chángshíjiān jīyā ❷【滞在】停留 tíngliú; 逗留 dòuliú （英 *stay*） ▶入国日から90日間~することができる/从入境之日起可以逗留九十天 cóng rùjìng zhī rì qǐ kěyǐ dòuliú jiǔshí tiān

たいりょう【大量】 大量 dàliàng; 大批 dàpī （英 *a large quantity*） ▶~输入/大批进口 dàpī jìnkǒu ▶~のデータを保存できる/能保存大量数据 néng bǎocún dàliàng shùjù ▶~生産と~消費がごみを増やす/大量生产和大量消费使垃圾增多 dàliàng shēngchǎn hé dàliàng xiāofèi shǐ lājī zēngduō ▶暴走族を~検挙する/大批拘捕飙车族 dàpī jūbǔ biāochēzú

◆~殺戮|大量屠杀 dàliàng, túshā ~注文|大批量订购 dàpīliàng dìnggòu

たいりょう【大漁】 鱼获丰收 yúhuò fēngshōu （英 *a big* [*large*] *catch*） ▶~を祈願する/祈祷鱼获丰收 qídǎo yúhuò fēngshōu ▶今日は~だった/今天打鱼获得了大丰收 jīntiān dǎyú huòdéle dà fēngshōu

たいりょく【体力】 力气 lìqi; 体力 tǐlì （英 *physical strength*） ▶~がない/没有体力 méiyǒu tǐlì ▶自分の~を過信してはならない/不要过于相信自己的体力 búyào guòyú xiāngxìn zìjǐ de tǐlì ▶~が衰える/体力减弱 tǐlì jiǎnruò ▶~を養う/增强体力 zēngqiáng tǐlì; 培养体力 péiyǎng tǐlì ▶~を消耗させる/消耗体力 xiāohào tǐlì ▶~をつけるために食べなければならない/为了增强体力必须吃饭 wèile zēngqiáng tǐlì bìxū chī fàn ▶彼には~的にかなわない/在体力上比不过他 zài tǐlìshang bǐbuguò tā ▶~づくりに励む/为增强体力而刻苦锻炼 wèi zēngqiáng tǐlì ér kèkǔ duànliàn

◆~テスト|体力测试 tǐlì cèshì

たいりん【大輪】 大朵 dàduǒ （英 *a large flower*） ▶~の朝顔/大朵的喇叭花 dàduǒ de lǎbahuā

タイル 瓷砖 cízhuān （英 *a tile*） ▶化粧~/釉面砖 yòumiànzhuān ▶~を张る/贴瓷砖 tiē cízhuān ▶~张りの壁/贴瓷砖的墙壁 tiē cízhuān de qiángbì

ダイレクトメール 邮寄广告 yóujì guǎnggào; 信件广告 xìnjiàn guǎnggào （英 *direct mail*）

たいれつ【隊列】 队伍 duìwu; 行列 hángliè （英 *a file*, *a rank*） ▶~を組む/排队 páiduì; 组成队伍 zǔchéng duìwu ▶~を離れる/离队 líduì ▶彼らは~を作って進んだ/他们列队前进 tāmen lièduì qiánjìn ▶~を乱す/弄乱队列 nòngluàn duìliè

たいろ【退路】 后路 hòulù; 退路 tuìlù （英 *the path of retreat*） ▶~を绝つ/截断退路 jiéduàn tuìlù

だいろっかん【第六感】 直覚 zhíjué；第六感 dìliùgǎn（英 *a sixth sense*）▶彼はこういうことには～が働く/在这种事上他的直觉很灵 zài zhè zhǒng shìshang tā de zhíjué hěn líng

たいわ【対話する】 対话 duìhuà；对白 duìbái（英 *talk with...*）▶医者が患者と～する/医生跟患者进行对话 yīshēng gēn huànzhě jìnxíng duìhuà ▶人間と～できるロボット/能够人机对话的机器人 nénggòu rénjī duìhuà de jīqìrén

たう【多雨】 多雨 duōyǔ（英 *a heavy rainfall*）▶高温～な季節/高温多雨季节 gāowēn duōyǔ jìjié

たうえ【田植え】 插秧 chāyāng（英 *rice planting*）▶～歌/插秧歌 chāyānggē ▶～機/插秧机 chāyāngjī

ダウしき【ダウ式】 道琼斯式 Dào-Qióngsī shì（英 *Dow*）▶～平均株価/道琼斯股票指数 Dào-Qióngsī gǔpiào zhǐshù

ダウン ❶【羽毛の】 鸭绒 yāróng（英 *down*）▶～ジャケット/鸭绒上衣 yāróng shàngyī ❷【下がる】 降落 jiàngluò；下降 xiàjiàng（英 *be down*）▶コストへ～する/降低成本 jiàngdī chéngběn ▶観光地としてのイメージへ～になる/作为游览胜地的形象遭到破坏 zuòwéi yóulǎn shèngdì de xíngxiàng zāodào pòhuài ▶年収が大幅に～した/年收入大幅度降低 niánshōurù dàfúdù jiàngdī ❸【倒れる】 倒了 dǎo le；垮了 kuǎ le（英 *be down*）▶風邪で～する/因感冒卧床 yīn gǎnmào wòchuáng ▶過労で～寸前です/由于疲劳过度,几乎病倒 yóuyú píláo guòdù, jīhū bìngdǎo

ダウンしょうこうぐん【ダウン症候群】〔医〕唐氏综合症 Tángshì zōnghézhèng（英 *Down's syndrome*）

ダウンロード〔電算〕下载 xiàzài（英 *download*）▶音楽をパソコンに～する/把音乐下载到电脑里 bǎ yīnyuè xiàzàidào diànnǎoli

たえうる【耐え得る】 ❶【がまん】 禁得住 jīndezhù；能忍受 néng rěnshòu（英 *bear*）▶君はこれほどの窮乏に～のか/你能受得了这样的贫穷吗？nǐ néng shòudeliǎo zhèyàng de pínqióng ma? ❷【能力など】 支持得住 zhīchídezhù；经得住 jīngdezhù（英 *stand*）▶通常の学校生活に～健康状態である/能够承受通常学校生活的健康状态 nénggòu chéngshòu tōngcháng xuéxiào shēnghuó de jiànkāng zhuàngtài ▶大地震にも～橋梁/连大地震也能经得住的桥梁 lián dàdìzhèn yě néng jīngdezhù de qiáoliáng

たえがたい【耐え難い】 忍不住 rěnbuzhù；难堪 nánkān（英 *intolerable*）▶公衆の面前で～屈辱を受けた/在公众面前蒙受了难堪的屈辱 zài gōngzhòng miànqián méngshòule nánkān de qūrǔ ▶～眠気に襲われる/受到难以抗拒的睡魔袭击 shòudào nányǐ kàngjù de shuìmó xíjī ▶君の暴論には～ものがある/你的粗暴言论中有难以忍受的内容 nǐ de cūbào yánlùn zhōng yǒu nányǐ rěnshòu de nèiróng ▶次の1時間は～ほど長かった/下面的一个小时长得令人受不了 xiàmiàn de yí ge xiǎoshí chángde lìng rén shòubuliǎo ▶ホームシックが耐え難く、彼女は帰国を決意じた/忍受不了想家之苦, 她下决心回国 rěnshòubuliǎo xiǎng jiā zhī kǔ, tā xià juéxīn huíguó

だえき【唾液】 口水 kǒushuǐ；唾液 tuòyè（英 *saliva*）▶～腺/唾液腺 tuòyèxiàn

たえしのぶ【耐え忍ぶ】 忍耐 rěnnài；忍受 rěnshòu（英 *bear; endure*）▶悲しみを～/忍受悲伤 rěnshòu bēishāng

たえず【絶えず】 经常 jīngcháng；不断 búduàn（英 *constantly; ceaselessly; always*）▶～努力する/不断努力 búduàn nǔlì ▶森の中では～夏鳥がさえずっていた/夏季候鸟在森林里不停地鸣啭 xiàjì hòuniǎo zài sēnlínlǐ bùtíng de míngzhuàn ▶車窓からの光景は～変化する/从车窗里看到的风景不断变化 cóng chēchuānglǐ kàndào de fēngjǐng búduàn biànhuà ▶脅威を受ける/不断受到威胁 búduàn shòudào wēixié ▶銃声は彼の神経に～緊張を強いた/枪声不断使他的神经感到紧张不安 qiāngshēng búduàn shǐ tā de shénjīng gǎndào jǐnzhāng bù'ān

たえだえ【絶え絶えに】（英 *gaspingly*）▶息も～に/气息奄奄 qìxī yǎnyǎn ▶彼女はもはや息も～だった/她早已气息奄奄了 tā zǎoyǐ qìxī yǎnyǎn le

たえない【耐えない】 不胜 búshèng；不堪 bùkān（英 *do not endure*）▶憂慮に～/不胜忧虑 búshèng yōulǜ ▶その惨状は見るに～/那种惨状惨不忍睹 nà zhǒng cǎnzhuàng cǎn bù rěn dǔ ▶彼は聞くに～言葉を吐いた/他竟说出了不堪入耳的话 tā jìng shuōchūle bùkān rù'ěr de huà

たえなる【妙なる】 美妙 měimiào（英 *exquisite; melodious*）▶～調べ/美妙的乐曲 měimiào de yuèqǔ

たえま【絶え間】 间隙 jiànxì（英 *an interval;* [中断] *a break*）▶～がない/连续不断 liánxù búduàn ▶～なく/没完没了地 méi wán méi liǎo de ▶雲の～から朝日が顔を出す/朝阳从云缝中露出了脸 zhāoyáng cóng yúnfèng zhōng lùchūle liǎn ▶～ない攻撃にさらされる/遭受连续不断的攻击 zāoshòu liánxù búduàn de gōngjī ▶～ない努力を続ける/不断地努力下去 búduàn de nǔlìxiàqu ▶～なく人通りがある/大路上行人来往不绝 dàlùshang xíngrén láiwǎng bù jué ▶～なく雨が降る/连绵不断地降雨 liánmián búduàn de jiàngyǔ

たえる【耐える・堪える】 忍受 rěnshòu；忍耐 rěnnài（英 *endure; bear; stand*）▶苦痛に～/忍痛 rěntòng ▶耐えられる/吃得消 chīdexiāo ▶耐えられない/经不起 jīngbuqǐ；吃不消 chībuxiāo ▶暑くて耐えられない/热得受不了 rède shòubuliǎo ▶孤独に～/忍受孤独 rěnshòu gūdú ▶歴史の評価に～成果/经得起历史评价的成果 jīngdeqǐ lìshǐ píngjià de chéngguǒ ▶彼は旅行

に~健康状態ではない/他的健康状态承受不了旅行 tā de jiànkāng zhuàngtài chéngshòubuliǎo lǚxíng ▶誘惑に~/抗拒诱惑 kàngjù yòuhuò ▶任に~/胜任《重症患者が》長時間の手術に耐えられる/经得起长时间手术 jīngdeqǐ chángshíjiān shǒushù ▶あれこそ風雪に耐えてきた人の顔だ/那就是经受过世态炎凉(的人)的面孔 nà jiù shì jīngshòuguo shìtài yánliáng(de rén)de miànkǒng

たえる【絶える】 断絶 duànjué; 绝灭 juémiè (英 become extinct; die out) ▶ごみの不法投棄は~気配がない/非法丢弃垃圾的现象没有灭绝的迹象 fēifǎ diūqì lājī de xiànxiàng méiyǒu mièjué de jìxiàng ▶母方の家はもう絶えてしまった/母亲的娘家已经没有什么人了 mǔqin de niángjia yǐjing méiyǒu shénme rén le ▶望みはまだ絶えていない/希望还没有幻灭 xīwàng hái méiyǒu huànmiè ▶生活の苦労が絶えない/生活的辛劳接连不断 shēnghuó de xīnláo jiēlián búduàn ▶山の頂上には雪が一年中絶えない/山顶上终年积雪 shāndǐngshang zhōngnián jīxuě ▶息が~/咽气 yànqì; 断气 duànqì ▶供給が~/供给中断 gōngjǐ zhōngduàn

だえん【楕円】 椭圆 tuǒyuán; 长圆 chángyuán (英 an ellipse; an oval) ▶~形の/椭圆形 tuǒyuánxíng ▶惑星は~軌道を描く/行星划出椭圆形轨道 xíngxīng huàchū tuǒyuánxíng guǐdào ▶~形のテーブル/椭圆形桌子 tuǒyuánxíng zhuōzi

たおす【倒す】 ❶【転倒】(英 bring... down) ▶酒瓶を~/打翻酒瓶 dǎfān jiǔpíng ▶押し~/推倒 tuīdǎo ▶列車の座席を~/放倒火车上的座位 fàngdǎo huǒchēshang de zuòwèi ▶人を床になぐり~/把人打倒在地 bǎ rén dǎdǎo zài dì ▶重機で家を~/用重型机械推倒房子 yòng zhòngxíng jīxiè tuīdǎo fángzi
❷【負かす】(英 beat) ▶王朝を~/播翻王朝 bōfān wángcháo ▶《狩猟で》猟銃で猪を~/用猎枪打倒野猪 yòng lièqiāng dǎdǎo yězhū ▶政府を~/推翻政府 tuīfān zhèngfǔ

たおやかな 袅娜 niǎonuó; 优美 yōuměi (英 slender; graceful) ▶~に咲く花に蝶が舞う/蝴蝶在优美盛开的花前飞舞 húdié zài yōuměi shèngkāi de huāqián fēiwǔ ▶~な姿で立つ菩薩/以优美的姿态站立的菩萨 yǐ yōuměi de zītài zhànlì de púsà

タオル 毛巾 máojīn (英 a towel) ▶~ケット/毛巾被 máojīnbèi ▶~で手をふく/用毛巾擦手 yòng máojīn cā shǒu ▶バス~/浴巾 yùjīn

たおれる【倒れる・斃れる】 ❶【転倒する】 倒 dǎo; 垮 kuǎ (英 fall down) ▶家が~/房子倒塌 fángzi dǎotā ▶電柱が強風で倒れた/电线杆被大风刮倒了 diànxiàngān bèi dàfēng guādǎo le ▶今にも倒れそうな家/好像随时都会倒塌的房子 hǎoxiàng suíshí dōu huì dǎotā de fángzi ▶ランナーはゴールに倒れ込んだ/赛跑运动员冲刺的时候摔倒了 sàipǎo yùndòngyuán chōngcì de shíhou shuāidǎo le

❷【病気になる・死ぬ】 病倒 bìngdǎo (英 become sick; die) ▶過労で~/累垮 lèikuǎ ▶病気で~/病倒 bìngdǎo ▶全校集会で生徒が何人か貧血で倒れた/在全校集会时，几个学生因为贫血昏倒了 zài quánxiào jíhuì shí, jǐ ge xuésheng yīnwèi pínxuè hūndǎo le ▶車内で気が遠くなり隣の人に倒れ掛かった/在车厢里发晕，倒靠在旁边的人身上了 zài chēxiāngli fāyūn, dǎokào zài pángbiān de rénshēnshang le ▶彼を失って床に倒れた/他昏倒在地板上 tā hūndǎo zài dìbǎnshang ▶父が癌で倒れた/父亲因癌症病倒了 fùqin yīn áizhèng bìngdǎo le

❸【没落する】 垮台 kuǎtái; 倒闭 dǎobì (英 perish) ▶政府が~/政府垮台 zhèngfǔ kuǎtái ▶あんなに大きな会社でも~ものだね/那么大的公司也会倒闭呀 nàme dà de gōngsī yě huì dǎobì ya

ことわざ **斃(㐂)れて後(㐂)やむ** 死而后已 sǐ ér hòu yǐ

たか【高】(英 quantity; volume; a sum) ▶そんなものは~の知れたものだ/那也没什么了不起的 nà yě méi shénme liǎobuqǐ de ▶彼の話など~が知れている/他的话不值得理会 tā de huà bù zhídé lǐhuì ▶《株式の》20円~/上涨二十日元 shàngzhǎng èrshí Rìyuán

~をくくる 不放在眼里 bú fàngzài yǎnli 風邪など大したことはないと~をくくった/认为感冒算不了什么不放在眼里 rènwéi gǎnmào suànbuliǎo shénme bú fàngzài yǎnli

◆取引~/交易额 jiāoyì'é

タカ【鷹】〖鳥〗 鹰 yīng (英 a hawk) ▶~派とはと派/鹰派和鸽派 yīngpài hé gēpài; 强硬派与温和派 qiángyìngpài yǔ wēnhépài ▶~の爪/干辣椒 gānlàjiāo ▶~匠/驯鹰人 xùnyīngrén; 鹰把式 yīngbǎshì ▶~狩り/用鹰猎鸟 yòng yīng liè niǎo

たが 箍 gū (英 a hoop) ▶~が外れる/箍掉 gū diào ▶~を締め直す/重振士气 chóngzhèn shìqì ▶~をかける/缠上箍 chánshàng gū; 把箍按上 bǎ gū ànshàng

~がゆるむ 松懈 sōngxiè; **年老昏庸** nián lǎo hūnyōng ▶あの男はどこか~がゆるんでいる/总觉得那个人有点儿松松垮垮的 zǒng juéde nàge rén yǒudiǎnr sōngsōngkuǎkuǎ de

だが 但是 dànshì; 可是 kěshì; 不过 búguò (英 but)

たかい【他界する】 去世 qùshì; 逝世 shìshì (英 die; pass away)

たかい【高い】 ❶【位置・程度など】 高 gāo (英 high; lofty; raised) ▶背が~/个子高 gèzi gāo ▶理想が~/理想高尚 lǐxiǎng gāoshàng ▶非常に~確率で感染する/感染率非常高 gǎnrǎnlǜ fēicháng gāo ▶どのくらい~所から落ちたのか/是从多高的地方掉下来的? shì cóng duō gāo de dìfang diàoxiàlai de? ▶格調の~お話をうかがった/听到高雅的讲话 tīngdào gāoyǎ de jiǎnghuà ▶血圧が高くて心配だ/血压高，放不下心 xuèyā gāo, fàngbuxià xīn ▶校長は見識の~人

だった/校长的见识很高 xiàozhǎng de jiànshi hěn gāo ▶凧が空高く上がっている/风筝飞上了高空 fēngzheng fēishàngle gāokōng ▶鼻が～/感到骄傲 gǎndào jiāo'ào ▶ちょっと望みが高すぎると思いませんか/你不觉得愿望过高吗？ nǐ bù juéde yuànwàng guò gāo ma? ☆お高くとまるな/别自命不凡！bié zìmìng bù fán！

❷【価格など】(英 dear; costly; expensive) ▶値段が～/贵 guì；高价 gāojià ☆ここは生活費が～/这里生活费很高 zhèlǐ shēnghuófèi hěn gāo ▶～値で売る[買う]/以高价卖出[买进] yǐ gāojià màichū[mǎijìn] ▶諸物価が高くなった/各种物价都涨高了 gè zhǒng wùjià dōu zhǎnggāo le ▶電気代が高くつく/电费贵 diànfèi guì

❸【声が】(英 loud; high-pitched) ▶～声で話す/高声说话 gāoshēng shuōhuà；大声说话 dàshēng shuōhuà ▶君たち声が～ぞ，もっと小さな声で話せ/你们声音太大了，再小点儿声说话！nǐmen shēngyīn tài dà le, zài xiǎo diǎnr shēng shuōhuà！

たがい【互いに】 互相 hùxiāng；彼此 bǐcǐ (英 mutually; each other; one another) ▶～に難し合う/互相责难 hùxiāng zénàn ▶～に助け合う/互相帮助 hùxiāng bāngzhù ▶～に学び合う/互相学习 hùxiāng xuéxí ☆お～さまです/彼此彼此 bǐcǐ bǐcǐ ▶～の名を呼びあいながら波間に消えた/互相呼叫着名字消失在波浪里 hùxiāng hūjiàozhe míngzì xiāoshī zài bōlàngli

だかい【打開する】 打开 dǎkāi (英 resolve) ▶難局を～する/打开困境 dǎkāi kùnjìng ▶～策を見いだす/找到解决问题的途径 zhǎodào jiějué wèntí de tújìng ▶エネルギー危機を～する/解决能源危机 jiějué néngyuán wēijī

たがいちがい【互い違いに】 交互 jiāohù；交错 jiāocuò (英 alternatively) ▶白石と黒石を～に並べた/把白子和黑子交错排列 bǎ báizǐ hé hēizǐ jiāocuò páiliè

たかいびき【高いびき】 大鼾声 dàhānshēng (英 a loud snore) ▶～をかく/打大呼噜 dǎ dàhūlū；鼾声如雷 hānshēng rú léi

たがう【違う】 不一致 bù yízhì；不符合 bù fúhé (英 differ from...) ▶予想に違わず落選した/正如预料那样落选了 zhèngrú yùliào nàyàng luòxuǎn le ▶新作は期待に違わぬできばえだった/新作品如期所望很出色 xīnzuòpǐn rú qī suǒ wàng hěn chūsè ▶彼の行為は日頃の主張に～ものだ/他的行为违背以往的主张 tā de xíngwéi wéibèi yǐwǎng de zhǔzhāng

たがえる【違える】 违反 wéifǎn；违背 wéibèi (英 fail to keep...) ▶約束を～/违约 wéiyuē

たかが【高が】 仅仅 jǐnjǐn；只不过 zhǐbuguò (英 merely; no more than...; at best; after all) ▶～留年じゃないか/只不过是留级嘛 zhǐbuguò shì liújí ma ▶相手は一子供ではないか，あんまりむきになるな/对方不过是个孩子嘛，别那么认真啊 duìfāng búguò shì ge háizi ma, bié nàme rènzhēn a ▶～1枚の紙だ/仅仅是一张纸而已 jǐnjǐn shì yì zhāng zhǐ éryǐ ▶～風邪だと軽くみるな/不要以为仅仅是感冒就掉以轻心 búyào yǐwéi jǐnjǐn shì gǎnmào jiù diào yǐ qīng xīn

たかく【多角】 (英 many-sided; multilateral) ▶～経営/多种经营 duō zhǒng jīngyíng ▶～的に分析する必要がある/需要从多方面进行分析 xūyào cóng duōfāngmiàn jìnxíng fēnxī ▶事業の～化を図る/谋求事业的多元化 móuqiú shìyè de duōyuánhuà

たかく【高く】 (英 high) ▶～聳える/高耸 gāosǒng ▶～買う(人物を)/看得起 kàndeqǐ；推重 tuīzhòng ▶～見積もる/过高估计 guò gāo gūjì

たかく【多額の】 巨额 jù'é；大金额 dàjīn'é (英 a large amount of ...; considerable) ▶～の借金/巨额借款 jù'é jièkuǎn ▶～の損失/巨额损失 jù'é sǔnshī
♦～納税者：高额纳税者 gāo'é nàshuìzhě

たかくけい【多角形】 多边形 duōbiānxíng；多角形 duōjiǎoxíng (英 a polygon)

たかさ【高さ】 高度 gāodù；高低 gāodī (英 height；[高度] altitude; level) ▶この部屋の天井の～は3メートルだ/这个房间天棚高三米 zhège fángjiān tiānpéng gāo sān mǐ ▶初めて日本にやってきて生活費の～に驚いた/第一次来日本，对生活费之高很吃惊 dìyī cì lái Rìběn, duì shēnghuófèi zhī gāo hěn chījīng ▶このタワーは～330メートル以上ある/这座塔高达三百三十米以上 zhè zuò tǎ gāodá sānbǎi sānshí mǐ yǐshàng ▶子供の眼の～に合わせる/以孩子眼睛的高度为准 yǐ háizi yǎnjing de gāodù wéi zhǔn

だがし【駄菓子】 廉价点心 liánjià diǎnxin；粗点心 cūdiǎnxin (英 cheap sweets) ▶～屋/廉价点心铺 liánjià diǎnxinpù

たかしお【高潮】 大潮 dàcháo；大浪 dàlàng (英 flood [high] tide) ▶～がおしよせる/风暴潮袭来 fēngbàocháo xílái

たかだい【高台】 高地 gāodì；高岗 gāogǎng (英 a hill; a height)

たかだか【高高】 **❶**『非常に高く』高高地 gāogāo de (英 at the highest) ▶鼻～/得意洋洋 déyì yángyáng ▶優勝カップを～と持ち上げ/把冠军奖杯高高地举起 bǎ guànjūn jiǎngbēi gāogāo de jǔqǐ ▶自分の意見を声～に主張する/大声地强调自己的意见 dàshēng de qiángdiào zìjǐ de yìjiàn **❷**『せいぜい』至多 zhìduō；顶多 dǐngduō (英 at most) ▶～五百円だ/顶多也不过五百块呢 dǐngduō yě búguò wǔbǎi kuài ne

だかつ【蛇蝎】 蛇蝎 shéxiē (英 snakes ad scorpions) ▶～のごとく嫌う/像蛇蝎一样厌恶 xiàng shéxiē yíyàng yànwù

だがっき【打楽器】 打击乐器 dǎjī yuèqì；击乐器 jīyuèqì (英 a percussion instrument) ▶～奏者/打击乐器演奏者 dǎjī yuèqì yǎnzòuzhě

たかとび【高飛びする】 《逃亡する》逃奔 táobèn；逃跑 táopǎo (英 run away; fly)

たかとび【高跳び】〘スポーツ〙 a high jump ▶走り～/跳高 tiàogāo ▶棒～/撑竿跳高

chénggān tiàogāo

たかとびこみ【高飛び込み】〚スポーツ〛跳水 tiàoshuǐ (英 *the high dive*)

たかなみ【高波】 大浪 dàlàng (英 *high waves*) ▶海岸を突然~が襲う/大浪突然向海岸袭来 dàlàng tūrán xiàng hǎi'àn xíláí

たかなる【高鳴る】 (心)跳动 (xīn) tiàodòng (英 *beat*) ▶喜びに胸が~/高兴得心情激动 gāoxìngde xīnqíng jīdòng

たかね【高値】 高价 gāojià (英 *a high price*) ▶~を呼ぶ/引起高价 yǐnqǐ gāojià ▶~安定/高价稳定 gāojià wěndìng ▶~圏でもみ合う/在高价圈子里也有小幅度波动 zài gāojià quānzilǐ yě yǒu xiǎofúdù bōdòng ▶より~をつける/标上更高的价 biāoshàng gèng gāo de jià ▶~で売れる/卖出高价 màichū gāojià

たかね【高嶺】 高峰 gāofēng (英 *an unattainable object*) ▶~の花/可望而不可即 kě wàng ér bùkě jí; 高不可攀的 gāo bùkě pān de

たがね【鏨】 錾子 zànzi (英 *a graver*)

たかのぞみ【高望みする】 奢望 shēwàng; 好高务远 hào gāo wù yuǎn (英 *aim high; be too ambitious*) ▶~して結婚のチャンスを逸する/因为好高务远而错过结婚的机会 yīnwèi hào gāo wù yuǎn ér cuòguò jiéhūn de jīhuì ▶~をする/不要好高务远 búyào hào gāo wù yuǎn

たかびしゃ【高飛車に出る】(英 *act* 〔*speak*〕*high-handedly*) 施高压 shī gāoyā ▶電話の相手は~な態度で押し通した/打来电话的人始终是盛气凌人的态度 dǎláí diànhuà de rén shǐzhōng shì shèngqì líng rén de tàidù ▶~に命令する/以强硬的态度发号施令 yǐ qiángyìng de tàidù fā hào shī lìng

たかぶる【高ぶる】 ❶【興奮する】兴奋 xīngfèn (英 *be excited*) ▶試合を前にして次第に気持ちが高ぶってきた/马上就要比赛, 心情逐渐兴奋了起来 mǎshàng jiùyào bǐsài, xīnqíng zhújiàn xīngfènleqǐlai ▶感情の高ぶりを抑えられない/抑制不住兴奋的感情 yìzhìbuzhù xīngfèn de gǎnqíng ▶神経が~/神经兴奋 shénjīng xīngfèn ❷【偉ぶる】(英 *be proud*) ▶おごり高ぶった/骄傲 jiāo'ào

たかまる【高まる】 高涨 gāozhǎng; 提高 tígāo (英 *rise; go up; be raised*) ▶関心が~/倍感兴趣 bèi gǎn xìngqù ▶核拡散に対する懸念が~/对于核武器扩散的忧虑高涨起来 duìyú héwǔqì kuòsàn de yōulǜ gāozhǎngqǐlai ▶盗作の疑惑が~/剽窃的嫌疑增大 piāoqiè de xiányí zēngdà ▶政府に対する国民の不満が高まってきていた/国民对政府的不满情绪越来越大 guómín duì zhèngfǔ de bùmǎn qíngxù yuèláiyuè dà ▶国境付近で緊張が高まった/在国境附近紧张空气加剧了 zài guójìng fùjìn jǐnzhāng kōngqì jiājù le ▶地位[名声]が~/地位[声望]提高 dìwèi [shēngwàng] tígāo ▶期待に応えられるか/你能满足越来越高的期待吗? nǐ néng mǎnzú yuèláiyuè gāo de qīdài ma?

たかみ【高み】 高处 gāochù (英 *a high place*) ▶~の見物/袖手旁观 xiù shǒu páng guān; 坐山观虎斗 zuò shān guān hǔ dòu

たかめる【高める】 提高 tígāo; 增强 zēngqiáng (英 *raise; lift; promote*) ▶教養を~/提高教养 tígāo jiàoyǎng ▶生活水準を~/提高生活水平 tígāo shēnghuó shuǐpíng ▶生産量を~/提高产量 tígāo chǎnliàng ▶コミュニケーション能力を~必要がある/有必要提高和别人沟通的能力 yǒu bìyào tígāo hé biéren gōutōng de nénglì ▶品質の信頼性を~/提高产品质量的信用 tígāo chǎnpǐn zhìliàng de xìnyòng ▶ブランド価値を~/提高品牌价值 tígāo pǐnpái jiàzhí ▶教養を深め, 人格を~/加强修养, 提高人格 jiāqiáng xiūyǎng, tígāo réngé ▶軍事的緊張を~行為は容認できない/不能容忍加剧军事紧张局势的行为 bùnéng róngrěn jiājù jūnshì jǐnzhāng júshì de xíngwéi

たがやす【耕す】 耕 gēng; 耕作 gēngzuò (英 *till; cultivate*) ▶畑を~/耕田 gēngtián

たから【宝】 宝贝 bǎobèi; 珍宝 zhēnbǎo (英 *a treasure*) ▶地下から掘り出した~物/从地下挖出来的宝物 cóng dìxià wāchūlai de bǎowù

~の持ち腐れ 空藏美玉 kōng cáng měiyù

◆~島 ;宝岛 bǎodǎo

だから 因此 yīncǐ; 所以 suǒyǐ (英 *so; therefore*) ▶~言っただろう/我不是说了吗? wǒ búshì shuō le ma? ▶~どうだと言うのだ/那又怎么样? nà yòu zěnmeyàng? ▶~そうしたのだ/所以我才那么做的 suǒyǐ wǒ cái nàme zuò de ▶彼は病気~行かれない/他因为生病, 不能去 tā yīnwèi shēngbìng, bùnéng qù ▶~と言っていい考えがあるわけじゃない/话虽如此, 可也不算有了好主意 huà suī rúcǐ, kě yě bú suàn yǒule hǎozhǔyi

たからか【高らかに】 高声 gāoshēng; 宏亮 hóngliàng (英 *loudly*) ▶~に歌う/引吭高歌 yǐnháng gāogē ▶~に笑う/高声大笑 gāoshēng dàxiào ▶~に勝利を宣言する/高声宣告胜利 gāoshēng xuāngào shènglì

たからくじ【宝くじ】 彩票 cǎipiào; 彩券 cǎiquàn (英 *public lottery*) ▶~を買う/买彩票 mǎi cǎipiào ▶~で大金が当たる/中彩发财 zhòngcǎi fācái

たかる ❶【群がる】(英 *swarm; crowd*) ▶はえが~/落满苍蝇 luòmǎn cāngying ▶生ごみに烏が~/厨房垃圾上挤满了乌鸦 chúfáng lājīshang jǐmǎnle wūyā ▶事故現場に人が~/事故现场聚满了人 shìgù xiànchǎng jùmǎnle rén ▶木に毛虫がいっぱいたかっている/树上爬满了毛毛虫 shùshang pámǎnle máomaochóng

❷【せびる】(英 *sponge; cadge*) ▶食事を~/蹭饭吃 cèng fàn chī ▶不良にたかられた/被小流氓勒索了 bèi xiǎoliúmáng lèsuǒ le ▶後輩にたかられる/被晚进单位的同事敲了一顿饭 bèi wǎnjìn dānwèi de tóngshì qiāole yí dùn fàn ▶友人にたかって生活する/靠朋友度日 kào péngyou dùrì

-たがる 爱 ài; 总要 zǒng yào (英 *want* 〔*wish*〕

拾う/拾柴 shí chái

たかわらい【高笑いする】 哄笑 hōngxiào；大笑 dàxiào（英 *a loud laugh〔laughter〕*）

たかん【多感な】 多愁善感 duō chóu shàn gǎn（英 *sensitive; sentimental*）▶〜な年頃の少年/多愁善感时期的少年 duō chóu shàn gǎn shíqí de shàonián

だかん【兌換する】 兑换 duìhuàn（英 *convert*）▶〜紙幣/兑换纸币 duìhuàn zhǐbì ▶この紙幣は〜できない/这种纸币不能兑换 zhè zhǒng zhǐbì bùnéng duìhuàn

たき【多岐】（英 *various*）▶〜にわたる/繁杂 fánzá；多方面 duōfāngmiàn ▶複雑な〜を極める組織/纷繁复杂的组织 fēnfán fùzá de zǔzhī ▶彼の活動領域は〜にわたる/他的活动领域涉及很多方面 tā de huódòng lǐngyù shèjí hěn duōfāngmiàn ▶〜亡羊(ぼうよう)/歧路亡羊 qílù wáng yáng

たき【滝】 瀑布 pùbù（英 *a waterfall; falls*）▶〜に打たれる/被瀑布冲洗 bèi pùbù chōngxǐ ▶〜のように激しい雨が降る/下着像瀑布一样的暴雨 xiàzhe xiàng pùbù yíyàng de bàoyǔ ▶〜のように汗を流す/像瀑布一样流大汗 xiàng pùbù yíyàng liú dàhàn
◆壺 瀑布潭 pùbùtán

たぎ【多義】 多义 duōyì（英 *various meanings*）▶〜語/多义词 duōyìcí

だき【唾棄する】 唾弃 tuòqì（英 *dislike*）▶彼こそ〜すべき存在だ/他才是应该唾弃的人 tā cái shì yīnggāi tuòqì de rén

だきあう【抱き合う】 拥抱 yōngbào；相抱 xiāngbào（英 *hug each other*）▶みんな抱き合って優勝を喜んだ/大家纷纷互相拥抱，喜庆获得冠军 dàjiā fēnfēn hùxiāng yōngbào, xǐqìng huòdé guànjūn

だきあげる【抱き上げる】 抱起来 bàoqǐlai（英 *lift... in one's arms*）▶子供を〜/把孩子抱起来 bǎ háizi bàoqǐlai

だきあわせ【抱き合わせ】 搭配 dāpèi（英 *a tie-in*）▶〜売り/搭配出售 dāpèi chūshòu ▶ゲーム機をゲームソフトとの〜で販売する/给游戏机搭配上游戏软件出售 gěi yóuxìjī dāpèishàng yóuxì ruǎnjiàn chūshòu

だきおこす【抱き起こす】 抱起来 bàoqǐlai；扶起 fúqǐ（英 *raise... in one's arms*）▶転んだ子供を〜/把摔倒的孩子扶起来 bǎ shuāidǎo de háizi fúqǐlai

だきかかえる【抱き抱える】 怀抱 huáibào；搂抱 lǒubào（英 *hold... in one's arms*）▶けが人何人かに抱き抱えられて病院に運ばれた/受伤者被几个人搀抬送到了医院 shòushāngzhě bèi jǐ ge rén chānzhe sòngdàole yīyuàn

たきぎ【薪】 柴 chái；木柴 mùchái（英 *firewood; fuel*）▶〜をくべる/添柴 tiān chái ▶〜を拾う/拾柴 shí chái

だきこむ【抱き込む】 拉拢 lālǒng；笼络 lǒngluò（英 *win... over to one's side*；[贿赂などで] *nobble*）▶反対派の議員を〜/拉拢对立派系的议员 lālǒng duìlì pàixì de yìyuán

タキシード〔服飾〕晚礼服 wǎnlǐfú（英 *a tuxedo; a dinner jacket*）▶受賞者は〜姿で登場した/获奖者身穿晚礼服登场了 huòjiǎngzhě shēnchuān wǎnlǐfú dēngchǎng le

だきしめる【抱き締める】 搂 lōu；抱紧 bàojǐn（英 *hug; press to one's breast*）▶母親は子供をしっかり抱き締めた/母亲紧紧地抱住孩子 mǔqīn jǐnjǐn de bàozhù háizi

たきだし【炊き出し】 煮饭赈济（灾民）zhǔfàn zhènjì（zāimín）（英 *distribution*）

だきつく【抱きつく】 紧抱 jǐnbào；搂住 lǒuzhù（英 *cling to...; hug*）▶子供が母親に〜/孩子搂住母亲 háizi lǒuzhù mǔqīn

たきつける【焚き付ける】 ❶【火を起こす】生火 shēng huǒ；点火 diǎn huǒ（英 *kindle; light*）▶ストーブを〜/点火烧炉子 diǎnhuǒ shāo lúzi ❷【そそのかす】煽动 shāndòng；唆使 suōshǐ（英 *stir up*）▶怒りを〜/煽动怒火 shāndòng nùhuǒ ▶学生を焚き付けて騒ぎを起こさせる/唆使学生闹事 suōshǐ xuéshēng nàoshì

だきとめる【抱き止める】 抱住 bàozhù（英 *catch... in one's arms*）▶その場に倒れそうな私を兄さんが抱き止めた/哥哥抱住了险些当场倒下去的我 gēge bàozhùle xiǎnxiē dāngchǎng dǎoxiàqu de wǒ

たきび【焚き火】 火堆 huǒduī；篝火 gōuhuǒ（英 *a bonfire*）▶〜/烧篝火 shāo gōuhuǒ ▶〜に当たる/在火堆前烤火 zài huǒduīqián kǎohuǒ

たきょう【他郷】 他乡 tāxiāng；异乡 yìxiāng（英 *a foreign coutry*）

だきょう【妥協する】 妥协 tuǒxié；调和 tiáohé（英 *compromise*）▶〜案/妥协方案 tuǒxié fāng'àn ▶製品の性能において〜は許さない/在产品性能方面不容妥协 zài chǎnpǐn xìngnéng fāngmiàn bù róng tuǒxié ▶残念であるがここは〜せざるをえない/很遗憾，在这点上不得不妥协 hěn yíhàn, zài zhè diǎnshang bùdébù tuǒxié ▶〜の余地がない/没有妥协的余地 méiyǒu tuǒxié de yúdì ▶両者の間に〜が成立した/两者之间达成了妥协 liǎngzhě zhījiān dáchéngle tuǒxié ▶〜的な態度をとる/采取妥协性态度 cǎiqǔ tuǒxiéxìng tàidù ▶〜点を見いだす/找出妥协点 zhǎochū tuǒxiédiǎn ▶〜性に乏しい人/缺乏妥协性的人 quēfá tuǒxiéxìng de rén

たきょく【多極の】（英 *multipolar*）▶〜化した世界/多极化的世界 duōjíhuà de shìjiè

だきよせる【抱き寄せる】 抱过来 bàoguòlai；抱过去 bàoguòqu（英 *draw... closer*）▶彼は我が子を抱き寄せた/他把自己的孩子抱过去了 tā bǎ zìjǐ de háizi bàoguòqu le

たぎる 滚 gǔn；沸腾 fèiténg（英 *boil; seethe*）

血が～/热气沸腾 rèxuè fèiténg ▶やかんの湯がたぎっている/水壶里的水沸腾了 shuǐhúli de shuǐ fèiténg le

たく【炊く】 煮 zhǔ (英 *cook*; *boil*) ▶飯を～/做饭 zuòfàn ▶炊飯器で飯を～/用电饭锅做饭 yòng diànfànguō zuòfàn

たく【焚く】 烧 shāo; 焚 fén (英 *burn*; *kindle*) ▶風呂を～/烧洗澡水 shāo xǐzǎoshuǐ ▶石炭でストーブを～/用煤烧炉子 yòng méi shāo lúzi ▶香を～/烧香 shāoxiāng; 焚香 fénxiāng ▶落ち葉を～/焚烧落叶 fénshāo luòyè

だく【抱く】 抱 bào (英 *hold* 〔*take*〕 *in one's arms*; *hug*) ▶娘は人形を抱いて寝る/女儿抱着娃娃睡觉 nǚ'ér bàozhe wáwa shuìjiào ▶ペンギンは雄が卵を～/企鹅是雄的孵蛋 qǐ'é xióng de fū dàn ▶彼女は赤ん坊を抱いていた/她抱着婴儿 tā bàozhe yīng'ér

たぐい【類】 之类 zhī lèi (英 *a kind*; *a sort*) ▶～まれな/稀有的 xīyǒu de ▶ここにはあらゆる～の情報が入ってくる/所有的信息都会传到这里 suǒyǒu de xìnxī dōu huì chuándào zhèlǐ ▶彼は～まれな頭脳の持ち主だ/他是一个出类拔萃的聪明人 tā shì yí ge chū lèi bá cuì de cōngmíngrén

たくえつ【卓越した】 卓越 zhuóyuè (英 *excellent*; *prominent*) ▶世界に～した研究機関/领先于世界的研究机关 lǐngxiān yú shìjiè de yánjiū jīguān ▶彼はこの分野で～した経験と知識の持ち主だ/他在这个领域具有卓越的经验和知识 tā zài zhège lǐngyù jùyǒu zhuóyuè de jīngyàn hé zhīshi

だくおん【濁音】 浊音 zhuóyīn (英 *a voiced sound*)

たくさん【沢山】 很多 hěn duō; 好多 hǎoduō; 许多 xǔduō (英 [量] *much*; *plenty of...*; [数] *many*; *a lot of...*) ▶～ある/有的是 yǒudeshì; 不乏 bùfá ▶もう～だ/够了 gòu le ▶～の重要なことが論議もなされずに残された/许多重要的问题还没有讨论就遗留下来了 xǔduō zhòngyào de wèntí hái méiyǒu tǎolùn jiù yíliúxiàlai le ▶かつてこの川には魚が～いた/从前, 这条河里曾有许多鱼 cóngqián, zhè tiáo héli céng yǒu xǔduō yú ▶私たちはまだ時間が～ある/我们还有很多时间 wǒmen hái yǒu hěn duō shíjiān ▶欲しい物は～あったが金がなかった/我想要的东西有很多, 但是没有钱 wǒ xiǎng yào de dōngxi yǒu hěn duō, dànshì méiyǒu qián

たくしあげる【たくし上げる】 卷起 juǎnqǐ (英 *tuck up...*) ▶袖を～/挽起袖子来 wǎnqǐ xiùzi lai ▶スカートの裾を～/卷起裙子下摆 juǎnqǐ qúnzi xiàbǎi

タクシー 出租汽车 chūzūqìchē; 出租车 chūzūchē; 的士 díshì (英 *a taxi*; *a taxicab*) ▶～に乗る/坐出租汽车 zuò chūzū qìchē; 打的 dǎ dí ▶闇～/黑市出租车 hēishì chūzūchē ▶～を拾う/叫出租车 jiào chūzūchē ▶～運転手/出租汽车司机 chūzūchē sījī ▶～乗り場（駅前などの）/出租车站 chūzūchēzhàn ▶～料金/出租车费 chūzūchēfèi

たくじしょ【託児所】 托儿所 tuō'érsuǒ (英 *a day nursery*; *a day-care center*) ▶子供を～に預ける/把孩子送进托儿所 bǎ háizi sòngjìn tuō'érsuǒ ▶～に子供を迎えに行く/去托儿所接孩子 qù tuō'érsuǒ jiē háizi

たくじょう【卓上の】 桌上 zhuōshàng (英 *desk*; *desktop*) ▶～カレンダー/台历 táilì ▶～日記/台式日记 táishì rìjì

たくす【託す】 寄托 jìtuō; 托付 tuōfù (英 *entrust*; *charge*; *leave*) ▶夢を～/寄予理想 jìyǔ lǐxiǎng ▶彼は大事を～に足る人物だ/他是个足以托付大事的人 tā shì ge zúyǐ tuōfù dàshì de rén ▶代表団に首相の親書を～/把首相的亲笔信托付给代表团 bǎ shǒuxiàng de qīnbǐxìn tuōfù gěi dàibiǎotuán ▶息子に～父の夢/寄托在儿子身上的父亲的理想 jìtuō zài érzi shēnshang de fùqin de lǐxiǎng ▶奥さんに伝言を託した/托太太带口信 tuō tàitai dài kǒuxìn ▶喜びを古歌に託して表した/借用古代短歌来表达欢喜 jièyòng gǔdài duǎngē lái biǎodá huānxǐ

たくぜつ【卓絶】 卓绝 zhuójué (英 *excel*) ▶～した技/绝技 juéjì ▶この国には世界に～する工芸の伝統がある/这个国家拥有全世界首屈一指的工艺传统 zhège guójiā yǒngyǒu quánshìjiè shǒu qū yī zhǐ de gōngyì chuántǒng

たくそう【託送する】 托运 tuōyùn (英 *consign goods to...*) ▶大きな荷物を～する/托运大件行李 tuōyùn dàjiàn xíngli

たくち【宅地】 宅基地 zháijīdì; 地皮 dìpí (英 *building land*; *a building lot*) ▶～を造成する/平整盖房用地 píngzhěng gàifáng yòngdì

タクト 指挥棒 zhǐhuībàng (英 *a baton*) ▶～を振る/指挥 zhǐhuī

ダクト 通风管 tōngfēngguǎn (英 *a duct*)

たくはい【宅配する】 送货上门 sònghuò shàngmén; 送到家里 sòngdào jiālǐ; 送货服务 sònghuò fúwù (英 *deliver... to a customer's house*) ▶インターネットで注文した書籍を～で届く/在因特网上订购的书籍利用送货服务送到家里 zài yīntèwǎngshang dìnggòu de shūjí lìyòng sònghuò fúwù sòngdào jiālǐ ▶ピザを～する/把比萨饼送货上门 bǎ bǐsàbǐng sònghuò shàngmén ▶スキー～便でスキー場に送った/把滑雪板用送货服务送到滑雪场 bǎ huáxuěbǎn yòng sònghuò fúwù sòngdào huáxuěchǎng

たくはつ【托鉢する】 托钵 tuōbō; 化缘 huàyuán (英 *religious mendicancy*)

たくばつ【卓抜な】 卓越 zhuóyuè; 杰出 jiéchū (英 *brilliant*) ▶～な発想で描かれたミステリー/以杰出的构思创作的推理小说 yǐ jiéchū de gòusī chuàngzuò de tuīlǐ xiǎoshuō ▶斬新で～な設計で建てられた劇場/用崭新而卓越的设计建成的剧院 yòng zhǎnxīn ér zhuóyuè de shèjì jiànchéng de jùyuàn

だくひ【諾否】 应允与否 yīngyǔn yǔfǒu; 是否

タグボート　〘船舶〙拖船 tuōchuán; 拖轮 tuōlún（英 *a tugboat*）

たくほん【拓本】　拓片 tàpiàn; 碑帖 bēitiè（英 *a rubbed copy*）▶～をとる《碑銘などの》/拓下来 tàxiàlai ▶その碑文の～をとった/把那个碑文作成碑帖 bǎ nàge bēiwén zuòchéng bēitiè

たくましい【逞しい】　健壮 jiànzhuàng; 旺盛 wàngshèng（英 *robust; sturdy*）▶～な身体/强壮的身体 qiángzhuàng de shēntǐ ▶～な生命力/顽强的生命力 wánqiáng de shēngmìnglì ▶商魂～/经商精神可佩服 jīngshāng jīngshén kě pèifú ▶彼は逞しくなった/他变得强壮了 tā biànde qiángzhuàng le ▶筋骨～男/筋骨强壮的男人 jīngǔ qiángzhuàng de nánrén ▶彼は～神経をしている/他精神很坚强 tā jīngshén hěn jiānqiáng ▶想像を逞しくする/丰富想象力 fēngfù xiǎngxiànglì

たくみ【巧みな】　巧妙 qiǎomiào; 熟练 shúliàn（英 *skillful; clever*）▶言葉～な/花言巧语 huāyán qiǎo yǔ ▶～な技/技艺 jìyì ▶～な口実で女をだます/用巧妙的借口骗女人 yòng qiǎomiào de jièkǒu piàn nǚrén ▶～に人をだます/巧妙地骗人 qiǎomiào de piàn rén ▶～に質問を言い抜ける/面对询问, 巧妙地搪塞过去 miànduì xúnwèn, qiǎomiào de tángsèguòqu ▶彼女は～に3ヶ国語を操る/她熟练地掌握三国语言 tā shúliàn de zhǎngwò sān guó yǔyán ▶先生の～な話術に子供たちは夢中になった/孩子们被老师巧妙的谈话艺术深深迷住了 háizimen bèi lǎoshī qiǎomiào de tánhuà yìshù shēnshēn mízhù le

たくみ【巧み】　木匠 mùjiang; 工匠 gōngjiàng（英 *an artisan; a craftsman*）▶～の技/工匠的本领 gōngjiàng de běnlǐng

たくらみ【企み】　策划 cèhuà; 阴谋 yīnmóu（英 *a plan; a scheme; a design; a plot*）▶彼らの深い～に気付く/察觉他们的诡谋深算 chájué tāmen de lǎo móu shēn suàn ▶彼女には何かの～がある/她好像怀着什么阴谋 tā hǎoxiàng huáizhe shénme yīnmóu

たくらむ【企む】　企图 qǐtú; 策划 cèhuà; 图谋 túmóu（英 *plan; design; plot; conspire*）▶世界制覇を～/企图称霸全世界 qǐtú chēngbà quánshìjiè ▶企業買収を～/企图收购企业 qǐtú shōugòu qǐyè ▶彼は何を企んでいるのか/他在策划着什么? tā zài cèhuàzhe shénme? ▶大統領の暗殺を～/策划暗杀总统 cèhuà ànshā zǒngtǒng

だくりゅう【濁流】　浊流 zhuóliú（英 *a muddy stream*）▶～にのまれる/被浊流吞没 bèi zhuóliú tūnmò ▶～が民家を押し流した/浊流冲走了民房 zhuóliú chōngzǒule mínfáng

たぐる【手繰る】　〘英〙*pull in...*; [たどる] *retrace* ▶糸を～/捯线 dáo xiàn ▶記憶を～/追寻记忆 zhuīxún jìyì ▶ロープを手繰ってボートを岸に寄せる/拉住缆绳让小船靠岸 lāzhù lǎnshéng ràng xiǎochuán kào àn

たくわえ【蓄え・貯え】　❶〘貯金〙存款 cúnkuǎn; 积蓄 jīxù（英 *savings*）▶～が底をつく/积蓄无几 jīxù wújǐ ▶～は1円もない/连一块钱的存款也没有 lián yí kuài qián de cúnkuǎn yě méiyǒu ▶万一の場合の～を準備しておこう/留下存蓄, 以备万一 zhǔnbèixià jīxù, yǐ bèi wàn-yī ❷〘備蓄〙储存 chǔcún; 贮存 zhùcún（英 *stock; supplies*）▶燃料の多少の～はあった/多少有些燃料的贮备 duōshǎo yǒuxiē ránliào de

たくわえる【蓄える・貯える】　积攒 jīzǎn; 储存 chǔcún（英 *save; keep in store*）▶金をこつこつ～/积攒钱 jīzǎn qián ▶体力を～/储备力气 chǔbèi lìqi ▶飢饉に備えて食糧を～/贮藏粮食, 以备饥荒 zhùcáng liángshi, yǐ bèi jīhuang ▶知識を～/储备知识 chǔbèi zhīshi

たけ【丈】　高度 gāodù; 尺寸 chǐcun（英 *length; height; stature*）▶身の～/身高 shēngāo ▶～が伸びる/长高 zhǎnggāo ▶ズボン[スカート]の～をつめる/缩短裤子[裙子]的长度 suōduǎn kùzi [qúnzi]de chángdù ▶思いの～を述べる/说出全部心情 shuōchū quánbù xīnqíng

たけ【竹】　竹子 zhúzi（英 *a bamboo*）▶～細工/竹器 zhúqì ▶～竿/竹竿 zhúgān; 竿子 gānzi ▶～藪/竹林 zhúlín ▶～の皮/竹皮 zhúpí

ことわざ 木に竹をつぐ　牛头不对马嘴 niútóu bú duì mǎzuǐ

～を割ったような　爽直的 shuǎngzhí de; 心直口快 xīn zhí kǒu kuài

-だけ　❶［…ばかり］只 zhǐ; 唯独 wéidú（英 *only; alone*）▶それができるのは君～だ/只有你才能办那件事 zhǐyǒu nǐ cái néng bàn nà jiàn shì ▶彼～ではない/他一个人办不了 tā yí ge rén bànbuliǎo ▶僕は当然のことをやった～です/我只不过是做了应该做的事儿 wǒ zhǐbuguò shì zuòle yīnggāi zuò de shìr ▶それ～はごめんだ/唯独这件事我不愿意办 wéidú zhè jiàn shì wǒ bù yuànyì bàn ▶これ～は確かです/只有这些是可靠的 zhǐ yǒu zhè xiē shì kěkào de ▶私の知っているのはそれ～です/我了解的只有这些 wǒ liǎojiě de zhǐ yǒu zhè xiē

❷［程度・範囲］只 zhǐ（英 *[...限り] as...as...; [...十分なだけ] enough to...; [少なくとも] at least*）▶ここ～の話だけどね…/就是在这儿说说的话… jiù shì zài zhèr shuōshuo de huà… ▶食う～の収入はある/只够吃饭的收入 zhǐ gòu chīfàn de shōurù ▶読む～の価値がある/值得一读 zhíde yì dú

❸［その他］▶話す～話してみる/说说试试看 shuōshuo shìshi kàn ▶さすが刑事～あって…/到底是刑警… dàodǐ shì xíngjǐng…

できる～　尽量 jǐnliàng; 尽可能 jǐnkěnéng ▶できる～たくさん本を読みなさい/要尽量多读书 yào

jǐnliàng duō dúshū ▶できる→勉強せよ/尽可能多用功吧 jǐnkěnéng duō yònggōng ba

たげい【多芸】 多才 duōcái (英 versatile; many-sided) ▶～多才の/多才多艺 duōcái duōyì ▶～の人/多才的人 fùyǒu cáinéng de rén

ことわざ 多芸は無芸 样样精通，样样稀松 yàngyàng jīngtōng, yàngyàng xīsōng

たけうま【竹馬】 高跷 gāoqiāo (英 stilts)
文化 中国北方の'高跷'は民間舞踊の一種で，日本の「竹馬」とは異なり，木の棒で足を長くして歩く．▶～に乗って歩く/踩高跷走路 cǎi gāoqiāo zǒulù

だげき【打撃】 ❶【痛手】 打击 dǎjī (英 a blow; a shock) ▶手ひどい～を蒙る/受到沉重的打击 shòudao chénzhòng de dǎjī ▶経済的な～が大きい/在经济方面打击很大 zài jīngjì fāngmiàn dǎjī hěn dà ❷【野球】击球 jīqiú (英 hitting) ▶～の練習をする/做击球练习 zuò jīqiú liànxí

♦～王: 击球王 jīqiúwáng

たけだけしい【猛猛しい】 ❶【恐ろしげな】 凶狠 xiōnghěn; 嚣张 xiāozhāng (英 fierce) ❷【ずうずうしい】 厚颜无耻 hòuyán wúchǐ (英 audacious) ▶盗人～とはおまえのことだ/你这个人就是厚颜无耻 nǐ zhège rén jiù shì hòuyán wúchǐ

だけつ【妥結する】 达成协议 dáchéng xiéyì; 谈妥 tántuǒ (英 agreement; settlement) ▶交渉は～した/交涉达成协议了 jiāoshè dáchéng xiéyì le

♦～点: 协议点 xiéyìdiǎn

たけなわ【正酣】 正酣 zhèng hān (英 be at its height) ▶宴～/酒宴正酣 jiǔyàn zhèng hān ▶春～/春意盎然 chūnyì àngrán

たけのこ【筍・竹の子】 竹笋 zhúsǔn; (孟宗竹の) 毛笋 máosǔn (英 a bamboo shoot) ▶雨後の～/雨后春笋 yǔhòu chūnsǔn ▶新しいブログが雨後の～のように現れた/新的博客[网上日记]像雨后春笋一样涌现出来 xīn de bókè[wǎngshang rìjì] xiàng yǔhòu chūnsǔn yíyàng yǒngxiànchūlai

たける【長ける】 擅长 shàncháng; 长于 chángyú (英 be good at...) ▶世故に～/善于处世 shànyú chǔshì

たげん【多元】 多元 duōyuán (英 plural) ▶～化/多元化 duōyuánhuà ▶～論/多元论 duōyuánlùn ▶ますます～化する国際社会/越来越多元化发展的国际社会 yuèláiyuè duōyuánhuà fāzhǎn de guójì shèhuì

たげん【多言】 多说 duō shuō; 费话 fèihuà (英 many words) ▶これ以上～を要さない/不必再多解释了 búbì zài duō jiěshì le

たこ【凧】 风筝 fēngzheng (英 a kite) ▶～を上げる/放风筝 fàng fēngzheng ▶～上げコンテスト/放风筝大赛 fàng fēngzheng dàsài

たこ【胼胝】 趼子 jiǎnzi; 老趼 lǎojiǎn (英 a callus; a corn) ▶～ができる/生趼子 shēng jiǎnzi ▶字を書きすぎてペン～ができた/写字过多，手指上长了趼子 xiě zì guò duō, shǒuzhǐshang zhǎngle jiǎnzi ▶その話は耳に～ができるほど聞いた/那件事听得我耳朵都长趼子了 nà jiàn shì tīngde wǒ ěrduo dōu zhǎng jiǎnzi le

タコ【蛸】 〖動物〗章鱼 zhāngyú (英 an octopus) ▶～壺/捕章鱼的陶罐 bǔ zhāngyú de táoguàn ▶～部屋/章鱼棚(被强迫进行劳动的工人的简陋宿舍) zhāngyúpéng (bèi qiǎngpò jìnxíng láodòng de gōngrén de jiǎnlòu sùshè) ▶～足配線をする/在一个插座上插上很多电线 zài yí ge chāzuòshang chāshàng hěn duō diànxiàn

たこう【多幸】 多福 duōfú (英 great happiness) ▶御家族の御～をお祈りします/祝您全家多福 zhù nín quánjiā duōfú

だこう【蛇行する】 (川などが) 蛇行 shéxíng; 蜿蜒 wānyán (英 meander) ▶酔って～運転する/喝醉了以后开车蜿蜒前行 hēzuìle yǐhòu kāichē wānyán qiánxíng ▶川は湿原を～して流れる/河流在湿草原上蜿蜒流过 héliú zài shīcǎoyuánshang wānyán liúguò ▶中禅寺湖への道は～して山を登る/通向中禅寺的道路蜿蜒地直通山上 tōngxiàng Zhōngchánsì de dàolù wānyán de zhítōng shānshang

たこく【他国】 外国 wàiguó; 异域 yìyù (英 a foreign country [land]; another country) ▶この国は～からの評価が下がる一方だ/外国对这个国家的评价越来越低 wàiguó duì zhège guójiā de píngjià yuèláiyuè dī ▶～者を嫌う風土がある/有嫌弃外乡人的风气 yǒu xiánqì wàixiāngrén de fēngqì

たこくせき【多国籍】 多国 duōguó; 跨国 kuàguó (英 multinational) ▶～企业/多国公司 duōguó gōngsī; 跨国公司 kuàguó gōngsī

♦～軍: 多国联军 duōguó liánjūn

タコグラフ 《自動車の》自記速度計 zìjì sùdùjì (英 a tachograph)

タコメーター 《自動車の》转速表 zhuànsùbiǎo (英 a tachometer)

たごん【他言する】 外传 wàichuán; 泄露 xièlòu (英 tell others; let out; disclose) ▶～無用/切勿外传 qièwù wàichuán ▶これは～をはばかることだ/这件事是不能泄漏出去的 zhè jiàn shì shì bùnéng xièlòuchūqu de

たさい【多才な】 多才 duōcái (英 of many talents) ▶～な人/多面手 duōmiànshǒu ▶彼こそ博学～の人物だ/他才是博学多才的人物 tā cái shì bóxué duōcái de rénwù

たさい【多彩な】 丰富多彩 fēngfù duōcǎi (英 colorful) ▶～な催しが人気を集めた/丰富多彩的文娱活动很受欢迎 fēngfù duōcǎi de wényú huódòng hěn shòu huānyíng

たさく【多作の】 多产 duōchǎn (英 prolific; productive) ▶～の作家には珍しく近年新作がない/作为一位高产作家，近年来出人意料地没有

ださく【駄作】 拙劣的作品 zhuōliè de zuòpǐn (英 *a poor work; trash*) ▶この映画は当時は~とけなされた/这部电影在当时被贬为一部拙劣的作品 zhè bù diànyǐng zài dāngshí bèi biǎnwéi yí bù zhuōliè de zuòpǐn ▶あの小説は~だ/那部小说是一部拙劣的作品 nà bù xiǎoshuō shì yí bù zhuōliè de zuòpǐn

たさつ【他殺】 他杀 tāshā; 被杀 bèishā (英 *murder*) ▶自殺と~の両面から捜査する/从自杀和他杀两个方面进行侦查 cóng zìshā hé tāshā liǎng ge fāngmiàn jìnxíng zhēnchá ▶当局は~の疑いを持っている/公安当局怀疑是他杀 gōng'ān dāngjú huáiyí shì tāshā

たさん【多産の】 多产 duōchǎn; 高产 gāochǎn (英 *prolific; fecund*) ▶豚やねずみは~系の動物だ/猪和老鼠是多产型动物 zhū hé lǎoshǔ shì duōchǎnxíng dòngwù ▶もともと~なめだかが絶滅を危惧されている/原本属于多产型的鳉鱼面临着灭绝的危机 yuánběn shǔyú duōchǎnxíng de jiāngmiànlínzhe mièjué de wēijī

ださん【打算】 盘算 pánsuan (英 *selfish; calculating*) ▶~的な/患得患失 huàn dé huàn shī; 打小算盘的 dǎ xiǎosuànpan de ▶~的な結婚/打着小算盘的婚姻 dǎzhe xiǎosuànpan de hūnyīn ▶彼の行為にはどこか~が働いている/他的所作所为总是在打小算盘 tā de suǒ zuò suǒ wéi zǒngshì zài dǎ xiǎosuànpan

[日中比较] 中国語の'打算 dǎsuan'は「考え」「思案」「…するつもりだ」という意味.

たざんのいし【他山の石】 他山之石 tāshān zhī shí; 教訓 jiàoxun (英 *a stone from another mountain*) ▶これらの事件を~としなければならない/应该把这些事件当作他山之石 yīnggāi bǎ zhè xiē shìjiàn dàngzuò tāshān zhī shí

たし【足し】 (英 *a supplement*) ▶何の~にもならない/没什么用 méi shénme yòng ▶家庭教師をして学費の~にする/做家庭教师以贴助学费 zuò jiātíng jiàoshī yǐ tiēzhù xuéfèi ▶パートの仕事をして家計の~にする/做钟点儿工以贴助生计 zuò zhōngdiǎnrgōng yǐ tiēzhù shēngjì ▶おにぎり1個じゃ大した腹の~にはならなかった/就一个饭团子也填不饱肚子 jiù yí ge fàntuánzi yě tiánbubǎo dùzi

たじ【多事】 事情多 shìqing duō (英 *eventful; busy*) ▶~多難/多事多难 duōshì duōnàn ▶彼にとって去年は~多難の一年だった/对他来说,去年是多事多难的一年 duì tā lái shuō, qùnián shì duōshì duōnàn de yì nián ▶~の秋/多事之秋 duōshì zhī qiū

[日中比较] 中国語の'多事 duōshì'は口語では「余計なことをする」の意.

だし【山車】 (祭礼の) 花车 huāchē; 彩车 cǎichē (英 *a float*)

だし【出し・出汁】 ❶【煮出し汁】调味儿的汤汁 tiáowèir de tāngzhī (英 *soup stock*) ▶~が効いている/汤汁很提味儿 tāngzhī hěn tíwèir ▶~がら/茶叶渣 cháyèzhā; 剩下的渣子 shèngxià de zhāzi ❷【口実】(英 *an excuse; a pretext*) ▶先生を~に使う/利用老师 lìyòng lǎoshī ▶親父(ぉゃじ)の病気を~にして仕事をさぼる/以父亲生病为借口而旷工 yǐ fùqin shēngbìng wéi jièkǒu ér kuànggōng

だしあう【出し合う】 大家出(钱) dàjiā chū (qián) (英 *club together*) ▶金を出し合って商売を始めた/大家凑钱开始了买卖 dàjiā còu qián kāishǐle mǎimai ▶費用は皆で出し合った/费用由大家出钱凑 fèiyong yóu dàjiā chū qián còu

だしいれ【出し入れ】 拿进拿出 nájìn náchū (英 *taking in and out*) ▶(預金など) 存取 cúnqǔ (英 *depositing and drawing*)

だしおしみ【出し惜しみする】 吝惜 lìnxī; 舍不得拿出 shěbude náchū (英 *grudge*) ▶~しないでさっさと見せろよ/别太吝惜,快拿出来看看 bié tài lìnxī, kuài náchūlai kànkan

たしか【確かな】 ❶【本当の】确实 quèshí; 真确 zhēnquè (英 *certain; definite; accurate*) ▶~にお渡しました/的确交给您了 díquè jiāogěi nín le ▶それは~です/那是真的 nà shì zhēn de; 那件事确实如此 nà jiàn shì quèshí rú cǐ ▶~に彼は出席した/他确实出席了 tā quèshí chūxí le ▶~にその通りだ/确实如此 quèshí rú cǐ ❷【正常な】(英 *sound*) ▶彼は気に~なのですか/他精神没问题吗? tā jīngshén méi wèntí ma? ❸【信用できる】可靠 kěkào; 信得过 xìndeguò (英 *reliable; trustworthy*) ▶~な根拠/确据 quèjù ▶~な情報/可靠的消息 kěkào de xiāoxi ▶彼なら~です/如果是他的话,那么很可靠 rúguǒ shì tā dehuà, nàme hěn kěkào ▶彼の料理人としての腕は~だ/作为厨师,他的手艺真有两下子 zuòwéi chúshī, tā de shǒuyì zhēn yǒu liǎngxiàzi ❹【推察】(英 *probably*) ▶~ここに置いたはずだ/大概记得放在这儿了 dàgài jìde fàngzài zhèr le ▶~そのとき起きたのだと思います/记得大概是那个时间起来的 jìde dàgài shì nàge shíjiān qǐlái de

たしかめる【確かめる】 查明 chámíng; 弄清 nòngqīng (英 *make sure; check; confirm*) ▶真偽を~/弄清真伪 nòngqīng zhēnwěi ▶戸締まりを~/确认是否锁门了 quèrèn shìfǒu suǒ mén le ▶怪物の正体を~/弄清怪物的真面目 nòngqīng guàiwu de zhēnmiànmù ▶彼が潔白であることを確かめねばならない/必须查明他的清白无辜 bìxū chámíng tā de qīngbái wúgū ▶報道が事実であることは目撃者の証言で確かめられた/通过目击者的证言,弄清了那个报道的确属实 tōngguò mùjīzhě de zhèngyán, nòngqīngle nàge bàodào díquè shǔshí

たしさいさい【多士済済】 人才济济 réncái jǐjǐ (英 *a galaxy of brilliant talents*) ▶我が社はまことに~である/我们公司实在是人才济济 wǒmen

たざん【足し算】 加法 jiāfǎ (英 addition) ▶これは単純に～すればいいという問題ではない/这不是一个用简单的加法就能解决的问题 zhè bú shì yí ge yòng jiǎndān de jiāfǎ jiù néng jiějué de wèntí

だししぶる【出し渋る】 舍不得交 shěbude jiāo (英 grudge) ▶当局は資料を出し渋った/当局不愿意交出资料 dāngjú bú yuànyì jiāochū zīliào

たじたじ 畏缩 wèisuō; 支吾 zhīwú (英 staggeringly) ▶子供の質問に～となる/面对孩子提的问题，变得支支吾吾了 miànduì háizi tí de wèntí, biànde zhīzhīwúwú le ▶その問題にはさすがの彼も～の体であった/面对那个问题，就连他也是一副畏缩不前的样子 miànduì nàge wèntí, jiù lián tā yě shì yí fù wèisuō bù qián de yàngzi

たしつ【多湿】 湿度高 shīdù gāo (英 high humidity) ▶日本の夏はかなり高温～だ/日本的夏天相当高温多湿 Rìběn de xiàtiān xiāngdāng gāowēn duōshī

たじつ【他日】 改天 gǎitiān; 他日 tārì (英 some 〔another〕 day) ▶この状況では～を期して撤退するしかない/在这种情况下，只好撤退，改天再来 zài zhè zhǒng qíngkuàngxia, zhǐhǎo chètuì, gǎitiān zài lái ▶またお目にかかりましょう/改天我们再见吧 gǎitiān wǒmen zàijiàn ba ▶その話は～改めてということにしましょう/那件事改天再说吧 nà jiàn shì gǎitiān zàishuō ba

だしっぱなし【出しっ放しにする】 (英 leave...on) ▶机の上に財布が～だ/桌子上放着钱包不管 zhuōzishang fàngzhe qiánbāo bù guǎn ▶水道の水を～にする/把水龙头开着不管 bǎ shuǐlóngtóu kāizhe bù guǎn ▶洗濯物がベランダに～だ/洗好的衣服在阳台上晾着不收 xǐhǎo de yīfu zài yángtáishang liàngzhe bù shōu

たしなみ【嗜み】 修养 xiūyǎng; 教养 jiàoyǎng (英 etiquette; culture; taste) ▶美術の～/美术修养 měishù xiūyǎng ▶彼女は女の～を身につけている/她具有一个女性应有的教养 tā jùyǒu yí ge nǚxìng yīngyǒu de jiàoyǎng ▶いろいろな方面に～が深い/他在各方面造诣颇深 tā zài gè fāngmiàn zàoyì pō shēn

たしなむ【嗜む】 爱好 àihào; 嗜好 shìhào (英 be fond of; love) ▶お酒は少々～程度です/酒也是浅尝而已 jiǔ yě shì qiǎn cháng éryǐ ▶水墨画を～/爱好水墨画 àihào shuǐmòhuà

たしなめる 责备 zébèi; 规劝 guīquàn (英 reprove; reprimand; correct) ▶傍聴人の発言を裁判長がたしなめた/审判长制止了旁听者的发言 shěnpànzhǎng zhìzhǐle pángtīngzhě de fāyán ▶教師が生徒の乱暴なことばをたしなめた/老师责备了学生粗暴的语言 lǎoshī zébèile xuésheng cūbào de yǔyán

だしぬく【出し抜く】 抢先 qiǎngxiān; 先下手 xiān xiàshǒu (英 outwit; steal a march on...) ▶いかにしてライバルを～か/如何超过竞争对手 rúhé chāoguò jìngzhēng duìshǒu ▶警察を～犯行の手口/抢在警察之前先下手的犯罪手段 qiǎngzài jǐngchá zhīqián xiān xiàshǒu de fànzuì shǒuduàn

だしぬけ【出し抜けに】 冷不防 lěngbùfáng; 猛不防 měngbufáng; 突然间 tūránjiān (英 unexpectedly) ▶～に後ろから私の名を呼ばれた/突然有人从后面叫了我的名字 tūrán yǒu rén cóng hòumian jiàole wǒ de míngzi ▶～に妻は離婚届を差し出した/妻子冷不防拿出了离婚申请书 qīzi lěngbufáng náchūle líhūn shēnqǐngshū

だしもの【出し物】 表演节目 biǎoyǎn jiémù (英 a program) ▶結婚披露宴の～を誰に頼もうか/婚宴上的节目请谁来表演呢? hūnyànshang de jiémù qǐng shéi lái biǎoyǎn ne? ▶本日最初の～は奇術です/今天表演的第一个节目是魔术 jīntiān biǎoyǎn de dìyī ge jiémù shì móshù

たしゃ【他者】 别人 biérén; 他人 tārén (英 another person)

だしゃ【打者】 〔野球〕击球手 jīqiúshǒu (英 a batter) ▶強～/重击球员 zhòngjīqiúyuán

だじゃく【惰弱な】 懦弱 nuòruò (英 feeble) ▶～な性格/懦弱的性格 nuòruò de xìnggé ▶～な生活をする/过窝囊的生活 guò wōnang de shēnghuó

だじゃれ【駄洒落】 俏皮话 qiàopihuà (make a poor pun)

だしゅ【舵手】 〔船舶〕掌舵 zhǎngduò; 舵手 duòshǒu (英 a steersman)

たじゅう【多重】 (英 multiple) ▶～放送/多重广播 duōchóng guǎngbō ▶～債務を抱える/负有多重债务 fùyǒu duōchóng zhàiwù

たしゅたよう【多種多様】 多种多样 duōzhǒng duōyàng; 各式各样 gè shì gè yàng (英 various; diverse) ▶文化館に～な市民講座がある/文化馆设有多种多样的市民讲座 wénhuàguǎn shèyǒu duōzhǒng duōyàng de shìmín jiǎngzuò ▶～のニーズに応える/满足各式各样的需求 mǎnzú gè shì gè yàng de xūqiú

たしゅみ【多趣味】 多爱好 duō àihào; 兴趣广泛 xìngqù guǎngfàn (a person of wide interests) ▶彼は～な人だ/他是一个兴趣广泛的人 tā shì yí ge xìngqù guǎngfàn de rén

たしょう【多少】 ❶ 【多い少ない】 多少 duōshǎo (英 many or few) ▶～にかかわらず/不管多少 bùguǎn duōshǎo ▶～にかかわらず御注文を承ります/不论数量多少都接受订购 búlùn shùliàng duōshǎo dōu jiēshòu dìnggòu ❷ 【ちょっと】 (英 a little) ▶彼の几帳面な性格が～気になる/他一丝不苟的性格多少有些令人担心 tā yì sī bù gǒu de xìnggé duōshǎo yǒu xiē lìng rén dānxīn ▶よく調べれば～なりとも異常に気がつくはずだ/如果仔细调查一下，一定会发现多少有些异常 rúguǒ zǐxì diàochá yíxià, yídìng huì fāxiàn duōshǎo yǒu xiē yìcháng ▶彼はフランス語が～は話せる/他多少会说一些法语 tā duōshǎo huì shuō yìxiē Fǎyǔ ▶事実と違っていた/多少有

たじょう

些与事实不符 duōshǎo yǒu xiē yǔ shìshí bùfú ▶そのことは～知っています/那件事我多少知道一些 nà jiàn shì wǒ duōshǎo zhīdào yìxiē

日中比較 中国語の'多少'は'duōshao'と発音すれば数量を問う疑問詞となる。

たじょう【多情な】（情が深い）多情 duōqíng; 多情善感 duōqíng shàngǎn（英 passionate）;（浮気っぽい）水性杨花 shuǐxìng yánghuā（英 fickle）

たしょうのえん【他生の縁】 前世因缘 qiánshì yīnyuán（英 fate; karma）

ことわざ 袖振り合うも他生の縁 萍水相逢亦是缘 píng shuǐ xiāng féng yì shì yuán

たしょく【多色】 五彩 wǔcǎi（英 multicolored）▶～刷り/套版 tàobǎn ▶～ボールペン/五彩圆珠笔 wǔcǎi yuánzhūbǐ

たじろぐ 退缩 tuìsuō; 裹足不前 guǒ zú bù qián（英 shrink back; flinch）▶相手の激しい剣幕に思わず～/面对对方的气势汹汹，不由得退缩了 miànduì duìfāng de qìshì xiōngxiōng, bùyóude tuìsuō le ▶いかなる困難にもたじろがず課題に取り組む/不管面对任何困难都毫不畏缩地全力投入 bùguǎn miànduì rènhé kùnnan dōu háobù wèisuō de quánlì tóurù

だしん【打診する】 试探 shìtàn; 探听 tàntīng（英 sound）▶そのことについて相手側の意向を～する/就那件事试探对方的想法 jiù nà jiàn shì shìtàn duìfāng de xiǎngfǎ ▶胸部を～する/叩诊胸部 kòuzhěn xiōngbù

たしんきょう【多神教】 多神教 duōshénjiào（英 polytheism）

たす【足す】 1【加える】加 jiā（英 add; plus）▶3＋2は5だ/三加二等于五 sān jiā èr děngyú wǔ 2【補う】添上 tiānshang（英 make up）▶塩を少し～/加一点儿盐 jiā yìdiǎnr yán 3【済ませる】（英 finish one's work）▶用を足しに出かける/出去办点儿事 chūqù bàn diǎnr shì ▶用を～（用便する）/去厕所 qù cèsuǒ

だす【出す】 1【外へ出す】出 chū; 发出 fāchū（英 put...out）▶金を～/出钱 chūqián ▶口を～/插嘴 chāzuǐ ▶金も出せば口も～/不但出钱也要插嘴 búdàn chūqián yě yào chāzuǐ ▶組織の膿(う)を～/清除组织的积弊 qīngchú zǔzhī de jībì ▶舌を～/伸出舌头 shēnchū shétou ▶窓から首を～/从窗户探出头 cóng chuānghu tànchū tóu ▶財布をポケットから～/把钱包从衣兜里掏出来 bǎ qiánbāo cóng yīdōuli tāochūlai 2【発揮する・加える】振作 zhènzuò（英 exert）▶元気を～/振作精神 zhènzuò jīngshen ▶勇気を～/鼓起勇气 gǔqǐ yǒngqì ▶スピードを～/加快速度 jiākuài sùdù ▶彼がようやく実力を出してきた/他总算发挥出实力来了 tā zǒngsuàn fāhuīchū shílì lai le 3【提出する】交 jiāo（英 submit）▶客に昼食を～/给客人吃午饭 qǐng kèrén chī wǔfàn ▶答案を～/交试卷 jiāo shìjuǎn ▶願書を～/提交申请书 tíjiāo shēnqǐngshū ▶国外退去命令を～/

下驱逐出境令 xià qūzhú chūjìnglìng 4【その他】▶手紙を～/寄信 jì xìn ▶麻薬に手を～/沾毒品的边儿 zhān dúpǐn de biānr ▶大会に代表を～/向大会推出代表 xiàng dàhuì tuīchū dàibiǎo ▶我が家は3人も博士を出した/我们家里出了三位博士 wǒmen jiāli chūle sān wèi bóshì ▶臨時列車を～/增发临时列车 zēngfā línshí lièchē ▶駅前にみやげ物の店を～/在车站前面开礼品店 zài chēzhàn qiánmian kāi lǐpǐndiàn ▶その火事は死者10人を出した/那场火灾造成了十名死者 nà chǎng huǒzāi zàochéngle shí míng sǐzhě ▶彼は名前は出さないで欲しいと言った/他希望不要公布自己的名字 tā xīwàng bùyào gōngbù zìjǐ de míngzi

-だす【-出す】 …起来 … qǐlai; 开始… kāishǐ…; … 出 … chū（英 begin）▶笑い[泣き]～/笑[哭]起来 xiào[kū]qǐlai ▶あかりが顔のしわを照らし出している/灯光照出脸上的皱纹 dēngguāng zhàochū liǎnshang de zhòuwén

たすう【多数】 好些 hǎoxiē; 多数 duōshù（英 a large number; the majority）▶～を占める/居多 jūduō; 占多 zhànduō ▶この法案には国民の～が反対している/国民的大多数都反对这项法案 guómín de dàduōshù dōu fǎnduì zhè xiàng fǎ'àn ▶～意見に従う/服从多数人的意见 fúcóng duōshùrén de yìjiàn

～党：多数党 duōshùdǎng

たすうけつ【多数決】 多数表决 duōshù biǎojué（英 the decision by majority）▶～で決める/以多数表决决定 yǐ duōshù biǎojué juédìng ▶～に従う/服从多数表决 fúcóng duōshù biǎojué

たすかる【助かる】（救い）获救 huòjiù; 得救 déjiù（英 be saved; survive）▶冬山で遭難して奇跡的に助かった/在严冬的山里遇难，奇迹般地获救了 zài yándōng de shānli yùnàn, qíjì bān de huòjiù le ▶この患者は～見込みはない/那个患者没有获救的希望 nàge huànzhě méiyǒu huòjiù de xīwàng ▶彼に手伝ってもらって大いに助かった/多亏他帮忙，真是轻松多了 duōkuī tā bāngmáng, zhēn shì qīngsōng duō le ▶彼の話が短くて助かった/他讲的话很短，真是帮了大忙 tā jiǎng de huà hěn duǎn, zhēn shì bāngle dàmáng ▶費用が～/在费用方面可以省钱 zài fèiyong fāngmiàn kěyǐ shěngqián ▶この機械ができて大いに助かっている/有了这台机器真是帮了大忙 yǒule zhè tái jīqì zhēn shì bāngle dàmáng

たすけ【助け】 帮助 bāngzhù; 支持 zhīchí; 救援 jiùyuán（英 help; assistance; aid;［救済］relief）▶～を呼ぶ/求救 qiújiù ▶～を借りる/借助 jièzhù ▶彼は少しも僕の～になってくれない/他一点儿也不帮助我 tā yìdiǎnr yě bù bāngzhù wǒ ▶その計画の実行には彼の～があった/实施那项计划，得到了他的支持 shíshí nà xiàng jìhuà, dédàole tā de zhīchí ▶大声で～を求める/大声求助 dàshēng qiúzhù ▶友人の～を借りてレポートを仕上げる/借助朋友的力量，完成了小论文 jièzhù péngyou de lìliang, wánchéngle xiǎo-

lùnwén ▶外部の~を求める/寻求外援 xúnqiú wàiyuán

たすけあい【助け合い】 互相帮助 hùxiāng bāngzhù; 互助 hùzhù（英 *mutual help*）▶~運動/互助运动 hùzhù yùndòng

たすけあう【助け合う】（英 *help each other*; *help one another*）▶互いに助け合おう/让我们互相帮助吧 ràng wǒmen hùxiāng bāngzhù ba

たすけおこす【助け起こす】（英 *help... up*）▶転んだ子供を~/抱起摔倒的孩子 bàoqǐ shuāidǎo de háizi

たすけだす【助け出す】 救出 jiùchū（英 *help... out*）▶犯人の手から人質を~/从犯人手里救出人质 cóng fànrén shǒuli jiùchū rénzhì

たすけぶね【助け舟】 解围 jiěwéi; 帮忙 bāngmáng（英 *a rescue boat*）▶彼が見兼ねて~を出してくれた/他看不过去就来给我解围了 tā kànbuguòqù jiù lái gěi wǒ jiěwéi le

たすける【助ける】 帮助 bāngzhù; 帮忙 bāngmáng; 救 jiù（英 *help*; *assist*; *support*; *save*）▶けが人を~/抢救伤员 qiǎngjiù shāngyuán ▶命を~/救命 jiùmìng ▶消化を~/助消化 zhù xiāohuà ▶暮らしを~/补助生活 bǔzhù shēnghuó ▶助けてほしい時に彼は助けてくれなかった/在需要帮助的时候,他却没有帮忙 zài xūyào bāngzhù de shíhou, tā què méiyǒu bāngmáng ▶命ばかりは助けて下さい/请饶命 qǐng ráomìng ▶溺れる人を~/抢救溺水的人 qiǎngjiù nìshuǐ de rén

[ことわざ] 天は自ら助くる者を助く /自助者,天亦助之 zìzhù zhě, tiān yì zhù zhī

[参考]'帮 bāng'は後ろに目的語などをとることが普通だが,'帮忙 bāngmáng'は「動詞+目的語」の構造なので後ろに目的語をとることはできない。例えば「彼を助ける」は'帮他的忙 bāng tā de máng'となる。

たずさえる【携える】 携带 xiédài（英 *carry*; *in one's hand*）▶手みやげを~/携带礼物 xiédài lǐwù ▶手を~/携手合作 xiéshǒu hézuò ▶互いに手を携えて進む/互相携手前进 hùxiāng xiéshǒu qiánjìn ▶紹介状を携えて訪問する/携带介绍信去造访 xiédài jièshàoxìn qù zàofǎng ▶彼は大きな包みを携えていた/他带着大包袱 tā dàizhe dàbāofu ▶ピストルを携えている/带着手枪 dàizhe shǒuqiāng

たずさわる【携わる】 参与 cānyù; 从事 cóngshì（英 *be engageded in...*）▶教育の仕事に~/从事教育工作 cóngshì jiàoyù gōngzuò ▶介護に~人々/从事护理的人们 cóngshì hùlǐ de rénmen

ダスターコート 风衣 fēngyī（英 *a dustcoat*）▶~が風をはらむ/风衣兜着风 fēngyī dōuzhe fēng

ダストシュート 垃圾井筒 lājī jǐngtǒng（英 *a garbage chute*）

たずねびと【尋ね人】 寻查的人 xúnchá de rén; 失踪人 shīzōngrén（英 *a missing person*）

たずねる【訪ねる】 访问 fǎngwèn; 找 zhǎo（英 *visit*; *call on*［*at*］...）▶両親を~/省视父母 xǐngshì fùmǔ ▶誰かがあなたを訪ねてきました/有人找你 yǒu rén zhǎo nǐ ▶古代遺跡を~/探访古代遗迹 tànfǎng gǔdài yíjī

たずねる【尋ねる】（英 *look for*...;［問う］*ask*）▶消息を~/探问消息 tànwèn xiāoxi ▶道を~/问路 wènlù ▶電話番号を~/查问电话号码 cháwèn diànhuà hàomǎ ▶ちょっとお尋ねしますが駅はどちらでしょうか/请问,车站在哪儿? qǐngwèn, chēzhàn zài nǎr? ▶尋ね物は何ですか/你要找的东西是什么? nǐ yào zhǎo de dōngxi shì shénme? ▶「中身は何か」と彼は尋ねた/他问："里面的东西是什么?" tā wèn: "Lǐmian de dōngxi shì shénme?" ▶容態を~/询问病情 xúnwèn bìngqíng

たぜい【多勢】 人数众多 rénshù zhòngduō（英 *great numbers*）▶~を頼んで/靠着人数多 kàozhe rénshù duō ▶~に無勢/寡不敌众 guǎ bù dí zhòng

だせい【惰性】 惰性 duòxìng; 习惯 xíguàn（英 *inertia*）▶今の仕事は~で続けているだけだ/现在的工作只是凭惰性继续做着 xiànzài de gōngzuò zhǐshì píng duòxìng jìxù zuòzhe ▶~で足がいつもの本屋に向かう/习惯性地总是往书店跑 xíguànxìng de zǒngshì wǎng shūdiàn pǎo

たせん【他薦】 别人推荐 biérén tuījiàn; 他人推荐 tārén tuījiàn（英 *recommendation*）

たそがれ【黄昏】 黄昏 huánghūn（英 *dusk*; *twilight*）▶~迫る/垂暮 chuímù ▶~時/傍晚 bàngwǎn ▶人生の~/桑榆暮景 sāngyú mùjǐng

だそく【蛇足】 蛇足 shézú; 画蛇添足 huà shé tiān zú（英 *an unnecessary addition*）▶あえて~を加えますが/冒昧地加上一句话 màomèi de jiāshàng yí jù huà ▶その一言は~だった/那句话是画蛇添足 nà jù huà shì huà shé tiān zú

たた【多多】 很多 hěn duō; 许多 xǔduō（英 *many*）

ただ【只・徒】 ❶【無料】免费 miǎnfèi; 白给 bái gěi（英 *free*）▶~はど高いものはない/贪便宜会吃亏的 tān piányi huì chīkuī de ▶御希望なら~で差し上げます/如果你想要的话,可以免费奉送 rúguǒ nǐ xiǎng yào dehuà, kěyǐ miǎnfèi fèngsòng ▶これは~であげるわけではありません/这并不是免费赠送 zhè bìng bú shì miǎnfèi zèngsòng ▶彼は~みたいな値段でそれを売ってくれた/他以几乎是白送的价格把那个东西卖给了我 tā yǐ jīhū shì bái sòng de jiàgé bǎ nàge dōngxi màigěile wǒ ▶~という訳にはいきません/我可不能白要 wǒ kě bùnéng bái yào

❷【それだけ】净 jìng; 只 zhǐ; 光 guāng（英 *only*; *simply*; *alone*）▶君はそんなことをして~は済まんぞ/你做了这种事,是不会就这么算了的 nǐ zuòle zhè zhǒng shì, shì bù huì jiù zhème suànle de ▶~済まないでは済まないぞ/光说声对不起,我可跟你没完 guāng shuō shēng duìbu-

ただ qǐ, wǒ kě gēn nǐ méiwán ▶彼には～の一つも不審な点が見いだされなかった/在他身上没有发现一丝可疑之处 zài tā shēnshang méiyǒu fāxiàn yì sī kěyí zhī chù ▶～の一日も気の休まる日はなかった/连一天安生的日子也没有 lián yì tiān ānshēng de rìzi yě méiyǒu

❸【並の】**一般** yìbān；**普通** pǔtōng (英 *ordinary*) ▶～の人/普通人 pǔtōngrén ▶～の冗談だよ/不过是[开]个玩笑 búguò shì[kāi]ge wánxiào ▶あいつは～者ではない/他可不是个等闲之輩 tā kě bú shì ge děngxián zhī bèi ▶～ならぬ関係がある/有着不是一般的关系 yǒuzhe bú shì yìbān de guānxi ▶これはやはり～ことではない/这件事毕竟非同寻常 zhè jiàn shì bìjìng fēi tóng xúncháng

ただ【唯・只】〖留保〗**但是** dànshì；**可是** kěshì；**然而** rán'ér (英 *however*)

だだ【駄駄】 ～をこねる 撒泼 sāpō；**任性磨人** rènxìng mó rén

ただい【多大な】 **巨大** jùdà (英 *much; great; considerable*) ▶～な貢献/丰功伟绩 fēnggōng wěijì ▶システムがダウンすると大な損害を被る/系统一受损，就会蒙受巨大的损失 xìtǒng yí shòusǔn, jiù huì méngshòu jùdà de sǔnshī ▶～の労力を要する/需要巨大的力气 xūyào jùdà de lìqi

だたい【堕胎する】 堕胎 duòtāi；打胎 dǎtāi (英 *have an abortion*)

ただいま【只今】 ❶〖すぐに〗**马上** mǎshàng；**现在就** xiànzài jiù (英 *just now*) ▶杉本は～参ります/杉本马上就来 Shānběn mǎshàng jiù lái ❷〖現在〗**现在** xiànzài (英 *now*) ▶御注文の品を～からお届けにあがります/您订购的商品现在就送去 nín dìnggòu de shāngpǐn xiànzài jiù sòngqù ▶～準備中です/现在正在准备中 xiànzài zhèngzài zhǔnbèi zhōng ▶～営業を休止しております/现在暂停营业 xiànzài zàntíng yíngyè ▶～の時刻は8時半です/现在的时间是八点半 xiànzài de shíjiān shì bā diǎn bàn ❸【帰宅時のあいさつ】(英 *I'm home.*) ▶「おかあさん、～」「お帰りなさい」/"妈妈, 我回来了""你回来啦！Nǐ huílái la！"

たたえる【称える】 **赞扬** zànyáng；**称赞** chēngzàn (英 *praise; admire*) ▶勇気ある行為を～/称赞勇敢的行为 chēngzàn yǒnggǎn de xíngwéi ▶健闘を～/称赞其奋斗的精神 chēngzàn qí fèndòu de jīngshén

たたえる【湛える】(英 *brim*) ▶彼は満面に笑みをたたえている/他正满面笑容 tā zhèng mǎnmiàn xiàoróng ▶彼女は目に涙をたたえていた/她热泪盈盈 tā rèlèi yíngyíng

たたかい【戦い・闘い】❶〖戦争・戦闘・闘争〗**战争** zhànzhēng；**战斗** zhàndòu；**斗争** dòuzhēng (英 *a war; a battle; a fight*) ▶～をやめる/收兵 shōubīng ▶反核の～/反核斗争 fǎnhé dòuzhēng ▶ダイエットは結局自分との～だ/减肥说到底是一场和自己的战斗 jiǎnféi shuō dàodǐ shì yì cháng hé zìjǐ de zhàndòu ▶癌との長い～だった/同癌症进行了长期的战斗 tóng áizhèng jìnxíngle chángqī de zhàndòu ▶労使間の～/劳资间的斗争 láozījiān de dòuzhēng ▶手術は時間との～でもあった/手术也是与时间的竞争 shǒushù yě shì yǔ shíjiān de jìngzhēng

❷〖競争・試合〗**比赛** bǐsài；**竞赛** jìngsài (英 *a fight*)

たたかう【戦う・闘う】 **战斗** zhàndòu；**作战** zuòzhàn (英 *fight; contest; make war*) ▶正々堂々と～ことを誓います/发誓要堂堂正正地比赛 fāshì yào tángtángzhèngzhèng de bǐsài ▶誘惑と～/同诱惑斗争 tóng yòuhuò dòuzhēng ▶運命と～/与命运抗争 yǔ mìngyùn kàngzhēng ▶戦わずして勝つ/不战而胜 bú zhàn ér shèng

たたかわす【闘わす】(英 *make... fight*) ▶議論を～/互相争论 hùxiāng zhēnglùn

たたき【三和土】〖土間〗**三和土** sānhétǔ (英 *an entrace floor with concrete*)

たたきあげる【叩き上げる】**摔打出** shuāidachū；**锻炼出** duànliànchū (英 *work one's way up*) ▶あの社長は叩き上げだ/那个经理是磨练出来的 nàge jīnglǐ shì móliànchūlai de ▶現場叩き上げのベテラン刑事/在事件现场摔打出来的资深刑警 zài shìjiàn xiànchǎng shuāidachūlai de zīshēn xíngjǐng

たたきうり【叩き売りする】 **拍卖** pāimài；**减价出卖** jiǎnjià chūmài (英 *bargain*) ▶バナナの～/减价出卖香蕉 jiǎnjià chūmài xiāngjiāo

たたきおこす【叩き起こす】 **叫醒** jiàoxǐng；**硬叫起来** yìng jiàoqǐlai (英 *rouse... out of bed*) ▶朝早く電話のベルで叩き起こされた/早晨被电话铃声叫醒了 zǎochen bèi diànhuà língshēng jiàoxǐng le

たたきおとす【叩き落とす】 **打掉** dǎdiào (英 *knock... down*) ▶新聞を丸めて蚊を～/卷起报纸打掉牛虻 juǎnqǐ bàozhǐ dǎdiào niúméng ▶ライバルを叩き落として権力を握る/打倒竞争对手掌权 dǎdǎo jìngzhēng duìshǒu zhǎngquán

たたききる【叩き切る】 **砍掉** kǎndiào (英 *chop; hack*) ▶木の枝を～/猛力砍掉树枝 měnglì kǎndiào shùzhī

たたきこむ【叩き込む】 (頭に) **灌输** guànshū (英 *drive... into ～*) ▶数字を頭に～/把数字灌输到脑袋里 bǎ shùzì guànshūdào nǎodài li ▶子供に正義の観念を～/给孩子灌输正义观念 gěi háizi guànshū zhèngyì guānniàn ▶正しい発音を耳に～/把正确的发音灌输到耳朵里 bǎ zhèngquè de fāyīn guànshūdào ěrduoli

たたきこわす【叩き壊す】 **捣毁** dǎohuǐ；**砸坏** záhuài (英 *knock... to pieces*) ▶ハンマーで自転車を～/用锤子砸坏自行车 yòng chuízi záhuài zìxíngchē

たたきだい【叩き台】《比喩》**讨论的原案** tǎolùn de yuán'àn (英 *a draft*) ▶これを～として議論を深める/把这个作为议论的基础进一步讨论 bǎ zhège zuòwéi yìlùn de jīchǔ jìnyíbù tǎolùn

▶これは～です/这是原始方案 zhè shì yuánshǐ fāng'àn

たたきだす【叩き出す】 赶走 gǎnzǒu; 赶跑 gǎnpǎo (英 *throw out*)

たたきつける【叩き付ける】 摔 shuāi (英 *throw; fling*) ▶壁に～/摔到墙上 shuāidào qiángshang ▶辞表を～/把辞呈摔到其面前 bǎ cízhéng shuāidào qí miànqián ▶床にコップを叩き付けた/把玻璃杯摔到地板上 bǎ bōlibēi shuāidào dìbǎnshang ▶激しい雨が叩き付けた/暴雨激烈地敲打了 bàoyǔ jīliè de qiāodǎ le

たたきつぶす【叩き潰す】 砸烂 zálàn; 打碎 dǎsuì (英 *knock... to pieces; smash up*)

たたきなおす【叩き直す】 纠正 jiūzhèng; 矫正 jiǎozhèng (英 *remedy... thoroughly*) ▶ひねくれた根性を～/矫正扭曲的性格 jiǎozhèng niǔqū de xìnggé

たたく【叩く】 ❶〖打つ〗打 dǎ; 敲 qiāo; 拍 pāi (英 *beat; strike; tap*) ▶戸を～/敲门 qiāo mén ▶ぽんと肩を～/拍肩膀 pāi jiānbǎng ▶手を～〖拍手〗/鼓掌 gǔzhǎng ▶太鼓を～/打鼓 dǎ gǔ; 敲鼓 qiāo gǔ ▶テーブルを叩いて叫ぶ/敲桌子大叫 qiāo zhuōzi dà jiào
❷〖言う〗说 shuō (英 *say*) ▶軽口を～/说俏皮话 shuō qiàopihuà ▶大口を～/吹牛 chuīniú ▶人から陰口を叩かれる/被人背地里说坏话 bèi rén bèidìli shuō huàihuà
❸〖非難〗攻击 gōngjī; 批判 pīpàn (英 *criticize*) ▶マスコミに叩かれる/受到报道的批评 shòudào bàodào de pīpíng

ことわざ 石橋を叩いて渡る 谨小慎微 jǐn xiǎo shèn wēi

ただごと【徒事】 寻常的事 xúncháng de shì; 一般的事 yìbān de shì (英 *something ordinary*) ▶～ではない/非同小可 fēi tóng xiǎo kě

ただざけ【只酒】 (英 *a free sake (drink)*) ▶～を飲む/吃请 chīqǐng ▶いつの間にか～を飲むことに慣れてしまった/不知不觉习惯于吃请了 bùzhī bùjué xíguàn yú chīqǐng le

ただし【但し】 但 dàn; 但是 dànshì (英 *but; however*) ▶～条件付きの/附带条件的 fùdài tiáojiàn de ▶どこへ行ってもよろしい、～帰りの時間は守ること/你去哪儿都可以，但是一定要遵守回来的时间 nǐ qù nǎr dōu kěyǐ, dànshì yídìng yào zūnshǒu huílái de shíjiān ▶～書きつきの/带有附言的 dài yǒu fùyán de

ただしい【正しい】 正确 zhèngquè (英 *right; just; proper*) ▶～意味/正确的意义 zhèngquè de yìyì ▶～使い方/正确的用法 zhèngquè de yòngfǎ ▶君のやり方～/你做得对 nǐ zuòde duì ▶～行い/正当行为 zhèngdàng xíngwéi ▶礼儀～/彬彬有礼 bīnbīn yǒu lǐ ▶品行が～/品行端正 pǐnxíng duānzhèng ▶敬語を正しく使うのは難しい/正确使用敬语很难 zhèngquè shǐyòng jìngyǔ hěn nán ▶～姿勢を保つ/保持正确的姿势 bǎochí zhèngquè de zīshì ▶～答え/正确的回答 zhèngquè de huídá

ただす【正す】 纠正 jiūzhèng; 改正 gǎizhèng (英 *correct; reform*) ▶偏向を～/纠正偏差 jiūzhèng piānchā ▶姿勢を～/端正姿势 duānzhèng zīshì ▶この嘆かわしい状態を～/端正这令人叹息的状态 duānzhèng zhè lìng rén tànxī de zhuàngtài ▶誤った考えを～/纠正错误想法 jiūzhèng cuòwù xiǎngfa

ただす【糾す・糺す・質す】 调查 diàochá; 查明 chámíng (英 *ask; inquire; ascertain; verify*) ▶真偽のほどを～/查明真伪 chámíng zhēnwěi ▶身元を～/追究其来历 zhuījiū qí láilì ▶公的資金は元を糺せばすべて国民の税金だ/公共资金说到头，都是来自国民的税款 gōnggòng zījīn shuō dàotóu, dōu shì láizì guómín de shuìkuǎn

たたずまい【佇まい】 样子 yàngzi; 状态 zhuàngtài (英 *appearance*) ▶古都の～/古都的景色 gǔdū de jǐngsè

たたずむ【佇む】 伫立 zhùlì (英 *stand; linger*) ▶一人水辺に～/独自伫立岸边 dúzì zhùlì ànbiān

ただちに【直ちに】 立刻 lìkè; 马上 mǎshàng (英 *at once; immediately*) ▶～出かける/马上出发 mǎshàng chūfā ▶遭難の通報を受け、救助に向かう/收到遇难通知，立刻前去救助 shōudào yùnàn tōngzhī, lìkè qiánqù jiùzhù ▶我々は～警察に事故を通報した/我们立刻向警察通报了那起事故 wǒmen lìkè xiàng jǐngchá tōngbàole nà qǐ shìgù

だだっこ【駄々っ子】 任性的孩子 rènxìng de háizi; 不听话的孩子 bù tīnghuà de háizi (英 *a spoilt child*) ▶うちの子は～で困る/我们家的孩子任性惯入，真没办法 wǒmen jiā de háizi rènxìng mó rén, zhēn méi bànfǎ

だだっぴろい【だだっ広い】 空廊 kōngkuò; 空旷 kōngkuàng (英 *unduly wide*) ▶～部屋/空旷的房间 kōngkuàng de fángjiān

ただならぬ 不寻常 bù xúncháng; 非一般 fēi yìbān (英 *unusual*) ▶～表情/不寻常的神情 bù xúncháng de shénqíng

ただのり【只乗りする】 蹭 cèng; 白坐车 bái zuòchē (英 *steal a ride*) ▶市街电车に～する/无票乘坐市内电车 wú piào chéngzuò shìnèi diànchē ▶人の成果に～して金を儲ける/窃取别人的劳动成果来赚钱 qièqǔ biérén de láodòng chéngguǒ lái zhuànqián

たたみ【畳】 榻榻米 tàtàmǐ (英 *a tatami mat*) ▶～の部屋をフローリングに変える/把榻榻米房间换成了地板房间 bǎ tàtàmǐ fángjiān huànchéngle dìbǎn fángjiān ▶～を敷いた部屋に寝る/在铺着榻榻米的房间睡觉 zài pūzhe tàtàmǐ de fángjiān shuìjiào ▶～を替える/更换榻榻米 gēnghuàn tàtàmǐ

ことわざ 畳の上の水練 纸上谈兵 zhǐshang tán bīng

～の上で死ぬ 寿终正寝 shòu zhōng zhèng qǐn

たたみかける【畳み掛ける】 连续不断 liánxù búduàn (英 *press... for an answer*) ▶畳み掛け

たたみこむ【畳み込む】 收起 shōuqǐ；叠起 diéqǐ（英 fold in）▶白鳥が水面に降り翼を畳みこんだ/天鹅飞落在水面收起了翅膀 tiān'é fēiluò zài shuǐmiàn shōuqǐ le chìbǎng ▶この言葉をしっかり胸に畳み込め/把这句话好好儿装在心里吧 bǎ zhè yí jù hǎohāor zhuāngzài xīnli ba

たたむ【畳む】 ❶【折り込む】折 zhé；叠 dié；折叠 zhédié（英 fold）▶服を～/折叠衣服 zhédié yīfu ▶ふとんを～/叠被 dié bèi ▶傘を～/收起傘 shōuqǐ sǎn；折叠傘 zhédié sǎn ▶新聞は読んだあときちんと畳んでおいて下さい/报纸看完后请叠好啊 bàozhǐ kànwánhòu qǐng diéhǎo a ▶帆を～/收帆 shōu fān

❷【閉じる】关闭 guānbì（英 close; shut）▶店を～/关闭店铺 guānbì diànpù ▶屋台を～/关闭货摊 guānbì huòtān

❸【胸に畳む】store in one's heart）▶悩みは自分一人の胸に畳んでおいた/把烦恼藏在自己一个人的心里 bǎ fánnǎo cángzài zìjǐ yí ge rén de xīnli

ただめし【只飯】 白食 báishí；白饭 báifàn（英 free meals）▶～を食う/吃白饭 chī báifàn

ただもの【徒者】 一般的人 yìbān de rén（英 an ordinary person）▶～でない/不是凡人 bú shì fánrén；了不起 liǎobuqǐ ▶一目でないとわかる/虽然是从未见过的人，但一眼就看出其非等闲之辈 suīrán shì cóngwèi jiànguò de rén, dàn yì yǎn jiù kànchū qí fēi děngxián zhī bèi

ただよう【漂う】 ❶【気体や香りが】飘散 piāosàn（英 float in the air）❷【水面や空中で】漂荡 piāodàng；浮动 fúdòng（英 drift; float）▶水に～/漂浮 piāofú；漂移 piāoyí ▶両国関係に暗雲が～/两国关系间阴云ミ罩 liǎng guó guānxi jiān yīnyún fúdòng ▶波間に～くらげ/漂浮在波浪之间的海蜇 piāofú zài bōlàng zhījiān de hǎizhé

たたり【祟り】 祸祟 huòsuì（英 a curse）▶～に見舞われる/中邪 zhòngxié；遭到报应 zāodào bàoyìng ▶天の～じゃ/这就是天罚 zhè jiù shì tiānfá ▶あとの～が恐ろしいよ/事后的报应很可怕呀 shìhòu de bàoyìng hěn kěpà ya

ことわざ さわらぬ神に祟りなし 多一事不如少一事 duō yí shì bù rú shǎo yí shì

弱り目に～目 祸不单行 huò bù dānxíng

たたる【祟る】 作怪 zuòguài；作祟 zuòsuì（英 curse; harass）▶無理が～/过于劳累而病倒 guòyú láolèi ér bìngdǎo ▶不摂生がたたって体調を崩す/由于不注意健康而弄坏了身体 yóuyú bú zhùyì jiànkāng ér nònghuàile shēntǐ ▶彼の怨霊がたたっている/他的冤魂在作祟 tā de yuānhún zài zuòsuì

ただれる【爛れる】 烂 làn；糜烂 mílàn（英 be sore; fester）▶顔面が焼けて～/脸部烧烂了 liǎnbù shāole le ▶ただれた生活/糜烂的生活 mílàn de shēnghuó

たち【質】 品质 pǐnzhì；体质 tǐzhì；天性 tiānxìng（英 nature; character;［型］a type）▶～の悪い/恶劣 èliè ▶～の悪い風邪/恶性的感冒 èxìng de gǎnmào ▶それは一番～の悪い嘘だ/那是最恶劣的谎言 nà shì zuì èliè de huǎngyán ▶彼は明るい～だ/他性格开朗 tā xìnggé kāilǎng ▶彼女はそんなことをする～ではない/她不是做那种事的人 tā bú shì zuò nà zhǒng shì de rén ▶風邪を引きやすい～である/属于容易感冒的体质 shǔyú róngyì gǎnmào de tǐzhì

-たち【-達】 们 men ▶私～/我们 wǒmen ▶学生～/学生们 xuéshengmen

たちあい【立ち会い】 （英 presence; attendance）▶～人/见证人 jiànzhèngrén ▶弁護士の～を求める/请求律师列席 qǐngqiú lǜshī lièxí

◆～演説会：辩论演讲 biànlùn yǎnjiǎng

たちあう【立ち会う】 在场 zàichǎng；参加 cānjiā（英 attend; be present;［証人になる］witness）▶夫が妻の出産に～/丈夫陪伴妻子分娩 zhàngfu péibàn qīzi fēnmiǎn ▶犯人が現場検証に立ち会う/犯人列席现场调查 fànrén lièxí xiànchǎng diàochá

たちあがる【立ち上がる】 ❶【起立する】站起来 zhànqǐlái；起立 qǐlì（英 stand up）▶彼は椅子から立ち上がった/他从椅子上站了起来 tā cóng yǐzishang zhànleqǐlai ▶老人はよろよろと立ち上がった/老人摇摇晃晃地站了起来 lǎorén yáoyáohuànghuàng de zhànleqǐlai

❷【奮起する】发奋 fāfèn（英 pick oneself up）▶災害の痛手から～/从灾害的打击中重新振作起来 cóng zāihài de dǎjī zhōng chóngxīn zhènzuòqǐlai ▶反対運動に～/起来开始反对运动 qǐlái kāishǐ fǎnduì yùndòng ▶戦後の廃墟から～/从战后的废墟上站起来 cóng zhànhòu de fèixūshang zhànqǐlai

❸【起動する】启动 qǐdòng（英 boot; start）▶コンピュータが～/电脑启动 diànnǎo qǐdòng

たちいたる【立ち至る】 弄到 nòngdào；以至于 yǐzhìyú（英 come to...）▶最悪の事態に～/到了最坏的地步 dàole zuìhuài de dìbù

たちいふるまい【立ち居振る舞い】 举止 jǔzhǐ；举动 jǔdòng（英 manners）

たちいり【立ち入り】 （英 entrance;［侵入］trespassing）▶関係者以外～お断り/闲人免进 xiánrén miǎn jìn；闲人谢绝入内 xiánrén xièjué rùnèi

◆～禁止：禁止入内 jìnzhǐ rùnèi ▶～禁止区域/禁地 jìndì；禁区 jìnqū ～检查：现场检查 xiànchǎng jiǎnchá

たちいる【立ち入る】 ❶【中へ入る】进入 jìnrù（英 enter）▶実験室には無断で立ち入らないで下さい/请不要擅自进入实验室 qǐng búyào shànzì jìnrù shíyànshì ▶線路内に入ったため電車が遅れた/由于有人进入了铁道内，电车延误了 yóuyú yǒu rén jìnrùle tiědàonèi, diànchē yánwù le ▶ ❷【干渉する】介入 jièrù; 干涉 gānshè (英 interfere) ▶立ち入ったことを伺って恐縮ですが/向您询问一些敏感的问题, 实在对不起 xiàng nín xúnwèn yīxiē mǐngǎn de wèntí, shízài duìbuqǐ ▶私生活には立ち入らないでもらいたい/请不要干预私人生活 qǐng búyào gānyù sīrén shēnghuó

たちうお【太刀魚】〖魚〗带鱼 dàiyú; 刀鱼 dāoyú (英 a scabbard fish)

たちうち【太刀打ち】 竞争 jìngzhēng; 比武 bǐwǔ (英 cometition) ▶～できない/敌不过 díbuguò; 不能相比 bùnéng xiāngbǐ ▶泳ぎでは彼に～できない/在游泳方面比不过他 zài yóuyǒng fāngmiàn bǐbuguò tā ▶おまえなんかが～できる相手じゃないよ/那绝不是你可以相比的对手啊 nà juébù shì nǐ kěyǐ xiāngbǐ de duìshǒu a

たちおうじょう【立ち往生する】 进退维谷 jìntuì wéi gǔ; 呆立着不知所措 dāilìzhe bù zhī suǒ cuò (英 stand still; stall) ▶停電で電車は1時間以上も～した/因为停电, 电车停了一个多小时 yīnwèi tíngdiàn, diànchē tíngle yí ge duō xiǎoshí ▶車がその大雪で～した/汽车因为大雪抛锚了 qìchē yīnwèi dàxuě pāomáo le ▶激しい野次に演壇で～する/因为激烈的倒彩在讲台上进退维谷 yīnwèi jīliè de dàocǎi zài jiǎngtáishang jìntuì wéi gǔ

たちおくれる【立ち後れる】 错过时机 cuòguò shíjī; 起步晚 qǐbù wǎn; 落后 luòhòu (英 make a slow start) ▶国際的にも立ち遅れた高等教育/也落后于国际的高等教育 yě luòhòu yú guójì de gāoděng jiàoyù ▶その方面では他国に比べて約10年立ち遅れている/在这方面, 比别的国家落后大约十年 zài zhè fāngmiàn, bǐ biéde guójiā luòhòu dàyuē shí nián

たちおよぎ【立ち泳ぎする】 踩水 cǎishuǐ (英 tread water)

たちかえる【立ち返る】 返回 fǎnhuí (英 return; come back) ▶原点に～/返回起点 fǎnhuí qǐdiǎn ▶本心に～/改邪归正 gǎi xié guī zhèng

たちがれ【立ち枯れする】 枯萎 kūwěi; 枯死 kūsǐ (英 wither) ▶酸性雨の影響でぶなが～している/受酸雨的影响, 山毛榉枯萎了 shòu suānyǔ de yǐngxiǎng, shānmáojǔ kūwěi le

たちき【立ち木】 树木 shùmù (英 a standing tree) ▶車が～に衝突した/汽车撞到了树木上 qìchē zhuàngdàole shùmùshang

たちぎえ【立ち消えになる】 中断 zhōngduàn; 半途而废 bàntú ér fèi (英 go out; be discontinued) ▶世論の反発で計画は～になった/由于舆论的反对, 计划半途而废了 yóuyú yúlùn de fǎnduì, jìhuà bàntú ér fèi le

たちぎき【立ち聞きする】 偷听 tōutīng (英 eavesdrop) ▶～じゃない, 聞こえたのだ/我并没有偷听, 是无意中听见了 wǒ bìng méiyǒu tōutīng, shì wúyì zhōng tīngjiàn le

たちきる【断ち切る】 割断 gēduàn; 断绝 duànjué (英 break off; cut off) ▶麻縄を～/割断麻绳 gēduàn máshéng ▶関係を～/断绝关系 duànjué guānxi ▶過去のしがらみが断ち切れない/无法挣脱过去的羁绊 wúfǎ zhèngtuō guòqù de jībàn

たちぐい【立ち食いする】 站着吃 zhànzhe chī (英 eat standing) ▶屋台でラーメンを～する/在小摊上站着吃拉面 zài xiǎotānshang zhànzhe chī lāmiàn

たちくらみ【立ち眩みする】 站起时头晕 zhànqǐshí tóuyūn; 站着眩晕 zhànzhe xuànyùn (英 feel dizzy)

たちこめる【立ち込める】 弥漫 mímàn; 笼罩 lǒngzhào (英 envelop; hang over) ▶幸せな生活に突如暗雲が～/幸福的生活里突然笼罩上了阴影 xìngfú de shēnghuólǐ tūrán lǒngzhàoshàngle yīnyǐng ▶朝霧が川面に立ち込めていた/晨雾笼罩着河面 chénwù lǒngzhàozhe hémiàn ▶部屋にはタバコの煙が立ち込めていた/房间里弥漫着烟草的雾气 fángjiānli mímànzhe yāncǎo de wùqì

たちさる【立ち去る】 离开 líkāi; 走开 zǒukāi (英 leave; quit) ▶立ち去れ!/滚蛋! gǔndàn! ▶立ち去らせる/打发 dǎfa ▶その場から～タイミングを失った/错失了离开那里的最佳时机 cuòshīle líkāi nàli de zuìjiā shíjī

たちすくむ【立ちすくむ】 惊呆 jīngdāi; 呆立不动 dāilì bú dòng (英 be unable to move) ▶断崖から下を見て思わず～/从断崖上往下一看, 不由得呆立不动 cóng duànyáshang wǎng xià yí kàn, bùyóude dāilì bú dòng

たちつくす【立ち尽くす】 一直站着 yìzhí zhànzhe; 呆立不动 dāilì bú dòng (英 keep standing) ▶呆然と～/站着发呆 zhànzhe fādāi

たちづめ【立ちづめ】 (英 standing for a long time) ▶列車が満員で東京から名古屋まで～であった/火车里满员, 所以从东京一直站到名古屋 huǒchēli mǎnyuán, suǒyǐ cóng Dōngjīng yìzhí zhàndào Mínggǔwū

たちどおし【立ち通し】 始终站着 shǐzhōng zhànzhe (英 standing all the way) ▶終点まで～だった/一直站到终点 yìzhí zhàndào zhōngdiǎn ▶朝8時から5時間～で腰が痛くなった/从早八点一直站了五个小时, 所以腰疼了 cóng zǎo bā diǎn yìzhí zhànle wǔ ge xiǎoshí, suǒyǐ yāo téng le

たちどころに【立ち所に】 立刻 lìkè; 立即 lìjí (英 at once; immediately) ▶薬を飲んだら～痛みが消えた/一吃下药, 疼痛立刻就消失了 yì chīxià yào, téngtòng lìkè jiù xiāoshī le ▶熱湯を注ぐと～スープができる/用开水一冲, 立刻就可以做好汤 yòng kāishuǐ yì chōng, lìkè jiù kěyǐ zuòhǎo tāng

たちどまる【立ち止まる】 止步 zhǐbù; 站住 zhànzhù (英 stop; halt; come to a stop) ▶喫茶店の前で思わず立ち止まった/在咖啡馆前不由得站住了 zài kāfēiguǎnqián bùyóude zhànzhù le ▶急に～/突然止步 tūrán zhǐbù ▶たまには立ち

たちなおる【立ち直る】 恢复 huīfù；复原 fùyuán（英 *recover*）▶ショックから恢复过来 cóng dǎjī zhōng huīfùguòlái ▶落ち込みからなかなか立ち直れない/很难从低落的精神状态中恢复过来 hěn nán cóng dīluò de jīngshén zhuàngtài zhōng huīfùguòlái ▶经済を立ち直らせる/复兴经济 fùxīng jīngjì

たちならぶ【立ち並ぶ】 排列 páiliè（英 *stand in a row*; *line*）▶大通りに大勢の人が立ち並び声援を送った/大路上有许多人排队给以了声援 dàlùshang yǒu xǔduō rén páiduì gěiyǐle shēngyuán ▶高層ビルが〜/摩天大楼鳞次栉比 mótiān dàlóu lín cì zhì bǐ

たちのき【立ち退き】 搬迁 bānqiān（英 *a move*; *a removal*）▶〜を命じる/令其搬迁 lìng qí bānqiān

◆〜先：搬迁后的住址 bānqiānhòu de zhùzhǐ
◆〜料：搬迁补偿费 bānqiān bǔchángfèi

たちのく【立ち退く】 搬出 bānchū；离开 líkāi（英 *move out*; [転居] *move out*; [撤退] *evacuate*）▶家主から1ヶ月以内に〜ように言われた/房东叫我一个月之内搬出去 fángdōng jiào wǒ yí ge yuè zhīnèi bānchūqu ▶避難警報が出て急いで家を立ち退いた/收到避难警报后急忙离开家 shōudào bìnàn jǐngbàohòu jímáng líkāi jiā

たちのぼる【立ち昇る】 冒起 màoqǐ；升起 shēngqǐ（英 *go up*; *rise*; *ascend*）▶空爆を受け煙が〜/受到空袭，升起了一股烟雾 shòudào kōngxí, shēngqǐle yì gǔ yānwù

たちば【立場】 ❶【地位・境遇】 立场 lìchǎng；处境 chǔjìng（英 *a situation*; *a position*）▶苦しい〜/苦境 kǔjìng ▶〜を明らかにする/表明立场 biǎomíng lìchǎng ▶最後まで反対の〜を貫く/始终坚持反对的立场 shǐzhōng jiānchí fǎnduì de lìchǎng ▶彼らは微妙な〜に立たされることになった/他们被推到了一个微妙的处境里 tāmen bèi tuīdàole yí ge wēimiào de chǔjìngli ▶〜が逆だったら、私はそうしないだろう/如果处境相反，我大概会那么做吧 rúguǒ chǔjìng xiāngfǎn, wǒ dàgài búhuì nàme zuò ba ▶自分の置かれた〜を知る/知道自己所处的立场 zhīdào zìjǐ suǒ chǔ de lìchǎng ▶問題の多くに関して彼は中道の〜をとった/关于多数问题他都采取了中立的态度 guānyú duōshù wèntí tā dōu cǎiqǔle zhōnglì de tàidù

❷【見地・見方】 角度 jiǎodù；观点 guāndiǎn（英 *a point of view*）▶〜を変えて見る/换一个角度看 huàn yí ge jiǎodù kàn ▶他人の〜になって考える/站在别人的角度思考 zhànzài biérén de jiǎodù sīkǎo

◆〜がない 没面子 méi miànzi

たちはだかる【立ちはだかる】 挡住 dǎngzhù；阻挡 zǔdǎng（英 *confront*）▶彼は戦車の前に立ちはだかった/他站在战车前面阻挡 tā zhànzài qiánchē qiánmiàn zǔdǎng ▶強敵が彼らの前に立ちはだかった/强敌挡在了他们面前 qiángdí dǎngzàile tāmen miànqián

たちばなし【立ち話をする】 站着聊天儿 zhànzhe liáotiānr（英 *talk standing*）▶もなんだから喫茶店にでも入ろう/站着聊天有点儿那个，找个咖啡馆坐坐吧 zhànzhe liáotiānr yǒudiǎnr nàge, zhǎo ge kāfēiguǎn zuòzuo ba

たちばん【立ち番をする】 站岗 zhàngǎng；放哨 fàngshào（英 *keep a watch*）▶父兄が小学生の登校の〜をする/学生家长在小学生上学时间站岗 xuésheng jiāzhǎng zài xiǎoxuéshēng shàngxué shíjiān zhàngǎng

たちふさがる【立ち塞がる】 挡住 dǎngzhù；拦阻 lánzǔ（英 *stand in one's way*; *confront*）▶彼女の前に差別という厚い壁が〜/"歧视"这堵厚厚的墙壁挡在她面前 "qíshì" zhè dǔ hòuhòu de qiángbì dǎngzài tā miànqián ▶警備員が入口に〜/保安在入口处挡住了 bǎo'ān zài rùkǒuchù dǎngzhù le

たちまち【忽ち】 马上 mǎshàng；一下子 yíxiàzi（英 *in an instant*; *instantly*; *suddenly*）▶〜売り切れた/马上就卖光了 mǎshàng jiù màiguāng le ▶〜のうちに広まった/一下子就传开了 yíxiàzi jiù chuánkāi le ▶〜人生の半分が過ぎた/一眨眼，人生的一半儿就过去了 yì zhǎyǎn, rénshēng de yíbànr jiù guòqu le ▶彼女は〜スターの座にのしあがった/她一下子爬上了明星宝座 tā yíxiàzi páshàngle míngxīng bǎozuò

たちまわり【立ち回り】 ❶【劇などの】 武打 wǔdǎ（英 *a fighting scene*）❷【けんか】（英 *a fight*）▶〜を演じる/动手打架 dòngshǒu dǎjià；扭打在一起 niǔdǎ zài yìqǐ；表演武打 biǎoyǎn wǔdǎ

たちまわる【立ち回る】 ❶【身を処す】 钻营 zuānyíng（英 *move about*; *maneuver*；[演じる] *play one's part*）▶如才なく〜/圆滑处世 yuánhuá chǔshì ▶彼は上手に立ち回って、いい地位に割り込んだ/他圆滑处世，挤进了较高的地位 tā yuánhuá chǔshì, jǐjìnle jiào gāo de dìwèi ❷【立ち寄る】 中途到 zhōngtú dào（英 *haunt*）▶刑事は犯人が立ち回りそうな場所を見張る/刑警监视犯人可能流窜的地方 xíngjǐng jiānshì fànrén kěnéng liúcuàn de dìfang ▶立ち回り先/流窜的地方 liúcuàn de dìfang

たちみ【立ち見する】 站着看 zhànzhe kàn（英 *watch... standing*）▶〜席の切符/站票 zhànpiào ▶満員で〜席だけあった/已经满员，只剩下站票了 yǐjing mǎnyuán, zhǐ shèngxià zhànpiào le

◆〜客：站着看的观众 zhànzhe kàn de guānzhòng

たちむかう【立ち向かう】 对抗 duìkàng；抵抗 dǐkàng；面对 miànduì（英 *face*; *confront*; [反对する] *oppose*）▶難局に〜/面对难局 miànduì nánjú ▶当面する課題に真正面から〜/从正面迎对当前面临的课题 cóng zhèngmiàn yíngduì dāngqián miànlín de kètí ▶困難に〜/对抗困

难 duìkàng kùnnan ▶彼は一人でやくざどもに立ち向かった/他独自一人跟那些流氓对抗 tā dúzì yì rén gēn nà xiē liúmáng duìkàng

たちもどる【立ち戻る】 重返 chóngfǎn; 返回 fǎnhuí 英 *return* ▶原点に〜/回到出发点 huídào chūfādiǎn ▶本題に〜/返回正题 fǎnhuí zhèngtí

ダチョウ【駝鳥】〔鳥〕鸵鸟 tuóniǎo 英 *an ostrich*

たちよみ【立ち読みする】 光看不买 guāng kàn bù mǎi 英 *stand and read free in a bookstore* ▶《掲示》〜お断り/谢绝只站着读不买 xièjué zhǐ zhànzhe dú bù mǎi ▶本屋で週刊誌を〜する/在书店里站着读周刊杂志 zài shūdiànli zhànzhe dú zhōukān zázhì

たちよる【立ち寄る】 顺路到 shùnlù dào 英 *drop in*; [寄港] *call at...* ▶散歩の途中コンビニに〜/散步途中顺路走进便利店 sànbù túzhōng shùnlù zǒujìn biànlìdiàn ▶南下する旅鳥が〜干渇/南下的候鸟顺路停留的浅滩 nánxià de hòuniǎo shùnlù tíngliú de qiǎntān ▶古本屋に〜/顺路到旧书店 shùnlù dào jiùshūdiàn

だちん【駄賃】 小费 xiǎofèi; 赏钱 shǎngqián 英 *a reward* ▶手伝ってくれた子供に〜をやる/给帮忙干活的孩子赏钱 gěi bāngmáng gànhuó de háizi shǎngqián

行きがけの〜 搂草打兔子 lōu cǎo dǎ tùzi

たつ【立つ・起つ・建つ】 ❶【起立】 站 zhàn; 站立 zhànlì 英 *stand up*; *rise one's feet* ▶足が痺れて立てなくなる/腿麻了，站不起来 tuǐ má le, zhànbuqǐlái ▶居ても立ってもいられない/坐立不安 zuò lì bù'ān ▶背の立たない深いところへ入るな/不要去你直不起身子的深处 búyào qù nǐ zhíbuqǐ shēnzi de shēnchù

❷【建立】 建 jiàn; 盖 gài 英 *be built*; [設立] *be established* ▶研究所は町のはずれに立っている/研究所建在城市尽头 yánjiūsuǒ jiànzài chéngshì jìntóu

❸【出発】 离开 líkāi; 出发 chūfā 英 *leave; start* ▶北京を〜/离开北京 líkāi Běijīng ▶9 時に〜/九点出发 jiǔ diǎn chūfā ▶8 時に大阪を〜八点从大阪出发到大阪 cóng Dàbǎn chūfā ▶大阪へ〜/出发去大阪 chūfā qù Dàbǎn

❹【その他】 ▶風が〜/起风 qǐfēng ▶筋が立たない/没有道理 méiyǒu dàolǐ ▶腹が〜/生气 shēngqì ▶役に〜/有用 yǒuyòng ▶先に〜/带头 dàitóu ▶席を〜/退席 tuìxí ▶暮らしが〜/维持生活 néng wéichí shēnghuó ▶男の一分が立たない/不能保全男子的体面 bùnéng bǎoquán nánzǐ de tǐmiàn ▶あの男は弁が〜なあ/他那个人真是能言善辩啊 tā nàge rén zhēn shì néng yán shàn biàn a ▶本当に筆に〜人ですよ/他真擅长写作 tā zhēn shàncháng xiězuò

ことわざ 立つ鳥あとを濁さず 人走不留恶名，鸟过不留浊迹 rén zǒu bù liú èmíng, niǎo guò bù liú zhuójì

三十にして〜 三十而立 sānshí ér lì

たつ【辰】〔十二支〕辰 chén 英 *the year of the Dragon* ▶〜の刻《午前 8 時頃》/辰时 chénshí ▶〜年生まれ/属龙 shǔlóng

たつ【断つ・絶つ】 英 *cut*; *cut off*; *intercept* ▶酒を〜/戒酒 jiè jiǔ ▶関係を〜/断绝关系 duànjué guānxi ▶消息を〜/杳无音讯 yǎo wú yīnxùn ▶退路を〜/截断退路 jiéduàn tuìlù ▶悪循環を〜/截断恶性循环 jiéduàn èxìng xúnhuán ▶自ら命を〜/自尽 zìjìn

たつ【経つ】 过 guò; 经 jīng 英 *pass by*; *go by*; *elapse* ▶時が〜/时光过去 shíguāng guòqù ▶お別れしてから 3 年経ちますね/自从上次分别，已经过去三年了吧 zìcóng shàng cì fēnbié, yǐjīng guòqù sān nián le ba ▶ストが始まって 3 週間経った/罢工开始后已经过去三个星期了 bàgōng kāishǐhòu yǐjīng guòqù sān ge xīngqī le ▶時の〜のが速い/时间过得快 shíjiān guòde kuài ▶時が知らぬ間に〜/时光在不知不觉中流逝 shíguāng zài bùzhī bùjué zhōng liúshì ▶時の〜のを忘れる/忘记时间（的流逝） wàngjì shíjiān(de liúshì) ▶治療後 1 週間も経たないうちに腰の痛みが和らいだ/治疗后不出一个星期腰疼就减轻了 zhìliáohòu bù chū yí ge xīngqī yāo téng jiù jiǎnqīng le

たつ【裁つ】 裁剪 cáijiǎn 英 *cut*; *cut out*; *sever*

だついじょ【脱衣所】 更衣处 gēngyīchù 英 *a dressing room*

だっかい【脱会する】 退会 tuìhuì 英 *leave* ▶〜届/退会申请 tuìhuì shēnqǐng ▶協会を〜する/从协会退会 cóng xiéhuì tuìhuì

だっかい【奪回する】 夺回 duóhuí; 收复 shōufù 英 *regain* ▶〜する《被占領地を》/克复 kèfù ▶政権を〜する/夺回政权 duóhuí zhèngquán ▶市場シェアを〜する/夺回市场占有率 duóhuí shìchǎng zhànyǒulǜ

たっかん【達観する】 达观 dáguān; 看透 kàntòu 英 *be philosophical* ▶人生を〜する/看透人生 kàntòu rénshēng

だっかん【奪還する】 夺回 duóhuí; 克复 kèfù 英 *recover*; *regain*; *recapture* ▶タイトルを〜する/夺回冠军称号 duóhuí guànjūn chēnghào

だっきゃく【脱却する】 摆脱 bǎituō; 脱离 tuōlí 英 *free oneself of...* ▶危機を〜する/摆脱危机 bǎituō wēijī ▶貧困から〜する/摆脱贫困 bǎituō pínkùn

たっきゅう【卓球】〔スポーツ〕乒乓球 pīngpāngqiú 英 *table tennis*; *ping-pong* ▶〜をする/打乒乓球 dǎ pīngpāngqiú ▶〜台/乒乓球台 pīngpāngqiútái ▶〜のラケット/乒乓球拍 pīngpāngqiúpāi
♦〜選手：乒乓球运动员 pīngpāngqiú yùndòngyuán

だっきゅう【脱臼する】 脱位 tuōwèi; 脱臼 tuōjiù 英 *dislocate* ▶股関節〜/股关节脱臼 gǔ guānjié tuōjiù ▶肩を〜する/肩膀脱臼 jiānbǎng tuōjiù

タック《衣服などの》折缝 zhéfèng（英 *a tuck*）

タックスフリーショップ 免税商店 miǎnshuì shāngdiàn（英 *a tax-free shop*）

ダックスフント《犬》短腿猎狗 duǎntuǐ lièg ǒu（英 *a dachshund*）

タックル 擒抱 qínbào（英 *a tackle*）▶果敢に～して相手の前進を阻む/果敢地扑抱住对方，阻止其前进 guǒgǎn de pūbàozhù duìfāng, zǔzhǐ qí qiánjìn

たっけん【卓見】 卓见 zhuójiàn（英 *foresight; excellent ideas*）▶あなたの御意見はまさに～であると考えます/我认为您的高见正是真知卓见 wǒ rènwéi nín de gāojiàn zhèngshì zhēnzhī zhuójiàn

だっこ【抱っこする】 抱 bào（英 *hug*）▶赤ちゃんを～する/抱婴儿 bào yīng'ér
おんぶに～ 得寸进尺 dé cùn jìn chǐ

だっこう【脱稿する】 脱稿 tuōgǎo；完稿 wángǎo（英 *finish writing a novel*）

だっこく【脱穀する】 脱粒 tuōlì（英 *thresh*）▶～機/脱粒机 tuōlìjī

だつごく【脱獄する】 越狱 yuèyù（英 *break prison*）
♦～囚 越狱犯 yuèyùfàn

たっし【達し】 指示 zhǐshì；命令 mìnglìng（英 *an official notice*）▶上からの～を受ける/接受上面的指示 jiēshòu shàngmiàn de zhǐshì

だつじ【脱字】 漏字 lòuzì；掉字 diàozì（英 *an omitted word*）▶誤字～が多すぎて使いものにならない/错字漏字太多，用不了 cuòzì lòuzì tài duō, yòngbuliǎo

だっしにゅう【脱脂乳】 脱脂乳 tuōzhīrǔ（英 *skim milk*）▶脱脂粉乳/脱脂奶粉 tuōzhī nǎifěn

だっしめん【脱脂綿】 脱脂棉 tuōzhīmián；药棉 yàomián（英 *absorbent cotton*）

たっしゃ【達者な】 ❶【からだ】健康 jiànkāng；结实 jiēshi（英 *healthy; strong*）▶母は80歳ですがまだとても～です/母亲虽然八十岁了，但还非常健康 mǔqin suīrán bāshí suì le, dàn hái fēicháng jiànkāng ▶ではお～で/那么，请保重身体 nàme, qǐng bǎozhòng shēntǐ ▶足が～な頃はよく展覧会を見に行った/腿脚还很结实的时候，经常去看展览会来着 tuǐjiǎo hái hěn jiēshi de shíhou, jīngcháng qù kàn zhǎnlǎnhuì láizhe ❷【技】熟练 shúliàn；会 huì（英 *skillful; expert*）▶彼女はドイツ語が～/她精通德语 tā jīngtōng Déyǔ ▶子供のくせに口が～だ/小小年纪很会说话 xiǎoxiǎo niánjì què hěn huì shuōhuà ▶水泳の～な人/擅长游泳的人 shàncháng yóuyǒng de rén ▶どんな役でも～に演じる/无论什么角色都能出色扮演 wúlùn shénme juésè dōu néng chūsè bànyǎn ▶何をさせても～に勝れる/无论什么任务都能出色胜任 wúlùn shénme rènwù dōu néng chūsè shèngrèn ▶この犬は芸が～だ/这条狗很会表演 zhè tiáo gǒu hěn huì biǎoyǎn

だっしゅ【奪取する】 夺取 duóqǔ（英 *capture; seize*）▶政権を～する/夺取政权 duóqǔ zhèngquán

ダッシュ ❶【走る】全力奔跑 quánlì bēnpǎo；猛冲 měngchōng（英 *a dash*）▶ゴール目ざして～する/向终点冲刺 xiàng zhōngdiǎn chōngcì ❷【記号】破折号 pòzhéhào（-）（英 *a dash*）

だっしゅう【脱臭する】 除臭 chúchòu（英 *deodorize*）▶～剤/除臭剂 chúchòujì

だっしゅつ【脱出する】 逃脱 táotuō；脱出 chūtuō ▶～シュート《旅客機の》/软梯 ruǎntī ▶非常階段を使って自力で～する/通过安全楼梯自己逃脱出来 tōngguò ānquán lóutī zìjǐ táotuōchūlai ▶国外への～は不可能と思われた/看来逃亡国外是不可能的 kànlái táowáng guówài shì bù kěnéng de

だっしょく【脱色する】 脱色 tuōsè（英 *decolorize*）
♦～剤/脱色剂 tuōsèjì

たつじん【達人】 妙手 miàoshǒu；高手 gāoshǒu（英 *an expert; a master*）▶彼は空手の～だ/他是空手道高手 tā shì kōngshǒudào gāoshǒu

だっすい【脱水する】 脱水 tuōshuǐ；去水 qùshuǐ（英 *dehydrate; dry*）▶～症状/脱水症状 tuōshuǐ zhèngzhuàng ▶炎天下で猛練習して～症状を起こした/在毒太阳下进行激烈的练习，引起脱水症状 zài dútàiyángxia jìnxíng jīliè de liànxí, yǐnqǐ tuōshuǐ zhèngzhuàng
♦～機《洗濯物の》/甩干机 shuǎigānjī；脱水机 tuōshuǐjī

たっする【達する】 ❶【達成する】达到 dádào；完成 wánchéng；实现 shíxiàn（英 *accomplish; achieve*）▶目を～/达到目的 dádào mùdì ▶望みを～/实现愿望 shíxiàn yuànwàng ❷【到達】到达 dàodá；达到 dádào（英 *reach; arrive at...*）▶標準に～/够得上水平 gòudeshàng shuǐpíng ▶合意に～/达成协议 dáchéng xiéyì ▶目的地に～/到达目的地 dàodá mùdìdì ▶積雪が3メートルに達した/积雪达到了三米 jīxuě dádàole sān mǐ ▶徒歩旅行の全行程は3800キロに達した/徒步旅行的整个行程达到了三千八百公里 túbù lǚxíng de zhěnggè xíngchéng dádàole sānqiān bābǎi gōnglǐ ▶成年に～/到达成年 dàodá chéngnián ▶彼はマジシャンとして名人の域に達した/作为魔术师他已经达到了名人的水平 zuòwéi móshùshī tā yǐjing dádàole míngrén de shuǐpíng

だっする【脱する】 逃出 táochū；脱离 tuōlí（英 *get out of...; escape*）▶危険を～/脱离危险 tuōlí wēixiǎn ▶束縛を～/摆脱束缚 bǎituō shùfù

たつせ【立つ瀬】 立场 lìchǎng；立脚点 lìjiǎodiǎn（英 *a position; a footing*）▶～がない/无立足之地 wú lìzú zhī dì；失掉面子 shīdiào miànzi ▶それでは親の～がない/这样我们做父母的就没有面子了 zhèyàng wǒmen zuò fùmǔ de jiù méiyǒu miànzi le

たっせい【達成する】 成就 chéngjiù; 完成 wánchéng; 达到 dádào; 达成 dáchéng (英 achieve; attain) ▶目標を〜/达到目标 dádào mùbiāo ▶やるだけはやったがなぜか〜感がない/干是干了，总没有成就感 gàn shì gàn le, zǒng méiyǒu chéngjiùgǎn ▶山頂に立つと何かを〜した満足感が得られる/一站在山顶上就会感受到一种完成了什么的满足感 yí zhànzài shāndǐngshang jiù huì gǎnshòudào yì zhǒng wánchéngle shénme de mǎnzúgǎn

[日中比較] 中国語の'达成 dáchéng'には「なしとげる」という意味の他に「協議などがまとまる」という意味もある．

だつぜい【脱税する】 漏税 lòushuì; 偷税 tōushuì (英 evade taxes) ▶〜を摘発される/被检举偷税 bèi jiǎnjǔ tōushuì

◆〜者/偷税者 tōushuìzhě

だっせん【脱線する】 脱轨 tuōguǐ (英 go off the rails) ▶汽车が〜した/火车脱轨了 huǒchē tuōguǐ le ▶話が〜した/话说得跑题了 huà shuōde pǎo tí le ▶6両編成の列車が〜する事故があった/六节编组的列车发生了脱轨的事故 liù jié biānzǔ de huǒchē fāshēngle tuōguǐ de shìgù

だっそう【脱走する】 逃跑 táopǎo (英 run away) ▶監獄から〜/越狱逃跑 yuèyù táopǎo ▶軍隊から〜/开小差 kāi xiǎochāi ▶〜兵/逃兵 táobīng ▶彼はオートバイでスイスへ〜した/他骑摩托就得了瑞士 tā qí mótuō táodàole Ruìshì ▶〜を企てる/图谋逃跑 túmóu táopǎo

たった 才 cái; 仅仅 jǐnjǐn; 只 zhǐ (英 only; merely; just) ▶〜一人で/仅仅一个人 jǐnjǐn yí ge rén ▶一人が反対したため話はまとまらなかった/由于仅仅一个人反对，事情就没有谈成 yóuyú jǐnjǐn yí ge rén fǎnduì, shìqing jiù méiyǒu tánchéng ▶〜50円しか持っていない/我只有五十日元 wǒ zhǐ yǒu wǔshí Rìyuán ▶〜一つの例だけでは証明にはならない/仅仅用一个例子不能证明 jǐnjǐn yòng yí ge lìzi bùnéng zhèngmíng ▶〜2，3分の違いで彼に会えなかった/仅仅两，三分钟之差，就没有见到他 jǐnjǐn liǎng, sān fēnzhōng zhī chā, jiù méiyǒu jiàndào tā

◆〜今 gāngcái; 刚刚 gānggāng ▶父は〜今出かけました/父亲刚刚出去 fùqin gānggāng chūqù

だったい【脱退する】 退出 tuìchū; 退会 tuìhuì (英 leave) ▶この条約から〜する権利を有する/拥有从这项条约中退出的权利 yōngyǒu cóng zhè xiàng tiáoyuē zhōng tuìchū de quánlì

◆〜者/退会者 tuìhuìzhě

タッチ ❶【触れること】接触 jiēchù; 触感 chùgǎn (英 a touch) ▶〜の差で間に合わなかった/差点儿就赶上了 chàdiǎnr jiù gǎnshàng le ▶ソフト〜/柔软的感觉 róuruǎn de gǎnjué ▶激戦のあとの〜の差で勝った/激战过后，以瞬息之差获胜 jīzhàn guòhòu, yǐ shùnxī zhī chā huòshèng ❷【筆づかい】笔触 bǐchù (英 a touch) ▶重々しい〜の絵/笔触深沉的绘画 bǐchù shēnchén de huìhuà ▶この絵の〜はすばらしい/这幅画的笔触十分精彩 zhè fú huà de bǐchù shífēn jīngcǎi ❸【物事に携わる】干预 gānyù; 涉及 shèjí (英 participation) ▶プランに〜した/干预计划 gānyù jìhuà ▶そんなことに〜してはいけない/不要参与那种事 búyào cānyù nà zhǒng shì

◆〜パネル/触摸屏 chùmōpíng

だって ❶【副助詞】连…也（都）lián…yě (dōu); 就 jiùshì…yě (英 even; also) ▶これくらい僕〜知ってるさ/这点小事，连我都知道啊 zhème diǎn shì, lián wǒ dōu zhīdào a ▶「私はあの男はきらいだ」「僕〜そうだ」/"我讨厌他 Wǒ tǎoyàn tā""我也一样啊 Wǒ yě yíyàng a" ▶僕がひきょう者ならあの男〜そうだ/如果说我是卑鄙小人的话，那么，他也同样 rúguǒ shuō wǒ shì bēibǐ xiǎorén dehuà, nàme, tā yě tóngyàng ▶その点は君〜同じだ/在这点上，你也一样 zài zhè diǎn shang, nǐ yě yíyàng ❷【反論・言いわけの接続詞】可是 kěshì; 但是 dànshì (英 but; because) ▶〜昨日そう約束したじゃないか/你不是昨天说定了吗？nǐ bú shì zuótiān shuōdìng le ma?

たっての 强 qiǎng; 硬 yìng (英 earnest) ▶〜願い/强求 qiǎngqiú ▶〜の望みとあらば…/如果你一定要的话…rúguǒ nǐ yídìng yào dehuà…

だっと【脱兎】 〜の如くに逃げる 跑如脱兔 pǎo rú tuōtù

たっとい【尊い・貴い】 珍贵 zhēnguì; 可贵 kěguì (英 precious)

だっとう【脱党する】 脱党 tuōdǎng; 退党 tuìdǎng (英 leave a party)

たっとぶ【尊ぶ】 尊重 zūnzhòng; 尊敬 zūnjìng (英 value) ▶先祖を〜/尊重先人 zūnzhòng xiānrén; 尊崇祖先 zūnchóng zǔxiān ▶人命は何より尊ばれなければならぬ/人命应该最受尊重 rénmìng yīnggāi zuì shòu zūnzhòng

たづな【手綱】 缰绳 jiāngshéng (英 a bridle; reins) ▶〜を取る/拉缰绳 lā jiāngshéng ▶〜を引き締める/拉紧缰绳 lājǐn jiāngshéng; 加以限制 jiāyǐ xiànzhì ▶〜を弛(ゆる)める/放松缰绳 fàngsōng jiāngshéng; 放宽限制 fàngkuān xiànzhì

タツノオトシゴ【竜の落とし子】〔魚〕海马 hǎimǎ (英 a sea horse)

だっぴ【脱皮する】 蜕化 tuìhuà; 蜕皮 tuìpí (英 cast off the skin) ▶蛇が〜した/蛇蜕皮了 shé tuìpí le ▶旧習から〜する/打破旧习 dǎpò jiùxí

[日中比較] 中国語の'脱皮 tuōpí'は「皮膚がむける」ことをいう．

たっぴつ【達筆】 写字写得好 xiě zì xiěde hǎo; 善书 shànshū (英 a skillful hand) ▶彼は〜だ/他字写得很好 tā zì xiěde hěn hǎo ▶彼はお世辞にも〜とは言えない/就算是恭维，他的字也不算好 jiùsuàn shì gōngwei, tā de zì yě bú suàn hǎo

タップダンス 踢踏舞 tītàwǔ (英 a tap dance)

たっぷり ❶【十分に・十二分に】充分 chōngfèn; 足足 zúzú (英 *enough*) ▶～餌をやる/喂足食 wèizú shí ▶列車で1日は～かかる/乘火车要花足足一天时间 chéng huǒchē yào huā zúzú yì tiān shíjiān ▶奴に～思い知らせてやるがいい/应该让那家伙好好儿明明白白 jiāhuo hǎohāor míngbaimíngbai ▶～朝食を食べた/饱饱地吃了早餐 bǎobǎo de chīle zǎocān ▶～したズボン/宽宽松松的裤子 kuānkuānsōngsōng de kùzi

❷『満ちている』充满 chōngmǎn (英 *fully*) ▶自信～/满怀信心 mǎnhuái xìnxīn ▶未練～だ/依依不舍 yīyī bù shě ▶愛嬌～である/柔情万种，魅力无穷 róuqíng wàn zhǒng, mèilì wúqióng ▶彼の発言は皮肉～だった/他的发言充满讽刺意味 tā de fāyán chōngmǎn fěngcì yìwèi ～ある 有的是 yǒudeshì ▶時間は～ある/时间很充分 shíjiān hěn chōngfèn

だつぼう【脱帽する】脱帽 tuōmào；《比喩》钦佩 qīnpèi；服输 fúshū (英 *take off one's hat*) ▶彼の心意気には～だ/对他的气魄深感钦佩 duì tā de qìpò shēn gǎn qīnpèi

たつまき【竜巻】龙卷风 lóngjuǎnfēng (英 *a tornado*) ▶村を～が襲う/龙卷风袭击村庄 lóngjuǎnfēng xíjī cūnzhuāng

だつもう【脱毛】脱毛 tuōmáo；脱发 tuōfà (英 *loss of hair*) ▶～剤/脱毛剂 tuōmáojì ▶～症/秃头症 tūtóuzhèng；斑秃 bāntū

だつらく【脱落する】❶『集団から』掉队 diàoduì；落伍 luòwǔ (英 *drop out*) ▶～者/掉队的人 diàoduì de rén

❷『必要な場所から』脱落 tuōluò；脱漏 tuōlòu (英 *fall off*) ▶走行中にトラックのタイヤが～/正在行驶的卡车轮胎脱落了 zhèngzài xíngshǐ de kǎchē lúntāi tuōluò le ▶このページに3行～がある/这一页漏了三行字 zhè yí yè lòule sān háng zì ▶最後の母音が～する/最后的韵母脱落了 zuìhòu de yùnmǔ tuōluò le

日中比較 中国語の'脱落 tuōluò'は「くっついているものが落ちる」ことをいう．集団からの脱落については使えない．

たて【盾】盾 dùn；挡箭牌 dǎngjiànpái (英 *a shield*) ▶後ろ～になる/做后盾 zuò hòudùn ▶～には両面がある/盾有两面 dùn yǒu liǎngmiàn ▶憲法を～にとって黙秘権を行使する/用宪法作挡箭牌行使沉默权 yòng xiànfǎ zuò dǎngjiànpái xíngshǐ chénmòquán

たて【殺陣】武打 wǔdǎ；武工 wǔgōng (英 *a swordplay*) ▶～師/武打教练 wǔdǎ jiàoliàn

たて【縦】纵 zòng；竖 shù (英 *length*；［高さ］*height*) ▶～方向の/纵向的 zòngxiàng de ▶大根を～に切る/纵向切开萝卜 zòngxiàng qiēkāi luóbo ▶テーブルを～に並べる/纵向摆桌子 zòngxiàng bǎi zhuōzi ▶～が2メートルある/长两米 cháng liǎng mǐ ▶～の線を引く/划竖线 huà shùxiàn ▶首を～に振る/点头 diǎntóu ▶(そばで見ていながら）～の横のものを～にもしない/油瓶子倒了都不扶 yóupíngzi dǎole dōu bù fú

～社会』纵向社会（以上下级关系为中心的社会）zòngxiàng shèhuì（yǐ shàngxiàjí guānxì wéi zhōngxīn de shèhuì）

-たて 刚 gāng (英 *new; fresh; just*) ▶焼き～のパン/刚烤好的面包 gāng kǎohǎo de miànbāo ▶生み～の卵/刚下的鸡蛋 gāng xià de jīdàn

たで【蓼】〔植物〕蓼 liǎo (英 *a smartweed*)

ことわざ 蓼食う虫も好き好き 人各有所好 rén gè yǒu suǒ hào

だて【伊達】为虚荣 wèi xūróng (英 *appearance*) ▶～や酔狂でこんな格好をしているわけじゃない/我可不是为了图虚荣才打扮成这样的 wǒ kě bú shì wèile tú xūróng cái dǎbanchéng zhèyàng de

ことわざ 伊達の薄着 俏皮人不穿棉 qiàopírén bù chuān mián；帅哥不怕冻 shuàigē bú pà dòng

▶～男/爱炫耀的男子 ài xuànyào de nánzǐ

たていた【立板】

～に水（のように話す）口若悬河 kǒu ruò xuán hé

たていと【縦糸】经线 jīngxiàn (英 *the warp*)

たてうり【建て売り】(英 *a ready-built house*) ▶～住宅/商品房 shāngpǐnfáng；《マンション》商品楼 shāngpǐnlóu

たてかえ【立て替え】垫付 diànfù (英 *payment for...*)

▶～金/垫付款 diànfùkuǎn

たてかえる【立て替える】《金を》垫 diàn；垫付 diànfù ▶入場料は僕が立て替えましょう/门票钱我垫上吧 ménpiàoqián wǒ diànshàng ba

たてかえる【建て替える】《建物を》重修 chóngxiū；重建 chóngjiàn (英 *rebuild; reerect*)

たてがき【縦書き】竖写 shùxiě (英 *vertical writing*) ▶～の手紙/竖写的信 shùxiě de xìn

たてかける【立て掛ける】靠 kào (英 *lean...against...*) ▶壁にはしごを～/把梯子靠在墙上 bǎ tīzi kàozài qiángshang

たてがみ【鬣】鬃毛 zōngmáo (英 *a mane*) ▶馬の～/马鬃 mǎzōng

たてかんばん【立看板】《道沿いの》广告牌 guǎnggàopái；《大学など》意见牌 yìjiànpái (英 *a billboard*)

たてぐ【建具】日式门扇的总称 Rìshì ménshàn de zǒngchēng (英 *fittings; fixtures*) ▶～師/制造门扇的木工 zhìzào ménshàn de mùgōng ▶～屋の職人/制造门扇的木匠 zhìzào ménshàn de mùjiàng

たてごと【竪琴】〔楽器〕竖琴 shùqín (英 *a harp*) ▶～を弾く/弹竖琴 tán shùqín

たてこむ【立て込む】❶『人や家屋が』拥挤 yōngjǐ (英 *be crowded*) ▶大売り出しで店が～/因为大减价,店里很拥挤 yīnwèi dà jiǎnjià, diànlǐ hěn yōngjǐ ▶小さな家が立て込んだ街並み/小型房屋拥挤排列的街道 xiǎoxíng fángwū yōngjǐ páiliè de jiēdào

❷『事が』繁忙 fánmáng (英 *be busy*) ▶忙しい日に限って仕事が～/偏偏在忙的日子里工作接踵而至 piānpiān zài máng de rìzili gōngzuò jiēzhǒng ér zhì

たてこもる【立て籠る】 固守 gùshǒu；据守 jùshǒu（英 *entrench oneself*）▶犯人は人質を取って部屋に立て籠もた/犯人劫持了人质固守在屋子里 fànrén jiéchíle rénzhì gùshǒu zài wūzili

たてじく【縦軸】〔座標の〕竖轴 shùzhóu（英 *the vertical axis*）

たてじま【縦縞】竖条纹 shùtiáowén（英 *vertical stripes*; *pinstripes*）

たてつく【盾突く】顶撞 dǐngzhuàng；反抗 fǎnkàng（英 *defy*）▶国家権力に～/反抗国家权力 fǎnkàng guójiā quánlì ▶重役に盾突いて左遷された/因顶撞董事被降职了 yīn dǐngzhuàng dǒngshì bèi jiàngzhí le

たてつけ【立て付け】门窗的开关情况 ménchuāng de kāiguān qíngkuàng（英〔～のよい〕*well-fitted*）《戸や窓の》～がよい/开关良好 kāiguān liánghǎo ▶～が悪い/开关不严 kāiguān bù yán

たてつづけ【立て続けに】连续 liánxù；接连 jiēlián（英 *in succession*）▶この夏は台風が～に発生した/这个夏天接连刮了好几场台风 zhège xiàtiān jiēlián guāle hǎojǐ chǎng táifēng ▶～に三度も負けた/接连输了三次 jiēlián shūle sān cì ▶～にタバコを吸う/一支接一支地抽烟 yì zhī jiē yì zhī de chōu yān

たてなおす【建て直す・立て直す】重建 chóngjiàn（英 *rebuild*; *recover*）▶会社を～/重建企业 chóngjiàn qǐyè ▶計画を～/重定计划 chóngdìng jìhuà ▶どう態勢を～か/怎么样重整局面？ zěnmeyàng chóngzhěng júmiàn? ▶生活を～/重新建设生活 chóngxīn jiànshè shēnghuó

たてぶえ【縦笛】〔楽器〕竖笛 shùdí（英 *a recorder*）▶～を吹く/吹竖笛 chuī shùdí

たてふだ【立て札】告示牌 gàoshìpái（英 *a notice board*）▶「ごみを捨てるな」と書いた～を立てる/立一块写着"切勿乱扔垃圾"的告示牌 lì yí kuài xiězhe "qiè wù luàn rēng lājī" de gàoshìpái

たてまえ【建前】方针 fāngzhēn；原则 yuánzé（英 *a policy*; *a rule*）▶～を通す/始终坚持原则 shǐzhōng jiānchí yuánzé ▶～と本音は別だ/嘴上说的和心里想的不一样 zuǐshang shuō de hé xīnlǐ xiǎng de bù yíyàng ▶～上は言論の自由があることになっている/表面上说是有言论的自由 biǎomiànshang shuōshì yǒu yánlùn zìyóu

たてまし【建て増しする】扩建 kuòjiàn；增建 zēngjiàn（英 *extend*）▶子供用に１部屋を～する/为了孩子增建一个房间 wèile háizi zēngjiàn yí ge fángjiān

たてまつる【奉る】《献上する》献上 xiànshang；奉献 fèngxiàn（英 *offer*）；《祭り上げる》捧上台 pěngshang tái（英 *set... up*）

たてもの【建物】房屋 fángwū；建筑物 jiànzhùwù（英 *a building*）▶赤レンガの～/红砖建筑物 hóngzhuān jiànzhùwù ▶～の密集した区域/建筑物密集的地区 jiànzhùwù mìjí de dìqū

たてやくしゃ【立て役者】❶〖重要な人物〗中心人物 zhōngxīn rénwù（英 *a leader*）▶変革の～/实行改革的中心人物 shíxíng gǎigé de zhōngxīn rénwù
❷〖芝居の〗重要演员 zhòngyào yǎnyuán；名伶 mínglíng（英 *the leading player*）▶歌舞伎の～/歌舞伎的重要演员 gēwǔjì de zhòngyào yǎnyuán

たてよこ【縦横】横竖 héngshù（英 *length and breadth*）▶～十文字に切る/横竖切个十字 héngshù qiē ge shízì

-だてら 竟 jìng，竟然 jìngrán ▶彼女は女～に酒豪だ/一个女的竟然这么能喝酒！ yí ge nǚ de jìngrán zhème néng hē jiǔ!

たてる【立てる】❶〖縦にする〗竖立 shùlì；立 lì（英 *set up*; *stand*）▶三脚を～/支起三角架 zhīqǐ sānjiǎojià ▶山頂に旗を～/在山顶竖起旗帜 zài shāndǐng shùqǐ qízhì ▶ろうそくを～/插上蜡烛 chāshàng làzhú ▶候補者を～/推出候选人 tuīchū hòuxuǎnrén
❷〖発生させる〗发出 fāchū；冒起 màoqǐ（英 *raise*; *make*）▶音を～/发出声音 fāchū shēngyīn ▶埃を～/扬起灰尘 yángqǐ huīchén ▶湯気を～/冒着热气 màozhe rèqì ▶寝息を～/发出睡梦中的呼吸 fāchū shuìmèng zhōng de hūxī ▶噂を～/造谣 zàoyáo
❸〖作り出す〗（英 *make*; *establish*）▶方針を～/制定方针 zhìdìng fāngzhēn ▶新説を～/创立新学说 chuànglì xīnxuéshuō
❹〖その他〗▶会長の顔を～/给会长留面子 gěi huìzhǎng liú miànzi ▶自分で自分に腹を～/自己生自己的气 zìjǐ shēng zìjǐ de qì ▶先輩として～/对高年级同学表示尊敬 duì gāoniánjí tóngxué biǎoshì zūnjìng ▶父の墓前で誓いを～/在父亲的墓前起誓 zài fùqīn de mùqián qǐshì

たてる【建てる】建造 jiànzào；盖 gài；〔简单な建物を〕搭建 dājiàn（英 *build*; *construct*）▶家を～/盖房子 gài fángzi ▶マイホームを～のが夢でした/盖自己的住房就是我的一个凤愿 gài zìjǐ de zhùfáng jiù shì wǒ de yí ge sùyuàn ▶都心に高層ビルが次々に建てられている/城市中心接二连三地建起了高楼大厦 chéngshì zhōngxīn jiē èr lián sān de jiànqǐle gāolóu dàshà

だでん【打電する】打电报 dǎ diànbào；致电 zhìdiàn（英 *send a telegraph*）▶戦争勃発を世界に～した/致电全世界报导了战争爆发 zhìdiàn quánshìjiè bàodǎole zhànzhēng bàofā

だとう【打倒する】打倒 dǎdǎo（英 *overthrow*）▶抑压的独裁政権を～する/打倒压迫百姓的独裁政权 dǎdǎo yāpò bǎixìng de dúcái zhèngquán

だとう【妥当な】恰当 qiàdàng；妥当 tuǒdang（英 *proper*; *right*; *fit*）▶～性を欠く/欠妥 qiàntuǒ；离格儿 lígér ▶データの～性が問われる/数据的准确性会遭到质疑 shùjù de zhǔnquèxìng huì zāodào zhìyí ▶より厳しい罰が～である/更

たどうし【他動詞】〔文法〕及物动词 jíwù dòngcí 《英 a transitive verb》 ▶〜は目的語をとる/及物动词带宾语 jíwù dòngcí dài bīnyǔ

たとえ【例え・譬え・喩え】 比方 bǐfang; 比喻 bǐyù 《英 a simile; a metaphor; a fable》 ▶あまり感心しない〜だな/这个比喻令人不敢恭维呀 zhège bǐyù lìng rén bù gǎn gōngwéi ya ▶〜に言うように人はパンのみにて生きるにあらず/正如常言所说,人不能光靠面包活着 zhèngrú chángyán suǒ shuō, rén bùnéng guāng kào miànbāo huózhe ▶花に嵐の〜もある/古诗云:"花发多风雨" gǔshī yún: "Huā fā duō fēngyǔ"

たとえ…でも 即使…也…; 就是也… jíshǐ…yě…; jiùshì…yě… 《英 (even) if; although》 ▶たとえ冗談でも言っていこと悪いことがある/就是开玩笑,也不该说的话 jiùshì kāi wánxiào, yě yǒu bù gāi shuō de huà ▶たとえ10年かかっても計画は実現します/即使需要十年,计划也要实现 jíshǐ xūyào shí nián, jìhuà yě yào shíxiàn ▶たとえ食うに困っても人から施しは受けない/就是吃不上饭,也不接受别人的施舍 jiùshì chībushàng fàn, yě bù jiēshòu biéren de shīshě

たとえば【例えば】 比如 bǐrú; 例如 lìrú 《英 for example》 ▶「〜地球温暖化だ」から話が始まる/"举例说全球变暖现象"谈话从这里开始 "jǔlì shuō quánqiú biànnuǎn xiànxiàng" tánhuà cóng zhèlǐ kāishǐ

たとえばなし【例え話】 譬喩 pìyù 《英 an allegory; a fable》 ▶このことを〜で説明しましょう/打比方来说明这件事吧 dǎ bǐfang lái shuōmíng zhè jiàn shì ba

たとえる【例える】 比方 bǐfang; 比喻 bǐyù 《英 compare to...》 ▶例えようもない/无法比喻 wúfǎ bǐyù ▶この風景の美しさは何に例えようか/这片风景之美该怎样形容呢? zhè piàn fēngjǐng zhī měi gāi zěnyàng xíngróng ne?

たどく【多読】 多读 duōdú; 博览 bólǎn 《英 extensive reading》 ▶〜家/博览群书的人 bólǎn qúnshū de rén

たどたどしい (歩みが) 蹒跚 pánshān;（言葉が）结结巴巴 jiējiēbābā 《英 faltering; tottering》 ▶一人の外国人が〜日本語で話しかけてきた/一个外国人操着不流利的日语向我搭话了 yí ge wàiguórén cāozhe bù liúlì de Rìyǔ xiàng wǒ dāhuà le ▶〜文章/不通顺的文章 bù tōngshùn de wénzhāng ▶〜議論/不顺畅的争论 bú shùnchàng de zhēnglùn

たどる【辿る】 走 zǒu; 追寻 zhuīxún 《英 follow; tread》 ▶思い出を〜/追寻回忆 zhuīxún huíyì ▶山道を辿りながら考えた/在山路上边走边想 zài shānlùshang biān zǒu biān xiǎng ▶我が家に辿り着く/好不容易回到家 hǎobù róngyì huídào jiā ▶思いもかけぬ結論に辿り着いた/竟得到了意想不到的结论 jìng dédàole yìxiǎngbudào de jiélùn ▶過去の記憶を〜/追寻过去的记忆 zhuīxún guòqù de jìyì ▶息子も同じ運命を〜のだろう/儿子也会落得同样的命运吧 érzi yě huì luòde tóngyàng de mìngyùn ba

たどん【炭団】 煤球 méiqiú 《英 a ball of coal》

たな【棚】 架子 jiàzi 《英 a shelf; a rack》 ▶コンビニの陳列〜/便利店的货架 biànlìdiàn de huòjià ▶食器〜/餐具架 cānjùjià ▶〜に載せる/放在架子上 fàngzài jiàzishang ▶自分のことを〜にあげる/把自己的事束之高阁 bǎ zìjǐ de shì shù zhī gāogé

ことわざ 棚から牡丹餅(ぽた) 倘来之物 tǎng lái zhī wù; 福从天降 fú cóng tiān jiàng; 天上掉馅饼 tiānshàng diào xiànbǐng

たなあげ【棚上げする】 搁置 gēzhì; 暂不处理 zàn bù chǔlǐ 《英 shelve》 ▶自分の責任問題を〜にする/把自己的责任问题搁在一边 bǎ zìjǐ de zérèn wèntí gēzài yìbiān ▶その計画は〜された/那项计划被搁置起来了 nà xiàng jìhuà bèi gēzhìqǐlai le

たなおろし【棚卸しする】 ❶【在庫を】盘库 pánkù; 盘货 pánhuò 《英 stocktaking》 ▶本日〜につき休業/今天因点货[盘货]停业 jīntiān yīn diǎnhuò[pánhuò]tíngyè ❷【悪口】一一批评 yīyī pīpíng; 数落 shǔluo 《英 faultfinding》 ▶嫌な教師の〜をする/数落讨厌的老师 shǔluo tǎoyàn de lǎoshī

たなこ【店子】 房客 fángkè 《英 a tenant》 ▶大家との〜トラブル/房东与房客之间的纠纷 fángdōng yǔ fángkè zhījiān de jiūfēn

たなざらえ【店ざらえ】 清仓甩卖 qīngcāng shuǎimài 《英 clearance》

たなざらし【店晒しの】 《英 shopworn》 ▶〜にする/作为陈货 zuòwéi chénhuò ▶〜の品/滞销商品 zhìxiāo shāngpǐn ▶改革案は〜のままだ/改革方案被束之高阁 gǎigé fāng'àn bèi shù zhī gāogé

たなだ【棚田】 梯田 tītián 《英 a rice terrace》

たなばた【七夕】 七夕 Qīxī 《英 the seventh night of July; the Star Festival》 ▶〜祭/乞巧节 Qǐqiǎojié; 七夕节 Qīxījié

たなびく【棚引く】 (烟雾) 拖长 (yānwù) tuōcháng 《英 hang over》 ▶山に霞が〜/雾霭在山峦弥漫 wù'ǎi zài shānluán mímàn

たなぼた【棚ぼた】 倘来之物 tǎng lái zhī wù; 福从天降 fú cóng tiān jiàng; 想不到的好运 xiǎngbudào de hǎoyùn 《英 a windfall》 ▶〜式に与えられた支援/福从天降地获得的支援 fú cóng tiān jiàng de huòdé de zhīyuán

たなん【多難な】 多难 duōnàn 《英 full of troubles》 ▶前途〜な船出/前途多难的起步 qiántú duōnàn de qǐbù ▶〜の道をたどる/走在崎岖的路上 zǒuzài qíqū de lùshang

たに【谷】 谷地 gǔdì; 山谷 shāngǔ 《英 a valley》 ▶人生,山もあれば〜もある/人生有起有落 rénshēng yǒu qǐ yǒu luò ▶気压の〜/低压槽 dīyācáo

ダニ【虫】 蜱 pí; 壁虱 bìshī 《英 a tick》 ▶社会

たにがわ【谷川】 山涧 shānjiàn；溪流 xīliú ㊥ *a mountain stream*

タニシ【田螺】 〔貝〕田螺 tiánluó ㊥ *a mud snail*

たにぞこ【谷底】 谷底 gǔdǐ ㊥ *the bottom of a valley*

たにま【谷間】 山沟 shāngōu；山谷 shāngǔ (*a valley*) ▶ビルの～/高楼大厦之间 gāolóu dàshà zhījiān ▶気圧の～/低压槽 dīyācáo

たにん【他人】 别人 biérén；他人 tārén ㊥ *another person; a stranger; an outsider* ▶赤の～/毫无关系的人 háowú guānxi de rén ▶～の空似/偶然相貌酷似 ǒurán xiàngmào kùsì ▶～の飯を食う/外出干活 wàichū gànhuó

たにんぎょうぎ【他人行儀な】 见外 jiànwài；客气 kèqi ㊥ *formal* ▶～にふるまう/举止很见外 jǔzhǐ hěn jiànwài ▶そんな～はやめてくれ/不要这么见外呀 nǐ búyào zhème jiànwài ya

タヌキ【狸】 ❶〔動物〕狸子 lízi；貉子 háozi；老狐狸 lǎohúli ㊥ *a raccoon dog* ❷〔比喩・狡猾な人〕老狐狸 lǎohúli ㊥ *a cunning fellow*

ことわざ 捕らぬ狸の皮算用 未捕狸子先算皮价 wèi bǔ lízi xiān suàn píjià；打如意算盘 dǎ rúyì suànpán

～親爺(⁽ʲᵢ⁾)/老滑头 lǎohuátóu；老狐狸 lǎohúli
～寝入りする 假装睡觉 jiǎzhuāng shuìjiào

たね【胤・種】 《男系の》种 zhǒng ㊥ *sperm* ▶～を宿す/怀…的孩子 huái…de háizi ▶僕には～違いの妹がいる/我有一个同母异父的妹妹 wǒ yǒu yí ge tóng mǔ yì fù de mèimei

たね【種】 ❶〔種子〕种子 zhǒngzi ㊥ *a seed; a pip; a stone* ▶～をまく/播种 bō zhǒng；下子儿 xià zǐr ▶～を採取する/采种 cǎi zhǒng
❷〔材料・もと〕原因 yuányīn；材料 cáiliào ㊥ *a source* ▶話の～/话题 huàtí；话柄 huàbǐng ▶争いの～は尽きない/纠纷的火种不间断 jiūfēn de huǒzhǒng bú jiànduàn ▶人の不幸を笑いの～にするな/不要嘲笑别人的不幸 búyào cháoxiào biérén de búxìng ▶ゆすりの～になる/成为敲诈的材料 chéngwéi qiāozhà de cáiliào
❸〔秘密〕㊥ *a trick* ▶～を明かす/揭露老底 jiēlù lǎodǐ ▶手品の～を明かす/揭开戏法的秘密 jiēkāi xìfǎ de mìmì

ことわざ まかぬ種は生(ʰᵃ)えぬ 不撒种子不发芽 bù sǎ zhǒngzi bù fāyá；种瓜得瓜，种豆得豆 zhòng guā dé guā, zhòng dòu dé dòu

たねうし【種牛】 种牛 zhǒngniú ㊥ *a stud bull*

たねうま【種馬】 种马 zhǒngmǎ ㊥ *a stud-horse*

たねぎれ【種切れになる】 用尽材料 yòngjìn cáiliào ㊥ *run out of topics*

たねつけ【種付けする】 配种 pèizhǒng ㊥ *serve*

たねび【種火】 火种 huǒzhǒng ㊥ *a pilot burner* ▶～を起こす/点起火种 diǎnqǐ huǒzhǒng

たねほん【種本】 蓝本 lánběn ㊥ *a source*

たねまき【種蒔き】 播种 bōzhǒng ㊥ *seeding*

たねん【多年】 多年 duōnián ㊥ *many years* ▶～にわたって排出されてきた有害物質/连续多年排出来的有害物质 liánxù duōnián páichūlai de yǒuhài wùzhì ▶～の望みがかなった/实现了多年的夙愿 shíxiànle duōnián de sùyuàn

たねんせい【多年生の】 多年生 duōniánshēng ㊥ *perennial* ▶～植物/多年生植物 duōniánshēng zhíwù

たのしい【楽しい】 好玩儿 hǎowánr；愉快 yúkuài；快乐 kuàilè ㊥ *pleasant; cheerful; merry* ▶楽しく過ごす/欢度 huāndù ▶ほんとうに楽しかった/真愉快呀 zhēn yúkuài a ▶人生は～ことばかりではない/人生不是只有愉快的事 rénshēng bú shì zhǐyǒu yúkuài de shì ▶笑いながらも～我が家/狭窄却很快乐的我家 xiázhǎi què hěn kuàilè de wǒ jiā ▶～思い出/愉快的回忆 yúkuài de huíyì ▶楽しく遊ぶ/快乐地玩儿 kuàilè de wánr

たのしませる【楽しませる】 使人快乐 shǐ rén kuàilè ㊥ *amuse; give pleasure; entertain* ▶美しい花々が目を～/美丽的花使人悦目 měilì de huā shǐ rén yuèmù

たのしみ【楽しみ】 乐趣 lèqù；欢乐 huānlè ㊥ *pleasure; joy; happiness* ▶老後の～/老年的乐趣 lǎonián de lèqù ▶私の唯一の～は温泉に入ることです/我唯一的乐趣就是泡温泉 wǒ wéiyī de lèqù jiù shì pào wēnquán ▶彼は旅行の外に～がない/除了旅行，他没有别的乐趣 chúle lǚxíng, tā méiyǒu biéde lèqù ▶休暇を～にして待つ/盼望着假期的到来 pànwàngzhe jiàqī de dàolái

たのしむ【楽しむ】 享乐 xiǎnglè；欣赏 xīnshǎng ㊥ *take pleasure; enjoy* ▶緊張感を～/享受紧张的感觉 xiǎngshòu jǐnzhāng de gǎnjué ▶今回は思ったほど楽しめなかった/这次没能像想象的那样尽兴 zhè cì méi néng xiǎng xiǎngxiàng de nàyàng jìnxīng

たのみ【頼み】 ❶〔依頼〕㊥ *a request; a favor* ▶君に一つ～があるのだがいいかな/我有一件事想求你帮忙，行吗？ wǒ yǒu yí jiàn shì xiǎng qiú nǐ bāngmáng, xíng ma ▶友人の～をきく/倾听朋友的请求 qīngtīng péngyou de qǐngqiú
❷〔信頼〕㊥ *reliance; trust* ▶いざという時に～になる[ならない]友/关键时刻，可以依靠的[靠不住的]朋友 guānjiàn shíkè, kěyǐ yīkào de [kàobuzhù de] péngyou ▶～の綱が切れる/失去依靠 shīqù yīkào ▶彼が～の綱だ/他就是唯一的指靠 tā jiù shì wéiyī de zhǐkào

たのみこむ【頼み込む】 恳求 kěnqiú ㊥ *plead*

たのむ【頼む】 ❶〔依頼〕请求 qǐngqiú；要 yào ㊥ *ask; beg; request* ▶～から僕のことはほうっておいてくれ/求求你啦，不要管我 qiúqiu nǐ la, búyào guǎn wǒ ▶頼みもしないのに余計なお

せっかいだ/不请自来，多管闲事 bù qǐng zì lái, duō guǎn xiánshì
❷【委託】委托 wěituō；托付 tuōfù；请 qǐng (entrust) ▶修理の人を～/请人来修理 qǐng rén lái xiūlǐ ▶家庭教師[弁護士]を～/请家庭教师[律师] qǐng jiātíng jiàoshī[lǜshī]
❸【依存】依靠 yīkào；靠 kào (rely on...) ▶万一を～しかない/只抱一线希望 zhǐ bào yíxiàn xīwàng ▶数を頼んで法案を通す/依仗人数通过法案 yīzhàng rénshù tōngguò fǎ'àn

たのもしい【頼もしい】 可靠 kěkào (英 reliable; trustworthy) ▶末～/前途有望 qiántú yǒuwàng ▶彼は～人だ/他是一个可靠的人 tā shì yí ge kěkào de rén ▶頼もしく思う/感到可靠 gǎndào kěkào

たば【束】 捆 kǔn；束 shù (英 a bundle; a bunch) ▶札～/纸币捆儿 zhǐbì kǔnr ▶ねぎを一～買う/买一把葱 mǎi yì bǎ cōng ▶俺たちになっても彼にはかなわない/我们即使群起攻之也打不过他 wǒmen jíshǐ qúnqǐ gōng zhī yě dǎbuguò tā ▶稲わらを～にする/把稻草扎成捆儿 bǎ dàocǎo zāchéng kǔnr ▶花～/花束 huāshù

だは【打破】《旧来のものを》打破 dǎpò；破除 pòchú (英 break down; defeat) ▶現状[因習]を～する/破除现状[陋习] pòchú xiànzhuàng [lòuxí]

だば【駄馬】 驮马 tuómǎ；劣马 lièmǎ (英 a packhorse)

タバコ【煙草】 烟 yān (英 tobacco; a cigarette) ▶～を吸う/抽烟 chōu yān ▶～をやめる/戒烟 jiè yān ▶～～/香烟 xiāngyān ▶パイプ～/烟斗用的烟丝 yāndǒu yòng de yānsī ▶～自動販売機/香烟自动售货机 xiāngyān zìdòng shòuhuòjī ▶フィルターつきの～/过滤嘴香烟 guòlǜzuǐ xiāngyān ▶～にマッチで火をつける/用火柴点烟 yòng huǒchái diǎn yān ▶～をもみ消す/把烟掐了 bǎ yān qiā le ▶彼は～をやめてから3ヶ月になる/他戒烟已经有三个月了 tā jiè yān yǐjīng yǒu sān ge yuè le ▶～の煙が目にしみる/香烟熏得眼睛疼 xiāngyān xūnde yǎnjīng téng

たはた【田畑】 田地 tiándì (英 a farm; fields) ▶～を耕す/耕地 gēng dì

たはつ【多発する】 (英 occur frequently) ▶あの交差点は交通事故が～する/那个十字路口常常发生交通事故 nàge shízì lùkǒu chángcháng fāshēng jiāotōng shìgù

たばねる【束ねる】 ❶【くくる】捆 kǔn；捆扎 kǔnzā (英 bundle) ▶新聞を紐で～/用绳子把报纸捆起来 yòng shéngzi bǎ bàozhǐ kǔnqǐlai ▶髪を～/把头发扎起来 bǎ tóufa zāqǐlai ▶紙幣を輪ゴムで～/用橡皮筋把纸币捆起来 yòng xiàngpíjīn bǎ zhǐbì kǔnqǐlai
❷【統率】统率 tǒngshuài；管理 guǎnlǐ (英 control) ▶組織は彼がしっかり束ねている/他牢牢地控制着组织 tā láolǎo de kòngzhìzhe zǔzhī

たび【度に】 每当 měidāng；每逢 měiféng (英 every time; each time) ▶彼は来る～に子供にみやげを忘れない/他每次来都不忘给孩子带礼物 tā měicì lái dōu bú wàng gěi háizi dài lǐwù ▶彼は三～(たび)やって、その～失敗した/他试了三次，每次都失败了 tā shìle sān cì, měicì dōu shībài le ▶やる～に力量を増す/经一事长一智 jīng yí shì zhǎng yí zhì ▶あの人を見る～に胸がときめく/每逢见到那个人都让人心情激动 měiféng jiàndào nàge rén dōu ràng rén xīnqíng jīdòng

たび【旅】 旅行 lǚxíng；旅游 lǚyóu (英 a journey; a tour; a trip) ▶人生の～/人生之旅 rénshēng zhī lǚ ▶彼は東北への～に出ている/他正在东北旅行 tā zhèngzài Dōngběi lǚxíng ▶2週間の～から帰る/经过两个星期的旅行返回 jīngguò liǎng ge xīngqī de lǚxíng fǎnhuí ▶～回りの劇団/江湖剧团 jiānghú jùtuán；巡回演出的剧团 xúnhuí yǎnchū de jùtuán ▶～慣れた人/习惯旅行的人 xíguàn lǚxíng de rén；惯于旅行的人 guànyú lǚxíng de rén

ことわざ **かわいい子には旅をさせよ** 要让心爱的孩子经风雨见世面 yào ràng xīn'ài de háizi jīng fēngyǔ jiàn shìmiàn；远离家门丢丑也无妨 yuǎnlí jiāmén diūchǒu yě wúfáng

ことわざ **旅は道連れ世は情け** 出行靠旅伴，谋生靠人情 chūxíng kào lǚbàn, móushēng kào rénqíng

だび【茶毘】 (英 cremation) ▶～に付す/火化 huǒhuà；火葬 huǒzàng ▶彼女の遺体は現地で～に付された/她的遗体在当地火化了 tā de yítǐ zài dāngdì huǒhuà le

たびかさなる【度重なる】 反复 fǎnfù；多次 duōcì (英 repeated) ▶～失敗にもめげない/反复失败也不气馁 fǎnfù shībài yě bú qìněi

たびげいにん【旅芸人】 江湖艺人 jiānghú yìrén (英 a strolling player)

たびこうぎょう【旅興行をする】 巡回演出 xúnhuí yǎnchū (英 take the road)

たびさき【旅先で】 旅途中 lǚtúzhōng (英 on one's trip) ▶彼は～で病気になった/他在旅途上病了 tā zài lǚtúshang bìng le ▶～から友達に手紙を出す/在旅途上给朋友写信 zài lǚtúshang gěi péngyou xiě xìn

たびじ【旅路】 旅途 lǚtú；旅程 lǚchéng (英 a journey) ▶死出の～に出る/赴黄泉路 fù huángquánlù ▶春の～は美しかった/春天的旅途太美了 chūntiān de lǚtú tài měi le

たびじたく【旅支度をする】 准备旅行 zhǔnbèi lǚxíng；《服装など》准备行装 zhǔnbèi xíngzhuāng (英 get ready for the trip)

たびしょうにん【旅商人】 客商 kèshāng；行商人 xíngshāngrén (英 a traveling salesman)

たびだつ【旅立つ】 动身 dòngshēn；上路 shànglù；启程 qǐchéng (英 set out) ▶あの世に～/去世 qùshì；动身赴黄泉 dòngshēn fù huángquán ▶宇宙へ～/飞往宇宙 fēiwǎng yǔzhòu；向宇宙出发 xiàng yǔzhòu chūfā

たびたび【度度】 再三 zàisān；屡次 lǚcì (英 often; many times; frequently)▶〈事が〉~起きる/迭起 diéqǐ; 屡次发生 lǚcì fāshēng ▶~おじゃまして申し訳ありません/屡次来打扰您，真是对不起 lǚcì lái dǎrǎo nín, zhēn shì duìbuqǐ ▶そういうことは過去にも~あった/这种事情过去也曾经屡次发生 zhè zhǒng shìqing guòqù yě céngjīng lǚcì fāshēng

たびびと【旅人】 过客 guòkè; 旅客 lǚkè（英 a traveler; a tourist）

たびまわり【旅回りの】 到处旅行 dàochù lǚxíng（英 travelling）▶~の一座/江湖剧团 jiānghú jùtuán

ダビング 复制 fùzhì（英 dubbing）▶撮影した画像を~する/复制拍下的录像 fùzhì pāixià de lùxiàng

タフな 结实 jiēshi; 坚强 jiānqiáng; 强壮 qiángzhuàng（英 tough）▶~な男/硬汉子 yìnghànzi ▶あの人との交渉には~な精神力が必要だ/跟他谈判，需要坚强的毅力 gēn tā tánpàn, xūyào jiānqiáng de yìlì

タブー 禁忌 jìnjì; 禁区 jìnqū（英 taboo）▶~とする/忌讳 jìhuì ▶~を犯す/犯禁忌 fàn jìnjì ▶その話題は~だ/那个话题是犯忌讳的 nàge huàtí shì fàn jìhuì de

だぶだぶ〈衣服などが〉肥大 féidà; 宽大 kuāndà（英 loose）▶~の上着/肥大的上衣 féidà de shàngyī ▶~ズボンのチャップリン/穿着肥大裤子的卓别林 chuānzhe féidà kùzi de Zhuóbiélín

だぶつく 过剩 guòshèng（英 be glutted）▶キャベツが取れすぎて市場にだぶついている/洋白菜收成太好，市场上已经出现过剩了 yángbáicài shōucheng tài hǎo, shìchǎngshang yǐjīng chūxiàn guòshèng le

だふや【だふ屋】 票贩子 piàofànzi; 黄牛 huángniú（英 a ticket scalper）▶~からサッカーのチケットを買う/从票贩子手里买足球票 cóng piàofànzi shǒuli mǎi zúqiúpiào

たぶらかす 诓骗 kuāngpiàn; 欺骗 qīpiàn（英 bewitch; deceive）▶いいようにたぶらかされた/被人任意欺骗了 bèi rén rènyì qīpiàn le

ダブる 重 chóng; 重复 chóngfù（英 be doubled）▶試合の日程は試験日とダブらないようにしている/把比赛的日程和考试的日子错开 bǎ bǐsài de rìchéng hé kǎoshì de rìzi cuòkāi ▶この主人公は父とイメージが~/这个主人公的形象和父亲相仿佛 zhège zhǔréngōng de xíngxiàng hé fùqin xiāng fǎngfú

ダブル 双 shuāng（英 double）▶~ベッド/双人床 shuāngrénchuáng ▶~クリック/双击 shuāngjī ▶~ス/双打 shuāngdǎ ▶~の上着/~排扣（西装）上衣 shuāngpáikòu(xīzhuāng) shàngyī

タブロイド 小报 xiǎobào（英 a tabloid）▶~版の学級通信を出す/发行四开版的班级小报 fāxíng sìkāibǎn de bānjí xiǎobào

たぶん【他聞】 ~をはばかる 怕別人听见 pà biérén tīngjiàn

たぶん【多分】 ❶【おそらく】想来 xiǎnglái; 大概 dàgài; 可能 kěnéng（英 probably; perhaps）▶「君と会うのは5年ぶりかな」「~ね」/"和你有五年没见了吧 Hé nǐ yǒu wǔ nián méi jiàn le ba""大概是吧 Dàgài shì ba"▶彼女はすでにそのことを聞いていると思う/我想，她已经听说那件事了吧 wǒ xiǎng, tā yǐjīng tīngshuō nà jiàn shì le ba ▶~お伺いできないかと存じます/我想，我恐怕不能前去拜访 wǒ xiǎng, wǒ kǒngpà bùnéng qiánqù bàifǎng

❷【相当の】（英 a lot of...）▶彼はその傾向が~にある/他极具那种倾向 tā jí jù nà zhǒng qīngxiàng ▶叔父から~の小遣いをもらった/叔叔给了我很多零用钱 shūshu gěile wǒ hěn duō língyòngqián

たべあきる【食べ飽きる】 吃腻 chīnì; 倒胃口 dǎo wèikou（英 be tired of eating...）▶ラーメンは~ことがない/面条是不会吃腻的 lāmiàn shì búhuì chīnì de ▶あの店のランチはもう食べ飽きた/那家餐厅里的午餐我已经吃腻了 nà jiā cāntīngli de wǔcān wǒ yǐjīng chīnì le

たべかた【食べ方】 ❶【作法】吃法 chīfǎ（英 [方法] how to eat; [作法] table manners）▶御飯に~に人柄が表れる/从吃饭的举止上能看出一个人的教养 cóng chīfàn de jǔzhǐshang néng kànchū yí ge rén de jiàoyǎng

❷【調理法】烹调法 pēngtiáofǎ（英 how to cook）▶たけのこの~を教えて下さい/请教我怎么做竹笋吧 qǐng jiāojiao wǒ zěnme zuò zhúsǔn ba

たべごろ【食べ頃】 正好吃的时候 zhènghǎochī de shíhou; 正可口 zhèng kěkǒu（英 the good time for eating）▶メロンは今が~です/香瓜现在正是好吃的时候 xiāngguā xiànzài zhèngshì hǎochī de shíhou

たべさせる【食べさせる】（幼児に）喂 wèi;（扶養する）赡养 shànyǎng（英 support one's family）▶三人もの子をどうやって食べさせようか/三个孩子怎么养活？sān ge háizi zěnme yǎnghuo?

たべずぎらい【食べず嫌い】 不尝而厌 bù cháng ér yàn; 怀有偏见 huáiyǒu piānjiàn（英 [~である] have a prejudice for...）▶この子は~が多すぎる/这个孩子不尝而厌的东西太多 zhège háizi bù cháng ér yàn de dōngxi tài duō

たべすぎる【食べ過ぎる】 吃过量 chī guòliàng; 吃得过多 chīde guòduō（英 eat too much）▶御飯を~と眠くなる/饭吃得过多就犯困 fàn chīde guòduō jiù fànkùn

タペストリー 壁毯 bìtǎn（英 tapestry）

たべなれない【食べ慣れない】 吃不惯 chībuguàn; 吃不来 chībulái（英 unaccustomed to eating）▶海外へ行くと~ものばかり出る/去海外总会遇到吃不惯的东西 qù hǎiwài zǒng huì yùdào chībuguàn de dōngxi

たべのこす【食べ残す】 吃剩 chīshèng（英 leave... uneaten）▶出された物は一つも食べ残

たべほうだい【食べ放題の】 随便吃 suíbiàn chī; 想吃多少就吃多少 xiǎng chī duōshao jiù chī duōshao (英) all-you-can-eat

たべもの【食べ物】 食物 shíwù (英) food ▶2週間分の~を備蓄する/储备够吃两个星期的食物 chǔbèi gòu chī liǎng ge xīngqī de shíwù ▶~が底をつく/食物吃光了 shíwù chīguāng le ▶あなたの好きな日本の~は何ですか/你喜欢吃的日本食物是什么？nǐ xǐhuan chī de Rìběn shíwù shì shénme? ▶犬に~を与える/给狗喂食 gěi gǒu wèi shí

たべる【食べる】 ❶【食する】 吃 chī (英) eat; take; have) ▶食べてみる/尝 cháng; 尝尝 chángchang ▶(口に合わず)食べられない/吃不来 chībulái ▶食べきれない/吃不了 chībuliǎo ▶パンダは竹を~/熊猫吃竹子 xióngmāo chī zhúzi ▶このきのこは食べられない/这种蘑菇不能吃 zhè zhǒng mógu bùnéng chī ▶昨夜から何も食べていない/从昨晚到现在什么也没吃 cóng zuówǎn dào xiànzài shénme yě méi chī ▶彼は朝食を急いで食べた/他急急忙忙地吃了早饭 tā jíjímángmáng de chīle zǎofàn ▶もりもり~/大口大口地吃 dàkǒu dàkǒu de chī; 狼吞虎咽 láng tūn hǔ yàn

❷【生活する】 生活 shēnghuó; 吃饭 chīfàn (英) live on...) ▶自分で働いて食べて行かねばならない/必须自己劳动养活自己 bìxū zìjǐ láodong yǎnghuo zìjǐ ▶一生~には困らない/一辈子不愁吃的 yíbèizi bù chóu chī de ▶~物も食べないで着る物に金を使う/从嘴里省下钱来买衣服 cóng zuǐlǐ shěngxià qián lái mǎi yīfu

だべる【駄弁る】 聊天儿 liáotiānr; 闲扯 xiánchě (英) have an idle talk)

たべん【多弁な】 爱说话 ài shuōhuà; 话多 huà duō (英) talkative) ▶お酒に酔うと~になる/一喝醉就说个没完 yì hēzuì jiù shuō ge méiwán

だべん【駄弁を弄する】 闲聊 xiánliáo; 闲扯 xiánchě (英) twaddle)

たへんけい【多辺形】 多边形 duōbiānxíng; 多角形 duōjiǎoxíng (英) a polygon)

だほ【拿捕する】 捕获 bǔhuò (英) seize) ▶密渔船を~する/捕获非法捕鱼船 bǔhuò fēifǎ bǔyúchuán

たほう【他方では】 另一方面 lìng yì fāngmiàn (英) on the other hand)

たぼう【多忙な】 繁忙 fánmáng; 忙碌 mánglù (英) busy) ▶~な毎日を送る/日子过得很忙碌 rìzi guòde hěn mánglù ▶仕事で~/因为工作忙得不可开交 yīnwèi gōngzuò mángde bùkě kāijiāo ▶御~中恐縮ですが/您在百忙之中, 实在是不好意思 nín zài bǎimáng zhīzhōng, shízài shì bù hǎoyìsi

たほうめん【多方面の】 多方面 duōfāngmiàn (英) various; in many fields) ▶~の専門家が結集する/各个领域的专家济济一堂 gègè lǐngyù de zhuānjiā jíjǐ yì táng ▶~にわたる研究活動を行う/进行跨越多门学科的研究活动 jìnxíng kuàyuè duōmén xuékē de yánjiū huódòng

だぼくしょう【打撲傷】 挫伤 cuòshāng; 碰伤 pèngshāng (英) a bruise) ▶~を受ける/受挫伤 shòu cuòshāng

たま【玉・珠】 (英) a ball; [露の] a drop) ▶ガラス~/玻璃球 bōliqiú ▶~の汗を流す/流下豆粒大的汗珠 liúxià dòulì dà de hànzhū
[ことわざ] 玉に瑕(きず) 美中不足 měi zhōng bù zú; 白璧微瑕 bái bì wēi xiá
[ことわざ] 玉磨かされば光なし 玉不琢不成器 yù bù zhuó bù chéng qì

たま【弾】 子弹 zǐdàn (英) a bullet; a shell) ▶~を込める/装子弹 zhuāng zǐdàn ▶~を打つ/发射子弹 fāshè zǐdàn ▶~に当たって死んだ/中弹身亡 zhòngdàn shēnwáng

たまげる【魂消る】 吃惊 chījīng; 吓坏 xiàhuài (英) be very surprised)

たまご【卵・玉子】 蛋 dàn; 卵 luǎn (英) an egg); [魚の] spawn; roe) ▶鶏の~/鸡蛋 jīdàn ▶~の黄身/蛋黄 dànhuáng ▶~の白身/蛋白 dànbái ▶~の殻/蛋壳儿 dànkér ▶(孵(かえ)す)/孵卵 fūluǎn ▶~を産む/产卵 chǎnluǎn; 下蛋 xiàdàn ▶~を割る/打鸡蛋 dǎ jīdàn ▶医者の~/未来的医生 wèilái de yīshēng
♦いり~/炒鸡蛋 chǎo jīdàn 金の~/金蛋 jīndàn; 宝贵的人才 bǎoguì de réncái 烧・煎鸡蛋 jiān jīdàn 半熟~/半熟鸡蛋 bànshú jīdàn ゆで~/煮鸡蛋 zhǔ jīdàn

[日中比较] '卵 luǎn' に「食用の鶏卵」の意味はない. 地方によっては人間の「睾丸, ペニス」を指す.

たましい【魂】 灵魂 línghún; 魂魄 húnpò (英) a soul; a spirit; [亡霊] a ghost) ▶研究に~を打ちこむ/潜心研究 qiánxīn yánjiū ▶~を入れて作る/倾注心血制作 qīngzhù xīnxuè zhìzuò ▶その光景は~を奪うほど美しい/那景色美丽得动人心魄 nà jǐngsè měilìde dòngrén xīnpò
[ことわざ] 一寸の虫にも五分の魂 匹夫不可夺其志 pǐfū bùkě duó qí zhì
[ことわざ] 三つ子の魂百まで 江山易改, 本性难移 jiāngshān yì gǎi, běnxìng nán yí

だましうち【騙し討ち】 暗算 ànsuàn; 陷害 xiànhài (英) a surprised attack) ▶あいつらに~された/被他们暗算了 bèi tāmen ànsuàn le

だましとる【騙し取る】 骗取 piànqǔ; 诈骗 zhàpiàn (英) defraud... of~)

だます【騙す】 骗 piàn; 欺骗 qīpiàn (英) cheat; deceive) ▶言葉巧みに~/诱骗 yòupiàn ▶騙されやすい/容易受骗 róngyì shòupiàn ▶彼はその言葉に騙された/他被那话骗到了 tā bèi nà fān huà qīpiàn le ▶騙して偽物を買わせる/欺骗对方, 使其买假货 qīpiàn duìfāng, shǐ qí mǎi jiǎhuò ▶彼は人に騙される男じゃない/他不是会上当的人 tā bú shì huì shàngdàng de rén

たまたま 偶尔 ǒu'ěr; 偶然 ǒurán (英 by chance; accidentally) ▶昨日～彼に会った/昨天偶然遇到了他 zuótiān ǒurán yùdàole tā ▶～会議で彼とは席が隣だった/会议上偶然坐在了他的邻座 huìyìshang ǒurán zuòzàile tā de línzuò

たまつき【玉突】 台球 táiqiú (英 billiards) ♦～衝突：追尾撞车 zhuīwěi zhuàngchē ～台：台球案 táiqiú'àn ～場：台球房 táiqiúfáng

たまに 偶尔 ǒu'ěr; 有时 yǒushí (英 occasionally) ▶この公園で～りを見かける/在这个公园里偶尔会看见松鼠 zài zhège gōngyuánlǐ ǒu'ěr huì kànjiàn sōngshǔ ▶～は痴も言いたくなる/有时也想发发牢骚 yǒushí yě xiǎng fāfa láosao ▶～は親に手紙を書けよ/抽空儿给父母写写信吧 chōukòngr gěi fùmǔ xiěxie xìn ba

タマネギ【玉葱】【植物】洋葱 yángcōng (英 an onion) ▶～のみじん切り/切碎的洋葱 qièsuì de yángcōng ▶～の皮/洋葱皮 yángcōngpí

たまの 偶尔 ǒu'ěr; 难得 nándé (英 occasional) ▶～休暇を利用して釣りに行く/利用难得的休假去钓鱼 lìyòng nándé de xiūjià qù diàoyú

たまのこし【玉の輿】 ～に乗る (女人)因结婚攀上高门 (nǚrén) yīn jiéhūn pānshàng gāomén

たまむしいろ【玉虫色】 彩虹色 cǎihóngsè; 模棱两可 móléng liǎng kě (英 iridescent color) ▶～の解決/模棱两可的解决方式 móléng liǎng kě de jiějué fāngshì

たまもの【賜物】 结果 jiéguǒ (英 a gift) ▶我が社の今日の発展は山岡氏の努力の～である/本公司能有今天的发展，全是山冈先生努力的结果 běn gōngsī néng yǒu jīntiān de fāzhǎn, quán shì Shāngāng xiānsheng nǔlì de jiéguǒ

たまらない【堪らない】 ❶【堪えがたい】 够受的 gòushòude; 受不了 shòubuliǎo (英 unbearable; endurable) ▶暑くて～/热得受不了 rède shòubuliǎo ▶おかしくて～/可笑得不得了 kěxiàode bùdéliǎo ▶嬉しくて～/高兴得不得了 gāoxìngde bùdéliǎo; 欣喜若狂 xīnxǐ ruò kuáng ▶悲しくて～/难过极了 nánguòjí le; 悲痛难耐 bēitòng nánnài ▶頭が痛くて～/头疼得要命 tóuténgde yàomìng; 头疼欲裂 tóuténg yù liè ▶私はあの人に会いたくて～/我特别思念他 wǒ tèbié sīniàn tā ▶おまえなんかに分かってたまるか/你怎么能懂呢？ nǐ zěnme néng dǒng ne? ▶あいつらに負けてたまるものか/怎么能输给他们呢？ zěnme néng shūgěi tāmen ne?

❷【この上なく】 特别 tèbié; 非常 fēicháng (英 wonderful) ▶僕はスキーがたまらなく好きだ/我滑雪上瘾了 wǒ huáxuě shàngyǐn le

たまりかねて【堪り兼ねて】 忍不住 rěnbuzhù (英 unable to endure) ▶～口出しする/忍不住插嘴 rěnbuzhù chāzuǐ ▶相手の不埒な言い分に～彼は抗議した/听了对方不讲理的说法，他忍不住抗起来 tīngle duìfāng bù jiǎnglǐ de shuōfa, tā rěnbuzhù kàngyìqǐlai

だまりこむ【黙り込む】 沉默 chénmò; 一言不发 yì yán bù fā (英 become silence) ▶彼女は急に黙り込んだ/她突然沉默不语 tā tūrán chénmò bù yǔ

たまりば【溜まり場】 伙伴们的聚会场 huǒbànmen de jùhuìchǎng (英 a hangout) ▶この辺は中高生の～になっている/这一带成了中学生们的聚会场地 zhè yídài chéngle zhōngxuéshēngmen de jùhuì chǎngdì ▶その喫茶店以前芸術家の～だった/那家咖啡厅以前曾是艺术家们的聚会场所 nà jiā kāfēitīng yǐqián céng shì yìshùjiāmen de jùhuì chǎngsuǒ

たまりみず【溜まり水】 积水 jīshuǐ (英 stagnant water)

たまる【貯まる】 (英 be saved) ▶お金が～/积攒钱 jīzǎn qián ▶3年で100万貯まった/三年积攒了一百万 sān nián jīzǎnle yìbǎi wàn

たまる【溜まる】 积存 jīcún; 堆积 duījī (英 gather; heap; pile up) ▶ほこりが～/积满着灰尘 jīmǎnzhe huīchén ▶仕事が～/工作积压 gōngzuò jīyā ▶ごみ問題で地域住民に不満が～/因为垃圾问题，社区居民们十分不满 yīnwèi lājī wèntí, shèqū jūmínmen shífēn bùmǎn ▶だいぶストレスが溜まったろう/压力够大的吧？ yālì gòu dà de ba? ▶前夜の雨で道路に所々水が溜まっている/前一天晚上的雨使道路上到处积满了水 qián yì tiān wǎnshang de yǔ shǐ dàolùshang dàochù dōu jīmǎnle shuǐ ▶彼の腹部に水が溜まっている/他的腹部有积水 tā de fùbù yǒu jīshuǐ ▶家賃が3ヶ月溜まった/房租已经拖欠了三个月 fángzū yǐjing tuōqiànle sān ge yuè ▶留守の間に溜まった郵便物はほとんどダイレクトメールだ/外出不在期间攒下的邮件几乎都是邮寄广告 wàichū bú zài qījiān zǎnxià de yóujiàn jīhū dōu shì yóujì guǎnggào

だまる【黙る】 沉默 chénmò; 住口 zhùkǒu (英 become silent) ▶黙れ/住嘴 zhùzuǐ ▶彼はそれきり黙ってしまった/他从那以后一直沉默着 tā cóng nà yǐhòu yìzhí chénmòzhe ▶その件は黙っているがいい/那件事最好别提 nà jiàn shì zuìhǎo bié tí ▶そんなことを言われて黙っていたのか/被说成这样儿你们怎么能没有反应？ bèi shuōchéng zhèyàngr nǐmen zěnme néng méiyǒu fǎnyìng? ▶こんなに侮辱されて黙ってはいられない/被如此侮辱，决不能一声不吭 bèi rúcǐ wǔrǔ, jué bùnéng yì shēng bù kēng ▶彼は黙って考えこんでいる/他一言不发地思考着 tā yì yán bù fā de sīkǎozhe ▶黙って部屋を出て行く/默默地走出房间 mòmò de zǒuchū fángjiān ▶会社を黙って欠勤する/没有跟公司请假就擅自休息 méiyǒu gēn gōngsī qǐngjià jiù shànzì xiūxi ▶彼を黙らせるのは難しい/让他住嘴可难了 ràng tā zhùzuǐ kě nán le

たまわる【賜わる】 蒙 méng; 承蒙 chéngméng (英 be given; be gifted) ▶お教えを～/承蒙指教 chéngméng zhǐjiào ▶拝謁を～/承蒙荣光接见 chéngméng shàngguāng jiējiàn ▶貴重な御意見を～/承蒙提出宝贵的意见 chéngméng

たみ【民】人民 rénmín; 老百姓 lǎobǎixìng (英 *people*) ▶遊牧の～/游牧民族 yóumù mínzú

ダミー ❶【替え玉】替身 tìshēn (英 *a dummy*) ❷【標的】人形靶 rénxíngbǎ; 假人 jiǎrén (英 *a dummy*) ❸【ダミー会社】挂名公司 guàmíng gōngsī (英 *a dummy company*)

だみごえ【だみ声】嘶哑的声音 sīyǎ de shēngyīn (英 *a harsh.*) ▶窓の外から親父の嘶哑の声が聞こえた/窗外传来父亲嘶哑的声音 chuāngwài chuánlái fùqin sīyǎ de shēngyīn

だみん【惰眠】
～を貪(むさぼ)る 贪睡懒觉 tān shuì lǎnjiào

たみんぞく【多民族】多民族 duōmínzú (英 *a multiracial nation*) ▶中国は～国家である/中国是多民族国家 Zhōngguó shì duōmínzú guójiā

ダム 水坝 shuǐbà; 水库 shuǐkù (英 *a dam*) ▶黄河三門峡～/黄河三门峡水库 Huánghé Sānménxiá shuǐkù ▶川に～を築く/拦河修建水坝 lánhé xiūjiàn shuǐbà ▶～が崩壊した/水库决口了 shuǐkù juékǒu le

たむける【手向ける】献 xiàn; 供 gòng (英 *offer*; *hand*) ▶霊前に花を～/在灵前献花 zài língqián xiàn huā

たむし【田虫】〔医〕顽癣 wánxuǎn; 钱癣 qiánxuǎn (英 *ringworm*)

たむろする【屯する】聚集 jùjí; 扎堆 zhāduī (英 *hang around*) ▶コンビニ前に高校生が～/便利店前面, 高中生们扎着堆儿 biànlìdiàn qiánmian, gāozhōngshēngmen zhāzhe duīr ▶観光地に～物売りが寄ってくる/聚集在风景区的小贩凑了过来 jùjí zài fēngjǐngqū de xiǎofàn còuleguòlai

ため【為】❶【利益】为 wèi; 为了 wèile (英 *benefit*) ▶～になる/有益 yǒuyì ▶…の～を思うんだ/这是为了你才做的事 zhè shì wèile nǐ cái zuò de shì ▶この本は読んでも全く～にならない/这本书读了也根本没有用 zhè běn shū dúle yě gēnběn méi yǒuyòng ▶それは君の～になることだよ/那是对你有益的事啊 nà shì duì nǐ yǒuyì de shì a

❷【原因・理由】因为 yīnwèi (英 *on account of...*; *because of...*) ▶雪の～に/因为下雪 yīnwèi xià xuě ▶彼の頬は飢えの～に落ちくぼんでいた/他的脸颊因为饥饿而凹陷了 tā de liǎnjiá yīnwèi jī'è ér āoxiàn le ▶我々が時間に遅れたのは全く君の～です/我们迟到全怪你 wǒmen chídào quán guài nǐ

❸【目的】为了 wèile (英 *in order to...*; *for*) ▶公共の～に働く/为了公众而工作 wèile gōngzhòng ér gōngzuò ▶君は何の～にそれをしたのか/你为什么做了那件事？ nǐ wèi shénme zuòle nà jiàn shì? ▶イギリスに留学する～に英語を勉強している/为了去英国留学而在学习英语 wèile qù Yīngguó liúxué ér zài xuéxí Yīngyǔ ▶生きる～に働く/为了生存而劳动 wèile shēngcún ér láodòng

だめ【駄目な】❶【役に立たない】没用 méiyòng; 不行 bùxíng (英 *useless: of no use*) ▶これくらいのことができないとは～な奴だな/连这点儿事都不能做, 真是个没用的人 lián zhè diǎnr shì dōu bùnéng zuò, zhēn shì ge méiyòng de rén ▶つくづく自分は～な人間だと思う/我深深地感到自己真是个没用的人 wǒ shēnshēn de gǎndào zìjǐ zhēn shì ge méiyòng de rén ▶そんなやり方では～だ/那样的办法不行 nàyàng de bànfǎ bùxíng ▶あの男はうんと叱らなければ～だ/他呀, 不狠狠批评几句是不行的 tā ya, bù hěnhěn pīpíng jǐ jù shì bùxíng de ▶私は機械いじりは全く～です/我对摆弄机器什么的根本不行 wǒ duì bǎinòng jīqì shénmede gēnběn bùxíng ▶雨でせっかくのピクニックが～になった/因为下雨, 好不容易盼来的郊游泡汤了 yīnwèi xià yǔ, hǎobù róngyì pànlái de jiāoyóu pàotāng le ▶年をとって耳が～になりかけていた/由于上了年纪, 耳朵开始有些不好使了 yóuyú shàngle niánjì, ěrduo kāishǐ yǒuxiē bù hǎoshǐ le

❷【望みのない】(英 *hopeless*) ▶なんといっても金がなければ～だ/不管怎么说, 没有钱是不行的 bùguǎn zěnme shuō, méiyǒu qián shì bùxíng de

❸【不可能な】不中用 bù zhōngyòng (英 *impossible*) ▶いろいろやってみたが～だった/试过各种办法, 还是不行 shìguò gè zhǒng bànfǎ, háishi bùxíng ▶それが～なら他の手を使ってみろ/那个不行的话, 用用别的方法吧 nàge bùxíng dehuà, yòngyong biéde fāngfǎ ba

❹【禁止】不行 bùxíng; 别 bié (英 *must not*) ▶～にする/弄坏 nònghuài ▶～よ/不行 bùxíng ▶言っちゃ～！/别说了！ bié shuō le！ ▶今日は～だが明日ならいい/今天不行, 明天还可以 jīntiān bùxíng, míngtiān hái kěyǐ

～を押す 再三嘱咐 zàisān zhǔfù; 一再叮嘱 yízài dīngzhǔ

だめいき【溜息】唉声叹气 āishēng tànqì; 叹气 tànqì (英 *a sigh*) ▶～をつく/叹一口气 tàn yì kǒu qì ▶～まじりに言う/叹息着说 tànxīzhe shuō

ダメージ 严重打击 yánzhòng dǎjī; 损坏 sǔnhuài; 破坏 pòhuài (英 *damage*) ▶～を与える/给与严重打击 jǐyǔ yánzhòng dǎjī

だめおし【駄目押しをする】(英 *make... double sure*) ▶【野球】～の1点を加える/增加确保胜局的一分 zēngjiā quèbǎo shèngjú de yī fēn ▶5時に帰るようもう一度～をする/再一次叮嘱他五点钟一定要回来 zài yí cì dīngzhǔ tā wǔ diǎnzhōng yídìng yào huílái

ためこむ【溜め込む】积蓄 jīxù; 存下 cúnxià (英 *save up; hoard*) ▶ストレスを～/精神上积存了压力 jīngshenshang jīcúnle yālì ▶むだ遣いせずに相当溜め込んだらしい/他不浪费, 好像积蓄了很多钱 tā bú làngfèi, hǎoxiàng jīxùle hěn duō qián

ためし【例し】

〜がない 从来没有…过 cónglái méiyǒu…guo; 没有…的例子 méiyǒu…de lìzi ▶彼女は人の悪口を言った〜がない/她从来也没有说过别人的坏话 tā cónglái yě méiyǒu shuōguo biérén de huàihuà ▶自慢じゃないが人に褒められた〜がない、我从来没有被人夸奖过 bù gǎn zìkuā, wǒ cónglái méiyǒu bèi rén kuājiǎngguo

ためし【試し】 试 shì (英 a trial; a test) ▶〜にやってみる/试试看 shìshi kàn ▶騙されたと思って〜に使ってみて下さい/你就当是上了一回当，试试看吧 nǐ jiù dàngshì shàngle yì huí dàng, shìshi kàn ba

ためす【試す】 试 shì; 尝试 chángshì (英 try; test) ▶おまえの真価が試されるのだ/你的本领将受到考验 nǐ de běnlǐng jiāng shòudào kǎoyàn ▶新車の乗り心地を〜/试试乘坐新车的感觉 shìshi chéngzuò xīnchē de gǎnjué

ためつすがめつ【矯めつ眇めつ】 仔细端详 zǐxì duānxiang; 看来看去 kàn lái kàn qù [～見る] look closely at...) ▶手に取って〜うっとり眺めた/拿在手里陶醉地仔细端详 názài shǒuli táozuì de zǐxì duānxiang

ためらう 犹豫 yóuyù; 迟疑 chíyí (英 hesitate) ▶彼女は返事をためらい/她犹豫着不敢回答 tā yóuyùzhe bù gǎn huídá ▶彼は少しも〜ことなく発砲した/他毫不犹豫地开了枪 tā háo bù yóuyù de kāi qiāng le

ためる【貯める】 蓄积 xùjī; 攒 zǎn (英 save) ▶金(ঠ)を〜/攒钱 zǎn qián ▶こつこつと留学資金を〜/孜孜不倦地积攒留学资金 zīzī bú juàn de jīzǎn liúxué zījīn

ためる【溜める】 积存 jīcún (英 keep; store; collect) ▶家賃を〜/拖欠房租 tuōqiàn fángzū ▶貯水池に水を〜/往储水池里蓄水 wǎng chǔshuǐchí xù shuǐ ▶仕事を〜と後が大変だ/工作积压下来的话，过后可就难办了 gōngzuò jīyāxiàlai dehuà, guòhòu kě jiù nánbàn le

ためん【多面】 多面 duōmiàn; 多方面 duōfāngmiàn (英 many sides; many faces) ▶彼は〜的な活動をしている/他在从事多方面的活动 tā zài cóngshì duōfāngmiàn de huódòng
◆〜体 多面体 duōmiàntǐ

たもくてき【多目的な】 (英 multipurpose) ▶〜ホール/综合性会堂 zōnghéxìng huìtáng ▶〜ダム/多功能水库 duōgōngnéng shuǐkù

たもつ【保つ】 保持 bǎochí; 维持 wéichí (英 keep; maintain; last) ▶原形を〜/保留原形 bǎoliú yuánxíng ▶保てない/保不住 bǎobuzhù ▶若さを〜秘訣はなんですか/保住青春的秘诀是什么？ bǎozhù qīngchūn de mìjué shì shénme? ▶この患者はしばらく安静を〜必要がある/这名患者必须暂时保持安静 zhè míng huànzhě bìxū zànshí bǎochí ānjìng ▶平和を〜/维护和平 wéihù hépíng ▶健康を〜/保持健康 bǎochí jiànkāng ▶体面を〜/维护体面 wéihù tǐmiàn

たもと【袂】 (和服の)袖子 xiùzi (英 the sleeve) ▶〜を分かつ/分手 fēnshǒu; 绝交 juéjiāo ▶私は見解の相違から彼らと〜を分かつことになった/我由于见解不同而和他们分道扬镳了 wǒ yóuyú jiànjiě bùtóng ér hé tāmen fēn dào yáng biāo le ▶橋の〜には休憩できる椅子がある/桥头有可以休息的椅子 qiáotóu yǒu kěyǐ xiūxi de yǐzi

たやす【絶やす】 ❶【絶滅】 消灭 xiāomiè; 断绝 duànjué; 灭绝 mièjué (英 root out; exterminate) ▶悪の芽を〜/铲除坏苗头 chǎnchú huàimiáotou ▶伝統文化を〜な/不要让传统文化灭绝 búyào ràng chuántǒng wénhuà mièjué ▶一晩中火を絶やさないようにする/让火整晚都不熄灭 ràng huǒ zhěngwǎn dōu bù xīmiè
❷【欠乏】 缺乏 quēfá; 缺少 quēshǎo (英 run out of...; exhaust) ▶笑顔を〜な/不要忘记微笑 búyào wàngjì wēixiào ▶部屋に花を絶やしたことがない/房间里总是装饰着花朵 fángjiānli zǒngshì zhuāngshìzhe huāduǒ

たやすい 容易 róngyì; 轻而易举 qīng ér yì jǔ (英 easy; simple) ▶それを実現するのは決して〜ことではない/实现它绝不是一件容易的事 shíxiàn tā jué bú shì yí jiàn róngyì de shì ▶それは〜ことだ/那太简单了/太 tài jiǎndān le ▶たやすく引き受けたことを後悔している/后悔轻易答应下来 hòuhuǐ qīngyì dāyīngxiàlai

たゆまず【弛まず】 不懈地 búxiè de; 勤恳地 qínkěn de (英 steadily) ▶〜努力する/再接再厉 zài jiē zài lì; 不懈地努力 búxiè de nǔlì ▶倦(ゥ)まず・着実に前進する/孜孜不倦、扎扎实实地前进 zīzī bú juàn、zhāzhāshíshí de qiánjìn

たゆみない【弛みない】 勤奋 qínfèn; 不松懈 bù sōngxiè (英 steady) ▶目標に向かって〜歩みを続けている/朝着目标继续不懈地前进 cháozhe mùbiāo jìxù búxiè de qiánjìn

たゆむ【弛む】 松弛 sōngchí; 松懈 sōngxiè (英 slacken)

たよう【多用する】 经常使用 jīngcháng shǐyòng; 多用 duōyòng (英 use much)

たよう【多様な】 多种多样 duōzhǒng duōyàng (英 various; diverse) ▶〜性/多样性 duōyàngxìng ▶言語と文化の〜性を認識する/认识语言和文化的多样性 rènshi yǔyán hé wénhuà de duōyàngxìng ▶〜な人材を育成する/培养多种多样的人才 péiyǎng duōzhǒng duōyàng de réncái ▶〜化した生活様式/多样化的生活方式 duōyànghuàle de shēnghuó fāngshì

たより【便り】 消息 xiāoxi; 音信 yīnxìn (英 a letter; news) ▶母の〜/母亲的信 mǔqīn de xìn ▶〜のないのはよい〜/没有消息，就是好消息 méiyǒu xiāoxi, jiù shì hǎoxiāoxi ▶時々〜をして下さい/常给我写信啊 cháng gěi wǒ xiě xìn a ▶彼からは長い間〜がない/他很长时间没有来信了 tā hěn cháng shíjiān méiyǒu láixìn le

たより【頼り】 (英 reliance; trust; support) ▶〜になる/靠得住 kàodezhù; 可靠 kěkào ▶〜な人/可靠的人 kěkào de rén ▶これからは自分一人しか〜にならない/从此只有依靠自己了

cóngcǐ zhǐyǒu yīkào zìjǐ le ▶政府の約束は～にな５ない/政府的承诺不可靠 zhèngfǔ de chéngnuò bù kěkào ▶息子は老後の～である/儿子是年迈之后的依靠 érzi shì niánmài zhīhòu de yīkào ▶年老いた母親の唯一の～である/他是年迈的母亲唯一的依靠 tā shì niánmài de mǔqīn wéiyī de yīkào ▶聞き込み以外に～にするものがなかった/除了走访调查以外，没有任何可以依赖的手段 chúle zǒufǎng diàochá yǐwài, méiyǒu rènhé kěyǐ yīlài de shǒuduàn ▶～にする人がない/没有可以依靠的人 méiyǒu kěyǐ yīkào de rén ▶杖を～に歩く/依靠拐杖走路 yīkào guǎizhàng zǒulù ▶いざという時にすぐ～になるもの/紧要关头马上可以依靠的东西 jǐnyào guāntóu mǎshàng kěyǐ yīkào de dōngxi ▶～になる友人/可以依靠的朋友 kěyǐ yīkào de péngyou

たよりない【頼りない】不可靠 bù kěkào; 没把握 méi bǎwò 英 *unreliable*）▶このカギは～な/这把锁不可靠啊 zhè bǎ suǒ bù kěkào a ▶ガイドの英語が～/导游的英语不可靠 dǎoyóu de Yīngyǔ bù kěkào ▶～返事/没把握的回答 méi bǎwò de huídá

たよる【頼る】借助 jièzhù; 依靠 yīkào;《人に》投靠 tóukào 英 *rely on...; depend on...*）▶経験と勘に頼って漁をする/借助经验与直觉来打鱼 jièzhù jīngyàn yǔ zhíjué lái dǎ yú ▶彼は経済的には親に頼っている/他在经济上还在依靠父母 tā zài jīngjìshang hái zài yīkào fùmǔ ▶意味不明な言葉に出会えば辞書に～/遇到意思不明白的词语就依靠词典 yùdào yìsi bù míngbai de cíyǔ jiù yīkào cídiǎn ▶彼女は自分の想像に頼ってこの話を書いた/她借助[依靠]自己的想象写下了这个故事 tā jièzhù[yīkào]zìjǐ de xiǎngxiàng xiěxiàle zhège gùshi

たら【鱈】《魚》鳕鱼 xuěyú 英 *a codfish*）◆～子/鳕鱼子 xuěyúzǐ

-たら 如果 rúguǒ; 要是 yàoshi;…的话 dehuà 英 *if*; [场合] *in case of...*）▶彼に会っ～よろしく言ってください/见到他的话请代个好儿 jiàndào tā dehuà qǐng dài ge hǎor ▶雨が降る～中止します/要是下雨的话就停办 yàoshi xià yǔ dehuà jiù tíngbàn

たらい【盥】 洗脸盆 xǐliǎnpén; 盆子 pénzi 英 *a washtub; a wash basin*）◆～回し/轮流转交 lúnliú zhuǎnjiāo ▶政権を回しにする/轮流执政 lúnliú zhízhèng ▶患者はいくつもの病院を～回しにされた/病人被几家医院推来推去 bìngrén bèi jǐ jiā yīyuàn tuī lái tuī qù

ダライラマ《称号》达赖喇嘛 Dálài lǎma ▶～14世/达赖喇嘛十四世 Dálài lǎma shísì shì

だらく【堕落する】 堕落 duòluò 英 *degrade; corrupt*）～させる/腐蚀 fǔshí ▶～した日々を送る/日子过得很颓废 rìzi guòde hěn tuífèi ▶腐敗～した支配層/腐化堕落的领导层 fǔhuà duòluò de lǐngdǎocéng ▶～した行為/堕落的行为 duòluò de xíngwéi

-だらけ 满是 mǎn shì 英 *full of...*）▶借金である/背了一身债 bēile yì shēn zhài ▶そこらじゅうごみ～だ/到处都是垃圾 dàochù dōu shì lājī

だらける 松懈 sōngxiè; 懒散 lǎnsǎn 英 *be lazy*; [からだが] *feel dull*）▶この香りはだらけた気分をすっきりさせる/这种香味儿可以使懒散的心情变得清爽起来 zhè zhǒng xiāngwèir kěyǐ shǐ lǎnsǎn de xīnqíng biànde qīngshuǎngqǐlai ▶だらけた生活から引き締まった生活に戻る/从懒散的生活恢复到紧张的生活 cóng lǎnsǎn de shēnghuó huīfùdào jǐnzhāng de shēnghuó

たらしこむ【たらし込む】 诱奸 yòujiān; 勾引 gōuyǐn 英 *seduce*）▶彼は女性をたらし込んで大金を巻き上げた/他勾引女人，勒索了大量钱财 tā gōuyǐn nǚrén, lèsuǒle dàliàng qiáncái

だらしない 浪荡 làngdàng; 懈怠 xièdài; 散漫 sǎnmàn 英 *slovenly; sloppy; untidy*）▶～服装/衣冠不整 yīguān bù zhěng ▶～生活/生活散漫 shēnghuó sǎnmàn ▶2キロまるくらいでへばるなんて～ぞ/只跑了两公里就疲惫不堪的，也太不争气了 zhǐ pǎole liǎng gōnglǐ jiù píbèi bùkān de, yě tài bù zhēngqì le ▶～格好で面接を受けにくる/一副衣冠不整的打扮来接受面试 yí fù yīguān bù zhěng de dǎban lái jiē shòu miànshì ▶彼は何をやっても～/他无论干什么都散散漫漫的 tā wúlùn gàn shénme dōu sǎnsǎnmànmàn de ▶金に～/没有金钱观念 méiyǒu jīnqián guānniàn ▶あんな男にだまされるなんて実に～ね/被那种男人骗了，可真窝囊！bèi nà zhǒng nánrén piàn le, kě zhēn wōnang! ▶～男[女]/不检点的男人[女人] bù jiǎndiǎn de nánrén[nǚrén] ▶だらしなく金を使う/花钱太随便 huāqián tài suíbiàn ▶だらしなく開けた口/傻乎乎地张开的嘴 shǎhūhū de zhāngkāi de zuǐ

たらす【垂らす】 滴 dī 英 *drop; drip*）▶よだれを～/垂涎 chuíxián ▶前髪を～/垂着前发 chuízhe qiánfà ▶はなを～/流鼻涕 liú bítì ▶紅茶にレモン汁を～/往红茶里滴柠檬汁 wǎng hóngchálǐ dī níngméngzhī ▶あぶら汗を～/流下冷汗 liúxià lěnghàn

-たらず【-足らず】不足 bùzú; 不够 búgòu 英 *less than...; short of...*）▶言葉～で誤解を招く/因为没说清楚造成了误会 yīnwèi méi shuō qīngchu zàochéngle wùhuì ▶結婚3ヶ月で別れた/结婚还不到三个月就离了 jiéhūn hái bú dào sān ge yuè jiù lí le

たらたら 滴答 dīdā; 唠叨 láodao 英 *constantly*）▶不平～/满腹牢骚 mǎnfù láosao ▶～歩くだけじゃ運動にならん/只是拖拖拉拉地走路锻炼不了身体 zhǐshì tuōtuōlālā de zǒulù duànliànbùliǎo shēntǐ ▶傷口から～血が垂れる/血从伤口滴滴答答地流下 xiě cóng shāngkǒu dīdīdādā de liúxià ▶じっとしていても汗が～流れる/一动不动地坐着，还是不停地流汗 yí dòng bú dòng de zuòzhe, háishi bùtíng de liú hàn ▶お世辞～である/没完没了地奉承 méiwán méiliǎo de fèngcheng

だらだら 滴滴答答 dīdīdādá (英 *in drops*) ▶～流れる《血・汗が》/滴滴答答地流 dīdīdādá de liú ▶～勉強しても効果はない/拖拖拉拉地学习是没有效果的 tuōtuōlālā de xuéxí shì méiyǒu xiàoguǒ de ▶～つまらい演説が～続いた/无聊的演说没完没了 wúliáo de yǎnshuō méiwán méiliǎo ▶～汗を流す/汗滴答答地流个不停 hàn dīdīdādá de liú ge bùtíng ▶～仕事をする/拖拖拉拉地工作 tuōtuōlālā de gōngzuò ▶～した文章/冗长的文章 rǒngcháng de wénzhāng

♦～坂 慢坡 mànpō ▶～坂をゆっくり下る/慢慢地走下缓坡 mànmàn de zǒuxià huǎnpō

だらっとした (英 *loosely*) ▶彼は～した格好で椅子に腰かけていた/他懒懒散散地坐在椅子上 tā lǎnlǎnsǎnsǎn de zuòzài yǐzishang

タラップ 舷梯 xiántī (英 [船の] *a gangway*; [飛行機の] *a ramp*) ▶～を上る [降りる]/登上 [走下]舷梯 dēngshàng [zǒuxià] xiántī

たらふく (英 *heartily*) ▶～食う/吃饱 chībǎo

だらり 无力地 wúlì de; 弛缓地 chíhuǎn de (英 *loosely*) ▶草の上に～と寝そべる/浑身无力地横躺在草地上 húnshēn wúlì de héngtǎng zài cǎodìshang ▶両手を～と垂らす/无力地垂下双手 wúlì de chuíxià shuāngshǒu ▶風がやみ旗が～と垂れ下がる/风停了，旗子无力地垂下 fēng tíng le, qízi wúlì de chuíxià

-たり 又…又… yòu…yòu…; 时而…时而… shí-ér…shí-ér… (英 [...than...ing] *now...now...*) ▶降っ～やんだりする/时下时停 shí xià shí tíng; 下下停停 xiàxia tíngting ▶晴れ～曇っ～/忽晴忽阴 hū qíng hū yīn ▶行っ～来～する/走来走去 zǒu lái zǒu qù; 来来往往 láiláiwǎngwǎng ▶休みの日に夫は妻を手伝って子守りをし～家事をし～する/休息日丈夫帮着妻子又是看孩子又是做家务 xiūxirì zhàngfu bāngzhe qīzi yòu shì kān háizi yòu shì zuò jiāwù

ダリア【植物】大丽花 dàlìhuā (英 *a dahlia*)

たりきほんがん【他力本願】 全靠别人 quán kào biéren; 坐享其成 zuò xiǎng qí chéng (英 *relying on others*)

たりない【足りない】 **❶**【不足している】 缺乏 quēfá; 不足 bùzú; 不够 búgòu (英 *be not enough*) ▶千円ではまだ～/一千日元还不够 yìqiān Rìyuán hái búgòu ▶千円に六十円～/差六十日元满一千日元 chà liùshí Rìyuán mǎn yìqiān Rìyuán ▶君には大切な何かが～/你缺乏某种重要的素质 nǐ quēfá mǒu zhǒng zhòngyào de sùzhì ▶その提案は賛成を得るのに1票足りなかった/那项建议只差一票没能通过 nà xiàng jiànyì zhǐ chà yí piào méi néng tōngguò ▶入学資格が～/不具备入学资格 bú jùbèi rùxué zīgé **❷**【値しない】 不值得 bù zhíde; 不足以 bù zúyǐ (英 *be not worth*) ▶信ずるに～/不值得相信 bù zhíde xiāngxìn ▶取るに～理由で断られた/因为微不足道的理由被拒绝了 yīnwèi wēi bù zú dào de lǐyóu bèi jùjué le

たりゅうじあい【他流試合をする】 和别派比赛 hé biépài bǐsài (英 *try one's skill with a follower of another school*)

たりょう【多量の】 大量 dàliàng (英 *a great quantity; a vast volume*) ▶出血／大量出血 dàliàng chūxuè ▶稲を育てるには～の水が必要だ/培育水稻需要大量的水 péiyù shuǐdào xūyào dàliàng de shuǐ ▶大豆は蛋白質を～に含む/大豆富含大量蛋白质 dàdòu fùhán dàliàng dànbáizhì ▶睡眠薬を～に飲む/大量服用安眠药 dàliàng fúyòng ānmiányào

だりょく【惰力】 惯性 guànxìng (英 *inertia*) ▶《自転車などが》～で走る/靠惯性跑 kào guànxìng pǎo

たりる【足りる】 够 gòu; 足够 zúgòu; 足以 zúyǐ (英 *be enough; be sufficient*) ▶経費は十分足りている/费用足够 fèiyong zúgòu ▶このことは彼がいかに正直であるかを示すに～/这件事足以证明他是多么老实 zhè jiàn shì zúyǐ zhèngmíng tā shì duōme lǎoshi

だりん【舵輪】 〚船舶〛舵轮 duòlún (英 *a helm*)

たる【足る】 **❶**【十分である】 够 gòu; 足够 zúgòu; 足以 zúyǐ (英 *be enough*) ▶～を知る/知足 zhīzú ▶患者五百人を収容するに～病院/足以容纳五百名患者的医院 zúyǐ róngnà wǔbǎi míng huànzhě de yīyuàn **❷**【価値がある】 值得 zhíde; 足以 zúyǐ (英 *be worth*) ▶彼は信頼するに～/他是一个足以信赖的人 tā shì yí ge zúyǐ xìnlài de rén ▶読むに～/值得一读 zhíde yí dú; 值得看 zhíde kàn

たる【樽】 木桶 mùtǒng (英 *a cask; a barrel; a keg*) ▶～詰の酒/木桶装的酒 mùtǒng zhuāng de jiǔ

だるい 懒倦 lǎnjuàn; 酸软 suānruǎn (英 *feel lazy*; [疲れる] *feel tired*) ▶体中が～/浑身发懒 húnshēn fā lǎn ▶足が～/腿疲乏 tuǐ pífá ▶身体がだるくて動くのも面倒だ/身体倦怠，连动一下都觉得费劲 shēntǐ juàndài, lián dòng yíxià dōu juéde fèijìn

たるき【垂木】 〚建築〛椽子 chuánzi (英 *a rafter*)

たるむ【弛む】 **❶**【物が】 松弛 sōngchí; 松缓 sōnghuǎn (英 *be loose*) ▶おなかが～/肚皮松弛 dùpí sōngchí ▶架線が～/高架线松弛 gāojiàxiàn sōngchí ▶彼女の皮膚は弛んでいる/她皮肤松弛了 tā pífū sōngchí le ▶ロープを弛ませる/使绳子松缓下来 shǐ shéngzi sōnghuǎnxiàlai **❷**【精神的に】 松懈 sōngxiè (英 *be slack*) ▶彼の仕事ぶりは弛んでいる/他的工作态度很松懈 tā de gōngzuò tàidù hěn sōngxiè ▶おまえ近頃弛んでるぞ/你最近太懒散了 nǐ zuìjìn tài lǎnsǎn le

たれ【垂れ】 调味酱 tiáowèijiàng; 佐料汁 zuǒliàozhī (英 *sauce*) ▶～をつけて食べる/蘸佐料吃 zhàn zuǒliào chī

だれ【誰】 **❶**【疑問詞】 谁 shéi; shuí (英 *who*) ▶そこにいるのは～だ/喂，你是谁？ wèi, nǐ shì shéi? ▶~の仕事だ/这是谁干的？ zhè shì shéi gàn de? ▶いくら考えても、どこの～か思い出せなかった/怎么想，都没有想起来他是哪里的谁 zěnme xiǎng, dōu méiyǒu xiǎngqǐlai tā shì nǎli de shéi

❷〖誰か・誰でも〗谁 shéi; shuí; 任何人 rènhé rén (英 whose; whoever) ▶しっ，～か来るよ/嘘，有人来了 xū, yǒu rén lái le ▶～かと思ったら君が/我以为是谁呀，原来是你呀！wǒ yǐwéi shì shéi ne, yuánlái shì nǐ ya！▶法律を犯す者は～でも罰せられる/触犯法律的不管是谁都要遭到惩罚 chùfàn fǎlǜ de bùguǎn shì shéi dōu yào zāodào chéngfá ▶その点では私は～にもひけはとらない/在那一点上我不次于任何人 zài nà yìdiǎnshang wǒ bú cìyú rènhé rén ▶これは～かがらなければならない仕事/这是必须有人来做的工作 zhè shì bìxū yǒu rén lái zuò de gōngzuò ▶君は自分が～さまだと思っているのだ/你以为你是谁呀！nǐ yǐwéi nǐ shì shéi ya！

~**もが知っている** 众所周知 zhòng suǒ zhōuzhī; 谁都知道 shéi dōu zhīdao
~**も知らない** 谁也不知道 shéi yě bù zhīdào

だれかれ【誰彼】(英 anyone) ▶～なく/无论是谁 wúlùn shì shéi ▶うちの祖母は～なしに話しかける/我奶奶无论对方是谁都爱搭话 wǒ nǎinai wúlùn duìfāng shì shéi dōu ài dāhuà ▶この犬は～の区别なしに吠える/这条狗无论对谁都大叫 zhè tiáo gǒu wúlùn duì shéi dōu dà jiào

たれこむ【垂れ込む】告密 gàomì (英 squeal) ▶彼らの犯行を警察に～/把他的犯罪行为通报给警察 bǎ tā de fànzuì xíngwéi tōngbào gěi jǐngchá

たれこめる【垂れ込める】(雲が) 笼罩 lǒngzhào; 密布 mìbù (英 hang over...) ▶暗雲～未来/阴云密布的未来 yīnyún mìbù de wèilái ▶低く垂れ込めた雲/低垂的云 dīchuí de yún

たれさがる【垂れ下がる】下垂 xiàchuí; 耷拉 dāla (英 hang down; dangle) ▶猿の長い尻尾が垂れ下がっている/猴子的长尾巴耷拉下来了 hóuzi de chángwěiba dālaxiàlai le ▶切れた電線が～/断了的电线耷拉下来 duànle de diànxiàn dālaxiàlai ▶垂れ下がった乳房/耷拉下来的乳房 dālaxiàlai de rǔfáng

だれそれ【誰某】某某 mǒumǒu; 某人 mǒurén (英 Mr.〔Mrs.; Ms.〕So-and-so)

たれながす【垂れ流す】肆意排出 sìyì páichū (英 discharge) ▶工場廃水を川に～/工厂废水肆意排到河里 gōngchǎng fèishuǐ sìyì páidào héli ▶社会に害毒を～/向社会肆意散布流毒 xiàng shèhuì sìyì sànbù liúdú

たれまく【垂れ幕】帷幕 wéimù (英 a drop curtain) ▶歓迎の～を掲げる/悬挂着欢迎的帷幕 xuánguàzhe huānyíng de wéimù

たれる【垂れる】**❶**〖下げる〗下垂 xiàchuí; 垂下 chuíxià (英 hang down) ▶川辺で釣り糸を～/在河边垂钓 zài hébiān chuídiào ▶髪が肩まで垂れている/头发垂到肩膀上 tóufa chuídào

jiānbǎngshang ▶頭を垂れて祈りを捧げる/低头祷告 dītóu dǎogào

❷〖したたる〗滴 dī (英 drop; drip) ▶天井から滴(しずく)が～/从天花板滴下水来 cóng tiānhuābǎn dīxià shuǐ lai

❸〖与える〗(英 grant) ▶憐れみを～/垂怜 chuílián ▶範を～/示范 shīfàn

だれる 松弛 sōngchí; 厌倦 yànjuàn (英 go slack; become bored) ▶このドラマは序盤がいいが中盤で～/这部连续剧序幕不错，可是演到中间就让人厌倦了 zhè bù liánxùjù xùmù búcuò, kěshì yǎndào zhōngjiān jiù ràng rén yànjuàn le

タレント 演员 yǎnyuán; 电视上的有名人 diànshìshang de yǒumíngrén (英 a talent; a personality) ▶お笑い～/笑星 xiàoxīng ▶テレビ～/电视演员 diànshì yǎnyuán

-だろう 会 huì; …吧 … ba (英 I think...; [おそらく] perhaps; maybe) ▶彼はきっと成功する～/他一定会成功的 tā yídìng huì chénggōng de ▶君は来ないつもり～/你是不打算来吧 nǐ shì bù dǎsuan lái ba ▶どうしてなん～/为什么呢？wèi shénme ne?

たわいない 简单 jiǎndān; 无聊 wúliáo (英 silly; foolish) ▶～話/不足取的话 bùzú qǔ de huà ▶～ことを言う/说些无聊的事 shuō xiē wúliáo de shì ▶～ことに笑う/笑对那些无聊的〔微不足道的〕事 xiào duì nà xiē wúliáo de〔wēi bùzúdào de〕shì ▶たわいなく負ける/轻易地输了 qīngyì de shū le ▶少しの酒でたわいなく酔っ払う/喝一点儿酒就轻易地醉了 hē yìdiǎnr jiǔ jiù qīngyì de zuì le

たわける【戯ける】说蠢话 shuō chǔnhuà; 做蠢事 zuò chǔnshì (英 be stupid) ▶たわけたことを言う/说蠢话 shuō chǔnhuà ▶たわけたまねをするな/别做蠢事！bié zuò chǔnshì!

たわごと【戯言】胡话 húhuà; 废话 fèihuà (英 nonsense; a silly talk) ▶～を言う/胡言乱语 húyán luànyǔ

たわし【束子】刷帚 shuāzhou; 炊帚 chuīzhou (英 a scrubbing brush)

たわむ 弯曲 wānqū (英 be bent) ▶本棚の重みで床が～/由于书架太重，地板弯曲了 yóuyú shūjià tài zhòng, dìbǎn wānqū le ▶実の重みで枝がたわんでいる/果实的重量压得树枝弯曲了 guǒshí de zhòngliàng yàde shùzhī wānqū le

たわむれ【戯れ】玩笑 wánxiào; 游戏 yóuxì (英 fun; a joke) ▶運命の～で僕たちは結ばれた/由于命运的捉弄我们结为伴侣 yóuyú mìngyùn de zhuōnòng wǒmen jiéwéi bànlǚ ▶～に恋をする/闹着玩儿地谈恋爱 nàozhe wánr de tán liàn'ài

たわむれる【戯れる】玩 wán; 玩耍 wánshuǎ (英 play; sport) ▶蟹と～/玩螃蟹 wán pángxiè ▶子猫が自分の尾に戯れている/小猫儿玩弄自己的尾巴 xiǎomāor wánnòng zìjǐ de wěiba ▶浜辺で若い男女が戯れている/年轻男女在海边玩耍 niánqīng nánnǚ zài hǎibiān wánshuǎ

たわめる 弄弯 nòngwān (英 *bend*) ▶細い枝を～/弄弯细枝条 nòngwān xìzhītiáo

たわわ 弯弯的 wānwān de (英 *heavily*) ▶枝も～に柿が実る/柿子把树枝压弯 chéndiàndiàn de shìzi bǎ shùzhī yāwān ▶みかんの木には枝も～に実がなっている/橘树上，果实累累 júzishùshang, guǒshí léiléi

たん 痰 tán (英 *phlegm*) ▶のどに～がむ/痰卡在嗓子里 tán qiǎzài sǎngzili ▶～を吐く/吐痰 tǔ tán ▶～を切る/清痰 qīng tán

たん【端】端 duān; 开端 kāiduān; 开头 kāitóu (英 *an origin*) ▶～を発する/开始 kāishǐ; 发起 fāqǐ ▶～を開く/开端 kāiduān ▶一発の銃弾に～を発した戦乱/一颗子弹引发战乱 yì kē zǐdàn yǐnfā zhànluàn ▶石油価格の上昇に～を発した経済危機/由石油价格上升而引起的经济危机 yóu shíyóu jiàgé shàngshēng ér yǐnqǐ de jīngjì wēijī

だん【段】 ❶【階段などの】台阶 táijiē; 层 céng (英 *a step; a stair*) ▶二～ベッド/双层床 shuāngcéngchuáng ▶四～の本棚/四格儿的书架 sì gér de shūjià ▶崖に～をつける/在悬崖上修筑台阶 zài xuányábiān xiūzhù táijiē ▶はしごの～/梯子阶儿 tīzijiēr

❷【新聞の】段落 duànluò (英 *a column*) ▶3～抜きの見出しで報じる/用三段篇幅的标题报道 yòng sān duàn piānfu de biāotí bàodào

❸【段階・階級】段 duàn; 级 jí (英 *a grade; a class*) ▶三～【囲碁などの段位】/三段 sānduàn ▶社会の評価が数～上がる/社会评价提升了几级 shèhuì píngjià tíshēngle jǐ jí ▶第1～のロケット/第一级火箭 dìyī jí huǒjiàn

だん【断】～を下す 决断 juéduàn; 做出决定 zuòchū juédìng ▶最後は会長が～を下した/最后由会长作出了决断 zuìhòu yóu huìzhǎng zuòchūle juéduàn

だん【暖】(英 *warmth*) ▶～を取る/取暖 qǔnuǎn

だん【壇】台 tái; 坛 tán (英 *a platform*); [演壇] *a rostrum* ▶～に上がる/登上讲台 dēngshàng jiǎngtái ▶教～に立つ/教书 jiāoshū

だんあつ【弾圧する】 压迫 yāpò; 镇压 zhènyā (英 *suppress*) ▶言論を～する/压制言论 yāzhì yánlùn ▶～的な政策を取る/采取高压政策 cǎiqǔ gāoyā zhèngcè

たんい【単位】 ❶【基準としての】单位 dānwèi (英 *a unit*; [貨幣の] *a monetary unit*) ▶～は1万円/以一万日元为单位 yǐ yīwàn Rìyuán wéi dānwèi ▶～を間違えて計算する/弄错单位进行计算 nòngcuò dānwèi jìnxíng jìsuàn

❷【成績の】学分 xuéfēn (英 *a credit; a point*) ▶～不足で留年する/因为学分不够而留级 yīnwèi xuéfēn bùgòu ér liújí ▶ドイツ語を6～とる/德语取得六个学分 Déyǔ qǔdé liù ge xuéfēn

日中比較 中国語の'单位 dānwèi'は「基準とする量」の他に「勤務先」をもいう．

たんいつ【単一の】 单一 dānyī (英 *single; simple*) ▶複雑な機構を～化する/将复杂的机构统一化 jiāng fùzá de jīgòu tǒngyīhuà ▶～民族国家/单一民族国家 dānyī mínzú guójiā

たんおんかい【短音階】〔音楽〕小音阶 xiǎoyīnjiē (英 *the minor scale*)

たんおんせつ【単音節】〔音声学〕单音节 dānyīnjié (英 *a monosyllable*) ▶～語/单音节词 dānyīnjiécí

たんか【担架】担架 dānjià (英 *a stretcher*) ▶けが人を～で運ぶ/用担架抬伤员 yòng dānjià tái shāngyuán

たんか【単価】单价 dānjià (英 *a unit price*) ▶～が100円を割り込む/单价跌到了一百日元以下 dānjià diēdàole yìbǎi Rìyuán yǐxià

たんか【炭化する】碳化 tànhuà;〔地質〕炭化 tànhuà (英 *carbonize*)

たんか【啖呵】连珠炮式的痛斥 liánzhūpàoshì de tòngchì (英 *caustic words*) ▶～を切る/痛快地骂 tòngkuài de mà

たんか【短歌】短歌 duǎngē; 和歌 hégē (英 *a tanka*; *a Japanese poem*)

タンカー〔船舶〕油船 yóuchuán; 油轮 yóulún (英 *an oil tanker*)

だんかい【団塊】团 tuán (英 *a baby boomer*) ▶～の世代【日本の戦後の】/大量出生的一代 dàliàng chūshēng de yídài

だんかい【段階】阶段 jiēduàn; 过程 guòchéng (英 *a stage*; [局面] *a phase*) ▶調査は～を踏んで行われる/调查按顺序地进行 diàochá àn shùnxù de jìnxíng ▶～をおってトレーニングを進める/按着次序进行锻炼 ànzhe cìxù jìnxíng duànliàn ▶交渉は新～にはいった/交涉进入了新阶段 jiāoshè jìnrùle xīnjiēduàn ▶～的撤去をする/阶段性地撤军 jiēduànxìng de chèjūn

だんがい【断崖】悬崖 xuányá (英 *a cliff*) ▶～絶壁/悬崖绝壁 xuányá juébì ▶～に馬を止める/悬崖勒马 xuányá lè mǎ

だんがい【弾劾する】弾劾 tánhé (英 *impeach*) ▶不当判決を～する/弹劾不公正的判决 tánhé bù gōngzhèng de pànjué

◆～裁判所 弹劾法院 tánhé fǎyuàn

たんかだいがく【単科大学】 学院 xuéyuàn (英 *a college*)

参考 大学の「学部」をも中国語では'学院 xuéyuàn'という．

たんがん【嘆願する】恳求 kěnqiú; 乞求 qǐqiú ▶～書/请愿书 qǐngyuànshū ▶助命を～する/恳求饶命 kěnqiú ráomìng

だんがん【弾丸】子弹 zǐdàn; 枪弹 qiāngdàn (英 *a bullet; a shell*) ▶～列車/高速列车 gāosù lièchē

たんき【短気な】性急 xìngjí; 火性 huǒxìng (英 *hot-tempered*; [せっかち] *impatient*) ▶～な人/急性子 jíxìngzi ▶～を起こすな/别冲动发脾气 bié chōngdòng fā píqì ▶あいつはすぐ～を起こす/他

愛発脾気 tā ài fā píqi ▶～を起こして暴力沙汰になる/发脾气动起手来 fā píqi dòngqǐ shǒu lai ～は損気 急性子吃亏 jíxìngzi chīkuī

たんき【短期の】短期 duǎnqī（英 *short; short-term*）▶～大学/短期大学 duǎnqī dàxué ▶～予報/近期预报 jìnqī yùbào ▶～間で終わる/短期就结束 duǎnqī jiù jiéshù ▶～的にはかなりの影響が避けられない/短期内免不了要受到相当大的影响 duǎnqīnèi miǎnbuliǎo yào shòudào xiāngdāng dà de yǐngxiǎng

◆～貸付 短期贷款 duǎnqī dàikuǎn ～決戦（リーグ優勝決定戦など）短期决战 duǎnqī juézhàn

だんき【暖気】暖气 nuǎnqì（英 *warm weather*）▶～団/暖气团 nuǎnqìtuán

だんぎ【談義】漫谈 màntán；讲话 jiǎnghuà（英 *one's talk*）▶釣り～をする/漫谈钓鱼 màntán diàoyú

ことわざ 下手の長談義 废话连篇 fèihuà liánpiān

たんきゅう【探求する】探求 tànqiú；探索 tànsuǒ（英 *research; study; inquire*）▶真理を～する/探求真理 tànqiú zhēnlǐ ▶～心が旺盛である/探索精神很旺盛 tànsuǒ jīngshén hěn wàngshèng ▶知識の～者/知识的探求者 zhīshi de tànqiúzhě

だんきゅう【段丘】阶地 jiēdì（英 *a terrace*）▶海岸～/海岸阶地 hǎi'àn jiēdì 河岸～/河流阶地 héliú jiēdì

たんきょり【短距離】短距离 duǎnjùlí（英 *a short distance*）▶～走/短跑 duǎnpǎo

◆～選手 短跑运动员 duǎnpǎo yùndòngyuán

タンク 罐 guàn；库 kù；〈戦車〉坦克 tǎnkè（英 *a tank*）▶ガス～/煤气贮罐 méiqì zhùguàn 石油～/油库 yóukù ポリ～/塑料罐 sùliàoguàn ▶～ローリー/槽车 cáochē，罐车 guànchē 燃料～/燃料库 ránliàokù

タングステン〔鉱物〕钨 wū（英 *tungsten*）▶～鋼/钨钢 wūgāng

たんぐつ【短靴】鞋 xié（英 *shoes*）

だんけつ【団結する】团结 tuánjié（英 *unite*）▶～は力なり/团结就是力量 tuánjié jiù shì lìliang ▶我々は堅く～して彼らに当たった/我们团结一致抵挡了他们 wǒmen tuánjié yízhì dǐdǎngle tāmen ▶～して働く/团结起来，齐心劳动 tuánjiéqǐlai, qíxīn láodòng ▶～の堅いグループ/团结紧密的团体 tuánjié jǐnmì de tuántǐ

◆～心 团结的精神 tuánjié de jīngshén

たんけん【探険・探検する】探险 tànxiǎn（英 *make an expedition*）▶南極～隊/南极探险队 nánjí tànxiǎnduì

◆～家 探险家 tànxiǎnjiā

たんけん【短剣】短剑 duǎnjiàn（英 *a dagger*）

たんげん【単元】单元 dānyuán（英 *a unit*）

だんげん【断言する】断言 duànyán；断定 duàndìng（英 *asserte; declare*）▶それは事実だと～する/断言那是事实 duànyán nà shì shìshí

▶～はできないが食中毒だと思われる/虽然不能断定，但很可能是食物中毒 suīrán bùnéng duàndìng, dàn hěn kěnéng shì shíwù zhòngdú

たんご【単語】单词 dāncí；词 cí（英 *a word*；語彙〕*a vocabulary*）▶英～を覚える/记英语单词 jì Yīngyǔ dāncí

◆基本～ 基础词汇 jīchǔ cíhuì

タンゴ〔音楽〕探戈 tàngē（英 *the tango*）▶～を踊る/跳探戈舞 tiào tàngēwǔ

だんこ【断固たる】断然 duànrán；坚决 jiānjué（英 *firm; decisive*）▶～として言いきる/一口咬定 yīkǒu yǎodìng ▶彼の～たる態度に私は負けた/面对他那坚定的态度，我认输了 miànduì tā nà jiāndìng de tàidù, wǒ rènshū le ▶～たる処置をとる/采取坚决的措施 cǎiqǔ jiānjué de cuòshī ▶～として拒絶する/断然拒绝 duànrán jùjué ▶～として反対する/坚决反对 jiānjué fǎnduì

だんご【団子】❶【肉や魚の】丸子 wánzi（英 *a meatball; a fishball*）▶肉～/肉丸子 ròuwánzi ❷【もち米粉の】江米团 jiāngmǐtuán（英 *a dumpling*）

ことわざ 花より団子 舍华求实 shě huá qiúshí；好看的不如好吃的 hǎokàn de bùrú hǎochī de

◆～鼻 蒜头儿鼻子 suàntóur bízi

たんこう【炭坑・炭鉱】煤窑 méiyáo；煤矿 méikuàng（英 *a coal mine*；[坑]*a coal pit*）

◆～夫 煤矿工人 méikuàng gōngrén，矿工 kuànggōng

たんこう【探鉱する】勘探 kāntàn；探矿 tànkuàng（英 *prospect*）

だんこう【団交】劳资集体谈判 láozī jítǐ tánpàn（英 *collectieve bargaining*）▶徹夜の～のようやく妥結した/通宵团体交涉的结果，总算达成了协议 tōngxiāo tuántǐ jiāoshè de jiéguǒ, zǒngsuàn dáchéngle xiéyì

だんこう【断交する】绝交 juéjiāo（英 *break off relations*）▶両国はついに～した/两国终于断交了 liǎngguó zhōngyú duànjiāo le

だんこう【断行する】坚决实行 jiānjué shíxíng（英 *carry out resolutely*）▶改革を～する/坚决实行改革 jiānjué shíxíng gǎigé ▶我が社は値下げを～する/我们公司坚决实行减价 wǒmen gōngsī jiānjué shíxíng jiǎnjià

だんごう【談合する】会商 huìshāng；商洽 shāngqià（英 *agree in advance*）▶～して値段を決める/经过商洽来决定价格 jīngguò shāngqià lái juédìng jiàgé ▶～入札/事先商议好的投标 shìxiān shāngyìhǎo de tóubiāo

たんこうしょく【淡紅色】淡红色 dànhóngsè；浅红 qiǎnhóng；粉红 fěnhóng（英 *rose-pink*）

たんこうしょく【淡黄色】淡黄色 dànhuángsè；鹅黄 éhuáng（英 *lemon-yellow*）

たんこうぼん【単行本】单行本 dānxíngběn（英 *a book*）▶～として出版する/作为单行本出版 zuòwéi dānxíngběn chūbǎn

たんこくしょく【淡黒色】淡黑色 dànhēisè

たんごのせっく【端午の節句】 端午节 Duānwǔjié《阴历 5 月 5 日》

たんこぶ【たん瘤】 瘤子 liúzi; 肿瘤 zhǒngliú（英 a wen; a knot）▶柱にぶつかって頭に〜ができた/撞在柱子上，头上起了包 zhuàngzài zhùzishang, tóushang qǐle bāo

目の上の〜 眼中钉 yǎnzhōngdīng; 肉中刺 ròuzhōngcì

だんこん【弾痕】 弹痕 dànhén（英 a bullet mark）

たんさ【探査する】 探查 tànchá; 探测 tàncè（英 inquire）▶宇宙〜機/航天探测器 hángtiān tàncèqì

だんさ【段差】 高低差 gāodīchā（difference in level）

ダンサー 舞蹈演员 wǔdǎo yǎnyuán; 舞蹈家 wǔdǎojiā;《ダンスホールの》舞女 wǔnǚ（英 a dancer; a dancing girl）▶バック〜/给歌星伴舞的演员 gěi gēxīng bànwǔ de yǎnyuán

だんさい【断裁する】 裁 cái; 切 qiē（英 cut）▶〜機/裁纸机 cáizhǐjī

だんざい【断罪する】 断罪 duànzuì; 判罪 pànzuì; 定罪 dìngzuì（英 convict）▶犯罪者を〜する/给犯人定罪 gěi fànrén dìngzuì

たんさいぼう【単細胞】 单细胞 dānxìbāo（英 unicellular; one-celled）▶〜の人/头脑简单的人 tóunǎo jiǎndān de rén ▶この〜，少しは頭を使え/你这个一根筋，稍微动点儿脑子 nǐ zhège yì gēn jīn, shāowēi dòng diǎnr nǎozi

◆〜生物:单细胞生物 dānxìbāo shēngwù

たんさく【探索する】 探索 tànsuǒ; 搜寻 sōuxún（英 seek for...）▶最適なルートを〜する/探索最合适的路线 tànsuǒ zuì héshì de lùxiàn

日中比較 中国語の'探索 tànsuǒ'には「探究する」という意味もある．

たんざく【短冊】 诗笺 shījiān;《比喻》长方形 chángfāngxíng（英 a paper tablet）▶大根を〜に切る/把萝卜切成长方块儿 bǎ luóbo qiēchéng chángfāngkuàir

たんさん【炭酸】《化学》碳酸 tànsuān（英 carbonic acid）▶〜飲料/汽水儿 qìshuǐr ▶〜ガス/二氧化碳 èryǎnghuàtàn

◆〜水:苏打水 sūdáshuǐ; 汽水 qìshuǐ ～ソーダ:碳酸钠 tànsuānnà;纯碱 chúnjiǎn

たんし【端子】《電気》端子 duānzǐ（英 a terminal）

だんし【男子】 男子 nánzǐ; 男子汉 nánzǐhàn（英 a boy; a man）▶〜学生/男生 nánshēng ▶こんなのは一生の仕事ではない/这种事算不上男子汉终生的工作 zhè zhǒng shì suànbushàng nánzǐhàn zhōngshēng de gōngzuò

◆〜校:男校 nánxiào

だんじ【男児】 男子 nánzǐ; 男孩儿 nánháir（英 a boy）▶〜を出産する/生男孩儿 shēng nánháir; 生儿子 shēng érzi

だんじき【断食】 绝食 juéshí; 断食 duànshí（英 fast）▶三日〜する/绝食三天 juéshí sān tiān

だんじこむ【談じ込む】 去抗议 qù kàngyì; 去谈判 qù tánpàn（英 protest against...）▶親が校長室に〜/父母到学校校长室去抗议 fùmǔ dào xiàozhǎngshì qù kàngyì

たんじつ【短日】 短期间 duǎnqījiān（英 a short time）▶脚本は〜のうちに書き上げた/只花了很短时间就完成了剧本 zhǐ huāle hěn duǎn shíjiān jiù wánchéngle jùběn

だんじて【断じて】 断然 duànrán; 决 jué（英 positively; absolutely）▶核開発は〜容認できない/决不能容许开发核武器 jué bùnéng róngxǔ kāifā héwǔqì ▶〜うそではない/这不是假话 jué bú shì jiǎhuà ▶〜誓う/断然发誓 duànrán fāshì

たんしゃ【単車】 摩托车 mótuōchē（英 a motorcycle）

日中比較 中国語の'单车 dānchē'は自動車・バスなど「単独で運行する車両」や「自転車」の意．

だんしゃく【男爵】 男爵 nánjué（英 a baron）

たんじゅう【胆汁】 胆汁 dǎnzhī（英 bile; gall）▶〜を分泌する/分泌胆汁 fēnmì dǎnzhī

◆〜質:胆汁质 dǎnzhīzhì

たんしゅく【短縮する】 缩短 suōduǎn; 缩减 suōjiǎn（英 shorten; reduce）▶窓口での待ち時間を〜する/缩短在窗口等候的时间 suōduǎn zài chuāngkǒu děnghòu de shíjiān ▶通勤時間が 30 分〜できる/通勤时间可以缩短三十分钟 tōngqín shíjiān kěyǐ suōduǎn sānshí fēnzhōng ▶睡眠時間を〜する/缩短睡眠时间 suōduǎn shuìmián shíjiān ▶世界記録を 0 秒 3 〜する/打破世界纪录，缩短了零点三秒 dǎpò shìjiè jìlù, suōduǎnle líng diǎn sān miǎo

たんじゅん【単純な】 单纯 dānchún; 简单 jiǎndān（英 simple）▶〜な見方/粗浅的看法 cūqiǎn de kànfǎ ▶この問題はそれほど〜ではない/这个问题没有那么简单 zhège wèntí méiyǒu nàme jiǎndān

〜化する:简化 jiǎnhuà ▶それは余りに〜化した言い方だ/那是一种过于简化的说法 nà shì yī zhǒng guòyú jiǎnhuà de shuōfǎ ▶物事を〜化して考える/把事物简化，再进行思考 bǎ shìwù jiǎnhuà, zài jìnxíng sīkǎo

日中比較 中国語の'单纯 dānchún'は「込み入っていない」という意味の他に「ただ単に」という意味ももつ．

たんしょ【短所】 短处 duǎnchu; 缺点 quēdiǎn（英 a weak point; a demerit）▶〜を補う/补短处 bǔ duǎnchu; 弥补缺点 míbǔ quēdiǎn ▶敵の〜を突く/攻击敌人的弱点 gōngjī dírén de ruòdiǎn ▶あの男は〜ばかりが目につく/他这个人缺点总是特别惹眼 tā zhège rén quēdiǎn zǒngshì tèbié rě yǎn

たんしょ【端緒】 端绪 duānxù; 头绪 tóuxù（英 a beginning; a start）▶〜を開く/开头儿 kāitóur ▶問題解決の〜を摑む/抓住解决问题的线索 zhuāzhù jiějué wèntí de xiànsuǒ

だんじょ【男女】 男女 nánnǚ (英 man and woman; both sexes) ▶ ～平等/男女平等 nánnǚ píngděng ▶ ～兼用のバッグ/男女两用的包 nánnǚ liǎngyòng de bāo ▶ ～を問わず応募することができる/不论男女都可以应征 búlùn nánnǚ dōu kěyǐ yìngzhēng ▶ ～関係にまつわるスキャンダル/有关男女关系的丑闻 yǒuguān nánnǚ guānxi de chǒuwén
♦ ～共学｜男女同校 nánnǚ tóngxiào　～差別｜男女性别歧视 nánnǚ xìngbié qíshì　～同権｜男女同权 nánnǚ tóngquán

たんじょう【誕生する】 出生 chūshēng；诞生 dànshēng (英 be born) ▶ ～石/生日宝石 shēngrì bǎoshí ▶ ～祝いのパーティーを開く/开生日聚会 kāi shēngrì jùhuì ▶ もうすぐ新しい研究所が～する/将要成立新研究所 jiāngyào chénglì xīnyánjiūsuǒ
～日｜生日 shēngrì ▶ この水曜日は彼の60回目の～日だ/这个星期三是他的六十岁生日 zhège xīngqīsān shì tā de liùshí suì shēngrì ▶ ～日を祝う/过生日 guò shēngrì ▶ ～日のプレゼント/生日礼物 shēngrì lǐwù

だんしょう【談笑する】 说笑 shuōxiào；谈笑 tánxiào (英 chat; have a pleasant talk) ▶ 休憩時間には社長も他の社員と気軽に～する/休息时间里总经理也和公司职员们轻松地说笑 xiūxi shíjiānlǐ zǒngjīnglǐ yě hé gōngsī zhíyuánmen qīngsōng de shuōxiào ▶ 立食パーティーで～する出席者/在立餐宴会谈笑风生的参加者 zài lìcān yànhuì tánxiào fēng shēng de cānjiāzhě

たんしょうとう【探照灯】 探照灯 tànzhàodēng (英 a searchlight) ▶ ～で照らす/用探照灯照射 yòng tànzhàodēng zhàoshè

たんしょく【単色の】 单色 dānsè (英 monochromatic) ▶ ～出版物/单色出版物 dānsè chūbǎnwù ▶ 大阪は～の大都会である/大阪是单色调的大城市 Dàbǎn shì dānsèdiào de dàchéngshì

たんしょく【淡色】 淡色 dànsè (英 a light color) ▶ 白やグレーなどの～の生地/白色或灰色等淡色布料 báisè huò huīsè děng dànsè bùliào

だんしょく【暖色】 暖色 nuǎnsè (英 a warm color) ▶ ～系統/暖色调 nuǎnsèdiào ▶ ここは赤やオレンジなどの～系の色を使うといい/这儿用红色、橘黄色等暖色调的颜色比较好 zhèr yòng hóngsè、júhuángsè děng nuǎnsèdiào de yánsè bǐjiào hǎo

たんじる【嘆じる】 (嘆く) 慨叹 kǎitàn；悲叹 bēitàn (英 weep)；(感心する) 感叹 gǎntàn；赞叹 zàntàn (英 admire)

だんじる【断じる】 断定 duàndìng (英 conclude) ▶ 罪なしと～/判为无罪 pànwéi wúzuì ▶ 一概に～ことはできない/不能一概而论 bùnéng yīgài ér lùn ▶ 彼の死を他殺と～証拠に乏しい/将他的死因断定为他杀还缺乏证据 jiāng tā de sǐyīn duàndìngwéi tāshā hái quēfá zhèngjù

だんじる【談じる】 谈 tán；谈判 tánpàn (英 talk) ▶ サラリーマンが飲み屋で政治を～/工薪族在酒馆儿里谈论政治 gōngxīnzú zài jiǔguǎnrli tánlùn zhèngzhì

たんしん【単身で】 单身 dānshēn；只身 zhīshēn (英 alone; by oneself) ▶ ～赴任/单身赴任 dānshēn fùrèn ▶ 彼はロンドンに～赴任した/他去伦敦单身赴任 tā qù Lúndūn dānshēn fùrèn ▶ 私は～敵地に乗り込んだ/我一个人闯进敌区 wǒ yí ge rén chuǎngjìn díqū

たんしん【短針】 时针 shízhēn；短针 duǎnzhēn (英 the hour hand)

たんじん【炭塵】 矿尘 kuàngchén；煤尘 méichén (英 coal dust) ▶ ～爆発事故/矿尘爆炸事故 kuàngchén bàozhà shìgù ▶ ～で顔が真っ黒になる/煤尘弄得满脸漆黑 méichén nòngde mǎnliǎn qīhēi

たんす【簞笥】 衣柜 yīguì；衣橱 yīchú (英 a chest of drawers) ▶ ～の引き出し/柜子抽屉 guìzi chōuti ▶ 整理～/五斗橱 wǔdǒuchú ▶ 衣装～/衣柜 yīguì；衣橱 yīchú
♦ ～預金｜在家里存钱 zài jiālǐ cúnqián；把钱藏在衣柜里 bǎ qián cángzài yīguìlǐ

ダンス 舞蹈 wǔdǎo (英 a dance; dancing) ▶ ～をする/跳舞 tiàowǔ ▶ ～音楽/舞曲 wǔqǔ ▶ ～パーティー/舞会 wǔhuì ▶ ～ホール/舞厅 wǔtīng；(営業用の) 舞場 wǔchǎng ▶ 社交～/交谊舞 jiāoyìwǔ；交际舞 jiāojìwǔ ▶ ～教室に通う/去舞蹈班学习跳舞 qù wǔdǎobān xuéxí tiàowǔ

たんすい【淡水】 淡水 dànshuǐ (英 fresh water) ▶ ～魚/淡水鱼 dànshuǐyú ▶ ～湖/淡水湖 dànshuǐhú

だんすい【断水】 停水 tíngshuǐ；断水 duànshuǐ (英 a water cutoff) ▶ 工事に伴う～のお知らせ/因工程停水的通知 yīn gōngchéng tíngshuǐ de tōngzhī ▶ 昨夜近所の一帯が～になった/昨天晚上附近一带停水了 zuótiān wǎnshang fùjìn yídài tíngshuǐ le

たんすいかぶつ【炭水化物】 碳水化合物 tànshuǐ huàhéwù (英 a carbohydrate)

たんすう【単数】 〖文法〗单数 dānshù (英 the singular number)

たんせい【丹精する】 苦功 kǔgōng；努力 nǔlì (英 be devoted to...) ▶ 兄が～込めて描きあげた絵です/哥哥精心绘制的图画 gēge jīngxīn huìzhì de túhuà ▶ この庭は祖父が～したものである/这座庭园是祖父精心修整的 zhè zuò tíngyuán shì zǔfù jīngxīn xiūzhěng de ▶ ～して盆栽を育てる/精心栽培盆景 jīngxīn zāipéi pénjǐng ▶ ～を込めた手作りの織物/呕心沥血制成的手工织物 ǒu xīn lì xuè zhìchéng de shǒugōng zhīwù

たんせい【嘆声】 叹声 zàntàn；叹息 tànxī (英 a sigh) ▶ ～をもらす/慨叹 kǎitàn

たんせい【端正な】 端正 duānzhèng (英 handsome; neat) ▶ ～な身だしなみ/端庄的仪表 duānzhuāng de yíbiǎo ▶ ～な顔立ち/端庄的相貌 duānzhuāng de xiàngmào

だんせい【男声】男声 nánshēng (英 *male voices*) ▶～合唱/男声合唱 nánshēng héchàng

だんせい【男性】男人 nánrén; 男性 nánxìng (英 *the male sex*) ▶～用化粧品/男性用化妆品 nánxìng yòng huàzhuāngpǐn ▶～用トイレ/男厕 náncè; 男性洗手间 nánxìng xǐshǒujiān ▶技術者というと～的なイメージがある/提起技术人员, 总有一种男性的印象 tíqǐ jìshù rényuán, zǒng yǒu yì zhǒng nánxìng de yìnxiàng ▶～的な男である/名副其实的男子汉 míng fù qí shí de nánzǐhàn ▶彼は～的なところがない/他没有男性特质 tā méiyǒu nánxìng tèzhì

だんせい【弾性】弾性 tánxìng (英 *elasticity*) ▶～のある[ない]ゴム/有[没有]弹性的胶皮 yǒu [méiyǒu] tánxìng de jiāopí

たんせき【胆石】〘医〙胆石 dǎnshí (英 *a gallstone; a bilestone*) ▶僕は～持ちだ/我有胆石病 wǒ yǒu dǎnshíbìng

だんぜつ【断絶する】断絶 duànjué (英 *become extinct*) ▶世代間の～/代沟 dàigōu ▶隣国との国交を～する/与邻国断绝邦交 yǔ línguó duànjué bāngjiāo ▶過去と～する/与过去诀别 yǔ guòqù juébié ▶跡継ぎがなく一家は～した/后继无人, 一家灭绝了 hòu jì wú rén, yì jiā mièjué le

たんせん【単線】单轨 dānguǐ; 单线 dānxiàn (英 *a single line*) ▶～鉄道/单线铁路 dānxiàn tiělù ▶この区間は～運転となる/这个区间内是单线运行 zhège qūjiānnèi shì dānxiàn yùnxíng

だんせん【断線する】断线 duànxiàn (英 *be broken*)

だんぜん【断然】**❶**［かけはなれた］显然 xiǎnrán (英 *definitely*) ▶この料理のほうが～うまい/显然还是这个菜好吃 xiǎnrán háishi zhège cài hǎochī ▶これが一番だ/这个最突出 zhège zuì tūchū
❷［きっぱり］坚决 jiānjué; 断然 duànrán (英 *absolutely*) ▶今から～タバコをやめる/从现在开始坚决戒烟 cóng xiànzài kāishǐ jiānjué jiè yān ▶～間違いない/决没错 jué méicuò

たんそ【炭素】〘化学〙碳 tàn (英 *carbon*) ▶二酸化～/二氧化碳 èryǎnghuàtàn ▶～と化合する/与碳化合 yǔ tàn huàhé ◆ダイヤモンドは～の結晶である/金刚石是碳的结晶 jīngāngshí shì tàn de jiéjīng

たんぞう【鍛造する】锻造 duànzào (英 *forge*) ▶～プレス/锻造压轧机 duànzào yāzhájī

だんそう【男装する】女扮男装 nǚ bàn nánzhuāng; 扮男人 bàn nánrén (英 *be in men's clothes*) ▶～の麗人/男装丽人 nánzhuāng lìrén

〖日中比較〗中国語の'男装 nánzhuāng'は「メンズウエア」のこと.

だんそう【断層】断层 duàncéng (英 *a gap*) 〘地質〙*a fault* ▶新旧世代の～/新旧两代人的断层 xīnjiù liǎng dài rén de duàncéng ◆活～/活断层 huóduàncéng ▶この地域には活～が走っている/有一条活性地震断层穿过这个地区 yǒu yì tiáo huóxìng dìzhèn duàncéng chuānguò zhège dìqū ～写真/层析摄影 céngxī shèyǐng

たんそく【探測する】探测 tàncè (英 *probe*) ▶～気球/探测气球 tàncè qìqiú

たんそく【嘆息する】叹息 tànxī; 叹气 tànqì (英 *sigh*) ▶「あー」と長々～する/"啊"地长叹一口气 "À" de chángtàn yìkǒuqì

だんぞくてき【断続的に】断断续续地 duànduànxùxù de; 间歇性地 jiànxiēxìng de (英 *intermittently*) ▶銃声が～に聞こえた/枪声断断续续地传来 qiāngshēng duànduànxùxù de chuánlái ▶局面打開のため会談は～に続いた/为了打开局面, 会谈断断续续地继续着 wèile dǎkāi júmiàn, huìtán duànduànxùxù de jìxùzhe

たんそびょう【炭疽病】〘医〙炭疽病 tànjūbìng (英 *anthrax*)

だんそんじょひ【男尊女卑】重男轻女 zhòng nán qīng nǚ; 男尊女卑 nán zūn nǚ bēi (英 *predominance of man over woman*)

たんだい【短大】短期大学 duǎnqī dàxué (英 *a junior college*)

だんたい【団体】集体 jítǐ; 团体 tuántǐ (英 *a party; a group*) ▶～行動/集体行动 jítǐ xíngdòng ▶50名以上の～には特別の打折优惠 duì wǔshí míng yǐshàng de tuántǐ yǒu tèbié de dǎzhé yōuhuì ▶～生活に慣れない/不习惯集体生活 bù xíguàn jítǐ shēnghuó ▶卓球の～戦に優勝する/在乒乓球团体赛上获得冠军 zài pīngpāngqiú tuántǐsàishang huòdé guànjūn
◆～競技/团体竞赛 tuántǐ jìngsài ～旅行/集体旅行 jítǐ lǚxíng ▶奈良を～旅行で一度訪れた/我参加旅游团去过一次奈良 wǒ cānjiā lǚyóutuán qùguo yí cì Nàiliáng 地方公共～/地方公共团体 dìfāng gōnggòng tuántǐ

たんたん【坦坦たる】平坦 píngtǎn; 平稳 píngwěn (英 *even; smooth; uneventful*) ▶道が～と続いている/道路平坦地延伸着 dàolù píngtǎn de yánshēnzhe ▶思えば～たる生涯だった/回想起来, 是平平凡凡的一生 huíxiǎngqǐlai, shì píngpíngfánfán de yìshēng

たんたん【淡淡と】淡泊 dànbó; 淡然 dànrán (英 *calmly*) ▶～と語る/淡淡地谈 dàndàn de tán ▶～と意見を陈述する/平静地陈述意见 píngjìng de chénshù yìjiàn ▶～たる態度で臨む/沉着冷静地应对 chénzhuó lěngjìng de yìngduì

だんだん【段段】渐渐 jiànjiàn; 逐渐 zhújiàn (英 *gradually; increasingly*) ▶～難しくなる/渐渐地难起来 jiànjiàn de nánqǐlai ▶都会生活が～厭になる/渐渐厌倦了城市生活 jiànjiàn yànjuànle chéngshì shēnghuó ▶気候が～暖かくなってくる/气候逐渐变暖 qìhòu zhújiàn biànnuǎn ▶～春らしくなってきた/春意渐渐浓起来了 chūnyì jiànjiàn nóngqǐlai le ▶～怠け者になる/逐渐

変成一个懒汉 zhújiàn biànchéng yí ge lǎnhàn
だんだんばたけ【段段畑】 梯田 tītián (英 *terraced fields*) ▶~の作業は機械化できないので重労働だ/梯田耕作无法实现机械化, 所以是重活儿 tītián gēngzuò wúfǎ shíxiàn jīxièhuà, suǒyǐ shì zhònghuór
たんち【探知する】 探知 tànzhī (英 *detect*) ▶超音波で魚群を~する/利用超声波来探知鱼群所在 lìyòng chāoshēngbō lái tànzhī yúqún suǒzài ▶センサーで地雷を~する/利用感应器探测地雷 lìyòng gǎnyìngqì tàncè dìléi ▶警察はついに彼らの陰謀を~した/警察终于探听到了他们的阴谋 jǐngchá zhōngyú tàntīngdàole tāmen de yīnmóu ▶レーダー~器/雷达探测仪 léidá tàncèyí
だんち【団地】 小区 xiǎoqū; 住宅区 zhùzháiqū; 住宅新村 zhùzhái xīncūn (英 *a housing complex*) ▶工業~/工业园区 gōngyè yuánqū
だんちがい【段違いである】 悬殊 xuánshū; 天差地远 tiān chā dì yuǎn (英 *be no match for...*) ▶~平行棒/高低杠 gāodīgàng ▶彼の碁の腕は私より~に上だ/他的围棋水平比我高出无数倍 tā de wéiqí shuǐpíng bǐ wǒ gāo chū wúshù bèi ▶彼は年季が入っていて私とは~だ/他经验丰富, 我们俩有天壤之別 tā jīngyàn fēngfù, wǒmen liǎ yǒu tiānrǎng zhī bié
たんちょう【単調な】 単調 dāndiào; 平板 píngbǎn; 平淡 píngdàn (英 *monotonous; dull*) ▶彼の話は~な話し方でひどく退屈だった/他的讲话方式单调, 让人听得特别无聊 tā de jiǎnghuà fāngshì dāndiào, ràng rén tīngde tèbié wúliáo ▶~な日常生活に戻る/回到单调的日常生活中 huídào dāndiào de rìcháng shēnghuó zhōng ▶~な仕事に嫌気がさす/开始讨厌单调的工作 kāishǐ tǎoyàn dāndiào de gōngzuò ▶ありふれた~な景色が続く/司空见惯的单调景色接连不断 sīkōng jiànguàn de dāndiào jǐngsè jiēliánbúduàn ▶長い坂道を登るという~でつらい仕事/爬长坡这种单调而吃力的工作 pá chángpō zhè zhǒng dāndiào ér chīlì de gōngzuò
たんちょう【探鳥】 观鸟 guānniǎo (英 *bird watching*) ▶~会/观鸟会 guānniǎohuì
たんちょう【短調】〖音楽〗小调 xiǎodiào (英 *a minor key*) ▶ピアノ協奏曲変ロ~/钢琴协奏曲 B 小调 gāngqín xiézòuqǔ B xiǎodiào
だんちょう【団長】 团长 tuánzhǎng (英 *the leader of a party*) ▶~を務める/担任团长 dānrèn tuánzhǎng ▶河辺氏を~とする旅行団/以河边先生为团长的旅行团 yǐ Hébiān xiānsheng wéi tuánzhǎng de lǚxíngtuán
だんちょう【断腸】
~の思い 万分悲痛 wànfēn bēitòng ▶彼は~の思いで会長の任を辞した/他万分悲痛地辞去了会长的职务 tā wànfēn bēitòng de cíqùle huìzhǎng de zhíwù
タンチョウヅル【丹頂鶴】〖鳥〗丹顶鹤 dāndǐnghè (英 *a Japanese crane*)

たんつぼ【痰壺】 痰盂 tányú (英 *a spittoon*)
たんてい【探偵】 侦探 zhēntàn (英 *a detective*) ▶~小说/侦探小说 zhēntàn xiǎoshuō; 推理小说 tuīlǐ xiǎoshuō ▶私立~/私人侦探 sīrén zhēntàn
だんてい【断定する】 断定 duàndìng (英 *conclude; decide*) ▶いじめが原因の自殺とは~できない/不能断定是因为挨欺负而自杀的 bùnéng duàndìng shì yīnwèi ái qīfu ér zìshā de ▶容疑者を犯人と~するような報道は許されない/不能容忍将嫌疑人断定为犯人的那种报道 bùnéng róngrěn jiāng xiányírén duàndìng wéi fànrén de nà zhǒng bàodào ▶彼は物事を一方的に~するくせがある/他有爱片面断定事物的毛病 tā yǒu ài piànmiàn duàndìng shìwù de máobìng
ダンディー 潇洒漂亮(的男人) xiāosǎ piàoliang(de nánrén) (英 *a dandy*)
たんてき【端的な】 直截了当 zhíjié liǎodàng; 坦率 tǎnshuài (英 *direct; frank*) ▶~に言う/坦率地说 tǎnshuài de shuō; 直截了当地说 zhíjié liǎodàng de shuō ▶~に现れる/明显地表现出来 míngxiǎn de biǎoxiànchūlai ▶~に言って, このプロジェクトは時期尚早であった/坦率地说, 这个项目还为期过早 tǎnshuài de shuō, zhège xiàngmù hái wéiqí guò zǎo
たんでき【耽溺】 沉溺 chénnì; 入迷 rùmí (英 *indulgence*) ▶酒色に~する/沉溺于酒色 chénnì yú jiǔsè
たんとう【担当する】 充任 chōngrèn; 担任 dānrèn (英 *take charge of...*) ▶~者/负责人 fùzérén ▶彼は中学で英语を~している/他在初中教英语 tā zài zhōngxué jiāo Yīngyǔ ▶彼は主として販売面を~している/他主要负责销售方面的工作 tā zhǔyào fùzé xiāoshòu fāngmiàn de gōngzuò ▶涉外~の重役/负责对外联络的董事 fùzé duìwài liánluò de dǒngshì
たんとう【短刀】 匕首 bǐshǒu (英 *a short sword*)
だんとう【弾頭】 弹头 dàntóu (英 *a warhead*) ▶核~/核弹头 hédàntóu
だんとう【暖冬】 暖冬 nuǎndōng (英 *a mild winter*) ▶~の影響で例年より 1 ヶ月早く梅が咲いた/受暖冬的影响, 梅花比往年早开了一个月 shòu nuǎndōng de yǐngxiǎng, méihuā bǐ wǎngnián zǎo kāile yí ge yuè ▶今年は~異変だ/今年的冬天异常暖和 jīnnián de dōngtiān yìcháng nuǎnhuo
だんどう【弾道】 弹道 dàndào (英 *a trajectory*) ▶~ミサイル/弹道导弹 dàndào dǎodàn ▶大陆間~弹/洲际导弹 zhōujì dǎodàn
だんとうだい【断頭台】 断头台 duàntóutái (英 *a guillotine*) ▶国王は~の露と消えた/国王化作断头台上的一滴露珠消逝了 guówáng huàzuò duàntóutáishang de yì dī lùzhū xiāoshì le
たんとうちょくにゅう【単刀直入】 直截了当 zhíjié liǎodàng (英 *directly*) ▶~に話す/开

门见山 kāi mén jiàn shān ▶話を手短かに済ますため～に訊くよ/为了简要地谈完，我就直截了当地问啦 wèile jiǎnyào de tánwán, wǒ jiù zhíjié liǎodàng de wèn la

たんどく【単独】 単独 dāndú；单身 dānshēn（英 single; sole; separate）▶～行動をとる/采取单独行动 cǎiqǔ dāndú xíngdòng ▶その映画監督への～インタビューを行った/对那个电影导演进行了单独采访 duì nàge diànyǐng dǎoyǎn jìnxíngle dāndú cǎifǎng ▶～登山は危険をともなう/单身登山是伴随着危险的 dānshēn dēngshān shì bànsuízhe wēixiǎn de ▶彼女が一首位に立った/她独自一人领先了 tā dúzì yì rén lǐngxiān le ▶～犯の可能性が高い/单独案犯的可能性很大 dāndú ànfàn de kěnéngxìng hěn dà ▶～飛行を行う/进行单独飞行 jìnxíng dāndú fēixíng

たんどく【耽読する】 埋头读 máitóu dú；看得入迷 kànde rùmí（英 be absorbed in a book）▶歴史小説を～する/对历史小说入迷 duì lìshǐ xiǎoshuō rùmí ▶僕は中学生の頃『昆虫記』を～していた/我上中学的时候，埋头阅读过《昆虫记》wǒ shàng zhōngxué de shíhou, máitóu yuèdúguo《Kūnchóngjì》

だんとつ【断突の】 突出 tūchū（英 by a runaway leader）▶冬に旅したい場所は温泉地が～だ/冬天想去旅行的地方首推温泉 dōngtiān xiǎng qù lǚxíng de dìfang shǒu tuī wēnquán ▶英語弁論大会で彼は～の一位だった/在英语演讲比赛上，他获得了突出的第一名 zài Yīngyǔ yǎnjiǎng bǐsàishang, tā huòdéle tūchū de dìyī míng

だんどり【段取り】 程序 chéngxù；计划 jìhuà（英 arrangements; a plan）▶～をつける/安排 ānpái ▶物事がうまくいかないのは～が悪いからだ/事物进行得不顺利是因为计划不好 shìwù jìnxíngde bú shùnlì shì yīnwèi jìhuà bù hǎo ▶～をよくすれば仕事がはかどります/如果合理安排计划，工作效率就高 rúguǒ hélǐ ānpái jìhuà, gōngzuò xiàolǜ jiù gāo ▶パーティーの～が整えられた/派对的安排一切就绪 pàiduì de ānpái yíqiè jiùxù ▶今日から仕事にかかる～だ/从今天起开始着手工作 cóng jīntiān qǐ kāishǐ zhuóshǒu gōngzuò

だんな【旦那】 主人 zhǔrén；主子 zhǔzi（英 a patron）▶～様/大爷 dàye；老爷 lǎoye ▶うちの～は私とちがって全くの下戸なのよ/我老公和我不一样，根本不会喝酒 wǒ lǎogōng hé wǒ bù yíyàng, gēnběn búhuì hē jiǔ

◆若～:少爷 shàoye；大少爷 dàshàoye

たんなる【単なる】 仅仅 jǐnjǐn；只不过 zhǐbuguò（英 mere; simple; plain）▶～夢だ/只不过是个梦 zhǐbuguò shì ge mèng ▶最初は～好奇心で読み始めたがそのうち…/最初仅仅是出于好奇开始读的，可是渐渐地…zuìchū jǐnjǐn shì chūyú hàoqí kāishǐ dú de, kěshì jiànjiàn de… ▶それは～ごまかしで、何の根拠もない/那只不过是

弄虚作假，没有任何根据 nà zhǐbuguò shì nòng xū zuò jiǎ, méiyǒu rènhé gēnjù

たんに【単に】 仅 jǐn；只 zhǐ（英 only; merely; simply）▶～私はやりたくない/不仅是我 bùjǐn shì wǒ ▶～力を試しただけだ/只不过是看看能力 zhǐbuguò shì kànkan nénglì ▶それは～遊びとしてでなく教育や医療に役立つ/那不仅作为游戏，对教育和医疗也有用 nà bùjǐn zuòwéi yóuxì, duì jiàoyù hé yīliáo yě yǒuyòng ▶人の評価を～点数のみで決めていいのか/能仅仅根据分数来决定一个人的评价吗？ néng jǐnjǐn gēnjù fēnshù lái juédìng yí ge rén de píngjià ma? ▶彼は～すぐれた学究であるばかりか大作家でもあった/他不但是一位优秀的学者，而且是一位大作家 tā búdàn shì yí wèi yōuxiù de xuézhě, érqiě shì yí wèi dàzuòjiā

たんにん【担任する】 担任 dānrèn（英 take charge of...）▶学級/班主任 bānzhǔrèn ▶2年A組を～する/担任二年级A班 dānrèn èr niánjí A bān ▶3年～の教師/担任三年级的老师 dānrèn sān niánjí de lǎoshī ▶君のクラスの～は何先生ですか/你们班的班主任是哪个老师？nǐmen bān de bānzhǔrèn shì nǎge lǎoshī?

タンニン〚化学〛单宁 dānníng（英 tannin）▶～酸/单宁酸 dānníngsuān

だんねつ【断熱する】 隔热 gérè；绝热 juérè（英 insulate）▶～材/保温材料 bǎowēn cáiliào；绝热材料 juérè cáiliào ▶～性にすぐれた窓ガラス/隔热性强的窗户玻璃 gérèxìng qiáng de chuānghu bōli

たんねん【丹念に】 细心 xìxīn；精心 jīngxīn（英 carefully）▶～に調べる/细心查找 xìxīn cházhǎo ▶～に育てる/精心饲养 jīngxīn sìyǎng ▶職人たちが～に仕上げたこだわりのチョコレートです/工匠们精心制作的味道讲究的巧克力 gōngjiàngmen jīngxīn zhìzuò de wèidao jiǎngjiu de qiǎokèlì ▶あなたの～なお仕事ぶりには敬服します/你精心的工作，让我佩服 nǐ jīngxīn de gōngzuò, ràng wǒ pèifú

だんねん【断念する】 死心 sǐxīn；罢休 bàxiū（英 give up; abandon）▶大統領選への出馬を～する/死了参加总统竞选这条心 sǐle cānjiā zǒngtǒng jìngxuǎn zhè tiáo xīn ▶足をけがしたため試合に出場することを～した/腿受伤了，所以断了参加比赛的念头 tuǐ shòushāng le, suǒyǐ duànle cānjiā bǐsài de niàntou ▶留学を～する/我放弃了去留学 wǒ fàngqìle qù liúxué

たんのう【胆囊】〚解〛胆囊 dǎnnáng（英 the gallbladder）

たんのう【堪能する】 过瘾 guòyǐn；满足 mǎnzú（英 be fully satisfied）▶今日は久々にタイ料理を～した/许久没吃泰国菜了，今天过了一把瘾 xǔjiǔ méi chī Tàiguócài le, jīntiān guòle yì bǎ yǐn ▶古都ならではの雰囲気を十分に～して下さい/请尽情享受一下古都特有的情趣 qǐng jìnqíng xiǎngshòu yíxià gǔdū tèyǒu de qíngqù ▶彼女はフランス語に～である/她擅长法语 tā shàncháng Fǎyǔ

たんのう【堪能な】 长于 chángyú；擅长 shàncháng (英 *good; skillful*) ▶語学に～な/精于外语 jīngyú wàiyǔ

たんぱ【短波】 短波 duǎnbō (英 *a short wave*) ▶～放送/短波广播 duǎnbō guǎngbō

たんぱく【淡泊な】 淡泊 dànbó；淡 dàn (英 *candid; indifferent; simple*) ▶～な性質/为人淡泊 wéirén dànbó ▶～な味/味道清淡 wèidào qīngdàn ▶お金に～な人/淡泊金钱的人 dànbó jīnqián de rén ▶～な態度を装う/假装出淡漠的样子 jiǎzhuāngchū dànmò de yàngzi

たんぱく【蛋白】 蛋白 dànbái (英 *protein*) ▶～質/蛋白质 dànbáizhì

たんぱつ【単発】 单发 dānfā (比喩) 单独 dāndú (英 *single*) ▶～銃/单发枪 dānfāqiāng

たんぱつ【短髪】 短头发 duǎntóufa；短发 duǎnfà (英 *short hair*)

タンバリン 〔楽器〕手鼓 shǒugǔ (英 *a tambourine*)

たんパン【短パン】〔服飾〕短裤 duǎnkù (英 *a pair of shorts*)

だんぱん【談判する】 谈判 tánpàn；商谈 shāngtán；磋商 cuōshāng (英 *negotiate*) ▶校長と直(ぢき)～する/跟校长直接谈判 gēn xiàozhǎng zhíjiē tánpàn

たんび【耽美】 耽美 dānměi；唯美 wéiměi (英 *aestheticism*) ▶～主義/唯美主义 wéiměi zhǔyì

たんぴょう【短評】 短评 duǎnpíng (英 *a short of comment*)

たんぴん【単品】 单件 dānjiàn (英 *one article*) ▶～ではお売りできません/不能单卖 bùnéng dānmài

ダンピング 倾销 qīngxiāo；大甩卖 dà shuǎimài (英 *dumping*) ▶～する/倾销 qīngxiāo ▶反～関税/反倾销税 fǎn qīngxiāoshuì

ダンプカー 翻斗车 fāndǒuchē；自卸卡车 zìxiè kǎchē (英 *a dump truck*)

たんぶん【短文】 短文 duǎnwén (英 *a short sentence*) ▶"春の風"を用いて～を作れ/用"春风"造短句 yòng "chūnfēng" zào duǎnjù

たんぺいきゅう【短兵急な】 冷不防 lěngbufáng；性急 xìngjí；突然 tūrán (英 *headlong; abrupt*) ▶なぜ妥協したのかと～に問いかけてきた/突然问起来为什么也妥协了 tūrán wènqǐlai wèi shénme tuǒxié le

ダンベル 哑铃 yǎlíng (英 *a dumbbell*)

たんぺん【短編】 短篇 duǎnpiān (英 *a short story*) ▶～小说/短篇小说 duǎnpiān xiǎoshuō ▶～集/短篇小说集 duǎnpiān xiǎoshuōjí ▶～映画/短片电影 duǎnpiān diànyǐng

だんぺんてき【断片的な】 片断的 piànduàn de；部分的 bùfen de (英 *fragmentary*) ▶雑多で～な知識しかない/只有繁杂的、断片的知识 zhǐ yǒu fánzá de、duànpiàn de zhīshi ▶～な記憶をたどる/追寻片片断断的记忆 zhuīxún piànduànduàn de jìyì

たんぼ【田圃】 水地 shuǐdì；水田 shuǐtián (英 *a rice field*) ▶～道/田间小路 tiánjiān xiǎolù

たんぽ【担保】 抵押 dǐyā (英 *a security; a mortgage*) ▶家を～に入れる/拿房产抵押 ná fángchǎn dǐyā ▶無～ローン/无担保贷款 wú dānbǎo dàikuǎn ▶～なしでお金を貸す/无担保借出钱 wú dānbǎo jièchū qián ▶十分な～なしに貸し付ける/没有充分的担保就贷款 méiyǒu chōngfèn de dānbǎo jiù dàikuǎn

たんぼう【探訪する】 采访 cǎifǎng；探访 tànfǎng (英 *make a private inquiry*) ▶アフリカの大自然を～する旅/探访非洲大自然的旅行 tànfǎng Fēizhōu dàzìrán de lǚxíng

日中比較 中国语の'探访 tànfǎng'は「その地を訪ねる」という意味の他に「人を訪ねる」という意味もある。

だんぼう【暖房】 暖气 nuǎnqì；供暖 gōngnuǎn (英 *heating*) ▶～器具/取暖器 qǔnuǎnqì ▶～設定温度を20℃にする/把暖气设定温度定为二十度 bǎ nuǎnqì shèdìng wēndù dìngwéi èrshí dù ▶～のない建物/没有暖气设备的建筑 méiyǒu nuǎnqì shèbèi de jiànzhù ▶寒くなったから～を入れよう/冷起来了，开暖气吧 lěngqǐlai le, kāi nuǎnqì ba ▶暑いから～を切るよ/太热了，把暖气关了吧 tài rè le, bǎ nuǎnqì guān le ba
♦～費/取暖费 qǔnuǎnfèi 床～/地板取暖 dìbǎn qǔnuǎn

日中比較 中国语の'暖房 nuǎnfáng'は、友人や親戚の結婚前に新居を訪れてお祝いをする古い習慣をいう。

だんボール【段ボール】 瓦楞纸 wǎléngzhǐ (英 *corrugated cardboard*) ▶～箱/纸板箱 zhǐbǎnxiāng

タンポポ【蒲公英】〔植物〕蒲公英 púgōngyīng (英 *a dandelion*)

たんまつ【端末】〔電算〕终端 zhōngduān (英 *a terminal*) ▶ユーザー～/终端用户 zhōngduān yònghù

だんまつま【断末魔】(英 *the agonies of death*) ▶～のあがき/垂死挣扎 chuíśǐ zhēngzhá ▶～の苦しみ/临死的痛苦 línsǐ de tòngkǔ

たんまり 很多 hěn duō；许多 xǔduō (英 *plenty*) ▶～もうける/获利很多 huòlì hěn duō

だんまり【黙り】 沉默 chénmò (英 *silence*) ▶～をきめこむ/缄默不言 jiānmò bù yán

たんめい【短命】 短命 duǎnmìng；夭折 yāozhé (英 *short-lived*) ▶彼が～だったのは大酒のためであった/他过早去世是因为饮酒过度 tā guò zǎo qùshì shì yīnwèi yǐnjiǔ guòdù ▶今度の内閣も～に終わるだろう/这届内阁也会短命而终吧 zhè jiè nèigé yě huì duǎnmìng ér zhōng ba

タンメン【湯麵】〔料理〕汤面 tāngmiàn

だんめん【断面】 断面 duànmiàn；切面 qiēmiàn (英 *a section*) ▶～図/剖面图 pōumiàntú ▶社会生活の一～/社会生活的一个断面 shèhuì shēnghuó de yí ge duànmiàn ▶人生の～/

人生的剖面 rénshēng de pōumiàn

たんもの【反物】（和服用の）布匹 bùpǐ; 丝绸 sīchóu ㊥ *textile fabrics*

だんやく【弾薬】弾药 dànyào ㊥ *ammunition*）▶~庫/弹药库 dànyàokù

だんゆう【男優】男演员 nányǎnyuán ㊥ *an actor*）▶主演~賞/男主角奖 nánzhǔjuéjiǎng

だんらく【段落】段落 duànluò ㊥ *a paragragh*）▶これで仕事は一~だ/在此工作告一段落了 zài cǐ gōngzuò gào yí duànluò le

たんらくてき【短絡的】简单 jiǎndān ㊥ *simplistic*）▶~な考え/简单的想法 jiǎndān de xiǎngfa

だんらん【団欒する】团圆 tuányuán; 团聚 tuánjù; 团栾 tuánluán ㊥ *enjoy a happy home*）▶一家~して年を越す/一家团圆过年 yìjiā tuányuán guònián ▶一家~の楽しみ/合家团圆的快乐 héjiā tuányuán de kuàilè

たんり【単利】〖金融〗单利 dānlì ㊥ *simple interest*）

だんりゅう【暖流】暖流 nuǎnliú ㊥ *a warm current*）

たんりょ【短慮】短见 duǎnjiàn; 浅虑 qiǎnlǜ ㊥ *indiscretion*）

たんりょく【胆力】胆量 dǎnliàng; 气魄 qìpò ㊥ *courage*; *guts*）▶~のある人物/有气魄的人物 yǒu qìpò de rénwù ▶あの男は惜しいことに~が欠けている/可惜他缺少胆量 kěxī tā quēshǎo dǎnliàng

だんりょく【弾力】弹力 tánlì; 弹性 tánxìng ㊥ *elasticity*; *spring*）▶~がある/有弹性 yǒu tánxìng ▶~性/弹性 tánxìng ▶この輪ゴムにはあまり~がない/这个橡皮筋儿没有多少弹力 zhège xiàngpíjīnr méiyǒu duōshao tánlì ▶やわらかで~のある踏み心地/柔软而有弹力的脚部感觉 róuruǎn ér yǒu tánlì de jiǎobù gǎnjué ▶彼は発想に~性がない/他的想法缺乏灵活性 tā de xiǎngfa quēfá línghuóxìng

たんれい【端麗な】端丽 duānlì ㊥ *graceful*; *elegant*）▶容姿~である/容貌端庄秀丽 róngmào duānzhuāng xiùlì

たんれん【鍛錬する】锻炼 duànliàn ㊥ *forge*; ［心身の］*train*）▶心身を~する/锻炼身心 duànliàn shēnxīn

だんろ【暖炉】壁炉 bìlú ㊥ *a fireplace*）▶~に火を入れる/点燃壁炉 diǎnrán bìlú

だんわ【談話】谈话 tánhuà; 叙谈 xùtán ㊥ *talk*; *conversation*）▶首相は外交政策に関する~を発表した/首相发表了关于外交政策的谈话 shǒuxiàng fābiǎole guānyú wàijiāo zhèngcè de tánhuà ▶楽しく~している時に地震は起こった/正在愉快谈话的时候就发生了地震 zhèngzài yúkuài tánhuà de shíhou jiù fāshēngle dìzhèn
◆~室|谈话室 tánhuàshì

ち

ち【地】地 dì ㊥ *the earth*; *the ground*）▶一敗~にまみれる/一败涂地 yí bài tú dì ▶~対空ミサイルを配備する/部署地对空导弹 bùshǔ dìduìkōng dǎodàn

~に足のついた 脚踏实地 jiǎo tà shí dì ▶~に足のついた生き方をする/脚踏实地地生活 jiǎo tà shí dì de shēnghuó

~に落ちる 扫地 sǎodì ▶彼の信望も~に落ちた/他的威望扫地了 tā de wēiwàng sǎodì le

~の利 地利 dìlì ▶~の利を生かす/利用地理优势 lìyòng dìlǐ yōushì

ち【血】血 xiě（口語）; xuè ㊥ *blood*）▶~が出る/流血 liúxuè ▶~を吐く/吐血 tùxiě ▶~だらけの/血糊糊 xiěhūhū ▶歯ぐきから~が出る/牙床出血 yáchuáng chūxiě ▶~を吐く思いで子を叱る/怀着沉痛的心情责备孩子 huáizhe chéntòng de xīnqíng zébèi háizi ▶~だらけの死体がころがっている/躺着一具浑身都是血的尸体 tǎngzhe yí jù húnshēn dōu shì xiě de shītǐ ▶~のにじむような努力を重ねる/费尽心血 fèijìn xīnxuè ▶~を採って検査する/取血检查 qǔ xiě jiǎnchá ▶~に飢えた狼のように人を襲った/像嗜血成性的狼似地扑向人 xiàng shìxiě chéngxìng de láng sì de pū xiàng rén ▶彼は芸術家の~を受けている/他继承了艺术家的血脉 tā jìchéngle yìshùjiā de xuèmài ▶さすがに~は争えないね/到底是龙生龙, 凤生凤, 老鼠的儿子会打洞 dàodǐ shì lóng shēng lóng, fèng shēng fèng, lǎoshǔ de érzi huì dǎdòng ▶全く~のめぐりの悪いやつだ/你真是个蠢货! nǐ zhēn shì ge chǔnhuò!

~が通う 有人情味儿 yǒu rénqíngwèir ▶~が通った政治をしてもらいたい/希望他们实行有人情味的政治 xīwàng tāmen shíxíng yǒu rénqíngwèi de zhèngzhì

~が騒ぐ 血气不稳 xuèqì bù wěn ▶决战を控えて~が騒ぐ/面临着决战, 热血沸腾 miànlínzhe juézhàn, rèxuè fèiténg

~で~を洗う 以血还血 yǐ xuè huán xuè ▶~で~を洗う抗争を続ける/继续进行以血还血的斗争 jìxù jìnxíng yǐ xuè huán xuè de dòuzhēng

~も涙もない 冷酷无情 lěngkù wúqíng ▶~も涙もない扱いをする/冷酷无情地对待 lěngkù wúqíng de duìdài

~を分けた 嫡亲 díqīn ▶俺たちは~を分けた兄弟も同然の仲だ/我们如同骨肉兄弟 wǒmen rútóng gǔròu xiōngdì

ち【知】知 zhī; 理智 lǐzhì ㊥ *wisdom*）▶大学で~を磨け/在大学, 要陶冶知性! zài dàxué, yào táoyě zhīxìng!

ことわざ 知に働けば角が立つ 理智行事, 就不够圆滑 lǐzhì xíngshì, jiù búgòu yuánhuá

チアガール 啦啦队姑娘 lālāduì gūniang ㊥ *a*

cheerleader）

ちあん【治安】 治安 zhì'ān（英 *the public peace*）▶～が悪い/治安差 zhì'ān chà ▶～を守る/保安 bǎo'ān ▶～を維持する/维持治安 wéichí zhì'ān ▶～を乱す/扰乱治安 rǎoluàn zhì'ān ▶この町は～がいいから安心だ/这个城市治安好,我就放心了 zhège chéngshì zhì'ān hǎo, wǒ jiù fàngxīn le ▶～を守るのが我々の役目だ/维护治安是我们的责任 wéihù zhì'ān shì wǒmen de zérèn ▶蘭山市に～維持部隊を派遣する/派治安维护部队到兰山市去 pài zhì'ān wéihù bùduì dào Lánshānshì qù

ちい【地位】 地位 dìwèi; 位置 wèizhi（位*position*; *status*; [階級] *rank*）▶～に就く/就职 jiùzhí ▶責任ある～に就く/出任要职 chūrèn yàozhí ▶～も名誉も失う/身败名裂 shēn bài míng liè ▶あなたのほうが～が高い/您的地位高 nín de dìwèi gèng gāo ▶彼は努力で現在の～を築き上げた/他靠努力奠定了现在的地位 tā kào nǔlì diàndìngle xiànzài de dìwèi ▶プロスポーツの社会的～を高める/提高职业运动的社会地位 tígāo zhíyè yùndòng de shèhuì dìwèi

ちいき【地域】 地区 dìqū; 地域 dìyù（英 *a region*; *an area*; *a district*; *a zone*）▶～社会/地区社会 dìqū shèhuì ▶～社会に受け入れられる/被地区社会接受 bèi dìqū shèhuì jiēshòu ▶～格差が拡大する/地区差距扩大 dìqū chājù kuòdà ▶～の事情を無視する/不顾及地区情况 bú gùjí dìqū qíngkuàng ▶～により気象が異なる/各个地区的气象都不一样 gège dìqū de qìxiàng dōu bù yíyàng

ちいく【知育】 智育 zhìyù（英 *intellectual training*）▶～偏重の弊害に目をつぶる/对偏重智力教育的弊端,视而不见 duì piānzhòng zhìlì jiàoyù de bìduān, shì ér bú jiàn ▶～をおろそかにする/放松智育 fàngsōng zhìyù

チーク（英 *teakwood*）▶～材/柚木 yóumù ▶～製のタンス/柚木制衣柜 yóumùzhì yīguì

ちいさい【小さい】 小 xiǎo（英 *small*; *little*; *young*）▶この靴はすこし～/这双鞋有点儿小 zhè shuāng xié yǒudiǎnr xiǎo ▶体が～/个子矮 gèzi ǎi ▶～家/小房子 xiǎofángzi ▶～頃/小时候 xiǎoshíhou ▶気が～/胆子小 dǎnzi xiǎo ▶体は～が望みは大きい/身材虽小理想却很大 shēncái suī xiǎo lǐxiǎng què hěn dà ▶～家が並んでいる/排列着一间间小房子 páilièzhe yì jiān jiān xiǎofángzi ▶～頃は怪獣にあこがれた/小时候,我对怪兽心驰神往 xiǎoshíhou, wǒ duì guàishòu xīn chí shén wǎng ▶あいつは人間が～/那家伙气量很小 nà jiāhuo qìliàng hěn xiǎo ▶～ことにこだわるな/别拘泥于小事 bié jūnní yú xiǎoshì ▶一万円を小さくする/把一万日元破开 bǎ yí wàn Rìyuán pòkāi ▶僕は部屋のすみで小さくなっていた/我畏缩在房间的一个角落里 wǒ wèisuō zài fángjiān de yí ge jiǎoluòli ▶事件は夕日新聞が小さく報じただけだった/那个事件只有夕日报纸登了一条小消息 nàge shìjiàn zhǐyǒu

Xīrì bàozhǐ dēngle yì tiáo xiǎoxiāoxi ▶小さな政府をめざしてはいるのだが…/建立一个小政府是我的目标,但是… jiànlì yí ge xiǎozhèngfǔ shì wǒ de mùbiāo, dànshì… ▶彼の声が小さくなった/他声音变小了 tā shēngyīn biànxiǎo le ▶小さくなった着物は妹にあげた/小了的衣服都给我妹妹了 xiǎole de yīfu dōu gěi wǒ mèimei le

チーズ 干酪 gānlào（英 *cheese*）▶～ケーキ/奶酪蛋糕 nǎilào dàngāo ▶～トースト/奶酪吐司 nǎilào tǔsī

チーター〔動物〕猎豹 lièbào（英 *a cheetah*）

チーフ 主任 zhǔrèn（英 *the chief*）▶今日から君が～だ/从今天开始你是主任 cóng jīntiān kāishǐ nǐ shì zhǔrèn ▶～アンパイアを務める/担任主裁判 dānrèn zhǔcáipàn

チーム 队 duì（英 *a team*）▶彼は～プレーに徹している/他坚持全队配合作战 tā jiānchí quánduì pèihé zuòzhàn ▶最強の～をつくるつもりだ/我打算组织最强的团队 wǒ dǎsuan zǔzhī zuìqiáng de tuánduì ▶～を組んで仕事をする/组成小组工作 zǔchéng xiǎozǔ gōngzuò ▶～カラーがよく出た試合だった/那是一场充分显示出队风的比赛 nà shì yì chǎng chōngfèn xiǎnshìchū duìfēng de bǐsài

♦～メート 队友 duìyǒu ▶～メートと会食する/和队友聚餐 hé duìyǒu jùcān

チームワーク 配合 pèihé; 合作 hézuò（英 *teamwork*）▶～が取れている/配合得很好 pèihéde hěn hǎo ▶～を乱す選手には容赦しないぞ/绝不原谅破坏团队合作的选手 juébù yuánliàng pòhuài tuánduì hézuò de xuǎnshǒu

ちえ【知恵】 才智 cáizhì; 智慧 zhìhuì（英 *wisdom*; *intelligence*）▶あの人はよく～が回る/那个人想得很周到 nàge rén xiǎngde hěn zhōudào ▶～の持ち腐れ/虽有智慧而不能应用 suī yǒu zhìhuì ér bùnéng yìngyòng ▶生活の～を身につける/掌握生活的智慧 zhǎngwò shēnghuó de zhìhuì ▶いい年をして～のないことだね/亏他这么一大把年纪了,还那么不懂事 kuī tā zhème yí dà bǎ niánjì le, hái nàme bù dǒngshì ▶さては奥さんに～をつけられたね/看来,是你太太给你出的主意啊 kànlái, shì nǐ tàitai gěi nǐ chū de zhǔyi a

～を貸す 参谋 cānmóu ▶～を貸してくれないか/你能帮我出出主意吗? nǐ néng bāng wǒ chūchu zhǔyi ma?

～を絞る 出谋划策 chū móu huà cè; 绞尽脑汁 jiǎojìn nǎozhī ▶～を絞っても名案は出なかった/绞尽脑汁也想不出好主意 jiǎojìn nǎozhī yě xiǎngbuchū hǎozhǔyi

♦～遅れ 弱智 ruòzhì ～くらべ 斗智 dòuzhì ▶両監督の～くらべが見ものです/两位领队的斗智值得一看 liǎng wèi lǐngduì de dòuzhì zhídé yí kàn ～の輪 九连环 jiǔliánhuán ▶～の輪で遊ぶ/玩九连环 wán jiǔliánhuán

チェアマン 主席 zhǔxí; 议长 yìzhǎng（英 *a chairman*）▶サッカーリーグの～に就任する/就任

足球联盟的主席 jiùrèn zúqiú liánméng de zhǔxí

チェーン 锁链 suǒliàn; 链条 liàntiáo (英 *a chain*) ▶自転車の〜がはずれた/自行车的链条脱落了 zìxíngchē de liàntiáo tuōluò le ▶雪道ではタイヤに〜を巻く/在雪路上行车时，给轮胎装上防滑链 zài xuělùshang xíngchē shí, gěi lúntāi zhuāngshàng fánghuáliàn

◆〜店 [连锁商店] liánsuǒ shāngdiàn ▶居酒屋の〜店/酒馆的连锁店 jiǔguǎn de liánsuǒdiàn

チェーンソー 链锯 liànjù (英 *a chain saw*)

チェス 〈ゲーム〉国际象棋 guójì xiàngqí (英 *chess*) ▶〜を指す/下国际象棋 xià guójì xiàngqí ▶彼との腕を競う/和он较量国际象棋的技术 hé tā jiàoliàng guójì xiàngqí de jìshù

ちぇっ 咳 hāi (英 *Tut!*) ▶〜、また負けたか/咳，又输了！hāi, yòu shū le !

チェック ❶ 【点検】核实 héshí; 检查 jiǎnchá; 检点 jiǎndiǎn (英 *check*) ▶文書を〜する/审阅文件 shěnyuè wénjiàn ▶荷物を〜する/检点行李 jiǎndiǎn xíngli ▶出発前に荷物を〜する/出发之前检查行李 chūfā zhīqián jiǎnchá xíngli ▶文書の〜は気に頼むよ/你可要仔细地检查文件啊 nǐ kě yào zǐxì de jiǎnchá wénjiàn a ▶該当個所に〜を入れる/在相应部分上打钩 zài xiāngyìng bùfenshang dǎgōu

❷ 【格子模様】方格纹 fānggéwén (英 *check*) ▶あの子は赤白の〜のスカートをはいていた/她穿了一条红白方格的裙子 tā chuānle yì tiáo hóngbái fānggé de qúnzi

❸ 【小切手】支票 zhīpiào (英 *check*) ▶トラベラーズ〜/旅行支票 lǚxíng zhīpiào

チェックアウトする 结帐退房 jiézhàng tuìfáng (英 *check out*) ▶〜までにはまだ時間がある/退房手续之前还有时间 tuìfáng shǒuxù zhīqián háiyǒu shíjiān ▶時間ぎりぎりに〜した/临到退房时间才退了房 línadào tuìfáng shíjiān cái tuìle fáng

チェックインする 订房登记 dìngfáng dēngjì (英 *check in*)

チェックポイント ❶ 【関門】检查站 jiǎncházhàn (英 *a checkpoint*) ▶ランナーは一丸となって〜を通過した/赛跑运动员们一块儿通过检查站 sàipǎo yùndòngyuánmen yíkuàir tōngguò jiǎncházhàn ❷ 【注意点】应该注意的要点 yīnggāi zhùyì de yàodiǎn (英 *a check to be checked*) ▶パソコンを買うときの〜は…/买电脑时应该注意的要点是… mǎi diànnǎo shí yīnggāi zhùyì de yàodiǎn shì…

チェックリスト 核对清单 héduì qīngdān; 检验单 jiǎnyàndān (英 *a check list*) ▶〜から漏れている/检验单里给遗漏了 jiǎnyàndānli gěi yílòu le

チェリスト 〈音楽〉大提琴家 dàtíqínjiā (英 *a cellist*)

チェロ 〈楽器〉大提琴 dàtíqín (英 *a cello*) ▶〜をひく/拉大提琴 lā dàtíqín

ちえん【遅延する】拖延 tuōyán; 晚点 wǎndiǎn (英 *be delayed*) ▶雪のため列車が〜する/由于下雪列车晚点 yóuyú xià xuě lièchē wǎndiǎn ▶駅で〜証明を出している/车站交付晚点证明 chēzhàn jiāofù wǎndiǎn zhèngmíng

チェンジ【変更】改变 gǎibiàn; 变换 biànhuàn;〈交換〉交换 jiāohuàn; 更换 gēnghuàn (英 *change*) ▶イメージ〜/改变形象 gǎibiàn xíngxiàng ▶ギア〜/换档 huàn dàng ▶メンバー〜/更换选手 gēnghuàn xuǎnshǒu ▶〜コート/交换场地 jiāohuàn chǎngdì

ちか【地下】地下 dìxià (英 *underground*) ▶〜室/地下室 dìxiàshì ▶〜2階地上10階のビル/地下二层地上十层的大楼 dìxià èr céng dìshàng shí céng de dàlóu ▶彼はまだ〜に潜っていた/他还潜伏在地下 tā hái qiánfú zài dìxià

◆〜街 [地下街] dìxiàjiē ▶駅の下には〜街が広がっている/车站的下面是地下街道 chēzhàn de xiàmiàn shì dìxià jiēdào 〜核実験 [地下核试验] dìxià héshìyàn 〜茎 [植物] dìxiàjīng; 根茎 gēnjīng 〜资源 [矿藏] kuàngcáng ▶我が国は〜資源が乏しい/我国缺乏地下资源 wǒguó quēfá dìxià zīyuán 〜水 [地下水] dìxiàshuǐ; 潜流 qiánliú ▶〜を汲みあげる/抽地下水 chōu dìxiàshuǐ 〜組織 [地下组织] dìxià zǔzhī ▶彼はかつて〜組織に属していた/他曾经属于地下组织 tā céngjīng shǔyú dìxià zǔzhī 〜道 [地道] dìdào ▶線路をくぐって〜道が通っている/有一条地道穿过铁路下面 yǒu yì tiáo dìdào chuānguò tiělù xiàmian

ちか【地価】地价 dìjià (英 *the price of land*) ▶〜が高騰する/地价暴涨 dìjià bàozhǎng

ちかい【地階】地下室 dìxiàshì (英 *the basement*) ▶〜は倉庫になっている/地下层是仓库 dìxiàcéng shì cāngkù

ちかい【近い】近 jìn; 接近 jiējìn (英 *near*; *close*) ▶10時〜/快十点了 kuài shí diǎn le ▶〜うちにまた会いましょう/改天再见 gǎitiān zàijiàn ▶〜親戚/近亲 jìnqīn ▶アパートは大学から〜/公寓离大学很近 gōngyù lí dàxué hěn jìn ▶首相に〜筋から聞いたのだが…/听首相身边的人士说… tīng shǒuxiàng shēnbiān de rénshì shuō… ▶〜将来、あなたに〜幸運に恵まれます/在不远的将来你会有好运 zài bùyuǎn de jiānglái nǐ huì yǒu hǎoyùn

目が〜 近视 jìnshì ▶俺、目が〜んだ/我近视 wǒ jìnshì

ちかい【誓い】誓词 shìcí; 誓言 shìyán (英 *an oath*; *a vow*) ▶〜を守る/遵守誓言 zūnshǒu shìyán ▶〜の言葉は二人で読もう/我们俩一起念誓词吧 wǒmen liǎ yìqǐ niàn shìcí ba ▶遺影の前で〜を立てる/对着遗像发誓 duìzhe yíxiàng fāshì

ちがい【違い】差异 chāyì; 差别 chābié; 区别 qūbié; 不同 bùtóng (英 *difference*; *distinction*) ▶〜のある、〜の bùděng de; 不同的 bùtóng de ▶〜がない/没有差别 méiyǒu chābié ▶性格に〜があるのは当たり前だ/性格上的差异是自然

-ちがいない 的 xìnggéshang de chāyì shì zìrán de ▶両者の間には～がない/双方之间没有差别 shuāngfāng zhījiān méiyǒu chābié ▶僕には二つ～の姉がいます/有个比我大两岁的姐姐 yǒu ge bǐ wǒ dà liǎng suì de jiějie

[参考] '差別 chābié' は本来别物であるものの違いや格差について使う. '区別 qūbié' は共通点を持つもの同士の違いを表す.

-ちがいない【-違いない】 該 gāi; 一定 yídìng (英 *must*; *be sure*) ▶父は癌に気がついていた～/父亲肯定意识到癌症 fùqin kěndìng yìshí dào áizhèng ▶私が書いたに～が…/的确是我写的, 可是… chíquè shì wǒ xiě de, kěshì…

ちがいほうけん【治外法権】 治外法权 zhìwài fǎquán (英 *extraterritorial rights*) ▶彼らは～に守られていた/他们享受治外法权保护 tāmen xiǎngshòu zhìwài fǎquán bǎohù ▶～を盾に取って勝手な振る舞いをした/凭仗治外法权, 为所欲为 píng zhàng zhìwài fǎquán, wéi suǒ yù wéi

ちかう【誓う】 发誓 fāshì; 起誓 qǐshì (英 *swear*; *take an oath*; *vow*) ▶神かけて～/賭咒 dǔzhòu ▶互いの愛を神かけて～/向上帝发誓, 互相忠诚于爱情 xiàng Shàngdì fāshì, hùxiāng zhōngchéng yú àiqíng ▶彼は二度とクスリに手は出さないと誓った/他发誓, 不再染指毒品 tā fāshì, búzài rǎnzhǐ dúpǐn ▶誓って言うが私は無実だ/我发誓, 我是无辜的 wǒ fāshì, wǒ shì wúgū de

ちがう【違う】 ❶【差がある】不同 bùtóng; 不一样 bù yíyàng (英 *be different from...*) ▶妹と姉は～/妹妹和姐姐不一样 mèimei hé jiějie bù yíyàng ▶二人は性格がまるで～/他们俩的性格完全不一样 tāmen liǎ de xìnggé wánquán bù yíyàng ▶それでは話が～ではないか/那和原先说的不一样啊 nà hé yuánxiān shuō de bù yíyàng a ❷【間違っている】错 cuò; 不对 búduì (英 *disagree*) ▶答えが～/回答错了 huídá cuò le ▶数字が違っているよ/数字错了 shùzì cuò le

ちがえる【違える】 ❶【まちがえる】弄错 nòngcuò (英 *mistake*) ▶列車を乗り～/坐错火车 zuòcuò huǒchē ❷【筋を】扭筋 niǔ jīn; 错位 cuò wèi (英 *sprain*; *strain*) ▶首の筋を違え歩くのもつらい/脖子扭伤了, 连走路都难受 bózi niǔshāng le, lián zǒulù dōu nánshòu

ちかく【地殻】 地壳 dìqiào (英 *the earth's crust*) ◆～変動 :地壳变动 dìqiào biàndòng ▶社会に～変動が起きつつある/社会正在开始发生地壳变动 shèhuì zhèngzài kāishǐ fāshēng dìqiào biàndòng

ちかく【知覚する】 知觉 zhījué (英 *perceive*) ▶～神経/知觉神经 zhījué shénjīng ▶歯の～過敏で困っている/我患牙齿知觉过敏症, 真要命 wǒ huàn yáchǐ zhījué guòmǐnzhèng, zhēn yàomìng

ちかく【近く】《数量》近… jìn… (英 *nearly*; *almost*); 《空間》附近 fùjìn (英 *nearby*); 《時間》即将… jíjiāng…; 近日 jìnrì (英 *soon*) ▶～婚約する/将要订婚 jiāngyào dìnghūn ▶～退院する/即将出院 jíjiāng chūyuàn ▶～のバス停で待ち合わせた/约好在附近的汽车站见面 yuēhǎo zài fùjìn de qìchēzhàn jiànmiàn ▶火事はすぐ～だ/火灾现场就在附近 huǒzāi xiànchǎng jiù zài fùjìn ▶10時～にやっと起きてきた/快到十点, 他才起来 kuài dào shí diǎn, tā cái qǐlái ▶彼は昼～になっても現れなかった/他快到中午也没有出现 tā kuài dào zhōngwǔ yě méiyǒu chūxiàn ▶～発売する予定です/我们打算近日内出售 wǒmen dǎsuan jìnrìnèi chūshòu ▶～帰国するとの通知があった/接到了他于近日回国的通知 jiēdàole tā yú jìnrì huíguó de tōngzhī ▶～が詰めかけた/有将近一百个人蜂拥而至 yǒu jiāngjìn yì bǎi ge rén fēngyōng ér zhì ▶体重が100キロ～まで増えた/体重增加到将近一百公斤 tǐzhòng zēngjiā dào jiāngjìn yì bǎi gōngjīn

ちがく【地学】 地学 dìxué (英 *physical geography*; [科目] *earth science*)

ちかごろ【近頃】 最近 zuìjìn; 近来 jìnlái [最近] (英 *lately*; *recently*) ▶～元気がないじゃないか/最近你没精打采啊 zuìjìn nǐ méi jīng dǎ cǎi a ▶～にない大雨に/近来没有遇到过的大雨 jìnlái méiyǒu yùdàoguo de dàyǔ ▶～の若者の頭髪が気に入らん/现在的年轻人发型, 我不喜欢 xiànzài de niánqīngrén fàxíng, wǒ bù xǐhuan

ちかちか 闪烁 shǎnshuò; 闪耀 shǎnyào (英 [輝く] *twinkle*; *glimmer*; [痛む] *smart*) ▶目が～する/晃眼 huǎngyǎn ▶星が～またたいている/星光闪烁 xīngguāng shǎnshuò

ちかぢか 日内 rìnèi; 过几天 guò jǐ tiān (英 *soon*; *before long*) ▶～お目にかかれるでしょう/过几天能见您一面 guò jǐ tiān néng jiàn nín yímiàn

ちかづき【近づき】 结识 jiéshí (英 *acquaintance*) ▶そば屋のおやじと～になる/跟面条店的老板很亲近 gēn miàntiáodiàn de lǎobǎn hěn qīnjìn ▶役所には～がない/在政府机关没有熟人 zài zhèngfǔ jīguān méiyǒu shúrén

ちかづく【近づく】 靠近 kàojìn; 接近 jiējìn (英 *approach*; *come near*; [親しくなる] *get acquainted with...*) ▶夏が～/快要夏天了 kuàiyào xiàtiān le ▶駅に～/靠近车站 kàojìn chēzhàn ▶終わりに～/接近末尾 jiējìn mòwěi ▶彼には近づかないほうがいい/不要跟他来往 bú yào gēn tā láiwǎng ▶夏が～と海が恋しくなる/快到夏天的时候, 我就怀念大海 kuài dào xiàtiān de shíhou, wǒ jiù huáiniàn dàhǎi ▶スキーシーズンも終わりに近づいた/滑雪旺季快要结束了 huáxuě wàngjì kuàiyào jiéshù le ▶工事は完成に近づいている/工程快要完成了 gōngchéng kuàiyào wánchéng le ▶駅に～につれ人通りが多くなった/走近车站, 街上的人多了起来 zǒujìn chēzhàn, jiēshang de rén duōleqǐlai ▶大画家window彼の近づきやすい人だった/虽然是个大画家, 倒很平易近人 suīrán shì ge dàhuàjiā, dào hěn píngyì jìn rén

ちかづける【近づける】 使接近 shǐ jiējìn (英 bring... close) ▶目を近づけて小さな字を読む/把眼睛靠近点，看小字 bǎ yǎnjing kàojìn diǎn, kàn xiǎozì

ちかてつ【地下鉄】 地铁 dìtiě (英 a subway; the tube) ▶この町にも〜が通った/这个城市也通地铁了 zhège chéngshì yě tōng dìtiě le ▶〜の車輌はどこから入れたんだろう/地铁的车厢，是从哪儿放进去的？ dìtiě de chēxiāng, shì cóng nǎr fàngjìnqu de? ▶〜に乗る/乘坐地铁 chéngzuò dìtiě ▶〜で行けばすぐだ/坐地铁马上就到 zuò dìtiě mǎshàng jiù dào

ちかみち【近道】 ❶【短く行く】 便道 biàndào; 近路 jìnlù (英 a shortcut) ▶〜を通って駅前に出る/抄近道到车站前 chāo jìndào dào chēzhànqián ▶マラソンで〜するなんてとんでもない/跑马拉松，抄近道？开什么玩笑！ pǎo mǎlāsōng, chāo jìndào? kāi shénme wánxiào！ ❷【比喩】 捷径 jiéjìng ▶上達に〜はない/进步是没有捷径的 jìnbù shì méiyǒu jiéjìng de

ちかよる【近寄る】 接近 jiējìn; 靠近 kàojìn (英 walk [step] up) ▶近寄って見る/走过去看 zǒuguòqu kàn ▶近寄って見ると人の腕だった/走过去一看，原来是人的胳膊 zǒuguòqu yí kàn, yuánlái shì rén de gēbo ▶火に〜な/别靠近火！ bié kàojìn huǒ！

ちから【力】 力气 lìqi; 能力 nénglì; 力量 lìliang (英 power; force; ability) ▶〜がある/有力量 yǒu lìliang ▶〜が入らない（手足に）/瘫软 tānruǎn ▶〜を発揮する/发挥力量 fāhuī lìliang ▶だるくて〜が入らない/浑身没劲儿，瘫软 húnshēn méi jìnr, tānruǎn ▶〜比べなら負けないよ/比力气的话我不会输 bǐ lìqi de huà wǒ búhuì shū ▶私は〜なく答えた/我无力地回答了 wǒ wúlì de huídá le ▶この一月で〜がついた/这一个月，大大提高了实力 zhè yí ge yuè, dàdà tígāole shílì ▶彼には人をまとめる〜がある/他有让人团结的本领 tā yǒu ràng rén tuánjié de běnlǐng ▶あれは危機に〜を発揮する男だ/他是个能在危机时刻发挥能力的人 tā shì ge néng zài wēijī shíkè fāhuī nénglì de rén ▶あの子は英語の〜が足りない/那个孩子英语能力不足 nàge háizi Yīngyǔ nénglì bùzú ▶これからは自分の〜で生きるんだ/从此以后我靠自己的本事活下去 cóngcǐ yǐhòu wǒ kào zìjǐ de běnshì huóxiàqu ▶自分の〜不足を痛感します/痛感自己的能力不足 tònggǎn zìjǐ de nénglì bùzú ▶我々は両社の〜関係を読み誤っていた/我们错误地判断了两家公司的实力对比 wǒmen cuòwù de pànduànle liǎng jiā gōngsī de shílì duìbǐ ▶世論の〜で実現させる/诉诸舆论而实现 sùzhū yúlùn ér shíxiàn ▶及ばずながら〜になろうじゃないか/尽管能力有限，我来帮助你 jǐnguǎn nénglì yǒuxiàn, wǒ lái bāngzhù nǐ ▶私の〜と頼むお方です/那位是我的靠山 nà wèi shì wǒ de kàoshān

〜尽きる 精疲力尽 jīng pí lì jìn ▶雪道で〜尽きて倒れた/在雪路上精疲力尽昏倒 zài xuělùshang jīng pí lì jìn hūndǎo

〜に余る 力不能胜任 lì bù shèngrèn ▶そういう役目は私の〜に余ります/那种任务我不能胜任 nà zhǒng rènwu wǒ bùnéng shèngrèn

〜を合わせる 携手 xiéshǒu; 协作 xiézuò ▶みんなで〜を合わせてがんばりましょう/大家一起携手努力吧 dàjiā yìqǐ xiéshǒu nǔlì ba

〜を入れる 使劲 shǐjìn ▶数学に〜を入れる/使劲学数学 shǐjìn xué shùxué

〜を落とす 灰心 huīxīn ▶思わぬ敗北にがっくり〜を落とした/因意外的失败，垂头丧气 yīn yìwài de shībài, chuí tóu sàng qì

〜を貸す 帮助 bāngzhù ▶君がやるなら喜んで〜を貸すよ/你来做的话，我愿意帮助你 nǐ lái zuò de huà, wǒ yuànyì bāngzhù nǐ

〜を出す 出力 chūlì ▶〜のある者は〜を出せ/有力者出力！ yǒulìzhě chūlì!

〜を尽くす 致力 zhìlì ▶町の復興に〜を尽くした/致力于城市的复兴 zhìlì yú chéngshì de fùxīng

〜を抜く 松懈 sōngxiè ▶肩の〜を抜けよ/要放松嘛 yào fàngsōng ma

ちからいっぱい【力一杯】 竭尽全力 jiéjìn quánlì (英 with all one's strength) ▶横綱に〜ぶつかっていった/对横纲力士竭尽全力撞了上去 duì héngāng lìshì jiéjìn quánlì zhuàngleshàngqu ▶希望に燃え～働いた/满怀希望，竭尽全力地工作 mǎnhuái xīwàng, jiéjìn quánlì de gōngzuò

ちからこぶ【力瘤】 肌肉疙瘩 jīròu gēda (英 arm muscles) ▶腕を曲げると〜ができる/弯着胳膊，隆起了肌肉疙瘩 wānzhe gēbo, lóngqǐle jīròu gēda

〜を入れる 全力以赴 quánlì yǐ fù; 热心 rèxīn ▶環境保全に〜を入れる/对环保全力以赴 duì huánbǎo quánlì yǐ fù

ちからしごと【力仕事】 笨活儿 bènhuór; 体力活 tǐlìhuó (英 manual labor) ▶〜をする/干活 gànhuó ▶慣れない〜をしてくたびれ果てた/没干惯的体力活儿，累坏了 méi gànguàn de tǐlìhuór, lèihuài le ▶君には〜は無理だ/你干不了体力活 nǐ gànbuliǎo tǐlìhuó

ちからじまん【力自慢する】 夸耀力量 kuāyào lìliang (英 be proud of one's strength) ▶若い頃彼は村いちばんの〜だった/年轻时，他是村里的第一名力士 niánqīngshí, tā shì cūnlǐ de dìyī míng lìshì

ちからずく【力ずくで】 靠暴力 kào bàolì; 用强力 yòng qiánglì (英 by force) ▶〜で奪う/强夺 qiángduó ▶〜で従わせる/硬让他服从 yìng ràng tā fúcóng ▶〜で領土を奪ったのだ/强行夺取了领土 qiángxíng duóqǔle lǐngtǔ

ちからぞえ【力添えする】 帮助 bāngzhù (英 help) ▶お〜を賜りますようお願い申しあげます/请给予大力支持 qǐng jǐyǔ dàlì zhīchí

ちからだめし【力試し】 試験力气 shìyàn lìqi; 尝试能力 chángshì nénglì (英 *a test of one's strength*〔*ability*〕)

ちからづける【力付ける】 鼓励 gǔlì; 打气 dǎqi (英 *encourage*) ▶励ましの言葉をかけて力付けた/用激励的话，鼓舞他了 yòng jīlì de huà, gǔwǔ tā le

ちからづよい【力強い】 ❶【強力な】 强有力 qiángyǒulì; 坚强 jiānqiáng (英 *powerful*; *strong*; *forceful*) ▶～応援/强有力的支援 qiángyǒulì de zhīyuán ▶～文章/强劲有力的文章 qiángjìng yǒulì de wénzhāng ▶～応援が現れた/出现了强有力的声援 chūxiànle qiángyǒulì de shēngyuán ▶彼は書く～文章を書く/他写的文章的确很有力量 tā xiě de wénzhāng díquè hěn yǒu lìliang
❷【気強い】 踏实 tāshi (英 *reassuring*) ▶彼がいてくれるので～/有他在身边我心就踏实了 yǒu tā zài shēnbiān wǒ xīn jiù tāshi le

ちからまかせ【力任せに】 用全力 yòng quánlì; 使劲儿 shǐjinr; 凭力气 píng lìqi (英 *by sheer force*) ▶そいつを～に突きとばした/使劲儿把他撞倒了 shǐjìnr bǎ tā zhuàngdǎo le

ちからもち【力持ち】 有力气的 yǒu lìqi de; 大力士 dàlìshì (英 *a very storng man* [*woman*])
ことわざ 縁の下の力持ち 无名英雄 wúmíng yīngxióng

ちかん【痴漢】 色狼 sèláng; 色鬼 sèguǐ (英 *a molester*) ▶車内で～をつかまえた/在车厢里逮住色狼 zài chēxiānglǐ dǎizhù sèláng ▶～の疑いをかけられる/被怀疑是色狼 bèi huáiyí shì sèláng

ちき【知己】 知己 zhījǐ; 知音 zhīyīn; 知心朋友 zhīxīn péngyou (英 *a friend*) ▶訳を話せ。俺たちは～ではないか/告诉我原因吧，咱们是知心朋友嘛 gàosu wǒ yuányīn ba, zánmen shì zhīxīn péngyou ma

ちきゅう【地球】 地球 dìqiú (英 *the earth*; *the globe*) ▶～儀/地球仪 dìqiúyí ▶～は小さな星だ/地球是个小行星 dìqiú shì ge xiǎoxíngxīng ▶異常気象は～規模で現れている/全球范围出现异常气象 quánqiú fànwéi chūxiàn yìcháng qìxiàng
♦～温暖化/全球气候变暖 quánqiú qìhòu biànnuǎn ～周回軌道/围绕地球轨道 wéirào dìqiú guǐdào ～物理学/地球物理学 dìqiú wùlǐxué

ちぎょ【稚魚】 鱼花 yúhuā; 鱼苗 yúmiáo (英 *a young fish*; *a fry*) ▶アユを～を放流する/放流香鱼的鱼苗 fàngliú xiāngyú de yúmiáo

ちぎり【契り】 誓约 shìyuē; 盟约 méngyuē (英 *a promise*) ▶夫婦の～を結ぶ/结为夫妇 jiéwéi fūfù

ちぎる【千切る】 扯断 chěduàn; 掰开 bāikāi; 揪下 jiūxia (英 *tear* (*to pieces*)) ▶パンを千切っては池に投げた/把面包掰成小块儿扔进池塘了 bǎ miànbāo bāichéng xiǎokuàir rēngjìn chítáng le ▶袖口のほつれた糸を千切った/拽断了袖口上绽开的线 zhuàiduànle xiùkǒushang zhànkāi de xiàn

ちぎれぐも【千切れ雲】 片云 piànyún; 断云 duànyún (英 *scattered clouds*) ▶～がゆっくり流れてゆく/断云缓缓地飘动 duànyún huǎnhuǎn de piāodòng

ちぎれる【千切れる】 被揪掉 bèi jiūdiào (英 *be torn off*; *come off*) ▶ボタンが～/纽扣掉了 niǔkòu diào le ▶ページの端が千切れている/纸边儿破了 zhǐbiānr pò le ▶寒くて耳が千切れそうだ/耳朵冻得好像要掉了 ěrduo dòngde hǎoxiàng yào diào le

チキンカツ 〔料理〕炸鸡排 zhájīpái (英 *a chicken cutlet*) ▶～を注文する/点炸鸡排 diǎn zhájīpái

チキンライス 〔料理〕鸡肉炒饭 jīròu chǎofàn (英 *chicken pilaf*)

ちく【地区】 地区 dìqū; 区域 qūyù (英〔行政〕*a district*; *an area*; [地带] *a zone*) ▶商业～/商业区 shāngyèqū ▶僕は～代表に選ばれた/我被选为地区代表 wǒ bèi xuǎnwéi dìqū dàibiǎo ▶この一带は文教～になっている/这一带是文教区 zhè yídài shì wénjiàoqū

ちくいち【逐一】 逐个 zhúgè; 逐一 zhúyī (英〔詳細に〕*in detail*; *minutely*; [一つずつ] *one by one*) ▶交渉の経過を～報告する/逐一报告谈判的进展情况 zhúyī bàogào tánpàn de jìnzhǎn qíngkuàng ▶事件の詳細は～話すに及ばない/不用一个个地说明案件的详情 búyòng yí gège de shuōmíng ànjiàn de xiángqíng

ちぐう【知遇】 知遇 zhīyù (英 *favor*) ▶～を受ける/得到赏识 dédào shǎngshí; 受到青睐 shòudào qīnglài ▶駆け出し時代に山田先生の～を得た/初出茅庐的时候我得到山田老师的知遇 chū chū máolú de shíhou wǒ dédào Shāntián lǎoshī de zhīyù ▶なんとか先生の～に報いたい/我怎么也要报答老师的知遇 wǒ zěnme yě yào bàodá lǎoshī de zhīyù

ちくごやく【逐語訳】 直译 zhíyì (英 *word for word*) ▶～では文意が伝わらない/直译不能传达文章的意思 zhíyì bùnéng chuándá wénzhāng de yìsi

ちくざい【蓄財する】 攒钱 zǎnqián (英 *save money*) ▶若いのに～に熱心だ/他虽然很年轻，却热衷于攒钱 tā suīrán hěn niánqīng, què rèzhōng yú zǎnqián ▶せっせと～して今の財产をためた/拼命地攒钱，才积下了现在的财产 pīnmìng de zǎnqián, cái jīxiàle xiànzài de cáichǎn

ちくさん【畜産】 畜产 xùchǎn (英 *stock rasing*) ▶～農家には気がかりなニュースである/对畜牧专业户来说是个令人担忧的消息 duì xùmù zhuānyèhù lái shuō shì ge lìng rén dānyōu de xiāoxi
♦～業/畜牧业 xùmùyè ▶～業の明日を占う/占卜畜牧业的未来 zhānbǔ xùmùyè de wèilái

ちくじ【逐次】 逐次 zhúcì; 依次 yīcì (英 *one after another*) ▶全容は～明らかとなった/整个情况逐次弄清了 zhěnggè qíngkuàng zhúcì nòng-

ちくしょう【畜生】 ❶〖獣〗禽兽 qínshòu (英 *a beast; a brute*) ▶にも劣るやつだ/禽兽不如的东西! qínshòu bùrú de dōngxi! ❷〖罵語〗他妈的 tāmāde; 混帐 hùnzhàng ▶あんめが/他那个混帐东西 tā nàge hùnzhàng dōngxi ▶ええい～/他妈的 tāmāde ▶めが、あとで吠え面かくなよ/你这个混帐东西，过后可别哭鼻子哟 nǐ zhège hùnzhàng dōngxi, guòhòu kě bié kū bízi yo

ちくせき【蓄積する】 积蓄 jīxù; 积累 jīlěi (英 *accumulate*) ▶疲労が～する/积劳 jīláo ▶あの人は経験の～が/他积累了丰富的经验 tā jīlěile fēngfù de jīngyàn ▶日ごとに疲労が～していった/疲劳一天比一天沉重 píláo yì tiān bǐ yì tiān chénzhòng

ちくちく 刺痛 cìtòng; 刺痒 cìyǎng (英 *prickly*) ▶腹が～痛む/肚子像针扎似的痛 dùzi xiàng zhēnzhā shìde tòng ▶シャツが～する/内衣扎得慌 nèiyī zhāde huāng ▶針で～刺すように嫌味を言った/像针扎似的说挖苦话 xiàng zhēnzhā shìde shuō wākǔhuà

ちくでん【蓄電する】 蓄电 xùdiàn (英 *charge*) ◆～池:蓄电池 xùdiànchí

ちくのうしょう【蓄膿症】〖医〗蓄脓症 xùnóngzhèng (英 *empyema*) ▶私の～は年季が入っています/我的蓄脓症是长年累月的 wǒ de xùnóngzhèng shì chángnián lěiyuè de

ちぐはぐな 不协调 bù xiétiáo; 不成对 bù chéngduì (英 *odd; irregular*) ▶左右が～だ/左右不成对 zuǒyòu bù chéngduì ▶服と帽子が～な印象だった/衣服和帽子显得不协调 yīfú hé màozi xiǎnde bù xiétiáo ▶話が前後で～だった/说话说得前后不对路了 shuōhuà shuōde qiánhòu bú duìlù le

ちくばのとも【竹馬の友】 竹马之交 zhúmǎ zhī jiāo; 总角之交 zǒngjiǎo zhī jiāo (英 *a childhood friend*) ▶帰郷して～と語りあった/回了故乡，跟青梅竹马的朋友畅怀交谈 huíle gùxiāng, gēn qīngméi zhúmǎ de péngyou chànghuái jiāotán

ちくび【乳首】 ❶〖人・動物の〗奶头 nǎitóu; 乳头 rǔtóu (英 *a nipple; a teat*) ❷〖哺乳瓶の〗奶头 nǎitóu; 奶嘴 nǎizuǐ (英 *a nipple*)

ちくりと (英 *prick*) ▶その一言は私の心に～と突き刺さった/我被那一句话给刺伤了 wǒ bèi nà yí jù huà gěi cìshāng le ▶彼女は～と皮肉を言った/她话里带刺儿地说挖苦话 tā huàli dàicìr de shuō wākǔhuà

ちくりん【竹林】 竹林 zhúlín (英 *a bamboo grove*) ▶～の風のざわめき/竹林随风作响 zhúlín suífēng zuòxiǎng

ちくわ【竹輪】〖食品〗筒状鱼糕 tǒngzhuàng yúgāo ▶焼き～/烤鱼糕 kǎoyúgāo

ちけい【地形】 地势 dìshì; 地形 dìxíng (英 *the terrain; topography*) ▶この辺の～に詳しい/对这一带的地势很熟悉 duì zhè yídài de dìshì hěn shúxī
◆～図:地形图 dìxíngtú ▶～図を眺めてルートを探る/凝视着地形图寻找路径 níngshìzhe dìxíngtú xúnzhǎo lùjìng

チケット 票 piào (英 *a ticket*) ▶入場～/门票 ménpiào; 入场券 rùchǎngquàn ▶～は完売です/门票卖完了 ménpiào màiwán le

ちけん【知見】 见识 jiànshi; 知识 zhīshi (英 *knowledge*) ▶～を広める/增长见识 zēngzhǎng jiànshi

ちこく【遅刻する】 迟到 chídào; 来晚 láiwǎn (英 *be late*) ▶君は～が多すぎる/你迟到次数太多了 nǐ chídào cìshù tài duō le ▶会社に～する/上班迟到 shàngbān chídào ▶届が出ていないぞ/你还没提交迟到理由书 nǐ hái méi tíjiāo chídào lǐyóushū

ちさい【地裁】 地方法院 dìfāng fǎyuàn (英 *a district court*) ▶～に提訴する/向地方法院起诉 xiàng dìfāng fǎyuàn qǐsù ▶～の判決が出る/地方法院作出判决 dìfāng fǎyuàn zuòchū pànjué

ちし【地誌】 地志 dìzhì (英 *a (local) topography*) ▶江戸時代の～を読みふける/专心阅读江户时代的地志 zhuānxīn yuèdú Jiānghù shídài de dìzhì ▶～の中から昔の暮らしが浮かび出てきた/从地志资料浮现出过去的生活情景 cóng dìzhì zīliào fúxiànchū guòqù de shēnghuó qíngjǐng

ちし【致死】 致死 zhìsǐ (英 *fatality*) ▶過失～/过失致死 guòshī zhìsǐ ▶幸い薬は～量に達していなかった/幸好药量没有达到致死量 xìnghǎo yàoliàng méiyǒu dádào zhìsǐliàng

ちじ【知事】 知事 zhīshì (英 *a (prefectural) governor*) ▶県～選に打って出る/出马参加县知事选举 chūmǎ cānjiā xiànzhīshì xuǎnjǔ ▶論戦で～を追いつめる/辩论中追逼知事 biànlùn zhōng zhuībī zhīshì

ちしお【血潮】〖流出来的〗血 (liúchūlái de) xiě (英 *blood*);〖情熱〗热血 rèxuè; 血气 xuèqì (英 *hot-blood*) ▶～に染まる/染上鲜血 rǎnshàng xiānxuè ▶～がたぎる/热血沸腾 rèxuè fèiténg

ちしき【知識】 知识 zhīshi (英 *knowledge*) ▶～を求める/求学 qiúxué; 求知 qiúzhī ▶～を求めて図書館に通う/去图书馆求知识 qù túshūguǎn qiú zhīshi ▶彼は法律の～が多少ある/他多少有些法律知识 tā duōshǎo yǒuxiē fǎlǜ zhīshi
◆～人:知识分子 zhīshi fènzǐ ～欲:求知欲 qiúzhīyù ▶実に～欲が旺盛だ/求知欲实在旺盛 qiúzhīyù shízài wàngshèng

ちじき【地磁気】 地磁 dìcí (英 *terrestrial magnetism*)

ちじく【地軸】 地轴 dìzhóu (英 *the earth's axis*)

ちしつ【地質】 地质 dìzhì (英 *the nature of the soil*) ▶～調査で有害物質が検出された/地质调

査査出了有害物質 dìzhì diàochá chāchūle yǒuhài wùzhì
- **〜時代**|地质时代 dìzhì shídài

ちしつ【知悉する】 详悉 xiángxī；熟知 shúzhī（英 *know everything*）▶互いに相手の気性は〜している/互相熟悉对方的脾气 hùxiāng shúxī duìfāng de píqi

ちしゃ【知者】知者 zhīzhě（英 *a wise man*）
ことわざ 知者の一失 智者千虑，必有一失 zhìzhě qiān lǜ, bì yǒu yì shī
ことわざ 知者は水を楽しみ，仁者は山を楽しむ《論語》智者乐水，仁者乐山 zhìzhě lè shuǐ, rénzhě lè shān

ちしょう【知将】（英 *a wily general*）▶〜牧本の采配が楽しみだ/盼望着看到智将牧本要怎样发号施令 pànwàngzhe kàndào zhìjiàng Mùběn yào zěnyàng fāhào shīlìng

ちじょう【地上】地面 dìmiàn；地上 dìshàng（英 *the ground; the earth*）▶〜権/地上权 dìshàngquán ▶〜8階の部屋から飛び下りた/从地上八层的房间跳下了 cóng dìshàng bā céng de fángjiān tiàoxià le ▶〜の楽園と呼ばれる島で一夏を過ごした/在被称做人间天堂的岛上过了一个夏天 zài bèi chēngzuò rénjiān tiāntáng de dǎoshang guòle yí ge xiàtiān
- **〜デジタル放送**|地上数字广播 dìshàng shùzì guǎngbō

ちじょう【痴情】痴情 chīqíng（英 *a foolish passion*）▶〜のもつれから殺人に及んだ/因为痴情走上了杀人道路 yīnwèi chīqíng zǒushàngle shārén dàolù

ちじょうい【知情意】智情意 zhìqíngyì（英 *intellect, emotion and volition*）▶人間は〜のバランスが大事だ/人要有智、情、志的平衡 rén yào yǒu zhì, qíng, zhì de pínghéng

ちじょく【恥辱】耻辱 chǐrǔ；屈辱 qūrǔ（英 *shame; disgrace; dishonor*）▶このうえない〜/奇耻大辱 qíchǐ dàrǔ ▶私にとってこのうえない〜だった/对我来说，那是无比的耻辱 duì wǒ lái shuō, nà shì wúbǐ de chǐrǔ ▶〜を受ける/蒙受耻辱 méngshòu chǐrǔ ▶いわれない〜を受ける/受到无缘无故的耻辱 shòudào wú yuán wú gù de chǐrǔ

ちじん【知人】相识 xiāngshí；熟人 shúrén（英 *an acquaintance*）▶共立社には〜がいる/在共立社我有熟人 zài Gònglìshè wǒ yǒu shúrén ▶〜の薦めで携帯を買ってみた/在相识的推荐下，我试着买了个手机 zài xiāngshí de tuījiànxia, wǒ shìzhe mǎile ge shǒujī

ちず【地図】地图 dìtú（英 *a map*）；[書籍] *an atlas*）▶駅での〜/去车站的向导图 qù chēzhàn de xiàngdǎotú ▶駅までの〜を書いてあげよう/给你画一下到车站去的地图 gěi nǐ huà yíxià dào chēzhàn qù de dìtú ▶この〜は航空写真に拠っている/这张地图是根据航空照片制作的 zhè zhāng dìtú shì gēnjù hángkōng zhàopiàn zhìzuò de ▶その町は〜に出ていない/地图上没

有那个镇子 dìtúshang méiyǒu nàge zhènzi ▶〜をたよりにさがし回る/借助地图找遍 jièzhù dìtú zhǎobiàn
- **◆道路〜**|公路地图 gōnglù dìtú

ちすい【治水】治水 zhìshuǐ；河防 héfáng（英 *river improvement; flood control*）▶〜工事/治水工程 zhìshuǐ gōngchéng ▶治山〜に心を砕く/为治山治水操心 wèi zhìshān zhìshuǐ cāoxīn ▶〜工事が難航する/治水工程进展迟缓 zhìshuǐ gōngchéng jìnzhǎn chíhuǎn

ちすじ【血筋】血统 xuètǒng（英 *lineage*）▶〜を引く/继承血统 jìchéng xuètǒng ▶彼は学者の〜を受けついている/他继承学者的血统 tā jìchéng xuézhě de xuètǒng ▶真是血浓于水 zhēn shì xiě nóngyú shuǐ

ちせい【地勢】地势 dìshì；地形 dìxíng（英 *topography*）▶〜が険しい/地势险要 dìshì xiǎnyào

ちせい【知性】理智 lǐzhì；才智 cáizhì（英 *intellect; intelligence*）▶〜のある/有才智 yǒu cáizhì ▶〜のない/缺少理智 quēshǎo lǐzhì ▶〜あふれる言動で人気を集めた/充满才智的言行使他博得声望 chōngmǎn cáizhì de yánxíng shǐ tā bódé shēngwàng ▶見るからに〜のない人物だ/一看就是没有理智的人物 yí kàn jiùshì méiyǒu lǐzhì de rénwù ▶〜的な顔立ちの割に発言は粗っぽい/一副聪明理智的容貌，说出话来却很粗鲁 yí fù cōngmíng lǐzhì de róngmào, shuōchū huà lái què hěn cūlǔ

ちせいがく【地政学】地理政治学 dìlǐ zhèngzhìxué；地缘政治学 dìyuán zhèngzhìxué（英 *geopolitics*）▶日本列岛の位置は〜的に見て…/从地理政治学的观点来看，日本列岛的位置是… cóng dìlǐ zhèngzhìxué de guāndiǎn lái kàn, Rìběn lièdǎo de wèizhi shì…

ちせき【地積】地积 dìjī（英 *acreage*）▶〜100平米に満たぬ土地に2階家を建てた/在地积未满一百平方米的土地上盖了两层的房屋 zài dìjī wèimǎn yìbǎi píngfāngmǐ de tǔdìshang gàile liǎng céng de fángwū

ちせつ【稚拙な】拙劣 zhuōliè；幼稚 yòuzhì（英 *childish*）▶壁には〜な絵がかかっている/墙上挂着一幅幼稚的画 qiángshang guàzhe yì fú yòuzhì de huà

ちそう【地層】地层 dìcéng（英 *a stratum; a layer*）

ちぞめ【血染めの】沾染着血 zhānrǎnzhe xiě（英 *stained with blood*）▶〜のハンカチを手にして震えている/手里握着染着血的手帕在发抖 shǒuli wòzhe rǎnzhe xiě de shǒupà zài fādǒu

ちたい【地帯】地带 dìdài（英 *a zone; a region*）▶山岳〜/山区 shānqū ▶山区の上空を飛ぶ/在山区上空飞行 zài shānqū shàngkōng fēixíng

ちたい【遅滞する】拖延 tuōyán；迟延 chíyán（英 *delay*）▶代金は〜なく支払う/货款按时支付 huòkuǎn ànqí jiāofù ▶風邪の流行で業務が〜している/因流感蔓延，业务迟迟没有进展 yīn liúgǎn mànyán, yèwù chíchí méiyǒu jìnzhǎn

チタニウム〔化学〕钛 tài（英 titanium）

ちだらけ【血だらけの】 血糊糊 xiěhūhū（英 bloody）

ちだるま【血達磨になる】（英 be covered with blood）▶彼は路上に～になって倒れていた/他倒在路上，浑身是血 tā dǎozài lùshang, húnshēn shì xiě

チタン〔化学〕钛 tài（英 titanium）▶～合金/钛合金 tàihéjīn

ちち【父】父亲 fùqin（英 a father）▶僕の～は世渡りが下手だった/我的父亲是个不善于处世的人 wǒ de fùqin shì ge bú shànyú chǔshì de rén ▶～には～らしくあってほしい/希望父亲有父亲的风度 xīwàng fùqin yǒu fùqin de fēngdù ▶～の日のプレゼントは何にしようかな/父亲节的礼物，买什么好呢？Fùqinjié de lǐwù, mǎi shénme hǎo ne?

ちち【乳】奶 nǎi；乳汁 rǔzhī（英 milk）▶牛の～をしぼる/给牛挤奶 gěi niú jǐ nǎi ▶幸い母は～がよく出た/幸亏母亲的奶量充足 xìngkuī mǔqin de nǎiliàng chōngzú ▶親戚の家で～を飼っていた/亲戚家饲养了奶牛 qīnqi de jiā sìyǎngle nǎiniú

ちち【遅遅として】迟迟 chíchí（英 slow）▶車の列は～として進まない/堵车的长队迟迟不前 dǔchē de chángduì chíchí bù qián ▶～たる歩みながら確実に前進しています/虽然脚步缓慢，却在稳步地前进 suīrán jiǎobù huǎnmàn, què zài wěnbù de qiánjìn

ちぢ【千千に】（英 to pieces）▶～に砕ける/粉碎 fěnsuì；破碎 pòsuì ▶宝玉は～に砕けた/宝玉粉碎了 bǎoyù fěnsuì le ▶心が～に乱れる/心乱如麻 xīn luàn rú má

ちちおや【父親】父亲 fùqin（英 a father）▶あんた～だろ，もっと喜んでやれよ/你是他父亲嘛，你要更高兴些 nǐ shì tā fùqin ma, nǐ yào gèng gāoxìng xiē ▶私も 2 児の～になった/我也成了两个孩子的父亲了 wǒ yě chéngle liǎng ge háizi de fùqin le ▶子供に代わって～が卒業証書を受け取った/父亲替孩子接受毕业证 fùqin tì háizi jiēshòu bìyèzhèng

◆～参観日|父亲参观日 fùqin cānguānrì

ちちかた【父方の】父系 fùxì（英 paternal）▶～の親族/父系亲属 fùxì qīnshǔ ▶～の親族で不幸があった/父亲那边的亲戚出了丧事 fùqin nàbian de qīnqi chūle sāngshì

ちちくさい【乳臭い】《比喻》幼稚 yòuzhì（英 inexperienced）▶30 にもなって～ことを言ってるよ/已经三十岁了，还在说幼稚的话 yǐjīng sānshí suì le, hái zài shuō yòuzhì de huà

ちぢこまる【縮こまる】蜷缩 quánsuō；缩成一团 suōchéng yìtuán（英 huddle up）▶叱られて部屋の隅で縮こまっていた/被训了一顿，在房间的一角落里缩成的了一团 bèi xùnle yí dùn, zài fángjiān de yì jiǎoluòlǐ suōchéngle yì tuán

ちちしぼり【乳搾り】挤牛奶 jǐ niúnǎi（英 milking）▶この子も～ができるようになった/这孩子也会挤奶了 zhè háizi yě huì jǐ nǎi le

ちぢまる【縮まる】收缩 shōusuō；缩小 suōxiǎo；缩短 suōduǎn（英 shrink）▶鉄道ができて通勤時間が縮まった/铁路开通之后，上下班时间缩短了 tiělù kāitōng zhīhòu, shàngxiàbān shíjiān suōduǎn le ▶力の差がいっこう縮まらない/力量的差距一点儿也没有缩短 lìliàng de chājù yìdiǎnr yě méiyǒu suōduǎn

ちぢみあがる【縮み上がる】瑟缩 sèsuō；畏缩 wèisuō（英 cringe）▶一喝されて縮み上がった/被大喝一声吓得缩成一团 bèi dàhè yì shēng xiàde suōchéng yì tuán ▶寒波襲来でみんな縮み上がった/寒流袭击使大家瑟缩 hánliú xíjī shǐ dàjiā sèsuō

ちぢむ【縮む】抽缩 chōusuō；萎缩 wěisuō；畏缩 wèisuō（英 shrink；[短くなる] be shortened）▶《衣料が》水にぬれて～/抽水 chōushuǐ；缩水 suōshuǐ ▶雨にぬれて服が～/被雨淋得衣服缩水 bèi yǔ línde yīfu suōshuǐ ▶命が～思いをした/那可是让人少活几年啊 nà kěshì ràng rén shǎohuó jǐ nián a

ちぢめる【縮める】缩小 suōxiǎo；缩短 suōduǎn（英 shorten；abridge）▶距離を～/缩短距离 suōduǎn jùlí ▶身を～/龟缩 guīsuō ▶彼は自ら命を縮めた/他让自己少活了几年 tā ràng zìjǐ shǎohuóle jǐ nián；他自杀了 tā zìshā le ▶レポートは 3000 字に縮めてくれ/把报告书缩减到三千字 bǎ bàogàoshū suōjiǎn dào sānqiān zì ▶車間距離を～/缩短车距 suōduǎn chējù ▶日本記録を 3 秒縮めた/把日本记录缩短了三秒 bǎ Rìběn jìlù suōduǎnle sān miǎo ▶身を縮めて謝罪する/畏缩道歉 wèisuō dàoqiàn

ちちゅう【地中】地里 dìli；地下 dìxia（英 underground）▶～深くに恐竜の化石が埋まっている/地层深处埋藏着恐龙的化石 dìcéng shēnchù máicángzhe kǒnglóng de huàshí

ちちゅうかい【地中海】地中海 Dìzhōnghǎi（英 the Mediterranean（Sea））

ちぢれげ【縮れ毛】卷发 juǎnfà；鬈发 quánfà（英 a curl; curly hair）▶髪を～にする/把头发弄成卷发 bǎ tóufa nòngchéng juǎnfà ▶～を伸ばす/把卷发烫直 bǎ juǎnfà tàngzhí ▶僕は生まれついての～だ/我天生就是卷头发 wǒ tiānshēng jiùshì juǎntóufa

ちぢれる【縮れる】起皱 qǐzhòu；卷曲 juǎnqū（英 [皺(しわ)がよる] crinkle）▶葉先が～/叶端卷曲 yèduān juǎnqū ▶縮れた毛先をいじくりながら彼は言った/他摆弄着卷曲的发梢说 tā bǎinòngzhe juǎnqū de fàshāo shuō

ちつ【腟】〔解〕阴道 yīndào（英 the vagina）

ちっきょ【蟄居する】蛰伏 zhéfú；蛰居 zhéjū（英 stay indoors）▶彼の～が長いので友人たちが気をもんだ/因为他在家里闷了很久，朋友们都焦虑了 yīnwèi tā zài jiālǐ mēnle hěn jiǔ, péngyoumen dōu jiāolǜ le ▶父の葬儀のあとしばらく彼は～していた/父亲的丧事之后，他蛰居了一

段时间 fùqīn de sāngshì zhīhòu, tā zhéjūle yí duàn shíjiān

ちつじょ【秩序】 规律 guīlǜ; 秩序 zhìxù (英 order; system; 〖规律〗discipline) ▶～のある/有秩序的 yǒu zhìxù ▶～のある社会を作ろう/建设有秩序的社会! jiànshè yǒu zhìxù de shèhuì! ▶～立った/井井有条 jǐngjǐng yǒu tiáo ▶～立った競争が望ましい/最理想的是有序的竞争 zuì lǐxiǎng de shì yǒuxù de jìngzhēng ▶～を乱す/扰乱秩序 rǎoluàn zhìxù ▶～を乱す者には厳罰が待っている/对扰乱秩序者将严加惩处 duì rǎoluàn zhìxù zhě jiāng yánjiā chéngchù

ちっそ【窒素】〖化学〗氮 dàn (英 nitrogen) ▶～肥料/氮肥 dànféi
◆～酸化物：氧化氮 yǎnghuàdàn

ちっそく【窒息する】 窒息 zhìxī (英 be choked) ▶死因は～だった/死因是窒息 sǐyīn shì zhìxī ▶あやうく～するところだった/差一点憋死 chà yìdiǎn biēsǐ

ちっとも 一点儿也… yìdiǎnr yě… (英 (not) at all) ▶～恐くない/一点儿也不怕 yìdiǎnr yě bú pà ▶近頃～会わないね/最近一直不见啊！ zuìjìn yìzhí hái jiàn a！

チップ ❶ 【心づけ】 小费 xiǎofèi; 酒钱 jiǔqián (英 a tip) ▶～が主たる収入源だった/小费是主要的收入来源 xiǎofèi shì zhǔyào de shōurù láiyuán ▶思わず～をはずんだ/不由得给了很多小费 bùyóude gěile hěn duō xiǎofèi
❷ 【木くず】 片屑 piànxiè (英 a chip)
❸ 【電算】芯片 xīnpiàn (英 a chip)
◆ファウル～〖野球〗擦棒球 cā bàngqiú

ちっぽけ 小小 xiǎoxiǎo; 芝麻大 zhīma dà (英 teeny) ▶自然の前では人間なんて～ものだ/人在自然面前显得太渺小了 rén zài zìrán miànqián xiǎnde tài miǎoxiǎo le

ちてい【地底】 地底 dìdǐ; 地下 dìxià (英 the bottom of the earth) ▶～のマグマが噴出する/地底喷出岩浆 dìdǐ pēnchū yánjiāng ▶落盤で坑夫たちは～に閉じこめられた/发生了塌方，矿工们被困在地底里 fāshēngle tāfāng, kuànggōngmen bèi kùnzài dìdǐ lǐ

ちてき【知的】 智慧的 zhìhuì de; 理智的 lǐzhì de (英 intellectual) ▶～好奇心の強い人だった/他是求知欲很强的人 tā shì qiúzhīyù hěn qiáng de rén ▶この子は～障害を負っている/这孩子患弱智 zhè háizi huàn ruòzhì ▶もっと～な仕事がしたい/我想从事更有智力性的工作 wǒ xiǎng cóngshì gèng yǒu zhìlìxìng de gōngzuò
◆～所有権：知识产权 zhīshi chǎnquán ▶～所有権が侵害されている/知识产权被侵犯 zhīshi chǎnquán bèi qīnfàn

ちてん【地点】 地点 dìdiǎn (英 a spot; a point; a place) ▶到達～に旗を立てる/在到达地点插旗 zài dàodá dìdiǎn chā qí ▶20キロ～で右折する/在二十公里地点往右拐 zài èrshí gōnglǐ dìdiǎn wǎng yòu guǎi ▶折り返し～が見えてきた/眼前出现了折回点 yǎnqián chūxiànle zhé-

huídiǎn

ちと 稍微 shāowēi; 有点儿 yǒudiǎnr (英 a little; a bit) ▶こりゃ～まずいな/这下可糟了 zhè xià kě zāo le ▶おまえには～難しかろう/对你也许有点儿难 duì nǐ yěxǔ yǒudiǎnr nán

ちどうせつ【地動説】 地动说 dìdòngshuō (英 the heliocentric theory)

ちどめ【血止め】 止血 zhǐxuè (英〖薬〗a styptic) ▶細ひもを巻いて仮の～をする/暂时用细绳缠绕止血 zànshí yòng xìshéng chánrào zhǐxuè ▶～薬はないか/有没有止血药？ yǒuméiyǒu zhǐxuèyào?

ちどり【千鳥】〖鳥〗鸻 héng (英 a plover) ▶～の鳴く夜はじんじん冷える/鸻鸟夜啼，寒冷刺骨 héngniǎo yè tí, hánlěng cìgǔ ▶濡れた翼の浜～/淋湿翅膀的滨鸻 línshī chìbǎng de bīnhéng

ちどりあし【千鳥足】 蹒跚 pánshān; 踉跄 liàngqiàng (英 tottering-steps) ▶～で帰っていった/脚步踉跄地回去了 jiǎobù liàngqiàng de huíqù le

ちなまぐさい【血腥い】 血腥 xuèxīng (英 bloody) ▶事件が続く/血腥事件不断发生 xuèxīng shìjiàn búduàn fāshēng

ちなみに 顺便 shùnbiàn; 附带 fùdài (英 incidentally) ▶～私も同意見です/顺便说一下，我的意见完全相同 shùnbiàn shuō yíxià, wǒ de yìjiàn wánquán xiāngtóng

ちなむ【因む】 来缘于 láiyuán yú; 起因于 qǐyīn yú (英 be connected with...) ▶郷里の山の名に因んで名づけた/因故乡山名命名 yīn gùxiāng shānmíng mìngmíng ▶学校の創立記念日に～行事/有关校庆的活动 yǒuguān xiàoqìng de huódòng

ちにちは【知日派】 知日派 zhīrìpài (英 the pro-Japanese people) ▶佐藤氏の発言に～が困惑しているそうだ/佐藤先生的发言使"知日派"感到困惑 Zuǒténg xiānsheng de fāyán shǐ "zhī-Rìpài" gǎndào kùnhuò

ちねつ【地熱】 地热 dìrè (英 the heat of the earth) ▶～発電/地热发电 dìrè fādiàn

ちのあめ【血の雨】 大量流血 dàliàng liúxuè (英 a rain of blood) ▶扱いを間違えると～が降りますよ/你处理不好，就会血流成河啊 nǐ chǔlǐ bùhǎo, jiù huì xuèliú chénghé a

ちのう【知能】 智力 zhìlì; 智能 zhìnéng (英 intellect; mental faculties) ▶～の発達が遅い/智力发育迟钝 zhìlì fāyù chídùn ▶子供に～検査を受けさせる/让孩子接受智商检查 ràng háizi jiēshòu zhìshāng jiǎnchá
◆～指数：智商 zhìshāng ▶～指数が高い/智商很高 zhìshāng hěn gāo ▶～犯：智能犯 zhìnéngfàn ▶あいつはなかなかの～犯だね/那家伙是个出色的智能犯 nà jiāhuo shì ge chūsè de zhìnéngfàn

ちのうみ【血の海】 血海 xuèhǎi; 血泊 xuèpò (英 a sea of blood) ▶現場は一面～だった/现场是一片血海 xiànchǎng shì yí piàn xuèhǎi

ちのけ【血の気】血色 xuèsè; 血气 xuèqì (英 [〜の多い] hot-blooded) ▶あなたも〜の多いお方ですね/您也是血气方刚的人 nín yě shì xuèqì fānggāng de rén ▶〜のない顔に見入っていた/没有血色的脸上，只有目光炯炯有神 méiyǒu xuèsè de liǎnshang, zhǐyǒu mùguāng jiǒngjiǒng yǒu shén ▶顔からすうっと〜が引いた/他顿时脸色煞白 tā dùnshí liǎnsè shàbái

ちのみご【乳飲み児】乳儿 rǔ'ér; 婴儿 yīng'ér (英 a suckling (child)) ▶〜を残して妻は先立った/留下婴儿，我妻子先死了 liúxià yīng'ér, wǒ qīzi xiān sǐ le

ちのり【地利】地利 dìlì (英 the place utility) ▶〜を得る/得地利 dé dìlì ▶〜をいかす/利用地利 lìyòng dìlì

ちのり【血糊】黏血 niánxuè (英 gore) ▶男は匕首(あいくち)の〜を拭ってにたりと笑った/擦掉匕首的黏血，他狞狞地笑了 cādiào bǐshǒu de niánxuè, tā zhēngníng de xiào le ▶ナイフにべったりと〜がついていた/小刀上粘满了血 xiǎodāoshang zhān-mǎnle xiě

ちはい【遅配】误期 wùqī; 晚发 wǎnfā (英 a delay) ▶給料の〜が続いた/发薪连续误期 fā xīn liánxù wùqī ▶郵便物が〜するのはなぜなんだ/邮件为什么误时晚送？ yóujiàn wèi shénme wùshí wǎnsòng?

ちばしる【血走る】(英 be bloodshot) ▶目が〜/眼睛发红 yǎnjing fāhóng; 眼睛充血 yǎnjing chōngxuè ▶二人とも目が血走っていた/两个人都红了眼 liǎng ge rén dōu hóngle yǎn ▶彼は血走った目で札束を見た/他眼红地看了钞票捆儿 tā yǎnhóng de kànle chāopiào kǔnr

ちばなれ【乳離れする】断奶 duànnǎi (英 be weaned) ▶この子は〜が遅かった/这孩子断奶很晚 zhè háizi duànnǎi hěn wǎn ▶大学生にもなってまだ〜していない/他已经是大学生，却还不能自立 tā yǐjing shì dàxuéshēng, què hái bùnéng zìlì

ちび ❶〖背が低い〗矮子 ǎizi; 小个子 xiǎogèzi (英 a short person) ▶〜なのに足が速いんだ/他个子矮，脚步却很快 tā gèzi ǎi, jiǎobù què hěn kuài ❷〖子供〗小家伙 xiǎojiāhuo; 小鬼 xiǎo-guǐ; 小孩 xiǎohái (英 a kid) ▶〜にせがまれて遊園地へ行った/被小孩缠磨着去了游乐场 bèi xiǎohái chánmózhe qùle yóulèchǎng

ちびた〖worn-down〗▶〜鉛筆を大切に使う/珍惜小铅笔头儿 zhēnxī xiǎoqiānbǐ tóur

ちびちび 一点一点地 yìdiǎn yìdiǎn de (英 little by little) ▶〜飲む/一点一点地喝 yìdiǎn yìdiǎn de hē ▶二人して話を肴に〜飲んだ/我们俩一边聊天一边小口地喝酒 wǒmen liǎ yìbiān liáotiān yìbiān xiǎokǒu de hē jiǔ

ちひょう【地表】地表 dìbiǎo; 地皮 dìpí (英 the surface of the earth) ▶〜は雪に覆われた/地表上覆盖着白雪 dìbiǎoshang fùgàizhe báixuě ▶〜植物/地表植物 dìbiǎo zhíwù

ちぶ【恥部】阴部 yīnbù; 阴暗面 yīn'ànmiàn (英 the private parts) ▶今回の事件で社会の〜がさらけ出された/这次事件揭露了社会的黑暗面 zhècì shìjiàn jiēlùle shèhuì de hēi'ànmiàn

ちぶさ【乳房】奶 nǎi; 乳房 rǔfáng (英 the breast) ▶〜が剥き出しになる/露出乳房 lùchū rǔfáng ▶〜にしこりができる/乳房长了硬块 rǔfáng zhǎngle yìngkuài ▶赤ん坊に〜を含ませる/让婴儿含乳房 ràng yīng'ér hán rǔfáng

チフス〖医〗伤寒 shānghán (英 typhus) ▶ひどい〜が流行する/严重的伤寒流行 yánzhòng de shānghán liúxíng ▶旅行先で腸〜にかかった/在旅途上患了肠伤寒 zài lǚtúshang huànle chángshānghán

ちへい【地平】(英 the ground level) ▶〜の果てに日が沈む/太阳沉入天际 tàiyáng chénrù tiānjì ▶彼らの研究はこの分野で新しい〜を切り開いた/他们的研究在这个领域开辟了新天地 tāmen de yánjiū zài zhège lǐngyù kāipìle xīntiāndì ◆〜線〖地平线〗dìpíngxiàn ▶〜線から黒い煙が上がった/地平线上升起了黑烟 dìpíngxiànshang shēngqǐle hēiyān

チベット 西藏 Xīzàng (英 Tibet); 〜族/藏族 Zàngzú 〜語/藏文 Zàngwén;藏语 Zàngyǔ ▶〜文字/藏文 Zàngwén

ちほ【地歩】地位 dìwèi; 位置 wèizhi; 立场 lìchǎng (英 a foothold) ▶彼は業界で確固たる〜を占めている/他在行业里占据稳固的位置 tā zài hángyèlì zhànjù wěngù de wèizhi ▶〜を築く/建立地位 jiànlì dìwèi ▶実業家としての〜はまだ固まっていない/作为一个实业家，还没有巩固地位 zuòwéi yí ge shíyèjiā, hái méiyǒu gǒnggù dìwèi

ちほう【地方】❶〖地域〗地域 dìyù; 地方 dìfang (英 a district; a region) ▶東北〜は晴れるでしょう/东北地区晴 Dōngběi dìqū qíng ▶この〜のことなら何でも聞いてくれ/有关这个地方的事，尽管问我 yǒuguān zhège dìfang de shì, jǐnguǎn wèn wǒ ❷〖中央に対して〗地方 dìfang (英 the country) ▶〜は格差に怒っているぞ/对差距问题，地方充满愤怒 duì chājù wèntí, dìfang chōngmǎn fènnù ▶〜行政にたずさわる/从事地方行政 cóngshì dìfang xíngzhèng ▶ここ数年は〜回りをしている/这几年，到各个地方去巡回 zhè jǐ nián, dào gègè dìfang qù xúnhuí ▶〜自治体は財政が火の車だ/地方自治团体的经济状况很困难 dìfang zìzhì tuántǐ de jīngjì zhuàngkuàng hěn kùnnan ▶事件は〜紙ででかでかと取り上げていた/这事件在地方报纸上大篇幅地曝光了 zhè shìjiàn zài dìfang bàozhǐshang dàpiānfu de pùguāng le ◆〜裁判所〖地方法院〗dìfang fǎyuàn 〜色〖地方色彩〗dìfang sècǎi; 风味 fēngwèi ▶いかにも〜色豊かな行事だった/实在是地方色彩丰富的一项活动 shízài shì dìfang sècǎi fēngfù de yíxiàng huódòng 〜税〖地方税〗dìfangshuì 〜なまり：方音 fāngyīn ▶僕は〜なまりが抜けない/我

的地方口音改不掉 wǒ de dìfāng kǒuyin gǎibudiào　**～権**｜地方分権 dìfāng fēnquán

[日中比較] 中国語の'地方'は'dìfāng'と発音すれば「場所」「部分」という意味になる。

[参考] 中国には、都道府県のようなものとして北京市など4つの「直轄市」（'直辖市 zhíxiáshì'）、チベットなど5つの「自治区」（'自治区 zìzhìqū'）、広東など23の「省」（'省 shěng'）、香港とマカオの2つの「特別行政区」（'特别行政区 tèbié xíngzhèngqū'）がある。

ちほう【痴呆】〔医〕痴呆症 chīdāizhèng（英 dementia）▶～母に～が現れてきた/母亲出现了痴呆症 mǔqīn chūxiànle chīdāizhèng ▶自分で自分の～を嘆く/为自己的痴呆叹息 wèi zìjǐ de chīdāi tànxī

ちぼう【知謀】智謀 zhìmóu（英 clever strategy）▶～に富んだ/足智多谋 zúzhì duōmóu ▶あなたの～に驚かされた/你的智谋真让人吃惊 nǐ de zhìmóu zhēn ràng rén chījīng ▶～をめぐらせて作戦を練る/筹谋策划 chóumóu cèhuà

ちまき【粽】粽子 zòngzi

ちまた【巷】街头 jiētóu；社会 shèhuì（英［街路］a street; quarters；［世間］the public）▶～の声に耳を傾けよ/你听听群众的意见 nǐ tīngting qúnzhòng de yìjiàn ▶戦乱の～をさまよい逃れた/在战乱的街头徘徊逃脱 zài zhànluàn de jiētóu páihuái táotuō ▶～ではおかしなうわさが流れているらしい/听说在社会上谣传着奇怪的流言 tīngshuō zài shèhuìshang yáochuánzhe qíguài de liúyán

ちまつり【血祭り】～にあげる 当做牺牲品 dàngzuò xīshēngpǐn ▶初日に大関を～にあげて波に乗った/第一天打败了大关，旗开得胜 dìyī tiān dǎbàile dàguān, qí kāi dé shèng

ちまなこ【血眼になる】〔狂奔〕热中 rèzhōng；红眼 hóngyǎn（英 look for... desperately）▶～になって捜す/红着眼找 hóngzhe yǎn zhǎo ▶～になって財布を捜した/拼命地找钱包 pīnmìng de zhǎo qiánbāo

ちまみれ【血塗れの】血糊糊 xiěhūhū（英 bloody）▶部屋には～のシャツが残されていた/在房间里留着血糊糊的衬衫 zài fángjiānli liúzhe xiěhūhū de chènshān ▶全身～になる/浑身沾满了鲜血 húnshēn zhānmǎnle xiānxuè

ちまめ【血豆】血泡 xuèpào（英 a blood blister）▶走るうちに足に～ができた/跑着跑着，脚上磨出了血泡 pǎozhe pǎozhe, jiǎoshang móchūle xuèpào ▶針で突いて～をしぼる/扎针挤血泡 zhāzhēn jǐ xuèpào

ちまよう【血迷う】丧心病狂 sàngxīn bìngkuáng；发疯 fāfēng（英 lose one's mind）▶血迷ったか/你发疯了吗？ nǐ fāfēngle ma？▶何を血迷ったか私に殴りかかってきた/不知发了什么疯，他冲过来打我 bù zhī fāle shénme fēng, tā chōngguòlai dǎ wǒ

ちみ【地味】土质 tǔzhì；地力 dìlì（英 fertile soil）▶近年～が痩せてきた/近年来土地瘠薄了 jìnnián lái tǔdì jíbó le ▶～の豊かな農地がひろがっている/土地肥沃的耕地展现在面前 tǔdì féiwò de gēngdì zhǎnxiàn zài miànqián

ちみち【血道】～を上げる 入迷 rùmí；热中 rèzhōng ▶その頃僕は良子に～を上げていた/当时我为良子而神魂颠倒 dāngshí wǒ wèi Liángzǐ ér shénhún diāndǎo ▶数学というのは君が～を上げるほどに面白いのかい/数学让你这么入迷吗？ shùxué ràng nǐ zhème rùmí ma?

ちみつ【緻密な】细密 xìmì；周密 zhōumì；精致 jīngzhì（英 minute; fine；［精巧な］elaborate）▶どこまでも～に計画されている/制定了一个实在周密的计划 zhìdìngle yí ge shízài zhōumì de jìhuà ▶～な図面を描き上げる/画好精细的设计图 huàhǎo jīngxì de shèjìtú ▶その～な観察にみんなは感嘆した/那周密的观察让大家吃惊 nà zhōumì de guānchá ràng dàjiā chījīng

ちみどろ【血みどろの】血淋淋 xiělínlín；《口語》xiělīnlīn；沾满鲜血 zhānmǎn xiānxuè（英 bloody）▶～の戦い/血淋淋的战斗 xiělínlín de zhàndòu ▶両派が～の戦いを繰り広げる/两个派系展开血淋淋的争斗 liǎng ge pàixì zhǎnkāi xiělínlín de zhēngdòu ▶顔はもう～だった/脸上已经满是鲜血 liǎnshang yǐjing mǎn shì xiānxuè

ちみもうりょう【魑魅魍魎】魑魅魍魎 chīmèi wǎngliǎng（英 evil spirits of mountains, rivers and forests）▶この業界には～が跋扈(ば)している/这个行业里魑魅魍魎跋扈横行 zhège hángyèli chīmèi wǎngliǎng báhù héngxíng

ちめい【地名】地名 dìmíng（英 a place name）▶～は読み方が難しい/地名读法很难 dìmíng dúfǎ hěn nán ▶この村の～の由来を聞かせよう/我给你讲讲这村庄地名的来源 wǒ gěi nǐ jiǎngjiang zhè cūnzhuāng dìmíng de láiyuán

◆**～辞典**｜地名词典 dìmíng cídiǎn

ちめい【知名な】有名 yǒumíng；知名 zhīmíng（英 well-known）▶いまや彼は～の士である/现在他是一位知名人士 xiànzài tā shì yí wèi zhīmíng rénshì ▶～なら誰でもよいというわけではない/并不是只要有名谁都可以 bìng bú shì zhǐyào yǒumíng shéi dōu kěyǐ

◆**～度**｜知名度 zhīmíngdù ▶～度が高い/负有盛名 fùyǒu shèngmíng ▶～度が低い/名气不大 míngqi búdà ▶～度は高いが好感度は…/知名度高，可是好感度呢？ zhīmíngdù gāo, kěshì hǎogǎndù ne? ▶～度の低さが障害になった/知名度偏低成了障碍 zhīmíngdù piāndī chéngle zhàng'ài

ちめい【知命】知命 zhīmìng（英 one's fiftieth birthday）(五十歳)）▶今年は私も～の年ですか/今年我也到了知命的年纪了 jīnnián wǒ yě dàole zhīmìng de niánjì le

ちめいしょう【致命傷】致命伤 zhìmìngshāng（英 a fatal wound）▶腹部の刺し傷が～とな

た/腹部刺伤成了致命伤 fùbù cìshāng chéngle zhìmìngshāng ▶愛人問題が～となり辞職に追いこまれた/情人问题成了致命伤，被迫辞职了 qíngrén wèntí chéngle zhìmìngshāng, bèipò cízhí le

ちめいてき【致命的】致命的 zhìmìng de (英 fatal) ▶新製品の不人気は彼には～だった/新产品不受欢迎，给了他致命的打击 xīnchǎnpǐn bú shòu huānyíng, gěile tā zhìmìng de dǎjī ▶日本の農業に～な打撃を与える/给日本的农业带来致命的打击 gěi Rìběn de nóngyè dàilái zhìmìng de dǎjī

ちゃ【茶】清茶 qīngchá; 茶水 cháshuǐ (英 tea) ▶～の葉〔加工済みの〕/茶叶 cháyè ▶～の葉の香りが快い/茶叶香味很清爽 cháyè xiāngwèi hěn qīngshuǎng ▶慣れぬ手つきで～をたてる/以不熟练的动作点茶 yǐ bù shúliàn de dòngzuò diǎn chá ▶に招かれて出かけていった/被邀请去参加茶会了 bèi yāoqǐng qù cānjiā cháhuì le ▶～柱が立った．今日は勝てるぞ/茶水里茶叶竖起来了，今天我会赢！ cháshuǐ cháyè shùqǐlai le, jīntiān wǒ huì yíng! ▶～を入れる/泡茶 pàochá ▶お～でも入れましょう/给你沏茶 gěi nǐ qī chá ▶～を飲む/喝茶 hē chá ▶夜に～を飲むと眠れなくなるんだ/晚上喝茶就睡不着觉了 wǎnshang hē chá jiù shuìbuzháo jiào le ▶～の一杯も飲んでゆけよ/顺便喝点茶嘛 shùnbiàn hē diǎn chá ma

お～を濁す 敷衍 fūyǎn ▶その場はなんとかお～を濁したが…/当场我敷衍了一下，不过… dāngchǎng wǒ fūyǎnle yíxià, búguò…

文化 中国産のお茶は、大きく分類して全く発酵させない'綠茶 lùchá'、弱発酵の'白茶 báichá'、半発酵の'青茶 qīngchá'、完全発酵の'紅茶 hóngchá'、再発酵の'黑茶 hēichá'（熱処理したあと醗酵を繁殖させる）、緑茶や紅茶に花の香りを付けた'花茶 huāchá'、その他の'茶外之茶 chá wài zhī chá'という7種に分けられる．

チャージ 1【充電・給油】充电 chōngdiàn; 加油 jiāyóu (英 charge) 2【カードへの入金】充值 chōngzhí; 储值 chǔzhí (英) ▶100元～する/充值一百块 chōngzhí yì bǎi kuài 3【料金】費用 fèiyòng (英 a charge) ▶ルーム～/房费 fángfèi ▶テーブル～/桌位费 zhuōwèifèi

チャーター 包租 bāozū (英 charter) ▶～便を飛ばす/包机 bāojī ▶船～をして島に渡った/包船去海岛 bāochuán qù hǎidǎo

チャート 图表 túbiǎo; 图 tú (英 chart) ▶～を使って説明する/用图表说明 yòng túbiǎo shuōmíng ▶ヒット～入りする/登上流行歌曲排行榜 dēngshàng liúxíng gēqǔ páihángbǎng

チャーハン【炒飯】【料理】炒饭 chǎofàn (英 fried rice)

チャーミングな 富有魅力 fùyǒu mèilì; 迷人 mírén (英 charming) ▶講師は～な婦人だった/讲师是富有魅力的女士 jiǎngshī shì fùyǒu mèilì

de nǚshì

チャイナタウン 唐人街 tángrénjiē (英 a Chinatown) ▶～は日本では中華街という/唐人街在日本叫做中华街 tángrénjiē zài Rìběn jiàozuò Zhōnghuájiē

チャイナドレス【服飾】旗袍儿 qípáor (英 a Chinese silk dress)

チャイム 组钟 zǔzhōng; 《ドアの》门铃 ménlíng (英 a chime) ▶～を鳴らして下校を促す/钟声提醒学生早点下学 zhōngshēng tíxǐng xuésheng zǎodiǎn xiàxué ▶玄関の～が鳴った/门铃响了 ménlíng xiǎng le

チャイルドシート 幼儿座位 yòu'ér zuòwèi (英 a child seat) ▶～のベルトが緩む/幼儿座位的安全带松了 yòu'ér zuòwèi de ānquándài sōng le

ちゃいろ【茶色】褐色 hèsè; 茶色 chásè (英 light brown) ▶立ち枯れの木々は～に変わっていた/枯萎的树木变成褐色了 kūwěi de shùmù biànchéng hèsè le ▶壁は～がいいな/墙壁的颜色还是褐色好 qiángbì de yánsè háishi hèsè hǎo ▶きょうは～の帽子にしよう/今天我戴茶色的帽子 jīntiān wǒ dài chásè de màozi

ちゃうけ【茶請け】茶食 cháshí; 茶点 chádiǎn (英 the sweets served with tea) ▶～には何がいいかなぁ/来什么茶点呢？ lái shénme chádiǎn ne? ▶～の煎餅は歯ごたえがよかった/茶点的脆饼干口感不错 chádiǎn de cuìbǐnggān kǒugǎn búcuò

ちゃかい【茶会】茶道会 chádàohuì (英 a tea ceremony) ▶新年の～を催す/举办新年的茶道会 jǔbàn xīnnián de chádàohuì ▶着物姿で～に出向く/穿和服去茶道会 chuān héfú qù chádàohuì

ちゃがし【茶菓子】茶食 cháshí; 茶点 chádiǎn (英 cakes served with tea) ▶～を出す/上茶点 shàng chádiǎn ▶～にカステラを出した/作为茶食、上了蛋糕 zuòwéi cháshí, shàngle dàngāo ▶目あては茶よりも～である/想要的并不是茶，而是茶点 xiǎng yào de bìng bú shì chá, ér shì chádiǎn

ちゃかす【茶化す】调笑 tiáoxiào; 开玩笑 kāi wánxiào (英 make fun of…) ▶おまえはまじめな話をすぐ～/人家说认真的，你就爱打岔 rénjia shuō rènzhēn de, nǐ jiù ài dǎchà

ちゃかっしょく【茶褐色】茶褐色 cháhèsè (英 brown)

ちゃがら【茶殻】茶叶渣 cháyèzhā (英 used tea leaves)

ちゃき【茶器】茶具 chájù (英 tea ceremony utenils) ▶あの人は～にはうるさいよ/他在茶具方面很挑剔 tā zài chájù fāngmiàn hěn tiāoti ▶～の価値など私には分からない/茶具的价值什么的，我都不通 chájù de jiàzhí shénmede, wǒ dōu bù tōng

ちゃきちゃきの 地道 dìdao; 纯粹 chúncuì (英 genuine) ▶彼は～の江戸っ子だと自称してはいる

が…/虽然他自称地地道道的东京人，但是…suīrán tā zìchēng dìdìdàodào de Dōngjīngrén, dànshì…

ちゃく【着】 ❶【到着】到达 dàodá; 抵达 dǐ (英 *arrival*) ▶ 5時成田～の便で帰ります/我坐五点到达成田的班机回去 wǒ zuò wǔ diǎn dàodá Chéngtián de bānjī huíqù ▶ 競走で2～になった/赛跑中我得了第二名 sàipǎo zhōng wǒ déle dì'èr míng ▶ ～外者には参加賞が出る/对没得上名次的人，颁发参与奖 duì méi déshàng míngcì de rén, bānfā cānyùjiǎng
❷【衣服の単位】件 jiàn ▶ ドレス3～をトランクに詰めた/把三件女礼服装进旅行箱里 bǎ sān jiàn nǚlǐfúzhuāng jìn lǚxíngxiāngli

ちゃくい【着衣】(英 *one's clothes*) ▶ ～に乱れはなかった/身上的衣服没有乱 shēnshang de yīfu méiyǒu luàn ▶ ～のままで泳ぐ/穿着衣服游泳 chuānzhe yīfu yóuyǒng

ちゃくがん【着岸する】 靠岸 kào'àn; 到岸 dào-'àn (英 *reach the shore*) ▶ 連絡船は強風の中を～した/渡轮在大风中靠岸 dùlún zài dàfēng zhōng kào'àn

ちゃくがん【着眼】 着眼 zhuóyǎn; 眼力 yǎnlì (英 *pay one's attention to...*) ▶ さすがに鋭い～ですな/你的眼力实在敏锐 nǐ de yǎnlì shízài mǐnruì ▶ 彼は微妙な色の変化に～した/他着眼于微妙的颜色变化 tā zhuóyǎn yú wēimiào de yánsè biànhuà
◆～点：着眼点 zhuóyǎndiǎn ▶ ～点はよいのだが…/着眼点是好的，但是… zhuóyǎndiǎn shì hǎo de, dànshì…

ちゃくし【嫡子】 嫡子 dízǐ; 嗣子 sìzǐ (英 *the heir*)

ちゃくじつ【着実な】 塌实 tāshi; 稳步 wěnbù (英 *steady; stable*) ▶ ～に仕事をこなす/办得很塌实 bàn de hěn tāshi ▶ 君の～な仕事ぶりが認められたのだ/你塌实的工作态度受到重视了 nǐ tāshi de gōngzuò tàidù shòudào zhòngshì le ▶ 計画は～に前進している/计划在稳步前进 jìhuà zài wěnbù qiánjìn
🟥日中比較 中国語の'着实 zhuóshí'は「確かに」「こっぴどく」という意味である．

ちゃくしゅ【着手する】 动手 dòngshǒu; 着手 zhuóshǒu; 开始 kāishǐ (英 *start; initiate*) ▶ 先方の都合で設計の～が遅れた/因对方的原因设计动手晚了 yīn duìfāng de yuányīn shèjì dòngshǒu wǎn le ▶ 工事に～する/动工 dònggōng

ちゃくじゅん【着順】 名次 míngcì; 到达次序 dàodá cìxù (英 *the order of finish*) ▶ ～は写真判定にもちこまれた/名次归属要靠照片判定了 míngcì guīshǔ yào kào zhàopiàn pàndìng le

ちゃくしょく【着色する】 上色 shàngshǎi; 着色 zhuósè (英 *color*) ▶ ～法/着色法 zhuósèfǎ ▶ 手ぎわよく～する/熟练地着色 shúliàn de zhuósè
◆～料：食用色素 shíyòng sèsù; 着色剂 zhuósèjì ▶ 合成～料は使用しておりません/不含合成着色剂 bù hán héchéng zhuósèjì

ちゃくしん【着信する】 来信 láixìn; 来电 láidiàn (英 *an arrival of a message*) ▶ ～音[携帯電話]/来电信号 láidiàn xìnhào

ちゃくすい【着水】 降到水面 jiàngdào shuǐmiàn; 落到水上 luòdào shuǐshang (英 *land (on the water)*) ▶ カモの群が次々と～する/成群的野鸭子不断地落在水面 chéngqún de yěyāzi búduàn de luòzài shuǐmiàn

ちゃくせき【着席】 入席 rùxí; 落座 luòzuò; 就座 jiùzuò (英 *take one's seat; sit down*) ▶ 会長の～を待って会議を始めた/等会长入席后就开会了 děng huìzhǎng rùxíhòu jiù kāihuì le ▶ 番号順に～する/按号顺序入座 àn hào shùnxù rùzuò

ちゃくそう【着想】 设想 shèxiǎng; 主意 zhǔyì (英 *an idea, a design; a conception*) ▶ ～がすばらしい/设想很不错 shèxiǎng hěn búcuò ▶ 子供の独り言から～を得た/从孩子的自言自语得到新设想 cóng háizi de zìyán zìyǔ dédào xīnshèxiǎng ▶ 日没を見て～したなんておもしろいね/看日落萌发设想，很有趣 kàn rìluò méngfā shèxiǎng, hěn yǒuqù
🟥日中比較 中国語の'着想 zhuóxiǎng'は前置詞'为 wèi'などとともに使われ「…のためを思う」という意味になる．

ちゃくだつ【着脱】 穿与脱 chuān yǔ tuō; 安装和拆卸 ānzhuāng hé chāixiè (英 *attaching or detaching*) ▶ ～はこの通りしごく簡単です/装卸如此方便 zhuāngxiè rúcǐ fāngbiàn

ちゃくち【着地】 落地 luòdì; 着陆 zhuólù (英 *landing*) ▶ ～もみごとに決まった/落地动作也很成功 luòdì dòngzuò yě hěn chénggōng ▶ ～に失敗してメダルを逃した/由于落地失败错失奖牌 yóuyú luòdì shībài cuòshī jiǎngpái

ちゃくちゃく【着々と】 顺利 shùnlì; 稳步 wěnbù (英 *steadily*) ▶ 工事は～と進んでいる/工程顺利地进行 gōngchéng shùnlì de jìnxíng

ちゃくなん【嫡男】 嫡长子 dízhǎngzǐ; 嫡子 dízǐ (英 *the heir*)

ちゃくにん【着任する】 到职 dàozhí; 上任 shàngrèn (英 *arrive at one's post*) ▶ ～早々からだの不調を感じるようになった/刚上任就觉得身体不适 gāng shàngrèn jiù juéde shēntǐ búshì ▶ 新校長が三日遅れで～した/新校长上任晚了三天 xīnxiàozhǎng shàngrèn wǎn sān tiān

ちゃくばらい【着払い】〖送料〗收方付运费 shōufāng fù yùnfèi;〖品物代〗到货付款 dàohuò fùkuǎn (英 *collect on delivery*;〖略〗*C. O. D.*) ▶ 代金は～でお願いします/请用收货付款的方式 qǐng yòng shōuhuò fùkuǎn de fāngshì ▶ ～で小包を送る/用收货付款的方式寄邮包 yòng shōuhuò fùkuǎn de fāngshì jì yóubāo

ちゃくふく【着服する】 侵吞 qīntūn; 吞没 tūnmò; 私吞 sītūn (英 *pocket*) ▶ 公金の～がばれて処分された/由于侵吞公款暴露受到处分 yóuyú qīntūn gōngkuǎn bàolù shòudào chǔfēn ▶ 会

事が会費を～していた/干事私吞了会费 gànshi sītūnle huìfèi

ちゃくもく【着目する】 着眼 zhuóyǎn；注意 zhùyì (英 *pay attention to…*) ▶私は一人の生徒の詩に～していた/我着眼于一个学生的诗 wǒ zhuóyǎn yú yí ge xuésheng de shī

ちゃくよう【着用する】 穿 chuān (英 *wear*) ▶当日は制服を～のこと/当天应穿制服 dàngtiān yīng chuān zhìfú ▶領主が～した着物が展示されている/陈列着领主穿用的和服 chénlièzhe lǐngzhǔ chuānyòng de héfú

ちゃくりく【着陸する】 降落 jiàngluò；着陆 zhuólù (英 *land*) ▶飛行機は～体勢に入った/飞机进入着陆阶段 fēijī jìnrù zhuólù jiēduàn ▶彼らはみごと月面に～した/他们成功地在月球表面着陆 tāmen chénggōng de zài yuèqiú biǎomiàn zhuólù

チャコールグレー 黑灰色 hēihuīsè (英 *charcoal grey*) ▶～のコート/黑灰色的上衣 hēihuīsè de shàngyī

ちゃこし【茶漉し】 滤茶网 lùcháwǎng (英 *a tea strainer*)

ちゃさじ【茶匙】 茶匙 cháchí (英 *a teaspoon*) ▶～1杯の砂糖を入れてかき混ぜる/放入一茶匙的砂糖搅拌 fàngrù yì cháchí de shātáng jiǎobàn

ちゃしつ【茶室】 茶室 cháshì (英 *a tea house*)

ちゃしぶ【茶渋】 茶垢 chágòu (英 *tea staining*) ▶父の茶碗には～がこびりついていた/父亲的茶杯上附着茶垢 fùqin de chábēishang fùzhe chágòu

ちゃじん【茶人】 茶道名人 chádào míngrén；风雅的人 fēngyǎ de rén (英 *a master of tea ceremony*)

ちゃだい【茶代】 茶钱 cháqián；小费 xiǎofèi (英 *a tip*)

ちゃたく【茶托】 茶托儿 chátuōr (英 *a teacup holder*) ▶～一つで茶の位が上がるような気がす/好像仅仅一个茶托就足以提高茶的品位 hǎoxiàng jǐnjǐn yí ge chátuō jiù zúyǐ tígāo chá de pǐnwèi

ちゃだんす【茶箪笥】 橱柜 chúguì (英 *a cupboard (for tea things)*)

ちゃちな 粗糙 cūcāo；不值钱 bù zhíqián (英 *cheap*) ▶～ドラマ/无聊的戏 wúliáo de xì ▶こんな～家によく住めるね/你怎么能住在这么简陋的房子里！ nǐ zěnme néng zhùzài zhème jiǎnlòu de fángzili！

ちゃちゃ【茶茶】 (英 *interruption*) ▶～を入れる/插嘴捣乱 chāzuǐ dǎoluàn ▶話の山場に～を入れるな/这是最紧要的话题，别插嘴捣乱 zhè shì zuì jǐnyào de huàtí, bié chāzuǐ dǎoluàn

ちゃっか【着火する】 点火 diǎnhuǒ；着火 zháohuǒ (英 *ignite*) ▶このマッチは石でこすれば～する/这火柴用石头一擦就着 zhè huǒchái yòng shítou yì cā jiù zháo ▶ガソリンは～点が低い/汽油的发火点很低 qìyóu de fāhuǒdiǎn hěn dī

ちゃっかりした (英 *shrewd; smart*) ▶～している/滑 huá；机灵 jīling ▶どいつもこいつも～している/全都是机灵鬼 quándōu shì jīlingguǐ ▶息子は祖父から～小遣いをせしめていた/儿子有缝就钻，从祖父那儿搞到零花钱 érzi yǒu fèng jiù zuān, cóng zǔfù nàr gǎodào línghuāqián

チャック 拉链 lāliàn；拉锁 lāsuǒ (英 *a zipper; a fastener*) ▶～が上に拉链 lāshàng lāliàn ▶～がはずれていますよ/拉锁开着呢 lāsuǒ kāizhe ne ▶～がひっかかって動かない/拉锁卡住不动 lāsuǒ qiǎzhù bú dòng

ちゃづけ【茶漬け】 茶泡饭 chápàofàn (英 *boiled rice soaked in tea*) ▶梅干しで～をかき込む/就着咸梅大口往嘴里扒茶泡饭 jiùzhe xiánméi dàkǒu wǎng zuǐli pá chápàofàn ▶～でも上がっていって下さいよ/请再坐一会儿吃顿茶泡饭，怎么样？ qǐng zài zuò yíhuìr chī dùn chápàofàn, zěnmeyàng？

ちゃっこう【着工する】 动工 dònggōng；开工 kāigōng (英 *start (construction) work*) ▶新線の～が間近い/新线马上要动工了 xīnxiàn mǎshàng yào dònggōng le ▶資材が～に間に合わない/动工之前材料备不齐 dònggōng zhīqián cáiliào bèibuqí ▶おかげで無事に～することができた/托您的福，我们能顺利地开工了 tuō nín de fú, wǒmen néng shùnlì de kāigōng le

ちゃづつ【茶筒】 茶叶筒 cháyètǒng (英 *a tea caddy*)

チャット 《インターネット》闲谈 xiántán；聊天儿 liáotiānr (英 *a chat*) ▶今日も～で真夜中を過ごした/今天也在网上聊到深更半夜 jīntiān yě zài wǎngshang liáodào shēngēng bànyè

ちゃつみ【茶摘み】 采茶 cǎi chá (英 *tea-picking*) ▶～まで機械化されてしまった/连采茶都自动化了 lián cǎi chá dōu zìdònghuà le

ちゃどうぐ【茶道具】 茶具 chájù (英 *tea utensils*) ▶～を取り揃える/备齐茶具 bèiqí chájù ▶高価な～が無雑作に並べてある/不经心地摆放着昂贵的茶具 bù jīngxīn de bǎifàngzhe ángguì de chájù

ちゃのま【茶の間】 起居间 qǐjūjiān (英 *a living room*) ▶その歌手はたちまち～の人気者になった/那个歌手在电视上迅速红起来了 nàge gēshǒu zài diànshìshang xùnsù hóngqǐlai le

ちゃのゆ【茶飲み】 (英 *a companion*) ▶彼は一人～茶碗で酒をあおった/他一个人用茶杯灌了酒 tā yí ge rén yòng chábēi guànle jiǔ ▶～友達にという話があったがお断りした/有人给我介绍喝茶聊天儿的伴儿，我谢绝了 yǒu rén gěi wǒ jièshào he chá liáotiānr de bànr, wǒ xièjuè le ▶～例によってわいない～話で時が過ぎた/和往常一样，我们一边喝茶一边闲聊，时间就这样过去了 hé wǎngcháng yíyàng, wǒmen yìbiān hē chá yìbiān xiánliáo, shíjiān jiù zhèyàng guòqù le

ちゃばたけ【茶畑】 茶园 cháyuán；茶田 chátián (英 *a tea field*)

ちゃばん【茶番】 闹剧 nàojù；丑剧 chǒujù；花

招 huāzhāo（英 *a farce*）▶とんだ～だ/真是个丑剧 zhēn shì ge chǒujù ▶两党で慣れあいのとんだ～だった/两党串通演了一场丑剧 liǎng dǎng chuàntōng yǎnle yì chǎng chǒujù

ちゃびん【茶瓶】 茶壶 cháhú（英 *a teapot*）秃げ～/秃瓢 tūpiáo ▶～で薬草を煎じる/用茶壶煎草药 yòng cháhú jiān cǎoyào

ちゃぶだい【卓袱台】 短腿饭桌 duǎntuǐ fànzhuō（英 *a (low) dining table*）▶～を囲んで仲よく語る/围着矮腿饭桌促膝畅谈 wéizhe ǎituǐ fànzhuō cùxī chàngtán

チャペル 小教堂 xiǎojiàotáng（英 *a chapel*）

ちやほや 娇 jiāo; 吹捧 chuīpěng; 拍马屁 pāimǎpì（英 *flatter; indulge*）▶子供を～甘やかしてはいけない/不要娇惯孩子 búyào jiāoguàn háizi ▶～されていい気になる/被人吹捧得洋洋自得 bèi rén chuīpěngde yángyáng zìdé ▶部長に～取り入っている/拍部长马屁 pāi bùzhǎng mǎpì

ちゃめ【茶目な】 爱开玩笑 ài kāi wánxiào; 淘气 táoqì（英 *playful; sly*）▶お～な子だね/顽皮可爱的孩子 wánpí kě'ài de háizi

◆～っ気 诙谐劲儿 huīxiéjìnr ▶～っ気たっぷりに口まねをする/诙谐地学舌 huīxié de xuéshé

ちゃや【茶屋】 ❶【茶店】茶亭 chátíng; 茶馆 cháguǎn（英 *a tearoom*）▶墓地近くの～で一休みした/在墓地附近的茶亭稍事休息 zài mùdì fùjìn de chátíng shāoshì xiūxi ❷【お茶屋】茶叶铺 cháyèpù; 茶庄 cházhuāng（英 *a tea store*）

◆～遊び 嫖 piáo; 冶游 yěyóu ▶～遊びが過ぎて家をつぶした/荒淫无度弄得家道中落 huāngyín wú dù nòngde jiādào zhōngluò

ちゃらにする 抹消 mǒxiāo（英 *be even*）▶これで借りは～だよ/这样就两清了 zhèyàng jiù liǎngqīng le ▶話は～にしよう/这话就当没说过 zhè huà jiù dàng méi shuōguo

ちゃらちゃらする ❶【音】丁当 dīngdāng（英 *jingle*）▶小銭を～いわせる/零钱丁当作响 língqián dīngdāng zuòxiǎng ❷【人の】（身なり）花哨 huāshao;（態度）轻浮 qīngfú; 浮华 fúhuá（英 *show a flashy appearance*）

ちゃらんぽらんな 吊儿郎当 diào'erlángdāng; 马马虎虎 mǎmǎhūhū（英 *unreliable*）▶あんな～なやつに任せられるか/能托付给那么一个吊儿郎当的家伙吗？néng tuōfù gěi nàme yí ge diào'erlángdāng de jiāhuo ma?

チャリティー 慈善 císhàn; 慈悲 cíbēi（英 *charity*）▶～ショー/慈善义演 císhàn yìyǎn ▶～音楽会/慈善音乐会 císhàn yīnyuèhuì

ちゃりん 叮当 dīngdāng（英 *with a clink*）▶～と音を立てて100円玉が転がった/叮当一声百元硬币掉在地上 dīngdāng yì shēng bǎi yuán yìngbì diàozài dìshang

チャルメラ【楽器】哨呐 suǒnà（英 *a street vendor's flute*）▶～の音が木枯しの中に消えていった/唢呐的声音吹散在寒风之中 suǒnà de shēngyīn chuīsàn zài hánfēng zhī zhōng

チャレンジ 挑战 tiǎozhàn; 尝试 chángshì（英 *a challenge*）▶～する精神が大切なんだ/挑战精神长important tiǎozhàn jīngshén hěn zhòngyào ▶次の市長選に～します/竞选下一届市长 jìngxuǎn xià yí jiè shìzhǎng ▶年はとったがスキーに～してみよう/我上了年纪，可是想尝试一下滑雪 wǒ shàngle niánjì, kěshì xiǎng chángshì yíxià huáxuě

ちゃわん【茶碗】 ❶【お茶の】茶碗 cháwǎn（英 *a teacup*）❷【飯の】饭碗 fànwǎn（英 *a rice bowl*）▶～で何度もおかわりをする/添了好几碗饭 tiānle hǎojǐ wǎn fàn

◆～蒸し 蒸鸡蛋羹 zhēngjīdàngēng

日中比较 中国語の'茶碗 cháwǎn'は「湯呑」のこと.

チャンス 好机会 hǎojīhuì; 可乘之机 kěchéng zhī jī（英 *a chance*）▶～の裏にはピンチがある/机遇的背后有危机 jīyù de bèihòu yǒu wēijī ▶彼女に近づく絶好の～だ/接近她的极好机会 jiējìn tā de jíhǎo jīhuì ▶僕にも～が巡ってきた/我也遇上机会了 wǒ yě yùshàng jīhuì le ▶～を生かす/抓住机会 zhuāzhù jīhuì ▶～を与えて下さい/请给我一次机会 qǐng gěi wǒ yí cì jīhuì

ちゃんちゃらおかしい 笑死人 xiàosǐ rén; 可笑之极 kěxiào zhī jí（英 *You make me laugh!*）▶あいつが議員なんて～や/那家伙是议员，真是笑死人 zhēn shì xiàosǐ rén

ちゃんと 整齐 zhěngqí; 正当 zhèngdàng; 完全 wánquán（英 *neatly; tidily; properly*）▶～かたづけてある/整理得整整齐齐 zhěnglǐde zhěngzhěngqíqí ▶～した医者/可靠的医生 kěkào de yīshēng ▶～取っておく/好好地保存 hǎohāo de bǎocún ▶～見たのかい/确实看到了吗？quèshí kàndàole ma? ▶～分かった/全懂了 quán dǒng le ▶ほら，～あるだろう/你看，就在这儿 nǐ kàn, jiù zài zhèr ▶～は客の声をしっかり聞く/可靠的公司会认真听取客户的声音 kěkào de gōngsī huì rènzhēn tīngqǔ kèhù de shēngyīn ▶～返すから．頼むっ/一定会还给你的，求求你啦 yídìng huán huángěi nǐ de, qiúqiu nǐ la ▶～座って聞け/坐好认真听! zuòhǎo rènzhēn tīng! ▶～した理由があってやったんだろ/一定是有正当的理由才会这样做的 yídìng shì yǒu zhèngdàng de lǐyóu cái huì zhèyàng zuò de ▶～した教育を受けられなかった/没能受到正规教育 méi néng shòudào zhèngguī jiàoyù

チャンネル（テレビ）频道 píndào（英 *a channel*）▶いま3～でやってるよ/现在三频道在播放 xiànzài sān píndào zài bōfàng ▶～を切り替える/换频道 huàn píndào ▶～争いをする/抢频道 qiǎng píndào

ちゃんばら 武打 wǔdǎ（英 *a sword fight*）▶～映画のとりこになる/热衷于武打片 rèzhōng yú wǔdǎpiàn

チャンピオン 冠军 guànjūn（英 *a champion*）▶～の栄光に輝く/荣获冠军 rónghuò guànjūn ▶あの人こそが業界の～だ/那个人才是业界之王

nàge réncái shì yèjiè zhī wáng

ちゃんぽん 搀和在一起 chānhuo zài yìqǐ (英) *alternately; by turns* ▶～で飲む/乱喝几种酒 luànhē jǐ zhǒng jiǔ ▶日本酒とウィスキーを～に飲む/把日本酒和威士忌串着喝 bǎ Rìběnjiǔ hé wēishìjì chuànzhe hē ▶英語と中国語を～に話す/把英语和汉语混在一起说 bǎ Yīngyǔ hé Hànyǔ hùnzài yìqǐ shuō

ちゆ【治癒する】 治愈 zhìyù; 治好 zhìhǎo (英) *heal* ▶～の見込みはないらしい/看来没有治愈的希望 kànlái méiyǒu zhìyù de xīwàng ▶薬がきいて2週間で～した/药物很有效，两个星期就治好了 yàowù hěn yǒuxiào, liǎng ge xīngqī jiù zhìhǎo le ▶この療法は～率が高い/这种疗法的治愈率很高 zhè zhǒng liáofǎ de zhìyùlǜ hěn gāo ▶完全～とは言えないが、まぁよかろう/虽说不能说是完全治愈, 也还行吧 suīshuō bùnéng shuō shì wánquán zhìyù, yě hái xíng ba

ちゅう【中】 ❶【中位】(英) *the middle* ▶～以上の成績でないと無理です/必须中等以上的成绩才行 bìxū zhōngděng yǐshàng de chéngjì cái xíng ▶水準は～程度といったところでしょう/可以说是中等水平吧 kěyǐ shuōshì zhōngděng shuǐpíng ba
❷【…の間】(英) *in; within* ▶来月～には片がつきます/下个月之内整理好 xià ge yuè zhīnèi zhěnglǐ hǎo ▶午前～ずっと電話を待っていた/整个上午一直在等电话 zhěnggè shàngwǔ yìzhí zài děng diànhuà
❸【進行中】(英) *under...* ▶先生は今授業～です/老师现在上课 lǎoshī xiànzài zài shàngkè ▶建築～の家を何度も見にいった/正在盖的房子去看了好几次 zhèngzài gài de fángzi qù kànle hǎojǐ cì

ちゅう【宙】 空中 kōngzhōng (英) *the air* ▶監督の巨体が～に舞った/领队巨大的身躯被抛到半空中 lǐngduì jùdà de shēnqū bèi pāodào bànkōng zhōng ▶～を飛んで家に帰る/奔回家 bēnhuí jiā

～に浮く 悬空 xuánkōng; 浮在空中 fúzài kōngzhōng ▶プランは～に浮いたままだ/计划中途搁浅 jìhuà zhōngtú gēqiǎn

ちゅう【注】 附注 fùzhù; 注解 zhùjiě; 注释 zhùshì (英) *a note* ▶～をつける/加注解 jiā zhùjiě ▶詳しい～/注解很详细 zhùjiě hěn xiángxì

ちゅう【知勇】 智勇 zhìyǒng (英) *wisdom and courage* ▶彼は～を兼ね備えた人物だ/他是个智勇双全的人物 tā shì ge zhìyǒng shuāngquán de rénwù

ちゅうい【中位の】 中等 zhōngděng (英) *medium; middling; average* ▶会社では～の給料を得ている/在公司算中等收入 zài gōngsī suàn zhōngděng shōurù

ちゅうい【注意】 ❶【用心・警戒】 留神 liúshén; 注意 zhùyì; 警惕 jǐngtì (英) *attention; care; caution* ▶～を促す/警告 jǐnggào ▶～を怠る/轻忽 qīnghū; 疏忽 shūhu ▶深い/细心

xìxīn; 小心 xiǎoxīn ▶～深い人がいてくれたから助かった/幸好身边有个细心的人 xìnghǎo shēnbiān yǒu ge xìxīn de rén ▶自動車に～しろよ/当心汽车 dāngxīn qìchē ▶だいたい親の～が足りないんだ/基本上都是家长不够留心 jīběnshang dōu shì jiāzhǎng bùgòu liúxīn ▶着物を汚さないように～しなさい/当心别把和服弄脏了 dāngxīn bié bǎ héfú nòngzāng le ▶～力が散漫だ/注意力散漫 zhùyìlì sǎnmàn ▶いつのまにか要～人物になっていた/不知何时竟上了黑名单 bù zhī héshí jìngshàngle hēimíngdān ❷【忠告・警告】 提醒 tíxǐng; 忠告 zhōnggào (英) *a warning*; [助言] *advice* ▶忘れていたら～して下さい/如果忘记了的话就提醒我一下 rúguǒ wàngle de huà jiù tíxǐng wǒ yíxià ▶あのとき医師の～に従っていれば…/如果听从那医生的忠告就好了… rúguǒ tīngcóng nà yīshēng de zhōnggào jiù hǎo le ▶服装の乱れを～する/提醒服装的错乱 tíxǐng fúzhuāng de cuòluàn

～を払う 关注 guānzhù; 留心 liúxīn ▶温度の変化に～を払う/注意温度变化 zhùyì wēndù biànhuà

～を引く 引人注意 yǐn rén zhùyì ▶彼の一言がみんなの～を引いた/他的一句话引起了大家的注意 tā de yí jù huà yǐnqǐle dàjiā de zhùyì

♦～事項／须知 ▶～事項をよく読んでから使いなさい/仔细阅读须知后再使用 zǐxì yuèdú xūzhīhòu zài shǐyòng

ちゅういほう【注意報】 警讯 jǐngxùn; 警报 jǐngbào (英) *warning* ▶大雨～/大雨警报 dàyǔ jǐngbào ▶気象庁は大雨～を出した/气象厅发布大雨警报 qìxiàngtīng fābù dàyǔ jǐngbào

チューインガム (菓子) 口香糖 kǒuxiāngtáng (英) (*chewing*) *gum* ▶～をくちゃくちゃ嚙むのはみっともない/乱嚼口香糖真是太难看了 luànjiáo kǒuxiāngtáng zhēn shì tài nánkàn le

ちゅうおう【中央】 中央 zhōngyāng; 中间 zhōngjiān (英) *the center* ▶～と地方/中央和地方 zhōngyāng hé dìfāng ▶写真～の人物が父です/照片中间的人是我的父亲 zhàopiàn zhōngjiān de rén shì wǒ de fùqīn ▶ホールの～に爆弾が置かれていた/炸弹被放在大厅中央 zhàdàn bèi fàngzài dàtīng zhōngyāng ▶～は地方の声に耳を傾けよ/中央听取地方的声音吧 zhōngyāng tīngtīng dìfāng de shēngyīn ba

♦～アジア 中亚 Zhōng Yà ▶～アジアを横断する旅／横穿中亚之旅 héngchuān Zhōng Yà zhī lǚ ～集権 中央集权 zhōngyāng jíquán ▶～集权から地方分権へ／由中央集权到地方分权 yóu zhōngyāng jíquán dào dìfāng fēnquán ～分離帯 中央隔离带 zhōngyāng gélídài ▶～分離帯に乗り上げて止まる／冲上中央隔离带停了下来 chōngshàng zhōngyāng gélídài tínglexiàlai

ちゅうか【中華】 中华 Zhōnghuá (英) *Chinese* ▶～鍋/炒锅 chǎoguō ▶～饅頭/包子 bāozi
♦～街 唐人街 tángrénjiē ～料理 中国菜 Zhōngguócài

ちゅうかい【仲介する】 从中介绍 cóngzhōng jièshào (英 *mediate*) ▶～の労をとる/穿针引线 chuānzhēn yǐnxiàn ▶なんなら私が～の労をとりますよ/要不由我来牵个线吧 yàobù yóu wǒ lái qiān ge xiàn ba ▶私が～して二人は会った/我从中介绍两人见面了 wǒ cóngzhōng jièshào liǎng rén jiànmiàn le
◆～人 中人 zhōngrén; 中介人 zhōngjièrén ▶～人立ち会いの上で…/在中介人在场的情况下… zài zhōngjièrén zàichǎng de qíngkuàngxia…
◆～手数料 中介费 zhōngjièfèi ▶～手数料がかかる/要中介费 yào zhōngjièfèi

ちゅうかい【注解】 诠注 quánzhù; 注释 zhùshì; 注解 zhùjiě (英 *a comment*; *a commentary*) ▶～を加える/加注解 jiā zhùjiě ▶～がかえって理解の妨げとなる/诠注反而不易理解 quánzhù fǎn'ér búyì lǐjiě

ちゅうがい【虫害】 虫害 chónghài; 虫灾 chóngzāi (英 *damage from insects*) ▶今年の夏は～がひどい/今年夏天虫害严重 jīnnián xiàtiān chónghài yánzhòng ▶～に見舞われる/遭受虫灾 zāoshòu chóngzāi

ちゅうがえり【宙返りする】 翻跟头 fān gēntou (英 *a somersault*) ▶ロープ上の～には舌を巻いた/在绳子上翻跟头让人赞叹不已 zài shéngzishang fān gēntou ràng rén zàntàn bù yǐ ▶燕がくるりと～して飛び去った/燕子在空中翻了一个跟头飞走了 yànzi zài kōngzhōng fānle yí ge gēntou fēizǒu le

ちゅうかく【中核】 骨干 gǔgàn; 核心 héxīn (英 *the kernel*; *the core*) ▶チームの～をなすのはこの3人だ/构成团队核心的是这三个人 gòuchéng tuánduì héxīn de shì zhè sān ge rén ▶彼を～に据えれば安心できる/以他为中心就可以放心了 yǐ tā wéi zhōngxīn jiù kěyǐ fàngxīn le

ちゅうがく【中学】 初中 chūzhōng (英 *a junior high school*) ▶今日から～生だ/从今天开始就是中学生了 cóng jīntiān kāishǐ jiùshì zhōngxuéshēng le ▶僕の～にイチローがやってきた/铃木一朗来我们中学了 Língmù Yīláng lái wǒmen zhōngxué le ▶～を出てすぐ仕事についた/初中毕业就工作了 chūzhōng bìyè jiù gōngzuò le

> 日中比較 中国語の'中学 zhōngxué'は'初级中学 chūjí zhōngxué'(中学)と'高级中学 gāojí zhōngxué'(高校)を合わせた「中等教育機関」のこと.

ちゅうがた【中型の】 中型 zhōngxíng (英 *medium-sized*; *compact*)

ちゅうがっこう【中学校】 初级中学 chūjí zhōngxué; 初中 chūzhōng (英 *a junior high school*)

> 注意 中国語では'中学 zhōngxué'であって,'中学校 zhōngxuéxiào'とは言わない.

ちゅうかん【中間】 中间 zhōngjiān (英 *middle*; [途中にある] *on the way*) ▶双方の～をとって妥結にこぎつけた/双方折衷终于达成妥协 shuāngfāng zhézhōng zhōngyú dáchéng tuǒxié ▶工場は東京と横浜の～にある/工厂在东京和横滨中间 gōngchǎng zài Dōngjīng hé Héngbīn zhōngjiān ▶先頭は～点を通過した/前方赛跑者已经通过中间点 qiánfāng sàipǎozhě yǐjing tōngguò zhōngjiāndiǎn
◆～管理職 中层管理人员 zhōngcéng guǎnlǐ rényuán ▶～搾取 中间剥削 zhōngjiān bōxuē ◆～子『物理』介子 jièzǐ ◆～試験 期中考试 qīzhōng kǎoshì ▶～試験が始まった/期中考试开始了 qīzhōng kǎoshì kāishǐ le ◆～報告 中间报告 zhōngjiān bàogào ▶審議会の～報告がまとまった/写好审议会的中间报告 xiěhǎo shěnyìhuì de zhōngjiān bàogào

ちゅうかん【昼間】 (英 *day*; *daytime*)
◆～人口 日间人口 rìjiān rénkǒu

ちゅうき【中期】 中期 zhōngqī; 中叶 zhōngyè (英 *a middle period*) ▶～計画を策定する/设定中期计划 shèdìng zhōngqī jìhuà ▶平安に建立された/建立于平安中叶 jiànlì yú Píng'ān zhōngyè
◆～国債 中期国债 zhōngqī guózhài

ちゅうき【注記】 注解 zhùjiě; 附注 fùzhù (英 *a note*; *an annotation*) ▶うっかり～を見逃した/没有留意到附注 méiyǒu liúyìdào fùzhù ▶文末に～しておいた/文章最后加以注解 wénzhāng zuìhòu jiāyǐ zhùjiě

ちゅうぎ【忠義】 忠义 zhōngyì (英 *loyalty*) ▶～な部下がいてくれる/有忠心耿耿的部下 yǒu zhōngxīn gěnggěng de bùxià ▶余計な～立ては迷惑なのだが/不必要的忠义心令人困惑 bú bìyào de zhōngyìxīn lìng rén kùnhuò
～を尽くす 尽忠 jìnzhōng ▶誰に～を尽くすというのか/为谁尽忠呢？wèi shéi jìnzhōng ne?

ちゅうきゅう【中級の】 中等 zhōngděng; 中级 zhōngjí (英 *medium*) ▶～品/中路货 zhōnglùhuò ▶～中国語会話/中级汉语会话 zhōngjí Hànyǔ huìhuà ▶ここなら～の店だろう/这里是中等商店吧 zhèlǐ shì zhōngděng shāngdiàn ba ▶せめて～の読解力がほしい/起码需要中级阅读能力 qǐmǎ xūyào zhōngjí yuèdú nénglì

ちゅうきょり【中距離】 中距离 zhōngjùlí (英 *a middle distance*) ▶～競走/中距离赛跑 zhōngjùlí sàipǎo ▶僕は～専門の選手だった/我以前是专门跑中距离的 wǒ yǐqián shì zhuānmén pǎo zhōngjùlí de ▶～を走らせたら彼にかなう者はいない/中距离赛跑谁也比不上他 zhōngjùlí sàipǎo shéi yě bǐbushàng tā
◆～弾道弾 中程距导弹 zhōngjùlí dǎodàn

ちゅうきん【忠勤】 忠实地工作 zhōngshí de gōngzuò; 勤恳工作 qínkěn gōngzuò (英 *faithful service*) ▶～を励んだ先にリストラが待っていた/忠诚勤恳地工作, 结果却是下岗 zhōngchéng qínkěn de gōngzuò, jiéguǒ què shì xiàgǎng

ちゅうきんとう【中近東】 中近东 Zhōngjìndōng (英 *the Middle and Near East*)

ちゅうくう【中空】 ❶ 【中天】空中 kōngzhōng（英 *midair*）▶花火が～にさく烈した/烟花在空中绽开 yānhuā zài kōngzhōng zhànkāi ❷【内部がから】 空心 kōngxīn; 中空 zhōngkōng（英 *hollow*）▶～のガラス管/中空玻璃管 zhōngkōng bōliguǎn

ちゅうくらい【中位の】 中等 zhōngděng; 中常 zhōngcháng（英 *medium; average*）▶高校は～の成績で卒業した/高中以中等成绩毕业 gāozhōng yǐ zhōngděng chéngjì bìyè ▶めでたさも～なりおらが春（一茶）/春节在我是中常, 不大可庆 Chūnjié zài wǒ shì zhōngcháng, búdà kě qìng

ちゅうけい【中継する】 ❶【なかつぎする】 中継 zhōngjì（英 *relay*）▶～局/中继站 zhōngjìzhàn ▶～輸送する/转运 zhuǎnyùn ▶遭難者を～輸送する/转送遇难人员 zhuǎnsòng yùnàn rényuán ❷【中継放送する】 转播 zhuǎnbō（英 *broadcast... by relay*）▶現場から～でお伝えします/从现场直播 cóng xiànchǎng zhíbō ▶この放送は海外にも～されている/这个节目在海外也被转播 zhège jiémù zài hǎiwài yě bèi zhuǎnbō ▶映像が衛星～で送られてくる/通过卫星转播传送来影像 tōngguò wèixīng zhuǎnbō chuánsòng lái yǐngxiàng

◆～貿易/转口贸易 zhuǎnkǒu màoyì

ちゅうけん【中堅】 中坚 zhōngjiān; 骨干 gǔgàn（英 *the backbone*）▶～幹部/中坚干部 zhōngjiān gànbù ▶ようやく～作家に仲間入りできた/终于成为骨干作家中的一员 zhōngyú chéngwéi gǔgàn zuòjiā zhōng de yì yuán

◆～企業:中坚企业 zhōngjiān qǐyè ▶～企業のがんばりが頼りだ/(我们)要依靠中坚企业的不断努力（wǒmen)yào yīkào zhōngjiān qǐyè de búduàn nǔlì

ちゅうげん【中元】 中元节 Zhōngyuánjié（英 *a midyear gift*〔*present*〕）▶～大売り出し/中元节大甩卖 Zhōngyuánjié dàshuǎimài ▶～の品が届く/收到中元节的礼物 shōudào Zhōngyuánjié de lǐwù

ちゅうこ【中古の】 ❶【時代】 中古 zhōnggǔ（英 *the medieval times*）▶～の歌人では誰が好きですか/中世纪的诗人你喜欢谁？ zhōngshìjì de shīrén nǐ xǐhuan shéi?

参考「中古」は一般に日本では平安時代, 中国では魏晋から唐代をいう。

❷【物品】 半旧 bànjiù; 半新 bànxīn; 二手 èrshǒu（英 *second-hand; used*）▶～といっても新品同然です/虽说是二手货, 和新的一样 suīshuō shì èrshǒuhuò, hé xīn de yíyàng

◆～車:二手车 èrshǒuchē ▶～車で間に合わせよう/买二手车凑合 mǎi èrshǒuchē còuhe

ちゅうこう【中興】 中兴 zhōngxīng; 复兴 fùxīng（英 *the restoration*）▶～の祖/中兴之祖 zhōngxīng zhī zǔ

ちゅうこうねん【中高年】 中老年 zhōnglǎonián（英 *middle age*）▶いかにして～の雇用を確保するか/如何才能确保中老年雇用？ rúhé cái néng quèbǎo zhōnglǎonián gùyòng?

ちゅうこく【忠告する】 劝告 quàngào; 忠告 zhōnggào（英 *advise*）▶～はありがたいが…/谢谢你的忠告, 不过… xièxie nǐ de zhōnggào, búguò… ▶あなたに一言～したい/我要劝告一句… wǒ yào quàn nǐ yí jù… ▶酒をやめるよう同僚に～された/同事劝我戒酒 tóngshì quàn wǒ jièjiǔ ▶医者の～を聞かないからこうなるのだ/因为不听医生的忠告才变成这样 yīnwèi bù tīng yīshēng de zhōnggào cái biànchéng zhèyàng

ちゅうごく【中国】 ❶【国】 中国 Zhōngguó（英 *China*）▶～医学/中医 Zhōngyī ▶～語/汉语 Hànyǔ ▶～人/中国人 Zhōngguórén ▶～料理/中国菜 Zhōngguócài ▶～を少し～語ができる/会一点汉语 huì yìdiǎn Hànyǔ ▶～革命の歴史/中国革命史 Zhōngguó gémìngshǐ ❷【日本の中国地方】 中国 Zhōngguó（英 *the Chugoku district*）▶～四国地方は快晴に恵まれるでしょう/中国和四国地区会是晴天 Zhōngguó hé Sìguó dìqū huì shì qíngtiān

ちゅうごくふう【中国風】 中式 Zhōngshì（英 *Chinese*）▶一帯は～の建物が続く/这一带都是中国式的建筑 zhè yídài dōu shì Zhōngguóshì de jiànzhù ▶デザインを～にまとめてみた/设计尝试统一采用中国风格 shèjì chángshìzhe tǒngyī cǎiyòng Zhōngguó fēnggé

ちゅうごし【中腰で】 半蹲 bàndūn（英 *in a half-sitting*）▶～になって子供の顔をのぞきこんだ/半蹲着看孩子的脸 bàndūnzhe kàn háizi de liǎn ▶～のままおじぎをした/半蹲着行了个礼 bàndūnzhe xínglege lǐ

ちゅうざ【中座する】 中途退席 zhōngtú tuìxí（英 *leave... in the middle of ～*）▶来客があって～を余儀なくされた/因为有客来访只好中途退席了 yīnwèi yǒu kè láifǎng zhǐhǎo zhōngtú tuìxí le ▶黙って～してすみません/不打招呼就中途退席很抱歉 bù dǎ zhāohu jiù zhōngtú tuìxí hěn bàoqiàn

ちゅうさい【仲裁する】 ❶【一般に】 调解 tiáojiě; 调停 tiáotíng（英 *arbitrate*）▶～人/调停人 tiáotíngrén; 和事老 héshìlǎo ▶けんかを～する/劝架 quànjià ▶私の～では不足ですか/你看我还不够资格调停吗？ nǐ kàn wǒ hái búgòu zīgé tiáotíng ma? ▶恰好の～人がいる/有合适的调停人 yǒu héshì de tiáotíngrén ❷【法律上の】 仲裁 zhòngcái ▶～を裁定が下される/仲裁裁定 zhòngcái cáidìng ▶領土紛争を～裁判に持ちこむ/领土问题提请仲裁 lǐngtǔ wèntí tíqǐng zhòngcái

ことわざ 仲裁は時の氏神（ぅじ） 劝架的就是活观音 quànjià de jiùshì huóGuānyīn

ちゅうざい【駐在する】 驻在 zhùzài（英 *be stationed at...*）▶上海～を命じられた/被派驻上海 bèi pàizhù Shànghǎi ▶もう5年も青島に～している/派驻青岛已经五年了 pàizhù Qīngdǎo yǐjīng wǔ nián le ▶海外～員/海外驻在员 hǎiwài zhùzàiyuán

◆～所:（小小的)派出所（xiǎoxiǎo de）pàichū-

ちゅうさんかいきゅう【中産階級】 中产阶级 zhōngchǎn jiējí; 小资产阶级 xiǎozīchǎn jiējí (英 the middle class)

ちゅうし【中止する】 中止 zhōngzhǐ; 停止 tíngzhǐ; 取消 qǔxiāo (英 stop; suspend) ▶今日の会議は～になった/今天的会议取消了 jīntiān de huìyì qǔxiāo le ▶雨のため試合は始まってすぐ～になった/因为下雨比赛刚开始就停止了 yīnwèi xià yǔ bǐsài gāng kāishǐ jiù tíngzhǐ le

ちゅうし【注視する】 盯 dīng; 注视 zhùshì (英 look closely at...) ▶満座の～を浴びる/引起在座所有人的注目 yǐnqǐ zàizuò suǒyǒurén de zhùmù ▶私は男の動きを～していた/我注视着那个人的一举一动 wǒ zhùshìzhe nàge rén de yì jǔ yí dòng

ちゅうじ【中耳】〖解〗中耳 zhōng'ěr (英 the middle ear) ～炎/中耳炎 zhōng'ěryán

ちゅうじく【中軸】 基干 jīgàn; 核心 héxīn (英 the axis) ▶君たちに～になってもらいたい/希望你们能成为核心力量 xīwàng nǐmen néng chéngwéi héxīn lìliang ▶物語はある男の苦闘を～として展開する/故事是以一个男人的艰苦奋斗为中心展开的 gùshi shì yǐ yí ge nánrén de jiānkǔ fèndòu wéi zhōngxīn zhǎnkāi de

ちゅうじつ【忠実な】 忠实 zhōngshí; 忠诚 zhōngchéng (英 faithful; loyal) ▶原文に～/忠于原文 zhōngyú yuánwén ▶原文に～に訳してある/忠实于原文的翻译 zhōngshí yú yuánwén de fānyì ▶あの犬は主人に～だった/那只狗对主人很忠实 nà zhī gǒu duì zhǔrén hěn zhōngchéng

ちゅうしゃ【注射する】 打针 dǎzhēn; 注射 zhùshè (英 inject) ▶～器/注射器 zhùshèqì ▶この病気には～が欠かせない/这个病必须打针 zhège bìng bìxū dǎzhēn ▶モルヒネを～する/注射吗啡 zhùshè mǎfēi ▶～針が折れた/针头断了 zhēntóu duàn le ▶流感の予防～をしてもらう/打流感预防针 dǎ liúgǎn yùfángzhēn

ちゅうしゃ【駐車する】 停车 tíngchē (英 park) ▶～禁止/禁止停车 jìnzhǐ tíngchē ▶～禁止の場所に～した/把车停在禁止停车的地方了 bǎ chētíng zài jìnzhǐ tíngchē de dìfang le ▶違法～/违章停车 wéizhāng tíngchē ▶違法～が後を絶えない/违章停车屡禁不止 wéizhāng tíngchē lǚ jìnbuzhǐ ▶～違反で捕まった/因违章停车被抓了 yīn wéizhāng tíngchē bèi zhuā le ▶～場/停车处 tíngchēchù; 停车场 tíngchēchǎng ▶～場が絶対的に足りない/停车场绝对不够 tíngchēchǎng juéduì búgòu

ちゅうしゃく【注釈】 注释 zhùshì; 注脚 zhùjiǎo (英 notes; a comment) ▶文末に詳しい～がついている/文章最后有详细的注释 wénzhāng zuìhòu yǒu xiángxì de zhùshì ▶一言～を加えておくと…/我插一句说明… wǒ chā yí jù shuōmíng… ▶～書を頼りに勉強する/靠注释参考书学习 kào zhùshì cānkǎoshū xuéxí

ちゅうしゅう【中秋】 中秋 Zhōngqiū (英 midautumn) ▶～の名月は船上で眺めた/中秋明月我是在船上欣赏的 Zhōngqiū míngyuè wǒ shì zài chuánshang xīnshǎng de
♦～節：中秋节 Zhōngqiūjié; 团圆节 Tuányuánjié ▶～節に合わせて訪中日程を組む/选在中秋时节制定访华行程 xuǎnzài Zhōngqiū shíjié zhìdìng fǎnghuá xíngchéng

文化 旧暦の8月15日を'中秋 Zhōngqiū'と称して'月饼 yuèbǐng'(月饼)を食べる。最近は贈答用に豪華なものが登場している。

ちゅうしゅつ【抽出する】 抽提 chōutí; 提取 tíqǔ (英 extract; abstract) ▶無作為に～する/随机抽样 suíjī chōuyàng ▶無作為に～によりアンケートを実施する/用随机抽样的方法进行问卷调查 yòng suíjī chōuyàng de fāngfǎ jìnxíng wènjuàn diàochá ▶該当する商品を～して点検する/对相关商品进行抽查 duì xiāngguān shāngpǐn jìnxíng chōuchá

ちゅうじゅん【中旬】 中旬 zhōngxún (英 the middle of the month) ▶～には満開になるだろう/到中旬就会盛开了吧 dào zhōngxún jiù huì shèngkāile ba ▶3月下旬から4月～にかけて休暇を取ります/从三月下旬至四月中旬请假 cóng sān yuè xiàxún zhì sì yuè zhōngxún qǐngjià

ちゅうしょう【中小】 中小 zhōngxiǎo (英 medium and small) ▶これは～の都市に共通する現象である/这是中小型城市共通的现象 zhè shì zhōngxiǎoxíng chéngshì gòngtōng de xiànxiàng ♦～企业 zhōngxiǎo qǐyè

ちゅうしょう【中傷する】 诽谤 fěibàng; 中伤 zhòngshāng (英 slander) ▶どこまで～すれば気がすむんだ/要如何诋毁你才满意啊？ yào rúhé dǐhuǐ nǐ cái mǎnyì a？ ▶これは批評ではない、悪意に満ちた～だ/这不是评论而是充满恶意的中伤 zhè bú shì pínglùn ér shì chōngmǎn èyì de zhòngshāng ▶～文書がばらまかれた/被到处散播中伤的文章 bèi dàochù sànbō zhòngshāng de wénzhāng

ちゅうしょう【抽象】 抽象 chōuxiàng (英 abstraction) ▶～概念/抽象概念 chōuxiàng gàiniàn ▶君の这～のすぎる/你的话太抽象了你的话太抽象了 nǐ de huà tài chōuxiàng le ▶講演は～論に終始した/演讲自始至终都很抽象空泛 yǎnjiǎng zì shǐ zhì zhōng dōu hěn chōuxiàng kōngfàn ♦～画：抽象画 chōuxiànghuà ▶彼はもっぱら～画を描いている/他专门画抽象画 tā zhuānmén huà chōuxiànghuà ～名詞：抽象名词 chōuxiàng míngcí

ちゅうじょう【中将】 中将 zhōngjiàng (英 a lieutenant general)

ちゅうしょく【昼食】 午饭 wǔfàn; 午餐 wǔcān (英 lunch) ▶～会/午餐会 wǔcānhuì ▶杨博士歓迎～会に出席する/出席欢迎杨博士的午

餐会 chūxí huānyíng Yáng bóshì de wǔcānhuì ▶～はそばで済ませた/吃荞麦面简单对付了一顿午餐 chī qiáomàimiàn jiǎndān duìfule yí dùn wǔcān ▶～をとっている と来客があった/过了中午才吃午饭，就来客人了 guòle zhōngwǔ cái chī wǔfàn, jiù lái kèren le

ちゅうしん【中心】 中心 zhōngxīn (英 *the center; the core*; [注意などの] *a focus*) ▶～人物/主角 zhǔjué ▶～人物は地下に潜ったままだ/中心人物还在地下潜伏 zhōngxīn rénwù hái zài dìxià qiánfú ▶～地/中心地 zhōngxīndì ▶ かつてこの町は製糸業の～地だった/过去这里是纺纱业的中心地区 guòqù zhèlǐ shì fǎngshāyè de zhōngxīn dìqū ▶子供～の家庭をつくりたい/想建立一个以孩子为中心的家庭 xiǎng jiànlì yí ge yǐ háizi wéi zhōngxīn de jiātíng ▶あなたが～になって運営して下さい/请你来主持经营 qǐng nǐ lái zhǔchí jīngyíng ▶議論は原発問題を～に展開した/讨论围绕着核电站问题展开 tǎolùn wéiràozhe hédiànzhàn wèntí zhǎnkāi ▶矢は～をはずれている/箭偏离靶心 jiàn piānlí bǎxīn ▶俺はいつだって自己～主義なんだ/我总是以自我为中心 wǒ zǒngshì yǐ zìwǒ wéi zhōngxīn
◆～気圧 **中心气压** zhōngxīn qìyā ▶～気圧は980ヘクトパスカルだ/中心气压为九百八十百帕 zhōngxīn qìyā wéi jiǔbǎi bāshí bǎipà
[印中比較] 中国語の'中心 zhōngxīn'は「中央」「主要な部分」という意味の他に「センター」という意味も持つ. 急救中心 jíjiù zhōngxīn/救急センター

ちゅうしん【忠臣】 忠臣 zhōngchén (英 *a royal subject*)

ちゅうしん【衷心から】 衷心 zhōngxīn (英 *heartily*) ▶～より/由衷 yóuzhōng ▶～より感謝を申し上げる/衷心表示感谢 zhōngxīn biǎoshì gǎnxiè ▶あの方を～から尊敬している/从心里尊敬他 cóng xīnlǐ zūnjìng tā

ちゅうすい【虫垂】 [解] 阑尾 lánwěi (英 *the vermiform appendix*) ▶～炎/阑尾炎 lánwěiyán; 盲肠炎 mángchángyán ▶～炎で入院する/因阑尾炎住院 yīn lánwěiyán zhùyuàn

ちゅうすい【注水する】 注水 zhùshuǐ; 灌水 guànshuǐ (英 *pour water*) ▶ドックに～が始まった/船坞开始灌水 chuánwù kāishǐ guànshuǐ ▶水槽に～する/向水槽注水 xiàng shuǐcáo zhùshuǐ

ちゅうすう【中枢】 中枢 zhōngshū; 主脑 zhǔnǎo (英 *the center; the backbone*) ▶～神経/中枢神经 zhōngshū shénjīng ▶～部/本部 běnbù ▶いまや組織の～が病んでいるではないか/现在组织的中枢是不是出毛病了？ xiànzài zǔzhī de zhōngshū shìbushì chū máobìng le? ▶彼は軍の～部にいる/他在军队中枢机关 tā zài jūnduì zhōngshū jīguān

ちゅうせい【中世】 中世 zhōngshì (英 *the middle ages*) ▶～風の装束/中世纪风格的装束 zhōngshìjì fēnggé de zhuāngshù

ちゅうせい【中正な】 公正 gōngzhèng; 中正 zhōngzhèng (英 *fair; neutral*) ▶～を欠く意見だ/不公正的意见 bù gōngzhèng de yìjiàn ▶各位の～な判断を期待します/期望各位能有一个公正的判断 qīwàng gèwèi néng yǒu yí ge gōngzhèng de pànduàn ▶～を欠く意見が多い/很多意见有欠公正 hěn duō yìjiàn yǒu qiàn gōngzhèng

ちゅうせい【中性】 【化学】中性 zhōngxìng (英 *neutrality*) ▶～洗剤/中性洗涤剂 zhōngxìng xǐdíjì ▶この本は～紙を使用している/这本书使用的是中性纸 zhè běn shū shǐyòng de shì zhōngxìngzhǐ

ちゅうせい【忠誠】 忠诚 zhōngchéng (英 *loyalty*) ▶～を尽くす/尽忠 jìnzhōng ▶誰に～を誓うかが問題なのだ/问题在效忠于谁 wèntí zài xiàozhōng yú shéi ▶他人に～を求める前に自分が…/要求别人忠诚之前，自己应该… yāoqiú biéren zhōngchéng zhīqián, zìjǐ yīnggāi…

ちゅうぜい【中背】 中等身材 zhōngděng shēncái; 不高不矮 bù gāo bù ǎi (英 *average height*) ▶中肉の中年男/中等身材的中年男子 zhōngděng shēncái de zhōngnián nánzǐ

ちゅうせいし【中性子】 中子 zhōngzǐ (英 *a neutron*) ▶～爆弾を開発する/开发中子弹 kāifā zhōngzǐdàn

ちゅうせいだい【中生代】 (地質時代の) 中生代 zhōngshēngdài (英 *the Mesozoic*)

ちゅうせき【沖積】 冲积 chōngjī (英 *the alluvial (period)*) ▶～平野/堆积平原 duījī píngyuán ▶～土/冲积土 chōngjītǔ
◆～世/冲积世 chōngjīshì

ちゅうせき【柱石】 柱石 zhùshí; 台柱 táizhù (英 *a pillar*) ▶あなたは国家の～となるべき方です/您将成为一个国家栋梁 nín jiāng chéngwéi yí ge guójiā dòngliáng

ちゅうせつ【忠節】 忠节 zhōngjié; 忠诚 zhōngchéng (英 *loyalty*) ▶～を尽くす/尽忠 jìnzhōng ▶彼らの～は後世にまで語りつがれた/他们的忠心义骨被后世代代传颂 tāmen de zhōngxīn yìgǔ bèi hòushì dàidài chuánsòng

ちゅうぜつ【中絶する】 ❶ [物事を] 中断 zhōngduàn; 半途而废 bàntú ér fèi (英 *be suspended*) ▶仕事が～したままになっている/工作半途而废 gōngzuò bàntú ér fèi ❷ [妊娠を] 人工流产 réngōng liúchǎn; 打胎 dǎtāi (英 *abort*) ▶母体の安全のために～した/为保全母体作了人工流产 wèi bǎoquán mǔtǐ zuòle réngōng liúchǎn

ちゅうせん【抽選する】 抽签 chōuqiān (英 *draw lots*) ▶～に当たる/中签 zhòngqiān ▶～に当たってテレビをもらった/抽奖得了一台电视机 chōujiǎng déle yì tái diànshìjī ▶試合の組み合わせは～で決まる/比赛分组由抽签决定 bǐsài fēnzǔ yóu chōuqiān juédìng ▶～にはずれてがっかりした/抽签落选了很失望 chōuqiān luòxuǎnle hěn shīwàng

ちゅうぞう【鋳造】 铸造 zhùzào (cast) ▶～貨幣/铸币 zhùbì ▶～品/铸件 zhùjiàn ▶貨幣を～/铸币 zhùbì ▶仏像はすべて～品だった/佛像都是铸件 fóxiàng dōu shì zhùjiàn

チューター 辅导教师 fǔdǎo jiàoshī; 辅导员 fǔdǎoyuán (a tutor) ▶歴史サークルの～を務めている/担任历史小组的辅导员 dānrèn lìshǐ xiǎozǔ de fǔdǎoyuán ▶先輩を～に迎え入れた/请学长来做辅导员 qǐng xuézhǎng lái zuò fǔdǎoyuán

ちゅうたい【中退する】 辍学 chuòxué; 中途退学 zhōngtú tuìxué (drop out) ▶高校の学歴しかないがかまわないか/只有高中中途退学的学历, 没问题吗？ zhǐ yǒu gāozhōng zhōngtú tuìxué de xuélì, méi wèntí ma? ▶大学を～して俳優になる/大学辍学去当演员 dàxué chuòxué qù dāng yǎnyuán

ちゅうたい【中隊】 连 lián; 连队 liánduì (a company) ▶～長/连长 liánzhǎng

ちゅうたい【紐帯】 纽带 niǔdài (a tie) ▶復興の誓いが人々を繋ぐ～となった/复兴的誓约成了团结人们的纽带 fùxīng de shìyuē chéngle tuánjié rénmen de niǔdài

ちゅうだん【中断する】 间断 jiànduàn; 中断 zhōngduàn (interrupt; suspend) ▶工事の～が長びいて業者が困っている/施工长期中断使承包商很困扰 shīgōng chángqī zhōngduàn shǐ chéngbāoshāng hěn kùnrǎo ▶仕事を～して協議に/放下手头工作进行协商 fàngxià shǒutóu gōngzuò jìnxíng xiéshāng ▶試合は雨のため一時～された/比赛因下雨暂时中断 bǐsài yīn xià yǔ zànshí zhōngduàn

ちゅうちゅう 啾啾 jiūjiū; 吱吱 zīzī [～鳴く] chirp (小鳥が); squeak (鼠が) ▶ねずみが～鳴いていた/老鼠吱吱地叫 lǎoshǔ zīzī de jiào ▶ストローでジュースを～吸った/用吸管出声地吸果汁 yòng xīguǎn chūshēng de xī guǒzhī

ちゅうちょ【躊躇する】 犹豫 yóuyù; 踌躇 chóuchú (hesitate) ▶～なく/不暇思索 bù xiá sīsuǒ; 毫不犹豫 háo bù yóuyù ▶彼は決行の直前になって～した/他在行动之前开始犹豫了 tā zài xíngdòng zhīqián kāishǐ yóuyù le ▶～なく引受ける/毫不犹豫地接受 háobù yóuyù de jiēshòu

ちゅうづり【宙吊り】 悬空 xuánkōng (hanging in midair) ▶体育館の天井から～になる/从体育馆的天花板上吊下来悬在半空 cóng tǐyùguǎn de tiānhuābǎnshang diàoxiàlai xuánzài bànkōng

ちゅうてつ【鋳鉄】 铸铁 zhùtiě (cast iron)

ちゅうてん【中天】 中天 zhōngtiān (mid-air) ▶太陽が～にさしかかった/太阳当空而照 tàiyáng dāngkōng ér zhào

ちゅうてん【中点】 〚数〛中点 zhōngdiǎn (the middle point)

ちゅうと【中途で】 半途 bàntú; 中途 zhōngtú; (道の) 半路 bànlù (halfway; midway) ▶～退学する/中途退学 zhōngtú tuìxué ▶学費が続かなくて～退学した/交不起学费中途退学了 jiāobuqǐ xuéfèi zhōngtú tuìxué le ▶～採用で入社する/跳槽到这家公司 tiàocáo dào zhè jiā gōngsī ▶～から引き返す勇気が必要だ/需要中途返回的勇气 xūyào zhōngtú fǎnhuí de yǒngqì ▶なぜ話を～でやめるんだ/为什么话说一半就停下来了？wèi shénme huàshuō yībàn jiù tíngxiàlai le?

ちゅうとう【中東】 中东 Zhōngdōng (the Middle East) ▶～情勢に注目する/关注中东局势 guānzhù Zhōngdōng júshì ▶～諸国を歴訪する/历访中东各国 lìfǎng Zhōngdōng gèguó

ちゅうとう【中等】 中等 zhōngděng; 中级 zhōngjí (the middle [second] class) ▶～教育/中等教育 zhōngděng jiàoyù

ちゅうどう【中道】 ❶【中正】中庸之道 zhōngyōng zhī dào; 中间路线 zhōngjiān lùxiàn (the middle road) ▶～を行く/走中间路线 zǒu zhōngjiān lùxiàn ▶～の立場をとる/采取中间路线 cǎiqǔ zhōngjiān lùxiàn ▶～派の勢力を結集する/聚集中间派的势力 jùjí zhōngjiānpài de shìlì ❷【中途・なかば】 中途 zhōngtú; 半途 bàntú (halfway) ▶彼は改革を～にして倒れた/他在改革的中途倒下 tā zài gǎigé de zhōngtú dǎoxià

ちゅうどく【中毒】 中毒 zhòngdú (poisoning) ▶ガス～/煤气中毒 méiqì zhòngdú ▶ガス～の死者が絶えない/因煤气中毒死亡的人接连不断 yīn méiqì zhòngdú sǐwáng de rén jiēlián búduàn ▶麻薬～は亡国の病だ/毒品中毒是亡国之病 dúpǐn zhòngdú shì wángguó zhī bìng ▶ニコチン～にかかっている/烟瘾很大 yānyǐn hěn dà ▶ふぐを食って～する/吃河豚中毒 chī hétún zhòngdú ▶夏は特に食～に気をつけなさい/夏天要特别当心食物中毒 xiàtiān yào tèbié dāngxīn shíwù zhòngdú

ちゅうとはんぱ【中途半端】 不彻底 bú chèdǐ; 有始无终 yǒu shǐ wú zhōng (incomplete) ▶あいつは何をやっても～なんだ/那家伙做什么都有始无终 nà jiāhuo zuò shénme dōu yǒu shǐ wú zhōng ▶～な援助ではだめだ/援助不可以不到位 yuánzhù bù kěyǐ bú dàowèi ▶～にしておいてはいけない/不能半途而废 bùnéng bàntú ér fèi

チュートリアル 《コンピュータの説明指導書》电脑教科书 diànnǎo jiàokēshū; 《個別指導》个人辅导 gèrén fǔdǎo (a tutorial) ▶～教育を推進する/推行个人辅导教育 tuīxíng gèrén fǔdǎo jiàoyù

ちゅうとん【駐屯する】 驻扎 zhùzhā; 驻屯 zhùtún (be stationed) ▶～地/营地 yíngdì ▶～地にまで砲声は聞こえた/连营地都能听到炮声 lián yíngdì dōu néng tīngdào pàoshēng ▶～の期限は2年とする/驻扎期限为两年 zhùzhā qīxiàn wéi liǎng nián ▶あそこに～しているのは米軍だ/那里驻扎着美军 nàli zhùzhāzhe Měijūn

チューナー 《テレビなどの》调谐器 tiáoxiéqì

a tuner)

ちゅうなんべい【中南米】 拉丁美洲 Lādīng Měizhōu (英 *Latin America*) ▶~音楽/拉美音乐 Lā-Měi yīnyuè

ちゅうにかい【中二階】〘建築〙一楼和二楼之间的夹层 yīlóu hé èrlóu zhījiān de jiācéng (英 *a mezzanine*)

ちゅうにくちゅうぜい【中肉中背の】 不胖不瘦 bú pàng bú shòu; 中等身材 zhōngděng shēncái (英 *medium build*) ▶男は~で頑強そうに見えた/那个男人中等身材，显得很健壮 nàge nánrén zhōngděng shēncái, xiǎnde hěn jiànzhuàng

ちゅうにち【中日】(英 *the day of the equinox*) ▶彼岸の~/春分 Chūnfēn; 秋分 Qiūfēn ▶彼岸の~には父母の墓に参る/春分秋分去给父母扫墓 Chūnfēn Qiūfēn qù gěi fùmǔ sǎomù

ちゅうにち【駐日の】 駐日 zhùRì (英 *... to Japan*) ▶~中国大使/中国驻日大使 Zhōngguó zhùRì dàshǐ

ちゅうにゅう【注入する】 注入 zhùrù; 灌输 guànshū (英 *pour into...*) ▶新しい理論を~する/灌输新理论 guànshū xīnlǐlùn ▶組織には常に新しい血を~しなくてはいけない/一个组织需要不断注入新鲜血液 yí ge zǔzhī xūyào búduàn zhùrù xīnxiān xuèyè ▶ワインに毒液を~した者がいる/有人在葡萄酒中下毒 yǒu rén zài pútaojiǔ zhōng xiàdú

チューニング (英 *tuning*) ▶~する/调谐 tiáoxié; 调台 tiáotái ▶演奏前に念入りに~した/演奏前仔细地调音定弦 yǎnzòuqián zǐxì de tiáoyīn dìngxián

ちゅうねん【中年】 中年 zhōngnián (英 *middle age*) ▶~の人/中年人 zhōngniánrén ▶~を迎えて心境に変化が起こった/迎来中年心态也发生了变化 yínglái zhōngnián xīntài yě fāshēngle biànhuà ▶疲れなんかくたびれた~だ/我是个疲惫不堪的中年人 wǒ shì ge píbèi bùkān de zhōngniánrén ▶~になって落ち着きが出てきたね/步入中年变得沉着稳定了 bùrù zhōngnián biànde chénzhuó wěndìng le ▶もう一太りが始まっている/已经开始中年发福了 yǐjīng kāishǐ zhōngnián fāfú le

ちゅうは【中波】 中波 zhōngbō (英 *a medium wave*)

ちゅうばいか【虫媒花】 虫媒花 chóngméihuā (英 *an entomophilous flower*)

ちゅうばん【中盤】〘碁・将棋〙中盘 zhōngpán; 中局 zhōngjú (英 *the middle game*) ▶~に入る/进入中盘 jìnrù zhōngpán ▶ゲームは~に入って白熱してきた/比赛进入中盘渐趋白热化 bǐsài jìnrù zhōngpán jiànqū báirèhuà ▶選挙は~までは有利と思われたが…/选举直到中盘都被认为很有利，不过… xuǎnjǔ zhídào zhōngpán dōu bèi rènwéi hěn yǒulì, búguò…

ちゅうび【中火】 中火 zhōnghuǒ (英 *moderate heat* 〔*fire*〕) ▶野菜を~で煮る/用中火煮蔬菜用中火煮蔬菜 yòng zhōnghuǒ zhǔ shūcài

ちゅうぶ【中部の】 中部 zhōngbù (英 *the central* 〔*middle*〕 *part*) ▶地方/中部地区 Zhōngbù dìqū ▶山岳地方は雪に覆われている/中部山地被大雪覆盖 zhōngbù shāndì bèi dàxuě fùgài ▶県~には落雷が多い/县中部地区落雷很多 xiàn zhōngbù dìqū luòléi hěn duō

チューブ 软管 ruǎnguǎn; (タイヤの) 内胎 nèitāi (英 *a tube*) ▶~入り/筒装 tǒngzhuāng ▶~レス・タイヤ/无内胎轮胎 wúnèitāi lúntāi ▶~入りの歯みがき/筒装牙膏 tǒngzhuāng yágāo

ちゅうふう【中風】〘医〙中风 zhòngfēng; 卒中 cùzhòng (英 *paralysis*) ▶~患者/瘫子 tānzi ▶~で半身の自由がきかない/因中风半身不遂 yīn zhòngfēng bànshēn bùsuí ▶~を患っている/患了中风 huànle zhòngfēng

ちゅうふく【中腹】 半山腰 bànshānyāo (英 *the breast (of a mountain)*) ▶丘の~に我が家はあった/我家就在半山腰 wǒ jiā jiù zài bànshānyāo ▶~まで上ってくると霧がはれた/爬到半山腰雾就散了 pádào bànshānyāo wù jiù sàn le

ちゅうぶらりん【宙ぶらりん】 悬空 xuánkōng; 吊着 diàozhe; 《中途半端》不上不下不下 bú shàng bú xià (英 *hanging*) ▶電線は破れ凧が~のままだった/电线上挂着一只破风筝 diànxiànshang guàzhe yì zhī pòfēngzheng ▶工事計画は~になっている/这个工程计划中途搁浅 zhège gōngchéng jìhuà zhōngtú gēqiǎn

ちゅうへん【中編】 中篇 zhōngpiān (英 *a novella*) ▶~小説/中篇小说 zhōngpiān xiǎoshuō ▶今月中に~小説を一つ書きあげたい/想在这个月内完成一个中篇小说 xiǎng zài zhège yuè nèi wánchéng yí ge zhōngpiān xiǎoshuō

ちゅうぼう【厨房】 厨房 chúfáng (英 *a kitchen*) ▶男子も~に入る時代がきた/男的也下厨房的时代到了 nán de yě xià chúfáng de shídài dào le

ちゅうぼそ【中細】 中粗 zhōngcū; 不粗不细 bù cū bú xì (英 *medium-pointed*) ▶~のマジックペン/中粗的油性笔 zhōngcū de yóuxìngbǐ

ちゅうみつ【稠密】 稠密 chóumì; 密集 mìjí (英 *dense*; *thick*) ▶人口~である/人口稠密 rénkǒu chóumì ▶この一帯は人口が~である/这一带人口密集 zhè yídài rénkǒu mìjí

ちゅうもく【注目する】 注视 zhùshì; 注目 zhùmù (英 *pay attention to*) ▶私はその服装に~した/我注意到那身服装 wǒ zhùyì dào nà shēn fúzhuāng ▶成り行きが~される/今后的事态发展引人注目 jīnhòu de shìtài fāzhǎn yǐn rén zhùmù ▶彼の新作は~に値する/他的新作值得瞩目 tā de xīnzuò zhíde zhǔmù

~を集める 引人注目 yǐn rén zhùmù; 众目睽睽 zhòngmù kuíkuí ▶新人が連日~を集めている/那个新人连日受到瞩目 nàge xīnrén liánrì shòudào zhǔmù

ちゅうもん【注文】❶〖あつらえ〗 订 dìng; 点 diǎn; 定 dìng (英 *an order*) ▶商品を~する/订

货 dìnghuò ▶通販で商品を~する/通过邮购定货 tōngguò yóugòu dìnghuò ▶料理を~する/点菜 diǎncài ▶料理を3品~する/点了三个菜 diǎnle sān ge cài ▶~書/定单 dìngdān ▶僕のスーツは~仕立てだ/我的西装是订做的 wǒ de xīzhuāng shì dìngzuò de ▶書店に本を~する/到书店订书 dào shūdiàn dìng shū ▶その画家は肖像画の~を受けた/那个画家承接肖像画的订单 nàge huàjiā chéngjiē xiàoxiànghuà de dìngdān ▶得意先を回って~を取る/访问老客户争取订单 fǎngwèn lǎokèhù zhēngqǔ dìngdān

2 〖要求〗 要求 yāoqiú；希望 xīwàng (英 a request) ▶~をつける/要求 yāoqiú ▶あなたも難しい~をつけますね/你也在出难题啊 nǐ yě zài chū nántí a ▶~に応じてデザインを手直しする/跟据客户要求修改设计 gēnjù kèhù yāoqiú xiūgǎi shèjì ▶彼は食べ物への~のうるさい男だ/他对吃的要求很高 tā duì chī de yāoqiú hěn gāo

◆~建築:订做建筑 dìngzuò jiànzhù

🈁日中比较 中国語の'注文 zhùwén'はテキストに加えられた「注釈」のこと.

ちゅうや〖昼夜〗 日夜 rìyè；昼夜 zhòuyè (英 day and night) ▶我が大学院は~開講制になっている/我校的研究生院实行日夜授课制 wǒ xiào de yánjiūshēngyuàn shíxíng rìyè shòukèzhì ▶2~にわたり火は燃え続けた/大火持续燃烧了两天两夜 dàhuǒ chíxù ránshāole liǎng tiān liǎng yè

~兼行 夜以継日 yè yǐ jì rì ▶~兼行で工事を進める/夜以继日地赶工 yè yǐ jì rì de gǎngōng

ちゅうゆ〖注油する〗 加油 jiāyóu；上油 shàngyóu (英 oil) ▶うっかり~を忘れた/一时疏忽忘了上油了 yīshí shūhū wàngle shàngyóu le ▶さきほど~したばかりだ/刚刚上过油 gānggāng shàngguo yóu

ちゅうよう〖中庸〗 中庸 zhōngyōng (英 moderation) ▶~の徳/中庸之道 zhōngyōng zhī dào ▶~を守るのが我が家の家訓だ/严守中庸之道是我家的家训 yánshǒu zhōngyōng zhī dào shì wǒ jiā de jiāxùn

ちゅうよう〖中葉〗 中叶 zhōngyè；中期 zhōngqī (英 the middle (of...)) ▶19世紀~に日本は開国した/十九世纪中叶日本实行开国政策 shíjiǔ shìjì zhōngyè Rìběn shíxíng kāiguó zhèngcè

ちゅうりつ〖中立の〗 中立 zhōnglì (英 neutral) ▶我が国は~を守る/我国保持中立 wǒguó bǎochí zhōnglì ▶かつては~国であれと唱えた/过去曾极力主张要做中立国 guòqù céng jìlì shēng zhǔzhāng yào zuò zhōnglìguó ▶その地域を~化すべきである/应将那个地区定为中立地区 yīng jiāng nàge dìqū dìngwéi zhōnglì dìqū ▶~地帯を設けることが望ましい/最好设立中立地带 zuìhǎo shèlì zhōnglì dìdài

チューリップ〖植物〗 郁金香 yùjīnxiāng (英 a tulip)

ちゅうりゃく〖中略〗 中略 zhōnglüè (英 the omission of the middle part)

ちゅうりゅう〖中流〗 **1** 〖川の〗 中游 zhōngyóu (英 the middle reaches) ▶~にさしかかって急に川幅が広くなった/一到中游河面突然变宽了 yí dào zhōngyóu hémiàn túrán biànkuān le **2** 〖生活〗 小康 xiǎokāng；中等 zhōngděng (英 the middle) ▶~意識はとっくに失っている/早就失去中流意识了 zǎojiù shīqù zhōngliú yìshí le ▶なんとか~の生活を維持している/勉强维持小康生活 miǎnqiáng wéichí xiǎokāng shēnghuó

ちゅうりゅう〖駐留する〗 驻留 zhùliú；驻扎 zhùzhā (英 be stationed) ▶~軍/驻留军 zhùliújūn ▶~の延長が合意された/双方同意延长驻留时间 shuāngfāng tóngyì yáncháng liúzhù shíjiān ▶いつまで~すればよいのか/到底要留驻到什么时候？ dàodǐ yào liúzhù dào shénme shíhou?

ちゅうりんじょう〖駐輪場〗 自行车的停车处 zìxíngchē de tíngchēchù；存车处 cúnchēchù (英 a bicycle parking lot) ▶駅の~を設けてほしい/希望车站旁边能设一个自行车停放处 xīwàng chēzhàn pángbiān néng shè yí ge zìxíngchē tíngfàngchù

ちゅうわ〖中和する〗 〖化学〗 中和 zhōnghé (英 neutralize) ▶~剂/中和剂 zhōnghéjì ▶事故现場に~剂をまく/在事故现场撒中和剂 zài shìgù xiànchǎng sǎ zhōnghéjì

ちょ〖著〗 著 zhù；著作 zhùzuò (英 written by...) ▶間もなく新~が出る/新作即将出版 xīnzuò jíjiāng chūbǎn

ちょ〖緒〗
~に就く 就绪 jiùxù；开始 kāishǐ ▶ようやく事業が~に就いた/事业终于有了开端 shìyè zhōngyú yǒule kāiduān

ちょいちょい 时常 shícháng；经常 jīngcháng (英 sometimes; frequently) ▶~見かける顔だが、はて、誰だったか/经常见到的脸，嗯，是谁呢？ jīngcháng jiàndào de liǎn, ńg, shì shéi ne?

ちょいと 一点儿 yìdiǎnr；稍微 shāowēi (英 slightly；[呼びかけ] say) ▶~手強そうだ/看起来好像有点儿不好对付 kànqǐlai hǎoxiàng yǒudiǎnr bùhǎo duìfu ▶~お待ちよ学生さん/稍等一下, 那个学生 shāo děng yíxià, nàge xuésheng

ちょう〖兆〗 **1** 〖きざし〗 兆 zhào；兆头 zhàotou；前兆 qiánzhào (英 a sign) ▶不穏の~がありますぞ/有危险的兆头 yǒu wēixiǎn de zhàotou ▶これは飢饉の~と見た/我看这是饥荒的先兆 wǒ kàn zhè shì jīhuang de xiānzhào **2** 〖数〗 万亿 wànyì (英 a trillion) ▶1~円あれば何をしますか/如果有一万亿日元你要做什么？ rúguǒ yǒu yí wànyì Rìyuán nǐ yào zuò shénme?

🈁日中比较 現代中国では,'兆 zhào'は「メガ」(100万倍の意)を表す. ⇨メガ-

ちょう〖長〗 **1** 〖頭(かしら)〗 长 zhǎng；头领 tóulǐng (英 the head; the chief) ▶一家の~として責任がある/有作为一家之长的责任 yǒu zuòwéi yì jiā zhī zhǎng de zérèn **2** 〖長所〗长处

ちょうचu【优点】yōudiǎn （英 *a merit*） ▶物事はすべて一〜一短がある/世界万物都各有长处和短处 shìjiè wànwù dōu gè yǒu chángchu hé duǎnchu ▶やはり彼の一日を〜がある/还是他略胜一筹啊 háishi tā lüè shèng yì chóu a

ちょう【朝】朝 cháo; 时代 shídài （英［王朝］ *a dynasty; a reign*;［時代］*an age*） ▶平安〜の日記文学/平安时代的日记文学 Píng'ān shídài de rìjì wénxué ▶清〜の考証家/清史考证家 Qīngshǐ kǎozhèngjiā

ちょう【腸】〔解〕肠 cháng; 肠管 chángguǎn; 肠子 chángzi （英 *the intestines*） ▶胃が弱くてよく下痢をする/肠胃较弱经常拉肚子 chángwèi jiào ruò jīngcháng lā dùzi ▶〜にポリープができている/肠壁上长了一块息肉 chángbìshang zhǎngle yí kuài xīròu ▶大〜の一部を切り取った/切除了一部分大肠 qiēchúle yíbùfen dàcháng

チョウ【蝶】〔虫〕蝴蝶 húdié （英 *a butterfly*） ▶毛虫が〜になる/毛毛虫变成了蝴蝶 máomaochóng biànchéngle húdié

〜**よ花よと** 娇生惯养 jiāo shēng guàn yǎng; 十分疼爱 shífēn téng'ài ▶〜よ花よと育てた娘を嫁がせる/把娇生惯养的女儿嫁出去 bǎ jiāo shēng guàn yǎng de nǚ'ér jiàchūqu

♦〜**ネクタイ** 蝴蝶领结 húdié lǐngjié

ちょうあい【寵愛】宠爱 chǒng'ài （英 *love tenderly*） ▶彼はすでに主君の〜を失っていた/他已经失去了君主的宠爱 tā yǐjīng shīqùle jūnzhǔ de chǒng'ài ▶主(しゅ)はその犬をことのほか〜していた/主人非常宠爱那只狗 zhǔrén fēicháng chǒng'ài nà zhī gǒu

ちょうい【弔意】（英 *condolences*） ▶〜を表す る/表示哀悼 biǎoshì āidào

ちょうい【弔慰する】吊唁 diàoyàn （英 *condole*） ▶〜金/抚恤金 fǔxùjīn

ちょうい【潮位】潮位 cháowèi （英 *the height of the tide*） ▶次第に〜上ってきた/潮位逐渐上涨 cháowèi zhújiàn shàngzhǎng ▶〜を記録する装置がこわれる/记录潮位的装置坏了 jìlù cháowèi de zhuāngzhì huài le

ちょういん【調印する】签字 qiānzì; 签约 qiānyuē （英 *sign*） ▶条約に〜する/在条约上签字 zài tiáoyuēshang qiānzì ▶晴れやかな気分で〜式に臨む/心情舒畅地参加签字仪式 xīnqíng shūchàng de cānjiā qiānzì yíshì

ちょうえき【懲役】徒刑 túxíng （英 *imprisonment*） ▶3年に処せられる/被判三年徒刑 bèi pàn sān nián túxíng

ちょうえつ【超越する】超越 chāoyuè; 超脱 chāotuō （英 *rise above...*） ▶〜的な/超越的的 chāoyuè de; 超然的 chāorán de ▶勝敗を〜する/超脱胜负 chāotuō shèngfù ▶神という〜的存在を信じますか/你相信神的超然存在吗？ nǐ xiāngxìn shén de chāorán cúnzài ma? ▶彼ははや勝敗を〜した境地にいた/他已经达到了超脱胜负的境界 tā yǐjīng dádàole chāotuō shèngfù de jìngjiè

ちょうえん【腸炎】〔医〕肠炎 chángyán （英 *enteritis*） ▶〜を患って会社を休んだ/因患肠炎向公司请假了 yīn huàn chángyán xiàng gōngsī qǐngjià le

ちょうおん【調音】〔音楽〕调音 tiáoyīn （英 *tuning*）

ちょうおんそく【超音速】超音速 chāoyīnsù （英 *supersonic speed*） ▶〜旅客機/超音速客机 chāoyīnsù kèjī ▶飛行機は〜で太平洋を越えた/飞机以超音速飞越太平洋 fēijī yǐ chāoyīnsù fēiyuè Tàipíngyáng

ちょうおんぱ【超音波】超声波 chāoshēngbō （英 *supersonic waves*） ▶内臓に〜を当てる/将超声波对准内脏 jiāng chāoshēngbō duìzhǔn nèizàng ▶〜で内部を检查する/通过超声波检查内部 tōngguò chāoshēngbō jiǎnchá nèibù
♦〜**検査法** ：超声波检查法 chāoshēngbō jiǎncháfǎ

ちょうか【釣果】钓鱼的收获 diàoyú de shōuhuò （英 *a catch*）

ちょうか【超過する】超过 chāoguò; 涨 zhàng （英 *exceed; be above...*） ▶〜勤務/加班 jiābān ▶目標を〜達成する/超额完成目标 chāo'é wánchéng mùbiāo ▶制限時間を〜する/超过规定时间 chāoguò guīdìng shíjiān ▶年齢〜のため参加できません/因为超龄不能参加 chāolíng bùnéng cānjiā ▶空港で重量〜料金を取られた/在机场被征收了超重费用 zài jīchǎng bèi zhēngshōule chāozhòng fèiyòng

ちょうかい【町会】❶【町議会】镇议会 zhènyìhuì （英 *a town assembly*） ▶〜議員を3期務めた/担任了三届镇议会议员 dānrènle sān jiè zhènyìhuì yìyuán ▶〜に新しい風を入れよう/想为镇议会带来新风 xiǎng wèi zhènyìhuì dàilái xīnfēng ❷【町内会】街道 jiēdào （英 *a neighborhood meeting*）

ちょうかい【懲戒する】惩戒 chéngjiè; 惩罚 chéngfá （英 *reprimand; discipline*） ▶こんな処分では〜したことにならない/这种处分起不到惩戒作用 zhè zhǒng chǔfēn qǐbudào chéngjiè zuòyòng
♦〜**免職** ：惩戒免职 chéngjiè miǎnzhí ▶〜免職を言いわたす/宣告免职处分 xuāngào miǎnzhí chǔfēn

ちょうかく【聴覚】听觉 tīngjué （英 *hearing; auditory sense*） ▶〜神経/听觉神经 tīngjué shénjīng ▶彼は〜がするどい/他的听觉很灵敏 tā de tīngjué hěn língmǐn ▶事故で〜を失った/因事故丧失听觉 yīn shìgù sàngshī tīngjué ▶生まれつき〜障害を持って生まれた/我患有先天性听觉障碍 wǒ huàn yǒu xiāntiānxìng tīngjué zhàng'ài

ちょうカタル【腸カタル】〔医〕肠炎 chángyán （英 *intestinal catarrh*） ▶俺、慢性の〜なんだ/我，是慢性肠炎 wǒ, shì mànxìng chángyán

ちょうかん【長官】长官 zhǎngguān （英 *a director*） ▶内閣官房〜を拝命する/就任内阁

官房長官 jùrèn nèigé guānfáng zhǎngguān ▶米国務〜が来日する/美国国务卿来日 Měiguó guówùqīng láirì

ちょうかん【鳥瞰する】 鸟瞰 niǎokàn；俯视 fǔshì（英）have a bird's-eye view）▶展望台から湾内を〜する/从瞭望台鸟瞰湾内 cóng liàowàngtái niǎokàn wānnèi
♦〜図：鸟瞰图 niǎokàntú ▶これは宇宙からの〜図である/这是从宇宙看到的鸟瞰图 zhè shì cóng yǔzhòu kàndào de niǎokàntú

ちょうかん【朝刊】 日报 rìbào；晨报 chénbào（英）a morning paper）▶明日の〜に記事が載ります/明天的报纸会出消息 míngtiān de rìbào huì chū xiāoxi ▶〜を配って学資をかせぐ/送晨报挣学费 sòng chénbào zhèng xuéfèi

ちょうき【弔旗】 半旗 bànqí；吊旗 diàoqí（英）a flag at half-mast）▶〜を掲げる/下半旗 xià bànqí

ちょうき【長期の】 长期 chángqī（英）long-term）▶ゆるぎない〜計画を立てる/制定稳固的长期计划 zhìdìng wěngù de chángqī jìhuà ▶にわたる紛争に彼らは疲れはてた/长期的纷争弄得他们筋疲力尽 chángqī de fēnzhēng nòngde tāmen jīn pí lì jìn ▶〜的に見れば我が方に有利になる/从长远来看还是我方有利 cóng chángyuǎn lái kàn háishi wǒfāng yǒulì ▶今回は〜の滞在になる/这次会长期逗留 zhè cì huì chángqī dòuliú ▶契約をお願いしたい/希望能够缔结长期合同 xīwàng nénggòu dìjié chángqī hétong
♦〜戦：持久战 chíjiǔzhàn ▶相手は〜戦に持ちむ気だ/对方是想打持久战 duìfāng shì xiǎng dǎ chíjiǔzhàn

ちょうぎかい【町議会】 镇议会 zhènyìhuì（英）a town assembly）▶〜を傍聴する/旁听镇议会 pángtīng zhènyìhuì

ちょうきょう【調教する】 调教 tiáojiào；训练 xùnliàn（英）train）▶今日からライオンの〜を始める/从今天开始调教狮子 cóng jīntiān kāishǐ tiáojiào shīzi ▶その馬はいま厩舎で〜している/那匹马正在马圈调教 nà pǐ mǎ zhèngzài mǎjuàn tiáojiào

ちょうきょり【長距離】 长途 chángtú；长距离 chángjùlí（英）a long distance）▶〔陸上競技〕〜競走/长跑 chángpǎo ▶〜飞行/远程飞行 yuǎnchéng fēixíng ▶〜輸送が便利になった/远程运输方便多了 yuǎnchéng yùnshū fāngbiàn duō le ▶彼から〜電話がかかってきた/他打来长途电话 tā dǎ lái chángtú diànhuà ▶彼はチーム一の〜打者だ/他是我们队首屈一指的远距离击球手 tā shì wǒmen duì shǒu qū yīzhǐ de yuǎnjùlí jīqiúshǒu

ちょうきん【彫金】 镂金 lòujīn；雕刻金属 diāokè jīnshǔ（英）metal carving）▶この指輪は自分で〜した/这戒指是我自己雕刻 zhè jièzhi shì wǒ zìjǐ diāokè ▶学校で〜を習っている/在学校学习镂金技术 zài xuéxiào xuéxí lòujīn jìshù

ちょうきんてあて【超勤手当】 加班费 jiābānfèi（英）overtime payment）▶〜が半額しか出ない/加班费只支付一半 jiābānfèi zhǐ zhīfù yíbàn ▶〜を支払え/支付加班费 zhīfù jiābānfèi!

ちょうけい【長兄】 长兄 zhǎngxiōng；大哥 dàgē（英）one's eldest brother）▶〜が父親代わりに私の面倒を見てくれた/大哥一直像父亲一样照顾我 dàgē yìzhí xiàng fùqin yíyàng zhàogù wǒ ▶〜を頼って上京した/投靠长兄来到京城 tóukào zhǎngxiōng láidào jīngchéng

ちょうけし【帳消しにする】 抵消 dǐxiāo；销账 xiāozhàng；两清 liǎngqīng（英）〔帳簿〕write off；〔相殺〕offset）▶この失言で〜にする失言だ/那是显名声扫地的失言 nà shì ràng míngshēng sǎodì de shīyán ▶これで借金は〜だ/这样我们的帐两清了 zhèyàng wǒmen de zhàng liǎngqīng le

ちょうげん【調弦する】 〔音楽〕调弦 tiáoxián；定音 dìngyīn（英）tune）▶軽く〜して音を合わせた/稍微调整琴弦定音 shāowēi tiáozhěng qínxián dìngyīn

ちょうげんじつしゅぎ【超現実主義】 超现实主义 chāoxiànshí zhǔyì（英）surrealism）

ちょうこう【兆候】 迹像 jìxiàng；征候 zhēnghòu（英）a sign; a symptom）▶〜がある/有征候 yǒu zhēnghòu ▶よからぬ病気の〜がある/有不好的病兆 yǒu bùhǎo de bìngzhàomenu ▶これは我が党衰退の〜である/这是我党衰退的征兆 zhè shì wǒ dǎng shuāituì de zhēngzhào

ちょうこう【長考する】 长时间考虑 chángshíjiān kǎolǜ（英）think for a long time）

ちょうこう【聴講する】 旁听 pángtīng；听课 tīngkè（英）attend a lecture）▶講演の〜を申し込む/申请旁听讲演 shēnqǐng pángtīng jiǎngyǎn ▶週に1度民俗学を〜している/每周一次旁听民俗学 měi zhōu yí cì pángtīng mínsúxué
♦〜生：旁听生 pángtīngshēng ▶停年後は〜生となって勉強したい/退休后想作为旁听生去学习 tuìxiūhòu xiǎng zuòwéi pángtīngshēng qù xuéxí

ちょうごう【調合する】 〔薬を〕调剂 tiáojì；配药 pèiyào；《香料などを》调制 tiáozhì（英）mix (together); compound）▶漢方の煎じ薬を〜する/配制中药煎剂 pèizhì Zhōngyào jiānjì ▶〜は誰がやったの/是谁配制的？ shì shéi pèizhì de? ▶それは何と何を〜したものか/那是由什么和什么调合成的啊？ nà shì yóu shénme hé shénme tiáohéchéng de a?

ちょうごうきん【超合金】 超合金 chāohéjīn（英）superalloy）

ちょうこうぜつ【長広舌】 长篇大论 chángpiān dàlùn（英）a long speech; a harangue）▶〜を振るう/滔滔不绝谈高论 tāotāo bùjué tán gāolùn ▶あの〜にはうんざりだ/那个长篇大论真使人烦死了 nàge chángpiān dàlùn zhēn shǐ rén fánsǐ le

ちょうこうそう【超高層】 超高层 chāogāocéng（英）extreme height）▶〜ビル/超高大厦

ちょうこうそくど【超高速度】 超高速 chāogāosù（英 ultrahigh speed）▶カメラで撮影する/用超高速相机拍摄 yòng chāogāosù xiàngjī pāishè

ちょうこく【彫刻する】 雕刻 diāokè; 琢 zhuó（英 carve）▶檜の板に猿の姿を～した/在丝柏板上雕刻猴子 zài sībǎibǎnshang diāokè hóuzi ▶ロダンの「考える人」/罗丹的雕塑作品《思想者》Luódān de diāosù zuòpǐn〈Sīxiǎngzhě〉▶彼は～的な顔立ちをしていた/他的脸像雕塑一样 tā de liǎn xiàng diāosù yíyàng

♦**～刀**；雕刻刀 diāokèdāo; 刻刀 kèdāo ▶～で自分の指を傷つけた/用刻刀划伤了自己的手指 yòng kèdāo huáshāngle zìjǐ de shǒuzhǐ

ちょうさ【調査する】 调查 diàochá（英 investigate）▶さっそく～してお知らせします/马上调查，然后向您汇报 mǎshàng diàochá, ránhòu xiàng nín huìbào ▶～の行き届いた報告で感心した/全面充分的调查报告令人佩服 quánmiàn chōngfēn de diàochá bàogào lìng rén pèifú ▶～の結果粉飾決算が明らかになった/调查结果证明这是假结算 diàochá jiéguǒ zhèngmíng zhè shì jiǎjiésuàn ▶被災地に～団を派遣する/向受灾地区派遣调查团 xiàng shòuzāi dìqū pàiqiǎn diàochátuán ▶世論～を実施する/实施民意调查 shíshí mínyì diàochá

ちょうざい【調剤する】 调剂 tiáojì; 配药 pèiyào（英 fill a prescription）▶～を間違える/配错药 pèicuò yào ▶～薬局/处方药局 chǔfāng yàojú ▶処方どおりに～する/按处方配药 àn chǔfāng pèiyào

チョウザメ【鱏鮫】〔魚〕鲟鱼 xúnyú（英 a sturgeon）

ちょうさんぼし【朝三暮四】
[ことわざ] 朝三暮四 朝三暮四 zhāo sān mù sì

ちょうし【長子】 长子 zhǎngzǐ; 老大 lǎodà（英 the first child; [長男] the eldest son）▶～は元気に育ってくれている/老大成长得很健康 lǎodà chéngzhǎngde hěn jiànkāng

ちょうし【長姉】 大姐 dàjiě（英 one's eldest sister）

ちょうし【銚子】 酒壶 jiǔhú（英 a sake bottle）▶二人で～を10本も空けた/两个人喝了十壶酒 liǎng ge rén hēle shí hú jiǔ

ちょうし【調子】 **❶**［音調］调子 diàozi; 音调 yīndiào（英 pitch; tune; tone）▶〈歌の〉～が外れる/跑调儿 pǎodiàor; 走调儿 zǒudiàor ▶〈楽器の〉～っぱずれの歌を聞かされた/被迫听走调的歌 bèipò tīng zǒudiào de gē ▶ギターの～を合わせる/给吉他定音 gěi jítā dìngyīn

❷［具合・状態］状态 zhuàngtài; 劲头 jìntóu（英 condition）▶～のいいやつ/只会要噹的 zhǐ huì shuǎzuǐ de ▶～が悪い/状态不好 zhuàngtài bùhǎo ▶～が出る/来劲儿 láijìnr ▶エンジンの～が悪い/引擎的状态不好 yǐnqíng de zhuàngtài bùhǎo ▶暖かくなって～が出てきた/天暖和了就来劲儿了 tiān nuǎnhuole jiù lái jìnr le ▶そんなに褒められると～が狂っちゃうよ/被这么夸奖我都飘飘然了 bèi zhème kuājiǎng wǒ dōu piāopiāorán le ▶出だしはいい～だった/刚开始的时候状态还不错 gāng kāishǐ de shíhou zhuàngtài hái búcuò ▶大事な時期にからだが本～でなかった/关键时刻总是找不到感觉 guānjiàn shíkè quē zǒngshì zhǎobùdào gǎnjué

～に乗る 得意忘形 déyì wàngxíng ▶～に乗ってつい飲みすぎた/得意忘形喝多了 déyì wàngxíng hē duō le

～を合わせる 帮腔 bāngqiāng ▶お客に～を合わせて世相を嘆いた/附和客人感叹世间炎凉 fùhè kèrén gǎntàn shìjiān yánliáng

[日中比较] 中国語の'调子 diàozi'は「音調」以外に「メロディー」や「口調」をも指す．

ちょうじ【弔辞】 悼词 dàocí; 吊词 diàocí（英 condolences）▶～を述べる/致悼辞 zhì dàocí ▶友人を代表して～を述べる/代表友人致悼词 dàibiǎo yǒurén zhì dàocí

ちょうじ【寵児】 宠儿 chǒng'ér; 骄子 jiāozǐ（英 a favorite）▶若くして文壇の～となった/年纪轻轻就成为了文坛骄子 niánjì qīngqīng jiù chéngwéile wéntán jiāozǐ

時代の～ 时代的宠儿 shídài de chǒng'ér ▶彼は今や時代の～である/他现在正是时代的宠儿 tā xiànzài zhèngshì shídài de chǒng'ér

ちょうじかん【長時間】 许久 xǔjiǔ; 经久 jīngjiǔ（英 for many hours）▶～にわたる会議は結論には到らなかった/经过长时间会议讨论仍未得出结论 jīngguò chángshíjiān huìyì tǎolùn réng wèi déchū jiélùn ▶～の交渉がようやく妥結した/经过长时间的交涉终于达成妥协 jīngguò chángshíjiān de jiāoshè zhōngyú dáchéng tuǒxié

ちょうしぜん【超自然】 超自然 chāozìrán（英 supernaturalness）▶～的現象に「なぜ」を問うのはつまらん/寻求超自然现象的原因是很无聊的 xúnqiú chāozìrán xiànxiàng de yuányīn shì hěn wúliáo de

ちょうしゃ【庁舎】 机关大楼 jīguān dàlóu（英 a governmental building）▶小さな町の大きな～/小城镇的大机关大楼 xiǎochéngzhèn de dàjīguānlóu

ちょうじゃ【長者】 富翁 fùwēng（英 a rich man; a millionaire）▶『わらしべ～』《民話》/《稻草富翁 Dàocǎo fùwēng》▶今年は～番付から彼の名が消えた/今年，他的名字从富豪的名单中消失了 jīnnián, tā de míngzi cóng fùháo de míngdān zhōng xiāoshī le

[ことわざ] **長者の万灯より貧者の一灯** 富翁万灯不如贫者一灯 fùzhě wàndēng bùrú pínzhě yīdēng

ちょうしゅ【聴取する】 听取 tīngqǔ（英 listen to...）▶ラジオの～者参加番組/听众参加的广播节目 tīngzhòng cānjiā de guǎngbō jiémù

♦事情~ ;听取情况 tīngqǔ qíngkuàng ▶被害者から事情~する/向受害者听取情况 xiàng shòuhàizhě tīngqǔ qíngkuàng ▶事情~に手間取る/听取情况很费时间 tīngqǔ qíngkuàng hěn fèi shíjiān

ちょうじゅ【長寿】 长寿 chángshòu; 高寿 gāoshòu (英 long life) ▶~を祝う/庆祝长寿 qìngzhù chángshòu ▶先生の~を祝う会を催した/为老师办了寿筵 wèi lǎoshī bànle shòuyán ▶不老の薬を開発中である/正在开发长生不老药 zhèngzài kāifā chángshēngbùlǎoyào ▶私は~の家系に生まれた/我出生于一个长寿的家族 wǒ chūshēng yú yí ge chángshòu de jiāzú ▶~社会は悩みが大きい/长寿社会存在很大的问题 chángshòu shèhuì cúnzài hěn dà de wèntí

ちょうしゅう【徴収する】 征收 zhēngshōu (英 collect; [課税する] levy) ▶飲む前に会費を払います/在喝酒之前先征收会费 zài hē jiǔ zhīqián xiān zhēngshōu huìfèi ▶源泉~は逃れようがない/源泉所得税的征收是无法逃避的 yuánquán suǒdéshuì de zhēngshōu shì wúfǎ táobì de

ちょうしゅう【徴集する】 征集 zhēngjí; 征募 zhēngmù; 召集 zhàojí (英 levy) ▶学生たちも~され出陣していった/大学生们也受到征募上了战场 dàxuéshēngmen yě shòudào zhēngmù shàngle zhànchǎng

ちょうしゅう【聴衆】 听众 tīngzhòng (英 an audience) ▶~は総立ちで拍手した/全体观众起立鼓掌 quántǐ guānzhòng qǐlì gǔzhǎng

ちょうじゅう【鳥獣】 鸟兽 niǎoshòu (英 birds and beasts) ▶~保護区/动物保护区 dòngwù bǎohùqū ▶「~戯画」/《鸟兽戏画 Niǎoshòu xì huà》

ちょうしょ【長所】 长处 chángchu; 优点 yōudiǎn (英 a strong [good] point; a merit) ▶~は短所でもある/长处也是短处 chángchu yě shì duǎnchu ▶~を生かす仕事がしたい/想做能够发挥所长的工作 xiǎng zuò nénggòu fāhuī suǒcháng de gōngzuò ▶この子にはがまん強いという~がある/这孩子有个优点就是忍耐力强 zhè háizi yǒu ge yōudiǎn jiùshì rěnnàilì qiáng

ちょうしょ【調書】 案情的记录 ànqíng de jìlù; 调查书 diàocháshū; 报告书 bàogàoshū (英 a record) ▶刑事が二人で~を取る/两个刑警录口供 liǎng ge xíngjǐng lù kǒugòng ▶支払~が送られてきた/收到支付调查书 shōudào zhīfù diàocháshū

ちょうじょ【長女】 长女 zhǎngnǚ (英 one's eldest daughter)

ちょうしょう【嘲笑する】 嘲笑 cháoxiào; 耻笑 chǐxiào (英 laugh at...) ▶世間の~を浴びたがまだ懲りない/虽然受到世间嘲笑但仍不死心 suīrán shòudào shìjiān cháoxiào dàn réng bù sǐxīn ▶みんなで俺を~した/大家一起嘲笑我 dàjiā yìqǐ cháoxiào wǒ

ちょうじょう【頂上】 山顶 shāndǐng; 顶峰 dǐngfēng (英 the summit; the peak) ▶~にアタックする/向顶峰进攻 xiàng dǐngfēng jìnggōng ▶~は霧に隠れて見えない/山顶藏在雾中看不见 shāndǐng cángzài wù zhōng kànbujiàn ▶彼はついに~をきわめた/他终于登上顶峰 tā zhōngyú dēngshàng dǐngfēng ▶暑さも今が~だ/现在是最热的时候 xiànzài shì zuì rè de shíhou

ちょうしょく【朝食】 早餐 zǎocān; 早饭 zǎofàn (英 breakfast) ▶~はバイキングです/早餐是自助餐 zǎocān shì zìzhùcān ▶~を摂らない児童がふえている/现在不吃早饭的儿童在增加 xiànzài bù chī zǎofàn de értóng zài zēngjiā ▶~会で打ち合わせをする/在早餐会上商量 zài zǎocānhuìshang shāngliang ▶付き宿泊/住宿并含早餐 zhùsù bìng hán zǎocān

ちょうじり【帳尻】 账目 zhàngmù (英 the balance of accounts) ▶俺の人生はまるきり~が合わない/我的人生真是一团糟 wǒ de rénshēng zhēn shì yìtuánzāo

~を合わせる 弄到没有亏损 nòngdào méiyǒu kuīsǔn ▶数字を弄(ﾅｼ)って~を合わせる/修改数据弄到没有亏损 xiūgǎi shùjù nòngdào méiyǒu kuīsǔn

ちょうしん【長身の】 个子高 gèzi gāo; 身量高 shēnliang gāo (英 tall) ▶球界一の~である/球界第一的身高 qiújiè dìyī de shēngāo ▶~を見込まれてバスケット部に入った/被认为能长成高个子,因此进了篮球队 bèi rènwéi néng zhǎngchéng gāo gèzi, yīncǐ jìnle lánqiúduì

ちょうしん【長針】 长针 chángzhēn (英 the minute [long] hand) ▶~が短針と重なる/(钟表的)长针和短针相重叠 (zhōngbiǎo de) chángzhēn hé duǎnzhēn xiāng chóngdié

ちょうしん【聴診する】 听诊 tīngzhěn (英 examine with a stethoscope) ▶~のかぎりでは異常はない/就听诊的结果而言，没有异常 jiù tīngzhěn de jiéguǒ ér yán, méiyǒu yìcháng ▶難しい顔つきで~する/面带难色地听诊 miàn dài nánsè de tīngzhěn

♦~器 听筒 tīngtǒng; 听诊器 tīngzhěnqì

ちょうじん【超人】 超人 chāorén; 非凡 fēifán (英 a superman) ▶幅跳びで~的の記録が作られた/跳远项目创出了超人的纪录 tiàoyuǎn xiàngmù chuàngchūle chāorén de jìlù ▶あの働きはまさに~だ/那功现真是非凡啊 nà gōngjì zhēn shì fēifán a

ちょうする【徴する】 征求 zhēngqiú; 征集 zhēngjí (英 collect; seek) ▶ひろく意見を徴じたうえで決定したい/想广泛征集意见后再决定 xiǎng guǎngfàn zhēngjí yìjiàn hòu zài juédìng ▶自分の経験に徴してもそれは信用できた/根据我的经验那也值得信赖 gēnjù wǒ de jīngyàn nà yě zhídé xìnlài

ちょうずる【長ずる】 **1**[成長] 长大 zhǎngdà; 成长 chéngzhǎng (英 grow) ▶長じて芸能の道に進んだ/长大后步入演艺圈 zhǎngdàhòu bùrù yǎnyìquān **2**[すぐれる] 长于 chángyú; 擅长 shàncháng (英 excel) ▶彼はとりわけ

学に長じている/他特别擅长数学 tā tèbié shàncháng shùxué

ちょうせい【調整する】 调整 tiáozhěng; 调节 tiáojié (英 regulate; adjust) ▶部长意见の〜に乗り出した/部长出面协调意见 bùzhǎng chūmiàn xiétiáo yìjiàn ▶スケジュールの〜がつかない/日程无法调整 rìchéng wúfǎ tiáozhěng ▶今スピーカーを〜しているところだ/现在正在调整音箱 xiànzài zhèngzài tiáojié yīnxiāng

ちょうぜい【徴税する】 收税 shōushuì; 征税 zhēngshuì (英 levy taxes)

ちょうせき【潮汐】 潮汐 cháoxī (英 ebb and flow)

ちょうせつ【調節する】 调节 tiáojié (英 regulate) ▶室温の〜がうまくゆかない/调节不好室温 tiáojié bùhǎo shìwēn ▶自動的に速度を〜している/自动调节速度 zìdòng tiáojié sùdù

ちょうせん【挑戦】 挑战 tiǎozhàn (英 challenge) ▶〜を受ける/应战 yìngzhàn ▶話題の新人の〜を受ける/接受被受瞩目的新人的挑战 jiēshòu bèi shòu zhǔmù de xīnrén de tiǎozhàn ▶その青年は〜の目で私を見た/那个青年用挑战的目光看着我 nàge qīngnián yòng tiǎozhàn de mùguāng kànzhe wǒ ▶世界タイトルに〜する/挑战世界冠军 tiǎozhàn shìjiè guànjūn ▶権威に〜状をたたきつける/向权威发起挑战 xiàng quánwēi fāqǐ tiǎozhàn

ちょうぜん【超然たる】 超然 chāorán (英 aloof) ▶彼はこれほど非難されても〜としている/他如此受责难仍然毫不在乎 tā rúcǐ shòu zénàn réngrán háobù zàihu ▶その〜たる態度がいっそう尊敬を集めた/那超然的态度越发让他受人尊敬 nà chāorán de tàidù yuèfā ràng tā shòu rén zūnjìng

チョウセンニンジン【朝鮮人参】〘植物〙高丽参 gāolíshēn; 人参 rénshēn ▶〜を煎じて病人に飲ませたい/熬高丽参汤给病人喝 áo gāolíshēntāng gěi bìngrén hē

ちょうそ【彫塑】 雕塑 diāosù (英 sculpture)

ちょうそう【鳥葬】 鸟葬 niǎozàng; 天葬 tiānzàng (英 sky burial)

ちょうぞう【彫像】 雕像 diāoxiàng (英 a statue) ▶幾体かの〜がホールを飾っている/几座雕像装点着大厅 jǐ zuò diāoxiàng zhuāngdiǎnzhe dàtīng ▶彼は〜のごとく身じろぎもしなかった/他像座雕像一样一动也不动 tā xiàng zuòdiāoxiàng yíyàng yí dòng yě bú dòng

ちょうそく【長足の】 长足 chángzú (英 great progress) ▶夏の合宿で〜の進歩を遂げた/经过夏季集训取得了长足进步 jīngguò xiàjì jíxùn qǔdéle chángzú jìnbù

ちょうぞく【超俗】 超俗 chāosú; 脱俗 tuōsú (英 unworldly) ▶生活の心配がないから〜でいられるのだ/因为无需为生活担心才能活得那么潇洒 yīnwèi wúxū wèi shēnghuó dānxīn cái néng huódé nàme xiāosǎ ▶あんな〜的な生き方は僕にはできない/那种超凡脱俗的生活方式我可做不到 nà zhǒng chāofán tuōsú de shēnghuó fāngshì wǒ kě zuòbudào

ちょうそん【町村】 村镇 cūnzhèn (英 towns and villages) ▶合併で〜の数が激減した/因为合并，村镇的数量大幅减少 yīnwèi hébìng, cūnzhèn de shùliàng dàfú jiǎnshǎo

ちょうだ【長蛇】 长蛇 chángshé (英 a long line)

〜の列 一字长蛇阵 yí zì chángshézhèn ▶〜の列をなす/排成长蛇阵 páichéng chángshézhèn ▶サイン会場には〜の列ができていた/签名会场排成长队 qiānmíng huìchǎng páichéng chángduì ▶入り口で〜の列をなして待ちうける/门前人们排成长队在等候 ménqián rénmen páichéng chángduì zài děnghòu

〜を逸する 坐失良机 zuò shī liángjī ▶あと1点が取れず〜を逸した/就差一分坐失良机 jiù chà yì fēn zuò shī liángjī

ちょうだい【頂戴する】 领受 lǐngshòu; 蒙赠 méngzèng (英 receive) ▶ねぇ、これ〜/哎，给我这个 āi, gěi wǒ zhège ▶ちょっと鉛筆貸して〜な/铅笔借我一下 qiānbǐ jiè wǒ yíxià ▶著者からじかに〜した/作者直接惠赠给我的 zuòzhě zhíjiē huìzèng gěi wǒ de ▶たいへんおいしく〜しました/我吃得很好 wǒ chīde hěn hǎo ▶〜物/别人送的东西 biéren sòng de dōngxi

ちょうたいこく【超大国】 超级大国 chāojí dàguó (英 a superpower; a superstate)

ちょうたつ【調達】 采购 cǎigòu; 筹集 chóují (英 supply; provide; raise) ▶資金を〜する/筹资 chóuzī ▶資材に不手間取る/筹集资材很费劲力 chóují zīcái hěn fèi jìnglì ▶どこで資金を〜したのだろう/是在哪筹集的资金？ shì zài nǎ chóují de zījīn?

ちょうたん【長短】 长短 chángduǎn (英 merits and demerits) ▶人は誰しも〜がある/任何人都有优缺点 rènhérén dōu yǒu yōuquēdiǎn ▶距離の〜を論じているのではない/不是在讨论距离的长短 bú shì zài tǎolùn jùlí de chángduǎn

〜相補う 取长补短 qǔ cháng bǔ duǎn ▶二人で〜相携えて家を盛り立てた/两人取长补短振兴家门 liǎng rén qǔ cháng bǔ duǎn zhènxīng jiāmén

ちょうたんそく【長嘆息する】 长叹 chángtàn (英 have a deep sigh) ▶敗北を知り空を仰いで〜した/得知败北仰天长叹 dézhī bàibèi yǎngtiān chángtàn

ちょうたんぱ【超短波】 超短波 chāoduǎnbō; 米波 mǐbō (英 ultrashort waves)

ちょうチフス【腸チフス】〘医〙伤寒 shānghán (英 typhoid fever) ▶〜に感染する/感染伤寒 gǎnrǎn shānghán ▶子供に〜をうつした/把伤寒传染给了孩子 bǎ shānghán chuánrǎn gěile háizi

ちょうちょう【長調】〘音楽〙大调 dàdiào (英 a major (key)) ▶ト〜の曲/G 大调的曲子 G dàdiào de qǔzi

チョウチョウ【蝶蝶】〖虫〗蝴蝶 húdié (英 *a butterfly*) ▶～～菜の葉にとまれ/蝴蝶蝴蝶停在菜叶上 húdié húdié tíngzài càiyèshang

ちょうちん【提灯】 灯笼 dēnglong (英 *a (paper) lantern*) ▶祭りが通りを練り歩く/人们打着节日的灯笼漫步街头 rénmen dǎzhe jiérì de dēnglong mànbù jiētóu
～持ちをする 拍马屁 pāi mǎpì; 吹喇叭 chuī lǎba; 抬轿子 tái jiàozi; 吹捧 chuīpěng ▶あんな男の～持ちをするなんて/拍那种男人的马屁，真是的 pāi nà zhǒng nánrén de mǎpì, zhēnshide
ことわざ 提灯(ちょう)に釣り鐘 不能相比 bùnéng xiāngbǐ

ちょうつがい【蝶番】 合叶 héyè (英 *a hinge*) ▶扉は～で取りつけてある/门是用合叶固定的 mén shì yòng héyè gùdìng de ▶腰の～を痛めたので休ませて下さい/腰关节受伤了，请允许我休息休息 yāo guānjié shòushāng le, qǐng yǔnxǔ wǒ xiūxi xiūxi

ちょうづめ【腸詰め】 腊肠 làcháng; 肠儿 chángr (英 *a sausage*)

ちょうてい【朝廷】 朝廷 cháotíng; 皇朝 huángcháo (英 *the (Imperial) Court*) ▶もとは～に仕える武士だった/原本是为朝廷服务的武士 yuánběn shì wèi cháotíng fúwù de wǔshì

ちょうてい【調停する】 调处 tiáochǔ; 调解 tiáojiě; 调停 tiáotíng (英 *settle*) ▶～はまとまらなかった/调停没有结果 tiáotíng méiyǒu jiéguǒ ▶中労委の～に付すこととなった/决定交由中劳委来调停 juédìng jiāo yóu zhōngláowěi lái tiáotíng ▶労使の間を～する/在劳资之间进行调停 zài láozī zhījiān jìnxíng tiáotíng

ちょうてん【頂点】 顶点 dǐngdiǎn; 极点 jídiǎn (英 *the height; the summit; the top*) ▶～に達する/达到极点 dádào jídiǎn ▶みんなの怒りが～に達した/大家的愤怒已经达到了顶点 dàjiā de fènnù yǐjīng dádàole dǐngdiǎn ▶あれがかつて人気の～に立った男だ/他就是那个红极一时的人 tā jiùshì nàge hóngjí yìshí de rén

ちょうでん【弔電】 唁电 yàndiàn (英 *a telegram of condolence*) ▶～を打つ/电唁 diànyàn

ちょうでんどう【超伝導】 超导 chāodǎo (英 *superconductivity*) ▶～体/超导体 chāodǎotǐ

ちょうど【丁度】 正 zhèng; 刚 gāng (英 *just; exactly; precisely*) ▶～よいところへ来た/来得正好 láide zhèng hǎo ▶～よい具合に焼けている/烤得正是火候 kǎode zhèngshì huǒhou ▶～出かけるところだった/正好要出门 zhènghǎo yào chūmén ▶千円～にしておこう/就算一千日元整吧 jiù suàn yì qiān Rìyuán zhěng ba

ちょうど【調度】 陈设 chénshè; 家具 jiājù [必要品] *supplies*; [家具] *furniture*) ▶落ち着いた～の部屋でひっそり暮らしている/在一个陈设素净的房间安静地生活 zài yí ge chénshè sùjìng de fángjiān ānjìng de shēnghuó
◆～品|家具 jiājù; 日用器具 rìyòng qìjù ▶～品を買いととのえる/办齐家具 bànqí jiāzhì

日中比較 中国語の'调度 diàodù'は「管理调整」することを指す.

ちょうとうは【超党派】 超党派 chāodǎngpài (英 *an all-party*) ▶～の議員連盟を結成した/结成超党派议员联盟 jiéchéng chāodǎngpài yìyuán liánméng

ちょうとっか【超特価】 超廉价 chāoliánjià (英 *a special bargain price*) ▶歳末～販売/年末特价销售 niánmò tèjià xiāoshòu ▶～で売り出す/超特价大甩卖 chāotèjià dàshuǎimài

ちょうとっきゅう【超特急】 超级特快 chāojí tèkuài (英 *a superexpress*) ▶急ぐんだ. ～で仕上げてくれ/我急着要用，给我加急作好 wǒ jízhe yào yòng, gěi wǒ jiājí zuòhǎo

ちょうない【町内】 街道 jiēdào (英 *the block; the neighborhood*) ▶～の人々/街道居民 jiēdào jūmín ▶～の人々から奇異の目で見られる/被街坊们视为另类 bèi jiēfangmen shìwéi lìnglèi ▶～会の行事を手伝う/参加街道举办的活动 cānjiā jiēdào jǔbàn de huódòng

ちょうなん【長男】 长子 zhǎngzǐ; 大儿子 dà'érzi (英 *one's eldest son*)

ちょうのうりょく【超能力】 超级功能 chāojí gōngnéng; 特异功能 tèyì gōngnéng (英 *supernatural power*) ▶この猫には～がある/这只猫有特异功能 zhè zhī māo yǒu tèyì gōngnéng

ちょうは【長波】 长波 chángbō (英 *a long wave*)

ちょうば【帳場】 账房 zhàngfáng; 柜台 guìtái; 前台 qiántái (英 *a counter*; [ホテルの] *the front desk*) ▶温泉宿で～を預かっている/掌管温泉旅馆的帐房 zhǎngguǎn wēnquán lǚguǎn de zhàngfáng ▶貴重品は～でお預かりします/贵重物品寄放在前台 guìzhòng wùpǐn jìfàng zài qiántái ▶いつも悠然と～に座っている/总是悠然地坐在前台 zǒngshì yōurán de zuòzài qiántái

ちょうはつ【長髪の】 长发 chángfà (英 *longhaired*) ▶～にする/留长发 liú chángfà ▶我が社では～は禁止だ/我们公司禁止留长发 wǒmen gōngsī jìnzhǐ liú chángfà ▶～の若者が登壇した/一个长发青年登上讲坛 yí ge chángfà qīngnián dēngshàng jiǎngtán

ちょうはつ【挑発する】 挑拨 tiǎobō; 挑衅 tiǎoxìn (英 *provoke*) ▶ゆめゆめ～に乗るなよ/千万别上了别人挑拨的当 qiānwàn bié shàngle biérén tiǎobō de dàng ▶相手はさかんに～してくる/对方不停地挑衅 duìfāng bùtíng de tiǎoxìn ▶～的な言葉を投げつける/发出挑衅性的言语 fāchū tiǎoxìnxìng de yányǔ

ちょうはつ【徴発する】 征发 zhēngfā; 征用 zhēngyòng (英 *requisition; forage*) ▶軍はまず食糧を～した/军队首先征发军粮 jūnduì shǒuxiān zhēngfā jūnliáng ▶～に抵抗する者がいた/有人反抗征用 yǒu rén fǎnkàng zhēngyòng

ちょうばつ【懲罰】 惩罚 chéngfá (英 *punishment; discipline*) ▶けんかをして～をくらう/因为吵架受到惩罚 yīnwèi chǎojià shòudào chéngfá

▶違反者は全員〜する/违犯者全部予以惩罚 wéifànzhě quánbù yǔyǐ chéngfá
♦〜委員会|惩罚委员会 chéngfá wěiyuánhuì

ちょうふく【重複する】(英 *double*) ▶〜を恐れずに言うが/不怕重复再说一遍 búpà chóngfù zài shuō yí biàn ▶記述が〜している/记述重复 jìshù chóngfù

ちょうぶん【長文】 长文 chángwén (英 *long; lengthy*) ▶先生から〜の手紙を受け取った/收到一封老师来的长信 shōudào yì fēng lǎoshī lái de chángxìn ▶〜は避けて下さい/请不要用长句 qǐng búyào yòng chángjù

ちょうへい【徴兵する】征兵 zhēngbīng (英 *draft*) ▶〜制をしく/施行征兵制 shīxíng zhēngbīngzhì ▶〜忌避の疑いをもたれる/被怀疑回避兵役 bèi huáiyí huíbì bīngyì ▶あの頃は40男まで〜された/那时连四十多岁的男人都被征兵 nàshí lián sìshí duō suì de nánrén dōu bèi zhēngbīng ▶〜を免れようと智恵をしぼる/想尽办法逃避兵役 xiǎngjìn bànfǎ táobì bīngyì

ちょうへん【長編】 长篇 chángpiān (英 *a long work*) ▶〜小説を書こうと思う/我想写一部长篇小说 wǒ xiǎng xiě yí bù chángpiān xiǎoshuō ▶今年は〜に秀作が多かった/今年有很多优秀的长篇作品 jīnnián yǒu hěn duō yōuxiù de chángpiān zuòpǐn

ちょうぼ【帳簿】 账本 zhàngběn; 账簿 zhàngbù (英 *an account book*) ▶〜に記入する/上账 shàngzhàng; 登账 dēngzhàng ▶二重に〜露顕する/黑帐暴露出来了 hēizhàng bàolùchūlai le 〜をつける 记账 jìzhàng

ちょうほう【重宝な】 方便 fāngbiàn (英 *useful; valuable; convenient*) ▶携帯は何と〜なんだ/手机真是一样方便的东西 shǒujī zhēn shì yíyàng fāngbiàn de dōngxi ▶口は〜なものさ/嘴可以随便说嘛 zuǐ kěyǐ suíbiàn shuō ma
〜がる 器重 qìzhòng ▶彼はみんなに〜がられている/他深受大家的器重 tā shēn shòu dàjiā de qìzhòng
〜する 适用 shìyòng ▶もらった辞書を〜しているよ/得到的辞典非常适用 dédào de cídiǎn fēicháng shìyòng

ちょうほう【諜報】 谍报 diébào; 间谍 jiàndié (英 *intelligence*) ▶男は商社マンを装った〜員だった/那个男人是个化装成公司职员的谍报人员 nà ge nánrén shì ge huàzhuāngchéng gōngsī zhíyuán de diébào rényuán ▶〜活動に従事する/从事谍报活动 cóngshì diébào huódòng

ちょうぼう【眺望】 眺望 tiàowàng (英 *a view; a prospect*) ▶山上からの〜がよい/从山上眺望的风景很美 cóng shānshang tiàowàng de fēngjǐng hěn měi ▶部屋からの〜を楽しむ/欣赏从房间眺望的景色 xīnshǎng cóng fángjiān tiàowàng de jǐngsè

ちょうほうけい【長方形】 长方形 chángfāngxíng; 矩形 jǔxíng (英 *a rectangle; an oblong*) ▶餅を〜に切りそろえる/把年糕切成一样大小的长方形 bǎ niángāo qiēchéng yíyàng dàxiǎo de chángfāngxíng ▶あいつの顔は〜だ/那家伙的脸是长方形的 nà jiāhuo de liǎn shì chángfāngxíng de

ちょうほんにん【張本人】 主谋 zhǔmóu; 罪魁祸首 zuìkuí huòshǒu; 肇事者 zhàoshìzhě (英 *the ringleader*) ▶騒ぎの〜が名乗って出た/有人声称自己就是肇事者 yǒu rén shēngchēng zìjǐ jiùshì zhàoshìzhě

ちょうまんいん【超満員の】 (车里)挤得要死 (chēli) jǐde yàosǐ; 拥挤不堪 yōngjǐ bùkān (英 *overcrowded; jam-packed*) ▶スタンドは〜だ/看台全无立锥之地 kàntái quán wú lìzhuī zhī dì ▶〜の電車の中で足を踏まれた/在拥挤不堪的电车上被人踩了一脚 zài yōngjǐ bùkān de diànchēshang bèi rén cǎile yì jiǎo

ちょうみ【調味する】 调味 tiáowèi (英 *season; flavor*) ▶〜料/调料 tiáoliào; 作料 zuóliao

ちょうむすび【蝶結び】 蝴蝶结 húdiéjié (英 *a bow*) ▶〜にする/打蝴蝶结 dǎ húdiéjié

ちょうめい【長命の】 高寿 gāoshòu; 长寿 chángshòu (英 *long-lived*) ▶あなたはきっと〜ですよ/你一定会长寿的 nǐ yídìng huì chángshòu de ▶創業300年の〜を保っている/保持着创业三百年的悠久历史 bǎochízhe chuàngyè sānbǎi nián de yōujiǔ lìshǐ

ちょうめん【帳面】 笔记本 bǐjìběn; 本子 běnzi; 《帳簿》账簿 zhàngbù (英 *a notebook*)

ちょうもん【弔問する】 吊丧 diàosāng; 吊唁 diàoyàn (英 *make a call of condolence*) ▶〜の列が長く続いた/吊唁者的队伍连绵不绝 diàoyànzhě de duìwu liánmián bù jué ▶〜客/吊客 diàokè ▶夜ふけて一人〜客があった/夜深了，来了一个吊唁者 yè shēn le, láile yí ge diàoyànzhě

ちょうもんかい【聴聞会】 听证会 tīngzhènghuì (英 *a public hearing*) ▶〜で意見を述べる/在听证会上发表意见 zài tīngzhènghuìshang fābiǎo yìjiàn ▶市が〜を催した/市举行听证会 shì jǔxíng tīngzhènghuì

ちょうもんのいっしん【頂門の一針】 [ことわざ] 頂門の一針 顶门一针 dǐng mén yì zhēn; 当头一棒 dāng tóu yí bàng ▶〜を与えてやってほしい/真希望能给他当头一棒 zhēn xīwàng néng gěi tā dāng tóu yí bàng

ちょうやく【跳躍する】 跳跃 tiàoyuè; 纵步 zòngbù (英 *jump; leap*) ▶〜運動/跳跃运动 tiàoyuè yùndòng ▶いくら〜が得意でも8メートルは飛べない/不管多擅长跳跃也无法跳八米 bùguǎn duō shàncháng tiàoyuè yě wúfǎ tiào bā mǐ ▶川面で魚が〜した/鱼在河面上跳跃 yú zài hémiànshang tiàoyuè ▶最初の〜で2メートルを越えた/第一跳就超过了两米 dìyī tiào jiù chāoguòle liǎng mǐ

ちょうよう【長幼】 长幼 zhǎngyòu (英 *young and old*) ▶〜の序/长幼之序 zhǎngyòu zhī xù ▶〜の序をきびしく守る/严格遵守长幼之序 yángé zūnshǒu zhǎngyòu zhī xù

ちょうよう【重用する】 重用 zhòngyòng (英 be entrusted) ▶専門家を〜する/重用专家 zhòngyòng zhuānjiā

ちょうよう【徴用する】 征调 zhēngdiào; 征用 zhēngyòng (英 draft) ▶病み上りの身で〜された/拖着大病初愈之身被征调 tuōzhe dàbìng chū yù zhī shēn bèi zhēngdiào

ちょうようせつ【重陽節】 重阳 Chóngyáng; 重九 Chóngjiǔ (英 the Chrysathemun Festival)

ちょうらく【凋落する】 凋落 diāoluò; 衰落 shuāiluò (英 decline) ▶一族は〜の一途をたどった/那个家族日趋衰落 nàge jiāzú rìqū shuāiluò ▶あの家もすっかり〜してしまった/那一家已经完全衰败了 nà yì jiā yǐjīng wánquán shuāibài le

ちょうり【調理する】 烹调 pēngtiáo; 烹饪 pēngrèn (英 cook) ▶〜は学校で習った/烹调是在学校学的 pēngtiáo shì zài xuéxiào xué de ▶慎重にふぐを〜する/谨慎地烹调河豚 jǐnshèn de pēngtiáo hétún

♦〜師 ｜厨师 chúshī; 大师傅 dàshīfu ▶〜師の免許を取る/考厨师资格证 kǎo chúshī zīgézhèng 〜台 ｜烹调台 pēngtiáotái 〜场 ｜厨房 chúfáng ▶〜场をうろうろしないでくれ/不要在厨房乱转 búyào zài chúfáng luànzhuàn

日中比較 中国語の '调理 tiáolǐ' は「保養する」ことという。

ちょうりつ【町立の】 镇立 zhènlì; 镇办 zhènbàn (英 established by the town) ▶この老人ホームは〜だ/这家养老院是镇办的 zhè jiā yǎnglǎoyuàn shì zhènbàn de ▶この保育園が民営に変わった/镇办的保育园变为民办的了 zhènbàn de bǎoyùyuán biànwéi mínbàn de le

ちょうりつ【調律する】 调音 tiáoyīn; 定弦 dìngxián (英 tune) ▶ピアノは年に1度〜する/钢琴一年调一次音 gāngqín yì nián tiáo yí cì yīn

♦〜師 ｜调律师 tiáolǜshī ▶〜師に任せている/定弦一直是委托调律师 dìngxián yìzhí shì wěituō tiáolǜshī

ちょうりゅう【潮流】 潮流 cháoliú (英 a current; a tide) ▶〜に逆らう/逆流而行 nìliú ér xíng ▶時代の〜に逆らう/逆时代潮流而行 nì shídài cháoliú ér xíng ▶午後になって〜の方向が変わった/到了下午潮流就改向了 dàole xiàwǔ cháoliú jiù gǎixiàng le

ちょうりょう【跳梁する】 (のさばる) 猖獗 chāngjué; 横行 héngxíng (英 prevail) ▶〜を極める/猖獗极了 chāngjué jíle

ちょうりょく【張力】 张力 zhānglì (英 tension) ▶表面〜/表面张力 biǎomiàn zhānglì

ちょうりょく【聴力】 听力 tīnglì (英 the power of hearing) ▶年をとると〜が衰える/年纪大了听力就会衰弱 niánjì dàle tīnglì jiù huì shuāiruò ▶〜検査を受ける/接受听力检查 jiēshòu tīnglì jiǎnchá ▶事故で〜を失った/因事故丧失了听力 yīn shìgù sàngshīle tīnglì

ちょうるい【鳥類】 鸟类 niǎolèi; 飞禽 fēiqín (英 birds; fowls) ▶こうもりは〜ですか/蝙蝠是鸟类吗? biānfú shì niǎolèi ma? ▶〜図鑑に載っている/登载于鸟类图鉴 dēngzǎi yú niǎolèi tújiàn

♦〜学｜鸟类学 niǎolèixué

ちょうれい【朝礼】 早会 zǎohuì (英 a morning meeting) ▶〜で簡単に話をする/在早会上简单地说几句 zài zǎohuì shàng jiǎndǎn de shuō jǐ jù ▶〜に遅れる/早会迟到 zǎohuì chídào

ちょうれいぼかい【朝令暮改】
ことわざ 朝令暮改 zhāo lìng xī gǎi

ちょうろう【長老】 长老 zhǎnglǎo (英 an elder; a senior member) ▶一族の〜が何かと口出しする/同族的长老对什么都要过问 tóngzú de zhǎnglǎo duì shénme dōu yào guòwèn ▶文壇の〜/文坛的老前辈 wéntán de lǎoqiánbèi

ちょうろう【嘲弄する】 嘲弄 cháonòng; 戏弄 xìnòng (英 make a fool of ...) ▶こらっ, 年寄りを〜するか/喂！你在嘲弄老年人吗? wèi! nǐ zài cháonòng lǎoniánrén ma?

ちょうわ【調和する】 调和 tiáohé; 和谐 héxié (英 harmonize) ▶彼がいることで組織は〜を保っている/因为他的存在组织保持和谐 yīnwèi tā de cúnzài zǔzhī bǎochí héxié ▶自然との〜が崩れつつある/与大自然的和谐正在被破坏 yǔ dàzìrán de héxié zhèngzài bèi pòhuài ▶装画と文字がよく〜している/装帧画和字很和谐 zhuāngzhēnhuà hé zì hěn héxié

〜のとれた 和谐 héxié; 谐和 xiéhé ▶〜のとれた社会を目指す/谋求和谐的社会 móuqiú héxié de shèhuì

〜をとる 协调 xiétiáo

日中比較 中国語の '调和 tiáohe' には「つりあいが取れる」という意味の他に「とりなす」「妥協する」という意味もある。

チョーク 粉笔 fěnbǐ (英 chalk) ▶5色の〜を使って板書する/用五色的粉笔写板书 yòng wǔ sè de fěnbǐ xiě bǎnshū ▶〜のほこりを吸いこむ/吸粉笔灰 xī fěnbǐhuī

ちよがみ【千代紙】 彩色印花纸 cǎisè yìnhuāzhǐ (英 Japanese paper with colored figures) ▶〜で鶴を折る/用彩色印花纸叠纸鹤 yòng cǎisè yìnhuāzhǐ dié zhǐhè

ちょきん（擬音）咔嚓 kāchā (英 snip, snip!) ▶〜〜と紙を切る/咔嚓咔嚓地剪纸 kāchākāchā de jiǎn zhǐ

ちょきん【貯金する】 储蓄 chǔxù; 存款 cúnkuǎn (英 save) ▶〜が底をつく/存款见底了 cúnkuǎn jiàn dǐ le ▶乏しい中から〜する/在有限的收入中挤出存款 zài yǒuxiàn de shōurù zhōng jǐchū cúnkuǎn ▶〜を引き出して家賃を払う/取出存款付房租 qǔchū cúnkuǎn fù fángzū ▶新たに〜口座を作る/新建了一个储蓄帐户 xīnjiànle yí ge chǔxù zhànghù

♦〜通帳｜存折 cúnzhé 〜箱｜扑满 pūmǎn

ちょくえい【直営】 直接经营 zhíjiē jīngyíng

(㊥ *direct management*）▶会社~の社員食堂/由公司直接经营的员工食堂 yóu gōngsī zhíjiē jīngyíng de yuángōng shítáng ▶町がスキー場を~する/由镇上直接经营滑雪场 yóu zhènshang zhíjiē jīngyíng huáxuěchǎng

ちょくげき【直撃】 直接打击 zhíjiē dǎjī; 直接命中 zhíjiē mìngzhòng （㊥ *a direct strike*）▶半島は台風の~を受けた/半岛受到台风的直接袭击 bàndǎo shòudào táifēng de zhíjiē xíjī ▶爆弾が小学校を~した/炸弹直接击中小学 zhàdàn zhíjiē jīzhòng xiǎoxué

ちょくげん【直言する】 直言 zhíyán; 诤言 zhèngyán （㊥ *speak plainly*〔*frankly*〕）▶彼は~の士である/他是直言之士 tā shì zhíyán zhī shì ▶私は相手が誰であれ~します/我不管对方是谁都会实话实说的 wǒ bùguǎn duìfāng shì shéi dōu huì shíhuà shíshuō de

ちょくご【直後に】 刚…就…; gāng…jiù…; 紧接着 jǐnjiēzhe （㊥ *just after*..,; *immediately*）▶~に発作がきて/紧接着来了发作 jǐnjiēzhe láile fāzuò ▶着いた~に心臓発作をおこして病院に運ばれた/刚到, 心脏病就发作, 被送到医院 gāng dào, xīnzàngbìng jiù fāzuò, bèi sòngdào yīyuàn ▶敗戦~のことである/那是战争刚结束时的事 nà shì zhànzhēng gāng jiéshù shí de shì ▶地震~の被災地の姿がテレビで流れた/电视播放了地震后受灾地区的情景 diànshì bōfàngle dìzhènhòu shòuzāi dìqū de qíngjǐng

ちょくさい【直截な】 ⇨ちょくせつ(直截)

ちょくし【直視する】 直视 zhíshì; 正视 zhèngshì （㊥ *look straight at*...）▶事態を~する/正视情况 zhèngshì qíngkuàng ▶私の顔を~できるか/你能看着我的眼睛吗？ nǐ néng kànzhe wǒ de yǎnjing ma?

ちょくしゃ【直射する】 直射 zhíshè; 直照 zhízhào （㊥ *shine directly upon*...; *fall directly*）▶ライトの~を避ける/灯光直射眼睛 dēngguāng zhíshè yǎnjing ▶日光の~を避ける/避免日光直射 bìmiǎn rìguāng zhíshè

♦**~日光**：**直照的阳光** zhízhào de yángguāng ▶~日光が肌に痛い/受日光直射皮肤疼 shòu rìguāng zhíshè pífū téng

ちょくじょう【直情】 真情 zhēnqíng （㊥ *straightforward*）▶~径行/言行坦率 yánxíng tǎnshuài; 性情直爽 xìngqíng zhíshuǎng ▶あいつはまったく~径行だ/那家伙真是直性子 nà jiāhuo zhēn shì zhíxìngzi ▶私はみんなに~を吐露した/我向大家吐露了真情 wǒ xiàng dàjiā tǔlùle zhēnqíng

ちょくしん【直進する】 一直前进 yìzhí qiánjìn; 一直走 yìzhí zǒu （㊥ *go straight ahead*）

ちょくせつ【直接の】 直接 zhíjiē （㊥ *direct*; *immediate*）▶そういうことは~僕に言ってくれ/这种事直接跟我说 zhè zhǒng shì zhíjiē gēn wǒ shuō ▶これは彼から~聞いたことだ/这是直接从他那里听说的 zhè shì zhíjiē cóng tā nàli tīngshuō de ▶会社から~病院へ行く/从公司直接去医院 cóng gōngsī zhíjiē qù yīyuàn ▶~の原因は何なんだ/直接原因到底是什么？ zhíjiē yuányīn dàodǐ shì shénme? ▶~の効果は期待していない/不期待有直接的效果 bù qīdài yǒu zhíjiē de xiàoguǒ

♦**~税**：**直接税** zhíjiēshuì **~目的語**〔文法〕：**直接宾语** zhíjiē bīnyǔ **~話法**〔文法〕：**直接叙述法** zhíjiē xùshùfǎ

ちょくせつ【直截な】 简捷 jiǎnjié; 直截 zhíjié （㊥ *direct*; *plain*; *frank*）▶~明瞭な/简捷明了 jiǎnjié míngliǎo ▶简明な文章である/是篇简捷明了的文章 shì piān jiǎnjié míngliǎo de wénzhāng ▶私は~に事実を述べた/我简捷地叙述了一下事实 wǒ jiǎnjié de xùshùle yíxià shìshí ▶~に語る/直截了当地说 zhíjié liǎodàng de shuō

ちょくせん【直線】 直线 zhíxiàn （㊥ *a straight line*）▶~コース/直道 zhídào ▶コースに入って加速した/进入直道就开始加速了 jìnrù zhídào jiù kāishǐ jiāsù le ▶~だけでふくらみを作り出している/仅用直线做出隆起的形状 jǐn yòng zhíxiàn zuòchū lónggǔ de xíngzhuàng

♦**~距離**：**直线距离** zhíxiàn jùlí ▶~距離だとわずか5km なのだ/直线距离只有五公里 zhíxiàn jùlí zhǐ yǒu wǔ gōnglǐ

ちょくぜん【直前に】 即将…之前 jíjiāng…zhīqián; 正要…的时候 zhèngyào…de shíhou; 〈す〈前方〉〉跟前 gēnqián （㊥ *just before*...,）▶これが死の~の言葉である/这就是临终遗言 zhè jiùshì línzhōng yíyán ▶~になってキャンセルされた/临时被取消了 línshí bèi qǔxiāo le ▶挙式~に花嫁が消えた/眼看要举行婚礼了, 新娘却不见了 yǎnkàn jiùyào jǔxíng hūnlǐ le, xīnniáng què bú jiàn le ▶車の~の横断は危険だ/从车辆的正前方横穿过去是很危险的 cóng chēliàng de zhèngqiánfāng héngchuānguòqu shì hěn wēixiǎn de

ちょくそう【直送】 直接运送 zhíjiē yùnsòng （㊥ *send straight*）▶うちは産地~でりんごを買っている/我们是从产地直接购买苹果 wǒmen shì cóng chǎndì zhíjiē gòumǎi píngguǒ ▶米は農家~してくれる/大米是由农家直接送来的 dàmǐ shì yóu nóngjiā zhíjiē sònglái de

ちょくぞく【直属の】 直属 zhíshǔ （㊥ *under direct control of*...）▶この調査班は市長に~する小グループ/这个调查小组直属市长管辖 zhège diàochá xiǎozǔ zhíshǔ shìzhǎng guǎnxiá ▶~の部下が倒れた/直属的部下病倒了 zhíshǔ de bùxià bìngdǎo le

ちょくちょう【直腸】〔解〕**直肠** zhícháng （㊥ *the rectum*）▶~癌/直肠癌 zhícháng'ái ▶~診/直肠指诊 zhícháng zhǐzhěn

ちょくちょく 时常 shícháng; 经常 jīngcháng （㊥ *frequently*; *very often*）▶男は~事务所に顔を出す/他时不时会到事务所露露面 tā shíbùshí huì dào shìwùsuǒ lòulou miàn ▶新聞で~名前だね/这可是在报纸上时常看到的名字

zhè kěshì zài bàozhǐshang shícháng kàndào de míngzi

ちょくつう【直通の】 ❶【電話】直通 zhítōng（英 *direct*）▶〜の電話はないのですか/没有直通电话吗？méiyǒu zhítōng diànhuà ma？▶電話は校長室に〜でかかる/这电话是直通校长室的 zhè diànhuà shì zhítōng xiàozhǎngshì de ❷【列車】直达 zhídá（英 *nonstop*）▶次は下田行きの〜列車です/下一趟是开往下田的直达列车 xià yí tàng shì kāiwǎng Xiàtián de zhídá lièchē ▶列車は成都まで〜で行く/这辆列车直达成都 zhè liàng lièchē zhídá Chéngdū

ちょくばい【直売する】直接销售 zhíjiē xiāoshòu；直销 zhíxiāo（英 *sell directly*）▶路上で野菜を〜する/在路边卖蔬菜 zài lùbiān mài shūcài ▶生産者〜だから安心だ/是生产者自产自销的,可以放心 shì shēngchǎnzhě zìchǎn zìxiāo de, kěyǐ fàngxīn

ちょくはん【直販】直销 zhíxiāo（英 *direct selling*）▶工場から〜でお届けします/从厂家直接送到用户手上 cóng chǎngjiā zhíjiē sòngdào yònghù shǒushang

◆〜店 直销店 zhíxiāodiàn ▶近所に野菜の〜店ができた/附近开了一家蔬菜直销店 fùjìn kāile yì jiā shūcài zhíxiāodiàn

ちょくほうたい【直方体】长方体 chángfāngtǐ（英 *a rectangular solid*）

ちょくめい【勅命】救命 chìmìng（英 *an imperial command*）

ちょくめん【直面する】面对 miànduì；面临 miànlín（英 *confront*）▶我々が〜する課題はあまりに大きかった/我们面临的问题实在太大了 wǒmen miànlín de wèntí shízài tài dà le ▶死に〜して逆に心が落ち着いた/面对死亡心里反倒变得平静了 miànduì sǐwáng xīnlǐ fǎndào biànde píngjìng le

ちょくやく【直訳する】直译 zhíyì（英 *translate literally*）▶これは〜では真意は伝わらないだろう/这句话如果直译就无法传达本来的意思了 zhè jù huà rúguǒ zhíyì jiù wúfǎ chuándá běnlái de yìsi le ▶〜したんじゃおもしろくないよ/直译就没意思了 zhíyì jiù méi yìsi le

ちょくゆ【直喩】直喻法 zhíyùfǎ（英 *simile*）▶彼の文章には〜が多い/他的文章多用直接比喻 tā de wénzhāng duō yòng zhíjiē bǐyù

ちょくゆにゅう【直輸入する】直接进口 zhíjiē jìnkǒu（英 *import directly*）▶海外から〜で仕入れております/从海外直接进口 cóng hǎiwài zhíjiē jìnkǒu ▶個人で〜する方法もある/也可以由个人直接进口 yě kěyǐ yóu gèrén zhíjiē jìnkǒu

ちょくりつ【直立する】立正 lìzhèng；直立 zhílì（英 *stand upright*）▶私は〜不動の姿勢で聞いていた/我站在那里一动不动地听着 wǒ zhànzài nàli yí dòng bú dòng de tīngzhe ▶猿が〜するすべを覚えて人間になった/猴子学会直立变成人类 hóuzi xuéhuì zhílì biànchéng rénlèi ▶青空に塔が〜している/高塔直耸蓝天 gāotǎ zhí sǒng lántiān

ちょくりゅう【直流の】〔電気〕直流 zhíliú（英 *direct current*）▶〜電気/直流电 zhíliúdiàn

ちょくれつ【直列に】串联 chuànlián（英 *in series*）▶〜につなぐ/串联 chuànlián ▶電池を〜につなぐ/串联电池 chuànjiē diànchí

ちょこ【猪口】酒杯 jiǔbēi；酒盅 jiǔzhōng（英 *a sake cup*）▶顔でまっかになる/只喝一盅酒就满脸通红 zhǐ hē yì zhōng jiǔ jiù mǎnliǎn tōnghóng ▶〜に口を近づけて飲む/把嘴就着酒盅喝了一口 bǎ zuǐ jiùzhe jiǔzhōng hēle yì kǒu

ちょこちょこ ❶【せわしなく】匆匆忙忙 cōngcōngmángmáng（英 *at a toddle*）▶社内を動き回る/在公司内匆匆忙忙地奔走 zài gōngsī nèi cōngcōngmángmáng de bēnzǒu ❷【小股で】迈小步 mài xiǎobù ▶〜歩く/碎步 suìbù ▶向こうから幼児が〜歩いてくる/前面摇摇晃晃走过来了一个幼儿 qiánmian yáoyáohuànghuàng zǒuguòlaile yí ge yòu'ér ❸【しばしば】时常 shícháng；常常 chángcháng（英 *often*）▶うちにも〜寄ってくれる/也常常时来我家 yě huì shícháng lái wǒ jiā

ちょこまか 匆匆忙忙 cōngcōngmángmáng（英 *restlessly*）▶おい、〜するな/喂、不要那么匆匆忙忙的 wèi, búyào nàme cōngcōngmángmáng de ▶パーティ会場を〜と動き回っていた/在派对会场匆匆忙忙地跑来跑去 zài pàiduì huìchǎng cōngcōngmángmáng de pǎo lái pǎo qù

チョコレート 巧克力 qiǎokèlì；巧克力糖 qiǎokèlìtáng（英 *chocolate*）▶義理で贈った〜なのに大喜びしてくれた/出于情面送的巧克力,他却高兴得不得了 chūyú qíngmiàn sòng de qiǎokèlì, tā què gāoxìngde bùdéliǎo ▶〜色のコートがよく似合う/巧克力色的大衣很适合你穿 qiǎokèlìsè de dàyī hěn shìhé nǐ chuān

ちょこんと【軽く】轻轻地 qīngqīng de；《小さなものがじっと》孤零零地 gūlínglíng de（英 *quietly*）▶老婆が一人〜腰に掛けている/老奶奶一个人悄然地坐着 lǎonǎinai yí ge rén qiǎorán de zuòzhe ▶〜当てる、〜轻轻碰一下,轻轻地 qīngqīng pèng yíxià, qīngqīng de

ちょさく【著作する】著作 zhùzuò；著述 zhùshù（英 *write; author*）▶日夜〜にいそしんだ/日夜投入于写作 rìyè tóurù yú xiězuò ▶〜目録を編む/编写著作目录 biānxiě zhùzuò mùlù

◆〜権〔版权〕版权 bǎnquán；著作权 zhùzuòquán ▶〜権侵害で訴える/起诉侵犯著作权 qǐsù qīnfàn zhùzuòquán

ちょしゃ【著者】著者 zhùzhě；作者 zuòzhě（英 *a writer; an author*）▶〜みずからサインする/作者主动签名 zuòzhě zhǔdòng qiānmíng

ちょじゅつ【著述する】著述 zhùshù；写作 xiězuò（英 *write*）▶〜業/写作方面的工作 xiězuò fāngmiàn de gōngzuò ▶職業は〜業を以写作为业吧 kěyǐ suànshì yǐ xiězuò wéi yè ba ▶文芸作品は毎月どれほど〜され

ているか/毎月能出多少文艺作品啊？ měiyuè néng chū duōshao wényì zuòpǐn a? ▶彼には音楽に関する〜が多い/他有很多音乐方面的著作 tā yǒu hěn duō yīnyuè fāngmiàn de zhùzuò

ちょしょ【著書】 著书 zhùshū; 著作 zhùzuò (英 *a book; a work*) ▶〜を積み上げれば軽く背丈を越えるだろう/把他的著作摞起来的话，比他个子都高吧 bǎ tā de zhùzuò luòqǐlai de huà, bǐ tā gèzi dōu gāo ba

ちょすい【貯水】 贮水 zhùshuǐ; 蓄水 xùshuǐ (英 *water storage*) ▶屋上のタンクに〜する/往屋顶的水箱里蓄水 wǎng wūdǐng de shuǐxiānglǐ xùshuǐ

◆〜池:水库 shuǐkù; 蓄水池 xùshuǐchí ▶〜池が干上がった/蓄水池干涸了 xùshuǐchí gānhé le

ちょぞう【貯蔵する】 保藏 bǎocáng; 储藏 chǔcáng; 贮存 zhùcún (英 *store; keep*) ▶〜室/仓房 cāngfáng; 库房 kùfáng ▶〜していた食品に虫が見つかった/在储存的食品中发现了虫子 zài chǔcún de shípǐn zhōng fāxiànle chóngzi ▶〜室はもういっぱいだ/储藏室已经满了 chǔcángshì yǐjīng mǎn le ▶核の〜庫は所在が秘密にされている/核储备的所在地是严格保密的 héchǔbèi de suǒzàidì shì yángé bǎomì de

ちょちく【貯蓄する】 储蓄 chǔxù; 存款 cúnkuǎn (英 *save*) ▶食うものも食わずに〜につとめる/省吃俭用把攒钱 shěng chī jiǎn yòng de zǎnqián ▶〜はインフレに弱い/储蓄经不起通货膨胀的打击 chǔxù jīngbuqǐ tōnghuò péngzhàng de dǎjī ▶いったいいくら〜したんだ/到底攒了多少钱啊？ dàodǐ zǎnle duōshao qián a? ▶日本国民の〜率は高い/日本国民储蓄率很高 Rìběn guómín chǔxùlǜ hěn gāo

ちょっか【直下に】 直下 zhíxià (英 *right [just] under...*) ▶赤道の国々を巡る/巡游赤道上的各个国家 xúnyóu chìdàoshang de gègè guójiā ▶事態は急転/处于优势了/事态急转直下，我们处于优势了 shìtài jízhuǎn zhíxià, wǒmen chǔyú yōushì le

◆〜型地震/直下性地震 zhíxiàxìng dìzhèn

ちょっかい【ちょっかいを出す】 管闲事 guǎn xiánshì (英 *poke one's nose into...*) ▶婦人に〜を出す/戏弄妇女 xìnòng fùnǚ; 对女人动手动脚 duì nǚrén dòngshǒu dòngjiǎo ▶ひとの仕事に〜を出すな/不要干涉别人的工作 búyào gānshè biéren de gōngzuò

ちょっかく【直角】 直角 zhíjiǎo (英 *a right angle*) ▶道路が〜に曲がっている/道路拐了一个直角 dàolù guǎile yí ge zhíjiǎo

◆〜三角形/直角三角形 zhíjiǎo sānjiǎoxíng

ちょっかつ【直轄】 直辖 zhíxiá; 直属 zhíshǔ (英 *under direct control of...*) ▶この鉱山はかつては幕府の〜だった/这个矿山以前直属幕府管辖 zhège kuàngshān yǐqián zhíshǔ mùfǔ guǎnxiá ▶この保養所は厚生省の〜している/这个疗养所直属厚生劳动省管辖 zhège liáoyǎngsuǒ zhíshǔ hòushēngláodòngshěng guǎnxiá ▶小さいながら中央〜の機関である/虽然小却是直属中央的机关 suīrán xiǎo què shì zhíshǔ zhōngyāng de jīguān

ちょっかん【直感】 直觉 zhíjué; 直感 zhígǎn (英 *intuition*) ▶それは〜的な確信だった/这是全凭直觉来的信心 zhè shì quán píng zhíjué lái de xìnxīn ▶〜に頼るだけでは説明できない/只凭直觉还说不清楚 zhǐ píng zhíjué hái shuōbuqīngchu ▶これは無実だと〜した/我一听就凭直觉认为他是清白的 wǒ yì tīng jiù píng zhíjué rènwéi tā shì qīngbái de ▶僕は〜的に詐欺だと思った/凭直觉我认为这是欺诈 píng zhíjué wǒ rènwéi zhè shì qīzhà

ちょっかん【直観】 直观 zhíguān (英 *intuition*) ▶子供の〜はあなどれない/别小看了孩子的直观力 bié xiǎokànle háizi de zhíguānlì

チョッキ〖服飾〗 背心 bèixīn; 坎肩 kǎnjiān (英 *a vest*)

ちょっけい【直系】 直系 zhíxì (英 *a direct line*) ▶〜の子孫/直系子孙 zhíxì zǐsūn ▶某大名家の〜子孫だそうだ/听说是某大名家的直系子孙 tīngshuō shì mǒu dàmíngjiā de zhíxì zǐsūn

ちょっけい【直径】 直径 zhíjìng (英 *a diameter*); [円筒の] *a caliber*) ▶〜5メートルの円を描く/画一个直径五米的圆 huà yí ge zhíjìng wǔ mǐ de yuán ▶地球の〜は何kmでしょう/地球的直径是多少公里啊？ dìqiú de zhíjìng shì duōshao gōnglǐ a?

ちょっけつ【直結する】 直接联系 zhíjiē liánxì; 直接关系到 zhíjiē guānxìdào (英 *be connected directly*) ▶彼らは成績が報酬に〜している/对他们来说，成绩直接关系到报酬 duì tāmen lái shuō, chéngjì zhíjiē guānxìdào bàochóu ▶生活に〜する問題から始めよう/从直接关系到生活的问题开始吧 cóng zhíjiē guānxìdào shēnghuó de wèntí kāishǐ ba

ちょっこう【直行する】 直达 zhídá (英 *go direct*); [列車が] *run through*; [飛行機が] *fly nonstop*) ▶〜バスが深夜に出る/直达车深夜出发 zhídáchē shēnyè chūfā ▶臨時の〜便を飛ばす/临时开设直达航班 línshí kāishè zhídá hángbān ▶ただちに現場に〜せよ/立刻直奔现场 lìkè zhíbèn xiànchǎng

ちょっと【一寸】 ❶ [暫時] 稍微 shāowēi; 一会儿 yíhuìr (英 *for a moment*) ▶〜の間/一会儿 yíhuìr ▶〜の間に病状が変わっていた/转眼间病情就发生了变化 zhuǎnyǎnjiàn bìngqíng jiù fāshēngle biànhuà ▶〜待ってくれ/等一等 děngyiděng ▶彼女には去年〜会ったよ/去年我跟她见过一次 qùnián wǒ gēn tā jiànguo yí cì ▶〜思い出せなかった/一时想不起来 yìshí xiǎngbuqǐlái

❷ [わずか・少し] 一点儿 yìdiǎnr; 稍微 shāowēi (英 *a little; a bit; slightly*) ▶〜したことから仲違いしてしまった/因为微不足道的小事感情破裂 yīnwèi wēi bùzú dào de xiǎoshì gǎnqíng pòliè

▶～見せろ/让我看看吧 ràng wǒ kànkan ba ▶～考えれば分かるだろ/只要想想就会明白吧！zhǐyào xiǎngxiang jiù huì míngbai ba！ ▶～やそっとでは買えない/轻易买不到 qīngyì mǎibuдào **3**【かなりの】相当 xiāngdāng (英 *rather; pretty*) ▶彼も～は名を知られた男だ/他也是个小有名气的人物 tā yě shì ge xiǎo yǒu míngqi de rénwù ▶それが～した流行になった/那引起了一阵不小的流行 nà yǐnqǐle yízhèn bùxiǎo de liúxíng **4**【呼びかけ】喂 wèi (英 *Hey*) ▶～～, たいへんよ/喂喂喂, 不得了了 wèi wèi wèi, bùdéliǎo le

ちょっぴり 一点点 yìdiǎndiǎn (英 *a little; a bit*) ▶ほんの～桜が咲いた/樱花开了一点点 yīnghuā kāile yìdiǎndiǎn ▶別れは～切ないね/离别还真有点伤感 líbié hái zhēn yǒudiǎn shānggǎn

ちょとつ【猪突する】蛮干 mángàn; 冒进 màojìn (英 *rush recklessly*) ▶一部の命知らずが～した/有一部分不怕死的开始盲目蛮干 yǒu yíbùfen búpà sǐ de kāishǐ mángmù mángàn ～猛進 盲目冒进 mángmù màojìn ▶～猛進を自慢してはだめだよ/盲目猛进还自以为是可不行啊 mángmù měngjìn hái zì yǐwéi shì kě bùxíng a

ちょびひげ【ちょび髭】鼻下小胡子 bíxià xiǎohúzi (英 *a toothbrush mustache*) ▶なんだって～なんぞ蓄えてるんだ/怎么留了一撮小胡子？zěnme liúle yì zuǒ xiǎohúzi?

ちょぼくじょう【貯木場】贮木场 zhùmùchǎng (英 *a lumberyard; a timber pool*)

ちょめい【著名】著名 zhùmíng; 有名 yǒumíng (英 *famous*) ▶今日は～な選手に会えた/今天见到了著名选手 jīntiān jiàndàole zhùmíng xuǎnshǒu ◆～人 知名人士 zhīmíng rénshì ▶各界の～人が集まっている/各界知名人士汇集一堂 gèjiè zhīmíng rénshì huìjí yì táng

ちょりつ【佇立する】伫立 zhùlì (英 *stand still*)

ちょろい 简单 jiǎndān; 容易 róngyì (英 *easy; simple*) ▶あんな～やつだったかなあ/没想到他这么没出息 méi xiǎngdào tā zhème méi chūxi ▶彼らの検査なんて～ものだ/他们的检查这么容易对付 tāmen de jiǎnchá zhème róngyì duìfu

ちょろちょろ（水が）涓涓 juānjuān;（火が）徐徐 xúxú;（動きが）晃来晃去 huàng lái huàng qù ▶岩場に水が～流れる/涓涓水流流入岩石之间 juānjuān shuǐliú liúrù yánshí zhījiān ▶とろ火が～燃えている/微火徐徐地燃烧着 wēihuǒ xúxú de ránshāozhe ▶こらっ, 机の周りを～するな/喂！别在桌子旁边儿乱跑 wèi！bié zài zhuōzi pángbiānr luànpǎo

ちょろまかす 偷钱 tōu qián; 蒙骗 mēngpiàn (英 *pilfer; cheat*) ▶金を～/偷取钱财 piànqǔ qiáncái ▶会社の金を～/骗取公司的钱财 piànqǔ gōngsī de qiáncái

ちょんぼ 意外失策 yìwài shīcè (英 *a careless mistake*) ▶おまえは～が多すぎる/你马失前蹄的事也太多了 nǐ mǎ shī qiántí de shì yě tài duō le ▶いけない. また～だ/糟了, 又弄错了 zāo le, yòu nòngcuò le

ちょんまげ【丁髷】发髻 fàjì (英 *a samurai's topknot*) ▶～に結う/梳发髻 shū fàjì ▶頭を～に結う/把头发梳成一个发髻 bǎ tóufa shūchéng yí ge fàjì

ちらかす【散らかす】弄乱 nòngluàn (英 *scatter; put... in disorder*) ▶行楽客がゴミを～/游客把垃圾弄得到处都是 yóukè bǎ lājī nòngde dàochù dōu shì ▶部屋を散らかしておく/把房间弄得乱七八糟 bǎ fángjiān nòngde luàn qī bā zāo ▶散らかしたものは自分で片づける/自己弄乱的东西自己整理 zìjǐ nòngluàn de dōngxi zìjǐ zhěnglǐ

ちらかる【散らかる】零乱 língluàn; 乱七八糟 luàn qī bā zāo (英 *get scattered about...*) ▶紙くずが床に散らかっている/碎纸片撒了一地 suì zhǐpiàn sǎle yí dì ▶部屋が散らかっている/房间里杂乱无章 fángjiānlǐ záluàn wú zhāng

ちらし【散らし】**1**【ビラ】广告单 guǎnggàodān; 传单 chuándān (英 *a leaflet; a handbill*) ▶通りで～を配る/在马路上发广告 zài mǎlùshang fā guǎnggào **2**【ちらし寿司】什锦寿司 shíjǐn shòusī ▶～を3人前たのむ/点了3人份的什锦寿司饭 diǎnle sān rénfèn de shíjǐn shòusīfàn

ちらす【散らす】散开 sànkāi; 散布 sànbù (英 *scatter; disperse*) ▶春の嵐が花を散らした/春天的风雨吹散一地落花 chūntiān de fēngyǔ chuīsàn yí dì luòhuā ▶薬で痛みを～/用药缓解疼痛 yòng yào huǎnjiě téngtòng ▶気を散らさずに勉強しなさい/不要分心好好儿学习 búyào fēnxīn hǎohāor xuéxí ▶課長がどなり散らしているがどうしたんだ/科长破口大骂是怎么回事啊？ kēzhǎng pòkǒu dàmà shì zěnme huí shì a?

ちらちら（灯りなどが）隐隐约约 yǐnyǐnyuēyuē;（雪などが）零零星星地下 línglíngxīngxīng de xià;（視線が）不时地看 bùshí de kàn (英 *flicker; twinkle*) ▶遠く～灯りが見える/远处隐约可见点点灯光 yuǎnchù yǐnyuē kě jiàn diǎndiǎn dēngguāng ▶雪が～降っている/雪花零零星星地落了下来 xuěhuā línglíngxīngxīng de luòlexiàlai ▶さっきから課長がこちらを～見ている/刚才科长就不时地往这儿看 gāngcái kēzhǎng jiù bùshí de wǎng zhèr kàn

ちらつかせる 露出 lùchū (英 *show*) ▶男は札束を散らつかせながら話を切りだした/他露出一沓钞票开始说话了 tā lùchū yì dá chāopiào kāishǐ shuōhuà le

ちらつく (英 *flicker; blink*) ▶光が～/闪烁 shǎnshuò ▶雪が～/雪花飘飘 xuěhuā piāopiāo ▶船の光がちらついている/小船的灯光微微闪烁 xiǎochuán de dēngguāng wēiwēi shǎnshuò ▶午後に入って雪がちらついた/到了下午纷纷下了 wǔhòu jìnrùle xiàwǔ fēnfēn xiàle

了小雪 dàole xiǎwǔ fēnfēn xiàqǐle xiǎoxuě ▶彼女の姿がまだ目の前にちらついている/她的身影还在眼前晃动 tā de shēnyǐng hái zài yǎnqián huàngdòng

ちらっと 一闪 yìshǎn; 一晃 yīhuǎng; 一眼 yìyǎn（英 *at a glance*） ▶~見る/一瞥 yīpiē・~見てさっさと歩み去った/瞥了一眼就匆匆走开了 piēle yì yǎn jiù cōngcōng zǒukāi le ▶隙間から~見えた/从缝隙间隐约看见 cóng fèngxìjiān yǐnyuē kànjiàn

ちらばる【散らばる】 散乱 sǎnluàn; 零散 língsǎn（英 *disperse*） ▶（人々が立ち去った）あとには紙きれが散らばっている/散场以后地上散落着很多碎纸片 sǎnchǎng yǐhòu dìshang sǎnluòzhe hěn duō suìzhǐpiàn ▶卒業後は各地に散らばっていった/毕业后大家都各奔东西 bìyèhòu dàjiā dōu gè bēn dōngxī

ちらほら 星星点点 xīngxīngdiǎndiǎn; 稀稀拉拉 xīxīlālā（英 *here and there*）▶批判の声も~聞こえる/零零星星地听到一些批判的声音 línglíngxīngxīng de tīngdào yìxiē pīpàn de shēngyīn ▶梅が~咲き始めた/梅花星星点点地开了 méihuā xīngxīngdiǎndiǎn de kāi le

ちらりと 略微 lüèwēi; 偶尔 ǒu'ěr（英 *at a glance*）▶僕を~見て薄笑いをうかべた/他瞟了我一眼，脸上掠过一丝淡淡的笑容 tā piǎole wǒ yì yǎn, liǎnshang lüèguò yì sī dàndàn de xiàoróng ▶そういう噂は~耳にした/偶尔听到了一点儿这样的消息 ǒu'ěr tīngdàole yìdiǎnr zhèyàng de xiāoxi

ちらん【治乱】 治乱 zhìluàn（英 *war and peace*）▶興亡の歴史をたどる/追溯治乱兴亡的历史 zhuīsù zhìluàn xīngwáng de lìshǐ ▶あの山は人の世の~を見続けてきたのだ/那座山一直见证着人世的治乱兴亡 nà zuò shān yìzhí jiànzhèngzhe rénshì de zhìluàn xīngwáng

ちり【地理】 地理 dìlǐ（英 *geography*）▶彼はこの辺の~に明るい/他对这一带的地理了如指掌 tā duì zhè yídài de dìlǐ liǎo rú zhǐzhǎng
◆**人文~** 人文地理 rénwén dìlǐ **~学** 地理学 dìlǐxué

ちり【塵】 尘埃 chén'āi; 尘土 chéntǔ; 灰尘 huīchén（英 *dust; dirt; trash*）▶いつのまにか浮世の~に染まってしまった/不知不觉中染上了俗气 bùzhī bùjué zhōng rǎnshàngle súqi ▶机には~が積もっている/书桌上积满了尘土 shūzhuōshang jīmǎnle chéntǔ ▶本の~を払う/掸掉书上的灰尘 dǎndiào shūshang de huīchén ▶一つない部屋に通された/被带到一个一尘不染的房间 bèi dàidào yí ge yì chén bù rǎn de fángjiān ▶おまえには~ほどの良心もないのか/你一点良心都没有啊 nǐ yìdiǎn liángxīn dōu méiyǒu a
ことわざ **塵も積もれば山となる** 积少成多 jī shǎo chéng duō; 集腋成裘 jí yè chéng qiú; 积土为山，积水为海 jīt wéi shān, jīshuǐ wéi hǎi

ちりがみ【塵紙】 手纸 shǒuzhǐ; 卫生纸 wèishēngzhǐ（英 *toilet paper; tissue*）▶~交换/收废报纸 shōu fèi bàozhǐ

ちりぢり【散り散りに】 七零八落 qī líng bā luò; 四散 sìsàn（英 *scattered; in all directions*）▶戦争で一家が~になった/因战争家人离散 yīn zhànzhēng yì jiā lísàn ▶博士の貴重な蔵書が~になった/博士宝贵的藏书都散失了 bóshì bǎoguì de cángshū dōu sànshī le

ちりとり【塵取り】 簸箕 bòji; 垃圾撮子 lājī cuōzi（英 *a dustpan*）▶掃除機が~に取って代わった/吸尘器取代了簸箕 xīchénqì qǔdàile bòji

ちりばめる 镶嵌 xiāngqiàn（英 *set; inlay*）▶美辞麗句をちりばめたあいさつだった/是点缀着精词美句的致辞 shì diǎnzhuìzhe jīngcí měijù de zhìcí ▶指輪にはダイヤモンドがちりばめてある/戒指上镶嵌着钻石 jièzhishang xiāngqiànzhe zuànshí

ちりめん【縮緬】《布地》绉绸 zhòuchóu（（silk）*crepe*）▶~の着物をあつらえる/订做绉绸的和服 dìngzuò zhòuchóu de héfú ▶この地方は~の生産で名高い/这里因绉绸生产而知名 zhèlǐ yīn zhòuchóu shēngchǎn ér zhīmíng
◆**~じゃこ** 小干白鱼 xiǎogānbáiyú

ちりゃく【知略】 智略 zhìmóu; 智略 zhìlüè（英 *wisdom*）▶~に長(た)ける/足智多谋 zú zhì duō móu

ちりょ【知慮】 智谋 zhìmóu; 智虑 zhìlǜ（英 *foresight*）▶さすがに会長は~が深い/不愧是会长，真是深谋远虑啊 búkuì shì huìzhǎng, zhēn shì shēn móu yuǎn lǜ a

ちりょう【治療する】 医治 yīzhì; 治疗 zhìliáo（英 *treat; heal; cure*）▶~を受ける/就诊 jiùzhěn ▶~法/疗法 liáofǎ ▶虫歯を~する/治疗虫牙 zhìliáo chóngyá ▶癌の~を受けることにした/决定接受癌症治疗 juédìng jiēshòu áizhèng zhìliáo ▶~はまだ十分可能である/治疗还是非常有希望的 zhìliáo háishi fēicháng yǒu xīwàng de ▶~のめどが立たない/治疗毫无头绪 zhìliáo háowú tóuxù ▶これといった~法はまだない/还没有有效的治疗法 hái méiyǒu yǒuxiào de zhìliáofǎ ▶集中~室に入る/进入重症监护室 jìnrù zhòngzhèng jiānhùshì ▶~代がかさむ/治疗费用增大 zhìliáo fèiyong zēngdà

ちりょく【知力】 智力 zhìlì（英 *brain power; intelligence*）▶この子は~が早く発達した/这个孩子智力发育得很快 zhège háizi zhìlì fāyùde hěn kuài

ちりれんげ【散り蓮華】 调羹 tiáogēng; 羹匙 gēngchí; 汤匙 tāngchí（英 *a china spoon*）

ちりんちりん《擬音》丁零丁零 dīnglíngdīnglíng（英 *tinkle-tinkle; ting-a-ling*）▶~とベルを鳴らして自転車が通り過ぎた/自行车丁零丁零地打着车铃过去了 zìxíngchē dīnglíngdīnglíng de dǎzhe chēlíng guòqù le

ちる【散る】 散 sàn; 分散 fēnsàn; 凋谢 diāoxiè（英 *fall; scatter; disperse*）▶花が~/花谢 huā xiè ▶野次馬は不満そうに散っていった/看热闹的人群略带不满地散去了 kàn rènao de rénqún

略带不满 de sànqù le ▶彼らの命は雪山に散った/他们的生命在雪山消逝了 tāmen de shēngmìng zài xuěshān xiāoshì le

気が～ 気が散って勉強できない/精神不集中无法学习 jīngshén bù jízhōng wúfǎ xuéxí

チルド 冷蔵 lěngcáng （英 chilled） ▶～輸送/冷藏运输 lěngcáng yùnshū ▶～食品/冷藏食品 lěngcáng shípǐn

ちろちろ 丝丝 sīsī （英 flickeringly） ▶蛇が舌を出す/蛇丝丝地吐着舌头 shé sīsī de tǔzhe shétou ▶いろりに～火が燃えている/围炉里的火苗徐徐地燃烧着 wéilúli de huǒmiáo xúxú de ránshāozhe

ちわげんか【痴話喧嘩】 情人吵架 qíngrén chǎojià （英 a lovers' quarrel） ▶人前で～なとるなよ/情人不要在众人面前打情骂俏 qíngrén búyào zài zhòngrén miànqián dǎqíng màqiào

ちん【擬音】 ▶レンジで～する/用微波炉热一下 yòng wēibōlú rè yíxià ▶～と鼻をかむ/吭地擤鼻涕 kēng de xǐng bítì

ちん【賃】 費 fèi; 钱 qián （英 fare） ▶家～が滞る/滞纳房租 zhìnà fángzū ▶これっぽっちでは運～にもならない/这么点儿的钱连运费都不够 zhème diǎnr de qián lián yùnfèi dōu búgòu ▶工～を上げて下さいな/请加一点工资吧 qǐng jiā yìdiǎn gōngzī ba

チン【狆】 （犬）叭儿狗 bārgǒu; 巴儿狗 bārgǒu; 哈巴狗 hǎbagǒu （英 a Japanese spaniel （小型））▶～を飼う/养哈巴狗 yǎng hǎbagǒu

ちんあげ【賃上げする】 加薪 jiāxīn; 增薪 zēngxīn （英 raise wages） ▶～要求/要求增加薪水要求 jiāxīn ▶～を要求してストライキに入る/为要求增加工资进行罢工 wèi yāoqiú zēngjiā gōngzī jìnxíng bàgōng ▶～する余裕はない/没有增加工资的余地 méiyǒu zēngjiā gōngzī de yúdì

ちんあつ【鎮圧する】 镇压 zhènyā; 平息 píngxī （英 suppress; put down…） ▶暴動を～する/镇压暴动 zhènyā bàodòng ▶反乱の～に出動する/（军队）出动镇压叛乱 （jūnduì）chūdòng zhènyā pànluàn

ちんうつ【沈鬱な】 忧郁 yōuyù; 沉抑 chényì （英 gloomy） ▶彼は～な表情でタバコを吸い続けた/他阴沉着脸不停地抽烟 tā yīnchénzhe liǎn bùtíng de chōuyān

ちんか【沈下する】 下沉 xiàchén; 沉降 chénjiàng （英 subside） ▶地盤が～/地基下沉 dìjī xiàchén ▶経済の地盤～が著しい/经济基盘下滑显著 jīngjì jīpán xiàhuá xiǎnzhù ▶この10年で地盤は20cmも～している/这十年来地基下沉了二厘米 zhè shí nián lái dìjī xiàchénle èrshí límǐ

ちんか【鎮火する】 灭火 mièhuǒ; 火灾熄灭 huǒzāi xīmiè （英 be put out; be extinguished） ▶火事はまもなく～/火灾不大工夫就被扑灭了 huǒzāi búdà gōngfu bèi pūmiè le

ちんがし【賃貸しする】 出租 chūzū; 出贷 chūlìn （英 rent; let） ▶空いた倉庫を～する/出租空仓库 chūzū kōngcāngkù ▶ふとんの～も可能です/被褥也可以出租 bèirù yě kěyǐ chūzū

ちんがり【賃借りする】 租借 zūjiè; 租赁 zūlìn; 赁 lìn （英 lease） ▶営業車も～している/营业用的车也是租借的 yíngyè yòng de chē yě shì zūjiè de ▶蘭の鉢も～なのだ/兰花的花盆竟然也是租借的啊 lánhuā de huāpén jìngrán yě shì zūjiè de a

ちんき【珍奇な】 珍奇 zhēnqí; 稀奇 xīqí （英 curious） ▶彼は～な動物でも見るように私を見た/他像看稀有动物一样看看我 tā xiàng kàn xīyǒu dòngwù yíyàng kànzhe wǒ

ちんきゃく【珍客】 稀客 xīkè; 贵客 guìkè （英 a welcome guest） ▶～の訪れに私は病いを忘れた/稀客来访让我忘了病痛 xīkè láifǎng ràng wǒ wàngle bìngtòng

ちんぎん【賃金】 工钱 gōngqian; 工资 gōngzī; 薪水 xīnshuǐ （英 wages; pay） ▶～を上げる/加薪 jiāxīn ▶～を下げる/减薪 jiǎnxīn ▶～が高い/薪水高 xīnshuǐ gāo ▶～が安い/薪水低 xīnshuǐ dī ▶～を10%上げてほしい/希望能加薪百分之十 xīwàng néng jiāxīn bǎi fēn zhī shí ▶うちはよそより～が高い/我们比别的地方工资高 wǒmen bǐ biéde dìfang gōngzī gāo ▶1日五千円の～で働く/按日薪五千日元工作 àn rìxīn wǔqiān Rìyuán gōngzuò ▶～格差があまりに大きい/工资差距太大 gōngzī chājù tài dà

ちんこん【鎮魂】 安魂 ānhún （英 the repose of a departed soul） ▶南の島への～の旅に出る/到南方小岛开始安魂之旅 dào nánfāng xiǎodǎo kāishǐ ānhún zhī lǚ

♦～曲【安魂曲】 ānhúnqǔ ▶会場に～曲が流れる/会场上回荡着安魂曲 huìchǎngshang huídàngzhe ānhúnqǔ

ちんざ【鎮座する】 （人や物が）端坐 duānzuò; 占据 zhànjù （英 be enshrined）

ちんし【沈思する】 沉思 chénsī （英 meditate; be in deep thought） ▶～黙考する/沉思默想 chénsī mòxiǎng ▶彼は腕を組んで～した/他抱着胳膊陷入了沉思 tā bàozhe gēbo xiànrùle chénsī

ちんじ【珍事】 稀奇事 xīqíshì; 离奇事情 líqí shìqing （英 an accident; an unexpected event） ▶これは我が社始まって以来の～だ/这是我公司自创始以来罕见的事 zhè shì wǒ gōngsī zì chuàngshǐ yǐlái hǎnjiàn de shì

ちんしごと【賃仕事】 （计件的）家庭副业 （jìjiàn de）jiātíng fùyè （英 a job; piecework） ▶～をする/在家作计件工作 zàijiā zuò jìjiàn gōngzuò ▶夜は家で～に励む/晚上在家拼命作计件工作 wǎnshang zài jiā pīnmìng zuò jìjiàn gōngzuò

ちんしゃ【陳謝する】 道歉 dàoqiàn; 赔不是 péi búshi （英 make an apology） ▶頭取は～の言葉を繰り返した/总负责人再三赔礼道歉 zǒngfùzérén zàisān péilǐ dàoqiàn ▶大臣が～のように～しているじゃないか/大臣不都如此赔礼道歉了吗

dàchén bù dōu rúcí péilǐ dàoqiànle ma

ちんしゃく【賃借する】 租借 zūjiè; 租賃 zūlìn; 租用 zūyòng（英 *lease*; *rent*）▶〜料が払えない/付不起租赁费 fùbuqǐ zūlìnfèi，仓库为月10万円で〜する/仓库以每月十万日元的租金租赁 cāngkù yǐ měiyuè shíwàn Rìyuán de zūjīn zūlìn

ちんじゅ【鎮守】 土地神庙 tǔdì shénmiào; 土地神 tǔdìshén（英 *a village shrine*）▶〜の森から月が昇る/土地庙的森林中升起一轮圆月 tǔdìmiào de sēnlín zhōng shēngqǐ yì lún yuányuè ▶〜の神様に豊作を祈った/向土地神祈祷丰收 xiàng tǔdìshén qídǎo fēngshōu

ちんじゅつ【陳述する】 陈述 chénshù（英 *make a statement*）法廷で〜する/在法庭陈述 zài fǎtíng chénshù
♦〜書 | 陈述书 chénshùshū; 申诉书 shēnsùshū ▶〜書を提出する/提交申诉书 tíjiāo shēnsùshū

ちんじょう【陳情する】 请愿 qǐngyuàn; 上访 shàngfǎng（英 *appeal*; *make a complaint*）▶役所に〜する/上访政府机关 shàngfǎng zhèngfǔ jīguān ▶役所に水害対策を〜する/为治理水害问题向政府请愿 wèi zhìlǐ shuǐhài wèntí xiàng zhèngfǔ qǐngyuàn ▶住民の〜は無視された/居民的请愿被置之不理 jūmín de qǐngyuàn bèi zhì zhī bùlǐ ▶〜団が党本部に押しかける/请愿团涌入党总部 qǐngyuàntuán yǒngrù dǎngzǒngbù

ちんせい【鎮静する】 平静 píngjìng; 镇静 zhènjìng（英 *calm down*）▶暴動は〜に向かっている/暴动逐渐平静下来 bàodòng zhújiàn píngjìngxiàlái ▶インフレは〜したと見てよい/可以认为通货膨胀已经稳定了 kěyǐ rènwéi tōnghuò péngzhàng yǐjīng wěndìng le
♦〜剤 | 定心丸 dìngxīnwán; 镇静剂 zhènjìngjì ▶〜剤を処方する/开一味镇静剂 kāi yíwèi zhènjìngjì

ちんせつ【珍説】 奇谈 qítán（英 *a strange opinion*）▶君の〜はもう願い下げだ/请不要再说你的这些奇谈怪论了 qǐng búyào zài shuō nǐ de zhèxiē qítán guàilùn le

ちんたい【沈滞する】 呆滞 dāizhì; 沉闷 chénmèn; 死气沉沉 sǐqì chénchén（英 *dull*; *slack*）▶政治の〜を打破したい/想打破沉闷的政治气氛 xiǎng dǎpò chénmèn de zhèngzhì qìfēn ▶社会の空気が〜している/社会气氛死气沉沉 shèhuì qìfēn sǐqì chénchén

ちんたい【賃貸する】 出租 chūzū; 出赁 chūlìn（英 *lease*; *rent*）▶駅近くの〜マンションに入居した/住进车站附近的租赁公寓 zhùjìn chēzhàn fùjìn de zūlìn gōngyù
♦〜契約 | 出赁合同 chūlìn hétong ▶〜契約を結ぶ/缔结出赁合同 dìjié chūlìn hétong ▶5年の〜契約で借りる/缔结了五年的租赁合同 dìjiéle wǔ nián de zūlìn hétong ♦〜料 | 租金 zūjīn; 租钱 zūqian ▶〜料の負担が大きい/租金的负担很重 zūjīn de fùdān hěn zhòng

ちんたいしゃく【賃貸借】 租赁 zūlìn（英 *a rent*）▶〜契約/租约 zūyuē

ちんちゃく【沈着な】 沉着 chénzhuó（英 *cool*）▶彼の〜な行動にみんなが感心した/他沉着的对应让大家都很佩服 tā chénzhuó de duìyìng ràng dàjiā dōu hěn pèifú ▶こういう時こそ〜冷静になりましょう/这种时候更需要沉着冷静 zhè zhǒng shíhou gèng xūyào chénzhuó lěngjìng

ちんちょう【珍重する】 珍视 zhēnshì; 珍重 zhēnzhòng（英 *make much of...*; *value highly*）▶父は形見の時計を〜していた/这块留作遗物的表，父亲一直非常珍爱 zhè kuài liúzuò yíwù de biǎo, fùqin yìzhí fēicháng zhēn'ài

ちんちん ❶【音】 叮当 dīngdāng（英 *a tinkle*）▶鉄びんが〜音をたてている/铁壶里的水滚滚地开着 tiěhúli de shuǐ gǔngǔn de kāizhe ❷【犬の動作】 狗站起来献艺 gǒu zhànqǐlái xiànyì（英 *begging*）▶近づくと犬が〜して迎えてくれた/一靠近了，狗就站起来献艺 yí kàojìn le, gǒu jiù zhànqǐlái xiànyì

ちんつう【沈痛な】 悲痛 bēitòng; 沉痛 chéntòng（英 *sad*; *grave*）▶〜な面持ち/沉痛的表情 chéntòng de biǎoqíng ▶父は〜な面持ちで病名を告げた/父亲带着沉重的表情说出了病名 fùqin dàizhe chénzhòng de biǎoqíng shuōchūle bìngmíng

ちんつうざい【鎮痛剤】《薬》镇痛剂 zhèntòngjì; 止痛药 zhǐtòngyào（英 *a painkiller*）▶〜を出しておきましょう/开一副止痛药吧 kāi yí fù zhǐtòngyào ba

ちんでん【沈澱する】 沉淀 chéndiàn（英 *be deposited*）▶〜物/沉淀物 chéndiànwù ▶ビーカーにうっすら泥が〜している/烧杯底上薄薄地沉淀着一层泥 shāobēi dǐshang báobáo de chéndiànzhe yì céng ní

ちんにゅう【闖入する】 闯入 chuǎngrù; 闯进 chuǎngjìn（英 *intrude into...*）▶男の〜で会議は中断された/一个男的闯了进来，会议被打断了 yí ge nán de chuǎnglejìnlai, huìyì bèi dǎduàn le ▶教室に父親らしい人物が〜してきた/一个像学生父亲的人闯进了教室 yí ge xiàng xuésheng fùqin de rén chuǎngjìnle jiàoshì

チンパンジー〔動物〕黑猩猩 hēixīngxing（英 *a chimpanzee*）

ちんぴら 小流氓 xiǎoliúmáng;《若造》小崽子 xiǎozǎizi（英 *a hooligan*; *a punk*）▶〜どもが街をのさばり歩いている/一帮小流氓在街上横行霸道地走着 yì bāng xiǎoliúmáng zài jiēshang héngxíng bàdào de zǒuzhe ▶〜に金を脅し取られた/被小流氓抢了钱 bèi xiǎoliúmáng qiǎngle qián

ちんぴん【珍品】 珍品 zhēnpǐn（英 *a rare article*; *a novelty*）▶いやぁこれは〜絶品ですなぁ/啊，这可真是珍品绝品啊！ā, zhè kě zhēn shì zhēnpǐn juépǐn a

ちんぷ【陳腐な】 陈腐 chénfǔ; 陈旧 chénjiù（英 *commonplace*; *trite*）▶筋立てがいかにも〜だ/故

ちんぷんかんぷん 莫名其妙 mò míng qí miào；无法理解 wúfǎ lǐjiě (英 *nonsense*) ▶大臣のあいさつはまるで～だった/大臣的致词真让人莫名奇妙 dàchén de zhìcí zhēn ràng rén mòmíng qímiào ▶上海語は僕には～なんだ/我对上海话一窍不通 wǒ duì Shànghǎihuà yí qiào bùtōng

ちんぼつ【沈没する】 沉没 chénmò；下沉 xiàchén (英 *sink; go to the bottom*) ▶ボートの上から艦が～を見送った/大家在救生艇上目送着舰艇的沉没 dàjiā zài jiùshēngtǐngshang mùsòngzhe jiàntǐng de chénmò ▶タンカーが～して油が流れ出た/油轮沉没，油流了出来 yóulún chénmò, yóu liúlechūlai

♦～船：沉船 chénchuán ▶～船が引き揚げられた/沉船被打捞上来了 chénchuán bèi dǎlāoshànglai le

ちんみ【珍味】 珍味 zhēnwèi (英 *a dainty; a delicacy*) ▶山海の～/山珍海味 shānzhēn hǎiwèi

ちんみょう【珍妙な】 奇异 qíyì；稀奇古怪 xīqí gǔguài (英 *queer*；[おかしな] *funny*) ▶～ないでたちで～な歌をうたう/穿着奇装唱怪歌 chuānzhe qízhuāng chàng guàigē

ちんもく【沈黙する】 沉默 chénmò；沉寂 chénjì (英 *become silent; keep quiet*) ▶叱られて僕ちは～した/我们被骂得闭了嘴 wǒmen bèi màde bìle zuǐ ▶重苦しい…のち父がぽつりと言った/经过沉重的沉默之后，父亲轻轻地说一句 jīngguò chénzhòng de chénmò zhīhòu, fùqin qīngqīng de shuō yí jù

～を破る 打破沉默 dǎpò chénmò ▶彼が～を破って発言した/他打破沉默发言了 tā dǎpò chénmò fāyán le

ちんれつ【陳列する】 陈列 chénliè；铺陈 pūchén (英 *exhibit; display*) ▶紳士帽の～にひと工夫ほしい/希望能在男帽的排设上再下下工夫 xīwàng néng zài nánmào de páishèshang zài xiàxia gōngfu ▶陶磁器は2階に～してある/陶瓷器陈列在二楼 táocíqì chénliè zài èr lóu

♦～棚：陈列架 chénlièjià；陈列柜 chénlièchú ▶ガラス器は～棚にのせよう/把玻璃器具放到陈列柜上 bǎ bōli qìjù fàngdào chénlièchúshang

つ

-つ ▶行き～戻り～する/走来走去的 zǒulái zǒuqù de ▶抜き～抜かれ～のレース/拉锯式的比赛 lājùzhànshì de bǐsài

ツアー 旅行 lǚxíng；旅游 lǚyóu (英 *a tour*) ～コンダクター/旅游向导 lǚyóu xiàngdǎo ▶旅行社の～で北欧に行った/参加旅行社的旅游团到北欧去了 cānjiā lǚxíngshè de lǚyóutuán dào Běi Ōu qù le ▶サイクリング～/自行车远游 zìxíngchē yuǎnyóu ▶〈歌手などが〉全国～を始める/春天开始全国巡回演出 chūntiān kāishǐ quánguó xúnhuí yǎnchū

つい ❶【すぐ近く】 刚 gāng；就 jiù (英 *just*) ▶～さっき/刚才 gāngcái ▶それは～昨日のことだ/那就是昨天的事 nà jiùshì zuótian de shì ▶彼は～今しがた出かけたところだ/他刚刚出去 tā gānggāng chūqù

❷【うっかり・ふと】 不由得 bùyóude；无意中 wúyìzhōng (英 *carelessly; by mistake*) ▶～しゃべってしまった/无意中说出来了 wúyìzhōng shuōchūlai le ▶～ミスを見落としてしまった/不知不觉地忽略了错误 bùzhī bùjué de hūlüèle cuòwù ▶～笑ってしまった/不由得笑了 bùyóude xiào le ▶～長居をしてしまいました/不知不觉地等待了好长时间 bùzhī bùjué de dāile hǎo cháng shíjiān

❸【ためらって】 不禁 bùjīn (英 *by accident*) ▶彼の手前～言いそびれてしまった/在他面前最后还是错过了说话的机会 zài tā miànqián zuìhòu háishi cuòguòle shuōhuà de jīhuì

つい【対】 (英 *a pair; a couple*) ▶～になる/成对 chéngduì ▶まことに好い～の夫婦だ/一对真般配的夫妻 yí duì zhēn bānpèi de fūqī ▶～になっていますから片方だけでは売れません〈花瓶など工芸品で〉/这两个是一对的，不能单卖 zhè liǎng ge shì yí duì de, bùnéng dān mài

ツイード 苏格兰呢 sūgélánní；粗呢 cūní (英 *tweed*) ▶～のジャケット/粗呢外套 cūní wàitào ▶～ハンチング/粗呢鸭舌帽 cūní yāshémào

ついえる【潰える】 崩溃 bēngkuì；垮台 kuǎtái；破灭 pòmiè (英 *collapse*) ▶政权奪回の夢が～/夺回政权之梦落空 duóhuí zhèngquán zhī mèng luòkōng

ついおく【追憶する】 追忆 zhuīyì；回忆 huíyì (英 *recollect*) ▶戻らぬ過去を～する/追忆无法返回的过去 zhuīyì wúfǎ fǎnhuí de guòqù ▶幸せだった日々を～する/追忆那些幸福的日子 zhuīyì nà xiē xìngfú de rìzi ▶学生時代の～に浸る/沉浸在学生时代的回忆中 chénjìn zài xuéshēng shídài de huíyì zhōng

ついか【追加する】 追加 zhuījiā；添补 tiānbǔ (英 *add*) ▶チケットを～販売する/追加出售票券 zhuījiā chūshòu piàoquàn ▶レストランの予約を二人分～する/再加订两个人的餐位 zài jiā dìng liǎng ge rén de cānwèi

♦～予算：追加预算 zhuījiā yùsuàn ～料金：附加费用 fùjiā fèiyòng

ついかんばん【椎間板】【解】 椎间盘 zhuījiānpán (英 *the intervertebral disk*) ▶～ヘルニア/椎间盘突出症 zhuījiānpán tūchūzhèng

ついき【追記】 补记 bǔjì (英 *a postscript*；(略) *P. S.*)

ついきゅう【追及する】 追查 zhuīchá；追究

zhuījiū (英 *pursue; question*) ▶責任を~する/追究责任 zhuījiū zérèn ▶彼は~の手をゆるめず，とうとう私は白状させられた/他緊追不放，终于使我坦白了 tā jǐnzhuī bú fàng, zhōngyú shǐ wǒ tǎnbái le

ついきゅう【追求する】 追求 zhuīqiú; 追逐 zhuīzhú (英 *pursue; chase*) ▶利潤を~する/追逐利润 zhuīzhú lìrùn ▶理想を~するあまり現実を忘れた/过于追求理想，脱离了现实 guòyú zhuīqiú lǐxiǎng, tuōlíle xiànshí

日中比較 中国語の'追求 zhuīqiú'には「異性を追い求める」という意味もある。

ついきゅう【追究する】 追究 zhuījiū; 探索 tànsuǒ (英 *investigate; inquire*) ▶原因を科学的に~する/科学地探索原因 kēxué de tànsuǒ yuányīn ▶君は今どんな問題を~しているのか/你现在在探求什么问题？ nǐ xiànzài zài tànqiú shénme wèntí

ついく【対句】 对句 duìjù; 对偶句 duì'ǒujù (英 *an antithesis*)

ついげき【追撃する】 追击 zhuījī (英 *pursue; chase*)
♦~機 驱逐机 qūzhújī

ついご【対語】 反义词 fǎnyìcí (英 [反対語] *an antonym*)

ついしけん【追試験】 补考 bǔkǎo (英 *a supplementary examination*) ▶~を受ける/参加补考 cānjiā bǔkǎo ▶~をする/进行补考 jìnxíng bǔkǎo

ついしゅ【堆朱】 〔工芸〕彫漆 diāoqī

ついじゅう【追従する】 追随 zhuīsuí; 效法 xiàofǎ (英 *follow*; [まねる] *imitate*) ▶僕は今まで会長に~してきた/我至今为止，一直追随会长 wǒ zhìjīn wéizhǐ, yìzhí zhuīsuí huìzhǎng

ついしょう【追従】 讨好 tǎohǎo; 奉承 fèngcheng (英 *flattery; apple-polishing*) ▶お~のうまい人ですね/这是个会讨好的人啊！zhè shì ge huì tǎohǎo de rén a！ ▶~笑いを浮かべる/露出谄笑 lùchū chǎnxiào

ついしん【追伸】 又及 yòují; 再者 zàizhě (英 *a postscript*; (略) *P. S.*)

ついずい【追随する】 追随 zhuīsuí; 亦步亦趋 yì bù yì qū (英 *follow*) ▶~を許さない/不能仿效 bùnéng fǎngxiào ▶独創的で他の~を許さない/极具独创性，别人无法仿效 jí jù dúchuàngxìng, biérén wúfǎ fǎngxiào
♦~者 追随者 zhuīsuízhě

ついせき【追跡する】 追踪 zhuīzōng; 跟踪 gēnzōng; 尾追 wěizhuī (英 *chase; track*) ▶~調査/跟踪调查 gēnzōng diàochá ▶犯人を~する/追踪罪犯 zhuīzōng zuìfàn ▶不審車がパトカーに~される/可疑车辆被警车追赶 kěyí chēliàng bèi jǐngchē zhuīgǎn

ついぜん【追善】 (英 *a mass for the dead*) ▶供養/为死者作佛事 wèi sǐzhě zuò fóshì
♦~興行 追悼演出 zhuīdào yǎnchū

ついそ【追訴する】 追诉 zhuīsù; 追加诉讼 zhuī-

jiā sùsòng (英 *bring a supplementary suit*)

ついぞ 从来(没有) cónglái(méiyǒu) (英 *never; (not) at all*) ▶そんなものは~見たことがない/我从来没有见过这种东西 wǒ cónglái méiyǒu jiànguò zhè zhǒng dōngxi

ついそう【追想する】 回忆 huíyì; 追想 zhuīxiǎng (英 *recollect*) ▶古きよき時代を~する/回忆很久以前美好的时光 huíyì hěn jiǔ yǐqián měihǎo de shíguāng ▶彼と話していると幼い頃の~される/跟他说话，我不由得回想起童年时代 gēn tā shuōhuà, wǒ bùyóude huíxiǎngqǐ tóngnián shídài

ついたいけん【追体験する】 体验别人的经验 tǐyàn biérén de jīngyàn (英 *relive*) ▶当時の生活を~/感受当时的生活 gǎnshòu dāngshí de shēnghuó

ついたち【一日・朔日】 《毎月の》一日 yī rì; 一号 yī hào; 《旧暦元日》初一 chūyī (英 *the first day*)

ついたて【衝立】 屏风 píngfēng (英 *a single-leaf screen*) ▶広間を~で仕切る/用屏风把大厅隔开 yòng píngfēng bǎ dàtīng gékāi

ついちょう【追徴する】 补征 bǔzhēng; 追征 zhuīzhēng (英 *collect... in addition*) ▶その会社に約5億円を~課税した/追征那个公司约五亿日元税款 zhuīzhēng nàge gōngsī yuē wǔyì Rìyuán shuìkuǎn ▶1万円の~金を納める/缴纳一万日元的追征款 jiǎonà yíwàn Rìyuán de zhuīzhēngkuǎn
♦~税 追征税款 zhuīzhēng shuìkuǎn

ついつい 不由得 bùyóude; **不由自主** bù yóu zìzhǔ (英 *heedlessly*) ▶~涙がこぼれた/不由得流泪了 bùyóude liúlèi le ▶宣伝につられて~買ってしまった/受宣传的影响不由自主地买了 shòu xuānchuán de yǐngxiǎng bù yóu zìzhǔ de mǎi le

ついて 对于 duìyú; 就 jiù; 关于 guānyú (英 *about...*) ▶そのことに~は考えてもみなかった/这件事情，我万万没想到 zhè jiàn shìqing, wǒ wànwàn méi xiǎngdào ▶この問題に~は議論が分かれている/关于这个问题，出现了不同意见的争论 guānyú zhège wèntí, chūxiànle bùtóng yìjiàn de zhēnglùn ▶私に~ならそれは問題外です/对我来说，那根本不值一提 duì wǒ láishuō, nà gēnběn bù zhí yì tí

ついて【次いで】 随后 suíhòu; 接着 jiēzhe (英 *(and) then*) ▶まず私が歌い，~彼が歌った/我先唱歌，接着他也唱了 wǒ xiān chànggē, jiēzhe tā yě chàng le ▶いちばん好きなのは菊で，~コスモスだ/我最喜欢菊花，接下来是秋樱 wǒ zuì xǐhuan júhuā, jiēxiàlái shì qiūyīng

ついで【序に】 就便 jiùbiàn; 顺便 shùnbiàn (英 *by the way*) ▶~の時/得便时 débiàn shí ▶散歩の~に郵便局でハガキを買った/散步的路上，顺便到邮局买了明信片 sànbù de lùshang, shùnbiàn dào yóujú mǎile míngxìnpiàn ▶出張に行く~に実家に立ち寄る/出差的时候，顺路到老

家去一趟 chūchāi de shíhou, shùnlù dào lǎojiā qù yí tàng ▶～に君のことをみんなに紹介しておこう/借这个机会，把你介绍给大家吧 jiè zhège jīhuì, bǎ nǐ jièshào gěi dàjiā ba ▶～ながら言っておきますが/顺便跟你说一声 shùnbiàn gēn nǐ shuō yì shēng ▶お～の節にお訪ね下さい/请在你方便的时候来一趟 qǐng zài nǐ fāngbiàn de shíhou lái yí tàng

ついていく【付いて行く】 跟上 gēnshàng; 跟踪 gēnzōng; 跟随 gēnsuí（英 follow; trail）▶どこまでも君のあとを～よ/我永远跟着你 wǒ yǒngyuǎn gēnzhe nǐ ▶授業に～のが大変です/跟上课程很吃力 gēnshàng kèchéng hěn chīlì

ついている 运气好 yùnqi hǎo; 走运 zǒuyùn（英 [運が] be lucky）▶ついていない/倒霉 dǎoméi; 晦气 huìqi ▶ついていない時は何をやってもダメだ/运气不好的时候，做什么错什么 yùnqi bù hǎo de shíhou, zuò shénme cuò shénme ▶今日は～ぞ/今天运气真好 jīntiān yùnqi zhēn hǎo

ついてくる【付いて来る】 跟着 gēnzhe; 跟随 gēnsuí（英 follow）▶いつまでも俺のあとを～な/你别老跟着我 nǐ bié lǎo gēnzhe wǒ ▶黙って付いて来い/不要多想，只要跟着我就行 búyào duō xiǎng, zhǐyào gēnzhe wǒ jiù xíng

ついては 所以 suǒyǐ; 因此 yīncǐ（英 and so）▶急病で入院したんだ。～君、代行を頼むよ/我因急病住院了，请你帮我代理一下吧 wǒ yīn jíbìng zhùyuàn le, qǐng nǐ bāng wǒ dàilǐ yíxià ba

ついてまわる【付いて回る】 跟着 gēnzhe; 伴随着 bànsuízhe（英 pursue; dog）▶彼には名声が付いて回っている/名声总是伴随着他 míngshēng zǒngshì bànsuízhe tā ▶戦後彼には不運が付いて回った/战后，不幸总是缠着他了 zhànhòu, búxìng zǒngshì chánzhe tā le ▶福祉の議論には必ず財政問題が～/提到社会福利，总是离不开财政问题 tídào shèhuì fúlì, zǒngshì líbukāi cáizhèng wèntí

ついてゆけない【付いて行けない】 赶不上 gǎnbushàng; 跟不上 gēnbushàng（英 do not keep up with...）▶社会の急激な変化には～/赶不上社会的急剧变化 gǎnbushàng shèhuì de jíjù biànhuà ▶君のような考え方には～/我不能理解他的这种想法 wǒ bùnéng lǐjiě tā de zhè zhǒng xiǎngfa ▶私は彼の過激な行動には～/我没法支持他的过激行动 wǒ méi fǎ zhīchí tā de guòjī xíngdòng

ついてゆける【付いて行ける】 赶得上 gǎndeshàng; 跟得上 gēndeshàng（英 keep up with...）▶君たち時代の歩みに～か/你们跟得上时代的步伐吗？nǐmen gēndeshàng shídài de bùfá ma? ▶ネイティブが普通に話すスピードに～ようになる/跟得上母语者的一般说话速度了 gēndeshàng mǔyǔzhě de yìbān shuōhuà sùdù le

ついとう【追悼する】 追悼 zhuīdào（英 mourn）▶～の辞を述べる/致悼词 zhì dàocí ▶友人の～に文を書く/为友人写悼词 wèi yǒurén xiě dàocí ▶～会を行う/举行追悼会 jǔxíng zhuīdàohuì

ついとつ【追突する】 从后面撞上 cóng hòumian zhuàngshàng（英 rear-end）▶信号待ちしているトラックに～された/等红绿灯时，被后面的卡车撞了 děng hónglǜdēng shí, bèi hòumian de kǎchē zhuàng le ▶高速道路で～事故が起こった/在高速公路上发生了追尾事故 zài gāosù gōnglùshang fāshēngle zhuīwěi shìgù

ついに【遂に】 终于 zhōngyú; 到底 dàodǐ（英 at last; finally）▶～富士山に登頂した/终于登上了富士山 zhōngyú dēngshàngle Fùshìshān ▶彼は～姿を現さなかった/到最后他也没来 dào zuìhòu tā yě méi lái ▶～は彼の努力も報いられるだろう/最后，他的努力也会得到回报 zuìhòu, tā de nǔlì yě huì dédào huíbào ▶勝負は～彼の勝利に帰した/最后，他终于赢得了胜利 zuìhòu, tā zhōngyú yíngdéle shènglì

ついにん【追認する】 追认 zhuīrèn; 事后承认 shìhòu chéngrèn（英 comfirm; ratify）▶この規定は現状を～するにすぎない/这个规定不过是追认现状 zhège guīdìng búguò shì zhuīrèn xiànzhuàng

ついばむ 啄 zhuó（英 pick; peck）▶小鳥が餌を～/小鸟啄食 xiǎoniǎo zhuóshí

ついひ【追肥】 追肥 zhuīféi（英 additional fertilizer）▶なすに～する/给茄子追肥 gěi qiézi zhuīféi

ついぼ【追慕する】 缅怀 miǎnhuái; 怀念 huáiniàn; 想念 xiǎngniàn（英 yearn for...）▶故人を～する/缅怀故人 miǎnhuái gùrén

ついほう【追放する】 驱逐 qūzhú; 放逐 fàngzhú; 流放 liúfàng（英 banish; exile; [公職から] purge）▶貧困を～する/消灭贫困 xiāomiè pínkùn ▶不法入国により国外～となった/因非法入境被驱逐出境 yīn fēifǎ rùjìng bèi qūzhú chūjìng ▶公職から～する/开除公职 kāichú gōngzhí ▶～を解除する/解除驱逐处分 jiěchú qūzhú chǔfèn

ついやす【費やす】（時間・金銭・労力を）花 huā; 花费 huāfèi（英 spend; consume）▶言葉を～/费口舌 fèi kǒushé ▶スポーツに～時間は週に5時間ほどです/我每周花五个小时运动 wǒ měizhōu huā wǔ ge xiǎoshí yùndòng ▶彼は書籍に多額の金を～/他花很多钱买书 tā huā hěn duō qián mǎi shū ▶彼はこの絵をかくのに2年を費やした/他画这幅画儿花了两年的时间 tā huā le zhè fú huàr huāle liǎng nián de shíjiān

ついらく【墜落する】 坠落 zhuìluò（英 fall; crash）▶～死/摔死 shuāisǐ ▶航空機が海中に～する/飞机坠毁于海中 fēijī zhuìhuǐ yú hǎizhōng ▶飛行機の～事故で多数の死者が出た/坠机事故中大量人员死亡 zhuìjī shìgù zhōng dàliàng rényuán sǐwáng ▶ヘリコプターの～現場/直升飞机的坠落现场 zhíshēng fēijī de zhuìluò xiànchǎng

ツイン 双人房间 shuāngrén fángjiān（英 twin）

つう
~と言えばかあ 心连心 xīn lián xīn; 彼此心照 bǐcǐ xīn zhào

つう【通】 内行 nèiháng; 行家 hángjia (英 *an authority; an expert judge*) ▶アメリカ~/美国通 Měiguótōng ▶~ぶるんじゃないよ/别装内行 bié zhuāng nèiháng ▶彼はなかなかの演劇~である/他对戏剧相当精通 tā duì xìjù xiāngdāng jīngtōng ▶財政~である/他是个财政行家 tā shì ge cáizhèng hángjia

-つう【-通】 封 fēng; 份 fèn ▶契約書 2 ~/两份合同 liǎng fèn hétong ▶1~の手紙/一封信 yì fēng xìn

つういん【通院する】 门诊治疗 ménzhěn zhìliáo (英 *go to hospital regularly*) ▶バスがなくなると~するのに困る/没有公共汽车的话,不便于定期去医院看病 méiyǒu gōnggòng qìchē dehuà, bú biànyú dìngqī qù yīyuàn kànbìng ▶腎臓病でもう 2 年も~している/因为患肾脏病,已经去医院看了两年了 yīnwèi huàn shènzàngbìng, yǐjing qù yīyuàn kànle liǎng nián le ▶~患者/定期门诊的病人 dìngqī ménzhěn de bìngrén

つういん【痛飲する】 痛饮 tòngyǐn; 酣饮 hānyǐn (英 *drink hard*) ▶昨夜は久しぶりに旧友と~した/昨晚,和久别重逢的老朋友痛饮了一场 zuówǎn, hé jiǔbié chóngféng de lǎopéngyou tòngyǐnle yì chǎng

つううん【通運】 (英 *transport; forwarding*) ▶~会社/运输公司 yùnshū gōngsī

つうか【通貨】 通货 tōnghuò; 货币 huòbì (英 *currency*) ▶~交換レート/货币兑换率 huòbì duìhuànlǜ ▶中国の~単位は元, 角, 分の 3 種類がある/中国的货币单位有元、角、分这三种 Zhōngguó de huòbì dānwèi yǒu yuán, jiǎo, fēn zhè sān zhǒng

♦国際~基金 | 国际货币基金组织 Guójì huòbì jījīn zǔzhī ~危機 | 货币危机 huòbì wēijī ~供給 | 货币供给 huòbì gōngjǐ ~切り上げ | 提高汇率 tígāo huìlǜ ~切り下げ | 降低汇率 jiàngdī huìlǜ

つうか【通過する】 通过 tōngguò; 经过 jīngguò (英 *pass*) ▶こんな法案が議会を~するとはあきれたもんだ/议会通过这种法案,真让人瞠目结舌 yíhuì tōngguò zhè zhǒng fǎ'àn, zhēn ràng rén chēng mù jié shé ▶特急が猛スピードで途中駅を~する/特快列车飞速驶过中途车站 tèkuài lièchē fēisù shǐguò zhōngtú chēzhàn ▶トンネルを~する/通过隧道 tōngguò suìdào ▶税関を~できない/无法通关 wúfǎ tōngguān

♦~駅 | 经过不停的车站 jīngguò bù tíng de chēzhàn ~儀式 | 通过仪式 tōngguò yíshì

つうかい【痛快】 痛快 tòngkuài; 大快人心 dà kuài rénxīn (英 *very exciting; thrilling*) ▶こんな~な映画はありません/再没有这么痛快的电影了 zài méiyǒu zhème tòngkuài de diànyǐng le ▶今日の勝負はとても~だった/今天的比赛真痛快啊 jīntiān de bǐsài zhēn tòngkuài a ▶彼はいかにも~な男だ/他的确是个痛快的男人 tā díquè shì ge tòngkuài de nánrén ▶子供たちが大人をやりこめる~な物語/孩子们驳倒大人的痛快故事 háizimen bódǎo dàren de tòngkuài gùshi

🔲日中比較 中国語の '痛快 tòngkuai' には「非常に愉快である」という意味の他に「率直である」という意味もある.

つうかく【痛覚】 痛觉 tòngjué (英 *a sense of pain*) ▶魚には~がないのか?/鱼没有痛觉吗? yú méiyǒu tòngjué ma?

つうがく【通学する】 上学 shàngxué (英 *go to school*) ▶~生/走读生 zǒudúshēng ▶5 キロの道を 3 年間自転車で~した/三年来,每天骑五公里自行车上学 sān nián lái, měitiān qí wǔ gōnglǐ zìxíngchē shàngxué ▶列車~生/坐列车上学的学生 zuò lièchē shàngxué de xuésheng ▶~区域/学区 xuéqū

つうかん【通関】 通关 tōngguān; 报关 bàoguān (英 *go through the customs*) ▶~手続き/过关手续 guòguān shǒuxù ▶~で手間どる/因报关手续花费时间 yīn bàoguān shǒuxù huāfèi shíjiān

♦~申告書 | 报关单 bàoguāndān

つうかん【痛感する】 痛感 tònggǎn; 深感 shēngǎn (英 *feel keenly; realize keenly*) ▶日頃の運動不足を~する/痛感平时缺乏运动 tònggǎn píngshí quēfá yùndòng ▶外国人とのコミュニケーションの難しさを~する/深感与外国人沟通的困难 shēngǎn yǔ wàiguórén gōutōng de kùnnan

つうき【通気】 通风 tōngfēng; 通气 tōngqì (英 *ventilation*) ▶~孔/通风口 tōngfēngkǒu; 通气口 tōngqìkǒu ▶このレインコートは~性がよい/这件雨衣通气性很好 zhè jiàn yǔyī tōngqìxìng hěn hǎo

つうぎょう【通暁する】 精通 jīngtōng; 洞晓 dòngxiǎo (英 *have a thorough knowledge of...*) ▶あの人は金融制度に~している/那人精通金融制度 nà rén jīngtōng jīnróng zhìdù

つうきん【通勤する】 上下班 shàngxiàbān; 通勤 tōngqín (英 *go (come) to work*) ▶~ラッシュ/上下班高峰时间 shàngxiàbān gāofēng shíjiān ▶自転車で~して運動不足を解消する/骑自行车上班来解决缺乏运动的问题 qí zìxíngchē shàngbān lái jiějué quēfá yùndòng de wèntí ▶地下鉄で~する/坐地铁上班 zuò dìtiě shàngbān ▶私の~時間は約 30 分で~に片道 20km 以上の人/上班单程距离二十公里以上的人 shàngbān dānchéng jùlí èrshí gōnglǐ yǐshàng de rén ▶毎日県境を越えて~している/每天跨越县界上下班 měitiān kuàyuè xiànjiè shàngxiàbān

♦~圏 | 通勤范围 tōngqín fànwéi ~手当 | 上班交通费 shàngbān jiāotōngfèi; 通勤费 tōngqínfèi

つうげき【痛撃】 痛打 tòngdǎ; 痛击 tòngjī (英 *a severe blow (attack)*) ▶今冬の雪不足がスキー場の経営を~した/今冬雪量不足,滑雪场受

到了严重打击 jīndōng xuěliàng bùzú, huáxuěchǎng shòudàole yánzhòng dǎjī ▶世論は最近の政治の腐敗に~を与えた/舆论痛击近来的政治腐败 yúlùn tòngjī jìnlái de zhèngzhì fǔbài

つうこう【通行する】 通行 tōngxíng; 往来 wǎnglái (英 pass) ▶道路工事のため~制限をる/由于道路工程限制通行 yóuyú dàolù gōngchéng xiànzhì tōngxíng ▶車椅子の~を妨げる/妨碍轮椅通行 fáng'ài lúnyǐ tōngxíng

♦一方~ 单行线 dānxíngxiàn ~証 通行证 tōngxíngzhèng ~税 过境税 guòjìngshuì ~止め 禁止通行 jìnzhǐ tōngxíng ▶高速道路が大雪の影響で~になった/受到大雪的影响,高速公路禁止通行了 shòudào dàxuě de yǐngxiǎng, gāosù gōnglù jìnzhǐ tōngxíng le ▶その通りは~止めだ/这条路禁止通行 zhè tiáo lù jìnzhǐ tōngxíng ~人 行人 xíngrén 《高速道路などの》料金 通行费 tōngxíngfèi 右側~ 右侧通行 yòucè tōngxíng

つうこう【通航する】 通航 tōngháng (英 navigate)

つうこく【通告する】 通告 tōnggào; 通知 tōngzhī (英 notify) ▶私は会社から一方的に解雇を~された/我被公司单方面通知解雇 wǒ bèi gōngsī dānfāngmiàn tōngzhī jiěgù ▶文書で~する/发出书面通知 fāchū shūmiàn tōngzhī

つうこん【痛恨の】 痛恨 tòngxīn; 悔恨 huǐhèn (英 deep regret [sorrow]) ▶~に堪えない/悔恨不已 huǐhèn bùyǐ ▶~の極み/遗憾之至 yíhàn zhī zhì ▶~の失策を犯す/犯了悔恨不已的过失 fànle huǐhèn bùyǐ de guòshī ▶生涯の~事/生涯遗憾的事 zhōngshēng yíhàn de shì

日中比較 中国語の'痛恨 tònghèn'は「深く憎む」ことを指す.

つうさん【通算する】 总计 zǒngjì (英 total) ▶~5度目の優勝/总计第五次获胜 zǒngjì dìwǔ cì huòshèng ▶実務経験が~で15年になる/实务经验一共有十五年 shíwù jīngyàn yígòng yǒu shíwǔ nián

つうし【通史】 通史 tōngshǐ (英 a complete history)

つうじ【通じ】 大便 dàbiàn (英 passage; bowel movement) ▶~は正常にある/大便正常 dàbiàn zhèngcháng ▶今朝お~がありましたか/今天早上有没有大便? jīntiān zǎoshang yǒuméiyǒu dàbiàn?

つうじて【通じて】 ❶【仲介】 通过 tōngguò (英 through) ▶テレビや新聞を~全国に呼びかける/通过电视、报纸向全国呼吁 tōngguò diànshì、bàozhǐ xiàng quánguó hūyù ▶通訳を~会談する/通过翻译进行会谈 tōngguò fānyì jìnxíng huìtán

❷【…中】 在整个期間 zài zhěnggè qījiān; 在整个范围 zài zhěnggè fànwéi (英 throughout; all over) ▶1年を~さまざまな行事がある/一年到头有各种各样的活动 yì nián dàotóu yǒu gèzhǒng gèyàng de huódòng ▶全国を~幅広い活動を展開する/在全国范围展开广泛的活动 zài quánguó fànwéi zhǎnkāi guǎngfàn de huódòng ▶全国を~四季の変化に恵まれている/全国各地都可以感受到四季之变化 quánguó gèdì dōu kěyǐ gǎnshòudào sìjì zhī biànhuà

つうしょう【通称】 俗称 súchēng (英 a common name; a nickname) ▶ここは~ゴールデン街と言う/这里俗称黄金街 zhèlǐ súchēng Huángjīnjiē

つうしょう【通商する】 通商 tōngshāng; 贸易 màoyì (英 commerce; trade) ▶アメリカ~代表部/美国通商代表部 Měiguó tōngshāng dàibiǎobù

♦~協定 通商协定 tōngshāng xiédìng ~白書 通商白皮书 tōngshāng báipíshū

つうじょう【通常の】 一般 yìbān; 通常 tōngcháng (英 usually; ordinarily) ▶明日からは~通り営業いたします/从明天起, 照常营业 cóng míngtiān qǐ, zhàocháng yíngyè

♦~国会 国会定期常会 guóhuì de dìngqī chánghuì ~兵器 普通武器 pǔtōng wǔqì

つうじる【通じる】 ❶【通暁する】 be well acquainted with...; 精通 jīngtōng (英 be well acquainted with...) ▶日本語に通じている/精通日语 jīngtōng Rìyǔ ▶彼女は7ヶ国語に通じている/她通晓七国语言 tā tōngxiǎo qīguó yǔyán ▶彼は中東の事情に通じている/他熟悉中东的情况 tā shúxī Zhōngdōng de qíngkuàng ▶事情に通じている人/消息灵通人士 xiāoxi língtōng rénshì

❷【届く・達する】 通 tōng; 通往 tōngwǎng (英 [電話が] get; [電車が] run; [道が] lead; [開通する] be opened) ▶電話が~/通电话 tōng diànhuà ▶《道が》市内に通じている/通到市内 tōngdào shìnèi ▶心が~/心心相通 xīnxīn xiāngtōng ▶ここから鉄道の駅までバスが通じています/从这里有通往火车站的公共汽车 cóng zhèlǐ yǒu tōngwǎng huǒchēzhàn de gōnggòng qìchē ▶この道は海岸の方へ通じています/这条路通向海岸方面 zhè tiáo lù tōngxiàng hǎi'àn fāngmiàn ▶「この扉はどこへ通じていますか」「寝室に通じています」/"这扇门通到哪里?""通到卧房 Tōngdào wòfáng" ▶安田氏に電話をかけても通じない/给安田先生打电话也打不通 gěi Āntián xiānsheng dǎ diànhuà yě dǎbutōng ▶この針金には電流が通じている/这根铁丝通着电流 zhè gēn tiěsī tōngzhe diànliú

❸【言葉が】 理解 lǐjiě (英 [意味が] be understood) ▶話が通じない/说不通 shuōbutōng ▶そのホテルは日本語が通じますか/那家饭店, 说日语能懂吗? nà jiā fàndiàn, shuō Rìyǔ néng dǒng ma? ▶ロンドンで僕の英語では通じなかった/在伦敦大家都听不懂我说的英语 zài Lúndūn dàjiā dōu tīngbudǒng wǒ shuō de Yīngyǔ ▶私のイタリア語が通じない時は友人の通訳を務めてくれた/大家听不懂我说的意大利语时, 我朋友给我当翻译了 dàjiā tīngbudǒng wǒ shuō de Yìdàlìyǔ shí, wǒ péngyou gěi wǒ dāng fānyì le ▶彼の言うこ

とはさっぱり意味が通じない/他说的话意思根本不通 tā shuō de huà yìsi gēnběn bù tōng
4【通知する】 通知 tōngzhī (英 tell) ▶来意を~/说明来意 láiyì
5【内応する】 通 tōng (英 communicate secretly) ▶敵と~/通敌 tōngdí
気脈を~ 串通一气 chuàntōng yíqì

つうしん【通信する】 通信 tōngxìn; 通讯 tōngxùn (英 correspond; communicate) ▶ワシントンからの~によれば/根据华盛顿通讯… gēnjù Huáshèngdùn tōngxùn… ▶~講座で英語を勉強する/参加函授讲座学英语 cānjiā hánshòu jiǎngzuò xué Yīngyǔ ▶在外~員/驻外记者 zhùwài jìzhě
◆~衛星:通讯卫星 tōngxùn wèixīng ~機関:通信机关 tōngxìn jīguān ~教育:函授 hánshòu ~教育で大学を卒業する/通过函授教育获得大学文凭 tōngguò hánshòu jiàoyù huòdé dàxué wénpíng ~社:通讯社 tōngxùnshè ~販売:函售 hánshòu ▶~販売で買う/邮购 yóugòu; 函购 hángòu ▶~販売で化粧品を売る/函售化妆品 hánshòu huàzhuāngpǐn ~費:通信费 tōngxìnfèi ~網:通讯网 tōngxùnwǎng

つうしんぼ【通信簿】 成绩册 chéngjìcè (英 a school report)

つうせい【通性】 通性 tōngxìng; 共性 gòngxìng (英 generality) ▶責任逃れは彼らの~/推脱责任是他们的共通性 tuītuō zérèn shì tāmen de gòngtōngxìng

つうせつ【通説】 一般的说法 yìbān de shuōfǎ (英 a common opinion) ▶経済の~を疑う/怀疑经济的一般见解 huáiyí jīngjì de yìbān jiànjiě ▶これまでの~をくつがえす発見だ/这是推翻一般学说的新发现 zhè shì tuīfān yìbān xuéshuō de xīnfāxiàn

つうせつ【痛切に】 痛切 tòngqiè; 深切 shēnqiè (英 keenly; acutely; severely) ▶~に感じる/深深感到 shēnshēn gǎndào ▶これは~に反省しなければならない/这件事该深切地反省 zhè jiàn shì gāi shēnqiè de fǎnxǐng ▶その必要は~に感じている/深深地感到其必要性 shēnshēn de gǎndào qí bìyàoxìng ▶その方法の重要性を~に感じた/深深感到那种方法的重要性 shēnshēn gǎndào nà zhǒng fāngfǎ de zhòngyàoxìng ▶僕には~な後悔が残った/给我留下了深切的悔恨 gěi wǒ liúxiàle shēnqiè de huǐhèn

つうそく【通則】 一般的规则 yìbān de guīzé (英 general rules; a universal rule)

つうぞく【通俗な】 通俗 tōngsú (英 common; popular) ▶~な意見/通俗的意见 tōngsú de yìjiàn ▶もう少し~に説明してくれよ/再给我说得通俗一点 zài gěi wǒ shuōde tōngsú yì diǎn ▶~化する/通俗化 tōngsúhuà
◆~小説:通俗小说 tōngsú xiǎoshuō

つうたつ【通達する】 通告 tōnggào; 通知 tōngzhī (英 notify) ▶当局から緊急対策に関する~を受けた/收到了当局有关紧急政策的通知 shōudàole dāngjú yǒuguān jǐnjí duìcè de tōngzhī
日中比較 中国語の'通达 tōngdá'は「ものの道理に通じている」ことをいう.

つうち【通知する】 通知 tōngzhī (英 notify; inform) ▶変更があれば全員に事前に~する/如有改变提前通知全体人员 rú yǒu gǎibiàn tíqián tōngzhī quántǐ rényuán ▶そのことについて詳しく御~下さい/关于这件事请详细通知我 guānyú zhè jiàn shì qǐng xiángxì tōngzhī wǒ ▶~を出すべき人の住所，氏名/需要通知的人的地址、姓名 xūyào tōngzhī de rén de dìzhǐ, xìngmíng ▶3 社から不採用~がきた/收到三家公司的不录用通知 shōudào sān jiā gōngsī de bú lùyòng tōngzhī ▶~状/通知书 tōngzhīshū ▶納税~書/纳税通知单 nàshuì tōngzhīdān

つうちひょう【通知表】 成绩册 chéngjìcè; 成绩单 chéngjìdān (英 a school report)

つうちょう【通帳】 折子 zhézi; 存折 cúnzhé (英 a passbook) ▶貯金~/存折 cúnzhé ▶~に記帳する/记帐 jì zhàng

つうちょう【通牒】 通牒 tōngdié (英 a notice) ▶最後~を発する/发出最后通牒 fāchū zuìhòu tōngdié

つうどく【通読する】 通読 tōngdú (英 read a book through) ▶聖書を~する/通读圣经 tōngdú Shèngjīng ▶ふつう辞書は~するものではない/一般来说词典不是用来通读的 yìbān láishuō cídiǎn bú shì yòng lái tōngdú de

ツートンカラーの 双色调 shuāngsèdiào (英 two-tone)

つうねん【通年】 一整年 yìzhěngnián; 全年 quánnián (英 through the year)

つうねん【通念】 共同的想法 gòngtóng de xiǎngfǎ; 一般的想法 yìbān de xiǎngfǎ (英 a generally received idea) ▶社会~からはずれた行為/违背社会共识的行为 wéibèi shèhuì gòngshí de xíngwéi ▶彼らの提案は従来の~を越えている/他们的提议超越了一般的常识 tāmen de tíyì chāoyuèle yìbān de chángshí

つうば【痛罵する】 痛骂 tòngmà (英 condemn; denounce) ▶彼は評論の中でその作品を~した/他在评论中痛斥了那个作品 tā zài pínglùn zhōng tòngchīle nàge zuòpǐn

ツーピース 〔服飾〕套装 tàozhuāng; 上下套装 shàngxià tàozhuāng (英 a two-piece suit [dress])

つうふう【通風】 通风 tōngfēng (英 ventilation) ▶~のよい[悪い]部屋/通风很好[不好]的房间 tōngfēng hěn hǎo[bù hǎo]de fángjiān
◆~孔:通风孔 tōngfēngkǒng
日中比較 中国語の'通风 tōngfēng'には「風を通す」という意味の他に「秘密を漏らす」という意味もある.

つうふう【痛風】 〔医〕痛风 tòngfēng (英 gout) ▶~を患う/患痛风 huàn tòngfēng

つうぶん【通分する】 〔数〕通分 tōngfēn (英 reduce... to a common denominator)

つうへい【通弊】 通病 tōngbìng 〈英〉 *a common evil〔fault〕* ▶熱しやすく冷めやすいのが彼らの～だ/忽冷忽热是他们的通病 hū lěng hū rè shì tāmen de tōngbìng

つうほう【通報する】 通报 tōngbào; 〈警察に〉报警 bàojǐng 〈英〉*report; notify* ▶警察は通行人の～で現場に急行した/警察接到行人的通报急忙赶去现场 jǐngchá jiēdào xíngrén de tōngbào jímáng gǎn qù xiànchǎng ▶～を受ける/接到通报 jiēdào tōngbào

◆～者:通报者 tōngbàozhě

つうぼう【痛棒】 痛斥 tòngchì; 严厉斥责 yánlì chìzé 〔打撃〕*a severe blow*; 〔批判〕*severe criticizm* ▶～を食らう/被痛斥 bèi tòngchì

つうやく【通訳】 翻译 fānyì 〈英〉〔事〕*interpretation*; 〔人〕*an interpreter* ▶～する/翻译 fānyì; 口译 kǒuyì ▶同時～/同声传译 tóngshēng chuányì ▶両首脳は～なしで会談した/两位首脳不通过翻译直接会谈 liǎng wèi shǒunǎo bù tōngguò fānyì zhíjiē huìtán ▶国際会議で何ヶ国語かの～が必要だ/在国际会议上需要几国语言的翻译 zài guójì huìyìshang xūyào jǐ guó yǔyán de fānyì ▶将来は中国語の～になりたい/我将来想做汉语翻译 wǒ jiānglái xiǎng zuò Hànyǔ fānyì ▶～に雇われる/被聘用为翻译 bèi pìnyòng wéi fānyì ▶～を使って商談する/通过翻译进行商务谈判 tōngguò fānyì jìnxíng shāngwù tánpàn

つうよう【通用する】 通用 tōngyòng 〈英〉*circulate*; *have currency*) ▶国際社会に～するキャリア/在国际社会上行得通的工作经验 zài guójì shèhuìshang xíngdetōng de gōngzuò jīngyàn ▶ここでは日本の慣習は～しない/在这里日本的习惯行不通 zài zhèlǐ Rìběn de xíguàn xíngbūtōng ▶君のわがままは私以外には～しないだろう/除了我，人家不会让你随心所欲 chúle wǒ, rénjia búhuì ràng nǐ suí xīn suǒ yù ▶この説は現代においても依然として～する/这个理论现在也仍然可以适用 zhège lǐlùn xiànzài yě réngrán kěyǐ shìyòng ▶今日で～期限が切れる/有效期到今天为止 yǒuxiàoqī dào jīntiān wéizhǐ 〔表示〕～当日限り/只限当天有效 zhǐ xiàn dàngtiān yǒuxiào

◆～口:便门 biànmén; 工作人员通道 gōngzuò rényuán tōngdào ～門:旁门 pángmén; 便门 biànmén

つうよう【痛痒】 痛痒 tòngyǎng 〈英〉*pain and itch* ▶～を感じない/无关痛痒 wúguān tòngyǎng ▶そんなことにはこちらは少しも～を感じない/我们满不在乎这点儿事 wǒmen mǎn bú zàihu zhè diǎnr shì

つうらん【通覧する】 综览 zōnglǎn; 综观 zōngguān 〈英〉*survey; look over*)

ツーリング 自行车旅行 zìxíngchē lǚxíng; 摩托车旅行 mótuōchē lǚxíng; 开车旅行 kāichē lǚxíng 〈英〉*touring*)

ツール 工具 gōngjù; 器具 qìjù 〈英〉*a tool*)

つうれい【通例】 惯例 guànlì; 常规 chángguī 〈英〉*the custom; the rule*) ▶こんなことでも結論が出るまで数ヶ月かかるのが～だ/这么点儿事情通常也要几个月才能得出结论 zhème diǎnr shìqing tōngcháng yě yào jǐ ge yuè cái néng déchū jiélùn ▶～なら外部に情報が漏れるはずがない/一般来说，信息不会泄漏出去 yībān lái shuō, xìnxī búhuì xièlòuchūqu ▶それが～となっている/那已经成为惯例了 nà yǐjīng chéngwéi guànlì le

つうれつ【痛烈な】 严厉 yánlì; 激烈 jīliè; 猛烈 měngliè 〈英〉*severe; sharp; fierce*) ▶そのコメントは当局への～な皮肉が込められている/那评论里包含了对当局猛烈的讽刺和平论抨击 duì dāngjú měngliè de fěngcì ▶本書は教育への～な告発である/这本书是对教育界的猛烈揭发 zhè běn shū shì duì jiàoyùjiè de měngliè jiēfā ▶～に非難する/激烈批判 jīliè pīpàn

つうろ【通路】 过道 guòdào; 通路 tōnglù 〈英〉*a passage; a path*; 〔車内などの〕*an aisle*) ▶～をあける/让开通道 ràngkāi tōngdào ▶～にも人があふれていた/通道上也挤满了人 tōngdàoshang yě jǐmǎnle rén ▶～を塞ぐ/堵住通道 dǔzhù tōngdào ▶～側の席/靠通道的座位 kào tōngdào de zuòwèi

つうろん【通論】 通论 tōnglùn; 概论 gàilùn 〈英〉*an introduction; an outline*) ▶哲学～/哲学通论 zhéxué tōnglùn

つうわ【通話】 通话 tōnghuà 〈英〉*a (telephone) call*) ▶～料/话费 tōnghuàfèi ▶～記録が漏洩する/泄漏了通话记录 xièlòule tōnghuà jìlù ▶無料～サービス/免费通话服务 miǎnfèi tōnghuà fúwù ▶市内[外]～/市内[外]通话 shìnèi[wài]tōnghuà ▶1～は3分間である/一次通话为三分钟 yí cì tōnghuà wéi sān fēnzhōng ▶コレクトコール～をする/打受话人付费的电话 dǎ shòuhuàrén fùfèi de diànhuà

つえ【杖】 手杖 shǒuzhàng; 拐杖 guǎizhàng 〈英〉*a cane; a stick*) ▶魔法の～/魔杖 mózhàng ▶～にすがるとも人にすがるな/宁肯拄拐杖，也别依靠人 nìngkěn zhǔ guǎizhàng, yě bié yīkào rén ▶とも柱とも頼む人/唯一可以依靠的人 wéiyī kěyǐ yīkào de rén

【ことわざ】転ばぬ先の杖 未雨绸缪 wèi yǔ chóumóu

～をつく 拄拐杖 zhǔ guǎizhàng ▶～をついて歩く/拄着拐杖走路 zhǔzhe guǎizhàng zǒulù

つか【塚】 土堆 tǔduī; 坟墓 fénmù 〈英〉*a mound*; 〔墳墓〕*a tomb*)

◆一里～:里程碑 lǐchéngbēi

つかい【使い】 〔用件〕派人去做的事 pài rén qù zuò de shì 〈《人》派去的人 pàiqù de rén 〈英〉*a messenger*; 〔*an errand*〕 ▶～を出す/打发人去 dǎfā rén qù; 派使者 pài shǐzhě ▶子供の～じゃあるまいし，もっとまともにやれ/又不是让小孩子办的事，你要认真地干 yòu bú shì ràng xiǎoháizi bàn de shì, nǐ yào rènzhēn de gàn ▶～の者に御返事下さい/请把您的回复告诉派去的人 qǐng bǎ nín de huífù gàosu pàiqù de rén

▶ちょっと～に行ってくれないか/我想让你去跑一趟 wǒ xiǎng ràng nǐ qù pǎo yí tàng ▶薬屋へ～にやる/打发人去药房 dǎfa rén qù yàofáng ▶～先に傘を忘れた/把傘忘在去办事的地方了 bǎ sǎn wàngzài qù bànshì de dìfang le

つがい【番】 雌雄 cíxióng; 一对 yí duì (英 *a pair; a couple; a brace*) ▶～の白鳥/一对天鹅 yí duì tiān'é

つかいかた【使い方】 用法 yòngfǎ (英 *how to use*) ▶句読点の～/标点符号的用法 biāodiǎn fúhào de yòngfǎ ▶君は言葉の～がおかしい/你遣词用句很奇怪 nǐ qiǎncí yòng jù hěn qíguài ▶箸の～がおかしい/你筷子的用法很别扭 nǐ kuàizi de yòngfǎ hěn biènǐu ▶彼はのこぎりとかんなの～がうまい/他用锯和刨子用得很好 tā yòng jù hé bàozi yòngde hěn hǎo

つかいがって【使い勝手】 (英 *utility*) ▶～が悪い/用来很不称手 yòng lái hěn bú chèn shǒu

つかいきる【使い切る】 用完 yòngwán (英 *make full use of...*) ▶中身を使い切ってからゴミに出して下さい/请将里面的东西用完后送到垃圾站 qǐng jiāng lǐmiàn de dōngxi yòngwánhòu sòngdào lājīzhàn ▶使い切れないほど稼いでどうする/你干吗赚这么多钱, 花也花不完 nǐ gànmá zhuàn zhème duō qián, huā yě huābùwán

つかいこなす【使いこなす】 运用自如 yùnyòng zìrú (英 *manage; master...*) ▶パソコンを～/熟练操作电脑 shúliàn cāozuò diànnǎo ▶フランス語をじょうずに～/对法语运用自如 duì Fǎyǔ yùnyòng zìrú

つかいこむ【使い込む】 **1**【着服する】挪用 nuóyòng; 盗用 dàoyòng (英 *embezzle*) ▶彼は会社の金を500万円使い込んだ/他侵吞了公司的五百万日元 tā qīntūnle gōngsī de wǔbǎi wàn Rìyuán

2【使い慣れる】用惯 yòngguàn (英 *use... for a long time*) ▶この釣り竿はよく使い込んである/这根钓鱼竿用惯了 zhè gēn diàoyúgān yòngguàn le

つかいすぎる【使い過ぎる】 (英 *overuse; overwork*) ▶金を～/(你)花钱花得太多 (nǐ) huāqián huāde tài duō ▶頭を～/用脑过度 yòng nǎo guòdù

つかいすて【使い捨ての】 一次性 yícìxìng (英 *disposable*) ▶～のおむつ/一次性尿布 yícìxìng niàobù ▶～カメラ/一次性相机 yícìxìng xiàngjī ▶～社会を見直す/重新审视一次性消费社会的弊端 chóngxīn shěnshì yícìxìng xiāofèi shèhuì de bìduān

つかいだて【使い立てする】 派人去 pài rén qù (英 *make... trouble*) ▶お～してすみません, 帰りにデパートで…/麻烦您真不好意思, 回来时能不能去趟商场… máfan nín zhēn bùhǎoyìsi, huílái shí néngbunéng qù tàng shāngchǎng…

つかいて【使い手】 使用者 shǐyòngzhě (英 *a user*); (達人) 会用的人 huì yòng de rén; 好手 hǎoshǒu (英 *a master*)

つかいで【使い出がある】 经用 jīngyòng; 经花 jīnghuā; 耐用 nàiyòng (英 *last long*) ▶～がない/不经用 bù jīngyòng ▶100万円あればだいぶ～があるだろう/一百万日元应该很经花 yìbǎi wàn Rìyuán yīnggāi hěn jīnghuā

つかいなれる【使い慣れる】 用惯 yòngguàn (英 *be accustomed to using*) ▶使い慣れた辞書/用惯了的词典 yòngguànle de cídiǎn

つかいのこす【使い残す】 用剩下 yòngshèngxià (英 *leave... unused*) ▶使い残しの外貨/花剩下的外币 huāshèngxià de wàibì

つかいはしり【使い走り】 跑腿儿 pǎotuǐr (英 *an errand*)

つかいはたす【使い果たす】 用尽 yòngjìn (英 *use up; exhaust*) ▶金を～/把钱花光 bǎ qián huāguāng ▶資源を～/耗尽资源 hàojìn zīyuán ▶貯えを～/把储蓄花光 bǎ chǔxù huāguāng ▶彼は有り金を全部使い果たしてしまった/他把所有的钱都花光了 tā bǎ suǒyǒu de qián dōu huāguāng le

つかいふるす【使い古す】 用旧 yòngjiù (英 *wear out*) ▶使い古された表現/陈旧的表现 chénjiù de biǎoxiàn ▶使い古しのカバン/用旧了的书包 yòngjiùle de shūbāo

つかいみち【使い道】 用处 yòngchu; 用途 yòngtú; 用法 yòngfǎ (英 *a use*) ▶～に困るほどの大金を手にする/弄到巨款不知该怎么用 nòngdào jùkuǎn bù zhī gāi zěnme yòng ▶～が広い/用途很广 yòngtú hěn guǎng

～のある 有用 yǒuyòng ▶大した品ではないが, 何か～はあるでしょう/这不算什么大不了的东西, 不过会还派上用场吧 zhè bú suàn shénme dàbùliǎo de dōngxi, búguò hái huì pàishàng yòngchǎng ba

～のない 无用 wúyòng; 没有用处 méiyǒu yòngchu

つかいもの【使いもの】 有用 的东西或人 yǒuyòng de dōngxi huò rén (英 [人] *a useful person*) ▶今度の新人は～になりそうかい/这回新来的人, 看起来能有用吗? zhè huí xīn lái de rén, kànqǐlai néng yǒuyòng ma?

～にならない 不中用 bù zhōngyòng; 没有用 méiyòu yòng ▶この辞書は古くて～にならない/这本词典太陈旧了, 没有用 zhè běn cídiǎn tài chénjiù le, méiyǒu yòng

つかいよう【使い様】 用法 yòngfǎ; 用途 yòngtú (英 *how to use*) ▶壺などをもらっても～がない/收到磁罐之类的礼品, 没法用 shōudào cíguàn zhī lèi de lǐpǐn, méi fǎ yòng

ことわざ 馬鹿(ばか)と鋏(はさみ)は使いよう 人尽其才, 物尽其用 rén jìn qí cái, wù jìn qí yòng

つかいわける【使い分ける】 分别使用 fēnbié shǐyòng; 灵活使用 línghuó shǐyòng (英 *use properly*) ▶5ヶ国語を～/能灵活运用五国语言 néng línghuó yùnyòng wǔguó yǔyán

つかう【使う・遣う】 用 yòng; 使用 shǐyòng; 《金銭を》花 huā (英 *use; employ*) ▶あまり下

品な言葉は使わないで/不要说太粗俗的话 búyào shuō tài cūsú de huà ▶トイレ・台所を共同で~アパート/共用卫生间、厨房的公寓 gòngyòng wèishēngjiān, chúfáng de gōngyù ▶英語は国際語として使われている/英语是作为国际语言来使用的 Yīngyǔ shì zuòwéi guójì yǔyán lái shǐyòng de ▶古いけれども、まだ少しは使える/虽然是陈旧的,但还有点儿用 suīrán shì chénjiù de, dàn hái yǒudiǎn yòng ▶彼のアパートは事務室としても使われていた/他的公寓,还兼作办公室 tā de gōngyù, hái jiānzuò bàngōngshì ▶使えない消火器/不能用的灭火器 bùnéng yòng de mièhuǒqì ▶使われなかった飛行場/被废弃的机场 bèi fèiqì de jīchǎng ▶私は仮病を使って会社を休んだ/我装病没去公司 wǒ zhuāngbìng méi qù gōngsī ▶おまえまた汚い手を使ったな/你又用卑鄙的手段了 nǐ yòu yòng bēibǐ de shǒuduàn le ▶あなたは人を何人使っていますか/你雇了用多少人? nǐ gùle yòng duōshao rén? ▶うまく人を~/很会用人 hěn huì yòngrén ▶時間は有効に使わねばならない/要有效地利用时间 yào yǒuxiào de lìyòng shíjiān ▶その子は小遣いを全部漫画に使ってしまった/那个孩子把零用钱全花在漫画上了 nàge háizi bǎ língyòngqián quán huāzài mànhuàshang le ▶人形を~芝居/用木偶演的戏剧 yòng mù'ǒu yǎn de xìjù

頭を~ 动脑筋 dòng nǎojīn

金を~ 花钱 huāqián ▶書物に金を/在书上花钱 zài shūshang huāqián ▶彼女は金の大部分を宝石に使った/她把一多半钱花费在宝石上了 tā bǎ yīduōbàn qián huāfèi zài bǎoshíshang le

気を~ 费心 fèixīn;操心 cāoxīn ▶少しは周りに気を遣ってちょうだい/请稍微照顾一下周围的人 qǐng shāowēi zhàogù yíxià zhōuwéi de rén

つかえ 堵塞 dǔsè;阻碍 zǔ'ài;障碍 zhàng'ài (英 mental pressure) ▶胸の~が下りる/心里的疙瘩消失 xīnli de gēda xiāoshī

つかえる ❶【道・のどなどが】堵塞 dǔsè;卡 qiǎ (英 be blocked;[言葉が] falter;[食物が] be choked) ▶のどに/卡在嗓子里 qiǎzài sǎngzili ▶前に車がつかえている/前面有车堵着 qiánmian yǒu chē dǔzhe ▶上がつかえているので昇進できない/上面压的人太多,所以升不上去 shàngmian yā de rén tài duō, suǒyǐ shēngbushàngqu ▶上がって言葉がつかえてしまった/紧张得连话也说不出来 jǐnzhāngde lián huà yě shuōbuchūlái ▶彼は英語をつかえつかえ話す/他说英语说得结结巴巴的 tā shuō Yīngyǔ shuōde jiējiēbābā de ▶胸がつかえて苦しい/胸口堵得慌 xiōngkǒu dǔde huāng ❷【滞る】积压 jīyā (英 be stopped) ▶仕事がつかえている/有工作压着 yǒu gōngzuò yāzhe

つかえる【仕える】 服侍 fúshi;伺侯 cìhou (英 serve) ▶主人に忠実に~/忠实地侍奉主人 zhōngshí de shìfèng zhǔrén

つかさどる【司る】 掌管 zhǎngguǎn;执掌 zhízhǎng (英 govern; take charge of...; supervise)

▶国政を~/执掌国政 zhízhǎng guózhèng ▶言語機能を~脳/掌管语言功能的脑 zhǎngguǎn yǔyán gōngnéng de nǎo

つかずはなれず【付かず離れず】 不即不离 bù jí bù lí;若即若离 ruò jí ruò lí (英 neither too close nor too remote) ▶~の態度をとる/采取不即不离的态度 cǎiqǔ bù jí bù lí de tàidù ▶彼は~の関係にある/我跟他保持着若即若离的关系 wǒ gēn tā bǎochí ruò jí ruò lí de guānxi

つかつかと 毫不客气地 háobù kèqi de (英 straight; directly) ▶~歩み寄る/不客气地走上去 bú kèqi de zǒushàngqu ▶彼は~進み出た/他毫不顾忌地走上前去 tā háobù gùjì de zǒushàng qiánqu

つかぬこと【付かぬ事】 忽然提到的事 hūrán tídào de shì (英 something different) ▶~をお尋ねしますが/冒昧地问一下 màomèi de wèn yíxià

つかのま【束の間の】 一瞬间 yíshùnjiān;转眼之间 zhuǎnyǎn zhī jiān (英 momentary; brief; passing) ▶~の安らぎにひたる/沉浸在片刻的安宁中 chénjìn zài piànkè de ānníng zhōng ▶我々の幸福は~だった/我们的幸福转瞬之间就结束了 wǒmen de xìngfú zhuǎnshùn zhī jiān jiù jiéshù le ▶~の喜び/片刻的喜悦 piànkè de xǐyuè ▶~の平和/短暂的和平 duǎnzàn de hépíng ▶彼の夢は~に消えてしまった/他的梦想眨眼之间就消失了 tā de mèngxiǎng zhǎyǎn zhī jiān jiù xiāoshī le

つかまえる【捕まえる】 捉 zhuō;捕获 bǔhuò;抓住 zhuāzhù (英 catch) ▶タクシーを~/找辆出租汽车 zhǎo liàng chūzū qìchē ▶犯人を~/捉拿犯人 zhuōná fànrén ▶わにを素手で~/赤手空拳抓鳄鱼 chìshǒu kōngquán zhuā èyú ▶ビジネスチャンスを~/抓住商机 zhuāzhù shāngjī ▶猫が雀を~/猫捉麻雀 māo zhuō máquè ▶いい夫を~/抓个好丈夫 zhuā ge hǎozhàngfu ▶逃げようとする彼の手を捕まえた/抓住想逃的他的手 zhuāzhù xiǎng táo de tā de shǒu

つかませる【掴ませる】 ❶【金を】行贿 xínghuì (英 bribe);《悪い品を》骗售 piànshòu (英 palm off) ▶偽物をつかまされる/受骗买假货 shòupiàn mǎi jiǎhuò

つかまる【捕まる・掴まる】 ❶【捕えられる】被抓住 bèi zhuāzhù;被捕 bèibǔ (英 be caught) ▶犯人はまだ捕まらない/犯人还没有抓住 fànrén hái méiyǒu zhuāzhù ▶叔母に捕まってさんざん小言を食らった/被阿姨缠住数落了一顿 bèi āyí chánzhù shǔluole yí dùn ▶彼のコメントが欲しかったが捕まらなかった/想征求他的意见,但是找不到他 xiǎng zhēngqiú tā de yìjiàn, dànshì zhǎobudào tā

❷【すがる】 扶 fú;抓 zhuā (英 hold on to...) ▶手すりに掴まって階段を下りる/扶着栏杆下楼 fúzhe lángān xià lóu ▶母さんの手にしっかり掴まっていなさい/好好儿抓住妈妈的手 hǎohāor zhuāzhù māma de shǒu

つかみあい【掴み合いをする】 扭打 niǔdǎ (英) *scuffle* ▶~の喧嘩/互相扭打 hùxiāng niǔdǎ ▶口論から~になる/由争吵发展到相互厮打 yóu zhēngchǎo fāzhǎndào xiānghù sīdǎ

つかみかかる【掴み掛かる】 前来揪住 qiánlái jiūzhù (英) *grab at...* ▶彼は突然怒って男に掴み掛かった/他忽然发怒扑向那男人扑上去 tā hūrán fānù xiàng nà nánrén pūshàngqu

つかみだす【掴み出す】 抓出 zhuāchū (英) *turn... out* ▶ポケットから小銭を~/从口袋里抓出零钱 cóng kǒudaili zhuāchū língqián

つかみどころ【掴み所】 要领 yàolǐng; 要点 yàodiǎn (英) *a point*
~のない 难以捉摸 nányǐ zhuōmō; 不得要领 bù dé yàolǐng ▶彼は全く~のない人物だ/他真是个难以捉摸的人 tā zhēn shì ge nányǐ zhuōmō de rén ▶抽象的で~のない話/过于抽象不得要领的话 guòyú chōuxiàng bù dé yàolǐng de huà

つかむ【掴む】 抓 zhuā; 揪 jiū (英) *grasp; grip; hold; catch* ▶チャンスを~/抓住机会 zhuāzhù jīhuì ▶彼の発言の真意を掴みかねる/摸不清他发言的真意 mōbùqīng tā fāyán de zhēnyì ▶真相を~/掌握真相 zhǎngwò zhēnxiàng ▶警察は彼について何かを掴んだらしい/看起来警方找到关于他的某种线索 kànqǐlai jǐngfāng zhǎodào guānyú tā de mǒu zhǒng xiànsuǒ ▶これは人の心を~物語だ/这个是抓住人心的故事 zhège shì zhuāzhù rénxīn de gùshi

ことわざ **溺**(でき)**れる者は藁をも掴む** 溺水者攀草求生 nìshuǐzhě pān cǎo qiúshēng

つかる【浸かる・漬かる】 ❶【水などに】泡 pào; 淹 yān; 浸 jìn (英) *be soaked; be flooded* ▶湯船に~/泡在浴缸里 pàozài yùgāngli ▶道路は水に浸かった/道路被水淹了 dàolù bèi shuǐ yān le ▶家は屋根まで水に浸かった/大水淹没了房屋的屋顶 dàshuǐ yānmòle fángwū de wūdǐng ▶彼は腰まで水に浸かっていた/他浸在齐腰深的水里 tā jìnzài qí yāo shēn de shuǐli

❷【漬物が】腌 yān (英) *be well seasoned* ▶なすがきれいに漬かった/茄子腌制得很好吃 qiézi yānzhìde hěn hǎochī

つかれ【疲れ】 疲劳 píláo; 疲乏 pífá; 疲倦 píjuàn (英) *weariness; fatigue* ▶~の色/倦容 juànróng ▶眠って~を抜く/睡觉来解除疲劳 shuìjiào lái jiěchú píláo ▶~を知らぬ体力の持ち主/不知疲倦的体力充沛的人 bù zhī píjuàn de tǐlì chōngpèi de rén

お~様 辛苦了 xīnkǔ le 参考 「お疲れ様」「御苦労様」は中国語では声を掛ける相手が目上か目下かを問わず「辛苦了 Xīnkǔ le」や「受累了 Shòulèi le」という。

~が出る 感到疲倦 gǎndào píjuàn ▶旅の~が出て来た/感到旅游的疲劳 gǎndào lǚyóu de píláo
~をとる 解除疲劳 jiěchú píláo ▶目の~をとる/解除眼睛的疲劳 jiěchú yǎnjing de píláo
~目 疲劳眼睛 píláo yǎnjing

つかれきる【疲れ切る】 精疲力竭 jīng pí lì jié (英) *be exhausted*

つかれはてる【疲れ果てる】 筋疲力尽 jīn pí lì jìn (英) *be tired out*; 精疲力竭 jīng pí lì jié (英) *be exhausted* ▶子育てに~/为养孩子筋疲力尽 wèi yǎng háizi jīn pí lì jìn ▶疲れ果てて口もききたくない/累得连话都不想说 lèide lián huà dōu bù xiǎng shuō ▶選挙運動で彼女は疲れ果ててしまった/她为竞选活动疲劳不堪 tā wèi jìngxuǎn huódòng píláo bùkān

つかれる【疲れる】 累 lèi; 疲劳 píláo; 疲倦 píjuàn (英) *be tired; be fatigued* ▶日帰り出張に~/当天打来回出差使人累得很 dàngtiān dǎ láihuí chūchāi shǐ rén lèide hěn ▶人間関係に~/为人际关系觉得很累 wèi rénjì guānxi juéde hěn lèi ▶ああ疲れた/累死了 lèisǐ le ▶彼はじきに~/他马上感到疲倦 tā mǎshàng gǎndào píjuàn ▶彼はいつも疲れている様子は見せなかった/他什么时候都不流露出疲劳的样子 tā shénme shíhou dōu bù liúlùchū píláo de yàngzi ▶暗い光で読書すると目が~/在暗光下看书，眼睛很疲劳 zài ànguāngxia kàn shū, yǎnjing hěn píláo ▶仕事で~/为工作感到疲劳 wèi gōngzuò gǎndào píláo ▶戦争に疲れた国民/疲于战争的国民 píyú zhànzhēng de guómín

つかれる【憑かれる】 被迷住 bèi mízhù (英) *be possessed* ▶彼は何かに憑かれたように戦った/他像着了什么迷似的战斗 tā xiàng zháole shénme mí shìde zhàndòu ▶僕はほんとに狐に憑かれていた/我真的被狐狸迷住了 wǒ zhēn de bèi húli mízhù le

つかわす【遣わす】 派遣 pàiqiǎn; 打发 dǎfa (英) *send; dispatch*

つき【月】 ❶【空の】月亮 yuèliang (英) *the moon* ▶~の光/月光 yuèguāng ▶三日~/月牙儿 yuèyár ▶今夜は~がきれいだ/今晚的月亮很漂亮 jīnwǎn de yuèliang hěn piàoliang ▶~は満月を少し過ぎていた/月亮刚过满月 yuèliang gāng guò mǎnyuè ▶~の暈(かさ)/月晕 yuèyùn ▶ロケット/登月火箭 dēngyuè huǒjiàn

❷【暦の】月份 yuèfèn (英) *a month* ▶三(きん)~/三个月 sān ge yuè ▶~の初め/月初 yuèchū; 月头儿 yuètóur ▶~のなかば/月中 yuèzhōng ▶~の末/月底 yuèdǐ ▶~に1回散髪に行く/每个月去理一次发 měi ge yuè qù lǐ yí cì fà ▶~が変わったら急に元気になった/到了新的月份，突然有了精神 dàole xīn de yuèfèn, túrán yǒule jīngshen ▶工事は~を越しても終わらなかった/工程过了这个月也没完成 gōngchéng guòle zhè ge yuè yě méi wánchéng

ことわざ **~とすっぽん** 天壤之别 tiānrǎng zhī bié
~が欠ける 月缺 yuè quē
~が沈む 月落 yuè luò
~が出る[上る] 月亮升起来 yuèliang shēngqǐlai
~が満ちる 月圆 yuè yuán

つき【付き】 ❶【付着】(英) *impression* ▶この紙は印刷の(インキの)~がよい/这种纸容易上油墨 zhè zhǒng zhǐ róngyì shàng yóumò

❷【運】运气 yùnqi；红运 hóngyùn (英 luck) ▶～が離れる/运气离(我)而去 yùnqi lí(wǒ)ér qù **❸**【付属】(英 attached to...; belonging to...) ▶社長～の秘書/经理的专属秘书 jīnglǐ de zhuānshǔ mìshū ▶景品～で売る/附加赠品销售 fùjiā zèngpǐn xiāoshòu ▶ガス水道～の家/装有煤气、自来水设施的房子 zhuāng yǒu méiqì、zìláishuǐ shèshī de fángzi ▶条件～の許可/附加条件的许可 fùjiā tiáojiàn de xǔkě
〜がない 背运 bèiyùn
〜が回る 走运 zǒuyùn

-つき【-付】 ▶大使館～武官/大使馆专属武官 dàshǐguǎn zhuānshǔ wǔguān ▶血統書～の犬/带血统证书的狗 dài xuètǒng zhèngshū de gǒu

つぎ【次の】 下一个 xià yí ge；其次 qícì (英 next; following; coming) ▶～の試合/下次比赛 xiàcì bǐsài ▶～の停車駅は名古屋です/下一站是名古屋 xià yí zhàn shì Mínggǔwū ▶は君の番だ/下次该你了 xiàcì gāi nǐ le ▶～の方どうぞ/下一位,请进 xià yí wèi, qǐng jìn ▶～の目標は何ですか/下次的目标是什么？xiàcì de mùbiāo shì shénme? ▶～の土曜日/下个星期六 xià ge xīngqīliù ▶そのまた～の日曜日/下下个星期天 xiàxià ge xīngqītiān ▶～に来る列車で逃げよう/坐下一班列车逃跑吧 zuò xià yì bān lièchē táopǎo ba ▶主な理由は～のごとし/主要理由如下 zhǔyào lǐyóu rúxià ▶～に大きいサイズは 20 です/其次大的尺寸是二十 qícì dà de chǐcun shì èrshí ▶それはこの～の楽しみにしよう/我希望等下次机会 wǒ xīwāng děng xiàcì jīhuì ▶～の～の駅で下車しよう/再坐两站我们就下车 zài zuò liǎng zhàn wǒmen jiù xià chē

〜から〜へと 接二连三 jiē èr lián sān ▶～から〜へと人が押し寄せる/人群接连不断地拥上来 rénqún jiēlián búduàn de yōngshànglái ▶～から〜へと新製品が発売される/接二连三地推出新产品 jiē èr lián sān de tuīchū xīnchǎnpǐn ▶～から〜へと来客がある/来访的人接二连三 láifǎng de rén jiē èr lián sān

つぎ【継ぎ】 补丁 bǔdīng (英 a patch) ▶～を当てる 打补丁 dǎ bǔdīng ▶ズボンに～を当てる/补上裤子 bǔshàng kùzi

つきあい【付き合い】 交往 jiāowǎng；应酬 yìngchou；交际 jiāojì (英 acquaintance) ▶長年の～の交往 duōnián de jiāowǎng；相交有素 xiāngjiāo yǒu sù ▶彼と～がある/跟他来往 gēn tā láiwǎng ▶日頃からの近所が大事だ/平日的邻居往来是重要的 píngrì de línjū wǎnglái shì zhòngyào de ▶彼らとの～をやめる/断绝跟他们的来往 duànjué gēn tāmen de láiwǎng ▶二人は長い間の～だ/他们俩交往很久 tāmen liǎ jiāowǎng hěn jiǔ ▶彼は～が狭い[広い]/他交际面窄[很宽] tā jiāojìmiàn hěn zhǎi[hěn kuān] ▶それはむだ使いではなく、～の必要なのだ/那不是浪费,是交往上的必要 nà bú shì làngfèi, shì jiāowǎngshang de bìyào ▶人～のよい人/善于交际的人 shànyú jiāojì de rén

〜で…する 作陪 zuòpéi；陪着 péizhe ▶～で飲む/陪着喝酒 péizhe hē jiǔ ▶酒はお～に飲む程度です/平时不太喝酒,只是应酬着喝一点儿 píngshí bú tài hē jiǔ, zhǐshì yìngchouzhe hē yìdiǎnr

つきあう【付き合う】 **❶**【交際】打交道 dǎ jiāodào；交往 jiāowǎng；来往 láiwang (英 associate with...) ▶結婚を前提に彼と～/以结婚为前提跟他交往 yǐ jiéhūn wéi qiántí gēn tā jiāowǎng ▶あんな不良と～のはやめなさい/你可别和那种流氓交往 nǐ kě bié hé nà zhǒng liúmáng jiāowǎng ▶彼らはほとんど他の人々と付き合わない/他们几乎不跟别的人打交道 tāmen jīhū bù gēn biéde rén dǎ jiāodào ▶二人はもう数年付き合っている/他们俩交往了已经几年了 tāmen liǎ jiāowǎngle yǐjing jǐ nián le ▶対等に～/平等相处 píngděng xiāngchǔ

❷【共にする】作陪 zuòpéi；陪着 péizhe (英 accompany; go along) ▶コーヒーに～/陪着去喝咖啡 péizhe qù hē kāfēi ▶食事に付き合って下さいませんか/你陪我一起去吃饭好吗？ nǐ péi wǒ yíqǐ qù chīfàn hǎo ma? ▶そこまで～必要があるのか/有必要为他做到这个份儿上吗？ yǒu bìyào wèi tā zuòdào zhège fènr shàng ma?

つきあかり【月明かり】 月光 yuèguāng (英 moonlight) ▶～に照らされた五重塔/月光下的五重塔 yuèguāngxia de wǔchóngtǎ ▶～で散歩する/在月光下散步 zài yuèguāngxia sànbù ▶～を頼りに帰宅する/借助于月光回家 jièzhù yú yuèguāng huíjiā

つきあげ【突き上げ】 从下级而来的压力 cóng xiàjí ér lái de yālì (英 pressure (from below)) ▶下からの～/下级的压力 xiàjí de yālì ▶組合員の～でストライキに踏み切った/在会员的压力下,工会决定举行罢工 zài huìyuán de yālìxia, gōnghuì juédìng jǔxíng bàgōng

つきあげる【突き上げる】 从下往上加压 cóng xià wǎng shàng jiāyā (英 throw up; toss) ▶胃に～ような痛みを感じた/胃里感到从下边顶上来似的疼痛 wèili gǎndào cóng xiàbian dǐngshànglai shìde téngtòng ▶高々と拳を～/高高地举起拳头 gāogāo de jǔqǐ quántou

つきあたり【突き当たり】 尽头 jìntóu (英 the end (of a street)) ▶～を左に曲がりなさい/走到尽头儿往左拐 zǒudào jìntóur wǎng zuǒ guǎi ▶路地の～にある二階家/在胡同尽头的两层房 zài hútòng jìntóu de liǎng céng fáng ▶会議室は廊下の～にあります/会议室在走廊的尽头 huìyìshì zài zǒuláng jìntóu de jìntóu

つきあたる【突き当たる】 **❶**【衝突】撞上 zhuàngshàng；冲突 chōngtú (英 run against...; collide with...) ▶困難に～/碰到困难 pèngdào kùnnan ▶言葉の壁に～ことがある/有时候碰到语言的障碍 yǒushíhòu pèngdào yǔyán de zhàng'ài **❷**【行き止まる】走到头 zǒudào tóu (英 come to the end of...) ▶この道を突き当たって左へお曲がりなさい/顺着这条路走到头向左拐

shùnzhe zhè tiáo lù zǒudào tóu xiàng zuǒ guǎi

つきあわせる【突き合わせる】 ❶[顔を]面対面 miàn duì miàn (英 *face*) ▶二人は互いに顔を~ように向かいあった/两个人面面相对 liǎng ge rén miànmiàn xiāngduì ▶二人は膝を突き合わせて話し合った/两个人促膝交谈 liǎng ge rén cùxī jiāotán ❷[照合] 查对 chádùi; 核对 héduì (英 *check*) ▶コピーを原文と~/核对复印和原文 héduì fùyìn hé yuánwén

つきおくれ【月遅れ】 晚一个月 wǎn yí ge yuè (英 *of the previous month*) ▶~の雑誌/过期杂志 guòqī zázhì

つきおとす【突き落とす】 推下去 tuīxiàqu (英 *push down*) ▶獅子は我が子を谷に~という/传说狮子把自己的孩子推下深谷 chuánshuō shīzi bǎ zìjǐ de háizi tuīxià shēngǔ ▶崖から人を~/把人推到悬崖下去 bǎ rén tuīdào xuányá xiàqu

つきかえす【突き返す】 退回 tuìhuí; 拒绝 jùjué (英 *send back*; [拒否] *reject*) ▶賄賂はその場で突き返した/贿赂当场就退回了 huìlù dāngchǎng jiù tuìhuí le

つきかげ【月影】 月影 yuèyǐng;《月の光》月光 yuèguāng (英 *moonlight*)

つきがけ【月掛け】 按月付款 àn yuè fùkuǎn (英 [貯金] *monthly savings*)

つぎき【接ぎ木】 接枝 jiēzhī; 嫁接 jiàjiē (英 *graft*) ▶カボチャにきゅうりを~する/南瓜嫁接黄瓜 nánguā jiàjiē huángguā

つきぎめ【月極めの】 按月 àn yuè; 包月 bāoyuè (英 *monthly*) ▶~の駐車場/月租停车场 yuèzū tíngchēchǎng

つききり【付き切りで】 整天不离 zhěngtiān bù lí (英 *in constant attendance*) ▶~で看病する/整天不离地护理 zhěngtiān bù lí de hùlǐ ▶彼女は奈良を~で案内してくれた/她整天不离地陪我游览了奈良 tā zhěngtiān bù lí de péi wǒ yóulǎnle Nàiliáng

つきごと【月毎に】 每月 měiyuè (英 *monthly*) ▶~に使用料を払う/每月付使用费 měiyuè fù shǐyòngfèi ▶~の子供への仕送りが大変なんだ/每月给孩子寄钱很辛苦啊 měiyuè gěi háizi jì qián hěn xīnkǔ a

つぎこむ【注ぎ込む】 注入 zhùrù; 倾注 qīngzhù (英 *pour in...*; [投資] *invest*) ▶《金》に~/把钱花在赛马上 bǎ qián huāzài sàimǎshang ▶その事業に数十億ドルを注ぎ込んだ/拿出几十亿美金来倾注在那项事业上 náchū jǐshí yì Měijīn lái qīngzhù zài nà xiàng shìyèshang

つきささる【突き刺さる】 扎 zhā; 刺 cì (英 *stick into...*; *pierce*) ▶針が指に突き刺さった/针扎在手指上了 zhēn zhāzài shǒuzhǐshang le ▶釘が自動車のタイヤに突き刺さった/钉子扎破汽车轮胎 dīngzi zhāpò qìchē lúntāi ▶その一言がぐさりと胸に突き刺さった/那一句话刺伤了我的心 nà yí jù huà cìshāngle wǒ de xīn

つきさす【突き刺す】 扎入 zhārù; 刺进 cìjìn; 捅进 tǒngjìn (英 *pierce*; *thrust*) ▶~ような鋭い視線を浴びる/遭受到像针扎一样的视线的注视 zāoshòudào xiàng zhēn zhā yíyàng de shìxiàn de zhùshì ▶ナイフで~/用小刀扎 yòng xiǎodāo zhā ▶フォークを肉に~/把餐叉插在肉上 bǎ cānchā chāzài ròushang

つきしたがう【付き従う】 伴随 bànsuí; 跟随 gēnsuí; 随从 suícóng (英 *follow*)

つきずえ【月末】 月底 yuèdǐ; 月末 yuèmò (英 *the end of the month*)

つきすすむ【突き進む】 冲向 chōngxiàng; 迈进 màijìn (英 *push one's way*) ▶勝利に向かって~/奔向胜利 bènxiàng shènglì ▶破局に向かって~/走向灭亡 zǒuxiàng mièwáng

つきそい【付き添い】 伺候 cìhou; 护理 hùlǐ;《付添人》看护人 kānhùrén (英 *attendance*; *company*; *an escort*) ▶~看護師/护理护士 hùlǐ hùshi

つきそう【付き添う】 服侍 fúshì; 陪伴 péibàn (英 *attend*; *be in attendance*) ▶試験当日保護者が~必要はありません/考试的当天家长不用陪伴 kǎoshì de dàngtiān jiāzhǎng búyòng péibàn ▶家族が入院患者に~/家属照看住院的病人 jiāshǔ zhàokàn zhùyuàn de bìngrén ▶子供の遠足に付き添って行く/陪伴孩子去郊游 péibàn háizi qù jiāoyóu

つきだす【突き出す】 (英 *thrust* [*push*] *out*) ▶腹を~/挺出肚子来 tǐngchū dùzi lai ▶窓から頭を~/从窗口探头 cóng chuāngkǒu tàntóu ▶犯人を~/扭送犯人 niǔsòng fànrén ▶泥棒を警察に~/捉住小偷扭送给警察 zhuōzhù xiǎotōu niǔsòng gěi jǐngchá

つぎたす【継ぎ足す・注ぎ足す】 补上 bǔshàng; 添上 tiānshàng (英 *add*; [水などを] *pour into...*) ▶水槽に水を~/往玻璃缸里加水 wǎng bōligāng lǐ jiā shuǐ ▶ビールを~と味に落ちる/添啤酒，会走味儿 tiān píjiǔ, huì zǒuwèir

つきたてる【突き立てる】 竖起 shùqǐ; 插上 chāshàng; 扎上 zhāshàng (英 *thrust*; *stab*) ▶親指を~/竖起大拇指 shùqǐ dàmuzhǐ ▶机にナイフを~/把小刀插在桌子上 bǎ xiǎodāo chāzài zhuōzishang

つきたらず【月足らず】 早产 zǎochǎn (英 *premature birth*) ▶彼女は~の子を生んだ/她生下了一个早产儿 tā shēngxiàle yí ge zǎochǎn'ér ▶僕は~で生まれてきた/我是不足月出生的 wǒ shì bùzú yuè chūshēng de

つきづき【月月】 每个月 měi ge yuè (英 *every month*; *month after month*) ▶~の返済額/每个月的偿还额 měi ge yuè de chánghuán'é

つぎつぎ【次々と】 接二连三 jiē èr lián sān; 接连不断 jiēlián búduàn (英 *one after another*)

つきつける【突き付ける】 摆在眼前 bǎizài yǎnqián; 亮出 liàngchū (英 *thrust... before ~*) ▶世論は現政権に NO を突き付けている/舆论向现政权说"不" yúlùn xiàng xiànzhèngquán shuō "Bù" ▶ピストルを~/用手枪逼着 yòng shǒuqiāng bīzhe ▶動かぬ証拠を~/把不可动摇的证据摆在眼前 bǎ bùkě dòngyáo de zhèngjù bǎizài yǎnqián

つきつめる【突き詰める】 ❶【究明】追究到底 zhuījiū dàodǐ；追根 zhuīgēn（英 *investigate thoroughly*）▶突き詰めて言えば存在理由がないのだ/说到底就是没有存在的理由 shuō dàodǐ jiùshì méiyǒu cúnzài de lǐyóu ❷【思いつめる】冥思苦想 míng sī kǔ xiǎng（英 *ponder seriously*）▶そんなに突き詰めて考えるなよ/别想得太认真了 bié xiǎngde tài rènzhēn le

つきでる【突き出る】突出 tūchū（英 *stick out; project*）▶塀の上から突き出た松の枝/从墙里伸出来的松枝 cóng qiánglǐ shēnchūlai de sōngzhī ▶海に突き出た岬/突出于海上的岬角 tūchū yú hǎishàng de jiǎjiǎo

つきとばす【突き飛ばす】撞倒 zhuàngdǎo；推倒 tuīdǎo（英 *push〔thrust〕away*）▶喫煙を注意した老人を中学生は突き飛ばした/初中生将劝他不要抽烟的老人推倒了 chūzhōngshēng jiāng quàn tā búyào chōuyān de lǎorén tuīdǎo le ▶自転車に突き飛ばされた/被自行车撞到了 bèi zìxíngchē zhuàngdào le

つきとめる【突き止める】查明 chámíng；追究 zhuījiū（英 *make sure of...*；［追及］*trace*）▶トラブルの原因を~/查明问题的原因 chámíng wèntí de yuányīn ▶噂の出所を~/追究流言的来源 zhuījiū liúyán de láiyuán ▶故障の箇所を~/查明故障的地方 chámíng gùzhàng de dìfang

つきなみ【月並な】平庸 píngyōng；平淡无奇 píngdàn wú qí（英 *commonplace*）▶~な感想をもらす/说出平庸的感想 shuōchū píngyōng de gǎnxiǎng ▶~な言葉ですが…/虽然是平庸的说法，suīrán shì píngyōng de shuōfǎ,…

つきぬける【突き抜ける】（英 *pierce through*）▶壁を~/穿透墙壁 chuāntòu qiángbì ▶公園を~/穿过公园 chuānguò gōngyuán ▶離陸した飛行機が厚い雲を~/起飞的飞机穿过厚厚的云彩 qǐfēi de fēijī chuānguò hòuhòu de yúncai ▶弾丸が胸を突き抜けた/枪弹穿透了胸部 qiāngdàn chuāntòule xiōngbù

つぎのま【次の間】套间 tàojiān；套房 tàofáng（英 *the next room*）

ツキノワグマ【月輪熊】〘動物〙狗熊 gǒuxióng；黑熊 hēixióng（英 *a moon bear*）

つぎはぎ【継ぎ接ぎ】缝补 féngbǔ；补丁 bǔdīng；《寄せ集めの》东拼西凑 dōng pīn xī còu（英 *patching*）▶~だらけの服/满是补丁的衣服 mǎn shì bǔdīng de yīfu ▶こういう~の文章は心を打たない/这种东拼西凑写出来的文章不能打动人心 zhè zhǒng dōng pīn xī còu xiěchūlai de wénzhāng bùnéng dǎdòng rénxīn

つきはじめ【月初めに】月初 yuèchū（英 *early in the month*）

つきはなす【突き放す】《力で》推开 tuīkāi；《関係を》甩掉 shuǎidiào；撇开 piēkāi（英 *push off*）▶2位以下を大きく突き放して勝った/把第二名以下远远甩在后边取胜了 bǎ dì'èr míng yǐxià yuǎnyuǎn shuǎizài hòubian qǔshèng le ▶あえて子供を~ことも必要だ/有时候需要故意甩开孩子 yǒushíhòu xūyào gùyì shuǎikāi háizi

つきばらい【月払い】分月付款 fēn yuè fùkuǎn；按月支付 àn yuè zhīfù（英 *monthly payment*）

つきひ【月日】时光 shíguāng；岁月 suìyuè（英 *days and months; years; time*）▶~のたつのは早いものだ/日子过得真快 rìzi guòde zhēn kuài ▶忙しい~を送る/过匆忙的日子 guò cōngmáng de rìzi ▶腹の立つことも~のうちに忘れる/恼火的事情随着岁月的流逝也会忘掉的 nǎohuǒ de shìqing suízhe suìyuè de liúshì yě huì wàngdiào de

つきびと【付き人】随从 suícóng；服侍人 fúshìrén（英 *a manager; an attendant*）

つきまとう【付き纏う】缠住 chánzhù；纠缠 jiūchán（英 *follow... about*）▶《人が》しっこく~/纠缠不休 jiūchán bùxiū ▶見知らぬ人に付き纏われて気味が悪い/被一个陌生人纠缠，真可怕 bèi yí ge mòshēngrén jiūchán, zhēn kěpà ▶今の暮らしはどこか虚しさが~/现在的生活总有些失落感困扰着 xiànzài de shēnghuó zǒng yǒuxiē shīluògǎn kùnrǎozhe ▶うちの子供は彼に付き纏って離れない/我家的孩子缠着他不放 wǒ jiā de háizi chánzhe tā bú fàng ▶影のように~/像影子似的纠缠着 xiàng yǐngzi shìde jiūchánzhe

つきみ【月見】赏月 shǎngyuè（英 *viewing the moon*）▶~の宴/赏月宴席 shǎngyuè yànxí

ツキミソウ【月見草】〘植物〙月见草 yuèjiàncǎo；待宵草 dàixiāocǎo（英 *an evening primrose*）

つぎめ【継ぎ目】接缝 jiēfèng；接头儿 jiētóur（英 *a joint, a joint*）▶~なしのレール/无缝钢轨 wúféng gāngguǐ

つきもの【付き物】离不开的东西 líbukāi de dōngxi；不可少的事 bùkě shǎo de shì（英 *an accessory; a necessary adjunct*）▶都会に騒音は~である/城市总是免不了噪音 chéngshì zǒngshì miǎnbuliǎo zàoyīn ▶キャンプ生活にある種の不自由は~だ/露营生活总是免不了某种不便 lùyíng shēnghuó zǒngshì miǎnbuliǎo mǒu zhǒng búbiàn ▶月見に団子は~だ/赏月少不了米粉团 shǎngyuè shǎobuliǎo mǐfěntuán

つきやとい【月雇いの】月工 yuègōng（英 *monthly employment*）

つきやぶる【突き破る】扎破 zhāpò；戳破 chuōpò；刺破 cìpò（英 *break through; burst*）▶操作を誤って車がフェンスを~/开错车，撞破栅栏 kāicuò chē, zhuàngpò zhàlan ▶自分の限界を~/突破自己的极限 tūpò zìjǐ de jíxiàn

つきやま【築山】假山 jiǎshān（英 *an artificial hill*）

つきゆび【突き指する】戳伤手指 chuōshāng shǒuzhǐ（英 *sprain one's finger*）▶野球で~し

た/打棒球把手指戳伤了 dǎ bàngqiú bǎ shǒuzhǐ chuōshāng le

つきよ【月夜】 月夜 yuèyè (英 *a moonlit night*) ▶外は~だった/外面是月夜 wàimian shì yuèyè ▶~の浜辺/月夜海滨 yuèyè hǎibīn
ことわざ **月夜に提灯** 月下提灯 yuèxià tídēng; 多此一举 duō cǐ yì jǔ; 画蛇添足 huà shé tiān zú

つきる【尽きる】 尽 jìn; 完 wán; 结束 jiéshù (英 *be exhausted; run out*; [終る] *come to an end*) ▶力が~/筋疲力尽 jīn pí lì jìn ▶命~まで闘い続ける/一息尚存, 战斗不止 yì xī shàng cún, zhàndòu bù zhǐ ▶未知への興味は~ことがない/对未知世界的兴味无穷 duì wèizhī shìjiè de xìngwèi wúqióng ▶飲料水が尽きた/饮用水没有了 yǐnyòngshuǐ méiyǒu le ▶方法が尽きた/办法都用尽了 bànfǎ dōu yòngjìn le ▶根(ﾈ)が尽きた/精疲力竭 jīng pí lì jié ▶人生に悲劇は尽きない/人生悲剧没有穷尽 rénshēng bēijù méiyǒu qióngjìn ▶その風景はただ壮大と言うに~/那个风景只能说是雄伟壮观 nàge fēngjǐng zhǐ néng shuō shì xióngwěi zhuàngguān

つきわり【月割り】 每月平均 měiyuè píngjūn; (月払い) 按月支付 àn yuè zhīfù; 每月付款 měiyuè fùkuǎn (英 *monthly installments*)

つく【付く】 **1** [付着] 附着 fùzhuó; 粘上 zhānshàng (英 *stick; adhere*) ▶泥が~/沾上泥 zhānshàng ní ▶指先にインクが付いた/指尖沾上了油墨 zhǐjiān zhānshàngle yóumò ▶上着にペンキが付きましたよ/上衣沾上油漆了 shàngyī zhānshàng yóuqī le ▶そこにははっきり足跡が付いていた/那里清楚地留下了脚印 nàli qīngchu de liúxiàle jiǎoyìn

2 [付属] 带有 dàiyǒu; 配有 pèiyǒu (英 *belong; be attached*) ▶おまけが~/附送赠品 fùsòng zèngpǐn ▶この自転車にはブレーキが付いていない/这辆自行车没有车闸 zhè liàng zìxíngchē méiyǒu chēzhá ▶この家にはガレージが付いている/这房子配有车库 zhè fángzi pèiyǒu chēkù ▶彼の肖像の付いた切手/印有他的肖像的邮票 yìn yǒu tā de xiàoxiàng de yóupiào ▶《債権に》7分の利子が~/付百分之七的利息 fù bǎi fēn zhī qī de lìxī

3 [付き添い] 跟随 gēnsuí; 伴随 bànsuí (英 *attend; wait on...*) ▶護衛が~/有警卫员跟随 yǒu jǐngwèiyuán gēnsuí ▶彼には看護師が二人付いている/有两个护士护理他 yǒu liǎng ge hùshi hùlǐ tā

4 [明かりや火が] 点 diǎn; 开 kāi (英 *be lighted; burn*) ▶もう部屋の明かりが~時刻だ/已经到了房间里点灯的时间了 yǐjīng dàole fángjiānli diǎndēng de shíjiān le ▶このマッチは付かない/这根火柴点不着了 zhè gēn huǒchái diǎnbuzháo le

5 [加担] 支持 zhīchí; 偏袒 piāntǎn (英 *join; take the side of...*) ▶彼はいつでも勝てた方に~/他总是支持胜利者 tā zǒngshì zhīchí shènglìzhě

6 [生じる] 长 zhǎng; 生长 shēngzhǎng (英 *bear; grow*) ▶知恵が~/长智慧 zhǎng zhìhuì ▶傷が~/留下伤痕 liúxià shānghén; 受伤 shòushāng ▶ピアノに傷が付いた/钢琴受到损坏 gāngqín shòudào sǔnhuài ▶植えた苗の根が~/种下的苗生根了 zhòngxiàde miáo shēnggēn le ▶南天にたくさんの実が付いた/南天竹结了很多果 nántiānzhú jiēle hěn duō guǒ ▶贅肉が~/长肥肉 zhǎng féiròu

7 [その他] 片が~/得到解决 dédào jiějué; 谈妥 tán tuǒ ▶気が~/注意到 zhùyìdào; 发现 fāxiàn ▶あの失言はひどく高く~だろう/那次失言会带来严重的后果吧 nà cì shīyán huì dàilái yánzhòng de hòuguǒ ba ▶今年は春から付いているぞ/今年从春天开始就有菩萨保佑 jīnnián cóng chūntiān kāishǐ jiù yǒu púsà bǎoyòu

つく【吐く】 呼气 hūqì; 叹气 tànqì (英 [ため息] *sigh*; [嘘] *tell a lie*) ▶ため息を~/叹一口气 tàn yì kǒu qì ▶嘘を~/说谎 shuōhuǎng

つく【突く・衝く・撞く】 捅 tǒng; 扎 zhā; 戳 chuō (英 *push; thrust*; [頭で] *butt*; [鐘を] *toll*) ▶杖を~/拄拐杖 zhǔ guǎizhàng ▶鐘を~/撞钟 zhuàng zhōng ▶弱点を~/攻击弱点 gōngjī ruòdiǎn ▶針で指を~/用针扎手指 yòng zhēn zhā shǒuzhǐ ▶両手を突いて謝った/两手支地谢罪 liǎngshǒu zhī dì xièzuì ▶言葉が彼の口を衝いて出た/他脱口而出地说出来 tā tuō kǒu ér chū de shuōchūlai ▶痛い所を衝かれた/说到了我的痛处 shuōdàole wǒ de tòngchù ▶嵐を衝いて進む/冒着风暴冲上去 màozhe fēngbào chōngshàngqu

鼻を~ 扑鼻 pūbí; 刺鼻 cìbí ▶アンモニア臭が鼻を~/氨气直冲鼻子 ānqì zhí chōng bízi

つく【就く】 就 jiù (英 [位に] *ascend*; [師に] *study under...*) ▶会長の職に~/就任会长一职 jiùrèn huìzhǎng yì zhí ▶床に~/就寝 jiùqǐn ▶彼は重要な地位に就いている/他身居要职 tā shēn jū yàozhí ▶先生に就いてピアノを学ぶ/跟老师学钢琴 gēn lǎoshī xué gāngqín

つく【着く】 **1** [到着する・届く] 到 dào (英 *reach; arrive*) ▶今夜羽田に~はずだ/应该今天晚上到羽田 yīnggāi jīntiān wǎnshang dào Yǔtián ▶朝早くたてば昼までに会場に着けるでしょう/早晨出发正午之前能到会场 zǎochen chūfā zhèngwǔ zhīqián néng dào huìchǎng ▶列车で大连に~/坐火车抵达大连 zuò huǒchē dǐdá Dàlián ▶家に~/到家 dàojiā ▶現場に~/到现场 dào xiànchǎng ▶今日ようやく手紙が着いた/今天信终于寄到了 jīntiān xìn zhōngyú jìdào le ▶頭が天井に~/头顶够得着天花板 tóudǐng gòudezháo tiānhuābǎn

2 [席・場所を占める] 就 jiù (英 *take; occupy*) ▶席に~/就座 jiùzuò ▶食卓に~/就餐 jiùcān

つく【搗く】 捣 dǎo; 舂 chōng (英 *pound*; [精米] *refine*) ▶米を~/捣米 dǎo mǐ ▶餅(ﾓ)を~/捣糍粑 dǎo cíbā

つく【憑く】 附体 fùtǐ (英 *possess*) ▶魔物が

~魔鬼附体 móguǐ fùtǐ ▶悪霊が～/冤魂附体 yuānhún fùtǐ

つぐ【倒ぐ；斟ぐ；注ぐ】 倒 dào; 斟 zhēn; 注入 zhùrù（英 pour; fill）▶酒を～/斟酒 zhēn jiǔ ▶倒茶 dào chá ▶コップに水を～/把水倒进杯子里 bǎ shuǐ dàojìn bēizili ▶コップにミルクを半分～/往杯子里倒半杯牛奶 wǎng bēizili dào bàn bēi niúnǎi

つぐ【次ぐ】（英 rank next; come after）▶東京に～大都会/仅次于东京的大城市 jǐn cìyú Dōngjīng de dàchéngshì ▶失敗に～失敗/接二连三的失败 jiē èr lián sān de shībài ▶三峡ダムに～巨大ダム/仅次于三峡大坝的巨坝 jǐn cìyú Sānxiá dàbà de jùbà ▶洪水に次いで伝染病が発生した/洪水过后发生了传染病 hóngshuǐ guòhòu fāshēngle chuánrǎnbìng

つぐ【接ぐ】 接 jiē（英 join; put together）▶骨を～/接骨 jiēgǔ ▶言葉を～/继续说 jìxù shuō ▶木に竹を接いだような違和感/驴唇不对马嘴似的别扭 lǘchún bú duì mǎzuǐ shìde bièniu

つぐ【継ぐ】 继承 jìchéng（英 succeed; inherit）▶父の遺志を～/继承父亲的遗志 jìchéng fùqīn de yízhì ▶陶芸の伝統を～/继承陶瓷工艺传统 jìchéng táocí gōngyì chuántǒng

つくえ【机】 桌子 zhuōzi; 书桌 shūzhuō; 写字台 xiězìtái（英 a desk; a table）▶～の上が散らかっている/桌子上乱七八糟 zhuōzishang luànqī bā zāo ▶～に向かって仕事をする/伏案工作 fú'àn gōngzuò

ツクシ【土筆】〔植物〕笔头草 bǐtóucǎo（英 a horsetail）▶～が顔を出した/笔头草露出新芽来 bǐtóucǎo lùchū xīnyá lai

つくす【尽くす】 ❶【ことごとく用いる】尽 jìn（英 do the best; exhaust）▶全力を～/竭尽全力 jiéjìn quánlì ▶己(おのれ)の本分を～/尽自己的本分 jìn zìjǐ de běnfēn
❷【…しつくす】～光 guāng; ～尽 jìn（英 use up; consume）▶言い尽くせない/说不尽 shuōbujìn ▶焼き～/烧光 shāoguāng ▶何もかも知り尽くしている/什么事情了如指掌 shénme shìqing dōu liǎo rú zhǐzhǎng ▶画面を極彩色で埋め～/用绚艳的色彩填满了画面 yòng xuànyàn de sècǎi tiánmǎnle huàmiàn ▶名物料理を食べ～/吃遍名菜 chībiàn míngcài ▶金を使い～/把钱用光 bǎ qián yòngguāng ▶その議論は論じ尽くされた/那个问题已经被彻底讨论过了 nà ge wèntí yǐjīng bèi chèdǐ tǎolùnguò le
❸【尽力】尽力 jìnlì; 效力 xiàolì（英 serve; devote）▶社会に～/为社会效力 wèi shèhuì xiàolì ▶彼は妻のために尽くした/他为了妻子已经竭尽全力了 tā wèile qīzi yǐjīng jiéjìn quánlì le

つくづく（英 utterly; entirely; keenly）▶我が子の寝顔を～眺めた/仔细看宝贝儿熟睡的脸 zǐxì kàn bǎobèir shúshuì de liǎn ▶幸運だったなと思う/深深地感到自己运气真好 shēnshēn de gǎndào zìjǐ yùnqi zhēn hǎo ▶～己(おのれ)の非を

悟った/痛切认识到自己的过错 tòngqiè rènshidào zìjǐ de guòcuò ▶～考えてみて彼の好意がわかってきた/仔细考虑后终于明白了他的一片好心 zǐxì kǎolǜhòu zhōngyú míngbaile tā de yí piàn hǎoxīn ▶～嫌になる/彻底厌恶 chèdǐ yànwù ▶～世の中が嫌になった/厌倦了世俗 yànjuànle shìsú

ツクツクボウシ【寒蝉】〔虫〕寒蝉 hánchán

つぐない【償い】 补偿 bǔcháng; 赔偿 péicháng（英 compensation）▶罪の～をする/赎罪 shúzuì

つぐなう【償う】 赔 péi; 赔偿 péicháng（英 compensate; [埋合せ] make up for...）▶罪を～/赎罪 shúzuì ▶損害を～/赔偿损失 péicháng sǔnshī ▶金で～ことはできない/无法用金钱来补偿 wúfǎ yòng jīnqián lái bǔcháng ▶出費を～/补偿支出 bǔcháng zhīchū ▶損害は十二分に償ってもらった/所受损害已经得到了十二分的补偿 suǒ shòu sǔnhài yǐjīng dédàole shí'èrfēn de bǔcháng

つぐむ【噤む】 缄口 jiānkǒu; 闭口不谈 bìkǒu bù tán（英 shut (one's mouth)）▶彼は事件の真相については口を噤んでいる/他对事件的真相缄口不谈 tā duì shìjiàn de zhēnxiàng jiānkǒu bù tán ▶発言中、彼は突然口を噤んだ/他话说到一半，突然闭上了嘴 tā huàshuōdào yíbàn, tūrán bìshàngle zuǐ

つくり・造り・造り】 ❶【構造・製作】结构 jiégòu; 构造 gòuzào（英 structure; build; workmanship）▶頑丈な～/构造坚固 gòuzào jiāngù ▶もの～の技術/制造技术 zhìzào jìshù ▶レンガ～の家/砖瓦结构的房子 zhuānwǎ jiégòu de fángzi ▶この建物は～が違う/这个建筑结构与众不同 zhè ge jiànzhù jiégòu yǔ zhòng bùtóng ▶この椅子は～がしっかりしている/这把椅子做得很结实 zhè bǎ yǐzi zuòde hěn jiēshi ▶彼は体の～が頑健だ/他身体很强健 tā shēntǐ hěn qiángjiàn ▶これは～が全く新しい/这是全新制作 zhè shì quánxīn zhìzuò ❷【粧い】装 zhuāng; 打扮 dǎban; 化妆 huàzhuāng（英 makeup）▶彼女は若～だ/她装年轻 tā zhuāng niánqīng

つくり【旁】 偏旁 piānpáng（英 the righthand radical）

つくりあげる【作り上げる】 造成 zàochéng; 做成 zuòchéng（英 complete; finish; build up）▶苦心してやって～/苦心做成 kǔxīn zuòchéng ▶レシピを見ながら酢豚を～/看着菜谱做古老肉 kànzhe càipǔ zuò gǔlǎoròu ▶それは彼の想像が作り上げたものだ/那是他凭想像做出来的 nà shì tā píng xiǎngxiàng zuòchūlai de

つくりかえる【作り替える】 重做 chóngzuò; 改造 gǎizào（英 remake; rebuild; reconstruct）▶廃食油を石鹸に～/把食用废油做成肥皂 bǎ shíyòng fèiyóu zuòchéng féizào ▶物置部屋を書斎に～/把储藏间改装成书房 bǎ chǔcángjiān gǎizhuāngchéng shūfáng ▶これは彼の作品を作り替えたものらしい/据说这是根据他人作品改编的 jùshuō zhè shì gēnjù tārén zuòpǐn

がいぶん de ▶小説を劇に～/将小说改编成戏剧 jiāng xiǎoshuō gǎibiānchéng xìjù

つくりかた【作り方】 ❶[方法] 做法 zuòfǎ; 作法 zuòfǎ (英 *the way of making*) ▶クッキーの～をマスターする/学好做曲奇的方法 xuéhǎo zuò qūqí de fāngfǎ ▶祖父に菊の～を教えてもらった/向祖父请教怎么养菊花 xiàng zǔfù qǐngjiào zěnme yǎng júhuā ▶カクテルの～/鸡尾酒的调法 jīwěijiǔ de tiáofǎ ❷**[構造]** 英 *make; structure; a style*) ▶この庭の～は独特だね/这个庭院布局很独特 zhè ge tíngyuàn bùjú hěn dútè

つくりごえ【作り声】 假嗓子 jiǎsǎngzi (英 *a feigned voice*) ▶～で電話する/用假嗓子打电话 yòng jiǎsǎngzi dǎ diànhuà

つくりごと【作り事】 虚构 xūgòu; 捏造 niēzào (英 *an invention; a fiction*) ▶～のほうが真実に見えることがある/有时虚构的事看上去反而像事实 yǒushí xūgòu de shì kànshàngqu fǎn'ér xiàng shìshí ▶これは～とは思えない/这看上去不像是虚构的 zhè kànshàngqu bú xiàng shì xūgòu de ▶～を言う/编造故事 biānzào gùshi

つくりだす【作り出す】 产生 chǎnshēng; 制造 zhìzào; 创造 chuàngzào (英 *produce; devise; create*) ▶この地域に新たな危機を～/在这个地区又制造出新的危机 zài zhè ge dìqū yòu zhìzàochū xīn de wēijī ▶太陽と水からクリーンなエネルギーを～/用阳光和水制造出无污染的能源 yòng yángguāng hé shuǐ zhìzàochū wú wūrǎn de néngyuán

つくりつけ【作り付けの】 固定 gùdìng (英 *fixed; built-in*) ▶～の本棚/固定书架 gùdìng shūjià

つくりなおす【作り直す】 重做 chóngzuò; 重新修改 chóngxīn xiūgǎi (英 *remake; rebuild*) ▶欠陥が見つかったからには一から～しかない/因为发现缺陷，只能从零开始返工 yīnwèi fāxiàn quēxiàn, zhǐ néng cóng líng kāishǐ fǎngōng ▶作品全体を～必要がある/作品整体需要重做 zuòpǐn zhěngtǐ xūyào chóngzuò

つくりばなし【作り話】 假话 jiǎhuà; 编造的话 biānzào de huà (英 *a made-up story; a fiction*) ▶そんな～誰が信じるか/这种假话谁会相信？ zhè zhǒng jiǎhuà shéi huì xiāngxìn? ▶～をする/编故事 biān gùshi ▶あの男はいいかげんな～ばかりしている/那家伙总是胡说八道 nà jiāhuo zǒngshì hú shuō bā dào

つくりもの【作り物】 仿制品 fǎngzhìpǐn; 虚构 xūgòu (英 [人造品] *an artificial product*; [にせ物] *a fake*) ▶しょせん映画は～だ/反正电影都是编出来的 fǎnzhèng diànyǐng dōu shì biānchūlai de ▶(ショーウィンドウなどにある)～の菓子/点心模型 diǎnxīn móxíng ▶多少～のところがある/多少有虚构的成份 duōshǎo yǒu xūgòu de chéngfèn

つくりわらい【作り笑い】 假笑 jiǎxiào; 强笑 qiǎngxiào (英 *a forced laugh; a forced smile*) ▶～でもいいから笑顔を見せなさい/假笑也行，笑 一笑 jiǎxiào yě xíng, xiàoyíxiào ▶～をする/装出笑脸 zhuāngchū xiàoliǎn

つくる【作る】 做 zuò; 作 zuò; 制作 zhìzuò (英 *make; create; manufacture; grow*) ▶料理を～/做菜 zuòcài ▶会社を～/创办公司 chuàngbàn gōngsī ▶法律を～/制定法律 zhìdìng fǎlǜ ▶ばらを～/栽培蔷薇 zāipéi qiángwēi ▶ひまを～/抽空 chōukòng ▶世界新記録を～/创造世界新纪录 chuàngzào shìjiè xīnjìlù ▶朝食を～/做早饭 zuò zǎofàn ▶それは紙で作ってある/那是用纸做的 nà shì yòng zhǐ zuò de ▶その像は青石で作ってあった/这座像是用青石做的 zhè zuò xiàng shì yòng qīngshí zuò de ▶石油から作られたプラスチックはなかなか分解しない/用石油做成的塑料制品很难分解 yòng shíyóu zuòchéng de sùliào zhìpǐn hěn nán fēnjiě ▶木で本棚を～/用木头做书架 yòng mùtou zuò shūjià ▶友達を～のが苦手なんです/不善于交朋友 bú shànyú jiāo péngyou ▶詩を～喜びを知った/知道了写诗的乐趣 zhīdàole xiě shī de lèqù ▶米を～にはたくさんの水を使います/种植大米需要很多水 zhòngzhí dàmǐ xūyào hěn duō shuǐ ▶美しい言葉は品性を～/优美的语言培养人的情操 yōuměi de yǔyán péiyǎng rén de qíngcāo ▶準備委員会を～必要がある/有必要成立筹备委员会 yǒu bìyào chénglì chóubèi wěiyuánhuì ▶1クラスを～には生徒が少なすぎる/人数不够开一个班 rénshù bú gòu kāi yí ge bān ▶楽しい家庭を～はずだった/本来可以组建一个幸福的家庭 běnlái kěyǐ zǔjiàn yí ge xìngfú de jiātíng

つくる【造る】 造 zào; 建 jiàn (英 *construct; manufacture; build*) ▶船を～/造船 zào chuán ▶鉄橋を～/造铁桥 zào tiěqiáo ▶高速道路を～/建高速公路 jiàn gāosù gōnglù

つくろう【繕う】 ❶[修理] 缝补 féngbǔ; 修补 xiūbǔ (英 *repair; mend*) ▶電灯の下で服のほころびを～/在电灯下缝补衣服 zài diàndēngxia féngbǔ yīfu ❷**[取り繕う]** (英 *adjust; cover up*) ▶その場を～/敷衍一时 fūyǎn yìshí ▶体裁を～/修饰外表 xiūshì wàibiǎo ▶彼は妻子の前を～ために言った/他为了在妻子前蒙混过关撒了个谎 tā wèile zài qīzǐqián ménghùn guòguān sāle ge huǎng ▶そう言ってその場を～/以那种说法敷衍过去 yǐ nà zhǒng shuōfǎ fūyǎnguòqu

つけ【付け】 赊账 shēzhàng (英 [勘定書] *a bill*; [掛け売り] *credit*) ▶～で買う/赊购 shēgòu ▶～を払う/付清赊账 fùqīng shēzhàng ▶私はあの店では～がきく/我在那家店可以赊账 wǒ zài nà jiā diàn kěyǐ shēzhàng ▶そんなことをしていると高い～がまわってくるよ/做这种事是会欠下大人情的 zuò zhè zhǒng shì shì huì qiànxià dàrénqíng de

ツゲ【黄楊】 [植物] 黄杨 huángyáng (英 *a boxtree*)

つけあがる【付け上がる】 放肆起来 fàngsìqǐlai; 骄傲起来 jiāo'àoqǐlai (英 *be puffed up*; [生

意気] grow impudent) ▶奴は甘やかすとますます～/那个家伙给他点儿阳光就会灿烂 nà ge jiāhuo gěi tā diǎnr yángguāng jiù huì cànlàn ▶少しやさしくするとどこまでも～/对他好一点就翘尾巴 duì tā hǎo yìdiǎn jiù qiào wěiba

つけあわせる【付け合わせる】 配 pèi; 搭配 dāpèi（英 add... as relish）▶ハンバーグににんじんを～/汉堡肉排配上刀豆和胡萝卜 hànbǎo ròupái pèishàng dāodòu hé húluóbo ▶肉料理の付け合わせの野菜/配肉菜的蔬菜 pèi ròucài de shūcài

つけいる【付け入る】 乘机 chéngjī; 趁机 chènjī（英 take advantage of...）▶～隙がない/无隙可乘 wú xì kě chéng ▶相手の弱みにつけ込むビジネスだろう/作生意就是要抓住对方弱点, 趁机而入 zuò shēngyi jiù shì yào zhuāzhù duìfāng ruòdiǎn, chènjī ér rù

つけかえる【付け替える】 更换 gēnghuàn（英 change; replace）▶ドアの鍵を～/更换门钥匙 gēnghuàn ményàoshi ▶ボタンを～/换纽扣 huàn niǔkòu

つけぐすり【付け薬】 外用药 wàiyòngyào; 涂敷药 túfūyào（英 ointment）

つげぐち【告げ口】 小报告 xiǎobàogào; 告密 gàomì（英 talebearing）▶～する/打小报告 dǎ xiǎobàogào ▶僕のことを先生に～しないでよ/不要把我的事告诉老师 búyào bǎ wǒ de shì gàosu lǎoshī

つけくわえる【付け加える】 附加 fùjiā; 补充 bǔchōng; 添加 tiānjiā（英 add）▶新しい機能を～/添加新功能 tiānjiā xīngōngnéng ▶氏の言葉に何も～ことはありません/我对他的话没有任何补充 wǒ duì tā de huà méiyǒu rènhé bǔchōng ▶次のことに関して一言付け加えておきます/就下一个问题我加一句话 jiù xià yí ge wèntí wǒ jiā yí jù huà

つけこむ【付け込む】 乘机 chéngjī; 趁机 chènjī; 利用 lìyòng（英 take advantage of...）▶消費者の弱みに～/抓住消费者的弱点 zhuāzhù xiāofèizhě de ruòdiǎn ▶彼女の寛大さに～な～/不要利用她的宽容 búyào lìyòng tā de kuānróng ▶卑劣な付け込み方をする/卑劣也乘人之危 bēiliè de chéng rén zhī wēi

つけたし【付け足しの】 附 fù; 附加 fùjiā; 补充 bǔchōng（英 additional）▶～する/附加 fùjiā ▶我々はなんだか～のような扱いを受けた/对方不把我们当回事儿 duìfāng bù bǎ wǒmen dàng huí shìr ▶～の説明をする/附加说明 fùjiā shuōmíng

つけたす【付け足す】 附加 fùjiā; 补充 bǔchōng（英 add）▶これ以上私の意見を～ことはありません/对此我没有任何补充意见 duì cǐ wǒ méiyǒu rènhé bǔchōng yìjiàn

つけどころ【付け所】（英 a point）▶目の～/着眼处 zhuóyǎnchù ▶さすがに目の～が違う/不愧是他, 着眼点与众不同 búkuì shì tā, zhuóyǎndiǎn yǔ zhòng bùtóng

つけとどけ【付け届けをする】 送人情 sòng rénqíng; 送礼 sònglǐ（英 give... a present）▶医者に～をする/给医生送礼 gěi yīshēng sònglǐ

つけね【付け値】 买价 mǎijià; 买方出的价 mǎifāng chū de jià（英 a price offered; a bid）▶最も高い～/最高买价 zuìgāo mǎijià

つけね【付け根】 根儿 gēnr（英 a joint; the root）▶腕の～/胳膊根儿 gēbogēnr ▶足の～が痛い/大腿根儿疼 dàtuǐgēnr téng ▶耳の～まで赤くなる/红到耳根 hóngdào ěrgēn ▶首の～/脖子根 bózigēn ▶親指の～がふくらむ/大拇指根肿起来了 dàmǔzhǐgēn zhǒngqǐlai le

つけねらう【付け狙う】 伺机 sìjī; 跟踪 gēnzōng（英 follow; shadow）▶掏摸（すり）に付け狙われる/被扒手盯上了 bèi páshǒu dīngshàng le ▶そいつの命を～/要他的命 yào tā de mìng

つけまつげ【付け睫毛】 假睫毛 jiǎjiémáo（英 false eyelashes）

つけまわす【付け回す】 到处跟随 dàochù gēnsuí; 尾随 wěisuí（英 follow... around）▶彼はいつも新聞記者に付け回されている/他总被记者围追堵截 tā zǒng bèi jìzhě wéizhuī dǔjié

つけめ【付け目】 可乘之机 kě chéng zhī jī; 目的 mùdì（英 an object; an aim）▶そこが彼の～です/那正是他的目的 nà zhèngshì tā de mùdì ▶彼がまだ知らないのが～だ/他还不知道, 这就是可乘之机 tā hái bù zhīdào, zhè jiùshì kě chéng zhī jī

つけもの【漬物】 咸菜 xiáncài; 酱菜 jiàngcài; 泡菜 pàocài（英 pickles）▶白菜の～/白菜泡菜 báicài pàocài ▶一桶/腌菜桶 yāncàitǒng ▶～屋/酱菜店 jiàngcàidiàn ▶会长は～のような存在だ/会长就像腌菜桶里的石头一样, 不能没有 huìzhǎng jiù xiàng yāncàitǒngli de shítou yíyàng, bùnéng méiyǒu

つけやきば【付け焼き刃】 临阵磨枪 lín zhèn mó qiāng（英 a makeshift《間に合わせ》）▶～の知識/现学现卖的知识 xiàn xué xiàn mài de zhīshi

つける【付ける・着ける】 ❶【付着】贴上 tiēshàng; 涂上 túshàng; 安上 ānshàng（英 put on; attach; apply）▶薬を～/上药 shàng yào ▶犬に首轮を～/给狗戴项圈 gěi gǒu dài xiàngquān ▶パンにバターを～/在面包上涂黄油 zài miànbāoshang tú huángyóu ▶顔にクリームを～/在脸上涂面霜 zài liǎnshang tú miànshuāng

❷【着用】穿上 chuānshàng; 带着 dàizhe（英 wear; put on）▶下着を～/穿内衣 chuān nèiyī ▶アクセサリーを～/佩带装饰品 pèidài zhuāngshìpǐn ▶今日は大金を身に付けている/今天带着很多现金 jīntiān dàizhe hěn duō xiànjīn

❸【記入】记入 rù; 写 xiě（英 write; enter）▶日記を～/记日记 jì rìjì ▶帐簿に～/记在账上 jìzài zhàngshang

❹【值を】定（价）dìng(jià); 出（价）chū(jià)（英 set a price）▶值段を～/定出价钱 dìngchū jiàqian ▶私がその品にいちばん高い值を付けた/我

给那商品出了最高价 wǒ gěi nà shāngpǐn chūle zuìgāojià

5【乗物を】靠 kào (英)［船を］*put... ashore*；［車を］*pull up*) ▶船を岸に〜/将船靠岸 jiāng chuán kào'àn ▶船を桟橋に〜/把船停靠到栈桥 bǎ chuán tíngkàodào zhànqiáo ▶タクシーを門前に乗り〜/叫出租车停在门前 jiào chūzūchē tíngzài ménqián

6【付加】附加 fùjiā；配备 pèibèi (英 *add*；*append*) ▶付録を〜/加上附录 jiāshàng fùlù ▶護衛を〜/配警卫 pèi jǐngwèi ▶話に色を〜/润色故事 rùnsè gùshi ▶本に索引を〜/给书加索引 gěi shū jiā suǒyǐn

7【尾行】跟踪 gēnzōng；尾随 wěisuí (英 *tail*；*dog*) ▶誰かが私たちの後を付けている/好像有人跟踪我们 hǎoxiàng yǒu rén gēnzōng wǒmen

8【養成する】培养 péiyǎng；学会 xuéhuì (英 *get*；*obtain*) ▶ユーモア感覚を身に〜/学会幽默 xuéhuì yōumò ▶しっかり教養を身に付けなさい/要陶冶修养 yào táoyě xiūyǎng

つける【点ける】(英 *light*；［電灯を］*turn on*) ▶火を〜/点火 diǎn huǒ ▶タバコに火を〜/点上香烟的火 diǎnshàng xiāngyān de huǒ ▶君のハートに火を〜/点燃你心中的爱火 diǎnrán nǐ xīnzhōng de àihuǒ ▶電気を〜/开灯 kāi dēng

つける【漬ける】**1**【液体に】淹 yān；泡 pào；浸 jìn (英 *soak*；*steep*) ▶一晩水に漬けておく/在水里浸上一晚全 zài shuǐlǐ jìnshàng yì wǎnshang ▶アルコールに漬けて保存する/用酒精浸泡保存 yòng jiǔjīng jìnpào bǎocún

2【漬物を】腌 yān (英 *pickle*) ▶新なすを漬けました/腌了新收获的茄子 yānle xīn shōuhuò de qiézi

-つける …慣… guàn ▶やりつけない仕事/不干惯的工作 gànbuguàn de gōngzuò ▶もともと食わず嫌いだが食べ〜と案外旨い/本来是因为挑食不想吃，没想到吃惯了还挺可口 běnlái shì yīnwèi tiāoshí bù xiǎng chī, méi xiǎngdào chīguànle hái tǐng kěkǒu

つける【告げる】告诉 gàosu (英 *tell*；*order*) ▶彼に別れを〜/向他告别 xiàng tā gàobié ▶時計が正午を告げた/时钟报响了正午时刻 shízhōng bàoxiǎngle zhèngwǔ shíkè ▶それが冬の終わりを〜行事です/这是宣告冬天结束的仪式 zhè shì xuāngào dōngtiān jiéshù de yíshì ▶名前を告げずに立ち去る/名字也不说就走了 míngzi yě bù shuō jiù zǒu le

つごう【都合】**1**【事情・便宜】(英 *circumstances*；*convenience*) ▶仕事の〜で/因工作关系 yīn gōngzuò guānxi ▶彼の〜次第で/看他的情况怎样 kàn tā de qíngkuàng zěnyàng ▶〜のよいことに/刚好 gānghǎo ▶家の〜で退学する/因为家庭原因退学 yīnwèi jiātíng yuányīn tuìxué ▶〜により本日は休業します/因故今日停业 yīngù jīnrì tíngyè ▶自分の〜を図る/谋求自己的方便 móuqiú zìjǐ de fāngbiàn

2【工面・算段】(英 *arrangement*；*management*) ▶〜をつける/安排时间 ānpái shíjiān ▶時間を〜する/找时间 zhǎo shíjiān ▶その日は〜がつかない/那天没有时间 nà tiān méiyǒu shíjiān ▶〜のつき次第参加します/挤出时间就会参加 jǐchū shíjiān jiù huì cānjiā ▶保釈金500万円の〜がついた/凑齐五百万保释金 còuqí wǔbǎi wàn bǎoshìjīn

3【合計】(英 *in total*) ▶〜300人/总共三百人 zǒnggòng sānbǎi rén

〜がよい 方便 fāngbiàn ▶〜のよい日に下調べに行く/找个方便的日子先去调查一下 zhǎo ge fāngbiàn de rìzi xiān qù diàochá yíxià ▶〜がよいことだけを覚えている/只记得对自己有利的事 zhǐ jìde duì zìjǐ yǒulì de shì ▶そう〜よくいけばよいが/如果能那么顺利的话就好了 rúguǒ néng nàme shùnlì dehuà jiù hǎo le ▶今日伺したいのですが御〜はようしいですか/今天想去拜访您，不知是否方便？ jīntiān xiǎng qù bàifǎng nín, bù zhī shìfǒu fāngbiàn? ▶いっしょに来てくれると〜がよいのだが/如果你能一起来就太好了 rúguǒ nǐ néng yìqǐ lái jiù tài hǎo le ▶企業は〜のよい時だけ雇用関係を結ぶ/企业只有在需要的时候才会缔结雇佣关系 qǐyè zhǐyǒu zài xūyào de shíhou cái huì dìjié gùyòng guānxi

〜が悪い 不便 búbiàn ▶いいえ、今日は〜が悪いので明日にして下さい/不行，今天不方便，改在明天吧 bùxíng, jīntiān bù fāngbiàn, gǎizài míngtiān ba

つじ【辻】**1**【十字路】十字路口 shízì lùkǒu (英 *a crossing*；*a crossroads*) ▶京都は〜ごとにお地蔵さんの祠がある/京都每个十字路口都有地藏菩萨的庙 Jīngdū měi ge shízì lùkǒu dōu yǒu dìzàng púsà de miào **2**【道の端】路旁 lùpáng；街头 jiētóu (英 *a street corner*)

つじつま【辻褄】条理 tiáolǐ (英 *coherence*) ▶無理矢理〜合わせをする/硬找理由 yìng zhǎo lǐyóu ▶君の話で〜が合うよ/听你这么说就不觉得前后矛盾了 tīng nǐ zhème shuō jiù bù juéde qiánhòu máodùn le ▶勘定の〜を合わせる/使账面弄得合理 shǐ zhàngmiàn nòngde hélǐ

〜の合わない 不合道理 bù hé dàolǐ；前后矛盾 qiánhòu máodùn ▶〜の合わぬことを言う/说不合道理的话 shuō bù hé dàolǐ de huà ▶君の話は〜が合わない/你的话不合道理 nǐ de huà bù hé dàolǐ ▶〜の合わぬ言いわけを言う/说些自相矛盾的理由 shuō xiē zìxiāngmáodùn de lǐyóu

ツタ【蔦】〔植物〕爬山虎 páshānhǔ；常春藤 chángchūnténg (英 *an ivy*) ▶〜がからまる赤レンガの建物/爬满常春藤的红砖建筑 pámǎn chángchūnténg de hóngzhuān jiànzhù

つたう【伝う】顺 shùn；沿 yán (英 *go along...*) ▶ロープを伝って下りる/顺着绳索下来 shùnzhe shéngsuǒ xiàlái ▶子供が伝い歩きするようになった/孩子会扶着东西走了 háizi huì fúzhe dōngxi zǒu le ▶梯子(はしご)を伝って上る/顺着梯子爬上去 shùnzhe tīzi páshàngqu

つたえきく【伝え聞く】 传闻 chuánwén; 听说 tīngshuō (英 hear... from others) ▶～ところによると彼は冤罪だったようだ/听说他的罪名是被冤枉的 tīngshuō tā de zuìmíng shì bèi yuānwǎng de ▶伝え聞きの情報に振り回される/被流言弄得团团转 bèi liúyán nòngde tuántuánzhuàn

つたえる【伝える】 ❶【伝達・伝導】 传 chuán; 传达 chuándá (英 tell; transmit; [伝導] conduct) ▶熱を～/导热 dǎorè; 传热 chuánrè ▶ニュースを～/传播新闻 chuánbō xīnwén ▶彼に～/转告他 zhuǎngào tā ▶皆様によろしくお伝え下さい/请向大家问好 qǐng xiàng dàjiā wènhǎo ▶自分の気持ちを相手に～/把自己的心情传达给对方 bǎ zìjǐ de xīnqíng chuándá gěi duìfāng ▶科学技術の今を～ポータルサイト/传播最新科学技术的门户网站 chuánbō zuìxīn kēxué jìshù de ménhù wǎngzhàn ▶たまには手紙をくれるよう伝えて～/请转告他偶尔寄封信给我 qǐng zhuǎngào tā ǒu'ěr jì fēng xìn gěi wǒ ▶政府の意向を～/传达政府的意向 chuándá zhèngfǔ de yìxiàng ▶伝言を～/转达留言 zhuǎndá liúyán ▶新聞の～ところによれば政権支持率は…/据报纸上说，对政府的支持率… jù bàozhǐshang shuō, duì zhèngfǔ de zhīchílǜ…

❷【伝承】 传承 chuánchéng; 传授 chuánshòu (英 hand down; introduce) ▶子孙に～/流传给后代 liúchuán gěi hòudài ▶その物语は父から子へ代々伝えられた/那个故事由父辈到子孙，代代相传 nàge gùshì yóu fùbèi dào zǐsūn, dàidài xiāngchuán ▶秘诀を～/传授秘诀 chuánshòu mìjué ▶仏教はいつ頃伝えられたか/佛教是什么时候传来的 Fójiào shì shénme shíhou chuánlái de ne?

つたない【拙い】 笨拙 bènzhuō; 拙劣 zhuōliè (英 unskillful; poor; awkward) ▶～中国語で話す/用笨拙的中文表达 yòng bènzhuō de Zhōngwén biǎodá ▶～文章で申し訳ありません/文笔拙劣，真是对不起 wénbǐ zhuōliè, zhēn shì duìbuqǐ

つたわる【伝わる】 ❶【伝承・伝播・伝来】 传 chuán; 传播 chuánbō; 传来 chuánlái (英 be handed down; circulate; be introduced) ▶噂が～/流言在传播 liúyán zài chuánbō ▶代々～/代代相传 dàidài xiāngchuán ▶家に代々～宝物/家里世代相传的宝物 jiāli shìdài xiāngchuán de bǎowù ▶宗教が～/宗教传来 zōngjiào chuánlái ▶その噂はたちまち村中に伝わった/那传言很快就传遍了全村 nà chuányán hěn kuài jiù chuánbiànle quáncūn ▶そのニュースはあっという間に世界中に伝わった/那条新闻转眼就传遍了全世界 nà tiáo xīnwén zhuǎnyǎn jiù chuánbiànle quánshìjiè ▶日本の仏教は朝鲜から伝わった/日本的佛教是由朝鲜传入的 Rìběn de Fójiào shì yóu Cháoxiǎn chuánrù de

❷【伝達・伝导】 顺 shùn; 沿 yán (英 be conveyed; travel) ▶音の～速度はおよそ時速1200kmだ/声音的传播速度大约是每小时一千二百公里 shēngyīn de chuánbō sùdù dàyuē shì měi xiǎoshí yìqiān èrbǎi gōnglǐ ▶涙が私たちの頬を伝わった/泪水从我们的脸颊流下 lèishuǐ cóng wǒmen de liǎnjiá liúxià

つち【土】 土 tǔ; 土壤 tǔrǎng (英 earth; soil) ▶趣味は～いじりです/兴趣爱好是园艺 xìngqù àihào shì yuányì ▶まだ外国の～は一度も踏んだことがない/还从未踏上过异国的土地 hái cóngwèi tàshàngguò yìguó de tǔdì ▶顔が～色になる/面如土色 miàn rú tǔsè ▶～つかずである《相撲で》/从未输过 cóngwèi shūguò

つちかう【培う】 培养 péiyǎng; 培育 péiyù (英 cultivate; foster) ▶豊かな感性を～/培养丰富的感性 péiyǎng fēngfù de gǎnxìng

つちくれ【土塊】 土块 tǔkuài (英 a clod)

つちけいろ【土気色の】 蜡黄 làhuáng (英 ashen)

つちけむり【土煙】 飞尘 fēichén (英 a cloud of dust) ▶馬が1頭～をあげて駆けてくる/有一匹马扬起尘土跑过来 yǒu yì pǐ mǎ yángqǐ chéntǔ pǎoguòlai

つちふまず【土踏まず】 脚心 jiǎoxīn (英 the arch of the foot)

つちぼこり【土埃】 灰沙 huīshā; 灰土 huītǔ (英 a cloud of dust) ▶～がもうもうと立ちのぼる/尘土滚滚飞扬 chéntǔ gǔngǔn fēiyáng

つつ【筒】 管子 guǎnzi; 筒子 tǒngzi (英 a pipe; a tube) ▶茶～/茶叶筒 cháyètǒng ▶紙～/纸筒 zhǐtǒng ▶竹～/竹筒 zhútǒng

つづいて【続いて】 接着 jiēzhe (英 after...; next) ▶～急行列車が通過します，御注意下さい/接下来有快车通过，请注意 jiēxiàlái yǒu kuàichē tōngguò, qǐng zhùyì ▶～国語の試験だった/接着是语文考试 jiēzhe shì yǔwén kǎoshì ▶～起こったできごとが私の正しいことを証明した/接下来发生的事情证明我是对的 jiēxiàlái fāshēng de shìqing zhèngmíng wǒ shì duì de

つつうらうら【津津浦浦】 山南海北 shān nán hǎi běi; 五湖四海 wǔ hú sì hǎi (英 all over the country) ▶全国～に民謡がある/全国各地都有自己的民謡 quánguó gèdì dōu yǒu zìjǐ de mínyáo ▶彼の名は～に知れわたった/他的盛名传遍五湖四海 tā de shèngmíng chuánbiàn wǔ hú sì hǎi

つっかいぼう【突っかい棒】 支棍 zhīgùn; 支柱 zhīzhù (英 a support) ▶ドアに～をする/用棍子顶住门 yòng gùnzi dǐngzhù mén

つっかかる【突っ掛かる】 顶撞 dǐngzhuàng; 顶嘴 dǐngzuǐ (英 fly at...; retort) ▶少女は父親に突っ掛かっていった/女孩和父亲顶撞起来 nǚhái hé fùqin dǐngzhuàngqǐlai

つつがなく【恙なく】 安然无事 ānrán wúshì; 无恙 wúyàng (英 safely; in good health) ▶全員～旅から帰ってきました/全体人员平安归来 quántǐ rényuán píng'ān guīlái

つづき【続き】 继续 jìxù; 衔接 xiánjiē (英 a row; a sequel; [一連の] a series of...) ▶この

話の～は次回で/欲知后事请听下回分解 yù zhī hòushì qǐng tīng xiàhuí fēnjiě ▶今日の～はまた明日/今天到这儿，明天再继续 jīntiān dào zhèr, míngtiān zài jìxù ▶これは前号の～です/这是承接上一期的文章 zhè shì chéngjiē shàngyī qī de wénzhāng ▶雨天…でいやになる/阴雨不断，太烦人了 yīnyǔ búduàn, tài fánrén le ▶昨年はひどい不幸…だった/去年不幸一个接着一个 qùnián búxìng yí ge jiēzhe yí ge ▶3軒…の家/三幢连着的房子 sān zhuàng liánzhe de fángzi

つづきがら【続き柄】 亲属关系 qīnshǔ guānxi (英 family relationship) ▶君と彼とはどういう～なのか/你和他是什么样的亲戚关系啊？ nǐ hé tā shì shénmeyàng de qīnqi guānxi a?

つづきばんごう【続き番号】 连续号码 liánxù hàomǎ (英 a serial number)

つづきもの【続き物】 (テレビドラマの)连续剧 liánxùjù;（小説の）连载小说 liánzǎi xiǎoshuō (英 a series)

つっきる【突っ切る】 穿过 chuānguò；横过 héngguò (英 cross; run across…) ▶公園を～と駅への近道になる/穿过公园是去车站的近路 chuānguò gōngyuán shì qù chēzhàn de jìnlù

つつく【突く】 **1**【突く】 捅 tǒng；碰 pèng；捅咕 tǒnggu (英 poke; pick; [鳥が] peck) ▶頬を指で～/用手指捅脸颊 yòng shǒuzhǐ tǒng liǎnjiá ▶雀がパンくずを～/麻雀啄面包屑 máquè zhuó miànbāoxiè ▶彼女は食べ物をほんの少しつついただけだった/她只是蜻蜓点水似的碰碰吃的 tā zhǐshì qīngtíng diǎn shuǐ shìde pèngpeng chī de ▶ひじで～/用胳膊肘儿顶 yòng gēbózhǒur dǐng ▶つついて目を覚まさせる/把(他)捅醒 bǎ(tā)tǒng xǐng

2【とがめる】 (英 find fault with…) ▶僕の論文はみんなにつつかれた/我的论文被大家批得伤痕累累 wǒ de lùnwén bèi dàjiā pī de shānghén lěilěi

ことわざ 薮をつついて蛇を出す 捅马蜂窝 tǒng mǎfēngwō；自寻烦恼 zì xún fánnǎo

つづく【続く】 继续 jìxù；持续 chíxù (英 continue; last; [後続] follow; succeed) ▶雨の日が～/接连阴雨天 jiēlián yīnyǔtiān ▶最近飲酒運転の事故が～/最近酒后驾车的事故接连发生 zuìjìn jiǔhòu jiàchē de shìgù jiēlián fāshēng ▶会議は深夜まで続いた/会议一直持续到深夜 huìyì yìzhí chíxùdào shēnyè ▶高熱が三日続いた/高烧持续了三天 gāoshāo chíxù le sān tiān ▶朝から憂鬱な気分が～/从早上开始就情绪低落 cóng zǎoshang kāishǐ jiù qíngxù dīluò ▶40年間続いた支配はあっけなく幕を閉じた/持续了四十年的统治草草地拉上了帷幕 chíxù sìshí nián de tǒngzhì cǎocǎo de lāshànglè wéimù ▶このいい天気は明日まで～かしら/这好天气能持续到明天吗？ zhè hǎo tiānqì néng chíxùdào míngtiān ma? ▶このブームはしばらく～だろう/这热潮能持续一段时间吧 zhè rècháo néng chíxù yí duàn shíjiān ba ▶一日中暗い気分が続いた/一整天都心情郁闷 yì zhěngtiān dōu xīnqíng yùmèn ▶僕の部屋は食堂に続いている/我的房间连着食堂 wǒ de fángjiān liánzhe shítáng ▶前頁より～/接续前页 jiēxù qiányè ▶次頁へ～/接下页 jiē xiàyè ▶戦争のあとにすぐ飢饉が続いた/战争之后紧接着就是饥荒 zhànzhēng zhīhòu jǐnjiēzhe jiùshì jīhuang

つづけざまに【続けざまに】 接连不断 jiēlián búduàn；连续 liánxù (英 continually; continuously) ▶政界では～不祥事が発覚した/政界连连发生丑闻 zhèngjiè liánlián fāshēng chǒuwén ▶最近～悪夢をみた/最近接连做恶梦 zuìjìn jiēlián zuò èmèng ▶今日は3回～地震があった/今天接连发生了三次地震 jīntiān jiēlián fāshēngle sān cì dìzhèn

つづけて【続けて】 继续 jìxù (英 in succession; one after another;) ▶～言う/接着说 jiēzhe shuō ▶2週間～毎日彼の家を訪ねた/持续两周每天拜访他家 chíxù liǎng zhōu měitiān bàifǎng tā jiā ▶彼は何ヶ月も～休学している/他已经持续休学好几个月了 tā yǐjīng chíxù xiūxué hǎojǐ ge yuè le ▶彼女は早口で、よく言葉を区切らず～話す/她说话很快，经常不加停顿地连着说 tā shuōhuà hěn kuài, jīngcháng bù jiā tíngdùn de liánzhe shuō ▶～3回勝つ/接连三次获胜 jiēlián sān cì huòshèng

つづける【続ける】 继续 jìxù；持续 chíxù (英 continue; keep up; carry on) ▶もう3年間朝のジョギングを続けている/早上跑步已经持续三年了 zǎoshang pǎobù yǐjīng chíxù sān nián le ▶この日も平常通り作業を続けた/这一天也和平时一样工作 zhè yì tiān yě hé píngshí yíyàng gōngzuò ▶どうぞお続け下さい/请继续 qǐng jìxù ▶彼女は医学の研究を～べきだ/她应该继续研究医学 tā yīnggāi jìxù yánjiū yīxué ▶この商売を～限りそうする必要がある/想持续做这个生意，就需要这么办 xiǎng chíxù zuò zhège shēngyì, jiù xūyào zhème bàn ▶考え～/不断地思考 búduàn de sīkǎo ▶歩き～/不停地走 bùtíng de zǒu ▶彼は来る日も来る日も朝から晩までそれをし続けた/他每天都从早到晚坚持做那事 tā měitiān dōu cóng zǎo dào wǎn jiānchí zuò nà shì

つっけんどん 冷漠 lěngmò；不和蔼 bù hé'ǎi (英 bluntly; harshly) ▶～なあいさつをする/很不友好地打了个招呼 hěn bù yǒuhǎo de dǎle ge zhāohu ▶～な態度で「どちらさん？」と聞いた/冷漠地问："哪位啊？" lěngmò de wèn: "Nǎ wèi a?"

つっこむ【突っ込む】 **1**【穴に】 插进 chājìn；塞进 sāijìn (英 insert) ▶両手をポケットに突っ込んで歩く/两手插在口袋里走路 liǎngshǒu chāzài kǒudàili zǒulù ▶ポケットに本を～/把书塞进口袋里 bǎ shū sāijìn kǒudaili ▶シャツをズボンに～/把衬衫掖进裤子里 bǎ chènshān yējìn kùzili

2【突入】 闯进 chuǎngjìn；冲入 chōngrù (英 rush) ▶敵陣に～/冲入敌阵 chōngrù dízhèn ▶ガラス窓に頭から～/一头撞进玻璃窗 yì tóu zhuàngjìn bōlichuāng ▶車は児童の列に突っ込

んだ/汽车冲入学童的队伍 qìchē chōngrù xuétóng de duìwu ❸【内容的に】深入 shēnrù (英 question sharply)▶突っ込んだ話し合いをする/深入地交談 shēnrù de jiāotán▶突っ込んだ質問かある/提出尖锐的问题 tíchū jiānruì de wèntí▶その点をもっと突っ込んで尋ねるべきだった/就那个问题应该更深入询问 jiù nàge wèntí yīnggāi gèng shēnrù xúnwèn▶人のことに頭を~/多管闲事 duō guǎn xiánshì

つつじ【躑躅】〔植物〕杜鹃 dùjuān;映山红 yìngshānhóng (英 a tsutsuji; an azalea)

つつしみ【慎み】謹慎 jǐnshèn;謙虚 qiānxū;礼貌 lǐmào (英 modesty; delicacy)▶~深い/很谦虚 hěn qiānxū▶彼はどのような場合にも~を忘れない/他无论什么场合都不忘谨慎二字 tā wúlùn shénme chǎnghé dōu bú wàng jǐnshèn èrzì▶~のない言動が目に余る/那毫不慎重的言行真让人看不下去 nà háobù shènzhòng de yánxíng zhēn ràng rén kànbuxiàqù

つつしむ【慎む・謹む】謹慎 jǐnshèn;小心 xiǎoxīn (英 restrain oneself; be moderate)▶酒を~/节制饮酒 jiézhì yǐnjiǔ▶私語を慎みなさい/请不要低声私语 qǐng búyào dīshēng sīyǔ▶言葉を慎みなさい/请注意你的措辞 qǐng zhùyì nǐ de cuòcí▶謹んでおわび致します/谨表歉意 jǐn biǎo qiànyì▶謹んでお悔やみを表します/深表哀悼 shēn biǎo āidào

つつそで【筒袖】〔服飾〕筒袖 tǒngxiù (英 a tight sleeve)▶~の着物/筒袖的和服 tǒngxiù de héfú

つったつ【突っ立つ】站立 zhànlì;直立 zhílì (英 stand up)▶何で突っ立っているのだ? まあ,座りたまえ/干吗那站着?快坐吧! gànmá dōu zhànzhe? kuài zuò ba!

つつぬけ【筒抜けの】泄露 xièlòu;完全传出去 wánquán chuánchūqu (英【~になる】be leaked)▶我々の話したことは先方へ~だ/我们说的事都被传到对方那儿了 wǒmen shuō de shì dōu bèi chuándào duìfāng nàr le▶隣の話し声はこちらに~だ/隔壁的说话声在这里听得清清楚楚 gébì de shuōhuàshēng zài zhèlǐ tīngde qīngqīngchǔchǔ

つっぱしる【突っ走る】猛跑 měngpǎo;狂奔 kuángbēn (英 run fast; dash)▶目標に向かって一気に~/向着目标一路飞奔 xiàngzhe mùbiāo yílù fēibēn▶猛スピードで~車が多い/飞速狂奔的车很多 fēisù kuángbēn de chē hěn duō

つっぱねる【突っぱねる】拒绝 jùjué;顶回去 dǐnghuíqu (英 turn down; reject)▶君に話すことはないと突っぱねられた/被他一句"对你无话可说"给顶了回来 bèi tā yí jù "Duì nǐ wú huà kě shuō" gěi dǐnglehuílái▶政治家の要求を~/顶回政治家的要求 dǐnghuí zhèngzhìjiā de yāoqiú▶不当な要求を~/拒绝不正当的要求 jùjué bú zhèngdāng de yāoqiú

つっぱり【突っ張り】❶【支え】支柱 zhīzhù;顶棍 dǐnggùn (英 a support)❷【虚勢】异端青少年 yìduān qīngshàonián;小流氓 xiǎoliúmáng (英 rebellion)▶~グループが道を塞いでいる/一群小流氓堵在路上 yì qún xiǎoliúmáng dǔzài lùshang

つっぱる【突っ張る】❶【我意を張る】固执己见 gùzhí jǐjiàn (英 insist on)▶いつまでも突っ張っているんじゃないよ/不能固执到底呀 bùnéng gùzhí dàodǐ ya ❷【筋肉や皮膚が】抽 chōu;(肌)紧 jǐn (英 have the cramp)▶筋が~/抽筋 chōujīn▶顔を洗うと肌が~/洗脸后总觉得皮肤紧绷 xǐ liǎn hòu zǒng juéde pífū jǐnbēng▶欲の皮が突っ張っている/欲望膨胀 yùwàng péngzhàng ❸【支える】支撑 zhīchēng;顶住 dǐngzhù (英 prop up)▶傾いた塀を丸太で~/用粗圆木顶住倾斜的墙 yòng cūyuánmù dǐngzhù qīngxié de qiáng

つつましい【慎ましい】恭谨 gōngjǐn;谦虚 qiānxū;彬彬有礼 bīnbīn yǒu lǐ (英 modest; humble; bashful)▶~女性/恭谨的女性 gōngjǐn de nǚxìng▶~生活/简朴恭谨的生活 jiǎnpǔ gōngjǐn de shēnghuó▶つつましく暮らす/朴素地生活 pǔsù de shēnghuó▶つつましく座る/恭敬地坐下 gōngjìng de zuòxià

つつみ【包み】包裹 bāoguǒ;包袱 bāofu (ふろしき包み) (英 a bundle; a pack)▶~を開く/打开包 dǎkāi bāo▶紙~/纸包 zhǐbāo▶~にする/打包 dǎbāo▶母からの~が届いた/老家的母亲寄来了包裹 lǎojiā de mǔqīn jìláile bāoguǒ

つつみ【堤】堤 dī;坝 bà (英 a bank)▶~が切れた/决堤 juédī▶~を築く/筑堤 zhù dī

つづみ【鼓】〔楽器〕手鼓 shǒugǔ (英 a hand drum (used in classical Japanese music))▶笛に合わせて~を打つ/和着笛声击鼓 hèzhe díshēng jī gǔ

つつみかくす【包み隠す】藏掖 cángyē;遮掩 zhēyǎn (英 conceal; keep secret)▶事実を~/掩盖事实 yǎngài shìshí▶包み隠さずに言う/毫不遮掩地说 háobù zhēyǎn de shuō▶包み隠しのない話し合い/毫无保留的对话 háowú bǎoliú de duìhuà

つつみがみ【包み紙】包装纸 bāozhuāngzhǐ (英 wrapping paper)▶チョコレートの~/巧克力的包装纸 qiǎokèlì de bāozhuāngzhǐ▶~をとる/打开包装纸 dǎkāi bāozhuāngzhǐ

つつむ【包む】包 bāo;裹 guǒ (英 wrap; cover; envelop)▶薬をオブラートに~/把药用米纸包起来 bǎ yào yòng mǐzhǐ bāoqǐlai▶祝儀に金を~/包礼金 bāo lǐjīn▶外はすっかり闇に包まれていた/外面已被夜幕包围 wàimian yǐ bèi yèmù bāowéi▶山々は霧に包まれている/群山被雾气笼罩 qúnshān bèi wùqì lǒngzhào▶~を紙に包んで下さい/请用纸把这个包一下 qǐng yòng zhǐ bǎ zhège bāo yíxià▶神秘に包まれる/被神秘的气氛所包围 bèi shénmì de qìfēn suǒ bāowéi

つつもたせ【美人局】美人计 měirénjì (a badger game)▶~に引っかかる/中美人

zhòng měirénjì

つづらおり【九十九折り】 羊肠小道 yángcháng xiǎodào (英 *a winding or zigzag path*) ▶～の坂道を登る/登上羊肠曲折的坡道 dēngshàng yángcháng qūzhé de pōdào

つづり【綴り】 ❶〖文字の〗拼写 pīnxiě (英 *spelling*) ▶～を間違える/拼错 pīncuò ▶～を覚える/记拼法 jì pīnfǎ ❷〖ファイル〗装订 zhuāngdìng (英 *a file*) ▶議事録の～はできたかい/会议记录已经订好了吗？ huìyì jìlù yǐjing dìnghǎo le ma?

つづりかた【綴り方】 ❶〖綴る方法〗拼写法 pīnxiěfǎ; 拼字法 pīnzìfǎ (英 *spelling; how to spell*) ▶ローマ字の～/罗马字的写法 Luómǎzì de xiěfǎ ❷〖作文〗作文 zuòwén; 造句 zàojù (英 *a composition*) ▶祖父の遺品から昔の～が出てきた/在祖父的遗物中发现了以前的作文 zài zǔfù de yíwù zhōng fāxiànle yǐqián de zuòwén

つづる【綴る】 ❶〖字を綴る〗写 xiě; 拼 pīn (英 *spell; write*) ▶文章に～/写成文章 xiěchéng wénzhāng ▶お名前はどう～のですか/您的名字怎么拼写？ nín de míngzi zěnme pīnxiě? ❷〖とじる〗装订 zhuāngdìng; 订 dìng (英 *bind*) ▶書類を～/装订文件 zhuāngdìng wénjiàn ▶書類を綴っておく/把文件订好 bǎ wénjiàn dìnghǎo

つて【伝手】 门路 ménlù; 关系 guānxi; 引线 yǐnxiàn (英 *a connection; a pull*) ▶～を頼る/拉关系 lā guānxi; 找门路 zhǎo ménlù ▶大学の先輩の～で就職できた/靠大学师兄的关系找到了工作 kào dàxué shīxiōng de guānxi zhǎodàole gōngzuò ▶この会社は～がきかない/这个公司靠拉关系没有用 zhège gōngsī kào lā guānxi méiyǒu yòng ▶～を求める/寻找中介 xúnzhǎo zhōngjiè

つど【都度】 每次 měi cì; 每回 měi huí (英 *every time; whenever*) ▶彼は帰国の～私を訪ねてくれます/他每次回国都会来看我 tā měi cì huíguó dōu huì lái kàn wǒ

その～ 每次 měi cì; 随时 suíshí ▶叔父に会うと、その～「勉強しているか」と聞かれる/每次见到叔父，他都会问:"在好好儿学习吗？" měi cì jiàndào shūfù, tā dōu huì wèn: "Zài hǎohāor xuéxí ma?"

つどい【集い】 集会 jíhuì (英 *a gathering; a meeting*) ▶同級生の～/同学聚会 tóngxué jùhuì ▶映画ファンの～/电影迷的集会 diànyǐngmí de jíhuì

つどう【集う】 聚会 jùhuì; 集会 jíhuì (英 *gather*)

つとに 早已 zǎoyǐ; 从小 cóng xiǎo ▶彼女は～天才ヴァイオリニストと称されていた/她从小被称为天才小提琴家 tā cóng xiǎo bèi chēngwéi tiāncái xiǎotíqínjiā ▶和平交渉は決裂していた/和平会谈早已决裂 hépíng huìtán zǎoyǐ juéliè

つとまる【勤まる】 胜任 shèngrèn (英 *be fit for...*) ▶私に委員が～かどうか分かりませんが…/我不知自己能否胜任委员一职，但… wǒ bù zhī zìjǐ néngfǒu shèngrèn wěiyuán yī zhí, dàn… ▶こんな仕事が誰に～か/这样的工作谁能胜任呢？ zhèyàng de gōngzuò shéi néng shèngrèn ne? ▶彼ならどんな役でも～/他什么角色都能胜任 tā shénme juésè dōu néng shèngrèn

つとめ【勤め・務め】 工作 gōngzuò; 职务 zhíwù (英 *duties; a job; service*) ▶～を果たす/完成任务 wánchéng rènwu ▶～を怠る/懈怠工作 xièdài gōngzuò ▶人間としての～を果たしたまでです/只不过做了一个人应该做的事 zhǐbuguò zuòle yí ge rén yīnggāi zuò de shì ▶来月から～に出る/从下个月去上班 cóng xià ge yuè qù shàngbān ▶～から帰る/下班回家 xiàbān huíjiā ▶～をやめる/辞去工作 cíqù gōngzuò ▶～を変える/换工作 huàn gōngzuò ▶朝～に出たまま帰らなかった/早上去上班就一直没回来 zǎoshang qù shàngbān jiù yìzhí méi huílái

つとめぐち【勤め口】 工作 gōngzuò (英 *an employment; a job*) ▶～を捜す/找工作 zhǎo gōngzuò ▶～が見つかる/找到工作 zhǎodào gōngzuò ▶彼にはまだ～がない/他还没找到工作 tā hái méi zhǎodào gōngzuò

つとめさき【勤め先】 工作单位 gōngzuò dānwèi (英 *one's office*) ▶～に電話をかけて連絡する/给工作单位打电话联系 gěi gōngzuò dānwèi dǎ diànhuà liánxì ▶～が変わりました/工作单位换了 gōngzuò dānwèi huàn le

つとめにん【勤め人】 靠工资生活的人 kào gōngzī shēnghuó de rén; 上班族 shàngbānzú (英 *an office worker*)

つとめる【努める・勉める】 努力 nǔlì; 尽力 jìnlì (英 *make an effort*) ▶我々は彼を救い出すとできる限り努めた/我们竭尽全力想将他救出 wǒmen jiéjìn quánlì xiǎng jiāng tā jiùchū ▶君は努力が足りない/你的努力还不够 nǐ de nǔlì hái bú gòu ▶努めて平静を保つ/努力保持平静 nǔlì bǎochí píngjìng ▶努めて涙を押える/努力控制住眼泪 nǔlì kòngzhìzhù yǎnlèi ▶努めて低姿勢を保つ/努力保持低姿态 nǔlì bǎochí dīzītài

つとめる【務める】 担任 dānrèn; 充当 chōngdāng (英 *act; serve*) ▶通訳を～/担任翻译 dānrèn fānyì ▶グループ旅行の会計を務めた/担任集体旅行的会计 dānrèn jítǐ lǚxíng de kuàijì ▶高校では劇の主役を務めた/高中时曾出演过戏剧主角 gāozhōng shí céng chūyǎnguò xìjù zhǔjué ▶3年の刑期を務めた/服满三年刑期 fúmǎn sān nián xíngqī

つとめる【勤める】 工作 gōngzuò; 任职 rènzhí; 做事 zuòshì (英 *be employed*) ▶化学工場に～/在化工厂工作 zài huàgōngchǎng gōngzuò ▶彼女は看護師として10年間りっぱに勤めてきた/她作为护士，十年来出色地完成了自己的工作 tā zuòwéi hùshi, shí nián lái chūsè de wánchéngle zìjǐ de gōngzuò ▶彼はどんな仕事も長く勤められない/他不管什么工作都做不长 tā

つな bùguǎn shénme gōngzuò dōu zuòbucháng ▶どちらにお勤めですか/您在哪儿高就？ nín zài nǎr gāojiù? ▶彼の勤めぶりはまことに感心だ/对他的工作态度深表佩服 duì tā de gōngzuò tàidù shēn biǎo pèifú

つな【綱】 粗绳 cūshéng; 缆绳 lǎnshéng; 绳索 shéngsuǒ (英 *a line; a rope; a cable*) ▶命の〜/命根 mìnggēn ▶引き〜/拖绳 tuōlǎn ▶頼みの〜が切れた/唯一的希望也断了 wéiyī de xīwàng yě duàn le ▶〜を張って群衆を近づけない/拉开绳索不让群众接近 lākāi shéngsuǒ bú ràng qúnzhòng jiējìn ▶船の〜をとく/解开船缆 jiěkāi chuánlǎn ▶犬を〜でつないで歩く/给狗套上绳索拉着走 gěi gǒu tàoshàng shéngsuǒ lāzhe zǒu

つながり【繋がり】 关联 guānlián; 关系 guānxi (英 *a connection*; [関係] *relations*) ▶過去との〜が知りない/无法摆脱和过去的关系 wúfǎ bǎituō hé guòqù de guānxi ▶社会との〜を拒む/拒绝和社会的联系 jùjué hé shèhuì de liánxì ▶彼の裏社会との〜については何も知らなかった/我对他和黑社会的关系一无所知 wǒ duì tā hé hēishèhuì de guānxi yì wú suǒ zhī ▶血の〜はない/没有血缘关系 méiyǒu xuèyuán guānxi

つながる【繋がる】 联结 liánjié; 连接 liánjiē (英 *be linked together*; [電話が] *be connected*) ▶電話が〜/电话接通 diànhuà jiētōng ▶うっかりミスが大事故に〜ことがある/因一时粗心犯的小错误往往会带来大事故 yīn yìshí cūxīn fàn de xiǎocuòwù wǎngwǎng huì dàilái dàshìgù ▶この道は5km先で国道に〜/这条路五公里前方和国道相连 zhè tiáo lù wǔ gōnglǐ qiánfāng hé guódào xiānglián ▶あの二人は血が繋がっている/那两个人有血缘关系 nà liǎng ge rén yǒu xuèyuán guānxi ▶麻薬に〜犯罪/和毒品有关的犯罪 hé dúpǐn yǒuguān de fànzuì

つなぎ【繋ぎ】 (英 *a connection; a link*) ▶〜目/接头儿 jiētóur; 接缝 jiēfèng ▶〜資金を調達する/筹集接续的资金 chóují jiēxù de zījīn ▶レールの〜目/铁轨接缝处 tiěguǐ jiēfèngchù ▶時間が余ったので〜をかけた/因为多出一点时间, 在此之间就放唱片了 yīnwèi duō chū yìdiǎn shíjiān, zài cǐ zhījiān jiù fàng chàngpiàn le

つなぎあわせる【繋ぎ合わせる】 接合 jiēhé; 接上 jiēshàng (英 *connect; join together*) ▶あちこちの情報を〜/把各处的信息接起来 bǎ gèchù de xìnxī jiēhéqǐlai ▶彼女は引き裂かれた地图を繋ぎ合わせた/她把撕碎的地图给拼上了 tā bǎ sīsuì de dìtú gěi pīnshàng le ▶割れた花びんを〜/把破了的花瓶粘合上 bǎ suìle de huāpíng zhānhéshàng

つなぎとめる【繋ぎ止める】 ❶【杭に】系住 xìzhù; 拴住 shuānzhù (英 *tie fast*) ▶ボートはしっかり岸に繋ぎ止めた/把小船紧紧地拴在岸边 bǎ xiǎochuán jǐnjǐn de shuānzài ànbiān
❷【生命を】维持 wéichí; 留住 liúzhù (英 *have a narrow escape*) ▶その薬で彼女は命を繋ぎ止めた/那药维系了她的性命 nà yào wéixìle tā de xìngmìng

つなぐ【繋ぐ】 拴 shuān; 联结 liánjié; 连接 liánjiē (英 *tie; fasten*) ▶馬を〜/拴马 shuān mǎ ▶顔を〜/保持联系 bǎochí liánxì ▶手を〜/手拉手 shǒu lā shǒu ▶望みを〜/抱一线希望 bào yí xiàn xīwàng ▶船を〜/把船系住 bǎ chuán xìzhù ▶〜/传递接力棒 chuándì jiēlìbàng ▶本土と小島を〜つり橋/连接本土和小岛的桥 liánjiē běntǔ hé xiǎodǎo de qiáo ▶彼女はまだ人前で夫と手を〜/她还在人前和丈夫手拉手 tā hái zài rénqián hé zhàngfu shǒu lā shǒu ▶《電話で》内線の105番に繋いで下さい/请接105号内线 qǐng jiē yāo líng wǔ hào nèixiàn ▶コンピュータに〜/连接电脑 diànnǎo ▶犬を柵に繋いでおく/把狗拴在栅栏上 bǎ gǒu shuānzài zhàlanshang

つなひき【綱引き】 拔河 báhé (英 *a tug of war*)

つなみ【津波】 海啸 hǎixiào (英 *a tsunami*) ▶〜警報/海啸警报 hǎixiào jǐngbào ▶地震があると〜注意报が出る/每当有地震就会出海啸警报 měidāng yǒu dìzhèn jiù huì chū hǎixiào jǐngbào ▶〜が沿岸を襲った/海啸袭击沿岸 hǎixiào xíjī yán'àn ▶〜は海中の大地震によって引き起される/海啸是由海中的大地震引起的 hǎixiào shì yóu hǎizhōng de dàdìzhèn yǐnqǐ de

つなわたり【綱渡りする】 走钢丝 zǒu gāngsī; 《比喩で》冒险 màoxiǎn (英 *ropewalking; a tightrope walker*) ▶そんな〜はやめたほうがいい/最好不要那样冒险 zuìhǎo bùyào nàyàng màoxiǎn ▶彼の生活は危ない〜をしているようなものだ/他的生活就像走钢丝一样危险 tā de shēnghuó jiù xiàng zǒu gāngsī yíyàng wēixiǎn

つね【常】 常 cháng; 平常 píngcháng; 习惯 xíguàn (英 [常態] *the usual state of things*; [常習] *a common usage*) ▶それが人の世の〜である/这是人之常情 zhè shì rén zhī chángqíng ▶彼女は毎朝ジョギングをすることを〜とした/每天早上晨跑是她一直以来的习惯 měitiān zǎochang chénpǎo shì tā yìzhí yǐlái de xíguàn ▶その日も〜のごとく朝9時に家を出た/那天也和平常一样早上九点离开家 nà tiān yě hé píngcháng yíyàng zǎoshang jiǔ diǎn líkāi jiā

つねづね【常常】 平常 píngcháng; 平时 píngshí (英 *always; usually*) ▶〜このことを疑問に思っていた/我平时对这个事情抱有疑问 wǒ píngshí duì zhège shìqing bào yǒu yíwèn

つねに【常に】 经常 jīngcháng; 时刻 shíkè; 总 zǒng (英 *always*) ▶レフェリーは〜冷静でなければならない/裁判必须时刻保持冷静 cáipàn bìxū shíkè bǎochí lěngjìng ▶彼は〜誰とも相談せずに决断する/他总是不和任何人商量就下决断 tā zǒngshì bù hé rènhérén shāngliang jiù xià juéduàn

つねる 拧 níng; 掐 qiā (英 *pinch; nip*) ▶夢

はないかとほおをつねってみた/不知是不是做梦，就捏了一下自己的脸颊试试 bù zhī shìbushì zuòmèng, jiù qiāle yíxià zìjǐ de liǎnjiá shìshi

[ことわざ] 我が身をつねって人の痛さを知れ 推己及人 tuī jǐ jí rén

つの【角】 犄角 jījiǎo (英) *a horn; an antler* ▶鹿の〜/鹿角 lùjiǎo ▶〜で突く/用角顶 yòng jiǎo dǐng

[ことわざ] 角を矯(た)めて牛を殺す 矫角杀牛 jiǎo jiǎo shā niú

〜を出す[生やす] 吃醋 chīcù; 嫉妒 jídù ▶女房が〜を出す/老婆吃醋 lǎopo chīcù

〜を突き合わせる 顶牛儿 dǐngniúr

つのぶえ【角笛】 角号 jiǎohào (英) *a horn*

つのる【募る】 ❶[募集する] 招募 zhāomù; 征 zhēng (英) *raise; recruit* ▶寄付を〜/募捐 mùjuān ▶新会員を〜/招募新会员 zhāomù xīnhuìyuán

❷[強まる] 越来越强烈 yuèláiyuè qiángliè (英) *grow worse; get serious* ▶嵐が募ってきた/风暴越来越强烈 fēngbào yuèláiyuè qiángliè ▶心の中で不安が募っている/心中的不安越来越强烈 xīnzhōng de bù'ān yuèláiyuè qiángliè

つば【唾】 唾沫 tuòmo; 口水 kǒushuǐ (英) *spittle; saliva; spit* ▶彼は〜をぐっとのんだ/他用力咽了一口口水 tā yònglì yànle yì kǒu kǒushuǐ ▶ぺっと〜を吐く/呸地吐一口口水 pēi de tǔ yì kǒu kǒushuǐ ▶手に〜をする/向手心吐一口唾沫 xiàng shǒuxīn tǔ yì kǒu tuòmo ▶うまそうで〜の出る菓子/令人馋涎欲滴的点心 lìng rén chánxián yù dī de diǎnxīn

[ことわざ] 天に唾する 自作自受 zì zuò zì shòu

つば【鍔】（刀の）护手 hùshǒu (英) *a sword guard*;（帽子の）帽檐 màoyán; 帽缘 màoyuán (英) *a brim* ▶〜の広い帽子/大帽檐帽子 dà màoyán màozi

〜ぜり合い 激烈争斗 jīliè zhēngdòu

ツバキ【椿】〔植物〕山茶 shānchá; 茶花 cháhuā (英) *a camellia*

つばさ【翼】（飛行機の）机翼 jīyì;（鳥の）翅膀 chìbǎng (英) *wings* ▶〜を広げる/展翅 zhǎnchì ▶大鷲は〜を広げると2メートルある/大雕展翅有两米长 dàdiāo zhǎnchì yǒu liǎng mǐ cháng

〜をはためかせる/拍打翅膀 pāida chìbǎng

ツバメ【燕】〔鳥〕燕子 yànzi (英) *a swallow* ▶〜の巣[食品]/燕窝 yànwō

つぶ【粒】 粒子 lìzi (英) *a grain; a drop* ▶〜揃いの/一个赛一个 yí ge sài yí ge ▶大〜の雨が降ってくる/大粒的雨滴落了下来 dàlì de yǔdī luòlexiàlai ▶大〜の涙を流す/大颗的泪水流了下来 dàkē de lèishuǐ liúlexiàlai ▶〜の揃った真珠/颗粒整齐的珍珠 kēlì zhěngqí de zhēnzhū

つぶさに ❶[詳細に] 详细 xiángxì (英) *minutely; in detail*）▶現状を〜説明する/详细说明现状 xiángxì shuōmíng xiànzhuàng ▶〜語る/具体讲述 jùtǐ jiǎngshù ❷[ことごとく] (英) *fully; in full*）▶この世の辛苦を〜嘗(な)める/饱经世事辛酸 bǎo jīng shìshì xīnsuān

つぶし【潰し】 废料 fèiliào;《人材として》应用 yìngyòng; 活用 huóyòng (英) [金物] *scrap metal*

〜が効く 多面手 duōmiànshǒu ▶ああいう経歴の人は〜が効かない/有那种经历的人很难顺应新的环境 yǒu nà zhǒng jīnglì de rén hěn nán shùnyìng xīn de huánjìng

暇 消闲 xiāoxián ▶暇〜に英字新聞を読んでいる/读英文报纸消闲 dú Yīngwén bàozhǐ xiāoxián

つぶす【潰す】 压坏 yāhuài; 挤碎 jǐsuì (英) *crush; smash; break;* [時間を] *kill* ▶鶏を〜/宰鸡 zǎi jī ▶靴をはき〜/鞋穿烂了 xié chuānlàn le ▶試合の応援で声を潰した/为比赛加油，嗓子都喊哑了 wèi bǐsài jiāyóu, sǎngzi dōu hǎnyǎ le ▶賭博で身代を〜/因赌博而破产 yīn dǔbó ér pòchǎn

顔を〜 丢脸 diūliǎn ▶よくも俺の顔を潰してくれたな/你真把我的脸丢光了 nǐ zhēn bǎ wǒ de liǎn diūguāng le

肝を〜 吓破胆 xiàpò dǎn

時間を〜 消磨时光 xiāomó shíguāng ▶テレビを見て時間を潰した/看电视消磨时间 kàn diànshì xiāomó shíjiān

つぶつぶ【粒粒】 很多颗粒 hěn duō kēlì (英) *grains* ▶表面に〜がある果物/表面疙疙瘩瘩的水果 biǎomiàn gēgedādā de shuǐguǒ

つぶて【礫】 飞石 fēishí; 石子 shízǐ (英) *a stone*

梨の〜 石沉大海 shí chén dàhǎi

闇夜の〜 无的放矢 wú dì fàng shǐ; 黑夜里打枪 hēiyèli dǎ qiāng

つぶやき【呟き】 嘟哝 dūnong; 小声独语 xiǎoshēng dúyǔ (英) *a murmur* ▶不満の〜を漏らす/嘟嘟囔囔地发牢骚 dūdūnāngnāng de fā láosao

つぶやく【呟く】 咕哝 gūnong; 小声说 xiǎoshēng shuō (英) *mutter; grumble* ▶一人でぶつぶつ〜/一个人小声咕哝 yí ge rén xiǎoshēng gūnong

つぶより【粒選りの】 精选 jīngxuǎn; 精英 jīngyīng (英) *choice* ▶〜の選手を集める/召集精英选手 zhàojí jīngyīng xuǎnshǒu

つぶら【円らな】 圆溜溜 yuánliūliū (英) *beady* ▶〜な瞳/圆圆的眼珠 yuányuán de yǎnzhū

つぶる【目を〜】 闭眼 bì yǎn; 瞑目 míngmù;《見ぬふり》假装不知道 jiǎzhuāng bù zhīdào;《死ぬ》死 sǐ (英) *shut; close* ▶目をつぶって痛さをこらえる/紧闭双眼忍受痛苦 jǐnbì shuāngyǎn rěnshòu tòngkǔ ▶彼のいたずらに目を〜/对他的恶作剧不闻不问 duì tā de èzuòjù bù wén bú wèn ▶午前1時20分，祖父は目をつぶった/凌晨一点二十分，祖父合上了双眼 língchén yì diǎn èrshí fēn, zǔfù héshàngle shuāngyǎn

つぶれる【潰れる】 ❶[形ある物が] 压坏 yāhuài; 砸烂 zálàn (英) *collapse; be destroyed; be*

crushed) ▸家が〜/房子倒塌 fángzi dǎotā ▸家が地震で潰れた/家里的房子因地震倒塌 jiāli de fángzi yīn dìzhèn dǎotā ▸潰れた缶/压扁的罐子 yābiǎn de guànzi **2**〚破産〛 **破产** pòchǎn; **倒闭** dǎobì ([英] *go bankrupt*; *be ruined*) ▸会社が〜/公司破产 gōngsī pòchǎn ▸潰れかけた映画館/面临倒闭的电影院 miànlín dǎobì de diànyǐngyuàn ▸銀行が潰れた/银行倒闭了 yínháng dǎobì le **3**〚その他〛 ▸声が〜/嗓子哑了 sǎngzi yǎ le ▸目が〜/眼睛瞎了 yǎnjing xiā le ▸酔い〜/醉倒了 zuìdǎo le ▸今日も 1 日無為に潰れた/今天又白白浪费了一天 jīntiān yòu báibái làngfèile yì tiān

つべこべ【つべこべ言う】 **说三道四** shuō sān dào sì; **强词夺理** qiǎng cí duó lǐ ([英] *complain*) ▸〜言うな/不要说三道四 búyào shuō sān dào sì

ツベルクリン 〔医〕**结核菌素** jiéhé jūnsù ([英] *tuberculine*) ▸〜検査/结素试验 jiésù shìyàn

つぼ【壺】 **1**〚容器〛 **坛子** tánzi; **壶** hú ([英] *a jar*; *a pot*) ▸土の中から古い〜が出てきた/从土里挖出了古旧的罐子 cóng tǔli wāchūle gǔjiù de guànzi **2**〚急所·意図〛 **要点** yàodiǎn; **要害** yàohài;《はり·きゅうの》**穴位** xuéwèi; **穴道** xuédào ([英] *the point*) ▸〜を押さえる/抓住要点 zhuāzhù yàodiǎn ▸相手の思う〜にはまる/正和对方的心意 zhèng hé duìfāng de xīnyì ▸〜をはずす/不着要点 bù zháo yàodiǎn

つぼみ【蕾】 **花骨朵** huāgūduo; **花蕾** huālěi; **花苞** huābāo ([英] *a bud*) ▸〜のうちに摘み取る/趁还是花苞时摘下 chèn hái shì huābāo shí zhāixià ▸〜はまだかたい/花苞还很硬 huābāo hái hěn yìng ▸〜の開きかけているクロッカス/刚刚展开花瓣的藏红花 gānggāng zhǎnkāi huābàn de zànghónghuā ▸〜がふくらんでほころびそうになっていた/含苞待放 hán bāo dài fàng

つぼめる【窄める】 **缩窄** suōzhǎi; **合上** héshàng ▸口を〜/抿嘴 mǐn zuǐ

つま【妻】 **1**〚夫婦の〛 **妻子** qīzi; **老婆** lǎopo; **爱人** àiren ([英] *a wife*) ▸〜を娶(めと)る/娶妻 qǔ qī ▸内縁の〜/未办结婚登记的妻子 wèi bàn jiéhūn dēngjì de qīzi ▸〜の取り分/妻子应得的部分 qīzi yīngdé de bùfen ▸結婚して 42 年になる彼の〜/他结婚四十二年的妻子 tā jiéhūn sìshi'èr nián de qīzi ▸〜には言えません, 口が裂けても言えません/不能对老婆说, 打死也不能说 bùnéng duì lǎopo shuō, dǎsǐ yě bùnéng shuō **2**〚付け合わせ〛 **配菜** pèicài ([英] *garnishings* (刺身などの); *a relish*) ▸刺身の〜/生鱼片的配菜 shēngyúpiàn de pèicài

> [日中比較] 中国語では '爱人 àiren' は「正妻」を指し,「愛人」の意味はない. 最近の中国では「妻」を指すのに建国前に使われていた '太太 tàitai' が復活し, こちらも使われている.

つまさき【爪先】 **脚尖** jiǎojiān ([英] *the tips of toes*; *the toe*) ▸〜で立つ/踮起脚尖 diǎnqǐ jiǎojiān ▸〜で歩く/跷着脚走 qiāozhe jiǎo zǒu ▸〜の丸い靴/圆头皮鞋 yuántóu píxié ▸〜で踏み消す/用脚尖踩灭 yòng jiǎojiān cǎi miè ▸頭のてっぺんから〜まで/从头顶到脚趾尖 cóng tóudǐng dào jiǎozhǐjiān ▸〜をぶつけて傷める/撞伤脚尖 zhuàngshāng jiǎojiān

つまされる **感动** gǎndòng; **感受** gǎnshòu; **牵动** qiāndòng ([英] *be moved*)

身に〜 **引起身世的悲伤** yǐnqǐ shēnshì de bēishāng ▸手記を読んで身につまされた/读了手记, 倍受感动 dúle shǒujì, bèi shòu gǎndòng

つましい **节俭** jiéjiǎn; **俭朴** jiǎnpǔ ([英] *economical*; *thrifty*; *frugal*) ▸つましく暮らす/生活节俭 shēnghuó jiéjiǎn

つまずき **绊倒** bàndǎo;《比喩で》**失败** shībài; **挫折** cuòzhé ([英] *stumbling*; [失敗] *a failure*; *a slipup*; *a setback*) ▸仕事上での〜/工作上的失败 gōngzuòshang de shībài ▸人生の〜/人生的挫折 rénshēng de cuòzhé

つまずく **绊** bàn; **跌跤** diējiāo;《比喩で》**受挫** shòucuò ([英] *stumble*; *slip up*) ▸階段で〜/在楼梯上绊倒 zài lóutīshang bàndǎo ▸試験で〜/因考试受挫 yīn kǎoshì shòucuò ▸政権は発足早々人事問題でつまづいた/新政权刚刚起步就因人事问题受挫 xīnzhèngquán gānggāng qǐbù jiù yīn rénshì wèntí shòucuò ▸彼は人生の出発点においてつまずいた/他在人生的出发点上受挫 tā zài rénshēng de chūfādiǎnshang shòucuò

つまはじき【爪弾きする】 **排斥** páichì; **嫌弃** xiánqì ([英] [排斥する] *disdain*; *reject*; *shun*; [村八分] *ostracize*) ▸彼は皆に〜されている/他被大家排斥 tā bèi dàjiā páichì

つまびく【爪弾く】 **用指甲弹** yòng zhǐjia tán ([英] *pick*) ▸ギターを〜/用指甲弹吉他 yòng zhǐjia tán jítā

つまびらか【詳らかに】 **详细** xiángxì; **一清二楚** yì qīng èr chǔ ([英] *in detail*) ▸〜でない/不详 bùxiáng ▸〜に調べる/详细调查 xiángxì diàochá

〜にする ▸史実かどうか筆者は〜にしないが…/是否是史实, 笔者没有明言… shìfǒu shì shǐshí, bǐzhě méiyǒu míngyán… ▸実情を〜にする/把实情调查清楚 bǎ shíqíng diàochá qīngchu

つまみ **1**〚器具の〛 **纽** niǔ; **抓手** zhuāshǒu ([英] *a knob*) **2**〚酒の〛 **下酒菜** xiàjiǔcài; **酒肴** jiǔyáo ([英] *a snack*) **3**〚量〛 **一小撮** yìxiǎocuō ([英] *a pinch*) ▸ひと〜の塩/一小撮盐 yìxiǎocuō yán

つまみあげる【つまみ上げる】 **抓起来** zhuāqǐlai ([英] *pick up*)

つまみあらい【つまみ洗いをする】 **搓洗** cuōxǐ; **把(衣服的)一部分洗一洗** bǎ (yīfu de) yíbùfen xǐyixi ([英] *wash a soiled part*)

つまみぐい【つまみ食いする】 **1**〚盗み食い〛 **偷吃** tōuchī; **偷嘴** tōuzuǐ ([英] *taste secretly*) ▸台所で芋を 1 切れ〜した/在厨房偷吃了一块红薯 zài chúfáng tōuchīle yí kuài hóngshǔ **2**〚公金を〛 **偷用** tōuyòng; **挪用** nuóyòng ([英]

pocket; embezzle) ▶会社の金を～する/偷用公司的钱 tōuyòng gōngsī de qián

つまみだす【つまみ出す】 揪出 jiūchū (英 *pick out*; [人を] *turn... out*) ▶侵入者が用心棒につまみ出された/入侵者被警卫揪了出来 rùqīnzhě bèi jǐngwèi jiūlechūlai

つまむ 撮 cuō; 拈 niān; 捏 niē (英 *pinch; pick*) ▶どうぞ 1 つおつまみ下さい/请尝一个 qǐng cháng yí ge ▶鼻を～/捏鼻子 niē bízi ▶狐につままれたようだった/像是被狐狸迷住了似的 xiàng shì bèi húli mízhùle shìde

つまようじ【爪楊枝】 牙签儿 yáqiānr (英 *a toothpick*)

つまらない ❶【取るに足らない】 没有价值 méiyǒu jiàzhí (英 *worthless; useless*) ▶～こと/微不足道的事 wēi bù zú dào de shì; 鸡毛蒜皮的事 jīmáo suànpí de shì ▶～ことに腹をたてる/为些小事生气 wèi xiē xiǎoshì shēngqì ▶～ことからはげしい口論が起きた/区区小事却引起了激烈的争吵 qūqū xiǎoshì què yǐnqǐle jīliè de zhēngchǎo ▶～ことを言うな/不要说没用的话 búyào shuō méiyǒng de huà ▶～物ですがどうぞお納め下さい/小小东西不成敬意，请收下 xiǎoxiǎo dōngxi bù chéng jìngyì, qǐng shōuxià ▶～仕事だがいい稼ぎになる/没什么意义的工作，但赚头不错 méi shénme yìyì de gōngzuò, dàn zhuàntou búcuò ▶僕は～人生を送っているような気がする/总觉得我的人生很没价值 zǒng juéde wǒ de rénshēng hěn méi jiàzhí

❷【面白くない・退屈な】 无聊 wúliáo; 没趣 méiqù (英 *uninteresting; dull*) ▶その考えは～，私は賛成しない/这种想法很无聊，我不赞成 zhè zhǒng xiǎngfa hěn wúliáo, wǒ bú zànchéng ▶彼は全く～男だ/他实在是个无聊的家伙 tā shízài shì ge wúliáo de jiāhuo ▶この本は僕には全く～/这本书对我来说太无聊了 zhè běn shū duì wǒ láishuō tài wúliáo le ▶この作品は翻訳するとつまらなくなる/这部作品一经翻译就变得无聊了 zhè bù zuòpǐn yìjīng fānyì jiù biànde wúliáo le ▶一人で飲んでも～/一个人喝酒也无趣 yí ge rén hē jiǔ yě wú qù ▶試合は全くつまらなかった/比赛太没意思了 bǐsài tài méi yìsi le

つまり 就是说 jiùshì shuō; 总之 zǒngzhī (英 [結局] *after all*; [要するに] *in short; in other words*) ▶～そういうことだ/就是这么一回事 jiùshì zhème yì huí shì ▶～は来られないという ことだ/总之就是他不能来 zǒngzhī jiùshì tā bùnéng lái

つまる【詰まる】 ❶【ふさがる】 塞满 sāimǎn; 堵塞 dǔsè; 淤塞 yūsè (英 *be stopped up*) ▶下水が～/下水道堵住 xiàshuǐdào dǔzhù ▶息が～/喘不过气来 chuǎnbuguò qì lái ▶道路は自動車で詰まっていた/路上塞满了车 lùshang sāimǎnle chē ▶鼻が～/鼻子塞住了 bízi sāizhù le ▶彼女はすすり泣き，声を詰まらせた/她抽泣，声音都哽咽了 tā chōuqì, shēngyīn dōu gěngyè le ▶喉が詰まって話せない/喉咙哽咽说不出话 hóulóng gěngyè shuōbuchū huà lái ▶血管【動脈】が～/血管[动脉]堵塞 xuèguǎn[dòngmài] dǔsè

❷【窮する】 穷困 qióngkùn; 窘急 jiǒngjí (英 *be pressed*) ▶言葉に～/不知该怎么说 bù zhī gāi zěnme shuō ▶返答に～/不知该如何回答 bù zhī gāi rúhé huídá ▶金に詰まって犯行に及んだ/被金钱所迫导致犯罪 bèi jīnqián suǒ pò dǎozhì fànzuì

❸【短縮】 缩短 suōduǎn (英 *become short*) ▶差が～/差别缩小 chābié suōxiǎo ▶先頭との距離が詰まった/与先头的人的距离缩短了 yǔ xiāntóu de rén de jùlí suōduǎn le

❹【充満】 (英 *be crammed*) ▶ぎっしり詰まった日程/排得满满的日程 páide mǎnmǎn de rìchéng ▶本のいっぱい詰まった本棚/塞满书的书架 sāimǎn shū de shūjià

つまるところ【詰まる所】 究竟 jiūjìng; 归根结底 guī gēn jié dǐ (英 *in other words*) ▶この芝居の成否は～主役の演技にかかっている/这出戏能否成功，归根结底要看主角的演技 zhè chū xì néngfǒu chénggōng, guī gēn jié dǐ yào kàn zhǔjué de yǎnjì

つみ【罪】 ❶【犯罪・宗教的罪】 罪 zuì; 罪过 zuìguo; 罪孽 zuìniè (英 *sin; a crime*) ▶～を償う/赎罪 shúzuì ▶自ら～を隠す/掩盖自己的罪行 yǎngài zìjǐ de zuìxíng ▶～を認める/认罪 rènzuì ▶～の意識がない/没有罪恶感 méiyǒu zuì'ègǎn ▶～の意識から解放される/从负疚感中解脱出来 cóng fùjiùgǎn zhōng jiětuōchūlai ▶～を許す/原谅罪行 yuánliàng zuìxíng ▶無実の～に問われる/无辜被定罪 wúgū bèi dìngzuì ▶～を減じる/减轻罪责 jiǎnqīng zuìzé

❷【責任・罰】 (英 *punishment*) ▶それは誰のか/那是谁的错？ nà shì shéi de cuò? ▶～を逃れる/逃脱罪责 táotuō zuìzé ▶～を免れる/摆脱罪责 bǎituō zuìzé ▶～をただす/追究罪行 zhuījiū zuìxíng ❸【無情な】 (英 *cruelty*) ▶～なことをするなよ/不要造孽呀 búyào zàoniè ya

ことわざ 罪を憎んで人を憎まず 恨罪不恨人 hèn zuì bú hèn rén

～のない 无辜 wúgū ▶～のない顔をしている/天真烂漫的表情 tiānzhēn lànmàn de biǎoqíng

～を犯す 犯罪 fànzuì ▶私がどんな～を犯したのですか/我犯了什么罪？ wǒ fànle shénme zuì?

～を着せる 让people 顶罪 ràng dǐngzuì ▶彼に～を着せる/让他顶罪 ràng tā dǐngzuì

～を着る 顶罪 dǐngzuì ▶自ら～を着る/自己主动顶罪 zìjǐ zhǔdòng dǐngzuì

つみあげる【積み上げる】 积累 jīlěi; 摞 luò; 堆集 duījí (英 *pile up*) ▶読み終わった本を机の上に～/读过的书都堆在桌子上 dúguò de shū dōu duīzài zhuōzishang ▶薪を～/堆柴 duī chái ▶着々と実績を～/切实积累业绩 qièshí jīlěi yèjì

つみおろし【積み降ろし】 装卸 zhuāngxiè (英 *cargo work*) ▶材木の～/装卸木材 zhuāngxiè mùcái

つみかさね【積み重ね】 堆积 duījī (英 *a pile; a stack*) ▶知識の〜/积累知识 jīlěi zhīshi ▶それは努力の一のおかげだ/这是不断努力的成果 zhè shì búduàn nǔlì de chéngguǒ ▶《揭示》〜禁止/禁止叠放 jìnzhǐ diéfàng

つみかさねる【積み重ねる】 垒积 lěijī; 摞 luò; 积累 jīlěi (英 *pile up*) ▶何度も実験を〜/反复多次进行实验 fǎnfù duōcì jìnxíng shíyàn ▶郵便物が山のように積み重ねてあった/邮件堆得像小山一样 yóujiàn duīde xiàng xiǎoshān yíyàng ▶本を机の上に高く〜/桌子上书堆得高高的 zhuōzishang shū duīde gāogāo de ▶古い借金の上に新しい借金を〜/旧债上又添新债 jiùzhàishang yòu tiān xīnzhài

つみき【積み木】 《玩具》积木 jīmù (英 *bricks*);《材木》堆积的木材 duījī de mùcái (英 *a pile of lumber*)

つみこむ【積み込む】 装载 zhuāngzǎi; 装进 zhuāngjìn (英 *load; ship*) ▶トラックに引っ越しの家具を〜/把搬家的家具装到卡车上 bǎ bānjiā de jiājù zhuāngdào kǎchēshang ▶その船は神戸でさらにコンテナを積み込んだ/那艘船在神户又加载了集装箱 nà sōu chuán zài Shénhù yòu jiāzàile jízhuāngxiāng

つみだし【積み出しする】 装运 zhuāngyùn; 装出 zhuāngchū (英 *send off*) ▶〜港/装运口岸 zhuāngyùn kǒu'àn

つみたてきん【積立金】 《会社の》公积金 gōngjījīn (英 *a reserve*) ▶旅行の〜/旅行公积金 lǚxíng gōngjījīn

つみたてる【積み立てる】 积存 jīcún; 积攒 jīzǎn (英 *save up; reserve*) ▶海外旅行の費用を〜/为海外旅行积攒钱 wèi hǎiwài lǚxíng jīzǎn qián

つみつくり【罪作りな】 造孽 zàoniè; 缺德 quēdé (英 *deceitful*) ▶そんな〜なことをするな/不要做这么缺德的事 búyào zuò zhème quēdé de shì ▶あんな生まじめな青年をたぶらかして〜女だな/欺骗那么老实的青年, 真是一个作孽的女人呐! qīpiàn nàme lǎoshi de qīngnián, zhēn shì yí ge zuòniè de nǚrén ne!

つみとる【摘み取る】 摘 zhāi; 摘取 zhāiqǔ (英 *pick off; nip off*) ▶さくらんぼを〜/采摘樱桃 cǎizhāi yīngtáo ▶若い才能を〜ようなことをするな/不要做这种扼杀年轻人才能的事 búyào zuò zhè zhǒng èshā niánqīngrén cáinéng de shì ▶悪の芽を〜/消灭罪恶于未然 xiāomiè zuì'è yú wèirán

つみに【積み荷】 载货 zàihuò (英 *a load; freight; a cargo*) ▶高速道路でトラックの〜が落下する/卡车上的货物在高速公路上落下 kǎchēshang de huòwù zài gāosù gōnglùshang luòxià ▶〜を降ろす/卸货 xièhuò

つみのこし【積み残し】 装剩下的货或人 zhuāngshèngxià de huò huò rén (英 *left-off goods*) ▶地下鉄が満員でかなりの〜が出た/地铁满员, 很多人上不了车 dìtiě mǎnyuán, hěn duō rén shàngbuliǎo chē

つみのこす【積み残す】 装剩下 zhuāngshèngxià; 积留下 jīliúxià (英 *leave... unloaded*) ▶议会で积み残された案件が多い/议会上留下来的积案很多 yìhuìshang liúxiàlai de jì'àn hěn duō

つみぶかい【罪深い】 罪孽深重 zuìniè shēnzhòng (英 *sinful; guilty*) ▶私の〜一生は罪孽ぐ终わる/我罪孽深重的一生即将结束 wǒ zuìniè shēnzhòng de yìshēng jíjiāng jiéshù

つみほろぼし【罪滅ぼしをする】 赎罪 shúzuì; 自赎 zìshú (英 *make amends for...*) ▶せめてもの〜として遺族に送金している/至少作为赎罪, 一直在给遗属寄钱 zhìshǎo zuòwéi shúzuì, yìzhí zài gěi yíshǔ jì qián

つむ【摘む】 摘 zhāi;《花や果実を》采摘 cǎizhāi (英 *pick; pluck; nip*) ▶綿を〜/摘棉花 zhāi miánhua ▶芽を〜/掐芽 qiā yá ▶茶摘みをする/采茶 cǎi chá

つむ【積む】 **❶** 堆积 duījī; 积累 jīlěi (英 *pile up; lay; deposit*) ▶経験を〜/积累经验 jīlěi jīngyàn ▶レンガを積んで塀をつくる/用砖堆砌矮墙 yòng zhuān duīqì ǎiqiáng ▶巨万の富を〜/积攒巨额财富 jīzǎn jù'é cáifù ▶干し草を〜/堆干草 duī gāncǎo ▶いくら金を積まれても承诺できない/不管你多少钱放在我前面, 我也不能答应 bùguǎn nǐ duōshao qián fàngzài wǒ qiánmian, wǒ yě bùnéng dāyìng

❷【積載】 装载 zhuāngzài (英 *load*) ▶建築資材を積んだトラック/装有建筑材料的卡车 zhuāng yǒu jiànzhù cáiliào de kǎchē

つむぐ【紡ぐ】 纺 fǎng (英 *spin*) ▶糸を〜/纺线 fǎngxiàn

つむじ 旋毛 xuánmáo (英 *the whirl of hair on the head*)
〜曲がり 乖僻 guāipì; 乖戾 guāilì ▶あの〜曲がりには手を焼く/那乖僻的家伙真让人辣手 nà guāipì de jiāhuo zhēn ràng rén làshǒu
〜を曲げる 闹别扭 nào bièniu

つむじかぜ【つむじ風】 旋风 xuànfēng (英 *a whirlwind*)

つめ【爪】 指甲 zhǐjia; 指甲 zhǐjia;《動物の》爪 zhǎo (英 *a nail; a claw; a hook*) ▶〜を切る/剪指甲 jiǎn zhǐjia ▶〜を伸ばす/留指甲 liú zhǐjia ▶手の〜/手指甲 shǒuzhǐjia ▶足の〜/脚指甲 jiǎozhǐjia ▶親指の〜/大拇指指甲 dàmǔzhǐ zhǐjia ▶〜の手入れをする/修指甲 xiū zhǐjia ▶猫に〜でひっかかれた/被猫用指甲抓了 bèi māo yòng zhǐjia zhuā le ▶〜を噛む/咬指甲 yǎo zhǐjia

ことわざ **能ある鷹は爪を隠す** 真人不露相 zhēnrén bú lòuxiàng

〜に火をともす ▶〜に火をともすようなけちんぼう/拿指甲当蜡烛的吝啬鬼 ná zhǐjia dāng làzhú de lìnsèguǐ
〜の垢 ▶彼には親切心など〜の垢ほどもない/他一点儿同情心也没有 tā yìdiǎnr tóngqíngxīn yě méiyǒu ▶〜の垢を煎じて飲む/向(某人)学习

xiàng(mǒurén)xuéxí
～を研ぐ ◆社長の座をねらって～を研いでいる/正在为争夺总经理的宝座而伺机以待 zhèngzài wèi zhēngduó zǒngjīnglǐ de bǎozuò ér sìjī yǐ dài

◆～やすり 指甲锉 zhǐjiǎcuò

つめ【詰め】 ❶【詰めること】装 zhuāng；包装 bāozhuāng (英 *stuffing; packing*)▶100個～1箱/一百个一箱 yībǎi ge yì xiāng ❷【最終段階】最后关头 zuìhòu guāntóu (英 *checkmating; an ending*)▶～を急ぐ/要快下结论 yào kuài xià jiélùn

～が甘い 功亏一篑 gōng kuī yí kuì

-づめ❶【…に詰めた】装 zhuāng ❷【勤務】驻 zhù ❸【…し通し】一直 yìzhí；始终 shǐzhōng ▶通勤電車で立ち～である/在上班的电车里从头到尾都站着 zài shàngbān de diànchēli cóng tóu dào wěi dōu zhànzhe ▶この1週間働き～だ/这一个星期一直忙于工作 zhè yí ge xīngqí yìzhí mángyú gōngzuò

つめあと【爪跡】《災害の》伤痕 shānghén；痕迹 hénjì (英 *a nail mark; a scar*)▶戦争の～がまだ生々しい/战争的痕迹仍然触目惊心 zhànzhēng de hénjì réngrán chù mù jīng xīn

つめあわせ【詰め合わせ】混装 hùnzhuāng (英 [組合せ品] *an assortment*)▶果物の～/混装水果 hùnzhuāng shuǐguǒ

つめあわせる【詰め合わせる】(英 *combine; pack together*)▶チョコレートにキャンデーを～/巧克力加糖果进行包装 qiǎokèlì jiā tángguǒ jìnxíng bāozhuāng

つめえり【詰め襟】立领 lìlǐng (英 *a stand-up collar*)▶～の制服/立领制服 lìlǐng zhìfú

つめかける【詰めかける】挤上来 jǐshànglai；蜂拥而至 fēngyōng ér zhì (英 *crowd; besiege*)▶観客がサッカー場に～/观众蜂拥而至足球场 guānzhòng fēngyōng ér zhì zúqiúchǎng ▶ファンが歓迎のため成田空港に詰めかけた/他的支持者为欢迎他涌至成田机场 tā de zhīchízhě wèi huānyíng tā yǒngzhì Chéngtián jīchǎng ▶大勢の記者が彼の回りに詰めかけた/大批的记者围着他 dàpī de jìzhě wéizhe tā

つめきり【爪切り】指甲刀 zhǐjiǎdāo (英 *a nail cutter*)

つめこみ【詰め込み】填 tián (英 *cramming*)▶～主義の教育/填鸭式教育 tiányāshì jiàoyù

つめこむ【詰め込む】塞 sāi；装 zhuāng；填 tián (英 *stuff; pack; cram*)▶鞄に～/塞进皮包 sāijìn píbāo ▶鞄に資料を～/把资料装进皮包 bǎ zīliào sāijìn píbāo ▶バスにたくさんの人を～/巴士上挤满了人 bāshìshang jǐmǎnle rén ▶腹いっぱい～/把肚子填满 bǎ dùzi tiánmǎn ▶数字を頭に～/脑子里全是数字 nǎozili quán shì shùzì ▶ポケットに札を～/口袋里装满了纸币 kǒudàili zhuāngmǎnle zhǐbì

つめしょうぎ【詰め将棋】象棋残局 xiàngqí cánjú (英 *a chess problem*)

つめたい【冷たい】冷 lěng；凉 liáng；《態度が》冷淡 lěngdàn (英 *cold; chilly; icy*)▶風が～/冷飕飕 lěngsōusōu ▶氷のように～/冰凉 bīngliáng；冰冷 bīnglěng ▶飲み物が/冷饮 lěngyǐn ▶～人/冷淡的人 lěngdàn de rén ▶～水/冷水 lěngshuǐ ▶～もてなしを受けた/受冷遇 shòu lěngyù ▶～目つきで見る/用冷冷的目光看 yòng lěnglěng de mùguāng kàn ▶戦争/冷战 lěngzhàn ▶部長同士が～戦争を続けているんだ/部长间仍在持续冷战 bùzhǎng jiān réng zài chíxù lěngzhàn ▶～笑い/冷笑 lěngxiào ▶彼と報道陣との関係は冷たかった/他和媒体的关系冷淡 tā hé méitǐ de guānxi hěn lěngdàn

冷たくなる《温度が》变凉 biànliáng；《態度が》变冷淡 biàn lěngdàn；《死ぬ》死 sǐ ▶酒が冷たくなっていた/酒凉了 jiǔ liáng le ▶彼女は彼に対して冷たくなった/她对他变得冷淡了 tā duì tā biànde lěngdàn le

つめばら【詰め腹】
～を切らせる 强迫辞职 qiángpò cízhí

つめもの【詰め物】充填物 chōngtiánwù；填料 tiánliào (英 *stuffing; a filling; packing*)▶綿の～/棉花胎 miánhuātāi ▶このピーマンには肉の～がしてある/这个青椒里塞了肉馅 zhè ge qīngjiāoli sāile ròuxiàn

つめよる【詰め寄る】逼近 bījìn；逼问 bīwèn (英 *draw close to...*)▶野党議員が回答を求めて総理に詰め寄った/在野党议员逼问总理，要求回复 zàiyědǎng yìyuán bīwèn zǒnglǐ, yāoqiú huífù ▶敵が間近に詰め寄ってきた/敌人逼近了 dírén bījìn le

つめる【詰める】❶【充填する・押し込む】填 tián；塞 sāi；装 zhuāng (英 *stuff; fill;*〔ふさぐ〕*stop*)▶パイプに煙草を～/往烟斗里装烟丝 wǎng yāndǒuli zhuāng yānsī ▶スーツケースに衣服を～/把衣服装到行李箱里 bǎ yīfu zhuāngdào xínglixiāngli ▶歯に銀を～/用银补牙 yòng yín bǔ yá ▶耳に綿を～/用棉花塞耳朵 yòng miánhua sāi ěrduo ▶クッションに羽根を～/往软垫里塞羽毛 wǎng ruǎndiànli sāi yǔmáo ▶醤油を瓶に～/把酱油倒进瓶子里 bǎ jiàngyóu dàojìn píngzili ▶自分で弁当を詰めて登校する/自己装盒饭去上学 zìjǐ zhuāng héfàn qù shàngxué
❷【寄る・寄せる】挤 jǐ (英 *put close to...*)▶少々席をお詰め下さい/请略微挤一下坐 qǐng lüèwēi jǐ yíxià zuò ▶むりに詰めての乗り物に乗った/硬挤进那部车里 yìng jǐjìn nà bù chēli ▶行間を詰めて書く/缩小行距写 suōxiǎo hángjù xiě
❸【縮める・切り詰める】缩 suō；缩短 suōduǎn (英 *shorten; cut down*)▶スカートの丈を～/把裙子改短 bǎ qúnzi gǎi duǎn ▶暮らしを～/节俭度日 jiéjiǎn dùrì
❹【将棋】将死 jiāngsǐ (英 *checkmate*)
❺【勤務】守候 shǒuhòu；值班 zhíbān (英 *be on duty*)▶終日事務所に詰めている/整天在事务所 zhěngtiān zài shìwùsuǒ ▶ずっと病人の枕元に詰めていた/一直守在病人旁边 yìzhí shǒuzài

bìngrén pángbiān
❻【継続】(英 *keep*) ▶詰めて働いたから疲れが出たんだ/工作太紧张，所以身体感到疲劳 gōngzuò tài jǐnzhāng, suǒyǐ shēntǐ gǎndào píláo
❼【息を】屏住 bǐngzhù (英 *hold one's breath*) ▶生還者の体験談を息を詰めて聞き入った/屏息聆听生还者讲述经历 bǐngxī jìngtīng shēnghuánzhě jiǎngshù jīnglì

つもり【積もり】 打算 dǎsuan; 意图 yìtú (英 *an intention; a motive; a purpose*) ▶どういう〜だい/你这是什么用意呀？ nǐ zhè shì shénme yòngyì ya? ▶来月モンゴルへ行く下个月去蒙古 xià ge yuè qù Měnggǔ ▶今夜行くからその〜で/今晚去，希望你心里有个数 jīnwǎn qù, xīwàng nǐ xīnlǐ yǒu ge shù ▶それは冗談な〜か/你这是在开玩笑吗？ nǐ zhè shì zài jiā wánxiào ma? ▶あれで彼としては親孝行な〜なのだ/那对他来说是在尽孝道 nà duì tā láishuō shì zài jìn xiàodào ▶来る〜でしたが急用で来られなかったのです/我本打算来的，是有急事才不能来的 wǒ běn dǎsuan lái de, shì yǒu jíshì cái bùnéng lái de ▶私はあくまでもそれをする〜だ/我无论如何都打算这么做 wǒ wúlùn rúhé dōu dǎsuan zhème zuò ▶僕は皮肉の〜で言ったのだ/我是想讽刺一下才这么说的 wǒ shì xiǎng fěngcì yīxià cái zhème shuō de ▶彼女は愛想いいの〜で口をゆがめた/她为了迎合着笑一笑，而歪了歪嘴 tā wèile yínghézhe xiàoyīxiào, ér wāile wāi zuǐ ▶決して君の感情を害する〜はなかったのだ/绝没有意思想伤害你的感情 jué méiyǒu yìsi xiǎng shānghài nǐ de gǎnqíng

つもる【積もる】 积累 jīlěi; 累积 lěijī (英 *accumulate; pile up*) ▶雪が〜/积雪 jīxuě ▶道には雪が1メートルほど積もっていた/路上积着一米左右的雪 lùshang jīzhe yī mǐ zuǒyòu de xuě ▶君とは〜話がある/有好多话攒着想和你说 yǒu hǎoduō huà zǎnzhe xiǎng hé nǐ shuō ▶彼には〜恨みがある/对他有积怨 duì tā yǒu jīyuàn
ことわざ 塵も積もれば山となる 积少成多 jī shǎo chéng duō

つや【通夜】 守灵 shǒulíng; 守夜 shǒuyè (英 *a wake; a vigil*) ▶まるでお〜みたいだ/好像守灵一样 hǎoxiàng shǒulíng yíyàng

つや【艶】 光泽 guāngzé (英 *gloss; luster*) ▶〜を出す/抛光 pāoguāng ▶肌に〜がある/皮肤有光泽 pífū yǒu guāngzé ▶〜のある髪/富有光泽的头发 fùyǒu guāngzé de tóufa ▶〜のある声/很润贴的声音 hěn rùntiē de shēngyīn ▶〜を消す/消光 xiāo guāng ▶〜がなくなる/失去光泽 shīqù guāngzé

つやけし【艶消しする】 **❶**【処理】 消光 xiāoguāng (英 *matte; frost*) ▶〜ガラス/毛玻璃 máobōli; 磨砂玻璃 móshā bōli ▶〜写真/暗光纸照片 ànguāngzhǐ zhàopiàn
❷【興ざまし】 令人扫兴 lìng rén sǎoxìng; 没趣味 méi qùwèi (英 *be a killjoy*) ▶あんな発言は全く〜だ/那些话太令人扫兴了 nà xiē huà tài lìng rén sǎoxìng le

つやだし【艶出しする】 抛光 pāoguāng (《皮や布に》研ぐ yà (英 *polish*)

つやっぽい【艶っぽい】 嫣然 yānrán; 妖艳 yāoyàn (英 *amorous; erotic*) ▶〜まなざし/妖艳的目光 yāoyàn de mùguāng ▶〜話/艳闻 yànwén

つやつや【艶艶した】 光润 guāngrùn (英 *bright; shiny*) ▶〜した顔/光洁的脸 guāngjié de liǎn

つややか【艶やかな】 光润 guāngrùn (英 *shiny*) ▶〜な声/悦耳的声音 yuè'ěr de shēngyīn ▶〜な肌/肤色光润 fūsè guāngrùn

つゆ【汁】 汁 zhī; 汤 tāng (英 *soup; gravy; juice*) ▶《肉の》〜が出る/出肉汁 chū ròuzhī ▶お〜を吸う/喝汤 hē tāng ▶そばの〜が少しからい/荞麦面汁有点咸 qiáomàimiànzhī yǒudiǎn xián

つゆ【梅雨】 〔気象〕 黄梅雨 huángméiyǔ; 梅雨 méiyǔ; 黄梅天 huángméitiān (英 *the rainy season*) ▶〜空が続く毎日/每天都是梅雨天 měitiān dōu shì méiyǔtiān ▶でもないのにまるで雨が降るな/又不是梅雨季节，却总是下雨 yòu bú shì méiyǔ jìjié, què zǒngshì xià yǔ
〜が明ける 出梅 chūméi
〜に入る 入梅 rùméi

つゆ【露】 露水 lùshuǐ (英 *dew*) ▶〜が降りる/降露 jiàng lù ▶〜に濡れる/被露水打湿 bèi lùshuǐ dǎ shī ▶彼の言葉を〜ほども疑わなかった/对他的话毫不怀疑 duì tā de huà háobù huáiyí

つよい【強い】 **❶**【一般の印象】 强 qiáng; 强烈 qiángliè (英 *strong; powerful*) ▶〜力/猛劲儿 měngjìnr ▶風が〜/风刮得大 fēng guādé dà ▶〜動機を持つ/有很强的动机 yǒu hěn qiáng de dòngjī ▶〜酒は薄めて飲む/把烈酒稀释了喝 bǎ lièjiǔ xīshìle hē ▶彼は酒が〜/他很能喝酒 tā hěn néng hē jiǔ ▶口では〜ことを言っても気は弱い人です/嘴上逞要强而性格懦弱的人 zuǐshang chěng yàoqiáng ér xìnggé nuòruò de rén ▶風が強くなった/风变强了 fēng biàn qiáng le ▶怒りの感情がだんだん強くなっていた/愤怒之情越来越强烈 fènnù zhī qíng yuèláiyuè qiángliè ▶ユーロが強くなった/欧元越来越坚挺 Ōuyuán yuèláiyuè jiāntǐng ▶腹部に〜痛みを感じる/腹部感到剧痛 fùbù gǎndào jùtòng
❷【丈夫な】 坚强 jiānqiáng; 结实 jiēshi (英 *strong; healthy*) ▶〜体/身强体壮 shēn qiáng tǐ zhuàng
❸【技 (ぎ) などが】 技术好 jìshù hǎo (英 *good; skilled*) ▶卓球が〜/乒乓球打得好 pīngpāngqiú dǎde hǎo ▶コンピュータに〜社員/善长电脑的职员 shàncháng diànnǎo de zhíyuán
❹【性格・意志が】 (英 *firm; brave*) ▶気が〜/强硬 qiángyìng; 厉害 lìhai; 好胜 hàoshèng ▶意志の〜人/意志坚强的人 yìzhì jiānqiáng de rén

つよがり【強がり】 逞強 chěngqiáng (英 *a show of courage; bluff*) ▶~を言う/说逞强的话 shuō chěngqiáng de huà ▶決して~じゃないよ/绝不是逞强 juébù shì chěngqiáng

つよき【強気】 强硬 qiángyìng; 坚决 jiānjué; 刚强 gāngqiáng;（株式）看涨 kànzhǎng (英 *confidence; a bull*) ▶~の姿勢をくずさない/毫不示弱 háobù shìruò ▶~な女/强硬的女人 qiángyìng de nǚrén ▶~の株式市场/牛市 niúshì

つよごし【強腰】 强硬的态度 qiángyìng de tàidù (英 *a firm stand*) ▶~の外交方针/强硬的外交方针 qiángyìng de wàijiāo fāngzhēn ▶~に出る/态度强硬 tàidù qiángyìng

つよさ【強さ】 劲头 jìntóu; 强度 qiángdù (英 *strength*) ▶チャンピオンの~の秘密を解明する/弄清冠军实力强大的秘密 nòngqīng guànjūn shílì qiángdà de mìmì ▶あの日の~はもう戻らない/已不复当日之勇 yǐ bú fù dāngrì zhī yǒng

つよび【強火】（調理時の）武火 wǔhuǒ; 大火 dàhuǒ (英 *a strong fire*) ▶野菜を~で炒める/用大火炒青菜 yòng dàhuǒ chǎo qīngcài

つよみ【強み】 优点 yōudiǎn; 长处 chángchu; 有利条件 yǒulì tiáojiàn (英 *a strong point*) ▶~は同时に弱みにもなる/优点同时也是弱点 yōudiǎn tóngshí yě shì ruòdiǎn ▶彼にはいくつかの~がある/他有几个强项 tā yǒu jǐ ge qiángxiàng

つよめる【強める】 加强 jiāqiáng; 增强 zēngqiáng (英 *strengthen; intensify*) ▶台風は勢力を強めて接近中だ/台风风力增强并不断接近 táifēng fēnglì zēngqiáng bìng búduàn jiējìn ▶彼は語気を強めてその言葉を繰り返した/他加强语气反复强调那句话 tā jiāqiáng yǔqì fǎnfù qiángdiào nà jù huà ▶たるんだ腹部の筋肉を~/强化松弛的腹部肌肉 qiánghuà sōngchí de fùbù jīròu

つら【面】 脸面 liǎnmiàn; 面孔 miànkǒng; 面子 miànzi (英 *the face*) ▶どの~さげて故郷に帰れというのか/有什么脸面回故乡啊？yǒu shénme liǎnmiàn huí gùxiāng a?

つらあて【面当て】 指桑骂槐 zhǐ sāng mà huái; 赌气 dǔqì (英 *an allusive hint; spiteful words*) ▶俺への~/跟我赌气 gēn wǒ dǔqì ▶夫への~に男と逃げた/和丈夫赌气，与别的男人私奔了 hé zhàngfu dǔqì, yǔ biéde nánrén sībēn le ▶~を言う/指桑骂槐 zhǐ sāng mà huái ▶~がましいことをするな/不要做这种让人难堪的事 búyào zuò zhè zhǒng ràng rén nánkān de shì

つらい【辛い】 难过 nánguò; 难受 nánshòu; 痛苦 tòngkǔ (英 *hard; trying; painful; bitter*) ▶~運命/苦命 kǔmìng ▶~思いをする/吃苦头 chī kǔtou ▶~役目/苦差 kǔchāi ▶辛くあたる/苛待 kēdài ▶体が~/难受 nánshòu ▶男は~よ/男人真苦 nánrén zhēn xīnkǔ ▶満員電車の通勤は~/挤电车上下班真辛苦 jǐdiànchē shàngxiàbān zhēn xīnkǔ ▶~生活を送る/过着辛苦的生活 guòzhe xīnkǔ de shēnghuó ▶別れるのは辛かった/分别真的很痛苦 fēnbié zhēn de hěn tòngkǔ ▶両者の板挟みになって~立場にある/夹在双方当中左右为难 jiāzài shuāngfāng dāngzhōng zuǒyòu wéinán

つらがまえ【面構え】 长相 zhǎngxiàng; 面孔 miànkǒng (英 *an expression of the face*) ▶ふてぶてしい~/一副天不怕地不怕的面孔 yí fù tiān bú pà dì bú pà de miànkǒng

つらさ【辛さ】 苦处 kǔchù; 痛苦 tòngkǔ; 苦衷 kǔzhōng (英 *bitterness*)

つらだましい【面魂】 面孔 miànkǒng; 刚强的面貌 gāngqiáng de miànmào (英 *a fearless look*) ▶~不敵な の男/面目凶猛的男人 miànmù xiōngměng de nánrén

つらつら 仔细 zǐxì; 好好儿 hǎohāor (英 *carefully*) ▶~思うに/仔细想来 zǐxì xiǎnglái

つらなる【連なる】 ❶【連続】 连接 liánjiē; 相连 xiānglián (英 *stretch in a row*) ▶東西に~丘陵/东西连绵的丘陵 dōngxī liánmián de qiūlíng ▶遠く~山々/伸向远方的群山 shēnxiàng yuǎnfāng de qúnshān

❷【列席·参加】 参加 cānjiā; 列席 lièxí (英 *be present at...*) ▶葬儀の席に私も連なっていた/我也列席参加了葬礼 wǒ yě lièxí cānjiāle zànglǐ

つらにくい【面憎い】 面目可憎 miànmù kězēng; 令人恼火 lìng rén nǎohuǒ (英 *hateful*) ▶~奴だ/可憎的家伙 kězēng de jiāhuo

つらぬく【貫く】 ❶【貫通】 贯通 guàntōng; 穿透 chuāntòu (英 *penetrate; pierce*) ▶弾が胸板を貫いた/子弹贯穿胸膛 zǐdàn guànchuān xiōngtáng ▶川は都心を貫いて流れている/河流横穿市中心 héliú héngchuān shì zhōngxīn

❷【貫徹】 贯彻 guànchè; 坚持到底 jiānchí dàodǐ (英 *accomplish; perform*) ▶初志を~/贯彻初衷 guànchè chūzhōng ▶主義を~/坚持主义 jiānchí zhǔyì

つらねる【連ねる】 连接 liánjiē; 排列成行 páiliè chéngháng (英 *link; join*) ▶名を~/连名 liánmíng ▶飲食店や呑み屋が軒を~/饮食店、酒馆一家接着一家 yǐnshídiàn、jiǔguǎn yì jiā jiēzhe yì jiā ▶会員には有名人が名を連ねている/会员中列有名人的名字 huìyuán zhōng liè yǒumíngrén de míngzi ▶自動車を3台連ねてドライブする/大家开着三台汽车去兜风 dàjiā kāizhe sān tái qìchē qù dōufēng

つらのかわ【面の皮】 脸皮 liǎnpí (英 *a thick skin*) ▶いい~だ/《他人に対して》活该！huógāi!;《自分に対して》真是丢人现眼 zhēn shì diūrén xiànyǎn

～が厚い 脸皮厚 liǎnpí hòu

～をはぐ 揭穿真面目 jiēchuān zhēnmiànmù

つらよごし【面汚しの】 丢脸 diūliǎn; 出丑 chūchǒu (英 *a shame; a disgrace*) ▶親の~だ/给父母丢脸 gěi fùmǔ diūliǎn ▶汚職市長は市民の~だ/以权谋私的市长真是给市民丢脸 yǐ quán móusī de shìzhǎng zhēn shì gěi shìmín diūliǎn

つらら【氷柱】 冰锥 bīngzhuī; 冰柱 bīngzhù (英 an icicle) ▶~が下がる/挂冰柱 guà bīngzhù

つり【釣り】 ❶【魚釣り】 钓鱼 diàoyú (英 angling; fishing) ▶セーヌ川の岸辺で~をする/在塞纳河岸边钓鱼 zài Sàinàhé ànbiān diàoyú ▶~がうまい/很会钓鱼 hěn huì diàoyú ▶夜~/晚上钓鱼 wǎnshang diàoyú ▶海[川]～/在海上[河边]钓鱼 zài hǎishàng[hébiān] diàoyú
❷【おつり】 找头 zhǎotou (英 change) ▶~を出す/找钱 zhǎoqián ▶1万円で〜を下さい/这是一万日币，请找零 zhè shì yíwàn Rìbì, qǐng zhǎolíng ▶はい，お〜です/这是您的找头 hāi, zhè shì nín de zhǎotou ▶お〜は300円です/找给你三百日元 zhǎo gěi nǐ sānbǎi Rìyuán ▶～をもらう/拿找头 ná zhǎotou ▶～をごまかす/少找零 shǎo zhǎolíng
◆~糸【釣糸】 钓丝 diàosī ▶〜糸を垂れる/放下钓丝 fàngxià diàosī ~具【漁具】 鱼具 yújù; 钓具 diàojù ~竿【釣竿】 钓竿 diàogān ~針【釣針】 钓钩 diàogōu ▶~針にかかる/上钩 shànggōu

つりあい【釣り合い】 平衡 pínghéng; 均衡 jūnhéng (英 balance; symmetry; harmony) ▶費用と効果の〜がとれていない/费用和效果不均衡 fèiyong hé xiàoguǒ bù jūnhéng ▶色の〜が悪い/色调不均衡 sèdiào bù jūnhéng ▶人物と背景の〜をとる/均衡人物和背景的关系 jūnhéng rénwù hé bèijǐng de guānxi
～のとれた 相称的 xiāngchèn de ▶~のとれた食事/营养均衡的饮食 yíngyǎng jūnhéng de yǐnshí ▶~のとれた物の見方/全面公正的见解 quánmiàn gōngzhèng de jiànjiě

つりあう【釣り合う】 相抵 xiāngdǐ; 相符 xiāngfú; 相配 xiāngpèi (英 harmonize with...;) ▶背広とシャツが釣り合っていない/西装和衬衫不相配 xīzhuāng hé chènshān bù xiāngpèi ▶その罪の重さと釣り合った罰/和罪行相符的惩罚 hé zuìxíng xiāngfú de chéngfá ▶自分の能力に釣り合った仕事/和自己能力相符的工作 hé zìjǐ nénglì xiāngfú de gōngzuò
[ことわざ] 釣り合わぬは不縁の基(もと) 不相配是离婚的根源 bù xiāngpèi shì líhūn de gēnyuán

つりあがる【吊り上がる】 (英 be lifted) ▶目が～/竖起眉梢儿 shùqǐ méishāor

つりあげる【吊り上げる】 〔眉などを〕竖起 shùqǐ; 〔価格〕上扬 shàngyáng; 抬高 táigāo; 〔物を〕吊上 diàoshàng (英 lift; raise) ▶眉を～/竖起眉梢儿 shùqǐ méishāor ▶目を吊り上げて怒る/竖起眼睛发火了 shùqǐ yǎnjing fāhuǒ le ▶市価を～/上扬市价 shàngyáng shìjià ▶意図的な株価の吊り上げ/有意上扬股价 yǒuyì shàngyáng gǔjià ▶クレーンがコンテナを～/吊车将集装箱吊起 diàochē jiāng jízhuāngxiāng diàoqǐ

つりあげる【釣り上げる】 钓上 diàoshàng (英 fish up)

つりがね【釣り鐘】 大钟 dàzhōng; 吊钟 diàozhōng (英 a temple bell) ▶～をつく/撞钟 zhuàng zhōng ▶～堂/撞钟堂 zhuàngzhōngtáng
[ことわざ] 提灯(ちょうちん)に釣り鐘 不能相比 bùnéng xiāngbǐ

ツリガネソウ【釣鐘草】【植物】风铃草 fēnglíngcǎo (英 a bluebell)

つりかわ【吊り革】 吊环 diàohuán (英 a strap) ▶～につかまる/抓紧吊环 zhuājǐn diàohuán

つりこむ【釣り込む】 吸引 xīyǐn; 迷住 mízhù; 〔だます〕引诱 yǐnyòu (英 draw; 〔誘惑する〕allure) ▶話に釣り込まれる/被话语所吸引 bèi huàyǔ suǒ xīyǐn ▶宣伝に釣り込まれて高い健康器具を買った/被宣传所诱惑购买了高价的健康器具 bèi xuānchuán suǒ yòuhuò gòumǎile gāojià de jiànkāng qìjù

つりさげる【吊り下げる】 悬挂 xuánguà; 吊 diào (英 hang; suspend) ▶カレンダーを壁に～/把挂历挂在墙上 bǎ guàlì guàzài qiángshang ▶IDカードを首から～/把ID卡挂在脖子上 bǎ ID kǎ guàzài bózishang

つりせん【釣り銭】 找头 zhǎotou (英 change) ▶～のいらないよう御用意下さい/请自备零钱 qǐng zìbèi língqián

つりだな【吊り棚】 吊架 diàojià (英 a hanging shelf)

つりどうぐ【釣り道具】 钓具 diàojù; 渔具 yújù (英 fishing tackle)

つりとだな【吊り戸棚】 吊橱 diàochú (英 a wall cupboard)

つりば【釣り場】 钓鱼场 diàoyúchǎng (英 a fishing spot)

つりばし【吊り橋】 吊桥 diàoqiáo; 悬索桥 xuánsuǒqiáo (英 a suspension bridge)

つりばしご【吊り梯子】 绳梯 shéngtī; 吊梯 diàotī (英 a rope ladder)

つりびと【釣り人】 钓鱼的人 diàoyú de rén (英 an angler; a fisherman)

つりぶね【釣り船】 钓鱼船 diàoyúchuán (英 a fishing boat)

つりぼり【釣り堀】 钓鱼池 diàoyúchí (英 a fishing pond)

つりわ【吊り輪】《体操》吊环 diàohuán (英 stationary rings)

つる【吊る】 吊 diào; 挂 guà (英 hang; suspend; sling) ▶首を～/上吊 shàngdiào ▶ハンモックを～/悬挂吊床 xuánguà diàochuáng ▶棚を～/悬挂搁板 xuánguà gēbǎn ▶《負傷して》腕を～/用着手臂 diàozhe shǒubì

つる【弦】〔弓の〕弓弦 gōngxián (英 a bowstring);〔楽器の〕弦 xián (英 a string) ▶～を張る/上弦 shàng xián ▶～をはずす/卸弦 xiè xián

つる【釣る】 ❶【魚を】钓 diào (英 angle; fish) ▶《釣り人に向かって》釣れますか/钓到吗？diàodào le ma? ▶大きい鯉が釣れましたね

钓上了一条大鲤鱼 diàoshàngle yì tiáo dàlǐyú ▶ここは鮒がよく釣れる/这里经常能钓到鲫鱼 zhèlǐ jīngcháng néng diàodào jìyú

2【誘い込む】引诱 yǐnyòu (英 allure) ▶景品で~/用赠品引诱 yòng zèngpǐn yǐnyòu ▶甘い言葉に釣られてついて行った/被花言巧语所诱惑,跟着去了 bèi huāyán qiǎoyǔ suǒ yòuhuò, gēnzhe qù le

ことわざ 釣り落とした魚は大きい 煮熟的鸭子飞了 zhǔshú de yāzi fēi le

つる【蔓】 **1**【植物の】蔓儿 wànr; 藤 téng (英 a vine) ▶~性植物/藤本植物 téngběn zhíwù ▶ぶどうの~/葡萄藤 pútaoténg ▶朝顔の~が伸びる/牵牛花藤蔓伸展 qiānniúhuā téngwàn shēnzhǎn

2【手がかり】线索 xiànsuǒ; 门路 ménlu (英 a clue) ▶何かよい金~を見つけたのかな/是不是找到什么生财门路了？shìbushì zhǎodào shénme shēngcái ménlu le?

3【眼鏡の】腿 tuǐ (英 bows) ▶メガネの~/眼镜腿 yǎnjìngtuǐ

つる【攣る】抽筋 chōujīn (英 be cramped) ▶足が~/腿抽筋 tuǐ chōujīn ▶ふくらはぎが~/腿肚子抽筋 tuǐdùzi chōujīn

ツル【鶴】〔鳥〕仙鹤 xiānhè (英 a crane) ことわざ 掃き溜めに鶴 鹤立鸡群 hè lì jīqún ▶~の一声/一言堂 yìyántáng

つるぎ【剣】剑 jiàn (英 a sword)

つるくさ【蔓草】蔓草 màncǎo (英 a vine)

つるし【吊るし】现成的衣服 xiànchéng de yīfu (英 a ready-made suit) ▶服はみんな~で間に合います/衣服都买现成的 yīfu dōu mǎi xiànchéng de

つるしあげ【吊るし上げ】集体批斗 jítǐ pīdòu; 围攻 wéigōng (英 be subjected to a kangaroo court) ▶今日は会議で~を食っちゃった/今天在会议上成了众矢之的 jīntiān zài huìyìshang chéngle zhòng shǐ zhī dì

◆~裁判/公众审判 gōngzhòng shěnpàn

つるす【吊るす】吊 diào; 挂 guà; 悬挂 xuánguà (英 hang) ▶かもいにハンガーを~/把衣架挂在门框上 bǎ yījià guàzài ménkuàngshang ▶部屋にはカレンダーを~ところがない/房间里没有挂挂历的地方 fángjiānli méiyǒu guà guàlì de dìfang ▶軒下には柿がいっぱい吊るしてある/在屋檐下挂着很多柿子 zài wūyánxia guàzhe hěn duō shìzi ▶天井から吊るされているモビール/从天花板上垂吊下来的活动雕像 cóng tiānhuābǎnshang chuídiàoxiàlai de huódòng diāoxiàng

つるつる【光滑】光滑的 guānghuá; 光溜溜的 guāngliūliū; 滑溜 huáliu (英 smooth; slick) ▶頭が~に禿げている/头秃得光溜溜的 tóu tūde guāngliūliū de ▶道路が~滑る/道路非常滑 dàolù fēicháng huá ▶~とうどんを食べた/吱溜吱溜地吃乌冬面 zīliūzīliū de chī wūdōngmiàn

つるはし【鶴嘴】镐 gǎo; 镐头 gǎotou; 鹤嘴镐 hèzuǐgǎo (英 a pickax; a pick) ▶~で穴を掘る/用镐头挖坑 yòng gǎotou wā kēng

つるべ【釣瓶】吊桶 diàotǒng (英 a well bucket) ▶~に朝顔のつるが巻きついている/吊桶上盘着牵牛花藤 diàotǒngshang pánzhe qiānniúhuāténg ▶秋の日は~落としに沈んでいった/秋天的太阳很快落下去了 qiūtiān de tàiyáng hěn kuài luòxiàqu le

つれ【連れ】伴侶 bànlǚ; 伙伴 huǒbàn (英 a companion) ▶~となる/搭伴 dābàn ▶子供~で職場に行く/带着孩子去上班 dàizhe háizi qù shàngbān ▶お~さんは先にお帰りになりました/陪您一起来的人先回去了 péi nín yìqǐ lái de rén xiān huíqù le ▶途中で~一人できた/路上结识了一个人一起来了 lùshang jiéshíle yí ge rén yìqǐ lái le

つれあい【連れ合い】配偶 pèi'ǒu; 老伴 lǎobàn (英 one's husband; one's wife) ▶~を亡くす/配偶去世了 pèi'ǒu qùshì le ▶家に着くと~は先に帰っていた/回到家，发现老伴已经回来了 huídào jiā, fāxiàn lǎobàn yǐjing huílái le

つれかえる【連れ帰る】领回 lǐnghuí; 带回 dàihuí (英 bring back) ▶捨て猫を自宅に連れ帰った/把被人丢弃的猫带回家 bǎ bèi rén diūqì de māo dàihuí jiā

つれこむ【連れ込む】带进 dàijìn (英 bring in) ▶友達に頼みがあると喫茶店に連れ込まれた/朋友说有事求我，硬把我拖进咖啡馆 péngyou shuō yǒushì qiú wǒ, yìng bǎ wǒ tuōjìn kāfēiguǎn

つれさる【連れ去る】带走 dàizǒu; 领走 lǐngzǒu (英 take... away) ▶幼儿を~/带走幼童 dàizǒu yòutóng

つれそう【連れ添う】结为夫妻 jiéwéi fūqī; 婚配 hūnpèi (英 be married; be wedded) ▶30年連れ添った人/三十年相伴的老伴 sānshí nián xiāngbàn de lǎobàn

つれだつ【連れ立つ】伴同 bàntóng; 搭伴 dābàn; 一起去 yìqǐ qù (英 accompany) ▶連れ立ってトイレに行く/大家一起去厕所 dàjiā yìqǐ qù cèsuǒ ▶友人と連れ立って昼食に行く/跟朋友一起去吃午饭 gēn péngyou yìqǐ qù chī wǔfàn

つれづれ【徒然】无聊 wúliáo (英 ennui) ▶猫だけが独居の~を慰めてくれた/只有猫安慰我独居的寂寥 zhǐyǒu māo ānwèi wǒ dújū de jìliáo

つれて【随着 suízhe (英 as...; with...) ▶月日が経つに~悲しみは増していった/随着岁月流逝，倍感伤怀 suízhe suìyuè liúshì, bèi gǎnshāng huái ▶震源から遠ざかるに~揺れは小さくなる/离震源地越远，振幅越小 lí zhènyuándì yuè yuǎn, zhènfú yuè xiǎo ▶時がたつに~記憶がおぼつかなくなってきた/随着时间的流逝记忆也模糊了 suízhe shíjiān de liúshì jìyì yě móhu le ▶年をとるに~怒りっぽくなったような気がする/上了年纪，好像变得爱发火了 shàngle niánjì, hǎoxiàng biànde ài fāhuǒ le

つれていく【連れて行く】带走 dàizǒu (英 take... away) ▶子供をディズニーランドに~/带孩

子去迪士尼乐园 dài háizi qù Díshìní lèyuán

つれてくる【連れて来る】 带来 dàilái（英 bring）▶夫が酔っ払いを連れて来た/丈夫带了一个喝醉的人回来 zhàngfu dàile yí ge hēzuì de rén huílái ▶競馬場に子供を～な/不要把孩子带到赛马场 búyào bǎ háizi dàidào sàimǎchǎng

つれない 冷淡 lěngdàn；薄情 bóqíng（英 cold；heartless）▶良子からは～返事が返ってきた/得到的是良子冷淡的回答 dédào de shì Liángzǐ lěngdàn de huídá ▶～素振り/薄情的样子 bóqíng de yàngzi ▶つれなくする/冷淡对待 lěngdàn duìdài

つれもどす【連れ戻す】 领回 lǐnghuí；带回 dàihuí（英 bring...back）▶徘徊老人を～/把徘徊的老人带回家 bǎ páihuái de lǎorén dàihuí jiā

つれる【連れる】 带领 dàilǐng（英 take with...；be accompanied by...）▶連れ出す/带出 dàichū ▶彼は弟を連れずに来た/他没带弟弟一个人来了 tā méi dài dìdi yí ge rén lái le ▶さっさと連れて帰れ/赶快带回去 gǎnkuài dàihuíqu

つわもの【兵】 干将 gànjiàng；勇士 yǒngshì（英 a brave soldier）

つわり【悪阻】〔医〕妊娠反应 rènshēn fǎnyìng；喜病 xǐbìng；孕吐 yùntù（英 morning sickness）▶～になる/害喜 hàixǐ ▶～がひどい/妊娠反应强烈 rènshēn fǎnyìng hěn qiángliè ▶幸い～は軽くてすんだ/还好害喜害得很轻 hái hǎo hàixǐ hàide hěn qīng

ツングース 通古斯族 Tōnggǔsīzú（英 the Tungus）

つんざく 震破 zhènpò；冲破 chōngpò（英 break；tear；burst）▶鋭い叫びがあたりの空気をつんざいた/震耳欲聋的尖叫震撼了空气 zhèn ěr yù lóng de jiānjiào zhènhànle kōngqì ▶ジェット機の轟音が空をつんざいた/喷气式飞机的轰鸣划破长空 pēnqìshì fēijī de hōngmíng huápò chángkōng

耳を～ばかりの 震耳欲聋 zhèn ěr yù lóng

つんつん 架子大 jiàzi dà；不和蔼 bù hé'ǎi；《臭気など》刺鼻 cìbí（英 primly；haughtily；〔においなど〕pungently）▶～した女性/架子大的女人 jiàzi dà de nǚrén ▶アンモニアの臭いが～する/氨气的味道很刺鼻 ānqì de wèidao hěn cìbí

つんと 架子大 jiàzi dà；不和蔼 bù hé'ǎi；《臭気など》刺鼻 cìbí（英 haughtily；〔においなど〕pungently）▶～すます/摆架子 bǎi jiàzi ▶鼻に～くる/刺鼻 cìbí

つんどく【積ん読】 藏书不读 cángshū bù dú（英 buying books and leaving them unread）

ツンドラ 冻土带 dòngtǔdài（英 a tundra）

つんのめる 向前摔倒 xiàng qián shuāidǎo（英 fall forward）

て

て【手】 ❶《手首から先》手 shǒu（英 the hand）；《肩から先》胳膊 gébo（英 the arm）▶～を洗う/洗手 xǐ shǒu ▶～を滑らせ/失手 shīshǒu ▶～をたたく/鼓掌 gǔ zhǎng；拍手 pāi shǒu ▶～を伸ばす/伸手 shēn shǒu ▶食事の前に～を洗う/饭前洗手 fànqián xǐ shǒu ▶彼女には～も触れていない/我连手都没碰她一下 wǒ lián shǒu dōu méi pèng tā yíxià ▶友情の～を差しのべる/伸出友谊之手 shēnchū yǒuyì zhī shǒu ▶～を挙げてタクシーを止める/招手叫出租车 zhāo shǒu jiào chūzūchē ▶子供の～を引く/牵孩子的手 qiān háizi de shǒu ▶僕たちは～を振って別れた/我们挥手相别 wǒmen huī shǒu xiāng bié

❷〖所有〗手 shǒu（英 ownership）▶名画が人の～に渡る/名画落入别人手中 mínghuà lòurù biéren shǒu zhōng

❸〖人手・仕事・手数〗人手 rénshǒu（英 a hand；a helper）▶仕事の～が足りない/干活儿的人手不够 gàn huór de rénshǒu bú gòu

❹〖手段・方法〗办法 bànfǎ；法子 fǎzi（英 a means；a way）▶その～は食わぬ/那一手对当我不上当 wǒ kě bú shàng nàge dàng ▶まだまだ打つ～はある/还有很多办法 háiyǒu hěn duō bànfǎ ▶ああいうのを一八丁口八丁というのだ/那样的人才叫做能说能干 nàyàng de rén cái jiàozuò néng shuō néngàn ▶～を替え品を替えて機嫌を取る/千方百计地讨好 qiān fāng bǎi jì de tǎohǎo

❺〖世話〗（英 care）▶子供たちももうすぐ親の～を離れる/孩子们不久就要离开父母身边了 háizimen bùjiǔ jiùyào líkāi fùmǔ shēnbiān le

❻〖関係〗关系 guānxi（英 connection）▶裏から～を回して許可を得る/私下里活动以获得许可 sīxiàli huódòng yǐ huòdé xǔkě

❼〖力・技量・制御〗（英 ability；skill）▶えらく～の込んだ細工だね/多么精致的手工制品啊 duōme jīngzhì de shǒugōng zhìpǐn a ▶横纲に～もなくひねられた/轻而易举地被横纲打败了 qīng ér yì jǔ de bèi hénggāng dǎbài le

❽〖筆跡〗笔迹 bǐjì（英 handwriting）

❾〖囲碁・将棋などの〗步 bù；着 zhāo（英 a trick；a move）▶次の一～/下一着 xià yì zhāo

❿〖その他〗▶～取り足取り教える/手把手地教 shǒu bǎ shǒu de jiāo ▶二人は～に～を取ってアメリカへ行った/二人携手去了美国 èr rén xiéshǒu qùle Měiguó ▶母はもうすぐ60歳が届く/母亲眼看就奔六十了 mǔqin yǎnkàn jiù bèn liùshí le ▶今なら～が空いている/从现在起可以腾出手来 cóng xiànzài qǐ kěyǐ téngchū shǒu lai ▶あいつは女に～が早い/那个家伙勾引女人总是很神速 nàge jiāhuo gōuyǐn nǚrén zǒngshì hěn shénsù ▶もう警察の～が回ったらしい/好像警察

已经着手调查了 hǎoxiàng jǐngchá yǐjing zhuóshǒu diàochá le ▶彼女の心が~に取るように分かる/她的心情我是相当理解的 tā de xīnqíng wǒ shì xiāngdāng lǐjiě de ▶娘の病気が心配で仕事が~につかない/由于担心女儿的病，没心思工作 yóuyú dānxīn nǚ'ér de bìng, méi xīnsi gōngzuò ▶分かった、このへんで~を打とう/好了，就这样成交吧 hǎo le, jiù zhèyàng chéngjiāo ba ▶商売の~を広げすぎて失敗した/把生意摊儿扩展得太大，所以失败了 bǎ shēngyimiànr kuòzhǎn de tài dà, suǒyǐ shībài le

~が離れる 脱手 tuōshǒu ▶編集作業ももうすぐ~が離れる/编辑工作也马上就能完成 biānjí gōngzuò yě mǎshàng jiù néng wánchéng

~に汗を握る 捏一把汗 niē yī bǎ hàn ▶~に汗握る熱戦が展開された/展开了一场让人手里捏着一把汗的激战 zhǎnkāile yī chǎng ràng rénshǒuli niēzhe yī bǎ hàn de jīzhàn

~に余る 力不能及 lì bùnéng jí ▶そういう交渉は私の~に余る/那种交涉我实在应付不了 nà zhǒng jiāoshè wǒ shízài yìngfubuliǎo

~に入れる 得到 dédào; 获取 huòqǔ ▶どこで~に入れたの/在哪儿弄到手的？ zài nǎr nòngdào shǒu de?

~に負えない 棘手 làshǒu; 管束不住 guǎnshùbuzhù ▶こんな乱暴者は私の~に負えない/这种粗暴的人我可管不了 zhè zhǒng cūbào de rén wǒ kě guǎnbuliǎo

~の施しようがない 不可救药 bùkě jiù yào ▶転移がひどくて~の施しようがない/转移得太厉害，已经束手无策了 zhuǎnyí de tài lìhai, yǐjing shùshǒu wú cè le

~の焼ける 为难 wéinán ▶ほんとに~の焼ける子だよ/真是个让人操心的孩子 zhēn shì ge ràng rén cāoxīn de háizi

~も足も出ない 一筹莫展 yì chóu mò zhǎn ▶相手が強すぎて~も足も出ない/对方太强了，我们一筹莫展 duìfāng tài qiáng le, wǒmen yì chóu mò zhǎn

~を上げる 打 dǎ ▶妻に~を上げるなど最低の行為だ/打老婆可真是不像话！dǎ lǎopo kě zhēn shì bú xiànghuà!

~を貸す 搀扶 chānfú; 协助 xiézhù ▶老人に~を貸して道路を横断した/扶助老人过马路 fúzhù lǎorén guò mǎlù ▶こんどの企画に~を貸してくれないか/这次的策划能不能请你帮帮忙？ zhè cì de cèhuà néng bùnéng qǐng nǐ bāngbang máng?

~を切る 断绝关系 duànjué guānxi ▶悪い仲間ときっぱり~を切る/和坏同伙断然绝交 hé huàitónghuǒ duànrán juéjiāo

~を下す 亲手做 qīnshǒu zuò; 行凶 xíngxiōng ▶実際に~を下したのは誰だ/真正行凶的是谁？ zhēnzhèng xíngxiōng de shì shéi?

~を組む 勾搭 gōuda ▶金のためなら悪魔とでも~を組むやつだ/如果为了钱的话，他连魔鬼都会去勾搭 rúguǒ wèile qián dehuà, tā lián èmó dōu huì qù gōuda

~を加える 加工 jiāgōng ▶原案に~を加える/修改原来的方案 xiūgǎi yuánlái de fāng'àn

~を拱(きょう)く 束手 shùshǒu; 袖手旁观 xiù shǒu páng guān ▶家が焼けるのを~を拱いて見ていた/束手望着房子着火 shù shǒu wàngzhe fángzi zháohuǒ

~を出す 动手 dòngshǒu; 插手 chāshǒu ▶お前は~を出すな/你别插手！nǐ bié chāshǒu!

~をつける 下手 xiàshǒu; 动手 dòngshǒu ▶どこから~をつければいいんだ/从哪儿着手好呢？cóng nǎr zhuóshǒu hǎo ne? ▶公金に~をつける/动用公款 dòngyòng gōngkuǎn

~をつなぐ 拉手 lāshǒu ▶~をつないで散歩する/手拉手散步 shǒu lā shǒu sànbù

~を止める 住手 zhùshǒu ▶仕事の~を止めて話に加わった/停下工作参与聊天儿 tíngxià gōngzuò cānyù liáotiānr

~を抜く 偷工减料 tōu gōng jiǎn liào ▶工事の~を抜いて経費をおさえた/在工程上偷工减料以压缩经费 zài gōngchéngshang tōu gōng jiǎn liào yǐ yāsuō jīngfèi

~を引く(撤退) 洗手不干 xǐshǒu bùgàn ▶この事業からは~を引かせてもらう/请允许我从这项事业中撤出 qǐng yǔnxǔ wǒ cóng zhè xiàng shìyè zhōng chèchū

~を結ぶ 联合 liánhé ▶両国が~を結べば恐いものなしだ/如果两国携起手来，一定所向无敌 rúguǒ liǎng guó xiéqǐ shǒu lai, yídìng suǒ xiàng wú dí

~を焼く 烫手 tàngshǒu; 扎手 zhāshǒu ▶あのわがままにはみんな~を焼いているんだ/对那个任性的家伙真是毫无办法 duì nàge rènxìng de jiāhuo zhēn shì háo wú bànfǎ

~を休める《仕事の》歇手 xiē shǒu ▶仕事の~を休めて歌に聞きいった/停下手里的活儿，入神地听起了歌儿 tíngxià shǒuli de huór, rùshén de tīngqǐle gēr

~を緩める 放松 fàngsōng ▶追及の~を緩めてはだめですよ/不能放松追查行动啊 bùnéng fàngsōng zhuīchá xíngdòng a

で【出】《出身》出身 chūshēn;《出る》出 chū (㊀ birth; origin)▶彼は名門の~である/他出身名门 tā chūshēn míngmén ▶大学~のくせにこんな字も読めないんだね/你还上过大学呢，连这个字都不认识 nǐ hái shàngguo dàxué ne, lián zhège zì dōu bú rènshi ▶庭に出て月の~を待つ/到院子里等待月亮升起 dào yuànzili děngdài yuèliang shēngqǐ ▶ほどよいお茶の~ぐあいだ/茶泡得是味儿 chá qī de shì wèir

-で 在 zài ❶【場所】在 zài ▶新橋~会おう/在新桥见 zài Xīnqiáo jiàn ▶大阪~下車する/在大阪下车 zài Dàbǎn xià chē ▶駅~友人と待ち合わせる/在车站跟朋友碰头 zài chēzhàn gēn péngyou pèngtóu

❷【時間】…就 jiù ▶あと1時間~空港に到着します/再过一个小时将到达机场 zài guò yí ge

xiǎoshí jiāng dàodá jīchǎng ▶会議は午前に済む/会议上午结束 huìyì shàngwǔ jiéshù ▶今年の5月に～10歳になる/今年五月就满十岁了 jīnnián wǔ yuè jiù mǎn shí suì le

❸【…を用いて】用 yòng ▶手紙～近況を知らせる/写信告知近况 xiě xìn gàozhī jìnkuàng ▶徒歩～約1時間半かかる/走路要一个半小时 zǒulù yào yí ge bàn xiǎoshí ▶鉛筆～書く/用铅笔写 yòng qiānbǐ xiě ▶英語～書く/用英语写 yòng Yīngyǔ xiě ▶千円札～払う/用一千元的钞票支付 yòng yìqiān Rìyuán de chāopiào zhīfù ▶給料～暮らす/靠工资生活 kào gōngzī shēnghuó ▶人の心は金～買えない/人心用金钱是收买不了的 rénxīn yòng jīnqián shì shōumǎibuliǎo de

❹【…のために】因 yīn；因为 yīnwèi ▶肺炎～死ぬ/患肺炎而死 huàn fèiyán ér sǐ ▶寒さ～震える/因为寒冷而发抖 yīnwèi hánlěng ér fādǒu；冷得打颤 lěng de dǎzhàn ▶悪天候～漁船が転覆した/因为天气恶劣，渔船翻了 yīnwèi tiānqì èliè, yúchuán fān le ▶所用～参加できなかった/因为有事儿不能参加了 yīnwèi yǒu shìr bùnéng cānjiā le ▶暴風雨～沈没する/在暴风雨中沉没 zài bàofēngyǔ zhōng chénmò

❺【価格・基準】以 yǐ；靠 kào ▶五百円～買う/用五百日元买进 yòng wǔbǎi Rìyuán mǎijìn ▶外見～判断する/靠外表来判断 kào wàibiǎo lái pànduàn ▶損得～物を考える/以得失为标准来考虑问题 yǐ déshī wéi biāozhǔn lái kǎolǜ wèntí

てあい【手合い】 ❶【やから】家伙 jiāhuo (英 *a fellow*) ▶あの～とはつきあうな/不要和那种家伙交往 búyào hé nà zhǒng jiāhuo jiāowǎng ❷【種類】种类 zhǒnglèi (英 *a type*) ▶同じ～の品/同样的商品 tóngyàng de shāngpǐn

てあい【出会い】 相逢 xiāngféng；邂逅 xièhòu (英 *an encounter*) ▶僕らの友情は偶然の～から始まった/我们之间的友谊是从一次偶然的邂逅开始的 wǒmen zhījiān de yǒuyì shì cóng yí cì ǒurán de xièhòu kāishǐ de

◆～系サイト|交友网站 jiāoyǒu wǎngzhàn ▶～系サイトで知りあう/在交友网站上相识 zài jiāoyǒu wǎngzhànshang xiāngshí

てあいがしら【出会い頭に】 迎面 yíngmiàn；劈头 pītóu (英 *on a sudden meeting*) ▶廊下の角で二人は～にぶつかった/两个人在走廊拐角处迎面撞上了 liǎng ge rén zài zǒuláng guǎijiǎochù yíngmiàn zhuàngshàng le

てあう【出会う】 碰见 pèngjiàn；遇见 yùjiàn；(よくないことに)遭遇 zāoyù (英 *come across…*) ▶街角でばったり～/在街头偶然相遇 zài jiētóu ǒurán xiāngyù ▶すばらしい絵に～/有幸遇到一幅非常不错的画 yǒuxìng yùdào yì fú fēicháng búcuò de huà ▶ひどい事故に出会った/遇到了一场严重的事故 yùdào le yì chǎng yánzhòng de shìgù

てあか【手垢】 手上的污垢 shǒushàng de wūgòu (英 *dirt from the hands*) ▶その本は～でよごれていた/那本书被翻脏了 nà běn shū bèi fānzāng le

～のついた言い回し 陈词滥调 chéncí làndiào ▶あんな～のついた言い回しはうんざりだ/那些陈词滥调实在听腻了 nàxiē chéncí làndiào shízài tīngnì le

てあし【手足】 手脚 shǒujiǎo；《部下》帮手 bāngshou (英 *hands and feet；one's limbs*) ▶たまには～を伸ばして休みたい/有时候真想舒舒服服地休息一下 yǒushíhou zhēn xiǎng shūshūfúfú de xiūxi yíxià ▶ここには～の不自由な子供が暮らしている/这里生活着身体有残障的孩子们 zhèlǐ shēnghuózhe shēntǐ yǒu cánzhàng de háizimen ▶部長の～となって働きます/作为部长的手下来工作 zuòwéi bùzhǎng de shǒuxià lái gōngzuò

|日中比较| 中国语的'手足 shǒuzú'是「(手足の)動作」「兄弟」という意味である。

であし【出足】 《人出》到场的人数 dào chǎng de rénshù；《商品の》新商品的销量 xīnshāngpǐn de xiāoliàng (英 *a start*) ▶客の～はよかった/顾客来得很多 gùkè láide hěn duō ▶新刊の～がにぶい/新书一上市卖得不顺畅 xīnshū yí shàngshì mài de bú shùnchàng

てあたりしだい【手当たり次第に】 顺手摸着什么就什么 shùnshǒu mōzháo shénme jiù shénme (英 *at random*) ▶その辺にあるものを～に投げつける/抄起身边的东西随便扔了过去 chāoqǐ shēnbiān de dōngxi suíbiàn rēngle guòqù ▶本なら何でも～に読んだ/碰到什么书就看了什么书 pèngdào shénme shū jiù kànle shénme shū

てあつい【手厚い】 优厚 yōuhòu；热情 rèqíng (英 *cordial；hospitable*) ▶～看護/精心护理 jīngxīn hùlǐ ▶～看護を受ける/受到精心周到的护理 shòudào jīngxīn zhōudào de hùlǐ ▶出向先で手厚く遇されていた/在所派往的地方受到热情接待 zài suǒ pàiwǎng de dìfang shòudào rèqíng jiēdài

てあて【手当】 ❶【本給以外の】津贴 jīntiē；补贴 bǔtiē (英 *an allowance；[賞与] a bonus*) ▶～を支給する/发放补贴 fābǔtiē ▶この仕事には危険～がつく/做这项工作配有风险津贴 zuò zhè xiàng gōngzuò pèi yǒu fēngxiǎn jīntiē ▶住宅～を支給する/发放住房补贴 fāfàng zhùfáng bǔtiē ❷【けがなどの】治疗 zhìliáo (英 *medical treatment；medical care*) ▶～をする/治疗 zhìliáo ▶現場で応急～をする/在现场采取急救措施 zài xiànchǎng cǎiqǔ jíjiù cuòshī ▶こんな傷に～はいらない/这么点儿伤，不需要治疗 zhème diǎnr shāng, bù xūyào zhìliáo

てあみ【手編みの】 手织 shǒuzhī (英 *hand-knit*) ▶～のセーターを贈った/送了一件手织的毛衣 sòngle yí jiàn shǒuzhī de máoyī

てあら【手荒な】 粗暴 cūbào；野蛮 yěmán (英 *rough；harsh*) ▶荷物を～に扱われては困る/如果野蛮装卸的话可受不了 rúguǒ yěmán zhuāngxiè dehuà kě shòubuliǎo ▶病院で～

扱いを受けた/在医院接受了缺乏体贴的治疗 zài yīyuàn jiēshòule quēfá tǐtiē de zhìliáo ▶~なまねをする 动凶 dòngxiōng; 动粗 dòngcū ▶子供に~なまねをするな/别对孩子动粗 bié duì háizi dòngcū

てあらい【手洗い】 ❶『手を洗う』洗手 xǐshǒu （英 hand-washing） ▶~と嗽(うがい)を励行する/坚持洗手和漱口 jiānchí xǐshǒu hé shùkǒu ❷【便所】厕所 cèsuǒ; 卫生间 wèishēngjiān（英 a lavatory; a washroom）▶そう言って彼は~に立った/说完，他就上卫生间了 shuōwán, tā jiù shàng wèishēngjiān le ▶お~はどこですか/厕所在哪儿？cèsuǒ zài nǎr?

であるく【出歩く】 外出走动 wàichū zǒudòng（英 go about）▶年寄りがうろうろ~のは危ないよ/老年人随便外出走动可危险啊 lǎoniánrén suíbiàn wàichū zǒudòng kě wēixiǎn a

てあわせ【手合わせ】 较量 jiàoliàng; 比赛 bǐsài（英 a game; a contest; a bout）▶一度お~願いたいですな/真希望能较量一次啊 zhēn xīwàng néng jiàoliàng yí cì a

てい【体】体面 tǐmiàn; 样子 yàngzi（英 appearance）▶俺なら~のいい電話番だよ/我可是做体面的接电话的工作的 wǒ kěshì zuò tǐmiàn de jiē diànhuà de gōngzuò de ▶彼は満足の~で帰っていった/他心满意足地回去了 tā xīn mǎn yì zú de huíqù le ▶誘われたが~よく断った/虽被邀请，但婉言回绝了 suī bèi yāoqǐng, dàn wǎnyán huíjué le

ほうほうの~ 狼狈不堪的样子 lángbèi bùkān de yàngzi ▶ほうほうの~で逃げ出す/仓惶逃走 cānghuáng táozǒu; 狼狈不堪地出逃 lángbèi bùkān de chūtáo

てい【邸】宅邸 zháidǐ（英 a residence; a mansion）▶大内~の観桜会に招かれる/被邀请出席在大内先生宅邸举办的赏樱聚会 bèi yāoqǐng chūxí zài Dànèi xiānsheng zháidǐ jǔbàn de shǎngyīng jùhuì ▶~内に見慣れぬ男が入りこんでいた/一个陌生的男人钻进了宅邸 yí ge mòshēng de nánrén zuānjìnle zháidǐ

ていあん【提案】提案 tí'àn; 建议 jiànyì; 提议 tíyì（英 propose; suggest）▶その~を受け入れよう/采纳那项建议吧 cǎinà nà xiàng jiànyì ba ▶今日の会議に~します/向今天的会议提议 xiàng jīntiān de huìyì tíyì

ティー ❶【茶】茶 chá（英 tea）▶~ポット/茶壶 cháhú ▶~カップ/茶杯 chábēi ▶~バッグ/袋泡茶 dàipàochá ▶レモン~/柠檬茶 níngméngchá ▶ミルク~/奶茶 nǎichá ▶~パーティー/茶话会 cháhuàhuì ▶~ルーム/咖啡馆 kāfēiguǎn ❷【ゴルフ】球座 qiúzuò（英 a tee）

ディーエヌエー【DNA】 脱氧核糖核酸 tuōyǎng hétáng hésuān

ティーエヌティ【TNT】（火薬）黄色炸药 huángsè zhàyào

ディージェイ【DJ】 音乐节目广播员 yīnyuè jiémù guǎngbōyuán

ティーシャツ T恤衫 tìxùshān（英 a T shirt）

ディーゼル（diesel）▶~機関車/内燃机车 nèirán jīchē ▶~エンジン/柴油机 cháiyóujī

ティーチイン 集团讨论会 jítuán tǎolùnhuì（英 a teach-in）

ティーチングマシン 教学器材 jiàoxué qìcái（英 a teaching machine）

ディーピーイー【DPE】冲洗，印相，放大 chōngxǐ, yìnxiàng, fàngdà

ティーピーオー【TPO】 时间，地点，场合的三个条件 shíjiān, dìdiǎn, chǎnghé de sān ge tiáojiàn

ディーラー 经销商 jīngxiāoshāng（英 a dealer）▶新車の~が訪ねてくる/新车的经销商前来访问 xīnchē de jīngxiāoshāng qiánlái fǎngwèn ▶株の売買を~に任せている/股票的买卖全都委托给了经销商 gǔpiào de mǎimai quándōu wěituōgěile jīngxiāoshāng

ていいん【定員】 名额 míng'é; 定员 dìngyuán（英 the fixed number; [収容力] the capacity）▶~を超過する/超员 chāoyuán ▶~割れを起こす/招生没有招满 zhāoshēng méiyǒu zhāomǎn ▶入学~を50名も超過する/入学人数已经超出了五十名 rùxué rénshù yǐjing chāochūle wǔshí míng ▶電車は~の2倍の客を乗せていた/电车乘客超载了一倍 diànchē chéngkè chāozàile yí bèi ▶職員の~は25名です/职员的定员是二十五名 zhíyuán de dìngyuán shì èrshíwǔ míng ▶~に満たない学校もある/也有没招满学生的学校 yě yǒu méi zhāomǎn xuésheng de xuéxiào ▶~削減を迫られる/被迫裁减人数 bèipò cáijiǎn rénshù

ティーンエージャー 十几岁的青少年 shíjǐ suì de qīngshàonián（英 a teenager）

ていえん【庭園】庭园 tíngyuán;（花や木のある）花园 huāyuán（英 a garden; a park）▶日本~/日本式庭园 Rìběnshì tíngyuán; 和式庭园 héshì tíngyuán ▶洋風~/洋式花园 yángshì huāyuán; 西洋式庭园 xīyángshì tíngyuán

ていおう【帝王】帝王 dìwáng（英 an emperor）▶無冠の~/无冕之王 wú miǎn zhī wáng

ていおうせっかい【帝王切開】〖医〗剖腹产 pōufùchǎn（英 a Caesarean section）▶僕は~で生まれた/我是母亲剖腹产生出的孩子 wǒ shì mǔqin pōufù chǎnshēngchū de háizi

ていおん【低音】低音 dīyīn（英 a low-pitched sound; [低声] a low voice）▶ああいう歌声を~の魅力っていうのね/那样的歌声称得上是低音的魅力啊 nàyàng de gēshēng chēngdeshàng shì dīyīn de mèilì a ▶あの合唱の~部が特にいい/那场合唱的低音部尤其好 nà chǎng héchàng de dīyīnbù yóuqí hǎo

ていおん【低温】低温 dīwēn（英 a low temperature）▶牛乳には~殺菌が施してある/对牛奶实施低温杀菌 duì niúnǎi shíshī dīwēn shājūn ▶室内を~に保つ/保持室内低温 bǎochí shìnèi dīwēn

ていおん【定温】 恒温 héngwēn (英 *a fixed temperature*) ▶24時間〜を保つ仕組みになっている/这种构造二十四小时可保持恒温 zhè zhǒng gòuzào èrshísì xiǎoshí kě bǎochí héngwēn

ていか【低下する】 降低 jiàngdī; 下降 xiàjiàng (英 *fall; drop*) ▶気温が急激に〜した/气温急速下降了 qìwēn jísù xiàjiàng le ▶最近の品質〜を心配している/担心最近的产品质量下降 dānxīn zuìjìn de chǎnpǐn zhìliàng xiàjiàng ▶生徒の学力〜が目だってきた/学生学力下降的现象日益明显 xuésheng xuélì xiàjiàng de xiànxiàng rìyì míngxiǎn
<日中比較> 中国語の '低下 dīxià' は「レベルが低い」という意味.

ていか【定価】 定价 dìngjià (英 *the fixed price*) ▶うちは〜で販売します/本店实行定价销售 běn diàn shíxíng dìngjià xiāoshòu ▶〜の1割引で納入する/按定价打九折缴纳 àn dìngjià dǎ jiǔ zhé jiǎonà

ていかかく【低価格】 廉价 liánjià; 低价格 dī jiàgé (英 *a low price*) ▶赤字覚悟の〜だ/做好亏损的准备而出的低价格 zuòhǎo kuīsǔn de zhǔnbèi ér chū de dījiàgé ▶こんな〜は信じられない/这么低的价格令人难以置信 zhème dī de jiàgé lìng rén nányǐ zhì xìn

ていがく【低額】 低额 dī'é; 小额 xiǎoé (英 *a small amount*) ▶〜所得者層に配慮する/关照低收入阶层 guānzhào dīshōurù jiēcéng

ていがく【定額】 定额 dìng'é (英 *a fixed amount*) ▶毎月〜を返済すればよい/每个月能定额偿还就行 měi ge yuè néng dìng'é chánghuán jiù xíng ▶毎月〜の貯金を続けてきた/一直坚持每个月定额储蓄 yìzhí jiānchí měi ge yuè dìng'é chǔxù

ていがく【停学】 停学 tíngxué (英 *suspension from school*) ▶処分は〜3ヶ月と決まった/作出的处分是停学三个月 zuòchū de chǔfēn shì tíngxué sān ge yuè
◆〜処分|**停学処分** tíngxué chǔfēn ▶不正がばれて〜処分をくらった/由于舞弊行为败露而受到停学处分 yóuyú wǔbì xíngwéi bàilù ér shòudào tíngxué chǔfēn

ていがくねん【低学年】 低年级 dīniánjí (英 *the lower classes*〔*grades*〕) ▶下校は地域ぐるみで守ってやろう/整个地区齐心协力来保护小学低年级学生放学后的安全吧 zhěnggè dìqū qíxīn xiélì lái bǎohù xiǎoxué dīniánjí xuésheng fàngxuéhòu de ānquán ba

ていかん【定款】 章程 zhāngchéng (英 *the articles of association*) ▶そういう支出は〜に違反する/那种支出违反章程 nà zhǒng zhīchū wéifǎn zhāngcheng ▶〜の改正を協議する/商讨章程的修改 shāngtǎo zhāngcheng de xiūgǎi

ていかん【諦観】 看破 kànpò; 〔諦め〕认命 rènmìng (英 *resignation*) ▶家にこもって時代を〜していた/闷在家里,看破了这个世道 mēnzài jiāli,

kànpòle zhège shìdào ▶彼の心はいつしか〜に向かっていた/他不知不觉已经开始认命了 tā bù zhī bù jué yǐjing kāishǐ rènmìng le

ていき【定期的】 定期 dìngqī (英 *fixed; periodical; regular*) ▶研究会は〜的に開いている/研究会定期举办 yánjiūhuì dìngqī jǔbàn ▶〜点検を実施する/实行定期检查 shíxíng dìngqī jiǎnchá ▶〜船が欠航する/班轮停航 bānlún tínghàng ▶新聞は2紙〜購読している/定期订阅了两份报纸 dìngqī dìngyuèle liǎng fèn bàozhǐ
◆〜刊行物|**定期刊物** dìngqī kānwù ▶〜刊行物が増えすぎて整理がつかない/定期刊物日益多起来,怎么也不好整理 dìngqī kānwù rìyì duōqǐlai, zěnme yě bù hǎo zhěnglǐ ◆〜券|月票 yuèpiào ▶電車の〜券/电车月票 diànchē yuèpiào ◆〜試験|期考 qīkǎo ▶〜試験が目前に迫った/期考迫在眉睫 qīkǎo pòzài méijié ◆〜昇給|定期提薪 dìngqī tíxīn ◆〜便|(航空)班机 bānjī; (海運)班轮 bānlún ▶〜便のダイヤが乱れる/航班时刻表紊乱 hángbān shíkèbiǎo wěnluàn ◆〜預金|定期储蓄 dìngqī chǔxù; 定期存款 dìngqī cúnkuǎn

ていき【提起する】 〔意見を〕提起 tíqǐ; 提出 tíchū (英 *propose; raise*) ▶彼の問題〜が大きな反響を呼んだ/他提出的问题引起了很大反响 tā tíchū de wèntí yǐnqǐle hěn dà fǎnxiǎng ▶彼らは訴訟を〜した/他们提出了诉讼 tāmen tíchūle sùsòng

ていぎ【定義する】 定义 dìngyì (英 *define*) ▶そもそもこの〜そのものが間違っている/说到底, 那个定义本身就是错误的 shuō dàodǐ, nàge dìngyì běnshēn jiù shì cuòwù de ▶自分勝手な〜をしさないでもらいたい/希望你不要专断地妄下定义 xīwàng nǐ búyào zhuānduàn de wàngxià dìngyì ▶このように〜してよろしいか/这么下定义行吗? zhème xià dìngyì xíng ma?

ていぎ【提議する】 提议 tíyì; 建议 jiànyì (英 *propose*) ▶我々の〜は支持を得られなかった/我们的提议没能获得支持 wǒmen de tíyì méi néng huòdé zhīchí ▶規約改正は誰が〜したのか/是谁提议修改规章的? shì shéi tíyì xiūgǎi guīzhāng de?

ていきあつ【低気圧】 〖気象〗低气压 dīqìyā (英 *low atmospheric pressure*) ▶〜が発達しながら北上している/低气压增强向北方移动 dīqìyā zēngqiáng xiàng běifāng yídòng ▶このところ女房が〜なんだ/最近我老婆总爱发脾气 zuìjìn wǒ lǎopo zǒng ài fā píqi

ていきゅう【低級な】 低级 dījí; 庸俗 yōngsú; 劣 liè等(英 *inferior; low-grade*) ▶どうせ俺は〜な本しか読まないよ/反正我只读那些庸俗的书 fǎnzheng wǒ zhǐ dú nà xiē yōngsú de shū ▶趣味が〜でいけないのかい/趣味低级有什么不好吗? qùwèi dījí yǒu shénme bùhǎo ma?

ていきゅう【庭球】 〖スポーツ〗网球 wǎngqiú (英 *tennis*)

ていきゅうび【定休日】 (定期)休息日 (dìng-

ていきゅう【定休】 qī xiūxīrì (英 *a regular holiday*) ▶今日は商店街の～だ/今天是商业街的定期休息日 jīntiān shì shāngyèjiē de dìngqī xiūxīrì

ていきょう【提供する】 提供 tígōng; 供给 gōngjǐ (英 *offer*) ▶経費は我々が～しよう/经费由我们提供吧 jīngfèi yóu wǒmen tígōng ba ▶息子から腎臓の～を受ける/接受由儿子提供的肾脏 jiēshòu yóu érzi tígōng de shènzàng ▶この番組は我が社の～で放送された/这个节目是由我们公司赞助播出的 zhège jiémù shì yóu wǒmen gōngsī zànzhù bōchū de

ていきんり【低金利】 低利息 dī lìxī (英 *low interest*) ▶～に泣く人もいれば笑う人もいる/对于低利息真是几家欢乐几家愁 duìyú dīlìxī zhēn shì jǐ jiā huānlè jǐ jiā chóu ▶～政策を打ち出す/推出低利息政策 tuīchū dīlìxī zhèngcè

ていくう【低空】 低空 dīkōng (英 *a low altitude*) ▶飛行機を～をかすめて飛んだ/飞机掠过低空飞走了 fēijī lüèguò dīkōng fēizǒu le

♦**～飛行** 低空飞行 dīkōng fēixíng ▶～飛行で何とか進級できた/晋级考试总算勉强合格了 jìnjí kǎoshì zǒngsuàn miǎngiǎng hégé le

ていけい【定形の】 定形 dìngxíng (英 *of a fixed form*) ▶～郵便物/定形邮件 dìngxíng yóujiàn ▶～外郵便物は料金が高くなる/定形以外的邮件邮费将提高 dìngxíng yǐwài de yóujiàn yóufèi jiāng tígāo

ていけい【定型】 定型 dìngxíng (英 *of a definite form*) ▶～詩/格律诗 gélùshī

ていけい【提携する】 合作 hézuò (英 *cooperate*) ▶京葉社と～して業務拡大をはかる/与京叶公司合作，以求扩展业务 yǔ Jīngyè gōngsī hézuò, yǐqiú kuòzhǎn yèwù ▶外国企業から業務～を申し入れてきた/外国公司提出希望进行业务合作 wàiguó gōngsī tíchū xīwàng jìnxíng yèwù hézuò

日中比較 中国語の'提携 tíxié'は「手を引いて歩く」こと、「後進を育てる」ことを指す。

ていけつ【締結する】 缔结 dìjié; 签订 qiāndìng (英 *conclude*) ▶条約の～には国会の承認が要る/签订条约需要获得国会的批准 qiāndìng tiáoyuē xūyào huòdé guóhuì de pīzhǔn ▶アメリカと修好条約を～した/与美国签订了修好条约 yǔ Měiguó qiāndìngle xiūhǎo tiáoyuē

ていけつあつ【低血圧】 低血压 dīxuèyā (英 *low blood pressure*) ▶僕は～だから寝起きが悪い/我血压低，早起时感觉很不好 wǒ xuèyā dī, zǎoqǐ shí gǎnjué hěn bùhǎo ▶～症に苦しむ/为低血压症状所苦 wéi dīxuèyā zhèngzhuàng suǒ kǔ

ていけん【定見】 主见 zhǔjiàn; 定见 dìngjiàn (英 *a definite principle*) ▶～を欠いて政治家といえるか/缺乏主见还能算是政治家吗？ quēfá zhǔjiàn hái néng suànshì zhèngzhìjiā ma? ▶～がない 人云亦云 rén yún yì yún ▶彼には～がない/他没有主见 tā méiyǒu zhǔjiàn

ていげん【低減】 降低 jiàngdī; 减少 jiǎnshǎo (英 *reduce*) ▶価格を～する/降低价格 jiàngdī jiàgé

ていげん【提言】 提案 tíàn (英 *a proposal*; *a suggestion*) ▶みんな彼の～には反対だった/大家都反对他的提案 dàjiā dōu fǎnduì tā de tíàn ▶この～が壇に波紋をひろげた/这个提案在评论界引起了很大反响 zhège tíàn zài pínglùnjiè yǐnqǐle hěn dà fǎnxiǎng

ていこう【抵抗する】 反抗 fǎnkàng; 抵抗 dǐkàng; 抵制 dǐzhì (英 *resist*) ▶～を感じる/有反感 yǒu fǎngǎn ▶あの強引さには～がある/对那种蛮横的态度很反感 duì nà zhǒng mánhéng de tàidù hěn fǎngǎn ▶誘惑に～する者は勇者である/能够抵抗住诱惑的人是勇士 nénggòu dǐkàngzhù yòuhuò de rén shì yǒngshì ▶彼の笑顔には～しがたい吸引力がある/他的笑脸有一种不可抗拒的魅力 tā de xiàoliǎn yǒu yì zhǒng bùkě kàngjù de mèilì ▶市民の激しい～運動が起こる/发生了激烈的市民反抗运动 fāshēngle jīliè de shìmín fǎnkàng yùndòng

♦**～勢力** 反对势力 fǎnduì shìlì; 阻碍势力 zǔài shìlì **～力** 阻力 zǔlì ▶インフルエンザに対する～力がない/对流感没有抵抗力 duì liúgǎn méiyǒu dǐkànglì **電気～** 电阻 diànzǔ ▶電気～がゼロに近い/电阻近于零 diànzǔ jìnyú líng

ていこく【定刻】 准时 zhǔnshí; 按时 ànshí; 定时 dìngshí (英 *punctually*; *on schedule*) ▶あいつらは～に集まったためしがない/那几个家伙从来也没有准时集合过 nà jǐ ge jiāhuo cónglái yě méiyǒu zhǔnshí jíhéguo ▶～を10分も過ぎて出席した/比规定时间迟到了十分钟才出席 bǐ guīdìng shíjiān chídàole shí fēnzhōng cái chūxí ▶会議は～通りに始まった/会议准时开始了 huìyì zhǔnshí kāishǐ le ▶列車は～より5分遅れて発車した/列车晚点五分发车了 lièchē wǎndiǎn wǔ fēn fāchē le

ていこく【帝国】 帝国 dìguó (英 *an empire*) ▶～主義/帝国主义 dìguó zhǔyì ▶古代ローマ～/古代罗马帝国 gǔdài Luómǎ dìguó

ていさい【体裁】 外表 wàibiǎo; 外观 wàiguān (英 *appearance*; *a style*) ▶～のよいことを言う/说漂亮话 shuō piàolianghuà

～が悪い 不体面 bù tǐmiàn ▶汚れた服では～が悪い/穿着脏衣服真不体面 chuānzhe zāngyīfu zhēn bù tǐmiàn

～を繕う 装潢门面 zhuānghuáng ménmian ▶うまく～を繕う/得体地装潢门面 détǐ de zhuānghuáng ménmian

日中比較 中国語の'体裁 tǐcái'は文学作品の「ジャンル」を指す。

ていさつ【偵察する】 侦察 zhēnchá (英 *scout*; *patrol*) ▶～機/侦察机 zhēnchájī ▶～機を飛ばす/开侦察机 kāi zhēnchájī ▶敵陣を～する/侦察敌阵 zhēnchá dízhèn ▶～飛行に飛び立ったまま帰らない/侦察机飞上天后，一去不返 zhēnchájī fēishàng tiān hòu, yí qù bù fǎn

ていし【停止する】 停止 tíngzhǐ (英 *stop*; *stand*

ていじ *still*）▶エンジンが～した/引擎停止工作了 yǐnqíng tíngzhǐ gōngzuò le ▶弁護士資格を～する/停止其律師資格 tíngzhǐ qí lǜshī zīgé ▶～信号が見えなかった/没看見紅灯 méi kànjiàn hóngdēng ▶彼は3ヶ月間の運転免許～を食った/他被勒令吊銷三个月駕照 tā bèi lèilìng diàoxiāo sān ge yuè jiàzhào ▶10日間の出場～を言いわたす/命令其停止出场十天 mìnglìng qí tíngzhǐ chūchǎng shí tiān

ていじ【丁字】 丁字 dīngzì (英 *a T-shape*）▶～路/丁字路口 dīngzì lùkǒu；丁字街 dīngzìjiē

ていじ【定時】 正点 zhèngdiǎn；准时 zhǔnshí (英 *a fixed time*）▶今日も～に退社した/今天也是准时下班的 jīntiān yě shì zhǔnshí xiàbān de ▶40歳を過ぎてから～制高校に入学した/过了四十岁之后进了定时制高中 guòle sìshí suì zhīhòu jìnle dìngshízhì gāozhōng

ていじ【提示する】 出示 chūshì (英 *present*）▶パスポートを～して下さい/请出示护照 qǐng chūshì hùzhào ▶入構証の～を求められた/被要求出示入场证 bèi yāoqiú chūshì rùchǎngzhèng

ていじがた【丁字形】 丁字形 dīngzìxíng (英 *T-shaped*）▶～定規/丁字尺 dīngzìchǐ

ていじげん【低次元】 低水平 dīshuǐpíng (英 *a low level*）▶いつまで～な議論をやっているんだ/这种低水平的争论要吵到什么时候啊 zhè zhǒng dīshuǐpíng de zhēnglùn yào chǎodào shénme shíhou a

ていしせい【低姿勢】 谦逊 qiānxùn；低姿态 dīzītài (英 *a modest attitude*）▶今回の交渉には～で臨む/十分低调地来参加这次谈判 shífēn dīdiào de lái cānjiā zhè cì tánpàn ▶あの～がいつまで続くやら/那种低姿态会坚持到什么时候呢 nà zhǒng dīzītài huì jiānchídào shénme shíhou ne

ていしゃ【停車する】 停车 tíngchē (英 *stop*）▶列車は静岡で臨時～した/列车在静冈站临时停车了 lièchē zài Jìnggāngzhàn línshí tíngchē le ▶列車は事故のため1時間～した/列车因为事故停了一个小时 lièchē yīnwèi shìgù tíngle yí ge xiǎoshí ▶駅ều～なら空いている/慢车的话，还有空座儿 mànchē dehuà, háiyǒu kòngzuòr ▶《交差点などでの》一時～を怠った/没有暂时停车 méiyǒu zànshí tíngchē

> 日中比較 中国語の'停车 tíngchē'は「车両を一時的に止める」という意味の他に「駐车・駐輪する」ことをも指す.

ていしゅ【亭主】 丈夫 zhàngfu (英 *a husband*；［宿屋の］*a host*；［主人］*a master*）▶私これでも～持ちなのよ/别看我这样儿，我也是有丈夫的 bié kàn wǒ zhèyàngr, wǒ yě shì yǒu zhàngfu de ▶御～何て言ってた/你丈夫怎么说的？ nǐ zhàngfu zěnme shuō de?

知らぬは～ばかりなり 不知情的只有她丈夫 bù zhīqíng de zhǐ yǒu tā zhàngfu

▶～関白｜大男子主义 dànánzǐ zhǔyì）▶彼は自称～関白だ/他自称是个大男子主义者 tā zìchēng shì ge dànánzǐ zhǔyìzhě

ていじゅう【定住する】 定居 dìngjū；落户 luòhù (英 *settle down*；*reside permanently*）▶彼らは里に下りて～した/他们下山来到村里落户了 tāmen xià shān lái dào cūnlǐ luòhù le ▶その谷が彼らの～地となった/那个山谷成了他们的定居地 nàge shāngǔ chéngle tāmen de dìngjūdì

ていしゅうにゅう【定収入】 固定收入 gùdìng shōurù (英 *a regular income*）

ていしゅうは【低周波】 低频 dīpín (英 *low frequency*）▶一帯は～公害に悩まされた/这一带为低频公害所苦 zhè yídài wéi dīpín gōnghài suǒ kǔ

ていしゅく【貞淑な】 贞淑 zhēnshū (英 (*a woman*) *of virtue*）

ていしゅつ【提出する】 提交 tíjiāo；提出 tíchū (英 *present*；*submit*）▶学位論文を～する/提交学位论文 tíjiāo xuéwèi lùnwén ▶～で受理されなかった/由于提交晚了，没有被受理 yóuyú tíjiāowǎn le, méiyǒu bèi shòulǐ

> 日中比較 中国語の'提出 tíchū'は主に「口頭や文書で（要求や意見を）表明する」ことを指す.
> ・提出建议 tíchū jiànyì/提案する

ていしょう【定昇】 定期加薪 dìngqī jiāxīn (英 *a periodic raise*）▶ベアは～込みで2%に落ち着いた/提薪结果是包括定期加薪在内，提高百分之二 tí xīn jiéguǒ shì bāokuò dìngqī jiāxīn zài nèi, tígāo bǎi fēn zhī èr

ていしょう【提唱する】 提倡 tíchàng；倡导 chàngdǎo (英 *propose*；*advocate*）▶彼らは制度の抜本改革を～した/他们提倡对制度进行彻底的改革 tāmen tíchàng duì zhìdù jìnxíng chèdǐ de gǎigé ▶彼の～により調査委員会の設置が決まった/由于他的提议而决定设置调查委员会 yóuyú tā de tíyì ér juédìng shèzhì diàochá wěiyuánhuì

ていしょく【定食】 份儿饭 fènrfàn；套餐 tàocān (英 *a set meal*）▶昼飯は刺身～で済ませた/午饭用生鱼片套餐对付了一下 wǔfàn yòng shēngyúpiàn tàocān duìfule yíxià

ていしょく【定職】 固定的职业 gùdìng de zhíyè (英 *a regular job*）▶～がないままに3年が過ぎた/没找到固定的职业就过去了三年 méi zhǎodào gùdìng de zhíyè jiù guòqùle sān nián ▶ようやく～につくことができた/终于找到了固定的职业 zhōngyú zhǎodàole gùdìng de zhíyè

ていしょく【抵触する】 抵触 dǐchù；触犯 chùfàn (英 *conflict*）▶その案を実行すれば法に～することになる/如果实施那个方案的话就会触犯法律 rúguǒ shíshī nàge fāng'àn dehuà jiù huì chùfàn fǎlǜ

ていしょく【停職】 停职 tíngzhí (英 *suspension from office*）▶～3ヶ月の処分を受ける/受到停职三个月的处分 shòudào tíngzhí sān ge yuè de chǔfēn ▶職務規定違反で～になった/由于违反职务规定而被停职 yóuyú wéifǎn zhíwù guīdìng ér bèi tíngzhí

ていしょとく【低所得】 低收入 dīshōurù; 低薪 dīxīn (英 *a low income*) ▶～層が増加の一途をたどっている/低收入阶层呈现不断增加的趋势 dīshōurù jiēcéng chéngxiàn búduàn zēngjiā de qūshì ▶不況の世を～に耐えて生きている/在经济萧条的时代靠低薪度日 zài jīngjì xiāotiáo de shídài kào dīxīn dùrì

でいすい【泥酔する】 酩酊大醉 mǐngdǐng dàzuì; 烂醉 lànzuì (英 *be dead drunk*) ▶～して何も覚えていない/酩酊大醉什么也不记得 mǐngdǐng dà zuì shénme yě bú jìde ▶～運転で人をはねる/酩酊大醉后开车撞倒了人 mǐng dǐng dà zuì hòu kāichē zhuàngdǎole rén

ていすう【定数】 〈一定の人数〉定数 dìngshù; 定額 dìng'é (英 *a fixed number*); 〈数学の〉常数 chángshù (英 *a constant*) ▶議員～に欠員が生じる/议员定员出现了空缺 yìyuán dìngyuán chūxiànle kòngquē

ディスカウント 减价 jiǎnjià; 廉价 liánjià (英 *a discount*) ▶歳末～セールを実施する/实施年末大减价 shíshī niánmò dà jiǎnjià ◆～ショップ 廉价商店 liánjià shāngdiàn

ディスカッション 讨论 tǎolùn (英 *a discussion*)

ディスク (英 *disk*) ▶磁気～/磁盘 cípán ▶コンパクト～/激光唱盘 jīguāng chàngpán; 激光唱片 jīguāng chàngpiàn ▶～ジョッキー(DJ)/音乐节目主持人 yīnyuè jiémù zhǔchírén

ディスクロージャー 公司经营公开 gōngsī jīngyíng gōngkāi; 政府信息公开 zhèngfǔ xìnxī gōngkāi (英 *disclosure*)

ディスコ 迪斯科 dísíkē (英 *a disco*) ▶毎晩～に入り浸っていたものだ/那时每天晚上都泡在迪斯科舞厅 nà shí měi tiān wǎnshang dōu pàozài dísíkē wǔtīng

ディスプレイ 〔電算〕显示器 xiǎnshìqì; 〈商店〉陈列 chénliè; 展示 zhǎnshì (英 *a display*) ▶～には特に工夫をこらしている/在商品陈列上特意下了很大功夫 zài shāngpǐn chénlièshang tèyì xiàle hěn dà gōngfu

ていする【呈する】 〈状態を〉呈现 chéngxiàn; 〈進呈する〉呈送 chéngsòng (英 *assume; take on*) ▶街は地獄のような惨状を呈していた/街头呈现出地狱般的惨状 jiētóu chéngxiànchū dìyù bān de cǎnzhuàng ▶ここで彼が疑問を呈した/在这儿他提出了疑问 zài zhèr tā tíchūle yíwèn ▶衷心より賛辞を～ものである/表示由衷的赞美 biǎoshì yóuzhōng de zànměi

ていする【挺する】 ⇨み(身)

ていせい【帝政】 (英 *imperial government*) ▶～を布(シ)く/施行帝政 shīxíng dìzhèng

ていせい【訂正する】 改正 gǎizhèng; 订正 dìngzhèng; 修改 xiūgǎi (英 *correct; revise*) ▶記述の誤りを～する/修改记述中的错误 xiūgǎi jìshù zhōng de cuòwù ▶記事の～を申し入れる/要求改正错误报道 yāoqiú gǎizhèng cuòwù bàodào

ていせつ【定説】 定论 dìnglùn; 定说 dìngshuō (英 *an established theory*; [一般の] *an accepted opinion*) ▶～は否定されるためにある/定论是为了被否定而存在的 dìnglùn shì wèile bèi fǒudìng ér cúnzài de ▶～を覆す/颠覆定论 diānfù dìnglùn

ていせつ【貞節】 贞节 zhēnjié (英 *faithful*) ▶～を守る/守节 shǒujié

ていせん【停船】 停船 tíngchuán (英 *stoppage of a ship*) ▶巡視船が～を命じる/巡逻艇命令其停船 xúnluótǐng mìnglìng qí tíngchuán ▶～命令を無視して逃げる/无视停船命令逃走 wúshì tíngchuán mìnglìng táozǒu

ていせん【停戦する】 停战 tíngzhàn (英 *cease fire*) ▶～協議/停战协议 tíngzhàn xiéyì ▶～協議が始まる/停战谈判开始了 tíngzhàn tánpàn kāishǐ le ▶死者収容のため～する/为了收容死者而停战 wèile shōuróng sǐzhě ér tíngzhàn

ていそ【定礎】 奠基 diànjī (英 *the laying of a cornerstone*)

ていそ【提訴する】 起诉 qǐsù (英 *bring an action against...*) ▶出席者の総意で～を決めた/遵照出席者的一致意见决定起诉 zūnzhào chūxízhě de yízhì yìjiàn juédìng qǐsù ▶人権侵害で～する/以侵犯人权进行起诉 yǐ qīnfàn rénquán jìnxíng qǐsù

ていそう【低層の】 低层 dīcéng (英 *low-rise*) ▶～住宅/低层住宅 dīcéng zhùzhái

ていそう【貞操】 贞操 zhēncāo; 贞节 zhēnjié (英 *chastity*) ▶～を失う/失身 shīshēn; 失节 shījié

ていぞく【低俗な】 庸俗 yōngsú; 下流 xiàliú; 卑俗 bēisú (英 *vulgar*) ▶彼らは～にも程がある/他们太下作了 tāmen tài xiàzuo le ▶～な番組ばかり見ている/净看那些低级庸俗的节目 jìng kàn nàxiē dījí yōngsú de jiémù

ていそくすう【定足数】 法定人数 fǎdìng rénshù; 规定人数 guīdìng rénshù (英 *a quorum*) ▶～に達しないために流会となった/由于未达到规定人数, 会议没有开成 yóuyú wèi dádào guīdìng rénshù, huìyì méiyǒu kāichéng

ていたい【手痛い】 沉重 chénzhòng; 严重 yánzhòng (英 *severe; hard*) ▶～打撃/沉重的打击 chénzhòng de dǎjī ▶株暴落で～打撃を蒙る/由于股市暴跌而蒙受了沉重的打击 yóuyú gǔshì bàodiē ér méngshòule chénzhòng de dǎjī ▶どたん場で～エラーが出た/在紧要关头出现了严重的失误 zài jǐnyào guāntóu chūxiànle yánzhòng de shīwù

ていたい【停滞する】 停滞 tíngzhì; 滞留 zhìliú (英 *stagnate*) ▶連絡が悪くて事務が～している/由于衔接得不好, 公务停滞了 yóuyú xiánjiē de bùhǎo, gōngwù tíngzhì le ▶研究の～は許されない/不容许停滞不前 bùnéng tíngzhì ◆景気～/经济停滞不前 jīngjì tíngzhì bù qián ～前線/静止峰 jìngzhǐfēng

ていたく【邸宅】 府邸 fǔdǐ; 公馆 gōngguǎn

ていたらく【体たらく】丑态 chǒutài; 落魄相 luòpòxiàng (英 *a woeful state*) ▶この～では人にも会えない/这副丑态没法见人 zhè fù chǒutài méi fǎ jiàn rén ▶子供にさえ見放される～だ/落魄到被自己的孩子抛弃的地步 luòdào bèi zìjǐ de háizi pāoqì de dìbù

ていだん【鼎談】三人对谈 sān rén duìtán (英 *a three-man talk*) ▶「今年の景気予想」～/三人对谈《预测今年的经济前景》sān rén duìtán «Yùcè jīnnián de jīngjì qiánjǐng» ▶受賞作品をめぐって～する/围绕获奖作品进行三人对谈 wéirào huòjiǎng zuòpǐn jìnxíng sān rén duìtán

でいたん【泥炭】泥煤 níméi; 泥炭 nítàn (英 *peat*)

ていち【低地】洼地 wādì (英 *lowlands*) ▶～にある/低洼 dīwā ▶～の住宅は砂に埋まった/建在洼地上的住宅被埋在沙子里了 jiànzài wādìshang de zhùzhái bèi máizài shāzili le

ていちあみ【定置網】定置网 dìngzhìwǎng (英 *a fixed fish net*) ▶～漁業/定置网渔业 dìngzhìwǎng yúyè

ていちゃく【定着する】扎根 zhāgēn; 定居 dìngjū (英 *be established; fix*) ▶あの男もこの村に～したようだ/好像他也在这个村里定居 hǎoxiàng tā yě zài zhège cūnli dìngjū ▶その習慣はまだ日本には～していない/那个习惯还没有在日本扎下根来 nàge xíguàn hái méiyǒu zài Rìběn zāxià gēn lai

◆～液《写真》**定影液** dìngyǐngyè

ていちょう【丁重な】郑重其事 zhèngzhòng qí shì; 诚挚 chéngzhì; 彬彬有礼 bīnbīn yǒu lǐ (英 *polite; courteous*) ▶～にお引き取りを願う/客气地下逐客令 kèqi de xià zhúkèlìng ▶～なもてなしに感謝する/感谢您诚挚的款待 gǎnxiè nín chéngzhì de kuǎndài ▶～に客を迎える/彬彬有礼地迎接客人 bīnbīn yǒu lǐ de yíngjiē kèrén

ていちょう【低調】萧条 xiāotiáo; 低沉 dīchén (英 *low-level; dull*) ▶映画界は～を脱した/电影节摆脱了萧条局面 diànyǐngjié bǎituōle xiāotiáo júmiàn ▶新薬の売り上げが～なのです/新药的销售额很低迷 xīnyào de xiāoshòu'é hěn dīmí

[日中比較] 中国语的'低调' dīdiào 是「控えめである」ことを表す。

ていちんぎん【低賃金】低薪 dīxīn (英 *low wages*) ▶～で働く/低薪工作 dīxīn gōngzuò ▶この政策は～労働者にどれだけ配慮しているか/这项政策又考虑到了多少低薪工人呢？zhè xiàng zhèngcè yòu kǎolùdàole duōshao dīxīn gōngrén ne?

ティッシュペーパー 柔软的卫生纸 róuruǎn de wèishēngzhǐ; 面巾纸 miànjīnzhǐ (英 *a tissue*) ▶駅前で～を配る/在车站前分发面巾纸 zài chēzhànqián fēnfā miànjīnzhǐ

ていっぱい【手一杯】够忙 gòumáng; 忙得不可开交 mángde bùkě kāijiāo (英 *a handful of...*) ▶自分のことで～なのに手伝いなんて無理よ/自己的事就已经忙得不可开交了，哪儿有工夫帮忙啊 zìjǐ de shì jiù yǐjing mángde bùkě kāijiāo le, nǎr yǒu gōngfu bāngmáng a ▶注文をこなすだけで～なんだ/光是办理订货就够忙的了 guāng shì bànlǐ dìnghuò jiù gòu máng de le

ディテール 细节 xìjié (英 *detail*) ▶～にこだわった作品だ/是一部注重细节的作品 shì yí bù zhùzhòng xìjié de zuòpǐn ▶彼は～の大切さを心得ている/他知道细节的重要性 tā zhīdào xìjié de zhòngyàoxìng

ていてつ【蹄鉄】马掌 mǎzhǎng; 马蹄铁 mǎtítiě (英 *a horseshoe*) ▶レース中に～がはずれた/在比赛时马蹄铁脱落了 zài bǐsài shí mǎtítiě tuōluò le ▶馬に～を打つ/给马钉上蹄铁 gěi mǎ dìngshàng títiě

ていてん【定点】定点 dìngdiǎn (英 *a fixed point*) ▶～観測/定点观测 dìngdiǎn guāncè

ていでん【停電】停电 tíngdiàn (英 *break down*) ▶その頃は日常茶飯だった/那时停电是司空见惯的 nàshí tíngdiàn shì sīkōng jiànguàn de ▶～に備えて懐中電灯を買う/买手电筒以备停电时用 mǎi shǒudiàntǒng yǐ bèi tíngdiàn shí yòng ▶嵐の夜は地区全体が～した/暴风雨之夜整个地区都停电了 bàofēngyǔ zhī yè zhěnggè dìqū dōu tíngdiàn le

ていど【程度】程度 chéngdù; 水平 shuǐpíng (英 *a degree; a level*) ▶いかにも～の低い男だ/他实在是一个素质低的人 tā shízài shì yí ge sùzhì dī de rén ▶先生の話は生徒の理解の～を越えていた/老师讲的话超出了学生的理解能力 lǎoshī jiǎng de huà chāochūle xuésheng de lǐjiě nénglì ▶彼らの会話能力は相当に～に達した/他们的会话能力达到了相当水平 tāmen de huìhuà nénglì dádàole xiāngdāng shuǐpíng ▶うっかりミスも～問題だ/因马虎而出的错儿也该有限度 yīn mǎhu ér chū de cuòr yě gāi yǒu xiàndù ▶ある～の犠牲は覚悟の上だ/某种程度的牺牲也是事先预料到的 mǒu zhǒng chéngdùshang de xīshēng yě shì shìxiān yùliàodào de

ていとう【抵当】抵押 dǐyā (英 *mortgage*) ▶～権を設定する/设定抵押权 shèdìng dǐyāquán ▶家屋敷を～に入れて資金を借りる/把房地产抵押来借款 bǎ fángdìchǎn dǐyā lái jièkuǎn ▶～を取って金を貸す/收取抵押借出钱 shōuqǔ dǐyā jièchū qián ▶田畑すべてが～流れになった/因无力还债，所有的田地都被收走了 yīn wúlì huánzhài, suǒyǒu de tiándì dōu bèi shōuzǒu le

ていとん【停頓】停滞 tíngzhì (英 *a standstill; a deadlock*) ▶多少の～はやむをえない/某种程度的停滞是不得已的 mǒu zhǒng chéngdù de tíngzhì yě shì bùdéyǐ de ▶雨続きで作業が～している/由于连续降雨，工作停滞不前 yóuyú liánxù jiàngyǔ, gōngzuò tíngzhǐ bù qián

ディナー [正餐]zhèngcān (英 dinner) ▶会長主催の～に招かれる/应邀请出席由会长主办的晚餐 bèi yāoqǐng chūxí yóu huìzhǎng zhǔbàn de wǎncān

ていねい 【丁寧な】 **❶** 【礼儀】 礼貌 lǐmào; 彬彬有礼 bīnbīn yǒu lǐ (英 polite; civil) ▶言葉づかいが～だ/说话很有礼貌 shuōhuà hěn yǒu lǐmào ▶～にお礼を述べる/彬彬有礼地致谢 bīnbīn yǒu lǐ de zhìxiè ▶ばか～なあいさつをする/过于恭敬地致辞 guòyú gōngjìng de zhìcí **❷** 【入念に】 細致周到 xìzhì zhōudào; 小心 xiǎoxīn; 谨慎 jǐnshèn (英 careful; thorough) ▶～な仕事をする/工作做得细致 gōngzuò zuòde xìzhì ▶～に調べた上での結論だ/是经过细致的调查得出的结论 shì jīngguò xìzhì de diàochá déchū de jiélùn

> [日中比较] 中国語の'丁宁 dīngníng'は「繰り返し言い聞かせる」ことである.

ていねん 【定年】 退休年龄 tuìxiū niánlíng (英 the retirement age) ▶～に達する前にやっておきたいことがある/有一件要在退休前做完的事 yǒu yí jiàn yào zài tuìxiūqián zuòwán de shì ▶彼は今年で～だ/他今年就到了退休年龄 tā jīnnián jiù dàole tuìxiū niánlíng ▶～を70歳に引き上げる/退休年龄提到了七十岁 tuìxiū niánlíng tídàole qīshí suì ▶～後の生活のめどが立たない/还没打算好退休后怎么生活 hái méi dǎsuan hǎo tuìxiūhòu zěnme shēnghuó

♦～退職: 退休 tuìxiū

ていはく 【停泊する】 停泊 tíngbó (英 anchor) ▶沖に空母が～している/海面上停泊着一艘航空母舰 hǎimiànshang tíngbózhe yì sōu hángkōng mǔjiàn ▶～中の船から火が出た/从正在停泊的船上起火了 cóng zhèngzài tíngbó de chuánshang qǐhuǒ le ▶数日～を延長したい/想把停泊时间延长几天 xiǎng bǎ tíngbó shíjiān yáncháng jǐ tiān

ていひょう 【定評】 定评 dìngpíng; 定论 dìnglùn (英 a settled opinion)

～がある: 有口皆碑 yǒu kǒu jiē bēi ▶オックスフォードの辞書には～がある/牛津词典有口皆碑 Niújīn cídiǎn yǒu kǒu jiē bēi ▶相手は～のある猫好きだった/对方是一个人所共知的喜爱猫的人 duìfāng shì yí ge rén suǒ gòng zhī de xǐ'ài māo de rén ▶彼の力量は業界に～がある/他的本事在行业里有口皆碑 tā de běnshi zài hángyèli yǒu kǒu jiē bēi

ディフェンス [防守]fángshǒu (英 defense) ▶うちは～が弱い/我们队防守较弱 wǒmen duì fángshǒu jiào ruò ▶もっと～を強化しなくてはいけない/必须进一步加强防守 bìxū jìnyíbù jiāqiáng fángshǒu

ディベート 讨论 tǎolùn; 辩论会 biànlùnhuì (英 debate)

ていへん 【底辺】 〘数〙底边 dǐbiān;〘(社会の)〙底层 dǐcéng; 基础 jīchǔ (英 the base) ▶社会の～/社会的底层 shèhuì de dǐcéng ▶彼らの～で生きてきたのだ/他们是在社会的底层挣扎过来的 tāmen shì zài shèhuì de dǐcéng zhēngzhá guòlai de ▶野球は一种の広いスポーツだ/棒球是一种爱好者众多的体育运动 bàngqiú shì yì zhǒng àihàozhě zhòngduō de tǐyù yùndòng ▶三角形の～/三角形的底边 sānjiǎoxíng de dǐbiān

ていぼう 【堤防】 堤岸 dī'àn; 堤防 dīfáng; 堤坝 dībà (英 a bank) ▶洪水で～が崩れる/洪水袭来堤坝被冲垮 hóngshuǐ xílái dībà bèi chōngkuǎ ▶～を築く/修筑堤坝 xiūzhù dībà

ていぼく 【低木】 〘植物〙灌木 guànmù (英 a shrub; a bush)

ていほん 【定本】 定本 dìngběn; 校订本 jiàodìngběn (英 the standard edition)

ていほん 【底本】 底本 dǐběn; 蓝本 lánběn (英 the original text) ▶三省堂の86年版を～とした/以三省堂出版社八六年版本为蓝本 yǐ Sānxǐngtáng chūbǎnshè bā liù nián bǎnběn wéi lánběn

ていめい 【低迷する】 低迷 dīmí; 沉沦 chénlún (英 hover around) ▶我らはようやく長い～を脱した/我们终于摆脱了漫长的低迷状态 wǒmen zhōngyú bǎituōle màncháng de dīmí zhuàngtài ▶かつての王者が近年は下位に～している/过去的冠军近几年来始终处于下位 guòqù de guànjūn jìn jǐ nián lái shǐzhōng chǔyú xiàwèi

ていめん 【底面】 〘数〙底面 dǐmiàn; 底部 dǐbù (英 the base)

ていよく 【体よく】 委婉地 wěiwǎn de; 婉转地 wǎnzhuǎn de (英 politely; tactfully) ▶～搬送員にされてしまった/被巧言派去当搬运工 bèi qiǎoyán pàiqù dāng bānyùngōng ▶～断る/婉言谢绝 wǎnyán xièjué ▶寄附の依頼を～断る/委婉地拒绝捐款请求 wěiwǎn de jùjué juānkuǎn qǐngqiú

ていらく 【低落する】 下跌 xiàdié; 降低 jiàngdī; 低落 dīluò (英 fall; decline) ▶当社の業績は～傾向にある/本公司的经营业绩呈现出降低倾向 běn gōngsī de jīngyíng yèjī chéngxiànchū jiàngdī qīngxiàng ▶ドルが著しく～している/美元明显下跌 Měiyuán míngxiǎn xiàdié

ていらず 【手入らずの】 未加人工 wèi jiā réngōng (英 trouble-free) ▶原野は～のまま残されていた/原野保存得很好，丝毫没有加以人工 yuányě bǎocúnde hěn hǎo, sīháo méiyǒu jiāyǐ réngōng

ていり 【低利】 〘金融〙低利息 dīlìxī (英 low interest) ▶～のローンを組むことができた/借到了低利息贷款 jièdàole dīlìxī dàikuǎn

ていり 【定理】 〘数〙定理 dìnglǐ (英 a theorem)

でいり 【出入りする】 出入 chūrù; 进出 jìnchū; 〘もめ事〙纠纷 jiūfēn (英 go in and out) ▶従業員の～がはげしい/职工的变动很频繁 zhígōng de biàndòng hěn pínfán ▶今月は金の～が多い/这个月款项的进出很频繁 zhège yuè kuǎnxiàng

de jìnchū hěn pínfán ▶あの男は女～がたえない/他经常换女人 tā jīngcháng huàn nǚrén ▶この家に自由に～することを許されている/可以随意出入这家 kěyǐ suíyì chūrù zhè jiā ▶多少の～はあるにしても、ほぼ1万で済むだろう/即使多少有些出入, 大约一万总够了吧 jíshǐ duōshǎo yǒu xiē chūrù, dàyuē yíwàn zǒng gòu le ba
♦～業者 ː常来的商人 cháng lái de shāngrén ▶～の業者と話しこむ/和常来的商人谈得很起劲 hé cháng lái de shāngrén tán de hěn qǐjìn ～口 ː出入口 chūrùmén ▶～口に車をとめるな/不要把车停在门口 búyào bǎ chē tíngzài ménkǒu

ていりつ【低率】低率 dīlǜ (英 *a lower rate*)

ていりつ【鼎立する】鼎立 dǐnglì (英 *stand in a trio*) ▶私は3派の～を興味深く観察した/我饶有兴味地观察着三大帮派鼎立的局面 wǒ ráo yǒu xìngwèi de guāncházhe sān dà bāngpài dǐnglì de júmiàn ▶チーム内で3派が～していた/那时, 队伍内部三派鼎立 nà shí, duìwu nèibù sān pài dǐnglì

ていりゅう【底流】底流 dǐliú;潜流 qiánliú (英 *an undercurrent*) ▶彼の思想の～をなすのは科学文明への懐疑だ/构成他思想底流的, 是对科学文明的怀疑 gòuchéng tā sīxiǎng dǐliú de, shì duì kēxué wénmíng de huáiyí ▶人々の平和志向がその～にあった/在那下面有人们对和平的向往 zài nà xiàmiàn yǒu rénmen duì hépíng de xiàngwǎng

でいりゅう【泥流】泥流 níliú (英 *a mudflow*) ▶～が集落を襲った/泥流袭击了村落 níliú xíjīle cūnluò ▶一村が～に呑みこまれた/整个村子都被泥流吞没了 zhěnggè cūnzi dōu bèi nìliú tūnmò le

ていりゅうじょ【停留所】汽车站 qìchēzhàn (英 *a bus stop*) ▶～には長い行列ができた/汽车站前排起了长队 qìchēzhànqián páiqǐle cháng-duì

ていりょう【定量】定量 dìngliàng (英 *a fixed quantity*);[薬の] *a dose* ▶感覚の働きまで～される時代だ/这是一个连感觉的功能都被定量化的时代 zhè shì yí ge lián gǎnjué de gōngnéng dōu bèi dìngliànghuà de shídài
♦～分析 ː定量分析 dìngliàng fēnxī

ていれ【手入れする】❶【修繕】保养 bǎoyǎng;修整 xiūzhěng (英 *care for...*);[樹木など]*trim*) ▶庭の～が必要だ/庭园需要修整 tíngyuán xūyào xiūzhěng ▶用具は自分で～しなさい/用具请自己保养 yòngjù qǐng zìjǐ bǎoyǎng ▶肌の～はしていますか/你常对皮肤进行保养吗？ nǐ cháng duì pífū jìnxíng bǎoyǎng ma?
❷【警察の】搜捕 sōubǔ (英 *raid*) ▶麻薬組織の～があった/搜捕了毒品组织 sōubǔle dúpǐn zǔzhī

ていれい【定例の】定例 dìnglì;例行 lìxíng (英 *regular*) ▶～会/例会 lìhuì ▶～朝食会/定例早餐会 dìnglì zǎocānhuì ▶～の研究会で注目すべき報告があった/在例行研究会上, 有一个令人瞩目的报告 zài lìxíng yánjiūhuìshang, yǒu yí ge lìng rén zhǔmù de bàogào

ディレクター导演 dǎoyǎn (英 *a director*)
ディレッタント业余艺术爱好者 yèyú yìshù àihàozhě (英 *a dilettante*)

ていれん【低廉な】低廉 dīlián;廉价 liánjià (英 *cheap; inexpensive*) ▶労賃が～な地域に工場を移す/把工厂搬迁到劳务费低廉的地区 bǎ gōngchǎng bānqiāndào láowùfèi dīlián de dìqū ▶現地なら価格が～だ/在当地价格很低廉 zài dāngdì jiàgé hěn dīlián

ティンパニー〖楽器〗定音鼓 dìngyīngǔ (英 *timpani*)

てうす【手薄な】缺少 quēshǎo;短缺 duǎnquē (英 *insufficiently; thinly*) ▶～な人員をやりくりする/想方设法安排有限的人员 xiǎng fāng shè fǎ ānpái yǒuxiàn de rényuán ▶後門は警備が～/后门的警卫很薄弱 hòumén de jǐngwèi hěn bóruò

てうち【手打ちの】❶【麺類】手擀 shǒugǎn (英 *homemade; handmade*) ▶我が家の～うどんを食べてみて下さい/请尝一尝我们家自己手擀的面条吧 qǐng chángyìcháng wǒmen jiā zìjǐ shǒugǎn de miàntiáo ba ❷【和解・取引の成立】和解 héjiě (英 *conciliatory*) ▶やくざ同士の～式があったそうだ/听说地痞之间达成了和解 tīngshuō dìpǐ zhījiān dáchéngle héjiě

デーゲーム日间比赛 rìjiān bǐsài (英 *a day game*) ▶明日の決戦は～で行われる/明天的决战比赛将在白天举行 míngtiān de juézhàn bǐsài jiāng zài báitiān jǔxíng

テーゼ命题 mìngtí (英 *a thesis*)
♦アンチ～ː反命题 fǎnmìngtí

データ资料 zīliào;论据 lùnjù;《コンピュータの》数据 shùjù (英 *data*) ▶関连～が多すぎる/相关数据太多 xiāngguān shùjù tài duō
♦～通信 ː数据通信 shùjù tōngxìn ～ベース ː数据库 shùjùkù ▶～ベースを構築する/构筑数据库 gòuzhù shùjùkù

デート约会 yuēhuì;幽会 yōuhuì (英 *a date*) ▶～に誘われた/被邀请去约会 bèi yāoqǐng qù yuēhuì ▶誰と～するの/和谁约会呀？ hé shéi yuēhuì ya? ▶～の約束をすっぽかす/爽约 shuǎngyuē;失约 shīyuē

テープ带子 dàizi (英 *a tape*) ▶録音～を回して証言を取る/启动录音机录下证言 qǐdòng lùnyīnjī lùxià zhèngyán ▶座談会の～を起こす/把座谈会的录音记录听写下来 bǎ zuòtánhuì de lùyīn jìlù tīngxiěxiàlái ▶《競技で》1着で～を切る/第一个冲过终点线 dìyī ge chōngguò zhōngdiǎnxiàn
♦カセット～ ː盒式录音带 héshì lùyīndài ガム～ ː胶条 jiāotiáo ▶ガム～で封をする/用胶条封上 yòng jiāotiáo fēngshàng 磁気～ ː磁带 cídài セロファン～ ː透明胶布 tòumíng jiāobù ▶セロファン～で貼りつける/用透明胶布贴上 yòng tòumíng jiāobù zhānshàng ～レコーダー ː录音机

lùyīngjī ビデオ～：录像带 lùxiàngdài マジック～《商标》：尼龙搭扣 nílóng dākòu

テープカット 【剪彩】 jiǎn cǎi《开幕式など》(英) *a ribbon-cutting ceremony* ▶市長らによって～が行われた/由市长等人员剪了彩 yóu shìzhǎng děng rényuán jiǎnle cǎi

テーブル 桌子 zhuōzi (英) *a table* ▶～クロス：桌布 zhuōbù；台布 táibù ▶～クロスを取り換える/换桌布 huàn zhuōbù ～スピーチ：席间致词 xíjiān zhìcí ▶あの人は～スピーチがうまい/他的席间致词很精彩 tā de xíjiān zhìcí hěn jīngcǎi ～マナー：餐桌礼节 cānzhuō lǐjié ▶～マナーが気になって味が分からなかった/由于在意餐桌礼节，没能品尝出饭菜的味道 yóuyú zàiyì cānzhuō lǐjié, méi néng pǐnchángchū fàncài de wèidao

テーマ 题目 tímù；主题 zhǔtí (英) *a theme; a subject matter* ▶「老後」を～にシンポジウムを催す/以"晚年生活"为主题举办研讨会 yǐ "wǎnnián shēnghuó" wéi zhǔtí jǔbàn yántǎohuì
◆～ソング：主题歌 zhǔtígē ▶あのドラマは～ソングがすばらしい/那部电视剧的主题歌很好 nà bù diànshìjù de zhǔtígē hěn hǎo ～パーク：主题乐园 zhǔtí lèyuán ▶新しい～パークができた/新的主题乐园建成了 xīn de zhǔtí lèyuán jiànchéng le

テールライト 尾灯 wěidēng (英) *a taillight*

ておい【手負い】 负伤 fùshāng (英) *wounded* ▶～の猪が突進してきた/负伤的野猪闯了过来 fùshāng de yězhū chuǎngleguòlái

ておくれ【手遅れ】 耽误 dānwu；为时已晚 wéi shí yǐ wǎn (英) [～である] *be too late* ▶いまさら～だ/事到如今为时已晚 shì dào rújīn wéishí yǐ wǎn ▶～にならないうちに診てもらえよ/趁着尚未耽误请医生看一下吧 chènzhe shàngwèi dānwu qǐng yīshēng kàn yíxià ba

ておけ【手桶】 提桶 títǒng (英) *a pail* ▶～にいっぱいの水を汲む/打满了一提桶水 dǎmǎnle yì títǒng shuǐ ▶～の水を墓にかける/把桶里的水浇在墓碑上 bǎ títǒngli de shuǐ jiāozài mùbēishang

ておしぐるま【手押し車】 手车 shǒuchē；手推车 shǒutuīchē (英) *a handcart; a pushcart* ▶～で大根を運ぶ/用手推车运萝卜 yòng shǒutuīchē yùn luóbo

ておち【手落ち】 疏失 shūshī；过错 guòcuò；遗漏 yílòu (英) *an oversight; an omission; a slip* ▶計算に～があった/计算上有失误 jìsuànshang yǒu shīwù ▶それは誰の～でもない/那不是哪个人的过错 nà bú shì nǎge rén de guòcuò

ており【手織りの】 手织 shǒuzhī (英) *hand-woven; homespun* ▶～の綿布/粗布 cūbù；土布 tǔbù ▶彼女は～木綿の帯をしめていた/她系着一条手织棉布缝制的带子 tā jìzhe yì tiáo shǒuzhī miánbù féngzhì de dàizi ▶それは一機で織った生地だった/那是手动织布机织出的布料 nà shì yòng shǒudòng zhībùjī zhīchū de bùliào

でかい 大 dà (英) *great big; huge* ▶郷里を

出るときは～夢を抱いていた/离开故乡的时候抱着宏伟的梦想 líkāi gùxiāng de shíhou bàozhe hóngwěi de mèngxiǎng

てかがみ【手鏡】 手镜 shǒujìng；小镜子 xiǎo jìngzi (英) *a hand mirror* ▶病床で～をのぞいてみた/在病床上偷偷照小镜子 zài bìngchuángshang tōutōu zhào xiǎojìngzi

てがかり【手掛かり】 线索 xiànsuǒ；头绪 tóuxù (英) *a clue*；[痕跡] *a trace* ▶探索しようにも何ら～がない/虽然想要查找，可是没有任何线索 suīrán xiǎng yào cházhǎo, kěshì méiyǒu rènhé xiànsuǒ
～をつかむ 找到线索 zhǎodào xiànsuǒ ▶犯人の～をつかんだらしい/好像找到了关于犯人的线索 hǎoxiàng zhǎodàole guānyú fànrén de xiànsuǒ

てがき【手書きの】 手写 shǒuxiě (英) *handwritten* ▶～の手紙/手书 shǒushū ▶彼から～の手紙が届いた/他的手书到了 tā de shǒushū dào le ▶この原稿は～だね/这部原稿是手写的啊 zhè bù yuángǎo shì shǒuxiě de a ▶僕だってメモくらいは～するよ/我在做记录时也是用手写啊 wǒ zài zuò jìlù shí yě shì yòng shǒuxiě a

でがけ【出掛けに】 临走时 línzǒu shí；刚要出门 gāng yào chūmén (英) *just when one is going out* ▶今朝～に雨が降った/今天早上刚要出门时下雨了 jīntiān zǎoshang gāng yào chūmén shí xià yǔ le

てがける【手掛ける】 亲自动手 qīnzì dòngshǒu (英) *handle; deal with...* ▶それは私が初めて手掛けた事件だった/那是我第一次参与办理的案件 nà shì wǒ dìyī cì cānyù bànlǐ de ànjiàn

でかける【出掛ける】 出门 chūmén；外出 wàichū (英) *go out; set out* ▶やぁ、お出掛けですか/呦，你出去呵？ yōu, nǐ chūqù a? ▶そろそろ出掛けないと遅れるよ/该走了，要不会迟到的 gāi zǒu le, yàobù huì chídào de ▶母は買物に出掛けました/妈妈去买东西了 māma qù mǎi dōngxi le

てかげん【手加減する】 留情 liúqíng；酌情 zhuóqíng (英) *make allowances* ▶試験に～は無用だ/考试是不允许酌情商量的 kǎoshì shì bù yǔnxǔ zhuóqíng shāngliang de
～しない 毫不留情 háobù liúqíng ▶あんな老人が相手でも～しないのかい/对方是那样一个老人，你也不下手留情吗？ duìfāng shì nàyàng yí ge lǎorén, nǐ yě bù shǒuxià liúqíng ma?
～を加える 予以酌情 yǔyǐ zhuóqíng；放宽 fàngkuān ▶子供が相手だから～を加えた/由于对方是个孩子，所以手下留了点儿情 yóuyú duìfāng shì ge háizi, suǒyǐ shǒuxià liúle diǎnr qíng

てかせあしかせ【手枷足枷で】 脚镣手铐 jiǎoliào shǒukào (英) *in fetters* ▶彼は親の介護という～をはめられている/他被护理父母一事束缚了 tā bèi hùlǐ fùmǔ yí shì shùfù le

でかせぎ【出稼ぎする】 外出作工 wàichū zuògōng；出外打工 chūwài dǎgōng (英) *work away from home* ▶冬場は東京へ～に行く/冬季外

出到东京作工 dōngjì wàichūdào Dōngjīng zuò gōng

てがた【手形】 **❶**【経済の】票据 piàojù (英 *a draft; a bill; a note*) ▶~を割る/贴现 tiēxiàn ▶~が不渡りになる/支票成了空头 zhīpiào chéngle kōngtóu ▶~で支払う/用支票支付 yòng zhīpiào zhīfù ▶~を割り引く/将支票贴现 jiāng zhīpiào tiēxiàn; 票据贴现 piàojù tiēxiàn ❷【相撲取りなどの】手印 shǒuyìn (英 *a palm print*) ▶横綱の~をもらう/获得横纲的手印 huòdé hénggāng de shǒuyìn

◆空~: 空头票据 kōngtóu piàojù; 空头支票 kōngtóu zhīpiào ▶選挙のたびに政党は空~を乱発する/每到选举期间, 政党就滥发空头支票 měi dào xuǎnjǔ qījiān, zhèngdǎng jiù lànfā kōngtóu zhīpiào 為替~: 汇票 huìpiào 約束~: 期票 qīpiào ▶約束~を振り出す/开出期票 kāichū qīpiào

でかた【出方】 态度 tàidù; 方针 fāngzhēn (英 *an attitude*) ▶相手の~をうかがう/看看对方怎么办 kànkan duìfāng zěnme bàn ▶相手の一次第で譲歩してもよい/看对方的态度, 让步也是可以的 kàn duìfāng de tàidù, ràngbù yě shì kěyǐ de

てがたい【手堅い】 塌实 tāshi; 可靠 kěkào (英 *reliable; steady; sound*) ▶親子そろって~商いをする/父子俩都做着踏实的生意 fùzǐ liǎ dōu zuòzhe tāshi de shēngyi ▶ここは手堅く攻めよう/现在稳妥地进攻把 xiànzài wěntuǒ de jìngōng bǎ

デカダン 颓废派 tuífèipài (英 *decadence*) ▶彼はいっぱしの~を気取っていた/他自以为够得上是一个颓废派 tā zì yǐwéi gòudeshàng shì yí ge tuífèipài

てかてかの 光溜溜 guāngliūliū; 油汪汪 yóuwāngwāng (英 *shiny*) ▶袖口が垢に汚れて~光っている/袖口被污垢弄脏, 乌光锃亮的 xiùkǒu bèi wūgòu nòngzāng, wūguāng zèngliàng de

でかでか 大篇幅的 dàpiānfú de (英 *in big letters*) ▶醜聞が~書き立てられた/丑闻被大书特书 chǒuwén bèi dàshū tèshū ▶新聞に~と広告を出した/在报纸上大篇幅地登出了广告 zài bàozhǐshang dàpiānfú de dēngchūle guǎnggào

てがみ【手紙】 信 xìn; 书信 shūxìn (英 *a letter*) ▶~を受け取ってすぐに返事を出した/收到信后立刻寄出了回信 shōudào xìn hòu lìkè jìchūle huíxìn ▶私たちは長年~をやりとりしている/我们多年来一直通过书信往来 wǒmen duō nián lái yīzhí tōngguò shūxìn wǎnglái

~を書く 写信 xiěxìn ▶異郷の友に~を書く/给异乡的朋友写信 gěi yìxiāng de péngyou xiě xìn

~を寄こす 来信 láixìn ▶彼は~で心境を伝えてきた/他写信来诉说了心情 tā xiě xìn lái sùshuōle xīnqíng

日中比較 中国語の '手纸 shǒuzhǐ' は「トイレットペーパー」を指す. なお中国語では'手 shǒu' は用便の婉曲な表現として使われる. 例えば「解手 jiěshǒu」(トイレに行く),「洗手间 xǐshǒujiān」(トイレ).

てがら【手柄】 功劳 gōngláo; 功绩 gōngjì (英 *a merit; an exploit*) ▶それは私一人の~ではない/那不是我一个人的功劳 nà bú shì wǒ yí ge rén de gōngláo ▶つまらぬことを~顔で報告する/以一副劳苦功高的表情报告不值一提的事 yǐ yí fù láokǔ gōng gāo de biǎoqíng bàogào bù zhí yì tí de shì

~を立てる 立功 lìgōng ▶戦場で~を立てる/在战场上立功 zài zhànchǎngshang lìgōng

日中比較 中国語の '手柄 shǒubǐng' は「取っ手」を指す.

でがらし【出涸らし】 (茶, 咖啡等) 乏味, 变淡 (chá, kāfēi děng) fáwèi, biàndàn (英 *used tea*) ▶~の茶/乏茶 fáchá ▶~ですけれどおあがり下さい/不过是一杯乏茶, 请用 búguò shì yì bēi fáchá, qǐng yòng

てがる【手軽な】 简单 jiǎndān; 轻便 qīngbiàn (英 *easy; simple; plain*) ▶朝食は喫茶店に~に済ませた/早餐在咖啡馆简单地凑合了 zǎocān zài kāfēiguǎn jiǎndān de còuhe le ▶もっと~な道具はないのかい/有没有轻便点儿的工具 yǒuméiyǒu qīngbiàn diǎnr de gōngjù?

日中比較 中国語の '手轻 shǒuqīng' は「そっと扱う」ことをいう.

てき【敵】 敌人 dírén; 仇敌 chóudí; 对手 duìshǒu (英 *an enemy; a foe; an opponent*) ▶~国/敌国 díguó ▶~軍/敌军 díjūn ▶女性の~とは心外千万な/说我是女人的敌人, 那可真是冤枉 shuō wǒ shì nǚrén de dírén, nà kě zhēn shì yuānwang ▶彼は向かうところ~なしだ/他所向无敌 tā suǒ xiàng wú dí ▶親友が~に味方に分れる羽目になった/好友陷入了分为敌我的困境 hǎoyǒu xiànrùle fēnwéi díwǒ de kùnjìng

ことわざ 敵に塩を送る ▶君は~に塩を送ることができるか/你能做到在开战之前先救助敌人吗？nǐ néng zuòdào zài kāizhàn zhīqián xiān jiùzhù dírén ma?

ことわざ 敵は本能寺にあり 醉翁之意不在酒 zuìwēng zhī yì bú zài jiǔ; 声东击西 shēng dōng jī xī

~に後ろを見せる 向敌人示弱 xiàng dírén shìruò ▶~に後ろを見せるのはいやだ/决不能向敌人示弱 jué bùnéng xiàng dírén shìruò

~に回す 得罪 dézuì; 树敌 shùdí ▶マスコミを~に回すのはまずい/得罪媒体可不好啊 dézuì méitǐ kě bù hǎo bàn a

~の回し者 内奸 nèijiān ▶お前は~の回し者か/你难道是敌人的奸细吗？nǐ nándào shì dírén de jiānxi ma?

~もさる者ひっかく者 对手也不是好惹的 duìshǒu yě búshì hǎo rě de

でき【出来】 ❶【品質】 质量 zhìliàng (英 *quality*) ▶人間の~が悪い/人品不好 rénpǐn hǎo ▶～の悪い子供ほどかわいいものでしてね/越是不肖之子越是可爱啊 yuè shì bú xiào zhī zǐ jiù yuè shì kě'ài a ▶今度の作品はいい～ぐあいですよ/这次的作品质量很好啊 zhè cì de zuòpǐn zhìliàng hěn hǎo a ❷【農作物の】收成 shōucheng; 结果 jiéguǒ (英 *crop; yield*) ▶米の～はどうですか/稻米的收成怎么样？dàomǐ de shōucheng zěnmeyàng? ❸【成績】成绩 chéngjī (英 *a result*) ▶英语の～が悪くて心配だ/英语成绩不好, 很担心 Yīngyǔ chéngjī bù hǎo, hěn dānxīn

できあい【出来合いの】 现成 xiànchéng (英 *ready-made*) ▶洋服は～の品で間に合っている/衣服用现成的来凑和 yīfu yòng xiànchéng de lái còuhe ▶今日は～のお総菜を買ってきた/今天买来了现成的菜 jīntiān mǎiláile xiànchéng de cài

できあい【溺愛する】 溺爱 nì'ài (英 *dote upon...*) ▶いけないと分かっていながら息子を～する/知道不应该, 可还是溺爱儿子 zhīdào bù yīnggāi, kě háishi nì'ài érzi ▶彼は父母の～に歪められたのだ/父母过度溺爱造成了他性情乖僻 fùmǔ guòdù nì'ài zàochéngle tā xìngqíng guāipì

できあがる【出来上がる】 ❶【完成】 完成 wánchéng; 做好 zuòhǎo (英 *be finished; be ready*) ▶注文の品ができ上がった/定购的商品做好了 dìnggòu de shāngpǐn zuòhǎo le ❷【飲酒】 喝醉 hēzuì (英 *get drunk*) ▶彼らはすっかりでき上がっていた/他们完全喝醉了 tāmen wánquán hēzuì le

てきい【敵意】 敌意 díyì; 敌对情绪 díduì qíngxù (英 *hostility*) ▶～を抱く/心怀敌意 xīnhuái díyì ▶その発言に～に満ちていた/那份发言充满敌对情绪 nà fèn fāyán chōngmǎn díduì qíngxù

てきおう【適応する】 适应 shìyìng; 适合 shìhé (英 *adapt*) ▶その場に～する話題を選んで話す/选择适合那种场合的话题交谈 xuǎnzé shìhé nà zhǒng chǎnghé de huàtí jiāotán ▶時代への～というのは簡単ではない/适应时代潮流不是简单的事 shìyìng shídài cháoliú bú shì jiǎndān de shì ▶どうも私は～性を欠いているらしい/总觉得我心乎缺乏适应能力 zǒng juéde wǒ sìhū quēfá shìyìng nénglì

てきおん【適温】 温度合适 wēndù héshì (英 *a suitable temperature*)

てきがいしん【敵愾心】 敌忾 díkài; 敌对情绪 díduì qíngxù (英 *hostility*) ▶～を燃やす/同仇敌忾 tóng chóu díkài ▶彼に対して激しい～を燃やした/对他抱有强烈的敌对情绪 duì tā bàoyǒu qiángliè de díduì qíngxù ▶めらめらと～が燃えあがった/敌对情绪之火熊熊燃烧了起来 díduì qíngxù zhī huǒ xióngxióng ránshāoleqǐlai

てきかく【的確な】 准确 zhǔnquè; 确切 quèqiè (英 *precise; accurate; exact*) ▶部長はいつでも～な指示を与えた/部长随时下达准确的指示 bùzhǎng suíshí xiàdá zhǔnquè de zhǐshì ▶彼は～に事態を把握していた/他准确地把握着局势 tā zhǔnquè de bǎwòzhe júshì

日中比較 中国語の'的确 díquè'は「確かに, 間違いなく」という副詞.

てきかく【適格の】 够格 gòugé (英 *qualified*) ▶代表として～だ/作为代表他是够格的 zuòwéi dàibiǎo tā shì gòugé de

てきぎ【適宜な】 (思う通りに) 随意 suíyì; (適切に) 妥当 tuǒdàng (英 *suitable; proper*) ▶時間がきたら～解散していい/时间到了就可以随意解散 shíjiān dàole jiù kěyǐ suíyì jiěsàn ▶～な処置が取れなかった/没能采取妥当的措施 méi néng cǎiqǔ tuǒdàng de cuòshī ▶～に計らって下さい/请妥善处理一下 qǐng tuǒshàn chǔlǐ yīxià

てきごう【適合する】 适应 shìyìng; 符合 fúhé (英 *fit; suit*) ▶彼こそは～に する人材だ/他才是符合条件的人才 tā cái shì fúhé tiáojiàn de réncái ▶自分を時代に～させるなんて無理です/让自己适应时代, 不可能 ràng zìjǐ shìyìng shídài, bù kěnéng

てきごころ【出来心で】 一时冲动 yìshí chōngdòng (英 *impulse*) ▶プロポーズも～だったっていうの/这么说, 求婚也是你一时冲动吗？zhème shuō, qiúhūn yě shì nǐ yìshí chōngdòng ma? ▶ほんの～で盗みを働いた/仅仅因为一时冲动就偷了东西 jǐnjǐn yīnwèi yìshí chōngdòng jiù tōule dōngxi

てきごと【出来事】 事 shì; 事件 shìjiàn (英 *an event*; [事故] *an accident*) ▶ちょっとした～/小风波 xiǎofēngbō ▶思わぬ～で帰りが遅れた/由于意想不到的事件, 回家很晚 yóuyú yìxiǎngbudào de shìjiàn, huíjiā hěn wǎn ▶会社でちょっとした～があった/在公司发生了一场小风波 zài gōngsī fāshēngle yì cháng xiǎofēngbō ▶世界の～に目を配る/关注世界上发生的事件 guānzhù shìjièshang fāshēng de shìjiàn

てきざい【適材】 (英 *the right person*) 〜適所 适材适所 shìcái shìsuǒ; 量材委用 liàng cái wěiyòng; 各得其所 gè dé qí suǒ ▶事業を伸ばすには～適所が大切だ/要发展企业, 量材委用很重要 yào fāzhǎn qǐyè, liáng cái wěiyòng hěn zhòngyào

てきし【敵視する】 敌视 díshì; 仇视 chóushì (英 *look upon... as an enemy*) ▶我々は地元住民に～された/我们受到了当地居民的敌视 wǒmen shòudàole dāngdì jūmín de díshì ▶～政策は好ましくない/敌视政策不得当 díshì zhèngcè bù dédàng

できし【溺死する】 淹死 yānsǐ; 溺死 nìsǐ (英 *drown*) ▶テレビで 10 名の～が報じられた/据电视报道, 有十人被淹死 jù diànshì bàodào, yǒu shí rén bèi yānsǐ ▶彼は鎌倉の海で～した/他在鎌仓的海里淹死了 tā zài Liáncāng de hǎili yānsǐ le ▶弟は湖岸で～体で発見された/弟弟在湖畔被发现时已成了溺死尸体 dìdi zài húpàn bèi fāxiàn shí yǐ chéngle nìsǐ shītǐ

てきしゃせいぞん【適者生存】 适者生存 shìzhě shēngcún (英 *the survival of the fittest*) ▶

てきしゅつ　〜という学説に彼は強い衝撃を受けた/适者生存这一学说使他受到了强烈的冲击 shìzhě shēngcún zhě yī xuéshuō shǐ tā shòudàole qiángliè de chōngjī

てきしゅつ【摘出する】　割除 gēchú; 摘除 zhāichú; 切除 qiēchú（英 extract; remove）▶文中の誤字を〜する/去除文章中的错字 qùchú wénzhāng zhōng de cuòzì ▶指からガラスの破片を〜する/从手指里面摘除玻璃碎片 cóng shǒuzhǐ lǐmiàn zhāichú bōli suìpiàn
◆〜手術: 摘除手术 zhāichú shǒushù ▶腎臓の〜手術を受ける/接受肾脏切除手术 jiēshòu shènzàng qiēchú shǒushù

てきじょう【敵情】　敌情 díqíng（英 the enemy's movements）▶〜が把握できない/不能把握敌情 bùnéng bǎwò díqíng ▶〜を探ってきてくれ/快去刺探一下敌情 kuài qù cìtàn yíxià díqíng

てきじん【敵陣】　敌阵 dízhèn（英 the enemy's camp）▶〜に突入する/闯入敌阵 chuǎngrù dízhèn

てきず【手傷】　伤 shāng（英 a wound）▶〜を負う/负伤 fùshāng; 受伤 shòushāng

できすぎる【出来過ぎる】　神乎其神 shén hū qí shén（英 (be) too good）▶新記録なんて〜です。信じられない/创了新纪录，有点儿神乎其神，真令人难以置信 chuàngle xīnjìlù, yǒudiǎnr shén hū qí shén, zhēn lìng rén nán yǐ zhì xìn ▶話が〜ていて/这件事好得令人难以置信 zhè jiàn shì hǎo de lìng rén nán yǐ zhì xìn

テキスト　课本 kèběn; 讲义 jiǎngyì; 教材 jiàocái（英 a text; a textbook）▶英語の〜が入荷しました/英语教材进货了 Yīngyǔ jiàocái jìnhuò le ▶絵画を〜として読み解く/把绘画作为教材来读解 bǎ huìhuà zuòwéi jiàocái lái dújiě
◆〜ファイル〔電算〕文本文件 wénběn wénjiàn

てきする【適する】　适合 shìhé; 适应 shìyìng; 适于… shìyú…（英 be fit; be suited）▶これこそ僕に適した仕事だ/这才是适合我的工作 zhè cái shì shìhé wǒ de gōngzuò ▶ここの気候は療養に適している/这里的气候适于疗养 zhèlǐ de qìhòu shìyú liáoyǎng

てきせい【適正な】　适当 shìdàng; 妥当 tuǒdāng; 公正 gōngzhèng（英 proper; right; just; reasonable）▶〜価格/合理价格 hélǐ jiàgé ▶手段が〜を欠いてはならない/手段办法不能有欠妥当 shǒuduàn bànfǎ bùnéng yǒu qiàn tuǒdàng ▶僕はこの評価を受けていない/我没有受到公正的评价 wǒ méiyǒu shòudào gōngzhèng de píngjià

てきせい【適性】　适应性 shìyìngxìng; 适应能力 shìyìng nénglì（英 an aptitude）▶研究者としての〜を備えている/具备作为一名研究人员的适应能力 jùbèi zuòwéi yì míng yánjiū rényuán de shìyìng nénglì

てきせつ【適切な】　适当 shìdàng; 恰当 qiàdàng; 确切 quèqiè（英 proper; adequate）▶もっと〜に表現できないか/能不能更确切地表达

出来? néngbunéng gèng quèqiè de biǎodáchūlai? ▶時期は今がいちばん〜だ/现在才是最恰当的时期 xiànzài cái shì zuì qiàdàng de shíqī ▶〜な批評を頂戴した/受到了中肯的批评 shòudàole zhòngkěn de pīpíng

できそこない【出来損ない】　废品 fèipǐn;《人》废物 fèiwu（英 a failure）▶〜の菓子など食う気にならない/次品点心，真是不愿意吃 cìpǐn diǎnxīn, zhēn shì bú yuànyì chī ▶彼は教師としては〜だ/他作为教师可真是不中用 tā zuòwéi jiàoshī kě zhēn shì bù zhōngyòng

てきたい【敵対する】　敌对 díduì; 作对 zuòduì（英 be hostile to...）▶いま佐藤派と〜するのは得策ではない/现在和佐藤派作对可不是上策 xiànzài hé Zuǒténgpài zuòduì kě bú shì shàngcè ▶両国は〜関係にある/两国处于敌对关系 liǎng guó chǔyú díduì guānxi ▶〜行動と見なされたら大変だぞ/如果被看作是敌对行为的话，那可不得不得了吧 rúguǒ bèi kànzuò shì díduì xíngwéi dehuà, nà kě liǎobudé

できだか【出来高】　❶【収穫高】收获量 shōuhuòliàng; 产量 chǎnliàng（英 a yield; an output）▶米の〜は昨年を上回る/稻米的产量超过了去年 dàomǐ de chǎnliàng chāoguòle qùnián　❷【株の売買高】成交额 chéngjiāoé（英 a volume; a turnover）▶今日の〜は何億株でしたか/今天的成交额是几亿股? jīntiān de chéngjiāoé shì jǐ yì gǔ?
◆〜払い: 计件工资 jìjiàn gōngzī ▶報酬は〜払いでよろしいか/酬金计件支付可以吗? chóujīn jìjiàn zhīfù kěyǐ ma?

できたて【出来立ての】　刚做好 gāng zuòhǎo（英 new; newly made）▶さあさあ、〜を食べてくれ/来呀，快来吃刚出锅的 lái ya, kuài lái chī gāng chūguō de ▶〜ほやほやのパンです/这是刚出炉的热乎乎的面包 zhè shì gāng chūlú de rèhūhū de miànbāo

てきち【敵地】　敌地 dídì; 敌区 díqū（英 enemy land）▶〜に潜りこむ/潜入敌区 qiánrù díqū

てきちゅう【的中する】　❶【予想が】猜中 cāizhòng; 说中 shuōzhòng（英 prove right）▶彼の予言が〜した/他的预言说中了 tā de yùyán shuōzhòng le　❷【的に】射中 shèzhòng（英 hit）▶矢はみごとに〜した/箭漂漂亮亮地射中了 jiàn piàopiàoliàngliàng de shèzhòng le

てきど【適度な】　适度 shìdù; 适当 shìdàng（英 moderate; proper）▶人は〜の緊張がないとだめですよ/人要有适度的紧张感才好 rén yào yǒu shìdù de jǐnzhānggǎn cái hǎo ▶私は〜な運動を欠かさない/我一直坚持适当运动 wǒ yìzhí jiānchí shìdàng yùndòng ▶餌は〜に与えないが/饲料应适量地喂喂 sìliào yīng shìliàng de wèiwei

てきとう【適当な】　❶【適切】适当 shìdàng; 恰当 qiàdàng（英 fit; suitable; proper）▶まぁ 5 万円が〜だろう/大概五万日元差不多吧 dàgài wǔwàn Rìyuán chàbuduō ba ▶〜な物件が見つかった/找到了适当房地产 zhǎodàole shìdàng

fángdìchǎn ❷【いい加減】随便 suíbiàn; 敷衍 fūyǎn (英 vague) ▶～にあしらう/敷衍 fūyǎn ▶～に済ませる/敷衍了事 fūyǎn liǎo shì ▶我々の要望は～にあしらわれた/我们的要求被敷衍了事了 wǒmen de yāoqiú bèi fūyǎn liǎo shì le ▶食事は～に済ませた/饭随便地吃了 fàn suíbiàn de chī le

てきにん【適任の】称职 chènzhí; 适合 shìhé (英 fit; suitable; competent) ▶～者/胜任者 shèngrènzhě ▶～者がいない/没有能胜任的人 méiyǒu néng shèngrèn de rén ▶あなたこそ～なのです/只有你才是称职的人 zhǐyǒu nǐ cái shì chènzhí de rén

てきばえ【出来栄え】做出的结果 zuòchū de jiéguǒ (英 [結果] the result) ▶今度の舞台はみごとな～だった/这次舞台演出相当精彩 zhè cì wǔtái yǎnchū xiāngdāng jīngcǎi

てきぱき 麻利 máli; 利落 lìluo; 喊哩喀喳 qīlikāchā (英 quick; prompt) ▶仕事は～片づけてくれ/工作干得麻利点儿 gōngzuò gànde máli diǎnr ▶彼は～と事務を処理した/他麻利地把工作处理完了 tā máli de bǎ gōngzuò chǔlǐwán le

てきはつ【摘発する】揭发 jiēfā; 检举 jiǎnjǔ (英 expose) ▶談合を～されて困っているから/商议的事儿被揭发出来，真是令人头痛！ shāngyì de shìr bèi jiēfāchūlai, zhēn shì lìng rén tóutòng! ▶選挙違反は容赦なく～します/对违反选举法规的行为，将毫不留情地进行检举 duì wéifǎn xuǎnjǔ fǎguī de xíngwéi, jiāng háo bù liúqíng de jìnxíng jiǎnjǔ

てきひ【適否】适当与否 shìdàng yǔfǒu (英 propriety) ▶受賞作品としての～は私にも分からない/我也不知道作为获奖作品是否适当 wǒ yě bù zhīdào zuòwéi huòjiǎng zuòpǐn shìfǒu shìdàng

てきびしい【手厳しい】严厉 yánlì (英 severe; hard) ▶あなたの批評は実に～/你的批评真够严厉的 nǐ de pīpíng zhēn gòu yánlì de ▶あまり手厳しく追いつめるなよ/你别太严厉地逼他呀 nǐ bié tài yánlì de bī tā ya

てきひょう【適評】恰当的评价 qiàdàng de píngjià (英 a just criticism) ▶彼の言はまさしく～である/他的话无疑是恰当的评价 tā de huà wúyí shì qiàdàng de píngjià ▶彼がずばり～を下した/他直截了当地做出了恰当的评价 tā zhí jiéliǎo dàng de zuòchūle qiàdàng de píngjià

てきほう【適法】合法 héfǎ (英 legal)

てきみかた【敵味方】敌我 díwǒ (英 friend and foe) ▶昨日の仲間が今日は～に分れている/昨日的朋友今天就分成了敌我 zuórì de péngyou jīntiān jiù fēnchéngle díwǒ ▶負傷者は～の別なく収容せよ/对负伤人员，不管敌我都要收容救护 duì fùshāng rényuán, bùguǎn díwǒ dōu yào shōuróng jiùhù

てきめん【覿面に】立刻 lìkè; 立即 lìjí (英 immediately) ▶人をだました報いは～に現れた/欺骗别人立刻就得到了报应 qīpiàn biéren lìkè jiù dédàole bàoyìng

効果～ 立见成效 lì jiàn chéngxiào ▶効果～，病気はけろりと直った/立见成效，病一下子就好了 lì jiàn chéngxiào, bìng yīxiàzi jiù hǎo le

できもの【出来物】肿疱 zhǒngpào; 脓包 nóngbāo; 疙瘩 gēda (英 a boil; a tumor) ▶首に～ができた/脖子上长了疙瘩 bózishang zhǎngle gēda

てきやく【適役】胜任 shèngrèn; 称职 chènzhí (英 a fitting role) ▶町内会長は彼に～だ/他能胜任街道居民会会长 tā néng shèngrèn jiēdào jūmín huì huìzhǎng

てきやく【適訳】恰当的翻译 qiàdàng de fānyì (英 a good translation) ▶～を求めて夜を徹した/为了寻找恰当的译语，熬了一夜 wèile xúnzhǎo qiàdàng de yìyǔ, áole yí yè ▶どうにも～がない/怎么也做不出恰当的翻译 zěnme yě zuòbuchū qiàdàng de fānyì

てきよう【摘要】提要 tíyào; 摘要 zhāiyào (英 a summary; a digest)

てきよう【適用する】适用 shìyòng; 应用 yìngyòng (英 apply) ▶例外規程の～を受けて入所している/这里受到了例外条款的入所了 shìyòng yú lìwài tiáokuǎn ér rùsuǒ le ▶この場合は環境基本条例の第7条が～される/这种情况应适用环境基本条例的第七条 zhè zhǒng qíngkuàng yìng shìyòng huánjìng jīběn tiáolì de dì qī tiáo

てきりょう【適量】适量 shìliàng (英 a proper quantity; [薬の] a proper dose) ▶～の砂糖を加える/加适量白糖 jiā shìliàng báitáng ▶酒は～で止めるのがむずかしい/酒至微酣停杯难 jiǔ zhì wēi hān tíng bēi nán

できる【出来る】❶【可能・能力】会 huì; 能 néng; 办得到 bàndedào (英 can) 参考 '会 huì', '能 néng' は，練習してできる場合は '会'，条件や能力があってできる場合は '能' を使う。'会' は科目や運動種目などの場合 '能'の後ろに名詞を直接とることができる。 ▶フランス語が～/会法语 huì Fǎyǔ ▶ここでは野球ができない/这儿不能打棒球 zhèr bùnéng dǎ bàngqiú ▶あそこならタバコを吸うことが～/那儿可以抽烟 nàr kěyǐ chōuyān ▶あなたに～ますか/你能做到吗？ nǐ néng zuòdào ma? ▶それはできない相談だ/那是我办不到的事 nà shì wǒ bànbudào de shì ▶できればそんなことは言いたくなかった/那种话，如果可能的话，我也不想说出来呀 nà zhǒng huà, rúguǒ kěnéng dehuà, wǒ yě bù xiǎng shuōchūlai ya ▶あの子は数学がよく～/那个孩子数学很好 nàge háizi shùxué hěn hǎo

❷【でき上がる】做好 zuòhǎo; 《建物が》建成 jiànchéng (英 be done; be finished; be ready) ▶注文の服は明日中に～/你订做的衣服明天就能做好 nǐ dìngzuò de yīfu míngtiān jiù néng zuòhǎo ▶工場跡にビルが～/在工厂旧址上建成大楼 zài gōngchǎng jiùzhǐzhàng jiànchéng dàlóu ▶このテーブルは黒檀でできている/这张桌子是用乌木做的 zhè zhāng zhuōzi shì yòng wūmù zuò de

❸【生じる・生まれる】 发生 fāshēng; 有 yǒu (英 be born; be produced) ▶子供ができた/有孩子了 yǒu háizi le ▶できてしまったことはしかたがない/事情已经发生了, 没办法 shìqíng yǐjing fāshēng le, méi bànfǎ

❹【人物が】 人品好 rénpǐn hǎo (英 be a good person) ▶ほんとよくできた奥様ですね/你夫人人品真好 nǐ fūrén rénpǐn zhēn hǎo

～だけ 尽可能 jǐn kěnéng; 尽量 jǐnliàng ▶～だけ早く来てくれ/请尽可能早点儿来 qǐng jǐn kěnéng zǎo diǎnr lái

てきれいき【適齢期】 适龄期 shìlíngqī (英 marriageable age) ▶あの子らもそろそろ～だ/她们也快到适龄期了 tāmen yě kuài dào shìlíngqī le ▶～を迎えて行動が落ち着いてきた/到了该结婚的年龄, 举止也稳重起来了 dàole gāi jiéhūn de niánlíng, jǔzhǐ yě wěnzhòngqǐlai le

てぎれきん【手切れ金】 赡养费 shànyǎngfèi; 分手费 fēnshǒufèi (英 consolation money) ▶～が払えないから離婚できない/付不起分手费, 所以不能离婚 fùbuqǐ fēnshǒufèi, suǒyǐ bùnéng líhūn ▶さらに～を要求する/要求支付分外的分手费 yāoqiú zhīfù fènwài de fēnshǒufèi

てぎわ【手際】 技巧 jìqiǎo; 手腕 shǒuwàn (英 efficiency; skill; tact)

～がよい 办得漂亮 bànde piàoliang ▶妻は料理の～がよい/我妻子做菜又麻利又好吃 wǒ qīzi zuòcài yòu máli yòu hǎochī ▶彼はその案件によく処理した/他把那个问题处理得很漂亮 tā bǎ nàge wèntí chǔlǐ de hěn piàoliang

でく【木偶】 木偶 mù'ǒu (英 a wooden dole)

～の坊 废物 fèiwù; 笨蛋 bèndàn ▶どうせ俺なんか役に立たない～の坊なんだ/反正我是一个没用的废物 fǎnzheng wǒ shì yí ge méiyòng de fèiwù ▶～の坊みたいにつっ立っているんじゃない/你别像个木偶一样站在那儿发愣！nǐ bié xiàng ge mù'ǒu yíyàng zhànzài nàr fālèng！

てぐす【天蚕糸】 天蚕丝 tiāncánsī (英 silkworm gut; fishing gut)

てぐすねひく【手ぐすね引く】 摩拳擦掌 mó quán cā zhǎng (英 be all set for...) ▶先方は手ぐすね引いて待っている/对方摩拳擦掌, 严阵以待 duìfāng mó quán cā zhǎng, yán zhèn yǐ dài

てくせ【手癖】 有盗癖 yǒu dàopì

～が悪い 有盗癖 yǒu dàopì; 爱偷东西 ài tōu dōngxi ▶あの人は昔から～が悪いのです/他从以前起就手脚不干净 tā cóng yǐqián qǐ jiù shǒujiǎo bù gānjìng

てくだ【手管】 花招 huāzhāo; 手腕 shǒuwàn (英 a trick; wiles; an artifice) ▶そんな～の通じる相手ではない/对方不是一个会吃这一套的人 duìfāng bú shì yí ge huì chī zhè yí tào de rén ▶あなたの手練～はもう品切れか/你的花招已经用尽了吗？nǐ de huāzhāo yǐjing yòngjìn le ma？

てぐち【手口】 手段 shǒuduàn; 手法 shǒufǎ (英 a way of doing; a trick) ▶人に～を教えたりはしない/我不会告诉别人我的手法的 wǒ búhuì gàosu biérén wǒ de shǒufǎ de ▶いつもの～の窃盗だ/是用老一套手段的盗窃案 shì yòng lǎoyítào shǒuduàn de dàoqiè'àn

でぐち【出口】 出口 chūkǒu; 出路 chūlù (英 the way out; an exit) ▶客が～に殺到した/客人蜂拥到出口处 kèrén fēngyōng dào chūkǒuchù ▶～がわからずうろうろした/找不到出口处, 一直在转来转去 zhǎobudào chūkǒuchù, yìzhí zài zhuǎnlái zhuǎnqù

> 日中比較 中国語の'出口 chūkǒu'は「外へ出るところ」という意味の他に「輸出する」ことをも意味する。

てくてく (英 go on foot) ▶学校まで3キロの道を～歩いた/到学校的三公里路是一步一步地走去的 dào xuéxiào de sān gōnglǐ lù shì yí bù yí bù de zǒuqù de

テクニカル 专业技术上 zhuānyè jìshùshang (英 technical)

◆**～エレメンツ:技術性要素** jìshùxìng yàosù ▶～エレメンツの評価が高い/在技術性要素方面的評价很高 zài jìshùxìng yàosù fāngmiàn de píngjià hěn gāo ～**ターム:術語** shùyǔ ▶～タームはあまり使うなよ/你别用太多术语啊 nǐ bié yòng tài duō shùyǔ a ～**ノックアウト:技术击倒** jìshù jīdǎo ▶～ノックアウトで勝った/以技术击倒获胜 yǐ jìshù jīdǎo huòshèng

テクニシャン 技巧熟练的人 jìqiǎo shúliàn de rén (英 a technician)

テクニック 技巧 jìqiǎo; 技艺 jìyì (英 technique) ▶～を駆使して演奏する/自如地施展技巧进行演奏 zìrú de shīzhǎn jìqiǎo jìnxíng yǎnzòu

テクノロジー 工程学 gōngchéngxué; 工艺学 gōngyìxué; 科学技术 kēxué jìshù (英 technology)

てくばり【手配り】 布置 bùzhì; 安排 ānpái; 配备 pèibèi (英 arrangements; preparations) ▶人員の～に遺漏はないか/在人员配置方面没有遗漏吗？zài rényuán pèizhì fāngmiàn méiyǒu yílòu ma？ ▶彼がすぐに～してくれた/他马上就给我们安排了 tā mǎshàng jiù gěi wǒmen ānpái le

てくび【手首】 手腕子 shǒuwànzi; 腕子 wànzi; 手脖子 shǒubózi (英 the wrist) ▶野良犬が人間の～をくわえて歩いていた/野狗叼着人的手脖子在走 yěgǒu diāozhe rén de shǒuwànzi zài zǒu ▶彼女は風呂場で～を切ったこともある/她也曾在浴室里割过手脖子 tā yě céng zài yùshìli gē guoshǒu bózi

でくわす【出くわす】 碰见 pèngjiàn; 遇见 yùjiàn (英 come across...; meet) ▶劇場のロビーでばったりあいつに出くわした/在剧场大厅里偶然碰见他了 zài jùchǎng dàtīngli ǒurán pèngjiàn tā le

てこ【梃子】 杠杆 gànggǎn; 撬杠 qiàogàng (英 a lever) ▶～の支点/杠杆支点 gànggǎn zhīdiǎn ▶この運動を～にして組織を広げよう/以这项活动为有力手段来扩大组织吧 yǐ zhè xiàng huódòng wéi yǒulì shǒuduàn lái kuòdà zǔzhī ba ～でも動かない 一动不动 yí dòng bú dòng; 坚持到底 jiānchí dàodǐ ▶いったん言い出したら～でも動かない/话一旦说出口就会坚持到底 huà yídàn shuōchū kǒu jiù huì jiānchí dàodǐ

てこいれ【挺入れする】 打气 dǎqì; 搞活 gǎohuó;《支援》撑腰 chēngyāo（英 *prop up*）▶政府も景気の～に動きだした/政府也在开始为恢复景气而作出支援行动 zhèngfǔ yě zài kāishǐ wèi huīfù jǐngqì ér zuòchū zhīyuán xíngdòng ▶役員を派遣して経営に～するそうだ/据说将派遣董事来搞活经营 jùshuō jiāng pàiqiǎn dǒngshì lái gǎohuó jīngyíng

てごころ【手心】 酌情 zhuóqíng; 斟酌 zhēnzhuó（英 *allowance; consideration*）▶～を加える/酌情处理 zhuóqíng chǔlǐ; 留情 liúqíng ▶検査に～を加えるよう頼む/请求他们检查时酌情处理 qǐngqiú tāmen jiǎnchá shí zhuóqíng chǔlǐ ▶彼は批評に～を加えるような男ではない/他不是一个在批评时留情的人 tā bú shì yí ge zài pīpíng shí liúqíng de rén

|日中比較| 中国語の'手心 shǒuxīn'は「手のひら」のこと。

てこずる【梃子摺る】 棘手 jíshǒu; 难对付 nán duìfu（*have a hard time with...*）▶わがままな息子にてこずっている/任性的儿子令人难对付 rènxìng de érzi lìng rén nán duìfu ▶あまり先生をてこずらせるなよ/你别让老师太为难啊 nǐ bié ràng lǎoshī tài wéinán a

てごたえ【手応え】 ❶【手に受ける感じ】打中的手感 dǎzhòng de shǒugǎn（英 *reaction*）▶バットに確かな～があった/球棒上有了切实打中的手感 qiúbàngshang yǒule qièshí dǎzhòng de shǒugǎn **❷**【相手の反応】反応 fǎnyìng（英 *a response*）▶相手は～十分だった/对方的反应让人觉得很有戏 duìfāng de fǎnyìng ràng rén juéde hěn yǒu xì ▶～のない彼女にがっかりした/她对我毫无反应,我很失望 tā duì wǒ háowú fǎnyìng, wǒ hěn shīwàng

でこぼこ【凸凹】 凹凸不平 āotū bùpíng; 坑坑坎坎 kēngkēngkǎnkǎn; 坎坷 kǎnkě（英 *uneven; rough*）▶～道が山に向かっている/凹凸不平的路朝着山里延伸着 āotū bùpíng de lù cháozhe shānli yánshēnzhe ▶職種による収入の～を考慮して…/考虑到根据职业种类不同收入也参差不等这一点… kǎolǜdào gēnjù zhíyè zhǒnglèi bùtóng shōurù yě cēncī bùděng zhè yì diǎn…

デコレーション 装饰 zhuāngshì（英 *decoration*）～ケーキ/花蛋糕 huādàngāo ▶通りはクリスマスの～が華やかだ/大街上圣诞节的装饰十分华丽 dàjiēshang Shèngdànjié de zhuāngshì shífēn huálì

てごろ【手頃】 合适 héshì; 轻便 qīngbiàn（英 *handy; suitable; moderate*）▶値段も～だったので買いました/因为价格很合适,所以就买了 yīnwei jiàgé hěn héshì, suǒyǐ jiù mǎi le ▶～な棒をつかんで武器にした/抄起一根合适的棍子当武器 chāoqǐ yì gēn héshì de gùnzi dāng wǔqì

てごわい【手強い】 不易打败 bú yì dǎbài; 不好惹 bù hǎo rě; 厉害 lìhai（英 *strong; tough; unyielding*）▶～敵/劲敌 jìngdí ▶～敵に立ち向かう/对抗劲敌 duìkàng jìngdí ▶相手は～ぞ/对方相当厉害呀 duìfāng xiāngdāng lìhai ya

デザート 餐后点心 cānhòu diǎnxin; 甜食 tiánshí（英 *a dessert*）▶～にアイスクリームを食べた/餐后甜食是冰淇淋 cānhòu tiánshí shì bīngqílín

てざいく【手細工】 手工艺 shǒugōngyì（英 *handicrafts*）▶～の硯箱だ。あげるよ/这是手工制作的砚台盒,给你吧 zhè shì shǒugōng zhìzuò de yàntáihé, gěi nǐ ba

デザイナー 设计家 shèjìjiā; 服装设计师 fúzhuāng shèjìshī（英 *a designer*）▶娘は服飾～になった/我女儿当上了服装设计师 wǒ nǚ'ér dāngshàngle fúzhuāng shèjìshī

デザイン 式样 shìyàng; 图案 tú'àn; 设计 shèjì（英 *a design*）▶～する/设计 shèjì ▶新居は自分で～した/新居是我自己设计的 xīnjū shì wǒ zìjǐ shèjì de ▶この～はユニークでしょう/这件衣服的式样很独特吧 zhè jiàn yīfu de shìyàng hěn dútè ba

でさかり【出盛り】 人外出的高峰 rén wàichū de gāofēng; 旺季 wàngjì（英 *the season*）▶折から～の時刻にぶつかった/正赶上很多人外出的高峰 zhèng gǎnshàng hěn duō rén wàichū de gāofēng ▶今メロンが～だ/现在是甜瓜的旺季 xiànzài shì tiánguā de wàngjì

てさき【手先】 ❶【手の先】指尖儿 zhǐjiānr（英 *the fingers*）**❷**【手下】走狗 zǒugǒu; 腿子 tuǐzi（英 *a tool; a pawn*）▶やくざの～になり下がる/沦落为流氓的走狗 lúnluò wéi liúmáng de zǒugǒu

～が器用である 手巧 shǒu qiǎo ▶～が器用だから時計でも直してしまう/手很巧,连钟表也会修 shǒu hěn qiǎo, lián zhōngbiǎo yě huì xiū

でさき【出先】 去处 qùchù（英 *where one has gone* (行っている所)）▶～から電話しているんだが…/我现在是在外面给你打电话呢… wǒ xiànzài shì zài wàimian gěi nǐ dǎ diànhuà ne… ▶彼は～を言わなかったのかい/他没说去哪儿吗? tā méi shuō qù nǎr ma? ▶国の～機関/国家的驻外机关 guójiā de zhùwài jīguān

てさぐり【手探りする】 摸 mō; 摸索 mōsuǒ（英 *grope*）▶～で始めた研究だから時間がかかる/因为是摸索着开始的研究,所以要花时间 yīnwèi shì mōsuǒzhe kāishǐ de yánjiū, suǒyǐ yào huā shíjiān ▶暗闇の中を～で進む/在黑暗中摸索着前进 zài hēi'àn zhōng mōsuǒzhe qiánjìn

てさげ【手提げ】 手提包 shǒutíbāo; 提包 tíbāo（英 *a handbag; a purse*）▶～を持って買物に出た/拿着手提袋去买东西了 názhe shǒutídài qù mǎi dōngxi le ▶～かばんは川べりに捨てられ

ていた/手提包被扔到了河沿上 shǒutíbāo bèi rēngdàole héyánshang

てさばき【手捌き】 手艺 shǒuyì; 用手的技巧 yòng shǒu de jìqiǎo (英 *handling*) ▶職人の〜は鮮やかだった/工匠的手艺很精湛 gōngjiàng de shǒuyì hěn jīngzhàn

てざわり【手触り】 手感 shǒugǎn (英 *feel; touch*) ▶和紙は〜が柔らかい/日本纸手感柔和 Rìběnzhǐ shǒugǎn róuhé ▶〜で偽物だと分かる/凭手感辨别出是假货 píng shǒugǎn biànbiéchū shì jiǎhuò

でし【弟子】 徒弟 túdì; 学生 xuésheng (英 *a pupil; a disciple; an apprentice* (見習い)) ▶〜を育てる/带徒弟 dài túdì ▶あの人は〜を育てるのがうまい/他很会带徒弟 tā hěn huì dài túdì ▶私は〜を取らないことにしている/我不收门徒 wǒ bù shōu méntú

〜入りする　拜师 bàishī ▶高田師匠のもとに〜入りする/我成了高田大师的弟子 wǒ chéngle Gāotián dàshī de dìzǐ

てしお【手塩】
〜にかける　亲手抚养 qīnshǒu fǔyǎng ▶〜にかけて育てた弟子が一本立ちした/亲手培养的徒弟自立门户了 qīnshǒu péiyǎng de túdì zìlì ménhù le

てしごと【手仕事】 手艺活儿 shǒuyìhuór; 活计 huójì; 手工 shǒugōng (英 *handiwork*) ▶私は〜で生計を立てている/我靠做手艺活儿为生 wǒ kào zuò shǒuyì huór wéishēng

てした【手下】 手下 shǒuxià; 喽啰 lóuluó (英 *a pawn; an underling*) ▶あんなやつの〜になれるか/我怎么能给那样的家伙当喽罗呢！wǒ zěnme néng gěi nàyàng de jiāhuo dāng lóuluo ne！ ▶〜を使って悪さをする/唆使手下干坏事 suōshǐ shǒuxià gàn huàishì

日中比較 中国語の'手下 shǒuxià'は「指図されて動く人」の他に「支配下」「手元」をも意味する。

デジタル 数字 shùzì; 数码 shùmǎ (英 *digital*) ▶〜放送の時代がきた/数字广播的时代来临了 shùzì guǎngbō de shídài láilín le ▶〜デバイドはじつに深刻な問題だ/数字鸿沟的确是一个严峻的问题 shùzì hónggōu díquè shì yí ge yánjùn de wèntí

◆〜カメラ　数码照相机 shùmǎ zhàoxiàngjī ◆〜時計　数字表 shùzìbiǎo

てじな【手品】 魔术 móshù; 戏法 xìfǎ;(比喻) 手脚 shǒujiǎo (英 *magic*) ▶〜をする/变戏法 biàn xìfǎ ▶〜師/魔术师 móshùshī ▶トランプの〜をする/用扑克牌变戏法 yòng pūkèpái biàn xìfǎ ▶おまえはまた〜を使ったな/你又动手脚了吧！nǐ yòu dòng shǒujiǎo le ba！ ▶〜の種は明かせない/戏法的秘密不能揭开 xìfǎ de mìmì bùnéng jiēkāi

デシベル〔物理〕分贝 fēnbèi (英 *a decibel*)
てじゃく【手酌】 自酌 zìzhuó (英 *pouring with one's own sake*) ▶〜で飲む/自斟自饮 zì zhēn zì yǐn

でしゃばる【出しゃ張る】 出风头 chū fēngtou; 抛头露面 pāo tóu lù miàn; 多管闲事 duō guǎn xiánshì (英 *push oneself forward*) ▶おまえは〜な/你别出风头 nǐ bié chū fēngtóu ▶あいつの出しゃ張りにも困ったもんだ/他多嘴多舌，真没办法 tā duō zuǐ duō shé, zhēn méi bànfǎ

てじゅん【手順】 程序 chéngxù; 顺序 shùnxù; 步骤 bùzhòu (英 *an order; a course*) ▶〜よく仕事を片づける/有条不紊地处理工作 yǒu tiáobù wěn de chǔlǐ gōngzuò ▶〜が狂って一からやり直しだ/程序乱了，从头儿来！chéngxù luàn le, cóng tóur lái！

〜を踏む　按程序 àn chéngxù ▶〜を踏まえて事を進める/按程序行事 àn chéngxù xíngshì

てじょう【手錠】 手铐 shǒukào (英 *handcuffs*)
〜をかける　戴手铐 dài shǒukào ▶犯人に〜をかけると、犯人は気に入れて手铐就，也就死心了 fànrén bèi dàishàngle shǒukào, yě jiù sǐxīn le

てすう【手数】（英 *trouble*)
〜がかかる　费事 fèishì ▶料理は〜がかかる/做菜很费事 zuòcài hěn fèishì

〜をかける　麻烦 máfan ▶君にも〜をかけるね/也要给你添麻烦啊 yě yào gěi nǐ tiān máfan a ▶お〜をおかけして申しわけございません/给您添麻烦了，真是对不起 gěi nín tiān máfan le, zhēn shì duìbuqǐ

◆〜料　佣金 yòngjīn; 手续费 shǒuxùfèi ▶银行が高い〜料を取る/银行收取高额手续费 yínháng shōuqǔ gāo'é shǒuxùfèi

てずから【手ずから】 亲手 qīnshǒu (英 *with one's own hand; personally*) ▶祖父が〜植えた松が大きく育った/爷爷亲手栽培的松树长大了 yéye qīnshǒu zāipéi de sōngshù zhǎngdà le

てすき【手透き】 空闲 kōngxián; 有空儿 yǒu kòngr (英 *leisure; spare time*) ▶今お〜ですか/现在您有空儿吗？xiànzài nín yǒu kòngr ma？ ▶ちょうど〜だったから電話してみた/正好得空儿，所以给你打个电话 zhènghǎo dé kòngr, suǒyǐ gěi nǐ dǎ ge diànhuà

てすき【手漉きの】 手工抄制（纸）shǒugōng chāozhì(zhǐ) (英 *handmade*) ▶〜の紙/手工抄纸 shǒugōng chāozhǐ

ですぎる【出過ぎる】 ❶ 〖普通の程度以上に出る〗流出过多 liúchū guò duō (英 *flow too much*) ▶ちょっとインクが〜な/墨水流得有点儿过多 mòshuǐ liúde yǒudiǎnr guò duō ▶お前腹が出過ぎてるんじゃないか/你的肚子是不是有点儿大呀 nǐ de dùzi shìbushì yǒudiǎnr dà ya ❷ 〖でしゃばる〗多管闲事 duō guǎn xiánshì (英 *be pushy*) ▶出過ぎたまねはするな/你别多管闲事 nǐ bié duō guǎn xiánshì

デスク ❶ 〖机〗写字台 xiězìtái; 办公桌 bàngōngzhuō (英 *a desk*) ▶そんなのはただの〜プランだ/那只不过是纸上谈兵 nà zhǐbuguò shì zhǐshang tán bīng ❷ 〖編集責任者〗编辑主任 biānjí zhǔrèn (英 *the desk*) ▶彼は社会部の〜

を務めている/他担任社会部编辑主任 tā dānrèn shèhuìbù biānjí zhǔrèn
♦～ワーク：案头工作 àntóu gōngzuò

デスクトップコンピュータ 桌面电脑 zhuōmiàn diànnǎo (英 *a desktop computer*)

テスト 试验 shìyàn; 测试 cèyàn; 考试 kǎoshì (英 *a test*) ▶何度も～して性能を確かめる/多次试验以确认其性能 duō cì shìyàn yǐ quèrèn qí xìngnéng ▶ペーパー～は何とか通った/笔试总算通过了 bǐshì zǒngsuàn tōngguò le ▶午後は歴史の～がある/下午有历史考试 xiàwǔ yǒu lìshǐ kǎoshì
～に合格する 考试及格 kǎoshì jígé ▶3级～に合格する/通过三级考试 tōngguò sān jí kǎoshì
～を受ける 参加考试 cānjiā kǎoshì ▶～を受けて採用される/参加考试被录用 cānjiā kǎoshì bèi lùyòng
♦～ケース：试验台 shìyàntái ▶これが恰好の～ケースになるだろう/这就是最合适的试验台 zhè jiù shì zuì héshì de shìyàntái ～パイロット：试飞员 shìfēiyuán

デスマスク 死者面型 sǐzhě miànxíng (英 *a death mask*) ▶～を取る/套取死者面型 tàoqǔ sǐzhě miànxíng

てすり【手摺り】 栏杆 lángān; 扶手 fúshou (英 *a handrail; a railing*) ▶～によりかかる/倚靠栏杆 yǐkào lángān; 靠在扶手上 kàozài fúshoushang

てせい【手製の】 手制 shǒuzhì (英 *handmade*) ▶テーブルも椅子も僕の～だよ/桌子和椅子都是我自己打的啊 zhuōzi hé yǐzi dōu shì wǒ zìjǐ dǎdí a ▶父の～の塩辛で/父亲亲手腌制的咸鱼贝 fùqin qīnshǒu yānzhì de xiányúbèi

てぜい【手勢】 手下的士兵 shǒuxià de shìbīng (英 *one's men*)

てぜま【手狭】 狭窄 xiázhǎi; 狭小 xiáxiǎo (英 *small*) ▶家が～なので増築した/由于房子狭窄, 增建了一下 yóuyú fángzi xiázhǎi, zēngjiànle yíxià ▶事務所が～に感じられる/事务所让人感到很狭小 shìwùsuǒ ràng rén gǎndào hěn xiáxiǎo

てそう【手相】 手相 shǒuxiàng (英 *the lines of the palm*) ▶いい～をしておいでですね/您的手相可真好啊 nín de shǒuxiàng kě zhēn hǎo a ▶～を見て進ぜよう/给你看手相吧 gěi nǐ kàn shǒuxiàng ba

でそろう【出揃う】 出齐 chūqí; 来齐 láiqí (英 *be all present*) ▶これで候補は出揃った/至此, 候选人都齐了 zhìcǐ, hòuxuǎnrén dōu qí le

てだし【手出し】 ❶【挑発】 动手 dòngshǒu; 挑逗 tiāodòu (英 *provocation*) ▶～をしたのはお前だぞ/动手的可是你啊 dòngshǒu de kěshì nǐ a ❷【干渉】 插手 chāshǒu; 干涉 gānshè (英 *interference*) ▶～は無用に願いたい/请勿干涉 qǐng wù gānshè; 你给我少管闲事 nǐ gěi wǒ shǎo guǎn xiánshì

てだし【出だし】 开头 kāitóu; 开始 kāishǐ (英 *a start*) ▶事業は～でつまずいた/事业在一开头

就遭到了失败 shìyè zài yì kāitóu jiù zāodàole shībài ▶芝居の～は上々の入りだった/戏的开头很叫座 xì de kāitóu hěn jiàozuò

てだすけ【手助け】 扶助 fúzhù; 帮助 bāngzhù (英 *help; aid*) ▶母が～に来てくれた/母亲来帮助我了 mǔqin lái bāngzhù wǒ le ▶今では息子が～してくれる/现在是儿子扶助我 xiànzài shì érzi fúzhù wǒ ▶何の～もできなくて悪いね/什么忙都没帮上, 对不起啊 shénme máng dōu méi bāngshàng, duìbuqǐ a

てだて【手立て】 方法 fāngfǎ; 办法 bànfǎ (英 *measures*) ▶よい～はないものか/有没有什么好办法啊？ yǒuméiyǒu shénme hǎo bànfǎ a？ ▶彼なら～を講じてくれるだろう/他一定会为我们想办法的吧 tā yídìng huì wèi wǒmen xiǎng bànfǎ de ba

でたとこしょうぶ【出たとこ勝負】
～でいく 听其自然 tīng qí zì rán; 投石问路 tóu shí wèn lù

てだま【手玉】
～にとる 玩弄 wánnòng; 随意摆布 suíyì bǎibu ▶僕は詐欺師に～にとられていたのだ/我被骗子玩弄了 wǒ bèi piànzi wánnòng le

でたらめ 荒唐 huāngtáng; 胡扯 húchě; 瞎 xiā (英 *nonsense*) ▶そんな～は通用しない/那一派荒唐行为是行不通的 nà yí pài huāngtáng xíngwéi shì xíngbutōng de ▶彼は～の名を告げた/他随便编了一个名字 tā suíbiàn biānle yí ge míngzi ▶彼の書く英語は文法が～だ/他写的英语语法乱七八糟的 tā xiě de Yīngyǔ yǔfǎ luàn qī bā zāo de ▶～を歌った歌が大受けした/信口胡乱唱的歌居然大受欢迎 xìnkǒu húluàn chàng de gē jūrán dà shòu huānyíng ▶あいつは全く～な男だ/他真是一个荒唐的家伙 tā zhēn shì yí ge huāngtáng de jiāhuo
～を言う 胡说 húshuō; 胡说八道 húshuō bādào ▶男はそんな～を言った/那个男的说了那样的瞎话 nàge nán de shuōle nàyàng de xiāhuà

てぢか【手近な】 手边 shǒubiān; 切近 qièjìn (英 *nearby; handy; familiar*) ▶～な例を引いて話す/举一个切近的例子讲 jǔ yí ge qièjìn de lìzi jiǎng ▶辞書を～に置く/把词典放在手边 bǎ cídiǎn fàngzài shǒubiān

てちがい【手違い】 差错 chācuò; 岔子 chàzi (英 *a mistake; an accident*) ▶当方の～でした. すみません/是我们的差错, 对不起 shì wǒmen de chācuò, duìbuqǐ
～が生じる 出岔子 chū chàzi ▶何か～が生じたらしい/好像出了什么岔子 hǎoxiàng chūle shénme chàzi

てちょう【手帳】 笔记本 bǐjìběn; 手册 shǒucè (英 *a notebook; a pocketbook*) ▶母子～/母婴保健手册 mǔyīng bǎojiàn shǒucè ▶警察～を出せ/出示警察证件 chūshì jǐngchá zhèngjiàn

てつ【鉄】 铁 tiě (英 *iron; steel*) ▶～が値上がりしている/钢铁涨价了 gāngtiě zhǎngjià le ▶組織には～の規律があった/组织里有着铁的纪律

zǔzhīlì yǒuzhe tiě de jìlǜ ▶〜のカーテン/铁幕 tiěmù
ことわざ 鉄は熱いうちに打て 趁热打铁 chèn rè dǎ tiě
◆南部〜びん《岩手県盛岡産》:南部铁壶 nánbù tiěhú

てつ【轍】 辙 zhé (英 *a wheel track*) ▶前車の〜を踏む/重蹈覆辙 chóng dǎo fù zhé ▶俺の〜を踏むなよ/别重蹈我的覆辙 bié chóngdǎo wǒ de fùzhé

てっかい【撤回する】 撤回 chèhuí (英 *withdraw; retract*) ▶大臣に発言の〜を要求する/要求大臣撤回发言 yāoqiú dàchén chèhuí fāyán ▶辞表を〜するつもりはない/我不打算撤回辞呈 wǒ bù dǎsuan chèhuí cíchéng

てつがく【哲学】 哲学 zhéxué (英 *philosophy*) ▶〜者/哲学家 zhéxuéjiā ▶〜の道を散歩する/漫步在哲学之路上 mànbù zài zhéxué zhī lù shang ▶私には私の人生〜がある/我有我自己的人生哲学 wǒ yǒu wǒ zìjǐ de rénshēng zhéxué
◆教育〜 教育哲学 jiàoyù zhéxué

てつかず【手付かずの】 还没沾手 hái méi zhānshǒu; 原封不动 yuánfēng bú dòng (英 *untouched*) ▶遺産は〜のまま残されている/遗产一分未动地就这么留下了 yíchǎn yì fēn wèi dòng de jiù zhème liúxià le ▶工事がまだ〜だ/工程还未动手 gōngchéng hái wèi dòng shǒu

てづかみ【手掴みで】 拿手抓 ná shǒu zhuā (英 *with one's hand*) ▶札(⁂)を〜にする/拿手抓纸币 ná shǒu zhuā zhǐbì ▶飯を〜で食べる/拿手抓饭吃 ná shǒu zhuā fàn chī

てっかん【鉄管】 铁管子 tiěguǎnzi (英 *an iron pipe〔tube〕*) ▶〜が破裂する/铁管子破裂 tiě guǎnzi pòliè

てっき【鉄器】 铁器 tiěqì (英 *an iron utensil; ironware*) ▶〜時代/铁器时代 tiěqì shídài

てつき【手つき】 手的动作 shǒu de dòngzuò (英 *a gesture of the hand*) ▶針を運ぶ〜がまだ危なっかしい/缝针的动作让人看着还是有点儿悬 féng zhēn de dòngzuò ràng rén kànzhe háishi yǒudiǎnr xuán ▶慣れた〜で魚をさばく/用熟练的动作剖鱼 yòng shúliàn de dòngzuò pōu yú

デッキ《船の》甲板 jiǎbǎn (英 *the deck*)
デッキチェア 躺椅 tǎngyǐ (英 *a deck chair*)

てっきょ【撤去する】 拆除 chāichú; 撤去 chèqù (英 *remove*) ▶違法ポスターを〜を命じる/命令撤去违法海报 mìnglìng chèqù wéifǎ hǎibào ▶乗り捨て自転車を〜する/撤去被放置不管的自行车 chèqù bèi fàngzhì bù guǎn de zìxíngchē

てっきょう【鉄橋】 铁桥 tiěqiáo (英 *an iron bridge*) ▶列車が〜を渡る/火车过铁桥 huǒchē guò tiěqiáo ▶〜が海を跨いでいる/铁桥横跨大海 tiěqiáo héngkuà dàhǎi

てっきり 认为肯定… rènwéi kěndìng…(英 *surely*) ▶彼は逃げたと思った/我认为他肯定逃跑了 wǒ rènwéi tā kěndìng táopǎo le

てっきん【鉄筋】 钢骨 gānggǔ; 钢筋 gāngjīn (英 *reinforcing steel*) ▶〜の強度をごまかす/在钢筋强度上弄虚作假 zài gāngjīn qiángdùshang nòng xū zuò jiǎ
◆〜コンクリート:钢筋混凝土 gāngjīn hùnníngtǔ; 钢筋水泥 gāngjīn shuǐní ▶〜コンクリートの5階建てマンション/钢筋混凝土制的五层公寓楼 gāngjīn hùnníngtǔ zhì de wǔ céng gōngyùlóu

てつくず【鉄屑】 废铁 fèitiě (英 *iron scraps*) ▶〜を拾い集めて売りにゆく/捡废铁去卖 jiǎn fèitiě qù mài

てづくり【手作り】 亲手做 qīnshǒu zuò; 手工做 shǒugōng zuò (英 *handmade; handcrafted*) ▶奥さまの〜のケーキです/这是夫人亲手做的蛋糕 zhè shì fūrén qīnshǒu zuò de dàngāo

てつけ【手付け】 定钱 dìngqián; 订金 dìngjīn (英 *a deposit*) ▶〜金は100万でよろしいか/订金付一百万可以吗？ dìngjīn fù yìbǎi wàn kěyǐ ma?
〜を打つ 付订金 fù dìngjīn ▶今朝〜を打ってきた/今天早晨去付了订金 jīntiān zǎochen qù fùle dìngjīn

てっけん【鉄拳】 铁拳 tiěquán (英 *a hand fist*) ▶ぼけはやしているとコーチの〜がとぶぞ/你别在那里发呆，要不，教练的铁拳就会打过来呀 nǐ bié zài nàli fādāi, yàobù, jiàoliàn de tiěquán jiù huì dǎguòlai ya ▶たるんだやつには俺が〜制裁を加えてやる/对于懒散的家伙，我将给与铁拳制裁 duìyú lǎnsǎn de jiāhuo, wǒ jiāng jǐyǔ tiěquán zhìcái

てっこう【鉄鉱】 铁矿 tiěkuàng (英 *iron ore*) ▶〜石/铁矿石 tiěkuàngshí ▶磁〜/磁铁矿 cítiě kuàng

てっこうぎょう【鉄鋼業】 钢铁业 gāngtiěyè (英 *iron and steel industry*)

てつごうし【鉄格子】 《窓の》铁窗 tiěchuāng (英 *iron bars*) ▶〜の中で暮らす身となる/陷入铁窗生涯 xiànrù tiěchuāng shēngyá ▶〜を破って逃げる/冲出铁窗逃跑 chōngchū tiěchuāng táopǎo

てっこうじょ【鉄工所】 铁工厂 tiěgōngchǎng (英 *an ironworks*)

てっこつ【鉄骨】 钢骨 gānggǔ (英 *an iron frame*) ▶〜を組み上げる/搭起钢骨架 dāqǐ gānggǔjià

てつざい【鉄材】 钢材 gāngcái (英 *iron material*)

てっさく【鉄柵】 铁栅 tiězhà (英 *an iron railing*) ▶重い〜の門が閉まった/沉重的铁栅门关上了 chénzhòng de tiězhàmén guānshàng le ▶錆びた〜が風に鳴る/生了锈的铁栅在风中发出声响 shēngle xiù de tiězhà zài fēng zhōng fāchū shēngxiǎng

てつさび【鉄錆び】 铁锈 tiěxiù (英 *iron rust*) ▶〜色/铁锈色 tiěxiùsè

デッサン〔美術〕素描 sùmiáo (英 *a rough sketch*) ▶〜がしっかりしている/素描非常见功底 sùmiáo fēicháng jiàn gōngdǐ ▶静物を〜する/

静物素描 huà jìngwù sùmiáo

てっしゅう【撤収する】 撤收 chèshōu；撤去 chèqù (英 *withdraw; remove*) ▶部隊に～の指示が伝えられた/部队接到了撤离命令 bùduì jiēdàole chèlí mìnglìng ▶ベースキャンプはいつ～しますか/大本营什么时候撤去？ dàběnyíng shénme shíhou chèqù?

てつじょうもう【鉄条網】 铁丝网 tiěsīwǎng (英 *barbed-wire entanglements*) ▶～を張りめぐらす/圈上铁丝网 quānshàng tiěsīwǎng

てつじん【哲人】 哲人 zhérén (英 *a philosopher; a sage*)

てつじん【鉄人】 (英 *an iron man*) ▶あの選手は「～」の異名をもつ/那个选手有个外号叫"铁人" nàge xuǎnshǒu yǒu ge wàihào jiào "tiěrén"

てっする【徹する】 彻底 chèdǐ；专心 zhuānxīn；… 到底 … dàodǐ (英 *devote oneself*（考えを）；*penetrate*) ▶俺はもう～よ/我已经决定走专心赚钱这条路了 wǒ yǐjing juédìng zǒu zhuānxīn zhuànqián zhè tiáo lù le

　骨身に～ 彻骨 chègǔ ▶骨身に～寒さだった/真是彻骨的寒冷啊 zhēn shì chègǔ de hánlěng a

　夜を～ 彻夜 chèyè ▶夜を徹して対策を練る/彻夜研究对策 chèyè yánjiū duìcè

てっせん【鉄線】 铁丝 tiěsī (英 *iron wire*) ▶有刺～/蒺藜丝 jílísī；刺铁丝 cìtiěsī

てっそく【鉄則】 铁的法则 tiě de fǎzé (英 *a hard and fast rule*) ▶規則を守ること，それが社会の～だ/遵纪守法，这就是社会上铁的纪律 zūnjì shǒufǎ, zhè jiù shì shèhuìshang tiě de jìlù

てったい【撤退する】 撤退 chètuì (英 *withdraw; pull out*) ▶我が社は不動産部門からの～を決めた/我们公司已经决定从房地产部门撤退了 wǒmen gōngsī yǐjing juédìng cóng fángdìchǎn bùmén chètuì le ▶部隊は慌しく～した/部队仓惶撤退 bùduì cānghuáng chètuì

てつだい【手伝い】 帮忙 bāngmáng；帮助 bāngzhù；《人》帮手 bāngshou (英 *help*；[人] *an assistant; a helper*) ▶～の人を頼んだ/请了帮手 qǐngle bāngshǒu

　◆おーさん 女佣人 nǚyòngrén；阿姨 āyí ▶おーさんが見つかりました/找到了阿姨 zhǎodàole āyí

てつだう【手伝う】 帮忙 bāngmáng；帮助 bāngzhù；辅助 fǔzhù (英 *help; assist; aid*) ▶退職して家業を手伝っている/辞掉工作，辅助家业 cídiào gōngzuò, fǔzhù jiāyè ▶弟に手伝わせて卒論を仕上げた/让弟弟帮忙写完了毕业论文 ràng dìdi bāngmáng xiěwánle bìyè lùnwén ▶何かお手伝いすることがありますか/有没有什么要我帮忙的? yǒuméiyǒu shénme yào wǒ bāngmáng de? ▶ちょっと手伝わないか/你帮我一下好吗? nǐ bāng wǒ yíxià hǎo ma?

でっちあげ【でっち上げの】 虚构 xūgòu；莫须有 mòxūyǒu；捏造 niēzào (英 *faked*) ▶あの事件は全くの～だ/那个案件完全是捏造出来的 nàge ànjiàn wánquán shì niēzàochūlai de

でっちあげる【でっち上げる】 捏造 niēzào；

编造 biānzào；虚构 xūgòu (英 *frame*) ▶彼らは偽の証拠をでっち上げた/他们捏造了伪证 tāmen niēzàole wěizhèng ▶よくこんなレポートをでっち上げたな/你竟然编造出了这样一篇小论文 nǐ jìngrán biānzàochūle zhèyàng yì piān xiǎolùnwén

てっちゅう【鉄柱】 铁柱子 tiězhùzi (英 *an iron pole*) ▶～が倒れる/铁柱子倒下 tiě zhùzi dǎoxià ▶～を立てる/立起铁柱子 lìqǐ tiě zhùzi

てっつい【鉄槌】 严厉处分 yánlì chǔfèn (英 *an iron hammer*) ▶悪質違反者に～を下す/严厉处分情节恶劣的违章人员 yánlì chǔfèn qíngjié èliè de wéizhāng rényuán

てつづき【手続き】 手续 shǒuxù (英 *procedure; steps*) ▶～がめんどうだから申請しないのです/因为嫌手续麻烦所以才没有申请 yīnwèi xián shǒuxù máfan suǒyǐ cái méiyǒu shēnqǐng ▶～は彼に任せてある/手续全委托给他了 shǒuxù quán wěituō gěi tā le ▶入会の～を教えて下さい/请告诉我入会需要何种手续 qǐng gàosu wǒ rùhuì xūyào hé zhǒng shǒuxù ▶法的～なしに進めてはならない/不能脱离法律手续办理 bùnéng tuōlí fǎlǜ shǒuxù bànlǐ ▶～上のミスがあって手間取っている/由于手续上出现了差错，所以费了些事 yóuyú shǒuxùshang chūxiànle chācuò, suǒyǐ fèile xiē shì

てってい【徹底する】 彻底 chèdǐ；通彻 tōngchè (英 *be complete*) ▶命令を～させる/普遍传达命令 pǔbiàn chuándá mìnglìng ▶命令が全員に～していない/命令没有普遍传达到 mìnglìng méiyǒu pǔbiàn chuándádào ▶あいつは～した野球嫌いだ/那家伙从骨子里讨厌棒球 nà jiāhuo cóng gǔzilǐ tǎoyàn bàngqiú

てっていてき【徹底的な】 彻底 chèdǐ (英 *complete*) ▶～な意識改革が必要だ/需要彻底转变观念 xūyào chèdǐ zhuǎnbiàn guānniàn ▶～に調査してもらいたい/希望你彻底调查一下 xīwàng nǐ chèdǐ diàochá yíxià

てっとう【鉄塔】 铁塔 tiětǎ (英 *a steel tower; a pylon*) ▶丘の上に～がそびえている/小山上耸立着铁塔 xiǎoshānshang sǒnglìzhe tiětǎ ▶～にのぼって作業する/登上铁塔进行作业 dēngshàng tiětǎ jìnxíng zuòyè

てつどう【鉄道】 铁道 tiědào；铁路 tiělù (英 *a railroad; a railway*) ▶～員/铁路员工 tiělù yuángōng ▶ここから下田市まで～が通じている/从这里到下田市有铁路相通 cóng zhèlǐ dào Xiàtiánshì yǒu tiělù xiāngtōng ▶～を敷设する/铺设铁路 pūshè tiělù ▶～網が发达している/铁路网很发达 tiělùwǎng hěn fādá

　◆公安官 铁路警察 tiělù jǐngchá

てっとうてつび【徹頭徹尾】 彻头彻尾 chè tóu chè wěi；… 到底 … dàodǐ (英 *thoroughly; from beginning to end*) ▶政府案には～反対した/坚决反对政府草案 jiānjué fǎnduì zhèngfǔ cǎo'àn

デッドヒート 激烈争斗 jīliè zhēngdòu (英 *a*

close race)▶選挙は両候補の〜が予想される/可以预料到选举过程中两名候选人的激烈争斗 kěyǐ yùliàodào xuǎnjǔ guòchéng zhōng liǎng míng hòuxuǎnrén de jīliè zhēngdòu ▶二人がゴール近くで〜を展開した/在即将跑到终点时,二人展开了激烈竞争 zài jíjiāng pǎodào zhōngdiǎn shí, èr rén zhǎnkāile jīliè jìngzhēng

てっとりばやい【手っ取り早い】 直截了当 zhíjié liǎodàng; 迅速 xùnsù; 省事 shěngshì ㊀ *quick; prompt*)▶自分で出向くほうが〜だろう/还是自己亲自去最省事吧 háishi zìjǐ qīnzì qù zuì shěngshì ba ▶手っ取り早く決めてしまえよ/迅速解决了吧 xùnsù jiějué le ba

デッドロック 僵局 jiāngjú ㊀ *a deadlock*)▶交渉は〜に乗り上げた/交涉陷入了僵局 jiāoshè xiànrùle jiāngjú

でっぱ【出歯】 龅牙 bāoyá ㊀ *projecting teeth*)

てっぱい【撤廃する】 取消 qǔxiāo; 撤销 chèxiāo ㊀ *abolish; remove*)▶規制の〜を叫んで立ち上がる/站起来呼吁取消限制 zhànqǐlái hūyù qǔxiāo xiànzhì ▶輸入制限は本年限りの〜は今年之内取消 jìnkǒu xiànzhì jiāng yú jīnnián zhīnèi qǔxiāo

でっぱる【出っ張る】 突出 tūchū ㊀ *stick out*)▶腹が出っ張ってきた/肚子挺起来了 dùzi tǐngqǐlái le

てっぱん【鉄板】 铁板 tiěbǎn ㊀ *an iron plate*);[料理用の] *a hot plate*)▶〜焼き/铁板烙肉 tiěbǎn làoròu

でっぷり 胖乎乎 pànghūhū ㊀ *fat*)▶〜太った女が出てきた/一个肥胖的女人走了出来 yí ge féipàng de nǚrén zǒulechūlai ▶以前はもっと〜していただろう/以前更胖吧 yǐqián gèng pàng ba

てつぶん【鉄分】 铁分 tiěfēn; 铁质 tiězhì ㊀ *iron*)▶〜を含んだ野菜を食べなさい/你要吃含铁质的蔬菜 nǐ yào chī hán tiězhì de shūcài

てつぷん【鉄粉】 铁粉末 tiěfěnmò ㊀ *iron dust*)

てっぺい【撤兵する】 撤兵 chèbīng ㊀ *a troop withdrawal*)▶イラクからの〜が決まった/已经决定从伊拉克撤兵了 yǐjing juédìng cóng Yīlākè chèbīng le ▶本年いっぱいで〜する/将于本年之内撤兵 jiāng yú jīnnián zhīnèi chè bīng

てっぺき【鉄壁の】 铁壁 tiěbì ㊀ *impregnable*)▶この城は〜の守りを誇ったものだった/这座城堡以固若金汤之势夸耀于世 zhè zuò chéngbǎo yǐ gù ruò jīntāng zhī shì kuāyào yú shì

てっぺん【天辺】 顶端 dǐngduān; 顶点 dǐngdiǎn ㊀ *the top*;[山の] *the summit*)▶山の〜は雲に隠れて見えない/山顶被云彩遮住, 看不见 shāndǐng bèi yúncai zhēzhù, kànbujiàn ▶塔の〜にカラスが止まっている/塔尖儿上站着一只乌鸦 tǎjiānrshang zhànzhe yì zhī wūyā ▶頭の〜から足の爪先まで冒険心に満ちている/从头到脚都洋溢着一股冒险劲头儿 cóngtóu dào jiǎo dōu yángyìzhe yì gǔ màoxiǎn jìntóur

てつぼう【鉄棒】 铁棒 tiěbàng;《体操の》单杠 dāngàng ㊀ *an iron bar*; [体操] *the horizontal bar*)▶〜にぶら下がる/吊在单杠上 diàozài dāngàngshang ▶〜は得意種目だ/单杠属于拿手的项目 dāngàng shǔyú náshǒu de xiàngmù ▶〜から落ちて骨折した/从单杠掉下来骨折了 cóng dāngàng diàoxiàlai gǔzhé le

てつぼう【鉄砲】 枪 qiāng; 步枪 bùqiāng ㊀ *a gun*)▶あの子はいつて〜玉の使いだよ/她呀, 一让她去办点儿事就总是有去无回 tā ya, yí ràng tā qù bàn diǎnr shì jiù zǒngshì yǒu qù wú huí

ことわざ へたな鉄砲も数打ちゃ当たる 愚者千言, 必有一真 yúzhě qiān yán, bì yǒu yì zhēn

てつぼうみず【鉄砲水】 暴洪 bàohóng; 山洪 shānhóng ㊀ *a flash flood*)▶村は〜に襲われた/村子遭到了山洪袭击 cūnzi zāodàole shānhóng xíjī

てづまり【手詰まり】 无计可施 wú jì kě shī;《金钱的な》拮据 jiéjū ㊀ *a deadlock*)▶〜の局面/僵局 jiāngjú ▶交渉は〜状態に陥った/交涉陷入了僵局 jiāoshè xiànrùle jiāngjú ▶〜で米も買えないんだ/手头儿相当拮据, 连大米都买不起 shǒutóur xiāngdāng jiéjū, lián dàmǐ dōu mǎibuqǐ

てつめんぴ【鉄面皮】 厚脸皮 hòuliǎnpí; 死皮赖脸 sǐ pí lài liǎn ㊀ *brazenfaced; shameless*)▶〜な要求だとは承知している/我自知这是一个厚颜的要求 wǒ zì zhī zhè shì yí ge hòuyán de yāoqiú ▶僕はそんな〜は持ちあわせていません/我可没有那么死皮赖脸 wǒ kě méiyǒu nàme sǐ pí lài liǎn ▶〜にも慶子にプロポーズしたそうだ/据说他厚着脸皮向庆子小姐求婚了 jùshuō tā hòuzhe liǎnpí xiàng Qìngzǐ xiǎojiě qiúhūn le

てつや【徹夜する】 彻夜 chèyè; 熬夜 áoyè; 开夜车 kāi yèchē ㊀ *sit up all night*)▶2晩も〜が続いた/连着熬了两宿 liánzhe áole liǎng yè ▶とうとう〜してしまった/到底还是熬了个通宵 dàodǐ háishi áole ge tōngxiāo; 到底还是开夜车了 dàodǐ háishi kāi yèchē le ▶〜で看病する/彻夜照看病人 chèyè zhàokàn bìngrén

てつり【哲理】 哲理 zhélǐ ㊀ *philosophy*)▶生きることの〜をきわめたい/想探求生存的哲理 xiǎng tànqiú shēngcún de zhélǐ

てづる【手蔓】 门路 ménlù; 人情 rénqíng ㊀ *a connection*)▶〜を求める/找门路 zhǎo ménlù ▶〜を頼って仕事を探す/托人情找工作 tuō rénqíng zhǎo gōngzuò

てつわん【鉄腕】 铁腕 tiěwàn; 铁臂 tiěbì ㊀ *an iron arm*)▶〜アトム/铁臂阿童木 Tiěbì Ātóngmù

でどころ【出所】 来源 láiyuán; 出处 chūchù; 来路 láilù ㊀ *a source*)▶金の〜がはっきりしない/钱的来路不明 qián de láilù bù míng ▶文書の〜を確かめろ/确认文件的来源 quèrèn wénjiàn de láiyuán

てどり【手取り】 纯收入 chúnshōurù; 实

金額 shíshōu jīn'é (英 *real income; take-home pay*) ▶月給は〜で25万程度です/每月工资的实收金额为二十五万左右 měiyuè gōngzī de shíshōu jīn'é wéi èrshíwǔ wàn zuǒyòu

てとりあしとり【手取り足取り】 手把手 shǒu bǎ shǒu (英 *with utmost care*) ▶〜して教えこむ/手把手传授 shǒu bǎ shǒu de chuánshòu

テナー〔音楽〕男高音 nángāoyīn (英 *tenor*) ▶〜サックス/高音萨克斯管 gāoyīn sàkèsīguǎn ▶〜が冴えてハーモニーが美しい/男高音洪亮，和声优美 nángāoyīn hóngliàng, hé shēng yōuměi

てないしょく【手内職】 手工副业 fùyè (英 *manual homework*) ▶〜に人形の服を縫った/做手工副业缝制布娃娃的衣服 zuò shǒugōng fùyè féngzhì bùwáwa de yīfu

てなおし【手直しする】 修改 xiūgǎi (英 *revise*) ▶彼の作品はまだまだ〜が必要だ/他的作品还та dà yǒu bìyào jìnxíng xiūgǎi ▶原稿を入念に〜した/仔细地修改了草稿 zǐxì de xiūgǎile cǎogǎo

でなおす【出直す】 ❶〔再び行く〕再来 zàilái (英 *come again*) ▶もう一度出直してまいります/我改天再来一次 wǒ gǎitiān zài lái yí cì ❷〔やりなおす〕重新开始 chóngxīn kāishǐ (英 *start afresh*) ▶さぁ、一から出直しだ/好了，从头儿开始再来一遍 hǎo le, cóng tóur kāishǐ zài lái yí biàn

テナガザル【手長猿】〔動物〕长臂猿 chángbìyuán (英 *a long-armed ape*)

てなずける【手懐ける】 怀柔 huáiróu; 使顺从 shǐ shùncóng; 驯服 xùnfú (英 *win...over; tame*) ▶隣家の犬を手懐けてしまった/让邻居家的狗驯服起来了 ràng línjūjiā de gǒu xùnfúqǐlai le ▶若い社員を手懐けようと試みた/试着使年轻的员工们顺从自己 shìzhe shǐ niánqīng de yuángōngmen shùncóng zìjǐ

てなみ【手並み】 本领 běnlǐng; 本事 běnshì (英 *skill; performance*) ▶さぁ、お〜を拝見しましょ/好了，让我见识一下你的本领吧 hǎo le, ràng wǒ jiànshí yíxià nǐ de běnlǐng ba

てならい【手習い】 学习 xuéxí (英 *learning*) ▶六十の〜で水泳を始めた/六十岁才开始学习游泳 liùshí suì cái kāishǐ xuéxí yóuyǒng

てなれる【手慣れる】 用惯 yòngguàn; 熟练 shúliàn (英 *get familiar with...*) ▶手慣れた筆でさらさらと書く/熟练地拿起毛笔刷刷地写下 shúliàn de náqǐ máobǐ shuāshuā de xiěxià ▶札のさばきはいかにも手慣れている/点钞的动作显然非常熟练 diǎn chāo de dòngzuò xiǎnrán fēicháng shúliàn

テナント 租房人 zūfángrén (英 *a tenant*) ▶〜を募集する/招募租房人 zhāomù zūfángrén ▶〜から苦情が出る/租房人提意见了 zūfángrén tí yìjiàn le

テニス〔スポーツ〕网球 wǎngqiú (英 *tennis*) ▶〜のラケット/网球拍 wǎngqiúpāi ▶午後いっぱいは〜に興じた/整个一下午都在尽兴地打网球 zhěnggè yí xiàwǔ dōu zài jìnxìng de dǎ wǎngqiú

♦〜コート **网球场** wǎngqiúchǎng ▶〜コートを駆け回る/在网球场上跑来跑去 zài wǎngqiúchǎngshang pǎo lái pǎo qù ▶〜コートがデートの場所だった/网球场就是约会的地方 wǎngqiúchǎng jiù shì yuēhuì de dìfang

デニム〔布地〕劳动布 láodòngbù (英 *denim*) ▶〜のズボン/劳动布裤子 láodòngbù kùzi

てにもつ【手荷物】 随身行李 suíshēn xíngli (英 *baggage; luggage*) ▶〜预り所/行李寄存处 xíngli jìcúnchù ▶〜预り证/行李寄存票 xíngli jìcúnpiào ▶〜はスーツケース1個です/行李是一只旅行箱 xíngli shì yì zhī lǚxíngxiāng

てぬい【手縫いの】 用手缝 yòng shǒu féng; 手工缝制 shǒugōng féngzhì (英 *hand-sewn*) ▶〜の靴ははきå心地がちがう/手工缝制的鞋穿在脚上的感觉不一样 shǒugōng féngzhì de xié chuānzài jiǎoshang de gǎnjué bù yíyàng

てぬかり【手抜かり】 漏洞 lòudòng; 缺漏 quēlòu; 疏忽 shūhu (英 *an omission*) ▶〜は重々おわびします/出现了漏洞，深表歉意 chūxiànle lòudòng, shēn biǎo qiànyì ▶〜のないようにね頼むよ/请不要出现缺漏 qǐng búyào chūxiàn quēlòu

てぬき【手抜き】 偷工 tōugōng (英 *an omission*) ▶工事の〜が発觉する/工程偷工减料的事败露了 gōngchéng tōugōng jiǎnliào de shì bàilù le

♦〜工事 **偷工减料** tōugōng jiǎnliào; 豆腐渣工程 dòufuzhā gōngchéng ▶過去に何度も〜工事をしている/过去也干过好多次偷工减料的工程 guòqù yě gànguo hǎoduō cì tōugōng jiǎnliào de gōngchéng

てぬぐい【手拭い】 手巾 shǒujīn (英 *a hand towel*) ▶〜で汗をふく/用手巾擦汗 yòng shǒujīn cā hàn ▶谷川の水で〜を絞る/用山洞的水洗、拧毛巾 yòng shānjiàn de shuǐ xǐ, nǐng máojīn

♦〜掛け **毛巾架** máojīnjià

てぬるい【手ぬるい】 过于宽大 guòyú kuāndà (英 *lax; lukewarm*) ▶処分が手ぬるすぎるのではないか/处分是不是过于宽大了？ chǔfēn shì bú shì guòyú kuāndà le? ▶こんな〜規制など無きに等しい/这种过于宽大的限制形同虚设 zhè zhǒng guòyú kuāndà de xiànzhì xíng tóng xū shè

てのうち【手の内】 (てのひら) 手心 shǒuxīn; (胸のうち) 内心 nèixīn; (支配下) 统治范围 tǒngzhì fànwéi (英 *one's skill*) ▶はは、〜を読まれたな/啊，我的内心被看透了 a, wǒ de nèixīn bèi kàntòu le ▶彼らは会長派の〜にある/他们被掌握在会长派的手心上 tāmen bèi zhǎngwǒ zài huìzhǎngpài de shǒuxīnshang

〜を見すかす **看透内心** kàntòu nèixīn; **看穿对方用心** kānchuān duìfāng yòngxīn ▶先方に〜を見すかされている/被对方看透了用意 bèi duìfāng kàntòule yòngyì ～を見せる 摊牌 tānpái

てのうら【手の裏】 手掌 shǒuzhǎng (英 *a palm*) ▶～を返す ▶受付嬢は～を返すように笑顔で応じた/问讯处小姐突然换成一副笑脸来接待 wènxùnchù xiǎojiě tūrán huànchéng yí fù xiàoliǎn lái jiēdài

テノール〘音楽〙男高音 nángāoyīn (英 *tenor*, [歌手] *a tenor singer*)

てのこう【手の甲】 手背 shǒubèi (英 *the back of one's hand*) ▶～で口を拭く/用手背擦嘴 yòng shǒubèi cā zuǐ

てのひら【掌】 手掌 shǒuzhǎng; 手心 shǒuxīn (英 *the palm*) ▶僕はあの女の～の上で踊らされていたのだ/我被她攥在了手心里 wǒ bèi tā zuànzàile shǒuxīnli

デノミ(ネーション)〘経済〙缩小货币面值单位 suōxiǎo huòbì miànzhí dānwèi (英 *renaming of monetary units*) ▶～を実施する/实施币值改革 shíshī bìzhí gǎigé ▶～の計画が進んでいる/正在执行币值改革计划 zhèngzài zhíxíng bìzhí gǎigé jìhuà

では(それでは) 那么 nàme (英 *then*) ▶～, そうしましょう/那么，就这么办吧 nàme, jiù zhème bàn ba

-では (英 *judging from...; by...*) ▶知らなかった～済まされない/说不知道恐怕过不去 shuō bù zhīdào kǒngpà guòbuqù ▶君～とつとまらないだろう/如果是你的话，恐怕不能胜任吧 rúguǒ shì nǐ dehuà, kǒngpà bùnéng shèngrèn ba ▶釣り～誰にも負けない/要说钓鱼，我不在任何人话下 yào shuō diàoyú, wǒ bú zài rènhé rén huà xià ▶私の考え～各個人の良心に任すべきだと思う/我认为应该听任每个人自己的良知 wǒ rènwéi yīnggāi tīngrèn měi ge rén zìjǐ de liángzhī ▶私の知るところ～このキャンペーンは…/据我所知这项活动是… jù wǒ suǒ zhī zhè xiàng huódòng shì… ▶この空模様～今夜は雪だな/看样子今天晚上要下雪 kàn yàngzi jīntiān wǎnshang yào xià xuě

デパート 百货商店 bǎihuò shāngdiàn; 百货大楼 bǎihuò dàlóu (英 *a department store*) ▶～の地下で夕食の材料を買う/在百货大楼的地下楼层买做晚饭的材料 zài bǎihuò dàlóu de dìxià lóucéng mǎi zuò wǎnfàn de cáiliào

てはい【手配する】 安排 ānpái; 筹备 chóubèi; 通缉 tōngjī (英 *arrange; prepare;* [警察の] *search*) ▶お客を迎えの車を～してくれ/请安排一辆迎接客人的车 qǐng ānpái yí liàng yíngjiē kèrén de chē ▶会場が～が間にあわなう/来不及安排会场 láibují ānpái huìchǎng ▶～写真が回る/通缉犯的照片广泛地张贴出来 tōngjīfàn de zhàopiàn guǎngfàn de zhāngtiēchūlai

◆指名～ ⸨指名通緝⸩ zhǐmíng tōngjī ▶全国に指名～する/在全国指名通缉 zài quánguó zhǐmíng tōngjī

ではいり【出入りする】 出入 chūrù; 进出 jìnchū (英 *go in an out*) ▶あの家は人の～がはげしい/那家进进出出的人很多 nà jiā jìnjìnchūchū de rén hěn duō ▶職人たちは裏口から～した/工匠们从后门出入 gōngjiàngmen cóng hòumén chūrù

てはじめ【手始めに】 首先 shǒuxiān; 起头 qǐtóu (英 *in the first place; at the beginning*) ▶～にこの計算をやってごらん/首先做一下这项计算 shǒuxiān zuò yíxià zhè xiàng jìsuàn ▶この勝利を～に次々と難敵を倒した/以这次胜利为开端，接连打败了强敌 yǐ zhè cì shènglì wéi kāiduān, jiēlián dǎbàile qiángdí

てはず【手筈】 程序 chéngxù; 计划 jìhuà (英 *a program; arrangements; a plan*) ▶物事は～通りにはゆかないものだ/事情有时不能按计划顺利进行 shìqing yǒushí bùnéng àn jìhuà shùnlì jìnxíng

～が狂う 程序打乱 chéngxù dǎluàn ▶雪で葬儀の～が狂った/由于下雪，葬礼的程序被打乱了 yóuyú xià xuě, zànglǐ de chéngxù bèi dǎluàn le

～を整える 做好安排 zuòhǎo ānpái ▶総会の～を整える/做好大会的安排 zuòhǎo dàhuì de ānpái

てばた【手旗】 小旗 xiǎoqí (英 *a hand flag*) ▶～信号/旗语 qíyǔ

ではな【出端】 刚一开始 gāng yì kāishǐ ▶～をくじく 挫其锐气 cuò qí ruìqì

でばな【出花】 初沏茶 chūqìchá (英 *the first brew*)

⸨ことわざ⸩ 鬼も十八番茶も出花 妙龄无丑女，粗茶初沏香 miàolíng wú chǒunǚ, cūchá chūqī xiāng

てばなし【手放しで】〘手を放す〙放手 fàngshǒu; 撒手 sā shǒu;(感情を)尽情 jìnqíng (英 *with one's hands free;* [露骨に] *openly*) ▶～で喜ぶ/尽情欢乐 jìnqíng huānlè ▶～で自転車に乗る/撒手骑车 sāshǒu qí chē; 大撒把 dà sā bǎ ▶息子の合格で～で喜ぶ/尽情享受儿子合格的喜悦 jìnqíng xiǎngshòu érzi hégé de xǐyuè ▶あいつ～でのろけてやがる/那家伙毫不掩饰地大讲自己跟爱人的事 nà jiā háobù yǎnshì de dà jiǎng zìjǐ gēn àiren de shì

てばなす【手放す】 卖掉 màidiào; 割舍 gēshě; 转让 zhuǎnràng (英 *let... go; part with...*) ▶陶磁器のコレクションを3億円で手放した/以三亿日元卖掉了收集的陶瓷器 yǐ sānyì Rìyuán màidiàole shōují de táocíqì ▶～のは父が手放した絵だ/这是父亲转让出的画 zhè shì fùqin zhuǎnràngchū de huà

でばぼうちょう【出刃包丁】 厚刃尖菜刀 hòurèn jiāncàidāo (英 *a thick-bladed kitchen knife*) ▶路上で～を振りまわす/在路上挥舞厚刃尖菜刀 zài lùshang huīwǔ hòu rèn jiān càidāo

てばやい【手早い】 麻利 máli; 迅速 xùnsù (英 *quick; nimble; smart*) ▶手早く部屋を片づける/麻利地收拾房间 máli de shōushi fángjiān ▶仕事が～/工作迅速 gōngzuò xùnsù; 干活儿麻利 gàn huór máli

ではらう【出払う】 全都出去 quándōu chūqù (英 have none left) ▶社員がみんな出払って事務所がら空きだった/公司职员们全都出去了，事务所里空荡荡的 gōngsī zhíyuánmen quándōu chūqù le, shìwùsuǒlǐ kōngdàngdàng de

でばん【出番】(舞台の)出场的次序 chūchǎng de cìxù (英 one's turn) ▶いよいよあなたの~ですね/马上就该你上场了 mǎshàng jiù gāi nǐ shàngchǎng le ▶これでは僕の~がないじゃないか/这样的话，不就没我什么事了吗? zhèyàng dehuà, bú jiù méi wǒ shénme shì le ma?

てびき【手引き】入门 rùmén; 指南 zhǐnán (英 guidance; a manual; a guide) ▶先輩の~で就職できた/由高年级校友介绍找到了工作 yóu gāoniánjí xiàoyǒu jièshào zhǎodàole gōngzuò ▶「税務申告の~」/《税务申报指南 Shuìwù shēnbào zhǐnán》
~をする 当向导 dāng xiàngdǎo ▶内部に~をした者がいる/内部有人当眼线 nèibù yǒu rén dāng yǎnxiàn

デビスカップ〈テニスの〉戴维斯杯 Dàiwéisībēi (英 the Davis Cup) ▶~戦に出場する/参加戴维斯杯比赛 cānjiā Dàiwéisībēi bǐsài

てひどい【手酷い】严重 yánzhòng (英 severe; harsh; merciless) ▶円高で当社は~打撃を蒙った/由于日元升值，本公司蒙受了严重的打击 yóuyú Rìyuán shēngzhí, běn gōngsī méngshòule yánzhòng de dǎjī ▶手酷く叱りつける/严厉训斥 yánlì xùnchì

デビュー 初次登台 chūcì dēngtái (英 a debut) ▶17歳で~する/十七岁的时候初次登台 shíqī suì de shíhou chūcì dēngtái ▶「椿姫」で華々しい~を飾った/以《茶花女》首次登上了华丽的舞台 yǐ《Cháhuānǚ》shǒucì dēngshàngle huálì de wǔtái

てびょうし【手拍子】(英 beating time with the hands) ▶~をとる/打拍子 dǎ pāizi ▶歌にあわせて~をとる/随着歌曲的旋律打拍子 suízhe gēqǔ de xuánlǜ dǎ pāizi ▶シャンシャン~足拍子/啪啪啪地手脚并用打拍子 pāpāpā de shǒujiǎo bìngyòng dǎ pāizi

てびろい【手広い】(範囲)广泛 guǎngfàn; (場所) 宽阔 kuānkuò (英〔家など〕roomy; [活動] extensive) ▶~屋敷に住んでいる/住在一座宽阔的大宅院里 zhù zài yí zuò kuānkuò de dàzháiyuànlǐ ▶大阪を根城に手広く商売をしていた/以大阪为根据地，把生意做得非常广 yǐ Dàbǎn wéi gēnjùdì, bǎ shēngyi zuòde fēicháng guǎng

でぶ 胖子 pàngzi (英 a plump person)

デフォルメ 变形 biànxíng (英 deformation) ▶彼の報告は~が過ぎるのではないか/他的报告是不是有些过于夸张啊 tā de bàogào shìbushì yǒuxiē guòyú kuāzhāng a ▶馬がこんなふうに~されている/马被这样弄变形了 mǎ bèi zhèyàng nòng biànxíng le

てふき【手拭き】手巾 shǒujīn (英 a towel; [食卓用] a table napkin) ▶~で手を拭きついでに顔を拭く/用手巾擦手时顺便擦一下脸 yòng shǒujīn cā shǒu shí shùnbiàn cā yíxià liǎn

てぶくろ【手袋】手套 shǒutào (英 gloves [mittens]) ▶~をはめた手で字を書いた/用戴着手套的手写了字 yòng dàizhe shǒutào de shǒu xiěle zì ▶~をはずす/摘下手套 zhāixià shǒutào

でぶしょう【出無精】腿懒 tuǐlǎn; 懒得出门 lǎnde chūmén; 不愿出门 bú yuàn chūmén; 〈a stay-at-home〉▶私は~で花見にも行きません/我这个人不爱出门，也不去赏花 wǒ zhège rén bú ài chūmén, yě bú qù shǎnghuā ▶彼の~は親ゆずりだ/他懒得出门是随父母 tā lǎnde chūmén shì suí fùmǔ ▶母は膝が痛くてつい~になる/妈妈膝盖疼，不知不觉就不爱出门了 māma xīgài téng, bùzhī bùjué jiù bú ài chūmén le

てぶそく【手不足】人手不足 rénshǒu bùzú (英 be short of hands) ▶~で作業がはかどらない/由于人手不足，工作进展不顺利 yóuyú rénshǒu bùzú, gōngzuò jìnzhǎn bú shùnlì ▶医師の~が深刻だ/医生短缺的现象很严重 yīshēng duǎnquē de xiànxiàng hěn yánzhòng

てぶら【手ぶらで】空着手 kōngzhe shǒu (英 without taking a present) ▶~で見舞いに行きにくい/空着手不好去探望病人 kōngzhe shǒu bù hǎo qù tànwàng bìngrén ▶~で帰るわけにはいかないよ/怎么能空着手回来呢? zěnme néng kōngzhe shǒu huílái ne?

てぶり【手振り】手势 shǒushì (英 a gesture) ▶~でみんなを黙らせた/做了个手势让大家闭了嘴 zuòle ge shǒushì ràng dàjiā bìle zuǐ ▶身振り~もおかしく踊る/动作手势都很滑稽地跳舞 dòngzuò shǒushì dōu hěn huájī de tiàowǔ

デフレ〔経済〕通货紧缩 tōnghuò jǐnsuō (英 deflation) ▶~対策が効果をあげる/通货紧缩对策奏效了 tōnghuò jǐnsuō duìcè zòuxiào le
◆~スパイラル 螺旋型通货紧缩 luóxuánxíng tōnghuò jǐnsuō

でべそ【出臍】凸肚脐 tūdùqí (英 a protruding navel)

てべんとう【手弁当で】自己带饭 zìjǐ dàifàn; (比喩)无报酬的 wú bàochóu de; 义务的 yìwù de (英 without pay) ▶~の仕事/无报酬的劳动 wú bàochou de láodòng; 义务劳动 yìwù láodòng ▶災害現場で~で働いている/在灾区现场做义务劳动 zài zāiqū xiànchǎng zuò yìwù

デポジット 保证金 bǎozhèngjīn; 押金 yājīn (英 a deposit)

てほどき【手ほどきする】启蒙 qǐméng; 辅导 fǔdǎo (英 initiate) ▶父に~を受けて野球を始めた/受父亲的启蒙开始打了棒球 shòu fùqīn de qǐméng kāishǐ dǎle bàngqiú ▶その料理教室ではホテルのシェフがフランス料理の~をしてくれる/在那个烹饪班里，酒店的厨师来指导做法国菜 zài nàge pēngrèn bānlǐ, jiǔdiàn de chúshī lái zhǐdǎo zuòfǎ guócài

てほん【手本】❶【模範】榜样 bǎngyàng; 模

てま 范 mófàn（[模範] *a model*）▶～を示す/示范 shìfàn ▶あなた自身がお～を示しなさい/你自己给我们示范一下吧 nǐ zìjǐ gěi wǒmen shìfàn yíxià ba ▶彼の行動がみんなの～になった/他的行为成了大家的榜样 tā de xíngwéi chéngle dàjiā de bǎngyàng ❷[習字や絵の] 字帖 zìtiè；画帖 huàtiè；范本 fànběn（[見本] *an example*）

てま【手間】 工夫 gōngfu；劳力 láolì（英 *time; trouble*）▶お～をとらせてすみません/耽误了你的工作，真对不起 dānwule nǐ de gōngzuò, zhēn duìbuqǐ

～が掛からない 省事 shěngshì ▶～の掛からない料理もある/也有省事的饭菜 yě yǒu shěngshì de fàncài

～が掛かる 费事 fèishì；费时间 fèi shíjiān ▶米作りは～が掛かる/种稻米很费事 zhòng dàomǐ hěn fèishì

デマ 谣言 yáoyán；流言飞语 liúyán fēiyǔ（英 *demagogy*）▶～に惑わされる/受谣言蛊惑 shòu yáoyán gǔhuò ▶いろいろな～が飛んでいる/各种流言漫天飞 gè zhǒng liúyán màntiānfēi

～を飛ばす 造谣 zàoyáo ▶たちの悪い～を散布悪劣的谣言 sànbù èliè de yáoyán

てまえ【手前】 ❶[目の前] 跟前 gēnqián；身边 shēnbiān（英 *the near side*）

❷[こちら] 这边 zhèbiān（英 *this side*）▶終点の一つ～で降りて下さい/请在终点前一站下车 qǐng zài zhōngdiǎnqián yí zhàn xià chē ▶死の一歩～から蘇った/从死亡线上苏醒过来了 cóng sǐwángxiànshang sūxǐngguòlái le ▶その建物は川の～にあります/那座建筑物在河的这一边 nà zuò jiànzhùwù zài hé de zhè yìbiān

❸[体面] 面子 miànzi（英 *appearance*）▶世間の～けちなまねはできない/在世人面前，不能太小气 zài shìrén miànqián, bùnéng tài xiǎoqì

❹[自称] 我 wǒ（英 *I; me*）▶～どもでは扱っておりません/我们这里不办理 wǒmen zhèlǐ bú bànlǐ

でまえ【出前】 送饭菜 sòng fàncài；外卖 wàimài（英 *delivery*）▶昼飯はにぎりの～を取った/午饭店里送来了手握寿司 wǔfàn qǐng diànlǐ sòngláile shǒuwò shòusī ▶～はいたしておりません/本店不做外卖 běn diàn bú zuò wàimài ▶アルバイトにそば屋の～持ちをする/在荞麦面店打工送外卖 zài qiáomài miàn diàn dǎgōng sòng wàimài

てまえみそ【手前味噌】 自吹自擂 zì chuī zì léi；自卖自夸 zì mài zì kuā（英 *self-praise*）▶あの男さんざん～を並べていったよ/他足足自吹自擂了好一阵 tā zúzú zì chuī zì léi le hǎo yízhèn

でまかせ【出任せ】 信口开河 xìn kǒu kāi hé（英 *a random remark*）▶子供たちに～を言うとは何事だ/你怎么能对着孩子们信口开河呢？nǐ zěnme néng duìzhe háizimen xìn kǒu kāi hé ne?

てまちん【手間賃】 工钱 gōngqian；手工钱 shǒugōngqián（英 *wages*）▶～は飯代にもならなかった/工钱低得连吃饭都不够 gōngqian dīde lián chīfàn dōu bú gòu ▶～をはずむから頼むよ/会多付工钱的，拜托了 huì duō fù gōngqian de, bàituō le

でまど【出窓】 [建築] 凸窗 tūchuāng（英 *a bay〔bow〕window*）

てまどる【手間取る】 费时间 fèi shíjiān；费事 fèishì；花工夫 huā gōngfu（英 *take a lot of time*）▶翻訳に手間取っている/在翻译上费时间 zài fānyìshang fèi shíjiān ▶手続きにえらく手間取った/办手续花了很多工夫 bàn shǒuxù huāle hěn duō gōngfu

てまね【手真似】 手势 shǒushì（英 *a gesture*）▶～をする/比画 bǐhua ▶～を混ぜて旅の話をする/夹杂着手势讲旅行的事 jiāzázhe shǒushì jiǎng lǚxíng de shì ▶～で伝えようとしたが通じない/用手比划着要告诉他，可是没有讲通 yòng shǒu bǐhuazhe yào gàosu tā, kěshì méiyǒu jiǎngtōng

てまねき【手招きする】 招手 zhāoshǒu（英 *beckon*）▶彼が向こうで～している/他在那边儿向我招手 tā zài nàbiānr xiàng wǒ zhāoshǒu ▶僕には彼女の～が見えなかった/我没看见她在招手 wǒ méi kànjiàn tā zài zhāoshǒu

てまひま【手間暇】 工夫 gōngfu（英 *a lot of time and effort*）▶かけた原稿がボツにされた/费时费力写的稿子被退回来了 fèishí fèilì xiě de gǎozi bèi tuìhuílái le

てまめ【手まめ】 勤快 qínkuài；《手先が器用》手巧 shǒuqiǎo（英 *sincerity*）▶若い頃は～に手紙を書いた/年轻的时候，还勤于写信 niánqīng de shíhou, hái qínyú xiě xìn ▶彼は～な男でビーズ細工もできるんだ/他是一个手巧的男人，会做串珠手工艺品 tā shì yí ge shǒuqiǎo de nánrén, huì zuò chuànzhū shǒugōngyìpǐn

てまわし【手回し】 ❶[手で回す] 用手转动 yòng shǒu zhuàndòng（英 *turning by hand*）▶～コーヒーミル/手动咖啡磨豆机 shǒudòng kāfēi módòujī ❷[手はず] 安排 ānpái（英 *arrangements*）▶～よく準備はできている/细致周到地做好了准备 xìzhì zhōudào de zuòhǎole zhǔnbèi

～のよい 安排周到 ānpái zhōudào ▶さすがに～のよい男だよ/真不愧是一个安排周到的人 zhēn búkuì shì yí ge ānpái zhōudào de rén

てまわり【手回り】 身边 shēnbiān（英 *one's daily life*）

♦**～品** 随身携带的物品 suíshēn xiédài de wùpǐn ▶～品を持ち出すのが精一杯だった/只能把随身携带的物品带出来了 zhǐ néng bǎ suíshēn xiédài de wùpǐn dàichūlái le ▶荷物は～の品だけにして下さい/行李请只带随身携带的物品 xíngli qǐng zhǐ dài suíshēn xiédài de wùpǐn

でまわる【出回る】 上市 shàngshì（英 *arrive on the market*）▶偽札が市中に～/假币在市场上流通 jiǎbì zài shìchǎngshang liútōng ▶りんごが出回りはじめた/苹果开始上市了 píngguǒ kāishǐ shàngshì le

てみじか【手短かに】 简短 jiǎnduǎn (英 briefly; shortly) ▶発言は~に願います/发言请简短些 fāyán qǐng jiǎnduǎn xiē ~に言えば 简单说来 jiǎndān shuōlái; 一句话 yí jù huà ▶~に言えば不承知ということです/一句话,就是不同意 yí jù huà, jiù shì bù tóngyì

でみせ【出店】 ❶【分店】 分店 fēndiàn (英 a booth) ▶デパートに~を出す/在百货大楼里开分店 zài bǎihuò dàlóu li kāi fēndiàn ❷【露店】 摊子 tānzi (英 a street stall) ▶縁日にはたくさんの~が並ぶ/庙会上摆了很多摊子 miàohuìshang bǎile hěn duō tānzi

てみやげ【手土産】 简单礼品 jiǎndān lǐpǐn; 小礼物 xiǎolǐwù (英 a present) ▶金メダルを~に帰ってきた/以金牌作礼物凯旋归来 yǐ jīnpái zuò lǐwù kǎixuán guīlái ▶~のいちごが喜ばれた/作为礼物带来的草莓受到了欢迎 zuòwéi lǐwù dàilái de cǎoméi shòudàole huānyíng

てむかう【手向かう】 反抗 fǎnkàng; 还手 huánshǒu; 顶撞 dǐngzhuàng (英 resist) ▶俺に手向かいするというのか/你想还手吗？ nǐ xiǎng huánshǒu ma? ▶勇気があればな/真希望有反抗的勇气 zhēn xīwàng yǒu fǎnkàng de yǒngqì

でむかえ【出迎え】 迎接 yíngjiē (英 meeting; reception) ▶市長の~を受ける/受到市长的迎接 shòudào shìzhǎng de yíngjiē ▶~の人で駅は混んでいた/接站的人太多,火车站很拥挤 jiē zhàn de rén tài duō, huǒchēzhàn hěn yǒngjǐ

でむかえる【出迎える】 接 jiē; 迎接 yíngjiē (英 meet; receive) ▶上京の両親を駅に出迎えた/去火车站接来东京的父母 qù huǒchēzhàn jiē lái Dōngjīng de fùmǔ

でむく【出向く】 前往 qiánwǎng (英 go to ...) ▶何もこちらから~ことはない/根本不必我们前往 gēnběn bùbì wǒmen qiánwǎng ▶久しぶりに花見に出向いた/去赏了久违的花 qù shǎngle jiǔwéi de huā

デメキン【出目金】【魚】龙睛鱼 lóngjīngyú (英 a pop-eyed goldfish)

デメリット 缺点 quēdiǎn; 短处 duǎnchù (英 a demerit) ▶改革には~がつきまとう/改革总会存在缺陷 gǎigé zǒnghuì cúnzài quēxiàn

-ても 就是 jiùshì; 即使 jíshǐ; 不管 bùguǎn ▶たとえ彼が計画を放棄し~私はこれを実行します/哪怕他放弃这个计划,我也要实行 nǎpà tā fàngqì zhège jìhuà, wǒ yě yào shíxíng

でも ❶【逆接】 不过 búguò; 但是 dànshì (英 though) ▶~私はできません/不过,我做不到啊 búguò, wǒ zuòbudào a ▶あの人自分でそう言ったのよ/不过,他自己那样说的啊 búguò, tā zìjǐ nàyàng shuō de a ▶どんなに金持ち~,時の流れは止められません/不管多么富有,也无法阻止时间的流逝 bùguǎn duōme fùyǒu, yě wúfǎ zǔzhǐ shíjiān de liúshì ❷【その他】 (英 no matter how...) ▶いつ~お

いで下さい/请随时来 qǐng suíshí lái ▶なん~いいから食わせてくれ/什么都行,让我吃吧 shénme dōu xíng, ràng wǒ chī ba ▶どんなにわずか~毒だ/不管怎么微少,毒药总归是毒药 bùguǎn zěnme wēi shǎo, dúyào zǒngguī shì dúyào ▶好き~きらい~やらねばならんのだ/不管喜欢不喜欢都必须做 bùguǎn xǐhuan bu xǐ dōu bìxū zuò ▶どこかでお茶~いかがですか/找个地方喝杯茶,怎么样？ zhǎo ge dìfang hē bēi chá, zěnmeyàng?

デモ 游行 yóuxíng (英 a demonstration) ▶~行進する/示威游行 shìwēi yóuxíng ▶平和を叫んで~行進する/呼唤和平而进行示威游行 hūhuàn hépíng ér jìnxíng shìwēi yóuxíng ◆~隊 游行队伍 yóuxíng duìwu ▶~隊は流れ解散した/游行队伍自然解散了 yóuxíng duìwu zìrán jiěsàn le

デモクラシー 民主 mínzhǔ; 民主主义 mínzhǔ zhǔyì (英 democracy)

てもち【手持ちの】 手头有的 shǒutóu yǒu de (英 on hand; with one) ▶~の金はすぐに尽きた/手头有的钱马上就花光了 shǒutóu yǒu de qián mǎshàng jiù huāguāng le

てもちぶさた【手持ち無沙汰である】 闲得无聊 xiánde wúliáo (英 have a dull time) ▶列車を待つあいだ~で困った/等火车的时间闲得无聊 děng huǒchē de shíjiān xiánde wúliáo ▶食事がすると急に~になった/吃完饭就突然闲得无聊 chīwán fàn jiù tūrán xiánde wúliáo

てもと【手元に】 手头 shǒutóu; 手下 shǒuxià (英 at hand; handy; [持ち合わせて] on hand) ▶~が暗くて字が書けない/手边儿有点儿暗,没法写字 shǒubiānr yǒudiǎnr àn, méi fǎ xiě zì ▶いつも辞書を~に置いている/总是在身边放着辞典 zǒngshì zài shēnbiān fàngzhe cídiǎn ▶(離婚訴訟で)娘は私の~に置きます/女儿归我 nǚ'ér guī wǒ ▶~が苦しいので諦めます/因为手头儿紧而断念 yīnwèi shǒutóur jǐn ér duàn niàn

~が狂う 失手 shīshǒu ▶~が狂って自分の指を傷つけた/失手弄伤了自己的手指 shīshǒu nòngshāngle zìjǐ de shǒuzhǐ

~不如意を 手头紧 shǒutóu jǐn; 拮据 jiéjū

てもなく【手もなく】 容易 róngyì; 轻易 qīngyì (英 easily) ▶ずるい相手に~だまされた/轻而易举地被狡猾的对方骗了 qīng ér yì jǔ de bèi jiǎohuá de duìfāng piàn le

でもの【出物】 出售品 chūshòupǐn (英 a gud buy) ▶備前焼のいい~があった/出售的物品里有很好的"备前陶器" chūshòu de wùpǐnlǐ yǒu hěn hǎo de "Bèiqián táoqì" ▶マンションの~があると聞いて見にいった/听说有人要出售公寓里的房屋就去看了 tīngshuō yǒu rén yào chūshòu gōngyùlǐ de fángwū jiù qù kàn le

デモンストレーション 公开表演 gōngkāi biǎoyǎn; 示范 shìfàn (英 demonstration)

デュエット【音楽】二重唱 èrchóngchàng (英 a duet)

てら【寺】 寺院 sìyuàn; 佛寺 fósì; 寺庙 sìmiào

《(英) a Buddhist temple》▶山のお~の鐘が鳴る《童謡の一節》/山上寺庙的钟声响了 shānshang sìmiào de zhōngshēng xiǎng le ▶~参りが彼女の唯一の楽しみだった/参拜佛寺是她唯一的乐趣 cānbài fósì shì tā wéiyī de lèqù

てらう【衒う】 夸耀 kuāyào ▶[诗示] *show off*; [装う] *pretend* ▶学識を~嫌味なやつだ/他是个爱夸耀学识的讨厌的家伙 tā shì ge ài kuāyào xuéshí de tǎoyàn de jiāhuo

奇を~ 标新立异 biāo xīn lì yì ▶奇を~ようで恥ずかしい/好像标新立异似的，真不好意思 hǎoxiàng biāo xīn lì yì shìde, zhēn bù hǎoyìsi

てらこや【寺子屋】 江户时代的私塾〈以平民孩子们为对象〉Jiānghù shídài de sīshú〈yǐ píngmín háizimen wéi duìxiàng〉《(英) *a private elementary school in the Edo period*》▶~は教育の原点だ/江户时代的私塾是日本教育的起点 Jiānghù shídài de sīshú shì Rìběn jiàoyù de qǐdiǎn

てらしあわせる【照らし合わせる】 核对 héduì; 对照 duìzhào 《(英) *check by comparing*》▶ゲラを原稿と~/把校样和原稿进行对照 bǎ jiàoyàng hé yuángǎo jìnxíng duìzhào

てらす【照らす】 ❶【光が】 照 zhào; 照耀 zhàoyào; 照亮 zhàoliàng 《(英) *shine*》▶月が僕を照らしている/月光照耀着我 yuèguāng zhàoyàozhe wǒ ❷【比較・照合】 按照 ànzhào 《(英) *compare; check*》▶規則に照らして処分する/按照规章进行处分 ànzhào guīzhāng jìnxíng chǔfèn

テラス〔建築〕凉台 liángtái; 阳台 yángtái《(英) *a terrace*》

デラックス 豪华 háohuá《(英) *deluxe*》▶~な船旅を楽しむ/享受豪华的海上旅行 xiǎngshòu háohuá de hǎishàng lǚxíng

てり【照り】 (つや) 光泽 guāngzé 《(英) *gloss:*》▶~を出す/发出光泽 fāchū guāngzé

てりかえし【照り返し】 反射 fǎnshè; 反照 fǎnzhào 《(英) *reflection*》▶照り返す/反射 fǎnshè; 反照 fǎnzhào ▶瓦屋根の~がまぶしい/反射在瓦房顶上的光很耀眼 fǎnshè zài wǎfángdǐngshang de guāng hěn yàoyǎn ▶雪が陽光をまぶしく~ていた/雪耀眼地反射着阳光 xuě yàoyǎn de fǎnshèzhe yángguāng

デリカシー 细腻的情感 xìnì de qínggǎn; 敏感的心灵 mǐngǎn de xīnlíng《(英) *delicacy*》▶~のない人はいやなんだって/她说讨厌情感不细腻的人 tā shuō tǎoyàn qínggǎn bú xìnì de rén ▶あまりにも~を欠く発言だった/言辞过于不谨慎的发言 yáncí guòyú bù jǐnshèn de fāyán

デリケートな 微妙 wēimiào; 纤细 xiānxì; 敏感 mǐngǎn 《(英) *delicate; subtle*》▶乙女心は~なの/少女的心是敏感的 shàonǚ de xīn shì mǐngǎn de ▶これは外交上きわめて~な問題である/这是一个在外交方面极其敏感的问题 zhè shì yí ge zài wàijiāo fāngmiàn jíqí mǐngǎn de wèntí

てりはえる【照り映える】 映射 yìngshè; 映照 yìngzhào; 辉映 huīyìng《(英) *glow in the sun*》▶夕日に紅葉がいちだんと美しく照り映えた/红叶映照在夕阳下越发美丽了 hóngyè yìngzhào zài xīyángxia yuèfā měilì le

てりやき【照り焼き】 沾上酱油和甜料酒后烧烤 zhānshàng jiàngyóu hé tiánliàojiǔ hòu shāokǎo《(英) *fish [meat] broiled with soy*》

てりょうり【手料理】 亲手做的菜 qīnshǒu zuò de cài 《(英) *homemade dishes; a dish of one's own cooking*》▶主人みずからの~でもてなしてくれた/主人用亲手做的菜招待了我们 zhǔrén yòng qīnshǒu zuò de cài zhāodàile wǒmen

てる【照る】 照 zhào; 照耀 zhàoyào《(英) *shine*》▶人生は一日もあればくもる日もある/天有阴晴寒暖，人有悲欢沉浮 tiān yǒu yīn qíng hán nuǎn, rén yǒu bēihuān chénfú ▶夏の日がぎらぎらと照りつける/夏天的太阳火辣辣照晒着 xiàtiān de tàiyáng huǒlàlà zhàoshàizhe

でる【出る】 ❶【その場を離れる】 出 chū; 离开 líkāi 《(英) *go out; leave*》▶春になったら家を~/春天一到就离开家 chūntiān yí dào jiù líkāi jiā ▶公立高校を~こともかなわなかった/父亲连高中都没有毕业 fùqin lián gāozhōng dōu méiyǒu bìyè ▶毎朝7時に家を~/每天早晨七点出门 měitiān zǎochen qī diǎn chūmén ▶バスは5分ごとに出ている/公交车每五分钟发一趟 gōngjiāochē měi wǔ fēn zhōng fā yí tàng ❷【現れる】 发 fā;（市场に）上市 shàngshì 《(英) *appear; come out*》▶涙が~/流出眼泪 liúchū yǎnlèi ▶熱が~/发烧 fāshāo ▶想像するだに涙が~/仅仅是想象一下就会流泪 jǐnjǐn shì xiǎngxiàng yíxià jiù huì liú lèi ▶午後になると熱が~/一到下午就发烧 yí dào xiàwǔ jiù fāshāo ▶それはどこから出た情報かな/那是从哪儿传出的消息呀？nà shì cóng nǎr chuánchū de xiāoxi ya? ▶そろそろ西瓜(ｽｲｶ)が~頃だ/西瓜马上就要上市了 xīguā mǎshàng jiù yào shàngshì le ▶花見には何人も迷子が~/赏花时，有好几个孩子找不着家长了 shǎng huā shí, yǒu hǎojǐ ge háizi zhǎobuzháo jiāzhǎng le ▶もうチューリップの芽が出ている/郁金香的芽已经发出来了 yùjīnxiāng de yá yǐjing fāchūlai le

❸【出席・参加する】 出席 chūxí; 出面 chūmiàn 《(英) *attend*》▶会議に~/出席会议 chūxí huìyì ▶少し早めに会議に~/稍微提前一点儿参加会议 shāowēi tíqián yìdiǎnr cānjiā huìyì ▶~所に出てもいいんですよ/去法院我也不怕啊 qù fǎyuàn wǒ yě bú pà a ▶私の~幕ではありませんな/不是我出面的时候啊 bú shì wǒ chūmiàn de shíhou a

❹【出される】《(英) *be presented*》▶来月にも判決が~/下个月也判决会下来 xià ge yuè yě pànjué huì xiàlái ▶お茶と菓子が出た/茶和点心上来了 chá hé diǎnxin shànglái le ▶これは試験に~ぞ/这个问题考试时会出的 zhège wèntí kǎoshí shí huì chū de

❺【達する】 到 dào 《(英) *come to…*》▶道は

もなく湖に出た/这条路走不久就到了湖边 zhè tiáo lù zǒu bùjiǔ jiù dàole húbiān
- ことわざ **出る杭は打たれる** 树大招风 shù dà zhāo fēng; 枪打出头鸟 qiāng dǎ chū tóu niǎo

デルタ 三角洲 sānjiǎozhōu (英 *a delta*) ▶～地帯/三角洲地带 sānjiǎozhōu dìdài

てるてるぼうず【照る照る坊主】 放晴娘 fàngqíngniáng (英 *a paper doll to bring fine weather*) ▶～照る坊主、明日天気にしておくれ《童謡より》/放晴娘啊放晴娘, 请让明天出太阳 fàngqíngniáng a fàngqíngniáng, qǐng ràng míngtiān chū tàiyáng

てれ【照れ】 难为情 nánwéiqíng; 害羞 hàixiū (英 *abashment*) ▶多少の～もあってわざとじゃけんに名を呼んだ/也是多少有几分难为情, 所以故意冷淡地直呼其名了 yě shì duōshǎo yǒu jǐ fēn nánwéiqíng, suǒyǐ gùyì lěngdàn de zhí hū qí míng le

てれかくし【照れ隠しする】 遮羞 zhēxiū (英 *cover one's embarrassment*) ▶～に顔をしかめてみせた/为了掩饰自己的难为情, 故意皱起了眉头 wèile yǎnshì zìjǐ de nánwéiqíng, gùyì zhòuqǐle méitóu

てれくさい【照れ臭い】 不好意思 bù hǎoyìsi; 难为情 nánwéiqíng (英 *abashed*) ▶親にほめられるのは～ものだ/被父母夸奖挺难为情的 bèi fùmǔ kuājiǎng tǐng nánwéiqíng de ▶彼は照れ臭そうに席についた/他有些不好意思地落了座 tā yǒuxiē bù hǎoyìsi de luòle zuò ▶～から聞こえないふりをした/因为不好意思, 所以假装没有听见 yīnwèi bù hǎoyìsi, suǒyǐ jiǎzhuāng méiyǒu tīngjiàn

テレパシー 心灵感应 xīnlíng gǎnyìng; 思想感应 sīxiǎng gǎnyìng (英 *telepathy*) ▶～が働いて父の事故を直感した/由于心灵感应, 他凭直觉感到父亲出了事故 yóuyú xīnlíng gǎnyìng, tā píng zhíjué gǎndào fùqīn chūle shìgù

テレビ 电视 diànshì; 电视机 diànshìjī (英 *television; a TV set*) ▶～をつける/安装电视 ānzhuāng diànshì ▶彼女はよく～に出る/她经常上电视 tā jīngcháng shàng diànshì ▶～で勉強する/通过电视来学习 tōngguò diànshì lái xuéxí ▶日ごとに新しいタレントが出てくる/每天都有新的电视演员诞生 měitiān dōu yǒu xīn de diànshì yǎnyuán dànshēng
♦ カラー～放送 彩色电视广播 cǎisè diànshì guǎngbō ケーブル～ 有线电视 yǒuxiàn diànshì ～局 电视台 diànshìtái ～ゲーム機 电视游戏机 diànshì yóuxìjī ▶～ゲーム機が子供を損なう/电视游戏机对孩子有害 diànshì yóuxìjī duì háizi yǒuhài ～ドラマ 电视剧 diànshìjù ▶～ドラマに夢中になる/对电视剧着迷 duì diànshìjù zháomí

テレビンゆ【テレビン油】 松节油 sōngjiéyóu (英 *turpentine oil*)

テレホンカード 电话卡 diànhuàkǎ (英 *a telephone card*)

てれる【照れる】 害羞 hàixiū; 腼腆 miǎntiǎn; 难为情 nánwéiqíng (英 *be embarrassed; be abashed*) ▶褒められて彼はさかんに照れた/因为被表扬了, 他非常腼腆 yīnwèi bèi biǎoyáng le, tā fēicháng miǎntiǎn ▶～様子がまたかわいい/那腼腆的神情更可爱了 nà miǎntiǎn de shénqíng gèng kě'ài le

てれんてくだ【手練手管】 花招 huāzhāo; 花言巧语 huāyán qiǎoyǔ (英 *wiles*) ▶女狐の～にころりと参ってしまった/一下子就中了狐狸精的花招 yíxiàzi jiù zhòngle húlíjīng de huāzhāo ▶その～は血と汗で磨いたものだった/那套手段是付出过血与泪的代价才磨炼出来的 nà tào shǒuduàn shì fùchūguo xiě yǔ lèi de dàijià cái móliànchūlai de

テロ（リズム） 恐怖行动 kǒngbù xíngdòng; 恐怖主义 kǒngbù zhǔyì (英 *terrorism*) ▶狂信のすえ～に走る/由于盲从信奉, 最终走上恐怖主义道路 yóuyú mángcóng xìnfèng, zuìzhōng zǒushàng kǒngbù zhǔyì dàolù ▶自爆～/自杀性恐怖行动 zìshāxìng kǒngbù xíngdòng
♦～組織 恐怖组织 kǒngbù zǔzhī

テロップ 反射式字幕 fǎnshèshì zìmù (英 *a telop*)

テロリスト 恐怖分子 kǒngbù fènzǐ (英 *a terrorist*) ▶～は普通の顔をしている/恐怖分子长得和普通人一样 kǒngbù fènzǐ zhǎngde hé pǔtōngrén yíyàng ▶～と間違われる/被错认认成恐怖分子 bèi cuòrènchéng kǒngbù fènzǐ

てわけ【手分けする】 分头 fēntóu; 分工 fēngōng (英 *divide*) ▶迷子を～してさがす/分头去找迷了路的孩子 fēntóu qù zhǎo míle lù de háizi ▶材料を～して集めよう/咱们分头去收集材料吧 zánmen fēntóu qù shōují cáiliào ba

てわたす【手渡す】 递交 dìjiāo (英 *hand*) ▶抗議文を直接市長に手渡した/把抗议书直接递交给了市长 bǎ kàngyìshū zhíjiē dì jiāogěile shìzhǎng ▶大事な文書は～に限る/重要的文件最好亲手递交 zhòngyào de wénjiàn zuìhǎo qīnshǒu dìjiāo

てん【天】 天 tiān; 天空 tiānkōng (英 ［地に対して］ *the heavens*; ［空］ *the sky*; ［天国, 神］ *Heaven*; ［上部］ *the top*) ▶嬉しくて～にも登る心地だった/高兴得欢天喜地 gāoxìngde huāntiān xǐ dì ▶金が～から降って来る/钱从天上掉下来 qián cóng tiānshàng diào xiàlái ▶～がしても俺が許さん/即使老天原谅我也决不原谅 jíshǐ lǎotiān yuánliàng wǒ yě juébù yuánliàng ▶運を～に任せよう/听天由命吧 tīng tiān yóu mìng ba
- ことわざ **天知る地知る我知る人知る** 天知地知我知人知 tiān zhī dì zhī wǒ zhī rén zhī
- ことわざ **天は自ら助くるものを助く** 老天不负苦心人 lǎotiān bú fù kǔxīnrén
- ことわざ **天を仰いで唾する** 害人反害己 hài rén fǎn hài jǐ; 自食其果 zì shí qí guǒ ▶～を仰いで唾する行为/害人反害己的行为 hài rén fǎn

hài jǐ de xíngwéi

てん【点】 点 diǎn;(テストなどの)分数 fēnshù (英 *a dot; a point*;[評点] *a mark*) ▶数学の〜が足りない/数学分数不够 shùxué fēnshù bú gòu ▶英語で 80 〜とるのは難しい/英语得八十分很难 Yīngyǔ dé bāshí fēn hěn nán ▶あの先生は〜が甘い/那个老师评卷不严 nàge lǎoshī píngjuàn bù yán ▶1〜をめぐって熱戦となった/为了争取一分而展开了激战 wèile zhēngduó yì fēn ér zhǎnkāile jīzhàn ▶そこが彼のいい〜なのだ/那正是他的优点 nà zhèngshì tā de yōudiǎn ▶我々は出発〜から間違っていた/我们从一开头儿就错了 wǒmen cóng yì kāi tóur jiù cuò le ▶その〜は私が迂闊だった/在那点上，我疏忽了 zài nà diǎn shang, wǒ shūhu le

テン【貂】〔動物〕貂 diāo (英〔黒〕*a sable*;〔白〕*an ermine*)

でんあつ【電圧】 电压 diànyā (英 *voltage*) ▶〜が高い/电压高 diànyā gāo ▶〜が下がる/电压降低 diànyā jiàngdī ▶〜を上げる/提高电压 tígāo diànyā ▶〜を下げる/降低电压 jiàngdī diànyā
♦〜計:伏特计 fótèjì; 电压表 diànyābiǎo

てんい【転移】 转移 zhuǎnyí (英（癌の）*metastasis*) ▶ガンが〜する/癌扩散 ái kuòsàn; 癌细胞转移 áixìbāo zhuǎnyí ▶ガンが肝臓に〜していた/癌症转移到了肝脏 áizhèng zhuǎnyídàole gānzàng

てんいむほう【天衣無縫】 天衣无缝 tiān yī wú fèng; 完美无缺 wánměi wúquē; 天真烂漫 tiānzhēn lànmàn (英 *artless and flawless*) ▶あの方は〜、麗しいお人柄です/她是个十分真纯无饰的人，真是难得的人品 tā shì yí ge zhēnchún wú shì de rén, zhēn shì nándé de rénpǐn

てんいん【店員】 店员 diànyuán; 营业员 yíngyèyuán; 售货员 shòuhuòyuán (英 *a shopman; a shopwoman*)

てんいん【転院する】 转院 zhuǎnyuàn (英 *transfer*) ▶医師から〜を勧められた/医生建议转院 yīshēng jiànyì zhuǎnyuàn ▶海辺の病院に〜した/转院到了海边的医院 zhuǎnyuàndàole hǎibiān de yīyuàn

でんえん【田園】 田园 tiányuán; 田间 tiánjiān (英 *the country*) ▶窓の外には〜風景がひろがっている/窗外一片田园风光 chuāngwài yí piàn tiányuán fēngguāng ▶『〜の憂鬱』《佐藤春夫》/《田园的忧郁 Tiányuán de yōuyù》 ▶引退後は〜生活を楽しむはずだった/退职之后，本来是应该享受田园生活的 tuìzhí zhīhòu, běnlái shì yīnggāi xiǎngshòu tiányuán shēnghuó de ▶〜都市から〜が消えた/田园从田园都市里消失了 tiányuán cóng tiányuán dūshìlǐ xiāoshī le
♦〜詩人:田园诗人 tiányuán shīrén

てんか【天下】 天下 tiānxià (英〔世間〕*the public*) ▶あいつは〜国家を背負った気でいる/他自以为肩负着国家重任 tā zì yǐwéi jiānfùzhe guójiā zhòngrèn ▶これで〜晴れていっしょに暮らせる/这样，两个人终于能一起生活了 zhèyàng, liǎng ge rén zhōngyú néng yìqǐ shēnghuó le ▶戦争をよそに〜太平をきめこんでいた/置战争于不顾，自以为天下太平 zhì zhànzhēng yú búgù, zì yǐwéi tiānxià tàipíng ▶〜に名を知られた名優である/是一位驰名天下的著名演员 shì yí wèi chímíng tiānxià de zhùmíng yǎnyuán ▶〜分け目の戦いが始まる/争夺天下的决战开始了 zhēngduó tiānxià de juézhàn kāishǐ le

〜を取る 打江山 dǎ jiāngshān ▶〜を取るまで家には帰りません/不打下江山，誓不回家 bù dǎxià jiāngshān, shì bù huíjiā

ことわざ 金は天下の回りもの 钱在世上来回转，今天没有明天有 qián zài shìshàng láihuí zhuǎn, jīntiān méiyǒu míngtiān yǒu

♦かかあ〜:妻管严 qīguǎnyán; 老婆当家 lǎopó dāngjiā ▶うちはかかあ〜なんだ/我们家是妻管严 wǒmen jiā shì qīguǎnyán ▶〜一品:天下一绝 tiānxià yìjué ▶彼の話芸は〜一品である/他的说话艺术堪称天下一绝 tā de shuōhuà yìshù kānchēng tiānxià yì jué

てんか【点火する】 点火 diǎnhuǒ; 点燃 diǎnrán (英 *ignite; light*) ▶たいまつが〜早すぎた/火炬点火过早了 huǒjù diǎnhuǒ guò zǎo le ▶ストーブがなかなか〜しない/炉子很难点燃 lúzi hěn nán diǎnrán

てんか【添加する】 添加 tiānjiā (英 *add*) ▶防腐剤を〜していないか/有没有添加防腐剂？ yǒuméiyǒu tiānjiā fángfǔjì?
♦〜物:添加物 tiānjiāwù ▶〜物は入っておりません/没有放添加物 méiyǒu fàng tiānjiāwù ▶無〜食品:无添加剂食品 wú tiānjiājì shípǐn

てんか【転化する】 转化 zhuǎnhuà; 转变 zhuǎnbiàn (英 *transform*) ▶尊敬が敵意に〜する/敬意转变成敌意 jìngyì zhuǎnbiànchéng díyì

てんか【転嫁する】 推诿 tuīwěi; 转嫁 zhuǎnjià (英 *impute*) ▶責任を〜する/推卸责任 tuīxiè zérèn ▶彼の責任〜は毎度のことだ/他推卸责任已经习以为常了 tā tuīxiè zérèn yǐjīng xí yǐ wéi cháng le ▶部下に責任を〜する/把责任推诿给部下 bǎ zérèn tuīwěi gěi bùxià

てんが【典雅な】 典雅 diǎnyǎ; 文雅 wényǎ (英 *elegant*)

でんか【伝家】 最后的绝招 zuìhòu de juézhāo; 最后的王牌 zuìhòu de wángpái (英 *last resort*) ▶〜の宝刀/最后的王牌 zuìhòu de wángpái ▶日銀が〜の宝刀を抜いた/日本银行拿出最后的绝招 Rìběn yínháng náchū zuìhòu de juézhāo

でんか【殿下】 殿下 diànxià (英 *His Highness*)

でんか【電化する】 电气化 diànqìhuà; 电化 diànhuà (英 *electrify*) ▶〜生活はかえって気が休まらない/实现了电气化的生活反而让人不得闲 shíxiànle diànqìhuà de shēnghuó fǎn'ér ràng rén bù déxián ▶3 年計画で全線の〜を進める/用三年时间推进全线的电气化 yòng sān nián shíjiān tuījìn quánxiàn de diànqìhuà

てんかい【展開する】 开展 kāizhǎn; 展开 zhǎnkāi; 展现 zhǎnxiàn (英 develop; unfold) ▶事件は予想外の～を見せた/事件发生了出乎意料的展现 shìjiàn fāshēngle chūhū yìliào de zhǎnxiàn ▶局面は思わぬ方向に～していった/局面朝着意想不到的方向发展了 júmiàn cháozhe yìxiǎngbudào de fāngxiàng fāzhǎn le ▶全国的な不買運動を～する/在全国范围内开展抵制运动 zài quánguó fànwéi nèi kāizhǎn dǐzhì yùndòng

てんかい【転回する】 回转 huízhuǎn; 转变 zhuǎnbiàn (英 revolute; rotate) ▶我が党の政策はコペルニクス的～を遂げた/我们党的政策进行了天翻地覆的变革 wǒmen dǎng de zhèngcè jìnxíngle tiān fān dì fù de biàngé ▶畳の上でくるりと～した/在榻榻米上转了一圈儿 zài tàtàmǐshang zhuǎnle yì quānr

でんかい【電界】 电场 diànchǎng (英 an electric field)

でんかい【電解】 电解 diànjiě (英 electrolysis) ▶～液/电解溶液 diànjiě róngyè ▶～槽/电解槽 diànjiěcáo

てんがいこどく【天涯孤独の】 天涯孤身 tiānyá gūshēn; 举目无亲 jǔ mù wú qīn (英 all alone in this world) ▶これで僕は～の身となった/这样我成了一个举目无亲的人 zhèyàng wǒ chéngle yí ge jǔ mù wú qīn de rén

てんがく【転学する】 转学 zhuǎnxué (英 change one's school) ▶工業大学に～して建築を勉強したい/我想转学到工业大学去学习建筑 wǒ xiǎng zhuǎnxué dào gōngyè dàxué qù xuéxí jiànzhù ▶～が許可された/转学申请被批准了 zhuǎnxué shēnqǐng bèi pīzhǔn le

てんから【天から】 压根儿 yāgēnr; 根本 gēnběn (英 from the beginning) ▶あいつの話なんか～信用していないさ/他的话, 我压根儿就没有相信 tā de huà, wǒ yāgēnr jiù méiyǒu xiāngxìn

てんかん【転換する】 转变 zhuǎnbiàn; 转换 zhuǎnhuàn (英 convert; switch) ▶音楽を流して気分の～をはかった/放一放音乐来转换心情 fàngyífàng yīnyuè lái zhuǎnhuàn xīnqíng ▶方針を180度～する/把方针针作了一百八十度的改变 bǎ fāngzhēn zuòle yìbǎi bāshí dù de gǎibiàn
◆～点 |转折点| zhuǎnzhédiǎn ▶我々は歴史の～点に立っている/我们正处于历史的转折点 wǒmen zhèng chǔyú lìshǐ de zhuǎnzhédiǎn

てんかん【癲癇】〔医〕癫痫 diānxián; 羊痫风 yángxiánfēng (英 epilepsy) ▶出先で～の発作が起こった/外出时癫痫发作了 wàichū shí diānxián fāzuò le

てんがん【点眼する】 点眼药 diǎn yǎnyào (英 apply eye lotion) ▶～薬/眼药 yǎnyào

てんき【天気】 天气 tiānqì; 气象 qìxiàng (英 weather; [晴天] fine weather) ▶～がよい/天气很好 tiānqì hěn hǎo ▶いい～ですね/今天天气真好啊 jīntiān tiānqì zhēn hǎo a ▶～が変わる/变天 biàntiān ▶この時期は～はくるくる～が変わる/这段时期天气变化无常 zhè duàn shíqī tiānqì

biànhuà wúcháng ▶あいにくの～でしたね/真是个糟糕的天气啊 zhēn shì ge zāogāo de tiānqì a ▶夕方から～がくずれるそうだ/据说从傍晚开始天气将变坏 jùshuō cóng bàngwǎn kāishǐ tiānqì jiāng biànhuài
◆～図 |天气图| tiānqìtú ▶冬型の～図/冬天类型的气象图 dōngtiān lèixíng de qìxiàng tú ▶予報 |天气预报| tiānqì yùbào ▶～予報ははずれた/天气预报没报准 tiānqì yùbào méi bàozhǔn

てんき【転記する】〔会計〕过账 guòzhàng (英 post) ▶～に手間取る/过账很费事 guòzhàng hěn fèishì ▶手帳の数字を帳簿に～する/把写在记事本上的数字抄到帐本上 bǎ xiězài jìshìběnshang de shùzì chāodào zhàngběnshang

てんき【転機】 转机 zhuǎnjī; 转折点 zhuǎnzhédiǎn (英 a turning point) ▶事故を～として生き方を変えた/以那場事故为转折点, 改变了生活方式 yǐ nà cháng shìgù wéi zhuǎnzhédiǎn, gǎibiànle shēnghuó fāngshì ▶40歳のとき大きな～が訪れた/四十岁的时候迎来了重要的转机 sìshí suì de shíhou yíngláile zhòngyào de zhuǎnjī

> 日中比較 中国語の'转机 zhuǎnjī'には「転換期」という意味の他に「飛行機を乗り換える」という意味もある.

てんぎ【転義】 转义 zhuǎnyì; 引申义 yǐnshēnyì (英 a transferred meaning)

でんき【伝奇】 传奇 chuánqí (英 romantic; bizarre) ▶～小説/传奇小说 chuánqí xiǎoshuō ▶『唐宋～集』/《唐宋传奇集》Táng Sòng chuánqíjí

でんき【伝記】 传 zhuàn; 传记 zhuànjì (英 a biography) ▶無名の父の～を書いた/为无名的父亲写了传记 wèi wúmíng de fùqin xiěle zhuànjì ▶～の作者/传记的作者 zhuànjì de zuòzhě

でんき【電気】 电 diàn; 电气 diànqì (英 electric power; [電灯] an electric light) ▶山小屋に～が通じた/山中小房间通电了 shān zhōng xiǎofáng tōngdiàn le ▶～料金が上がる/电费上涨 diànfèi shàngzhǎng ▶家事の道具は～で動く/做家务的工具靠电力驱动 zuò jiāwù de gōngjù kào diànlì qūdòng ▶～椅子で死ぬ/以坐电椅的方式被处死 yǐ zuò diànyǐ de fāngshì bèi chǔsǐ ▶～を点けたままで寝る/开着灯睡觉 kāizhe dēng shuìjiào

◆～アイロン |电熨斗| diànyùndǒu ～鰻 |电鳗| diànmán ～エネルギー |电能| diànnéng ～回路 |电路| diànlù ～釜 |电饭锅| diànfànguō; 电饭煲 diàn fànbāo ～機関車 |电力机车| diànlì jīchē ～器具 |电器| diànqì ～ケーブル |电缆| diànlǎn ～工 |电工| diàngōng ～工学 |电工学| diàngōngxué ～コンロ |电灶| diànzào; 电炉 diànlú ～炊飯器 |电饭锅| diànfànguō; 电饭煲 diànfànbāo ～スタンド |台灯| táidēng; 桌灯 zhuōdēng ～ストーブ |电炉| diànlú ～通信 |电讯| diànxùn ～時計 |电钟| diànzhōng ～ドリル |电钻| diànzuàn ～分解 |电解| diànjiě ～鍍金 |电镀| diàndù

diàndù ～毛布：电热毯 diànrètǎn ～冷藏库：电冰箱 diànbīngxiāng

てんきゅう【天球】 天球 tiānqiú (英 *the celestial sphere*) ▶～儀/天象仪 tiānxiàngyí

でんきゅう【電球】 灯泡 dēngpào (英 *an electric bulb*) ▶暗い～の下で手紙を書いた/在昏暗的灯泡下写了信 zài hūn'àn de dēngpàoxia xiěle xìn ▶～が切れる/电灯泡坏了 diàndēngpào huài le ▶～を交換する/换灯泡儿 huàn dēngpào ▶百ワットの～/一百瓦的电灯泡 yìbǎi wǎ de diàndēngpào ▶裸～がぶら下っている/(天棚上)吊着不带灯罩的电灯泡 (tiānpéngshang) diàozhe bú dài dēngzhào de diàndēngpào

てんきょ【典拠】 典据 diǎnjù; 文献根据 wénxiàn gēnjù (英 *the authority*); [出典] *the source*) ▶～がはっきりしない/典据不明确 diǎnjù bù míngquè ▶～を明示する/标明出典 biāomíng chūdiǎn

てんきょ【転居する】 搬家 bānjiā; 迁居 qiānjū (英 *move*) ▶まるで～が趣味のような人なのだ/简直就像是一个以搬家为爱好的人 jiǎnzhí jiù xiàng shì yí ge yǐ bānjiā wéi àihào de rén ▶～通知を出す/发出迁居通知 fāchū qiānjū tōngzhī ▶今般上記の所へ～いたしました/这次我搬到了上述住址 zhè cì wǒ bāndàole shàngshù zhùzhǐ ▶～届は出したのですか/搬迁登记交上去了吗？bānqiān dēngjì jiāoshàngqu le ma?

てんぎょう【転業する】 改行 gǎiháng; 转业 zhuǎnyè (英 *change one's trade*) ▶ボクサーから俳優に～する/拳击运动员改行当演员 quánjī yùndòngyuán gǎiháng dāng yǎnyuán

でんきようせつ【電気溶接】 电焊 diànhàn (英 *electric welding*)

でんきょく【電極】 电极 diànjí (英 *an electrode; a pole*) ▶導線を～につなぐ/把导线接到电极上 bǎ dǎoxiàn jiēdào diànjíshang

でんきろ【電気炉】 电炉 diànlú (英 *an electric furnace*)

てんきん【転勤する】 调动工作 diàodòng gōngzuò (英 *be transferred*) ▶仙台に～が決まった/决定调到仙台去 juédìng diàodào Xiāntái qù ▶彼を～の駅で見送った/我在车站送他调到外地去 wǒ zài chēzhàn sòng tā diàodào wàidì qù ▶もうすぐ大阪へ～だ/马上就要调到大阪去了 mǎshàng jiùyào diàodào Dàbǎn qù le ▶彼は泣く泣く～していった/他十分不情愿地调动了工作 tā shífēn bù qíngyuàn de diàodòngle gōngzuò

てんぐ【天狗】 天狗 tiāngǒu;(うぬぼれ)自傲的人 zì'ào de rén (英 *a long-nosed goblin*) ▶あの山には～の伝説がある/在那座山里有关于天狗的传说 zài nà zuò shānli yǒu guānyú tiāngǒu de chuánshuō

～になる 翘尾巴 qiào wěiba; 傲慢起来 àomànqǐlai ▶ちょっとおだてられて～になった/他被别人一吹捧，就傲慢起来了 tā bèi biéren chuīpěng, jiù àomànqǐlai le

日中比較 中国語の'天狗 tiāngǒu'は「神話の犬」である.

てんくう【天空】 天空 tiānkōng (英 *the sky*) ▶～を突きさして鉄塔は立つ/铁塔直入云霄巍然耸立 tiětǎ zhí rù yúnxiāo wēirán sǒnglì

テングサ【天草】《海藻》石花菜 shíhuācài (英 *agar*)

でんぐりがえし【でんぐり返し】 前滚翻 qiángǔnfān; 翻跟头 fāngēntóu (英 *a forward somersault*) ▶劇中の～が見せ場である/剧中的前滚翻是最精彩的部分 jù zhōng de qiángǔnfān shì zuì jīngcǎi de bùfen

てんけい【天啓】 上帝的启示 shàngdì de qǐshì (英 *a divine revelation*)

てんけい【典型】 典型 diǎnxíng (英 *a model; a pattern*) ▶これなどは悪文の～だ/这就是拙劣文章的典型 zhè jiù shì zhuōliè wénzhāng de diǎnxíng

てんけいてき【典型的な】 典型的 diǎnxíng de (英 *typical*) ▶彼こそ～な官僚ではないか/他不就是典型的官僚吗？tā bú jiù shì diǎnxíng de guānliáo ma?

でんげき【電撃】 电击 diànjí (英 *an electric shock*) ▶彼らの～的な結婚が世を驚かせた/他们的闪电式结婚令世人震惊 tāmen de shǎndiànshì jiéhūn lìng shìrén zhènjīng

♦～作戦 闪电战 shǎndiànzhàn; 闪击战 shǎnjīzhàn ▶～作戦を敢行する/实行闪电战 shíxíng shǎndiànzhàn

てんけん【天険】 天险 tiānxiǎn (英 *a steep place*) ▶～を頼みとして砦を築いた/凭借天险修筑堡垒 píngjiè tiānxiǎn xiūzhù bǎolěi

てんけん【点検する】 检查 jiǎnchá; 检点 jiǎndiǎn (英 *check*) ▶防犯設備を～する/检查防盗设备 jiǎnchá fángdào shèbèi ▶～済みの印を押す/盖上检查完毕的章 gàishàng jiǎnchá wánbì de zhāng ▶自己～/自我检查 zìwǒ jiǎnchá ▶自己～を実施する/实行自我检查 shíxíng zìwǒ jiǎnchá

でんげん【電源】 电源 diànyuán (英 *a power supply*) ▶～を入れる/打开电源 dǎkāi diànyuán ▶～を切る/切断电源 qiēduàn diànyuán ▶～につなぐ/接上电源 jiēshàng diànyuán ▶～開発計画を見直す/重新考虑电源开发计划 chóngxīn kǎolǜ diànyuán kāifā jìhuà

てんこ【点呼をとる】 点名 diǎnmíng (英 *call the roll*) ▶～をとると一名欠けていた/一点名, 就发现有一个人缺席 yì diǎnmíng, jiù fāxiàn yǒu yí ge rén quēxí

てんこう【天候】 天气 tiānqì (英 *weather*) ▶～不順が続く/连日来天气反常 liánrì lái tiānqì fǎncháng ▶悪～の中を船は出港した/在恶劣的天气中船启航了 zài èliè de tiānqì zhōng chuán qǐháng le

～不順 天时不正 tiānshí bú zhèng; 天气反常 tiānqì fǎncháng ▶～不順で工事がはかどらない/因为天气反常, 工程难以进展 yīnwèi tiānqì fǎncháng, gōngchéng nányǐ jìnzhǎn

てんこう【転向する】 転变方向 zhuǎnbiàn fāngxiàng；《政治的に》转向 zhuǎnxiàng (英 *move*; *turn*) ▶アマからプロに～する/由业余的转变为专业的 yóu yèyú de zhuǎnbiàn wéi zhuānyè de ▶～文学/转向(放弃共产主义思想的)文学 zhuǎnxiàng (fàngqì gòngchǎn zhǔyì sīxiǎng de) wénxué

> [日中比较] 中国語の'转向 zhuǎnxiàng'は「政治的立場を変える」という意味の他に「方向を変える」という意味もある．'zhuǎnxiàng'と読めば「方角を見失う」ことを意味する．

てんこう【転校する】 转学 zhuǎnxué；转校 zhuǎnxiào (英 *change one's school*) ▶父の転勤にしたがって～を繰り返した/随着父亲的工作调动转学了好几次 suízhe fùqin de gōngzuò diàodòng zhuǎnxuéle hǎojǐ cì ▶いじめが原因で～する/因为被欺负而转学 yīnwèi bèi qīfu ér zhuǎnxué ▶山村に～生は珍しい/在山村里转校生很罕见 zài shāncūnli zhuǎnxiàoshēng hěn hǎnjiàn

でんこう【電光】 电光 diànguāng (英 *lightning*)
～石火 电光石火 diànguāng shíhuǒ；风驰电掣 fēng chí diàn chè ▶～石火の早わざだった/真是风驰电掣般的神速技法 zhēn shì fēng chí diàn chè bān de shénsù jìfǎ
♦～掲示板 电光公告牌 diànguāng gōnggàopái
～ニュース 电光快报 diànguāng kuàibào ▶街角で～ニュースに見入る/在街头马上注视着电光快报 zài jiētóushang zhùshìzhe diànguāng kuàibào

てんこく【篆刻する】 篆刻 zhuànkè；刻印章 kè yìnzhāng (英 *engrave a seal*) ▶読めない文字が～してある/篆刻着我不认识的文字 zhuànkèzhe wǒ bú rènshi de wénzì ▶先生について～を習っている/跟着老师学习篆刻 gēnzhe lǎoshī xuéxí zhuànkè

てんごく【天国】 天国 tiānguó；天堂 tiāntáng；《楽園》乐园 lèyuán (英 *Paradise*; *Heaven*) ▶お母ちゃんは～へ行っちゃったの/妈妈去了天国了 māma qùle tiānguó le ▶そのころ川は僕らの～だった/那时候河川就是我们的乐园 nà shíhou héchuān jiù shì wǒmen de lèyuán
♦歩行者～ 步行街 bùxíngjiē ▶歩行者～を実施する/设置步行街 shèzhì bùxíngjiē

でんごん【伝言】 口信儿 kǒuxìnr (英 *message*) ▶彼に部長への～を託した/托他给部长带个口信儿 tuō tā gěi bùzhǎng dài ge kǒuxìnr ▶御両親によろしく御～を願います/请代我向你的父母问好 qǐng dài wǒ xiàng nǐ de fùmǔ wènhǎo ▶～する/转告 zhuǎngào；传话 chuánhuà；《書面で》留言 liúyán ▶何を～すればよろしいのですか/要我转告什么事呢 yào wǒ zhuǎngào shénme shì ne
♦～板 留言板 liúyánbǎn

> [日中比较] 中国語の'传言 chuányán'は「噂」「話を伝える」「言いふらす」という意味である．

てんさ【点差】 分数之差 fēnshù zhī chà (英 *a margin*) ▶大きく～が開く/分数之差拉大了 fēnshù zhī chà lādà le ▶～を縮める/缩短分数之差 suōduǎn fēnshù zhī chà ▶6対5の僅かな～で涙をのんだ/以六比五的些微的差饮泪而败 yǐ liù bǐ wǔ de xiēwēi de chà yǐn lèi ér bài

てんさい【天才】 天才 tiāncái (英 *a genius*) ▶君はひとをだます～だね/你可真是个骗人的天才啊 nǐ kě zhēn shì ge piànrén de tiāncái a ▶彼は子供の頃から～を謳われていた/他从小就被人称为是天才 tā cóngxiǎo jiù bèi rén chēngwéi shì tiāncái ▶～児には～教育を施しましょう/给神童进行天才式的教育吧 gěi shéntóng jìnxíng tiāncáishì de jiàoyù ba

てんさい【天災】 天灾 tiānzāi；自然灾害 zìrán zāihài (英 *a natural disaster*) ▶村はいく度も～に見舞われた/村里曾遭受过多次自然灾害 cūnli céng zāoshòuguo duō cì zìrán zāihài

> ことわざ 天災は忘れたころにやってくる 人们遗忘时，天灾就会降临 rénmen yíwàng shí, tiānzāi jiù huì jiànglín

てんさい【転載する】 转载 zhuǎnzǎi；转登 zhuǎndēng (英 *reprint*; *reproduce*) ▶～を禁ず/禁止转载 jìnzhǐ zhuǎnzǎi ▶～の許可をいただきたい/请求您批准我方转载 qǐngqiú nín pīzhǔn wǒfāng zhuǎnzǎi ▶地方紙から～した/从地方报转载过来的 cóng dìfāngbào zhuǎnzǎiguòlai de

テンサイ【甜菜】《植物》糖萝卜 tángluóbo；甜菜 tiáncài (英 *a sugar beet*)

てんざい【点在する】 散布 sànbù；散在 sànzài (英 *be dotted with...*) ▶遠くに人家が～していた/远方星散分布着几户住宅 yuǎnfāng xīngsàn fēnbùzhe jǐ hù zhùzhái

てんさく【添削する】 删改 shāngǎi；斧正 fǔzhèng；修改 xiūgǎi (英 *correct*) ▶先生に～をお願いしたい/敬请老师斧正一下 jìngqǐng lǎoshī fǔzhèng yíxià ▶生徒の作文を～する/修改学生的作文 xiūgǎi xuésheng de zuòwén

でんさんき【電算機】 电子计算机 diànzǐ jìsuànjī；电脑 diànnǎo (英 *a computer*)

てんし【天使】 天使 tiānshǐ；安琪儿 ānqí'ér (英 *an angel*) ▶～のような歌声/天使般的歌声 tiānshǐ bān de gēshēng ▶白衣の～だったこともある/也曾当过白衣天使 yě céng dāngguo báiyī tiānshǐ

てんじ【点字】 盲子 mángzi；盲文 mángwén；点字 diǎnzì (英 *braille*) ▶僕は～が打てる/我会写点字 wǒ huì xiě diǎnzì ▶～を学ぶ/学习盲文 xuéxí mángwén
♦～図書 盲文图书 mángwén túshū ▶～図書が少ない/盲文图书很少 mángwén túshū hěn shǎo ▶～ブロック 盲文路面 mángwén lùmiàn ▶～ブロックに物を置くな/不要在盲文路面上放东西 búyào zài mángwén lùmiànshang fàng dōngxi

てんじ【展示する】 展示 zhǎnshì；展出 zhǎnchū；展览 zhǎnlǎn (英 *exhibit*; *display*) ▶それらの作品はいずれ当館で～する/那些作品都将在本馆展

出 nàxiē zuòpǐn dōu jiāng zài běn guǎn zhǎnchū ▶その彫刻は美術館に～中である/那件雕刻作品正在美术馆展览着 nà jiàn diāokè zuòpǐn zhèngzài měishùguǎn zhǎnlǎnzhe
♦～会 ⦅展览会⦆ zhǎnlǎnhuì ▶～会を催す/举办展览会 jǔbàn zhǎnlǎnhuì ♦～即売 ⦅展销⦆ zhǎnxiāo ▶～即売会/展销会 zhǎnxiāohuì ♦～品 ⦅展品⦆ zhǎnpǐn ▶～品に手を触れないで下さい/请勿触摸展品 qǐng wù chùmō zhǎnpǐn

でんし【電子】 电子 diànzǐ ⟨英⟩ *an electron*) ▶～オルガン/电子琴 diànzǐqín ▶～計算機/电子计算机 diànzǐ jìsuànjī; 电脑 diànnǎo ▶～メール/电子邮件 diànzǐ yóujiàn ▶～レンジ/微波炉 wēibōlú ▶～工学/电子工学 diànzǐ gōngxué ▶～マネー/电子货币 diànzǐ huòbì ▶～辞書/电子词典 diànzǐ cídiǎn ▶～出版/电子出版 diànzǐ chūbǎn ▶～政府/电子政务 diànzǐ zhèngwù

テンジクアオイ【天竺葵】 ⦅植物⦆天竺葵 tiānzhúkuí ⟨英⟩ *a geranium*)

テンジクネズミ【天竺鼠】 ⦅動物⦆天竺鼠 tiānzhúshǔ ⟨英⟩ *a guinea pig*)

でんじしゃく【電磁石】 电磁铁 diàncítiě ⟨英⟩ *an electromagnet*)

でんじは【電磁波】 电波 diànbō; 电磁波 diàncíbō ⟨英⟩ *an electromagnetic wave*)

てんしゃ【転写する】 腾写 téngxiě ⟨英⟩ *transcribe*)

でんしゃ【電車】 电车 diànchē ⟨英⟩ *an electric train*; ⦅市街電車⦆ *a streetcar*) ▶～に乗る/乘坐电车 chéngzuò diànchē ▶～から降りる/从电车上下来 cóng diànchēshang xiàlái ▶～で行くほうが早い/还是坐电车去快 háishi zuò diànchē qù kuài

てんしゅ【店主】 老板 lǎobǎn; 店主 diànzhǔ ⟨英⟩ *a storekeeper*) ▶ひげ面の～が出てきた/胡子拉碴的店老板走了出来 húzilāchā de diànlǎobǎn zǒulechūlai

てんじゅ【天寿】 天年 tiānnián ⟨英⟩ *one's natural term of life*)
～を全うする 寿终正寝 shòu zhōng zhèng qǐn; 享尽天年 xiǎngjìn tiānnián ▶母は～を全うした/母亲享尽天年了 mǔqīn xiǎngjìn tiānnián le

でんじゅ【伝授する】 传授 chuánshòu ⟨英⟩ *give instruction*) ▶弟子に秘法を～する/向徒弟传授秘法 xiàng túdì chuánshòu mìfǎ

てんしゅかく【天守閣】 ⦅建築⦆城堡望楼 chéngbǎo wànglóu ⟨英⟩ *a castle tower*; *the keep*) ▶青空に～がそびえている/城堡望楼高耸于蓝天下 chéngbǎo wànglóu gāosǒng yú lántiānxià ▶～に上って市街を見渡した/登上城堡望楼放眼瞭望城市街区 dēngshàng chéngbǎo wànglóu fàngyǎn liàowàng chéngshì jiēqū

てんしゅきょう【天主教】 天主教 Tiānzhǔjiào ⟨英⟩ *Catholicism*)

てんしゅつ【転出する】 **1**⦅転任⦆调出 diàochū; 调动 diàodòng ⟨英⟩ *be transferred*) ▶今月末で京都支店に～する/在本月月末调动到京都分公司 zài běn yuè yuèmò diàodòngdào Jīngdū fēngōngsī **2**⦅転居⦆迁出 qiānchū; 迁移 qiānyí ⟨英⟩ *move out*) ▶～の手続きをしてくる/去办理迁出手续 qù bànlǐ qiānchū shǒuxù ▶～先はここに書いておいた/迁出后的新址写在这里了 qiānchūhòu de xīnzhǐ xiězài zhèlǐ le

てんしょ【篆書】 篆书 zhuànshū; 篆字 zhuànzì ⟨英⟩ *seal characters*) ▶壁に～の軸がかかっている/墙上挂着篆书挂轴 qiángshang guàzhe zhuànshū guàzhóu ▶名前を～で書いてくれよ/请用篆字写下我的名字啊 qǐng yòng zhuànzì xiěxià wǒ de míngzi a

てんじょう【天上】 天上 tiānshàng ⟨英⟩ *the heavens*) ▶～で天下我一人/天上天下唯我一人 tiānshàng tiānxià wéi wǒ yì rén
♦～界 ⦅上界⦆ shàngjiè ▶私は～界には住まない/我无法居住在上界 wǒ wúfǎ jūzhù zài shàngjiè

てんじょう【天井】 顶棚 dǐngpéng; 天棚 tiānpéng ⟨英⟩ *the ceiling*) ▶～板/天花板 tiānhuābǎn ▶～を張る/上天花板 shàng tiānhuābǎn ▶～裏でネズミがさわぐ/天棚上老鼠在躁动 tiānpéngshang lǎoshǔ zài zàodòng ▶～が高い/天棚很高 tiānpéng hěn gāo ▶～板にしみができた/天花板上出现了污迹 tiānhuābǎnshang chūxiànle wūjì

～知らず 暴涨不停 bàozhǎng bù tíng ▶物価は～知らずだ/物价暴涨不停 wùjià bàozhǎng bù tíng
♦～桟敷 ⦅顶层包厢⦆ dǐngcéng bāoxiāng

日中比較 中国语の'天井 tiānjǐng'は一般的に四方を家の建物に囲まれた「中庭」を指す.

てんじょう【添乗】 旅游的陪同 lǚyóu de péitóng ⟨英⟩ *escorting*) ▶社員が1名～する/由一名公司职员担任陪同 yóu yì míng gōngsī zhíyuán dānrèn péitóng ▶旅行社で～員を務めている/在旅行社担任旅游陪同 zài lǚxíngshè dānrèn lǚyóu péitóng

でんしょう【伝承する】 口传 kǒuchuán; 口耳相传 kǒu'ěr xiāngchuán ⟨英⟩ *be handed down*) ▶これはこの地方に～されてきた風習である/这是在这一地区相传下来的习俗 zhè shì zài zhè yī dìqū xiāngchuánxiàlái de xísú

てんしょく【天職】 天职 tiānzhí ⟨英⟩ *a mission*; *one's vocation*) ▶ようやく～を見つけた気がする/觉得终于找到了一份天职 juéde zhōngyú zhǎodàole yí fèn tiānzhí ▶教員は我が～である/当教师是我的天职 dāng jiàoshī shì wǒ de tiānzhí

てんしょく【転職する】 转业 zhuǎnyè; 改行 gǎiháng ⟨英⟩ *change one's occupation*) ▶この年で～はむずかしい/以这个年龄改行很难 yǐ zhège niánlíng gǎiháng hěn nán ▶いったい何度～したんだ/你到底改行了几次啊? nǐ dàodǐ gǎihángle jǐ cì a?

でんしょバト【伝書鳩】 信鸽 xìngē ⟨英⟩ *a carrier pigeon*) ▶～を飛ばす/放飞信鸽 fàngfēi xìngē

テンション 紧张 jǐnzhāng; 不安 bù'ān;⦅気affect⦆

てんじる【転じる】 転向 zhuǎnxiàng; 改变 gǎibiàn (英 change; shift) ▶彼は教壇を去って政界に転じた/他离开讲坛后转向投身于政界了 tā líkāi jiǎngtán hòu zhuǎnxiàng tóushēn yú zhèngjiè le ▶進路を東に転じた/进路转向了东方 jìnlù zhuǎnxiàngle dōngfāng ▶目を転じて山を見ると…/把目光转向山那边一望… bǎ mùguāng zhuǎnxiàng shān nàbiān yí wàng…

てんしん【点心】 (料理) 小吃 xiǎochī; 点心 diǎnxin (英 Tenshin; Chinese small dishes)

てんしん【転身する】 改变职业 gǎibiàn zhíyè; 转向 zhuǎnxiàng (英 change one's course) ▶それは実に鮮やかな〜だった/那实在是一场精彩的职业改变 nà shízài shì yì chǎng jīngcǎi de zhíyè gǎibiàn ▶彼は実業界に〜していった/他转向投身于实业界了 tā zhuǎnxiàng tóushēn yú shíyèjiè le

[日中比較] 中国語の'转身 zhuǎnshēn'は「体の向きを変える」ことをいう.

でんしん【電信】 电信 diànxìn (英 a telegram) ▶島の〜が回復した/岛上的电信恢复过来了 dǎoshang de diànxìn huīfùguòlai le

◆**〜柱** : 电线杆 diànxiàngān ▶〜柱に広告を貼る/往电线杆上贴广告 wǎng diànxiàngānshang tiē guǎnggào

てんしんらんまん【天真爛漫な】 天真烂漫 tiānzhēn lànmàn (英 innocent) ▶彼の〜な人柄が見てとれた/他那天真无邪的人品被看中了 tā nà tiānzhēn wúxié de rénpǐn bèi kànzhòng le

てんすう【点数】 ❶ [得点] 分数 fēnshù; 得分 défēn (英 points) ▶〜をつければ何点でしょう/如果打分的话,能得多少分呢？ rúguǒ dǎfēn dehuà, néng dé duōshao fēn ne？ ❷ [品数] 件数 jiànshù (英 articles) ▶今回は出品〜がすくない/这次展出件数很少 zhè cì zhǎnchū jiànshù hěn shǎo

〜を稼ぐ 溜须拍马 liū xū pāi mǎ; 讨好 tǎohǎo ▶お世辞を言って〜を稼ぐ/说恭维话来讨好 shuō gōngweihuà lái tǎohǎo

てんせい【天性】 天性 tiānxìng (英 nature; [気質] temperament) ▶習慣は第二の〜である/习惯是人的第二天性 xíguàn shì rén de dì'èr tiānxìng ▶彼は〜利己心が強い/他生性自私 tā shēngxìng zìsī ▶〜の勘/天赋的直感 tiānfù de zhígǎn ▶〜の勘をさらに磨いた/进一步磨练天赋的直感 jìnyíbù móliàn tiānfù de zhígǎn

てんせい【転生する】 托生 tuōshēng; 转生 zhuǎnshēng (英 transmigrate) ▶彼は死んで猿に〜した/他死后转生成了猴子 tā sǐhòu zhuǎnshēngchéngle hóuzi ▶この子は釈迦の〜かもしれぬ/这个孩子或许是释迦摩尼的转生呢 zhège háizi huòxǔ shì Shìjiā móní de zhuǎnshēng ne

てんせき【典籍】 典籍 diǎnjí (英 classical books) ▶古〜に埋もれて暮らす/埋头于古典籍中生活 máitóu yú gǔdiǎnjí zhōng shēnghuó ▶〜を集めるだけが生きがいだった/只有搜集典籍就是生活的全部意义 zhǐ yǒu sōují diǎnjí jiù shì shēnghuó de quánbù yìyì

でんせつ【伝説】 传说 chuánshuō (英 a legend) ▶郷里にはたくさんの〜がある/故乡里有许多传说 gùxiānglǐ yǒu xǔduō chuánshuō ▶〜によればこの山には鬼が棲んでいた/据传说讲, 这座山里曾住着鬼怪 jù chuánshuō jiǎng, zhè zuò shānlǐ céng zhùzhe guǐguài ▶〜の英雄である/义经是一位传奇般的英雄 Yìjīng shì yí wèi chuánqí bān de yīngxióng

てんせん【点線】 虚线 xūxiàn (英 a dotted line) ▶〜を引く/画虚线 huà xūxiàn

てんせん【転戦する】 转战 zhuǎnzhàn (英 fight in various battles) ▶南方の各地を〜した/转战在南洋各地 zhuǎnzhàn zài Nányáng gè dì

でんせん【伝染する】 传染 chuánrǎn (英 infect) ▶〜を恐れて外出をひかえた/害怕传染而减少外出 hàipà chuánrǎn ér jiǎnshǎo wàichū ▶あくびは〜するものだね/打哈欠会传染啊 dǎ hāqian huì chuánrǎn a

◆**〜病** : 传染病 chuánrǎnbìng ▶災害地に〜が発生した/在灾区发生了传染病 zài zāiqū fāshēngle chuánrǎnbìng

でんせん【伝線する】 (靴下などが) 跳线 tiàoxiàn (英 run) ▶ストッキングが〜しちゃった/长筒丝袜跳线了 chángtǒng sīwà tiàoxiàn le

でんせん【電線】 电线 diànxiàn; 电缆 diànlǎn (英 an electric wire) ▶無人の街に〜が垂れている/电线在无人的街上耷拉着 diànxiàn zài wú rén de jiēdàoshang dālazhe ▶〜を架ける/架电线 jià diànxiàn

てんそう【転送する】 转送 zhuǎnsòng;《荷物を》转运 zhuǎnyùn (英 transmit; [郵便物の] forward) ▶〜電話/传送电话 chuánsòng diànhuà ▶彼から荷物の〜を頼まれている/受他之托转运货物 shòu tā zhī tuō zhuǎnyùn huòwù ▶どこへ〜するのですか/转运到哪儿呢？ zhuǎnyùndào nǎr ne？ ▶〜先は分かっている/转送的地址我知道 zhuǎnsòng de dìzhǐ wǒ zhīdào

でんそう【電送する】 电传 diànchuán; 传真 chuánzhēn (英 send... by radio) ▶現地から写真が〜されてきた/照片从当地用传真传送过来了 zhàopiàn cóng dāngdì yòng chuánzhēn chuánguòlai le

てんぞく【転属する】 调动 diàodòng (英 be transferred) ▶広島の子会社に〜が決まった/已经决定调到广岛的子公司了 yǐjing juédìng diàodào Guǎngdǎo de zǐgōngsī le ▶先月九州から〜してきたばかりである/我上个月刚从九州调过来 wǒ shàng ge yuè gāng cóng Jiǔzhōu diàoguòlai

てんたい【天体】 天体 tiāntǐ; 星球 xīngqiú (英 a heavenly body) ▶〜望遠鏡/天文望远镜 tiānwén wàngyuǎnjìng ▶彼は〜の不思議を考えつづけた/他一直在思考天体的神秘 tā yìzhí zài sīkǎo tiāntǐ de shénmì ▶〜観測が僕の唯一の

趣味だった/天文観測是我唯一的爱好 tiānwén guāncè shì wǒ wéiyī de àihào

でんたく【電卓】 袖珍计算器 xiùzhēn jìsuànqì (英 *a pocket calculator*) ▶～をたたいて計算する/敲打袖珍计算器进行计算 qiāodǎ xiùzhēn jìsuànqì jìnxíng jìsuàn

でんたつ【伝達する】 传达 chuándá; 转达 zhuǎndá (英 *transmit*) ▶事項が多すぎる/要传达的事项过多 yào chuándá de shìxiàng guòduō ▶指示は社内メールで～する/指示通过公司内部电函来传达 zhǐshì tōngguò gōngsī nèibù diànhán lái chuándá

てんたん【恬淡な】 恬淡 tiándàn; 淡泊 dànbó (英 *indifferent*) ▶無欲～/恬淡寡欲 tiándàn guǎ yù

てんち【天地】 ❶〖天と地〗天地 tiāndì; 天壤 tiānrǎng; 乾坤 qiánkūn (英 *heaven and earth*; 〖宇宙〗*the universe*) ▶僕は―開闢以来の天才かもしれない/我也许是开天辟地以来最出色的天才 wǒ yěxǔ shì kāi tiān pì dì yǐlái zuì chūsè de tiāncái ▶二人の実力には～の開きがある/二人的实力有天壤之别 èr rén de shílì yǒu tiānrǎng zhī bié ❷〖境地・社会〗天地 tiāndì (英 *a world; a realm*) ▶自由の～を求めて旅立った/为了寻求自由的天地而起程上路 wèile xúnqiú zìyóu de tiāndì ér qǐchéng shànglù ❸〖上と下〗(英 *top and bottom*) ▶～無用/请勿倒置 qǐng wù dàozhì

てんち【転地する】 转地 zhuǎndì (英 *go for a change of air*) ▶～療法/易地疗法 yìdì liáofǎ; 转地疗法 zhuǎndì liáofǎ ▶医師に～療養を勧められた/医生建议易地疗养 yīshēng jiànyì yìdì liáoyǎng ▶～して治してきます/转地去治疗 zhuǎndì qù zhìliáo

でんち【電池】 电池 diànchí (英 *an electric battery* 〖*cell*〗) ▶～を入れ換える/换上电池 huànshàng diànchí ▶この時計は～で動く/这只表用电池驱动 zhè zhī biǎo yòng diànchí qūdòng ▶～が切れている/电池没电了 diànchí méi diàn le

でんちゅう【電柱】 电线杆 diànxiàngān (英 *a telegraph pole*) ▶～が倒れる/电线杆倒了 diànxiàngān dào le ▶～の陰にかくれる/藏在电线杆背后 cángzài diànxiàngān bèihòu

てんちょう【店長】 店长 diànzhǎng (英 *a shop manager*) ▶若い～が応対した/年轻的店长出面接待了 niánqīng de diànzhǎng chūmiàn jiēdài le ▶お勧め商品/店长特荐品 diànzhǎng tèjiànpǐn

てんちょう【転調】 〖音楽〗转调 zhuǎndiào; 移调 yídiào (英 *modulation*)

てんで 根本 gēnběn; 简直 jiǎnzhí (英 *at all; altogether*) ▶～話にならないんだ/简直不象话！ jiǎnzhí búxiànghuà! ▶～相手にしてくれないんだ/他们根本不理我 tāmen gēnběn bùlǐ wǒ

てんてき【天敵】 天敌 tiāndí (英 *a natural enemy*) ▶害虫退治に～を導入しよう/采用天敌来治理害虫吧 cǎiyòng tiāndí lái zhìlǐ hàichóng ba ▶あいつは俺の～なんだ/那个家伙是我的天敌 nàge jiāhuo shì wǒ de tiāndí

てんてき【点滴】 〖医〗点滴 diǎndī; 输液 shūyè (英 *a drip*) ▶～を打って出席する/打着点滴出席 dǎzhe diǎndī chūxí ▶～で命をつなぐ/通过输液来维系生命 tōngguò shūyè lái wéixì shēngmìng

てんてこまい【てんてこ舞いする】 手忙脚乱 shǒumáng jiǎo luàn; 忙得要死 mángde yàosǐ (英 *run about busily*) ▶朝から～の忙しさだった/从早上起就忙得不可开交 cóng zǎoshang qǐ jiù mángde búkě kāijiāo ▶急な注文でみんなが～した/突然进来的订货弄得大家手忙脚乱 tūrán jìnlái de dìnghuò nòngde dàjiā shǒu máng jiǎo luàn

てんてつき【転轍機】 〖鉄道〗道岔 dàochà; 转辙器 zhuǎnzhéqì (英 *a railroad switch*)

てんでに 各自 gèzì (英 *each*) ▶～しゃべり歌いだす/各自随便地聊天儿、唱歌 gèzì suíbiàn de liáotiānr, chànggē

てんてん【点点と】 点点 diǎndiǎn (英 *here and there; scattered*) ▶路上に～と血の跡が残っている/路上还斑斑点点地留着血迹 lùshang hái bānbāndiǎndiǎn de liúzhe xuèjì

てんてん【転転とする】 滚动 gǔndòng; 〖次から次へ〗輾転 zhǎnzhuǎn (英 *pass from hand to hand*) ▶球は～と転がっていった/球该滚动起来了 qiú gǔndòng pǎoyuǎn le ▶彼は～と職を変えた/他辗转替换工作 tā zhǎnzhuǎnzhe huàn gōngzuò

でんでんだいこ【でんでん太鼓】 拨浪鼓 bōlanggǔ (英 *a toy drum*) ▶～で赤ん坊をあやす/用拨浪鼓哄婴儿 yòng bōlanggǔ hǒng yīng'ér

てんでんばらばらな 你东我西 nǐ dōng wǒ xī; 各行其是 gè xíng qí shì (英 *a variety of...*) ▶みんなが考えていることは～だった/大家考虑的事貌是你东我西 dàjiā kǎolǜ de shì zhēn shì nǐ dōng wǒ xī ▶チームは～でまとまりがない/团队四分五裂, 很不团结 tuánduì sì fēn wǔ liè, hěn bù tuánjié

デンデンムシ【蝸牛】 蜗牛 wōniú (英 *a snail*) ▶～が枝を這う/蜗牛在树枝上爬 wōniú zài shùzhīshang pá

テント 帐篷 zhàngpeng; 营帐 yíngzhàng (英 *a tent*; 〖大型の〗*a pavilion*) ▶～を張る/搭帐篷 dā zhàngpeng; 张幕 zhāngmù ▶報道陣の～村ができる/建成媒体人员的露营地 jiànchéng méitǐ rényuán de lùyíng de ▶～をたたむ/收帐篷 shōu zhàngpeng ▶～生活は年寄りにはこたえる/在帐篷里生活对老年人来说可真是够呛 zài zhàngpengli shēnghuó duì lǎoniánrén lái shuō kě zhēn shì gòuqiàng

てんとう【店頭】 门市 ménshì; 铺面 pùmiàn (英 *the front of the store*) ▶さくらんぼが～に出始めた/樱桃开始上市了 yīngtáo kāishǐ shàngshì le

◆～販売｜门市出售 ménshì chūshòu ▶～販売に力を入れる/把工作重点放在门市交易上 bǎ gōngzuò zhòngdiǎn fàngzài ménshì jiāoyìshang

てんとう【点灯する】 点灯 diǎn dēng; 开灯 kāi dēng（*light a lamp; switch on a light*）▶イルミネーションは5時に～する/彩灯五点点灯 cǎidēng wǔ diǎn diǎn dēng

てんとう【転倒する】 翻倒 fāndǎo; 摔倒 shuāidǎo;《さかさま》颠倒 diāndǎo（英 *fall down*）▶グランドで～して足首を捻挫した/在运动场上摔倒扭伤了脚脖子 zài yùndòngchǎngshang shuāidǎo niǔshāngle jiǎobózi ▶そんな理屈は本末～だ/那套逻辑是本末倒置 nà tào luójí shì běnmò dàozhì

気が～する 丢魂落魄 diū hún luò pò; 惊慌失措 jīng huāng shī cuò ▶叱られて気が～する/被批评了一顿，就惊慌失措了 bèi pīpíngle yí dùn, jiù jīnghuāng shīcuò le

でんとう【伝統】 传统 chuántǒng（*a tradition*）▶～の一戦がいよいよ始まる/一场传统的比赛终于要开始了 yì chǎng chuántǒng de bǐsài zhōngyú yào kāishǐ le ▶この大学は100年の～を誇る/这所大学拥有一百年传统 zhè suǒ dàxué yōngyǒu yìbǎi nián chuántǒng ▶～にしばられるだけではいけない/只被传统束缚是不行的 zhǐ bèi chuántǒng shùfù shì bùxíng de

でんとう【電灯】 电灯 diàndēng（*an electric light*）▶～の笠/灯罩 dēngzhào ▶山小屋に初めて～がともった/山中小房第一次点起了电灯 shān zhōng xiǎofáng dìyī cì diǎnqǐle diàndēng ▶～をつけ放しにしておく/电灯一直开着不关 diàndēng yìzhí kāizhe bù guān

でんどう【伝道】 传道 chuándào; 传教 chuánjiào（英 *mission*）▶彼らは日本で～活動に従事した/他们在日本从事传道活动 tāmen zài Rìběn cóngshì chuándào huódòng

～師｜传教士 chuánjiàoshì

でんどう【伝導する】《熱や電気の》传导 chuándǎo（英 *conduct; transmit*）▶鉄は石より早く熱を～する/铁比石头导热快 tiě bǐ shítou dǎorè kuài ▶銅は～率が高い/铜的传导率很高 tóng de chuándǎolù hěn gāo

～体｜［理学］导体 dǎotǐ

でんどう【殿堂】 殿堂 diàntáng（英 *a palace*; ［神殿］*a temple*）▶美の～が新たに生まれた/又诞生了一个美的殿堂 yòu dànshēngle yí ge měi de diàntáng ▶石井氏は野球の～入りを果たした/石井先生进入棒球殿堂了 Shíjǐng xiānsheng jìnrù bàngqiú diàntáng le

でんどう【電動】 电动 diàndòng（英 *electric-powered*）▶～鋸（*のこぎり*）/电锯 diànjù ▶家庭用の～工具/家用电动工具 jiāyòng diàndòng gōngjù ▶～車椅子/电动轮椅 diàndòng lúnyǐ

てんどうせつ【天動説】 地心说 dìxīnshuō; 天动说 tiāndòngshuō（英 *the geocentric theory*）▶～を唱える/主张天动说 zhǔzhāng tiāndòngshuō

テントウムシ【天道虫】〔虫〕瓢虫 piáochóng; 花大姐 huādàjiě（英 *a ladybug*）

てんとして【恬として】 恬 tián（英 *coolly; calmly*）▶あんなミスをしながら～恥じない/犯了那样的错误还恬不知耻 fànle nàyàng de cuòwù hái tián bù zhī chǐ

てんとりむし【点取虫】 分数虫 fēnshùmi（英 *a grind*）

てんどん【天丼】〔料理〕炸虾大碗盖饭 zháxiā dàwǎn gàifàn（英 *a bowl of rice topped with fried fish*）▶昼飯は～の出前を取った/午饭叫了外卖的炸虾大碗盖饭 wǔfàn jiàole wàimài de zháxiā dàwǎn gàifàn

てんにゅう【転入する】 **❶**［他校に］转学 zhuǎnxué; 转入 zhuǎnrù（英 *move into...*）▶学年途中で南田小学校に～した/在学年中途转入了南田小学 zài xuénián zhōngtú zhuǎnrùle Nántián xiǎoxué ▶今年は～生が三人もいる/今年转校生有3名之多 jīnnián zhuǎnxiàoshēng yǒu sān míng zhī duō

❷［他の土地に］迁入 qiānrù; 搬到 bāndào（英 *move into...*）▶静岡市から名古屋市に～する/从静冈市迁入名古屋市 cóng Jìnggāngshì qiānrù Mínggǔwūshì ▶役所に～届を出す/去市政府交户口迁入表 qù shìzhèngfǔ jiāo hùkǒu qiānrùbiǎo

てんにょ【天女】 天女 tiānnǚ; 天仙 tiānxiān（英 *a celestial nymph*）▶僕には彼女が～に見えた/在我眼里，她就像天仙一样 zài wǒ yǎnli, tā jiù xiàng tiānxiān yíyàng ▶これが～の羽衣だそうだ/据说这就是天女的羽衣 jùshuō zhè jiù shì tiānnǚ de yǔyī

てんにん【転任する】 调职 diàozhí; 调任 diàorèn（英 *be transferred to...*）▶本庁から課長が～してくる/从总厅调任一名科长来 cóng zǒngtīng diàorèn yì míng kēzhǎng lái ▶新设校への～を希望します/我希望调到新建校去 wǒ xīwàng diàodào xīnjiànxiào qù

でんねつき【電熱器】 电炉 diànlú（英 *an electric heater*）

てんねん【天然の】 天然 tiānrán（英 *natural; wild*）▶これは養殖ではない、～ものだ/这不是养殖的，而是天然的 zhè bú shì yǎngzhí de, ér shì tiānrán de ▶「～の美」〔歌曲名〕/《天然之美》Tiānrán zhī měi ▶あなたって～ボケなのよねぇ/你可真是个天生的二百五 nǐ kě zhēn shì ge tiānshēng de èrbǎiwǔ

◆～ガス｜天然气 tiānránqì ～記念物｜天然纪念物 tiānrán jìniànwù ～資源｜自然资源 zìrán zīyuán ▶～資源に恵まれている/富有自然资源 fùyǒu zìrán zīyuán ～パーマ｜自然卷发 zìrán juǎnfà ～林｜天然林 tiānránlín

てんねんとう【天然痘】〔医〕天花 tiānhuā（英 *smallpox*）▶～にかかる/出天花 chū tiānhuā

てんのう【天皇】 天皇 tiānhuáng（英 *the Emperor*）▶～機関説/天皇机关论 tiānhuáng

♦～誕生日｜天皇誕辰 Tiānhuáng dànchén

てんのうざん【天王山】《比喻》決定勝敗的關鍵 juédìng shèngbài de guānjiàn；決戰 juézhàn (英 *a strategic point*)

てんのうせい【天王星】〘天文〙天王星 tiānwángxīng (英 *Uranus*)

でんぱ【伝播する】传播 chuánbō；传布 chuánbù (英 *spread*) ▶デマはネットを通じて全国に～した/流言通过网络传播到了全国 liúyán tōngguò wǎngluò chuánbōdàole quánguó ▶映像文化の～は必然の流れだ/影视文化的传播是必然的趋势 yǐngshì wénhuà de chuánbō shì bìrán de qūshì

でんぱ【電波】电波 diànbō (英 *an electric wave*) ▶映像は～にのって世界に流れた/映像被电波传播到世界各地 yìngxiàng bèi diànbō chuánbōdào shìjiè gèdì
♦～障害｜电波干扰 diànbō gānrǎo ▶障害が起こる/发生电波干扰 fāshēng diànbō gānrǎo
～望遠鏡｜电波望远镜 diànbō wàngyuǎnjìng

てんばい【転売する】转卖 zhuǎnmài；倒卖 dǎomài (英 *resell*) ▶土地の～で食っている/靠转卖土地过活 kào zhuǎnmài tǔdì guòhuó ▶右から左へ～する/从右边倒卖到左边 cóng yòubian dǎomài dào zuǒbian

でんぱた【田畑】田地 tiándì (英 *paddy and field*) ▶事業に失敗して田地一切を失った/企业失败了，失去了所有土地 qǐyè shībài le, shīqùle suǒyǒu tǔdì

てんばつ【天罰】天罚 tiānfá；报应 bàoyìng (英 *divine punishment*) ▶～を受ける/天诛地灭 tiān zhū dì miè ▶悪いやつには～が下るぞ/坏人一定会遭报应的 huàirén yídìng huì zāo bàoyìng de ▶～てきめん，あいつは転んでこぶをくった/现世现报，他摔倒了磕了个大包 xiànshì xiàn bào, tā shuāidǎo kēle ge dàbāo

てんび【天日】阳光 yángguāng (英 *sunlight*) ▶染めた布地を～にさらす/把染好的布料晒太阳 bǎ rǎnhǎo de bùliào shài tàiyáng ▶開いた魚を～でかわかす/让阳光晒干开膛鱼 ràng yángguāng shàigān kāitángyú

てんぴ【天火】烤炉 kǎolú (英 *an oven*)

てんびき【天引きする】预先扣除 yùxiān kòuchú (英 *deduct in advance*) ▶税金は給料から～される/税款从工资里被预先扣除 shuìkuǎn cóng gōngzīlǐ bèi yùxiān kòuchú ▶給料～でローンを払う/以从工资里预先扣除的方式来偿还贷款 yǐ cóng gōngzīlǐ yùxiān kòuchú de fāngshì lái chánghuán dàikuǎn

てんびょう【点描】点描 diǎnmiáo；素描 sùmiáo (英 *a sketch*) ▶その絵の～の手法に心をひかれた/被这幅画的点彩手法吸引住 bèi zhè fú huà de diǎncǎi shǒufǎ xīyǐnzhù ▶港の朝を～してみた/素描了一下海港的早晨风景 sùmiáole yíxià hǎigǎng de zǎochen fēngjǐng

でんぴょう【伝票】发票 fāpiào；传票 chuánpiào (英 *a slip; a chit*) ▶～を切る 开发票 kāi fāpiào ▶出金～を切る/开付款凭证 kāi fùkuǎn píngzhèng

日中比较 中国语的'传票 chuánpiào'は「会计伝票」の他に「召喚状」をも意味する。

てんびん【天秤】天平 tiānpíng；〔天秤棒〕扁担 biǎndan (英 *a balance*) ▶～棒で荷物をかつぐ/用扁担挑货物 yòng biǎndan tiāo huòwù
～にかける 权衡 quánhéng ▶二人の男を～にかける/权衡两个男人的高低优劣 quánhéng liǎng ge nánrén de gāodī yōuliè

てんびんざ【天秤座】〘天文〙天秤座 tiānchèngzuò (英 *the Balance; Libra*)

てんぷ【天賦】天赋 tiānfù (英 *nature*) ▶～人権説/天赋人权论 tiānfù rénquán lùn
♦～の才｜天赋 tiānfù；天才 tiāncái ▶～の才に恵まれる/具有天赋 jùyǒu tiānfù

てんぷ【添付する】添上 tiānshàng；附上 fùshàng (英 *append; add*) ▶申請書に住民票を～する/在申请表上附上居民登记卡 zài shēnqǐngbiǎoshang fùshàng jūmín dēngjìkǎ ▶ファイルで送稿する/传去电脑附件交稿 chuánqù diànnǎo fùjiàn jiāo gǎo

でんぶ【臀部】〘解〙臀部 túnbù (英 *the buttocks*)

てんぷく【転覆する】翻倒 fāndǎo (英 *overthrow; upset*) ▶政権の～を企てる/企图翻倒政权 qǐtú fāndǎo zhèngquán ▶嵐の中で船が～した/在暴风雨中船翻了 zài bàofēngyǔ zhōng chuán fān le

てんぷら【天麩羅】〘料理〙天麸罗 tiānfùluó；油炸菜 yóuzhácài (英 *tempura; deep-fried food*) ▶来る日も来る日も～を揚げている/每天每日炸天麸罗 měitiān měirì zhà tiānfùluó ▶今夜はいかの～だよ/今天晚上吃墨鱼天麸罗啊 jīntiān wǎnshang chī mòyú tiānfùluó a ▶～そばを取ってくれ/帮我订一份天麸罗荞麦面 bāng wǒ dìng yí fèn tiānfùluó qiáomiànmiàn

てんぶん【天分】天分 tiānfēn；天资 tiānzī (英 *genius; aptitude*) ▶あれほど～に恵まれた人は珍しい/那样独具天资的人真是罕见 nàyàng dú jù tiānzī de rén zhēn shì hǎnjiàn ▶～豊かな画家/富有天分的画家 fùyǒu tiānfēn de huàjiā

でんぶん【伝聞】传闻 chuánwén (英 *hearsay*) ▶これは～であって確かなことではない/这是传闻，不是事实 zhè shì chuánwén, bú shì shìshí ▶～するところでは病状がよくないらしい/据传病情似乎很严重 jùchuán bìngqíng sìhū hěn yánzhòng

でんぶん【電文】电文 diànwén (英 *a telegram*)

でんぷん【澱粉】淀粉 diànfěn (英 *starch*)

てんぺん【転変】变迁 biànqiān (英 *mutation*) ▶病床にあって我が身の～をたどってみた/卧病在床后，回顾了一下我人生的变迁 wòbìng zài chuáng hòu, huígùle yíxià wǒ rénshēng de biànqiān ▶なにしろ有為～の世の中だからね/无论如何这是一个变幻无常的世道 wúlùn rúhé zhè shì yí ge biànhuàn wúcháng de shìdào

てんべんちい【天変地異】 天地变异 tiāndì biànyì; 天崩地裂 tiān bēng dì liè (英 *a natural disaster*) ▶思えば～の続く一年でした/想来这真是天灾地难不断的一年 xiǎnglái zhè zhēn shì tiānzāi dìnàn búduàn de yì nián ▶幾たびか～に見舞われた/遭遇了几场天变地异的灾难 zāoyù le jǐ cháng tiāndì biànyì de zāinàn

てんぽ【店舗】 店铺 diànpù (英 *a store; a shop*) ▶駅前に～をかまえる/在铁路车站前开店 zài tiělù chēzhànqián kāidiàn

テンポ【速度】 速度 sùdù; 拍子 pāizi (英 *tempo*) ▶僕は～の速い曲が好きだ/我喜欢快节奏的乐曲 wǒ xǐhuan kuài jiézòu de yuèqǔ ▶都会は生活の～が速い/城市生活节奏很快 chéngshì shēnghuó jiézòu hěn kuài ▶あの男とは～が合わない/我和他不合拍 wǒ hé tā bù hépāi

てんぼう【展望】 瞭望 liàowàng; 眺望 tiàowàng; 展望 zhǎnwàng (英 *a view; a prospect*) ▶峠を越えると～が開けた/一越过山脊视野就开阔起来了 yí yuèguò shānjǐ shìyě jiù kāikuòqǐlai le ▶この部屋は～がきく/这个房间视野开阔 zhège fángjiān shìyě kāikuò ▶長期の～に立った計画を策定する/制定一个目光长远的计划 zhìdìng yí ge mùguāng chángyuǎn de jìhuà ▶美術界の～/美术界展望 měishùjiè zhǎnwàng
◆～台 瞭望台 liàowàngtái ▶～台にのぼる/登上瞭望台 dēngshàng liàowàngtái

でんぽう【電報】 电报 diànbào (英 *telegraph*) ▶～を打つ/发电报 fā diànbào ▶結婚祝いの～を打つ/发电报祝贺结婚 fā diànbào zhùhè jiéhūn

てんまく【天幕】 (英 *a tent*) 帐幕 zhàngmù

てんまつ【顛末】 始末 shǐmò; 原委 yuánwěi; 经过 jīngguò (英 *the details; the circumstances*) ▶事の～を説明しろよ/你说明一下事情的原委呀 nǐ shuōmíng yíxià shìqing de yuánwěi ya

てんまど【天窓】 天窗 tiānchuāng (英 *a skylight*) ▶～から月がのぞいている/月亮从天窗露出脸来 yuèliang cóng tiānchuāng lùchū liǎn lái

てんめい【天命】 天命 tiānmìng; 命运 mìngyùn;《寿命》寿数 shòushu (英 *fate; destiny*) ▶何事も～とあきらめる/认命 rènmìng; 认定什么都是命 rèndìng shénme dōu shì mìng

ことわざ 人事を尽くして天命を待つ 尽人事, 听天命 jìn rénshì, tīng tiānmìng

～に任せる 听天由命 tīng tiān yóu mìng ▶この先の人生は～に任せるさ/从今以后的人生就听天由命啦 cóngjīn yǐhòu de rénshēng jiù tīng tiān yóu mìng la

～を知る 知命 zhī mìng ▶俺も～を知る年だ/我也到了知命之年了 wǒ yě dàole zhī mìng zhī nián le

てんめつ【点滅する】 一亮一灭 yí liàng yí miè; 闪烁 shǎnshuò (英 *click on and off; blink*) ▶ウインカーが～する/方向灯闪烁着 fāngxiàngdēng shǎnshuòzhe ▶ネオンの～が信号だった/霓虹灯一亮一灭就是信号 níhóngdēng yí liàng yí miè jiù shì xìnhào

てんもん【天文】 天文 tiānwén (英 *astronomy*) ▶～学/天文学 tiānwénxué ▶ロケットの打ち上げ費用は～学的数字である/发射火箭所用经费是天文数字 fāshè huǒjiàn suǒ yòng jīngfèi shì tiānwén shùzì
◆～台 天文台 tiānwéntái

でんや【田野】 田野 tiányě (英 *fields and plains*)

てんやく【点訳する】 译成盲文 yìchéng mángwén (英 *translate... into braille*) ▶試験問題はすばやい～が求められる/试题要求迅速译成盲文 shìtí yāoqiú xùnsù yìchéng mángwén ▶この厚い辞書を彼は～するという/他说要把这大部头词典译成盲文 tā shuō yào bǎ zhè dàbùtou cídiǎn yìchéng mángwén

てんやもの【店屋物】 (英 *a dish from a take-out*) ▶～を取る/订饭馆的外卖便餐吃 dìng fànguǎn de wàimài biàncān chī ▶毎日～では飽きるね/每天吃外卖的饭菜会吃腻的 měitiān chī wàimài de fàncài huì chīnì de

てんやわんや 人仰马翻 rén yǎng mǎ fān; 天翻地覆 tiān fān dì fù (英 *utter confusion*) ▶我が家は朝から～の大さわぎだった/我们全家从早上就忙得四脚朝天 wǒmen quánjiā cóng zǎoshang jiù mángde sì jiǎo cháo tiān ▶その事件で政界は～だ/因为那个事件, 政界乱得天翻地覆 yīnwèi nàge shìjiàn, zhèngjiè luànde tiān fān dì fù

てんよ【天与】 天赐 tiāncì; 天赋 tiānfù (英 *a gift*) ▶～の機会を逃してはならない/不能错失天赐的良机 bùnéng cuòshī tiāncì de liángjī ▶彼は～の才に恵まれている/他独具天赋 tā dú jù tiānfù

てんよう【転用する】 挪用 nuóyòng; 移用 yíyòng (英 *divert*) ▶車庫を倉庫に～する/把车库移用为仓库 bǎ chēkù yíyòng wéi cāngkù ▶基金のこういう～は認められない/这样挪用基金, 我们不能认可 zhèyàng nuóyòng jījīn, wǒmen bùnéng rènkě

でんらい【伝来の】 传来 chuánlái; 祖传 zǔchuán (英 *inherited*) ▶仏教はいつごろ～したか/佛教是什么时候传来的? Fójiào shì shénme shíhou chuánlái de? ▶～の家宝を手放す/卖掉传家宝 màidiào chuánjiābǎo

てんらく【転落する】 坠落 zhuìluò; 摔落 shuāiluò;《落ちぶれる》沦落 lúnluò (英 *fall*) ▶～事故/坠落事故 zhuìluò shìgù ▶駅のホームから～する/从车站的月台上坠落下去 cóng chēzhàn de yuètáishang zhuìluòxiàqu ▶～の一途をたどる/直走沦落之路 zhí zǒu lúnluò zhī lù

てんらん【展覧する】 展览 zhǎnlǎn (英 *exhibit*) ▶招待作品は階上に～されている/受邀参展的作品在楼上展览着 shòuyāo cānzhǎn de zuòpǐn zài lóushàng zhǎnlǎnzhe

てんらんかい【展覧会】 展览会 zhǎnlǎnhuì (英 an exhibition; a show) ▶～に出品する/在展览会上展出作品 zài zhǎnlǎnhuìshang zhǎnchū zuòpǐn ▶一场は人でにぎわった/展览会上人很多 zhǎnlǎnhuìshang rén hěn duō

でんり【電離する】 电离 diànlí (英 ionize) ▶～層/电离层 diànlícéng

でんりゅう【電流】 电流 diànliú (英 an electric current; power) ▶コイルに～が通じている/线圈上通着电流 xiànquānshang tōngzhe diànliú ◆～計：电流表 diànliúbiǎo ◆安培计 ānpéijì ▶～計の針が揺れる/电流表的指针摇摆 diànliúbiǎo de zhǐzhēn yáobǎi

でんりょく【電力】 电力 diànlì (英 electric power) ▶消費～/耗电量 hàodiànliàng ▶～会社/电力公司 diànlì gōngsī ▶夏は～が不足しがちだ/夏季往往电力不足 xiàjì wǎngwǎng diànlì bùzú

でんれい【伝令】 传令 chuánlìng (英〔人〕a messenger) ▶《野球で》ベンチから～が走った/从队员席上传来指令 cóng duìyuánxíshang chuánlái zhǐlìng

でんわ【電話】 电话 diànhuà (英 a telephone; a phone) ▶～機/电话机 diànhuàjī ▶～交換手/话务员 huàwùyuán ▶ほら，君に～だよ/喂，是找你的电话啊！wèi, shì zhǎo nǐ de diànhuà a! ▶娘の長～には参るよ/女儿总煲电话粥，真没办法 nǚ'ér zǒng bāo diànhuà zhōu, zhēn méi bànfǎ ▶迷惑～がよくかかる/经常有骚扰电话打来 jīngcháng yǒu sāorǎo diànhuà dǎlái ▶～を受けたのは誰だい/接电话的是谁？ jiē diànhuà de shì shéi? ▶現地と～がつながりました/电话与当地接通了 diànhuà yǔ dāngdì jiētōng le ▶折り返し～します/回头尽快打电话给您 huítóu jǐnkuài dǎ diànhuà gěi nín ▶～で話せることではなかった/不是能在电话里说的事 bú shì néng zài diànhuàli shuō de shì

～に出る 接电话 jiē diànhuà ▶妹が～に出た/妹妹接了电话 mèimei jiēle diànhuà ▶野村は来客中で～に出られません/野村正在接待客人，不方便接电话 Yěcūn zhèngzài jiēdài kèrén, bù fāngbiàn jiē diànhuà

～をかける 打电话 dǎ diànhuà ▶こんな時間に～をかけるな/别在这样的时间打电话 bié zài zhèyàng de shíjiān dǎ diànhuà

◆国際～/国际电话 guójì diànhuà 携带～/手机 shǒujī ▶携带～で写真をとる/用手机照相 yòng shǒujī zhàoxiàng ～帳/电话号码簿 diànhuà hàomǎbù ▶～帳で番号を調べる/在电话号码簿上查电话号码 zài diànhuà hàomǎbù shàng chá diànhuà hàomǎ ～番号/电话号码 diànhuà hàomǎ ▶～番号を御記入下さい/请写下您的电话号码 qǐng xiěxià nín de diànhuà hàomǎ 留守番～/录音电话 lùyīn diànhuà ▶留守番～にメッセージを入れる/往录音电话里留言 wǎng lùyīn diànhuàli liúyán

と

と【戸】 门 mén (英〔扉〕a door; [引き戸] a sliding door; [窓の] a shutter) ▶～を開ける/开门 kāimén ▶～をたたく/敲门 qiāomén ▶～のすき間/门缝儿 ménfèngr ▶ガラス～/玻璃门 bōlimén; 玻璃窗 bōlichuāng ▶雨～/防雨窗 fángyǔchuāng ▶～がばたんとしまった/门"砰"的一声关上了 mén "pēng" de yì shēng guānshàng le ▶～をばたんとしめる/"砰"的一声把门关上 "pēng" de yì shēng bǎmén guānshàng

ことわざ 人の口には戸は立てられぬ 众口难封 zhòng kǒu nán fēng

ト【音楽】 ▶～長[短]調/G 大[小]调 G dà[xiǎo]diào

-と ① 【相手】 跟 gēn; 和 hé (英 and) ▶君～僕/你和我 nǐ hé wǒ ▶彼～比べる/跟他比 gēn tā bǐ ▶小林～口論する/跟小林争吵 gēn Xiǎolín zhēngchǎo ▶山田さん～結婚する/跟山田结婚 gēn Shāntián jiéhūn ② 【思考・発言の内容】 (英 that) ▶明日は雨だ～思う/我看明天会下雨 wǒ kàn míngtiān huì xiàyǔ ▶それは画期的な発明だ～彼は語った/他说："这是划时代的发明" tā shuō: "Zhè shì huàshídài de fāmíng" ③ 【変化・結果】 (英 to) ▶これで終わり～する/就此结束 jiùcǐ jiéshù ▶彼は無罪～決定する/判他无罪 pàn tā wúzuì ④ 【比較・異同】 跟 gēn; 同 tóng; 和 hé ▶彼～は比べ物にならない/比不上他 bǐbushàng tā ▶兄さん～違って，君は背が高いね/你跟哥哥不一样，个子真高啊 nǐ gēn gēge bù yíyàng, gèzi zhēn gāo a ⑤ 【列挙】 和 hé (英 and) ▶君～僕が選ばれた/你和我被选上了 nǐ hé wǒ bèi xuǎnshàng le ▶朝食にパン～目玉焼き～コーヒーをいただきました/早饭吃了面包和煎鸡蛋，喝了咖啡 zǎofàn chīle miànbāo hé jiānjīdàn, hēle kāfēi ⑥ 【ちょうどその時】 就 jiù (英 just; when…) ▶学校が終わる～彼は走って家に帰った/一下课，他就跑着回家了 yí xiàkè, tā jiù pǎozhe huíjiā le ▶列車が長いトンネルを抜ける～海だった/列车穿过漫长的隧道，前面就是海边儿了 lièchē chuānguò màncháng de suìdào, qiánmian jiùshì hǎi biānr le ⑦ 【もし…ならば】 要是…就 yàoshi…jiù (英 if) ▶雨が降る～出かけられない/要是下雨，就不能出去 yàoshi xiàyǔ, jiù bùnéng chūqù ⑧ 【…のたびに】 一…就 yī…jiù (英 whenever) ▶夏が来る～思い出す/一到夏天就会想起来 yí dào xiàtiān jiù huì xiǎngqǐlai ⑨ 【とも】 就是…也 jiùshì…yě; 即使…也 jíshǐ…yě; 不管…都 bùguǎn…dōu (英 even if; even though) ▶たとえ～に失敗しよう～かまわない/即使那件事会失败，我也不在乎 jíshǐ nà jiàn shì huì shībài, wǒ yě búzàihu ▶話の内容が事実であろう～なかろう～それは侮辱罪に当たる/不管所说的内容是否属实

这种行为都触犯了侮辱罪 bùguǎn suǒ shuō de nèiróng shìfǒu shǔshí, zhè zhǒng xíngwéi dōu chùfànle wǔrǔzuì

ど【度】 ❶【回数・1回】次 cì; 回 huí; 遍 biàn〈英 once〉▶2、3～行ったことがある/去过两三次 qùguò liǎng sān cì

❷【温度・角度など】度 dù;《めがねなどの》度数 dùshu〈英 a degree〉▶今日正午の温度は摂氏 20～だった/今天中午的气温是二十摄氏度 jīntiān zhōngwǔ de qìwēn shì èrshí Shèshìdù ▶彼の熱は 38 度 5 分であった/他的体温是三十八度五 tā de tǐwēn shì sānshíbā dù wǔ ▶北緯 50～/北纬五十度 běiwěi wǔshí dù ▶この眼鏡は～が合わない/这副眼镜度数不合这副 zhè fù yǎnjìng dùshu bù héshì ▶360～回転する/三百六十度转弯 sānbǎi liùshí dù zhuǎnwān

❸【程度・適度】度 dù; 分 fēn ▶20～の酒/二十度的酒 èrshí dù de jiǔ ▶～の強い酒/度数高的酒 dùshu gāo de jiǔ

～が過ぎる 过分 guòfèn; 过度 guòdù
～を失う 乱し方寸 luànle fāngcùn

ド【音楽】 多 duō《ドレミ音阶的第 1 音》〈英 do〉

ドア 门 mén〈英 a door〉▶自动车の～/汽车门 qìchē mén ▶～を開ける/开门 kāimén ▶～を閉める/关门 guānmén ▶静かに～が開いた/门静静地开了 mén jìngjìng de kāi le

♦～チェーン｜门链 ménliàn ～ノッカー｜门环 ménhuán ～ホン｜门铃 ménlíng ～マット｜门口擦脚用的垫子 ménkǒu cājiǎoyòng de diànzi ～マン《ホテル・劇場の》｜门童 méntóng

どあい【度合い】 程度 chéngdù〈英 a degree; a level〉▶対决の～を深める/加大对抗程度 jiādà duìkàng chéngdù ▶幸せの～を計る物差し/衡量幸福程度的标准 héngliáng xìngfú chéngdù de biāozhǔn

とあみ【投網】 撒网 sāwǎng〈英 a casting net〉▶船の上から～を打つ/在船上撒网 zài chuánshang sāwǎng

とい【問い】 问题 wèntí; 提问 tíwèn〈英 a question; an inquiry〉▶～を発する/发问 fāwèn; 提问 tíwèn ▶～に答える/回答问题 huídá wèntí ▶根源的な～を突き付けられたのだ/被问到根本性问题 bèi wèndào gēnběnxìng wèntí

とい【樋】【建築】导水管 dǎoshuǐguǎn; 水溜 shuǐliù〈英 a gutter; a drainpipe〉▶屋根に～を掛ける/在屋檐上挂上导水管 zài wūyánshang guàshàng dǎoshuǐguǎn

といあわせ【問い合わせ】 询问 xúnwèn; 咨询 zīxún〈英 inquiry〉▶電話による～が殺到した/咨询电话纷纷打来 zīxún diànhuà fēnfēn dǎlái ▶～先/问讯处 wènxùnchù

といあわせる【問い合わせる】 询问 xúnwèn; 打听 dǎting〈英 inquire; make an inquiry; refer〉▶バス会社に始発時刻を～/向公交车公司问问头班车的发车时间 xiàng gōngjiāochē gōngsī wèn túobānchē de fāchē shíjiān ▶彼の人物について森氏に～/跟森先生打听他的人品 gēn Sēn xiānsheng dǎting tā de rénpǐn

といかえす【問い返す】 反问 fǎnwèn;《聞きとれなくて》重问 chóngwèn〈英 ask again〉▶そういうおまえはどうなんだと問い返した/反问道："你自己又是怎么样呢？" fǎnwèndào: "Nǐ zìjǐ yòu shì zěnmeyàng ne?" ▶何度もしつこく～/缠着问了好几次 chánzhe wènle hǎojǐ cì ▶よく聞こえなかったので問い返した/没有听清，所以又问了一遍 méiyǒu tīng qīng, suǒyǐ yòu wènle yí biàn

といかける【問いかける】 提问 tíwèn; 打听 dǎting〈英 ask〉▶受け付けの人に問いかけたが知らん顔された/向问询处打听，却不被理睬 xiàng wènxúnchù dǎting, què bú bèi lǐcǎi

といき【吐息】 叹气 tànqì〈英 a sigh〉▶～をつく/叹一口气 tàn yìkǒuqì

といし【砥石】 磨刀石 módāoshí〈英 a whetstone; a grinder〉▶～で包丁を研(と)ぐ/用磨刀石磨刀 yòng módāoshí mò dāo

といた【戸板】 门板 ménbǎn〈英 a sliding door〉▶彼は～に乗せられて担(かつ)ぎ込まれた/他被放在门板上抬了进来 tā bèi fàngzài ménbǎnshang táilejìnlai

といただす【問い質す】 叮问 dīngwèn; 究问 jiūwèn; 追问 zhuīwèn〈英 question; inquire〉▶根掘り葉掘り～/刨根问底儿地追问 páogēn wèndǐr de zhuīwèn ▶不正疑惑を～/追究违规嫌疑 zhuījiū wéiguī xiányí

といつめる【問い詰める】 责问 zéwèn; 追问 zhuīwèn; 盘问 pánwèn〈英 question closely〉▶厳しく問い詰められてとうとう白状した/被严厉盘问终于交待了 bèi yánlì pánwèn zhōngyú jiāodài le

トイレ(ット) 厕所 cèsuǒ; 洗手间 xǐshǒujiān; 卫生间 wèishēngjiān〈英 a toilet; a lavatory〉▶～に行く/上厕所 shàng cèsuǒ ▶～はどこですか/洗手间在哪儿？xǐshǒujiān zài nǎr? ▶～掃除/打扫厕所 dǎsǎo cèsuǒ ▶～を貸していただけますか/让我用一下洗手间，可以吗？ràng wǒ yòng yíxià xǐshǒujiān, kěyǐ ma? ▶バス・～付きの部屋/带卫浴的房间 dài wèiyù de fángjiān

♦～ペーパー｜手紙 shǒuzhǐ; 卫生纸 wèishēngzhǐ

とう【当】 ❶【道理】正当 zhèngdàng; 妥当 tuǒdàng〈英 justice〉❷【この】这 zhè; 该 gāi〈英 this〉▶～の本人は平气だった/当事者本人并不在乎 dāngshìzhě běnrén bìng búzàihu ▶～社では扱っておりません/那种产品，本公司不经销 nà zhǒng chǎnpǐn, běn gōngsī bù jīngxiāo

～を得た 适当 shìdàng; 得体 détǐ ▶君のしたことは～を得ている/你的所作所为很正确 nǐ de suǒ zuò suǒ wéi hěn zhèngquè ▶～を得た処置/正当的处理 zhèngdàng de chǔlǐ ▶彼一人をほめるのは～を得ていない/表扬他一个人是不合适的 biǎoyáng tā yí ge rén shì bù héshì de ▶彼の非難に～を得ていない/他的责难没有道理 tā de zénán méiyǒu dàoli

とう【党】 党 dǎng〈英 a party〉; [徒党] a fac-

tion; [同盟] a league) ▶~首/党首 dǎngshǒu ▶一~独裁/一党专制 yì dǎng zhuānzhì ▶~を結成する/组成政党 zǔchéng zhèngdǎng ▶~から脱退する/脱离党组织 tuōlí dǎng zǔzhī; 脱党 tuōdǎng ▶お前は甘~, 俺は辛~/你爱吃点心, 我爱喝酒 nǐ ài chī diǎnxin, wǒ ài hē jiǔ
◆~勢；党的势力 dǎng de shìlì ▶~勢を拡張する/扩充党的势力 kuòchōng dǎng de shìlì ▶~勢がふるわない/党的势力不强 dǎng de shìlì bù qiáng　～籍；党籍 dǎngjí　～大会；党大会 dǎngdàhuì

とう【問う】 ❶【尋ねる】问 wèn; 打听 dǎtīng; 询问 xúnwèn (英 ask; inquire; question) ▶問わず問いに話す/没人问而自己说 méi rén wèn ér zìjǐ shuō
❷【問題にする】(多く否定で使う) 论 lùn; 管 guǎn; 问 wèn (英 mind; care) ▶他人の思惑など ～ところがない/不必顾忌别人怎么想 búbì gùjì biéren zěnme xiǎng ▶老若男女を問わず参加できる/不论男女老少均可参加 búlùn nánnǚlǎoshào jūn kě cānjiā ▶晴雨を問わず実施する/不管天气好坏都要实行 bùguǎn tiānqì hǎohuài dōu yào shíxíng ▶《広告》店員募集、経験を問わず/招募店员, 不问工作经验 zhāomù diànyuán, búwèn gōngzuò jīngyàn
❸【追及する】追究 zhuījiū (英 pursue) ▶殺人罪に～/追究杀人罪 zhuījiū shārénzuì ▶責任を問われて辞職した/被追究责任而辞职 bèi zhuījiū zérèn ér cízhí ▶今問われているのは健全な常識だ/现在需要的是健全的常识 xiànzài xūyào de shì jiànquán de chángshí

とう【塔】 塔 tǎ; 宝塔 bǎotǎ (英 a tower; [仏寺の] a pagoda; [尖塔] a steeple) ▶展望～/眺望塔 tiàowàngtǎ ▶五重の～/五重塔 wǔchóngtǎ ▶エッフェル～/埃菲尔塔 Āifēi'ěrtǎ ▶あれは象牙の～にこもっている人々の/那是一个躲在象牙塔里的人 nà shì yí ge duǒzài xiàngyátǎli de rén

とう【等】 ❶【等級】级 jí; 等 děng (英 a class; a grade) ▶一～地に住んでいる/住在最好的地段 zhùzài zuìhǎo de dìduàn ▶上～の肉/上等的好肉 shàngděng de hǎo ròu ▶1～星/一级星 yì jí xīng ▶商店街の抽選で1～賞を当てた/在商店街的抽奖中抽中了一等奖 zài shāngdiànjiē de chōujiǎngzhōng chōuzhòngle yī děng jiǎng ▶100メートル走で1～になった/在百米赛跑中获得第一名 zài bǎimǐ sàipǎozhōng huòdé dìyī míng ❷【など】等等 děngděng (英 and so on; etc.) ▶会員には詩人、小説家、画家等が含まれる/会员中有诗人、小说家、画家等等 huìyuánzhōng yǒu shīrén、xiǎoshuōjiā、huàjiā děngděng

とう【頭】 头 tóu; 匹 pǐ; 只 zhī (英 a head) ▶牛10～/十头牛 shí tóu niú ▶3～の馬/三匹马 sān pǐ mǎ ▶2～の虎/两只老虎 liǎng zhī lǎohǔ

とう【薹】 薹 tái [注意] '苔 tái' (こけ) ではない.

(英 a flowering stalk) ▶フキの～/蜂斗叶的梗 fēngdǒuyè de gěng
～が立つ 已过了最好的时候 yǐ guòle zuìhǎo de shíhou

トウ【籐】【植物】藤 téng; 藤萝 téngluó; 藤条 téngtiáo (英 a cane; a rattan) ▶～椅子/藤椅 téngyǐ

どう 怎样 zěnyàng; 怎么 zěnme; 如何 rúhé (英 [何] what; [どのように] how) ▶～したらよいかわからない/不知道怎么办才好 bù zhīdào zěnme bàn cái hǎo ▶あの本の出版計画は～なりましたか/那本书的出版计划怎么样了? nà běn shū de chūbǎn jìhuà zěnmeyàngle? ▶君はあの男を～思いますか/你觉得他怎么样? nǐ juéde tā zěnmeyàng? ▶ためしにこれを使ってみたら～ですか/用这个试一试, 怎么样? yòng zhège shìyishì, zěnmeyàng? ▶～やるのか教えて下さい/请你教我怎么做 qǐng nǐ jiào wǒ zěnme zuò ▶御商売は～ですか/生意怎么样? shēngyi zěnmeyàng? ▶君にやめられたら会社は～なるんだ/你走了, 公司怎么办? nǐ zǒu le, gōngsī zěnmebàn? ▶君にしたのだ/你怎么了? nǐ zěnme le? ▶あの国の経済は～しようもない/那个国家的经济已无药可救 nàge guójiā de jīngjì yǐ wú yào kě jiù ▶結果が～あろうともやってみるべきだ/不论结果如何都应该去尝试 búlùn jiéguǒ rúhé dōu yīnggāi qù chángshì ▶～なりといようにして下さい/随你的便 suí nǐ de biàn

どう【胴】 躯干 qūgàn (英 the trunk) ▶～の長い体つき/上身偏长的体型 shàngshēn piāncháng de tǐxíng ▶～回り85センチ/腰围八十五公分 yāowéi bāshíwǔ gōngfēn

どう【堂】 ❶【神仏を祭る場】神殿 shéndiàn; 佛堂 fótáng (英 a temple; a shrine) ▶礼拝～/礼拜堂 lǐbàitáng ❷【人の集まる建物】堂 táng (英 a hall) ▶国会議事～/国会议事堂 guóhuì yìshìtáng
～に入(い\')る 到家 dàojiā; 造诣很深 zàoyì hěn shēn ▶彼の演技は～に入ったものだった/他的演技造诣很深 tā de yǎnjì zàoyì hěn shēn ▶彼の演説は～に入っている/他的演讲很高明 tā de yǎnjiǎng hěn gāomíng

どう【銅】 铜 tóng (英 copper) ▶裏山から古代の～鏡が発掘された/从后山发掘出了古代的铜镜 cóng hòushān fājuéchūle gǔdài de tóngjìng
◆～線；铜丝 tóngsī　～メダル；铜牌 tóngpái

どうあげ【胴上げする】 (把某人) 扔到半空中 (bǎ mǒurén) rēngdào bànkōngzhōng (英 toss up... in the air) ▶優勝してキャプテンを～する/获得冠军, 把队长抛向空中 huòdé guànjūn, bǎ duìzhǎng pāoxiàng kōngzhōng

とうあつせん【等圧線】【気象】等压线 děngyāxiàn (英 an isobaric line; an isobar)

とうあん【答案】答卷 dájuàn; 卷子 juànzi (英 [答] an answer; [試] an examination paper) ▶～用紙/试卷 shìjuàn ▶白紙～を出す/交白卷儿 jiāo báijuànr ▶～を見直して誤りに気づ

く/重看一遍答案，发现错误 chóng kàn yí biàn dá'àn, fāxiàn cuòwù ▶数学の〜を採点する/判数学答卷 pàn shùxué dájuàn

どうい【同意】同意 tóngyì；赞成 zànchéng（英 agree to...; consent to...; approve of...）▶君の意見には〜しかねる/我不能同意你的意见 wǒ bùnéng tóngyì nǐ de yìjiàn ▶あなたの提案に喜んで〜します/我欣然赞同你的提案 wǒ xīnrán zàntóng nǐ de tí'àn ▶彼女は家族の〜を得ぬまま結婚した/她没有经家人同意就结婚了 tā méiyǒu jīng jiārén tóngyì jiù jiéhūn le ▶彼の〜を得られなかった/没有得到他的同意 méiyǒu dédào tā de tóngyì

どういう 怎样的 zěnyàng de；什么样的 shénmeyàng de（英 how; what）▶〜ときに事故が起こりやすいか/什么样的场合容易发生事故？ shénmeyàng de chǎnghé róngyì fāshēng shìgù? ▶〜わけか分からない/不知道是什么缘故 bù zhīdào shì shénme yuángù ▶〜仕事をしたいですか/你想从事什么样的工作？ nǐ xiǎng cóngshì shénmeyàng de gōngzuò?

どういげんそ【同位元素】同位素 tóngwèisù（英 an isotope）

どういご【同意語】同义词 tóngyìcí（英 a synonym）

とういそくみょう【当意即妙】随机应变 suí jī yìng biàn（英 ready wit）▶〜の返事をする/随机应变地回答 suí jī yìng biàn de huídá

どういたしまして 不谢 búxiè；哪里哪里 nǎli nǎli；不敢当 bùgǎndāng；不客气 búkèqi（英 You're welcome.; No problem.）▶「ありがとう」「〜」/"谢谢！""不谢 Búxiè"/"御面倒をおかけしました""〜"/"麻烦您了 Máfan nín le""没什么 Méi shénme"

とういつ【統一する】统一 tǒngyī；使标准化 shǐ biāozhǔnhuà（英 unify; standardize（標準化））▶国家を〜する/统一国家 tǒngyī guójiā ▶国語を〜する/使国语标准化 shǐ guóyǔ biāozhǔnhuà ▶この文章は用語の〜を欠いている/这篇文章用词缺乏一贯性 zhè piān wénzhāng yòng cí quēfá yíguànxìng ▶〜行動をとる/采取统一行动 cǎiqǔ tǒngyī xíngdòng
♦〜戦線：统一战线 tǒngyī zhànxiàn

どういつ【同一の】同一 tóngyī；相同 xiāngtóng；同样 tóngyàng（英 the same...; identical）▶〜性/性障害/性别认同障碍 xìngbié rèntóng zhàng'ài ▶所得が〜水準にある/所得达到同样水平 suǒdé dádào tóngyàng shuǐpíng ▶写真で両者が〜人物であることを確認する/通过照片确认两者是否为一人 tōngguò zhàopiàn quèrèn liǎng zhě shìfǒu wéi yì rén

どういつし【同一視する】等量齐观 děng liàng qí guān；一视同仁 yí shì tóng rén；同样看待 tóngyàng kàndài（英 identify... with～）▶両者を〜することではない/不能把二者等量齐观 bùnéng bǎ èr zhě děng liàng qí guān ▶あんな連中と〜しないでもらいたい/请你不要把我和那些家伙相提并论 qǐng nǐ búyào bǎ wǒ hé nàxiē jiāhuo xiāng tí bìng lùn

とういん【党員】党员 dǎngyuán（英 a party member）

とういん【頭韻】（詩）头韵法 tóuyùnfǎ（英 alliteration）▶〜を踏む/押头韵 yā tóuyùn

どういん【動員する】动员 dòngyuán（英 mobilize）▶民間資金を〜する/调动民间资金 diàodòng mínjiān zījīn ▶自分が持っている知識を総〜する/充分调动自己所有的知识 chōngfèn diàodòng zìjǐ suǒyǒu de zhīshi ▶その映画は5万人の観客を〜した/那部电影的上座率高达五万人 nà bù diànyǐng de shàngzuòlǜ gāodá wǔwàn rén

とうえい【投影する】投影 tóuyǐng；反映 fǎnyìng（英 project）▶〜図/投影図 tóuyǐngtú ▶ビルの壁面にデモ映像を〜する/商品宣传的影像投射在大楼的墙壁上 shāngpǐn xuānchuán de yǐngxiàng tóushè zài dàlóu de qiángbìshang ▶この一説には作者の屈折した心理が〜されている/这一节折射出作者复杂的心理 zhè yì jié zhéshèchū zuòzhě fùzá de xīnlǐ

とうおう【東欧】东欧 Dōng Ōu（英 the Eastern European countries）

どうおん【同音】同音 tóngyīn（英 the same sound）▶〜異義語/同音异义词 tóngyīnyìyìcí

とうおんせん【等温線】等温线 děngwēnxiàn（英 an isotherm）

とうか【灯火】灯 dēng；灯火 dēnghuǒ；灯光 dēngguāng（英 a light）▶〜無しの自転車/没点灯的自行车 méi diǎndēng de zìxíngchē

とうか【投下する】投下 tóuxià；[資本を] invest）▶資本を〜する/投入资本 tóurù zīběn ▶原爆〜の当日/投放原子弹的那一天 tóufàng yuánzǐdàn de nà yì tiān ▶救援物資を〜する/扔下救援物资 rēngxià jiùyuán wùzī

とうか【透過する】透过 tòuguò（英 penetrate）▶〜性/渗透性 shèntòuxìng；透气性 tòuqìxìng

とうか【等価】等价 děngjià（英 equivalence）▶〜物/等价物 děngjiàwù
♦〜交換：等价交换 děngjià jiāohuàn

どうか ❶【依頼や願望】请 qǐng（英 please）▶よろしくお願いします/请多关照 qǐng duō guānzhào ▶〜そうして下さい/就请这么办吧 jiù qǐng zhème bàn ba ▶〜無事であってくれ/请一定要保佑他平安无事 qǐng yídìng yào bǎoyòu tā píng ān wú shì
❷【…かどうか】是否 shìfǒu；还是 háishi（英 whether...; if...）▶知っているか〜と尋ねられた/被询问是否知道 bèi xúnwèn shìfǒu zhīdào ▶それは〜/这样好吗？ zhèyàng hǎo ma?
❸【手段・方法】手段 shǒuduàn（英 somehow）▶急いで〜しなければならない/必须立刻采取措施以便〜 bìxū lìkè cǎiqǔ cuòshī
❹【不自然な成り行き】不正常 bú zhèngcháng（英 something is wrong）▶〜している/不对劲 bú duìjìn ▶〜しましたか/你怎么了？ nǐ zěnme

どうか ▶～すると大問題になるかもしれない/说不定会出大问题 shuōbudìng huì chū dà wèntí ▶あの髪型は～と思うよ/我觉得那发型怪怪的 wǒ juéde nà fàxíng guàiguai de

どうか【同化する】 同化 tónghuà; 感化 gǎnhuà;《消化吸收する》消化 xiāohuà（英 assimilate）▶～作用/同化作用 tónghuà zuòyòng ▶私はいつの間にか地域社会に～していた/我不知不觉地融入了当地社会 wǒ bùzhī bùjué de róngrùle dāngdì shèhuì ▶異民族を自国の文化に～させる/让不同的民族同化于自己国家的文化 ràng bùtóng de wénhuàyù zìjǐ guójiā de wénhuà ▶～政策/同化政策 tónghuà zhèngcè

どうか【銅貨】 铜币 tóngbì; 铜子儿 tóngzǐr（英 a copper coin）

どうが【動画】 动画片 dònghuàpiàn（アニメーション）（英 an animated cartoon）

とうかい【倒壊する】 倒塌 dǎotā（英 collapse; be destroyed）▶この建物は～の危険がある/这个建筑有倒塌的危险 zhège jiànzhù yǒu dǎotā de wēixiǎn ▶ビルが地震で～する/大楼因地震倒塌 dàlóu yīn dìzhèn dǎotā ▶～家屋/倒塌的房屋 dǎotā de fángwū

とうがい【当該の】 该 gāi（英 concerned）▶～官庁/该机关 gāi jīguān ▶～人物/该人 gāi rén

とうかく【頭角】 头角 tóujiǎo
～を現す 崭露头角 zhǎnlù tóujiǎo

どうかく【同格の】 同格 tónggé; 同等资格 tóngděng zīgé（英 of the same rank）▶うちでは猫も人も～の扱いだ/我家对猫和人都是一视同仁 wǒ jiā duì māo hé rén dōu shì yí shì tóng rén

どうかせん【導火線】 导火线 dǎohuǒxiàn; 引线 yǐnxiàn（英 a fuse; a primer）▶～に火をつける/点燃导火线 diǎnrán dǎohuǒxiàn ▶政治改革の～となる/成为政治改革的导火线 chéngwéi zhèngzhì gǎigé de dǎohuǒxiàn

とうかつ【統括する】 总括 zǒngkuò; 概括 gàikuò（英 unify）▶様々な意見を～する/总结各种各样的意见 zǒngjié gèzhǒng gèyàng de yìjiàn

とうかつ【統轄する】 统辖 tǒngxiá; 管辖 guǎnxiá（英 control; preside）▶会長は本協会を代表して会務を～する/会长代表本协会统筹会务 huìzhǎng dàibiǎo běn xiéhuì tǒngchóu huìwù

どうかつ【恫喝する】 恫吓 dònghè（英 threaten）▶相手を～して黙らせる/恐吓对手，让其沉默 kǒnghè duìshǒu, ràng qí chénmò ▶不当な～には屈しない/对不正当的恐吓不予屈服 duì bú zhèngdàng de kǒnghè bùyǔ qūfú

トウガラシ【唐辛子】 《植物》辣椒 làjiāo; 辣子 làzi（英 red pepper）

とうかん【投函する】 投寄 tóujì; 投进邮筒 tóujìn yóutǒng（英 mail; post）▶手紙を～する/投寄信件 tóujì xìnjiàn

とうかん【等閑】 等闲 děngxián; 忽视 hūshì（英 neglect; disregard）▶～视する/等闲视之 děngxián shì zhī; 忽视 hūshì

トウガン【冬瓜】 《植物》冬瓜 dōngguā（英 a wax gourd）

どうかん【同感】 同感 tónggǎn; 同意 tóngyì; 赞同 zàntóng（英 agreement; the same opinion）▶君の意見に全く～だ/完全同意你的意见 wánquán tóngyì nǐ de yìjiàn

どうがん【童顔】 童颜 tóngyán; 娃娃相 wáwaxiàng（英 a childish/baby face）▶彼は～だから歳より若く見える/他是娃娃脸，看上去比实际年龄要年轻 tā shì wáwaliǎn, kànshàngqu bǐ shíjì niánlíng yào niánqīng

とうき【冬期・冬季】 冬季 dōngjì（英 the winter season）▶～休暇/寒假 hánjià ▶～オリンピック/冬季奥运会 dōngjì Àoyùnhuì

とうき【投棄する】 抛弃 pāoqì（英 dump; throw away）▶産業廃棄物を不法に～する/违法抛弃产业垃圾 wéifǎ pāoqì chǎnyè lājī ▶山林に～された建築廃材/被抛弃在山林里的建筑垃圾 bèi pāoqì zài shānlínlǐ de jiànzhù lājī

とうき【投機】 投机 tóujī（英 speculation）▶～の売買をする/投机交易 tóujī jiāoyì ▶～の対象として土地を買う/作为投机对象购买土地 zuòwéi tóujī duìxiàng gòumǎi tǔdì ▶～に手を出して失敗する/涉足投机而失败 shèzú tóujī ér shībài ▶～的な取引を抑制する/调控投机性的交易 tiáokòng tóujīxìng de jiāoyì ▶～熱が冷める/投机热降温 tóujīrè jiàngwēn
◆～家: 投机家 tóujījiā

とうき【陶器】 陶器 táoqì（英 earthenware; china）▶～製造所/陶器制造厂 táoqì zhìzàochǎng ▶～商/陶器商 táoqìshāng

とうき【登記する】 登记 dēngjì; 注册 zhùcè（英 register）▶不動産～/注册房地产 zhùcè fángdìchǎn
◆～所: 登记处 dēngjìchù ～簿: 登记簿 dēngjìbù ～料: 登记费 dēngjìfèi

とうき【騰貴】 涨价 zhǎngjià; 上涨 shàngzhǎng; 高腾 gāoténg（英 a rise;［評価額の］an appreciation）▶地価の～/地皮涨价 dìpí zhǎngjià ▶物価が～した/物价高涨 wùjià gāozhǎng ▶物価は～の傾向にある/物价呈现涨势 wùjià chéngxiàn zhǎngshì

とうぎ【討議】 讨论 tǎolùn; 商讨 shāngtǎo（英 discuss; debate）▶～資料を配布する/分发讨论资料 fēnfā tǎolùn zīliào ▶委員会は今後の行動計画について～された/委员会就今后的行动计划进行了商讨 wěiyuánhuì jiù jīnhòu de xíngdòng jìhuà jìnxíngle shāngtǎo ▶強引に～を打ち切る/强行结束讨论 qiángxíng jiéshù tǎolùn

どうき【同期の】 同期 tóngqī;《学校の》同年级 tóngniánjí; 同届 tóngjiè（英 in the same year/period）《学校の》～生/同届同学 tóngjiè tóngxué ▶昨年の～に比べて 36％増加した/跟去年同期相比增加了百分之三十六 gēn qùnián tóngqī xiāngbǐ zēngjiāle bǎi fēn zhī sānshíliù

~の卒業生/同届毕业生 tóng jiè bìyèshēng

どうき【動悸】〔医〕心跳 xīntiào; 心悸 xīnjì (英 *palpitations*) ▶階段をのぼると息切れして~がする/一上楼梯就会喘息, 心跳 yí shàng lóutī jiù huì chuǎnxī, xīntiào

どうき【動機】动机 dòngjī (英 *a motive*) ▶不純な~で参加した/怀着不纯的动机参加 huáizhe bùchún de dòngjī cānjiā ▶上手になりたいという強い~が必要だ/需要有想进步的强烈愿望 xūyào yǒu xiǎng jìnbù de qiángliè yuànwàng ▶嫉妬が~の殺人と思われる/看来是因嫉妒杀人 kànlái shì yīn jídù shārén ▶~のない殺人/没有动机的杀人 méiyǒu dòngjī de shārén ▶それは政治的な~から出た発言だ/这是出于政治动机的言论 zhè shì chūyú zhèngzhì dòngjī de yánlùn

どうき【銅器】铜器 tóngqì (英 *copperware*)

どうぎ【動議】动议 dòngyì (英 *a motion*) ▶修正~を提出する/提出修改动议 tíchū xiūgǎi dòngyì ▶緊急~/紧急动议 jǐnjí dòngyì

どうぎ【道義】道义 dàoyì (英 *morality; ethics*) ▶我々の商売にも守らなければならない~がある/我们的生意也有必须遵守的道义 wǒmen de shēngyì yě yǒu bìxū zūnshǒu de dàoyì ▶その件に関しては彼に~の責任がある/关于这件事他负有道义上的责任 guānyú zhè jiàn shì tā fù yǒu dàoyìshang de zérèn ▶~を重んじる/重道义 zhòng dàoyì ▶~心/道义心 dàoyìxīn

どうぎご【同義語】同义词 tóngyìcí (英 *a synonym*)

とうきゅう【投球】(野球) 投球 tóuqiú (英 *pitching*) ▶~フォーム/投球姿势 tóuqiú zīshì ▶彼の~にはくせがある/他投的球很有特征 tā tóu de qiú hěn yǒu tèzhēng ▶みごとな~/好球 hǎoqiú

全力~する 竭尽全力投球 jiéjìn quánlì tóuqiú; 全力以赴 quánlì yǐ fù ▶彼は何事に対しても全力~する/他做什么事都全力以赴 tā zuò shénme shì dōu quánlì yǐ fù

とうきゅう【等級】等级 děngjí; 等次 děngcì (英 *a class; a grade*; [位] *a rank*) ▶~が二つ上がる/提升了两级 tíshēngle liǎng jí ▶~をつける/评级 píngjí

とうぎゅう【闘牛】斗牛 dòuniú (英 *a bullfight*; [牛] *a fighting bull*) ▶~大会/斗牛大会 dòuniú dàhuì

◆~士 斗牛士 dòuniúshì ~場 斗牛场 dòuniúchǎng

とうきゅう【同級】同班 tóngbān (英 *the same class*) ▶~生/同班同学 tóngbān tóngxué ▶私は彼とは~だ/我跟他是同班 wǒ gēn tā shì tóngbān

とうぎょ【統御する】驾驭 jiàyù; 统治 tǒngzhì; 统御 tǒngyù (英 *rule; control*) ▶全軍を~する/统帅全军 tǒngshuài quánjūn

どうきょ【同居する】同居 tóngjū; 同住 tóngzhù (英 *live with...; room with...*) ▶妻の両親を~する/跟妻子的父母住在一起 gēn qīzi de fùmǔ zhùzài yìqǐ ▶三世代が~する/三世同堂 sān shì tóngtáng ▶伯母の家に~しています/住在伯母家 zhùzài bómǔ jiā ▶~人を置く/让别人住在自己家中 ràng biérén zhùzài zìjǐ jiāzhōng ▶父への愛と憎しみが心の中で~していた/心中交织着对父亲的爱与恨 xīnzhōng jiāozhīzhe duì fùqin de ài yǔ hèn

どうきょう【同郷】同乡 tóngxiāng (英 *the same district*) ▶~人/乡亲 xiāngqīn; 老乡 lǎoxiāng ▶~のよしみで付き合う/出于同乡的情谊交往 chūyú tóngxiāng de qíngyì jiāowǎng ▶彼は僕と~だ/他跟我是同乡 tā gēn wǒ shì tóngxiāng

どうきょう【道教】道教 Dàojiào (英 *Taoism*)

どうぎょう【同業】同行 tóngháng; 同业 tóngyè (英 *the same trade*) ▶~他社へ転職する/转到同一行业的其他公司工作 zhuǎndào tóngyī hángyè de qítā gōngsī gōngzuò

◆~組合 行会 hánghuì ~者 同行 tóngháng

とうきょく【当局】当局 dāngjú (英 *the authorities*) ▶警察~が強制捜査を行った/警察当局进行强制性搜查 jǐngchá dāngjú jìnxíng qiángzhìxìng sōuchá ▶~関係~ 有关当局 yǒuguān dāngjú ~者 当局人 dāngjúrén

とうきょり【等距離】等距离 děngjùlí (英 *an equal distance*) ▶~外交/等距离外交 děngjùlí wàijiāo ▶~に区分する/分成等距离 fēnchéng xiāngděng jùlí

どうぐ【道具】工具 gōngjù; 用具 yòngjù (英 *a tool; an instrument*) ▶~箱/工具箱 gōngjùxiāng ▶芝居の小~/戏剧的小道具 xìjù de xiǎodàojù ▶古~屋/买卖旧家庭用具的商店 mǎimai jiù jiātíng yòngjù de shāngdiàn ▶人間を~扱いする/把人当成工具使用 bǎ rén dàngchéng gōngjù lái shǐyòng ▶会議の~立てがととのう/会议准备就绪 huìyì zhǔnbèi jiùxù ▶スキー~一式/一套滑雪用品 yí tào huáxuě yòngpǐn ▶掃除~/打扫用的工具 dǎsǎo yòng de gōngjù

日中比較 中国語の '道具 dàojù' は「舞台用の道具」を指す.

どうくつ【洞窟】洞穴 dòngxué (英 *a cave; a cavern*)

とうげ【峠】山口 shānkǒu;(頂点) 顶点 dǐngdiǎn; 绝顶 juédǐng (英 *a pass*; [危機] *a crisis*) ▶病は~を越した/病情脱离了危险 bìngqíng tuōlíle wēixiǎn ▶彼の人気も~を越した/他的人气也开始走下坡了 tā de rénqì yě kāishǐ zǒu xiàpō le

どうけ【道化】滑稽 huájī; 小丑 xiǎochǒu (英 *a clownery*) ▶~役/丑角 chǒujué; 小丑 xiǎochǒu ▶~芝居/滑稽戏 huájīxì ▶僕はいつもクラスで~を演じていた/我总在班级里扮演小丑的角色 wǒ zǒng zài bānjí lǐ bànyǎn xiǎochǒu de juésè

とうけい【東経】东经 dōngjīng (英 *the east*

longitude）▶～60度15分/东经六十度十五分 dōngjīng liùshí dù shíwǔ fēn

とうけい【統計】 统计 tǒngjì （英 statistics）▶～をとる/统计 tǒngjì ▶～のまやかしを見破る/查出在统计上作假 cháchū zài tǒngjìshang zuòjiǎ ▶グラフや～で示す/用图表和统计数字表示 yòng túbiǎo hé tǒngjì shùzì biǎoshì
♦人口～/人口统计 rénkǒu tǒngjì ～年鑑/统计年鉴 tǒngjì niánjiàn ～学/统计学 tǒngjìxué

とうけい【闘鶏】 斗鸡 dòujī （英 a cockfigh;〔鶏〕a fighting cock）
♦～場/斗鸡场 dòujīchǎng

とうげい【陶芸】 陶瓷工艺 táocí gōngyì；陶艺 táoyì （英 ceramics）▶～家/陶艺家 táoyìjiā

どうけい【同形の】 同形 tóngxíng （英 of the same shape）▶ほぼ～の新型車を導入する/引进式样基本相同的新型车辆 yǐnjìn shìyàng jīběn xiāngtóng de xīnxíng chēliàng

どうけい【同系】 同一系统 tóngyī xìtǒng （英 akin; of the same stock）▶リビングと～色にコーディネートしたキッチン/用跟客厅同样的色调来布置的厨房 yòng gēn kètīng tóngyàng de sèdiào lái bùzhì de chúfáng ▶～会社/同一系统的公司 tóngyī xìtǒng de gōngsī

どうけい【同型の】 同型 tóngxíng；同一类型 tóngyī lèixíng （英 of the same type）▶事故機と～の機種/与发生事故的飞机为同一机型 yǔ fāshēng shìgù de fēijī wéi tóngyī jīxíng

とうけつ【凍結する】〔凍りつく〕冻结 dòngjié；上冻 shàngdòng；〔資産などを〕冻结 dòngjié （英 freeze）▶路面が～する/路面上冻 lùmiàn shàngdòng ▶水道管が～した/水道管冻上了 shuǐdàoguǎn dòngshàng le ▶ダム建設計画を～する/冻结水库建设计划 dòngjié shuǐkù jiànshè jìhuà ▶賃金の～を解除する/解除冻结的工资 jiěchú dòngjié de gōngzī

どうけつ【洞穴】 洞穴 dòngxué （英 a cave; a cavern）▶～に生息する生物/生息在洞穴里的生物 shēngxī zài dòngxuélǐ de shēngwù

とうけん【刀剣】 刀剑 dāojiàn （英 a sword）

どうけん【同権】 平权 píngquán；同权 tóngquán （英 equal rights）▶男女～/男女平权 nánnǚ píngquán ▶男女～論者/持男女平等观念的人 chí nánnǚ píngděng guānniàn de rén

とうげんきょう【桃源郷】 世外桃源 shìwài táoyuán （英 Shangri-la; an earthly paradise）

とうこう【投降する】 投降 tóuxiáng （英 surrender）▶～を受け入れる/纳降 nàxiáng ▶空からビラを撒いて～を促す/从空中散发传单劝降 cóng kōngzhōng sànfā chuándān quànxiáng ▶～した兵士は殺さない/不杀降兵 bù shā jiàng bīng

とうこう【投稿する】 投稿 tóugǎo （英 contribute）▶～規定/投稿规定 tóugǎo guīdìng ▶しばしば読者欄に～する/时常往读者专栏投稿 shícháng wǎng dúzhě zhuānlán tóugǎo ▶～はすべてボツになった/每次投稿都没有被采用 měicì tóugǎo dōu méiyǒu bèi cǎiyòng

とうこう【登校する】 上学 shàngxué （英 go to school）▶毎朝8時までに～する/每天早上八点以前到学校 měitiān zǎoshang bā diǎn yǐqián dào xuéxiào ▶やむを得ない事情で～する/出于无奈不能上学 chūyú wúnài bùnéng shàngxué ▶不～/不愿上学 bú yuàn shàngxué
♦～拒否/拒绝上学 jùjué shàngxué ～拒否児童/拒绝上学的儿童 jùjué shàngxué de értóng

とうごう【等号】〔数〕等号 děnghào（記号：「＝」）（英 an equal sign）▶不～/不等号 bùděnghào

とうごう【統合する】 合并 hébìng；统一 tǒngyī；综合 zōnghé （英 unify; combine）▶四つの大学を～する/合并四所大学 hébìng sì suǒ dàxué ▶異なる専門技術を～する能力が求められる/需要具备综合不同专业技术的能力 xūyào jùbèi zōnghé bùtóng zhuānyè jìshù de nénglì

どうこう【同好の】 同好 tónghào （英 of the same taste）▶～仲間/同好者 tónghàozhě ▶～の士/爱好相同的人 àihào xiāngtóng de rén
♦～会/同好会 tónghàohuì ▶軽音楽～会に入りませんか/你参加轻音乐爱好者会，好不好？ nǐ cānjiā qīngyīnyuè àihàozhěhuì, hǎobuhǎo?

どうこう【同行する】 同行 tóngxíng （英 go with...; accompany）▶警察に任意～を求められる/被警察要求自愿同行 bèi jǐngchá yāoqiú zìyuàn tóngxíng ▶乗務員～の海外ツアー/有导游陪同的海外旅游团 yǒu dǎoyóu péitóng de hǎiwài lǚyóutuán ▶社長に～して訪中する/陪同社长访问中国 péitóng shèzhǎng fǎngwèn Zhōngguó ▶海外出張に妻子が～する/到国外出差时，妻子和孩子也一起去 dào guówài chūchāi shí, qīzi hé háizi yě yìqǐ qù
♦～者/同路人 tónglùrén

どうこう【動向】 动向 dòngxiàng；风向 fēngxiàng （英 a trend; movement）▶世代別個人消費～/不同年龄段的个人消费动态 bùtóng niánlíngduàn de gèrén xiāofèi dòngtài ▶この国の政治の～から目が離せない/这个国家的政治动向令人关注 zhège guójiā de zhèngzhì dòngxiàng lìng rén guānzhù ▶経済の～を探る/探索经济动向 tànsuǒ jīngjì dòngxiàng ▶時代の～に合わせる/顺应时代的动向 shùnyìng shídài de dòngxiàng

どうこう【瞳孔】〔解〕瞳仁 tóngrén；瞳孔 tóngkǒng （英 the pupil）▶～が開く/瞳孔扩大 tóngkǒng kuòdà

どうこういきょく【同工異曲】 同工异曲 tóng gōng yì qǔ；异曲同工 yì qǔ tóng gōng ▶ヒット作が出ると必ず～の作品が出てくる/成功大作一问世，肯定会出现异曲同工的作品 chénggōng dàzuò yí wènshì, kěndìng huì chūxiàn yì qǔ tóng gōng de zuòpǐn

とうこうせん【等高線】 等高线 děnggāoxiàn （英 a contour line）

とうごく【投獄する】 下狱 xiàyù；关进监牢 guānjìn jiānláo （英 imprison）▶無実の罪で～される/被冤屈下狱 bèi yuānqū xiàyù

どうこく【慟哭する】 恸哭 tòngkū；哀痛地哭 āitòng de kū （英 mourn bitterly）▶天を仰いで～する/仰天痛哭 yǎngtiān tòngkū ▶彼らの～はやがて歌声に変わっていった/他们的恸哭逐渐变成了歌声 tāmen de tòngkū zhújiàn biànchéngle gēshēng

とうこつ【頭骨】〖解〗头骨 tóugǔ （英 a skull）

とうごろん【統語論】〖文法〗句法 jùfǎ （英 syntax）

とうこん【当今】 当今 dāngjīn；如今 rújīn；现在 xiànzài （英 these times; the present time）▶～の学生/现在的学生 xiànzài de xuésheng ▶非常識な～の風潮を嘆く/慨叹当今极其荒唐的风气 kǎitàn dāngjīn jíqí huāngtáng de fēngqì

とうこん【闘魂】 斗志 dòuzhì （英 a fighting sprit）▶燃える～/斗志昂扬 dòuzhì ángyáng

とうさ【等差】〖数〗等差 děngchā （英 arithmetic）▶～級数/等差级数 děngchā jíshù

とうざ【当座】 **❶**〖一時〗当场 dāngchǎng；暂时 zànshí （英 temporary）▶ここに来た～は友達なくて寂しかった/刚到这儿的时候没有朋友寂寞难耐 gāng dào zhèr de shíhou méiyǒu péngyou jìmò nánnài ▶～はそれで間に合わせよう/暂时用这个凑合着吧 zànshí yòng zhège còuhezhe ba ▶～はこの対付で暂时可以用这个对付 zànshí kěyǐ yòng zhège duìfu ▶彼は私に～のしのぎとして5万円くれた/为了帮我解决一时之难,他给了我五万日元 wèile bāng wǒ jiějué yìshí zhī nàn, tā gěile wǒ wǔwàn Rìyuán **❷**〖当座預金〗活期 huóqī （英 a checking account）▶～預金/活期存款 huóqī cúnkuǎn ▶～貸越/活期透支 huóqī tòuzhī

どうさ【動作】 动作 dòngzuò （英 action; movement）▶～が速い/动作敏捷 dòngzuò mǐnjié；手脚灵活 shǒujiǎo línghuó ▶男の子はぎこちない～で部屋に入ってきた/那个男孩儿很拘紧地走进房间来 nàge nánháir hěn jǔjǐn de zǒujìn fángjiān lái ▶きびきびした～で立ち働く/手脚麻利地工作 shǒujiǎo máli de gōngzuò ▶基本～を学ぶ/学习基本动作 xuéxí jīběn dòngzuò ▶彼は～がにぶい/他动作迟钝 tā dòngzuò chídùn ▶それは本人も気づいていない無意識の～です/那是连本人也没有察觉到的下意识动作 nà shì lián běnrén yě méiyǒu chájuédào de xiàyìshí dòngzuò

とうさい【搭載する】 装载 zhuāngzài；装备 zhuāngbèi （英 load; embark; carry）▶空母に航空機を～する/在航母上装载飞机 zài hángmǔshang zhuāngzài fēijī ▶ディーゼルエンジンを～した新型車/装载柴油机的新型车 zhuāngzài cháiyóujī de xīnxíngchē ▶核弾頭を～したミサイル/装备有核弹头的导弹 zhuāngbèi yǒu hédàntóu de dǎodàn

とうざい【東西】 东西 dōngxī （英 east and west）▶町を～に貫く街道/东西横贯城镇的街道 dōngxī héngguàn chéngzhèn de jiēdào ▶半島は～に走る山脈によって分断されている/半岛被横贯东西的山脉一分为二 bàndǎo bèi héngguàn dōngxī de shānmài yī fēn wéi èr ▶それは古今～にわたって普遍的なテーマだ/这是一个超越时空具有普遍性的主题 zhè shì yí ge chāoyuè shíkōng jùyǒu pǔbiànxìng de zhǔtí ▶～の文化がこの地で一つに融けあった/东西方的文化在这儿融合到了一起 Dōng-Xīfāng de wénhuà zài zhèr rónghé dàole yìqǐ

日中比較 中国語の'东西'は'dōngxi'と軽声に読むと「物」という意味になる。また「こいつ」「あやつ」など人間にも使う。

どうざい【同罪である】 同罪 tóngzuì （英 be equally to blame）▶君も～だ/你也是同罪 nǐ yě shì tóngzuì

とうさく【倒錯】 颠倒 diāndǎo；错乱 cuòluàn （英 perversion）▶～行為/错乱行为 cuòluàn xíngwéi ▶性的～者/性行为反常的人 xìngxíngwéi fǎncháng de rén

とうさく【盗作する】 抄袭 chāoxí；剽窃 piāoqiè （英 plagiarize）▶この作品には～疑惑がある/这个作品涉嫌剽窃 zhège zuòpǐn shèxián piāoqiè ▶入賞作が～と分かった/发现获奖作品为抄袭之作 fāxiàn huòjiǎng zuòpǐn wéi chāoxí zhī zuò

どうさつ【洞察する】 洞察 dòngchá （英 see through...）▶未来を～する/洞察未来 dòngchá wèilái ▶～力のある/具有洞察力 jùyǒu dòngchálì ▶彼女は聡明で,発言は明快,～力に富んでいる/她头脑明晰,谈吐明瞭,富有洞察力 tā tóunǎo míngxī, tántǔ míngliào, fùyǒu dòngchálì

とうさん【倒産】 倒闭 dǎobì；破产 pòchǎn （英 go bankrupt）▶多くのテーマパークが～した/很多主题公园倒闭了 hěn duō zhǔtí gōngyuán dǎobì le ▶中小企業の多くが～寸前にある/很多中小企业濒临破产 hěn duō zhōngxiǎo qǐyè bīnlín pòchǎn

どうさん【動産】 动产 dòngchǎn （英 personal property; movable property）

どうざん【銅山】 铜矿山 tóngkuàngshān；铜矿 tóngkuàng （英 a copper mine）

とうし【投資する】 投资 tóuzī （英 invest）▶日本への～が鈍る/对日投资减少 duì Rì tóuzī jiǎnshǎo ▶ベンチャー企業に～する/向中小创新企业投资 xiàng zhōngxiǎo chuàngxīn qǐyè tóuzī ▶～として買う不動産物件/作为购买的房地产 zuòwéi tóuzī gòumǎi de fángdìchǎn ▶多額の公共～/巨额的公共投资 jù'é de gōnggòng tóuzī

♦設備～:设备投资 shèbèi tóuzī ～家:投资家 tóuzījiā ～信託:投资信托 tóuzī xìntuō

とうし【凍死する】 冻死 dòngsǐ （英 die of cold）▶路上で～する/冻死在路上 dòngsǐ zài lùshang ▶寒波が襲い～者が続出した/遭受寒流袭击不断有人被冻死 zāoshòu hánliú xíjī búduàn yǒu rén bèi dòngsǐ

とうし【唐詩】 唐诗 Tángshī （英 the poems of

とうし【透視する】 透視 tòushì (英 *see through...*) ▶体内を～するX線画像/透视体内的X线图像 tòushì tǐnèi de X xiàn túxiàng ▶～図/透视图 tòushìtú

とうし【闘士】 战士 zhànshì; 斗士 dòushì (英 *a fighter*) ▶独立運動の～/独立运动的战士 dúlì yùndòng de zhànshì ▶平和の～/和平战士 hépíng zhànshì

とうし【闘志】 斗志 dòuzhì (英 *fight; a fighting spirit*) ▶～満々の/斗志昂扬 dòuzhì ángyáng ▶～をむき出しにする/尽显斗志 jǐn xiǎn dòuzhì ▶対戦相手が決まり、いっそうわいてきた/比赛对手确定后，自己的斗志也被激发了起来 bǐsài duìshǒu quèdìng hòu, zìjǐ de dòuzhì yě bèi jīfāleqǐlai ▶～がなくなったときが本当の敗北だ/丧失斗志的时候才是真正的失败 sàngshī dòuzhì de shíhou cái shì zhēnzhèng de shībài

とうじ【冬至】 冬至 dōngzhì (英 *the winter solstice; midwinter*) ▶～にはカボチャを食べる/冬至时节吃南瓜 dōngzhì shíjié chī nánguā

とうじ【当時】 当年 dāngnián; 当时 dāngshí (英 *at that time; in those days*) ▶事件～彼は海外にいた/事件发生时他在海外 shìjiàn fāshēng shí tā zài hǎiwài ▶～のできごとを振り返る/回顾当时发生的事情 huígù dāngshí fāshēng de shìqing ▶敗戦～私は小学校の三年生だった/战败那一年，我上小学三年级 zhànbài nà yì nián, wǒ shàng xiǎoxué sān niánjí ▶～の首相/当时的首相 dāngshí de shǒuxiàng

とうじ【湯治】 温泉疗养 wēnquán liáoyǎng (英 *a hot-spring cure*) ▶一場/温泉疗养的地方 wēnquán liáoyǎng de dìfang ▶～に行く/去温泉疗养 qù wēnquán liáoyǎng

とうじ【答辞】 答词 dácí (英 *an address in reply*) ▶卒業生を代表して～を読んだ/代表毕业生致答词 dàibiǎo bìyèshēng zhì dácí

どうし【同士】 同道 tóngdào; 同志 tóngzhì (英 *a comrade*) ▶女～でおしゃべりする/女伴们聊天儿 nǚbànmen liáotiānr ▶下手をすれば～討ちになる/搞不好会自相残杀 gǎobuhǎo huì zì xiāng cán shā ▶兄弟～でけんかした/兄弟间吵架了 xiōngdì jiān chǎojià le

どうし【同志】 同志 tóngzhì (英 *a comrade*) ▶～を募る/招募志同道合的人 zhāomù zhì tóng dào hé de rén

⚠日中比較 中国語の'同志 tóngzhì'は「同じ考えを持つ人」の他に「同性愛者」をも指す.

どうし【動詞】〘文法〙动词 dòngcí (英 *a verb*)
どうし【道士】 道士 dàoshi (英 *a Taoist*)
どうじ【同時に】 同时 tóngshí; 一齐 yìqí (英 *at the same time*) ▶発売と～に注文が殺到した/刚一出售，订单就纷纷而至 gāng yì chūshòu, dìngdān jiù fēnyún ér zhì ▶駅を出ると～に雨が降り出した/一出车站就下起雨来 yì chū chēzhàn jiù xiàqǐ yǔ lái ▶全世界～株暴落/全世界的股票一齐暴跌 quánshìjiè de gǔpiào yìqí bàodiē ▶私は藤本君と～に卒業した/我跟藤本君同期毕业 wǒ gēn Téngběn jūn tóngqī bìyè ▶～に二つのことをする/同时办两件事 tóngshí bàn liǎng jiàn shì

♦～通訳 同声传译 tóngshēng chuányì ▶3ヶ国語による～通訳/同声翻译三种语言 tóngshēng fānyì sān zhǒng yǔyán

とうしき【等式】〘数〙等式 děngshì (英 *an equation*)

とうじき【陶磁器】 陶瓷 táocí (英 *china and porcelain; ceramics*)

とうじしゃ【当事者】 当事人 dāngshìrén (英 *the person* [*party*] *concerned*) ▶訴訟の～/诉讼当事人 sùsòng dāngshìrén ▶～意識に欠ける/缺乏当事人的意识 quēfá dāngshìrén de yìshi

どうした (英 [～わけか] *somehow*) ▶今ごろ雪が降るとは～わけか/这个季节下雪，是怎么回事呢？ zhège jìjié xiàxuě, shì zěnme huí shì ne? ▶～んだ/怎么了？ zěnme le? ▶それが～/那又算什么呢？ nà yòu suàn shénme ne?

どうじだい【同時代】 同时代 tóngshídài (英 *the same age*) ▶～の人/同时代的人 tóngshídài de rén

とうしつ【等質】 性质相等 xìngzhì xiāngděng; 同一性质 tóngyī xìngzhì (英 *homogeneity*)

とうしつ【糖質】 糖类 tánglèi; 碳水化合物 tànshuǐ huàhéwù (英 *sugariness*)

とうじつ【当日】 当日 dàngrì; 当天 dàngtiān (英 *the day; that day;* [指定日] *the appointed day*) ▶～になってキャンセルはやめてほしい/希望不要在当天取消预定 xīwàng búyào zài dàngtiān qǔxiāo yùdìng ▶入試～は朝から大雪だった/入学考试当天，从早就开始下大雪 rùxué kǎoshì dàngtiān, cóng zǎojiù kāishǐ xià dàxuě ▶～売りの切符 (開演、開幕) 当天出售的票 (kāiyǎn, kāimù) dàngtiān chūshòu de piào ▶～消印有効/当日邮戳有效 dàngrì yóuchuō yǒuxiào

どうしつ【同室】 同屋 tóngwū; 同室 tóngshì (英 *the same room*) ▶彼とは大学の4年間ずっと～だった/我和他大学四年一直是同屋 wǒ hé tā dàxué sì nián yìzhí shì tóngwū ▶～者/同房 tóngfáng; 同室 tóngshì

どうしつ【同質の】 同一性质 tóngyī xìngzhì (英 *homogeneous*) ▶両国は～の文化圏に属している/两国同属一样的文化圈 liǎng guó tóng shǔ yíyàng de wénhuàquān

どうじつ【同日】 (日時) 同日 tóngrì; 当天 dàngtiān;《比較の場合》同日 tóngrì (英 *the same day*) ▶この両者は～に論じることができない/这两个人不可同日而语 zhè liǎng ge rén bùkě tóngrì ér yǔ

どうして 为什么 wèi shénme; 怎么 zěnme (英 *how;* [なぜ] *why*) ▶～そんなものを作るのですか/为什么要做这样的东西？ wèi shénme yào zuò zhèyàng de dōngxi? ▶まあ、～そんなことが言えるのです/唔，你凭什么这样说呢？ ńg, nǐ píng shénme zhèyàng shuō ne? ▶ ～いいかわからない/不知道怎么办才好 bù zhīdào zěnme bàn cái hǎo ▶～もないのに/为什么？我连见也没见过他啊！ wèi shénme? wǒ lián jiàn yě méi jiànguò tā a！

どうしても 无论如何 wúlùn rúhé; 怎么也 zěnme yě (英 *at any cost*) ▶ ～食べない/怎么也不吃 zěnme yě bù chī ▶ ～そうしなければならない/无论如何也得这么办 wúlùn rúhé yě děi zhème bàn ▶彼には金が～必要だった/他无论如何也需要钱 tā wúlùn rúhé yě xūyào qián ▶ ～思い出せない/怎么也想不起来 zěnme yě xiǎngbuqǐlai ▶彼には～履行しなければならない約束があった/他有一个必须履行的诺言 tā yǒu yí ge bìxū lǚxíng de nuòyán ▶彼は～文書に署名しなかった/他终究没有在文件上签字 tā zhōngjiū méiyǒu zài wénjiànshang qiānzì

とうしゃ【投射】 投射 tóushè; 投影 tóuyǐng (英 *projection*) ▶スクリーンに～する/投影到银幕上 tóuyǐngdào yínmùshang

とうしゃ【謄写する】 誊写 téngxiě (英 *trace*) ▶～印刷する/油印 yóuyìn ▶～版で印刷する/油印 yóuyìn

とうしゅ【当主】 （现在的)户主 (xiànzài de) hùzhǔ (英 *the head of a family*)

とうしゅ【投手】 (野球) 投手 tóushǒu (英 *a pitcher*) ▶左腕～/左臂投手 zuǒbì tóushǒu ▶先発～/首轮投手 shǒu lún tóushǒu ▶～戦/靠投手较量的比赛 kào tóushǒu jiàoliàng de bǐsài ▶このチームは～力に勝る/这个队投手实力强 zhège duì tóushǒu shílì qiáng

とうしゅ【党首】 党的首领 dǎng de shǒulǐng; 党首 dǎngshǒu (英 *the head of a party*) ▶～に選ばれる/被选为党首 bèi xuǎn wéi dǎngshǒu
♦～会談/党首会谈 dǎngshǒu huìtán

どうしゅ【同種の】 同种 tóngzhǒng; 同类 tónglèi (英 *of the same kind*) ▶～のミスが多発する/同类失误频频发生 tónglèi shīwù pínpín fāshēng

とうしゅう【踏襲する】 沿袭 yánxí; 沿用 yányòng (英 *follow*) ▶前任者の方針を～する/沿袭前任者的方针 yánxí qiánrènzhě de fāngzhēn

トウシューズ (バレエの)芭蕾舞鞋 bāléiwǔxié (英 *toe shoes*)

とうしゅく【投宿する】 投宿 tóusù; 住旅馆 zhù lǚguǎn (英 *stay* (*in a hotel*)) ▶日が暮れて、とある温泉宿に～した/天暗下来后，找了一处温泉旅馆住下了 tiān ànxiàlai hòu, zhǎole yí chù wēnquán lǚguǎn zhùxià le

どうしゅく【同宿する】 同住一个旅馆 tóngzhù yí ge lǚguǎn (英 *stay at the same hotel*)
♦～者/同宿人 tóngsùrén

とうしょ【当初】 当初 dāngchū; 最初 zuìchū (英 *the beginning*) ▶～の計画を変更する/改变最初计划 gǎibiàn zuìchū jìhuà ▶～の予測より大幅に支出が増えた/与当初的预想相比，开支大幅增加 yǔ dāngchū de yùxiǎng xiāngbǐ, kāizhī dàfú zēngjiā ▶～の考え/最初的想法 zuìchū de xiǎngfa

とうしょ【投書】 投稿 tóugǎo;（匿名の）匿名信 nìmíngxìn (英 *a contribution*) ▶～する/投稿 tóugǎo ▶新聞に～する/往报纸上投稿 wǎng bàozhǐshang tóugǎo ▶彼の～は社会に大きな反響を呼んだ/他的投稿在社会上引起了巨大反响 tā de tóugǎo zài shèhuìshang yǐnqǐle jùdà fǎnxiǎng ▶警察に爆破予告の～があった/有人寄信给警察，说将有爆炸事件发生 yǒu rén jìxìn gěi jǐngchá, shuō jiāng yǒu bàozhà shìjiàn fāshēng
♦～家/投稿作家 tóugǎo zuòjiā ～箱/投诉箱 tóusùxìnxiāng ～欄/投稿栏目 tóugǎo lánmù

とうしょう【凍傷】 冻伤 dòngshāng (英 *frostbite; chilblain*) ▶～になる/冻伤 dòngshāng ▶～で足の指を失う/受冻伤失去了脚趾头 shòu dòngshāng shīqùle jiǎozhǐtou

とうじょう【搭乗する】 搭乗 dāchéng (英 *board*) ▶～券/机票 jīpiào ▶早めに～ゲートに向かう/提早前往登机口 tízǎo qiánwǎng dēngjīkǒu ▶ヘリコプターには空軍の専門家が～していた/直升飞机上乘坐着空军专家 zhíshēng fēijīshang chéngzuòzhe kōngjūn zhuānjiā
♦～者名簿/乗客名单 chéngkè míngdān ～手続き/登机手续 dēngjī shǒuxù

とうじょう【登場する】 登台 dēngtái; 登场 dēngchǎng (英 *appear*;［舞台に］*enter the stage*) ▶新型のゲーム機が～した/新型游戏机出台 xīnxíng yóuxìjī chūtái ▶この事件には数名の名士が～する/有几位知名人士在这个事件中登场 yǒu jǐ wèi zhīmíng rénshì zài zhège shìjiànzhōng dēngchǎng ▶彼は1978年文壇に～した/他于一九七八年登上文坛 tā yú yī jiǔ qī bā nián dēngshàng wéntán
♦～人物/出场人物 chūchǎng rénwù

[日中比较] 中国語の'登场'を'dēngcháng'と読めば収穫した穀物を「脱穀場へ運ぶ」ことを指す。

どうじょう【同上】 同上 tóngshàng (英 *the same as above*)

どうじょう【同乗する】 同乘 tóngchéng; 同坐 tóngzuò (英 *ride together*)
♦～者/同乘人 tóngchéngrén

どうじょう【同情する】 同情 tóngqíng; 哀怜 āilián (英 *sympathize*) ▶このこと自体は確かに～に値することである/这件事本身的确值得同情 zhè jiàn shì běnshēn díquè zhíde tóngqíng ▶この件に関しては世間の理解と～を得ることは難しい/关于这件事很难得到社会上的理解与同情 guānyú zhè jiàn shì hěn nándédào shèhuìshang de lǐjiě yǔ tóngqíng ▶人々の～が高まった/人们的同情有所高涨 rénmen de tóngqíng yǒusuǒ gāozhǎng ▶事件の被害者に深い～を寄せる/对事件的受害者寄予深切的同情 duì shìjiàn de shòuhàizhě jìyǔ shēnqiè de tóngqíng ▶～に訴える/诉诸同情 sù zhū tóngqíng ▶～を利用する/利用人们的同情 lìyòng rénmen de tóngqíng

▶犯罪にまで走ったこの母親に~すべきか/应该同情这个犯下罪行的母亲吗? yīnggāi tóngqíng zhège fànxià zuìxíng de mǔqin ma? ▶彼は確かに~すべきだ/他确实应该同情 tā quèshí yīnggāi tóngqíng
♦~者』同情的人 tóngqíng de rén ~票』出于同情的选票 chūyú tóngqíng de xuǎnpiào
【日中比較】中国語の'同情 tóngqíng'は「同情する」他に「共感する」ことをも指す。

どうじょう【道場】 练功场 liàngōngchǎng; 练武场 liànwǔchǎng (英 *a gym; a training place*) ▶研究会が我が人生の~だった/研究会是我人生的修炼之所 yánjiūhuì shì wǒ rénshēng de xiūliàn zhī suǒ ▶柔[剣]~/柔[剣]道场 róu[jiàn]dàochǎng

とうじる【投じる】 ❶【投げる】投 tóu (英 *throw; cast*) ▶彼は川に身を投じた/他跳河自杀了 tā tiàohé zìshā le ▶誰に一票を~か悩む/应该投谁的票为难 yīnggāi tóu shéi de piào wéinán ❷【加入】投身 tóushēn; 投向 tóuxiàng (英 *join*) ▶敵方に~/投向敌人 tóuxiàng dírén ▶事業に身を~/投身于事业 tóushēnyú shìyè ❸【投入】投入 tóurù (英 *invest; spend*) ▶大金を投じて大型機械を導入した/投入大量资金引进大型机械 tóurù dàliàng zījīn yǐnjìn dàxíng jīxiè ▶私財を投じて美術館を建てた/投入私人财产建美术馆 tóurù sīrén cáichǎn jiàn měishùguǎn

どうじる【動じる】 动摇 dòngyáo; 心慌 xīnhuāng (英 *be moved; be shaken*) ▶~色も見せない/毫无动摇的样子 háowú dòngyáo de yàngzi

とうしん【灯心】 灯芯 dēngxīn (英 *a lamp wick*)

とうしん【投身する】 《水中に》投水 tóushuǐ; 《井戸に》投井 tóujǐng; 《ビルから》跳楼 tiàolóu (英 *drown oneself*) ▶~自殺をする/投水自杀 tóushuǐ zìshā; 跳楼自杀 tiàolóu zìshā
【日中比較】中国語の'投身 tóushēn'は「運動などに身を投じる」ことを指す。

とうしん【答申する】 答复 dáfù; 汇报 huìbào (英 *submit a report*) ▶~書/答复信汇报书 dáfùxìn huìbàoshū ▶中間~/中期汇报 zhōngqī huìbào ▶~案がまとまる/总结答复方案 zǒngjié dáfù fāng'àn ▶下記の通り~する/作出如下答复 zuòchū rúxià dáfù

どうしん【童心】 童心 tóngxīn (英 *one's child's heart*) ▶~に返る/返回童心 fǎnhuí tóngxīn ▶児童文学は~を忘れない人が書くものとはいえない/不能说儿童文学一定要由童心未泯的人来写 bùnéng shuō értóng wénxué yídìng yào yóu tóngxīn wèi mǐn de rén lái xiě

どうじん【同人】 志同道合的人 zhì tóng dào hé de rén; 同仁 tóngrén (英 *a member*) ▶~誌/同人杂志 tóngrén zázhì

どうしんえん【同心円】 同心圆 tóngxīnyuán (英 *concentric circles*)

とうしんだい【等身大の】 和身长相等 hé shēncháng xiāngděng; 《比喩》适合自己本身的 shìhé zìjǐ běnshēn de (英 *life-sized*) ▶~の影像/和真人同样大小的雕像 hé zhēnrén tóngyàng dàxiǎo de diāoxiàng ▶~の自分でいよう/保持自己的本色 bǎochí zìjǐ de běnsè

とうすい【陶酔する】 沉醉 chénzuì; 陶醉 táozuì (英 *be intoxicated*) ▶一番ほっとする時間は音楽に~するときだ/陶醉在音乐中的一刻是最令人轻松的时间 táozuì zài yīnyuèzhōng de yíkè shì zuì lìng rén qīngsōng de shíjiān
♦自己~』自我陶醉 zìwǒ táozuì

とうすい【統帥】 统帅 tǒngshuài (英 *supreme command; leadership*)
♦~権』兵权 bīngquán ~者』统帅 tǒngshuài

どうせ 反正 fǎnzheng; 横竖 héngshù (英 [いずれにせよ] *anyhow; anyway*; [結局] *after all*) ▶~私はばかですよ/反正我是个傻瓜 fǎnzheng wǒ shì ge shǎguā ▶~間に合わないんならゆっくり歩いて行こう/反正来不及了,慢慢儿走吧 fǎnzheng láibují le, mànmānr zǒu ba ▶~そんなことだろうと思っていた/我早就预料到结局不过如此 wǒ zǎojiù yùliàodào jiéjú búguò rúcǐ ▶~敗北に決まっている/败局已定 bàijú yǐ dìng

とうせい【当世】 当今 dāngjīn; 现今 xiànjīn; 当代 dāngdài (英 *the present age; the modern times*) ▶それが~気質(がた)だ/这就是当今的社会风气 zhè jiùshì dāngjīn de shèhuì fēngqì ▶~風のモダンなお寺/现代风格的寺院 xiàndài fēnggé de sìyuàn

とうせい【統制する】 统制 tǒngzhì; 管制 guǎnzhì; 管理 guǎnlǐ (英 *control; regulate*) ▶~経済/统制经济 tǒngzhì jīngjì ▶言論~を撤廃する/废除言论管制 fèichú yánlùn guǎnzhì ▶厳重な~を行う/严加管理 yánjiā guǎnlǐ ▶~を強化する/加强管理 jiāqiáng guǎnlǐ ▶~を乱す/扰乱管理 rǎoluàn guǎnlǐ ▶群衆を~がきかなくなりそうだ/看样子快控制不住群众了 kàn yàngzi kuài kòngzhìbuzhù qúnzhòng le
♦思想~』思想管制 sīxiǎng guǎnzhì ~品』加以统制的商品 jiāyǐ tǒngzhì de shāngpǐn 物価~』控制物价 kòngzhì wùjià

どうせい【同姓】 同姓 tóngxìng (英 *the same surname*) ▶~同名の人/同名同姓的人 tóngmíng tóngxìng de rén ▶彼は私と~だ/他跟我同姓 tā gēn wǒ tóngxìng

どうせい【同性の】 同性 tóngxìng (英 *of the same sex*) ▶~愛/同性恋 tóngxìngliàn ▶彼女は~の間では評判がいい/她受到同性的好评 tā shòudào tóngxìng de hǎopíng
♦~愛者』同性恋者 tóngxìngliànzhě

どうせい【同棲する】 同居 tóngjū; 姘居 pīnjū (英 *live together*) ▶~中の恋人/同居中的恋人 tóngjūzhōng de liànrén

どうせい【動静】 动态 dòngtài; 动静 dòngjìng; 动向 dòngxiàng (英 *one's movements*) ▶世界経済の~を予測する/预测世界经济的动态 yùcè shìjiè jīngjì de dòngtài ▶その後の〜は知らない/我不知道事后的动向 wǒ bù zhīdào shìhòu de dòngxiàng

日中比较 中国語の'动静 dòngjìng'には「活動の様子」という意味の他に「物音」という意味もある。

とうせき【投石する】 扔石头 rēng shítóu; 投掷石块 tóuzhì shíkuài (英 *throw stones*) ▶デモ隊が領事館に〜する/游行队伍向领事馆扔石头 yóuxíng duìwǔ xiàng lǐngshìguǎn rēng shítóu

とうせき【党籍】 党籍 dǎngjí (英 *party membership*) ▶〜を離脱する/脱离党籍 tuōlí dǎngjí; 脱党 tuōdǎng ▶〜を剥奪される/被剥夺党籍 bèi bōduó dǎngjí

とうせき【透析】 〔医〕渗析 shènxī; 透析 tòuxī (英 *dialysis*) ▶人工〜/人工透析 réngōng tòuxī ▶をもう15年受けている/已持续接受了十五年人工透析 yǐ chíxù jiēshòule shíwǔ nián réngōng tòuxī

どうせき【同席する】 同席 tóngxí; 同座 tóngzuò (英 *sit together*) ▶彼とは〜したくない/我不想跟他坐在一起 wǒ bù xiǎng gēn tā zuòzài yìqǐ ▶彼も〜した/他也在座 tā yě zàizuò
◆〜者:在座的一个人 zàizuò de yí ge rén

どうせだい【同世代の】 同辈 tóngbèi (英 *the same generation*)

とうせつ【当節】 如今 rújīn; 现今 xiànjīn (英 *nowadays*)

とうせん【当選する】 当选 dāngxuǎn; 中选 zhòngxuǎn (英 *be elected*) ▶〜番号/中奖号码 zhòngjiǎng hàomǎ ▶必要な過半数に達しない/没有获得当选所必须的过半的选票 méiyǒu huòdé dāngxuǎn suǒ bìxū de guòbàn de xuǎnpiào ▶初めて代議士に〜する/第一次当选众议院议员 dìyī cì dāngxuǎn zhòngyìyuàn yìyuán ▶無競争で〜する/没有竞争地当选 méiyǒu jìngzhēng de dāngxuǎn ▶〜の見込みのない候補者/没有当选希望的候选人 méiyǒu dāngxuǎn xīwàng de hòuxuǎnrén ▶買収の罪で〜無効になる/由于收买选票一罪被宣判当选无效 yóuyú shōumǎi xuǎnpiào yí zuì bèi xuānpàn dāngxuǎn wúxiào
◆〜者:当选人 dāngxuǎnrén

とうせん【当籤する】 中奖 zhòngjiǎng; 中签 zhòngqiān (英 *win the prize*) ▶〜番号/中奖号码 zhòngjiǎng hàomǎ ▶宝くじの1等に〜した/彩票中了一等奖 mǎi cǎipiào zhòngle yì děng jiǎng

とうぜん【当然】 当然 dāngrán; 自然 zìrán (英 *naturally; as a matter of course*) ▶〜…すべきだ/应当 yīngdāng; 应该 yīnggāi ▶理の〜である/理所当然 lǐ suǒ dāng rán ▶君が怒るのも〜だ/你当然会生气 nǐ dāngrán huì shēngqì ▶待遇改善を要求するのは我々の〜の権利だ/要求改善待遇是我们可不可剥夺的权利 yāoqiú gǎishàn dàiyù shì wǒmen wú kě bō yí de quánlì ▶彼がそのことを気にするのは〜だ/他当然会在意那件事

tā dāngrán huì zàiyì nà jiàn shì ▶彼は〜の報いを受けたのだ/他是罪有应得 tā shì zuì yǒu yīng dé ▶そんなことをすればうんと叱られるのは〜さ/做那种事当然会受到谴责 zuò nà zhǒng shì dāngrán huì shòudào qiǎnzé ▶賃金カットは〜だと思う/我认为当然应该减薪 wǒ rènwéi dāngrán yīnggāi jiǎnxīn ▶落選は〜の結果だ/落选是理所当然的结果 luòxuǎn shì lǐ suǒ dāng rán de jiéguǒ ▶〜のことをしたまでです/那是应该的 nà shì yīnggāi de

とうぜん【陶然と】 陶然 táorán (英 *in rupure; fascinated*) ▶〜として酔う/醉意陶然 zuìyì táorán ▶温泉につかって〜たる気分だった/泡在温泉里怡然自得 pào zài wēnquánlǐ yírán zìdé

どうせん【銅線】 铜丝 tóngsī (英 *copper wire*)

どうせん【導線】 导线 dǎoxiàn (英 *a leading wire*)

どうぜん【(…も) 同然】 等于 děngyú; 一样 yíyàng (英 *as good as...*) ▶今の僕は死んだも〜だ/现在的我跟死了一样 xiànzài de wǒ gēn sǐqùle yíyàng ▶戦わずして勝ったも〜だ/这等于是不战而胜 zhè děngyú shì bú zhàn ér shèng ▶廃車の〜の車を高く売りつけられた/应该报废的车却被卖了一个高价 yīnggāi bàofèi de chē què bèi màile yí ge gāojià

どうぞ 请 qǐng (英 *please*) ▶〜こちらへ/请往这边儿走 qǐng wǎng zhè biānr zǒu ▶(先導しながら)〜こちらへ/请跟我来 qǐng gēn wǒ lái ▶お先に〜/您先请 nín xiān qǐng ▶〜靴をお脱ぎ下さい/请脱鞋 qǐng tuō xié ▶お掛け下さい/请坐 qǐng zuò ▶〜この手紙をお受け取り下さい/请收下这封信 qǐng shōuxià zhè fēng xìn ▶電話を使いたいなら〜/要想打电话的话, 请便 yào xiǎng dǎ diànhuà de huà, qǐng biàn ▶「コーヒーをいただいてよろしいですか」「〜」/"我能喝一点儿咖啡吗？" "请随意 Qǐng suíyì"

とうそう【逃走】 逃跑 táopǎo; 逃走 táozǒu (英 *flee; run away*) ▶犯人は〜中である/犯人正在逃亡 fànrén zhèngzài táowáng ▶〜経路/逃跑路线 táopǎo lùxiàn ▶〜車が公園わきに乗り捨てられていた/逃跑时用的车被遗弃在公园附近 táopǎo shí yòng de chē bèi yíqì zài gōngyuán fùjìn

とうそう【闘争する】 斗争 dòuzhēng (英 *a strife; a struggle*) ▶賃上げ〜を行う/为提高工资进行斗争 wèi tígāo gōngzī jìnxíng dòuzhēng ▶あれは〜本能むき出しの顔だ/那是张好斗本性显露无遗的脸 nà shì zhāng hào dòu běnxìng xiǎnlù wúyí de liǎn ▶法廷に〜に持ち込む/吵上法庭 chǎoshàng fǎtíng

どうそう【同窓】 同窗 tóngchuāng; 同学 tóngxué (英 *a classmate; an alumnus* (男性); *an alumna* (女性)) ▶僕らは〜だ/我们是老同学 wǒmen shì lǎo tóngxué ▶同窓会/同学会 tóngxuéhuì; 校友会 xiàoyǒuhuì

どうぞう【銅像】 铜像 tóngxiàng (英 *a bronze*

とうぞく【盗賊】 盗賊 dàozéi (英 *a thief*; *a robber*; *a burglar*) ▶~の一味/盗賊団伙 dàozéi tuánhuǒ ▶『アリババと四十人の～』(アラビアンナイト)/《阿里巴巴和四十大盗 Ālǐbābā hé sìshí dàdào》

どうぞく【同族の】 同宗 tóngzōng; 同族 tóngzú (英 *of the same tribe*; [一族の] *of the same family*) ▶~会社/同宗公司 tóngzōng gōngsī; 家族企业 jiāzú qǐyè
♦~結婚 同族结婚 tóngzú jiéhūn

どうそじん【道祖神】 守路神 shǒulùshén (英 *a dosojin*; *a traveler's guardian deity made of stone*)

とうそつ【統率する】 统率 tǒngshuài (英 *command*; *assume leadership*; *manage*) ▶軍隊を～する/统率军队 tǒngshuài jūnduì ▶彼に～力がある/他具有统率能力 tā jùyǒu tǒngshuài nénglì
♦~者 统帅 tǒngshuài

とうた【淘汰する】 淘汰 táotài (英 *select*) ▶自然～/自然淘汰 zìrán táotài ▶チェーン店の進出で小売店が～される/由于连锁店的出现，小商店被淘汰 yóuyú liánsuǒdiàn de chūxiàn, xiǎo shāngdiàn bèi táotài

とうだい【当代】 当代 dāngdài (英 *the present generation*; *our times*) ▶~まれに見る名工だ/当代罕见的能工巧匠 dāngdài hǎnjiàn de nénggōng qiǎojiàng ▶~随一の偉人/当代最伟大的人物 dāngdài zuì wěidà de rénwù

とうだい【灯台】 灯塔 dēngtǎ (英 *a lighthouse*)
ことわざ 灯台もと暗し 丈八灯台照远不照近 zhàng bā dēngtái zhào yuǎn bú zhào jìn
♦~守 灯塔管理人 dēngtǎ guǎnlǐrén

どうたい【胴体】 躯体 qūtǐ; 躯干 qūgàn (英 *the body*; [飛行機の] *the fuselage*) ▶この犬は～が長い/这种狗躯体长 zhè zhǒng gǒu qūtǐ cháng
♦~着陸 机体着陆 jītǐ zhuólù

どうたい【動態】 动态 dòngtài (英 *the movement*) ▶人口～統計/人口动态统计 rénkǒu dòngtài tǒngjì

どうたい【導体】〔物理〕导体 dǎotǐ (英 *a conductor*)
♦良~ 良性导体 liángxìng dǎotǐ

とうたつ【到達する】 到达 dàodá; 达到 dádào (英 *arrive*) ▶やっとゴールに～した/终于到达终点 zhōngyú dàodá zhōngdiǎn ▶議論を重ねたがついに結論に～しなかった/虽经反复讨论却到底也没有得出结论 suī jīng fǎnfù tǎolùn què dàodǐ yě méiyǒu déchū jiélùn ▶現在までの～点を示す/显示目前达到的水平 xiǎnshì mùqián dádào de shuǐpíng

とうち【当地】 当地 dāngdì; 本地 běndì (英 *this place*) ▶御～グルメ/当地的美食家 dāngdì de měishíjiā ▶御～ソング/当地题材的歌曲 dāngdì tícái de gēqǔ

とうち【統治する】 统治 tǒngzhì (英 *govern*) ▶君臨すれども～せず/处于最高位置却不实施统治 chǔyú zuìgāo wèizhì què bù shíshī tǒngzhì ▶独立前はイギリスの～下にあった/独立前处于英国统治之下 dúlìqián chǔyú Yīngguó tǒngzhì zhīxià ▶~能力を失う/丧失统治能力 sàngshī tǒngzhì nénglì
♦~権 统治权 tǒngzhìquán　～者 统治者 tǒngzhìzhě

とうちほう【倒置法】〔文法〕倒置法 dàozhìfǎ (英 *inversion*)

とうちゃく【到着する】 到达 dàodá; 抵达 dǐdá (英 *arrival*) ▶17時に成田空港に～する予定です/预定于十七点抵达成田机场 yùdìngyú shíqī diǎn dǐdá Chéngtián jīchǎng ▶列車がまもなく～します《アナウンスの言葉》/列车就要到站了 lièchē jiùyào dào zhàn le ▶~ホーム/到达站台 dàodá zhàntái ▶~時刻/到站时刻 dào zhàn shíkè ▶~ロビー/到达大厅 dàodá dàtīng

どうちゃく【同着】〔スポーツ〕同时到达 tóngshí dàodá (英 *hitting the goal at the same time*)

どうちゃく【撞着】〔矛盾〕抵触 dǐchù; 矛盾 máodùn (英 *a conflict*) ▶自家～/自相矛盾 zìxiāng máodùn

どうちゅう【道中】 旅途中 lǚtúzhōng; 路上 lùshang (英 *a journey*) ▶～お気を付けて/路上多保重 lùshang duō bǎozhòng

とうちょう【盗聴する】 窃听 qiètīng (英 *tap*) ▶~機/窃听器 qiètīngqì ▶~を防ぐ対策/防窃听对策 fáng qiètīng duìcè ▶会話[電話]を～/窃听会话[电话] qiètīng huìhuà[diànhuà] ▶極秘会談が～されていた/机密会谈被人窃听了 jīmì huìtán bèi rén qiètīng le

とうちょう【登頂する】 登上山顶 dēngshàng shāndǐng (英 *reach the summit*) ▶チョモランマに～する/登上珠穆朗玛峰山顶 dēngshàng Zhūmùlǎngmǎfēng shāndǐng

どうちょう【同調する】 赞同 zàntóng (英 *go along with...*) ▶この新聞の社説には～しがたい/对这家报社的社论无法赞同 duì zhèi jiā bàoshè de shèlùn wúfǎ zàntóng ▶過半数の議員が不信任案に～しそうだ/估计有超过半数的议员对不信任案表示赞同 gūjì yǒu chāoguò bànshù de yìyuán duì bù xìnrèn àn biǎoshì zàntóng
♦~者 同路人 tónglùrén

とうちょく【当直する】 值班 zhíbān;〔軍隊・警察などの〕值勤 zhíqín (英 *be on duty*) ▶今日は私が～/今天我值班 jīntiān wǒ zhíbān ▶~を交代する/值勤换班 zhíqín huànbān
♦~医 值班大夫 zhíbān dàifu

とうつう【疼痛】 疼痛 téngtòng (英 *a pain*; *an ache*) ▶激しい～を伴う病気/伴有剧烈疼痛的疾病 bànyǒu jùliè téngtòng de jíbìng

どうであれ 不管怎样 bùguǎn zěnyàng; 无论如何 wúlùn rúhé (英 *by all means*) ▶天気が～時間通りに出発します/不管天气如何都按时出发

bùguǎn tiānqì rúhé dōu ànshí chūfā

とうてい【到底】 怎么也 zěnme yě; 根本(不) gēnběn (bù) (英 *after all; not... possibly*) ▶〜無理だ/根本不可能 gēnběn bùkěnéng ▶君の望みは〜実現しないだろう/你的愿望可能根本无法实现 nǐ de yuànwàng kěnéng gēnběn wúfǎ shíxiàn ▶それが事実だとは〜思えない/我怎么也不能相信那是事实 wǒ zěnme yě bùnéng xiāngxìn nà shì shìshí ▶そんなことは〜考えられない/这种事根本无法想象 zhè zhǒng shì gēnběn wúfǎ xiǎngxiàng

> 日中比较 中国語の'到底 dàodǐ'には「最後までやる」という動詞の意味もと,「結局のところ」「いったい」などの副詞の意味がある。

どうてい【童貞】 童贞 tóngzhēn; 童男 tóngnán (英 *virgin*)

どうてい【道程】 路程 lùchéng; 过程 guòchéng (英 *distance; a journey*)

とうてき【投擲する】 投掷 tóuzhì (英 *throw*) ▶〜競技/投掷比赛 tóuzhì bǐsài

どうてき【動的な】 动态的 dòngtài de; 生动的 shēngdòng de (英 *dynamic*)

とうてつ【透徹した】 透彻 tòuchè; 透辟 tòupì (英 *penetrating*) ▶〜した中国認識を持つ/具有很精辟的对华认识 jùyǒu hěn jīngpì de duì Huá rènshi ▶〜した観察眼で記述する/以富有透辟观察力的视点来记录 yǐ fùyǒu tòupì guānchálì de shìdiǎn lái jìlù

どうでもよい 无所谓 wúsuǒwèi; 怎样都可以 zěnyàng dōu kěyǐ; 不值一提 bùzhí yì tí (英 *it doesn't matter*) ▶財産なんか〜/财产什么的无所谓 cáichǎn shénmede wúsuǒwèi ▶あんな男なんか〜ではないか/那种男人值得在意吗？ nà zhǒng nánrén zhíde zàiyì ma? ▶彼に好かれようが嫌われようがそんなことは〜/不管他喜爱还是讨厌, 我都无所谓 bùguǎn tā xǐ'ài háishi tǎoyàn, wǒ dōu wúsuǒwèi ▶そんなことは〜から, 早く医者を呼べ/那些都不要管了, 快叫医生！ nàxiē dōu búyào guǎn le, kuài jiào yīshēng! ▶〜ことではない/不能小看这件事 bùnéng xiǎokàn zhè jiàn shì ▶〜という態度/满不在乎的态度 mǎn bù zài hu de tàidù

とうてん【当店】 本店 běndiàn (英 *our store*) ▶〜自慢のヘルシーメニュー/本店独特的健康菜单 běn diàn dútè de jiànkāng càidān ▶こちらはみな〜オリジナル商品です/这些都是本店独创的商品 zhèxiē dōu shì běn diàn dúchuàng de shāngpǐn

どうてん【同点】 平分 píngfēn (英 *a tie; a draw*) ▶〜決勝/平局决赛 píngjú juésài ▶試合は3対3の〜に終わった/比赛以三比三的平局结束 bǐsài yǐ sān bǐ sān de píngjú jiéshù ▶試合を〜にする/比赛打成平局 bǐsài dǎchéng píngjú

どうてん【動転する】 惊慌失措 jīnghuāng shīcuò (英 *be upset*) ▶彼女の突然の死の知らせで気が〜した/接到她突然去世的消息惊慌失措 jiēdào tā tūrán qùshì de xiāoxi jīnghuāng shīcuò

とうど【凍土】 冻土 dòngtǔ (英 *frozen soil*) ▶〜地帯/冻土带 dòngtǔ dài ▶永久〜/永久冻土 yǒngjiǔ dòngtǔ

とうど【糖度】 糖度 tángdù (英 *sugar content*)

とうとい【尊い・貴い】 尊贵 zūnguì; 高贵 gāoguì (英 *precious; noble*) ▶〜命を守る/维护宝贵的生命 wéihù bǎoguì de shēngmìng ▶〜身分の人/身份尊贵的人 shēnfen zūnguì de rén

とうとう 到底 dàodǐ; 终于 zhōngyú (英 *at last; at length; finally*) ▶2時間待ったが彼女は〜来なかった/等了两个小时她到底没来 děngliǎng ge xiǎoshí tā dàodǐ méi lái ▶〜梅雨の季節になった/梅雨季节终于来到了 méiyǔ jìjié zhōngyú láidào le

とうとう【等等】 等等 děngděng (英 *etc.; and so on*)

とうとう【滔滔と】 《水流》 滔滔 tāotāo; 滚滚 gǔngǔn; 《言葉》 滔滔不绝 tāo tāo bù jué (英 [流水の] *with a rush*; [弁舌] *eloquently*) ▶大河が〜と流れる/大江滚滚而流 dàjiāng gǔngǔn ér liú ▶自説を〜と弁じる/雄辩地申述自己的理论 xióngbiàn de shēnshù zìjǐ de lǐlùn ▶なぜ反対か, 彼女は〜と述べたてた/她滔滔不绝地陈述为何反对的理由 tā tāo tāo bù jué de chǎnshù wèihé fǎnduì de lǐyóu

どうとう【同等の】 同等 tóngděng (英 *equal; equivalent*) ▶正社員とパートタイマーを〜に扱う/对正式员工和计时工一视同仁 duì zhèngshì yuángōng hé jìshígōng yí shì tóng rén ▶自己と〜の人々/跟自己相同的人 gēn zìjǐ xiāngtóng de rén ▶大学卒業または〜の学力を有する者/大学毕业或具有同等学力的人 dàxué bìyè huò jùyǒu tóngděng xuélì de rén

どうどう【堂堂とした】 堂堂 tángtáng (英 *grand; magnificent*) ▶彼女は〜とした演技で観客を魅了した/她发挥自如的演技让观众着了迷 tā fāhuī zìrú de yǎnjì ràng guānzhòng zháole mí ▶〜たる大伽藍/宏伟的大寺院 hóngwěi de dà sìyuàn ▶〜とした議論/畅所欲言的讨论 chàng suǒ yù yán de tǎolùn ▶〜とした態度/堂堂正正的态度 tángtángzhèngzhèng de tàidù ▶〜と争う/光明正大地竞争 guāng míng zhèng dà de jìngzhēng

どうどうめぐり【堂堂巡りをする】 来回兜圈子 láihuí dōu quānzi (英 *go around in circles*) ▶話が〜するばかりだった/说话总是兜圈子 shuōhuà zǒngshì dōu quānzi

どうとく【道徳】 道德 dàodé (英 *morality; morals; ethics*) ▶公衆〜/公共道德 gōnggòng dàodé ▶〜の欠如/缺乏道德 quēfá dàodé ▶地球温暖化は〜上の問題でもある/全球气候变暖也属于道德范畴的问题 quánqiú qìhòu biànnuǎn yě shǔyú dàodé fànchóu de wèntí ▶彼は〜観念がない/他没有道德观念 tā méiyǒu dàodé guānniàn ▶商業～/商业道德 shāngyè dàodé ◆～教育:道德教育 dàodé jiàoyù；德育 déyù

とうとつ【唐突】 突然 tūrán (英 abruptly; suddenly) ▶～にそう言われても何と答えていいか分からない/你突然这么说，我也不知道怎么回答才好 nǐ tūrán zhème shuō, wǒ yě bù zhīdào zěnme huídá cái hǎo ▶～な質問ですみませんが、お答えいただければ幸いです/冒昧地问一个问题，希望有幸得到您的答复 màomèi de wèn yí ge wèntí, xīwàng yǒuxìng dédào nín de dáfù

とうとぶ【尊ぶ・貴ぶ】 尊崇 zūnchóng；尊重 zūnzhòng (英 respect; think much of...) ▶神仏を～/尊崇神佛 zūnchóng shénfó ▶質実剛健を～/崇尚质朴刚强 chóngshàng zhìpǔ gāngqiáng ▶諸君、老人を尊びなさい/各位，请尊重老人 gèwèi, qǐng zūnzhòng lǎorén

とうどり【頭取】 总裁 zǒngcái (英 the president; the director; the head) ▶銀行の～/银行行长 yínháng hángzhǎng

どうなが【胴長の】 躯干长 qūgàn cháng (英 long-torsoed) ▶短足～の犬/身长腿短的狗 shēncháng tuǐ duǎn de gǒu

とうなん【東南】 东南 dōngnán (英 southeast)

とうなん【盗難】 失盗 shīdào；被盗 bèidào (英 burglary; robbery; theft) ▶～事件/窃案 qiè'àn；盗窃事件 dàoqiè shìjiàn ▶昨夜近くで～があった/昨晚这附近失盗了 zuówǎn zhè fùjìn shīdào le ▶～届を出す/提交失窃登记 tíjiāo shīqiè dēngjì ▶～予防のため必ず施錠して下さい/请务必上锁，以防失盗 qǐng wùbì shàngsuǒ, yǐ fáng shīdào ▶～警報装置/防盗警报器 fángdào jǐngbàoqì ▶～品/失窃物品 shīqiè wùpǐn ▶～車/被盗窃的车辆 bèi dàoqiè de chēliàng

とうなんアジア【東南アジア】 东南亚 Dōngnán Yà (英 Southeast Asia)

とうに【疾うに】 早就 zǎojiù (英 long ago)

どうにか 好歹 hǎodǎi；总算 zǒngsuàn (英 somehow; barely) ▶～帰り着いた/总算回来了 zǒngsuàn huílai le ▶～時間に間に合った/好歹赶上了 hǎodǎi gǎnshàng le ▶～こうにか学校だけは卒業した/好歹学校总算毕业了 hǎodǎi xuéxiào zǒngsuàn bìyè le ▶～ならないでしょうか/能不能帮忙想想办法 néngbunéng bāngmáng xiǎngxiang bànfǎ

どうにも ❶【どうにもこうにも】 怎么也…(不) zěnme yě…(bù)；无论如何也…(不) wúlùn rúhé yě…(bù) (英 in anyway) ▶金がないんだから、～しかたがない/因为没有钱，一点儿办法也没有 yīnwèi méiyǒu qián, yìdiǎnr bànfǎ yě méiyǒu ▶今さら～ならない/事到如今，束手无策 shì dào rújīn, shùshǒu wú cè ❷【全く】 实在 shízài (英 not at all) ▶～頑固で困ったものだ/他那么顽固实在让人为难 tā nàme wángù shízài ràng rén wéinán

とうにゅう【投入する】 投入 tóurù；倾注 qīngzhù (英 throw) ▶軍事増強に多額の国費を～する/为加强军备投入巨额的国家预算 wèi jiāqiáng jūnbèi tóurù jù'é de guójiā yùsuàn ▶紛争地域に兵力を～する/向发生纷争的地区投入兵力 xiàng fāshēng fēnzhēng de dìqū tóurù bīnglì ▶誰でも勝つためには全力を～する/任何人都会为了取胜而竭尽全力 rènhé rén dōu huì wèile qǔshèng ér jié jìn quán lì ▶戦争に～される金/被用于战争的金钱 bèi yòngyú zhànzhēng de jīn

とうにゅう【豆乳】 豆浆 dòujiāng (英 soybean milk; soymilk)

どうにゅう【導入する】 引进 yǐnjìn (introduce) ▶最新医療器具を～した病院/引进了最新医疗设备的医院 yǐnjìnle zuìxīn yīliáo shèbèi de yīyuàn ▶外資を～する/引进外资 yǐnjìn wàizī ▶警官を～して抗議集団を排除する/投入警察驱散抗议团体 tóurù jǐngchá qūsàn kàngyìtuán

とうにょうびょう【糖尿病】〔医〕 糖尿病 tángniàobìng (英 diabetes) ▶～の検査をする/检查糖尿病 jiǎnchá tángniàobìng ▶～患者/糖尿病患者 tángniàobìng huànzhě ▶～の食事療法/糖尿病的饮食疗法 tángniàobìng de yǐnshí liáofǎ

とうにん【当人】 本人 běnrén；该人 gāirén (英 the person concerned) ▶～の意向を聞くべきだ/应该听取本人意见 yīnggāi tīngqǔ běnrén yìjiàn ▶～が気づかない間に個人情報が漏れる/在本人没有察觉的情况下泄露个人信息 zài běnrén méiyǒu chájué de qíngkuàngxià xièlòu gèrén xìnxī

どうねん【同年】 ❶【同じ年】 同年 tóngnián；那一年 nà yī nián (英 the same year) ▶～3月、広島に転任/同年三月调任到广岛 tóngnián sān yuè diàorèn dào Guǎngdǎo ❷【同年齢】 (英 the same age) ▶彼女は私を～輩のように扱った/她把我当成同龄人相待 tā bǎ wǒ dàngchéng tónglíngrén xiāngdài ▶私と～輩の人々/跟我同龄的人们 gēn wǒ tónglíng de rénmen

とうは【党派】 党派 dǎngpài (英 a party; [党中の] a faction) ▶～を組む/组成党派 zǔchéng dǎngpài ▶～に分れる/分成党派 fēnchéng dǎngpài ▶～的な主張にすぎない/不过是党派的主张 búguò shì dǎngpài de zhǔzhāng ▶超～議員団/超党派的议员团 chāodǎngpài de yìyuántuán

とうは【踏破する】 走过 zǒuguò；走遍 zǒubiàn (英 travel on foot; traverse) ▶タクラマカン砂漠を～する/穿越塔克拉玛干沙漠 chuānyuè Tǎkèlāmǎgān shāmò ▶350 キロ全行程を～した/走完三百五十公里全程 zǒuwán sānbǎi wǔshí gōnglǐ quánchéng

どうはい【同輩】 同辈 tóngbèi；同学 tóngxué；同事 tóngshì (英 one's colleague)

とうはつ【頭髪】 头发 tóufa (英 hair) ▶～用ブラシ/发刷 fàshuā

とうばつ【討伐する】 讨伐 tǎofá (英 suppress)

▶反乱軍を~する/讨伐叛军 tǎofá pànjūn

とうはん【登攀する】 登攀 dēngpān (英 climb) ▶北壁の単独~を試みる/尝试单独攀登北壁 chángshì dāndú pāndēng běi bì ▶~隊/攀登队 pāndēngduì ▶岩壁を~する/攀登岩壁 pāndēng yánbì

とうばん【当番】 值班 zhíbān (英 duty; [人] the man on duty) ▶弁護士制度/值班律师制度 zhíbān lǜshī zhìdù ▶今日の掃除~は私です/今天是我当值日打扫卫生 jīntiān shì wǒ dāng zhírì dǎsǎo wèishēng ▶(将校の)~兵/值勤兵 zhíqínbīng

どうはん【同伴する】 同伴 tóngbàn; 偕同 xiétóng (英 go with...; accompany) ▶~者/伴侣 bànlǚ ▶家族~で参加する/偕同家属参加 xiétóng jiāshǔ cānjiā

とうひ【当否】 当否 dàngfǒu; 是否合适 shìfǒu héshì (英 right or wrong; [適否] propriety) ▶その~は容易に決めかねる/很难判断做得对不对 hěn nán pànduàn zuòde duìbuduì ▶~は別としてそれが一般の理解である/不管恰当与否, 这是一种通常的认识 bùguǎn qiàdàng yǔfǒu, zhè shì yì zhǒng tōngcháng de rènshi

とうひ【逃避する】 逃避 táobì (英 escape from...) ▶現実から~する/逃避现实 táobì xiànshí ▶社会から~する/逃避社会 táobì shèhuì
◆~行/逃跑 táoqiàng

とうひょう【投票する】 投票 tóupiào (英 vote; ballot) ▶~用紙/选票 xuǎnpiào ▶誰に~したかは言えません/我不能说投了谁的票 wǒ bùnéng shuō tóule shéi de piào ▶悪質な~妨害行為があった/有妨碍投票的恶劣行为 yǒu fáng'ài tóupiào de èliè xíngwéi ▶誰も第1回の~では過半数を得なかった/在第一轮投票中谁都没有获得超半数的票 zài dìyī lún tóupiàozhōng shéi dōu méiyǒu huòdé chāo bànshù de piào ▶~に行く/去投票 qù tóupiào ▶~で否决する/投票否决 tóupiào fǒujué ▶~権のあるもの/有投票权的人 yǒu tóupiàoquán de rén
◆決選~/决胜投票 juéshèng tóupiào 信任~/信任票 xìnrènpiào ~所/投票处 tóupiàochù ~箱/投票箱 tóupiàoxiāng ~率/投票率 tóupiàolǜ 人気~/人气投票 rénqì tóupiào; 人望投票 rénwàng tóupiào [無]記名~/[不]记名投票 [bú]jìmíng tóupiào 無効~/无效投票 wúxiào tóupiào

とうびょう【投錨する】 抛锚 pāomáo (英 anchor)
◆~地/停泊地 tíngbódì

とうびょう【闘病】 和疾病作斗争 hé jíbìng zuò dòuzhēng (英 a struggle against a disease) ▶~記/和疾病作斗争的纪录 hé jíbìng zuò dòuzhēng de jìlù ▶五年間~生活を送る/度过了五年和疾病斗争的生活 dùguòle wǔ nián hé jíbìng dòuzhēng de shēnghuó

どうびょう【同病】
ことわざ 同病相憐(あわ)れむ 同病相怜 tóng bìng xiāng lián

とうひん【盗品】 赃物 zāngwù (英 stolen articles) ▶ネットオークションで~を売買する/通过网络拍卖网站购买赃物 tōngguò wǎngluò pāimài zāngwù ▶その品物は~らしかった/那个东西好像是赃物 nàge dōngxi hǎoxiàng shì zāngwù

とうふ【豆腐】 豆腐 dòufu (英 tofu; bean curd) ▶木綿~/老豆腐 lǎodòufu マーボー~/麻婆豆腐 mápó dòufu ▶~1丁/一块豆腐 yí kuài dòufu ▶~屋/豆腐房 dòufufáng
ことわざ 豆腐にかすがい 豆腐上钉铆子——没用 dòufushang dìng jūzi——méi yòng; 棉花槌打铁 miánhuá chuídá tiě

とうぶ【東部】 东部 dōngbù (英 the eastern part)

とうぶ【頭部】 头部 tóubù (英 the head) ▶後~に外傷が認められる/在后头部有外伤 zài hòutóubù yǒu wàishāng

どうふう【同封する】 附在信内 fù zài xìnnèi; 附寄 fùjì (英 enclose) ▶写真を~します/随信寄上照片 suí xìn jìshàng zhàopiàn

どうぶつ【動物】 动物 dòngwù (英 an animal) ▶~園/动物园 dòngwùyuán ▶彼には~的な勘がある/他具备动物的灵感 tā jùbèi dòngwù de línggǎn ▶~性白質/动物性蛋白 dòngwùxìng dànbái ▶~虐待/虐待动物 nüèdài dòngwù
◆草食~/草食动物 cǎoshí dòngwù ~学者/动物学家 dòngwùxuéjiā ~実験/动物实验 dòngwù shíyàn ~病院/宠物医院 chǒngwù yīyuàn

とうぶん【当分】 暂时 zànshí (英 for the time; for a while) ▶海外旅行は~お預けだ/海外旅行暂时作罢 hǎiwài lǚxíng zànshí zuòbà ▶~お酒はおひかえ下さい/请暂时不要喝酒 qǐng zànshí búyào hē jiǔ ▶~はこれで間に合う/暂时用这个对付一下 zànshí yòng zhège duìfu yíxià

とうぶん【等分する】 平分 píngfēn; 等分 děngfēn; 均分 jūnfēn (英 divide equally) ▶経費は3人で~して負担する/经费由三人平均分担 jīngfèi yóu sān rén píngjūn fēndān

とうぶん【糖分】 糖分 tángfèn (英 sugar) ▶~の取り過ぎは要注意/要注意糖分摄取过量 yào zhùyì tángfèn shèqǔ guòliàng ▶炭酸飲料は多くの~を含む/碳酸饮料里含有大量糖分 tànsuān yǐnliàolǐ hányǒu dàliàng tángfèn ▶血液中の~/血液里的糖分 xuèyèli de tángfèn

どうぶん【同文】 同文 tóngwén (英 the same sentences) ▶以下~《賞状などを読むときの言葉》/以下文字相同, 省略朗读 yǐxià wénzì xiāngtóng, shěngluè lǎngdú ▶~同種/同文同种 tóngwén tóngzhǒng

とうへき【盗癖】 盗癖 dàopǐ; 盗窃恶习 dàoqiè èxí (英 a thieving habit; [病的な] kleptomania) ▶ルパン三世の~は直らない/鲁宾三世的盗窃习惯改不了 Lǔbīn sānshì de dàoqiè xíguàn gǎibuliǎo ▶彼に~がある/他有盗窃恶习 tā yǒu dàoqiè èxí

とうべん【答弁する】 答辩 dábiàn; 回答 huídá (英 answer; reply) ▶その質問には~できない/对那个问题无法回答 duì nàge wèntí wúfǎ huídá ▶~に応じかねる/难以答对 kǔyú dáduì ▶首相に~を求める/要求首相答辩 yāoqiú shǒuxiàng dábiàn

♦~書:答辩书 dábiànshū

とうへんぼく【唐変木】 糊涂虫 hútuchóng; 笨蛋 bèndàn (英 a blockhead)

とうほう【当方】 我方 wǒfāng (英 our part) ▶~の落ち度とは言えない/不能算是我方的过失 bùnéng suànshì wǒfāng de guòshī ▶~の要求は拒否された/我方的要求被拒绝了 wǒfāng de yāoqiú bèi jùjué le

とうほう【東方】 东方 dōngfāng (英 the east) ▶マルコポーロの『~見聞録』/马可波罗《东方见闻录》 Mǎkě Bōluó《Dōngfāng jiànwénlù》 ▶その島は那覇市の~約60kmにある/那个岛屿在那霸市东面大约六十公里的位置 nàge dǎoyǔ zài Nàbàshì dōngmiàn dàyuē liùshí gōnglǐ de wèizhi

とうぼう【逃亡する】 (国外へ)逃亡 táowáng;《犯罪者が》潜逃 qiántáo (英 escape) ▶~犯/逃犯 táofàn ▶すでに国外に~している/已经逃亡到国外 yǐjing táowáng dào guówài ▶トロツキーはメキシコに~した/托洛斯基逃亡到墨西哥 Tuōluòsījī táowáng dào Mòxīgē ▶~兵/逃兵 táobīng

♦~資金:逃亡资金 táowáng zījīn ~者:逃亡者 táowángzhě

どうほう【同胞】 同胞 tóngbāo (英 a fellow countryman (countrywoman))

とうほく【東北】 东北 dōngběi (英 the northeast) ▶中国の~三省/中国的东北三省 Zhōngguó de dōngběi sān shěng

♦~地方:东北地区 Dōngběi dìqū

とうほん【謄本】 副本 fùběn (英 a certified copy) ▶戸籍~/户籍副本 hùjí fùběn

とうほんせいそう【東奔西走する】 东奔西走 dōng bēn xī zǒu (英 busy oneself)

どうまわり【胴回り】 腰围 yāowéi; 腰身 yāoshēn (英 a waist) ▶~が70センチある/腰围有七十公分 yāowéi yǒu qīshí gōngfēn ▶パンツの~がきつい/裤子的腰围太瘦 kùzi de yāowéi tài shòu

とうみつ【糖蜜】 糖蜜 tángmì (英 molasses)

どうみゃく【動脈】〖解〗动脉 dòngmài (英 an artery) ▶交通の大~/交通的大动脉 jiāotōng de dà dòngmài

♦~硬化:动脉硬化 dòngmài yìnghuà ▶理事会は~硬化を起こしているぞ/董事会已经瘫痪了 dǒngshìhuì yǐjing tānhuàn le ~瘤:动脉瘤 dòngmàiliú

とうみょう【灯明】《神仏への》灯火 dēnghuǒ (英 a light offered to a god) ▶~をあげる/供奉灯火 gòngfèng dēnghuǒ

とうみん【冬眠する】 冬眠 dōngmián (英 hibernate) ▶~から覚める/从冬眠中觉醒 cóng dōngmiánzhōng juéxǐng ▶~中の動物/冬眠中的动物 dōngmiánzhōng de dòngwù

とうみん【島民】 岛上居民 dǎoshang jūmín; 岛民 dǎomín (英 an islander)

とうめい【透明な】 透明 tòumíng (英 clear) ▶摩周湖の~度が下がってきた/摩周湖的透明度降低了 Mózhōuhú de tòumíngdù jiàngdī le ▶無色~な液体/无色透明的液体 wúsè tòumíng de yètǐ ▶半~のビニール袋/半透明的塑料袋儿 bàn tòumíng de sùliàodàir ▶先行き不~な時代/前景不明的时代 qiánjǐng bùmíng de shídài

♦~人間:透明人 tòumíngrén

どうめい【同盟】 联盟 liánméng; 同盟 tóngméng (英 an alliance; a union; a league) ▶日本はかつて英国と~を結んだ/日本曾经跟英国结成同盟 Rìběn céngjīng gēn Yīngguó jiéchéng tóngméng ▶全生徒が~して校長を排斥した/全体学生联盟驱逐校长 quántǐ xuésheng liánméng qūzhú xiàozhǎng

♦~国:同盟国 tóngméngguó ~条約:同盟条约 tóngméng tiáoyuē 非~諸国:非同盟国家 fēi tóngméng guójiā

とうめん【当面の】 当前 dāngqián; 眼前 yǎnqián (英 present; [さし迫った] pressing) ▶~の対応に追われる/忙于处理眼前的事情 mángyú chǔlǐ yǎnqián de shìqíng ▶~の生活には困らない/眼下的生活没有困难 yǎnxià de shēnghuó méiyǒu kùnnan ▶~の問題/当面对的问题 dāngqián miànduì de wèntí ▶~の必要を満たす/满足眼前的需要 mǎnzú yǎnqián de xūyào

▮日中比較▮ 中国語の'当面 dāngmiàn'は「面と向かって」という意味.

どうも 好像 hǎoxiàng; 总 zǒng; 真 zhēn (英 [はなはだ] very; much; [どういうものか] somehow) ▶~間違っているらしい/好象不对 hǎoxiàng búduì ▶~気分がよくない/总觉得身体不舒服 zǒng juéde shēntǐ bù shūfu ▶~うまく言えない/总也说不好 zǒng yě shuōbuhǎo ▶~困ったもんだ/真为难 zhēn wéinán ▶いやはや~/啊呀,真是的！ āyā, zhēnshide! ▶あの男は~きらいだ/那个男的真烦人 nàge nán de zhēn fánrén ▶どこかで見たことのある人だ/好像在哪儿见过这个人 hǎoxiàng zài nǎr jiànguò zhège rén ▶《挨拶で》~すみません/实在对不起 shízài duìbuqǐ ▶《挨拶で》~ありがとう/实在感谢 shízài gǎnxiè

どうもう【獰猛な】 凶猛 xiōngměng; 狰狞 zhēngníng (英 ferocious; fierce) ▶~な顔つきのボクサー犬/相貌凶猛的斗拳犬 xiàngmào xiōngměng de dǒuquánquǎn

とうもく【頭目】 头子 tóuzi; 头目 tóumù (英 a leader) ▶匪賊の~/土匪头子 tǔfěi tóuzi

トウモロコシ【玉蜀黍】〖植物〗玉米 yùmǐ; 苞米 bāomǐ; 玉蜀黍 yùshǔshǔ (英 corn) ▶~の粉/玉米面 yùmǐmiàn ▶~の軸/玉米芯 yùmǐxīn ▶~の毛/玉米须 yùmǐxū ▶~の皮/玉

どうもん【同門】同门 tóngmén (英 one's fellow pupil)

とうや【陶冶する】陶冶 táoyě (英 cultivate) ▶人格を～/陶冶人格 táoyě réngé

とうやく【投薬する】下药 xiàyào (英 give a medicine)

どうやら《らしい》好像 hǎoxiàng；看来 kànlái；看样子 kàn yàngzi (英 possibly) ▶～雨になるらしい/好象要下雨了 hǎoxiàng yào xiàyǔ le ▶彼の病は～峠を越したようだ/他的病好像已经脱离了危险 tā de bìng hǎoxiàng yǐjing tuōlíle wēixiǎn ▶～騒ぎも治まったらしいな/风波好像已经平息了 fēngbō hǎoxiàng yǐjing píngxī le ▶～晴れそうだ/看样子要晴 kàn yàngzi yào qíng ▶これで～終わった/看来就这么结束了 kànlái jiù zhème jiéshù le

とうゆ【灯油】灯油 dēngyóu (英 kerosene)

とうよ【投与する】给药 gěiyào；下药 xiàyào (英 give a medicine) ▶痛み止めにモルヒネを～する/为了止痛给开了吗啡 wèile zhǐtòng gěi kāile mǎfēi

とうよう【東洋】东方 Dōngfāng (英 the East; the Orient) ～学/东方学 Dōngfāngxué ～医学/东方医学 Dōngfāng yīxué ～人/东方民族 Dōngfāng mínzú ～文明/东方文明 Dōngfāng wénmíng

> [日中比較] 中国語の'东洋 Dōngyáng'は「日本」のこと。特に清末から民国初の時代にこう呼んだ。

とうよう【盗用する】盗用 dàoyòng；窃用 qièyòng；剽窃 piāoqiè (英 plagiarize; steal) ▶他人の情報を～する/窃用别人的情报 qièyòng biéren de qíngbào ▶パスワードを～する/盗用密码 dàoyòng mìmǎ ▶デザインの～/设计的盗用 shèjì de dàoyòng

とうよう【登用する】擢用 zhuóyòng；提拔 tíbá (英 appoint; promote) ▶人材を～する/任用人才 rènyòng réncái ▶管理職に女性を～する/把女性提拔到管理职位 bǎ nǚxìng tíbádào guǎnlǐ zhíwèi

どうよう【同様の】同样 tóngyàng；一样 yíyàng (英 similar; the same) ▶私も～です/我也一样 wǒ yě yíyàng ▶本番～のリハーサルをする/跟正式的舞台一样进行彩排 gēn zhèngshì de wǔtái yíyàng jìnxíng cǎipái ▶新品～に生まれ変わった/翻修后跟新的一样 fānxiū hòugēn xīn de yíyàng ▶彼に向かって嘘つきだと言っても～/他这样说等于当面指责我撒谎 tā zhèyàng shuō děngyú dāngmiàn zhǐzé wǒ sāhuǎng ▶それはこの場合においても～に正しい/那在这个场合也同样是正确的 nà zài zhège chǎnghé yě tóngyàng shì zhèngquè de ▶彼は英語も日本語と～に話す/他的英语说得跟日语一样好 tā de Yīngyǔ shuōde gēn Rìyǔ yíyàng hǎo ▶君は彼を他の生徒と全く～に扱うべきだ/你对他应该跟其他同学一视同仁 nǐ duì tā yīnggāi gēn qítā tóngxué yí shì tóng rén

どうよう【動揺する】动摇 dòngyáo；不安 bù'ān (英 be shaken; be disturbed) ▶この問題について人心が～していた/关于这个问题人心动摇不定 guānyú zhège wèntí rénxīn dòngyáo búdìng ▶彼の決心は～しなかった/他的决心没有发生动摇 tā de juéxīn méiyǒu fāshēng dòngyáo ▶政界に～をきたす/引起政界的动荡 yǐnqǐ zhèngjiè de dòngdàng ▶財界に～をきたす/造成财界不安 zàochéng cáijiè bù'ān

どうよう【童謡】儿歌 érgē；童谣 tóngyáo (英 a children's song) ▶日本の代表的な～は「赤とんぼ」です/日本具代表性的童谣是《红蜻蜓》Rìběn jù dàibiǎoxìng de tóngyáo shì《Hóngqīngtíng》

とうらい【到来する】到来 dàolái；《もらいもの》送来 sònglái (英 come; arrive) ▶春の～を告げる春一番/报告春天到来的第一阵大风 bàogào chūntiān dàolái de dìyī zhèn dàfēng ▶これは～物ですが/这是别人送来的东西 zhè shì biéren sònglái de dōngxi

とうらく【当落】当选和落选 dāngxuǎn hé luòxuǎn (英 the result of an election) ▶～が判明する/知道是否当选 zhīdào shìfǒu dāngxuǎn

どうらく【道楽】❶【放蕩】放荡 fàngdàng (英 dissipation) ▶～息子/花花公子 huāhuā gōngzǐ ❷【娯楽】爱好 àihào；嗜好 shìhào (英 a hobby) ▶ばら作りが彼の～だ/养玫瑰花是他的嗜好 yǎng méiguīhuā shì tā de shìhào ▶食い～/热衷于美食 rèzhōngyú měishí ◆～者/浪子 làngzǐ

どうらん【動乱】动乱 dòngluàn；战乱 zhànluàn (英 a disturbance; [社会の] an upheaval) ▶ハンガリー～/匈牙利动乱 Xiōngyálì dòngluàn ▶～が起きる/发生动乱 fāshēng dòngluàn

どうり【道理】道理 dàoli (英 reason) ▶君の言うことには～がある/你说的话有道理 nǐ shuō de huà yǒu dàoli ▶～を説く/说明道理 shuōmíng dàoli ▶あんな暴言が許される～がない/没有理由允许他那么胡说 méiyǒu lǐyóu yǔnxǔ tā nàme húshuō

～にかなう 有理 yǒulǐ；合情合理 hé qíng hé lǐ
～にはずれる 不合道理 bù hé dàoli
～をわきまえる 懂道理 dǒng dàoli

とうりつ【倒立する】《体操》倒立 dàolì (英 stand on one's hands) ▶前方～回転/向前倒立反转 xiàngqián dàolì fǎnzhuǎn

どうりつ【同率】比率相同 bǐlǜ xiāngtóng (英 the same rate) ▶～で首位になる/比率相同，并列第一 bǐlǜ xiāngtóng, bìngliè dìyī

どうりで【道理で】怪不得 guàibude；难怪 nánguài (英 indeed) ▶～うまくいかないはずだ/难怪办不好 nánguài bànbuhǎo ▶～電話が通じないはずだ/怪不得电话不通 guàibude diànhuà bùtōng ▶～彼は来なかった/怪不得他没来 guàibude tā méi lái

とうりゅう【逗留する】 停留 tíngliú; 逗留 dòuliú (英 stay) ▶長～する/长期逗留 chángqī dòuliú ▶～客(ホテルの)/留宿客人 liúsù kèrén

とうりゅうもん【登竜門】 登龙门 dēnglóngmén (英 a gateway to success) ▶そのコンクールは音楽界への～と見なされている/那个比赛被看作是通向音乐殿堂的龙门 nàge bǐsài bèi kànzuò shì tōngxiàng yīnyuè diàntáng de lóngmén

とうりょう【投了する】 认输 rènshū (〔围棋，将棋〕resign; give up the game) ▶白は中盘で～した/白方在比赛中盘认输 báifāng zài bǐsài zhōngpán rènshū

とうりょう【棟梁】 ❶〔大工の頭〕木匠师傅 mùjiang shīfu (英 a master carpenter) ❷〔統率者〕栋梁 dòngliáng (英 a leader) ▶あなたは国家の～たるべき人物だ/你是国家的栋梁之材 nǐ shì guójiā de dòngliáng zhī cái

とうりょう【等量】 等量 děngliàng; 同量 tóngliàng (英 of the same quantity) ▶～に分ける/分成相等的分量 fēnchéng xiāngděng de fènliàng

どうりょう【同僚】 同事 tóngshì; 同僚 tóngliáo (英 a colleague; a fellow worker) ▶時々職場の～と飲みに行くことがあります/有时跟单位的同事去喝酒 yǒushí gēn dānwèi de tóngshì qù hē jiǔ ▶俺はよくよく～に恵まれているよ/我真是多亏有好同事 wǒ zhēn shì duōkuī yǒu hǎo tóngshì

どうりょく【動力】 动力 dònglì; 原动力 yuándònglì (英 power) ▶～計/动力表 dònglìbiǎo ▶～源/动力源 dònglìyuán ▶～を供给する/提供动力 tígōng dònglì
♦～炉 :动力炉 dònglìlú

とうるい【盗塁する】〔野球〕偷垒 tōulěi (英 steal)
♦～王:偷垒冠军 tōulěi guànjūn

どうるい【同類】 同类 tónglèi (英 the like of…) ▶あんな奴と～扱いされるのはごめんだ/可别把我看作那种人的同类 kě bié bǎ wǒ kànzuò nà zhǒng rén de tónglèi
♦～項〔数〕:同类项 tónglèixiàng

とうれい【答礼する】 回礼 huílǐ; 还礼 huánlǐ (英 return the salute) ▶～訪問する/回访 huífǎng ▶上官に対して敬礼し,上官はこれに～する/对上级敬礼,上级对此还礼 duì shàngjí jìnglǐ, shàngjí duì cǐ huánlǐ

どうれつ【同列の】 同排 tóngpái;《地位・程度など》同等 tóngděng (英 the same level) ▶～に論じる/相提并论 xiāng tí bìng lùn ▶これらの問題を～に扱うわけにはいかない/这些问题不能同等对待 zhèxiē wèntí bùnéng tóngděng duìdài

どうろ【道路】 路 lù; 道路 dàolù (英 a road; 〔街路〕a street) ▶～標識/路标 lùbiāo ▶通学～を整備する/整修上学道路 zhěngxiū shàngxué dàolù ▶～交通情報/道路交通信息 dàolù jiāotōng xìnxī ▶～舗装されていない～/未经铺修

的道路 wèijīng pūxiū de dàolù ▶～沿いの二酸化窒素を調査する/调查公路沿途的二氧化氮 diàochá gōnglù yántú de èryǎnghuàdàn ▶有料～/收费道路 shōufèi dàolù ▶自動車～/汽车路 qìchēlù ▶サイクリング～/自行车路 zìxíngchēlù
♦～工事:道路工程 dàolù gōngchéng ～交通法:道路交通法 dàolù jiāotōngfǎ ～地図:交通图 jiāotōngtú

とうろう【灯籠】 灯笼 dēnglong (英〔庭前の〕a garden lantern; 〔神前の〕a sacred lantern) ▶～に灯を入れる/点灯笼 diǎn dēnglong ▶回り～/走马灯 zǒumǎdēng ▶石～/石灯笼 shídēnglong
♦～流し:灯笼放流 dēnglóng fàngliú

とうろう【蟷螂】 螳螂 tángláng (英 a mantis)
ことわざ 蟷螂の斧 螳臂当车,不自量力 táng bì dāng chē, bú zì liànglì

とうろく【登録する】 登记 dēngjì; 注册 zhùcè; 登录 dēnglù (英 register) ▶科目～/注册学科 zhùcè xuékē ▶未～の刀剣類/未经登记的刀剑类兵器 wèijīng dēngjì de dāojiàn lèi bīngqì ▶全員～/全体登记 quántǐ dēngjì ▶自動车は私の名前で～してある/汽车以我的名义注册 qìchē yǐ wǒ de míngyì zhùcè ▶商標を～する/注册商标 zhùcè shāngbiāo ▶～済/注册完毕 zhùcè wánbì ▶～料/注册费 zhùcèfèi ▶～番号/登记号码 dēngjì hàomǎ
♦外国人～ :外国人登记 wàiguórén dēngjì ～商標:注册商标 zhùcè shāngbiāo

日中比较 中国語の'登录 dēnglù'には「帳簿に載せる」という意味の他に「ログインする」という意味もある。

とうろん【討論する】 讨论 tǎolùn; 研讨 yántǎo (英 debate; discuss) ▶～を尽くしたとは言えない/讨论得还不够透彻 tǎolùnde hái bùgòu tòuchè ▶～打ち切りの動議を提出する/提出结束讨论的动议 tíchū jiéshù tǎolùn de dòngyì
♦～会:讨论会 tǎolùnhuì ▶公開～会/公开讨论会 gōngkāi tǎolùnhuì ▶テレビ～会/电视讨论会 diànshì tǎolùnhuì

どうわ【童話】 童话 tónghuà (英 a fairy tale) ▶子供に～を読んで聞かせる/念童话故事给孩子听 niàn tónghuà gùshì gěi háizi tīng ▶アンデルセン～/安徒生童话 Āntúshēng tónghuà
♦～劇:童话剧 tónghuàjù ～作家:童话作家 tónghuà zuòjiā

とうわく【当惑する】 困惑 kùnhuò; 为难 wéinán (英 be embarrassed; be puzzled) ▶彼に何と答えてよいか～した/我很为难,不知该如何回答他 wǒ hěn wéinán, bù zhī gāi rúhé huídá tā ▶少女は～してどうしてよいか分らなかった/少女很困惑不知如何是好 shàonǚ hěn kùnhuò bù zhī rúhé shì hǎo ▶予想外の反響に～した様子を見せた/面对超乎预料的反响,他显得有些困惑 miànduì chāohū yùliào de fǎnxiǎng, tā xiǎnde yǒuxiē kùnhuò

とえはたえ【十重二十重】 重重 chóngchóng; 层层 céngcéng (英 tenfold) ▶～に取り囲む/重重包围 chóngchóng bāowéi

とおあさ【遠浅】 浅海滩 qiǎnhǎitān; 浅滩 qiǎntān (英 a shoaling beach) ▶ここの海は～になっている/这一带海岸是一片浅滩 zhè yídài hǎi'àn shì yípiàn qiǎntān

とおい【遠い】 远 yuǎn (英 distant; remote; faraway) ▶家から駅まではそれほど遠くない/从家到车站不那么远 cóng jiā dào chēzhàn bú nàme yuǎn ▶そのデータは実態からほど～/那项数据跟实际情况相差甚远 nà xiàng shùjù gēn shíjì qíngkuàng xiāngchà shèn yuǎn ▶～昔から語り継がれてきた伝説/从很久以前流传下来的传说 cóng hěn jiǔ yǐqián liúchuán xiàlái de chuánshuō ▶～親戚/远亲 yuǎnqīn

耳が～ 耳朵背 ěrduo bèi

とおえん【遠縁】 远亲 yuǎnqīn (英 a distant relative) ▶彼は母方の～に当たる木村という男だった/他是母亲那边的远亲,一个名叫木村的人 tā shì mǔqin nàbiān de yuǎnqīn, yí ge míng jiào Mùcūn de rén

とおからず【遠からず】 不久 bùjiǔ (英 soon; before long) ▶～実現する/指日可待 zhǐ rì kě dài ▶彼の病気も～直るだろう/他的病大概不久就会好的 tā de bìng dàgài bùjiǔ jiù huì hǎo de

とおく【遠く】 远方 yuǎnfāng (英 far away) ▶どこか～へ行きたい/想去个远门 xiǎngchūqù yuǎnmén ▶～で鶏が鳴いた/远处传来鸡叫声 yuǎnchù chuánlái jī jiàoshēng ▶ここから～富士が眺められる/从这里可以远望看到富士山 cóng zhèlǐ kěyǐ yuǎnwàng dào Fùshìshān ▶彼の名声は～まで響いている/他的名声传得很远 tā de míngshēng chuánde hěn yuǎn ▶それは～から見ると美しい/那从远处看很美丽 nà cóng yuǎnchù kàn hěn měilì ▶～からサイレンの音が聞えてきた/从远方传来警笛的声音 cóng yuǎnfāng chuánlái jǐngdí de shēngyīn ▶この面では日本は欧州に～及ばない/在这方面日本远远赶不上欧洲 zài zhè fāngmiàn Rìběn yuǎnyuǎn gǎnbushàng Ōuzhōu ▶影響は～まで及ぶ/影响深远 yǐngxiǎng shēnyuǎn

[ことわざ] 遠くの親類より近くの他人 远亲不如近邻 yuǎnqīn bùrú jìnlín

とおざかる【遠ざかる】 ❶【離れていく】 走远 zǒuyuǎn (英 go away) ▶怖くなって僕はずっと遠くへ遠ざかった/因为害怕我逃得远远的 yīnwèi hàipà wǒ táode yuǎnyuǎn de ❷【近寄らぬ】 疏远 shūyuǎn (英 keep away) ▶政治から遠ざかっている/远离政治 yuǎnlí zhèngzhì ▶悪友から～/疏远狐朋狗友 shūyuǎn húpéng gǒuyǒu ▶彼らとの間柄が～/跟他们的关系疏远了 gēn tāmen de guānxi shūyuǎn le

とおざける【遠ざける】 支走 zhīzǒu; 躲开 duǒkāi; 疏远 shūyuǎn (英 keep...away) ▶悪友を～/躲避狐朋狗友 duǒbì hú péng gǒu yǒu ▶平和をさらに1歩～/离和平又远了一步 lí hépíng yòu yuǎnle yí bù ▶人を遠ざけて話をする/避开别人耳目密谈 bìkāi biéren ěrmù mìtán

とおし【通しの】 连贯 liánguàn (英 a serial...; through) ▶～切符/通票 tōngpiào ▶～番号/连续号码 liánxù hàomǎ ▶～稽古をする/整场排练 zhěngchǎng páiliàn

-どおし 一直 yìzhí; 始终 shǐzhōng ▶夜～働きづめだった/通宵苦干 tōngxiāo kǔgàn ▶途中ずっと立ち～だった/路上一直都站着 lùshang yìzhí dōu zhànzhe

とおす【通す】 ❶【通過】 贯通 guàntōng; 通过 tōngguò; 透过 tòuguò (英 let...pass; [光などを] be pervious to...; [濾過] filter) ▶針に糸を～/纫针 rènzhēn ▶どうぞ通して下さい/请让我过去 qǐng ràng wǒ guòqu ▶道をあけて救急車を～/给救护车让路 gěi jiùhùchē rànglù ▶会議前に資料に目を通しておいて下さい/在开会以前请让目资料 zài kāihuì yǐqián qǐng yuèdú zīliào ▶部屋に風を～/给房间通风 gěi fángjiān tōngfēng ▶このコートは防水加工してあるから雨を通さない/这件大衣经过防水加工不透水 zhè jiàn dàyī jīngguò fángshuǐ jiāgōng bú tòuyǔ ❷【客を】 領…進来 lǐng...jìnlái (英 show in) ▶《客を》部屋に～/让到屋里 ràng dào wūli ❸【終わりまで】 坚持 jiānchí (英 pierce; penetrate; [意志などを] carry out) ▶会議中は沈黙を通した/在会议中保持沉默 zài huìyìzhōng bǎochí chénmò ▶社内で自分の企画を～/在公司内坚持自己的计划 zài gōngsīnèi jiānchí zìjǐ de jìhuà ▶主義を～のは勝手だが他人を巻き添えにするな/坚持自己的准则是你的自由,但不要把别人牵扯进去 jiānchí zìjǐ de zhǔnzé shì nǐ de zìyóu, dàn búyào bǎ biéren qiānchějìnqu ▶我々の要求を～のは難しい/很难坚持我们的要求坚持到底 hěn nán jiāng wǒmen de yāoqiú jiānchí dàodǐ ▶わがままを～/一直很任性 yìzhí hěn rènxìng ▶独身で～/一辈子不结婚 yíbèizi bù jiéhūn; 一辈子打光棍 yíbèizi dǎ guānggùn ▶気分が晴れるまで泣き～/哭个痛快 kū ge tòngkuài ❹【経由】 通過 tōngguò (英 through...) ▶テレビを通して…/通过电视 tōngguò diànshì ▶弁護士を通して申請するほうが賢明です/通过律师申请会比较明智 tōngguò lǜshī shēnqǐng huì bǐjiào míngzhì ▶彼はその話を上司の私を通さず社長にもって行った/他不通过我这个上级,就直接把那事告诉总经理了 tā bù tōngguò wǒ zhège shàngjí, jiù zhíjiē bǎ nà shì gàosu zǒngjīnglǐ le

トースター 烤面包器 kǎomiànbāoqì (英 a toaster) ▶～でパンを焼く/用烤面包器烤面包 yòng kǎomiànbāoqì kǎo miànbāo

トースト 《食品》烤面包 kǎomiànbāo; 吐司 tǔsī (英 a toast) ▶朝食は～とコーヒーですます/早饭只吃烤面包喝咖啡 zǎofàn zhǐ chī kǎomiànbāo hē kāfēi

とおせんぼ【通せんぼする】 阻拦 zǔlán; 挡住 dǎngzhù (英 bar a person's way) ▶トラックを横転して道路を～している/卡车翻车挡住了公路

kǎchē fānchē dǎngzhùle gōnglù

トータル 总计 zǒngjì (英 *the total*) ▶年間～では結局損をしている/一年通算下来，结果亏损了 yì nián tōng suàn xiàlai, jiéguǒ kuīsǔn le

トーチカ 堡垒 bǎolěi；地堡 dìbǎo；碉堡 diāobǎo (英 *a pillbox*)

とおで【遠出する】 出远门 chū yuǎnmén；到远处去 dào yuǎnchù qù (英 *go for an outing*) ▶赤ちゃんを連れての～は考えものです/带着婴儿出远门儿是个难题 dàizhe yīng'ér chū yuǎnménr shì ge nántí

ドーナツ【菓子】 炸面圈儿 zhámiànquānr；甜甜圈 tiántiánquān (英 *a doughnut*) ▶大都会で人口の～化現象が発生している/在大城市出现了"面包圈式"的人口分布现象 zài dà chéngshì chūxiànle "miànbāoquān shì" de rénkǒu fēnbù xiànxiàng

トーナメント 淘汰赛 táotàisài (英 *a tournament*) ▶8大学が～方式で対戦する/八所大学以淘汰赛方式进行角逐 bā suǒ dàxué yǐ táotàisài fāngshì jìnxíng juézhú ▶～で優勝する/在淘汰赛中夺冠 zài táotàisàizhōng duóguàn

とおのく【遠退く】 离远 líyuǎn；疏远 shūyuǎn (英 (音などが) *become distant*；[人が] *keep away*) ▶図書館から足が～/久违了图书馆 jiǔwéile túshūguǎn ▶豪華客船が次第に視界から～/豪华客轮渐渐从视野中消逝 háohuá kèlún jiànjiàn cóng shìyězhōng xiāoshì

とおのり【遠乗りする】 乘车远行 chéngchē yuǎnxíng (英 *a long ride*) ▶自転車で～をする/骑自行车远行 qí zìxíngchē yuǎnxíng

ドーピング 使用兴奋剂 shǐyòng xīngfènjì (英 *doping*) ▶～検査で陽性反応が出た/药物检查出现阳性反应 yàowù jiǎnchá chūxiàn yángxìng fǎnyìng

とおぼえ【遠吠えする】 在远处嚎叫 zài yuǎnchù háojiào (英 *bay*；*howl*)
負け犬の～ 虚张声势 xū zhāng shēng shì

とおまき【遠巻きにする】 远远围住 yuǎnyuǎn wéizhù (英 *surround... at a distance*) ▶大勢が～しているなかで男たちは殴り合っていた/在大群人远远围观之下，男人们打成一团 zài dà qún rén yuǎnyuǎn wéiguān zhīxià, nánrénmen dǎchéng yì tuán

とおまわし【遠回しに】 委婉 wěiwǎn；绕弯子 rào wānzi (英 *indirectly*) ▶～な言葉/婉辞 wǎncí；婉言 wǎnyán ▶～に言う/拐弯抹角地说 guǎi wān mò jiǎo de shuō ▶～な表現でごまかす/用委婉的言词搪塞 yòng wěiwǎn de yáncí tángsè ▶～のあてこすり/委婉的反唇相讥 wěiwǎn de fǎn chún xiāng jī；间接的讽刺 jiànjiē de fěngcì ▶～に皮肉を言う/委婉地讽刺 wěiwǎn de fěngcì

とおまわり【遠回りする】 绕道 ràodào；绕远儿 ràoyuǎnr；[仕事や勉強で] 走弯路 zǒu wānlù (英 *detour*) ▶～して帰ろうよ/绕道儿回家吧 ràodàor huíjiā ba ▶タクシーはわざと～して高い料金を請求した/出租车故意绕远儿多要钱 chūzūchē gùyì ràoyuǎnr duō yào qián

ドーム【建築】圆顶 yuándǐng (英 *a dome*；*a vault*)
▶～球場/圆顶球场 yuándǐng qiúchǎng

とおめ【遠目】 远望 yuǎnwàng；眺望 tiàowàng (英 (*from) a distance*)
～が利く 有远见 yǒu yuǎnjiàn；看得远 kàndeyuǎn
～には 远处看 yuǎnchù kàn ▶～には何の変哲もない丘陵だった/远远望去是一片没什么出奇的丘陵 yuǎnyuǎn wàngqù shì yípiàn méi shénme chūqí de qiūlíng

ドーラン 油彩 yóucǎi (英 *greasepaint*) ▶～を塗る/涂油彩 tú yóucǎi

とおり【通り】 **❶**【道】大街 dàjiē；马路 mǎlù (英 *a road*；[街] *a street*) ▶そのアパートは～に面している/那所公寓临街 nà suǒ gōngyù línjiē ▶彼はこの～に住んでいる/他住在这条街上 tā zhùzài zhè tiáo jiēshang ▶左折して昭和～に出る/往左拐通昭和路 wǎng zuǒ guǎi tōng Zhāohélù
❷【水などの通過】通过 tōngguò (英 *passage*) ▶～のいい声/响亮的声音 xiǎngliàng de shēngyīn ▶パイプの～が悪い/管子不通畅 guǎnzi bù tōngchàng
❸【種類】种类 zhǒnglèi (英 *a kind*；*a sort*；*a class*) ▶やり方は幾～もあります/方法有好几种 fāngfǎ yǒu hǎojǐ zhǒng

-とおり【-通り】 照 zhào；依照 yīzhào；按照 ànzhào ▶指示の～/按照指示 ànzhào zhǐshì ▶君の言う～だ/你说得对 nǐ shuōdeduì ▶現実は台本～には展開しない/现实不会按照剧本进行的 xiànshí búhuì ànzhào jùběn jìnxíng de ▶昨日も申しました～…/像昨天所说的那样… xiàng zuótiān suǒ shuō de nàyàng… ▶罪状は以下の～である/罪状如下 zuìzhuàng rúxià

とおりあめ【通り雨】 小阵雨 xiǎozhènyǔ (英 *a passing rain*；*a shower*) ▶～だからすぐ止むよ/是阵雨，马上就会停的 shì zhènyǔ, mǎshàng jiù huì tíng de

とおりいっぺん【通り一遍の】 应酬性 yìngchouxìng；泛泛 fànfàn (英 *casual*；[形式的] *formal*) ▶～のつきあい/泛泛之交 fànfàn zhī jiāo ▶こんな～の回答では承諾できない/这种应酬性的答复我们不能接受 zhè zhǒng yìngchouxìng de dáfù wǒmen bùnéng jiēshòu

とおりかかる【通り掛かる】 路过 lùguò (英 *happen to pass*；*pass by*) ▶時々一花屋で妻のためにばらを買った/在有时路过的花店给妻子买玫瑰花 zài yǒushí lùguò de huādiàn gěi qīzi mǎi méiguihuā ▶通り掛かったタクシーを止めた/叫住路过的的士 jiào zhù lùguò de díshì ▶通り掛かりの人に道をたずねる/向行人问路 xiàng xíngrén wèn lù

とおりこす【通り越す】 走过 zǒuguò；越过 yuèguò (英 *go beyond*；*go past*) ▶このところ

を通り越して初夏の陽気だ/眼下虽是春季，却已是初夏的艳阳天了 yǎnxià suī shì chūnjì, què yǐ shì chūxià de yànyángtiān le ▶馬鹿を通り越した狂気の沙汰である/已经超越了愚蠢陷入了疯狂 yǐjīng chāoyuèle yúchǔn xiànrùle fēngkuáng

とおりすがり【通りすがりの】 路过 lùguò (英 passing) ▶~の人に話しかける/跟路过的人搭话 gēn lùguò de rén dāhuà ▶彼はただ～の者だといって/他说自己只不过是一个过路人 tā shuō zìjǐ zhǐbuguò shì yí ge guòlùrén ▶~にコンビニでパンを買った/路过时顺便去便利店买了面包 lùguòshí shùnbiàn qù biànlìdiàn mǎile miànbāo

とおりすぎる【通り過ぎる】 过去 guòqu; 经过 jīngguò (英 go past) ▶台風が～のをじっと待つ/等待着台风过去 děngdàizhe táifēng guòqu ▶彼は我々の前を歩いて通り過ぎた/他从我们的前边走了过去 tā cóng wǒmen de qiánbian zǒuleguòqu

とおりそうば【通り相場】 一般市价 yìbān shìjià;《世间の考え》一般认识 yìbān rènshi (英 the current price; a regular price) ▶かけ事に凝ると元も子もなくてが～だ/热衷于赌博的人，十有八九会连本带利输个精光 rèzhōngyú dǔbó de rén, shí yǒu bājiǔ huì lián běn dài lì shū ge jīngguāng

とおりぬける【通り抜ける】 通过 tōngguò; 穿越 chuānyuè (英 pass through) ▶何を聞いても頭の中をそのまま通り抜けてしまう/听什么都是左耳进右耳出 tīng shénme dōu shì zuǒ'ěr jìn yòu'ěr chū ▶通り抜け禁止/禁止穿行 jìnzhǐ chuānxíng ▶この路地は通り抜けられません/此路不通 cǐlù bùtōng

とおりま【通り魔】 过路煞神 guòlù shàshén (英 a random killer) ▶連続～事件の犯人が逮捕された/屡次作案的过路杀手被逮捕了 lǚcì zuòàn de guòlù shāshǒu bèi dàibǔ le

とおりみち【通り道】 通路 tōnglù; 通道 tōngdào (英 a path; a passage; a way) ▶駅へのにあるコンビニで弁当を買う/在通往车站路上的方便店买便当 zài tōngwǎng chēzhàn lùshang de fāngbiàndiàn mǎi biàndang ▶~をふさぐ[あける]/挡住[让开]通路 dǎngzhù[ràngkāi]tōnglù ▶~のじゃまになる/挡道 dǎng dào

とおる【通る】 ❶〚通過〛通过 tōngguò; 走过 zǒuguò (英 pass; go past; pass by) ▶通り抜ける/穿过 chuānguò ▶救急車が家の前を～ときいつも犬が吠える/救护车开过我家门前时，我家的狗总要吼叫 jiùhùchē kāiguò wǒ jiā ménqián shí, wǒ jiā de gǒu zǒngyào hǒujiào ▶郵便局のそばを～/路过邮局旁边 lùguò yóujú pángbiān ▶歩行者は右側を～/行人靠右通行 xíngrén kào yòu tōngxíng ▶表門を通って中に入る/通过正门进去 tōngguò zhèngmén jìnqù ▶この道は工事中で通れない/这条路正在施工不能通行 zhè tiáo lù zhèngzài shīgōng bùnéng tōngxíng

❷〚通用〛通 tōng (英 pass; prevail) ▶彼女の言うことは何でも通ってしまう/她的话总是被接受 tā shuō de huà zǒngshì bèi jiēshòu ▶君の言いわけは通らぬ/你的辩解说不通 nǐ de biànjiě shuōbutōng; 你的辩解不能接受 nǐ de biànjiě bùnéng jiēshòu ▶私の意見は通らなかった/我的意见没有通过 wǒ de yìjiàn méiyǒu tōngguò

❸〚その他〛▶声が～/声音嘹亮 shēngyīn liáoliàng ▶彼の声はよく～/他的声音传得很远 tā de shēngyīn chuánde hěn yuǎn ▶このレインコートは雨が～/这件雨衣渗雨 zhè jiàn yǔyī shèn yǔ

トーン ❶〚色〛色调 sèdiào (英 a tone) ▶落ち着いた～でまとまられた店内の雰囲気/用淡雅的色调统一了的店里气氛 yòng dànyǎ de sèdiào tǒngyīle de diànlǐ qìfēn ❷〚音〛声调 shēngdiào; 音调 yīndiào (英 a tone)

-とか 什么的 shénmede; 啦…啦 la…la (英 … or something) ▶牧野～いう人が訪ねてきたよ/一个叫牧野什么的人找你来了 yí ge jiào Mùyě shénmede rén zhǎo nǐ lái le ▶教科書～ノート～いろいろのもの/课本啦，笔记本啦，各种各样的东西 kèběn la, bǐjìběn la, gèzhǒng gèyàng de dōngxi

とが【咎】 罪 zuì; 过错 guòcuò (英 fault; blame) ▶それは彼の～ではない/这不是他的过错 zhè bú shì tā de guòcuò

とかい【都会】 城市 chéngshì; 都市 dūshì (英 a city; a town) ▶半分は田舎で半分は～で暮らす/一半在乡下一半在城市生活 yíbàn zài xiāngxia yíbàn zài chéngshì shēnghuó ▶ふるさとは急速に～化していた/家乡在迅速地走向城市化 jiāxiāng zài xùnsù de zǒuxiàng chéngshìhuà ▶~育ちの少女/在城里长大的少女 zài chénglǐ zhǎngdà de shàonǚ
◆~人 城里人 chénglǐrén　~生活 城市生活 chéngshì shēnghuó

どがいし【度外視する】 置之度外 zhì zhī dù wài (英 disregard; ignore) ▶採算を～してでもやる/即使把盈亏置之度外也要干 jíshǐ bǎ yíngkuī zhì zhī dù wài yě yào gàn ▶利益を全く～するわけにもいかない/不能完全不顾效益 bùnéng wánquán búgù xiàoyì

とがき【卜書き】 舞台指示 wǔtái zhǐshì; 舞台提示 wǔtái tíshì (英 stage directions)

とかく 动不动 dòngbudòng; 总 zǒng (英 very often; in one way or another) ▶子供は～熱を出す/小孩儿动不动就发烧 xiǎoháir dòngbudòng jiù fāshāo ▶この世はままならぬ/人世间总是不如意 rénshìjiān zǒngshì bù rúyì ▶彼は～そんな間違いをする/他动不动就犯那样的错误 tā dòngbudòng jiù fàn nàyàng de cuòwù ▶彼には～の噂がある/对他有种种谣言 duì tā yǒu zhǒngzhǒng yáoyán

トカゲ【蜥蜴】 〚動物〛四脚蛇 sìjiǎoshé; 蜥蜴 xīyì (英 a lizard) ▶~のしっぽ切り/蜥蜴断尾(比喻为逃避责任而抛弃下属) xīyì duàn wěi (bǐyù wèi táobì zérèn ér pāoqì xiàshǔ)

とかす【梳かす】 梳 shū (英 comb) ▶髪を～/梳头发 shū tóufa

とかす【溶かす・溶かす・融かす】（金属を）熔化 rónghuà；（塩などを水に）溶化 rónghuà；（氷・雪などを）融化 rónghuà（英 melt; dissolve; fuse）▶塩を水に～/把盐溶化在水里 bǎ yán rónghuà zài shuǐli

どかす【退かす】（物を）挪开 nuókāi；移开 yíkāi；（人を）躲开 duǒkāi（英 move）

とがった【尖った】 尖 jiān；尖锐 jiānruì（英 pointed；［声に］sharply）▶～声/尖锐的声音 jiānruì de shēngyīn ▶先の～い靴/尖头鞋 jiāntóu xié ▶卵は～方を下向きに並べるのがよい/鸡蛋最好把尖头朝下放比较好 jīdàn zuìhǎo bǎ jiāntóu cháo xiàfàng bǐjiào hǎo

とがめ【咎め】 责备 zébèi；谴责 qiǎnzé；责难 zénàn（英 censure; rebuke）▶神の～を受ける/受到神灵的谴责 shòudào shénlíng de qiǎnzé ▶良心の～/良心的谴责 liángxīn de qiǎnzé

とがめる【咎める】 ①【責める】 责备 zébèi；责难 zénàn；谴责 qiǎnzé（英 blame; reprove）▶咎められない/怨不得 yuànbude ▶彼はしょっちゅう人を咎めてばかりいる/他常常责怪别人 tā chángcháng zéguài biérén ▶先生は私の怠惰を咎めた/老师指责了我懒惰 lǎoshī zhǐzéle wǒ lǎnduò ▶～ように言う/用责备的口吻说 yòng zébèi de kǒuwěn shuō **②【怪しむ】** 盘问 pánwèn（英 question）▶夜更けの帰り道で警官に咎められた/深夜回家被警察盘问 shēnyè huíjiā bèi jǐngchá pánwèn

気が～ 过意不去 guòyìbuqù

とがらす【尖らす】 削尖 xiāojiān；磨尖 mójiān（英 sharpen; point）▶口を～/噘嘴 juēzuǐ ▶鉛筆の先を～/削尖铅笔头 xiāojiān qiānbǐtóu

声を尖らせる ▶声を尖らせてとがめだてる/尖着嗓子责难 jiānzhe sǎngzi zénàn

神経を尖らせる 极其紧张 jíqí jǐnzhāng；神经过敏 shénjīng guòmǐn

どかん【土管】 缸管 gāngguǎn；陶管 táoguǎn（英 an earthen pipe）

とき【時】 ①【時間・時刻】 时间 shíjiān；时候 shíhou；时节 shíjié（英 time; hour）▶～がその問題を解決してくれる/时间会替我们解决那个问题 shíjiān huì tì wǒmen jiějué nàge wèntí de ▶～の経つのはほんとに早い/时间过得真快 shíjiān guòde zhēn kuài ▶～の経つのを忘れる/忘记了时间的流逝 wàngjìle shíjiān de liúshì ▶今年も彼岸花が～をたがえず咲いた/今年年石蒜也不失时节地开花儿了 jīnnián shísuàn yě bù shī shíjié de kāihuār le

②【場合・時機】 时候 shíhou；时机 shíjī（英 an opportunity）▶本を読む～/看书的时候 kànshū de shíhou ▶試験の～はとても緊張する/考试的时候很紧张 kǎoshì de shíhou hěn jǐnzhāng ▶今は議論をしている～ではない/现在不是讨论的时候 xiànzài bú shì tǎolùn de shíhou ▶家を出る～になるとすっかりそれを忘れた/出门的时候把那件事忘得一干二净 chūmén de shíhou bǎ nà jiàn shì wàngde yì gān èr jìng ▶君はちょうどよい～にやって来た/你来得正是时候 nǐ láide zhèngshì shíhou ▶今こそ行動の～だ/现在正是行动的时候了 xiànzài zhèngshì xíngdòng de shíhou le ▶あとは～を待つばかりだ/往后就要等待时机了 wǎnghòu jiùyào děngdài shíjī le ▶～によってはそれも許されるかもしれない/有时候那也可能得到宽恕 yǒushíhòu nà yě kěnéng dédào kuānshù ▶このシンポジウムは～を得た企画である/这个研讨会开得正是时机 zhège yántǎohuì kāide zhèngshì shíjī

③【当時】 当时 dāngshí；时代 shídài（英 the time; an age）▶～の政府によって政策の重点が違う/各个时期的政府施政重点有所不同 gège shíqí de zhèngfǔ shīzhèng zhòngdiǎn yǒusuǒ bùtóng

ことわざ 時は金なり 一寸光阴一寸金 yícùn guāngyīn yícùn jīn，一刻千金 yí kè qiān jīn

～ならぬ 不合时令的 bùhé shílìng de；意外的 yìwài de ▶～ならぬ暑さがおそう/气候反常, 酷暑肆虐 qìhòu fǎncháng, kùshǔ sìnüè

～の人 时代的宠儿 shídài de chǒng'ér ▶彼は今やまさに～の人です/他现在正是时代的宠儿 tā xiànzài zhèngshì shídài de chǒng'ér

～をかせぐ 拖时间 tuō shíjiān

～を告げる 报时 bàoshí ▶鶏が～を告げる/雄鸡报晓 xióngjī bàoxiǎo

トキ【朱鷺】［鳥］朱鹮 zhūhuán（英 a Japanese crested ibis）

どき【土器】 陶器 táoqì（英 an earthen vessel; earthenware）▶縄文式～/绳文式陶器 shéngwénshì táoqì

どき【怒気】 怒气 nùqì；肝火 gānhuǒ（英 anger; indignation）▶～を強めて問い詰めた/满怀怒气地加以责问 mǎnhuái nùqì de jiāyǐ zéwèn

～を含む 含怒 hánnù ▶相手の電話の声は少し～を含んでいた/对方在电话里的声音带有一些怒气 duìfāng zài diànhuàli de shēngyīn dài yǒu yìxiē nùqì

ときあかす【説き明かす・解き明かす】 解明 jiěmíng；究明 jiūmíng（英 explain）▶脳とは何かを～/解明什么是脑 jiěmíng shénme shì nǎo ▶文明崩壊のメカニズムを～/究明文明崩溃的机制 jiūmíng wénmíng bēngkuì de jīzhì

ときおり【時折】 偶尔 ǒu'ěr；有时 yǒushí；间或 jiànhuò（英 on occasion; every so often）▶散歩中～見かける車椅子の人だ/是在散步时偶尔相遇的坐轮椅的人 shì zài sànbù shí ǒu'ěr xiāngyù de zuò lúnyǐ de rén ▶～雪がちらつく寒い日だった/那是有时有小雪的寒冷的日子 nà shì shí yǒu xiǎoxuě de hánlěng de rìzi

とぎすます【研ぎ澄ます】（刃物など）磨快 mókuài；（感觉）敏锐 mǐnruì（英 sharpen well; give a sharp edge）▶研ぎ澄ましたナイフ/磨得很锋利的刀子 módé hěn fēnglì de dāozi ▶彼の研ぎ澄まされた神経がその音を捉えた/他敏锐的神经一下子捕捉住了那声音 tā mǐnruì de shénjīng yíxiàzi bǔzhuōzhùle nà shēngyīn

ときたま【時たま】 偶尔 ǒu'ěr; 有时 yǒushí (英 *once in a while*) ▶彼からは～電話が掛かってくる/他偶尔来电话 tā ǒu'ěr lái diànhuà ▶田舎暮らしも悪かろが～都会に出たくなる/已经开始了乡间的生活，可有时也想进城 yǐjing kāishǐle xiāngjiān de shēnghuó, kě yǒushí yě xiǎng jìnchéng

どぎつい (目に) 非常强烈 fēicháng qiángliè; 刺眼 cìyǎn; (耳に) 刺耳 cì'ěr; 难听 nántīng (英 *loud; garish; gaudy*) ▶～ことを言う/说刺耳的话 shuō cì'ěr de huà ▶～広告を撤去する/撤掉刺眼的广告 chèdiào cìyǎn de guǎnggào

どきっとする 吓一跳 xià yítiào; 吃一惊 chī yìjīng (英 *be startled; be frightened*)

ときどき【時時】 有时 yǒushí (英 *sometimes*; [たびたび] *often*) ▶明日は晴れ～曇りでしょう/明天晴，有时多云 míngtiān qíng, yǒushí duōyún ▶～胃が痛む/有时候胃疼 yǒushíhòu wèi téng ▶～自分がどこにいるか分からなくなる/有时候自己会不知所在 yǒushíhòu zìjǐ huì bù zhī suǒ zài

どきどきする (英 *pound; throb*) ▶胸が～する/心里直跳 xīnli zhí tiào; 心怦怦跳 xīn pēngpēng tiào ▶彼女からの手紙の封を切るとき心臓が～した/打开她的信封时心里怦怦直跳 dǎkāi tā de xìnfēng shí xīnli pēngpēng zhí tiào ▶もうめったに胸が～するできごともない/已经很少遇到让人心动的事儿了 yǐjing hěn shǎo yùdào ràng rén xīndòng de shìr le

ときならぬ【時ならぬ】 (季節外れ) 不合季节 bùhé jìjié (英 *unseasonable*); (思いがけない) 意外 yìwài (英 *unexpected*) ▶～大雪/不合时令的大雪 bùhé shílìng de dàxuě

ときに【時に】 ❶【ときどき】有时 yǒushí (英 *sometimes*) ❷【ところで】我说 wǒ shuō; 你说 nǐ shuō (英 *by the way*) ▶～おかあさんはお元気ですか/我说，你妈妈好吗？wǒ shuō, nǐ māma hǎo ma?

ときには【時には】 有时 yǒushí; 一时 yìshí; 时而 shí'ér (英 *at times*) ▶～立ち止まって考えることも必要だ/有时也需要停下来好好儿思考一下 yǒushí yě xūyào tíngxiàlai hǎohāor sīkǎo yíxià ▶～自分で料理することがある/有时自己也做饭 yǒushí zìjǐ yě zuòfàn ▶～そのことも考えます/有时候也会考虑这个问题 yǒushíhòu yě huì kǎolǜ zhège wèntí

ときのこえ【鬨の声】 呐喊声 nàhǎnshēng (英 *a war cry*) ▶～をあげる/呐喊 nàhǎn

ときふせる【説き伏せる】 说服 shuōfú; 折服 zhéfú (英 *argue... down*) ▶意見が異なる人を～のは容易じゃない/说服意见不同的人可不容易 shuōfú yìjiàn bùtóng de rén kě bù róngyì ▶理屈で説き伏せようとするとかえって問題をこじらせる/想用大道理说服，反而会把问题弄复杂 xiǎng yòng dà dàolǐ shuōfú, fǎn'ér huì bǎ wèntí nòng fùzá ▶彼はあの手この手で私を説き伏せようとした/他用尽花招想要说服我 tā yòngjìn huāzhāo xiǎngfāng shuōfú wǒ ▶彼を説き伏せて諾わせた/说服他让他作罢 shuōfú tā ràng tā zuòbà

ときほぐす【解きほぐす】 解开 jiěkāi (英 *unravel*) ▶もつれた糸を～/解开线团 jiěkāi xiàntuán ▶緊張を～/缓和紧张 huǎnhé jǐnzhāng ▶少年の閉ざされた心を～/打开少年紧锁的心扉 dǎkāi shàonián jǐnsuǒ de xīnfēi

どぎまぎする 慌慌张张 huānghuāngzhāngzhāng (英 *be embarrassed*) ▶僕は～してしまい挨拶もできなかった/我慌了手脚，连一句问候的话也没说出口 wǒ huāngle shǒujiǎo, lián yí jù wènhòu de huà yě méi shuō chūkǒu ▶生徒の突然の質問に先生はどぎまぎした/学生突然提问，老师心里感到慌乱 xuésheng tūrán tíwèn, lǎoshī xīnli gǎndào huāngluàn

ときめかす 心情激动 xīnqíng jīdòng (英 *throb*) ▶胸をときめかせて彼の来るのを待っていた/心情激动地等待他的到来 xīnqíng jīdòng de děngdài tā de dàolái

ときめく 心跳 xīntiào; 兴奋 xīngfèn (英 *beat fast*) ▶嬉しさに胸が～/高兴得心跳 gāoxìngde xīntiào

どぎも【度胆】
～を抜く 使人大吃一惊 shǐ rén dà chī yì jīng ▶見る者の～を抜く奇抜な建物/令人惊异的奇特的建筑 lìng rén jīngyì de qítè de jiànzhù

ドキュメンタリー 记录片 jìlùpiàn (英 *a documentary*)

ドキュメント 〔電算〕文档 wéndàng (英 *a document*)

どきょう【度胸】 胆量 dǎnliàng (英 *courage; pluck*) ▶きさまいい～しているじゃないか/你小子胆子够大的啊 nǐ xiǎozi dǎnzi gòu dà de a ▶ここが～の見せどころ/这正是显示勇气的地方 zhè zhèngshì xiǎnshì yǒngqì de dìfang

～がある 胆子大 dǎnzi dà
～がない 没有胆量 méiyǒu dǎnliàng ▶私にはそれをやる～がない/我没有胆量干那件事 wǒ méiyǒu dǎnliàng gàn nà jiàn shì ▶彼には仕事を辞める～はない/他没有胆量辞掉工作 tā méiyǒu dǎnliàng cídiào gōngzuò
～をすえる 横下一条心 héngxià yì tiáo xīn

どきょう【読経】 念经 niànjīng (英 *recite a sutra*)

ときょうそう【徒競走をする】 赛跑 sàipǎo (英 *run a footrace*)

とぎれとぎれ【途切れ途切れの】 断断续续 duànduànxùxù; 哩哩啦啦 līlīlālā (英 *brokenly*) ▶彼女は泣きながら～に話した/她一边哭一边断断续续地说 tā yìbiān kū yìbiān duànduànxùxù de shuō ▶電話の調子が悪く相手の声が～に聞こえる/电话不清楚，对方的声音时断时续 diànhuà bù qīngchu, duìfāng de shēngyīn shíduàn shíxù

とぎれる【途切れる】 间断 jiànduàn; 中断 zhōngduàn; 断绝 duànjué (英 *break; pause*) ▶連絡が～/失去联系 shīqù liánxì ▶会話がちょっと途切れた/谈话中断了一会儿 tánhuà zhōng-

どきん ▶電話が途切れた/电话中断了 dianhuà zhōngduàn le ▶ラジオの講演はしばしば雑音で途切れた/收音机里的讲演常常因为噪音而中断 shōuyīnjīli de jiǎngyǎn chángcháng yīnwèi zàoyīn ér zhōngduàn ▶彼の人気は途切れない/他的人气持久不息 tā de rénqì chíjiǔ bù xī

どきん 吓一跳 xià yí tiào; 吃一惊 chī yì jīng (英 *pound; violently*) ▶それを聞いて〜とした/听到那个消息, 吃了一惊 tīngdào nàge xiāoxi, chīle yì jīng

とく【得】 利益 lìyì; 好处 hǎochu (英 [利益] *profit; gains;* [有利] *advantage*) ▶〜をする/占便宜 zhàn piányi ▶100 円〜する/占一百元便宜 zhàn yìbǎi yuán piányi ▶ゴネ〜は許さない/不允许耍赖占便宜 bù yǔnxǔ shuǎlài zhàn piányi ▶そんなに騒ぎたててなんの〜があるか/那么吵闹有什么好处呢？ nàme chǎonào yǒu shénme hǎochu ne? ▶この品のほうが値段は高くとも結局お〜です/这种货价钱虽然贵, 终归是合算的 zhè zhǒng huòjià qián suīrán guì, zhōngguī shì hésuàn de ▶私は〜をしようと損をしようとかまわない/我是不计较得失 wǒ bú jìjiào déshī ▶一文の〜にもならない/一点儿好处也没有 yìdiǎnr hǎochu yě méiyǒu

とく【溶く】 溶化 rónghuà (英 *dissolve*) ▶絵の具を〜/化开颜料 huàkāi yánliào ▶卵を〜/调开鸡蛋 tiáokāi jīdàn ▶粉ミルクを〜/化开奶粉 huàkāi nǎifěn ▶ぬるま湯で〜/用温水融化 yòng wēnshuǐ rónghuà

とく【解く】 ❶【包むなどを】 打开 dǎkāi; 解开 jiěkāi (英 *untie; unbind*) ▶縄を〜/解开绳索 jiěkāi shéngsuǒ ▶結び目を〜/解扣 xiè kòu ▶靴の紐を〜/解鞋带儿 xiě xiédàir
❷【問題を】 解答 jiědá (英 *solve*) ▶数学の問題を〜/解答数学题 jiědá shùxuétí ▶時代を〜キーワード/解答当代问题的关键词 jiědá dāngdài wèntí de guānjiàncí
❸【解除】 解除 jiěchú; 消除 xiāochú (英 *relieve; discharge*) ▶誤解を〜/消除误会 xiāochú wùhuì ▶緊張を〜/消除紧张感 xiāochú jǐnzhānggǎn ▶解任職務を〜/解除职务 jiěchú zhíwù ▶禁を〜/解禁 jiějìn ▶僕に対する時だけは警戒心を解いた/只有对我, 他才会放松戒心 zhǐyǒu duì wǒ, tā cái huì fàngsōng jièxīn

とく【徳】 品德 pǐndé (英 *virtue; goodness*) ▶〜のある人/德高的人 dégāo de rén ▶故人の〜をしのぶ/怀念故人的品德 huáiniàn gùrén de pǐndé

とく【説く】 ❶【説明】 说明 shuōmíng; 主张 zhǔzhāng (英 *explain*) ▶紳士面して道を〜/假装君子讲道德 jiǎzhuāng jūnzǐ jiǎng dàodé ▶彼は科学の効用について諄々と説いた/他反反复复耐心地阐述科学的效用 tā fǎnfǎnfùfù nàixīn de chǎnshù kēxué de xiàoyòng ▶彼はいついても運動の必要を説いていた/他总强调运动的重要性 tā zǒng qiángdiào yùndòng de zhòngyàoxìng ▶減税の必要を〜/主张减税的必要性 zhǔzhāng

jiǎnshuì de bìyàoxìng
❷【説得】 说服 shuōfú (英 *persuade*) ▶彼を説いてその考えを捨てさせた/说服他放弃了那个想法 shuōfú tā fàngqìle nàge xiǎngfa

とぐ【研ぐ】 磨 mó; 钢 gàng; (米を) 淘 táo (英 *grind; whet*) ▶米を〜/淘米 táomǐ ▶砥石で包丁を〜/用菜刀石磨刀 yòng módāoshí mó dāo ▶猫が爪を〜/猫磨爪子 māo mó zhuǎzi

どく【毒】 毒 dú (英 *poison; venom*) ▶〜を消す/解毒 jiědú ▶〜を入れた料理/下了毒的饭菜 xiàle dú de fàncài ▶〜が全身に回る/毒素扩散到全身 dúsù kuòsàn dào quánshēn ▶〜にも薬にもならない/既无害也无效 jì wúhài yě wúxiào; 可有可无 kě yǒu kě wú ▶彼女の言葉には〜があった/她的话里藏刀 tā de huàli cáng dāo
ことわざ 毒食わば皿まで 一不做二不休 yì bú zuò èr bù xiū
ことわざ 毒をもって毒を制す 以毒攻毒 yǐ dú gōng dú
〜にあたる 中毒 zhòngdú ▶ふぐの〜にあたる/吃河豚中毒 chī hétún zhòngdú
〜を仰ぐ 服毒 fúdú
〜を盛る 下药 xiàyào; 放毒 fàngdú
◆〜きのこ: 毒蘑菇 dúmógū

どく【退く】 躲开 duǒkāi; 让开 ràngkāi (英 *get out of the way*) ▶そこを退いてくれ/请让开 qǐng ràngkāi ▶みんな、退いた、退いた/大家让一下, 让一下！dàjiā ràng yíxià, ràng yíxià！

とくい【特異な】 特殊 tèshū; 异常 yìcháng (英 *singular; peculiar*) ▶彼は〜な才能をもって生まれた/他天生具有特殊的才能 tā tiānshēng jùyǒu tèshū de cáinéng ▶な作風の版画/独特风格的版画 dútè fēnggé de bǎnhuà
◆〜体質: 特殊体质 tèshū tǐzhì

とくい【得意】 ❶【自負】 得意 déyì (英 *pride; triumph*) ▶〜になる/自鸣得意 zì míng dé yì; 洋洋自得 yángyáng zìdé ▶彼はピアノがうまいことを〜がっている/他对自己的钢琴技巧洋洋自得 tā duì zìjǐ de gāngqín jìqiǎo yángyáng zìdé ▶彼は試験に受かって〜になっている/他通过了考试沾沾自喜 tā tōngguòle kǎoshì zhān zhān zì xǐ ▶彼は物事がうまくいくとすぐ〜になる/只要顺利, 他就洋洋自得 zhǐyào shùnlì, tā jiù yángyáng zìdé ▶彼はいま〜の絶頂にある/他现在正值得意的顶峰 tā xiànzài zhèngzhí déyì de dǐngfēng ▶子供は〜顔で母親に通知表を見せた/孩子喜形于色地把成绩通知单交给母亲看 háizi xǐ xíng yú sè de bǎ chéngjì tōngzhīdān jiāogěi mǔqīn kàn
❷【得手】 拿手 náshǒu (英 *one's forte*) ▶〜とする/长于 chángyú; 精于 jīngyú ▶〜技/长技 chángjì ▶パソコンが不〜な人/不擅长电脑的人 bú shàncháng diànnǎo de rén ▶絵は僕の〜ではない/绘画不是我的强项 huìhuà bú shì wǒ de qiángxiàng ▶その種の事柄は彼の〜とすることだ/这种事是他的拿手好戏 zhè zhǒng shì shì tā de náshǒu hǎoxì ▶〜の料理/拿手好菜 náshǒu

hǎocài

3〖顧客〗 老主顾 lǎozhǔgù (英 *a customer; a patron*) ▶~先/老主顾 lǎozhǔgù ▶~先を回る/登门拜访老主顾 dēngmén bàifǎng lǎozhǔgù

どくえん【独演する】 独演 dúyǎn; 单人演出 dānrén yǎnchū (英 *give a solo performance; solo*)
♦~会〖独演会〗独演会 dúyǎnhuì ▶その夜は圓生の~会があった/那天晚上有圆生的独演会 nà tiān wǎnshang yǒu Yuánshēng de dúyǎnhuì

どくが【毒牙】 毒牙 dúyá;（比喩）毒手 dúshǒu (英 *a venom fang*) ▶~にかかる/遭毒手 zāo dúshǒu

とくがく【篤学】 好学 hàoxué (英 *studious*) ▶~の士/笃学之士 dǔxué zhī shì

どくがく【独学する】 自修 zìxiū; 自学 zìxué (英 *study by oneself*) ▶~で中国語をマスターする/自学掌握中文 zìxué zhǎngwò Zhōngwén ▶この国家試験に~では合格が難しい/这项国家考试靠自学很难通过 zhè xiàng guójiā kǎoshì kào zìxué hěn nán tōngguò

どくガス【毒ガス】 毒气 dúqì (英 *poison gas*) ▶~マスク/防毒面具 fángdú miànjù ▶~でやられる/遭受毒气武器攻击 zāoshòu dúqì gōngjī

とくぎ【特技】 专长 zhuāncháng; 特长 tècháng (英 *special ability*) ▶~を生かす/发挥特长 fāhuī tècháng ▶僕の~は早食いです/我的特长是吃饭快 wǒ de tècháng shì chīfàn kuài ▶私の~は気持ちの切りかえが早いことです/我的特长是善于调控自己的心情 wǒ de tècháng shì shànyú tiáokòng zìjǐ de xīnqíng

日中比較 中国語の'特技 tèjì'は曲芸的な「離れ業」を言う.

どくけ【毒気】 有毒成分 yǒu dúchéngfèn; 有毒气体 yǒu dúqìtǐ;（悪意）恶意 èyì (英 *a poisonous gas*)
~に当てられる 为对方的强硬态度所压倒 wéi duìfāng de qiángyìng tàidù suǒ yādǎo
~を抜かれる 吓破胆 xiàpòdǎn

どくごかん【読後感】 读后感 dúhòugǎn (英 *one's impressions of a book*) ▶~を聞かせて下さい/请谈谈读后感吧 qǐng tántan dúhòugǎn ba

どくさい【独裁】 独裁 dúcái; 专制 zhuānzhì; 专政 zhuānzhèng (英 *dictatorship*) ▶~者/独裁者 dúcáizhě ▶~政治/专政 zhuānzhèng ▶チャップリンの「~者」/卓别林的《独裁者》Zhuóbiélín de 《Dúcáizhě》
♦~国家〖専制国家〗专制国家 zhuānzhì guójiā

とくさく【得策】 上策 shàngcè (英 *a good policy; the best way*) ▶しばらくは静観するのが~である/最好的方法是静观一段时间 zuìhǎo de fāngfǎ shì jìngguān yí duàn shíjiān

とくさつ【特撮】 特技 tèjì (英 *special effects*) ▶~シーン/特技镜头 tèjì jìngtóu

どくさつ【毒殺する】 毒杀 dúshā (英 *kill... with poison*) ▶砒素で~する/用砒霜毒死 yòng pīshuāng dúsǐ

とくさん【特産】 特产 tèchǎn (英 *a special product*) ▶~物/特产 tèchǎn; 土产 tǔchǎn ▶全国各地の~品を揃える/备齐全国各地的土特产 bèiqí quánguó gèdì de tǔtèchǎn

とくし【特使】 特使 tèshǐ (英 *a special envoy*) ▶国連~/联合国特使 Liánhéguó tèshǐ ▶総理~として彼を中東に派遣する/作为总理特使把他派往中东 zuòwéi zǒnglǐ tèshǐ bǎ tā pàiwǎng Zhōngdōng

とくし【篤志】 仁慈心肠 réncí xīncháng; 慈善之心 císhàn zhī xīn (英 *benevolence; charity*)
♦~家〖篤志家〗慈善家 císhànjiā ▶~家による寄付/慈善家的捐赠 císhànjiā de juānzèng

どくじ【独自の】 独特 dútè; 独自 dúzì (英 *original; of one's own*) ▶~の考えで行動する/基于独自的思考行动 jīyú dúzì de sīkǎo xíngdòng ▶郷土の~性を発揮する/发挥乡土的独自特性 fāhuī xiāngtǔ de dúzì tèxìng

とくしつ【特質】 特点 tèdiǎn; 特性 tèxìng (英 *a characteristic; a quality*) ▶日本の経営の~/日本经营的特点 Rìběn jīngyíng de tèdiǎn

とくしつ【得失】 得失 déshī (英 *advantages and disadvantages; merits and demerits*) ▶~を考慮する/考量得失 kǎoliáng déshī ▶私は自分でその~をよく考えてみた/我自己充分考虑了那件事的利害得失 wǒ zìjǐ chōngfèn kǎolǜle nà jiàn shì de lìhài déshī

とくじつ【篤実な】 笃实 dǔshí; 敦厚 dūnhòu (英 *sincere; faithful*)

とくしゃ【特赦】 特赦 tèshè (英 *an amnesty*) ▶~で出所する/获特赦出狱 huò tèshè chūyù

どくしゃ【読者】 读者 dúzhě (英 *a reader*;［購読者］*a subscriber*) ▶~アンケート/读者调查 dúzhě diàochá ▶この作家は少数だが熱心な~がいる/这位作家拥有数量不多却很热心的读者 zhè wèi zuòjiā yōngyǒu shùliàng bù duō què hěn rèxīn de dúzhě ▶女性の~層を狙った雑誌/以争取女性读者为目的的杂志 yǐ zhēngqǔ nǚxìng dúzhě wéi mùdì de zázhì
♦~欄〖読者欄〗读者栏目 dúzhě lánmù

どくじゃ【毒蛇】 毒蛇 dúshé (英 *a venomous snake*) ▶~に咬まれて命を落とす/被毒蛇咬伤而丧命 bèi dúshé yǎoshāng ér sàngmìng

どくしゃく【独酌する】 自酌自饮 zìzhuó zìyǐn; 独酌 dúzhuó (英 *drink oneself*) ▶猫を相手に~していた/对着猫自酌自饮 duìzhe māo zìzhuó zìyǐn

とくしゅ【特殊な】 特殊 tèshū (英 *special; peculiar*) ▶~な事例/特例 tèlì ▶~な事情/特殊情况 tèshū qíngkuàng ▶両国は~な関係をもつ/两国具有特殊的关系 liǎng guó jùyǒu tèshū de guānxì ▶~性/特殊性 tèshūxìng
♦~鋼〖特殊鋼材〗tèshū gāngcái ~法人〖特殊法人〗tèshū fǎrén

とくしゅう【特集】 专集 zhuānjí; 特辑 tèjí (英 *a special edition*) ▶来月号は環境問題を~しよう/下一期办环境问题的特辑吧 xià yì qī bàn

huánjìng wèntí de tèjí ba
♦~記事|专题报道 zhuāntí bàodào　~号|专号 zhuānhào；特刊 tèkān

どくしゅう【独習する】 自学 zìxué；自修 zìxiū（英 study by oneself）▶ギターを～する/自学吉他 zìxué jítā ▶フランス語はラジオを聞いて～した/法语是听广播自学的 Fǎyǔ shì tīng guǎngbō zìxué de

どくしょ【読書する】 看书 kànshū；读书 dúshū（英 read）▶～にふける/埋头读书 máitóu dúshū ▶～の範囲が広い/读书的范围很宽 dúshū de fànwéi hěn kuān
♦~会|读书会 dúshūhuì　~室|阅览室 yuèlǎnshì　~週間|读书周 dúshūzhōu

とくしょう【特賞】 特奖 tèjiǎng；特等奖 tèděngjiǎng（英 a grand prize）

どくしょう【独唱する】 独唱 dúchàng（英 sing solo）
♦~者|独唱家 dúchàngjiā

とくしょく【特色】 特点 tèdiǎn；特色 tèsè（英 a special feature）▶～を発揮する/发挥特长 fāhuī tècháng ▶～ある大学教育/独具特色的大学教育 dújù tèsè de dàxué jiàoyù ▶この町は昔ながらの～を失わないでいる/这座城镇没有失去往日的特色 zhè zuò chéngzhèn méiyǒu shīqù wǎngrì de tèsè ▶この作品にはなんの～もない/这部作品毫无特色 zhè bù zuòpǐn háowú tèsè ▶それは小が国民の～をよく表している/这充分显示出我国人民的特色 zhè chōngfēn xiǎnshìchū wǒguó rénmín de tèsè

とくしん【得心】 理解 lǐjiě；领会 lǐnghuì（英 conviction）

どくしん【独身の】 独身 dúshēn；单身 dānshēn（英 single）▶～男性/单身汉 dānshēnhàn；光棍儿 guānggùnr ▶～生活を送る/过单身生活 guò dānshēn shēnghuó ▶一生～で暮らす/一辈子独身 yíbèizi dúshēn

どくする【毒する】 毒害 dúhài；流毒 liúdú（英 corrupt; spoil）▶過度の利益追求は社会を～ことになりかねない/过度地追求利益难免会毒害社会 guòdù de zhuīqiú lìyì nánmiǎn huì dúhài shèhuì ▶商業主義に毒される/受商业主义毒害 shòu shāngyè zhǔyì dúhài ▶テレビに毒されて非行にはしる/受电视的毒害，走上歧途 shòu diànshì de dúhài, zǒushàng qítú

とくせい【特性】 特点 tèdiǎn；特性 tèxìng（英 a characteristic; a special character）▶～を発揮する/发挥特性 fāhuī tèxìng ▶木材は他の素材にない～を多く備えている/木材具备很多其他素材所没有的特点 mùcái jùbèi hěn duō qítā sùcái suǒ méiyǒu de tèdiǎn ▶これはその集団の～を示している/这显示出那个集团的特点 zhè xiǎnshìchū nàge jítuán de tèdiǎn

とくせい【特製の】 特制 tèzhì（英 specially made）▶当店～のチーズケーキ/本店特制的奶酪蛋糕 běn diàn tèzhì de nǎilào dàngāo

どくせい【毒性】 毒性 dúxìng（英 toxicity）▶～が強い化学物質/毒性很强的化学物质 dúxìng hěn qiáng de huàxué wùzhì

とくせつ【特設する】 特设 tèshè（英 establish specially）▶～会場/特设会场 tèshè huìchǎng ▶スタジオから放送しております/从特别演播室播放 cóng tèbié yǎnbōshì bōfàng

どくぜつ【毒舌】 刻薄话 kèbóhuà（英 a bitter tongue）▶～をふるう/说刻薄话 shuō kèbóhuà ▶～が売りものの評論家/以辛辣到薄为卖点的评论家 yǐ xīnlà kèbó wéi màidiǎn de pínglùnjiā ▶今日も野村課長の～が冴えている/今天野村科长辛辣的评论也令人痛快 jīntiān Yěcūn kēzhǎng xīnlà de pínglùn yě lìng rén tòngkuài

とくせん【特選】 特别选出 tèbié xuǎnchū；特选 tèxuǎn（英［美術展などの］special selection）▶書道展で～に入賞する/在书法展览会上获得特选奖 zài shūfǎ zhǎnlǎnhuìshang huòdé tèxuǎnjiǎng

どくせん【独占する】 独占 dúzhàn；垄断 lǒngduàn（英 monopolize）▶～資本/垄断资本 lǒngduàn zīběn ▶彼が1部屋を～した/他独占了一个房间 tā dúzhànle yí ge fángjiān ▶賞を～する/独霸各种奖赏 dúbà gèzhǒng jiǎngshǎng ▶～権を獲得する/获得独占权 huòdé dúzhànquán
♦~インタビュー|独家采访 dújiā cǎifǎng　~禁止法|禁止垄断法 jìnzhǐ lǒngduàn fǎ　~事業|垄断事业 lǒngduàn shìyè

どくぜんてき【独善的な】 自以为是 zì yǐwéi shì（英 self-satisfied; dogmatic）▶～なリーダーが組織を支配する/自以为是的领导控制组织 zì yǐwéi shì de lǐngdǎo kòngzhì zǔzhī ▶君たちは～なやり方を改めよ/你们应该改变自以为是的作风 nǐmen yīnggāi gǎibiàn zì yǐwéi shì de zuòfēng

どくそ【毒素】 毒素 dúsù（英 poisonous matter; a toxin）▶体内に溜まった～を排出する/把积蓄在身体内的毒素排出来 bǎ jīxù zài shēntǐnèi de dúsù páichūlai

どくそう【毒草】 毒草 dúcǎo（英 a poisonous herb）▶山菜と～の見分け方を覚える/学会怎么区分野菜和毒草 xuéhuì zěnme qūfēn yěcài hé dúcǎo

どくそう【独走する】《大きくリード》一个人遥遥领先 yí ge rén yáoyáo lǐngxiān（英 leave... far behind）；《勝手な行動》单独行动 dāndú xíngdòng（英 have one's own way）▶当地军の～が悲劇の始まりだった/当地部队任意而为，正是悲剧的开始 dāngdì bùduì rènyì ér wéi, zhèngshì bēijù de kāishǐ

どくそう【独奏する】 独奏 dúzòu（英 play a solo）▶～会を催す/举办独奏会 jǔbàn dúzòuhuì ▶ピアノ～/钢琴独奏 gāngqín dúzòu
♦~者|独奏家 dúzòujiā

どくそう【独創】 独创 dúchuàng；独到 dúdào（英 original）▶～性/独创性 dúchuàngxìng　~力を伸ばす/发扬独创性 fāyáng dúchuàngxìng

▶この絵のどこが〜的なの/这画的独到之处在哪儿呢? zhè huà de dúdào zhī chù zài nǎr ne?

とくそく【督促する】 督促 dūcù; 催促 cuīcù (英 press... to do) ▶彼に借金の返済を〜する/催促他偿还所借款 cuīcù tā chánghuán jièkuǎn ▶滞納家賃の〜を受けた/因为拖欠房租被催促 yīnwèi tuōqiàn fángzū bèi cuīcù

◆〜状:催促信 cuīcùxìn

ドクター ❶［博士］博士 bóshì (英 a doctor; a Ph. D.) ▶コース/博士课程 bóshì kèchéng ❷［医師］医生 yīshēng (英 a doctor) ▶〜ストップ/医生为防止患者病情恶化而禁止其某些行动 yīshēng wèi fángzhǐ huànzhě bìngqíng èhuà ér jìnzhǐ qí mǒuxiē xíngdòng

とくだい【特大の】 特大号 tèdàhào (英 extra-large; outsized) ▶〜ポスター/特大海报 tèdà hǎibào ▶〜のホットドッグ/特大号儿的热狗 tèdàhàor de règǒu ▶超〜のホームラン/超级本垒打 chāojí běnlěidǎ

とくだね【特種】（新聞などの）特讯 tèxùn; 独家新闻 dújiā xīnwén (英 a scoop) ▶このスキャンダルは〜になる/这个丑闻将成为特讯 zhège chǒuwén jiāng chéngwéi tèxùn ▶〜で他社を出し抜く/靠独家新闻超越其他报社 kào dújiā xīnwén chāoyuè qítā bàoshè

どくだん【独断で】 独断 dúduàn; 专断 zhuānduàn (英 on one's own authority) ▶私の〜と偏見で選ぶ/以我个人的管见和独断进行选择 yǐ wǒ gèrén de guǎnjiàn hé dúduàn jìnxíng xuǎnzé

◆〜専行:独断专行 dúduàn zhuānxíng

どくだんじょう【独壇場】 拿手好戏 náshǒu hǎoxì; 擅长项目 shàncháng xiàngmù (英 one's special province) ▶ショパンの演奏は彼女の〜だ/她擅长演奏肖邦的作品 tā shàncháng yǎnzòu Xiāobāng de zuòpǐn

とぐち【戸口】 门口 ménkǒu (英 the door; the doorway; the entrance) ▶〜で立ち話をする/站在门口交谈 zhànzài ménkǒu jiāotán ▶〜で待つ/在门口等 zài ménkǒu děng ▶〜の呼び鈴/门铃 ménlíng

日中比較 中国語の'户口 hùkǒu'は「戸籍」のこと.

とくちゅう【特注】 特別订货 tèbié dìnghuò (英 a special order) ▶〜のオリジナル家具/特别订做的家具 tèbié dìngzuò de jiājù

とくちょう【特長】 特长 tècháng; 特有的好处 tèyǒu de hǎochù (英 a strong point; a merit) ▶子供の〜を十分に伸ばす/充分发挥孩子的特长 chōngfēn fāhuī háizi de tècháng ▶この講座の〜は自宅でも学べることです/这个讲座的特有的好处是在自己家里也可以学习 zhège jiǎngzuò de tèyǒu de hǎochu shì zài zìjǐ jiālǐ yě kěyǐ xuéxí

とくちょう【特徴】 特点 tèdiǎn; 特征 tèzhēng (英 a special feature; a characteristic) ▶彼は〜のある歩き方をする/他走路很有特点 tā zǒulù hěn yǒu tèdiǎn ▶彼の顔には何か目だった〜がありますか/他脸上有什么显著的特征吗? tā liǎnshang yǒu shénme xiǎnzhù de tèzhēng ma? ▶アクセントに何か〜がありましたか/口音上有什么特征吗? kǒuyīnshang yǒu shénme tèzhēng ma? ▶彼はこれといった〜のない顔をしている/他的相貌没有什么值得一提的特征 tā de xiàngmào méiyǒu shénme zhíde yì tí de tèzhēng

どくづく【毒づく】 恶骂 èmà; 咒骂 zhòumà (英 abuse; use abusive language) ▶男は大声で毒づきながら出ていった/男人恶狠狠地骂着走了出去 nánrén èhěnhěn de màzhe zǒulechūqu

とくてい【特定の】 特定 tèdìng; 一定 yídìng (英 specific; special) ▶ゴミは決められた日に〜の場所に置く/垃圾在规定的日子投放在特定的地点 lājī zài guīdìng de rìzi tóufàng zài tèdìng de dìdiǎn ▶許可なく〜の毒物を製造してはならない/未经许可不得生产特定的毒品 wèijīng xǔkě bùdé shēngchǎn tèdìng de dúpǐn

〜する 确定 quèdìng ▶毒物を〜するのはむずかしい/很难确定是什么毒药 hěn nán quèdìng shì shénme dúyào

とくてん【特典】 优惠 yōuhuì; 特殊待遇 tèshū dàiyù (英 a privilege; a special favor) ▶会員限定のさまざまな〜がある/有只面向会员的各种优惠 yǒu zhǐ miànxiàng huìyuán de gèzhǒng yōuhuì

とくてん【得点】 得分 défēn; 分数 fēnshù (英 a score; a run) ▶〜する/得分 défēn ▶我がチームはこの日も無〜に終わった/我们队今天的比赛成绩也是零分 wǒmen duì jīntiān de bǐsài chéngjì yě shì líng fēn ▶筆記試験で高〜をとった/在笔记中得了高分儿 zài bǐjìzhōng dé le gāofēnr ▶何回も〜のチャンスがあった/有好几次得分儿的机会 yǒu hǎojǐ cì défēnr de jīhuì

とくとう【特等】 特等 tèděng; 特级 tèjí (英 a special class) ▶厳選した一品/严加挑选的特级品 yánjiā tiāoxuǎn de tèjípǐn

◆〜席:特等座 tèděngzuò

どくとく【独特な】 独特 dútè; 独到 dúdào (英 unique; peculiar) ▶他のメーカーにない〜の技術をもつ/具备其他厂家没有的独特技术 jùbèi qítā chǎngjiā méiyǒu de dútè jìshù ▶彼〜のやり方で自由にやってもらおう/让他自由地发挥自己独特的本领吧 ràng tā zìyóu de fāhuī zìjǐ dútè de běnlǐng ba ▶日本〜の習慣/日本独特的习惯 Rìběn dútè de xíguàn ▶彼は〜の趣味をもっている/他有独特的爱好 tā yǒu dútè de àihào

どくどくしい【毒毒しい】 恶毒 èdú;《色が》刺眼 cìyǎn (英 garish; venomous) ▶〜きのこが生えている/长着看似有毒的蘑菇 zhǎngzhe kàn sì yǒudú de mógu ▶〜口をきく/说恶毒的话 shuō èdú de huà ▶〜化粧の女が出てきた/走出来一个妆容刺目的女人 zǒuchūlái yí ge zhuāngróng cìmù de nǚrén

とくに【特に】 特別 tèbié; 分外 fènwài; 特意 tèyì (英 especially; particularly) ▶〜意見はあ

りません/没什么意见 méi shénme yìjiàn ▶～言うべきほどのこともない/没有什么可说的 méiyǒu shénme kě shuō de ▶これといって～すぐれた点はない/没有什么值得一提的优点 méiyǒu shénme zhíde yì tí de yōudiǎn ▶これは～注意を要するだ/这一点特别需要注意 zhè yì diǎn tèbié xūyào zhùyì ▶先方では～礼儀正しくする必要がある/在对方那里要特别注重礼仪 zài duìfāng nàli yào tèbié zhùzhòng lǐyí

どくは【読破する】读破 dúpò; 通读 tōngdú (英 read through...) ▶ドストエフスキーを～する/通读陀思妥耶夫斯基的作品 tōngdú Tuōsītuǒyēfūsījī de zuòpǐn ▶1日に1冊を～する力がほしい/真想具有一天读完一本的能力 zhēn xiǎng jùyǒu yì tiān dúwán yì běn de nénglì

とくばい【特売】大贱卖 dà jiànmài; 减价出售 jiǎnjià xiāoshòu; 甩卖 shuǎimài (英 a special sale) ▶このハンドバッグは～で安く買ったのだ/这个提包是在特价出售的时候很便宜地买来的 zhège tíbāo shì zài tèjià chūshòu de shíhou hěn piányi de mǎilái de ▶あの店は今スーツの～中だ/那家店现在正在廉价出售西装 nà jiā diàn xiànzài zhèngzài liánjià chūshòu xīzhuāng
♦～場/大甩卖会场 dà shuǎimài huìchǎng ～日/减价日 jiǎnjiàrì ～品/廉价出售的商品 liánjià chūshòu de shāngpǐn

とくはいん【特派員】特派员 tèpàiyuán (英 a correspondent) ▶外国～協会/外国特派员协会 wàiguó tèpàiyuán xiéhuì ▶レポート/特派员报导 tèpàiyuán bàodǎo
日中比較 中国語の'特派员 tèpàiyuán'は记者に限らず特派された人全般を指す。

どくはく【独白】独白 dúbái (英 a monologue)

とくひつ【特筆する】大书特书 dà shū tè shū (英 write specially) ▶～するようなことは何もありません/没有什么值得大书特书的 méiyǒu shénme zhíde dà shū tè shū de ▶～すべき研究成果/值得大书特书的研究成果 zhíde dà shū tè shū de yánjiū chéngguǒ

とくひょう【得票】得票 dépiào (英 one's poll) ▶彼の～は1万にも達しなかった/他的选票不到一万 tā de xuǎnpiào bú dào yíwàn ▶10万の～を得る/获得十万选票 huòdé shíwàn xuǎnpiào ▶法定～数に達する/达到法定的得票人数 dádào fǎdìng de dépiào rénshù

どくぶつ【毒物】毒物 dúwù (英 poison; toxic) ▶～混入事件/掺入毒物的事件 chānrù dúwù de shìjiàn ▶～を検出する/检查出毒物 jiǎnchá-chū dúwù ▶～学/毒物学 dúwùxué

とくべつ【特別な】特别 tèbié; 特殊 tèshū (英 special; particular) ▶～機/专机 zhuānjī ▶～にあなただけにお話します/作为特例，只告诉你一个人 zuòwéi tèlì, zhǐ gàosu nǐ yí ge rén ▶今回だけは～だぞ/这次很特殊 zhècì hěn tèshū ▶彼らは～な階層に/他们是特殊阶层 tāmen shì tèshū jiēcéng ▶彼だけ～扱いだ/只有他受到特殊对待 zhǐyǒu tā shòudào tèshū duìdài ▶新春～号/新年特刊 xīnnián tèkān
♦～会計/特别会计 tèbié kuàijì ～急行列车/特快列车 tèkuài lièchē ～番組/特别节目 tèbié jiémù
日中比較 中国語の'特别 tèbié'には「一般と異なる」という意味の他に「わざわざ」という意味もある。

とくほう【特報】特别报道 tèbié bàodào (英 news special; a flash)

どくぼう【独房】单人牢房 dānrén láofáng (英 a cell) ▶～に監禁される/被关押在单人牢房里 bèi guānyā zài dānrén láofánglǐ

ドグマ【宗教】教义 jiàoyì; 教理 jiàolǐ;《独断の说》独断 dúduàn; 教条 jiàotiáo (英 a dogma)

どくみ【毒味する】饭前试毒 fànqián shìdú (英 taste... before serving) ▶お殿様の～役/为将军饭前试毒的人 wèi jiāngjūn fànqián shìdú de rén

とくむ【特務】特务 tèwù; 特殊任务 tèshū rènwù (英 special duty) ▶～機関/特务机关 tèwù jīguān
日中比較 '特务'は'tèwu'と軽声に読むと「スパイや諜報員」を指す。

どくむし【毒虫】毒虫 dúchóng (英 a poisonous insect) ▶～に刺される/被毒虫蜇 bèi dúchóng zhē

とくめい【匿名】匿名 nìmíng (英 anonymous) ▶～の手紙/匿名信 nìmíngxìn ▶～メールを送る/寄匿名的电子邮件 jì nìmíng de diànzǐ yóujiàn ▶ネットの～性は犯罪に結びつくことがある/网络上的匿名性有时会带来犯罪 wǎngluòshang de nìmíngxìng yǒushí huì dàilái fànzuì ▶～で寄稿する/匿名投稿 nìmíng tóugǎo ▶～を希望する/希望匿名 xīwàng nìmíng ▶～を条件に寄付する/以匿名为条件捐赠 yǐ nìmíng wéi tiáojiàn juānzèng
♦～批評/匿名评论 nìmíng pínglùn

とくやく【特約する】特约 tèyuē (英 make a special contract)
♦～店/专约店 zhuānyuēdiàn; 特约代理商 tèyuē dàilǐshāng

どくやく【毒薬】毒药 dúyào (英 a poison) ▶～を飲む/服毒 fúdú ▶致死量を超える～/超过致死量的毒药 chāoguò zhìsǐliàng de dúyào

とくゆう【特有な】特有 tèyǒu; 独特 dútè; 奇特 qítè (英 peculiar; characteristic; special) ▶女性～の病気/女性特有的疾病 nǚxìng tèyǒu de jíbìng ▶动物にはそれぞれ～の本能がある/动物各自具备独特的本能 dòngwù gèzì jùbèi dútè de běnnéng ▶各民族はそれぞれ～の習慣を持っている/各民族都有自己独特的习惯 gè mínzú dōu yǒu zìjǐ dútè de xíguàn

とくよう【徳用の】经济 jīngjì; 实惠 shíhuì (英 economical; cheap) ▶～型/经济型 jīngjìxíng ▶～大瓶/经济型大瓶 jīngjìxíng dà píng

どくりつ【独立する】独立 dúlì (英 become independent) ▶司法の～を尊重する/尊重司法

的独立 zūnzhòng sīfā de dúlì ▶～して商売を始める/开始独立做买卖 kāishǐ dúlì zuò mǎimài ▶～の生計を営む/独自谋生 dúzì móushēng ♦～運動｜独立运动 dúlì yùndòng ～記念日｜独立纪念日 dúlì jìniànrì ～心｜独立心 dúlìxīn，独立精神 dúlì jīngshén ～採算｜独立核算 dúlì hésuàn ～宣言｜独立宣言 dúlì xuānyán ～独歩｜依靠自己 yīkào zìjǐ；自力更生 zìlì gēngshēng

どくりょう【読了する】 读完 dúwán（英 finish reading）

どくりょく【独力で】 独力 dúlì；自力 zìlì（英 alone；for oneself）▶～でレポートを作成するのは大変だ/独自写报告很不容易 dúzì xiě bàogào hěn bù róngyì ▶～でなんとかする/自己想办法 zìjǐ xiǎng bànfǎ ▶～で子供を二人育てる/靠自己养活两个孩子 kào zìjǐ yǎnghuo liǎng ge háizi

とくれい【特例】 特例 tèlì；例外 lìwài（英 a special case；[例外] an exception）▶～を設ける/设置特别例外 shèzhì tèbié lìwài

とくれい【督励する】 策励 cèlì；鼓励 gǔlì；督促 dūcù（英 encourage）▶計画を期限内に実現する～する/策励按期完成计划 cèlì ànqī wánchéng jìhuà

とぐろ 盘绕 pánrào（英 a coil）
～を巻く｜卷成一团 juǎnchéng yì tuán ▶蛇が～を巻く/蛇盘成一团 shé pánchéng yì tuán ▶喫茶店で～を巻いている連中/盘桓在咖啡馆里的一伙儿 pánhuán zài kāfēiguǎnlǐ de yì huǒr

どくろ【髑髏】 髑髅 dúlóu（英 a skull）

とげ【棘】 刺 cì（英 a prickle，a needle）▶きれいなばらに～がある/美丽的玫瑰带着刺儿 měilì de méigui dàizhe cìr ▶指に～がささった/手指头扎刺儿了 shǒuzhǐtou zā cìr le ▶～を抜く/拔刺儿 bá cìr ▶言葉に～がある/话里带刺儿 huàli dàicìr ▶～のある言葉が私の心に刺さった/尖酸的话刺伤了我的心 jiānsuān de huà cìshāngle wǒ de xīn

とけあう【解け合う】 交融 jiāoróng；融合 rónghé（英 melt；[和解] come to a mutual understanding）

とけい【時計】（携帯用）表 biǎo；《置き時計》钟 zhōng；《総称》钟表 zhōngbiǎo（[柱時計] a clock；[腕時計] a watch）[～店/钟表店 zhōngbiǎodiàn ▶あなたの～はいま何時ですか/你的表现在几点？nǐ de biǎo xiànzài jǐ diǎn? ▶この～は正確だ/这只表很准 zhè zhī biǎo hěn zhǔn ▶～は30分進んで[遅れて]いる/表快[慢]了三十分钟 biǎo kuài[màn]le sānshí fēnzhōng ▶～が12時を打つのが聞えた/听见时钟响了十二下 tīngjiàn shízhōng xiǎngle shí'èr xià ▶～が動いている/表在走 biǎo zài zǒu ▶～が止まっている/表停了 biǎo tíng le ▶～の電池を取り替える/给表换电池 gěi biǎo huàn diànchí ▶僕の～は20分進めた/我的表快了二十分钟 wǒ de biǎo kuàile èrshí fēnzhōng ▶～の針を戻す/倒

转时针 dàozhuàn shízhēn ▶～をラジオの時報に合わせる/按收音机的标准时刻对表 àn shōuyīnjī de biāozhǔn shíkè duìbiǎo ▶～を修繕してもらう/请人修表 qǐng rén xiū biǎo ▶～をはめる/戴表 dài biǎo ▶～のバンド/表带儿 biǎodàir ▶彼は～のように正確に帰宅する/他像时钟一样按时回家 tā xiàng shízhōng yíyàng ànshí huíjiā
♦～腕｜手表 shǒubiǎo 懐中～｜怀表 huáibiǎo 掛け～｜挂钟 guàzhōng 砂～｜沙漏 shālòu デジタル～｜数码手表 shùmǎ shǒubiǎo 電波～｜电波手表 diànbō shǒubiǎo ～仕掛け｜定时装置 dìngshí zhuāngzhì ～台｜钟塔 zhōngtǎ ～回り｜顺正时针方向 shùn zhèngshízhēn fāngxiàng ▶～回りに進んで下さい/请按顺正时针方向走 qǐng àn shùn zhèng shízhēn fāngxiàng zǒu 鳩～｜布谷鸟报时钟 bùgǔniǎo bàoshízhōng 腹～｜食欲钟 shíyùzhōng 日～｜日规 rìguī；日晷 rìguǐ 振り子～｜摆钟 bǎizhōng 目覚まし～｜闹钟 nàozhōng

とけこむ【溶け込む】《液体に》融化 rónghuà；《雰囲気・仲間に》融洽 róngqià；融入 róngrù（英 melt；[環境に] fit into...）▶職場の雰囲気になかなか溶け込めない/很难融入工作单位的氛围 hěn nán róngrù gōngzuò dānwèi de fēnwéi ▶彼女は都会の生活にすっぽり溶け込んでいる/她完全扎根于城市生活 tā wánquán zhāgēnyú chéngshì shēnghuó ▶環境に～/融入环境 róngrù huánjìng；跟周围环境打成一片 gēn zhōuwéi huánjìng dǎchéng yípiàn

どげざ【土下座する】 跪在地上 guìzài dìshang（英 kneel；sit down on the ground）▶～して謝る/跪在地上请罪 guìzài dìshang qǐngzuì
[参考] "跪 guì"は「ひざまずく」こと。中国には通常「正座」や「土下座」の姿勢はない。

とけつ【吐血する】 呕血 ǒuxuè；吐血 tùxiě（英 vomit blood）

とげとげしい【刺刺しい】《言葉が》带刺儿 dàicìr（英 harsh；stinging；thorny）▶会議室が～雰囲気になった/会议室里充满了火药味儿 huìyìshìli chōngmǎnle huǒyàowèir ▶彼の一言葉でその場はすっかり白けた/他那番带刺儿的话使在场的人都很尴尬 tā nà fān dàicìr de huà shǐ zàichǎng de rén dōu hěn gāngà

とける【溶ける・溶ける・融ける】 熔化 rónghuà；溶化 rónghuà；融化 rónghuà（英 melt；be melted；[雪などが] thaw）▶食塩は摂氏801度で～/盐在摄氏八百零一度的温度下熔化 yán zài Shèshì bābǎi líng yī dù de wēndù xià rónghuà ▶この薬は水に溶けない/这种药不能溶于水 zhè zhǒng yào bùnéng róngyú shuǐ ▶昨年の春は早く雪が融けた/去年春天积雪很快就融化了 qùnián chūntiān jīxuě hěn kuài jiù rónghuà le

とける【解ける】 ❶[ほどける] 解开 jiěkāi；松 sōng（英 get loose）▶ひもが解けた/带儿松了 dàir sōng le ▶～解けない靴紐の結び方を教えましょう/我教你怎么系鞋带才不会松掉吧 wǒ jiāo nǐ zěnme jì xiédài cái búhuì sōngdiào ba

❷【疑問が】解開 jiěkāi; 解け (英 be solved) ▶誤解が～/误会消除 wùhuì xiāochú ▶あれは未だに解けない謎だ/那至今还是一个不解之谜 nà zhījīn háishí yí ge bùjiě zhī mí ▶この問題はどうしても解けない/这个问题怎么也解不出来 zhège wèntí zěnme yě jiěbuchūlái

❸【消える】消除 xiāochú (英 [怒りが] be appeased) ▶禁令が～/禁令解除 jìnlìng jiěchú ▶彼女はまだ彼女に対する怒りが解けていない/他对她的气儿还没消 tā duì tā de qìr hái méi xiāo

とげる【遂げる】 完成 wánchéng; 达到 dádào (英 accomplish; achieve) ▶目的を～/达到目的 dádào mùdì ▶望みを～/实现希望 shíxiàn xīwàng ▶好意を抱きながら思いを遂げられない/怀有好意却一直不能如愿以偿 huái yǒu hǎoyì què yìzhí bùnéng rú yuàn yǐ cháng ▶この10年で我が社は大いなる発展を遂げた/近十年来，我们公司取得了很大发展 jìn shí nián lái, wǒmen gōngsī qǔdéle hěn dà fāzhǎn

どける【退ける】 挪开 nuókāi; 移开 yíkāi (英 remove) ▶机を～/挪开桌子 nuókāi zhuōzi

どけん【土建】 土木建筑 tǔmù jiànzhù (英 civil engineering and construction) ▶～業者/土木建筑行业的人 tǔmù jiànzhù hángyè de rén

とこ【床】 床铺 chuángpù (英 a bed) ▶死の～にあって彼は何を考えていたのだろう/将死之时，他想了些什么呢？ jiāng sǐ zhī shí, tā xiǎngle xiē shénme ne?

～に就く 就寝 jiùqǐn ▶高熱で～に就く/发高烧卧床 fā gāoshāo wòchuáng

～を上げる 收拾床铺 shōushi chuángpù; 叠被子 dié bèizi

～を取る 准备床铺 zhǔnbèi chuángpù

[日中比较] 中国語の'床 chuáng' は「ベッド」という意味.

どこ【何処】 哪儿 nǎr; 哪里 nǎli; 什么地方 shénme dìfang (英 where; what place) ▶あなたは～に住んでいるんですか/你住在哪儿？ nǐ zhùzài nǎr? ▶警察署は～ですか/公安局在哪儿？ gōng'ānjú zài nǎr? ▶この時計は～製ですか/这块表是哪儿生产的？ zhè kuài biǎo shì nǎr shēngchǎn de? ▶あなたの最寄りの駅は～ですか/最近的车站是哪儿？ zuìjìn de chēzhàn shì nǎr? ▶君は～行くところですか/你这是去哪儿啊？ nǐ zhè shì qù nǎr a? ▶君は～へでも行ってよい/你想去哪儿就去哪儿吧 nǐ xiǎng qù nǎr jiù qù nǎr ba ▶彼は～にもいなかった/哪儿都找不到他 nǎr dōu zhǎobudào tā ▶あなたたちは～から来ましたか/你们是从哪儿来的？ nǐmen shì cóng nǎr lái de? ▶～からともなく現れた/他不知从哪儿冒了出来 tā bù zhī cóng nǎr màolechūlái ▶～まで俺をこけにするんだ/你到底想怎么折腾我 nǐ dàodǐ xiǎng zěnme zhēteng wǒ ▶彼を～まで信頼していいかわからない/不知道可以在多大程度上相信他 bù zhīdào kěyǐ zài duōdà chéngdùshang xiāngxìn tā ▶前回の授業では～までやりましたか/上一节课我们学到哪儿了？ shàng yì jié kè wǒmen xuédào nǎr le? ▶彼は～までも詐欺師だ/他是一个彻头彻尾的骗子 tā shì yí ge chè tóu chè wěi de piànzi ▶浅草な～でも知っています/关于浅草可是了如指掌 guānyú Qiǎncǎo kěshì liǎo rú zhǐ zhǎng ▶彼は～となくうさん臭い/他有一种说不出来的可疑的感觉 tā yǒu yì zhǒng shuōbuchūlái de kěyí de gǎnjué ▶あの男の～がいいのか僕にはわからない/我看不出来那家伙哪儿好 wǒ kànbuchūlái nà jiāhuo nǎr hǎo ▶いつ～で会った男か思い出せない/我想不起来是什么时候在什么地方见到过他 wǒ xiǎngbuqǐlái shì shénme shíhou zài shénme dìfang jiàndàoguò tā

とこう【渡航】する 出国 chūguó; 出境 chūjìng (英 make a voyage to...) ▶～手続をする/出境手续 chūjìng shǒuxù

♦～先 ː出境目的地 chūjìng mùdìdì ～者 ː出境者 chūjìngzhě

どごう【怒号】する 怒吼 nùhǒu; 叱咤 chìzhà (英 roar) ▶賛否両論がぶつかり会場に～が飛び交った/赞成和反对两派发生冲突，会场里怒吼声四起 zànchéng hé fǎnduì liǎngpài fāshēng chōngtū, huìchǎnglǐ nùhǒushēng sìqǐ

どこか 某个地方 mǒu ge dìfang (英 somewhere) ▶彼は～へ行った/他不知道去哪儿了 tā bù zhīdào qù nǎr le ▶～このあたりに住んでいる/他就住在这一带的什么地方 tā jiù zhùzài zhè yídài de shénme dìfang ▶明日は～へお出かけですか/明天你出门儿吗？ míngtiān nǐ chūménr ma? ▶～の学校で運動会をやっているらしい/好像有学校在开运动会呢 hǎoxiàng yǒu xuéxiào zài kāi yùndònghuì ne

とこしえ【永久に】 永远 yǒngyuǎn; 永恒 yǒnghéng (英 forever) ▶～の愛を誓った二人だったが…/发誓永远想爱的两个人却… fāshì yǒngyuǎn xiāng'ài de liǎng ge rén què…

とこずれ【床擦れ】 褥疮 rùchuāng (英 bedsores) ▶祖母は寝たきりで～ができた/祖母卧床不起，生了褥疮 zǔmǔ wòchuáng bù qǐ, shēngle rùchuāng

とことん 到底 dàodǐ; 彻底 chèdǐ (英 to the finish) ▶～頑張る/坚持到底 jiānchí dàodǐ ▶この件は～調べないと気が済まない/这件事不查个水落石出绝不甘休 zhè jiàn shì bù chá ge shuǐ luò shí chū juébù gānxiū ▶このことは～までやってみたい/这件事我想坚持到底 zhè jiàn shì wǒ xiǎng jiānchí dàodǐ ▶～まで戦う/斗争到底 dòuzhēng dàodǐ

とこなつ【常夏】 常夏 chángxià (英 everlasting summer)

とこのま【床の間】 【建築】(日式房子的)壁龛 (Rìshì fángzi de) bìkān (英 a tokonoma; an alcove in a Japanese-style room) ▶彼はいわば～の飾りだ/他就好比是壁龛上的摆设 tā jiù hǎobǐ shì bìkānshang de bǎishè

とこや【床屋】 理发店 lǐfàdiàn (英 [店] a barbershop)

ところ【所】

1【場所】 地方 dìfang; 地点 diǎndiǎn;〔抽象的な〕因素 yīnsù (英 *a place; a district*;〔余地〕*space*）▶壊れた~/破損的部分 pòsǔn de bùfen ▶こんな~に住もうとは思いもよらなかった/我没想到会住在这种地方 wǒ méi xiǎngdào huì zhùzài zhè zhǒng dìfang ▶あなたの行く~を知らせて下さい/请告诉我你去什么地方 qǐng gàosu wǒ nǐ qù shénme dìfang ▶もう車をとめる~はない/没有停车的地方了 méiyǒu tíngchē de dìfang le ▶腰かける~がなかった/没有地方坐 méiyǒu dìfang zuò ▶ここが事故のあった~です/这儿就是发生事故的地方 zhèr jiùshì fāshēng shìgù de dìfang ▶曇り、~により風雨/阴天，部分地区有风雨 yīntiān, bùfen dìqū yǒu fēngyǔ ▶ここの~はよく理解できない/这个部分不太明白 zhège bùfen bú tài míngbai ▶彼は我々が学ぶべき~をたくさん持っている/他有很多值得我们学习的地方 tā yǒu hěn duō zhíde wǒmen xuéxí de dìfang ▶彼女の態度にはどこか人をひきつける~があった/她的神态里有一种吸引人的东西 tā de shéntàilǐ yǒu yì zhǒng xīyǐn rén de dōngxi ▶彼女の声にはちょっと意地悪な~があった/她的声音里略带一种恶作剧的感觉 tā de shēngyīnlǐ lüè dài yì zhǒng èzuòjù de gǎnjué ▶彼は態度にちょっと生意気な~がある/他的态度有些骄傲的成份 tā de tàidù yǒuxiē jiāo'ào de chéngfèn

2【家·住所】 住处 zhùchù; 住址 zhùzhǐ; 地址 dìzhǐ (英 *one's house; one's home; one's address*）▶その晩は友人の~へ泊った/那天晩上住在朋友家里 nà tiān wǎnshang zhùzài péngyoujiāli ▶手紙を出そうにも~番地がわからない/想写信可是不知道地址 xiǎng xiě xìn kěshì bù zhīdào dìzhǐ

3【場合・時】 时候 shíhou (英 *a case; an occasion*）▶君はちょうどよい~へやって来た/你来得正好 nǐ láide zhènghǎo ▶悪い~へ来たもんだ/来得不是时候啊 láide bú shì shíhou a ▶ちょうど出かける~です/我正要出门儿 wǒ zhèngyào chūménr ▶彼女が隠れて泣いている~を見てしまった/不小心看到她一个人躲着哭的样子 bù xiǎoxīn kàndào tā yí ge rén duǒzhe kū de yàngzi

4【その他】 ▶少々思う~があって仕事をやめた/因为心中有些想法，所以辞掉了工作 yīnwèi xīnzhōng yǒuxiē xiǎngfa, suǒyǐ cídiàole gōngzuò ▶それ以上のことは私の知る~ではない/我只知道这么多 wǒ zhǐ zhīdào zhème duō ▶私の見た~では、彼の体にはどこも悪い~はない/据我所知，他的身体哪儿都没毛病 jù wǒ suǒ zhī, tā de shēntǐ nǎr dōu méi máobìng ▶彼もようやく~を得た/他也终于得到理想的地位和待遇 tā yě zhōngyú dédào lǐxiǎng de dìwèi hé dàiyù

~かまわず 不顾周围环境 búgù zhōuwéi huánjìng ▶~かまわず大声で話す/不顾周围环境大声说话 búgù zhōuwéi huánjìng dàshēng shuōhuà

ことわざ 所変われば品変わる 百里不同风，千里不同俗 bǎi lǐ bùtóng fēng, qiān lǐ bùtóng sú

ところが 可是 kěshì; 想不到 xiǎngbudào; 不料 búliào (英 *but; however*）▶天气预报说终日晴れ、~午後から雨になった/天气预报说整天都是晴天，可是下午却下起雨来了 tiānqì yùbào shuō zhěngtiān dōu shì qíngtiān, kěshì xiàwǔ què xiàqǐ yǔ lái le

-どころか 非但… fēidàn…; 反而 fǎn'ér; 岂止… qǐzhǐ…; 别说 biéshuō (英〔全く反対に〕*far from...*）▶それ、たいへんな貧乏だ/别提了，穷到家了 biétí le, qióng dàojiā le ▶フランス語~英語も話せない/别说法语了，连英语都不会说 bié shuō Fǎyǔ le, lián Yīngyǔ dōu bùhuì shuō ▶もうかる~借金がふえてしまった/不但没有赚钱，反而债台高筑 búdàn méiyǒu zhuànqián, fǎn'ér zhài tái gāo zhù

ところせまし【所狭し】（英 *[~とある] be crowded with...*）▶その辺りには小さなバーが~と並んでいる/这一带小酒吧一间紧挨着一间 zhè yídài xiǎo jiǔbā yì jiān jǐn'āizhe yì jiān ▶彼の部屋はトロフィーが~と置いてある/他的房间里摆满了奖杯 tā de fángjiānli bǎimǎnle jiǎngbēi

ところで 却说 quèshuō; 唉 āi (英 *well; now*）▶いま何時だい/哎，现在几点了？āi, xiànzài jǐ diǎn le? ▶~試合の結果はどうだったの/唉，比赛的结果怎么样了？āi, bǐsài de jiéguǒ zěnmeyàng le?

ところどころ【所所】 这儿那儿 zhèr nàr; 有些地方 yǒu xiē dìfang (英 *here and there; in some places*）▶昨日のことは~記憶が抜け落ちている/昨天的事儿有些已经记不住了 zuótiān de shìr yǒuxiē yǐjing jìbuzhù le ▶壁には~雨もりの跡がある/墙上带着斑斑雨痕 qiángshang dàizhe bānbān yǔhén ▶聖書を~読む/挑着看圣经 tiāozhe kàn Shèngjīng

とさか【鶏冠】 鸡冠 jīguān (英 *the crest*）

どさくさ 忙乱 mángluàn (英 *in the confusion*）▶~まぎれに/趁着忙乱 chènzhe mángluàn ▶与党は混乱した状況下で~まぎれに強行採決した/执政党趁着混乱的局面强行表决 zhízhèngdǎng chènzhe hùnluàn de júmiàn qiángxíng biǎojué ▶彼は戦後の~にまぎれて大金持ちになった/他趁着战后的混乱发了大财 tā chènzhe zhànhòu de hùnluàn fāle dàcái

とざす【閉ざす】（英 *shut; close*）▶門を~/锁门 suǒ mén ▶口を~/缄口 jiānkǒu ▶爆弾が平和への道を~/炸弹恐怖阻碍了通往和平的道路 zhàdàn kǒngbù zǔ'àile tōngwǎng hépíng de dàolù ▶彼女はかたく心を閉ざして誰とも語らなかった/她紧闭心扉，对谁也没说 tā jǐnbì xīnfēi, duì shéi yě méi shuō ▶氷に閉ざされた港/被冰封住的港口 bèi bīng fēngzhù de gǎngkǒu ▶雪に閉ざされた村/被积雪封锁的村庄 bèi jīxuě fēngsuǒ de cūnzhuāng ▶被災地の夜は闇に閉ざされていた/受灾地区的夜晚笼罩在一片黑暗中 shòuzāi dìqū de yèwǎn lǒngzhào zài yípiàn hēi'ànzhōng

とさつ【屠殺】 屠宰 túzǎi; 宰杀 zǎishā (英 slaughter; butchery)
♦～場｜屠宰场 túzǎichǎng
▌日中比較 中国語の'屠杀 túshā'は「虐殺する」こと。

とざん【登山する】 登山 dēngshān (英 climb a mountain) ▶～用のザイル/登山用的绳索 dēngshān yòng de shéngsuǒ
♦～家｜登山运动员 dēngshān yùndòngyuán ～靴｜登山鞋 dēngshānxié ～鉄道｜登山铁路 dēngshān tiělù ～用品｜登山用品 dēngshān yòngpǐn

とし【年・歳】 ❶【年齢】年纪 niánjì; 岁数 suìshu; 年龄 niánlíng (英 age; years) ▶～が若い/年轻 niánqīng ▶～を取る/上岁数 shàng suìshu ▶お～はおいくつですか/您多大年纪? nín duō dà niánjì? ▶あなたとおない～です/跟你同岁 gēn nǐ tóngsuì ▶これは～のせいだと思う/我看这是因为上了岁数的缘故 wǒ kàn zhè shì yīnwèi shàngle suìshu de yuángù ▶彼女の美しさは～をとっても衰えない/她上了年纪也不减当年姿色 tā shàngle niánjì yě bù jiǎn dāngnián zīsè ▶彼らは～格好が同じくらいだ/他们看上去年纪都差不多 tāmen kànshàngqu niánjì dōu chàbuduō ▶～と共に耳も遠くなる/上了年纪, 耳朵也背了 shàngle niánjì, ěrduo yě bèi le ▶～の割に若く見える/看上去比实际岁数年轻 kànshàngqu bǐ shíjì suìshu niánqīng ▶～相応のことをする/作跟自己年龄相适应的事儿 zuò gēn zìjǐ niánlíng xiāng shìyìng de shìr ▶名簿の配列は～の順になっています/名簿按年龄顺序排列 míngbù àn niánlíng shùnxù páiliè ▶元気なようでも～には勝てない/看起来很精神, 但毕竟岁数不饶人 kànqǐlai hěn jīngshen, dàn bìjìng suìshu bù ráo rén

❷【暦年】年 nián (英 a year) ▶～ごとに/逐年 zhúnián ▶～の初め/年初 niánchū ▶～を越す/过年 guònián ▶新しい～を迎える/迎来新的一年 yínglái xīn de yì nián ▶～の暮れに年賀状を書く/年底写贺年片 niándǐ xiě hèniánpiàn
♦～の瀬｜年底 niándǐ; 年关 niánguān

とし【都市】 城市 chéngshì (英 a city) ▶～環境/城市环境 chéngshì huánjìng ▶～生活者/城市生活者 chéngshì shēnghuózhě ▶～化する/进行城市化 jìnxíng chéngshìhuà
♦衛星～｜卫星城市 wèixīng chéngshì 工業～｜工业城市 gōngyè chéngshì 地方～｜地方城市 dìfāng chéngshì ～ガス｜城市管道煤气 chéngshì guǎndào méiqì ～計画｜城市规划 chéngshì guīhuà ～国家｜城市国家 chéngshì guójiā

どじ 失败 shībài;《どじな人》笨蛋 bèndàn; 蠢货 chǔnhuò (英 a silly mistake) ▶また～を踏んじゃった/又出错了 yòu chūcuò le ▶全く～なヤツだ/嗨, 真是个傻东西 hāi, zhēn shì ge shǎ dōngxi

としうえ【年上の】 年长 niánzhǎng (英 older; senior) ▶彼女は三つ～である/她比我大三岁 tā bǐ wǒ dà sān suì ▶～の妻/比丈夫年龄大的妻子 bǐ zhàngfu niánlíng dà de qīzi

としおいた【年老いた】 苍老 cānglǎo; 年老 niánlǎo; 上年纪 shàng niánjì (英 old; aged) ▶～女性/上了年纪的女性 shàngle niánjì de nǚxìng

としがい【年甲斐】 ～もない 与年龄不相称 yǔ niánlíng bù xiāngchèn ▶～もなく占いにはまっている/年岁不小了, 还热衷于算命 niánsuì bù xiǎo le, hái rèzhōngyú suànmìng

どしがたい【度し難い】 不可救药 bùkě jiùyào (英 incorrigible) ▶あいつは～分からず屋だ/他是一个不可救药的笨蛋 tā shì yí ge bùkě jiùyào de bèndàn

としご【年子】 差一岁的兄弟姐妹 chà yí suì de xiōngdì jiěmèi (英 year-apart children) ▶あの子たち二人は～だ/那两个孩子相差一岁 liǎng ge háizi xiāngchà yí suì

としこし【年越しする】 过年 guònián; 除夕 chúxī (英 pass the winter) ▶～そば/过年吃的荞麦面 guònián chī de qiáomàimiàn ▶家族と一緒にハワイで～/跟家人一起在夏威夷过年 gēn jiārén yìqǐ zài Xiàwēiyí guònián

としごと【年毎に】 逐年 zhúnián; 一年比一年 yì nián bǐ yì nián (英 every year; yearly) ▶～に温暖化が進む/全球气候变暖一年比一年严重 quánqiú qìhòu biànnuǎn yì nián bǐ yì nián yánzhòng

とじこむ【綴じ込む】 订 dìng; 合订 hédìng (英 keep... on file) ▶書類をフォルダーに～/把文件订在文件夹里 bǎ wénjiàn dìngzài wénjiànjiā li

とじこめる【閉じ込める】 关在里面 guānzài lǐmiàn; 困 kùn; 禁闭 jìnbì (英 confine; shut) ▶運転手は燃えている車の前の座席に閉じ込められた/司机被困在燃烧中的汽车前座里 sījī bèi kùnzài ránshāozhōng de qìchē qiánzuòli ▶雪で閉じ込められた宿屋の客たち/被大雪困在旅馆里的客人 bèi dàxuě kùnzài lǚguǎnli de kèrén

とじこもる【閉じこもる】 闭门不出 bìmén bù chū (英 shut oneself up) ▶家に～/闷在家里 mēnzài jiāli ▶自分の中に～/自我封闭 zìwǒ fēngbì ▶家にばかり閉じこもっている人/闷在家里的人 mēnzài jiāli de rén ▶大統領は補佐官たちと部屋に5時間閉じこもった/总统和助理们被困在房间里五个小时 zǒngtǒng hé zhùlǐmen bèi kùnzài fángjiānli wǔ ge xiǎoshí

としごろ【年頃】 ❶【年齢】年龄 niánlíng (英 age) ▶反抗したい～なんだ/正在爱反抗的年纪呢 zhèngzài ài fǎnkàng de niánjì ne ❷【適齢期】婚龄 hūnlíng; 妙龄 miàolíng (英 marriageable age) ▶～の娘/适婚的女子 shìlíng de nǚzǐ; 妙龄女子 miàolíng nǚzǐ

としした【年下の】 年岁小 niánsuì xiǎo (英 younger) ▶五つ～である/小我五岁 xiǎo wǔ suì ▶～の夫/(比妻子)年轻的丈夫 (bǐ qīzi)niánqīng de zhàngfu

としつき【年月】 岁月 suìyuè; 光阴 guāngyīn（英 time; years）▶别れて5年の～が流れた/离别以来已过了五年岁月 líbié yǐlái yǐ guòle wǔ nián suìyuè

-として 作为 zuòwéi;《…はともかく》暂且不提 zànqiě bù tí《as...; by way of...》▶医師～5年以上の実務経験がある/作为医生,具有五年以上的实际经验 zuòwéi yīshēng, jùyǒu wǔ nián yǐshàng de shíjì jīngyàn ▶彼は大学出～は常識がない/他作为一个大学毕业的人缺乏常识 tā zuòwéi yí ge dàxué bìyè de rén quēfá chángshí ▶私～は大いに彼に期待している/我对他抱有很大的期望 wǒ duì tā bàoyǒu hěn dà de qīwàng ▶僕のミスはミス～,問題は…/我的失误先不说,问题是… wǒ de shīwù xiān bù shuō, wèntí shì…

どしどし 尽管 jǐnguǎn（英 quickly;［遠慮なく］freely）▶～意見を出して下さい/请务所欲言地提出意见 qǐng chàng suǒ yù yán de tíchū yìjiàn ▶～応募する/踊跃报名 yǒngyuè bàomíng

としなみ【年波】 年老 nián lǎo（英 age）▶寄る～には勝てない/年岁不饶人 niánsuì bù ráo rén ▶寄る～に腰が曲がっている/上了年纪,腰也弯了 shàngle niánjì, yāo yě wān le

としは【年端】 (儿童的)年岁 (értóng de) niánsuì ～も行かぬ ▶～も行かぬ子供/年幼的孩子 niányòu de háizi

としまり【戸締まりをする】 关门窗 guān ménchuāng; 锁门窗 suǒ ménchuāng（英 lock the doors）▶厳重にしてある/严密地关门上锁 yánmì de guānmén shàngsuǒ ▶～に気をつける/小心防范,关门上锁 xiǎoxīn fángfàn, guānmén shàngsuǒ ▶～を確かめる/确认门窗是否锁好 quèrèn ménchuāng shìfǒu suǒhǎo

としまわり【年回り】 流年 liúnián（英 in one's year）▶～がよい/今年会交运 jīnnián huì jiāo yùn ▶～が悪い/流年不利 liúnián bùlì

としゃ【吐瀉する】 吐 tù; 呕吐 ǒutù（英 vomit; bring up）▶～物/呕吐物 ǒutùwù

どしゃ【土砂】 泥沙 níshā（英 earth and sand）▶山崩れで民家が数軒～に埋まる/山体塌方,几所民宅被埋在泥沙里 shāntǐ tāfāng, jǐ suǒ mínzhái bèi máizài níshāli

～崩れ:山崩 shānbēng; 塌方 tāfāng

どしゃぶり【土砂降り】 倾盆大雨 qīngpén dàyǔ; 瓢泼大雨 piáopō dàyǔ（英 a heavy rain）▶昼過ぎからにわかに～となった/下午就突然下起了倾盆大雨 xiàwǔ jiù tūrán xiàqǐle qīng pén dà yǔ

としゅ【徒手】 徒手 túshǒu（英 bare hands）▶～空拳で敵陣に乗り込んだ/赤手空拳地冲进了敌人的阵地 chì shǒu kōng quán de chōngjìnle dírén de zhèndì ▶多くの若者は～空拳で生存競争の社会へと出て行かねばならない/很多年轻人必须两手空拳地走上生存竞争的社会 hěn duō niánqīngrén bìxū liǎng shǒu kōngkōng de zǒushàng shēngcún jìngzhēng de shèhuì

◆～体操:徒手体操 túshǒu tǐcāo

としょ【図書】 图书 túshū; 书 shū（英 books）◆～閲覧室:图书阅览室 túshū yuèlǎnshì ～カード:图书卡 túshūkǎ ～係:图书管理员 túshū guǎnlǐyuán; 图书委员 túshū wěiyuán ～館:图书馆 túshūguǎn ▶～館から新刊書を借り出す/从图书馆借出新出版的书 cóng túshūguǎn jièchū xīn chūbǎn de shū ～目録:图书目录 túshū mùlù

どじょう【土壌】 泥土 nítǔ; 土壤 tǔrǎng（英 soil; earth）▶～汚染/土壤污染 tǔrǎng wūrǎn ▶肥沃な～/肥沃的土壤 féiwò de tǔrǎng ▶～を改良する/改良土壤 gǎiliáng tǔrǎng ▶犯罪を生む～が広がっている/滋生犯罪的土壤越来越大了 zīshēng fànzuì de tǔrǎng yuèláiyuè dà le

ドジョウ【泥鰌】【魚】泥鳅 níqiū（英 a loach）

どしょうぼね【土性骨】 根性 gēnxìng（英 backbone）▶～をたたき直してやる/彻底改造你的根性 chèdǐ gǎizào nǐ de gēnxìng ▶漁師の～の見せどころだぞ/这正是显示渔民作风的时候！zhè zhèngshì xiǎnshì yúmín zuòfēng de shíhou！

としより【年寄り】 老人 lǎorén; lǎoren; 老头儿 lǎotóur（英 an old person）▶～をいたわる/关照老人,尊敬老人 guānzhào lǎorén ▶～じみている/苍老的模样 cānglǎo de múyàng

ことわざ 年寄りの冷や水 老人逞强不量力 lǎorén chěngqiáng bú liànglì

とじる【閉じる】 关闭 guānbì; 合上 héshang（英 close; shut）▶今月末で店を～/到这个月底商店关门 dào zhège yuèdǐ shāngdiàn guānmén ▶この花は夕方になるとみんな～/这种花一到傍晚就会合上花瓣 zhè zhǒng huā yí dào bàngwǎn jiù huìhéshàng huābàn ▶面白くて途中で本を～ことができない/这本书太有意思了,非把它一口气看完不可 zhè běn shū tài yǒu yìsi le, fēi bǎ tā yìkǒuqì kànwán bùkě ▶彼女はキスをするとき目を～/她接吻的时候闭着眼睛 tā jiēwěn de shíhou bìzhe yǎnjing

とじる【綴じる】 订 dìng（英 bind; file）▶書類を～/装订文件 zhuāngdìng wénjiàn

としん【都心】 市中心 shì zhōngxīn（英 the center of the city）▶からすや狸ぬきが～をすみかとしている/乌鸦和狸猫把市中心当成了自己的家 wūyā hé límāo bǎ shì zhōngxīn dàngchéngle zìjǐ de jiā

どしんと（英 heavily; with a thud）▶椅子に～腰をおろす/一屁股坐在椅子上 yí pìgu zuòzài yǐzishang

トスする（バレーボール）托球 tuō qiú;《野球など》轻投 qīng tóu（英 toss）

どすう【度数】《温度·角度など》度数 dùshu;《回数》次数 cìshù（英 the degree）▶～の高い酒/度数高的酒 dùshu gāo de jiǔ

どすぐろい【どす黒い】 紫黑 zǐhēi（英 darkish) ▶～顔/暗灰的脸色 ànhuī de liǎnsè

どすんと 咕咚 gūdōng; 扑通 pūtōng (英 with a thud) ▶重いカバンを～床に置いた/咚地一声把沉重的提包放在地板上 dōng de yì shēng bǎ chénzhòng de tíbāo fàngzài dìbǎnshang ▶ベッドに座った/一屁股坐在床上 yí pìgu zuòzài chuángshang

どせい【土星】〖天文〗土星 tǔxīng (英 Saturn)

どせい【怒声】怒声 nùshēng (英 an angry voice) ▶～を発する/发出怒声 fāchū nùshēng

どせき【土石】泥石 níshí (英 soil and rock) ▶～流/泥石流 níshíliú ▶大雨によって山が崩れ～流災害が発生した/由于暴雨山体崩塌，发生了泥石流灾害 yóuyú bàoyǔ shāntǐ bēngtā, fāshēngle níshíliú zāihài

とぜつ【途絶する】杜绝 dùjué; 中断 zhōngduàn (英 be interrupted) ▶大雪のため交通が～した/因为大雪交通中断了 yīnwèi dàxuě jiāotōng zhōngduàn le

とそ【屠蘇】屠苏酒 túsūjiǔ (英 spiced sweet sake to celebrate the New Year)

とそう【塗装する】涂抹 túmǒ; 涂漆 túqī; 涂饰 túshì (英 coat with paint) ▶～用スプレー/喷漆器 pēnqīqì ▶～工事/涂饰工程 túshì gōngchéng ▶～業/涂饰业 túshìyè ▶ビルの外壁を～する/涂饰大楼外部墙壁 túshì dàlóu wàibùqiáng

どそう【土葬】土葬 tǔzàng (英 burial)

どそく【土足で】不脱鞋 bù tuō xié (英 with one's shoes on) ▶～厳禁/严禁穿鞋进屋 yánjìn chuān xié jìnwū ▶人の心を～で踏み荒らすような奴ら/肆意践踏别人心灵的家伙 sìyì jiàntà biéren xīnlíng de jiāhuo

どだい 根本 gēnběn (英 utterly) ▶おまえが独立するなんて～むりな話だ/你想独立，那是根本不可能的事 nǐ xiǎng dúlì, nà shì gēnběn bùkěnéng de shì

どだい【土台】(英 foundations; a base) **❶**〖建築物の〗(英 a foundation) 地基 dìjī; 根基 gēnjī ▶この家は～が腐っている/这个房子地基已经烂了 zhège fángzi dìjī yǐjīng làn le **❷**〖物事の〗基础 jīchǔ (英 a base) ▶あの会社も～が揺らいできた/那个公司的根基已开始发生动摇 nàge gōngsī de gēnjī yǐ kāishǐ fāshēng dòngyáo

日中比较 中国語の'土台 tǔtái'は「土」のこと。▶土台倒塌事故 tǔtái dǎotā shìgù/土砂の崩落事故

とだえる【途絶える】中断 zhōngduàn; 杜绝 dùjué (英 cease; come to an end) ▶話が途絶えた/谈话中断了 tánhuà zhōngduàn le; 住嘴了 zhùzuǐ le ▶人通りが～/路上没有行人来往 lùshang méiyǒu xíngrén láiwǎng

とだな【戸棚】橱儿 chúr; 柜子 guìzi (英 a closet; 〖食器の〗a cupboard)

どたばたと 乱跳乱闹 luàn tiào luàn nào (英 noisily) ▶～喜劇/闹剧 nàojù ▶～走る/乱蹦乱跳地跑 luàn bèng luàn tiào de pǎo

とたん【途端に】刚 gāng; 一…就 yī…jiù (英 just as…; in the act of…) ▶聞いた～に笑い出した/一听就笑起来了 yì tīng jiù xiàoqǐlai le ▶立ち上がった～足を机にぶつけた/刚站起来腿就碰到桌子上了 gāng zhànqǐlai tuǐ jiù pèngdào zhuōzishang le ▶彼女はその知らせを耳にした～気が遠くなった/她一听到那个消息就昏过去了 tā yì tīngdào nàge xiāoxi jiù hūnguòqu le ▶～はっと思い出した/那一瞬间忽然想起来了 nà yíshùn jiān hūrán xiǎngqǐlai le

とたん【塗炭】～の苦しみ 涂炭之苦 tútàn zhī kǔ; 水深火热 shuǐ shēn huǒ rè ▶～の苦しみをなめる/陷入水深火热之中 xiànrù shuǐ shēn huǒ rè zhīzhōng

トタン 白铁皮 báitiěpí; 镀锌铁 dùxīntiě (英 galvanized iron) ▶～屋根/铁皮屋面 tiěpí wūmiàn ▶〖戯曲〗『熱い～屋根の猫』/《灼热的铁皮屋顶上的猫》Zhuórè de tiěpí wūdǐngshang de māo》

どたんば【土壇場】绝境 juéjìng; 最后关头 zuìhòu guāntóu (英 〖危機〗a crisis; 〖最後の時〗the last moment) ▶～でキャンセルする/就要开始的时候突然取消 jiùyào kāishǐ de shíhou tūrán qǔxiāo ▶～に追い込まれる/陷入危急关头 xiànrù wēijí guāntóu ▶～で逃げ/最关键的时候逃跑了 zuì guānjiàn de shíhou táopǎo le; 临阵逃脱 línzhèn táotuō

とち【土地】**❶**〖地所〗土地 tǔdì; 地产 dìchǎn; 地皮 dìpí (英 a piece of land; an estate) ▶所有権/地权 dìquán ▶～の利用/征用土地 zhēngyòng tǔdì ▶～に投資する/投资地产 tóuzī dìchǎn ▶～売買/地产交易 dìchǎn jiāoyì ▶～家屋/房地产 fángdìchǎn

❷〖地味〗土壤 tǔrǎng; 土质 tǔzhì (英 soil; earth) ▶～が肥えている/土地肥沃 tǔdì féiwò ▶～がやせている/土地贫瘠 tǔdì pínjí

❸〖地元・地区〗当地 dāngdì (英 a region; a district) ▶～の人/本地人 běndìrén ▶この～に伝わる古くからの慣習/在这个地区自古传承的习惯 zài zhège dìqū zìgǔ chuánchéng de xíguàn ▶ここはどかな～柄だ/这儿是一个宁静的地方 zhèr shì yí ge níngjìng de dìfang ▶その～でできる物を食べて生きていく/靠山吃山，靠水吃水 kào shān chī shān, kào shuǐ chī shuǐ ▶～はよく知られている/在当地很有名 zài dāngdì hěn yǒumíng ▶～勘がある/对这个地区很熟悉 duì zhège dìqū hěn shúxī

トチ【栃】〖植物〗七叶树 qīyèshù (英 a horse chestnut)

どちゃく【土着の】土著 tǔzhù (英 native; native-born) ▶～の人/土著的人 tǔzhù de rén; 土生土长的人 tǔ shēng tǔ zhǎng de rén

とちゅう【途中】中途 zhōngtú; 半途 bàntú (英 on the way; halfway) ▶～でやめる/半途而废 bàn tú ér fèi ▶彼と～までいっしょでした/前一半儿我跟他一直在一起 qián yíbànr wǒ gēn yìzhí zài yìqǐ ▶～まで見送る/送到半道儿 sòngdào bàndàor ▶手紙は郵送の～でなくなった/信在邮寄过程中不见了 xìn zài yóujì guòchéngzhōng bújiàn le ▶この列車は名古屋まで～停車せずに行く/这趟车到达名古屋之前不停车 zhè tàng chē dàodá Mínggǔwū zhīqián bù tíngchē ▶お話の～ですがお客様がお見えになりました/不好意思打断您的话，来客人了 bùhǎoyìsi dǎduàn nín de huà, lái kèrén le ▶会議の～で退場した/在会议中途退场 zài huìyì zhōngtú tuìchǎng ▶映画を～から見るのは嫌いだ/我不喜欢从半截儿开始看电影 wǒ bù xǐhuan cóng bànjiér kāishǐ kàn diànyǐng

♦～下車:**中途下车** zhōngtú xiàchē ▶この切符で～下車ができる/这张票可以在中途下车 zhè zhāng piào kěyǐ zài zhōngtú xiàchē ▶～下車前途無効/中途下车后此票作废 zhōngtú xiàchē hòu cǐ piào zuòfèi

どちら **❶**〖選択〗**哪个** nǎge (英 which) ▶りんごとみかんと～が好きか/你爱吃苹果还是爱吃橘子？ nǐ ài chī píngguǒ háishi ài chī júzi? ▶君か僕か，～か行く必要がある/咱们两个人，总得去一个 zánmen liǎnge rén, zǒngděi qù yí ge ▶一つ下さい．～でも結構ですから/给我一个吧，哪个都行 gěi wǒ yí ge ba, nǎge dōu xíng ▶僕はその二人の兄弟の～も知らない/他们兄弟俩，我都不认识 tāmen xiōngdì liǎ, wǒ dōu bú rènshi ▶この本は～もおもしろい/这两本书都很有意思 zhè liǎng běn shū dōu hěn yǒu yìsi ▶～でも私にとっては同じことだ/哪一方对我来说都一样 nǎ yìfāng duì wǒ láishuō dōu yíyàng；怎么做对我来说都一样 zěnme zuò duì wǒ láishuō dōu yíyàng ▶～でも好きなほうをお持ち下さい/你喜欢哪个就拿哪个吧 nǐ xǐhuan nǎge jiù ná nǎge ba ▶～にしても電話します/不管怎么样我都给你打电话 bùguǎn zěnmeyàng wǒ dōu gěi nǐ dǎ diànhuà ▶彼は～かといえば不親切だ/他算不上热情 tā suànbushàng rèqíng ▶彼は来るか来ないか，～とも言えぬ/他说不定来不来 tā shuōbudìng láibulái **❷**〖どこ〗**哪里** nǎli (英 where) ▶御出身は～ですか/你出生在什么地方？ nǐ chūshēng zài shénme dìfang? **❸**〖だれ〗**哪位** nǎ wèi (英 who) ▶そちらは～様ですか/您是哪位？ nín shì nǎ wèi?

とちる **搞错** gǎocuò; **弄错** nòngcuò (英 fumble; make a slip) ▶せりふを～/说错台词 shuōcuò táicí

とっか〖特価〗**特价** tèjià (英 a special price)
♦～販売:**特价销售** tèjià xiāoshòu ～品:**特价商品** tèjià shāngpǐn

どっかい〖読解〗**阅读和理解** yuèdú hé lǐjiě (英 reading comprehension)
♦～力:**阅读能力** yuèdú nénglì ▶～力を養うにはどうすればよいか/怎样才能培养阅读能力呢？ zěnyàng cái néng péiyǎng yuèdú nénglì ne?

どっかりと **扑通** pūtōng (英 heavily; with a thud) ▶椅子に～腰をおろす/一屁股坐在椅子上 yí pìgu zuòzài yǐzishang ▶玄関に～座りこんで動かない/扑通一下坐在门口不走了 pūtōng yíxià zuòzài ménkǒu bù zǒu le

とっかんこうじ〖突貫工事〗**突击施工** tūjī shīgōng (英 rush work) ▶～で橋を架ける/突击施工修建桥梁 tūjī shīgōng xiūjiàn qiáoliáng

とっき〖突起〗**突起** tūqǐ (英 a projection) ▶～物/突起物 tūqǐwù

とっき〖特記する〗**特别记载** tèbié jìzǎi; **特记** tèjì (英 mention specially) ▶～事項なし/无特别记载事项 wú tèbié jìzǎi shìxiàng

とつぎさき〖嫁ぎ先〗**婆家** pójia;《これから嫁ぐ先》**人家** rénjia (英 one's husband's family)

とっきゅう〖特急〗**特别快车** tèbié kuàichē; **特快** tèkuài;《大急ぎ》**赶快** gǎnkuài (英 a special express) ▶～券/特快车票 tèkuài chēpiào ▶～料金/特快费 tèkuàifèi ▶～で仕立ててくれないか/能帮我加急准备一下吗？ néng bāng wǒ jiājí zhǔnbèi yíxià ma?

とっきゅう〖特級の〗**特级** tèjí (英 superfine) ▶～品/特级商品 tèjí shāngpǐn ▶～酒/特级酒 tèjíjiǔ

とっきょ〖特許〗**专利** zhuānlì (英 a special permission 〔license〕) ▶～権/专利权 zhuānlìquán ▶～を申請する/申请专利 shēnqǐng zhuānlì ▶～をとる/取得专利 qǔdé zhuānlì ▶～を与える/授予专利 shòuyǔ zhuānlì ▶会社が持つその薬の～の期限が1990年に切れた/公司所有的那种药品的专利权一九九〇年到期 gōngsī suǒyǒu de nà zhǒng yàopǐn de zhuānlìquán yī jiǔ jiǔ líng nián dàoqī ▶～出願中/正在申请专利 zhèngzài shēnqǐng zhuānlì
♦～庁:**专利厅** zhuānlìtīng ～法:**专利法** zhuānlìfǎ ～料:**专利费** zhuānlìfèi

ドッキング **相接** xiāngjiē; **对接** duìjiē (英〔宇宙船の〕docking) ▶宇宙船を宇宙ステーションに～させる/把宇宙飞船对接在宇航站上 bǎ yǔzhòu fēichuán duìjiē zài yǔhángzhànshang ▶理論と実践を～させる/把理论和实践相结合 bǎ lǐlùn hé shíjiàn xiāng jiéhé

どっきんほう〖独禁法〗**禁止垄断法** jìnzhǐ lǒngduànfǎ (英 the antimonopoly law)

とつぐ〖嫁ぐ〗**出嫁** chūjià; **嫁人** jiàrén (英 marry; be married to...) ▶娘を外国人に嫁がせる/把女儿嫁给外国人 bǎ nǚ'ér jiàgěi wàiguórén ▶～娘に贈る言葉/送给要出嫁的女儿的话 sònggěi yào chūjià de nǚ'ér de huà

ドック 《船の》**船坞** chuánwù (英 a dock) ▶数年に1回船を～に入れる/每隔几年就把船送到船坞整修一次 měi gé jǐ nián jiù bǎ chuán sòngdào chuánwù zhěngxiū yí cì
♦浮〔乾〕～:**水上〔陆地〕船坞** shuǐshàng [lùdì] chuánwù 人間～:**综合性健康检查** zōnghéxìng jiànkāng jiǎnchá

とっくに **早已** zǎoyǐ; **早就** zǎo jiù; **老早** lǎozǎo (英 long ago) ▶彼は～帰ったよ/他早就回家了 tā zǎojiù huíjiā le ▶列車は～到着しているは

とっくみあい【取っ組み合い】 扭在一起 niǔ zài yīqǐ (英 a scuffle) ▶〜のけんか/扭打 niǔdǎ ▶〜を始める/开始扭打成一团 kāishǐ niǔdǎ chéng yì tuán

とっくり【徳利】 酒壶 jiǔhú (英 a sake bottle) ▶いか〜/用干鱿鱼做的酒壶 yòng gānyóuyú zuò de jiǔhú ▶〜のセーター/直筒领子的毛衣 zhí tǒng lǐngzi de máoyī

とっくん【特訓】 特别训练 tèbié xùnliàn (英 give intensive training) ▶新入社員に電話での話し方を〜する/对新员工进行电话礼仪的特别训练 duì xīn yuángōng jìnxíng diànhuà lǐyí de tèbié xùnliàn ▶(サッカーの)シュートを〜する/特别训练射门 tèbié xùnliàn shèmén

とつげき【突撃する】 突击 tūjī; 冲锋 chōngfēng (英 charge; rush) ▶兵は敵の塹壕に〜した/战士向敌军的战壕发起冲锋 zhànshì xiàng díjūn de zhànháo fāqǐ chōngfēng ▶〜して陣地を奪う/突击进攻夺取阵地 tūjī jìngōng duóqǔ zhèndì
♦〜取材；突击采访 tūjī cǎifǎng 〜隊；突击队 tūjīduì

とっけん【特権】 特权 tèquán (英 a privilege; special rights) ▶〜階級/特权阶级 tèquán jiējí ▶官僚は〜意識が強い/官僚的特权意识很强 guānliáo de tèquán yìshí hěn qiáng ▶外交官の〜/外交官的特权 wàijiāoguān de tèquán ▶〜を有する/享有特权 xiǎngyǒu tèquán ▶〜を行使する/行使特权 xíngshǐ tèquán

どっこい ド〜! bù; 慢着 mànzhe (英 no) ▶〜, その手はくわないよ/不, 我可不那么傻 bù, wǒ kě bú nàme shǎ
〜〜 不相上下 bù xiāng shàngxià; 不分优劣 bù fēn yōuliè ▶二人の実力は〜〜だ/两个人的能力不相上下 liǎng ge rén de nénglì bù xiāng shàngxià

どっこいしょ 嗨哟 hāiyō; 嘿哟 hēiyō (英 (lift) with effort) ▶〜と持ち上げる/嗨哟一声抬起来 hāiyō yì shēng táiqǐlai

とっこう【徳行】 德行 déxíng (英 virtuous conduct)

とっこうやく【特効薬】 特效药 tèxiàoyào (英 a specific medicine) ▶インフルエンザの〜/流感的特效药 liúgǎn de tèxiàoyào

とっさ【咄嗟に】 瞬间 shùnjiān; 刹那间 chànàjiān (英 at once; instantly) ▶〜の機転/灵机一动 língjī yí dòng ▶彼は〜の機転で危ういところを免れた/他急中生智, 回避了危险 tā jí zhōng shēng zhì, huíbìle wēixiǎn ▶こんな杖では〜の時に役に立たない/这种手杖在关键时刻没有用 zhè zhǒng shǒuzhàng zài guānjiàn shíkè méiyǒu yòng ▶〜に車をよけた/一瞬间避开了汽车 yíshùn jiān bìkāile qìchē

どっさり 好多 hǎoduō; 好些 hǎoxiē (英 lots) ▶おみやげを〜もらう/收到很多礼品 shōudào hěn duō lǐpǐn

ドッジボール 《ゲーム》躲避球 duǒbìqiú (英 dodge ball)

とっしゅつ【突出する】 突出 tūchū; 杰出 jiéchū (英 project) ▶音楽に〜した才能を持つ子供/在音乐方面具备杰出才华的孩子 zài yīnyuè fāngmiàn jùbèi jiéchū cáihuá de háizi ▶この国の軍事費は〜している/那个国家的军备费用很突出 nàge guójiā de jūnbèi fèiyong hěn tūchū

とつじょ【突如】 突然 tūrán; 忽然 hūrán (英 suddenly; all of a sudden) ▶社長が〜辞任した/总经理突然辞职 zǒngjīnglǐ tūrán cízhí ▶砂漠に〜巨大都市が出現した/沙漠里突然呈现出一座巨大的城市 shāmòli tūrán chéngxiànchū yí zuò jùdà de chéngshì

どっしり 沉重 chénzhòng; 稳重 wěnzhòng (英 heavy; massive) ▶〜した建物/庄重的建筑物 zhuāngzhòng de jiànzhùwù ▶〜と椅子に腰かけている/稳坐在椅子上 wěnzuò zài yǐzishang

とっしん【突進する】 猛冲 měngchōng; 闯 chuǎng (英 rush; charge; dash) ▶ゴールに向かって〜する/向着终点猛冲 xiàngzhe zhōngdiǎn měngchōng ▶猪は恐ろしい勢いで彼に向かって〜した/野猪狰狞地向他猛冲过去 yězhū zhēngníngde xiàng tā měngchōngguòqu

とつぜん【突然】 突然 tūrán; 忽然 hūrán (英 suddenly; unexpectedly) ▶彼は〜やって来た/他突然来了 tā tūrán lái le ▶〜は〜のできごとであった/这是一个突然发生的事情 zhè shì yí ge tūrán fāshēng de shìqíng ▶〜ですが重大発表があります/临时发表重要消息 línshí fābiǎo zhòngyào xiāoxi
♦〜死；突然死亡 tūrán sǐwáng 〜変異；突发变异 tūfā biànyì

とったん【突端】 突出的一端 tūchū de yìduān (英 the tip; the point) ▶岬の〜にあるホテル/矗立在海岬尖端的宾馆 chùlì zài hǎi jiǎ jiānduān de bīnguǎn

どっち 哪一方 nǎ yìfāng (英 which) ▶〜がだかわからない/分不清是哪一方了 fēnbuqīng shì nǎ yìfāng le ▶彼は来るか来ないか〜とも言えない/他也许来也许不来, 说不定 tā yěxǔ lái yěxǔ bù lái, shuōbudìng
〜つかず 模棱两可 móléng liǎngkě ▶〜つかずの気持ちで彼女と付き合っていた/以模棱两可的态度跟她交往 yǐ móléng liǎngkě de tàidù gēn tā jiāowǎng
〜も 双方都不好 shuāngfāng dōu bù hǎo; 半斤八两 bàn jīn bā liǎng

どっちみち 不管怎么样 bùguǎn zěnmeyàng; 反正 fǎnzhèng; 总之 zǒngzhī (英 anyway) ▶大した問題じゃない/反正不是什么大问题 fǎnzheng bú shì shénme dà wèntí ▶最初から期待していなかったんだから/总之一开始就没抱

什么希望 zǒngzhī yì kāishǐ jiù méi bào shénme xīwàng

とっちめる 整治 zhěngzhì; 训斥 xùnchì (英 take... to task) ▶生意気な生徒を～/训斥骄傲的学生 xùnchì jiāo'ào de xuésheng

とっつき【取っ付き】 开头 kāitóu;《最初の》第一个 dìyī ge;《最初の印象》第一印象 dìyī yìnxiàng (英 the beginning) ▶～は難しくてもすぐに慣れるでしょう/万事开头难，很快就会习惯的 wànshì kāitóu nán, hěn kuài jiù huì xíguàn de ▶～の家/拐角第一个住房 guǎijiǎo dìyī ge zhùfáng ▶彼は～の悪い人だ/他给人的第一印象总不好 tā gěi rén de dìyī yìnxiàng zǒng bù hǎo ▶～にくい 不容易接近 bù róngyì jiējìn

とって【取っ手】 把手 bǎshǒu;《器物の》耳子 ěrzi;《ドアなどの》拉手 lāshǒu (英 a handle; a grip; a knob) ▶鍋の～/锅把儿 guōbǎr

-とって 对于 duìyú; 对…来说 duì…láishuō (英 to...; for...) ▶私に～/对于我来说 duìyú wǒ láishuō

とってい【突堤】 防波堤 fángbōdī (英 a jetty; a breakwater)

とっておき【取って置きの】 珍藏 zhēncáng (英 reserved; treasured) ▶彼は～のぶどう酒を出して来客をもてなした/他把珍藏的葡萄酒拿出来款待客人 tā bǎ zhēncáng de pútáojiǔ náchūlai kuǎndài kèrén ▶～の手を使う/使绝招儿 shǐ juézhāor

とっておく【取って置く】 保存 bǎocún; 留 liú (英 [保存] keep; save; [保留] reserve; [別にして] set aside) ▶彼のくれた手紙はみんな取って置いた/他的来信我都保存着 tā de láixìn wǒ dōu bǎocúnzhe ▶その金は家賃のために取って置いた/这些钱是留着交房租的 zhèxiē qián shì liúzhe jiāo fángzū de ▶座席を～/我给你留一个座位 wǒ gěi nǐ liú yí ge zuòwèi

とってかえす【取って返す】 返回 fǎnhuí (英 retrace one's steps) ▶忘れ物に気がつき事務所に取って返した/发现忘了东西，返回办公室去了 fāxiàn wàngle dōngxi, fǎnhuí bàngōngshì qù le

とってかわる【取って代わる】 接替 jiētì; 取而代之 qǔ ér dài zhī (英 take the place of...) ▶デジカメがフィルムカメラに取って代わった/数码相机取代了用胶卷的相机 shùmǎ xiàngjī qǔdàile yòng jiāojuǎn de xiàngjī

とってつけたよう【取って付けたよう】 不自然 bú zìrán; 假惺惺 jiǎxīngxīng (英 unnatural) ▶～な話/假惺惺的话 jiǎxīngxīng de huà ▶～に笑う/假惺惺地笑 jiǎxīngxīng de xiào; 皮笑肉不笑 pí xiào ròu bù xiào ▶～なお世辞を言う/不自然地奉承 bú zìrán de fēngcheng

-とっては 对…来说 duì…láishuō; 在…에 zài… (英 for...; to...; with...) ▶私に～何でもない/对我来说算不了什么 duì wǒ láishuō suànbuliǎo shénme ▶彼に～死活の問題である/对他来说是生死存亡的大问题 duì tā láishuō shì shēngwáng cúnwáng de dàwèntí

どっと《声·音》哄然 hōngrán;《人》蜂拥 fēngyōng;《病·疲れ》一下子 yíxiàzi (英 suddenly; all at once) ▶～なだれ込む/蜂拥而入 fēngyōng ér rù ▶乗ってくる/一拥而上 yì yōng ér shàng ▶その店にお客が～やって来た/这家店一下子同时来了很多顾客 zhè jiā diàn yíxiàzi tóngshí láile hěn duō gùkè ▶みんなが～笑い出す/大家哄堂大笑起来 dàjiā hōng táng dà xiàoqǐlai ▶～歓声をあげる/一时欢声四起 yīshí huānshēng sìqǐ ▶～汗が…出る/大汗淋漓 dàhàn línlí ▶～病の床につく/一下子病倒了 yíxiàzi bìngdǎo le

とつとつと【訥訥と】 讷讷 nènè; 结结巴巴 jiējiēbābā (英 (speak) slowly; falteringly) ▶～語る/说得很不流利 shuōde hěn bù liúlì; 结结巴巴地说 jiējiēbābā de shuō

とっとと 快 kuài; 赶快 gǎnkuài (英 hurriedly; at a brisk pace) ▶～失せろ/滚蛋 gǔndàn ▶～歩け/赶快走！gǎnkuài zǒu! ▶～辞めてしまえ/快点儿辞掉 kuàidiǎnr cídiào

とつにゅう【突入する】 冲入 chōngrù; 闯进 chuǎngjìn (英 dash in; break into...) ▶組合は全面ストに～/工会开始全面罢工 gōnghuì kāishǐ quánmiàn bàgōng ▶世界は戦争に～した/全世界爆发战争 quánshìjiè bàofā zhànzhēng ▶大気圏に再～する/再次冲进大气层 zàicì chōngjìn dàqìcéng

とっぱ【突破】 冲破 chōngpò; 突破 tūpò (英 break through) ▶会員数が100万人を～した/会员突破一百万人 huìyuán tūpò yìbǎi wàn rén ▶倒産の危機を～した/摆脱了破产的危机 bǎituōle pòchǎn de wēijī ▶彼の得票は3万を～した/他获得的选票超过了三万 tā huòdé de xuǎnpiào chāoguòle sānwàn ▶敵陣を～する/突破敌人的战线 tūpò dírén de zhànxiàn ▶赤信号を～する/闯红灯 chuǎng hóngdēng ▶難関を～する/突破难关 tūpò nánguān

◆～口 一口を开く/打开突破口 dǎkāi tūpòkǒu

とっぱつ【突発する】 突发 tūfā; 勃发 bófā (英 break out) ▶事件の多くは～的に起こるものだ/有很多事件是突发性的 yǒu hěn duō shìjiàn shì tūfāxìng de ▶それは全く～的なできごとであった/这完全是突发性的事件 zhè wánquán shì tūfāxìng de shìjiàn ▶妻が～性難聴に見舞われた/妻子患上了突发性听力困难 qīzi huànshàngle tūfāxìng tīnglì kùnnan

◆～事故 突发性事故 tūfāxìng shìgù

とっぱん【凸版】《印刷》凸版 tūbǎn (英 relief printing) ▶～印刷/凸版印刷 tūbǎn yìnshuā

とっぴ【突飛な】 离奇 líqí; 出人意料 chū rén yì liào (英 extravagant; extraordinary) ▶～な服装/奇装异服 qízhuāng yìfú ▶彼の～な言動にみんなが振り回される/大家都为他离奇的言行折腾够了 dàjiā dōu wèi tā líqí de yánxíng zhēteng gòu le ▶あんまり～な話だったので誰も本気にしなかった/因为这话太离谱，谁也没当真 yīnwèi zhè huà tài lípǔ, shéi yě méi dàngzhēn ▶～なことをする/干离奇的事儿 gàn líqí de shìr ▶～なアイディア/离奇的主意 líqí de zhǔyì

とっぴょうし【突拍子】 ～もない 异常 yìcháng; 失常 shīcháng ▶～もない大声をあげる/异常地大声喊叫 yìcháng de dàshēng hǎnjiào ▶～もない目にあう/奇特的遭遇 qítè de zāoyù ▶～もないできごと/奇特的事件 qítè de shìjiàn

トップ 第一名 dìyīmíng;（組織の）第一把手 dìyī bǎshǒu（英 the top）▶～に立つ/居于首位 jūyú shǒuwèi ▶～ギヤ/高速档 gāosùdàng ▶財界の～/財界巨头 cáijiè jùtóu ▶～を切る/一马当先 yī mǎ dāng xiān ▶～に躍り出る/独自领先 dúzì lǐngxiān ▶その馬は第3コーナーで～に立った/那匹马在第三圈儿开始领先 nà pǐ mǎ zài dìsān quānr kāishǐ lǐngxiān

◆～会談：首脑会谈 shǒunǎo huìtán; 峰会 fēnghuì ～記事 头条报导 tóutiáo bàodǎo ～クラス 第一流 dìyīliú ～ページ 首页 shǒuyè

とっぷう【突風】 疾风 jífēng; 突发的暴风 tūfā de bàofēng（英 a gust of wind）▶局地的にひょうを伴った～が発生した/部分地区刮起了带着冰雹的强风 bùfen dìqū guāqǐle dàizhe bīngbáo de qiángfēng ▶台風並みの～に見舞われる/遭受到台风级的强风袭击 zāoshòudào táifēngjí de qiángfēng xíjī

とっぷり（英 completely; entirely）▶日は～と暮れていた/天已全黑了 tiān yǐ quán hēi le

どっぷり（つける）蘸饱 zhànbǎo;（つかる）浸泡 jìnpào（英 tottaly）▶墨を～とつけた筆/蘸饱墨汁的毛笔 zhànbǎo mòzhī de máobǐ ▶湯船に～つかる/泡在澡盆里 pāozài zǎopénli ▶思い出に～ひたる/沉浸于回忆中 chénjìnyú huíyìzhōng

とつべん【訥弁】 嘴笨 zuǐbèn;讷讷而言 nènè ér yán（英 slowness of speech）▶～がかえって人の心をうつ/嘴笨却感人 zuǐbèn què gǎnrén

とつめんきょう【凸面鏡】 凸面镜 tūmiànjìng（英 a convex mirror）

とつレンズ【凸レンズ】 凸透镜 tūtòujìng; 凸镜 tūjìng（英 a convex lens）

どて【土手】 堤防 dīfáng; 堤坝 dībà（英 a bank）▶荒川沿いの～道を歩く/走在荒川河畔的堤坝上 zǒu zài Huāngchuān hépàn de dībàshang

とてい【徒弟】 徒弟 túdì（英 an apprentice）▶～制度/（师傅带徒弟的）见习制度（shīfu dài túdì de）jiànxí zhìdù

とても ❶【非常に】很 hěn; 挺 tǐng（英 very; quite）▶彼は私に～親切だった/他对我很热情 tā duì wǒ hěn rèqíng ▶その赤ん坊は～かわいらしい/那个婴儿特别可爱 nàge yīng'ér tèbié kě'ài ❷【どうしても…ない】（否定文で）根本 gēnběn; 无论如何 wúlùn rúhé（英 not... possibly; not... at all）▶～じゃないがそんな高価なものは買えない/无论如何也买不起那么贵的东西 wúlùn rúhé yě mǎibuqǐ nàme guì de dōngxi ▶器材さで

は彼は兄さんには～及ばない/要论手巧，他根本比不上他哥哥 yào lùn shǒuqiǎo, tā gēnběn bǐbushàng tā gēge ▶そんな物は～この世にありえない/这种东西在地球上根本不可能存在 zhè zhǒng dōngxi zài dìqiúshang gēnběn bùkěnéng cúnzài ▶～そんな大金は持っていない/根本没有那么多钱 gēnběn méiyǒu nàme duō qián

ととう【徒党】 党徒 dǎngtú（英 a faction; a clique）▶～を組む/拉帮结伙 lābāng jiéhuǒ

どとう【怒濤】 怒涛 nùtāo; 惊涛骇浪 jīng tāo hài làng（英 angry waves; a high sea）▶人々が～のように押し寄せる/人群像愤怒的潮水一样涌来 rénqún xiàng fènnù de cháoshuǐ yíyàng yǒnglái

とどく【届く】 ❶【手紙・荷物など】寄到 jìdào（英 reach; arrive）▶手紙が～/收到信件 shōudào xìnjiàn ▶毎日迷惑メールが多数～/每天收到很多垃圾邮件 měitiān shōudào hěn duō lājī yóujiàn ▶宅配便は届きましたか/快递寄到了吗？kuàidì jìdào le ma? ▶手紙が～のに何週間もかかる場合がある/有时候信要好几个星期才能寄到 yǒushíhòu xìn yàohǎo jǐ ge xīngqī cái néng jìdào ❷【達する】够得着 gòudezháo; 到达 dàodá（英 reach;［願いなどが］be realized）▶川が深くて足が底に届かなかった/河很深脚够不着底儿 hé hěn shēn jiǎo gòubuzháo dǐr ▶すが床まで～ガウン/衣摆拖到地板上的长袍 yībǎi tuōdào dìbǎnshang de zhǎngpáo ▶私の願いは届かなかった/我的祈望没有灵验 wǒ de qíwàng méiyǒu língyàn

手が～ 手够得着 shǒu gòudezháo ▶彼はその本をすぐ手の～所に置いた/他把那书放在一伸手就能够得着的地方 tā bǎ nà shū fàngzài yī shēnshǒu jiù néng gòudezháo de dìfang ▶彼はもうすぐ70歳に手が～/他已经快到七十岁了 tā yǐjīng kuàidào qīshí suì le ▶その値段ではとても手が届かない/那个价钱我望尘莫及 nàge jiàqian wǒ wàng chén mò jí

とどけ【届】 申请 shēnqǐng; 登记 dēngjì（英 a report; a notice）▶～を出す/提出报告 tíchū bàogào; 提出申请 tíchū shēnqǐng; 发出通知 fāchū tōngzhī ▶病欠～を出す/交病假条儿 jiāo bìngjiàtiáor ▶盗難～を出す/报案 bào'àn

◆欠席～：请假条儿 qǐngjiàtiáor 亡届～：死亡登记 sǐwáng dēngjì

とどけさき【届け先】 收件人 shōujiànrén（英 the receiver's address）

とどける【届ける】 ❶【送る】送 sòng; 送交 sòngjiāo（英 send; deliver）▶被災地に救援物資を～/把援救物资送往受灾地区 bǎ yuánjiù wùzī sòngwǎng shòuzāi dìqū ▶ビールを1ケース届けて下さい/请送一箱啤酒来 qǐng sòng yì xiāng píjiǔ lái ❷【申告する】报告 bàogào（英 report; notify）▶警察に～/报告警察 bàogào jǐngchá ▶拾った金を警察に～/把拣到的钱交给警察 bǎ jiǎndào de qián jiāogěi jǐngchá

とどこおり【滞り】 ❶【未払額】拖欠 tuōqiàn (英 arrears; arrearage) ▶家賃の〜が3万円ある/房租拖欠金额为三万日元 fángzū tuōqiàn jīn'é wéi sānwàn Rìyuán ▶彼はいつも支払を〜なく済ませる/他从不拖欠按期付清 cóngbù tuōqiàn ànqī fùqīng ❷【支障】拖延 tuōyán; 停滞 tíngzhì (英 delay; stagnation) ▶業務に〜をきたす/业务出现延误 yèwù chūxiàn yánwù ▶我々は旅行を〜なく終えた/我们的旅行平安无事地结束了 wǒmen de lǚxíng píng ān wú shì de jiéshù le ▶式が〜なく済んだ/仪式顺利结束 yíshì shùnlì jiéshù

とどこおる【滞る】 ❶【支払いが】拖欠 tuōqiàn (英 be in arrears) ▶彼は家賃が3か月間滞っている/他拖欠了三个月的房租 tā tuōqiànle sān ge yuè de fángzū ❷【物事が】迟滞 chízhì; 延误 yánwù (英 be delayed; stagnate) ▶商品の流通が〜/商品流通出现停滞 shāngpǐn liútōng chūxiàn tíngzhì ▶仕事が滞っている/工作出现延误 gōngzuò chūxiàn yánwù ▶滞った仕事をかたづける/处理积累下来的工作 chǔlǐ jīléixiàlai de gōngzuò

ととのう【整う】 整齐 zhěngqí; 端正 duānzhèng; (准備が) 齐全 qíquán [用意が] be prepared; [整頓] be in good order) ▶食事の用意が〜/饭准备好了 fàn zhǔnbèihǎo le ▶整った歯並び/排列整齐的牙齿 páiliè zhěngqí de yáchǐ ▶準備はすべて整った/准备齐全 zhǔnbèi qíquán ▶整った顔立ちをしている/五官端正 wǔguān duānzhèng ▶整った文章を書く/书写严谨的文章 shūxiě yánjǐn de wénzhāng

ととのえる【整える】 ❶【準備】准备 zhǔnbèi (英 prepare) ▶夕食を〜/准备晚饭 zhǔnbèi wǎnfàn ▶旅支度を〜/备齐行李 bèiqí xíngli ❷【整頓·調整】整顿 zhěngdùn; 调整 tiáozhěng; 整理 zhěnglǐ (英 put...in order; regulate) ▶身だしなみを〜/整理衣着 zhěnglǐ yīzhuó ▶ホルモンバランスを〜/调整荷尔蒙的平衡 tiáozhěng hé'ěrméng de pínghéng ▶胃腸の調子を〜レシピ/调剂肠胃的菜单 tiáojì chángwèi de càidān ◆コンディションを〜/调节(身体)状态 tiáojié(shēntǐ) zhuàngtài ❸【まとめる】谈妥 tántuǒ; 商妥 shāngtuǒ (英 settle; arrange) ▶縁談を〜/谈成婚事 tánchéng hūnshì

とどのつまり 归根到底 guī gēn dào dǐ; 结果 jiéguǒ (英 after all; finally) ▶〜はリストラさ れ/结果被裁员了 jiéguǒ bèi cáiyuán le

とどまる【止まる・留まる】 停留 tíngliú; 待 dāi; (ある範囲に) 止 zhǐ (英 stop; stay) ▶退職の時期がすでにきていたが、〜よう要請された/已经到了退职的年龄，可是对方要求我留下来 yǐjing dàole tuìzhí de niánlíng, kěshì duìfāng yāoqiú wǒ liúxiàlai ▶もう3日も宿に留まっている/在旅馆已经待了三天了 zài lǚguǎn yǐjing dāile sān tiān le ▶…に止まらない 不止 bùzhǐ; 不仅 bùjǐn ▶一千万円に止まらない/不止一千万日元 bùzhǐ yīqiānwàn Rìyuán ▶彼の天才は音楽の世界に止まらなかった/他天赋的才华不仅仅局限于音乐的领域 tā tiānfù de cáihuá bùjǐnjǐn júxiànyú yīnyuè de lǐngyù ▶責任を負うのは彼一人に止まらない/负有责任的不只他一个人 fù yǒu zérèn de bùzhǐ tā yí ge rén

とどめ【止め】 最后一击 zuìhòu yìjī (英 a finishing stroke) ▶最後の〜/最后的致命打击 zuìhòu de zhìmìng dǎjī ▶〜を刺す 制人于死地 zhìrényú sǐdì ▶首相は一族の脱税問題で〜を刺された/首相因为家属偷税问题受到致命的打击 shǒuxiàng yīnwèi jiāshǔ tōushuì wèntí shòudào zhìmìng de dǎjī

とどめる【止める・留める】 留下 liúxià; 保留 bǎoliú; (ある範囲に) 止于 zhǐyú (英 stop; leave) ▶被害を最小限に〜/把灾害控制在最小范围 bǎ zāihài kòngzhì zài zuìxiǎo fànwéi ▶ふるさとは昔の面影を少しも留めていなかった/故乡丝毫也没有保留往昔的面貌 gùxiāng sīháo yě méiyǒu bǎoliú wǎngxī de miànmào ▶今日の勉強は第1章だけに止めましょう/今天的课就学到第一章吧 jīntiān de kè jiù xuédào dìyīzhāng ba ▶我々はしばしそこに足を留めた/我们常在那儿停留 wǒmen cháng zài nàr tíngliú

とどろかせる【轟かせる】 轰鸣 hōngmíng (英 be roared) ▶名を天下に〜/名震天下 míng zhèn tiānxià ▶航空機が爆音を轟かせて飛び立つ/飞机发出轰鸣起飞 fēijī fāchū hōngmíng qǐfēi ▶子供の頃は期待に胸を轟かせて映画館に入ったものだ/小时候去电影院，那真是满怀期待，兴奋心跳啊 xiǎoshíhou qù diànyǐngyuàn, nà zhēn shì mǎnhuái qīdài, xīngfèn xīntiào a

とどろく【轟く】 轰鸣 hōngmíng; 轰响 hōngxiǎng (英 roar; roll; boom) ▶突然銃声が轟いた/突然枪声轰鸣 tūrán qiāngshēng hōngmíng ▶遠くで雷鳴が轟いているのが聞えた/远处传来阵阵雷鸣 yuǎnchù chuánlái zhènzhèn léimíng ▶名声天下に〜/名震四海 míng zhèn sìhǎi

トナー 墨粉 mòfěn (英 a toner) ▶〜カートリッジ/墨粉盒 mòfěnhé

ドナー [医] 捐献者 juānxiànzhě; 提供(器官)者 tígōng(qìguān)zhě (英 a donor)

となえる【唱える】 提倡 tíchàng; 主张 zhǔzhāng; (お経などを) 念 niàn; 诵 sòng (英 recite; chant; shout) ▶念仏を〜/念佛 niànfó ▶いまどき天動説を〜とは変な人だ/现如今还主张"天动论"，真是个怪人 xiànrújīn hái zhǔzhāng "tiān dòng lùn", zhēn shì ge guàirén ▶その法案には多くの人が異議を唱えている/对于那项法案很多人提出异议 duìyú nà xiàng fǎ'àn hěn duō rén tíchū yìyì ▶目を閉じて呪文を〜/合上眼睛念咒文 héshàng yǎnjīng niàn zhòuwén ▶万歳を〜/欢呼万岁 huānhū wànsuì

トナカイ【動物】 驯鹿 xùnlù (英 a reindeer) ▶〜を飼育する/饲养驯鹿 sìyǎng xùnlù

どなた 哪位 nǎ wèi; 谁 shéi (英 who) ▶〜でも応募できます/谁都可以报名 shéi dōu kěyǐ bàomíng ▶～ですか/您贵姓？ nín guì xìng?；您是哪位？ nín shì nǎ wèi?；谁啊？ shéi a? ▶～でしたっけ/您是……？ nín shì……? ▶玄関に～か見えました/门口来人了 ménkǒu lái rén le

どなべ【土鍋】 沙锅 shāguō (英 *an earthen pot*)

となり【隣り】 邻居 línjū；隔壁 gébì (英 *next-door; neighboring*) ▶～近所/邻居 línjū；左邻右舍 zuǒ lín yòu shè ▶～の部屋/隔壁房间 gébì fángjiān ▶～の席/旁边的坐位 pángbiān de zuòwèi ▶車内で～の女の子が化粧を始めた/车里坐在邻座的女孩儿开始化起妆来 chēli zuòzài línzuò de nǚhái'r kāishǐ huàqǐ zhuāng lái ▶両親と～合わせに住む/住在父母隔壁 zhùzài fùmǔ gébì ▶彼は死と～合わせに住んでいる/他在和死神打交道 tā zài hé sǐshén dǎ jiāodao ▶1軒おいて～に住む/我住在他家旁边儿的旁边儿 wǒ zhùzài tā jiā pángbiānr de pángbiānr ▶右～の家/右边儿的邻居 yòubiānr de línjū ▶～町/邻镇 línzhèn

となりあう【隣り合う】 邻近 línjìn；相邻 xiānglín；紧接 jǐnjiē (英 *adjoin each other*) ▶先輩と～に隣り合って座る/我跟学长并排坐在柜台前 wǒ gēn xuézhǎng bìngpái zuòzài guìtáiqián ▶夫婦が隣り合ってパソコンに向かっている/夫妇俩并排面对着电脑 fūfù liǎ bìngpái miànduìzhe diànnǎo

どなりつける【怒鳴りつける】 大声训斥 dàshēng xùnchì；破口大骂 pò kǒu dà mà (英 *scold*) ▶親父は子供たちの話を聞かず一方的に～/父亲不由孩子分说，大声地训斥 fùqīn bù yóu háizi fēnshuō, dàshēng de xùnchì

どなる【怒鳴る】 大声喊叫 dàshēng hǎnjiào；骂 mà (英 *cry out; shout*) ▶怒鳴っても無駄です/骂也没用 mà yě méiyòng ▶人前で怒鳴り散らすのはみっともない/当着别人的面儿破口大骂太不体面了 dāngzhe biérén de miànr pò kǒu dà mà tài bù tǐmiàn le ▶息子をいじめた男の子の家に怒鳴り込む/到欺负自己儿子的男孩儿家去大吵大闹 dào qīfu zìjǐ érzi de nánháir jiā qù dà chǎo dà nào

とにかく 反正 fǎnzheng；总之 zǒngzhī；（……は別として）暂且不论 zànqiě búlùn (英 *anyway*) ▶～俺は行かないよ/总之我不去 zǒngzhī wǒ bú qù ▶兄は～、親が反対なんだ/哥哥且不管，父母是不赞成的 gēge qiě bùguǎn, fùmǔ shì bú zànchéng de

どの 哪 nǎ；哪个 nǎge (英 *which; what*) ▶～噂が本当なのか/哪个消息可靠呢？ nǎge xiāoxi kěkào ne? ▶～本を最初に読みましたか/你最先看的是哪一本书？ nǐ zuìxiān kàn de shì nǎ yì běn shū? ▶それは～店でも買えます/那个东西哪个店里都买得到 nàge dōngxi nǎge diànlǐ dōu mǎidedào ▶～道を行っても同じ所へ出る/哪条路就通往一个地方 nǎ tiáo lù dōu tōngwǎng yí ge dìfang；殊途同归 shū tú tóng guī

どのう【土嚢】 沙袋 shādài ▶～を積み上げる/堆积沙袋 duījī shādài ▶～で洪水を防ぐ/用沙袋防洪 yòng shādài fánghóng

どのくらい【どの位】 多少 duōshao（[时间] *how long*；[距離] *how far*；[数] *how many*；[量] *how much*）▶日本に来てから～になりますか/你来日本多长时间了？ nǐ lái Rìběn duō cháng shíjiān le? ▶ここから東京まで～ありますか/从这儿到东京有多远？ cóng zhèr dào Dōngjīng yǒu duō yuǎn? ▶～の大きさ[広さ]ですか/有多大宽 yǒu duō dà kuān？ ▶あなたの身長は～ですか/你有多高？ nǐ yǒu duō gāo? ▶手術後の痛みは～続きますか/手术后的疼痛会持续多长时间？ shǒushùhòu de téngtòng huì chíxù duō cháng shíjiān?

とのさま【殿様】 王侯 wánghóu (英 *a feudal lord*) ▶～のように暮らす/像王侯一样地生活 xiàng wánghóu yíyàng de shēnghuó ◆～ガエル：牛蛙 niúwā

どのへん【どの辺】 哪边 nǎbiān (英 *where*) ▶神田の～にお住まいですか/你住在神田的什么地方？ nǐ zhùzài Shéntián de shénme dìfang? ▶胃の～が痛いのですか/胃的什么部位疼？ wèi de shénme bùwèi téng? ▶～で折り合うべきかを考える/考虑应该在什么程度上妥协 kǎolǜ yīnggāi zài shénme chéngdùshang tuǒxié

どのみち【どの道】 反正 fǎnzheng (英 *anyhow; anyway*) ▶～やらなければならない/反正非做不可 fǎnzheng fēi zuò bùkě ▶僕の意見など～たいしたことはなかろう/反正我的意见也算不了什么 fǎnzheng wǒ de yìjiàn yě suànbuliǎo shénme

どのよう【どの様な】 怎么样 zěnmeyàng；什么样 shénmeyàng (英 *what kind of ...*) ▶～な国ですか/日本是个什么样的国家？ Rìběn shì ge shénmeyàng de guójiā? ▶国家予算は～に決まるのですか/国家预算是怎么决定的？ guójiā yùsuàn shì zěnme juédìng de?

-とは ▶彼が医学博士だ～信じられない/说他是医学博士，真难以置信 shuō tā shì yīxué bóshì, zhēn nán yǐ zhì xìn ▶ここから品川まで30分～かからない/从这儿去品川用不了三十分钟 cóng zhèr qù Pǐnchuān yòngbuliǎo sānshí fēnzhōng

トパーズ 黄玉 huángyù (英 *a topaz*)

-とはいえ 虽然…但是 suīrán…dànshì；虽说这样 suīshuō zhèyàng (英 *however; nevertheless*) ▶夏～高原は涼しい/虽说是夏天高原上还很凉快 suīshuō shì xiàtiān gāoyuánshang hái hěn liángkuai ▶老齢～まだ元気旺盛だ/虽说上了年纪却还很精神 suīshuō shàngle niánjì què hái hěn jīngshen ▶～、不注意だったことには間違いがない/（话虽这么说，)他确实是有疏忽大意的地方（huà suī zhème shuō,) tā quèshí shì yǒu shūhu dàyì de dìfang ▶～、休むほどのことでもない/虽然如此，还用不着休息 suīrán rúcǐ, hái yòngbuzháo xiūxi

とばく【賭博】 赌博 dǔbó (英 *gambling; gaming*) ▶さいころ～/掷色子赌博 zhì shǎizi dǔbó

▶～で財を失う/因为赌博失去财产 yīnwèi dǔbó shīqù cáichǎn ▶～でもうけた金/靠赌博赚的钱 kào dǔbó zhuàn de qián ▶～行为で逮捕される/因赌博被捕 yīn dǔbó bèibǔ
◆～場/赌场 dǔchǎng

とばす【飛ばす】 ❶【空中に】 放 fàng; 射 shè (英 *let fly; send flying*）▶風船を～/放气球 fàng qìqiú ▶ミサイルを～/发射导弹 fāshè dǎodàn ▶《球を打って》遠くへ～/打得很远 dǎde hěn yuǎn ▶唾を飛ばして話す/吐沫横飞地说 tǔmò héngfēi de shuō ▶鳩を～/放飞鸽子 fàngfēi gēzi ▶帽子を風に吹き飛ばされる/帽子被风刮掉了 màozi bèi fēng guādiào le
❷【間を省略する】 跳过 tiàoguò (英 *skip; omit*) ▶ページを～/跳着页看书 tiàozhe yè kànshū
❸【走らせる】(英 *hurry; hasten*) ▶時速130キロで飛ばしていた/以每小时一百三十公里的速度飙车 yǐ měi xiǎoshí yìbǎi sānshí gōnglǐ de sùdù biāochē
❹【その他】▶デマを～/散布谣言 sànbù yáoyán ▶きたない野次を～のは止めましょう/不要喝不文明的倒彩 búyào hē bù wénmíng de dàocǎi ▶支店に飛ばされた/被调到分店 bèi diàodào fēndiàn

どはつ【怒髪】
ことわざ 怒髪天を衝く 怒发冲冠 nù fà chōng guān

とばっちり 连累 liánlèi; 牵连 qiānlián (英 *a by-blow*) ▶とんだ～を食った/受到意想不到的牵连 shòudào yìxiǎngbudào de qiānlián

とばり【帳】 帐子 zhàngzi (英 *a curtain*) ▶夜の～が下りる/夜幕降临 yèmù jiànglín

トビ【鳶】 ❶【鳥】老鹰 lǎoyīng, 鸢 yuān (英 *a black-eared kite*) ❷【鳶職】架子工 jiàzigōng (英 *a construction worker*)
ことわざ 鳶が鷹を生む 歹竹出好笋 dǎizhú chū hǎosǔn; 子胜于父 zǐ shèngyú fù
ことわざ 鳶に油揚げをさらわれる 到手的宝贝被人夺走 dàoshǒu de bǎobèi bèi rén duózǒu; 到嘴的鸭子又飞了 dào zuǐ de yāzi yòu fēi le

とびあがる【跳び上がる・飛び上がる】 跳起 tiàoqǐ; 飞起 fēiqǐ; 飞上 fēishang〔空に〕*fly up; soar*;〔驚いて〕*leap to one's feet*) ▶跳び上がって喜ぶ/惊喜 jīngxǐ; 高兴得跳起来 gāoxìngde tiàoqǐlái ▶一匹の鱼が川面から跳び上がった/一条鱼跳出水面 yì tiáo yú tiàochū shuǐmiàn ▶その知らせを聞いて跳び上がって喜んだ/听到那个通知高兴得跳了起来 tīngdào nàge tōngzhī gāoxìngde tiàoleqǐlai ▶屋根から空に～/从屋顶上飞上天空 cóng wūdǐngshang fēishàng tiānkōng ▶雀が屋根に～/一只麻雀飞到屋顶上 yì zhī máquè fēidào wūdǐngshang

とびいし【飛び石】 踏脚石 tàjiǎoshí (英 *a stepping stone*) ▶～伝いに川を渡る/踏着石头过河 tàzhe shítou guòhé
◆～連休/连不成串的休假日 lián bù chéngchuàn de xiūjiàrì

とびいた【飛び板】 跳板 tiàobǎn (英 *a springboard*)
◆～飛び込み/跳板跳水 tiàobǎn tiàoshuǐ

とびいり【飛び入りする】 临时参加 línshí cānjiā (英 *participate from the outside*) ▶民谣大会に～参加して優勝した/临时参加民歌比赛得了冠军 línshí cānjiā mínggē bǐsài déle guànjūn ▶～自由の競技/可以自由参加的比赛 kěyǐ zìyóu cānjiā de bǐsài

とびいろ【鳶色】 棕色 zōngsè; 茶褐色 cháhèsè (英 *brown; auburn*)

トビウオ【飛魚】【魚】飞鱼 fēiyú (英 *a flying fish*)

とびうつる【飛び移る】 飞到别处去 fēidào biéchù qù (英 *jump to...; fly to...*) ▶猿が枝から枝へ～/猴子在树枝间跳来跳去 hóuzi zài shùzhī jiān tiàoláí tiàoqù ▶蜜蜂が花から花へ～/蜜蜂在花丛中飞来飞去 mìfēng zài huācóngzhōng fēilái fēiqù

とびおきる【飛び起きる】 跳起来 tiàoqǐlai (英 *start up*;〔寝床から〕*jump out of bed*) ▶ベッドから飛び起きた/从床上跳起来 cóng chuángshang tiàoqǐlai

とびおりる【飛び降りる】 跳下 tiàoxià (英 *jump down*) ▶車から～/从车上跳下去 cóng chēshang tiàoxiàqu ▶窓から～/从窗口跳下去 cóng chuāngkǒu tiàoxiàqu ▶飛び降り自殺をする/跳楼自杀 tiàolóu zìshā

とびかかる【飛び掛かる】 扑过去 pūguòqu (英 *leap on...; fly at...*) ▶大きな犬が子供に飛び掛かった/大狗向孩子扑过去 dàgǒu xiàng háizi pūguòqu

とびきゅう【飛び級する】 跳级 tiàojí (英 *skip*)

とびきり【飛び切り】 格外 géwài; 特别 tèbié (英 *extraordinarily; exceptionally*) ▶～の上等品/出类拔萃的高级货 chū lèi bá cuì de gāojíhuò ▶～おいしいごちそう/美育珍馐 měiyáo zhēnxiū

とびこす【飛び越す】 跳过 tiàoguò; 飞过 fēiguò (英 *jump over...*) ▶溝を～/跳过沟坎 tiàoguò gōukǎn

とびこみ【飛び込み】 跳水 tiàoshuǐ (英 *a plunge; a dive*) ▶～台/跳台 tiàotái

とびこむ【飛び込む】 跳进 tiàojìn (英 *jump in; take a plunge into...*) ▶列車に～/跳到列车下边儿〔自殺〕/tiàodào lièchē xiàbiānr〔zìshā〕▶ベッドに飛び込んで寝る/倒在床上睡觉 dàozài chuángshang shuìjiào ▶ボートレースに優勝してクルーは川に飛び込んで喜んだ/赛艇获得冠军，水手们高兴得跳进河里 sàitǐng huòdé guànjūn, shuǐshǒumen gāoxìngde tiàojìn héli

とびだす【飛び出す】 跑出 pǎochū; 冲出 chōngchū;〔競走で〕领先 lǐngxiān (英 *fly out*;〔急いで出る〕*run out*) ▶ライオンが檻から飛び出した/狮子冲出笼子 shīzi chōngchū lóngzi ▶彼は怒って部屋から飛び出した/他生气地跑出房间 tā shēngqì de pǎochū fángjiān ▶18歳の時

とびたつ　両親と喧嘩して家を飛び出した/十八岁那年跟父母吵架离家出走 shíbā suì nà nián gēn fùmǔ chǎojià lí jiā chūzǒu ▶《マラソンで》先頭集団から～/冲出第一梯队独自领先 chōngchū dìyī tīduì dúzì lǐngxiān

とびたつ【飛び立つ】 起飞 qǐfēi; 起上 qǐshàng （英）[飛行機が] take off;[鳥などが] fly away) ▶つばめが巣から～/燕子脱巢而出 yànzi tuō cháo ér chū

とびち【飛び地】 飞地 fēidì （英 an enclave; an exclave)

とびちる【飛び散る】 迸 bèng、溅 jiàn; 飞散 fēisàn （英 fly about; scatter) ▶火花が～/火星儿乱迸 huǒxīngr luànbèng ▶彼は～ガラスで怪我をした/他被飞散的玻璃碴儿刺伤了 tā bèi fēisàn de bōli chár cìshāng le

とびつく【飛び付く】 扑过去 pūguòqu;《受け入れる》接受 jiēshòu （英 jump at...) ▶犬がボールに～/狗向球扑过去 gǒu xiàng qiú pūguòqu ▶最新の流行に～な/别去追赶最新潮的时尚 bié qù zhuīgǎn zuìxīncháo de shíshàng ▶安いだけでは消費者は飛び付かない/光靠便宜可吸引不来顾客 guāng kào piányi kě xīyǐn bù lái gùkè ▶先方の申し出に～/（热情地）接受了对方的建议 (rèqíng de)jiēshòule duìfāng de jiànyì

トピック 话题 huàtí; 简讯 jiǎnxùn （英 a topic; a subject)

とびでる【飛び出る】 飞出 fēichū; 跑出 pǎochū;(せり出す) 突出 tūchū （英 protrude; project) ▶目玉が～ほど高い値段/令人吃惊的高价 lìng rén chījīng de gāojià

とびとび【飛び飛びに】 跳着 tiàozhe;（あちこち）分散 fēnsàn （英 here and there; [間を置いて] at intervals) ▶～に読む/跳着阅读 tiàozhe yuèdú

とびぬけた【飛び抜けた】 卓越 zhuóyuè; 杰出 jiéchū; 出众 chūzhòng （英 outstanding) ▶絵画に～才能を持つ少年/具备出众的绘画才能的少年 jùbèi chūzhòng de huìhuà cáinéng de shàonián ▶飛び抜けてすばらしい人物/杰出的人物 jiéchū de rénwù

とびのく【飛び退く】 跳开 tiàokāi; 闪开 shǎnkāi （英 jump back; [わきへ] jump aside) ▶目の前に蛇が出てきたのであわてて飛び退いた/眼前窜出来一条蛇，吓得我慌忙往后一跳 yǎnqián cuànchūlai yì tiáo shé, xiàde wǒ huāngmáng wǎnghòu yí tiào

とびのる【飛び乗る】 跳上 tiàoshàng （英 [車に] board) ▶バスに～/跳上公交车 tiàoshàng gōngjiāochē

とびばこ【跳び箱】 跳箱 tiàoxiāng （英 a vaulting horse)

とびはねる【飛び跳ねる】 又蹦又跳 yòu bèng yòu tiào; 跳着玩儿 tiàozhe wánr （英 jump up and down) ▶子供たちが元気に～/孩子们精神饱满地又蹦又跳 háizimen jīngshen bǎomǎn de yòu bèng yòu tiào ▶フライパンの上でゴマが～/平底锅上被烤热的芝麻蹦来蹦去 píngdǐguōshang bèi kǎo rè de zhīma bènglái bèngqù

とびび【飛び火する】 延烧 yánshāo;（事件など）波及 bōjí;殃及 yāngjí （英 leap across...) ▶山火事が湖岸の別荘地に～した/山火映及湖边的别墅地区 shānhuǒ yāngjí húbiān de biéshù dìqū ▶事件は政府官僚の幾人にも～した/事件牵涉到几名政府官吏 shìjiàn qiānshè dào jǐ míng zhèngfǔ guānlì

とびまわる【飛び回る・跳び回る】 到处跑 dàochù pǎo; 蹿跳 cuāntiào （英 fly; [はね回る] jump around) ▶各地を～/东奔西走 dōng bēn xī zǒu ▶生徒たちが校庭を跳び回っている/学生们在校园里跑来跑去 xuéshengmen zài xiàoyuánli pǎolái pǎoqù ▶資金繰りのためあちこち飛び回っている/为了筹集资金东奔西走 wèile chóují zījīn dōng bēn xī zǒu ▶世界を飛び回って仕事をする実業家/奔忙于世界各地的实业家 bēnmángyú shìjiè gèdì de shíyèjiā

どひょう【土俵】 相扑场 xiāngpūchǎng （英 the sumo ring) ▶～に上がる/进入相扑场 jìnrù xiāngpūchǎng ▶～ぎわに追い詰められる/被逼到紧要关头 bèi bīdào jǐnyào guāntóu ▶彼とは同じ～で勝負したい/想和他在同一条件下 xiǎng hé tā zài tóngyī tiáojiànxià

～を割る 被角逐出相扑场 bèi juézhúchū xiāngpūchǎng;（比喩）被挤垮 bèi jǐkuǎ

とびら【扉】 ❶《ドアなど》门扇 ménshàn; 门扉 ménfēi （英 a door) ▶新しい時代の～を開ける/打开新时代的大门 dǎkāi xīnshídài de dàmén

❷《書物の》扉页 fēiyè （英 the title page)

どびん【土瓶】 陶制水壶 táozhì shuǐhú （英 an earthen teapot)

とぶ【飛ぶ】 飞 fēi; 飞翔 fēixiáng （英 fly; soar; flutter; hover) ▶～ように売れる/畅销 chàngxiāo ▶新しいケータイ機が～ように売れた/新的游戏机卖得很火 xīn de yóuxìjī màide hěn huǒ ▶パリに～/飞往巴黎 fēiwǎng Bālí ▶ハンググライダーで空を～/(悬挂式)滑翔机在天空飞翔 (xuánguàshì)huáxiángjī zài tiānkōng fēixiáng ▶飛べない鳥/(驼鸟など)不会飞的鸟 búhuì fēi de niǎo ▶飛んできた破片で怪我をする/被飞来的碎片刺伤 bèi fēilái de suìpiàn cìshāng ▶風で新聞が飛ばされた/报纸被风刮飞了 bàozhǐ bèi fēng guā fēi le ▶家に飛んで帰る/飞跑回家 fēipǎo huí jiā ▶第一報を受けて現場に飛んでいく/一接到消息就赶到现场 yì jiēdào xiāoxi jiù gǎndào xiànchǎng

ことわざ 飛んで火に入る夏の虫　飞蛾扑火，自取灭亡 fēi'é pū huǒ, zìqǔ mièwáng; 自投罗网 zì tóu luówǎng

とぶ【跳ぶ】 跳 tiào; 蹿 cuān （英 jump; leap) ▶ページが～/跳页 tiàoyè ▶もっと高く跳べ/再跳得高一点儿 zài tiàode gāo yìdiǎnr ▶プールのなかでぴょんぴょん～/在游泳池里跳跃 zài yóuyǒngchíli tiàoyuè ▶走り高跳びで2メートル～/助跑跳高两米 zhùpǎo tiàogāo liǎng mǐ

どぶ【溝】 污水沟 wūshuǐgōu; 阳沟 yánggōu (英 *a ditch; a drain*) ▶～川／污水沟 wūshuǐgōu ▶～をさらう／清扫排水渠 qīngsǎo páishuǐqú; 淘沟 táo gōu ▶それではまるで金をどぶに捨てるみたいだ／这简直就是用金钱打水漂 zhè jiǎnzhí jiùshì yòng jīnqián dǎ shuǐpiāo
♦～板 排水沟的盖儿 páishuǐgōu de gàir ～ねずみ 水沟里的老鼠 shuǐgōuli de lǎoshǔ

どぶん 扑通 pūtōng (英 *with a plop*) ▶～と水に落ちる／扑通一声掉进水里 pūtōng yì shēng diàojìn shuǐli

とほ【徒歩で】 徒步 túbù (英 *on foot*) ▶～で行く／步行 bùxíng ▶新宿駅南口から～5分で来る／从新宿车站南口走五分钟就到 cóng Xīnsù chēzhàn nánkǒu zǒu wǔ fēnzhōng jiù dào ▶～旅行をする／徒步旅行 túbù lǚxíng

とほう【途方】
～に暮れる 日暮途穷 rì mù tú qióng; 走投无路 zǒu tóu wú lù ▶終電車に乗り遅れ～に暮れた／没赶上末班车, 走投无路 méi gǎnshàng mòbānchē, zǒu tóu wú lù ▶どこに相談していいのか分からず～に暮れた／求助无门, 感到绝望 qiúzhù wú mén, gǎndào juéwàng
～もない 出奇 chūqí; 惊人 jīngrén ▶彼は～もない計画をたてた／他作了一个惊人的计划 tā zuòle yí ge jīngrén de jìhuà ▶～もない嘘つき／彻头彻尾的骗子 chè tóu chè wěi de piànzi ▶～もない要求／梦话似的要求 mènghuà shìde yāoqiú ▶～もない間違い／天大的错误 tiāndà de cuòwù ▶～もなく高い値段／吓死人的高价 xiàsǐ rén de gāojià ▶彼は～もなく料理が上手だ／他是一个出类拔萃的烹调名手 tā shì yí ge chū lèi bá cuì de pēngtiáo míngshǒu

どぼく【土木】 土木 tǔmù (英 *public works*)
♦～技師 土木工程师 tǔmù gōngchéngshī ～工学 土木工程学 tǔmù gōngchéngxué ～工事 土木工程 tǔmù gōngchéng ～作業員 建设工人 jiànshè gōngrén

とぼける【惚ける】 装糊涂 zhuāng hútu; 装蒜 zhuāngsuàn; 装傻 zhuāngshǎ (英 *pretend not to know*) ▶～な／别装傻 bié zhuāng shǎ ▶そんなにとぼけてもダメだよ／那样装糊涂也没有用 nàyàng zhuāng hútu yě méiyǒu yòng ▶そうだったとすれば, 確かにとぼけ方がうまかった／如果是那样的话, 他装糊涂可装得真好 rúguǒ shì nàyàng dehuà, tā zhuāng hútu kě zhuāngde zhēn hǎo ▶とぼけた顔をしている／一幅糊涂的面孔 yì fú hútu de miànkǒng

とぼしい【乏しい】 贫乏 pínfá; 缺乏 quēfá (英 *poor; scarce*) ▶～経験／缺乏经验 quēfá jīngyàn ▶資源の～国／缺乏资源的国家 quēfá zīyuán de guójiā ▶魅力に～都市／缺乏魅力的城市 quēfá mèilì de chéngshì ▶～予算／穷困的预算 qióngkùn de yùsuàn ▶私は甚だ自信に乏しかった／我相当缺乏自信 wǒ xiāngdāng quēfá zìxìn

とぼとぼ 没精打采 méi jīng dǎ cǎi (英 *wearily; trudgingly*) ▶老人は～道を歩いて行った／老人步履艰辛地走了过去 lǎorén bùlǚ jiānxīn de zǒuleguòqu ▶～と家路をたどる／拖着沉重的脚步往家走 tuōzhe chénzhòng de jiǎobù wǎng jiā zǒu

とま【苫】 草帘子 cǎoliánzi; 草席 cǎoxí (英 *rush matting*)
♦～舟 蓬船 péngchuán ～屋 茅屋 máowū

どま【土間】 家中未铺地板的地面 jiāzhōng wèi pū dìbǎn de dìmiàn (英 *an earthen floor*)

トマト【植物】 西红柿 xīhóngshì; 番茄 fānqié (英 *a tomato*)
♦～ケチャップ 番茄酱 fānqiéjiàng ～ジュース 番茄汁 fānqiézhī ～ソース 番茄调味汁 fānqié tiáowèizhī ～サラダ 番茄沙拉 fānqié shālā

とまどい【戸惑い】 困惑 kùnhuò (英 *puzzlement*) ▶～を覚える／感到困惑 gǎndào kùnhuò ▶～の表情を浮かべる／脸上浮现出困惑的神色 liǎnshang fúxiànchū kùnhuò de shénsè

とまどう【戸惑う】 困惑 kùnhuò; 不知所错 bùzhī suǒ cuò (英 *get confused*) ▶初心者は～かもしれない／初学者可能会不知所措 chūxuézhě kěnéng huì bù zhī suǒ cuò ▶原作と映画の違いに戸惑った／对原著和电影之间的差异感到困惑 duì yuánzhù hé diànyǐng zhījiān de chāyì gǎndào kùnhuò

とまり【泊まり】 ❶【宿泊】 住 zhù (英 *a stay*) ▶1晩～で箱根に行く／去箱根住一宿 qù Xiānggēn zhù yì xiǔ ❷【宿直】 值夜班 zhíyèbān (英 *night duty*) ▶今夜は～だ／今晚值夜班 jīnwǎn zhí yè bān

とまりきゃく【泊まり客】 住客 zhùkè (英 *a guest; a visitor*) ▶ここは～よりも日帰り客のほうが多い／这儿当天返回的客人比住宿的客人还多 zhèr dàngtiān fǎnhuí de kèrén bǐ zhùsù de kèrén hái duō ▶この民宿は夏に～が多い／这家民间旅馆夏天住客很多 zhè jiā mínjiān lǚguǎn xiàtiān zhùkè hěn duō

とまる【止まる・留まる】 ❶ 停 tíng; 停止 tíngzhǐ (英 *stop; come to a stop*) ▶腕時計が～／手表停走 shǒubiǎo tíng zǒu ▶心臓が～／心脏停止 xīnzàng tíngzhǐ ▶笑いが止まらない／笑个不停 xiào ge bùtíng ▶この電車は各駅に～／这趟电车每站都停 zhè tàng diànchē měi zhàn dōu tíng ▶次は京都に止まります／下一站在京都停车 xià yí zhàn zài Jīngdū tíngchē ▶冷房が止まった／空调停了 kōngtiáo tíng le ▶息が止まった／呼吸停止了 hūxī tíngzhǐ le ▶出血が止まらない／出血止不住 chūxiě zhǐbuzhù ▶自動車がすうっと止まった／汽车刷的一下停住了 qìchē shuā de yíxià tíngzhù le ▶高速道路で多くの車が止まったまま動かない／高速公路上很多汽车停滞不前 gāosù gōnglùshang hěn duō qìchē tíngzhì bù qián

❷【鳥などが】 落 luò (英 *perch on...*) ▶小さな虫が肩に～／一只小虫落在肩上 yì zhī xiǎochóng luòzài jiānshang ▶蝶が私の手の上に止

まった/胡蝶落在我的手上 húdié luòzài wǒ de shǒushang ▶ガラス戸に蠅が止まっている/玻璃窗上趴着一只苍蝇 bōlichuāngshang pāzhe yì zhī cāngying

とまる【泊まる】 住 zhù；住宿 zhùsù；歇宿 xiēsù（英 *stay at...*）▶私の泊まっているホテルまで来て下さい/请到我住宿的饭店来 qǐng dào wǒ zhùsù de fàndiàn lái ▶その晩は友人の家に泊まった/那天晚上住宿在朋友家 nà tiān wǎnshang zhùsù zài péngyoujiā ▶そのホテルには200人の客が泊まれる/那个饭店住得下两百个客人 nàge fàndiàn zhùdexià liǎngbǎi ge kèrén

|参考| 日本語では長期か短期かで「住む」「泊まる」と動詞を使い分けるが、中国語では家であってもホテルであっても動詞は'住 zhù'を使う.

とみ【富】 財富 cáifù（英 *riches; wealth*）▶巨万の〜を築く/积累巨大的财富 jīlěi jùdà de cáifù ▶石油で築いた〜/靠石油赚取的财富 kào shíyóu zhuànqǔ de cáifù

とみに 突然 tūrán；顿然 dùnrán；忽然 hūrán（英 *rapidly*）▶最近〜目が悪くなった/最近视力突然衰退了 zuìjìn shìlì tūrán shuāituìle

とむ【富む】 富裕 fùyù；富有 fùyǒu（英 *be rich*；[豊富にある] *be rich in...*）▶変化に〜/富于变化 fùyú biànhuà ▶彼は機知に富んでいる/他很有机智 tā fùyǒu jīzhì ▶小国ながら人材に富んでいる/国虽小却人才济济 guó suī xiǎo què réncái jǐjǐ ▶肉は蛋白質に〜/肉类含有丰富的蛋白质 ròulèi hányǒu fēngfù de dànbáizhì ▶資源に〜国/资源富饶的国家 zīyuán fùráo de guójiā

とむらう【弔う】 祭奠 jìdiàn；吊丧 diàosàng；吊唁 diàoyàn（英 *hold a funeral*）▶死者を〜/祭奠死者 jìdiàn sǐzhě

とめがね【留め金】 金属卡子 jīnshǔ qiǎzi；金属扣子 jīnshǔ kòuzi（英 *a hook*）

とめどなく【止めどなく】 没完没了 méiwán méiliǎo；不断地 búduànde（英 *endlessly*）▶話し続ける/滔滔不绝地说下去 tāotāo bù jué de shuōxiàqu ▶〜涙が流れた/眼泪止不住地流下来 yǎnlèi zhǐbuzhù de liúxiàlái

とめる【止める・留める】 ❶【停止】停 tíng；停住 tíngzhù；[水や電気を]关 guān（英 *stop*；[栓を] *turn off*；[テレビなどを] *switch off*）▶(ある場所に) 車を〜/停车 tíngchē ▶[ブレーキを踏んで]車を〜/刹车 shāchē ▶息を〜/屏住呼吸 bǐngzhù hūxī ▶片側車線の通行を〜/停止单方行车线的通行 tíngzhǐ dānfāng xíngchēxiàn de tōngxíng ▶タクシーを〜/叫出租车停下 jiào chūzūchē tíngxià ▶ラジオを〜/关上收音机 guānshàng shōuyīnjī ▶錆を〜/防锈 fángxiù

❷【離れぬように】 别 bié；别住 biézhù（英 *fasten*；*fix*；[針で] *pin*）▶安全ピンで〜/用别针别住 yòng biézhēn biézhù

❸【抑止】 劝 quàn；劝阻 quànzǔ（英 *stop*；*check*）▶彼は止めても聞かない/他劝也不听 tā quàn yě bù tīng ▶彼は〜とかえってむきになってるだろう/他这个人，越劝越来劲 tā zhège rén, yuè quàn yuè láijìn ▶喧嘩を〜/劝架 quànjià

❹【引き留める】 挽留 wǎnliú（英 *detain; keep*）▶これ以上お留めはいたしません/我也不再挽留你了 wǒ yě bú zài wǎnliú nǐ le

❺【禁止】 戒 jiè；禁止 jìnzhǐ（英 *prohibit*）▶彼はかたくタバコを止められている/他被要求彻底戒烟 tā bèi yāoqiú chèdǐ jièyān

とめる【泊める】 留宿 liúsù（英 *lodge; take... in*）▶客を〜/留客人住宿 liú kèrén zhùsù ▶今夜は満室でお泊めできません/今晚客满，不能留宿 jīnwǎn kè mǎn, bùnéng liúsù ▶1晚〜/留宿一宿 liúsù yì xiǔ

とも【友】 友 yǒu；朋友 péngyou（英 *a friend*）▶二人は終生の〜となった/他们两个成了终生之友 tāmen liǎng ge chéngle zhōngshēng zhī yǒu ▶書物を〜とする/以书为友 yǐ shū wéi yǒu；把书当成朋友 bǎ shū dàngchéng péngyou

とも【伴・供】 陪伴 péibàn；随从 suícóng（英 *an attendant*；[同行者] *a companion*）▶〜を連れずに行く/不带随员，独自前行 bú dài suíyuán, dúzì qiánxíng ▶途中まで お〜いたしましょう/我陪您一段儿 wǒ péi nín yí duànr ▶母のお〜で買物に行く/陪着母亲去买东西 péizhe mǔqīn qù mǎi dōngxi

とも【艫】〔船舶〕船尾 chuánwěi（英 *the stern*）

-とも （英 *indeed; both*）▶そうです〜/当然是的 dāngrán shì de ▶彼がその事件に関係があった〜考えられる/也可以认为他跟那个事件有关 yě kěyǐ rènwéi tā gēn nàge shìjiàn yǒuguān ▶彼は来る〜来ない〜言わなかった/来不来他都没说/来也不说，不来也不说 ▶1日たり〜休まない/一天也不休息 yì tiān yě bù xiūxí ▶見たい〜思わない/并不想看 bìngbù xiǎng kàn ▶遅く〜今年中には書き上げます/最晚在年底以前写完 zuì wǎn zài niándǐ yǐqián xiěwán

ともあれ 不管怎样 bùguǎn zěnyàng；总之 zǒngzhī（英 *any way*；*at any rate*；*in any case*）▶〜電話して様子を聞いてみよう/不管怎样，打个电话问问情况吧 bùguǎn zěnyàng, dǎ ge diànhuà wènwen qíngkuàng ba ▶何は〜急いで帰ろう/不管怎样，赶紧回去吧 bùguǎn zěnyàng, gǎnjǐn huíqù ba

ともかく ❶[いずれにしても] 好歹 hǎodǎi；无论如何 wúlùn rúhé（英 *at any rate*；*in any case*）▶〜やれるだけのことはやれ/总而言之，尽力而为吧 zǒng ér yán zhī, jìn lì ér wéi ba ▶私はこの問題には関係したくありません/无论如何我不愿意干预这件事 wúlùn rúhé wǒ bú yuànyì gānyù zhè jiàn shì

❷[…はさておいて] 暂且不提 zànqiě bù tí（英 *apart from...*）▶色は〜…/颜色姑且不论… yánsè gūqiě búlùn… ▶勝ち負けは〜悔いのない試合をして下さい/不管输赢，都不要让比赛留有遗憾 búguǎn shūyíng, dōu búyào ràng bǐsài liúyǒu yíhàn ▶それは〜当面の対処が間に合わない/那个暂且不提，眼前的问题就应付不了 nàge zànqiě bù tí, yǎnqián de wèntí jiù yìngfùbuliǎo

ともかせぎ【共稼ぎする】 双职工 shuāngzhígōng (英 work in double harness) ▶~世帯の数は近年増加傾向にある/双职工家庭近年来呈现增加倾向 shuāngzhígōng jiātíng jìnnián lái chéngxiàn zēngjiā qīngxiàng ▶~の夫婦でも家計の負担は妻の方が大きい/双职工的夫妇还是妻子的家务负担重 shuāngzhígōng de fūfù háishi qīzi de jiāwù fùdān zhòng

ともぐい【共食い】 同类相残 tónglèi xiāng cán (英 internecine struggle; cannibalism) ▶かまきりは~するというイメージがある/螳螂有一种同类相残的形象 tángláng yǒu yì zhǒng tónglèi xiāng cán de xíngxiàng ▶繊維産業は~競争の状況にある/纤维产业存在着自相残杀的竞争状态 xiānwéi chǎnyè cúnzàizhe zì xiāng cán shā de jìngzhēng zhuàngtài

ともしび【灯】 灯火 dēnghuǒ (英 a light; a lamplight) ▶伝統の~を消してはならない/不能熄灭传统的火炬 bùnéng xīmiè chuántǒng de huǒjù

ともす【灯す】 点灯 diǎndēng (英 light; [電灯を] turn on) ▶爪に火を~ようにして生きる/极其吝啬地生活 jíqí lìnsè de shēnghuó ▶無数の石仏にろうそくを~/给数不清的佛像前点燃蜡烛 gěi shùbuqīng de fóxiàng qián diǎnrán làzhú ▶終夜あかりを~/通宵点灯 tōngxiāo diǎndēng

ともすれば 动不动 dòngbudòng; 往往 wǎngwǎng (英 〜しがちである] be liable to do) ▶~学生を点数だけで評価している/往往只靠分数来评价学生 wǎngwǎng zhǐ kào fēnshù lái píngjià xuésheng

ともだおれ【共倒れになる】 两败俱伤 liǎng bài jù shāng (英 fall together) ▶そんな安売り競争をしていたら~になるぞ/那么廉价竞争的话, 结果就是两败俱伤 nàme liánjià jìngzhēng de huà, jiéguǒ jiùshì liǎng bài jù shāng

ともだち【友達】 朋友 péngyou; 友人 yǒurén (英 a friend; a mate; a pal) ▶悪い~と交わるな/别交坏朋友 bié jiāo huài péngyou ▶~がいない/没有朋友 méiyǒu péngyou ▶昔からの~/老朋友 lǎopéngyou ▶終生の~/终生的朋友 zhōngshēng de péngyou ▶学校の~/学友 xuéyǒu ▶将棋~/棋友 qíyǒu ▶メール~/网友 wǎngyǒu

~甲斐がある 够朋友 gòu péngyou ▶お前は~甲斐がない奴だ/你是个不够朋友的家伙 nǐ shì ge bùgòu péngyou de jiāhuo

~づきあいする 交朋友 jiāo péngyou ▶彼と~づきあいをする/跟他交朋友 gēn tā jiāo péngyou

~になる 交朋友 jiāo péngyou ▶彼女はそこで幾人かと~になった/她在那儿交了几个朋友 tā zài nàr jiāole jǐ ge péngyou

◆幼~ 儿时的朋友 érshí de péngyou 茶飲み~ 茶友 cháyǒu 飲み~ 酒友 jiǔyǒu

文化 中国の諺に'一回生, 二回熟 yì huí shēng, èr huí shú'(初めは他人, 二度目は友人)とあるとおり, 一度でも会っていれば'朋友 péngyou'ということができる。

ともづな【纜】 〖船舶〗 缆 lǎn (英 a hawser; a mooring line) ▶~を解く/解缆 jiělǎn

ともども【共】 相与 xiāngyǔ; 一道 yídào; 一起 yìqǐ (英 together; [連れ立って] in company; [相互に] mutually) ▶両親~出席する/父母一起出席 fùmǔ yìqǐ chūxí

ともなう【伴う】 伴随 bànsuí; 〖连累〗 带领 dàilǐng (英 [...に] follow; accompany; [...を伴う] be accompanied with) ▶理論が実践を伴わない/理论和实践脱节 lǐlùn hé shíjiàn tuōjié ▶登山には時に非常な危険が~/登山有时伴随着极大的危险 dēngshān yǒushí bànsuízhe jídà de wēixiǎn ▶その実験には身の危険が~/那项试验伴随着人身危险 nà xiàng shìyàn bànsuízhe rénshēn wēixiǎn ▶特権には責任が~/特权伴随着责任 tèquán bànsuízhe zérèn ▶それは当然莫大な費用を~/那当然要相应付出巨额费用 nà dāngrán yào xiāngyìng fùchū jù'é fèiyong ▶家族を伴って海外赴任する/携家属去海外赴任 xié jiāshǔ qù hǎiwài fùrèn ▶時代の進展に伴って見直すべき課題が多くなる/随着时代的发展需要重新审视的课题多起来 suízhe shídài de fāzhǎn xūyào chóngxīn shěnshì de kètí duōqǐlai

ともに【共に】 一起 yìqǐ; 一道 yídào; (…である と同時に) 同时 tóngshí (英 [いっしょに] together; [両方とも] both) ▶遠藤は中村と~代表に選ばれた/远藤跟中村一起被选为代表 Yuǎnténg gēn Zhōngcūn yìqǐ bèi xuǎnwéi dàibiǎo ▶雷鳴と~激しい雨が降りだした/随着雷响下起了暴雨 suízhe léi xiǎngxiàqǐle bàoyǔ ▶名実~世界最高レベルにある/名副其实地处于世界最高水平 míng fù qí shí de chǔyú shìjiè zuì gāo shuǐpíng ▶自他~認める名門校/内外公认的名牌学校 nèiwài gōngrèn de míngpái xuéxiào ▶彼は学者であると~詩人でもある/他是学者同时也是诗人 tā shì xuézhě tóngshí yě shì shīrén

~する 共同 gòngtóng ▶苦楽を~する/同甘共苦 tóng gān gòng kǔ ▶生活を~する/一起生活 yìqǐ shēnghuó ▶運命を~する/命运相连 mìngyùn xiānglián ▶利害を~する/利害相通 lìhài xiāngtōng ▶行動を~する/共同行动 gòngtóng xíngdòng

ともばたらき【共働き】 夫妇都工作 fūfù dōu gōngzuò (英 [夫婦] a working couple) ▶~の夫婦/双职工 shuāngzhígōng

ともる【点る】 点灯 diǎn dēng (英 be lighted; burn) ▶祭壇にはろうそくが点っている/祭坛上点着蜡烛 jìtánshang diǎnzhe làzhú ▶部屋にはあかりが点っている/房间里亮着灯 fángjiānli liàngzhe dēng

どもる【吃る】 口吃 kǒuchī; 结巴 jiēba (英 stammer)

とやかく【とやかく言う】 说三道四 shuō sān

どやどや ⇒道似; 说长道短 shuō cháng dào duǎn (英 be critical about...; meddle) ▶人に〜言われたくない/不想被别人说三道四 bù xiǎng bèi biéren shuō sān dào sì ▶世間で〜言うだろう/社会上大概会议论纷纷吧 shèhuìshang dàgài huì yìlùn fēnfēn ba

どやどや (英 in a crowd; [騒々しく] noisily) ▶男たちが〜と部屋にはいり込む/男人们一窝蜂似的闯进屋里 nánrenmen yīwōfēng shìde chuǎngjìn wūli

どようび【土曜日】 星期六 xīngqīliù; 礼拜六 lǐbàiliù (英 Saturday) ▶〜にはふつう何をしますか/星期六一般干什么？ xīngqīliù yībān gàn shénme?

どよめく 哄动 hōngdòng; 鼎沸 dǐngfèi (英 stir; resound) ▶聴衆がどよめいた/听众沸腾了 tīngzhòng fèiténg le

とら【寅】 〔十二支〕 寅 yín (英 the year of the Tiger) ▶僕は〜(年)だ/我属虎 wǒ shǔ hǔ

トラ【虎】 〔動物〕 老虎 lǎohǔ (英 a tiger; [牝] a tigress) ▶〜の皮の敷物/虎皮垫子 hǔpí diànzi ▶酔って〜になる/成了醉鬼烂醉如泥 chéngle zuìguǐ làn zuì rú ní ▶頭を〜刈りにされた/头发被剪得一块儿深一块儿浅的 tóufa bèi jiǎnde yíkuàir shēn yíkuàir qiǎn de

ことわざ 虎の威を借る狐 狐假虎威 hú jiǎ hǔ wēi
ことわざ 虎の尾を踏む 若蹈虎尾 ruò tà hǔwěi; 虎口拔牙 hǔkǒu bá yá
ことわざ 虎を野に放つ 纵虎归山 zòng hǔ guī shān

◆〜の巻/锦囊妙计 jǐnnáng miàojì

どら【銅鑼】 〔楽器〕 锣 luó (英 a gong) ▶〜を鳴らす/敲锣 qiāo luó

とらい【渡来する】 从外国传来 cóng wàiguó chuánlái; 越海而来 yuè hǎi ér lái (英 come over the sea) ▶仏教が中国から〜する/佛教从中国传来 Fójiào cóng Zhōngguó chuánlái ▶〜人/古代从大陆或半岛移居到日本来的人 gǔdài cóng dàlù huò bàndǎo yíjū dào Rìběn lái de rén

トライ **1**〔ラグビー〕 达阵得分 dázhèn défēn (英 a try) ▶〜で5点得点する/达阵得了五分儿 dázhèn déle wǔ fēnr **2**〔試みる〕 试试看 shìshikàn; 试行 shìxíng (英 try)

ドライな (性格などが) 冷淡 lěngdàn; 无动于衷 wú dòng yú zhōng; (乾燥した) 干 gān; 干枯 gānkū (英 dry) ▶〜な人間関係/冷漠的人际关系 lěngmò de rénjì guānxi ▶甘さを抑えた〜な飲み口/降低甜度干涩无味的口感 jiàngdī tiándù gānsè wúwèi de kǒugǎn ▶〜な白ワイン/干白葡萄酒 gān báipútáojiǔ
◆〜カレー/咖喱炒饭 gālí chǎofàn 　〜フラワー/干花儿 gānhuār

ドライアイス 干冰 gānbīng (英 dry ice)

トライアスロン 〔スポーツ〕 铁人三项比赛 tiěrén sānxiàng bǐsài (英 triathlon)

トライアングル 〔楽器〕 三角铃 sānjiǎolíng (英 a triangle)

ドライクリーニング 干洗 gānxǐ (英 dry cleaning)

ドライバー **1**【工具】 改锥 gǎizhuī; 螺丝刀 luósīdāo (英 a screwdriver) **2**【運転手】 汽车司机 qìchē sījī (英 a driver)

ドライブする 兜风 dōufēng (英 drive) ▶仲間と一緒に湘南に〜する/跟伙伴们一起去湘南兜风 gēn huǒbànmen yìqǐ qù Xiāngnán dōufēng ▶彼はジープでの〜に犬を連れ出した/他开着吉普带狗去兜风 tā kāizhe jípǔ dài gǒu qù dōufēng

ドライブイン 汽车餐馆 qìchē cānguǎn (英 a drive-in)

ドライヤー 吹风机 chuīfēngjī (英 a hair drier) ▶〜で髪を乾かす/用吹风机烘干头发 yòng chuīfēngjī hōnggān tóufa

とらえる【捉える・捕える】 抓住 zhuāzhù; 捉住 zhuōzhù; 捕捉 bǔzhuō (英 catch; take hold of...; [逮捕] arrest) ▶人の心を〜/抓住人心 zhuāzhù rénxīn ▶その絵は不思議に見る者の心を捉えた/那幅画儿出神入化地抓住了观众的心 nà fú huàr chū shén rù huà de zhuāzhùle guānzhòng de xīn ▶機会を〜/抓住机会 zhuāzhù jīhuì ▶人の襟首を〜/抓住人的脖颈 zhuāzhù rén de bólǐng ▶文章の意味を〜/抓住文章的意思 zhuāzhù wénzhāng de yìsi ▶犯人がまだ捕えられない/犯人还没被抓到 fànrén hái méi bèi zhuādào ▶捕らえどころのない曖昧なイメージ/难以把握的暖昧意象 nányǐ bǎwò de àimèi yìxiàng

トラクター 拖拉机 tuōlājī; 铁牛 tiěniú (英 a tractor)

どらごえ【どら声】 大嗓门 dà sǎngmén; 粗声粗气 cū shēng cū qì (英 a hoarse voice) ▶〜を張り上げる/扯着嗓门喊 chězhe sǎngmén hǎn

ドラスティック 激烈的 jīliè de; 彻底的 chèdǐ de (英 drastic) ▶〜な改革/激烈的改革 jīliè de gǎigé; 彻底的改革 chèdǐ de gǎigé

トラック **1**【車の】 货车 huòchē; 卡车 kǎchē (英 a truck) ▶軽〜/轻型卡车 qīngxíng kǎchē ▶大型〜で荷物を運ぶ/用载重卡车运货 yòng zàizhòng kǎchē yùnhuò ▶〜3台の荷物/三辆卡车的货 sān liàng kǎchē de huò ▶引越しの〜/搬家用的卡车 bānjiā yòng de kǎchē ▶〜運転手/卡车司机 kǎchē sījī **2**【陸上競技の】 跑道 pǎodào (英 a running track) ▶〜競技/径赛 jìngsài **3**【記憶媒体の】 磁道 cídào (英 a track)

ドラッグ 〔電算〕 拖拉 tuōlā (英 drag) ▶〜アンドドロップ/拖放 tuō fàng

とらのこ【虎の子】 《大切なもの》 珍爱的物品 zhēn'ài de wùpǐn (英 a tiger cub) ▶〜の退職金を注ぎ込む/把半生心血的退职金都投了进去 bǎ bànshēng xīnxuè de tuìzhíjīn dōu tóulejìnqu

トラブル 纠纷 jiūfēn; 麻烦 máfan; (機械などの) 毛病 máobìng; 故障 gùzhàng (英 a trouble) ▶〜を解決する/处理纠纷 chǔlǐ jiūfēn ▶〜を未然に防ぐ/预防出乱子 yùfáng chū luànzi; 防患于

未然 fánghuàn yú wèirán ▶エンジンに～が生じる/引擎出现故障 yǐnqíng chūxiàn gùzhàng
～を起こす 引起纠纷 yǐnqǐ jiūfēn; 闹乱子 nào luànzi

トラベラーズチェック 旅行支票 lǚxíng zhīpiào (英 *a traveler's check*)

ドラマ 戏剧 xìjù; 剧 jù (英 *a drama*) ▶テレビ～/电视剧 diànshìjù ▶筋書きのない～/没有剧本的戏 méiyǒu jùběn de xì ▶ホーム～/家庭电视剧 jiātíng diànshìjù ▶チックなラブストーリー/富有戏剧性的爱情故事 fùyǔ xìjùxìng de àiqíng gùshi

ドラマー 〔音楽〕鼓手 gǔshǒu (英 *a drummer*)

ドラム 〔楽器〕大鼓 dàgǔ; 鼓 gǔ (英 *a drum*) ▶～をたたく/打鼓 dǎgǔ; 敲鼓 qiāo gǔ

ドラムかん【ドラム缶】 油筒 yóutǒng (英 *an oil drum*)

どらむすこ【どら息子】 败家子 bàijiāzǐ; 浪子 làngzǐ (英 *a prodigal son*)

とらわれる【捕らわれる】 ❶〚捕まる〛被捕 bèi bǔ; 被抓 bèi zhuā (英 *be caught*) ▶敵に～/被敌人捉住 bèi dírén zhuōzhù ❷〚意識が〛拘泥 jūní; 拘执 jūzhí (英 *be biased*; *be possessed*) ▶何物にも捕らわれない柔軟な心を持つ/具有不被任何形式所拘泥的灵活性 jùyǒu bú bèi rènhé xíngshì suǒ jūní de línghuóxìng ▶彼はあまりに目先のことに捕らわれすぎている/他太拘泥于眼前的事 tā tài jūníyú yǎnqián de shì ▶感情に～/屈服于感情 qūfúyú gǎnqíng; 流于感情 liúyú gǎnqíng ▶恐怖に～/陷入恐怖 xiànrù kǒngbù

トランキライザー 〔薬〕镇静剂 zhènjìngjì; 安定剂 āndìngjì (英 *a tranquilizer*)

トランク 〔旅行時の〕手提箱 shǒutíxiāng; 提箱 tíxiāng; 〔自動車の〕行李箱 xínglixiāng (英 *a trunk*; *a suitcase*)

トランクス 〔服飾〕短裤 duǎnkù; 裤衩 kùchǎ (英 *trunks*)

トランシーバー 步谈机 bùtánjī; 步话机 bùhuàjī (英 *a transceiver*)

トランジスター 半导体 bàndǎotǐ; 晶体管 jīngtǐguǎn (英 *a transistor*) ♦～ラジオ/半导体收音机 bàndǎotǐ shōuyīnjī

トランス 〔電気〕变压器 biànyāqì (英 *a transformer*)

トランプ 扑克牌 pūkèpái (英 *playing cards*) ▶～マジック/扑克魔术 pūkè móshù ▶～をする/打扑克 dǎ pūkè ▶～で占う/用扑克牌算命 yòng pūkèpái suànmìng ▶～を配る/发(扑克)牌 fā (pūkè)pái

トランペット 〔楽器〕小号 xiǎohào (英 *a trumpet*) ▶～奏者/小号演奏者 xiǎohào yǎnzòuzhě

トランポリン 〔スポーツ〕蹦床 bèngchuáng (英 *a trampoline*)

とり【酉】 〔十二支〕酉 yǒu (英 *the year of the Rooster*) ▶来年は～だ/明年是鸡年 míngnián shì jī nián

とり【取り】 〔寄席〕大轴子 dàzhóuzi; 最后的节目 zuìhòu de jiémù (英 *the last and most popular performer*)

とり【鳥】 鸟 niǎo; 〔ニワトリ〕鸡 jī (英 *a bird*; *a fowl*; 〔鳥肉〕*chicken*) ▶～インフルエンザ/禽流感 qínliúgǎn

[ことわざ]**鳥無き里のこうもり** 山中无老虎，猴子称大王 shānzhōng wú lǎohǔ, hóuzi chēng dàwáng ▶～かご/鸟笼子 niǎolóngzi

とりあう【取り合う】 〔奪い合う〕争夺 zhēngduó; 〔相手にする〕理睬 lǐcǎi (英 *scramble*) ▶一つの仕事を二人で～/两个人争夺一个工作 liǎng ge rén zhēngduó yí ge gōngzuò ▶彼の言うことなどに取り合ってもしかたがない/用不着听他的话 yòngbuzháo tīng tā de huà ▶あんな者には～な/别理他 bié lǐ tā ▶密かに連絡を～/偷偷地联系 tōutōu de liánxì; 秘密联络 mìmì liánluò ▶手を取り合って泣く/手拉着手哭 shǒu lāzhe shǒu kū

とりあえず【取り敢えず】 姑且 gūqiě; 暂时 zànshí; 先 xiān; 〔第一に〕first of all; 〔さしあたり〕*for the time being*) ▶～ビールを/先来啤酒 xiān lái píjiǔ ▶～出席の返事を出す/暂且回信表示参加 zànqiě huíxìn biǎoshì cānjiā ▶～これだけあれば間に合うでしょう/有这些话，就可以暂时对付对付了 jiù kěyǐ zànshí duìfu duìfu le ba ▶～資金が必要だ/首先要有资金 shǒuxiān yào yǒu zījīn

とりあげる【取り上げる】 ❶〚手に取る〛拿起来 náqilai (英 *take up*; *pick up*) ▶テーブルに置いてある新聞を取り上げた/拿起桌子上的报纸 náqǐ zhuōzishang de bàozhǐ ❷〚提案などを採用する〛采纳 cǎinà; 接受 jiēshòu (英 *accept*) ▶私の投書は取り上げられなかった/我的投稿没有被采用 wǒ de tóugǎo méiyǒu bèi cǎiyòng ▶僕らの要求は取り上げられなかった/我们的要求没有被接受 wǒmen de yāoqiú méiyǒu bèi jiēshòu ▶裁判官はその訴えを取り上げなかった/法官没有受理那项诉讼 fǎguān méiyǒu shòulǐ nà xiàng sùsòng ❸〚問題とする〛提 tí; 处理 chǔlǐ (英 *feature*; *report*) ▶ニュースで～/新闻报道 xīnwén bàodào ▶次回でその問題を～/下次处理那个问题 xiàcì chǔlǐ nàge wèntí ▶そんなことは～までもなかろう/那不必一提吧 nà búbì yì tí ba ❹〚奪う〛夺取 duóqǔ; 没收 mòshōu (英 *take... away*; *seize*; *disqualify*) ▶彼の財産は取り上げられた/他的财产被没收了 tā de cáichǎn bèi mòshōu le ▶開業医の資格を～/剥夺开业医师资格 bōduó kāiyè yīshī zīgé ▶免状を～/吊销执照 diàoxiāo zhízhào ❺〚産児を〛接生 jiē shēng (英 *deliver*) ▶あんたはこの私が取り上げたんだよ/你是由我来接生的 nǐ shì yóu wǒ lái jiēshēng de

とりあつかい【取り扱い】 ❶〚人の〛对待 duìdài; 接待 jiēdài (英 *treatment*) ▶一人前の

〜を受ける/被接纳为一个合格的成员 bèi jiēnà wéi yí ge hégé de chéngyuán ❷【物の】使用 shǐyòng; 操作 cāozuò (英 handling) ▶《注意书》〜/注意/小心轻放 xiǎoxīn qīngfàng ▶〜説明書/使用说明 shǐyòng shuōmíng ▶危険物〜/按危险物品经管 àn wēixiǎn wùpǐn jīngguǎn ❸【事務の】办理 bànlǐ; 受理 shòulǐ (英 conduct; transaction) ▶それの〜は総務課が担当しております/那件事由总务科来负责 nà jiàn shìyóu zǒngwùkè lái fùzé

とりあつかう【取り扱う】 办理 bànlǐ; 处理 chǔlǐ; 对待 duìdài [人を] treat; [物を] handle; [処理する] manage) ▶これはやさしい慎重に取り扱って下さい/容易损坏请细心经管 róngyì sǔnhuài qǐng xìxīn jīngguǎn ▶スポーツ用品を〜/经办体育用品 jīngbàn tǐyù yòngpǐn ▶事務を〜/办理事务 bànlǐ shìwù ▶取り扱いやすい[にくい]事柄/好[难]处理的事 hǎo[nán]chǔlǐ de shì

とりあわせる【取り合わせる】 搭配 dāpèi; 配合 pèihé (英 assort; mix) ▶取り合わせの妙/巧妙的配合 qiǎomiào de pèihé ▶紫に黄色は取り合わせが悪い/紫色配黄色不协调 zǐsè pèi huángsè bù xiétiáo ▶季節の野菜を取り合わせたサラダ/用时鲜蔬菜调配的色拉 yòng shíxiān shūcài tiáopèi de sèlā

ドリアン 〘植物〙榴莲 liúlián (英 a durian)

とりいる【取り入る】 迎合 yínghé; 讨好 tǎohǎo; 巴结 bājie (英 curry favor with...) ▶彼は上役に取り入って信頼を得た/他拉拢上司取得了信任 tā lālǒng shàngsi qǔdéle xìnrèn ▶有力者に巧みに取り入ろうとする/巧妙地迎合有势力的人 qiǎomiào de yínghé yǒu shìlì de rén

とりいれる【取り入れる】 ❶【収穫】收获 shōuhuò (英 reap a harvest) ❷【採用】吸收 xīshōu; 采纳 cǎinà (英 adopt; accept) ▶新しい技術を〜/采用新技术 cǎixīn jìshù ▶君たちの要求は取り入れられない/不能接受你们的要求 bùnéng jiēshòu nǐmen de yāoqiú ▶それは日本語に取り入れられた英語である/那是被吸收到日语里的英语 nà shì bèi xīshōudào Rìyǔlǐ de Yīngyǔ ▶その本には著者の経験が取り入れてある/那本书里反映了作者本人的经验 nà běn shūli fǎnyìngle zuòzhě běnrén de jīngyàn ▶そこで学んだことが彼の生活に取り入れられている/在那儿学到的东西被应用到他的生活中 zài nàr xuédào de dōngxi bèi yìngyòngdào tā de shēnghuózhōng

とりえ【取り柄】 优点 yōudiǎn; 长处 chángchù (英 merit; a useful point) ▶彼は丈夫なだけが〜だ/身体好是他唯一的优点 shēntǐ hǎo shì tā wéiyī de yōudiǎn ▶彼の唯一の〜は真面目なことである/他唯一的优点就是认真 tā wéiyī de yōudiǎn jiùshì rènzhēn ▶彼には何一つ〜がない/他什么优点也没有 tā shénme yōudiǎn yě méiyǒu ▶しいて彼の〜を言えば、弱い者いじめをしないことだ/非要从他身上寻找优点的话，那就是他不

欺负弱小 fēi yào cóng tā shēnshang xúnzhǎo yōudiǎn de huà, nà jiùshì tā bù qīfu ruòxiǎo

トリオ 〘器楽の〙三重奏 sānchóngzòu;〘人〙三人帮 sānrénbāng (英 a trio)

とりおこなう【執り行う】 执行 zhíxíng; 举行 jǔxíng (英 perform; hold) ▶葬儀を〜/举行葬礼 jǔxíng zànglǐ

とりおさえる【取り押さえる】 抓住 zhuāzhù; 逮住 dǎizhù (英 capture; seize; arrest) ▶スリを現行犯で〜/在行窃现场抓住扒手 zài xíngqiè xiànchǎng zhuāzhù páshǒu ▶ひったくり犯が通行人に取り押さえられる/路上的劫犯被过路的人抓住 lùshang de jiéfàn bèi guòlù de rén zhuāzhù

とりかえし【取り返し】 挽回 wǎnhuí; 挽救 wǎnjiù (英 recovery) ▶〜がつかない 无法挽回 wúfǎ wǎnhuí ▶済んだことは〜がつかない/过去的事无法挽回 guòqù de shì wúfǎ wǎnhuí ▶それは全く〜のつかぬ損失だ/那是根本不可挽回的损失 nà shì gēnběn bùkě wǎnhuí de sǔnshī

とりかえす【取り返す】 取回 qǔhuí; 夺回 duóhuí; 收回 shōuhuí (英 regain; recover) ▶自国の領土を〜/收复失地 shōufù shīdì ▶損失を〜/收回损失 shōuhuí sǔnshī

とりかえる【取り替える】 换 huàn; 交换 jiāohuàn; [買った物を] 退换 tuìhuàn (英 exchange; replace) ▶切れた電球を〜/换坏灯泡 huàn huài dēngpào ▶赤ちゃんのおむつを〜/给婴儿换尿布 gěi yīng'ér huàn niàobù ▶パンクしたタイヤを〜/调换跑气儿的车胎 diàohuàn pǎoqìr de chētāi ▶二人は帽子を取り替えっこした/他们俩换了帽子 tāmen liǎ huànle màozi ▶この品は取り替えがききませんよ/这种货物不能退换 zhè zhǒng huòwù bùnéng tuìhuàn

とりかかる【取り掛かる】 开始 kāishǐ; 着手 zhuóshǒu (英 begin; set to work) ▶仕事に〜/着手工作 zhuóshǒu gōngzuò ▶準備に〜/着手准备 zhuóshǒu zhǔnbèi

とりかご【鳥籠】 鸟笼 niǎolóng (英 a bird cage)

とりかこむ【取り囲む】 包围 bāowéi; 围拢 wéilǒng (英 surround; gather around) ▶その谷を〜山々/环绕着那条峡谷的群山 huánràozhe nà tiáo xiágǔ de qúnshān ▶機動隊が四方から学生たちを取り囲んだ/机动队从四周包围学生 jīdòngduì cóng sìzhōu bāowéi xuésheng

トリカブト 〘植物〙乌头 wūtóu; 附子 fùzǐ (英 an aconite)

とりかわす【取り交わす】 交换 jiāohuàn; 互换 hùhuàn (英 exchange... with each other) ▶約束を〜/互相约定 hùxiāng yuēdìng ▶結納を〜/交换聘礼 jiāohuàn pìnlǐ ▶確認書を〜/交换确认书 jiāohuàn quèrènshū ▶二人の間には手紙が盛んに取り交わされた/两个人之间有频繁的书信往来 liǎng ge rén zhījiān yǒu pínfán de shūxìn wǎnglái

とりきめ【取り決め】 商定 shāngdìng; 规约 guīyuē (英 settlement; an agreement) ▶データの共同利用に関する新しい～/有关共同利用数据的新规定 yǒuguān gòngtóng lìyòng shùjù de xīnguīdìng ▶その会社との間に～が成立した/跟那个公司之间缔结了规约 gēn nàge gōngsī zhījiān dìjiéle guīyuē ▶契約の条件についてはまだ～ができていない/关于合同的条件还没有达成协议 guānyú hétong de tiáojiàn hái méiyǒu dáchéng xiéyì

とりきめる【取り決める】 约定 yuēdìng; 决定 juédìng; 订 dìng (英 decide; settle; arrange) ▶詳細を～/约定细节 yuēdìng xìjié ▶契約を～/签订合同 qiāndìng hétong

とりくむ【取り組む】 从事 cóngshì; 致力于 zhìlìyú (英 wrestle with...; tackle) ▶難問題と～/着手解决困难问题 zhuóshǒu jiějué kùnnan wèntí ▶その国は市場経済への切り替えに取り組んでいる/那个国家开始向市场经济转换 nàge guójiā kāishǐ xiàng shìchǎng jīngjì zhuǎnhuàn ▶課題に真正面から～/从正面应对课题 cóng zhèngmiàn yìngduì kètí

とりけし【取り消し】 取消 qǔxiāo; 撤销 chèxiāo (英 [契約などの] cancellation; [撤回] withdrawal) ▶それはもう～ができない/那已经不能取消了 nà yǐjing bùnéng qǔxiāo le ▶不適切発言の～を要求する/要求撤回不恰当的发言 yāoqiú chèhuí bú qiàdàng de fāyán

とりけす【取り消す】 取消 qǔxiāo; 撤销 chèxiāo (英 cancel; withdraw) ▶その新聞はそれに関する全記事を取り消した/那家报纸撤销了有关那个问题的所有报道 nà jiā bàozhǐ chèxiāole yǒuguān nàge wèntí de suǒyǒu bàodào ▶会食の約束を～/取消约定的会餐 qǔxiāo yuēdìng de huìcān ▶注文を～/取消订货 qǔxiāo dìnghuò ▶前言を～/撤回以前的发言 chèhuí yǐqián de fāyán

とりこ【虜】 俘虏 fúlǔ (英 a prisoner; a slave) ▶あの美女は彼を～にしてしまっている/那位美女把他征服了 nà wèi měinǚ bǎ tā zhēngfú le ▶～になる 入迷 rùmí; 为…着迷 wèi…zháomí ▶彼は彼女を見た瞬間に恋の～になった/他一见到她就被爱神之箭射中了 tā yí jiàndào tā jiù bèi àishén zhī jiàn shèzhòng le

とりこしぐろう【取り越し苦労】 杞人忧天 Qǐ rén yōu tiān; 自寻烦恼 zì xún fán nǎo (英 needless worry for the future) ▶結果的に我々の～に終わった/结果是我们的杞人忧天 jiéguǒ shì wǒmen de Qǐ rén yōu tiān

とりこみ【取り込み】 百忙 bǎimáng; 忙乱 mángluàn (英 [混雑] confusion) ▶～中/百忙之中 bǎimáng zhīzhōng ▶彼の家では何か～ができた様子だ/他家好像出事儿了 tājiā hǎoxiàng chū shìr le ▶今ちょっと～中なんです/现在不巧我很忙乱 xiànzài wǒ hěn mángluàn

とりこむ【取り込む】 拿进来 nájinlai; 收回 shōuhuí (英 take in) ▶スキャナーから画像をパソコンに～/用扫描仪把图像收进电脑 yòng sǎomiáoyí bǎ túxiàng shōujìn diànnǎo ▶降りそうだから洗濯物を取り込んでね/看样子要下雨,把衣服收进来吧 kàn yàngzi yào xiàyǔ, bǎ yīfu shōujìnlai ba

とりごや【鳥小屋】《ニワトリの》鸡舍 jīshè (英 a henhouse; [鳥類含] an aviary)

とりこわす【取り壊す】 拆除 chāichú; 平毁 pínghuǐ (英 demolish; pull down) ▶塀を～/拆除围墙 chāichú wéiqiáng ▶あの建物は～ことになっている/那个建筑物要拆除 nàge jiànzhùwù yào chāichú

とりさげる【取り下げる】 撤回 chèhuí; 撤消 chèxiāo (英 withdraw; drop) ▶申請を～/撤回申请 chèhuí shēnqǐng ▶訴訟を～/撤回诉讼 chèhuí sùsòng

とりざた【取り沙汰】 传闻 chuánwén; 传说 chuánshuō (英 a rumor; gossip) ▶後任は誰か盛んに～されている/关于谁来继任有很多传闻 guānyú shéi lái jìrèn yǒu hěn duō chuánwén ▶いろいろ～されている中で二人の婚約が発表された/在各种各样的传闻声中,两个人的婚约发表了 zài gèzhǒng gèyàng de chuánwénshēngzhōng, liǎng ge rén de hūnyuē fābiǎo le

とりざら【取り皿】 小碟儿 xiǎodiér (英 a plate)

とりさる【取り去る】 取掉 qǔdiào; 除去 chúqù; 去掉 qùdiào (英 remove; take away) ▶痛みを～/消除疼痛 xiāochú téngtòng ▶雑念を～/驱除杂念 qūchú zániàn ▶有毒物質を～/去掉有毒物质 qùdiào yǒudú wùzhí

とりしきる【取り仕切る】 料理 liàolǐ; 主持 zhǔchí; 一手承担 yìshǒu chéngdān (英 manage; run) ▶委員会は事実上彼が取り仕切っていた/委员会实际上是由他掌管的 wěiyuánhuì shíjìshang shì yóu tā zhǎngguǎn de

とりしまり【取り締まり】 取缔 qǔdì; 管制 guǎnzhì; 监督 jiāndū (英 control; management; [监督] supervision) ▶当局の～が不十分であった/当局监管不力 dāngjú jiānguǎn bùlì ▶厳重な～を行う/进行严格的监管 jìnxíng yángé de jiānguǎn ▶スピード違反に対する警察の～/警察对超速的取缔 jǐngchá duì chāosù de qǔdì ▶～を強化する[ゆるめる]/加强[放松]监管 jiāqiáng[fàngsōng]jiānguǎn ▶麻薬取締官/毒品纠察官 dúpǐn jiūcháguān

とりしまりやく【取締役】 董事 dǒngshì (英 a director) ▶～会/董事会 dǒngshìhuì ▶～社長/董事兼总经理 dǒngshì jiān zǒngjīnglǐ

とりしまる【取り締まる】 取缔 qǔdì; 管制 guǎnzhì; 监管 jiānguǎn (英 manage; control) ▶厳重に～/严格取缔 yángé qǔdì ▶麻薬密売を～よう強く要望する/强烈要求取缔毒品的地下交易 qiángliè yāoqiú qǔdì dúpǐn de dìxià jiāoyì

とりしらべ【取り調べ】 审问 shěnwèn; 审讯 shěnxùn (英 investigation; examination; inquiry) ▶警察の～を受ける/受到警察审讯

とりしらべる shòudào jǐngchá shěnxùn
♦~官 审讯官 shěnxùnguān　~室 审讯室 shěnxùnshì

とりしらべる【取り調べる】 审问 shěnwèn; 审讯 shěnxùn (英 *investigate; examine; inquire*) ▶検察官が容疑者を~/检察官审讯犯罪嫌疑人 jiǎncháguān shěnxùn fànzuì xiányírén

とりすます【取り澄ます】 装模作样 zhuāng mú zuò yàng (英 *turn prudish*) ▶彼女の取り澄ました様子/她那一本正经的样子 tā nà yì běn zhèngjīng de yàngzi

とりそろえる【取り揃える】 准备齐全 zhǔnbèi qíquán (英 *assort*) ▶夏物多数取り揃えております/备有丰富的夏季商品 bèi yǒu fēngfù de xiàjì shāngpǐn

とりだす【取り出す】 拿出 náchū; 抽出 chōuchū; (選び出す) 选出 xuǎnchū (英 *take out*) ▶ポケットに手を入れてタバコを取り出した/把手伸进口袋拿出香烟 bǎshou shēnjìn kǒudai náchū xiāngyān ▶雑誌の山から『週刊三省』を~/从一堆杂志中挑出《三省周刊》cóng yì duī zázhì zhōng tiāochū《Sānxǐng zhōukān》

とりたてる【取り立てる】 ❶【金銭を】 催款 cuīkuǎn; 征收 zhēngshōu (英 *collect; levy*) ▶税を~/催促缴税 cuīcù jiǎoshuì ▶家賃を~/逼交房租 bī jiāo fángzū ▶賭けで勝った金を~/赌赢的人催对方交钱 dǔ yíng de rén cuī duìfāng jiāo qián ❷【登用する】 提拔 tíbá; 提升 tíshēng (英 *promote*) ▶彼はだんだん取り立てられて今の地位にまでなった/他不断被提拔升到了现在的地位 tā búduàn bèi tíbá shēngdàole xiànzài de dìwèi

とりちがえる【取り違える】 弄错 nòngcuò (英 *take... for~; mistake*) ▶君は話を取り違えている/你弄错了 nǐ nòngcuò le ▶文章の意味を~/误解了文章的意思 wùjiěle wénzhāng de yìsi ▶日にちを~/搞错了日子 gǎocuòle rìzi

とりつぎ【取り次ぎ】 代购 dàigòu; 代销 dàixiāo;《伝言など》传达 chuándá; 转达 zhuǎndá (英 *agency*; [仲介] *intermediation*) ▶販売する/经销 jīngshòu
♦~店 营销店 yíngxiāodiàn; 代销店 dàixiāodiàn

トリック 诡计 guǐjì; 骗局 piànjú (英 *a trick*) ▶~を見破る/识破诡计 shípò guǐjì ▶~を使う/使诡计 shǐ guǐjì ▶~にかかる/中计 zhòngjì; 上当受骗 shàngdàng shòupiàn

とりつく【取り付く】 ❶【すがる】 缠住 chánzhù (英 *cling to...*) ❷【憑(つ)く】 附体 fùtǐ; 迷住 mízhù (英 *possess; obsess*) ▶とんでもない考えに取り付かれた/热衷于一种离奇的想法 rèzhōngyú yì zhǒng líqí de xiǎngfa ▶スピード熱に取り付かれている/热衷于飙车 rèzhōngyú biāochē ▶悪魔に取り付かれる/着魔 zháomó; 中邪 zhòngxié
~島もない 待理不理 dài lǐ bù lǐ; 无法接近 wúfǎ jiējìn ▶あのように言われては~島もない/被那样斥责，真是无话可说了 bèi nàyàng chìzé, zhēn shì wú huà kě shuō le

とりつぐ【取り次ぐ】 转达 zhuǎndá; 传达 chuándá;［仲介］*act as an agent*;［来客を］*answer the door*) ▶電話を~/转接内线电话 zhuǎnjiē nèixiàn diànhuà ▶伝言を~/传口信儿 chuán kǒu xìnr

とりつくろう【取り繕う】 弥缝 míféng; 掩饰 yǎnshì;［糊塗する］*smooth... over*;［当座を］*temporize; patch up*) ▶からくもその場を取り繕った/勉强敷衍了那一关 miǎnqiǎng fūyǎnle nà yì guān ▶不勉強を~/掩饰知识不够 yǎnshì zhīshi bú gòu

とりつけ【取り付け】 ❶【銀行の】 挤兑 jǐduì (英 *a run*) ▶銀行が~に会った/银行遭到了挤兑 yínháng zāodàole jǐduì ▶~騒ぎ/挤兑风潮 jǐduì fēngcháo ❷【備え付け】 安装 ānzhuāng (英 *furnishing*)

とりつける【取り付ける】 ❶【家具・機械などを】 安装 ānzhuāng; 装配 zhuāngpèi (英 *install; equip*) ▶校舎にはスチームが取り付けてある/学校里装有暖气 xuéxiàoli zhuāng yǒu nuǎnqì ▶ガスのメーターを~/安装煤气表 ānzhuāng méiqìbiǎo ❷【約束・契約などを】 取得 qǔdé; 签订 qiāndìng (英 *obtain*) ▶彼と6時に会う約束を取り付けた/我跟他约好六点见面 wǒ gēn tā yuēhǎo liù diǎn jiànmiàn ▶同意を~/取得同意 qǔdé tóngyì ▶契約を~/签订合同 qiāndìng hétong

とりで【砦】 堡垒 bǎolěi; 要塞 yàosài (英 *a fort; a fortress*) ▶心に平和の~を築く/在心中建立和平的堡垒 zài xīnzhōng jiànlì hépíng de bǎolěi ▶自由世界の最後の~/自由世界最后的堡垒 zìyóu shìjiè zuìhòu de bǎolěi

とりとめ【取り留め】
~のない 不着边际 bù zhuó biānjì ▶彼の話は全く~がない/他的话根本不着边儿 tā de huà gēnběn bù zhuó biānr ▶~のないことを言う/说一些不着边际的话 shuō yìxiē bù zhuó biānjì de huà ▶~のない空想にふける/沉溺于不着边际的空想 chénnìyú bù zhuó biānjì de kōngxiǎng

とりとめる【取り留める】 保住(性命) bǎozhù (xìngmìng) (英 *be saved from...*) ▶重傷だが生命は~だろう/虽然是重伤，生命大概可以保住 suīrán shì zhòngshāng, shēngmìng dàgài kěyǐ bǎozhù

とりどり 各式各样 gè shì gè yàng; 五光十色 wǔ guāng shí sè (英 *each; severally*) ▶彼らは色~の装いをしていた/他们打扮得五颜六色 tāmen dǎbande wǔ yán liù sè

とりなす【取り成す】 说和 shuōhe; 调和 tiáohé; 讲情 jiǎngqíng (英 *mediate; intercede*) ▶母が~ように父に言った/母亲用求情的口气对父亲说 mǔqin yòng qiúqíng de kǒuqì duì fùqin shuō ▶激しく口論する二人をなんとか取り成した/总算把激烈争吵的两个人给说和了 zǒngsuàn bǎ jīliè zhēngchǎo de liǎng ge rén gěi shuōhe le

とりにがす【取り逃がす】 错过 cuòguò; 放跑 fàngpǎo *fail to catch; miss* ▶容疑者を～/让犯罪嫌疑人给跑了 ràng fànzuì xiányírén gěi pǎo le

とりにく【鳥肉・鶏肉】 鸡肉 jīròu (英 *chicken*)

とりのこされる【取り残される】 落后 luòhòu (英 *be left*) ▶時代に～/落后于时代 luòhòuyú shídài ▶みんなに取り残された感じがする/感到落在大家的后边儿 gǎndào luòzài dàjiā de hòubiānr

とりのこす【取り残す】 剩下 shèngxià; 留下 liúxià (英 *leave behind*); [見落す] *overlook*

とりのぞく【取り除く】 排除 páichú; 除掉 chúdiào; 除去 chúqù (英 *remove; take away*) ▶体の毒素を～/排除体内的毒素 páichú tǐnèi de dúsù ▶不純物を～/除去不纯物质 chúqù bùchún wùzhì ▶これですっかり疑念が取り除かれるであろう/这样就会完全消除疑团了吧 zhèyàng jiù néng wánquán xiāochú yítuán le ba ▶無用なものを～/清除没用的东西 qīngchú méiyòng de dōngxi

とりはからう【取り計らう】 斡旋 wòxuán; 处理 chǔlǐ; 想办法 xiǎng bànfǎ (英 *manage; arrange; deal with...*) ▶お客様に御迷惑を掛けないよう取り計らいなさい/设法不给顾客带来麻烦 shèfǎ bù gěi gùkè dàilái máfan ▶僕が何とか取り計らいましょう/我来想办法处理吧 wǒ lái xiǎng bànfǎ chǔlǐ ba

とりばし【取り箸】 公筷 gōngkuài (英 *serving chopsticks*)

とりはずす【取り外す】 拆下 chāixià; 拆卸 chāixiè (英 *take away*); [設備を] *dismantle* ▶網戸を～/拆下纱窗 chāixià shāchuāng ▶テントを～/拆床帐篷 chāichú zhàngpeng

とりはだ【鳥肌】 鸡皮疙瘩 jīpí gēda (英 *gooseflesh; goose pimples*)

～が立つ 起鸡皮疙瘩 qǐ jīpí gēda ▶全身に～が立つ/浑身起鸡皮疙瘩 húnshēn qǐ jīpí gēda ▶それを見て～が立った/看到那个情景，毛骨悚然 kàndào nàge qíngjǐng, máo gǔ sǒng rán

とりはらう【取り払う】 拆除 chāichú; 撤除 chèchú (英 *remove; clear away*) ▶道路の障害物を～/清除路上的障碍 qīngchú lùshang de zhàng'ài

とりひき【取り引きする】 交易 jiāoyì (英 *transact business with...; deal with...*) ▶商売上の～/买卖上的交易 mǎimàishàng de jiāoyì ▶不動産の～/房地产交易 fángdìchǎn jiāoyì ▶～を中止する/停止这项交易 tíngzhǐ zhè xiàng jiāoyì ▶多額の～をする/进行巨额的交易 jìnxíng jù'é de jiāoyì ▶会社は事業を拡張して今では年商5億円の～がある/公司扩大事业，现在年交易额达五亿日元 gōngsī kuòdà shìyè, xiànzài niánjiāoyì'é dá wǔyì Rìyuán ▶両党間で裏～があったらしい/两党间好像暗地里有政治交易 liǎng dǎng zhī jiān hǎoxiàng àndìli yǒu zhèngzhì jiāoyì ▶条件次第で～に応じてもよい/根据条件，这个交易可以考虑 gēnjù tiáojiàn, zhège jiāoyì kěyǐ kǎolǜ

◆インサイダー～ 内部交易 nèibù jiāoyì 現金～ 现金交易 xiànjīn jiāoyì 先物～ 期货交易 qīhuò jiāoyì 証券～所 证券交易所 zhèngquàn jiāoyìsuǒ 信用～ 信用交易 xìnyòng jiāoyì ～関係 交易关系 jiāoyì guānxi ～銀行 交易银行 jiāoyì yínháng ～先 客户 kèhù ～所 交易所 jiāoyìsuǒ

トリプル 三重 sānchóng (英 *triple*) ▶《野球の》～プレー/三重杀 sān chóng shā ▶～安/三重跌价 sān chóng diējià

ドリブル (サッカーなど) 运球 yùnqiú;《バレーボールなど》连击 liánjī (英 *a dribble*)

とりぶん【取り分】 (应得的)份儿 (yīngdé de) fènr; 份额 fèn'é (英 *one's share*)

とりまき【取り巻き】 帮闲 bāngxián; 狗腿子 gǒutuǐzi (英 *a hanger-on*) ▶本人も悪いが～連中はもっと悪い/本人固然不好，周围那帮喽罗更坏 běnrén gùrán bù hǎo, zhōuwéi nà bāng lóuluo gèng huài

とりまぎれる【取り紛れる】 忙于 mángyú; 因⋯不能 yīn gù⋯bùnéng (英 *be distracted with...*) ▶用事に取り紛れて返事が書けない/忙于杂事不能回信 mángyú záshì bùnéng huíxìn

とりまく【取り巻く】 围绕 wéirào; 包围 bāowéi (英 *surround; gather around*) ▶子供を～環境の変化/孩子周围环境的变化 háizi zhōuwéi huánjìng de biànhuà ▶農業を～情勢はますます厳しくなっている/围绕农业的形势越来越严峻 wéirào nóngyè de xíngshì yuèláiyuè yánjùn

とりまぜる【取り混ぜる】 混在一起 hùnzài yìqǐ (英 *put together; mix*) ▶市内には大小取り混ぜて800の橋がかかっている/市内大大小小共有八百座桥梁 shìnèi dàdàxiǎoxiǎo gòngyǒu bābǎi zuò qiáoliáng

とりまとめる【取り纏める】 调整 tiáozhěng; 汇总 huìzǒng (英 *gather together; arrange in order*) ▶～役/负责调整的角色 fùzé tiáozhěng de juésè ▶最終報告書を～/总结最终报告 zǒngjié zuìzhōng bàogào

とりみだす【取り乱す】 发慌 fāhuāng; 慌乱 huāngluàn (英 *[乱雑にする] put in disorder*; [あわてる] *lose one's composure*) ▶~を別虽不套 bié luàntàotào ▶その知らせを聞いて、彼女はすっかり取り乱した/她听到那个消息乱了方寸 tā tīngdào nàge xiāoxi luànle fāngcùn ▶彼には取り乱した様子はなかった/他看上去不慌不乱 tā kànshàngqu bù huāng bú luàn ▶取り乱した母親を見たのは初めてだ/第一次看到母亲那么慌乱，第一次 dìyī cì kàndào mǔqin nàme huāngluàn

トリミング 《写真》修整 xiūzhěng;《洋装》装饰边 zhuāngshìbiān;《ペット》修剪 xiūjiǎn (英 *trimming*)

とりめ【鳥目】 〔医〕雀盲眼 quèmángyǎn; 夜盲

yèmáng(英 night blindness)
とりもち【鳥黐】 粘鸟胶 niánniǎojiāo (英 birdlime)
とりもつ【取り持つ】(英 act as a go-between) ▶仲を～/牵线 qiānxiàn; 撮合 cuōhe; 周旋 zhōuxuán ▶釣りが～縁で社長と親しくなった/因为钓鱼结下的缘分, 跟总经理成了好朋友 yīnwèi diàoyú jié xià de yuánfèn, gēn zǒngjīnglǐ chéngle hǎopéngyou
とりもどす【取り戻す】 恢复 huīfù; 收复 shōufù; 挽回 wǎnhuí (英 get back; recover) ▶メンツを～/挽回面子 wǎnhuí miànzi ▶商店街は以前のにぎわいを取り戻した/商店街恢复了以往的繁荣 shāngdiàn jiē huīfùle yǐwǎng de fánróng ▶この勝利によって自信を～ことができた/由于这次胜利,信心得到了恢复 yóuyú zhècì shènglì, xìnxīn dédàole huīfù ▶週末に睡眠の不足を～/周末把不足的睡眠补回来 zhōumò bǎ bùzú de shuìmián bǔ huílái ▶損失を～/挽回损失 wǎnhuí sǔnshī ▶その番組は視聴率のトップを取り戻した/那个节目的收视率又重新夺魁 nàge jiémù de shōushìlǜ yòu chóngxīn duókuí
とりもなおさず【取りも直さず】 就是 jiùshì; 等于 děngyú (英 namely; that is to say) ▶彼が反対だということは—全員が反対だということだ/他反对也就意味着大家都反对 tā fǎnduì yě jiù yìwèizhe dàjiā dōu fǎnduì
とりやめる【取りやめる】 取消 qǔxiāo; 作罢 zuòbà; 停止 tíngzhǐ (英 stop; call off; cancel) ▶途中で旅行を～/中途取消旅行 zhōngtú qǔxiāo lǚxíng ▶応募人数が少ない場合は説明会を～ことがあります/如果报名人数过少的话, 也有可能取消说明会 rúguǒ bàomíng rénshù guòshǎo dehuà, yě yǒu kěnéng qǔxiāo shuōmínghuì
とりょう【塗料】 涂料 túliào; 颜料 yánliào (英 paints)
どりょう【度量】 度量 dùliàng; 胸怀 xiōnghuái (英 generosity) ▶～が小さい/心胸狭窄 xīnxiōng xiázhǎi ▶～の広い人/器量大的人 qìliáng dà de rén
どりょうこう【度量衡】 度量衡 dùliànghéng (英 weights and measures) ▶～制度/度量衡制度 dùliànghéng zhìdù
どりょくする【努力する】 奋斗 fèndòu; 努力 nǔlì (英 effort; an endeavor) ▶これは皆様の長年にわたる～の賜物であります/这是各位多年来奋斗的结晶 zhè shì gèwèi duōnián lái fèndòu de jiéjīng ▶彼は天才というよりむしろ～の人だ/他与其说是天才不如说是一个勤奋的人 tā yǔ qí shuōshì tiāncái bùrú shuōshì yí ge qínfèn de rén ▶一層～する/更加努力 gèngjiā nǔlì ▶あらゆる～を傾ける/竭尽全力 jiéjìn quánlì ▶勝利を得ようと～する/为赢得胜利而奋斗 wèi yíngdé shènglì ér fèndòu ▶彼は平気な顔をしようと～した/他努力装出一付平静的样子 tā nǔlì zhuāngchū yí fù píngjìng de yàngzi ▶だれも彼

を助けようと～をしなかった/谁都不肯出力帮助他 shéi dōu bùkěn chūlì bāngzhù tā
◆～家/勤奋的人 qínfèn de rén
とりよせる【取り寄せる】(英 order from...) ▶本を外国から～/从外国邮购书籍 cóng wàiguó yóugòu shūjí
ドリル ❶【工具】钻 zuàn (英 a drill) ❷【練習】习题 xítí (英 a drill)
とりわけ 尤其 yóuqí; 特別 tèbié (英 especially; particularly) ▶雨上がりの古都は～緑が鮮やかだ/雨后的古都格外葱郁 yǔhòu de gǔdū géwài cōngyù ▶彼はスポーツ好きだが～サッカーが好きだ/他爱运动, 尤其喜欢踢足球 tā ài yùndòng, yóuqí xǐhuan tī zúqiú
とりわける【取り分ける】 分开 fēnkāi; 拨 bō (英 separate; [料理を] serve) ▶鍋から皿に～/从锅里舀出来分到碟子里 cóng guōli yǎo chūlái fēndào diézili
とる【取る・採る・執る】 ❶【手に】拿 ná; 捉 zhuō (英 take up; hold; catch) ▶《食卓で》砂糖を取って下さい/请把糖递过来 qǐng bǎ táng dìguòlai ▶胸倉を～/抓住前襟 zhuāzhù qiánjīn
❷【得る・受け取る】 得到 dédào; 获得 huòdé (英 get; obtain) ▶資格を～/获取资格 huòqǔ zīgé ▶彼が1等賞を取りました/他获得了一等奖 tā huòdéle yì děng jiǎng ▶よい点を～/得高分儿 dé gāofēnr ▶やっと運転免許を取った/终于考出了驾驶执照 zhōngyú kǎochūle jiàshǐ zhízhào
❸【採用】 采取 cǎiqǔ; 采用 cǎiyòng (英 adopt; take) ▶法的措置を～/行使法律手段 xíngshǐ fǎlǜ shǒuduàn ▶敵対的態度を～/采取敌视的态度 cǎiqǔ díshì de tàidù ▶最後の手段を～/行使最后手段 xíngshǐ zuìhòu shǒuduàn ▶今年は新人10人を採った/今年录用了十个新职员 jīnnián lùyòngle shí ge xīnzhíyuán
❹【奪う】 夺取 duóqǔ; 偷 tōu; 窃取 qièqǔ (英 steal; rob) ▶あっ, 財布を取られた/哎呀, 我的钱包被偷了! āiyā, wǒ de qiánbāo bèi tōu le!
❺【除く】 去掉 qùdiào; 除去 chúqù; 删掉 shāndiào (英 remove; take out) ▶蓋を～/揭开盖子 jiēkāi gàizi ▶インキのしみを～/去掉墨水的污迹 qùdiào mòshuǐ de wūjì
❻【購読】 订阅 dìngyuè (英 take; subscribe) ▶せめて半年うちの新聞を取って下さいよ/半年也行, 请订阅我们报纸吧 bàn nián yě xíng, qǐng dìngyuè wǒmen bàozhǐ ba
❼【選択】 选择 xuǎnzé; 挑选 tiāoxuǎn (英 choose) ▶選択科目ではフランス語を取った/在选修课里选了法语 zài xuǎnxiūkèli xuǎnle Fǎyǔ
❽【飲食】 吃 chī; 摄取 shèqǔ (英 eat; have) ▶しっかり栄養を～んだよ/好好儿摄取营养吧 hǎohāor shèqǔ yíngyǎng ba
❾【要する】 费 fèi; 耗费 hàofèi (英 require) ▶場所を～/占地方 zhàn dìfang ▶こんなに時間を取られてはかなわない/被占用了这么长的时间, 受不了 bèi zhànyòngle zhème cháng de shíjiān,

zhēn shōubuliǎo

❿【解する】 理解 lǐjiě; 解释 jiěshì (英 understand) ▶それはいろいろな意味に取れる/那可以有各种各样的解释 nà kěyǐ yǒu gèzhǒng gèyàng de jiěshì

⓫【採集・採取・捕獲】 采 cǎi; 摘 zhāi; 捕 bǔ (英 pick; catch) ▶魚を～/捕鱼 bǔyú ▶きのこを～/采蘑菇 cǎi mógu ▶昆虫を～/捕捉昆虫 bǔzhuō kūnchóng ▶菜種から油を～/从菜籽儿里榨油 cóng càizǐrli zhàyóu; 用菜籽儿榨油 yòng càizǐr zhàyóu ▶山で薬草を～/在山上采药 zài shānshang cǎi yào ▶採ったばかりのなすです/这是刚刚摘下来的茄子 zhè shì gānggāng zhāixiàlái de qiézi

⓬【料金】 收 shōu; 索取 suǒqǔ; 要 yào (英 charge; ask) ▶利子を～/收利息 shōu lìxī

⓭【その他】 ▶帽子を～/摘下帽子 zhāixià màozi ▶メモを～/记笔记 jì bǐjì; 作记录 zuò jìlù ▶アンケートを～/作问卷调查 zuò wènjuàn diàochá ▶世界標準に後れを～/落后于国际标准 luòhòuyú guójì biāozhǔn ▶責任を～/承担责任 chéngdān zérèn ▶早く行って場所を広く取っておけ/快去占个大地方 kuài qù zhàn ge dà dìfang ▶投票で決を～/投票表决 tóupiào biǎojué

ことわざ 取らぬ狸の皮算用 打如意算盘 dǎ rú yì suàn pán

～に足らない 微不足道 wēi bù zú dào ▶あいつの意見は～に足らない/他的意见没什么价值 tā de yìjiàn méi shénme jiàzhí ▶～に足らない役割/无足轻重的任务 wú zú qīng zhòng de rènwu ▶～に足らない金額/不值一提的金额 bù zhí yì tí de jīn'é

とる【撮る】 拍 pāi; 拍摄 pāishè (英 take a picture) ▶写真を～/照相 zhàoxiàng; 拍照 pāizhào ▶映画を～/拍电影 pāi diànyǐng ▶テレビドラマを～/拍摄电视剧 pāishè diànshìjù

ドル 美元 Měiyuán (英 a dollar;《记号》$) ▶～を買う/买进美元 mǎijìn Měiyuán

♦**～相場**：美元比价 Měiyuán bǐjià

トルコいし【トルコ石】 绿松石 lǜsōngshí; 土耳其玉石 Tǔěrqíyù (英 a turquoise)

どれ ❶【いずれ】 哪个 nǎge (英 which) ▶～が一番好きか/最喜欢哪个？ zuì xǐhuan nǎge? 私には～が～だかわからない/我搞不清哪个是哪个了 wǒ gǎobuqīng nǎge shì nǎge le ▶このうち～かはお気に召すはずです/你早晚会对其中的一个中意的 nǐ zǎowǎn huì duì qízhōng de yí ge zhòngyì de ▶でも好きなのをお取りなさい/你喜欢哪个就拿哪个吧 nǐ xǐhuan nǎge jiù ná nǎge. ba ▶このうちの～も気に入らない/这些我哪个都不喜欢 zhèxiē wǒ nǎge dōu bù xǐhuan ▶～も捨てがたい名作だ/都是不容忽视的名著 dōu shì bùróng hūshì de míngzhù ❷【さて】(英 well; now) ▶～～, 見せてごらん/哪个哪个, 给我看看 nǎge nǎge, gěi wǒ kànkan

～ほど[～だけ] 多少 duōshao; 多么 duōme → どのくらい ▶君はマンガを～だけ読めば気がすむの/你到底看多少漫画才够？ nǐ dàodǐ kàn duōshao mànhuà cái gòu? ▶～ほど君を愛しているか分かっているのか/我多么爱你, 你知道吗？ wǒ duōme ài nǐ, nǐ zhīdào ma?

どれい【奴隷】 奴隶 núlì (英 a slave) ▶～のように働く/像奴隶一样地干活 xiàng núlì yíyàng de gànhuó ▶～を解放する/解放奴隶 jiěfàng núlì ▶～制度廃止/废除奴隶制度 fèichú núlì zhìdù ▶～根性/奴性 núxìng

トレー 托盘 tuōpán (英 a tray)

トレーシングペーパー 复写纸 fùxiězhǐ; 描图纸 miáotúzhǐ (英 tracing paper)

トレースする 描图 miáotú (英 trace)

トレード【取引】 交易 jiāoyì; 贸易 màoyì;《野球》交换运动员 jiāohuàn yùndòngyuán (英 a trade) ▶フェア～/公平贸易 gōngpíng màoyì

トレードマーク 商标 shāngbiāo;《人の特徴》特征 tèzhēng (英 a trademark) ▶彼は～のひげをきれいに剃り落とした/他将那标志性的胡子刮得一干二净 tā jiāng nà biāozhìxìng de húzi guāde yī gān èr jìng

トレーナー ❶【衣服】 运动衣 yùndòngyī (英 a sweat suit) ❷【訓練士】 教练 jiàoliàn (英 a trainer)

トレーニング 锻炼 duànliàn; 训练 xùnliàn (英 training)

♦**～ウエア**：训练服 xùnliànfú; 运动服 yùndòngfú

トレーラー 拖车 tuōchē (英 a trailer) ▶～ハウス/移动住宅 yídòng zhùzhái

どれくらい 多少 duōshao; 多么 duōme (英 how many; how much) ▶授業料は～するの？/学费是多少钱？ xuéfèi shì duōshao qián? ▶ねぇ, 私のこと～好き？/你说, 我有多爱我？ nǐ shuō, nǐ yǒu duō ài wǒ?

ドレス【服飾】 女礼服 nǚlǐfú (英 a dress)

とれだか【取れ高】 收获量 shōuhuòliàng; 产量 chǎnliàng (英 a catch; a harvest)

ドレッサー《化粧台》 梳妆台 shūzhuāngtái (英 a dresser)

ドレッシング《食品》 调料汁 tiáoliàozhī (英 dressing)

とれる【取れる】 ❶【脱落・除去】 掉 diào; 脱落 tuōluò;《消える》 消除 xiāochú (英 come off; be removed) ▶上着のボタンが取れているよ/上衣的扣子掉了 shàngyī de kòuzi diào le ▶痛みが取れた/不疼了 bù téng le ❷【得られる】 出产 chūchǎn; 捕获 bǔhuò (英 be obtained; be caught) ▶この鉱山から年産約千トンの銅が～/这座矿山每年大约可以生产一千吨铜 zhè zuò kuàngshān měinián dàyuē kěyǐ shēngchǎn yìqiān dūn tóng ▶今年はまぐろがあまり取れなかった/今年金枪鱼的渔获量不太高 jīnnián jīnqiāngyú de yúhuòliàng bú tài gāo ❸【意味が】 可以理解 kěyǐ lǐjiě; 被解释 bèi jiěshì (英 be interpreted) ▶あの発言は賛成とも反対とも～/那发言可以理解为赞成, 也可以理解为不

トレンチコート〚服飾〛风衣 fēngyī (英 *a trench coat*)

とろ【吐露する】吐露 tǔlù (英 *set forth*; *speak*) ▶胸中を～する/吐露心声 tǔlù xīnshēng ▶忌憚(きたん)なく意見を～する/毫无顾忌地发表意见 háowú gùjì de fābiǎo yìjiàn

どろ【泥】泥 ní; 烂泥 lànní (英 *mud*; *dirt*) ▶～道/泥泞的道路 nínìng de dàolù ▶《車などの)～よけ/挡泥板 dǎngníbǎn ▶後ろ足で～をかける/留下一片烂摊子让别人收拾 liúxià yípiàn làntānzi ràng biérén shōushi

～だらけ 沾满泥土 zhānmǎn nítǔ; 满是泥 mǎn shì ní ▶靴が～だらけになる/鞋上沾满泥土 xiéshang zhānmǎn nítǔ ▶～だらけの青春/坎坷的青春 kǎnkě de qīngchūn

～を塗る 抹黑 mǒhēi ▶俺の顔に～を塗る気か/你要往我脸上抹黑嘛！nǐ yào wǎng wǒ liǎnshang mǒhēi ma！

とろい 呆傻 dāishǎ; 迟钝 chídùn (英 *slow*; *stupid*)

とろう【徒労の】徒劳 túláo; 白费劲 báifèijìn (英 *fruitless*) ▶～に終わる/归于徒劳 guīyú túláo

トローチ【薬】含片 hánpiàn (英 *a troche*) ▶のど用～をなめる/吃润喉片 chī rùnhóupiàn

トロール 拖网 tuōwǎng (英 *a trawl*) ▶～船/拖网渔船 tuōwǎng yúchuán

どろくさい【泥臭い】土气 tǔqì (英 *unrefined*) ▶～が堅実な設計だ/设计虽然有点儿土气，但却十分扎实牢靠 shèjì suīrán yǒudiǎnr tǔqì, dàn què shífēn zhāshi láokào

とろける 溶化 rónghuà ［溶ける］ *melt away*; ［心が］ *be fascinated*) ▶～ような美しい声/柔美的声音 róuměi de shēngyīn

どろじあい【泥仕合をする】互相揭短 hùxiāng jiēduǎn; 丑陋的争论 chǒulòu de zhēnglùn (英 *engage in mudslinging*) ▶～を演じる/演出互相揭丑的丑剧 yǎnchū hùxiāng jiēchǒu de chǒujù

トロッコ 斗车 dǒuchē (英 *a truck*; *a trolley*)

ドロップ ❶【菓子】水果糖 shuǐguǒtáng (英 *drops*) ❷【落ちる】降落 jiàngluò; 落下 luòxià (英 *a drop*)

～アウトする 落伍 luòwǔ; 落后 luòhòu

とろとろ【火】微弱 wēiruò; 小 xiǎo (英 *slowly*) ▶～と眠る/打盹儿 dǎdǔnr; 打瞌睡 dǎ kēshuì ▶～煮る/炖 dùn

どろどろ【地面】泥泞 nínìng; 《粘液》稀烂 xīlàn; 粘糊 niánhú (英 *muddy*; *thick*) ▶道が～になる/路都变得泥泞 lù dōu biànde nínìng ▶～になるまで煮る/炖得很黏糊 dùnde hěn nián hú

どろなわ【泥縄の】临阵磨枪 lín zhèn mó qiāng; 临渴掘井 lín kě jué jǐng (英 *at the eleventh hour*) ▶まさに～式の対策である/真是临阵磨枪式的应对措施 zhēn shì lín zhèn mó qiāng shì de yìngduì cuòshī

どろぬま【泥沼】泥坑 níkēng; 泥塘 nítáng;《比喩的に》困境 kùnjìng (英 *a bog*; *a quag*; *a mire*) ▶抗争は～にはまりこんだ/抗争陷入了泥潭 kàngzhēng xiànrùle nítán ▶～から抜け出す/脱离困境 tuōlí kùnjìng

とろび【とろ火】文火 wénhuǒ; 细火 xìhuǒ (英 *a low fire*) ▶～で煮る/炖 dùn; 煨 wēi ▶鍋を～にかける/把锅放在文火上 bǎ guō fàngzài wénhuǒshàng

どろぼう【泥棒】小偷儿 xiǎotōur (英 *a thief*; ［強盗］ *a robber*) ▶～を捕まえる/抓小偷儿 zhuā xiǎotōur ▶～に狙われる危険性がある/有可能被偷 yǒu kěnéng bèi tōu ▶～/盗窃 dàoqiè ▶自転車～/偷自行车的人 tōu zìxíngchē de rén ▶～根性/作贼的本性 zuò zéi de běnxìng

ことわざ 泥棒に追い銭 赔了夫人又折兵 péile fūrén yòu zhé bīng

ことわざ 泥棒を捕らえて縄をなう 临阵磨枪 lín zhèn mó qiāng; 临渴掘井 lín kě jué jǐng

人を見たら～と思え 提防小偷，对谁都不要放松警惕 tífáng xiǎotōu, duì shéi dōu búyào fàngsōng jǐngtì

どろみず【泥水】泥水 níshuǐ; 泥浆 níjiāng (英 *muddy water*) ▶～をはねながら歩く/溅着泥水走 jiànzhe níshuǐ zǒu

どろりとした 粘稠 niánchóu (英 *thick*)

トロリーバス 无轨电车 wúguǐ diànchē (英 *a trolley bus*)

とろろ 山药汁 shānyàozhī (英 *grated yam*)

とろん (目付きが) 将要沉睡的样子 jiāng yào chénshuì de yàngzi (英 *sleepy*; *drowsy*) ▶～とした目/睡眼惺忪 shuìyǎn xīngsōng

トロンボーン〚楽器〛长号 chánghào (英 *a trombone*)

どわすれ【度忘れ】一时想不起 yìshí xiǎngbuqǐ (英 *a slip of memory*) ▶名前をちょっと～しました/一时想不起名字来了 yìshí xiǎngbuqǐ míngzi lái le

トン（重量単位）吨 dūn (英 *a ton*) ▶三千～の船/三千吨的船 sānqiān dūn de chuán ▶10～積みの貨車/载重量十吨的货车 zàizhòngliàng shí dūn de huòchē ▶総～数/总吨位 zǒngdūnwèi

どん（音など）嘭 pēng (英 *a boom*; *a bang*) ▶～と鉄砲が鳴った/嘭地一声枪响了 pēng de yì shēng qiāng xiǎng le ▶ドアに～とぶつかる/嘭地一声碰到门上 pēng de yì shēng pèngdào ménshang ▶机を～と叩く/嘭地敲了一下桌子 pēng de qiāo le yíxià zhuōzi

どん【鈍な】（のろま）迟钝 chídùn (英 *dull*) ▶なんて～なやつなんだ/真是个笨东西 zhēn shì ge bèn dōngxi

ドン 头目 tóumù; 首领 shǒulǐng (英 *a boss*) ▶あれは業界の～と呼ばれた人物だ/他是在业界被视做头领的人物 tā shì zài yèjiè bèi shì zuò tóulǐng de rénwù

どんかく【鈍角】 钝角 dùnjiǎo 英 *an obtuse angle*

とんかち《金づち》 锤子 chuízi；铁锤 tiěchuí 英 *a hammer*

とんカツ【豚カツ】〖料理〗 炸猪排 zházhūpái 英 *a breaded and fried pork cutlet*

どんかん【鈍感な】 反应迟钝 fǎnyìng chídùn；不敏感 bùmǐngǎn 英 *insensible*；［のろまな］*dull*

どんき【鈍器】 钝器 dùnqì 英 *a blunt weapon*

ドングリ〖植物〗 橡实 xiàngshí 英 *an acorn*
ことわざ どんぐりの背比べ 不相上下 bù xiāng shàng xià；半斤八两 bàn jīn bā liǎng
◆~眼／大圆眼睛 dà yuán yǎnjing

どんこう【鈍行】 慢车 mànchē 英 *a slow train; a local* ▶旅は~に限る／旅行就得坐慢车才有趣味 lǚxíng jiù děi zuò mànchē cái yǒu qùwèi

とんざ【頓挫する】 挫折 cuòzhé；停顿 tíngdùn 英 *come to a deadlock*
~をきたす 受到挫折 shòudào cuòzhé ▶その事故のため我々の計画は~をきたした／因为那个事故我们的计划受到挫折 yīnwèi nàge shìgù wǒmen de jìhuà shòudào cuòzhé

どんさい【鈍才】 蠢货 chǔnhuò；不才 bùcái 英 *a dull person*

とんし【頓死する】 猝死 cùsǐ 英 *die suddenly*

どんじゅう【鈍重な】 迟钝 chídùn；笨拙 bènzhuō 英 *slow-witted* ▶牛の動きは~であるが耐久力に勝る／牛的动作迟钝却富有持久力 niú de dòngzuò chídùn què fùyǒu chíjiǔlì

どんじり【どん尻】 最后 zuìhòu；末尾 mòwěi 英 *the tail end* ▶彼は~を走っている／他跑在最后 tā pǎozài zuìhòu ▶成績はいつも~だ／成绩总是排在最后 chéngjì zǒngshì páizài zuìhòu

どんす【緞子】《布地》 缎子 duànzi 英 *damask silk*

とんそう【遁走】 逃跑 táopǎo；跑掉 pǎodiào 英 *flight* ▶~する／逃跑 táopǎo
◆~曲〖音楽〗 赋格曲 fùgéqǔ

どんぞこ【どん底】 最底层 zuìdǐcéng 英 *the bottom; the depths* ▶人生の~に転げ落ちる／落到人生的最底层 luòdào rénshēng de zuìdǐcéng ▶失意の~にある／处于失落的最低潮 chǔyú shīluò de zuìdīcháo ▶不況の~が続く／经济长期处于萧条的低谷 jīngjì chángqī chǔyú xiāotiáo de dīgǔ ▶~の生活／最底层的生活 zuìdǐcéng de shēnghuó

とんだ 意外的 yìwài de；（ひどい）严重的 yánzhòng de 英 *surprising; unexpected; terrible* ▶~御迷惑をおかけいたしました／给你带来这么大的麻烦，实在抱歉 gěi nǐ dàilái zhème dà de máfan, shízài bàoqiàn ▶僕は途中で~めにあった／我在路上碰到意外 wǒ zài lùshang pèngdào yìwài ▶~茶番劇だ／拙劣的闹剧 zhuōliè de nàojù

とんち【頓知】 机智 jīzhì 英 *wit; quick wit* ▶~をきかす／发挥机智 fāhuī jīzhì ▶~のある人／聪明机智的人 cōngmíng jīzhì de rén

とんちゃく【頓着】 介意 jièyì；在意 zàiyì 英 *mind; care about…*
~しない 不介意 bújièyì；不在乎 búzàihu ▶彼は身なりなどに~しない／他不介意服装打扮 tā bújièyì fúzhuāng dǎbàn ▶人が何と言おうと私は~しない／别人说什么我都不在乎 shénme wǒ dōu búzàihu ▶彼はどんな結果になるか~せずに行動する／他不顾结果一意孤行 tā búgù jiéguǒ yí yì gū xíng

どんちゃんさわぎ【どんちゃん騒ぎ】 喝酒唱歌大喧闹 hējiǔ chànggē dàxuānnào 英 *a spree; a wild party*

どんちょう【緞帳】 舞台幕 wǔtáimù 英 *a drop curtain*

とんちんかん【頓珍漢な】 前后不符 qiánhòu bùfú 英 *inconsistent; incoherent* ▶~なことを言う／说得自相矛盾 shuōde zìxiāng máodùn ▶どうも話が~だ／说得真是前后矛盾 shuōde zhēn shì qiánhòu máodùn

どんつう【鈍痛】 隐隐作痛 yǐnyǐn zuòtòng 英 *a dull pain* ▶背中に~がある／后背隐隐作痛 hòubèi yǐnyǐn zuòtòng

とんでもない 岂有此理 qǐ yǒu cǐ lǐ；毫无道理 háowú dàolǐ；哪儿的话 nǎr de huà 英 *unexpected* ▶あの人が学者ですって，~／他是学者？谁信呀！tā shì xuézhě? shéi xìn a ! ▶~，私はあなたの思っているような馬鹿ではありませんよ／你说什么？ 我可不像你想象的那么蠢 nǐ shuō shénme? wǒ kěbuxiàng nǐ xiǎngxiàng de nàme chǔn ▶彼は~要求を持ち出した／他提出无理的要求 tā tíchū wúlǐ de yāoqiú ▶僕は~間違いをしでかした／我犯了一个不像话的错误 wǒ fànle yí ge búxiànghuà de cuòwù ▶~話／不可思议的话 bùkě sīyì de huà

どんてん【曇天】 阴天 yīntiān 英 *cloudy weather; a cloudy sky* ▶~により本日の星座観察会は中止です／因为是阴天，今天观察星座的活动就取消了 yīnwèi shì yīntiān, jīntiān guānchá xīngzuò de huódòng jiù qǔxiāo le

どんでんがえし【どんでん返し】 急转直下 jí zhuǎn zhí xià；完全颠倒过来 wánquán diāndǎoguòlái 英 *a surprise ending* ▶ラストは意表を突く~となる／结局出人所料，剧情急转直下 jiéjú chū rén suǒ liào, jùjìng jí zhuǎn zhí xià

とんと 英 *entirely; (not) at all* ▶その後のことは~わからない／结局如何，不得而知 jiéjú rúhé, bù dé ér zhī

とんとん 英 **1**〖音〗 咚咚 dōngdōng；嘭嘭 pēngpēng 英 *tap, tap* ▶ドアを~叩く／嘭嘭敲门 pēngpēng qiāomén **2**〖収支が見合う〗 收支平衡 shōuzhī pínghéng；不赔不赚 bù péi bú zhuàn 英 *be even* ▶五千部売れて~になる／卖掉五千部就不赔不赚了 màidiào wǔqiān bù jiù bù péi bú zhuàn le

どんどん ❶【順調に・次々と】順利 shùnlì; 一个接一个 yíge jiē yíge (英 *continuously*) ▶工事が～進む/工程进展顺利 gōngchéng jìnzhǎn shùnlì ▶遠慮せずに～言ってくれ/不要客气畅所欲言 búyào kèqi chàng suǒ yù yán ▶足取りも軽く～歩く/迈着轻快的步子 màizhe qīngkuài de bùzi ▶人が～集まった/聚集了一大群的人 jùjíle dà qún de rén ▶酒を持って来い/多上酒来 duō shàng jiǔ lái ❷【音】咚咚 dōngdōng ([砲声など] *bang, bang*; [足踏み] *tramp, tramp*) ▶～戸をたたく/咚咚敲窗户 dōngdōng qiāo chuānghu

とんとんびょうし【とんとん拍子に】一帆风顺 yì fān fēng shùn (英 *rapidly; without a hitch*) ▶～に出世する/平步青云 píngbù qīng yún ▶事業は～に進んでいる/事业都是一帆风顺 shìyè dōu shì yì fān fēng shùn

どんな 什么样的 shénmeyàng de; 怎么样的 zěnmeyàng de (英 *what sort of...*) ▶～ところ/什么地方 shénme dìfang ▶会社は～人を求めているのか/公司需要什么样的人？gōngsī xūyào shénmeyàng de rén? ▶学長って～人ですか/校长是一个什么样的人？xiàozhǎng shì yí ge shénmeyàng de rén? ▶金さえあれば～ことでもできるのか/只要有钱什么事都能实现吗？zhǐyào yǒuqián shénme shì dōu néng shíxiàn ma? ▶～ことでもします/什么事儿都办 shénme shìr dōu bàn ▶～ことが起きないともかぎらない/什么事儿都有可能发生 shénme shìr dōu yǒu kěnéng fāshēng ▶お母さんは～に喜んだことでしょう/母亲该多高兴啊！mǔqīn gāi duō gāoxìng a! ▶～ことがあってもここを離れてはいけない/不管发生什么事情都不能离开这儿 bùguǎn fāshēng shénme shìqing dōu bùnéng líkāi zhèr ▶～に働いても返済しきれない借金がある/无论怎么拼命干活儿也还不清债 wúlùn zěnme pīnmìng gànhuór yě huánbuqīng zhài ▶～もんだい/你看，我办得怎么样？nǐ kàn, wǒ bànde zěnmeyàng?

トンネル 隧道 suìdào; 地道 dìdào (英 *a tunnel*) ▶国境の長い～を抜ける/穿过国境线上长长的隧道 chuānguò guójìngxiànshang chángcháng de suìdào ▶～を掘る/挖隧道 wā suìdào; 开凿隧道 kāizáo suìdào

◆～会社:皮包公司 píbāo gōngsī

トンビ【鳶】⇨トビ（鳶）

どんぴしゃり 丝毫不错 sīháo búcuò; 分毫不差 fēnháo bú chà (英 *just right*) ▶僕の予想は～だった/我预料得不差分毫 wǒ yùliàode bù chà fēnháo

とんぷく【頓服】【薬】一次服下的（镇痛、退烧等）药 yí cì fúxià de (zhèntòng, tuìshāo děng) yào (英 *a dose of medicine*) ▶痛み止めの～を飲んだ/服下了一次性的止痛药 fúxiàle yícìxìng de zhǐtòngyào

どんぶり【丼】大碗 dàwǎn; 海碗 hǎiwǎn (英 *a bowl*) ▶～鉢/大碗/海碗 hǎiwǎn ▶うなぎ～/鳗鱼盖饭 mányú gàifàn

◆～勘定: 糊涂账 hútúzhàng ～飯/大碗饭 dàwǎnfàn ～物/盖浇饭 gàijiāofàn

トンボ【蜻蛉】【虫】蜻蜓 qīngtíng (英 *a dragonfly*)

とんぼがえり【蜻蛉返り】❶【宙返り】筋斗 jīndou (英 *a somersault*) ▶～を打つ/翻跟头 fān gēntou ❷【すぐ帰る】到了就赶回 dàole jiù gǎnhuí (英 *a quick turn*) ▶九州から～する/到九州马上就回来 dào Jiǔzhōu mǎshàng jiù huílái

とんま【頓馬】笨蛋 bèndàn; 蠢货 chǔnhuò (英 *a stupid fellow*)

とんや【問屋】批发店 pīfādiàn (英 *a wholesale store*) ▶これはどこの～から仕入れたのですか/这是从哪个批发商那儿买进的？zhè shì cóng nǎge pīfāshāng nàr mǎijìn de?

◆そうは～が卸さない 可没那么便宜的事儿 kě méi nàme piányi de shìr

どんよく【貪欲な】贪婪 tānlán; 贪心 tānxīn (英 *greed; avarice*) ▶～なまでに先進技術を吸収する/如饥似渴地汲取先进技术 rú jī sì kě de jíqǔ xiānjìn jìshù ▶～な読書家/热心的书迷 rèxīn de shūmí

どんより（天気）阴沉沉 yīnchénchén;《色調など》暗淡 àndàn; 混浊 hùnzhuó (英 *leaden*) [陰うつな] *gloomy*) ▶～した天気/阴沉沉的天气 yīnchénchén de tiānqì ▶～した空/阴沉沉的天空 yīnchénchén de tiānkōng ▶～した目/混浊的眼睛 hùnzhuó de yǎnjing

な

な【名】 ❶〖人や物事の名称〗**名字** míngzi; **姓名** xìngmíng; **名称** míngchēng（英 *a name*）▶息子は~を太郎という/儿子的名字叫太郎 érzi de míngzi jiào Tàiláng ▶新聞に~が出てしまった/名字上报了 míngzi shàng bào le ▶~は体を表す/名字就反映了本质 míngzi jiù fǎnyìngle běnzhì ❷〖名声〗**名声** míngshēng（英 *a name; fame*）▶~を世界に馳せる/驰名世界 chímíng shìjiè ▶世界に~を馳せる/世界驰名 shìjiè chímíng ▶~を捨てて実を取る/弃名取实 qì míng qǔ shí ▶リストには多少~のある人も含まれている/名单里有多少有些名气的人 míngdānli yǒu duōshǎo yǒu xiē míngqi de rén ▶~もない人が世の中を支えているのだ/无名的人在支撑着这个社会 wúmíng de rén zài zhīchēngzhe zhège shèhuì

~づける 起名儿 qǐmíngr ▶娘は真理と~づけた/给女儿取名叫真理 gěi nǚ'ér qǔmíng jiào Zhēnlǐ

~に値する 称得起 chēngdeqǐ ▶その行為は英雄の~に値する/那个行为不负英雄之名 nàge xíngwéi bú fù yīngxióng zhī míng

~に恥じない 名副其实 míng fù qí shí ▶名人の~に恥じないできばえである/做出来的东西，不负名人的声望 zuòchūlai de dōngxi, bú fù míngrén de shēngwàng

~ばかりの 有名无实 yǒu míng wú shí ▶私なんか~ばかりの会長ですよ/我只是个挂名的会长 wǒ zhǐ shì ge guàmíng de huìzhǎng

~を上げる 扬名 yángmíng; **成名** chéngmíng ▶彼はこの一作で~を上げた/他凭着这件作品出了名 tā píngzhe zhèi jiàn zuòpǐn chūle míng

~を汚す ▶父の~を汚すようなまねはしてくれるな/别干往你父亲脸上抹灰的事 bié gàn wǎng nǐ fùqin liǎnshang mǒhuī de shì

な【菜】**青菜** qīngcài; **蔬菜** shūcài（英 *a rape*）▶~漬け/用蔬菜做的酱菜 yòng shūcài zuò de jiàngcài ▶サラダ~/色拉菜 sèlācài ▶~畑/菜田 càitián

　日中比較　中国語の'菜 cài' は「野菜」の他「料理」をも指す。

ナース 护士 hùshi（英 *a nurse*）▶~ステーション/护士值班室 hùshi zhíbānshì

ナーバス 神经质 shénjīngzhì; **紧张** jǐnzhāng（英 *nervous*）▶あいつ、えらく~になっているな/他现在特别紧张 tā xiànzài tèbié jǐnzhāng

ない【無い】**没** méi; **没有** méiyǒu; **无** wú（英 *be lacking in...; be free from...*）▶~よりまし/聊胜于无 liáo shèngyú wú ▶東京には空が~/东京没有蓝天 Dōngjīng méiyǒu lántiān ▶1000円でも~よりはましだ/就算是一千日元，总比没有强 jiù suànshì yìqiān Rìyuán, zǒng bǐ méiyǒu qiáng ▶私には慰める言葉が無かった/我不知道用什么语言去安慰 wǒ bù zhīdào yòng shénme yǔyán qù ānwèi ▶その恩師もすでに~/那位恩师也已经不在了 nà wèi ēnshī yě yǐjing bú zài le ▶これで貸し借りは無しだ/这样我们就两清了 zhèyàng wǒmen jiù liǎng qīng le

ことわざ **無い袖は振れぬ 巧妇难为无米之炊** qiǎofù nán wéi wú mǐ zhī chuī

ことわざ **無くて七癖 人皆有癖** rén jiē yǒu pǐ; **谁都有癖性** shéi dōu yǒu pǐxìng

-ない ❶〖接尾辞〗▶頼り~人だよ/真是个靠不住的人 zhēn shì ge kàobuzhù de rén ▶切ねぇ/真难过啊 zhēn nánguò a ▶情け~ったらありゃしない/真够丢人的 zhēn gòu diūrén de ▶大人気~こと言うな/别说孩子话 bié shuō háizihuà ▶あいつがやったに違い~/一定是那个家伙干的 yídìng shì nàge jiāhuo gàn de ▶呆気(ケ)なく勝負がついた/简简单单地就决出了胜负 jiǎnjiǎndāndān de jiù juéchūle shèngfù ❷〖助動詞〗**不** bù; **没** méi ▶目が冴えて眠れ~/脑子很兴奋，睡不着 nǎozi hěn xīngfèn, shuìbuzháo ▶俺は行か~/我不去 wǒ bú qù ▶2, 3日待ってくれ~か/能不能等两三天？néngbunéng děng liǎng sān tiān? ▶血は争え~のだ/血脉相承 xuèmài xiāng chéng ▶放っておいたら自殺しか ね~ぞ/不理不睬的话，他可能会自杀的！bù lǐ bù cǎi dehuà, tā kěnéng huì zìshā de! ▶憎め~男だね/恨不起来的人 hènbuqǐlai de rén

-ない【内】**内** nèi; **里头** lǐtou（英 *within*）▶期限~に仕上げてみせる/我一定在期限内做完 wǒ yídìng zài qīxiàn nèi zuòwán ▶くじら が湾~に迷いこんだ/鲸鱼迷失了方向，游进了海湾 jīngyú míshīle fāngxiàng, yóujìnle hǎiwān

ないい【内意】**心里话** xīnlǐhuà; **个人意图** gèrén yìtú（英 *one's private opinion*）▶大臣の~を受けてお伺いいたしました/受大臣的授意来见您 shòu dàchén de shòuyì lái jiàn rén

ナイーブな 天真 tiānzhēn; **朴素** pǔsù（英 *naive*）▶子供のように~な方ですね/真是个像孩子一样天真的人 zhēn shì ge xiàng háizi yíyàng tiānzhēn de rén

ないえん【内縁の】**事实婚** shìshíhūn; **姘居** pīnjū（英 *common-law*）▶~の妻の法的権利/事实婚的妻子的法律权利 shìshíhūn de qīzi de fǎlǜ quánlì ▶二人は~関係にある/两个人具有事实婚的关系 liǎng ge rén jùyǒu shìshíhūn de guānxi

ないか【内科】（医院の）**内科** nèikē（英 *the internal department*）▶~医/内科医生 nèikē yīshēng

-ないか〖疑問・反語・勧誘・依頼〗▶おまえが言いだしたんじゃ~/不是你先提出来的吗？bú shì nǐ xiān tíchūlai de ma? ▶あいつ来たくないんじゃ~/是他不愿意来吧 shì tā bú yuànyi lái ba ▶だから言ったじゃ~/所以我早就说过嘛 suǒyǐ wǒ zǎojiù shuōguo ma ▶2, 3日貸してくれ~/借给

我両天好吗？jiěgěi wǒ liǎng sān tiān hǎo ma？▶いっしょに見に行か〜/一起去看看怎么样？yìqǐ qù kànkan zěnmeyàng?

ないかい【内海】 内海 nèihǎi （英 *an inland sea*）▶〜航路/内海航路 nèihǎi hánglù ▶瀬戸〜/濑户内海 Làihùnèihǎi

ないがい【内外の】 内外 nèiwài；里外 lǐwài （英 *the inside and the outside; some*）▶国の〜/国内外 guónèiwài ▶国の〜に批判の声がある/国内外有批评的言论 guónèiwài yǒu pīpíng de yánlùn ▶〜の新聞に目を通す/浏览国内外的报纸 liúlǎn guónèiwài de bàozhǐ ▶家の〜を探してまわる/在家里家外找 zài jiālǐ jiāwài zhǎo ▶500円〜で手に入る/大概五百日元就能买到 dàgài wǔbǎi Rìyuán jiù néng mǎidào

ないかく【内閣】 内阁 nèigé （英 *a cabinet; the government*）▶〜官房長官/内阁官房长官 nèigé guānfáng zhǎngguān ▶これは鈴木〜の功績である/这是铃木内阁的功绩 zhè shì Língmù nèigé de gōngjì ▶〜を組織する/组阁 zǔgé ▶〜の改造/重组内阁 chóngzǔ nèigé

ないがしろ【蔑ろにする】 小看 xiǎokàn；轻视 qīngshì；忽视 hūshì （英 *make light of; despise*）▶勉強を〜にするとはもってのほかだ/忽视学习是决不容忍的事 hūshì xuéxí shì juébù róngrěn de shì ▶年寄りを〜にする風潮が広がっている/不尊重老人的风气越来越普遍了 bù zūnzhòng lǎorén de fēngqì yuèláiyuè pǔbiàn le

ないき【内規】 内部规章 nèibù guīzhāng （英 *bylaws; private rules*）▶〜に定められている/内部规章里有规定 nèibù guīzhānglǐ yǒu guīdìng

ないきん【内勤】 内勤 nèiqín （英 *indoor service; office work*）▶〜者/内勤 nèiqín ▶健康上の理由で〜に回してもらった/因为健康的原因，让我做内勤了 yīnwèi jiànkāng de yuányīn, ràng wǒ zuò nèiqín le

ないこう【内向する】 内向 nèixiàng （英 *turn inwards*）▶弟は〜的な性格だった/弟弟性格内向 dìdi xìnggé nèixiàng ▶僕は賑やかな場にいても〜してしまう/我在热闹的场合也放不开 wǒ zài rènao de chǎnghé yě fàngbukāi

ないこう【内攻】 〚医〛内攻 nèigōng （英 *retrocede*）▶病気が〜するようになりかえって症状が外に出なくなった/病向内脏发展，反而外面看不出来症状了 bìng xiàng nèizàng fāzhǎn, fǎn'ér wàimian kànbùchūlái zhèngzhuàng le

ないざい【内在する】 内在 nèizài （英 *reside in...*）▶〜の要因は無視できない/不能忽视内在的因素 bùnéng hūshì nèizài de yīnsù ▶制度に〜する矛盾が浮かび上がってきたのだ/存在于制度内部的矛盾表面化了 cúnzài yú zhìdù nèibù de máodùn biǎomiànhuà le

ないし【乃至】 或 huò；或者 huòzhě；乃至 nǎizhì （英 *from... to 〜; ... or 〜*）▶3年〜5年はかかる/需要三年乃至五年的时间 xūyào sān nián nǎizhì wǔ nián de shíjiān ▶会長〜副会長が出席する/会长或者副会长将出席 huìzhǎng huòzhě fùhuìzhǎng jiāng chūxí

ないじ【内示】 非正式指示 fēizhèngshì zhǐshì （英 *notify in private*）▶昇進の〜を受ける/接收到晋升的非正式通知 jiēshōudào jìnshēng de fēizhèngshì tōngzhī

ないじ【内耳】 〚解〛内耳 nèi'ěr （英 *the internal ear*）

ないしきょう【内視鏡】 〚医〛内镜 nèijìng；内窥镜 nèikuījìng （英 *an endoscope*）▶〜による手術を受ける/接受内窥镜手术 jiēshòu nèikuījìng shǒushù

ないじつ【内実】 実情 shíqíng；内情 nèiqíng；其実 qíshí （英 *the fact; the truth*）▶苦しいと言いながら〜は豊かなのだ/嘴上说生活困难，其实很富裕 zuǐshang shuō shēnghuó kùnnan, qíshí hěn fùyù ▶〜の窮迫を隠して寄付に応じる/不透露自己穷困的实情响应捐款 bú tòulù zìjǐ qióngkùn de shíqíng xiǎngyìng juānkuǎn

ないじゅ【内需】 内需 nèixū；国内需求 guónèi xūqiú （英 *domestic demand*）▶〜拡大/扩大内需 kuòdà nèixū ▶〜拡大のために飲んでいるんだ/我是为了扩大内需才喝酒的 wǒ shì wèile kuòdà nèixū cái hē jiǔ de ▶〜が衰える/国内需求减退 guónèi xūqiú jiǎntuì

ないしゅう【内周】 内周 nèizhōu （英 *the internal circumference*）

ないじゅうがいごう【内柔外剛】 内柔外刚 nèi róu wài gāng ▶あいつは〜、じつは脆いんだ/他是内柔外刚，其实挺脆弱的 tā shì nèi róu wài gāng, qíshí tǐng cuìruò de

ないしゅっけつ【内出血する】 内出血 nèichūxuè （英 *bleed internally*）▶顔面に〜が認められる/脸部确认有内出血 liǎnbù quèrèn yǒu nèichūxuè ▶打撲で脛に〜した/由于跌打，小腿出现了内出血 yóuyú diēdǎ, xiǎotuǐ chūxiànle nèichūxuè

ないしょ【内緒】 秘密 mìmì；私下 sīxià （英 *secret; private*）▶〜にする/保密 bǎomì ▶妻に〜で息子に小づかいをやった/背着妻子，给了儿子零花钱 bèizhe qīzi, gěile érzi línghuāqián ▶〜事/隐私 yǐnsī ▶〜事はきらいです/我不喜欢有秘密的事 wǒ bù xǐhuan yǒu mìmì de shì ▶〜話をする/交头接耳 jiāo tóu jiē ěr ▶廊下でひそひそ〜話をする/在走廊上悄悄地说秘密的话 zài zǒulángshang qiāoqiāo de shuō mìmì de huà ▶この話は〜にしてやってくれ/这件事请保密 zhè jiàn shì qǐng bǎomì ▶ごく〜の話ですが/这是十分秘密的话 zhè shì ge jíwéi mìmì de huà

ないじょ【内助】 内助 nèizhù （英 *the wife's good housekeeping*）▶彼の成功は妻の〜に負うところが多い/他的成功也是多亏了妻子的内助之功 tā de chénggōng yě shì duōkuīle qīzi de nèizhù zhī gōng

ないじょう【内情】 底子 dǐzi；内幕 nèimù；内情 nèiqíng （英 *the inside affairs*）▶〜に通じる/接头 jiētóu ▶山田銀行の〜を探る/打探山田银行的底子 dǎtàn Shāntián yínháng de dǐzi ▶彼

なら佐藤貿易の～に通じている/他对佐藤贸易公司的内情很熟 tā duì Zuǒténg màoyì gōngsī de nèiqíng hěn shú

ないしょく【内職】 副業 fùyè;（比喩）私活 sīhuó (英 *a side job*) ▶会議中の～はやめてもらいたい/开会的时候请不要干私活 kāihuì de shíhou qǐng búyào gàn sīhuó ▶家でできる～を探している/找能在家干的副业 zhǎo néng zàijiā gàn de fùyè

ないしん【内心】 内心 nèixīn;心中 xīnzhōng (英 *one's inmost heart*) ▶～を打ち明ける/吐露心声 tǔlù xīnshēng ▶いつばれるかと～ひやひやしていた/心中七上八下地怕被发觉 xīn zhōng qī shàng bā xià de pà bèi fājué ▶～の動揺を隠せなかった/没法掩盖内心的动摇 méi fǎ yǎngài nèixīn de dòngyáo

ないしん【内申】 内部报告 nèibù bàogào (英 *a confidential report*)
◆～書:学生品行、成绩报告 xuésheng pǐnxíng, chéngjì bàogào ▶～書には不行跡は書かないものだ/在学生的品行及成绩报告中不写该学生干的坏事 zài xuésheng de pǐnxíng jí chéngjì bàogào zhōng bù xiě gāi xuésheng gàn de huàishì

ないしんのう【内親王】 公主 gōngzhǔ (英 *an Imperial princess*)

ナイス 好 hǎo;漂亮 piàoliang (英 *nice*) ▶～プレー/精彩表演 jīngcǎi biǎoyǎn ▶～ショット/好球 hǎoqiú

ないせい【内政】 内政 nèizhèng (英 *domestic administration*) ▶～干渉を許すな/决不允许干涉内政 juébù yǔnxǔ gānshè nèizhèng ▶あなたは～に精通しておいでだ/您对内政很精通 nín duì nèizhèng hěn jīngtōng

ないせい【内省】 反省 fǎnxǐng;内省 nèixǐng (英 *introspection*) ▶人は～的でありたいものだ/做人应该经常自我反省 zuòrén yīnggāi jīngcháng zìwǒ fǎnxǐng ▶～のないところに進歩はない/没有反省就没有进步 méiyǒu fǎnxǐng jiù méiyǒu jìnbù ▶日々のおのれを～するゆとりがなかった/没有每天作自我反省的空闲 méiyǒu měitiān zuò zìwǒ fǎnxǐng de kòngxián

ないせん【内戦】 内战 nèizhàn (英 *a civil war*) ▶～を経て新国家が生まれた/经过内战新国家诞生了 jīngguò nèizhàn xīnguójiā dànshēng le ▶～が無数の難民を生みだした/内战产生了无数难民 nèizhàn chǎnshēngle wúshù nànmín

ないせん【内線】（電話の）内线 nèixiàn;分机 fēnjī (英 *an extension*) ▶今は～にも外線からつながる/现在从外线电话也能打到内线电话 xiànzài cóng wàixiàn diànhuà yě néng dǎdào nèixiàn diànhuà ▶～304番につないで下さい/请接内线三零四 qǐng jiē nèixiàn sān líng sì
◆～番号:内线号码 nèixiàn hàomǎ
【日中比較】中国語の'内线 nèixiàn' は「内線電話」の他に「スパイ」のことをもいう。

ないそう【内装】 内部装饰 nèibù zhuāngshì;

装潢 zhuānghuáng (英 *interior decoration*) ▶～に金をかける/在内部装修上花钱 zài nèibù zhuāngxiūshang huāqián ▶～工事がはかどらない/装潢工程进展不顺利 zhuānghuáng gōngchéng jìnzhǎn bú shùnlì

ないぞう【内蔵する】 含 hán;内藏 nèicáng (英 *have... built-in*) ▶～式の/内部装有 nèibù zhuāngyǒu ▶IT社会の～する病いにかに対処するか/怎样对待IT社会的隐患 zěnyàng duìdài IT shèhuì de yǐnhuàn ▶ストロボ～式のカメラ/内藏闪光灯的照相机 nèicáng shǎnguāngdēng de zhàoxiàngjī

ないぞう【内臓】 内脏 nèizàng;脏腑 zàngfǔ (英 *the internal organs*) ▶～はじょうぶだけれど首から上がね/内脏倒是没什么问题，只是脑袋不好使 nèizàng dàoshì méi shénme wèntí, zhǐshì nǎodai bù hǎoshǐ ▶～疾患に苦しむ/因内脏疾病而痛苦 yīn nèizàng jíbìng ér tòngkǔ

ナイター（野球） 夜间比赛 yèjiān bǐsài (英 *a night game*) ▶決勝戦は～で行われる/决赛在晚上举行 juésài zài wǎnshang jǔxíng ▶～観戦ツアー/观看夜间比赛的旅行 guānkàn yèjiān bǐsài de lǚxíng

ないだく【内諾】 私下同意 sīxià tóngyì;非正式同意 fēizhèngshì tóngyì (英 *an informal consent*) ▶この件は社長の～を得ている/这件事已经得到了总经理的非正式同意 zhè jiàn shì yǐjīng dédàole zǒngjīnglǐ de fēizhèngshì tóngyì ▶委員就任を打診されて～した/被问到有没有意就任委员，我就私下答应了 bèi wèndào yǒuméiyǒu yìxiàng jiùrèn wěiyuán, wǒ jiù sīxià dāying le

ないち【内地】 国内 guónèi (英 *home*;［本土］*the mainland*) ▶新年度は～で研修する予定である/新年度预定在国内接受培训 xīnniándù yùdìng zài guónèi jiēshòu péixùn ▶～米は粘りがちがう/国产米黏性就是好 guóchǎnmǐ niánxìng jiù shì hǎo

ないつう【内通する】 私通 sītōng;里通 lǐtōng;串通 chuàntōng (英 *communicate secretly with...*) ▶彼は～を疑われた/他被怀疑是内奸 tā bèi huáiyí shì nèijiān ▶敵に～したやつがいる/有私自通敌的人 yǒu sīzì tōng dí de rén

ないてい【内定】（人事で）内定 nèidìng;内部决定 nèibù juédìng (英 *an unofficial decision*;［就職］*a promise of employment*) ▶3社から～をもらった/从三个公司拿到了录用通知 cóng sān ge gōngsī nádàole lùyòng tōngzhī ▶氏の3月来日が～している/他内定于三月来日 tā nèidìng yú sān yuè lái Rì

ないてい【内偵】 秘密侦查 mìmì zhēnchá;暗中调查 ànzhōng diàochá (英 *make secret inquiries*) ▶かねてから警察が～を進めていた/很久以前警察就进行了秘密侦查 hěn jiǔ yǐqián jǐngchá jiù jìnxíngle mìmì zhēnchá ▶談合の実情を～する/暗中调查竞标舞弊的情况 ànzhōng diàochá jìngbiāo wǔbì de qíngkuàng

ないてき【内的な】 内在 nèizài；(精神の) 内心的 nèixīn de (英 *inner*；[心の] *mental*) ▶～要因/内因 nèiyīn ▶組織の～要因に足をすくわれた/因为组织的内部原因裁了跟头 yīnwèi zǔzhī de nèibù yuányīn zāile gēntou ▶～生活をより豊かにしたい/想丰富自己的精神生活 xiǎng fēngfù zìjǐ de jīngshén shēnghuó

ナイト (中世ヨーロッパの騎士) 骑士 qíshì；(イギリスの称号) 爵士 juéshì (英 *a knight*) ▶本人は白馬の～のつもりなんだろう/他本人可能还觉得自己是白马王子吧 tā běnrén kěnéng hái juéde zìjǐ shì báimǎ wángzǐ ba ▶～に列せられる/被封为爵士 fēngwéi juéshì

ナイト (夜) 夜间 yèjiān；夜晚 yèwǎn (英 *night*)

♦～キャップ ；(帽子) 睡帽 shuìmào；(寝酒) 睡前喝的酒 shuìqián hē de jiǔ ～クラブ ;夜总会 yèzǒnghuì

ないない【内内】 私下 sīxià；暗地里 àndìli (英 *secretly*) ▶交渉の経過を～に知らせてくれないか/能不能私下告诉我谈判的经过？ néngbunéng sīxià gàosu wǒ tánpàn de jīngguò? ▶～のことなのだが、実は…/这是一个秘密的事，实话说… zhè shì yí ge mìmì de shì, shíhuà shuō…

ないねんきかん【内燃機関】 内燃机 nèiránjī (英 *an internal combustion engine*)

ないはつてき【内発的】 内发 nèifā；自发 zìfā (英 *spontaneous*) ▶日本の近代化は～ではなかった/日本的现代化不是自发形成的 Rìběn de xiàndàihuà bú shì zìfā xíngchéng de

ナイフ 刀子 dāozi；小刀儿 xiǎodāor；(食卓の) 餐刀 cāndāo (英 *a knife*) ▶～やフォークの使い方が分からない/不知道餐刀和叉子的用法 bù zhīdào cāndāo hé chāzi de yòngfǎ ▶～で刺す/用刀捅 yòng dāo tǒng ▶ウエディングケーキに～を入れる/用刀切结婚蛋糕 yòng dāo qiē jiéhūn dàngāo

♦果物～ ;水果刀 shuǐguǒdāo

ないぶ【内部】 内部 nèibù；内中 nèizhōng (英 *the inside*; *the inner part*) ▶～事情/内情 nèiqíng；内幕 nèimù ▶腐败渗透到政权的内部了 fǔbài shèntòudào zhèngquán de nèibù le ▶～構造/机构 jīgòu ▶エンジンの～構造に詳しい者の犯行らしい/罪犯像是熟悉发动机内部构造的人 zuìfàn xiàng shì shúxī fādòngjī nèibù gòuzào de rén ▶～抗争に明け暮れる/天天搞内部斗争 tiāntiān gǎo nèibù dòuzhēng

ないふく【内服する】 内服 nèifú；口服 kǒufú (英 *take... internally*) ▶～薬/内服药 nèifúyào

ないふん【内紛】 内部纠纷 nèibù jiūfēn；内讧 nèihòng (英 *internal troubles*) ▶あの球団には～のうわさが絶えない/那个球团常常传来内部纠纷的消息 nàge qiútuán chángcháng chuánlái nèibù jiūfēn de xiāoxi ▶ようやく～が収まった/好不容易内讧平息了 hǎobù róngyì nèihòng píngxī le

ないぶん【内分・内聞】 保密 bǎomì (英 *secret*) ▶これは御～に願います/这件事请保密 zhè jiàn shì qǐng bǎomì

ないぶんぴつ【内分泌】〔医〕内分泌 nèifēnmì (英 *internal secretion*)

♦～腺/内分泌腺 nèifēnmìxiàn

ないほう【内包】 内含 nèihán；包含 bāohán；〔論理学〕内涵 nèihán (英 *connotate*) ▶～を広げれば外延は減少する/内涵多则外延少 nèihán duō zé wàiyán shǎo ▶平和はつねに戦争の危険性を～する/和平总是内含着战争的危险 hépíng zǒngshì nèihánzhe zhànzhēng de wēixiǎn

ないほう【内報】 内部通报 nèibù tōngbào；内部消息 nèibù xiāoxi (英 *private information*; *a secret report*) ▶監査が入るとの～があった/有内部消息说有人要来检查财会 yǒu nèibù xiāoxi shuō yǒu rén yào lái jiǎnchá cáikuài ▶爆破計画を警察に～する/内部有人向警察通报有爆炸计划 nèibù yǒu rén xiàng jǐngchá tōngbào yǒu bàozhà jìhuà

ないまぜ【ない交ぜ】 掺杂 chānzá；交织 jiāozhī (英 *a mixture*) ▶事実と希望を～にして報告する/把愿望掺杂在事实里汇报 bǎ yuànwàng chānzá zài shìshílǐ huìbào

ないみつ【内密】 秘密 mìmì (英 *privacy*) ▶～に/悄悄 qiāoqiāo ▶計画は～に進められた/计划在秘密中进行 jìhuà zài mìmì zhōng jìnxíng ▶～を要する/机要 jīyào ▶事は～を要する/事情需要秘密进行 shìqing xūyào mìmì jìnxíng ▶～の報告が届いている/有秘密报告上交 yǒu mìmì bàogào shàngjiāo

ないめい【内命】 密令 mìlìng (英 *secret orders*) ▶会長の～を受けて訪中する/受到会长的密令访问中国 shòudào huìzhǎngde mìlìng fǎngwèn Zhōngguó

ないめん【内面】 里边 lǐbian；内部 nèibù；(心の) 内心 nèixīn (英 *the inside*; *the interior*) ▶人物の～がよく描かれている/人物的心理描写得很深刻 rénwù de xīnlǐ miáoxiěde hěn shēnkè ▶～の葛藤を表現しきれていない/没有把内心的矛盾表现出来 méiyǒu bǎ nèixīn de máodùn biǎoxiànchūlái ▶～生活の充実ぶりがよくわかる/可以看出来精神生活多么丰富 kěyǐ kànchūlai jīngshén shēnghuó duōme fēngfù

ないものねだり【無いものねだり】 硬要没有的东西 yìng yào méiyǒu de dōngxi；要求得不到的东西 yāoqiú débudào de dōngxi (英 *ask for the impossible*) ▶それは批評家の～というものだ/那是评论家的无理要求 nà shì pínglùnjiā de wúlǐ yāoqiú

ないや【内野】 (野球) 内场 nèichǎng (英 *the infield*; *the diamond*)

ないゆうがいかん【内憂外患】 内忧外患 nèi yōu wài huàn (英 *troubles both at home and abroad*) ▶我が国は～に悩まされている/我国正面临内忧外患的困境 wǒguó zhèng miànlín nèi yōu wài huàn de kùnjìng

ないよう【内容】 内容 nèiróng (英 contents) ▶~が豊かだ/内容丰富 nèiróng fēngfù ▶~豊かな美術展/内容很丰富的美术展览 nèiróng hěn fēngfù de měishù zhǎnlǎn ▶この文章は~がない/这篇文章没有内容 zhè piān wénzhāng méiyǒu nèiróng ▶~に乏しい/空疏 kōngshū; 空虚 kōngxū; 空洞 kōngdòng ▶長いばかりで~に乏しい/长而缺乏内容 cháng ér quēfá nèiróng ▶事業の~を説明してくれ/请说明一下事业的内容 qǐng shuōmíng yíxià shìyè de nèiróng

◆~証明郵便｜内容证明邮件 nèiróng zhèngmíng yóujiàn ～見本進呈《本の》奉送内容样本 fèngsòng nèiróng yàngběn

ないらん【内乱】 内乱 nèiluàn; 内讧 nèihòng (英 a civil war) ▶~を鎮めて政権を握った/平定内乱掌握了政权 píngdìng nèiluàn zhǎngwòle zhèngquán ▶~罪を適用する/适用内乱罪 shìyòng nèiluànzuì

ないらん【内覧】 内部观览 nèibù guānlǎn; 预展 yùzhǎn (英 a preview) ▶極秘文書を~する/内部阅览绝密文书 nèibù yuèlǎn juémì wénshū ▶焼きものの展の~会に出向く/前去参加瓷器展的预展会 qiánqù cānjiā cíqìzhǎn de yùzhǎnhuì

ないりく【内陸】 内地 nèidì; 内陆 nèilù (英 inland) ▶~部では雪が降る/内陆地区将降雪 nèilù dìqū jiāng jiàng xuě ▶~国の民は海を知らない/内陆国家的人没见过海 nèilù guójiā de rén méi jiànguo hǎi

ナイロン 锦纶 jǐnlún; 尼龙 nílóng (英 nylon) ▶~の靴下/尼龙丝袜 nílóngsīwà ▶~製ロープ/尼龙制的绳子 nílóng zhì de shéngzi

なう 搓 cuō; 捻 niǎn (英 twist together; twine) ▶縄を~/搓绳子 cuō shéngzi

なうて【名うて】 有名 yǒumíng; 著名 zhùmíng (英 famous; [悪名高い] infamous) ▶~のペテン師/臭名昭著的骗子 chòumíng zhāozhù de piànzi ▶相手は~のジャーナリストである/对方是有名的记者 duìfāng shì yǒumíng de jìzhě

なえ【苗】 秧子 yāngzi; 苗 miáo (英 a (young) plant; a seedling) ▶~を育てる/育苗 yùmiáo ▶朝顔の~を育てる/培养牵牛花的苗 péiyǎng qiānniúhuā de miáo ▶~床/苗床 miáochuáng ▶~床にトマトが生えそろった/苗床上长满了番茄 miáochuángshang zhǎngmǎnle fānqié

なえぎ【苗木】 树苗 shùmiáo; 苗木 miáomù (英 a young plant; a sapling) ▶~を植える/植苗 zhímiáo ▶斜面に杉の~を植える/在斜面上种上杉树的苗木 zài xiémiànshang zhòngshàng shānshù de miáomù

なえる【萎える】 萎 wěi; 萎缩 wěisuō; 《気持ちが》泄气 xièqì; 泄劲 xièjìn (英 be paralyzed; become numb) ▶定年には間があるが気力が萎えてしまった/离退休还有一段时间但是气力已经消退了 lí tuìxiū hái yǒu yí duàn shíjiān dànshì qìlì yǐjīng xiāotuì le ▶足が萎えて歩けない/腿没力气, 走不动了 tuǐ méi lìqi, zǒubudòng le

なお【尚】 还 hái; 更 gèng; 尚 shàng (英 more; still more) ▶~も/还是 háishi; 仍然 réngrán ▶彼は~も言いつのった/他还在一个劲儿地说 tā hái zài yí ge jìnr de shuō ▶~、私のお母さんには/另外, 我还没到该叫大妈的年龄 lìngwài, wǒ hái méi dào gāi jiào dàmā de niánlíng ▶今~後遺症に苦しむ/现在还被后遗症折磨着 xiànzài hái bèi hòuyízhèng zhémózhe ▶~いっそうの努力を望む/希望你们更加努力 xīwàng nǐmen gèngjiā nǔlì

なおかつ【尚且つ】 《そのうえ》而且 érqiě; 并且 bìngqiě (英 besides); 《それでもまだ》仍然 réngrán; 还是 háishi (英 still; yet)

なおさら【尚更】 更 gèng; 更加 gèngjiā; 越发 yuèfā (英 all the more) ▶それなら~勉強しなくちゃ/那样的话, 更要学习呀 nàyàng dehuà, gèng yào xuéxí ya ▶お母さんは~嬉しいでしょう/妈妈一定会更加高兴 māma yídìng huì gèngjiā gāoxìng

なおざりにする 忽略 hūluè; 马虎 mǎhu (英 neglect) ▶復習を~にする/忽略复习 hūluè fùxí ▶こんな~の報告は受け取れない/这样马马虎虎的报告我不能接受 zhèyàng mǎmǎhūhū de bàogào wǒ bùnéng jiēshòu

なおし【直し】 修改 xiūgǎi; 修正 xiūzhèng (英 [修繕] mending; repair) ▶ズボンを~に出した/把裤子拿去改了 bǎ kùzi náqù gǎi le ▶口~にこれを一杯どうだい/换换口味, 喝一杯这个怎么样？huànhuan kǒuwèi, hē yì bēi zhège zěnmeyàng? ▶ゲラにまっ赤に~が入った/校样上画满了红线 jiàoyàngshang huàmǎnle hóngxiàn ▶この時計はもう~がきかない/这个表已经不能修了 zhège biǎo yǐjīng bùnéng xiū le

なおす【治す】 治 zhì; 医治 yīzhì (英 cure; heal) ▶恋の病は医者にも治せない/恋爱的病, 连医生也没法治 liàn'ài de bìng, lián yīshēng yě méi fǎ zhì

なおす【直す】 **❶** 《訂正する》改 gǎi; 修改 xiūgǎi (英 correct; improve) ▶誤字を~/改错字 gǎi cuòzì ▶生徒の作文を~/修改学生的作文 xiūgǎi xuésheng de zuòwén

❷ 《修繕する》整 zhěng; 修理 xiūlǐ (英 mend; repair) ▶時計を~/修表 xiū biǎo

❸ 《矯正する》改正 gǎizhèng; 纠正 jiūzhèng (英 reform; mend) ▶誤りを~/改正错误 gǎizhèng cuòwù ▶悪い癖を~/改掉坏毛病 gǎidiào huàimáobìng

❹ 《作り直す》重新做 chóngxīn zuò (英 alter; restore) ▶古い着物を仕立て~/旧衣服翻新 jiùyīfu fānxīn ▶だめだ, 書き直せ/不行, 重写！bùxíng, chóngxiě!

❺ 《翻訳する》改写 gǎixiě; 翻译 fānyì (英 translate) ▶話し言葉を書き言葉に~/把口语改写成书面语 bǎ kǒuyǔ gǎixiěchéng shūmiànyǔ

❻ 《その他》换 huàn; 转换 zhuǎnhuàn ▶マイルをメートルに~/把英里换算成米 bǎ yīnglǐ huànsuànchéng mǐ ▶曲がったネクタイを~/把领带弄

端正 bǎ lǐngdài nòngduānzhèng

なおる【治る】 治好 zhìhǎo; 痊愈 quányù (英 *get well; recover; heal*) ▶けがытがまだ治らない/伤还没有好 shāng hái méiyǒu hǎo

なおる【直る】 ❶【元に戻る】 修理好 xiūlǐhǎo; 恢复 huīfù (英 *be restored*) ▶時計が直ってきた/表修好了 biǎo xiūhǎo le ▶娘に会えば機嫌がさ/看到女儿就会高兴了 kàndào nǚ'ér jiù huì gāoxìng e ▶右向け右！直れ！/向右转！立正！ xiàng yòu zhuǎn! lìzhèng! ❷【訂正される】 改正 gǎizhèng; 改过来 gǎiguòlai (英 *be corrected*) ▶長年の癖はなかなか直らない/多年的毛病怎么也改不过来 duō nián de máobìng zěnme yě gǎibuguòlái

なおれ【名折れ】 丢脸 diūliǎn; 玷污名声 diànwū míngshēng (英 *disgrace*) ▶停学を食らうなんて一家の〜だ/被学校停学, 一家的脸都丢尽了 bèi xuéxiào tíngxué, yì jiā de liǎn dōu diūjìn le

なか【中】 ❶【内部】 里面 lǐmiàn (英 *the inside; the interior*) ▶私の〜に鬼がいる/在我的心中, 有一个魔鬼 zài wǒ de xīn zhōng, yǒu yí ge móguǐ ▶お寒い〜をようこそ/天气这么冷还来, 欢迎您 tiānqì zhème lěng hái lái, huānyíng nín ▶家の〜はきちんとかたづいていた/家里面整理得井井有条 jiā lǐmiàn zhěnglǐde jǐngjǐng yǒu tiáo ▶〜に入って驚いた/走进里面, 吓了一跳 zǒujìn lǐmiàn, xiàle yí tiào ▶論文の〜で彼はこのように言っている/在论文里他是这么说的 zài lùnwénli tā shì zhème shuō de ▶戸は〜から鍵がかけてある/门是从里面上的锁 mén shì cóng lǐmiàn shàng de suǒ ❷【あいだ】 中间 zhōngjiān (英 *among...*) ▶太郎は5人の〜で一番背が高い/太郎是五个人中个子最高的 Tàiláng shì wǔ ge rén zhōng gèzi zuìgāo de ▶この〜から三つ選びなさい/从这中间选三个 cóng zhè zhōngjiān xuǎn sān ge ▶男の〜の男/男人中的男人 nánrén zhōng de nánrén ▶でも彼はずば抜けている/其中, 他特别突出 qízhōng, tā tèbié tūchū ▶俺, 〜に立って困っているんだ/我在中间左右为难 wǒ zài zhōngjiān zuǒyòu wéi nán ❸【平均】 中间值 zhōngjiānzhí (英 *the middle*) ▶〜を取って3万円でいかがでしょう/取中间值, 三万日元怎么样？ qǔ zhōngjiānzhí, sānwàn Rìyuán zěnmeyàng?
〜には 其中 qízhōng; 也有的 yě yǒu de ▶〜は不良品もある/其中也有次品 qízhōng yě yǒu cìpǐn

なか【仲】 关系 guānxi; 交情 jiāoqing (英 *relations; relationship*) ▶〜がよい/要好 yàohǎo; 亲密 qīnmì; 亲近 qīnjìn ▶〜が悪い/不对头 bú duìtóu; 不和 bùhé ▶二人の〜を取りもって結婚させた/撮合两个人喜结良缘 cuōhe liǎng ge rén xǐ jié liángyuán ▶あの夫婦は〜がよい/那对夫妻感情很好 nà duì fūqī gǎnqíng hěn hǎo ▶今〜を裂くのは不憫(びん)だ/事到如今拆散他们太可怜了 shì dào rújīn chāisàn tāmen tài kělián le ▶これから〜良くしましょうね/我们今后和平相处吧 wǒmen jīnhòu hépíng xiāngchǔ ba ▶二人は切っても切れぬ〜だった/两个人是分也分不开的关系 liǎng ge rén shì fēn yě fēnbukāi de guānxi

なが【永の】 永远 yǒngyuǎn (英 *long; eternal*) ▶それが彼との〜の別れとなった/从那以后我就和他永别了 cóng nà yǐhòu wǒ jiù hé tā yǒngbié le

ながあめ【長雨】 霖雨 línyǔ; 淫雨 yínyǔ (英 *a long rain*) ▶秋の〜/秋天的长雨 qiūtiān de chángyǔ

ながい【長い】 长 cháng; 长远 chángyuǎn (英 *long*) ▶〜川/长河 chánghé ▶〜間/好久 hǎojiǔ; 许久 xǔjiǔ ▶〜間便りがなかった/好久没有书信 hǎojiǔ méiyǒu shūxìn ▶〜時間/好半天 hǎobàntiān ▶〜時間をかけて計算した/花了很长时间计算 huāle hěn cháng shíjiān jìsuàn ▶私ももう長くはない/我已经活不了多长了 wǒ yǐjīng huóbuliǎo duō cháng le ▶マラソンは〜〜距離を走る/马拉松要跑很长很长的距离 mǎlāsōng yào pǎo hěn cháng hěn cháng de jùlí

ことわざ 長い物には巻かれろ 胳膊拗不过大腿 gēbo niùbuguò dàtuǐ

〜年月にわたって 长年累月 cháng nián lěi yuè ▶〜年月にわたって彼らは森を守ってきた/他们长年累月地守护着森林 tāmen cháng nián lěi yuè de shǒuhùzhe sēnlín
〜年月を経る 日久天长 rì jiǔ tiān cháng ▶〜年月を経るうちに大草原が砂漠に変わった/大草原变成了沙漠 dà cǎoyuán biànchéngle shāmò
〜目で見る 从长远的观点来看 cóng chángyuǎn de guāndiǎn lái kàn ▶この子の成長を〜目で見てやってくれ/你要以长远目光来看这个孩子的成长 nǐ yào yǐ chángyuǎn mùguāng lái kàn zhège háizi de chéngzhǎng

ながい【長居する】 久坐 jiǔzuò (英 *stay long*) ▶思わず〜をしてしまった/没想到坐了这么久 méi xiǎngdào zuòle zhème jiǔ ▶ごめん, すっかり〜しちゃった/对不起, 打扰太长时间了 duìbuqǐ, dǎjiǎo tài cháng shíjiān le

ながいき【長生き】 长寿 chángshòu (英 *long life; longevity*) ▶〜する/延年益寿 yán nián yì shòu; 长生不老 chángshēng bù lǎo ▶おまえは〜するよ/你会长寿的 nǐ huì chángshòu de ▶〜も芸のうちだ/长寿也是一门技艺 chángshòu yě shì yì mén jìyì ▶彼は妻より〜した/他比他妻子长寿 tā bǐ tā qīzi chángshòu ▶彼は〜の血統だ/他有长寿的血统 tā yǒu chángshòu de xuètǒng

ながいす【長椅子】 长椅子 chángyǐzi; 长沙发 chángshāfā;《背のない》长凳 chángdèng (英 *a sofa; a lounge*) [ベンチ] bench)

なかがい【仲買い】 交易介绍 jiāoyì jièshào (英 *brokerage*《业》; *a broker*《人》) ▶〜人/经纪人 jīngjìrén ▶〜手数料/经办手续费 jīngbàn

ながき【長き】（英 as long as...）▶駐在員生活は20年の〜にわたった/驻在员的生活长达二十年 zhùzàiyuán de shēnghuó chángdá èrshí nián

ながく【長く】 长 cháng; 久 jiǔ（英 long; for a long time）▶髪を〜する/把头发留长 bǎ tóufa liúcháng ▶日がだんだん〜なる/白天渐渐变长 báitiān jiànjiàn biàncháng ▶修理は〜かかりますか/修理要花很长时间吗？xiūlǐ yào huā hěn cháng shíjiān ma? ▶この土地にも〜居すぎた/在这个地方呆得太久了 zài zhège dìfang dāide tài jiǔ le

ながぐつ【長靴】 雨靴 yǔxuē; 靴子 xuēzi（英 boots）

なかごろ【中頃】 中间 zhōngjiān;（1ヶ月の）中旬 zhōngxún（英 around the middle of...）▶帰りは来月〜になる/要到下月中旬才回来 yào dào xià yuè zhōngxún cái huílái ▶芝居は〜から面白くなった/那个戏从中间部分开始有趣起来了 nàge xì cóng zhōngjiān bùfen kāishǐ yǒuqù qǐlai le

ながさ【長さ】 长度 chángdù; 长短 chángduǎn（英 length）▶〜が少し足りない/长度有点不够 chángdù yǒudiǎn bú gòu ▶コースの〜を測る/测量路线的长度 cèliáng lùxiàn de chángdù ▶会議の〜には閉口する/会议太长，真受不了 huìyì tài cháng, zhēn shòubùliǎo ▶二つとも同じです/两个的长度都一样 liǎng ge de chángdù dōu yíyàng

ながし【流し】 ❶【台所の】水池子 shuǐchízi（英 a sink）▶汚れた皿が〜に重ねてあった/脏了的碟子重叠着放在洗碗池里 zāngle de diézi chóngdiézhe fàngzài xǐwǎnchǐli ❷【タクシー】串街拉客的的士 chuànjiē lākè de dīshì（英 a cruising cab）▶〜のタクシーをつかまえる/叫串街拉客的的士 jiào chuànjiē lākè de dīshì

ながしあみ【流し網】 流网 liúwǎng（英 a drift net）

なかじき【中敷き】【靴の】鞋垫 xiédiàn（英 an insole）

ながしこむ【流し込む】 灌 guàn; 灌注 guànzhù（英 pour into...）▶鋳型に鉛を〜/把铅倒进模具里 bǎ qiān dàojìn mújùli ▶茶漬けをすばやく流し込んで家を出た/狼吞虎咽地吃完茶泡饭就出了家门 láng tūn hǔ yàn de chīwán chápàofàn jiù chūle jiāmén

ながしば【流し場】 澡塘里的冲洗处 zǎotángli de chōngxǐ chù（英 a draining floor《風呂の》）▶〜でゆっくり体を洗う/在洗澡间悠闲地洗身体 zài xǐzǎojiān yōuxián de xǐ shēntǐ

ながしめ【流し目で見る】《横目》斜眼 xiéyǎn;《色目》送秋波 sòng qiūbō（英 cast a sidelong glance）▶悲しむ様子を〜に見る/斜着眼看别人悲伤的样子 xiézhe yǎn kàn biéren bēishāng de yàngzi

なかす【中洲】 洲 zhōu; 沙洲 shāzhōu（英 a sandbar;［三角州］a delta）

ながす【流す】 ❶【水を】流 liú; 冲走 chōngzǒu（英 flush; flow）▶水を〜/冲水 chōngshuǐ ▶じゃあどんどん水を〜/哗啦地放水 huāhuā de fàng shuǐ ▶洪水に家が流される/家被洪水冲走了 jiā bèi hóngshuǐ chōngzǒu le ▶材木を川に〜/把木料流放进河里 bǎ mùliào liúfàngjìn héli ❷【血や涙を】流 liú（英 shed; bleed）▶汗を〜/流汗 liúhàn ▶偽りの涙を流して男をだます/假装流泪骗男人 jiǎzhuāng liú lèi piàn nánrén ❸【ニュースや音楽を】发 fā; 放 fàng（英 broadcast; play）▶うわさを〜/散布流言 sànbù liúyán ▶ラジオでニュースを〜/通过电台放新闻 tōngguò diàntái fàng xīnwén ▶ファックスを〜/发传真 fā chuánzhēn ❹【その他】▶利子が払えず指輪を流した/还不起利息，戒指赎不回来了 huánbuqǐ lìxī, jièzhi shúbuhuílái le ▶おたがい水に流しましょう/我们一泯恩仇吧 wǒmen yì mǐn ēnchóu ba

なかずとばず【鳴かず飛ばず】 不声不响 bù shēng bù xiǎng; 默默无闻 mòmò wúwén ▶注目の新人だったが〜で終わった/开始是引人注目的新人，但是最终不声不响地消失了 kāishǐ shì yǐn rén zhù mù de xīnrén, dànshì zuìzhōng bù shēng bù xiǎng de xiāoshī le

なかせる【泣かせる】 ❶【泣くようにさせる】弄哭 nòngkū（英 make... cry）▶親を〜罰当たりめが！/你这个让父母伤心，挨天罚的 nǐ zhège ràng fùmǔ shāngxīn, ái tiānfá de ❷【感動させる】令人感动 lìng rén gǎndòng; 令人感激 lìng rén gǎnjī（英 move）▶なんとも〜話だなぁ/真令人感动的事呀 zhēn lìng rén gǎndòng de shì ya

ながそで【長袖】 长袖 chángxiù（英 long sleeves）▶〜のシャツ/长袖衬衫 chángxiù chènshān

なかたがい【仲違いする】 反目 fǎnmù; 闹别扭 nào bièniu; 闹翻 nàofān（英 quarrel with...）▶〜させる/离间 líjiàn ▶兄弟の〜に母は心を痛めた/母亲为兄弟反目感到伤心 mǔqīn wèi xiōngdì fǎnmù gǎndào shāngxīn ▶僕は些細なことから兄と〜した/我为了些小事和哥哥闹意见 wǒ wèile xiē xiǎoshì hé gēge nào yìjiàn

なかだち【仲立ちする】 牵线 qiānxiàn; 居间 jūjiān; 调解 tiáojiě（英 mediate）▶私の〜では不足ですか/是不是我这个中介人不够分量啊？shìbushì wǒ zhège zhōngjièrén bùgòu fènliàng a? ▶彼が〜して縁談をまとめた/他居中撮成了婚事 tā jūzhōng cuōchénglè hūnshì

ながたび【長旅】 长途旅行 chángtú lǚxíng（英 a long journey）▶1ヶ月の〜で疲れはてた/经过一个月的长途旅行感到很疲惫 jīngguò yí ge yuè de chángtú lǚxíng gǎndào hěn píbèi

ながたらしい【長たらしい】 冗长 rǒngcháng; 太长 tài cháng（英 lengthy; tedious）▶〜名前の委員会ができた/搞了一个名字很长的委员会 gǎole yí ge míngzi hěn cháng de wěiyuánhuì ▶君は前置きが〜んだ/你的开场白太长 nǐ de kāichǎngbái tài cháng

なかだるみ【中弛み】 中途疲倦 zhōngtú píjuàn; 中間泄气 zhōngjiān xièqì (英 a slump) ▶～になる/練習が1時間も続ければ～になる/练习坚持一个小时，中途也会疲倦的 liànxí jiānchí yí ge xiǎoshí, zhōngtú yě huì píjuàn de ▶今は～の状態だ/现在是中途泄气的状态 xiànzài shì zhōngtú xièqì de zhuàngtài

ながだんぎ【長談義】 冗长的讲话 rǒngcháng de jiǎnghuà; 长篇大论 chángpiān dàlùn (英 a lengthy talk) ▶～をする/啰啰唆唆地讲个没完 luōluōsuōsuō de jiǎng ge méi wán ▶社長の～にはまいるなぁ/总经理的长篇大论真受不了 zǒngjīnglǐ de chángpiān dàlùn zhēn shòubuliǎo ▶へたの～ 差劲的长篇大论 chàjìn de chángpiān dàlùn

なかちょうば【長丁場】《道のり》长路程 chánglùchéng;《長い仕事など》漫长的过程 màncháng de guòchéng (英 time-consuming) ▶交渉は～になるぞ/谈判是要长期作战的哟 tánpàn shì yào chángqī zuòzhàn de yo

なかつぎ【中継ぎする】 接上 jiēshàng; 接替 jiētì; 中继 zhōngjì (英 relay) ▶後任が決まるまで～を頼む/在接任的人来之前，暂且请你干着 zài jiērèn de rén lái zhīqián, zànqiě qǐng nǐ gànzhe

-なかったら 如果没有… rúguǒ méiyǒu… (英 if there were no...; but for...) ▶花というものがこの世はどんなに荒涼たるものでしょう/如果没有花，这个世界该多么荒凉啊 rúguǒ méiyǒu huā, zhège shìjiè gāi duōme huāngliáng a ▶君の助力が～彼は成功できないでしょう/没有你的协助，他是不能成功的 méiyǒu nǐ de xiézhù, tā shì bùnéng chénggōng de

ながつづき【長続きする】 持久 chíjiǔ; 坚持 jiānchí (英 last a long time) ▶～しない/坚持不下去 bùnéng chíxùxiàqu ▶彼は何をやっても～しない/他做什么都不能坚持 tā zuò shénme dōu bùnéng jiānchí

なかでも【中でも】 就中 jiùzhōng; 尤其 yóuqí (英 above all) ▶みんな足が速い．～彼がとびぬけて速い/大家都跑得很快，其中他尤其快 dàjiā dōu pǎode hěn kuài, qízhōng tā yóuqí kuài ▶花が好き，～ばらがいちばん好き/我喜欢花，尤其喜欢蔷薇 wǒ xǐhuan huā, yóuqí xǐhuan qiángwēi

ながでんわ【長電話】 煲电话粥 bāo diànhuàzhōu (英 a long telephone call) ▶娘が今夜も～している/女儿今晚又在煲电话粥 nǚ'ér jīnwǎn yòu zài bāo diànhuàzhōu

なかなおり【仲直りする】 和好 héhǎo; 和解 héjiě (英 be friends again; be reconciled) ▶僕が口をきいて～させた/我做中介，让他们和好了 wǒ zuò zhōngjiè, ràng tāmen héjiě le ▶けんかも早いが～も早い/吵架也快，和好也快 chǎojià yě kuài, héhǎo yě kuài

なかなか【中中】 ❶【たいへん】 相当 xiāngdāng; 颇 pō; 非常 fēicháng (英 very; quite; pretty) ▶～面白い/够味儿 gòuwèir ▶～面白い小说だ/相当有趣的小说 xiāngdāng yǒuqù de xiǎoshuō ▶彼の英語は～のものだ/他的英语相当不错 tā de Yīngyǔ xiāngdāng búcuò ▶相手は～手ごわい/对方也相当厉害 duìfāng yě xiāngdāng lìhai ❷【簡単には…しない】 轻易(不) qīngyì(bù); 怎么也 zěnme yě (英 not easily) ▶～返事が来ない/回信怎么也不来 huíxìn zěnme yě bù lái ▶彼は～あきらめたりしない/他不会轻易放弃 tā búhuì qīngyì fàngqì

ながなが【長長と】 冗长 rǒngcháng (英 very long; at great length) ▶～としゃべる/喋喋不休 diédié bù xiū; 啰啰唆唆地讲 luōluōsuōsuō de jiǎng ▶山道は～と続く/山路绵绵无尽 shānlù miánmián wújìn ▶あんなに～しゃべるとは意外だった/没想到他说得那么长 méi xiǎngdào tā shuōde nàme cháng ▶行列は～と続いた/队伍长长地延伸 duìwu chángcháng de yánshēn ▶～お世話になりました/长期受到您的关照 chángqī shòudào nín de guānzhào

なかにわ【中庭】 庭院 tíngyuàn; 院子 yuànzi (英 a courtyard; a quad)

ながねん【長年の】 多年 duōnián (英 for many years; for a long time) ▶～の恨み/宿怨 sùyuàn ▶～の恨みを晴らすのは今だ/一雪多年的积怨，就在现在了 yì xuě duōnián de jīyuàn, jiù zài xiànzài le ▶～連れ添った妻に先立たれる/长年一起生活的妻子先我而逝 chángnián yìqǐ shēnghuó de qīzi xiān wǒ ér shì ▶～の努力が報われましたね/多年的努力终于得到回报了 duōnián de nǔlì zhōngyú dédào huíbào le

なかば【半ば】 ❶【半分】 一半 yíbàn (英 half) ▶～する/参半 cānbàn ▶功罪相～する/功罪参半 gōngzuì cānbàn ▶月～には帰れるだろう/月中能回来吧 yuè zhōng néng huílái ba ▶住民の～はすでに立ち退いた/居民的一半已经搬走了 jūmín de yíbàn yǐjing bānzǒu le ▶～無意識に頭をかいた/半无意识地挠着头 bàn wúyìshí de náozhe tóu ▶工事は～終わった/工程完成了一半 gōngchéng wánchéngle yíbàn ❷【中ごろ】 半途 bàntú; 中途 zhōngtú (英 the middle) ▶彼は学業～にたおれた/他在学业中途生病倒下了 tā zài xuéyè zhōngtú shēngbìng dǎoxià le ❸【一部分】 几乎 jīhū; 似乎 sìhū (英 in part; partly) ▶彼は～追われるように村を去った/他像被驱逐了的一样离开了村子 tā xiàng bèi qūzhúle de yíyàng líkāile cūnzi

ながばなし【長話】 长谈 chángtán (英 a long talk)

ながびく【長引く】 长期的 chángqī de; 拖延 tuōyán; 拖长 tuōcháng (英 be prolonged; take much time) ▶～不況で街はさびれた/长期的不景气使得城市萧条了 chángqī de bùjǐngqì shǐde chéngshì xiāotiáo le ▶会议が～で帰宅が遅れた/会议延长，回家晚了 huìyì yáncháng, huí jiā wǎn le ▶病気が長引いて復帰が遅れ

なかほど【中程】（位置）中间 zhōngjiān;（程度）中等 zhōngděng 英 halfway ▶会社は二つの駅の〜にある/公司在两个车站中间 gōngsī zài liǎng ge chēzhàn zhōngjiān ▶成績はまあクラスの〜だね/成绩在全班的中间左右呢 chéngjì zài quánbān de zhōngjiān zuǒyòu ba ▶〜へお進み下さい/请往里面挤一挤 qǐng wǎng lǐmiàn jǐyíjǐ

なかま【仲間】同伴 tóngbàn; 朋友 péngyou; 自己人 zìjǐrén 英 a friend; a fellow; partner ▶〜になる/结伙 jiéhuǒ，入伙 rùhuǒ ▶と連れ立って釣りにゆく/和朋友结伴去钓鱼 hé péngyou jiébàn qù diàoyú ▶あんなやつらの〜になるな/不要和那种人结伴 búyào hé nà zhǒng rén jiébàn ▶これで彼も一流選手の〜入りを果たした/这样他也进入了一流选手的行列 zhèyàng tā yě jìnrùle yīliú xuǎnshǒu de hángliè ▶僕も〜に入れてくれよ/也加我一个吧 yě jiā wǒ yí ge ba ▶自分だけ〜の気がした/我觉得只有自己被冷落了 wǒ juéde zhǐyǒu zìjǐ bèi lěngluò le ▶〜割れしている場合ではないだろう/现在不是自己人吵架的时候了 xiànzài bú shì zìjǐrén chǎojià de shíhou le ▶〜ぼめは白ける/自己人互相吹捧是令人扫兴的 zìjǐrén hùxiāng chuīpěng shì lìng rén sǎoxìng de

なかみ【中味】内容 nèiróng 英 the contents; substance ▶〜のない話/空话 kōnghuà ▶諸君の議論は〜が乏しい/诸位的议论内容太空洞了 zhūwèi de yìlùn nèiróng tài kōngdòng le ▶今日は〜の濃い話を聞いた/今天听到内容丰富的话 jīntiān tīngdàole nèiróng fēngfù de huà

ながめ【長目】长一点儿 cháng yìdiǎnr 英 longish ▶袖は〜にして下さい/袖子要长一点的 xiùzi yào cháng yìdiǎnr de

ながめ【眺め】景色 jǐngsè; 风景 fēngjǐng 英 a view; a sight ▶〜のよい/风景好 fēngjǐng hǎo，景致迷人 jǐngzhì mírén ▶窓からの〜を楽しむ/从窗口欣赏景色 cóng chuāngkǒu xīnshǎng jǐngsè ▶ビルが建って〜がぶちこわしだ/盖起的高楼破坏了景致 gàiqǐ de gāolóu pòhuàile jǐngzhì ▶屋上からの〜はすばらしかった/从楼顶看到的景色非常好 cóng wūdǐng kàndào de jǐngsè fēicháng hǎo

ながめる【眺める】眺望 tiàowàng; 望 wàng; 瞭望 liàowàng 英 look at... ▶丘の上から海を〜/从山丘上眺望大海 cóng shānqiūshang tiàowàng dàhǎi ▶子供の寝顔をしげしげ〜/凝视孩子的睡脸 níngshì háizi de shuìliǎn

ながもち【長持ちする】经久耐用 jīngjiǔ nàiyòng; 耐久 nàijiǔ 英 keep long; [衣類が] wear well ▶この機種は〜しないらしい/这个机种好像不耐久 zhège jīzhǒng hǎoxiàng bú nàijiǔ ▶天気は〜しないでしょう/好天气不会太长的 hǎo tiānqì búhuì tài cháng de

ながや【長屋】简陋住房 jiǎnlòu zhùfáng; 大杂院 dàzáyuàn 英 a row house ▶そろそろ〜住まいを切り上げるかな/也该告别大杂院的生活了 yě gāi gàobié dàzáyuàn de shēnghuó le

|参考| 中国的'大杂院 dàzáyuàn'是中庭を囲んで平屋がある.

なかやすみ【中休み】中间休息 zhōngjiān xiūxi 英 a recess; an intermission ▶ちょっと〜しませんか/中间休息一下吧 zhōngjiān xiūxi yíxià ba ▶どうやら梅雨も〜らしい/好像梅雨暂时休息了 hǎoxiàng méiyǔ zànshí xiūxi le

ながゆ【長湯】洗澡时间很长 xǐzǎo shíjiān hěn cháng 英 a long bath ▶あいつは若いくせに〜なんだ/他那么年轻, 洗澡的时间还挺长 tā nàme niánqīng, xǐzǎo de shíjiān hái tǐng cháng

なかゆび【中指】中拇指 zhōngmǔzhǐ; 中指 zhōngzhǐ 英 the middle finger

なかよく【仲良く】和睦地 hémù de; 亲密地 qīnmì de 英 friendly; peacefully ▶〜暮らすんだよ/和睦地过日子吧 hémù de guò rìzi ba ▶やぁ、〜お散歩ですか/你们正亲热热地一起散步呢 nǐmen zài qīnrè rère de yìqǐ sànbù ne ▶〜しよう/和气相处吧 héqì xiāngchǔ ba

なかよし【仲良し】要好 yàohǎo; 相好 xiānghǎo 英 a good friend ▶二人はとても〜だった/两个人非常要好 liǎng ge rén fēicháng yàohǎo

-ながら ❶【とはいえ・けれど】虽然… suīrán…; 可是… kěshì… 英 though; but ▶我〜どうしてあんなことをしたのかわからない/我自己都搞不懂为什么会做那样的事情 wǒ zìjǐ dōu gǎobudǒng wèi shénme huì zuò nàyàng de shìqing ▶残念〜それはできません/非常遗憾, 不能那么做 fēicháng yíhàn, bùnéng nàme zuò ▶危ないと知り〜, 彼はそこへ行った/明知道有危险, 他还是去了那儿 míng zhīdào yǒu wēixiǎn, tā háishi qùle nàr ❷【…しつつ同時に】一边…一边… yìbiān…yìbiān…; 〜着 zhe 英 while; with... ▶そう言い〜彼は部屋を出て行った/那么说着, 他走出了房间 nàme shuōzhe, tā zǒuchūle fángjiān ▶彼らはコーヒーを飲み〜その問題を論じた/他们一边喝咖啡, 一边讨论那个问题 tāmen yìbiān hē kāfēi, yìbiān tǎolùn nàge wèntí

ながらく【長らく】好久 hǎojiǔ; 长时间 cháng shíjiān 英 for a long time ▶〜お待たせしました/让你久等了 ràng nǐ jiǔděng le ▶〔手紙で〕〜御無沙汰しました/长时间没有向您问候了 cháng shíjiān méiyǒu xiàng nín wènhòu le

ながれ【流れ】❶【流れること】流动 liúdòng; 流水 liúshuǐ;（势い）趋势 qūshì 英 flow; a stream ▶〜に沿う/顺水 shùnshuǐ ▶〜に逆らって上る/逆流而上 nìliú ér shàng ▶時代の〜に追いつけない/不能追上时代的潮流 bùnéng zhuīshàng shídài de cháoliú ▶車の〜が途絶えることがない/车流没有间断 chēliú méiyǒu jiànduàn ▶水の〜が速い/水流很快 shuǐliú hěn kuài ▶その一言が会議の〜を変えた/那句话改变了会议的方向 nà jù huà

ながれぐも

gǎibiànle huìyì de fāngxiàng ▶俺なんか〜にただよう浮草みたいなもんだ/我就像顺河漂流的浮萍一样 wǒ jiù xiàng shùn hé piāoliú de fúpíng yíyàng

❷【血統】 传统 chuántǒng; 血统 xuètǒng (英 descent; [流派] a school) ▶狩野派の〜をくむ/继承了狩野派的传统 jìchéngle Shòuyěpài de chuántǒng

ことわざ 流れに棹さす 顺流撑船 shùnliú chēng chuán

ながれぐも【流れ雲】 浮云 fúyún (英 flying clouds)

ながれこむ【流れ込む】 流入 liúrù; 倾注 qīngzhù (英 flow in) ▶大河が海に〜/大河入海 dàhé rù hǎi ▶難民が国境を越えて流れ込んだ/难民涌过了国境 nànmín yǒngguòle guójìng

ながれさぎょう【流れ作業】 流水作业 liúshuǐ zuòyè (英 an assembly line) ▶自動車の製造過程は〜である/汽车的制造过程是流水作业 qìchē de zhìzào guòchéng shì liúshuǐ zuòyè

ながれだす【流れ出す】 流出 liúchū (英 flow out) ▶タンクの油が〜/油库的油流出来了 yóukù de yóu liúchūlai le

ながれだま【流れ弾】 流弹 liúdàn (英 a stray bullet) ▶〜に当たって死ぬ/中流弹而死 zhòng liúdàn ér sǐ

ながれでる【流れ出る】 流出 liúchū (英 flow out) ▶〜血に肝をつぶした/看到流出来的鲜血胆吓破了 kàndào liúchūlai de xiānxuè dǎn dōu xiàpò le ▶ラジオから〜甘い歌声に耳を傾けた/倾听从广播里传来的甜美的歌声 qīngtīng cóng guǎngbōli chuánlái de tiánměi de gēshēng

ながれぼし【流れ星】 流星 liúxīng (英 a shooting star) ▶暗い夜空の〜、どこへ飛んでいくのでしょう (童謡)/黑暗夜空中流星啊，你飞向哪儿去做什么？hēi'àn yèkōng zhōng liúxīng a, nǐ fēixiàng nǎr qù zuò shénme?

ながれもの【流れ者】 流浪者 liúlàngzhě (英 a drifter) ▶〜には人の情が身にしみます/四处流浪的人更能感受人间的温暖 sìchù liúlàng de rén gèng néng gǎnshòu rénjiān de wēnnuǎn

ながれる【流れる】 **❶【水や物が】** 流 liú; 淌 tǎng (英 flow; run; stream) ▶音をたてて水が〜/水溅出声音，流淌着 shuǐ jiànchū shēngyīn, liútǎngzhe ▶涙が彼女のほおを流れた/眼泪流下了她的脸颊 yǎnlèi liúxiàle tā de liǎnjiá ▶大きな桃が川上から流れてきた/很大的一个桃子从上流漂了过来 hěn dà de yí ge táozi cóng shàngliú piāoleguòlai ▶彼の体には天才の血が流れている/他的身体里流淌着天才的血液 tā de shēntǐli liútǎngzhe tiāncái de xuèyè

❷【漂い流れる】 漂 piāo; 飘荡 piāodàng (英 float; drift) ▶波止場に霧が流れていた/港口码头上飘荡着雾气 mǎtoushang mǎtóudàngzhe wùqì ▶砂浜に椰子(?)の実が流れ着いた/沙滩上漂来了椰子 shātānshang piāoláile yēzi

❸【中止になる】 中止 zhōngzhǐ; 取消 qǔxiāo (英 be canceled) ▶会が〜/流会 liúhuì ▶雨で運動会が流れた/因雨运动会取消了 yīn yǔ yùndònghuì qǔxiāo le

❹【その他】 悪いうわさが流れている/坏谣言在流传 huàiyáoyán zài liúchuán ▶30年の時が流れた/三十年的时间流逝了 sānshí nián de shíjiān liúshì le

〜ような 通畅 tōngchàng ▶〜ようなフォームで走る/跑步的姿势自然流畅 pǎobù de zīshì zìrán liúchàng

ながわずらい【長患い】 久病 jiǔbìng (英 a long illness) ▶見るからに〜の病人だった/看上去就知道是久病的病人 kànshàngqu jiù zhīdào shì jiǔbìng de bìngrén

なかんずく 尤其 yóuqí (英 above all; particularly) ▶父は犬好きで、〜秋田犬を好んだ/父亲喜欢狗，尤其是喜欢秋田犬 fùqīn xǐhuan gǒu, yóuqí shì xǐhuan Qiūtiánquǎn

なき【泣き】
〜の涙 ▶家を失い〜の涙で暮らしている/失去自己的家，终日以泪洗面 shīqù zìjǐ de jiā, zhōngrì yǐ lèi xǐ miàn

〜を入れる 乞怜 qǐlián; 哀求 āiqiú ▶あいつ、とうとう〜を入れてきた/那家伙，终于来求我了 nà jiāhuo, zhōngyú lái qiú wǒ le

〜を見る 受罪 shòuzuì; 碰壁 pèngbì ▶〜を見るのはどっちかな/到底谁最后会碰壁呢？dàodǐ shéi zuìhòu huì pèngbì ne?

なき-【亡き-】 已故 yǐgù (英 dead; late) ▶〜祖父/先祖 xiānzǔ ▶〜祖父が建てた家だ/是去世的祖父盖的房子 shì qùshì de zǔfù gài de fángzi ▶〜友/故友 gùyǒu; 亡友 wángyǒu ▶〜友と約束したのだ/和过世的朋友有约定 hé guòshì de péngyou yǒu yuēdìng

なぎ【凪】 风平浪静 fēng píng làng jìng; 海浪息 hǎilàng píngxī (英 a calm; a lull)
嵐のあとには〜がくる 暴风雨后，风平浪静 bàofēngyǔhòu, fēng píng làng jìng

◆朝〜: 早上海上风平浪静 zǎoshàng hǎishàng fēng píng làng jìng

なきあかす【泣き明かす】 哭一夜 kū yí yè (英 cry〔weep〕 all night) ▶まる一晩泣き明かした/整整哭了一夜 zhěngzhěng kūle yí yè ▶三日三晩泣き明かした/哭了三天三夜 kū le sān tiān sān yè

なきおとす【泣き落とす】 哭诉 kūsù (英 win... over by entreaties) ▶泣き落とそうたってそうはゆかない/想靠哭解决问题，办不到 xiǎng kào kū jiějué wèntí, bàn bu dào ▶私に泣き落とし戦術はきかないよ/对我，哭闹这一套不管用 duì wǒ, kūnào zhè yí tào bù guǎnyòng

なきがお【泣き顔】 (英 a tearful face) ▶あの子の〜を見るのがつらい/真不忍心看到那孩子的哭像 zhēn bù rěnxīn kàndào nà háizi de kūxiàng

なきがら【亡骸】 遗体 yítǐ; 遗骸 yíhái; 尸首 shīshou (英 one's remains; the corpse)

なきくずれる【泣き崩れる】哀号 āiháo；号啕大哭 háotáo dà kū (英 *break down*) ▶知らせを受けてその場でどっと泣き崩れた/接到通知后当场就哭倒在地 jiēdào tōngzhī hòu dāngchǎng jiù kūdǎo zài dì

なきごえ【泣き声】哭声 kūshēng (英 *a tearful voice*) ▶慰めの言葉は遺族の～にかき消された/安慰的话被遗属的哭声盖过了 ānwèi de huà bèi yíshǔ de kūshēng gàiguò le

なきごえ【鳴き声】叫声 jiàoshēng；鸣声 míngshēng；啼声 tíshēng (英 [鳥獣の] *a cry; a call*；[小鳥の] *a song*) ▶ひばりの～が天から降ってくる/云雀的叫声从天而降 yúnquè de jiàoshēng cóng tiān ér jiàng

なきごと【泣き言】牢骚话 láosaohuà (英 *a complaint*) ▶～を言う/叫苦 jiàokǔ；哭诉 kūsù；发牢骚 fā láosao ▶いまさら～は聞きたくない/事到如今, 不想听牢骚了 shì dào rújīn, bù xiǎng tīng láosao le

なぎさ【渚】海滨 hǎibīn；汀 tīng；海滩 hǎitān (英 *a beach; the waterside*)

なきさけぶ【泣き叫ぶ】号哭 háokū；哭喊 kūhǎn (英 *scream; howl*) ▶～子供の声が耳から離れない/孩子的哭叫声总留在耳朵里 háizi de kūjiàoshēng zǒng liúzài ěrduoli

なきじゃくる【泣きじゃくる】哭哭啼啼 kūkūtítí；抽泣 chōuqì (英 *sob; blubber*) ▶彼の胸にすがって泣きじゃくった/依偎在他的胸前尽情地哭 yīwēi zài tā de xiōngqián jìnqíng de kū

なきじょうご【泣き上戸】酒醉后爱哭的人 jiǔ zuì hòu ài kū de rén (英 *a crying drunk*)

なぎたおす【薙ぎ倒す】割倒 gēdǎo；砍倒 kǎndǎo (英 *mow down*) ▶敵を～/横扫敌人 héngsǎo dírén ▶並みいる敵をばったばったと～/把众多敌人一个个地砍倒 bǎ zhòngduō dírén yí gègè de kǎndǎo ▶枯れ葦をたちまち鎌に薙ぎ倒された/枯萎了的芦苇一下子就被镰刀砍倒了 kūwěile de lúwěi yíxiàzi jiù bèi liándāo kǎndǎo le

なきだす【泣き出す】哭起来 kūqǐlai (英 *begin to weep; burst into tears*) ▶大の男がこらえきれずに泣き出した/大男子汉不禁哭了出来 dànánzǐhàn bùjīn kūlechūlai ▶今にも泣き出しそうな空模様だ/天好像马上就要下雨似的 tiān hǎoxiàng mǎshàng jiùyào xià yǔ shìde

なきつく【泣き付く】哀求 āiqiú；央求 yāngqiú (英 *entreat; beg*) ▶旅費は母に泣き付いて都合してもらった/央求妈妈准备好了旅费 yāngqiú māma zhǔnbèihǎole lǚfèi

なきっつら【泣きっ面】哭脸 kūliǎn (英 *a crying face*)

[ことわざ] 泣きっ面に蜂 雪上加霜 xuěshang jiā shuāng；祸不单行 huò bù dān xíng

なきどころ【泣き所】弱点 ruòdiǎn；痛处 tòngchù；紧箍咒 jǐngūzhòu (英 *one's weak point; one's Achilles heel*) ▶先方はこちらの～を押さえている/对方抓住了我们的弱点 duìfāng zhuāzhùle wǒmen de ruòdiǎn ▶芝居は～にさしかかった/戏到了让人流泪的场面了 xì dàole ràng rén liú lèi de chǎngmiàn le

弁慶の～ 最薄弱的地方 zuì bóruò de dìfang

なきなき【泣き泣き】哭着哭着 kūzhe kūzhe (英 *tearfully*) ▶～被害を訴える/哭着说被害的经过 kūzhe shuō bèihài de jīngguò

なぎなた【長柄大刀】长柄大刀 chángbǐng dàdāo (英 *a Japanese halberd*) ▶～を振りまわす/挥舞着长柄大刀 huīwǔzhe chángbǐng dàdāo

[参考] 「薙刀」と同形の武器は中国にはない。しいて言えば「朴刀 pōdāo」がいちばん近い.

なきねいり【泣き寝入りする】忍气吞声 rěn qì tūn shēng；打掉牙往肚子里咽 dǎdiào yá wǎng dùzili yàn (英 *give in to one's fate*) ▶我々は～はしませんよ/我们不会忍气吞声的 wǒmen búhuì rěn qì tūn shēng de

なきはらす【泣き腫らす】哭肿眼泡儿 kūzhǒng yǎnpāor (英 *cry one's eyes out*) ▶目を真っ赤に泣き腫らしている/把眼睛都哭肿了 bǎ yǎnjing dōu kūzhǒng le

なきべそ【泣きべそ】哭鼻子 kū bízi (英 *a face close to tears*) ▶はは, ～をかいてら/哈哈, 在哭鼻子呢 hāha, zài kū bízi ne

なきまね【泣き真似をする】假哭 jiǎkū；装哭 zhuāngkū (英 *pretend to be weeping*)

なきむし【泣き虫】爱哭的人 àikū de rén (英 *a crybaby; a crier*) ▶私はほんとに～だったわ/我以前真是个爱哭鼻子的人 wǒ yǐqián zhēn shì ge ài kū bízi de rén

なきもの【亡き者】死者 sǐzhě；死人 sǐrén (英 *the dead*) ▶彼を～にしようとつけ狙う/一直跟踪着想要杀他 yìzhí gēnzōngzhe xiǎng yào shā tā

なきわかれ【泣き別れ】哭着分手 kūzhe fēnshǒu (英 *parting in tears*) ▶夜雾弥漫的车站哭着分别 zài yèwù mímàn de chēzhàn kūzhe fēnbié

なきわめく【泣き喚く】号哭 háokū；号啕 háotáo；鬼哭狼嚎 guǐ kū láng háo (英 *cry in tears*)

なきわらい【泣き笑い】又哭又笑 yòu kū yòu xiào；悲喜交集 bēi xǐ jiāo jí (英 *a tearful smile*) ▶葬儀の日に孙が生まれて, ～の一日となった/在葬礼的那天孙子出生了, 成了悲喜交集的一天 zài zànglǐ de nà tiān sūnzi chūshēng le, chéngle bēixǐ jiāojí de yì tiān

なく【泣く】哭 kū；哭泣 kūqì (英 *cry; weep; sob*) ▶親がいないからって～ものか/父母不在也决不就哭 fùmǔ búzài yě juébù jiù kū ▶結局～のはおまえなんだよ/最后哭的还会是你 zuìhòu kū de hái huì shì nǐ

[ことわざ] 泣いて暮らすも一生, 笑って暮らすも一生 乐也一生, 愁也一生 lè yě yìshēng, chóu yě yìshēng

[ことわざ] 泣く子と地頭(ぢとう)には勝てぬ 秀才遇到兵, 有理讲不清 xiùcái yùdào bīng, yǒu lǐ jiǎngbuqīng

うれし泣きに~ 高兴得哭起来 gāoxìngde kūqǐlai
顔で笑って心で泣いて 脸上笑，心里在哭 liǎnshang xiào, xīnli zài kū

泣いても笑っても ▶泣いても笑っても今日で終わりだ/是哭是笑，今天一切都会结束了 shì kū shì xiào, jīntiān yíqiè dōu huì jiéshù le

なく【鳴く】 叫 jiào；鸣 míng（英）【犬】whine；【ねこ】mew；【小鸟】sing；【虫】chirp）▶こおろぎが~/蟋蟀鸣叫 xīshuài míngjiào ▶おんどりが~/公鸡喔喔啼叫 gōngjī wōwō tíjiào

ことわざ 鳴くせみよりも鳴かぬ蛍が身を焦がす 嘴上不说的比老挂在嘴上的人爱得更深 zuǐshang bù shuō de bǐ lǎo guàzài zuǐshang de rén àide gèng shēn

ことわざ 鳴く猫はねずみを捕らぬ 打鸣儿的公鸡不下蛋 dǎmíngr de gōngjī bú xià dàn；夸夸其谈的人做不了事 kuākuā qí tán de rén zuòbuliǎo shì

なぐ【凪ぐ】 风平浪静 fēng píng làng jìng（英【風】drop; die away; lull）▶一夜明けて海は凪いだ/过了一夜，海上风平浪静了 guòle yí yè, hǎishàng fēng píng làng jìng le

なぐさみ【慰み】 消遣 xiāoqiǎn（英 amusement; a pastime; recreation）▶~とする/作乐 zuòlè；解闷 jiěmèn ▶歌を詠んで病床の~とす/把吟诗作为病床上的消遣 bǎ yínshī zuòwéi bìngchuángshang de xiāoqiǎn

なぐさめ【慰め】 安慰 ānwèi；宽慰 kuānwèi（英 comfort; consolation）▶~の言葉/宽心话 kuānxīnhuà；宽心丸儿 kuānxīnwánr ▶~の言葉をかける/说宽慰的话 shuō kuānwèi de huà ▶孫が助かったのがせめてもの~だ/孙子得救就算是不幸中的万幸了 sūnzi déjiù jiù suànshi búxìng zhōng de wànxìng ▶詫びられたとて何の~にもならぬ/向我道歉，也是无济于事的 xiàng wǒ dàoqiàn, yě shì wú jì yú shì de

なぐさめる【慰める】 安慰 ānwèi；抚慰 fǔwèi（英 comfort; console）▶彼の笑顔が傷ついた心を慰めてくれた/他的笑容抚平了我心中的伤痛 tā de xiàoróng fǔpíngle wǒ xīnzhōng de shāngtòng ▶死者の霊を~/悼念死者的亡灵 dàoniàn sǐzhě de wánglíng

なくす【亡くす】 丧 sàng；失去 shīqù（英 lose）▶妻を亡くしてから元気がない/妻子去世之后，一直打不起精神 qīzi qùshì zhīhòu, yìzhí dǎbuqǐ jīngshen

なくす【無くす】 丢 diū；丢掉 diūdiào；丢失 diūshī（英 lose, miss; get rid of...）▶外出先で財布を無くした/出门掉了钱包 chūmén diàole qiánbāo ▶一度のミスですっかり信用を無くした/一次错误就完全失去了信用 yí cì cuòwù jiù wánquán shīqùle xìnyòng

なくてはならない【無くてはならない】 少不得 shǎobudé；不可缺少 bùkě quēshǎo；(ねばならない) 应该 yīnggāi（英 essential）▶君は我が社に~人物だ/你是我们公司不可缺少的人物 nǐ shì wǒmen gōngsī bùkě quēshǎo de rénwù ▶これは君自身の意志によるので~/这应该全靠你自己的意志 zhè yīnggāi quán kào nǐ zìjǐ de yìzhì

なくなく【泣く泣く】 哭着 kūzhe；不情愿地 bù qíngyuàn de（英 reluctantly《しぶしぶ》）▶二人は~別れさせられた/两个人被无情地拆散了 liǎng ge rén bèi wúqíng de chāisàn le

なくなる【亡くなる】 死去 sǐqù；去世 qùshì（年長者が）故去 gùqù（英 die; pass away）▶旅先で父が亡くなった/在旅途中父亲过世了 zài lǚtú zhōng fùqīn guòshì le ▶亡くなった人を悪く言いたくないが…/我不想说故去的人的坏话，可是… wǒ bù xiǎng shuō gùqùle de rén de huàihuà, kěshì…

なくなる【無くなる】 **1**【紛失する】丢 diū；丢失 diūshī（英 be lost; be missing）▶切符が~/车票丢失 chēpiào diūshī ▶财布が無くなった/钱包丢了 qiánbāo diū le
2【尽きる】没了 méi le（英 be gone; be exhausted）▶時間が無くなった/没有时间了 méiyǒu shíjiān le ▶何の不安も無くなった/没有一点不安了 méiyǒu yìdiǎn bù'ān le
3【消える】消失 xiāoshī；不见 bújiàn（英 disappear; go away）▶洪水に押し流されて道路が無くなった/道路被洪水冲失了 dàolù bèi hóngshuǐ chōngshī le

なぐりあう【殴り合う】 打架 dǎjià；争斗 zhēngdòu；厮打 sīdǎ（英 exchange blows）▶激しい殴り合いが始まった/开始了激烈的搏斗 kāishǐle jīliè de bódòu ▶双方入り乱れて~/双方厮打在一处 shuāngfāng sīdǎ zài yí chù

なぐりかかる【殴り掛かる】 扑过去打 pūguòqu dǎ（英 hit at...）▶ものも言わずに~/二话不说就打了过去 èrhuà bù shuō jiù dǎleguòqu

なぐりがき【殴り書き】 潦草的字 liáocǎo de zì；胡乱地写 húluàn de xiě（英 a scribble）▶~のメモが残されていた/留下了一张潦草的纸条 liúxiàle yì zhāng liáocǎo de zhǐtiáo ▶彼は要点を~した/他潦草地记录了要点 tā liáocǎo de jìlùle yàodiǎn

なぐりこみ【殴り込み】 打入 dǎrù；侵犯 qīnfàn（英 a raid）▶我が社のエリアにあの会社が~をかけるそうだ/据说那个公司要侵犯我们公司的地盘 jùshuō nàge gōngsī yào qīnfàn wǒmen gōngsī de dìpán

なぐる【殴る】 揍 zòu；打 dǎ；殴打 ōudǎ（英 hit; knock; beat）▶殴られる/挨揍 áizòu ▶殴られて殴り返す/被别人打了以后还手 bèi biéren dǎle yǐhòu huánshǒu ▶バットで頭を~/用棒球的棒子打头部 yòng bàngqiú de bàngzi dǎ tóubù ▶殴り倒す/击倒 jīdǎo

なげいれる【投げ入れる】 投放 tóufàng；扔进 rēngjìn（英 throw... into ~）▶かごに球を~/把球投入筐里 bǎ qiú tóurù kuānglǐ

なげうつ【擲つ】 豁出 huōchū；献出 xiànchū（英 give up; resign）▶私財をなげうって学校を建てた/献出私产办学校 xiànchū sīchǎn bàn xuéxiào

なげうり【投げ売り】 抛售 pāoshòu；拍卖

mài;甩卖 shuǎimài(英)*clearance sale*;［海外へ］*dumping*) ▶去年の残りを～する/抛售去年剩下的东西 pāoshòu qùnián shèngxià de dōngxi ▶あの衣料品店が～を始めた/那家衣料店开始大甩卖了 nà jiā yīliàodiàn kāishǐ dà shuǎimài le

なげかえす【投げ返す】 扔回去 rēnghuíqu(英)*throw back*) ▶転がってきたボールを～/把滚过来的球扔回去 bǎ gǔnguòlai de qiú rēnghuíqu ▶問題を相手に～/把问题踢回对方 bǎ wèntí tīhuí duìfāng

なげかける【投げ掛ける】 扔过去 rēngguòqu;《疑問などを》提出 tíchū (英)*raise a question*) ▶疑問を～/提出疑问 tíchū yíwèn ▶役所の説明に疑問を～/对政府的说明质疑 duì zhèngfǔ de shuōmíng zhìyí

なげかわしい【嘆かわしい】 痛心 tòngxīn;可悲 kěbēi;令人遗憾 lìng rén yíhàn (英)*sad; mournful*;［遺憾な］*regrettable*) ▶無責任な親どもが実に～/看到不负责任的父母真让人痛心 kàndào bú fù zérèn de fùmǔ zhēn ràng rén tòngxīn

なげき【嘆き】 悲伤 bēishāng;痛心 tòngxīn (英)*grief; sorrow*) ▶馬鹿な息子が～の種だ/不争气的儿子是悲叹的根源 bù zhēngqì de érzi shì bēitàn de gēnyuán ▶彼らは民の～が分かっているのか/他们知道人民的痛苦吗? tāmen zhīdào rénmín de tòngkǔ ma

なげきかなしむ【嘆き悲しむ】 哀叹 āitàn;悲叹 bēitàn (英)*lament*) ▶彼は母の死を嘆き悲しんだ/他对母亲的死很悲痛 tā duì mǔqin de sǐ hěn āitòng

なげキッス【投げキッスする】 飞吻 fēiwěn (英)*throw... a kiss*) ▶彼は小さく～した/他做了一个小小的飞吻 tā zuòle yí ge xiǎoxiǎo de fēiwěn

なげく【嘆く】 叹息 tànxī;忧愁 yōuchóu;悲伤 bēishāng (英)*regret; lament; weep*) ▶いくら嘆いても時間は戻らない/怎么叹息,时间也不会回来的 zěnme tànxī, shíjiān yě bùhuí huílai de ▶老いを嘆ボケを～/为年老糊涂而悲叹 wèi niánlǎo hútu ér bēitàn

なげこむ【投げ込む】 抛进 pāojìn;扔进 rēngjìn (英)*throw in*) ▶死体を海に～/把尸体扔进海里 bǎ shītǐ rēngjìn hǎili ▶窓からみかんを投げ込んだ/把橘子从窗户扔进去了 bǎ júzi cóng chuānghu rēngjìnqu le

なげすてる【投げ捨てる】 丢弃 diūqì;扔掉 rēngdiào (英)*throw away*) ▶路上に吸いがらを～な/别把烟头扔在路上 bié bǎ yāntóu rēngzài lùshang ▶仕事を投げ捨てて旅に出る/把工作扔在一边去旅游 bǎ gōngzuò rēngzài yìbiān qù lǚyóu

なげだす【投げ出す】 **1**［放り出す］扔 rēng;甩 shuǎi;抛出 pāochū (英)*throw out*) ▶カバンを投げ出して遊びに出る/扔掉书包出去玩 rēngdiào shūbāo chūqù wán ▶たたみの上に脚を～/把脚伸在榻榻米上 bǎ jiǎo shēnzài tàtàmǐshang **2**［途中で］撂开 liàokāi;扔下 rēngxià (英)*abandon*) ▶今度の仕事も3ヶ月で投げ出してしまった/这次的工作也干了三个月就扔下了 zhè cì de gōngzuò yě gànle sān ge yuè jiù rēngxià le **3**［差し出す］豁出 huōchū;舍出 shěchū (英)*sacrifice*) ▶彼は命を投げ出して村を守った/他豁出性命保卫了村子 tā huōchū xìngmìng bǎowèile cūnzi

なげつける【投げつける】 摔 shuāi;扔去 rēngqù (英)*throw at...*) ▶汚い言葉を投げつけて去った/说完不干不净的话就走了 shuōwán bù gān bú jìng de huà jiù zǒu le ▶犬に石を～/扔石头打狗 rēng shítou dǎ gǒu

なげとばす【投げ飛ばす】 摔倒 shuāidǎo;甩出去 shuǎichūqu (英)*fling away*) ▶小男が大男を～こともある/有时也有个子小的人摔倒个子大的人 yǒushí yě yǒu gèzi xiǎo de rén shuāidǎo gèzi dà de rén

なけなしの 仅有 jǐn yǒu (英)*what little... one has*) ▶～の知恵を绞る/绞尽仅有的脑汁 jiǎojìn jǐn yǒu de nǎozhī ▶～の金で馬券を買う/用仅有的一点钱去买马票 yòng jǐn yǒu de yìdiǎn qián qù mǎi mǎpiào

なげやり【投げやりな】 马虎 mǎhu;不负责任 bú fù zérèn (英)*irresponsibe*) ▶～な返事がかえってきた/马虎地回信来了 mǎhu de huíxìn lái le ▶その仕事ぶりはいかにも～だった/那工作态度真不负责任 nà gōngzuò tàidù zhēn bú fù zérèn

なげる【投げる】 **1**［物を］扔 rēng;抛 pāo;甩 shuǎi (英)*throw; cast*) ▶いるかに向かっていわしを～/向海豚扔沙丁鱼 xiàng hǎitún rēng shādīngyú **2**［捨てる・あきらめる］放弃 fàngqì;丢 diū;撂 liào (英)*give up*) ▶相手はもう試合を投げてるよ/对方已经丧失了比赛的斗志了 duìfāng yǐjing sàngshīle bǐsài de dòuzhì le ▶さじを～のはまだ早い/放弃还为时过早 fàngqì hái wéi shí guò zǎo

-なければならない 需要 xūyào;应该 yīnggāi ▶ここは君が出てゆか～/这时候需要你出场了 zhè shíhou xūyào nǐ chūchǎng le

なこうど【仲人】 媒人 méiren;月下老人 yuèxià lǎorén (英)*a go-between; a matchmaker*) ▶～をする/做媒 zuòméi ▶課長に～を頼んだ/请处长做媒人 qǐng chùzhǎng zuò méiren ▶～口にだまされる/被媒婆嘴给骗了 bèi méipózuǐ gěi piàn le

なごむ【和む】 温柔 wēnróu;温和 wēnhé;和缓 héhuǎn (英)*be comforted*;［水が］*become lukewarm*) ▶この絵を見ると心が～/看到这幅画就觉得心里平静 xīn lǐ píngjìng ▶彼女の言葉がその場の空気を和ませた/她的话使当时的气氛和缓了 tā de huà shǐ dāngshí de qìfēn héhuǎn le

なごやか【和やかな】 和气 héqi;平易 píngyì;和睦 hémù (英)*quiet; peaceful; calm*) ▶二人は～に語りあった/两个人很和气地交谈 liǎng ge rén hěn héqi de jiāotán ▶～な家庭に見えても

悩みは尽きない/看上去是和睦的家庭也有无尽的烦恼 kànshàngqu shì hémù de jiātíng yě yǒu wújìn de fánnǎo

なごり【名残り】 ❶［痕跡・余波］痕迹 hénjì; 残余 cányú 〖英〗*remains*; *traces*）▶昔の～を留めている/保留了往日的痕迹 bǎoliúle wǎngrì de hénjì ▶～雪/残雪 cánxuě ❷［別離］依恋 yīliàn 〖英〗*farewell*）▶惜しいが行かねばならない/虽然不忍离开，但是不得不走 suīrán bù rěn líkāi, dànshì bùdébù zǒu

~尽きない 恋恋不舍 liànliàn bù shě ▶~尽きないがお開きとしよう/虽然余兴未尽，但还是到此结束吧 suīrán yúxìng wèi jìn, dàn háishi dào cǐ jiéshù ba

~を惜しむ 贪恋 tānliàn; 惜別 xībié ▶いつまでも手を振って~を惜しんだ/一直依依不舍地挥着手 yìzhí yīyī bù shě de huīzhe shǒu

なさけ【情け】 恩情 ēnqíng; 善心 shànxīn; 慈悲 cíbēi 〖英〗*sympathy*; *kindness*; *pity*）▶~がかえってあだとなった/善心反招来了怨恨 shànxīn fǎn zhāoláile yuànhèn ▶人さまの~にすがって生きている/靠别人的同情心过日子 kào biérén de tóngqíngxīn guò rìzi ▶お~を及第させてやろう/发发慈悲让你及格吧 fāfā cíbēi ràng nǐ jígé ba

ことわざ 情けは人のためならず 好人有好报 hǎorén yǒu hǎobào

~知らずの 不懂人情 bù dǒng rénqíng; 寡情 guǎqíng ▶~知らずと思われてもよい/就算被认为是不通人情也行 jiù suàn bèi rènwéi shì bù tōng rénqíng yě xíng

~深い 慈悲 cíbēi ▶~深い人だった/是一个情深意重的人 shì yí ge qíng shēn yì zhòng de rén

~容赦なく 毫不留情 háobù liúqíng; 狠狠 hěnhěn ▶金を~容赦なく取りたてる/毫不留情地讨债 háobù liúqíng de tǎozhài

なさけない【情けない】 可怜 kělián; 悲惨 bēicǎn;《嘆かわしい》可耻 kěchǐ 〖英〗*pitiable*; *miserable*）▶自分で自分が~/自己都觉得自己不像样 zìjǐ dōu juéde zìjǐ bú xiàngyàng ▶なんという~ことをしてくれたんだ/你干的什么可耻事！ nǐ gàn de shénme kěchǐ shì！▶彼は~ほど数学ができない/他数学差得可怜 tā shùxué chàde kělián

なざし【名指しで】 指名 zhǐmíng 〖英〗*by name*）▶会長は~で私を批判した/会长指名批评了我 huìzhǎng zhǐmíng pīpíngle wǒ ▶~するのはまずいよ/指名道姓还是不好吧 zhǐmíng dào xìng háishi bù hǎo ba

ナシ【梨】［植物］梨 lí 〖英〗*a pear*;［木］*a pear tree*）▶洋~/鸭儿梨 yārlí

~のつぶて 杳无音讯 yǎo wú yīnxùn; 石沉大海 shí chén dàhǎi

-なし【無し】 没有 méiyǒu 〖英〗*without*）▶ことわりに早退した/一声招呼也没有就早退了 yì shēng zhāohu yě méiyǒu jiù zǎotuì le ▶君~では生きてゆけない/没有你，我就活不下去 méiyǒu nǐ, wǒ jiù huóbuxiàqù

なしくずしに【なし崩しに】 一点一点地 yìdiǎn yìdiǎn de 〖英〗*gradually*）▶協約を~変質させる/逐渐让合约变质了 zhújiàn ràng héyuē biànzhì le ▶~遺産を食いつぶしてゆく/一点一点地把遗产吃光了 yìdiǎn yìdiǎn de bǎ yíchǎn chīguāng le

なしとげる【成し遂げる】 成事 chéngshì; 达成 dáchéng; 完成 wánchéng 〖英〗*accomplish*; *achieve*）▶彼は大事業を成し遂げた/他完成了大事业 tā wánchéngle dàshìyè

なじみ【馴染】 熟悉 shúxī; 亲密 qīnmì 〖英〗*familiarity*;［客］*a regular customer*）▶~がない/陌生 mòshēng; 眼生 yǎnshēng ▶この店には~がない/我不熟悉这家商店 wǒ bù shúxī zhè jiā shāngdiàn ▶あの男とは昔~なんだよ/我和他是老相识了 wǒ hé tā shì lǎoxiāngshí le ▶~の客が次第に増えた/熟客渐渐多了起来 shúkè jiànjiān duōleqǐlai ▶この町にはまだ~が浅い/我对这个城市还不太熟悉 wǒ duì zhège chéngshì hái bú tài shúxī

なじむ【馴染む】 适应 shìyìng; 熟习 shúxí 〖英〗*become accustomed*; *adapt oneself*）▶あの人はすっかり上海に馴染んでいる/他已经在上海呆熟了 tā yǐjing zài Shànghǎi dāishú le ▶新しい職場に~のに暇がかかった/为了适应新的工作单位花了一段时间 wèile shìyìng xīn de gōngzuò dānwèi huāle yí duàn shíjiān

ナショナリズム 国家主义 guójiā zhǔyì; 民族主义 mínzú zhǔyì 〖英〗*nationalism*）▶アジア諸国で~の昂揚がみられた/在亚洲各国有民族主义的高扬 zài Yàzhōu gè guó yǒu mínzú zhǔyì de gāoyáng

ナショナル 〖英〗*national*）

◆~アイデンティティー ¦国家意識 guójiā yìshí ~コンセンサス ¦全民共识 quánmín gòngshí ~トラスト ¦国家托拟运动 guójiā tuōlāsī ~ブランド ¦全国闻名商标 quánguó wénmíng shāngbiāo

なじる【詰る】 责备 zébèi; 斥责 chìzé 〖英〗*rebuke*; *censure*）▶若者を~/责备年轻人 zébèi niánqīngrén ▶部下の小さなミスを~/责问部下的小过失 zéwèn bùxià de xiǎoguòshī

なす【生す】 生 shēng 〖英〗*bear (a child)*）▶子まで生した仲ではないか/两个人不是都生了孩子嘛 liǎng ge rén bú shì dōu shēngle háizi ma

なす【成す】 形成 xíngchéng 〖英〗*form*; *make*）▶カラスが群れを成して空を飛ぶ/乌鸦成群地飞过天空 wūyā chéngqún de fēiguò tiānkōng ▶一代にして財を~/一代就发了家 yídài jiù fāle jiā ▶これでは意味を成さない/这个不成句 zhège bù chéng jù ▶その一言に彼は色を成した/听到那句话,他生气了 tīngdào nà jù huà, tā shēngqì le

なす【為す】 做 zuò; 为 wéi 〖英〗*do*; *accomplish*; *achieve*）▶苦しくとも~べきことは為さねばならぬ/不管多么艰难，该做的还是要做 bùguǎn duōme jiānnán, gāi zuò de háishi yào zuò ▶~ところなく日を送る/过着无所作为的日子 guòzhe wú suǒ zuò wéi de rìzi

ことわざ 為せば成る，為さねば成らぬ，何事も 凡事不去做就不会成功 fánshì bú qù zuò jiù búhuì chénggōng；事在人为 shì zài rénwéi

～術(ジ)がない 毫无办法 háowú bànfǎ；不知所措 bù zhī suǒ cuò ▶もはや～術がない/已经毫无办法了 yǐjīng háowú bànfǎ le

ナス【茄子】〖植物〗茄子 qiézi（英 an eggplant; an aubergine）

なすがまま【為すがままに】 任其自流 rèn qí zì liú（英 at the mercy of...) ▶相手の～になる/任对方摆布 rèn duìfāng bǎibu

ナズナ【薺】〖植物〗荠菜 jìcài（英 a shepherd's purse）

なずむ【拘泥む】 拘泥 jūnì（英 stick to...) ▶旧習に～/拘泥旧习 jūnì jiùxí

暮れ 天迟迟不黑 tiān chíchí bù hēi/夕阳迟迟不落 xīyáng chíchí bú luò

なすりあい【擦り合い】 互相推托 hùxiāng tuītuō（英 recrimination) ▶二人は責任の～を始めた/两个人开始推卸责任了 liǎng ge rén kāishǐ tuīxiè zérèn le

なすりつける【擦り付ける】 ❶〖こすりつける〗涂上 túshàng（英 rub) ▶手の泥を壁に～/把手上的泥擦在墙上 bǎ shǒushang de ní cāzài qiángshang **❷**〖責任や罪を〗转嫁 zhuǎnjià（英 blame) ▶責任を部下に～/把责任推给部下 bǎ zérèn tuīgěi bùxià

なする【擦る】 涂抹 túmǒ；擦 cā（英 rub)

なぜ【何故】 为什么 wèi shénme；怎么 zěnme；何故 hégù（英 why; how; for what reason) ▶～か急に悲しくなった/不知为什么突然伤心了 bù zhī wèi shénme túrán shāngxīn le ▶～なら引力があるからだ/是因为有引力啊 shì yīnwèi yǒu yǐnlì a ▶～なんだ/为什么呢？ wèi shénme ne? ▶～来なかったんだ/为什么没来？ wèi shénme méi lái？ ▶～だか知らないが怒っていたよ/不知道为什么他家伙在发火呢 bù zhīdào wèi shénme nà jiāhuo zài fāhuǒ ne

なぞ【謎】 谜 mí；谜语 míyǔ；闷葫芦 mènhúlu（英 a riddle; a mystery) ▶～解きをする/猜谜 cāimí ▶～の答え/谜底 mídǐ ▶～を掛ける/打哑谜 dǎ yǎmí ▶～を掛けたが通じない/给他打了一个哑谜，他没有懂 gěi tā dǎle yí ge yǎmí, tā méiyǒu dǒng ▶彼の死因は依然として～である/他的死因依然是一个谜 tā de sǐyīn yīrán shì yí ge mí ▶宇宙の～/揭开宇宙的秘密 jiēkāi yǔzhòu de mìmì ▶事件の背後に～の人物が浮かび上がった/在事件的背后出现了一个神秘的人物 zài shìjiàn de bèihòu chūxiànle yí ge shénmì de rénwù ▶男の正体は～に包まれたままである/男人的身份依然是一个谜 nánrén de shēnfen yīrán shì yí ge mí

なぞなぞ【謎謎】 谜 mí；谜语 mèir；谜语 míyǔ（英 a riddle; an enigma) ▶～を解く/猜谜 cāimí；破谜 pòmí ▶～をする/猜谜 cāimí

なぞらえる 比拟 bǐnǐ；相比 xiāngbǐ（英 compare; imitate) ▶人生は航海になぞらえられる/人生就好比是远航 rénshēng jiù hǎobǐ shì yuǎnháng

なぞる 描 miáo；描摹 miáomó（英 trace; follow) ▶他人の論旨を～だけではいけない/不能光是描摹还别人的论点 bùnéng guāng shì miáomó shù biéren de lùndiǎn ▶鉛筆で書いてからインクで～/用铅笔画完以后，再用墨水描 yòng qiānbǐ huàwán yǐhòu, zài yòng mòshuǐ miáo

なた【鉈】 砍刀 kǎndāo；劈刀 pīdāo；柴刀 cháidāo（英 a hatchet) ▶～で枝を払う/用刀砍下树枝 yòng dāo kǎnxià shùzhī ▶幹に～を打ちこむ/把大刀向着树干砍去 bǎ dàdāo xiàngzhe shùgàn kǎnqù ▶経費削減に大～をふるう/大刀阔斧地削减经费 dà dāo kuò fǔ de xuējiǎn jīngfèi

なだい【名代】（英 famous) ▶手みやげに～の酒を下げていった/带了一瓶有名的酒去作为礼物 dàile yì píng yǒumíng de jiǔ qù zuòwéi lǐwù

なだかい【名高い】 闻名 wénmíng；有名 yǒumíng；著名 zhùmíng（英 famous; noted; well-known) ▶あれが世に～東京タワーだ/那就是著名的东京塔 nà jiù shì zhùmíng de Dōngjīngtǎ ▶彼は画家として～/作为画家他很有名 zuòwéi huàjiā tā hěn yǒumíng

なだたる【名だたる】 知名的 zhīmíng de；著名的 zhùmíng de（英 famous) ▶彼は今や天下に～作家である/他现在已经是天下知名的作家了 tā xiànzài yǐjīng shì tiānxià zhīmíng de zuòjiā le

ナタネ【菜種】 菜子 càizǐ（英 rapeseed) ▶～油/菜油 càiyóu ▶～梅雨/油菜花开花时连天下的雨 yóucài kāi huā shí liántiān xià de yǔ

なだめる【宥める】 劝解 quànjiě；劝慰 quànwèi；哄 hǒng（英 soothe; calm) ▶怒りを～/平息怒气 píngxī nùqì ▶いかにして天の怒りを～か/怎么样才能让上天息怒呢？ zěnmeyàng cái néng ràng shàngtiān xī nù ne? ▶子供を～/哄孩子的 hǒng háizi ▶泣き叫ぶ子供を～/哄退哭闹的孩子 hǒngdòu kūnào de háizi ▶なんとか彼を宥めすかした/好歹劝住了他 hǎodǎi quànzhùle tā ▶彼は宥めすかされてその計画を断念した/经过大家劝阻，他放弃了那个计划 jīngguò dàjiā quànzǔ, tā fàngqìle nàge jìhuà

なだらかな 平缓 pínghuǎn（英 easy; gentle) ▶道は～に海辺に続いていた/道路平缓地延伸到海边 dàolù pínghuǎn de yánshēn dào hǎibiān ▶～な坂道を下ってゆく/走过平缓的下坡路 zǒuguò pínghuǎn de xiàpōlù ▶協議は～に進んだ/协议进行得很顺利 xiéyì jìnxíngde hěn shùnlì

なだれ【雪崩】 雪崩 xuěbēng（英 a snowslide; an avalanche) ▶住民 5 名が～に巻こまれた/五名居民被卷入了雪崩 wǔ míng jūmín bèi juǎnrùle xuěbēng ▶春山で～が起きた/春天，山上发生了雪崩 chūntiān, shānshang fāshēngle xuěbēng

～を打つ ▶群集は～を打って浜辺に逃れた/人群像雪崩一样逃向了海边 rénqún xiàng xuěbēng yíyàng táoxiàngle hǎibiān

なだれこむ【雪崩込む】 蜂拥而入 fēngyōng ér rù；涌进 yǒngjìn (英 *rush into...*) ▶開店と同時に客が雪崩込んだ／一开店，客人就涌进来了 yì kāi diàn, kèrén jiù yǒngjìnlái le

ナチス 纳粹 Nàcuì (英 *the Nazis*)

ナチュラル ❶ 〖自然な〗 天然 tiānrán (英 *natural*) ▶～チーズ／天然干酪 tiānrán gānlào ▶～フード／天然食品 tiānrán shípǐn ❷ 〖音楽〗 还原记号 huányuán jìhào；本位记号 běnwèi jìhào (英 *natural sign*)

なつ【夏】 夏天 xiàtiān (英 *summer*) ▶～が来れば思い出す／夏天一来我就会想起 xiàtiān yì lái wǒ jiù huì xiǎngqǐ ▶～の花〘原民喜〙／《夏天的花 Xiàtiān de Huā》 ▶～かぜは治りにくい／夏天的感冒不好治 xiàtiān de gǎnmào bù hǎo zhì ▶商売は今は～枯れ時だ／生意现在正处于夏季萧条期 shēngyì xiànzài zhèng chǔyú xiàjì xiāotiáoqī

◆～物〘夏季用品 xiàjì yòngpǐn；夏装 xiàzhuāng ▶～物一掃大売出し／夏季货物清仓甩卖 xiàjì huòwù qīngcāng shuǎimài

なついん【捺印する】 盖章 gài zhāng (英 *seal*) ▶書類に署名を～お願いします／请在文件上签名盖章 qǐng zài wénjiànshang qiānmíng gài zhāng ▶自分で～したんだろ／你不是自己盖了章吗？ nǐ bú shì zìjǐ gàile zhāng ma?

なつかしい【懐かしい】 想念 xiǎngniàn；怀念 huáiniàn (英 *dear; beloved*) ▶あの頃が～／真怀念那个时候 zhēn huáiniàn nàge shíhou ▶彼はしきりに村の暮らしを懐かしがった／他深切地怀念着在村子里的日子 tā shēnqiè de huáiniànzhe zài cūnzǐli de rìzi ▶郷里には～思い出がいっぱいある／对于故乡，我有着许多充满思念的记忆 duìyú gùxiāng, wǒ yǒuzhe xǔduō chōngmǎn sīniàn de jìyì ▶懐かしさがこみ上げてくる／无限怀念之情上心头 wúxiàn huáiniàn zhīqíng shàng xīntóu

なつかしむ【懐かしむ】 想念 xiǎngniàn；思念 sīniàn (英 *long for...*) ▶祖国を～／想祖国 xiǎng zǔguó ▶学生時代を～／怀念学生时代 huáiniàn xuéshéng shídài

なつく【懐く】 接近 jiējìn；亲近 qīnjìn (英 *become attached to...*) ▶《動物が》よく懐いている／温驯 wēnxùn ▶ポチは僕によく懐いている／小狗很喜欢我 xiǎogǒu hěn xǐhuan wǒ ▶彼は子供を懐かせるのが上手だ／他很会哄孩子 tā hěn huì hǒng háizi

なづけ【菜漬け】 咸菜 xiáncài (英 *pickled vegetable*)

なづけおや【名付け親】 起名人 qǐmíngrén (英 *one's godfather*) ▶〘哲学〙という訳語の～は西周 (あまね) である／"哲学"这个译词是西周起的 "zhéxué" zhège yìcí shì Xī Zhōu qǐ de ▶母方の祖父が僕の～になった／是外公给我起的名字 shì wàigōng gěi wǒ qǐ de míngzi

なづける【名付ける】 起名儿 qǐmíngr (英 *name*) ▶生まれた子には「拓哉」と名付けた／给出生的孩子取名叫"拓哉" gěi chūshēng de háizi qǔmíng jiào "Tuòzāi"

なつこだち【夏木立】 夏季郁郁葱葱的小树林 xiàjì yùyùcōngcōng de xiǎoshùlín (英 *a grove in summer*)

なつじかん【夏時間】 夏令时 xiàlìngshí (英 *the summer time*)

なっせん【捺染する】 印花 yìnhuā；印染 yìnrǎn (英 *print*)

ナッツ 坚果 jiānguǒ (英 *nuts*)

ナット 螺母 luómǔ；螺丝母 luósīmǔ (英 *a nut*)

なっとう【納豆】 〘食品〙 纳豆 nàdòu (英 *fermented soybeans*) ▶僕は～を食わないと元気が出ない／我不吃纳豆就没有精神 wǒ bù chī nàdòu jiù méiyǒu jīngshen

◆甘～ 甜纳豆 tiánnàdòu

なっとく【納得する】 信服 xìnfú；理解 lǐjiě (英 *understand*) ▶それで先方の～が得られたのですか／那么得到了对方的理解吗？ nàme dédàole duìfāng de lǐjiě ma? ▶その方針には～できない／我对那个方针不服 wǒ duì nàge fāngzhēn bù fú ▶彼は～して帰っていった／他信服地回去了 tā xìnfú de huíqù le ▶彼にその重大さを～させた／让他理解了事情的重大性 ràng tā lǐjiěle shìqíng de zhòngdàxìng ▶～のいく説明がほしい／请给我一个让我心服的答复 qǐng gěi wǒ yí ge ràng wǒ xīnfú de dáfù ▶互いに～ずくで別れる道を選んだ／在互相同意的基础上选择了分手 zài hùxiāng tóngyì de jīchǔshang xuǎnzéle fēnshǒu

なつどり【夏鳥】 夏候鸟 xiàhòuniǎo (英 *a summer bird*)

なつば【夏場】 夏天 xiàtiān；夏季 xiàjì (英 *summer time*) ▶～は食中毒が多い／夏天，食物中毒的情况很多 xiàtiān, shíwù zhòngdú de qíngkuàng hěn duō ▶このへんが賑わうの～だけだ／这附近只是夏天热闹 zhè fùjìn zhǐshì xiàtiān rènao

なっぱ【菜っ葉】 青菜 qīngcài (英 *greens*) ▶医者に言われてせっせと～を食べている／遵医嘱多吃青菜 zūnzhào yīzhǔ duō chī qīngcài

なつばて【夏ばてする】 苦夏 kǔxià (英 *suffer from the summer heat*) ▶～で食欲がない／因苦夏没有食欲 yīn kǔxià méiyǒu shíyù ▶～対策はどうする？／采取了什么措施应对苦夏？ cǎiqǔle shénme cuòshī yìngduì kǔxià?

なつび【夏日】 〘気象〙 夏日〖气温摄氏二十五度以上的日子〗 xiàrì (qìwēn shèshì èrshíwǔ dù yǐshàng de rìzi) (英 *a hot summer day*) ▶今年最初の～となった／成为了今年第一个夏日 chéngwéile jīnnián dìyī ge xiàrì

なつふく【夏服】 夏衣 xiàyī；夏装 xiàzhuāng (英 *summer clothes*)

ナップザック 简便背包 jiǎnbiàn bèibāo；小背囊 xiǎobèináng (英 *a knapsack*) ▶～を背負って自転車を漕ぐ／背着小背包骑自行车 bēizhe xiǎobèibāo qí zìxíngchē

なつまつり【夏祭り】 夏季祭祀 xiàjì jìsì (英 *a summer festival*) ▶～にはたくさんの夜店が出る／

夏天举行祭祀活动时有许多夜市地摊 xiàtiān jǔxíng jìsì huódòng shí yǒu xǔduō yèshì dìtān

ナツミカン【夏蜜柑】〔植物〕酸橙 suānchéng（英 *a Chinese citron*）

ナツメ【棗】〔植物〕枣 zǎo（英 *a jujube*）▶～の木/枣树 zǎoshù ～の実/枣儿 zǎor; 枣子 zǎozi ～餡/枣泥儿 zǎonír

ナツメグ 肉豆蔻 ròudòukòu（英 *nutmeg*）

ナツメヤシ【棗椰子】〔植物〕椰枣 yēzǎo（英 *a date*）

なつメロ【懐メロ】旧流行歌曲 jiù liúxíng gēqǔ《懐かしのメロディー》（英 *a golden oldies*）▶なぜか夏には一番組が多い/不知为什么夏天的怀旧歌曲节目比较多 bù zhī wèi shénme xiàtiān de huáijiù gēqǔ jiémù bǐjiào duō

なつやすみ【夏休み】暑假 shǔjià（英 *summer vacation*）▶～の間に泳げるようにしておこう/暑假期间把游泳学会吧 shǔjià qījiān bǎ yóuyǒng xuéhuì ba ～学校は～に入った/学校放暑假了 xuéxiào fàng shǔjià le

なつやせ【夏瘦せする】苦夏 kǔxià（英 *lose weight in summer*）▶彼はげっそり～していた/他因苦夏瘦了一圈 tā yīn kǔxià shòule yī quān ▶～どころか冷房病に苦しんでいるよ/不光是夏天瘦了很多, 还得了冷气病呢 bùguāng shì xiàtiān shòule hěn duō, hái déle lěngqìbìng ne

なつやま【夏山】夏季的山 xiàjì de shān（英 *the mountains in summer*）▶～に登山ラッシュが訪れる/夏天出现了登山热 xiàtiān chūxiànle dēngshānrè

なでおろす【撫で下ろす】〔胸を〕放心 fàngxīn, 舒一口气 shū yī kǒu qì（英 *be relieved*）▶ほっと胸を～/松了一口气 sōngle yī kǒu qì

なでがた【撫で肩の】溜肩膀儿 liūjiānbǎngr（英 *with sloping shoulders*）▶～だから着物が似合う/是溜肩膀, 所以穿和服很合适 shì liūjiānbǎng, suǒyǐ chuān héfú hěn héshì ▶～の後ろ姿が遠ざかっていった/溜肩膀的背影渐渐地走远了 liūjiānbǎng de bèiyǐng jiànjiàn de zǒuyuǎn le

なでぎり【撫で斬りにする】乱砍乱杀 luàn kǎn luàn shā（英 *mow down*）▶ある評論家が新進作家を～にした/某一个评论家将新秀作家不分青红皂白地砍杀了 mǒu yí ge pínglùnjiā jiāng xīnxiù zuòjiā bù fēn qīng hóng zào bái de kǎnshā le

ナデシコ【撫子】〔植物〕瞿麦 qúmài; 石竹 shízhú（英 *a pink*）

なでつける【撫で付ける】抿 mǐn（英 *smooth*）▶髪を～/抿头发 mǐn tóufa

なでる【撫でる】抚摩 fǔmó; ～そよ風などが〕吹拂 chuīfú（英 *stroke; pat*）▶春風が頬を～/春风吹拂着脸颊 chūnfēng chuīfúzhe liǎnjiá ▶子供の頭を～/抚摸孩子的头 fǔmō háizi de tóu

など【等】等 děng; 等等 děngděng; 什么的 shénme de（列挙した後で）（英 *and so on; et cetera*）▶山田, 铃木, 柳が参加した/山

田, 铃木, 柳等等参加 Shāntián, Língmù, Liǔ děngděng cānjiā ▶絵画彫刻～の美術品もある/还有绘画雕刻等等美术品 háiyǒu huìhuà diāokè děng měishùpǐn ▶軽くそば～いかがですか/稍微吃点荞麦面怎么样？ shāowēi chī diǎn qiáomàimiàn zěnmeyàng？ ▶私～にはもったいない/像我这样的人, 太不配了 xiàng wǒ zhèyàng de rén, tài bú pèi le

ナトリウム〔化学〕钠 nà（英 *sodium*）

なな【七】七 qī（英 *seven*）→しち（七）▶～番目/第七 dìqī ▶～番目に呼び出された/第七个被叫到了 dìqī ge bèi jiàodào le

ななえ【七重の】七 qī cénɡ（英 *sevenfold*）▶牡丹の花が～八重に咲き誇っている/牡丹花开了七层、八层 mǔdanhuā kāile qī céng, bā céng

～の膝を八重に折って頼む 万般恳求 wàn bān kěn qiú

ナナカマド【七竈】〔植物〕花楸树 huāqiūshù

ななくさ【七草】七种花草 qī zhǒng huācǎo（英 *the seven spring* [*autumn*]*flowers*）▶秋の～/秋天的七种草 qiūtiān de qī zhǒng cǎo ▶～粥を食べる（正月初七）/吃七草粥（zhēngyuè chū qī）chī qīcǎozhōu

ななころびやおき【七転び八起き】百折不挠 bǎi zhé bù náo; 人有七贫八富 rén yǒu qī pín bā fù（英 *ups and downs*）▶人生は～なのだ/人生的路是起伏不定的 rénshēng de lù shì qǐfú búdìng de

ななし【名無しの】无名 wúmíng（英 *nameless; anonymous*）▶～草の生命力を見習いたい/应该学习无名草的生命力 yīnggāi xuéxí wúmíngcǎo de shēngmìnglì ▶そこへ～の権兵衛がやってきた/这时候无名氏来了 zhè shíhou wúmíngshì lái le

ななつ【七つ】七 qī; 七个 qī ge（英 *seven*）▶この子の～のお祝いに赤飯をたいた/煮红豆饭庆祝孩子满七岁 zhǔ hóngdòufàn qìngzhù háizi mǎn qī suì ▶あいつは～の海を巡った男だ/他是走遍七个大海的男子汉 tā shì zǒubiàn qī ge dàhǎi de nánzǐhàn

ななつどうぐ【七つ道具】全套工具 quántào gōngjù（英 *one's full set of equipment*）▶～を携えて釣りに出かけた/带着全套工具去钓鱼了 dàizhe quántào gōngjù qù diàoyú le

ななひかり【七光り】托父母余荫 tuō fùmǔ yúyìn（英 *the influence of...*）▶親の～は長続きしない/父母的特权是长久不了的 fùmǔ de tèquán shì chángjiǔbuliǎo de

ななふしぎ【七不思議】七大奇迹 qī dà qíjì（英 *the seven wonders*）

ななめ【斜めの】斜 xié; 倾斜 qīngxié（英 *oblique; slanting;*［対角の］*diagonal; catercorner*）▶支柱をもう少し～にしてくれ/把支柱再稍微放斜点儿 bǎ zhīzhù zài shāowēi fàngxié diǎnr

御機嫌～ 心情不佳 xīnqíng bù jiā ▶今日の社長は御機嫌～だね/今天总经理情绪不好嘛 jīn-

tiān zǒngjīnglǐ qíngxù bù hǎo ma
～後ろ 斜后边儿 xiéhòubiānr ▶～後ろに立つ/站在斜后方 zhànzài xiéhòufāng
～に見る 侧目 cèmù; 冷眼看 lěngyǎn kàn ▶世の中を～に見る/冷眼看世界 lěngyǎn kàn shìjiè
～読みする ▶雑誌を～読みする/浏览看杂志 liúlǎn kàn zázhì

なに【何】 什么 shénme (英 *What?*) ▶～をする/干什么？ gàn shénme? 留学って～を勉强するの/你去留学学什么呢？ nǐ qù liúxué xué shénme ne? ▶これなあに/这是什么？ zhè shì shénme? ▶そんなことをして～になりますか/这么做又有什么用呢？ zhème zuò yòu yǒu shénme yòng ne? ▶～が～だかわからない/不知道怎么了 bù zhīdào zěnme le ▶～もかもばれているんだよ/一切都已败露了呀 yíqiè dōu yǐ bàilù le ya ▶車のことなら～から～まで知っている/汽车的事我什么都知道 qìchē de shì wǒ shénme dōu zhīdào ▶～はさておき結果を聞こう/先不说别的,告诉我结果吧 xiān bù shuō biéde, gàosù wǒ jiéguǒ ba ▶～くれとなく世話をやく/这样那样地照顾 zhèyàng nàyàng de zhàogù ▶～, 構うものか/没什么, 不要管它 méi shénme, búyào guǎn tā

～が何でも 无论如何 wúlùn rúhé ▶～が何でも勝たねばならぬ/无论如何也要赢 wúlùn rúhé yě yào yíng ▶～が何でも無理だろう/怎么也不行的 zěnme yě bùxíng de

なにか【何か】 什么 shénme (英 *something; some*) ▶～につけ/总是 zǒngshì ▶～書いてくれないか/能给我写点什么吗？ néng gěi wǒ xiě diǎn shénme ma? ▶～食べるものはないか/有什么吃的没有？ yǒu shénme chī de méiyǒu? ▶あの人には～と世話になっている/多次受到他的照顾 duō cì shòudào tā de zhàogù ▶あいつは～とうるさいぞ/那家伙总是很啰嗦 nà jiāhuo zǒngshì hěn luōsuo ▶彼は～と親切にしてくれた/他总是帮助我 tā zǒngshì bāngzhù wǒ ▶庭にはいつも～しら花が咲いていた/庭院里老是开着什么花 tíngyuànlǐ lǎoshì kāizhe shénme huā

～と言えば 动不动 dòngbudòng; 老是 lǎoshì 進路のことを～と言えば親が口を出すんだ/说起升学就业的事,父母就老是插嘴 shuōqǐ shēngxué jiùyè de shì, fùmǔ jiù lǎoshì chā zuǐ ▶彼は～と言えば両親に頼る/他动不动就依靠父母 tā dòngbudòng jiù yīkào fùmǔ

なにがし【某】 (人) 某人 mǒurén; 某某 mǒumǒu; (数量) 一些 yìxiē (英 *Mr. So-and-so*) ▶～かの金を渡して口を封じた/给他一些钱封住了他的嘴 gěi tā yìxiē qián fēngzhù tā de zuǐ ▶鈴木～という人／叫铃木什么的人 jiào Língmù shénme de rén

なにくそ【何くそ】 (英 *Damn it!; Hang it!*) ▶～,負けてたまるか／哼,谁会输呀 hng, shéi huì shū ya ▶彼は～魂をもって渡米した/他抱着不退后的决心到美国去了 tā bàozhe bú tuìhòu de juéxīn dào Měiguó qù le

なにくわぬかお【何食わぬ顔】 若无其事 ruò wú qí shì (英 *an innocent look*) ▶～をする/若无其事的样子 ruò wú qí shì de yàngzi ▶～で会谈に臨んだ／一脸满不在乎的样子参加会谈 yì liǎn mǎn bú zàihu de yàngzi cānjiā huìtán

なにげない【何気無い】 无意 wúyì; 无心 wúxīn (英 *casual; unconcerned*) ▶子供の～いたずらが悲劇を生んだ/孩子们无心的恶作剧酿成了悲剧 háizimen wúxīn de èzuòjù niàngchéngle bēijù ▶～ふうを装って近づく/装作无心的样子靠近 zhuāngzuò wúxīn de yàngzi kàojìn ▶何気なく詩を口にした/自然地就吟上诗了 zìrán de jiù yínshàng shī le

なにごと【何事】 什么事 shénme shì; 怎么回事 zěnme huí shì; 哪门子 nǎ ménzi [疑問] *what*; [何か] *something*) ▶初日から遅れてくるとは～か／第一天就迟到是怎么回事？ dìyī tiān jiù chídào shì zěnme huí shì? ▶さっきの騒ぎは～だろう/刚才的闹事是怎么回事？ gāngcái de nàoshì shì zěnme huí shì? ▶～が起こったに違いない/肯定出了什么事 kěndìng chūle shénme shì ▶人は～にも誠実でなければいけない/人在什么时候都要诚实 rén zài shénme shíhou dōu yào chéngshí ▶その日は～もなく過ぎた/那天什么事也没有就过去了 nà tiān shénme shì yě méiyǒu jiù guòqù le

なにさま【何様】 什么大人物 shénme dàrénwù (英 *who* (*on earth*)) ▶いったい自分を～だと思ってるんだ/你别以为自己是什么大人物 nǐ bié yǐwéi zìjǐ shì shénme dàrénwù

なにしろ【何しろ】 不管怎样 bùguǎn zěnyàng; 到底 dàodǐ; 总之 zǒngzhī (英 *anyhow; at any rate*) ▶～頭がきれるんだ/总之头脑很聪明 zǒngzhī tóunǎo hěn cōngmíng ▶～今は不景気ですからね/现在到底不景气啊 xiànzài dàodǐ bùjǐngqì a

なにせ【何せ】 (英 *anyhow; at any rate*) →なにしろ(何しろ) ▶～年が年だからね/不管怎么说,年纪还是不饶人 bùguǎn zěnme shuō, niánjì háishi bù ráo rén

なにぶん【何分】 (どうぞ) 请 qǐng; (なにしろ) 无奈 wúnài; 毕竟 bìjìng (英 *anyway; anyhow*) ▶～よろしくお願いいたします/请多多帮助 qǐng duōduō bāngzhù ▶～母が病気なのでお先に失礼いたします/因为母亲在病中,请允许我先走一步 yīnwèi mǔqin zài bìng zhōng, qǐng yǔnxǔ wǒ xiān zǒu yí bù

なにも【何も】 什么也… shénme yě… (英 *nothing*) ▶～ない/什么也没有 shénme yě méiyǒu; 一无所有 yì wú suǒ yǒu ▶この家に金目の物は～/这个家没什么值钱的东西 zhège jiā méi shénme zhíqián de dōngxi ▶～知らない/什么都不知道 shénme dōu bù zhīdào; 一无所知 yì wú suǒ zhī ▶裏の事情は～知らない/内幕我什么也不知道 nèimù wǒ shénme yě bù zhīdào ▶～そんなに怒らなくてもいいだろう/也不必那么生气吧 yě búbì nàme shēngqì ba

なにもかも【何もかも】 一切 yíqiè; 全部 quánbù; 什么都… shénme dōu… (英 everything; all) ▶～打ち倒す/打倒一切 dǎdǎo yíqiè ▶彼は～打ち明けた/他把一切都和盘托出了 tā bǎ yíqiè dōu hé pán tuōchū le ▶もう―いやになった/觉得什么都没意思了 juéde shénme dōu méi yìsi le ▶～俺が悪いんだ/什么都是我不对 shénme dōu shì wǒ bú duì

なにもの【何物】 什么东西 shénme dōngxi (英 nothing) ▶野心以外の～でもない/不是野心又是什么呢？ bú shì yěxīn yòu shì shénme ne? ▶彼は政治の～たるかが分かっていない/他不知道政治是什么东西 tā bù zhīdào zhèngzhì shì shénme dōngxi

なにもの【何者】 什么人 shénme rén (英 who; someone) ▶あいつはいったい～なんだ/那家伙到底是什么人？ nà jiāhuo dàodǐ shì shénme rén? ▶～とも知れぬ人物が立っていた/一个不知来历的人站在那儿 yí ge bù zhī láilì de rén zhànzài nàr

なにやら【何やら】 什么的 shénmede (英 something) ▶家事やら～で散歩に出るひまもない/又是家务又是什么的，连散步的工夫都没有 yòu shì jiāwù yòu shì shénmede, lián sànbù de gōngfu dōu méiyǒu ▶彼らは～計画しているらしい/他们好像在计划什么的 tāmen hǎoxiàng zài jìhuà shénmede

なにゆえ【何故】 为什么 wèi shénme; 何故 hégù (英 why) ▶～に人は生きるや/为什么人要活着呢？ wèi shénme rén yào huózhe ne? ▶～か明確に説明されたい/请你明确地说明一下到底是为什么 qǐng nǐ míngquè de shuōmíng yíxià dàodǐ shì wèi shénme

なにより【何より】 最好 zuìhǎo; 再好不过 zài hǎobuguò;《この上なく》比什么都… bǐ shénme dōu… (英 first of all) ▶御無事で～でした/您平安无事就是万幸了 nín píng'ān wú shì jiù shì wànxìng le ▶～の品をありがとうございます/这么贵重的东西，真是很感谢 zhème guìzhòng de dōngxi, zhēn shì hěn gǎnxiè ▶～大切なものを忘れていないか/没有忘记什么最重要的东西吗？ méiyǒu wàngjì bǐ shénme dōu zhòngyào de dōngxi ma?

なにわぶし【浪花節】 浪花曲（三弦伴奏的一种说唱）lànghuāqǔ (sānxián bànzòu de yì zhǒng shuōchàng) (英 the Naniwabushi, a pathetic story) ▶そういう～的発想はやめよう/放弃那种拘于人情世故的想法吧 fàngqì nà zhǒng jūyú rénqíng shìgù de xiǎngfa ba ▶～を聞きにゆく/去听浪花曲去 qù tīng lànghuāqǔ qù

なのはな【菜の花】 油菜花 yóucàihuā; 菜花 càihuā (英 rape blossoms) ▶一面の～/遍地的油菜花 biàndì de yóucàihuā ▶～畑/油菜花地 yóucàihuādì

なのる【名乗る】 自报姓名 zìbào xìngmíng give one's name ▶彼女は結婚後も旧姓を名乗っている/她结婚后仍用自己的旧姓 tā jiéhūn hòu réng yòng zìjǐ de jiùxìng ▶受付で～とすぐ中に通された/在接待处报上了自己的姓名后马上就被领进去了 zài jiēdàichù bàoshàngle zìjǐ de xìngmíng hòu mǎshàng jiù bèi lǐngjìnqu le

名乗り出る 自报姓名 zìbào xìngmíng ▶犯人が名乗り出る/犯人自首了 fànrén zìshǒu le

名乗りをあげる 自己报名 zìjǐ bàomíng;《立候補する》参加角逐 cānjiā jiǎozhú ▶市長選に彼も名乗りをあげた/他也参加了市长选举 tā yě cānjiā-le shìzhǎng xuǎnjǔ

ナパームだん【ナパーム弾】 凝固汽油弹 nínggù qìyóudàn (英 a napalm bomb)

なばかり【名ばかりの】 有名无实 yǒu míng wú shí; 徒有虚名 tú yǒu xūmíng (英 nominal) ▶社長といっても～でね/说是总经理，其实是个摆设 shuōshì zǒngjīnglǐ, qíshí shì ge bǎishè ▶そんな～の肩書きに満足しているのかね/你对那种徒有虚名的头衔感到满意吗？ nǐ duì nà zhǒng tú yǒu xūmíng de tóuxián gǎndào mǎnyì ma?

なびく ❶【靡る】飘动 piāodòng; 飘舞 piāowǔ; 飘摇 piāoyáo (英 wave; flutter) ▶柳の枝が風に～/柳枝随风飘舞 liǔzhī suí fēng piāowǔ ❷【屈服する】随风倒 suí fēng dǎo; 屈从 qūcóng (英 yield) ▶金に～ような俺ではないぞ/我可不是那种向钱低头的人 wǒ kě bú shì nà zhǒng xiàng qián dītóu de rén ▶あの娘はどっちに～かな/那个姑娘会倒向哪边呢？ nàge gūniang huì dǎoxiàng nǎbiān ne?

ナビゲーター 领航员 lǐnghángyuán; 导航器 dǎohángqì (英 a navigator)

ナプキン 《食事用の》餐巾 cānjīn;《生理用の》卫生巾 wèishēngjīn (英 a napkin) ▶紙～/纸巾 zhǐjīn

ナフサ 石脑油 shínǎoyóu (英 naphtha)

なふだ【名札】 姓名牌 xìngmíngpái (英 a nameplate; a name card; a tag) ▶胸に～をつける/胸前带着姓名牌 xiōngqián dàizhe xìngmíngpái

ナフタリン〔化学〕萘 nài (英 naphthalene)

なぶりごろし【嬲り殺しにする】 折磨死 zhémósǐ (英 torture... to death) ▶息子は不良どもに～にされた/儿子被流氓们折磨死了 érzi bèi liúmángmen zhémósǐ le

なぶる【嬲る】 嘲弄 cháonòng; 玩弄 wánnòng; 戏弄 xìnòng (英 make fun of...; laugh at...) ▶どこまで嬲れば気がすむんだ/你还想怎愚弄我到什么地步 nǐ hái xiǎng zěnyàng wǔ dào shénme dìbù ▶風が髪の毛を～/风作弄着头发 fēng zuònòngzhe tóufa

なべ【鍋】 锅子 guōzi;〔浅い〕a pan;〔深い〕a pot ▶～料理/火锅 huǒguō ▶圧力～/高压锅 gāoyāguō ▶中華～/炒菜锅 chǎocàiguō ▶今夜は～にしようか/今天吃火锅怎么样？ jīntiān chī huǒguō zěnmeyàng?

◆～物 你喜欢吃什么火锅？ nǐ xǐhuan chī shénme huǒguō? **～焼きうどん** 锅煮的面条 guō zhǔ de miàntiáo

なま【生の】《食物》生 shēng(英 raw);《演奏など》現場 xiànchǎng;(英 live) ▶～のまま食べる/生吃 shēngchī ▶～ムギ～ゴメ～タマゴ〔早口言葉〕/生麦子生米生鸡蛋 shēngmàizi shēngmǐ shēngjīdàn ▶僕はその演奏を～で聞いた/那个演奏我现场听过 nàge yǎnzòu wǒ xiànchǎng tīngguo ▶試合はテレビで～中継された/比赛在电视里现场直播了 bǐsài zài diànshìli xiànchǎng zhíbō le

なまあくび【生欠伸】未打出的哈欠 wèi dǎchū de hāqian(英 a half-yawn) ▶～を噛み殺す/强忍着不打哈欠 qiǎngrěnzhe bù dǎ hāqian

なまあたたかい【生暖かい】微暖 wēinuǎn(英 lukewarm; tepid) ▶～春の宵だった/那是微暖的春宵 nà shì wēinuǎn de chūnxiāo

なまいき【生意気】自大 zìdà; 傲慢 àomàn; 神气 shénqi(英 pert; impudent; cheeky) ▶先輩に意見するとは～だぞ/敢对前辈提意见, 你可够神气的 gǎn duì qiánbèi tí yìjiàn, nǐ kě gòu shénqi de ▶～な口をきく/说些不知轻重的话 shuō xiē bù zhī qīngzhòng de huà ▶彼は～にも俺に挑戦してきた/他居然不知天高地厚, 挑战我来了 tā jūrán bù zhī tiān gāo dì hòu, tiǎozhàn wǒ lái le

なまえ【名前】名字 míngzi; 姓名 xìngmíng(英 a name) ▶～のない/无名 wúmíng ▶～をつける/起名 qǐmíng ▶～はまだない/还没有名字 hái méiyǒu míngzi ▶もらった猫に～をつける/给别人送的猫取名字 gěi biérén sòng de māo qǔ míngzi ▶彼はこうして～を売った/就这样他出了名 jiù zhèyàng tā chūle míng ▶あいつは～に負けしてるね/他的所作所为没有他的名字那样响亮 tā de suǒ zuò suǒ wéi méiyǒu tā de míngzi nàyàng xiǎngliàng ▶物にはすべて～がある/是东西就都有名字 shì dōngxi jiù dōu yǒu míngzi ▶お～はかねて伺っています/久仰大名 jiǔyǎng dàmíng ▶～も告げずに立ち去った/名字也不说就离开了 míngzi yě bù shuō jiù líkāi le ▶軽々しく～を貸すものではない/不该轻易让别人使用自己的名义 bù gāi qīngyì ràng biérén shǐyòng zìjǐ de míngyì

なまえんそう【生演奏】现场演奏 xiànchǎng yǎnzòu(英 a live performance) ▶「第九」を～で聞く/现场听《第九交响曲》xiànchǎng tīng 《Dìjiǔ jiāoxiǎngqǔ》

なまかじり【生嚙りの】二把刀 èrbǎdāo; 一知半解 yì zhī bàn jiě(英 superficial) ▶～の知識を振りかざす/摆弄一知半解的知识 bǎinòng yì zhī bàn jiě de zhīshi

なまがわき【生乾きの】半干 bàngān(英 half-dried) ▶～のシャツを着る/穿着半干的衬衫 chuānzhe bàngān de chènshān ▶壁はまだ～だ/墙壁还是半干的 qiángbì háishi bàngān de

なまき【生木】活树 huóshù; 未干的木柴 wèi gān de mùchái(英 unseasoned wood; [立ち木] a live tree) ▶～のままでは建材にならない/没有干的树是做不了建筑材料的 méiyǒu gān de shù shì zuòbuliǎo jiànzhù cáiliào de ～を裂く 砍断连理枝 kǎnduàn liánlǐzhī ▶若い二人は～を裂かれた/两个年轻人被活活拆散了 liǎng ge niánqīngrén bèi huóhuó chāisàn le

なまきず【生傷】新伤 xīnshāng(英 a fresh wound [bruise]) ▶～が絶えない/新伤不断 xīnshāng bú duàn ▶ラグビーに明け暮れて～が絶えない/每天都热衷于打橄榄球, 身上的伤就没有断过 měitiān dōu rèzhōng yú dǎ gǎnlǎnqiú, shēnshang de shāng jiù méiyǒu duàngòu

なまぐさい【生臭い】腥气 xīngqi; 腥味儿 xīngwèir(英 [魚臭い] be fishy) ▶～魚のにおいが漂ってきた/鱼的生腥气味传了过来 yú de shēngxīng qìwèi chuánleguòlai ▶～政治の話にふけった/很投入地谈论生腥的政治话题 hěn tóurù de tánlùn shēngxīng de zhèngzhì huàtí ♦**生臭坊主** 酒肉和尚 jiǔròu héshang; 花和尚 huāhéshang

なまくら【鈍の】《刃物》鈍 dùn;《人》窝囊 wōnang(英 blunt; dull) ▶～な人/窝囊废 wōnangfèi ▶あいつは～でどうにもならない/那家伙是个窝囊废, 拿他没办法 nà jiāhuo shì ge wōnangfèi, ná tā méi bànfǎ ▶こんな～な包丁では豆腐も切れないや/这样钝的菜刀连豆腐也切不了 zhèyàng dùn de càidāo lián dòufu yě qiēbuliǎo

なまクリーム【生クリーム】鲜奶油 xiānnǎiyóu(英 fresh cream)

なまけぐせ【怠け癖】懒癖 lǎnpǐ; 懒病 lǎnbìng(英 an idle habit) ▶～がつく/懒惰成性 lǎnduò chéngxìng ▶連休の間に～がついてしまった/连休期间养成了懒病 liánxiū qījiān yǎngchéngle lǎnbìng

なまけごころ【怠け心】惰性 duòxìng(英 a lazy mind)

なまけもの【怠け者】懒汉 lǎnhàn(英 an idle person; an idler) ▶この～め/你这个懒骨头 nǐ zhège lǎngǔtou

ことわざ 怠け者の節句働き 人家忙时他偷懒, 人家不忙他却忙 rénjia mángshí tā tōulǎn, rénjia bù máng tā què máng; 日里闲游, 夜里磨油 rìli xiányóu, yèli móyóu

ナマケモノ【樹懶】〔動物〕树懒 shùlǎn(英 a sloth)

なまける【怠ける】偷懒 tōulǎn; 懈怠 xièdài(英 be idle; be lazy) ▶ふだん怠けていると成績が悪い/平时不努力, 所以成绩不好 píngshí bù nǔlì, suǒyǐ chéngjì bù hǎo ▶仕事を～/工作偷懒 gōngzuò tōulǎn ▶怠けずに頑張る/坚持不懈 jiānchí búxiè

ナマコ【海鼠】〔動物〕海参 hǎishēn(英 a trepang; a sea cucumber)

なまごみ【生ごみ】厨房垃圾 chúfáng lājī(英 garbage) ▶～は決められた日に出す/食品垃圾要在指定的日子扔 shípǐn lājī yào zài zhǐdìng de rìzi rēng

なまゴム【生ゴム】树胶 shùjiāo(英 crude

なまごろし【生殺しの】《半殺し》杀个半死 shā ge bànsǐ 《half-dead》;《中途半端》半途而废 bàntú ér fèi 《unfinished》▶蛇の～ 折磨得半死不活 zhémóde bànsǐ bù huó；弄得有头无尾 nòngde yǒu tóu wú wěi

なまざかな【生魚】 生鱼 shēngyú 《英 a raw〔fresh〕fish》

なまじ《中途半端な》不彻底 bú chèdǐ；半心半意 bànxīn bànyì 《英 carelessly; by halves》▶～会わなければよかったのだ/还不如不见面 hái bù-rú bú jiànmiàn

なまじっか 不充分 bù chōngfèn；浅薄 qiǎnbó《中途半端な》《英 by halves》▶～な腕前では務まらないよ/一知半解的话, 可干不好 yì zhī bàn jiě dehuà, kě gànbuhǎo

なまじろい【生白い】 煞白 shàbái 《英 pale》▶病室から～顔の男が出てきた/从病房里走出来一个脸色煞白的男人 cóng bìngfánglǐ zǒuchū-lai yí ge liǎnsè shàbái de nánrén

なます【膾】
ことわざ 羹(あつもの)に懲りて膾を吹く 一朝被蛇咬, 十年怕井绳 yìzhāo bèi shé yǎo, shí nián pà jǐngshéng

ナマズ【鯰】〘魚〙鲇鱼 niányú 《a catfish》
参考 「鮎」は中国語では'香鱼 xiāngyú' という.

なまたまご【生卵】 生鸡蛋 shēngjīdàn 《a raw egg》▶白飯に～をかける/把生鸡蛋加在白饭上 bǎ shēngjīdàn jiāzài báifànshang

なまちゅうけい【生中継】 现场直播 xiàn-chǎng zhíbō 《a live relay broadcast》▶火災現場から～でお伝えします/从火灾现场实况转播 cóng huǒzāi xiànchǎng shíkuàng zhuǎnbō

なまつば【生唾】 口水 kǒushuǐ；唾沫 tuòmo 《saliva》▶札束を前にしてごくりと～を飲みこんだ/看着眼前的一叠叠的钞票, 咽下了口水 kànzhe yǎnqián de yì diédié de chāopiào, yàn-xiàle kǒushuǐ

なまづめ【生爪】 指甲 zhǐjia 《a nail》▶～をはがす/剥掉指甲 bāodiào zhǐjia ▶石につまずいて～をはがす/碰在石头上把指甲碰掉了 pèng zài shítoushang bǎ zhǐjia pèngdiào le

なまなか【生半】 不彻底 bú chèdǐ；不上不下 bú shàng bú xià 《英 halfway》▶～な知識/一知半解的知识 yì zhī bàn jiě de zhīshi

なまなましい【生生しい】 活生生 huóshēng-shēng 《英 fresh; vivid》▶焼け跡の惨状がまだ記憶に～/废墟的惨状还记忆犹新 fèixū de cǎn-zhuàng hái jìyì yóu xīn ▶彼の報告には目の前に見るような生々しさがあった, 有如临其境的感觉 tā de bàogào zhī shēngdòng, yǒu rú lín qí jìng de gǎnjué

なまにえ【生煮えの】 夹生 jiāshēng；《曖昧な》曖昧 àimèi 《halfcooked; underdone》▶芋はまだ～だ/芋头还是夹生的 yùtou háishi jiāshēng de ▶～の飯/夹生饭 jiāshēngfàn ▶～の飯をがまんして食う/强忍着吃夹生饭 qiǎngrěnzhe chī jiāshēngfàn ▶彼は～の返事しかしなかった/他的回答很暧昧 tā de huídá hěn àimèi

なまぬるい【生温い】 微温 wēiwēn；《処置が》不严厉 bù yánlì；《態度が》优柔寡断 yōuróu guǎduàn 《英 [温度が] lukewarm; tepid; [いいかげんな] halfhearted》▶池の水が生温くなっている/池子里的水变温了 chízili de shuǐ biànwēn le ▶処分が～/处分太不严厉 chǔfēn tài bù yánlì ▶彼の反応は生温かった/他的反应模棱两可 tā de fǎnyìng móléng liǎng kě

なまはんか【生半可】 不彻底 bú chèdǐ；一知半解 yì zhī bàn jiě 《superficial; shallow》▶～な知識はけがのもとだ/一知半解的知识最终会吃亏的 yì zhī bàn jiě de zhīshi zuìzhōng huì chīkuī de ▶～に修業したから今悩んでいる/学习不彻底, 所以现在很烦恼 xuéxí bú chèdǐ, suǒyǐ xiànzài hěn fánnǎo

なまビール【生ビール】 生啤酒 shēngpíjiǔ；扎啤 zhāpí 《英 draught beer》▶一汗かいて～/出了一身汗后喝扎啤 chūle yì shēn hàn hòu hē zhāpí

なまびょうほう【生兵法】
ことわざ 生兵法は大怪我のもと 一知半解会大吃亏 yì zhī bàn jiě huì dà chīkuī

なまへんじ【生返事】《a vague answer; a reluctant answer》▶～をする/《含糊其辞地回答》hánhu qí cí de huídá ▶彼は～をしたまま新聞を読み続けた/他不置可否边回答边继续看报纸 tā bú zhì kě fǒu biān huídá biān jìxù kàn bàozhǐ

なまほうそう【生放送】 直播 zhíbō 《a live broadcast》▶これはスタジオからの～です/这是从播映室的直播 zhè shì cóng bōyǐngshì de zhíbō

なまみ【生身】 活人 huórén；肉体 ròutǐ 《a living body》▶私だって～の人間です/我也是个活人 wǒ yě shì ge huórén
日中比較 中国語の'生身 shēngshēn'は「実の親」を指す.

なまみず【生水】 生水 shēngshuǐ 《(un-boiled) water》▶～は飲むなよ/别喝生水 bié hē shēngshuǐ

なまめかしい【艶かしい】 妩媚 wǔmèi；妖艳 yāoyàn 《英 voluptuous; charming》▶着物姿がひときわ艶かしく見えた/穿着和服显得更加妩媚 chuānzhe héfú xiǎnde gèngjiā wǔmèi ▶～声が聞こえてきた/传来了娇媚的声音 chuánláile jiāo-mèi de shēngyīn

なまもの【生物】 鲜食品 xiānshípǐn 《un-cooked food》▶～は足がはやい/生鲜食品容易坏 shēngxiān shípǐn róngyì huài

なまやけ【生焼けの】 没烤熟 méi kǎoshú 《half-roasted; half-baked; underdone》▶この秋刀魚(さんま)は～だよ/这条秋刀鱼没烤熟 zhè tiáo qiūdāoyú méi kǎoshú ▶～の肉を食わされた/吃了没烤熟的肉 chīle méi kǎoshú de ròu

なまやさい【生野菜】 生蔬菜 shēng shūcài 《uncooked vegetables》

なまやさしい【生易しい】 简单 jiǎndān; 一般 yìbān; 轻而易举 qīng ér yì jǔ (英 easy) ▶ここの寒さは～もんじゃないぞ/这里的寒冷可不是一般的 zhèlǐ de hánlěng kě bú shì yībān de ▶旅費だけだって～額じゃない/就是旅费，也不是一个小数目 jiù shì lǚfèi, yě bú shì yí ge xiǎoshùmù

なまり【訛り】 口音 kǒuyin; 土音 tǔyīn (英 an accent;〔方言〕a dialect) ▶お国～/乡音 xiāngyīn ▶ふるさとの～が懐かしい/故乡的口音听起来很亲切 gùxiāng de kǒuyin tīngqǐlai hěn qīnqiè ▶お国～まる出しでしゃべる/说一口方言 shuō yì kǒu fāngyán ▶彼の言葉には九州～がある/他说话有九州的口音 tā shuōhuà yǒu Jiǔzhōu de kǒuyin

なまり【鉛】 铅 qiān (英 lead) ▶疲れて足が～のように重たい/累得脚上像坠了铅似的 lèide jiǎoshang xiàng bǎngle qiān shìde ▶空は～色の雲に覆われた/天空上覆盖着灰色的云彩 tiānkōngshang fùgàizhe huīsè de yúncai ▶～を溶かす/把铅熔化 bǎ qiān rónghuà

♦～ガラス『铅玻璃 qiānbōli

なまる【訛る】 带口音 dài kǒuyin (英 speak with a provincial accent) ▶発音がすこし訛ってるぞ/发音有点儿带口音哟 fāyīn yǒudiǎnr dài kǒuyin yo

なまる【鈍る】 不灵活 bù línghuó (英 be dull) ▶腕が鈍ってきた/手生疏了 shǒu shēngshū le ▶最近体が鈍ってきた/最近身体不灵活了 zuìjìn shēntǐ bù línghuó le

なまワクチン【生ワクチン】〔医〕活疫苗 huóyìmiáo (英 a live vaccine) ▶～を投与する/接种活疫苗 jiēzhòng huóyìmiáo

なみ【並】 普通 pǔtōng; 一般 yìbān;《同程度》般 bān (英 commom; ordinary; usual) ▶あれは～の男じゃないね/他可不是普通的男人 tā kě bú shì pǔtōng de nánrén ▶重役～の待遇を受ける/受到公司董事般的待遇 shòudào gōngsī dǒngshì bān de dàiyù

なみ【波】 ❶〖波浪〗波浪 bōlàng (英 a wave; a billow) ▶大～/波涛 bōtāo ▶大～がうねる/大波大浪汹涌而至 dàbō dàlàng xiōngyǒng ér zhì ▶タンカーは～をけって進んだ/油轮破浪前进 yóulún pòlàng qiánjìn ▶彼の体はあっという間に～にのまれた/他一瞬间就被波浪淹没了 tā yíshùn jiān jiù bèi bōlàng yānmò le ▶甍(いらか)の上を鯉のぼりが泳ぐ/鲤鱼旗飘在瓦房顶上 lǐyúqí piāozài wǎfángdǐngshang

❷〖起伏〗起伏 qǐfú (英 ups and downs) ▶景気には～がある/经济有起伏 jīngjì yǒu qǐfú ▶彼の事業は～に乗っている/他的事业正在浪头上 tā de shìyè zhèng zài làngtoushang

♦～音 ▶～音を子守歌にして育つ/以浪涛声为摇篮曲长大 yǐ làngtāoshēng wéi yáolánqǔ zhǎngdà

なみあし【並足で】 普通步伐 pǔtōng bùfá (英 a footpace) ▶～で歩いて1時間かからない/普通的走法不要一个小时 pǔtōng de zǒufǎ bú yào yí ge xiǎoshí

なみいる【並み居る】 在座 zàizuò; 众多 zhòngduō (英 all those present) ▶～ライバルを打ち負かす/打败了许多对手 dǎbàile xǔduō duìshǒu

なみうちぎわ【波打ち際】 岸边 ànbiān; 汀线 tīngxiàn (英 the beach) ▶～に流木が揺れていた/流木在水岸相接处飘着 liúmù zài shuǐ'àn xiāngjiēchù piāozhe

なみうつ【波打つ】 波动 bōdòng; 荡漾 dàngyàng; 激荡 jīdàng (英 wave) ▶平原に麦の穂が波打っていた/平原上麦穂在涌动 píngyuánshang màisuì zài yǒngdòng

なみがしら【波頭】 浪头 làngtou (英 a wave crest)

なみかぜ【波風】 风浪 fēnglàng;《もめごと》风波 fēngbō (英 the wind and waves) ▶～を立てる/起风波 qǐ fēngbō ▶無用の～を立てるもんじゃない/不要无谓地兴风作浪 búyào wúwèi de xīng fēng zuò làng ▶彼の家では～が絶えなかった/他的家不断有风波 tā de jiā búduàn yǒu fēngbō

なみき【並木】 行道树 xíngdàoshù; 街道树 jiēdàoshù (英 a row of trees; roadside trees) ▶～道/林阴道 línyīndào ▶桜～はたいへんな人出である/樱花的林阴道上熙熙攘攘 yīnghuā de línyīndàoshang xīxī rǎngrǎng ▶柳の～道がどこまでも続く/柳树的林阴道一直延续着 liǔshù de línyīndào yìzhí yánxùzhe

なみしぶき【波飛沫】 浪花 lànghuā (英 a sea spray) ▶～を浴びてじっとり濡れた/溅上了浪花全身湿透了 jiànshàngle lànghuā quánshēn shītòu le

なみせい【並製の】 普通制品 pǔtōng zhìpǐn; 大路货 dàlùhuò (英 ordinary) ▶さしあたり～でがまんしよう/暂且就凑合用普通制品吧 zànqiě jiù còuhe yòng pǔtōng zhìpǐn ba

なみだ【涙】 泪水 lèishuǐ; 眼珠 yǎnlèi (英 a tear) ▶～の滴(しずく)/泪珠 lèizhū ▶ほろりとこぼれる～の滴/悄悄掉下的泪珠 qiāoqiāo diàoxià de lèizhū ▶感動で～が出そうになった/因为感动差点流下了眼泪 yīnwèi gǎndòng chàdiǎn liúxià yǎnlèi ▶聞きながら彼は～を浮かべた/听着听着，他的眼眶里充满了眼泪 tīngzhe tīngzhe, tā de yǎnkuànglǐ chōngmǎnle yǎnlèi ▶話しているうちに～がこみあげてきた/说着说着眼泪涌了出来 shuōzhe shuōzhe yǎnlèi yǒnglechūlai

～ながらに訴える 哭诉 kūsù; 声泪俱下 shēng lèi jù xià ▶被害のさまを～ながらに訴える/流着眼泪述说着被害的状况 liúzhe yǎnlèi shùshuōzhe bèihài de zhuàngkuàng

～を流す 流泪 liú lèi; 掉眼泪 diào yǎnlèi ▶～を流して喜んだ/高兴得流眼泪 gāoxìngde liú yǎnlèi

～をのむ 忍着不哭 rěnzhe bù kū; 忍气吞声 rěn qì tūn shēng ▶厳しい判定に～をのむ/因为裁判太严厉，所以打输了 yīnwèi cáipàn tài yánlì,

suǒyǐ dǎshū le
♦お~一頂戴の ▶お~一頂戴の映画/令观众流泪的电影 lìng guānzhòng liú lèi de diànyǐng

なみたいてい【並大抵の】 一般 yībān; 普通 pǔtōng (英 uncommon) ▶~の技ではない/不是一般的本领 búshì yìbān de běnlǐng ▶これだけの文章を書くのは~のことではない/写这样的文章不是一般的事 xiě zhèyàng de wénzhāng bú shì yībān de shì

なみだぐましい【涙ぐましい】 令人流泪 lìng rén liúlèi; 令人感动 lìng rén gǎndòng (英 moving; pathetic) ▶~努力/令人感动的努力 lìng rén gǎndòng de nǔlì ▶~光景だった/令人流泪的场面 lìng rén liú lèi de chǎngmiàn

なみだぐむ【涙ぐむ】 含泪 hánlèi (英 be wet with tears) ▶彼女は息子を見送りながら涙ぐんだ/她含着眼泪目送儿子 tā hánzhe yǎnlèi mùsòng érzi

なみだごえ【涙声で】 哭腔 kūqiāng (英 in a tearful voice) ▶幼い娘は~で訴えた/年幼的女儿带着哭腔述说着 niányòu de nǚ'ér dàizhe kūqiāng shùshuōzhe

なみだつ【波立つ】 起波浪 qǐ bōlàng (英 be rough) ▶沖がはげしく波立っていた/海上激起了波浪 hǎishàng jīqǐle bōlàng ▶不安で心が波立った/因为担心而心里不稳 yīnwèi dānxīn ér xīnlǐ bùwěn

なみだもろい【涙脆い】 爱流泪 ài liúlèi (英 maudlin) ▶おふくろは~んだ/我妈妈爱流眼泪 wǒ māma ài liú yǎnlèi ▶年を取ると涙脆くなる/上了年纪,就容易流眼泪了 shàngle niánjì, jiù róngyì liú yǎnlèi le

なみなみ 满满地 mǎnmǎn de (英 overflowingly) ▶コップに~酒を注ぐ/把酒满满地倒入杯子里 bǎ jiǔ mǎnmǎn de dàorù bēizili

なみなみならぬ【並並ならぬ】 非凡 fēifán; 逾常 yúcháng (英 extraordinary) ▶~決意で協議に臨む/抱着不同寻常的决心参加协商 bàozhe bùtóng xúncháng de juéxīn cānjiā xiéshāng ▶この絵には~才能が見てとれる/在这张画上可以看到非凡的才能 zài zhè zhāng huàshang kěyǐ kàndào fēifán de cáinéng

なみのり【波乗り】 冲浪运动 chōnglàng yùndòng (英 surfing) ▶~を楽しむ/玩冲浪 wán chōnglàng

なみはずれた【並外れた】 与众不同 yǔ zhòng bùtóng; 非凡的 fēifán de (英 uncommon) ▶~力量/三头六臂 sān tóu liù bì ▶競技会で~力量を示した/在比赛上表现了与众不同的实力 zài bǐsàishang biǎoxiànle yǔ zhòng bùtóng de shílì ▶彼の記憶力は並外れている/他的记性超常 tā de jìxìng chāocháng

なみま【波間】 波浪中 bōlàngzhōng (英 on the waves) ▶~にかもめが浮かんでいた/波浪中间浮现出了海鸥 bōlàng zhōngjiān fúxiànchūle hǎi'ōu

なみよけ【波除け】 防波 fángbō (英 a breakwater)

なむあみだぶつ【南無阿弥陀仏】 南无阿弥陀佛 nāmó Ēmítuófó (英 弔いの) May his soul rest in peace!

ナメクジ【蛞蝓】【動物】蛞蝓 kuòyú; 鼻涕虫 bítìchóng (英 a slug)

なめこ【きのこ】滑菇 huágū (英 a nameko mushroom) ▶~汁/滑菇汤 huágūtāng

なめしがわ【鞣し革】 鞣皮子 róupízi (英 tanned skin)

なめす【鞣す】 鞣 róu (英 tan; dress) ▶牛の革を~/鞣牛皮 róu niúpí ▶鞣した皮が靴になる/鞣了皮子成了鞋子 róule pízi chéngle xiézi

なめらか【滑らかな】 光滑 guānghuá; 光溜 guāngliu; 《文章や会話が》流利 liúlì (英 smooth) ▶~に滑る/滑动 huádòng ▶言葉遣いが~でない/说话不流利 shuōhuà bù liúlì ▶磨いて以后使之光滑 móguāng yǐhòu shǐ zhī guānghuá ▶氷の上を~に滑る/在冰上灵活地滑动 zài bīngshang línghuó de huádòng ▶~な弁舌が耳に快い/精彩的口才听起来很痛快 jīngcǎi de kǒucái tīngqǐlai hěn tòngkuài ▶交渉が~に運ぶ/交涉很顺利 jiāoshè hěn shùnlì

なめる【舐める・嘗める】 舔 tiǎn; 尝 cháng; 《侮る》小看 xiǎokàn (英 lick; [経験する] experience; [あなどる] despise) ▶指を~/舔指头 tiǎn zhǐtou ▶苦しみを~/吃苦 chīkǔ ▶傷らはたがいに傷をなめ合っている/他们互相之间安慰 tāmen hùxiāng zhījiān ānwèi ▶鉛筆なめなめ作文する/反复思考写文章 fǎnfù sīkǎo xiě wénzhāng ▶世の苦しみをなめ尽くす/尝尽了世上的苦难 chángjìnle shìshàng de kǔnàn ▶火事はその辺一帯をなめ尽くした/火灾把那一带全烧光了 huǒzāi bǎ nà yídài quán shāoguāng le ▶あんまり人を~なよ/你别太小看人了 nǐ bié tài xiǎokàn rén le

なや【納屋】 小棚 xiǎopéng; 堆房 duīfang (英 a barn)

なやましい【悩ましい】 恼人 nǎorén; 《つらい》难过 nánguò; 《刺激的で》迷人 mírén; 妖艳 yāoyàn (英 seductive; suggestive) ▶~問題が続発する/令人烦恼的问题接连发生 lìng rén fánnǎo de wèntí jiēlián fāshēng ▶不安をかかえて~日々を過ごす/心怀不安过着发愁的日子 xīnhuái bù'ān guòzhe fāchóu de rìzi ▶ポスターには~美人の姿があった/宣传画上有个妖艳的美女 xuānchuánhuàshang yǒu ge yāoyàn de měinǚ

なやます【悩ます】 糟心 zāoxīn; 添麻烦 tiān máfan; 伤脑筋 shāng nǎojīn (英 [苦しませる] bother; give... trouble; worry) ▶金策に頭を~/为了钱的事伤脑筋 wèile qián de shì shāng nǎojīn ▶ここでは蚊に悩まされずにすむ/在这里就用不着为对付蚊子发愁了 zài zhèlǐ jiù yòngbuzháo wèi duìfu wénzi fāchóu le ▶あいつには全く悩まされる/他真会给人添麻烦 tā zhēn huì gěi

なやみ【悩み】 烦恼 fánnǎo; 苦恼 kǔnǎo; 痛痒 tòngyǎng（英 *trouble; worry; distress*）▶一事/心病 xīnbìng; 心事 xīnshì ▶彼に～事を打ち明けた/把心事告诉了他 bǎ xīnshì gàosule tā ▶生きる～は誰にでもある/谁都会有人生的烦恼 shéi dōu huì yǒu rénshēng de fánnǎo ▶おまえの将来が～の種だ/真为你的将来担忧 zhēn wèi nǐ de jiānglái dānyōu

なやむ【悩む】 烦恼 fánnǎo; 苦恼 kǔnǎo（英 *be troubled; be worried*）▶何を悩んでるんだ/你在苦恼什么？nǐ zài kǔnǎo shénme? ▶恋に～年でもないだろう/已经不是为恋爱烦恼的年纪了吧 yǐjing bú shì wèi liàn'ài fánnǎo de niánjì le ba ▶彼女は人知れず悩んでいる/她不为人知地在烦恼 tā bù wéi rén zhī de zài fánnǎo

なよなよ 柔软 róuruǎn; 纤弱 xiānruò（英 *slender; feeble*）▶いい若いもんが～しやがって/挺精神的小伙子，一副柔弱不堪的样子 tǐng jīngshen de xiǎohuǒzi, yí fù róuruò bùkān de yàngzi

-なら …的话 …dehuà; 如果 rúguǒ（英 ［もし...］ *if; in case*）▶文学のこと—俺に聞け/文学的事就问我吧 wénxué de shì jiù wèn wǒ ba ▶飯—さっき済ませてきた/吃饭嘛，已经吃完了 chīfàn ma, yǐjing chīwán le ▶君—どうする/如果是你的话，怎么办？rúguǒ shì nǐ dehuà, zěnme bàn? ▶バスで行く—安あがりだ/坐公交车去的话，就便宜 zuò gōngjiāochē qù dehuà, jiù piányi ▶あなたがやってくれる—安心です/你来干的话，我就放心了 nǐ lái gàn dehuà, wǒ jiù fàngxīn le ▶私—そんなことはしない/如果是我，不会那么做 rúguǒ shì wǒ, búhuì nàme zuò ▶楊君—よく知っている/要说小杨，我对他很了解 yào shuō xiǎo Yáng, wǒ duì tā hěn liǎojiě ▶この人—という人に出会わない/我找不到一个理想的人 wǒ zhǎobudào yí ge lǐxiǎng de rén

ならい【習い】 习惯 xíguàn; 习气 xíqì（英 *a habit; a custom*）▶7歳で—事を始めた/七岁就开始学技艺 qī suì jiù kāishǐ xué jìyì ▶みんなで平癒を祈るのが村の—だった/大家一起祈祷痊愈是村里的习俗 dàjiā yìqǐ qídǎo quányù shì cūnli de xísú
〜性（と）成る 习与性成 xí yǔ xìng chéng; 习以为常 xí yǐ wéi cháng
世の— 世上的常态 shìshang de chángtài ▶親が子に甘いのは世の—である/父母对孩子迁就是习之常情 fùmǔ duì háizi qiānjiù shì shì zhī chángqíng

ならう【倣う】 仿照 fǎngzhào; 模仿 mófǎng（英 *imitate*）［先例に従う］*follow*）▶顰（ひそみ）に～ 会長の顰に倣って短歌を始めた/东施效颦地模仿会长吟短歌 Dōngshī xiào pín de mófǎng huìzhǎng yín duǎngē

ならう【習う】 练习 liànxí; 学习 xuéxí（英 *learn; study; practice*）▶彼は高木先生について英語を習った/他跟着高木老师学英语 tā gēnzhe Gāomù lǎoshī xué Yīngyǔ
ことわざ 習うより慣れよ 少学多练 shǎo xué duō liàn

ならく【奈落】 地狱 dìyù;（舞台の）底层 dǐcéng［芝居の］*a trap cellar*）▶～の底/绝望的深渊 juéwàng de shēnyuān ▶～の底に突き落とされる/被推进了十八层地狱 bèi tuījìnle shíbā céng dìyù

ならす【均す】 弄平 nòngpíng（英［平らにする］*level; make level; make even*）▶練習の前にグラウンドを均さなくてはいけない/练习之前要修整好操场 liànxí zhīqián yào xiūzhěnghǎo cāochǎng ▶収入は月に均して30万円前後になる/收入每月平均是三十万日元左右 shōurù měiyuè píngjūn shì sānshí wàn Rìyuán zuǒyòu

ならす【馴らす】《動物を》驯养 xùnyǎng; 驯服 xùnfú（英 *tame; train*）▶いつの間にか悪の世界に馴らされていた/不知什么时候被恶势力所同化了 bù zhī shénme shíhou bèi èshìli suǒ tónghuà le ▶猿を馴らし芸をさせる/训练猴子表演节目 xùnliàn hóuzi biǎoyǎn jiémù

ならす【鳴らす】 鸣 míng（英 *sound; ring; beat*）（太鼓を）▶鈴を鳴らして馬車が進む/摇响铃铛，马车前进 yáoxiǎng língdang, mǎchē qiánjìn ▶彼はかつては水泳で鳴らしたものだ/他以前游泳出了名 tā yǐqián yóuyǒng chūle míng
不平を～ 鸣不平 míng bùpíng ▶不平を～しか能がないのか/难道你只有鸣不平的本事吗？nándào nǐ zhǐyǒu míng bùpíng de běnshi ma?

ならずもの【ならず者】 流氓 liúmáng; 无赖 wúlài; 歹徒 dǎitú（英 *a rascal; a hooligan*）

ならづけ【奈良漬け】 ▶あの人は～を食べてさえ赤くなる/他就连吃甜酱瓜也会脸红 tā jiù lián chī tiánjiàngguā yě huì liǎnhóng

-ならない 不许 bùxǔ; 不该 bùgāi（英 *must; should*）▶路上でタバコを吸っては～/不许在路上抽烟 lùshang bùxǔ zài lùshang chōuyān

ならび【並び】 排列 páiliè;（道の同じ側の）同一街上 tóngyī jiēshang（英 *a row*）▶僕は歯の～が悪い/我的牙长得不整齐 wǒ de yá zhǎngde bù zhěngqí ▶コンビニの～にペット屋がある/在方便店的街上有一家卖宠物的商店 zài fāngbiàndiàn de jiēshang yǒu yì jiā mài chǒngwù de shāngdiàn

ならびない【並びない】 无比 wúbǐ; 无双 wúshuāng ▶剣かけては世に～名人だった/他的剑术是世上无敌的高手 tā de jiànshù shì shìshàng wúdí de gāoshǒu

ならびに【並びに】 和 hé; 以及 yǐjí（英 *and; both*）▶我が社は雑貨〜衣類を商っている/我们公司经销杂货和衣服 wǒmen gōngsī jīngxiāo záhuò hé yīfu

ならぶ【並ぶ】 ❶ ［一列に］ 排 pái; 排队 páiduì; 并排 bìngpái（英 *stand in line*;［横に］*stand side by side*;［列を］*line up*）▶3列に並んで行進する/排成三列游行 páichéng sān liè yóuxíng ▶棚には人形が並んでいる/在架子上摆

着木偶娃娃 zài jiàzishang bǎizhe mù'ǒu wáwa ▶私たちは切符を買うために並んだ/我们为了买票排队 wǒmen wèile mǎi piào páiduì ▶僕は彼と並んで歩きだした/我和他并肩出发了 wǒ hé tā bìngjiān chūfā le

❷【匹敵する】 与…匹敌 yǔ…pǐdí；相比 xiāngbǐ；比肩上 bǐshàng（英 rank with...）▶～者のない/独一无二 dú yī wú èr ▶国内には～者のない名手である/他在国内是没人能比肩的高手 tā zài guónèi shì méi rén néng bǐjiān de gāoshǒu ▶山田は川口と並び称される秀才である/山田是与川口不相上下的高才生 Shāntián shì yǔ Chuānkǒu bù xiāng shàng xià de gāocáishēng

ことわざ **両雄並び立たず** 一山不容二虎 yì shān bù róng èr hǔ

ならべたてる【並べ立てる】 列举 lièjǔ；罗列 luóliè（英 arrange; put... in order）▶でたらめを～/胡说八道 húshuō bā dào ▶でたらめな理由を列挙する/罗列虚假的理由 luóliè xūjiǎ de lǐyóu

ならべる【並べる】 排列 páiliè；摆 bǎi；《一律に》平列 píngliè（英 arrange; display）▶御託を～/絮絮叨叨地说废话 xùxùdāodāo de shuō fèihuà ▶会場に椅子を～/在会场摆椅子 zài huìchǎng bǎi yǐzi ▶二人は肩を並べて学校に向かった/两个人并肩去学校 liǎng ge rén bìngjiān qù xuéxiào ▶難しい理屈を～/说出难懂的理论 shuō xiē nán dǒng de lǐlùn ▶食卓に料理を～/把菜摆上饭桌 bǎ cài bǎishàng fànzhuō

肩を～ 比肩 bǐjiān；势均力敌 shì jūn lì dí ▶共立社と肩を～までに成長した/公司发展到能和共立社比肩了 gōngsī fāzhǎn dào néng hé Gònglìshè bǐjiān le

ならわし【習わし】 习惯 xíguàn；习俗 xísú；惯例 guànlì（英 a custom; a practice）▶宮参りは古くからの～だ/抱新生儿参拜神社是传统的习俗 bào xīnshēng'ér cānbài shénshè shì chuántǒng de xísú ▶私はその～に逆らった/我没有服从那个惯例 wǒ méiyǒu fúcóng nàge guànlì

なり（英 either... or...）▶メール～ファックスでお知らせします/会用电子邮件或者传真通知您 huì yòng diànzǐ yóujiàn huòzhě chuánzhēn tōngzhī nín ▶私を見る～笑い出した/一看到我，就笑了起来 yí kàndào wǒ, jiù xiàoleqǐlai

なり【形】 ❶【体つき・形】身材 shēncái；《接尾辞》形 xíng（英 stature; size）▶～が大きい/身量大 shēnliang dà ▶～は大きいが心はまだ子供だ/身材高大，但是心还是孩子 shēncái gāodà, dànshì xīn hái shì háizi ▶からだを弓～に反らせる/把身体向后仰成弓形 bǎ shēntǐ xiàng hòu yǎngchéng gōngxíng

❷【様子・身なり・外見】装束 zhuāngshù（英 appearance; dress）▶女が男の～をして踊る/女人扮成男人跳舞 nǚrén bànchéng nánrén tiàowǔ

きれいな～ 装束漂亮 zhuāngshù piàoliang ▶きれいな～が汚れてしまった/漂亮的装束被弄脏了 piàoliang de zhuāngshù bèi nòngzāng le ▶きれいな～をしている/打扮得真漂亮 dǎbànde zhēn piàoliang

ひどい～ 破烂的服装 pòlàn de fúzhuāng ▶ひどい～をしている/形状难看 xíngzhuàng nánkàn

なり【鳴り】 声响 shēngxiǎng；动静 dòngjing ▶海の～が聞こえる/听到了巨大的海涛声 tīngdàole jùdà de hǎitāoshēng

～をひそめる 静悄悄 jìngqiāoqiāo ▶窃盗団も一時～をひそめていた/盗窃团一时消声匿迹了 dàoqiètuán yìshí xiāoshēng nì jì le

なりあがり【成り上がり】 暴发户 bàofāhù（英 an upstart; a social climber）▶～らしい言い草だね/话说口气实在是个暴发户 huà shuō kǒuqì shízài shì ge bàofāhù ▶あの人は～だが気配りの人だ/他是个暴发户，但很会照顾别人 tā shì ge bàofāhù, dàn hěn huì zhàogù biéren

なりあがる【成り上がる】 一步登天 yí bù dēng tiān；发迹 fājī（英 rise；[成金になる] become rich suddenly）▶秀吉は天下人にまで成り上がった/秀吉升到一统天下的位置 Xiùjí shēngdào yìtǒng tiānxià de wèizhi ▶経済恐慌に乗じて一挙に成り上がった/乘着经济恐慌，一下成了暴发户 chéngzhe jīngjì kǒnghuāng, yíxià chéngle bàofāhù

なりかわる【成り代わる】 代表 dàibiǎo；代替 dàitì（英 take the place of...）▶父に成り代わって心よりお礼申しあげます/代替我父亲表示由衷的感谢 dàitì wǒ fùqin biǎoshì yóuzhōng de gǎnxiè

なりきん【成金】 暴发户 bàofāhù（英 a new rich person）▶全国各地で土地～が急増した/全国各地靠炒地皮发财的暴发户急剧增加 quánguó gèdì kào chǎo dìpí fācái de bàofāhù jùjù zēngjiā

◆戦争～ 发了战争财的人 fāle zhànzhēngcái de rén

なりさがる【成り下がる】 沦落 lúnluò；沦为 lúnwéi（英 fall low）

なりすます【成り済ます】 假装 jiǎzhuāng；假托 jiǎtuō（英 pose as...; successfully impersonate...）▶刑事に～/假装刑警 jiǎzhuāng xíngjǐng ▶善人に成り済まして老人をだます/装成好人欺骗老人 zhuāngchéng hǎorén qīpiàn lǎorén ▶社長に成り済まして商談をもちかける/装成总经理提出谈生意 zhuāngchéng zǒngjīnglǐ tíchū tán shēngyi

なりそこなう【成り損なう】 没有成为 méiyǒu chéngwéi（英 miss being）▶俳優に成り損なって家業をついだ/没当成演员，而是继承了家业 méi dāngchéng yǎnyuán, ér shì jìchéngle jiāyè ▶私は実はピアニストの成り損ないなのです/说实话，我没能当上钢琴手 shuō shíhuà, wǒ méi néng dāngshàng gāngqínshǒu

なりたち【成り立ち】 构成 gòuchéng；过程 guòchéng（英 origin; history）▶学校の～を話して下さい/请谈谈学校的历史 qǐng tántan xuéxiào de lìshǐ ▶この文章の～はどうなっているか/这

篇文章是怎样写成的？zhè piān wénzhāng shì zěnyàng xiěchéng de?

なりたつ【成り立つ】 成立 chénglì; 形成 xíngchéng (英 consist of...; be realized) ▶商いは顧客がって/生意是有顾客才能做成的 shēngyì shì yǒu gùkè cái néng zuòchéng de ▶連盟は六つの大学から成り立っている/联盟由六所大学组成 liánméng yóu liù suǒ dàxué zǔchéng ▶その理論は多くの実験の上に成り立っている/那个理论是在多次实验上形成的 nàge lǐlùn shì zài duō cì shíyànshang xíngchéng de

なりて【なり手】 任职的人 rènzhí de rén (英 a person who want to be...) ▶理事長の～がない/没人当理事长 méi rén dāng lǐshìzhǎng

-なりに 与…相应 yǔ…xiāngyìng; 用自己的方法 yòng zìjǐ de fāngfǎ (英 in one's own way) ▶自分～つとめる/尽自己的力做工作 jìn zìjǐ de lì zuò gōngzuò ▶私～理解しているつもりです/我认为我对此内有自己的理解 wǒ rènwéi wǒ duì cǐ yǒu zìjǐ de lǐjiě ▶僕は僕～努力したんだ/我也用自己的方式在努力 wǒ yě yòng zìjǐ de fāngshì zài nǔlì

なりはてる【成り果てる】 沦落为 lúnluòwéi; 沦为 lúnwéi (英 be reduced to...) ▶盗人に～/沦为小偷 lúnwéi xiǎotōu

なりひびく【鳴り響く】 (音) 响彻 xiǎngchè;《評判》驰名 chímíng (英 ring out; echo) ▶拍手が～/掌声雷鸣 zhǎngshēng léimíng ▶名声が～/举世闻名 jǔshì wénmíng ▶砲声が～/炮声轰鸣 pàoshēng hōngmíng ▶名声が天下に～/名声响誉天下 míngshēng xiǎngyù tiānxià

なりふり
~構わず 不顾外表 bú gù wàibiǎo; 不顾体面 bú gù tǐmiàn ▶～構わず宣伝につとめる/不择手段专心做宣传 bù zé shǒuduàn zhuānxīn zuò xuānchuán

なりものいり【鳴り物入りで】 敲锣打鼓 qiāo luó dǎ gǔ; 大张旗鼓 dà zhāng qí gǔ (英 with fanfare) ▶～で入団した新人が期待通りに働いている/敲打鼓新入队的选手不负众望 qiāo luó dǎ gǔ xīn rùduì de xuǎnshǒu bú fù zhòngwàng ▶～の企画だったが赤字だけが残った/曾经是轰动一时的计划如今只留下了赤字 céngjīng shì hōngdòng yìshí de jìhuà rújīn zhǐ liúxiàle chìzì

なりゆき【成り行き】 趋势 qūshì; 动向 dòngxiàng (英 result; the course; the development) ▶～に任せる/听其自然 tīng qí zìrán ▶彼らのことは～に任せよう/他们的事听其自然吧 tāmen de shì tīng qí zìrán ba ▶みょうな～になってきた/形势有些不妙了 xíngshì yǒu xiē bùmiào le ▶一次强化の責任問題に発展しそう/根据情况可能发展成责任问题 gēnjù qíngkuàng kěnéng fāzhǎnchéng zérèn wèntí ▶抗争の今後の～が注目される/抗争的今后动向引人注目 kàngzhēng de jīnhòu dòngxiàng yǐn rén zhùmù

なりわい【生業】 生业 shēngyè; 生计 shēngjì (英 a profession) ▶我が家は代々花作りを～としてきた/我家世世代代以种花为生计 wǒ jiā shìshì dàidài yǐ zhònghuā wéi shēngjì

なりわたる【鳴り渡る】 响彻 xiǎngchè (英 ring out) ▶寺の鐘が谷間に～/寺庙的钟声响彻了山谷 sìmiào de zhōngshēng xiǎngchèle shāngǔ ▶文名が天下に～/文学家的盛名响彻天下 wénxuéjiā de shèngmíng xiǎngchè tiānxià

なる【生る】 结果 jiēguǒ (英 grow) ▶みかんが生っている/结了橘子了 jiēle júzi le ▶金の～木がほしい/想要一个摇钱树 xiǎng yào yí ge yáoqiánshù

なる【成る】 ❶【…になる】做 zuò; 成为 chéngwéi; 变为 biànwéi (英 become; grow; form) ▶彼の名はもはや世界的になった/他的名声成了世界级的了 tā de míngshēng chéngle shìjièjí de le ▶もうすぐ春に～/马上要到春天了 mǎshàng yào dào chūntiān le ▶何事も～ように～さ/任何事只能顺其自然 rènhé shì zhǐ néng shùn qí zìrán ▶言われて彼は青くなった/被道破，他脸色变青了 bèi dàopò, tā liǎnsè biànqīng le ▶毛虫が蝶に～/毛虫化蝶 máo chóng huà dié

❷【数や額が】达 dá (英 come to...; amount to...) ▶これで死者は50人になった/到此，死者达到了五十人 sǐzhě dádàole wǔshí rén

❸【結局】算 suàn; 可以认作 kěyǐ rènzuò (英 turn out) ▶彼が私たちを裏切ったことに～/就这样，他背叛了我们 jiù zhèyàng, tā bèipànle wǒmen

❹【経つ】经过 jīngguò (英 reach; become) ▶入社以来もう3年に～/进公司已经三年了 jìn gōngsī yǐjīng sān nián le

❺【その他】▶こんな売り上げでは人件費にもならない/只有这么一点营业额连人工费都付不出 zhǐ yǒu zhème yìdiǎn yíngyè'é lián réngōngfèi dōu fùbuchū ▶こういうこと～と、私はまるで無能です/这种事情，我也束手无策了 zhè zhǒng shìqing, wǒ yě shùshǒu wú cè le

なせば～ 有志者事竟成 yǒu zhì zhě shì jìng chéng

なる【鳴る】 响 xiǎng; 鸣 míng;《評判の》著称 zhùchēng (英 sound; ring; echo) ▶『誰(た)がために鐘は～』(ヘミングウェイ)/《丧钟为谁而鸣》 Sāngzhōng wèi shéi ér míng ▶夢の中で電話が～音を聞いた/在梦中听到电话铃响了 zài mèng zhōng tīngdào diànhuàlíng xiǎng le ▶敏腕をもって～記者が訪れた/以能干著称的记者来访了 yǐ nénggàn zhùchēng de jìzhě láifǎng le

ナルシスト 自我陶醉者 zìwǒ táozuìzhě (英 a narcissist)

なるべく 尽量 jǐnliàng; 尽可能 jǐn kěnéng (英 as...as possible) ▶～早く来て下さい/请尽快来 qǐng jǐnkuài lái ▶～なら和食の方がいい/可能的话还是日餐好 kěnéng dehuà háishi rì cān hǎo

なるほど【成る程】 有道理 yǒu dàolǐ; 怪不得 guàibude; 果然 guǒrán (英 indeed; really) ▶～彼が怒るわけだ/怪不得他那么生气 guàibude tā nàme shēngqì ▶ふん, ふん, ～/嗯, 嗯, 明白 ńg, ǹg, míngbai ▶～見た目はきれいだが…/果然, 看上去不错… guǒrán, kànshàngqu búcuò … ▶彼の言葉には～と思わせるところがある/他的话里有不少有道理的东西 tā de huàli yǒu bùshǎo yǒu dàolǐ de dōngxi

なれ【慣れ】 习惯 xíguàn; 熟练 shúliàn (英 practice) ▶～はとかく事故を招く/习惯往往招致事故 xíguàn wǎngwǎng zhāozhì shìgù ▶物を言うのは技よ～だ/关键不是技巧, 是熟练 guānjiàn bú shì jìqiǎo, shì shúliàn

なれあう【馴れ合う】 合谋 hémóu; 串通 chuàntōng (英 plot together) ▶役所と馴れ合って談合している/和政府串通在投标中作假 hé zhèngfǔ chuàntōng zài tóubiāo zhōng zuòjiǎ ▶彼らの抗議はじつは馴れ合いなのだ/他们的抗议实际上是合谋的 tāmen de kàngyì shíjìshang shì hémóu de

ナレーション 解说词 jiěshuōcí (英 narration)

ナレーター 解说员 jiěshuōyuán (英 a narrator)

なれそめ【馴れ初め】 开始认识 kāishǐ rènshi; 爱上 àishàng (英 the beginning of love) ▶そもそもの～から聞かせろよ/先听听你们是怎么相识相爱的吧 xiān tīngting nǐmen shì zěnme xiāngshí xiāng'ài de ba

なれっこ【慣れっこ】 习惯 xíguàn (英 [～になる] get used to...) ▶彼の嘘にはもう～よ/对他的谎言我已经习惯了 duì tā de huǎngyán wǒ yǐjīng xíguàn le

なれなれしい【馴れ馴れしい】 狎昵 xiánnì; 亲昵 qīnnì (英 too familiar) ▶おじさん, ～んじゃないの/大叔, 你是不是过分亲昵了? dàshū, nǐ shìbushì guòfèn qīnnì le? ▶彼は審判にも馴れ馴れしく声をかけた/他老跟人一样地向裁判打招呼 tā lǎoshúrén yíyàng de xiàng cáipàn dǎ zhāohu

なれのはて【成れの果て】 下场 xiàchǎng; 末路 mòlù (英 the ruin of what one was) ▶その無縁仏は株成金の～である/这个孤独的亡灵就是靠股票发财的末路 zhège gūdú de wánglíng jiù shì kào gǔpiào fācái de mòlù

なれる【慣れる】 惯 guàn; 《环境に》适应 shìyìng; 《习熟する》熟练 shúliàn (英 be accustomed) ▶食べ慣れない/吃不惯 chībuguàn ▶書き～/写惯 xiěguàn ▶書き慣れないラブレターを書く/写着没写惯的情书 xiězhe méi xiěguàn de qíngshū ▶目の前には見慣れた風景がひろがっている/眼前出现了看惯了的景色 yǎnqián chūxiànle kànguànle de jǐngsè ▶見慣れない顔/陌生的面孔 mòshēng de miànkǒng ▶家の前に見慣れない人が立っている/家门前站着个陌生人 jiāmén qián zhànzhe ge mòshēngrén ▶叱られることには慣れている/习惯被骂了 xíguàn bèi mà le ▶新しい環境に～までには時間がかかる/要适应新环境还需要时间 yào shìyìng xīnhuánjìng hái xūyào shíjiān ▶慣れた手つきで魚をさばく/很熟练地剖鱼 hěn shúliàn de pōu yú

なれる【馴れる】 驯熟 xùnshú (英 [動物が] become tame) ▶野生動物は人に馴れない/野生动物不驯服于人 yěshēng dòngwù bú xùnfú yú rén

なわ【縄】 绳 shéng; 绳子 shéngzi (英 a straw rope; a cord) ▶古新聞を～でしばる/用绳子绑旧报纸 yòng shéngzi bǎng jiùbàozhǐ ▶工事現場に～を張る/用绳子把工地围起来 yòng shéngzi bǎ gōngdì wéiqǐlai

ことわざ 泥棒を見て縄をなう 临阵磨枪 lín zhèn mó qiāng

♦～のれん 小酒馆 xiǎojiǔguǎn ▶週に一度は～のれんをくぐる/一个星期去一次小酒馆喝酒 yí ge xīngqí qù yí cì xiǎojiǔguǎn hē jiǔ

なわしろ【苗代】 秧田 yāngtián (英 a rice nursery)

なわとび【縄跳びをする】 跳绳 tiàoshéng (英 skip rope) ▶みんなで～をして遊んだ/大家一起玩跳绳 dàjiā yìqǐ wán tiàoshéng

なわばしご【縄梯子】 软梯 ruǎntī; 绳梯 shéngtī (英 a rope ladder) ▶屋上から～を下ろす/从屋顶上放下绳梯 cóng wūdǐngshang fàngxià shéngtī

なわばり【縄張】 势力范围 shìlì fànwéi; 地盘 dìpán (英 one's area of operation; one's sphere of influence) ▶～を荒らされて黙ってはいられない/我不能坐视势力范围被破坏 wǒ bùnéng zuòshì shìlì fànwéi bèi pòhuài ▶渋谷はうちの～ではない/涩谷不是我们的地盘 Sègǔ bú shì wǒmen de dìpán

♦～争い ▶両者の～争いが表面化してきた/双方为争夺地盘的斗争表面化了 shuāngfāng wèi zhēngduó dìpán de dòuzhēng biǎomiànhuà le

なん【難】 **❶**《困難》困难 kùnnan (英 difficulty) ▶彼は～なく試験に受かった/他毫无问题地考试合格了 tā háowú wèntí de kǎoshì hégé le ▶生活の～にあえぐ/在生活困境中挣扎 zài shēnghuó kùnjìng zhōng zhēngzhá **❷**《災い》灾难 zāinàn (英 an accident) ▶たまたま避暑に来ていて～に遭った/偶然来避暑被卷入了灾害 ǒurán lái bìshǔ bèi juǎnrùle zāihài ▶あやうく～を免れる/幸免难 xìngmiǎn yùnàn **❸**《欠点》毛病 máobìng; 缺点 quēdiǎn (英 a fault; a defect) ▶～がある/有毛病 yǒu máobìng ▶彼の英語は発音に～がある/他的英语发音有问题 tā de Yīngyǔ fāyīn yǒu wèntí ▶この商品は少々～がありますが安くしておきます/这个商品有一点儿毛病, 所以我给您降价 zhège shāngpǐn yǒu yìdiǎnr máobìng, suǒyǐ wǒ gěi nín jiàngjià

なんい【南緯】 南纬 nánwěi (英 the south latitude) ▶～15度, 東経135度の海上にある/位于南纬十五度, 东经一百三十五度的海上 wèiyú nánwěi shíwǔ dù, dōngjīng yībǎi sānshiwǔ dù de hǎishàng

なんいど【難易度】 难度 nándù (英 the degree of difficulty) ▶～の高い大学は敬遠した/回避了

难度大的大学 huíbìle nándù dà de dàxué

なんおう【南欧】 南欧 Nán Ōu (英 *Southern Europe*) ▶～諸国を歴訪する/历访南欧各国 lìfǎng Nán Ōu gèguó

なんか【南下する】 南下 nánxià (英 *go southward*) ▶～輸送トラックは～を続けた/运输货物的卡车不断南下 yùnshū huòwù de kǎchē búduàn nánxià ▶このまま～すると戦闘地域に入る/这样一直南下就会进入战斗地区 zhèyàng yìzhí nánxià jiù huì jìnrù zhàndòu dìqū

なんか【軟化する】 软化 ruǎnhuà (英 *soften*)；[相場の] *weaken*) ▶先方の態度が俄然～してきた/对方的态度突然软化起来 duìfāng de tàidù tūrán ruǎnhuàqǐlai ▶俺、脳～症かもな/我可能是脑软化症 wǒ kěnéng shì nǎoruǎnhuàzhèng

-なんか 什么的 shénmede；之类 zhī lèi ▶彼の話～本気で聞くことはない/他的话不必认真听 tā de huà búbì rènzhēn tīng ▶えり好み～していられる／挑食什么的是不可能的 tiāo shí shénmede shì bù kěnéng de

なんかい【何回】 几次 jǐ cì；多少次 duōshao cì (英 *how many times*) ▶～も/好几次 hǎo jǐ cì ▶～も挑戦してようやく合格した/挑战了好几次终于合格了 tiǎozhànle hǎo jǐ cì zhōngyú hégéle ▶～言ったら分かるんだ/要说几次你才明白！yào shuō jǐ cì nǐ cái míngbai!

なんかい【難解な】 难懂 nán dǒng；深奥 shēn'ào；[文章など] 艰涩 jiānsè (英 *difficult*) ▶あなたの文章は～に過ぎます/你的文章过于难懂 nǐ de wénzhāng guòyú nán dǒng ▶～な数式と取り組んでいる/和难解的数学公式格斗 hé nán jiě de shùxué gōngshì gédòu

なんかん【難関】 隘路 àilù；难关 nánguān (英 *a difficulty*) ▶この先に最大の～が待っている/这之后有最大的难关 zhè zhīhòu yǒu zuìdà de nánguān ▶～を突破してみごと合格する/突破难关，成功地合格了 tūpò nánguān, chénggōng de hégé le

なんぎ【難儀】 困难 kùnnan；难受 nánshòu；[困難] *hardship*；[苦痛] *suffering*) ▶～する/受罪 shòuzuì；吃苦 chī kǔ ▶雨が続いて～する/接连下雨，很难受 jiēlián xià yǔ, hěn nánshòu ▶～な仕事が残っている/留下了受理的工作 liúxiàle shòuzuì de gōngzuò ▶人の～を見すごせない/别人的痛苦，看不过去 biéren de tòngkǔ, kànbuguòqù

なんきつ【難詰する】 斥责 chìzé；叱责 chìzé (英 *rebuke*) ▶うっかりミスをさんざん～された/因为有粗心大意的错误，又再三责怪 yīnwèi yǒu cūxīn dàyì de cuòwù, bèi zàisān zéguài ▶不当な～も耐えた/忍受了不当的指责 rěnshòule búdàng de zhǐzé

なんぎょうくぎょう【難行苦行】 艰难困苦 jiānnán kùnkǔ；苦修苦行 kǔ xiū kǔ xíng (英 *penance*) ▶～の末に山頂にたどりついた/经过许多艰难困苦，终于爬到了山顶 jīngguò xǔduō jiānnán kùnkǔ, zhōngyú pádàole shāndǐng ▶

名人と言われるまでにどれほどの～を経たことか/到被称为高手，不知道经受了多少艰难困苦 dào bèi chēngwéi gāoshǒu, bù zhīdào jīngshòule duōshao jiānnán kùnkǔ

なんきょく【南極】 南极 nánjí (英 *the South Pole*) ▶～圏/南极圏 nánjíquān ▶～で越冬する/在南极越冬 zài nánjí yuèdōng

◆～観測隊：南极观测队 nánjí guāncèduì

なんきょく【難局】 困难的局面 kùnnan de júmiàn；困境 kùnjìng (英 *a difficult situation; a crisis*) ▶いかにしてこの～を切り抜けるか/怎么才能摆脱这个困境呢？zěnme cái néng bǎituō zhège kùnjìng ne? ▶また～に見舞われる/又遇到了困境 yòu yùdàole kùnjìng ▶我々は非常な～に陥っている/我们陷入了非常困难的局面 wǒmen xiànrùle fēicháng kùnnan de júmiàn

なんきん【軟禁する】 软禁 ruǎnjìn；幽禁 yōujìn (英 *put... under house arrest*) ▶本日をもって～を解く/至今天为止，解除软禁 zhì jīntiān wéizhǐ, jiěchú ruǎnjìn ▶今なお～されたままである/至今还是被软禁着 zhìjīn háishi bèi ruǎnjìnzhe

なんきんじょう【南京錠】 挂锁 guàsuǒ；荷包锁 hébāosuǒ (英 *a padlock*)

ナンキンマメ【南京豆】 花生 huāshēng

ナンキンムシ【南京虫】〔虫〕臭虫 chòuchóng

なんくせ【難癖を付ける】 刁难 diāonàn；挑刺儿 tiāocìr；吹毛求疵 chuī máo qiú cī (英 *find fault of...; critisize*) ▶商品に～を付けて値引きを迫る/故意挑商品的毛病，逼迫降价 gùyì tiāo shāngpǐn de máobìng, bīpò jiàngjià

なんこう【軟膏】 药膏 yàogāo；软膏 ruǎngāo (英 *salve; ointment*) ▶患部に～を塗る/在患部涂上软膏 zài huànbù túshàng ruǎngāo

なんこう【難航する】 航行困难 hángxíng kùnnan；难以进展 nányǐ jìnzhǎn (英 *have a rough voyage*) ▶台風の接近で船団は～した/因为台风接近，船队难以航行 yīnwèi táifēng jiējìn, chuánduì nányǐ hángxíng ▶交渉は～を続けている/交涉仍然进展不顺 jiāoshè réngrán jìnzhǎn búshùn

なんこうがい【軟口蓋】〔解〕软腭 ruǎn'è (英 *the soft palate*)

なんこうふらく【難攻不落の】 坚不可摧 jiān bùkě cuī；难以说服 nányǐ shuōfú (英 *impregnable*) ▶～を誇った城があえなく落ちた/以坚不可摧著称的城池被简单地攻下了 yǐ jiān bùkě cuī zhùchēng de chéngchí bèi jiǎndān de gōng xià le ▶～の部長をついにうんと言わせた/让难以说服的部长终于说出了同意的话 ràng nányǐ shuōfú de bùzhǎng zhōngyú shuōchūle tóngyì de huà

なんごく【南国】 南方 nánfāng；南国 nánguó (英 *a southern country*) ▶～の果物が北方に出回っている/南国的水果在北方流通 nánguó de shuǐguǒ zài běifāng liútōng ▶今度の旅行は～を巡ります/这次的旅行是周游南国 zhè cì de lǚxíng shì zhōuyóu nánguó

なんこつ【軟骨】〖解〗软骨 ruǎngǔ(英 cartilage; gristle)

なんざん【難産】难产 nánchǎn(英 a difficult delivery; hard labor)▶この子が生まれた時はひどい～だった/这孩子出生的时候严重难产 zhè háizi chūshēng de shíhou yánzhòng nánchǎn ▶～の末に理事会は発足した/经过难产之后理事会成立了 jīngguò nánchǎn zhīhòu lǐshìhuì chénglì le

なんじ【汝】汝 rǔ(英 you)▶～は父を見忘れたるか/汝不识汝父乎 rǔ bù shí rǔ fù hū

なんじ【難事】困难的事情 kùnnan de shìqing; 难关 nánguān(英 a difficulty)▶彼ならすすんで～に当たるだろう/他的话，会自告奋勇地去闯难关的吧 tā dehuà, huì zì gào fènyǒng de qù chuǎng nánguān de ba

なんしき【軟式】▶～庭球/软式网球 ruǎnshì wǎngqiú ▶～野球/软式棒球 ruǎnshì bàngqiú

なんじゃく【軟弱な】软弱 ruǎnruò; 虚弱 xūruò; 不坚强 bù jiānqiáng(英 weak; feeble)▶この辺は地盤が～だ/这一带的地基很不牢 zhè yídài de dìjī hěn bù láo ▶そんな～なことでは世渡りできないぞ/这么软弱的话，在社会上可吃不开 zhème ruǎnruò dehuà, zài shèhuìshang kě chībukāi

なんじゅう【難渋】艰难 jiānnán; 困难 kùnnan(英 difficulty; trouble)▶調査を～を極めた/调查极其难 diàochá jíqí jiānnán ▶泥んこ道を～しながら進んだ/在泥泞的道路上艰难地前进 zài níngning de dàolùshang jiānnán de qiánjìn

なんしょ【難所】难关 nánguān; 险关 xiǎnguān(英 a dangerous spot〔path〕)▶道は～にさしかかった/路到了险峻的地方 lù dàole xiǎnjùn de dìfang

なんしょく【難色】难色 nánsè(英 one's disapproval)▶～を示す 面有难色 miàn yǒu nánsè; 表示不赞同 biǎoshì bú zàntóng ▶まず母が～を示し/首先母亲面有难色 shǒuxiān mǔqīn miàn yǒu nánsè

なんしん【南進】南进 nánjìn(英 advance southward)▶船団は一路～した/船队一路南进 chuánduì yīlù nánjìn

なんすい【軟水】ruǎnshuǐ(英 soft water)

なんせい【南西】西南 xīnán(英 southwest)▶～の風が強い/西南风很大 xīnánfēng hěn dà

ナンセンス蠢话 chǔnhuà; 废话 fèihuà; 荒谬 huāngmiù(英 nonsense)

なんだ【何だ】什么 shénme(英 What!; Why!)▶雨くらい～/下一点雨算什么 xià yìdiǎn yǔ suàn shénme ▶～君か/原来是你啊 yuánlái shì nǐ a ▶～もう一ぺん言ってみろ/你说什么！再说一遍看看 nǐ shuō shénme! zài shuō yí biàn kànkan

なんだい【難題】难题 nántí(英 a difficult problem)▶～を吹っ掛ける/故意刁难 gùyì diāonàn ▶数学の～と取り組む/攻数学难题 gōng shùxué nántí

なんたいどうぶつ【軟体動物】软体动物 ruǎntǐ dòngwù(英 a mollusk)

なんだか【何だか】总觉得 zǒng juéde; 不知为什么 bù zhī wèi shénme(英 somehow)▶～悲しくなっちゃった/不知道为什么心里觉得难受 bù zhīdào wèi shénme xīnli juéde nánshòu ▶～きまりが悪い/总觉得不好意思 zǒng juéde bù hǎoyìsi

～分からないけど 不知为什么 bù zhī wèi shénme ▶～分からないけどすぐ来いって/也不知道到底有什么事，叫你快去呢 yě bù zhīdào dàodǐ yǒu shénme shì, jiào nǐ kuài qù ne

なんだかんだ【何だかんだ】这个那个 zhège nàge; 这样那样 zhèyàng nàyàng(英 this and that)▶今月は～と金が出てゆく/这个月到处花了钱 zhège yuè dàochù huāle qián ▶毎日～忙しい/每天东忙西忙的 měitiān dōng máng xī máng de

なんだったら【何だったら】 ⇨なんなら(何なら)

なんだって【何だって】 **❶**〖なぜ〗为什么 wèi shénme; 怎么 zěnme ▶～来なかったんだよ？/为什么你没来？ wèi shénme nǐ méi lái? **❷**〖聞き返す〗什么 shénme ▶～, もう一度言ってよ/什么？你再说一遍 shénme? nǐ zài shuō yí biàn

なんたる【何たる】〖何である〗为何物 wéi héwù; 是什么 shì shénme;〖驚き・嘆きなど〗怎么 zěnme ▶人生の～かを考えなさい/想想人生为何物 xiǎngxiang rénshēng wéi hé wù ▶こんな字も書けぬとは～ことか/这种字也不会写，是怎么回事？ zhè zhǒng zì yě búhuì xiě, shì zěnme huí shì?

なんたん【南端】南端 nánduān(英 the southern end)▶私の家は島の～にある/我家在该岛的南端 wǒ jiā zài gāi dǎo de nánduān

なんちゃくりく【軟着陸】软着陆 ruǎnzhuólù;〖比喩〗稳妥解决 wěntuǒ jiějué(英 soft landing)▶宇宙船は無事月面に～した/宇宙飞船顺利地在月球表面软着陆 yǔzhòu fēichuán shùnlì de zài yuèqiú biǎomiàn ruǎnzhuólù ▶再建計画は時間をかけて～させよう/再花点儿时间，让重建计划稳妥实现吧 zài huā diǎnr shíjiān, ràng chóngjiàn jìhuà wěntuǒ shíxiàn ba

なんちょう【難聴】〖医〗耳背 ěrbèi; 重听 zhòngtīng(英 hard of hearing)▶彼は生まれついての～だ/他是天生的耳背 tā shì tiānshēng de ěrbèi ▶私は～に苦しんできた/我为耳背伤透了脑筋 wǒ wèi ěrbèi shāngtòule nǎojīn

〖日中比較〗中国語の'难听 nántīng'は音や言葉が「聞くに耐えない」こと。

なんて【何て】〖詠嘆〗多么 duōme; 怎么 zěnme;《「何という」の縮小》什么 shénme(英 what; how)▶～馬鹿なんだ, おまえは/你怎么这么傻 nǐ zěnme zhème shǎ ▶かぜぐらい～ことはないさ/一点感冒算不了什么 yìdiǎn gǎnmào suànbuliǎo shénme ▶ ~ったってネイティブだからな/不管怎么说是他的母语 bùguǎn zěnme shuō shì tā de mǔyǔ

なんてき【難敵】 大敌 dàdí; 劲敌 jìngdí (英 *a formidable enemy*)

なんでも【何でも】 ❶ [すべて] 无论什么 wúlùn shénme; 什么都 shénme dōu (英 *any; anything; all*) ▶ ~ある/应有尽有 yīng yǒu jìn yǒu ▶ ~できる/万能 wànnéng ▶ 食べたいものは~食べなさい/想吃什么吃什么 xiǎng chī shénme chī shénme ▶ この家には~ある/这个家什么都有 zhège jiā shénme dōu yǒu ▶ あの人は~できる/他什么都能做 tā shénme dōu néng zuò ▶ ~いいから早く行け/别磨蹭了, 快去 bié móceng le, kuài qù ❷ [伝聞] 据说 jùshuō (英 *I hear*) ▶ ~社長が交代するらしい/好像公司经理要换人 hǎoxiàng gōngsī jīnglǐ yào huànrén ▶ ~ない 没什么 méi shénme ▶ 難題を~ないことのように解いてしまう/若无其事地解难题 ruò wú qí shì de jiě nántí

なんでもや【何でも屋】 《人》多面手 duōmiànshǒu; 万金油 wànjīnyóu; 万事通 wànshìtōng;《店》杂货店 záhuòdiàn (英 *a jack-of-all-trades*) ▶ あいつは~だが特技はない/他什么都会, 但是没有什么特长 tā shénme dōu huì, dànshì méiyǒu shénme tècháng

なんてん【難点】 ❶ [欠点] 缺点 quēdiǎn; 毛病 máobìng (英 *a fault*) ▶ この案にも~がないわけではない/这个方案也不是没有缺点 zhège fāng'àn yě bú shì méiyǒu quēdiǎn ❷ [困難な点] 难点 nándiǎn (英 *a difficult point*) ▶ この~をいかにして克服するか/怎么克服这个困难 zěnme kèfú zhège kùnnan

ナンテン【南天】 《植物》天竹 tiānzhú; 南天竹 nántiānzhú (英 *a nandin*)

なんと【何と】 多么 duōme; 竟然 jìngrán (英 *What...!; How...!*) ▶ ~, 自分の名を忘れたのか/什么, 忘掉了自己的名字了吗？ shénme, wàngdiàole zìjǐ de míngzi le ma? ▶ ~いうことをしてくれたんだ/怎么给我闯出这种祸来! zěnme gěi wǒ chuǎngchū zhè zhǒng huò lái! ▶ ~しても実現したい/怎么也要实现 zěnme yě bù shíxiàn ▶ ~すばらしい景色だろう/多么壮观的景色啊 duōme zhuàngguān de jǐngsè a

なんど【何度】 ❶ [回数] 几次 jǐ cì; 多少次 duōshao cì; 几遍 jǐ biàn (英 *how many*) ▶ 京都は~か訪れたことがある/去过几次京都 qù guò jǐ cì Jīngdū ▶ 海外へは~行きましたか/你去过几次国外？ nǐ qùguo jǐ cì guówài? ▶ 疑問があれば~でも説明するよ/有什么疑问的话, 无论多少次我都给你解释 wúlùn duōshao cì wǒ dōu gěi nǐ jiěshì ▶ 同じことを~言わせるんだ/同样的事你还要我说几次？ tóngyàng de shì nǐ hái yào wǒ shuō jǐ cì? ▶ ~失敗しても挫けない/不论失败多少次也不放弃 búlùn shībài duōshao cì yě bú fàngqì ❷ [度数] 几度 jǐ dù; 多少度 duōshao dù (英

what temperature) ▶ 体温は~ですか/体温是几度？ tǐwēn shì jǐ dù? ▶ 仰角 40 ~かの位置にある/在仰角四十多度的位置上 zài yǎngjiǎo sìshí duō dù de wèizhishang

なんど【納戸】 储藏室 chǔcángshì (英 *a closet; a storeroom*) ▶ ~からストーブを取り出してくる/从储藏室里取出炉子 cóng chǔcángshìlǐ qǔchū lúzi

なんといっても【何と言っても】 不管怎么说 bùguǎn zěnme shuō; 到底 dàodǐ; 毕竟 bìjìng (英 *whatever one may say*) ▶ ~自分の親だからね/毕竟是自己的父母 bìjìng shì zìjǐ de fùmǔ ▶ 誰が~あいつが勝つさ/不管谁说什么, 还是他赢 bùguǎn shéi shuō shénme, háishi tā yíng

なんとう【南東】 东南 dōngnán (英 *southeast*) ▶ ~の風, 風力 2/东南风, 风力二级 dōngnánfēng, fēnglì èr jí ▶ ~に進路を転じる/方向改向东南 fāngxiàng gǎixiàng dōngnán

なんとか【何とか】 设法 shèfǎ; 想法 xiǎngfǎ; 好歹 hǎodǎi;《不明確な事物に》什么 shénme (英 *somehow; anyhow*) ▶ 分かった, ~しよう/知道了, 我想想办法吧 zhīdào le, wǒ xiǎngxiang bànfǎ ba ▶ そのうち~なるだろう/过不久就会解决吧 guò bù jiǔ jiù huì jiějué ba ▶ その問題は~解決した/那个问题终于得到了解决 nàge wèntí zhōngyú dédàole jiějué ▶ 8 時までには~伺います/到八点为止, 我会去拜访的 dào bā diǎn wéizhǐ, wǒ huì qù bàifǎng de ▶ ~週刊で読んだ/在什么上周刊上看到了 zài shénme zhōukānshang kàndào le

なんどく【難読】 难读 nándú (英 *... difficult to read*) ▶ ~文字/难读字 nándúzì

なんとなく【何となく】 总觉得 zǒng juéde, 不由得 bùyóude (英 *somehow; obscurely*) ▶ このところ~体が疲れる/这一阵子总觉得身体疲乏 zhè yízhènzi zǒng juéde shēntǐ pífá ▶ あの人は~恐ろしい/总觉得他很可怕 zǒng juéde tā hěn kěpà

なんとも【何とも】 ❶ [まことに] 真的 zhēnde; 实在 shízài (英 *very; extremely*) ▶ ~みごとな技ですね/真是很精湛的技巧啊 zhēn shì hěn jīngzhàn de jìqiǎo a ▶ ~申し訳ございません/不知怎么道歉的好 bù zhī zěnme dàoqiàn de hǎo ❷ [どうとも] 什么也 shénme yě; 怎么也 zěnme yě (英 *nothing; little*) ▶ ~言えない/没有什么可说 méiyǒu shénme kě shuō; 怎么说也说不出来 zěnme yě shuōbùchūlái ▶ 今はまだ~言えない/现在还什么也不好说 xiànzài hái shénme yě bù hǎoshuō ▶ 面白くも~ない/一点也没有意思 yìdiǎn yě méiyǒu yìsi

なんども【何度も】 再三 zàisān; 好几次 hǎo jǐ cì (英 *several times*) ▶ ~/三番五次 sān fān wǔ cì ▶ ~繰り返す/翻来覆去 fānlái fùqù ▶ 生涯に~あることではない/一辈子中也没有几次的事 yíbèizi zhōng yě méiyǒu jǐ cì de shì ▶ ~返して注意する/反反复复地提醒 fǎnfǎn fùfù de tíxǐng ▶ ~足を運んで同意を取りつけた/去拜

なんなく【難無く】 很容易地 hěn róngyì de; 不费劲儿 bú fèijìnr (英 *without difficulty*) ▶～予選を突破する/轻松地通过了预赛 qīngsōng de tōngguòle yùsài

なんなら【何なら】 可能的话 kěnéng dehuà; 如果希望的话 rúguǒ xīwàng dehuà (英 *if you please*); [必要なら] *if necessary* ▶～私が代わりましょうか/这样的话，我来代替吧 zhèyàng dehuà, wǒ lái dàitì ba ▶～中止してもいいんだよ/这样的话，中止也行的 zhèyàng dehuà, zhōngzhǐ yě xíng de ▶～来月にしてもいいんだよ/如果你希望的话，延期到下个月也行的 rúguǒ nǐ xīwàng dehuà, yánqí dào xià ge yuè yě xíng de

なんなりと【何なりと】 无论什么 wúlùn shénme (英 *anything*) ▶～お申し付け下さい/尽管吩咐 jǐnguǎn fēnfu

なんにち【何日】 几天 jǐ tiān; 多少天 duōshao tiān;《日づけ》几号 jǐ hào (英 *how many days*; *how long*) ▶仕上がりまでに～かかりますか/到完成需要多少天？ dào wánchéng xūyào duōshao tiān? ▶手術から～もせぬうちに退院した/手术不到几天就出院了 shǒushù yǐhòu, méi guò jǐ tiān jiù chūyuàn le ▶今日は何月～ですか/今天几月几号？ jīntiān jǐ yuè jǐ hào?

なんねん【何年】 几年 jǐ nián; 多少年 duōshao nián (英 *how many years*; *how long*) ▶あれから～経っただろう/那以后，又过了几年了呢？ nà yǐhòu, yòu guòle jǐ nián le ne? ▶そう～も待てないよ/哪能等几年呢 nǎ néng děng jǐ nián ne ▶～か過ぎて僕は父親になった/过了几年我当上了爸爸 guòle jǐ nián wǒ dāngshàngle bàba

なんの【何の】 什么 shénme (英 *what*; *what kind of...*) ▶～助けにもならない/无济于事 wú jì yú shì ▶彼が来ても～助けにもならない/他来也帮不上什么忙 tā lái yě bāngbushàng shénme máng ▶～理由もなく/无缘无故 wú yuán wú gù ▶～理由もなく首を切られた/没有什么理由就被解雇了 méiyǒu shénme lǐyóu jiù bèi jiěgù le ▶俺たち～為に汗を流したんだ/我们到底为了什么流汗呢？ wǒmen dàodǐ wèile shénme liú hàn ne? ▶えっ、～こと？/什么，什么事？ shénme, shénme shì? ▶それは～本ですか/那是什么书？ nà shì shénme shū? ▶これでもう～心配もない/这样的话，就没什么可担心的了 zhèyàng dehuà, jiù méi shénme kě dānxīn de le ▶～かんの理屈をつける/总要说出一堆理由 zǒng yào shuōchū yì duī lǐyóu ▶僕はただ～気なしにずねただけなんだ/我没有什么别的意思，只是问问而已 wǒ méiyǒu shénme bié de yìsi, zhǐshì wènwen éryǐ

なんぱ【軟派】 稳健派 wěnjiànpài; 懦弱派 nuòruòpài (英 *a playboy*《遊び人》) ▶～する/追求女性 zhuīqiú nǚxìng; 勾引女性 gōuyǐn nǚrén ▶あの学校は～のイメージが強い/那个学校的印象谈情说爱的人多 nàge xuéxiào de yìnxiàng tánqíng shuō'ài de rén duō ▶盛り場で～する/在娱乐场追求女性 zài yúlèchǎng zhuīqiú nǚxìng

なんぱ【難破する】 船只失事 chuánzhī shīshì (英 *be shipwrecked*; *be wrecked*) ▶船は岸近くまで来て～した/船在海岸附近失事了 chuán zài hǎi'àn fùjìn shīshì le ▶～は防ぎようがなかった/无法避免这次海上失事 wúfǎ bìmiǎn zhè cì hǎishàng shīshì

♦～船：失事的船 shīshì de chuán

ナンバー 号码 hàomǎ; 数目 shùmù (英 *number*) ▶プレート/车牌 chēpái ▶雑誌のバック～/过期杂志 guòqī zázhì ▶～ツーで通した/一直做二把手 yìzhí zuò èrbǎshǒu ▶神奈川の～自動車/车牌是神奈川的汽车 chēpái shì Shénnàichuān de qìchē

ナンバーワン 头号 tóuhào; 第一 dìyī; 第一把手 dìyī bǎ shǒu (英 *number 1*) ▶角界で～の人気を誇った/在相扑界是最有人气的 zài xiāngpūjiè shì zuì yǒu rénqì de ▶～よりオンリーワン/做第一不如做唯一 zuò dìyī bùrú zuò wéiyī

ナンバリング 号码机 hàomǎjī (英 *a numbering machine*)

なんびょう【難病】 顽症 wánzhèng; 难治之病 nán zhì zhī bìng (英 *a serious disease*) ▶～に取りつかれる/被疑难病缠身 bèi yínánbìng chánshēn

なんぴょうよう【南氷洋】 南冰洋 Nánbīngyáng (英 *the Antarctic Ocean*)

なんぶ【南部】 南部 nánbù (英 *the southern part*) ▶博物館は市の～にある/博物馆在市的南部 bówùguǎn zài shì de nánbù

なんぶつ【難物】 难对付的人 nán duìfu de rén (英 *a person hard to deal with*) ▶あの教授は～だからなあ/那个教授是个很难对付的人 nàge jiàoshòu shì ge hěn nán duìfu de rén ▶また～の客が来ている/那个很难对付的客人又来了 nàge hěn nán duìfu de kèrén yòu lái le

なんべい【南米】 南美 Nán Měi; 南美洲 Nán Měizhōu (英 *South America*)

なんぽう【南方】 南方 nánfāng; 南洋 Nányáng (英 *south*; *southern*) ▶戦争で～に送り出された/因为战争被派到了南洋 yīnwèi zhànzhēng bèi pàidào le Nányáng ▶彼は～の島で死んだ/他在南洋的岛上死了 tā zài Nányáng de dǎoshang sǐ le

日中比較 中国語の'南方 nánfāng'は主として長江流域およびそれ以南の地域をいう。

なんぼく【南北】 南北 nánběi (英 *north and south*) ▶～方向の/纵向 zòngxiàng ▶道路が～に延びている/道路向南北方向延伸 dàolù xiàng nánběi fāngxiàng yánshēn ▶市は県の～をつなぐ位置にある/本市在连接县的南北的位置上 běn shì zài liánjiē xiàn de nánběi de wèizhishang ▶～問題はいよいよ深刻である/南北问题越来越严重了 nánběi wèntí yuèláiyuè yánzhòng le

なんみん【難民】 难民 nànmín (英 *a refugee*) ▶～キャンプ：难民营 nànmínyíng

なんもん【難問】 难题 nántí (英 *a difficult problem*) ▶我が国もまた一山積である/我国也是难题成堆 wǒ guó yě shì nántí chéngduī ▶~をかかえて頭が痛い/有许多头疼的难题 yǒu xǔduō tóuténg de nántí

なんよう【南洋】 南洋 Nányáng (英 *the South Seas*)
◆~諸島 南洋群岛 Nányáng qúndǎo

なんようび【何曜日】 星期几 xīngqī jǐ (英 *what day of the week*) ▶はて、今日は～だったかな/哎，今天是星期几来着？ āi, jīntiān shì xīngqī jǐ láizhe?

なんら【何ら】 任何 rènhé; 丝毫 sīháo (英 *what; whatever*) ▶～かの回答があるだろう/(不管内容怎样)应该会有回答吧 (bùguǎn nèiróng zěnyàng)yīnggāi huì yǒu huídá ba ▶二つの間に～の相違も認められない/在两者之间不能确认有任何不同 zài liǎngzhě zhījiān bùnéng quèrèn yǒu rènhé bùtóng ▶我々は事件とは～関係がない/我们和事件没有任何关联 wǒmen hé shìjiàn méiyǒu rènhé guānlián

に

に【二】 二 èr;《大字》贰 èr;《二つ》两个 liǎng-ge (英 *two*) ▶～四が八/二四得八 èr sì de bā

に【荷】 货物 huòwù; 行李 xíngli (英 *a load; a cargo; freight*) ▶～を解く/解开包裹 jiěkāi bāoguǒ ▶～を積みすぎる/过载 guòzài ▶～を積む/装货 zhuānghuò ▶～を下ろす/卸行李 xiè xíngli ▶～を軽くする/减轻行李 jiǎnqīng xíngli ▶私は肩の～が下りたように感じた/我觉得身上的担子放下了 wǒ juéde shēnshang de dànzi fàngxià le

～が重い【責任など】 负担过重 fùdān guòzhòng ▶その仕事は彼には～が少し重すぎる/那个工作对他来说担子有些重 nàge gōngzuò duì tā lái shuō dànzi yǒuxiē zhòng

-に ❶【時】 (英 *at; in; on*) ▶日曜日の夜～来てくれ/星期天的傍晚来一下！ xīngqītiān de bàngwǎn lái yíxià ▶暗いうち～家を出る/天还没亮就离开家 tiān hái méi liàng jiù líkāi jiā ▶夏休み中～論文を書き上げる/暑假里写出论文 shǔjiàli xiěchū lùnwén ❷【場所】(英 *at; in; into; on; to*) ▶椅子～座る/坐在椅子上 zuòzài yǐzishang ▶通り～は大勢の野次馬が集まった/大街聚集了很多围观的人 dàjiē jùjíle hěn duō wéiguān de rén ❸【割合】(英 *a; in; for*) ▶夜中、一晩に一度～は目が覚める/夜里每三个小时醒一次 yèli měi sān ge xiǎoshí xǐng yí cì ▶三日～一度風呂に入る/三天洗一次澡 sān tiān xǐ yí cì zǎo ❹【目的】(英 *to; for*) ▶川へ泳ぎ～行く/去河里游泳 qù héli yóuyǒng ▶空港へ迎え～行く/到机场迎接 dào jīchǎng yíngjiē ❺【対象】(英 *to; for*) ▶母～手紙を書く/给母亲写信 gěi mǔqin xiě xìn ▶君は誰～文句を言っているのだ/你向谁发牢骚呢？ nǐ xiàng shéi fā láosao ne? ❻【継続】(英 *for*) ▶待ち～待った返事が来た/收到了盼望已久的回信 shōudàole pànwàng yǐ jiǔ de huíxìn

にあう【似合う】 配合 pèihe; 合适 héshì; 相配 xiāngpèi (英 *become; suit; match*) ▶そのネクタイはあなたに似合わないわよ/那条领带不合适你 nà tiáo lǐngdài bù héshì nǐ ▶彼女は眼鏡が～/她戴眼镜很合适 tā dài yǎnjìng hěn héshì ▶その着物はよくあなたに/那件和服很配你 nà jiàn héfú hěn pèi nǐ ▶君には涙は似合わない/眼泪不适合你 yǎnlèi bú shìhé nǐ ▶彼は年に似合わず体が柔らかい/他的身体很柔软，和他的年龄不对应 tā de shēntǐ hěn róuruǎn, hé tā de niánlíng bú duìyìng ▶彼はいつもに似合わず早く来た/他和往常不一样，早就来了 tā hé wǎngcháng bù yíyàng, zǎojiù lái le ▶似合いの夫婦/很般配的夫妻 hěn bānpèi de fūqī

にあげ【荷揚げする】 起岸 qǐ'àn; 卸货 xièhuò (英 *unload a ship; land goods from a ship*) ▶港湾で～作業をする/在港口做卸货的工作 zài gǎngkǒu zuò xièhuò de gōngzuò ▶～リフト/卸货叉车 xièhuò chāchē
◆~料 卸货费用 xièhuò fèiyòng

ニアミス (飞机)异常接近 (fēijī) yìcháng jiējìn; 幸免相撞 xìngmiǎn xiāngzhuàng (英 *a near miss*)

にい【二位】 亚军 yàjūn; 第二名 dì'èr míng (英 *the second place*) ▶100m 平泳ぎで～になった/百米蛙泳获得了第二名 bǎi mǐ wāyǒng huòdéle dì'èr míng

にいさん【兄さん】 哥哥 gēge; 大哥 dàgē (英 *an elder [older] brother*) ▶隣の～がギターを教えてくれた/邻家大哥教我弹吉他 línjiā dàgē jiāo wǒ tán jítā

ニーズ 需求 xūqiú; 要求 yāoqiú (英 *needs*) ▶消費者の～に応える/满足消费者的要求 mǎnzú xiāofèizhě de yāoqiú ▶社会の～を満たす/满足社会的要求 mǎnzú shèhuì de yāoqiú

にいづま【新妻】 新婚妻子 xīnhūn qīzi; 新娘 xīnniáng (英 *a newly-married woman*)

にうけ【荷受け】 收货 shōuhuò; 领货 lǐnghuò (英 *receipt of goods*) ▶～人/收货人 shōuhuòrén

にえかえる【煮え返る】《怒りで》冒火 màohuǒ (英 *boil with rage*) ▶腹の中が～ほど悔しかった/心里翻江倒海地生气 xīnli fān jiāng dǎo hǎi de shēngqì

にえきらない【煮え切らない】《態度が》不果断 bù guǒduàn; 犹豫不定 yóuyù bú dìng (英 *indecisive*) ▶彼は全く～態度であった/他一副暧昧的态度 tā yí fù àimèi de tàidù ▶～男/犹豫不决的男人 yóuyù bù jué de nánrén

にえたぎる【煮え滾る】 沸腾 fēiténg; 滚开 gǔnkāi (英 *boil*) ▶湯がぐらぐらと～/开水沸腾了 kāishuǐ fēiténg le

にえゆ【煮え湯】 滚水 gǔnshuǐ; 烧开的热水 gǔnkāi de rèshuǐ (英 boiling water) ▶～を飲まされる 被最亲信的人背叛 bèi zuì qīnxìn de rén bèipàn ▶あの男にはさんざん～を飲まされた/我被那个家伙再三背叛 wǒ bèi nàge jiāhuo zàisān bèipàn

にえる【煮える】 煮熟 zhǔshú (英 boil; be boiled; be cooked) ▶よく～/烂熟 lànshú ▶ジャガいもが煮えた/土豆煮熟了 tǔdòu zhǔ shú le

におい【匂い·臭い】 ❶【香り】香味儿 xiāngwèir 气味 qìwèi (英 smell; perfume) ▶～を嗅ぐ/嗅 xiù; 闻 wén ▶～を感じる/闻见 wénjiàn ▶草花のよい～がした/传来花草的香味 chuánláihuācǎo de xiāngwèi ▶家中にカレーの～がついてしまった/家里染上了咖喱的味道 jiālǐ rǎnshàngle gālí de wèidao ▶チーズを～をかぐだけでも嫌だ/我闻到奶酪的气味就讨厌 wǒ wéndào nǎilào de qìwèi jiù tǎoyàn ❷【いやな】臭气 chòuqì; 臭味儿 chòuwèir (英 odor; stench) ▶変な～がする/有股怪味儿 yǒu gǔ guàiwèir ▶～が強烈な/气味冲的 qìwèi chòng de ▶トイレの～消しスプレー/消除厕所气味的喷雾液 xiāochú cèsuǒ qìwèi de pēnwùyè ▶彼の息は酒の～がする/他的呼吸里有酒味 tā de hūxīli yǒu jiǔwèi ▶ガスの～がしませんか？/你没觉得有煤气味吗？nǐ méi juéde yǒu méiqìwèi ma?

におう【仁王】 金刚力士 Jīngāng Lìshì (英 the guarding gods of a temple gate) ▶～立ちになる 叉开腿威立着 chǎkāi tuǐ wēilìzhe ◆～門：有哼哈二将的寺院门 yǒu Hēng-Hā èrjiàng de sìyuànmén

におう【匂う·臭う】 ❶【よいにおい】发香 fāxiāng; 有香味儿 yǒu xiāngwèir (英 be fragrant; smell) ▶きんもくせいが～/桂花飘香 guìhuā piāoxiāng ❷【くさい】发臭 fāchòu; 有臭味儿 yǒu chòuwèir (英 stink) ▶ひどく～生ゴミ/发出恶臭的垃圾 fāchū èchòu de lājī ▶何か匂わないか/你不觉得有怪味吗？nǐ bù juéde yǒu guàiwèi ma? ❸【怪しい】奇怪 qíguài; 可疑 kěyí (英 be suspicious) ▶あいつの挙動は何か匂わないか/他的举动你不觉得可疑吗？tā de jǔdòng nǐ bù juéde kěyí ma?

におわす【匂わす】（ほのめかす）暗示 ànshì; 透露 tòulù (英 hint) ▶彼は現役引退の意向を匂わせた/他暗示他有要退役的意思 tā ànshì tā yǒu yào tuìyì de yìsi ▶警察は犯人逮捕が近いことを匂わせた/警察暗示犯人不久将被逮捕 jǐngchá ànshì fànrén bùjiǔ jiāng bèi dàibǔ

にかい【二回】 两次 liǎng cì; 两回 liǎng huí (英 twice; two times) ▶彼に会うのは月に～ぐらいだ/和他大约每个月见两次吧 hé tā dàyuē měige yuè jiàn liǎng cì ba ▶北京に来たのはこれが～目です/来北京这是第二次 lái Běijīng zhè shì dì'èr cì ▶彼はピュリッツァー賞を～受けている/他获得过两次普利策奖是两届的 Pǔlìcè-jiǎng ▶週に～水泳教室に通っている/每周去两次游泳班 měi zhōu qù liǎng cì yóuyǒngbān

にかい【二階】 二楼 èrlóu (英 the second floor; [イギリス] the first floor) ▶～建て/二层楼 èrcénglóu ▶中～/楼梯层 lóutīcéng ▶～に上がる/上二楼 shàng èrlóu ▶～から降りる/从二层下来 cóng èrcéng xiàlái ▶店の～に住む/住在店的二层 zhùzài diàn de èrcéng

ことわざ **二階から目薬** 无济于事 wú jìyú shì; 隔靴搔痒 gé xuē sāoyǎng

◆～建てバス：两层的巴士 liǎngcéng de bāshì

にがい【苦い】 苦 kǔ; (不快な) 痛苦的 tòngkǔ de (英 bitter) ▶苦くて渋い/苦涩 kǔsè ▶子供の頃はコーヒーは～だけの飲み物だと思っていた/小孩的时候觉得咖啡只是发苦的饮料 xiǎohái de shíhou juéde kāfēi zhǐshì fākǔ de yǐnliào ▶～薬はよく利く気がする/觉得苦药有效 juéde kǔyào yǒuxiào ▶～経験から学ぶことが多い/从痛苦的经验中能学到很多东西 cóng tòngkǔ de jīngyàn zhōng néng xuédào hěn duō dōngxi ▶～顔をする/一脸苦相 yì liǎn kǔxiàng

ニガウリ【苦瓜】 【植物】苦瓜 kǔguā (英 a bitter cucumber)

にがお【似顔】 肖像 xiàoxiàng; 头像速写 tóuxiàng sùxiě (英 a portrait) ▶犯人の～を公開する/公开犯人的肖像 gōngkāi fànrén de xiàoxiàng

◆～絵画家：肖像画家 xiàoxiàng huàjiā

にかこくご【二ヶ国語】 双语 shuāngyǔ (英 bilingual) ▶～放送/双语广播 shuāngyǔ guǎngbō ▶僕は～が話せる/我会说两种外语 wǒ huì shuō liǎng zhǒng wàiyǔ

にがさ【苦さ】 苦劲儿 kǔjìnr; 苦头儿 kǔtóur (英 bitterness) ▶コーヒーの～で頭がすっきりした/咖啡的苦味让头脑清醒 kāfēi de kǔwèi ràng tóunǎo qīngxǐng ▶人生の～も相当に知りました/也尝过很多人生的苦头 yě chángguò hěn duō rénshēng de kǔtóu

にがす【逃がす】 ❶【放す】放跑 fàngpǎo; 放生 fàngshēng (英 set free) ▶里に下りた熊を山に逃がしてやる/把跑下山的熊放回山里 bǎ pǎoxià shān de xióng fànghuí shānli ❷【取り逃がす】没抓住 méi zhuāzhù; (チャンスを) 错过 cuòguò (英 lose; miss) ▶このチャンスを～な/不要错过这次机会 búyào cuòguò zhècì jīhuì

ことわざ **逃がした魚は大きい** 跑掉的鱼总是大的 pǎodiào de yú zǒngshì dà de

にがつ【二月】 二月 èr yuè (英 February)

にがて【苦手】 (不得手) 不擅长 bú shàncháng; 棘手 jíshǒu (英 weak) ▶～な人/难对付的人 nán duìfu de rén ▶すみません、辛いものは～なんです/对不起，我不会吃辣的 duìbuqǐ, wǒ bù xǐhuan chī là de ▶手紙を書くのが～な人は多い/不擅长写信的人很多 bú shàncháng xiě xìn de rén hěn duō ▶暗算は～です/不擅长心算 bú shàncháng xīnsuàn

にがにがしい【苦苦しい】 非常不痛快 fēicháng bú tòngkuài; 令人讨厌 lìng rén tǎoyàn (英 [不快な] unpleasant) ▶彼の無礼な振

にがみ【苦味】 苦味儿 kǔwèir (英 *a bitter taste*) ▶～をおさえたゴーヤ料理/不是太苦的苦瓜菜 bú shì tài kǔ de kǔguācài ▶このビールにはほどよい～がある/这种啤酒有一种恰到好处的苦味 zhè zhǒng píjiǔ yǒu yì zhǒng qià dào hǎochù de kǔwèi ▶～ばしった顔/严肃端庄的脸 yánsù duānzhuāng de liǎn

にがむし【苦虫】 发苦的虫子 fākǔ de chóngzi ▶～を噛みつぶしたような顔をする/板着面孔 bǎnzhe miànkǒng

にかよった【似通った】 相仿 xiāngfǎng；相似 xiāngsì (英 *similar*) ▶この二つの事件は犯行の手口が似通っている/这两件事件的作案方式很像 zhè liǎng jiàn shìjiàn de zuò'àn fāngshì hěn xiàng ▶入試で昨年と～問題が出た/入学考试出了和去年相似的试题 rùxué kǎoshì chūle hé qùnián xiāngsì de shìtí ▶彼らは～癖を持っている/他们有着共同的癖好 tāmen yǒuzhe gòngtóng de pǐhào

にがり【苦汁】 卤水 lǔshuǐ；盐卤 yánlǔ (英 *bittern*; [塩水] *brine*)

にがりきる【苦り切る】 极不痛快 jí bú tòngkuài；愁眉苦脸 chóuméi kǔliǎn (英 *look disgusted*) ▶息子の不始末を知って父は苦り切った/知道儿子的过错，父亲极度地心愁气恼 zhīdào érzi de guòcuò, fùqīn jídù de xīn chóu qìnǎo

にかわ【膠】 胶 jiāo；骨胶 gǔjiāo (英 *glue*) ▶～で付ける/用胶粘 yòng jiāo zhān

にがわらい【苦笑いする】 苦笑 kǔxiào (英 *give a wry smile*) ▶そう言われると～するしかなかった/被这么一说，我只能苦笑了 bèi zhème yì shuō, wǒ zhǐ néng kǔxiào le

にがんレフ【二眼レフ】 《カメラ》双镜头反光照相机 shuāngjìngtóu fǎnguāng zhàoxiàngjī *a twin-lens reflex*

にきさく【二期作】 双季 shuāngjì (英 *planting the same crop twice a year*) ▶～の稲/双季稻 shuāngjìdào

にぎてき【二義的な】 第二义的 dì'èryì de；次要 cìyào (英 *secondary*) ▶メディアは～な問題ばかりついて本質を突いていない/媒体只提到次要问题，没有说道本质上 méitǐ zhǐ tídào cìyào wèntí, méiyǒu shuōdào běnzhìshàng

にきび 痤疮 cuóchuāng；粉刺 fěncì (英 *a pimple; acne*) ▶彼は背が高くやせた一面の少年だった/他是一个个子很高，脸上有粉刺的少年 tā shì yí ge gèzi hěn gāo, liǎnshang yǒu fěncì de shàonián ▶顔に～ができる/脸上长粉刺 liǎnshang zhǎng fěncì ▶～をつぶす/用手挤粉刺 yòng shǒu jǐ fěncì

にぎやか【賑やかな】 ❶【陽気な】 热闹 rènao；喧闹 xuānnào (英 *lively; merry*) ▶～な人/一群热闹的人 yì qún rènao de rén ▶隣室から～な笑い声が聞こえる/从隔壁传来了喧哗的笑声 cóng gébì chuánláile xuānhuá de xiàoshēng ▶彼は～なことが好きである/他喜欢热闹 tā xǐhuan rènao ▶今天我们痛快一下吧 jīntiān wǒmen tòngkuài yíxià ba ❷【町などが活気のある】 繁华 fánhuá (英 *busy; crowded*) ▶～な場所に店を構えた/在热闹的地方开了一家店 zài rènao de dìfang kāile yì jiā diàn

にきゅうひん【二級品】 二级品 èr jí pǐn；次品 cìpǐn (英 *the second class*)

にぎり【握り】 把手 bǎshou；把儿 bàr (英 *a grip*; [取っ手] *a handle*) ▶一～の砂/一捧沙子 yì pěng shāzi ▶一～の米/一把米 yì bǎ mǐ ▶一～の人々/一撮人 yì cuō rén

にぎりこぶし【握り拳】 拳头 quántou (英 *a fist*) ▶～を作る/握拳头 wò quántou ▶～を突き上げる/举起拳头 jǔqǐ quántou

にぎりしめる【握り締める】 握紧 wòjǐn (英 *grip tightly*) ▶看護師が患者の手を～/护士紧握病人的手 hùshi jǐnwò bìngrén de shǒu ▶救助ロープをしっかり握り締めた/紧紧地握住救援的绳子 jǐnjǐn de wòzhù jiùyuán de shéngzi

にぎりずし【握り鮨】 攥寿司 zuànshòusī (英 *hand-shaped sushi*)

にぎりつぶす【握り潰す】 攥坏 zuànhuài；捏碎 niēsuì (英 *crush in one's hand*; [うやむやにする] *shelve; squash*) ▶りんごを～/把苹果捏碎 bǎ píngguǒ niēsuì ▶執行部は都合の悪い提案をみな握り潰した/领导层把对自己不利的建议都置之不理 lǐngdǎocéng bǎ duì zìjǐ búlì de jiànyì dōu zhì zhī bù lǐ

にぎりめし【握り飯】 饭团 fàntuán (英 *a rice ball*) ▶急いで～を作ってくれ/抓紧给我做几个饭团 zhuājǐn gěi wǒ zuò jǐ ge fàntuán

にぎる【握る】 ❶【つかむ】 握 wò；攥 zuàn；抓 zhuā (英 *grasp; seize*) ▶彼らはお互いに手を握った/他们互相握了握手 tāmen hùxiāng wòle wòshǒu ▶彼女の手を両手できゅっと～/双手紧握她的手 shuāngshǒu jǐnwò tā de shǒu ❷【支配する】 (英 *control*) 他人の秘密を～/掌握他人的秘密 zhǎngwò tārén de mìmì ▶一部の者が権力を握っている/一部分人掌握着权力 yībùfen rén zhǎngwòzhe quánlì

手に汗を～ 捏一把汗 niē yì bǎ hàn ▶手に汗を～試合だった/那是一场紧张的比赛 nà shì yì chǎng jǐnzhāng de bǐsài

弱みを～ 抓住弱点 zhuāzhù ruòdiǎn

にぎわい【賑わい】 热闹 rènao；兴旺 xīngwàng；繁华 fánhuá (英 [雑踏] *bustle*; [人出] *a crowd*) ▶商店街はかつての～を取り戻した/商店街又恢复了往日的热闹 shāngdiànjiē yòu huīfùle wǎngrì de rènao ▶展覧会はたいへんな～だった/展览会非常热闹 zhǎnlǎnhuì fēicháng rènao

ことわざ 枯れ木も山の賑わい 有胜过无 yǒu shèngguò wú

にぎわう【賑わう】 热闹 rènao；旺盛 wàngshèng（英 be crowded；［繁盛する］prosper）▶上野公園は花見客で賑わった/欣赏樱花的人把上野公园挤得熙熙攘攘的 xīnshǎng yīnghuā de rén bǎ Shàngyě gōngyuán jǐ de xīxī rǎngrǎng de ▶家族連れで～キャンプ場/挤满全家出游客人的野营场 jǐmǎn quánjiā chūyóu kèrén de yěyíngchǎng

にぎわす【賑わす】（英 make prosperous）▶その事件は最近新聞紙上を賑わした/那个事件最近被报纸多次报道 nàge shìjiàn zuìjìn bèi bàozhǐ duōcì bàodào

にく【肉】 ❶［骨･皮に対して］肉 ròu（英 flesh；［筋肉］muscle）▶厚のしいたけ/厚实的香菇 hòushi de xiānggū ～のしまった男/全身肌肉的男人 quánshēn jīròu de nánrén ▶下腹に～がつく/小肚子长肉 xiǎodùzi zhǎng ròu ❷［食用］肉 ròu（英 meat）▶鶏～/鸡肉 jīròu ▶～を薄く切る/把肉切薄 bǎ ròu qiē báo ◆～牛/肉牛 ròuniú ―料理/肉菜 ròucài

にくい【憎い】 可恶 kěwù；可恨 kěhèn（英 hateful；detestable）；[感服して] 了不起 liǎobuqǐ（英 smart）犯人が～/犯人可恨 fànrén kěhèn ▶なかなか～ことを言うね/说得还真不错 shuōde hái zhēn búcuò

-にくい 不好 bùhǎo…；很难 hěn nán…（英 hard；difficult）▶この窓は開き～/这个窗子不好开 zhège chuāngzi bùhǎo kāi ▶それは彼にとって答え～質問だった/那对于他是很难回答的问题 nà duìyú tā shì hěn nán huídá de wèntí ▶言い～ことを言うんだけどね…/冒昧地对你说个不好开口的事 màomèi de duì nǐ shuō ge bùhǎo kāikǒu de shì

にくがん【肉眼】 肉眼 ròuyǎn（英 the naked eye）▶～で見る/用肉眼看 yòng ròuyǎn kàn

にくしみ【憎しみ】 怨恨 yuànhèn；嫌恶 xiányuàn；憎恨 zēnghèn（英 hatred）▶相手の～を買う/被对方憎恨 bèi duìfāng yuànhèn ▶市長に対して個人的な強い～を抱く/对市长胸怀强烈的个人仇恨 duì shìzhǎng xiōnghuái qiángliè de gèrén chóuhèn ▶その子は～をこめて私を睨んだ/那个孩子用充满憎恨的眼光瞪着我 nàge háizi yòng chōngmǎn zēnghèn de yǎnguāng dèngzhe wǒ

にくしゅ【肉腫】【医】肉瘤 ròuliú（英 a sarcoma）▶～ができている/长了肉瘤 zhǎngle ròuliú

にくじゅう【肉汁】 肉汁 ròuzhī（英 gravy）

にくしょく【肉食する】 肉食 ròushí（英 eat meat；[動物が] eat flesh）▶～動物/肉食动物 ròushí dòngwù ▶彼は全然～をしない/他一点也不吃肉 tā yìdiǎn yě bù chī ròu

にくしん【肉親】 骨肉 gǔròu；亲人 qīnrén（英 blood relationship）▶～との死別/和亲人死别 hé qīnrén sǐbié ～の情/亲人之情 qīnrén zhī qíng ▶～の絆/和亲人的感情联系 hé qīnrén de gǎnqíng liánxì

ニクズク〔植物〕肉豆蔻 ròudòukòu（英 nutmeg）

にくずれ【荷崩れ】 货物倒塌 huòwù dǎotā（英 a load collapse）▶高速でトラックが～をおこす/卡车的货物散乱在高速公路上 kǎchē de huòwù sǎnluàn zài gāosù gōnglùshang

にくせい【肉声】 说话声 shuōhuàshēng（英 a voice）▶このラジオで聞くとまるで～のようだ/用这个收音机听，就好像亲耳听到一样 yòng zhège shōuyīnjī tīng, jiù hǎoxiàng qīn'ěr tīngdào yíyàng

にくたい【肉体】 肉体 ròutǐ（英 the body）▶～労働/体力劳动 tǐlì láodòng；活路 huólu

にくだんご【肉団子】 肉丸子 ròuwánzi（英 a meatball）▶～スープ/氽丸子 cuānwánzi

にくだんせん【肉弾戦】 肉搏战 ròubózhàn（英 a hand-to-hand struggle）

にくづき【肉付き】
～のよい 肥壮 féizhuàng；充盈 chōngyíng ▶この鶏はあまり～がよくない/这只鸡不怎么肥 zhè zhī jī bù zěnme féi

にくづけ【肉付けする】 加工 jiāgōng；充实 chōngshí；润色 rùnsè（英 flesh out）▶これは計画の骨子であり具体的な～はこれからだ/这是计划的骨架，怎样具体化还是今后的事 zhè shì jìhuà de gǔjià, zěnyàng jùtǐhuà hái shì jīnhòu de shì ▶人物の～が足りない/对人物的刻画还不够 duì rénwù de kèhuà hái bú gòu

にくにくしい【憎憎しい】 令人非常讨厌 lìng rén fēicháng tǎoyàn（英 hateful）▶彼はいつも～口の利き方をする/他说话的口气总是让人反感 tā shuōhuà de kǒuqì zǒngshì ràng rén fǎngǎn

にくにくしげ【憎憎しげに】 狠狠 hěnhěn（英 maliciously）▶彼は男を～に睨みつけた/他狠狠地瞪了那个人 tā hěnhěn de dèngle nàge rén

にくはく【肉薄する】 逼近 bījìn；迫近 pòjìn（英 come close）▶問題の核心に～する/逼近问题的核心 bījìn wèntí de héxīn ▶敵陣に～する/逼近敌阵 bījìn dízhèn ▶復讐心に燃え真犯人に～する/心里充满了复仇的心情，逼近真正的犯人 xīnli chōngmǎnle fùchóu de xīnqíng, bījìn zhēnzhèng de fànrén

にくばなれ【肉離れ】 肌肉断裂 jīròu duànliè（英 a muscle strain）▶ランニング中ふくらはぎに～を起こした/跑步中小腿肚发生肌肉断裂 pǎobù zhōng xiǎotuǐdù fāshēng jīròu duànliè

にくひきき【肉挽き器】 绞肉机 jiǎoròujī（英 a meat grinder）

にくひつ【肉筆】 亲笔 qīnbǐ（英 one's own handwriting；an autograph）▶～の書画/墨迹 mòjì ▶作家～の原稿/作家亲笔手稿 zuòjiā qīnbǐ shǒugǎo

にくぶと【肉太】 笔道粗 bǐdào cū（英 boldfaced）▶～の文字で書かれた講演案内/用很粗的字写的讲演通知 yòng hěn cū de zì xiě de jiǎngyǎn tōngzhī

にくぼそ【肉細の】 笔道细 bǐdào xì（英 light-

にくまれぐち【憎まれ口】 令人讨厌的话 lìng rén tǎoyàn de huà（英 offensive words）▷〜をたたく 贫嘴薄舌 pínzuǐ bóshé

にくまれっこ【憎まれっ子】 令人讨厌的家伙 lìng rén tǎoyàn de jiāhuo（英 a naughty boy）ことわざ 憎まれっ子世にはばかる 好人早过世,歹人磨世祟 hǎorén zǎo guòshì, dǎirén mó shì hēi

にくまれやく【憎まれ役】 讨人嫌的角色 tǎo rén xián de juésè; 招人厌恶的职务 zhāo rén yànwù de zhíwù（英 the villain）

にくまん【肉饅】 肉包子 ròubāozi（肉饅頭）（英 a steamed meat bun）

にくむ【憎む】 恨 hèn; 怨恨 yuànhèn（英 hate; have a hatred for...）▷〜べき/可悪 kěwù ▷〜べきテロ行為/可恶的恐怖行为 kěwù de kǒngbù xíngwéi ▷罪を憎んで人を憎まず/憎恨罪行,不憎恨罪人 zēnghèn zuìxíng, bù zēnghèn zuìrén

にくや【肉屋】 肉铺 ròupù（英 a butcher's〈店〉）

にくよく【肉欲】 肉欲 ròuyù; 性欲 xìngyù（英 sexual appetite; lust）▷〜に溺れるのも人間だ/人也会沉溺于肉欲的 rén yě huì chénnì yú ròuyù de

にくらしい【憎らしい】 可恨 kěhèn; 可恶 kěwù（英 hateful, detestable）▷へらず口ばかりたたいて〜がきだ/喋喋不休的可恶孩子 diédié bù xiū de kěwù háizi ▷彼は〜ほど数学がよくできる/他的数学好得令人佩服 tā de shùxué hǎode lìng rén pèifú ▷「雨が」と憎らしげに空を見上げた/「这个雨啊」,他说着怨恨地抬头看了看天 "Zhège yǔ a", tā shuōzhe yuànhèn de táitóu kànlekàn tiān

にぐるま【荷車】 架子车 jiàzichē; 排子车 pǎizichē; 大车 dàchē; 大板车 dàbǎnchē（英 a cart; a wagon）▷〜で家财道具を運ぶ/用板车运家具用品 yòng bǎnchē yùn jiājù yòngpǐn

ニクロムせん【ニクロム線】 镍铬电热丝 niègè diànrèsī（英 Nichrome wire）

にぐん【二軍】 预备队员 yùbèi duìyuán（英 a farm team）

にげ【逃げ】 跑跑 táopǎo; 逃避 táobì（英 an escape）▷〜も隠れもしない/我不跑也不躲 wǒ bù pǎo yě bù duǒ ▷奴は最初から〜の一手だ/他从开始就想跑 tā cóng kāishǐ jiù xiǎng pǎo ▷〜足が速い 逃得快 táode kuài

にげうせる【逃げ失せる】 跑掉 pǎodiào（英 run away）▷連中はいざとなるとさっさと〜/那帮人到了关键时候跑得可快了 nà bāng rén dàole guānjiàn shíhou pǎode kě kuài le

にげおくれる【逃げ遅れる】 逃晚了 táowǎn le（英 fail to escape）▷彼女は火事に気づかず逃げ遅れた/她没察觉到火灾,逃晚了 tā méi chájuédào huǒzāi, táowǎn le

にげかえる【逃げ帰る】 逃回来 táohuílai（英 run back）▷今さらこそこそ〜ような真似はしたくない/事到如今,我也不想偷偷跑回去 shì dào rújīn, wǒ yě bù xiǎng tōutōu pǎohuíqu

にげかくれ【逃げ隠れする】 逃匿 táonì; 逃避 táobì [こそこそする] sneak about）▷今さら〜しても始まらない/现在再逃匿也没意义 xiànzài zài táonì yě méi yìyì

にげきる【逃げ切る】 逃到底 táodàodǐ; 跑掉 pǎodiào（英 get away）▷犯人は警察の包围網から〜ことはできなかった/犯人没能逃过警察的包围网 fànrén méi néng táoguò jǐngchá de bāowéiwǎng ▷彼はとうとう時效まで逃げ切った/他终于逃过了时效 tā zhōngyú táoguòle shíxiào ▷〈競馬で〉〜/维持优势,跑过终点 wéichí yōushì, pǎoguò zhōngdiǎn

にげこうじょう【逃げ口上】 遁词 dùncí（英 an excuse; an escape line）▷〜を言う/说推托话 shuō tuītuōhuà

にげごし【逃げ腰になる】 想要逃避 xiǎngyào táobì（英 make ready to flee）▷いざというときに〜亭主/关键时刻靠不住的丈夫 guānjiàn shíkè kàobuzhù de zhàngfu

にげこむ【逃げ込む】 逃进 táojìn; 躲进 duǒjìn（英 run into...; take refuge in...）▷山道で雷雨に襲われ急いで避難小屋に逃げ込んだ/在山路上遇到雷雨,急忙躲进了避难小屋 zài shānlùshang yùdào léiyǔ, jímáng duǒjìnle bìnàn xiǎowū

にげそこなう【逃げ損なう】 逃不了 táobuliǎo（英 fail to escape）

にげだす【逃げ出す】 逃走 táozǒu; 逃出 táochū（英 run away; take to one's heels）▷地震に襲われ大急ぎで〜/遇到地震赶紧逃出来 yùdào dìzhèn gǎnjǐn táochūlai ▷あらゆる煩わしさから〜/从所有的烦心事中逃出来 cóng suǒyǒu de fánxīnshì zhōng táochūlai

にげのびる【逃げ延びる】 逃脱 táotuō（英 make good one's escape）▷公园まで逃げ延びてやっとひと息ついた/逃到公园才缓过一口气了 táodào gōngyuán cái huǎngguò yìkǒuqì lai

にげば【逃げ場】 退路 tuìlù; 逃避之地 táobì zhī dì（英 one's escape）▷〜を失う/无处可逃 wúchù kě táo ▷親が厳しすぎると子供は〜がなくなる/父母太严厉的话,孩子就没有退路了 fùmǔ tài yánlì dehuà, háizi jiù méiyǒu tuìlù le ▷火事のとき〜のない危险な建物/火灾的时候,没有避险地方的危险建筑物 huǒzāi de shíhou, méiyǒu bìxiǎn dìfang de wēixiǎn jiànzhùwù

にげまわる【逃げ回る】 逃窜 táocuàn; 四处逃跑 sìchù táopǎo（英 run about trying to escape）▷迷い込んだ鹿が街の中を〜/迷路的鹿在城市里四处逃跑 mílù de lù zài chéngshìli sìchù táopǎo

にげみず【逃げ水】 陆上蜃景中的水 lùshang shènjǐng zhōng de shuǐ（英 a mirage of water）

にげみち【逃げ道】 退路 tuìlù; 逃路 táolù;〈苦境からの〉台阶儿 táijiēr（英 a way of escape）▷〜を探す/找退步 zhǎo tuìbù ▷もうどこにも〜がない/已经没有退路了 yǐjīng méiyǒu tuìlù le

▶～を失う/失去退路 shīqù tuìlù

にげる【逃げる】 ❶【逃亡する】逃跑 táopǎo; 逃走 táozǒu (英 run away; escape) ▶さっきから～này之天天 zhī yàoyào ▶その場からことしか考えない/只想怎样从那儿逃出来 zhǐ xiǎng zěnyàng cóng nàr táochūlai

❷【回避する】逃避 táobì (英 dodge) ▶その責任は逃げられない/推卸不了那个责任 tuīxièbuliǎo nàge zérèn ▶こそこそと逃跑 tōutōumōmō de táopǎo ▶追っ手から懸命に～/拼命逃避追击者 pīnmìng táobì zhuījīzhě ▶彼は妻に逃げられた/他被妻子抛弃了 tā bèi qīzi pāoqì le ▶一気？そうはさせないわよ/你要逃避吗？没那么便宜的事 nǐ yào táobì ma? méi nàme piányi de shì

ことわざ 逃げるが勝ち 三十六计，走为上计 sānshíliù jì, zǒu wéi shàngjì

にげんろん【二元論】〖哲学〗二元论 èryuánlùn (英 dualism)

にごう【二号】【愛人】小老婆 xiǎolǎopo; 姨太太 yítàitài (英 a mistress);【番号】第二号 dì-èr hào (英 the second issue) ▶車の指定席が取れた/买到了二号车厢的座位 mǎidàole èr hào chēxiāng de zuòwèi

にこうたいせい【二交替制】两班倒 liǎngbāndǎo (英 a two-shift system,)

にこくかん【二国間の】两国间的 liǎngguó zhījiān (英 bilateral) ▶～貿易/双边贸易 shuāngbiān màoyì ▶～の会談/两国会谈 liǎngguó huìtán

にこごり【煮凝り】冻儿 dòngr;〈魚の〉鱼冻 yúdòng (英 congealed food) ▶～を飯にのせる/把鱼冻放在米饭上 bǎ yúdòng fàngzài mǐfànshang

にごす【濁す】弄浑 nònghún; 弄浊 nòngzhuó;〖言葉を〗含糊其辞 hán hú qí cí (英 speak ambiguously) ▶適当に返事してお茶を～/随便回答敷衍了事 suíbiàn huídá fūyǎn liǎoshì

ニコチン〖化学〗尼古丁 nígǔdīng (英 nicotine) ▶～中毒/烟瘾 yānyǐn; 尼古丁中毒 nígǔdīng zhòngdú

にごった【濁った】浑浊 húnzhuó; 混浊 hùnzhuó (英 muddy; impure) ▶生活排水で～川/被生活废污水弄浑了的河流 bèi shēnghuó fèiwūshuǐ nònghúnle de héliú ▶男は精気のない目眼睛浑浊没有神 tā yǎnjing húnzhuó méi yǒushén ▶～頭ではいいアイデアも浮かばない/脑袋发晕就不可能有好主意 nǎodai fāyūn jiù bù kěnéng yǒu hǎozhǔyi

にこにこする 笑眯眯 xiàomīmī; 笑嘻嘻 xiàoxīxī (英 smile brightly) ▶少女は～して軽くうなずいた/少女笑着轻轻地点了点头 shǎonǚ xiàozhe qīngqīng de diǎnledian tóu

にこむ【煮込む】炖 dùn; 煨 wēi (英 boil well) ▶〖いっしょに〗cook together) ▶豚肉と野菜を弱火で～/用微火炖猪肉和蔬菜 yòng wēihuǒ dùn zhūròu hé shūcài

にこやかな 笑容满面 xiàoróng mǎnmiàn; 春风满面 chūnfēng mǎnmiàn (英 smiling; beaming) ▶彼女は出迎えの人たちに～に手を振った/她对着来迎接的人们满面笑容地挥着手 tā duìzhe lái yíngjiē de rénmen mǎnmiàn xiàoróng de huīzhe shǒu ▶我々は～に話をしていた/我们笑容满面地交谈来着 wǒmen xiàoróng mǎnmiàn de jiāotán láizhe

にごる【濁る】混浊 hùnzhuó; 污浊 wūzhuó; 不清楚 bù qīngchu (英 become muddy; become cloudy) ▶水道の水が～/自来水很浑浊 zìláishuǐ hěn húnzhuó ▶土砂の流入によって海が～/由于泥沙的流入，海水变浑了 yóuyú níshā de liúrù, hǎishuǐ biànhún le

にざかな【煮魚】炖鱼 dùnyú (英 boiled fish)

にさん【二三の】两三个 liǎng sān ge (英 two or three; a few; some) ▶～人ずつ/三三两两 sānsān liǎngliǎng ▶お教えいただきたいのですが…/想请教两三个问题，… xiǎng qǐngjiāo liǎng sān ge wèntí, … ▶一日のうちに届くだろう/两、三天内就会寄到的吧 liǎng、sān tiān nèi jiù huì jìdào de ba

にさんか-【二酸化-】二氧化 èryǎnghuà (英 dioxide) ▶～炭素/碳酸气 tànsuānqì; 二氧化碳 èryǎnghuàtàn ▶～硫黄/二氧化硫 èryǎnghuàliú ▶～マンガン/二氧化锰 èryǎnghuàměng

にし【西】西 xī; 西边 xībian; 西方 xīfāng (英 the west) ▶〖太陽が〗～に傾く/偏西 piānxī ▶～ヨーロッパ/西欧 Xī Ōu ▶～の日のさす部屋/西晒的房间 xī shài de fángjiān ▶この街は初めて来たので～も東も分からない/我初到到这个城市，不分东西南北 wǒ chūcì dào zhège chéngshì, bù fēn dōngxī nánběi ▶私たちの町は東京から約80キロ～にあります/我们的城市在大约离东京八十公里的西边 wǒmen de chéngshì zài dàyuē lí Dōngjīng bāshí gōnglǐ de xībian ▶太陽が～に沈む/太阳西下 tàiyáng xī xià ▶～向きの窓/朝西的窗户 cháo xī de chuānghu

♦～側｜西边 xībian ▶～側諸国/西方国家 xīfāng guójiā

にじ【二次】(英 the second; secondary) ▶第～世界大戦/第二次世界大战 Dì-èr cì shìjiè dàzhàn ▶～産業/第二产业 dì'èr chǎnyè ▶～会/第二轮宴会 dì'èr lún yànhuì ▶～面接までいってだめだった/考到了第二轮面试，结果没有被录取 kǎodàole dì'èr lún miànshì, jiéguǒ méiyǒu bèi lùqǔ

♦～方程式｜二次方程式 èrcì fāngchéngshì

にじ【虹】彩虹 cǎihóng; 虹 jiàng; 虹 hóng (英 a rainbow) ▶広い草原に～がかかる/广阔的草原上挂上了彩虹 guǎngkuò de cǎoyuánshang guàshangle cǎihóng ▶～の彼方に/在彩虹的彼方 zài cǎihóng de bǐfāng ▶雨のあと～が出る/雨后出虹 yǔhòu chū hóng

にしき【錦】锦缎 jǐnduàn (英 Japanese brocade) ▶故郷に～を飾る/衣锦还乡 yī jǐn huán xiāng

♦～の御旗：堂而皇之的旗号 táng ér huáng zhī de qíhào

ニシキゴイ【錦鯉】 花鲤 huālǐ（英 *a colored carp*）

ニシキヘビ【錦蛇】〔動物〕蟒蛇 mǎngshé（英 *a python*）

にじげん【二次元】 二元 èryuán；二维 èrwéi（英 *two dimensions*）

にじてき【二次的な】 辅助 fǔzhù；次要 cìyào（英 *secondary*）　～な問題/次要的问题 cìyào de wèntí

にしはんきゅう【西半球】 西半球 xībànqiú（英 *the wetern hemisphere*）

にしび【西日】 夕阳 xīyáng；西照 xīzhào（英 *the afternoon sun*）　～が照りつける/西晒 xīshài

ニジマス【虹鱒】〔魚〕虹鳟 hóngzūn（英 *a rainbow trout*）

にじみでる【滲み出る】 沁 qìn（英 *ooze*）　▶汗が額に滲み出た/额头上出汗了 étoushang chū hàn le

にじむ【滲む】 渗 shèn；《墨や染料が》洇 yīn（英 《色などが》*blot*; *run*）　▶このインキはどんな紙にも滲まない/这种墨水什么样的纸都不会洇 zhè zhǒng mòshuǐ shénmeyàng de zhǐ dōu búhuì yīn　▶壁はあちこち雨の跡が滲んでいた/墙壁上到处都有漏雨的痕迹 qiángbìshang dàochù dōu yǒu lòuyǔ de hénjì　▶包帯に血が滲んでいた/绷带上渗上了血迹 bēngdàishang shènshànglè xuèjì　▶彼女の目には涙が滲んでいた/她的眼里充满了泪水 tā de yǎnlǐ chōngmǎnle lèishuǐ　▶血の～ような努力をする/呕心沥血地作出努力 ǒu xīn lì xuè de zuòchū nǔlì

にしゃたくいつ【二者択一】 二者选一 èrzhě xuǎn yī（英 *a choice between the two*）　▶賛成か反対かの～を迫られる/被迫在赞成和反对中选择一个 bèipò zài zànchéng hé fǎnduì zhōng xuǎnzé yí ge

にじゅう【二十】 二十 èrshí；廿 niàn（英 *twenty*）　▶満～歳で法的に大人になる/满二十岁在法律上就成人了 mǎn èrshí suì zài fǎlǜshang jiù chéngrén le

にじゅう【二重】 双重 shuāngchóng；两层 liǎngcéng（英 *double*；［二つからなる］*dual*）　▶その言葉は～の意味にとれる/那句话可能有两重意思 nà jù huà kěnéng yǒu liǎngchóng yìsi　▶物に見える/看东西觉得有重影 kàn dōngxi juéde yǒu chóngyǐng
♦～価格制/双重价格制度 shuāngchóng jiàgé zhìdù　～国籍者/双重国籍的人 shuāngchóng guójí de rén　～人格/双重人格 shuāngchóng réngé　～スパイ/双重间谍 shuāngchóng jiàndié　～生活/夫の転勤で～を余儀なくされた/丈夫工作调动, 不得不两地生活 zhàngfu gōngzuò diàodòng, bùdébù liǎng dì shēnghuó　～奏/二重奏 èrchóngzòu　～帳簿/花账 huāzhàng　～否定/双重否定 shuāngchóng fǒudìng　～母音/双重母音 shuāngchóng mǔyīn　～窓/两重窗户 liǎngchóng chuānghu

にじゅうしせっき【二十四節気】 二十四节气 èrshísì jiéqì（英 *the 24 seasonal divisions of a year in the old lunar calendar*）

にじゅうよじかん【二十四時間】 二十四小时 èrshísì xiǎoshí（英 *24 hours*）　▶～誰かが詰めている/二十四小时都有人值班 èrshísì xiǎoshí dōu yǒu rén zhíbān　▶～営業/二十四小时营业 èrshísì xiǎoshí yíngyè

にじょう【二乗】〔数〕平方 píngfāng；自乘 zìchéng（英 *a square*）

にしょくずり【二色刷】〔印刷〕二色版 èrsèbǎn（英 *two color printing*）

にじりよる【躙り寄る】 膝行靠近 xīxíng kàojìn（英 *edge up*）

ニシン【鰊】〔魚〕鲱 fēi（英 *a herring*）

にしんほう【二進法】〔数〕二进制 èrjìnzhì（英 *the binary system*）

ニス 清漆 qīngqī（英 *varnish*）　▶～を塗る/涂清漆 tú qīngqī　▶窓枠に自分で～を塗った/自己给窗户框上清漆 zìjǐ gěi chuānghukuàng shàng qīngqī

にせ【偽の・贋の】 假 jiǎ；假冒 jiǎmào（英 *false*; *sham*; *fake*）　▶～のブランド品/冒牌儿 màopáir　▶～のドル紙幣/假的美钞 jiǎ de Měichāo
♦～の医者/假医生 jiǎyīshēng

ニセアカシア〔植物〕洋槐 yánghuái（英 *a false acasia*）

にせい【二世】　❶〔移住者の子〕第二代 dì'èr dài（英 *a Nisei*）　▶僕は日系の～だ/我是日裔第二代 wǒ shì Rìyì dì'èr dài　❷〔ジュニア〕长子 zhǎngzǐ（英 *the Junior*）　▶僕にも～が誕生した/我也有第二代了 wǒ yě yǒu dì'èr dài le

にせがね【贋金】 赝币 yànbì；伪币 wěibì（英 *counterfeit money*）

にせさつ【贋札】 假造钞票 jiǎzào chāopiào；伪钞 wěichāo（英 *counterfeit paper money*）

にせもの【偽物・偽者】〔物〕冒牌货 màopáihuò；假货 jiǎhuò；赝品 yànpǐn（英 *a couterfeit*）；《人》冒充的人 màochōng de rén（英 *a fake*）　▶～の sign/伪造 wěizào　▶このサインは～だ/这个签名是假的 zhège qiānmíng shì jiǎ de　▶このごろは～が多いから注意ない/最近假的东西很多, 多加注意 zuìjìn jiǎ de dōngxi hěn duō, duō jiā zhùyì　▶～の医者が診療していた/假医生看病 jiǎyīshēng kànbìng

にせる【似せる】 模仿 mófǎng；模拟 mónǐ；仿造 fǎngzào（英 *imitate*; *copy*）　▶見本に似せて作る/按样品仿造 àn yàngpǐn fǎngzào

にそう【尼僧】 尼姑 nígū；尼僧 nísēng（英 *a nun*）　▶～院/尼僧院 nísēngyuàn

にそく【二足】
ことわざ 二足のわらじをはく 身兼两个职业 shēn jiān liǎng ge zhíyè　▶教師と作家の～のわらじをはく/身兼教师和作家两个职业 shēn jiān jiàoshī hé zuòjiā liǎng ge zhíyè

にそくさんもん【二束三文の】 一文不值不

文 yìwén bù zhí bànwén (英 *very cheap*) ▶専門書を～で売りとばす/把专业书廉价卖了 bǎ zhuānyèshū liánjià màile

にだい【荷台】《トラックなどの》车箱 chēxiāng; 装货台 zhuānghuòtái (英 *a loading platform*);《自転车の》货架子 huòjiàzi (英 *a carrier*)

にたき【煮炊きする】做饭 zuòfàn; 炊事 chuīshì (英 *cook*) ▶かまどで～する/用灶煮饭 yòng zào zhǔfàn

にたつ【煮立つ】煮开 zhǔkāi (英 *boil up; come to a boil*) ▶スープが～前に肉と野菜を入れる/在汤烧开之前加进肉和蔬菜 zài tāng shāokāi zhīqián jiājìn ròu hé shūcài ▶やかんの汤が煮立っている/铁壶的水烧开了 tiěhú de shuǐ shāokāi le

にたにた 阴险地笑 yīnxiǎn de xiào; 嬉皮笑脸 xī pí xiàoliǎn (英 *smirk*) ▶彼は叱られても～笑っている/他被骂了也还是嬉皮笑脸的 tā bèi màle yě háishi xī pí xiàoliǎn de

にたりよったり【似たり寄ったり】半斤八两 bàn jīn bā liǎng; 不相上下 bù xiāng shàngxià; 大同小异 dàtóng xiǎoyì (英 *much alike*) ▶どのパソコンも～だ/哪种电脑都差不多 nǎ zhǒng diànnǎo dōu chàbuduō

にだんベッド【二段ベッド】双层床 shuāngcéngchuáng (英 *a bunk bed*) ▶～の上段に寝る/在高低床的上铺睡 zài gāodīchuáng de shàngpù shuì

にちげん【日限】期限 qīxiàn (英 *a date; a fixed day*) ▶～が切れる/到期 dàoqī ▶～を定める/限期 xiànqī

にちじ【日时】时日 shírì (英 *the date*) ▶大学入试センターの～/大学入学中心考试的日子 dàxué rùxué zhōngxīn kǎoshì de rìzi ▶～を指定する/指定日期 zhǐdìng rìqī ▶完成まではかなりの～を要する/完成需要相当长的一段时间 dào wánchéng yào xiāngdāng de yí duàn shíjiān

にちじょう【日常】平生 píngshēng (英 *daily; everyday*); 〔普通の〕usual) ▶～の食事/家常便饭 jiācháng biànfàn ▶～生活/寝食 qǐnshí; 日常生活 rìcháng shēnghuó ▶～に使う/平常用 píngcháng yòng ▶～茶飯事/司空见惯的事 sīkōng jiànguàn de shì ▶非～的な空间/非日常的空间 fēi rìcháng de kōngjiān ▶～のできごと/日常发生的事 rìcháng fāshēng de shì ▶～よく使われる言葉/平时经常用的词汇 píngshí jīngcháng yòng de cíhuì ▶～のあいさつをかわす/互相打日常的招呼 hùxiàng dǎ rìcháng de zhāohu

にちにち【日日】每天 měitiān (英 *every day*)

にちぼつ【日没】日落 rìluò; 日没 rìmò (英 *a sunset*) ▶～时间/日没时间 rìmò shíjiān ▶ラマダン(断食月)は日の出から～まで一切の飲食をしない/在伊斯兰教斋戒月，从日出到日没一概不吃不喝，从日出到日没一概不吃不喝 dào rìmò yígài bù chī bù hē

にちや【日夜】日夜 rìyè; 昼夜 zhòuyè (英 *day and night; night and day*) ▶～努力をする/日夜努力 rìyè nǔlì

にちゃく【二着】第二名 dì'èr míng (英 *second*) ▶惜しくも～になる/可惜成了第二名 kěxī chéngle dì'èr míng

にちよう【日用】日用 rìyòng (英 *for everyday use*) ▶～雑貨/日用百货 rìyòng bǎihuò ▶～品/日用品 rìyòngpǐn; 小百货 xiǎobǎihuò

にちよう【日曜】星期日 xīngqīrì; 礼拜天 lǐbàitiān; 星期天 xīngqītiān (英 *Sunday*) ▶次の～日に/下星期日 xià xīngqīrì

◆～大工/星期日在家做木工 xīngqīrì zài jiā zuò mùgōng

ニちょうちょう【二長調】〔音楽〕D大调 D dàdiào (英 *D major*)

にっか【日课】日课 rìkè; 每天的活动 měitiān de huódòng (英 *daily routine*) ▶朝早く犬を散歩させるのが僕の～です/清晨带狗散步是我每天必做的事 qīngchén dài gǒu sànbù shì wǒ měitiān bì zuò de shì ▶彼は每朝冷水でシャワーを浴びることを～にしている/他每天早上都要用冷水洗淋浴 tā měitiān zǎoshang dōu yào yòng lěngshuǐ xǐ línyù

につかわしい【似つかわしい】相称 xiāngchèn; 合适 héshì (英 *becoming; suitable*) ▶そういう乱暴な言葉は君には似つかわしくない/那种粗鲁的话和你不相称 nà zhǒng cūlǔ de huà hé nǐ bù xiāngchèn ▶美しい景色に似つかわしくない大きな広告/和美丽景色不协调的大幅广告 hé měilì jǐngsè bù xiétiáo de dàfú guǎnggào

にっかん【日刊】日刊 rìkān (英 *daily issue*) ▶～新闻/日报 rìbào

にっかん【肉感的】肉感 ròugǎn; 性感 xìnggǎn (英 *sensual*) ▶～的な女性/性感的女人 xìnggǎn de nǚrén

にっき【日记】日记 rìjì (英 *a diary; a journal*) ▶～帐/日记本 rìjìběn ▶英语で～をつける/用英语记日记 yòng Yīngyǔ jì rìjì ▶平安朝の～文学/平安时期的日记文学 Píng'ān shíqí de rìjì wénxué

-につき ❶〔ごとに〕每 měi (英 *per; for*) ▶1ダース～1000円/每打一千日元 měi dǎ yìqiān Rìyuán ❷〔ゆえに〕因为 yīnwèi (英 *on account of...; because*) ▶雨天～順延する/因雨延期 yīn yǔ yánqī

にっきゅう【日给】日薪 rìxīn; 日工资 rìgōngzī (英 *daily wages*) ▶～で働く/拿日薪工作 ná rìxīn gōngzuò

にっきん【日勤】《昼间の勤务》日班 rìbān; 白班儿 báibānr (英 *the day shift*)

ニックネーム 爱称 àichēng; 外号 wàihào (英 *a nickname*) ▶彼は「猫ちゃん」という～で呼ばれていた/那时候他的外号是"阿猫" nà shíhou tā de wàihào shì "Āmāo"

にづくり【荷造りする】包装 bāozhuāng; 打包 dǎbāo (英 *pack*) ▶～が不完全だ/行李打包不结实 xíngli dǎbāo bù jiēshi ▶彼は急いで～し

にっけい【日系】 日侨 Rìqiáo (英 *of Japanese origin*) ▶~米人/日裔美国人 Rìyì Měiguórén ▶~企業/日本公司 Rìběn gōngsī

ニッケイ【肉桂】〘植物〙肉桂 ròuguì (英 *cinnamon*) ▶~の皮/桂皮 guìpí

ニッケル〔化学〕镍 niè (英 *nickel*) ▶~メッキ/镀镍 dùniè

につける【煮付ける】 炖 dùn (英 *boil hard*) ▶魚の煮付け/煮鱼 zhǔ yú ▶白身魚の煮付け/炖白肉鱼 dùn báiròuyú

にっこう【日光】 日光 rìguāng; 阳光 yángguāng (英 *sunshine; sunlight*) ▶直射~を避けて保存する/避免直射阳光保存 bìmiǎn zhíshè yángguāng bǎocún ▶植物は冬はガラス越しに~に当てる/冬天让植物隔着玻璃晒太阳 dōngtiān ràng zhíwù gézhe bōli shài tàiyáng ▶よく~の当たる部屋/日照充足的房间 rìzhào chōngzú de fángjiān ▶~にさらす/晒太阳 shài tàiyáng
~消毒をする 做日光消毒 zuò rìguāng xiāodú
~浴をする 做日光浴 zuò rìguāngyù; 晒太阳 shài tàiyáng

にっこり 笑眯眯 xiàomīmī (英 *with a smile*) ▶~笑う/微微一笑 wēiwēi yí xiào; 莞尔而笑 wǎn'ěr ér xiào ▶見る人が思わず~する楽しい光景/令观看的人不禁莞尔一笑的场面 lìng guānkàn de rén bùjīn wǎn'ěr yí xiào de chǎngmiàn

にっさん【日産】 日产 rìchǎn; 每日产量 měirì chǎnliàng (英 *a daily output*) ▶新しい機械を導入して大幅に~が増えた/由于导入了新的机械，日产值大幅增加 yóuyú dǎorùle xīn de jīxiè, rìchǎnzhí dàfú zēngjiā

にっし【日誌】 日记 rìjì; 日志 rìzhì (英 *a diary; a journal*) ▶業務~/业务日记 yèwù rìjì ▶航海~/航海日记 hánghǎi rìjì

にっしゃびょう【日射病】 中暑 zhòngshǔ (英 *sunstroke*) ▶長い時間暑い日差しを浴びていると~になる/长时间在强烈的日光下照射会导致中暑 chángshíjiān zài qiángliè de rìguāngxià zhàoshè huì dǎozhì zhòngshǔ

にっしょう【入声】 入声 rùshēng《古代中国語の声調の一》
参考 '普通话' pǔtōnghuà' にはないが，一部の方言には残っている。

にっしょう【日照】 日照 rìzhào (英 *sunshine*) ◆~権；日照权 rìzhàoquán ▶~権を奪う/剥夺日照权 bōduó rìzhàoquán ◆時間；日照时间 rìzhào shíjiān ▶今は~時間は大体10時間だ/现在的日照时间大致是十个小时 xiànzài de rìzhào shíjiān dàzhì shì shí ge xiǎoshí

にっしょうき【日章旗】 太阳旗 tàiyángqí (英 *the flag of the Rising Sun*)

にっしょく【日食】〘天文〙日食 rìshí (英 *a solar eclipse*) ▶~が起こる/亏蚀 kuīshí ▶~を観察する/观察日食 guānchá rìshí ▶皆既~/日全食 rìquánshí

にっしんげっぽ【日進月歩の】 日新月异 rì xīn yuè yì (英 *rapid progress*) ▶~の世の中に俺はついていけない/我跟不上日新月异的社会 wǒ gēnbushàng rì xīn yuè yì de shèhuì

にっすう【日数】 日数 rìshù; 天数 tiānshù (英 *the number of days; time*) ▶この仕事はどれくらい~がかかるでしょう/这个工作要花多少天呢？ zhège gōngzuò yào huā duōshao tiān ne?

にっちもさっちも【二進も三進も】 ~いかない 进退两难 jìntuì liǎng nán; 一筹莫展 yìchóu mò zhǎn; 寸步难行 cùnbù nán xíng ▶借金はどうにも~いかなくなった/一身的债，搞得一筹莫展 yìshēn de zhài, gǎode yìchóu mò zhǎn

にっちゅう【日中】 白天 báitiān; 白日 báirì; 日间 rìjiān (英 *in the daytime*) ▶日が暮れて~の暑さが少し和らいだ/日下西山，白天的炎热稍微缓和了 rì xià xīshān, báitiān de yánrè shāowēi huǎnhé le

にっちょく【日直】 值班 zhíbān; 值日班 zhírìbān (英 *day duty*) ▶~をする/值日 zhírì

にってい【日程】 日程 rìchéng (英 *the schedule*) ▶~表/日程表 rìchéngbiǎo ▶研修旅行の~が決まった/研修旅行的日程定了 yánxiū lǚxíng de rìchéng dìng le ▶今日の~はどうなっていますか/今天的日程是怎么安排的？ jīntiān de rìchéng shì zěnme ānpái de? ▶来週は~がつまっている/下周的日程很紧 xiàzhōu de rìchéng hěn jǐn ▶~を変更する/更改日程 gēnggǎi rìchéng

ニット 编织 biānzhī; 针织 zhēnzhī (英 *a knit*) ▶~ウエア/针织品 zhēnzhīpǐn ▶~製品/针织品 zhēnzhīpǐn

にっとう【日当】 日薪 rìxīn; 日工资 rìgōngzī (英 *a daily allowance; daily wages*) ▶~はいくら出るんですか/日薪有多少？ rìxīn yǒu duōshao? ▶~を請求する/索取日薪 suǒqǔ rìxīn

にっぽう【日報】 日报 rìbào; 每日的报告 měirì de bàogào (英 *a daily report*)

につまる【煮詰まる】 炖干 dùngān;《解决へ》接近解决 jiējìn jiějué (英 *be boiled down*) ▶論点が整理され議論も煮詰まってきた/论点得到整理，讨论也接近尾声了 lùndiǎn dédào zhěnglǐ, tǎolùn yě jiējìn wěishēng le

につめる【煮詰める】 熬 áo (英 *boil down*) ▶計画を~/把计划做到最后阶段 bǎ jìhuà zuòdào zuìhòu jiēduàn

にてひなる【似て非なる】 似是而非 sì shì ér fēi (英 *false*) ▶粗暴と豪放とは~ものだ/粗鲁和豪放是似是而非的 cūlǔ hé háofàng shì sì shì ér fēi de

にと【二兎】
ことわざ 二兎を追う者一兎をも得ず 追二兔者不得一兔 zhuī èr tù zhě bù dé yì tù

にど【二度】 两次 liǎng cì; 两回 liǎng huí (英 *twice; two times*); [再び] *again*) ▶彼は~目に成功した/第二次他成功了 dì'èr cì tā chéng-

gōng le ▶彼は～オリンピックで優勝した/他在奥林匹克两次夺冠 tā zài Àolínpǐkè liǎng cì duóguàn ことわざ 二度あることは三度ある 有第二次就有第三次 yǒu dì'èr cì jiù yǒu dìsān cì; 祸不单行 huò bù dān xíng
～と 再次 zài cì ▶～と行かぬ/再也不去 zài yě bú qù ▶～と返らぬ/一去不复返 yí qù bù fǔfǎn ▶～とない好機なのに惜しいな/不会再来的机会，可惜了 búhuì zài lái de jīhuì, kěxī le

にとう【二等】二等 èr děng (英 *the second class; second place*) ▶～航海士/二副 èrfù ▶宝くじで～が当たった/抽彩中了二等奖 chōucǎi zhòngle èr děng jiǎng

にとうぶん【二等分する】平分 píngfēn (英 *cut... in half*) ▶遺産を兄弟で～する/兄弟俩平分遗产 xiōngdì liǎ píngfēn yíchǎn

にとうへんさんかくけい【二等辺三角形】〔数学〕等腰三角形 děngyāo sānjiǎoxíng (英 *an isosceles triangle*)

ニトロ〔化学〕硝基 xiāojī (英 *nitro-*) ▶～グリセリン/硝化甘油 xiāohuà gānyóu

になう【担う】❶〖担ぐ〗挑 tiāo; 担 dān (英 *carry; shoulder*) ▶天秤棒で米を担って帰ってきた/用扁担挑着大米回来了 yòng biǎndan tiāozhe dàmǐ huílai le ❷〖引き受ける〗负担 fùdān; 担负 dānfù (英 *bear*) ▶みんなの期待を～/背负大家的期待 bēifù dàjiā de qīdài ▶責任を～/负责任 fù zérèn ▶次世代を～/肩负下一代 jiānfù xià yídài ▶この面では学生が主体的な役割を～必要がある/在这个方面学生应该起主导作用 zài zhège fāngmiàn xuésheng yīnggāi qǐ zhǔdǎo zuòyòng ▶国政を～にふさわしい人物か否か/是不是能担任国政的人物 shìbushì néng dānrèn guózhèng de rénwù

にぬし【荷主】货主 huòzhǔ (英 *a shipper; a consignor*)

にねんそう【二年草】二年生植物 èrniánshēng zhíwù (英 *a biennial plan*)

にねんめ【二年目】第二年 dì'èr nián (英 *second year*) ▶犬を飼い始めて～になる/开始养狗已经第二年了 kāishǐ yǎng gǒu yǐjing dì'èr nián le ▶大学に入学して～に彼と知りあった/进大学第二年认识了他 jìn dàxué dì'èr nián rènshile tā

にのあし【二の足】
～を踏む 犹豫不决 yóuyù bù jué ▶万が一を考えると～を踏むことになる/考虑会出现万一就犹豫不决了 kǎolǜ huì chūxiàn wànyī jiù yóuyù bù jué le

にのうで【二の腕】上膊 shàngbó (英 *the upper arm*)

にのく【二の句】第二句话 dì'èr jù huà (英 *the next words*)
～がつけない 无言以对 wú yán yǐ duì ▶彼のあまりに幼稚な返答に～がつけない/对于他过于幼稚的回答，我无言以对了 duìyú tā guòyú yòuzhì

de huídá, wǒ wú yán yǐ duì le

にのつぎ【二の次】《重要度が》其次 qícì; 次要 cìyào (英 *of secondary importance*) ▶もうけが第一、安全は～というのでは困る/赚钱第一，安全第二的做法不可行 zhuànqián dìyī, ānquán dì'èr de zuòfǎ kě bùxíng

にばい【二倍】两倍 liǎng bèi (英 *twice; double*) ▶～にする/加倍 jiābèi ▶～に増える/成倍 chéngbèi ▶人の～働く/做别人两倍的工作 zuò biérén liǎng bèi de gōngzuò ▶彼は僕の～本を持っている/他的书是我的两倍 tā de shū shì wǒ de liǎng bèi ▶それは彼の約束した額の～だ/那是他答应的金额的两倍 nà shì tā dāying de jīn'é de liǎng bèi

にばしゃ【荷馬車】运货马车 yùnhuò mǎchē (英 *a wagon; a cart*)

にばんせんじ【二番煎じ】换汤不换药 huàn tāng bú huàn yào (英 *a mere imitation*) ▶～をする/炒冷饭 chǎo lěngfàn; 翻版 fānbǎn ▶～の話はつまらない/翻版的故事没有意思 fānbǎn de gùshi méiyǒu yìsi

にばんめ【二番目】第二 dì'èr; (順序が) 其次 qícì (英 *the second*) ▶彼は～に来た/他第二个来了 tā dì'èr ge lái le ▶世界で～に高い山はどの山ですか/世界上第二高的山是哪座？shìjièshang dì'èr gāo de shān shì nǎ zuò? ▶僕の成績は下から～です/我的成绩是倒数第二名 wǒ de chéngjì shì dàoshǔ dì'èr míng

にびょうし【二拍子の】〔音楽〕二拍子 èrpāizi (英 *duble time*)

ニヒリズム 虚无主义 xūwú zhǔyì (英 *nihilism*)

ニヒル 虚无 xūwú (英 *nihil*) ▶～な笑いを浮かべる/脸上浮现出漠然的笑 liǎnshang fúxiànchū mòrán de xiào
◆**ニヒリスト**:虚无主义者 xūwú zhǔyìzhě

にぶい【鈍い】❶〖動作などが〗呆 dāi; 迟钝 chídùn (英 *dull*) ▶感覚が～/感觉迟钝 gǎnjué chídùn ▶動作が～/动作迟钝 dòngzuò chídùn ▶反応が～/反应慢 fǎnyìng màn ▶頭が～/头脑不灵活 tóunǎo bù línghuó ❷〖刃物や光などが〗钝 dùn; 微弱 wēiruò (英 *blunt; dim; thick*) ▶この包丁は切れ味が～/这把菜刀不锋利 zhè bǎ càidāo bù fēnglì ▶堂内で～光を放つ仏像/在大堂内发出柔弱光泽的佛像 zài dàtángnèi fāchū róuruò guāngzé de fóxiàng ▶～音/低沉的声音 dīchén de shēngyīn

にぶおんぷ【二分音符】〔音楽〕二分音符 èrfēn yīnfú (英 *a half note*)

にふだ【荷札】货签 huòqiān; 标签 biāoqiān (英 *a label; a tag*) ▶～を貼る/贴上标签 tiēshàng biāoqiān

にぶる【鈍る】变钝 biàndùn (英 *become dull*; 〖刃物が〗 *become blunt*) ▶腕が～/手艺生疏了 shǒuyì shēngshū le ▶切れ味が～/钝 dùn; 不快了 bú kuài le ▶出足が～/来的人不多 lái de rén bù duō ▶母の顔を見ると決心が～/にち

がいない/看到母亲的脸，我的决心一定会动摇 kàndào mǔqin de liǎn, wǒ de juéxīn yídìng huì dòngyáo

にぶん【二分する】 分成两份 fēnchéng liǎngfèn (英 divide... in two; halve) ▶―の一/二分之一 èrfēn zhī yī ▶巨人と阪神が人気を～している/巨人球队和阪神球队各占半边天 Jùrén qiúduì hé Bǎnshén qiúduì gè zhàn bànbiāntiān

にぶんのいちびょうし【二分の一拍子】〖音楽〗二分之一拍 èr fēn zhī yī pāi (英 one-two time)

にべ ❶〖魚〗石首鱼 shíshǒuyú ❷〖にかわ〗鱼胶 yújiāo (英 fish glue) ～もない ▶～もなく断られた/被毫不客气地拒绝了 bèi háobú kèqi de jùjué le

にほん【日本】日本 Rìběn (英 Japan) ▶～円/日元 Rìyuán ▶これは～製のカメラだ/这是日本制的照相机 zhè shì Rìběn zhì de zhàoxiàngjī ◆～アルプス|日本阿尔卑斯山脉 Rìběn Ā'ěrbēisī shānmài ～語|日文 Rìwén; 日语 Rìyǔ ～鹿|梅花鹿 méihuālù ～時間|～時間で午前 5 時に開幕する/按日本时间上午五点开幕 àn Rìběn shíjiān shàngwǔ wǔ diǎn kāimù ～酒|日本清酒 Rìběn qīngjiǔ ～人|日本人 Rìběnrén ～晴れ《天気》|万里无云的晴空 wànlǐ wú yún de qíngkōng ～列島|日本列岛 Rìběn lièdǎo

にほんだて【二本立て】〖映画〗一场放映两部影片 yìchǎng fàngyìng liǎng bù yǐngpiàn (英 a double-featured show)

にほんのうえん【日本脳炎】〖医〗流行性乙型脑炎 liúxíngxìng yǐxíng nǎoyán (英 Japanese encephalitis)

にほんりょうり【日本料理】日本菜 Rìběncài; 日餐 Rìcān (英 Japanese dishes) ▶～の作り方/日本菜烹调法 Rìběncài pēngtiáofǎ

にまい【二枚】两张 liǎng zhāng (英 double) ▶その～のメモが動かぬ証拠となった/那两张笔记成为了确凿的证据 nà liǎng zhāng bǐjì chéngwéile quèzáo de zhèngjù ～舌を使う|两面三刀 liǎng miàn sān dāo ～貝|双壳贝 shuāngqiàobèi

にまいめ【二枚目】❶〖劇の〗小生 xiǎoshēng (英 a lover's part) ❷〖ハンサム〗英俊 yīngjùn; 美男子 měinánzǐ (英 a handsome fellow)

にまめ【煮豆】〖料理〗煮豆 zhǔdòu; 煮熟的豆 zhǔshú de dòu (英 boiled beans)

にめんせい【二面性】两面性 liǎngmiànxìng (英 two-sidedness)

にもうさく【二毛作】一年种两茬 yì nián zhòng liǎng chá (英 double-cropping)

にもつ【荷物】❶〖荷物・手荷物・手回り品〗行李 xínglǐ; 货物 huòwù (英 a load; baggage; belongings) ▶～をまとめて家を出る/收拾行李离开家 shōushí xínglǐ líkāi jiā ▶旅行に行くときはできるだけ～を少なくする/去旅行的时候尽量少带行李 qù lǚxíng de shíhou jǐnliàng shǎo dài xínglǐ ▶この～は重量オーバーしています/这件行李超重了 zhè jiàn xíngli chāozhòng le ▶引っ越し～をトラックに載せる/把搬家的行李装上卡车 bǎ bānjiā de xíngli zhuāngshàng kǎchē ～を積む［降ろす］/装[卸]行李 zhuāng[xiè]xínglǐ ❷〖負担〗累赘 léizhui; 包袱 bāofu (英 a burden) ▶誰のお～にもなりたくない/我不想成为任何人的包袱 wǒ bù xiǎng chéngwéi rènhé rén de bāofu ▶私がみんなのお～になっているんだね/我是成了你们的累赘，是吧 wǒ shì chéng le nǐmen de léizhui, shì ba
◆～一時預り所|手提行李寄存处 shǒutí xíngli jìcúnchù

にもの【煮物】煮的菜 zhǔ de cài (英 boiled food)

ニャー《猫の鳴き声》喵 miāo (英 mewing) ▶～と鳴いて猫がそばへ寄ってきた/喵的一声，猫走近来了 miāo de yì shēng, māo zǒujìn lái le

にやく【荷役】装卸工作 zhuāngxiè gōngzuò (英 loading and unloading) ▶コンテナ～作業/卸集装箱的工作 zhuāngxiè jízhuāngxiāng de gōngzuò

にやける 女气 nǚqì; 女里女气 nǚlinǚqì (英 be foppish) ▶にやけた男/女里女气的男人 nǚlinǚqì de nánrén ▶大嫌いな奴にやけた顔で現われた/最讨厌的人不男不女地出现了 zuì tǎoyàn de rén bù nán bù nǚ de chūxiàn le

にやっかい【荷厄介な】累赘 léizhui (英 burdensome; troublesome) ▶かさ張って～だった古雑誌を売りとばした/把老占着地方成了累赘的旧杂志卖了 bǎ lǎo zhànzhe dìfang chéngle léizhui de jiùzázhì mài le ▶老母は子供たちにとって～な存在となった/老母成了孩子们的累赘了 lǎomǔ chéngle háizimen de léizhui le

にやにやする 嗤笑 chīxiào; 奸笑 jiānxiào; 狞笑 níngxiào (英 smirk) ▶おい，何がおかしい，～するな/喂，有什么好笑？别吓笑 wèi, yǒu shénme hǎoxiào? bié jiānxiào ▶彼は～笑いながら平然としていた/他奸笑着，一副若无其事的样子 tā jiānxiàozhe, yí fù ruò wú qí shì de yàngzi

ニュアンス 细微差别 xìwēi chābié; 语气 yǔqì (英 a nuance) ▶同じ言葉でもそのときによって微妙に～がちがう/相同的话，场合不同表达的意思也会有微妙的差异 xiāngtóng de huà, chǎnghé bùtóng biǎodá de yìsi yě huì yǒu wēimiào de chāyì ▶翻訳では細かい～が失われる/一翻译，细微的语气就会失去 yì fānyì, xìwēi de yǔqì jiù huì shīqù ▶彼の小説は構成が複雑で～に富む/他的小说结构复杂，而且极具韵味 tā de xiǎoshuō jiégòu fùzá, érqiě jí jù yùnwèi

ニュー【新】xīn ▶お～の靴/新鞋 xīnxié ◆～ウェーブ|新浪潮 xīnlàngcháo ～フェース|新人 xīnrén

にゅういん【入院する】住院 zhùyuàn (英 enter hospital) ▶長期の～を余儀なくされる/不得不长期住院 bùdébù chángqí zhùyuàn ▶すぐ～する必要がある/需要马上住院 xūyào mǎshàng zhùyuàn ▶彼は～中に死亡した/他在住院中死

了 tā zài zhùyuàn zhōng sǐ le
♦～患者｜住院病人 zhùyuàn bìngrén　～費｜住院費 zhùyuànfèi

にゅうえき【乳液】 乳液 rǔyè （英 ［化粧用］ milky lotion）

にゅうえん【入園する】 入園 rùyuán （英 enter）▶《公園など》～無料／免费入园 miǎnpiào rùyuán ▶長男が今年から幼稚園に～した／大儿子今年进了幼儿园 dà'érzi jīnnián jìnle yòu'éryuán

にゅうか【入荷する】 进货 jìnhuò；到货 dàohuò （英 be received; arrive）▶～時期は未定です／到货的日期未定 dàohuò de rìqī wèidìng ▶昨日大量に～した／昨天到了大批货 zuótiān dàole dàpī huò ▶その品はまだ～していない／那个商品还没有到货 nàge shāngpǐn hái méiyǒu dàohuò ▶新～情報／新到货的信息 xīn dàohuò de xìnxī

にゅうか【乳化する】 乳化 rǔhuà （英 emulsify）▶～剤／乳化剂 rǔhuàjì

にゅうかい【入会する】 入会 rùhuì （英 join; enter）▶～を許可された方は早めに～手続きをして下さい／被批准入会的人，请早点办入会手续 bèi pīzhǔn rùhuì de rén, qǐng zǎodiǎn bàn rùhuì shǒuxù ▶～を申し込む／申请入会 shēnqǐng rùhuì ▶最近なぜかクラブの～者が減っている／最近不知为什么俱乐部的入会者减少了 zuìjìn bù zhī wèi shénme jùlèbù de rùhuìzhě jiǎnshǎo le
～金｜入会费 rùhuìfèi

にゅうかく【入閣する】 参加内阁 cānjiā nèigé （英 join the Cabinet）

にゅうがく【入学する】 入学 rùxué （英 enter a school）▶大学に～するまで私は都会に来たことがなかった／直到大学入学为止，我都没有来过大城市 zhídào dàxué rùxué wéizhǐ, wǒ dōu méiyǒu láiguò dàchéngshì ▶～を許可される／被允许入学 bèi yǔnxǔ rùxué
～案内｜入学通知 rùxué tōngzhī ～願書 ▶～願書を出す／交入学申请表 jiāo rùxué shēnqǐngbiǎo ～金｜入学费 rùxuéfèi ～資格｜入学资格 rùxué zīgé ～式｜入学典礼 rùxué diǎnlǐ ～試験｜入学考试 rùxué kǎoshì ▶～試験を受ける／接受入学考试 jiēshòu rùxué kǎoshì ▶～試験の成績が悪い／入学考试的成绩不好 rùxué kǎoshì de chéngjì bùhǎo ～手続 ▶～手続をする／办入学手续 bàn rùxué shǒuxù

にゅうがん【乳癌】 〖医〗乳腺癌 rǔxiàn'ái （英 cancer of the breast; breast cancer）▶母も～を患いました／我母亲也患了乳腺癌 wǒ mǔqin yě huànle rǔxiàn'ái

にゅうぎゅう【乳牛】 奶牛 nǎiniú；乳牛 rǔniú （英 a milking cow）

にゅうきょ【入居する】 迁入 qiānrù；搬进 bānjìn （英 move into...）▶仮設住宅への～が始まった／开始搬进临时住宅了 kāishǐ bānjìn línshí zhùzhái le
♦～者｜租户 zūhù

にゅうきん【入金する】 进款 jìnkuǎn （英 receive money）
♦～伝票｜汇入款的发票 huìrùkuǎn de fāpiào

にゅうこう【入港する】 进口 jìnkǒu；进港 jìngǎng （英 enter a port; arrive in a port）～税／港口税 gǎngkǒushuì ▶クルーザーは明日神戸に～する／远洋客船将于明天进入神户港 yuǎnyáng kèchuán jiāng yú míngtiān jìnrù Shénhùgǎng

にゅうこく【入国する】 入境 rùjìng （英 enter a country; immigrate）～記録カード／入境登记卡 rùjìng dēngjìkǎ ▶～を認める／批准入境 pīzhǔn rùjìng ▶～を拒否する／拒绝入境 jùjué rùjìng ▶不法～の外国人／非法入境的外国人 fēifǎ rùjìng de wàiguórén ▶～手続きをする／办入境手续 bàn rùjìng shǒuxù
♦～審査｜入境审查 rùjìng shěnchá　～ビザ｜入境签证 rùjìng qiānzhèng

にゅうごく【入獄する】 入狱 rùyù；坐监狱 zuò jiānyù （英 be put in prison）

にゅうこん【入魂】 心神贯注 xīnshén guànzhù；专心致志 zhuānxīn zhì zhì （英 all one's heart and soul）▶この絵はまさに彼の～の作だ／这幅画堪称是他呕心沥血的杰作 zhè fú huà kānchēng shì tā ǒu xīn lì xuè de jiézuò

にゅうざい【乳剤】 乳剂 rǔjì （英 an emulsion）

にゅうさつ【入札する】 投标 tóubiāo （英 bid; offer a tender）▶～を開票する／开标 kāibiāo ▶～を募る／招标 zhāobiāo ▶一般競争～／公开标 gōngkāi tóubiāo ▶電子～／电子投标 diànzǐ tóubiāo ▶今回の～で談合が明らかとなった／这次投标中私订标价的事件暴光了 zhècì tóubiāo zhōng sī dìng biāojià de shìjiàn bàoguāng le ▶～は100万円から始まった／投标从一百万日元开始了 tóubiāo cóng yìbǎi wàn Rìyuán kāishǐ le
♦～価格｜中标价格 zhòngbiāo jiàgé

にゅうさん【乳酸】 乳酸 rǔsuān （英 lactic acid）▶～飲料／乳酸饮料 rǔsuān yǐnliào ▶～菌／乳酸细菌 rǔsuān xìjūn

にゅうし【入試】 入学考试 rùxué kǎoshì （英 an entrance exam）▶大学～を受ける／参加高考 cānjiā gāokǎo
文化 中国の大学入試は基本的に全国統一試験で'高考 gāokǎo'という。中国の学校は9月から始まるため、'高考'は7月に行われる。一発勝負のため受験生のストレスは相当なものである。

にゅうし【乳歯】 〖解〗奶牙 nǎiyá；乳齿 rǔchǐ （英 a baby tooth; a milk tooth）▶～がすっかり生えかわった／乳牙全换了 rǔyá quán huàn le

にゅうじ【乳児】 乳儿 rǔ'ér （英 a suckling; a baby）

にゅうしゃ【入社する】 进公司 jìn gōngsī （英 enter [join] a company）▶～式／职员加入公司典礼 zhíyuán jiārù gōngsī diǎnlǐ ▶5年で係長に昇進した／进公司五年就升为股长了 jìn gōngsī wǔ nián jiù shēngwéi gǔzhǎng le ～試験／公司录用考试 gōngsī lùyòng kǎoshì

にゅうしゃかく【入射角】 入射角 rùshèjiǎo (英 an incident angle)

にゅうじゃく【柔弱な】 柔弱 róuruò; 软弱 ruǎnruò (英 soft; weak) ▶体は弱いーだが精神は強靱だ/身体虽然弱, 精神却很强坚韧 shēntǐ suīrán ruò, jīngshén què hěn qiáng jiānrèn

にゅうしゅ【入手する】 得到 dédào; 拿到 nádào; 入手 rùshǒu (英 get; obtain; receive) ▶格安でパソコンを~した/很便宜地买到了电脑 hěn piányi de mǎidàole diànnǎo ▶関係筋から最新情報を~する/从有关人员中得到最新情报 cóng yǒuguān rényuán zhōng dédào zuìxīn qíngbào

日中比较 中国語の '入手 rùshǒu' は「手に入れる」他に「着手する」ことをいう.

にゅうしょ【入所する】 入所 rùsuǒ (英 enter); 《刑務所に》入狱 rùyù (英 be imprisoned)

にゅうしょう【入賞】 获奖 huòjiǎng (英 win a prize) ▶中国語スピーチコンテストで審査員奨励賞に~した/在汉语演讲比赛中获得了评审委员鼓励奖 zài Hànyǔ yǎnjiǎng bǐsài zhōng huòdéle píngshěn wěiyuán gǔlìjiǎng ▶彼女はピアノコンクールで2位に~した/她在钢琴比赛中得了第二名 tā zài gāngqín bǐsài zhōng déle dì'èr míng

にゅうじょう【入場する】 入场 rùchǎng (英 enter; be admitted) ▶~無料/免费入场 miǎnfèi rùchǎng ▶18歳未満の方は~お断り/未满十八岁者禁止入内 wèi mǎn shíbā suì zhě jìnzhǐ rùnèi ▶公式発表の~者数は2万2000人であった/正式公布的入场人数是二万二千名 zhèngshì gōngbù de rùchǎng rénshù shì èrwàn èrqiān míng

◆~券: 入场券 rùchǎngquàn;《博物館・公園など》门票 ménpiào;《駅の》站台票 zhàntáipiào ~売场/售票处 shòupiàochù ~式/开幕式 kāimùshì ~料/票价 piàojià

にゅうしょく【入植する】 迁居 qiānjū; 移居到外地 yíjūdào wàidì (英 settle; immigrate) ▶~者/移民 yímín ▶~地/移居地 yíjūdì

にゅうしん【入神】 入神 rùshén (英 divine) ▶~の技の冴え/鬼斧神工 guǐ fǔ shén gōng ▶彼の演奏はまさに~の域に達していた/他的演奏达到了出神入化的境界 tā de yǎnzòu dádàole chū shén rù huà de jìngjiè

ニュース 新闻 xīnwén; 消息 xiāoxi (英 news) ▶~映画/新闻片 xīnwénpiàn ▶ビッグ~/特大新闻 tèdà xīnwén ▶その~がすぐ全世界に伝わった/那条消息一下子传遍了世界 nà tiáo xiāoxi yíxiàzi chuánbiànle shìjiè ▶信じ難い~だ/这是令人难以置信的消息 zhè shì gè lìng rén nányǐ zhìxìn de xiāoxi ▶彼の行動はもはや~にならない/他的行为已经不足以成为新闻了 tā de xíngwéi yǐjīng bù zúyǐ chéngwéi xīnwénle ▶~バリューがある/有新闻价值 yǒu xīnwén jiàzhí

◆スポーツ~: 体育新闻 tǐyù xīnwén ~解说: 新闻评论 xīnwén pínglùn ▶~解说者/新闻评论员 xīnwén pínglùnyuán ~キャスター: 新闻主持人 xīnwén zhǔchírén ~ソース: 新闻来源 xīnwén láiyuán ~速報/新闻快报 xīnwén kuàibào ~番組: 新闻节目 xīnwén jiémù

にゅうせいひん【乳製品】 乳制品 rǔzhìpǐn (英 dairy products)

にゅうせき【入籍する】 入籍 rùjí (英 get married) ▶昨日~をすませました/昨天办好入籍手续 zuótiān bànhǎo rùjí shǒuxù

にゅうせん【入選する】 入选 rùxuǎn; 中选 zhòngxuǎn (英 be selected) ▶彼の絵が展覧会で~した/他的画入选展览会 tā de huà rùxuǎn zhǎnlǎnhuì

◆~作: 入选作品 rùxuǎn zuòpǐn

にゅうせん【乳腺】〖解〗乳腺 rǔxiàn (英 the mammary gland) ▶~炎/奶疮 nǎichuāng; 乳腺炎 rǔxiànyán

にゅうたい【入隊する】 入伍 rùwǔ; 参军 cānjūn (英 join the army〔navy; air force〕)

ニュータウン 新市区 xīnshìqū; 新村 xīncūn (英 a new town)

にゅうだん【入団する】 入团 rùtuán (英 join) ▶新人選手の~記者会見/新选手加入球团的记者招待会 xīnxuǎnshǒu jiārù qiútuán de jìzhě zhāodàihuì

文化 中国で '入团 rùtuán' といえば, 一般に '共产主义青年团 Gòngchǎn zhǔyì qīngniántuán' に加入することを意味する.

にゅうてい【入廷する】 入庭 rùtíng; 进入法庭 jìnrù fǎtíng (英 enter the courtroom)

にゅうでん【入電】 来电 láidiàn (英 a telegram received) ▶上海からの~が待たれた/我们切盼从上海来电 wǒmen qièpàn cóng Shànghǎi láidiàn

にゅうとう【入党する】 入党 rùdǎng (英 join)

にゅうとう【乳糖】 乳糖 rǔtáng (英 milk sugar; lactose)

にゅうとう【乳頭】〖解〗乳头 rǔtóu; 奶头 nǎitóu (英 a nipple)

にゅうどう【入道】《僧》出家人 chūjiārén (英 a priest);《あざけって》秃头怪物 tūtóu guàiwù (英《怪物》a monster)

◆~雲: 积雨云 jīyǔyún; 雷雨云 léiyǔyún

ニュートラル ❶〖ギア〗空挡 kōngdǎng (英 neutral gear) ❷〖中立〗中立 zhōnglì (英 neutralism) ▶~な視点から問題を捉える/站在中立的立场看问题 zhànzài zhōnglì de lìchǎng kàn wèntí

ニュートロン〖理学〗中子 zhōngzǐ (英 a neutron)

にゅうねん【入念な】 细心 xìxīn; 精心 jīngxīn; 仔细 zǐxì (英 careful) ▶報告書を~にチェックする/细心地审查报告 xìxīn de shěnchá bàogào ▶さすがに親方は仕事が~だ/到底是师傅, 工作真仔细 dàodǐ shì shīfu, gōngzuò zhēn zǐxì

にゅうばい【入梅】〖気象〗入梅 rùméi (英 the

beginning of the rainy season)

にゅうはくしょく【乳白色の】 乳白色 rǔbáisè (英 *milk-white; milky*)

にゅうばち【乳鉢】 乳鉢 rǔbō (英 *a mortar*)

ニュービジネス 新式企业 xīnshì qǐyè (英 *new business*)

ニューフェース 新星 xīnxīng; 新人 xīnrén (英 *a new face*)

ニューメディア 新媒体 xīnméitǐ (英 *new media*)

にゅうもん【入門する】 入门 rùmén (英 *become a pupil of...*) ▶〜解説/浅说 qiǎnshuō ▶私の書道はまだ一段階ですよ/我的书法还刚入门呢 wǒ de shūfǎ hái gāng rùmén ne ▶15歳で橋本先生のもとに〜した/十五岁就投入了桥本老师门下 shíwǔ suì jiù tóurùle Qiáoběn lǎoshī ménxià ▶文学〜/文学入门 wénxué rùmén ♦〜書:入门书 rùménshū

にゅうよう【入用】 需要 xūyào (英 *need; necessity*) ▶今すぐ〜なお金なんです/现在急着要用的钱呢 xiànzài jízhe yào yòng de qián ne

にゅうようじ【乳幼児】 乳幼儿 rǔyòu'ér; 婴幼儿 yīngyòu'ér (英 *babies and infants*)

にゅうよく【入浴する】 洗澡 xǐzǎo; 沐浴 mùyù (英 *take a bath*) ▶赤ん坊を〜させる/给婴儿洗澡 gěi yīng'ér xǐzǎo

にゅうりょく【入力する】 〔電算〕輸入 shūrù (英 *input*) ▶データを〜する/输入数据 shūrù shùjù

ニューロン 〔解〕神经元 shénjīngyuán (英 *a neuron*)

にゅうわ【柔和な】 柔和 róuhé; 温柔 wēnróu (英 *gentle; tender; meek*) ▶〜なまなざしで見る/用温柔的眼光看 yòng wēnróu de yǎnguāng kàn ▶〜な表情で子供に語りかける/表情柔和地和孩子交谈 biǎoqíng róuhé de hé háizi jiāotán

にょう【尿】 尿 niào; 小便 xiǎobiàn (英 *urine*) ▶〜が漏れる/小便失禁 xiǎobiàn shījìn ♦〜検査:尿检查 niào jiǎnchá

にょうい【尿意】 尿意 niàoyì; 要小便 yào xiǎobiàn (英 *a desire to urinate*) ▶〜を催す/有尿意 yǒu niàoyì

にょうさん【尿酸】 〔化学〕尿酸 niàosuān (英 *uric acid*) ▶〜値が高い/尿酸值高 niàosuānzhí gāo

にょうそ【尿素】 〔化学〕尿素 niàosù (英 *urea*)

にょうどう【尿道】 〔解〕尿道 niàodào (英 *the urethra*) ▶〜結石でひどく苦しんだ/被尿道结石折磨 bèi niàodào jiéshí zhémó

にょうどくしょう【尿毒症】 〔医〕尿毒症 niàodúzhèng (英 *uremia*)

にょうぼう【女房】 老婆 lǎopo; 女人 nǚrén; 太太 tàitai (英 *a wife*) ▶世話〜/照顾入微的老婆 zhàogù rù wēi de lǎopo ▶姉さん〜/比丈夫年纪大的老婆 bǐ zhàngfu niánjì dà de lǎopo ▶〜役を勤める 当助手 dāng zhùshǒu; 当帮手 dāng bāngshǒu

にょきにょき 接连耸起 jiēlián sǒngqǐ (英 *one after another; here and there*) ▶都心に高層ビルが〜建っている/都市中心高楼林立 dūshì zhōngxīn gāolóu línlì

にょじつ【如実に】 如实 rúshí; 真实 zhēnshí (英 *truly; faithfully*) ▶人生を〜に描いた作品/如实描绘人生的作品 rúshí miáohuì rénshēng de zuòpǐn ▶投票率の高さは住民の関心の高さを〜に物語る/投票率之高如实地说明了居民的极度关心 tóupiàolǜ zhī gāo rúshí de shuōmíngle jūmín de jídù guānxīn

にょにんきんぜい【女人禁制】 女人禁入 nǚrén jìnrù (英 *No women admitted*) ▶高野山は明治初期までは〜であった/高野山直至明治初期都不准女人入内 Gāoyěshān zhízhì Míngzhì chūqī dōu bùzhǔn nǚrén rùnèi

にょらい【如来】 如来 Rúlái (英 *an honorific title of Buddha*) ▶阿弥陀〜/阿弥陀佛 Ēmítuófó ▶薬師〜/药师如来佛 Yàoshī Rúláifó

にょろにょろ 蜿蜒 wānyán (英 *[〜動く] squirm*) ▶とかげや蛇が〜ごめく季節になった/到了蜥蜴, 蛇活动频繁的季节了 dàole xīyì, shé huódòng pínfán de jìjié le

ニラ【韮】 〔植物〕韭菜 jiǔcài (英 *a leek*) ▶餃子に〜を入れますか/饺子里面放韭菜吗？ jiǎozi lǐmiàn fàng jiǔcài ma?

にらみ【睨み】 瞪眼 dèngyǎn; 〔威圧する力〕威望 wēiwàng (英 *a glare*) ▶〜をきかせる/施加压力 shījiā yālì ▶彼は部下に〜がきかない/他对部下没有威望 tā duì bùxià méiyǒu wēiwàng

にらみあい【睨み合い】 互相瞪眼 hùxiāng dèngyǎn (英 *feud (反目)*) ▶両党の〜が続いている/两党仍旧在激烈对立 liǎngdǎng réngjiù zài jīliè duìlì

にらみつける【睨み付ける】 瞪眼 dèngyǎn (英 *glare at...*) ▶ちょっと注意したらこわい目で睨み付けられた/稍微批评了他一下, 反倒被他狠狠瞪了一眼 shāowēi pīpíngle tā yíxià, fǎndào bèi tā hěnhěn dèngle yì yǎn

にらむ【睨む】 ❶〔相手を〕瞪 dèng; 怒目而視 nùmù ér shì (英 *glare at...*) ▶すごい目で〜/狠狠地瞪人 hěnhěn de dèng rén ▶じっと〜/目不转睛地瞪着 mù bù zhuǎn jīng de dèngzhe ▶彼は無言で睨み返した/他一言不发地反瞪回来 tā yì yán bù fā de fǎn dèng huílái ❷〔目をつける〕注視 zhùshì; 注意 zhùyì (英 *keep an eye on...*) ▶先生に睨まれる/被老师注意 bèi lǎoshī zhùyì ▶彼女は先生に睨まれていた/她被老师注意上了 tā bèi lǎoshī zhùyìshàng le ▶警察に睨まれたらもうおしまいだ/被警察盯上了就完了 bèi jǐngchá dīngshàngle jiù wán le ❸〔目星をつける〕估计 gūjì; 意料 yìliào (英 *be suspected*) ▶俺の睨んだ通りだ/正是我预料的那样 zhèngshì wǒ yùliào de nàyàng ▶刑事はその少年を犯人と睨んだ/刑警认为那个少年是犯人 xíngjǐng rènwéi nàge shàonián shì fànrén

にらめっこ【睨めっこする】 做鬼脸 zuò guǐliǎn; 关注 guānzhù; 对峙 duìzhì (英) *have an outstaring game* ▶旅行前は週間天気予報を～した/旅行前每天都关注天气预报 lǚxíngqián měitiān dōu guānzhù tiānqì yùbào ▶食卓をはさんで母子はよく～をした/隔着饭桌母子经常做鬼脸玩儿 gézhe fànzhuō mǔzǐ jīngcháng zuò guǐliǎn wánr ▶双方は停戦ラインで～状態であった/双方在停火线处于对峙状态 shuāngfāng zài tínghuǒxiàn chǔyú duìzhì zhuàngtài

にらんせい【二卵性の】 双卵 shuāngluǎn (英 *fraternal*) ▶～双生児/双卵双胎儿 shuāngluǎn shuāngtāi'ér

にりつはいはん【二律背反】〔哲学〕二律背反 èrlǜ bèifǎn (英 *antinomy*)

にりゅう【二流の】 次等 cìděng; 二流 èrliú (英 *second-rate*, *minor*) ▶～品/二流 èrliú ▶この国は国際貢献面では～国だ/这个国家在国际贡献方面是二流国家 zhège guójiā zài guójì gòngxiàn fāngmiàn shì èrliú guójiā ▶～の映画俳優/二流电影演员 èrliú diànyǐng yǎnyuán

にる【似る】 像 xiàng; 相似 xiāngsì (英 *resemble*; *be like*...) ▶子供たちは両親に似て頭がいい/孩子们不像他们的父母，头脑聪明 háizimen bú xiàng tāmen de fùmǔ, tóunǎo cōngmíng ▶それは何に似ていますか/那个像什么？ nàge xiàng shénme? ▶彼女は万事母親によく似ている/她万事都很像母亲 tā wànshì dōu hěn xiàng mǔqīn ▶彼とお父さんはちっとも似ていない/他和他父亲一点都不像 tā hé tā fùqīn yìdiǎn dōu bú xiàng ▶彼女は父親と母親のどちらに似ているのかしら/她到底是像父亲还是像母亲呢？ tā dàodǐ shì xiàng fùqīn háishi xiàng mǔqīn ne? ▶この2台の機械は似ているようで実は違う/这两台机器，看起来很相似，其实不一样 zhè liǎng tái jīqì, kànqǐlai hěn xiāngsì, qíshí bù yíyàng ▶二人は顔がよく似ている/两个人的相貌很像 liǎng ge rén de xiàngmào hěn xiàng ▶彼の経歴は僕によく似ている/他的经历和我的很像 tā de jīnglì hé wǒ de hěn xiàng ▶これはよく似たことわざがある/有一个很符合这种情况的俗话 yǒu yí ge hěn fúhé zhè zhǒng qíngkuàng de súhuà

似たもの夫婦 很相像的夫妻 hěn xiāngxiàng de fūqī

似ても似つかぬ ▶手順を間違えて似ても似つかぬ料理になった/搞错了做菜的顺序，变成了四不像的菜了 gǎocuòle zuòcài de shùnxù, biànchéngle sìbúxiàng de cài le

にる【煮る】 煮 zhǔ; 焖 mèn; 熬 áo; 炖 dùn (英 *boil*; [とろ火で] *simmer*; [料理する] *cook*) 参考 米や鶏などを単に水で煮る場合は'煮 zhǔ'を，ふたをしてとろ火でじっくり煮込む時は'焖 mèn'を，糊状になるまで煮詰める時は'熬 áo'を，材料をスープや調味料でことこと煮こむような時は'炖 dùn'を使って言い分ける。 ▶豚ばら肉をとろ火で～/用微火炖五花猪肉 yòng wēihuǒ dùn wǔhuā zhūròu ▶大根を～/炖萝卜 dùn luóbo

ことわざ 煮ても焼いても食えぬ 非常狡猾 fēicháng jiǎohuá; 软硬不吃 ruǎn yìng bù chī

ニレ【楡】〔植物〕榆树 yúshù (英 *an elm*)

にわ【庭】 庭园 tíngyuán; 院子 yuànzi (英 *a garden*; [中庭] *a courtyard*) ▶～付きの家/带庭园的房子 dài tíngyuán de fángzi ▶～掃除をする/打扫院子 dǎsǎo yuànzi ▶よく手入れの行き届いた～/修整得很好的庭园 xiūzhěngde hěn hǎo de tíngyuán ▶～仕事をする/做园丁 zuò yuándīng

♦～木/院子の树 yuànzi de shù ▶父の趣味は～木いじりです/爸爸的爱好就是侍弄庭园 bàba de àihào jiù shì shìnòng tíngyuán

にわいし【庭石】 点景石 diǎnjǐngshí (英 *a garden stone*) ▶花崗岩の～/放在庭园的花岗岩 fàngzài tíngyuán de huāgāngyán

にわか【俄に】 突然 tūrán; 忽然 hūrán; 猛然 měngrán (英 *suddenly*; *unexpectedly*) ▶花見時には一作りの屋台が並ぶ/欣赏樱花的时候，到处摆着临时设置的摊子 xīnshǎng yīnghuā de shíhou, dàochù bǎizhe línshí shèzhì de tānzi ▶～に空がかき曇った/突然天空布满了乌云 tūrán tiānkōng bùmǎnle wūyún ▶～に用事ができて出席できませんでした/突然有事不能出席了 tūrán yǒushì bùnéng chūxí le ▶～仕立てのチームで試合をした/临时凑了一个队参加比赛 línshí còule yí ge duì cānjiā bǐsài ▶～勉強をする/突击学习 tūjī xuéxí

♦～景気/一时的景气 yìshí de jǐngqì

にわかあめ【俄雨】 阵雨 zhènyǔ; 骤雨 zhòuyǔ (英 *a shower*) ▶～に被雨雨淋了 bèi zhènyǔ lín le ▶～だからすぐ止むよ/是阵雨，马上会停的 shì zhènyǔ, mǎshàng jiù huì tíng de

にわかじこみ【俄仕込みの】 临阵磨枪 lín zhèn mó qiāng; 临时学习 línshí xuéxí (英 *hastily acquired*) ▶この英語では役に立たない/临时学的英语派不上用场 línshí xué de Yīngyǔ pàibushàng yòngchǎng

にわかなりきん【俄成金】 暴发户 bàofāhù (英 *a mushroom millionaire*)

にわし【庭師】 园丁 yuándīng (英 *a gardener*)

ニワトコ【接骨木】〔植物〕接骨木 jiēgǔmù (英 *an elder*)

ニワトリ【鶏】〔鳥〕鸡 jī (英 *a hen*; *a cock*; [雛] *a chicken*; [肉] *chicken*) ▶～の卵/鸡蛋 jīdàn ▶～を飼う/养鸡 yǎng jī ▶～が先か卵が先か/先有鸡，还是先有蛋 xiān yǒu jī, háishi xiān yǒu dàn

ことわざ 鶏を割くにいずくんぞ牛刀を用いん 杀鸡焉用宰牛刀 shā jī yān yòng zǎi niúdāo; 大材小用 dàcái xiǎo yòng

♦～小屋/鸡窝 jīwō

にん【任】 任务 rènwu (英 *a post*; *a duty*) ▶～に堪える/胜任 shèngrèn ▶～に就く/充任 chōngrèn; 担任 dānrèn; 就任 jiùrèn ▶選挙委員の～を解く/解除选举委员的职务 jiěchú xuǎnjǔ wěiyuán de zhíwù ▶私はその～でない/我不堪此任 wǒ bù kān cǐ rèn

にんい【任意の】 任意 rènyì; 随便 suíbiàn 〈英〉*optional; voluntary*）▶～に選ぶ/任意选举 rènyì xuǎnjǔ
♦～出頭 ▶～出頭を求める/要求自行去警察局或法院 yāoqiú zìxíng qù jǐngchájú huò fǎyuàn

にんか【認可する】 认可 rènkě; 批准 pīzhǔn 〈英〉*approve; permit; give sanction*）▶～される/获准 huòzhǔn ▶～を決める/裁可 cáikě ▶無～保育園/没有被公家认可的托儿所 méiyǒu bèi gōngjia rènkě de tuō'érsuǒ ▶ガス料金の値上げが～された/煤气费涨价得到了批准 méiqìfèi zhǎngjià dédàole pīzhǔn ▶当局の～/得到了当局的认可 dédàole dāngjú de rènkě

にんかん【任官する】 任官 rènguān 〈英〉*be appointed*）

にんき【人気】 名气 míngqi; 人缘儿 rényuánr; 人望 rénwàng 〈英〉*popularity*）▶～がある/受欢迎 shòu huānyíng ▶～が出る/红起来 hóngqǐlai ▶現大統領はあまり～がない/现总统不太有人望 xiàn zǒngtǒng bú tài yǒu rénwàng ▶あの先生は学生の間に～がある/那位老师在学生中很受欢迎 nà wèi lǎoshī zài xuésheng zhōng hěn shòu huānyíng ▶今は野球よりサッカーの方が～がある/现在足球比棒球有人气 xiànzài zúqiú bǐ bàngqiú yǒu rénqì ▶一番～の馬/最受欢迎的马 zuì shòu huānyíng de mǎ ▶あのクイズ番組は一般の～を得ているようだ/那个智力竞赛节目很受欢迎 nàge zhìlì jìngsài jiémù hěn shòu huānyíng ▶～が落ちる/人气低落 rénqì dīluò
▶取りをする 哗众取宠 huá zhòng qǔ chǒng ▶取り政策/讨好大众的政策 tǎohǎo dàzhòng de zhèngcè
♦～歌手 当红歌手 dānghóng gēshǒu ～作家 当红作家 dānghóng zuòjiā ～商品 俏货 qiàohuò; 热货 rèhuò ～投票 询问最喜欢什么的投票 xúnwèn zuì xǐhuan shénme de tóupiào 俳優 红角 hóngjué ～番組 流行节目 liúxíng jiémù

にんき【任期】 任期 rènqī 〈英〉*one's term of office*）▶この3月で～満了となる/到了三月就任期期满了 dàole sān yuè jiù rènqī qīmǎn le ▶彼は首相として最も～が長かった/他是历届首相中任期最长的 tā shì lìjiè shǒuxiàng zhōng rènqī zuìcháng de ▶一杯飲みながら/干到任期期满 gàndào rènqī qīmǎn ▶～のある仕事/有任期的工作 yǒu rènqī de gōngzuò

にんぎょ【人魚】 美人鱼 měirényú 〈英〉*a mermaid*）

にんきょう【任侠】 侠义 xiáyì 〈英〉*chivary*）▶～の徒/侠客 xiákè

にんぎょう【人形】 偶人 ǒurén; 玩偶 wán'ǒu; 娃娃 wáwa 〈英〉*a doll*）; [あやつり人形] *a puppet*）～芝居/傀儡戏 kuǐlěixì; 木偶戏 mù'ǒuxì ～西洋/洋娃娃 yángwáwa
♦～遣い/操纵木偶的人 cāozòng mù'ǒu de rén

にんげん【人間】 ❶【人】人 rén 〈英〉*a human being*）; [人類] *mankind*）▶あんなのはとうてい～業とは思えない/真不可想象这是人类能做到的 zhēn bùkě xiǎngxiàng zhè shì rénlèi néng zuòdào de ▶～らしい生き方をする/过像人的生活 guò xiàng rén de shēnghuó ▶彼らは一番下劣な～だ/他们是最卑鄙的人 tāmen shì zuì bēibǐ de rén ▶犬は18で死んだが～で言えば100歳だ/那条狗是十八岁的时候死的,相当于人的一百岁 nà tiáo gǒu shì shíbā suì de shíhou sǐ de, xiāngdāng yú rén de yībǎi suì ▶～の手でこれ以上のことはできない/靠人的手是不能做得比这个更好了 kàorén de shǒu shì bùnéng zuòde bǐ zhège gèng hǎo le
❷【人格】〈英〉*character*）▶～らしさ/人性 rénxìng ▶あの人は～がりっぱだ/那个人的人格很伟大 nàge rén de réngé hěn wěidà ▶スポーツは～形成に役立つ/运动对育人有帮助 yùndòng duì yùrén yǒu bāngzhù
ことわざ 人間万事塞翁が馬 塞翁失马,安知非福 sàiwēng shī mǎ, ān zhī fēi fú
♦～関係 人际关系 rénjì guānxi ～ぎらい 不愿意和人打交道 bú yuànyi hé rén dǎ jiāodao ～工学 人类工程学 rénlèi gōngchéngxué ～国宝 国宝极大师 guóbǎojí dàshī ～性 人性 rénxìng ▶それは～性にもとっている/那有悖人性 nà yǒu bèi rénxìng; 那是违背人性的 nà shì wéibèi rénxìng de ～ドック 精密健康检查 jīngmì jiànkāng jiǎnchá

にんげんみ【人間味】 人情味 rénqíngwèi 〈英〉*humanity*）▶～のあふれる/洋溢着人情味儿 yángyìzhe rénqíngwèir ▶彼は～が乏しい/他缺乏人情味 tā quēfá rénqíngwèi

にんさんぷ【妊産婦】 孕妇和产妇 yùnfù hé chǎnfù 〈英〉*expectant women and nursing mothers*）

にんしき【認識する】 认识 rènshi 〈英〉*recognize; understand*）▶～不足だ/认识不够 rènshi bú gòu ▶歴史～問題/历史认识问题 lìshǐ rènshi wèntí ▶あの人の人間性について～を新たにした/重新认识到了他的为人 chóngxīn rènshidàole tā de wéirén ▶事柄を正しく～せよ/要正确认识事物 yào zhèngquè rènshi shìwù ▶彼女は自分の責任を一層～するようになった/她更进一步认识到了自己的责任 tā gèng jìnyíbù rènshidàole zìjǐ de zérèn ▶～が浅い/认识太浅 rènshi tài qiǎn

にんじゃ【忍者】 忍者 rěnzhě; 能用隐身术的侠客 néng yòng yǐnshēnshù de xiákè 〈英〉*a ninja; a person skilled in martial arts and hired for espionage*）

にんじゅう【忍従】 忍受 rěnshòu; 逆来顺受 nì lái shùn shòu 〈英〉*submission*）▶弱者に～を強いる/强迫弱者顺从 qiǎngpò ruòzhě shùncóng

にんしょう【人称】 [文法] 人称 rénchēng 〈英〉*person*）▶～代名詞/人称代词 rénchēng dàicí

にんしょう【認証】 认证 rènzhèng 〈英〉*cer-*

にんじょう

tification）▶パスワードを～する/认证密码 rènzhèng mìmǎ
♦～式《宮中での》；(在皇宫里的)**认证式** (zài Huánggōngli de) rènzhèngshì

にんじょう【人情】 人情 rénqíng（英 human feelings；［親切さ］kindness）▶～に背く/不近人情 bú jìn rénqíng ▶そう思うのが～だ/那样想也是自然的 nàyàng xiǎng yě shì zìrán de ▶そんなことは～としてできない/那样的事，我作为常人做不了 nàyàng de shì, wǒ zuòwéi chángrén zuòbuliǎo ▶～の機微に通じている/通晓细微的人情 tōngxiǎo xìwēi de rénqíng

にんじょう【刃傷】 刃伤 rènshāng（英 bloodshed）▶～沙汰を起こす/用刀伤人 yòng dāo shāng rén

にんしん【妊娠する】 怀孕 huáiyùn；妊娠 rènshēn（英 become pregnant）▶～したと分かったときは夢かと思った/发觉自己怀孕了的时候还以为是在做梦呢 fājué zìjǐ huáiyùnle de shíhou hái yǐwéi shì zài zuòmèng ne ▶～7ヶ月/怀孕七个月 huáiyùn qī ge yuè
♦～中絶：人工流产 réngōng liúchǎn

ニンジン【人参】〘植物〙胡萝卜 húluóbo；红萝卜 hóngluóbo（英 a carrot）；〘薬用〙人参 rénshēn（英 a ginseng）▶～酒/人参酒 rénshēnjiǔ

[日中比较] 中国語の'人参 rénshēn'は「朝鮮人参」を指す.

にんずう【人数】 人数 rénshù；人头 réntóu（英 the number of persons）▶相手の～は幾人ですか？/对方的人数有多少？ duìfāng de rénshù yǒu duōshao? ▶～を揃える/凑足人数 còuzú rénshù ▶～を数える/数人数 shǔ rénshù ▶これでは～が足りない/这样人数就不够了 zhèyàng rénshù jiù bú gòu le ▶～をたのんで採決を強行する/靠着多数强行表决 kàozhe duōshù qiángxíng biǎojué

にんずる【任ずる】 ❶〘任命する〙任命 rènmìng（英 appoint）▶君を課長に～/任命你为科长 rènmìng nǐ wéi kēzhǎng
❷〘自任する〙自命 zìmìng（英 profess）▶彼は自ら詩人をもって任じている/他自命为诗人 tā zìmìng wéi shīrén

にんそう【人相】 相貌 xiàngmào；面相 miànxiàng（英 looks）▶〘けがなどで〙～が変わる/破相 pòxiàng ▶～を見る/看相 kànxiàng ▶相面 xiàngmiàn ▶～の悪い男/相貌凶恶的男人 xiàngmào xiōng'è de nánrén ▶あの人は年とともに～がよくなる/他随着年岁的增长，面相也变好了 tā suízhe niánsuì de zēngzhǎng, miànxiàng yě biànhǎo le
♦～見：看相的 kànxiàng de；相面先生 xiàngmiàn xiānsheng

にんそく【人足】 壮劳力 zhuàngláolì（英 a laborer）

にんたい【忍耐】 忍耐 rěnnài（英 patience；endurance）▶～強い/很有耐心 hěn yǒu nàixīn ▶～の限度を超える寒さ/超过忍耐限度的寒冷 chāoguò rěnnài xiàndù de hánlěng

にんち【任地】 任地 rèndì（英 the place of one's assignment）▶～に赴く/赴任 fùrèn ▶彼は～へ向けて出発した/他出发去赴任了 tā chūfā qù fùrèn le

にんち【認知する】 承认 chéngrèn；识别 shíbié（英 recognize）▶父親であることを～する/承认自己是父亲 chéngrèn zìjǐ shì fùqīn ▶实子であると～する/承认非婚生的子女 chéngrèn fēihūn shēng de zǐnǚ

にんてい【認定する】 认定 rèndìng（英 recognize；［認可］authorize）▶大学の卒業単位として～する/承认是大学的毕业学分 chéngrèn shì dàxué de bìyè xuéfēn ▶国が～する資格/国家认定的资格 guójiā rèndìng de zīgé

ニンニク【大蒜】〘植物〙大蒜 dàsuàn；蒜 suàn（英 a garlic）▶～の芽/蒜苗 suànmiáo

にんぴ【認否】〘法〙承认与否 chéngrèn yǔfǒu；承认或否认 chéngrèn huò fǒurèn（英 arraignment）▶罪状/罪状认否 zuìzhuàng rèn fǒu

にんぴにん【人非人】 狼心狗肺的人 lángxīn gǒufèi de rén；人面兽心 rénmiàn shòuxīn（英 a brute of a man）▶あんな～とはつき合えない/我不能跟那样人面兽心的人交往 wǒ bùnéng gēn nàyàng rénmiàn shòuxīn de rén jiāowǎng

にんぷ【人夫】 壮工 zhuànggōng（英 a laborer；a workman）

にんぷ【妊婦】 妊妇 rènfù；孕妇 yùnfù（英 a pregnant woman）
♦～服：孕妇装 yùnfùzhuāng

にんむ【任務】 任务 rènwu（英 a duty；an office；a task）▶～に就く/就任 jiùrèn ▶もし必要ならそれをするのが我々の～だ/如果有必要，那样做是我们的任务 rúguǒ yǒu bìyào, nàyàng zuò shì wǒmen de rènwu ▶～を果たす/完成任务 wánchéng rènwu ▶～を与える/交待任务 jiāodài rènwu ▶～を忘れてテレビを見る/忘记了自己的工作，偷看电视 wàngjìle zìjǐ de gōngzuò, tōukàn diànshì

にんめい【任命】 任命 rènmìng；委派 wěipài（英 appoint）▶君を所長に～する/任命你为所长 rènmìng nǐ wéi suǒzhǎng
♦～権：任命权 rènmìngquán

にんめん【任免】（英 appointment and dismissal）▶大臣の～は総理大臣が行う/大臣的任免由总理大臣决定 dàchén de rènmiǎn yóu zǒnglǐ dàchén juédìng
♦～権：任免权 rènmiǎnquán

にんよう【任用】 录用 lùyòng；任用 rènyòng（英 appoint）▶彼を正社員に～する/任用他为正式职员 rènyòng tā wéi zhèngshì zhíyuán

ぬ

ぬいあわせる【縫い合わせる】（㊥ sew together; seam）缝合 fénghé；缝连 fénglián ▶腹部を切開して腹膜を～/切开腹部，缝合腹膜 qiēkāi fùbù, fénghé fùmó ▶二枚の布地を～/把两块布料缝合在一起 bǎ liǎng kuài bùliào fénghé zài yìqǐ

ぬいぐるみ【縫いぐるみ】布制玩偶 bùzhì wán'ǒu（㊥ a stuffed doll）▶パンダの～を抱いて寝る/抱着熊猫的布制玩偶睡 bàozhe xióngmāo de bùzhì wán'ǒu shuì

ぬいつける【縫い付ける】缝上 féngshàng；钉上 dìngshàng（㊥ sew on）▶ユニフォームに背番号を～/在制服的背后缝上号码 zài zhìfú de bèihòu féngshàng hàomǎ ▶体操着の胸に名札を縫い付けて下さい/请把姓名卡缝在体操服的胸口处 qǐng bǎ xìngmíngkǎ féngzài tǐcāofú de xiōngkǒuchù

ぬいとり【縫い取り】刺绣 cìxiù（㊥ embroidery）▶ロゴマークの～/商标的刺绣 shāngbiāo de cìxiù ▶二人のイニシャルの～をする/绣上两个人的姓名缩写 xiùshàng liǎng ge rén de xìngmíng suōxiě

ぬいなおす【縫い直す】重缝 chóngféng（㊥ sew anew）▶浴衣を～/翻改浴衣 fāngǎi yùyī

ぬいばり【縫い針】针 zhēn（㊥ a sewing needle）▶～に糸を通す/纫针 rènzhēn

ぬいめ【縫い目】针脚 zhēnjiǎo（㊥ a seam；[傷口の] a suture）▶～を切る/拆开针脚 chāikāi zhēnjiǎo ▶～を細かくして縫う/针脚细密缝 zhēnjiǎo xìmì féng ▶～がほころびる/接缝开绽了 jiēfèng kāizhàn le ▶～のないアンダーウェア/没有接缝的内衣 méiyǒu jiēfèng de nèiyī

ぬいもの【縫い物】缝纫 féngrèn（㊥ sewing; needlework）▶～をする/做针线活 zuò zhēnxiànhuó

ぬう【縫う】缝 féng（㊥ sew; stitch）▶服を～/缝衣服 féng yīfu ▶傷口を七针缝った/伤口缝了七针 shāngkǒu féngle qīzhēn ▶傷口を縫い合わせる/缝合伤口 fénghé shāngkǒu ▶ほころびを～/缝破绽 féng pòzhàn ▶ミシンで雑巾を～/用缝纫机缝制抹布 yòng féngrènjī féngzhì mābù ▶人中を縫って歩く/在人群中穿梭前进 zài rénqún zhōng chuānsuō qiánjìn ▶混んだ自動車の中を縫って車を走らせる/在拥挤的车群中穿梭前进 zài yōngjǐ de chēqún zhōng chuānsuō qiánjìn

ヌード 裸体 luǒtǐ（㊥ nude）▶～ダンサー/裸体舞女 luǒtǐ wǔnǚ ▶～ショー/裸体表演 luǒtǐ biǎoyǎn ▶～で日光浴をする/赤身日光浴 chìshēn rìguāngyù ▶～を描く/画人体 huà réntǐ ▶～モデル/人体模特 réntǐ mótè ▶～写真/裸体照片 luǒtǐ zhàopiàn

ヌードル（麺）面条 miàntiáo（㊥ noodles）

ぬか【糠】糠 kāng；米糠 mǐkāng（㊥ rice bran）
ことわざ 糠に釘 无效无用 wúxiào wúyòng；白费 báifèi

ヌガー（菓子）果仁奶糖 guǒrén nǎitáng（㊥ a nougat）

ぬかあめ【糠雨】毛毛雨 máomaoyǔ；蒙蒙细雨 méngméng xìyǔ（㊥ a fine rain）

ぬかす【抜かす】❶[外す・とばす] 遗漏 yílòu；脱漏 tuōlòu；跳过 tiàoguò（㊥ omit; skip）▶朝食を～/不吃早饭 bù chī zǎofàn ▶一行抜かして読む/少念了一行字 shǎo niànle yì háng zì；（故意に）跳过一行念 tiàoguò yì háng niàn

❷[言う] 瞎说 xiāshuō；胡说 húshuō（㊥ have the cheek to say）▶何を～/胡说什么！húshuō shénme！

うつつを～ 神魂颠倒 shénhún diāndǎo

ぬかずく【額ずく】叩头 kòutóu（㊥ bow; prostrate oneself）▶神前に～/跪在神前叩头 guìzài shénqián kòutóu

ぬかよろこび【糠喜び】空欢喜 kōng huānxǐ（㊥ a fruitless joy）▶期待しすぎて～にならなきゃいいが/不要期望太大，反而空欢喜一场 búyào qīwàng tài dà, fǎn'ér kōng xīhuan yì chǎng

ぬかり【抜かり】差错 chācuò；疏忽 shūhu（㊥[失策] a slip; a blunder）▶彼女の仕事に～はない/她的工作十分周到 tā de gōngzuò shífēn zhōudào ▶～なく行う/周到办完毕 zhōudào wánbì ▶～なく準備する/准备得一点纰漏都没有 zhǔnbèide yìdiǎn pīlòu dōu méiyǒu

ぬかる 泥泞 nínìng（㊥ be muddy）

ぬかる【抜かる】出错 chūcuò，大意 dàyi（㊥ make a slip）▶今回は、抜かった/这回，大意了 zhè huí, dàyi le；这回中计了 zhè huí zhòngjì le ▶～なよ/不要大意 búyào dàyi

ぬかるみ【泥濘】泥泞 nínìng（㊥ a muddy place; mire）▶～にはまる/陷入泥潭 xiànrù nítán ▶～に足をとられる/陷进泥泞中，拔不出脚来 xiànjìn nínìng zhōng, bábuchū jiǎo lái

ぬき【抜きにする】去掉 qùdiào；省去 shěngqù（㊥ omit）▶説明を～にする/省去说明 shěngqù shuōmíng ▶個人的な感情を～にして話そう/抛开个人感情，咱们谈谈吧 pāokāi gèrén gǎnqíng, zánmen tántan ba ▶堅苦しい挨拶は～にしましょう/繁文缛节的开场白不说了 fánwén rùjié de kāichǎngbái bù shuō le ▶昼飯～で駆けずり回る/午饭都没吃，到处奔忙 wǔfàn dōu méi chī, dàochù bēnmáng ▶冗談は～にして/不开玩笑了 bù kāi wánxiào le

ぬきあし【抜き足】蹑着脚 nièzhe jiǎo（㊥ with stealthy steps）▶～、差し足で部屋に忍び込む/蹑手蹑脚悄悄进屋 nièshǒu niè jiǎo qiāoqiāo jìn wū

ぬきうち【抜き打ちの】突然 tūrán；冷不防 lěngbufáng（㊥ surprise）▶～検査/临时检查 línshí jiǎnchá ▶～試験/临时考试 línshí kǎoshì ▶～スト/临时罢工 línshí bàgōng

ぬきがき【抜き書きする】 节录 jiélù; 摘录 zhāilù (英 make extracts) ▶書評の要点を~する/摘录书评的要点 zhāilù shūpíng de yàodiǎn

ぬきさしならない【抜き差しならない】 进退两难 jìntuì liǎng nán (英 be in a fix) ▶両社は相互に~関係にある/两家公司的关系进退维谷 liǎng jiā gōngsī de guānxi jìntuì wéi gǔ ▶抜き差しならぬはめに陥る/陷入进退两难的境地 xiànrù jìntuì liǎng nán de jìngdì ▶抜き差しならぬ紛争に転化する/转化为进退两难的纷争 zhuǎnhuà wéi jìntuì liǎng nán de fēnzhēng

ぬきすてる【脱き捨てる】 脱掉 tuōdiào (英 take... off) ▶川に跳びこむつもりで上着を脱ぎ捨てた/想要跳进河里去，脱掉了上衣 xiǎng yào tiàojìn héli qù, tuōdiàole shàngyī ▶封建思想はとっくに脱ぎ捨てた/早已摆脱了封建思想的束缚 zǎoyǐ bǎituōle fēngjiàn sīxiǎng de shùfù

ぬきだす【抜き出す】 抽出 chōuchū; 取出 qǔchū (英 pick out; select) ▶文章からキーワードを~/从文章中找出关键字 cóng wénzhāng zhōng zhǎochū guānjiànzì ▶筆立てから筆を1本抜き出した/从笔筒抽出了一枝毛笔 cóng bǐtǒng chōuchūle yì zhī máobǐ

ぬきとり【抜き取り】 抽出 chōuchū; 抽样 chōuyàng (英 sampling) ▶~調査/抽查 chōuchá ▶~検査する/采样检查 cǎiyàng jiǎnchá

ぬきとる【抜き取る】 拔掉 bádiào; 抽出 chōuchū; 取出 qǔchū (英 extract; [盗み取る] steal) ▶停車中のトラックから荷物を~/从停着的卡车上偷走货物 cóng tíngzhe de kǎchēshang tōuzǒu huòwù ▶すりがポケットから財布を抜き取った/小偷从口袋里偷走了钱包 xiǎotōu cóng kǒudaili tōuzǒule qiánbāo

ぬきんでる【抜きん出る】 拔尖儿 bájiānr; 出众 chūzhòng (英 surpass) ▶彼は学問では衆に抜きん出ている/他在学识上出类拔萃 tā zài xuéshíshang chū lèi bá cuì ▶あのクラスでは彼が断然抜きん出ている/在那个班里,他显然特别拔尖 zài nàge bānli, tā xiǎnrán tèbié bájiān ▶彼は抜きん出て足がはやい/他是个出类拔萃的飞毛腿 tā shì ge chū lèi bá cuì de fēimáotuǐ

ぬく【抜く】 **1** 【物を】拔 bá; 抽 chōu (英 pull out) ▶トゲを~/拔刺 bá cì ▶心に刺さったトゲを~/去掉心病 qùdiào xīnbìng ▶釘を~/拔钉子 bá dīngzi ▶タイヤの空気を~/放轮胎的气 fàng lúntāi de qì ▶刀を~/拔刀 bá dāo ▶シャンパンを~/开香槟酒 kāi xiāngbīnjiǔ

2 【除去する】拔除 (英 remove) ▶しみを~/去掉污点 qùdiào wūdiǎn ▶籍を~/销户口 xiāo hùkǒu

3 【省く】省略 shěnglüè; 省事 shěngshì (英 omit) ▶朝寝したので朝食を抜いた/早上睡懒觉所以没吃早饭 zǎoshang shuì lǎnjiào suǒyǐ méi chī zǎofàn

4 【抜粋する】摘 zhāi; 摘录 zhāilù (英 select; quote)

5 【競争相手を】超过 chāoguò (英 outrun; [負かす] beat) ▶前の車を~/超过前面的汽车 chāoguò qiánmian de qìchē ▶群を~/出类拔萃 chū lèi bá cuì ▶先輩を抜いて昇進する/超过前辈晋升 chāoguò qiánbèi jìnshēng

ことわざ 生き馬の目を抜く世の中 充满欺骗的世道 chōngmǎn qīpiàn de shìdào

気を~ 松懈 sōngxiè ▶最後まで気を~な/坚持到最后不要松懈啊 jiānchídào zuìhòu búyào sōngxiè a

手を~ 偷工减料 tōu gōng jiǎn liào

ぬぐ【脱ぐ】 (帽子を) 脱 tuō; 摘下 zhāixià (英 take off) ▶服を~/脱下衣服 tuōxià yīfu ▶この部屋では靴を~必要はありません/这个房间不用脱鞋 zhège fángjiān búyòng tuō xié ▶帽子を脱ぎなさい/摘掉帽子! zhāidiào màozi! ▶服を脱ぎっ放しにしないで/脱掉的衣服不要就扔在那里 tuōdiào de yīfu búyào jiù rēngzài nàli ▶手袋を~/摘手套 zhāidiào shǒutào ▶服を脱いで寝る仕度をする/脱掉衣服，准备睡觉 tuōdiào yīfu, zhǔnbèi shuìjiào ▶子供の服を脱がせる/给孩子脱衣服 gěi háizi tuō yīfu

ぬぐう【拭う】 擦 cā; 抹 mǒ (英 wipe) ▶汗を~/擦汗 cā hàn ▶そっとハンカチで涙を~/偷偷用手帕擦眼泪 tōutōu yòng shǒupà cā yǎnlèi ▶胸には~去のできない悔恨が今も残る/心中还留着无法抹去的悔恨 xīnzhōng hái liúzhe wúfǎ mǒqù de huǐhèn ▶靴の泥を~/擦掉鞋上的泥 cādiào xiéshang de ní

口を~ (知らぬ振りをする) 若无其事 ruò wú qí shì ▶口を拭ってすましている/装作若无其事 zhuāngzuò ruò wú qí shì

ぬくぬく 自在 zìzài; 舒适 shūshì; 心满意足地 xīn mǎn yì zú de (英 comfortably) ▶責任も取らず~地位に留まっている/不负责任，厚着脸皮留在职位上 bú fù zérèn, hòuzhe liǎnpí liúzài zhíwèishang ▶猫はねずみも捕らないで~暮らしている/猫不捉老鼠自在地生活 māo bù zhuō lǎoshǔ zìzài de shēnghuó ▶猫かいふとんに~くるまっている/舒舒服服地睡在温暖的被子里 shūshūfúfú de shuìzài wēnnuǎn de bèizi li ▶彼女は苦労も知らずに~と育った/她快乐地长大，没吃过苦 tā kuàilè de zhǎngdà, méi chīguò kǔ

ぬくもり【温もり】 温暖 wēnnuǎn (英 warmth) ▶人の~を感じる/感到人的温暖 gǎndào rén de wēnnuǎn ▶寒い朝は布団の~からなかなか抜け出したくないね/寒冷的早上真不愿从温暖的被窝里出来 hánlěng de zǎoshang zhēn bú yuàn cóng wēnnuǎn de bèiwōli chūlái

ぬけあな【抜け穴】 暗道 àndào; 漏洞 lòudòng (英 a secret passage; [法律などの穴] a loophole) ▶地下室に秘密の~がある/地下室有密道 dìxiàshì nèi yǒu mìdào ▶これは法律の~を狙った巧妙な手口だ/这是钻法律空子的巧妙手法 zhè shì zuān fǎlǜ kòngzi de qiǎomiào shǒufǎ

ぬけおちる【抜け落ちる】 掉 diào; 脱落 tuōluò; (羽根や毛が) 秃噜 tūlu (英 be omitted; fall) ▶老いた犬の毛が~/老狗身上的毛既落了 lǎogǒu shēnshang de máo tuōluò le ▶菌が全部

抜け落ちた/牙全掉了 yá quán diào le ▶ありゃ, 3行抜け落ちてるぞ/哎呀, 漏了三行呢 āiyā, lòule sān háng ne

ぬけがけ【抜け駆けする】 抢先 qiǎngxiān (英 steal a march) ▶人の国の～は許されない/决不允许一部分国家抢先 juébù yǔnxǔ yíbùfen guójiā qiǎngxiān ▶～の功名を立てる 抢先立下功名 qiǎngxiān lìxià gōngmíng

ぬけがら【抜殻】 蜕下来的皮 tuìxiàlai de pí (英 a cast-off skin) ▶せみの～/蝉蜕下来的皮 chán tuìxiàlai de pí ▶蛇の～/蛇蜕下来的皮 shé tuìxiàlai de pí ▶彼はいま魂の～状態だ/他现在是灵魂脱壳的状态 tā xiànzài shì línghún tuō ké de zhuàngtài

ぬけかわる【抜け替わる】 长出新的 zhǎngchū xīn de; 换新 huànxīn (英 slough; molt) ▶歯が～/换牙 huànyá ▶(動物の)毛が～/换毛 huànmáo ▶雷鳥は年に1回羽毛が～/雷鸟一年换一次羽毛 léiniǎo yì nián huàn yí cì yǔmáo

ぬけげ【抜け毛】 脱发 tuōfà;（犬など）脱毛 tuōmáo (英 fallen hair) ▶犬に～はつきものですから毎日ブラッシングします/狗都会脱毛, 所以要每天梳理 gǒu dōu huì tuōmáo, suǒyǐ yào měitiān shūlǐ ▶秋は～がひどい/秋天头发掉得厉害 qiūtiān tóufa diàode lìhai

ぬけだす【抜け出す】 脱出 tuōchū; 挣 zhèng; 摆脱 bǎituō;（こっそり）溜 liū (英 steal out of ...) ▶苦境を～/摆脱困境 bǎituō kùnjìng ▶(時間がなくて)抜け出せない/抽不出身 chōubuchū shēn ▶トイレを理由に授業を～生徒が少なくない/以上厕所为理由逃课的学生很多 yǐ qù cèsuǒ wéi lǐyóu táokè de xuésheng hěn duō ▶早くうつ状態から～方法はありますか/有没有办法尽早摆脱郁闷状态？ yǒuméiyǒu bànfǎ jǐnzǎo bǎituō yùmèn zhuàngtài?

ぬけでる【抜け出る】 溜出 liūchū; 脱出 tuōchū;（抜きんでる）出众 chūzhòng; 领先 lǐngxiān (英 steal out of...; [マラソンで] speed) ▶彼女はルノワールの絵から抜け出たように美しかった/她就像从雷诺阿的画中走下来一样的美丽 tā jiù xiàng cóng Léinuò'ā de huà zhōng zǒuxiàlai yíyàng de měilì ▶（マラソンで）彼は先頭集団から一歩抜け出た/他领先了第一集团一步 tā lǐngxiānle dìyī jítuán yí bù

ぬけぬけ 厚颜无耻 hòuyán wúchǐ (英 unashamedly; brazenly) ▶彼らは～と嘘をつく/他们厚颜无耻地说谎 tāmen hòuyán wúchǐ de shuōhuǎng

ぬけみち【抜け道】 出路 chūlù; 抄道 chāodào; 《規則などの》漏洞 lòudòng (英 a secret path) ▶必ずどこかに～があるはずだ/一定会有能出去的路 yídìng huì yǒu néng chūqù de lù ▶こういう連中はいろいろ～を考えるはずだ/这种人肯定会想一些邪门歪道 zhè zhǒng rén kěndìng huì xiǎng yìxiē xiémén wāidào

ぬけめ【抜け目】 漏洞 lòudòng; 错过 cuòguò ▶彼は商売にかけては～がない/他在生意方面很精明 tā zài shēngyi fāngmiàn hěn jīngmíng ▶彼は～なく交換条件を出した/他细致地提出交换条件 tā xìzhì de tíchū jiāohuàn tiáojiàn

ぬける【抜ける・脱ける】 ❶ [脱落・脱漏する] 掉 diào; 脱落 tuōluò (英 come out; fall out) ▶歯が～/掉牙 diào yá ▶俺の名が抜けてるぞ/我的名字漏掉了 wǒ de míngzi lòudiào le ❷ [通り抜ける] 穿过 chuānguò; 通过 tōngguò (英 go by) ▶公園を抜けて行きましょう/咱们穿过公园吧 zánmen chuānguò gōngyuán ba ▶トンネルを～と正面に海が見えた/穿过隧道就能看见一面大海 chuānguò suìdào jiù néng kànjiàn yí miàn dàhǎi ▶渋滞を抜けたあとに交通事故が多発する/过了堵车路段后, 容易发生交通事故 guòle dǔchē duàn hòu, róngyì fāshēng jiāotōng shìgù ❸ [脱出する] 溜出 liūchū; 脱出 tuōchū (英 escape; slip out) ▶今日は仕事で午前中抜けられない/今天有工作, 上午出不来 jīntiān yǒu gōngzuò, shàngwǔ chūbulái ❹ [脱退する] 离开 líkāi; 退出 tuìchū (英 leave; withdraw) ▶悪い仲間から抜けられない/很难离开坏伙伴 hěn nán líkāi huàihuǒbàn ❺ [その他] ▶力が～/没劲儿 méi jìnr ▶空気が～/走气 zǒuqì; 跑气 pǎoqì ▶仰天して腰が抜けた/大吃一惊瘫了下来 dà chī yì jīng tānlàixialai ▶ゆうべのアルコールがまだ抜けない/昨晚的酒劲还没过 zuówǎn de jiǔjìn hái méiguò ▶彼はどこか抜けている/他有点不够细致 tā yǒudiǎn bú gòu xìzhì

ぬげる【脱げる】 掉 diào (英 slip off) ▶帽子が脱げかかっています/帽子快要掉了 màozi kuàiyào diào le ▶靴が脱げた/鞋掉了 xié diào le

ぬし【主】 物主 wùzhǔ;（当事者）当事人 dāngshìrén (英 [所有主] the owner) ▶～のない傘/没有主人的伞 méiyǒu zhǔrén de sǎn ▶電話の～がわかったよ/知道电话是谁打来的了 zhīdào diànhuà shì shéi dǎ lái de le

ぬすっと【盗人】 盗贼 dàozéi; 窃贼 qièzéi; 小偷 xiǎotōu (英 a thief; a robber)
ことわざ 盗人に追い銭(ｾﾞﾆ) 赔了夫人又折兵 péile fūrén yòu zhé bīng
ことわざ 盗人の昼寝 别有用心 bié yǒu yòngxīn; 为晚上行窃睡午觉 wèi wǎnshang xíngqiè shuì wǔjiào
ことわざ 盗人を見て縄をなう 临渴掘井 lín kě jué jǐng; 临阵磨枪 lín zhèn mó qiāng

ぬすびと【盗人】 →ぬすっと（盗人）

ぬすみ【盗み】 偷盗 tōudào; 盗窃 dàoqiè (英 theft; stealing) ▶～の癖がある/有偷盗的毛病 yǒu tōudào de máobìng

ぬすみぎき【盗み聞きする】 窃听 qiètīng; 偷听 tōutīng (英 eavesdrop) ▶隣人が彼らの会話を～した/邻居偷听了他们的谈话 línjū tōutīngle tāmen de tánhuà

ぬすみぐい【盗み食いする】 偷嘴 tōuzuǐ (英

eat... secretly)

ぬすみとる【盗み取る】 盗劫 dàojié；盗取 dàoqǔ；窃取 qièqǔ（英 *steal*）▶パスワードを～/盗走密码 dàozǒu mìmǎ

ぬすみみる【盗み見る】 偷看 tōukàn（英 *steal a glance*）▶背後から暗証番号を～/从后面偷看密码 cóng hòumian tōukàn mìmǎ

ぬすむ【盗む】 偷 tōu；盗窃 dàoqiè；窃取 qièqǔ（英 *steal; rob*）▶人の目を盗んで悪さをする/背着人偷偷干坏事 bèizhe rén tōutōu gàn huàishì ▶猿が店に並ぶ食べ物を～/猴子偷摆在店里的食品 hóuzi tōu bǎizài diànli de shípǐn ▶なけなしの金を盗まれた/仅有的一点钱被偷了 jǐn yǒu de yìdiǎn qián bèi tōu le ▶暇を盗んでミステリーを読む/挤时间读推理小说 jǐ shíjiān dú tuīlǐ xiǎoshuō

ぬの【布】 布 bù；布匹 bùpǐ（英 *cloth*）▶～目の粗いガーゼ/布质粗糙的纱布 bùzhì cūcāo de shābù ▶張りのソファー/布质的沙发 bùzhì de shāfā ▶～カバーのファイル/布封皮的文件夹 bùfēngpí de wénjiànjiā
◆～切れ/布头 bùtou

ぬま【沼】 池沼 chízhǎo；沼泽 zhǎozé（英 *a marsh; a swamp; a bog*）▶この～には雁⌈や白鳥が越冬に訪れる/大雁和天鹅到这个沼泽过冬 dàyàn hé tiān'é dào zhège zhǎozé guòdōng

ぬまち【沼地】 泥塘 nítáng；沼泽地 zhǎozédì（英 *marshland*）

ぬめり【滑り】 滑溜 huáliū；黏液 niányè（英 *slime*）

ぬらす【濡らす】 沾 zhān；沾湿 zhānshī；濡湿 rúshī（英 *wet; moisten; dip*）▶涙で枕を～/眼泪打湿了枕头 yǎnlèi dǎshīle zhěntou ▶電池を水などで濡らさないで下さい/不要把电池弄湿 búyào bǎ diànchí nòngshī

ぬらぬら 黏糊糊 niánhūhū（英 *slippery*）▶川底の石は苔が生えて～している/河底的石头上长了青苔变得很黏糊 hédǐ de shítoushang zhǎngle qīngtái biànde hěn niánhu ▶手が油で～する/手上粘了油变得黏糊糊儿的 shǒushang zhānle yóu biànde niánhūhūr de

ぬり【塗り】 涂抹 túmǒ；涂漆 túqī（英 *coating; lacquering*）▶～の器具/漆器 qīqì ▶～が雑だ/涂漆很粗糙 túqī hěn cūcāo ▶ペンキの～がはげた/掉漆了 diào qī le ▶この硯箱は～が高級だ/这个砚合盒的油漆很高级 zhège yàntaihé de yóuqī hěn gāojí ▶白～の壁/漆成白色的墙 qīchéng báisè de qiáng ▶朱～の椀/漆成朱红色的碗 qīchéng zhūhóngsè de wǎn ▶輪島～の箸/轮岛漆的筷子 Lúndǎoqī de kuàizi

ぬりかえる【塗り替える】 重新抹刷 chóngxīn mǒshuā（英 *recoat; repaint*）▶記録を～/刷新记录 shuāxīn jìlù ▶歴史を～大発見/改写历史的大发现 gǎixiě lìshǐ de dàfāxiàn

ぬりぐすり【塗り薬】 涂剂 tújì；外敷药 wàifūyào（英 *ointment*）▶～を塗る/上药 shàng yào ▶すりむいた膝に～をつける/给膝盖擦伤处抹外敷药 gěi xīgài cāshāngchù mǒ wàifūyào

ぬりたて【塗り立ての】 刚油漆过 gāng yóuqīguò（英 *freshly painted*）▶ペンキ～/油漆未干 yóuqī wèi gān ▶そのベンチは～だから座っちゃダメよ/那条长凳油漆未干，千万不要坐 nà tiáo chángdèng yóuqī wèi gān, qiānwàn búyào zuò

ぬりたてる【塗り立てる】 粉刷 fěnshuā；涂上 túshàng（英 *paint... heavily; use too much makeup*）▶顔をまっ白に～/把脸涂得雪白 bǎ liǎn túde xuěbái

ぬりつける【塗り付ける】 涂抹 túmǒ；抹 mò；⌈转嫁する⌉推诿 tuīwěi（英 *smear*）；［罪を］lay on ～）▶ローラーで塗料を～/用油墨碌子涂涂料 yòng yóumò gǔnzi tú túliào ▶責を弟に～/把罪责推给弟弟 bǎ zuìzé tuīgěi dìdi

ぬりつぶす【塗り潰す】 涂掉 túdiào（英 *daub over; paint out*）▶看板の文字を～/涂掉招牌上的文字 túdiào zhāopaishang de wénzì ▶公開したくない情報は黒で～/把不想公开的情报涂黑 bǎ bù xiǎng gōngkāi de qíngbào tú hēi

ぬりもの【塗り物】 漆器 qīqì（英 *lacquer ware*）▶～師/漆匠 qījiang

ぬる【塗る】 抹 mǒ；涂饰 túshì；外敷 wàifū；搽 chá（英 *paint; varnish*）▶手作りの犬小屋にペンキを～/给手工作做的狗屋刷漆 gěi shǒugōngzuò zuò de gǒuwū shuāqī ▶口红を塗りたくる/胡抹乱涂口红 hú mǒ luàn tú kǒuhóng ▶地図に色を～/给地图上色 gěi dìtú shàng sè ▶顔に日焼け止めオイルを～/在脸上涂防晒霜 zài liǎnshang tú fángshàishuāng ▶顔に墨を～/在脸上涂墨 zài liǎnshang tú mò ▶パンにバターを～/在面包上涂黄油 zài miànbāoshang tú huángyóu

ぬるい【温い】 微温 wēiwēn；半凉不热 bànliáng bú rè（英 *tepid; lukewarm*）▶こんな～处分じゃ納得できない/这样轻微的处分不能使人信服 zhèyàng qīngwēi de chǔfēn bùnéng shǐ rén xìnfú ▶風呂が～/洗澡水不够热 xǐzǎoshuǐ bú gòu rè ▶このコーヒーは～/这个咖啡不够热 zhège kāfēi bú gòu rè ▶熱い湯を水でうめて温くする/在热的洗澡水里兑水使它变凉 zài rè de xǐzǎoshuǐli duì shuǐ shǐ tā biànliáng

ぬるぬる 滑溜溜 huáliūliū；黏滑 niánhuá（英 *slippery; slimy*）▶～する/滑溜溜 huáliūliū ▶～した魚はつかまえにくい/滑溜溜的鱼不好抓 huáliūliū de yú bùhǎo zhuā ▶排水口が～していやな匂いがする/排水口滑溜溜的，有讨厌的味儿 páishuǐkǒu huáliūliū de, yǒu tǎoyàn de wèir

ぬるまゆ【ぬるま湯】 温升水 wēnkāishuǐ；温水 wēnshuǐ（英 *tepid water; a lukewarm bath*）
～につかる **安于现状** ānyú xiànzhuàng ▶～につかったような生活は嫌で家を出た/不安于平淡的日子，离家出走了 bù ānyú píngdàn de rìzi, lí jiā chūzǒu le

ぬるむ【温む】 变暖 biànnuǎn（英 *become lukewarm*）▶川の水も春になって温んできた/随着春天的来临，河水也变暖了 suízhe chūntiān de láilín, héshuǐ yě biànnuǎn le

ぬれぎぬ【濡れ衣】 冤枉 yuānwang; 冤罪 yuānzuì (英 *a false charge; a frame*) ▶〜を着せる/冤枉 yuānwang ▶〜を晴らす/洗清冤屈 xǐqīng yuānqū ▶俺はやっていない、とんだ〜だ/我没有做过，完全是冤屈我 wǒ méiyǒu zuòguò, wánquán shì yuānqū wǒ ▶殺人を〜を着せられる/被诬陷杀了人 bèi wūxiàn shāle rén

ぬれてであわ【濡れ手で粟】 不劳而获 bù láo ér huò (英 *make easy money*) ▶〜のボロ儲け、笑いが止まらん/不劳而获赚大钱，笑得合不上嘴 bù láo ér huò zhuàn dàqián, xiàode hébushàng zuǐ

ぬれねずみ【濡れ鼠】 落汤鸡 luòtāngjī; 浑身湿透 húnshēn shītòu (英 *be wet to the skin*) ▶雨に降られて〜になった/被雨淋成了落汤鸡 bèi yǔ línchéngle luòtāngjī

ぬれば【濡れ場】 色情的场面 sèqíng de chǎngmiàn; 情爱场面 qíng'ài chǎngmiàn (英 *a love scene*)

ぬれる【濡れる】 沾 zhān; 淋湿 línshī; 泥 zhuó (英 *get wet; get drenched*) ▶にわか雨に遭ってびっしょり濡れてしまった/碰到阵雨，全身被淋湿了 pèngdào zhènyǔ, quánshēn bèi línshī le ▶バイクが濡れた路面でスリップした/摩托车在淋湿的路面上打滑 mótuōchē zài línshī de lùmiànshang dǎhuá

ね

ね【子】〔十二支〕子 zǐ (英 *(the year of) the Rat*) ▶私は〜の年の生まれです/我是子年生的 wǒ shì zǐ nián shēng de; 我属老鼠 wǒ shǔ lǎoshǔ

ね【音】 声音 shēngyīn (英 *a sound; a tone*) ▶ぐうの〜も出ない/闭嘴无言 bì zuǐ wúyán ▶遠くから鐘の〜が聞こえてきた/远方传来了钟声 yuǎnfāng chuánláile zhōngshēng
〜を上げる 伏輸 fúshū; 叫苦 jiàokǔ

ね【値】 价格 jiàgé; 价钱 jiàqian (英 *a price*) ▶〜が安い/便宜 piányi; 廉价 liánjià ▶〜の張る/昂贵 ángguì ▶オークションで思わぬ〜がついた/在拍卖会上拍出了意想不到的价钱 zài pāimàihuìshang pāichūle yìxiǎngbudào de jiàqian ▶よい〜で売れる/卖了一个好价钱 màile yí ge hǎojiàqian

ね【根】 ❶〖植物の〗根 gēn; 根子 gēnzi (英 *a root*) ❷〖根本原因〗根源 gēnyuán (英 *the root*) ▶この問題は〜が深い/这个问题的根源很深 zhège wèntí de gēnyuán hěn shēn ❸〖本性〗(英 *nature*) ▶彼は〜は正直な人です/他是本性正直的人 tā shì yí ge běnxìng zhèngzhí de rén
〜に持つ ▶ささいなことでも〜に持つ人がいる/有对小事也耿耿于怀的人 yǒu duì xiǎoshì yě gěnggěng yú huái de rén
〜も葉もない 毫无根据 háowú gēnjù; 凭空捏造 píngkōng niēzào ▶〜も葉もない話/无中生有的事 wú zhōng shēng yǒu de shì ▶〜も葉もないうわさを流す/传播毫无根据的流言 chuánbō háowú gēnjù de liúyán
〜を下ろす〖植物や人や物事が〗 扎根 zhāgēn; 生根 shēnggēn ▶彼はアメリカに〜を下ろすことができず帰国した/他没能在美国扎下根，回国了 tā méi néng zài Měiguó zhāxià gēn, huíguó le
〜を絶つ 除根 chúgēn ▶犯罪の〜を絶つ/铲除犯罪的根源 chǎnchú fànzuì de gēnyuán
◆草の〜運動:群众运动 qúnzhòng yùndòng

ねあがり【値上がりする】 涨价 zhǎngjià (英 *rise in price*) ▶〜を抑える/平价 píngjià ▶天候不順で野菜がじわじわ〜する/因为天气不好，蔬菜慢慢地涨价了 yīnwèi tiānqì bùhǎo, shūcài mànmàn de zhǎngjià le ▶原油価格の上昇でガソリン代が〜した/汽油随着原油上涨也涨价了 qìyóu suízhe yuányóu shàngzhǎng yě zhǎngjià le ▶駅前の土地が急に〜した/车站前的土地忽然涨价了 chēzhànqián de tǔdì hūrán zhǎngjià le

ねあげ【値上げする】 抬价 táijià; 提高价格 tígāo jiàgé (英 *raise the price*) ▶大家が家賃の〜を通知してきた/房东来通知涨房租了 fángdōng lái tōngzhī zhǎng fángzū le ▶賃金の〜を要求する/要求提高工资 yāoqiú tígāo gōngzī ▶学生が学費の〜に反対してデモをする/学生反对学费上涨，举行游行 xuéshēng fǎnduì xuéfèi shàngzhǎng, jǔxíng yóuxíng

ねあせ【寝汗】 盗汗 dàohàn; 虚汗 xūhàn (英 *night sweats*) ▶〜をかく/出虚汗 chū xūhàn ▶昨夜はひどく〜をかいた/昨天晚上盗汗盗得厉害 zuótiān wǎnshang dàohàn dàode lìhai

ねいき【寝息】 睡眠中的呼吸 shuìmián zhōng de hūxī (英 *the breathing of a sleeping person*) ▶〜を窺う/看看睡得怎样 kànkan shuìde zěnyàng ▶〜を立てる/呼呼儿地睡 hūhūr de shuì ▶安らかな〜を立てる/呼吸均匀地睡着 hūxī jūnyún de shuìzhe

ねいす【寝椅子】 躺椅 tǎngyǐ (英 *a couch; a divan*) ▶〜に横たわる/躺在躺椅上 tǎngzài tǎngyǐshang

ねいりばな【寝入り端】 刚入睡 gāng rùshuì (英 *when one has just fallen asleep*) ▶〜を電話のベルに起こされる/刚入睡，就被电话叫醒了 gāng rùshuì, jiù bèi diànhuà jiàoxǐng le ▶赤ちゃんは〜によく汗をかく/婴儿刚入睡时容易出汗 yīng'ér gāng rùshuì shí róngyì chū hàn

ねいる【寝入る】 入睡 rùshuì; 睡着 shuìzháo (英 *fall asleep*) ▶子供は泣きながら寝入った/孩子哭着睡着了 háizi kūzhe shuìzháo le ▶ぐっすり〜/酣睡 hānshuì

ねいろ【音色】 音色 yīnsè (英 *a tone*) ▶彼女のフルートの〜が大好きなんです/我很喜欢她吹的长笛的音色 wǒ hěn xǐhuan tā chuī de chángdí de yīnsè ▶さまざまな楽器の〜を聞き分ける/能分辨出各种各样乐器的音色 néng fēnbiànchū

ねうち【値打ち】 价值 jiàzhí (英 value; worth; merit) ▶~がある/值钱 zhíqián ▶人間の~は死んだ後でないと分からない/人的价值只有死后才知道 rén de jiàzhí zhǐyǒu sǐhòu cái zhīdào ▶この本は読む~がある/这本书值得一读 zhè běn shū zhíde yì dú ▶将来~が出るかもしれない/说不定以后会有价值 shuōbudìng yǐhòu huì yǒu jiàzhí

ねえ 喂 wèi; 唉 āi (英 [呼びかけ] I say!; Listen!) ▶~, どれがいい?/喂, 哪个好? wèi, nǎge hǎo? ▶~, どうするの?/喂, 怎么办啊 wèi, zěnme bàn a?

ねえさん【姉さん】 姐姐 jiějie (英 an elder sister) ▶僕の~は大学生です/我姐姐是大学生 wǒ jiějie shì dàxuéshēng

ねえさん【姐さん】 小姐 xiǎojiě; 大姐 dàjiě (英 [料理屋などでの呼びかけ] Miss) ▶~, 熱燗(かん)ちょうだい/服务员, 请拿热酒来 fúwùyuán, qǐng ná rèjiǔ lái

ネーブル【植物】 广柑 guǎnggān; 脐橙 qíchéng (英 a navel orange)

ネーム 名字 míngzi (英 a name) ▶ファミリー~/姓 xìng ▶ペン~/笔名 bǐmíng ▶お名前はフルでお願いします/请写全名 qǐng xiě quánmíng ▶~バリューがある/有名气 yǒu míngqì
~プレート：名签 míngqiān；名牌 míngpái

ねおき【寝起き】 ❶【起きたばかり】 睡醒 shuìxǐng (英 waking) ▶~が悪い/睡醒后情绪不好 shuìxǐnghòu qíngxù bùhǎo ❷【寝ることと起きること】 起卧 qǐwò (英 living) ▶~を共にする/共同生活 gòngtóng shēnghuó

ネオナチ 新纳粹主义 xīn Nàcuì zhǔyì (英 neo-Nazism)

ネオン 氖 nǎi; 霓虹灯 níhóngdēng (英 neon) ▶~サイン/氖灯 nǎidēng; 霓虹灯广告 níhóngdēng guǎnggào ▶~街/满是霓虹灯的夜城 mǎn shì níhóngdēng de yèchéng

ネガ【写真】 底片 dǐpiàn (英 a negative) ▶この写真の~をお持ちですか/有这张相片的底片吗? yǒu zhè zhāng xiàngpiàn de dǐpiàn ma?

ねがい【願い】 ❶【願望】 愿望 yuànwàng; 心愿 xīnyuàn (英 a desire; a wish) ▶~が叶う/如愿以偿 rúyuàn yǐ cháng ▶お～だからその子を殴らないで下さい/求求你, 不要打孩子了 qiúqiu nǐ, búyào dǎ háizi le
❷【依頼】 要求 yāoqiú; 请求 qǐngqiú (英 a request) ▶勝手なお~ですが, ぜひ御検討下さい/虽然是很自私的要求, 请一定考虑 suīrán shì hěn zìsī de yāoqiú, qǐng yídìng kǎolǜ ▶君の~事なら何でもききます/你的要求, 我什么都听 nǐ de yāoqiú, wǒ shénme dōu tīng
❸【申請】 申请 shēnqǐng; 请求 qǐngqiú (英 an application) ▶そんなことはこちらから～下げ/这种事, 我还要谢绝呢! zhè zhǒng shì, wǒ hái yào xièjué ne! ▶警察に捜索～を出す/向警察提出寻人申请 xiàng jǐngchá tíchū xúnrén shēnqǐng

◆辞職~/辞职信 cízhíxìn

ねがいでる【願い出る】 请求 qǐngqiú; 申请 shēnqǐng (英 ask) ▶休学を~/请求休学 qǐngqiú xiūxué

ねがう【願う】 ❶【願望する】 希望 xīwàng; 情愿 qíngyuàn (英 wish; want) ▶強く~/务求 wùqiú ▶幸運を~/祈求幸运 qíqiú xìngyùn
❷【祈願する】 祈求 qíqiú; 许愿 xǔyuàn (英 pray) ▶願わくば花の下で春死なむ/只想死在樱花下（做个风流鬼） zhǐ xiǎng sǐzài yīnghuāxia (zuò ge fēngliúguǐ) ▶願わくば神よ助けたまえ/但愿神帮助我 dànyuàn shén bāngzhù wǒ

願ったりかなったり 正中下怀 zhèng zhòng xià huái; 称心如意 chènxīn rúyì; 求之不得 qiú zhī bù dé

願ってもない 求之不得 qiú zhī bù dé ▶願ってもないチャンス/求之不得的幸运 qiú zhī bù dé de xìngyùn ▶それは私にとって願ってもない条件だった/那对我来说是求之不得的好条件 nà duì wǒ lái shuō shì qiú zhī bù dé de hǎotiáojiàn

ねがえり【寝返り】 翻身 fānshēn (英 turning over in bed) ▶~を打つ/翻身 fānshēn ▶~を打ったとたんにめまいが起きる/刚一翻身就头晕了 gāng yì fānshēn jiù tóuyūn le

ねがえる【寝返る】 叛变 pànbiàn; 背叛 bèipàn (英 roll over) ▶土壇場で主流派に~/在最后关头叛变倒向多数派 zài zuìhòu guāntóu pànbiàn dǎoxiàng duōshùpài

ねがお【寝顔】 睡脸 shuìliǎn (英 one's sleeping face) ▶赤ちゃんの~は天使のようにかわいらしい/小孩的睡脸像天使一样可爱 xiǎohái de shuìliǎn xiàng tiānshǐ yíyàng kě'ài

ねかす【寝かす】 ⇨ねかせる (寝かせる)

ねかせる【寝かせる】 ❶【眠らす】 使睡觉 shǐ shuìjiào (英 put to bed) ▶歌を歌って子供を~/唱歌哄孩子睡觉 chànggē hǒng háizi shuìjiào ▶あと30分寝かせてくれ/让我再睡三十分钟 ràng wǒ zài shuì sānshí fēnzhōng
❷【横にする】 放倒 fàngdǎo; 使躺下 shǐ tǎngxià (英 lay down) ▶その棒を寝かせろ/把那根棍子放倒吧 bǎ nà gēn gùnzi fàngdǎo ba
❸【金・商品などを】 积压 jīyā; 搁置 gēzhì (英 let... lie idle) ▶資金を寝かせておく/积压资金 jīyā zījīn
❹【酒や麹などを】 使发酵 shǐ fājiào (英 age; ferment)

ネガティブ 消极的 xiāojí de; 否定的 fǒudìng de (英 negative) ▶~キャンペーン【選挙で】/破坏对手形象的宣传活动 pòhuài duìshǒu xíngxiàng de xuānchuán huódòng ▶~思考/消极思维 xiāojí sīwéi

ネガフィルム【写真】 负片 fùpiàn; 底片 dǐpiàn (英 a negative)

ネギ【葱】【植物】 葱 cōng; 大葱 dàcōng (英 a leek; a spring onion) ▶~のみじん切り/葱花 cōnghuā ▶白~(ねぎ)/葱丝儿 cōngsīr ▶玉~/洋葱 yángcōng

ねぎらう【労う】 犒劳 kàoláo；慰劳 wèiláo（英 *thank a person for a person's trouble*）

ねぎる【値切る】 还价 huánjià；杀价 shājià（英 *beat down the price*）▶ 2万円を1万5000円に値切った/从两万日元讨价讨到一万五千日元 cóng liǎngwàn Rìyuán tǎojià tǎodào yíwàn wǔqiān Rìyuán ▶ 母さんは～のがうまい/妈妈很会讲价钱 māma hěn huì jiǎng jiàqian

ねくずれ【値崩れする】 暴跌 bàodiē；掉价 diàojià；跌价 diējià（英 *fall in price*）▶ カラーテレビが～を起こす/彩色电视机的价钱大减 cǎisè diànshìjī de jiàqian dà jiǎn

ねぐせ【寝癖】（英 *one's sleeping posture*）▶～の悪い子供/睡相不好的小孩 shuìxiàng bùhǎo de xiǎohái ▶ 起きた時髪に～がついていた/起床的时候发现头发乱了 qǐchuáng de shíhou fāxiàn tóufa shuǐluàn le

ネクタイ 〖服飾〗领带 lǐngdài（英 *a necktie*；[蝶形の] *a bow*）▶～を結ぶ/系领带 jì lǐngdài ▶～をはずす/摘领带 zhāi lǐngdài ▶～を直す/整理领带 zhěnglǐ lǐngdài ▶～が曲がっている/领带歪了 lǐngdài wāi le ▶ 彼が～をしているのを見たことがない/没见过他戴过领带 méi jiànguò tā dàiguò lǐngdài ▶ ノー～で出勤する/不戴领带上班 bú dài lǐngdài shàngbān

◆蝶～ 蝴蝶结 húdiéjié　～ピン 领带夹 lǐngdàijiā

ねぐら 巣 kē，窝 wō；《人間の》家 jiā；住处 zhùchù（英 *a nest*）▶～に帰る/回窝 huíwō；回家 huíjiā

ネグリジェ 西式女睡衣 xīshì nǚshuìyī（英 *a negligee*）

ねぐるしい【寝苦しい】 睡不好觉 shuìbuhǎo jiào；难入睡 nán rùshuì（英 *cannot sleep well*）▶～夏の夜/难以入睡的夏夜 nányǐ rùshuì de xiàyè

ネコ【猫】〖動物〗猫 māo（英 *a cat*）▶～の足/猫爪儿 māozhuǎr ▶～の目/猫儿眼 māoryǎn ▶ にゃお《猫の鳴き声》/喵 miāo；咪咪 mīmī ▶『わが輩は～である』《小説》/《我是猫 Wǒ shì māo》

ことわざ 猫に鰹節 令猫看守干鱼 lìng māo kānshǒu gānyú；让贼看家 ràng zéi kānjiā

ことわざ 猫に小判 对牛弹琴 duì niú tán qín

～の手も借りたい ▶ 最近は人手不足で～の手も借りたいほどだ/最近人手不足，忙得不可开交 zuìjìn rénshǒu bùzú, mángde bùkě kāijiāo

～の額ほどの場所 巴掌大的地方 bāzhang dà de dìfang

～の目のように ▶ 政策が～の目のように変わる/政策变化无常 zhèngcè biànhuà wúcháng

～も杓子（しゃくし）も ▶～も杓子も大学に入ろうとする/不管什么样的人都要上大学 bùguǎn shénmeyàng de rén dōu yào shàng dàxué

～をかぶる ▶ 親の前では～をかぶる/在父母面前装老实 zài fùmǔ miànqián zhuāng lǎoshi

◆～舌 私は～舌である/我怕吃热的 wǒ pà chī rè de

ねぐるま【猫車】 手车 shǒuchē；手推车 shǒutuīchē；独轮车 dúlúnchē（英 *a wheelbarrow*）

ねごこち【寝心地】 睡觉时的感觉 shuìjiào shí de gǎnjué（英 *the feel of a bed*）▶～のよい/躺着很舒服 tǎngzhe hěn shūfu ▶～の悪い/躺着不舒服 tǎngzhe bù shūfu ▶ このベッドはとても～がよい[悪い]/这张床躺着很舒服[难受] zhè zhāng chuáng tǎngzhe hěn shūfu[nánshòu]

ネコじゃらし【猫じゃらし】 狗尾草 gǒuwěicǎo（英 *a green foxtail*）

ねこぜ【猫背の】 驼背 tuóbèi；罗锅 luóguō（英 *a stoop*）

文化 日本語ではこの姿勢のことを「猫」としてとらえるが、中国語では'驼背 tuóbèi'といって「らくだ」で表す．

ねこそぎ【根こそぎ】《草木を》连根拔掉 liángēn bádiào；铲除 chǎnchú；《すっかり》全部 quánbù（英 *all*；*completely*）▶～にする/铲除 chǎnchú；斩草除根 zhǎn cǎo chú gēn ▶ 村は～破壊された/村庄被彻底破坏了 cūnzhuāng bèi chèdǐ pòhuài le ▶～を抜き取る/拔除 báchú ▶ 政财界の腐败を～にすることは永远に不可能です/彻底铲除政界和财界的腐败是永远不可能的 chèdǐ chǎnchú zhèngjiè hé cáijiè de fǔbài shì yǒngyuǎn bù kěnéng de

ねごと【寝言】 梦话 mènghuà；梦呓 mèngyì（英 *talking in one's sleep*）▶～を言う/说梦话 shuō mènghuà ▶ あんな～は取りあいなよ/别理他那种梦话 bié lǐ tā nà zhǒng mènghuà

ねこなでごえ【猫撫で声で】 谄媚声 chǎnmèishēng；撒娇声 sājiāoshēng（英 *in a coaxing voice*）▶～でねだる/娇声媚语地要求 jiāoshēng mèiyǔ de yāoqiú

ねこばば【猫ばばする】 把捡的东西昧为己有 bǎ jiǎn de dōngxi mèiwéi jǐ yǒu；装进自己的腰包 zhuāngjìn zìjǐ de yāobāo（英 *pocket*）▶ 拾った財布を～する/把捡的钱包昧为己有 bǎ jiǎn de qiánbāo mèiwéi jǐ yǒu

ねこみ【寝込み】 熟睡中 shúshuì zhōng（英 *one's sleep*）▶～を襲う/趁人熟睡闯进去 chèn rén shúshuì chuǎngjìnqu

ねこむ【寝込む】 熟睡 shúshuì；酣睡 hānshuì；《病気などで》卧床 wòchuáng（英 *fall asleep*；[病気で] *be ill in bed*）▶ 彼はぐっすり寝込んでいた/他睡得很熟 tā shuìde hěn shú ▶ 熱を出して寝込んだ/发烧了卧床不起 fāshāole wòchuáng bù qǐ

ねこめいし【猫目石】 猫睛石 māojīngshí（英 *a cat's-eye*）

ネコヤナギ【猫柳】〖植物〗细柱柳 xìzhùliǔ（英 *a pussy willow*）

ねころぶ【寝転ぶ】 躺卧 tǎngwò（英 *lie down*）▶ 彼は草の上に寝転んでいる/他躺在草上了 tā tǎngzài cǎoshang le ▶ 寝転んで本を読む/躺着看书 tǎngzhe kàn shū

ねさがり【値下がりする】 掉价 diàojià; 跌价 diējià (英 *fall [drop] in price*) ▶株は大幅に〜した/股票大跌 gǔpiào dà diē

ねさげ【値下げ】 减价 jiǎnjià; 降价 jiàngjià (英 *a price cut*) ▶賃金の〜/减工资 jiǎn gōngzī ▶運賃の〜/运费降价 yùnfèi jiàngjià ▶我が社はエアコンの大幅〜を行う/本公司实行空调的大幅度减价 běn gōngsī shíxíng kōngtiáo de dàfúdù jiǎnjià

ねざけ【寝酒】 睡前喝的酒 shuìqián hē de jiǔ (英 *a nightcap*) ▶〜はブランデーと决めている/临睡前一定要喝白兰地 línshuìqián yídìng yào hē báilándì

ねざす【根差す】 根源 gēnyuán; 扎根 zhāgēn (英 [植物が] *take root*; [原因する] *arise*) ▶地域に根差した活動/扎根于本地区的活动 zhāgēn yú běn dìqū de huódòng

ねざめ【寝覚め】 睡醒 shuìxǐng (英 *waking*) ▶〜が悪い 没睡好觉 méi shuìhǎo jiào; (比喩) 内心惭愧 nèixīn cánkuì

ねざや【値鞘】 差价 chājià (英 *a margin*)

ねじ【螺子】 螺钉 luódīng; 螺丝钉 luósīdīng (英 *a screw*) ▶〜を固く締める/把螺丝固定好 bǎ luósī gùdìnghǎo ▶〜をゆるめる/拧松螺丝 nǐngsōng luósī ▶どこかに〜のゆるんでいるところがある/在哪里有一个螺丝松动了 zài nǎli yǒu yí ge luósī sōngdòng le ▶おまえ、頭の〜がゆるんでいるぞ/你可有点儿松劲儿啦 nǐ kě yǒudiǎnr sōngjìnr la

◆〜回し 【螺丝刀】 luósīdāo

ねじあける【捩じ開ける】 用力拧开 yònglì nǐngkāi; 撬开 qiàokāi (英 *twist open*) ▶瓶のふたを〜/扭开瓶盖 niǔkāi pínggài

ねじきる【捩じ切る】 扭断 niǔduàn; 拧断 nǐngduàn (英 *twist off*)

ねじくぎ【螺子釘】 螺钉 luódīng; 螺丝 luósī (英 *a screw nail*)

ねじける(心が) 别扭 bièniu; 乖僻 guāipì (英 *be distorted*) ▶ねじけた性質の子供/性格怪僻的孩子 xìnggé guàipì de háizi

ねじこむ【捩じ込む】 ❶【突っ込む】 扭进 niǔjìn; 塞进 sāijìn (英 *screw*) ▶紙幣の枚数も数えないままポケットにねじ込んだ/也不数纸币的张数，就塞进了口袋 yě bù shǔ zhǐbì de zhāngshù, jiù sāijìnle kǒudai ❷【抗議する】 抗议 kàngyì; 责问 zéwèn (英 *protest*) ▶彼の親は失礼ではないかと隣りの家にねじ込んだ/他的父母冲进邻居家，责问他们的失礼 tā de fùmǔ chōngjìn línjūjiā, zéwèn tāmen de shīlǐ

ねじずまる【寝静まる】 夜深人静 yè shēn rén jìng; 入睡静下 rùshuì jìngxià (英 *be fast asleep*) ▶世間が〜頃に起き出して出勤する/夜深人静的时候起来上班 yè shēn rén jìng de shíhou qǐlái shàngbān

ねしな【寝しなに】 临睡时 línshuì shí (英 *just before going to bed*) ▶〜にコップ1杯の水を飲む/临睡时喝一杯水 línshuì shí hē yì bēi shuǐ

ねじふせる【捩じ伏せる】 拧住胳膊按倒 níngzhù gēbo àndǎo (英 *twist... down*) ▶泥棒を力で〜/用力按住小偷 yònglì ànzhù xiǎotōu

ねじまげる【捩じ曲げる】 歪曲 wāiqū (英 *twist; bend by twisting*) ▶事实を〜/歪曲事实 wāiqū shìshí ▶針金を〜/把铁丝弄弯 bǎ tiěsī nòngwān ▶ねじ曲がった釘/歪歪扭扭的钉子 wāiwāiniǔniǔ de dīngzi ▶おまえのねじ曲がった根性を叩き直してやる/治治你那个扭曲的本性 zhìzhì nǐ nàge niǔqū de běnxìng

ねじまわし【螺子回し】 改锥 gǎizhuī; 螺丝刀 luósīdāo (英 *a screwdriver*)

ねしょうがつ【寝正月】 呆在家里过年 dāizài jiāli guònián (英 *spending the New Year holidays in bed*)

ねしょうべん【寝小便】 尿床 niàochuáng (英 *bed-wetting*)

ねじる【捩る・捻る】 拧 nǐng; 扭 niǔ (英 *twist; wrench*) ▶相手の腕をねじり上げる/拧对方手腕 nǐng duìfāng shǒuwàn ▶水道の栓を〜/拧开水龙头 nǐngkāi shuǐlóngtóu

ねじれ【捩れ】 扭曲 niǔqū; 歪扭 wāiniǔ (英 *a twist*) ▶議会と民意に〜現象が見られる/议会跟民意出现了乖离 yìhuì gēn mínyì chūxiànle guāilí

ねじれる【捩れる】 扭歪 niǔwāi; 扭曲 niǔqū (英 *be twisted*) ▶このホースはねじれやすい/这个软管很容易扭在一起 zhège ruǎnguǎn hěn róngyì niǔzài yìqǐ

ねじろ【根城】 根据地 gēnjùdì (英 *a base*) ▶〜を構える/建立根据地 jiànlì gēnjùdì

ねすごす【寝過ごす】 睡过了时间 shuìguò le shíjiān (英 *oversleep*) ▶1時間寝過ごした/睡过了一个小时 shuìguòle yí ge xiǎoshí

ねずのばん【寝ずの番】 通宵值班 tōngxiāo zhíbān (英 *the night watch*)

ネズミ【動物】老鼠 lǎoshǔ; 耗子 hàozi (英 *a rat; a mouse*) ▶敌はもう袋の〜だ/敌人已是瓮中之鳖 dírén yǐ shì wèng zhōng zhī biē ▶〜がちゅうちゅう鳴く/老鼠啾啾地叫 lǎoshǔ jiūjiū de jiào

◆〜算式 〜算式にふえる/成倍地增长 chéngbèi de zēngzhǎng 〜捕り/捕鼠器 bǔshǔqì

ねずみいろ【鼠色】 灰色 huīsè (英 *gray*)

ねぞう【寝相】 睡相 shuìxiàng (英 *one's sleeping posture*) ▶〜が悪い/睡相不好 shuìxiàng bùhǎo

ねそびれる【寝そびれる】 睡不着觉 shuìbuzháo jiào; 失眠 shīmián; 难以入睡 nányǐ rùshuì (英 *cannot get to sleep*) ▶寝そびれて朝までラジオを聞いていた/睡不着觉听收音机一直听到早晨 shuìbuzháo jiào tīng shōuyīnjī yìzhí tīngdào zǎochen

ねそべる【寝そべる】 躺 tǎng; 躺倒 tǎngdǎo (英 *lie down; sprawl*) ▶ソファに寝そべって新聞を読む/躺在沙发上看报 tǎngzài shāfashang kàn bào

ネタ 材料 cáiliào (英 *a news item*;[証拠] *evidence*) ▶これは小説のいい～になる/这会是小说的好素材 zhè huì shì xiǎoshuō de hǎosùcái 寿司のいい～が入った/寿司用的好材料进货了 shòusī yòng de hǎocáiliào jìnhuò le

ねたきり【寝たきりの】 卧病在床 wòbìng zài chuáng (英 *bedridden*) ▶～にならないように毎日歩行訓練をする/为了不成为卧床不起的人,每天进行行走训练 wèile bù chéngwéi wòchuáng bù qǐ de rén, měitiān jìnxíng xíngzǒu xùnliàn

♦～老人:长期卧病在床的老人 chángqī wòbìng zàichuáng de lǎorén

ねタバコ【寝煙草】 躺在床上吸烟 tǎngzài chuángshang xī yān (英 *smoking in bed*) ▶～は御遠慮下さい/请勿在床上抽烟 qǐng wù zài chuángshang chōu yān

ねたましい【妬ましい】 酸溜溜 suānliūliū; 嫉妒 jídù (英 *enviable*) ▶あんな若僧の成功が～もんか/我怎么会嫉妒那种毛头小子的成功呢 wǒ zěnme huì jídù nà zhǒng máotóu xiǎozi de chénggōng ne

ねたみ【妬み】 酸味 suānwèi; 嫉妒心 jídùxīn (英 *jealousy; envy*) ▶彼の才能が周りの人たちの～を買った/他的才能招来了周围人的嫉妒 tā de cáinéng zhāoláile zhōuwéirén de jídù

ねたむ【妬む】 忌妒 jìdu; 嫉妒 jídù; 眼红 yǎnhóng (英 *be jealous of*...) ▶人を～のはやめなさい/不要眼红别人 búyào yǎnhóng biérén ▶彼の幸運を～者が多かった/嫉妒他的幸运的人很多 jídù tā de xìngyùn de rén hěn duō

ねだやし【根絶やしにする】 斩草除根 zhǎn cǎo chú gēn (英 *root out*) ▶彼の一族を～にした/把他一族都斩草除根了 bǎ tā yìzú dōu zhǎn cǎo chú gēn le

ねだる 死气白赖 sǐqibáilài; 央求 yāngqiú (英 *press; ask*... *importunately*) ▶彼女はいつもお母さんに小づかいをねだっている/她总是央求妈妈给她零花钱 tā zǒngshì yāngqiú māma gěi tā línghuāqián ▶おばあさんにねだって買ってもらいなさい/去求你奶奶给你买吧 qù qiú nǐ nǎinai gěi tā mǎi ba

ねだん【値段】 价格 jiàgé; 价钱 jiàqian (英 *a price*;[原価] *a cost*) ▶～が下がる/落价 làojià; 降价 jiàngjià ▶～を吹っ掛ける/要大价 yào dàjià ▶お～はいかほどならよろしいでしょうか/您满意的价钱是多少? nín mǎnyì de jiàqian shì duōshao? 贈物は～より気持ちが大切だ/送东西不在价钱,情意才重要 sòng dōngxi bú zài jiàqian, qíngyì cái zhòngyào ▶～が高過ぎる/价钱太贵 jiàqian tài guì ▶～の高くないホテルを探す/找价钱便宜的饭店 zhǎo jiàqian piányi de fàndiàn ▶白菜の～が上がる[下がる]/白菜的价钱上涨[下降] báicài de jiàqian shàngzhǎng [xiàjiàng] ▶少し～を下げられませんか/能不能稍微便宜一点？ néngbunéng shāowēi piányi yìdiǎn? ▶彼はその花瓶に5万円と～をつけた/他给这个花瓶定了五万日元的价钱 tā gěi zhège huāpíng dìngle wǔwàn Rìyuán de jiàqian ▶～を掛け合う/谈价钱 tán jiàqian

ねちがえる【寝違える】 落枕 làozhěn (英 *crick*... *in one's sleep*) ▶寝違えて首が回らない/睡落枕了,脖子不能动了 shuì làozhěn le, bózi bùnéng dòng le

ねちねち (言動が) 絮絮叨叨 xùxùdāodāo; 纠缠不休 jiūchán bù xiū (英 *sticky*) ▶～した話し方/说话絮絮叨叨 shuōhuà xùxùdāodāo

ねつ【熱】 **1**[体温の] 烧 shāo (英 *body temperatures*) ▶～が下がる/退烧 tuìshāo ▶～が出る/发烧 fāshāo ▶～を計る/量体温 liáng tǐwēn ▶あなたは少し～があるようです/你稍微有点发烧 nǐ shāowēi yǒudiǎn fāshāo ▶～が高い/发高烧 fā gāoshāo ▶～に浮かされる/发烧说胡话 fāshāo shuō húhuà

2[エネルギーとしての] 热 rè; 热度 rèdù (英 *heat*) ▶～を伝導する/导热 dǎorè ▶～を保つ《断熱材で》/保温 bǎowēn

3[情熱] 激情 jīqíng; 热情 rèqíng (英 *enthusiasm*) ▶～がこもった/热切 rèqiè ▶～を上げる/入迷 rùmí ▶結婚3ヶ月で～がさめてしまった/结婚三个月就失去了热情 jiéhūn sān ge yuè jiù shīqùle rèqíng ▶～のこもった演説/充满激情的讲演 chōngmǎn jīqíng de jiǎngyǎn ▶彼女は計画を～っぽく語った/她很激情地描述了她的计划 tā hěn jīqíng de miáoshùle tā de jìhuà

♦～気球:热气球 rèqìqiú ～効率:热效率 rèxiàolǜ

ねつあい【熱愛する】 爱恋 àiliàn; 热爱 rè'ài (英 *love passionately*) ▶噂の～カップルが映画で共演する/传闻中的热恋情侣共演电影 chuánwén zhōng de rèliàn qínglǚ gòng yǎn diànyǐng

ねつい【熱意】 热情 rèqíng; 热忱 rèchén (英 *enthusiasm; zeal*) ▶～のある/热心 rèxīn; 热情 rèqíng ▶～のない/浮皮潦草 fúpí liáocǎo; 冷漠 lěngmò ▶君には仕事への～が感じられない/感觉不到你对工作的热情 gǎnjuébudào nǐ duì gōngzuò de rèqíng ▶彼は校長の～にほだされてコーチを引き受けた/他为校长的热情所动，接受了教练一职 tā wéi xiàozhǎng de rèqíng suǒ dòng, jiēshòule jiàoliàn yì zhí ▶自己PRで～を示す/通过宣传自己，显示自己的热情 tōngguò xuānchuán zìjǐ, xiǎnshì zìjǐ de rèqíng

ねつエネルギー【熱エネルギー】 热力 rèlì; 热能 rènéng (英 *thermal energy*)

ねつえん【熱演する】 热烈表演 rèliè biǎoyǎn (英 *perform enthusiastically*)

ねつかくはんのう【熱核反応】〘物理〙热核反应 rèhé fǎnyìng (英 *a thermonuclear reaction*)

ねつかくゆうごう【熱核融合】〘物理〙热核聚变 rèhé jùbiàn (英 *thermonuclear fission*)

ネッカチーフ 领巾 lǐngjīn; 围巾 wéijīn (英 *a neckerchief*) ▶赤い～を巻く/系红领巾 jì hónglǐngjīn

ねっから【根っからの】 天生 tiānshēng；本来 běnlái；《否定文で》根本 gēnběn；完全 wánquán (英 born) ▶彼は～の商売人だ/他是一个天生的商人 tā shì yí ge tiānshēng de shāngrén ▶私は～の甘党でね/我从骨子里爱吃甜食 wǒ cóng gǔzilǐ ài chī tiánshí ▶彼の話を私は～信じていなかった/我根本不相信他的话 wǒ gēnběn bù xiāngxìn tā de huà

ねっき【熱気】 ❶［暑さ・熱風］热气 rèqì；暑气 shǔqì (英 hot air；heat) ▶部屋には～がもっていた/屋子里充满着热气 wūzili chōngmǎnzhe rèqì ❷［情熱］热劲儿 rèjìnr (英 enthusiasm) ▶ますます観衆の～が高まってきた/观众的热情越来越高了 guānzhòng de rèqíng yuèláiyuè gāo le

ねつき【寝付き】 入睡 rùshuì (英 falling asleep) ▶～がよい/容易入睡 róngyì rùshuì

ねっきょう【熱狂】 狂热 kuángrè；入迷 rùmí (英 enthusiasm；excitement) ▶～的なファンが舞台に殺到した/狂热的追星族冲上了舞台 kuángrè de zhuīxīngzú chōngshàngle wǔtái ▶彼の熱弁は聴衆を～させた/他激情的演讲，使得听众沸腾起来 tā jīqíng de yǎnjiǎng, shǐde tīngzhòng fèiténgqǐlai ▶彼は～的の歓迎を受けた/他受到了热烈的欢迎 tā shòudàole rèliè de huānyíng

ネック ❶［首］脖子 bózi (英 a neck) ❷［障害］难点 nánguǎn；瓶颈 píngjǐng (英 a bottleneck) ▶事業拡大の～は優秀な人材を確保できないことだ/扩大事业的瓶颈是得不到足够的优秀人材 kuòdà shìyè de píngjǐng shì débudào zúgòu de yōuxiù réncái

ねつく【寝付く】 入睡 rùshuì；睡着 shuìzháo (英 go to sleep；fall asleep) ▶朝4時まで寝付けなかった/到早上四点才睡着 dào zǎoshang sì diǎn cái shuìzháo

ねづく【根付く】 扎根 zhāgēn；生根 shēnggēn；返青 fǎnqīng (英 take root) ▶この国には西欧の民主主義が根付かない/这个国家里西欧的民主主义无法扎根 zhège guójiāli Xī Ōu de mínzhǔ zhǔyì wúfǎ zhāgēn ▶その方法を日本に根付かせる/让这个方法在日本扎根 ràng zhège fāngfǎ zài Rìběn zhāgēn ▶移植した松が根付いた/移栽的松树扎了根 yízāi de sōngshù zhāle gēn

ネックレス 项链 xiàngliàn；项圈 xiàngquān (英 a necklace) ▶3連の真珠の～/三串珍珠项链 sān chuàn zhēnzhū xiàngliàn

ねっけつ【熱血】 热血 rèxuè；心血 xīnxuè (英 hot blood) ▶～を注ぐ/倾注心血 qīngzhù xīnxuè ▶～漢/热血男儿 rèxuè nán'ér ▶～先生/热血老师 rèxuè lǎoshī

ねつげん【熱源】 〔化学〕热源 rèyuán (英 a heat source)

ねっこ【根っこ】 根 gēn；（切り株）树墩 shùdūn；《根本》根本 gēnběn (英 a root) ▶この木は～が腐っている/这棵树的根已腐朽了 zhè kē shù de gēn yǐ fǔxiǔ le ▶問題の～には民族対立がひそんでいる/问题的根底隐伏着民族感情的

対立 zài wèntí de gēndǐ yǐnfúzhe mínzú gǎnqíng de duìlì

ねつさまし【熱冷まし】 解热药 jiěrèyào；退烧药 tuìshāoyào (英 an antifebrile)

ねっしゃびょう【熱射病】 〔医〕中暑 zhòngshǔ (英 heatstroke)

ねつじょう【熱情】 热情 rèqíng；热忱 rèchén (英 passion；ardor) ▶～を込めて語る/饱含热情地讲述 bǎohán rèqíng de jiǎngshù

📘日中比較 中国語の'热情 rèqíng'は「熱心な気持ち」を指す他に「心がこもっている」「親切である」ことをも指す.

ねつしょり【熱処理】 热处理 rèchǔlǐ (英 heat treatment) ▶高温で～をする/通过高温热处理 tōngguò gāowēn rèchǔlǐ

ねっしん【熱心な】 热心 rèxīn；积极 jījí；热情 rèqíng (英 enthusiastic；zealous) ▶～に勉強する/用功学习 yònggōng xuéxí；努力用功 nǔlì yònggōng ▶彼女は子供の教育に～である/她热衷于孩子的教育 tā rèzhōng yú háizi de jiàoyù

📘日中比較 中国語の'热心 rèxīn'には「熱心である」という意味の他に「親切である」という意味もある.

ねっする【熱する】 加热 jiārè；《激する》热中 rèzhōng；激动 jīdòng (英 make... hot；［激する］get excited) ▶校長の語気はしだいに熱して来た/校长的语气逐渐激昂起来了 xiàozhǎng de yǔqì zhújiàn jī'ángqǐlai le ▶彼は熱しやすくさめやすい/他就是热得快，冷得也快 tā jiù shì rède kuài, lěngde yě kuài

ねっせん【熱戦】 酣战 hānzhàn；激战 jīzhàn (英 a hot contest；a close game) ▶柔道大会は息づまる～が展開された/柔道大会上展开了激烈的比赛 róudào dàhuìshang zhǎnkāile jīliè de bǐsài

ねつぞう【捏造する】 捏造 niēzào；假造 jiǎzào (英 fabricate；invent) ▶契約書を～する/伪造合同 wěizào hétong ▶その論文は実験データを～していた/这篇论文捏造了实验数据 zhè piān lùnwén niēzàole shíyàn shùjù

ねったい【熱帯】 热带 rèdài (英 the tropical zone) ▶～魚/热带鱼 rèdàiyú ▶～植物/热带植物 rèdài zhíwù ▶～性低気圧/热带性低气压 rèdàixìng dīqìyā ▶～夜/酷暑的夜晚 kùshǔ de yèwǎn ▶～雨林/热带雨林 rèdài yǔlín

ねっちゅう【熱中する】 热中 rèzhōng；入迷 rùmí；专心 zhuānxīn (英 become enthusiastic) ▶夏休みは宿題を忘れて虫取りに～していた/暑假里不顾作业，专心捉虫了 shǔjiàli bú gù zuòyè, zhuānxīn zhuō chóng le ▶彼は今サッカーに～している/他现在热中于足球 tā xiànzài rèzhōng yú zúqiú ▶彼は勝負事に～して身をあやまった/他热衷赌博，走错了路 tā rèzhōng dǔbó, zǒucuòle lù

ねっぽい【熱っぽい】 ❶［身体が］有点儿发烧 yǒudiǎnr fāshāo (英 feverish) ▶なんだか熱っぽくて食欲がないんです/好像有点发烧没有食

欲 hǎoxiàng yǒudiǎn fāshāo méiyǒu shíyù ❷【議論・雰囲気が】热火 rèhuo；热情 rèqíng（英 heated）▶彼は地球温暖化の問題を熱っぽく語った/他热情地述说着全球变暖现象 tā rèqíng de shùshuōzhe quánqiú biànnuǎn xiànxiàng

ネット ❶【網】网 wǎng；《球技の》球网 qiúwǎng（英 a net）▶～イン/擦网球 cāwǎngqiú ～を張る/张开网 zhāngkāi wǎng ▶国民生活のセーフティー～/国民生活的安全网 guómín shēnghuó de ānquánwǎng ▶《野球場の》～裏/网后席 wǎnghòu xí

❷【インターネット】因特网 yīntèwǎng（英 the Internet）
◆～オークション/网上拍卖 wǎngshang pāimài ～カフェ/网吧 wǎngbā ～サーフィン/冲浪浏览 chōnglàng liúlǎn；网上冲浪 wǎngshang chōnglàng ～ショッピング/网上购物 wǎngshang gòuwù ～犯罪/网络犯罪 wǎngluò fànzuì ～プレー《テニス》/网前截击 wǎngqián jiéjī

ねっとう【熱湯】开水 kāishuǐ；热水 rèshuǐ；滚水 gǔnshuǐ（英 boiling water）▶～を注ぐ/沏 qī；倒开水 dào kāishuǐ ▶～で左手をやけどした/左手被开水烫伤 zuǒshǒu bèi kāishuǐ tàngshāng

ねっとりした 黏糊糊 niánhūhū（英 sticky；clammy）▶～舌ざわり/舌头的感觉黏糊糊的 shétou de gǎnjué niánhūhū de ▶汗で髪がねっとり額にへばりついた/出汗使头发黏在额头上 chū hàn shǐ tóufa niánzài étoushang

ネットワーク 网络 wǎngluò；广播网 guǎngbōwǎng；电视网 diànshìwǎng（英 a network）▶～番組/联播节目 liánbō jiémù ▶～ケーブル/电缆网络 diànlǎn wǎngluò ▶その番組は三つの～で放送している/那个节目在三个电视网同时播出 nàge jiémù zài sān ge diànshìwǎng tóngshí bōchū ▶釣り仲間の～ができ上がっている/钓友之间形成了自己的网络 diàoyǒu zhījiān xíngchéngle zìjǐ de wǎngluò

ねっぱ【熱波】热浪 rèlàng（英 a heat wave）▶インド北部に～が襲った/印度北部遭到了热浪袭击 Yìndù běibù zāodàole rèlàng xíjī

ねつびょう【熱病】热病 rèbìng（英 a fever）▶～にかかる/患上热病 huànshàng rèbìng

ねっぷう【熱風】热风 rèfēng（英 a hot wind）

ねつべん【熱弁】热烈的辩论 rèliè de biànlùn（英 a fiery speech）▶～を振るう/热情地讲 rèqíng de jiǎng；激烈辩论 jīliè biànlùn

ねつぼう【熱望する】热望 rèwàng；渴望 kěwàng（英 an ardent wish）▶あなたの合格を私たちは～している/我们热切希望你考试合格 wǒmen rèqiè xīwàng nǐ kǎoshì hégé

ねづよい【根強い】根深蒂固 gēn shēn dì gù；牢固 láogù；顽强 wánqiáng（英 deep-rooted）▶この車種は～人気を誇っている/这种车种有着牢固的人气 zhège chēzhǒng yǒuzhe láogù de rénqì ▶組織への～不信感はなかなか消えない/很

难消除对组织的强烈不信任感 hěn nán xiāochú duì zǔzhī de qiángliè búxìnrèngǎn

ねつりきがく【熱力学】热力学 rèlìxué（英 thermodynamics）

ねつりょう【熱量】热量 rèliàng（英 calorie）▶～計/量热器 liángrèqì

ねつれつ【熱烈な】热烈 rèliè；火热 huǒrè（英 ardent；passionate）▶～に愛する/热恋 rèliàn ▶知事は～な支持者を多数失った/知事失去了很多热情的支持者 zhīshì shīqùle hěn duō rèqíng de zhīchízhě

ねどこ【寝床】床 chuáng；床铺 chuángpù；被窝儿 bèiwōr（英 a bed）▶うなぎの～/细长的房屋 xìcháng de fángwū ▶ペット～をつくる/给宠物做床 gěi chǒngwù zuò chuáng ▶～に入る[を離れる]/上床[下床] shàng chuáng [xià chuáng] ▶～で本を読む/在床上看书 zài chuángshang kàn shū

ねとまり【寝泊まりする】住宿 zhùsù；寄居 jìjū（英 stay at...）▶地震の被災者は車で寝泊まりしていた/地震的受灾者住宿在汽车里 dìzhèn de shòuzāizhě zhùsù zài qìchēli

ねばねば 黏 nián；黏糊糊 niánhūhū（英 sticky；clammy）▶口の中が～する/嘴里发黏 zuǐli fā nián ▶納豆，オクラなど～する食品は苦手だ/不喜欢纳豆、秋葵之类黏黏的食品 bù xǐhuan nàdòu、qiūkuí zhī lèi niánnián de shípǐn

ねばり【粘り】❶【納豆などの】黏性 niánxìng（英 stickiness）❷【性格の】长性 chángxìng；韧性 rènxìng；耐性 nàixìng（英 tenacity）▶～のない《性格》/稀松 xīsōng；淡泊 dànbó ▶我がチームが驚異的な～で逆転した/我们队依靠着惊人的顽强反败为胜 wǒmen duì yīkàozhe jīngrén de wánqiáng fǎn bài wéi shèng ▶最後に強靭な～腰を見せて逃げきった/最后凭着强韧的韧性维持了优势胜利 zuìhòu píngzhe qiángrèn de rènxìng wéichíle yōushì shènglì ▶彼女は～づよく自らの清廉潔白を主張した/她顽强地主张自己的清白 tā wánqiáng de zhǔzhāng zìjǐ de qīngbái

ねばりけ【粘り気】黏性 niánxìng（英 stickiness）▶～がある/黏糊 niánhu ▶この種の米は適度な～がある/这种米的黏性正合适 zhè zhǒng mǐ de niánxìng zhèng héshì

ねばりづよい【粘り強い】坚强 jiānqiáng；坚韧 jiānrèn；顽强 wánqiáng（英 patient）▶問題解決には～交渉が欠かせない/要解决问题顽强的交涉是必不可少的 yào jiějué wèntí wánqiáng de jiāoshè shì bì bù kě shǎo de

ねばりづよさ【粘り強さ】韧性 rènxìng；黏性 niánxìng；顽强 wánqiáng（英 tenacity）

ねばる【粘る】❶【餅などが】发黏 fānián（英 be sticky）❷【頑張る】坚持 jiānchí（英 be persevering）▶最後まで～/坚持到底 jiānchí dàodǐ ▶試験で時間ギリギリまで～/考试坚持到最后一刻 kǎoshì jiānchídào zuìhòu yíkè ▶コーヒー1杯で2時間～《喫茶店などで》/喝一杯咖

ねはん【涅槃】 涅槃 nièpán; 圆寂 yuánjì (英 *nirvana*)

ねびえ【寝冷えする】 睡觉受凉 shuìjiào shòuliáng (英 *get chill in one's sleep*) ▶今朝は～したのかお腹が痛い/今天早上可能是睡觉受了凉,肚子疼 jīntiān zǎoshang kěnéng shì shuìjiào shòule tòuliáng, dùzi téng

ねびき【値引き】 折扣 zhékòu; 贬价 biǎnjià; 减价 jiǎnjià (英 *reduction in price*) ▶～して売る/打折扣 dǎ zhékòu; 放盘 fàngpán ▶2割～する/打八折 dǎ bā zhé ▶当店はどなたにも～はいたしません/本店对于任何人都不打折 běndiàn duìyú rènhé rén dōu bù dǎzhé

ねぶかい【根深い】 ❶【根が深い】根儿深 gēnr shēn (英 *deep-rooted*) ❷【原因などが奥深い】根深蒂固 gēn shēn dì gù (英 *ingrained*) ▶~悪習/痼习 gùxí ▶その国には一人種差別がはびこっている/那个国家根深蒂固的人种歧视很猖獗 nàge guójiā gēn shēn dì gù de rénzhǒng qíshì hěn chāngjué

ねぶくろ【寝袋】 睡袋 shuìdài (英 *a sleeping bag*) ▶~持参で山に行く/带着睡袋上山 dàizhe shuìdài shàngshān

ねぶそく【寝不足】 睡眠不够 shuìmián bú gòu (英 *a lack of sleep*) ▶昨夜の～で頭が重い/因为昨晚睡眠不好,头很沉 yīnwèi zuówǎn shuìmián bùhǎo, tóu hěn chén ▶早寝して～を取り返す/早点睡补回睡眠不足 zǎodiǎn shuì bǔhuí shuìmián bùzú

ねふだ【値札】 价目标签 jiàmù biāoqiān; 价格标签 jiàgé biāoqiān (英 *a price tag*) ▶~をつける/标价 biāojià

ねぶみ【値踏みする】 估价 gūjià; 评价 píngjià;《人物を》打量 dǎliang (英 *value; estimate*) ▶身なりで客を～する/看打扮评价客人 kàn dǎbàn píngjià kèrén ▶君は外見で女性を～してないか/你是不是从外表来评价女性啊? nǐ shìbushì cóng wàibiǎo lái píngjià nǚxìng a? ▶彼はその品を5万円と～した/他给那件东西估价五万日元 tā gěi nà jiàn dōngxi gūjià wǔwàn Rìyuán

ネフローゼ 〘医〙肾硬变 shènyìngbiàn (英 *nephrosis*)

ねぼう【寝坊する】 睡懒觉 shuì lǎnjiào (英 *get up late*) ▶～して学校に遅刻しそうになった/睡懒觉上学校差点儿迟到 shuì lǎnjiào shàng xuéxiào chàdiǎnr chídào ▶日曜日はふつう～する/星期天一般睡懒觉 xīngqītiān yìbān shuì lǎnjiào

ねぼける【寝ぼける】 睡迷糊 shuì míhu (英 *be half asleep*) ▶寝ぼけたことを言うんじゃない/别说梦话了 bié shuō mènghuà le ▶寝ぼけてそんなことをしたに違いない/肯定是睡迷糊了,做出那样事情的 kěndìng shì shuì míhu le, zuòchū nàyàng shìqing de ▶寝ぼけまなこで身支度を整え家を出た/睡眼惺忪地收拾打扮一下,出了家门 shuìyǎn xīngsōng de shōushi dǎban yíxià, chūle jiāmén

ねほりはほり【根掘り葉掘り】 追根究底 zhuī gēn jiū dǐ ▶~問う/刨根问底 páogēn wèndǐ ▶個人的なことを～問い/刨根问底就连私人的事情也刨根问底 jiù lián sīrén de shìqing yě páogēn wèndǐ

ねまき【寝巻き】 睡衣 shuìyī (英 *night clothes; pajamas*) ▶~に着替える/换睡衣 huàn shuìyī ◆~姿 ~姿で近所を徘徊する/穿着睡衣在家附近徘徊 chuānzhe shuìyī zài jiā fùjìn páihuái

ねまわし【根回し】 ❶【移植のため】整根 zhěnggēn (英 *a preparation for transplanting*) ❷【交渉のため】事先疏通 shìxiān shūtōng; 事先协商 shìxiān xiéshāng (英 *groundwork; spadework*) ▶～しておく/做好事先准备工作 zuòhǎo shìxiān zhǔnbèi gōngzuò ▶ちゃんと～してあるから会議は長引かないよ/事先搞好了关系,会议不会延长的 shìxiān gǎohǎole guānxi, huìyì búhuì yáncháng de

ねみみにみず【寝耳に水】 青天霹雳 qīngtiān pīlì (英 *a bolt from the blue*) ▶いきなり離婚を切り出されるとはまさに～だ/突然提出要离婚,简直就是晴天霹雳 túrán tíchū yào líhūn, jiǎnzhí jiù shì qíngtiān pīlì

ねむい【眠い】 困 kùn; 困倦 kùnjuàn (英 *be [feel] sleepy*) ▶最近やたらと～/最近十分困倦 zuìjìn shífēn kùnjuàn ▶あの先生の講義は眠くてかなわない/那个老师的课听了直犯困 nàge lǎoshī de kè tīngle zhí fànkùn ▶眠くなる/发困 fākùn; 犯困 fànkùn ▶難しい本を読むと眠くなる/一读难的书就想睡觉 yì dú nán de shū jiù xiǎng shuìjiào

ねむけ【眠気】 睡意 shuìyì; 困倦 kùnjuàn (英 *sleepiness; drowsiness*) ▶~を誘う/发困 fākùn ▶日なたぼっこをしていたら～がさしてきた/晒着太阳渐渐地犯困了 shàizhe tàiyáng jiànjiàn de fànkùn le ▶~を催させる音楽/听了犯困的音乐 tīngle fànkùn de yīnyuè ▶目をこすって～を覚ます/揉眼睛消除睡意 róu yǎnjīng xiāochú shuìyì ▶~覚ましに濃いコーヒーを飲む/为了消除睡意,喝一杯浓咖啡 wèile xiāochú shuìyì, hē yì bēi nóngkāfēi

ネムノキ【合歓木】 〘植物〙合欢 héhuān; 绒花树 rónghuāshù; 夜合花 yèhéhuā (英 *a silk tree*)

ねむり【眠り】 睡眠 shuìmián; 睡觉 shuìjiào (英 *sleep*) ▶~が深い/睡得很香 shuìde hěn xiāng; 睡得香甜 shuìde xiāngtián ▶~につく/入睡 rùshuì; 安息 ānxī ▶~が浅くて夜中に目が覚める/睡得不熟,半夜醒过来 shuìde bù shú, bànyè xǐngguòlai ▶深い～から覚める/从酣睡中醒过来 cóng hānshuì zhōng xǐngguòlai
◆~薬 安眠药 ānmiányào

ネムリグサ【眠草】〖植物〗含羞草 hánxiūcǎo (英 *a sensitive plant*)

ねむる【眠る】睡 shuì;睡觉 shuìjiào (英 *sleep; fall asleep*) ▶この頃は1日4時間しか眠らない/最近每天只睡四个小时 zuìjìn měitiān zhǐ shuì sì ge xiǎoshí ▶子供たちはぐっすり眠っている/小孩子们在熟睡着 xiǎoháizimen zài shúshuìzhe ▶眠れない/睡不着 shuìbuzháo;失眠 shīmián ▶夜咳が出て眠れない/晚上咳嗽，睡不好 wǎnshang késou, shuìbuhǎo ▶仕事のことが気になって夜眠れない/工作上的事情放心不下，晚上睡不着 gōngzuòshang de shìqíng fàngxīnbuxià, wǎnshang shuìbuzháo

ねもと【根元】根儿 gēnr;根部 gēnbù (英 *the root*) ▶木を～から切る/从根部砍掉树 cóng gēnbù kǎndiào shù ▶雑草を～から抜く/从根部拔掉杂草 cóng gēnbù bádiào zácǎo

ねものがたり【寝物語】私房话 sīfanghuà;枕边私语 zhěnbiān sīyǔ (英 *a bedtime story*) ▶～に機密を漏らす/说私房话泄漏了机密 shuō sīfanghuà xièlòule jīmì

ねゆき【根雪】长期的积雪 chángqī de jīxuě;残雪 cánxuě (英 *the snow which lingers until spring*)

ねらい【狙い】❶【狙うこと】瞄准 miáozhǔn (英 *aim; a target*) ▶標的に～をつける/瞄准目标 miáozhǔn mùbiāo ▶車上荒しの被害が激増している/偷空车里东西的案件激增 tōu kōngchēli dōngxi de ànjiàn jīzēng ▶銃に～をつける/用枪瞄准 yòng qiāng miáozhǔn ▶～がはずれる/目标偏了 mùbiāo piān le ❷【意図】意图 yìtú;用意 yòngyì;目标 mùbiāo (英 *intention; an aim*) ▶～を合わせる/针对 zhēnduì ▶著者の～がわからない/不明白作者的意图 bù míngbai zuòzhě de yìtú ▶その番組の～は3歳から5歳までの子供だ/那个节目的对象是三到五岁的孩子 nàge jiémù de duìxiàng shì sān dào wǔ suì de háizi

ねらいうち【狙い撃ちする】瞄准射击 miáozhǔn shèjī;狙击 jūjī (英 *snipe*) ▶それは会長を～する記事だった/那是瞄准会长进行攻击的报道 nà shì miáozhǔn huìzhǎng jìnxíng gōngjī de bàodào

ねらう【狙う】❶【的·目標】瞄 miáo;瞄准 miáozhǔn (英 *aim at...*) ▶銃で熊を～/用枪瞄准熊 yòng qiāng miáozhǔn xióng ▶我がチームは今シーズンの優勝を～/我们队以在这个赛季夺冠为目标 wǒmen duì yǐ zài zhège sàijì duóguàn wéi mùbiāo ❷【機会】窥伺 kuīsì;伺机 sìjī (英 *watch*) ▶逃亡の機会を～/寻找逃跑的机会 xúnzhǎo táopǎo de jīhuì ▶彼の狙っているのは彼女の金だ/他的目标是她的钱 tā de mùbiāo shì tā de qián

ねりあるく【練り歩く】游行 yóuxíng (英 *march; parade*) ▶御輿(きし)をかついで町内を～/抬着神轿在街道上游行 táizhe shénjiào zài jiēdàoshang yóuxíng

ねりおしろい【練り白粉】粉膏 fěngāo (英 *paste powder*)

ねりはみがき【練り歯磨き】牙膏 yágāo (英 *tooth powder*)

ねる【寝る】❶【眠る】睡 shuì;睡觉 shuìjiào (英 *sleep*) ▶余震が続き屋外で～人が多い/余震不断，在屋外睡的人很多 yúzhèn bú duàn, zài wūwài shuì de rén hěn duō ▶猫が床の上に寝ている/小猫在地板上睡觉 xiǎomāo zài dìbǎnshang shuìjiào ▶早く寝て早く起きる[おそく寝て遅く起きる]/早睡早起[晚睡晚起] zǎoshuì zǎoqǐ[wǎnshuì wǎnqǐ] ▶家では食べて～だけだ/在家除了吃就是睡 jiā chúle chī jiùshì shuì ▶今夜一晩ゆっくり寝れば直る/今晚好好儿睡一觉就好了 jīnwǎn hǎohāor shuì yí jiào jiù hǎo le ▶～前に子供を便所に連れていく/睡觉前带孩子去厕所 shuìjiàoqián dài háizi qù cèsuǒ ❷【横になる】躺 tǎng;卧 wò (英 *lie down*) ▶かぜで、2、3日寝ていた/因感冒卧床两三天 yīn gǎnmào wòchuáng liǎng sān tiān ▶草に寝て思うことなし/躺在草上什么都不想 tǎngzài cǎoshang shénme dōu bù xiǎng

ことわざ 寝た子を起こす 无事生非 wú shì shēng fēi
ことわざ 寝る子は育つ 能睡的孩子长得好 néng shuì de háizi zhǎngde hǎo

ねる【練る】❶【かきまぜる】和 huó;搅拌 jiǎobàn (英 *knead*) ▶パンの生地を～/搅拌做面包的材料 jiǎobàn zuò miànbāo de cáiliào ❷【案を】推敲 tuīqiāo;锤炼 chuíliàn;斟酌 zhēnzhuó (英 *polish up*) ▶対策を～/考虑对策 kǎolǜ duìcè ▶シナリオの構想を～/斟酌剧本的构思 zhēnzhuó jùběn de gòusī ▶書き上げた論文をさらに練り直す/再次推敲已写好的论文 zàicì tuīqiāo yǐ xiěhǎo de lùnwén

ネル【布地】法兰绒 fǎlánróng (英 *flannel*)

ねん【年】年 nián;年份 niánfèn (英 *a year*) ▶1～は365日だ/一年有三百六十五天 yì nián yǒu sānbǎi liùshíwǔ tiān ▶～に1度の健診/一年一度的体检 yì nián yí dù de tǐjiǎn ▶総会は2～に1回開催される/总会两年召开一次 zǒnghuì liǎng nián zhàokāi yí cì

ねん【念】❶【思い】念头 niàntou;心情 xīnqíng;感想 gǎnxiǎng (英 *a sense*) ▶尊敬の～/尊敬的心情 zūnjìng de xīnqíng ▶畏敬の～を抱く/怀着敬畏之念 huáizhe jìngwèi zhī niàn ❷【注意】注意 zhùyì;小心 xiǎoxīn;谨慎 jǐnshèn (英 *care; caution*) ▶～を押す/叮嘱 dīngzhǔ ▶～のため/为了慎重起见 wèile shènzhòng qǐjiàn ▶～のため病院へ行ってレントゲンをとった/为谨慎起见，去医院作了X光检查 wèi jǐnshèn qǐjiàn, qù yīyuàn zuòle X guāng jiǎnchá ▶～を入れる/留神 liúshén ▶～の入った間違いをやる/错加上错 cuòshang jiā cuò

ことわざ 念には念を入れよ 要再三注意 yào zàisān zhùyì

ねんいり【念入りな】精心 jīngxīn;细致 xìzhì (英 *careful; elaborate*) ▶～に調べる/调查细致

ねんえき【粘液】 黏液 niányè (英 *mucus*) ▶～質の/黏液质 niányèzhì ▶彼は～質に生まれついている/他生来就是黏液质 tā shēnglái jiù shì niányèzhì

ねんが【年賀】 贺年 hènián (英 *New Year's greetings*) ▶～を述べる/拜年 bàinián
◆～状：贺年片 hèniánpiàn ▶～状を出す/寄贺年卡 jì hèniánkǎ

ねんがく【年額】 年额 nián'é (英 *an annual amount*) ▶売り上げは～5000万円に達する/年销售额达到五千万日元 nián xiāoshòu'é dádào wǔqiān wàn Rìyuán ▶～200万円ずつ返済する/每年还两百万日元 měinián huán liǎngbǎi wàn Rìyuán

ねんがっぴ【年月日】 年月日 niányuèrì (英 *the date*)

ねんがらねんじゅう【年がら年中】 一年到头 yì nián dào tóu; 长年 chángnián; 终年 zhōngnián (英 *throughout the year*; *all the year round*) ▶あいつは～文句を言っている/他一年到头发牢骚 tā yì nián dào tóu fā láosao

ねんかん【年刊】 年刊 niánkān (英 *an annual publication*)

ねんかん【年間の】 年间 niánjiān; 一年 yìnián (英 *annual*) ▶～を通して/整年 zhěngnián ▶～輸出額は5億円に達する/全年出口额达到五亿日元 quánnián chūkǒu'é dádào wǔyì Rìyuán ◆～所得：年度所得 niándù suǒdé

ねんかん【年鑑】 年鉴 niánjiàn (英 *a yearbook*; *an almanac*) ▶統計～/统计年鉴 tǒngjì niánjiàn

ねんがん【念願】 心愿 xīnyuàn; 愿望 yuànwàng (英 *one's heart's desire*) ▶長年の～がかなった/多年的愿望得以实现 duōnián de yuànwàng déyǐ shíxiàn

ねんき【年季】 年限 niánxiàn (英 *one's term*) ▶～が明ける/期满 qīmǎn ▶～の入った/老练 lǎoliàn; 有功夫 yǒu gōngfu ▶～の入ったハンター/有经验的猎手 yǒu jīngyàn de lièshǒu ▶～ほど～を入れないとうまくできない/没有多年的经验不可能做好它 méiyǒu duōnián de jīngyàn bù kěnéng zuòhǎo tā ▶～奉公をする/做年限服务 zuò niánxiàn fúwù

ねんきん【年金】 退休金 tuìxiūjīn (英 *a pension*) ▶～で暮らす/靠退休金度日 kào tuìxiūjīn dùrì
◆～制度：养老金制度 yǎnglǎojīn zhìdù 老齢～：养老金 yǎnglǎojīn

ねんぐ【年貢】 佃租 diànzū; 地租 dìzū (英 *land tax*) ▶～の納め時/恶贯满盈之日 è guàn mǎn yíng zhī rì

ねんげつ【年月】 年月 niányuè; 岁月 suìyuè; 光阴 guāngyīn (英 *months and years*; *time*) ▶その件の仕事の完成にかなりの～がかかる/完成那件工作需要相当长的时间 wánchéng nà jiàn gōngzuò xūyào xiāngdāng cháng de shíjiān 幾多の～を経てこういう地形ができた/经过漫长的岁月形成了这种地形 jīngguò màncháng de suìyuè xíngchéngle zhè zhǒng dìxíng

ねんげん【年限】 年限 niánxiàn (英 *a term*; *a period*) ▶契約の～が切れた/合同到期了 hétong dàoqī le

ねんこう【年功】 《仕事や活動の》资历 zīlì; 工龄 gōnglíng (英 *long experience*) ▶序列型賃金/年资工资 niánzī gōngzī ▶～を積んだ/工作经验丰富的人 gōngzuò jīngyàn fēngfù de rén

ねんごう【年号】 年号 niánhào (英 *the era name*) ▶～が昭和から平成に変わった/年号由昭和变成平成 niánhào yóu Zhāohé biànchéng Píngchéng

ねんごろ【懇ろな】 殷勤 yīnqín; 殷殷 yīnyīn;《仲がよい》亲密 qīnmì (英 *polite*; *courteous*) ▶彼らは数年前から～な間柄だ/他们多年前开始就是好朋友 tāmen duōniánqián kāishǐ jiù shì hǎopéngyou ▶彼は～に歓待された/他受到了殷切的欢迎 tā shòudàole yīnqiè de huānyíng ▶遺骸は～に葬られた/遗体被厚葬了 yítǐ bèi hòuzàng le

ねんざ【捻挫する】 扭伤 niǔshāng (英 *sprain one's ankle*) ▶足首を～する/扭脚脖子 niǔ jiǎobózi ▶屋根からとびおりたとき右足首を～した/从屋顶上跳下的时候，扭伤了右脚腕 cóng wūdǐngshang tiàoxià de shíhou, niǔshāngle yòujiǎowàn

ねんさん【年産】 年产 niánchǎn (英 *an annual product*)

ねんし【年始】 年初 niánchū (英 *New Year's Day*) ▶～のあいさつ/拜年 bàinián; 贺年 hènián

ねんじ【年次の】 年度 niándù (英 *annual*; *yearly*) ▶～総会/年度总会 niándù zǒnghuì ▶～報告/年度报告 niándù bàogào ▶～計画/年度计划 niándù jìhuà

ねんしゅう【年収】 一年的收入 yìnián de shōurù (英 *an annual income*; *a yearly income*) ▶～500万円だ/年收入五百万日元 niánshōurù wǔbǎi wàn Rìyuán

ねんじゅう【年中】 整年 zhěngnián; 常年 chángnián; 终年 zhōngnián (英 *all the year round*) ▶～金策に駆け回っている/一年到头奔波筹款 yì nián dào tóu bēnbō chóukuǎn
◆～行事：每年定例的活动 měinián dìnglì de huódòng ～無休《掲示》：全年营业 quánnián yíngyè

ねんしゅつ【捻出する】 筹措 chóucuò (英 [金を] *raise*) ▶起業資金を～する/筹措开业资金 chóucuò kāiyè zījīn

ねんしょ【年初】 年头儿 niántóur; 岁首 suìshǒu (英 *the beginning of the year*)

ねんしょ【念書】 字据 zìjù (英 *a written promise*; *a memorandum*) ▶～を入れる/交字据 jiāo zìjù

■日中比较 中国語の'念书 niànshū'は「学校へ上

がって勉強する」ことを指す.

ねんしょう【年少の】 年少 niánshào; 年轻 niánqīng (英 young; juvenile) ▶～者/少年 shàonián; 年轻人 niánqīngrén

ねんしょう【年商】 一年间的销售额 yìniánjiān de xiāoshòu'é (英 a yearly turnover) ▶その会社は～20億円の会社に成長した/那个公司成为年销售额二十亿日元的公司 nàge gōngsī chéngwéi nián xiāoshòu'é èrshí yì Rìyuán de gōngsī

ねんしょう【燃焼する】 燃烧 ránshāo (英 burn) ▶カロリーを～する/燃烧卡路里 ránshāo kǎlùlǐ ▶僕の青春は不完全に～に終わった/我的青春时代没能发挥热情就结束了 wǒ de qīngchūn shídài méi néng fāhuī rèqíng jiù jiéshù le

ねんじる【念じる】 想念 xiǎngniàn; 祷告 dǎoniàn (英 pray; wish) ▶一日も早い御回復を念じております/祝愿早日康复 zhùyuàn zǎorì kāngfù

ねんすう【年数】 年头儿 niántóur; 年数 niánshù (英 the number of years) ▶この家は～を経ている/这所房子经历了多年的风霜 zhè suǒ fángzi jīnglìle duōnián de fēngshuāng

ねんせい【粘性】【物理】黏性 niánxìng; 黏度 niándù (英 viscosity)

-ねんせい【-年生】 年级生 niánjíshēng (英 a...year pupil (student)) ▶小学6～/小学六年级学生 xiǎoxué liù niánjí xuésheng ▶君は何～?/你是几年级? nǐ shì jǐ niánjí? ▶中学2～です/初中二年级 chūzhōng èr niánjí

ねんだい【年代】 年代 niándài; 世代 shìdài (英 a generation) ▶～物のウイスキー/陈年的威士忌 chénnián de wēishìjì ▶1920～の初期に/二十世纪二十年代初期 èrshí shìjì èrshí niándài chūqī ▶50～の半ばに/五十年代中期 wǔshí niándài zhōngqí ▶～順に並べよう/按年代顺序排列吧 àn niándài shùnxù páiliè ba

◆～記|编年史 biānniánshǐ

ねんちゃく【粘着する】 黏附 niánfù; 黏着 niánzhuó (英 stick; adhere) ▶～剤/黏合剂 niánhéjì ▶～力/黏结力 niánjiélì; 黏着力 niánzhuólì

◆～テープ|胶条 jiāotiáo

ねんちょう【年長の】 年长 niánzhǎng; 年尊 niánzūn (英 senior) ▶～者/年长者 niánzhǎngzhě; 长者 zhǎngzhě ▶【幼稚園の】～組/大班 dàbān ▶彼は私より三つ～です/他比我年长三岁 tā bǐ wǒ niánzhǎng sān suì ▶最～の競技参加者/最年长的参赛者 zuì niánzhǎng de cānsài

ねんど【年度】 年度 niándù; 年份 niánfèn ▶【卒業の】届 jiè (英 the fiscal year) ▶～決算/年度决算 niándù juésuàn ▶2008～の予算/二〇〇八年的预算 èr líng líng bā nián de yùsuàn ▶僕たちは07～の卒業生だ/我们是〇七届毕业生 wǒmen shì líng qī jiè bìyèshēng

◆会計～|会计年度 kuàijì niándù

ねんど【粘土】 黏土 niántǔ (英 clay) ▶～をこねる/捏黏土 niē niántǔ

◆～細工|黏土工艺 niántǔ gōngyì

ねんとう【年頭】 岁首 suìshǒu; 年初 niánchū (英 the beginning of a year) ▶社長の～挨拶/社长的新年贺词 shèzhǎng de xīnnián hècí

|日中比較| 中国語の'年头 niántóu'は「長い年月」のこと.

ねんとう【念頭】 心上 xīnshàng; 心头 xīntóu (英 one's mind) ▶～に置く/放在心上 fàngzài xīnshàng ▶彼は成功不成功を～に置かなかった/他没把是否成功放在心上了 tā méi bǎ shìfǒu chénggōng fàngzài xīnshàng le ▶彼の言葉が今なお私の～を去らない/他说的话我至今依然无法忘怀 tā shuō de huà wǒ zhìjīn yīrán wúfǎ wànghuái

ねんない【年内に】 年内 niánnèi (英 within the year) ▶～に書き上げられますか/稿子能不能年内写完? gǎozi néngbunéng niánnèi xiěwán?

ねんねん【年年】 年年 niánnián; 每年 měinián; 逐年 zhúnián (英 yearly) ▶一部の国では～人口が減少傾向にある/部分国家出现每年人口减少的倾向 bùfen guójiā chūxiàn měinián rénkǒu jiǎnshǎo de qīngxiàng ▶君たちは～同じことを繰り返している/你们每年都在重复着同样的事情 nǐmen měinián dōu zài chóngfùzhe tóngyàng de shìqing

◆～歳々|年复一年 nián fù yì nián

ねんぱい【年輩の・年配の】 年长 niánzhǎng; 《中年》中年 zhōngnián (英 elderly) ▶彼は私と同～だ/他和我是同龄人 tā hé wǒ shì tónglíngrén ▶～の上了年纪的人 shànglle niánjì de rén; 中年人 zhōngniánrén ▶彼は僕より5歳も～なんだ/他比我大五岁 tā bǐ wǒ dà wǔ suì

ねんばんがん【粘板岩】【地学】黏板岩 niánbǎnyán (英 clay slate)

ねんぴ【燃費】 燃料消耗率 ránliào xiāohàolǜ (英 fuel efficiency) ▶～のよい車/省油的车 shěngyóu de chē

ねんぴょう【年表】 年表 niánbiǎo (英 a chronological table)

ねんぷ【年賦】 分年支付 fēnnián zhīfù (英 annual payment)

ねんぶつ【念仏】 念佛 niànfó (英 a Buddhist invocation) ▶～を唱える/念佛 niànfó ▶彼女にとって彼の忠告は馬の耳に～だった/他的忠告, 对于她来说是左耳进右耳出 tā de zhōnggào, duìyú tā lái shuō shì zuǒ'ěr jìn yòu'ěr chū

ねんぼう【年俸】 年薪 niánxīn (英 an annual salary) ▶我が社の給料は～制です/我们公司的工资是年薪制 wǒmen gōngsī de gōngzī shì niánxīnzhì ▶早く～2億を超えたい/希望年薪快点超过两亿日元 xīwàng niánxīn kuàidiǎn chāoguò liǎngyì Rìyuán

ねんぽう【年報】 年报 niánbào (英 an annual report)

ねんまく【粘膜】【解】黏膜 niánmó (英 a mucous membrane）

ねんまつ【年末】 年底 niándǐ; 年终 niánzhōng; 岁暮 suìmù（英 *the end of the year*）
♦～大売り出し　年末大甩卖 niánmò dàshuǎimài

ねんらい【年来】 多年以来 duōnián yǐlái（英 *for years; these years*）▶これは彼の～の主張だ/这是他多年来的主张 zhè shì tā duōnián lái de zhǔzhāng ▶～の希望がかなう/实现多年的希望 shíxiàn duōnián de xīwàng ▶我々は30～の友人だ/我们是三十年的朋友 wǒmen shì sānshí nián de péngyou

ねんり【年利】 年息 niánxī; 年利 niánlì（英 *an annual interest*）▶5割で貸しつける/以每年五成的利息贷款 yǐ měinián wǔ chéng de lìxī dàikuǎn

ねんりき【念力】 毅力 yìlì; 意志力 yìzhìlì（英 *psychokinesis*）
ことわざ 念力岩をも通す　精诚所至, 金石为开 jīngchéng suǒ zhì, jīnshí wéi kāi

ねんりょう【燃料】 燃料 ránliào（英 *fuel*; [ロケットなど] *propellant*）▶～タンク/燃料箱 ránliàoxiāng ▶～庫/燃料库 ránliàokù ▶化石～/化石燃料 huàshí ránliào ▶～を補給する/补给燃料 bǔjǐ ránliào ▶プルトニウムを～とする原子炉/以钚为燃料的原子炉 yǐ bù wéi ránliào de yuánzǐlú
♦液体～　液体燃料 yètǐ ránliào　バイオ～　生物燃料 shēngwù ránliào

ねんりん【年輪】 年轮 niánlún（英 *an annual ring*）▶あの人も～を重ねて人格者になった/他随着年龄增长人格也日趋完善 tā suízhe niánlíng zēngzhǎng réngé yě rìqū wánshàn

ねんれい【年齢】 年纪 niánjì; 年龄 niánlíng; 岁数 suìshù（英 *age; years*）▶～が同じである/同岁 tóngsuì ▶～を超える/超龄 chāolíng ▶応募資格, 高卒以上～不問/应征资格, 高中以上文化, 年龄不限 yìngzhēng zīgé, gāozhōng yǐshàng wénhuà, niánlíng bú xiàn ▶～別に調査する/按年龄段分别调查 àn niánlíngduàn fēnbié diàochá ▶彼の～層の人々/在他的年龄层的人们 zài tā de niánlíngcéng de rénmen ▶～の割には老けてみえる/看上去比实际年龄显老 kànshàngqù bǐ shíjì niánlíng xiǎn lǎo ▶～を実際より若く言う/把年龄说得年轻些 bǎ niánlíng shuōde niánqīng xiē ▶この病気は～に関係なくかかる可能性がある/这种病与年龄没有关系, 都有患上的可能 zhè zhǒng bìng yǔ niánlíng méiyǒu guānxi, dōu yǒu huànshàng de kěnéng
♦～構成　年龄构成 niánlíng gòuchéng ▶労働人口の～構成を調べる/调查劳动人口的年龄构成 diàochá láodong rénkǒu de niánlíng gòuchéng　～制限　年龄限制 niánlíng xiànzhì　～不詳 ▶あの人物は～不詳だ/那个人年龄不详 nàge rén niánlíng bùxiáng

の

の【野】 野地 yědì; 田野 tiányě（英 *a field*; [平野] *a plain*）▶～に置く/任其自然 rèn qí zìrán ▶～に咲く花/开在野地的花 kāizài yědì de huā ▶～に出て働く/去地里干活 qù dìlǐ gànhuó
ことわざ あとは野となれ山となれ　结果怎么样, 就由它去了 jiéguǒ zěnmeyàng, jiù yóu tā qù le

-の 的 de ❶【時間・場所の指定】（英 *of*）▶今日～新聞/今天的报纸 jīntiān de bàozhǐ ▶日本～夏は暑くてたまらない/日本的夏天热得受不了 Rìběn de xiàtiān rède shòubuliǎo ▶世界～果てまで行く/到世界的尽头 dào shìjiè de jìntóu ▶上着～ボタンがとれた/上衣的扣子掉了 shàngyī de kòuzi diào le ▶左足～指が痛い/左脚的脚趾疼 zuǒjiǎo de jiǎozhǐ téng ❷【ある状態にある】（英 *in*; *on*; *of*）▶どんな～がいい？/哪样的好？ nǎyàng de hǎo? ▶痛～痛くない～ッて/疼得说不出来 téngde shuōbuchūlái ▶安くて旨い～/又便宜又好吃的好 yòu piányi yòu hǎochī de hǎo ❸【…でできている】（英 *of*; *in*）▶1時間～休み/一小时的休息时间 yì xiǎoshí de xiūxi shíjiān ▶大理石～像/大理石像 dàlǐshíxiàng ▶別々～部屋で寝る/分屋睡 fēn wū shuì

ノア【聖書の】 诺亚 Nuòyà（英 *Noah*）▶～の箱舟/诺亚方舟 Nuòyà fāngzhōu

ノアザミ【野薊】 【植物】大蓟 dàjì（英 *a thistle*）

ノイズ 杂音 záyīn; 噪声 zàoshēng; 干扰音 gānrǎoyīn（英 [騒音] *noise*）▶～をカットする/排除干扰音 páichú gānrǎoyīn; 切断噪声 qiēduàn zàoshēng

ノイローゼ ❶【神経症】神经官能症 shénjīng guānnéngzhèng（英 *neurosis*）❷【神経衰弱】神经过敏 shénjīng guòmǐn（英 *nervous breakdown*）▶育児～/育儿神经官能症 yù'ér shénjīng guānnéngzhèng ▶～ぎみである/有点儿神经过敏 yǒudiǎnr shénjīng guòmǐn

のう【能】 ❶【古典芸能の】能乐 néngyuè（英 *a Noh play*）▶～狂言/能乐的狂言 néngyuè de kuángyán ▶～役者/能乐演员 néngyuè yǎnyuán ❷【能力】能力 nénglì; 本領 běnlǐng（英 *ability*）▶それではあまりに～がない/那样的话, 就显得太没本事了 nàyàng dehuà, jiù xiǎnde tài méi běnshì le
ことわざ 能ある鷹は爪を隠す　真人不露相 zhēnrén bú lòuxiàng

のう【脳】 【解】脑子 nǎozi; 脑筋 nǎojīn; 头脑 tóunǎo（英 *the brain*）
♦～下垂体　脑垂体 nǎochuítǐ　～障害　脑障碍 nǎozhàng'ài

のう【膿】 【医】脓 nóng（英 *pus*）▶化～する/化脓 huànóng

のういっけつ【脳溢血】〔医〕脑溢血 nǎoyìxuè(英 cerebral hemorrhage) ▶～で倒れる/得脑溢血病倒了 dé nǎoyìxuè bìngdǎo le

のうえん【脳炎】〔医〕大脑炎 dànǎoyán; 脑炎 nǎoyán(英 encephalitis)

のうえん【農園】农场 nóngchǎng; 农园 nóngyuán(英 a farm; a plantation) ▶市民～/市民农场 shìmín nóngchǎng ▶～を経営する/经营农场 jīngyíng nóngchǎng ▶～主/农场主 nóngchǎngzhǔ

のうえん【濃艶な】浓艳 nóngyàn(英 voluptuous) ▶～なぼたんの花が咲き誇る/盛开着鲜艳的牡丹花 shèngkāizhe xiānyàn de mǔdanhuā ▶～な女/妖艳的女人 yāoyàn de nǚrén

のうか【農家】农户 nónghù; 农家 nóngjiā; 田家 tiánjiā(英 a farmhouse; [人] farmers) ▶専業～/专业农民 zhuānyè nóngmín ▶兼業～/兼业农民 jiānyè nóngmín ▶～の嫁になる/成为农家的妻子 chéngwéi nóngjiā de qīzi

のうがき【能書き】❶[宣伝文句]自我宣传 zìwǒ xuānchuán(英 a puff) ▶彼の話は～ばかりで何の役にも立たない/他的话全是自我吹嘘，一点用也没有 tā de huà quán shì zìwǒ chuīxū, yìdiǎn yòng yě méiyǒu ❷[薬の]药效说明书 yàoxiào shuōmíngshū(英 a statement of virtue)

のうがく【農学】农学 nóngxué(英 the science of agriculture)
♦～部(大学の)/农学系 nóngxuéxì

のうかん【納棺する】入殓 rùliàn; 收殓 shōuliàn(英 place a body in a coffin)

のうかんき【農閑期】农闲期 nóngxiánqī(英 the off-season in farming) ▶～に副業をする/在农闲期从事副业 zài nóngxiánqī cóngshì fùyè

のうき【納期】交纳期 jiāonàqī; 交货期 jiāohuòqī(英 time for payment〔delivery〕) ▶～を守る/按时交货 ànshí jiāohuò

のうきぐ【農機具】农机具 nóngjījù(英 agricultural machinery)

のうきょう【農協】农业合作社 nóngyè hézuòshè(英 the Agricultural Cooperative Society)

のうぎょう【農業】农业 nóngyè(英 agriculture; farming) ▶～に従事する/务农 wùnóng ▶焼き畑～/刀耕火种 dāo gēng huǒ zhòng ▶有機～/有机农业 yǒujī nóngyè ▶市場開放に耐えられる～/能承受市场开放的农业 néng chéngshòu shìchǎng kāifàng de nóngyè
♦～機械/农机 nóngjī; 农业机械 nóngyè jīxiè ～技術者/农艺师 nóngyìshī ～大学/农业大学 nóngyè dàxué

のうきん【納金】付款 fùkuǎn; 缴款 jiǎokuǎn(英 payment of money)

のうぐ【農具】农具 nóngjù(英 a farming tool)

のうげか【脳外科】脑外科 nǎowàikē(英 brain surgery)
♦～医/脑外科医生 nǎowàikē yīshēng

のうけっせん【脳血栓】〔医〕脑血栓 nǎoxuèshuān(英 cerebral thrombosis)

のうこう【農耕】农耕 nónggēng; 耕作 gēngzuò(英 farming) ▶～馬/耕马 gēngmǎ ▶～民族/农耕民族 nónggēng mínzú

のうこう【濃厚な】❶[味·色·香りなど]浓 nóng; 浓厚 nónghòu; 浓郁 nóngyù(英 rich; thick; dense) ▶～な香りの/醇厚 chúnhòu ▶～なスープ/浓汤 nóngtāng ▶～なラブシーン/浓重的恋爱镜头 nóngzhòng de liàn'ài jìngtóu ❷[気配が]明显 míngxiǎn(英 likely) ▶議会解散が～だ/解散议会的可能性很大 jiěsàn yìhuì de kěnéngxìng hěn dà ▶敗色～/败势明显 bàishì míngxiǎn ▶殺人の嫌疑が～である/杀人的嫌疑很大 shārén de xiányí hěn dà ▶彼の勝利の色が～になってきた/他获胜的可能性越来越大了 tā huòshèng de kěnéngxìng yuèláiyuè dà le

のうこうそく【脳梗塞】〔医〕脑梗塞 nǎogěngsè(英 cerebral infarction) ▶～で半身不随になる/因为脑梗塞而半身不遂 yīnwèi nǎogěngsè ér bànshēn búsuì

のうこつ【納骨する】安放骨灰 ānfàng gǔhuī(英 lay a person's ashes to rest)
♦～堂/骨灰堂 gǔhuītáng

のうこん【濃紺】(色)深藏青色 shēnzàngqīngsè(英 navy〔dark〕blue) ▶～のブレザー/深藏青色的夹克 shēnzàngqīngsè de jiākè

ノウサギ【野兎】〔動物〕野兔 yětù(英 a hare)

のうさぎょう【農作業】农活 nónghuó; 庄稼活儿 zhuāngjiahuór(英 farm work) ▶～をする/干农活 gàn nónghuó ▶子供が～を手伝う/孩子帮忙干农活 háizi bāngmáng gàn nónghuó

のうさくもつ【農作物】农作物 nóngzuòwù; 庄稼 zhuāngjia(英 the crops; farm produce) ▶遺伝子組み換え～/转基因农作物 zhuǎn jīyīn nóngzuòwù ▶いのししによる～被害/野猪造成的农作物损害 yězhū zàochéng de nóngzuòwù sǔnhài ▶あらいぐまが～を食い荒らす/浣熊把农作物吃得乱七八糟 huànxióng bǎ nóngzuòwù chīde luàn qī bā zāo

のうさつ【悩殺する】使人神魂颠倒 shǐ rén shénhún diāndǎo(英 charm; fascinate)

のうさんぶつ【農産物】农产品 nóngchǎnpǐn; 农作物 nóngzuòwù(英 agricultural products; farm produce) ▶地元の～を販売する/销售当地的农产品 xiāoshòu dāngdì de nóngchǎnpǐn ▶～をつぶして価格を高く保つ/遗弃农产品，保持高价格 yíqì nóngchǎnpǐn, bǎochí gāojiàgé

のうし【脳死】〔医〕脑死 nǎosǐ(英 brain death) ▶入院中の40歳男性が～と判定された/住院中的四十岁男性被诊断为脑死 zhùyuàn zhōng de sìshí suì nánxìng bèi zhěnduàn wéi nǎosǐ

のうじ【農事】农事 nóngshì(英 farming; agricultural affairs)
♦～試験場/农业试验场 nóngyè shìyànchǎng

のうしゅ【囊腫】〔医〕脓肿 nóngzhǒng; 囊肿

のうしゅく

nángzhǒng 英 *a cyst*)

のうしゅく【濃縮する】 浓缩 nóngsuō (英 *condense*)
◆~ウラン:浓缩铀 nóngsuōyóu ~オレンジジュース:浓缩橘子汁 nóngsuō júzizhī

のうしゅっけつ【脳出血】〚医〛脑出血 nǎochūxuè; 脑溢血 nǎoyìxuè 英 *cerebral hemorrhage*) ▶彼は会議中に~で倒れた/他在会议中因脑溢血病倒了 tā zài huìyì zhōng yīn nǎoyìxuè bìngdǎo le

のうしゅよう【脳腫瘍】〚医〛脑瘤 nǎoliú 英 *a brain tumor*) ▶~の除去手術をする/动手术切除脑肿瘤 dòng shǒushù qiēchú nǎozhǒngliú

のうじょう【農場】 农场 nóngchǎng 英 *a farm; a plantation*) ▶~で働く/在农场工作 zài nóngchǎng gōngzuò ▶~を経営する/经营农场 jīngyíng nóngchǎng ▶実験~/实验农场 shíyàn nóngchǎng

のうしんけい【脳神経】〚解〛脑神经 nǎoshénjīng 英 *a cerebral nerve*)

のうしんとう【脳震盪】〚医〛脑震荡 nǎozhèndàng 英 *a concussion of the brain*) ▶転んで軽い~を起こした/摔倒引起轻度脑震荡 shuāidǎo yǐnqǐ qīngdù nǎozhèndàng

のうずい【脳髄】〚解〛脑髓 nǎosuǐ 英 *the brain*)

のうぜい【納税する】 纳税 nàshuì; 缴税 jiǎoshuì 英 *pay a tax*) ▶~申告書/报税单 bàoshuìdān ▶~告知書/纳税通知单 nàshuì tōngzhīdān ▶~期限/纳税期限 nàshuì qīxiàn
◆~額:纳税额 nàshuì'é ~者:纳税者 nàshuìzhě

のうせいまひ【脳性麻痺】〚医〛脊髓灰质炎 jǐsuǐ huīzhìyán 英 *cerebral palsy*)

のうそっちゅう【脳卒中】〚医〛中风 zhòngfēng; 卒中 cùzhòng 英 *a stroke*)

のうそん【農村】 农村 nóngcūn; 乡村 xiāngcūn 英 *a farm village*) ▶~の過疎化と高齢化という問題/农村的人口少和高龄化问题 nóngcūn de rénkǒu shǎo hé gāolínghuà wèntí ▶~の疲弊は一段と深刻になった/农村的凋敝更加严重了 nóngcūn de diāobì gèngjiā yánzhòng le ▶私は~で生まれ育った/我生在农村长在农村 wǒ shēngzài nóngcūn zhǎngzài nóngcūn

のうたん【濃淡】 浓淡 nóngdàn; 深浅 shēnqiǎn 英 *light and shade; shading*) ▶色に~をつける/在色彩上调配深浅 zài sècǎishang tiáopèi shēnqiǎn

のうち【農地】 农田 nóngtián; 庄稼地 zhuāngjiadì; 耕地 gēngdì 英 *agricultural land*) ▶たとえ耕作しなくても~は手放したくない/即使不种地, 也不愿意放弃农地 jíshǐ bú zhòngdì, yě bú yuànyì fàngqì nóngdì ▶~制度にメスを入れる/对耕地制度进行改革 duì gēngdì zhìdù jìnxíng gǎigé

のうてん【脳天】 头顶 tóudǐng 英 *the crown of the head*)

のうど【農奴】 农奴 nóngnú 英 *a serf*) ▶~制/农奴制 nóngnúzhì ▶~解放/解放农奴 jiěfàng nóngnú

のうど【濃度】 浓度 nóngdù 英 *density; thickness*) ▶血液中のアルコール~/血液中的酒精浓度 xuèyè zhōng de jiǔjīng nóngdù ▶塩分の高い湖/盐分浓度高的湖 yánfèn nóngdù gāo de hú ▶オキシダントの~/氧化剂的浓度 yǎnghuàjì de nóngdù

のうどう【農道】 田间道路 tiánjiān dàolù 英 *a road between the field*) ▶自転車で~を走る/骑自行车行驶在田间农道 qí zìxíngchē xíngshǐ zài tiánjiān nóngdào

のうどうてき【能動的な】 能动 néngdòng; 主动 zhǔdòng; 积极 jījí 英 *active*) ▶~に仕事をする/主动工作 zhǔdòng gōngzuò

のうなし【能無し】 脓包 nóngbāo; 饭桶 fàntǒng; 废物 fèiwu 英 *incompetent*) ▶あんたの亭主はほんとに~だよ/你丈夫真是个废物 nǐ zhàngfu zhēn shì ge fèiwu

のうにゅう【納入する】 缴 jiǎo; 缴纳 jiǎonà 英 [税金を] *pay*; [品物を] *deliver*) ▶授業料を~する/缴纳学费 jiǎonà xuéfèi ▶製品の~先は建設機械メーカーである/制品的接受方是建设机械制造商 zhìpǐn de jiēshòufāng shì jiànshè jīxiè zhìzàoshāng

〚日中比較〛 中国語の'纳入 nàrù'は抽象的なものを取り入れることを指す。▶把汉语纳入中学语言教育/把Hànyǔ nàrù zhōngxué yǔyán jiàoyù/中国語を中等学校の言語教育に導入する

のうは【脳波】〚医〛脑电波 nǎodiànbō 英 *brain waves*) ▶~を測定する/测定脑电波 cèdìng nǎodiànbō ▶~に異常が見られる/脑电波发现异常 nǎodiànbō fāxiàn yìcháng

ノウハウ 技术情报 jìshù qíngbào; 专门技术 zhuānmén jìshù; 诀窍 juéqiào 英 *the know-how*) ▶後輩に営業の~を指導する/给后辈指导营业诀窍 gěi hòubèi zhǐdǎo yíngyè juéqiào

のうはんき【農繁期】 农忙季节 nóngmáng jìjié 英 *the busy farming season*) ▶~の空き巣狙いに気をつけましょう/农忙季节要注意趁人不在家时行窃的贼 nóngmáng jìjié yào zhùyì chèn rén bú zàijiā shí xíngqiè de zéi

のうひつ【能筆】 擅长书法 shàncháng shūfǎ 英 *elegant handwriting*) ▶空海は日本の~家の一人だ/空海是日本擅长书法的人之一 Kōnghǎi shì Rìběn shàncháng shūfǎ de rén zhīyī

のうひん【納品する】 交货 jiāohuò 英 *deliver*) ▶データを電子~する/把数据用电子交货 bǎ shùjù yòng diànzǐ jiāohuò
◆~書:交货单 jiāohuòdān

のうひんけつ【脳貧血】〚医〛脑贫血 nǎopínxuè 英 *cerebral anemia*) ▶授業中に~を起こした/上课的时候出现脑贫血 shàngkè de shíhou chūxiàn nǎopínxuè

のうふ【納付する】 缴纳 jiǎonà 英 [税を] *pay*; [商品を] *deliver*) ▶住民税を~する/缴纳住民

税 jiǎonà zhùmínshuì ▶~金/缴纳款 jiǎonàkuǎn

のうふ【農夫】 农夫 nóngfū; 种地人 zhòngdìrén (英 *a farmer; a peasant*) ▶オペレッタ「詩人と~」/小歌剧《诗人与农夫》xiǎogējù《Shīrén yǔ nóngfū》

のうふ【農婦】 农妇 nóngfù (英 *a female farm-worker*) ▶ゴッホの「~」/凡·高的《农妇》Fàn Gāo de《Nóngfù》

のうべん【能弁な】 雄辩 xióngbiàn; 能说会道 néng shuō huì dào (英 *eloquent*) ▶~な男が一言の反論もできなかった/雄辩家连一句反驳的话都说不出来 xióngbiànjiā lián yí jù fǎnbó de huà dōu shuōbuchūlái

のうまく【脳膜】〘解〙脑膜 nǎomó (英 *meninges*)
♦ ~炎 脑膜炎 nǎomóyán ▶幼時に~炎を患ったのが原因です/原因在于幼时患的脑膜炎 yuányīn zàiyú yòushí huàn de nǎomóyán

のうみそ【脳味噌】 脑汁 nǎozhī (英 *brais*) ~を絞る 绞脑汁 jiǎo nǎozhī ▶いくら~を絞ってもいいアイデアが浮かばない/不管怎样绞尽脑汁也想不出好主意 bùguǎn zěnyàng jiǎojìn nǎozhī yě xiǎngbuchū hǎozhǔyì

のうみつ【濃密な】 浓密 nóngmì (英 *rich; close*) ▶彼らは~な利害関係にあり癒着が疑われる/他们之间有着很深的利害关系, 怀疑是相互勾结 tāmen zhījiān yǒuzhe hěn shēn de lìhài guānxi, huáiyí shì xiānghù gōujié ▶~な描写/浓重的描写 nóngzhòng de miáoxiě

のうみん【農民】 农民 nóngmín; 庄稼人 zhuāngjiarén (英 *a farmer; a peasant*) ▶~一揆/农民武装起义 nóngmín wǔzhuāng qǐyì ▶~運動/农民运动 nóngmín yùndòng

のうむ【濃霧】〘気象〙浓雾 nóngwù; 大雾 dàwù (英 *a thick fog*) ▶高速道路は~のため閉鎖された/高速公路因为浓雾封闭了 gāosù gōnglù yīnwèi nóngwù fēngbì le ▶~が立ちこめていた/浓雾笼罩了上来 nóngwù lǒngzhàoleshànglai ▶~注意報が出ている/发出了浓雾警报 fāchūle nóngwù jǐngbào

のうやく【農薬】 农药 nóngyào (英 *agricultural chemicals*) ▶~をまく/洒农药 sǎ nóngyào ▶無人ヘリコプターで空から~を散布する/用无人直升机从天空洒农药 yòng wúrén zhíshēngjī cóng tiānkōng sǎ nóngyào

のうり【脳裏】 脑海里 nǎohǎili; 心里 xīnli (英 *one's memory*) ▶~に刻みつける/切记 qièjì; 印在脑海里 yìnzài nǎohǎili ▶恩師の優しい顔が~に浮かぶ/恩师和蔼的面容浮现在脑海里 ēnshī hé'ǎi de miànróng fúxiàn zài nǎohǎili ▶あの恐ろしい情景が~を去らない/那样恐怖的情景在脑海里挥之不去 nàyàng kǒngbù de qíngjǐng zài nǎohǎili huī zhī bú qù

のうりつ【能率】 效率 xiàolǜ (英 *efficiency*) ▶~を上げる/提高效率 tígāo xiàolǜ ▶気が入らず作業が~が落ちた/不能集中精力, 工作效率降低了 bùnéng jízhōng jīnglì, gōngzuò xiàolǜ jiàngdī le ▶彼の仕事ぶりは~の上がらぬこと甚だしい/他的工作效率实在低得很 tā de gōngzuò xiàolǜ shízài dīde hěn
♦ ~給 计件工资 jìjiàn gōngzī

のうりょう【納涼】 乘凉 chéngliáng; 纳凉 nàliáng (英 *the evening coll*) ▶~花火大会/纳凉烟火晚会 nàliáng yānhuǒ wǎnhuì ▶~ビアパーティー/纳凉啤酒晚会 nàliáng píjiǔ wǎnhuì ▶~客/纳凉客 nàliángkè

のうりょく【能力】 本领 běnlǐng; 能力 nénglì (英 *a faculty; ability; capacity*) ▶~を誇示する/逞能 chěngnéng ▶読み書きの~を伸ばす/提高读写能力 tígāo dúxiě nénglì ▶自分の~以上のものを求める/要求超过自己能力的东西 yāoqiú chāoguò zìjǐ nénglì de dōngxi ▶生産~が倍増する/生产能力倍增 shēngchǎn nénglì bèizēng ▶支払い~がない/没有支付能力 méiyǒu zhīfù nénglì ▶行きすぎた~主義は新たな弊害をもたらす/过度的能力主义会带来新的弊病 guòdù de nénglì zhǔyì huì dàilái xīn de bìbìng ▶学校によっては~別学級編成をしている/有的学校已经在编制快慢班了 yǒude xuéxiào yǐjing zài biānzhì kuàimànbān le
~を買う 器重 qìzhòng
♦ ~識見 才识 cáishí ~テスト 能力考试 nénglì kǎoshì

のうりょく【濃緑】〘色〙苍翠 cāngcuì; 深绿 shēnlǜ; 青绿 qīnglǜ (英 *dark green*)

ノーカウント〘スポーツ〙不计算分数 bú jìsuàn fēnshù; 不算得分 bú suàn défēn (英 *no count*)

ノークラッチ〘自動車〙无离合器汽车 wúlíhéqì qìchē (英 *automatic transmission*)

ノーコメント 无可奉告 wú kě fènggào (英 *no comment*) ▶その点については彼は~だった/关于那点, 他没有发表意见 guānyú nà diǎn, tā méiyǒu fābiǎo yìjiàn ▶職員たちは~と言って口をとざした/职员们光说"无可奉告"闭口不言 zhíyuánmen guāng shuō "Wú kě fènggào" bì kǒu bù yán

ノースモーキング 禁止抽烟 jìnzhǐ chōu yān (英 *no smoking*)

ノータッチ 不接触 bù jiēchù; 〔関与しない〕不介入 bú jièrù; 不参与 bù cānyù (英 *no contact*)

ノート ❶〘ノートブック〙笔记本 bǐjìběn; 本子 běnzi (英 *a notebook*) ▶古い~を読むだけの講義をする教授もいた/有的教授只用旧笔记讲课 yǒude jiàoshòu zhǐ yòng jiùbǐjì jiǎngkè ❷〘筆記〙笔记 bǐjì; 备忘录 bèiwànglù (英 *a note*) ▶~をとる/记笔记 jì bǐjì ▶講義~をとる/课堂上记笔记 kètángshang jì bǐjì
♦ ~パソコン 笔记本电脑 bǐjìběn diànnǎo

ノーブラの 不戴胸罩 bú dài xiōngzhào (英 *braless*)

ノーベルしょう【ノーベル賞】 诺贝尔奖 Nuòbèi'ěrjiǎng (英 *a Nobel prize*) ▶~受賞作

家/诺贝尔文学奖得主 Nuòbèi'ěr wénxuéjiǎng dézhǔ ▸～候補/诺贝尔奖候选人 Nuòbèi'ěrjiǎng hòuxuǎnrén

ノーマル **正常** zhèngcháng; **正规** zhèngguī (㊧ *normal*) ▸～な考え方とは言えないな/不能算是正常的想法 bùnéng suànshì zhèngcháng de xiǎngfa

のがす【逃す】 **失掉** shīdiào;《チャンスを》**错过** cuòguò; **放过** fàngguò (㊧ *set free; miss*) ▸惜しくも大記録を逃した/遗憾没能创造伟大的记录 yíhàn méi néng chuàngzào wěidà de jìlù ▸せっかくの機会を逃してしまった/可惜错过了好机会 kěxī cuòguòle hǎojīhuì

のがれる【逃れる】 **逃脱** táotuō; **逃跑** táopǎo (㊧ *escape*; [避ける] *avoid*) ▸危機を～/摆脱危机 bǎituō wēijī ▸都会の喧騒から～/逃离都市的喧嚣 táolí dūshì de xuānxiāo ▸夏の暑さを逃れて山奥に来た/躲避夏天的炎热来到了山里 duǒbì xiàtiān de yánrè láidàole shānli ▸責任を～/逃避责任 táobì zérèn ▸スキャンダル発覚後は世間の目を逃れている/丑闻曝光后躲避公众的目光 chǒuwén bàoguānghòu duǒbì gōngzhòng de mùguāng ▸どうせ逃れられない運命とあきらめる/反正是无法逃避的命运，就死心了 fǎnzheng shì wúfǎ táobì de mìngyùn, jiù sǐxīn le

のき【軒】 **房檐** fángyán; **屋檐** wūyán (㊧ *the eaves*) ▸～並みに泥棒にやられた/挨家挨户都被偷了 āijiā āihù dōu bèi tōu le ▸旅館が～を並べる温泉街/旅馆林立的温泉街 lǚguǎn línlì de wēnquánjiē

ことわざ **軒を貸して母屋を取られる** 喧宾夺主 xuān bīn duó zhǔ; 好心不得好报 hǎoxīn bù dé hǎobào

ノギク【野菊】 **野菊** yějú (㊧ *a wild camomile*) ▸『～の如き君なりき』《映画名》/《往日的你，诚如野菊 Wǎngrì de nǐ, chéng rú yějú》

のきさき【軒先】 **檐端** yánduān; **檐下** yánxia; 《家の前》**房前** fángqián (㊧ *the eaves*)

のきした【軒下で】 **屋檐下** wūyánxià; **房檐下** fángyánxià (㊧ *under the eaves*) ▸～に蜂の巣がある/屋檐下有蜂窝 wūyánxià yǒu fēngwō

ノギス 《道具の》**游标卡尺** yóubiāo kǎchǐ (㊧ *slide calipers*)

のく【退く】 **躲开** duǒkāi; **后退** hòutuì (㊧ *step back*) ▸みんな退いた，退いた!/大家都让一让，让一让！ dàjiā dōu ràng yí ràng, ràng yí ràng!

ノクターン 〔音楽〕**夜曲** yèqǔ (㊧ *a nocturne*)

のけぞる **向后仰** xiàng hòu yǎng; **仰身** yǎng shēn (㊧ *bend oneself back*) ▸思わずのけぞって笑ってしまった/不自禁地仰天大笑起来 bú zìjīn de yǎngtiān dàxiàoqǐlai

のけもの【除け者】 **被排挤的人** bèi páijǐ de rén (㊧ *an outcast*) ▸誰も～にされるのは嫌です/谁也不喜欢被排挤 shéi yě bù xǐhuan bèi páijǐ ▸私一人が～にされた感じである/好像我一个人被当作外人 hǎoxiàng wǒ yí ge rén bèi dàngzuò wàirén

～になる **被排挤** bèi páijǐ

のける【除ける·退ける】 **1**〖除く〗 **除掉** chúdiào; **挪开** nuókāi (㊧ *remove; put away*) ▸その机をのけてくれ/把那张桌子挪开！ bǎ nà zhāng zhuōzi nuókāi! ▸飯代を～と1000円しか残らない/除掉饭钱只剩下一千日元 chúdiào fànqián zhǐ shèngxià yìqiān Rìyuán

2〖接尾的に:…しおおせる〗 **敢** gǎn (㊧ *manage to...*) ▸彼なら何とかやって～でしょう/让他做会想办法办成的 ràng tā zuò huì xiǎng bànfǎ bànchéng de ▸彼は社長に向かってずばっと言ってのけた/他竟敢向总经理直言不讳 tā jìnggǎn xiàng zǒngjīnglǐ zhíyán bú huì

のこぎり【鋸】 **锯** jù (㊧ *a saw*) ▸～で木を切る/锯木头 jù mùtou ▸～の歯/锯齿 jùchǐ ▸～の目立てをする/锉锯齿 cuò jùchǐ

♦電気～ :电锯 diànjù

ノコギリソウ【鋸草】 〔植物〕**锯齿草** jùchǐcǎo (㊧ *a yarrow*)

のこす【残す】 **1**〖去った後に置く〗**留下** liúxià (㊧ *leave*) ▸残しておく/保留 bǎoliú ▸食べ～/吃剩下 chīshèngxià ▸妻は書き置きを残して家を出た/妻子留下一个字条就离家出走了 qīzi liúxià yí ge zìtiáo jiù lí jiā chūzǒu le ▸犯人は何の痕跡も残さず消え失せた/犯人没有留下任何痕迹消失了 fànrén méiyǒu liúxià rènhé hénjì xiāoshī le

2〖予備として残す〗 **剩下** shèngxià (㊧ *leave; set aside*) ▸卒業まであと2ヶ月を～ばかりだった/离毕业仅剩下两个月的时间了 lí bìyè jǐn shèngxià liǎng ge yuè de shíjiān le

3〖死後·遺産〗 **遺留** yíliú (㊧ *leave; bequeath*) ▸残された子供が不憫(ふびん)だ/被遗留下的孩子太可怜了 bèi yíliúxià de háizi tài kělián le

のこのこ **满不在乎地** mǎn bú zàihu de; **不要脸地** bú yàoliǎn de (㊧ *shamelessly*) ▸彼は1時間も遅刻して～やって来た/他迟到了一个小时，却满不在乎 tā chídàole yí ge xiǎoshí, què mǎn bù zàihu ▸彼は平気で～出かけて行った/他恬不知耻地出门儿了 tā tián bù zhī chǐ de chū ménr le

のこらず【残らず】 **一个不剩** yí ge bú shèng (㊧ *all; wholly; without exception*) ▸津波情報で一人～避難した/因为有海啸警报，一个没留都避难去了 yīnwèi yǒu hǎixiào jǐngbào, yí ge méi liú dōu bìnàn qù le ▸卒業生は～村を離れ都会に出ていった/毕业生一个没留，都离开村子到城市去了 bìyèshēng yí ge méi liú, dōu líkāi cūnzi dào chéngshì qù le ▸～食べてしまった/一点不剩全部吃完了 yìdiǎn bú shèng quánbù chīwán le ▸～食べなさい/别剩下都吃了！ bié shèngxià dōu chī le!

のこり【残り】 **剩余** shèngyú; **底子** dǐzi; **残余** cányú (㊧ *the remains*; [残金] *the balance*) ▸借金の～が5万円ある/借款还剩下五万日

元 jiēkuǎn hái shèngxià wǔwàn Rìyuán ▶～の人生をどう生きるか/剩下的人生怎么活啊？shèngxià de rénshēng zěnme huó a?

のこりかす【残り滓】 渣滓 zhāzǐ; 渣子 zhāzi (英 remnants)

のこりもの【残り物】 剩余的东西 shèngyú de dōngxi (英 leavings; leftovers) ▶～で野菜いためを作る/用剩下的菜做炒蔬菜 yòng shèngxià de cài zuò chǎoshūcài ▶朝食は夕飯の～で済ませた/早饭用晚饭吃剩下的凑合了 zǎofàn yòng wǎnfàn chī shèngxià de còuhe le

ことわざ 残り物には福がある 最后拿的有福气 zuìhòu ná de yǒu fúqi; 吃锅底有福 chī guōdǐ yǒu fú

のこる【残る】 留下 liúxià; 剩 shèng; 剩余 shèngyú (英 remain) ▶金はいくら残っているか/还剩下多少钱？ hái shèngxià duōshao qián? ▶その習慣はまだ残っている/那种习惯还保留着 nà zhǒng xíguàn hái bǎoliúzhe ▶彼女にはまだ昔の美しさが残っている/她还留有以往的美丽 tā hái liú yǒu yǐwǎng de měilì ▶地面にはまだ雪が残っている/地面上还残留着雪 dìmiànshang hái cánliúzhe xuě ▶目玉商品が売完 rèmen shāngpǐn méi màiwán ▶冷蔵庫にはチーズしか残っていない/冰箱里只剩下奶酪 bīngxiānglǐ zhǐ shèngxià nǎilào

のさばる 横行 héngxíng; 肆无忌惮 sì wú jìdàn (英[いばる] act important) ▶いつまでもあんな奴をのさばらせてはならない/不能让那样家伙一直横行霸道 bùnéng ràng nàyàng jiāhuo yìzhí héngxíng bàdào

のざらし【野晒しの】 丢在野地 diūzài yědì (英 weather-beaten); (転じて、しゃれこうべ) 骷髅 kūlóu (英 a weather-beaten skull)

～にする 曝露 pùlù

のし【熨斗】 礼签 lǐqiān ▶御希望なら～を付けて進呈します/如果你要，我情愿奉送 rúguǒ nǐ yào, wǒ qíngyuàn fèngsòng

のしあがる【のし上がる】 爬上 páshàng; 青云直上 qīngyún zhí shàng (英 rise in the world) ▶彼は今日の地位についた/他是从底层爬到今天的地位的 tā shì cóng dǐcéng pádào jīntiān de dìwèi de ▶スターの座に～/登上明星的宝座 dēngshàng míngxīng de bǎozuò

のしあるく【のし歩く】 大摇大摆地走 dàyáo dàbǎi de zǒu (英 swagger)

のしかかる【のし掛かる】 压上 yāshàng; 压在 yāzài (英 weigh) ▶責任が肩に～/责任压在肩上 zérèn yāzài jiānshang

のじゅく【野宿】 露宿野外 lùsù yěwài (英 sleep in the open) ▶公園に～するホームレス/在公园露宿的无家可归的人 zài gōngyuán lùsù de wú jiā kě guī de rén

ノスタルジア 乡愁 xiāngchóu; 乡思 xiāngsī; 留恋过去 liúliàn guòqù (英 nostalgia)

ノズル 管嘴 guǎnzuǐ; 喷嘴 pēnzuǐ (英 a nozzle) ▶～から水が漏れている/喷头漏水 pēntóu lòushuǐ

◆シャワー～：莲蓬头 liánpengtóu

のせる【乗せる・載せる】 ❶【物を何かの上に置く】 放 fàng; 搁 gē (英 place... on; put... on) ▶机に花びんを～/把花瓶放在桌子上 bǎ huāpíng fàngzài zhuōzishang ▶体重を右足に～/把体重放在右脚上 bǎ tǐzhòng fàngzài yòujiǎoshang

❷【車などに積む】 载 zài; 装载 zhuāngzài (英 carry; take in; load) ▶電波に～/播送 bōsòng ▶ビジネスを軌道に～/事业走上了轨道 shìyè zǒushàngle guǐdào ▶荷物を台車に乗せて運ぶ/把货物放在台车上搬运 bǎ huòwù fàngzài táichēshang bānyùn ▶彼は家まで乗せてもらった/请他开车把我送回了家 qǐng tā kāichē bǎ wǒ sònghuíle jiā

❸【紙面に出す】 刊登 kāndēng; 载 zài (英 record; [挿入する] insert) ▶ブログに写真を～/在博客里面刊登照片 zài bókè lǐmiàn kāndēng zhàopiàn ▶新聞に広告を～/在报纸上刊登广告 zài bàozhǐshang kāndēng guǎnggào

❹【だます】 骗 piàn (英 take in; deceive) ▶あいつにまんまと乗せられた/彻底地被他骗了 chèdǐ de bèi tā piàn le

のぞき【覗き】 窥视 kuīshì (英 a peep)

◆～穴：窥视孔 kuīshìkǒng ◆～趣味：偷窥癖好 tōukuī pǐhào

のぞく【除く】 ❶【取り除く】 去掉 qùdiào; 除去 chúqù (英 put away; remove) ▶天下の災いを～/清除天下的害虫 qīngchú tiānxià de hàichóng ▶腐ったりんごを除いて下さい/去掉烂苹果 qùdiào lànpíngguǒ

❷【除外する】 (英 omit) ▶開館は日曜を～午前9時から午後3時まで/除了星期日，早上九点到下午三点开馆 chúle xīngqīrì, zǎoshang jiǔdiǎn dào xiàwǔ sāndiǎn kāiguǎn ▶東京生まれだということを除いては彼について何も知りません/除了知道他是在东京出生的以外，其余就都不知道了 chúle zhīdào tā shì zài Dōngjīng chūshēng de yǐwài, qíyú jiù dōu bù zhīdào le ▶少数の例外を除いては氏名を公表しない/除去少数例外，不公开姓名 chúqù shǎoshù lìwài, bù gōngkāi xìngmíng

のぞく【覗く】 ❶【隙間などから伺う】 张望 zhāngwàng; 窥视 kuīshì (英 peep) ▶母が息子の日記を～/母亲偷看儿子的日记 mǔqīn tōukàn érzi de rìjì ▶その言葉から彼の本心が覗き見える/从那些话里可以看出他的本意 cóng nàxiē huàli kěyǐ kànchū tā de běnyì ▶彼は僕の顔を覗き込んで訊いた/他盯着我的脸问道 tā dīngzhe wǒ de liǎn wèndào

❷【立ち寄る】 顺便去看一眼 shùnbiàn qù kàn yìyǎn (英 drop in) ▶昨日その店を覗いてみた/昨天顺便去那家店瞧了瞧 zuótiān shùnbiàn qù nà jiā diàn qiáoleqiáo

❸【一部が見える】 露出 lùchū (英 get a

-のぞけば ▶胸のポケットに白いハンカチを覗かせている/胸口的口袋里露出白色手帕 xiōngkǒu de kǒudàili lùchū báisè shǒupà

-のぞけば【-除けば】 除非 chúfēi; 除了…以外 chúle…yǐwài (英 *except*) ▶激しい運動を～通常の授業は受けられる/除了激烈运动以外, 平常的课都可以上 chúle jīliè yùndòng yǐwài, píngcháng de kè dōu kěyǐ shàng

のそのそ 慢吞吞 màntūntūn (英 *slowly; lazily*) ▶数匹の亀が～歩いている/几只乌龟在慢吞吞地爬 jǐ zhī wūguī zài màntūntūn de pá ▶～するな, さっさとやれ/不要慢吞吞的, 快点干！búyào màntūntūn de, kuàidiǎn gàn

のぞましい【望ましい】 最好 zuìhǎo; 理想的 lǐxiǎng de; 希望 xīwàng (英 *desirable; advisable*) ▶子供に～食生活を身に付けさせる/让孩子养成好的饮食习惯 ràng háizi yǎngchéng hǎo de yǐnshí xíguàn ▶この際あなたが自ら行くことが～/这个时候你最好亲自去 zhège shíhou nǐ zuìhǎo qīnzì qù ▶最も望ましからぬ人物がやってきた/最不希望来的人来了 zuì bù xīwàng lái de rén lái le

のぞみ【望み】 ❶【願望】希望 xīwàng; 愿望 yuànwàng (英 *a desire; a wish*) ▶～を捨てない/一直抱着愿望 yìzhí bàozhe yuànwàng ▶最後の～をかなえる/满足最后的愿望 mǎnzú zuìhòu de yuànwàng ▶～はいくらでも差し上げます/你想要多少就给你多少 nǐ xiǎng yào duōshao jiù gěi nǐ duōshao ▶彼には多少成功の～がある/他多少还有成功的希望 tā duōshǎo háiyǒu chénggōng de xīwàng ❷【見込み】可能性 kěnéngxìng (英 *a chance*) ▶～はない/凶多吉少 xiōng duō jí shǎo ▶優勝の～が絶えた/丧失了夺冠的希望 sàngshīle duóguàn de xīwàng ▶手術の失敗で回復は～薄になった/因为手术失败恢复的可能性很小了 yīnwèi shǒushù shībài huīfù de kěnéngxìng hěn xiǎo le ▶臓器移植に～をかける/把希望寄托在器官移植上 bǎ xīwàng jìtuō zài qìguān yízhíshàng

のぞむ【望む】 ❶【眺める】望 wàng; 遥望 yáowàng; 眺望 tiàowàng (英 *command a view of…*) ▶東京から遠く富士を～/从东京远远地遥望富士山 cóng Dōngjīng yuǎnyuǎn de yáowàng Fùshìshān ❷【願う】希望 xīwàng; 愿望 yuànwàng; 希求 xīqiú (英 *desire; wish; hope for…*) ▶これ以上のメンバーは望まないだろう/没有比这个阵容更好的了吧 méiyǒu bǐ zhège zhènróng gèng hǎo de le ba ▶彼にそんなことを望んでも無理です/对他抱有那样的希望是徒然的 duì tā bào yǒu nàyàng de xīwàng shì túrán de

のぞむ【臨む】 ❶【面する】临 lín; 面临 miànlín (英 *face*) ▶海に～場所/临海的地方 línhǎi de dìfang ▶そのホテルは地中海に臨んでいる/那家宾馆面向地中海 nà jiā bīnguǎn miànxiàng Dìzhōnghǎi ❷【ものごとに】瀕临 bīnlín; 参加 cānjiā (英 *attend; be present*) ▶試合に～/参加比赛 cānjiā bǐsài ▶会議に～各国首脳が到着した/参加会议的各国首脑来了 cānjiā huìyì de gèguó shǒunǎo lái le ▶彼女は平然として死に臨んだ/她泰然地接受死亡 tā tàirán de jiēshòu sǐwáng

のたうつ 痛苦得翻滚 tòngkǔde fāngǔn; 打滚 dǎgǔn (英 *writhe*) ▶彼はのたうち回って苦しんだ/他痛苦得直打滚 tā tòngkǔde zhí dǎgǔn

のたくる 蠕动 rúdòng (英 *wriggle; writhe*) ▶みみずの～ような字/像蚂蚁乱爬的字迹 xiàng máyǐ luàn pá de zìjì

のたれじに【野垂れ死にする】 路倒 lùdǎo; 死在路旁 sǐzài lùpáng (英 *die by the roadside*)

のち【後】 后 hòu; 后に yǐhòu; 后来 hòulái (英 *afterward; later*) ▶彼は～になって事実を私に話した/他事后告诉了我实情 tā shìhòu gàosule wǒ shíqíng ▶2, 3日～に彼はカナダに向けて日本を去った/两三天后他离开日本去加拿大 liǎng sān tiān hòu tā líkāi Rìběn qù Jiānádà 晴，一、曇り/晴转多云 qíng zhuǎn duōyún ▶この少年が～の田中総理である/这个少年就是后来的田中总理 zhège shàonián jiù shì hòulái de Tiánzhōng zǒnglǐ

のちぞい【後添い】 继配 jìpèi; 后妻 hòuqī; 续弦 xùxián (英 *one's second wife*) ▶すすめる人があって～を迎えた/有人作媒娶了后妻 yǒu rén zuò méi qǔle hòuqī

のちのち【後後】 将来 jiānglái (英 *the future*) ▶～の面倒を避けるために早めに手を打つ/为了避免将来的麻烦尽早采取措施 wèile bìmiǎn jiānglái de máfan jǐnzǎo cǎiqǔ cuòshī ▶～の悔いを残さない/不给以后留下遗憾 bù gěi yǐhòu liúxià yíhàn

のちほど【後程】 过后 guòhòu; 随后 suíhòu; 回头 huítóu (英 *later; afterward*) ▶では～/回头见 huítóu jiàn ▶～御連絡致します/回头联系您 huítóu liánxì nín ▶課長が参ります/随后科长就来 suíhòu kēzhǎng jiù lái

ノッカー 《ドアの》门环 ménhuán; 门钹 ménbó (英 *a knocker*)

ノック 敲门 qiāomén (英 *a knock*; [野球で] *a fungo*) ▶～しても返事がない/敲了门也没人答应 qiāole mén yě méi rén dāying ▶ドアを～する音が聞こえた/听到敲门的声音 tīngdào qiāomén de shēngyīn

ノックアウト 《ボクシング》击倒 jīdǎo; 打倒 dǎdǎo (英 *a knockout*) ▶挑戦者が～で勝つ/挑战者击倒对方取得胜利 tiǎozhànzhě jīdǎo duìfāng qǔdé shènglì
♦～パンチ 击倒对手的拳击 jīdǎo duìshǒu de quánjī

のっけから 一开始就 yì kāishǐ jiù (英 *from the very beginning*)

のっそり 《動きが》慢吞吞地 màntūntūn de; 呆呆地 dāidāi de (英 *slowly; heavily*) ▶～立ち上がる/慢吞吞地站起来 màntūntūn de zhànqǐlai ▶大きな男が～部屋に入ってきた/有一个大个子男人慢吞吞地走进房间来 yǒu yí ge dàgèzi nánrén màntūntūn de zǒujìn fángjiān lái

nánrén màntūntūn de zǒujìn fángjiān lai

ノット 小时海里 xiǎoshí hǎilǐ (英 *a knot*) ▶船は20～で進む/船以二十海里的时速行驶 chuán yǐ èrshí hǎilǐ de shísù xíngshǐ

のっとり【乗っ取り】《会社など》夺取 duóqǔ; 篡夺 cuànduó;《飞行机など》劫持 jiéchí (英 *a takeover*) ▶～犯/劫持犯 jiéchífàn

のっとる【乗っ取る】《会社などを》篡夺 cuànduó; 霸占 bàzhàn [会社を] take over; [飛行機を] hijack ▶会社を～/夺取其他公司 duóqǔ qí tā gōngsī ▶飛行機を～/劫机 jiéjī

のっとる【則る】遵照 zūnzhào; 按照 ànzhào (英 *follow*) ▶法律に則り処罰する/遵照法律处罚 zūnzhào fǎlǜ chǔfá ▶古式に則り儀式を行う/按照古制举行仪式 ànzhào gǔzhì jǔxíng yíshì

のっぴきならない 进退两难 jìntuì liǎng nán (英 *unavoidable*) ▶当日はのっぴきならぬ用事で参加できなかった/当天因为无法脱身，不能参加 dàngtiān yīnwèi wúfǎ tuōshēn, bùnéng cānjiā ▶のっぴきならぬ羽目に陥る/陷入进退维谷的窘境 xiànrù jìntuì wéi gǔ de jiǒngjìng

のっぺらぼうな 呆呆板板 dāidāibǎnbǎn; 平板 píngbǎn (英 *smooth; flat*) ▶何の特徴もない～な印象しか残らない/没有任何特征只留下平平淡淡的印象 méiyǒu rènhé tèzhēng zhǐ liúxià píngpíngdàndàn de yìnxiàng

のっぺりした 扁平 biǎnpíng; 平板 píngbǎn (英 *smooth; expressionless*) ▶～した顔/扁平的脸 biǎnpíng de liǎn

のっぽ 高个儿 gāogèr; 大高个子 dàgāogèzi (英 *a tall person*) ▶僕はその頃クラス一の～だった/当时我在班里个子最高 dāngshí wǒ zài bānlǐ gèzi zuìgāo

-ので 因为 yīnwèi (英 *since; because*) ▶彼はかぜを引いた～/学校を休んだ/他因为感冒，没来学校 tā yīnwèi gǎnmào, méi lái xuéxiào ▶以前に住んだことがある～その土地はよく知っている/以前住过，所以对于那个地区很熟悉 yǐqián zhùguò, suǒyǐ duìyú nàge dìqū hěn shúxī

のてん【野天の】露天 lùtiān (英 *open-air; outdoor*)
♦～風呂/露天浴池 lùtiān yùchí

のど【喉】**1**〖器官〗喉咙 hóulong; 嗓子 sǎngzi (英 *the throat*) ▶～がからからの/焦渴 jiāokě ▶彼は緊張のあまり～がからからかわいていた/他过分紧张以至于喉咙发干 tā guòfèn jǐnzhāng yǐzhì yú hóulong fāgān ▶～を潤す/解渴 jiěkě ▶食べ物が～につかえる/食物噎在喉咙里 shíwù yē zài hóulong lǐ ▶～まで出かかっていたんだ/那句话几乎就要脱口而出 nà jù huà jīhū jiùyào tuō kǒu ér chū **2**〖声〗嗓音 sǎngyīn; 嗓门儿 sǎngménr (英 *voice*)

ことわざ 喉もと過ぎれば熱さ忘れる 好了伤疤忘了疼 hǎole shāngbā wàngle téng

～から手が出る ▶～から手が出るほど欲しい/急切地渴望 jíqiè de kěwàng

～を詰まらせる《食物で》哽 gěng ▶もちで～を詰まらせる/喉咙被年糕哽住 hóulong bèi niángāo gěngzhù

～を通らない ▶彼女は心配で食事が～を通らないどだった/她担心得吃不下饭 tā dānxīnde chībuxià fàn

のどか【長閑な】悠闲 yōuxián; 安闲 ānxián; 和煦 héxù (英 *quiet; peaceful; calm*) ▶～な風/和风 héfēng ▶～な田園風景/悠闲的田园风光 yōuxián de tiányuán fēngguāng ▶～な口調であいさつする/用平静的语调致词 yòng píngjìng de yǔdiào zhìcí ▶～な春の日/和煦的春天日子 héxù de chūntiān rìzi

のどじまん【喉自慢】显摆善歌 xiǎnbai shàngē (英 *singing contest*) ▶町内の～大会で優勝した/在社区的歌唱比赛获得了第一名 zài shèqū de gēchàng bǐsài huòdé le dìyī míng

のどびこ【喉彦】小舌 xiǎoshé; 悬雍垂 xuányōngchuí (英 *uvula*)

のどぼとけ【喉仏】喉结 hóujié; 结喉 jiéhóu (英 *the Adam's apple*)

-のに **1**〖かかわらず〗却 què; 还是 háishi (英 *though; in spite of...*) ▶彼は雨が降っている～出かけて行った/尽管在下雨，他还是出门去了 jǐnguǎn zài xià yǔ, tā háishi chūmén qù le ▶あなたは自分でできる～なぜ他人に頼るのですか/自己就能做，为什么还要求别人 zìjǐ jiù néng zuò, wèi shénme hái yāoqiú biérén **2**〖ために〗为 wèi; 要 yào (英 *for*) ▶本を読む～眼鏡がいる/读书需要眼镜 dúshū xūyào yǎnjìng ▶1年留学する～いくらかかるの/留学一年得花多少钱？liúxué yì nián děi huā duōshao qián? **3**〖希望〗(英 *I wish...*) ▶よせばいい～また駅前の居酒屋に寄った/要说别去吧，又去了车站前的那个酒店 yào shuō bié qù ba, yòu qùle chēzhànqián de nàge jiǔdiàn ▶カメラを持ってくればよかった～なあ/带相机来就好了 dài xiàngjī lái jiù hǎo le

ノネズミ【野鼠】〖動物〗野鼠 yěshǔ (英 *a field mouse*)

ののしる【罵る】骂 mà; 咒骂 zhòumà (英 *abuse; speak ill of...*) ▶匿名をいいことに口汚く～やからがいる/有一些人靠匿名，满嘴脏话地肆意漫骂 yǒu yìxiē rén kào nìmíng, mǎnzuǐ zānghuà de sìyì mànmà

のばす【伸ばす】**1**〖長く・まっすぐに〗伸 shēn; 伸长 shēncháng; 放长 fàngcháng (英 *extend; stretch*) ▶ゴムを～/把橡皮筋儿抻开 bǎ xiàngpíjīnr chēnkāi ▶こねた小麦粉のを棒で～/用擀面杖擀和好的面 yòng miànzhàng gǎn huóhǎo de miàn ▶服のしわを～/把衣服上的皱褶儿抻一抻 bǎ yīfushang de zhòuzhěr chēnyichēn ▶髪を～/留长头发 liúzhǎng tóufa ▶体を～/伸懒腰 shēn lǎnyāo ▶両手を伸ばしてあくびをする/伸开两手打哈欠 shēnkāi liǎngshǒu dǎ hāqian ▶その品は手を伸ばせばすぐ取れ

る位置にあった/那件东西放在了只要伸手就可以拿到的地方 nà jiàn dōngxi fàngzàile zhǐyào shēnshǒu jiù kěyǐ nádào de dìfang ▶首を伸ばして塀の向こう側を覗く/伸长了脖子看墙的对面 shēnchángle bózi kàn qiáng de duìmiàn

❷【拡大する】（英 extend）▶保守派が勢力を伸ばしてきた/保守派的势力扩张起来了 bǎoshǒupài de shìlì kuòzhāngqǐlai le

❸【能力などを】（英 develop）▶国力を~増强国力 zēngqiáng guólì ▶才能を~増长才能 zēngzhǎng cáinéng

足を~ ▶彼らは車を降りて足を伸ばした/他们下了车伸开腿 tāmen xiàle chē shēnkāi tuǐ ▶出張の足を伸ばして松島へ行ってきた/出差时顺便绕到松岛去了 chūchāi shí shùnbiàn ràodào Sōngdǎo qù le

のばす【延ばす】**❶**【延期する】拖延 tuōyán；推迟 tuīchí（英 put off；postpone）▶期日を~/拖延日期 tuōyán rìqī ▶今日なしうることを明日に~/不要把今天能做的事情拖到明天 búyào bǎ jīntiān néng zuò de shìqing tuōdào míngtiān ▶彼はやるべきことを1日1日と~/他把应该做的事情拖了一天又一天 tā bǎ yīnggāi zuò de shìqing tuōle yì tiān yòu yì tiān ▶彼らは賛否の決定をできるだけ延ばしてきた/他们尽可能地拖延了赞成与否的决定 tāmen jǐnkěnéng de tuōyánle zànchéng yǔfǒu de juédìng

❷【延長する】延长 yáncháng；拉长 lācháng（英 extend；prolong）▶高速道路を~/延长高速公路 yáncháng gāosù gōnglù ▶借金の返済期限を~/延长借款的返还期限 yáncháng jièkuǎn de fǎnhuán qīxiàn ▶ビジネスビザを申請して滞在を~/申请商务护照延长滞留时间 shēnqǐng shāngwù hùzhào yáncháng zhìliú shíjiān

のばなし【野放しにする】放任不管 fàngrèn bù guǎn（leave... uncontrolled）；【動物を】放养 fàngyǎng（put... to pasture）▶こういう男は~にしておくべきではない/这样的人不能任他为非作歹 zhèyàng de rén bùnéng rèn tā wéi fēi zuò dǎi ▶犬を~にする/放养狗 fàngyǎng gǒu

のはら【野原】野地 yědì；原野 yuányě（英 a field；[平野] a plain）▶広い~を駆け回る/在广阔的原野奔跑 zài guǎngkuò de yuányě bēnpǎo

ノバラ【野薔薇】【植物】野蔷薇 yěqiángwēi（英 a wild rose；a brier）

のび【伸び】**❶**【背伸び】伸腰 shēn yāo（英 a stretch）▶立ち上がって大きく~をした/站起来使劲伸了个懒腰 zhànqǐlai shǐjìn shēnle ge lǎnyāo

❷【成長】上涨 shàngzhǎng；上升 shàngshēng；发展 fāzhǎn（英 growth）▶売上高の~率が鈍化する/销售率的上涨率停滞了 xiāoshòulǜ de shàngzhǎnglǜ tíngzhì le ▶経常利益は前年度を上回る~を示した/经常利润出现了超过过年度的上升趋势 jīngchángng lìrùn chūxiànle chāoguò qiánniándù de shàngshēng qūshì

のび【野火】野火 yěhuǒ（英 a field fire）▶その噂はまたたくまに~のように広がった/那个传闻瞬间之间像野火燎原一样传开了 nàge chuánwén shùnxī zhījiān xiàng yěhuǒ liáoyuán yíyàng chuánkāi le

のびあがる【伸び上がる】跷脚站起 qiāojiǎo zhànqǐ；踮着脚伸长脖子 diǎnzhe jiǎo shēncháng bózi（英 stand on tiptoe）▶人垣の後ろから伸び上がって事故の現場を見た/从人群的后面踮起脚来看事故的现场 cóng rénqún de hòumian diǎnqǐ jiǎo lai kàn shìgù de xiànchǎng ▶伸び上がって柿の実を取った/踮脚摘柿子 diǎnjiǎo zhāi shìzi

のびちぢみ【伸び縮みする】伸缩 shēnsuō（英 expand and contract；[弾性がある] be elastic）▶ゴムはなぜ~するのか/橡胶为什么可以伸缩？ xiàngjiāo wèi shénme kěyǐ shēnsuō？ ▶自由自在に~のリードで犬の散歩量が増えます/有了能自由伸缩的牵狗绳子，狗的散步量增加了 yǒule néng zìzài shēnsuō de qiān gǒu shéngzi, gǒu de sànbùliàng zēngjiā le

のびなやむ【伸び悩む】难以进展 nányǐ jìnzhǎn（英 be top-heavy）▶プロ野球放送の視聴率が~/职业棒球的转播收视率难以提高 zhíyè bàngqiú de zhuǎnbō shōushìlǜ nányǐ tígāo ▶ここ数年消費需要が伸び悩んでいる/最近几年的消费需要难以进展 zuìjìn jǐ nián de xiāofèi xūyào nányǐ jìnzhǎn

のびのび【伸び伸びと】《心身が》舒展 shūzhǎn；舒畅 shūchàng；【自由な】自由自在 zìyóu zìzài（英 freely）▶~とした環境の中で豊かな個性を育てる/在自由的环境中使个性得到全面发展 zài zìyóu de huánjìng zhōng shǐ gèxìng dédào quánmiàn fāzhǎn ▶子供が~と育つ/孩子自由地成长 háizi zìyóu de chéngzhǎng ▶~と行動する/自由自在地行动 zìyóu zìzài de xíngdòng ▶~とした文字を書く/字写得很大 zì xiěde hěn dà hěn shūzhǎn

のびのび【延び延びに】拖拖拉拉 tuōtuōlālā；拖延 tuōyán（英（be postponed）repeatedly）▶着工が~になっている/开工一拖再拖 kāigōng yì tuō zài tuō

のびやか【伸びやかな】开阔 kāikuò；舒展 shūzhǎn（英 freely）▶子供が元気よく~に育つ環境が望まれる/期盼有一个能让孩子们充满活力、舒展成长的环境 qīpàn yǒu yí ge néng ràng háizimen chōngmǎn huólì, shūzhǎn chéngzhǎng de huánjìng

のびる【伸びる】**❶**【成長する】抽 chōu；长 zhǎng（英 grow）▶朝顔の蔓が勢いよく~/牵牛花的蔓长势良好 qiānniúhuā de màn zhǎngshì liánghǎo ▶低気圧から~寒冷前線の影響で突風が発生した/受低气压引起的寒冷前线的影响，出现了暴风 shòu dīqìyā yǐnqǐ de hánlěng qiánxiàn de yǐngxiǎng, chūxiàn bàofēng ▶庭の雑草が伸びている/院子的杂草长高了 yuànzi de zácǎo zhǎnggāo le ▶髪が伸びていますよ/头发长了 tóufa zhǎng le

2【長さが】伸长 shēncháng (英 lengthen) ▶背が～/个子长高了 gèzi zhǎnggāo le ▶春になると日が～/一到春天，白天的时间就会变长 yí dào chūntiān, báitiān de shíjiān jiù huì biàncháng

3【発展する】增加 zēngjiā; 扩大 kuòdà; 长进 zhǎngjìn (英 make progress; develop) ▶学力が～/学习能力长进了 xuélì nénglì zhǎngjìn le ▶これから、一業界で伸びて働きたい/想在今后有发展的行业工作 xiǎng zài jīnhòu yǒu fāzhǎn de hángyè gōngzuò ▶輸出が大幅に伸びたが貿易摩擦も増えた/出口大幅增加了，但是贸易摩擦也增加了 chūkǒu dàfú zēngjiā le, dànshì màoyì mócā yě zēngjiā le ▶彼はもうこれ以上伸びない/他大概不会有更大的进步了吧 tā dàgài búhuì yǒu gèng dà de jìnbù le ba

4【ぐったりする】倒下 dǎoxià; 躺下 tǎngxià (英 be exhausted; be sprawled) ▶暑くて伸びちゃった/因为太热倒下了 yīnwèi tài rè dǎoxià le ▶あごに一発くらって伸びてしまった/被一拳击中了下颚，倒下了 bèi yì quán jīzhòngle xià'è, dǎoxià le

のびる【延びる】延伸 yánshēn; 延长 yáncháng; 推迟 tuīchí (英 be postponed; [期間が] be extended) ▶会議が～〈長引く〉/会议延长 huìyì yáncháng ▶遠足が～〈先に〉/延期郊游的日程 yánqí jiāoyóu de rìchéng ▶鉄道が～/延长铁路 yáncháng tiělù ▶禁煙すれば寿命は～か/如果戒烟寿命会延长吗？rúguǒ jiè yān shòumìng huì yáncháng ma?

ノブ〈ドアの〉把手 bǎshou (英 a knob)

のぶとい【野太い】〈声の〉沉浊 chénzhuó; 粗壮 cūzhuàng (英 deep) ▶彼は小さい体に似合わず一声を出す/他身体虽小，嗓门却很粗壮 tā shēntǐ suī xiǎo, sǎngmén què hěn cūzhuàng

のべ【延べ】总共 zǒnggòng (英 the total number) ▶～人数/人次 réncì ▶先月の入場者数は～5万人に達した/上个月的入场人次达到五万人次 shàng ge yuè de rùchǎng rénshù dádào wǔwàn réncì ▶今年黄砂を観測した～日数は30日を越えた/今年观测到黄沙的总天数超过了三十天 jīnnián guāncèdào huángshā de zǒngtiānshù chāoguòle sānshí tiān

のべ【野辺】野地 yědì; 原野 yuányě (英 a field; a plain) ▶～の送りをする/送葬 sòngzàng; 送殡 sòngbìn

のべつまくなし【のべつ幕なし】不断地 búduàn de; 不停地 bùtíng de; 没完没了 méiwán méiliǎo (英 ceaselessly) ▶～に買いあさる/没完没了地抢购 méiwán méiliǎo de qiǎnggòu ▶～にしゃべる/没完没了地说 méiwán méiliǎo de shuō

のべばらい【延べ払い】延期付款 yánqī fùkuǎn (英 a deferred payment) ▶長期～方式で売却する/以延期付款的方式出售 yǐ chángqī yánqī fùkuǎn de fāngshì chūshòu

のべぼう【延べ棒】〈うどんの〉擀面杖 gǎnmiànzhàng; 〈金の〉金条 jīntiáo (英 a bar)

のべる【延べる】〈布団を〉铺 pū; 铺垫 pūdiàn (英 mak a bed)

のべる【述べる】叙述 xùshù; 述说 shùshuō (英 state; express) ▶意見を～/叙述意见 xùshù yìjiàn ▶礼を～/致谢 zhìxiè

のほうず【野放図な】放荡 fàngdàng; 肆无忌惮 sì wú jì dàn (英 wild; uncontrolled) ▶～な経営で借金が増えた/散漫放纵的经营导致借款增加 sǎnmàn fàngzòng de jīngyíng dǎozhì jièkuǎn zēngjiā ▶～に道路や橋を造らせてきた政治家の責任はどうなる/一味地滥造公路、桥梁的政治家的责任何在呢？yíwèi de lànzào gōnglù, qiáoliáng de zhèngzhìjiā de zérèn hézài ne?

のぼせ上火 shànghuǒ (英 [上气] a rush of blood to the head; [興奮] excitement) ▶～を冷ます〈漢方で〉/去火 qùhuǒ ▶や熱を取り除く〈漢方で〉/解毒 jiědú ▶一時の～で直ぐに覚めるだろう/一时的晕眩，马上会好的 yìshí de yūnxuàn, mǎshàng huì hǎo de

のぼせあがる【のぼせ上がる】得意洋洋 déyì yángyáng; 骄傲起来 jiāo'àoqǐlai (英 be infatuated) ▶自以为了不起 zì yǐwéi liǎobuqǐ ▶～と人間性が変わってしまう/一旦自大起来，品行也会变的 yídàn zìdàqǐlai, pǐnxíng yě huì biàn de ▶きのくせに何をのぼせ上がっているんだ/乳臭未干的毛孩子，有什么可自大的！rǔchòu wèi gān de máoháizi, yǒu shénme kě zìdà de!

のぼせる　**1**【上气する】头晕 tóuyūn; 头昏眼花 tóuhūn yǎnhuā (英 feel dizzy) ▶長湯すると～/洗澡时间过长，会引起头晕的 xǐzǎo shíjiān guò cháng, huì yǐnqǐ tóuyūn de

2【いい気になる】冲昏头脑 chōnghūn tóunǎo; 自大 zìdà (英 swell with pride) ▶何でも自分が一番だと～/别人脑发昏地认为什么事情自己都是第一 bié tóunǎo fāhūn de rènwéi shénme shìqíng zìjǐ dōu shì dìyī ▶彼はちょっとばかり成功してのぼせている/他稍微有一点成功就头脑发晕了 tā shāowēi yǒu yìdiǎn chénggōng jiù tóunǎo fāyūn le

3【夢中になる】入迷 rùmí; 迷醉 mízuì; 热中 rèzhōng (英 be excited) ▶彼はその女の子にのぼせている/他对那个女的着上了迷 tā duì nàge nǚ de zháoshàngle mí

のほほんとした漫不经心 màn bù jīngxīn; 吊儿郎当 diào'erlángdāng (英 indifferent; unconcerned) ▶～と休日を過ごす/什么也不想地度过休息日 shénme yě bù xiǎng de dùguò xiūxīrì ▶～と構えている場合か/怎么还能够一点不着急呢！zěnme hái nénggòu yìdiǎn bù zháojí ne!

のぼり【上り】上 shàng (英 an ascent; going up) ▶～列車/上行列车 shàngxíng lièchē ▶次の～列車に乗るつもりだ/准备坐下一班上行列车 zhǔnbèi zuò xià yì bān shàngxíng lièchē ▶高速道路の～車線は渋滞がひどい/高速公路的上行车道堵车很严重 gāosù gōnglù de shàngxíng chēdào dǔchē hěn yánzhòng ▶この道は～下り

のぼり が多い/这条路的上坡下坡很多 zhè tiáo lù de shàngpō xiàpō hěn duō ▶列車は～下りとも不通/列车的上行下行都不通 lièchē de shàngxíng xiàxíng dōu bù tōng ▶ここは～が急だ/这里的上坡很陡 zhèlǐ de shàngpō hěn dǒu ▶最後の～坂で他の選手を追いぬく/在最后的上坡路,超过了别的选手 zài zuìhòu de shàngpōlù, chāoguòle biéde xuǎnshǒu

のぼり【幟】 旗帜 qízhì; 长条旗 chángtiáoqí （英 a banner; a standard）▶～を立てる/树起旗帜 shùqǐ qízhì ▶屋根より高い鯉～/比房顶高的鲤鱼旗 bǐ fángdǐng gāo de lǐyúqí

のぼりざか【登り坂】 上坡路 shàngpōlù;（比喻的に）兴旺 xīngwàng（英 an uphill road）▶彼はいま～にある/他正处在往上走的时期 tā zhèng chǔzài wǎng shàng zǒu de shíqí ▶景気が～になってきた/经济开始走进坡路了 jīngjì kāishǐ zǒujìn pōlù le

のぼりちょうし【上り調子】 上升势头 shàngshēng shìtóu; 发展趋势 fāzhǎn qūshì（英 an upturn; the increase）▶会社は今～です/公司有上升势头 gōngsī yǒu shàngshēng shìtóu

のぼる【上る・登る】 ❶【高い所へ行く】 爬 pá; 登 dēng; 走上 zǒushàng（英 go up; climb）▶坂を～/走上坡路 zǒushàng pōlù ▶木に～/爬树 pá shù ▶山に～/爬山 páshān; 登山 dēngshān ▶階段を～/上楼梯 shàng lóutī ▶崖を～/攀登悬崖 pāndēng xuányá ▶屋根に～/上房顶 shàng fángdǐng

❷【ある数に達する】 达到 dádào（英 amount to...; reach）▶多数に～/占多数 zhàn duōshù ▶被害は1000万円に～/被害金额达到一千万日元 bèihài jīn'é dádào yīqiān wàn Rìyuán

❸【その他】 ▶食卓に～/摆上饭桌 bǎishàng fànzhuō ▶頭に血が～/气往血头上冲 qì de xiě wǎng tóu shàngchōng ▶その人物は今でも噂に～/直到现在, 那个人还有传闻 zhídào xiànzài, nàge rén háiyǒu chuánwén

のぼる【昇る】 升 shēng; 上升 shàngshēng（英 rise）▶日が～/太阳升起来 tàiyáng shēngqǐlai ▶温度計が30度に昇った/温度计升到了三十度 wēndùjì shēngdàole sānshí dù

のませる【飲ませる】 让…喝 ràng…hē; 给…喝 gěi…hē（英 give... a drink;［飲食店で］serve;［動物に］water）▶乳を～/喂奶 wèi nǎi ▶むりやり酒を～/不要强迫人喝酒 búyào qiǎngpò rén hē jiǔ! ▶あの店ではうまいコーヒーを～/那个店有好喝的咖啡 nàge diàn yǒu hǎohē de kāfēi ▶水を一杯飲ませて下さい/请给我一杯水喝 qǐng gěi wǒ yì bēi shuǐ hē

のまれる【飲まれる】 被吞没 bèi tūnmò; 被压倒 bèi yādào（英 be swallowed;［威圧される］be overawed）▶波に～/被波浪吞没 bèi bōlàng tūnmò ▶酒に飲まれてはいけないよ/千万不要被酒吞没了 qiānwàn búyào bèi jiǔ tūnmò le ▶気迫に～/被气势压倒了 bèi qìshì yādào le ▶その場の雰囲気に飲まれてつい言ってしまった/被

当场的气氛所压倒, 不由自主地说了出来 bèi dāngchǎng de qìfēn suǒ yādào, bù yóu zìzhǔ de shuōlechūlai

のみ【鑿】《工具の》凿子 záozi; 錾子 zànzi（英 a chisel）▶～で彫る/用凿子雕刻 yòng záozi diāokè

ノミ【蚤】〔虫〕跳蚤 tiàozao; 疙蚤 gēzao（英 a flea）▶～をとる/捉跳蚤 zhuō tiàozao ▶あいつは～の心臓だからな/他是兔子胆 tā shì tùzidǎn ▶～の夫婦/妻子身材大过丈夫的夫妻 qīzi shēncái dàguò zhàngfu de fūqī

◆～の市 跳蚤市场 tiàozao shìchǎng

-のみ 只 zhǐ; 惟 wéi; 而已 éryǐ（英 only）▶女性～採用の職種がある/有只用女性的工作 yǒu zhǐ yòng nǚxìng de gōngzuò

のみくい【飲み食いする】 饮食 yǐnshí; 吃喝 chīhē（英 eat and drink）▶役人が公金で～する/官员用公款吃喝 guānyuán yòng gōngkuǎn chīhē

のみぐすり【飲み薬】 内服药 nèifúyào（英 a medicine）

のみくだす【飲み下す】 咽下去 yànxiàqu; 吞下 tūnxià; 喝下 hēxià（英 swallow）▶その煎じ薬はあまりに苦くて飲み下せなかった/那个煎药太苦喝不下去 nàge jiānyào tài kǔ hēbuxiàqù

のみこみ【飲み込み】 领会 lǐnghuì; 理解 lǐjiě（英 swllowing）▶～が早い/理解得快 lǐjiěde kuài ▶～のよい子/悟性好的孩子 wùxìng hǎo de háizi

のみこむ【飲み込む】 ❶【飲食物を】咽下 yànxià; 吞下 tūnxià;《洪水などが》吞没 tūnmò（英 swallow）▶食べてから生つばを～/馋得吞口水 chánde tūn kǒushuǐ ▶濁流が民家や田畑を飲み込んだ/浊流吞没了房屋和田地 zhuóliú tūnmòle fángwū hé tiándì ▶村が津波に飲み込まれた/村子被海啸所吞没 cūnzi bèi hǎixiào suǒ tūnmò

❷【納得する】 了解 liǎojiě; 领会 lǐnghuì（英 understand）▶そのことなら万事私が飲み込んでいる/那件事我都领会了 nà jiàn shì wǒ dōu lǐnghuì le ▶その点が飲み込めません/我还没有领会到那一点 wǒ hái méiyǒu lǐnghuìdào nà yì diǎn ▶彼は彼女がよく飲み込めるよう丁寧に説明した/为了让他彻底明白, 他作了耐心的说明 wèile ràng tā chèdǐ míngbai, tā zuòle nàixīn de shuōmíng

のみさし【飲みさし】 喝剩下的 hēshèngxià de（英 an unfinished glass）▶～のペットボトルを机の上に放置する/把喝剩下的饮料瓶留在桌子上 bǎ hēshèngxià de yǐnliàopíng liúzài zhuōzi shàng

のみしろ【飲み代】 酒费 jiǔfèi; 酒钱 jiǔqián（英 drinking money）

のみすぎ【飲み過ぎ】 喝酒过多 hējiǔ guòduō; 饮酒过量 yǐnjiǔ guòliàng（英 excessive drinking; an alcoholic excess）▶～は体によくありません/喝酒太多对身体不好 hējiǔ tài duō duì shēn-

のみすぎる【飲み過ぎる】 喝酒过多 hējiǔ guòduō; 饮酒过量 yǐnjiǔ guòliàng (英 *drink too much*)

のみつぶれる【飲み潰れる】 醉倒 zuìdǎo; 烂醉如泥 lànzuì rú ní (英 *get dead drunk*)

のみならず 不但 búdàn; 不光 bùguāng (英 *not only ... but (also) ~; as well as ...*) ▶彼はこの映画で監督～主役を演じた/他不但是这部电影的导演还扮演了主角 tā búdàn shì zhè bù diànyǐng de dǎoyǎn hái bànyǎnle zhǔjué ▶選手～観客も興奮した/不光是选手，观众也很兴奋 bùguāng shì xuǎnshǒu, guānzhòng yě hěn xīngfèn

ノミネート 提名 tímíng; 推荐 tuījiàn (英 *nominate*) ▶最優秀作品賞に～される/被提名为最优秀作品奖候补 bèi tímíng wéi zuì yōuxiù zuòpǐnjiǎng hòubǔ

のみほす【飲み干す】 喝干 hēgān; 喝光 hēguāng (英 *drink up; drain*) ▶最後の一滴まで～/连最后一滴都喝干 lián zuìhòu yìdī dōu hēgān ▶一口で～/一口喝干 yìkǒu hē gān

のみみず【飲み水】 饮水 yǐnshuǐ; 饮用水 yǐnyòngshuǐ (英 *drinking water*) ▶この都市の水道水は～に適さない/这个城市的自来水不适合饮用 zhège chéngshì de zìláishuǐ bú shìhé yǐnyòng ▶この水は水質がよくないので～にはならない/这个水的水质不好，不能做饮用水 zhège shuǐ de shuǐzhì bùhǎo, bùnéng zuò yǐnyòngshuǐ

のみもの【飲み物】 饮料 yǐnliào (英 *a drink; a beverage*; [酒類] *a liquor*) ▶～は何にいたしましょうか/喝点什么呢？ hē diǎn shénme ne? ▶何か～を下さい/给我一些饮料 gěi wǒ yìxiē yǐnliào

のみや【飲み屋】 小酒馆 xiǎojiǔguǎn; 酒店 jiǔdiàn (英 *a bar; a pub*) ▶～の親父/小酒馆的老板 xiǎojiǔguǎn de lǎobǎn

のむ【飲む・呑む】 ❶[水・酒を飲む] 喝 hē; 饮 yǐn; 《薬を》吃 chī (英 *drink*) ▶薬を～/吃药 chī yào ▶僕はコーヒーをブラックで～/我喝黑咖啡 wǒ hē hēikāfēi ▶茶を～/喝茶 hē chá ▶井戸の水を～/喝井水 hē jǐngshuǐ ▶赤ん坊にミルクを飲ませる/喂婴儿喝牛奶 wèi yīng'ér hē niúnǎi ▶まずくて飲めない/不好喝，喝不下去 bù hǎohē, hēbuxiàqù

❷[圧倒する] (英 *think nothing of...*) ▶敵に呑まれる/被敌人压垮 bèi dírén yākuǎ ▶相手を呑んでかかる/藐视对方 miǎoshì duìfāng

❸[受諾する] 答应 dāying; 接受 jiēshòu (英 *accept*) ▶要求を～/答应要求 dāying yāoqiú

息を～ ▶それは思わず息を～美しい夜景だった/那是令人不禁屏为观止的美丽夜景 nà shì lìng rén bùjīn tàn wéi guān zhǐ de měilì yèjǐng

のめりこむ【のめり込む】 陷入 xiànrù; 沉迷 chénmí (英 *be absorbed in*) ▶勉強はそっちのけでゲームにのめり込んだ/把学习扔在一边，沉浸在游戏中 bǎ xuéxí rēngzài yìbiān, chénjìn zài

yóuxì zhōng ▶彼は赌け事にのめり込んだ/他沉迷于赌博 tā chénmí yú dǔbó

のめる 向前倒 xiàng qián dǎo; 跌倒 diēdǎo (英 *fall forward*) ▶石につまずいてよろよろのめった/被石头绊住，差点儿摔倒 bèi shítou bànzhù, chàdiǎnr shuāidǎo

のやき【野焼きする】 烧荒 shāohuāng (英 *burn a field*)

のやま【野山】 山野 shānyě (英 *hills and fields*) ▶～を越えてトラックは走る/卡车翻山越野奔驰 kǎchē fān shān yuè yě de bēnchí ▶一面に広がる/漫山遍野 màn shān biàn yě

のら【野良】 田间 tiánjiān; 农地 nóngdì (英 *a field*) ▶～に出る/下地 xiàdì

◆**～犬** 野狗 yěgǒu **～着** 干农活的衣服 gàn nónghuó de yīfu **～仕事** 农活儿 nónghuór; 庄稼话儿 zhuāngjiahuór **～猫** 野猫 yěmāo

のらくら 游手好闲 yóu shǒu hào xián; 懒懒 lǎnlǎn (英 *idly; lazily*) ▶～過ごす/游荡无所事事 yóudàng wú suǒ shì shì ▶～者/二流子 èrliúzi

のり【法】《決まり》规律 guīlǜ; 规矩 guīju (英 *a law*)

のり【糊】 ❶[衣服用の] 浆 jiāng (英 *starch*) ▶彼女は～のきいた清潔な服を着ていた/她穿着浆好的整洁的衣服 tā chuānzhe jiānghǎo de zhěngjié de yīfu ❷[接着用の] 胶水儿 jiāoshuǐr; 糨糊 jiànghu (英 *paste; gum*) ▶封筒の～がはがれた/信封的糨糊开口儿了 xìnfēng de jiànghu kāikǒur le

ノリ【海苔】《食品》紫菜 zǐcài; 甘紫菜 gānzǐcài (英 *laver*) ▶～巻き/紫菜饭团卷 zǐcài fàntuánjuǎn

のりあい【乗り合い】 同乘 tóngchéng (英 *a bus; a taxi*) ▶～バス/公共汽车 gōnggòng qìchē ▶～タクシー/几个人同乘的士 jǐ ge rén tóngchéng de dīshì

のりあげる【乗り上げる】 坐礁 zuòjiāo; 搁浅 gēqiǎn (英 *run aground*) ▶数十头のクジラが浅瀬に～/数十头鲸鱼在海滩搁浅 shùshí tóu jīngyú zài hǎitān gēqiǎn ▶交渉が暗礁に～/谈判搁浅了 tánpàn gēqiǎn le ▶自動車が歩道に～/汽车冲上了人行道 qìchē chōngshàngle rénxíngdào

のりあわす【乗り合わす】 偶然同乘 ǒurán tóngchéng (英 *happen to ride in the same...*) ▶バスに乗り合わせた人々/偶然乘坐在同一辆公共汽车上的人们 ǒurán chéngzuò zài tóngyī liàng gōnggòng qìchēshang de rénmen

のりいれ【乗り入れ】《バスなど》接通其他路线 jiētōng qítā lùxiàn; 《车など》乘车进入 chéngchē jìnrù; 开进 kāijìn (英 *the entry*) ▶自動車～禁止/禁止乘车入内 jìnzhǐ chéngchē rùnèi ▶両バス会社に相互～協定が成立した/两个公交公司就相互进入对方的营业路线一事达成了协定 liǎng ge gōngjiāo gōngsī jiù xiānghù jìnrù duìfāng de yíngyè lùxiàn yí shì dáchéngle xiédìng

のりいれる【乗り入れる】《車など》开进 kāijìn；乗车进入 chéngchē jìnrù；《バス・鉄道など》接通其他路线 jiētōng qítā lùxiàn（英 drive into...；［空路］fly into...）▶中央線は東南線に乗り入れている/中央线接通东南线 Zhōngyāngxiàn jiētōng Dōngnánxiàn

のりうつる【乗り移る】 ❶【乗り物に】换乘 huànchéng（英 change）▶汽船からボートに乗り移った/从大轮船换乘小船 cóng dàlúnchuán huànchéng xiǎochuán ❷【霊などが】附体 fùtǐ（英 possess）▶僕の体に悪魔が乗り移った/魔鬼附上了我的身体 móguǐ fùshàngle wǒ de shēntǐ

のりおくれる【乗り遅れる】 误车 wùchē；没赶上 méi gǎnshàng（英 miss; fail to catch）▶流行に〜/赶不上时髦 gǎnbushàng shímáo▶終電車に乗り遅れてタクシーで帰宅した/错过了末班电车坐出租车回家了 cuòguòle mòbān diànchē zuò chūzūchē huíjiā le ▶時代に〜な/不要赶不上时代 búyào gǎnbushàng shídài ▶8時の列車に乗り遅れないように道を急いだ/为了赶上八点的列车而狂奔 wèile gǎnshàng bā diǎn de lièchē ér kuángbēn

のりおり【乗り降りする】 上下车 shàngxiàchē（英 get on and off）▶膝が痛くてバスの〜に難儀する/因为膝盖疼，上下公交车都成了问题 yīnwèi xīgài téng, shàngxià gōngjiāochē dōu chéngle wèntí

のりかえ【乗り換え】 换车 huànchē；倒车 dǎochē（英 transfer）▶〜駅/中转站 zhōngzhuǎnzhàn ▶〜が多くて通勤に時間がかかる/换车太多，上下班要花费许多时间 huànchē tài duō, shàngxiàbān yào huāfèi xǔduō shíjiān ▶東京まで〜なしに行けますか/可以不换车直达东京吗 kěyǐ bú huànchē zhídá Dōngjīng ma? ▶〜時間が短い/换车时间短 huànchē shíjiān duǎn

のりかえる【乗り換える】 ❶【列車やバスを】换乘 huànchéng；换车 huànchē（英 change; transfer）▶地下鉄からバスに〜/由地铁换乘公交车 yóu dìtiě huànchéng gōngjiāochē ❷【乗り替える】换 huàn；改换 gǎihuàn（英 switch）▶景気のいい株に〜/换了一个好股票 huànle yí ge hǎogǔpiào ▶彼女は彼を捨てて他の男に乗り換えた/她甩了他，换了一个男朋友 tā shuǎile tā, huànle yí ge nánpéngyǒu

のりかかる【乗り掛かる】 着手 zhuóshǒu；开始 kāishǐ（英 be about to get into...）▶乗り掛かった船 一不做二不休 yī bú zuò èr bù xiū；骑虎难下 qí hǔ nán xià ▶乗り掛かった船でいまさら後へはひけない/骑虎难下，没有退路了 qí hǔ nán xià, méiyǒu tuìlù le

のりき【乗り気になる】 感兴趣 gǎn xìngqu；起劲儿 qǐjìnr（英 take an interest）▶〜になって仕事をする/开始起劲儿地工作起来 kāishǐ qǐjìnr de gōngzuòqǐlai ▶あまり〜じゃなかったがやってみると面白かった/本来不太感兴趣，可是做起来很有意思 běnlái bú tài gǎn xìngqù, kěshì gànqǐlai dào hěn yǒu yìsi ▶彼女も参加すると聞いて彼は俄然〜になった/听说她也参加，他一下子变得俄起劲了 tīngshuō tā yě cānjiā, tā yíxiàzi biànde hěn qǐjìn le

のりきる【乗り切る】 越过 yuèguò；渡过 dùguò；克服 kèfú（英［困難などを］overcome）▶不況を〜経営戦略を練る/策划突破经济萧条的经营战略 cèhuà tūpò jīngjì xiāotiáo de jīngyíng zhànlüè ▶夫婦の危機を〜/克服夫妇危机 kèfú fūfù wēijī ▶山場を〜/渡过了最难的关头 dùguòle zuì nán de guāntóu

のりくみいん【乗組員】 船员 chuányuán；乘务员 chéngwùyuán；《飛行機の》机组人员 jīzǔ rényuán（英 a crew）

のりこえる【乗り越える】 超越 chāoyuè；翻过 fānguò；《困難を》突破 tūpò；克服 kèfú（英 get over...）▶このハードルを〜のは容易なことではない/越过这个难关不是容易的事 yuèguò zhège nánguān bú shì róngyì de shì ▶フェンスを〜/越过栅栏 yuèguò zhàlan ▶言葉の壁という大きな障害を〜/克服了语言这个大障碍 kèfúle yǔyán zhège dàzhàngài

のりごこち【乗り心地】 乘坐的感觉 chéngzuò de gǎnjué（英 the feeling of the ride）▶〜がよい/坐着舒服 zuòzhe shūfu ▶〜が悪い/坐着不舒服 zuòzhe bù shūfu ▶〜を確かめる/确认乘坐的感觉 quèrèn chéngzuò de gǎnjué

のりこし【乗り越し】 坐过站 zuòguò zhàn（英 passing）▶〜料金/坐过站追加的车费 zuòguò zhàn zhuījiā de chēfèi

のりこす【乗り越す】 坐过站 zuòguò zhàn（英 ride past...）▶居眠りしてあやうく〜ところだった/坐车打盹儿，差一点就坐过站 zuò chē dǎdǔnr, chàyìdiǎn jiù zuòguò zhàn ▶本を読んでいる間に2駅乗り越してしまった/读书(不知不觉)坐过两站的 dúzhe shū(bùzhī bùjué)zuòguò liǎng zhàn de

のりこむ【乗り込む】 ❶【乗り物に】搭乘 dāchéng；坐上 zuòshàng（英 get into...）▶僕たちは大型バスに乗り込んで東京見物に出発した/我们坐上汽车开始了游览东京 wǒmen zuòshàng qìchē kāishǐle yóulǎn Dōngjīng ▶途中駅で登校する高校生が大勢乗り込んできた/在中途的车站，许多上学的高中生挤上了电车 zài zhōngtú de chēzhàn, xǔduō shàngxué de gāozhōngshēng jǐshàngle diànchē ❷【威勢よく】走进 zǒujìn（英 march into...）▶僕たちはファイト満々球場に乗り込んだ/我们斗志昂扬地走进了球场 wǒmen dòuzhì áng'áng de zǒujìnle qiúchǎng

のりしろ【糊代】 抹糨糊的部分 mǒ jiànghu de bùfen（英 an flap）

のりすてる【乗り捨てる】 将用过的交通工具遗弃不管 jiāng yòngguò de jiāotōng gōngjù yíqì bù guǎn（英 leave a car）

のりそこなう【乗り損なう】 误车 wùchē（英 miss; fail to catch）

のりだす【乗り出す】 ❶【着手する】 投身 tóushēn; 積極從事 jījí cóngshì; 着手 zhuóshǒu (英 set about...) ▶投資ファンドが企業買収に～/投资基金开始收购企业 tóuzī jījīn kāishǐ shōugòu qǐyè ▶商売に～/着手经商 zhuóshǒu jīngshāng

❷【身を乗り出す】 探出 tànchū (英 lean forward) ▶バスの窓から身を乗り出して手を振った/从大巴窗户中探出身子向外挥手 cóng dàbā chuānghu zhōng tànchū shēnzi xiàng wài huīshǒu

❸【船で】(英 set sail) ▶小船で沖へ～/坐小船出海 zuò xiǎochuán chūhǎi

のりつぐ【乗り継ぐ】 换乘前往 huànchéng qiánwǎng (英 make a connection) ▶ここへは飛行機を乗り継いで約20時間かかる/换机到这里，大约需要二十个小时 huàn jī dào zhèlǐ, dàyuē xūyào èrshí ge xiǎoshí

のりづけ【糊付けする】 粘 zhān; 粘贴 zhāntiē; 《衣服に》上浆 shàngjiāng (英 glue)

のりつける【乗り付ける】 乘坐到 chéngzuòdào (英 ride up to...) ▶当レストランは遠方から車で〜常連客が多い/本餐厅的客人很多是从远方开车来的熟客 běn cāntīng de kèrén hěn duō shì cóng yuǎnfāng kāichē lái de shúkè ▶農場まで乗り付けた/骑马来到了农场 qí mǎ láidàole nóngchǎng

のりと【祝詞】 献词 xiàncí; 祝词 zhùcí (英 norito; a Shinto prayer) ▶～をあげる/诵祷文 sòng dǎowén

のりにげ【乗り逃げする】 坐车不付钱跑掉 zuòchē bú fù qián pǎodiào (英)[料金を払わない] steal a ride / 车を盗む ride away)

のりば【乗り場】 车站 chēzhàn; 《船の》码头 mǎtou; 站台 zhàntái (英 a bus stop; a taxi stand; [列車の] a platform; [船の] a landing) ▶新宿行きの～はどこですか/去新宿的站台在哪里? qù Xīnsù de zhàntái zài nǎlǐ?

のりもの【乗り物】 交通工具 jiāotōng gōngjù (英 a vehicl) ▶～酔いを起こす/晕车 yùnchē ▶そこへ行くには～の便はどうですか/去那里要坐哪种交通工具? qù nàli yào zuò nǎ zhǒng jiāotōng gōngjù?

のる【乗る】 ❶【自転車・オートバイ・馬などに】 骑 qí (英 ride) ▶自転車に乗って行く/骑自行车去 qí zìxíngchē qù

❷【車を運転する】 开 kāi (英 drive) ▶车に～/开车 kāi chē

❸【客として】 坐 zuò; 乘坐 chéngzuò (英 take) ▶電車に～/坐电车 zuò diànchē ▶バスに～/坐公共汽车 zuò gōnggòng qìchē ▶私は5時50分の急行に乗ります/我将乘坐五点五十分的快车 wǒ jiāng chéngzuò wǔ diǎn wǔshí fēn de kuàichē

❹【上に】 登 dēng; 上 shàng (英 mount) ▶踏み台に～/登上梯凳 dēngshàng tīděng

❺【加わる】 参与 cānyù (英 take part in...) ▶相談に～/参与商量 cānyù shāngliang ▶私も一口乗ろう/我也算一份吧 wǒ yě suàn yí fèn ba ▶親身になって相談に～/设身处地的作咨询 shèshēn chǔ dì de zuò zīxún ▶勝ち馬に～/投靠胜方 tóukào shèngfāng

❻【その気になる】 感兴趣 gǎn xìngqù (英 respond) ▶調子に～/起劲儿 qǐjìnr ▶おだてに～/受人怂恿 shòu rén sǒngyǒng ▶口车に～/受骗 shòupiàn; 上当 shàngdàng ▶その手には乗りませんよ/不会上那样的当 búhuì shàng nàyàng de dàng

のる【載る】 《新聞などに》登载 dēngzǎi; 刊登 kāndēng (英 be published; be recorded) ▶その字はこの辞書に載っていません/这本字典上没有那个字 zhè běn zìdiǎnshang méiyǒu nàge zì ▶ギネスブックに～/载入吉尼斯字典 zǎirù Jínísī shìdiǎn

のるかそるか 是胜是败 shì shèng shì bài; 孤注一掷 gū zhù yí zhì (英 sink or swim) ▶～やってみる/是胜是败做一下试一试 shì shèng shì bài zuò yíxià shìyishì

ノルディック 《スキー》 北欧滑雪 Běi Ōu huáxuě (英 Nordic)

◆～複合 《スキー》 北欧两项 Běi Ōu liǎngxiàng

ノルマ 定额 dìng'é (英 one's quota) ▶～を下回る/欠产 qiànchǎn ▶～を果たす/完成定额 wánchéng dìng'é

のれん【暖簾】 门帘 ménlián (英 [店頭の] a shop curtain; [店,商売の株] goodwill) ▶古い～の店/老字号 lǎozìhao ▶店の～をけがす/损坏商店的信誉 sǔnhuài shāngdiàn de xìnyù

～に腕押し 棉花堆里打拳, 没有搞头 miánhuāduīlǐ dǎquán, méiyǒu gǎotou ▶まるで～に腕押しだ/真是白费事 zhēn shì báifèi shì

～を分ける 另立分店 (允许老店员独立开店并用老铺字号) lìnglì fēndiàn(yǔnxǔ lǎodiànyuán dúlì kāidiàn bìng yòng lǎopù zìhao)

ノロ〔動物〕 狍子 páozi (英 a roe dear)

のろい【呪い】 诅咒 zǔzhòu (英 a curse; an imprecation)

のろい【鈍い】 缓慢 huǎnmàn; 迟缓 chíhuǎn; 迟钝 chídùn (英 slow; sluggish) ▶仕事が～/工作缓慢 gōngzuò huǎnmàn

のろう【呪う】 咒 zhòu; 诅 zǔ; 诅咒 zǔzhòu (英 curse) ▶僕は呪われた運命に生まれついている/我生来就是被诅咒的命 wǒ shēnglái jiù shì bèi zǔzhòu de mìng

のろけ (英 a boast of one's love affairs) ▶女房の～を言う/津津乐道地夸老婆 jīnjīn lèdào de kuā lǎopo ▶～話を聞かされる身にもなってくれよ/听别人夸老婆真受不了 tīng biérén kuā lǎopo zhēn shòubuliǎo

のろし【狼煙】 烽烟 fēngyān; 狼烟 lángyān (英 a signal fire) ▶～を上げる/燃烽火 rán fēnghuǒ ▶反撃の～を上げる/点燃了反击的狼烽烟 diǎnránle fǎnjí de lángfēngyān

のろのろ 慢慢腾腾 mànmantēngtēng; 慢吞吞

màntūntūn (英 *slowly*; *sluggishly*) ▶～歩く/蹭 cèng;磨蹭 mócéng ▶渋滞に巻き込まれて～運転になった/赶上堵车，只能慢吞吞地驾驶 gǎnshàng dǔchē, zhǐ néng màntūntūn de jiàshǐ

のろま 笨 bèn;笨蛋 bèndàn;慢性子 mànxìngzi (英 *dull*; *stupid*)

のわき【野分き】 台风 táifēng;《木枯らし》初冬的寒风 chūdōng de hánfēng (英 *a searing blast*)

のんき【呑気な】 悠闲 yōuxián;不慌不忙 bù huāng bù máng;乐天 lètiān (英 *easy*; *carefree*) ▶君は～なことばかり考えている/你总是考虑得太简单 nǐ zǒngshì kǎolǜde tài jiǎndān ▶彼は～そうに散歩していた/他很悠闲地在散步 tā hěn yōuxián de zài sànbù ▶～にしている場合ではない/现在可不是逍遥自在的时候了 xiànzài kě bú shì xiāoyáo zìzài de shíhou le ▶～に暮らす/悠闲度日 yōuxián dùrì

ノンストップ 中途不停 zhōngtú bù tíng;直达 zhídá (英 *nonstop*) ▶このバスは終点まで～で参ります/这次公交车中间不停，直达终点 zhècì gōngjiāochē zhōngjiān bù tíng, zhídá zhōngdiǎn

ノンセクト 无党派 wúdǎngpài (英 *a non-aligned student*)

のんだくれ【飲んだくれ】 酒鬼 jiǔguǐ;醉汉 zuìhàn (英 *a drunkard*)

ノンバンク 非银行金融机构 fēi yínháng jīnróng jīgòu;金融服务社 jīnróng fúwùshè (英 *a nonbank*)

のんびり 悠闲 yōuxián;安闲 ānxián;自在 zìzai (英 *leisurely*; *slowly*) ▶～と育つ/无忧无虑成长 wú yōu wú lǜ chéngzhǎng ▶たまには家で～したいよ/希望得空儿在家轻松轻松 xīwàng dé kòngr zàijiā qīngsōng qīngsōng
♦～屋｜慢性子 mànxìngzi

ノンフィクション 纪实文学 jìshí wénxué;非虚构作品 fēi xūgòu zuòpǐn (英 *non-fiction*)

ノンプロの 业余运动员 yèyú yùndòngyuán;非职业的运动员 fēi zhíyè de yùndòngyuán (英 *nonprofessional*)

のんべえ【呑兵衛】 酒鬼 jiǔguǐ (英 *a drunkard*)

のんべんだらりと 吊儿郎当 diào'erlángdāng;游手好闲 yóu shǒu hào xián (英 *sluggishly*) ▶～と暮らす/吊儿郎当地生活 diào'erlángdāng de shēnghuó

ノンポリ 不关心政治的 bù guānxīn zhèngzhì de (英 *nonpolitical*)

は

は【刃】 刀刃 dāorèn 〔英〕an edge；［刀身］a blade） ▶～がつぶれる/刀刃磨损 dāorèn mósǔn ▶～が鋭い/刀口锋利 dāokǒu fēnglì ▶～をとぐ/磨刀 mó dāo ▶鎌の～がこぼれている/镰刀的刀刃崩了 liándāo de dāorèn bēng le

は【派】 派别 pàibié；流派 liúpài；党派 dǎngpài 〔英〕[学派，流派] a school；［宗派］a sect） ▶彼とは～が違うが気が合うのである/和他派别不同，但意气相投 hé tā pàibié bùtóng, dàn yìqì xiāngtóu ▶あの人はいつでも主流～に加わっている/那个人总是站在主流一派 nàge rén zǒngshì zhànzài zhǔliú yīpài ▶～を飛び出してどうするもりだい/脱离党派, 到底想怎么样？ tuōlí dǎngpài, dàodǐ xiǎng zěnmeyàng?

は【葉】 叶子 yèzi 〔英〕a leaf） ▶～が落ちる/叶子落下来 yèzi luòxiàlai ▶道路一面に～が落ちる/道路上落满了树叶 dàolùshang luòmǎnle shùyè ▶～が枯れる/叶子枯萎 yèzi kūwěi ▶木の～が色づく季節になった/到了树叶发红的季节 dàole shùyè fāhóng de jìjié

は【歯】 牙 yá；牙齿 yáchǐ；[器具などの] 齿（儿） chǐ(r) 〔英〕a tooth） ▶～が痛い/牙疼 yá téng ▶～をむき出す/龇牙咧嘴 zī yá liě zuǐ ▶赤ん坊に～が生える/婴儿长牙了 yīng'ér zhǎng yá le ▶のこぎりの～/锯齿儿 jùchǐr ▶くしの～/梳子齿儿 shūzi chǐr ▶彼が去ってクラスに～が抜けたように寂しくなった/他走了以后，班级里寂寞得好像缺了点什么 tā zǒule yǐhòu, bānjíli jìkuānde hǎoxiàng quēle diǎn shénme

ことわざ **目には目を、歯には歯を** 以眼还眼，以牙还牙 yǐ yǎn huán yǎn, yǐ yá huán yá

～が浮く 肉麻 ròumá ▶～の浮くような音がした/一摩擦就发出让人发麻的声音 yì mócā jiù fāchū ràng rén fāmá de shēngyīn ▶～が浮くようなお世辞はやめろ/别说那么肉麻的奉承话 bié shuō nàme ròumá de fèngchenghuà

～が立たない 打不过 dǎbuguò ▶彼が相手ではとうてい～が立たない/对手是他的话，怎么也打不过 duìshǒu shì tā de huà, zěnme yě dǎbuguò le

～に衣着せぬ 直言不讳地 zhíyán bú huì de ▶彼は～に衣着せずにものを言う/他直言不讳地发表意见 tā zhíyán bú huì de fābiǎo yìjiàn

～をくいしばる 咬牙 yǎoyá ▶～をくいしばって耐え/咬紧牙关坚持 yǎojǐn yáguān jiānchí

日中比較 日本語では人の歯を「歯」、動物の犬歯を「牙」として区別するが、中国語ではすべて区別なく口語で '牙 yá', 書き言葉で '牙齿 yáchǐ' という。従って歯を治療する診療科は '牙科 yákē' となる。

は【覇】 霸 bà；霸主 bàzhǔ 〔英〕supremacy） ▶業界ではこの 2 社が～を競っている/这两家公司在争夺业界霸主之位 zhè liǎng jiā gōngsī zài zhēngduó yèjiè bàzhǔ zhī wèi ▶我々はついに球界に～を称(を)えるにいたった/我们终于在球坛称霸了 wǒmen zhōngyú zài qiútán chēngbà le

-は ▶金～ないが力～ある/虽然没有钱，但是有力气 suīrán méiyǒu qián, dànshì yǒu lìqì ▶俺～猫だ，名前～まだない/我是猫，名字还没有 wǒ shì māo, míngzi hái méiyǒu

ば【場】 场所 chǎngsuǒ；地方 dìfang 〔英〕[場所] a place；［場合］an occasion） ▶僕には活動の～がない/我没有地方可以发挥特长 wǒ méiyǒu dìfang kěyǐ fāhuī tècháng ▶君が発言の～を用意しよう/为你准备发言的机会 wèi nǐ zhǔnbèi fāyán de jīhuì ▶君がいないと～が持たないんだ/没有你我可应付不了那场面啊 méiyǒu nǐ kě yìngfubuliǎo nà chǎngmiàn a ▶私など～をふさぐだけですよ/我在这儿白占地方，什么也帮不了 wǒ zài zhèr bái zhàn dìfang, shénme yě bāngbuliǎo

その～ 当场 dāngchǎng ▶その～で答える/当场回答 dāngchǎng huídá ▶その～で断る/当场拒绝 dāngchǎng jùjué ▶その～には誰も居合わせなかった/当时谁都不在场 dāngshí shéi dōu bú zàichǎng ▶なんとかその～を切り抜けた/总算设法蒙混过关了 zǒngsuàn shèfǎ ménghùn guòguān le

バー ❶【酒場】酒吧 jiǔbā 〔英〕a bar） ▶每晚～に通っている/每天晚上去酒吧 měitiān wǎnshang qù jiǔbā ❷【横棒】横杆 hénggān 〔英〕a bar） ▶～の高さが 2m に上った/横杆提高到了两米 hénggān tígāodàole liǎng mǐ ▶ボールは～にぶつかった（サッカーで）/球踢到了门柱上了 qiú tīdàole ménzhùshang le

ばあい【場合】 场合 chǎnghé；时候 shíhou；情况 qíngkuàng 〔英〕a case；［事情］circumstances） ▶雨の～は中止する/如果下雨就停止 rúguǒ xià yǔ jiù tíngzhǐ ▶時と～を考える/考虑具体的情况 kǎolǜ jùtǐ de qíngkuàng ▶～の…に限って/只有在…的时候 zhǐyǒu zài … de shíhou ▶時と～を考えて発言しなさい/请考虑好时间，场合再发言 qǐng kǎolǜhǎo shíjiān, chǎnghé zài fāyán ▶こういう～に限ってතい合いが留守なんだ/偏偏这个时候, 那家伙不在家 piānpiān zhège shíhou, nà jiāhuo bú zàijiā ▶君の～は例外だ/你的情况是个例外 nǐ de qíngkuàng shì ge lìwài ▶今は議論している～ではない/现在不是争论的时候 xiànzài bú shì zhēnglùn de shíhou ▶～によっては処分もありうる/根据情况有可能给予处分 gēnjù qíngkuàng yǒu kěnéng jǐyǔ chǔfèn

パーカッション 〔楽器〕打击乐器 dǎjī yuèqì 〔英〕a percussion）

パーキング 停车 tíngchē 〔英〕parking） ▶～エリア/停车场 tíngchēchǎng ▶～メーター/停车计时器 tíngchē jìshíqì

パーキンソン
◆～の法則/帕金森定律 Pàjīnsēn dìnglǜ ～病 帕金森氏病 Pàjīnsēnshìbìng ▶還暦を前にして～病に取りつかれた/六十大寿到来之前得了帕金

森氏病 liùshì dàshòu dàolái zhīqián déle Pàjīnsēnshìbìng

はあく【把握する】 掌握 zhǎngwò; 理解 lǐjiě (英 grasp)▶まだ事態が〜できていない/还没掌握好事态发展的情况 hái méi zhǎngwòhǎo shìtài fāzhǎn de qíngkuàng

日中比較 中国語の'把握 bǎwò'は「握る」「(機会などを)つかむ」、また「自信」「見込み」という意味である。

バーゲンセール 大甩卖 dàshuǎimài; 大减价 dàjiǎnjià; 廉价卖出 liánjià màichū (英 a sale)▶在库一扫〜/清仓大减价 qīngcāng dàjiǎnjià

バーコード 条形码 tiáoxíngmǎ (英 a bar code)▶機械によって〜を読み取る/机器读取条形码 jīqì dúqǔ tiáoxíngmǎ ▶オヤジの頭は〜だ/我老爸的头发是地方支援中央 wǒ lǎobà de tóufa shì dìfāng zhīyuán zhōngyāng

バーコレーター 过滤式咖啡壶 guòlǜshì kāfēihú (英 a percolator)

パーサー (班机)事务长 (bānjī) shìwùzhǎng (英 a purser)

バージョンアップ 〔電算〕升级 shēngjí (英 an upgrade)▶このソフトは2度の〜を経ている/这个软件升过两次级 zhège ruǎnjiàn shēngguo liǎng cì jí

バージン 处女 chǔnǚ (英 a virgin)

バースコントロール 计划生育 jìhuà shēngyù (英 birth control)

バースデー 生日 shēngrì (英 a birthday)▶〜プレゼントが届く/生日礼物寄到了 shēngrì lǐwù jìdào le

パーセンテージ 百分比 bǎifēnbǐ; 百分率 bǎifēnlǜ (英 a percentage)

パーセント 百分比 bǎifēnbǐ (英 percent)▶勝利の確率は50〜だ/获胜的把握为百分之五十 huòshèng de bǎwò wéi bǎi fēn zhī wǔshí ▶老人が全人口の30〜を占める/老年人占人口总数的百分之三十 lǎoniánrén zhàn rénkǒu zǒngshù de bǎi fēn zhī sānshí

パーソナルコンピュータ 〔電算〕个人电脑 gèrén diànnǎo; 微机 wēijī (英 a personal computer)

バーター 易货 yìhuò (英 barter)▶〜取り引き/易货贸易 yìhuò màoyì

ばあたり【場当たり】 权宜 quányí; 权变 quánbiàn (英 claptrap)▶〜的な対策で乗りきれるものではない/不是权宜之计能应付得过去的 bú shì quányí zhī jì néng yìngfùdeguòqu de 〜的な指示を出す/下达临时应对的指示 xiàdá línshí yìngduì de zhǐshì

バーチャルリアリティ 虚拟现实 xūnǐ xiànshí; 假想现实 jiǎxiǎng xiànshí (英 virtual reality)

パーツ 零件 língjiàn; 配件 pèijiàn (英 parts)▶〜がそろわない/配件不齐 pèijiàn bù qí

パーティー 联欢会 liánhuānhuì; 派对 pàiduì;(グループ)团队 tuánduì (英 a party)▶〜を開く/开联欢会 kāi liánhuānhuì ▶ダンス〜/舞会 wǔhuì ▶ダンス〜で彼と知りあった/在舞会上和他认识的 zài wǔhuìshang hé tā rènshi de ▶歓迎〜を開く/开欢迎派对 kāi huānyíng pàiduì ▶学生5人で〜を組んで冬山に挑む/五名学生组成团队，挑战冬天的山峰 wǔ míng xuésheng zǔchéng tuánduì, tiǎozhàn dōngtiān de shānfēng

バーテン(ダー) 调酒师 tiáojiǔshī; 酒吧招待员 jiǔbā zhāodàiyuán (英 a bartender)

ハート ❶〔トランプの〕红桃 hóngtáo; 红心牌 hóngxīnpái (英 a heart)▶「〜のエースが出てこない」《曲名》/《红心A还没出来 Hóngxīn A hái méi chūlái》 ❷〔こころ〕心 xīn (英 heart)▶〜を射止める/获得爱情 huòdé àiqíng ▶いかにして民衆の〜をつかむか/怎样才能抓住民众的心呢？ zěnyàng cái néng zhuāzhù mínzhòng de xīn ne?

◆〜型:鸡心 jīxīn ▶〜型のブローチ/心型的胸针 xīnxíng de xiōngzhēn

ハード ❶〔きつい〕辛苦 xīnkǔ; 艰苦 jiānkǔ (英 hard)▶〜な仕事が続く/辛苦的工作接连不断 xīnkǔ de gōngzuò jiēlián búduàn ▶〜な訓練によく耐えた/艰苦的训练终于坚持下来了 jiānkǔ de xùnliàn zhōngyú jiānchíxiàlai le ❷〔ハードウェア〕硬件 yìngjiàn (英 hardware)▶〜面でもソフト面でもいっそうの充実を計るです/我们会更加充实硬件和软件两方面内容 (wǒmen)huì gèngjiā chōngshí yìngjiàn hé ruǎnjiàn liǎng fāngmiàn nèiróng

パート ❶〔短時間労働者〕计时工 jìshígōng; 临时工 línshígōng (英 a part timer)▶〜で働く/做计时工 zuò jìshígōng ▶スーパーで〜で働く/在超市打零工 zài chāoshì dǎ línggōng ▶週に2日〜のおばさんに来てもらう/请临时工阿姨每周来两天 qǐng línshígōng āyí měizhōu lái liǎng tiān ❷〔部分〕部分 bùfen (英 part)▶コンサートでソロの〜を担当する/在音乐会上担任独奏[独唱]部分 zài yīnyuèhuìshang dānrèn dúzòu[dúchàng]bùfen ▶三つの〜からなる講演会/由三个部分组成的演讲会 yóu sān ge bùfen zǔchéng de yǎnjiǎnghuì

◆〜タイマー:临时工 línshígōng; 钟点工 zhōngdiǎngōng

ハードウェア 〔電算〕硬件 yìngjiàn (英 hardware)

バードウォッチング 观察野鸟 guānchá yěniǎo (英 bird watching)▶日曜は〜に出かける/星期日去观察野鸟 xīngqīrì qù guānchá yěniǎo

ハードカバー 精装书 jīngzhuāngshū (英 a hardcover)

ハードディスク 《コンピュータの》硬盘 yìngpán (英 a hard disk)

パートナー 伙伴 huǒbàn; 合伙人 héhuǒrén; 同伴 tóngbàn (英 a partner)▶僕の人生の〜になってくれないか/请做我的人生伴侣，好吗？ qǐng zuò wǒ de rénshēng bànlǚ, hǎo ma？ ▶両

国は対等の～なのだろうか/两国可以算是平等的伙伴吗？ liǎng guó kěyǐ suànshì píngděng de huǒbàn ma?

ハードボイルド 〈英 hard-boiled〉 ▶～小説/硬汉派侦探小说 yìnghànpài zhēntàn xiǎoshuō

ハードル **1**【競技】跨栏赛跑 kuàlán sàipǎo〈英 a hurdle race〉▶110メートル～に出場する/参加一百一十米跨栏跑比赛 cānjiā yìbǎi yīshí mǐ kuàlánpǎo bǐsài 〈英 a hurdle〉▶～に足を取られる/脚被栏杆绊了一下 jiǎo bèi lángan bànle yíxià **3**【比喩】关 guān; 难关 nánguān〈英 a hurdle〉▶～を越える/过关 guòguān; 超标 chāobiāo ▶コスト～を越える/超过成本标准 chāoguò chéngběn biāozhǔn ▶僕には～が高すぎる/对我来说，要求太高了 duì wǒ lái shuō, yāoqiú tài gāo le

バーナー 燃烧器 ránshāoqì; 喷灯 pēndēng〈英 a burner〉▶～の2個ついたガスこんろ/有两个燃烧器的煤气炉 yǒu liǎng ge ránshāoqì de méiqìlú

はあはあ【はあはあ言う】气呼呼 qìxūxū〈英 gasp; pant〉▶走り終わって～息を切らせる/跑完后气呼呼地喘不停 pǎowánhòu qìxūxū de chuǎn ge bùtíng ▶～言いながら階段をのぼる/气喘吁吁地爬楼梯 qìchuǎn xūxū de pá lóutī

ハーフ **1**【半分】一半 yíbàn〈英 half〉▶～タイム/半场休息 bànchǎng xiūxi ▶〈ワインの〉～ボトル/半瓶 bànpíng ▶～マラソン/短程马拉松 duǎnchéng mǎlāsōng **2**【混血】混血 hùnxuè〈英 mixed parentage〉▶彼は日露の～だ/他是日俄混血儿 tā shì Rì-É hùnxuè'ér

ハープ〔楽器〕竖琴 shùqín〈英 a harp〉▶～をかき鳴らす/弹竖琴 tán shùqín

パーフェクト 完美 wánměi; 完全 wánquán〈英 perfect〉

ハーフバック 中卫 zhōngwèi〈英 a halfback〉

バーベキュー 烧烤野宴 shāokǎo yěyàn〈英 a barbecue〉▶緑の木陰で～を楽しむ/在树荫下享用烧烤野宴 zài shùyīnxià xiǎngyòng shāokǎo yěyàn

バーベル 杠铃 gànglíng〈英 a barbell〉▶～を持ち上げる/举起杠铃 jǔqǐ gànglíng ▶～の重さは150キロに上がった/杠铃的重量升至一百五十公斤了 gànglíng de zhòngliàng shēngzhì yìbǎi wǔshí gōngjīn le

パーマ（ネント） 烫发 tàngfà〈英 a permanent wave〉▶～をかける/烫头发 tàng tóufa ▶コールド～/冷烫 lěngtàng

ハーモニー【調和】调和 tiáohé; 和谐 héxié;【音楽】和声 héshēng〈英 harmony〉

ハーモニカ〔楽器〕口琴 kǒuqín〈英 a harmonica〉▶～を吹く/吹口琴 chuī kǒuqín

パーラー 冷饮店 lěngyǐndiàn〈英 a parlor〉▶フルーツ～/水果冷饮店 shuǐguǒ lěngyǐndiàn ▶街角の～でひと休みする/在街头的冷饮店稍作休息一下 zài jiētóu de lěngyǐndiàn shāoshāo xiūxi yíxià

バール〔工具〕撬杠 qiàogàng; 撬棍 qiàogùn〈英 a crowbar〉▶～でドアをこじ開ける/用撬杠把门撬开 yòng qiàogàng bǎ mén qiàokāi

はい **1**【返事・承諾】是 shì; 对 duì〈英 yes; certainly〉▶～，かしこまりました/是，遵命 shì, zūnmìng ▶～，そうです/对，是的 duì, shì de **2**【出席をとるとき】到！dào!〈英 Here.〉**3**【注意を促す】喂 wèi〈英 now; say〉▶～，プレゼント/来，给你的礼物 lái, gěi nǐ de lǐwù ▶～，みんな静かに！/喂，大家静一下！wèi, dàjiā jìng yíxià!

はい【灰】灰 huī〈英 ash〉▶人は死ねば～になる/人死终将化为灰烬 rén sǐ zhōng jiāng huàwéi huījìn ▶～まみれになって作業する/浑身是灰地工作 húnshēn shì huī de gōngzuò
◇**死の～** ▶死の～が降りそそぐ/放射性粉尘飘落下来 fàngshèxìng fěnchén piāoluòxiàlai

はい【杯】杯 bēi〈英 a cup〉▶ちょっと1～のつもりが深酒になった/本打算只喝一杯的，一喝就喝多了 běn dǎsuan zhǐ hē yì bēi de, yì hē jiù hēduō le

はい【肺】肺 fèi〈英 the lungs〉▶当時～病は命取りだった/当时肺病是致命的 dāngshí fèibìng shì zhìmìng de
◆**～癌**/肺癌 fèi'ái ▶～癌にかかる/患肺癌 huàn fèi'ái

ばい【倍】倍 bèi〈英 double; twice〉▶2～の大きさ/大一倍 dà yí bèi ▶借金が5～に増えた/债务增加到了五倍 zhàiwù zēngjiādàole wǔ bèi ▶彼の体は僕の2～の大きさがある/他的身体有我的两倍大 tā de shēntǐ yǒu wǒ de liǎng bèi dà ▶受けた親切に～にして返す/受到的恩情将加倍偿还 shòudào de ēnqíng jiāng jiābèi chánghuán; 滴水之恩当涌泉相报 dīshuǐ zhī ēn dāng yǒngquán xiāng bào

パイ（ケーキなどの）馅儿饼 xiànrbǐng; 派 pài〈英 a piece of pie〉▶アップル～/苹果派 píngguǒpài ▶小さな～を5社で奪いあう/五家企业在争夺一个小小的市场 wǔ jiā qǐyè zài zhēngduó yí ge xiǎoxiǎo de shìchǎng

パイ【牌】〈マージャンの〉麻将牌 májiàngpái〈英 a tile〉▶～をかき混ぜる/洗牌 xǐ pái

はいあがる【這い上がる】爬上 páshàng〈英 crawl up〉▶貧乏のどん底から～/摆脱贫困的绝境 bǎituō pínkùn de juéjìng ▶つたが壁を～/爬山虎爬上墙壁 páshānhǔ páshàng qiángbì

バイアスロン〔スポーツ〕滑雪射击 huáxuě shèjī〈英 biathlon〉

はいあん【廃案】废案 fèi'àn〈英 be rejected〉▶改正案は今国会で～になった/改正案在这届国会成为了废案 gǎizhèng'àn zài zhè jiè guóhuì chéngwéile fèi'àn ▶政府案を～に追いこむ/把政府提案整成废案 bǎ zhèngfǔ tí'àn zhěngchéng fèi'àn

はいいろ【灰色】灰色 huīsè; 黯淡 àndàn〈英 gray〉▶～の人生/黯淡的人生 àndàn de rénshēng ▶振り返れば～の人生だったなぁ/蓦然回

首，我的人生黯淡无光 mòrán huíshǒu, wǒ de rénshēng àndàn wú guāng ▶〜の高官が〜のままま下っていった/把涉嫌渎职的高官不加追究地安置到政府外机构 bǎ shèxián dúzhí de gāoguān bù jiā zhuījiū de ānzhìdào zhèngfǔ wàijīgòu ▶見上げれば〜の空がひろがっている/抬头望去尽是灰蒙蒙的天空 táitóu wàngqù jìn shì huīméngméng de tiānkōng

はいいん【敗因】败因 bàiyīn (英 the cause of defeat) ▶〜は監督の采配ミスだ/失败的原因是领队指挥有误 shībài de yuányīn shì lǐngduì zhǐhuī yǒuwù

ばいう【梅雨】〔気象〕梅雨 méiyǔ (英 the rainy season) ▶〜前線 ; 梅雨前锋 méiyǔ qiánfēng ▶〜前線が停滞する/梅雨前锋停滞不前 méiyǔ qiánfēng tíngzhǐ bù qián

ハイウェー 高速公路 gāosù gōnglù (英 an expressway) ▶〜をバイクでぶっとばす/骑摩托在高速公路上飞驰 qí mótuō zài gāosù gōnglùshang fēichí

はいえい【背泳】仰泳 yǎngyǒng (英 the backstroke) ▶200メートル〜決勝/二百米仰泳决赛 èrbǎi mǐ yǎngyǒng juésài

はいえき【廃液】废水 fèishuǐ (英 liquid waste) ▶〜を流す/排放废水 páifàng fèishuǐ ▶有毒〜を川に流す/将有毒废水排放到河流 jiāng yǒudú fèishuǐ páifàngdào héliú

はいえつ【拝謁する】拜谒 bàiyè; 谒见 yèjiàn (英 have an audience)

ハイエナ〔動物〕鬣狗 liègǒu (英 a hyena) ▶全く〜みたいなやつらだ/简直就是一帮像鬣狗一样的家伙 jiǎnzhí jiùshì yì bāng xiàng liègǒu yíyàng de jiāhuo

はいえん【肺炎】〔医〕肺炎 fèiyán (英 pneumonia) ▶〜を起こす/患肺炎 huàn fèiyán ▶急性〜で入院する/因急性肺炎住院 yīn jíxìng fèiyán zhùyuàn ▶かぜから〜になった/感冒转成了肺炎 gǎnmào zhuǎnchéngle fèiyán

ばいえん【煤煙】煤烟 méiyān; 烟子 yānzi (英 soot and smoke) ▶〜が空中に漂っている/煤烟在空中漂浮 méiyān zài kōngzhōng piāofú ▶〜で窓枠が汚れていた/窗框被煤烟熏黑了 chuāngkuàng bèi méiyān xūnhēi le

はいおく【廃屋】被遗弃的房子 bèi yíqì de fángzi (英 a deserted house)

バイオテクノロジー 生物工艺学 shēngwù gōngyìxué; 生物工程学 shēngwù gōngchéngxué (英 biotechnology)

パイオニア 开拓者 kāituòzhě; 先驱者 xiānqūzhě (英 a pioneer) ▶父の〜精神を受け継ぐ/继承父亲的开拓者精神 jìchéng fùqīn de kāituòzhě jīngshén ▶あの人は情報産業の〜だ/那位是信息产业的先驱者 nà wèi shì xìnxī chǎnyè de xiānqūzhě

バイオリズム 生物节律 shēngwù jiélǜ; 生理曲线 shēnglǐ qūxiàn (英 biorhythm)

バイオリニスト〔音楽〕小提琴手 xiǎotíqínshǒu (英 a violinist)

バイオリン〔楽器〕小提琴 xiǎotíqín (英 a violin) ▶〜を弾く/拉小提琴 lā xiǎotíqín

はいか【配下】部下 bùxià; 手下 shǒuxià (英 a follower) ▶彼の〜に入る/做他的部下 zuò tā de bùxià ▶彼らを〜に従える/把他们归为部下 bǎ tāmen guīwéi bùxià ▶彼の〜となって働く/在他手下工作 zài tā shǒuxià gōngzuò

はいが【胚芽】〔植物〕胚芽 pēiyá; 胚胎 pēi tāi (英 an embryo bud) ▶〜米/胚芽米 pēiyámǐ

ばいか【売価】卖价 màijià (英 the sales price) ▶原価は上がったが〜は据え置く/成本上涨，但卖价持平 chéngběn shàngzhǎng, dàn màijià chípíng

ばいか【倍加する】倍增 bèizēng; 加倍 jiābèi (英 double) ▶彼の受賞が同窓会の楽しさを〜した/他的获奖使同窗会倍加喜庆 tā de huòjiǎng shǐ tóngchuānghuì bèijiā xǐqìng

ばいか【買価】买价 mǎijià (英 the purchase price) ▶〜を聞いてびっくりした/一听价格, 吓了一跳 yì tīng jiàgé, xiàle yí tiào

ハイカー 步行的旅客 bùxíng de lǚkè (英 a hiker)

はいかい【俳諧】俳谐 páixié; 俳句 páijù (英 haikai)

はいかい【徘徊する】徘徊 páihuái (英 wander about) ▶夜の町をあてもなく〜する/在夜晚的街道漫无目的地徘徊 zài yèwǎn de jiēdào màn wú mùdì de páihuái ▶祖父が認知症で〜を繰り返すようになった/祖父得了老年痴呆症，常常外出不归 zǔfù déle lǎonián chīdāizhèng, chángcháng wàichū bù guī

| 日中比較 | 中国語の'徘徊 páihuái'は「徘徊する」他に「ためらう」ことをもいう. |

はいがい【排外】排外 páiwài (英 antiforeign) ▶〜思想は国を誤る/排外思想是会误国的 páiwài sīxiǎng shì huì wùguó de ▶彼らには〜的な傾向がある/他们有一种排外倾向 tāmen yǒu yì zhǒng páiwài qīngxiàng ▶あいつは骨の髄まで〜思想がしみている/那家伙连骨子里都渗透着排外思想 nà jiāhuo lián gǔzili dōu shèntòuzhe páiwài sīxiǎng

ばいかい【媒介する】媒介 méijiè; 中介 zhōngjiè 〔仲介〕mediate; 〔病気などを〕carry ▶マラリアは蚊が〜する/疟疾是蚊子传染的 nüèjí shì wénzi chuánrǎn de ▶三興社の〜により我が社の取り引きが始まった/通过三兴社的中介开始了和我们公司的业务往来 tōngguò Sānxīngshè de zhōngjiè kāishǐle hé wǒmen gōngsī de yèwù wǎnglái

ばいがく【倍額の】双倍金额 shuāngbèi jīn'é (英 double the amount) ▶違約の場合は手付金の〜を支払う/如违约，须支付订金的双倍金额 rú wéiyuē, xū zhīfù dìngjīn de shuāngbèi jīn'é ▶借りた金を〜にして返す/将借的钱加倍偿还 jiāng jiè de qián jiābèi chánghuán

はいかつりょう【肺活量】 肺活量 fèihuóliàng（英 *lung capacity*）▶~を計る/测刺肺活量 cè fèihuóliàng ▷彼女は~が大きい/她的肺活量很大 tā de fèihuóliàng hěn dà

ハイカラな 时髦 shímáo; 新潮 xīncháo; 时尚 shíshàng（英 *stylish*）▶あの人は~老人で通っている/人人都知道他是个时髦的老人 rénrén dōu zhīdào tā shì ge shímáo de lǎorén ▷私には~服装は似合わない/我不适合穿时尚的衣服 wǒ bú shìhé chuān shíshàng de yīfu

バイカル（酒）白干儿 báigānr [参考] コーリャンなどで造った蒸留酒．

はいかん【拝観する】 参观 cānguān; 拜览 bàilǎn（英 *see*）▶~料/参观费 cānguānfèi

はいかん【配管する】 敷设管道 fūshè guǎndào（英 *lay a pipe*）▶~工/管道工 guǎndàogōng ▷~工事/管道工程 guǎndào gōngchéng ▷~工事が遅れている/管道工程迟误了 guǎndào gōngchéng chíwù le

はいかん【廃刊する】 停刊 tíngkān（英 *stop the publication*）▶本紙は本年限りで~する/本报纸到今年年底停刊 běn bàozhǐ dào jīnnián niándǐ tíngkān ▷創刊1年で~に追いこまれた/创刊一年就被迫停刊 chuàngkān yì nián jiù bèipò tíngkān ▷~を惜しむ声が全国から寄せられた/从全国传来了为停刊表示惋惜的呼声 cóng quánguó chuánláile wèi tíngkān biǎoshì wǎnxī de hūshēng

はいき【排気】排气 páiqì（英 *exhaust*）
◆~ガス 废气 fèiqì; 尾气 wěiqì ▶~ガスが大気を汚染する/废气污染大气 fèiqì wūrǎn dàqì ▷车の~ガスにむせる/被汽车尾气呛着了 bèi qìchē wěiqì qiāngzháo le ▷トラックが黑い~ガスをまき散らす/卡车到处排放黑色的废气 kǎchē dàochù páifàng hēisè de fèiqì ～口 排气口 páiqikǒu ～孔 气门 qìmén ～装置 排气装置 páiqì zhuāngzhì ～窓 气窗 qìchuāng

はいき【廃棄】销毁 xiāohuǐ; 废弃 fèiqì; 废除 fèichú（英 *abolish*）▶条约の~を通告する/通告废除条约 tōnggào fèichú tiáoyuē ▷不要の文書を~する/销毁不要的文件 xiāohuǐ búyào de wénjiàn
◆~物 废料 fèiliào; 废物 fèiwù ▶~物の不法投棄が後を絶たない/非法投放废料的行为屡禁不绝 fēifǎ tóufàng fèiliào de xíngwéi lǚ jìn bù jué ▷産業~物の処理問題/工业废料的处理问题 gōngyè fèiliào de chǔlǐ wèntí ▷核~物/核废物 héfèiwù

はいきしゅ【肺気腫】【医】肺气肿 fèiqìzhǒng（英 *pulmonary emphysema*）

ばいきゃく【売却する】 卖掉 màidiào; 变卖 biànmài（英 *sell*）▶証券類はいずれ~する/证券类早晚会卖掉 zhèngquànlèi zǎowǎn huì màidiào ▷遺産の~には二の足をふんだ/对变卖遗产一事犹豫不决 duì biànmài yíchǎn yí shì yóuyù bù jué

はいきゅう【配給する】 配给 pèijǐ; 定量供应 dìngliàng gōngyìng; 分配 fēnpèi（英 *distribute*）▶映画を~する/发行影片 fāxíng yǐngpiàn ▷~米ではとうてい足りない/分配的米远远不够 fēnpèi de mǐ yuǎnyuǎn bú gòu ▷生活物資はすべて~制になっていた/以前生活物资全是配给 yǐqián shēnghuó wùzī quán shì pèijǐzhì

はいきょ【廃墟】 废墟 fèixū（英 *ruins*）▶爆撃で市街は~となった/城市因轰炸变成一片废墟 chéngshì yīn hōngzhà biànchéng yí piàn fèixū ▷~一人にたたずんでいた/一个人伫立在废墟中 yí ge rén zhùlì zài fèixū zhōng

はいぎょう【廃業する】 关门 guānmén; 歇业 xiēyè; 停业 tíngyè（英 *close one's business*）▶その店は先月すでに~していた/那家店上个月就关门了 nà jiā diàn shàng ge yuè jiù guānmén le ▷力士を~して会社を興した/不做相扑力士，改行开公司了 bú zuò xiāngpū lìshì, gǎiháng kāi gōngsī le ▷赤字続きで~を余儀なくされる/因持续亏损，不得不停业 yīn chíxù kuīsǔn, bùdébù tíngyè

ばいきん【黴菌】 细菌 xìjūn（英 *a germ*）▶人体は~の巣だ/人体就是个细菌的窝 réntǐ jiùshì ge xìjūn de wō

ハイキング 郊游 jiāoyóu; 徒步小旅行 túbù xiǎolǚxíng（英 *hiking*）▶一家で近くの山へ~に出かけた/全家去附近的山上郊游 quánjiā qù fùjìn de shānshang jiāoyóu
◆~コース 徒步旅行路线 túbù lǚxíng lùxiàn

バイキング 〔料理〕自助餐 zìzhùcān（英 *smorgasbord*）▶朝食は~だった/早饭是自助餐 zǎofàn shì zìzhùcān

はいきんしゅぎ【拝金主義】 拜金主义 bàijīn zhǔyì（英 *mammonism*）▶子供たちの間にまで~がはびこっている/连孩子之间都蔓延着拜金的风气 lián háizi zhījiān dōu mànyánzhe bàijīn de fēngqì

はいく【俳句】 俳句 páijù（英 *a haiku poem; a Japanese seventeen-syllable verse*）▶僕は~は苦手だ/我不擅长俳句 wǒ bú shàncháng páijù ▷彼はどこへ行っても~を詠む/他到哪里都吟咏俳句 tā dào nǎli dōu yínyǒng páijù

バイク 摩托车 mótuōchē（英 *a motorcycle*）▶~にまたがる/骑摩托 qí mótuō ▷~を飛ばして救援にゆく/飞驰摩托去参加救援 fēichí mótuō qù cānjiā jiùyuán

はいぐうしゃ【配偶者】 配偶 pèi'ǒu（英 *one's spouse*）

ハイクラスの 高级 gāojí（英 *high-class*）▶~の生活は僕には縁がない/高级的生活与我无缘 gāojí de shēnghuó yǔ wǒ wúyuán

はいぐん【敗軍】（英 *a defeated army*）
[ことわざ] 敗軍の将は兵を語らず 败军之将不言勇 bàijūn zhī jiàng bù yán yǒng

はいけい【拝啓】 敬启者 jìngqǐzhě（英 *Dear Sir 〔Madam〕*）

はいけい【背景】 背景 bèijǐng; 后景 hòujǐng（英 *a background*）▶~を灰色に塗る/把背景

涂成灰色 bǎ bèijǐng túchéng huīsè ▶舞台の～/舞台上的布景 wǔtáishang de bùjǐng ▶この小説なら当時の時代が～がよくわかる/读了这本小说，能清楚地了解当时的时代背景 dúle zhè běn xiǎoshuō, néng qīngchu de liǎojiě dāngshí de shídài bèijǐng ▶舞台の～に桜並木を使お う/舞台背景使用樱花街道树吧 wǔtái bèijǐng shǐyòng yīnghuā jiēdàoshù ba ▶彼の自殺の～には政争があった/他的自杀是以政治斗争为背景的 tā de zìshā shì yǐ zhèngzhì dòuzhēng wéi bèijǐng de ▶山を～に写真をとる/以山为背景拍照 yǐ shān wéi bèijǐng pāizhào

はいげき【排撃する】 排除 páichú；排斥 páichì；排击 páijī（英 *denounce*） ▶この社会は異端を～する傾向がある/这个社会有排除异端的倾向 zhège shèhuì yǒu páichú yìduān de qīngxiàng ▶移民～の時代があった/曾有过排斥移民的时代 céng yǒuguo páichì yímín de shídài

はいけっかく【肺結核】〚医〛肺结核 fèijiéhé（英 *pulmonary tuberculosis*）

はいけつしょう【敗血症】〚医〛败血症 bàixuèzhèng（英 *blood poisoning*; *septicemia*）

はいけん【拝見する】 看 kàn；〈文章语体〉拜读 bàidú（英 *see*） ▶お便り～いたしました/大札敬悉 dàzhá jìng xī ▶乗車券を～いたします/请让我看一下您的车票 qǐng ràng wǒ kàn yíxià nín de chēpiào

 日中比较 中国语的'拜见 bàijiàn'是「お目にかかる」という意味的丁寧語.

はいご【背後】 背后 bèihòu；幕后 mùhòu（英 *the back*） ▶～の支援者/腰杆子 yāogǎnzi；后盾 hòudùn ▶犯人の～関係を洗え/查清犯人的幕后关系！ cháqīng fànrén de mùhòu guānxi！ ▶彼の～には政界の大物が控えている/在他背后有政界大人物在掌控 zài tā bèihòu yǒu zhèngjiè dàrénwù zài zhǎngkòng ▶敵の～をつく/直捣敌人后方 zhí dǎo dírén hòufāng

～で糸を引く 幕后牵线 mùhòu qiānxiàn ▶君が～で糸を引いているんだろう/是你在背后控制的吧 shì nǐ zài bèihòu kòngzhì de ba

はいこう【廃坑】 废矿 fèikuàng（英 *an abandoned pit*）

はいこう【廃校になる】 停办学校 tíngbàn xuéxiào（英 *be closed*） ▶僕の母校が～になる/我的母校停办了 wǒ de mǔxiào tíngbàn le

はいごう【配合する】 调配 tiáopèi；搭配 dāpèi（英 *combine*） ▶色の～に工夫がほしい/希望能在颜色搭配上下功夫 xīwàng néng zài yánsè dāpèishang xià gōngfu

◆～飼料 混合饲料 hùnhé sìliào

 日中比较 中国语的'配合 pèihé'是「協力する」ことをいう.

ばいこくど【売国奴】 卖国贼 màiguózéi；（中国の）汉奸 hànjiān（英 *a traitor to one's country*）

はいざい【廃材】 废旧的木料 fèijiù de mùliào；废料 fèiliào（英 *scrap wood*） ▶～を利用して小屋を建てる/利用废料盖小房子 lìyòng fèiliào gài xiǎofángzi

はいざら【灰皿】 烟灰缸儿 yānhuīgāngr；烟灰碟 yānhuīdié（英 *an ash tray*）

はいざん【敗残の】 败北 bàiběi；落魄 luòpò（英 *defeated*） ▶～兵/残兵败将 cánbīng bàijiàng ▶私はもはや～の身だ/我已是落魄之人 wǒ yǐ shì luòpò zhī rén

はいし【廃止する】 取消 qǔxiāo；废除 fèichú（英 *abolish*；［法律などで］*repeal*） ▶定年制を～するって本当ですか/听说要取消退休年龄制，是真的吗？ tīngshuō yào qǔxiāo tuìxiū niánlíngzhì, shì zhēn de ma？ ▶虚礼の～はどこまで進んでいるか/废除虚礼，不知进行到了哪一步？ fèichú xūlǐ, bù zhī jìnxíngdàole nǎ yí bù？

はいしゃ【配車】 调度车辆 diàodù chēliàng（英 *allocation of cars*） ▶災害で～が不可能になった/因灾害无法调度车辆 yīn zāihài wúfǎ diàodù chēliàng

◆～係（無線タクシーなどの）:车辆调度员 chēliàng diàodùyuán

はいしゃ【敗者】 败者 bàizhě（英 *a loser*）

◆～復活戦 淘汰选手复活赛 táotài xuǎnshǒu fùhuósài；安慰赛 ānwèisài

はいしゃ【廃車】 废车 fèichē；（把车）报废 bàofèi（英 *a scrapped car*） ▶そのバスはすでに～になっていた/那辆巴士已经报废了 nà liàng bāshì yǐjīng bàofèi le ▶～の山が雨にぬれている/废车堆被雨水淋湿了 fèichēduī bèi yǔshuǐ línshī le

はいしゃ【歯医者】 牙医 yáyī；牙科医生 yákē yīshēng（英 *a dentist*） ▶～にかかる/看牙医 kàn yáyī ▶～は当たり外れが大きい/好坏牙医鱼龙混杂 hǎohuài yáyī yú lóng hùnzá

はいしゃく【拝借する】 借 jiè（英 *borrow*） ▶ちょっと～/请借用一下 qǐng jièyòng yíxià ▶あなたのお知恵を～したいのです/想请您指点一下 xiǎng qǐng nín zhǐdiǎn yíxià

ばいしゃく【媒酌する】 做媒 zuòméi（英 *arrange a match*） ▶誰が～するの/谁做的月下老人？ shéi zuò de yuèxià lǎorén？ ▶先生に～の労をとっていただきたいのです/想请老师做媒 xiǎng qǐng lǎoshī zuòméi

◆～人 媒人 méirén；月下老人 yuèxià lǎorén

ハイジャック【劫机】 劫机 jiéjī；劫持飞机 jiéchí fēijī（英 *hijacking*） ▶札幌行きの定期便が～された/前往札幌的定期航班被劫持了 qiánwǎng Zháhuǎng de dìngqī hángbān bèi jiéchí le

はいじゅ【拝受する】 收到 shōudào；接受 jiēshòu（英 *receive*） ▶お手紙～/来信收到 láixìn shōudào ▶貴書～いたしました/收到您的来信 shōudào nín de láixìn

ばいしゅう【買収する】 ❶〚買い取る〛收购 shōugòu（英 *purchase*） ▶鉄道用地を～する/收购铁道用地 shōugòu tiědào yòngdì

❷〚利益を与えて〛收买 shōumǎi（英 *bribe*） ▶票の～を計って逮捕された/因策划买选票被逮捕

了 yīn cèhuà mǎi xuǎnpiào bèi dàibǔ le

はいしゅつ【排出する】排出 páichū; 排放 páifàng（英 *discharge*）▶CO₂—基準/二氧化碳排放标准 èryǎnghuàtàn páifàng biāozhǔn

はいしゅつ【輩出する】辈出 bèichū; 涌现出 yǒngxiànchū（英 *appear in great numbers*）▶本学は偉大な学者を～している/我校出了很多伟大的学者 wǒxiào chūle hěn duō wěidà de xuézhě

ばいしゅん【売春する】卖淫 màiyín（英 *prostitute oneself*）▶～婦/娼妓 chāngjì; 妓女 jìnǚ

はいじょ【排除する】排除 páichú; 消除 xiāochú（英 *exclude*）▶野次馬の～に苦心する/为驱赶看热闹的人而费心 wèi qūgǎn kàn rènao de rén ér fèixīn ▶障害を～して進む/排除障碍努力前进 páichú zhàng'ài nǔlì qiánjìn

ばいしょう【賠償する】赔偿 péicháng; 退赔 tuìpéi（英 *compensate*）▶損害～/赔偿损失 péicháng sǔnshī ▶～の請求に応じる/答应索赔的要求 dāying suǒpéi de yāoqiú ▶損害を～する/赔偿损失 péicháng sǔnshī ▶～責任を負う/承担赔偿责任 chéngdān péicháng zérèn

♦～金｜赔款 ▶～金を支払う/支付赔偿金 zhīfù péichángjīn

はいしょく【配色】配色 pèisè（英 *a color scheme*）▶～に工夫をこらす/讲究配色 jiǎngjiu pèisè

はいしょく【敗色】败势 bàishì; 败局 bàijú（英 *signs of defeat*）▶～が濃い/败势明显 bàishì míngxiǎn ▶～いよいよ濃厚となった/败势越来越明显 bàishì yuèláiyuè míngxiǎn

はいしん【背信】背信弃义 bèixìn qìyì（英 *a breach of faith*）▶～行為は許さないからな/不会容忍这种背信弃义的行为 búhuì róngrěn zhè zhǒng bèixìn qìyì de xíngwéi

はいしん【配信】发稿 fāgǎo; 发新闻 fā xīnwén; 发送消息 fāsòng xiāoxi（英 *distribution*）▶誤って～した記事が各地の新聞に載った/发错的消息登载到各地报纸上 fācuò de xiāoxi dēngzǎidào gèdì bàozhǐshang

はいじん【俳人】俳句诗人 páijù shīrén（英 *a haiku poet*）

はいじん【廃人】废人 fèirén（英 *a disabled person*）▶～同様の/像废人一样 xiàng fèirén yíyàng ▶俺なんかもう～も同然だよ/我已经形同废人了 wǒ yǐjīng xíng tóng fèirén le

ばいしん【陪審】陪审 péishěn（英 *a jury*）▶～の評決が下る/陪审作出裁决 péishěn zuòchū cáijué

♦～員｜陪审员 péishěnyuán ▶～に選任される/被选为陪审员 bèi xuǎn wéi péishěnyuán ～制度｜陪审制度 péishěn zhìdù

ばいじん【煤塵】煤尘 méichén; 煤灰 méihuī（英 *soot and dust*）▶机にうっすら～がたまっている/桌子积着薄薄的一层煤尘 zhuōzi jīzhe báobáo de yì céng méichén

はいしんじゅん【肺浸潤】〔医〕肺浸润 fèijìnrùn（英 *infiltration of the lungs*）

はいすい【給水】供水 gōngshuǐ（英 *supply of water*）▶～管を敷設する/铺设自来水管 pūshè zìláishuǐguǎn

はいすい【排水する】排水 páishuǐ; 排泄 páixiè（英 *drain*）▶～ポンプ/排水泵 páishuǐbèng ▶雨が激しくて～どころではなかった/雨下得太大，哪里还谈得上排水 yǔ xiàde tài dà, nǎli hái tándeshang páishuǐ ▶～量を三十万トンのタンカー/排水量为三十万吨的油轮 páishuǐliàng wéi sānshí wàn dūn de yóulún

♦～溝｜渗沟 shèngōu; 排水沟 páishuǐgōu ▶ねずみは～溝を伝って逃げた/老鼠通过排水沟逃跑了 lǎoshǔ tōngguò páishuǐgōu táopǎo le

はいすい【廃水】废水 fèishuǐ; 污水 wūshuǐ（英 *waste water*）▶工場の～を海にたれ流していた/工厂将废水随便排放进海里 gōngchǎng jiāng fèishuǐ suíbiàn páifàng jìn hǎilǐ ▶工場～/工业废水 gōngyè fèishuǐ

はいすいのじん【背水の陣】背水阵 bèishuǐzhèn（英 *the fight with one's back to the wall*）▶～で臨む/背水一战 bèishuǐ yí zhàn ～をしく 破釜沉舟 pò fǔ chén zhōu

ばいすう【倍数】倍数 bèishù（英 *a multiple*）▶最小公～/最小公倍数 zuìxiǎo gōngbèishù

ハイスピード 急速 jísù; 高速 gāosù（英 *high speed*）▶バイクが～で走り去った/摩托车急速飞驰而去 mótuōchē jísù fēichí ér qù ▶芸能界を～で駆けぬけた生涯だった/昙花一现的演艺生涯 tánhuā yí xiàn de yǎnyì shēngyá

はいする【配する】部署 bùshǔ; 配备 pèibèi（英 *arrange*;〔部署〕*station*）▶沿道各处に警官を～/在沿路各处配备警察 zài yánlù gèchù pèibèi jǐngchá ▶竹に雀を配して一幅の絵にした/竹子配麻雀构成了一幅画 zhúzi pèi máquè gòuchéngle yì fú huà

はいする【排する】排除 páichú; 排斥 páichì（英 *exclude*）▶万難を排して完成させます/排除万难完成任务 páichú wànnán wánchéng rènwu

はいする【廃する】废除 fèichú; 废止 fèizhǐ（英 *abolish*）▶制度を～/废除制度 fèichú zhìdù ▶君主を～/废黜君主 fèichù jūnzhǔ

はいずる【這いずる】爬 pá（英 *crawl*）▶赤ん坊が床を這いずりまわる/婴儿满地乱爬 yīng'ér mǎndì luànpá

はいせき【排斥する】排斥 páichì; 抵制 dǐzhì（英 *reject*; *boycott*）▶日貨～運動が起きる/出现了抵制日货的运动 chūxiànle dǐzhì Rìhuò de yùndòng ▶彼はチームのみんなから～された/他受到全队队员的排斥 tā shòudào quánduì duìyuán de páichì

ばいせき【陪席する】陪坐 péizuò; 作陪 zuòpéi（英 *sit with one's superiors*）▶長老たちの懇談会に～する/陪同参加长老们的恳谈会 péitóng cānjiā zhǎnglǎomen de kěntánhuì

はいせつ【排泄する】排泄 páixiè（英 *excrete*）

♦~物:排泄物 páixièwù
はいぜつ【廃絶する】 廃棄 fèiqì; 销毁 xiāohuǐ;《家系が》断绝 duànjué; 绝嗣 jués í(英 *abolish*) ▶核~運動/销毁核武器运动 xiāohuǐ héwǔqì yùndòng ▶二十代続いた名家が~してしまった/持续了二十代的名门断了血脉了 chíxùle èrshí dài de míngmén duànle xuèmài le

はいせん【配線する】 接线 jiēxiàn; 布线 bùxiàn (英 *wire*) ▶~図/接线图 jiēxiàntú ▶この部屋はまだ~していない/这个房间还没有配备电线 zhège fángjiān hái méiyǒu pèibèi diànxiàn ▶~工事にとりかかる/开始布线工程 kāishǐ bùxiàn gōngchéng

はいせん【敗戦】 战败 zhànbài (英 *a defeat*) ▶~をなぜ終戦というか/明明是战败为什么叫战战? míngmíng shì zhànbài wèi shénme jiào zhōngzhàn? ▶~国の悲哀をなめる/饱尝战败国的悲哀 bǎocháng zhànbàiguó de bēi'āi

はいぜん【配膳する】《膳を》配膳 pèishàn;《料理を》摆上饭菜 bǎishàng fàncài (英 *lay the table*) ▶粗相のないよう~する/毫无纰漏地上菜 háowú pīlòu de shàngcài
~室:配膳房 pèishànfáng

ばいせん【焙煎】 烘焙 hōngbèi (英 *roast*)

ハイセンスな 高雅 gāoyǎ; 时尚雅致 shíshàng yǎzhi (英 *stylish*) ▶喜寿とも思えぬ~な服装をしている/穿着时尚雅致, 让人想不到七十七岁的老人 chuānzhuó shíshàng yǎzhi, ràng rén xiǎngbudào shì qīshíqī suì de lǎorén

はいそ【敗訴する】 败诉 bàisù; 打输官司 dǎshū guānsi (英 *lose a case*) ▶重なる~に打ちひしがれた/因接二连三的败诉而万分沮丧 yīn jiē èr lián sān de bàisù ér wànfēn jǔsàng ▶控訴したものの再び~した/虽然上诉, 但还是败诉了 suī rán shàngsù, dàn háishi bàisù le

はいそう【配送する】 送货 sònghuò; 发送 fā sòng (英 *deliver*) ▶翌日にはもう~される/第二天就能送到 dì'èr tiān jiù néng sòngdào ▶~トラックに連絡する/和送货的卡车联系 hé sònghuò de kāchē liánxì
♦~センター:送货中心 sònghuò zhōngxīn

はいそう【敗走する】 败走 bàizǒu (英 *be routed*) ▶敵はたちまち~した/敌人立刻败退了 dírén lìkè bàituì le ▶~の途次にも略奪を忘れなかった/在败走途中也不忘掠夺 zài bàizǒu tú zhōng yě bú wàng lüèduó

ばいぞう【倍増する】 倍增 bèizēng; 加倍 jiābèi (英 *double*) ▶~計画/翻一番计划 fānyìfān jì huà ▶所得~政策を推進する/推行收入倍增的政策 tuīxíng shōurù bèizēng de zhèngcè ▶売り上げは3年で~した/销售额三年增加了一倍 xiāoshòu'é sān nián zēngjiāle yí bèi

はいぞく【配属する】 分配 fēnpèi (英 *assign*) ▶営業部に~になる/被分配到营业部 bèi fēnpèi dào yíngyèbù ▶あの二人は経理部に~させよう/把那两个人分配到财务部 bǎ nà liǎng ge rén fēnpèidào cáiwùbù

ハイソックス 长袜 chángwà (英 *knee socks*)

はいた【排他】 排他 páitā; 排外 páiwài (英 *exclusion*) ▶~的な/排他性 páitāxìng ▶そのクラブの~的な傾向が気に入らない/不喜欢那个俱乐部排外的倾向 bù xǐhuan nàge jùlèbù páiwài de qīngxiàng
♦~的経済水域:排他性经济海域 páitāxìng jīngjì hǎiyù

はいたい【敗退する】 败北 bàiběi; 被打败 bèi dǎbài; 战败 zhànbài (英 *be defeated*) ▶我が校は1回戦で~した/我校第一战就被打败了 wǒ xiào dìyīzhàn jiù bèi dǎbài le ▶予選~は予想外だった/没想到预赛就被打败了 méi xiǎngdào yùsài jiù bèi dǎbài le

ばいたい【媒体】 媒体 méitǐ; 媒介 méijiè (英 *a medium*) ▶宣伝~の力は計り知れない/传媒的力量不可估量 chuánméi de lìliàng bùkě gū liáng ▶空気も音の~の一つだ/空气也是传播声音的媒介之一 kōngqì yě shì chuánbō shēngyīn de méijiè zhīyī

はいたつ【配達する】 递送 dìsòng; 投递 tóudì (英 *deliver*) ▶毎朝新聞を~してから登校する/每天早上送完报纸之后去上学 měitiān zǎo shang sòngwán bàozhǐ zhīhòu qù shàngxué ▶~不能の手紙が返送されてきた/无法送到的信被送回来了 wúfǎ sòngdào de xìn bèi sònghuí lai le ▶~先を間違える/弄错收信人 nòngcuò shōuxìnrén
♦~証明付き郵便:带有投递数据的邮件 dài yǒu tóudì shùjù de yóujiàn; 双挂号邮件 shuāngguàhào yóujiàn

バイタリティー 活力 huólì; 生命力 shēng mìnglì (英 *vitality*) ▶~のある/富有生命力 fùyǒu shēngmìnglì ▶あの子は~に溢れている/那孩子充满活力 nà háizi chōngmǎn huólì

はいち【配置】 布局 bùjú; 部署 bùshǔ (英 *arrangement*) ▶《家具などを》摆设 bǎishè; 铺陈 pūchén ▶《人员や役割》~する/部署 bùshǔ; 配备 pèibèi ▶~替え/改变部署 gǎibiàn bùshǔ ▶沿道に仮設トイレを~する/沿路各处设置临时厕所 yánlù gèchù shèzhì línshí cèsuǒ ▶各地に部隊を~する/向各地配备部队 xiàng gèdì pèibèi bùduì ▶家具を~替えしよう/把家具重新摆设一下 bǎ jiājù chóngxīn bǎishè yíxià ▶社员の思いきった~転換を行う/将公司员工进行大换血 jiāng gōngsī yuángōng jìnxíng dàhuàn xiě

はいちょう【拝聴する】 聆听 língtīng (英 *listen*) ▶会長の御高説を~する/聆听会长的高见 língtīng huìzhǎng de gāojiàn ▶御意見を~させて下さい/请让我聆听您的高见 qǐng ràng wǒ língtīng nín de gāojiàn

はいつくばる【這いつくばる】 匍匐在地 púfú zài dì (英 *grovel*) ▶這いつくばって謝った/匍匐在地赔罪 púfú zài dì péizuì

ハイティーン 十六岁至十九岁的男女 shíliù suì zhì shíjiǔ suì de nánnǚ (英 *one's late teens*)

ハイテク(ノロジー) 高科技 gāokējì; 尖端技术 jiānduān jìshù (英 *high technology*) ▶ ～産業/高科技产业 gāokējì chǎnyè

はいでる【這い出る】 爬出 páchū (英 *crawl out*) ▶ びっしり囲まれて蟻の～隙間もない/被围得严严实实,连蚂蚁出入的缝隙都没有 bèi wéide yánshíshí, lián mǎyǐ chūrù de fèngxì dōu méiyǒu

はいでん【配電】 配电 pèidiàn (英 *supply of electric power*)
◆～盤/配电盘 pèidiànpán

ばいてん【売店】 门市部 ménshìbù; 小卖部 xiǎomàibù (英 *a stand*) ▶ 駅の～で新聞を買う/在车站的小卖店买报纸 zài chēzhàn de xiǎomàidiàn mǎi bàozhǐ

バイト 打工 dǎgōng《アルバイト》(英 *a part-time job*) ▶ 何か～してるの?/你在打什么工吗? nǐ zài dǎ shénme gōng ma? ▶ 午後は～なんだ/下午我要打工 xiàwǔ yào dǎgōng ▶ ～が忙しい/打工很忙 dǎgōng hěn máng

はいとう【配当】 分配 fēnpèi; 红利 hónglì *allotment*;《株の》股息 gǔxī (英 *a dividend*) ▶《馬券で》～金は100万円を越えた/奖金超过了一百万日元 jiǎngjīn chāoguòle yìbǎi wàn Rìyuán ▶《株で》今期も～ゼロとなる/本期的红利也为零 běn qī de hónglì yě wéi líng ▶ 株の～だけで食べている/只靠股息为生 zhǐ kào gǔxī wéishēng
◆～落ち《株式》**不分红** bù fēnhóng

はいとく【背徳】 不道德 búdàodé; 违反道德 wéibèi dàodé (英 *immorality*) ▶ 好んで～を犯すことはない/不该有意做不道德的事 bù gāi yǒuyì zuò búdàodé de shì ▶ 知らず知らず～行為に走っていた/无形中做出了违背道德之事 wúxíngzhōng zuòchūle wéibèi dàodé zhī shì

はいどく【拝読する】 拜读 bàidú (英 *read*) ▶ 御高著を拜読させて御ります/拜读大作,倍受感动 bàidú dàzuò, bèi shòu gǎndòng ▶ ～のうえで御返事申しあげます/拜读之后再给您回复 bàidú zhīhòu zài gěi nín huífù

ばいどく【梅毒】〔医〕梅毒 méidú (英 *syphilis*) ▶ ～にかかる/患梅毒 huàn méidú

パイナップル〔植物〕菠萝 bōluó; 菠萝蜜 bōluómì; 凤梨 fènglí (英 *a pineapple*)

はいにち【排日の】 排日 páiRì; 反日 fǎnRì *anti-Japanese*) ▶ ～の気運が高まる/反日気氛高涨起来 fǎnRì qìfēn gāozhǎngqǐlái ▶ ～運動を提唱する/提倡反日运动 tíchàng fǎnRì yùndòng

はいにん【背任】 渎职 dúzhí (英 *a breach of trust*) ▶ 部下の～行為に気づかなかった/没有注意到部下的渎职行为 méiyǒu zhùyìdào bùxià de dúzhí xíngwéi
◆～罪 渎职罪 dúzhízuì ▶ ～罪に問われる/以渎职罪受到追究 yǐ dúzhízuì shòudào zhuījiū

ばいにん【売人】 毒贩 dúfàn (英 *a seller*) ▶ 麻薬の～らしい男が近づいてきた/看起来像是倒卖毒品的男人走了过来 kànqǐlai xiàng shì dǎomài dúpǐn de nánrén zǒule guòlái

ハイネックの《セーターが》高领 gāolǐng (英 *high-necked*) ▶ ～のニットシャツ/高领针织衫 gāolǐng zhēnzhīshān

ハイパー〔電算〕超 chāo (英 *hyper-*)
◆～テキスト 超文本 chāowénběn ～リンク 超链接 chāoliànjiē

ばいばい【売買する】 买卖 mǎimài (英 *buy and sell*; *trade*) ▶ 不動産を～する/买卖不动产 mǎimài búdòngchǎn ▶ 株の～で利ざやを稼ぐ/通过买卖股票赚取差额利润 tōngguò mǎimài gǔpiào zhuànqǔ chā'é lìrùn ▶ ～契約が成立する/签订买卖合同 qiāndìng mǎimài hétong

バイバイ 拜拜 bàibài; 再见 zàijiàn (英 *byebye*)

バイパス 支路 zhīlù; 旁路 pánglù (英 *a bypass*) ▶ 町はずれに～が通った/市郊修了旁路 shìjiāo xiūle pánglù ▶ 心臓の～手術を受ける/接受心血管搭桥手术 jiēshòu xīnxuèguǎn dāqiáo shǒushù

はいはん【背反する】 背反 bèifǎn;《背く》违反 wéifǎn (英 *go against...*) ▶ 二律～/二律背反 èrlǜ bèifǎn ▶ 指令に～する/违反指令 wéifǎn zhǐlìng

はいび【配備する】 配备 pèibèi; 配置 pèizhì (英 *deploy*) ▶ ミサイルを～する/配备导弹 pèibèi dǎodàn ▶ 緊急～の指令が出る/发出紧急配备的指令 fāchū jǐnjí pèibèi de zhǐlìng

ハイヒール 高跟鞋 gāogēnxié (英 *high-heeled shoes*) ▶ 慣れない～をはいて出かけた/穿上没穿惯的高跟鞋出门了 chuānshàng méi chuānguàn de gāogēnxié chūmén le

ハイビジョン 高清晰度电视 gāoqīngxīdù diànshì (英 *high-definition television*) ▶ ～放送/高清晰度电视播放 gāoqīngxīdù diànshì bōfàng

ハイビスカス〔植物〕扶桑 fúsāng; 朱槿 zhūjǐn (英 *a hibiscus*) ▶ 門わきに～の鉢が並んでいた/大门旁摆放着盆栽扶桑树 dàménpáng bǎifàngzhe pénzāi fúsāngshù

はいひん【廃品】 废品 fèipǐn; 破烂 pòlàn; 报废 bàofèi (英 *disused articles*) ▶ ～を回収する/回收废品 huíshōu fèipǐn ▶ 古い機種だが～にするには惜しい/虽说是旧型号的机器,但报废还是很可惜 suīshuō shì jiùxínghào de jīqì, dàn bàofèi háishi hěn kěxí

はいふ【配布する】 分发 fēnfā; 散发 sànfā (英 *distribute*) ▶ 会議資料を～する/分发会议资料 fēnfā huìyì zīliào ▶ 市報の～を引き受ける/承担市报的分发工作 chéngdān shìbào de fēnfā gōngzuò

パイプ ❶〔管〕管道 guǎndào; 管子 guǎnzi (英 *a pipe*) ▶ ～製の椅子/用金属管做的椅子 yòng jīnshǔguǎn zuò de yǐzi ▶ 鉄～で殴りあう/用铁管子互相殴打 yòng tiěguǎnzi hùxiāng ōudǎ ❷〔刻みタバコのパイプ〕烟斗 yāndǒu (英 *a*

tobacco pipe）/～をくわえて船から下りる/口衔烟斗从船上下来 kǒu xián yāndǒu cóng chuánshang xiàlái ❸【紙巻きタバコのパイプ】烟嘴儿 yānzuǐr（ℰ a cigarette holder）/～にさしこむ/把半截香烟插进烟嘴儿里 bǎ bànjié xiāngyān chājìn yānzuǐrli ❹【比喩として】山川工業社とは太い～で繋がっている/和山川工业公司有很密切的关系 hé Shānchuān gōngyè gōngsī yǒu hěn mìqiè de guānxi

ハイファイ 高保真度 gāobǎozhēndù（ℰ hi-fi）▶～ステレオ/高保真度立体音响装置 gāobǎozhēndù lìtǐ yīnxiǎng zhuāngzhì

パイプオルガン 管风琴 guǎnfēngqín（ℰ a pipe organ）

はいぶつ【廃物】 废物 fèiwù；废品 fèipǐn（ℰ wastes）/～利用/废物利用 fèiwù lìyòng ▶～利用はいまや至上の課題/废物利用现在正是最重要的课题 fèiwù lìyòng xiànzài zhèngshì zuì zhòngyào de kètí

パイプライン 输油管道 shūyóu guǎndào（ℰ a pipeline）/内陸の石油は～で港まで運ばれる/内陆的石油通过管道输送到港口 nèilù de shíyóu tōngguò guǎndào shūsòngdào gǎngkǒu

ハイブリッド 混合 hùnhé（ℰ hybrid）▶～カー/混合动力车 hùnhé dònglìchē

バイブル 圣经 Shèngjīng（ℰ the Bible）/～に手を置いて誓う/将手放在圣经上起誓 jiāng shǒu fàngzài Shèngjīngshang qǐshì /それは営業マンの～のような本だった/那本书被尊为销售员的经典 nà běn shū bèi zūnwéi xiāoshòuyuán de jīngdiǎn

バイブレーター 振动器 zhèndòngqì（ℰ a vibrator）

ハイフン 连接号 liánjiēhào（记号「-」）（ℰ a hyphen）/～でつなぐ/用连接号连接 yòng liánjiēhào liánjiē

はいぶん【配分する】 分配 fēnpèi（ℰ distribute；allot）▶遗産を～する/分配遗产 fēnpèi yíchǎn ▶予算の～をめぐってなおも駆け引きが続く/有关预算分配的争夺战还在继续 yǒuguān yùsuàn fēnpèi de zhēngduózhàn hái zài jìxù /そのレースではスタミナの～がうまくいった/这场比赛体力消耗安排得很好 zhè chǎng bǐsài tǐlì xiāohào ānpáide hěn hǎo

はいべん【排便する】 排便 páibiàn；大便 dàbiàn（ℰ evacuate the bowels）/～に人の手を借りなくてはならない/排便也不得不请人帮助 páibiàn yě bùdébù qǐng rén bāngzhù /毎朝必ず～する/每天早上一定要排便 měitiān zǎoshang yídìng yào páibiàn

ハイボール 加苏打水的威士忌 jiā sūdáshuǐ de wēishìjì（ℰ a highball）

はいぼく【敗北する】 失败 shībài；失利 shīlì（ℰ be defeated）/～を認める/伏输 fúshū；认输 rènshū /しぶしぶ～を認める/勉勉强强承认失败 miǎnmiǎnqiǎngqiǎng chéngrèn shībài /緒戦に手痛い～を喫した/第一场比赛就尝到了失败的滋味 dìyī chǎng bǐsài jiù chángdàole shībài de zīwèi

はいほん【配本する】 发行 fāxíng；《店頭に》进书 jìnshū（ℰ distribute books）/第1回～/第一回发行 dìyī huí fāxíng /本書は近日全国に～される/本书近日将在全国发行 běn shū jìnrì jiāng zài quánguó fāxíng

はいまわる【這い回る】 爬来爬去 pá lái pá qù（ℰ crawl about）/樽のまわりをごきぶりが這い回っていた/蟑螂在桶旁边爬来爬去 zhāngláng zài tǒng pángbiān pá lái pá qù

はいめい【拝命する】 被任命 bèi rènmìng；受命 shòumìng（ℰ be appointed）/局長を～する/被任命为局长 bèi rènmìng wéi júzhǎng

ばいめい【売名】 沽名钓誉 gūmíng diàoyù（ℰ self-advertisement）/ああいう～行为は不愉快だ/那种沽名钓誉的行为令人厌恶 nà zhǒng gūmíng diàoyù de xíngwéi lìng rén yànwù

バイメタル 双金属 shuāngjīnshǔ（ℰ bimetal）▶～温度計/双金属温度计 shuāngjīnshǔ wēndùjì

はいめん【背面】 背后 bèihòu；背面 bèimiàn（ℰ the back；the rear）/敵を～をつく/直捣敌人背后 zhídǎo dírén bèihòu /～攻撃を受ける/背后受到攻击 bèihòu shòudào gōngjī

はいめんとび【背面跳び】 背越式跳高 bèiyuèshì tiàogāo（ℰ the Fosbury flop）

ハイヤー 包租汽车 bāozū qìchē（ℰ a hired car with a driver）▶迎えに～をさし向ける/派包车去接人 pài bāochē qù jiē rén

バイヤー 买方 mǎifāng；买主 mǎizhǔ；采购员 cǎigòuyuán（ℰ a buyer）/～を工场に案内する/陪同买方参观工厂 péitóng mǎifāng cānguān gōngchǎng

はいやく【配役】 角色分配 juésè fēnpèi（ℰ the cast）/彼は～に不满があった/他对角色安排不满 tā duì juésè ānpái bùmǎn /まず～を決めないと/首先要决定角色 shǒuxiān yào juédìng juésè

ばいやく【売約】 约定出售 yuēdìng chūshòu（ℰ a sales contract）/～済み/已售出 yǐshòuchū /その絵には～済みの札がついていた/那幅画上贴着已售出的标签 nà fú huàshang tiēzhe yǐshòuchū de biāoqiān

ばいやく【売薬】 成药 chéngyào（ℰ a patent medicine）/かぜぐらい～で大丈夫だ/感冒之类的, 吃成药就可以了 gǎnmào zhīlèi de, chī chéngyào jiù kěyǐ le

はいゆ【廃油】 废油 fèiyóu（ℰ waste oil）

はいゆう【俳優】 演员 yǎnyuán（ℰ an actor）/地味だが実力は折り紙つきの～だ/虽然不显眼, 却是公认的实力派演员 suīrán bù xiǎnyǎn, què shì gōngrèn de shílìpài yǎnyuán ▶～学校/演艺学校 yǎnyì xuéxiào

ばいよう【培養する】 培养 péiyǎng；栽培 zāipéi；《思想など》养成 yǎngchéng（ℰ culture）▶人工～/人工培育 réngōng péiyù ▶エイズウィ

ルスを～する/培养艾滋病毒 péiyǎng àizī bìngdú ▶ああいう思想がどこで～されたか/那种思想是在哪里养成的呢？ nà zhǒng sīxiǎng shì zài nǎli yǎngchéng de ne? ▶国力の～に努めなくてはならない/必须努力增强国力 bìxū nǔlì zēngqiáng guólì

♦～液：培养液 péiyǎngyè

日中比较 中国語の'培养'は「培養する」他に「人材を養成する」ことをも指す。

ハイライト 最精彩的场面 zuì jīngcǎi de chǎngmiàn（英 a highlight）▶～シーンを録画で再生する/通过录像重放最精彩的画面 tōngguò lùxiàng chóngfàng zuì jīngcǎi de huàmiàn ▶～は二人の対決だった/关键场面是两个人的较量 guānjiàn chǎngmiàn shì liǎng ge rén de jiàoliàng

はいらん【排卵する】〔生理〕排卵 páiluǎn（英 ovulate）▶～期/排卵期 páiluǎnqī

♦～诱发剂：排卵诱发剂 páiluǎn yòufājì

はいり【背離する】 相悖 xiāngbèi；背离 bèilí（英 be estranged）▶互いの感情が～し始めていた/双方的感情开始背离 shuāngfāng de gǎnqíng kāishǐ bèilí ▶报告と実態との～が甚だしい/报告内容和实际情况相差甚远 bàogào nèiróng hé shíjì qíngkuàng xiāngchà shèn yuǎn

はいりこむ【入り込む】 进入 jìnrù；钻进 zuānjìn（英 get in）▶敌のふところに～/深入敌人内部 shēnrù dírén nèibù ▶邪念が～と判断が狂う/掺入杂念就会判断失误 chānrù zániàn jiù huì pànduàn shīwù

ハイリスク 高风险 gāofēngxiǎn；风险大 fēngxiǎn dà（英 high-risk）▶～ハイリターン/高风险高回报 gāofēngxiǎn gāohuíbào

ばいりつ【倍率】（拡大の）倍率 bèilǜ；（競争率）竞争率 jìngzhēnglǜ（英 magnification；[競争率] a competition rate）▶競争～が高い/竞争率高 jìngzhēnglǜ gāo ▶この双眼鏡の～はいくらですか/这个双筒望远镜的倍率是多少？ zhège shuāngtǒng wàngyuǎnjìng de bèilǜ shì duōshao? ▶今年文学部の～は15に達した/今年文学院的竞争率达到了十五比一 jīnnián wénxuéyuàn de jìngzhēnglǜ dádàole shíwǔ bǐ yī

はいりょ【配慮する】 照顾 zhàogù；考虑 kǎolǜ（英 consider）▶～しない/不顾 búgù ▶～の行き届いた/照顾周到 ▶異動に家庭の事情は～しないのか/工作调动不考虑个人家庭情况吗？ gōngzuò diàodòng bù kǎolǜ gèrén jiātíng qíngkuàng ma? ▶～を欠いた点をお詫びする/对不周之处表示歉意 duì bùzhōu zhī chù biǎoshì qiànyì ▶私の～が足りなかった/我考虑得不够周到 wǒ kǎolǜde bùgòu zhōudào

ばいりん【梅林】 梅园 méiyuán；梅林 méilín（英 a ume grove）

バイリンガル 能说两种语言(的人) néng shuō liǎng zhǒng yǔyán (de rén)；双语 shuāngyǔ（英 bilingual）▶～教育/双语教育 shuāngyǔ jiàoyù ▶彼は生まれついての～だ/他天生就会两种语言 tā tiānshēng jiù huì liǎng zhǒng yǔyán

はいる【入る】 ❶ [場所に] 部屋に～/进入房间 jìnrù fángjiān ▶列车が入って来た/列车进站了 lièchē jìnzhàn le ▶賊は窓から入ったらしい/盗贼好像是从窗口钻进来的 dàozéi hǎoxiàng shì cóng chuāngkǒu zuānjìnlai de ▶湯に入って疲れを癒す/泡澡解疲 pàozǎo jiěfá ▶病院に入って徹底的に直してこい/住院彻底治好 zhùyuàn chèdǐ zhìhǎo

❷ [ある状態に] 进入 jìnrù（英 come into...; begin）▶5月に～/进入五月 jìnrù wǔyuè ▶梅雨に～/进入梅雨季节 jìnrù méiyǔ jìjié

❸ [加入する] 进 jìn；加入 jiārù；参加 cānjiā（英 join）▶大学に～/上大学 shàng dàxué ▶政党に～/加入政党 jiārù zhèngdǎng ▶大学に入って5ヶ月になる/进大学第五个月了 jìn dàxué dìwǔ ge yuè le ▶あいつが～と雰囲気がこわれるぞ/那家伙一加入，气氛就会变坏 nà jiāhuo yì jiārù, qìfēn jiù huì biànhuài

❹ [手に入る] 收入 shōurù；得到 dédào（英 get）▶月に10万円の～/每月收入十万日元 měiyuè shōurù shí wàn Rìyuán ▶月に最低20万円は～/每月最少有二十万日元进帐 měiyuè zuìshǎo yǒu èrshí wàn Rìyuán jìnzhàng

❺ [目や耳に入る] ❶ [目に] 看到 kàndào（英 see）❷ [耳に] 听到 tīngdào（英 hear）▶噂が耳に～/听到风传 tīngdào fēngchuán

❻ [範囲に] 包括 bāokuò；含有 hányǒu（英 contain）▶会員名簿に僕の名前が入っていない/会员名册里没有我的名字 huìyuán míngcèli méiyǒu wǒ de míngzi ▶この金額には旅費も入っている/这金额包括旅费在内 zhè jīn'é bāokuò lǚfèi zàinèi

❼ [収容する] 容纳 róngnà；装得下 zhuāngdexià（英 hold）▶このホールには五百人～/这个大厅可以容纳五百人 zhège dàtīng kěyǐ róngnà wǔbǎi rén

はいれつ【配列する】 排列 páiliè；编排 biānpái（英 arrange）▶名簿は50音順に～よう/名册按五十音图的顺序排列 míngcè àn wǔshí yīntú de shùnxù páiliè ▶～は年代順ではなかった/编排不是按照年代顺序的 biānpái bú shì ànzhào niándài shùnxù de

パイロット ❶ [飛行士] 飞行员 fēixíngyuán（英 a pilot）❷ [水先案内] 领港员 lǐnggǎngyuán；引水员 yǐnshuǐyuán（英 a pilot）

バインダー 文件夹 wénjiànjiā；活页夹 huóyèjiā（英 a binder）

はう【這う】 爬行 páxíng；匍匐 púfú（英 crawl; creep）▶倒木の下から這って逃れた/从倒下的树下爬出去逃离了危难 cóng dǎoxià de shùxià páchūqu táolíle wēinàn ▶彼は虫が這ったような字を書く/他写字写得像虫子爬 tā xiě xiě xiàng chóngzi pá ▶つたが壁を這いのぼる/爬山虎顺着墙壁向上爬 páshānhǔ shùnzhe qiángbì

xiàngshàng pá
ことわざ 這えば立て立てば歩めの親心　盼孩子早日成长的父母之心　pàn háizi zǎorì chéngzhǎng de fùmǔ zhī xīn
ハウス　房屋 fángwū; 住房 zhùfáng; 住宅 zhùzhái;（農業用）温室 wēnshì（英 *a house*）▶セカンド～/別墅 biéshù ━栽培/温室栽培 wēnshì zāipéi
パウダー　粉末 fēnmò; 扑粉 pūfěn（英 *powder*）
ハウツー　诀窍 juéqiào; 实用 shíyòng（英 *how-to*）━～ものの出版がさかんである/传授诀窍的书很畅销 chuánshòu juéqiào de shū hěn chàngxiāo ━パソコンの～を解説してほしい/给我讲解一下电脑的用法吧 gěi wǒ jiǎngjiě yíxià diànnǎo de yòngfǎ ba
バウンド　弹回 tánhuí; 弹跳 tántiào; 反弹 fǎntán（英 *a bounce*）▶車は塀に～してひっくり返った/车撞墙后反弹翻了个个儿 chē zhuàng qiáng hòu fǎntán fānle ge gèr
はえ【栄え】　光荣 guāngróng（英 *an honor*）▶努力が実って～ある賞に輝いた/努力有了收获, 得到光荣的大奖 nǔlì yǒule shōuhuò, dédào guāngróng de dàjiǎng
ハエ【蝿】〔虫〕苍蝇 cāngying（英 *a fly*）▶ケーキに～がたかっていた/蛋糕上爬满苍蝇 dàngāoshang pámǎn cāngying
自分の頭の～を追え 少管闲事 shǎo guǎn xiánshì ◆～叩き 蝇拍 yíngpāi; 苍蝇拍子 cāngying pāizi ～取紙 粘蝇纸 zhānyíngzhǐ
はえぎわ【生え際】　发际 fàjì（英 *a hairline*）▶ひたいの～が総退却する/前额的头发总撤退 qián'é de tóufa zǒng chètuì
はえちょう【蝿帳】　纱罩 shāzhào（英 *a screened food cupboard*）
はえなわ【延縄】（漁法）绳钩渔法 shénggōu yúfǎ（英 *a longline*）
はえぬき【生え抜きの】（以前からの）元老 yuánlǎo;（その土地の）土生土长 tǔ shēng tǔ zhǎng; 本地 běndì（英 *native-born*）▶当社の鈴木一郎が新たに社長に就任した/在本公司成长起来的铃木一郎就任社长 zài běn gōngsī chéngzhǎngqǐlai de Língmù Yīláng jiùrèn shèzhǎng ▶村長は村の～である/村长是土生土长的本村人 cūnzhǎng shì tǔ shēng tǔ zhǎng de běncūnrén
はえる【生える】　长 zhǎng; 生 shēng（英 *grow*）▶歯が～/长牙 zhǎngyá ▶カビが～/发霉 fāméi ▶根が生えたように居坐って動かない/像生了根一样在那里坐着不动 xiàngle gēn yíyàng zài nàli zuòzhe bú dòng
はえる【映える】　映衬 yìngchèn; 显得好看 xiǎnde hǎokàn（英〔輝く〕*shine*;〔引き立つ〕*look attractive*）▶夕日に～/夕阳映照 xīyáng yìngzhào ▶雪の山に夕日に映えて赤く染まった/雪山被夕阳映红 xuěshān bèi xīyáng yìng hóng ▶黒を着たほうが～/你穿黑衣服更合适 nǐ chuān hēiyīfu gèng héshì

はおと【羽音】　振翅声 zhènchìshēng（英 *the flapping of wings*）▶虫の～がうるさい/虫子的振翅声很吵 chóngzi de zhènchìshēng hěn chǎo
はおり【（和服）外掛】（héfú）wàiguà（英 *a haori coat*）▶新郎は～袴で登場した/新郎穿着和式礼服登场了 xīnláng chuānzhe héshì lǐfú dēngchǎng le
はおる【羽織る】　披上 pīshàng（英 *put on*）▶コートを～/披上外套 pīshàng wàitào
はか【進み具合】
～がいく　有进展 yǒu jìnzhǎn
はか【墓】　坟墓 fénmù; 坟 fén（英 *a grave*）▶～参り/上坟 shàngfén; 扫墓 sǎomù ▶あの人の～の下に眠っている/那人长眠在墓下 nà rén chángmián zài mùxia
ばか【馬鹿】〔愚かだ〕傻 shǎ; 蠢 chǔn;〔愚か者〕呆子 dāizi（英 *a fool*）▶～野郎/笨蛋 bèndàn ▶～笑いする/傻笑 shǎxiào ▶あなたって, ほんとに～ねぇ/你这个人, 真够呆的 nǐ zhège rén, zhēn gòu dāi de ▶～もん！/笨蛋！bèndàn！▶相手も～ではない/对方也不是傻子 duìfāng yě bú shì shǎzi ▶～な, そんな話があってたまるか/胡说, 哪儿能有这么回事儿 húshuō, nǎr néng yǒu zhème huí shì！▶いい年をして～なことを言ってよ/这么大岁数还说这种傻话 zhème dà suìshu hái shuō zhè zhǒng shǎhuà ▶～も休み休み言え/少说傻话！shǎo shuō shǎhuà！
ことわざ 馬鹿と鋏は使いよう　傻子和剪子, 各有各的用 shǎzi hé jiǎnzi, gè yǒu gè de yòng
ことわざ 馬鹿につける薬はない　没有能治傻子的药 méiyǒu néng zhì shǎzi de yào
ことわざ 馬鹿の一つ覚え　就只会那么一招 jiù zhǐ huì nàme yì zhāo; 死心眼儿 sǐxīnyǎnr
～げた　愚蠢 yúchǔn; 荒唐 huāngtáng
～騒ぎをする　狂欢 kuánghuān; 瞎闹 xiānào ▶酒を飲んで～騒ぎをする/喝酒狂欢 hē jiǔ kuánghuān
～正直な　过于老实 guòyú lǎoshi ▶あいつの～正直にも呆れるよ/那家伙也太老实了, 真让人吃惊 nà jiāhuo yě tài lǎoshi le, zhēn ràng rén chījīng
～にする　看不起 kànbuqǐ; 小看 xiǎokàn ▶こいつ, 親を～にするか/这家伙, 看不起父母嘛！zhè jiāhuo, kànbuqǐ fùmǔ ma！
～にならない　▶光熱費だって～にならない/水电费也不能小看 shuǐdiànfèi yě bùnéng xiǎokàn
～になる　▶ねじが～になる/螺丝不管用了 luósī bùguǎn yòng le
～を見る　倒霉 dǎoméi ▶～を見るのはおまえだよ/倒霉的是你！dǎoméi de shì nǐ！
日中比較 中国語の '马鹿 mǎlù' は「赤鹿」という動物。

はかい【破戒】　破戒 pòjiè（英 *transgression of a commandment*）▶～僧/破戒僧 pòjièsēng
はかい【破壊する】　破坏 pòhuài; 摧毁 cuīhuǐ（英 *destroy*）▶小さな誤報が彼の家庭を～した/小小的错误消息毁了他的家庭 xiǎoxiǎo de cuòwù xiāoxi huǐle tā de jiātíng ▶自然への～

歯止めがない/自然不断遭到破坏 zìrán búduàn zāodào pòhuài ▶彼の死は組織には～的な損失だった/他的死, 对组织来说是致命性的损失 tā de sǐ, duì zǔzhī lái shuō shì zhìmìngxìng de sǔnshī

◆～活動防止法｜防止破坏活动法 fángzhǐ pòhuài huódònghǎ

はかいし【墓石】 墓碑 mùbēi; 墓石 mùshí (英 a gravestone) ▶地震で～が倒れた/因地震墓碑倒了 yīn dìzhèn mùbēi dǎo le ▶～の文字が読みとれない/墓碑上的文字看不清了 mùbēishang de wénzì kànbuqīng le

はがいじめ【羽交い締め】 双肩下扣住双臂不能动 shuāngjiānxia kòuzhù shuāngbì bùnéng dòng (英 a full nelson) ▶～にして引き離す/反夹式压住对方头颈, 把对方拉开 fǎnjiāshì yāzhù duìfāng tóujǐng, bǎ duìfāng lākāi

はがき【葉書】 明信片 míngxìnpiàn (英 a postal card) ▶家を出て以来～1枚よこさない/离开家以后, 连一封明信片也没寄来过 líkāi jiā yǐhòu, lián yì fēng míngxìnpiàn yě méi jìláiguo

◆絵～｜美术明信片 měishù míngxìnpiàn 往復～｜往返明信片 wǎngfǎn míngxìnpiàn 私製～｜自制明信片 zìzhì míngxìnpiàn

はかく【破格の】 破格 pògé; 破例 pòlì (英 extraordinary) ▶～の値段/破格的价钱 pògé de jiàqian ▶～の高値で購入する/以破例的高价购入 yǐ pòlì de gāojià gòurù ▶亡命先での待遇を受けていた/在逃亡所到的地方受到破格的待遇 zài táowáng suǒ dào de dìfang shòudào pògé de dàiyù

はがす【剥がす】 揭下 jiēxià; 剥下 bāoxià (英 tear off) ▶絵を～/揭下画儿 jiēxià huàr ▶壁紙を～/揭下壁纸 jiēxià bìzhǐ ▶つまずいて生爪を剥がした/绊了一下指甲被生生剥离了 bànle yīxià zhǐjia bèi shēngshēng bōlí le

ばかす【化かす】 蛊惑 gǔhuò; 迷惑 míhuò (英 bewitch) ▶彼らの世界は狐と狸のばかし合いだ/他们所在的是尔虞我诈的世界 tāmen suǒ zài de shì ěr yú wǒ zhà de shìjiè ▶月夜に狐に化かされた/在月夜下被狐狸蛊惑了 zài yuèyèxia bèi húli gǔhuò le

ばかず【場数】 经验的多寡 jīngyàn de duōguǎ (英 experience)

～を踏む｜积累经验 jīlěi jīngyàn ▶～を踏んで逞しくなった/积累经验变得坚强了 jīlěi jīngyàn biànde jiānqiáng le

はかせ【博士】 博士 bóshì; 博学之士 bóxué zhī shì (英 a learned man) →はくし(博士) ▶あの坊やは恐竜～だよ/那个小家伙是个恐龙活字典 nàge xiǎojiāhuo shì ge kǒnglóng huózìdiǎn

はがた【歯形·歯型】 《歯でかんだあと》牙印 yáyìn (英 tooth marks); 《歯の型》齿样 chǐyàng (英 a die) ▶肩に～が残っている/肩膀上留着牙印 jiānbǎngshang liúzhe yáyìn ▶～を取る/取齿样 qǔ chǐyàng

ばかぢから【馬鹿力】 傻劲儿 shǎjìnr; 牛劲儿 niújìnr (英 enormous strength) ▶無用の場面で～を出す/在无用的地方使傻劲儿 zài wúyòng de dìfang shǐ shǎjìnr

火事場の～　面对突发事件迸发出的牛劲儿 miànduì tūfā shìjiàn bèngfāchū de niújìnr

はかどる 进展顺利 jìnzhǎn shùnlì (英 make good progress) ▶仕事が～/工作顺利进展 gōngzuò shùnlì jìnzhǎn ▶雑音がなくて仕事が～/工作不受干扰地顺利进展 gōngzuò bú shòu gānrǎo de shùnlì jìnzhǎn

はかない【儚い】 无常 wúcháng; 虚幻 xūhuàn; 短暂 duǎnzàn (英 [短命の] short-lived; [空虚な] empty) ▶～命/暂短的命 zànduǎn de mìng; 生命无常 shēngmìng wúcháng ▶あの子はほんとに～命だった/那孩子真是短命 nà háizi zhēn shì duǎnmìng ▶人生は～夢でしかない/人生犹如黄粱一梦 rénshēng yóurú huángliáng yí mèng ▶二人の恋は儚く消えた/两人的恋情短暂而逝 liǎng rén de liànqíng duǎnzàn ér shì ▶花の命の儚さを僕は知った/我深切感觉到花朵生命的短暂 wǒ shēnqiè gǎnjuédào huāduǒ shēngmìng de duǎnzàn

はかなむ 感到空虚 gǎndào kōngxū (英 lose all one's hopes) ▶世を～/厌世 yànshì

ばかに【馬鹿に】 特别 tèbié; 非常 fēicháng (英 awfully) ▶～寒い/冷得厉害 lěngde lìhai ▶～親切だ/异样地亲切 yìyàng de qīnqiè ▶どうしたの, 今日は～親切だね/怎么了？今天怎么这么热情 zěnme le? jīntiān zěnme zhème rèqíng ▶～寒い日が続く/冷得要命的日子一直在继续 lěngde yàomìng de rìzi yìzhí zài jìxù

はがね【鋼】 钢 gāng (英 steel)

はかば【墓場】 坟地 féndì; 坟墓 fénmù (英 a graveyard) ▶結婚なんて人生の～だ/结婚是人生的坟墓 jiéhūn shì rénshēng de fénmù ▶～にも四季折々の花が咲く/墓地也有鲜花在四季开放 mùdì yě yǒu xiānhuā zài sìjì kāifàng

はかばかしい 顺利 shùnlì; 如意 rúyì; 称心 chènxīn (英 rapid) ▶はかばかしくない/不顺利 bú shùnlì ▶工事の進行がはかばかしくない/工程进展不顺利 gōngchéng jìnzhǎn bú shùnlì ▶先方からは～返事もなかった/对方也没有个让人满意的回音 duìfāng yě méiyǒu ge ràng rén mǎnyì de huíyīn

ばかばかしい【馬鹿馬鹿しい】 太无聊 tài wúliáo (英 absurd)

はかま【袴】 ❶《衣服の》和服裙裤 héfú qúnkù (英 a hakama; long, loose, pleated garment worn over a kimono on formal occasions) ▶～をはく/穿和式裙裤 chuān héshì qúnkù ▶～の裾を自分で踏む/自己踩到自己的裤脚 zìjǐ cǎidào zìjǐ de kùjiǎo ❷《植物の》叶鞘 yèqiào (英 a sheath) ❸《燗》《徳利の》酒瓶托 jiǔpíngtuō (英 a holder for a warmed sake bottle)

はかまいり【墓参り】 扫墓 sǎomù; 上坟 shàngfén (英 visit a person's grave) ▶父の命日には～を欠かさない/父亲的忌辰, 每次都不忘

はがみ【歯がみする】咬牙切齿 yǎo yá qiè chǐ(英 grind one's teeth)▶～して悔しがる/懊恼得咬牙切齿 àonǎode yǎo yá qiè chǐ

はがゆい【歯がゆい】令人焦急 lìng rén jiāojí(英 feel impatient)▶才能を浪費している彼の姿が歯がゆくてならない/看着他浪费才能的样子,感到十分着急 kànzhe tā làngfèi cáinéng de yàngzi, gǎndào shífēn zháojí

はからい【計らい】处置 chǔzhì;安排 ānpái(英[処置] arrangement;[世話] good offices) 粋(いき)な～ 処理得当 chǔlǐ dédàng ▶課長の粋な～で一日休みがとれた/多亏科长照顾得当得以休息一天 duōkuī kēzhǎng zhàogù dédàng déyǐ xiūxī yì tiān

はからう【計らう】安排 ānpái;考虑 kǎolǜ;对付 duìfu(英 arrange)▶会わずにすむならうまく計らってくれよ/如果能不见面的话,就帮我好好儿安排一下吧 rúguǒ néng bú jiànmiàn de huà, jiù bāng wǒ hǎohāor ānpái yíxià ba

はからずも【図らずも】不料 búliào;不意 búyì;出乎意料 chū hū yì liào(英 unexpectedly)▶このたび～会長に選出され…/这次不料被选为会长… zhè cì búliào bèi xuǎn wéi huìzhǎng…

はかり【秤】秤 chèng(英 a balance)▶台～/台秤 táichèng ▶台～で体重を計る/用台秤称体重 yòng táichèng chēng tǐzhòng ▶さお～/杆秤 gǎnchèng ▶ぜんまい～/弹簧秤 tánhuángchèng ～にかける 衡量 héngliáng ▶甲と乙を～にかける/衡量甲和乙 héngliáng jiǎ hé yǐ

-ばかり ❶[…のみ] 光 guāng;只 zhǐ(英 only)▶小説～読む/只看小说 zhǐ kàn xiǎoshuō ▶泣いて～いる/净哭 jìng kū ▶テレビ～見てるんじゃないよ/不要光看电视! búyào guāng kàn diànshì!
❷[だいたいの数量をあらわす] 左右 zuǒyòu(英 about)▶十日～/十天左右 shítiān zuǒyòu ▶十日～借りるよ/就借十来天,好吧 jiù jiè shí lái tiān, hǎo ba ▶100万～融通してもらえないか/就借我一百万,可以吗? jiù jiè wǒ yìbǎi wàn, kěyǐ ma?
❸[…してまもない] 刚才 gāngcái;刚刚 gānggāng(英 just)▶買った～の服がもう汚れた/刚买的衣服就弄脏了 gāng mǎi de yīfu jiù nòngzāng le

はかりごと【謀】计策 jìcè;计谋 jìmóu(英 a trick;a plot)▶～をめぐらす/筹划计策 chóuhuà jìcè ▶敵の～に引っかかる/中敌人的圈套 zhòng dírén de quāntào

ことわざ 謀は密なるをもってよしとす 谋以密为妙 móu yǐ mì wéi miào

はかりしれない【計り知れない】无量 wúliàng;不可估计 bù kě gūjì(英 immeasurable)▶我が国の損失は～/我国的损失不可估计 wǒguó de sǔnshī bùkě gūjì

はかる【計る・量る・測る】❶[度量衡] 量 liáng;丈量 zhàngliáng(英 measure;[重さ] weigh)▶重さを～/称重量 chēng zhòngliàng ▶長さを～/量长度 liáng chángdù ▶熱を～/量热度 liáng rèdù;体温 liáng tǐwēn ▶封書の重さを～/称书信的重量 chēng shūxìn de zhòngliàng ▶身長を～/量身高 liáng shēngāo
❷[計算・評価] 計算 jìsuàn;推测 tuīcè;评估 pínggū(英 calculate;[評価する] estimate)▶あの娘の心を計りかねた/那姑娘的心思难测 nà gūniang de xīnsī nán cè

はかる【諮る】咨询 zīxún;商量 shāngliang;征询 zhēngxún(英 consult)▶同僚に～/跟同事们商量 gēn tóngshìmen shāngliang ▶委員会に諮って結論を出す/交付委员会商讨后下结论 jiāofù wěiyuánhuì shāngtǎohòu xià jiélùn

はかる【謀る・図る】谋求 móuqiú;企图 qìtú;图谋 túmóu(英[謀計] plot;[あざむく] deceive)▶暗殺を～/图谋暗杀 túmóu ànshā ▶解決を～/谋求解决 móuqiú jiějué ▶大臣の暗殺を謀って失敗した/企图暗杀大臣失败了 qìtú ànshā dàchén shībài le ▶早急な解決を～/设法尽早解决 shèfǎ jǐnzǎo jiějué ▶公益の名のもとに私利を～/打着公益的名义谋求私利 dǎzhe gōngyì de míngyì móuqiú sīlì

はがれる【剥がれる】剥离 bōlí;脱落 tuōluò(英 come off)▶壁のタイルが～/墙上的瓷砖剥落了 qiángshang de cízhuān bōluò le ▶あいつもついに化けの皮が剥がれた/那家伙终于剥下画皮了 nà jiāhuo zhōngyú bāoxià huàpí le ▶ペンキが剥がれた/漆掉了 qī diào le

はがんいっしょう【破顔一笑する】破颜一笑 pòyán yíxiào(英 break into a broad smile)▶校長は～、みんなの顔を見回した/校长破颜一笑,环视了一圈大家的脸 xiàozhǎng pòyán yíxiào, huánshìle yì quān dàjiā de liǎn

バカンス 休假 xiūjià;假期 jiàqī(英 a vacation)▶海外で～を過ごす/在海外渡假 zài hǎiwài dùjià

はき【破棄する】撕毁 sīhuǐ;取消 qǔxiāo(英[破り捨てる] destroy;[契約などを] cancel)▶書類を～する/消毁文件 xiāohuǐ wénjiàn ▶婚約を～通告する/通知取消婚约 tōngzhī qǔxiāo hūnyuē ▶原判决を～する/撤消原判 chèxiāo yuánpàn ▶一方的に条約を～する/单方面撕毁条约 dānfāngmiàn sīhuǐ tiáoyuē

はき【覇気】雄心 xióngxīn;进取心 jìnqǔxīn(英 spirit);[野心] 野心 yěxīn(英 ambition)▶～みなぎる若者だ/充满抱负的年轻人 chōngmǎn bàofù de niánqīngrén ▶君には～が見られない/你没有一点锐气 nǐ méiyǒu yìdiǎn ruìqì
～がない 没有进取心 méiyǒu jìnqǔxīn

中日比較 中国語の'霸气 bàqì'は「傍若無人な態度」を指す。

ハギ【萩】〖植物〗胡枝子 húzhīzi(英 a Japa-

nese bush clover）

はぎあわせる【はぎ合わせる】 接在一起 jiēzài yìqǐ; 接合在一起 jiēhé zài yìqǐ (英 *put...together*)

はぎけ【吐き気】 恶心 ěxin; 作呕 zuò'ǒu (英 *nausea*) ▶気分が重くて〜がする/身体不舒服直犯恶心 shēntǐ bù shūfu zhí fàn ěxin ▶あの高慢づらは〜を催すな/那副傲慢的嘴脸让人作呕 nà fù àomàn de zuǐliǎn ràng rén zuò'ǒu

はぎしり【歯ぎしりする】 咬牙 yǎoyá; 磨牙 móyá (英 *grind one's teeth*) ▶悔しくて〜する/悔恨得咬牙切齿 huǐhènde yǎo yá qiè chǐ ▶彼は夜中に〜がひどい/他晚上磨牙磨得厉害 tā wǎnshang móyá móde lìhai

はきすてる【吐き捨てる】 吐弃 tǔqì (英 *spit out*) ▶〜ように言う/唾弃似的说 tuòqì shìde shuō ▶「馬鹿なやつだ」と〜ように言った/用唾弃的口吻说:"愚蠢的家伙！" yòng tuòqì de kǒuwěn shuō: "Yúchǔn de jiāhuo!"

はきだす【吐き出す】 吐出 tǔchū (英 *vomit; spit out*) ▶ガムを〜/吐出口香糖 tǔchū kǒuxiāngtáng ▶胸の苦しみを〜/倾吐出心里的苦处 qīngtǔchū xīnlǐ de kǔchu ▶彼は胸の苦しみを一気に吐き出した/他把胸中的苦处一口气都倒了出来 tā bǎ xiōng zhōng de kǔchu yīkǒuqì dōu dàolechūlái ▶せっかくの貯えをすべて吐き出した/好不容易存的积蓄全都拿出来了 hǎobù róngyì cún de jīxù quándōu náchūlái le

はきだめ【掃き溜め】 垃圾堆 lājīduī (英 *a rubbish heap*) ▶〜を野良犬があさっている/野狗在垃圾堆上寻找食物 yě gǒu zài lājīduīlǐ xúnzhǎo shíwù

ことわざ 掃き溜めに鶴 鸡窝里飞出金凤凰 jīwōlǐ fēichū jīnfènghuáng; 鹤立鸡群 hè lì jī qún

はきちがえる【履き違える】 ❶【履物を】穿错 chuāncuò (英 *wear another's shoes*) ▶旅館を出るとき靴を履き違えた/从旅馆里出来的时候把鞋穿错了 cóng lǚguǎnlǐ chūlái de shíhou bǎ xié chuāncuò le ❷【誤解する】误解 wùjiě (英 *misunderstand*) ▶自由の意味を履き違えている/误解了自由的意义 wùjiěle zìyóu de yìyì

はぎとる【剥ぎ取る】 剥掉 bāodiào; 剥下 bāoxià (英 *tear off*) ▶強盗に身ぐるみ剥ぎ取られた/被强盗剥得精光 bèi qiángdào bāode jīngguāng ▶壁画を慎重に〜/慎重地剥下壁画 shènzhòng de bāoxià bìhuà

はきはき 干脆 gāncuì; 爽快 shuǎngkuai (英 *briskly*) ▶〜と答える/爽快回答 shuǎngkuai huídá

はきもの【履物】 鞋子 xiézi; 鞋类 xiélèi (英 *footwear*) ▶〜は足に合わせて選ぶものだ/鞋是要按脚来选的 xié shì yào àn jiǎo lái xuǎn de ▶あの店では和装用の〜だけを扱っている/那家店只卖和服用的鞋类 nà jiā diàn zhǐ mài héfú yòng de xiélèi

ばきゃく【馬脚】 马脚 mǎjiǎo (英 *one's true character*) ▶〜を現す/露马脚 lòu mǎjiǎo ▶あの男，とうとう〜を現したな/那个人终于露出了马脚 nàge rén zhōngyú lòuchūle mǎjiǎo

はきゅう【波及する】 波及 bōjí (英 *spread*) ▶〜効果/波及效果 bōjí xiàoguǒ; 波纹效果 bōwén xiàoguǒ ▶大きな〜効果が期待される/可以期待有大的波及效应 kěyǐ qīdài yǒu dà de bōjí xiàoyìng ▶一つの事件がどこまで〜してゆくのか/一个事件究竟能波及到多大范围？ yí ge shìjiàn jiūjìng néng bōjídào duōdà fànwéi?

バキュームカー 真空清洁车 zhēnkōng qīngjiéchē; 吸粪车 xīfènchē (英 *a cesspool cleaner truck*)

はきょく【破局】 悲惨的结局 bēicǎn de jiéjú; 〈男女の〉分手 fēnshǒu (英 *a catastrophe*) ▶運動はこうして〜を迎えた/这场运动最终就这样迎来了悲惨的结局 zhè chǎng yùndòng zuìzhōng jiù zhèyàng yíngláile bēicǎn de jiéjú ▶いずれは〜に向かうだろう/不管怎样都不会有好结局吧 bùguǎn zěnyàng dōu búhuì yǒu hǎojiéjú ba

はぎれ【歯切れ】 (英 *a way of speaking*) ▶〜のよい/口齿伶俐 kǒuchǐ línglì ▶〜の悪い/含糊不清 hánhu bù qīng ▶〜の悪い言いわけ/难以信服的借口 nányǐ xìnfú de jièkǒu ▶〜よく見解を述べた/口齿清晰地阐述自己的见解 kǒuchǐ qīngxī de chǎnshù zìjǐ de jiànjiě

はぎれ【端切れ】 零头儿布 língtóurbù; 布头儿 bùtóur (英 *a scrap of cloth*) ▶〜を使って手提げをつくる/用布头儿做手提袋 yòng bùtóur zuò shǒutídài

はく【吐く】 ❶【口や胃の中のものを】(嘔吐など，病的に) 吐 tù;〈口から物を〉吐 tǔ (英 *vomit; spit out*) ▶血を〜/吐血 tùxiě ▶血を〜思いで告白する/以惨痛的心情告白 yǐ cǎntòng de xīnqíng gàobái ▶酔ったあげくにゲロゲロ吐いた/醉了之后吐得一塌糊涂 zuìle zhīhòu tùde yì tā hútu ▶つばを〜/吐唾沫 tǔ tuòmo ▶息が白く凍った/呼出的气都结成了白雾 hūchū de qì dōu jiéchéngle báiwù ❷【言葉に出す】 吐露 tǔlù; 说出 shuōchū (英 *express*) ▶本音を〜/吐露真情 tǔlù zhēnqíng ▶弱音を〜/叫苦 jiàokǔ ▶正直に吐け/老实说！ lǎoshi shuō! ▶いまから弱音を〜な/不要刚开始就叫苦 búyào gāng kāishǐ jiù jiàokǔ ▶天に向かってつばを〜 对天吐唾沫 duì tiān tǔ tuòmo

はく【拍】 脉搏 màibó; 节拍 jiépāi (英 *a beat*) ▶脈〜/脉搏 màibó ▶脈〜は正常だ/脉搏正常 màibó zhèngcháng ▶強弱2〜のリズムを取る/采用强弱两拍的节奏 cǎiyòng qiángruò liǎng pāi de jiézòu

はく【掃く】 扫 sǎo (英 *sweep*) ▶落葉を隅に掃きよせる/把落叶扫到角落 bǎ luòyè sǎodào jiǎoluò ▶床のごみを掃き集める/一起把地上的垃圾扫在一起 bǎ dìshang de lājī sǎozài yìqǐ ▶男友達なら掃いて捨てるほどいる/男性朋友的话，一抓一大把 nánxìng péngyou de huà, yì zhuā yí dà bǎ

はく【箔】箔 bó (英 foil) ▶錫～に包んで加熱する/用錫箔包起来加热 yòng xībó bāoqǐlai jiārè ▶金～を散らした屏風/洒满金箔的屏风 sǎmǎn jīnbó de píngfēng
～がつく 镀金 dùjīn ▶東京育ちというだけで～がついている/光是在东京长大就像镀了一层金一样 guāng shì zài Dōngjīng zhǎngdà jiù xiàng dùle yì céng jīn yíyàng
～をつける 镀金 dùjīn ▶留学で～をつけて帰る/在海外留学镀金回来 zài hǎiwài liúxué dùjīn huílái

はく【履く】(靴やズボンを) 穿 chuān (英 put on; wear) ▶スカートを～/穿裙子 chuān qúnzi ▶人間はパンツを履いた猿だ/人不过是穿着裤子的猴子 rén búguò shì chuānzhe kùzi de hóuzi

-はく【-泊】(英 stay) ▶サークルで1～旅行をする/参加社团组织的住一晚的旅游 cānjiā shètuán zǔzhī de zhù yì wǎn de lǚyóu ▶2～3日の旅に出る/去三天两宿的旅行 qù sān tiān liǎng xiǔ de lǚxíng ▶海辺のホテルに1～した/在海边的旅馆过了一夜 zài hǎibiān de lǚguǎn guòle yí yè

はぐ【剥ぐ】扒 bā; 剥 bāo (英 tear off) ▶木の皮を～/剥树皮 bāo shùpí ▶ふとんを～/掀被子 xiān bèizi ▶薄紙を～ように快方に向かう/渐渐有所好转 jiànjiàn yǒusuǒ hǎozhuǎn
化けの皮を～ 剥下画皮 bāoxià huàpí; 撕下假面具 sīxià jiǎmiànjù
身ぐるみ剥がれる 被剥光 bèi bāoguāng

バク【貘】〘動物〙马来貘 mǎláimò (英 a tapir)
ばぐ【馬具】马具 mǎjù (英 harness) ▶～を付ける/上马具 shàng mǎjù

バグ《コンピュータの》臭虫 chòuchóng; 错误 cuòwù; 程序缺陷 chéngxù quēxiàn (英 a bug)

はくあい【博愛】博爱 bó'ài (英 philanthropy) ▶～の精神なくしてできる仕事ではない/这工作没有博爱的精神是做不了的 zhè gōngzuò méiyǒu bó'ài de jīngshén shì zuòbuliǎo de
♦～主義 博爱主义 bó'ài zhǔyì ▶彼らは～主義を貫いた/他们一直坚持博爱主义 tāmen yìzhí jiānchí bó'ài zhǔyì

はくい【白衣】白衣 báiyī (英 a white dress) ▶～の袖に血がついた/白大褂的袖子上沾着血 báidàguà de xiùzishang zhānzhe xiě
♦～の天使 白衣天使 báiyī tiānshǐ

ばくおん【爆音】爆炸声 bàozhàshēng; 轰鸣声 hōngmíngshēng (英 a roar); [爆発の] an explosion) ▶～がとどろく/爆炸声巨响 bàozhàshēng jùxiǎng ▶飛行機の～/飞机的轰鸣声 fēijī de hōngmíngshēng ▶戦闘機の～に怯えた/被战斗机的轰鸣声吓坏了 bèi zhàndòujī de hōngmíngshēng xiàhuài le ▶～をたててオートバイが疾走する/摩托车发出巨大的响声一路飞驰 mótuōchē fāchū jùdà de xiǎngshēng yílù fēichí

はくが【博雅】博雅 bóyǎ (英 wide knowledge) ▶～の士の教示を乞う/请教博学之人 qǐngjiào bóxué zhī rén

ばくが【麦芽】麦芽 màiyá (英 malt) ▶～エキス/麦精 màijīng
♦～糖 麦芽糖 màiyátáng

はくがい【迫害する】迫害 pòhài (英 persecute) ▶～を受ける/遭受迫害 zāoshòu pòhài ▶宗教を理由に～を受ける/因宗教原因受迫害 yīn zōngjiào yuányīn shòu pòhài ▶非戦を唱えて～された/因主张非战论遭到迫害 yīn zhǔzhāng fēizhànlùn zāodào pòhài

はくがく【博学な】博学 bóxué; 广博 guǎngbó (英 learned) ▶あの～ぶりには舌をまく/他的博学令人钦佩 tā de bóxué lìng rén qīnpèi
～多才 博学多才 bóxué duōcái ▶～多才の見本のような人物/博学多才的典型人物 bóxué duōcái de diǎnxíng rénwù

はくがんし【白眼視する】白眼看人 báiyǎn kàn rén; 冷眼对待 lěngyǎn duìdài (英 look coldly) ▶そこではインテリが～された/在那儿知识分子被人冷眼相待 zài nàr zhīshi fènzǐ bèi rén lěngyǎn xiāngdài ▶～に耐えて生きぬいた/忍辱负重地活了下来 rěnrǔ fùzhòng de huóle xiàlái

はぐき【歯茎】牙龈 yáyín; 牙床 yáchuáng (英 the gums) ▶～が腫れあがる/牙龈肿胀 yáyín zhǒngzhàng

ばくぎゃく【莫逆】(英 close friendship) ▶～の友/莫逆之交 mònì zhī jiāo ▶彼ら二人は～の友になってしまった/他们两个人本应是莫逆之交的 tāmen liǎng ge rén běnyīng shì mònì zhī jiāo de

はぐくむ【育む】育育 yùyù; 培养 péiyǎng (英 bring up; [育てる] 育成する] cultivate) ▶学園の風土が反骨の精神を育んだ/学校的氛围培养了(学生的)反抗精神 xuéxiào de fēnwéi péiyǎngle(xuésheng de)fǎnkàng jīngshén ▶慈母の愛に育まれた/在慈母的爱中养育成长 zài címǔ de ài zhōng yǎngyù chéngzhǎng

ばくげき【爆撃する】轰炸 hōngzhà (英 bomb) ▶～機/轰炸机 hōngzhàjī ▶無差別～で都市は廃墟と化した/不加区别的狂轰滥炸将将都市夷为废墟 bù jiā qūbié de kuánghōng lànzhà jiāng dūshì yíwéi fèixū ▶どこまで～するつもりなんだ/究竟准备轰炸到什么时候？ jiūjìng zhǔnbèi hōngzhà dào shénme shíhou?

ハクサイ【白菜】〘植物〙白菜 báicài (英 a Chinese cabbage) ▶～の漬物/腌白菜 yānbáicài

はくし【白紙】白纸 báizhǐ (英 blank paper) ▶～委任状/空白委托书 kòngbái wěituōshū ▶～の答案を提出する/交白卷 jiāo báijuàn
～にもどす 恢复原状 huīfù yuánzhuàng; 作废 zuòfèi ▶計画はいったん～にもどす/计划被推翻重来 jìhuà bèi tuīfān chónglái

はくし【博士】博士 bóshì (英 a doctor) →はかせ【博士】▶文学～/文学博士 wénxué bóshì ▶～論文を提出する/提交博士论文 tíjiāo bóshì lùnwén
♦～課程 博士课程 bóshì kèchéng ▶～課程

進む/升入博士课程 shēngrù bóshì kèchéng ～号｜博士学位 bóshì xuéwèi｜文学～号を授与する/授予文学博士称号 shòuyǔ wénxué bóshì chēnghào｜フランスで～号を得て帰国した/在法国取得博士学位后归国 zài Fǎguó qǔdé bóshì xuéwèi hòu guīguó

はくじ【白磁】白瓷 báicí （英 white porcelain）

ばくし【爆死】炸死 zhàsǐ （英 death from bombing）▶テロに遭って～する/遇到恐怖事件被炸死 yùdào kǒngbù shìjiàn bèi zhàsǐ

はくしき【博識な】广博 guǎngbó; 赅博 gāibó; 多闻博识 duōwén bóshí （英 learned）▶うちにも～な男がいる/我们这儿也有博学多识的人 wǒmen zhèr yě yǒu bóxué duōshí de rén

はくじつ【白日】白日 báirì; 光天化日 guāngtiān huàrì （英 the bright sun）▶晴れて～の身となった/冤案得到昭雪 yuān'àn dédào zhāoxuě ～の下(もと)にさらす 暴露无遗 bàolù wúyí ▶汚職の構造が～の下にさらされる/贪污的情况被暴露在光天化日之下 tānwū de qíngkuàng bèi bàolù zài guāngtiān huàrì zhīxià

はくしゃ【拍車】马刺 mǎcì （英 a spur）～がかかる 加速 jiāsù ▶工事にいっそう～がかかる/工程又加快了速度 gōngchéng yòu jiākuàile sùdù｜懸賞が作業に～をかけた/悬赏加快了工作进程 xuánshǎng jiākuàile gōngzuò jìnchéng

はくしゃ【薄謝】薄酬 bóchóu; 薄礼 bólǐ （英 a slight token of one's gratitude）▶入賞作には～を呈します/对入围作品谨呈薄礼 duì rùwéi zuòpǐn jǐnchéng bólǐ

はくしゃく【伯爵】伯爵 bójué （英 a count）

はくじゃく【薄弱な】薄弱 bóruò （英 feeble）▶論拠が～だ/论据单薄 lùnjù dānbó｜いい人だけど意志～なのよ/是个好人，就是意志薄弱 shì ge hǎorén, jiùshì yìzhì bóruò

はくしゃせいしょう【白砂青松】白沙青松 báishā qīngsōng （英 white sand and green pines）▶浜は～で知られていた/这个海滨以白沙青松而闻名 zhège hǎibīn yǐ báishā qīngsōng ér wénmíng

はくしゅ【拍手する】鼓掌 gǔzhǎng; 拍手 pāishǒu （英 clap one's hands; [賞賛する] applaud）▶喝采をあびる/受到鼓掌喝彩 shòudào gǔzhǎng hècǎi｜嵐のような～が起こった/响起了暴风雨般的掌声 xiǎngqǐle bàofēngyǔ bān de zhǎngshēng｜全員が立ち上がって～した/全场起立鼓掌 quánchǎng qǐlì gǔzhǎng

はくじゅ【白寿】九十九岁 jiǔshíjiǔ suì （英 the age of ninety-nine）▶祖母が～を迎えた/祖母迎来了九十九岁生日 zǔmǔ yíngláile jiǔshíjiǔ suì shēngrì｜～の祝いが盛大に催された/盛大庆祝九十九岁大寿 shèngdà qìngzhù jiǔshíjiǔ suì dàshòu

ばくしゅう【麦秋】麦秋 màiqiū （英 early summer）

はくしょ【白書】白皮书 báipíshū （英 a white paper）▶経済～/经济白皮书 jīngjì báipíshū

はくじょう【白状する】坦白交代 tǎnbái jiāodài; 招认 zhāorèn; 自供 zìgòng （英 confess）▶ボーイフレンドの存在を嬉しそうに～した/喜滋滋的坦白交代了有男朋友的事 xǐzīzī de tǎnbái jiāodàile yǒu nánpéngyǒu de shì｜一切合切～させてやる/一定让他彻底交代 yídìng ràng tā chèdǐ jiāodài

はくじょう【薄情な】寡情 guǎqíng; 薄情 bóqíng; 无情 wúqíng （英 coldhearted）▶あんな～な人だとは思わなかったわ/没想到他是那么薄情的人 méi xiǎngdào tā shì nàme bóqíng de rén ▶この～者！/这个无情的家伙！ zhège wúqíng de jiāhuo！

ばくしょう【爆笑する】大笑 dàxiào; 哄堂大笑 hōngtáng dàxiào （英 burst into laughter）▶会場は～に包まれた/会场哄堂大笑 huìchǎng hōngtáng dàxiào｜彼の一言に一同～した/他的一句话引起哄堂大笑 tā de yí jù huà yǐnqǐ hōngtáng dàxiào｜教室に～が起こった/教室里响起一阵大笑 jiàoshìlǐ xiǎngqǐ yízhèn dàxiào

はくしょく【白色の】白色 báisè （英 white）▶テロ/白色恐怖 báisè kǒngbù

はくしん【迫真の】逼真 bīzhēn; 有血有肉 yǒu xuè yǒu ròu （英 realistic）▶～の演技/逼真的表演 bīzhēn de biǎoyǎn ▶～の演技で観客を魅了する/逼真的演技将观众迷倒 bīzhēn de yǎnjì jiāng guānzhòng mídǎo｜その絵には～の力があった/那幅画非常逼真 nà fú huà fēicháng bīzhēn

はくじん【白人】白人 báirén; 白种人 báizhǒngrén （英 a white man）

ばくしん【驀進する】高速前进 gāosù qiánjìn; 勇往直前 yǒng wǎng zhí qián （英 rush）▶列車は平原を～した/列车在平原上高速前进 lièchē zài píngyuánshang gāosù qiánjìn ▶目標に向かって～あるのみだ/只有向着目标奋进 zhǐyǒu xiàngzhe mùbiāo fènjìn

ばくしんち【爆心地】轰炸中心地 hōngzhà zhōngxīndì （英 the center of an explosion）▶一家の住んでいた場所が～となった/一家人居住的地方成了爆炸中心地 yìjiārén jūzhù de dìfang chéngle bàozhà zhōngxīndì

はくする【博する】博得 bódé; 获得 huòdé （英 earn）▶小著は幸いにして好評を博した/拙作有幸获得好评 zhuōzuò yǒuxìng huòdé hǎopíng｜僕らの劇は喝采を～ことができた/我们演的剧博得了观众的喝彩 wǒmen yǎn de jù bódéle guānzhòng de hècǎi

はくせい【剥製】剥制 bōzhì （英 stuffing）▶わにを～にする/做鳄鱼标本 zuò èyú biāoběn

はくせき【白皙】白皙 báixī （英 fair complexion）▶～長身の青年が登壇した/一个白皙修长的青年登场了 yí ge báixī xiūcháng de qīngnián dēngchǎng le

はくせん【白線】白线 báixiàn （英 a white line）▶運動場に石灰で～を引いた/运动场上用石灰画了白线 yùndòngchǎngshang yòng shíhuī huàle báixiàn ▶少年は〜入りの帽子をかぶっていた/少年戴着一顶带白线的帽子 shàonián dàizhe yì dǐng dài báixiàn de màozi

はくせん【白癬】〔医〕白癬 báixuǎn (英 ringworm)

ばくぜん【漠然とした】 模糊 móhu; 含糊 hánhu; 笼统 lǒngtǒng (英 vague) ▶自分の明日への〜とした不安を感じている/模糊糊地对自己的将来感到不安 móumóhūhū de duì zìjǐ de jiānglái gǎndào bù'ān ▶まだ〜たる予感でしかないが…/还只是一种模糊的预感… hái zhǐshì yì zhǒng móhu de yùgǎn…

日中比較 中国語の'漠然 mòrán'は「冷淡である」ことを指す.

ばくだい【莫大な】 巨大 jùdà; 巨万 jùwàn (英 vast) ▶〜な財産/巨富 jùfù ▶〜な遺産を相続する/继承了巨额的遗产 jìchéngle jù'é de yíchǎn

はくだく【白濁する】 白浊 báizhuó (英 become cloudy)

はくだつ【剝奪する】 剥夺 bōduó; 褫夺 chǐduó (英 deprive) ▶研究の権利も自由も〜された/研究的权利和自由都被剥夺了 yánjiū de quánlì hé zìyóu dōu bèi bōduó le ▶称号の〜くらい屁とも思わぬ/剥夺称号什么的, 根本不当一回事 bōduó chēnghào shénmede, gēnběn bú dàng yì huí shì

ばくだん【爆弾】 炸弹 zhàdàn (英 a bomb) ▶〜を投下する/投放炸弹 tóufàng zhàdàn ▶無差別に〜を投下する/不加区别地乱投炸弹 bù jiā qūbié de luàntóu zhàdàn ▶列車にしかけた〜が爆発した/安装在列车里的炸弹爆炸了 ānzhuāng zài lièchēlǐ de zhàdàn bàozhà le ▶俺, 腰に〜を抱えてるんだ/我腰上有重大毛病 wǒ yāoshang yǒu zhòngdà máobìng

♦〜発言 爆炸性的发言 bàozhàxìng de fāyán ▶佐藤議員の〜発言で議場は混乱した/佐藤议员爆炸性的发言引起议会现场的混乱 Zuǒténg yìyuán bàozhàxìng de fāyán yǐnqǐ yìhuì xiànchǎng de hùnluàn

はくち【白痴】 白痴 báichī (英 idiocy; [人] an idiot) ▶とても〜とは見えないんだがなあ/真看不出他是个白痴 zhēn kànbuchū tā shì ge báichī

ばくち【博打】 赌博 dǔbó (英 gambling) ▶〜に夢中になる/沉迷于赌博 chénmí yú dǔbó ▶〜で家産を失った/因赌博丧失了家产 yīn dǔbó sàngshīle jiāchǎn ▶彼は市場の流れを無視して大〜を打った/他不顾市场潮流下了大赌注 tā bú gù shìchǎng cháoliú xiàle dàdǔzhù

ばくちく【爆竹】 鞭炮 biānpào; 爆竹 bàozhú (英 a firecracker) ▶〜を鳴らす/放鞭炮 fàng biānpào

参考 二連発までのものを'爆竹 bàozhú', それ以上の連発式のものを'鞭炮 biānpào'という. ただし, 一般的には爆竹のことは'鞭炮'という.

はくちゅう【白昼】 白日 báirì; 白天 báitiān (英 broad daylight) ▶〜堂々と/公然在光天化日之下… gōngrán zài guāngtiān huàrì zhīxià… ▶〜堂々と盗みをはたらく/光天化日之下于偷盗 guāngtiān huàrì zhīxià tōudào

♦〜夢 白日梦 báirìmèng ▶図書館にいても〜夢にふけっていた/泡在图书馆也在做白日梦 pàozài túshūguǎn yě zài zuò báirìmèng

はくちゅう【伯仲する】 不相上下 bù xiāng shàng xià (英 be equal) ▶実力が〜/势均力敌 shì jūn lì dí ▶両校は実力が〜している/两校的实力在伯仲之间 liǎng xiào de shílì zài bózhòng zhījiān

♦〜の間 伯仲之间 bózhòng zhījiān; 不分轩轾 bù fēn xuānzhì

パクチョイ 《野菜》小白菜 xiǎobáicài (英 bok choy)

はくちょう【白鳥】〔鳥〕天鹅 tiān'é (英 a swan) ▶〜の湖/《天鹅湖 Tiān'éhú》 ▶今年も〜が渡ってきた/今年天鹅也飞来了 jīnnián tiān'é yě fēilái le ▶大〜/大白天鹅 dàbáitiān'é

ばくつく 大口吃 dàkǒu chī (英 munch) ▶脇目もふらずに飯を〜/目不斜视地往嘴里扒饭 mù bù xiéshì de wǎng zuǐlǐ pāfàn

ばくっと 一下子 yíxiàzi, 一口 yì kǒu (英 wide open) ▶傷口が〜あく/伤口裂开一条大口子 shāngkǒu lièkāi yì tiáo dàkǒuzi ▶わにが子牛を〜くわえた/鳄鱼一口叼住了小牛 èyú yì kǒu diāozhùle xiǎoniú

バクテリア 细菌 xìjūn (英 a bacterium)

はくどう【白銅】 白铜 báitóng; 镍 niè (英 nickel) ▶〜貨/镍币 nièbì

はくないしょう【白内障】〔医〕白内障 báinèizhàng (英 cataract) ▶〜の手術を受ける/接受白内障手术 jiēshòu báinèizhàng shǒushù

はくねつ【白熱した】 火热 huǒrè; 激烈 jīliè (英 white-hot; heated) ▶〜の一戦/激烈的比赛 jīliè de bǐsài ▶両者譲らず〜の一戦となった/双方各不相让, 比赛进入了白热化 shuāngfāng gè bù xiāngràng, bǐsài jìnrùle báirèhuà ▶俄然議論は〜した/讨论突然进入了高潮 tǎolùn tūrán jìnrùle gāocháo

♦〜電球 白炽光灯泡 báizhuóguāng dēngpào

ばくは【爆破する】 爆破 bàopò; 炸毁 zhàhuǐ (英 blow up) ▶岩を〜して道をつける/爆破岩石开路 bàopò yánshí kāilù ▶いくつもの〜の音が聞こえた/听到好几处爆破声 tīngdào hǎojǐchù bàopòshēng

ばくばく (英 [食べる] munch; [あえぐ] gasp) ▶金魚が〜口を開けている/金鱼的嘴一张一合 jīnyú de zuǐ yì zhāng yì hé ▶子供たちは〜飯を食った/孩子们狼吞虎咽的吃饭 háizimen láng tūn hǔ yàn de chīfàn

ばくはつ【爆発】【爆発する】 爆炸 bàozhà; 爆发 bàofā (英 explode) ▶火山が〜する/火山爆发 huǒshān bàofā ▶〜させる/起爆 qǐbào ▶怒りが〜する/怒气爆发 nùqì bàofā ▶火山が〜を繰り返

す/火山多次爆发 huǒshān duōcì bàofā ▶倉庫の火薬が~する/仓库的火药爆炸了 cāngkù de huǒyào bàozhà le ▶ダイナマイトをいっせいに~させる/同时起爆黄色炸药 tóngshí qǐbào huángsè zhàyào ▶みんなの怒りが~した/激起民愤 jīqǐ mínfèn ▶人口が~的に増大した/人口爆炸式增长 rénkǒu bàozhàshì zēngzhǎng ▶彼はこの一作で~的に人気が出た/他因这作品一举成名 tā yīn zhè zuòpǐn yìjǔ chéngmíng ▶~物の持ち込みを禁止する/禁止携带易燃易爆品 jìnzhǐ xiédài yìrányìbàopǐn

<u>印中比較</u> 中国語の'爆发 bàofā'は「爆発する」他に事件が「勃発する」ことをも指す.

はくび【白眉】 最杰出的 zuì jiéchū de ⑨ *the best*） ▶今場所の~は横綱同士の全勝対決だった/本次会期，最精彩的是横纲之间的全胜对抗了 běn cì huìqī, zuì jīngcǎi de shì hénggāng zhījiān de quánshèng duìkàng le

はくひょう【白票】 空白票 kòngbáipiào ⑨ *a blank vote*） ▶~を投じる/投空白票 tóu kòngbáipiào

はくひょう【薄氷】 薄冰 báobīng ⑨ *thin ice*） ~を踏む 如履薄冰 rú lǚ báobīng ▶~を踏む思いで会議に臨んだ/如履薄冰地参加会议 rú lǚ báobīng de cānjiā huìyì

ばくふ【幕府】 幕府 mùfǔ ⑨ *the shogunate*） ▶家康は江戸に~を開いた/家康开创了江戸幕府 Jiākāng kāichuàngle Jiānghù mùfǔ

ばくふう【爆風】 爆炸冲击波 bàozhà chōngjībō ⑨ *a blast*） ▶~で壁にたたきつけられた/被冲击波猛推到墙壁上 bèi chōngjībō měngtuīdào qiángbìshang ▶~が工場をたたきつぶした/冲击波将工厂厂房推倒了 chōngjībō jiāng gōngchǎng chǎngfáng tuīdǎo le

はくぶつ【博物】 博物 bówù ⑨ *natural history*） ▶~学/博物学 bówùxué ▶~館/博物馆 bówùguǎn ▶歴史民俗~館/历史民俗博物馆 lìshǐ mínsú bówùguǎn ▶科学~館/科学博物馆 kēxué bówùguǎn

はくへいせん【白兵戦】 白刃战 báirènzhàn; 肉搏战 ròubózhàn ⑨ *a hand-to-hand fight*） ▶凄絶な~が展開された/展开了殊死的白刃战 zhǎnkāile shūsǐ de báirènzhàn ▶~に持ち込め/进行肉搏战！jìnxíng ròubózhàn!

はくぼ【薄暮】 薄暮 bómù ⑨ *dusk*） ▶応援席にも~が迫ってきた/薄暮笼罩了观众席 bómù lǒngzhàole guānzhòngxí

はくぼく【白墨】 粉笔 fěnbǐ ⑨ *chalk*）

はくまい【白米】 白米 báimǐ ⑨ *cleaned rice*） ▶死ぬ前に~の飯を食いたい/临死前想吃顿白米饭 línsǐqián xiǎng chī dùn báimǐfàn

ばくまつ【幕末】 江戸幕府末期 Jiānghù mùfǔ mòqī ⑨ *the last days of the Tokugawa shogunate*） ▶~維新の回天事業/幕府末期到明治为扭转乾坤之伟业 mùfǔ mòqī dào Míngzhì wéi niǔzhuǎn qiánkūn zhī wěiyè

はくめい【薄命】 薄命 bómìng; 短命 duǎnmìng ⑨ *short-lived*） ▶佳人~/红颜薄命 hóngyán bómìng ▶我が身の~を嘆くばかりだった/只一味悲叹自己命薄 zhǐ yíwèi bēitàn zìjǐ mìng báo

ハクモクレン【白木蓮】〔植物〕玉兰 yùlán ⑨ *a white magnolia*）

ばくやく【爆薬】 火药 huǒyào; 炸药 zhàyào ⑨ *an explosive*） ▶~を仕掛ける/装炸药 zhuāng zhàyào ▶橋脚に~を仕掛ける/在桥桩上装炸药 zài qiáozhuāngshang zhuāng zhàyào

はくらい【舶来】 进口 jìnkǒu; 舶来 bólái ⑨ *imported; foreign-made*） ▶~品/进口货 jìnkǒuhuò; 洋货 yánghuò ▶その頃人々は~品をありがたがった/当时人们很稀罕洋货 dāngshí rénmen hěn xīhan yánghuò ▶安物ウイスキーでも~の酒なのだった/便宜的威士忌也算是洋酒 piányi de wēishìjì yě suànshì yángjiǔ

はぐらかす 打岔 dǎchà; 岔开 chàkāi ⑨ *dodge*） ▶記者の質問をはぐらかそうとした/试图岔开记者的问题 shìtú chàkāi jìzhě de wèntí

はくらく【伯楽】 伯乐 Bólè ⑨ *a good judge of horses*） ▶あの人は球界の名~だ/那人是球界著名的伯乐 nà rén shì qiújiè zhùmíng de Bólè

はくらく【剥落する】 剥落 bōluò ⑨ *peel off*） ▶お膳の塗りが~しかかっていた/餐具的漆开始剥落了 cānjù de qī kāishǐ bōluò le ▶こうなると~を止めるすべはない/这样就无法阻止剥落了 zhèyàng jiù wúfǎ zǔzhǐ bōluò le

はくらんかい【博覧会】 博览会 bólǎnhuì ⑨ *an exposition*） ▶万国~/世界博览会 shìjiè bólǎnhuì ▶~に出品する/参加博览会 cānjiā bólǎnhuì

はくらんきょうき【博覧強記の】 博闻强记 bówén qiángjì ⑨ *well-read*） ▶彼は若い頃から~で知られていた/他从年轻时就以博闻强记而著名 tā cóng niánqīngshí jiù yǐ bówén qiángjì ér zhùmíng

はくり【剥離する】 剥离 bōlí; 剥落 bōluò ⑨ *peel off*） ▶網膜~/视网膜剥离 shìwǎngmó bōlí ▶金箔の~が目立つ/金箔剥落很明显 jīnbó bōluò hěn míngxiǎn

はくり【薄利】 薄利 bólì ⑨ *small profits*） ▶~多売/薄利多销 bólì duōxiāo

ぱくり（盗み）抄袭 chāoxí ⑨ *crib*） ▶あのデザインは俺の旧作の~だな/那设计抄袭了我以前的作品 nà shèjì chāoxíle wǒ yǐqián de zuòpǐn

ぱくりと［食べる］*snap at...*） ▶かばが~口をあけた/河马张开大嘴 hémǎ zhāngkāi dàzuǐ ▶僕はその実を~食べた/我一口把那果实吃了 wǒ yì kǒu bǎ nà guǒshí chī le

ばくりょう【幕僚】 幕僚 mùliáo ⑨ *a staff officer; the staff*） ▶~長/幕僚长 mùliáozhǎng

はくりょく【迫力】 气魄 qìpò; 气势 qìshì ⑨ *power*） ~がある 有气魄 yǒu qìpò ▶さすがに先生の演説は~がある/不愧是老师的演讲，有气魄 búkuì shì lǎoshī de yǎnjiǎng, yǒu qìpò

～に欠ける 气势不足 qìshì bùzú ▶どうも彼は～に欠ける/总觉得他缺乏魄力 zǒng juéde tā quēfá pòlì

はぐるま【歯車】 ❶【機械の】齿轮 chǐlún; 牙轮 yálún (英 *a cogwheel*) ❷【比喩的に】▶このところ協会の～が狂っているようだ/最近协会的运作好像有问题 zuìjìn xiéhuì de yùnzuò hǎoxiàng yǒu wèntí
～がかみ合う 配合得很好 pèihéde hěn hǎo
～がかみ合わない 啮合不正常 nièhé bú zhèngcháng ▶チームの～がかみ合わない/队伍配合得不好 duìwu pèihéde bùhǎo

はぐれる 走散 zǒusàn; 失散 shīsàn;《接尾辞》错过 cuòguò (英 *become separated from...*) ▶花見に来てみんなとはぐれた/来赏花和大家走散了 lái shǎnghuā hé dàjiā zǒusàn le ▶けっきょく昼飯を食いはぐれた/结果错过了吃午饭 jiéguǒ cuòguòle chī wǔfàn

ばくろ【暴露】 暴露 bàolù; 揭露 jiēlù (英 *disclose; expose*) ▶秘密を～する/揭露秘密 jiēlù mìmì ▶～小说/暴露文学 bàolù wénxué ▶秘密を～されたくなければ…/如果不想暴露秘密的话… rúguǒ bù xiǎng bàolù mìmì de huà… ▶自己の無知を～する/暴露自己的无知 bàolù zìjǐ de wúzhī ▶～記事/揭露性的报道 jiēlùxìng de bàodào

ばくろう【博労・馬喰】 马贩子 mǎfànzi (英 *a horse dealer*)

はくわ【白話】 白话 báihuà (英 *vernacular Chinese*) ▶中国の近世～小説/中国明清白话小说 Zhōngguó Míng-Qīng báihuà xiǎoshuō

はけ【刷毛】 刷子 shuāzi (英 *a brush*) ▶～でペンキを塗る/用刷子刷油漆 yòng shuāzi shuā yóuqī

はけ【捌け】 ❶【販路】销路 xiāolù (英 *sale*) ▶～のよい商品/畅销货 chàngxiāohuò ❷【水などの】排水 páishuǐ (英 *drainage*) ▶水～/排水 páishuǐ ▶水～が悪い/排水不好 páishuǐ bùhǎo

はげ【禿】 秃 tū; 秃头 tūtóu (英 *baldness*)
◆～頭/光头 guāngtóu; 秃顶 tūdǐng ▶～頭にとんぼが止まる/秃头上停着只蜻蜓 tūtóushang tíngzhe zhī qīngtíng **～山**/荒山 huāngshān

ハゲイトウ【葉鶏頭】 〚植物〛鸡冠花 jīguānhuā (英 *an amaranth*)

はけぐち【捌け口】 《不満などの》发泄的对象 fāxiè de duìxiàng (英 *an outlet*) ▶彼女の不満の～が俺なんだ/我就是她的出气筒啊 wǒ jiùshì tā de chūqìtǒng a ▶そんな物を仕入れて～はあるのかい/买进那种货能有销路吗？ mǎijìn nà zhǒng huò néng gòu yǒu xiāolù ma? ▶湿地なので水～がない/因为是湿地, 所以没有排水的地方 yīnwèi shì shīdì, suǒyǐ méiyǒu páishuǐ de dìfang

はげしい【激しい】 激烈 jīliè; 厉害 lìhai (英 *violent; severe*) ▶～風/大风 dàfēng; 疾风 jífēng ▶風に窓が鳴る/大风把窗户刮得直响 dàfēng bǎ chuāngzi guàde zhí xiǎng ▶～嵐に草も木もなぎ倒された/狂风暴雨, 草木都被刮倒了 kuángfēng bàoyǔ, cǎomù dōu bèi guādǎo le ▶～怒り/非常愤怒 fēicháng fènnù; 大发雷霆 dàfā léitíng ▶～怒りを覚えた/觉得非常气愤 juéde fēicháng qìfèn ▶～論争/唇枪舌剑 chún qiāng shé jiàn ▶～論争が始まった/激烈的争论开始了 jīliè de zhēnglùn kāishǐ le ▶それはきわめて～地震だった/那是极其强烈的地震 nà shì jíqí qiángliè de dìzhèn ▶大气的污染が～/大气污染严重 dàqì wūrǎn yánzhòng ▶～抗議運動が起こる/发生了激烈的抗议运动 fāshēngle jīliè de kàngyì yùndòng ▶気性の～女である/是个性情烈烈的女人 shì ge xìngqíng gāngliè de nǚrén ▶あんな～言葉を使うとは意外だった/没想到他会使用如此激烈的言词 méi xiǎngdào tā huì shǐyòng rúcǐ jīliè de yáncí ▶勢いの激しさに押されて, ついうんと言った/被他的气势压倒, 不由得就答应了 bèi tā de qìshì yādǎo, bùyóude jiù dāying le

はげしく【激しく】 激烈 jīliè (英 *violently; severely*) ▶～ぶつかる/冲撞 chōngzhuàng ▶～非難する/痛斥 tòngchì ▶両国代表は冒頭から～ぶつかった/两国代表从一开始就针锋相对 liǎng guó dàibiǎo cóng yì kāishǐ jiù zhēnfēng xiāngduì ▶大地が～揺れる/大地剧烈摇动 dàdì jùliè yáodòng ▶火が～燃え上がった/大火熊熊燃烧 dàhuǒ xióngxióng ránshāo ▶二人は～言い争った/两人激烈争论 liǎng rén jīliè zhēnglùn ▶言葉～非難する/强烈谴责 qiángliè qiǎnzé ▶雪はいよいよ～なった/雪越下越大 xuě yuè xià yuè dà

ハゲタカ【禿鷹】 〚鳥〛秃鹫 tūjiù (英 *a vulture*)

バケツ 水桶 shuǐtǒng; 铁桶 tiětǒng (英 *a bucket*)

パケット 《通信》分组 fēnzǔ; 信息包 xìnxībāo (英 *a packet*) ▶～通信/分组通信 fēnzǔ tōngxìn

ばけのかわ【化けの皮】 假面具 jiǎmiànjù; 画皮 huàpí (英 *disguise*) ▶あいつの～を剥いでやる/揭开那家伙的假面具 jiēkāi nà jiāhuo de jiǎmiànjù ▶～が剥がれる/假面剥落 jiǎmiàn bōluò

はげます【励ます】 鼓励 gǔlì; 勉励 miǎnlì (英 *encourage*) ▶悲しい時、いつもあの人が励ましてくれた/我伤心的时候, 总是他在鼓励我 shāngxīn de shíhou, zǒngshì tā zài gǔlì wǒ ▶あなたの励ましだけが頼りでした/你的鼓励是我唯一的支撑 nǐ de gǔlì shì wǒ wéiyī de zhīchēng ▶僕は声を励まして翻意を迫った/我提高声音催促他改变主意 wǒ tígāo shēngyīn cuīcù tā gǎibiàn zhǔyi

はげみ【励み】 激励 jīlì; 鼓励 gǔlì (英 *encouragement*) ▶それは学生にとって非常な～となろう/那对学生会是非常好的激励 nà duì xuéshēnghuì shì fēicháng hǎo de jīlì ▶その笑顔を～に僕は仕事に精を出した/那笑容激励我努力工作

xiàoróng jīlì wǒ nǔlì gōngzuò

はげむ【励む】努力 nǔlì; 奮勉 fènmiǎn (英 *strive*) ▶仕事に～/努力工作 nǔlì gōngzuò

ばけもの【化け物】妖怪 yāoguài; 鬼怪 guǐguài (英 *a bogy*; 【怪物】*a monster*) ▶イチローなんて～じゃないのかね/铃木一朗不会是个怪物吧 Língmù Yīlǎng búhuì shì ge guàiwu ba ▶その家には～が出る/那房子闹鬼 nà fángzi nào guǐ ▶村はずれに～屋敷があった/村头有个鬼屋 cūntóu yǒu ge guǐwū

はける【捌ける】❶【水】排出 páichū (英 *drain*) ▶水が～/水排出去 shuǐ páichūqu ❷【商品】畅销 chàngxiāo (英 *sell*) ▶商品がよく～/商品销路好 shāngpǐn xiāolù hǎo

はげる【禿げる】秃 tū; 脱发 tuōfà (英〔頭が〕*grow bald*; 〔山などが〕*become bare*) ▶後頭部から禿げてきた/从后头部开始脱发 cóng hòutóubù kāishǐ tuōfà ▶松が枯れて山が禿げた/松树枯了山秃了 sōngshù kūle shān tū le

はげる【剥げる】剥落 bōluò (英 *peel off*) ▶水で洗ったら塗りが剥げた/用水洗过后掉漆了 yòng shuǐ xǐguòhòu diào qī le ▶メッキが剥げた/就任一个月就原形毕露了 jiùrèn yí ge yuè jiù yuánxíng bìlù le

ばける【化ける】化 huà; 变 biàn (英〔変装する〕*disguise oneself as...*) ▶記者に化けて潜りこむ/化装成记者混进去 huàzhuāngchéng jìzhě hùnjìnqu ▶狐が若い女に化けた/狐狸变成了年轻姑娘 húli biànchéngle niánqīng gūniang

ハゲワシ【禿鷲】〔鳥〕秃鹫 tūjiù (英 *a vulture*)

はけん【派遣】派遣する 派遣 pàiqiǎn; 差遣 chāiqiǎn (英 *dispatch*) ▶特派員を～する/派特派员 pài tèpàiyuán ▶人材～会社/人材派遣公司 réncái pàiqiǎn gōngsī ▶特派員を現地に～する/派特派员前往当地 pài tèpàiyuán qiánwǎng dāngdì ▶部隊の海外～のことである/这是第一次向海外派遣部队 zhè shì dìyī cì xiàng hǎiwài pàiqiǎn bùduì

◆～社員;派遣职员 pàiqiǎn zhíyuán ▶～社員を多数かかえる/拥有很多派遣职员 yōngyǒu hěn duō pàiqiǎn zhíyuán

はけん【覇権】霸权 bàquán (英 *supremacy*) ▶今年こそは～を握るぞ/今年一定要称霸 jīnnián yídìng yào chēngbà

◆～主義;霸权主义 bàquán zhǔyì ▶～主義は平和を脅かす/霸权主义威胁和平 bàquán zhǔyì wēixié hépíng

ばけん【馬券】马票 mǎpiào (英 *a betting-ticket on a horse*) ▶～売り場はひどく混んでいた/马票出售处非常挤 mǎpiào chūshòuchù fēicháng jǐ ▶はずれた～を破り捨てる/把没中的马票撕了扔掉 bǎ méi zhòng de mǎpiào sīle rēngdiào

はこ【箱】箱子 xiāngzi; 盒 hé (英 *a box*; *a case*) ▶筆～/铅笔盒儿 qiānbǐhér ▶箱の底に札が敷いてあった/点心盒底下铺着纸币 diǎnxīn hédǐxia pūzhe zhǐbì ▶皿は桐の～に収め

られている/盘子被收在桐木盒子里了 pánzi bèi shōuzài tóngmù hézili le ▶りんごを～に詰める/把苹果放进纸箱子里 bǎ píngguǒ fàngjìn zhǐxiāngzili

◆ごみ～;垃圾箱 lājīxiāng ▶ごみ～をあさる/翻垃圾箱 fān lājīxiāng

はごいた【羽子板】键子板 jiànzibǎn (英 *a battledore*) ▶～市は歳末の風物詩だ/卖键子板的集市是年底的一道风景线 mài jiànzibǎn de jíshì shì niándǐ de yí dào fēngjǐngxiàn

はこいりむすめ【箱入り娘】千金小姐 qiānjīn xiǎojiě (英 *a well-protected daughter*) ▶大事な～という俗事を聞かせないでくれ/不要对养在深闺的宝贝女儿说这种俗事 búyào duì yǎngzài shēnguī de bǎobèi nǚ'ér shuō zhè zhǒng súshì

はごたえ【歯応え】嚼头 jiáotóu; 咬劲儿 yǎojìnr (英 *chewiness*) ▶まるで～のない相手だった/实在没劲的对手 shízài méijìn de duìshǒu

～がある;有咬劲儿 yǒu yǎojìnr;〈比喻〉有劲头儿 yǒu jìntóur ▶～のある肉で老人向きではない/有咬劲儿的肉不适合老人 yǒu yǎojìnr de ròu bú shìhé lǎorén

はこづめ【箱詰めの】装箱 zhuāngxiāng (英 *packed in a case*) ▶いちごを～にして発送した/把草莓装箱发送 bǎ cǎoméi zhuāngxiāng fāsòng ▶～の死体が漂着した/被装在箱子里的尸体漂到岸边 bèi zhuāngzài xiāngzili de shītǐ piāodào ànbiān

はこにわ【箱庭】庭院式盆景 tíngyuànshì pénjǐng (英 *a miniature garden*)

はこび【運び】搬运 bānyùn;〈物事の〉进展 jìnzhǎn (英 *progress*) ▶話の～がうますぎる/事情进展得太顺利 shìqing jìnzhǎnde tài shùnlì ▶足の～が危なっかしい/脚步不稳 jiǎobù bù wěn ▶小さい方が持ち～に便利だ/小的更便于携带搬运 xiǎo de gèng biànyú xiédài bānyùn

…の～となる 到…的阶段 dào … de jiēduàn; 即将 jíjiāng ▶社屋は遠からず完成の～となる/公司的办公房在不远的将来即将建成 gōngsī de bàngōngfáng zài bùyuǎn de jiānglái jíjiāng jiànchéng

はこびや【運び屋】贩运毒品的人 fànyùn dúpǐn de rén (英 *a carrier*) ▶覚せい剤の～が捕まった/贩运兴奋剂的人被捕了 fànyùn xīngfènjì de rén bèi bǔ le

はこぶ【運ぶ】❶【運搬】搬 bān; 运 yùn (英 *carry*) ▶荷物を～/搬东西 bān dōngxi; 载运货物 zàiyùn huòwù ▶なめらかに筆を～/巧妙地运笔 qiǎomiàode yùnbǐ ▶荷物を自転車で～/用自行车运行李 yòng zìxíngchē yùn xínglǐ ❷【進展】进行 jìnxíng; 推进 tuījìn (英 *progress*) ▶事が簡単に～と思うな/不要以为事情都能顺利进行 búyào yǐwéi shìqing dōu néng shùnlì jìnxíng ▶計画通りに～例は少ない/按照计划进行的事例很少 ànzhào jìhuà jìnxíng de shìlì hěn shǎo

足を～ 去 qù; 来 lái; 前往 qiánwǎng ▶わざわざ

足を運んだ甲斐があった/值得特意去这么一趟 zhíde tèyì qù zhème yí tàng

はこぶね【方舟・箱舟】 方舟 fāngzhōu (英 *an ark*)

ハコベ〚植物〛繁缕 fánlǚ (英 *a chickweed*)

はこぼれ【刃毀れ】 (英 *a nick*) ▶刀は相当に～していた/刀刃破损得得严重 dāorèn pòsǔnde hěn yánzhòng

はこもの【箱物】 公共建筑 gōnggòng jiànzhù (英 *public facilities*) ▶～行政のつけが回ってきている/政府推行大型公共建筑工程造成了巨大的财政赤字 zhèngfǔ tuīxíng dàxíng gōnggòng jiànzhù gōngchéng zàochéngle jùdà de cáizhèng chìzì

はごろも【羽衣】 羽衣 yǔyī (英 *a robe of feathers*) ▶天女の～/仙女的羽衣 xiānnǚ de yǔyī

バザー 义卖 yìmài; 集市 jíshì (英 *a bazaar*) ▶小学校の～で花びんを買った/在小学举办的集市上买了个花瓶 zài xiǎoxué jǔbàn de jíshìshang mǎile ge huāpíng ▶～を開いて資金を集める/召开义卖筹集资金 zhàokāi yìmài chóují zījīn

はさい【破砕する】 破碎 pòsuì (英 *crush*) ▶岩石を～して掘り進む/击碎岩石挖掘前进 jīsuì yánshí wājué qiánjìn ▶～帯/遇到破碎带 yùdào pòsuìdài

はざかいき【端境期】 青黄不接的时期 qīng huáng bù jiē de shíqī (英 *the off-crop season*) ▶今は人材の～と言ってよい/现在可以说是人才青黄不接的时期 xiànzài kěyǐ shuōshì réncái qīng huáng bù jiē de shíqī

はざくら【葉桜】 长出嫩叶的樱树 zhǎngchū nènyè de yīngshù (英 *a cherry tree in leaf*) ▶並木のすっかり～に変わっていた/道路两旁的樱花树已经变成了嫩叶的光景 dàolù liǎngpáng de yīnghuāshù yǐjīng biànchéngle nènyè de guāngjǐng

ばさし【馬刺し】 生马肉 shēngmǎròu (英 *raw horsemeat*) ▶熊本では～を肴に焼酎を楽しんだ/在熊本就着生马肉喝烧酒，享受了一番 zài Xióngběn jiùzhe shēngmǎròu hē shāojiǔ, xiǎngshòule yìfān

ばさばさ〚擬態〛蓬乱 péngluàn; 〚擬声〛呼啦呼啦 hūlāhūlā (英 [ばさばさ髪] *dry and loose hair*) ▶～髪を手でかき上げる/把蓬乱的头发用手拢起来 bǎ péngluàn de tóufa yòng shǒu lǒnglǎi ▶障子の破れが～鳴る/纸拉门破了，呼呼作响 zhǐlāmén pòle, hūhū zuòxiǎng

はざま【狭間】 夹缝 jiāfèng; 间隙 jiànxì (英 *a loophole*)

はさまる【挟まる】 (英 *get jammed in...*) ▶歯に～/塞在牙缝里 sāizài yáfèngli ▶歯に食べかすが～/牙缝里塞着食物残渣 yáfèngli sāizhe shíwù cánzhā ▶写真は2冊の本の間に挟まっていた/照片夹在两本书之间 zhàopiàn jiāzài liǎng běn shū zhījiān ▶村は二つの山に挟まっている/村子夹在两座山之间 cūnzi jiāzài liǎng zuò shān zhījiān

奥歯に物の挟まったような言い方をする 说话吞吞吐吐 shuōhuà tūntūntǔtǔ

はさみ【鋏】 剪刀 jiǎndāo; 剪子 jiǎnzi (英 *scissors*) ▶～で切る/用剪子铰 yòng jiǎnzi jiǎo ▶～で枝を切る/用剪子剪枝 yòng jiǎnzi jiǎn zhī ▶庭木に～を入れる/修剪庭园的树木 xiūjiǎn tíngyuán de shùmù

ことわざ 馬鹿と鋏は使いよう ⇨ばか(馬鹿)

はさみうち【挟み撃ちする】 夹攻 jiāgōng (英 *attack... on both sides*)

はさみこむ【挟み込む】 插 chā; 穿插 chuānchā; 夹入 jiārù (英 *put... between ～*) ▶短篇を一つ～/穿插一个短篇 chuānchā yí ge duǎnpiān ▶資料の間にメモを～/在资料中夹入笔记 zài zīliào zhōng jiārù bǐjì

はさむ【挟む】 夹 jiā; 捏 niē (英 *put... between ～*) ▶パンにハムを～/把火腿夹在面包中间 bǎ huǒtuǐ jiāzài miànbāo zhōngjiān ▶テーブルを挟んで向かい合い交渉を始めた/对坐在桌子两边，开始谈判 duìzuò zài zhuōzi liǎngbiān, kāishǐ tánpàn ▶手紙は本と本の間に挟まれていた/那封信被夹在书之间了 nà fēng xìn bèi jiāzài shū zhījiān le

口を～ 插嘴 chāzuǐ ▶横から口を～な/别从旁插嘴 bié cóng páng chāzuǐ

小耳に～ 听到 tīngdào ▶ちょっと小耳に挟んだんだが…/偶然听到一点… ǒurán tīngdào yìdiǎn…

はざわり【歯触り】 口感 kǒugǎn (英 *texture*) ▶～がいい/脆 cuì; 口感好 kǒugǎn hǎo ▶～がよくておいしい/酥脆可口 sūcuì kěkǒu

はさん【破産する】 破产 pòchǎn (英 *go bankrupt*) ▶～を宣告する/宣告破产 xuāngào pòchǎn ▶裁判所が～を宣告した/法院宣告其破产 fǎyuàn xuāngào qí pòchǎn ▶自己～を申し立てる/自我申请破产 zìwǒ shēnqǐng pòchǎn ▶ぜいたくの果てに～した/奢糜浪费最后破产了 shēmí làngfèi zuìhòu pòchǎn le

はし【端】 端 duān; 边 biān; 头儿 tóur (英 [末端] *an end*; [縁] *an edge*) ▶～に寄る/靠边 kàobiān ▶～に寄ってトラックを避けた/靠边避开卡车 kàobiān bìkāi kǎchē ▶棒の～に小旗を結ぶ/在杆子头上绑上小旗 zài gānzi tóushang bǎngshàng xiǎoqí ▶～から名前を言ってくれ/从头报上名来 cóngtóu bàoshàng míng lái ▶言葉の～にも喜びが現れている/字里行间显露出喜悦之情 zìlǐ hángjiān xiǎnlùchū xǐyuè zhī qíng ▶ベッドの～に腰かける/坐在床边 zuòzài chuángbiān ▶病院は市の南の～にあった/医院坐落在城市南端 yīyuàn zuòluò zài chéngshì nánduān

はし【箸】 筷子 kuàizi (英 *chopsticks*) ▶なま物では～をつけていなかった/原来不碰生东西的 yuánlái bú pèng shēngdōngxi de ▶～の上げ下ろしにまで干渉する/连举筷下筷都要干涉 lián jǔ kuài xià kuài dōu yào gānshè ▶彼女は～が転んでもおかしい年頃だ/她正是见到什么都觉得好玩儿的年龄 tā zhèngshi jiàndào shénme dōu juéde hǎowánr de niánlíng

～にも棒にもかからない 软硬不吃 ruǎnyìng bù chī ▶あいつの日本語は～にも棒にもかからない/他的日语真是无法对付 tā de Rìyǔ zhēn shì wúfǎ duìfu
◆取り～:公用筷 gōngyòngkuài

はし【橋】 桥 qiáo; 桥梁 qiáoliáng (英 a bridge) ▶～を渡る/过桥 guòqiáo ▶～を架ける/搭桥 dāqiáo ▶～から身を投げる/从桥上跳下去 cóng qiáoshang tiàoxiàqu ▶～の下に暮らす人もいる/也有人在桥底下生活 yě yǒurén zài qiáodǐxia shēnghuó ▶海を跨いで～を架ける/建设跨海大桥 jiànshè kuàhǎi dàqiáo ▶僕は両国を結ぶ～でありたい/我愿成为连接两国的桥梁 wǒ yuàn chéngwéi liánjiē liǎng guó de qiáoliáng

あぶない～を渡る 铤而走险 tǐng ér zǒu xiǎn

◆丸木～:独木桥 dúmùqiáo ▶もともと谷川には丸木～がかかっていた/山涧上原来架着独木桥 shānjiànshang yuánlái jiàzhe dúmùqiáo

はじ【恥】 耻辱 chǐrǔ; 羞耻 xiūchǐ (英 shame) ▶～知らずめ/恬不知耻的家伙 tián bù zhī chǐ de jiāhuo

ことわざ 聞くは一時の恥, 聞かぬは一生の恥 求教是一时之耻, 不问是终身之羞 qiújiào shì yìshí zhī chǐ, búwèn shì zhōngshēn zhī xiū

～の上塗り 丑上加丑 chǒu shàng jiā chǒu

～をかく 丢脸 diūliǎn ▶おまえのおかげで私は～をかいた/托你的福我这次丢脸丢大了 tuō nǐ de fú wǒ zhè cì diūliǎn diūdà le

～をさらす 出丑 chūchǒu ▶内輪の～を外にさらすな/家丑不可外扬 jiāchǒu bùkě wàiyáng

～をしのんで 忍辱含垢 rěnrǔ hángòu ▶～をしのんでお願いに上りました/我只好厚着脸皮来求您了 wǒ zhǐhǎo hòuzhe liǎnpí lái qiú nín le

はじいる【恥じ入る】 羞愧 xiūkuì; 惭愧 cánkuì (英 feel deeply ashamed) ▶僕は自分のさもしい根性を恥じ入った/我为自己的卑劣根性而感到羞愧 wǒ wèi zìjǐ de bēiliè gēnxìng ér gǎndào xiūkuì

はしか【麻疹】 麻疹 mázhěn; 疹子 zhěnzi (英 the measles) ▶～にかかる/患麻疹 huàn mázhěn ▶大学内に～が流行する/大学里流行麻疹 dàxuélǐ liúxíng mázhěn ▶幼い頃に～は済ませた/小时候出过麻疹了 xiǎoshíhou chūguo mázhěn le ▶～の予防接種を受ける/接种麻疹疫苗 jiēzhòng mázhěn yìmiáo

はしがき【端書き】 序言 xùyán; 前言 qiányán (英 a preface)

はじきだす【弾き出す】 ❶【外に出す】弹出 tánchū; 排挤出 páijǐchū (英 flick away) ❷【算出する】算出 suànchū (英 calculate)

はじく【弾く】 弹 tán (英 flip; [水などを] repel) ▶爪で～/用指甲弹 yòng zhǐjia tán ▶この生地は水を～/这种料子不沾水 zhè zhǒng liàozi bù zhān shuǐ ▶爪で弦を～/用指甲拨弦 yòng zhǐjia bō xián ▶噴水のしずくが陽光を～/喷水的水珠反射阳光 pēnshuǐ de shuǐzhū fǎnshè yángguāng ▶弾かれたように立ち上がる/像被弹起来一样站了起来 xiàng bèi tánqǐlái yíyàng zhànleqǐlái

そろばんを～ 打算盘 dǎ suànpan;〖損得勘定〗打小算盘 dǎ xiǎosuànpan ▶腹の中ですばやくそろばんを～/在肚子里飞快地打着小算盘 zài dùzili fēikuài de dǎzhe xiǎosuànpan

はしくれ【端くれ】〖切れ端〗碎片 suìpiàn (英 a scrap);〖一員〗无名 wúmíng 小辈 xiǎobèi (英 a minor of...) ▶私はこれでも音楽家の～です/我也算是个音乐人 wǒ yě suànshì ge yīnyuèrén

はしけ【艀】〖船舶〗驳船 bóchuán; 舢板 shānbǎn (英 a barge) ▶～で運ぶ/驳运 bóyùn ▶～が忙しく往復する/舢板繁忙地来来往往 shānbǎn fánmáng de láiláiwǎngwǎng

はしげた【橋桁】 桥桁 qiáohéng; 桥架 qiáojià (英 a bridge girder)

はじける【弾ける】 爆开 bàokāi; 裂开 lièkāi (英 burst open) ▶豆のさやが～/豆荚爆开 dòujiá lièkāi ▶少女たちの笑いが弾けた/少女们迸发出笑声 shàonǚmen bèngfāchū xiàoshēng

はしご【梯子】 梯子 tīzi (英 a ladder) ▶～をかける/架上梯子 jiàshàng tīzi ▶～を登る/登梯 dēng tī ▶あいつは飲むと必ず～だ/那家伙总是喝了一家又一家 nà jiāhuo zǒngshì hēle yì jiā yòu yì jiā

～をはずされる 后路被切断 hòulù bèi qiēduàn

◆縄～:绳梯 shéngtī ▶縄～をたらす/放下绳梯 fàngxià shéngtī

はしこい 机敏 jīmǐn (英 quick) ▶実に～少年だ/真是一个机敏的少年 zhēn shì yí ge jīmǐn de shàonián

はしごしゃ【梯子車】 云梯消防车 yúntī xiāofángchē (英 a ladder truck)

はじさらし【恥さらし】 丢人 diūrén; 出丑 chūchǒu; 出洋相 chū yángxiàng (英 disgraceful) ▶ほんといい～だよ/真是丢人啊! zhēn shì diūrén a!

はじしらず【恥知らず】 不要脸 bú yàoliǎn; 无耻 wúchǐ; 恬不知耻 tián bù zhī chǐ (英 a shameless person) ▶～なやから/无耻之徒 wúchǐ zhī tú ▶よくああいう～なまねができるものだ/真亏他能做出这么恬不知耻的勾当 zhēn kuīde tā néng zuòchū zhème tián bù zhī chǐ de gòudàng ▶あの～めが/那个不要脸的家伙 nàge bú yàoliǎn de jiāhuo

はした【端た】 零数 língshù (英〖端数〗a fraction) ▶～を切り捨てる/舍去零头 shěqù língtóu

◆～金:〖零钱〗língqián ▶100万くらい君にとっては～金だろう/一百万对你来说不过是个零钱而已吧 yì bǎi wàn duì nǐ lái shuō búguò shì ge língqián éryǐ ba

はしたない 卑鄙 bēibǐ; 下流的 xiàliú de; 不礼貌 bù lǐmào (英 low; mean; unseemly) ▶～口をきくもんじゃない/不许说这种下流话 bùxǔ shuō zhè zhǒng xiàliúhuà

はしっこ【端っこ】 边上 biānshàng；边缘 biānyuán （英 *an end*） ▶部屋の~で小さくなっていた/缩在屋角抬不起头来 suōzài wūjiǎo táibuqǐ tóu lái ▶遅れて来て~に座った/晚到了，坐在边上 wǎndàole, zuòzài biānshàng

ばじとうふう【馬耳東風】 耳边风 ěrbiānfēng；耳旁风 ěrpángfēng （英 *paying no attention*）

はじない【恥じない】 （英 *worthy of...*） ▶名に~/不愧 búkuì ▶代表の名に~成績をおさめた/不愧于代表之名，取得了优异的成绩 bú kuìyú dàibiǎo zhī míng, qǔdéle yōuyì de chéngjì

はしなくも【端なくも】 没想到 méi xiǎngdào；不料 búliào （英 *unexpectedly*） ▶~て集ояки位の御賛同を得ることができた/没想到有幸得到了各位前辈的赞同 méi xiǎngdào yǒuxìng dédàole gèwèi qiánbèi de zàntóng

はしばし【端端】 细节 xìjié （英 *parts*） ▶言葉の~に彼への好意が現れていた/字里行间显露出对他的好感 zìli hángjiān xiǎnlùchū duì tā de hǎogǎn

はじまり【始まり】 开端 kāiduān；开头 kāitóu；起源 qǐyuán （英 *the beginning*） ▶~を告げる/宣告开始 xuāngào kāishǐ ▶揭幕 jiēmù ▶決勝の~を告げるホイッスルが鳴り響く/宣告决战开始的哨声响起了 xuāngào juézhàn kāishǐ de shàoshēng xiǎngqǐ le ▶物事にはすべて~がある/万物都有起始 wànwù dōu yǒu qǐyuán

はじまる【始まる】 开始 kāishǐ；开头 kāitóu；（起源とする）起源于… qǐyuán yú… （英 *begin*） ▶ささいなことから喧嘩が始まった/因为小事，竟扭打在一起了 yīnwèi xiǎoshì, jìng niǔdǎ zài yīqǐ le ▶この時から中国の「現代」は始まった/从这时起，中国进入了"现代" cóng zhè shí qǐ, Zhōngguó jìnrùle "xiàndài" ▶急がないとコンサートが~よ/再不快点，音乐会就开始了 zàibu kuàidiǎn, yīnyuèhuì jiù kāishǐ le ▶会社は9時に~/公司九点开始工作 gōngsī jiǔ diǎn kāishǐ gōngzuò ▶パーティーは社長のあいさつで始まった/聚会由总经理的致辞开始 jùhuì yóu zǒngjīnglǐ de zhìcí kāishǐ ▶いまさら文句を言っても始まらない/现在再发牢骚也没用了 xiànzài zài fā láosāo yě méiyòng le ▶そら、また始まった。もう聞きあきたよ/嘈，又来了，我都听够了 hài, yòu lái le, wǒ dōu tīnggòu le

はじめ【始め・初め】 开头 kāitóu；开始 kāishǐ；起初 qǐchū （英 *the beginning*） ▶~から終わりまで沈黙を通した/从头到尾一直保持沉默 cóng tóu dào wěi yìzhí bǎochí chénmò ▶何事も~が大切だ/什么事都是开头最重要 shénme shì dōu shì kāitóu zuì zhòngyào

~から 从头 cóngtóu；打头 dǎtóu ▶~から分かっていたんだろ/你从一开始就知道了吧 nǐ cóng yì kāishǐ jiù zhīdàole ba

~のうち 开头 kāitóu；最初 zuìchū ▶~のうちはいい人だと思った/最初还以为他是个好人 zuìchū hái yǐwéi tā shì ge hǎorén

~まして 初次见面 chūcì jiànmiàn

…を~として 以…为首 yǐ …wéishǒu ▶彼を~として人材がそろっている/以他为首，人才济济 yǐ tā wéishǒu, réncái jǐjǐ

はじめて【初めての】 初次 chūcì；第一次 dìyī cì （英 *the first*） ▶~会う/初次见面 chūcì jiànmiàn ▶~会ったような気がしない/感觉不像是第一次见面 gǎnjué bú xiàng shì dìyī cì jiànmiàn ▶私が書いた~の小説です/这是我写的第一部小说 zhè shì wǒ xiě de dìyī bù xiǎoshuō ▶富士山を見るの~だ/第一次看富士山 dìyī cì kàn Fùshìshān

…して~ 只有…才… zhǐyǒu …cái … ▶失って彼の大切さが分かった/失去后才知道他的重要 shīqùhòu cái zhīdào tā de zhòngyào

はじめる【始める】 开始 kāishǐ；（事業など）创办 chuàngbàn；（接尾辞）…起来 qǐlai （英 *begin*） ▶では、会を始めましょう/那么开会吧 nàme kāihuì ba ▶雨が降り始めた/下起雨来了 xiàqǐ yǔ lái le ▶誰から~かね/从谁开始呢？ cóng shéi kāishǐ ne? ▶今学期は第5課から始めよう/这学期从第五课开始 zhè xuéqī cóng dìwǔ kè kāishǐ ▶独立して事業を~つもりだ/准备独立创办自己的企业 zhǔnbèi dúlì chuàngbàn zìjǐ de qǐyè

はしゃ【覇者】 冠军 guànjūn （英 *the champion*） ▶400メートル自由形の~/四百米自由泳冠军 sì bǎi mǐ zìyóuyǒng guànjūn

ばしゃ【馬車】 马车 mǎchē （英 *a carriage*） ▶~を駆る/赶马车 gǎn mǎchē ▶~馬のように働き続けた/一直像牛马一样劳作 yìzhí xiàng niúmǎ yíyàng láozuò

はしゃぐ 欢闹 huānnào；嬉闹 xīnào （英 *romp about*） ▶~しすぎ/过于高兴 guòyú gāoxìng ▶子供たちは大に~した/孩子们闹得活蹦乱跳 háizimen nàode huóbèng luàntiào ▶君、はしゃぎすぎだよ/你，闹过头了！ nǐ, nào guòtóu le!

パジャマ 睡衣 shuìyī （英 *pajamas*） ▶~に着がえる/换上睡衣 huànshàng shuìyī

ばじゅつ【馬術】 马术 mǎshù （英 *horsemanship*） ▶~の達人/精通马术的人 jīngtōng mǎshù de rén

はしゅつじょ【派出所】 警察值勤处 jǐngchá zhíqínchù [交番] *a police box*

[参考] 中国の"派出所 pàichusuǒ"は日本の小規模な「警察署」に相当する。

ばしょ【場所】 地点 dìdiǎn；地方 dìfang （英 [地点] *a place*） ▶~を移す/搬到别处 bāndào biéchù；换个地方 huàn ge dìfang ▶~を移して協議を続ける/换一个地点继续协商 huàn yí ge dìdiǎn jìxù xiéshāng ▶~を空ける/腾地方 téng dìfang ▶~を空けて怪我人を寝かせる/空出地方让伤员躺下 kòngchū dìfang ràng shāngyuán tǎngxià ▶~をふさぐ/占地方 zhàn dìfang ▶若者たちが~をふさいでいる/年轻人占着地方 niánqīngrén zhànzhe dìfang ▶おいおい、~柄をわきまえろよ/喂，注意点儿场合！ wèi, zhùyì diǎnr chǎnghé! ▶事務所は便利な~にある/事务所坐落在交通方便的位置 shìwùsuǒ zuòluò zài jiāotōng fāngbiàn de wèizhì ▶(相撲)春~は10勝に終わった/春季赛期以十胜告终 chūnjì sàiqī yǐ shí shèng gàozhōng

バショウ【芭蕉】【植物】芭蕉 bājiāo (英 *a Japanese banana plant*) ▶~の葉陰で雀が雨やどりしている/麻雀在芭蕉叶下避雨 máquè zài bājiāoyèxià bìyǔ

はしょうふう【破傷風】【医】破伤风 pòshāngfēng (英 *tetanus; lockjaw*) ▶~に感染する/感染破伤风 gǎnrǎn pòshāngfēng

はしょる【端折る】[話などを] 简略 jiǎnlüè; 缩短 suōduǎn [省く] *cut short* ▶長くなるから話を~が…/说来话长, 简略地说就是… shuōlái huà cháng, jiǎnlüè de shuō jiùshì…

はしら【柱】❶ 柱子 zhùzi; 支柱 zhīzhù (英 *a pillar*) ▶コンクリートの~を打ちこむ/打进混凝土柱子 dǎjìn hùnníngtǔ zhùzi ▶~に釘を打つ/在柱子上钉钉子 zài zhùzishang dìng dīngzi ❷【支えとなる人や物】顶梁柱 dǐngliángzhù (英 *a support*) ▶一家の~が倒れた/一家的顶梁柱倒下了 yì jiā de dǐngliángzhù dǎoxià le

はじらい【恥じらい】腼腆 miǎntian; 羞涩 xiūsè (英 *shyness*) ▶その人の~の色が殊のほか美しかった/她腼腆的样子特别美 tā miǎntiǎn de yàngzi tèbié měi

はじらう【恥じらう】害羞 hàixiū; 含羞 hánxiū (英 *feel shy*) ▶女は~様子もなくカラカラ笑った/那女人丝毫不见着色地哈哈大笑 nà nǚrén sīháo bújiàn xiūsè de hāhā dàxiào

はしらせる【走らせる】❶【乗り物などを】使…跑 shǐ…pǎo; 开车 kāichē (英 *run; drive*) ▶病院へと車を走らせた/开车直奔医院 kāichē zhíbèn yīyuàn ❷【すばやく動かす】匆匆 cōngcōng (英 *hurry… to…*) ▶起きるとまず新聞に目を~/起来先扫一遍报纸 qǐlái xiān sǎo yí biàn bàozhǐ

はしらどけい【柱時計】挂钟 guàzhōng (英 *a wall clock*)

はしり【走り】❶【走ること】跑 pǎo (英 *running*) ▶ひとっ~行ってきてくれよ/你就帮我跑一趟吧 nǐ jiù bāng wǒ pǎo yí tàng ba ▶まだ使い~させられている/还被派去跑腿 hái bèi pàiqù pǎotuǐ ❷【先駆け・初物】刚上市的 gāng shàngshì de; 新鲜的 xīnxiān de (英 *a herald; the first of the season*) ▶~を味わう/尝鲜 chángxiān ▶秋刀魚(さんま)の~を味わう/品尝新上市的秋刀鱼 pǐncháng xīnshàngshì de qiūdāoyú ▶梅雨の~の雨が降った/梅雨季节的前奏响起了 méiyǔ jìjié de qiánzòu xiǎngqǐ le

はしりがき【走り書きする】潦草书写 liáocǎo shūxiě; 匆匆 cōngcōng 写 (英 *write hurriedly*) ▶~のメモが残されていた/留下一张潦草书写的笔记 liúxià yì zhāng liáocǎo shūxiě de bǐjì ▶沈没する船の中で遺書を~した/在即将沉没的船中匆匆写下遗书 zài jíjiāng chénmò de

はしりたかとび【走り高跳び】【スポーツ】跳高 tiàogāo (英 *the running high jump*) ▶~に出場する/参加跳高比赛 cānjiā tiàogāo bǐsài ▶~の高校記録を更新した/刷新了跳高的高中记录 shuāxīnle tiàogāo de gāozhōng jìlù

はしりはばとび【走り幅跳び】【スポーツ】跳远 tiàoyuǎn (英 *the running long jump*)

はしりまわる【走り回る】跑来跑去 pǎo lái pǎo qù; 奔波 bēnbō (英 *run about*) ▶犬が庭を~/狗在院子里跑来跑去 gǒu zài yuànzili pǎo lái pǎo qù ▶朝から金策に~/从早上开始为钱奔波 cóng zǎoshang kāishǐ wèi qián bēnbō

はしりよみ【走り読みする】浏览 liúlǎn (英 *read hurriedly*) ▶会議の資料を~する/浏览会议资料 liúlǎn huìyì zīliào

はしる【走る】❶【人・動物が】跑 pǎo; 跑步 pǎobù (英 *run*) ▶前から少年が走ってきた/前面跑来了一个少年 qiánmian pǎoláile yí ge shàonián ▶走れば間に合うだろう/跑的话还来得及吧 pǎo de huà néng láidejí ba ❷【ある方向に傾く】走上~ zǒushàng~; 道路 dàolù (英 *go; turn*) ▶悪に~/走上歪道 zǒushàng wāidào ▶感情に~ことは禁物だ/切忌感情用事 qièjì gǎnqíng yòngshì ▶食いつめて犯罪に~/无法谋生, 走上了犯罪道路 wúfǎ móushēng, zǒushàngle fànzuì dàolù ❸【ある方向に通じる】贯通 guàntōng; 通行 tōngxíng (英 *run; extend*) ▶高速道路が南北に~/高速公路纵贯南北 gāosùgōnglù zòngguàn nánběi ▶このバスは大阪神戸間を走っている/这趟巴士往返于大阪和神戸之间 zhè tàng bāshì wǎngfǎn yú Dàbǎn hé Shénhù zhījiān

はじる【恥じる】羞愧 xiūkuì; 惭愧 cánkuì (英 *be ashamed*) ▶失敗を~/为失败感到惭愧 wèi shībài gǎndào cánkuì ▶失敗を~には及ばない/就算失败也不用感到羞愧 jiùsuàn shībài yě búyòng gǎndào xiūkuì ▶私はおのれの未熟をおのれに恥じた/我为自己的不成熟深感羞愧 wǒ wèi zìjǐ de bù chéngshú shēn gǎn xiūkuì

…の名に恥じない 不愧是 búkuì shì; 不愧为 búkuì wéi ▶勝者の名に恥じない/不愧是胜利者 búkuì shì shènglìzhě

はしわたし【橋渡し】搭桥 dāqiáo; 架桥 jiàqiáo (英 *mediation*) ▶田中氏に中国物産社への~を依頼した/托田中帮忙和中国物产公司牵线搭桥 tuō Tiánzhōng bāngmáng hé Zhōngguó wùchǎn gōngsī qiānxiàn dāqiáo ▶私が~をするのでは不足ですか/由我来做中介不行吗? yóu wǒ lái zuò zhōngjiè bùxíng ma?

ハス【蓮】【植物】荷花 héhuā (英 *a lotus*) ▶~の葉/荷叶 héyè ▶~の実/莲子 liánzǐ ▶~の台(うてな)に坐っているのも退屈でかなわん/修得正果, 稳坐莲花台也无聊得很 xiūdé zhèngguǒ, wěnzuò liánhuātái yě wúliáode hěn

はすに斜 xié (英 *obliquely*) ▶校門の~向かいに文房具屋がある/校门的斜对面有家文具店

xiàomén de xiéduìmiàn yǒu jiā wénjùdiàn ▶ごぼうを〜に切る/斜着切牛蒡 xiézhe qiē niúbàng

はず【筈】 应该 yīnggāi; 会 huì (⊛ *must*; *should*) ▶彼が知らない〜がない/他不会不知道 tā búhuì bù zhīdào ▶なるほどあいつがもてる〜だ/怪不得那家伙招人喜欢 guàibude nà jiāhuo zhāo rén xǐhuan ▶彼はもう着いている〜です/他应该已经到了 tā yīnggāi yǐjīng dào le

バス 公共汽车 gōnggòng qìchē; 巴士 bāshì; 公交车 gōngjiāochē (⊛ *a bus*) ▶〜は10分おきに出る/公共汽车每隔十分钟发一班 gōnggòng qìchē měi gé shí fēnzhōng fā yì bān ▶学校〜で行く/坐公交车去学校 zuò gōngjiāochē qù xuéxiào ▶〜を下りると雨が降ってきた/一下巴士,就下起雨来了 yíxià bāshì, jiù xiàqǐ yǔ lái le ▶京都行きの夜行〜に乗る/乘坐去京都的夜行巴士 chéngzuò qù Jīngdū de yèxíng bāshì

〜に乗り遅れる 赶不上班车 gǎnbushàng bānchē;《比喻》落伍 luòwǔ; 跟不上潮流 gēnbushàng cháoliú

♦〜ガイド 旅游车导游 lǚyóuchē dǎoyóu 〜ターミナル 巴士中转站 bāshì zhōngzhuǎnzhàn 〜停 ：汽车站 qìchēzhàn 〜停に行列ができる/汽车站上排着长队 qìchēzhànshang páizhe chángduì マイクロ〜 小型巴士 xiǎoxíng bāshì

バス 浴室 yùshì (⊛ *a bath*) ▶〜トイレ付きの部屋/带有浴室、厕所的房间 dài yǒu yùshì, cèsuǒ de fángjiān

♦〜タブ 澡盆 zǎopén; 浴池 yùchí 〜ルーム：浴室 yùshì

バスする ❶【通過する】 过关 guòguān (⊛ *pass*) ▶試験に〜する/通过考试 tōngguò kǎoshì ▶検定試験に〜したそうだ/听说他通过了资格考试 tīngshuō tā tōngguòle zīgé kǎoshì ❷【ボールを】 传球 chuánqiú (⊛ *pass*)

はすう【端数】 零数 língshù; 零头 língtóu (⊛ *a fraction*) ▶〜は切り捨てる/舍去零头 shěqù língtóu

〜がある 有零 yǒulíng; 有余 yǒuyú

〜が出る 出零头 chū língtóu ▶10を3で割れば〜が出る/十除以三就出余数 shí chú yǐ sān jiù chū yúshù

ばすえ【場末の】 大街尽头 dàjiē jìntóu; 城郊 chéngjiāo; 偏僻的角落 piānpì de jiǎoluò (⊛ *on the outskirts*) ▶〜の裏町の夜はわびしい/大街尽头的夜晚令人感到寂寞 dàjiē jìntóu de yèwǎn lìng rén gǎndào jìmò ▶なじみの酒場は〜にあった/常去的酒馆在闹市的一个角落 cháng qù de jiǔguǎn zài nàoshì de yí gè jiǎoluò

はずかしい【恥ずかしい】 害羞 hàixiū; 可耻 kěchǐ; 难为情 nánwéiqíng (⊛ *shameful*) ▶恥ずかしそうにうつむいた/羞答答地低着头 xiūdādā de dīzhe tóu ▶そんな自分が〜/为那样的自己感到羞愧 wèi nàyàng de zìjǐ gǎndào xiūkuì ▶恥ずかしくて顔出しできない/不好意思露脸 bù hǎoyìsi lòuliǎn ▶どこに出しても恥ずかしくない作品です/不管到哪里参展都不会丢丑的作品

bùguǎn dào nǎli cānzhǎn dōu búhuì diūchǒu de zuòpǐn

はずかしがり【恥ずかしがりの】 害羞 hàixiū; 腼腆 miǎntian (⊛ *shy*) ▶〜屋/腼腆的人 miǎntian de rén ▶あいつは図太いくせに〜屋なんだ/那家伙莽莽撞撞的,却是个腼腆的人 nà jiāhuo mǎngmangzhuàngzhuàng de, què shì ge miǎntian de rén

はずかしがる【恥ずかしがる】 害羞 hàixiū; 怕羞 pàxiū (⊛ *be shy*) ▶少年は恥ずかしがって口もきかない/少年害羞得不说一句话 shàonián hàixiūde bù shuō yí jù huà

はずかしげ【恥ずかしげ】(⊛ *shame*) 〜もなく 老着脸皮 lǎozhe liǎnpí; 脸皮厚 liǎnpí hòu ▶よく〜もなく坐っていられるね/真能厚着脸皮坐得住啊 zhēn néng hòuzhe liǎnpí zuòdezhù a

はずかしめる【辱める】 侮辱 wǔrǔ; 羞辱 xiūrǔ (⊛ *disgrace; humiliate*) ▶君は自分で自分を辱めている/你是自己在侮辱自己 nǐ shì zìjǐ zài wǔrǔ zìjǐ ▶人から辱められて黙っていられるか/能默默地任人羞辱吗? néng mòmò de rèn xiūrǔ ma?

ハスキーボイス 哑嗓子 yǎsǎngzi (⊛ *a husky voice*) ▶〜の歌手がいた/有一个嗓音低哑的歌手 yǒu yí ge sǎngyīn dīyǎ de gēshǒu

バスケット〔かご〕 篮子 lánzi (⊛ *a basket*)

バスケットボール〔スポーツ〕 篮球 lánqiú (⊛ *a basketball*)

はずす【外す】(⊛〔取り外す〕 *take off*; 〔逸する〕 *miss*) ▶ボタンを〜/解开扣子 jiěkāi kòuzi ▶眼鏡を〜/摘眼镜 zhāi yǎnjìng ▶席を〜/退席 tuìxí ▶しばらく席を外した/暂时离开座位 zànshí líkāi zuòwèi ▶部品の取り外しがきく/零部件可以拆卸 língbùjiàn kěyǐ chāixiè ▶僕はわざと〜の外した/我故意没射中 wǒ gùyì méi shèzhòng ▶絶好のタイミングを外した/错过了绝好的时机 cuòguòle juéhǎo de shíjī ▶彼は代表候補から外された/他被从代表候选名单上刷下来了 tā bèi cóng dàibiǎo hòuxuǎn míngdānshang shuāxiàlai le

羽目を〜 过分 guòfèn ▶あまり羽目を〜なよ/别太过分了 bié tài guòfèn le

パスタ《食品》意大利面食 Yìdàlì miànshí (⊛ *pasta*)

バスタオル 浴巾 yùjīn (⊛ *a bath towel*)

はすっぱ【蓮っ葉な】 轻佻 qīngtiāo; 水性杨花 shuǐxìng yánghuā (⊛ *flippant*) ▶わざと〜な言い方をした/故意用轻浮的口吻说 gùyì yòng qīngfú de kǒuwěn shuō

パステル 彩色蜡笔 cǎisè làbǐ (⊛ *a pastel*) 〜画/彩色蜡笔画 cǎisè làbǐhuà

♦〜カラー：柔和色彩 róuhé sècǎi

バスト 胸围 xiōngwéi; 胸部 xiōngbù (⊛ *a bust*) ▶ゆたかな〜/丰满的胸脯 fēngmǎn de xiōngpú

はずべき【恥ずべき】 可耻 kěchǐ (⊛ *shame-*

パスポート 护照 hùzhào (英 a passport) ▶～の呈示を求められる/被要求出示护照 bèi yāoqiú chūshì hùzhào ▶～を申請する/申请护照 shēnqǐng hùzhào

はずみ【弾み】 势头 shìtóu; 顺势 shùnshì (英 momentum); 《偶然のなりゆき》偶然的机会 ǒurán de jīhuì (英 inertia) ▶転んだ～に肩の骨を折った/摔倒的一瞬间肩膀就骨折了 shuāidǎo de yíshùn jiān jiānbǎng jiù gǔzhé le ▶これで工事に～がついた/这样一来工程越来越有干劲儿了 zhèyàng yì lái gōngchéng yuèláiyuè yǒu gànjìnr le ▶時の～でつい「うん」と言ってしまった/迫于当时形势就答应了 pòyú dāngshí xíngshì jiù dāyìng le ▶どうした～か絵を習い始めていた/由于偶然的机会开始学习绘画 yóuyú ǒurán de jīhuì kāishǐ xuéxí huìhuà

はずむ【弾む】 ❶《はね返る》蹦 bèng (英 bounce) ▶芝生にボールが弾んだ/皮球在草坪上蹦 píqiú zài cǎopíngshang bèng ❷《話などが》跳动 tiàodòng; 起劲儿 qǐjìnr (英 become lively) ▶心が～/心里愉快 xīnli yúkuài ▶彼女の声を聞くだけで心が～/听到她的声音就禁不住心跳 tīngdào tā de shēngyīn jiù jīnbuzhù xīntiào ▶話が～/谈得起劲儿 tánde qǐjìnr ▶話が弾んで時のたつのも忘れた/谈得开心, 忘了时间的流逝 tánde kāixīn, wàngle shíjiān de liúshì ❸《息が》急促 jícù (英 pant; be out of breath) ▶息子が息を弾ませながら飛び込んできた/儿子喘着粗气跳了过来 érzi chuǎnzhe cūqì tiàoleguòlai ❹【奮発する】慷慨 kāngkǎi (英 treat oneself to...) ▶親父が小遣いを弾んでくれた/老爸给了我很多零花钱 lǎobà gěile wǒ hěn duō línghuāqián

パズル 智力游戏 zhìlì yóuxì (英 a puzzle) ▶～で脳の老化を防ごう/玩拼图防止头脑老化 wán pīntú fángzhǐ tóunǎo lǎohuà ◆クロスワード～/纵横填字字谜 zònghéng tiánzì zìmí ジグソー～/拼板玩具 pīnbǎn wánjù

はずれ【外れ】 《見当の》未中 wèizhòng (英 a miss); 《地域の》尽头 jìntóu (英 the outskirts); 《収穫の》小年 xiǎonián (英 a blank) ▶村の～/村头 cūntóu ▶村～に石地蔵が立っている/村头立着地藏菩萨的石像 cūntóu lìzhe dìzàng púsà de shíxiàng ▶馬券が散乱した/没中的马票散乱在那里 méi zhòng de mǎpiào sǎnluàn zài nàli ▶果樹のできには当たり～がある/果树的收成分大年小年 guǒshù de shōucheng fēn dànián xiǎonián ▶見当～の質問をする/问偏题的问题 wèn piāntí de wèntí ▶桁～のパワーを秘めている/隐藏着超常的能量 yǐncángzhe chāocháng de néngliàng

はずれる【外れる】 ❶【取れる】掉 diào; 脱落 tuōluò (英 come off) ▶眼鏡が～/眼镜掉下来 yǎnjìng diàoxiàlai ▶肩の骨が～/肩膀的骨头脱臼了 jiānbǎng de gǔtou tuōjiù le ❷【それる】偏离 piānlí (英 go out of...) ▶道理に～/不合道理 bù hé dàoli ▶道理に外れた要求をする/提出不合理的要求 tíchū bù hélǐ de yāoqiú ▶ロケットが軌道を外れた/火箭脱离轨道 huǒjiàn tuōlí guǐdào ❸【当たらない】未中 wèi zhòng (英 miss) ▶くじが～/没有中彩 méiyǒu zhòngcǎi ▶予想が～/预测错误 yùcè cuòwù ▶当てが～/期望落空 qīwàng luòkōng ▶矢は的を外れた/箭没有射中靶心 jiàn méiyǒu shèzhòng bǎxīn ▶天気予報が外れた/天气预报不准 tiānqì yùbào bùzhǔn

並外れて ▶この子は並外れて頭がよい/这孩子聪明过人 zhè háizi cōngmíng guòrén

バスローブ 浴衣 yùyī (英 a bathrobe)
パスワード 密码 mìmǎ (英 a password)

ハゼ【沙魚】【魚】虾虎鱼 xiāhǔyú (英 a goby) ▶～釣りで海が賑わう/钓虾虎鱼的人使海边一片喧闹 diào xiāhǔyú de rén shǐ hǎibiān yí piàn xuānnào

はせい【派生する】 派生 pàishēng; 衍生 yǎnshēng (英 derive) ▶そこから～した問題が一同の注目をひいた/由此派生出的问题引起了大家的注意 yóucǐ pàishēngchū de wèntí yǐnqǐle dàjiā de zhùyì ▶～的な問題は後回しだ/派生问题以后再说吧 pàishēng wèntí yǐhòu zàishuō ba
◆～義/引申义 yǐnshēnyì ～語/派生词 pàishēngcí

ばせい【罵声】 骂声 màshēng (英 jeers) ▶～を浴びせる/漫骂 mànmà; 痛骂 tòngmà ▶観衆が～を浴びせる/观众发出漫骂 guānzhòng fāchū mànmà

バセドーびょう【バセドー病】【医】巴塞杜氏病 Bāsàidùshìbìng; 突眼性甲状腺肿 tūyǎnxìng jiǎzhuàngxiànzhǒng (英 Basedow's disease)

パセリ【植物】荷兰芹 hélánqín; 欧芹 ōuqín (英 parsley)

はせる【馳せる】 (英 run; gallop) ▶思いを～/遐想 xiáxiǎng ▶遠く故郷に思いを～/思念遥远的故乡 sīniàn yáoyuǎn de gùxiāng ▶作家として世界に名を馳せた/作为作家驰名世界 zuòwéi zuòjiā chímíng shìjiè

はぜる【爆裂】 爆裂 bàoliè; 炸开 zhàkāi (英 burst open) ▶灰に埋めた栗が～/埋在灰里的栗子炸开了 máizài huīli de lìzi zhàkāi le

はせん【波線】 曲线 qūxiàn (英 a wavy line) ▶大事な部分は下に～を引いた/重要的部分下面划了曲线 zhòngyào de bùfen xiàmian huàle qūxiàn

はせん【破線】 虚线 xūxiàn (英 a broken line) ▶～は地下鉄を示す/虚线表示地铁 xūxiàn biǎoshì dìtiě

パソコン 个人电脑 gèrén diànnǎo; 微机 wēijī

(英 *a personal computer*)

はそん【破損する】 毀損 huǐsǔn；破損 pòsǔn (英 *be damaged*) ▶不注意による～は自己責任だ/因不当心造成的毁损属个人责任 yīn bù dāngxīn zàochéng de huǐsǔn shǔ gèrén zérèn ▶家屋の一部が～した/房屋的一部分损毁了 fángwū de yíbùfen sǔnhuǐ le ▶～しやすい品だから扱いに注意しなさい/易碎易坏品请小心轻放 yìsuìyìhuàipǐn qǐng xiǎoxīn qīng fàng ▶～箇所を点検する/检查破损的地方 jiǎnchá pòsǔn de dìfang

はた【傍・端】 ❶【そば】旁边 pángbiān (英 *the side*) ▶～の者/旁人 pángrén ▶～の者に心配をかける/让人担心 ràng rén dānxīn ▶～で見るほどたやすくはない/不像看起来的那么容易 bú xiàng kànqǐlai de nàme róngyì ▶～から口を出すのはやめよう/不要从旁插嘴 búyào cóng páng chāzuǐ ❷【へり】(英 *an edge*) ▶道～/路边 lùbiān

はた【旗】 旗子 qízi；旗帜 qízhì (英 *a flag*) ▶～竿/旗杆 qígān ▶～を揚げる/升旗 shēngqí；(何かを始める) 创办 chuàngbàn ▶～を下ろす/降旗 jiàngqí ▶丘の上に～がひるがえっている/山坡上飘扬着旗帜 shānpōshang piāoyángzhe qízhì

～を振る 《比喩》领头 lǐngtóu ▶今度の運動も彼が～を振っている/这次的运动也是他领头 zhè cì de yùndòng yě shì tā lǐngtóu

一～揚げる ▶都会に出て一～揚げるつもりでいる/打算进城干出一番事业 dǎsuan jìnchéng gànchū yìfān shìyè

はた【機】 织布机 zhībùjī (英 *a loom*) ▶～を織る/织布 zhībù ▶機業で知られた土地に～音がまばらになった/在以纺织业闻名的地方，织布机的声音渐渐少了 zài yǐ fǎngzhīyè wénmíng de dìfang, zhībùjī de shēngyīn jiànjiàn shǎo le ▶～織りに精を出す/拼命织布 pīnmìng zhībù

はだ【肌・膚】 ❶【皮膚】皮肤 pífū (英 *skin*) ▶～があれる/皮肤粗糙 pífū cūcāo ▶夜を徹しての仕事が続いて～が荒れた/一直熬夜工作，皮肤变粗糙了 yìzhí áoyè gōngzuò, pífū biàn cūcāo le ▶彼女は～がきれいだ/她皮肤真好 tā pífū zhēn hǎo ▶～を刺す寒さだった/刺骨的寒气 cìgǔ de hánqì
❷【気質】性情 xìngqíng；气质 qìzhì (英 *a turn of mind*) ▶学者～の人というのは苦手なんだ/我不擅长和学者气质的人交往 wǒ bú shàncháng hé xuézhě qìzhì de rén jiāowǎng

～が合う 合得来 hédelái

～が合わない 性情不合 xìngqíng bùhé ▶どうもあの人とは～が合わない/总觉得和那人合不来 zǒng juéde hé nà rén hébulái

～で感じる 亲身感受到 qīnshēn gǎnshòudào ▶彼は金の恐ろしさを～で感じた/他亲身感受到金钱的可怕 tā qīnshēn gǎnshòudào jīnqián de kěpà

一～脱ぐ 竭尽全力 jiéjìn quánlì ▶みんなのために一～脱ぐ/为了大家竭尽全力 wèile dàjiā jiéjìn quánlì

バター 《食品》黄油 huángyóu；奶油 nǎiyóu (英 *butter*) ▶～茶/酥油茶 sūyóuchá ▶～ロール/奶油卷 nǎiyóujuǎn ▶パンに～を塗る/往面包上涂黄油 wǎng miànbāoshang tú huángyóu

はだあい【肌合い】 ❶【手触り】手感 shǒugǎn (英 *the touch*) ❷【気質】性情 xìngqíng；气质 qìzhì (英 *disposition*) ▶あの人だけ～が違うようだね/只有那个人气质不同 zhǐ yǒu nàge rén qìzhì bùtóng ▶ほんとに～のさっぱりした人だ/真是一个性情爽气的人 zhēn shì yí ge xìngqíng shuǎngqì de rén

はたあげ【旗上げする】 开创 kāichuàng；创办 chuàngbàn (英 *[拳兵する]* *raise an army*；[ことを始める] *start*) ▶新党～の計画が頓挫した/开创新党的计划受挫 kāichuàng xīndǎng de jìhuà shòucuò ▶新しい劇団を～した/开设了新剧团 kāishèle xīnjùtuán

ばたあし【ばた足】 《水泳》打水 dǎshuǐ (英 *kicking*)

パターン 式样 shìyàng；模式 móshì (英 *a pattern*) ▶彼はテスト～として採用されたのだ/他是作为一个试点被录用的 tā shì zuòwéi yí ge shìdiǎn bèi lùyòng de ▶彼らの行動～がつかめない/无法掌握他们的行动规律 wúfǎ zhǎngwò tāmen de xíngdòng guīlǜ ▶これが彼らの勝ち～だ/这是他们取胜的模式 zhè shì tāmen qǔshèng de móshì

はたいろ【旗色】 形势 xíngshì (英 *the situation*)

～が悪い 形势不利 xíngshì búlì ▶どうもこちらの～が悪いな/好像这边的形势不利啊 hǎoxiàng zhèbiān de xíngshì búlì a

はだいろ【肌色】 肉色 ròusè；肤色 fūsè (英 *flesh color*)

はだか【裸の】 裸体 luǒtǐ (英 *naked*) ▶～になる/赤裸 chìluǒ；脱光衣服 tuōguāng yīfu ▶～になって難題にぶつかってみろ/毫无保留地向困难挑战吧! háo wú bǎoliú de xiàng kùnnan tiǎozhàn ba! ▶祝儀を～でさし出した/礼金没包就送出去了 lǐjīn méi bāo jiù sòngchūqu le ▶私は～の王様にはならないよ/我可不想成为穿新装的国王 wǒ kě bù xiǎng chéngwéi chuān xīnzhuāng de guówáng ▶～で外は歩けない/赤身裸体的不能外出 chìshēn luǒtǐ de bùnéng wàichū ▶風呂に入る時は誰でも～だ/洗澡的时候谁都是赤裸身体的 xǐzǎo de shíhou shéi dōu shì chìluǒ shēntǐ de ▶株で損して丸～になった/股票受损，输得精光 gǔpiào shòusǔn, shūde jīngguāng

～一貫 ▶あの人は～一貫から身を起こしたのだ/那人从身无分文白手起家 nà rén cóng shēn wú fēn wén báishǒu qǐjiā

♦～電球 ▶～電球が下がっている/垂着一个没有灯罩的电灯泡 chuízhe yí ge méiyǒu dēngzhào de diàndēngpào

はたがしら【旗頭】 首领 shǒulǐng；头目 tóumù

(英 *a leader*) ▶彼に派閥の～がつとまるかな/他能担任那派别的首领吗？ tā néng dānrèn nà pàibié de shǒulǐng ma?

ハダカムギ【裸麦】〖植物〗青稞 qīngkē; 元麦 yuánmài (英 *rye*)

はたき 掸子 dǎnzi (英 *a duster*)
▶～をかける 掸 dǎn; 商品に～をかける/给商品掸灰 gěi shāngpǐn dǎn huī

はだぎ【肌着】 内衣 nèiyī; 汗衫 hànshān (英 *underwear*) ▶～は毎日取りかえるんだよ/内衣要每天换 nèiyī yào měitiān huàn

はたく 掸 dǎn; 拍打 pāida (英 *dust*) ▶はたきで/用掸子掸 yòng dǎnzi dǎn ▶体のほこりを～/拍打身上的尘土 pāida shēnshang de chéntǔ ▶玄関先で体の雪をはたいた/在门前掸掉身上的雪 zài ménqián dǎndiào shēnshang de xuě ▶財布をはたいて切符を買った/拿出钱包里所有的钱买了票 náchū qiánbāoli suǒyǒude qián mǎile piào

バタくさい【バタ臭い】 洋里洋气 yánglǐ yángqì (英 *Western*) ▶あの男は～ことが好きなんだ/他那个人就喜欢洋里洋气的东西 tā nàge rén jiù xǐhuan yánglǐ yángqì de dōngxi

はたけ【畑】 ❶ 田地 tiándì; 旱田 hàntián; 庄稼地 zhuāngjiadì (英 *a cultivated field*) ▶余暇に～を作っている/空闲时间种地 kòngxián shíjiān zhòngdì ▶狭い～にトマトを植えた/在窄小的菜地里种西红柿 zài zhǎixiǎo de càidìli zhòng xīhóngshì ▶麦～を風が渡る/风吹过麦田 fēng chuīguo màitián

❷【専門】 专业 zhuānyè (英 *one's line*) ▶彼は本来外交への人だった/他本来就是外交界的人 tā běnlái jiùshì wàijiāojiè de rén

～違い 专业不同 zhuānyè bùtóng ▶～違いの仕事でとまどっている/因专业不同的工作而困惑 yīn zhuānyè bùtóng de gōngzuò ér kùnhuò

はだける 敞开 chǎngkāi (英 *expose*) ▶胸元が～/敞开领口 chǎngzhe lǐngkǒu ▶胸元がはだけて傷あとが見えた/领口敞着，可以看到伤疤 lǐngkǒu chǎngzhe, kěyǐ kàndào shāngbā

はたさく【畑作】 耕种旱田 gēngzhòng hàntián (英 *field farming*)

はださむい【肌寒い】 清冷 qīnglěng; 微寒 wēihán (英 *chilly*) ▶ある～朝のことだった/那是一个清冷的早晨 nà shì yí ge qīnglěng de zǎochen ▶そのうすら笑いを見ていると…思いがけた/看到那冷笑不禁让人发笑 kàndào nà lěngxiào bùjìn ràng rén fāhǎn

はださわり【肌触り】 触及皮肤的感觉 chùjí pífū de gǎnjué (英 *the touch*) ▶シャツの～がいい/汗衫穿起来很舒服 hànshān chuānqǐlai hěn shūfu ▶猫の腹は～がいい/猫的肚子摸着很舒服 māo de dùzi mōzhe hěn shūfu ▶～のいい人ね/接触起来很舒服的人 jiēchùqǐlai hěn shūfu

はだし【裸足】 赤脚 chìjiǎo; 光脚 guāngjiǎo (英 *a barefoot*) ▶雨の日は～で登校した/雨天光着脚上学 yǔtiān guāngzhe jiǎo shàngxué ▶かつて～のランナーがいた/以前有赤脚跑步的选手 yǐqián yǒu chìjiǎo pǎobù de xuǎnshǒu

玄人～の ▶彼のギターは玄人～である/他弹吉他比内行还内行 tā tán jítā bǐ nèiháng hái nèiháng

はたしあい【果たし合い】 决斗 juédòu (英 *a duel*) ▶～を申し入れる/提出要决斗 tíchū yào juédòu

はたしじょう【果たし状】 决战书 juézhànshū (英 *a letter of challenge*) ▶～を送りつける/发决战书 fā juézhànshū

はたして【果たして】 果然 guǒrán; 究竟 jiūjìng (〖ほんとうに〗*really*) ▶果たせるかな/果不其然 guǒ bù qí rán ▶～そうかな/果真是这样吗？ guǒzhēn shì zhèyàng ma? ▶～その通りだった/果然是那样 guǒrán shì nàyàng

はたじるし【旗印】 旗帜 qízhì; 旗号 qíhào (*a banner*) ▶環境浄化の～を掲げる/提倡浄化环境 tíchàng jìnghuà huánjìng ▶再生を～に掲げて強化を図る/提倡再生谋求强化 tíchàng zàishēng móuqiú qiánghuà ▶我々は改革の～の下に集まった同志だ/我们是聚集在改革大旗下的同志 wǒmen shì jùjí zài gǎigé dàqíxia de tóngzhì

はたす【果たす】 完成 wánchéng; 达成 dáchéng; (〖接尾辞〗光 guāng (*accomplish*) ▶役目を～/完成任务 wánchéng rènwu ▶無事に役目を果たそうとした/顺利完成任务，放下心来 shùnlì wánchéng rènwu, fàngxià xīn lái ▶我々はついに優勝の宿願を果たした/我们终于实现了获胜的夙愿 wǒmen zhōngyú shíxiànle huòshèng de sùyuàn ▶お金を使い果たした/钱都花光了 qián dōu huāguāng le

はたち【二十歳】 二十岁 èrshí suì (英 *twenty years old*) ▶その目が～だった/那是二十岁的眼睛 nà shì èrshí suì de yǎnjing ▶彼もまた～過ぎたらただの人なのかなぁ/他过了二十岁也会成为一个普通的人吗？ tā guòle èrshí suì yě huì chéngwéi yí ge pǔtōng de rén ma?

はたと 恍然 huǎngrán; 突然 tūrán (*suddenly*) ▶鳥の声が～止む/鸟声戛然而止 niǎoshēng jiárán ér zhǐ ▶その一言で私は～悟った/那一句话令我恍然大悟 nà yí jù huà lìng wǒ huǎngrán dàwù ▶謎が解けて彼は～膝を打った/谜解开了，他猛地拍了一下膝盖 mí jiěkāi le, tā měngde pāile yíxià xīgài

はタバコ【葉煙草】 晒烟 shàiyān; 烟叶 yānyè (英 *leaf tobacco*)

はたはた【擬音】 呼啦呼啦 hūlāhūlā (*fluttering*) ▶飯屋ののぼりが風に～鳴った/饭铺的幌子被风吹得呼啦呼啦作响 fànpù de huǎngzi bèi fēng chuīde hūlāhūlā zuòxiǎng

ばたばた 吧嗒吧嗒 bādābādā (英 *flapping*); (〖慌ただしく〗慌慌张张地 huānghuānghuāngzhāng de (*struggling*) ▶～倒れる/相继倒下 xiāngjì dǎoxia ▶ガスを吸った乗客は～倒れた/吸

入毒気的乗客相継倒下 xīrù dúqì de chéngkè xiāngjì dǎoxià ▶〜忙しい/忙乱 mángluàn ▶〜と走り回る/到处奔走 dàochù bēnzǒu ▶廊下を歩く/在走廊吧嗒吧嗒地走 zài zǒuláng bādābādā de zǒu ▶階段を〜駆け降りる/吧嗒吧嗒地从楼上跑下来 bādābādā de cóng lóushàng pǎoxiàlai ▶毎日〜忙しい/每天忙个不停 měitiān máng ge bùtíng ▶縁談は〜ととまった/婚事三下五除二地就定了 hūnshì sān xià wǔ chú èr de jiù dìng le

ぱたぱた 啪嗒啪嗒 pādāpādā; 吧嗒吧嗒 bādābādā (英 *pattering*) ▶〜たたく/拍打 pāidǎ ▶はたきで〜ほこりを払う/用掸子啪嗒啪嗒地掸灰 yòng dǎnzi bādābādā de dǎn huī ▶うちわで あおぐ/把团扇扇得啪嗒啪嗒作响 bǎ tuánshàn shānde pādāpādā zuòxiǎng

バタフライ（水泳）蝶泳 diéyǒng (英 *the butterfly stroke*) ▶男子200メートル〜決勝/男子二百米蝶泳决赛 nánzǐ èrbǎi mǐ diéyǒng juésài

はだみ【肌身】(英 *the body*) ▶〜につける/贴身 tiēshēn 〜離さず 不离身 bù líshēn ▶パスポートは〜離さず持ちなさい/护照要一直贴身带着 hùzhào yào yìzhí tiēshēn dàizhe

はため【傍目】別人的看法 biérén de kànfǎ; 旁观者的眼睛 pángguānzhě de yǎnjing (英 [他人] *others*) ▶彼の苦悩は〜には分からなかった/他的苦恼是旁人所不能理解的 tā de kǔnǎo shì pángrén suǒ bùnéng lǐjiě de ▶彼はひどく〜を気にした/他特别在意别人的看法 tā tèbié zàiyì biérén de kànfǎ

はためいわく【はた迷惑】烦扰别人 fánrǎo biérén (英 *a nuisance to others*) ▶なんとも〜な夫婦なのだ/真是一对爱烦扰他人的夫妇 zhēnshì yí duì ài fánrǎo tārén de fūfù

はためく 飘扬 piāoyáng; 招展 zhāozhǎn (英 *flutter*) ▶旗が〜/旗帜招展 qízhì zhāozhǎn ▶広場に旗がはためいていた/广场上旗帜招展 guǎngchǎngshang qízhì zhāozhǎn ▶風に〜/随风飘扬 suífēng piāoyáng

はたらかす【働かす】开动 kāidòng; 发挥 fāhuī (英 *work*); [使う] *use*) ▶頭を〜/动脑筋 dòng nǎojīn ▶少しは想像力を働かせるんだね/稍微发挥点想像力吧 shāowēi fāhuī diǎn xiǎngxiànglì ba

はたらき【働き】功能 gōngnéng; 作用 zuòyòng (英 [仕事] *work*; [機能] *function*) ▶薬の〜/药力 yàolì ▶肺の〜/肺的功能 fèi de gōngnéng ▶肺の〜が弱ってきた/肺的功能日渐衰弱 fèi de gōngnéng rìjiàn shuāiruò ▶彼は予想外の〜をしてくれた/他起到了预想外的作用 tā qǐdàole yùxiǎng zhīwài de zuòyòng ▶中学を終えるとすぐ〜に出た/初中一毕业就出去工作了 chūzhōng yí bìyè jiù chūqù gōngzuò le

はたらきかける【働きかける】推动 tuīdòng; 发动 fādòng (英 *work upon...*) ▶議会に条例制定を〜/推动议会制定条例 tuīdòng yìhuì zhìdìng tiáolì

はたらきぐち【働き口】职业 zhíyè; 工作 gōngzuò (英 *a position*) ▶〜を探す/求职 qiúzhí; 找工作 zhǎo gōngzuò ▶〜は見つかりましたか/找到工作了吗？ zhǎodào gōngzuò le ma?

はたらきざかり【働き盛り】壮年 zhuàngnián; 年富力强 nián fù lì qiáng (英 *the prime of life*) ▶彼はいま〜だ/他正是年富力强的时候 tā zhèngshì nián fù lì qiáng de shíhou ▶〜に事故にあい失明した/年富力强的时候遇到事故失明了 nián fù lì qiáng de shíhou yùdào shìgù shīmíng le

はたらきて【働き手】能手 néngshǒu; 能干的人 nénggàn de rén; 劳动力 láodònglì (英 *a worker*) ▶会社一の〜と目されている/被视为公司里最能干的人 bèi shìwéi gōngsī lǐ zuì nénggàn de rén ▶一家の〜を失った/失去一家的顶梁柱 shīqù yì jiā de dǐngliángzhù

ハタラキバチ【働き蜂】工蜂 gōngfēng (英 *a worker bee*)

はたらきもの【働き者】勤劳的人 qínláo de rén (英 *a hard worker*) ▶〜で気だてもよい/辛勤工作，脾气温和 xīnqín gōngzuò, píqi wēnhé

はたらく【働く】工作 gōngzuò; 劳动 láodòng (英 *work*); 《作用する》起作用 qǐ zuòyòng (英 *come into play*) ▶勘が〜/直感很灵 zhígǎn hěn líng; 悟性好 wùxìng hǎo ▶あの娘はほんとによく〜/那姑娘真的很勤快 nà gūniang zhēn de hěn qínkuai ▶頭が〜/脑筋机灵 nǎojīn jīlíng ▶損得がからむと頭が〜んだね/牵扯到利害关系脑子转得还真快 qiānchědào lìhài guānxi nǎozi zhuànde hái zhēn kuài ▶悪事を〜/干坏事 gàn huàishì ▶おまえのけがは悪事を働いた報いだ/你的伤是恶有恶报 nǐ de shāng shì è yǒu èbào ▶警报装置が働かなかった/警报装置没起作用 jǐngbào zhuāngzhì méi qǐ zuòyòng ▶飲むと理性が働かなくなる/一喝酒就会丧失理性 yì hē jiǔ jiù huì sàngshī lǐxìng ▶時には1日15時間〜/有时一天工作十五个小时 yǒushí yì tiān gōngzuò shíwǔ ge xiǎoshí

ばたりと 啪嗒 pādā; 扑通 pūtōng (英 *with a thud*) ▶彼はその場に〜倒れた/他当场扑通一声倒下了 tā dāngchǎng pūtōng yì shēng dǎoxià le ▶〜ドアが閉まった/砰的一声，门关上了 pēng de yì shēng, mén guānshàng le

はたん【破綻する】失败 shībài; 破裂 pòliè; 破产 pòchǎn (英 *fail*) ▶政策に〜をきたした/政策破产 zhèngcè pòchǎn ▶生活が〜する/生活不能维持 shēnghuó bùnéng wéichí ▶経営が〜/经营失败 jīngyíng pòchǎn

> 日中比較 中国語の'破綻 pòzhàn'は「馬脚」や「衣服のほころび」を意味する. ▶破绽百出的欺世谎言 pòzhàn bǎichū de qīshì huǎngyán / ほらが出まくりの大嘘

はだん【破談】❶【約束の】取消约定 qǔxiāo yuēdìng (英 *cancellation*) ▶契約はけっきょく〜になった/合同最终还是没谈成 hétong zuìzhōng háishi méi tánchéng 2【婚約の】解除婚约 jiěchú hūnyuē (英 breaking off) ▶今さら〜にはできませんよ/事到如今不能反悔了 shì dào rújīn bùnéng fǎnhuǐ le

ばたん 砰 pēng; 吧嗒 bādā (英 with a bang) ▶戸が〜としまった/门砰的一声关上了 mén pēng de yì shēng guānshàng le ▶酔って帰って〜きゅうだった/喝醉了回到家倒头就睡 hēzuìle huídào jiā dǎo tóu jiù shuì

ぱたん 啪 pā (英 with a snap) ▶〜と本を閉じる/啪的把书合上 pā de bǎ shū héshàng ▶そよ風に小窓が〜と閉まった/微风吹过，小窗啪的一下关上了 wēifēng chuīguo, xiǎochuāng pā de yíxià guānshàng le

はち【八】八 bā;《大字》捌 bā (英 eight)

はち【鉢】大碗 dàwǎn; 盆子 pénzi (英 a bowl; a pot) ▶ガラス〜/玻璃缸 bōligāng ◆植木〜/花盆 huāpén 金魚〜/金鱼缸 jīnyúgāng

ハチ【蜂】〔虫〕蜂 fēng (英 a bee) ▶ぶん，ぶん，ぶんと〜が飛ぶ/蜜蜂嗡嗡地飞 mìfēng wēngwēng de fēi ▶〜に刺される/被蜜蜂螫了 bèi mìfēng shì le

ばち【罰】报应 bàoyìng (英 divine judgment) 〜当たり 业障 yèzhàng ▶この〜当たり/这个业障! zhège yèzhàng! ▶よくこんな〜当たりなことができるもんだ/竟然能做出那种该遭报应的事 jìngrán néng zuòchū nà zhǒng gāi zāo bàoyìng de shì

〜が当たる 遭受报应 zāoshòu bàoyìng ▶嘘ばっかりつくから〜が当たったんだ/净撒谎所以才会遭报应 jìng sāhuǎng suǒyǐ cái huì zāo bàoyìng

ばち【撥】〔太鼓の〕鼓槌 gǔchuí (英 a drumstick);〔三味線の〕拨子 bōzi (英 a plectrum) ▶〜さばきも鮮やかに太鼓を打つ/鼓槌翻飞地敲打着大鼓 gǔchuí fānfēi de qiāodǎzhe dàgǔ

はちあわせ【鉢合わせする】头碰头 tóu pèngtóu; 碰到 pèngdào; 碰见 pèngjiàn (英〔頭を〕bump against…;〔出会う〕run into…) ▶廊下で〜して眼鏡を落とした/在走廊碰了个正着，把眼镜碰掉了 zài zǒuláng pèngle ge zhèngzhǎo, bǎ yǎnjìng pèngdiào le ▶電車の中でそいつと〜なんだ，困ったよ/在电车里头碰到了他，真尴尬 zài diànchē lǐtou pèngdàole tā, zhēn gāngà

はちうえ【鉢植え】盆栽 pénzāi; 盆花 pénhuā (英 a potted plant) ▶〜のアロエに花が咲いた/盆栽的芦荟开花了 pénzāi de lúhuì kāihuā le

ばちがい【場違いな】不看场合 bú kàn chǎnghé; 不合时宜 bùhé shíyí (英 out of place) ▶私はいかにも〜な客だった/我怎么看都是个不速之客 wǒ zěnme kàn dōu shì ge bú sù zhī kè ▶〜な服で来てしまった/穿着不合时宜的衣服来了 chuānzhe bùhé shíyí de yīfú lái le ▶そんな話題は〜というものだ/那话题太不适合那个场合了 huàtí tài bù shìhé nàge chǎnghé le

はちがつ【八月】八月 bā yuè (英 August)

はちきれる【はち切れる】撑破 chēngpò; 饱

満 bǎomǎn (英 burst) ▶食いすぎておなかがはち切れそうだ/吃得太多，肚子都要撑破了 chīde tài duō, dùzi dōu yào chēngpò le

はちく【破竹】〜の勢い 势如破竹 shì rú pòzhú ▶〜の勢いで勝ち進む/势如破竹连连取胜 shì rú pòzhú liánlián qǔshèng

ぱちくり〔驚いて〕目を〜させる 吓得直眨巴眼 xiàde zhí zhǎba yǎn

ハチのす【蜂の巣】蜂窝 fēngwō; 蜂巢 fēngcháo (英 a honeycomb) 〜をつついたよう 喧嚣得像捅了蜂窝一样 xuānxiāode xiàng tǒngle fēngwō yíyàng ▶彼らのスキャンダルは〜をつついたような騒ぎになった/他们的丑闻像捅了马蜂窝一样闹得沸沸扬扬 tāmen de chǒuwén xiàng tǒngle mǎfēngwō yíyàng nàode fèifèiyángyáng

ぱちぱち 噼里啪啪 pīpīpāpā; 劈里啪啦 pīlipālā (英〔拍手〕clapping;〔燃える音など〕crackling) ▶〜と手をたたく/噼里啪啪地鼓掌 pīpīpāpā de gǔzhǎng ▶杉の枯れ葉が〜音を立てて燃えた/杉树枯叶噼噼啪啪地燃烧 shānshù kūyè pīpīpāpā de ránshāo ▶〜写真を撮りまくった/劈里啪啦地照个不停 pīlipālā de zhào ge bùtíng

はちまき【鉢巻きをする】缠头巾 chántóujīn (英 wear a headband) ▶白い〜をきりりと結んだ/将白色缠头巾麻利地系上 jiāng báisè chántóujīn máli de jìshàng ▶向こうの〜の男が客を呼んでいる/将头巾在额头打了个结的男人正在招徕客人 jiāng tóujīn zài étóu dǎle ge jié de nánrén zhèngzài zhāolái kèrén

はちみつ【蜂蜜】〔食品〕蜂蜜 fēngmì (英 honey)

はちめんたい【八面体】八面体 bāmiàntǐ (英 an octahedron)

はちめんろっぴ【八面六臂の】三头六臂 sāntóu liùbì (英 many-sided)

はちゅうるい【爬虫類】爬行动物 páxíng dòngwù (英 the reptiles)

はちょう【波長】波长 bōcháng (英 a wavelength) 〜が合う 和谐默契 héxié mòqì ▶二人は〜がしっくり合う/两个人很和谐 liǎng ge rén hěn héxié 〜が合わない 不对劲 bú duìjìn; 合不来 hébùlái ▶課長とはどうも〜が合わない/科长和我总是合不来 hé kēzhǎng zǒngshì hébùlái

パチンコ 1【ゴム弓】绷弓子 bēnggōngzi; 弹弓 dàngōng (英 a slingshot) ▶〜で雀を打ち落とした/用弹弓把麻雀打下来了 yòng dàngōng bǎ máquè dǎxiàlái le 2【ゲーム】电动弹子球 diàndòng dànzǐqiú;《音訳》扒金库 pájīnkù (英 pachinko; a Japanese pinball) ▶〜にのめり込んで借金をつくる/沉迷于弹子房欠了一屁股债 chénmí yú dànzǐfáng qiànle yí pìgu zhài

はつ【初の】首次 shǒucì; 初次 chūcì (英 first) ▶今日は〜出勤の日だ/今天第一次上班 jīntiān

dìyī cì shàngbān ▶本邦〜の試みである/这是我国初次尝试 zhè shì wǒguó chūcì chángshì
◆〜孫│长孙 zhǎngsūn；(男儿)第一个孙子 dì yī ge sūnzi；(女儿)第一个孙女 dì yī ge sūnnǚ ▶〜孫を授かった/有了第一个孙子 yǒule dìyī ge sūnzi

はつ【発】 ❶【出発】出发 chūfā（英 *departure*）▶11時10分の列車で名古屋に向かった/坐十一点十分的列车去名古屋 zuò shíyī diǎn shí fēn de lièchē qù Mínggǔwū ▶3時羽田〜の便に乗る/乘坐三点羽田机场起飞的班机 chéngzuò sān diǎn Yǔtián jīchǎng qǐfēi de bānjī ❷【弾数】发 fā（英 *a round*）▶銃弾は3〜発射された/发射了三发子弹 fāshèle sān fā zǐdàn

ばつ（その場の具合）情况 qíngkuàng；处境 chǔjìng
〜が悪い あの男に会うのは〜が悪い/和那男人见面很尴尬 hé nà nánrén jiànmiàn hěn gāngà
〜を合わせる 適当に〜を合わせる/敷衍着随声附和 fūyǎnzhe suíshēng fùhè

ばつ（ばってん）又 chā（英 *an X*）▶〜をつける/打个叉 dǎ ge chā ▶該当する項目に〜をつけよ/在相关条目上画个叉 zài xiāngguān tiáomùshang huà ge chā ▶〇〜式の試験で学力ははかれない/是非题无法衡量学力 shìfēití wúfǎ héngliáng xuélì

ばつ【罰】罚 fá（英 *punishment; penalty*）▶〜は軽くてすんだ/处罚很轻 chǔfá hěn qīng
〜を与える 处罚 chǔfá ▶違反者には〜を与える/处罚违反者 chǔfá wéifǎnzhě
〜を受ける 受罚 shòufá ▶甘んじて〜を受ける/甘愿受罚 gānyuàn shòufá

ばつ【閥】派系 pàixì（英 *a clique; a faction*）社内に二つの〜がある/公司里有两个派系 gōngsīlǐ yǒu liǎng ge pàixì ▶あの大臣は政務より〜務に熱心だ/与政务相比，那个大臣更热衷于派系事务 yǔ zhèngwù xiāngbǐ, nàge dàchén gèng rèzhōng yú pàixì shìwù ▶〜を作る/组成派系 zǔchéng pàixì

はつあん【発案する】 ❶【プランを】提出计划 tíchū jìhuà；出主意 chū zhǔyì（英 *suggest*）それは彼女の〜だった/那是她出的主意 nà shì tā chū de zhǔyì ❷【議案提出】提案 tí'àn（英 *move*）▶彼の〜で記念植樹をすることになった/经他提议，决定栽种纪念树 jīng tā tíyì, juédìng zāizhòng jìniànshù ▶我々には〜権がある/我们有提案权 wǒmen yǒu tí'àn quán

はついく【発育】发育 fāyù（英 *grow*）▶〜がいい/发育好 fāyù hǎo ▶〜が悪い/发育不好 fāyù bùhǎo ▶〜盛りなのに食物が足りない/正是长身体的时候却食物不足 zhèngshì zhǎng shēntǐ de shíhou què shíwù bùzú ▶〜不全の子供もいて/其中有发育不全的孩子 qízhōng yǒu fāyù bùquán de háizi

はつえんとう【発煙筒】发烟筒 fāyāntǒng（英 *a smoke bomb*）〜をたいて危険を知らせた/点燃发烟筒发出警报 diǎnrán fāyāntǒng fāchū jǐngbào

はつおん【発音する】发音 fāyīn；语音 yǔyīn（英 *pronounce*）▶ほんと〜がきれいですね/发音真好听 fāyīn zhēn hǎotīng ▶この語はどう〜するのですか/这个词怎么发音？ zhège cí zěnme fāyīn? ▶〜記号が読めない/看不懂语音符号 kànbudǒng yǔyīn fúhào

はつか【発火する】发火 fāhuǒ；起火 qǐhuǒ（英 *ignite*）▶花火が〜しない/烟花不响 yānhuā bù xiǎng ▶山火事の原因は自然〜だった/山林火灾的原因是自燃 shānlín huǒzāi de yuányīn shì zìrán
◆〜点│燃点 rándiǎn；导火线 dǎohuǒxiàn ▶住民のけんかが一大紛争の〜点となった/居民间的争吵成了大型纷争的导火线 jūmínjiān de zhēngchǎo chéngle dàxíng fēnzhēng de dǎohuǒxiàn

日中比較 中国語の'发火 fāhuǒ'は「発火する」他に「怒る」ことをもいう。

ハッカ【薄荷】〔植物〕薄荷 bòhe（英 *peppermint*）▶〜油/清凉油 qīngliángyóu

はつか【二十日】二十日 èrshí rì；二十号 èrshí hào；(20日間)二十天 èrshí tiān（英［日数］*twenty days*）

はつが【発芽する】出芽 chūyá；发芽 fāyá（英 *germinate*）▶麦の〜が遅れている/麦子发芽晚了 màizi fāyá wǎn le ▶小豆が〜しない/红豆不发芽 hóngdòu bù fāyá

ハッカー〔電算〕黑客 hēikè（英 *a hacker*）

はっかい【発会】成立 chénglì；创立 chuànglì（英 *inauguration*）▶研究会成立を祝って乾杯/为庆祝研究会成立干杯 wèi qìngzhù yánjiūhuì chénglì gānbēi ▶〜式にはぜひとも出席していただきますよ/请您一定要来参加成立大会 qǐng nín yídìng yào lái cānjiā chénglì dàhuì

はっかく【発覚する】暴露 bàolù；败露 bàilù（英 *be detected*）▶不正が〜する/私弊败露 sībì bàilù ▶〜を恐れて無理な隐蔽工作をした/怕事情败露勉强隐瞒 pà shìqing bàilù miǎnqiǎng yǐnmán ▶組織ぐるみの不正が〜した/集体营私舞弊的行为被发现 jítǐ yíngsī wǔbì de xíngwéi bèi fāxiàn

日中比較 中国語の'发覚 fājué'は「気づく」ことを指す。

はっかくけい【八角形】八角形 bājiǎoxíng（英 *an octagon*）

ハツカネズミ【二十日鼠】〔動物〕鼷鼠 xīshǔ（英 *a mouse*）

はつがま【初釜】（茶道）新春第一次沏茶 xīnchūn dìyī cì qīchá（英 *the first tea ceremony of the new year*）

はつかり【初雁】第一批大雁 dìyī pī dàyàn *the first wild geese flying over to Japan in early autumn from the north*）〜が月光の下を渡ってきた/第一批大雁在月光下飞来了 dìyī pī dàyàn zài yuèguāngxia fēilái le

はっかん【発刊する】 創刊 chuàngkān; 发刊 fākān (英 *publish*) ▶同人誌が~の日を迎えた/同人杂志迎来了创刊的日子 tóngrén zázhì yíngláile chuàngkān de rìzi ▶来月には新しい文芸誌が~される/下个月新的文艺杂志创刊 xià ge yuè xīn de wényì zázhì chuàngkān

はっかん【発汗する】（薬などで）发汗 fāhàn (英 *perspire*) ▶この薬には~作用がある/这种药有发汗作用 zhè zhǒng yào yǒu fāhàn zuòyòng
◆~剤／发汗药 fāhànyào

はつがん【発癌】〔医〕致癌 zhì'ái (英 *carcinogenesis*) ▶~を抑える薬を研究している/研制治癌药物 yánzhì zhì'ái yàowù
◆~物質／致癌物质 zhì'ái wùzhí ▶調味料から~物質が発見された/从调味料中发现了致癌物质 cóng tiáowèiliào zhōng fāxiànle zhì'ái wùzhí

はっき【発揮する】 発揮 fāhuī (英 *display*) ▶実力を~する/施展能力 shīzhǎn nénglì; 大显本领 dà xiǎn běnlǐng ▶存分に実力をもらいたい/希望你充分发挥能力 xīwàng nǐ chōngfèn fāhuī nénglì ▶ここで大砲が威力を~した/这时候，大炮发挥了威力 zhè shíhou, dàpào fāhuīle wēilì

日中比較 中国語の'发挥 fāhuī'は「発揮する」他に理論や思考を「展開する」ことをもいう。

はつぎ【発議する】 提議 tíyì (英 *propose*) ▶市長の~で黙祷した/在市长提议下(全体)默哀 zài shìzhǎng tíyìxià (quántǐ) mò'āi ▶議案の修正を~する/提议修改议案 tíyì xiūgǎi yì'àn

はっきゅう【発給する】 发给 fāgěi; 签发 qiānfā (英 *issue*) ▶ビザの~が遅れている/签证签发晚了 qiānzhèng qiānfā wǎn le ▶パスポートが明日~される/明天发放护照 míngtiān fāfàng hùzhào

はっきゅう【薄給の】 低薪 dīxīn; 低工资 dīgōngzī (英 *poorly paid*) ▶~に耐えて働く/忍受着低工资工作 rěnshòuzhe dīgōngzī gōngzuò ▶~の身では高価な物は買えない/我工资少，买不起那样的东西 wǒ gōngzī shǎo, mǎibuqǐ nàyàng de dōngxi

はっきょう【発狂する】 发疯 fāfēng; 发狂 fākuáng (英 *go mad*) ▶~と聞いて耳を疑ったよ/听说他发疯，都不敢相信自己的耳朵了 tīngshuō tā fāfēng, dōu bù gǎn xiāngxìn zìjǐ de ěrduo le ▶あの人が~するなんて、まさか/那人发疯，不会吧？ nà rén fāfēng, búhuì ba?

はっきり 明确 míngquè; 清楚 qīngchu (英 *clearly*) ▶~現れている/显见 xiǎnxiàn ▶~言う/明确表白 míngquè biǎobái ▶~言えない/说不定 shuōbudìng ▶~示す/显示 xiǎnshì ▶態度が~しない/态度含糊 tàidù hánhu ▶傾向は数字に~現れている/这种倾向在数字上明确显现出来 zhè zhǒng qīngxiàng zài shùzìshang míngquè xiǎnxiàn ▶~ものを言う人だ/明确表明意见的人 míngquè biǎomíng yìjiàn de rén ▶声が~聞こえない/声音听不清 shēngyīn tīngbuqīng ▶公私を~区別する/明确区分公与私 míngquè qūfēn gōng yǔ sī ▶小さな星も~見える/小星

星も看得很清楚 xiǎoxīngxing yě kànde hěn qīngchu ▶頭が~しない/头脑不清晰 tóunǎo bù qīngxī ▶彼の居所がまだ~しない/他的住处还不清楚 tā de zhùchù hái bù qīngchu

はっきん【白金】 白金 báijīn (英 *platinum*)

はっきん【発禁】 禁止发行 jìnzhǐ fāxíng (英 *prohibition of sale*) ▶~図書/禁书 jìnshū ▶彼の新作が~になった/他的新作被禁止发行 tā de xīnzuò bèi jìnzhǐ fāxíng ▶~を恐れて筆を曲げる/因怕被禁刊而违心地写稿 yīn pà bèi jìnkān ér wéixīn de xiěgǎo

ばっきん【罰金】 罚款 fákuǎn (英 *a fine*) ▶~を払う/缴罚款 jiǎo fákuǎn ▶10万円の~に処す/处以十万元的罚金 chǔyǐ shíwàn yuán de fájīn ▶スピード違反で~刑を食らった/因超速被罚了款 yīn chāosù bèi fále kuǎn

パッキング 打包 dǎbāo; 包装 bāozhuāng;（詰め物）填塞物 tiánsèwù;（パッキン）垫圈 diànquān (英 *packing*)

バック **1**【背景】背景 bèijǐng (英 *a background*) ▶（絵の）~をグレーに塗る/把背景涂成灰色 bǎ bèijǐng túchéng huīsè ▶あの山を~にして1枚撮ろう/以那座山为背景拍张照吧 yǐ nà zuò shān wéi bèijǐng pāi zhāng zhào ba **2**【後ろ盾】靠山 kàoshān (英 *a backer*) ▶彼には~がついている/他背后有靠山 tā bèihòu yǒu kàoshān ▶彼には~に社長がついている/他后面有总经理撑腰 tā hòumian yǒu zǒngjīnglǐ chēngyāo **3**【後ろに】往后退 wǎng hòu tuì (英 *back*) ▶車を~させる/汽车倒退 qìchē dàotuì **4**【サッカー・ホッケーなど】后卫 hòuwèi (英 *a back*) **5**【テニス・卓球など】反手 fǎnshǒu (英 *a backhand*)
◆~グラウンド／背景；背景；环境 huánjìng ▶この作品にはこういう~グラウンドがあるのだ/这作品原来有这样的背景 zhè zuòpǐn yuánlái yǒu zhèyàng de bèijǐng ~グラウンドミュージック／背影音乐 bèiyǐng yīnyuè ～ナンバー／过期杂志 guòqī zázhì ~ボーン／骨气 gǔqì；脊梁骨 jǐliánggǔ ▶あの男は~ボーンがしっかりしている/那个男人很有骨气 nàge nánrén hěn yǒu gǔqì ~ミラー／后视镜 hòushìjìng ▶~ミラーに人影が浮かぶ/后视镜里出现人影 hòushìjìngli xiànchū rényǐng

バッグ 袋 (英 *a bag*) ▶ハンド~/手提包 shǒutíbāo ▶和装用のハンド~/穿和服时用的手袋 chuān héfú shí yòng de shǒudài ▶ボストン~/旅行包 lǚxíngbāo；波士顿包 bōshìdùnbāo
◆サンド~／沙袋 shādài ▶検討会で僕はサンド~にされた/在研讨会上我成了交欠之的 zài yántǎohuìshang wǒ chéngle zhòngshǐ zhī dì

パック **1**【化粧の】润肤膏 rùnfūgāo (英 *a pack*) ▶顔に卵~を施す/做鸡蛋面膜 zuò jīdàn miànmó **2**【包み】包 bāo (英 *a pack*) ▶真空~のハム/真空包装的火腿 zhēnkōng bāozhuāng de huǒtuǐ **3**【旅行】包价旅行 bāojià lǚxíng (英 a package tour) ▶~旅行で江南へ行ってきた/参加包价旅行团去了一趟江南 cānjiā bāojià lǚxíngtuán qùle yí tàng Jiāngnán

バックアップ ❶【後援】支持 zhīchí; 支援 zhīyuán (英 backup) ▶みんなで彼をーしよう/大家一起做他的后援 dàjiā yìqǐ zuò tā de hòuyuán ▶同期生の~を受けて彼は演奏会を開いた/他受到同学们的支持办了个人演奏会 tā shòudào tóngxuémen de zhīchí bànle gèrén yǎnzòuhuì ❷【コンピュータの】备份 bèifèn (英 a backup) ▶~を取っておく/作备份 zuò bèifèn

バックス〔スポーツ〕后卫 hòuwèi (英 the backs)

バックスキン 鹿皮 lùpí (英 buckskin) ▶~の手袋/鹿皮手袋 lùpí shǒudài

はっくつ【発掘する】 发掘 fājué (英 excavate) ▶遺跡の~が始まった/遗迹的挖掘工作开始了 yíjì de wājué gōngzuò kāishǐ le ▶これらの土器は完全な形で~された/这些素烧陶器以完整的形式被发掘出土 zhèxiē sùshāo táoqì yǐ wánzhěng de xíngshì bèi fājué chūtǔ ▶人材を~するのも経営者の仕事だ/发掘人材也是经营者的任务 fājué réncái yě shì jīngyíngzhě de rènwu

バックル 带扣 dàikòu (英 a buckle)

ばつぐん【抜群の】 卓然 zhuórán; 卓著 zhuózhù (英 unrivaled) ▶~の成績をあげる/取得卓越的成绩 qǔdé zhuóyuè de chéngjì ▶彼は~に足が速い/他跑得格外地快 tā pǎode géwài de kuài

はっけ【八卦】 八卦 bāguà (英 fortune-telling) ▶~見/占卜家 zhānbǔjiā ▶~に占ってもらう/请人卜卦 qǐng rén bǔguà ▶当たるも~当たらぬも~/算卦也灵也不灵 suànguà yě líng yě bù líng

はっけっきゅう【白血球】〔医〕白血球 báixuèqiú (英 a white blood cell)

はっけつびょう【白血病】〔医〕白血病 báixuèbìng (英 leukemia)

はっけん【発見する】 发现 fāxiàn (英 discover) ▶子育ては毎日新しい~がある/养育孩子，每天都会有新的发现 yǎngyù háizi, měitiān dōu huì yǒu xīn de fāxiàn ▶散歩していて象の化石を~した/散步时发现了大象化石 sànbùshí fāxiànle dàxiàng huàshí

はつげん【発言する】 发言 fāyán (英 speak) ▶今の~は重大だ/你现在所说的话很严重 nǐ xiànzài suǒ shuō de huà hěn yánzhòng ▶~を禁じることができますか/能禁止别人发言吗? néng jìnzhǐ biérén fāyán ma? ▶社会に対して~しよう/对社会大声说 duì shèhuì dàshēng shuō ▶~権は平等にある/发言权是平等的 fāyánquán shì píngděng de ▶経済界で彼の~力が強まってきた/在经济界，他的发言越来越有分量 zài jīngjìjiè, tā de fāyán yuèláiyuè yǒu fènliàng

ばっこ【跋扈する】 跳梁 tiàoliáng; 跋扈 báhù (英 be rampant) ▶不逞の輩が~する/不逞之徒飞扬跋扈 bù chéng zhī tú fēiyáng báhù ▶

んな連中の~を僕は見逃せない/我绝不会允许那帮人专横跋扈 wǒ juébú huì yǔnxǔ nà bāng rén zhuānhèng báhù

はつこい【初恋】 初恋 chūliàn (英 one's first love) ▶~の相手/初恋对象 chūliàn duìxiàng ▶~の人は今どうしているかな/初恋情人现在怎么样了? chūliàn qíngrén xiànzài zěnmeyàng le? ▶~はあとで気づくものだろう/初恋总是到后来才发觉 chūliàn zǒngshì dào hòulái cái fājué

[日中比較] 中国語の'初恋 chūliàn'には「初めての恋」の他に「恋愛の初期」という意味もある.

はっこう【発光する】 发光 fāguāng (英 radiate) ▶~体/发光体 fāguāngtǐ ▶~植物/发光植物 fāguāng zhíwù
◆~ダイオード/发光二极管 fāguāng èrjíguǎn ~塗料/发光涂料 fāguāng túliào

はっこう【発行する】 发行 fāxíng; 出版 chūbǎn (英)[書籍などを] publish; [紙幣などを] issue) ▶[新聞・雑誌が]~を停止する/停刊 tíngkān ▶事情が変わって~を見合わせた/情况有所变化所以停止发行 qíngkuàng yǒusuǒ biànhuà suǒyǐ tíngzhǐ fāxíng ▶彼らは新たな新聞を~した/他们发行了新报纸 tāmen fāxíngle xīnbàozhǐ ▶~部数が伸びない/发行数量未增长 fāxíng shùliàng wèi zēngzhǎng ▶~人には私がなった/我成了发行人 wǒ chéngle fāxíngrén

はっこう【発効する】 生效 shēngxiào (英 come into effect) ▶条約の~を待ちのぞむ/期待条约生效 qídài tiáoyuē shēngxiào ▶協定は来月1日に~する/协定于下月一日生效 xiédìng yú xiàyuè yī rì shēngxiào

はっこう【発酵する】 发酵 fājiào (英 ferment) ▶~の具合は上々だった/发酵程度非常好 fājiào chéngdù fēicháng hǎo ▶心の中で疑念が次第に~していった/心中渐生疑虑 xīnzhōng jiàn shēng yílǜ

はっこう【薄幸の】 薄命 bómìng; 不幸 búxìng (英 unfortunate) ▶美しくも悲しい~の少女の物語である/不幸少女的美丽而又凄惨的故事 búxìng shàonǚ de měilì ér yòu qīcǎn de gùshi ▶あの人は~を嘆くしか能がないらしい/他好像只能为自己的不幸叹息 tā hǎoxiàng zhǐ néng wèi zìjǐ de búxìng tànxī

はつごおり【初氷】 一年中首次结冰 yìnián zhōng shǒucì jiébīng (英 the first ice of the year) ▶~が張る/入冬后首次结冰 rùdōnghòu shǒucì jiébīng ▶今朝，我が家の池に~が張った/今天早上，我家的池子首次结冰 jīntiān zǎoshang, wǒ jiā de chízi shǒucì jiébīng

はっこつ【白骨】 白骨 báigǔ; 尸骨 shīgǔ (英 bleached bones) ▶~体/骷髅 kūlóu ▶彼は砂漠にむなしく~をさらしている/他化为白骨，凄然暴晒于沙漠之中 tā huàwéi báigǔ, qīrán bàoshài yú shāmò zhī zhōng ▶山中で~化した死体が発見された/山里发现了已经变成白骨的尸体 shānlǐ fāxiànle yǐjīng biànchéng báigǔ de shītǐ

ばっさい【伐採する】 砍伐 kǎnfá; 采伐 cǎifá

（英 *cut down*）▶桜は住民の反対で～を免れた/在居民的反对下樱花树才未被采伐 zài jūmín de fǎnduìxià yīnghuāshù cái wèi bèi cǎifá ▶無計画に～するから災害を招くのだ/无计划采伐导致灾害 wú jìhuà cǎifá dǎozhì zāihài

ばっさり 大把大把地 dàbǎ dàbǎ de; 一刀 yìdāo （英 *drastically*）▶研究費が～削られた/研究费一下子被砍掉了 yánjiūfèi yíxiàzi bèi kǎndiào le ▶花のついた枝が～と切りおとされた/花枝被一刀砍断 huāzhī bèi yìdāo kǎnduàn

はっさん【発散する】 散发 sànfā; 发泄 fāxiè （英 *emit*）▶余熱を～させる/散发余热 sànfā yúrè ▶ストレスを～する/消除紧张 xiāochú jǐnzhāng ▶どうやってストレスを～させるのか/怎样才能消除精神上的压力？ zěnyàng cái néng xiāochú jīngshénshang de yālì? ▶歌えば酔いが～する/唱歌可消醉 chànggē kě xiāozuì ▶羊が～する臭いが強烈だった/绵羊散发强烈的膻味 miányáng sànfā qiángliè de sāowèi

はっし 当啷一声 dānglāng yì shēng （英 *at a whack*）▶ボールをバットで～と叩いた/当啷一声把棒击在球上 dānglāng yì shēng bǎ bàng jī zài qiúshang

ばっし【抜糸する】 拆线 chāixiàn （英 *take out the stitches*）▶～は1週間後になります/一周后拆线 yì zhōu hòu chāixiàn ▶すこし早目に～した/稍微提前拆线了 shāowēi tíqián chāixiàn le

ばっし【抜歯する】 拔牙 báyá （英 *pull out a tooth*）▶～なしの治療法を考えてみましょう/考虑一下不拔牙的治疗方法 kǎolǜ yíxià bù báyá de zhìliáo fāngfǎ ▶地獄の門をくぐる思いで～した/用一种穿过地狱之门般的心情拔掉牙齿 yòng yì zhǒng chuānguò dìyù zhī mén bān de xīnqíng bádiào yáchǐ

バッジ 徽章 huīzhāng; 证章 zhèngzhāng （英 *a badge*）▶本日をもって議員に～を外します/于今天摘下议员徽章 yú jīntiān zhāixià yìyuán huīzhāng ▶～をつけないと入室できない/不戴徽章则不能入室 bú dài huīzhāng zé bùnéng rùshì

はつしも【初霜】 初霜 chūshuāng; 入冬首次下的霜 rùdōng shǒucì xià de shuāng （英 *the first frost of the year*）▶朝起きると～がおりていた/早上起来时，看到外面下了初霜 zǎoshang qǐlái shí, kàndào wàimiàn xiàle chūshuāng

はっしゃ【発車する】 开车 kāichē; 发车 fāchē （英 *depart*）▶～を告げるベルが鳴った/发车铃已经响起 fāchēlíng yǐjing xiǎngqǐ ▶駅に着いたときにはもう～していた/赶到车站时已经发车了 gǎndào chēzhàn shí yǐjing fāchē le

はっしゃ【発射する】 发射 fāshè （英 *discharge*）▶銃を～する/开枪 kāiqiāng ▶大砲をいっせいに～した/一齐开炮 yìqí kāipào ▶ロケット～の瞬間が近づいてくる/渐渐临近火箭发射的那一刻 jiànjiàn línjìn huǒjiàn fāshè de nà yíkè

はつしょう【発祥】 发祥 fāxiáng （英 *an origin*）▶仏教の～の地はどこか/佛教的发祥地是哪里？ Fójiào de fāxiángdì shì nǎli? ▶我が町は

芋焼酎の～の地だ/我们小城是白薯烧酒的发祥地 wǒmen xiǎochéng shì báishǔ shāojiǔ de fāxiángdì

はつじょう【発情】 发情 fāqíng （英 *sexual excitement*）▶～があるから繁殖がある/有了发情才有繁殖 yǒule fāqíng cái yǒu fánzhí ▶～した猫がうるさく騒いだ/发情的猫吵闹个不停 fāqíng de māo chǎonào ge bùtíng

ばっしょう【跋渉】 跋涉 báshè （英 *traverse*）▶山野を～する/跋山涉水 bá shān shè shuǐ

はっしょく【発色】 发色 fāsè; 生色 shēngsè （英 *color development*）

ばつじるし【罰印】 叉 chā（记号「×」）（英 *an x*）▶～をつける/打叉儿 dǎ chār ▶間違った答えに～をつける/给错误的回答打上叉 gěi cuòwù de huídá dǎshàng chā

はっしん【発信する】（無線信号を）发报 fābào （英 *send*）▶その～を最後に船は消息を絶った/这样发报之后船便断绝了消息 zhèyàng fābào zhīhòu chuán biàn duànjuéle xiāoxi ▶我が国から新しい文化を～するのだ/要从我国向外传播新的文化 yào cóng wǒguó xiàng wài chuánbō xīn de wénhuà ▶～人の名前がない/没有发信人姓名 méiyǒu fāxìnrén xìngmíng

◆～音（電話の）发信信号 fāxìn xìnhào

はっしん【発疹】 皮疹 pízhěn （英 *a rash*）▶全身に～が出た/全身发疹子了 quánshēn fā zhěnzi le

◆～チフス 斑疹伤寒 bānzhěn shānghán

はっしん【発進する】 进发 jìnfā; 出发 chūfā （英 *start*）;（飞行机が）起飞 qǐfēi （英 *take off*）▶自動車が急～する/汽车突然起动 qìchē tūrán qǐdòng ▶野犬が飛行機の～を妨げた/野狗妨碍了飞机起飞 yěgǒu fáng'àile fēijī qǐfēi

ばっすい【抜粋する】 文摘 wénzhāi; 摘录 zhāilù （英 *extract*）▶～引用する/摘引 zhāiyǐn ▶宣言文から～して添付する/附加宣言文的摘录 fùjiā xuānyánwén de zhāilù ▶雑誌に日記の～が載る/日记的摘录登载在杂志上 rìjì de zhāilù dēngzài zài zázhìshang

はっする【発する】 ❶《怒りや熱を》发 fā; 发出 fāchū （英 *emit*）▶怒りを～/发怒 fānù; 生气 shēngqì ▶警告を発したが無視された/发出的警告被无视 fāchū de jǐnggào bèi wúshì ▶夜に入って高熱を発した/入夜后发起了高烧 rùyèhòu fāqǐle gāoshāo ▶あれは信仰から発した行為だ/那是信仰引发的行为 nà shì xìnyǎng yǐnfā de xíngwéi ❷《始まる》发祥于 fāxiáng yú （英 *originate*）▶黄河流域に～文明/发祥于黄河流域的文明 Huánghé liúyù de wénmíng 怒り心頭に～ 怒上心头 nùshàng xīntóu …に端を～ 发端于… fāduān yú…; 由…演发到 yóu…yǎnfādào ▶私的な口論に端を発して派閥の争いに発展した/由私人口角演发到派系相争 yóu sīrén kǒujiǎo yǎnfādào pàixì xiāngzhēng

ハッスル 使劲干 shǐjìn gàn; 振作起来 zhènzuòqilai （英 *hustle*）▶声援を受けて彼は俄然～し

た/得到声援后他猛然振作起来 dédào shēngyuán hòu tā měngrán zhènzuòqǐlai

ばっする【罰する】 处罚 chǔfá (英 *punish*) ▶こういう行為を～法律がない/没有处罚这种行为的法律 méiyǒu chǔfá zhè zhǒng xíngwéi de fǎlǜ

はっせい【発生する】 发生 fāshēng (英 *occur*) ▶思わぬ事故が～する/发生了预想不到的事故 fāshēngle yùxiǎng bú dào de shìgù ▶コレラのため緊急呼集がかかった/因为发生霍乱，所以发出了紧急召集 yīnwèi fāshēng huòluàn, suǒyǐ fāchūle jǐnjí zhàojí

はっせい【発声する】 发声 fāshēng; (唱和する時の)带领喊 dàilǐng hǎn (英 *utter*) ▶～練習を繰り返す/反复练习发声 fǎnfù liànxí fāshēng ▶議長の～で万歳を三唱した/在议长的带领下喊了三遍万岁 zài yìzhǎng de dàilǐngxia hǎnle sān biàn wànsuì

◆～器官 :发音器官 fāyīn qìguān

はっそう【発送する】 寄出 jìchū; 发送 fāsòng (英 *send*) ▶荷物を～する/发送货物 fāsòng huòwù ▶商品見本は～した/商品样本已经寄出 shāngpǐn yàngběn yǐjīng jìchū ▶今月号の～は済んだ/本月号的发送已经结束 běn yuè hào de fāsòng yǐjīng jiéshù

はっそう【発想】 想法 xiǎngfa; 构思 gòusī (英 *get an idea*) ▶～の優れた/构思精妙的 gòusī jīngmiào de ▶枠を越えて～する人材がほしい/需要思维不受条框限制的人才 xūyào sīwéi bú shòu tiáokuàng xiànzhì de réncái ▶あの子は～がユニークだ/那个孩子构思独特 nàge háizi gòusī dútè ▶この際～の転換が必要だ/现在需要转换思维方式 xiànzài xūyào zhuǎnhuàn sīwéi fāngshì

ばっそく【罰則】 罚规 fáguī; 处罚条款 chǔfá tiáokuǎn (英 *penal regulations*) ▶～を設ける/规定罚规 guīdìng fáguī ▶彼らの行為は～に触れる/他们的行为触犯了处罚条例 tāmen de xíngwéi chùfànle chǔfá tiáolì

バッタ【飛蝗】 (虫)蝗虫 huángchóng; 蚂蚱 màzha; 蚱蜢 zhàměng (英 *a grasshopper*) ▶～による食害/蝗灾 huángzāi ▶～の大群が空を覆う/蝗虫成群弥漫了天空 huángchóng chéngqún mímànle tiānkōng ▶～をつかまえる/捕捉蝗虫 bǔzhuō huángchóng

はつたいけん【初体験する】 初次经验 chūcì jīngyàn; 第一次 dìyī cì (英 *have the first experience*) ▶人前で演じるのは～でした/在人前表演还是初次经历 zài rénqián biǎoyǎn háishi chūcì jīnglì ▶僕の～を語ろうか/讲讲我的第一次吧 jiǎngjiang wǒ de dìyī cì ba

はつたつ【発達する】 发达 fādá; 发展 fāzhǎn (英 *develop*) ▶科学技術が～している/科技发达 kējì fādá ▶彼は背筋が特に～している/他的背肌特别发达 tā de bèijī tèbié fādá ▶科学技術の～は人類に何をもたらしたか/科技发展给人类带来了什么? kējì de fāzhǎn gěi rénlèi dàiláile shénme?

◆～心理学 :发展心理学 fāzhǎn xīnlǐxué

はったり ▶～を言う/说大话 shuō dàhuà; 虚张声势 xūzhāng shēngshì; 故弄玄虚 gù nòng xuánxū (英 *a bluff*) ▶～を言うのも相手によりけりでね/说大话也要分清对手 shuō dàhuà yě yào fēnqīng duìshǒu ▶あいつの話は半分は～だ/这家伙讲的一半是大话 zhè jiāhuo jiǎng de yíbàn shì dàhuà ▶彼は一屋で信用がない/他爱嘴皮子，不能信任 tā ài zuǐpízi, bùnéng xìnrèn

ばったり 突然 tūrán (英 *suddenly*) ▶街角で～出会う/在街角突然遇见 zài jiējiǎo tūrán yùjiàn ▶演说中に～倒れる/演讲中突然倒下 yǎnjiǎng zhōng tūrán dǎoxià ▶音信が～とだえる/突然断了音信 tūrán duànle yīnxìn

はっちゃく【発着する】 出发和到达 chūfā hé dàodá; (航空機の)起落 qǐluò (英 *arrive and depart*) ▶～場所/出发到达地点 chūfā dàodá dìdiǎn ▶羽田空港の便はすべて運休となった/羽田机场起落的班机全部停运 Yǔtián jīchǎng qǐluò de bānjī quánbù tíngyùn ▶毎日10便が～する/每天有十个航班起落 měitiān yǒu shí ge hángbān qǐluò ▶～場所を間違えないでね/不要弄错了出发和到达的地点 búyào nòngcuòle chūfā hé dàodá de dìdiǎn

はっちゅう【発注する】 订货 dìnghuò (英 *order*) ▶～先の選定に迷う/在选择订货单位上很犹豫 zài xuǎnzé dìnghuò dānwèishang hěn yóuyù ▶我が社も専用機を～した/我们公司也订购了专机 wǒmen gōngsī yě dìnggòule zhuānjī

ばっちり 胜利地 shènglì de; 成功地 chénggōng de (英 *perfectly*) ▶ひと夏のバイトで～稼いだ/打了一个夏天的零工挣了不少 dǎle yí ge xiàtiān de línggōng zhèngle bùshǎo ▶～合格さ/一定会顺利合格的 yídìng huì shùnlì hégé de

ぱっちりした (目が)(眼睛)大而水灵 (yǎnjing) dà ér shuǐling (英 *bright-eyed*) ▶目もとの～した娘さんだ/水汪汪大眼睛的女儿 shuǐwāngwāng dàyǎnjing de nǚ'ér

ばってき【抜擢する】 提拔 tíbá; tíba; 提升 tíshēng (英 *select*) ▶異例の～だ/破格提升 pògé tíshēng ▶異例の～でいきなり専務になった/一下子破格提拔为专务董事 yíxiàzi pògé tíshēng wéi zhuānwù dǒngshì ▶支店長にはあの男を～しよう/提拔他做分店长吧 tíbá tā zuò fēndiànzhǎng ba

バッテリー (電池)蓄电池 xùdiànchí; (野球)投手和接手 tóushǒu hé jiēshǒu (英 *a battery*) ▶自動車の～が上がってしまった/汽车电瓶耗尽了 qìchē diànpíng hàojìn le

はってん【発展する】 发展 fāzhǎn (英 *develop*) ▶今後いっそうの～を期待する/期待今后有更大的发展 qīdài jīnhòu yǒu gèng dà de fāzhǎn ▶ここまで～するとは予想外だ/没有想到会如此发展 méiyǒu xiǎngdào huì rúcǐ fāzhǎn ▶～性

のない議論はやめよう/停止无谓的议论吧 tíngzhǐ wúwèi de yìlùn ba
♦～途上国:发展中国家 fāzhǎnzhōng guójiā

はつでん【発電する】 发电 fādiàn (英 generate electricity) ▶我が家では太陽光で～している/我们家用太阳能发电 wǒmenjiā yòng tàiyángnéng fādiàn ▶原子力での比率が高い/原子发电占的比率高 yuánzǐ fādiàn zhàn de bǐlǜ gāo
♦～機:发电机 fādiànjī ～自家～機/私家发电机 sījiā fādiànjī ～所:发电站 fādiànzhàn

はっと 豁然 huòrán; 突然 túrán (英 with a start; suddenly) ▶～気付く/猛醒 měngxǐng ▶～我に返る/清醒过来 qīngxǐngguòlai; 惊醒 jīngxǐng ▶言われて～気が付いた/被提醒后猛然意识到 bèi tíxǐnghòu měngrán yìshídào ▶目の前に～するような美人が立っていた/面前站着一个令人眼睛一亮的美女 miànqián zhànzhe yí ge lìng rén yǎnjing yí liàng de měinǚ

はっと【法度】 法度 fǎdù (英 taboo) 御～ 禁止 jìnzhǐ; 不准 bùzhǔn ▶タバコは御～だ/不准吸烟 bùzhǔn xīyān

バット 球棒 qiúbàng (英 a bat) ▶～で親をなぐったという/据说用球棒打了父母 jùshuō yòng qiúbàng dǎle fùmǔ ▶彼は40歳の秋ついに～を置いた/他在四十岁的秋天终于放下了球棒从球坛引退了 tā zài sìshí suì de qiūtiān zhōngyú fàngxiàle qiúbàng cóng qiútán yǐntuì le

ぱっと 突然 túrán; 一下子 yíxiàzi (英 suddenly; quickly) ▶～駆け出す/撒腿就跑 sātuǐ jiù pǎo ▶人影が～現れる/突然出现人影 túrán chūxiàn rényǐng ▶～ライトがつく/突然闪灯 túrán shǎndēng ▶噂が～広まる/谣言一下子传开了 yáoyán yíxiàzi chuánkāi le
～しない 不显著 bù xiǎnzhù; 不起眼 bù qǐyǎn ▶あの男も～しないね/那个男的不显眼 nàge nán de bù qǐyǎn

はつどう【発動する】 发动 fādòng; 行使 xíngshǐ (英 [法を] invoke) ▶内戦を～する/发动内战 fādòng nèizhàn ▶拒否権を～する/行使否决权 xíngshǐ fǒujuéquán ▶国権の～たる戦争/行使国家权力而发动的战争 xíngshǐ guójiā quánlì ér fādòng de zhànzhēng
♦～機:发动机 fādòngjī ▶～機がうなりをあげる/发动机发出轰鸣 fādòngjī fāchū hōngmíng

はっとうしん【八頭身】 理想身材 lǐxiǎng shēncái (英 a well-proportioned figure) ▶～美人/拥有理想身材的美女 yōngyǒu lǐxiǎng shēncái de měinǚ

はつに【初荷】 年初的第一次送货 niánchū de dìyī cì sònghuò (英 the first cargo of the new year)

はつねつ【発熱する】 发烧 fāshāo (英 develop a fever) ▶炎天下を走ったあげくに～した/烈日下奔跑导致发烧了 lièrìxià bēnpǎo dǎozhì fāshāo le ▶薬品の～に注意されたい/请注意药品的发热 qǐng zhùyì yàopǐn de fārè

はつのり【初乗り】 《タクシーなどの》起价 qǐjià; 起步价 qǐbùjià (英 one's first ride) ▶タクシーの～料金は710円である/出租车的起价是七百一十日元 chūzūchē de qǐjià shì qībǎi yìshí Rìyuán

はっぱ【発破】 ❶【火薬で】炸药 zhàyào; 爆破 bàopò (英 blasting) ▶岩盤に～をかける/爆破岩石 bàopò yánshí ❷【激励】激励 jīlì; 鼓励 gǔlì (英 spurring)
～をかける 激励する ▶課長に～をかけられた/受到科长激励 shòudào kēzhǎng jīlì

はつばい【発売する】 发售 fāshòu; 出售 chūshòu; 上市 shàngshì (英 put... on the market) ▶～を1週間繰り上げよう/提前一周上市 tíqián yì zhōu shàngshì ▶その本は来週～される/那本书下周开始发售的 nà běn shū xiàzhōu kāishǐ fāshòu de ▶その本は～禁止になった/那本书已经禁止销售了 nà běn shū yǐjīng jìnzhǐ xiāoshòu le ▶～元に問い合わせる/向销售商咨询 xiàng xiāoshòushāng zīxún

ぱっぱと 《惜しげもなく》大手大脚地 dàshǒu dàjiǎo de (英 generously) ▶～金を使う/大手大脚地花钱 dàshǒu dàjiǎo de huāqián ▶何でも～捨ててしまう/什么都大手大脚地扔掉 shénme dōu dàshǒu dàjiǎo de rēngdiào

はつはる【初春】 新春 xīnchūn; 新年 xīnnián (英 the New Year)

はつひ【初日】《旧暦》正月初一的日出 zhēngyuè chūyī de rìchū;《新暦》元旦日出 Yuándàn rìchū (英 the sunrise on New Year's day) ▶～を拝む/观瞻元旦的日出 guānzhān Yuándàn de rìchū ▶山頂で～の出を拝む/在山顶观看元旦日出 zài shāndǐng guānkàn Yuándàn rìchū

はっぴ【法被】号衣 hàoyī (英 a happi coat) ▶一同はそろいの～を着た/全体都穿着统一的号衣 quántǐ dōu chuānzhe tǒngyī de hàoyī ▶駅には～姿の男が待っていた/穿着号衣的男人等在车站 chuānzhe hàoyī de nánrén děngzài chēzhàn

ハッピーエンド 大团圆 dàtuányuán; 美好的结局 měihǎo de jiéjú (英 a happy ending) ▶～の物語が好きだ/喜欢快乐大结局的故事 xǐhuan kuàilè dàjiéjú de gùshì ▶せめてドラマくらい～であってほしい/希望至少电视剧以大团圆结束 xīwàng zhìshǎo diànshìjù yǐ dàtuányuán jiéshù

はつびょう【発病する】 发病 fābìng; 得病 débìng (英 be taken ill) ▶母が～以来気の休まる時がない/母亲生病后就没有心境舒畅过 mǔqīn shēngbìnghòu jiù méiyǒu xīnjìng shūchàngguo ▶父に続いて兄まで～した/继父亲之后哥哥也发病了 jì fùqin zhīhòu gēge yě fābìng le

はっぴょう【発表する】 发表 fābiǎo; 公布 gōngbù (英 announce) ▶研究を～する/发表研究成果 fābiǎo yánjiū chéngguǒ ▶学会での～を認められる/学会上的发表收到了认可 xuéhuìshang de fābiǎo shòudàole rènkě ▶明日は娘のバイオリンの～会がある/明天有女儿的小提琴汇报演奏会 míngtiān yǒu nǚ'ér de xiǎotíqín huìbào yǎnzòuhuì ▶会談のあと共同コミュニケを～す

る/会谈之后公布共同声明 huìtán zhīhòu gōngbù gòngtóng shēngmíng ▶合否の～はネット上で行う/在网络上发表考试结果 zài wǎngluòshang fābiǎo kǎoshì jiéguǒ ▶これは～能力を養うための授業です/这是培养发表能力的课程 zhè shì péiyǎng fābiǎo nénglì de kèchéng

はっぷ【発布する】 发布 fābù; 颁布 bānbù (英 promulgate) ▶憲法を～する/颁布宪法 bānbù xiànfǎ ▶～から実施までには一定の期間がある/从发布到实施有一定的期间 cóng fābù dào shíshí yǒu yídìng de qījiān

はつぶたい【初舞台】 首次登台 shǒucì dēngtái (英 one's first appearance (on the stage)) ▶～を踏む/初登舞台 chūdēng wǔtái

はっぷん【発憤する・発奮する】 奋发 fènfā; 振奋 zhènfèn (英 be inspired; be stimulated) ▶～させる/激发 jīfā ▶その日の敗北が彼を～させた/那一天的失败让他奋发图强 nà yì tiān de shībài ràng tā fènfā túqiáng ▶屈辱からの～があの名著を生んだ/因屈辱而振奋,从而有了那部名著 yīn qūrǔ ér zhènfèn, cóng'ér yǒule nà bù míngzhù ▶彼は～して英語の勉強を始めた/他发奋开始学习英语 tā fāfèn kāishǐ xuéxí Yīngyǔ

ばつぶん【跋文】 跋文 báwén (英 an epilogue) ▶～は君に書いてもらいたい/希望由你来写跋文 xīwàng yóu nǐ lái xiě báwén

はっぽう【八方】 四面八方 sìmiàn bāfāng; 各方面 gèfāngmiàn (英 all directions) ▶～満足のゆく/完满无缺的 wánmǎn wúquē de ▶～満足のゆく妙案がありますか/有满足各方的绝妙方案吗？ yǒu mǎnzú gèfāng de juémiào fāng'àn ma? ▶～から/来自各个方面 láizì gègè fāngmiàn ▶～手を尽くして探索する/千方百计探索 qiānfāng bǎijì tànsuǒ

◆～美人【八面玲瓏】bāmiànlínglóng ▶～美人は信頼されない/四面讨好是不被信赖的 sìmiàn tǎohǎo shì bú bèi xìnlài de ◆～塞がり/找不到路 zhǎobudào chūlù; 到处碰壁 dàochù pèngbì ▶会社はもはや～塞がりだ/公司已经是走投无路了 gōngsī yǐjīng shì zǒutóu wú lù le

はっぽう【発泡】 发泡 fāpào (英 foaming) ▶～剤/发泡剂 fāpàojì ▶～酒で酔いますか/发泡酒能醉吗？ fāpàojiǔ néng zuì ma?

◆～スチロール/泡沫聚苯乙烯 pàomò jùběnyǐxī

はっぽう【発砲する】 开枪 kāiqiāng; 枪击 qiāngjī (英 fire) ▶繁華街で～事件が起きた/闹市里发生了枪击事件 nàoshìli fāshēngle qiāngjī shìjiàn ▶～を許可する/允许开枪 yǔnxǔ kāiqiāng ▶向こうが先に～したんだ/是对方先开的枪 shì duìfāng xiān kāi de qiāng

はっぽうやぶれ【八方破れの】 漏洞百出 lòudòng bǎichū (英 rough-and-tumble) ▶～の構えでゆくよ/以毫无准备的架势来对应 yǐ háowú zhǔnbèi de jiàshì lái duìyìng ▶というのが実は恐ろしいのである/漏洞百出的架势实在是可怕 lòudòng bǎichū de jiàshì shízài shì kěpà

ばっぽんてき【抜本的に】 根本 gēnběn (英 radically) ▶～改革/彻底改革 chèdǐ gǎigé ▶～対策/根本的对策 gēnběn de duìcè ▶～に解決しよう/从根本上来解决这个问题吧 cóng gēnběnshang lái jiějué zhège wèntí ba ▶～な対策が必要である/必须有根本对策 bìxū yǒu gēnběn duìcè

はつみみ【初耳である】 初次听到 chūcì tīngdào; 没听说过 méi tīngshuōguo (英 hear for the first time) ▶そういう過去があるとは～だった/还是第一次听到有这样的过去 háishì dìyī cì tīngdào yǒu zhèyàng de guòqù ▶全くの～だ/完全是头一次听说 wánquán shì tóu yí cì tīngshuō

はつめい【発明する】 发明 fāmíng (英 invent) ▶あれもこれもエジソンが～した/这些都是爱迪生发明的 zhèxiē dōu shì Àidíshēng fāmíng de ▶必要は～の母/需要是发明之母 xūyào shì fāmíng zhī mǔ

◆～家/发明家 fāmíngjiā ▶今世紀最大の～家/本世纪最大的发明家 běnshìjì zuìdà de fāmíngjiā

はつもうで【初詣】 新年后初次参拜神佛 xīnniánhòu chūcì cānbài shénfó (英 the first visit of the new year to a shrine) ▶～に行かないと正月気分になれない/新年不去神社参拜就找不到过年的感觉 xīnnián bú qù shénshè cānbài jiù zhǎobudào guònián de gǎnjué

はつもの【初物】 最早上市的 zuìzǎo shàngshì de (英 the first... of the season) ▶～を食べる/尝鲜 chángxiān ▶～を食べると寿命がのびるという/据说尝鲜可以延长寿命 jùshuō chángxiān kěyǐ yáncháng shòumìng ▶～のナスが食膳に乗った/最早上市的茄子摆上了餐桌 zuìzǎo shàngshì de qiézi bǎishàngle cānzhuō

はつゆき【初雪】 初雪 chūxuě (英 the first snowfall) ▶例年より早く～が降った/初雪下得比往年早都早 chūxuě xiàde bǐ wǎngnián dōu zǎo

はつゆめ【初夢】 新年第一个梦 xīnnián dìyī ge mèng (英 the first dream of the New Year) ▶～に富士が出てきた/新年第一次做梦梦到了富士山 xīnnián dìyī cì zuòmèng mèngdàole Fùshìshān ▶どんな～を見ましたか/新年第一个梦梦到什么了？ xīnnián dìyī ge mèng mèngdào shénme le?

はつよう【発揚する】 发扬 fāyáng; 弘扬 hóngyáng (英 enhance)

はつらつ【溌剌とした】 活泼 huópo; 朝气蓬勃 zhāoqì péngbó (英 lively) ▶彼の元気な～たる姿がまぶしかった/他朝气蓬勃的姿态十分光彩照人 tā zhāoqì péngbó de zītài shífēn guāngcǎi zhàorén ▶彼女はいつも～としていた/她总是朝气蓬勃的样子 tā zǒngshì zhāoqì péngbó de yàngzi

はつれい【発令する】 发布 fābù; 发出 fāchū (英 announce; issue) ▶警報を～する/发出警报 fāchū jǐngbào ▶津波警報を～/发出海啸警报 fāchū hǎixiào jǐngbào ▶警報～の遅れが悔やまれる/警报发布的延误令人深感遗憾 jǐngbào fābù de yánwù lìng rén shēngǎn yíhàn

はつろ【発露する】 流露 liúlù；表现 biǎoxiàn（英 *express itself*）▶愛情の～/爱情的流露 àiqíng de liúlù ▶露骨な愛情の～というのは嫌だ/露骨表现情爱是让人反感 lùgǔ biǎoxiàn qíng'ài ràng rén fǎngǎn

はて《とまどって》哎 āi；咳 hāi（英《驚き》*What!*；[思案] *Well*.）▶～、どなたでしたか/哎，是哪一位？āi, shì nǎ yí wèi? ▶～、困ったぞ/咳，麻烦了 hāi, máfan le

はて【果て】 边际 biānjì；尽头 jìntóu（英 *the end*）▶地の～/大地的尽头 dàdì de jìntóu ▶地の～までも追いかけてゆきます/到了天边也要去追 dàole tiānbiān yě yào qù zhuī

あげくの～に　最后 zuìhòu

なれの～　末路 mòlù；下场 xiàchang ▶あれが理想家のなれの～の姿だ/那就是那个思想家的下场 nà jiùshì nàge sīxiǎngjiā de xiàchǎng

～のない　没完没了的 méi wán méi liǎo de ▶～のない争いが続いている/继续着没有尽头的争执 jìxùzhe méiyǒu jìntóu de zhēngzhí

はで【派手な】 浮华 fúhuá；华丽 huálì；花哨 huāshao（英 *showy*）▶～に着飾る/披红戴绿 pīhóng dàilǜ ▶今日彼女は珍しく～に着飾っている/今天，她罕见地打扮得很华丽 jīntiān, tā hǎnjiàn de dǎbande hěn huálì ▶～な性格/浮华的性格 fúhuá de xìnggé ▶～な性格でとくに目立った/夸张的性格总是引人注目 kuāzhāng de xìnggé zǒngshì yǐn rén zhùmù ▶～に散財する/铺张浪费 pūzhāng làngfèi ▶～な宣伝はしないでくれ/不要作花哨宣传 búyào zuò huāshao xuānchuán ▶年のわりに～なネクタイを締めている/系着与年纪不符的花哨的领带 jìzhe yǔ niánjì bùfú de huāshao de lǐngdài

パテ〔建築〕泥子 nìzi；油灰 yóuhuī（英 *putty*）

はてしない【果てしない】 无涯 wúyá；无边 wúbiān；无尽无休 wújìn wúxiū（英 *endless*）▶～荒野/一望无边的荒野 yí wàng wúbiān de huāngyě ▶一望～荒野が広がっている/眼前一片一望无尽的荒野 yǎnqián yí piàn yí wàng wújìn de huāngyě ▶話が～/话没完没了 huà méi wán méi liǎo ▶愚痴は果てしなく続いた/没完没了地发牢骚 méi wán méi liǎo de fā láosao「君の行く道は果てしなく遠い」《歌詞》"你的路远得没有尽头 Nǐ de lù yuǎnde méiyǒu jìntóu"

はてる【果てる】 完了 wánliǎo；告终 gàozhōng；《接尾辞》到极点 dào jídiǎn（英〔終わる〕*end*；〔死ぬ〕*die*）▶命が～/结束生命 jiéshù shēngmìng ▶俺の命はどこで～のだろう/我的生命到哪儿为止呢？wǒ de shēngmìng dào nǎr wéizhǐ ne? ▶話はいつ～ともわからなかった/不知道讲话什么时候结束 bù zhīdào jiǎnghuà shénme shíhou jiéshù ▶残業続きで疲れ～/持续加班已疲惫不堪 chíxù jiābān yǐ píbèi bù kān「君の行く道は果てしなく遠い」

ばてる 累坏 lèihuài；累得要死 lèide yàosǐ；精疲力竭 jīng pí lì jié（英 *be played out*）▶なんだ、

もうばてたのか/怎么，已经精疲力尽了吗？zěnme, yǐjīng jīng pí lì jìn le ma?

はてんこう【破天荒】 破天荒 pòtiānhuāng；史无前例 shǐ wú qiánlì（英 *record-breaking*, *unexampled*）▶あの人は中学時代～な冒険をしている/那个人初中时代做了破天荒的冒险 nàge rén chūzhōng shídài zuòle pòtiānhuāng de màoxiǎn ▶市民運動会で～の記録が出た/村民运动会上出现了未曾有过的记录 cūnmín yùndònghuìshang chūxiànle wèicéngyǒuguo de jìlù

パテント 专利 zhuānlì（英 *a patent*）▶～料がかさむ/增加专利费 zēngjiā zhuānlìfèi ▶～をとる/获取专利 huòqǔ zhuānlì

ハト【鳩】〘鳥〙鸽子 gēzi（英 *a pigeon*; *a dove*）

～が豆鉄砲を食ったような顔をする　一副惊慌失措的样子 yí fù jīnghuāng shīcuò de yàngzi

♦伝書～/信鸽 xìngē　伝書～を飛ばす/放飞信鸽 fàngfēi xìngē　～派/主和派 zhǔhépài ▶～派が活気づいている/主和派活跃起来 zhǔhépài huóyuèqǐlai　～笛〘中国の〙鸽哨 gēshào；《日本の》鸽形笛 gēxíngdí 参考 中国的鸠笛'鸽哨'是鸠の体に結びつけるもので，鸠が飛ぶと空で鳴る。エンジンの軽い唸りのような音がする。▶幼子が～笛を吹きならす/幼小的孩子吹响鸽形笛 yòuxiǎo de háizi chuīxiǎng gēxíngdí

はとう【波涛】 浪涛 làngtāo（英 *billows*）▶万里の～を越えてアメリカに渡った/跨越万里波涛远渡到美国 kuàyuè wànlǐ bōtāo yuǎndùdào Měiguó

はどう【波動】 波动 bōdòng（英 *a wave motion*）▶～力学/波动力学 bōdòng lìxué ▶～光学/波动光学 bōdòng guāngxué

ばとう【罵倒する】 咒骂 zhòumà；漫骂 mànmà（英 *abuse*）▶彼は仲裁に入った男を～した/他痛骂了介入调停的男人 tā tòngmàle jièrù tiáotíng de nánrén ▶～を浴びて堪忍袋の緒が切れた/被斥骂得再无法忍受 bèi chìmàde zài wúfǎ rěnshòu

パトカー 警车 jǐngchē；巡逻车 xúnluóchē（英 *a patrol car*）▶～のサイレンが近づく/警车的警笛越响越近 jǐngchē de jǐngdí yuè xiǎng yuè jìn ▶～に先導されて病院に向かう/警车带路直奔医院 jǐngchē dàilù zhíbēn yīyuàn ▶～が巡回する/警车在巡视 jǐngchē zài xúnshì

はとば【波止場】 码头 mǎtou（英 *a wharf*）▶夜の～に霧が流れる/夜晚的码头下起雾了 yèwǎn de mǎtouxia qǐwù le

バドミントン〘スポーツ〙羽毛球 yǔmáoqiú（英 *badminton*）

はどめ【歯止め】〘比喩〙煞住 shāzhù；抑制 yìzhì（英 *a brake*）

～が効かない　不能控制 bùnéng kòngzhì ▶温暖化の進行に～が効かない/无法阻止气候变暖的进程 wúfǎ zǔzhǐ qìhòu biànnuǎn de jìnchéng

～をかける　抑制 yìzhì ▶乱開発に～をかける/抑制乱开发 yìzhì luànkāifā

パトロールする 巡查 xúnchá; 巡逻 xúnluó (英 patrol) ▶~隊/巡逻队 xúnluóduì ▶住民が~隊を組織する/居民组织了巡逻队 jūmín zǔzhīle xúnluóduì ▶町内を随时~する/在社区内随时巡逻 zài shèqūnèi suíshí xúnluó

パトロン 靠山 kàoshān; 资助人 zīzhùrén (英 a patron) ▶彼には強力な~がついている/他有强大的靠山 tā yǒu qiángdà de kàoshān ▶金も出さずに一面するな/不出钱就别摆资助人的架子 bù chū qián jiù bié bǎi zīzhùrén de jiàzi

ハトロンし【ハトロン紙】牛皮纸 niúpízhǐ (英 brown paper) ▶~の封筒/牛皮纸信封 niúpízhǐ xìnfēng

バトン 接力棒 jiēlìbàng (英 a baton) ▶~タッチに失敗して失格となった/接力传失败而丧失了资格 jiēlìchuán shībài ér sàngshīle zīgé
~を渡す 交接 jiāojiē ▶次の世代に~を渡す時期がきている/到了向下一代交接的时期 dàole xiàng xià yí dài jiāojiē de shíqī
◆~トワラー 游行乐队的指挥 yóuxíng yuèduì de zhǐhuī

はな【花・華】**❶**[草木の] 花 huā (英 a flower; a blossom) ▶~が咲く/开花 kāihuā ▶~が散る/落花 luòhuā ▶~を育てる/莳花 yǎnghuā ▶~が咲き~が散る/花开花落 huā kāi huā luò ▶~筏がゆっくりと流れ下ってゆく/花瓣连成长条缓缓流逝 huābàn liánchéng chángtiáo huǎnhuǎn liúshì
❷[生け花] 插花 chāhuā (英 flower arrangement) ▶彼女はお~が得意です/她擅长插花 tā shàncháng chāhuā
❸[精華] 精华 jīnghuá; 美好 měihǎo (英 essence; flower) ▶彼女はクラスの~だった/她是班中之花 tā shì bān zhōng zhī huā ▶俺はあの頃が~だったなあ/那时候是我最好的时期了 nà shíhòu shì wǒ zuìhǎo de shíqī le
ことわざ 花より団子 舍华求实 shě huá qiú shí
言わぬが~ 沉默是金 chénmò shì jīn
話に~が咲く 谈得起劲 tán de qǐjìn; 越谈越热闹 yuè tán yuè rènao ▶兄弟姉妹が会えば話に~が咲く/兄弟姐妹见面越谈越热闹 xiōngdì zǐmèi jiànmiàn yuè tán yuè rènao
~も実もある 情理兼顾 qínglǐ jiāngù ▶会長の~も実もある計らいだった/那是会长情理兼顾的妥善决定 nà shì huìzhǎng qínglǐ jiāngù de tuǒshàn juédìng
~を添える 添加光彩 tiānjiā guāngcǎi ▶錦上に~を添える/锦上添花 jǐn shàng tiān huā
~を持たせる 把荣誉让给别人 bǎ róngyù rànggěi biérén ▶老人に~を持たせてあげよう/把荣誉让给老人吧 bǎ róngyù rànggěi lǎorén ba
[日中比較] 中国語の'花 huā'は草木の「花」の他に，動詞として時間や金銭を「使う」ことをも指す

はな【洟】鼻涕 bítì (英 snivel) ▶~をかむ/擤鼻涕 xǐng bítì ▶~をたらす/滴出鼻涕 tǎngchū bítì ▶男なんて60過ぎても~たれ小僧だ/男人啊，过了六十还是流鼻涕的小鬼 nánrén a, guòle liùshí háishi liú bítì de xiǎoguǐ

はな【鼻】**❶**[器官] 鼻子 bízi (英 a nose) ▶寒くなると~がつまる/一降温鼻子就塞住了 yí jiàngwēn bízi jiù sāizhùle
❷[嗅覚] (英 the sense of smell) ▶~がいい/嗅觉敏感 xiùjué mǐngǎn
木で~をくくる 特别冷漠 tèbié lěngmò ▶木で~をくくったような応対をする/特别冷漠怠慢的应对 tèbié lěngmò dàimàn de yìngduì
~がきく ▶俺，人事の話には~がきくんだ/我这个人，对人事话题是很敏感的 wǒ zhège rén, duì rénshì huàtí shì hěn mǐngǎn de
~が高い[得意] 感到得意 gǎndào déyì ▶おかげで私まで~が高い/托福连我也感到得意 tuōfú lián wǒ yě gǎndào déyì
~しらう 嗤之以鼻 chī zhī yǐ bí ▶彼は住民の陳情を~であしらうようなやつだ/他是一个会对居民请愿嗤之以鼻的家伙 tā shì yí ge huì duì jūmín qǐngyuàn chī zhī yǐ bí de jiāhuo
~にかける 骄傲 jiāo'ào ▶家柄を~にかける/炫耀门第 xuànyào méndì
~につく[自慢話などが] 厌烦 yànfán ▶きざなせりふが~につく/造作的台词让人讨厌 zàozuo de táicí ràng rén tǎoyàn
~をあかす ▶あいつの~をあかしてやろう/让他栽栽跟头下不来台 ràng tā zāizai gēntou xiàbùlái tái
~をつく[匂いが] 扑鼻 pūbí ▶腐臭が~をつく/腐臭扑鼻 fǔchòu pūbí
◆~先:(目の前) 眼前 yǎnqián ▶ほんの~先で事故が起きた/就在眼前发生了事故 jiù zài yǎnqián fāshēngle shìgù

はないき【鼻息】鼻息 bíxī; (意気込み) 气焰 qìyàn (英 a snort) ▶部長の~をうかがってばかりいる/专仰部长的鼻息 zhuān yǎng bùzhǎng de bíxī
~が荒い 气焰嚣张 qìyàn xiāozhāng ▶小金を稼いだものだから~が荒い/因为赚了点小钱就嚣张起来了 yīnwèi zhuànle diǎn xiǎoqián jiù xiāozhāng qǐlai le

はなうた【鼻歌】哼唱 hēngchàng (英 humming) ▶~を歌う/哼唱 hēngchàng ▶~を歌いながら通り過ぎていった/哼着小调走了过去 hēngzhe xiǎodiào zǒuleguòqu ▶~まじりでパソコンを叩いている/哼着调子打着电脑 hēngzhe diàozi dǎzhe diànnǎo

はなお【鼻緒】[草履の] 草履带 cǎolǚdài; [下駄の] 木屐带 mùjīdài (英 a clog thong) ▶草履の~が切れた/草履带断了 cǎolǚdài duàn le ▶~をすげる/穿木屐带 chuān mùjīdài

はなかぜ【鼻風邪】伤风 shāngfēng (英 a cold in the head) ▶~をひく/患伤风 huàn shāngfēng

はながた【花形】红人 hóngrén; 宠儿 chǒng'ér (英 a star) ▶~選手/体坛明星 tǐtán míngxīng ▶実力を伴わない~選手もいる/也有不具实力的...

はながみ【鼻紙】 手纸 shǒuzhǐ (英 a tissue)

はながら【花柄】 花形图案 huāxíng tú'àn (英 a floral pattern) ▶~のワンピースを着ている/穿着花形图案的连衣裙 chuānzhe huāxíng tú'àn de liányīqún ▶カーテンは裾に~があしらってある/窗帘的下摆配着花纹 chuānglián de xiàbǎi pèizhe huāwén

はなぐすり【鼻薬】 小恩小惠 xiǎo'ēn xiǎohuì (英 わいろ a bribe) ▶あの男には~を利かせてあるから安心だ/给那小子尝了些甜头，就放心吧 gěi nà xiǎozi chángle xiē tiántou, jiù fàngxīn ba ▶~をかがせてもだめかい/给他施点小恩小惠也不行吗？ gěi tā shī diǎn xiǎo'ēn xiǎohuì yě bùxíng ma?

はなくそ【鼻糞】 鼻屎 bíshǐ (英 nose dirt) ▶~をほじくる/抠鼻子 kōu bízi; 挖鼻屎 wā bíshǐ

はなぐもり【花曇り】 樱花盛开时期的阴天 yīnghuā shèngkāi shíqí de yīntiān (英 cloudy weather during the cherry blossom season) ▶~の空に鐘の音が流れた/樱花盛开的阴天里传来了钟声 yīnghuā shèngkāi de yīntiānlǐ chuánláile zhōngshēng

はなげ【鼻毛】 鼻毛 bímáo (英 nostril hair) ▶空気が汚いといっそう~がのびる/空气越脏鼻毛长得越快 kōngqì yuè zāng bímáo zhǎngde yuè kuài

～を読まれる 被女人玩弄 bèi nǚrén wánnòng

はなごえ【鼻声】 鼻音 bíyīn (英 a nasal voice) ▶~になる/发飈 fānàng ▶かぜをひいて~になる/患感冒鼻子发飈 huàn gǎnmào bízi fānàng ▶しだれかかって~を出す/哼哼唧唧地依偎过来 hēnghēngjījī de yīwēiguòlai

はなござ【花茣蓙】 花草席 huācǎoxí (英 a figured mat) ▶~を広げて野の宴を楽しんだ/摆好花草席尽情享受野餐 bǎihǎo huācǎoxí jìnqíng xiǎngshòu yěcān

はなことば【花言葉】 花的象征语 huā de xiàngzhēngyǔ; 花的寓意 huā de yùyì (英 flower language) ▶~が相手には通じなかった/对方不懂花的寓意 duìfāng bù dǒng huā de yùyì

はなざかり【花盛り】 花盛开 huā shèngkāi (英 flowers at their best) ▶見渡すかぎりラベンダーの~だった/放眼望去尽是盛开的薰衣草 fàngyǎn wàng qù jìn shì shèngkāi de xūnyīcǎo ▶あなたも今が~なのよ/你现在也正是花季 nǐ xiànzài yě zhèngshì huājì

はなし【話】 ❶【談話・内容】 故事 gùshi; 说话 shuōhuà (英 a talk; an account) ▶~の筋が通らない/说话内容不合条理 shuōhuà nèiróng bùhé tiáolǐ ▶~をやめる/住口 zhùkǒu ▶~がうまい/说话会道 shuōhuà huì dào ▶おふくろの~がくどいんだ/妈妈的话很啰嗦 māma de huà hěn luōsuo ▶花咲爺さんのお~をしてあげよう/讲个《开花爷爷》的故事吧 jiǎng ge《Kāihuā yéye》de gùshi ba ▶あなたはほんとに~上手ですね/你真是能说会道啊 nǐ zhēn shì néng shuō huì dào a

❷【話題】 话题 huàtí (英 a topic) ▶~は違いますが今度の税制…/话题稍换一下，这次的税制… huàtí shāo huàn yíxià, zhè cì de shuìzhì ▶~の接穂(ほ)を失って二人は黙った/话题没有衔接，这两人沉默了 huàtí méiyǒu xiánjiē, liǎng rén chénmò le

❸【道理・事情】 情况 qíngkuàng (英 reason; the facts) ▶そんな、まるで~が違うじゃないか/什么？和先前说的完全不一样啊！ shénme? hé xiānqián shuō de wánquán bù yíyàng a! ▶~がうまずぎると思わないかな/不认为这事儿有点儿太好了吗？ bú rènwéi zhè shìr yǒudiǎnr tài hǎo le ma? ▶ここだけの~ですが実は彼は…/这话只在这里说，其实他… zhè huà zhǐ zài zhèlǐ shuō, qíshí tā…

❹【相談・交渉】 商量 shāngliang; 商议 shāngyì (英 consultation; negotiations) ▶~がこわれる/告吹 gàochuī ▶君にちょっと~があるんだが…/有话要和你商谈 ▶あいつが口出ししたから~がこわれたんだ/因为那家伙插嘴，这件事才告吹了 yīnwèi nà jiāhuo chāzuǐ, zhè jiàn shì cái gàochuī le

～が合う 谈得来 tándelái ▶あの人とは妙に~が合う/和那人倒挺谈得来 hé nà rén dào tǐng tándelái

～が脱線する 文不对题 wén bú duì tí ▶おやおや~が脱線しましたね/哎，跑题了 āi, pǎotí le

～がつく 谈妥 tántuǒ ▶こちらの希望に沿って~がついた/按照我们的希望谈妥了 ànzhào wǒmen de xīwàng tántuǒ le

～がわかる 通情达理 tōngqíng dálǐ ▶さすが先生は~がわかるな/到底是老师通情达理 dàodǐ shì lǎoshī tōngqíng dálǐ

～にならない 不值一谈 bùzhí yītán; 不像话 búxiànghuà ▶彼は経験がないので~にならない/他没有经验，没法谈下去 tā méiyǒu jīngyàn, méi fǎ tánxiàqu

～に花が咲く 谈得入迷 tánde rùmí; 谈笑风生 tánxiào fēng shēng ▶昔の友が訪ねてきて~に花が咲いた/老朋友来访，大家谈得很欢 lǎopéngyou láifǎng, dàjiā tánde hěn huān

♦～の種 话柄 huàbǐng ▶こんなことでも~の種にはなるだろう/这些事情也能成为话题吧 zhèxiē shìqing yě néng chéngwéi huàtí ba

-ばなし【-放し】 《接尾語》 一直 yìzhí ▶テレビをつけっ~にする/一直开着电视 yìzhí kāizhe diànshì ▶さっきから泣きっ~なんだ/从刚才起就一直在哭 cóng gāngcái qǐ jiù yìzhí zài kū

はなしあい【話し合いをする】 协议 xiéyì; 谈判 tánpàn (英 have a talk; consult) ▶何とか~で解決したい/想想办法，通过协商解决问题 xiǎngxiang bànfǎ, tōngguò xiéshāng jiějué wèntí ▶~のできる雰囲気ではない/不是可以协

はなしあいて【話し相手】 谈话的对方 tánhuà de duìfāng; 聊天伙伴 liáotiān huǒbàn ㊎ *a companion*) ▶私の〜は猫だけでした/听我讲话的只有猫 tīng wǒ jiǎnghuà de zhǐ yǒu māo ▶よい〜に恵まれてよかった/遇到了不错的聊天伙伴 yùdàole búcuò de liáotiān huǒbàn ▶頼りない男でもよい〜になってくれた/靠不住的男人也变成了不错的倾诉对象 kàobuzhù de nánrén yě biànchéngle búcuò de qīngsù duìxiàng

はなしあう【話し合う】 交谈 jiāotán; 商谈 shāngtán ㊎ *talk*) ▶夜を徹して〜こともあった/曾经彻夜商谈 céngjīng chèyè shāngtán ▶うちに妥協点が見えてきた/在协商过程中看到了妥协点 zài xiéshāng guòchéng zhōng kàndàole tuǒxiédiǎn

はなしがい【放し飼い〈にする〉】 牧放 mùfàng ㊎ *pasture; leave... at large*) ▶牛を〜にする/放养牛 fàngyǎng niú ▶あの家の子供はまるで〜だ/那家简直是在放养孩子 nà jiā jiǎnzhí shì zài fàngyǎng háizi

はなしかける【話しかける】 打茬 dǎchá; 搭话 dāhuà ㊎ *speak to...*) ▶執筆中は話しかけないでくれ/写东西时别跟我打茬 xiě dōngxi shí bié gēn wǒ dǎchá ▶電車の中でふと話しかけられた/在电车里突然有人和我搭话 zài diànchēli tūrán yǒu rén hé wǒ dāhuà

はなしごえ【話し声】 人声 rénshēng; 话音 huàyīn ㊎ *a voice*) ▶〜がする/听到人声 tīngdào rénshēng ▶塀越しに〜がする/隔着墙听到有人说话 gézhe qiáng tīngdào yǒu rén shuōhuà

はなしことば【話し言葉】 口语 kǒuyǔ ㊎ *spoken language*) ▶〜と書き言葉を使い分ける/区别使用口语和书面语 qūbié shǐyòng kǒuyǔ hé shūmiànyǔ

はなしこむ【話し込む】 谈半天 tán bàntiān; 畅谈 chàngtán ㊎ *have a long talk*) ▶あれこれすっかり話し込んじゃって/这个那个的,一聊就聊了很久 zhège nàge de, yì liáo jiù liáole hěn jiǔ ▶気がつくと4時間も話し込んでいた/回过神来,已经谈了四个小时 huíguo shén lái, yǐjīng tánle sì ge xiǎoshí

はなしずき【話し好きの】 爱说话 ài shuōhuà; 爱聊天 ài liáotiān ㊎ *talkative*) ▶急いでいる時〜につかまると災難だよ/着急时被爱聊天的人抓住实在是灾难 zhāojíshí bèi ài liáotiān de rén zhuāzhù shízài shì zāinàn ▶あのお婆さんの〜は近所でも評判!/那老婆婆爱聊天,在附近都是出了名 nà lǎopópo ài liáotiān, zài fùjìn dōu shì chūle míng

はなしちゅう【話し中】 〈電話〉占线 zhànxiàn;〈発言中〉在说话 zài shuōhuà ㊎ *busy*) ▶電話をしたがずっと〜だった/打过电话,但一直占线 dǎguo diànhuà, dàn yìzhí zhànxiàn ▶〜をすまないがね、先ほどの…/很抱歉打断你们说话,刚才的… hěn bàoqiàn dǎduàn nǐmen shuōhuà, gāngcái de…

はなして【話し手】 说话者 shuōhuàzhě ㊎ *the talker*)

はなしはんぶん【話半分】 〜に聞く 打着折扣听 dǎzhe zhékòu tīng ▶あんな大ほらを〜に聞いておけばいいんだ/那种大话,打着折扣听就行了 nà zhǒng dàhuà, dǎzhe zhékòu tīng jiù xíng le

はなしぶり【話し振り】 说话的调子 shuōhuà de diàozi ㊎ *one's way of talking*) ▶まるで見てきたような〜だね/说话时那样子,好像是亲眼看到了一样 shuōhuà shí nà yàngzi, hǎoxiàng shì qīnyǎn kàndàole yíyàng ▶気のない〜が気になる/那漫不经心的说话样子让人别扭 nà màn bù jīngxīn de shuōhuà yàngzi ràng rén bièniu

はなしやすい【話し易い】 好说 hǎoshuō;〈人柄〉平易近人 píngyì jìnrén ㊎ *easy to talk to*) ▶〜人/和蔼可亲的人 hé'ǎi kěqīn de rén ▶肩書きは重いのに〜人だった/是一个身居高位,却平易近人的人 shì yí ge shēn jū gāowèi, què píngyì jìnrén de rén

はなじる【鼻汁】 鼻涕 bítì ㊎ *snivel*) ▶〜をすすり上げる/吸鼻涕 xī bítì ▶〜がたれる/流鼻涕 liú bítì

はなじろむ【鼻白む】 扫兴 sǎoxìng; 败兴 bàixìng ㊎ *look embarrassed*)

はなす【放す】 撒 sā; 放开 fàngkāi ㊎〈手を〉 *take one's hands off*;〈自由にする〉 *set free*) ▶砂浜で犬を放した/在沙滩把狗放开了 zài shātān bǎ gǒu fàngkāi ▶放せよ、ちぎれるじゃないか/放手!要撕破了 fàngshǒu! yào sīpò le ▶あの男を放しちゃだめよ/不能放走那男人 bùnéng fàngzǒu nà nánrén

はなす【話す】 讲 jiǎng; 说 shuō ㊎ *speak; talk; tell*) ▶人に〜/对人说 duì rén shuō ▶友と〜/跟朋友谈 gēn péngyou tán ▶彼女は日本語が話せる/她会说日语 tā huì shuō Rìyǔ ▶人に〜ようなことではないだろう/是不能跟别人讲的事情吧 shì bùnéng gēn biérén jiǎng de shìqing ba ▶練習計画について友と〜/跟朋友谈论练习计划 gēn péngyou tánlùn liànxí jìhuà ▶君に話したいことがある/我有一件事要跟你谈 wǒ yǒu yí jiàn shì yào gēn nǐ tán

はなす【離す】 松开 sōngkāi;《距離を》拉开 lākāi ㊎ *separate*) ▶手を〜/松手 sōng shǒu ▶手を〜と坊やはよちよち歩きだした/一放手,孩子就摇摇晃晃地走起来 yí fàngshǒu, háizi jiù yáoyáohuànghuàng de zǒuqǐlai ▶忙しくて手が離せない/太忙了,腾不开手 tài máng le, téngbukāi shǒu ▶子供は片時も目が離せない/孩子得时刻注意 háizi děi shíkè zhùyì ▶もうすこし〜を離したらどうか/再多拉开点怎么样? zài duō lākāi diǎn zěnmeyàng? ▶一日たりとも辞書は離しません/一天都离不开词典 yì tiān dōu líbukāi cídiǎn

はなすじ【鼻筋】 鼻梁 bíliáng (英 *the ridge of the nose*) ▶~の通った　高鼻梁 gāobíliáng ▶~の通った面長だった/是个高鼻梁长脸的青年 shì ge gāobíliáng chángliǎn de qīngnián

はなせる【話せる】 懂道理 dǒng dàolǐ; 有见识 yǒu jiànshí (英 *understanding*) ▶课長がまた話せないときている/再加上本科长又是个不明事理的人 zài jiāshàng kēzhǎng yòu shì ge bùmíng shìlǐ de rén ▶なかなか~男じゃないか/是个相当通情达理的人嘛 shì ge xiāngdāng tōngqíng dálǐ de rén ma

はなぞの【花園】 花园 huāyuán (英 *a flower garden*)

はなたかだか【鼻高高の】 得意扬扬 déyì yángyáng (英 *proud*) ▶息子が合格したので親父さんは~だ/儿子合格后父亲得意洋洋 érzi hégéhòu fùqin déyì yángyáng

はなたば【花束】 花束 huāshù (英 *a bunch of flowers*) ▶祝賀会は~で埋まった/庆祝会上摆满了花束 qìngzhùhuìshang bǎimǎnle huāshù ▶講演のあと~が贈られた/演讲后有人送上了花束 yǎnjiǎnghòu yǒu rén sòngshànglle huāshù

はなぢ【鼻血】 鼻血 bíxuè (英 *a nosebleed*) ▶いつまでも~が止まらない/鼻血一直不停 bíxuè yìzhí bù tíng ▶逆さに振っても~も出ない　不管怎么折腾, 没钱就是没钱 bùguǎn zěnme zhēteng, méi qián jiùshì méi qián

はなつ【放つ】 放 fàng; 散发 sànfā (英 [発射] *shoot*; [発散] *emit*) ▶枯れた草に火を~/干草上放火 gāncǎoshang fànghuǒ ▶梅の花が夜の闇に芳香を~/梅花在夜里散发着幽香 méihuā zài yèlǐ sànfāzhe yōuxiāng ▶彼の絵はひときわ生彩を放っていた/他的画格外引人注目 tā de huà géwài yǐn rén zhùmù ▶矢は放たれた　放响了第一枪 fàngxiǎngle dìyī qiāng

はなっぱしら【鼻っ柱】 鼻梁 bíliáng (英 *the bridge of the nose*) ▶~が強い/固执己见 gùzhí jǐjiàn; 倔强 juéjiàng ▶~をへし折る　挫人锐气 cuò rén ruìqì ▶あいつの~をへし折ってやる/挫挫那家伙的锐气 cuòcuo nà jiāhuo de ruìqì

はなつまみ【鼻摘まみ】 令人讨厌 lìng rén tǎoyàn; 讨厌鬼 tǎoyànguǐ (英 *a disgusting fellow*; *a nuisance*) ▶~者/狗屎堆 gǒushǐduī ▶あの子は町内の~者だ/那孩子是这一带的讨厌鬼 nà háizi shì zhè yídài de tǎoyànguǐ

はなづまり【鼻詰まり】 鼻孔堵塞 bíkǒng dǔsè (英 *a stuffed nose*) ▶~で息ができない/鼻子堵得无法呼吸 bízi dǔde wúfǎ hūxī ▶このところひどい~だ/这个时期鼻子堵得厉害 zhège shíqí bízi dǔde lìhai

はなづら【鼻面】 鼻子 bízi (英 *the tip of one's nose*) ▶~を引き回す　俺の~を引き回そうって魂胆だろう/你是企图牵着我鼻子走吧 nǐ shì qǐtú qiānzhe wǒ bízi zǒu ba

はなどけい【花時計】 花卉钟 huāhuìzhōng (英)

バナナ【植物】 香蕉 xiāngjiāo (英 *a banana*) ▶~の皮を剥く/剥香蕉皮 bāo xiāngjiāopí

はなばさみ【花鉄】 花木剪刀 huāmù jiǎndāo (英 *flower scissors*) ▶~をもって庭に下りる/拿着花木剪刀进到院子里 názhe huāmù jiǎndāo jìndào yuànzili

はなはだ【甚だ】 非常 fēicháng; 很 hěn; 极其 jíqí (英 *exceedingly*) ▶~残念/实在可惜 shízài kěxī ▶見本とは~異なる/和样本相差很远 hé yàngběn xiāngchà hěn yuǎn ▶御理解いただけず~残念です/未能得到您的理解, 实在遗憾 wèinéng dédào nín de lǐjiě, shízài yíhàn ▶理想には~遠い/和理想还差得很远 hé lǐxiǎng hái chàde hěn yuǎn

はなばたけ【花畑】 花圃 huāpǔ; 花草地带 huācǎo dìdài (英 *a flower garden*) ▶山の~で蝶とたわむれる/在山中花圃里同蝴蝶嬉戏 zài shān zhōng huāpǔli tóng húdié xīxì

はなはだしい【甚だしい】 太大的 tài dà de; 极端的 jíduān de (英 *intense*; *extreme*) ▶好き嫌いが~/好挑拣 hǎo tiāojiǎn; 挑肥拣瘦 tiāo féi jiǎn shòu ▶彼は人の好き嫌いが~/他对人好恶太极端 tā duì rén hàowù tài jíduān ▶~格差/太大的差别 tài dà de chābié ▶~格差がついている/有着太大的差距 yǒuzhe tài dà de chājù

はなばなしい【華華しい】 华丽 huálì; 辉煌 huīhuáng (英 *splendid*; *brilliant*) ▶彼は~デビューを飾った/他辉煌亮相 tā huīhuáng liàngxiàng ▶その歌手は華々しく登場した, ひっそり消えた/那个歌手华丽登场, 悄悄消失 nàge gēshǒu huálì dēngchǎng, qiāoqiāo xiāoshī

はなび【花火】 烟火 yānhuo; 焰火 yànhuǒ (英 *fireworks*) ▶~を上げる/放烟火 fàng yānhuo ▶人生は~に似ている/人生如同焰火 rénshēng rútóng yànhuǒ ▶今晩川べりで~大会がある/今晚在河畔有焰火晚会 jīnwǎn zài hépàn yǒu yànhuǒ wǎnhuì

はなびら【花弁】 花瓣 huābàn (英 *a petal*)

はなふだ【花札】 花纸牌 huāzhǐpái (英 *hanafuda; Japanese playing cards with animal and plant species*) ▶賭博~のめりこむ/迷上花纸牌赌博 míshang huāzhǐpái dǔbó

はなふぶき【花吹雪】 飞雪似的樱花 fēixuě shìde yīnghuā (英 *cherry-blossoms falling in the wind*) ▶犬を連れた老婦人が~の中に消えていった/老妇人牵着狗消失在如雪般的落樱中 lǎofùrén qiānzhe gǒu xiāoshī zài rú xuě bān de luòyīng zhōng ▶~に視界を遮られる/飞雪似的樱花挡住了视线 fēixuě shìde yīnghuā dǎngzhùle shìxiàn

はなまち【花街】 烟花巷 yānhuāxiàng; 花街柳

はなみ巷 【花見巷】 huājiē liǔxiàng (英 *a red light district*) ▶彼にとって～は自分の庭のようなものだ/对他而言烟花巷如同自家庭院一般 duì tā ér yán yānhuāxiàng rútóng zìjiā tíngyuàn yìbān

はなみ 【花見をする】 观赏樱花 guānshǎng yīnghuā (英 *see cherry blossoms*) ▶～の席取りは新入社員の仕事だ/占取赏樱花席位是新员工的任务 zhànqǔ shǎngyīnghuā xíwèi shì xīnyuángōng de rènwu ▶客を当てこんで店を出す/临时摆个小摊招揽赏樱的游客 línshí bǎi ge xiǎotān zhāolǎn shǎngyīng de yóukè ▶もう～は行きましたか/已经去赏过樱花了吗？ yǐjing qù shǎngguo yīnghuā le ma? ▶～を楽しみにしている/期待着观赏樱花 qīdàizhe guānshǎng yīnghuā

はなみず 【鼻水】 鼻涕 bítì (英 *snivel*) ▶～が出る/流鼻涕 liú bítì ▶～を垂らす/淌鼻涕 tǎng bítì ▶体が冷えて～が出る/身体冷得鼻涕直流 shēntǐ lěngde bítì zhíliú

はなみち 【花道】 *（舞台や土俵の）* 通道 tōngdào; *（比喻）* 荣誉引退的环境 róngyù yǐntuì de huánjìng (英 *[剧場の] a traditional runway of kabuki theater*) ▶弁慶が～を引き上げてゆく/弁庆撤离通道 Biànqìng chèlí tōngdào ▶オリンピックを～にして引退した/奥运会后载誉引退 Àoyùnhuì hòu zàiyù yǐntuì ▶会長の～を飾ってあげよう/让会长风风光光地退位吧 ràng huìzhǎng fēngfēngguāngguāng de tuìwèi ba

はなむけ 【餞】 饯别 jiànbié (英 *a farewell gift*) ▶～の言葉/赠言 zèngyán ▶～の言葉は感動的だった/赠言非常感人 zèngyán fēicháng gǎnrén ▶せめてもの～に歌一首を贈る/送上一首和歌，略表饯别之情 sòngshàng yì shǒu hégē, lüè biǎo jiànbié zhī qíng

はなむこ 【花婿】 新郎 xīnláng (英 *a bridegroom*) ▶～側/男方 nánfāng ▶私は～側の主賓だった/我是新郎那边的主宾 wǒ shì xīnláng nàbiān de zhǔbīn ▶三国一の新婿/天下第一的新娘新郎 tiānxià dìyī de xīnniáng xīnláng

はなもちならない 【鼻持ちならない】 臭 chòu; 令人恶心 lìng rén ěxīn (英 *disgusting*) ▶～考え/馊主意 sōu zhǔyi ▶～人/癞皮狗 làipígǒu ▶まったく～きざ野郎だ/简直是令人作呕的做作小人 jiǎnzhí shì lìng rén zuò'ǒu de zuòzuo xiǎorén ▶あの独善ぶりは～/那自以为是的腔调令人恶心 nà zì yǐwéi shì de qiāngdiào lìng rén ěxīn

はなもよう 【花模様】 花卉图案 huāhuì tú'àn (英 *a flower pattern*) ▶～のハンカチで汗をふいた/用花卉图案的手帕擦汗 yòng huāhuì tú'àn de shǒupà cā hàn ▶服の～が毒々しく見える/衣服的花卉图案特别刺眼 yīfú de huāhuì tú'àn tèbié cìyǎn

はなや 【花屋】 花店 huādiàn; 卖花摊 màihuātān (英 *[店] a flower shop*) ▶寺の門前に～があった/寺院门前有个卖花摊 sìyuàn ménqián yǒu ge màihuātān ▶駅で花束をこしらえてもらった/在车站的花店叫店员扎了一束花 zài chēzhàn de huādiàn jiào diànyuán zāle yí shù huā

はなやか 【華やか】 绚烂 xuànlàn; 华丽 huálì (英 *gorgeous*) ▶その夜の宴は～だった/那天的晚宴非常盛大 nà tiān de wǎnyàn fēicháng shèngdà ▶こうして彼は～な生涯を閉じた/就这样他结束了辉煌的一生 jiù zhèyàng tā jiéshùle huīhuáng de yìshēng ▶客はみな～に装っていた/客人们都衣着华丽 kèrénmen dōu yīzhuó huálì

はなよめ 【花嫁】 新妇 xīnfù; 新娘 xīnniáng (英 *a bride*) ▶～側/女方 nǚfāng ▶～側の親族/新娘那边的亲属 xīnniáng nàbiān de qīnshǔ ▶～の父の気分はどうだい/新娘父亲的心情如何？ xīnniáng fùqīn de xīnqíng rúhé? ▶大学へは～探しに行ったようなものです/上大学好像就是去找老婆一样 shàng dàxué hǎoxiàng jiùshì qù zhǎo lǎopo yíyàng

はならび 【歯並び】 齿列 chǐliè (英 *a set of teeth*) ▶～がよい/齿列整齐 chǐliè zhěngqí ▶～を矯正することにした/决定矫正牙齿 juédìng jiǎozhèng yáchǐ

はなれ 【離れ】 离开主房另建的房间 líkāi zhǔfáng lìng jiàn de fángjiān (英 *[座敷] a detached room*) ▶～には祖母が一人で暮らしている/祖母一个人生活在和主楼分开的房子里 zǔmǔ yí ge rén shēnghuó zài hé zhǔlóu fēnkāi de fángzi li

ばなれ 【場馴れする】 不怯场 bú qièchǎng (英 *be experienced*) ▶彼も～してきたね/他也开始不怯场了啊 tā yě kāishǐ bú qièchǎng le a ▶～した態度を見せようと無理をしている/勉强做出很自然的态度 miǎnqiǎng zuòchū hěn zìrán de tàidù

はなれがたい 【離れ難い】 舍不得离开 shěbude líkāi; 难舍难分 nán shě nán fēn (英 *inseparable*) ▶離れ難く思う/依恋 yīliàn ▶生まれ育った家は～のが当然/对养育之家当然恋恋不舍 duì yǎngyù zhī jiā dāngrán liànliàn bù shě

はなれじま 【離れ島】 孤岛 gūdǎo (英 *a solitary island*) ▶旅を重ねて～に渡る/一次又一次旅游远渡孤岛 yí cì yòu yí cì lǚyóu yuǎndù gūdǎo ▶～を台風が直撃した/台风直接袭击了孤岛 táifēng zhíjiē xíjīle gūdǎo ▶～の生活にも慣れた/也适应了小孤岛的生活 yě shìyìngle xiǎogūdǎo de shēnghuó

はなればなれ 【離れ離れになる】 分离 fēnlí; 失散 shīsàn (英 *get separated*) ▶～の生活は5年続いている/分散生活已经持续了五年 fēnsàn shēnghuó yǐjing chíxùle wǔ nián ▶一家は～になった/一家离散 yì jiā lísàn

はなれる 【離れる】 离开 líkāi (英 *separate; be away*) ▶親元を離れて暮らす/离开父母生活 líkāi fùmǔ shēnghuó ▶駅はここから3キロ離れている/车站离这儿有三公里远 chēzhàn lí zhèr yǒu sān gōnglǐ yuǎn ▶支持者が次々離れてゆく/支持者陆续离开 zhīchízhě lùxù líkāi ▶その仕事はすでに私の手を離れた/那工作已经不归我管了

nà gōngzuò yǐjing bù guī wǒ guǎn le ▶金銭問題を離れて考えてみようじゃないか/别管金钱问题来考虑一下吧 bié guǎn jīnqián wèntí lái kǎolǜ yíxià ba ▶やっぱりあなたと離れられない/还是不能离开你 háishi bùnéng líkāi nǐ

はなれわざ【離れ業】 绝技 juéjì (英 *a feat; a stunt*) ▶3区で10人抜きという〜を演じた/在第三区演出了连续超过十人的绝技 zài dìsān qū yǎnchūle liánxù chāoguò shí rén de juéjì

はなわ【花輪】 **❶**【首にかける】花环 huāhuán (英 *a garland*;〔ハワイの〕*a lei*) ▶首に〜をかけて飛行機から下りてきた/脖子上戴着花环走下了飞机 bózishang dàizhe huāhuán zǒuxiàle fēijī **❷**【葬儀用など】花圈 huāquān (英 *a wreath*) ▶友の葬儀に〜を贈った/为朋友的葬礼送了花圈 wèi péngyou de zànglǐ sòngle huāquān

はにかむ 害羞 hàixiū; 腼腆 miǎntiǎn (英 *be shy*) ▶彼女ははにかみを浮かべて立っていた/她露出害羞的表情站在那里 tā lùchū hàixiū de biǎoqíng zhànzài nàli ▶あの女が〜なんて、天地がひっくり返るぞ/那个女的要会害羞的话，天地都能倒转 nàge nǚ de yào huì hàixiū de huà, tiāndì dōu néng dǎozhuǎn

ばにく【馬肉】 马肉 mǎròu (英 *horsemeat*) ▶〜を肴に焼酎を重ねた/用马肉作下酒菜喝了不少烧酒 yòng mǎròu zuò xiàjiǔcài hēle bùshǎo shāojiǔ ▶〜の刺身はいけますよ/生马肉片还不错 shēngmǎròupiàn hái búcuò

パニック **❶**【経済恐慌】经济危机 jīngjì wēijī; 经济恐慌 jīngjì kǒnghuāng (英 *a panic*) ▶経済〜の不安がよぎった/心中掠过一丝对经济恐慌的不安 xīnzhōng lüèguò yì sī duì jīngjì kǒnghuāng de bù'ān **❷**【群衆混乱】人群混乱 rénqún hùnluàn;《恐怖や不安》恐惧不安 kǒngjù bù'ān (英 *a panic*) ▶〜に陥る/陷入惶恐 xiànrù huángkǒng ▶火災で劇場内は〜に陥った/火灾使剧场内陷入混乱状态 huǒzāi shǐ jùchǎngnèi xiànrù hùnluàn zhuàngtài

◆障害〔医〕惊恐症 jīngkǒngzhèng

バニラ〔植物〕香子兰 xiāngzǐlán; 香草 xiāngcǎo (英 *vanilla*) ▶〜アイス/香草冰激凌 xiāngcǎo bīngjīlíng ▶〜エッセンス/香草精 xiāngcǎojīng

はにわ【埴輪】 土俑 tǔyǒng (英 *a clay image*) ▶〜が幾つか掘り出された/挖出了几尊土俑 wāchūle jǐ zūn tǔyǒng ▶あの人はどこかで踊る〜に似ている/总觉得那个人和舞蹈土俑相似 zǒng juéde nàge rén hé wǔdǎo tǔyǒng xiāngsì

はね【羽・羽根】 翅膀 chìbǎng;翅子 chìzi 〔羽毛〕*a feather*;〔翼〕*a wing*) ▶鴨に〜に釣り糸がからんでいるのだ/野鸭的羽毛上缠绕着鱼线 yěyā de yǔmáoshang chánràozhe yúxiàn ▶〜を広げると2メートルある/伸开翅膀有两米 shēnkāi chìbǎng yǒu liǎng mǐ

〜が生えたように ▶ゲームソフトは〜が生えたように売れた/游戏软件像长了翅膀一样飞快地卖出去很多 yóuxì ruǎnjiàn xiàng zhǎngle chìbǎng yíyàng fēikuài de màichūqu hěn duō

〜を伸ばす 摆脱束缚 bǎituō shùfù ▶亭主の留守に思いきり〜/丈夫不在家，尽情地享受自由 zhàngfu bú zàijiā, jìnqíng de xiǎngshòu zìyóu

◆〜布団 羽毛被 yǔmáobèi; 鸭绒被 yāróngbèi ▶〜布団でぬくぬくと寝る/暖呼呼地睡在羽绒被里 nuǎnhūhū de shuìzài yǔróngbèili

はね【跳ね】 泥水 níshuǐ 〔泥などの〕*splashes*) ▶自動車に〜を上げて走り去る/汽车溅起泥水扬长而去 qìchē jiànqǐ níshuǐ yángcháng ér qù ▶ズボンに〜がかかる/裤子上溅上了泥水 kùzishang jiànshàngle níshuǐ

ばね【発条】 弹簧 tánhuáng; 发条 fātiáo;《比喻》契机 qìjī (英 *a spring*) ▶あの選手は〜が強い/那个选手的弹性很好 nàge xuǎnshǒu de tánxìng hěn hǎo ▶彼は〜仕掛けの人形のように立ち上がった/他象装了弹簧的玩偶一样一下站起来 tā xiàng zhuāngle tánhuáng de wán'ǒu yíyàng yíxià zhànleqǐlai ▶彼は留学を〜にして飛躍した/他以留学为契机取得很大飞跃 tā yǐ liúxué wéi qìjī qǔdé hěn dà fēiyuè

はねあがる【跳ね上がる】 跳起 tiàoqǐ;《泥など》溅上 jiànshang;《物価》猛涨 měngzhǎng (英 *leap up*) ▶物価が〜/物价腾贵 wùjià téngguì ▶ズボンに泥水が〜/裤子溅上泥浆 kùzi jiànshàng níjiāng

はねおきる【跳ね起きる】 一跃而起 yí yuè ér qǐ (英 *jump up*) ▶目覚ましが鳴り、彼は跳ね起きた/闹钟响了，他一跃而起 nàozhōng xiǎng le, tā yí yuè ér qǐ

はねかえす【跳ね返す】 弹回 tánhuí; 顶撞 dǐngzhuàng (英 *repulse; bounce back*) ▶壁がボールを跳ね返した/墙壁把球弹了回去 qiángbì bǎ qiú tánhuíqu ▶非難中傷を跳ね返してつき進む/顶住中伤责难，向前奋进 dǐngzhù zhòngshāng zénàn, xiàng qián fènjìn

はねかえり【跳ね返り】 反过来的影响 fǎnguòlai de yǐngxiǎng;《おてんば》轻佻的姑娘 qīngtiāo de gūniang (英 *rebounding*) ▶物価への〜が懸念される/担心反过来对物价产生影响 dānxīn fǎnguòlai duì wùjià chǎnshēng yǐngxiǎng

はねかえる【跳ね返る】 弹回 tánhuí;《影响する》反过来影响 fǎnguòlai yǐngxiǎng (英 *rebound*) ▶取引の成否が給料に〜/交易的成败反过来会影响工资 jiāoyì de chéngbài fǎnguòlai huì yǐngxiǎng gōngzī ▶跳ね返ったボールを掴んだ/抓住了弹回来的球 zhuāzhùle tánhuílái de qiú

はねつき【羽根突き】 羽毛毽球 yǔmáo jiànqiú (英 *battledore and shuttlecock*) ▶正月くらいしたらどうなの/正月里打打羽毛毽球怎么样？ zhēngyuèli dǎda yǔmáo jiànqiú zěnmeyàng

はねつける【はね付ける】 拒绝 jùjué; 顶回 dǐnghuí (英 *refuse*) ▶要請にべもなくはね付けら

れた/请愿很快被拒绝了 qǐngyuàn hěn kuài bèi jùjué le ▶～にしても言い方があるだろう/拒绝也要有个说法吧 jùjué yě yào yǒu ge shuōfa ba

はねのける【はね除ける】 推ti tuīkāi；除掉 chúdiào（英 *push aside*）▶不良品は容赦なく～/毫不犹豫地除掉不良品 háo bù yóuyù de chúdiào bùliángpǐn ▶枝を手ではね除けながら進んだ/用手推开树枝向前进 yòng shǒu tuīkāi shùzhī xiàng qián jìn

ばねばかり 弹簧秤 tánhuángchèng（英 *a spring balance*）

はねまわる【跳ね回る】 乱蹦乱跳 luàn bèng luàn tiào（英 *jump about*）▶子供たちは喜んでぴょんぴょん跳ね回った/孩子们高兴得乱蹦乱跳 háizimen gāoxìngde luàn bèng luàn tiào

ハネムーン 蜜月 mìyuè（英 *a honeymoon*）▶～ベビー/蜜月宝贝 mìyuè bǎobèi

パネラー 讨论者 tǎolùnzhě（英 *a panelist*）▶シンポジウムで～を頼まれている/被邀请做研讨会讨论者 bèi yāoqǐng zuò yántǎohuì tǎolùnzhě

はねる 《除外する》淘汰 táotài（英 *eliminate*）；《車で》撞 zhuàng（英 *hit*）；《泥などを》溅 jiàn（英 *splash*）▶車にはねられる/被汽车撞上 bèi qìchē zhuàngshàng ▶車にはねられて足を折った/被汽车撞到,腿折了 bèi qìchē zhuàngdào, tuǐ zhé le ▶面接ではねられる/在面试被淘汰 zài miànshì bèi táotài ▶不良品ははねておく/除去次品 chúqú cìpǐn ▶車が泥をはね上げた/汽车溅起泥浆 qìchē jiànqǐ níjiāng

はねる【跳ねる】 ❶『液体が』溅 jiàn（*spatter; splash*）▶しぶきが跳ねて裾にかかる/飞沫溅在下摆上 fēimò jiànzài xiàbǎishang ❷『跳びあがる』跳 tiào（英 *jump*）▶かえるが～/青蛙跳跃 qīngwā tiàoyuè ❸『芝居・映画が』散场 sànchǎng；终场 zhōngchǎng（英 *close*）▶芝居が跳ねたのは10時過ぎだった/戏剧在十点之后才散场 xìjù zài shí diǎn zhīhòu cái sànchǎng

パネル 嵌板 qiànbǎn；图示板 túshìbǎn（英 *a panel*）▶～を使って説明する/用图示板说明 yòng túshìbǎn shuōmíng
◆～ディスカッション：专题座谈会 zhuāntí zuòtánhuì ▶午後の～ディスカッションが圧巻だった/下午的专题座谈会最精彩 xiàwǔ de zhuāntí zuòtánhuì zuì jīngcǎi ▶～ヒーター：电热油汀 diànrè yóutīng ▶暖房は～ヒーターを使っている/取暖使用的是电热油汀 qǔnuǎn shǐyòng de shì diànrè yóutīng

パノラマ 全景画 quánjǐnghuà（英 *a panorama*）▶～で我が街を再現している/用全景图再现我们的街道 yòng quánjǐngtú zàixiàn wǒmen de jiēdào ▶山上からの～は絶景だった/从山上看到的全景真是太漂亮了 cóng shānshang kàndào de quánjǐng zhēn shì tài piàoliang le

はは【母】 母亲 mǔqīn（英 *a mother*）▶あの美少女がいまや3児の～である/那个美少女是已经三个孩子妈妈 nàge měishàonǚ yǐ shì sān ge háizi māma ▶僕には～の背中の記憶がない/我没有被妈妈背在背上的记忆 wǒ méiyǒu bèi māma bēizài bèishang de jìyì ▶生みの～と育ての～/生母和养母 shēngmǔ hé yǎngmǔ ▶～らしいことをしてやりたい/想做一些母亲该做的事情 xiǎng zuò yìxiē mǔqīn gāi zuò de shìqing
◆～の日：母亲节 Mǔqīnjié

はば【幅】 宽度 kuāndù（英 *width*）▶～が狭い/狭隘 xiá'ài；狭窄 xiázhǎi ▶～がある/宽阔 kuānkuò ▶道～が狭い/路面狭窄 lùmiàn xiázhǎi ▶あの男も人間の～が出てきたね/那个人做人也开始有胸襟了嘛 nà rén zuòrén yě kāishǐ yǒu xiōngjīn le ma ▶芸の～を広げる/扩大演技范围 kuòdà yǎnjì fànwéi
～広い 广泛 guǎngfàn ▶～広い支持を得ている/获得了广泛的支持 huòdéle guǎngfàn de zhīchí
～を利かせる 显示势力 xiǎnshì shìlì ▶あの一族が～を利かせている/那一家子声势浩大 nà yìjiāzi shēngshì hàodà
～を持たせる 有伸缩余地 yǒu shēnsuō yúdì ▶価格に～を持たせる/价格有一定伸缩余地 jiàgé yǒu yídìng shēnsuō yúdì

ばば【馬場】 练马场 liànmǎchǎng（英 *a riding ground*）；《競馬の》赛马场 sàimǎchǎng（英 *a race track*）

パパ 爸爸 bàba（英 *papa*）

パパイヤ 〖植物〗番木瓜 fānmùguā（英 *a papaya*）

ははおや【母親】 母亲 mǔqīn（英 *a mother*）▶～業も楽じゃないわ/当妈妈也不是那么轻松的 dāng māma yě bú shì nàme qīngsōng de ▶～に付き添われて出廷してきた/在母亲陪同下前来自首 zài mǔqīn péitóngxia qiánlái zìshǒu

ははかた【母方】 母系 mǔxì（英 *the mother's side*）▶～の伯父/舅父 jiùfù；舅舅 jiùjiu ▶～の母/阿姨 āyí ▶～の親戚/母系亲属 mǔxì qīnshǔ ▶～の祖父/老爷 lǎoye ▶～の祖母/姥姥 lǎolao

はばかる【憚る】 顾忌 gùjì；怕 pà（英 *be afraid of...*；*hesitate*）▶外聞を～/忌讳别人知道 jìhuì biérén zhīdào ▶人前も憚らず恶口を並べる/在人前肆无忌惮地说坏话 zài rénqián sì wú jìdàn de shuō huàihuà ▶憚りながらこれでも法律家のはしくれなのです/冒昧说一句,我也算是个搞法律的 màomèi shuō yí jù, wǒ yě suànshì ge gǎo fǎlǜ de ▶憚りさえ なければ、わたしゃ暇人となるの/恕我直言,我也不是闲人 shù wǒ zhíyán, wǒ yě bú shì xiánrén

人目を～ 怕人看见 pà rén kànjiàn ▶人目を憚って深夜に訪ねる/怕人看见,所以深夜造访 pà rén kànjiàn, suǒyǐ shēnyè zàofǎng

はばたく【羽ばたく】 拍打翅膀 pāida chìbǎng；《比喻》发展 fāzhǎn（英 *flap*）▶水鸟の～音がした/传来水鸟拍打翅膀的声音 chuánlái shuǐniǎo pāida chìbǎng de shēngyīn ▶諸君が大空に～日を待っているよ/期待你们有朝一日能大展

鸿图 qīdài nǐmen yǒu zhāo yí rì néng dà zhǎn hóngtú

はばつ【派閥】 派系 pàixì（英 *a faction; a clique*）▶〜の締めつけがきびしい/派系管束得很严厉 pàixì guǎnshùde hěn yánlì ▶〜を越えて結束しよう/跨越派系团结起来吧 kuàyuè pàixì tuánjiéqǐlai ba ♦〜争い 派别斗争 pàibié dòuzhēng ▶〜争い絶える/派系相争不断 pàixì xiāngzhēng búduàn

はばとび【幅跳び】 跳远 tiàoyuǎn（英 *the long jump*）▶走り〜/跳远 tiàoyuǎn ▶立ち〜/立定跳远 lìdìng tiàoyuǎn ▶〜で3位に入った/跳远得了第三名 tiàoyuǎn déle dìsān míng

はばむ【阻む】 挡住 dǎngzhù；阻碍 zǔ'ài（英 *check; prevent*）▶行く手を〜/挡住去路 dǎngzhù qùlù ▶子供の進路を阻んではならない/不能耽误孩子的前程 bùnéng dānwu háizi de qiánchéng ▶倒木が行く手を阻んでいた/倒下的树木挡住了去路 dǎoxià de shùmù dǎngzhùle qùlù ▶近代化を阻んだ要因は何であったか/阻碍现代化的原因是什么？zǔ'ài xiàndàihuà de yuányīn shì shénme?

はびこる 蔓延 mànyán；滋蔓 zīmàn（英 [草木が] *grow thick*; [跋扈（ぼ）する] *be rampant*）▶伝染病が〜/传染病蔓延 chuánrǎnbìng mànyán ▶土手には外来種の草がはびこっている/堤坝上长满了外来野草 dībàshang zhǎngmǎnle wàilái yěcǎo ▶闇の組織が〜/地下组织在蔓延 dìxià zǔzhī zài mànyán ▶心の中に〜悪をどうやって退治するのか/如何才能驱除心中的恶魔？rúhé cái néng qūchú xīnzhōng de èmó?

パフ【化粧用】 粉扑 fěnpū（英 *a puff*）

パブ 小酒店 xiǎojiǔdiàn（英 *a pub*）

パフォーマンス【演じる】 表演 biǎoyǎn；演出 yǎnchū；【性能】 效率 xiàolǜ；性能 xìngnéng（英 *performance*）▶コスト〜/性价比 xìngjiàbǐ

はぶく【省く】 ❶【除く】 省去 shěngqù；免除 miǎnchú（英 *omit*）▶無駄を〜/避免浪费 bìmiǎn làngfèi ▶無駄を〜にも限度がある/避免浪费也是有限度的 bìmiǎn làngfèi yě shì yǒu xiàndù de
❷【節約する】 节省 jiéshěng（英 *save*）▶手間を〜/省事 shěngshì ▶手間を〜ために機械を入れたのだが…/为了省事引进了机械，不过… wèile shěngshì yǐnjìnle jīxiè, búguò…
❸【減じる】 省略 shěnglüè；略去 lüèqù（英 *reduce*）▶経過は省いて結論だけ言いなさい/省略经过只说结论 shěnglüè jīngguò zhǐ shuō jiélùn

はぶたえ【羽二重】 纯白纺绸 chúnbái fǎngchóu（英 *a habutae silk*）▶赤ん坊は〜のような肌をしている/婴儿的皮肤像白绸子一样细嫩 yīng'ér de pífū xiàng báichóuzi yíyàng xì'nèn

ハプニング 意外事件 yìwài shìjiàn（英 *an unexpected incident*）▶このときちょっとした〜があった/那时出了个小小的意外事件 nàshí chūle ge xiǎoxiǎo de yìwài shìjiàn

はブラシ【歯ブラシ】 牙刷 yáshuā（英 *a toothbrush*）▶電動〜/电动牙刷 diàndòng yáshuā

はぶり【羽振り】 势力 shìlì；权势 quánshì（英 *influence*）▶〜がよい/很有势力 hěn yǒu shìlì ▶〜がいい人/有权势的人 yǒu quánshì de rén ▶そのころは随分〜がよかった/那个时候很有势力 nàge shíhou hěn yǒu shìlì 〜をきかせる 揽权势 lǎn quánshì ▶〜をきかせている/那家伙独揽权势 nà jiāhuo dúlǎn quánshì

バブル 泡沫经济 pàomò jīngjì（英 *a bubble; a bubble economy*）▶〜がはじける/泡沫经济崩溃 pàomò jīngjì bēngkuì ▶〜経済とはうまく名づけたものだ/泡沫经济是一个贴切的命名 pàomò jīngjì shì yí ge tiēqiè de mìngmíng

はへい【派兵】 派兵 pàibīng（英 *the dispatch of troops*）▶海外〜を認めるのか/承认海外派兵吗？chéngrèn hǎiwài pàibīng ma? ▶〜なんてとんでもない/派兵什么的太不像话了 pàibīng shénmede tài búxiànghuà le

はへん【破片】 碎片 suìpiàn；破片 pòpiàn（英 *a broken piece*）▶ガラスの〜が飛んできた/玻璃碎片飞了过来 bōli suìpiàn fēileguòlái ▶古陶磁の〜を掘り出す/挖出了古陶瓷的碎片 wāchūle gǔtáocí de suìpiàn

はま【浜】 海滨 hǎibīn；湖滨 húbīn（英 *the beach*）▶〜に鯨が打ち上げられた/鲸鱼在沙滩上搁浅 jīngyú zài shātānshang gēqiǎn ▶ランナーに〜風が吹きつける/海风吹打着跑步者 hǎifēng chuīdǎzhe pǎobùzhě
〜の真砂と盗人の種は尽きない 盗贼比海滩的沙子还多 dàozéi bǐ hǎitān de shāzi hái duō

はまき【葉巻】 雪茄 xuějiā；叶卷烟 yèjuǎnyān（英 *a cigar*）▶〜をくわえる/叼着雪茄 diāozhe xuějiā

ハマグリ【蛤】〔貝〕 蛤蜊 géli（英 *a clam*）

ハマナス【浜茄子】〔植物〕 玫瑰 méigui（英 *a sweetbrier*）

はまべ【浜辺】 水边 shuǐbiān；海滨 hǎibīn（英 *the beach*）▶秋の〜に人影は疎らだった/秋天的海滨人影稀稀拉拉 qiūtiān de hǎibīn rényǐng xīxīlālā ▶〜をさまよう老人の姿があった/老人的身影彷徨在海滨 lǎorén de shēnyǐng pánghuáng zài hǎibīn

はまや【破魔矢】（新年去参拜神社时买的）避邪箭（xīnnián qù cānbài shénshè shí mǎi de）bìxiéjiàn（英 *a hamaya; a sacred, white-feathered arrow*）

はまりやく【嵌まり役】 最适合的工作、角色 zuì shìhé de gōngzuò, juésè（英 *the very person for...*）▶広報担当とはあなたの〜ですよ/负责宣传最适合你了 fùzé xuānchuán zuì shìhé nǐ le ▶素浪人こそその俳優の〜と目されていた/一匹狼式的武士形象被视为是最适合那演员的角色 yì pǐ láng shì de wǔshì xíngxiàng bèi shìwéi shì zuì shìhé nà yǎnyuán de juésè

はまる【嵌まる】《適合する》适于 shìyú (英 fit);《陷》掉进 diàojìn (英 fall into...) ▶将軍役にぴったり嵌まっている/特别适合演将军角色 tèbié shìhé yǎn jiāngjūn juésè ▶川に嵌まって溺れる/掉进河里溺水 diàojìn héli nìshuǐ ▶ねじが嵌まらない/螺丝拧不进去 luósī nǐngbujìnqù

型に〜 落俗套 luò sútào; 老一套 lǎoyītào ▶型に嵌まったことしか言わない/只能说太老套了 zhǐ néng shuō tài lǎotào le

罠に〜 中计 zhòngjì; 落入圈套 luòrù quāntào ▶陰険な罠に嵌まって地位を失った/落入阴险圈套丢失了地位 luòrù yīnxiǎn quāntào diūshīle dìwèi

ハミウリ【ハミ瓜】《植物》哈密瓜 hāmìguā (英 a Hami melon) 参考 '哈密' は新疆ウイグル自治区東部にあるオアシス都市. '哈密瓜' はここの名産.

はみがき【歯磨きをする】刷牙 shuāyá (英 brush one's teeth) ▶〜する子は丈夫な子/刷牙的孩子才是健康的孩子 shuāyá de háizi cái shì jiànkāng de háizi

◆練り〜 牙膏 yágāo ▶薬草入りの練り〜/含草药的牙膏 hán cǎoyào de yágāo 〜粉 牙粉 yáfěn

はみだす【はみ出す】超出 chāochū; 越出 yuèchū (英 protrude);《中身が外に》露出 lùchū (英 be forced out) ▶常識の枠から〜/不合常情 bù hé chángqíng ▶他只是装出一副不循常规的样子罢了 tā zhǐshì zhuāngchū yí fù bù xún chángguī de yàngzi bà le ▶押入れから布団の端がはみ出している/被020からは壁樋からは壁櫥里露出来 bèijiǎo cóng bìchúli lùchūlai

ハミングする 哼唱 hēngchàng (英 hum) ▶校歌に合わせて〜した/合着校歌哼唱 hézhe xiàogē hēngchàng ▶〜しながら大根を切った/哼着调子切萝卜 hēngzhe diàozi qiē luóbo

はむ【食む】吃 chī (英 eat) ▶馬が草を〜/马吃草 mǎ chī cǎo ▶高禄を〜/食厚禄 shí hòulù

ハム ❶【肉製品】火腿 huǒtuǐ (英 ham) ▶〜エッグ/火腿鸡蛋 huǒtuǐ jīdàn ▶〜サンド/火腿三明治 huǒtuǐ sānmíngzhì ▶生〜 生火腿 shēnghuǒtuǐ ❷【アマチュア無線】无线电业余爱好者 wúxiàndiàn yèyú àihǎozhě (英 a radio ham)

はむかう【刃向かう・歯向かう】反抗 fǎnkàng; 抵抗 dǐkàng (英 rise against...; oppose) ▶〜者は容赦しない/对抵抗者不留情 duì dǐkàngzhě bù liúqíng ▶俺に〜とはいい度胸だ/敢抗我,真有胆量 gǎn kànghǎo wǒ, zhēn yǒu dǎnliàng

ハムスター【動物】腮鼠 sāishǔ; 仓鼠 cāngshǔ (英 a hamster) ▶〜で実験する/用腮鼠做实验 yòng sāishǔ zuò shíyàn

はめ【羽目】《羽目板》护板 hùbǎn (英 a panel board);《苦境》窘境 jiǒngjìng (英 a fix) ▶逆に訴えられる〜になった/反而被投诉, 陷入了困境 fǎn'ér bèi tóusù, xiànrùle kùnjìng ▶そういう〜に陥らないよう言動を慎むんだね/谨慎言行, 不要陷入那样的窘况 jǐnshèn yánxíng, búyào xiànrù nàyàng de jiǒngkuàng

〜をはずす 尽情 jìnqíng ▶たまには〜をはずして騒ぎましょう/偶尔尽情欢闹一下 ǒu'ěr jìnqíng huānnào yíxià

◆〜板 护板 hùbǎn ▶窓の下には松の〜が張ってある/窗下贴着松木护板 chuāngxia tiēzhe sōngmù hùbǎn

はめこむ【嵌め込む】镶 xiāng; 镶嵌 xiāngqiàn;《だます》欺骗 qīpiàn (英 fit) ▶王冠にダイヤモンドを嵌め込んだ/王冠上镶嵌了钻石 wángguānshang xiāngqiànle zuànshí ▶老人を嵌め込んで荒稼ぎする/靠欺骗老人发横财 kào qīpiàn lǎorén fā hèngcái

はめつ【破滅する】毁灭 huǐmiè; 灭亡 mièwáng (英 be ruined) ▶それでは身の〜を招くだけだぞ/那样的话, 只会导致身败名裂 nàyàng de huà, zhǐ huì dǎozhì shēn bài míng liè ▶彼は自ら望んで〜したのだ/他自己招致了毁灭 tā zìjǐ zhāozhìle huǐmiè ▶今どき〜型の人間は生きてゆけないね/现在那种自毁名声的人是吃不开的吧 xiànzài nà zhǒng zì huǐ míngshēng de rén shì chībukāi de ba

日中比較 中国語の '破灭 pòmiè' は「水泡に帰する」ことを指す.

はめる【嵌める】嵌 qiàn (英 put in); 《だます》骗 piàn (英 take in);《身につける》戴 dài (英 put on) ▶指輪を〜/戴戒指 dài jièzhi ▶あなたの手で指輪を嵌めてちょうだい/你替我把戒指戴上! nǐ tì wǒ bǎ jièzhi dàishàng! ▶ボタンを〜/扣上纽扣 kòushàng niǔkòu ▶自分でボタンを嵌められない/自己扣不上纽扣 zìjǐ kòubushàng niǔkòu ▶罠に〜/使人上当 shǐ rén shàngdàng ▶あいつを罠に嵌めてやる/让那家伙上当 ràng nà jiāhuo shàngdàng ▶うまく嵌められましたな/被骗惨了 bèi piàn cǎn le ▶手袋を嵌めたまま握手をした/戴着手套握手 dàizhe shǒutào wòshǒu

ばめん【場面】场合 chǎnghé; 景象 jǐngxiàng (英 a scene) ▶映画の〜/镜头 jìngtóu ▶映画の一〜を思い出した/想起了一个电影场面 xiǎngqǐle yí ge diànyǐng chǎngmiàn ▶〜に応じて話を変える/随着场面改变话题 suízhe chǎngmiàn gǎibiàn huàtí ▶どこかで見たような〜だね/好像在哪儿见过的场面 hǎoxiàng zài nǎr jiànguo de chǎngmiàn

はもの【刃物】刃具 rènjù; 刀类 dāolèi (英 cutlery) ▶人ごみで〜を振り回す/在人群中挥舞着刀子 zài rénqún zhōng huīwǔzhe dāozi ▶子供に〜は持たせるな/别让孩子拿着刀子 bié ràng háizi názhe dāozi ▶〜で刺される/被刀刺了 bèi dāo cì le

はもん【波紋】波纹 bōwén; 影响 yǐngxiǎng (英 a ripple) ▶〜が広がる/起波纹 qǐ bōwén; 影响扩大 yǐngxiǎng kuòdà ▶水面に〜が広がる/水面的波纹扩散 shuǐmiàn de bōwén kuòsàn ▶その発言が〜を広げた/那个发言引起了波动

なげfāyán yǐnqǐle bōdòng ▶彼が投げた〜はなかなか収まらなかった/他引发的波动一时很难平息 tā yǐnfā de bōdòng yìshí hěn nán píngxī

はもん【破門する】 开除 kāichú；放逐 fàngzhú（英 expel）；〈宗教上〉破门 pòmén（英 excommunicate）▶師匠から〜を言い渡された/被师傅赶出门 bèi shīfu gǎnchū mén ▶今日限りあなたを〜します/从今天开始将你驱逐出门 cóng jīntiān kāishǐ jiāng nǐ qūzhú chūmén

日中比較 中国語の'破门' pòmén」は「破門する」他に「戸を破る」、サッカーなどで「ゴールを割る」ことをもいう．

ハモンドオルガン 管风琴 guǎnfēngqín（英 a Hammond organ）

はや【早】 已经 yǐjing；业经 yèjīng（英 [もはや] already; [今や] now）▶故郷を離れて〜三年/离开故乡已经三年 líkāi gùxiāng yǐjing sān nián le ▶ああ、〜7月か/咦，已经七月了 yí, yǐjing qī yuè le

はやあし【速足】 快步 kuàibù（英 quick steps）▶〜で歩く/快步走 kuàibù zǒu ▶毎朝駅まで〜で歩くことにしている/每天早上快步走去车站 měitiān zǎoshang kuàibù zǒu qù chēzhàn ▶あなたの〜にはかないません/赶不上你的步行速度 gǎnbushàng nǐ de bùxíng sùdù

はやい【早い】 早 zǎo（英 early; soon）▶〜時期/早期 zǎoqī ▶〜内に/趁早 chènzǎo；赶早 gǎnzǎo ▶〜時期から知っていた/很早就知道了 hěn zǎojiù zhīdào le ▶〜内に治療すればすぐ治る/趁早治疗的话马上就能好 chènzǎo zhìliáo de huà mǎshàng jiù néng hǎo ▶諦めるのはまだ〜/放弃还太早 fàngqì hái tài zǎo ▶彼の悩みに早く気づいていれば…/要是早就注意到他的烦恼的话… yàoshi zǎojiù zhùyìdào tā de fánnǎo de huà… ▶おまえが独立なんて10年〜よ/你独立的话还早了十年 nǐ dúlì de huà hái zǎole shí nián ▶春よ来い、早く来い/春天来吧，快来吧 chūntiān lái ba, kuài lái ba ▶早く大人になりたい/我想早日成人 wǒ xiǎng zǎorì chéngrén ▶早くから注目されていた/很早就引起了注目 hěn zǎojiù yǐnqǐle zhùmù

〜話が 简单地说 jiǎndān de shuō ▶〜話がふられたってことですよ/简单地说就是被甩了 jiǎndān de shuō jiùshì bèi shuǎi le

はやい【速い】 快 kuài（英 fast; quick）▶足が〜/跑得快 pǎode kuài ▶足が〜ことだけが僕の自慢です/我自信的只有跑得快而已 wǒ zìxìn de zhǐyǒu pǎode kuài éryǐ ▶速度が〜/速度快 sùdù kuài ▶川の流れが〜/河流急 héliú jí ▶呼吸が〜/呼吸急促 hūxī jícù ▶彼は実に仕事が〜/他确实工作快 tā quèshí gōngzuò kuài ▶走ったあとで呼吸が〜/跑过之后呼吸急促 pǎo guò zhīhòu hūxī jícù ▶あまり速くしゃべるな/不要说得太快 búyào shuōde tài kuài

耳が〜 消息灵通 xiāoxi língtōng ▶さすがに耳が〜ね/不愧是消息灵通啊 búkuì shì xiāoxi língtōng a

はやいものがち【早い者勝ち】 先下手为强 xiān xiàshǒu wéi qiáng；捷足先登 jié zú xiān dēng（英 First come, first served.）▶バーゲン商品は〜です/大减价时是先下手为强 dàjiǎnjiàshí shì xiān xiàshǒu wéi qiáng

はやうまれ【早生まれ】 从一月一日至四月一日出生的 cóng yī yuè yī rì zhì sì yuè yī rì chūshēng de（英 [人] a person born before the 2nd of April of the year）▶僕は1月生まれ、つまり〜だ/我是一月生的，算是出生月份早的 wǒ shì yīyuè shēng de, suànshì chūshēng yuèfèn zǎo de

はやおき【早起きする】 早起 zǎoqǐ（英 get up early）▶今朝は〜して旅行の支度をした/今天早起做了旅行准备 jīntiān zǎoqǐ zuòle lǚxíng zhǔnbèi ▶年寄りは〜なのだ/老年人都爱早起 lǎoniánrén dōu ài zǎoqǐ

ことわざ 早起きは三文の徳 早起的鸟有虫吃 zǎoqǐ de niǎo yǒu chóng chī; 早起三分利 zǎoqǐ sān fēn lì

はやがてん【早合点する】 贸然断定 màorán duàndìng；草草做出结论 cǎocǎo zuòchū jiélùn（英 jump to a conclusion）▶親父の〜であの人に迷惑をかけた/父亲的草率结论给那个人添了麻烦 fùqin de cǎoshuài jiélùn gěi nàge rén tiānle máfan ▶例によって〜してるんだろ/又是贸然下的结论吧 yòu shì màorán xià de jiélùn ba

はやがね【早鐘】 报警的钟声 bàojǐng de zhōngshēng；《比喻》心跳得太快 xīn tiàode tài kuài（英 a fire bell）▶恐ろしくて胸が〜を打っていた/怕得心里怦怦直跳 pàde xīnlǐ pēngpēng zhí tiào ▶胸は〜のように鳴っていた/心里像打了鼓似的 xīnlǐ xiàng dǎgǔle gǔ shìde

はやがわり【早変わりする】 摇身一变 yáoshēn yíbiàn（英 [役者が] make a quick costume change）▶あの役者の〜が見ものである/那个演员换装换角色之快是个看点 nàge yǎnyuán huànzhuāng huàn juésè zhī kuài shì ge kàndiǎn ▶一学生が一夜でスターに〜した/一个学生一个晚上摇身变为明星 yí ge xuésheng yí ge wǎnshang yáoshēn biànwéi míngxīng

はやく【破約】 毁约 huǐyuē；违约 wéiyuē（英 a breach of promise）▶おまえの〜がどれだけ先方を傷つけたか/你的毁约给对方造成多大的伤害 nǐ de huǐyuē gěi duìfāng zàochéng duōdà de shānghài ▶事情が事情だ、〜するしかあるまい/情况对情况，只好违约了 qíngkuàng guī qíngkuàng, zhǐhǎo wéiyuē le

はやく【端役】 不重要的角色 bú zhòngyào de juésè；《传统剧》龙套（英 a bit part）▶〜しかもらえないのが不满だった/只得了一个小角色，心里很不满 zhǐ déle yí ge xiǎojuésè, xīnlǐ hěn bùmǎn ▶〜がいなくて芝居が成り立つ/如果没有跑龙套的能演得了戏剧吗？rúguǒ méiyǒu pǎo lóngtào de néng yǎndeliǎo xìjù ma?

はやくち【早口の】 说得快 shuōde kuài（英 fast-speaking）▶彼の〜は人泣かせだ/他说得太

はやくも【早くも】 早就 zǎojiù；早早地 zǎozǎo de（英 already; as early as...）▶入社7年で～課長になっている/进公司七年早就当科长了 jìn gōngsī qī nián zǎojiù dāng kēzhǎng le ▶協議は～暗礁に乗りあげた/协议早早地就搁浅了 xiéyì zǎozǎo de jiù gēqiǎn le

はやさ【速さ】 速度 sùdù（英 speed）▶物つくりは～を競うことではない/在制作工艺方面，比的不是速度 zài zhìzuò gōngyì fāngmiàn, bǐ de bú shì sùdù ▶目にもとまらぬ～で通り過ぎた/闪电般地晃了过去 shǎndiàn bān de huǎngleguòqu

はやざき【早咲きの】 早开 zǎokāi；先开 xiānkāi（英 early）

はやし【林】 树林 shùlín（英 a wood）▶「から松～を過ぎて、から松の～に入りぬ」《白秋》/穿过落叶松林，又进入了落叶松林里 chuānguò luòyèsōnglín, yòu jìnrùle luòyèsōnglínli ▶松～/松林 sōnglín ▶雑木～/杂木林 zámùlín

はやし【囃し】 伴奏 bànzòu（英 festival music）▶笛や太鼓のお～が風に乗って流れてくる/随风飘来笛子和大鼓的伴奏声 suífēng piāolái dízi hé dàgǔ de bànzòushēng ▶祭り/传统节庆活动中用竹笛、大鼓等演奏的音乐 chuántǒng jiéqìng huódòng zhōng yòng zhúdí, dàgǔ děng yǎnzòu de yīnyuè

はやしたてる【囃し立てる】 起哄 qǐhòng（英 jeer）▶恋する二人を囲んでみんなで囃し立てた/大家围着谈恋爱的一对儿起哄 dàjiā wéizhe tán liàn'ài de yí duìr qǐhòng

はやじに【早死にする】 早死 zǎosǐ；夭折 yāozhé（英 die young）▶母に～されて僕たちは途方にくれた/母亲过早去世让我们走投无路 mǔqīn guòzǎo qùshì ràng wǒmen zǒutóu wú lù ▶俺は嫌われ者だが～はごめんだ/尽管我让人厌恶但就是不早死 jǐnguǎn wǒ ràng rén yànwù dàn jiùshì bù zǎosǐ

はやじまい【早じまいにする】 提早结束 tízǎo jiéshù；早点关门 zǎodiǎn guānmén（英 close up... early）▶雨がひどいし～にしよう/雨很大，还是提早结束工作吧 yǔ hěn dà, háishi tízǎo jiéshù gōngzuò ba

はやじも【早霜】 早霜 zǎoshuāng（英 an early frost）

ハヤシライス〖料理〗哈喜饭 hāxǐfàn（英 rice with hashed meat）

はやす【生やす】（根を）扎 zhā；（ひげを）留 liú（英 grow）▶草花を～/种花草 zhòng huācǎo ▶髭を～/留胡子 liú húzi ▶私はもうこの町に根を生やしています/我已在这里扎了根 wǒ yǐ zài zhèli zhāle gēn ▶若いくせに鼻髭を生やしている/这么年轻，鼻下却留着胡子 zhème niánqīng, bíxià què liúzhe húzi

はやす【囃す】（からかう）嘲笑 cháoxiào（英 jeer）；起哄 qǐhòng；（囃子（がや）を）伴奏 bànzòu（英 accompany）▶弱虫やーいとみんなから囃された/胆小鬼！胆小鬼！被大家嘲笑了 dǎnxiǎoguǐ! dǎnxiǎoguǐ! bèi dàjiā cháoxiào le

はやせ【早瀬】 急流 jíliú；急滩 jítān（英 rapids）▶杖を頼りに～を渡る/拿着拐杖渡过急滩 názhe guǎizhàng dùguò jítān ▶～の音が木々の間から聞こえる/从树林后传来急流声 cóng shùlínhòu chuánlái jíliúshēng

はやて【疾風】 疾风 jífēng（英 a gale）▶彼らは70年代の日本を～のように駆けぬけた/他们像一阵疾风穿过七十年代的日本 tāmen xiàng yízhèn jífēng chuānguò qīshí niándài de Rìběn

はやで【早出】 早班 zǎobān（英 early attendance）▶明日は～だ/明天要上早班 míngtiān yào shàng zǎobān ▶～の連中は帰り支度をしていた/上早班的人已做好了回家的准备 shàng zǎobān de rén yǐ zuòhǎole huíjiā de zhǔnbèi

はやてまわし【早手回しをする】 提前准备 tíqián zhǔnbèi；事先做好准备 shìxiān zuòhǎo zhǔnbèi（英 make early preparations）▶～に会場を予約しておいた/已经提前预约好了会场 yǐjīng tíqián yùyuē hǎole huìchǎng

はやとちり【早とちり】 贸然弄错 màorán nòngcuò（英 a hasty conclusion）▶ごめん，僕の～だった/对不起，是我贸然弄错的 duìbuqǐ, shì wǒ màorán nòngcuò de ▶また～してる。中身は金じゃないんだ/又冒冒失失地弄错了，里面不是钱 yòu màomàoshīshī de nòngcuò le, lǐmiàn bú shì qián

はやね【早寝する】 早睡 zǎoshuì（英 go to bed early）▶早起き丈夫な体/早睡早起身体好 zǎoshuì zǎoqǐ shēntǐ hǎo ▶くたびれたから今夜は～するよ/累坏了，今晚早点儿睡 lèihuàile, jīnwǎn zǎodiǎnr shuì

はやのみこみ【早呑み込みをする】 贸然断定 màorán duàndìng；武断 wǔduàn（英 jump to a conclusion）▶君の～が混乱の元となる/你的武断才是混乱的根源 nǐ de wǔduàn cái shì hùnluàn de gēnyuán ▶てっきり賛成だと～した/贸然以为肯定会赞成的 màorán yǐwéi kěndìng huì zànchéng de

はやばやと【早早と】 早早地 zǎozǎo de（英 early）▶彼らは～現地入りした/他们早早地进入了当地 tāmen zǎozǎo de jìnrùle dāngdì ▶～おいで下さいませた/早早赶到了 zǎozǎo gǎndào le

はやばん【早番】 早班 zǎobān（英 the early shift）▶今週は～だ/这一周上早班 zhè yì zhōu shàng zǎobān ▶～は12時に仕事が引ける/早班十二点下班 zǎobān shí'èr diǎn xiàbān

はやびけ【早引けする】 早退 zǎotuì（英 leave early）▶気分が悪くなって～した/身体不舒服所以提前回去了 shēntǐ bù shūfu suǒyǐ tíqián huíqù le ▶～の了解は得てある/获准早退了 huòzhǔn zǎotuì le

ハヤブサ【隼】〖鳥〗隼 sǔn；鹘 hú（英 a falcon）

はやまる【早まる】 ❶『速度や時間が』提早 tízǎo; 提前 tíqián（英 be moved forward）▶計画が～/计划提早 jìhuà tízǎo ▶式の日取りが早まった/典礼的日期提前了 diǎnlǐ de rìqí tíqián le ▶計画が～こともあり得ます/计划提前也是有可能的 jìhuà tíqián yě shì yǒu kěnéng de ❷『軽率に行動する』贸然从事 màorán cóngshì; 忙中出错 máng zhōng chūcuò（英 be hasty）▶早まった考え/贸然的看法 màorán de kànfǎ ▶早まった判断は禁物だ/禁忌贸然判断 jìnjì màorán pànduàn ▶早まったことをする《自殺する》/寻短见 xún duǎnjiàn ▶早まって大金を振り込んでしまった/忙中出错汇出了巨款 máng zhōng chūcuò huìchūle jùkuǎn

はやみち【早道】 便道 biàndào, 近道 jìndào; 捷径 jiéjìng（英 a shortcut）▶ここを右に折れれば～になる/这里向右转是一条近道 zhèlǐ xiàng yòu zhuǎn shì yì tiáo jìndào ▶中国語上達の～があるのですよ、ここに/这里、有学好中文的捷径 zhèlǐ, yǒu xuéhǎo Zhōngwén de jiéjìng

はやみみ【早耳の】 顺风耳 shùnfēng'ěr（英 quick-eared）▶君はほんとに～だね/你可真是顺风耳啊 nǐ kě zhēn shì shùnfēng'ěr a

はやめ【早めに】 提早 tízǎo; 及早 jízǎo（英 early）▶～に出かける/早一点走 zǎo yìdiǎn zǒu; 提早动身 tízǎo dòngshēn ▶道路が混むから～に出かける/因道路拥挤而提早动身 yīn dàolù yōngjǐ ér tízǎo dòngshēn ▶用件は～に片づけるに限る/事情最好还是提早处理好 shìqing zuìhǎo háishi tízǎo chǔlǐ hǎo

はやめる【早める・速める】《時間を》提早 tízǎo; 提前 tíqián（英 move forward）,《速度を》加快 jiākuài（英 quicken）▶予定を～/提前定 tízǎo yùdìng ▶帰国の予定を早めた/将回国日程提前 jiāng huíguó rìchéng tíqián ▶後期からは進度を～つもりです/打算后期加快进度 dǎsuan hòuqī jiākuài jìndù ▶大会への出席が彼の死期を早めた/出席大会加快了他的死亡 chūxí dàhuì jiākuàile tā de sǐwáng

はやり【流行り】 流行 liúxíng; 时兴 shíxīng（英 a fashion）▶～のバッグを手にしている/手上拎着时髦的皮包 shǒushang līnzhe shímáo de píbāo

◆～言葉 これが一時の～言葉となった/这曾经是一时的流行语 zhè céngjīng shì yìshí de liúxíngyǔ

はやる【流行る】 盛行 shèngxíng; 流行 liúxíng（英［繁盛］prosper;［病気が］prevail）▶流行らない/不兴 bùxīng; 不合时尚 bùhé shíshàng ▶今どきそんな手口は流行らないぞ/如今这种手法已经不时兴了 rújīn zhè zhǒng shǒufǎ yǐjīng bù shíxīng le ▶風邪が流行っている/正在流行感冒 zhèngzài liúxíng gǎnmào ▶この店, けっこう流行ってるじゃないか/这家店现在不是很有人气吗？ zhè jiā diàn xiànzài bú shì hěn yǒu rénqì ma? ▶ミニスカートがまた流行りだした/又开始流行迷你裙了 yòu kāishǐ liúxíng mínǐqún le

はやる【逸る】 急躁 jízào; 振奋 zhènfèn（英 be rash）▶～心を抑える/控制急躁的心情 kòngzhì jízào de xīnqíng ▶血気に逸って事を仕損じた/意气用事把事情弄砸了 yìqì yòngshì bǎ shìqing nòngzá le

はやわかり【早分かり】 浅说 qiǎnshuō; 指南 zhǐnán（英 quick understanding）▶『年金～』/《养老金指南 Yǎnglǎojīn zhǐnán》

はやわざ【早業】 麻利的手法 máli de shǒufǎ; 动作神速 dòngzuò shénsù（英 quick work）▶目にもとまらぬ～だった/闪电般的麻利手法 shǎndiàn bān de máli shǒufǎ ▶すりの電光石火の～にやられた/被扒手娴熟手法所害 bèi páshǒu xiánshú shǒufǎ suǒ hài

はら【腹】 ❶『腹部』肚子 dùzi（英 the belly）▶～が減る/肚子饿 dùzi è ▶～を抱えて笑う/捧腹大笑 pěngfù dàxiào ▶人間の一番の弱みは～が減るということです/人的头号弱点就是肚子会饿 rén de tóuhào ruòdiǎn jiùshì dùzi huì è ▶自分の～を痛めた子は憎めない/辛辛苦苦生下的孩子怎么也恨不起来 xīnxīnkǔkǔ shēngxià de háizi zěnme yě hènbuqǐlái ❷『心』内心 nèixīn; 心里 xīnlǐ（英 heart）▶彼は～の底が知れない男だ/他是深藏不露之人 tā shì shēncáng búlòu zhī rén

～がすわった 意志坚定 yìzhì jiāndìng ▶～のすわった人物だ/意志坚定的人物 yìzhì jiāndìng de rénwù

～が立つ 生气 shēngqì; 发怒 fānù; 冒火 màohuǒ ▶～が立つときは空を見る/生气时就看天空 shēngqìshí jiù kàn tiānkōng

～黒い ⇨はらぐろい（腹黒い）

～に一物ある 皮笑肉不笑 pí xiào ròu bú xiào / 心里打算盘 xīnli dǎ suànpan ▶～に一物ありげな表情をしている/显出一副皮笑肉不笑的表情 xiǎnchū yí fù pí xiào ròu bú xiào de biǎoqíng

～にすえかねる 无法忍受 wúfǎ rěnshòu ▶～にすえかねることがあって手を切った/无法忍受而断决关系 wúfǎ rěnshòu ér duànjué guānxi

～の虫が治まらない 压不住火气 yābuzhù huǒqì ▶このままでは～の虫が治まらない/这样下去要压不住火气了 zhèyàng xiàqù yào yābuzhù huǒqì le

～を括(くく)る 横心 héngxīn ▶叱られて僕は～を括った/被叱责了一顿，我反倒下定了决心 bèi chìzéle yí dùn, wǒ fǎndào xiàdìngle juéxīn

～を下す 拉肚子 lā dùzi; 拉稀 lāxī ▶へんな肉を食って～を下した/吃了不好的肉，坏了肚子 chīle bùhǎo de ròu, huàile dùzi

～を探る 打探对方的底细 dǎtàn duìfāng de dǐxì ▶痛くもない～を探られる/无故被人怀疑 wúgù bèi rén huáiyí ▶彼らは～の探り合いをしている/他们在互相打探对方的底细 tāmen zài hùxiāng dǎtàn duìfāng de dǐxì

～を割る 推心置腹 tuī xīn zhì fù ▶お互い～を割って話そう/相互推心置腹地谈谈吧 xiānghù tuī xīn zhì fù de tántan ba

ばら〔~八分〕:吃八分饱 chī bā fēn bǎo ▶~八分目医者いらず/吃八分饱有益于健康 chī bā fēn bǎo yǒuyìyú jiànkāng 太っ~:心胸开阔 xīnxiōng kāikuò

ばら《ばら売り》零卖 língmài;零售 língshòu (英 *pieces*) →ばうり(ばら売り)▶~で売る品はありません/没有零售商品 méiyǒu língshòu shāngpǐn ▶~では売らないの/不零卖吗? bù língmài ma?

バラ【薔薇】〔植物〕玫瑰 méigui;蔷薇 qiángwēi;月季 yuèjì(英 *a rose*)▶~の木に~の花が咲く/玫瑰树开玫瑰花 méiguishù kāi méiguihuā

◆~色:玫瑰色 méiguisè ▶富士の峰が~色に染まった/富士山被染成了玫瑰色 Fùshìshān bèi rǎnchéngle méiguisè ▶~色の人生/充满希望的人生 chōngmǎn xīwàng de rénshēng;瑰丽人生 guīlì rénshēng ~園:玫瑰园 méiguiyuán

バラード〔文学〕叙事诗 xùshìshī;〔音楽〕叙事曲 xùshìqǔ;抒情曲 shūqíngqǔ (英 *a ballade*)

はらい【払い】支付 zhīfù;付款 fùkuǎn (英 *payment*)▶持参人へ~の小切手/凭票即付的支票 píng piào jí fù de zhīpiào ▶飲み屋の~がたまっている/欠了不少酒钱 qiànle bùshǎo jiǔqián ▶バイト料は月末~だ/月底支付工钱 yuèdǐ zhīfù gōngqian

◆分割~:分期付款 fēnqī fùkuǎn ▶3回の分割~でお願いします/请分成三次付款 qǐng fēnchéng sān cì fùkuǎn

はらい【祓い】祈神驱邪 qí shén qū xié (英 *purification*)▶神社でお~をしてもらう/到神社驱邪 dào shénshè qūxié

はらいおとす【払い落とす】掸 dǎn;抖搂 dǒulou(英 *brush... off*)▶肩の雪を払い落として玄関に立った/掸落肩上的雪花后站在门口 dǎnluò jiānshang de xuěhuā hòu zhànzài ménkǒu

はらいこみ【払い込み】缴纳 jiǎonà (英 *payment*)▶家賃は銀行へ~になっている/房租是通过银行支付 fángzū shì tōngguò yínháng zhīfù ▶今月の~はすべて済ませた/这个月的缴纳都已经完成了 zhège yuè de jiǎonà dōu yǐjing wánchéng le

はらいこむ【払い込む】缴纳 jiǎonà (英 *pay in*)▶指定の口座に~/向指定的帐户缴纳 xiàng zhǐdìng de zhànghù jiǎonà

はらいさげ【払い下げ】转让 zhuǎnràng (英 *a sale*)▶~をめぐる汚職が発覚した/转让中的贪污事件被暴露出来 zhuǎnràng zhōng de tānwū shìjiàn bèi bàolùchūlai ▶国から土地の~を受ける/接收国家转让的土地 jiēshōu guójiā zhuǎnràng de tǔdì

はらいさげる【払い下げる】(政府)转让 (zhèngfǔ) zhuǎnràng;出售 chūshòu (英 *sell*)▶国が払い下げた土地が転売された/转卖了国家转让的土地 zhuǎnmàile guójiā zhuǎnràng de tǔdì

はらいすぎる【払い過ぎる】多付 duōfù (英 *overpay*)▶サラ金に利子を払い過ぎているのではないか/是不是多支付了高利贷的利息? shìbushì duō zhīfùle gāolìdài de lìxī?

はらいせ【腹いせに】泄愤 xièfèn;出气 chūqì (英 *out of spite*)▶振られた~に女の車に落書きした/被甩后,在女方车子上乱写出气 bèi shuǎi hòu, zài nǚfāng chēzishang luànxiě chūqì

はらいっぱい【腹一杯】吃饱 chībǎo;《存分に》尽情 jìnqíng (英 *a full stomach*)▶食べる/吃饱 chībǎo;吃够 chīgòu ▶午後は長丁場だから~食べておけよ/因为下午路途遥远,要吃得饱饱的 yīnwèi xiàwǔ lùtú yáoyuǎn, yào chīde bǎobǎo de ▶カラオケで~に歌いまくる/在歌厅尽情唱个够 zài gētīng jìnqíng chàng ge gòu

はらいのける【払い除ける】推开 tuīkāi;《不安などを》驱散 qūsàn (英 *brush away*)▶手を~/推开手 tuīkāi shǒu ▶さし出された手を~/推开伸过来的手 tuīkāi shēnguòlai de shǒu ▶そうやって心の不安を払い除けていた/那样做消除了心理的不安 nàyàng zuò xiāochúle xīnlǐ de bù'ān

はらいもどし【払い戻し】退还 tuìhuán;退款 tuìkuǎn (英 *a refund*)▶思わぬ税金の~があった/没想到退回来了一些税金 méi xiǎngdào tuìhuílaile yìxiē shuìjīn ▶特急券の~を受ける/拿到特急票的退款 nádào tèjípiào de tuìkuǎn ▶新幹線が遅延したため特急料金の~をする/因为新干线列车晚点,退还特快票票款 yīnwèi xīngànxiàn lièchē wǎndiǎn, tuìhuán tèkuàipiào piàokuǎn

はらいもどす【払い戻す】退还 tuìhuán (英 *pay back*)▶切符を~/退票 tuìpiào ▶旅費の残りは近日中に払い戻します/这几天退还剩余的差旅费 zhè jǐ tiān tuìhuán shèngyú de chāilǚfèi ▶当たり馬券を~/兑付中彩的马券 duìfù zhòngcǎi de mǎquàn

はらう【払う】❶【除く】掸掉 dǎndiào;抖掉 dǒudiào (英 *sweep; brush off*)▶肩の雪を~/掸掉肩上的雪 dǎndiào jiānshang de xuě ▶机の塵を~/拂拭桌上的灰尘 fúshì zhuōzhuang de huīchén ❷【金銭】支付 zhīfù;付 fù (英 *pay*)▶金を~/付钱 fùqián ▶買い物はその場で金を~こと/买东西要当场付款 mǎi dōngxi yào dāngchǎng fùkuǎn

犠牲を~:付出牺牲 fùchū xīshēng;付出代价 fùchū dàijià ▶貴い犠牲を払ってできたダムだ/付出巨大代价建造的水库 fùchū jùdà dàijià jiànzào de shuǐkù

注意を~:注意 zhùyì ▶情勢の変化に細心の注意を~/密切关注形势的变化 mìqiè guānzhù xíngshì de biànhuà

ばらうり【ばら売りする】零卖 língmài;零售 língshòu (英 *sell... separately*)→ばら ▶~の散装出售 sǎnzhuāng chūshòu ▶全集は~/全集不零卖 quánjí bù língmài ▶~のコーナーはあちらです/零售柜台在那边 língshòu guìtái zài nàbiān

バラエティー 多様化 duōyànghuà (英 variety) ▶～に富む/丰富多彩 fēngfù duōcǎi ▶演目が～に富む/演出节目丰富多采 yǎnchū jiémù fēngfù duōcǎi ▶服装に～がない/服装没有变化 fúzhuāng méiyǒu biànhuà
♦～番組 综艺节目 zōngyì jiémù

はらおび【腹帯】 肚带 dùdài (英 [妊婦の] a maternity belt) ▶妊娠 5 ヶ月目に入って～を巻いた/从怀孕第五个月起使用了肚带 cóng huáiyùn dìwǔ ge yuè qǐ shǐyòngle dùdài

はらから【同胞】 同胞 tóngbāo (英 a fellow countryman)

はらぐあい【腹具合】 胃肠的情况 wèicháng de qíngkuàng (英 the state of one's bowels) ▶～が悪い/肚子不舒服 dùzi bù shūfú ▶寝冷えしたのか～が悪い/可能是睡觉时着凉了, 肚子不舒服 kěnéng shì shuìjiàoshí zháoliáng le, dùzi bù shūfú

パラグアイ 巴拉圭 Bālāguī (英 Paraguay)

パラグライダー 滑翔伞 huáxiángsǎn (英 a paraglider)

パラグラフ 段落 duànluò (英 a paragraph)

はらぐろい【腹黒い】 心黑 xīnhēi; 阴险 yīnxiǎn (英 wicked; scheming) ▶あいつは～/那家伙很阴险 nà jiāhuo hěn yīnxiǎn ▶あの腹黒は相当なものだ/那阴险劲儿可真不一般 nà yīnxiǎnjìnr kě zhēn bù yībān ▶～人には見えないんだがね/看起来不像是那么阴险的人啊 kànqǐlai bú xiàng shì nàme yīnxiǎn de rén a

はらげい【腹芸】 不言而治 bù yán ér zhì; 讷言之治 nè yán zhī zhì (英 visceral communication) ▶社長が～で事を収めてしまった/社长的胆识平息了事态 shèzhǎng de dǎnshí píngxīle shìtài

はらごしらえ【腹ごしらえする】 吃饭 chīfàn; 吃饱 chībǎo (英 have a meal) ▶深夜の作業だ。しっかり～しておけよ/深夜工作, 可要吃饱肚子啊 shēnyè gōngzuò, kě yào chībǎo dùzi a

はらごなし【腹ごなしに】 帮助消化 bāngzhù xiāohuà (英 to help digestion) ▶～に散歩する/散散步, 助消化 sànsan bù, zhù xiāohuà

パラシュート 降落伞 jiàngluòsǎn (英 a parachute) ▶～で救援物資を投下する/用降落伞投下救援物资 yòng jiàngluòsǎn tóuxià jiùyuán wùzī ▶～が開かない/降落伞打不开 jiàngluòsǎn dǎbukāi

はらす【晴らす】 洗雪 xǐxuě (英 dispel; clear) ▶憂さを～/解闷 jiěmèn ▶多年の汚名を～/洗雪沉冤 xǐxuě chényuān ▶猫をからかって憂さを晴らしていた/逗猫解闷 dòudòu māo jiěmèn ▶このままでは疑いを～ことができない/这样下去无法消除疑虑 zhèyàng xiàqù wúfǎ xiāochú yílǜ ▶気を～/消愁解闷 xiāochóu jiěmèn

はらす【腫らす】 肿 zhǒng; 发肿 fāzhǒng (英 cause to swell; inflame) ▶目を赤く泣き腫らしている/眼睛哭得红肿 yǎnjing kūde hóngzhǒng

ばらす ❶【秘密を】暴露 bàolù (英 disclose) ▶秘密をばらされてもいいんですか/秘密被揭穿也可以吗? mìmì bèi jiēchuān yě kěyǐ ma?
❷【殺す】杀掉 shādiào (英 kill) ▶あの野郎をばらせ/宰了那个混蛋 zǎile nàge húndàn
❸【ばらばらにする】拆卸 chāixiè (英 take...to pieces) ▶機械を～/拆卸机器 chāixiè jīqì

パラソル 旱傘 hànsǎn; 阳伞 yángsǎn (英 a parasol) ▶～の花が砂浜を埋めている/阳伞像花朵一样开满沙滩 yángsǎn xiàng huāduǒ yíyàng kāimǎn shātān

パラダイス 乐园 lèyuán; 天国 tiānguó (英 paradise)

パラダイム 框架 kuàngjià (英 a paradigm) ▶中国近代史構築の～/中国近代史的构筑框架 Zhōngguó jìndàishǐ de gòuzhù kuàngjià

はらだたしい【腹立たしい】 气人 qì rén; 可气 kěqì; 令人生气 lìng rén shēngqì (英 provoking) ▶彼らの無責任な言動が実に～/他们不负责的言行实在让人生气 tāmen bú fùzé de yánxíng shízài ràng rén shēngqì ▶彼は腹立たしげに報告を聞いていた/他气冲冲地听着报告 tā qìchōngchōng de tīngzhe bàogào

はらだち【腹立ち】 怒火 nùhuǒ; 恼怒 nǎonù (英 anger) ▶～を抑える/压气 yāqì ▶お～は重々ごもっともでございます/您生气是理所当然的 nín shēngqì shì lǐ suǒ dāngrán de ▶～まぎれにポスターを破った/一时愤怒才撕掉海报的 yìshí fènnù cái sīdiào hǎibào de ▶～を抑えて頭を下げた/压住怒火低下头 yāzhù nùhuǒ dīxià tóu

はらちがい【腹違いの】 同父异母 tóngfù yìmǔ (英 born of a different mother) ▶二人は～の兄弟なのだ/两人是异母兄弟 liǎng rén shì yìmǔ xiōngdì ▶～といっても姉には違いない/虽说是同父异母, 但姐姐还是姐姐 suīshuō shì tóngfù yìmǔ, dàn jiějie hái shì jiějie

パラチフス〔医〕副伤寒 fùshānghán (英 paratyphoid)

ばらつき 零散 língsan; 不稳定 bù wěndìng (英 unevenness) ▶品質に～がある/质量不稳定 zhìliàng bù wěndìng ▶数値に～が多くてとまどっている/数值偏差太多而感到困惑 shùzhí piānchā tài duō ér gǎndào kùnhuò

バラック 棚子 péngzi; 窝棚 wōpeng (英 a shack) ▶工事現場近くに～が建っている/工地附近搭着棚子 gōngdì fùjìn dāzhe péngzi

はらづもり【腹積もり】 心里有数 xīnli yǒushù (英 a plan; an intention) ▶～ができている/心里有谱儿 xīnli yǒu pǔr ▶次年度の工事について～はできている/对于下一年度施工已经心里有数了 duìyú xià yī niándù shīgōng yǐjing xīnli yǒushù le

パラドックス 反论 fǎnlùn; 逆说 nìshuō (英 a paradox)

パラノイア〔医〕偏执狂 piānzhíkuáng; 妄想症 wàngxiǎngzhèng (英 paranoia) ▶～に取りつかれる/患了妄想症 huànle wàngxiǎngzhèng

はらばい【腹這いになる】趴 pā；俯卧 fǔwò；匍匐 púfú（英 lie on one's stomach）▶～で進む/匍匐 púfú ▶布団に～になって手紙を書く/趴在被褥上写信 pā zài bèirùshang xiěxìn ▶弾丸の下を～で進む/顶着子弹匍匐前进 dǐngzhe zǐdàn púfú qiánjìn

はらはら ❶【落ちるようす】（花びらなど）飘落 piāoluò（英 flutteringly）；（涙）扑簌扑簌 pūsù-pūsù（英 tricklingly）▶桜の花びらが～と散る/樱花纷纷扬扬地飘落下来 yīnghuā fēnfēnyángyáng de piāoluòxiàlai ▶聞くうちに～と涙がこぼれた/听着听着泪水扑簌扑簌地落下来 tīngzhe tīngzhe lèishuǐ pūsùpūsù de luòxiàlai ❷【気持ち】忐忑不安 tǎntè bù'ān；紧张 jǐnzhāng（英 nervous）▶～する/捏一把汗 niē yì bǎ hàn ▶娘の演奏を～しながら聞いた/捏着汗听女儿演奏 niēzhe hàn tīng nǚ'ér yǎnzòu

ばらばら 零散 língsǎn；七零八落 qī líng bā luò（英 loose; scattered）▶～に壊す/拆开 chāi ▶縄が切れて荷物が～にとび散った/绳子断后货物滚得到处都是 shéngzi duànhòu huòwù gǔndé dàochù dōu shì ▶チームは心が～になっている/团队人心涣散 tuánduì rénxīn sànluàn ▶行きはいっしょだが帰りは～になる/去时一起，回来时却零零散散 qùshí yìqǐ, huíláishí què línglíngsǎnsǎn ▶～にする/分散 fēnsàn；拆开 chāikāi ▶構想をいったん～にしてみよう/暂且试试把构思拆开 zànqiě shìshi bǎ gòusī chāikāi

ぱらぱら【音】噼里啪啦 pīlipālā；噼啪 pīpā；淅淅沥沥 xīxīlìlì；哗啦哗啦 huālāhuālā（英 pattering）▶～落ちる/洒落 sǎluò ▶雨が～落ちてきた/淅淅沥沥地下起了雨 xīxīlìlì de xiàqǐle yǔ ▶客席から～拍手が起きた/观众席响起稀疏的掌声 guānzhòngxí xiǎngqǐ xīshū de zhǎngshēng ▶～本をめくる/哗啦哗啦地翻动书页 huālāhuālā de fāndòng shūyè

パラフィン 石蜡 shílà（英 paraffin）▶～紙/蜡纸 làzhǐ ▶～油/石蜡油 shílàyóu ▶～療法/蜡疗 làliáo

はらぺこ【腹ぺこである】饿得要死 ède yàosǐ（英 be starving）▶もう～で死んじゃいそう/都快饿死了 dōu kuài èsǐ le

パラボラアンテナ 抛物面天线 pāowùmiàn tiānxiàn（英 a parabolic antenna）▶ベランダに～を取りつける/阳台上装着卫星天线 yángtáishang zhuāngzhe wèixīng tiānxiàn

はらまき【腹巻】围腰 wéiyāo（英 a stomach band）

ばらまく【ばら蒔く】撒 sǎ；散布 sànbù（scatter）▶種子を～/撒播种子 sǎbō zhǒngzi ▶金を～/乱给钱 luàngěi qián ▶節分がやたらと豆をばら蒔いた/立春前夜撒了好多豆子 lìchūn qiányè sāle hǎoduō dòuzi ▶ばら蒔き政治の時代は去った/大把撒钱政策时代已经过去了 dàbǎ sǎqián zhèngcè shídài yǐjing guòqù le

はらむ【孕む】（子を）怀孕 huáiyùn；《要因を》包含 bāohán（英 become pregnant）▶子孕んだ牛もいる/也有怀了孕的牛 yě yǒu huáile yùn de niú ▶危険を～/充满危险 chōngmǎn wēixiǎn ▶連合会は分裂の危険を孕んだまま発足した/联合会在隐含着分裂危机的情况下起步了 liánhéhuì zài yǐnhánzhe fēnliè wēijī de qíngkuàngxia qǐbù le ▶風を～/风孕んで船は進んだ/船乘风前进 chuán chéngfēng qiánjìn

バラモンきょう【バラモン教】婆罗门教 Póluóménjiào（英 Brahmanism）

バラライカ〔楽器〕巴拉莱卡琴 bālāláikāqín（英 a balalaika）

はらり 轻轻（飘落）qīngqīng（piāoluò）；扑簌簌地（落下）pūsùsù de（luòxià）（英 gently）▶枯葉が1枚～と落ちた/一片枯叶轻轻飘落 yí piàn kūyè qīngqīng piāoluò ▶～こぼれる涙の露/扑簌簌洒落的泪珠 pūsùsù sǎluò de lèizhū

パラリンピック 残奥会 Cán'àohuì（英 the Paralympics）

はらわた【腸】肠 cháng；（精神）灵魂 línghún（英 the guts）▶～を絞るような声を残して息絶えた/撕肠裂腑声音后断了气 sīcháng lièfǔ shēngyīnhòu duànle qì ▶あいつは～が腐っとる/那家伙灵魂腐朽 nà jiāhuo línghún fǔxiǔ
～が煮えくり返る 非常气愤 fēicháng qìfèn ▶その記事を読んで～が煮えくり返る思いだった/看了那则报导，感到非常气愤 kànle nà zé bàodǎo, gǎndào fēicháng qìfèn

はらん【波乱】波折 bōzhé；波澜 bōlán；风波 fēngbō（英 ups and downs）▶～に富む/充满波折 chōngmǎn bōzhé ▶～に富んだ生涯/波澜壮阔的生涯 bōlán zhuàngkuò de shēngyá ▶平時に～を巻き起こす/和平时期掀起风波 hépíng shíqí xiānqǐ fēngbō ▶政情は～含みである/政情隐含波乱 zhèngqíng yǐnhán bōluàn

バランス 均衡 jūnhéng；均势 jūnshì；平衡 pínghéng（英 balance）▶彼の思考は～を欠いている/他的思考缺乏均衡 tā de sīkǎo quēfá jūnhéng
～のとれた 均衡 jūnhéng ▶栄養の～のとれた食事が大事だ/营养均衡的饮食非常重要 yíngyǎng jūnhéng de yǐnshí fēicháng zhòngyào
～を失う 失去平衡 shīqù pínghéng ▶～を失って台から落ちる/失去平衡从台上掉下来 shīqù pínghéng cóng táishang diàoxiàlai
～シート 资产负债表 zīchǎn fùzhàibiǎo

はり【針】针儿 zhēn（英 a needle；[時計の]a hand）▶～で刺す/用针刺 yòng zhēn cì ▶～に糸を通す/穿针 chuānzhēn ▶～の先/针尖儿 zhēnjiānr ▶～でうっかり指を刺す/一不留神针扎了手指 yí bù liúshén zhēn zhāle shǒuzhǐ ▶～の先で突いたほどの狭い土地/细如针尖般的狭窄土地 xì rú zhēnjiān bān de xiázhǎi tǔdì ▶深夜の村は～1本落ちても聞こえそうだった/村子的夜晚，掉下一根针都能听见似的 cūnzi de yèwǎn, diàoxià yì gēn zhēn dōu néng tīngjiàn shìde ▶どうしてあんな～のある言葉を吐くのだろう/为什么

说出那么带刺儿的话来？wèi shénme shuōchū nàme dàicìr de huà lái?

ことわざ 針の穴から天をのぞく 坐井观天 zuò jǐng guān tiān

～の筵(むしろ) 针毡 zhēnzhān ▶会議の間は～の筵に座ったような気分だった/开会时如同坐在针毡一样的心情 kāihuìshí rútóng zuòzài zhēnzhān yíyàng de xīnqíng

真綿で～をくるむ 棉里藏针 mián lǐ cáng zhēn ▶真綿で～をくるんだような物言いをする/棉里藏针地说 mián lǐ cáng zhēn de shuō

◆編み～ 毛线针 máoxiànzhēn ；時計の～；表针 biǎozhēn ▶時計の～が遅々として進まない/手表指针慢得像不动一样 shǒubiǎo zhǐzhēn mànde xiàng búdòng yíyàng ～刺し 针插 zhēnchā ；针扎儿 zhēnzhār ；仕事 针线活儿 zhēnxiànhuór ▶～仕事をするのが楽しいのです/做针线活儿非常开心 zuò zhēnxiànhuór fēicháng kāixīn ～山 针扎 zhēnzhā

はり【張り】 紧张 jǐnzhāng；〔張り合い〕劲头 jìntou (英 tension) ▶心に～のある人は表情が違う/心情振奋的人脸上表情都不一样 zhēnfèn de rén liǎnshang biǎoqíng dōu bù yíyàng ▶～のある声で呼びかけた/用响亮的声音呼唤 yòng xiǎngliàng de shēngyīn hūhuàn ▶仕事に～が出てきた/工作有干劲 gōngzuò yǒu gànjìn ▶生きる～を失った/失去了生活的动力 shīqùle shēnghuó de dònglì

はり【梁】【建築】屋架 wūjià；大梁 dàliáng (英 a beam)

はり【針】针 zhēn；针灸 zhēnjiǔ (英〔道具〕a needle；〔療法〕acupuncture) ▶～を打つ〔治疗する〕；扎针 zhāzhēn ▶腰痛で毎日～治療を受けている/腰疼每天都接受针疗 yāo téng měitiān dōu jiēshòu zhēnliáo

◆～麻酔；针刺麻醉 zhēncì mázuì；针麻 zhēnmá ▶～麻酔で手術を受ける/打麻醉针来进行手术 dǎ mázuìzhēn lái jìnxíng shǒushù

-ばり 很像 hěn xiàng (英 the style of...) ▶漱石～の文章を書く/写像夏目漱石一样的文章 xiě xiàng Xiàmù Shùshí yíyàng de wénzhāng

パリ 巴黎 Bālí (英 Paris)

はりあい【張り合い】劲头 jìntou；干劲 gànjìn (英〔競争〕competition) ▶気のない返事を聞いて～抜けした/听到带搭不理回答后没了干劲 tīngdào dài dā bùlǐ huídáhòu méile gànjìn

～がある 有劲头 yǒu jìntóu；起劲 qǐjìn ▶努力しただけ結果が出るから～がある/只要努力就有结果，所以很有劲头 zhǐyào nǔlì jiù yǒu jiéguǒ, suǒyǐ hěn yǒu jìntóu

～のない 没劲 méijìn ▶～のない仕事ですよ/没劲的工作 méiyǒu gànjìn de gōngzuò

はりあう【張り合う】竞争 jìngzhēng；较量 jiàoliàng (英 compete) ▶彼と主任のポストを張ったこともある/我跟他曾经竞争过主任一职 wǒ gēn tā céngjīng jìngzhēngguo zhǔrèn yì zhí ▶彼と張り合って発言した/跟他抢着发言 gēn tā qiǎngzhe fāyán

はりあげる【張り上げる】（大声）喊 (dà shēng) hǎn (英〔声を〕raise) ▶声を～/大声喊 dàshēng hǎn；扯嗓子 chě sǎngzi ▶「俺の番だよ」と大声を張り上げた/扯着嗓子喊："轮到我啦！" chězhe sǎngzi hǎn: "Lúndào wǒ la!"

バリアフリー 无障碍(建筑、设施) wúzhàng'ài (jiànzhù、 shèshī) (英 barrier-free) ▶自宅を～に改造する/为残疾人方便而改造自家住宅 wèi cánjírén fāngbiàn ér gǎizào zìjiā zhùzhái ▶役所の～化は進んでいるか/政府机关的无障碍化设施改造有进展吗？ zhèngfǔ jīguān de wúzhàng'àihuà shèshī gǎizào yǒu jìnzhǎn ma?

バリウム【化学】钡 bèi (英 barium) ▶検診で～を飲む/为检查喝钡餐 wèi jiǎnchá hē bèicān

はりえ【貼り絵】剪贴 jiǎntiē (英 a collage) ▶大花火を～にする/剪贴礼花图案 jiǎntiē lǐhuā tú'àn ▶宿題は～だった/作业是剪贴 zuòyè shì jiǎntiē

バリエーション 变化 biànhuà；变种 biànzhǒng；【音楽】变奏曲 biànzòuqǔ (英 variation) ▶この旅のコースは～に富んでいる/这个旅游行程富于变化 zhège lǚyóu xíngchéng fùyú biànhuà ▶「運命」の～を作ってみた/尝试创作《命运》变奏曲 chángshì chuàngzuò《Mìngyùn》biànzòuqǔ

ハリエンジュ【針槐】【植物】刺槐 cìhuái；洋槐 yánghuái (英 a false acacia)

はりかえる【張り替える】重新贴上 chóngxīn tiēshàng；重糊 chónghú (英〔障子などを〕repaper；〔ラケットを〕restring) ▶壁纸を～/重新贴上壁纸 chóngxīn tiēshàng bìzhǐ ▶張り替えたギターの弦がすぐ切れた/重新换上的吉他弦马上就断了 chóngxīn huànshàng de jítāxián mǎshàng jiù duàn le

はりがね【針金】钢丝 gāngsī；铁丝 tiěsī (英 a wire) ▶～細工の安物ハンガー/钢丝制成的便宜衣架 gāngsī zhìchéng de piányi yījià ▶こわれた垣根を～で繕う/用钢丝修补坏掉的篱笆 yòng gāngsī xiūbǔ huàidiào de líba ▶雑誌は～で綴じだった/杂志是用钢丝装订的 zázhì shì yòng gāngsī zhuāngdìng de

はりがみ【張り紙】贴纸 tiēzhǐ (英〔広告など〕a poster) ▶迷子の猫を探す～がしてある/贴着寻猫启示 tiēzhe xún māo qǐshì ▶～広告を見て応募する/看了贴纸广告来应募 kànle tiēzhǐ guǎnggào lái yìngmù ▶～禁止の～を張る/贴着禁止粘贴的贴纸 tiēzhe jìnzhǐ zhāntiē de tiēzhǐ

バリカン 推子 tuīzi (英 hair clippers) ▶少年たちは互いに頭を～で刈った/少年们互相用推子剃头 shàoniánmen hùxiāng yòng tuīzi tìtóu

ばりき【馬力】马力 mǎlì (英〔単位〕horsepower；〔精力〕energy) ▶500～のエンジンを搭載している/装载着五百马力的发动机 zhuāngzàizhe wǔ bǎi mǎlì de fādòngjī ▶デザインはいいが～が小さい/造型不错但马力太小 zàoxíng búcuò dàn mǎlì tài xiǎo ▶さぁ、～を出して働くぞ/

嘿，拿出干劲干活喽 hēi, náchū gànjìn gànhuó lou

～がある 精力充沛 jīnglì chōngpèi ▶なかなか～のある男だね/精力充沛的男子 jīnglì chōngpèi de nánzǐ

～がない 没有干劲 méiyǒu gànjìn

はりきる【張り切る】 上劲 shàngjìn; 干劲十足 gànjìn shízú（英 be in high spirits）▶彼女に励まされて張り切っているんだよ/被她鼓励后真是干劲十足啊 bèi tā gǔlìhòu zhēn shì gànjìn shízú a ▶張り切りすぎるとつまずくぞ/劲头太足会摔跟头哟 jìntóu tài zú huì shuāi gēntou de yo ▶毎日張り切って働いている/每天干劲儿十足地工作 měitiān gànjìnr shízú de gōngzuò

バリケード 防栅 fángzhà; 路障 lùzhàng（英 a barricade）▶～を築く/筑防栅 zhù fángzhà ▶～を自発的に撤去する/主动撤去路障 zhǔdòng chèqù lùzhàng ▶～を築いて道路を封鎖する/设置路障封锁道路 shèzhì lùzhàng fēngsuǒ dàolù

はりこ【張り子】 纸制的 zhǐzhì de（英 papier-mâché）▶店先で～の猫が客を呼んでいる/店前的纸猫在招唤着客人 diànqián de zhǐmāo zài zhāohuànzhe kèrén ▶彼らはみんな～だ、格好ばかりで力はない/他们都是纸人，外强中干 tāmen dōu shì zhǐrén, wài qiáng zhōng gān

◆**～の虎** 纸老虎 zhǐlǎohǔ

はりこむ【張り込む】 ❶ [見張る] 埋伏 máifú; 暗中监视 ànzhōng jiānshì（英 keep a watch）▶3日張り込みを続けたが動静はなかった/连续埋伏了三天没见任何动静 liánxù máifúle sān tiān méi jiàn rènhé dòngjìng ▶寒空に～のは大抵ではない/在冷天里监视真是非同小可 zài lěngtiānli jiānshì zhēn shì fēi tóng xiǎo kě

❷ [少し無理する] 豁出 huōchū（英 treat oneself）▶チップを～/多给小费 duō gěi xiǎofèi

はりさける【張り裂ける】 破裂 pòliè（英 burst）▶悲しくて胸が張り裂けそうだ/悲伤得肝肠欲断 bēishāngde gāncháng yù duàn ▶海に向かってのども張り裂けんばかりに叫んだ/面向大海喊破嗓子般地大叫 miànxiàng dàhǎi hǎnpò sǎngzi bān de dàjiào

ばりぞうごん【罵詈雑言】を浴びせる 破口大骂 pòkǒu dàmà（英 heap abuse upon...）

はりたおす【張り倒す】 打倒 dǎdǎo（英 knock... down）▶～ぞ、このやろう/扇你个臭小子 shān nǐ ge chòuxiǎozi ▶平手一発で張り倒した/一巴掌打倒了 yì bāzhǎng dǎdǎo le

はりだし【貼り出し・張り出し】〖貼り紙〗贴纸 tiēzhǐ;《出っ張る》伸出 shēnchū（英 put up）▶合格者の名を～/张贴合格者名单 zhāngtiē hégé zhě míngdān ▶岬が海に張り出している/岬角伸进大海 jiǎjiǎo shēnjìn dàhǎi

はりつく【貼り付く・張り付く】 贴着 tiēzhe; 粘在 zhānzhe（英《人が》缠着 chánzhe（英 cover closely））▶シャツが肌に～/衬衣贴在身上 chènyī tiēzài shēnshang ▶官邸には記者が何人も貼り付いている/有好几个记者一直盯在官邸 yǒu hǎojǐ ge jìzhě yīzhí dīngzài guāndǐ

はりつけ【磔】 绑在柱子上刺死（近代以前的刑罚之一）bǎngzài zhùzishang cìsǐ (jìndài yǐqián de xíngfá zhīyī)（英 crucifixion）▶あの悪党は～にしても飽き足らぬ/把那个恶徒绑在柱子上刺死也不解恨 bǎ nàge ètú bǎngzài zhùzishang cìsǐ yě bù jiěhèn ▶末路は～の刑だった/最终受刑绑在柱子刺死 zuìzhōng shòuxíng bèi bǎngzài zhùzi cìsǐ

はりつける【貼り付ける】 贴 tiē; 粘 zhān（英 stick）▶末尾に母子の写真が貼り付けてある/末尾贴着母子的照片 mòwěi tiēzhe mǔzǐ de zhàopiàn

ぱりっと 笔挺 bǐtǐng; 崭新 zhǎnxīn（英 smartly）▶～した服装で出社する/身着笔挺西装上班去了 shēnzhuó bǐtǐng xīzhuāng shàngbān qù le ▶やけに～してるじゃないか/穿得特挺嘛！chuānde tè tǐng ma！

はりつめる【張り詰める】 紧张 jǐnzhāng（英 be tense）▶張り詰めた空気/气氛紧张 qìfēn jǐnzhāng ▶部屋に張り詰めた空気がみなぎった/屋子里充满了紧张空气 wūzǐli chōngmǎnle jǐnzhāng kōngqì ▶職場にいる間は気が張り詰めている/在上班时间心情紧张 zài shàngbān shíjiān xīnqíng jǐnzhāng

バリトン 男中音 nánzhōngyīn（英 baritone）▶～独唱/男中音独唱 nánzhōngyīn dúchàng ▶耳もとで甘い～の声がささやいた/甜美的男中音在耳边喃喃细语 tiánměi de nánzhōngyīn zài ěrbiān nánnán xìyǔ

ハリネズミ【針鼠】〖動物〗刺猬 cìwei（英 a hedgehog）

はりばこ【針箱】 针线盒 zhēnxiànhé（英 a workbox）▶母の形見の～を使い続けています/在继续使用妈妈遗留下的针线盒 zài jìxù shǐyòng māma yíliúxià de zhēnxiànhé

ばりばり〖音〗咯嘣咯嘣 gēbēnggēbēng（英 a rattle）；〖精力的に〗极猛地 jíměng de（英 energetically）▶かたい煎餅を～噛める/硬饼干也能咯嘣咯嘣地嚼 yìngbǐnggān yě néng gēbēnggēbēng de jiáo ▶壁紙を～剥がす/哗哗地撕下壁纸 huāhuā de sīxià bìzhǐ ▶ようし、～働くぞ/好啦，拼命工作啰！hǎo la, pīnmìng gōngzuò luo！▶彼は現職～の営業部員だ/他是干劲十足的营销人员 tā shì gànjìn shízú de yíngxiāo rényuán

ぱりぱり〖音〗咯嘣咯嘣 gēbēnggēbēng（英 crisp）；〖新鮮な〗崭新的 zhǎnxīn de（英 fresh）▶煎餅を～食う/咯嘣咯嘣地吃硬饼干 gēbēnggēbēng de chī yìngbǐnggān ▶新卒の〜が配属されてくる/刚毕业的新人分配过来 gāng bìyè de xīnrén fēnpèiguòlái ▶新調〜の背広で出勤する/身着崭新的西装上班 shēnzhuó zhǎnxīn de xīzhuāng shàngbān

はりめぐらす【張り巡らす】《周囲に》围 wéi;《ネットワークを》遍布 biànbù ▶全市に通信網を〜/全市遍布通讯网 quánshì biànbù tōngxùnwǎng ▶農園に金網が張り巡らされている/农园围着铁丝网 nóngyuán wéizhe tiěsīwǎng

はる【春】 春天 chūntiān 〈英 *spring*〉 ▶〜になる/开春 kāichūn ▶〜になればおまえも大学生だ/到了春天你也是大学生了 dàole chūntiān nǐ yě shì dàxuéshēng le ▶〜の息吹/春意 chūnyì ▶野も山も〜の息吹に満ちている/田野、山岭都布满了春意 tiányě、shānlǐng dōu bùmǎnle chūnyì ▶根雪がとければもうすぐ〜だ/积雪融化，不久就是春天了 jīxuě rónghuà, bùjiǔ jiùshì chūntiān le ▶あの一族は我が世の〜を謳歌している/那个家族盛极一时 nàge jiāzú shèngjí yìshí ▶私に人生の〜はあったのだろうか/我的人生有过春天吗？wǒ de rénshēng yǒuguo chūntiān ma？彼女は 19 の〜を迎えた/她迎来了十九岁的春天 tā yíngláile shíjiǔ suì de chūntiān ▶〜めいてきましたね/春意渐浓 chūnyì jiàn nóng

はる【張る】 ❶【伸ばし広げる】伸展 shēnzhǎn 〈英 *stretch*〉 ❷【体が張る・脹れる】肿胀 zhǒngzhàng; 发硬 fāyìng 〈英 *spread; swell*〉 ❸【突き出す】挺 tǐng 〈英 *stick out*〉 気が〜 精神紧张 jīngshén jǐnzhāng ▶気が張っているから疲れない/精神紧张而不觉得累 jīngshén jǐnzhāng ér bù juéde lèi

強情を〜 固执己见 gùzhí jǐjiàn ▶強情を〜のは自分の損だと分かっていた/知道固执己见对自己没有好处 zhīdào gùzhí jǐjiàn duì zìjǐ méiyǒu hǎochu

氷が〜 结冰 jiébīng ▶池に氷が〜/池水结冰 chíshuǐ jiébīng

縄を〜 拉绳 lā shéng ▶工事現場の周りに縄を〜/工地四周拉绳子 gōngdì sìzhōu lā shéngzi

根が〜 扎根 zhāgēn ▶竹が深く根を張っている/竹子的根扎得特别深 zhúzi de gēn zhāde tèbié shēn

見栄を〜 撑门面 chēng ménmiàn ▶見栄を張ってS席を買った/撑门面买了S席票 chēng ménmian mǎile S xípiào

水を〜 装满水 zhuāngmǎn shuǐ ▶桶いっぱいに水を〜/桶里装满了水 tǒnglǐ zhuāngmǎnle shuǐ

向こうを〜 较劲儿 jiàojìn ▶栄子の向こうを張ってハイヒールを買った/跟荣子较劲儿，买了双高跟鞋 gēn Róngzǐ jiàojìnr, mǎile shuāng gāogēnxié

胸を〜 挺胸 tǐngxiōng ▶少年たちは胸を張って行進した/少年们挺胸前进 shàoniánmen tǐngxiōng qiánjìn

はる【貼る】 贴 tiē; 粘 zhān 〈英 *stick; paste*〉 ▶手紙に切手を貼り忘れた/信上忘记贴邮票了 xìnshang wàngjì tiē yóupiào le ▶肩に貼った膏薬がにおう/肩上贴的膏药散发着气味 jiānshang tiē de gāoyào sànfāzhe qìwèi ▶壁に地図が貼ってある/墙上贴着地图 qiángshang tiēzhe dìtú

はるいちばん【春一番】 春天首次的大南风 chūntiān shǒucì de dànánfēng 〈英 *the first spring gale*〉 ▶〜が吹き荒れる/春天首次的大南风刮得厉害 chūntiān shǒucì de dànánfēng guāde lìhai

はるか【遥かな】 遥远 yáoyuǎn; 远远 yuǎnyuǎn; 遥遥 yáoyáo 〈英 *far*〉 ▶〜な昔/远古 yuǎngǔ ▶〜に遠くの島影が見える/看得见遥远的岛影 kàndejiàn yáoyuǎn de dǎoyǐng ▶異郷から〜な故郷を偲んでおります/在他乡怀念遥远的故乡 zài tāxiāng huáiniàn yáoyuǎn de gùxiāng ▶少年の日の光景は〜な昔になってしまった/少年时代的光景已成为遥远的过去 shàoniánshí de guāngjǐng yǐ chéngwéi yáoyuǎn de guòqù

はるがすみ【春霞】 春霭 chūn'ǎi 〈英 *spring haze*〉 ▶山すそに〜がたなびいている/山脚下春霭缭绕 shānjiǎoxia chūn'ǎi liáorào

はるかぜ【春風】 春风 chūnfēng; 东风 dōngfēng 〈英 *a spring wind*〉 ▶〜が吹く/春风吹来 chūnfēng chuīlái ▶恋は〜に乗ってやってきた/爱情乘着春风到来了 àiqíng chéngzhe chūnfēng dàolái le ▶ビルの林を〜が吹き抜ける/春风吹过大厦丛林 chūnfēng chuīguò dàshà cónglín

はるかに【遥かに】 远远 yuǎnyuǎn; 遥遥 yáoyáo 〈英 *in the distance*〉 ▶〜偲ぶ/缅怀 miǎnhuái ▶〜眺める/望见 wàngjiàn ▶富士を仰いで一首詠む/仰望遥远的富士作诗一首 yǎngwàng yáoyuǎn de Fùshì zuò shī yì shǒu ▶柔道なら俺の方が〜強い/柔道的话，我可强多了 róudào de huà, wǒ kě qiáng duō le ▶薬は致死量を〜超えていた/用药已经远远超过了致死量 yòng yào yǐjīng yuǎnyuǎn chāoguòle zhìsǐliàng

はるぎ【春着】 春装 chūnzhuāng 〈英 *spring wear*〉 ▶〜を新調したいなあ/真想做套新的春装啊 zhēn xiǎng zuò tào xīn de chūnzhuāng a

はるげしき【春景色】 春光 chūnguāng; 春色 chūnsè 〈英 *spring scenery*〉 ▶のどかな〜の中に自分も溶けこんでいた/自己也融入到融融春色之中了 zìjǐ yě róngrùdào róngróng chūnsè zhīzhōng le

バルコニー〔建築〕凉台 liángtái; 阳台 yángtái 〈英 *a balcony*〉 ▶〜に出て風に当たる/到凉台上吹风 dào liángtáishang chuīchuī fēng ▶〜でコーヒーを飲む/在凉台上喝咖啡 zài liángtáishang hē kāfēi

はるさき【春先】 初春 chūchūn 〈英 *early spring*〉

はるさめ【春雨】 ❶【食品の】粉丝 fěnsī 〈英 *starch noodles*〉 ▶昼は〜で酢の物でも作ろうか/中午做个醋拌粉丝吧 zhōngwǔ zuò ge cùbàn fěnsī ba ❷【雨】春雨 chūnyǔ 〈英 *a spring rain*〉 ▶黒髪が〜にしっとり濡れていた/黑发被春

はるばる 遥远 yáoyuǎn (英 *all the way*) ▶～やって来る/远道而来 yuǎndào ér lái ▶渡り鳥が～海を越えて来る/候鸟飞越过浩瀚大海而来 hòuniǎo fēiyuèguò hàohàn dàhǎi ér lái ▶～と旅をしたのだなあ/走了漫长的旅途啊 zǒule màncháng de lǚtú a

バルブ 阀 fá; 活门 huómén;《送水管の》水门 shuǐmén (英 *a valve*) ▶～を閉めて水を止める/关闭阀门止住水流 guānbì fámén zhǐzhù shuǐliú

パルプ《製紙用》纸浆 zhǐjiāng (英 *wood pulp*) ▶～にする/做纸浆 zuò zhǐjiāng

はるまき【春巻】〔料理〕春卷 chūnjuǎn (英 *an egg roll*)

はるやすみ【春休み】 春假 chūnjià (英 *the spring vacation*) ▶～には海外旅行を予定している/春假预定到国外旅行 chūnjià yùdìng dào guówài lǚxíng ▶～は就職活動であっぷあっぷだ/春假里忙找工作忙得喘不过气来 chūnjiàlǐ máng zhǎo gōngzuò mángde chuǎnbuguò qì lái

はれ【晴れ】 ❶【天候】晴天 qíngtiān (英 *clear weather*) ▶秋～の空の下で運動会は始まった/运动会在秋天晴朗的天空下开始了 yùndònghuì zài qiūtiān qínglǎng de tiānkōngxia kāishǐ le ▶～のち曇りときどき小雨/晴转阴有时有小雨 qíng zhuǎn yīn yǒushí yǒu xiǎoyǔ ❷【晴れがましい】隆重 lóngzhòng (英 *formal*) ▶～の舞台/隆重的场面 lóngzhòng de chǎngmiàn ▶今日はおまえの～の舞台だ/今天是你隆重登台的日子 jīntiān shì nǐ lóngzhòng dēngtái de rìzi

はれ【腫れ】 肿胀 zhǒngzhàng (英 *a swelling*) ▶～がひく/消肿 xiāozhǒng ▶3日たって～がひき始めた/过了三天，就开始消肿了 guòle sān tiān, jiù kāishǐ xiāozhǒng le ▶背中の～は悪性らしい/脊背的肿块好像是恶性的 jǐbèi de zhǒngkuài hǎoxiàng shì èxìng de

はれあがる【晴れ上がる】 放晴 fàngqíng; 响晴 xiǎngqíng (英 *clear up*) ▶晴れ上がった空に凧が舞っている/放晴的天空里风筝在飞舞 fàngqíng de tiānkōngli fēngzheng zài fēiwǔ

はれあがる【腫れ上がる】 肿 zhǒng; 肿胀 zhǒngzhàng (英 *swell up*) ▶虫歯が痛んで右頬が腫れ上がった/虫牙疼痛右脸颊肿起来了 chóngyá téngtòng yòuliǎnjiá zhǒngqǐlai le

ばれい【馬齢】（自己的）年岁 (zìjǐ de) niánsuì (英 *one's age*) ▶～を重ねて古稀を迎えた/年龄徒增，迎来了古稀之年 niánlíng tú zēng, yíngláile gǔxī zhī nián

ばれいしょ【馬鈴薯】 马铃薯 mǎlíngshǔ; 土豆 tǔdòu (英 *a potato*)

バレエ 芭蕾舞 bālěiwǔ (英 *a ballet*) ▶娘には5歳の時から～を習わせている/让女儿从五岁开始学习芭蕾舞 ràng nǚ'ér cóng wǔ suì kāishǐ xuéxí bālěiwǔ

▶～シューズ/芭蕾舞鞋 bālěiwǔxié モダン～/现代芭蕾 xiàndài bālěi

ハレーション 晕影 yùnyǐng (英 *a halation*) ▶～を起こす/在雪の反射下出现了晕影 zài xuě de fǎnshèxia chūxiànle yùnyǐng

ハレーすいせい【ハレー彗星】〔天文〕哈雷彗星 Hāléi huìxīng (英 *Halley's comet*) ▶～が妖しい光の尾をひいている/哈雷彗星拖着奇怪的光尾 Hāléi huìxīng tuōzhe qíguài de guāngwěi

パレードする 游行 yóuxíng (英 *parade*) ▶優勝を祝って市内を～する/在市内举行庆祝胜利的游行 zài shìnèi jǔxíng qìngzhù shènglì de yóuxíng ▶にぎやかな～が窓の下を通る/热闹的游行队伍从窗下通过 rènao de yóuxíng duìwǔ cóng chuāngxia tōngguò

バレーボール〔スポーツ〕排球 páiqiú (英 *volleyball*) ▶～をする/打排球 dǎ páiqiú ▶全日本～選手権大会/日本排球锦标赛 Rìběn páiqiú jǐnbiāosài ▶6人制／六人制排球 liùrénzhì páiqiú

はれがましい【晴れがましい】 光彩 guāngcǎi; 显赫 xiǎnhè;（おもはゆい）不好意思 bùhǎoyìsi (英 *grand*) ▶こんな～席につくと身がすくむ/坐这么显赫的座席身体都打怵 zuò zhème xiǎnhè de zuòxí shēntǐ dōu dǎchù ▶受賞なんて嬉しくも～/获奖又高兴又有点不好意思 huòjiǎng yòu gāoxìng yòu yǒudiǎn bùhǎoyìsi

はれぎ【晴れ着】 盛装 shèngzhuāng (英 *one's best clothes*) ▶～を着て成人式に出る/身着盛装参加成人仪式 shēnzhuó shèngzhuāng cānjiā chéngrén yíshì

はれつ【破裂する】 破裂 pòliè;《協議など》决裂 juéliè (英 *burst*) ▶風船が～する/气球破裂 qìqiú pòliè ▶凍結のため水道管が～した/因为上冻水管破裂了 yīnwèi shàngdòng shuǐguǎn pòliè le ▶死因は脳の動脈が～だった/死因是脑动脉破裂 sǐyīn shì nǎodòngmài pòliè

パレット 调色板 tiáosèbǎn (英 *a palette*) ▶～ナイフ/调色刀 tiáosèdāo

はれて【晴れて】 毫无顾忌地 háowú gùjì de; 正式地 zhèngshìde (英 *officially; publicly*) ▶～自由の身となる/嫌疑消除而自由 xiányí xiāochú ér zìyóu ▶～親子の名乗りをあげる/能够公然称父[母]叫父丁 nénggòu gōngrán chēng fù[mǔ]jiào zǐ ▶～卒業はしたけれど…/虽然正式毕业了… suīrán zhèngshì bìyè le…

はればれ【晴れ晴れとした】 清爽 qīngshuǎng; 畅快 chàngkuài (英 *refreshing*) ▶正しい主張が通って彼は気分が～した/正确意见得以通过，我的心情十分畅快 zhèngquè yìjiàn déyǐ tōngguò, wǒ de xīnqíng shífēn chàngkuài ▶彼女は～とした表情で登壇した/她神采奕奕地登上讲台 tā shéncǎi yìyì de dēngshàng jiǎngtái

はれぼったい【腫れぼったい】 微肿 wēizhǒng (英 *somewhat swollen*) ▶～顔/微肿的脸 wēizhǒng de liǎn ▶～目/微肿的眼 wēizhǒng de yǎn ▶寝起きは顔が～/睡醒后脸有些肿 shuǐxǐnghòu liǎn yǒuxiē zhǒng ▶泣いたのか~目をしている/肿着眼睛该是哭的吧 zhǒngzhe yǎnjīng gāi shì kū de ba

はれま【晴れ間】《雲間の空》云缝 yúnfèng;《雨の》暫晴 zàn qíng (英 *a patch of blue sky*) ▶雲の~/云隙的青天 yúnxì de qīngtiān ▶雲の~に星がのぞいた/星星从云缝中露出来 xīngxing cóng yúnfèng zhōng lòuchūlai ▶梅雨の~を待ちうけて服を買いに出た/等到梅雨暂停时出去买衣服 děngdào méiyǔ zàntíngshí chūqù mǎi yīfu

はれもの【腫れ物】脓肿 nóngzhǒng; 疖子 jiēzi (英 *a swelling*) ▶~ができる/生疖子 shēng jiēzi; 长疙瘩 zhǎng gēda ▶首すじに~ができた/脖梗子上长了疖子 bógěngzishàng zhǎngle jiēzi ▶~に触るような 提心吊胆 tí xīn diào dǎn ▶みんなが僕を~に触るように扱っている/大家都小心翼翼地对待我 dàjiā dōu xiǎoxīn yìyì de duìdài wǒ

はれやか【晴れやかな】爽朗 shuǎnglǎng; 开朗 kāilǎng (英 *cheerful*) ▶~な顔/开朗的面容 kāilǎng de miànróng ▶~な心境/光风霁月 guāngfēng jìyuè ▶君の~な顔が見られて嬉しいよ/能看见你开朗的面容非常高兴 néng kànjiàn nǐ kāilǎng de miànróng fēicháng gāoxìng ▶責任を果たして気分は~だ/完成了任务心情爽快 wánchéngle rènwu xīnqíng shuǎngkuai ▶嵐が去って~な朝を迎えた/暴风雨过后迎来了晴朗的早晨 bàofēngyǔ guòhòu yínglǎile qínglǎng de zǎochen

バレリーナ芭蕾舞女演员 bālěiwǔ nǚyǎnyuán (英 *a ballerina*)

はれる【晴れる】 **1**〖天気・霧など〗放晴 fàngqíng (英 *clear up*) ▶この天気なら午後には~だろう/这样的天气下午能变晴吧 zhèyàng de tiānqì xiàwǔ néng biàn qíng ba ▶霧が晴れて山が見えてきた/雾气消散能看得见山了 wùqì xiāosàn néng kàndejiàn shān le

2〖気分・疑念など〗消散 xiāosàn; 释然 shìrán (英〖気が〗*feel refreshed*;〖疑惑が〗*be dispelled*) ▶旅行でもなさると気が晴れましょう/去旅行旅行什么的心情会好起来吧 qù lǚxíng lǚxíng shénme de xīnqíng huì hǎoqǐlai ba ▶まだ疑いが晴れたわけではない/猜疑还没有消除 cāiyí hái méiyǒu xiāochú ▶先方の釈明を聞いて心の迷いが晴れた/听了对方的解释心中疑虑尽消 tīngle duìfāng de jiěshì xīnzhōng yílǜ jìn xiāo

はれる【腫れる】肿 zhǒng (英 *swell*) ▶ぶつかったあとがひどく腫れている/撞过之后肿得非常厉害 zhuàngguò zhīhòu zhǒngde fēicháng lìhai

ばれる败露 bàilù; 暴露 bàolù (英 *come out*) ▶うそが~/谎言败露 huǎngyán bàilù

バレル《容積》桶 tǒng (英 *a barrel*) ▶石油 1~/一桶石油 yì tǒng shíyóu

はれわたる【晴れ渡る】清朗 qīnglǎng; 晴朗 qínglǎng (英 *clear up*) ▶晴れ渡った空を雁の列がよぎる/雁队飞过晴朗的天空 yàn duì fēiguò qínglǎng de tiānkōng

バレンタインデー情人节 qíngrénjié (英 *Valentine's Day*)

はれんち【破廉恥な】无耻 wúchǐ (英 *shameless*) ▶そういう心をもつような~を言うのだ/那种心态可说是无耻啊 nà zhǒng xīntài kě shuō shì wúchǐ a ▶あんな~な男とはつきあうな/不要和那么无耻的男人交往 búyào hé nàme wúchǐ de nánrén jiāowǎng

♦~罪/道德败坏罪 dàodé bàihuàizuì

はろう【波浪】波浪 bōlàng; 浪头 làngtou (英 *waves*) ▶~警報/波浪警报 bōlàng jǐngbào ▶今日は沿岸部に~注意報が出ている/今天沿海地区发出注意波浪的警报 jīntiān yánhǎi dìqū fāchū zhùyì bōlàng de jǐngbào

ハロゲン〖化学〗卤素 lǔsù (英 *a halogen*) ▶~ランプ/卤灯泡 lǔ dēngpào ▶~ヒーター/卤素取暖器 lǔsù qǔnuǎnqì

バロック巴洛克式 bāluòkè shì (英 *baroque*) ▶~音楽/巴洛克音乐 bāluòkè yīnyuè

パロディー滑稽性模仿 huájīxìng mófǎng (英 *a parody*) ▶『三郎』の~を書こうと思う/想写《三四郎》的搞笑版 xiǎng xiě《Sānsìláng》de gǎoxiàobǎn

バロメーター气压计 qìyājì; 晴雨计 qíngyǔjì;《比喩》指标 zhǐbiāo (英 *a barometer*) ▶株価は景気の~だ/股价是景气的指标 gǔjià shì jǐngqì de zhǐbiāo

パワー力量 lìliang; 势力 shìlì (英 *power*) ▶~がある/有力量 yǒu lìliang ▶年のわりには~があるね/和年龄相比很有力量啊 hé niánlíng xiāngbǐ hěn yǒu lìliang a

♦~アップ/提高功率 tígāo gōnglǜ ▶エンジンの~アップを計る/谋求提高发动机功率 móuqiú tígāo fādòngjī gōnglǜ ▶~ショベル/掘土机 juétǔjī; 铲车 chǎnchē ▶~ハラスメント/职权骚扰 zhíquán sāorǎo ▶職場の~ハラスメントが顕在化してきた/单位的职权骚扰逐渐明显起来 dānwèi de zhíquán sāorǎo zhújiàn míngxiǎnqǐlai

ハワイ夏威夷 Xiàwēiyí (英 *Hawaii*)

はわたり【刃渡り】刀刃长度 dāorèn chángdù (英 *blade length*) ▶~20センチの包丁/刀刃长二十厘米的菜刀 dāorènchángèrshí límǐ de càidāo

はん【半】半 bàn (英 *half*) ▶2時~/两点半 liǎng diǎn bàn ▶7時~頃そちらに伺います/七点半左右去您那儿 qī diǎn bàn zuǒyòu qù nín nàr ▶ドアが~開きになっている/门半开着 mén bànkāizhe ▶残り物を~値で引き取る/按半价收购剩下的东西 àn bànjià shōugòu shèngxià de dōngxi ▶~日かけて資料を作る/花了半天时间作资料 huāle bàntiān shíjiān zuò zīliào

はん【判】图章 túzhāng; 戳子 chuōzi; 印章 yìnzhāng (英 *a stamp; a seal*) ▶~を押す/盖章 gàizhāng ▶誓約書に~を押す/在誓约书上盖章 zài shìyuēshūshang gàizhāng

~で押したような 千篇一律的 qiānpiān yílù de ▶~で押したような答が返ってきた/得到千篇一律的回答 dédào qiānpiān yílǜ de huídá

はん【版】 版 bǎn (英 an edition) ▶～を組む/排版 páibǎn ▶～を重ねる/再版 zàibǎn; 重版 chóngbǎn ▶活字で～を組むのですか/是活字排版吗? shì huózì páibǎn ma? ▶辞書が好評で順調に～を重ねている/词典因为好评而顺利再版 cídiǎn yīnwèi hǎopíng ér shùnlì zàibǎn ▶あの本は出～後たちまち絶～になった/那本书一出来就绝版了 nà běn shū yī chūlái jiù juébǎn le

はん【班】 小组 xiǎozǔ; 班 bān (英 a squad; a group) ▶クラスを六つの～に分ける/班级分成六个小组 bānjí fēnchéng liù ge xiǎozǔ ▶研究の報告書がまとまった/研与野菜の屑で命をつなぐ kào miànbāozhā hé shūcàixiè wéichí shēngmìng ▶～を焼く/烤面包 kǎo miànbāo ▶～を焼く匂いが通りまで流れてくる/烤面包的香味儿一直飘到马路上 kǎo miànbāo de xiāngwèir yìzhí piāodào mǎlùshang ▶朝は～とコーヒーで済ませる/早上用面包和咖啡对付 zǎoshang yòng miànbāo hé kāfēi duìfu ▶～屋は朝が早い/面包店一大早就开始上班 miànbāodiàn yídàzǎo jiù kāishǐ shàngbān

はんい【範囲】 范围 fànwéi (英 an extent; [限界] limits) ▶～を広げる/扩展范围 kuòzhǎn fànwéi ▶調査の～を広げてみよう/试试扩展调查范围吧 shìshi kuòzhǎn diàochá fànwéi ba ▶行動の～/行动范围 xíngdòng fànwéi ▶～だから行動は限られている/因为是轮椅所以行动范围是有限的 yīnwèi shì lúnyǐ suǒyǐ xíngdòng fànwéi shì yǒuxiàn de ▶予算の～内で頼むよ/拜托控制在预算的范围之内 bàituō kòngzhì zài yùsuàn de fànwéi zhī nèi ▶私の知る～でお答えしよう/要在我所知范围内回答 yào zài wǒ suǒ zhī fànwéinèi huídá ▶交際～があきれるほど広い/交际范围广得让人吃惊 jiāojì fànwéi guǎngde ràng rén chījīng

はんいご【反意語】 反义词 fǎnyìcí (英 an antonym)

はんえい【反映する】 反映 fǎnyìng (英 reflect) ▶意見を～する/反映意见 fǎnyìng yìjiàn ▶政策は多少市民の意見に～しているか/政策反映了多少市民的意见呢? zhèngcè fǎnyìngle duōshao shìmín de yìjiàn ne? ▶流行歌は世相の～である/流行歌曲反映了社会状态 liúxíng gēqǔ fǎnyìngle shèhuì zhuàngtài

はんえい【繁栄する】 繁荣 fánróng (英 prosper) ▶～の時代/盛世 shèngshì ▶町が～する/城镇繁华 chéngzhèn fánhuá ▶軍港を抱えて町は～していた/因为环抱军港, 所以镇子曾经很繁荣 yīnwèi huánbào jūngǎng, suǒyǐ zhènzi céngjīng hěn fánróng ▶平成に入って町に～が戻った/到了平成时期街镇又变得繁华了 dàole Píngchéng shíqí jiēzhèn yòu biànde fánhuá le

はんえいきゅうてき【半永久的】 半永久性 bànyǒngjiǔxìng (英 semipermanent) ▶あの日の繁栄は～に戻ってこないのだろう/那天的繁华已半永久性地不复存在了吧 nà tiān de fánhuá yǐ bànyǒngjiǔxìng de bú fù cúnzàile ba

は

はんえんけい【半円形の】 半圆形 bànyuánxíng（英 *semicircular*）

はんおん【半音】（音楽）半音 bànyīn（英 *a halftone*）▶～を上げる/升半音 shēng bànyīn ▶～を下げる/降半音 jiàng bànyīn ▶一階/半音阶 bànyīnjiē

はんか【繁華な】 繁华 fánhuá（英 *flourishing*）▶宿は～な町を見下ろす位置にある/旅馆处于可以俯瞰繁华街镇的位置 lǚguǎn chǔyú kěyǐ fǔkàn fánhuá jiēzhèn de wèizhi

はんが【版画】 版画 bǎnhuà；木刻 mùkè（英 *a block print*）▶～美術館/版画美术馆 bǎnhuà měishùguǎn ▶～家/版画家 bǎnhuàjiā ◆木～/木版画 mùbǎnhuà

ばんか【挽歌】 挽歌 wǎngē（英 *an elegy*）▶蝉の声が彼に捧げる～に聞こえた/蝉鸣听起来好像是唱给他的挽歌 chán míng tīngqǐlai hǎoxiàng shì chàng gěi tā de wǎngē ▶友人たちが～がわりに校歌を歌った/朋友们唱校歌来代替挽歌 péngyoumen chàng xiàogē lái dàitì wǎngē

ばんか【晩夏】 晚夏 wǎnxià（英 *late summer*）▶～の避暑地に人影はまばらだった/晚夏的避暑地人影寥寥 wǎnxià de bìshǔdì rényǐng liáoliáo

ハンガー 衣架 yījià（英 *a dress hanger*）▶脱いだ上着を～にかけた/脱下的上衣挂在衣架上 tuōxià de shàngyī guàzài yījiàshang ▶～ボード/吊挂板 diàoguàbǎn；挂衣板 guàyībǎn

ハンガーストライキ 绝食抗议 juéshí kàngyì（英 *a hunger strike*）

はんかい【半壊する】 半坏 bànhuài；毁掉一半 huǐdiào yíbàn（英 *be partially destroyed*）▶我が家も～した/我家也坏掉一半 wǒ jiā yě huàidiào yíbàn ▶全～家屋は100戸を越えた/全坏以及半坏房屋超过一百家 quánhuài yǐjí bànhuài fángwū chāoguò yìbǎi jiā

ばんかい【挽回する】 挽回 wǎnhuí；收回 shōuhuí（英 *recover*）▶勝って名誉を～するぞ/一定要获胜挽回名誉 yídìng yào huòshèng wǎnhuí míngyù ▶失地～なんてできるものか/不可能收复失地 bù kěnéng shōufù shīdì

はんかがい【繁華街】 闹市 nàoshì；热闹的大街 rènao de dàjiē（英 *busy streets*）▶あの～がすっかり寂れてしまった/那个闹市已经萧条了 nàge nàoshì yǐjing xiāotiáo le

はんかく【反核兵器】 反对核武器 fǎnduì héwǔqì；反核 fǎnhé（英 *antinuclear*）▶～の声を絶やすまい/不要让反对核武器的呼声消失 búyào ràng fǎnduì héwǔqì de hūshēng xiāoshī ▶それは～運動に水をかけるような発言だった/那个发言像是给反核运动泼冷水 nàge fāyán xiàng shì gěi fǎnhé yùndòng pō lěngshuǐ

はんがく【半額】 半价 bànjià（英 *at half the price*）▶～チケット/半票 bànpiào ▶閉店セールにつき全品～です/因为关店甩卖所有商品都是半价 yīnwèi guāndiàn shuǎimài suǒyǒu shāngpǐn dōu shì bànjià ▶子供は～で入場できる/儿童可以半价入场 értóng kěyǐ bànjià rùchǎng

ばんがく【晩学】 老来学习 lǎo lái xuéxí（英 *learning late in life*）▶～の喜びを君に伝えてやりたいよ/想让你也分享老来学习的喜悦 xiǎng ràng nǐ yě fēnxiǎng lǎo lái xuéxí de xǐyuè

はんかくめい【反革命】 反革命 fǎngémìng（英 *antirevolution*）

ハンカチ 手绢儿 shǒujuànr；手帕 shǒupà（英 *a handkerchief*）▶無骨な手の中で～が震えていた/粗手里的手绢在颤抖 cūshǒuli de shǒujuàn zài chàndǒu ▶～を出して涙を押さえた/拿出手绢抹眼泪 náchū shǒujuàn mǒ yǎnlèi

はんかつう【半可通】 一知半解 yì zhī bàn jiě（英 *a superficial knowledge*）▶しょせんあいつは～なんだ/反正那家伙只是一知半解 fǎnzheng nà jiāhuo zhǐshì yì zhī bàn jiě ▶あの～な芸術論には参るよ/真服了那个～一知半解的艺术评论 zhēn fúle nàge yì zhī bàn jiě de yìshù pínglùn

バンガロー 供宿营用的木房 gōng sùyíng yòng de mùfáng；简易小房 jiǎnyì xiǎofáng（英 *a cottage*；*a bungalow*）▶家族で高原の～に泊まった/和家人在高原木屋住宿 hé jiārén zài gāoyuán mùwū zhùsù ▶宿泊は～を予約した/住宿预定在宿营木屋了 zhùsù yùdìng zài sùyíng mùwū le

はんかわき【半乾きの】 半干 bàngān；未全干 wèi quán gān（英 *half-dry*）▶シャツはまだ～だ/衬衫才半干 chènshān cái bàngān

はんかん【反感】 反感 fǎngǎn（英 *antipathy*）▶～を持つ/抱有反感 bàoyǒu fǎngǎn ▶その自信満々の態度に～を覚えた/对那种自信过度的态度感到反感 duì nà zhǒng zìxìn guòdù de tàidù gǎndào fǎngǎn ▶～が募って憎悪に変わった/反感至极就变成了憎恨 fǎngǎn zhìjí jiù biànchéngle zēnghèn ～を買う 激起反感 jīqǐ fǎngǎn ▶過激な発言がみんなの～を買った/过激发言惹起了大家的反感 guòjī fāyán rěqǐle dàjiā de fǎngǎn

はんがん【判官】 ▶～びいき 同情弱者 tóngqíng ruòzhě ▶甲子園では～びいきが働いて無名校を応援する/甲子园的观众同情弱者为无名的学校加油 Jiǎzǐyuán de guānzhòng tóngqíng ruòzhě wèi wúmíng de xuéxiào jiāyóu

ばんかん【万感】 万感 wàngǎn（英 *a mixture of emotions*）▶～の思いをこめて弔辞を読んだ/怀着万般思念朗读了悼词 huáizhe wànbān sīniàn lǎngdúle dàocí ▶彼の胸に～がこみ上げた/他心中百感交集 tā xīnzhōng bǎigǎn jiāojí ～胸に迫る 万感交集 wàngǎn jiāojí ▶～胸に迫って言葉が出ない/百感交集说不出话来 bǎigǎn jiāojíde shuōbuchū huà lái

はんかんはんみん【半官半民の】 公私合营 gōngsī héyíng；半官半民 bànguān bànmín（英 *semi-governmental*）▶～の事業体に天下る/离休后到半官半民的企业任职 líxiūhòu dào bànguān bànmín de qǐyè rènzhí

はんき【反旗】 叛变之旗 pànbiàn zhī qí (英 *a standard of revolt*) ▶～を翻す/背叛 bèipàn; 举旗造反 jǔqí zàofǎn ▶理事が～を翻し、会長の退陣を迫った/理事举旗造反，逼迫会长退任 lǐshì jǔqí zàofǎn, bīpò huìzhǎng tuìrèn

はんき【半期】 半期 bànqī (英 *a half year*) ▶上～の決算が出そろった/上半年的结算都出来了 shàngbànnián de jiésuàn dōu chūlái le ▶～ごとに契約を更新する/每半年更新一次合同 měi bànnián gēngxīn yí cì hétong

はんき【半旗】 半旗 bànqí (英 *a flag at half-mast*) ▶～を掲げて哀悼する/降半旗致哀 jiàng bànqí zhì'āi ▶大統領の死を悼んで～を掲げる/下半旗悼念总统 xià bànqí dàoniàn zǒngtǒng

はんぎゃく【反逆】 背叛 bèipàn; 造反 zàofǎn (英 *revolt; rebel*) ▶～者/叛徒 pàntú ▶若い頃から～児で知られていた/年轻时就是出了名的造反小子 niánqīngshí jiùshì chūle míng de zàofǎn xiǎozi ▶～は天が許してもわしが許さん/即使老天允许我也不准你造反 jíshǐ lǎotiān yǔnxǔ wǒ yě bùzhǔn nǐ zàofǎn ▶私は自分自身に～しているのだ/我在背叛自我 wǒ zài bèipàn zìwǒ ▶不満分子が～を企てた/不满分子企图造反 bùmǎn fènzǐ qǐtú zàofǎn

はんきゅう【半休する】 半休 bànxiū; 休息半天 xiūxi bàntiān (英 *take a half day off*)

はんきゅう【半球】 半球 bànqiú (英 *a hemisphere*) ▶赤道を越えればそこは南～である/越过赤道那边就是南半球了 yuèguò chìdào nàbiān jiùshì nánbànqiú le

はんきょう【反共の】 反共 fǎngòng (英 *anti-communist*) ▶かつての～の闘士もいい爺さまだ/曾经的反共战士也成了和蔼的老爷儿了 céngjīng de fǎngòng zhànshì yě chéngle hé'ǎi de lǎotóur le ▶～を旗印にかかげて論陣を張る/高举反共大旗帜开辩论阵式 gāojǔ fǎngòng qízhì zhǎnkāi biànlùn zhènshì

はんきょう【反響する】 **1**【音が】 回声 huíshēng; 回响 huíxiǎng (英 *echo*) ▶応援歌がドームに～した/加油歌声回荡在圆顶球场 jiāyóu gēshēng huídàng zài yuándǐng qiúchǎng ▶歌声の快い～の中に浸っていた/沉浸在愉快歌声的回响之中 chénjìn zài yúkuài gēshēng de huíxiǎng zhīzhōng **2**【事柄に対する】 反応 fǎnyìng; 反响 fǎnxiǎng (英 *have a response*) ▶～が大きい/反响很大 fǎnxiǎng hěn dà ▶あの人が提唱すれば～は大きい/要是那个人提倡的话反响会很大 yàoshi nàge rén tíchàng de huà fǎnxiǎng huì hěn dà

◆～を呼ぶ 引起反响 yǐnqǐ fǎnxiǎng ▶事件は思わぬ～を呼んだ/事件引起了意想不到的反响 shìjiàn yǐnqǐle yìxiǎngbudào de fǎnxiǎng

はんきょうらん【半狂乱】 几乎疯狂 jīhū fēngkuáng (英 *half-crazed*) ▶子供を失ってທ親は～になった/失去了孩子，那位年轻母亲几乎要疯了 shīqùle háizi, nà wèi niánqīng mǔqīn jīhū yào fēng le

ばんきん【板金】 钣 bǎn; 金属板 jīnshǔbǎn (英 *sheet metal*) ▶～工/钣金工 bǎnjīngōng ▶～加工/板金加工 bǎnjīn jiāgōng

パンク《タイヤ》放炮 fàngpào;《詰めすぎて》胀破 zhàngpò (英 *a puncture; a blowout*) ▶タイヤが～する/车胎爆裂 chētāi bàoliè ▶財政はもはや～寸前だ/财政已是即将崩溃了 cáizhèng yǐ shì jíjiāng bēngkuì le ▶食いすぎて腹が～しそうだ/吃得太多，肚子好像要爆炸了一样 chīde tài duō, dùzi hǎoxiàng yào bàozhàle yíyàng

ハンググライダー 悬挂滑翔机 xuánguà huáxiángjī (英 *a hang glider*)

ばんぐみ【番組】 节目 jiémù (英 *a program*) ▶テレビ～/电视节目 diànshì jiémù ▶テレビに出演する/上电视节目 shàng diànshì jiémù ▶～を下りることにした/辞去节目工作 cíqù jiémù gōngzuò ▶編成が難航する/节目编制难以进行 jiémù biānzhì nányǐ jìnxíng ▶子供向け～/儿童节目 értóng jiémù

ハングル 朝鲜文字 Cháoxiān wénzì (英 *Hangul*)

ばんくるわせ【番狂わせ】 出乎意料的现象 chūhū yìliào de xiànxiàng; 意想不到的结果 yìxiǎngbudào de jiéguǒ (英 *an upset*) ▶彼が予選落ちという～が生じた/出乎意料的是他没有通过预赛 chūhū yìliào de shì tā méiyǒu tōngguò yùsài ▶～とんだ～に会場は沸いた/出乎意料的结果使会场沸腾 chūhū yìliào de jiéguǒ shǐ huìchǎng fèiténg

はんけい【半径】 半径 bànjìng (英 *a radius*) ▶蜜蜂の行動～は意外と大きかった/蜜蜂的活动半径出乎意料地大 mìfēng de huódòng bànjìng chūhū yìliào de dà ▶円の面積は～の2乗に比例する/圆的面积与半径平方成比例 yuán de miànjī yǔ bànjìng píngfāng chéng bǐlì

パンケーキ《食べ物の》烤薄饼 kǎobáobǐng; 薄煎饼 báojiānbǐng (英 *a pancake*) ▶～を焼く/烤薄饼 kǎo báobǐng

はんげき【反撃する】 反击 fǎnjī; 反攻 fǎngōng (英 *counterattack*) ▶～が始まるぞ/开始反击 kāishǐ fǎnjī ▶～に転じたがすでに形勢は決していた/虽然转为反击但大势已定 suīrán zhuǎnwéi fǎnjī dàn dàshì yǐ dìng ▶～する気概が見えない/看不到反击的气魄 kànbudào fǎnjī de qìpò

はんけつ【判決】 判决 pànjué (英 *judgment*) ▶～を言い渡す/宣判 xuānpàn ▶おとなしく～に服するつもりですか/打算服服帖帖地听从判决吗？dǎsuan fúfútiētiē de tīngcóng pànjué ma? ▶高裁で原～がくつがえされた/高法推翻了原判 gāofǎ tuīfānle yuánpàn

◆～文〖判决书〗pànjuéshū ▶～文を子細に検討する/探讨判决书的详情 tàntǎo pànjuéshū de xiángqíng

はんげつ【半月】 半月 bànyuè (英 *a half moon*) ▶山の端に～がかかっている/半月爬上山头 bànyuè páshàng shāntóu

◆～板〖解〗半月板 bànyuèbǎn ▶柔道の練

習で～板を痛めた/练习柔道伤了半月板 liànxí róudào shāngle bànyuèbǎn

はんけん【半券】票根 piàogēn (英 *a stub*) ▶～は捨てないでくれないよ/票根不要扔掉啊 piàogēn búyào rēngdiào a

はんけん【版権】《著作权》版权 bǎnquán; 著作权 zhùzuòquán;《出版权》(出版社的)出版权 (chūbǎnshè de) chūbǎnquán (英 *copyright*) ▶～は遺族に引きつがれた/版权由遗属继承 bǎnquán yóu yíshǔ jìchéng ▶他社を抑えて～を獲得した/胜过其他公司获得了版权 shèngguò qítā gōngsī huòdéle bǎnquán ▶～は我が社に属している/版权属于我们出版社 bǎnquán shǔyú wǒmen chūbǎnshè

はんげん【半減する】减半 jiǎnbàn; 少一半 shǎo yíbàn (英 *reduce by half*) ▶楽しみが～する/乐趣减半 lèqù jiǎnbàn ▶日本チームが出ないのではワールドカップの楽しみが～する/因为日本队没出线，世界杯的乐趣少了一半 yīnwèi Rìběnduì méi chūxiàn, Shìjièbēi de lèqù shǎole yíbàn ▶10年間で人口～という例もある/也有十年时间人口减半的事例 yě yǒu shí nián shíjiān rénkǒu jiǎnbàn de shìlì

◆～期《放射性元素の》**半衰期** bànshuāiqī ▶ラジウムの～は何年だったかな/镭的半衰期是多少年呢? léi de bànshuāiqī shì duōshao nián ne?

ばんけん【番犬】看家狗 kānjiāgǒu (英 *a watchdog*) ▶我が家の～は猫を見てもおびえる/我们家的看门狗看见猫都要发抖 wǒmen jiā de kānméngǒu kànjiàn māo dōu yào fādǒu ▶強そうな～を飼っている/养着看起来很凶猛的看家狗 yǎngzhe kànqǐlai hěn xiōngměng de kānjiāgǒu

はんこ【判子】戳儿 chuōr; 图章 túzhāng (英 *a stamp; a seal*) ▶～を押す/盖章 gàizhāng ▶证文に～を押す/在证书上盖章 zài zhèngshūshang gàizhāng ▶～がなければサインでいい/没有印章的话签名也可以 méiyǒu yìnzhāng de huà qiānmíng yě kěyǐ

はんご【反語】反话 fǎnhuà; 反语 fǎnyǔ (英 *irony*) ▶彼の文章には～表現が多い/他的文章里反话表达比较多 tā de wénzhānglǐ fǎnhuà biǎodá bǐjiào duō

パンこ【パン粉】面包粉 miànbāofěn (英 *bread crumbs*)

はんこう【反抗する】反抗 fǎnkàng; 违抗 wéikàng; 逆反 nìfǎn (英 *resist; rebel*) ▶むだな～はやめておけ/放弃无用的反抗吧 fàngqì wúyòng de fǎnkàng ba ▶あの子は～したい盛りなのだ/那孩子现在处于逆反期 nà háizi xiànzài chǔyú nìfǎnqī ▶このところ彼はなぜか反抗的である/最近他不知为什么动不动就反抗 zuìjìn tā bù zhī wèi shénme dòngbudòng jiù fǎnkàng

◆～期**反抗期** fǎnkàngqī ▶～期が始まったらしい/好像反抗期开始了 hǎoxiàng fǎnkàngqī kāishǐ le

はんこう【犯行】罪行 zuìxíng; 犯罪 fànzuì (英 *a crime*) ▶～を重ねる/罪行不断 zuìxíng búduàn ▶～を認める/承认罪行 chéngrèn zuìxíng ▶彼の～とは断定できない/不能判定是他的罪行 bùnéng pàndìng shì tā de zuìxíng ▶～の動機が明らかでない/犯罪动机不明 fànzuì dòngjī bùmíng ▶～を認める供述を始めた/开始了认罪的供述 kāishǐle rènzuì de gòngshù

はんごう【飯盒】(野外用的)饭盒 (yěwàiyòng de) fànhé (英 *a mess kit*) ▶～で炊いた飯はうまい/用饭盒做的饭好吃 yòng fànhé zuò de fàn hǎochī

日中比较 中国语の'饭盒 fànhé'は通常「弁当」を指す.

ばんこう【蛮行】兽行 shòuxíng; 暴行 bàoxíng; 野蛮行为 yěmán xíngwéi (英 *barbarism*) ▶彼らはこのような～を重ねていたのだ/他们不断重复着这样的暴行 tāmen búduàn chóngfùzhe zhèyàng de bàoxíng

ばんごう【番号】号码 hàomǎ (英 *a number*) ▶～を合わせる/对号 duìhào ▶電話～が違っていた/电话号码有误 diànhuà hàomǎ yǒuwù ▶旅行荷物に～を付ける/给行李加编号 gěi xínglǐ jiā biānhào ▶整列，～！/列队，报数! lièduì, bàoshù!

◆暗証～**密码** mìmǎ ▶暗証～まで教えてしまった/连密码都告诉了 lián mìmǎ dōu gàosu le ～札|号码牌 hàomǎpái ▶～札の順に並ぶ/按号牌顺序排队 àn hàopái shùnxù páiduì

ばんこく【万国】万国 wànguó; 世界 shìjiè (英 *all nations*) ▶～共通の/世界通用 shìjiè tōngyòng ▶環境保全は～共通の課題である/环保是世界共通的课题 huánbǎo shì shìjiè gòngtōng de kètí

◆～旗|**万国旗** wànguóqí ～博覧会|**世界博览会** shìjiè bólǎnhuì

はんこつ【反骨の】反抗 fǎnkàng; 叛逆 pànnì (英 *uncompromising*) ▶生来の～の魂がむくむくと頭をもたげた/生就的反抗意志一阵阵涌上头来 shēngjiù de fǎnkàng yìzhì yí zhènzhèn yǒngshàng tóu lái

◆～精神|**反抗精神** fǎnkàng jīngshén ▶彼の～精神は筋金入りである/他的反抗精神非常坚定 tā de fǎnkàng jīngshén fēicháng jiāndìng

はんごろし【半殺しにする】打个半死 dǎ ge bànsǐ (英 *half-kill*) ▶～の目に遭う/被打得半死 bèi dǎde bànsǐ ▶みんなで殴って～にした/大家把他打得半死 dàjiā bǎ tā dǎde bànsǐ

ばんこん【晚婚】晚婚 wǎnhūn (英 *a late marriage*) ▶日本社会は～の時代に入った/日本社会进入了晚婚时期 Rìběn shèhuì jìnrùle wǎnhūn shíqí ▶彼女は～であった/她晚婚 tā wǎnhūn

はんさ【煩瑣な】烦琐 fánsuǒ; 麻烦 máfan (英 *troublesome*) ▶～な生活に疲れた/对烦琐生活感到疲惫 duì fánsuǒ shēnghuó gǎndào píbèi ▶申請の手続きが～に過ぎる/申请手续太麻烦了 shēnqǐng shǒuxù tài máfan le

はんざい【犯罪】 犯罪 fànzuì（英 *crime*）▶～の証拠/罪证 zuìzhèng ～の証拠とはならない/构不成犯罪证据 gòubùchéng fànzuì zhèngjù ～行為/罪行 zuìxíng これはりっぱな～行為ではないか/那不是明确的犯罪行为吗？nà bú shì míngquè de fànzuì xíngwéi ma? 完全を～をねらって計画を練る/预谋彻底犯罪的计划 yùmóu chèdǐ fànzuì de jìhuà

◆～者；罪犯 zuìfàn ▶～者の収容先が少ない/收容罪犯的地方很少 shōuróng zuìfàn de dìfang hěn shǎo

ばんざい【万歳】 万岁 wànsuì（英 *hurrah; cheers*）▶～三唱/三呼万岁 sānhū wànsuì だぜ、～だ/完了，投降了 wán le, tóuxiáng le 岡田君の壮途を祝って～を三唱しましょう/为庆祝冈田的征程喊三次万岁 wèi qìngzhù Gāngtián de zhēngchéng hǎn sān cì wànsuì

ばんさく【万策】 千方百计 qiānfāng bǎijì（英 *every means*）▶～が尽きる/无计可施 wú jì kě shī ～尽きて破産する/无计可施而破产 wú jì kě shī ér pòchǎn

はんざつ【煩雑な】 纷繁 fēnfán；复杂 fùzá；烦琐 fánsuǒ（英 *complicated*）▶～な手続き/烦琐的手续 fánsuǒ de shǒuxù 申請には～な手続きが要る/申请需要繁杂的手续 shēnqǐng xūyào fánzá de shǒuxù 規定が～すぎる/规定太烦琐了 guīdìng tài fánsuǒ le

ハンサム 俊俏 jùnqiào；英俊 yīngjùn（英 *handsome*）▶我が校きっての～ボーイ/我校的头号帅哥 wǒ xiào de tóuhào shuàigē ▶その～な顔立ちに見とれていた/被那英俊面容迷住了 bèi nà yīngjùn miànróng mízhù le

はんさよう【反作用】 反作用 fǎnzuòyòng（英 *reaction*）

ばんさん【晩餐】 晚餐 wǎncān（英 *dinner*）▶～会/晚餐会 wǎncānhuì チャリティー～会を計画している/在筹办慈善晚餐会 zài chóubàn císhàn wǎnhuì 「最後の～」/《最后的晚餐 Zuìhòu de wǎncān》

はんじ【判事】 法官 fǎguān；审判员 shěnpànyuán（英 *a judge*）▶地裁の～を勤める/在地方法院作审判员 zài dìfāng fǎyuàn zuò shěnpànyuán ▶このたび～補に任命された/这次被任命为副法官 zhècì bèi rènmìng wéi fùfǎguān

ばんし【万死】 万死 wànsǐ（英 *certain death*）▶～に一生を得るとはこのことだ/这就叫九死一生 zhè jiù jiào jiǔ sǐ yì shēng ▶あの放言はまさしく罪～に値するね/那种信口开河真是罪该万死啊 nà zhǒng xìn kǒu kāi hé zhēn shì zuì gāi wànsǐ a

ばんじ【万事】 万事 wànshì（英 *everything*）▶～が順調に運ぶ/万事亨通 wànshì hēngtōng 一事が～ 由一知百 yóu yī zhī bǎi ▶一事が～、彼の日頃が分かるだろう/由一知百，能知道他的习事了吧 yóu yī zhī bǎi, néng zhīdào tā de píngsù le ba

～休す 万事休矣 wànshì xiū yǐ；完蛋了 wándàn le ～休す．諦めるしかないな/万事皆休，只有放弃了 wànshì jiē xiū, zhǐyǒu fàngqì le

パンジー【植物】三色菫 sānsèjǐn；蝴蝶花 húdiéhuā（英 *a pansy*）

バンジージャンプ 蹦极跳 bèngjítiào（英 *bungee jumping*）

はんしはんしょう【半死半生】 半死不活 bàn sǐ bù huó；垂死 chuísǐ（英 *half-dead*）▶～の態で横たわっている/半死不活地横躺着 bàn sǐ bù huó de héngtǎngzhe

はんしゃ【反射する】 反射 fǎnshè（英 *reflect*）▶砂浜に～する陽光が目に痛い/沙滩反射的阳光刺痛眼睛 shātān fǎnshè de yángguāng cì tòng yǎnjing ～名を呼ばれて～的に立ち上がった/被点到名字后反射似的站起来 bèi diǎndào míngzi hòu fǎnshè shìde zhànqǐlai ビルの壁の～のせいで電波が乱れる/由于大楼墙壁反射，扰乱了电波 yóuyú dàlóu qiángbì fǎnshè, rǎoluànle diànbō

◆～鏡 反光镜 fǎnguāngjìng；回光镜 huíguāngjìng ～神経 反射神经 fǎnshè shénjīng ▶彼らは～神経がすごい/他们的反射神经特别强 tāmen de fǎnshè shénjīng tèbié qiáng ～炉 反射炉 fǎnshèlú

はんしゃかいてき【反社会的な】 反社会的 fǎnshèhuì de（英 *antisocial*）▶～組織/黑社会 hēishèhuì ▶～な組織と関わりをもっている/和反社会组织有瓜葛 hé fǎnshèhuì zǔzhī yǒu guāgé

ばんしゃく【晩酌する】 晚饭时喝酒 wǎnfànshí hējiǔ（英 *have an evening drink*）▶～を欠かせないのはアル中とは限らない/晚酌必不可少不一定是酒精中毒 wǎnzhuó bì bùkě shǎo bù yídìng shì jiǔjīng zhòngdú ▶～は義務ではないと知りながら…/虽然知道晚饭时不一定必须喝酒… suīrán zhīdào wǎnfànshí bù yídìng bìxū hē jiǔ…

ばんじゃく【盤石】 磐石 pánshí（英 *rock-solid*）▶～の備えあり/防守坚如磐石 fángshǒu jiān rú pánshí

はんしゅう【半周する】 半周 bànzhōu（英 *go halfway round*）▶飛行距離は地球を～することになる/飞行距离会绕地球半周 fēixíng jùlí shì rào dìqiú bànzhōu 先頭からトラック～分遅れでゴールした/比领头的选手晚半圈抵达终点 bǐ lǐngtóu de xuǎnshǒu wǎn bànquān dǐdá zhōngdiǎn

ばんしゅう【晩秋】 晚秋 wǎnqiū；深秋 shēnqiū（英 *late fall*）▶～の木の葉は美しい/深秋的树叶很漂亮 shēnqiū de shùyè hěn piàoliang 私の人生も～にさしかかってきた/我也迎来了人生的晚秋 wǒ yě yínglaile rénshēng de wǎnqiū

はんじゅく【半熟】 半熟 bànshú；煮成半熟 zhǔchéng bànshú（英 *half-boiled*）▶～卵/半熟鸡蛋 bànshú jīdàn ▶卵は～にして下さい/蛋做半熟 dàn zuò bànshú

はんしゅつ【搬出する】 搬出 bānchū（英 *carry out*）▶遺体はいつ～するのか/什么时候把遗体搬出去啊？shénme shíhou bǎ yítǐ bānchūqu a? ▶作品の～に手間取る/搬出作品很费时间 bānchū zuòpǐn hěn fèi shíjiān

ばんしゅん【晩春】 暮春 mùchūn; 晩春 wǎnchūn (英 *late spring*) ▶～のけだるい午後のことだった/那是一个暮春慵懒的午后 nà shì yí ge mùchūn yōnglǎn de wǔhòu

ばんしょ【板書する】 板书 bǎnshū; 在黑板上写 zài hēibǎnshang xiě (英 *write on the blackboard*) ▶一字一字丁寧に～する/在黑板上一个字一个字仔细地写 zài hēibǎnshang yí ge zì yí ge zì zǐxì de xiě ▶～の文字が乱雑でよく読めない/板书文字乱得无法辨认 bǎnshū wénzì luànde wúfǎ biànrèn

はんしょう【反証する】 反证 fǎnzhèng (英 *disprove*) ▶確たる～はありますか/有确实的反证吗？ yǒu quèshí de fǎnzhèng ma? ▶～するだけの論拠がない/没有可以反证的论据 méiyǒu kěyǐ fǎnzhèng de lùnjù

はんしょう【半焼する】 烧掉一半 shāodiào yíbàn (英 *be partially destroyed by fire*) ▶火事は幸い～ですんだ/万幸火灾只烧掉了一半 wànxìng huǒzāi zhǐ shāodiàole yíbàn ▶～の場合保険金はどうなりますか/烧掉一半的情况保险金会怎样呢/shāodiào yíbàn de qíngkuàng bǎoxiǎnjīn huì zěnyàng ne? ▶住宅2棟が～した/两幢住宅被烧掉一半 liǎng zhuàng zhùzhái bèi shāodiào yíbàn

はんしょう【半鐘】 报火警钟 bàohuǒ jǐngzhōng (英 *a fire bell*) ▶～を鳴らす/敲警钟 qiāo jǐngzhōng ▶火の見櫓の～が盗まれた/火警瞭望台的警钟被盗了 huǒjǐng liàowàngtái de jǐngzhōng bèi dào le ▶今でも～を鳴らすのですか/现在也敲报火警钟吗？ xiànzài yě qiāo bàohuǒ jǐngzhōng ma?

はんじょう【半畳】 打诨 dǎhùn; 打岔 dǎchà (英 *野次 heckling*) ▶まじめな話なのにあいつが～を入れるんだ/尽管是严肃的话题那家伙还在插科打诨 jǐnguǎn shì yánsù de huàtí nà jiāhuo hái zài chā kē dǎhùn

はんじょう【繁盛する】 兴隆 xīnglóng; 繁荣 fánróng (英 *prosper*) ▶その頃店は～していた/那时店里生意很兴隆 nà shí diànli shēngyi hěn xīnglóng ▶～を極めた街が今はひっそりしている/曾繁盛的街道如今变得十分冷清 céng fánshèng de jiēdào rújīn biànde shífēn lěngqing

◆商売～：生意兴隆 shēngyi xīnglóng ▶商売～でけっこうですね/生意兴隆很不错嘛 shēngyì xīnglóng hěn búcuò ma

はんしょく【繁殖する】 繁殖 fánzhí; 滋生 zīshēng (英 *breed*; *propagate*) ▶ごきぶりが～した/蟑螂增多了 zhāngláng zēngduō le ▶台所のごきぶりが～しているらしい/厨房里的蟑螂好像在增加 chúfángli de zhāngláng hǎoxiàng zài zēngjiā ▶外来種の～力はすさまじい/外来种的繁殖力惊人 wàiláizhǒng de fánzhílì jīngrén ▶なんとか～を止められないか/没有什么办法能制止繁殖吗？ méiyǒu shénme bànfǎ néng zhìzhǐ fánzhí ma?

はんしん【半身】 半身 bànshēn (英 [上下の] *half the body*; [片側の] *one side of the body*) ▶彼は右～が麻痺している/他右半身麻痹了 tā yòu bànshēn mábì le ▶門脇に創始者の～像が置かれている/门侧立着创建者的半身像 méncè lìzhe chuàngjiànzhě de bànshēnxiàng

ばんじん【万人】 ⇨ばんにん(万人)

はんしんはんぎ【半信半疑】 将信将疑 jiāngxìn jiāngyí; 半信半疑 bànxìn bànyí (英 *be half in doubt*) ▶合格の通知が届いてもまだ～だった/接到合格通知后还是半信半疑 jiēdào hégé tōngzhī hòu háishi bànxìn bànyí ▶彼は～の面持ちで聞いていた/他带着半信半疑的表情在听着 tā dàizhe bànxìn bànyí de biǎoqíng zài tīngzhe

はんしんふずい【半身不随の】 偏瘫 piāntān; 半身不遂 bànshēn bùsuí (英 *half-paralyzed*) ▶脳梗塞を患って以来、～の身となった/患了脑梗塞后，变得偏瘫了 huànle nǎogěngsè hòu, biànde piāntān le ▶～なのにパソコンは使えるのだ/虽然是半身不遂但居然能用电脑 suīrán shì bànshēn bùsuí dàn jūrán néng yòng diànnǎo

はんしんろん【汎神論】 泛神论 fànshénlùn (英 *pantheism*)

はんすう【反芻する】 反刍 fǎnchú; 反复思考 fǎnfù sīkǎo (英 *ruminate*) ▶この感動を一人になって～していた/只有一个人的时候，再次回味这个感动 zhǐ yǒu yí ge rén de shíhou, zàicì huíwèi zhège gǎndòng

◆～動物：反刍动物 fǎnchú dòngwù

はんすう【半数】 半数 bànshù; 一半 yíbàn (英 *half the number*) ▶完走者は～にも満たない/跑完全程的不到一半 pǎowán quánchéng de bú dào yíbàn ▶この時の戦いで艦船の～を失った/在这战役中损失了一半舰船 zài zhè zhànyì zhōng sǔnshīle yíbàn jiànchuán ▶流感で学生の～は欠席した/因为流感半数学生缺席 yīnwèi liúgǎn bànshù xuéshēng quēxí

ハンスト 绝食斗争 juéshí dòuzhēng (《ハンガーストライキ》 英 *a hunger strike*) ▶本日午前9時より～を決行する/今天九点起进行绝食斗争 jīntiān jiǔ diǎn qǐ jìnxíng juéshí dòuzhēng ▶我々は～に入った/我们开始了绝食斗争 wǒmen kāishǐle juéshí dòuzhēng

パンスト 〘服飾〙 连裤袜 liánkùwà (《パンティーストッキング》英 *pantyhose*) ▶強盗団は～で顔を隠していた/强盗团伙用丝袜遮住脸 qiángdào-tuánhuǒ yòng sīwà zhēzhù liǎn

はんズボン【半ズボン】 〘服飾〙 短裤 duǎnkù (英 *short pants*)

はんする【反する】 违反 wéifǎn; 违背 wéibèi; 相反 xiāngfǎn (英 [違反] *violate*) ▶法に～/违法 wéifǎ ▶期待に～結果に終わる/以与期待相反的结果而告终 yǐ yǔ qīdài xiāngfǎn de jiéguǒ ér gàozhōng ▶立法の趣旨に反している/违背了立法的宗旨 wéibèile lìfǎ de zōngzhǐ ▶これに反して優子の方は…/与此相反，优子却… yǔ cǐ xiāngfǎn, Yōuzǐ què… ▶良子は予期に反

してOLになってしまった/出乎预料，良子成了一名白领 chūhū yùliào, Liángzǐ chéngle yì míng báilǐng

はんせい【反省する】 反省 fǎnxǐng；省察 xǐngchá；反思 fǎnsī（英 *reflect*）▶～が足りない/反省不够 fǎnxǐng bùgòu ▶～を促す/促使反省 cùshǐ fǎnxǐng ▶身を入れて練習するよう～を促した/让大家反思，全身心地投入练习 ràng dàjiā fǎnsī, quánshēnxīn de tóurù liànxí ▶～だったら誰にでもできる/只是反省的话，谁都会 zhǐshì fǎnxǐng de huà, shéi dōu huì ▶言葉が過ぎた～した/反省自己说得过份了 fǎnxǐng zìjǐ shuōde guòfèn le

はんせい【半生】 半生 bànshēng；半辈子 bànbèizi（英 *half one's life*）▶～を語る/谈前半生 tán qiánbànshēng ▶私の前～は貧しさとの戦いだった/我的前半生是和贫穷抗争的半生 wǒ de qiánbànshēng shì hé pínqióng kàngzhēng de bànshēng ▶彼は稲の研究に～を捧げた/他将自己的半生献给了水稻研究 tā jiāng zìjǐ de bànshēng xiàngěile shuǐdào yánjiū ▶「～の記」/《半生记 Bànshēngjì》

ばんせい【晩成】 晩成 wǎnchéng（英 *belated success*）▶あの人など大器～の典型だろう/那个人算得上是大器晩成的典型了吧 nàge rén suàndeshàng shì dàqì wǎnchéng de diǎnxíngle ba ▶～を期待しようじゃないか/至少希望能晩成 zhìshǎo xīwàng néng wǎnchéng

はんせいひん【半製品】 半成品 bànchéngpǐn；半制品 bànzhìpǐn（英 *half-finished goods*）▶～を輸入して再加工する/进口半成品进行再加工 jìnkǒu bànchéngpǐn jìnxíng zài jiāgōng

はんせつ【反切】 反切 fǎnqiè
 参考 「反切」とは、ある漢字の音を他の漢字2字を借りて示す中国の伝統の標音法．例えば'德 dé'と'公 gōng'で'东 dōng'を示す．

ばんせつ【晩節】 晩节 wǎnjié（英 *one's later years*）▶先生はみごとに～を全うされた/老师保全了晩节 lǎoshī bǎoquánle wǎnjié ▶彼はつまらぬことで～を汚した/他因为一些微不足道的小事晩节不保 tā yīnwèi yīxiē wēi bùzú dào de xiǎoshì wǎnjié bù bǎo

はんせん【反戦の】 反战 fǎnzhàn（英 *antiwar*）▶～運動/反战运动 fǎnzhàn yùndòng ▶～運動を世界にひろげよう/在全世界推广反战运动 zài quánshìjiè tuīguǎng fǎnzhàn yùndòng ▶～の声が日ごとに高まっている/反战的声音日益高涨 fǎnzhàn de shēngyīn rìyì gāozhǎng ▶～集会/反战集会 fǎnzhàn jíhuì

はんせん【帆船】 帆船 fānchuán（英 *a sailboat*）

はんぜん【判然】 明确 míngquè；明显 míngxiǎn（英 *clear*）▶先方の意図が～としない/对方的意图不明确 duìfāng de yìtú bù míngquè ▶～たる差異があるとも思えない/不觉得有明显差异 bù juéde yǒu míngxiǎn chāyì

ばんぜん【万全の】 万全 wànquán；完备 wánbèi（英 *perfect*）▶～の措置をとる/措施完备 cuòshī wánbèi ▶～の措置を講じてもらいたい/希望能为我们设计一个万全的措施 xīwàng néng wèi wǒmen shèjì yí ge wànquán de cuòshī ▶体調は～である/身体情况非常好 shēntǐ qíngkuàng fēicháng hǎo

～を期する 以期万全 yǐqī wànquán ▶～を期して彼にも目を通してもらった/以期万全，也请他过目 yǐqī wànquán, yě qǐng tā guòmù le

ハンセンびょう【ハンセン病】 〔医〕汉森病 Hànsēnbìng；麻风病 máfēngbìng（英 *Hansen's disease; leprosy*）

はんそ【反訴する】 反诉 fǎnsù；反告 fǎngào（英 *bring a cross action*）▶訴訟の進行中に先方が～してきた/在诉讼过程中，对方提起反诉 zài sùsòng guòchéng zhōng, duìfāng tíqǐ fǎnsù

はんそう【帆走する】 扬帆航行 yángfān hángxíng（英 *sail*）▶船は湾内を滑るように～した/船在港湾内像滑行般扬帆航行 chuán zài gǎngwānnèi xiàng huáxíng bān yángfān hángxíng

はんそう【搬送】 搬运 bānyùn；运送 yùnsòng（英 *conveyance*）▶重機の～に1週間はかかる/搬运重机需要一个星期时间 bānyùn zhòngjī xūyào yí ge xīngqī shíjiān ▶雨でも雪でも～しなくてはならないのだ/不管下雨下雪都得搬送 bùguǎn xià yǔ xià xuě dōu děi bānsòng

ばんそう【伴走】 陪跑 péipǎo；伴跑 bànpǎo（英 *running alongside*）▶全コースを～した/全程由教练陪跑 quánchéng yóu jiàoliàn péipǎo ▶～車がかえってじゃまだった/陪跑车反而碍事 péipǎochē fǎn'ér àishì

ばんそう【伴奏する】 伴奏 bànzòu（英 *accompany*）▶無～の男声合唱/无伴奏男声合唱 wúbànzòu nánshēng héchàng ▶私の民謡に父が尺八で～した/父亲吹尺八为我演唱民谣伴奏（尺八是日本一种竹笛）fùqin chuī chǐbā wèi wǒ yǎnchàng mínyáo bànzòu (chǐbā shì Rìběn yì zhǒng zhúdí) ▶オーケストラの～で歌うのが夢だった/在管弦乐队伴奏下演唱一直是我的梦想 zài guǎnxián yuèduì bànzòuxia yǎnchàng yìzhí shì wǒ de mèngxiǎng

ばんそうこう【絆創膏】 胶布 jiāobù；橡皮膏 xiàngpígāo（英 *an adhesive*）▶～を貼る/贴胶布 tiē jiāobù ▶とりあえず～を貼っておこう/先贴上橡皮膏再说 xiān tiēshàng xiàngpígāo zàishuō

はんそく【反則する】 犯规 fànguī（英 *violate the rules*）▶～をとる/判罚 pànfá ▶～をる/被判犯规 bèi pàn fànguī ▶～切符を切られる/被判交通违规 bèi pàn jiāotōng wéiguī

はんぞく【反俗】 反世俗 fǎnshìsú（英 *resistance to convention*）▶あの人は～の生涯を貫いた/那个人一生都在反叛世俗 nàge rén yìshēng dōu zài fǎnpàn shìsú ▶彼の～精神は筋金入りだ/他反世俗的精神真是坚定 tā fǎnshìsú de jīngshén zhēn shì jiāndìng

はんそで【半袖の】 短袖 duǎnxiù（英 *short-*

はんだ【半田】 焊锡 hànxī ⑳ *solder*) ▶～鏝(ぅ)／烙铁 làotiě ▶～付けする／焊接 hànjiē

パンダ〚動物〛熊猫 xióngmāo；猫熊 māoxióng (⑳ *a giant panda*) ▶ジャイアント～／大熊猫 dàxióngmāo；猫熊 māoxióng ▶レッサー～／小熊猫 xiǎoxióngmāo

ハンター 猎手 lièshǒu；猎人 lièrén (⑳ *a hunter*) ▶ラブ～／追求恋爱的人 zhuīqiú liàn'ài de rén

はんたい【反対】 ❶〖反抗〗反对 fǎnduì ⑳ *objection*) ▶～する／反对 fǎnduì ▶～意见／反对意见 fǎnduì yìjiàn ▶～者／异己分子 yìjǐ fènzǐ ▶～意见が相次いだ／反对意见接连不断 fǎnduì yìjiàn jiēlián búduàn ▶～されるとファイトが湧く／一被反对反而激发斗志 yí bèi fǎnduì fǎn'ér jīfā dòuzhì ▶この案に私は～です／对此案，我持反对意见 duì cǐ àn, wǒ chí fǎnduì yìjiàn ▶彼の加入に誰も～していない／没有人不同意他的加入 méiyǒu rén bù tóngyì tā de jiārù ▶彼は親の～を押し切って結婚了／他不顾父母的反对结婚了 tā bú gù fùmǔ de fǎnduì jiéhūn le ▶核兵器に～の叫びをあげる／大声呼吁反对核武器 dàshēng hūyù fǎnduì héwǔqì

❷〖逆〗相反 xiāngfǎn (⑳ *the reverse; the opposite*) ▶～方向に走りだす／向相反方向而行 xiàng xiāngfǎn fāngxiàng ér xíng；背道而驰 bèi dào ér chí ▶事実はまさにその～なのだ／事实与此正相反 shìshí yǔ cǐ zhèng xiāngfǎn ▶～に(逆に)／反に／反倒 fǎndào；反倒 fǎndào ▶父は怒るどころか～に喜んだ／父亲不但不生气，反而很高兴 fùqin búdàn bù shēngqì, fǎn'ér hěn gāoxìng

♦～語／反义词 fǎnyìcí ～尋問／盘诘 pánjié ▶～尋問をする／进行盘诘 pánjié

はんたいじ【繁体字】 繁体字 fántǐzì ⑳ *a traditional Chinese character*)

はんたいせい【反体制の】 反体制 fǎntǐzhì ⑳ *antiestablishment*) ▶芸術における～運動／在艺术领域的反体制运动 zài yìshù lǐngyù de fǎntǐzhì yùndòng ▶～の立場から発言する／站在反体制的立场上发言 zhànzài fǎntǐzhì de lìchǎngshang fāyán

パンタグラフ 集电弓 jídiàngōng；导电弓架 dǎodiàn gōngjià ⑳ *a pantograph*)

バンタムきゅう【バンタム級】〚ボクシングの〛次轻量级 cìqīngliàngjí ⑳ *the bantamweight class*) ▶～の世界タイトルマッチ／次轻量级世界锦标赛 cìqīngliàngjí shìjiè jǐnbiāosài

はんだん【判断する】 判断 pànduàn ⑳ *judge*) ▶～を誤る／错判判断 cuòwù pànduàn ▶～を先送りする／阙疑 quēyí ▶あなたの～に任せます／完全听你的 wánquán tīng nǐ de ▶～することがいかに危ないか／以貌取人是多危险啊 yǐ mào qǔ rén shì duō wēixiǎn a ▶この数值から～して何ら異状はない／从这些数值来判断，没有任何异常情况 cóng zhèxiē shùzhí lái pànduàn, méiyǒu rènhé yìcháng qíngkuàng ▶～を下す 下判断／决断 juéduàn ▶最终的に～を下するのは私だ／最终決断的是我 zuìzhōng juéduàn de shì wǒ

♦～力〖眼力〗眼力 yǎnlì ▶～力が鈍ってきた／判断力不如以前了 pànduànlì bùrú yǐqián le

ばんたん【万端】 万端 wànduān；万事 wànshì；一切 yíqiè ⑳ *all; everything*) ▶準備～整えて開会を待つ／准备得十分周密就等着开会了 zhǔnbèide shífēn zhōumì jiù děngzhe kāihuì le ▶諸事～手落ちなく頼むよ／拜托一定要准备得万无一失 bàituō yídìng yào zhǔnbèide wàn wú yì shī

ばんち【番地】 地址号码 dìzhǐ hàomǎ；门牌 ménpái (⑳ *a house〔street〕number*) ▶～が違っていて手紙が戻ってきた／因为门牌号码错了，信被退回来了 yīnwèi ménpái hàomǎ cuò le, xìn bèi tuìhuílai le ▶前沢町 1 丁目 1 ～／前泽町 1 条街 1 号 Qiánzédīng yī tiáo jiē yī hào

パンチ ❶〖ボクシングの〗拳击 quánjī (⑳ *a punch*) ▶あごに～を食らった／下巴上被狠狠打了一拳 xiàbashang bèi hěnhěn dǎle yì quán ❷〖はさみ〗打眼器 dǎyǎnqì；打孔机 dǎkǒngjī (⑳ *a punch*) ▶～器で穴をあける／用打孔机打孔 yòng dǎkǒngjī dǎ kǒng ▶切符に～を入れる／检票 jiǎnpiào

～の効いた 简洁有力 jiǎnjié yǒulì；最精彩的 zuì jīngcǎi de ▶宣伝には～の効いた文句がほしい／宣传时希望有句精彩的广告词 xuānchuánshí xīwàng yǒu jù jīngcǎi de guǎnggàocí

ばんちゃ【番茶】 粗茶 cūchá (⑳ *coarse green tea*) ▶あの家では～の 1 杯も出なかった／那家连杯粗茶也没上 nà jiā lián bēi cūchá yě méi

ことわざ 鬼も十八、番茶も出花 十七、十八无丑女 shíqī, shíbā wú chǒu nǚ

はんちゅう【範疇】 范畴 fànchóu；范围 fànwéi (⑳ *a category*) ▶二つの作品は同じ～に属す／两个作品属于同一范畴 liǎng ge zuòpǐn shǔyú tóngyī fànchóu ▶あの男は善人の～からは遠いね／那个男人离好人的定义太远了 nàge nánrén lí hǎorén de dìngyì tài yuǎn le

はんちょう【班長】 班长 bānzhǎng ⑳ *a group leader*) ▶～は輪番で務めることにしている／大家轮流担任班长 dàjiā lúnliú dānrèn bānzhǎng ▶五つの班はそれぞれに～を選んだ／五个班各选出一个班长 wǔ ge bān gè xuǎnchū yí ge bānzhǎng

ハンチング〚帽子〛鸭舌帽 yāshémào (⑳ *a hunting cap*)

パンツ〚下着〛裤衩 kùchǎ (⑳ *underpants*) ▶水泳～／游泳裤 yóuyǒngkù ▶トレーニング～／健身裤 jiànshēnkù ▶～一枚で通りをさようう／只穿着一条短裤在路上乱逛 zhǐ chuānzhe yì tiáo duǎnkù zài lùshang luànguàng

♦～スーツ/裤装套装 kùzhuāng tàozhuāng

はんつき【半月】 半月 bànyuè (英 half a month) ▶当番は～ごとに交代する/当班的人半个月一换 dāngbān de rén bàn ge yuè yí huàn ▶新しい職場では～も続かなかった/在新单位做了不到半个月 zài xīndānwèi zuòle bú dào bàn ge yuè

ばんづけ【番付】 排行榜 páihángbǎng；名次表 míngcìbiǎo (英《順位表》a list) ▶秋場所の～を壁に貼る/将秋季大赛的力士名次表贴在墙上 jiāng qiūjì dàsài de lìshì míngcìbiǎo tiēzài qiángshang ▶～が5枚上った/名次升了五名 míngcì shēngle wǔ míng ▶長者一に私の名が載った/在富豪排行榜上有我的名字 zài fùháo páihángbǎngshang yǒu wǒ de míngzi

はんてい【判定する】 判定 pàndìng；判断 pànduàn (英 judge; decide) ▶勝敗を～する/评判胜负 píngpàn shèngfù ▶優劣を～するのは審査員だ/评判优劣的是审查员 píngpàn yōuliè de shì shěncháyuán ▶一度下った～はくつがえらない/一旦作出的判决是无法推翻的 yídàn zuòchū de pànjué shì wúfǎ tuīfān de ▶～に文句をつける/对裁判的判定表示不满 duì cáipàn de pàndìng biǎoshì bùmǎn

～を下す 作出判決 zuòchū pànjué ▶自信に満ちて～を下す/充满自信地作出判决 chōngmǎn zìxìn de zuòchū pànjué

♦写真―/镜头断定 jìngtóu duàndìng ▶写真～にもちこまれた/最终按镜头断定 zuìzhōng àn jìngtóu duàndìng ～勝ち 判定取胜 pàndìng qǔshèng ▶～勝ちをおさめる/判定取胜 pàndìng qǔshèng

パンティー 《服飾》三角裤衩 sānjiǎo kùchǎ (英 panties) ▶～ストッキング/连裤袜 liánkùwà

ハンディキャップ 不利条件 búlì tiáojiàn (英 a handicap) ▶障害の～を乗り越えて人に勝る働きをしている/虽然带有身体残疾这一不利条件，但是工作上不输给任何人 suīrán dàiyǒu shēntǐ cánjí zhě yí búlì tiáojiàn, dànshì gōngzuòshang bù shū gěi rènhérén

はんてん【反転する】 回转 huízhuǎn (英《引き返す》reverse one's course) ▶船団はただちにして北をめざした/船队立即调掉头北上 chuánduì lìjí diàotóu běishàng ▶機首の急な～に不吉な予感がした/机头突然掉头，有一种不祥的预感 jītóu túrán diàotóu, yǒu yì zhǒng bùxiáng de yùgǎn

はんてん【半纏】 《服飾》(日式)短褂子 (Rìshì) duǎnguàzi (英 a happi coat) ▶～姿の職人たちが立ち働いている/穿着短褂子的手艺人在努力工作 chuānzhe duǎnguàzi de shǒuyìrén zài nǔlì gōngzuò

はんてん【斑点】 斑点 bāndiǎn (英 a spot; a speck) ▶皮膚に赤い～が出た/皮肤上出现红色斑点 pífūshang chūxiàn hóngsè bāndiǎn ▶～のあるほうが僕の愛犬だ/有斑点的是我的爱犬 yǒu bāndiǎn de shì wǒ de àiquǎn

バンド ❶ [ひも] 带儿 dàir (英 a band) ▶革～/皮带 pídài ▶時計にはわに革製の～がついている/手表上用的是鳄鱼皮的表带 shǒubiǎoshang yòng de shì èyúpí de biǎodài

❷ [ベルト] 腰带 yāodài；皮带 pídài (英 a belt)

❸ [楽団] 乐队 yuèduì；乐团 yuètuán (英 a band) ▶高校時代友人と～を作った/高中时代和朋友一起组成乐队 gāozhōng shídài hé péngyou yìqǐ jiéchéng yuèduì

♦～マスター/乐队指挥 yuèduì zhǐhuī ～マン/乐队成员 yuèduì chéngyuán ▶～マンだったこともある/还做过乐队成员 hái zuòguo yuèduì chéngyuán ヘア～/发带 fàdài

はんドア【半ドア】 《車の》车门没关好 chēmén méi guānhǎo (英 a half-shut door) ▶～のまま走りだそうとした/车门没关好就要开车 chēmén méi guānhǎo jiùyào kāichē

はんとう【半島】 半岛 bàndǎo (英 a peninsula)

はんどう【反動】 反动 fǎndòng；反作用 fǎnzuòyòng (英 reaction) ▶～的な/反动 fǎndòng；顽固 wángù ▶好景気の～が現れ始めた/好景气的反作用开始出现了 hǎojǐngqì de fǎnzuòyòng kāishǐ chūxiàn le ▶急ブレーキの～でつんのめる/因急刹车的反作用向前摔倒 yīn jíshāchē de fǎnzuòyòng xiàngqián shuāidǎo ▶お若いが～的なことをおっしゃいます/年纪轻轻的，说起话倒挺顽固的 niánjì qīngqīng de, shuōqǐ huà dào tǐng wángù de ▶あいつらは～思想に凝り固まっている/那些家伙们被反动思想禁锢着 nàxiē jiāhuomen bèi fǎndòng sīxiǎng jìngùzhe

ばんとう【晩冬】 暮冬 mùdōng；冬末 dōngmò (英 late winter)

ばんとう【番頭】 掌柜 zhǎngguì；老板 lǎobǎn (英 a head clerk) ▶駅に～が出迎えていた/老板到车站迎接 lǎobǎn dào chēzhàn yíngjiē ▶～、ちょっと手を貸してちょうだい/掌柜的，帮个忙 zhǎngguì de, bāng ge máng

はんどうたい【半導体】 半导体 bàndǎotǐ (英 a semiconductor)

はんとうめい【半透明の】 半透明 bàntòumíng (英 semitransparent) ▶～なガラスの向こうに人影が立った/半透明的玻璃对面站着个人影 bàntòumíng de bōli duìmiàn zhànzhe ge rényǐng

はんどく【判読する】 猜着读 cāizhe dú；辨认 biànrèn (英 read; make out) ▶水を潜った手紙はもはや～不可能だった/被水浸过的信已经无法辨认 bèi shuǐ jìnguò de xìn yǐjing wúfǎ biànrèn ▶科学の力で～してみせる/用科学的力量来辨识 yòng kēxué de lìliàng lái biànshí

はんとし【半年】 半年 bànnián (英 half a year) ▶入学後の～は瞬く間に過ぎた/入学后，转眼半年就过去了 rùxuéhòu, zhuǎnyǎn bànnián jiù guòqù le ▶～で結果を出さねばならない/半年必须出成绩 bànnián bìxū chū chéngjì ▶～ごとに登録が必要だ/需要每半年注册一次 xūyào měi bànnián zhùcè yí cì

ハンドバッグ 手提包 shǒutíbāo（英 a handbag）▶偽ブランドの～/假名牌的手提包 jiǎ míngpái de shǒutíbāo ▶和装によく合う～だった/与和服很相配的手提包 yǔ héfú hěn xiāngpèi de shǒutíbāo

ハンドブック 手册 shǒucè; 便览 biànlǎn（英 a handbook）▶中国旅行～/中国旅行便览 Zhōngguó lǚxíng biànlǎn ▶会计～/会计手册 kuàijì shǒucè

ハンドボール 〘スポーツ〙手球 shǒuqiú（英 handball）

パントマイム 哑剧 yǎjù（英 a pantomime）

ハンドル（自転車の）车把 chēbǎ（英 handle bars）;（自動車の）方向盘 fāngxiàngpán（英 a (steering) wheel）▶傘を～にひっかけておく/把伞挂在车把上 bǎ sǎn guàzài chēbǎshang ▶左～の车は苦手だな/不习惯方向盘在左面的车 bù xíguàn fāngxiàngpán zài zuǒmiàn de chē ▶～を右に切る/向右打方向盘 xiàng yòu dǎ fāngxiàngpán

ばんなん【万難】 万难 wànnán（英 innumerable difficulties）▶～を排して邁進しよう/排除万难向前迈进 páichú wànnán xiàng qián màijìn

はんにち【反日】 反日 fǎnRì（英 anti-Japanese）▶彼らは～感情が強い/他们的反日情绪很强烈 tāmen de fǎnRì qíngxù hěn qiángliè ▶各地で～運動の高まりが見られる/各地的反日运动日渐高涨 gèdì de fǎnRì yùndòng rìjiàn gāozhǎng

はんにち【半日】 半天 bàntiān（英 half a day）▶～かけて書き上げた上申書です/花了半天时间写的呈报书 huāle bàntiān shíjiān xiě de chéngbàoshū ▶～コースの遊覧を楽しんだ/参加半日游,玩得很高兴 cānjiā bànrìyóu, wánde hěn gāoxìng

はんにゅう【搬入する】 搬入 bānrù; 搬进 bānjìn（英 carry in）▶無事～を済ませた/顺利搬入 shùnlì bānrù ▶重いので～に手間取った/很重,搬进来的时候费了很大工夫 hěn zhòng, bānjìnlai de shíhou fèile hěn dà gōngfu ▶こんな大きな物をどうやって～したの/这么大的东西是怎么搬进来的? zhème dà de dōngxi shì zěnme bānjìnlai de?

はんにん【犯人】 罪犯 zuìfàn; 犯人 fànrén（英 a criminal; a culprit）▶～はまだ捕まらない/犯人尚未逮捕 fànrén shàngwèi dàibǔ ▶誰も～の顔を見ていない/谁也没有看到犯人的脸 shéi yě méiyǒu kàndào fànrén de liǎn ▶～を匿えば罪になるぞ/隐藏犯人也是犯罪 yǐncáng fànrén yě shì fànzuì

ばんにん【万人】 万人 wànrén; 众人 zhòngrén（英 all people）▶～が認める/公认 gōngrèn ▶彼の功績は～の認めるところだ/他的功绩被众人推崇 tā de gōngjì bèi zhòngrén tuīchóng ▶桜の花は～に愛される/樱花受到世人的喜爱 yīng-huā shòudào shìrén de xǐ'ài

ばんにん【番人】 看守人 kānshǒurén（英 a keeper; a watchman）▶畑の～/地里的看守人 dìlǐ de kānshǒurén ▶法の～/法律的守护者 fǎlǜ de shǒuhùzhě ▶キャンプ場の～/野营营地的看守人 yěyíng yíngdì de kānshǒurén ▶夏の間だけ～を雇う/只有夏季雇佣看守 zhǐyǒu xiàjì gùyōng kānshǒu

はんにんまえ【半人前の】 半人份儿 bànrénfènr（英 inexperienced）▶まだ～の仕事もできない/连半人份儿的工作还做不来呢 lián bànrénfènr de gōngzuò hái zuòbùlái ne ▶彼は医者としてはまだ～だ/他还不是一名能独当一面的医生 tā hái bú shì yì míng néng dú dāng yí miàn de yīshēng

はんね【半値】 对折 duìzhé; 半价 bànjià（英 half price）▶売価の～で買ってくれないか/请你打半折半价买,好不好? qǐng nǐ dǎ bànjià mǎi, hǎobuhǎo? ▶こんなものは～でも要らない/这种东西打对折也不要 zhè zhǒng dōngxi dǎ duìzhé yě búyào ▶これらの品は閉店間際は～に下がる/这些商品在关门前都降至半价 zhèxiē shāngpǐn zài guānménqián dōu jiàng zhì bànjià

ばんねん【晩年】 晚年 wǎnnián; 暮年 mùnián（英 one's later years）▶～は不遇だった/暮年郁郁不得志 mùnián yùyù bù dézhì ▶頭脳は～まで明晰だった/一直到晚年,头脑都很清晰 yìzhí dào wǎnnián, tóunǎo dōu hěn qīngxī

はんのう【反応する】 反应 fǎnyìng（英 react）▶～がない/没有反应 méiyǒu fǎnyìng ▶何度も呼びかけたが～がない/呼唤了好几次,但是没有反应 hūhuànle hǎo jǐ cì, dànshì méiyǒu fǎnyìng ▶～が素早いと気持ちがいい/反应迅速的话,总让人觉得舒服 fǎnyìng xùnsù de huà, zǒng ràng rén juéde shūfu ▶人の目は光に～するものだ/人的眼睛会对光做出反应 rén de yǎnjing huì duì guāng zuòchū fǎnyìng
◆アレルギー～/过敏反应 guòmǐn fǎnyìng 化学～/化学反应 huàxué fǎnyìng ▶薬品が地中で化学～を起こす/药品在地里引起化学反应 yàopǐn zài dìlǐ yǐnqǐ huàxué fǎnyìng

ばんのう【万能】 全能 quánnéng; 万能 wànnéng（英 almighty）▶スポーツ～を誇る/享有体育全才的盛名 xiǎngyǒu tǐyù quáncái de shèngmíng ▶あの少年はスポーツの人気者である/那少年是个运动全才,深受大家欢迎 nà shàonián shì ge yùndòng quáncái, shēn shòu dàjiā huānyíng ▶今でも科学～論を信じているのかい/到现在还相信科学万能论吗? dào xiànzài hái xiāngxìn kēxué wànnénglùn ma? ▶金は～ではない/钱不是万能的 qián bú shì wànnéng de
◆～薬/灵丹妙药 língdān miàoyào ▶～薬でも恋思いは治せないよ/灵丹妙药也治不了相思病 língdān miàoyào yě zhìbùliǎo xiāngsībìng

はんば【飯場】 工棚 gōngpéng（英 a bunkhouse）

はんぱ【半端な】 零头 língtóu;《どっちつかず》不

彻底 bú chèdǐ（英 odd; incomplete）▶～な時間/零星时间 língxīng shíjiān ▶できる人は～な時間を無駄にしない/能干的人连零星的时间也不浪费 néngàn de rén lián língxīng de shíjiān yě bú làngfèi ▶～な気持ちでできる仕事ではない/这工作不是随随便便的态度就能做成的 zhè gōngzuò bú shì suísuíbiànbiàn de tàidù jiù néng zuòchéng de ▶セット販売にはどうしても～が出る/配套销售总会有零头 pèitào xiāoshòu zǒnghuì yǒu língtóu

◆中途～| 半途而废 bàntú ér fèi; 不彻底 bú chèdǐ ▶おまえは何をするにも中途～なんだ/你做什么都是半途而废 nǐ zuò shénme dōu shì bàntú ér fèi

バンパー 保险杠 bǎoxiǎngàng（英 a bumper）▶～にへこみができた/保险杠上瘪下去了一块 bǎoxiǎngàngshang biěxiàqule yí kuài

ハンバーガー（食品）汉堡包 hànbǎobāo（英 a hamburger）▶昼飯は～ショップで軽くすませた/中饭在汉堡包店简单解决了 zhōngfàn zài hànbǎobāodiàn jiǎndān jiějué le

ハンバーグ（ステーキ）〖料理〗汉堡牛饼 hànbǎoniúbǐng; 汉堡牛排 hànbǎoniúpái（英 a hamburg steak; a hamburger）

はんばい【販売する】贩卖 fànmài; 售货 shòuhuò（英 sell）▶～員/售货员 shòuhuòyuán ▶～価格が高すぎないか/销售价格是不是太高了？xiāoshòu jiàgé shì bú shì tài gāo le? ▶新聞は駅の売店でも～している/报纸在车站的小卖店也有卖 bàozhǐ zài chēzhàn de xiǎomàidiàn yě yǒu mài ▶～作戦を練る/研究销售计划 yánjiū xiāoshòu jìhuà

◆自動～機 无人售货机 wúrén shòuhuòjī 通信～ 邮购 yóugòu ▶通信～も可能です/也可以邮购 yě kěyǐ yóugòu ～代理店/代销店 dàixiāodiàn ▶～代理店契约を結ぶ/缔结销售代理店合同 dìjié xiāoshòu dàilǐdiàn hétong

はんばく【反駁する】反驳 fǎnbó; 回驳 huíbó（英 refute）▶課長の小言に珍しく彼が～した/对于科长的责备，他很少见地加以了回驳 duìyú kēzhǎng de zébèi, tā hěn shǎojiàn de jiāyǐle huíbó ▶無駄と知りつつ～を試みた/尽管知道是无用的，还是尝试着加以反驳 jǐnguǎn zhīdào shì wúyòng de, háishi chángshìzhe jiāyǐ fǎnbó

ばんぱく【万博】世博 shìbó（英 the (World) Expo）

はんぱつ【反発する】抗拒 kàngjù; 反对 fǎnduì（英 repel）［抵抗］resist）▶～を買う/受到抗拒 shòudào kàngjù ▶親切すぎる注意が～を招いた/过细的指点反而招人反感 guòxì de zhǐdiǎn fǎn'ér zhāo rén fǎngǎn ▶人生訓を聞いて心の中で～した/听着人生训示，在心中却不认同 tīngzhe rénshēng xùnshì, zài xīnzhōng què bú rèntóng ▶S極同士は互いに～する/S极之间相互排斥 S jí zhījiān xiānghù páichì

はんはん【半半】各半 gèbàn; 两半 liǎngbàn（英 half-and-half）▶～に分ける/分成两半儿

fēnchéng liǎngbànr ▶一つのパンを～に分ける/把一个面包分成两半 bǎ yí ge miànbāo fēnchéng liǎngbàn ▶損失は～で負担しよう/损失各人承担一半 sǔnshī gèrén chéngdān yíbàn ba 責任は～だ/责任各负一半 zérèn gè fù yíbàn

ばんばん（音）乓乓 pāngpāng;（膨らみ具合）鼓鼓 gǔgǔ（英 with bangs）▶～と銃声が聞こえた/听到乓乓的枪响 tīngdào pāngpāng de qiāngxiǎng ▶雑誌でテーブルを～とはたいた/用杂志乓乓地拍桌子 yòng zázhì pāngpāng de dǎn zhuōzi ▶風船が～に膨らんだ/气球胀得鼓鼓的 qìqiú zhàngde gǔgǔ de

はんびょうにん【半病人】半个病人 bànge bìngrén（英 a semi-invalid）▶あの人は薬漬けの～だ/那个人是浸在药罐子里的半个病人 nàge rén shì jìnzài yàoguànzili de bànge bìngrén ▶退院直後の～なのにもう出勤している/刚出院的半个病人就开始上班了 gāng chūyuàn de bànge bìngrén jiù kāishǐ shàngbān le

はんびらき【半開きの】半开 bànkāi（英 half-open）▶ドアが～になっている/门半开着 mén bànkāizhe ▶朝顔はまだ～だ/牵牛花才开了一半 qiānniúhuā cái kāile yíbàn

はんぴれい【反比例する】反比 fǎnbǐ; 反比例 fǎnbǐlì（英 be in inverse proportion）▶～の関係/反比的关系 fǎnbǐ de guānxi ▶引力は距離の自乗に～する/引力与距离的平方成反比 yǐnlì yǔ jùlí de píngfāng chéng fǎnbǐ

はんぷ【帆布】帆布 fānbù（英 sailcloth）

はんぷ【頒布する】分发 fēnfā（英 distribute）▶協会は毎月広報誌を～する/协会每月分发宣传刊物 xiéhuì měiyuè fēnfā xuānchuán kānwù ▶銘酒～会から入会の誘いがきた/从铭酒推广会寄来了入会邀请 cóng míngjiǔ tuīguǎnghuì jìláile rùhuì yāoqǐng

|日中比較| 中国語の'颁布 bānbù'は「公布する」ことを指す.

はんぷく【反復する】反复 fǎnfù（英 repeat）▶～練習/反复练习 fǎnfù liànxí ▶上達の早道は～練習以外にない/尽早掌握的秘诀只有反复练习 jǐnzǎo zhǎngwò de mìjué zhǐyǒu fǎnfù liànxí ▶その詩を何度も～して読んだ/那首诗，我反复读了好几遍 nà shǒu shī, wǒ fǎnfù dúle hǎojǐ biàn

パンプス 浅口鞋 qiǎnkǒuxié（英 pumps）

ばんぶつ【万物】万物 wànwù（英 all things）▶～は流転する/万物流转 wànwù liúzhuǎn ▶へぇ、おまえでも～の霊長とはねえ/欸，你也算是个万物之灵长啊 éi, nǐ yě suànshì ge wànwù zhī língzhǎng a

パンフレット 小册子 xiǎocèzi（英 a pamphlet）▶～を顧客に配る/把宣传的小册子发给顾客 bǎ xuānchuán de xiǎocèzi fāgěi gùkè ▶宣伝～に何か書いて下さい/请在宣传小册子上写点什么 qǐng zài xuānchuán xiǎocèzishang xiě diǎn shénme

はんぶん【半分】❶ 一半 yíbàn（英 a half）▶～にする/切成两半 qiēchéng liǎngbàn ▶

屋を~に区切る/把房间隔成两半 bǎ fángjiān géchéng liǎngbàn ▶体の右~が麻痺している/右半身麻痺 yòubànshēn mábì ▶コップの水を一口に飲んだ/一口气喝了半杯水 yīkǒuqì hēle bànbēi shuǐ ▶経費の~を負担してもらいたい/希望能请你承担一半的费用 xīwàng néng qǐng nǐ chéngdān yíbàn de fèiyong
❷[[…半分]] 帯有…成分 dài yǒu…chéngfēn (英 partly) ▶これは子供が面白~に彫った猫だ/这是孩子好玩随便雕的猫 zhè shì háizi hǎowán suíbiàn diāo de māo ▶話~だとしても偉いもんだ/就算那话有一半水分也很不错了 jiùsuàn nà huà yǒu yíbàn shuǐfèn yě hěn búcuò le

ばんぺい【番兵】 警卫 jǐngwèi (英 a sentry) ▶入口に銃を手にした~が立っている/入口处站着手持钢枪的警卫 rùkǒuchù zhànzhe shǒuchí gāngqiāng de jǐngwèi

はんべつ【判別する】 辨别 biànbié; 辨认 biànrèn (英 distinguish) ▶~がつく/可以辨别 kěyǐ biànbié ▶本物かどうかは容易に~がつく/很容易辨别是真是假 hěn róngyì biànbié shì zhēn shì jiǎ ▶国産と輸入品を~するのは簡単ではない/辨别国产货和进口货不容易 biànbié guóchǎnhuò hé jìnkǒuhuò bù róngyì

はんぼいん【半母音】 [音声学] 半元音 bànyuányīn (英 a semivowel)

はんぼう【繁忙な】 繁忙 fánmáng (英 very busy) ▶~期/旺季 wàngjì

ハンマー 锤子 chuízi; 榔头 lángtou (英 a hammer) ▶工事現場に~の音が響く/工地里回响着铁锤的声音 gōngdìli huíxiǎngzhe tiěchuí de shēngyīn ▶賊が~を振りまわした/贼匪挥舞榔头 zéifěi huīwǔ lángtou
◆~投げ[擲鏈球] 掷链球 zhì liànqiú ▶~投げで6連覇を達成した/在掷链球项目上实现六连冠 zài zhì liànqiú xiàngmùshàng shíxiàn liù lián guàn

ばんみん【万民】 万众 wànzhòng (英 all the people) ▶鐘の音は平和への~の願いを伝えていた/钟声表达了万众对和平的企盼 zhōngshēng biǎodále wànzhòng duì héping de qǐpàn ▶天下~こぞく喜んだ/天下万民举国欢庆 tiānxià wànmín jǔguó huānqìng

はんめい【判明する】 判明 pànmíng (英 become clear; […とわかる] prove) ▶身元が~する/判明身份 pànmíng shēnfen ▶死者の身元が~した/已查明死者的身份 yǐ chámíng sǐzhě de shēnfen ▶選挙の結果の~が待たれる/大家等待选举结果出来 dàjiā děngdài xuǎnjǔ jiéguǒ chūlái

はんめし【晚飯】 晚饭 wǎnfàn (英 supper) ▶~はうなぎでも食うか/晚饭吃鳗鱼怎么样? wǎnfàn chī mányú zěnmeyàng? ▶家で~を食うのは久しぶりだ/好久没在家吃晚饭了 hǎojiǔ méi zàijiā chī wǎnfàn le

はんめん【反面】 反面 fǎnmiàn; 另一方面 lìng yī fāngmiàn (英 the other side) ▶選ばれて嬉しい~恐ろしくもある/当选既高兴又害怕 dāngxuǎn jì gāoxìng yòu hàipà ▶勝ったが、~、欠点が隠されてしまった/虽然赢了，但另一方面，缺点也隐藏了起来 suīrán yíngle, dàn lìng yī fāngmiàn, quēdiǎn yě yǐncángleqǐlai
◆~教師:反面教员 fǎnmiàn jiàoyuán

はんめん【半面】 [顔] 半脸 bànliǎn (英 half the face); [側面] 另一个方面 lìng yí ge fāngmiàn (英 one side)

はんも【繁茂する】 茂盛 màoshèng; 繁茂 fánmào (英 grow thick) ▶土手には草が~している/河堤上草很繁茂 hédīshang cǎo hěn fánmào ▶~する樹木の間をかき分けて進む/在茂密的树木之间劈开一条路前行 zài màomì de shùmù zhījiān pīkāi yì tiáo lù qiánxíng

はんもく【反目する】 反目 fǎnmù; 不和 bùhé (英 be at odds) ▶部長同士の~で職場の雰囲気がよくない/部长之间不和，使得公司氛围很不好 bùzhǎng zhījiān bùhé, shǐde gōngsī fēnwéi hěn bùhǎo ▶些細なことから二人は~している/两人因为琐碎小事而反目 liǎng rén yīnwèi suǒsuì xiǎoshì ér fǎnmù

ハンモック 吊床 diàochuáng (英 a hammock) ▶~に揺られて奇妙な夢を見た/在吊床上晃悠悠的，做了一个奇怪的梦 zài diàochuángshang huàngyōuyōu de, zuòle yí ge qíguài de mèng ▶~の吊り方が分からない/不知道吊床的挂法 bù zhīdào diàochuáng de guàfǎ

はんもと【版元】 出版社 chūbǎnshè (英 a publisher) ▶~でもすでに品切れだという/据说连出版社也没有库存了 jùshuō lián chūbǎnshè yě méiyǒu kùcún le

はんもん【反問する】 反问 fǎnwèn (英 ask back) ▶~されて答に窮した/被反问，无以应答 bèi fǎnwèn, wú yǐ yìngdá ▶これでよいのかと心の中で~した/在心中反问:这样真的好吗? zài xīnzhōng fǎnwèn: zhèyàng zhēn de hǎo ma?

はんもん【煩悶する】 烦闷 fánmèn; 烦恼 fánnǎo; 苦闷 kǔmèn (英 be in agony) ▶この~を誰に語ればよいのだろう/这种烦闷之情对谁说好呢? zhè zhǒng fánmèn zhī qíng duì shéi shuō hǎo ne? ▶集団の中にいながら一人~していた/虽在集体之中，但总是一个人在苦闷 suī zài jítǐ zhīzhōng, dàn zǒngshì yí ge rén zài kǔmèn

パンヤ 木棉 mùmián (英 kapok)

ばんゆう【蛮勇】 蛮勇 mányǒng; 无谋之勇 wú móu zhī yǒng (英 reckless bravery) ▶~を振っての改革を断行する所存である/我会逞无谋之勇坚决进行改革 wǒ huì chěng wú móu zhī yǒng jiānjué jìnxíng gǎigé

ばんゆういんりょく【万有引力】 [物理] 万有引力 wànyǒu yǐnlì (英 universal gravitation) ▶~の法則/万有引力定律 wànyǒu yǐnlì dìnglù

はんよう【汎用】 通用 tōngyòng (英 general purpose) ▶~コンピュータ/通用计算机 tōngyòng jìsuànjī

はんら【半裸の】 半裸 bànluǒ (英 half-naked)

▶日盛りには〜の物売りもいた/烈日下有几个半裸着上身的小贩 lièrìxia yǒu jǐ ge bànluǒzhe shàngshēn de xiǎofàn ▶〜で街に出て見とがめられた/半裸着身体上街，遭到人盘问 bànluǒzhe shēntǐ shàngjiē, zāodào rén pánwèn

ばんらい【万雷】 万雷 wànléi (英 *deafening claps of thunder*) ▶〜の拍手が湧きおこる/响起了雷鸣般的掌声 xiǎngqǐle léimíng bān de zhǎngshēng

はんらく【反落する】 回落 huíluò; 回跌 huídiē (英 *fall in reaction*) ▶午後は一転〜した/下午形势回转直下 xiàwǔ xíngshì huízhuǎn zhíxià ▶予期せぬ〜でどうしてよいか分からない/出乎意料的回落，一时不知如何是好 chūhū yìliào de huíluò, yìshí bù zhī rúhé shì hǎo

はんらん【叛乱】 叛乱 pànluàn; 造反 zàofǎn (英 *a rebellion*) ▶〜を企てる/谋反 móufǎn ▶〜を起こす/起义 qǐyì; 作乱 zuòluàn ▶〜を鎮める/平定叛乱 píngdìng pànluàn ▶反社長派が〜を企てている/反对总经理的一派在策划造反 fǎnduì zǒngjīnglǐ de yīpài zài cèhuà zàofǎn ▶〜の芽はすばやく摘み取られた/叛乱的苗头被迅速扑灭 pànluàn de miáotou bèi xùnsù pūmiè ▶〜は一気に鎮圧された/叛乱被一举镇压 pànluàn bèi yījǔ zhènyā

はんらん【氾濫する】 泛滥 fànlàn (英 *flood*) ▶悪書が〜している/坏书泛滥 huàishū fànlàn ▶豪雨で川が〜する/暴雨造成河水泛滥 bàoyǔ zàochéng héshuǐ fànlàn ▶情報の〜で人間が解体しそうだ/因信息泛滥，人类都快崩溃了 yīn xìnxī fànlàn, rénlèi dōu kuài bēngkuì le

ばんり【万里】 万里 wànlǐ (英 *a great distance*) ▶小さなヨットで〜の波濤をこえたのだ/是乘坐小帆船越过万里波涛的 shì chéngzuò xiǎofānchuán yuèguò wànlǐ bōtāo de

♦〜の長城 长城 Chángchéng; 万里长城 Wànlǐ Chángchéng

はんりょ【伴侶】 伴侣 bànlǚ (英 *a companion*) ▶よき〜を得て幸せだった/得到好伴侣，真的很幸福 dédào hǎobànlǚ, zhēn de hěn xìngfú ▶〜は犬だけである/只有狗作伴 zhǐ yǒu gǒu zuò bàn

はんれい【凡例】 凡例 fánlì; 例言 lìyán (英 *explanatory notes*)

はんれい【判例】 判例 pànlì; 案例 ànlì (英 *a judicial precedent*) ▶〜を覆す判決が出た/出了翻案判决 chūle fān'àn pànjué ▶批判に時間をかける/在批判案例上花费时间 zài pīpàn ànlìshang huāfèi shíjiān

はんろ【販路】 销路 xiāolù (英 *a market for goods*) ▶〜を広げる/扩大销路 kuòdà xiāolù ▶新たに中東で〜を開拓することにした/决定重新拓展中东的销路 juédìng chóngxīn tuòzhǎn Zhōngdōng de xiāolù ▶国内での〜は知れたものだ/国内的销路很有限 guónèi de xiāolù hěn yǒuxiàn

はんろん【反論する】 辩驳 biànbó; 反驳 fǎnbó (英 *argue; refute*) ▶批判はもっともで〜の余地がない/批判正确，没有反驳的余地 pīpàn zhèngquè, méiyǒu fǎnbó de yúdì ▶馬鹿馬鹿しくて〜する気にもならない/太愚蠢了，都不屑于反驳 tài yúchǔn le, dōu búxiè yú fǎnbó

ひ

ひ【日】 ❶【太陽】日 rì; 太阳 tàiyáng (英 *the sun*; [日光] *sunlight*) ▶〜に焼ける/晒黑 shàihēi ▶〜が沈む/日落 rì luò ▶〜に干す/晾晾; 晒 shài ▶〜に当てる/晒 shài ▶〜の当たる側《建物などの》/阳面 yángmiàn ▶〜の当たらぬ場所/背阴 bèiyīn ▶〜の当たらぬ場所で休む/在晒不到太阳的地方休息 zài shàibúdào tàiyáng de dìfang xiūxi ▶〜が昇る/太阳升起来 tàiyáng shēngqǐlai ▶〜が差す/阳光照射 yángguāng zhàoshè ▶〜に焼けるのがいやで外出しない/因为怕被太阳晒，就不出去 yīnwèi pà bèi tàiyáng shài, jiù bù chūqù ▶窓から〜が差し込んできた/太阳从窗户里射了进来 tàiyáng cóng chuānghuli shèle jìnlái ▶ふとんを〜に干す/晒被子 shài bèizi

❷【暦日】日子 rìzi; 天 tiān (英 *a day*) ▶〜を過ごす/度日 dùrì ▶〜が暮れた/天黑了 tiān hēi le ▶試験までにはいくらも〜がない/到考试那天没有多少日子了 dào kǎoshì nà tiān méiyǒu duōshao rìzi le ▶彼が散歩に行かないという〜はなかった/他没有不去散步的日子 tā méiyǒu bú qù sànbù de rìzi ▶毎日似たような〜を送る/每天过着差不多的日子 měitiān guòzhe chàbuduō de rìzi

❸【日付】日期 rìqī (英 *a date*) ▶〜を選ぶ/择期 zé qī ▶〜を改めて相談しましょう/改天再商量吧 gǎitiān zài shāngliang ba

〜ならずして 要不了几天 yàobuliǎo jǐ tiān; 不日 búrì; 不久 bùjiǔ

〜の目をみる 问世 wènshì; 公之于世 gōng zhī yú shì

夜を〜に継ぐ 夜を〜に継いで工事をする/夜以继日地施工 yè yǐ jì rì de shīgōng

ひ【比】 比率 bǐlǜ; 比值 bǐzhí (英 [比例] *ratio*; [比較] *comparison*) ▶…の〜ではない/比不上… bǐbushàng… ▶僕はとうてい彼の〜ではない/我怎么也比不上他 wǒ zěnme yě bǐbushàng tā ▶彼女はフルートの名手としての〜を見ない/她吹长笛无人可比 tā chuī chángdí wú rén kě bǐ

ひ【火】 ❶【炎・火】火 huǒ; (火災) 火灾 huǒzāi (英 *fire; a flame*) ▶〜がつく/着火 zháohuǒ ▶かわいた枝はすぐ〜がつく/干树枝，火一点就着 gānshùzhī, huǒ yì diǎn jiù zháo ▶ガソリンは非常に〜がつきやすい/汽油非常容易着火 qìyóu fēicháng róngyì zháohuǒ ▶〜をつける/点火 diǎnhuǒ ▶ライターでタバコに〜をつける/用打火机点烟 yòng dǎhuǒjī diǎn yān ▶〜が消える/熄火 xī huǒ; 火灭 huǒ miè ▶火煙灭 huǒ xīmiè ▶〜を消

す/灭火 mièhuǒ；⟨火災を⟩救火 jiùhuǒ ▶～に当たる/烤火 kǎohuǒ ▶～に強い/耐火 nàihuǒ ▶～を熾(ș)す/生火 shēnghuǒ ▶～を放つ/纵火 zònghuǒ；放火 fànghuǒ ▶機関銃が～を噴いた/机关枪喷火了 jīguānqiāng pēn huǒ le ▶～の用心/小心火灾 xiǎoxīn huǒzāi

❷ [加熱] 火 huǒ；加热 jiārè ⓔ heat ▶フライパンを～にかける/把炒锅架在火上 bǎ chǎoguō jiàzài huǒshang ▶～を通っていない食物は食べないほうがいい/不要吃没有加热的食物 búyào chī méiyǒu jiārè de shíwù

❸ [慣用表現] ▶顔から～が出るほど恥ずかしかった/害羞得好像脸上要着火似的 hàixiūde hǎoxiàng liǎnshang yào zháohuǒ shìde ▶壁に頭をぶっつけて目から～が出た/头撞到墙壁了，眼冒金星 tóu zhuàngdào qiángbì le, yǎn mào jīnxīng ▶バブル経済崩壊後の温泉町は～の消えたようだった/泡沫经济破灭了以后，那个温泉乡就像火灭了似的 pàomò jīngjì pòmièle yǐhòu, nàge wēnquánxiāng jiù xiàng huǒ mièle shìde ▶赤ん坊が～がついたように泣きだした/婴儿像着了火似的哭了起来 yīng'ér xiàng zháole huǒ shìde kūle qǐlái ▶どういう結果をもたらすかは～を見るよりも明らかである/到底会有什么结果，不是洞若观火吗？dàodǐ huì yǒu shénme jiéguǒ, bú shì dòng ruò guān huǒ ma?

ことわざ 飛んで火に入る夏の虫 飞蛾扑火，自取灭亡 fēi'é pū huǒ, zì qǔ mièwáng

ことわざ 火のないところに煙は立たぬ 无风不起浪 wú fēng bù qǐ làng

～の海 **火海** huǒhǎi ▶大量の焼夷弾投下で都市は～の海になった/由于投下了大量的燃烧弹，城市成了火海 yóuyú tóuxiàle dàliàng de ránshāodàn, chéngshì chéngle huǒhǎi

～のように激しい **火毒** huǒdú ▶～のように激しい気性の男である/像火一样性格的男人 xiàng huǒ yíyàng xìnggé de nánrén

ひ [灯] 灯 dēng；灯光 dēngguāng ⓔ a light ▶～をともす/点灯 diǎndēng

ひ [非] 非 fēi；错误 cuòwù；缺点 quēdiǎn ([過失] ⓔ a fault；[誤り] an error; a mistake) ▶彼に～がある/他不对 tā búduì ▶～を悔いる/回头 huítóu；悔过 huǐguò ▶～を認める/承认错误 chéngrèn cuòwù ▶彼は絶対に自分の～を認めない/他绝对不承认自己的错误 tā juéduì bù chéngrèn zìjǐ de cuòwù ▶マスコミの論調に～を鳴らす/对媒体的论调提出非议 duì méitǐ de lùndiào tíchū fēiyì

～の打ち所がない **完美无瑕** wánměi wúxiá

ひ [碑] 碑 bēi；石碑 shíbēi ⓔ a monument ▶文学～を建てる/建文学碑 jiàn wénxuébēi ▶歌～/诗词碑 shīcíbēi ▶記念～/纪念碑 jìniànbēi

ひ [緋] ⓔ scarlet ▶～色/绯红色 fēihóngsè

ひー [非-] 非 fēi ⓔ non-; anti-; un-) ▶～営利団体/非营利团体 fēiyínglì tuántǐ ▶～合法/非法 fēifǎ ▶～日常の世界/非日常的世界 fēirìcháng de shìjiè ▶～公式会談/非正式会谈 fēizhèngshì huìtán

び [美] 美 měi ⓔ beauty ▶～意識/美感 měigǎn ▶～を鑑賞する/审美 shěnměi ▶～の女神/美的女神 měi de nǚshén ▶～の探求/对美的探求 duì měi de tànqiú ▶自然の～/自然的美 zìrán de měi

び [微] ～に入り細を穿(ȧ)って 仔仔细细 zīzǐxìxì ▶～に入り細を穿って解説をする/详尽地解说 xiángjìn de jiěshuō

ひあい [悲哀] 悲哀 bēi'āi ⓔ sorrow; grief ▶つくづくサラリーマンの～を感じる/深切地感受到工薪阶层的悲哀 shēnqiè de gǎnshòudào gōngxīn jiēcéng de bēi'āi ▶人生の～をなめつくす/尝尽了人生的悲哀 chángjìnle rénshēng de bēi'āi

ひあがる [干上がる] 干枯 gānkū；干巴巴 gānbābā；⟨生計⟩难以糊口 nányǐ húkǒu ⓔ dry up ▶干上がった川/干涸的河 gānhé de hé ▶干上がった大地/焦干的大地 jiāogān de dàdì ▶口が～/无法糊口 wúfǎ húkǒu ▶こんな客が入らないならあごが干上がっちゃうよ/象这样没有客人来，可真是难以糊口了 xiàng zhèyàng méiyǒu kèrén lái, kě zhēn shì nányǐ húkǒu le

ひあし [日足・日脚] 白天 báitiān；昼间 zhòujiān ⓔ daytime ▶～が短い/白天短 báitiān duǎn ▶～が伸びる/白天变长 báitiān biàn cháng

ピアス 穿孔耳环 chuānkǒng ěrhuán ⓔ pierced earrings ▶男が～をする/男人戴耳环 nánrén dài ěrhuán

ひあそび [火遊びする] 玩火 wánhuǒ ⟨比喻的にも使う⟩ ⓔ play with fire ▶子供の～から大火になった/因为小孩玩火，成了大火 yīnwèi xiǎohái wánhuǒ, chéngle dàhuǒ ▶～もたいがいにしておけよ/小心不要玩火自焚 xiǎoxīn búyào wán huǒ zì fén

ひあたり [日当たり] 向阳 xiàngyáng ⓔ sunshine ▶～のよい/朝阳 cháoyáng；向阳 xiàngyáng ▶～の悪い/不向阳 bú xiàngyáng ▶私の部屋は南向きで～がよい/我的房间朝南日照很好 wǒ de fángjiān cháo nán rìzhào hěn hǎo ▶この畑は～が悪いから作物の育ちがよくない/这片地照不到太阳，农作物生长得不好 zhè piàn dì zhàobùdào tàiyáng, nóngzuòwù shēngzhǎngde bù hǎo

ピアニスト 〔音楽〕钢琴家 gāngqínjiā ⓔ a pianist

ピアノ 〔楽器〕钢琴 gāngqín ⓔ a piano ▶～をひく/弹钢琴 tán gāngqín ▶～を習う/学习弹钢琴 xuéxí tán gāngqín ▶～協奏曲/钢琴协奏曲 gāngqín xiézòuqǔ

♦グランド～ 三角钢琴 sānjiǎo gāngqín

ヒアリング 听力 tīnglì；〔意見の〕听证会 tīngzhènghuì ⓔ [聞き取り] listening comprehension；[公聴会] a public hearing ▶～の授業/听力课 tīnglìkè ▶～の能力/听力 tīnglì ▶実態調査のため関係者から～/为了了解实际

情況, 听取有关人员的意见 wèile liǎojiě shíjì qíngkuàng, tīngqǔ yǒuguān rényuán de yìjiàn

ピーアール【**PR**する】 宣传 xuānchuán; 公关 gōngguān (英 *publicize*) ▶～不足でこの制度はあまり知られていない/因为宣传不够,这个制度很多人不知道 yīnwèi xuānchuán bùgòu, zhège zhìdù hěn duō rén bù zhīdào ▶駅前広場で街頭～をする/在车站前的广场做街头宣传 zài chēzhànqián de guǎngchǎng zuò jiētóu xuānchuán ▶～活動/宣传活动 xuānchuán huódòng

ピーエルほう【**PL 法**】〘法〙产品责任法 chǎnpǐn zérènfǎ (英 *the Product Liability Law*) ▶～に基づいてメーカーに損害賠償させる/根据产品责任法,向厂商索取赔款 gēnjù chǎnpǐn zérènfǎ, xiàng chǎngshāng suǒqǔ péikuǎn

ひいおじいさん【曾お祖父さん】 曾祖 zēngzǔ; 曾祖父 zēngzǔfù (英 *a great-grandfather*)

ひいおばあさん【曾お祖母さん】 老奶奶 lǎonǎinai; 曾祖母 zēngzǔmǔ (英 *a great-grandmother*)

ビーカー 烧杯 shāobēi (英 *a beaker*)

ひいきする 偏向 piānxiàng; 照顾 zhàogù; 偏袒 piāntǎn (英 *favor*) ▶皆様どうぞ当店を御～に/请大家多多照顾本店 qǐng dàjiā duōduō zhàogù běn diàn ▶一番嫌われるのはえこ～する教師です/对学生偏心的老师最令人讨厌 duì xuésheng piānxīn de lǎoshī zuì lìng rén tǎoyàn ▶日本人は判官～の傾向がある/日本人有偏向弱者的倾向 Rìběnrén yǒu piānxiàng ruòzhě de qīngxiàng ▶彼はたいへんなイギリス～であったために誤解を受けた/他因为太偏爱英国,遭到了误解 tā yīnwèi tài piān'ài Yīngguó, zāodàole wùjiě ▶どう一目に見ても彼は勝つ見込みはない《スポーツや選挙で》/怎么带有偏向地看,他也没有获胜的可能 zěnme dàiyǒu piānxiàngde kàn, tā yě méiyǒu huòshèng de kěnéng

～の引き倒し 偏袒谁, 反倒害谁 piān'ài shéi, fǎndào hài shéi

◆～客〔筋〕熟客 shúkè

ピーク 顶峰 dǐngfēng; 高峰 gāofēng; 高潮 gāocháo (英 *a peak*) ▶渋滞の～/交通滞塞的高峰 jiāotōng zhìsè de gāofēng ▶まぐろの漁獲量も～を過ぎたようだ/金枪鱼的捕获量也已经过了最高点 jīnqiāngyú de bǔhuòliàng yě yǐjīng guòle zuìgāodiǎn

ビーシージー【**BCG**】〘医〙卡介苗 kǎjièmiáo (英 *BCG*)

ビーズ 串珠 chuànzhū (英 *a bead*) ▶～のバッグ/用珠子串成的包 yòng zhūzi chuànchéng de bāo

ヒーター 加热器 jiārèqì; 电炉 diànlú (英 *a heater*) ▶遠赤外線～/红外线加热器 hóngwàixiàn jiārèqì ▶～で湯を沸かす/用电炉烧水 yòng diànlú shāo shuǐ

ビーだま【ビー玉】 玻璃球儿 bōliqiúr (英 *a marble*) ▶～遊びをする/玩玻璃球 wán bōliqiú

ピータン【皮蛋】〘食品〙皮蛋 pídàn; 松花蛋 sōnghuādàn (英 *a preserved duck egg*)

ひいちにち【日一日と】一天比一天 yì tiān bǐ yì tiān (英 *day by day*) ▶～寒くなる/一天比一天冷起来 yì tiān bǐ yì tiān lěngqǐlái

ビーチパラソル 大遮阳伞 dàzhēyángsǎn (英 *a beach umbrella*)

ビーチバレー〘スポーツ〙沙滩排球 shātān páiqiú (英 *beach volleyball*)

ピーティーエー【**PTA**】 家长会 jiāzhǎnghuì (英 *a PTA*)

ひいては 乃至 nǎizhì; 甚至 shènzhì (英 *as well; consequently*) ▶両国にとってのみならず一アジア全体にとって好ましい/不仅对两国有益,也对整个亚洲有益 bùjǐn duì liǎng guó yǒuyì, yě duì zhěnggè Yàzhōu yǒuyì ▶このままでは従業員の意欲が失われ,～顧客へのサービス低下に繋がる/这样下去会使职工丧失热情,乃至导致对顾客的服务质量降低 zhèyàng xiàqù huì shǐ zhígōng sàngshī rèqíng, nǎizhì dǎozhì duì gùkè de fúwù zhìliàng jiàngdī

ひいでる【秀でる】 优秀 yōuxiù; 擅长 shàncháng (英 *surpass; excel*) ▶一芸に～/有一技之长 yǒu yí jì zhī cháng ▶他人より一ものが何もない/没有比别人擅长的东西 méiyǒu bǐ biérén shàncháng de dōngxi

ビート ❶【拍子】拍子 pāizi; 节拍 jiépāi (英 *a beat*) ▶～の効いた音楽/节奏强烈的音乐 jiézòu qiángliè de yīnyuè ❷【大根の類】甜菜 tiáncài (英 *a beet*)

ビーナス 维纳斯 Wéinàsī (英 *Venus*) ▶ミロの～/断臂维纳斯 duàn bì Wéinàsī ▶「～の誕生」《ボッティチェリ》/《维纳斯的诞生》Wéinàsī de dànshēng

ピーナッツ 花生米 huāshēngmǐ; 落花生 luòhuāshēng (英 *a peanut*) ▶～バター/花生酱 huāshēngjiàng

ぴいぴい《鸟などの声》唧唧喳喳 jījīzhāzhā (英 *whistle*); 啾啾 jiūjiū; 《金がない》拮据 jiéjū (英 *be hard up*) ▶かえったばかりのひよこが～鳴いた/刚孵出来的小鸡唧唧地在叫 gāng fūchūlái de xiǎojī jījī de zài jiào ▶年中～している/一年到头穷得叮当响 yì nián dào tóu qióngde dīngdāng xiǎng

ピーピーエム【**ppm**】 百万分率 bǎiwànfēnlǜ (英 *ppm*) ▶～であった/二氧化硫黄的一日平均值为 0.04 ～であった/二氧化硫黄一天的平均值是百万分之零点零四 èryǎnghuà liúhuáng yì tiān de píngjūnzhí shì bǎiwàn fēn zhī líng diǎn líng sì

ビーフ 牛肉 niúròu (英 *beef*) ▶～ステーキ/煎牛排 jiānniúpái ▶～カレー/牛肉咖喱 niúròu gālí ▶～シチュー/炖牛肉 dùnniúròu ▶～ロースト/～/烤牛肉 kǎoniúròu

ビーフン【米粉】〘食品〙米粉 mǐfěn (英 *rice vermicelli*) ▶～を焼き～/炒米粉 chǎomǐfěn

ピーマン〘植物〙青椒 qīngjiāo; 柿子椒 shìzijiāo (英 *a green pepper*; *a pimiento*) ▶赤～

红柿子椒 hóngshìzǐjiāo

ヒイラギ【柊】〘植物〙柊树 zhōngshù (英 *a holly*)

ビール【麦酒】〘酒〙啤酒 píjiǔ (英《ジョッキに入った》扎啤 zhāpí) (英 *beer*) ▶生～/鲜啤酒 xiānpíjiǔ ▶～を1杯やる/喝一杯啤酒 hē yì bēi píjiǔ ▶気のぬけた～/跑了气的啤酒 pǎole qì de píjiǔ ▶～の泡/啤酒泡 píjiǔpào ▶缶～1本/一听啤酒 yì tīng píjiǔ
◆黒～/黑啤酒 hēipíjiǔ ～腹《太った腹》/啤酒肚子 píjiǔ dùzi

ビールス 病毒 bìngdú (英 *a virus*)

ひいれ【火入れ】《高炉の》点火 diǎnhuǒ; 开炉 kāilú (英 *initial kindling*) ▶～式/开炉仪式 kāilú yíshì

ヒーロー 名将 míngjiàng; 英雄 yīngxióng (英 *a hero*) ▶その試合の～がインタビューを受けた/那场比赛的英雄接受采访 nà chǎng bǐsài de yīngxióng jiēshòu cǎifǎng ▶彼は陰の～だ/他是无名英雄 tā shì wúmíng yīngxióng

ひうちいし【火打ち石】打火石 dǎhuǒshí; 燧石 suìshí (英 *a flint*)

ひうん【非運】苦命 kǔmìng; 不幸 búxìng; 背运 bèiyùn (英 *misfortune*) ▶身の～をかこつ/悲叹自己的背运 bēitàn zìjǐ de bèiyùn ▶～の生涯をおくった歌人/度过不幸生涯的诗人 dùguò búxìng shēngyá de shīrén

ヒエ【稗】〘植物〙稗子 bàizi (英 *Japanese millet*)

ひえいせいてき【非衛生的】不卫生 bú wèishēng (英 *unsanitary*) ▶～な環境で生活する/在不卫生的环境下生活 zài bú wèishēng de huánjìngxia shēnghuó ▶ごみが～なまま放置されている/未经处理的垃圾很不卫生地扔在外面 wèijīng chǔlǐ de lājī hěn bú wèishēng de rēngzài wàimian

ひえいり【非営利】非营利 fēiyínglì; 不谋利益 bù móu lìyì (英 *nonprofit*) ▶～団体(NPO)/非营利团体 fēiyínglì tuántǐ

ひえこむ【冷え込む】冷得厉害 lěngde lìhai; 冷得彻骨 lěngde chègǔ (英 *freeze*)

ひえしょう【冷え性】寒症 hánzhèng (英 *sensitivity to cold*) ▶ひどい～で悩んでいます/为严重的寒症而烦恼 wèi yánzhòng de hánzhèng ér fánnǎo

ひえびえ【冷え冷えする】冷森森 lěngsēnsēn; 冷飕飕 lěngsōusōu (英 *chilly*) ▶このところ～する日が続く/这一阵子天天冷森森的 zhè yízhènzi tiāntiān lěngsēnsēn de ▶部屋の中は～した空気が漂っていた/房间里飘荡着冷飕飕的空气 fángjiānli piāodàngzhe lěngsōusōu de kōngqì

ひえる【冷える】❶〘物が〙放凉 fàngliáng; 变冷 biànlěng (英 *be chilled*) ▶体がすっかり～/全身冰冷 quánshēn bīnglěng ▶足が冷えて眠れない/脚冰凉无法入睡 jiǎo bīngliáng wúfǎ rùshuì ❷〘気温が〙凉 liáng; 冷 lěng (英 *grow cold*) ▶この2, 3日かなり冷えてきた/这两三天

冷多了 zhè liǎng sān tiān lěngduō le ❸《関係が》冷淡 lěngdàn (英 *worsen*) ▶両国の関係は冷えきっている/两国关系彻底冷却 liǎngguó guānxì chèdǐ lěngquè

ピエロ 丑角 chǒujué; 小丑 xiǎochǒu (英 *a clown*)

びえん【鼻炎】〘医〙鼻炎 bíyán (英 *rhinitis*)

ビオラ〘楽器〙中提琴 zhōngtíqín (英 *a viola*) ▶～を演奏する/演奏中提琴 yǎnzòu zhōngtíqín

びおん【微温】微温 wēiwēn (英 *lukewarm*) ▶～的な態度をとる/态度比较中庸 tàidù bǐjiào zhōngyōng

びおん【鼻音】鼻音 bíyīn (英 *a nasal sound*)

ひか【皮下】皮下 píxià (英 *subcutaneous*) ▶出血/皮下出血 píxià chūxiě ▶～注射/皮下注射 píxià zhùshè
◆～脂肪/皮下脂肪 píxià zhīfáng

びか【美化する】美化 měihuà (英 *beautify*) ▶都市を～する/美化城市 měihuà chéngshì ▶戦争を～する/美化战争 měihuà zhànzhēng

ひがい【被害】受灾 shòuzāi; 受害 shòuhài (英 *damage; an injury*) ▶～に遭う/受害 shòuhài ▶洪水の～状況/洪水的灾情 hóngshuǐ de zāiqíng ▶戦争～への補償/对战争的受害给与的补偿 duì zhànzhēng de shòuhài jǐyǔ de bǔcháng ▶人畜への～はない/对人畜没有危害 duì rénchù méiyǒu wēihài ▶町は多大の～を被った/本镇遭到了很大的破坏 běn zhèn zāodàole hěn dà de pòhuài ▶今度の地震でこのあたりが一番ひどく～を受けた/这次地震给这一带造成的危害最大 zhècì dìzhèn gěi zhè yídài zàochéng de wēihài zuì dà ▶台風は米作に大きな～を与えた/台风给生产稻米带来了很大的打击 táifēng gěi shēngchǎn dàomǐ dàiláile hěn dà de dǎjī ▶～を免れる/幸免受害 xìngmiǎn shòuhài
◆～者/受难者 shòunànzhě; 被害人 bèihàirén ～を被る/救济受害者 jiùjì shòuhàizhě ～妄想/受害妄想症 shòuhài wàngxiǎngzhèng

ひかいいん【非会員】非会员 fēihuìyuán (英 *a nonmember*) ▶～の方は御遠慮下さい/非会员请勿入内 fēihuìyuán qǐng wù rù nèi

ぴかいち【ぴか一】出类拔萃 chū lèi bá cuì (英 *No. 1; an ace*) ▶出展された中ではこの作品が～だ/在展出的作品中这件作品是出类拔萃的 zài zhǎnchū de zuòpǐn zhōng zhè jiàn zuòpǐn shì chū lèi bá cuì de

ひかえ【控え】底子 dǐzi;《文書の》副本 fùběn (英 *a duplicate*);《メモ》记录 jìlù (英 *a memo*) ▶注文書の～/订货单底子 dìnghuòdān dǐzi ▶～の選手/候补选手 hòubǔ xuǎnshǒu ▶～を取っておく/做备份 zuò bèifèn; 留个底子 liú ge dǐzi

ひかえしつ【控え室】等候室 děnghòushì (英 *a waiting room*) ▶～で待機する/在等候室等候 zài děnghòushì děnghòu

ひかえめ【控え目な】节制 jiézhì; 少 shǎo; 客气 kèqi; 保守 bǎoshǒu (英 *moderate*) ▶～にす

ひがえり る/节制 jiézhì; 客气 kèqi ▶塩分が~にして下さい/请少放[吃]盐 qǐng shǎo fàng[chī] yán ▶~な化粧/化妆比较淡 huàzhuāng bǐjiào dàn ▶~な表現に終始した/始终用比较温和的表现方式 shǐzhōng yòng bǐjiào wēnhé de biǎoxiàn fāngshì ▶~に見積もる/估计得保守一点 gūjìde bǎoshǒu yìdiǎn ▶万事~がよろしい/什么事都是节制点儿的好 shénme shì dōu shì jiézhìdiǎnr de hǎo ▶この際~に言うほうが無難だ/这时候说得客气一点儿比较稳妥 zhè shíhou shuōde kèqi yìdiǎnr bǐjiào wěntuǒ ▶~に言っても、それは最善のものの一つだ/就是保守地说，那也是几个最好中的一个 jiùshì bǎoshǒu de shuō, nà yě shì jǐ ge zuì hǎo zhōng de yí ge

ひがえり【日帰りする】当天回来 dàngtiān huílái (英 *go and come back in a day*) ▶~旅行/一日游 yírìyóu ▶近頃~客が多くなった/最近一日游的客人多起来了 zuìjìn yírìyóu de kèrén duōqǐlai le ▶そこは~ができる/去那儿当天可以来回 qù nàr dàngtiān kěyǐ láihuí

ひかえる【控える】 ❶【書き留める】记下来 jìxiàlai (英 *write down*) ▶ノートに~/记在本子上 jìzài běnzishang

❷【抑制・節制する】节制 jiézhì; 控制 kòngzhì (英 *refrain from...; be moderate in...*) ▶力を~/少用力 shǎoyòng lì ▶発言を~/暂不发言 zàn bù fāyán ▶外出を~/避免外出 bìmiǎn wàichū ▶酒を~/节制饮酒 jiézhì yǐnjiǔ ▶医者から甘い物を~ように言われています/被医生警告要少吃甜食 bèi yīshēng jǐnggào yào shǎo chī tiánshí ▶判断を~/保留判断 bǎoliú pànduàn ▶この記事の掲載を~/不刊登那条消息 bù kāndēng nà tiáo xiāoxi

❸【すぐ近くにある】面临 miànlín (英 *be near at hand*) ▶試験を目前に控えている/考试迫在眼前 kǎoshì pòzài yǎnqián

❹【有する】背后有人 bèihòu yǒu rén (英 *have*) ▶彼の背後には財界の大物が控えている/他的后面有财界的大人物 tā de hòumian yǒu cáijiè de dàrénwù

ひがくてき【非科学的な】不科学 bù kēxué (英 *unscientific*) ▶とかく~な俗説がはびこるものだ/一些非科学的世俗之说总是很流行 yìxiē fēikēxué de shìsú zhī shuō zǒngshì hěn liúxíng

ひかく【比較する】比较 bǐjiào; 对比 duìbǐ; 打比 dǎbǐ (英 *compare*) ▶~対照する/比照 bǐzhào ▶~にならない/无法相比 wúfǎ xiāngbǐ; 比不上 bǐbushàng ▶我が子を他人と~するのはよしなさい/不要把自己的孩子和别人相比 búyào bǎ zìjǐ de háizi hé biérén xiāngbǐ ▶訳と原文とを~て御覧なさい/把译文和原文比较一下看看 bǎ yìwén hé yuánwén bǐjiào yíxià kànkan ▶これはそれとは~にならない/这个和那个没法比 zhège hé nàge méifǎ bǐ ▶東山大と京川大を~検討する/比较分析东山大学和京川大学 bǐjiào fēnxī Dōngshān dàxué hé Jīngchuān dàxué

♦~文学 比较文学 bǐjiào wénxué

ひかく【皮革】皮革 pígé; 皮子 pízi (英 [生皮] *hides; skins;* [柔皮] *leather*) ▶人工~/人造革 rénzàogé ▶合成~/合成革 héchénggé ▶~製品/皮革制品 pígé zhìpǐn

ひかく【非核の】无核武器 wúhéwǔqì (英 *non-nuclear*) ▶~化する/无核化 wúhéhuà

♦~三原則 无核三原则 wúhé sān yuánzé ~保有国 无核国家 wúhé guójiā

ひがく【美学】美学 měixué (英 *aesthetics*)

ひかくてき【比較的】比较 bǐjiào; 相对 xiāngduì (英 *comparatively*) ▶~暖かい/比较暖和 bǐjiào nuǎnhuo ▶今日の試験は~簡単だった/今天的考试比较简单 jīntiān de kǎoshì bǐjiào jiǎndān

ひかげ【日陰】背阴 bèiyīn (英 *the shade*) ▶~で涼しい/荫凉 yìnliáng; 阴凉 yīnliáng ▶~になる/背光 bèiguāng ▶風通しがよい~に置く/放在通风阴凉的地方 fàngzài tōngfēng yīnliáng de dìfang

♦~者 无法见天日的人 wúfǎ jiàn tiānrì de rén; 见不得人的身份 jiànbude rén de shēnfèn

ひかげん【火加減】火候 huǒhou; 火头 huǒtóu (英 *the level of heat*) ▶~を見る/看火候 kàn huǒhou ▶オムレツが~が難しい/做杏仁蛋的火候很难 zuò xìngrén dàn de huǒhou hěn nán

ひがさ【日傘】阳伞 yángsǎn; 旱伞 hànsǎn (英 *a sunshade*) ▶~をさす/打遮阳伞 dǎ zhēyángsǎn

ひがし【東】东 dōng; 东边 dōngbian; 东方 dōngfāng (英 *the east*) ▶~に向かって歩く/朝东走 cháo dōng zǒu ▶~の風/东风 dōngfēng ▶~側/东边 dōngbian ▶太陽は~から出る/太阳从东边升起 tàiyáng cóng dōngbian shēngqǐ ▶私の部屋の窓は~に向いています/我房间的窗户朝东 wǒ fángjiān de chuānghu cháo dōng ▶ここから~に富士山が見えます/从这儿往东可以看到富士山 cóng zhèr wǎng dōng kěyǐ kàndào Fùshìshān

ひかず【日数】日数 rìshù (英 *the number of days*) ▶~を数える/数日子 shǔ rìzi ▶~がかかる/费时日 fèi shírì

ひかぜい【非課税の】免税 miǎnshuì; 不课税 bú kèshuì (英 *tax-free*) ▶~所得/非征税收入 fēizhēngshuì shōurù

ひがた【干潟】退潮后的海滩 tuìcháohòu de hǎitān (英 *mudflats*) ▶~を干拓する/排水开垦海滩 páishuǐ kāikěn hǎitān

ぴかっと 闪烁 shǎnshuò (英 *flash*) ▶~光る/闪烁一下 shǎnshuò yíxià; 闪光 shǎnguāng

ひがないちにち【日がな一日】整天 zhěngtiān; 成天 chéngtiān; 整整一天 zhěngzhěng yì tiān (英 *all day long*)

ぴかぴかの 闪闪发光 shǎnshǎn fāguāng; 油亮 yóuliàng (英 *shiny*) ▶~になる/发亮 fāliàng ▶~に磨く/擦得滑滑溜溜 cāde huáhuáliūliū

ひがみ【妬み】妒恨 dùhèn; 忌妒 jìdu (英 *prejudice; jealousy*) ▶貧乏人の~だと言われればそれまでだ

が/要说是穷人的妒恨也没有办法 yào shuō shì qióngrén de dùhèn yě méiyǒu bànfǎ
♦**～根性**｜妒恨的坏性格 dùhèn de huàixìngé

ひがむ　妒恨 dùhèn；以为自己吃亏 yǐwéi zìjǐ chīkuī；怀偏见 huái piānjiàn（英 *be jealous*；*be prejudiced*）▶ひがみぬ奴にはひがませておけ/要妒恨的人就让他们妒恨去吧 yào dùhèn de rén jiù ràng tāmen dùhènqù ba

ひがめ　偏见 piānjiàn（英 *prejudice*）▶そう考えるはあなたの…です/那样考虑是你的偏见 nàyàng kǎolǜ shì nǐ de piānjiàn

ひがら【日柄】　日子的吉凶 rìzi de jíxiōng（英 *a lucky day*；*an unlucky day*）▶～がよい/日子很吉祥 rìzi hěn jíxiáng

ひからびる【干からびる】　干涸 gānhé；干枯 gānkū（英 *dry up*；[しなびる] *shrivel*）▶干からびた/干巴巴 gānbābā　▶干からびたサツマイモ/干巴巴的红薯 gānbābā de hóngshǔ　▶干からびた老人/干瘪的老人 gānbiě de lǎorén　▶日照りで田んぼが干からびた/由于干旱,水田干涸了 yóuyú gānhàn, shuǐtián gānhé le

ひかり【光】　光 guāng；光线 guāngxiàn（英 *light*）▶太陽の～/阳光 yángguāng　▶～が差す/光线射进 guāngxiàn shèjìn　▶～を反射する/反光 fǎnguāng　▶～を放つ/发光 fāguāng　▶～を失う《失明する》/失明 shīmíng　▶一筋の～/一线光明 yí xiàn guāngmíng　▶未来に希望の～が差す/未来出现了希望之光 wèilái chūxiànle xīwàng zhī guāng　▶寿司屋で～物は注文しない/在寿司店不点鱼皮青色的鱼类 zài shòusīdiàn bù diǎn yúpí qīngsè de yúlèi　▶薄暗い～で字がよく読めない/光线很暗,字看不清楚 guāngxiàn hěn àn, zì kànbuqīngchu　▶太陽の～を電気エネルギーに変える/把太阳光变成电力能源 bǎ tàiyángguāng biànchéng diànlì néngyuán　▶星の～/星光 xīngguāng　▶月の～を頼りに山道を歩く/靠着月光走山路 kàozhe yuèguāng zǒu shānlù　▶ほたるの～/窗の雪/雪窗萤火 xuěchuāng yíng huǒ；囊萤映雪 náng yíng yìng xuě
♦**次世代～ディスク**｜下一代的光盘 xiàyídài de guāngpán　～**ケーブル**｜光缆 guānglǎn　～**通信**｜光纤通信 guāngxiān tōngxìn　～**ファイバー**｜光纤 guāngxiān；光学纤维 guāngxué xiānwéi

ひかりかがやく【光り輝く】　焕发 huànfā；（珠玉などが）灿烂 cànlàn（英 *shine*）

ひかる【光る】　❶ 发光 fāguāng；发亮 fāliàng（英 *shine*；[電光が] *flash*）▶監視の目が～/严密监视 yánmì jiānshì　▶夜空の星がきらきら光っている/夜空里星斗闪烁 yèkōnglǐ xīngdǒu shǎnshuò　▶彼の額に汗が光っていた/他额头上的汗闪着光 tā étóushang de hàn shǎnzhe guāng　❷ [目だつ] 出众 chūzhòng；显眼 xiǎnyǎn（英 *stand out*）▶才能が～/才干出众 cáigàn chūzhòng　▶その絵は展覧会場の中でひとわ光っていた/那幅画在展会上特别引人注目 nà fú huà zài zhǎnlǎnhuìshang tèbié yǐn rén zhùmù

ひかれる【引かれる】　被吸引住 bèi xīyǐnzhù （英 *be attracted*）▶心を～/着迷 zháomí；被…吸引 bèi…xīyǐn　▶興味を～/感到兴趣 gǎndào xìngqù　▶後ろ髪を～/难舍难分 nán shě nán fēn　▶手を～/被人搀着 bèi rén chānzhe　▶源泉徴収税を～/预扣从源课征所得税 yùkòu cóng yuánkèzhēng suǒdéshuì　▶これらの国は大戦後新たな国境线が引かれた/这些国家在战后重新划定了国境线 zhèxiē guójiā zài zhànhòu chóngxīn huàdìngle guójìngxiàn

ひかれる【轢かれる】　被车撞 bèi chē zhuàng（英 *be run over*）▶车に～/被汽车撞 bèi qìchē zhuàng

ひかん【悲观する】　悲观 bēiguān；失望 shīwàng（英 *be pessimistic*；[落胆する] *be disappointed*）▶将来を～して自殺する/对将来失望而自杀 duì jiānglái shīwàng ér zìshā　▶何も～する理由はない/没有什么要悲观的理由 méiyǒu shénme yào bēiguān de lǐyóu

ひがん【彼岸】　彼岸 bǐ'àn；春[秋]分左右的一个星期 chūn[qiū]fēn zuǒyòu de yí ge xīngqī（英 *the equinoctial week*）▶～の中日/春[秋]分日 chūn[qiū]fēnrì　▶～の入り/进入春[秋]分的季节 jìnrù chūn[qiū]fēn de jìjié
暑さ寒さも～まで｜热到秋分,冷到春分 rè dào qiūfēn, lěng dào chūnfēn

ひがん【悲願】　心愿 xīnyuàn；誓愿 shìyuàn（英 *long-wished-for*）▶～を達成する/实现心愿 shíxiàn xīnyuàn　▶～を実らせる/实现长时间的愿望 shíxiàn chángshíjiān de yuànwàng　▶ついに彼女の～がかなった/最终她的夙愿得以实现了 zuìzhōng tā de sùyuàn déyǐ shíxiàn le

びかん【美観】　美观 měiguān（英 *a beautiful sight*）▶～を損ねる/损伤美观 sǔnshāng měiguān　▶街の～を損なう看板を撤去した/拆掉破坏街道景观的招牌 chāidiào pòhuài jiēdào jǐngguān de zhāopai

びがんじゅつ【美顔術】　美容术 měiróngshù（英 *a facial*）

ひかんてき【悲観的な】　悲观 bēiguān（英 *pessimistic*）▶～な考え/悲观的想法 bēiguān de xiǎngfǎ　▶～になる/陷入悲观 xiànrù bēiguān；感到悲观 gǎndào bēiguān　▶多くの人が地球環境について～な見方をしている/很多人对地球环境持悲观的看法 hěn duō rén duì dìqiú huánjìng chí bēiguān de kànfǎ

ヒガンバナ【彼岸花】　〔植物〕石蒜 shísuàn（英 *a cluster-amaryllis*）

ひかんろんじゃ【悲観論者】　悲观主义者 bēiguān zhǔyìzhě（英 *a pessimist*）

ひき【匹・疋】　❶『多くの生物に』只 zhī；《馬など》匹 pǐ；《魚・蛇など》条 tiáo　▶犬2～/两条狗 liǎng tiáo gǒu　▶3～の子豚/三只小猪 sān zhī xiǎozhūi　❷『反物』匹 pǐ（英 *a roll of cloth*）

▍日中比较 ▍中国语的 '匹 pǐ' 是动物では马やろばを数える単位。

ひき【引き】　抬举 táiju；关照 guānzhào；引荐

ひき yǐnjiàn（愛顧）*favor*；（縁故）*a pull* ▶彼は会長の～で今の地位についた/他因为会长的抬举升到了现在的地位 tā yīnwèi huìzhǎng de táiju shēngdàole xiànzài de dìwèi ▶釣り糸に軽い～があった/鱼线被轻轻地拉了一下 yúxiàn bèi qīngqīng de lāle yíxià

ひき【悲喜】 悲喜 bēixǐ（英）*happiness and sadness*）▶～こもごも至る/悲喜交集 bēixǐ jiāojí

-びき【-引き】 涂 tú；打折 dǎ zhé（英）［上塗り］*coated with...*；［割引］*a reduction of...*）▶ホーロー～のカップ/搪瓷杯子 tángcí bēizi ▶本日限り1割～/今天为止九折 jīntiān wéizhǐ jiǔ zhé

ひきあい【引き合い】 举例 jǔ lì（英）*a reference*）；（取引の）询价 xúnjià（英）*an inquiry*）▶～に出す/引以为例 yǐn yǐ wéi lì；（売買の）询价 xúnjià ▶先生は授業中よくスポーツのことを～に出した/老师在上课的时候经常举体育方面的例子 lǎoshī zài shàngkè de shíhou jīngcháng jǔ tǐyù fāngmiàn de lìzi ▶この分野で海外から の～が増えている/国外对这个领域询价的事例增多了 guówài duì zhège lǐngyù xúnjià de shìlì zēngduō le

ひきあう【引き合う】 合算 hésuàn（英）［もうかる］*pay*）▶犯罪は引き合わないものだ/犯罪是不合算的事 fànzuì shì bù hésuàn de shì ▶風力発電は経済的に～か/风力发电在经济上合算吗? fēnglì fādiàn zài jīngjìshang hésuàn ma? ▶あのように骨を折って叱られたのでは引き合わない/像那样辛苦的工作还要被骂，太不合算了 xiàng nàyàng xīnkǔ de gōngzuò hái yào bèi mà, tài bù hésuàn le

ひきあげる【引き上げる】（引っぱって）拉上 lāshang（英）*pull up*）；（昇進させる）提升 tíshēng（英）*make... promote*）；（数値を）提高 tígāo（英）*raise*）▶川から～/从河里打捞 cóng hélǐ dǎlāo ▶課長に～/提升为科长 tíshēngwéi kēzhǎng ▶運賃を～/提高运费 tígāo yùnfèi ▶タクシー運賃を～/上调出租车的运费 shàngtiáo chūzūchē de yùnfèi ▶退職年齢を65歳に～/把退休年龄提高到六十五岁 bǎ tuìxiū niánlíng tígāodào liùshíwǔ suì ▶ボートを浜に～/把船拉到岸边 bǎ chuán lādào ànbiān ▶網を～/把鱼网拖上来 bǎ yúwǎng tuōshànglai

ひきあげる【引き揚げる】 收回 shōuhuí；撤回 chèhuí（英）［回收する］*pull out*；［撤退する］*withdraw*）▶資本を～/收回资本 shōuhuí zīběn ▶日本に～/撤回日本 chèhuí Rìběn ▶ウインチで川から事故車を～/用起重机把事故车从河里拉上来 yòng qǐzhòngjī bǎ shìgùchē cóng hélǐ lāshànglai ▶軍隊を～/撤军 chèjūn

ひきあてる【引き当てる】 ❶【くじで】抽中 chōuzhòng；中彩 zhòng cǎi（英）*draw*）▶1等を～/抽中头彩 chōuzhòng tóucǎi ❷【引き比べる】对照 duìzhào；比较 bǐjiào（英）*compare*）

ひきあわせる【引き合わせる】 介绍 jièshào（英）*introduce*）▶君に引き合わせたい人がいるんだ/想要给你介绍一个人 xiǎngyào gěi nǐ jièshào yí ge rén

ひきいる【率いる】 率领 shuàilǐng；带领 dàilǐng（英）*lead*）▶外国人コーチがナショナルチームを～/外国教练率领国家队 wàiguó jiàoliàn shuàilǐng guójiāduì ▶彼の～軍団は敵を席卷した/他率领的军团卷了敌军 tā shuàilǐng de jūntuán xíjuǎnle díjūn

ひきいれる【引き入れる】 拉拢 lālǒng；拉进 lājìn；引进 yǐnjìn（英）［ひっぱり込む］*pull in*；［味方に］*win... over*）▶彼らを味方に～/把他们拉进自己的队伍 bǎ tāmen lājìn zìjǐ de duìwu ▶川から田に水を～/从河流引水进农田 cóng héliú yǐnshuǐ jìn nóngtián

ひきうける【引き受ける】 ❶【責任をもって受け持つ】承办 chéngbàn；负责 fùzé（英）*take on*；*undertake*）▶すべて～/包圆儿 bāoyuánr；包揽 bāolǎn ▶責任を～/负责 fùzé ▶病人の看護を～人がいない/没有人承担看护病人的工作 méiyǒu rén chéngdān kānhù bìngrén de gōngzuò ▶やっぱりこんな原稿～んじゃなかった/真不应该答应写这样的稿子的 zhēn bù yīnggāi dāying xiě zhèyàng de gǎozi de ▶その仕事は僕が引き受けよう/那个工作我来干吧 nàge gōngzuò wǒ lái gàn ba ▶注文を～/接受订货 jiēshòu dìnghuò ▶費用を～/承担费用 chéngdān fèiyong ▶資金の調達を～/负责筹集资金 fùzé chóují zījīn ❷【保証】保证 bǎozhèng；担保 dānbǎo（英）*guarantee*）▶身元を～/保证身份 bǎozhèng shēnfen ▶僕が彼の身元を引き受けてやった/我做了他的身份保证人 wǒ zuòle tā de shēnfen bǎozhèngrén

ひきうす【挽き臼】 石磨 shímò；碾子 niǎnzi（英）*a hand mill*）▶～を回す/推磨 tuīmò

ひきうつし【引き写し】 照抄 zhàochāo；翻版 fānbǎn；抄袭 chāoxí（英）*copying*）▶何だこれは，新聞記事の～ではないか/这是什么呀，这不是抄报纸上的报道吗? zhè shì shénme ya, zhè bú shì zhàochāo bàozhǐshang de bàodào ma?

ひきおこす【引き起こす】 ❶【倒れたものを】扶起 fúqǐ；拉起 lāqǐ（英）*raise up*）▶扶起倒下了的自行车 fúqǐ dǎoxiàle de zìxíngchē ❷【事件などを】引起 yǐnqǐ；惹起 rěqǐ（英）*cause*）▶いつか水資源を巡る争いが戦争を～だろう/总有一天会为了争夺水资源而引起战争 zǒng yǒu yì tiān huì wèile zhēngduó shuǐzīyuán ér yǐnqǐ zhànzhēng ▶その問題は大きな論争を引き起こした/那个问题引起了很大的争论 nàge wèntí yǐnqǐle hěn dà de zhēnglùn ▶新たな制度作りは新たな問題を引き起こした/创建新的制度引起了新的问题 chuàngjiàn xīn de zhìdù yǐnqǐle xīn de wèntí

ひきおろす【引き降ろす】 拉下来 lāxiàlai（英）*pull down*）▶店のシャッターを～/拉下商店的卷帘门 lāxià shāngdiàn de juǎnliánmén ▶外国の旗を～のは国際的に非礼な行為である/降下外国国旗在国际上是非礼的行为 jiàngxià wàiguó de guóqí zài guójìshang shì fēiilǐ de xíngwéi

ひきかえ【引き換え】（交換）交换 jiāohuàn（英 exchange）;（引き比べて）相反 xiāngfǎn（英 on the contrary）▶~券/兑换票 jiāohuànpiào ▶~伝票/凭单 píngdān；提单 tídān ▶父に~母はよくしゃべった/和父亲相反，母亲很爱说话 hé fùqin xiāngfǎn, mǔqin hěn ài shuōhuà

ひきかえす【引き返す】返回 fǎnhuí（英 turn back; return）▶途中から~/从中途返回 cóng zhōngtú fǎnhuí ▶もはや~ことはできない/已经不能折回了 yǐjing bùnéng zhéhuí le；已经不能半途而废了 yǐjing bùnéng bàntú ér fèi le

ひきかえる【引き換える】换 huàn；兑换 duìhuàn（英 exchange）▶券と品物を~/把票换成东西 bǎ piào huànchéng dōngxi

ヒキガエル【蟇蛙】〔動物〕癞蛤蟆 làiháma；蟾蜍 chánchú（英 a toad）

ひきがね【引き金】机子 jīzi；扳机 bānjī；（原因）导火线 dǎohuǒxiàn（英 a trigger）▶~を引く/扣扳机 kòu bānjī ▶大戦の~/大战直接的原因 dàzhàn zhíjiē de yuányīn ▶それが彼の自殺の~になった/那成了他自杀的导火线 nà chéngle tā zìshā de dǎohuǒxiàn

ひきぎわ【引き際】引退 yǐntuì；引退时机 yǐntuì shíjī（英 time to quit）▶~が肝心だ/引退时机最重要 yǐntuì shíjī zuì zhòngyào ▶そろそろ~かな/快到引退的时候了 kuài dào yǐntuì de shíhou le ▶彼の~は見事だった/他退休很是时机 tā tuìxiū hěn shì shíjí

ひきくらべる【引き比べる】对比 duìbǐ；相比 xiāngbǐ（英 compare... with ~）

ひきげき【悲喜劇】悲喜剧 bēixǐjù（英 a tragicomedy）

ひきこみせん【引込線】引入线 yǐnrùxiàn［電灯の］a service wire；［鉄道の］a railway siding

ひきこむ【引き込む】拉进 lājìn；拉拢 lālǒng（英 draw... in）▶ガス線を~/安煤气管 ān méiqìguǎn ▶悪事に~/勾引来做坏事 gōuyǐnlái zuò huàishì ▶奴も悪い仲間に引き込まれたもんだ/他也被坏朋友带坏了 tā yě bèi huàipéngyou dàihuài le

ひきこもる【引き籠もる】把自己关在家里 bǎ zìjǐ guānzài jiālǐ；不与外界联系 bù yǔ wàijiè liánxì（英 shut oneself up in; stay in）▶部屋に~/闷在屋子里 mēnzài wūzili ▶田舎に~/隐居到家乡 yǐnjūdào jiāxiāng

ひきころす【轢き殺す】轧死 yàsǐ（英 run over and kill）▶彼はスピード違反の車に轢き殺された/他被超速的车轧死了 tā bèi chāosù de chē yàsǐ le

ひきさがる【引き下がる】退出 tuìchū；撤回 chèhuí（英 retire; withdraw）▶こんなに馬鹿にされておめおめ引き下がれるか/我这么被愚弄，就能善罢甘休吗？wǒ zhème bèi yúnòng, jiù néng shàn bà gān xiū ma？ ▶みんなから賛同を得られず彼は~決意をした/得不到大家的同意，他决心

撤ьно了 débùdào dàjiā de tóngyì, tā juéxīn chèhuí le

ひきさく【引き裂く】 ❶〔手で〕扯 chě；撕毁 sīhuǐ（英 tear）▶ずたずたに~/撕得稀碎 sīde xīsuì ▶彼は彼女からの手紙を引き裂いた/他把她的信撕了 tā bǎ tā de xìn sī le ❷〔関係を〕离间 líjiàn；让…分手 ràng…fēnshǒu（英 separate）▶戦乱に引き裂かれた家族/因战乱而被迫分开的家庭 yīn zhànluàn ér bèipò fēnkāi de jiātíng ▶僕らは中傷によって仲を引き裂かれた/我们因诽谤而被拆散 wǒmen yīn fěibàng ér bèi chāisàn

ひきさげる【引き下げる】（値段など）降低 jiàngdī（英 reduce）；（地位などを）降低 jiàngdī（英 lower）▶コストを~/降低成本 jiàngdī chéngběn ▶卸売り価格を~/降低批发价格 jiàngdī pīfā jiàgé ▶賃金を5%~/把工资降低百分之五 bǎ gōngzī jiàngdī bǎi fēn zhī wǔ

ひきざん【引き算】减法 jiǎnfǎ（英 subtraction）▶~する/做减法 zuò jiǎnfǎ ▶こんな簡単な~ができないのか/这么简单的减法，你怎么不会做？zhème jiǎndān de jiǎnfǎ, nǐ zěnme búhuì zuò？

ひきしお【引き潮】低潮 dīcháo；退潮 tuìcháo（英 an ebb tide）▶その時の異常な~は明らかに津波の前兆だった/那时候的异常退潮，是海啸的明确征兆 nà shíhou de yìcháng tuìcháo, shì hǎixiào de míngquè zhēngzhào ▶4時に~になる/四点退潮 sì diǎn tuìcháo

ひきしまる【引き締まる】紧 jǐn；紧张 jǐnzhāng（英 be tightened）▶引き締まった体/肌肉紧绷绷的身体 jīròu jǐnbēngbēng de shēntǐ ▶~身が/令人紧张 lìng rén jǐnzhāng ▶冷たい水を浴びて身も心も引き締まった/身上浇上凉水身心都清醒过来 shēnshang jiāoshàng liángshuǐ shēnxīn dōu qīngxǐngguòlai ▶身の~ような寒い日だった/身体为之一振的冷天 shēntǐ wèi zhī yí zhèn de lěngtiān ▶彼は引き締まった顔をしていた/他的表情很严肃 tā de biǎoqíng hěn yánsù

ひきしめる【引き締める】（引っ張って）勒紧 lēijǐn；〔気分を〕振作 zhènzuò；〔切りつめる〕紧缩 jǐnsuō（英 tighten；〔気分を〕brace up）▶ベルトを~/勒紧裤腰带 lēijǐn kùyāodài ▶支出を~/紧缩开支 jǐnsuō kāizhī ▶教室の空気を~/使教室里的气氛紧张 shǐ jiàoshìlǐ de qìfēn jǐnzhāng ▶口許を~/紧闭嘴唇 jǐnbì zuǐchún ▶今度こそ気を引き締めて取りかからねばならない/下次一定要振作起来对待 xiàcì yídìng yào zhènzuòqǐlai duìdài ▶金融を~/紧缩银根 jǐnsuō yíngén

ひぎしゃ【被疑者】嫌疑犯 xiányífàn（英 a suspect）

ひきずりこむ【引きずり込む】拖进 tuōjìn；拉进 lājìn（英 drag in）▶重い箱を家に~/把沉重的箱子拖进家里 bǎ chénzhòng de xiāngzi tuōjìn jiālǐ ▶何故彼を仲間に引きずりこんだのかね/怎么把他拉进我们的圈子里了？zěnme bǎ tā lājìn wǒmen de quānzili le?

ひきずる【引きずる】 拖 tuō; 《長びかせる》拖延 tuōyán (英 drag); [すそなどを] trail) ▶足を引きずって歩く/拖着脚走 tuōzhe jiǎo zǒu ▶離婚の傷を今日まで~/把离婚的创伤拖延到今天 bǎ líhūn de chuāngshāng tuōyándào jīntiān ▶そいつを外へ引きずり出せ/把他拉出去 bǎ tā lāchūqu ▶机を引きずらないで運びなさい《教室で》/搬桌子的时候不要拖 bān zhuōzi de shíhou búyào tuō ▶彼女は長いスカートを床に引きずっていた/她拖着长裙在地板上走 tā tuōzhe chángqún zài dìbǎnshang zǒu ▶彼女の買物に付き合わされあちこち引きずり回された/陪她去买东西，被她拖着到处走 péi tā qù mǎi dōngxi, bèi tā tuōzhe dàochù zǒu

ひきたおす【引き倒す】 拉倒 lādǎo (英 pull down) ▶銅像をロープで~/用绳子把铜像拉倒 yòng shéngzi bǎ tóngxiàng lādǎo

ひきだし【引き出し】 抽屉 chōuti; 屉子 tìzi (英 a drawer) ▶~を開ける/拉开抽屉 lākāi chōuti ▶~を閉める/关抽屉 guān chōuti ▶~の奥から古い写真が出てきた/从抽屉里面找出旧照片来 cóng chōuti lǐmiàn zhǎochū jiùzhàopiàn lái ▶~を捜す/在抽屉里找 zài chōutili zhǎo

ひきだす【引き出す】 拉出 lāchū; 引出 yǐnchū (英 draw out); 《預金を》提取 tíqǔ (英 withdraw) ▶預金を~/提取存款 tíqǔ cúnkuǎn ▶銀行から預金を~/从银行取款 cóng yínháng qǔkuǎn ▶能力を~/导出能力 dǎochū nénglì ▶本音を~/引出真心话 yǐnchū zhēnxīnhuà ▶たったそれだけで安易に結論を~のは危険だ/光凭这个就简单地下结论是很危险的 guāng píng zhège jiù jiǎndān de xià jiélùn shì hěn wēixiǎn de

ひきたたせる【引き立たせる】 陪衬 péichèn; 衬托 chèntuō (英 set off) ▶主役を~のが名脇役だ/陪衬主角的是名配角 péichèn zhǔjué de shì míngpèijué ▶甘さを~ため少し塩を入れる/为了衬托出甜味加了一点盐 wèile chèntuōchū tiánwèi jiāle yìdiǎn yán

ひきたつ【引き立つ】 〓【よく見える】映衬 yìngchèn (英 look better) ▶赤いツツジが~新緑の公園/红色的映山红格外醒目新绿色的公园 hóngsè de yìngshānhóng géwài xǐngmù de xīnlǜsè de gōngyuán ▶シンプルだからかえって個性が~/就是因为简单反而能突出个性 jiùshì yīnwèi jiǎndān fǎn'ér néng tūchū gèxìng ▶額縁に入れると絵がいっそう引き立ってきた/把画放进画框里更显得更好看 bǎ huà fàngjìn huàkuàngli gèng xiǎnde gèng hǎokàn ▶その服は樹の下に立つといっそう引き立った/这套衣服在树下显得更好看 zhè tào yīfu zài shùxià xiǎnde gèng hǎokàn

〓【気が】感到振奋 gǎndào zhènfèn (英 cheer up) ▶気分が引き立たない/振奋不起来 zhènfènbuqǐlái

ひきたてやく【引き立て役】 配搭儿 pèidar;

陪衬 péichèn (英 a setoff) ▶~になる/当陪衬 的人 dāng péichèn de rén ▶レタスはメイン料理の~として欠かせない/作为主菜的陪衬，生菜是不可缺少的 zuòwéi zhǔcài de péichèn, shēngcài shì bùkě quēshǎo de

ひきたてる【引き立てる】 抬举 táiju; 衬托 chèntuō (英 [愛顧] favor; [気を] cheer up; [よく見せる] set off) ▶いつも当店をお引き立ていただいて厚くお礼を申し上げます/感谢你经常惠顾本店 gǎnxiè nǐ jīngcháng huìgù běn diàn ▶そのスーツはあなたを一段と引き立てます/这套西装能让你更显精神 zhè tào xīzhuāng néng ràng nǐ gèng xiǎn jīngshen ▶後進を~/提携后辈 tíxié hòubèi

ひきちぎる【引き千切る】 撕扯 sīchě (英 tear off) ▶相手の胸元をつかみボタンを引き千切った/抓住对方的前襟，扯断了衣扣 zhuāzhù duìfāng de qiánjīn, chěduànle yīkòu ▶雑誌からグラビアページを引き千切った/从杂志上扯下了有照片的画页 cóng zázhìshang chěxiàle yǒu zhàopiàn de huàyè

ひきつぎ【引き継ぎをする】 交接手续 jiāojiē shǒuxù (英 [受け] take over; [渡し] hand over) ▶事務の~をする/交代事务 jiāodài shìwù ▶私はまだ事務の~を終わっていない/我还没有办事务的交接手续 wǒ hái méiyǒu bàn shìwù de jiāojiē shǒuxù

ひきつぐ【引き継ぐ】 〓【事務などを】接班 jiēbān; 交接工作 jiāojiē gōngzuò (英 [受け継ぐ] take over; [引き渡す] hand over)

〓【継承する】继承 jìchéng, 《地位を》接任 jiērèn (英 succeed) ▶彼は父の仕事を引き継いだ/他继承了父亲的工作 tā jìchéngle fùqīn de gōngzuò ▶これは次の世代に引き継がねばならない/这是要交给下一代的 zhè shì yào jiāogěi xiàyídài de

ひきつけ【引き付け】 〔医〕抽风 chōufēng; 痉挛 jìngluán (英 a convulsive fit) ▶子供が~を起こす/孩子痉挛发作 háizi jìngluán fāzuò

ひきつける【引き付ける】 〓【引き寄せる】吸引 xīyǐn; 魅人 mèirén (英 draw; attract) ▶人の心を~/吸引人心 xīyǐn rénxīn ▶人々の目を~赤レンガの建物/吸引人们注意的红砖建筑 xīyǐn rénmen zhùyì de hóngzhuān jiànzhù ▶彼にはどこか人を~ところがある/他有吸引别人的地方 tā yǒu xīyǐn biérén de dìfang

〓【近づける】引人接近 yǐn rén jiējìn (英 bring... closer) ▶敵を十分に引き付けてから攻撃する/让敌人充分靠近后再攻击 ràng dírén chōngfēn kàojìnhòu zài gōngjī

〓【痙攣する】抽风 chōufēng (英 have a convulsive fit)

ひきつづいて【引き続いて】 接着 jiēzhe; 继续 jìxù (英 continuously; then) ▶総会に~懇親会が行われた/紧接着总会，举行了联欢会 jǐn jiēzhe zǒnghuì, jǔxíng le liánhuānhuì ▶~スミス博士の講演があった/接着，史密斯博士进行了演

讲 jiězhe, Shǐmìsī bóshì jìnxíngle yǎnjiǎng

ひきつづく【引き続く】 继续 jìxù (英 continue) ▶展览会は引き続き開催中/展览会仍在展出之中 zhǎnlǎnhuì réng zài zhǎnchū zhīzhōng

ひきつる【引きつる】 抽筋 chōujīn; 痉挛 jìngluán (英 have a cramp; twitch) ▶足が〜/腿抽筋 tuǐ chōujīn ▶顔は真っ青で引きつっていた/脸色铁青, 神色不自然 liǎnsè tiěqīng, shénsè bú zìrán

ひきつれる【引き連れる】 带领 dàilǐng; 挈带 qièdài (英 take... with〜) ▶かるがもが5羽の子がもを引き連れ川を渡る/斑嘴鸭领着五只小鸭游过河 bānzuǐyā lǐngzhe wǔ zhī xiǎoyā yóuguò hé ▶先生は生徒を引き連れて博物館に行った/老师带着学生去博物馆 lǎoshī dàizhe xuésheng qù bówùguǎn

ひきて【引き手】(たんすなどの) 把手 bǎshou; 拉手 lāshou; 扳手 bānshou (英 a handle)

ひきでもの【引き出物】 赠品 zèngpǐn (英 a gift) ▶結婚式の〜/结婚仪式上, 由新人送给客人的礼物 jiéhūn yíshìshang, yóu xīnrén sònggěi kèrén de lǐwù

ひきど【引き戸】 拉门 lāmén (英 a sliding door)

ひきとめる【引き止める】 ❶【客など】挽留 wǎnliú; 拉扯 lāche (英 detain) ▶何度も引き止めたけど彼女はとうとうやめちゃった/几次挽留她, 但是她终于还是不干了 jǐ cì wǎnliú tā, dànshí tā zhōngyú háishi bú gàn le ▶本人の都合もあるんだから長く〜わけにはいかない/他本人也有自己的事, 不能留他太久 tā běnrén yě yǒu zìjǐ de shì, bùnéng liú tā tài jiǔ ❷【阻止する】制止 zhìzhǐ (英 keep back) ▶娘が一人で外国へ行くのを引き止めないわけにはいかない/不能不制止女儿一个人去国外 bùnéngbú zhìzhǐ nǚ'ér yí ge rén qù guówài

ひきとる【引き取る】 ❶【去る】回去 huíqù; 退出 tuìchū (英 leave) ▶どうぞお引き取り下さい/请回去 qǐng huíqù ❷【世話する】收养 shōuyǎng (英 look after...) ❸【受け取る】领取 lǐngqǔ (英 receive) ▶不良品を〜/领回次货 lǐnghuí cìhuò ▶よろこんでお引き取りします/很高兴地把它领回去 hěn gāoxìng de bǎ tā lǐnghuíqu ❹【死ぬ】(英 die) ▶息を〜/死去 sǐqù

ビキニ《水着の》比基尼泳衣 bǐjīní yǒngyī; 三点式泳衣 sāndiǎnshì yǒngyī (英 a bikini)

ひきにく【挽き肉】《食品》肉末 ròumò; 肉糜 ròumí (英 ground meat)

ひきにげ【轢き逃げする】 汽车轧人后逃跑 qìchē yà rén hòu táopǎo (英 hit and run) ▶〜の運転手/车撞人后逃跑了的司机 chē zhuàng rén hòu táopǎole de sījī

ひきぬく【引き抜く】 拔出 báchū;《移籍》挖过来 wāguòlai (英 pull out) ▶大根を〜/拔萝卜 bá luóbo ▶甲チームの乙選手を〜/把甲队的乙队员拉拢过来 bǎ Jiǎduì de Yǐ duìyuán lālǒngguòlai ▶彼は君の会社に引き抜かれた

がっている/他想把你挖到他自己的公司里去 tā xiǎng bǎ nǐ wādào tā zìjǐ de gōngsīli qù

ひきのばす【引き伸ばす】 拉长 lācháng; 伸长 shēncháng (英 draw out);(写真を) 放大 fàngdà (英 enlarge)

ひきのばす【引き延ばす】 拖 tuō; 拖延 tuōyán (英 draw out) ▶支払いを〜/延期付款 yánqī fùkuǎn ▶それではいたずらに解決を〜だけだ/这样的话只是在拖延解决的时间 zhèyàng de huà zhǐshì zài tuōyán jiějué de shíjiān ▶引き延ばし作戦/拖延时间的策略 tuōyán shíjiān de cèlüè

ひきはなされる【引き離される】(後方に) 落后 luòhòu;(無理に) 被拖开 bèi tuōkāi (英 be separated) ▶子供は両親から引き離された/孩子被迫离开了父母 háizi bèipò líkāile fùmǔ ▶彼に10メートル引き離された/被他拉开十米 bèi tā lākāi shí mǐ ▶我が校は進学率で他校から大きく引き離された/我们学校在升学率上遥遥落后于其他学校 wǒmen xuéxiào zài shēngxuélǜshang yáoyáo luòhòu yú qítā xuéxiào

ひきはなす【引き離す】 使...分离 shǐ...fēnlí; 拉开距离 lākāi jùlí (英 pull... apart;【競走で】move away) ▶彼女はマラソンで2位以下を大きく引き離した/她在马拉松比赛中遥遥领先于第二名的选手 tā zài mǎlāsōng bǐsài zhōng yáoyáo lǐngxiān yú dì'èr míng de xuǎnshǒu

ひきはらう【引き払う】 搬出去 bānchūqu; 离开 líkāi (英 clear out of...) ▶アパートを〜/从公寓搬走 cóng gōngyù bānzǒu ▶早く引き払ってくれ/请早点搬走 qǐng zǎodiǎn bānzǒu ▶彼ら夫婦は退職後日本の家屋を引き払って外国住まいを始めた/他们夫妻退休后, 清理了在日本的房子, 开始了国外生活 tāmen fūqī tuìxiūhòu, qīnglǐle zài Rìběn de fángzi, kāishǐle guówài shēnghuó

ひきふね【引き船・曳き船】《船舶》拖船 tuōchuán (英 a tugboat) ▶〜でクレーン船を運ぶ/用拖船运起重机船 yòng tuōchuán yùn qǐzhòngjīchuán

ひきまわす【引き回す】 ❶【導く】指导 zhǐdǎo; 照顾 zhàogù (英 guide) ▶よろしくお引き回しのほどを/请多多指教 qǐng duōduō zhǐjiào ❷【連れ歩く】领着到处走 lǐngzhe dàochù zǒu (英 take... about) ▶市中引き回しのうえ死罪とす る/在市内游街示众后处以死刑 zài shìnèi yóujiē shìzhònghòu chǔ yǐ sǐxíng ▶人を自由に〜/拖着人随意走 tuōzhe rén suíyì zǒu

ひきもきらず【引きも切らず】 络绎不绝 luòyì bù jué; 接连不断 jiēlián búduàn (英 incessantly) ▶〜客が来る/客人络绎不绝地过来 kèrén luòyì bù jué de guòlái

ひきもどす【引き戻す】 拉回 lāhuí (英 pull back);《人を》领回 lǐnghuí (英 bring back) ▶旧制度に引き戻そうとする連中がいる/有人想倒退到旧制度 yǒu rén xiǎng dàotuìdào jiùzhìdù ▶早い段階で相手を現実に〜ことが大切です/关键

ひきょう【卑怯な】 卑鄙 bēibǐ; 卑劣 bēiliè (英 cowardly) ▶～なやり方/无耻的做法 wúchǐ de zuòfǎ ▶逃げ出すとは～なやつだ/用逃跑这招,真是卑鄙的家伙 yòng táopǎo zhè zhāo, zhēn shì bēibǐ de jiāhuo ▶彼は～にもそれを誰にも告げなかった/他真卑劣,没有把这件事告诉任何人 tā zhēn bēiliè, méiyǒu bǎ zhè jiàn shì gàosu rènhérén ▶二人で一人にかかるとは～だ/两个人打一个人真是卑鄙 liǎng ge rén dǎ yí ge rén zhēn shì bēibǐ ▶～者の弁解は恥の上塗りだ/卑鄙者的辩解不过是让羞耻的事变得更羞耻 bēibǐzhě de biànjiě búguò shì ràng xiūchǐ de shì biànde gèng xiūchǐ

ひきょう【秘境】 秘境 mìjìng (英 an unexplored region) ▶ここはテレビ番組で紹介されてから～ではなくなった/自从电视介绍以后,这里已不是秘境了 zìcóng diànshì jièshào yǐhòu, zhèlǐ yǐ bú shì mìjìng le

ひきよせる【引き寄せる】 拉到身边 lādào shēnbiān; 吸引 xīyǐn (英 draw) ▶椅子を～/把椅子拉过来 bǎ yǐzi lāguòlai ▶人の心を～/吸引人心 xīyǐn rénxīn ▶赤ん坊を胸に～/把婴儿抱进怀里 bǎ yīng'ér bàojìn huáili

ひきわけ【引き分け】 平手 píngshǒu; 平局 píngjú (英 a draw) ▶その試合は～となった/那场比赛打平了 nà chǎng bǐsài dǎpíng le ▶日本はポーランドと2対2で～た/日本和波兰二比二打平了 Rìběn hé Bōlán èr bǐ èr dǎpíng le ▶執念の追い上げで～に持ち込んだ/凭着执著的追赶把比分拉平了 píngzhe zhízhuó de zhuīgǎn bǎ bǐfēn lāpíng le

ひきわける【引き分ける】 打成平局 dǎchéng píngjú; 打平手 dǎ píngshǒu (英 pull apart; draw)

ひきわたす【引き渡す】 交付 jiāofù; 提交 tíjiāo (英 deliver; hand over) ▶家を買い主に～/把房子交给买主 bǎ fángzi jiāogěi mǎizhǔ ▶犯人を～/引渡罪人 yǐndù zuìrén ▶遺体は親族に引き渡された/把遗体交给亲属 bǎ yítǐ jiāogěi qīnshǔ

ひきわり【挽き割り】 磨碎 mòsuì (英 grinding) ▶～の穀類/糁儿 shēnr

ひきん【卑近な】 浅显 qiǎnxiǎn; 浅近 qiǎnjìn (英)[通俗の] familiar; common; [平易な] plain) ▶～な例/浅显的例子 qiǎnxiǎn de lìzi ▶～な言い方をすると…/用浅显的说法来讲… yòng qiǎnxiǎn de shuōfǎ lái jiǎng… ▶～な例で恐縮ですが/不好意思,举一个通俗的例子 bù hǎoyìsi, jǔ yí ge tōngsú de lìzi

ひきんぞく【非金属】 非金属 fēijīnshǔ (英 a nonmetal)

ひきんぞく【卑金属】 卑金属 bēijīnshǔ (英 a base metal)

ひく【引く・曳く】 ❶［ひっぱる］拉 lā (英 draw; pull) ▶車を～/拉车 lāchē ❷［引きずる］拖 tuō (英 drag; trail) ▶裾を～/拖下摆 tuō xiàbǎi ❸［同情・注意などを］引起 yǐnqǐ (英 draw; attract) ▶観客の注意を～/引人注目 yǐn rén zhùmù ▶人目を～/引人注目 yǐn rén zhùmù ▶同情を～/得到同情 dédào tóngqíng ❹［導く］牽 qiān; 領 lǐng (英 lead) ▶老人の手を～/牵着老人的手 qiānzhe lǎorén de shǒu ❺［辞書を］査 chá (英 look up; use) ▶辞書を～/查词典 chá cídiǎn ❻［線・図を］划 huà; 画 huà (英 draw) ▶線を～/划线 huàxiàn ▶図面を～/制图 zhìtú ❼［くじやカードを］抽 chōu (英 draw) ▶ババ抜大王 chōu dàwáng ▶くじを～/抽签 chōuqiān ❽［引用］引 yǐn; 引用 yǐnyòng (英 quote from…) ▶シェイクスピアから引いた句/引用莎士比亚的诗 yǐnyòng Shāshìbǐyà de shī ❾［架設］安 ān; 架设 jiàshè (英 install; lay on) ▶電気を～/架设电线 jiàshè diànxiàn ❿［系統を］継承 jìchéng (英 be descended from…) ▶彼は貴族の血を引いている/他有贵族血统 tā yǒu guìzú xuètǒng ⓫［値段その他を］扣 kòu; 减 jiǎn (英 reduce; discount) ▶値を～/减价 jiǎnjià ▶20から3を～/二十减三 èrshí jiǎn sān

ひく【挽く】 ❶ (粉を) 磨 mò; 碾 niǎn (英 grind); (のこぎりで) 锯 jù (英 saw) ▶コーヒー豆を～/磨咖啡豆 mò kāfēidòu ▶石臼でそばを～/用石臼捣荞麦 yòng shíjiù dǎo qiáomài ▶粉に～/磨成粉 mòchéng fěn ▶材木を～/锯木头 jù mùtou

ひく【退く】 ❶［後退］后退 hòutuì (英 retire) ▶手を～/撒手不管 sāshǒu bùguǎn ▶～に退かれぬ/进退两难 jìntuì liǎng nán; 下不了台 xiàbuliǎo tái ❷［減退］退 tuì (英 go down; [潮が] ebb) ▶潮が～/退潮 tuìcháo ▶熱が退いた/烧退了 shāo tuì le ▶脚の腫れが退いた/脚上的肿消了 jiǎoshang de zhǒng tuì le ▶彼女の顔から血の気が退いた/她的脸上没有了血色 tā de liǎnshang méiyǒule xuèsè ▶天気が回復すれば水はすぐ～でしょう/天气恢复了的话,水会马上退吧 tiānqì huīfùle de huà, shuǐ huì mǎshàng tuì ba

ひく【弾く】 弹 tán (英 play) ▶ピアノを～/弹钢琴 tán gāngqín ▶ギターを弾きながら歌う/边弹吉他边唱 biān tán jítā biān chàng

ひく【轢く】 轧 yà (英 run over) ▶自動車に轢かれる/被汽车撞了 bèi qìchē zhuàng le ▶すいかが車に轢かれてぐしゃぐしゃになっている/西瓜被汽车轧得稀烂 xīguā bèi qìchē yàde xīlàn

びく【魚籠】 鱼篓 yúlǒu (英 a creel)

ひくい【低い】 ❶［高さが］低 dī; 矮 ǎi (英 low) ▶空に雨雲が低く垂れこめている/天空中低垂着阴云 tiānkōng zhōng dīchuízhe yīnyún ▶この椅子は私には低すぎるな/那把椅子对我来说太矮了 nà bǎ yǐzi duì wǒ lái shuō tài ǎi le ▶自転車のサドルをもう少し低くして下さい/请把

行车的车座再ροlow低一点 qǐng bǎ zìxíngchē de chēzuò zài fàng dī yìdiǎn ▶～鼻/低鼻梁 dībíliáng

❷【身長が】 矮 ǎi (英 short) ▶背が～/个子矮 gèzi ǎi

❸【等級や程度が】 低 dī (英 low) ▶気温が～/气温低 qìwēn dī ▶レベルが～/水平低 shuǐpíng dī ▶腰が～/谦虚 qiānxū ▶関心が～/关心不大 guānxīn bú dà ▶低い評価/低估 dīgū ▶かつてこの国の識字率は低かった/以前这个国家的识字率很低 yǐqián zhège guójiā de shízìlǜ hěn dī ▶この情報の信頼性は～/这个信息的可信度很低 zhège xìnxī de kěxìndù hěn dī ▶地位が～/地位低微 dìwèi dīwēi

❹【声が】 低 dī (英 low) ▶～声/低沉的声音 dīchén de shēngyīn ▶～声で話す/低声说 dīshēng shuō

ひくつ【卑屈な】 卑躬屈节 bēi gōng qū jié; 低三下四 dī sān xià sì (英 servile) ▶～な男/卑躬屈膝的男人 bēi gōng qū xī de nánrén ▶～な態度/低三下四的态度 dī sān xià sì de tàidù

びくっとする 吓一跳 xià yí tiào; 心跳一动 xīn tiào yí dòng (英 be startled) ▶暗がりでとつぜん肩を叩かれ～した/在暗处突然被拍了一下肩膀, 吓了一跳 zài ànchù tūrán bèi pāile yíxià jiānbǎng, xiàle yí tiào

ひくてあまた【引く手あまたの】 到处有人情 dàochù yǒu rénqíng; 抢手 qiǎngshǒu (英 much sought after) ▶当時は有名大学卒というだけで就職は～だった/当时只要是有名大学毕业的, 找工作时很抢手 dāngshí zhǐyào shì yǒumíng dàxué bìyè de, zhǎo gōngzuò shí hěn qiǎngshǒu

びくともしない 牢不可破 láo bù kě pò; 毫不动摇 háobú dòngyáo (英 be unshaken; be undaunted) ▶非難が殺到したが彼は～/虽然受到很多指责, 但是他丝毫不为所动 suīrán shòudào hěn duō zhǐzé, dànshì tā sīháo bù wéi suǒ dòng ▶その知らせを聞いてもびくともしなかった/听到那个消息也纹丝不动 tīngdào nàge xiāoxi yě wénsī bú dòng ▶1度や2度の失敗では彼は～/失败一次两次的, 他毫不所谓 shībài yí cì liǎng cì de, tā háowú suǒwèi ▶扉をぐっと押してみたが、びくともしなかった/用力推了推门, 但是纹丝不动 yònglì tuīle tuī mén, dànshì wénsī bú dòng

ピクニック 郊游 jiāoyóu (英 a picnic) ▶～に行く/去郊游 qù jiāoyóu

びくびくする 害怕 hàipà; 悬心吊胆 xuán xīn diào dǎn; 战战兢兢 zhànzhànjīngjīng (英 [神経質になる] be nervous) ▶何も悪いことはしていないのだから～する必要はないよ/没有做什么坏事, 没有必要紧张 méiyǒu zuò shénme huàishì, méiyǒu bìyào jǐnzhāng

ヒグマ【羆】〔動物〕棕熊 zōngxióng (英 a brown bear)

ヒグラシ【蜩】〔虫〕茅蜩 máotiáo (英 a clear-toned cicada) ▶～が鳴く/茅蜩叫 máotiáo jiào

ピクルス〔食品〕酸菜 suāncài; 泡菜 pàocài (英 pickles)

ひぐれ【日暮れ】 傍晚 bàngwǎn; 黄昏 huánghūn (英 a sunset; twilight; evening) ▶～が近づく/垂暮 chuímù ▶～前に宿泊地に戻って下さい/天黑之前回到住地 tiānhēi zhīqián huídào zhùdì

ひけ【引け】 逊色 xùnsè (英 [劣勢] a defeat) ～を取らない 不亚于 búyàyú; 没有逊色 méiyǒu xùnsè ▶彼はゴルフにかけては誰にも～を取らない/说起打高尔夫, 他比谁都不差 shuōqǐ dǎ gāo'ěrfū, tā bǐ shéi dōu bú chà ▶彼女の日本語は日本人にも～を取らない/她的日语水平并不亚于日本人 tā de Rìyǔ shuǐpíng bìng búyàyú Rìběnrén ▶今日の日本の省エネ技術は欧米のそれに～を取らない/当今日本的节能技术和欧美相比毫不逊色 dāngjīn Rìběn de jiénéng jìshù hé Ōu-Měi xiāngbǐ háobú xùnsè ▶このワインは本場のものに～を取らない/这个葡萄酒和地道的相比, 毫不逊色 zhège pútáojiǔ hé dìdao de xiāngbǐ, háobú xùnsè

ひげ【卑下する】 自卑 zìbēi (英 humble oneself) ▶～しすぎる/妄自菲薄 wàng zì fěibó ▶そう自分を～することはないよ/不用这么自卑 búyòng zhème zìbēi

日中比較 中国語の'卑下 bēixià'は「下品である」こと, 「地位が低い」ことをいう。

ひげ【髭・鬚・髯】 胡子 húzi; 胡须 húxū (英 [口髭] a mustache; [顎鬚] a beard; [頬髯, 猫, 虎などの] whiskers) ▶～を剃る/刮脸 guāliǎn ▶～を蓄える/留胡子 liú húzi/留胡子 liú húzi ▶～が濃い/胡子浓 húzi nóng ▶猫の～/猫须 māoxū ▶この国の男性はほとんど～を生やしている/这个国家的男的差不多都留胡子 zhège guójiā de nán de chàbuduō dōu liú húzi

◆～そりローション〔剃胡子后的护肤用品 tì húzi hòu de hùfū yòngpǐn

ピケ 纠察 jiūchá (英 a picket) ▶～を张る/设置纠察 shèzhì jiūchá

ひげき【悲劇】 悲剧 bēijù; 惨剧 cǎnjù (英 a tragedy) ▶～に見舞われる/遭到悲惨的事情 zāodào bēicǎn de shìqing ▶誰もこれが～に终わるとは思ってもみなかった/谁都没有想到这会以悲剧告终 shéi dōu méiyǒu xiǎngdào zhè huì yǐ bēijù gàozhōng ▶～な結末を迎える/迎来悲剧性的结局 yínglái bēijùxìng de jiéjú

ひけつ【否決する】 否决 fǒujué; 批驳 pībó (英 reject) ▶投票の結果18対20で～される/投票的结果以十八对二十遭否决 tóupiào de jiéguǒ yǐ shíbā duì èrshí zāo fǒujué

ひけつ【秘訣】 秘诀 mìjué; 窍门儿 qiàoménr (英 a secret) ▶何か健康の～はありますか/有什么健康的秘诀吗？ yǒu shénme jiànkāng de mìjué ma? ▶ビジネス成功の～/商业成功的秘诀 shāngyè chénggōng de mìjué

ひけね【引け値】〔株式〕收盘价 shōupánjià

(英 *a closing price*)

ひけめ【引け目】自卑感 zìbēigǎn (英 *a sense of inferiority*) ▶ ～を感じる/自惭形秽 zì cán xíng huì ▶ 私は彼女には～を感じる/我和她相比,感到自卑 wǒ hé tā xiāngbǐ, gǎndào zìbēi

ひけらかす 夸示 kuāshì; 炫耀 xuànyào (英 *show off*) ▶ 知識を～/卖弄知识 màinòng zhīshi ▶ 彼は学問を～癖がある/他有炫耀学问的坏毛病 tā yǒu xuànyào xuéwen de huàimáobìng

ひける【引ける】下班 xiàbān; 放学 fàngxué (英 *close*); 〔気後れする〕难为情 nánwéiqíng (英 *lose one's nerve*) ▶ 会社が～/下班 xiàbān ▶ 学校が～/放学 fàngxué ▶ このまま黙って帰るのも気が～/这样就回去也有点怕不下脸来 zhèyàng jiù huíqù yě yǒudiǎn lābuxià liǎn lái ▶ そんな大役は気が引けてとてもできない/这样重要的角色,我可不敢接 zhèyàng zhòngyào de juésè, wǒ kě bùgǎn jiē

ひけん【卑見】拙见 zhuōjiàn; 管见 guǎnjiàn (英 *my humble opinion*) ▶ ～を述べさせていただければ/如果允许我说说粗浅的看法的话 rúguǒ yǔnxǔ wǒ shuōshuo cūqiǎn de kànfǎ de huà

ひげんじつてき【非現実的な】不现实的 bú xiànshí de (英 *unrealistic*) ▶ ～提案/不现实的建议 bú xiànshí de jiànyì ▶ 当初はそれを誰もが～な計画だと思っていた/当初谁都认为是不现实的计划 dāngchū shéi dōu rènwéi shì bú xiànshí de jìhuà

ひご【庇護する】荫庇 yìnbì; 庇护 bìhù (英 *protect*) ▶ 彼は両親の～のもとに何不自由なく育った/他在双亲的庇护下没有任何忧虑地长大了 tā zài shuāngqīn de bìhùxià méiyǒu rènhé yōulǜ de zhǎngdà le

ひこう【非行】不正行为 búzhèng xíngwéi; 流氓行为 liúmáng xíngwéi (英 *a misdeed*) ▶ ～に走る/走歪道 zǒu wāidào ▶ 未成年者の～/未成年人干的坏事 wèichéngniánrén gàn de huàishì ◆ 少年～/失足少年 shīzú shàonián

ひこう【飛行】飞行 fēixíng (英 *a flight; flying*) ▶ 遊覧～/游览飞行 yóulǎn fēixíng ▶ 無人～テスト/无人飞行试验 wúrén fēixíng shìyàn ▶ アクロバット～/曲艺飞行 qǔyì fēixíng ▶ 海兵隊の超低空～訓練/海军陆战队进行的超低空飞行训练 hǎijūn lùzhàndùi jìnxíng de chāodīkōng fēixíng xùnliàn ▶ 天候は～に適していた/天气适合飞行 tiānqì shìhé fēixíng ▶ ～時間五千のベテラン操縦士/有五千小时飞行经验的老驾驶员 yǒu wǔqiān xiǎoshí fēixíng jīngyàn de lǎojiàshǐyuán ▶ ～禁止地区/禁止飞行地区 jìnzhǐ fēixíng dìqū ▶ 無着陸～をする/进行无着陆飞行 wúzhuólù fēixíng ▶ 世界一周～/环球飞行 huánqiú fēixíng

◆ ～艇: 飞艇 fēitǐng 未確認～物体: UFO; 不明飞行物 UFO; bùmíng fēixíngwù 夜間～: 夜间飞行 yèjiān fēixíng

ひごう【非業】～の死を遂げる 死于非命 sǐ yú fēi mìng; 枉死 wǎngsǐ

びこう【尾行する】钉梢 dīngshāo; 尾随 wěisuí; 跟踪 gēnzōng (英 *shadow; tail*) ▶ ～者/尾巴 wěiba ▶ 浮気調査で～する/盯梢调查是否在偷情 dīngshāo diàochá shìfǒu zài tōuqíng ▶ 彼女には～がついていた/有人尾随着她 yǒu rén wěisúizhe tā ▶ ～をまく/甩掉跟踪 shuǎidiào gēnzōng

びこう【備考】备考 bèikǎo (英 *a note*) ▶ ～欄/备注栏 bèizhùlán

びこう【鼻孔】鼻孔 bíkǒng (英 *a nostril*)

びこう【鼻腔】鼻腔 bíqiāng (英 *a nasal cavity*)

ひこうかい【非公開の】不公开 bù gōngkāi (英 *secret; closed-door*) ▶ その裁判は～で行われた/那个审判非公开举行 nàge shěnpàn fēigōngkāi jǔxíng ▶ ～の集まりで演説する/在非公开的集会上演讲 zài fēigōngkāi de jíhuìshang yǎnjiǎng

ひこうき【飛行機】飞机 fēijī (英 *an airplane*) ▶ ～雲/航迹云 hángjìyún ▶ ～事故/飞机失事 fēijī shīshì ▶ ラジコン～/遥控飞机 yáokòng fēijī ▶ 紙～を飛ばす/扔纸飞机 rēng zhǐfēijī ▶ ～を操縦する/驾驶飞机 jiàshǐ fēijī ▶ ～から降りる/从飞机上下来 cóng fēijīshang xiàlái ▶ ～で行く/坐飞机去 zuò fēijī qù ▶ 競走馬が～で運ばれる/用飞机运赛马 yòng fēijī yùn sàimǎ ▶ ～に酔う/晕飞机 yùn fēijī

ひこうし【飛行士】飞行员 fēixíngyuán (英 *a pilot*) ▶ 宇宙～/宇航员 yǔhángyuán

ひこうしき【非公式の】非正式 fēizhèngshì; 私下 sīxià (英 *unofficial*) ▶ ～に訪問する/进行非正式访问 jìnxíng fēizhèngshì fǎngwèn ▶ ～会談/非正式会谈 fēizhèngshì huìtán

ひこうじょう【飛行場】机场 jīchǎng (英 *an airfield*) ▶ 国際～/国际机场 guójì jīchǎng ▶ 軍用～/军用机场 jūnyòng jīchǎng ▶ 民間～/民用机场 mínyòng jīchǎng

ひこうせん【飛行船】飞艇 fēitǐng; 飞船 fēichuán (英 *an airship*)

ひごうほう【非合法】非法 fēifǎ; 违法 wéifǎ (英 *illegal*) ▶ ～な手段/非法手段 fēifǎ shǒuduàn ▶ 諜報組織による～活動/由谍报组织进行的非法活动 yóu diébào zǔzhī jìnxíng de fēifǎ huódòng ▶ 組織の暴力行為を～化する/把有组织的暴力行为非法化 bǎ yǒu zǔzhī de bàolì xíngwéi fēifǎhuà

ひこく【被告】【法】被告 bèigào (英 [民事] *a defendant*; [刑事] *the accused*) ▶ ～人/被告人 bèigàorén

◆ ～席: 被告席 bèigàoxí ～弁護人: 被告辩护人 bèigào biànhùrén

ひごと【日毎に】日渐 rìjiàn; 一天比一天 yì tiān bǐ yì tiān (英 *day by day*) ▶ ～に進歩する/日新月异 rì xīn yuè yì ▶ ～に寒さがつのります/一天比一天冷起来 yì tiān bǐ yì tiān lěngqǐlai

ひこぼし【彦星】【天文】牛郎星 niúlángxīng; 牵牛 qiānniú (英 *Altair*)

ひごろ【日頃】
平素 píngsù; 往常 wǎngcháng（英 [平生] usually; [久しく] for a long time）▶～からよく勉強している/素来学习努力 sùlái xuéxí nǔlì ▶～の努力/平常的努力 píngcháng de nǔlì ▶彼は～はあんなではない/他平时可不是那样的 tā píngshí kě bú shì nàyàng de ▶～君の行いが悪いせいだ/这是你平时不做好事的缘故 zhè shì nǐ píngshí bú zuò hǎoshì de yuángù ▶～の望みがかなった/实现了夙愿 shíxiànle sùyuàn ▶～の恨みを晴らす/一雪积怨 yì xuě jīyuàn

ひざ【膝】
膝盖 xīgài; 膝头 xītóu（英 a knee; a lap）▶～頭（がしら）/膝盖 xīgài ▶小僧/膝头 xītóu ▶～を折る/屈服 qūfú ▶～をつき合わせて話しこむ/促膝谈心 cùxī tánxīn ▶山を下りる時～が笑う/下山的时候膝盖发颤 xiàshān de shíhou xīgài fāchàn ▶～が痛くて階段の上り下りが辛い/膝盖疼得上下楼梯很艰难 xīgài téngde shàngxià lóutī hěn jiānnán ▶金の前に～を屈したりはしない/不为金钱屈服 bú wèi jīnqián qūxī ▶怖くて～がふるえる/害怕得膝盖发抖 hàipàde xīgài fādǒu ▶ぬかるみの中に～まではまり込んだ/膝盖陷入了泥泞 xīgài xiànrùle nínìng ▶～までのコート/过膝的大衣 guò xī de dàyī ▶椅子に～を組む/在椅子上架起腿 zài yǐzishang jiàqǐ tuǐ ▶～を揃えて正座する/膝盖并拢地跪坐 xīgài bìnglǒng de guìzuò ▶～をついて腕立て伏せする/膝盖着地做俯卧撑 xīgài zháo dì zuò fǔwòchēng ▶～を交えて語る/并膝交谈 bìng xī jiāotán

ビザ
签证 qiānzhèng（英 a visa）▶外国人就労～/外国人就劳签证 wàiguórén jiùláo qiānzhèng ▶彼の～の期限が切れた/他的签证过期了 tā de qiānzhèng guòqī le ▶観光～で入国する/用旅游签证入境 yòng lǚyóu qiānzhèng rùjìng

ピザ
〖料理〗比萨饼 bǐsàbǐng（英 a pizza）

ひさい【被災する】
受灾 shòuzāi; 遭灾 zāozāi（英 suffer from...; fall a victim to...）▶～者/灾民 zāimín ▶～者を救済する/赈灾 zhènzāi; 救济灾民 jiùjì zāimín ▶～情況/灾情 zāiqíng ▶～地/灾区 zāiqū

びさい【微細な】
微细 wēixì; 微小 wēixiǎo（英 minute）▶～に記述する/写得很详细 xiědé hěn xiángxì ▶コンクリート内部に～なひび割れが生じる/水泥墙内部出现了细微的裂缝 shuǐníqiáng nèibù chūxiànle xìwēi de lièfèng

びざい【微罪】
微罪 wēizuì（英 a minor offense）▶～で送検されなかった/由于是轻罪, 没被送检察院 yóuyú shì qīngzuì, méi bèi sòng jiǎncháyuàn

ひざかり【日盛り】
烈日当头时 lièrì dāngtóu shí（英 high noon）▶～に外へ出てはいけない/烈日的时候不要外出 lièrì de shíhou búyào wàichū

ひさし【庇】
（家の）房檐 fángyán（英 the eaves）;（帽子の）帽檐 màoyán（英 a visor）～のついた帽子/带檐的帽子 dài yán de màozi

ことわざ 庇を貸して母屋（おもや）を取られる 喧宾夺主 xuānbīn duó zhǔ

ひざし【日差し】
阳光 yángguāng（英 the sunlight）▶～が強い/阳光很强 yángguāng hěn qiáng ▶～がやわらか/阳光和煦 yángguāng héxù ▶～を浴びる/晒太阳 shài tàiyáng ▶すだれを吊して～を和らげる/挂起草帘防晒 guàqǐ cǎolián fáng shài

ひさしい【久しい】
许久 xǔjiǔ; 好久 hǎojiǔ; 久远 jiǔyuǎn（英 long）

ひさしぶり【久し振りの】
隔了好久 géle hǎojiǔ（英 after a long time）▶～ですね/好久没见了 hǎojiǔ méi jiàn le; 久违 jiǔwéi; 少见少见 shǎojiàn shǎojiàn ▶～で郷里に帰りました/回到了久别的故乡 huídàole jiǔbié de gùxiāng ▶～で友人に会った/见到了久违的朋友 jiàndàole jiǔwéi de péngyou ▶昨日～で天気になった/昨天好不容易天晴了 zuótiān hǎobù róngyì tiān qíng le

ひざづめ【膝詰め】
～談判をする 促膝谈判 cùxī tánpàn

ひさびさ【久々】
隔了很久 géle hěn jiǔ（英 after a long time）▶～に再会する/久别重逢 jiǔbié chóngféng

ひざまくら【膝枕をする】
枕在女人膝上 zhěnzài nǚrén xīshang（英 lay one's head on another's lap）

ひざまずく【跪く】
跪 guì; 跪下 guìxià（英 kneel）▶ひざまずいて懇願する/跪下来求情 guìxiàlai qiúqíng ▶ひざまずいて祈る/跪下祈祷 guìxià qídǎo

ひさめ【氷雨】
冷雨 lěngyǔ; 冰冷的雨 bīnglěng de yǔ（英 a cold rain）

ひざもと【膝元で】
膝下 xīxià; 身边 shēnbiān; 跟前 gēnqián（英 at the knee）▶親の～を離れる/离开父母身边 líkāi fùmǔ shēnbiān

ひさん【悲惨な】
悲惨 bēicǎn; 凄惨 qīcǎn（英 miserable）▶～な境遇/惨境 cǎnjìng ▶～な事故/悲惨的事故 bēicǎn de shìgù ▶私はかつてあのような～な場面を見たことがない/我从来没有见过那么凄惨的场面 wǒ cónglái méiyǒu jiànguo nàme qīcǎn de chǎngmiàn ▶～な結果となる/酿成了悲惨的结局 niàngchéngle bēicǎn de jiéjú ▶～な最期を遂げる/悲惨地死去 bēicǎn de sǐqù

ヒシ【菱】
〖植物〗菱 líng（英 a water chestnut）～の実/菱角 língjiǎo

ひじ【肘】
肘子 zhǒuzi; 胳膊肘子 gēbo zhǒuzi（英 an elbow）▶～の内側/肘窝 zhǒuwō ▶～をつく/支臂肘 zhī bìzhǒu ▶両～を曲げたまま手を机の上に置く/两肘弯曲地放在桌子上 liǎng zhǒu wānqū de fàngzài zhuōzishang ▶隣の人に～で合図する/用肘碰了碰旁边的人做了个暗示 yòng zhǒu pèngleppèng pángbiān de rén zuòle ge ànshì ▶彼は食卓に～をついていた/他把肘放在了饭桌上 tā bǎ zhǒu fàngzàile fànzhuōshang ▶～のすり切れたセーター/肘部磨破了的毛衣

zhǒubù mópòle de máoyī ▶人ごみを～で押し分けて通る/用肘推开人群通过 yòng zhǒu tuīkāi rénqún tōngguò

びじ【美辞】美言 měiyán (英 *flowery words*) ▶～麗句を並べる/用许多华丽的语句 yòng xǔduō huálì de yǔjù

ひじかけ【肘掛け】〈椅子の〉扶手 fúshǒu (英 *an armrest*) ▶椅子／扶手椅 fúshǒuyǐ

ひしがた【菱形の】菱形 língxíng (英 *rhombic*)

ひじき《食品》羊栖菜 yángxīcài (英 *hijiki; a kind of edible seaweed*)

ひしぐ 挫 cuò (英 *crush*) ▶高慢の鼻を～/挫其傲气 cuò qí àoqì

ひししょくぶつ【被子植物】被子植物 bèizǐ zhíwù (英 *an angiosperm*)

ビジター〈チーム〉客队 kèduì (英 *a visitor*)

ひしつ【皮質】皮层 pícéng; 皮质 pízhí (英 *the cortex*)

ひじてつ【肘鉄】~を食う 碰一鼻子灰 pèng yì bízi huī; 碰钉子 pèng dīngzi ▶言い寄ってきた男に～を食らわす/让说着花言巧语过来的男人碰钉子 ràng shuōzhe huā yán qiǎo yǔ guòlái de nánrén pèngbī

ひしと 紧紧地 jǐnjǐn de (英 *firmly; tightly*) ▶我が子を～抱きしめる/紧紧地抱住自己的孩子 jǐnjǐn de bàozhù zìjǐ de háizi

ビジネス〈実業〉实业 shíyè;〈業務〉工作 gōngzuò; 商务 shāngwù (英 *business*) ▶～ホテル/商务用旅馆 shāngwùyòng lǚguǎn ▶～マン/公司职员 gōngsī zhíyuán ▶～チャンスを生かす/抓住商机 zhuāzhù shāngjī ▶これも～だと割り切る/冷静地地把它也当作商业来往 lěngjìng de bǎ tā yě dàngzuò shāngyè láiwǎng ▶あまりに～ライクに事を運ぶ/办事太公务性了 bànshì tài gōngwùxìng le

♦～クラス〈航空機〉:公务舱 gōngwùcāng

ひしひし 深深 shēnshēn (英 *keenly*) ▶孤独の辛さを～と感じる/深切地感受到孤独的辛酸 shēnqiè de gǎnshòu dào gūdú de xīnsuān ▶別れの辛さが～と押し寄せる/离别的悲哀一阵阵地袭来 líbié de bēi'āi yízhènzhèn de xílái ▶彼の最後の言葉が～と胸にこたえる/他的遗言深深地打动了我的心 tā de yíyán shēnshēn de dǎdòngle wǒ de xīn

びしびし【厳厉】严厉 yánlì; 严格 yángé (英 *severely*) ▶～鍛える/严格锻炼 yángé duànliàn ▶～取り締まる/严厉取缔 yánlì qǔdì ▶法に照らして～取り締まる/遵照法律严格取缔 zūnzhào fǎlǜ yángé qǔdì

ひしめく 拥挤 yōngjǐ; 熙熙攘攘 xīxīrǎngrǎng (英 *jostle*) ▶強豪選手が～女子マラソン界/高手如林的女子马拉松界 gāoshǒu rú lín de nǚzǐ mǎlāsōngjiè ▶狭い横丁に飲み屋が～/狭窄的巷子里挤满许多小酒馆 xiázhǎi de xiàngzili jǐmǎn xǔduō xiǎojiǔguǎn

ひしゃ【飛車】《将棋》飞车 fēijū (英 *a rook*)

ひしゃく【柄杓】勺子 sháozi (英 *a ladle*) ▶～で水をくむ/用勺子舀水 yòng sháozi yǎo shuǐ

びじゃく【微弱な】微弱 wēiruò (英 *feeble*) ▶人間の体内には～な電流が流れている/人体内流着微弱的电流 réntǐ nèi liúzhe wēiruò de diànliú

ひしゃげる 瘪 biě (英 *be crushed out of shape*) ▶石垣に車をぶつけてボンネットがひしゃげた/车撞在了石墙上，车的发动机盖都撞瘪了 chē zhuàngzàile shíqiángshang, chē de fādòngjīgài dōu zhuàngbiě le

ひしゃこうてき【非社交的】内向 nèixiàng; 不善交际的 búshàn jiāojì de (英 *unsociable*)

ひしゃたい【被写体】拍照的对象 pāizhào de duìxiàng (英 *a photographic subject*)

びしゃびしゃ【湿透】湿透 shītòu (英 *sloppy*) ▶床は水で～になっていた/水把地面弄得湿透了 shuǐ bǎ dìmiàn nòngde shītòu le

びしっと〈きっぱりと〉坚决 jiānjué (英 *flatly*);〈たたく音〉啪 pā (英 *with a slap*) ▶～と断る/严厉拒绝 yánlì jùjué ▶～と叩く/啪地拍打 pā de pāida ▶～と戸を閉める/砰的一下把门关上 pēng de yíxià bǎ mén guānshàng ▶敵の反撃を～と抑えた《スポーツなど》/成功地阻止了敌人[对方]的反击 chénggōng de zǔzhǐle dírén [duìfāng]de fǎnjī ▶はえを～と叩いた/啪地把苍蝇打死了 pā de bǎ cāngying dǎsǐ le ▶彼は僕の頭を～とぶった/他啪的一下打了我的头 tā pā de yíxià dǎle wǒ de tóu

びしゅ【美酒】美酒 měijiǔ; 佳酿 jiāniàng (英 *delicious sake [wine]*) ▶～に酔う/醉美酒 zuì měijiǔ

ひじゅう【比重】比重 bǐzhòng; 比例 bǐlì (英 *specific gravity*); [重要性] *relative importance* ▶銅は～が大きい/铜的比重大 tóng de bǐzhòng dà ▶人件費の～が高まることが予想される/预计人工费的比例将高涨 yùjì réngōngfèi de bǐlì jiāng gāozhǎng ▶問題の方にもっと多くのを置くべきだ/应该在这个问题上增加比重 yīnggāi zài zhège wèntíshang zēngjiā bǐzhòng

♦～計:比重计 bǐzhòngjì

びしゅう【美醜】美丑 měichǒu (英 *beauty or ugliness*)

ひじゅつ【秘術】绝招 juézhāo (英 *a secret art*) ▶～を尽くして戦う/用尽招数斗争 yòngjìn zhāoshù dòuzhēng

びじゅつ【美術】美术 měishù (英 *art; fine arts*) ▶～教育/美术教育 měishù jiàoyù ▶造形～/造型美术 zàoxíng měishù ▶映画～/电影美术 diànyǐng měishù ▶～を愛好する/爱好美术 àihào měishù

♦～学校:美术学校 měishù xuéxiào ～展:美术展 měishùzhǎn ～品:美术品 měishùpǐn

びじゅつかん【美術館】美术馆 měishùguǎn (英 *an art gallery*) ▶～めぐり/遍访美术馆 biànfǎng měishùguǎn ▶ルーブル～/卢浮宫美术馆 Lúfúgōng měishùguǎn

ひじゅん【批准する】批准 pīzhǔn (英 *ratify*)

▶国内法との関連で〜が遅れている/因为和国内法有关联，所以迟迟未批 yīnwèi hé guónèifǎ yǒu guānlián, suǒyǐ chíchí wèi pī ▶この条約はまだ〜を終えていない/这个条约还没有批准535zhège tiáoyuē hái méiyǒu pīzhǔnhǎo ▶〜書の交換をする/交换批准书 jiāohuàn pīzhǔnshū

ひしょ【秘書】秘书 mìshū (英 *a secretary*) ▶議員の政策担当〜/议员的政策担当秘书 yìyuán de zhèngcè dāndāng mìshū ▶社長〜/总经理秘书 zǒngjīnglǐ mìshū ▶〜の仕事の範囲は広い/秘书的工作范围很广 mìshū de gōngzuò fànwéi hěn guǎng
◆〜室:秘书室 mìshūshì

ひしょ【避暑】避暑 bìshǔ (英 *summering*) ▶〜に行く/避暑 bìshǔ ▶〜どころか寒かった/不能说是避暑了，都发冷了 bùnéng shuōshì bìshǔ le, dōu fālěng le
◆〜客：避暑客 bìshǔkè ～地：避暑地 bìshǔdì ▶「〜地の出来事」って映画知ってる？/你知道《避暑地的故事》这部电影吗？ nǐ zhīdào《Bìshǔdì de gùshi》zhè bù diànyǐng ma?

びじょ【美女】美女 měinǚ (英 *a beautiful woman*) ▶「〜と野獣」/《美女和野兽》Měinǚ hé yěshòu

ひしょう【飛翔する】飞翔 fēixiáng (英 *fly; soar*)

ひじょう【非常】**❶**【異常】紧急 jǐnjí；万一 wànyī (英 *an emergency*) ▶〜に備える/预防万一 yùfáng wànyī ▶〜手段に訴える/诉诸于紧急方式 sùzhū yú jǐnjí fāngshì
❷【極度に】非常 fēicháng；极其 jíqí (英 *very*) ▶彼女は誰に対しても〜に親切です/他对谁都非常热情 tā duì shéi dōu fēicháng rèqíng ▶治療は〜な苦痛を伴う/治疗伴随着极度的痛苦 zhìliáo bànsuízhe jídù de tòngkǔ
◆〜コック：紧急拉闸 jǐnjí lāzhá 〜食：紧急时的干粮 jǐnjíshí de gānliáng 〜ブレーキ：紧急刹车闸 jǐnjí shāchēzhá

ひじょう【非情な】无情 wúqíng；冷酷 lěngkù；铁石心肠 tiěshí xīncháng (英 *cold-hearted*) ▶極めて〜な犯行だ/极其冷酷的犯罪 jíqí lěngkù de fànzuì ▶〜な運命に翻弄される/被无情的命运摆弄 bèi wúqíng de mìngyùn bǎinòng

びしょう【美称】美称 měichēng (英 *a poetic name*)

びしょう【微小な】微小 wēixiǎo (英 *minute; microscopic*) ▶〜なもの/秋毫 qiūháo ▶水中の〜生物/水中的微小生物 shuǐzhōng de wēixiǎo shēngwù

びしょう【微少な】微量 wēiliàng；微少 wēishǎo (英 *very little*) ▶〜な変化も感知するセンサー/能感觉到细小变化的传感器 néng gǎnjuédào xìxiǎo biànhuà de chuángǎnqì

びしょう【微笑する】微笑 wēixiào (英 *smile*) ▶〜を浮かべる/露出微笑 lùchū wēixiào ▶モナリザの謎の〜/蒙娜丽莎的神秘微笑 Méngnàlìshā de shénmì wēixiào

ひじょうかいだん【非常階段】太平梯 tàipíngtī (英 *an emergency staircase*) ▶〜から避難する/从紧急出口避难 cóng jǐnjí chūkǒu bìnàn ▶从太平梯逃到楼外去 cóng tàipíngtī táodào lóuwài qù

ひじょうきん【非常勤】非专任 fēizhuānrèn；兼任 jiānrèn (英 *part-time*) ▶〜講師/非专任教员 fēizhuānrèn jiàoyuán ▶〜医師/非专任医生 fēizhuānrèn yīshēng ▶〜取締役/非专任董事 fēizhuānrèn dǒngshì

ひじょうぐち【非常口】太平门 tàipíngmén (英 *an emergency exit*)

ひじょうじ【非常時】非常时期 fēicháng shíqí；紧急时 jǐnjíshí (英 *an emergency*) ▶〜に備えて防災訓練をする/进行防灾训练，以防万一 jìnxíng fángzāi xùnliàn, yǐ fáng wànyī

ひじょうしき【非常識な】没有常识 méiyǒu chángshí；荒唐 huāngtáng (英 *absurd; thoughtless*) ▶〜な態度/不合常情的态度 bù hé chángqíng de tàidù ▶あなたはなんて〜な人なんですか/你怎么这么荒唐？nǐ zěnme zhème huāngtáng? ▶〜なことを言うものではない/不要说不懂事理的话 búyào shuō bù dǒng shìlǐ de huà

ひじょうじたい【非常事態】紧急状态 jǐnjí zhuàngtài (英 *a state of emergency*) ▶〜宣言を発令する/发布紧急状态宣言 fābù jǐnjí zhuàngtài xuānyán

ひじょうせん【非常線】戒严线 jièyánxiàn；警戒线 jǐngjièxiàn (英 *a cordon*) ▶〜を張る/戒严 jièyán；设置戒线 shè jǐngjièxiàn ▶〜を突破する/突破戒严线 tūpò jièyánxiàn

びしょうねん【美少年】美少年 měishàonián (英 *a handsome boy*)

ひじょうベル【非常ベル】警铃 jǐnglíng (英 *an alarm*) ▶〜を押す/按警铃 àn jǐnglíng ▶突然〜が鳴る/突然响起了警铃 tūrán xiǎngqǐle jǐnglíng

びしょく【美食】美食 měishí；美餐 měicān (英 *delicious food*) ▶〜家/美食家 měishíjiā

びしょぬれ【びしょ濡れの】湿淋淋 shīlínlín；湿透 shītòu (英 *drenched*) ▶〜になる/成落汤鸡 chéng luòtāngjī ▶途中雨に降られて〜になった/途中被雨淋了全身都湿透了 túzhōng bèi yǔ línle quánshēn dōu shītòu le ▶水で〜のトラック競技場/雨水淋得湿透了的田径场 yǔshuǐ línde shītòule de tiánjìngchǎng ▶〜のズボン/湿透了的裤子 shītòule de kùzi

びしょびしょの 湿淋淋 shīlínlín (英 *drenched*) ▶〜のレインコート/湿淋淋的雨衣 shīlínlín de yǔyī

ビジョン 前景 qiánjǐng；幻想 huànxiǎng；理想 lǐxiǎng (英 *a vision*) ▶将来の〜を描く/描绘未来前景 miáohuì wèilái qiánjǐng ▶このリーダーは明確な〜に欠ける/这个领导缺乏明确的蓝图 zhège lǐngdǎo quēfá míngquè de lántú

びじれいく【美辞麗句】美辞丽句 měicí lìjù；华丽辞藻 huálì cízǎo (英 *flowery expressions*)

▶～を並べるだけで内容に乏しい/光是罗列许多华丽的辞藻，但是内容却很空洞 guāng shì luóliè xǔduō huálì de cízǎo, dànshì nèiróng què hěn kōngdòng

びしん【微震】 微震 wēizhèn (英 *a slight tremor*)

びじん【美人】 美人 měirén；美女 měinǚ (英 *a beautiful woman*) ▶～薄命/红颜薄命 hóngyán bómìng
◆～コンテスト:选美比赛 xuǎnměi bǐsài

ひじんどうてき【非人道的な】 不讲人道 bù jiǎng réndào；非人道 fēiréndào (英 *inhumane*) ▶そういうやり方は…だ/这样做很不人道 zhèyàng zuò hěn bù réndào ▶～な犯罪行为/非人道的犯罪行为 fēiréndào de fànzuì xíngwéi ▶～な兵器/非人道的武器 fēiréndào de wǔqì

ひすい【翡翠】〔鉱物〕翡翠 fěicuì (英 *jade*)

ビスケット《菓子》饼干 bǐnggān (英 *a cracker*)

ヒスタミン〔化学〕组胺 zǔ'àn (英 *histamine*)
◆抗～剤:抗组胺剂 kàngzǔ'ànjì

ヒステリー 歇斯底里 xiēsīdǐlǐ；癔病 yìbìng (英 *hysteria*) ▶～を起こす/发歇斯底里 fā xiēsīdǐlǐ

ヒステリックな 歇斯底里 xiēsīdǐlǐ (英 *hysterical*) ▶～に叫ぶ/歇斯底里地叫喊 xiēsīdǐlǐ de jiàohǎn

ピストル 手枪 shǒuqiāng (英 *a pistol*) ▶～を撃つ/开手枪 kāi shǒuqiāng ▶彼は不法に～を所持している/他非法持有手枪 tā fēifǎ chíyǒu shǒuqiāng ▶彼の頭に～を突きつける/用枪顶着他的额头 yòng qiāng dǐngzhe tā de étóu
◆～強盗:用手枪的强盗 yòng shǒuqiāng de qiángdào

ピストン 活塞 huósāi (英 *a piston*) ▶～運動/活塞运动 huósāi yùndòng ▶～輸送/往返连续运输 wǎngfǎn liánxù yùnshū

ひずみ【歪み】 形变 xíngbiàn；弊端 bìduān (英 *a distortion*) ▶～が生じる/发生形变 fāshēng xíngbiàn ▶猛暑のためレールに～が生じた/因为天气过热，铁轨变形了 yīnwèi tiānqì guò rè, tiěguǐ biànxíng le ▶福祉行政の～/福利行政的弊端 fúlì xíngzhèng de bìduān ▶社会の～/社会弊端 shèhuì bìduān ▶これは経済のグローバル化に伴う～である/这是因为经济全球化引起的弊病 zhè shì yīnwèi jīngjì quánqiúhuà yǐnqǐ de bìbìng ▶この問題の背景に高度経済成長の～がある/产生这个问题的背景里有高度经济成长的弊端 chǎnshēng zhège wèntí de bèijǐngli yǒu gāodù jīngjì chéngzhǎng de bìduān

ひする【比する】 比较 bǐjiào (英 *compare*) ▶昨年に比して収益は3割増えている/跟去年相比，收益增加了百分之三十 gēn qùnián xiāngbǐ, shōuyì zēngjiāle bǎi fēn zhī sānshí

びせい【美声】 美妙的声音 měimiào de shēngyīn；金嗓子 jīnsǎngzi (英 *a beautiful voice*) ▶久しぶりにあなたの～を聞いた/时隔很久又听到了你美妙的声音 shí gé hěn jiǔ yòu tīngdàole nǐ měimiào de shēngyīn

ひせいさんてき【非生産的】 非生产性的 fēishēngchǎnxìng de (英 *unproductive*)

びせいぶつ【微生物】 微生物 wēishēngwù (英 *a microbe*)
◆～学:微生物学 wēishēngwùxué

びせきぶん【微積分】〔数〕微积分 wēijīfēn (英 *differential and integral calculus*)

ひぜに【日銭】 日薪 rìxīn；每天的现金收入 měitiān de xiànjīn shōurù (英 *a daily income*) ▶～を稼ぐ/赚日薪 zhuàn rìxīn

ひせん【卑賤な】 卑贱 bēijiàn (英 *humble*) ▶～な出身/卑贱的出身 bēijiàn de chūshēn

ひせんきょけん【被選挙権】 被选举权 bèixuǎnjǔquán (英 *eligibility for election*) ▶～がある/有被选举权 yǒu bèixuǎnjǔquán

ひせんとういん【非戦闘員】 非战斗员 fēizhàndòuyuán (英 *a noncombatant*) ▶死者の半数は～で一般市民だった/死者的一半是非战斗人员的一般市民 sǐzhě de yíbàn shì fēizhàndòu rényuán de yìbān shìmín

ひせんりょうちく【被占領地区】 沦陷区 lúnxiànqū (英 *an occupied area*) ▶～から脱出する/从沦陷区逃出来 cóng lúnxiànqū táochūlai

ひそ【砒素】〔化学〕砷 shēn；砒霜 pīshuāng (英 *arsenic*) ▶～中毒/砒霜中毒 pīshuāng zhòngdú

ひそう【皮相な】 浅薄 qiǎnbó；肤泛 fūfàn；鄙陋 bǐlòu (英 *superficial*) ▶～な見解/肤浅的见解 fūqiǎn de jiànjiě ▶事の本質を論じない～なイメージばかりがはびこる/流行着不论事情的本质，而直谈论表面印象的风气 liúxíngzhe bú lùn shìqing de běnzhí, ér zhí tánlùn biǎomiàn yìnxiàng de fēngqì

ひそう【悲壮な】 悲壮 bēizhuàng (英 *tragic; heroic*) ▶～な決意/悲壮的决心 bēizhuàng de juéxīn ▶～感が漂う/充满悲壮的气氛 chōngmǎn bēizhuàng de qìfēn ▶彼は～な決意で国際試合に臨んだ/他以悲壮的决心参加了国际比赛 tā yǐ bēizhuàng de juéxīn cānjiāle guójì bǐsài ▶～な最期を遂げる/悲壮地死去 bēizhuàng de sǐqù

ひぞう【秘蔵する】 珍藏 zhēncáng；宠爱 chǒng'ài (英 *treasure*) ▶～っ子/深受重视的人才 shēn shòu zhòngshì de réncái ▶当寺院で～する仏像や曼荼羅(然)を展示します/本寺院展览珍藏的佛像和曼陀罗 běn sìyuàn zhǎnlǎn zhēncáng de fóxiàng hé màntuóluó
◆～弟子 :宠爱的弟子 chǒng'ài de dìzǐ ～品:珍藏品 zhēncángpǐn

ひぞう【脾臓】〔解〕脾脏 pízàng；脾 pí (英 *the spleen*)

ひそうぞくにん【被相続人】 被继承人 bèijìchéngrén (英 *an ancestor*)

ひそか【密かに】 偷偷 tōutōu；暗中 ànzhōng (英 *secretly*) ▶～に窺う/偷偷窥伺 tōutōu kuīsì ▶～に探る/暗探 àntàn ▶～に企む/密谋

mìmóu ▶私は彼女の優勝を〜に期待していた/我暗中期待着她能得冠军 wǒ ànzhōng qīdàizhe tā néng dé guànjūn ▶2月に〜に結婚したことを彼女は認めた/她承认自己已在二月份秘密结婚 tā chéngrèn zìjǐ yǐ zài èr yuèfèn mìmì jiéhūn ▶心中に〜に笑う/心中暗笑 xīnzhōng ànxiào ▶〜に持ち去る/悄悄地拿走 qiāoqiāo de názǒu

ひぞく【卑俗な】 鄙俗 bǐsú; 卑鄙 bēibǐ; 俗气 súqi (英 *vulgar*)

ひそひそ 悄悄 qiāoqiāo; 偷偷 tōutōu (英 *in whispers*)▶〜ささやく/窃窃私语 qièqiè sīyǔ ▶〜話/悄悄话 qiāoqiāohuà ▶〜話をする/咬耳朵 yǎo ěrduo

ひそみ【顰み】 〜にならう 效颦 xiàopín

ひそむ【潜む】 隐藏 yǐncáng; 潜伏 qiánfú (英 *lie hidden*)▶ネットに〜罠/隐藏在因特网中的陷阱 yǐncáng zài yīntèwǎng zhōng de xiànjǐng ▶文中に〜真意を汲み取る/理解潜藏在文中的真正含义 lǐjiě qiáncáng zài wénzhōng de zhēnzhèng hányì ▶彼はしばらく東京に潜んでいた/他有一段时间藏在东京 tā yǒu yí duàn shíjiān cángzài Dōngjīng

ひそめる《眉を》 皱 zhòu (英 *knit*)▶眉を〜/皱眉头 zhòu méitóu ▶それを不謹慎だと眉を〜人もいる/也有些人批评说那样不够检点 yě yǒu xiē rén pīpíng shuō nàyàng bùgòu jiǎndiǎn

ひそめる【潜める】《身を》 隐藏 yǐncáng (英 *hide*); 《声を》 小声 xiǎoshēng (英 *lower*)▶身を〜/藏起来 cángqǐlai ▶声を潜めて話す/悄悄地说 qiāoqiāo de shuō

ひそやか【密やかに】 悄声 qiāoshēng; 寂静 jìjìng (英 *secretly*; *quietly*)▶この花は日陰で〜に咲く/这朵花在背阴的地方悄悄开放 zhè duǒ huā zài bèiyīn de dìfang qiāoqiāo kāifàng

ひだ【襞】 褶 zhě; 褶子 zhězi (英 *a plait*; *a fold*)▶他人の心の〜を感じ取る/入微地体会他人的心情 rùwēi de tǐhuì tārén de xīnqíng ▶〜をつける/打折 dǎzhé

ひたい【額】 额头 étóu; 脑门儿 nǎoménr (英 *the forehead*)▶〜が広い《福相として》/天庭饱满 tiāntíng bǎomǎn ▶〜を突き合わせる/头碰头地聚在一起 tóu pèngtóu de jùzài yìqǐ ▶彼らは〜を集めて小声で話し合った/他们头碰头地在一起小声说话 tāmen tóu pèngtóu de zài yìqǐ xiǎoshēng shuōhuà
猫の〜 巴掌大的地方 bāzhang dà de dìfang ▶猫の〜のように狭い庭/像猫的额头那么窄的庭院 xiàng māo de étóu nàme zhǎi de tíngyuàn
〜に汗して働く 满头大汗地工作 mǎntóu dàhàn de gōngzuò

ひだい【肥大する】 肥大 féidà (英 *enlarge*)▶心臓〜/心脏肥大 xīnzàng féidà ▶〜した機構/臃肿的机构 yōngzhǒng de jīgòu ▶〜した前立腺を切除/切除肥大的前立腺 qiēchú féidà de qiánlìxiàn

🟥 日中比較 中国语の'肥大 féidà'は「異常に大きくなる」という意味の他に, 服のサイズが「大きすぎる」という意味をも持つ.

びたい【媚態】 媚态 mèitài; 娇态 jiāotài (英 *coquetry*)▶〜を示す/摆出媚态 bǎichū mèitài

びたいちもん【びた一文】 一文钱 yì wén qián (英 *a penny*)▶そんなものには〜も出したくない/那样的东西, 我一文钱也不想出 nàyàng de dōngxi, wǒ yì wén qián yě bùxiǎng chū

ひたす【浸す】 泡 pào; 浸泡 jìnpào (英 *soak*; *dip*)▶大豆を6時間水に〜/把大豆泡在水里六个小时 bǎ dàdòu pàozài shuǐlǐ liù ge xiǎoshí ▶牛乳にパンを〜/把面包泡在牛奶里 bǎ miànbāo pàozài niúnǎilǐ

ひたすら 一味 yíwèi; 一心 yìxīn; 一个劲儿 yí ge jìnr (英 *earnestly*)▶〜案じる/惟恐 wéikǒng ▶〜頼みこむ/一个劲儿地恳求 yí ge jìnr de kěnqiú ▶空模様が怪しくなり〜道を急いだ/因为天色不对了, 一心赶路 yīnwèi tiānsè búduì le, yìxīn gǎnlù ▶彼女は〜母の回復を祈った/她一味祈求母亲的康复 tā yíwèi qíqiú mǔqin de kāngfù ▶英語を勉強する/专心学习英语 zhuānxīn xuéxí Yīngyǔ

ひだち【肥立ち】 《回復》 *recovery*)▶産後の〜が悪い/产后康复得不好 chǎnhòu kāngfùde bù hǎo

ひだね【火種】 火种 huǒzhǒng (英 *[原因] a cause*)▶これが戦争の〜になりかねない/这有可能成为战争的导火线 zhè yǒu kěnéng chéngwéi zhànzhēng de dǎohuǒxiàn ▶纷争の〜を抱える/含有纠纷的火种 hányǒu jiūfēn de huǒzhǒng

ひたはしり【ひた走り】 〜に走る 一个劲儿地跑 yí ge jìnr de pǎo

ひだまり【陽溜まり】 向阳处 xiàngyángchù; 太阳地 tàiyángdì (英 *a sunny place*)▶〜で昼寝する/在太阳地睡午觉 zài tàiyángdì shuì wǔjiào

ビタミン 维生素 wéishēngsù; 维他命 wéitāmìng (英 *a vitamin*)▶〜C/维生素C wéishēngsù C
♦総合〜 复合维生素 fùhé wéishēngsù 〜剤 维生素 wéishēngsù

ひたむきな 专心 zhuānxīn; 一心一意 yìxīn yíyì (英 *earnest*)▶〜に生きる/积极向上地生活 jījí xiàngshàng de shēnghuó ▶真面目で〜な姿勢で学ぶ/用很认真很专心的态度学习 yòng hěn rènzhēn hěn zhuānxīn de tàidù xuéxí

ひだり【左】 左边 zuǒbian (英 *the left*)▶〜と右/左右 zuǒyòu ▶〜側/左边 zuǒbian; 左面 zuǒmiàn ▶〜手/左手 zuǒshǒu ▶〜ききの〜撇子/左撇子 zuǒpiězi ▶〜寄りの思想/偏左的思想 piān zuǒ de sīxiǎng ▶〜から3番目の席に座る/坐在从左数第三的位置上 zuòzài cóng zuǒ shǔ dìsān de wèizhishang ▶〜側通行/左侧通行 zuǒcè tōngxíng

ぴたり 正好 zhènghǎo; 紧贴地 jǐntiē; 突然 tūrán (英 *right*)▶予言が〜と当たる/预言应验 yùyán yìngyàn ▶〜と寄り添う/紧紧贴近 jǐnjǐn tiējìn

ひだりうちわ【左団扇】 ～で暮らす 安闲度日 ānxián dùrì

ひだりまえ【左前になる】 衰落 shuāiluò；衰退 shuāituì（英 *be badly off*）▶一時映画産業は～になった/一时电影产业衰退下来了 yìshí diànyǐng chǎnyè shuāituìxiàlai le

ひだりまわり【左回りに】 反转 fǎnzhuǎn；逆时针方向 nìshízhēn fāngxiàng（英 *counter-clockwise*）▶陸上のトラックはなぜか皆～で走る/田径的跑道不知为什么都是朝逆时针方向跑 tiánjìng de pǎodào bù zhī wèi shénme dōu shì cháo nìshízhēn fāngxiàng pǎo

ひたる【浸る】 沉浸 chénjìn；泡 pào（英 *soak*；［ふける］*indulge oneself in...*）▶水に～/泡在水里 pàozài shuǐli ▶感激に～/沉浸在感激中 chénjìn zài gǎnjī zhōng ▶インターネットにどっぷり～/沉溺于网络 chénnì yú wǎngluò ▶家は軒まで水に浸った/水淹到了屋檐 shuǐ yāndàole wūyán ▶酒に～/沉醉在酒里 chénzuì zài jiǔlǐ

ひだるま【火達磨】 火人 huǒrén（英 *with flames*）▶彼は売国奴だв批判で～になった/他被说成是卖国贼，被批判得体无完肤 tā bèi shuōchéng shì màiguózéi, bèi pīpànde tǐ wú wánfū

ひたん【悲嘆】 悲叹 bēitàn（英 *grief*）▶～に暮れる/日夜悲叹 rìyè bēitàn ▶突然息子を亡くして～に暮れる/突然失去了儿子，一天到晚唉声叹气 tūrán shīqùle érzi, yì tiān dào wǎn āishēng tànqì ▶彼女はすっかり～にかき暮れている/她整天悲叹度日 tā zhěngtiān bēitànzhe dùrì

びだん【美談】 佳话 jiāhuà；美谈 měitán（英 *a touching episode*）▶これは作られた～だ/这是创作出来的佳话 zhè shì chuàngzuòchūlai de jiāhuà

びだんし【美男子】 美男子 měinánzǐ（英 *a handsome man*）

びちく【備蓄する】 储备 chǔbèi（英 *store*）▶～食糧/储备粮 chǔbèiliáng ▶石油を～する/储备石油 chǔbèi shíyóu

ぴちぴちした【lively】 ▶魚が～とはねる/鱼在活蹦乱跳 yú zài huó bèng luàn tiào ▶～した若い女性/水灵灵的年轻女子 shuǐlínglíng de niánqīng nǚzǐ

ぴちゃぴちゃ 啪嗒啪嗒 pādāpādā（英 *splashing*）▶波が～と海岸を洗う/浪浪洗涤着海岸 bōlàng xǐdízhe hǎi'àn ▶雨の道を～歩く/在雨天的道路上啪嗒啪嗒地踏着水行走 zài yǔtiān de dàolùshang pādāpādā de tàzhe shuǐ xíngzǒu

びちょうせい【微調整する】 微调 wēitiáo（英 *fine-tune*）▶写真の色合いを～する/对照片的颜色进行微小的调整 duì zhàopiàn de yánsè jìnxíng wēixiǎo de tiáozhěng

ひつ【櫃】《ふた付きの大型の箱》柜子 guìzi；箱子 xiāngzi；〈飯びつ〉饭桶 fàntǒng（英 *a chest*）

ひつう【悲痛な】 悲痛 bēitòng；沉痛 chéntòng（英 *sorrowful*）▶～な叫び/沉痛的呼声 chéntòng de hūshēng ▶彼は～な面持ちであった/他满脸悲痛 tā mǎnliǎn bēitòng

ひっか【筆禍】 笔祸 bǐhuò（英 *the trouble caused by a slip of the pen*）▶～事件/文字狱 wénzìyù ▶～をこうむる/遭受笔祸 zāoshòu bǐhuò

ひっかかり【引っ掛かり】 ❶【気がかり】放心不下 fàngxīn búxià；有疑虑 yǒu yílǜ（英 *anxiety*）▶彼の説明に何か～を感じる/对于他的说明总觉得有说不过去的地方 duìyú tā de shuōmíng zǒng juéde yǒu shuōbuguòqù de dìfang ❷【関連】牵连 qiānlián；连累 liánlèi（英 *a connection*）▶この事件はいささか君に～がある/这个事件和你稍有关系 zhège shìjiàn hé nǐ shāo yǒu guānxi

ひっかかる【引っ掛かる】 ❶【くぎなどに】挂住 guàzhù（英 *be caught*）▶軒に～/挂在房檐上 guàzài fángyánshang ❷【わなに】上当 shàngdàng（英 *be trapped*）▶まんまと～/上了个大当 shàngle ge dàdàng ❸【関係する・関連する】有牵连 yǒu qiānlián（英 *get involved*）▶検問に～/在关卡被截住 zài guānqiǎ bèi jiézhù ▶彼は収贿事件に引っ掛かった/他和受贿事件有关 tā hé shòuhuì shìjiàn yǒuguān ▶健康診断で～/健康诊断时发现了问题 jiànkāng zhěnduàn shí fāxiànle wèntí ❹【疑問に思う】不痛快 bú tòngkuai；不能释然 bùnéng shìrán（英 *have... on one's mind*）▶彼の言葉がずっと引っ掛かっている/他的话一直牵挂在心上 tā de huà yìzhí qiānguà zài xīnshang ▶その点が私には～/关于这点，我有一些疑问 guānyú zhè diǎn, wǒ yǒu yìxiē yíwèn

ひっかきまわす【引っかき回す】 搅乱 jiǎoluàn；扰乱 rǎoluàn（英 *rummage around*）▶人の生活を～のはやめてくれ/不要打扰别人的生活 búyào dǎjiǎo biérén de shēnghuó

ひっかく【引っかく】 挠 náo；抓 zhuā（英 *scratch*）▶かゆいところを～/挠痒痒 náo yǎngyang ▶猫が家具を～/猫挠家具 māo náo jiājù ▶彼女に爪で引っかかれた/被她挠了 bèi tā náo le ▶爪で引っかいた跡/用指甲挠过的伤痕 yòng zhǐjia náoguo de shānghén

ひっかける【引っ掛ける】 ❶【吊るす・掛ける】挂 guà（英 *hang*）▶上着をフックに引っ掛けた/把上衣挂在钩子上 bǎ shàngyī guàzài gōuzishang ❷【釘などで破れる】剐破 guǎpò（英 *tear*）▶指を釘で引っ掛けた/手指被钉子挂了 shǒuzhǐ bèi dīngzi guà le ❸【はおる】披上 pīshàng（英 *throw on*）❹【水をかける】溅 jiàn（英 *splash*）▶車がズボンにべっとり泥を引っ掛けた/汽车溅了我一裤子泥 qìchē jiànle wǒ yí kùzi ní

5【だます】欺骗 qīpiàn（英 cheat）▶誇大広告で客を～/用夸张广告吸引客人 yòng kuāzhāng guǎnggào xīyǐn kèrén
6【飲む】喝酒 hējiǔ（英 drink）▶ウイスキーを1杯～/喝一杯威士忌 hē yì bēi wēishìjì

ひっかぶる【引っかぶる】《責任や罪を》承担过来 chéngdānguòlai（英 take）

ひっき【筆記する】笔记 bǐjì; 记下 jìxià（英 write down）▶～試験/笔试 bǐshì ▶講演の要点を～する/记录演讲的要点 jìlù yǎnjiǎng de yàodiǎn ▶口述～/笔记口述 bǐjì kǒushù
◆～帳 笔记本 bǐjìběn ～用具 笔记用品 bǐjì yòngpǐn

ひつぎ【棺・柩】棺 guān; 灵柩 língjiù（英 a coffin）▶遺体を～に納める/把遗体放进棺材里 bǎ yítǐ fàngjìn guāncaili

ひっきりなし【引っ切りなしの】无尽无休 wújìn wú xiū; 接连不断 jiēlián búduàn（英 unceasing）▶この大通りは大型トラックが～に通る/这条大道上大卡车接连不断地通过 zhè tiáo dàdàoshang dàkǎchē jiēlián búduàn de tōngguò ▶このところ～に雨が降る/这一阵子雨不停地下 zhè yízhènzi yǔ bùtíng de xià ▶昨日は～に来客があった/昨天来客不断 zuótiān láikè búduàn

ピックアップする 选拔 xuǎnbá（英 pick out）▶めぼしいターゲットを～する/挑选中意的目标 tiāoxuǎn zhòngyì de mùbiāo

ビッグバン 大爆炸 dàbàozhà; 大变革 dàbiàngé（英 the big bang）

びっくり 吃惊 chījīng; 吓一跳 xià yí tiào（英 a surprise）▶彼はそれを聞いて～した/他听到那件事大吃一惊 tā tīngdào nà jiàn shì dà chī yì jīng ▶昨夜の地震には～した/昨晚的地震, 吓了我一跳 zuówǎn de dìzhèn, xiàle wǒ yí tiào ▶君たちを～させようと思って黙っていたのだ/我没告诉你们, 是想让你们有个惊喜 wǒ méi gàosu nǐmen, shì xiǎng ràng nǐmen yǒu ge jīngxǐ ▶～した顔つきでなぜ? と聞いた/满脸惊讶地问为什么? mǎnliǎn jīngyà de wèn wèi shénme? ▶～するような速さでデータを集める/以令人吃惊的速度收集数据 yǐ lìng rén chījīng de sùdù shōují shùjù ▶世間を～させるような新製品を開発する/开发震惊世间的新产品 kāifā zhènjīng shìjiān de xīnchǎnpǐn

ひっくりかえす【引っ繰り返す】翻倒 fāndǎo; 推翻 tuīfān［転覆］upset;［上下を］turn upside down）▶《ぶつかって》バケツを～/碰倒水桶 pèngdǎo shuǐtǒng ▶判定を～/推翻判定 tuīfān pàndìng ▶引っ繰り返して調べる《書類などを》/翻检 fānjiǎn ▶バケツを引っ繰り返したような大雨が降った/下了一场倾盆大雨 xiàle yì cháng qīngpén dàyǔ

ひっくりかえる【引っ繰り返る】翻 fān; 翻倒 fāndǎo（英［倒れる］be upset;［さかさになる］be overturned）▶上級審で判決が引っ繰り返された/在上级审判中, 前判决被推翻 zài shàngjí shěnpàn zhōng, qiánpànjué bèi tuīfān ▶バランスを崩してボートが引っ繰り返った/失去了平衡小船翻了 shīqùle pínghéng xiǎochuán fān le ▶そのあと家中で～ような騒ぎになった/那之后家里发生了翻天覆地的吵闹 nà zhīhòu jiālǐ fāshēngle fān tiān fù dì de chǎonào

ひっくるめる【引っくるめる】包括 bāokuò（英 include）▶全部～と費用は予定の倍になった/全部包括在内的话, 费用超过了预定的一倍 quánbù bāokuò zàinèi de huà, fèiyong chāoguòle yùdìng de yí bèi

ひづけ【日付】日期 rìqī（英 a date）▶～を入れる/写日期 xiě rìqī ▶～変更線/日期变更线 rìqī biàngēngxiàn ▶手紙の～は5月5日だった/那封信上署的日期是五月五日 nà fēng xìnshang shǔ de rìqī shì wǔ yuè wǔ rì ▶～のない書類は無効です/没有日期的文件无效 méiyǒu rìqī de wénjiàn wúxiào

ひっけい【必携】必备 bìbèi（英 a handbook; a manual）▶ビジネスマンの一冊/商务人员必备的一册 shāngwù rényuán bìbèi de yí cè

ピッケル 冰镐 bīnggǎo（英 an ice ax）

ひっけん【必見】必看 bìkàn; 必读 bìdú（英 a must-see）▶初心者に～の情報/初学者必看的信息 chūxuézhě bìkàn de xìnxī

ひっこし【引っ越し】迁居 qiānjū; 搬家 bānjiā（英 move）▶今度で5回目の～だ/这次是第五次搬家 zhècì shì dìwǔ cì bānjiā ▶私は東京に来てから3回～した/我到东京来以后搬了三次家 wǒ dào Dōngjīng lái yǐhòu bānle sān cì jiā ▶～の荷物/搬家的物品 bānjiā de wùpǐn ▶君たち明日～の手伝いに来てくれないか/你们明天能不能来帮我搬家？nǐmen míngtiān néngbunéng lái bāng wǒ bānjiā?
◆～業者 搬家公司 bānjiā gōngsī ～トラック 搬家用的卡车 bānjiāyòng de kǎchē

ひっこす【引っ越す】迁 qiān; 搬 bān（英 move）▶郊外に～/搬到郊外 bāndào jiāowài ▶転勤でまた大阪へ引っ越さなければならない/因为工作调动又要搬到大阪去 yīnwèi gōngzuò diàodòng yòu yào bāndào Dàbǎn qù ▶私は2, 3日前ここへ引っ越してきたばかりです/我是两三天前刚刚搬过来的 wǒ shì liǎng sān tiān qián gānggāng bānguòlai de ▶隣へ引っ越してきた人が何者か知らない/不知道刚搬到隔壁来的人是什么人 bù zhīdào gāng bāndào gébì lái de rén shì shénme rén

ひっこぬく【引っこ抜く】 1【草などを】拔 bá（英 pull up）**2**【人を】拉拢 lālǒng（英 headhunt）

ひっこみ【引っ込み】撤回 chèhuí; 下台 xiàtái（英［退却］retreat）▶～がちな気質/性格内向 xìnggé nèixiàng ▶はにかみ屋で～がちな男/害羞内向的男子 hàixiū nèixiàng de nánzǐ ▶～がつかない/下不了台 xiàbuliǎo tái ▶あんなに大きなことを言った手前～がつかない/大话说了很多, 收也收不回来了 dàhuà shuōle hěn duō, shōu yě shōubuhuílái le

ひっこみじあん【引っ込み思案】 怯懦 qiènuò; 消极 xiāojí（英 shyness）▶～で友達作りが下手だ/性格内向，不擅长交朋友 xìnggé nèixiàng, bú shànchǎng jiāo péngyou

ひっこむ【引っ込む】（表から）退下 tuìxià; 退居 tuìjū（英 retire; keep indoors）;（凹む）凹陷 āoxiàn（英 sink）▶郷里に～/退居故乡 tuìjū gùxiāng ▶家に～/呆在家里 dāizài jiāli ▶後に～/退缩 tuìsuō ▶もう時期が遅く，今さら引っ込めない/时期已晚，现在已经撤不回来了 shíqí yǐ wǎn, xiànzài yǐjing chèbuhuílái le ▶彼の家は道路から少し奥に引っ込んでいる/他的家不沿街 tā de jiā bù yánjiē ▶海岸線の引っ込んだところにホテルがある/海岸线凹进去的地方有一家宾馆 hǎi'ànxiàn āojìnqù de dìfang yǒu yì jiā bīnguǎn ▶世間から～/远离世间 yuǎnlí shìjiān ▶無理が通れば道理は～ 无理行得通，道理就没有了 wúlǐ xíngdetōng, dàolǐ jiù méiyǒu le

ひっこめる【引っ込める】 撤回 chèhuí; 缩 suō（英 withdraw）▶首を～/缩回头 suōhuí tóu ▶提案を～/撤回提案 chèhuí tí'àn ▶手を～/缩手 suō shǒu ▶亀の首を～/乌龟缩脖子 wūguī suō bózi ▶いったん出した要求を～/撤回提出的要求 chèhuí tíchū de yāoqiú

ピッコロ【楽器】短笛 duǎndí（英 a piccolo）

ひっさげる 带 dài（英 carry... in one's hand）▶彼はこの問題をひっさげて議会で質問に立った/他带着这个问题在议会上提问 tā dàizhe zhège wèntí zài yìhuìshang tíwèn ▶その歌手はニューアルバムをひっさげて全国公演をする/那个歌手带着新出的歌集进行了全国公演 nàge gēshǒu dàizhe xīnchū de gējí jìnxíngle quánguó gōngyǎn

ひっさつ【必殺】 致命 zhìmìng（英 deadly）▶～技/致命招术 zhìmìng zhāoshù

ひっさん【筆算する】 笔算 bǐsuàn（英 do sums on a piece of paper）

ひっし【必死の】 拼命 pīnmìng（英 desperate）▶～の力/死劲儿 sǐjìnr ▶～に走る/拼命地跑 pīnmìng de pǎo ▶～にやる/拼命做 pīnmìng zuò ▶～の覚悟で課題に取り組む/以拼命的精神投入到课题之中 yǐ pīnmìng de jīngshén tóurùdào kètí zhīzhōng ▶生き残るために～の努力をする/为了生存拼命努力 wèile shēngcún pīnmìng nǔlì

ひっし【必至である】 不可避免 bùkě bìmiǎn（英 be inevitable）

ひつじ【未】【十二支】未 wèi（英 (the year of) the Sheep）

ヒツジ【羊】【動物】羊 yáng; 绵羊 miányáng（英 a sheep）▶～を放牧する/牧羊 mùyáng ▶～飼い/羊倌 yángguān; 牧羊人 mùyángrén ▶～肉/羊肉 yángròu ▶～雲/绵羊云 miányángyún ▶～の群れ/羊群 yángqún ▶～の毛/羊毛 yángmáo ▶～の皮/羊皮 yángpí ▶～小屋/羊圈 yángjuàn

ひっしゃ【筆者】 笔者 bǐzhě; 作者 zuòzhě（英 the writer; the author）▶『源氏物語』の～は女性である/《源氏物语》的作者是女性 《Yuánshì wùyǔ》 de zuòzhě shì nǚxìng

ひっしゅう【必修】 必修 bìxiū（英 compulsory）▶～科目/必修课 bìxiūkè ▶ドイツ語は～科目ではない/德语不是必修课 Déyǔ bú shì bìxiūkè

ひつじゅひん【必需品】 必需品 bìxūpǐn（英 necessaries）▶生活～/生活的必备品 shēnghuó de bìbèipǐn

ひつじゅん【筆順】（漢字の）笔顺 bǐshùn（英 the stroke order (of Chinese characters)）

ひっしょう【必勝】 必胜 bìshèng（英 certain victory）▶～を期する/坚信胜利 jiānxìn shènglì ▶～を期して全力を尽くす/抱着必胜的决心全力以赴 bàozhe bìshèng de juéxīn quánlì yǐ fù

ひつじょう【必定】 必定 bìdìng; 必然 bìrán（英 necessary）

びっしょり（英 profusely）▶～汗をかく/汗流浃背 hàn liú jiā bèi

びっしり 密密麻麻 mìmìmámá; 满满 mǎnmǎn（英 densely）▶～生えた草/密生的草 mìshēng de cǎo ▶～詰まった袋/装满的袋子 zhuāngmǎn de dàizi

ひっす【必須】 必需 bìxū; 必要 bìyào（英 indispensable）▶～条件/必要的条件 bìyào de tiáojiàn ◆～アミノ酸/必要的氨基酸 bìyào de ānjīsuān ▶～科目/必修课 bìxiūkè

ひっせき【筆跡】 笔迹 bǐjì; 手迹 shǒujì（英 handwriting）▶～鑑定/笔迹鉴定 bǐjì jiàndìng ▶手紙は彼の～だった/信是基本的笔迹 xìn shì tā de bǐjì ▶人の～をまねる/模仿别人的笔迹 mófǎng biéren de bǐjì

ひつぜつ【筆舌】 语言 yǔyán（英 written and spoken words）～に尽くしがたい 不可言状 bùkě yánzhuàng; 言词难以表达 yáncí nányǐ biǎodá

ひつぜん【必然の】 必然 bìrán（英 inevitable）▶～性/必然性 bìránxìng

ひっそりと 安静 ānjìng; 悄然 qiǎorán（英 quietly; solitarily）▶～と暮らす/安静地生活 ānjìng de shēnghuó ▶～とした/静悄悄 jìngqiāoqiāo ▶白い小さな花が森の中で～と咲いていた/白色的小花在森林里静静地开放着 báisè de xiǎohuā zài sēnlínli jìngjìng de kāifàngzhe

ひったくり【引ったくり】 抢夺 qiǎngduó（a purse snatch;［人］a snatcher）▶～に遭う/被抢 bèi qiǎng

ひったくる【引ったくる】 抢夺 qiǎngduó（英 snatch）▶彼女は彼の手から手紙を引ったくった/她从他的手中把信抢了过来 tā cóng tā de shǒuzhōng bǎ xìn qiǎngle guòlái

ぴったり（隙間がない）紧紧 jǐnjǐn;（適切な）正合适 zhèng héshì;（合致）准确 zhǔnquè（英 perfectly; exactly）▶～息が合う/情投意合 qíng tóu yì hé ▶～閉じる/关得严实 guānde yánshí ▶～の言葉/正合适的话 zhèng héshì de huà ▶～時間に間に合う/准时赶到 zhǔnshí gǎndào ▶この歌は今の私の気分に～あてはまる/这首歌和我的心情完全一样 zhè shǒu gē hé xiànzài wǒ de xīnqíng wánquán yíyàng ▶体に～した服/紧身的衣服 jǐnshēn de yīfu ▶二人は～くっついて座る/两个人紧挨着坐着 liǎng ge rén jǐn'āizhe zuòzhe

ひつだん【筆談する】 笔谈 bǐtán (英 *carry on a talk by writing on paper what one wants to say*) ▶中国人と漢字で～したがあまり通じなかった/和中国人写汉字交谈,但是不太通 hé Zhōngguórén xiě Hànzì jiāotán, dànshì bú tài tōng

ひっち【筆致】《書や文の》笔致 bǐzhì; 笔调 bǐdiào (英 [筆勢] *a stroke of the brush*; [文の] *a style*)

ピッチ 速度 sùdù (英 *a speed*) ▶～を上げる/加速 jiāsù ▶急～で工事を進める/加紧建设 jiājǐn jiànshè

ヒッチハイク 沿途搭车旅行 yántú dāchē lǚxíng (英 *hitchhiking*) ▶～する/搭便车 dā biànchē

ピッチャー《野球》投手 tóushǒu (英 *a pitcher*) ▶左～/左手投球的投手 zuǒshǒu tóu qiú de tóushǒu

ひっちゃく【必着】 必须送到 bìxū sòngdào (英 *must arrive*)

ひっちゅう【必中】 必中 bìzhòng (英 *never miss*) ▶一発～/一发必中 yì fā bìzhòng

ひっつく【引っ付く】 粘住 zhānzhù;《男女が》勾搭 gōuda (英 *stick*)

ひってき【匹敵】 不下于 búxiàyú; 匹敌 pǐdí (英 *be a match for...*) ▶彼の給料は我々3人分に～する/他的工资和我们三个人的相当 tā de gōngzī hé wǒmen sān ge rén de xiāngdāng ▶英語の力で彼に～する者はない/说起英语的实力,没有人能和他匹敌 shuōqǐ Yīngyǔ de shílì, méiyǒu rén néng hé tā pǐdí ▶彼に～する役者は今後当分出るまい/能和他匹敌的演员可能今后很长时间也不会出现了 néng hé tā pǐdí de yǎnyuán kěnéng jīnhòu hěn cháng shíjiān yě búhuì chūxiàn le

ヒット ❶《野球》打中 dǎzhòng; 安打 āndǎ (英 *a hit*) ▶松坂から～3本を奪う/打了松坂三个安打 dǎle Sōngbǎn sān ge āndǎ ▶彼は～が1本もなかった/他一个安打也没打 tā yí ge āndǎ yě méi dǎ

❷《成功》成功 chénggōng; 畅销 chàngxiāo (英 *a success*) ▶～商品/畅销货 chàngxiāohuò ▶～する/畅销,大受欢迎 dà shòu huānyíng ▶次々に～作品を産み出す/一个接一个地出畅销作品 yí ge jiē yí ge de chū chàngxiāo zuòpǐn ▶その映画は予想に反して大～した/那部电影出乎意料很受欢迎 nà bù diànyǐng chū hūyìliào hěn shòu huānyíng ▶彼女は長く～曲に恵まれなかった/她很久没出热门歌曲了 tā hěn jiǔ méi chū rèmén gēqǔ le ▶検索に～するホームページ/检索中找到的网页 jiǎnsuǒ zhōng zhǎodào de wǎngyè

ビット〚電算〛位 wèi (英 *a bit*)

ひっとう【筆頭】 首位 shǒuwèi (英 *atop the list*) ▶戸籍の～者/户主 hùzhǔ ▶～株主/首席股东 shǒuxí gǔdōng ▶伊藤会長を～に…/以伊藤会长为首 yǐ Yīténg huìzhǎng wéi shǒu…

【日中比較】中国語の'笔头 bǐtóu'は「ペン先」のこと。

ひつどく【必読】 必读 bìdú (英 *must-read*) ▶～の書/必读的书 bìdú de shū
◆～書 その問題を研究するのならこれは～書だ/要研究那个问题的话,这是必读书 yào yánjiū nàge wèntí de huà, zhè shì bìdúshū ▶学生の～書も時代によって変化する/学生的必读书也随着时代变化 xuésheng de bìdúshū yě suízhe shídài biànhuà

ひっぱく【逼迫する】《事態が》紧迫 jǐnpò;《経済的に》窘迫 jiǒngpò (英 *be tight*) ▶ウラン資源の供給が～する/铀资源的供给吃紧 yóuzīyuán de gōngjǐ chījǐn ▶金融が～している/金融面临紧迫局面 jīnróng miànlín jǐnpò júmiàn

【日中比較】中国語の'逼迫 bīpò'は「無理強いする」こと。

ひっぱたく 打 dǎ; 揍 zòu (英 *slap*) ▶彼女に思いっきりほっぺたをひっぱたかれた/我被她狠狠地打了一个耳光 wǒ bèi tā hěnhěn de dǎle yí ge ěrguāng

ひっぱりだこ【引っ張り凧の】 受到各方面的邀请 shòudào gè fāngmiàn de yāoqǐng; 大受欢迎 dà bèi huānyíng (英 *be much sought after*) ▶本学の卒業生は各業界から～となっております/本校毕业生受到各个业界的青睐 běn xiào de bìyèshēng shòudào gègè yèjiè de qīnglài

ひっぱる【引っ張る】 拉 lā; 牵引 qiānyǐn (英 *pull*);《誘う》引诱 yǐnyòu (英 *take*); [先導する] (英 *lead*) ▶課長がライバル社に引っ張られているそうだ/听说科长被竞争对手的公司挖走了 tīngshuō kēzhǎng bèi jìngzhēng duìshǒu de gōngsī wāzǒu le ▶人力車を～/拉人力车 lā rénlìchē ▶大きな石をワイヤーで～/用钢丝索拉大石头 yòng gāngsīsuǒ lā dàshítou ▶誰かが袖を～のを感じた/感觉到谁拉了拉我的袖子 gǎnjuédào shéi lālela wǒ de xiùzi ▶キャプテンに引っ張られてチームは強くなった/在队长的带领下,团队强起来了 zài duìzhǎng de dàilǐng xià, tuánduì qiáng qǐlái le ▶この小説は読者を最後まで引っ張って行く力がある/这部小说有吸引读者看到最后的魅力 zhè bù xiǎoshuō yǒu xīyǐn dúzhě kàndào zuìhòu de mèilì ▶人の足を～《比喩的》别拉后腿 bié lā hòutuǐ ▶容疑者が警察に引っ張られて/嫌疑犯被带到了警察那里 xiányífàn bèi dàidàole jǐngchá nàlǐ

ヒップ 屁股 pìgu; 臀部 túnbù (英 *one's hips*)

ビップ〚VIP〛要人 yàorén; 贵宾 guìbīn (英 *a VIP*)

ひっぽう【筆法】 笔法 bǐfǎ; 写法 xiěfǎ (英 [文

体〕*a style of writing*；〔方法〕*a manner*）▶春秋の～で言えばマスコミが殺したのだ/用春秋笔法来说,是被媒体葬送了 yòng Chūnqiū bǐfǎ lái shuō, shì bèi méitǐ zàngsòng le

ひづめ【蹄】 蹄子 tízi (英) *a hoof*）▶牛の～/牛蹄 niútí ▶～の音/蹄声 tíshēng

ひつめい【筆名】 笔名 bǐmíng (英) *a pen name*）

ひつよう【必要な】 需要 xūyào; 必要 bìyào (英) *necessary*）▶～としない/用不着 yòngbuzháo ▶～とする/需要 xūyào ▶ダム建設の～性に疑義がある/对是否需要建设水库有质疑 duì shìfǒu xūyào jiànshè shuǐkù yǒu zhìyí ▶～は発明の母/需要是发明的母亲 xūyào shì fāmíng de mǔqīn ▶外国語に熟達するには多読が～である/要掌握外语必须要多读 yào zhǎngwò wàiyǔ bìxū yào duō dú ▶このケーキを作るのに何が～ですか/做这个蛋糕需要些什么? zuò zhège dàngāo xūyào xiē shénme? ▶子供には十分な睡眠が～です/孩子需要有足够的睡眠 háizi xūyào zúgòu de shuìmián ▶僕は社会に～とされているか/我对社会有用吗? wǒ duì shèhuì yǒuyòng ma? ▶彼女は～以上に子供の面倒を見すぎる/她过于照顾孩子 tā guòyú zhàogù háizi ▶彼は～に迫られてやったに違いない/他肯定也是被逼无奈的 tā kěndìng yě shì bèi bī wúnài de ▶エネルギーの～量/能源的必要量 néngyuán de bìyàoliàng

…する～がある 必须 bìxū; 得 děi ▶事が起きたら皆と相談する～がある/遇事必须跟大家商量 yùshì bìxū gēn dàjiā shāngliang ▶そのことで急ぐ～がありますか/那件事有必要着急吗? nà jiàn shì yǒu bìyào zháojí ma? ▶それはよく考えてみる～がある/那件事需要认真考虑 nà jiàn shì xūyào rènzhēn kǎolǜ ▶君の自転車は修理の～がある/你的自行车需要修理 nǐ de zìxíngchē xūyào xiūlǐ

…する～はない 不用 búyòng; 不必 búbì ▶心配する～はありません/不必挂念 búbì guàniàn ▶あなたがそこに行く～はないと思う/我认为你没有必要去 wǒ rènwéi nǐ méiyǒu bìyào qù ▶あなたの場合はその新薬を飲む～はないと思います/对于你, 没有必要吃这种新药 duìyú nǐ, méiyǒu bìyào chī zhè zhǒng xīnyào

◆～悪 **不能不接受的坏事** bùnéngbù jiēshòu de huàishì ▶原子力は～悪か/原子能是不得已需要的坏东西吗? yuánzǐnéng shì bùdéyǐ xūyào de huàidōngxi ma? ▶～経費 **必要经费** bìyào jīngfèi ～条件 **必要条件** bìyào tiáojiàn

ひつりょく【筆力】 笔力 bǐlì (英) *the power of the pen*）▶この著者には最後まで読ませる～がある/这位作者有让读者看到最后的笔力 zhè wèi zuòzhě yǒu ràng dúzhě kàndào zuìhòu de bǐlì ▶結局僕は～が足りないのだ/我到底还是笔力不够 wǒ dàodǐ háishi bǐlì bú gòu

ビデ 女用坐浴盆 nǚyòng zuòyùpén (英) *a bidet*）

ひてい【否定する】 否定 fǒudìng; 否认 fǒurèn (英) *deny*）▶～文/否定句 fǒudìngjù ▶～も肯定もしない/既不肯定也不否定 jì bù kěndìng yě bù fǒudìng ▶その事実は～できない/那个事实不能否定 nàge shìshí bùnéng fǒudìng ▶彼はこれらの報道を完全に～した/他全盘否认了这些报道 tā quánpán fǒurèn le zhèxiē bàodào

びていこつ【尾てい骨】 〔解〕 尾骨 wěigǔ (英) *the coccyx*）

ひていてき【否定的】 否定 fǒudìng; 消极 xiāojí (英) *negative*）▶～判断/否定的判断 fǒudìng de pànduàn

ビデオ 录像机 lùxiàngjī (英) *a video*）▶～カメラ/摄像机 shèxiàngjī ▶～ディスク/视盘 shìpán; 影碟 yǐngdié ▶～テープ/录像带 lùxiàngdài ▶～にとる/录像 lùxiàng ▶～で放送する/用录像带播放 yòng lùxiàngdài bōfàng

びてき【美的】 美的 měi de (英) *aesthetic*）▶～感覚/美感 měigǎn

ひてつきんぞく【非鉄金属】 有色金属 yǒusè jīnshǔ (英) *a nonferrous metal*）

ひでり【日照り】 旱灾 hànzāi (英) *dry weather*）▶～続きで農作物が育たなくなった/持续干旱农作物成长得不好 chíxù gānhàn nóngzuòwù chéngzhǎngde bù hǎo

ひでん【秘伝の】 秘传 mìchuán (英) *secret*）▶～の薬/秘方妙药 mìfāng miàoyào

びてん【美点】 长处 chángchu; 优点 yōudiǎn (英) *a merit*）

ひと【人】 ❶ 〖人間〗 人 rén; 人类 rénlèi (英) *a person*; 〖人類〗 *human beings*）▶彼は東京の～です/他是东京人 tā shì Dōngjīngrén ▶彼はちょっと変わった～だ/他有一点怪 tā yǒu yìdiǎn guài ▶田中という～から電話です/一个叫田中的人来的电话 yí ge jiào Tiánzhōng de rén lái de diànhuà ▶～もあろうになぜ彼のところに相談に行ったのですか/人多的是, 为什么偏偏去他那儿商量? rén duō de shì, wèi shénme piānpiān qù tā nàr shāngliang?

❷ 〖他人〗 别人 biérén; 人家 rénjia (英) *other people*）▶～の親切を無にするのか/你要辜负人家的好意吗? nǐ yào gūfù rénjia de hǎoyì ma? ▶彼は決して～をそらさない/他懂得怎样掌握人心 tā dǒngde zěnyàng zhǎngwò rénxīn ▶彼は～あしらいがうまい/他很会待人 tā hěn huì dàirén ▶～のことに首をつっこむんじゃないよ/别管别人的事 bié guǎn biérén de shì ▶俺には関係ないとはずいぶん～を食った言い草だ/说什么和我没有关系这种话, 真是太伤人了 shuō shénme hé wǒ méiyǒu guānxi zhè zhǒng huà, zhēn shì tài shāng rén le ▶彼は～を～とも思わない/他把人不当人看 tā bǎ rén bú dàng rén kàn

❸ 〖人柄〗 人 rén; 为人 wéirén (英) *character*）▶～がよすぎる/为人太老实 wéirén tài lǎoshi ▶彼はあれ以来すっかり～が変わった/从那以后他完全变了一个人 cóng nà yǐhòu tā wánquán biànle yí ge rén ▶彼には～を見る目がある/他有看人的眼光 tā yǒu kàn rén de yǎnguāng

❹ 〖人材〗 人才 réncái (英) *an capable person*）▶～がいない/没有人才 méiyǒu réncái

ことわざ 人の噂も七(しち)十五日 谣言不过月，过月无人传 yáoyán bú guò yuè, guò yuè wú rén chuán

ことわざ 人の口に戸は立てられない 人言可畏 rén yán kě wèi

ことわざ 人の振り見てわが振り直せ 借鉴他人，矫正自己 jièjiàn tārén, jiǎozhèng zìjǐ; 他山之石 tāshān zhī shí

ことわざ 人は一代，名は末代 人生一代，名垂千古 rén shēng yídài, míng chuí qiāngǔ

ことわざ 人は見かけによらぬもの 人不可貌相 rén bùkě màoxiàng

ひとあし【一足】 一歩 yí bù (英 *a step*) ▶ ～先に帰ります/我先走一步了 wǒ xiān zǒu yí bù le ▶ ～早い誕生日プレゼント/提前的生日礼物 tíqián de shēngrì lǐwù ▶ 駅まではうちからほんの～だ/从我家到车站只有一步路 cóng wǒ jiā dào chēzhàn zhǐ yǒu yí bù lù ▶ ～違いで会えなかった/只差一步没有见到 zhǐ chàle yí bù méiyǒu jiàndào

ひとあじ【一味】 (英 *a special subtle flavor*) ▶ ～違う/别有风味 bié yǒu fēngwèi; 别具一格 bié jù yì gé ▶ 今回のミュージカルの演出は～違う/这次的歌剧表演别有风味 zhècì de gējù biǎoyǎn bié yǒu fēngwèi

ひとあめ【一雨】 一场雨 yì chǎng yǔ (英 *a rainfall*) ▶ 降る/下一阵雨 xià yízhèn yǔ ▶ ～で寒くなる/一场雨，一场冷 yì chǎng yǔ, yì chǎng lěng ▶ 連日晴天続きでそろそろ～ほしいところだ/连日持续青天，希望下一场雨了 liánrì chíxù qīngtiān, xīwàng xià yì chǎng yǔ le

ひとあわ【一泡】 ～吹かせる 让人大吃一惊 ràng rén dà chī yì jīng ▶ 強豪に～吹かせた《スポーツなど》/让强手一败涂，大吃一惊 ràng qiángshǒu yí bài tú, dà chī yì jīng

ひとあんしん【一安心する】 姑且放心 gūqiě fàngxīn; 总算放心 zǒngsuàn fàngxīn (英 *feel relieved*) ▶ 手術が成功してとりあえず～だね/手术成功了，暂时可以放心了 shǒushù chénggōng le, zànshí kěyǐ fàngxīn le

ひどい ❶【残酷な】 厉害 lìhai; 严重 yánzhòng; 惨 cǎn (英 *cruel*) ▶ ～目に遭う/受罪 shòuzuì ▶ 彼は人から誤解されて～目に遭った/他被别人误解了，弄得挺惨 tā bèi biérén wùjiě le, nòngde tǐng cǎn ▶ 君はずいぶん～ことを言うねぇ/你说得够厉害的 nǐ shuōde gòu lìhai de ▶ 捕虜の～仕打ちを受けた/俘虏受到了残酷迫害 fúlǔ shòudàole cánkù pòhài ▶ 子供は～いじめにあって不登校になった/孩子遭到了欺负，不去上学了 háizi zāodàole qīfu, bú qù shàngxué le
❷【激しい】 太 tài; 非常 fēicháng; 厉害 lìhai (英 *severe*; *violent*) ▶ けがが～/伤得厉害 shāngde lìhai ▶ 彼の演説は～野次をあびた/他的演讲引起了一片嘘声 tā de yǎnjiǎng yǐnqǐle yí piàn xūshēng ▶ 彼は～吹かし坊だ/他是个彻底的说谎奴 tā shì ge chèdǐ de shǒucáinú ▶ 今日は～暑さだ/今天太热 jīntiān tài rè ▶ ～雨だった/雨下得真厉害 yǔ xiàde zhēn lìhai
❸【悪い】 不像话 búxiànghuà (英 *bad*) ▶ この記事は～よ/这篇报道真不像话 zhè piān bàodào zhēn búxiànghuà ▶ やつだ/他太不讲理 tā tài bù jiǎnglǐ ▶ 人のものを黙って使うなんて～やつだ/招呼都不打就用别人的东西，真不像话 zhāohu dōu bù dǎ jiù yòng biérén de dōngxi, zhēn búxiànghuà ▶ ～道かと思っていたが意外と快適だった/我以为是很糟糕的路，没想到还挺不错 wǒ yǐwéi shì hěn zāogāo de lù, méi xiǎngdào hái tǐng búcuò

ひといき【一息】 一口气 yì kǒu qì (英 *a breath*) ▶ ～つく/歇一口气 xiē yì kǒu qì ▶ ～に書き上げる/一股劲儿地写完 yìgǔjìnr de xiěwán ▶ ～に飲み干す/一饮而尽 yì yǐn ér jìn ▶ あと～だ/再加一把劲儿 zài jiā yì bǎ jìnr ▶ あと～で頂上だ/再爬一点儿就到山顶了 zài pá yìdiǎnr jiù dào shāndǐng le ▶ 仕事の合間にほっと～つくティータイム/工作中间轻松一下的喝茶时间 gōngzuò zhōngjiān qīngsōng yíxià de hē chá shíjiān ▶ 彼は階段の上で～ついた/他在楼梯上歇了一口气 tā zài lóutīshang xiēle yì kǒu qì ▶ たまには～つかせてくれ/让我有时也喘口气 ràng wǒ yǒushí yě chuǎn kǒu qì

ひといきれ【人いきれ】 人多得闷热 rén duōde mēnrè (英 *stuffiness*) ▶ 人多得闷热 jǐde mēnrè ▶ ラッシュアワーの車内は～で息苦しくな/高峰时间的车内拥挤得透不过气来 gāofēng shíjiān de chēnèi yōngjǐde tòubuguò qì lái ▶ 満員の会場は～でむんむんしていた/爆满的会场上拥挤得一团热气 bàomǎn de huìchǎngshang yōngjǐde yì tuán rèqì

ひといちばい【人一倍】 比别人更… bǐ biérén gèng…; 加倍 jiābèi (英 *more than others*) ▶ ～働く/（比别人）加倍工作 (bǐ biérén) jiābèi gōngzuò ▶ 私は～寒がりである/我比别人更怕冷 wǒ bǐ biérén gèng pà lěng

ひどう【非道な】 不人道 bù réndào; 残忍 cánrěn; 暴虐 bàonüè (英 *inhuman*)

びどう【微動】 微动 wēidòng (英 *a tremor*) ▶ ～だにしない/纹丝不动 wénsī bú dòng

ひどうめい【非同盟】 非联盟 fēiliánméng (英 *nonalignment*) ▶ ～国/非联盟国家 fēiliánméng guójiā

ひとえ【一重の】 单层 dāncéng (英 *single*) ▶ ～まぶた/单眼皮 dānyǎnpí ▶ 紙～/一纸之差 yì zhǐ zhī chā ▶ 紙～の勝利/以略微优势取得胜利 yǐ lüèwēi yōushì qǔdé shènglì ▶ ～の花/单层花瓣的花 dāncéng huābàn de huā

ひとえ【単衣】 单衣 dānyī (英 *an unlined kimono*)

ひとえに【偏に】 完全 wánquán; 专心 zhuānxīn; 一心一意的 yìxīn yíyì de (英 [いちずに] *earnestly*; [全く] *solely*) ▶ なにとぞ御援助のほ～お願い申し上げます/恳请大家全力支持 kěnqǐng dàjiā quánlì zhīchí ▶ 僕の成功は～君のおか

げです/我的成功都是因为有了你的帮助 wǒ de chénggōng dōu shì yīnwèi yǒule nǐ de bāngzhù

ひとおもいに【一思いに】 把心一横 bǎ xīn yì héng; 狠心 hěnxīn (英 *once and for all*) ▶いっそ～死んでしまいたい/倒不如一狠心死了算了 dào bùrú yì hěnxīn sǐle suàn le ▶～やってごらんなさい、なんでもないですよ/勇敢地做做看，没有什么的 yǒnggǎn de zuòzuo kàn, méiyǒu shénmede

ひとかかえ【一抱え】 一搂(粗) yì lōu (cū); 一抱 yí bào (英 *an armful*) ▶太さ～もある木/一搂粗的大树 yì lōu cū de dàshù ▶～の書物/一抱书 yí bào shū

ひとがき【人垣】 人墙 rénqiáng (英 *a crowd of people*) ▶一人また一人と足を止め、やがて～ができる/人们一个又一个地停下脚步，一下子就围成了人墙 rénmen yí ge yòu yí ge de tíngxià jiǎobù, yíxiàzi jiù wéichéngle rénqiáng ▶沿道にはマラソン応援の～が築かれていた/沿途给马拉松选手加油的人们筑成了人墙 yántú gěi mǎlāsōng xuǎnshǒu jiāyóu de rénmen zhùchéngle rénqiáng

ひとかげ【人影】 人影儿 rényǐngr (英 *a human figure*) ▶彼女の視界を～がよぎった/一个人影从她的视野里穿过 yí ge rényǐng cóng tā de shìyěli chuānguò

ひとかたならぬ【一方ならぬ】 分外 fènwài; 格外 géwài (英 *great*) ▶あの人には～お世話になった/我受到了他很大的关照 wǒ shòudàole tā hěn dà de guānzhào ▶～御配慮にあずかり厚くお礼申し上げます/得到了您的格外照顾，我由衷地表示感谢 dédàole nín de géwài zhàogù, wǒ yóuzhōng de biǎoshì gǎnxiè

ひとかたまり【一塊】 一块儿 yíkuàir; 《集团》一伙 yìhuǒ (英 *a lump*)

ひとかど【一廉】 出色 chūsè; 了不起 liǎobuqǐ (《尊敬すべく》*respectable*; [相当の] *considerable*) ▶彼は自分では～の人物だと思っている/他以为自己是个了不起的人物 tā yǐwéi zìjǐ shì ge liǎobuqǐ de rénwù

ひとがら【人柄】 人品 rénpǐn; 为人 wéirén; 品质 pǐnzhì (英 *personal character*) ▶～がよい/人品好 rénpǐn hǎo ▶～が悪い/人品差 rénpǐn chà ▶あの人はどんな～の方ですか/他是什么样的人？ tā shì shénmeyàng de rén? ▶彼の温かい～に魅かれる/被他温和的性格所吸引 bèi tā wēnhé de xìnggé suǒ xīyǐn

ひとかわ【一皮】 一张皮 yì zhāng pí (英 *a veneer*) ▶～むけば/剥去画皮 bāoqù huàpí; 剥去伪装 bāoqù wěizhuāng ▶偉そうなことを言っても、～むけば臆病者と/说得冠冕堂皇，剥去一层皮他也是胆小鬼 shuōde guānmiǎn tánghuáng, bāoqù yì céng pí tā yě shì dǎnxiǎoguǐ

ひとぎき【人聞き】 名声 míngshēng; 传闻 chuánwén (英 *reputation*) ▶～が悪い/名声不好 míngshēng bù hǎo ▶盗用だなんて～が悪い．創造的な利用の説き起こされ不好听．这可是创造性的利用啊 dàoyòng shénmede shuōqǐlai bù hǎotīng. zhè kěshì chuàngzàoxìng de lìyòng a

ひときれ【一切れの】 一片 yí piàn (英 *a piece of...*) ▶～のパン/一片面包 yí piàn miànbāo

ひときわ【一際】 格外 géwài; 尤其 yóuqí (英 *remarkably*) ▶～優れた見解/格外高明的见解 géwài gāomíng de jiànjiě ▶～美しい/格外美丽 géwài měilì ▶あの明るく輝いているのが金星です/特别闪亮的那个就是金星 tèbié shǎnliàng de nàge jiù shì jīnxīng

ひどく 极 jí; 太 tài; 厉害 lìhai (英 [残酷に] *cruelly*; [激しく] *severely*; [はなはだしく] *extremely*) ▶～暑い/太热 tài rè ▶～恨む/痛恨 tònghèn ▶～悲しむ/悲痛 bēitòng ▶～心配する/焦虑 jiāolǜ ▶～手間取る/太费时 tài fèishí ▶先生に～叱られた/被老师臭训了一通 bèi lǎoshī chòuxùnle yítòng ▶毎日咳が～/每天都咳嗽得厉害，晚上也睡不好 měitiān dōu késoude lìhai, wǎnshang yě shuìbuhǎo ▶病人は水を～欲しがった/那患者特别喜欢喝水 nà huànzhě tèbié xǐhuan hē shuǐ ▶ここは～混んでいる/这儿人可真多 zhèr rén kě zhēn duō ▶今期は～成績が悪い/这期的成绩可真不好 zhè qī de chéngjì kě zhēn bù hǎo

びとく【美徳】 美德 měidé (英 *a virtue*) ▶消费を～ともてはやす/消费被宣扬为一种美德 xiāofèi bèi xuānyáng wéi yì zhǒng měidé

ひとくさり【一くさり】 一段 yí duàn (英 *a speech*) ▶～話す/讲一顿 jiǎng yí dùn; 说一阵 shuō yízhèn

ひとくせ【一癖】 与众不同的一个特点 yǔ zhòng bù tóng de yí ge tèdiǎn (英 *a peculiarity*) ▶～ある/怪里怪气 guàiliguàiqì; 乖僻 guāipì ▶～あるこだわりの料理/风味儿讲究的菜 fēngwèir jiǎngjiu de cài ▶～ありげな男/看上去与众不同的人 kànshàngqu yǔ zhòng bù tóng de rén

ひとくち【一口】 ❶ [飲食] 一口 yì kǒu (英 *a mouthful*) ▶水を～飲む/喝一口水 hē yì kǒu shuǐ ▶彼は気分が悪くて～も食べられなかった/他身体不舒服，一口都吃不下 tā shēntǐ bù shūfu, yì kǒu dōu chībuxià ▶このブランデーを～飲んでみて下さい/请尝一口这种白兰地 qǐng cháng yì kǒu zhè zhǒng báilándì

❷ [寄付など] 一份 yí fèn (英 *a share*) ▶5000 円の寄付をする/捐了五千日元一份的捐款 juānle wǔqiān Rìyuán yí fèn de juānkuǎn ▶その話俺にも～のせてくれ/那件事算我一个吧 nà jiàn shì suàn wǒ yí ge ba

❸ [話す] 一句话 yí jù huà; 一言 yì yán (英 *a word; in short*) ▶～では言えない/一言难尽 yì yán nán jìn ▶～に言うと、それはこういうことです/一句话说，就是这么回事 yí jù huà shuō, jiù shì zhème huí shì ▶酒と～に言ってもいろいろあります/都说是酒，但是种类各不一 dōu shuō shì jiǔ, dànshì zhǒnglèi gèzì bùyī

ひとけ【人気】 人影儿 rényǐngr (英 *a sign of human presence*) ▶あたりには全く〜がなかった/那一带完全不见人影儿 nà yídài wánquán bú jiàn rényǐngr ▶車の中には〜がなかった/家里好像没人住 jiālǐ hǎoxiàng méi rén zhù ▶〜のない所に車を停める/把汽车停在没有人影儿的地方 bǎ qìchē tíngzài méiyǒu rényǐngr de dìfang

ひどけい【日時計】 日晷 rìguǐ; 日规 rìguī (英 *a sundial*)

ひとこえ【一声】 一声 yì shēng (英 *a voice; a word*) ▶〜かける/招呼一声 zhāohu yì shēng ▶お出掛けの際はお隣へ〜かけて下さい/出门时和邻居打声招呼 chūmén shí hé línjū dǎ shēng zhāohu

ひとごえ【人声】 人声 rénshēng (英 *a voice*) ▶部屋の外に〜がした/房间外面有人说话 fángjiān wàimian yǒu rén shuōhuà

ひとごこち【人心地】 正常心情 zhèngcháng xīnqíng; 清醒(过来) qīngxǐng(guòlai) (英 *come to oneself*) ▶一杯飲んでようやく〜がついた/喝了一杯终于缓过气来了 hēle yì bēi zhōngyú huǎnguò qì lái le

ひとこと【一言】 一句话 yí jù huà (英 *a single word*) ▶〜では語れない/一言难尽 yì yán nán jìn ▶〜で言えば/一句话说 yí jù huà shuō; 一言に蔽せば yì yán yǐ bì zhī ▶あいつはいつも〜多い/他总爱说多余的话 tā zǒng ài shuō duōyú de huà ▶私はドイツ語は〜も話せない/我德语一句也不会说 wǒ Déyǔ yí jù yě búhuì shuō ▶君に〜言いたい/我想跟你说一句 wǒ xiǎng gēn nǐ shuō yí jù

ひとごと【人事・他人事】 别人的事 biéren de shì (英 *other people's concern*) ▶〜のように言う/说得不像自己的事似的 shuōde bú xiàng zìjǐ de shì shìde ▶〜ではない/并不是跟自己无关 bìng bú shì gēn zìjǐ wúguān ▶私には〜とは思えなかった/我觉得这不是和自己没关系的事 wǒ juéde zhè bú shì hé zìjǐ méi guānxi de shì

ひとこま【一齣】 片段 piànduàn; 一个场面 yí ge chǎngmiàn (英 *a scene*); [映画などの] *a frame*) 映画の〜/电影的一个镜头 diànyǐng de yí ge jìngtóu

ひとごみ【人込み】 人群 rénqún; 人拥挤的地方 rén yōngjǐ de dìfang (英 *a crowd of people*) ▶私は〜が苦手だ/我不喜欢人多的地方 wǒ bù xǐhuan rén duō de dìfang ▶〜を押し分けて通る/分开人群前进 fēnkāi rénqún qiánjìn ▶〜にまぎれ込む/混入人群 hùnrù rénqún

ひところ【一頃】 过去 guòqù; 曾经有一个时期 céngjīng yǒu yí ge shíqī (英 *at one time*) ▶それは〜我々の間で大いに行われた/这个有一阵子在我们之间很流行 zhège yǒu yízhènzi zài wǒmen zhījiān hěn liúxíng

ひところし【人殺し】 ❶【行為】杀人 shārén (英 *murder*) ❷【人】杀手 shāshǒu; 杀人犯 shārénfàn (英 *a murderer*) ▶近所に〜があった/这附近出过杀人案件 zhè fùjìn chūguo shārén ànjiàn ▶「〜」と叫ぶ/大叫"杀人啦!" dà jiào "Shārén la!"

ひとさしゆび【人差し指】 二拇指 èrmuzhǐ; 食指 shízhǐ (英 *a forefinger*)

ひとざと【人里】 村庄 cūnzhuāng (英 *a village*) ▶〜離れた/荒无人烟 huāng wú rényān

ひとさま【人様】 人家 rénjia; 别人 biéren (英 *other people*) ▶〜に迷惑をかけるんじゃない/不要给别人添麻烦! búyào gěi biéren tiān máfan!

ひとさわがせ【人騒がせ】 搅扰别人 jiǎorǎo biéren (英 *disturbing*) ▶〜なことを言う/危言耸听 wēiyán sǒng tīng ▶私の不注意から〜をしてすみません/因为我的不小心引起了轰动,很对不起 yīnwèi wǒ de bù xiǎoxīn yǐnqǐ le hōngdòng, hěn duìbuqǐ ▶〜な事件を起こす/干了件引起人们骚动的事 gànle jiàn yǐnqǐ rénmen sāodòng de shì

ひとしい【等しい】 如同 rútóng; 相等 xiāngděng; 等于 děngyú (英 *be equal*) ▶このような安易なやり方は児戯に〜/这么简单的做法简直如同儿戏 zhème jiǎndān de zuòfǎ jiǎnzhí rútóng érxì ▶今日の引き分け試合は負けたに〜/今天的平局等于输了 jīntiān de píngjú děngyú shū le ▶彼らは等しく医療活動に関係している/他们全部在从事医疗活动 tāmen quándōu zài cóngshì yīliáo huódòng ▶各人に等しく配する/向各人同等分配 xiàng gèrén tóngděng fēnpèi

ひとしお【一入】 更加 gèngjiā; 格外 géwài (英 *all the more; especially*) ▶喜びも〜だ/格外高兴 géwài gāoxìng ▶念願がかない感動も〜だった/夙愿实现,感动也非同寻常 sùyuàn shíxiàn, gǎndòng yě fēi tóng xúncháng ▶病気のために寒さが〜強く感じられる/因为生病了,特别觉得寒冷 yīnwèi shēngbìng le, tèbié juéde hánlěng

ひとしきり 一会儿 yíhuìr; 一阵 yízhèn (英 *for a good while*) ▶〜叱られた/挨了一顿教训 áile yí dùn jiàoxun ▶雨が降った/下了一阵雨 xià le yízhèn yǔ

ひとじち【人質】 人质 rénzhì (英 *a hostage*) ▶身代金が目当ての〜/以勒索为目的的绑架事件 yǐ lèsuǒ wéi mùdì de bǎngjià shìjiàn ▶〜を解放する/释放人质 shìfàng rénzhì ▶5人の外国人ジャーナリストが〜として拘束されている/五个外国记者作为人质被扣留了 wǔ ge wàiguó jìzhě zuòwéi rénzhì bèi kòuliú le

ひとしれず【人知れず】 暗中 ànzhōng; 背地里 bèidìli (英 *secretly*) ▶彼女は〜涙を流した/她暗暗地在流泪 tā àn'àn de zài liú lèi ▶彼女は〜心を痛めていた/她不为人知地悄然痛心 tā bù wéi rén zhī de qiǎorán tòngxīn

ひとしれぬ【人知れぬ】 不为人知的 bù wéi rén zhī de (英 *unknown to others*) ▶〜苦労/不为人所知的辛苦 bù wéi rén suǒ zhī de xīnkǔ ▶彼には〜悩みがあった/他有不为人知的烦恼 tā yǒu bù wéi rén zhī de fánnǎo

ひとずき【人好きのする】 招人喜欢 zhāo rén xǐhuan (英 *attractive*) ▶〜のする好人物/招人

喜爱的好人 zhāo rén xǐ'ài de hǎorén

ひとすじ【一筋の】 一条 yì tiáo；一道 yí dào；《專心》一心一意 yìxīn yíyì（英[一筋]*a line*）▶～の道/一条大路 yì tiáo dà lù ▶～の光明/一道光明 yí dào guāngmíng ▶～の川/一条河 yì tiáo hé ▶研究～/一心一意地研究 yìxīn yíyì de yánjiū ▶彼は役者～の道を歩んできた/他沿着做演员这条路,径直走了过来 tā yánzhe zuò yǎnyuán zhè tiáo lù, jìngzhí zǒule guòlái ▶我々の進むべき道はこの一~しかない/我们要走的路只有这一条 wǒmen yào zǒu de lù zhǐ yǒu zhè yì tiáo

ひとすじなわ【一筋縄】 ～ではいかない 很不简单, 难以对付 hěn bù jiǎndān, nányí duìfu ▶彼は～でいく男ではない/他不是那么能简单对付的男人 tā bú shì nàme néng jiǎndān duìfu de nánrén

ひとそろい【一揃い】 一套 yí tào（英[道具の]*a set*；[衣服の]*a suit*）▶まるま～の/整套 zhěngtào ▶釣り道具を一~用意する/准备一整套钓鱼的用具 zhǔnbèi yì zhěngtào diàoyú de yòngjù ▶当面必要な生活用品を～買った/买了一整套目前需要的生活用品 mǎile yì zhěngtào mùqián xūyào de shēnghuó yòngpǐn

ひとだかり【人だかり】 人群 rénqún（英*a crowd of people*）▶～がする/聚集很多人 jùjí hěn duō rén ▶会場周辺には黑山の～ができた/会场周围附近聚集了人山人海的群众 huìchǎng fùjìn jùjíle rénshān rénhǎi de qúnzhòng ▶その店の前に～がしていた/那家店的前面聚集了许多人 nà jiā diàn de qiánmian jùjíle xǔduō rén

ひとだすけ【人助けをする】 帮助人 bāngzhù rén；行方便 xíng fāngbiàn（英*help other people*）▶それは～になる/那是帮助人的事 nà shì bāngzhù rén de shì

ひとだのみ【人頼み】 求人 qiúrén；依靠别人 yīkào biérén（英*dependence on others*）▶～する前に自分でやってみろ/求人之前自己先做做看 qiúrén zhīqián zìjǐ xiān zuòzuo kàn

ひとたび【一度】 一次 yí cì；一回 yì huí；一旦 yídàn（英*once*）

ひとだま【人魂】 鬼火 guǐhuǒ（英*a will-o'-the-wisp*）

ひとたまりもない 马上垮台 mǎshàng kuǎtái；立刻崩溃 lìkè bēngkuì（英*very easily*）▶川が氾濫したらこの村なんか～/如果川流泛滥, 这个村子就会崩溃 rúguǒ héliú fànlàn, zhège cūnzi jiù huì bēngkuì ▶大型店が進出して商店街はとたまりもなくさびれた/因为有大规模商店的出现,小商店街立刻就萧条了 yīnwèi yǒu dàguīmó shāngdiàn de chūxiàn, xiǎoshāngdiànjiē lìkè jiù xiāotiáo le

ひとちがい【人違いをする】 认错人 rèncuò rén（英*mistake... for somebody else*）▶痴漢事件の時～で逮捕された/在车上发生的流氓事件中,被误抓起来 zài chēshang fāshēng de liúmáng shìjiàn zhōng, bèi wù zhuāqǐlai ▶私はあなたを存じません、人～です/我不认识你,是不

是认错人了？ wǒ bú rènshi nǐ, shìbushì rèncuò rén le?

ひとつ【一つ】 **1**【1個】 一个 yí ge；个儿 gèr（英*one*）▶～の/…の/…之一 ～之一 ▶りんご～/一个苹果 yí ge píngguǒ ▶この中国語作文には～も間違いがない/这篇汉语作文一个错误也没有 zhè piān Hànyǔ zuòwén yí ge cuòwù yě méiyǒu ▶彼は千に～のチャンスを逃がしてしまった/他错过了千载难逢的机会 tā cuòguòle qiān zǎi nán féng de jīhuì ▶何もかも裁判の判決～にかかっている/什么都要看法庭的判决了 shénme dōu yào kàn fǎtíng de pànjué le ▶パソコン～で年間数千万円を稼ぐ/靠一台电脑一年挣了数千万日元 kào yì tái diànnǎo yì nián zhèngle shùqiān wàn Rìyuán ▶彼の生活と芸術とが～になった/他的生活和艺术成为一体了 tā de shēnghuó hé yìshù chéngwéi yìtǐ le ▶それは二つの部屋の壁をぶちぬいて～にしたものだった/那是由两个小屋子打通而成的大房间 nà shì yóu liǎng ge xiǎo wūzi dǎtōng ér chéng de dàfángjiān

2【同じ】 同一个 tóng yí ge（英*the same*）▶心を～にする/齐心 qíxīn ▶～にまとまる/打成一片 dǎ chéng yí piàn ▶一屋根の下で暮らす/在同一屋檐下生活 zài tóngyī wūyánxia shēnghuó

3【ちょっと】 一下 yíxià；《否定を伴って》连…都不～ lián…dōu bù…（英*just; once*）▶～これを試してごらん/试试这个 shìshì zhège ▶私はここに来てからかぜ～ひかない/我到这里来以后从来没有感冒过 wǒ dào zhèlǐ lái yǐhòu cónglái méiyǒu gǎnmàoguo ▶僕は今散步～できない/我现在连散步都不能 wǒ xiànzài lián sànbù dōu bùnéng

～穴の狢(なに) 一丘之貉 yì qiū zhī hé

～置き 每隔一个 měi gé yí ge ▶学生の席を～置きに座らせる《試験場で》/让学生隔席而坐 ràng xuésheng gé xí ér zuò

～覚え 老是那一套 lǎoshì nà yí tào

～ずつ 每……一个 měi … yí ge；逐个 zhúge ▶一人が～ずつ食う/每人吃一个 měi rén chī yí ge ▶～ずつ片づける/逐个处理 zhúge chǔlǐ

～～ 一一 yīyī；一个一个地 yí ge yí ge de ▶～順番に/逐个地 zhúge de ▶製品を～～念入りにチェックする/认真检查一个一个的产品 rènzhēn jiǎnchá yí ge yí ge de chǎnpǐn ▶課題を～～クリアする/一个一个地解决问题 yí ge yí ge de jiějué wèntí

ひとづかい【人使い】 用人 yòng rén（英*treatment*）▶～が荒い/用人粗暴 yòng rén cūbào

ひとつかみ【一掴みの】 一把 yì bǎ（英*a handful of...*）▶～のエリート/少数精英 shǎoshù jīngyīng ▶～米/一把米 yì bǎ mǐ ▶読者の心を～にする/抓住读者的心 zhuāzhù dúzhě de xīn ▶騒いでいるのはほんの～の人だ/闹事的人只是一小撮 nàoshì de rén zhǐ shì yì xiǎo cuō ▶～の塩をふり撒く/撒上一把盐 sǎshang yì bǎ yán

ひとづきあい【人付き合い】 交往 jiāowǎng；

交际 jiāojì (英 *association*) ▶～のよい/会交往 huì jiāowǎng ▶近頃君は～が悪いな/最近你可不太爱和人交往 zuìjìn nǐ kě bú tài ài hé rén jiāowǎng

ひとっこひとり【人っ子一人】《否定を伴い》一个人也… yí ge rén yě… (英 *no one; not a soul*) ▶～いない/一个人影也没有 yí ge rényǐng yě méiyǒu; 寂无一人 jì wú yì rén

ひとづて【人伝】传闻 chuánwén; 听人说 tīng rén shuō (英 *hearsay*) ▶～に聞く/听人说 tīng rén shuō ▶～に彼の消息を聞く/听别人说到他的消息 tīng biérén shuōdào tā de xiāoxi ▶私はそれを～に聞いたのです/我是听别人说起这个的 wǒ shì tīng biérén shuōqǐ zhège de

ひとつぶ【一粒】一粒儿 yí lìr (英 *a grain*) ; [滴] *a drop*) ▶～の涙をこぼす/流下一滴眼泪 liúxià yì dī yǎnlèi ▶「～の砂に世界を見る」《ブレイクの詩》/"一颗沙砾可见世界 Yì kē shālì kě jiàn shìjiè"
◆ ～種: 独生子 dúshēngzǐ

ひとづま【人妻】别人的妻子 biérén de qīzi; 有夫之妇 yǒu fū zhī fù (英 *another man's wife; a married woman*)

ひとつまみ【一摘み】一小撮 yìxiǎocuō (英 *a pinch*) ▶塩を～を入れる/放一小撮盐 fàng yìxiǎocuō yán

ひとで【人手】别人的帮忙 biérén de bāngmáng; 人手 rénshǒu (英 *a hand; a help*);《他人の手中》别人的手里 biérén de shǒuli (英 *another's hand*) ▶～が足りない/人手不够 rénshǒu bùgòu ▶～を借りる/靠别人帮忙 kào biérén bāngmáng ▶～に渡る/归别人所有 guī biérén suǒyǒu ▶自分の家が～に渡った/自己的房子到别人手上了 zìjǐ de fángzi dào biérén shǒushang le

ひとで【人出】到场的人 dàochǎng de rén; 聚集起来的人群 jùjíqǐlai de rénqún (英 *a crowd; a turnout*) ▶祭りの日は好天で～が多かった/节日那天是个好天, 出门的人很多 jiérì nà tiān shì ge hǎotiān, chūmén de rén hěn duō ▶モーターショーの初日は記録的な～だった/车展头天到场的人之多刷新了纪录 chēzhǎn tóutiān dàochǎng de rén zhī duō shuāxīnle jìlù

ヒトデ【海星】〖動物〗海星 hǎixīng (英 *a starfish*)

ひとでなし【人でなし】不是人 bú shì rén; 畜生 chùsheng (英 *a brute*) ▶あんたがそんな～とは知らなかった/我没想到你那么不是人 wǒ méi xiǎngdào nǐ nàme bú shì rén

ひととおり【一通り】一遍 yí biàn; 概略 gàilüè; 基本上 jīběnshang (英《大体》*in a general way*; 《ざっと》 *briefly*) ▶～目を通す/看一遍 kàn yí biàn; 浏览 liúlǎn ▶～説明する/说明概略 shuōmíng gàilüè ▶彼はフランス語を～心得ている/他基本上掌握了法语 tā jīběnshang zhǎngwòle Fǎyǔ ▶最初に, 問題の概略を～話して下さい/首先请你讲讲问题的大概 shǒuxiān qǐng nǐ

jiǎngjiang wèntí de dàgài ▶彼を説き伏せるのは～や二通りの苦労ではなかった/要说服他不是那么容易的 yào shuōfú tā bú shì nàme róngyì de

ひとどおり【人通り】行人来往 xíngrén láiwǎng (英 *traffic*) ▶～の多い/行人很多 xíngrén hěn duō ▶この道は夜間～が少ない/这条路夜间来往行人很少 zhè tiáo lù yèjiān láiwǎng xíngrén hěn shǎo ▶町には～がとだえている/城市里人流中断了 chéngshìli rénliú zhōngduàn le

ひととき【一時】片刻 piànkè; 暂时 zànshí (英 *a time*) ▶楽しい～をすごす/度过愉快的时刻 dùguò yúkuài de shíkè ▶喫茶店で午後の～をすごす/在咖啡店度过下午的一段时间 zài kāfēidiàn dùguò xiàwǔ de yí duàn shíjiān ▶彼女は子供たちと水入らずの～を楽しんだ/她享受了和孩子们亲密无间的一刻 tā xiǎngshòule hé háizimen qīnmì wújiàn de yíkè

ひととなり【人となり】人品 rénpǐn; 为人 wéirén (英 *one's nature*; [性格] *one's personality*) ▶それは彼の～をよく示すエピソードだ/那是能反映他为人的一段轶事 nà shì néng fǎnyìng tā wéirén de yí duàn yìshì

ひとなかせ【人泣かせ】气人 qìrén; 讨厌 tǎoyàn; 叫人为难 jiào rén wéinán (英 *troublesome*) ▶朝から～な天気だ/早上就是讨厌的天气 zǎoshang jiù shì tǎoyàn de tiānqì

ひとなつっこい【人なつっこい】不认生 bú rènshēng; 亲近人 qīnjìn rén; 和蔼可亲 hé'ǎi kěqīn (英 *friendly*) ▶この水族館のいるかはとても～/这个水族馆的海豚很亲近人 zhège shuǐzúguǎn de hǎitún hěn qīnjìn rén

ひとなみ【人並み】普通 pǔtōng; 一般 yìbān (英 *ordinary; average*) ▶～の生活/普通的生活 pǔtōng de shēnghuó ▶障害があるため～に働くことができない/因为有残疾所以不能和正常人一样工作 yīnwèi yǒu cánjí suǒyǐ bùnéng hé zhèngchángrén yíyàng gōngzuò ▶まあ～に暮らしています/怎么说呢, 我过着普通人的日子 zěnme shuō ne, wǒ guòzhe pǔtōngrén de rìzi ▶私も～にかぜをひいてしまった/我也和别人一样感冒了 wǒ yě hé biérén yíyàng gǎnmào le ▶～すぐれたローマ史の知識を持っている/他对罗马历史有着不同凡响的知识 tā duì Luómǎ lìshǐ yǒuzhe bùtóng fánxiǎng de zhīshi

ひとなみ【人波】人海 rénhǎi; 人潮 réncháo (英 *a surging crowd of people*) ▶～にもまれる/挤在人群里 jǐzài rénqúnli ▶彼は～の中に紛れ込んだ/他混入了人群中 tā hùnrùle rénqún zhōng

ひとにぎり【一握りの】一把 yì bǎ; 一小撮 yìxiǎocuō (英 *a handful of…*) ▶儲けているのはほんの～の人だ/赚钱的人只是极少数 zhuànqián de rén zhǐshì jí shǎoshù

ひとねむり【一眠りする】睡一会儿 shuì yíhuìr; 打盹儿 dǎdǔnr (英 *have a nap*) ▶もう～させてくれ/让我再睡一会儿 ràng wǒ zài shuì yíhuìr

ひとはた【一旗】
～揚げる 兴办事业 xīngbàn shìyè

ひとはだ【一肌】
～脱ぐ 尽力帮助 jìnlì bāngzhù

ひとはな【一花】 一朵花 yì duǒ huā; 成绩 chéngjì (英) [成功] a success ▶～咲かす/干出成绩 gànchū chéngjì; 取得成功 qǔdé chénggōng ▶引退前にもう～咲かせたい/在退休前想再漂亮地干件事 zài tuìxiūqián xiǎng zài piàoliang de gàn jiàn shì

ひとばん【一晩】 一夜 yíyè; 一个晚上 yí ge wǎnshang (英) a night ▶～中/通宵 tōngxiāo; 通夜 tōngyè ▶私は昨夜一晩中レポートを書いていた/我昨天写了一晚上报告 wǒ zuótiān xiěle yì wǎnshang bàogào ▶ きゅうりを10%の塩水に漬ける/把黄瓜在浓度为百分之十的盐水里泡一晚 bǎ huánggua zài nóngdù wéi bǎi fēn zhī shí de yánshuǐlǐ pào yì wǎn ▶ よく一晩考えなさい/你好好儿考虑一晚上吧 nǐ hǎohāor kǎolǜ yì wǎnshang ba ▶～泊まる/住一晚 zhù yì wǎn ▶～いくらですか/住一宿多少钱? zhù yì xiǔ duōshao qián?

ひとびと【人人】 人们 rénmen (英) people ▶ オンラインで世界中の～と交流ができる/上网能和全世界的人交流 shàngwǎng néng hé quánshìjiè de rén jiāoliú ▶自然災害が～の暮らしをおびやかす/自然灾害威胁着人们的生活 zìrán zāihài wēixiézhe rénmen de shēnghuó

ひとひら【一片】 一片 yí piàn; 一张 yì zhāng (英) a piece

ひとべらし【人減らしをする】 裁员 cáiyuán (英) reduce personnel

ひとまえ【人前】 人前 rénqián; 众人面前 zhòngrén miànqián (英) company ▶～で恥をさらす/当众出丑 dāngzhòng chūchǒu ▶～に出られない/见不得人 jiànbudé rén ▶～に出る/出头露面 chūtóu lòumiàn ▶～でキスをする/不顾在大众面前, 在路上接吻 búgù zài dàzhòng miànqián, zài lùshang jiēwěn ▶こんな格好では～に出られません/这样的打扮出不了门 zhèyàng de dǎban chūbuliǎo mén

ひとまかせ【人任せにする】 托付他人 tuōfù tārén; 全面委托别人 quánmiàn wěituō biérén (英) leave... to others ▶こんな大事なことを～にできない/这么重要的事不能交给别人 zhème zhòngyào de shì bùnéng jiāogěi biérén

ひとまく【一幕】《芝居の》一幕 yí mù; 一个场面 yí ge chǎngmiàn (英) an act; [場面] a scene ▶一劇/独幕剧 dúmùjù

ひとまず【一先ず】 姑且 gūqiě; 暂且 zànqiě; 先 xiān (英) for the present; [少しの間] for a while ▶母が元気になって～安心だ/母亲恢复了健康, 总算放下心来 mǔqin huīfùle jiànkāng, zǒngsuàn fàngxià xīn lái ▶旅程を中止して帰国することにした/中止旅程决定先回国再说 zhōngzhǐ lǚchéng juédìng xiān huíguó zài shuō

ひとまとめ【一まとめ】 一揽子 yìlǎnzi; (归到) 一起 (guīdao) yìqǐ (英) a bundle ▶～にする/合拢 hélǒng; 凑在一起 còuzài yìqǐ ▶小さい荷物を～にして運ぶ/把小件行李归拢到一起搬运 bǎ xiǎojiàn xínglǐ guīlǒngdào yìqǐ bānyùn ▶それらの問題を～にして論じるのは無理が／不该把这些问题混为一谈 bù gāi bǎ zhèxiē wèntí hùnwéi yì tán ▶～にフリーターと呼ばれる人々/被统称为自由职业者 bèi tǒngchēngwéi zìyóu zhíyèzhě

ひとまね【人真似をする】 模仿别人 mófǎng biérén (英) mimic ▶～では絶対うまくいかない/模仿别人绝对不会成功 mófǎng biérén juéduì búhuì chénggōng ▶～商品/仿制品 fǎngzhìpǐn

ひとまわり【一回り】 ❶【一周】一周 yì zhōu; 一圈 yì quān (英) a round; [大きさ] a size ▶公園を～しよう/绕公园一周吧 rào gōngyuán yì zhōu ba ▶これはそれより～大きいです/这个比那个大一圈 zhège bǐ nàge dà yì quān ❷【十二支の】一轮 yì lún ▶兄とは歳が～違う/哥哥比我大一轮 gēge bǐ wǒ dà yì lún

ひとみ【瞳】 瞳孔 tóngkǒng; 瞳仁 tóngrén (英) the pupil ▶～をこらしてじっと見る/目不转睛地看着 mù bù zhuǎn jīng de kànzhe

ひとみしり【人見知りする】 认生 rènshēng; 怯生 qièshēng; 怕生 pàshēng (英) be shy with strangers ▶彼氏は～するタイプなの/他生来就是怕生的人 tā shēnglái jiù shì pàshēng de rén ▶うちの子は～がひどくて困る/我们家的孩子太认生真让人头疼 wǒmen jiā de háizi tài rènshēng zhēn ràng rén tóuténg

ひとむかし【一昔】 过去 guòqù; 十年左右以前 shí nián zuǒyòu yǐqián (英) an age; [十年] a decade ▶～前/从前 cóngqián ▶十年というじゃないか/不是说过十年就能算作往昔的吗? bú shì shuō guò shí nián jiù néng suànzuò wǎngxī de ma? ▶あれはもう～前のことになる/那也是十多年前的事了 nà yě shì shí duō nián qián de shì le

ひとめ【一目】 一眼 yì yǎn (英) a glance ▶～でわかる/一看就知道 yí kàn jiù zhīdào ▶死ぬ前に～会いたい/想在死前见一面 xiǎng zài sǐqián jiànshàng yí miàn ▶～見れば十分です/看一眼就足够了 kàn yì yǎn jiù zúgòu le ▶僕たちの家は町が～で見渡せる丘の上に立っている/我们的家在一眼就能看到全市的山丘上 wǒmen de jiā zài yì yǎn jiù néng kàndào quánshì de shānqiūshang ▶僕にはいい馬は～見ればすぐわかる/我一眼就能看出来好马 wǒ yì yǎn jiù néng kànchūlai hǎomǎ

ひとめ【人目】 别人的视线 biérén de shìxiàn; 世人眼目 shìrén yǎnmù (英) public notice ▶書類を～に触れるようなところに置いてはいかん/不要把文件放在别人能看到的地方 búyào bǎ wénjiàn fàngzài biérén néng kàndào de dìfang ▶ここはあまりに～が多過ぎる/这儿人太多 zhèr rén tài duō ▶～をごまかして姿を消す/避开人们的视线销声匿迹了 bìkāi rénmen de shìxiàn

xiāo shēng nì jì le ▶あの変わった身なりでは～につきやすい/那身打扮特別招人注目 nà shēn dǎban tèbié zhāo rén zhùmù ▶～につかぬように行動する/避人眼目地行動 bì rén yǎnmù de xíngdòng ▶彼は～を避けるように生きている/他避开人们的视线生活 tā bìkāi rénmen de shìxiàn shēnghuó
~につかない 不引人注目 bù yǐn rén zhùmù
~につく 被人看到 bèi rén kàndào
~を忍ぶ ▶～を忍んで逢瀨を重ねる/避开旁人的视线偷情 bìkāi pángrén de shìxiàn tōuqíng
~を憚らぬ 大明大摆 dà míng dà bǎi
~を憚る 怕人的眼目 pà rén de yǎnmù; 偷偷摸摸 tōutōumōmō
~を引く 显眼 xiǎnyǎn; 引人注目 yǐn rén zhùmù

ひとめぐり【一巡り】する 走一圈 zǒu yī quān; 绕一圈 rào yī quān 英 *go around* ▶この島は時間があれば～する価値がある/这个岛有时间的话,有转一圈看看的价值 zhège dǎo yǒu shíjiān de huà, yǒu zhuàn yī quān kànkan de jiàzhí ▶季節が～する間私は病院にいた/四季周而复始的一年里,我曾一直住在医院 sìjì zhōu ér fù shǐ de yī niánli, wǒ céng yìzhí zhùzài yīyuàn

ひとめぼれ【一目惚れ】する 一见钟情 yí jiàn zhōngqíng 英 *fall in love at first sight* ▶彼は彼女に～した/他对她一见钟情了 tā duì tā yí jiàn zhōngqíng le

ひともうけ【一儲け】する 赚一笔钱 zhuàn yī bǐ qián 英 *make a profit*

ひともなげ【人もなげな】 旁若无人 páng ruò wú rén 英 *insolent* ▶彼の～な振る舞いにみんな眉をひそめた/他旁若无人的举止让众人皱眉 tā páng ruò wú rén de jǔzhǐ ràng zhòngrén zhòuméi

ひとやく【一役】(a role)
~ 買う 承担一项工作 chéngdān yī xiàng gōngzuò; 主动出一把力 zhǔdòng chū yī bǎ lì ▶その陰謀には彼も～買っている/他也参与到那个阴谋里了 tā yě cānyùdào nàge yīnmóuli le

ひとやすみ【一休み】する 歇一会儿 xiē yíhuìr 英 *take a little rest* ▶公園のベンチで～する/在公园的长椅上稍微休息 zài gōngyuán de chángyǐshang shāowēi xiūxi ▶ここらでちょっと～しよう/现在休息一下吧 xiànzài xiūxi yíxià ba

ひとやま【一山】 一堆 yī duī; (果実など)一堆 yī duī; (山)一座山 yí zuò shān 英 *a lot* ▶300 円のりんご/一盆三百日元的苹果 yī pén sānbǎi Rìyuán de píngguǒ
~当てる 碰运气发大财 pèng yùnqi fā dàcái
~越える 过一个关 guò yí ge guān

ひとり【一人・独り】 一个人 yí ge rén; 只身 zhīshēn 英 *one person* ▶～で引き受ける/一手包办 yì shǒu bāobàn ▶人っ子～いない夜道を歩く/在没有一个人的夜路行走 zài méiyǒu yí ge yèlù xíngzǒu ▶ずつ入って下さい/一个人进来 yígège jìnlái ▶東京には～も知人がいない/东京没有一个认识的人 Dōngjīng méiyǒu yí ge rènshi de rén ▶～もその問いに答えられなかった/没有一个人能回答那个问题 méiyǒu yí ge rén néng huídá nàge wèntí ▶我々は―残らず大会に参加した/我们全部参加了大会 wǒmen quándōu cānjiāle dàhuì ▶～で暮らす/一个人生活 yí ge rén shēnghuó ▶～で行けますか/一个人能去吗? yí ge rén néng qù ma? ▶このスーツケースはとても重くて～では運べない/这个箱子太沉,一个人怎么也搬不动 zhège xiāngzi tài chén, yí ge rén zěnme yě bānbudòng ▶～で酒を飲むのはわびしい/一个人喝酒太寂寞 yí ge rén hē jiǔ tài jìmò ▶彼の店は～でやっている/他一个人经营小店 tā yí ge rén jīngyíng xiǎodiàn

~当たり 人均 rénjūn; 平均每人 píngjūn měirén ▶～当たりの電力消費量/人均消耗电力 rénjūn xiāohào diànlì

◆~暮らし 独居 dújū; 单身生活 dānshēn shēnghuó ▶～暮らしは気楽でいいが不便なこともある/单身生活倒是很自由但是也有不方便的时候 dānshēn shēnghuó dàoshì hěn zìyóu dànshì yě yǒu bù fāngbiàn de shíhou ▶芝居 独角戏 dújiǎoxì ▶あの騒動は結局彼の～芝居に終わった/那次闹事结果也以他的独角戏告终 nà cì nàoshì jiéguǒ yě yǐ tā de dújiǎoxì gàozhōng

~相撲 唱独角戏 chàng dújiǎoxì ▶私の努力はしょせん～相撲でしかなかった/我的努力也不过是唱独角戏 wǒ de nǔlì yě jiùshì chàng dújiǎoxì ▶旅 只身旅行 zhīshēn lǚxíng ▶中国全土を～旅するってほんとですか/一个人周游中国全国,这是真的吗? yí ge rén zhōuyóu Zhōngguó quánguó, zhè shì zhēn de ma? ▶舞台 独角戏 dújiǎoxì ▶一人で表演/一个人表演 yíge rén biǎoyǎn ▶会議は彼の～舞台で誰も口をはさめなかった/会议是他的独角戏,谁都插不上嘴 huìyì shì tā de dújiǎoxì, shéi dōu chābushàng zuǐ ▶～二役 二役を演じる/一个人演两个角色 yí ge rén yǎn liǎng ge juésè ▶～息子 独生子 dúshēngzǐ ▶～娘 独生女 dúshēngnǚ

ひどり【日取り】 日期 rìqī 英 *the date* ▶～を決める/决定日期 juédìng rìqī ▶結婚の～はまだ決まっていない/结婚的日子还没定 jiéhūn de rìzi hái méi dìng ▶近いうち京都へ行く予定だが,まだ～は決めていない/近期准备去京都,但是日子还没定 jìnqī zhǔnbèi qù Jīngdū, dànshì rìzi hái méi dìng

ひとりあるき【独り歩きする】 **❶**《一人で歩く》 一个人走路 yí ge rén zǒulù 英 *walk by oneself* ▶この辺は女の～は危険である/这一带女性独自行走危险 zhè yídài nǚxìng dúzì xíngzǒu hěn wēixiǎn **❷**《自立》 自食其力 zì shí qí lì; 自动发展 zìdòng fāzhǎn 英 *stand on one's own legs* ▶うちの子も～ができるようになった/我家的孩子能独立了 wǒ jiā de háizi néng dúlì le ▶データだけが～して実態を覆いかくす/数据被四处引用,掩盖了实际情况 shùjù bèi sìchù yǐnyòng, yǎngàile shíjì qíngkuàng

ひとりがてん【独り合点する】 自以为是 zì yǐ wéi shì (英 *jump to a conclusion*) ▶~で商談をすすめ大失敗した/自以为是地进行谈判，结果搞砸了 zì yǐ wéi shì de jìnxíng tánpàn, jiéguǒ gǎozá le

ひとりごと【独り言を言う】 自言自语 zì yán zì yǔ (英 *speak to oneself*) ▶ 近頃~を言うことが多くなった/最近自言自语多了 zuìjìn zì yán zì yǔ duō le

ひとりじめ【独り占めする】 独占 dúzhàn; 垄断 lǒngduàn (英 *monopolize*) ▶ 兄ちゃんは何でも~するんだからずるいよ/哥哥什么都自己占着真过份！ gēge shénme dōu zìjǐ zhànzhe zhēn guòfèn!

ひとりだち【独り立ちする】 自立 zìlì; 独立谋生 dúlì móushēng; 自食其力 zì shí qí lì (英 *become independent*) ▶ 子供が~してくれるまでは頑張らなくちゃ/要奋斗到孩子独立为止 yào fèndòudào háizi dúlì wéizhǐ ▶ ひなが親鳥から~する/雏鸟离开母鸟独立行动 chúniǎo líkāi mǔniǎo dúlì xíngdòng

ひとりっこ【一人っ子】 独生子女 dúshēng zǐnǚ (英 *an only child*) ▶ 中国の~政策は1979年から始まった/中国的独生子女政策是从一九七九年开始的 Zhōngguó de dúshēng zǐnǚ zhèngcè shì cóng yī jiǔ qī jiǔ nián kāishǐ de ▶ ~はとかく甘やかされる/独生子女容易被娇惯 dúshēng zǐnǚ róngyì bèi jiāoguàn

ひとりでに【独りでに】 自动 zìdòng; 自然而然 zìrán ér rán (英 *by itself; automatically*) ▶ 扉が~すうっと開いた/门自动地开了 mén zìdòng de kāi le ▶ ~笑いがこみあげてくる/自然地露出了笑容 zìrán de lùchūle xiàoróng ▶ 車のドアが~締まった/车门自动地关了 chēmén zìdòng de guān le

ひとりぼっち【独りぼっちの】 孤独 gūdú;《身寄りもなく》孤单 gūdān (英 *lonely*) ▶ ~の正月を過ごす/孤孤单单地过元旦 gūgūdāndān de guò Yuándàn

ひとりみ【独り身】 单身 dānshēn; 独身 dúshēn (英 *a single person*)

ひとりよがり【独りよがりの】 自是 zìshì; 自以为是 zì yǐ wéi shì (英 *self-satisfied*) ▶ それは君の~だ/这是你自以为是 zhè shì nǐ zì yǐ wéi shì

ひとわたり【一わたり】 大略 dàlüè; 大概 dàgài (英 *general*)

ひな【雛】《鳥の》雏鸟 chúniǎo;《鶏(ケイ)の》鸡雏 jīchú (英 *a chicken*)

ひながた【雛型】 雏形 chúxíng; 模型 móxíng (英 [模型] *a model*; [書式] *a form*) ▶ ~どおりに契約書を作成する/照格式写好合同 zhào géshi xiěhǎo hétong

ヒナゲシ【雛罌粟】〔植物〕虞美人 yúměirén; 丽春花 lìchūnhuā (英 *a field poppy*)

ひなた【日向】 向阳处 xiàngyángchù; 太阳地儿 tàiyángdìr (英 *a sunny place*) ▶ ~ぼっこをする/晒太阳 shài tàiyáng ▶ それを~に置いてはいけない/不能把那个放在向阳处 bùnéng bǎ nàge fàngzài xiàngyángchù ▶ ~に干す/晒干 shàigān

ひなだん【雛壇】 阶梯式偶人架 jiētīshì ǒurénjià [雛人形] *a tiered stand for dolls*) ▶ お偉方が~に並ぶ/领导人坐在主席台上 lǐngdǎorén zuòzài zhǔxítáishang

ひなにんぎょう【雛人形】 女儿节摆饰的小偶人 Nǚ'érjié bǎishì de xiǎo'ǒurén (英 *a hina doll*)

ひなびた【鄙びた】 带乡土气 dài xiāngtǔqì; 乡土气息的 xiāngtǔ qìxī de (英 *rustic*) ▶ ~山あいの温泉宿/带乡土气的山间温泉旅馆 dài xiāngtǔqì de shānjiān wēnquán lǚguǎn

ひなまつり【雛祭】 女儿节 Nǚ'érjié (英 *the Doll's [Girl's] Festival*)

ひなん【非難する】 非难 fēinàn; 谴责 qiǎnzé (英 *criticize; blame*) ▶ ~を浴びる/遭受非难 zāoshòu fēinàn ▶ ~の的/众矢之的 zhòngshǐ zhī dì ▶ ~囂囂(ゴゥ)/啧有烦言 zé yǒu fán yán ▶ その行為は世間の~を免れないだろう/那种行为难免会遭到社会的谴责吧 nà zhǒng xíngwéi nánmiǎn huì zāodào shèhuì de qiǎnzé ba ▶ 金儲けのどこが悪いとうそぶく彼に対しては~の声が高い/他狂言说赚钱有什么不对的, 引起了众多的非议 tā kuángyán shuō zhuànqián yǒu shénme búduì de, yǐnqǐle zhòngduō de fēiyì ▶ 言論統制をすすめる政府を~する/指责政府进行言论管制 zhǐzé zhèngfǔ jìnxíng yánlùn guǎnzhì ▶ 彼の行いには別に~するところない/他的行为并没有什么可谴责之处 tā de xíngwéi bìng méiyǒu shénme kě qiǎnzé zhī chù ▶ その企業は~の的となる/那家企业成为了被指责的目标 nà jiā qǐyè chéngwéile bèi zhǐzé de mùbiāo

ひなん【避難する】 逃难 táonàn; 避难 bìnàn (英 *take refuge*) ▶ ~所/避难所 bìnànsuǒ ▶ ~港/避难港 bìfēnggǎng ▶ 安全な場所に~する/避难到安全的地方 bìnàndào ānquán de dìfang ▶ 数千人が~生活を送っている/数千人过着避难生活 shùqiān rén guòzhe bìnàn shēnghuó ▶ 我がちに~する/争先恐后地逃难 zhēng xiān kǒng hòu de táonàn
◆~階段:太平楼梯 tàipíng lóutī ~訓練:避难训练 bìnàn xùnliàn ~民:难民 nànmín ▶ 内戦による~民/由于内战引起的难民 yóuyú nèizhàn yǐnqǐ de nànmín

びなん【美男】 美男子 měinánzǐ (英 *a handsome man*) ▶ ~美女/美男美女 měinán měinǚ

ビニール 乙烯树脂 yǐxī shùzhī (英 *vinyl*) ▶ ~シート/塑料薄膜 sùliào bómó ▶ ~ハウス/塑料棚 sùliàopéng ▶ ~袋/塑料袋 sùliàodài ▶ ~傘/尼龙伞 nílóngsǎn ▶ ~のゴミ袋/尼龙的垃圾袋 nílóng de lājīdài ▶ 塩化~樹脂/氯乙烯树脂 lǜyǐxī shùzhī

ひにく【皮肉】 讽刺 fěngcì; 反语 fǎnyǔ (英 *sarcasm; irony*) ▶ ~を言う/讽刺 fěngcì; 挖苦 wāku; 奚落 xīluò ▶ 運命の~としか言いようがな

い/只能说这是命运捉弄人 zhǐ néng shuō zhè shì mìngyùn zhuōnòng rén ▶漫画で世相を～る/用漫画讽刺社会 yòng mànhuà fěngcì shèhuì ▶それは～ですか/这是挖苦我吗？ zhè shì wāku wǒ ma？それは私には～に聞こえますね/这句话我听起来有讽刺的意思 zhè jù huà wǒ tīngqǐlai yǒu fěngcì de yìsi ▶～にも人の善意がこの事件の原因になった/令人啼笑皆非的是人们的善意成了这次事件的原因 lìng rén tíxiào jiē fēi de shì rénmen de shànyì chéngle zhècì shìjiàn de yuányīn
　◆～屋：好挖苦人的人 hào wāku rén de rén
　日中比較 中国語の'皮肉 pírou'は「肉体」を指す。～腰右側皮肉麻木 yāo yòucè pírou mámù/腰の右側の部分がしびれる

ひにひに【日に日に】 日渐 rìjiàn；一天比一天 yì tiān bǐ yì tiān（英 day by day）▶～と…になる/日见 rìjiàn ▶万博開催の熱気が～高まっている/世博将要开始的热潮日渐浓起来了 shìbó jiāngyào kāishǐ de rècháo rìjiàn nóngqǐlai le ▶～寒くなってくる/一天一天地变冷了 yì tiān yì tiān de biàn lěng le ▶～暑くなる/一天比一天热起来了 yì tiān bǐ yì tiān rèqǐlai

ひにょうき【泌尿器】〖解〗泌尿器 mìniàoqì（英 the urinary organs）▶～科に入院する/住院看泌尿科 zhùyuàn kàn mìniàokē

ビニロン 维纶 wéilún（英 vinylon）

ひにん【否認する】 否认 fǒurèn（英 deny）▶起訴事実を～する/否认起诉事实 fǒurèn qǐsù shìshí

ひにん【避妊】 避孕 bìyùn（英 prevent conception）▶雌猫の～の手術をする/做母猫的避孕手术 zuò mǔmāo de bìyùn shǒushù
　◆経口～薬：口服避孕药 kǒufú bìyùnyào　～薬 避孕药 bìyùnyào

ひにんげんてき【非人間的】 不人道 bù réndào；无人性 wú rénxìng（英 inhuman）

ひねくれた 乖戾 guāilì；怪僻 guàipì；别扭 bièniu（英 crooked；warped）▶そんな～考えをすることはないよ/别想得那么别扭 bié xiǎngde nàme bièniu

ひねくれる 扭曲 niǔqū；乖戾 guāilì；怪僻 guàipì（英 become crooked）▶彼の性格は全くひねくれてしまった/他的性格变得十分乖戾 tā de xìnggé biànde shífēn guāilì ▶あいつは心がひねくれている/他有一颗扭曲的心 tā yǒu yì kē niǔqū de xīn

びねつ【微熱】 低烧 dīshāo（英 a slight fever）▶このところずっと～がある/最近一直在发低烧 zuìjìn yìzhí zài fā dīshāo

ひねり【捻り】❶〖ねじり〗扭转 niǔzhuǎn（英 a twist）❷〖工夫〗别致 biézhì（英 a polish）▶～をきかせる/别出心裁 bié chū xīncái ▶もう一～する/再动一下脑筋 zài dòng yíxià nǎojīn；再下点儿工夫 zài xià diǎnr gōngfu

ひねりだす【ひねり出す】《知恵を》想出 xiǎngchū（英 work out）；《かねを》筹出 chóuchū（英 manage to raise）▶策を～/想出办法 xiǎngchū bànfǎ ▶経費を～/筹划经费 chóuhuà jīngfèi

ひねる ❶〖一方にねじる〗扭 niǔ；拧 nǐng（英 twist）▶ひねってけがをする/扭伤 niǔshāng ▶首をひねって考える/歪着头考虑 wāizhe tóu kǎolù ▶栓をひねってガスを出す/拧开阀门放煤气 nǐngkāi fámén fàng méiqì ▶他論の反対をひねりつぶす/压制住社会的反对意见 yāzhìzhù shèhuì de fǎnduì yìjiàn ▶腰を右にひねって上半身を左に傾ける/把腰往右拧，上半身往左弯 bǎ yāo wǎng yòu nǐng，shàngbànshēn wǎng zuǒ wān
❷〖頭を〗费尽心机 fèijìn xīnjī（英 think hard）▶頭を〈考える〉/动脑筋 dòng nǎojīn；绞尽脑汁 jiǎojìn nǎozhī

ひのいり【日の入り】 日没 rìmò；日落 rìluò（英 at sunset）

ヒノキ【檜】〖植物〗桧柏 guìbǎi（英 a hinoki；a Japanese cypress）

ひのきぶたい【檜舞台】 大舞台 dàwǔtái（英 a big stage）▶～を踏む/踏上大舞台 tàshàng dàwǔtái ▶世界の～で活躍した外交家/活跃在世界的大舞台上的外交家 huóyuè zài shìjiè de dàwǔtáishang de wàijiāojiā

ひのくるま【火の車】 经济拮据 jīngjì jiéjū（英 financial straits）▶うちの家計は～だ/我们家经济拮据 wǒmen jiā jīngjì jiéjū ▶会社は去年からずっと～/公司从去年开始就一直亏空 gōngsī cóng qùnián kāishǐ jiù yìzhí kuīkong

ひのけ【火の気】 火 huǒ；火星 huǒxīng（英 fire）▶～がない/没有烟火 méiyǒu yānhuǒ ▶家の中にはまるで～がない/がまだった/房子里本来连一个火星都没有 fángzili běnlái lián yí ge huǒxīng dōu méiyǒu ▶～のない部屋は冷えきっている/房间没有一点热气，冷极了 fángjiān méiyǒu yìdiǎn rèqì，lěngjí le

ひのこ【火の粉】 星火 xīnghuǒ；火花 huǒhuā（英 sparks of fire）▶～が飛び散る/火花飞溅 huǒhuā fēijiàn
降りかかった～を振りはらう 消除加在自己身上的嫌疑 xiāochú jiāzài zìjǐ shēnshang de xiányí

ひのたま【火の玉】 火球 huǒqiú（英 a fireball）；《墓場の》鬼火 guǐhuǒ（英 a will-o'-the-wisp）

ひので【火の手】 火头 huǒtóu；火势 huǒshì（英 a fire；flames）▶～が上がる/火焰升腾 huǒyàn shēngténg ▶～がのびる/延烧 yánshāo ▶高層ビルの30階付近から～が上がった/在高层大厦的三十阶付近发生火灾 zài gāocéng dàshà de sānshí céng fùjìn fāshēng huǒzāi ▶～の広がるのを防ぐ/防止火势蔓延 fángzhǐ huǒshì mànyán ▶その法案には各地から反対の～が上がった/对于那个法案各地都燃起了反对的烈火 duìyú nàge fǎ'àn gèdì dōu ránqǐle fǎnduì de lièhuǒ

ひので【日の出】 日出 rìchū（英 sunrise）▶初～/元旦的日出 Yuándàn de rìchū ▶山頂で荘厳な～を拝む/在山顶上瞻拜庄严的日出 zài shāndǐngshang zhānbài zhuāngyán de rìchū ▶〜から日の入りまで/从日出到日落 cóng rìchū dào rìluò

ひのべ【日延べする】 缓期 huǎnqī; 延期 yánqī (英 *postpone*) ▶運動会は光化学スモッグのため〜になった/运动会因为光化学烟雾而延期举行 yùndònghuì yīnwèi guānghuàxué yānwù ér yánqī jǔxíng

ひのまる【日の丸】 日本国旗 Rìběn guóqí; 太阳旗 tàiyángqí (英 *the Rising-Sun flag*) ▶〜弁当/米饭中间放一粒红腌梅子的盒饭 mǐfàn zhōngjiān fàng yí lì hóngyān méizi de héfàn ▶親方〜/铁饭碗 tiěfànwǎn

ひのみやぐら【火の見櫓】 火警瞭望台 huǒjǐng liàowàngtái (英 *a fire tower*)

ひのめ【日の目】 阳光 yángguāng; 天日 tiānrì (英 *the light of day*) 问世 wènshì (英 *be successful*) ▶〜を見る/见天日 jiàn tiānrì ▶長く埋もれていた映画が遂に〜を見ることになった/长时间被埋没了的电影终于又重见天日了 cháng shíjiān bèi máimòle de diànyǐng zhōngyú yòu chóngjiàn tiānrì le ▶その小説はついに〜を見なかった/那部小说到底没有被公开 nà bù xiǎoshuō dàodǐ méiyǒu bèi gōngkāi

ひばいひん【非売品】 非卖品 fēimàipǐn (英 *an article not for sale*) ▶もともとキャンペーン用の〜です/原本是用作广告的非卖品 yuánběn shì yòng zuò guǎnggào de fēimàipǐn

ひばく【被曝する】 《放射能を》被照射 bèi zhàoshè (英 *be exposed to atomic bombing*) ▶〜者/被放射线照射的人 bèi fàngshèxiàn zhàoshè de rén ▶〜地《原爆の》/原子弹爆炸的地方 yuánzǐdàn bàozhà de dìfang

ひばし【火箸】 火筷子 huǒkuàizi; 火箸 huǒzhù (英 *tongs*)

ひばしら【火柱】 火柱 huǒzhù (英 *a pillar of fire*) ▶〜が立つ/燃起火柱 ránqǐ huǒzhù

ひばち【火鉢】 火盆 huǒpén; 炭盆 tànpén (英 *a charcoal brazier*) ▶〜にあたる/对着火盆烤火 duìzhe huǒpén kǎohuǒ

ひばな【火花】 火星 huǒxīng; 星火 xīnghuǒ (英 *a spark*) ▶〜を散らす《人と人が》/激烈争论 jīliè zhēnglùn ▶与野党がその法案をめぐって〜を散らす/执政党和在野党围绕着那个法案展开了斗争 zhízhèngdǎng hé zàiyědǎng wéirǎozhe nàge fǎ'àn zhǎnkāile dòuzhēng ▶各デパートがクリスマス商戦で〜を散らす/各个百货公司为了圣诞节的销售展开了激烈竞争 gège bǎihuò gōngsī wèile Shèngdànjié de xiāoshòu zhǎnkāile jīliè jìngzhēng

ヒバリ【雲雀】 〔鳥〕云雀 yúnquè (英 *a skylark*) ▶〜がさえずる/云雀鸣啭 yúnquè míngzhuàn

ひはん【批判する】 批评 pīpíng; 批判 pīpàn (英 *criticize*) ▶鋭い〜にさらされる/被激烈批判 jīliè pīpàn ▶彼は社会から〜をうけた/他遭到了社会的批判 tā zāodàole shèhuì de pīpàn ▶無〜に承認する/不批判地承认 bù pīpàn de chéngrèn ▶〜票が多数あった/有大量的反对票 yǒu dàliàng de fǎnduìpiào ▶論文を〜的に読む/批判地读论文 pīpàn de dú lùnwén

◆自己〜/自我批评 zìwǒ pīpíng; 自我检讨 zìwǒ jiǎntǎo

ひばん【非番】 歇班 xiēbān; 不值班 bù zhíbān (英 *being off duty*) ▶今日は〜だ/今天不当班 jīntiān bù dāngbān ▶〜の警官/不当班的警察 bù dāngbān de jǐngchá

ひび 裂缝 lièfèng; 裂纹 lièwén (英 *a crack*);《皮膚の》皲裂 jūnliè (英 〔あかぎれ〕*chaps*) ▶壁に〜が入る/墙上裂缝儿 qiángshang lièfèngr ▶寒さで手に〜が切れる/冻得手上起皲裂 dòngde shǒushang qǐ jūnliè ▶足の骨に〜が入った/腿骨开裂了 tuǐgǔ kāilie le ▶この茶わんは元から〜が入っていたのか/这个碗原先就有裂纹吗？ zhège wǎn yuánxiān jiù yǒu lièwén ma? ▶彼らの間に〜が入る/他们的关系发生裂痕 tāmen de guānxi fāshēng lièhén

ひび【日日】 朝夕 zhāoxī; 天天 tiāntiān (英 *every day*)

ひびき【響き】 ❶〔音響〕响声 xiǎngshēng; 回音 huíyīn (英 *a sound*) ▶音の〜がいいホール/音响效果很好的大厅 yīnxiǎng xiàoguǒ hěn hǎo de dàtīng
❷〔振動するような〕轰响 hōngxiǎng (英 *a vibration*) ▶すさまじい〜をたてて戦車が迫ってきた/坦克轰鸣地开了过来 tǎnkè hōngmíng de kāile guòlái
❸〔反響〕回声 huíshēng; 反响 fǎnxiǎng (英 *an echo*)
❹〔ニュアンス〕语感 yǔgǎn (英 *a ring*) ▶その言葉はすばらしく〜がよい/那句话铮铮作响 nà jù huà zhēngzhēng zuòxiǎng ▶言葉には皮肉な〜があった/言辞里含有讽刺意味 yáncílǐ hányǒu fěngcì yìwèi

ひびく【響く】 响 xiǎng; 影响 yǐngxiǎng (英 〔とどろく〕*sound*; *roar*; 〔影響〕*affect*) ▶よく〜/响亮 xiǎngliàng ▶私の言い方は不躾に〜かもしれませんが/我的说法可能有点没有礼貌 wǒ de shuōfǎ kěnéng yǒudiǎn méiyǒu lǐmào ▶彼の声は広間に響き渡った/他的声音响彻大厅 tā de shēngyīn xiǎngchè dàtīng ▶生活に〜/影响生活 yǐngxiǎng shēnghuó ▶家のローンが家計に大きく〜/房子的贷款大大影响了家庭的收支 fángzi de dàikuǎn dàdà yǐngxiǎngle jiātíng de shōuzhī

びびたる【微微たる】 微薄 wēibó; 微小 wēixiǎo; 微不足道 wēi bù zú dào (英 *very little* 〔*few*〕) ▶それは彼にとっては〜金額だ/这对他来说是微不足道的金额 zhè duì tā lái shuō shì wēi bù zú dào de jīn'é ▶その影響は〜ものだ/它的影响是微小的 tā de yǐngxiǎng shì wēixiǎo de

ひひょう【批評する】 批评 pīpíng; 评论 pínglùn (英 *criticize*) ▶映画〜/电影评论 diànyǐng pínglùn ▶この作品は～に値しない/这部作品不值得评论 zhè bù zuòpǐn bù zhíde pínglùn ▶彼の～眼は信頼できる/他的评论眼光值得信赖 tā de pínglùn yǎnguāng zhíde xìnlài ▶～家の好評を博す/博得了评论家的好评 bódéle pínglùnjiā de hǎopíng

> [日中比較] 中国語の'批評 pīpíng'は「物事の価値を評価する」という意味の他に「批判する」という意味をも持つ.

ひびわれる【ひび割れる】 裂缝 lièfèng; 裂璺 lièwèn;《皮膚が》皱 cūn (英 crack)

びひん【備品】（公家的）常用用品（gōngjiā de）chángshè yòngpǐn; 设备 shèbèi (英 equipment) ▶ホテルの～を持ち帰る/把宾馆的用品拿回家 bǎ bīnguǎn de yòngpǐn náhuí jiā

ひふ【皮膚】 皮肤 pífū (英 the skin) ▶～を移植する/植皮 zhípí ▶～炎/皮肤炎 pífūyán ▶～感覚/肤觉 fūjué ▶カエルは～で呼吸する/青蛙用皮肤呼吸 qīngwā yòng pífū hūxī ▶化粧品でかぶれる/化妆品致使皮肤发炎 huàzhuāngpǐn zhìshǐ pífū fāyán ▶～の色を異にする人々/肤色不同的人们 fūsè bùtóng de rénmen ▶～科/皮肤科 pífūkē ▶～病/皮肤病 pífūbìng

ひぶ【日歩】（对一百日元的）日息（duì yìbǎi Rìyuán de）rìxī; 日利 rìlì (英 daily interest) ▶～3銭/日息三钱 rìxī sān qián

びふう【美風】 好风气 hǎofēngqì; 良好风尚 liánghǎo fēngshàng (英 a beautiful custom)

びふう【微風】 微风 wēifēng (英 a gentle breeze)

ひふく【被服】 衣服 yīfú (英 clothing)

ひぶくれ【火脹れ】 燎泡 liáopào; 燎浆泡 liáojiāngpào (英 a burn blister) ▶やけどした指に～ができた/烫伤的手指上起了个泡 tàngshāng de shǒuzhǐshang qǐle ge pào ▶海水浴に行って背中が～になった/去洗海水浴背上起了泡 qù xǐ hǎishuǐyù bèishang qǐle pào

ひぶそう【非武装】 非武装 fēiwǔzhuāng; 非军事 fēijūnshì (英 demilitarized; unarmed) ▶～地帯/非军事区 fēijūnshìqū ▶～中立/非武装中立 fēiwǔzhuāng zhōnglì

ひぶた【火蓋を切る】 ～を切る/开火 kāihuǒ; 发动进攻 fādòng jìngōng ▶決戦の～を切る/开始决战 kāishǐ juézhàn ▶選挙戦の～を切る/选举战终于拉开帷幕了 xuǎnjǔzhàn zhōngyú lākāi wéimù le

ビフテキ〘料理〙牛排 niúpái (英 beefsteak) ▶～を焼く/烤牛排 kǎo niúpái

ひぶん【碑文】 碑记 bēijì; 碑文 bēiwén (英 an inscription)

びぶん【美文】 辞藻华美 cízǎo huáměi (英 flowery prose) ▶～調のせりふ/华丽体的台词 huálìtǐ de táicí

びぶん【微分】〘数〙微分 wēifēn (英 differential calculus) ▶～方程式/微分方程式 wēifēn fāngchéngshì

ひふんこうがい【悲憤慷慨する】 愤慨激昂 fènkǎi jī'áng (英 be indignant)

ひへい【疲弊】（心身とも）疲惫 píbèi;（経済的に）衰微 shuāiwēi (英 exhaustion) ▶この国の農村は～している/这个国家的农村衰微不振 zhège guójiā de nóngcūn shuāiwēi bú zhèn

ひほう【秘宝】 秘宝 mìbǎo; 珍宝 zhēnbǎo (英 hidden treasure)

ひほう【秘法】 秘诀 mìjué (英 a secret method)

ひほう【悲報】 讣闻 fùwén; 噩耗 èhào (英 sad news) ▶突然の～に衝撃を受ける/听到突然而来的噩耗受到了很大的打击 tīngdào tūrán ér lái de èhào shòudàole hěn dà de dǎjī

ひぼう【誹謗】 诽谤 fěibàng; 谗言 chányán (英 slander; abuse) ▶匿名で人を勝手に～することは許せない/以匿名的方式随意诽谤别人是不能容忍的 yǐ nìmíng de fāngshì suíyì fěibàng biéren shì bùnéng róngrěn de

びぼう【美貌】 美貌 měimào; 俊美 jùnměi (英 good looks) ▶彼女の～は今も衰えていない/她的美貌现在也丝毫未减 tā de měimào xiànzài yě sīháo wèi jiǎn

ひぼうりょく【非暴力】 非暴力 fēibàolì (英 nonviolence) ▶～主義/非暴力主义 fēibàolì zhǔyì ▶あくまで～を貫く/坚持非暴力的原则 jiānchí fēibàolì de yuánzé

びぼうろく【備忘録】 备忘录 bèiwànglù (英 a memorandum)

ひぼし【干乾し】 饿瘦 èshòu; 饿瘪 èbiě (英 starvation) ▶（食べ物がなくて）～になる/饿瘦è-biě ▶このまま救援物資が届かなければ我々は～になる/救援物资还是这样送不到的话，我们就会饿瘦的 jiùyuán wùzī háishi zhèyàng sòngbudào de huà, wǒmen jiù huì èbiě de

ひぼし【日干しにする】 晒干 shàigān (英 dry... in the sun) ▶～煉瓦/土坯 tǔpī ▶～の魚/晒干的鱼 shàigān de yú

ひぼん【非凡な】 非凡 fēifán; 卓绝 zhuójué (英 uncommon; extraordinary) ▶～な才能/三头六臂 sān tóu liù bì ▶彼女は子供の時から音楽に～な才能を見せていた/她从小时候起就在音乐上表现了非凡的才能 tā cóng xiǎoshíhou qǐ jiù zài yīnyuèshang biǎoxiànle fēifán de cáinéng ▶私の祖父は～な人であった/我的祖父是一个非凡的人 wǒ de zǔfù shì yí ge fēifán de rén

ひま【暇】 ❶〘時間〙时间 shíjiān; 工夫 gōngfu (英 time) ▶～を作る/抓工夫 zhuā gōngfu ▶～を見つける/偷闲 tōuxián; 抽空 chōukòng ▶案に相違して調整に～取った/出乎意料，调整费了时间 chūhū yìliào, tiáozhěng fèile shíjiān ▶忙しくて食事をする～もないくらいだ/忙得都没有工夫吃饭 mángde dōu méiyǒu gōngfu chīfàn ▶他の人が遊んでいる～に勉強なさい/别人在玩的时候你学习 biéren zài wán de shíhou nǐ xuéxí ▶少々～がかかってもかまいません/花一点时间也不要紧 huā yìdiǎn shíjiān yě búyàojǐn ▶お～はとらせません/不耽误您的时间 bù dānwu nín de shíjiān ▶昨日来るつもりだったが～がなかった/本

想昨天来的，但是没有时间 běn xiǎng zuótiān lái de, dànshì méiyǒu shíjiān

❷【余暇】 闲暇 xiánxiá；空儿 kòngr；闲工夫 xiángōngfu （英 leisure time） ▶～な/空闲 kòngxián；清闲 qīngxián ▶～を潰す/消闲 xiāoxián ▶～ができる/得空 dékòng；得闲 déxián ▶～をもてあます/闲得发慌 xiánde fāhuāng ▶そのころ僕は～さえあれば釣りをした/那时候我只要有空儿就去钓鱼 nà shíhou wǒ zhǐyào yǒu kòngr jiù qù diàoyú ▶日曜日は～です/星期天很空闲 xīngqī tiān hěn kòngxián

❸【休暇】 休假 xiūjià （英 leave） ▶5 日间の～をもらう/请五天假 qǐng wǔ tiān jià
◆～人 xiánrén

ヒマ〔植物〕蓖麻 bìmá （英 a castor-oil plant）

ひまく【皮膜】 皮膜 pímó；皮肤和黏膜 pífū hé niánmó （英 a film）

ひまご【曽孫】 曾孙 zēngsūn （英 a great-grandchild）

ひまし【日増しに】 日益 rìyì；一天比一天 yì tiān bǐ yì tiān （英 day by day） ▶～に暑くなる/一天比一天热起来 yì tiān bǐ yì tiān rèqǐlai ▶山に～に緑が濃くなる/山上绿色日益浓郁 shānshang lǜsè rìyì nóngyù

ひましゆ【ひまし油】 蓖麻油 bìmáyóu （英 castor oil）

ひまつ【飛沫】 飞沫 fēimò （英 spray）

ひまつぶし【暇つぶし】 消闲 xiāoxián；消磨时间 xiāomó shíjiān （英 killing time） ▶私は～にミステリーを読む/我看推理小说来打发时间 wǒ kàn tuīlǐ xiǎoshuō lái dǎfa shíjiān

ヒマラヤスギ〔植物〕雪松 xuěsōng （英 a Himalayan cedar）

ヒマワリ【向日葵】〔植物〕向日葵 xiàngrìkuí （英 a sunflower） ▶～の種/葵花子 kuíhuāzǐ；～の種〔食品〕/瓜子儿 guāzǐr

ひまん【肥満】 肥胖 féipàng （英 fatness） ▶～児/肥胖症的小孩 féipàngzhèng de xiǎohái ▶～は万病のもとです/肥胖是万病之源 féipàng shì wànbìng zhī yuán ▶ペットの～に御注意/请注意不要让宠物肥胖 qǐng zhùyì búyào ràng chǒngwù féipàng

びみ【美味】 美味 měiwèi；好吃 hǎochī （英 deliciousness） ▶本场の上海蟹は～である/地道的上海大闸蟹很好吃 dìdao de Shànghǎi dàzháxiè hěn hǎochī

ひみつ【秘密の】 隐秘 yǐnmì；秘密 mìmì （英 secret） ▶～が漏れる/漏风 lòufēng；失密 shīmì ▶～にする/隐秘 yǐnmì ▶～を守る/保密 bǎomì ▶～を漏らす/泄密 xièmì；走漏风声 zǒulòu fēngshēng ▶～をあばく/揭露秘密 jiēlù mìmì ▶企业の～を漏洩する/泄露企业秘密 xièlòu qǐyè mìmì ▶彼らの関係は公然の～だ/他们的关系是一个公开的秘密 tāmen de guānxi shì yí ge gōngkāi de mìmì ▶依頼人には～を守る義務がある/有为客户保密的义务 yǒu wèi kèhù bǎomì de yìwù ▶彼は～を明かされた/他被告知了秘密 tā bèi gào-

zhīle mìmì ▶～を解く鍵はここにある/解开秘密的钥匙在这里 jiěkāi mìmì de yàoshi zài zhèlǐ
◆～会議｜秘密会议 mìmì huìyì ～警察｜秘密警察 mìmì jǐngchá ～結社｜秘密结社 mìmì jiéshè ～文書｜秘密文件 mìmì wénjiàn ～漏えい《国家などの》｜泄漏秘密 xièlòu mìmì

びみょう【微妙な】 微妙 wēimiào （英 delicate） ▶それは～に事実と違います/这个和事实有微妙区别 zhège hé shìshí yǒu wēimiào qūbié ▶彼らの関係は～なバランスで保たれている/他们的关系保持着微妙的平衡 tāmen de guānxi bǎochízhe wēimiào de pínghéng ▶その意味の～なニュアンスが解らなかった/没懂这个意思的微妙语气 méi dǒng zhège yìsi de wēimiào yǔqì ▶～な判定《競技で》/微妙的判定 wēimiào de pàndìng

ひむろ【氷室】 冰窖 bīngjiào （英 an icehouse）

ひめ【姫】 公主 gōngzhǔ （英 a princess）

ひめい【悲鳴】 惨叫 cǎnjiào；惊叫 jīngjiào （英 a scream） ▶～を上げる/叫苦 jiàokǔ；惊叫 jīngjiào ▶こう忙しくては全く～を上げたくなるよ/这么忙，真是要叫苦连天了 zhème máng, zhēn shì yào jiàokǔ liántiān le

ひめい【碑銘】 碑文 bēiwén；碑铭 bēimíng （英 an inscription）

ひめくり【日捲り】《カレンダー》日历 rìlì （英 a calendar with tear-off leaves）

ひめる【秘める】 包藏 bāocáng；隐藏 yǐncáng （英 hide； keep... to oneself） ▶それは無限の可能性を秘めたビジネスだ/那是包含无限可能性的商机 nà shì bāohán wúxiàn kěnéngxìng de shāngjī ▶彼は高い潜在能力を一逸材だ/他是一个很有潜力的奇才 tā shì yí ge hěn yǒu qiánlì de qícái ▶胸の奥に秘められた悲しみ/隐藏在心里的悲哀 yǐncáng zài xīnlǐ de bēi'āi

ひめん【罷免する】 罢免 bàmiǎn；撤职 chèzhí；免职 miǎnzhí （英 dismiss） ▶局长は～された/局长被罢免了 júzhǎng bèi bàmiǎn le

ひも【紐】 带子 dàizi；绳子 shéngzi （英 a string） ▶～でしばる/用绳子绑上 yòng shéngzi bǎngshang ▶古新聞を～で結ぶ/用绳子捆旧报纸 yòng shéngzi kǔn jiùbàozhǐ ▶靴の～がほどける/鞋带松开了 xiédài sōngkāi le ▶女の～/吃女人饭的男人 chī nǚrén fàn de nánrén

ひもく【費目】 经费项目 jīngfèi xiàngmù （英 an item of expense） ▶～別に集計する/按费用的项目统计 àn fèiyong de xiàngmù tǒngjì

びもく【眉目】 眉眼 méiyǎn （英 eyes and eyebrows） ▶～秀麗/眉目清秀 méimù qīngxiù；眉清目秀 méi qīng mù xiù

ひもじい 饿え 饥饿 jī'è （英 very hungry） ▶～思いをする/感到饥饿 gǎndào jī'è ▶子供たちには～思いをさせたくない/不想让孩子们感到饥饿 bù xiǎng ràng háizimen gǎndào jī'è

ひもち【日保ちする】 耐存 nàicún；能保存 néng bǎocún （英 keep long） ▶～のする菓子/耐存的点心 nàicún de diǎnxin

ひもつき【紐つきの】 有条件限制 yǒu tiáojiàn

ひもと【火元】 火主 huǒzhǔ；起火处 qǐhuǒchù（英 *the origin of a fire*）▶～は映画館だった/火灾的初发地是电影院 huǒzāi de chūfādì shì diànyǐngyuàn

ひもとく【繙く】 翻阅 fānyuè；读书 dúshū（英 *read a book*）▶歴史書を～/读史书 dú shǐshū

ひもの【干物】 干鱼 gānyú；干货 gānhuò（英 *dried fish*）▶あじの～/晒干了的竹荚鱼 shàigānle de zhújiáyú ▶魚を～にする/把鱼晒干 bǎ yú shàigān

ひや【冷や】《酒》凉酒 liángjiǔ（英 *cold sake*）；《水》凉水 liángshuǐ（英 *cold water*）

ひやあせ【冷や汗】 冷汗 lěnghàn；虚汗 xūhàn（英 *a cold sweat*）▶～をかく/出冷汗 chū lěnghàn ▶思わぬ質問が出て～をかいた/被提了一个没有预想到的问题出了一身冷汗 bèi tíle yí ge méiyǒu yùxiǎngdào de wèntí chūle yì shēn lěnghàn ▶あれは今から思うと全く～ものだった/那件事现在想起来还是心有余悸 nà jiàn shì xiànzài xiǎngqǐlái háishi xīn yǒu yújì

ビヤガーデン 露天啤酒店 lùtiān píjiǔdiàn（*a beer garden*）

ひやかす【冷やかす】 嘲弄 cháonòng；打趣 dǎqù；挖苦 wāku［からかう］（英 *make fun of...*）；［店などで］*just look at...*）▶夜店を～/逛夜市 guàng yèshì ▶客は冷やかしばかりでさっぱり売れなかった/客人都是光看不买的,一点都没卖出去 kèrén dōu shì guāng kàn bù mǎi de, yīdiǎn dōu méi màichūqu ▶彼は冷やかされたのだと思って怒った/他以为自己被嘲弄了,生气了 tā yǐwéi zìjǐ bèi cháonòng le, shēngqì le

ひゃく【百】 一百 yìbǎi；《大字》佰 bǎi（英 *a hundred*）▶数～人のデモ隊/几百个人的示威队伍 jǐ bǎi ge rén de shìwēi duìwu ▶そんなこと は～も承知だった/那种事我非常清楚 nà zhǒng shì wǒ fēicháng qīngchu ▶可能性は～に一つ/有百分之一的可能性 yǒu bǎi fēn zhī yī de kěnéngxìng ▶何々という～人/好几百个人 hǎojǐ bǎi ge rén ▶～歳以上の人/百岁以上的老人 bǎi suì yǐshàng de lǎorén

ことわざ 百害あって一利なし 有百害而无一利 yǒu bǎi hài ér wú yí lì

ひやく【飛躍する】 飞跃 fēiyuè；腾飞 téngfēi（英 *leap*）▶～的に発展する/飞跃发展 fēiyuè fāzhǎn ▶それが世界へ～するきっかけとなる/那会成为向世界飞跃的机会 nà huì chéngwéi xiàng shìjiè fēiyuè de jīhuì ▶君の議論には～がある/你的阐述中有不连贯的地方 nǐ de chǎnshù zhōng yǒu bù liánguàn de dìfang ▶今や一大～すべき時だ/现在是要展翅高飞的时候了 xiànzài shì yào zhǎnchì gāofēi de shíhou le

ひゃくしゅつ【百出する】《頻出する》 百出 bǎichū（英 *arise one after another*）▶矛盾が～す る/矛盾百出 máodùn bǎichū ▶その問題で議論～した/在这个问题上议论纷纷 zài zhège wèntíshang yìlùn fēnfēn

ひゃくしょう【百姓】 农民 nóngmín（英 *a farmer*）

ひゃくせんれんま【百戦錬磨の】 身经百战 shēn jīng bǎizhàn（英 *veteran*）▶～のつわもの/身经百战的强手 shēn jīng bǎizhàn de qiángshǒu

ビャクダン【白檀】〔植物〕檀香 tánxiāng；白檀 báitán（英 *sandalwood*）

ひゃくてん【百点】 一百分 yìbǎi fēn（英 *one hundred points*）；［満点］*full marks*）▶～満点による評価/百分制的评价 bǎifēnzhì de píngjià

ひゃくにちぜき【百日咳】〔医〕百日咳 bǎirìké（英 *whooping cough*）

ひゃくにんいっしゅ【百人一首】 和歌百首集 hégē bǎishǒují（英 *Hyakunin isshu; a collection of one hundred waka, or a card game using these waka*）

ひゃくねん【百年】 一百年 yìbǎi nián（英 *one hundred years*）▶～の大計/百年大计 bǎinián dàjì ▶生誕～記念/诞生一百年纪念 dànshēng yìbǎi nián jìniàn

ことわざ 百年河清を待つ 百年俟河清 bǎinián sì hé qīng ▶～河清を待つようなものだ/百年俟河清,什么时候能实现呢？bǎinián sì hé qīng, shénme shíhou néng shíxiàn ne？

～目 完蛋 wándàn ▶税務署に知れては～目だ/被税务局发现就完蛋了 bèi shuìwùjú fāxiàn jiù wándàn le

ひゃくパーセント【百パーセント】 百分之百 bǎi fēn zhī bǎi（英 *one hundred percent*）▶成功の確率は～である/成功的概率是百分之百 chénggōng de gàilǜ shì bǎi fēn zhī bǎi

ひゃくばい【百倍】（一）百倍（yī）bǎi bèi（英 *one hundred times*）▶元気～する/精神百倍 jīngshen bǎi bèi

ひゃくはちじゅうど【百八十度】 一百八十度 yìbǎi bāshí dù（英 *one hundred and eighty degrees*）▶～転換する/掉转 diàozhuǎn；彻底转变方针 chèdǐ zhuǎnbiàn fāngzhēn

ひゃくぶん【百聞】
ことわざ 百聞は一見に如かず 百闻不如一见 bǎiwén bùrú yíjiàn

ひゃくぶんりつ【百分率】 百分率 bǎifēnlǜ（英 *percentage*）

ひゃくまん【百万】 百万 bǎiwàn（英 *a million*）▶～長者/百万富翁 bǎiwàn fùwēng ▶～言を費やしても語りつくせない/千言万语也说不完 qiān yán wàn yǔ yě shuōbuwán ▶～の味方を得たような気がする/好像得到了百万大军似的 hǎoxiàng dédàole bǎiwàn dàjūn shìde

びゃくや【白夜】 白夜 báiyè（英 *a white night*）

ひゃくやくのちょう【百薬の長】（英 *the best of all medicines*）▶酒は～/酒为百药之长 jiǔ wéi bǎiyào zhī cháng

ひゃくようばこ【百葉箱】 百叶箱 bǎiyèxiāng (英 *an instrument screen*)

ひやけ【日焼けする】 晒黑 shàihēi (英 *get sunburned; tan*) ▶子供たちは川遊びで真っ黒に〜していた/孩子们在河里玩被太阳晒得漆黑 háizimen zài héli wán bèi tàiyáng shàide qīhēi ▶〜で皮がむける/被日晒得蜕皮 bèi rì shàide tuìpí ▶彼女は見事に〜していた/她被晒得很黑 tā bèi shàide hěn hēi ▶〜がさめてきた/晒黑的皮肤退色 shàihēi de pífū tuìshǎi ◆〜止め/防晒油 fángshàiyóu 〜用オイル/晒皮肤的油 shài pífū de yóu

ひやざけ【冷や酒】 凉酒 liángjiǔ (英 *cold sake*) ▶〜を飲む/喝凉酒 hē liángjiǔ ▶〜はあとで利く/凉酒后劲大 liángjiǔ hòujìn dà

ヒヤシンス 〔植物〕风信子 fēngxìnzǐ; 五彩水仙 wǔcǎi shuǐxiān (英 *a hyacinth*)

ひやす【冷やす】 冷却 lěngquè; 冰镇 bīngzhèn (英 *cool; ice*) ▶ビールを/冰镇啤酒 bīngzhèn píjiǔ ▶頭を/使头脑冷静 shǐ tóunǎo lěngjìng ▶肝を/吓坏 xiàhuài; 打寒战 dǎ hánzhàn ▶エンジンを/冷却引擎 lěngquè yǐnqíng ▶冷蔵庫にビールが冷やしてあります/冰箱里冰镇着啤酒 bīngxiāngli bīngzhènzhe píjiǔ ▶肩を冷やさないようにする/不让肩膀着凉 bú ràng jiānbǎng zháoliáng ▶井戸水で冷やしたスイカ/用井水冰镇的西瓜 yòng jǐngshuǐ bīngzhèn de xīguā

ひゃっか【百家】 (英 *a hundred schools of thought*) ▶〜争鳴/百家争鸣 bǎi jiā zhēng míng

ひゃっかじてん【百科事典】 百科全书 bǎikē quánshū (英 *an encyclopedia*)

ひゃっかてん【百貨店】 百货公司 bǎihuò gōngsī; 百货大楼 bǎihuò dàlóu (英 *a department store*)

ひゃっかりょうらん【百花繚乱】 万紫千红 wàn zǐ qiān hóng; 百花齐放 bǎi huā qí fàng (英 *a profusion of flowers in bloom*)

ひゃっきやこう【百鬼夜行】 百恶横行 bǎi è héngxíng (英 *pandemonium*)

ひゃっぱつひゃくちゅう【百発百中である】 百发百中 bǎi fā bǎi zhòng (英 *never miss the mark*)

ひやとい【日雇い】 日工 rìgōng; 短工 duǎngōng (英 *daily employment*) ▶〜仕事/零工 línggōng ▶日工 rìgōng ▶〜仕事で食いつなぐ/做日工糊口 zuò rìgōng húkǒu ▶〜労働者/日工 rìgōng

ひやひや【冷や冷やする】 提心吊胆 tí xīn diào dǎn; 忐忑不安 tǎntè bù'ān (英 *be afraid; be on pins and needles*) ▶嘘がばれないかと〜した/提心吊胆地担心谎话被戳穿 tí xīn diào dǎn de dānxīn huǎnghuà bèi chuōchuān ▶渋滞に巻き込まれ時間に間に合うか〜した/因为堵车害怕赶不上时间，捏了一把冷汗 yīnwèi dǔchē hàipà gǎnbushàng shíjiān, niēle yī bǎ lěnghàn ▶そばで見ていてあのように〜したことはない/在旁边看着，从来没有这么忐忑不安过 zài pángbiān kànzhe, cónglái méiyǒu zhème tǎntè bù'ānguo

ビヤホール 啤酒店 píjiǔdiàn (英 *a beer hall*)

ひやみず【冷や水】 凉水 liángshuǐ; 冷水 lěngshuǐ (英 *cold water*) ▶〜を浴びせる/泼凉水 pō lěngshuǐ ▶年寄りの〜/老人硬逞能 lǎorén yìng chěngnéng

ひやめし【冷や飯】 凉饭 liángfàn (英 *cold cooked rice*) ▶〜を食わされる/受冷遇 shòu lěngyù; 坐冷板凳 zuò lěngbǎndèng

ひややか【冷ややかな】 冷冰冰 lěngbīngbīng; 冷淡 lěngdàn (英 *cold*) ▶〜に見る/冷眼相待 lěngyǎn xiāngdài ▶立候補した彼女を世間は〜に見ている/她做候选人，社会上反应很冷淡 tā zuò hòuxuǎnrén, shèhuìshang fǎnyìng hěn lěngdàn ▶〜な態度で応対する/态度冷淡地应答 tàidù lěngdàn de yìngdá

ひややっこ【冷や奴】 〔食品〕凉拌豆腐 liángbàn dòufu (英 *tofu eaten cold*)

ひやりとする【冷たく感じる】 感觉凉 gǎnjué liáng (英 *feel chilly*) ▶(一瞬緊張する) 吓一跳 xià yí tiào (英 *be frightened*) ▶空気は〜冷たかった/空气略带寒意 kōngqì lüè dài hányì ▶すぐそばをすり抜けた自転車に〜した/自行车擦身而过，吓了我一跳 zìxíngchē cā shēn ér guò, xiàle wǒ yí tiào

ひゆ【比喩】 比拟 bǐnǐ; 比喻 bǐyù; 譬喻 pìyù (英 *a figure of speech*) ▶私は単に〜としてそう言っただけだ/我只是做一个比喻 wǒ zhǐshì zuò yí ge bǐyù

びゅう 呼呼地 hūhū de; 《風に》飕飕地 sōusōu de (英 *howling*) ▶風が〜と吹く/风呼呼地刮 fēng hūhū de guā

ヒューズ 〔電気〕保险丝 bǎoxiǎnsī (英 *a fuse*) ▶〜がとぶ/保险丝烧断 bǎoxiǎnsī shāoduàn

ひゅうひゅう (英 *with a whistle*) ▶風が〜吹く/呼呼地刮风 hūhū de guāfēng ▶弾丸が〜耳をかすめた/子弹嗖嗖地擦过耳边 zǐdàn sōusōu de cāguò ěrbiān

ヒューマニスト 人道主义者 réndào zhǔyìzhě (英 *a humanitarian*)

ヒューマニズム 人道主义 réndào zhǔyì (英 *humanitarianism*)

ピューリタン 清教徒 Qīngjiàotú (英 *a Puritan*)

ビュッフェ 简易食堂 jiǎnyì shítáng; 餐室 cānshì; 自助餐 zìzhùcān (英 *a buffet*) ▶〜スタイルのパーティー/自助餐晚会 zìzhùcān wǎnhuì

ひょいと 《不意に》突然 tūrán (英 *suddenly*); 《軽々と》轻轻 qīngqīng (英 *easily*) ▶〜現れる/忽然出现 hūrán chūxiàn ▶〜持ち上げる/轻轻举起 qīngqīng jǔqǐ ▶〜振り返る/猛然回头 měngrán huítóu ▶何かの拍子に〜思い出すことがある/有时会无意中回想起来 yǒushí huì wúyì zhōng huíxiǎngqǐlai

ひょう【表】 表格 biǎogé (英 *a list*; 〔統計の〕*a table*) ▶〜に記入する/填表格 tián biǎogé

列車時刻〜/列车时刻表 lièchē shíkèbiǎo ▶実験データを〜にする/把实验数据做成表 bǎ shíyàn shùjù zuòchéng biǎo

ひょう【票】 票 piào (英 *a vote*) ▶〜を入れる/投票 tóupiào ▶住民〜/居住证明 jūzhù zhèngmíng ▶浮動〜/(无党派的)流动性选票 (wúdǎngpàicéng de)liúdòngxìng xuǎnpiào ▶当選にわずか1〜たりなかった/仅差一票没能当选 jǐn chà yí piào méi néng dāngxuǎn ▶全〜の30パーセントを集める/拉到了百分之三十的选票 lādàole bǎi fēn zhī sānshí de xuǎnpiào ▶〜を数える《選挙後》/数票 shǔ piào

♦得〜数 ¦ 得票数 dépiàoshù

ひょう【評】 评论 pínglùn; 评价 píngjià〔批评〕*criticism*;〔評判〕*reputation* ▶映画〜を書く/写影评 xiě yǐngpíng ▶彼は皮肉屋との〜がある/他被称为讽刺家 tā bèi chēngwéi fěngcìjiā

ひょう【雹】〔気象〕雹子 báozi; 冰雹 bīngbáo (英 *hail*);〔一粒〕*a hailstone* ▶ピンポン玉くらいの〜が降る/下起了乒乓球大小的冰雹 xiàqǐle pīngpāngqiú dàxiǎo de bīngbáo

ヒョウ【豹】〔動物〕豹 bào (英 *a leopard*)

ひょう【費用】 费用 fèiyong; 经费 jīngfèi (英 *expense; cost*) ▶〜がかかる/费用很大 fèiyong hěn dà ▶〜は惜しみません/不惜费用 bùxī fèiyong ▶病院の〜は保険ではすまない/医院的费用光靠保险不行 yīyuàn de fèiyong guāng kào bǎoxiǎn bùxíng ▶修理にどのくらい〜がかかりますか/修理需要多少费用？ xiūlǐ xūyào duōshao fèiyong? ▶〜は少なくても10万円はかかるでしょう/经费至少要十万日元 jīngfèi zhìshǎo yě yào shíwàn Rìyuán ▶自分の〜で内装工事をする/用自己的钱装潢 yòng zìjǐ de qián zhuānghuáng ▶あなたが冷暖房の〜を持たなくてはならない/你要付空调费 nǐ yào fù kōngtiáofèi ▶〜を切りつめる/节约开支 jiéyuē kāizhī

びょう【秒】 秒 miǎo (英 *a second*) ▶100mを13〜で走った/一百米跑了十三秒 yībǎi mǐ pǎole shísān miǎo ▶第一ラウンドの1分30〜でノックアウトされる/第一回合的一分三十秒被击倒 dìyī huíhé de yì fēn sānshí miǎo bèi jīdǎo

びょう【廟】庙 miào (英 *a mausoleum*) ▶孔子〜/孔子庙 Kǒngzǐmiào ▶媽祖(${}^{ば}_{そ}$)〜/妈祖庙 māzǔmiào

びょう【鋲】图钉 túdīng (英 *a tack*);〔リベット〕铆钉 mǎodīng (英 *a rivet*) ▶〜で留める/用图钉钉上 yòng túdīng dìngshàng

-びょう【病】 ▶大臣〜に取りつかれている/患上了想当大臣的病 huànshàngle xiǎng dāng dàchén de bìng ▶命にかかわらないそうだ/说是不会死的病 shuō shì búhuì sǐ de bìng

びよう【美容】 美容 měiróng (英 *beauty*) ▶〜と健康によい/有利于美容和健康 yǒulì yú měiróng hé jiànkāng ▶〜体操/健美体操 jiànměi tǐcāo ▶〜液/美容液 měiróngyè

♦〜師 ¦ 美容师 měiróngshī; 发型师 fàxíngshī〜

整形术 ¦ 整容手术 zhěngróng shǒushù

ひょういもじ【表意文字】 表意文字 biǎoyì wénzì (英 *an ideograph*)

びょういん【病院】 医院 yīyuàn (英 *a hospital*) ▶〜に行く/上医院 shàng yīyuàn; 去医院看病 qù yīyuàn kànbìng ▶〜で治療を受ける/在医院接受治疗 zài yīyuàn jiēshòu zhìliáo ▶救急車で〜に運ばれる/被救护车送到医院 bèi jiùhùchē sòngdào yīyuàn ▶犬猫〜/猫狗医院 māo gǒu yīyuàn ▶動物〜/动物医院 dòngwù yīyuàn

> 中国語で一般的に「病院」を指す言葉は'医院 yīyuàn'. 中国語の'病院 bìngyuàn'は'精神病院 jīngshén bìngyuàn'や'结核病院 jiéhé bìngyuàn'のような「専門病院」を指し, 普通,'病院'と単独では使えない.

びよういん【美容院】 美容院 měiróngyuàn; 发廊 fàláng (英 *a beauty parlor*)

ひょうおんもじ【表音文字】 表音文字 biǎoyīn wénzì (英 *a phonogram*)

ひょうか【評価する】 评价 píngjià; 估价 gūjià (英 *value; appraise*) ▶外見で人を〜する/以貌估价人 yǐ mào gūjià rén ▶学生が授業を〜する/学生评价教师的课 xuésheng píngjià jiàoshī de kè ▶彼に対する〜はいまだに定まらない/对他的评价现在还没有定论 duì tā de píngjià xiànzài hái méiyǒu dìnglùn ▶彼の私に対する〜は下ってしまった/他对我的评价下降了 tā duì wǒ de píngjià xiàjiàng le ▶国際的に高い〜を得る/得到了国际上很高的评价 dédàole guójìshang hěn gāo de píngjià ▶過大〜する/夸大评价 kuādà píngjià ▶過小〜する/过小评价 guò xiǎo píngjià ▶彼はあなたの最近の小説を高く〜している/他对你最近写的小说有很高的评价 tā duì nǐ zuìjìn xiě de xiǎoshuō yǒu hěn gāo de píngjià

♦〜額 ¦ 估价值 gūjiàzhí

ひょうが【氷河】 冰川 bīngchuān; 冰河 bīnghé (英 *a glacier*) ▶〜期/冰川期 bīngchuānqī 私が大学を卒業したとき就職〜期であった/我大学毕业的时候是找工作的冰河期 wǒ dàxué bìyè de shíhou shì zhǎo gōngzuò de bīnghéqī

ひょうかい【氷解する】 冰释 bīngshì; 消释 xiāoshì (英 *thaw*) ▶疑惑が〜する/嫌疑冰释 xiányí bīngshì ▶本書を読めば日頃の疑問は〜する/一看这本书平时的疑问就会冰消雪释了 yí kàn zhè běn shū píngshí de yíwèn jiù huì bīng xiāo xuě shì le

びょうがい【病害】《農作物の》病害 bìnghài (英 *blight*)

ひょうき【表記する】〔表書き〕封面记载 fēngmiàn jìzǎi;〔書き表す〕写出 xiěchū; 书写 shūxiě (英 *mention... on the face; write*) ▶名前をローマ字で〜する/用罗马字写姓名 yòng Luómǎzì xiě xìngmíng

ひょうぎ【評議する】 评议 píngyì (英 *hold a conference; discuss*) ▶理事会で重要事项を

～する/在理事会上评议重要事项 zài lǐshìhuì-shang píngyì zhòngyào shìxiàng ▶～一決した/评议决定了 píngyì juédìng le
♦～員：评议员 píngyìyuán　～会：评议员会 píngyìyuánhuì

びょうき【病気する】　病 bìng; 疾病 jíbìng (英 get sick) ▶～がぶり返す/犯病 fànbìng ▶～で寝込む/卧病 wòbìng ▶～になる/得病 débìng; 生病 shēngbìng ▶～が治る/平复 píngfù ▶～を治す/治病 zhìbìng ▶近年心の～が多くなった/近年来心理疾病增多了 jìnnián lái xīnlǐ jíbìng zēngduō le ▶生まれてから一つしたことがない/出生以后从来就没有生过病 chūshēng yǐhòu cónglái jiù méiyǒu shēngguo bìng ▶お父さんの～はいかがですか/你爸爸的病怎么样了？nǐ bà-ba de bìng zěnmeyàng le? ▶～の予防と治療/病的预防和治疗 bìng de yùfáng hé zhìliáo ▶質(た)の悪い～/难治的病 nán zhì de bìng ▶母は～勝ちである/母亲容易生病 mǔqīn róngyì shēngbìng ▶～をこじらす/病变厉害了 bìng biàn lìhai le ▶～欠勤の届けをする/交因病缺勤的假条 jiāo yīn bìng quēqín de jiàtiáo

ひょうきん【剽軽な】　滑稽 huájī; 诙谐 huīxié; 风趣 fēngqù (英 comical) ▶～な人/活宝 huóbǎo ▶彼は～なことをよく言う/他经常说很诙谐的话 tā jīngcháng shuō hěn huīxié de huà

ひょうぐ【表具】　裱 biǎo; 裱褙 biǎobèi (英 mounting)
♦～師：裱褙匠 biǎobèijiàng

びょうく【病苦】　病苦 bìngkǔ (英 the pain of sickness) ▶～に耐える/忍耐病苦 rěnnài bìngkǔ

びょうく【病躯】　病身 bìngshēn; 病体 bìngtǐ (英 a sick body) ▶～をおして出勤する/拖着病体上班 tuōzhe bìngtǐ shàngbān ▶彼は晩年～をおして執筆を続けた/晚年他抱病坚持写作 wǎnnián tā bàobìng jiānchí xiězuò

ひょうけい【表敬】　表示敬意 biǎoshì jìngyì (英 courtesy) ▶～訪問/礼节性拜访 lǐjiéxìng bàifǎng

ひょうけつ【氷結する】　结冰 jiébīng (英 freeze) ▶この港は冬でも～しない/这个港口冬天也不结冻 zhège gǎngkǒu dōngtiān yě bù jiédòng

ひょうけつ【表決】　表决 biǎojué (英 a decision) ▶～を採る/表决 biǎojué ▶挙手によって～する/举手表决 jǔshǒu biǎojué

ひょうけつ【票決】　投票表决 tóupiào biǎojué (英 a decision by vote) ▶修正案は～によって成立した/修正案在投票表决后成立了 xiūzhèng'àn zài tóupiào biǎojué hòu chénglì le

ひょうけつ【評決】　议决 yìjué (英 a verdict) ▶有罪の～を下す/判决有罪 pànjué yǒu zuì

びょうけつ【病欠する】　病假 bìngjià; 因病缺席 yīn bìng quēxí (英 be absent because of sickness) ▶彼は今日は～です/他今天休病假 tā jīntiān xiū bìngjià

ひょうげん【表現する】　表达 biǎodá; 表现 biǎoxiàn (英 express) ▶～力を養う/培养表现力 péiyǎng biǎoxiànlì ▶子供の自己～力を高める/提高孩子的自我表现能力 tígāo háizi de zìwǒ biǎoxiàn nénglì ▶～の自由/表现的自由 biǎoxiàn de zìyóu
♦～主義〔芸術の〕：表現主义 biǎoxiàn zhǔyì

〔日中比較〕中国語の「表现 biǎoxiàn」は「表现する」という意味の他に「態度」「行動」という意味もある．

びょうげん【病原・病源】　病源 bìngyuán (英 the cause of a disease) ▶～菌/病菌 bìngjūn ▶～体/病原体 bìngyuántǐ ▶彼はその～をつきとめようとした/他努力想要找到那个病源 tā nǔlì xiǎngyào zhǎodào nàge bìngyuán

ひょうご【評語】　评语 píngyǔ (英 comment)

ひょうご【標語】　标语 biāoyǔ (英 a motto; a slogan)

びょうご【病後】　病后 bìnghòu (英 after sickness) ▶～の養生/病后调养 bìnghòu tiáoyǎng

ひょうこう【標高】　标高 biāogāo; 海拔 hǎibá (英 an altitude) ▶この山の～は8160メートルである/那座山的标高是八千一百六十米 nà zuò shān de biāogāo shì bāqiān yìbǎi liùshí mǐ

ひょうさつ【表札・標札】　门牌 ménpái; 牌 pái (英 a name plate) ▶戸口に～がない/门口没有门牌 ménkǒu méiyǒu ménpái

ひょうざん【氷山】　冰山 bīngshān (英 an iceberg) ▶～の一角/冰山的一角 bīngshān de yì jiǎo; 整体中的极小部分 zhěngtǐ zhōng de jí xiǎo bùfen

ひょうし【拍子】　节拍 jiépāi; 拍子 pāizi (英 time); 《はずみ》…的時候 … de shíhou (英 a chance) ▶～をとる/打拍子 dǎ pāizi ▶～をはずす/错了节拍 cuòle jiépāi ▶手～をとる/用手打拍子 yòng shǒu dǎ pāizi ▶～を合わす/和节拍 hé jiépāi ▶何かの～で引火、爆発したら一大事/如果碰到什么事，着火爆炸了那可不得了 rúguǒ pèngdào shénme shì, zháohuǒ bàozhàle nà kě bùdéliǎo

〔日中比較〕中国語の'拍子 pāizi'は「拍子(ひょう)」の他に「ラケット」の意味も表す．

ひょうし【表紙】　封面 fēngmiàn (英 a cover) ▶女性誌の～を飾る/上了妇女杂志的封面 shàngle fùnǚ zázhì de fēngmiàn ▶裏～/封底 fēngdǐ ▶革～の本/皮封面的书 pí fēngmiàn de shū

ひょうじ【表示する】　表示 biǎoshì; 表明 biǎomíng (英 indicate) ▶～価格/标价 biāojià ▶～意思～する/表明态度 biǎomíng tàidù ▶不当～/不妥当的标示 bù tuǒdàng de biāoshì ▶画像を拡大～する/扩大图像 kuòdà túxiàng

ひょうじ【標示する】　标明 biāomíng; 标示 biāoshì (英 mark) ▶工事区域を～する/标明工程的区域 biāomíng gōngchéng de qūyù

びょうし【病死する】　病故 bìnggù; 病死 bìngsǐ (英 die from a disease)

ひょうしき【標識】 标志 biāozhì (英 *a sign*) ▶道路〜/路标 lùbiāo ▶交通〜/交通标志 jiāotōng biāozhì ▶案内〜/提示标志 tíshì biāozhì

◆〜灯: 标志灯 biāozhìdēng

びょうしつ【病室】 病房 bìngfáng; 病室 bìngshì (英 *a sickroom*)

ひょうしぬけ【拍子抜けする】 扫兴 sǎoxìng; 失望 shīwàng (英 *be disappointed*) ▶その結果を見て一同〜してしまった/看到那个结果，大家都失望了 kàndào nàge jiéguǒ, dàjiā dōu shīwàng le

びょうしゃ【描写する】 描写 miáoxiě (英 *describe*) ▶人物を〜する(絵・文章で)/描写人物 miáoxiě rénwù

◆〜力: 描写力 miáoxiělì

びょうじゃく【病弱な】 虚弱 xūruò; 病弱 bìngruò (英 *sickly*) ▶彼はいつも〜な母に替わって家事をする/他总是替病弱的母亲做家务 tā zǒngshì tì bìngruò de mǔqīn zuò jiāwù

ひょうしゅつ【表出する】 表现出来 biǎoxiànchūlái; 流露 liúlù (英 *express*)

ひょうじゅん【標準の】 标准 biāozhǔn; 基准 jīzhǔn (英 *standard; average*) ▶〜語/标准语言 biāozhǔn yǔyán; (中国の)普通话 pǔtōnghuà ▶〜時/标准时间 biāozhǔn shíjiān ▶〜的/标准的; 规范 guīfàn ▶自分の〜で人を判断するものではない/不要用自己的标准来判断别人 búyào yòng zìjǐ de biāozhǔn lái pànduàn biéren ▶東京の〜では並の家賃だ/按东京的标准就是普通的租金了 àn Dōngjīng de biāozhǔn jiù shì pǔtōng de zūjīn le ▶〜記録を越える/超过标准纪录 chāoguò biāozhǔn jìlù

ひょうしょう【平声】 平声 píngshēng 参考 古漢語の四声の一つ．現代中国語では第一声と第二声に相当する．

ひょうしょう【表象】 表象 biǎoxiàng; 象征 xiàngzhēng (英 *a symbol*)

ひょうしょう【表彰する】 表扬 biǎoyáng; 表彰 biǎozhāng (英 *commend*) ▶〜状/奖状 jiǎngzhuàng ▶〜台/奖台 jiǎngtái; 领奖台 lǐngjiǎngtái ▶彼女は3位に入賞し〜台に上った/她得了第三名，登上了颁奖台 tā déle dìsān míng, dēngshàngle bānjiǎngtái ▶優秀な成績を挙げた5団体が〜された/取得优秀成绩的五个团体受到了表彰 qǔdé yōuxiù chéngjì de wǔ ge tuántǐ shòudàole biǎozhāng

◆〜式: 表彰式 biǎozhāngshì

ひょうじょう【氷上】 冰上 bīngshàng (英 *on the ice*) ▶〜を滑る/滑冰 huábīng ▶〜競技/冰上运动 bīngshàng yùndòng

ひょうじょう【表情】 神情 shénqíng; 表情 biǎoqíng (英 *an expression*) ▶〜を引き締める/收敛笑容 shōuliǎn xiàoróng ▶〜が豊か/表情丰富 biǎoqíng fēngfù ▶〜がきびしい/表情严肃 biǎoqíng yánsù ▶それを聞いても彼は〜一つ変えなかった/听到那个，他的表情一点也没有变

聴到那个，tā de biǎoqíng yìdiǎn yě méiyǒu biàn ▶〜がさっと変わった/表情一下子就变了 biǎoqíng yíxiàzi jiù biàn le ▶彼は不満そうな〜を見せた/他表现出不满的神情 tā biǎoxiànchū bùmǎn de shénqíng

びょうしょう【病床】 病床 bìngchuáng (英 *a sickbed*) ▶〜につく[ある]/卧病不起 wòbìng bù qǐ ▶〜の友人を見舞う/看望病床上的朋友 kànwàng bìngchuángshang de péngyou

びょうじょう【病状】 病情 bìngqíng; 病势 bìngshì (英 *the condition of a patient*) ▶〜が悪化する/病情恶化 bìngqíng èhuà ▶今のところ彼の〜は安定している/目前他的病情比较稳定 mùqián tā de bìngqíng bǐjiào wěndìng

びょうしん【秒針】 秒针 miǎozhēn (英 *a second hand*)

びょうしん【病身の】 病体 bìngtǐ; (病気がち)多病 duōbìng (英 *sickly*) ▶一人で暮らす〜の祖母が気掛かりだ/挂念一个人生活又体弱多病的奶奶 guàniàn yí ge rén shēnghuó yòu tǐ ruò duō bìng de nǎinai

ひょうする【表する】 表示 biǎoshì; 表达 biǎodá (英 *express*) ▶謝意を〜/表达谢意 biǎodá xièyì ▶敬意を〜/表达敬意 biǎodá jìngyì ▶遺憾の意を〜/表示歉意 biǎoshì qiànyì ▶祝意を〜/表示祝贺 biǎoshì zhùhè

ひょうする【評する】 评论 pínglùn (英 *comment*)

びょうせい【病勢】 病情 bìngqíng; 病势 bìngshì (英 *the condition of a patient*) ▶〜には変化がない/病情没有变化 bìngqíng méiyǒu biànhuà ▶〜があらたまる/病势危重了 bìngshì wēizhòng le

びょうせいけい【美容整形する】 整容 zhěngróng (英 *have cosmetic surgery*)

ひょうせつ【剽窃する】 抄袭 chāoxí; 剽窃 piāoqiè (英 *plagiarize*)

ひょうぜん【飄然と】 飘飘然 piāopiāorán; 忽然 hūrán (英 *aimlessly*) ▶彼は〜としてやって来たものだ/当时他总是忽然造访 dāngshí tā zǒngshì hūrán zàofǎng

ひょうそう【表装する】 裱褙 biǎobèi; 装裱 zhuāngbiǎo (英 [本を] *bind*; [書画を] *mount*) ▶書画を〜する/裱字画 biǎo zìhuà

ひょうそう【表層】 表层 biǎocéng (英 *the outer layer*) ▶〜雪崩/表层雪崩 biǎocéng xuěbēng

びょうそう【病巣】 病灶 bìngzào (英 *a focus*)

ひょうそく【平仄】 (中国詩の韻律) 平仄 píngzè (英 *meter in Chinese poetry*) ▶〜が合わない/不合条理 bù hé tiáolǐ

びょうそく【秒速】 秒速 miǎosù (英 *the speed per second*) ▶〜30メートルの暴風が吹いた/刮起秒速三十米的暴风 guāqǐ miǎosù sānshí mǐ de bàofēng

ひょうだい【表題・標題】 标题 biāotí; 题目 tímù (英 [本の] *a title*; [新聞などの] *a headline*)

▶～音楽/标题音乐 biāotí yīnyuè

ヒョウタン【瓢箪】〘植物〙葫芦 húlu (英 *a gourd*)
~から駒が出る 事出意外 shì chū yìwài

ひょうちゃく【漂着する】漂到 piāodào (英 *drift ashore*) ▶難破した船がその島に～した/遇难的船漂流到了那个岛上 yùnàn de chuán piāoliúdàole nàge dǎoshang ▶タンカーから流出した重油の～する恐れがある/从巨轮中流出来的柴油有漂到海岸的危险 cóng jùlún zhōng liúchūlai de cháiyóu yǒu piāodào hǎi'àn de wēixiǎn

◆～物 漂到海岸的物品 piāodào hǎi'àn de wùpǐn

びょうちゅうがい【病虫害】病虫害 bìngchónghài (英 *insect and disease damage*) ▶農作物の～を防除する/防治农作物的虫害 fángzhì nóngzuòwù de chónghài

ひょうてい【評定する】评定 píngdìng; 评比 píngbǐ (英 *rate*; *evaluate*)

ひょうてき【標的】靶子 bǎzi; 目标 mùbiāo (英 *a target*) ▶～をねらう/瞄准靶子 miáozhǔn bǎzi

びょうてき【病的】病态 bìngtài; 不正常 bú zhèngcháng (英 *morbid*) ▶自分の口臭を～に心配する/不正常地担心自己的口臭 bú zhèngcháng de dānxīn zìjǐ de kǒuchòu ▶彼女は～なほどおしゃべりだ/她有些病态似的爱说话 tā yǒuxiē bìngtài shìde ài shuōhuà

ひょうてん【氷点】冰点 bīngdiǎn (英 *the freezing point*) ▶～下/零下 língxià ▶温度は～下3度に達した/温度降到了零下三度 wēndù jiàngdàole língxià sān dù

ひょうでん【評伝】评传 píngzhuàn (英 *a critical biography*)

びょうとう【病棟】病房楼 bìngfánglóu (英 *a ward*) ▶隔離～の患者/隔离病房的患者 gélí bìngfáng de huànzhě

びょうどう【平等な】平等 píngděng (英 *equal*) ▶～に扱う/平等相待 píngděng xiāngdài ▶法の下の～/在法律面前的平等 zài fǎlǜ miànqián de píngděng ▶～の権利を持つ/享有平等的权利 xiǎngyǒu píngděng de quánlì ▶～に分配する/平等分配 píngděng fēnpèi

びょうにん【病人】病人 bìngrén; 患者 huànzhě (英 *a sick person*) ▶～を看病する/看护病人 kānhù bìngrén ▶～を見舞う/探病 tànbìng; 慰问病人 wèiwèn bìngrén

◆～食 病人餐 bìngréncān

ひょうのう【氷嚢】冰袋 bīngdài (英 *an ice bag*) ▶～で頭を冷やす/用冰袋给脑袋降温 yòng bīngdài gěi nǎodai jiàngwēn

ひょうはく【漂白する】漂 piāo; 漂白 piǎobái (英 *bleach*) ▶～剤/漂白粉 piǎobáifěn

ひょうはく【漂泊】漂泊 piāobó (英 *wander*) ▶全国各地を～する/漂泊在全国各地 piāobó zài quánguó gèdì

ひょうばん【評判】评价 píngjià (英 *a rumor*); 〘有名〙有名 yǒumíng (英 *a reputation*) ▶～がよい/评价好 píngjià hǎo; 名声很好 míngshēng hěn hǎo ▶今度の先生は～がよい/这次的老师名声很好 zhècì de lǎoshī míngshēng hěn hǎo ▶～が悪い/臭名高 chòumíng gāo ▶～の人物/现在著名的人物 xiànzài zhùmíng de rénwù ▶～が落ちる/声誉降落 shēngyù jiàngluò ▶この店は～ほどの味でない/这家餐厅的味道没有名声那么好 zhè jiā cāntīng de wèidao méiyǒu míngshēng nàme hǎo ▶彼女は学生時代から～の美人だった/学生时代, 她就是有名的美人 xuésheng shídài, tā jiù shì yǒumíng de měirén ▶商品の～を落とさないようにせねばならぬ/必须保持商品的声誉 bìxū bǎochí shāngpǐn de shēngyù

日中比较 中国語の '评判 píngpàn' は「判定する」こと.

ひょうひ【表皮】〘解〙表皮 biǎopí (英 *a cuticle*)

ひょうひょう【飄飄】飘逸 piāoyì [超然として] *aloof from the world*) ▶～とした態度/神采飘逸 shéncǎi piāoyì

びょうぶ【屏風】屏风 píngfēng; 画屏 huàpíng (英 *a folding screen*) ▶部屋を～で仕切る/用屏风把房间隔开 yòng píngfēng bǎ fángjiān gékāi

ひょうへん【豹変する】豹変 bàobiàn; 突然改变 tūrán gǎibiàn (英 *change suddenly*) 君子～す 君子豹变 jūnzǐ bàobiàn

ひょうぼう【標榜する】标榜 biāobǎng; 宣称 xuānchēng (英 *advocate*)

日中比较 中国語の '标榜 biāobǎng' は「標榜する」他に「吹聴する」ことをもいう.

ひょうほん【標本】标本 biāoběn (英 *a specimen*) ▶昆虫～/昆虫标本 kūnchóng biāoběn

◆植物～ 植物标本 zhíwù biāoběn

びょうま【病魔】病魔 bìngmó (英 *a disease*) ▶～に侵される/病魔缠身 bìngmó chánshēn

ひょうめい【表明する】表明 biǎomíng; 表示 biǎoshì (英 *express*) ▶決意を～する/表明决心 biǎomíng juéxīn ▶所信～演説/表明政府方针的演说 biǎomíng zhèngfǔ fāngzhēn de yǎnshuō ▶反対を～する/表示反对 biǎoshì fǎnduì ▶辞意を～する/表达辞意 biǎodá cíyì

びょうめい【病名】病名 bìngmíng (英 *the name of a disease*) ▶医師が患者に～を告げる/医生告诉患者病名 yīshēng gàosu huànzhě bìngmíng

ひょうめん【表面】表面 biǎomiàn; 外面 wàimiàn; 表层 biǎocéng (英 *a surface*; [外見] *an appearance*) ▶～立って反対する/公开反对 gōngkāi fǎnduì ▶～化/表面化 biǎomiànhuà ▶～張力/表面张力 biǎomiàn zhānglì ▶～的な/皮相 píxiàng; 停留于表面的 tíngliú yú biǎomiàn de ▶～はおとなしそうだが心(k)はなかなか頑固だ/表面上看上去很老实, 但是实质上很顽固 biǎomiànshang kànshàngqu hěn lǎoshi, dànshí shízhìshang hěn wángù ▶物事は～のみを見た

ではほんとうのことはわからない/事情只看表面就不可能了解真相 shìqing zhǐ kàn biǎomiàn jiù bù kěnéng liǎojiě zhēnxiàng ▶彼女は～は冷静を装っていた/她表面上假装冷静 tā biǎomiànshang jiǎzhuāng lěngjìng ▶賄賂事件が～化した/行贿事件表面化了 xínghuì shìjiàn biǎomiànhuà le

びょうよみ【秒読み】 读秒 dúmiǎo; 倒计时 dàojìshí (英 *a countdown*) ▶一段阶/最后阶段 zuìhòu jiēduàn ▶組織の解体は事実上～段階に入った/组织的解体事实上已经进入了读秒阶段了 zǔzhī de jiětǐ shìshíshang yǐjīng jìnrùle dúmiǎo jiēduàn le ▶ロケット発射の～が始まった/发射火箭的倒计时开始了 fāshè huǒjiàn de dàojìshí kāishǐ le

ひょうり【表裏】 表里 biǎolǐ (英 *the face and the back*) ▶～一体/表里一致 biǎolǐ yízhì ▶愛と憎しみは～一体だ/爱和恨表里一体 ài hé hèn biǎolǐ yìtǐ ▶個人情報の保護と情報公開は～一体の関係にある/保护个人情报和公开情报是表里一体的关系 bǎohù gèrén qíngbào hé gōngkāi qíngbào shì biǎolǐ yìtǐ de guānxi

びょうりがく【病理学】 病理学 bìnglǐxué (英 *pathology*) ▶～的には証明されていない/病理学上还没被证明 bìnglǐxuéshang hái méi bèi zhèngmíng

ひょうりゅう【漂流する】 漂流 piāoliú; 漂移 piāoyí (英 *drift about*) ♦～者/漂流者 piāoliúzhě ～船/漂船 piāochuán ～物/漂流物 piāoliúwù

びょうれき【病歴】 病历 bìnglì; 病史 bìngshǐ (英 *one's clinical history*) ▶彼は心臓病の～がある/他有心脏病的病历 tā yǒu xīnzàngbìng de bìnglì

ひょうろうぜめ【兵糧攻め】 断粮道 duàn liángdào (英 *starvation tactics*)

ひょうろん【評論する】 评论 pínglùn; 评 píng (英 *criticize; comment*) ▶彼は社会問題を独自の切り口で～する/他以独特的切入点来评论社会问题 tā yǐ dútè de qiērùdiǎn lái pínglùn shèhuì wèntí

ひょうろんか【評論家】 评论家 pínglùnjiā (英 *a critic*) ▶映画～/电影评论家 diànyǐng pínglùnjiā ▶美術～/美术评论家 měishù pínglùnjiā

ひよく【肥沃な】 肥沃 féiwò; 丰沃 fēngwò (英 *fertile*) ▶～な田畑/肥田 féitián ▶この地域は～な大地に恵まれている/这个地区有着肥沃的土地资源 zhège dìqū yǒuzhe féiwò de tǔdì zīyuán

びよく【尾翼】 尾翼 wěiyì (英 *a tail*)

ひよけ【日除け】 篷 péng (英 *a blind; a sunshade*); 遮阳 (帽子などの) zhēyáng (英 *a sunshade*) ▶～棚/凉棚 liángpéng ▶窓の外に～を掛ける/在窗户外面挂上遮阳的帘子 zài chuānghu wàimian guàshàng zhēyáng de liánzi

ひよこ【雛】 雏鸡 chújī; 小鸡 xiǎojī (青二才) 毛孩子 máoháizi (英 *a chick*)

ひょっこり 忽然 hūrán; 偶然 ǒurán (英 [意外] *unexpectedly*; [偶然] *by chance*) ▶～現れる/突然出现 tūrán chūxiàn ▶彼は～私を訪ねて来た/他突然来找我了 tā tūrán lái zhǎo wǒ le ▶帰宅の途中で～友人に会った/在回家的路上偶然碰到了朋友 zài huíjiā de lùshang ǒurán pèngdàole péngyou

ひょっとしたら ⇨ひょっとすると

ひょっとして 如果 rúguǒ; 万一 wànyī ▶～飛行機が落ちでもしたらどうだ/万一飞机掉下来，你该怎么办？ wànyī fēijī diàoxiàlái, nǐ gāi zěnme bàn?

ひょっとすると 也许 yěxǔ; 或许 huòxǔ; 有可能 yǒu kěnéng (英 *possibly*) ▶～俺たちの嘘がばれたのかもしれないぞ/也许我们的谎话已经露馅了 yěxǔ wǒmen de huǎnghuà yǐjīng lòuxiàn le ▶～勝てるかもしれない/说不定我们能赢 shuōbudìng wǒmen néng yíng ▶～彼に会えるかもしれない/说不定能见到他 shuōbudìng néng jiàndào tā

ひより【日和】 天气 tiānqì (英 *weather*) ▶絶好の行楽～だ/理想的出游天气 lǐxiǎng de chūyóu tiānqì

ひよりみ【日和見】 观望形势 guānwàng xíngshì (英 *opportunism*) ▶～主義/机会主义 jīhuì zhǔyì ▶～主義者/机会主义者 jīhuì zhǔyìzhě ▶～を決め込む/坐山观虎斗 zuò shān guān hǔ dòu

ひょろながい【ひょろ長い】 细长 xìcháng; 瘦长 shòucháng (英 *lanky*)

ひよわ【ひ弱な】 虚弱 xūruò; 单薄 dānbó (英 *weak*) ▶少年時代は～な子供だった/少年时期是一个虚弱的孩子 shàonián shíqí shì yí ge xūruò de háizi

ひょんな 意外 yìwài (英 *unexpected*) ▶～ことから/由于意外的小事 yóuyú yìwài de xiǎoshì

ぴょんぴょん 《跳ね回るようす》一蹦一蹦地 yí bèng yí bèng de (英 *skipping*) ▶～跳ぶ/一蹦一蹦地跳 yí bèng yí bèng de tiào

ひら【平の】 普通 pǔtōng (英 *ordinary*) ▶～社員/普通职员 pǔtōng zhíyuán ▶～教員/普通教员 pǔtōng jiàoyuán

ビラ 招贴 zhāotiē (英 *a poster; a placard*);《ちらし》传单 chuándān (英 *a handbill*) ▶～をまく/发传单 fā chuándān ▶～を貼る/贴招贴 tiē zhāotiē ▶～に載せる/登载招贴上 dēngzǎi zhāotiēshang ▶芝居の～を配る/散发演戏的小广告 sànfā yǎnxì de xiǎoguǎnggao

ひらあやまり【平謝り】 一个劲儿地道歉 yí ge jìnr de dàoqiàn (英 *a humble apology*) ▶～に謝る/再三道歉 zàisān dàoqiàn; 低头谢罪 dītóu xièzuì

ひらい【飛来する】 飞来 fēilái (英 *fly*) ▶白鳥が～する/天鹅飞来 tiān'é fēilái

ひらいしん【避雷針】 避雷针 bìléizhēn (英 *a lightning rod*)

ひらおよぎ【平泳ぎ】 蛙泳 wāyǒng (英 *the breaststroke*) ▶私はクロールより～が得意です/比

起自由泳来,蛙泳我更拿手 bǐqǐ zìyóuyǒng lái, wāyǒng wǒ gèng náshǒu ▶男子200メートル～/男子二百米蛙泳 nánzǐ èrbǎi mǐ wāyǒng

ひらがな【平仮名】 平假名 píngjiǎmíng (英 *hiragana; the cursive kana letters*)

ひらき【開き】 ❶【へだたり】差距 chājù (英 *a gap*) ▶彼ら夫婦は年齢の～を感じさせない/他们夫妻看不出有年龄的差距 tāmen fūqī kànbuchū yǒu niánlíng de chājù ▶組合側の要求と会社側の提案には五千円の～があった/工会方的要求和公司的提议之间有五千日元的差距 gōnghuìfāng de yāoqiú hé gōngsī de tíyì zhījiān yǒu wǔqiān Rìyuán de chājù ▶二人の能力の～は非常に大きい/两个人的能力有很大的差距 liǎng ge rén de nénglì yǒu hěn dà de chājù ❷【魚の】干鱼 gānyú (英 *a fish slit open and dried*)

ひらきど【開き戸】 门扇 ménshàn (英 *a hinged door*)

ひらきなおる【開き直る】 忽然变得严肃 hūrán biànde yánsù;《居直る》将错就错 jiāng cuò jiù cuò (英 *assume a defiant attitude*) ▶こうなっては開き直ってやるしかない/事到如今只能将错就错干到底了 shì dào rújīn zhǐ néng jiāng cuò jiù cuò gàn dàodǐ le

ひらく【開く】 ❶【あける】开 kāi;打开 dǎkāi (英 *open*) ▶戸を～/开门 kāimén ▶包みを～/打开包裹 dǎkāi bāoguǒ ▶魚を～/切开鱼 qiēkāi yú;剖开鱼腹 pōukāi yúfù ▶心を～/敞开心扉 chǎngkāi xīnfēi ▶差が～/差距扩大 chājù kuòdà ▶ファイルを～/打开文件夹 dǎkāi wénjiànjiā ▶外国人に門戸を～/对外国人打开门户 duì wàiguórén dǎkāi ménhù ▶足を～/张开腿站着 zhāngkāi tuǐ zhànzhe ▶あの店は日曜日は8時まで開いている/那家店星期天开到八点 nà jiā diàn xīngqītiān kāidiàn bā diǎn ▶開かれた社会/开放的社会 kāifàng de shèhuì ❷【開催する】开张 kāizhāng (英 *open; start*) ▶店を～/开店 kāidiàn ▶上海でカフェを～/在上海开咖啡店 zài Shànghǎi kāi kāfēidiàn ❸【開催する】开 kāi (英 *hold*) ▶会を～/开会 kāihuì ▶晚餐会を～/开晚餐会 kāi wǎncānhuì ❹【開拓する】开拓 kāituò;开垦 kāikěn (英 *clear; open up*) ❺【開花する】开 kāi (英 *open; bloom*)

ひらけた【開けた】 开明 kāimíng;开通 kāitōng (英 *developed*) ▶～地域/发展的地区 fāzhǎn de dìqū ▶考えが～/头脑开通 tóunǎo kāitōng

ひらける【開ける】 ❶【開化・発展】开化 kāihuà;发展 fāzhǎn (英 *become civilized; develop*) ▶このへんも目だって開けてきた/这一带明显地发展起来了 zhè yídài míngxiǎn de fāzhǎn qǐlai le ❷【物分かりがいい】 通情达理 tōng qíng dá lǐ (英 *be sensible*) ▶うちの母はなかなか開けている/我妈妈还挺开明的 wǒ māma hái tǐng kāimíng de ❸【開通】开通 kāitōng (英 *be opened to traffic*) ▶あの島にも空路が～でしょう/那个岛也会有飞机通航的吧 nàge dǎo yě huì yǒu fēijī tōngháng de ba ❹【開運】开 kāi (英 *turn in one's favor*) ▶运が～/开运 kāiyùn

ひらたい【平たい】 平坦 píngtǎn;扁 biǎn (英 *flat*) ▶～言葉/浅易的话 qiǎnyì de huà ▶平たく言えば/平易地说 píngyì de shuō ▶大きな～石に寝ころがる/躺在又大又平的石头上 tǎngzài yòu dà yòu píng de shítoushang

ひらて【平手】 手掌 shǒuzhǎng (英 *the palm of the hand*) ▶～で张る/打一巴掌 dǎ yì bāzhang;《北京方言》扇 shān ▶～で3, 4回张った/在脸上打了三、四个巴掌 zài liǎnshang dǎle sān, sì ge bāzhang

日中比较 中国语的'平手 píngshǒu'是「引き分け」という意味.

ひらに【平に】 诚恳 chéngkěn (英 *humbly*) ▶～御容赦下さい/恳请原谅 kěnqǐng yuánliàng

ピラニア【魚】 比拉鱼 bǐlāyú;食人鱼 shírényú (英 *a piranha*)

ひらひら 飘然 piāorán (英 *fluttering*) ▶～落ちる《花びらなどが》/飘零 piāolíng;飘落 piāoluò ▶～漂う/飞舞 fēiwǔ;飘舞 piāowǔ ▶～飞ぶ《蝶や鸟が》/翻飞 fānfēi

ピラフ【料理】 西式炒饭 xīshì chǎofàn;抓饭 zhuāfàn (英 *pilaff*)

ひらべったい【平べったい】 扁 biǎn (英 *flat*) ▶～颜をした中年男/扁平脸的中年男子 biǎnpíngliǎn de zhōngnián nánzǐ ▶～靴をはく/穿着扁平的鞋子 chuānzhe biǎnpíng de xiézi

ピラミッド 金字塔 jīnzìtǎ (英 *a pyramid*) ▶古代エジプトの～/古埃及的金字塔 gǔ Āijí de jīnzìtǎ ▶日本の人口～は変わりつつある/日本人口的金字塔在变化 Rìběn rénkǒu de jīnzìtǎ zài biànhuà
▶逆～/倒金字塔 dàojīnzìtǎ

ヒラメ【平目】【魚】比目鱼 bǐmùyú;偏口鱼 piānkǒuyú (英 *a flatfish*) ▶～のえんがわ/比目鱼的里脊 bǐmùyú de lǐji

ひらめき【閃き】 闪现 shǎnxiàn (英 *a flash*) ▶才能の～/才气闪现 cáiqì shǎnxiàn

ひらめく【閃く】 闪动 shǎndòng;闪烁 shǎnshuò;闪现 shǎnxiàn (英 *flash*) ▶ある考えが頭に閃いた/有一个想法在脑袋中一闪 yǒu yí ge xiǎngfǎ zài nǎodai zhōng yì shǎn

ひらや【平屋】 平房 píngfáng (英 *a one-story house*) ▶木造～住宅/木造平房住宅 mùzào de píngfáng zhùzhái

ひらりと 轻巧地 qīngqiǎo de;机敏地 jīmǐn de (英 *lightly*) ▶～飞び乘る/机敏地跳上 jīmǐn de tiàoshàng ▶～かわす/闪躲 shǎnduǒ;闪身 shǎnshēn ▶自転车が向かって来たので～身をかわし/自行车迎面而来, 我闪身躲开了 zìxíngchē yíngmiàn ér lái, wǒ shǎnshēn duǒkāi le ▶窓から～飞び降りた/从窗户上轻巧地跳下来 cóng chuānghushang qīngqiǎo de tiàoxiàlai

びらん【糜爛する】 糜烂 mílàn (英 [腐爛する]

びり 最末一名 zuìmò yìmíng; 殿军 diànjūn (英) *the bottom; the last*) ▶100メートル徒競走で~になる/在百米赛跑中成了倒数第一名 zài bǎi mǐ sàipǎo zhōng chéngle dàoshǔ dìyī míng

ピリオド 句号 jùhào (英) *a period*) ▶文末に~を打つのを忘れるな/别忘了在句末打上句号 bié wàngle zài jùmò dǎshàng jùhào ▶~を打つ 结束 jiéshù ▶結婚生活に~を打つ/结束夫妻关系 jiéshù fūqī guānxi

ひりき 【非力な】力气不足 lìqi bù zú; 力量不足 lìliang bù zú; 无力 wúlì (英) *powerless*)

ひりつ 【比率】比例 bǐlì; 比率 bǐlǜ (英) *a ratio*) ▶~が高い/比率高 bǐlǜ gāo ▶議員の男女~は逆転するほうがいい/议员的男女比例倒过来就好了 yìyuán de nánnǚ bǐlì dàoguòlái jiù hǎo le ▶一人の教員に対して児童10という~になる/相对一个教员，小学生的比例是十 xiāngduì yí ge jiàoyuán, xiǎoxuéshēng de bǐlì shì shí ▶及第者と落第者との~は1対3である/及格和不及格的比例是一比三 jígé hé bù jígé de bǐlì shì yì bǐ sān

ぴりっと 刺痛 cìtòng; 针扎似的 zhēn zhā shì de; 麻 má (英) *crisp; spicy*) ▶山の空気は~冷たかった/山上的空气冷飕飕的 shānshang de kōngqì lěngsōusōu de ▶この料理は山椒の~した辛味がある/这个菜里面有花椒的麻辣味儿 zhège cài lǐmiàn yǒu huājiāo de málàwèir ▶排便時に~した痛みがあった/排便时火辣辣地疼 páibiàn shí huǒlàlà de téng

ひりひりする 火辣辣 huǒlàlà (英) *smart*) ▶日焼けで肌が~する/皮肤被太阳晒得火辣辣的 pífū bèi tàiyáng shàide huǒlàlà de ▶すりむいた傷がまだ~する/擦破了的伤口还火辣辣地疼 cāpòle de shāngkǒu hái huǒlàlà de téng ▶かぜで喉が~する/因为感冒，喉咙刺痒 yīnwèi gǎnmào, hóulóng cìtòng

ぴりぴり (破る) 哧哧 chīchī (英) *tear up*); (震動) 哗哗 huāhuā (英) *resound*) ▶(しびれて) ~する/麻酥酥 másūsū ▶包み纸を~と破く/哧哧地把包装纸撕开 chīchī de bǎ bāozhuāngzhǐ sīkāi ▶封筒を~と開封した/把信封哧哧地撕开 bǎ xìnfēng chīchī de sīkāi ▶爆風で窓ガラスが~響いた/冲击波把窗户震得哧哧作响 chōngjībō bǎ chuānghu zhèndé huāhuā zuòxiǎng

ぴりぴりする 火辣辣 huǒlàlà (英) *痛くて) smart*; [辛くて] *sting*) ▶少し舐めただけで舌の先が~する/稍微舔了一下就觉得舌尖麻麻的 shāowēi tiǎnle yíxià jiù juéde shéjiān mámá de ▶神経が~している/战战兢兢 zhànzhànjīngjīng ▶朝から彼は~していて声もかけにくい/早上开始他就很紧张，也不好跟他打招呼 zǎoshang kāishǐ tā jiù hěn jǐnzhāng, yě bù hǎo gēn tā dǎ zhāohu

ビリヤード (ゲーム) 台球 táiqiú (英) *billiards*) ▶~台/台球台 táiqiútái ▶~キュー/台球的球杆 táiqiú de qiúgān

びりゅうし 【微粒子】微粒 wēilì (英) *a minute particle*) ▶ナノ~/纳米微粒 nàmǐ wēilì

ひりょう 【肥料】肥料 féiliào (英) *manure; a fertilizer*) ▶~を撒く/撒肥料 sǎ féiliào ▶~をやる/施肥 shīféi ▶芝生に~をやる必要がある/要给草地施肥 yào gěi cǎodì shīféi ▶有機~/有机肥 yǒujīféi

◆化学~ : 化肥 huàféi

びりょう 【微量の】微量 wēiliàng (英) *a small amount of...*) ▶この食品には~の発ガン物質が含まれている/这个食品里有微量的致癌物质 zhège shípǐnlǐ yǒu wēiliàng de zhì'ái wùzhì

びりょく 【微力】微薄之力 wēibó zhī lì (英) *the little one can do*) ▶~を尽くす/尽微薄之力 jìn wēibó zhī lì ▶この目標に向かって~を尽くす所存であります/我决心朝着这个目标尽我微薄之力 wǒ juéxīn cháozhe zhège mùbiāo jìn wǒ wēibó zhī lì

ひる 【昼】 **1**【正午】中午 zhōngwǔ (英) *noon*) ▶目がさめた時は~だった/睁开眼睛的时候是中午了 zhēngkāi yǎnjing de shíhou shì zhōngwǔ le ▶~過ぎに蘇州に着いた/过了中午就到了苏州 guòle zhōngwǔ jiù dàole Sūzhōu **2**【昼間】白天 báitiān (英) *daytime*) ▶~の部/日场 rìchǎng ▶~働いて夜休む/白天工作晚上休息 báitiān gōngzuò wǎnshang xiūxi

ヒル 【蛭】【動物】水蛭 shuǐzhì; 蚂蟥 mǎhuáng (英) *a leech*) ▶~に吸われてなかなか血が止まらない/被蚂蟥叮了，血流不止 bèi mǎhuáng dīng le, xiě liúbuzhǐ

ビル(ディング) 大厦 dàshà; 大楼 dàlóu; 高楼 gāolóu (英) *an office building*) ▶超高層~/超高层大厦 chāogāocéng dàshà ▶~風が強い/大楼之间刮的风很大 dàlóu zhījiān guā de fēng hěn dà

ピル (薬) 避孕药 bìyùnyào (英) *the pill*)

ひるいない 【比類ない】无比 wúbǐ; 无可比拟 wú kě bǐnǐ; 绝无仅有 jué wú jǐn yǒu (英) *matchless*) ▶~技/绝技 juéjì ▶比類なく大きい/硕大无朋 shuòdà wú péng ▶比類なき勝利/无与伦比的胜利 wú yǔ lúnbǐ de shènglì ▶それは歴史に比類なきものである/这在历史上是绝无仅有的 zhè zài lìshǐshang shì jué wú jǐn yǒu de

ひるがえす 【翻す】翻 fān; 转 zhuǎn (英) [决心などを] *change*) ▶身を~/闪身 shǎnshēn ▶叛旗を~/背叛 bèipàn ▶前言を~/推翻前言 tuīfān qiányán; 改变意见 gǎibiàn yìjiàn ▶身を翻して走り去る/转身跑着离开 zhuǎnshēn pǎozhe líkāi

ひるがえる 【翻る】飘扬 piāoyáng; (逆に) 反过来 fǎnguòlái (英) *wave*) ▶旗が~/旗帜飘扬 qízhì piāoyáng ▶会議参加各国の国旗が風に翻っている/参加会议的各国国旗迎风飘扬 cānjiā huìyì de gèguó guóqí yíngfēng piāoyáng ▶翻って考えるとこんな馬鹿馬鹿しいことはない/反过来一想，怎么会有这么荒唐的事？ fǎnguòlái yì xiǎng, zěnme huì yǒu zhème huāngtáng de shì?

ひるさがり【昼下がり】 过午 guòwǔ（英 *early afternoon*）▶「～の情事」〖映画名〗/《过午时之幽会 Guòwǔshí zhī yōuhuì》

ひるね【昼寝】 午觉 wǔjiào；午睡 wǔshuì（英 *an afternoon nap*）▶～する/睡午觉 shuì wǔjiào ▶～しすぎて夜眠れなくなった/中午睡多了，晚上睡不着 zhōngwǔ shuìduō le, wǎnshang shuìbuzháo ▶保育園は毎日～の時間がある/托儿所里每天午休时间 tuō'érsuǒ lǐ měitiān yǒu wǔshuì shíjiān

ひるひなか【昼日中】 大白天 dàbáitiān；大天白日 dàtiān báirì（英 *broad daylight*）▶～に街で発砲する/光天化日之下在街头开枪 guāngtiān huàrì zhīxià zài jiētóu kāiqiāng

ひるま【昼間】 白天 báitiān；日间 rìjiān（英 *daytime*）▶～見ると化け物のようだ/白天看上去像怪物一样 báitiān kànshàngqu xiàng guàiwu yíyàng ▶彼は夜ふかしで～はたいてい寝ている/他经常熬夜，白天基本上在睡觉 tā jīngcháng áoyè, báitiān jīběnshang zài shuìjiào ▶そのお手伝いさんは～だけ通ってくる/那个保姆只是日间来 nàge bǎomǔ zhǐshì rìjiān lái

ひるむ【怯む】 畏惧 wèijù；畏缩 wèisuō；发憷 fāchù（英 *flinch*）▶～ことなく/无畏 wúwèi ▶猛犬に怯んで玄関に入れなかった/害怕恶狗不敢进家门 hàipà ègǒu bùgǎn jìn jiāmén ▶どんな相手にも怯まない正義の味方/不管对手是谁，都不畏惧的正义的化身 bùguǎn duìshǒu shì shéi, dōu bú wèijù de zhèngyì de huàshēn ▶彼はその大吹雪にも怯まなかった/他毫不畏惧那场暴风雪 tā háobù wèijù nà cháng bàofēngxuě

ひるめし【昼飯】 午饭 wǔfàn；中饭 zhōngfàn（英 *lunch*）

ひるやすみ【昼休み】 午休 wǔxiū；午间休息 wǔjiān xiūxi（英 *a lunch break*）▶～にビールを飲んで懲戒処分を受けた/午休的时候喝啤酒，被处以惩戒处分 wǔxiū de shíhou hē píjiǔ, bèi chǔ yǐ chéngjiè chǔfèn ▶～に日比谷公園を散歩した/午休的时候在日比谷公园散步 wǔxiū de shíhou zài Rìbǐgǔ gōngyuán sànbù

ひれ【鰭】 鳍 qí（英 *a fin*）▶胸びれ/胸鳍 xiōngqí ▶背びれ/背鳍 bèiqí

ヒレ《肉の》里脊 lǐjī（英 *a fillet*）

ひれい【比例する】 比例 bǐlì（英 *be in proportion*）▶～する/成正比 chéng zhèngbǐ ▶反～する/成反比 chéng fǎnbǐ ▶宅地開発が進むのに～して緑が激減した/和住宅开发的速度成比例，绿地急减 hé zhùzhái kāifā de sùdù chéng bǐlì, lǜdì jí jiǎn ▶工具の重量は経験に～する/工人的技术和经验成正比 gōngrén de jìshù hé jīngyàn chéng zhèngbǐ ◆～代表制：比例代表制 bǐlì dàibiǎozhì ～配分：按比例分配 àn bǐlì fēnpèi

ひれい【非礼な】 失礼 shīlǐ；不礼貌 bù lǐmào（英 *impolite*）▶息子の～をお許し下さい/请原谅我儿子的无礼 qǐng yuánliàng wǒ érzi de wúlǐ

ひれき【披瀝する】 吐露 tǔlù；表白 biǎobái；披露 pīlù（英 *express*; *reveal*）▶胸中を～する/吐露真情 tǔlù zhēnqíng

ひれつ【卑劣な】 卑鄙 bēibǐ；猥劣 wěiliè（英 *mean*）▶どんな～な手段を用いても欲しいものを手に入れる/不管用怎样卑劣的手段，也要把想要的弄到手 bùguǎn yòng zěnyàng bēiliè de shǒuduàn, yě yào bǎ xiǎngyào de nòng dàoshǒu ◆～漢：卑鄙的家伙 bēibǐ de jiāhuo

ひれふす【平伏す】 拜倒 bàidǎo；跪倒 guìdǎo（英 *prostrate oneself*）▶閻魔大王の前に平伏した/拜倒在阎魔王的面前 bàidǎo zài Yánmówáng de miànqián

ひれん【悲恋】 悲剧性的恋爱 bēijùxìng de liàn'ài（英 *tragic love*）▶～物語/爱情悲剧故事 àiqíng bēijù gùshi

ひろ【尋】《単位》庹 tuǒ（英 *a fathom*）▶この川は水深 5 ～ある/这条河的水深有五庹 zhè tiáo hé de shuǐshēn yǒu wǔ tuǒ

ひろい【広い】 宽阔 kuānkuò；广大 guǎngdà（英 *wide*，［家などが］*spacious*）▶～原野/宽广的原野 kuānguǎng de yuányě ▶～道/宽阔的道路 kuānkuò de dàolù ▶～範囲にわたる/广泛 guǎngfàn ▶～知識/渊博的知识 yuānbó de zhīshi ▶海は～な大きいな/大海真辽阔 dàhǎi zhēn liáokuò ▶視野を広くする/扩大视野 kuòdà shìyě ▶狭い道路を広くする/拓宽狭窄的道路 tuòkuān xiázhǎi de dàolù ▶ドアを広く開ける/把门大敞开 bǎ mén dàchǎngkāi ▶～意味ではそう言えます/广义上可以这么说 guǎngyìshang kěyǐ zhème shuō ▶彼は心の～人です/他是个心胸开阔的人 tā shì ge xīnxiōng kāikuò de rén ▶～部屋/宽敞的房间 kuānchang de fángjiān ▶彼は交際の範囲が～/他的交际范围广 tā de jiāojì fànwéi guǎng ▶彼の著書は広く読まれている/他的著作广泛流传 tā de zhùzuò guǎngfàn liúchuán ▶このことは広く知られているわけではない/这件事并没有被很多人知道 zhè jiàn shì bìng méiyǒu bèi hěn duō rén zhīdào ▶川幅がいよいよ広くなる/河面越来越宽 hémiàn yuèláiyuè kuān

ひろいあげる【拾い上げる】 拾起 shíqǐ；捡起 jiǎnqǐ（英 *pick up*）▶お婆さんは川から桃を拾い上げた/老婆婆从河里捡起桃子来 lǎopópo cóng héli jiǎnqǐ táozi lái ▶砂浜で～を/在沙滩上拾起贝壳 zài shātānshang shíqǐ bèiké

ひろいあつめる【拾い集める】 捡到一起 jiǎndào yìqǐ；收集 shōují（英 *gather*）▶散歩道のごみを～/收集散步路上的垃圾 shōují sànbù lùshang de lājī ▶落ちたぎんなんを～/捡起掉在地上的银杏果 jiǎnqǐ diàozài dìshang de yínxìngguǒ

ひろいぬし【拾い主】 拾得人 shídérén；拾主 shízhǔ（英 *the finder*）▶～にお礼を言う/向拾主道谢 xiàng shízhǔ dàoxiè ▶～に謝礼金を払う/给拾主钱表示感谢 gěi shízhǔ qián biǎoshì gǎnxiè

ひろいもの【拾い物】 拾得物 shídéwù (英 *a found article*);《思わぬ収穫》意外的收获 yìwài de shōuhuò (英 *a lucky find*) ▶あの役者は～だった/那个演员是意外的收获 nàge yǎnyuán shì yìwài de shōuhuò

ひろいよみ【拾い読みする】 挑着读 tiāozhe dú; 浏览 liúlǎn (英 *dip into…; spell out*) ▶新聞は見出しで～する程度です/报纸只是看看标题浏览一下 bàozhǐ zhǐshì kànkan biāotí liúlǎn yíxià ▶目次から必要な部分だけを～する/看目录浏览一下需要的部分 kàn mùlù liúlǎn yíxià xūyào de bùfen

ヒロイン 女主角 nǚzhǔjué (英 *a heroine*) ▶悲劇の～/悲剧的女主角 bēijù de nǚzhǔjué

ひろう【披露する】 披露 pīlù; 公布 gōngbù (英 *announce*) ▶～宴/喜筵 xǐyán

ひろう【拾う】 捡 jiǎn; 拾 shí (英 *pick up*;〔見つける〕*find*) ▶炎天で日陰を拾って歩く/炎热的夏天挑阴凉的地方走 yánrè de xiàtiān tiāo yīnliáng de dìfang zǒu ▶マイクの感度がよく必要以上に雑音を～/麦克风的感度太灵敏, 收到不必要的杂音 màikèfēng de gǎndù tài língmǐn, shōudào bú bìyào de záyīn ▶ゴミを～/捡垃圾 jiǎn lājī ▶子供たちは木の実を拾って楽しい時を過ごした/孩子们捡树上掉下的果实度过了愉快的时光 háizimen jiǎn shùshang diàoxià de guǒshí dùguòle yúkuài de shíkè ▶道で財布を～/在路上捡到钱包 zài lùshang jiǎndào qiánbāo

▶火中の栗を～ 火中取栗 huǒzhōng qǔ lì

ひろう【疲労】 疲劳 píláo; 疲倦 píjuàn (英 *fatigue*; *weariness*) ▶～困憊した/疲惫不堪 píbèi bùkān ▶～を回復する/消除疲劳 xiāochú píláo ▶その喜びで～を忘れた/高兴得忘记了疲劳 gāoxìngde wàngjìle píláo ▶入浴すると心身の～がとれる/洗个澡可以消除身心的疲劳 xǐ ge zǎo kěyǐ xiāochú shēnxīn de píláo ▶彼は～の色が濃い/他显得很疲倦 tā xiǎnde hěn píjuàn

◆金属～：金属疲劳 jīnshǔ píláo

ビロード《布地》天鹅绒 tiān'éróng (英 *velvet*)

ひろがり【広がり】 宽度 kuāndù;《広がること》扩大 kuòdà; 普及 pǔjí (英 *an expanse*) ▶インフルエンザの～を懸念する/担心流感传播 dānxīn liúgǎn chuánbō ▶急速な～を見せる IC カード/迅速普及的 IC 卡 xùnsù pǔjí de IC kǎ ▶砂漠のはてない～/一望无际的沙漠 yí wàng wú jì de shāmò

ひろがる【広がる】 ❶【広くなる】扩大 kuòdà; 扩展 kuòzhǎn (英 *widen*) ▶その川は河口で広がっている/那条河在河口变宽 nà tiáo hé zài hékǒu biàn kuān ▶～支店網/铺开的支店网 pūkāi de zhīdiànwǎng

❷【広まる】蔓延 mànyán; 传开 chuánkāi (英 *spread*) ▶噂が～/传开风声 chuánkāi fēngshēng ▶伝染病が～/传染病蔓延 chuánrǎnbìng mànyán ▶乾燥のため山火事が～/干燥导致火蔓延 gānzào dǎozhì shānhuǒ mànyán

その噂はたちまち広がった/那个传闻一下子传开了 nàge chuánwén yíxiàzi chuánkāi le ▶反戦運動が大衆の間に広がってきている/反战运动在民众之间扩大开来 fǎnzhàn yùndòng zài mínzhòng zhījiān kuòdà kāilái ▶その花のいい香りがあたりに広がった/那花的香味传到了四周 nà huā de xiāngwèi chuándàole sìzhōu

ひろげる【広げる】 ❶【開く】张开 zhāngkāi; 打开 dǎkāi (英 *open*) ▶弁当を～/打开饭盒 dǎkāi fànhé ▶地図を～/摊开地图 tānkāi dìtú ▶毛布を～/打开毯子 dǎkāi tǎnzi ▶彼女は両腕を広げて息子を抱きよせた/她张开双手抱住了儿子 tā zhāngkāi shuāngshǒu bàozhùle érzi

❷【規模を】扩张 kuòzhāng; 扩大 kuòdà; 开阔 kāikuò (英 *extend*) ▶道幅を～/扩张路面 kuòzhāng lùmiàn ▶手を～/扩大事业 kuòdà shìyè ▶幹事長の発言が党内に波紋を広げた/干事长的发言在党内引起了争议 gànshìzhǎng de fāyán zài dǎngnèi yǐnqǐle zhēngyì ▶風呂敷を広げすぎて収拾がつかなくなった/吹的牛皮太大了, 没法收场 chuī de niúpí tài dà le, méi fǎ shōuchǎng le

ひろさ【広さ】 宽度 kuāndù; 宽窄 kuānzhǎi (英 *extent; area*)

ひろば【広場】 广场 guǎngchǎng (英 *a plaza; an open space*) ▶天安門～/天安门广场 Tiān'ānmén guǎngchǎng ▶市民が～に集う/市民聚集到了广场 shìmín jùjídàole guǎngchǎng

◆駅前～：车站前的广场 chēzhànqián de guǎngchǎng

ひろびろ【広広とした】 宽广 kuānguǎng; 广阔 guǎngkuò; 辽阔 liáokuò (英 *spacious*) ▶～とした駐車スペースを確保する/确保宽敞的停车场地 quèbǎo kuānchang de tíngchē chǎngdì ▶～とした野原/宽广的原野 kuānguǎng de yuányě

ひろま【広間】 大厅 dàtīng (英 *a hall*)

ひろまる【広まる】 流传 liúchuán; 普及 pǔjí;《話が》传扬 chuányáng (英 *spread*) ▶その業界で先行きに不安感が～/那个行业的前景充满了不安 nàge hángyè de qiánjǐng chōngmǎnle bù'ān ▶その評判は口コミで広まった/那家店的名声靠小道消息传开了 nà jiā diàn de míngshēng kào xiǎodào xiāoxi chuánkāi le ▶ニュースの～のは早いものだ/新闻传播很快 xīnwén chuánbōde hěn kuài

ひろめる【広める】 ❶【広く伝える】推广 tuīguǎng; 普及 pǔjí (英 *spread*) ▶教育を～/普及教育 pǔjí jiàoyù ▶根も葉もない噂を～/散布毫无根据流言 sànbù háowú gēnjù liúyán; 传谣言 chuán yáoyán

❷【範囲を広くする】拓宽 tuòkuān; 扩大 kuòdà (英 *widen*) ▶外国に行って見聞を～/去国外开阔眼界 qù guówài kāikuò yǎnjiè ▶知識を～/拓宽知识面 tuòkuān zhīshimiàn

ひろんりてき【非論理的】 不符合逻辑 bù fúhé luójí (英 *illogical*)

ひわ【秘話】 秘闻 mìwén (英 *a secret story*)

びわ【琵琶】〖楽器〗琵琶 pípa (英 *a biwa; a Japanese lute*)

ビワ【枇杷】〖植物〗枇杷 pípa (英 *a loquat*)

ひわい【卑猥な】猥褻 wěixiè; 下流 xiàliú (英 *obscene*) ▶ ～な言葉/猥辞 wěicí; 下流话 xiàliúhuà

ひわり【日割りの】按日 ànrì (英 *per diem*) ▶ ～計算/按日计算 ànrì jìsuàn

ひん【品】 ❶【品格】风度 fēngdù; 品位 pǐnwèi (英 *grace; dignity*) ▶ ～のよい/风度优雅 fēngdù yōuyǎ ▶ 彼は～のよい人だ/他是品位很高的人 tā shì pǐnwèi hěn gāo de rén ▶ ～のない/没有风度 méiyǒu fēngdù ▶ 彼は少しも～がない/他一点儿风度都没有 tā yìdiǎnr fēngdù dōu méiyǒu ❷【品物】品 pǐn; 物品 wùpǐn (英 *an article*) ▶ 手回り/随身携带的物品 suíshēn xiédài de wùpǐn ▶ 消耗～/消磨品 xiāomópǐn ▶ 民芸～/工艺品 gōngyìpǐn

びん【便】〖航空〗航班 hángbān (英 *a flight*); 〖郵便〗信 xìn (英 *mail*) ▶ 船～/船运 chuányùn ▶ 西安への～数が増えた/增加了到西安的航班 zēngjiāle dào Xī'ān de hángbān ▶ 航空～で手紙を送る/寄航空信 jì hángkōngxìn

びん【瓶】瓶 píng; 瓶子 píngzi (英 *a bottle*) ▶ ガラス～/玻璃瓶 bōlipíng ▶ 一～いくらで売る/一瓶卖多少钱 yì píng mài duōshao qián ▶ 牧場の牛乳を～入りで売っている/牧场的牛奶装瓶出售 nǎi zhuāng píng chūshòu

ピン ❶【とめ針】别针 biézhēn (英 *a pin*) ▶ 安全～/别针 biézhēn ▶ 虫～/大头针 dàtóuzhēn ▶ カレンダーを～で留める/用图钉钉住挂历 yòng túdīng dìngzhù guàlì ❷【ボウリングの】球柱 qiúzhù (英 *a pin*)

ひんい【品位】品位 pǐnwèi; 品德 pǐndú; 风度 fēngdù (英〖品性〗*character*; 〖威厳〗*dignity*) ▶ ～を保つ/保持风度 bǎochí fēngdù ▶ ～に欠ける/缺乏风度 quēfá fēngdù ▶ そのことは君の～を落とすことにはなる/这件事会降低你的品位 zhè jiàn shì huì jiàngdī nǐ de pǐnwèi

ひんかく【品格】风格 fēnggé; 品格 pǐngé (英〖上品〗*grace*; 〖威厳〗*dignity*) ▶ ～に欠ける/品格差 pǐngé chà ▶ ～のない国家/缺乏国格的国家 quēfá guógé de guójiā

びんかん【敏感な】灵敏 língmǐn; 敏感 mǐngǎn (英 *sensitive*) ▶ ～に反応する/敏锐地反应 mǐnruì de fǎnyìng ▶ 君は周囲の目に～すぎる/你对周围的目光太敏感了 nǐ duì zhōuwéi de mùguāng tài mǐngǎn le ▶ 流行に～である/对时尚很敏感 duì shíshàng hěn mǐngǎn ▶ 点数に～な反応をする学生たち/对分数反应敏感的学生们 duì fēnshù fǎnyìng mǐngǎn de xuéshēngmen

ひんきゃく【賓客】宾客 bīnkè (英 *a guest of honor*) ▶ 当ホテルは外国の～も多く利用されます/我们宾馆有很多外宾光顾 wǒmen bīnguǎn yǒu hěn duō wàibīn guānggù ▶ 彼は町のどの家へ行っても～としてもてなされた/在镇上他不管去哪家都做贵宾招待 zài zhènshang tā bùguǎn qù nǎ jiā dōu bèi dàngzuò guìbīn zhāodài

ひんきゅう【貧窮する】贫穷 pínqióng (英 *be reduced to poverty*)

ひんく【貧苦】穷困 qióngkùn; 穷苦 qióngkǔ (英 *extremely poor*) ▶ ～にあえぐ/在贫困中挣扎 zài pínkùn zhōng zhēngzhá ▶ 彼は～のあまり盗みをした/他因为过于贫困而去偷东西 tā yīnwèi guòyú pínkùn ér qù tōu dōngxi

ピンク【色】❶粉红色 fěnhóngsè; 桃色 táosè (英 *pink*) ❷〖ポルノ〗黄色 huángsè (英 *pornographic*) ▶ ～色の頬/桃红的脸颊 táohóng de liǎnjiá ▶ ～映画/黄色电影 huángsè diànyǐng

ひんけつ【貧血】贫血 pínxuè (英 *anemia*) ▶ ～を起こす/贫血发作 pínxuè fāzuò ▶ ～で頭がふらつく/因为贫血脑袋发晕 yīnwèi pínxuè nǎodai fāyūn

ひんこう【品行】品行 pǐnxíng (英 *behavior; conduct*) ▶ ～方正な/品行端正 pǐnxíng duānzhèng ▶ ～のよい受刑者/品行端正的服刑者 pǐnxíng duānzhèng de fúxíngzhě ▶ ～を慎む/注意品行 zhùyì pǐnxíng ▶ ～の悪い坊主/品行不端的和尚 pǐnxíng bù duān de héshang

ひんこん【貧困】贫困 pínkùn; 贫穷 pínqióng (英 *poor*) ▶ いくら働いても～から抜け出せない/怎么工作也摆脱不了贫困 zěnme gōngzuò yě bǎituōbuliǎo pínkùn ▶ ～に打ち克つ/克服贫困 kèfú pínkùn ▶ 政治の～/政治的贫困 zhèngzhì de pínkùn ▶ ～に陥る/陷入贫困 xiànrù pínkùn ▶ ～の中に育つ/在贫困中长大 zài pínkùn zhōng zhǎngdà

◆～家庭：贫困家庭 pínkùn jiātíng

ひんし【品詞】〖文法〗词类 cílèi (英 *a part of speech*)

ひんし【瀕死の】濒死 bīnsǐ; 垂危 chuíwēi (英 *dying*) ▶ ～の重傷/致命伤 zhìmìngshāng ▶ ～の状態にある/处于临死状态 chǔyú línsǐ zhuàngtài

ひんしつ【品質】品质 pǐnzhì; 质量 zhìliàng (英 *a quality*) ▶ ～がよい/质量好 zhìliàng hǎo ▶ ～基準を定める/制定质量标准 zhìdìng zhìliàng biāozhǔn ▶ ～を高める/提高质量 tígāo zhìliàng

◆～管理：质量管理 zhìliàng guǎnlǐ ～保証：保证质量 bǎozhèng zhìliàng

中国語の'品质 pǐnzhì'は「品物の性質」の他に人の「品性」をも指す。

ひんじゃく【貧弱な】❶【外見的に弱々しい】瘦弱 shòuruò (英 *poor*) ▶ ～な体つき/体格瘦弱 tǐgé shòuruò ❷【内容が不十分】贫乏 pínfá; 匮乏 kuìfá (英 *meager*) ▶ 語彙が～だ/用词贫乏 yòng cí pínfá ▶ このレポートは内容が～だ/这个报告内容很贫乏 zhège bàogào nèiróng hěn pínfá ▶ 私は美術史の知識が～だ/我的美术史知识很匮乏 wǒ de měishùshǐ zhīshi hěn kuìfá

ひんしゅ【品種】品种 pǐnzhǒng (英 *a breed*; 〖変種〗*a variety*) ▶ ～改良/改良品种 gǎiliáng pǐnzhǒng ▶これは新〜のチューリップだ/这是新品种的郁金香 zhè shì xīnpǐnzhǒng de yùjīnxiāng

ひんしゅく【顰蹙】 皱眉 zhòuméi (英 frowning) ▶〜を買う/惹人讨厌 rě rén tǎoyàn ▶彼は場所もわきまえず大声を出して〜を買った/他不看场合出大声让人反感 tā bú kàn chǎnghé chū dàshēng ràng rén fǎngǎn

ひんしゅつ【頻出】 层出不穷 céng chū bù qióng (英 appear frequently)

びんしょう【敏捷な】 利落 lìluo; 敏捷 mǐnjié (英 agile) ▶〜な動き/敏捷的动作 mǐnjié de dòngzuò ▶〜に屋根に上る/敏捷地爬到房顶上 mǐnjié de pádào fángdǐngshàng

びんじょう【便乗する】《乗り物に》搭车 dāchē (英 get a lift);《機会に》乘机 chéngjī; 趁机 chènjī (英 take advantage of ...) ▶〜値上げ/乘机涨价 chéngjī zhǎngjià

ヒンズーきょう【ヒンズー教】 印度教 Yìndùjiào (英 Hinduism) ▶〜徒/印度教徒 Yìndùjiàotú

ひんする【貧する】 贫穷 pínqióng; 贫困 pínkùn (英 become poor)
ことわざ 貧すれば鈍する 人穷志短 rén qióng zhì duǎn

ひんする【瀕する】 濒临 bīnlín; 面临 miànlín (英 be on the verge of ...) ▶絶滅に〜《動物などが》/濒于绝灭 bīnyú juémiè ▶行政と住民が一体となって絶滅に〜動植物を保護する/政府和居民联成一体保护濒临绝迹的动植物 zhèngfǔ hé jūmín liánchéng yìtǐ bǎohù bīnlín juéjì de dòngzhíwù ▶失業の危機に〜/濒临失业的危险 bīnlín shīyè de wēixiǎn ▶死に〜病人/濒死的病人 bīnsǐ de bìngrén

ひんせい【品性】 品质 pǐnzhì; 品德 pǐndé (英 character) ▶〜の立派な人/品行优良的人 pǐnxíng yōuliáng de rén ▶〜の陶冶/品德陶冶 pǐndé táoyě ▶自己の〜を落とす/降低自己的品格 jiàngdī zìjǐ de pǐngé

ピンセット 镊子 nièzi (英 tweezers) ▶〜でつまむ/用镊子夹 yòng nièzi jiā

びんせん【便箋】 信纸 xìnzhǐ; 信笺 xìnjiān (英 notepaper) ▶〜5枚の手紙/五张信笺的信 wǔ zhāng xìnjiān de xìn ▶ホテルの〜を使って手紙を書く/用宾馆的信纸写信 yòng bīnguǎn de xìnzhǐ xiě xìn

ひんそう【貧相な】 贫寒 pínhán; 寒酸 hánsuān; 寒伧 hánchen (英 poor-looking) ▶〜な身なり/衣着寒酸 yīzhuó hánsuān ▶校長は意外に〜な顔をしている/没想到校长一副寒酸相 méi xiǎngdào xiàozhǎng yí fù hánsuānxiàng

びんそく【敏速な】 敏捷 mǐnjié; 机敏 jīmǐn; 迅速 xùnsù (英 quick) ▶〜に処理する/迅速处理 xùnsù chǔlǐ ▶〜な行動をとる/采取敏捷的行动 cǎiqǔ mǐnjié de xíngdòng ▶この仕事は〜な判断が要求される/这个工作需要机敏的判断 zhège gōngzuò xūyào jīmǐn de pànduàn

びんた 拍打 pāida (英 a slap on the cheek) ▶〜を食らう/吃耳光 chī ěrguāng ▶〜を食らわす/打嘴巴 dǎ zuǐba

ピンチ 危机 wēijī; 困境 kùnjìng (英 a pinch) ▶〜に陥る/陷入困境 xiànrù kùnjìng ▶〜を乗り切る/摆脱困境 bǎituō kùnjìng

◆〜ヒッター：《比喩》关键场面的代理人 guānjiàn chǎngmiàn de dàilǐrén ◆〜ランナー：关键时候出场的替补跑垒员 guānjiàn shíhòu chūchǎng de tìbǔ pǎolěiyuán

びんづめ【瓶詰めの】 瓶装 píngzhuāng (英 bottled) ▶〜のジャム/瓶装的果酱 píngzhuāng de guǒjiàng
◆〜工場：装瓶的工厂 zhuāngpíng de gōngchǎng

ヒント 暗示 ànshì; 启示 qǐshì (英 a hint) ▶〜を与える/给与暗示 jǐyǔ ànshì ▶〜を得る/得到启示 dédào qǐshì

ひんど【頻度】 频次 píncì; 频率 pínlǜ (英 frequency) ▶〜が高い/频率高 pínlǜ gāo ▶ネットの利用〜が増えた/因特网的利用频度增加了 yīntèwǎng de lìyòng píndù zēngjiā le

ぴんと (英 tightly) ▶〜立つ/挺立 tǐnglì ▶〜張る/拉紧 lājǐn ▶〜くる/一下明白 yíxià míngbai

ピント 焦点 jiāodiǎn (英 focus) ▶〜を合わせる/对焦点 duì jiāodiǎn ▶〜のずれた《比喩》/走板儿 zǒubǎnr; 走题 zǒutí ▶あの男は少し〜がはずれている/那个人的想法有些怪 nàge rén de xiǎngfa yǒuxiē guài

ひんのう【貧農】 贫农 pínnóng (英 a poor farmer)

ひんば【牝馬】 母马 mǔmǎ; 牝马 pìnmǎ (英 a mare)

ひんぱつ【頻発する】 屡次发生 lǚcì fāshēng (英 occur frequently) ▶酒酔い運転事故の〜はまことに憂うべきことである/屡发生酒后驾车事故, 确实让人担忧 lǚlǜ fāshēng jiǔhòu jiàchē shìgù, quèshí ràng rén dānyōu

ピンはねる 克扣 kèkòu; 抽头 chōutóu; 揩油 kāiyóu (英 take a kickback) ▶給料の半分を〜される/工资被克扣一半 gōngzī bèi kèkòu yíbàn

ひんぱん【頻繁】 屡次 lǚcì; 频繁 pínfán (英 frequent) ▶〜に/频频 pínpín ▶システムエラーが〜に起こる/频繁出现系统问题 pínfán chūxiàn xìtǒng wèntí ▶この季節は山火事が〜にある/这个季节山火频繁发生 zhège jìjié shānhuǒ pínfán fāshēng

ひんぴょう【品評する】 品评 pǐnpíng; 评比 píngbǐ (英 evaluate) ▶〜会/品评会 pǐnpínghuì ▶農産物〜会/农产品品评会 nóngchǎnpǐn pǐnpínghuì

ひんぴん【頻々と】 屡次 lǚcì; 频繁 pínfán (英 frequently) ▶交通事故が〜と起きている/频频出现交通事故 pínpín chūxiàn jiāotōng shìgù

ぴんぴんする (英 be very much alive; be fresh) ▶健康で〜している/身体很结实 shēntǐ hěn jiēshi ▶〜跳びはねる/活蹦活跳 huó bèng huó tiào

ひんぷ【貧富】贫富 pínfù (英 *wealth and poverty*) ▶～の差/贫富差距 pínfù chājù ▶世界で広がる～の差/世界上贫富的差距在扩大 shìjièshang pínfù de chājù zài kuòdà ▶～の格差は警戒線を超えた/贫富的差距超过了警戒线 pínfù de chājù chāoguòle jǐngjièxiàn

びんぼう【貧乏な】穷 qióng; 贫穷 pínqióng; 贫乏 pínfá (英 *poor*) ▶～臭い/寒酸 hánsuān ▶～のどん底の/赤贫 chìpín
～籤を引く 倒霉 dǎoméi
～性である 小气性 xiǎoqìxìng; 受穷的命 shòu qióng de mìng
～暇無し 穷忙 qióngmáng
～ゆすりをする 抖腿 dǒutuǐ
◆～人;穷人 qióngrén
 日中比較 中国語の'贫乏 pínfá'は「経済的ゆとりがない」という意味の他に「貧弱である」という意味をも持つ.

ピンぼけ（写真が）照相模糊 zhàode móhu; 焦点不对 jiāodiǎn bú duì (英 *out of focus*)

ピンポン〔スポーツ〕乒乓球 pīngpāngqiú (英 *ping-pong*)

ひんみん【貧民】贫民 pínmín; 穷人 qióngrén (英 *poor people*) ▶～を救済する/救济贫民 jiùjì pínmín ▶～街/贫民街 pínmínjiē

ひんめい【品名】品名 pǐnmíng (英 *the name of an article*)

ひんもく【品目】品种目录 pǐnzhǒng mùlù (英 *an item*) ▶輸出規制～/出口受限制的物品目录 chūkǒu shòu xiànzhì de wùpǐn mùlù

ひんやり 冷冷的 lěnglěng de; 凉凉的 liángliáng de (英 *chilly*) ▶～とした/凉爽 liángshuǎng; 凉飕飕 liángsōusōu

びんらん【便覧】便览 biànlǎn; 手册 shǒucè (英 *a handbook; a manual*)

ビンロウ【檳榔】〔植物〕槟榔 bīnglang (英 *a betel palm*)

びんわん【敏腕な】能干 nénggàn (英 *able*) ▶～を振るう/发挥才干 fāhuī cáigàn ▶～営業マン/能干的销售员 nénggàn de xiāoshòuyuán ▶～弁護士/能干的律师 nénggàn de lǜshī

ふ

ふ【負の】〔数〕负 fù; 负数 fùshù (英 *negative; minus*) ▶～の遺産を清算する/清算负面遗产 qīngsuàn fùmiàn yíchǎn

ふ【腑】腑 fǔ (英 *the viscera*) ▶～に落ちない話/令人纳闷儿的话 lìng rén nàmènr de huà ▶彼は～の抜けたような顔でつっ立っている/他像丢了魂儿一样站在那里 tā xiàng diūle húnr yíyàng zhànzài nàlǐ ▶胃の～のあたりがちくちく痛む/胃这里像针扎一样痛 wèi zhèlǐ xiàng zhēn zhā yíyàng tòng

ふ【譜】乐谱 yuèpǔ (英 *a music score*);（囲碁の）棋谱 qípǔ (英 *a record*) ▶～面が読める/识谱 shí pǔ ▶～を見ずに演奏する/不看乐谱演奏 bú kàn yuèpǔ yǎnzòu ▶交響曲を暗～で指揮する/不看乐谱指挥交响乐 bú kàn yuèpǔ zhǐhuī jiāoxiǎngyuè

ぶ【歩・分】（勝ち目）优势 yōushì;（10%）一成 yì chéng;（1%）百分之一 bǎi fēn zhī yī (英 *a percent*) ▶工事は七～通り完成した/工程完成了七成[百分之七十] gōngchéng wánchéngle qī chéng[bǎi fēn zhī qīshí] ▶１割 5 ～引きでいかがでしょう/打八五折好不好？dǎ bā wǔ zhé hǎobuhǎo? ▶君のほうに～がある/对你有利 duì nǐ yǒu lì

ぶ【部】❶〔部門〕部 bù; 部门 bùmén (英 *a department; a section*) ▶営業部/营业部 yíngyèbù ❷〔部分〕部 bù; 部门 bùmén (英 *a part*) ▶午前の～/上午部门 shàngwǔ bùmén ▶夜間に学ぶ～/念夜间部 niàn yèjiānbù ❸〔書物の〕册 cè; 部 bù; 本 běn (英 *a copy*) ▶その本は 30 万～売れた/那本书卖了三十万册 nà běn shū màile sānshí wàn cè
◆～外者；局外人 júwàirén
 日中比較 中国語の'部 bù'は中央の行政機関であれば日本の「省」に相当する.

ファ〔音楽〕发 fā（ドレミ音階の第 4 音）(英 *fa*)

ファースト（最初）第一 dìyī (英 *first*);（野球の）一垒 yīlěi (英 *the first base*) ▶我が社はレディ～を実践している/我们公司实行女士优先的方针 wǒmen gōngsī shíxíng nǚshì yōuxiān de fāngzhēn
◆～インプレッション；第一印象 dìyī yìnxiàng ～クラス；头等舱 tóuděng cāng ▶《飛行機の》～クラスで行く/坐头等舱去 zuò tóuděngcāng qù

ファーストレディ 总统夫人 zǒngtǒng fūren; 第一夫人 dìyī fūren (英 *the first lady*)

ぶあい【歩合】比率 bǐlǜ; 比值 bǐzhí;（手数料など）回扣 huíkòu; 佣金 yòngjīn (英 *a rate; a percentage*) ▶～制で働いている/我按业绩提成拿工资 wǒ àn yèjì tíchéng ná gōngzī ▶公定～を引き上げる/提高法定汇率 tígāo fǎdìng huìlǜ

ぶあいそう【無愛想な】简慢 jiǎnmàn; 冷淡 lěngdàn; 不和气 bù héqi (英 *unsociable*) ▶～な店員/态度不和气的店员 tàidù bù héqi de diànyuán ▶～に見えるが根はやさしい/看上去好像冷淡, 可是心眼儿很好 kànshàngqu hǎoxiàng lěngdàn, kěshì xīnyǎnr hěn hǎo

ファイト 斗志 dòuzhì; 干劲 gànjìn (英 *fighting spirit*) ▶難題であればあるほど～がわく/越是有难题越是有干劲 yuè shì yǒu nántí yuè shì yǒu gànjìn ▶～を燃やす/展现斗志 zhǎnxiàn dòuzhì
◆～マネー；拳击比赛的报酬 quánjī bǐsài de bàochóu

ファイバー 纤维 xiānwéi (英 *fiber*)
◆光～；光纤 guāngxiān 光～通信/光纤通信 guāngxiān tōngxùn ～スコープ；纤维镜 xiānwéijìng; 内窥镜 nèikuījìng ▶～スコープを入れて胃を調べる/插入内窥镜检查胃 chārù nèikuījìng

jiǎnchá wèi

ファイル 《文房具》文件夹 wénjiànjiā; 档案 dàng'àn;《コンピュータの》文件 wénjiàn (英 *a file*) ▶～する/归档 guīdàng; 订存 dìngcún ▶会議の議事録は～してある/把会议的议事录存上档了 bǎ huìyì de yìshì jìlù cúnshàng dàng le ▶～用キャビネット/保存档案的文件柜 bǎocún dàng'àn de wénjiànguì ▶～を呼び出す/打开文件 dǎkāi wénjiàn
◆テキスト～:文本文件 wénběn wénjiàn 添付～:附件 fùjiàn

ファインダー 取景器 qǔjǐngqì (英 *a viewfinder*) ▶～をのぞく/对着取景器看 duìzhe qǔjǐngqì kàn

ファインプレー 妙技 miàojì; 高招 gāozhāo (英 *a fine play*) ▶彼の～を僕はこの目で見た/我亲眼看到他的精彩表现 wǒ qīnyǎn kàndào tā de jīngcǎi biǎoxiàn ▶今度の措置は理事会の～だったね/这次的处理方式是理事会的高招啊 zhè cì de chǔlǐ fāngshì shì lǐshìhuì de gāozhāo a

ファウル 犯规 fànguī;《野球》线外球 xiànwàiqiú (英 *foul*) ▶打球が～と判定された/击球被判出界 jīqiú bèi pàn chūjiè

ファクシミリ 传真 chuánzhēn (英 *a facsimile*)

ファシスト 法西斯 fǎxīsī (英 *a fascist*)

ファシズム 法西斯主义 fǎxīsī zhǔyì (英 *fascism*)

ファストフード 快餐 kuàicān (英 *fast food*) ▶外资系の～店/外资的快餐店 wàizī de kuàicāndiàn

ファスナー 拉链 lāliàn; 拉锁 lāsuǒ (英 *a fastener; a zipper*) ▶～を開ける/拉开拉锁 lākāi lāsuǒ ▶～を閉める/拉上拉锁 lāshàng lāsuǒ ▶ズボンの～を閉め忘れる/忘记拉上裤子的拉锁 wàngjì lāshàng kùzi de lāsuǒ

ぶあつい【分厚い】 厚 hòu (英 *thick*) ▶～資料を配る/分发厚厚的资料 fēnfā hòuhòu de zīliào ▶～電話帳/厚厚的电话号码簿 hòuhòu de diànhuà hàomǎbù ▶～封筒を渡された/给我一个厚厚的信封 gěi wǒ yí ge hòuhòu de xìnfēng

ファックス 传真 chuánzhēn (英 *a fax*) ▶～で道順を書いてきた/用传真发来了路线示意图 yòng chuánzhēn fāláile lùxiàn shìyìtú ▶じゃ，～するよ/那么，回头给你发传真 nàme, huítóu gěi nǐ fā chuánzhēn

ファッショ 法西斯 fǎxīsī (英 *fascism*)

ファッション 时装 shízhuāng; 流行 liúxíng (英 *fashion*) ▶～ショー/时装表演 shízhuāng biǎoyǎn ▶ファッショナブルな街/时尚的城市 shíshàng de chéngshì ▶～モデルをする/当时装模特儿 dāng shízhuāng mótèr ▶～感覚を磨く/提高对时装感性 tígāo duì shízhuāng gǎnxìng

ファン **❶**【ひいきにする人】 迷 mí; 狂慕者 kuángmùzhě (英 *a fan*) ▶映画～/影迷 yǐng-mí ▶オールド～には見逃せない番組だ/是老爱好者不该错过的节目 shì lǎo'àihàozhě bùgāi cuòguò de jiémù ▶ラグビー～/橄榄球球迷 gǎnlǎnqiú qiúmí **❷**【機械などの】风扇 fēngshàn; 鼓风机 gǔfēngjī (英 *a fan*)
◆～クラブ:爱好者俱乐部 àihàozhě jùlèbù ～レター:爱好者来信 àihàozhě láixìn

ふあん【不安な】 不安 bù'ān (英 *anxious; uneasy*) ▶～に思う/担心 dānxīn ▶～を解消する/解除不安 jiěchú bù'ān ▶～な表情を浮かべる/显出不安的神情 xiǎnchū bù'ān de shénqíng ▶僕にできるか～だ/我能行吗？真有点儿担心 wǒ néng xíng ma? zhēn yǒudiǎnr dānxīn ▶社会～を招く/引起社会的不安 yǐnqǐ shèhuì de bù'ān

ふあんてい【不安定な】 不安定 bù āndìng; 不稳定 bù wěndìng (英 *unsettled*) ▶生活が～だ/生活不安定 shēnghuó bù ānding ▶社会の～をもたらす/造成社会不稳定 zàochéng shèhuì bù wěndìng ▶彼は当時精神的に～だった/他当时精神上很不稳定 tā dāngshí jīngshenshang hěn bù wěndìng
◆情緒～:情绪不稳定 qíngxù bù wěndìng

ファンド 基金 jījīn; 资金 zījīn (英 *funds*) ▶遺児援助の～を作る/成立援助遗孤的基金 chénglì yuánzhù yígū de jījīn ▶投資～が証券市場をかき乱している/投资基金扰乱证券市场 tóuzī jījīn rǎoluàn zhèngquàn shìchǎng

ふあんない【不案内な】 陌生 mòshēng; 不熟悉 bù shúxī (英 *unfamiliar*) ▶～な土地/不熟悉的地方 bù shúxī de dìfang ▶絵画に～なものですから…/因为我对美术不熟悉… yīnwèi wǒ duì měishù bù shúxī…

ファンファーレ 号角 hàojiǎo (英 *a fanfare*) ▶競馬場に～が鳴り響いた/赛马场上响起了嘹亮的号角声 sàimǎchǎngshang xiǎngqǐle liáoliàng de hàojiǎoshēng

ふい【不意に】 猛不防 měngbùfáng; 突然間 tūránjiān (英 *suddenly*) ▶～にやって来る/突然来 tū rú qí lái ▶相手の～をつく/出其不意 chū qí bú yì ▶～を襲う/奇袭 qíxí; 突然袭击 tūrán xíjí ▶犬に吠えられて子供が泣きだした/冷不丁狗叫了起来，孩子吓哭了 lěngbudīng gǒu jiàoleqǐlai, háizi xiàkū le ▶彼の死は全く～のできごとだった/他的死完全是一件出乎意料的事 tā de sǐ wánquán shì yí jiàn chūhū yìliào de shì ▶～に呼び出したりしてすまない/不好意思，突然把你叫出来 bù hǎoyìsi, tūrán bǎ nǐ jiàochūlai ▶～に試験を行う/突然袭击地进行考试 tūrán xíjí de jìnxíng kǎoshì

ふいになる 吹 chuī; 告吹 gàochuī; 落空 luòkōng (英 *be lost; come to nothing*) ▶午前中を～にする/一上午的时间白白浪费 yí shàngwǔ de shíjiān báibái làngfèi ▶せっかくの努力が～になった/煞费苦心的努力成了泡影 shà fèi kǔxīn de nǔlì chénglie pàoyǐng

ぶい【部位】 部位 bùwèi (英 *a part*) ▶牛肉を～ごとに切り分ける/把牛肉按部位切下来分好

bǎ niúròu àn bùwèi qiēxiàlai fēnhǎo

ブイ 浮标 fúbiāo (英 *a buoy*) ▶港内にいくつも～が浮いている/港口里漂着好几个浮标 gǎngkǒuli piāozhe hǎo jǐ ge fúbiāo ◆救命～を投げる/扔下救生圈 rēngxià jiùshēngquān

フィアンセ (女) 未婚妻 wèihūnqī (英 *one's fiancée*); (男) 未婚夫 wèihūnfū (英 *one's fiancé*) ▶彼から～を紹介された/他把未婚妻介绍给我了 tā bǎ wèihūnqī jièshào gěi wǒ le

フィート (単位) 英尺 yīngchǐ (英 *a foot; feet*) ▶1～は12インチです/一英尺等于十二英寸 yì yīngchǐ děngyú shí'èr yīngcùn ▶当機はただいま高度1万～を飛行中です/本架飞机现在正飞行于一万英尺的高空上 běn jià fēijī xiànzài zhèng fēixíng yú yíwàn yīngchǐ de gāokōngshang

フィードバック 反馈 fǎnkuì (英 *feedback*) ▶調査結果を関係者に～する/将调查结果反馈给有关人员 jiāng diàochá jiéguǒ fǎnkuì gěi yǒuguān rényuán

フィールド (競技場) 田赛运动场 tiánsài yùndòngchǎng; (研究分野) 研究领域 yánjiū lǐngyù (英 *a field*) ▶彼は～が違うので単純に比較はできない/我和他研究领域不同，无法单纯进行比较 wǒ hé tā yánjiū lǐngyù bùtóng, wúfǎ dānchún jìnxíng bǐjiào

フィールドワーク 实地研究 shídì yánjiū; 野外工作 yěwài gōngzuò (英 *fieldwork*) ▶～を通じて学問の面白さを知った/通过实地考察体会到做学问的乐趣 tōngguò shídì kǎochá tǐhuìdào zuò xuéwen de lèqù

ふいうち【不意打ち】(英 *a surprise attack*) ▶～をかける/突然袭击 tūrán xíjī ▶～を食らう/遭受突然袭击 zāoshòu tūrán xíjī

フィギュア ❶『フィギュアスケート』 花样滑冰 huāyàng huábīng (英 *figure skating*) ❷『人形』人偶 rén'ǒu (英 *a figure*)

フィギュアスケート ⇨フィギュア

フィクション 虚构 xūgòu; 小说 xiǎoshuō (英 *fiction*) ▶彼の報告には～が混ざっている/他的报告里带有虚构成分 tā de bàogàoli dàiyǒu xūgòu chéngfèn ▶このドラマはすべて～であり実話ではありません/这部电视剧全部是虚构的，没有原型 zhè bù diànshìjù quánbù shì xūgòu de, méiyǒu yuánxíng

ふいご【鞴】 风箱 fēngxiāng (英 *bellows*)

ブイサイン【Vサイン】 V字手势 V zì shǒushì (英 *a V sign*) ▶カメラを向けると子供たちは～をした/一面对相机，孩子们就做出了V字手势 yí miànduì xiàngjī, háizimen jiù zuòchūle V zì shǒushì

ふいちょう【吹聴する】 吹嘘 chuīxū; 宣扬 xuānyáng (英 *make... known*) ▶息子の自慢話を～して回る/到处吹嘘自己的儿子 dàochù chuīxū zìjǐ de érzi ▶まことしやかに世間に～する/煞有介事地向世人吹嘘 shà yǒu jièshì de xiàng shìrén chuīxū ◆自分を大学者だと～する/自己吹嘘自己是大学者 zìjǐ chuīxū zìjǐ shì

dàxuézhě

ふいっち【不一致】 分歧 fēnqí; 不一致 bù yízhì (英 *disagreement*) ▶性格の～/性格不合 xìnggé bùhé ▶言行～/言行不一 yánxíng bùyī ▶意見の～は解消されないままだった/仍然没有解决意见分歧 réngrán méiyǒu jiějué yìjiàn fēnqí

フィット 合身 héshēn; 合适 héshì (英 *fit*) ▶その服、ぴたっと～してるわ/这衣服，正合你身啊！zhè yīfu, zhèng hé nǐ shēn a!

フィットネスクラブ 健美俱乐部 jiànměi jùlèbù (英 *a fitness club*)

ぷいと(英 *abruptly*) ▶～横を向く/生气地把脸扭向一边 shēngqìde bǎ liǎn niǔxiàng yībiān ▶女房が～出ていったきり戻ってこないんだ/老婆一气之下离开家，就再也不回来了 lǎopó yí qì zhī xià líkāi jiā, jiù zài yě bù huílái le

フィナーレ 最后一幕 zuìhòu yí mù (英 *the finale*) ▶～を迎える/迎来最后一幕 yínglái zuìhòu yí mù

ブイネック【Vネック】 鸡心领 jīxīnlǐng; 尖领儿 jiānlǐngr (英 *a V neck*) ▶～のセーター/鸡心领的毛衣 jīxīnlǐng de máoyī

ブイヨン (食品) 清汤 qīngtāng (英 *bouillon*)

ふいり【不入りである】 客人很少 kèrén hěn shǎo (英 *There is a small audience.*) ▶この雨じゃ今日は～だな/看这样的雨，恐怕今天观众会很少啊 kàn zhèyàng de yǔ, kǒngpà jīntiān guānzhòng huì hěn shǎo a ▶支配人は連日の～を苦にしていた/经理因连日客人很少而伤脑筋 jīnglǐ yīn liánrì kèrén hěn shǎo ér shāng nǎojīn

フィルター 过滤器 guòlǜqì; (レンズの) 滤色镜 lǜsèjìng (英 *a filter*); (タバコの) 过滤嘴 guòlǜzuǐ (英 *a filter chip*) ▶この水は～を通してあります/这个水经过过滤 zhège shuǐ jīngguò guòlǜ

フィルム 胶卷 jiāojuǎn; 软片 ruǎnpiàn; 薄膜 báomó (英 *film*) ▶～を交換する/换胶卷 huàn jiāojuǎn ▶～ライブラリー/电影资料库 diànyǐng zīliàokù ▶赤外線～で撮影する/用红外线胶片拍摄 yòng hóngwàixiàn jiāopiàn pāishè ◆写真機に～を入れる/往照相机里装胶卷 wǎng zhàoxiàngjīli zhuāng jiāojuǎn ◆車の窓に～を貼る/往车窗上贴塑料薄膜 wǎng chēchuāngshang tiē sùliào bómó

ぶいん【部員】 成员 chéngyuán (英 *a member*) ▶野球～が8人しかいない/棒球俱乐部只有八个成员 bàngqiú jùlèbù zhǐ yǒu bā ge chéngyuán

ふう【封】 (封じ目) 封 fēng (英 *a seal*) ▶(手紙の) ～をする/封口 fēng kǒu ▶ボトルの～を切る/开酒瓶口 kāi jiǔpíngzuǐ ◆～を切らずに熱湯で放置用水里热五分钟下さい/请在未开封的状态下放进开水里热五分钟 qǐng zài wèi kāifēng de zhuàngtàixia fàngjìn kāishuǐli rè wǔ fēnzhōng

ふう【風】 ❶『風采・様子』 样子 yàngzi (英 *an appearance*; *a look*) ▶どんな～の人ですか/是个什么样的人？shì ge shénmeyàng de rén? ▶労働者～の男/一个像是工人的男人 yí ge

xiàng shì gōngrén de nánrén ▶彼には年少の頃から指導者の〜があった/他从小就具有领袖风范 tā cóngxiǎo jiù jùyǒu lǐngxiù fēngfàn
❷【様式・方法】（英 a style）▶西洋〜の建物/西洋风格的建筑物 Xīyáng fēnggé de jiànzhùwù ▶日本〜におじぎをする/行日本式的鞠躬礼 xíng Rìběnshì de jūgōnglǐ ▶世の中はそういう〜にはできていない/这个世道并不是那样的 zhège shìdào bìng bú shì nàyàng de ▶どんな〜に説得するか/怎么说服他呢？ zěnme shuōfú tā ne?
❸【風習】风俗 fēngsú（英 customs）▶どうも都会の〜になじめない/总是不习惯城市的作派 zǒngshì bù xíguàn chéngshì de zuòpài
❹【傾向】倾向 qīngxiàng（英 a tendency）▶君は自分を買いかぶる〜がある/你有过高评价自己的倾向 nǐ yǒu guò gāo píngjià zìjǐ de qīngxiàng

ふうあい【風合い】手感 shǒugǎn; 质感 zhìgǎn（英 a feel）▶シルクのような〜の布地/有丝绸质感的布料 yǒu sīchóu zhìgǎn de bùliào

ふうあつ【風圧】风压 fēngyā（英 wind pressure）▶〜に耐える/抵挡风的压力 dǐdǎng fēng de yālì ▶〜で屋根が飛んだ/屋顶被风刮走了 wūdǐng bèi fēng guāzǒu le

プーアルちゃ【プーアル茶】普洱茶 pǔ'ěrchá（英 Pu-erh tea）

ふういん【封印する】封印 fēngyìn（英 seal）▶〜を解く/启封 qǐfēng ▶書留には〜して下さい/请在挂号信上按上封印 qǐng zài guàhàoxìnshang ànshàng fēngyìn

ブーイング 嘘声 xūshēng（英 booing）▶審判の判定に観衆から〜が起こった/裁判员的判定引起了观众席上的一片嘘声 cáipànyuán de pàndìng yǐnqǐle guānzhòngxíshang de yí piàn xūshēng

ふうう【風雨】风雨 fēngyǔ（英 wind and rain; a storm）▶〜にさらされる/风吹雨打 fēng chuī yǔ dǎ ▶〜が強まり競技は中止になった/风高雨急，比赛中止了 fēng gāo yǔ jí, bǐsài zhōngzhǐ le ▶夜来の〜の声〈孟浩然〉/夜来风雨声 yè lái fēngyǔshēng

ふううん【風雲】风云 fēngyún（英 winds and clouds）▶〜急を告げる/形势告急 xíngshì gàojí ◆〜児/风云人物 fēngyún rénwù

ふうか【風化する】风化 fēnghuà;《記憶など》淡化 dànhuà（英 weather）▶記憶が〜する/记忆淡薄了 jìyì dànbó le ▶路傍の石仏は〜がひどかった/路旁的石像风化得很厉害 lùpáng de shíxiàng fēnghuàde hěn lìhai ▶この事故は〜させてはならない/这次事故不能让人们淡忘 zhè cì shìgù bùnéng ràng rénmen dànwàng ▶その大火の記憶も年々〜していった/年复一年，那场大火的记忆也逐渐淡薄了 nián fù yì nián, nà chǎng dàhuǒ de jìyì yě zhújiàn dànbó le

日中比較 中国語の'风化 fēnghuà'は「風化する」他に「よい風俗」をも意味する．

ふうが【風雅な】雅致 yǎzhì; 风雅 fēngyǎ（英 elegant; refined）▶〜の心得がある/有风雅的情趣 yǒu fēngyǎ de qíngqù

ふうがい【風害】风害 fēnghài; 风灾 fēngzāi（英 damage from wind）

ふうかく【風格】风格 fēnggé; 品格 pǐngé; 风度 fēngdù（英 personality; style）▶〜のある人/有风度的人 yǒu fēngdù de rén ▶彼は政治家らしい〜が備わってきた/他逐渐具备了一个名副其实的政治家的风度 tā zhújiàn jùbèile yí ge míng fù qí shí de zhèngzhìjiā de fēngdù ▶この書には独特の〜がある/这幅书法作品具有独特的风格 zhè fú shūfǎ zuòpǐn jùyǒu dútè de fēnggé

日中比較 中国語の'风格 fēnggé'は人や店などの「品格」以外に芸術上の「個性」をも指す．

ふうがわり【風変わりな】別致 biézhì; 古怪 gǔguài; 乖僻 guāipì（英 queer; odd）▶〜な小説/离奇的小说 líqí de xiǎoshuō ▶〜な男/古怪的男人 gǔguài de nánrén ▶この絵のどこが〜なのだ/这幅画哪里特别呢？ zhè fú huà nǎli tèbié ne?

ふうき【風紀】风纪 fēngjì; 纪律 jìlǜ（英 public morals; discipline）▶〜が乱れる/风纪紊乱 fēngjì wěnluàn ▶学生の〜を取り締まってもらいたい/希望能整治学生风纪 xīwàng néng zhěngzhì xuésheng fēngjì

ふうき【富貴】富贵 fùguì（英 riches and honors）▶〜の生まれ/出身富贵 chūshēn fùguì

ふうきり【封切り】开封 kāifēng;《映画の》头轮放映 tóu lún fàngyìng; 首映 shǒuyìng（英 a release）▶その映画は当地で日曜日に封切られる/那部电影于星期日在本地头轮放映 nà bù diànyǐng yú xīngqīrì zài běndì tóu lún fàngyìng

ブーケ 花束 huāshù（英 bouquet）

ふうけい【風景】风景 fēngjǐng; 风光 fēngguāng; 景致 jǐngzhì（英 a scene; a landscape）▶〜を描写する/写景 xiějǐng ▶田園〜/田园风光 tiányuán fēngguāng ▶心象〜/印象风景 yìnxiàng fēngjǐng ▶美しい〜/美丽的景色 měilì de jǐngsè ◆〜画/风景画 fēngjǐnghuà

ふうこう【風光】风光 fēngguāng（英 scenery）〜明媚 ここはかつて〜明媚な場所として有名だった/这里曾因风光明媚而著名 zhèlǐ céng yīn fēngguāng míngmèi ér zhùmíng

ふうこうけい【風向計】风向标 fēngxiàngbiāo（英 a wind vane）

ふうさ【封鎖する】封闭 fēngbì; 封禁 fēngjìn; 封锁 fēngsuǒ（英 block）▶国境を〜する/封锁边境 fēngsuǒ biānjìng ▶工事現場への入口を〜する/封锁通往工地的入口处 fēngsuǒ tōngwǎng gōngdì de rùkǒuchù ▶詐欺団の預金を〜する/封锁诈骗集团的存款 fēngsuǒ zhàpiàn jítuán de cúnkuǎn ▶経済〜を解く/解除经济封锁 jiěchú jīngjì fēngsuǒ

ふうさい【風采】仪容 yíróng; 仪表 yíbiāo（英 appearance; presence）▶〜の上がらない/其貌不扬 qí mào bù yáng ▶〜が立派だ/仪表端正

yíbiǎo duānzhèng

ふうし【風刺】 讽刺 fěngcì (英 *a satire; an irony*) ▶~画/讽刺画 fěngcìhuà ▶世相をーする/讽刺世态 fěngcì shìtài ▶その詩には鋭いーが込められていた/那首诗里含有尖锐的讽刺 nà shǒu shī lǐ hányǒu jiānruì de fěngcì

ふうじこめる【封じ込める】 封闭 fēngbì; 封锁 fēngsuǒ (英 *confine*) ▶敵を～/钳制敌人 qiánzhì dírén
◆封じ込め政策/封锁政策 fēngsuǒ zhèngcè

ふうしゃ【風車】 风车 fēngchē (英 *a windmill*) ▶小屋/风车棚 fēngchēpéng ▶赤いーがゆっくり回っている/红色风车在缓缓转着 hóngsè fēngchē zài huǎnhuǎn zhuǎnzhe ▶～で風を受け発電機を回して電気を起こす/利用风车蓄风，用它转动发电机来发电 lìyòng fēngchē xù fēng, yòng tā zhuǎndòng fādiànjī lái fādiàn

ふうしゅ【風趣】 风致 fēngzhì; 风趣 fēngqù (英 *charm; effect*) ▶～に富む/饶有风致 ráoyǒu fēngzhì

ふうしゅう【風習】 风俗 fēngsú; 习尚 xíshàng; 习俗 xísú (英 *customs; convention*) ▶お正月の～/新年的习俗 xīnnián de xísú ▶どうしてもこの土地の～になじめない/总不能适应本地的习俗 zǒng bùnéng shìyìng běn dì de xísú

ふうしょ【封書】 封缄的书信 fēngjiān de shūxìn (英 *a sealed letter*)

ふうじる【封じる】 (封をする) 封上 fēngshàng; (封鎖する) 封闭 fēngbì; 禁止 jìnzhǐ (英 *seal; prevent*) ▶《相手の》口を～/不让对方说话 bú ràng duìfāng shuōhuà ▶批判を～/封杀一切批评 fēngshā yíqiè pīpíng

ふうしん【風疹】 〔医〕风疹 fēngzhěn (英 *German measles*) ▶子供が～にかかった/孩子患了风疹 háizi huànle fēngzhěn

ふうすい【風水】 《中国の占い》风水 fēngshuǐ; fēngshui (英 *feng shui*) ▶～を占う/看风水 kàn fēngshuǐ

ふうすいがい【風水害】 风灾和水灾 fēngzāi hé shuǐzāi (英 *damage from storm and flood*) ▶～に備える/用以防备风灾和水灾 yòngyǐ fángbèi fēngzāi hé shuǐzāi

ふうせつ【風雪】 风和雨雪 fēng hé xuě (英 *wind and snow*) ▶～に耐える/经受考验 jīngshòu kǎoyàn; 忍受艰苦 rěnshòu jiānkǔ ▶80 年にもーにさらされてきた建物なのだ/是经受了八十年风霜雨雪的建筑物 shì jīngshòule bāshí nián fēng shuāng yǔ xuě de jiànzhùwù

ふうせん【風船】 气球 qìqiú (英 *a balloon*) ▶～をふくらます/把气球吹鼓 bǎ qìqiú chuīgǔ ▶～を飛ばす/放飞气球 fàngfēi qìqiú ▶ゴム～が風に流れていく/胶皮气球随风飘去 jiāopí qìqiú suí fēng piāoqù
◆紙～/纸气球 zhǐqìqiú ～ガム/泡泡糖 pàopàotáng

ふうぜん【風前】 风前 fēngqián; 风中 fēngzhōng

～の灯 风中之烛 fēng zhōng zhī zhú; 风烛残年 fēngzhú cánnián ▶彼の命は～の灯だ/他的生命已到了风烛残年 tā de shēngmìng yǐ dàole fēngzhú cánnián

ふうそく【風速】 〔気象〕风力 fēnglì; 风速 fēngsù (英 *the velocity of the wind*) ▶～計/风速表 fēngsùbiǎo ▶～30 メートルの風/风速为三十米的风 fēngsù wéi sānshí mǐ de fēng

ふうぞく【風俗】 风俗 fēngsú (英 *manners; customs*) ▶～を乱す/伤风败俗 shāng fēng bài sú
◆～営業 吃喝玩乐服务行业 chīhē wánlè fúwù hángyè ～画 风俗画 fēngsúhuà ～習慣 风俗习惯 fēngsú xíguàn ～小说 风俗小说 fēngsú xiǎoshuō ～店 色情服务店 sèqíng fúwùdiàn

ふうたい【風袋】 皮重 pízhòng (英 *tare; packing*) ▶～込みの重量/毛重 máozhòng ▶～込みで 3.5 キロある/毛重 3.5 公斤 máozhòng sān diǎn wǔ gōngjīn

ふうちちく【風致地区】 风景区 fēngjǐngqū (英 *a scenic zone*) ▶～では土地の利用が制限される/在风景区，土地的使用受到限制 zài fēngjǐngqū, tǔdì de shǐyòng shòudào xiànzhì

ふうちょう【風潮】 风气 fēngqì; 潮流 cháoliú; 时尚 shíshàng (英 *a trend*) ▶人はとかく社会の～に左右されがちだ/人往往会被社会潮流所左右 rén wǎngwǎng huì bèi shèhuì cháoliú suǒ zuǒyòu ▶世間の～に従う/顺应社会潮流 shùnyìng shèhuì cháoliú ▶芸術家は時代の～に屈してはならない/艺术家不能屈服于社会潮流 yìshùjiā bùnéng qūfú yú shèhuì cháoliú ▶これは嘆かわしい～だ/这是一种可叹的风气 zhè shì yì zhǒng kětàn de fēngqì
[日中比較] 中国語の'风潮 fēngcháo'は「騒動」のこと.

ブーツ〔服飾〕靴子 xuēzi (英 *boots*)

ふうてい【風体】 风采 fēngcǎi; 模样 múyàng (英 *an appearance; a look*) ▶～の怪しい男/怪模怪样的汉子 guàimú guàiyàng de hànzi ▶異様な～の集団が近づいてきた/模样怪异的一群人走了过来 múyàng guàiyì de yì qún rén zǒuleguòlai

ふうど【風土】 风土 fēngtǔ; 水土 shuǐtǔ (英 *climate*) ▶日本の～に慣れる/习惯日本的水土 xíguàn Rìběn de shuǐtǔ ▶企業～を変える/改变企业环境 gǎibiàn qǐyè huánjìng ▶～病/地方病 dìfāngbìng ▶それはこの地方の～病である/那是这个地区的地方病 nà shì zhège dìqū de dìfāngbìng

フード ❶〔食べ物〕食物 shíwù (英 *food*) ▶ドッグ～/狗食 gǒushí ▶ファスト～/快餐 kuàicān ❷〔上着の〕风帽 fēngmào; 头巾 tóujīn (英 *a hood*)
◆エンジン～ 发动机罩 fādòngjīzhào

ふうとう【封筒】 信封 xìnfēng (英 *an envelope*) ▶～のあて名を書く/写信封上的收件人姓名 xiě xìnfēngshang de shōujiànrén xìngmíng

▶～に切手を貼る/往信封上贴邮票 wǎng xìnfēngshang tiē yóupiào ▶定形外～/非定型邮件 fēidìngxíng yóujiàn
◆返信用～：回信用的信封 huíxìn yòng de xìnfēng

ふうにゅう【封入する】 装入 zhuāngrù; 封入 fēngrù （英 enclose）▶放射性廃棄物を容器に～する/把放射性废弃物装入容器里 bǎ fàngshèxìng fèiqìwù zhuāngrù róngqì ▶写真の～を忘れた/忘记了把照片装在信封里 wàngjile bǎ zhàopiàn zhuāngzài xìnfēngli

ふうは【風波】 ❶ [波と風] 风波 fēngbō; 风浪 fēnglàng （英 wind and waves）▶～が強い/风大浪猛 fēng dà làng měng ▶～が高まる/风浪高涨 fēnglàng gāozhǎng ▶～が静まる/风平浪静 fēng píng làng jìng ❷ [争いごと] 纠纷 jiūfēn; 不和 bùhé （英 a quarrel）▶あの家には～が絶えない/那一家风波不断 nà yì jiā fēngbō búduàn

ふうばいか【風媒花】 风媒花 fēngméihuā （英 an anemophilous flower）

ふうび【風靡】 风靡 fēngmǐ （英 dominate）▶一世を～する/风靡一时 fēngmǐ yìshí

ふうひょう【風評】 传闻 chuánwén; 流言 liúyán; 谣传 yáochuán （英 a rumor）▶誤った報道で～被害を受ける/因为误报而受到流言之害 yīnwèi wùbào ér shòudào liúyán zhī hài ▶彼にはとかく～が立つ/有关他的传闻很多 yǒuguān tā de chuánwén hěn duō

ふうふ【夫婦】 夫妻 fūqī; 夫妇 fūfù （英 husband and wife; a (married) couple）▶～別姓/夫妻分别用各自的姓氏 fūqī fēnbié yòng gèzì de xìngshì ▶～仲よく暮らす/夫妻和睦生活 fūqī hémù de shēnghuó
ことわざ **夫婦喧嘩は犬も食わぬ** 夫妻吵架不用调解 fūqī chǎojià búyòng tiáojiě

似たもの～ 有夫も有其妇 yǒu qí fū bì yǒu qí fù/不是一路人，不进一家门 bú shì yílùrén, bú jìn yìjiāmén

◆～関係：夫妻关系 fūqī guānxi ～別れ：夫妻分手 fūqī fēnshǒu; 离婚 líhūn

ふうふう 呼哧呼哧 hūchī hūchī; 噗噗 pūpū （英 huffing and puffing; gasping for breath）▶～言って食べる（料理が熱いので）/噗噗地吹着热气吃 pūpū de chuīzhe rèqì chī ▶～言って喘ぎ喘ぎ山を登る/喘吁吁地登山 chuǎnxūxū de dēngshān ▶仕事に追われて～言っている/工作紧张得喘不过气来 gōngzuò jǐnzhāngde chuǎnbuguò qì lái

ぶうぶう 《自動車が》嗚嗚 wūwū;《豚が》哼哼 hēnghēng; 吭哧吭哧 kēngchīkēngchī ®[自動車]honk; [豚に]grunt; [不平に]complain)▶自動車が～クラクションを鳴らして走り去った/汽车呜呜地响着警笛驶过去了 qìchē wūwū de xiǎngzhe jǐngdí shǐguòqu le ▶豚が～鼻を鳴らす/猪吭哧吭哧地呼气 zhū kēngchīkēngchī de hū qì ▶待遇が悪い～言う/对待遇大发牢骚 duìyú dàiyù dà fā láosao

ふうぶつ【風物】 风物 fēngwù; 风景 fēngjǐng; 景物 jǐngwù （英 scenery; nature）▶夏の～/夏季风景 xiàjì fēngjǐng ▶江戸の～を紹介する展示/介绍江戸风物的展览 jièshào Jiānghù fēngwù de zhǎnlǎn ▶流氷は北海道の冬の～詩だ/浮冰是北海道冬季的风景诗 fúbīng shì Běihǎidào dōngjì de fēngjǐngshī

ふうぶん【風聞】 风闻 fēngwén; 风传 fēngchuán; 谣传 yáochuán （英 a rumor）▶これに基づく報道だ/这是根据风闻所作的报道 zhè shì gēnjù fēngwén suǒ zuò de bàodào

ふうぼう【風貌】 风貌 fēngmào; 风采 fēngcǎi （英 features）▶みすぼらしい～/寒酸样 hánsuānyàng ▶『作家の～』という写真集/题为《作家的风貌》的影集 tí wéi《Zuòjiā de fēngmào》de yǐngjí

ふうみ【風味】 风味 fēngwèi; 口味 kǒuwèi; 味道 wèidao （英 a flavor）▶～がいい/味道好 wèidao hǎo ▶カレーのフライドチキン/咖喱味炸鸡块 gālíwèi zhájīkuài
日中比較 中国語の「风味 fēngwèi」には「地方色」の意味もあり、こちらで使われることが多い.

ブーム 热潮 rècháo; 高潮 gāocháo; 热 rè （英 a boom）▶～を巻き起こす/掀起热潮 xiānqǐ rècháo ▶ベビー～/婴儿高潮 yīng'ércháo; 生育高峰期 shēngyù gāofēngqī ▶観光～/旅游热 lǚyóurè; 观光热 guānguāngrè ▶住宅建設～/建房热 jiànfángrè

ブーメラン 飞镖 fēibiāo （英 a boomerang）▶～効果/飞镖效应 fēibiāo xiàoyìng

ふうらいぼう【風来坊】 流浪汉 liúlànghàn （英 a vagabond）▶お兄ちゃんいつまでも～じゃめでしょ/哥哥，你不能这样东游西逛、游手好闲下去啊！gēge, nǐ bùnéng zhèyàng dōng yóu xī guàng, yóu shǒu hào xián xiàqu a！

ふうりゅう【風流な】 风雅 fēngyǎ; 雅致 yǎzhì; 风流 fēngliú （英 elegant; refined）▶～な庭園/幽雅的庭园 yōuyǎ de tíngyuán ▶あれでけっこう～が分かるんだよ/外表虽然那样，却很懂风雅 wàibiǎo suīrán nàyàng, què hěn dǒng fēngyǎ
日中比較 中国語の「风流 fēngliú」は「優雅である」「趣がある」他に「人物が傑出している」ことをもいう.

ふうりょく【風力】 风力 fēnglì （英 the velocity of the wind）▶～発電/风力发电 fēnglì fādiàn ▶西北の風、～5/西北风，风力五级 xīběifēng, fēnglì wǔ jí ▶～計/风速计 fēngsùjì

ふうりん【風鈴】 风铃 fēnglíng （英 a wind bell）▶～が鳴る/风铃响 fēnglíng xiǎng ▶軒下に～を吊るす/在房檐下挂风铃 zài fángyánxia guà fēnglíng

プール ❶ [水泳場] 游泳池 yóuyǒngchí （英 a swimming pool）▶温水～/温水泳池 wēnshuǐ yǒngchí ▶室内～/室内泳池 shìnèi yǒngchí ▶～で泳ぐ/在游泳池里游泳 zài yóuyǒngchíli yóuyǒng ❷ [貯める] 储存 chǔcún （英 pool）▶資金を～する/储蓄资金 chǔcún zījīn

ふうろう【風浪】 风浪 fēnglàng (㊍ *wind and waves*) ▶こんな田舎にも時代の～が押し寄せてきた/这样的乡下也受到时代风浪的波及 zhèyàng de xiāngxia yě shòudào shídài fēnglàng de bōjí

ふうん【不運】 背运 bèiyùn; 厄运 èyùn (㊍ *misfortune*) ▶～な/倒霉 dǎoméi; 晦气 huìqì ▶運＝は人生の常だ/走运与背运都是世间常情 zǒuyùn yǔ bèiyùn dōu shì shìjiān chángqíng ▶いまさら己の～を嘆いても始まらない/事到如今慨叹自己的背运也无济于事 shì dào rújīn kǎitàn zìjǐ de bèiyùn yě wú jì yú shì

ぶうん〔擬音〕嗡 wēng (㊍ *a boom*) ▶冷蔵庫が～と低い音をたてていた/电冰箱嗡嗡地发着低响 diànbīngxiāng wēngwēng de fāzhe dīxiǎng

ふえ【笛】 笛子 dízi; 横笛 héngdí; 哨子 shàozi (㊍ *a flute; a whistle*) ▶～を吹く/吹笛子 chuī dízi ▶審判が～を吹いて試合が終わった/裁判员吹了哨子, 比赛结束了 cáipànyuán chuīle shàozi, bǐsài jiéshù le

フェアプレー 公正的比赛 gōngzhèng de bǐsài (㊍ *fair play*) ▶～の精神にのっとり正々堂々と戦う/遵循公平竞争的原则, 光明磊落地参赛 zūnxún gōngpíng jìngzhēng de yuánzé, guāngmíng lěiluò de cānsài

ふえいせい【不衛生な】 不讲卫生 bù jiǎng wèishēng (㊍ *insanitary*) ▶見るからに～な食堂だ/一看就知道是不讲卫生的餐馆 yí kàn jiù zhīdào shì bù jiǎng wèishēng de cānguǎn

フェイント 〔スポーツ〕佯攻 yánggōng; 虚击 xūjī (㊍ *a feint*) ▶～をしかける/做假动作 zuò jiǎdòngzuò; 声东击西 shēng dōng jī xī

フェーン 〔気象〕焚风 fénfēng; 燥热风 zàorèfēng (㊍ *foehn*) ▶～現象が起きる/出现焚风现象 chūxiàn fénfēng xiànxiàng

フェザーきゅう〔フェザー級〕（ボクシング）次轻量级 cìqīngliàngjí (㊍ *the featherweight*) ▶～の拳闘選手/次轻量级的拳击选手 cìqīngliàngjí de quánjī xuǎnshǒu

フェスティバル 节日 jiérì; 节庆 jiéqìng (㊍ *a festival*)

ふえて【不得手な】 不拿手 bù náshǒu; 不擅长 bú shàncháng (㊍ *poor*) ▶～な分野/不善于的领域 bú shànyú de lǐngyù ▶彼は人とコミュニケーションをとるのが～だ/他不善于和别人交流 tā bú shànyú hé biéren jiāoliú ▶～な学科/不擅长的学科 bú shàncháng de xuékē ▶テニスは～である/不擅长打网球 bú shàncháng dǎ wǎngqiú ▶商売は～です/不善于做买卖 bú shànyú zuò mǎimài

フェニックス 〔植物〕海枣 hǎizǎo; (不死鸟) 不死鸟 bùsǐniǎo; 长生鸟 chángshēngniǎo; 凤凰 fènghuáng (㊍ *a phoenix*)

フェミニスト 男女平权主义者 nánnǚ píngquán zhǔyìzhě; 尊重女性的人 zūnzhòng nǚxìng de rén (㊍ *a feminist*)

フェリーボート 〔船舶〕轮渡 lúndù; 渡船 dùchuán; 渡轮 dùlún (㊍ *a ferry*)

ふえる【増える】 増多 zēngduō; 増加 zēngjiā (㊍ *increase*) ▶二酸化炭素が～と温室效果で気温が上がる/二氧化碳一增加, 由于温室效应气温就会上升 èryǎnghuàtàn yì zēngjiā, yóuyú wēnshì xiàoyìng qìwēn jiù huì shàngshēng ▶濡れると目方が～/淋湿了分量就增加 línshī le fènliang jiù zēngjiā ▶雑誌の読者が十倍に～/杂志的读者增加到十倍 zázhì de dúzhě zēngjiādào shí bèi ▶川の水が～/河水上涨 héshuǐ shàngzhǎng

フェルト (布地) 毡子 zhānzi (㊍ *felt*) ▶～帽/毡帽 zhānmào ▶～ペン/毡头笔 zhāntóubǐ

ふえん【敷衍する】 敷衍 fūyǎn; 详述 xiángshù; 细说 xìshuō (㊍ *enlarge upon...*)

〔日中比較〕 中国語の'敷衍'は'fūyan'と軽声に読めば「ごまかす」「いい加減にやる」ことを指す.

フェンシング 〔スポーツ〕击剑 jījiàn (㊍ *fencing*)

フェンス 围栏 wéilán (㊍ *a fence*) ▶金網の～/铁丝网围栏 tiěsīwǎng wéilán ▶～によじ登って捕球した/爬上围墙捕球 páshàng wéiqiáng bǔ qiú

ぶえんりょ【無遠慮な】 不客气 bú kèqi; 放肆 fàngsì; 没礼貌 méi lǐmào (㊍ *rude; impudent*) ▶～な態度/不客气的态度 bú kèqi de tàidù ▶彼は～に彼女の顔を眺めた/他毫无顾忌地盯着她的脸看 tā háo wú gùjì de dīngzhe tā de liǎn kàn

フォアグラ 〔食品〕酱鹅肝 jiàng'égān (㊍ *foie gras*)

フォアボール 四次坏球 sì cì huàiqiú (㊍ *a walk*)

フォーク 〔食事用の〕餐叉 cānchā; 叉子 chāzi (㊍ *a fork*) ▶ナイフと～で食べる/用餐刀和餐叉吃饭 yòng cāndāo hé cānchā chī fàn

フォークソング 民歌 míngē (㊍ *a folk song*) ▶反戦を歌う～/主张反战的民歌 zhǔzhāng fǎnzhàn de míngē

フォークダンス 集体舞 jítǐwǔ; 民间舞蹈 mínjiān wǔdǎo (㊍ *a folk dance*)

フォークリフト 叉车 chāchē; 铲车 chǎnchē (㊍ *a forklift*)

フォービズム 〔美術〕野兽派 yěshòupài (㊍ *fauvism*)

フォーマット 〔電算〕格式 géshi; 形式 xíngshì (㊍ *a format*)

フォーマルな 正式 zhèngshì; 正规 zhèngguī (㊍ *formal*) ▶～ウエア 正式礼服 zhèngshì lǐfú

フォーム 形式 xíngshì; 样式 yàngshì (㊍ *form*) ▶～を直す/改正形式 gǎizhèng xíngshì ▶～が崩れる/姿势走形 zīshì zǒuxíng

フォーラム 〔討論会やその会場〕论坛 lùntán; 公开讨论会 gōngkāi tǎolùnhuì (㊍ *a forum*)

フォルダー 夹子 jiāzi; 文件夹 wénjiànjiā (㊍ *a folder*) ▶～を開く/打开文件夹 dǎkāi wénjiànjiā

フォロー 跟从 gēncóng；追踪 zhuīzōng；《補い助ける》补助 bǔzhù；帮助 bāngzhù（⊕ follow）▶演劇界の動向を～する/追踪戏剧界的动向 zhuīzōng xìjùjiè de dòngxiàng ▶僕の失言を課長が～してくれた/科长帮我把说错的话补了过来 kēzhǎng bāng wǒ bǎ shuōcuò de huà bǔleguòlai

フォワード 前锋 qiánfēng（⊕ a foward）

ふおん【不穩な】 不稳 bùwěn；险恶 xiǎn'è（⊕ disquieting）▶～な空気/紧张的空气 jǐnzhāng de kōngqì ▶背後に～な動きがあるようだ/背后好像有危险的动静 bèihòu hǎoxiàng yǒu wēixiǎn de dòngjing

フォント 字体 zìtǐ（⊕ a font）

ふおんとう【不穩当な】 不妥当 bù tuǒdang；不稳妥 bù wěntuǒ（⊕ improper）▶～な発言をする/讲不妥的话 jiǎng bùtuǒ de huà

ふか【不可】 不可 bùkě；不行 bùxíng；《成績評価の》不及格 bù jígé（⊕ an F《成績表示》）▶可もなく～もない/模棱两可 móléng liǎng kě；无可无不可 wú kě wú bùkě ▶その案を可とする者5名、～とする者が10名あった/对този项提案，赞成的人有五名，反对的有十名 duì xià xiàngtí'àn, zànchéng de rén yǒu wǔ míng, fǎnduì de yǒu shí míng ▶中国語は～がついた/汉语没及格 Hànyǔ méi jígé

ふか【付加する】 补充 bǔchōng；附加 fùjiā（⊕ add）▶～価値/附加价值 fùjiā jiàzhí ▶海が見えることがこの家の～価値です/望得见大海，给这所房子增值 wàngdéjiàn dàhǎi, gěi zhè suǒ fángzi zēngzhí

ふか【負荷】 负荷 fùhè；载荷 zàihè（⊕ a load）▶～がかかる/有负担 yǒu fùdān

ふか【孵化する】 孵化 fūhuà（⊕ hatch）▶雛が～した/雏儿孵出来了 chú fūchūlai le ▶～を早められないか/能不能提早孵化？ néngbunéng tízǎo fūhuà?
 ◆人工～/人工孵化 réngōng fūhuà ～器:孵化器 fūhuàqì

フカ【鱶】〔魚〕沙鱼 shāyú（⊕ a shark）▶～ひれ/鱼翅 yúchì ▶～ひれスープ/鲨鱼翅汤 shāyúchìtāng

ぶか【部下】 部下 bùxià；手下 shǒuxià；属下 shǔxià（⊕ a subordinate）▶信頼できる～/信得过的部下 xìndeguò de bùxià ▶彼の～として働く/作为他的部下来工作 zuòwéi tā de bùxià lái gōngzuò

ふかい【不快な】 不快 búkuài；不愉快 bù yúkuài；不高兴 bù gāoxìng；《病気》不舒服 bù shūfu（⊕ unpleasant）▶～な思いをする/感到不愉快 gǎndào bù yúkuài ▶人に～な感じを与える/给人不快的感觉 gěi rén búkuài de gǎnjué ▶胃に～感がある/胃里感到不舒服 wèili gǎndào bù shūfu
 ◆～指数/不快指数 búkuài zhǐshù

ふかい【深い】 ❶〖長さ〗深 shēn（⊕ deep）▶～湖/深水湖 shēnshuǐhú ▶川の～所へ行くなよ/别往河的深处走 bié wǎng hé de shēnchù zǒu
❷〖濃い〗浓 nóng（⊕ thick; dense）▶～霧/浓雾 nóngwù
❸〖親交が〗深 shēn（⊕ close）▶～仲/深交 shēnjiāo
❹〖浅はかでない〗深刻 shēnkè（⊕ profound）▶～意味/深意 shēnyì ▶この分野に～知識を有する人員/在这个领域具备深厚功底的研究人员 zài zhège lǐngyù jùbèi shēnhòu gōngdǐ de yánjiū rényuán ▶～考えがあってしたことではない/那是未经过深思就做出的事 nà shì wèi jīngguò shēnsī jiù zuòchū de shì
❺〖程度が〗深 shēn；重 zhòng；强烈 qiángliè（⊕ deep）▶欲が～/欲望强烈 yùwàng qiángliè ▶～傷を負う/受了重伤 shòule zhòngshāng ▶彫りの～顔/轮廓清晰的面孔 lúnkuò qīngxī de miànkǒng ▶～眠りで疲労を回復する/通过熟睡来消除疲劳 tōngguò shúshuì lái xiāochú píláo

ぶがいしゃ【部外者】 第三者 dìsānzhě；局外人 júwàirén（⊕ an outsider）▶～立ち入り禁止/闲人免进 xiánrén miǎnjìn ▶～の私が言うのも変ですが～/局外人的我插话恐怕不太合适，不过… júwàirén de wǒ chāhuà kǒngpà bú tài héshì, búguò…

ふがいない【腑甲斐ない】 窝囊 wōnang；不中用 bú zhòngyòng；没有志气 méiyǒu zhìqì（⊕ cowardly; untrustworthy）▶格下チームに対して～試合をしてしまった/资格较低的队伍进行了一场不体面的比赛 zīgé jiào dī de duìwu jìnxíngle yì chǎng bù tǐmiàn de bǐsài ▶自分を腑甲斐ないと思う/感到自己太窝囊 gǎndào zìjǐ tài wōnang

ふかいにゅう【不介入】 不干涉 bù gānshè（⊕ nonintervention）▶民事～/不干涉民事 bù gānshè mínshì ▶軍事～/不干涉军事 bù gānshè jūnshì

ふかいり【深入りする】 深入 shēnrù（⊕ go deeply into…）▶他人のことにあまり～してはいけない/不该过于干预别人的事 bùgāi guòyú gānyù biérén de shì ▶これ以上～すると危ないぞ/介入得更深，就会有危险了 jièrùde gèng shēn, jiù huì yǒu wēixiǎn le

ふかおい【深追いする】 穷追 qióngzhuī（⊕ chase further）▶彼を～するのは危険だ/对他穷追不舍是危险的 duì tā qióngzhuī bù shě shì wēixiǎn de

ふかかい【不可解な】 不可理解 bùkě lǐjiě；难以理解 nányǐ lǐjiě；不可思议 bùkě sīyì（⊕ incomprehensible; mysterious）▶～だ/真是个谜 zhēn shì ge mí ▶彼の言動は実に～的言行实在难以理解 tā de yánxíng shízài nányǐ lǐjiě ▶この世には～な事柄が多すぎる/世上不可理解的事太多 shìshàng bùkě lǐjiě de shì tài duō

ふかかきん【賦課金】 捐税 juānshuì（⊕ a levy）

ふかく【不覚】 过失 guòshī；错过 cuòguò；《意識なく》不由得 bùyóude（⊕ a blunder）▶～を取る/失败 shībài ▶あんな男を信用したのが私の

~でした/相信那种人就是我的失误 xiāngxìn nà zhǒng rén jiù shì wǒ de shīwù ▶~の涙を流す/不由得流下泪水 bùyóude liúxià lèishuǐ
▶**前後**~ 前後~/失去知觉深深睡熟 shīqù zhījué shēnshēn shuìshú ▶前後に酔う/醉得神志不清 zuìde shénzhì bùqīng
【日中比较】中国語の"不觉 bùjué"は「思わず」という意味。

ふかく【深く】 深 shēn; 深深 shēnshēn; 浓 nóng (英 deeply) ▶~悔いる/痛悔 tònghuǐ/~感铭する/刻骨铭心 kè gǔ míng xīn ▶~研究する/深入研究 shēnrù yánjiū ▶~潜る/深入地钻入 shēnrù de zuānrù ▶井戸を~深深地挖井 shēnshēn de wā jǐng ▶霧がだんだん~なった/雾渐渐地浓起来了 wù jiànjiàn de nóngqǐlái le ▶彼らの交わりはいよいよ~なった/他们的交往越来越深了 tāmen de jiāowǎng yuèláiyuè shēn le

ぶがく【舞楽】 舞乐 wǔyuè (英 Japanese court music)

ふかくじつ【不確実な】 不可靠 bù kěkào; 不确实 bú quèshí (英 uncertain; unreliable) ▶~性の時代/动荡不定的时代 dòngdàng búdìng de shídài ▶~な情報/不可靠的信息 bù kěkào de xìnxī

ふかくてい【不確定の】 不明确 bù míngquè; 未确定 wèi quèdìng (英 indefinite; undecided) ▶~の事柄/未知数 wèizhīshù ▶~要素が多い/不确定因素很多 bú quèdìng yīnsù hěn duō

ふかけつ【不可欠な】 不可缺少 bùkě quēshǎo; 必不可少 bì bùkě shǎo (英 indispensable) ▶~な条件/必不可少的条件 bùkě shǎo de tiáojiàn ▶あなたの御支援が~なのです/您的支援不可或缺 nín de zhīyuán bùkě huò quē

ふかこうりょく【不可抗力】 不可抗力 bùkěkànglì (英 inevitability;[天災] an act of God) ▶惨事は~だった/惨剧发端于一股不可抗拒的力量 cǎnjù fāduān yú yì gǔ bùkě kàngjù de lìliang ▶~による損害が発生する/遭受了一场来自不可抗力的损失 zāoshòule yì cháng láizì bùkěkànglì de sǔnshī

ふかさ【深さ】 深 shēn; 深度 shēndù; 深浅 shēnqiǎn (英 depth) ▶このプールの~は1.5メートルある/这个游泳池深一点五米 zhège yóuyǒngchí shēn yì diǎn wǔ mǐ ▶積雪の~を測る/测量积雪的深度 cèliáng jīxuě de shēndù ▶これで彼の感情の~がわかる/由此可知他的感情有多深 yóu cǐ kě zhī tā de gǎnqíng yǒu duō shēn

ふかざけ【深酒する】 饮酒过量 yǐnjiǔ guòliàng (英 drink heavily) ▶~は体によくない/饮酒过量对身体不好 yǐnjiǔ guòliàng duì shēntǐ bù hǎo ▶今夜も~してしまった/今天晚上也喝得过多了 jīntiān wǎnshang yě hēde guò duō le

ふかしぎ【不思議な】 不可思议 bùkě sīyì (英 mysterious; wonderful) ▶説明がつかない~な現象が起きる/出现了难以解释的不可思议的现象 chūxiànle nányǐ jiěshì de bùkě sīyì de xiànxiàng

ふかしん【不可侵の】 不可侵犯 bùkě qīnfàn; 互不侵犯 hù bù qīnfàn (英 inviolable) ▶相互~条約/互不侵犯条约 hù bù qīnfàn tiáoyuē

ふかす【蒸かす】 蒸 zhēng (英 steam) ▶さつま芋を~/蒸地瓜 zhēng dìguā ▶肉まんを~/蒸肉包子 zhēng ròubāozi ▶蒸かし芋が昼飯だった/午饭吃的是蒸地瓜 wǔfàn chī de shì zhēng dìguā

ふかちろん【不可知論】〘哲学〙不可知论 bùkězhīlùn (英 agnosticism)

ぶかっこう【不格好な】 样式难看 yàngshì nánkàn; 样子不好 yàngzi bù hǎo (英 awkward; clumsy) ▶~な足/难看的腿 nánkàn de tuǐ ▶~な手つきで包帯を巻く/笨手笨脚地缠绷带 bènshǒu bènjiǎo de chán bēngdài

ふかづめ【深爪する】 指甲剪得贴肉 zhǐjia jiǎnde tiēròu; 把指甲剪得太短 bǎ zhǐjia jiǎnde tài duǎn (英 cut a nail to the quick)

ふかで【深手】 重伤 zhòngshāng (英 a serious wound) ▶彼は~を負った/他受了重伤 tā shòule zhòngshāng

ふかのう【不可能な】 不可能 bùkěnéng; 办不到 bànbudào (英 impossible) ▶~な要求/无法接受的要求 wúfǎ jiēshòu de yāoqiú ▶この小说は翻訳~な表現が多い/这篇小说里无法翻译的词句很多 zhè piān xiǎoshuōli wúfǎ fānyì de cíjù hěn duō ▶これは到底実現~な計画だ/这是一项无法实现的计划 zhè shì yí xiàng wúfǎ shíxiàn de jìhuà ▶~を可能にする/把不可能变成可能 bǎ bùkěnéng biànchéng kěnéng

ふかひ【不可避の】 不可避免 bùkě bìmiǎn (英 inevitable) ▶~の運命なら受け入れるしかない/既然不可避免,那只能接受这命运 jìrán bùkě bìmiǎn, nà zhǐ néng jiēshòu zhè mìngyùn ▶物価上昇は~だ/物价上涨是不可避免的 wùjià shàngzhǎng shì bùkě bìmiǎn de

ふかふか 暄 xuān; 松松软软 sōngsōngruǎnruǎn;《草や毛が》茸茸 róngróng (英 soft) ▶この椅子は~してすわり心地がよい/这把椅子软软的,坐着很舒服 zhè bǎ yǐzi ruǎnruǎn de, zuòzhe hěn shūfu ▶~した絨毯/松软的地毯 sōngruǎn de dìtǎn

ぶかぶか 肥大 féidà (英 too big; too large) ▶~の服/肥大的衣服 féidà de yīfu ▶~の長靴/旷旷荡荡的靴子 kuàngkuàngdàngdàng de xuēzi ▶痩せてズボンが~になった/消痩之后,裤子显得肥大了 xiāoshòu zhīhòu, kùzi xiǎnde féidà le

ふかぶかと【深深と】 深深地 shēnshēn de (英 deeply) ▶~頭を下げる/深深地低头 shēnshēn de dītóu

ふかぶん【不可分の】 不可分 bùkě fēn; 分不开 fēnbukāi (英 inseparable) ▶~な関係にある/有密不可分的关系 yǒu mì bùkě fēn de guānxi ▶努力は気力と~だ/努力与气力分不开 nǔlì yǔ qìlì fēnbukāi

ふかまる【深まる】 加深 jiāshēn (英 deepen)

▶秋が～/秋深了 qiū shēn le；秋色加深 qiūsè jiāshēn ▶関係が～/关系更加密切 guānxi gèngjiā mìqiè

ふかみ【深み】 深度 shēndù；深处 shēnchù (英 depth; a deep part) ▶～にはまる/深陷不能自拔 shēnxiàn bùnéng zìbá ▶この小説は～が足りない/这篇小说缺乏深度 zhè piān xiǎoshuō quēfá shēndù ▶彼女の演技には本物の～がある/她的演技具有真正艺术的深度 tā de yǎnjì jùyǒu zhēnzhèng yìshù de shēndù

ふかみどり【深緑】 青绿 qīnglù；深绿 shēnlù (英 deep green)

ふかめる【深める】 加深 jiāshēn (英 deepen) ▶理解を～/加深理解 jiāshēn lǐjiě ▶外国企业との提携を～/加深与外国企业的合作 jiāshēn yǔ wàiguó qǐyè de hézuò ▶親交を～/加深友谊 jiāshēn yǒuyì

ふかん【俯瞰する】 俯瞰 fǔkàn；俯视 fǔshì；鸟瞰 niǎokàn (英 overlook) ▶～図/鸟瞰图 niǎokàntú ▶～撮影/俯视摄影 fǔshì shèyǐng

ふかんしょう【不干涉】 不干涉 bù gānshè (英 nonintervention) ▶内政～/不干涉内政 bù gānshè nèizhèng

ふかんしょう【不感症】〔医〕性冷淡 xìng lěngdàn；(物事に対する) 感觉迟钝 gǎnjué chídùn (英 frigidity) ▶みんなこういうことには～になっている/人们对这种事变得迟钝了 rénmen duì zhè zhǒng shì biànde chídùn le

ふかんぜん【不完全な】 不完备 bù wánbèi；不完整 bù wánzhěng；残缺 cánquē (英 imperfect) ▶～なまレポートを提出する/没有写完就把学习报告交上了 méiyǒu xiěwán jiù bǎ xuéxí bàogào jiāoshàng le ▶～なリスト/不完整的名单 bù wánzhěng de míngdān ▶荷造りが～である/行李打得不全 xíngli dǎde bù quán

◆雇用：不充分就业 bù chōngfèn jiùyè ～燃烧 bù wánquán ránshāo

ふき【付記】 备注 bèizhù；附记 fùjì (英 an additional remark) ▶参照した書籍名を～しておく/下面附记参考书目 xiàmian fùjì cānkǎo shūmù

フキ【蕗】〔植物〕蜂斗菜 fēngdǒucài (英 a butterbur)

ふぎ【不義】 不义 búyì；(不倫) 私通 sītōng (英 infidelity) ▶彼は～を働いてはいない/他没有做违反道德的事 tā méiyǒu zuò wéifǎn dàodé de shì ▶～の金は受け取れない/不能接受不义之财 bùnéng jiēshòu búyì zhī cái ▶～を犯す/与人私通 yǔ rén sītōng

ぶき【武器】 武器 wǔqì；器械 qìxiè；兵器 bīngqì (英 arms; a weapon) ▶～を捨てて投降する/缴械投降 jiǎoxiè tóuxiáng ▶～を取る/拿起武器 náqǐ wǔqì ▶美貌は彼女の最大の～なのだ/美貌是她最有力的武器 měimào shì tā zuì yǒulì de wǔqì

ふきあげる【吹き上げる】 喷上 pēnshàng (英 blow up；[水が] spout) ▶風が枯れ葉を吹き上げて来た/风把枯叶刮起来了 fēng bǎ kūyè guāqǐ le

鯨は潮を～/鲸鱼喷起了海水 jīngyú pēnqǐle hǎishuǐ

ふきあれる【吹き荒れる】 风刮得很猛 fēng guāde hěn měng (英 rage) ▶～風雨/急风暴雨 jífēng bàoyǔ

ふきかえ【吹き替え】 配音 pèiyīn (英 dubbing) ▶日本語に～る/用日语配音 yòng Rìyǔ pèiyīn ▶その映画は～、それとも字幕つきですか/那部电影有配音，还是有字幕？ nà bù diànyǐng yǒu pèiyīn, háishi yǒu zìmù?

ふきかえす【吹き返す】《息を》苏醒 sūxǐng；醒过来 xǐngguòlai；复苏 fùsū (英 come to oneself) ▶新製品がヒットして会社は息を吹き返した/新产品很畅销，公司因此复苏过来了 xīnchǎnpǐn hěn chàngxiāo, gōngsī yīncǐ fùsūguòlai le

ふきかける【吹き掛ける】《息を》哈气 hā qì；吹气 chuī qì (英 blow upon...)；(散布する) 喷洒 pēnsǎ (英 spray on...)；(高値を) 要高价 yào gāojià (英 charge a high price) ▶樹木に殺虫剤を～/给树木喷杀虫剂 gěi shùmù pēn shāchóngjì ▶彼は吐いた煙を私の顔に吹き掛けた/他把吐出的烟喷到了我的脸上 tā bǎ tǔchū de yān pēndàole wǒ de liǎnshang ▶手に息を吹き掛けて温める/往手上吹几口气暖暖手 wǎng shǒushang chuī jǐ kǒu qì nuǎnnuan shǒu

ふきけす【吹き消す】 吹灭 chuīmiè；吹熄 chuīmiè (英 blow out) ▶ろうそくを～/吹灭蜡烛 chuīmiè làzhú ▶バースデーケーキのろうそくを～/吹灭生日蛋糕上的蜡烛 chuīmiè shēngrì dàngāoshang de làzhú

ふきげん【不機嫌な】 不高兴 bù gāoxìng；不开心 bù kāixīn；没好气 méi hǎoqì (英 ill-humored; sullen) ▶～な顔をする/拉下脸 lāxia liǎn ▶彼は近頃～である/他最近情绪不好 tā zuìjìn qíngxù bùhǎo

ふきこぼれる【噴きこぼれる】 因沸腾溢出来 yīn fèiténg yìchūlai (英 boil over) ▶鍋が～/锅开得溢出来 guō kāide yìchūlai

ふきこむ【吹き込む】 ❶〔風・雪などが〕刮进来 guājìnlai (英 blow in) ▶隙間風が～/墙壁门缝间透风 qiángbì ménfèng jiān tòufēng

❷〔録音〕灌 guàn (英 record) ▶テープに～/灌制录音 guànzhì lùyīn

❸〔知恵などを〕灌输 guànshū；注入 zhùrù (英 inspire) ▶悪知恵を～/教坏主意 jiāo huàizhǔyi ▶君にそんな考えを吹き込んだのは誰だ/是谁向你灌输了这种想法呀？ shì shéi xiàng nǐ guànshūle zhè zhǒng xiǎngfa ya? ▶新しい生命を～/注入新的生命 zhùrù xīn de shēngmìng

ふきさらし【吹き曝しの】 任凭风吹雨打 rènpíng fēng chuī yǔ dǎ；露天 lùtiān (英 exposed to the wind) ▶寒い～のホームで列車を待つ/在任凭寒风吹打的站台上等火车 zài rènpíng hánfēng chuīdǎ de zhàntáishang děng huǒchē

ふきすさぶ【吹き荒ぶ】 呼啸 hūxiào；猛刮 měngguā；刮大风 guā dàfēng (英 rage; blow

ふきそ【不起訴】 不起诉 bù qǐsù (英 *nonprosecution*) ▶～になる/不起诉 bù qǐsù ▶～処分/不起诉处分 bù qǐsù chǔfèn ▶意外にも事件は～になった/那案件出乎意料地不予起诉了 nà ànjiàn chūshì de bùyǔ qǐsù le

ふきそく【不規則な】 不规则 bù guīzé; 没规律 méi guīlǜ (英 *irregular*) ▶～な運動/不规则运动 bù guīzé yùndòng ▶～動詞/不规则动词 bù guīzé dòngcí ▶～な生活/没有规则的生活 méiyǒu guīzé de shēnghuó ▶～な発言を繰り返す/反复喝倒彩打扰会议 fǎnfù hè dàocǎi dǎrǎo huìyì

ふきたおす【吹き倒す】 吹倒 chuīdǎo; 刮倒 guādǎo (英 *blow down*) ▶大きな木が風に吹き倒された/大树被风刮倒了 dàshù bèi fēng guādǎo le

ふきだす【吹き出す】 **❶**〔風が〕 刮起 guāqǐ (英 *begin to blow*) ▶冷たい風が～/冷风刮了起来 lěngfēng guāleqǐlai
❷〔液体などが〕 喷 pēn; 冒出 màochū; 喷出 pēnchū (英 *spout*) ▶汗が～/冒汗 mào hàn ▶温泉が～/温泉喷涌 wēnquán pēnyǒng
❸〔こらえきれず〕 发笑 fāxiào; 失笑 shīxiào (英 *burst out laughing*) ▶思わず吹き出してしまった/不禁失笑 bùjīn shīxiào

ふきだまり【吹き溜まり】 风刮成的堆 fēng guāchéng de duī (英 [雪の] *a snowdrift*) ▶都会の～/城市流浪者的聚集处 chéngshì liúlàngzhě de jùjíchù ▶深い雪の～/风刮成的大雪堆 fēng guāchéng de dàxuěduī

ふきつ【不吉な】 不祥 bùxiáng; 丧气 sàngqì; 不吉祥 bù jíxiáng (英 *unlucky; ominous*) ▶～な前兆/凶兆 xiōngzhào ▶～な予感がする/有一种不祥的预感 yǒu yì zhǒng bùxiáng de yùgǎn

ふきつける【吹きつける】 狂吹 kuángchuī; 喷射 pēnshè (英 [雨風が] *blow against...*; [塗料などを] *spray*) ▶風雨が～/风雨吹打 fēngyǔ chuīdǎ ▶スプレーで塗料を～/用喷雾器喷出涂料 yòng pēnwùqì pēnchū túliào

ふきでもの【吹き出物】 疖子 jiēzi (英 *an eruption*) ▶～ができる/长疖子 zhǎng jiēzi

ふきとばす【吹き飛ばす】 〔風が〕 吹跑 chuīpǎo; 刮跑 guāpǎo; 〔追い払う〕 赶走 gǎnzǒu, 驱逐 qūzhú (英 *blow off*) ▶爆風でドアが吹き飛ばされた/门被暴风吹跑了 mén bèi bàofēng chuīpǎo le ▶噂を～/清除流言 qīngchú liúyán ▶強風に傘が吹き飛ばされそうになる/大风差一点儿把伞吹走 dàfēng chà yìdiǎnr bǎ sǎn guāzǒu ▶夏の暑さを～/激辛料理/能赶跑夏天酷暑的奇辣的菜 néng gǎnpǎo xiàtiān kùshǔ de qílà de cài 帽子を吹き飛ばされる/帽子被风刮跑了 màozi bèi fēng guāpǎo le ▶心配を～/赶走心中的忧愁 gǎnzǒu xīnzhōng de yōuchóu

ふきとぶ【吹き飛ぶ】 〔風に〕 刮走 guāzǒu; 刮跑 guāpǎo 〔消え去る〕 消失 xiāoshī; 消散 xiāosàn (英 *be blown off*) ▶屋根が風で吹き飛んだ/房顶被风刮跑了 fángdǐng bèi fēng guāpǎo le ▶不安が一気に吹き飛んだ/不安一下子烟消云散 bù'ān yíxiàzi yān xiāo yún sàn

ふきとる【拭き取る】 擦掉 cādiào; 拭去 shìqù; 揩拭 kāishì (英 *wipe out; mop up*) ▶汚れを～/擦掉污垢 cādiào wūgòu ▶ハンカチで汗を～/用手帕擦掉汗 yòng shǒupà cādiào hàn ▶彼はグラスから指紋を拭き取った/他从玻璃纸上拭去了指纹 tā cóng bōlibèishang shìqùle zhǐwén

ふきながし【吹き流し】 风向标 fēngxiàngbiāo; 飘带 piāodài (英 *a streamer*)

ふきならす【吹き鳴らす】 〔楽器を〕吹响 chuīxiǎng (英 *blow*) ▶トランペットを～/吹喇叭 chuī lǎba

ふきぬけ【吹き抜け】 〔建築〕 楼梯井 lóutījǐng (英 *a stairwell*) ▶～の玄関/楼梯井入口 lóutījǐng rùkǒu

ふきぬける【吹き抜ける】 吹过 chuīguò (英 *blow through...*) ▶突風が公園を～/疾风吹过公园 jífēng chuīguò gōngyuán

ふきまわし【吹き回し】 風の〔人の心境・状況〕 心情 xīnqíng; 情况 qíngkuàng ▶どういう風～か先生がほめてくれた/不知刮的什么风，老师表扬了我 bù zhī guā de shénme fēng, lǎoshī biǎoyángle wǒ

ぶきみ【不気味な】 可怕 kěpà; 阴森 yīnsēn (英 *weird*) ▶～な沈黙が続いた/可怕的沉默继续着 kěpà de chénmò jìxùzhe ▶夜の森は～に静まり返っている/夜里的树林静寂得令人生惧 yèli de shùlín jìngjìde lìng rén shēng jù

ふきやむ【吹き止む】 风停息 fēng tíngxī (英 *cease to blow*) ▶ぴたりと風が～/风戛然而止 fēng jiárán ér zhǐ

ふきゅう【不朽】 不朽 bùxiǔ (英 *immortal*) ▶～の名作/不朽之作 bùxiǔ zhī zuò

ふきゅう【普及する】 普及 pǔjí; 传播 chuánbō; 传布 chuánbù (英 *spread; diffuse*) ▶～率/普及率 pǔjílǜ ▶この考えは爆発的に～した/这种想法一下子传播开来了 zhè zhǒng xiǎngfa yíxiàzi chuánbōkāilai le ▶デジカメは世代を問わず～した/数码照相机在所有年代的人中普及起来了 shùmǎ zhàoxiàngjī zài suǒyǒu niándài de rén zhōng pǔjíqǐlai le ▶衛生知識の～に努める/为普及卫生知识而努力 wèi pǔjí wèishēng zhīshi ér nǔlì

ふきょう【不況】 萧条 xiāotiáo; 不景气 bù jǐngqì (英 *dull; depressed*) ▶～を切り抜ける/摆脱经济危机 bǎituō jīngjì wēijī ▶～が長びく/经济萧条拖得很久 jīngjì xiāotiáo tuōde hěn jiǔ ▶出版～を打開する/打开出版界萧条的局面 dǎkāi chūbǎnjiè xiāotiáo de júmiàn

ふきょう【不興】 扫兴 sǎoxìng; 不高兴 bù gāoxìng (英 *displeasure*) ▶～を買う/惹人不高兴 rě rén bù gāoxìng; 得罪上司 dézuì shàngsi

ふきょう【布教する】 传教 chuánjiào (英 *prop-*

agate) ▶～活動/传教活动 chuánjiào huódòng ▶キリスト教を～するために彼らは来た/他们是为了传播基督教而来的 tāmen shì wèile chuánbō Jīdūjiào ér lái de

ぶきよう【不器用な】 笨 bèn; 拙笨 zhuōbèn (英 *unskillful*; *awkward*) ▶彼は実に～な男だ/他实在是一个笨拙的人 tā shízài shì yí ge bènzhuō de rén ▶～な手つきでリンゴの皮を剥く/笨手笨脚地削苹果皮 bènshǒu bènjiǎo de xiāo píngguǒpí

ふきょうわおん【不協和音】〖音楽〗不谐和音 bùxiéhéyīn;〖関係〗不协调 bù xiétiáo (英 *a discord*) ▶政権党内に～が広がる/执政党内的不谐和音传开了 zhízhèngdǎng nèi de bùxiéhéyīn chuánkāi le

ふきよせる【吹き寄せる】 吹到某处 chuīdào mǒuchù (英 *drift*) ▶船は岸に吹き寄せられた/船被风刮到了岸边 chuán bèi fēng guādàole ànbiān ▶木枯らしが落ち葉を垣根に吹き寄せる/寒风把枯叶吹到了篱笆根 hánfēng bǎ kūyè chuīdàole líbāgēn

ふぎり【不義理】 违约 wéiyuē; 忘恩负义 wàng ēn fù yì (英 *injustice*; *ingratitude*) ▶人に～をする/对别人做了忘恩负义的事 duì biérén zuòle wàng ēn fù yì de shì ▶～を重ねる〖負債〗/一再欠款不还 yízài qiànkuǎn bù huán

ぶきりょう【不器量な】 丑陋 chǒulòu; 难看 nánkàn (英 *ugly*; *homely*) ▶～な少女が一晩で美女に変身していた/丑陋的姑娘一夜之间变成了一个美女 chǒulòu de gūniang yí yè zhījiān biànchéngle yí ge měinǚ

ふきん【付近】 附近 fùjìn; 邻近 línjìn; 四近 sìjìn (英 *neighborhood*) ▶この～は昔は海の底だった/这一带以前是海底 zhè yídài yǐqián shì hǎidǐ ▶どこかこの～に郵便ポストはありませんか/这附近有没有邮筒? zhè fùjìn yǒuméiyǒu yóutǒng? ▶これは東京～では見られない植物だ/这是在东京附近所见不到的植物 zhè shì zài Dōngjīng fùjìn suǒ jiànbudào de zhíwù

ふきん【布巾】 抹布 mābù; 揩布 zhǎnbu (英 *a dish towel*) ▶台～/擦桌子用的抹布 cā zhuōzi yòng de mābù ▶～で食器を拭く/用抹布擦餐具 yòng mābù cā cānjù

ふきんこう【不均衡】 不均衡 bù jūnhéng; 不平衡 bù pínghéng (英 *imbalance*; *disparity*) ▶～な貿易収支/差额贸易收支 chā'é màoyì shōuzhī ▶～を是正する/纠正不均衡状况 jiūzhèng bù jūnhéng zhuàngkuàng ▶日米貿易の～/日美间贸易的不平衡 Rì-Měi jiān màoyì de bù pínghéng

ふきんしん【不謹慎な】 轻率 qīngshuài; 不严肃 bù yánsù; 不勤慎 bù qínshèn (英 *indiscrete*) ▶～な行動/轻率的举止 qīngshuài de jǔzhǐ ▶私はそのような～な発言をしていない/我没有做过那样轻率的发言 wǒ méiyǒu zuòguo nàyàng qīngshuài de fāyán

ふく【吹く・噴く】 ❶〖口で〗吹 chuī (英

blow) ▶ハーモニカを～/吹口琴 chuī kǒuqín ▶スープを吹いてさます/把汤吹凉 bǎ tāng chuīliáng ▶口笛を～/吹口哨 chuī kǒushào ▶ラッパを～/吹喇叭 chuī lǎba

❷〖風で〗吹 chuī; 刮 guā (英 *blow*) ▶風が強く吹いている/风猛烈地刮着 fēng měngliè de guāzhe ▶嵐は吹きやんだ/暴风雨停止了 bàofēngyǔ tíngzhǐ le

❸〖噴く〗喷出 pēnchū (英 *emit*) ▶山が火を～/火山喷火 huǒshān pēn huǒ

❹〖大言する〗吹 chuī (英 *talk big*) ▶ほらを～/吹牛皮 chuī niúpí

ことわざ 明日は明日の風が吹く 今朝有酒今朝醉 jīnzhāo yǒu jiǔ jīnzhāo zuì

ふく【服】 衣服 yīfu; 衣裳 yīshang (英 *clothes*; *a dress*; *a suit*) ▶～を着る/穿衣服 chuān yīfu ▶犬に～を着せる/给狗穿衣服 gěi gǒu chuān yīfu ▶黒い～を着る/穿黑衣服 chuān hēiyīfu ◆～地/西服面料 xīfu miànliào

ふく【拭く】 擦拭 cāshì; 擦 cā; 揩 kāi (英 *wipe*) ▶涙を～/擦眼泪 cā yǎnlèi ▶テーブルを～/擦桌子 cā zhuōzi ▶窓ガラスを～/擦窗户玻璃 cā chuānghù bōli ▶メガネを～/擦眼镜 cā yǎnjìng ▶額の汗を～/擦掉额头的汗 cādiào étóu de hàn

ふく【葺く】 葺 qì (英〖瓦で〗*tile*;〖藁で〗*thatch*) ▶わらで屋根を～/用稻草苫房顶 yòng dàocǎo qì fángdǐng

ふく【福】 福 fú; 幸福 xìngfú; 福气 fúqi (英 *fortune*; *good luck*; *a blessing*) ▶～をもたらす/带来福运 dàilái fúyùn

ことわざ 笑う門(%)には福来たる 福临笑家门 fú lín xiàojiāmén; 笑口常开,福运自来 xiàokǒu cháng kāi, fúyùn zì lái

◆～の神/福星 fúxīng; 财神 cáishén

ふく-【副】 副 fù (英 *vice-*; *sub-*: *by-*) ◆～会長/副会长 fùhuìzhǎng ～議長/副主席 fùzhǔxí ～支配人/副经理 fùjīnglǐ ～社長/副总裁 fùzǒngcái; 副董事长 fùdǒngshìzhǎng ～大統領/副总统 fùzǒngtǒng ～本/副本 fùběn

フグ【河豚】〖魚〗河豚 hétún (英 *a globefish*) ▶～の毒にあたる/中河豚的毒 zhòng hétún de dú ▶～鍋/河豚火锅 hétún huǒguō

ふくあん【腹案】 腹稿 fùgǎo (英 *a plan* (*in one's mind*); *an idea*) ▶～を作る/构思 gòusī ▶まだほんの～にすぎない/还不过是一份腹稿 hái búguò shì yí fèn fùgǎo ▶次の小説の～を練る/仔细构思下一篇小说 zǐxì gòusī xià yì piān xiǎoshuō

ふくいく【馥郁たる】 馥郁 fùyù (英 *sweet-smelling*) ▶～たる香りが漂う/香味四溢 xiāngwèi sì yì

ふくいん【復員する】 复员 fùyuán; 退伍 tuìwǔ (英 *be demobilized*) ▶～してすぐ学校に戻った/复员就回大学去了 fùyuán jiù huí dàxué qù le ◆～軍人/复员军人 fùyuán jūnrén

ふくいん【福音】 福音 fúyīn (英 *the gospel*;

ふぐう [吉報] welcome news) ▶~書/福音书 fúyīnshū ▶僕はその広告を天来の~だと思った/我觉得那广告是天上掉下来的福音 wǒ juéde nà guǎnggào shì tiānshàng diàoxiàlai de fúyīn

ふぐう【不遇】 不走运 bù zǒuyùn；不得志 bù dézhì；坎坷 kǎnkě (英 unfortunate) ▶~を託(ξ)つ/抱怨不得志 bàoyuàn bù dézhì ▶一生~で終わる/一生坎坷而终 yīshēng kǎnkě ér zhōng

ふくえき【服役する】 服役 fúyì (英 serve one's (prison) term) ▶~囚/服刑犯 fúxíngfàn；劳改犯 láogǎifàn
◆~期間 [刑期の]/服刑期间 fúxíng qījiān ~期間 [兵役の]/服兵役期间 fú bīngyì qījiān

ふくえん【復縁する】 复婚 fùhūn；破镜重圆 pòjìng chóng yuán (英 be reconciled with...) ▶~を迫る/强求复婚 qiǎngqiú fùhūn

ふくがく【復学する】 复学 fùxué (英 return to school) ▶~の望みを捨てなかった/没有放弃复学的希望 méiyǒu fàngqì fùxué de xīwàng ▶病を治して~するつもりだ/打算治好病后复学 dǎsuan zhìhǎo bìng hòu fùxué

ふくがん【複眼】 复眼 fùyǎn (英 compound eyes) ▶~的思考の大切さを知った/认识到了多元性思维的重要性 rènshidàole duōyuánxìng sīwéi de zhòngyàoxìng

ふくぎょう【副業】 副业 fùyè (英 a sideline)

ふくげん【復元する】 复原 fùyuán；恢复原状 huīfù yuánzhuàng (英 restore to the original state) ▶古いフィルムを~する/把旧胶卷复原 bǎ jiùjiāojuǎn fùyuán ▶古代の住居を~する/复原古代住宅 fùyuán gǔdài zhùzhái ▶失われたデータを~する/恢复丢失的数据 huīfù diūshī de shùjù ▶船の~力/船舶的稳定性 chuánbó de wěndìngxìng

ふくこう【腹腔】 腹腔 fùqiāng (英 the abdominal cavity) ▶~鏡手術/腹腔镜手术 fùqiāngjìng shǒushù

ふくごう【複合する】 复合 fùhé；合成 héchéng (英 compound) ▶~語/合成词 héchéngcí
◆~污染 复合污染 fùhé wūrǎn ~競技 (スキー)/滑雪全能比赛 huáxuě quánnéng bǐsài ~体/复合体 fùhétǐ

ふくざつ【複雑な】 复杂 fùzá (英 complicated; complex) ▶~に入り組んだ/错综复杂 cuòzōng fùzá ▶嬉しいような残念なような心境であった/那是一种说不清是高兴还是遗憾 nà shì yī zhǒng shuōbuqīng shì gāoxìng háishi yíhàn ▶それは構造が~である/其构造很复杂 qí gòuzào hěn fùzá

ふくさよう【副作用】 副作用 fùzuòyòng (英 a side effect) ▶漢方薬でも~がないわけではない/中药也并非没有副作用 zhōngyào yě bìngfēi méiyǒu fùzuòyòng ▶抗癌剤の~で苦しむ/受抗癌药副作用的折磨 shòu kàng'áiyào fùzuòyòng de zhémó ▶~を起こす/产生副作用 chǎnshēng fùzuòyòng

ふくさんぶつ【副産物】 副产品 fùchǎnpǐn (英 a by-product; a spin-off) ▶研究の予期せぬ~/研究中预料之外的副产物 yánjiū zhōng yùliào zhīwài de fùchǎnwù

ふくし【副詞】 〖文法〗副词 fùcí (英 an adverb)

ふくし【福祉】 福利 fúlì (英 welfare) ▶~施設/福利设施 fúlì shèshī ▶~政策/福利政策 fúlì zhèngcè ▶高~高負担/高福利高负担 gāofúlì gāofùdān ▶国民の~を増進する/提高国民的福利服务 tígāo guómín de fúlì fúwù
◆社会~協議会 社会福利协会 shèhuì fúlì xiéyìhuì ~事業 福利事业 fúlì shìyè ~事務所 福利事务所 fúlì shìwùsuǒ

ふくじ【服地】 衣料 yīliào；西服料子 xīfú liàozi (英 cloth)

ふくしきこきゅう【腹式呼吸】 腹式呼吸 fùshì hūxī (英 abdominal breathing)

ふくしきぼき【複式簿記】 复式簿记 fùshì bùjì (英 bookkeeping by double entry)

ふくじてき【副次的な】 次要的 cìyào de；附属的 fùshǔ de (英 secondary) ▶彼はとかく~な問題にこだわる癖がある/他爱拘泥于次要的问题 tā ài jūní yú cìyào de wèntí

ふくしゃ【複写】 《コピー機で》复印 fùyìn；《カーボン紙で》复写 fùxiě (英 a (carbon) copy) ▶~機/复印机 fùyìnjī ▶書類を10部~する/文件复印十部 bǎ wénjiàn fùyìn shí bù

ふくしゃ【輻射する】 辐射 fúshè (英 radiate) ▶~熱/辐射热 fúshèrè

ふくしゅう【復習する】 复习 fùxí；温习 wēnxí (英 review) ▶テスト前に集中的に~する/考试前集中复习 kǎoshìqián jízhōng fùxí ▶学んだことはその日のうちに~する/学过的东西就在当天复习 xuéguo de dōngxi jiù zài dàngtiān fùxí

ふくしゅう【復讐する】 报仇 bàochóu；复仇 fùchóu；报复 bàofù (英 take revenge) ▶いつかきっと~してみせる/总有一天我要报仇 zǒng yǒu yì tiān wǒ yào bàochóu ▶~を誓う/发誓要复仇 fāshì yào fùchóu ▶~心に燃える/复仇心高涨 fùchóuxīn gāozhǎng
◆~戦 复仇战 fùchóuzhàn

ふくじゅう【服従する】 服从 fúcóng；顺从 shùncóng (英 obey; submit) ▶上司の命令に~する/服从上司的命令 fúcóng shàngsi de mìnglìng ▶あれでは従業員の信頼と~を獲得できない/那样的话，恐怕得不到职工的信任和服从 nàyàng dehuà, kǒngpà débudào zhígōng de xìnrèn hé fúcóng

ふくしゅうにゅう【副収入】 副业收入 fùyè shōurù；外快 wàikuài；外水 wàishuǐ (英 a side income) ▶給料より~の方が多い/外快比工资多 wàikuài bǐ gōngzī duō

ふくしょう【副賞】 附加奖 fùjiājiǎng (英 an extra prize) ▶~賞金/附加奖金 fùjiā jiǎngjīn

ふくしょう【復唱する】 复述 fùshù (英 recite) ▶伝言を~する/复述口信 fùshù kǒuxìn

ふくしょく【服飾】 服饰 fúshì (英 clothing and accesories) ▶～品/服饰物 fúshìwù ▶高级～店/高级服饰店 gāojí fúshìdiàn ▶～デザイナー/服饰设计师 fúshì shèjìshī

ふくしょく【副食】 副食 fùshí (英 a side dish) ▶～品の半ばは輸入品だ/副食品的一半是进口货 fùshípǐn de yībàn shì jìnkǒuhuò

ふくしょく【復職する】 复职 fùzhí; 重新上班 chóngxīn shàngbān (英 be reinstated)

ふくしん【腹心の】 亲信 qīnxìn; 心腹 xīnfù (英 confidential) ▶彼は大臣の～だ/他是大臣的亲信 tā shì dàchén de qīnxìn ▶～の部下に裏切られる/被心腹的部下背叛 bèi xīnfù de bùxià bèipàn

ふくじん【副腎】 〖解〗肾上腺 shènshàngxiàn; 副肾 fùshèn (英 the adrenal glands) ▶～皮質ホルモン/肾上腺皮质激素 shènshàngxiàn pízhì jīsù

ふくすい【覆水】
ことわざ 覆水盆に返らず 覆水难收 fù shuǐ nán shōu

ふくすう【複数】 复数 fùshù (英 the plural number) ▶犯人は～いるはずだ/犯人应该不只一个 fànrén yīnggāi bù zhǐ yí ge

ふくする【服する】 服 fú; 服从 fúcóng (英 obey; submit to...) ▶命令に～/服从命令 fúcóng mìnglìng ▶兵役に～/服兵役 fú bīngyì

ふくせい【複製】 复印 fùyìn; 复制 fùzhì (英 a duplicate; a copy; a replica) ▶～版/翻版 fānbǎn ▶～品/复制品 fùzhìpǐn
♦禁止 **不許複製 bùxǔ fùzhì**

ふくせん【伏線】 伏笔 fúbǐ; 伏线 fúxiàn; 铺垫 pūdiàn (英 a clue) ▶彼は断るために巧みに～を張っていた/他为谢绝巧妙地埋下了伏笔 tā wèi xièjué qiǎomiào de máixiàle fúbǐ

ふくせん【複線】 〈鉄道〉复线 fùxiàn; 双轨 shuāngguǐ (英 a double track) ▶～化する/实行双轨式 shíxíng shuāngguǐshì

ふくそう【服装】 服装 fúzhuāng; 穿着 chuānzhuó; 装束 zhuāngshù (英 dress; clothes; clothing) ▶～デザイナー/服装设计 fúzhuāng shèjì ▶～を整える/整理服装 zhěnglǐ fúzhuāng; 整装 zhěngzhuāng ▶就職活動の際の～/找工作时的装束 zhǎo gōngzuò shí de zhuāngshù ▶～に気をつける/注意穿着 zhùyì chuānzhuó ▶汚れてもかまわない～で来て下さい/请穿那种不怕脏的衣服来 qǐng chuān nà zhǒng búpà zāng de yīfu lái ▶彼はどんな～をしていましたか/他穿着什么样的衣服来着？ tā chuānzhe shénmeyàng de yīfu láizhe? ▶彼はいつもきちんとした～をしている/他总是穿着整齐的服装 tā zǒngshì chuānzhe zhěngqí de fúzhuāng

ふくぞう【腹蔵】
～のない 坦率 tǎnshuài; **不讳** búhuì ▶～なく言う/坦率地说谈您的想法 ▶～なくお考えをお話し下さい/请坦率地谈谈您的想法 qǐng tǎnshuài de tántan nín de xiǎngfa

ふくそうひん【副葬品】 殉葬品 xùnzàngpǐn (英 burial accessories)

ふくだい【副題】 副题 fùtí; 副标题 fùbiāotí (英 a subtitle)

ふぐたいてん【不倶戴天】 不共戴天 bú gòng dài tiān (英 a mortal foe) ▶武田は上杉の～の敵である/武田是上杉不共戴天的敌人 Wǔtián shì Shàngshān bú gòng dài tiān de dírén

ふくちょう【復調】 复原 fùyuán (英 [選手が] recover one's form)

ふくつ【不屈の】 不屈 bùqū; 刚毅 gāngyì; 顽强 wánqiáng (英 indomitable) ▶～の人/硬汉 yìnghàn; 硬骨头 yìnggǔtou ▶～の精神で難局を乗りこえる/以不屈的精神渡过困难局面 yǐ bùqū de jīngshén dùguò kùnnan júmiàn

ふくつう【腹痛】 腹痛 fùtòng (英 a stomachache) ▶～を訴える/喊肚子疼 hǎn dùzi téng ▶激しい～が起こる/引起一阵剧烈的腹痛 yǐnqǐ yízhèn jùliè de fùtòng

ふくどく【服毒する】 服毒 fúdú (英 take poison) ▶～自殺/服毒自杀 fúdú zìshā

ふくどくほん【副読本】 课外读物 kèwài dúwù; 副教材 fùjiàocái (英 a supplementary reader)

ふくのかみ【福の神】 财神 cáishén; 福星 fúxīng (英 the God of Wealth) ▶我が家に～が舞い降りた/福神降临到我家 fúshén jiànglíndào wǒ jiā

ふくびき【福引き】 抽彩签 chōu cǎiqiān (英 a lottery) ▶～で掃除機を当てる/抽彩签中了吸尘器 chōu cǎiqiān zhòngle xīchénqì

ふくぶ【腹部】 腹部 fùbù; 肚子 dùzi; 肚皮 dùpí (英 the abdomen; the belly) ▶～が異様に膨らんでいる/腹部异样膨胀 fùbù yìyàng péngzhàng

ぶくぶく 《太っている》胖乎乎 pànghūhū (英 bulging); 〈泡が〉噗噗 pūpū; 咕嘟咕嘟 gūdūgūdū (英 bubbling) ▶～太った人/胖乎乎的人 pànghūhū de rén ▶～泡だつ/噗噗地冒泡 pūpū de mào pào ▶～と川の中に沈む/咕嘟咕嘟地沉入河中 gūdūgūdū de chénrù hé zhōng

ふくぶくしい【福福しい】 富态 fùtai; 有福 yǒu fú (英 happy-looking) ▶福々しくなる/面貌发福 miànmào fāfú ▶～顔/福相 fúxiàng

ふくぶん【複文】 〖文法〗复句 fùjù (英 a complex sentence)

ふくへい【伏兵】 伏兵 fúbīng; 〈予期せぬ反対〉意外的反对 yìwài de fǎnduì (英 an ambush) ▶～を置く/打埋伏 dǎ máifu ▶～に急襲される/遭伏兵偷袭 zāo fúbīng tōuxí

ふくまく【腹膜】 〖解〗腹膜 fùmó (英 the peritoneum) ▶～炎/腹膜炎 fùmóyán

ふくまでん【伏魔殿】 魔窟 mókū; 〈悪の巣窟〉罪恶的渊薮 zuì'è de yuānsǒu (英 a hotbed of corruption) ▶政界の～に捜査の手がのびる/对政坛的大魔窟的调查开始了 duì zhèngtán de dàmókū de diàochá kāishǐ le

ふくみ【含み】 暗示 ànshì; 含意 hányì (英 a

ふくむ

hidden meaning; an implication）▶～のある/含蓄 hánxù ▶波乱～のスタートとなる/一开头就带有风波 yì kāitóu jiù dàiyǒu fēngbō ▶彼の言葉の～は協力できないということだ/他的话其实暗示他不能帮助我们 tā de huà qíshí ànshì tā bù néng bāngzhù wǒmen

◆～資産/账外浮余的资产 zhàngwài fúyú de zīchǎn ～笑い/抿嘴笑 mǐnzuǐxiào；含笑 hánxiào

ふくむ【含む】 ❶［中に］含 hán；含有 hányǒu （英 *hold; contain*）▶口に水を～/嘴里含着水 zuǐli hánzhe shuǐ ▶サービス料を～/服务费在内 fúwùfèi zàinèi ▶手数料も含まれている/包括手续费也在内 bāokuò shǒuxùfèi yě zàinèi ▶この飲料はアルコール分を含んでいない/这种饮料不含酒精 zhè zhǒng yǐnliào bù hán jiǔjīng

❷［意味に］包含 bāohán；蕴涵 yùnhán；寓于 yùyú （*imply*）▶あの厳しい批評は実は愛情を含んでいる/那严厉的评论其实包含着爱情 nà yánlì de pínglùn qíshí bāohánzhe àiqíng

❸［心に］了解 liǎojiě；记在心里 jìzài xīnli （*bear in mind*）▶このことをよく含んでおくように/请把这件事放在心上 qǐng bǎ zhè jiàn shì fàngzài xīnshàng ▶彼女は私に～ところがある/她对我有所怀恨 tā duì wǒ yǒusuǒ huáihèn ▶御要望に添えない場合があることを予めお含みおき下さい/有可能无法满足您的要求，希望您能包含有 yǒu kěnéng wúfǎ mǎnzú nín de yāoqiú, xīwàng nín néng bāohán

❹［表情などに］带 dài （英 *be tinged*）▶憂いを含んだ顔/带着忧虑的面容 dàizhe yōulǜ de miànróng

ふくむ【服務】 服务 fúwù；工作 gōngzuò （英 *public service*）▶～規定/服务规定 fúwù guīdìng

ふくめい【復命する】 回报 huíbào；交差 jiāochāi （*report to...*）

ふくめて【〈…を〉含めて】 连同 liántóng （*including...*）▶社長を～社員全員/包括老板在内的公司全员 bāokuò lǎobǎn zàinèi de gōngsī quányuán ▶このフォーラムには日本を～35 ヶ国が参加する/这个论坛包括日本在内共有三十五个国家参加 zhège lùntán bāokuò Rìběn zàinèi gòng yǒu sānshíwǔ ge guójiā cānjiā

ふくめる【含める】 包括 bāokuò；列入 lièrù；包含 bāohán （英 *include*）▶この分野も調査項目に～/这个领域也列入了调查项目 zhège lǐngyù yě lièrùle diàochá xiàngmù

ふくめん【覆面】 面具 miànjù （英 *a mask*）▶～する/遮面 zhē miàn；蒙上脸 méngshàng liǎn ▶パンストで～した男/用连裤袜蒙住头面的男人 yòng liánkùwà méngzhù tóu de nánrén ▶～パトカー/便衣警车 biànyī jǐngchē ▶～作家/匿名作家 nìmíng zuòjiā ▶～の下にはまだ幼い顔が隠されていた/面具下面隐藏着还很稚嫩的脸庞 miànjù xiàmian yǐncángzhe hái hěn zhìnèn de liǎnpáng

ふくよう【服用する】 服用 fúyòng；吃（药）chī (yào) （英 *take*）▶～法/服用法 fúyòngfǎ ▶1日 3 回每食後～/一日三次，饭后服用 yí rì sān cì, fànhòu fúyòng

ふくようき【複葉機】 双翼机 shuāngyìjī （英 *a biplane*）

ふくよかな ❶［体などが］丰满 fēngmǎn （*plump*）▶～な女性/丰满的女人 fēngmǎn de nǚrén ▶～な胸/丰满的胸部 fēngmǎn de xiōngbù **❷**［香りが］浓郁 nóngyù （英 *rich*）

ふくらしこ【膨らし粉】 发酵粉 fājiàofěn （*baking powder*）

ふくらはぎ 腿肚子 tuǐdùzi；腓 féi （英 *the calf*）▶～がけいれんする/腿肚子抽筋儿了 tuǐdùzi chōujīnr le

ふくらます【膨らます】 鼓 gǔ；膨胀 péngzhàng （英 *swell; inflate*）▶風船を～/把气球吹鼓 bǎ qìqiú chuīgǔ ▶ほっぺたを～/鼓腮 gǔ sāi ▶マイホームの夢を～/幻想着拥有私人住房 huànxiǎngzhe yōngyǒu sīrén zhùfáng ▶鼻の穴を～/鼓起鼻孔 gǔqǐ bíkǒng

ふくらみ【膨らみ】 隆起 lóngqǐ （英 *a bulge; a swelling*）▶胸の～/胸部的隆起 xiōngbù de lóngqǐ

ふくらむ【膨らむ】 膨大 péngdà；鼓起 gǔqǐ （英 *swell*）▶蕾が～/花蕾膨胀 huālěi bǎozhàng ▶夢が～/梦想越来越大 mèngxiǎng yuèláiyuè dà ▶赤字が～/赤字膨胀 chìzì péngzhàng ▶妻は膨らんだ腹を抱えて買い物に出た/妻子捧着隆起的肚子去买东西 qīzi pěngzhe lóngqǐ de dùzi qù mǎi dōngxi

ふくり【福利】 福利 fúlì （英 *welfare*）▶～厚生/福利保健 fúlì bǎojiàn

ふくり【複利】〔金融〕复利 fùlì （英 *compound interest*）

ふくれる【膨れる】 胀 zhàng （英 *swell out; belly; be inflated*）▶お腹が～/肚子饱 dùzi bǎo ▶すねて～/生气噘嘴 shēngqì juēzuǐ ▶タイヤは空気が入るにつれて膨れてくる/随着空气注入，轮胎也鼓起来了 suízhe kōngqì zhùrù, lúntāi yě gǔqǐlai le ▶札束で膨れたポケット/装满钞票而鼓起的口袋 zhuāngmǎn chāopiào ér gǔqǐ de kǒudai ▶膨れっ面をする/绷起脸 bēngqǐ liǎn

ふくろ【袋】 口袋 kǒudai；袋 dài；袋子 dàizi （英 *a bag*）

～の鼠にする 围堵 wéidǔ；将人逼成瓮中之鳖 jiāng rén bīchéng wèngzhōng zhī biē

ふくろ【復路】 归途 guītú；回路 huílù （*one's way back*）

フクロウ【梟】〔鳥〕猫头鹰 māotóuyīng；夜猫子 yèmāozi （英 *an owl*）

ふくろこうじ【袋小路】 死胡同 sǐhútòng （英 *a blind alley*）▶～に追い詰める/逼入死胡同 bīrù sǐhútòng

ふくろだたき【袋叩きにする】 众人谴责 zhòngrén qiǎnzé；围攻 wéigōng （英 *beat... up*）▶～に遭う/遭到围攻 zāodào wéigōng ▶僕のプランは～にされた/我提出的计划遭到了围攻

tíchū de jìhuà zāodàole wéigōng

ふくわじゅつ【腹話術】 口不动而说话的表演艺术 kǒu búdòng ér shuōhuà de biǎoyǎn yìshù；腹语术 fùyǔshù（英 ventriloquism）

ふけ【頭皮】 头皮 tóupí（英 dandruff）▶～が出る/有头皮屑 yǒu tóupíxiè ▶～がひどい/头皮非常多 tóupí fēicháng duō

ぶけ【武家】 武士 wǔshì；武士门第 wǔshì méndì（英 the samurai family）▶～屋敷/武士宅第 wǔshì zháidì

ふけい【父兄】 父兄 fùxiōng；家长 jiāzhǎng（英 one's parents）▶～参観の日に/在家长参观的那一天 zài jiāzhǎng cānguān de nà yì tiān

ふけい【父系】 父系 fùxì（英 paternal）▶～家族/父系家族 fùxì jiāzú

ぶげい【武芸】 武术 wǔshù；武艺 wǔyì（英 martial arts; military arts）▶～の腕を競う/比武 bǐwǔ

ふけいき【不景気な】 ❶【経済が】不景气 bù jǐngqì；萧条 xiāotiáo（英 depressed）▶市场は～だ/市场萧条 shìchǎng xiāotiáo ▶彼らの会社は～知らずだ/他们公司完全与萧条无关 tāmen gōngsī wánquán yǔ xiāotiáo wúguān ❷【元気のない】无精打采 wú jīng dǎ cǎi（英 cheerless）▶～な顔/无精打采的样子 wú jīng dǎ cǎi de yàngzi

ふけいざい【不経済な】 不经济 bù jīngjì；浪费 làngfèi（英 uneconomical; expensive）▶紙の～な使い方/纸张的浪费 zhǐzhāng de làngfèi ▶安物を買うのはかえって～だ/买便宜货反而不划算 mǎi piányihuò fǎn'ér bù huásuàn

ふけこむ【老け込む】 老迈 lǎomài；衰老 shuāilǎo；老化 lǎohuà（英 age; grow old）▶めっきり～/明显老化 míngxiǎn lǎohuà ▶まだまだ～歳じゃないよ/还没到老迈之龄啊 hái méi dào lǎomài zhī líng a

ふけつ【不潔な】 污秽 wūhuì；不干净 bù gānjìng；脏 zāng（英 unclean; dirty; filthy）▶～な食堂/肮脏的食堂 āngzāng de shítáng ▶～な手でつまみ食いする/用脏手抓着吃东西 yòng zāngshǒu zhuāzhe chī dōngxi ▶のびた爪は～だ/长长了的指甲不干净 zhǎngchángle de zhǐjia bù gānjìng

ふける【老ける】 老 lǎo；上年纪 shàng niánjì（英 grow old）▶急に～/突然衰老了 tūrán shuāilǎo le ▶年より老けて見える/比实际年龄显得老 bǐ shíjì niánlíng xiǎnde lǎo

ふける【更ける】 深 shēn（英 glow late）▶夜が～/夜深 yè shēn ▶夜が～につれてますます寒くなる/随着夜色渐深，越来越冷了 suízhe yèsè jiàn shēn, yuè lái yuè lěng le

ふける【耽る】 耽于 dānyú；陷入 xiànrù；沉迷 chénmí（英 be absorbed in...）▶読書に～/读书入迷 dúshū rùmí；埋头读书 máitóu dúshū ▶物思いに～/陷入沉思 xiànrù chénsī

ふけん【父権】 父权 fùquán（英 paternal rights）▶～なんて持ったことがありません/从来没有掌过父权这种东西 cónglái méiyǒu zhǎngguo fùquán zhè zhǒng dōngxi

ふけんこう【不健康な】 不健康 bú jiànkāng（英 unhealthy）▶～な生活/不健康的生活 bú jiànkāng de shēnghuó

ふけんしき【不見識な】 缺乏见识 quēfá jiànshí（英 undignified; disgraceful）▶～な政治家/短见的政治家 duǎnjiàn de zhèngzhìjiā ▶市長たる者が何たる～だ/做市长的怎么这么没有见识了？ zuò shìzhǎng de zěnme zhème méiyǒu jiànshi le?

ふげんじっこう【不言実行】 少说多干 shǎo shuō duō gàn；少动口，多动手 shǎo dòngkǒu, duō dòngshǒu；不言而行 bù yán ér xíng（英 deeds rather than words）▶今必要なのは～型の人物だ/现在需要的是少说多干的人材 xiànzài xūyào de shì shǎo shuō duō gàn de réncái

ふけんぜん【不健全な】 不健康 bú jiànkāng（英 unwholesome）▶～な遊び/不健康的游戏 bú jiànkāng de yóuxì

ふこう【不幸】 不幸 búxìng（英 unhappy; unlucky）▶～な人/苦命人 kǔmìng rén ▶彼は～にも足を折った/他不幸折了腿骨 tā búxìng zhéle tuǐgǔ ▶～な少年時代を過ごす/度过了悲惨的少年时代 dùguòle bēicǎn de shàonián shídài ▶御～お悔やみ申し上げます/对您家的不幸深表哀悼之意 duì nín jiā de búxìng shēn biǎo āidào zhī yì ▶～なできごと（特に人の死）biāoshàng fúhào ▶～中の幸い/不幸中之万幸 búxìng zhōng zhī wànxìng

ふごう【符号】 符号 fúhào；记号 jìhao（英 a mark, a sign;［暗号］a cipher）▶～を付ける/标上符号 biāoshàng fúhào ▶～で書く/用暗号书写 yòng ànhào shūxiě

ふごう【符合する】 符合 fúhé；偶合 ǒuhé；契合 qìhé（英 coincide）▶ぴたりと～する/完全符合 wánquán fúhé

ふごう【富豪】 财主 cáizhu；富豪 fùháo；富翁 fùwēng（英 a rich man; a millionaire）

ふごうかく【不合格】 不合格 bù hégé；《試験》不及格 bù jígé（英 failure）▶～品/残货 cánhuò；等外品 děngwàipǐn；废品 fèipǐn ▶試験に～となる/考试没有通过 kǎoshì méiyǒu tōngguò；没考上 méi kǎoshàng ▶輸出品として～になる/作为出口产品是不合格的 zuòwéi chūkǒu chǎnpǐn shì bù hégé de

ふこうへい【不公平】 不公平 bù gōngpíng；不公 bùgōng（英 unfair; partial）▶～な裁判/不公的审判 bùgōng de shěnpàn ▶～な税制/不公平的税收制度 bù gōngpíng de shuìshōu zhìdù ▶大变な～がいまだに存在する/严重的不公现象至今仍然存在 yánzhòng de bùgōng xiànxiàng zhìjīn réngrán cúnzài ▶～な扱いを受ける/受到不公平的待遇 shòudào bù gōngpíng de dàiyù

ふごうり【不合理な】 无理 wúlǐ；不合理 bù hélǐ（英 irrational）▶～なシステム/不合理的制

度 bù héli de zhìdù ▶ここでは〜な慣習がまかり通っている/在这里不合理的习惯肆意横行着 zài zhèlǐ bù héli de xíguàn sìyì héngxíngzhe ▶そんな〜をなぜ許しておくのか/那种不合理事情怎么放着不管呢？nà zhǒng bù héli shìqing zěnme fàngzhe bùguǎn ne?

ふこく【布告する】 布告 bùgào; 文告 wéngào (英 *proclaim*) ▶宣戦〜/宣战布告 xuānzhàn bùgào ▶〜を出す/发出布告 fāchū bùgào

ぶこく【誣告する】 诬告 wūgào (英 *slander*) ▶〜罪/诬告罪 wūgàozuì ▶私への〜など数え切れない/对我的诬告多得数不清 duì wǒ de wūgào duōde shǔbuqīng ▶君は私を〜するのだね/你要诬告我，是吗？nǐ yào wūgào wǒ, shì ma?

ふこくきょうへい【富国強兵】 富国强兵 fùguó qiángbīng (英 *making one's country wealthy and militarily strong*)

ふこころえ【不心得】 不慎事 bù dǒngshì; 不检点 bù jiǎndiǎn; 行为不轨 xíngwéi bùguǐ (英 *indiscretion*) ▶〜な行いをする/做不检点的事 zuò bù jiǎndiǎn de shì ▶〜をさとす/教导其不端正的言行 jiàodǎo qí bù duānzhèng de yánxíng ▶散步の犬のフンを始末しない〜者がいる/有人缺乏修养，遛狗散步时的狗粪也不清理 yǒu rén quēfá xiūyǎng, liù gǒu sànbù shí de gǒufèn yě bù qīnglǐ

ぶこつ【無骨な】 粗鲁 cūlǔ (英 *rustic*) ▶〜な振る舞い/粗鲁的举动 cūlǔ de jǔdòng ▶私は〜者だが正義の心は持っている/我虽是个粗鲁人却怀有正义之心 wǒ suī shì ge cūlǔrén què huáiyǒu zhèngyì zhī xīn

ふさ【房】 穗子 suìzi; 穗 suì (英 [飾りの][果実の] *a tassel*; [a bunch*]) ▶〜飾り/彩穗 cǎisuì ▶１〜のブドウ/一串葡萄 yí chuàn pútáo ▶とうもろこしの〜/玉米穗 yùmǐsuì

ブザー 蜂鸣器 fēngmíngqì (英 *a buzzer*) ▶〜を押す/按蜂鸣器 àn fēngmíngqì ▶玄関の〜が鳴った/门铃响了 ménlíng xiǎng le

ふさい【夫妻】 夫妇 fūfù; 夫妻 fūqī (英 *husband and wife*) ▶キュリー〜/居里夫妇 Jūlǐ fūfù ▶ジョンソン〜/约翰逊夫妇 Yuēhànxùn fūfù

ふさい【負債】 负债 fùzhài; 欠债 qiànzhài; 账 zhàng (英 *a debt*) ▶〜を返済する/还债 huánzhài ▶〜を抱える/背债 bēizhài ▶有利子〜/有息负债 yǒu xī fùzhài ▶多額の〜がある/负债累累 fùzhài lěilěi

ふざい【不在の】 不在 búzài (英 *absent*) ▶〜者投票/事先投票 shìxiān tóupiào ▶これらは国民〜の議論でしかない/这些不过是不顾及民意的讨论 zhè xiē tǎolùn bú guò jǐnjǐn méiyǒu kǎolù dào mínyì ▶〜本命への大混戦が予想される/预计将展开一场缺少冠军候补人的大规模混战 yùjì jiāng zhǎnkāi yì cháng quēshǎo guànjūn hòubǔrén de dàguīmó hùnzhàn ▶父は〜です/父亲不在 fùqīn bú zài jiā

ぶさいく【不細工な】 笨拙 bènzhuō; 难看 nánkàn; 粗笨 cūbèn (英 *clumsy*; *awkward*) ▶〜な代物/粗笨的东西 cūbèn de dōngxi ▶〜な顔立ち/丑陋的相貌 chǒulòu de xiàngmào

ふさがる【塞がる】 封口 fēngkǒu; 阻塞 zǔsè; 闭塞 bìsè (英 *be closed*; *be filled*) ▶両手が荷物で〜/两手塞满了东西 liǎngshǒu sāimǎnle dōngxi ▶道路が〜/道路堵塞 dàolù dǔsè ▶ホテルはみな塞がっていた/宾馆都客满了 bīnguǎn dōu kèmǎn le ▶その席[部屋]は塞がっている/那个座位[房间]已经有人了 nàge zuòwèi[fángjiān] yǐjīng yǒu rén le ▶病院のベッドが塞がっている/医院的病床都住满了 yīyuàn de bìngchuáng dōu zhùmǎn le

ふさぎこむ【塞ぎ込む】 闷闷不乐 mènmèn bú lè; 郁闷 yùmèn; 快快 yàngyàng (英 *in low spirits*)

ふさく【不作】 歉收 qiànshōu; 收成不好 shōuchéng bùhǎo (英 *a bad harvest*) ▶今年はじゃが芋が〜だった/今年的马铃薯歉收 jīnnián de mǎlíngshǔ qiànshōu ▶今年の新人は百年に一人な/今年的新人没有一个人材，也真是百年不遇 jīnnián de xīnrén méiyǒu yí ge réncái, yě zhēn shì bǎi nián bú yù

ふさぐ【塞ぐ】 ❶【物が】 堵塞 dǔsè; 塞 sāi; 填 tián (英 *close*; *fill*; *block*) ▶穴を〜/填上坑 tiánshàng kēng ▶強風で倒れた木が道を塞いでいる/被大风刮倒的树木堵塞了道路 bèi dàfēng guādǎo de shùmù dǔsèle dàolù ▶板で窓を〜/用木板堵上窗户 yòng mùbǎn dǔshàng chuānghu ▶太った体が場所を〜/肥胖的身体占地方 féipàng de shēntǐ zhàn dìfang ▶自動車が道路を塞いでいた/汽车堵住了道路 qìchē dǔzhùle dàolù ▶嫌な話には耳を〜/堵上耳朵不听不愉快的话 dǔshàng ěrduo bù tīng bù yúkuài de huà
❷【気分が】 郁闷 yùmèn (英 *be in low spirits*; *be depressed*) ▶気持ちが〜/心情不畅 xīnqíng bú chàng ▶天気が悪いと気分が〜/天气一不好就情绪低落 tiānqì yí bù hǎo jiù qíngxù dīluò ▶なぜか彼は塞いだ顔をしている/不知为什么，他显出一副快快不乐的表情 bù zhī wèi shénme, tā xiǎnchū yí fù yàngyàng bú lè de biǎoqíng

ふさくい【不作為】 【法】 不作为 bú zuòwéi (英 *negligence*) ▶〜の罪/渎职罪 dúzhízuì; 不作为罪 búzuòwéizuì

ふざける ❶【戯れる】 打哈哈 dǎ hāha; 开玩笑 kāi wánxiào; 闹着玩儿 nàozhe wánr (英 *frolic*; *romp*) ▶彼は隅の方で若い女の子とふざけていた/他在角落那边儿和年轻姑娘打哈哈 tā zài jiǎoluò nàbiānr hé niánqīng gūniang dǎ hāha ▶彼は自分の犬にふざけて噛みつかれた/他逗弄自己的狗，被咬了 tā dòunong zìjǐ de gǒu, bèi yǎo le **❷【馬鹿にする】** 戏弄 shuǎnong; 逗弄 dòunong; 戏谑 xìxuè (英 *make fun of...*) ▶〜な/别胡说！bié húshuō!; 别乱来！bié luànlái!

ふさふさ【房房した】 簇生 cùshēng; 密厚 mìhòu (英 *tufty*; *bushy*) ▶〜の髪/很密的头发 hěn mì de tóufa ▶この犬の毛は〜している/

狗的毛很密 zhè tiáo gǒu de máo hěn mì ▶彼女は金髪が〜と肩にたれていた/她一头浓密的金发垂到肩头 tā yì tóu nóngmì de jīnfà chuídào jiāntóu

ぶさほう【無作法】 没礼貌 méi lǐmào; 粗野 cūyě (英 *impolite*; *rude*) ▶〜な若者/粗野的小伙子 cūyě de xiǎohuǒzi ▶人前でどなるは〜にも程がある/在人前大声喊叫, 就是胡闹也该有个度 zài rénqián dàshēng hǎnjiào, jiù shì húnào yě gāi yǒu ge dù ▶そんな〜なことをしてはいけません/不要做那种粗野的事 búyào zuò nà zhǒng cūyě de shì ▶〜な振る舞いをする/举止粗野 jǔzhǐ cūyě

ぶざま【無様な】 难看 nánkàn; 不像样 bú xiàngyàng; 不体面 bù tǐmiàn (英 *untidy*; *messy*; *clumsy*) ▶〜な行為をする/出洋相 chū yángxiàng ▶〜な姿/难看的样子 nánkàn de yàngzi ▶〜な負け方をした/输得很不体面 shū de hěn bù tǐmiàn

ふさわしい【相応しい】 合适 héshì; 适宜 shìyí; 相配 xiāngpèi (英 *be suitable; be worthy of...*) ▶娘に〜相手/和女儿相配的对象 hé nǚ'ér xiāngpèi de duìxiàng ▶その場に〜振る舞いをしなさい/请注意举止要适合那场合 qǐng zhùyì jǔzhǐ yào shìhé nà chǎnghé ▶結婚式に〜服装/适合参加婚礼的服装 shìhé cānjiā hūnlǐ de fúzhuāng ▶これは彼に〜仕事です/这是适合你的工作 zhè shì shìhé tā de gōngzuò ▶あの人を実業家と言うのは相応しくない/称呼他为实业家不合适 chēnghu tā wéi shíyèjiā bù héshì ▶彼は日本の代表として相応しくない/他作为日本代表不合适 tā zuòwéi Rìběn dàibiǎo bù héshì

ふさんせい【不賛成】 不赞成 bú zànchéng (英 *disapproval*; *disagreement*) ▶君の意見には〜だ/不赞成你的意见 bú zànchéng nǐ de yìjiàn

ふし【父子】 父子 fùzǐ (英 *father and child*)

ふし【節】 ❶【関節】节 jié; 关节 guānjié (英 *a joint*) ▶〜くれだった指/骨节嶙峋的手指 gǔjié línxún de shǒuzhǐ ▶体の〜〜が痛む/身上许多关节疼痛 shēnshang xǔduō guānjié hěn téng

❷【結節】节 jié; 节眼 jiéyǎn (英 *a knot*) ▶竹の〜/竹节 zhújié ▶〜なしの材木/没有节眼的木料 méiyǒu jiéyǎn de mùliào

❸【曲】曲调 qǔdiào; 旋律 xuánlǜ (英 *an air*; *a tune*) ▶〜をつけて歌う/配上曲唱 pèishàng qǔ chàng ▶〜は知っているのだが, 歌詞がわからない/调儿我还记得, 但歌词没有印象 diàor wǒ hái jìde, dàn gēcí méiyǒu yìnxiàng ▶でたらめな〜で歌う/荒腔走板地唱 huāngqiāng zǒubǎn de chàng ▶〜回しが上手だ/曲调很优美 qǔdiào hěn yōuměi

❹【点】地方 dìfang; 点 diǎn (英 *a point*) ▶その話にはあやしい〜がある/那番话里有可疑的地方 nà fān huàli yǒu kěyí de dìfang

ふじ【不治】 〜の病 不治之症 bú zhì zhī zhèng ▶〜の病にかかっている/得了不治之症 déle bú zhì zhī zhèng

ふじ【不時の】 不时 bùshí; 意外 yìwài (英 *untimely*; *unexpected*; *accidental*) ▶〜の災難/差错 chācuò ▶〜の出費/计划外支出 jìhuàwài zhīchū ▶〜に備える/以防万一 yǐ fáng wànyī

日中比較 中国語の'不时 bùshí' は「思いがけない時」の他に「たびたび」という意味をも持つ.

フジ【藤】 【植物】藤萝 ténglúo; 紫藤 zǐténg (英 *a wistaria*) ▶〜棚/藤萝架 ténglúojià

ぶし【武士】 武士 wǔshì (英 *a samurai*; *a warrior*) ▶〜道/武士道 wǔshìdào

ことわざ 武士は食わねど高楊枝(ようじ) 武士不露饿相 wǔshì bú lòu èxiàng; 士不饮盗泉之水 shì bù yǐn dàoquán zhī shuǐ

ぶじ【無事な】 安然 ānrán; 平安 píng'ān (英 *safe*; *peaceful*) ▶息子の〜を祈る/祈祷儿子的平安 qídǎo érzi de píng'ān ▶〜に釈放される/被顺利地释放 bèi shùnlì de shìfàng ▶〜に到着する/平安抵达 píng'ān dǐdá ▶会議が〜に終わる/会议顺利地结束了 huìyì shùnlì de jiéshù le ▶皆〜に暮らしている/大家都平安地生活着 dàjiā dōu píng'ān de shēnghuózhe

ふしあな【節穴】 〔板などの〕节孔 jiékǒng;《比喻》瞎眼 xiāyǎn (英 *a knothole*) ▶私の目は〜じゃないよ/我的眼睛可不瞎 wǒ de yǎnjing kě bù xiā

ふしあわせ【不幸せな】 不幸 búxìng (英 *unhappy*) ▶〜な境遇/不幸的境遇 búxìng de jìngyù ▶〜を嘆く/慨叹不幸的人生 kǎitàn búxìng de rénshēng

ふじいろ【藤色】 〔色〕淡紫色 dànzǐsè (英 *mauve*)

ふしぎ【不思議な】 怪事 guàishì; 奇怪 qíguài; 奇妙 qímiào (英 *strange*; *mysterious*) ▶〜ではない/不足为奇 bù zú wéi qí ▶〜な話/奇闻 qíwén ▶まれにみる〜な現象だ/罕见的奇异现象 hǎnjiàn de qíyì xiànxiàng ▶こんなのはよくあることだ, 何も〜がることはない/这是常有的事儿, 没有什么可奇怪的 zhè shì cháng yǒu de shìr, méiyǒu shénme kě qíguài de ▶世界の七〜/世界七大奇迹 shìjiè qī dà qíjī ▶〜なことに, 彼は少しもそれを恥じていない/令人奇怪的是他丝毫不以为耻 lìng rén qíguài de shì tā sīháo bù yǐwéi chǐ ▶〜なこともあればあるものだ/世上会有这种怪事啊 shìshàng huì yǒu zhè zhǒng guàishì a ▶事態はますます〜なことになった/事态越来越不可思议了 shìtài yuèláiyuè bùkě sīyì le

ふしぜん【不自然な】 做作 zuòzuo; 不自然 bú zìran (英 *unnatural*; *artificial*) ▶〜ににっこりした/做作地笑了一笑 zuòzuo de xiàole yí xiào ▶彼はそのとき〜な動きをみせた/他那时做了一个不自然的动作 tā nà shí zuòle yí ge bú zìran de dòngzuò ▶彼のあの発言は〜だ/他那发言很不自然啊 tā nà fāyán hěn bú zìran a ▶〜な言い方/做作的说法 zuòzuo de shuōfa

ふしそうでん【父子相伝】 嫡传 díchuán; 父子相传 fùzǐ xiāngchuán (英 *the inheritance given from father to son*)

ふしだらな【不時着する】放荡 fàngdàng; 荒唐 huāngtáng; 不规矩 bù guīju (英 *lax; loose*) ▶～な生活/放荡的生活 fàngdàng de shēnghuó ▶～な女/放荡的女人 fàngdàng de nǚrén

ふじちゃく【不時着する】紧急降落 jǐnjí jiàngluò (英 *make an emergency landing*) ▶エンジンの不調で地方空港に～する/因为引擎出了故障，(飞机)紧急降落到了地方机场 yīnwèi yǐnqíng chūle gùzhàng, (fēijī) jǐnjí jiàngluòdàole dìfāng jīchǎng

ふしちょう【不死鳥】不死鸟 bùsǐniǎo; 凤凰 fènghuáng (英 *a phoenix*) ▶～の如く甦る/像不死鸟那样复苏 xiàng bùsǐniǎo nàyàng fùsū

ふじつ【不実な】不诚实 bù chéngshí; 不讲信义 bù jiǎng xìnyì (英 *insincere*) ▶～な男/薄情郎 bóqíngláng

ぶしつけ【不躾な】冒昧 màomèi; 冒失 màoshī (英 *blunt; impolite*) ▶～ですが/恕我冒昧 shù wǒ màomèi ▶～なお願いで失礼しました/冒昧地请您帮忙，非常抱歉 màomèi de qǐng nín bāngmáng, fēicháng bàoqiàn ▶～にお尋ねして恐縮ですが、収入はいくらおありですか/冒昧地向您提问，您的收入是多少啊？màomèi de xiàng nín tíwèn, nín de shōurù shì duōshao a?

ふしまつ【不始末】《不注意な処理》不经心 bù jīngxīn; 不注意 bú zhùyì;《不都合な行為》不检点 bù jiǎndiǎn (英 *mismanagement; carelessness*) ▶～をしでかす/闯祸 chuǎnghuò ▶自分でしでかした～は自分で片をつける/自己闯下的祸自己想办法处理 zìjǐ chuǎngxià de huò zìjǐ xiǎng bànfǎ chǔlǐ ▶火事の原因はタバコの火の～だった/失火的原因是没有熄灭香烟 shīhuǒ de yuányīn shì méiyǒu xīmiè xiāngyān

ふじみ【不死身】不屈不挠 bù qū bù náo;《肉体が》铁身板 tiěshēnbǎn (英 *immortal*) ▶彼は～の身体をもつ/他有一付铁身板 tā yǒu yí fù tiěshēnbǎn

ふしめ【伏し目】不抬眼 bù tái yǎn (英 *downcast eyes*) ▶～がちの/不大抬眼 bú dà tái yǎn ▶被告は～で遺族と視線を合わせないようにした/被告始终不抬眼，努力避开被害者遗属的目光 bèigào shǐzhōng bù tái yǎn, nǔlì bìkāi bèihàizhě yíshǔ de mùguāng

ふしめ【節目】❶《木の》节眼 jiéyǎn (英 *a knot*) ▶板の～/板子的节眼 bǎnzi de jiéyǎn ❷《物事の切れ目》转折点 zhuǎnzhédiǎn (英 *a turning point*) ▶人生の～/人生的一个阶段 rénshēng de yí ge jiēduàn ▶いろんな意味で時代の～を迎えている/从各种意义上讲，迎来了时代的转折点 cóng gè zhǒng yìyìshang jiǎng, yíngláile shídài de zhuǎnzhédiǎn

日中比較 中国語の '节目 jiémù' は「番組」や「プログラム」のこと．

ふしゅ【浮腫】〔医〕水肿 shuǐzhǒng (英 *edema*)

ぶしゅ【部首】部首 bùshǒu (英 *a radical*)

ふじゆう【不自由な】❶〔不便〕不方便 bù fāngbiàn; 不便 búbiàn (英 *inconvenient*) ▶耳が～である/耳朵不便〔有残疾〕ěrduo búbiàn〔yǒu cánjí〕▶この辺はバスがなくて外出に～する/这边没有公共汽车，外出也很不便 zhèbiān méiyǒu gōnggòng qìchē, wàichū yě hěn bùbiàn ❷〔窮乏〕不自由 bú zìyóu; 不如意 bù rúyì (英 *needy*) ▶～のない暮らし/家道小康 jiādào xiǎokāng ▶金に～はしない/不缺钱用 bù quē qián yòng ▶～な暮らしをする/过着不宽裕的生活 guòzhe bù kuānyù de shēnghuó

ぶしゅうぎ【不祝儀】凶事 xiōngshì; 丧事 sāngshì (英 *a mournful affair*)

ふじゅうぶん【不十分な】不够 búgòu; 不充分 bù chōngfèn (英 *insufficient*) ▶～だ/说明得不充分 shuōmíngde bù chōngfèn ▶～な装備のため山で遭難した/因为装备不够，在山上遇难了 yīnwèi zhuāngbèi bùgòu, zài shānshang yùnàn le ▶証拠～で釈放される/因为证据不足而被释放了 yīnwèi zhèngjù bùzú ér bèi shìfàng le

ぶじゅつ【武術】武术 wǔshù; 把式 bǎshi (英 *martial arts*) ▶～家/把式 bǎshi; 武术家 wǔshùjiā

ふしゅび【不首尾】失败 shībài (英 *failure*) ▶和平交渉は～に終わった/和平谈判失败了 hépíng tánpàn shībài le

ふじゅん【不純な】不纯 bù chún (英 *impure*) ▶～な考え/杂念 zánian ▶最初は～な動機から始めた/最初是出于不纯的动机开始的 zuìchū shì chūyú bù chún de dòngjī kāishǐ de

ふじゅん【不順な】不顺 bú shùn; 不正常 bú zhèngcháng (英 *unseasonable; irregular*) ▶天候～/天气反常 tiānqì fǎncháng ▶生理～/月经不调 yuèjīng bùtiáo

ふじゅんぶつ【不純物】杂质 zázhì; 夹杂物 jiāzáwù (英 *impurities*) ▶～を取り除く/除去杂质 chúqù zázhì ▶～が混じっている/混有杂质 hùnyǒu zázhì

ふじょ【扶助する】扶持 fúchí; 扶助 fúzhù; 帮助 bāngzhù (英 *help*); 〔扶養する〕*support* ▶相互～/互相扶助 hùxiāng fúzhù ▶生活～/生活补贴 shēnghuó bǔtiē ▶～料/补贴款 bǔtiēkuǎn; 抚恤金 fǔxùjīn

ふじょ【婦女】妇女 fùnǚ (英 *women*) ▶～暴行/强奸妇女 qiángjiān fùnǚ

ぶしょ【部署】工作岗位 gōngzuò gǎngwèi; 职守 zhíshǒu (英 *one's post*) ▶～を替える/调动 diàodòng ▶全員～につけ!/全体到岗！quántǐ dào gǎng!

日中比較 中国語の '部署 bùshǔ' は「人員などを計画的に配置する」こと．

ふしょう【不肖】不肖 búxiào (英 *unworthy of…*) ▶～の息子/不肖之子 búxiào zhī zǐ ▶～ながら私も絵描きですから…/尽管不才，我也是个画家… jǐnguǎn bù cái, wǒ yě shì ge huàjiā…

ふしょう【不詳の】不详 bùxiáng; 未详 wèixiáng; 不明 bùmíng (英 *unknown*) ▶年齢～

の/年齢不詳的 niánlíng bùxiáng de ▶身元～/身份不明 shēnfen bùmíng ▶年齢は～にしておいて/就当成年齢不詳吧 jiù dàngchéng niánlíng bùxiáng ba

ふしょう【負傷する】 负伤 fùshāng; 受伤 shòushāng (英 be injured; be wounded) ▶～者/伤员 shāngyuán ▶足に～する/脚负伤了 jiǎo fùshāng le ▶工場の火災で50名も～者が出た/工厂的火灾造成五十人受伤 gōngchǎng de huǒzāi zàochéng wǔshí rén shòushāng

ふじょう【不浄な】 不干净 bù gānjìng; 肮脏 āngzāng (英 unclean) ▶～の金/不义之钱 bú yì zhī qián; 肮脏的钱 āngzāng de qián

ふじょう【浮上する】 浮上 fúshàng (英 come up to the surface) ▶潜水艦が急～する/潜水艇突然浮出水面了 qiánshuǐtǐng tūrán fúchū shuǐmiàn le ▶彼が第3位に～してきた/他晋升到第三位来了 tā jìnshēngdào dìsān wèi lái le ▶ここへ来て彼が市長候補に～してきた/现在，他有迹象会成为市长候选人 xiànzài, tā yǒu jìxiàng huì chéngwéi shìzhǎng hòuxuǎnrén

ぶしょう【武将】 武将 wǔjiàng (英 a military commander)

ぶしょう【無精な・不精な】 懒 lǎn; 懒惰 lǎnduò; 疏懒 shūlǎn (英 lazy) ▶～者/懒汉 lǎnhàn ▶彼は～ひげをはやしている/他留着邋遢胡子 tā liúzhe tātà húzi ▶近頃はとんと出～になった/最近变得不爱出门了 zuìjìn biànde bú ài chūmén le

ふしょうじ【不祥事】 丑闻 chǒuwén; 不体面的事 bù tǐmiàn de shì (英 a scandal) ▶～を起こす/引起不体面的事件 yǐnqǐ bù tǐmiàn de shìjiàn ▶～が発覚して経営者が退陣した/由于丑闻败露，经营者下台了 yóuyú chǒuwén bàilù, jīngyíngzhě xiàtái le

ふしょうじき【不正直】 不老实 bù lǎoshi; 不诚实 bù chéngshí (英 dishonest)

ふしょうち【不承知】 不答应 bù dāyìng; 不同意 bù tóngyì (英 objection)

ふしょうぶしょう【不承不承】 勉强 miǎnqiǎng; 勉勉强强 miǎnmiǎnqiǎngqiǎng (英 reluctantly) ▶～引き受ける/勉强接受 miǎnqiǎng jiēshòu ▶～承諾する/勉强答应 miǎnqiǎng dāying

ふじょうり【不条理な】 没有道理 méiyǒu dàolǐ; 荒诞 huāngdàn (英 unreasonable) ▶～劇/荒诞剧 huāngdànjù ▶～な社会に翻弄される/被荒诞的社会捉弄 bèi huāngdàn de shèhuì zhuōnòng ▶こんな～が許されてよいのか/这么不合理的事怎么能容许呢？ zhème bù hélǐ de shì zěnme néng róngxǔ ne?

ふしょく【腐食する】 (化学作用で) 腐蚀 fǔshí (英 corrode) ▶金属が～する/金属腐蚀 jīnshǔ fǔshí ▶～作用/腐蚀作用 fǔshí zuòyòng

ぶじょく【侮辱する】 凌虐 língnüè; 污辱 wūrǔ; 侮辱 wǔrǔ (英 insult) ▶～を受ける/受辱 shòurǔ ▶公然と人を～する/公然侮辱人 gōngrán wǔrǔ rén ▶国旗を～する/侮辱国旗 wǔrǔ guóqí ▶女性を～する/屈辱女性 qūrǔ nǚxìng ▶法廷～罪に問われる/被控为侮辱法庭罪 bèi kòngwéi wǔrǔ fǎtíngzuì

ふじょし【婦女子】 妇女与儿童 fùnǚ yǔ értóng (英 women; womenfolk)

ふしん【不信】 不信任 bú xìnrèn; 怀疑 huáiyí (英 distrust) ▶彼は～の目で見た/他以怀疑的目光看那个访客 tā yǐ huáiyí de mùguāng kàn nàge fǎngkè ▶政治～がきわまっている/对政治的不信任已到了极点 duì zhèngzhì de bú xìnrèn yǐ dàole jídiǎn ▶マスコミへの～が広まる/对媒体怀疑的人越来越多 duì méitǐ huáiyí de rén yuèláiyuè duō ▶人間～に陥る/陷入不信任任何人的境地 xiànrù bú xìnrèn rènhé rén de jìngdì

ふしん【不振】 不佳 bùjiā; 萧条 xiāotiáo; 不兴旺 bù xīngwàng (英 a slump) ▶食欲～/食欲不佳 shíyù bùjiā ▶自動車業界の～/汽车行业不景气 qìchē hángyè de bù jǐngqì ▶売れ行き～な商品を整理する/整理销路不佳的商品 zhěnglǐ xiāolù bù jiā de shāngpǐn ▶その産業は～に陥った/那项产业陷入了困境 nà xiàng chǎnyè xiànrùle kùnjìng

ふしん【不審】 可疑 kěyí (英 suspicious) ▶～に思う/觉得可疑 juéde kěyí ▶挙動～な男/举止可疑的男人 jǔzhǐ kěyí de nánrén ▶～をいだく/心生疑团 xīn shēng yítuán ▶～尋問を受ける/受到警察事务性盘问 shòudào jǐngchá shìwùxìng pánwèn
 ♦～人物/可疑人物 kěyí rénwù ～火/原因不明的火灾 yuányīn bùmíng de huǒzāi

ふしん【普請する】 修建 xiūjiàn; 建筑 jiànzhù; 盖 gài (英 build) ▶寺院の～/修建庙宇 xiūjiàn miàoyǔ ▶安～の家/低成本修建的房子 dīchéngběn xiūjiàn de fángzi ▶近所で～が始まった/邻近开始修路了 línjìn kāishǐ xiūlù le ▶叔父はいま家の～中だ/叔父正在盖房子 shūfù zhèngzài gài fángzi

ふしん【腐心する】 费心 fèixīn; 费心思 fèi xīnsi (英 make a great effort)

ふじん【夫人】 夫人 fūrén; 太太 tàitai (英 a wife) ▶～同伴/偕夫人 xié fūrén ▶社長～/总经理夫人 zǒngjīnglǐ fūrén ▶蝶々～/蝴蝶夫人 húdié fūrén ▶『チャタレイ～の恋人』(ロレンス)/《查泰莱夫人的情人》Chátàilái fūrén de qíngrén

ふじん【浮塵】 浮尘 fúchén (英 rising dust) ▶～を取り除く/除尘 chúchén

ふじん【婦人】 妇女 fùnǚ (英 a woman; a lady) ▶～科/妇科 fùkē ▶～服/女式服装 nǚshì fúzhuāng
 ♦～警官/女警察 nǚjǐngchá ～参政権/女性参政权 nǚxìng cānzhèngquán

ふしんじん【不信心な】 不信神佛 búxìn shénfó; 没有信仰心 méiyǒu xìnyǎngxīn (英 unbe-

ふしんせつ

lieving）▶日頃の〜が祟って病気になった/平常不烧香，因此遭报应，得了病 píngcháng bù shāoxiāng, yīncǐ zāo bàoyìng, déle bìng

ふしんせつ【不親切な】 冷淡 lěngdàn; 不热情 bú rèqíng ㊥ *unkind*）▶客扱いが〜だ/对待客人不热情 duìdài kèrén bú rèqíng ▶案内所の〜には参ったよ/问讯处太冷淡，真叫人受不了 wènxùnchù tài lěngdàn, zhēn jiào rén shòubuliǎo

ふしんにん【不信任】 不信任 búxìnrèn ㊥ *nonconfidence*）▶〜案/不信任案 búxìnrèn'àn ▶内阁〜案を採決する/表决内阁不信任案 biǎojué nèigé búxìnrèn'àn

ふしんばん【不寝番】 ㊥ *sleepless vigil*）▶〜をする/值夜班 zhíyèbān

ふす【付す】 ❶〖つける〗附 fù; 附加 fùjiā ㊥ *add*）▶条件を〜/附加条件 fùjiā tiáojiàn ❷〖ゆだねる〗付 fù ㊥ *submit*）▶審議に〜/提交审议 tíjiāo shěnyì 一笑に〜 付之一笑 fù zhī yī xiào 不問に〜 置之不理 zhì zhī bù lǐ

ふずい【不随】 不自由 bú zìyóu; 瘫痪 tānhuàn; 麻痹 mábì （麻痺）*paralysis*）▶半身〜になる/半身不遂了 bànshēn búsuí le

ふずい【付随する】 伴同 bàntóng; 付带 fùdài; 伴随 bànsuí ㊥ *accompany; be attendant*）▶〜する問題/附带的问题 fùdài de wèntí

ぶすい【無粋な】 不懂风趣 bù dǒng fēngqù; 不通人情 bù tōng rénqíng ㊥ *inelegant*）▶〜な若者/不懂风趣的年轻人 bù dǒng fēngqù de niánqīngrén ▶〜なことを聞くもんじゃないよ/你不该问那种不懂情趣的事啊 nǐ bùgāi wèn nà zhǒng bù dǒng qíngqù de shì a

ふすう【負数】〖数〗负数 fùshù ㊥ *a negative number*）

ぶすう【部数】 部数 bùshù; 份数 fènshù ㊥ *the number of copies*; [発行部数] *a circulation*）▶発行〜/发行部数 fāxíng bùshù; 印数 yìnshù ▶初版〜が少なかった/初版印数很少 chūbǎn yìnshù hěn shǎo

ぶすっと 不高兴 bù gāoxìng; 绷着脸 běngzhe liǎn ㊥ *sullenly*）▶〜する/愁眉不展 chóu méi bù zhǎn ▶妻は〜した顔で「フン」と言った/妻子绷着脸"哼！"了一声 qīzi běngzhe liǎn "Hēng！" le yì shēng

ふすま【麩】（小麦の）麸子 fūzi; 麸皮 fūpí （*wheat*）*bran*）

ふすま【襖】 日式拉门 Rìshì lāmén ㊥ *a thick-paper-covered sliding door with a wooden frame*）▶〜を閉める/关上拉门 guānshàng lāmén ▶〜越し/日式拉门上的谈话 Rìshì lāménshang de huà ▶〜を張り替える/重新糊纸拉门 chóngxīn hú zhǐ lāmén

ふせ【布施】 施舍 shīshě; 布施 bùshī ㊥ *alms; an offering to a priest*）▶〜を包む/奉上施舍 fèngshàng shīshě

ふせい【不正な】 不正当 bú zhèngdàng; 不正派 bú zhèngpài ㊥ *dishonest; unfair*）▶〜な儲け/横财 hèngcái ▶〜なやり方/邪门歪道 xiémén wāidào ▶〜なルート/偏门 piānmén ▶〜に得る/捞取金钱 ▶〜を働く/作弊 zuòbì ▶〜取引の/做不正当的交易 zuò bú zhèngdàng de jiāoyì ▶〜な手段で在留資格を取得する/以非法手段取得居留资格 yǐ fēifǎ shǒuduàn qǔdé jūliú zīgé ▶〜乗車をする/逃票乘车 táo piào chéng chē

◆〜行為: 私弊 sībì ▶〜行為をする/舞弊 wǔbì; 作弊 zuòbì

ふせい【父性】 父性 fùxìng ㊥ *fatherhood*）▶〜愛/父爱 fù'ài

ふぜい【風情】 风趣 fēngqù; 情趣 qíngqù ㊥ *taste; elegance*）▶古い商家が多く残る〜ある町/还保留很多旧时商家的，充满情趣的城镇 hái bǎoliú hěn duō jiùshí shāngjiā de, chōngmǎn qíngqù de chéngzhèn ▶駅前はなんの〜もないただの町並みだ. 车站前是毫无情趣的普通街道 chēzhànqián shì háowú qíngqù de pǔtōng jiēdào ▶私〜のものが語るべきことではありますまい/恐怕不是像我这样的人可以讲的吧 kǒngpà bú shì xiàng wǒ zhèyàng de rén kěyǐ jiǎng de ba

ふせいかく【不正確な】 不准确 bù zhǔnquè; 不正确 bú zhèngquè ㊥ *inaccurate*）▶記憶が〜である/记忆不正确 jìyì bú zhèngquè ▶報道はきわめて〜である/报道非常不正确 bàodào fēicháng bú zhèngquè

ふせいこう【不成功】 不成功 bù chénggōng; 失敗 shībài ㊥ *failure*）▶〜に終わる/以失败告终 yǐ shībài gàozhōng

ふせいじつ【不誠実な】 不诚实 bù chéngshí; 不真诚 bù zhēnchéng ㊥ *insincere*）▶〜な人/不诚实的人 bù chéngshí de rén

ふせいみゃく【不整脈】〖医〗脉律不齐 màilǜ bùqí; 心律不齐 xīnlǜ bùqí ㊥ *an irregular pulse*）▶ときどき〜になる/有时会出现心律不齐 yǒushí huì chūxiàn xīnlǜ bùqí

ふせき【布石】（碁の）布局 bùjú ㊥ *a strategic move*）〜をする 准备 zhǔnbèi ▶先を見越して〜を打つ/从长远打算，事先做准备 cóng chángyuǎn dǎsuan, shìxiān zuò zhǔnbèi

ふせぐ【防ぐ】 防 fáng; 防御 fángyù; 防止 fángzhǐ ㊥ *defend; protect*）▶災害を〜/防灾 fángzāi ▶寒さを〜/防寒 fánghán ▶病気を〜/防病 fángbìng ▶事故を未然に〜/把事故防于未然 bǎ shìgù fángyú wèirán ▶敵の攻撃を〜/防御敌人的进攻 fángyù dírén de jìngōng

ふせつ【付設する】 附设 fùshè ㊥ *construct... as an annex*）▶大学に託児所を〜する/在大学附设托儿所 zài dàxué fùshè tuō'érsuǒ

ふせつ【敷設する】 敷设 fūshè; 铺 pū ㊥ *lay; construct*）▶鉄道を〜する/铺铁路 pū tiělù ▶光ファイバーケーブルを〜する/敷设光纤电缆 shè guāngxiān diànlǎn

ふせっせい【不摂生をする】 放纵 fàngzòng; 不

注意健康 bú zhùyì jiànkāng（英 neglect one's health）▶日頃の〜が祟る/平日放纵造成恶果 píngrì fàngzòng zàochéng èguǒ

ふせる【伏せる・臥せる】 **❶**【うつ伏せる・寝る】卧 wò；躺 tǎng；趴 pā（英 lie down）《病気で》床に〜/卧床不起 wòchuáng bùqǐ
❷【下を向く】低下 dīxià；朝下 cháo xià（英 turn down）▶目を〜/垂下眼帘 chuíxià yǎnlián 顔を〜/脸朝下 liǎn cháo xià
❸【裏返しに置く】扣 kòu；倒扣 dàokòu（英 lay... upside down）▶本を伏せて立ち上がった/把书扣上，站了起来 bǎ shū kòushàng, zhànleqǐlai
❹【隠す】隐蔽 yǐnbì（英 conceal）▶実名を伏せて記事にする/隐蔽实名而报道 yǐnbì shímíng ér bàodào

ふせん【付箋】浮签 fúqiān；纸标签 zhǐbiāoqiān（英 a tag; a label）▶修正箇所に〜を貼る/在修改的地方贴上浮签 zài xiūgǎi de dìfang tiēshàng fúqiān

ふぜん【不全】不全 bùquán；不健康 bú jiànkāng（英 failure; insufficiency）▶発育〜/发育不全 fāyù bùquán 呼吸〜/呼吸不全 hūxī bùquán 腎〜/肾脏功能衰竭 shènzàng gōngnéng shuāijié 心〜/心力衰竭 xīnlì shuāijié

ぶぜん【憮然】沮丧 jǔsàng；泄劲 xièjìn（英 sadly; disheartenedly）▶〜たる表情/不高兴的样子 bù gāoxìng de yàngzi；失望的表情 shīwàng de biǎoqíng ▶彼は〜として出て行った/他无可奈何地出去了 tā wú kě nài hé de chūqù le

ふせんしょう【不戦勝】轮空而胜 lúnkōng ér shèng；不战而胜 bú zhàn ér shèng（英 a win by default）

ふせんじょうやく【不戦条約】非战公约 fēizhàn gōngyuē（英 an anti-war pact）

ふせんめい【不鮮明】不鮮明 bù xiānmíng；模糊 móhu（英 not clear; indistinct）▶〜な画像/不鲜明的画像 bù xiānmíng de huàxiàng ▶あのグループはまだ旗幟〜だ/那帮人态度还不明确 nà bāng rén tàidù hái bù míngquè

ぶそう【武装する】武装 wǔzhuāng（比喻的にも）（英 arm; equip; arm oneself）▶〜解除する/缴械 jiǎoxiè ▶〜蜂起する/武装起义 wǔzhuāng qǐyì ▶〜集団が侵入した/武装集团闯了进来 wǔzhuāng jítuán chuǎngleJìnlai
◆非〜地帯/非武装地带 fēiwǔzhuāng dìdài

ふそうおう【不相応な】不相称 bù xiāngchèn；不合适 bù héshì（英 unsuitable; unsuited）▶こんな車は俺には身分〜だ/这样的车与我的身份不相称 zhèyàng de chē yǔ wǒ de shēnfen bù xiāngchèn

ふそく【不足】**❶**【足りない】缺少 quēshǎo；不足 bùzú；不够 búgòu（英 shortage; lack）▶〜を補う/补缺 bǔ quē ▶〜額/不足的钱数 bùzú de qiánshù ▶睡眠〜/睡眠不足 shuìmián bùzú ▶人手〜/人手不够 rénshǒu búgòu ▶

世界中で水〜が深刻になってきた/在全世界范围内缺水问题严重起来了 zài quánshìjiè fànwéi nèi quēshuǐ wèntí yánzhòngqǐlai le ▶医者〜が重大問題になった/医生不足成了严重的问题 yīshēng bùzú chéngle yánzhòng de wèntí ▶つり銭が10円〜です/找头缺十日元 zhǎotou quē shí Rìyuán ▶医療現場は人員〜である/医疗现场人手缺乏 yīliáo xiànchǎng rénshǒu quēfá
❷【不満】不满 bùmǎn（英 a complaint）▶安永君なら相手にとって〜はない/如果是安永的话，就够格做我的对手了 rúguǒ shì Ānyǒng dehuà, jiù gòugé zuò wǒ de duìshǒu le ▶君はこれでもまだ〜を言うのかい/这样了，你还不满意吗？zhèyàng le, nǐ hái bù mǎnyì ma?

ふそく【不測】不测 búcè（英 unexpected）▶〜の事態に備える/以备不测 yǐ bèi búcè ▶〜の事故/一差二错 yì chā èr cuò

ふそく【付則】附則 fùzé（英 additional rules）

ふぞく【付属】附属 fùshǔ（英 attached; annexed）▶〜小学校/附属小学 fùshǔ xiǎoxué；附小 fùxiǎo ▶〜中学・高校/附中 fùzhōng ▶〜品/附件 fùjiàn

ぶぞく【部族】部族 bùzú（英 a tribe）▶〜間の抗争/部族之间的斗争 bùzú zhījiān de dòuzhēng

ふそくふり【不即不離】不即不离 bù jí bù lí；若即若离 ruò jí ruò lí（英 a relation neither too close nor too remote）▶当面は〜の関係を保っていよう/暂且保持不即不离的关系吧 zànqiě bǎochí bù jí bù lí de guānxi ba

ふぞろい【不揃いの】不整齐 bù zhěngqí；参差不齐 cēncī bùqí（英 uneven; irregular; odd）▶〜のリンゴたち《テレビドラマ》/《大小不均的苹果 Dàxiǎo bùjūn de píngguǒ》

ふそん【不遜な】不逊 búxùn；傲慢 àomàn（英 haughty; impudent）▶〜な態度/傲慢的态度 àomàn de tàidù

ふた【蓋】盖儿 gàir；盖子 gàizi（英 a lid; a cap）▶〜をする/盖上 gàishàng（隐蔽する）捂盖子 wǔ gàizi ▶〜を開ける/开盖 kāi gài ▶マンホールの〜/下水道井盖 xiàshuǐdào jǐnggài ▶〜を開けて見るまではなんとも言えない/无法判判 bù jiēxiǎo dehuà wúfǎ píngpàn
臭いものに〜をする/掩盖丑闻 yǎngài chǒuwén

ふだ【札】牌 pái；牌子 páizi；标签 biāoqiān（英 a card; a label;〔荷札〕a tag）▶番号〜/号码牌 hàomǎpái ▶荷物には赤い〜が貼ってある/行李上贴着红标签 xínglishang tiēzhe hóngbiāoqiān ▶入り口には「本日休業」の〜が下がっていた/门上吊着"今日歇业"的牌子 ménshang diàozhe "jīnrì xiēyè" de páizi ▶〜つきの悪漢/臭名昭著的坏蛋 chòumíng zhāozhù de huàidàn

ブタ【豚】〔動物〕猪 zhū（英 a pig）▶〜肉/猪肉 zhūròu ▶〜を飼う/养猪 yǎng zhū ▶〜の角煮/红烧猪肉 hóngshāo zhūròu
ことわざ 豚に真珠 对牛弹琴 duì niú tán qín
◆〜小屋/猪圈 zhūjuàn

ふたい【付帯の】 附帯 fùdài; 附加 fùjiā (英 incidental; supplementary) ▶~条件/附加条件 fùjiā tiáojiàn
◆~決議/附带决议 fùdài juéyì ▶~事項/附带事項 fùdài shìxiàng

ぶたい【部隊】 ❶【軍隊の】部队 bùduì (英 a force) ▶落下傘~/伞兵部队 sǎnbīng bùduì 治安~が出動する/治安部队出动 zhì'ān bùduì chūdòng ❷【集団】一伙人 yì huǒ rén; 一帮人 yì bāng rén (英 a unit) ▶買い出し~/一帮采购的人 yì bāng cǎigòu de rén

ぶたい【舞台】 舞台 wǔtái; 戏台 xìtái (英 a stage) ▶~に出る/出台 chūtái; 上台 shàngtái ▶~の後/后台 hòutái; 幕后 mùhòu ▶政界の~裏で活躍する/活跃于政界的幕后 huóyuè yú zhèngjiè de mùhòu ▶5歳で初~を踏む/五岁时首次登台演出 wǔ suì shí shǒucì dēngtái yǎnchū ▶その仕事は彼にとって活動の~が狭すぎる/那项工作对他来说无用武之地 nà xiàng gōngzuò duì tā lái shuō wú yòngwǔ zhī dì ▶その小説の~は北海道だ/那篇小说是以北海道为背景的 nà piān xiǎoshuō shì yǐ Běihǎidào wéi bèijǐng de ▶~に胸がある/不怯场 bú qièchǎng
◆~衣装|行头 xíngtou ~監督|剧务 jùwù ~稽古|排演 páiyǎn ~照明|舞台灯光 wǔtái dēngguāng ~装置|舞台设置 wǔtái shèzhì ~中継|舞台实况转播 wǔtái shíkuàng zhuǎnbō

ふたいてん【不退転の】 决不后退 jué bú hòutuì; 专心不懈 zhuānxīn búxiè (英 indomitable) ▶~の決意/决不后退的决心 jué bú hòutuì de juéxīn ▶~の決意で取り組む/以决不后退的决心全力以赴 yǐ jué bù hòutuì de juéxīn quánlì yǐ fù

ふたえ【二重の】 双重 shuāngchóng (英 double; twofold) ▶~まぶた/双眼皮 shuāngyǎnpí; 重眼皮 chóngyǎnpí

ふたおや【二親】 父母 fùmǔ (英 one's parents) ▶~とも健在である/父母都健在 fùmǔ dōu jiànzài

ふたく【付託する】 委托 wěituō; 托付 tuōfù (英 refer... to ~) ▶同国の核問題を安全保障理事会に~する/将该国的核问题委托给安全保障理事会 jiāng gāi guó de héwèntí wěituō gěi ānquán bǎozhàng lǐshìhuì

ふたけた【二桁の】 两位 liǎngwèi (英 double digits)

ふたご【双子】 双胞胎 shuāngbāotāi; 孪生 luánshēng (英 twins) ▶~の姉妹/双生姐妹 shuāngshēng jiěmèi ▶某国の~の赤字/某国的双项赤字 mǒu guó de shuāngxiàng chìzì

ふたごころ【二心】 二心 èrxīn; 外心 wàixīn (英 duplicity) ▶~を抱く/怀有二心 huáiyǒu èrxīn; 表里不一 biǎo lǐ bù yī ▶~のない人/决无二心的人 jué wú èrxīn de rén

ふたござ【双子座】 【天文】双子座 shuāngzǐzuò (英 the Twins; Gemini)

ふたことみこと【二言三言】 三言两语 sān yán liǎng yǔ (英 a few words) ▶~感想を言う/三言两语地谈点感想 sān yán liǎng yǔ de tán diǎn gǎnxiǎng

ふたことめ【二言目】 口头禅 kǒutóuchán (英 always) ▶~には…と言う/一开口就说… yì kāikǒu jiù shuō… ▶~には金、金と言う/一开口就说钱钱钱 yì kāikǒu jiù shuō qián qián qián

ぶたごや【豚小屋】 猪圈 zhūjuàn (英 a pigsty)

ふたしか【不確かな】 不可靠 bù kěkào; 无数 wúshù; 不确实 bú quèshí (英 uncertain) ▶~な口振り/说得含糊 shuōde hánhú ▶~な約束/靠不住的诺言 kàobuzhù de nuòyán ▶~な記憶を頼りに友人の家を探した/凭着不可靠的记忆找寻朋友的家 píngzhe bù kěkào de jìyì zhǎoxún péngyou de jiā

ふたたび【再び】 再度 zàidù; 又 yòu; 重新 chóngxīn (英 again; once more) ▶失った名誉を~取りもどさなければならない/必须重新挽回失去的名誉 bìxū chóngxīn wǎnhuí shīqù de míngyù ▶一度起こったことが~起こらないとは限らない/发生过一次的事未必不再发生 fāshēngguo yí cì de shì wèibì búzài fāshēng ▶故郷を去って~帰らなかった/离开故乡没再回来 líkāi gùxiāng méi zài huílái

ふたつ【二つ】 两个 liǎng ge; 俩 liǎ (英 two) ▶~とない/绝无仅有 jué wú jǐn yǒu; 独一无二 dú yī wú èr ▶こんなものは~とない/这样的东西不会再有第二个 zhèyàng de hǎo dōngxi búhuì zài yǒu dì'èr ge ▶残るか帰るか~一つの選択を迫られた/留下，还是回去，我被迫在二者择其一 liúxià, háishi huíqù, wǒ bèipò zài èrzhě zhōng xuǎnzé qí yī ▶体が~あっても足りない忙しさだ/忙得即使有两个身体也不够 mángde jíshǐ yǒu liǎng ge shēntǐ yě bú gòu ▶りんごは~とも腐っていた/两个苹果都烂了 liǎng ge píngguǒ dōu làn le ▶~返事で承知する/马上就答应了 mǎshàng jiù dāying le ▶~に一つだ/快作决定吧！ kuài zuò juédìng ba！行くか行かぬか、~に一つだ/快作决定吧！去还是不去，二者必决其一 qù háishi bú qù, èrzhě bì jué qí yī ▶~置きに/隔一个 gé yī ge

ふだつき【札付きの】 声名狼藉 shēngmíng lángjí; 臭名昭著 chòumíng zhāozhù (英 notorious) ▶~の悪人/声名狼藉的坏人 shēngmíng lángjí de huàirén

ふたば【双葉】 子叶 zǐyè (英 a seed-leaf)
ことわざ 栴檀(せん)は双葉より芳し 伟人自幼不寻常 wěirén zìyòu bù xúncháng

ふたまた【二股】 两岔 liǎngchà; 两边 liǎngbiān (英 a fork) ▶~を掛ける/脚踏两只船 jiǎo tà liǎng zhī chuán; 骑墙 qíqiáng ▶~を掛けて失敗する/脚踏两只船而失败 jiǎo tà liǎng zhī chuán ér shībài ▶この先で道が~に分かれている/在这前面路分成两条 zài zhè qiánmian lù fēnchéng liǎng tiáo

◆~膏薬|两面派 liǎngmiànpài; 机会主义 jīhuì zhǔyì

ぶたまん【豚饅】（食品）肉包子 ròubāozi（英 *a meat bun*）

ふたり【二人】两个人 liǎng ge rén（英 *two persons*；[男女の]*a couple*）▶自転車での～乗りは危険だ/自行车上载两个人是危险的 zìxíngchēshang zài liǎng ge rén shì wēixiǎn de ▶きりでその仕事をやった/仅仅两个人完成了那项工作 jǐnjǐn liǎng ge rén wánchéngle nà xiàng gōngzuò ▶散歩しているのは～連れが多かった/散步的多为两个人 sànbù de duō wéi liǎng ge rén ▶～乗りのカヌー/双人乘坐的独木舟 shuāngrén chéngzuò de dúmùzhōu

ふたん【負担】 fùdān（英 *a burden*）▶～する/承担 chéngdān ▶～の大きい/负担重 fùdān zhòng ▶～を軽減する/减轻负担 jiǎnqīng fùdān ▶費用は自己～でお願いします/费用请自己负担 fèiyong qǐng zìjǐ fùdān ▶子供を三人も育てることは母には大変な～だった/养育三个孩子对于母亲来说是一项极大的负担 yǎngyù sān ge háizi duìyú mǔqin lái shuō shì yí xiàng jídà de fùdān ▶重い税の～に苦しむ/为重税负担所苦 wéi zhòngshuì fùdān suǒ kǔ ▶この坂を登るのは心臓に～がかかりすぎる/登这条陡坡给心脏带来的负担过于大 dēng zhè tiáo dǒupō gěi xīnzàng dàilái de fùdān guòyú dà ▶彼の親切を～に感じる/他的好意却成了负担 tā de hǎoyì què chéngle fùdān

ふだん【不断の】 经常 jīngcháng；不断 búduàn（英 *constant*）▶～に現れる/经常见到 jīngcháng jiàndào ▶～の努力/不断努力 búduàn nǔlì

ふだん【普段】平常 píngcháng；平时 píngshí；往常 wǎngcháng（英 *usually*；*habitually*）▶～の暮らし/家常 jiācháng ▶～の食事/便饭 biànfàn ▶どんな本を読んでいるの/平时读些什么书呢？ píngshí dú xiē shénme shū ne？▶昼食は～コンビニ弁当でオーケー/午餐平时常常吃便利店的盒饭 wǔcān píngshí chángcháng chī biànlìdiàn de héfàn ▶～とちっとも変わったところはなかった/和平时没什么不同 hé píngshí méi shénme bùtóng ▶～より早く到着する/比平时早些到达 bǐ píngshí zǎo xiē dàodá

ふだんぎ【普段着】便装 biànzhuāng；便衣 biànyī（英 *everyday clothes*）▶～に着替える/换上便衣 huànshang biànyī ▶当日の服装は～のままで結構です/当天的服装穿便装就可以 dàngtiān de fúzhuāng chuān biànzhuāng jiù kěyǐ

ふち【縁】框 kuàng；贴边 tiēbiān；周缘 zhōuyuán（英 *an edge*；*a brink*；*a brim*）▶～無しの/无边 wúbiān ▶～無し帽/无边帽 wúbiānmào ▶～無し眼鏡/无框眼镜 wúkuàng yǎnjìng ▶～飾り/沿条儿 yántiáor ▶池の～を散歩する/在池塘边散步 zài chítángbiān sànbù ▶茶わんの～が欠ける/碗边儿有缺口 wǎnbiānr yǒu quēkǒu ▶目の～を赤くする/眼圈儿红了 yǎnquānr hóng le

ぶち【斑の】斑驳 bānbó；斑纹 bānwén（英 *spotted*）▶～の野良猫/花野猫 huāyěmāo

ぶちこむ【ぶち込む】投入 tóurù；关进 guānjìn；扔进 rēngjìn（英 *throw... into* ～；[牢に]*imprison*）▶～/关进猫狱 guānjìn jiānyù ▶鍋に～/扔进锅里 rēngjìn guōli ▶相手の顔面にパンチを一発～/朝对方的脸上打了一拳头 cháo duìfāng de liǎnshang dǎle yì quántou

ぶちこわす【ぶち壊す】砸 zá；打碎 dǎsuì；破坏 pòhuài（英 *destroy*；[台無しにする]*spoil*）▶計画を～/打乱计划 dǎluàn jìhuà ▶そうでは何もかもぶち壊しだ/如果那样的话，全部会告吹的 rúguǒ nàyàng dehuà, quándōu huì gàochuī de ▶料理の常識を～/打破做菜的常识 dǎpò zuòcài de chángshí

プチトマト《植物》小蕃茄 xiǎofānqié（英 *a cherry tomato*）

ふちどり【縁取りする】镶边 xiāngbiān；边饰 biānshì（英 *edge*；*fringe*）▶レースで～をする/用蕾丝做边饰 yòng lěisī zuò biānshì；镶花边儿 xiāng huābiānr

ぶちぬく【ぶち抜く】打通 dǎtōng；打穿 dǎchuān（英 *pierce*）▶壁をぶち抜いて大きな部屋を作った/打通墙壁，连成一个大房间 dǎtōng qiángbì, liánchéng yí ge dàfángjiān ▶爆発が2階をぶち抜いた/爆炸打穿了二楼 bàozhà dǎchuānle èrlóu

プチブル小资产阶级 xiǎozīchǎn jiējí（英 *a petit bourgeois*）

ぶちまける ❶【思いを】发泄 fāxiè；倾吐 qīngtǔ（英 *vent*）▶思いを～/倾吐心声 qīngtǔ xīnshēng ▶彼女は彼に何もかもぶちまけた/她对他一五一十全都讲了出来 tā duì tā yī wǔ yī shí quándōu jiǎnglechūlái ▶ネットで憤懣を～/在网上发泄积愤 zài wǎngshang fāxiè jīfèn
❷【中身を】倒 dào（英 *throw out*）▶カレーを地面にぶちまけた/把咖喱倒到地上了 bǎ gālí dàodào dìshang le

ふちゃく【付着する】附着 fùzhuó；依附 yīfù；沾 zhān（英 *adhere to...*）▶服に汚れが～する/脏东西沾在衣服上 zāngdōngxi zhānzài yīfushang ▶シャツに血痕が～していた/衬衫上沾着血迹 chènshānshang zhānzhe xuèjì

ふちゅう【付注】附注 fùzhù（英 *annotation*）

ふちゅうい【不注意な】不经意 bù jīngyì；大意 dàyì；疏忽 shūhu（英 *careless*）▶～による過失/纰漏 pīlòu ▶ちょっとした～が事故の原因になる/细微的疏忽会引发事故 xìwēi de shūhu huì yǐnfā shìgù ▶私の～でした/是我疏忽了 shì wǒ shūhu le ▶～にもそれを見逃した/我不小心看漏了那个 wǒ bù xiǎoxīn kànlòule nàge

ふちょう【不調】（交渉など）破裂 pòliè；失败 shībài；[调子]失常 shīcháng；不顺利 bú shùnlì（英 *bad condition*；*failure*）▶交渉は～に終わった/谈判以破裂告终 tánpàn yǐ pòliè gàozhōng ▶エンジン～/引擎故障 yǐnqíng gùzhàng

ふちょう【婦長】护士长 hùshizhǎng（英 *a chief nurse*）

ぶちょう【部長】《役所や会社》处长 chùzhǎng；《クラブなど》部长 bùzhǎng（英 a manager）
[日中比较] 中国語で中央の'部长 bùzhǎng'は「大臣」や「長官」のこと。

ぶちょうほう【不調法な・無調法な】 ❶【行き届かない】不周到 bù zhōudào；笨拙 bènzhuō（英 careless）▶ながら/虽不周到 suī bù zhōudào ❷【たしなまない】－でして/酒一点儿也不会喝 jiǔ yìdiǎnr yě bùhuì hē

ふちん【浮沈】 兴衰 xīngshuāi；浮沉 fúchén；荣枯 róngkū（英 ups and downs）▶～をともにする/同甘共苦 tóng gān gòng kǔ；同生死，共荣辱 tóng shēngsǐ, gòng róngrǔ ▶会社の～に係わる重大問題/事关公司兴亡的重大问题 shì guān gōngsī xīngwáng de zhòngdà wèntí

ぶつ ❶【けんかで】打 dǎ（英 hit）▶その時初めて母にぶたれた/那时，当大挨了妈妈打 nàshí, dìyī cì áile māma dǎ ❷【話す】讲 jiǎng（英 speak）▶一席～/讲演一番 jiǎngyǎn yì fān

ふつう【不通】 不通 bùtōng（英 interruption）▶列車が～になる/列车不通 lièchē bùtōng
◆**音信～**：音信不通 yīnxìn bùtōng；断绝音信 duànjué yīnxìn

ふつう【普通】 寻常 xúncháng；普通 pǔtōng；《副詞的に》一般 yìbān（英 common; ordinary; usual）▶～の人/凡人 fánrén；普通人 pǔtōngrén ▶日本のタクシーは～チップはいりません/日本的出租汽车一般不需要给小费 Rìběn de chūzū qìchē yìbān bù xūyào gěi xiǎofèi ▶僕は～の会社員です/我是一个普通的公司职员 wǒ shì yí ge pǔtōng de gōngsī zhíyuán ▶近頃は大体～だ/最近，一般是那样的 zuìjìn, yìbān shì nàyàng de ▶初対面のとき～はこういうふうに言います/初次见面的时候通常这么说 chūcì jiànmiàn de shíhou tōngcháng zhème shuō ▶子供は生まれた時～三千グラムぐらいある/孩子出生时通常体重为三千克左右 háizi chūshēng shí tōngcháng tǐzhòng wéi sānqiān kè zuǒyòu
◆**～サイズ**：普通型号 pǔtōng xínghào ～**選挙**：普选 pǔxuǎn ～**郵便**：平信 píngxìn ～**預金**：活期存款 huóqī cúnkuǎn ～**列車**：慢车 mànchē

ふつか【二日】《日付》二日 èr rì；二号 èr hào（英 two days）▶ストライキは～目に突入した/罢工进入了第二天 bàgōng jìnrùle dì'èr tiān ▶雨は～間降り続いた/雨连续下了两天 yǔ liánxù xiàle liǎng tiān ▶来月～は私の誕生日です/下月二号是我的生日 xià yuè èr hào shì wǒ de shēngrì
◆**～酔い**：宿醉 sùzuì

ぶっか【物価】 物价 wùjià（英 prices）▶～が高い/物价昂贵 wùjià ánggùi ▶～上昇の傾向/涨风 zhǎngfēng ▶消費者～が4ヶ月連続上昇/消费者物价连续上涨了四个月 xiāofèizhě wùjià liánxù shàngzhǎngle sì ge yuè ▶ここ数年～は安定している/这几年物价很稳定 zhè jǐ nián

wùjià hěn wěndìng
◆**～指数**：物价指数 wùjià zhǐshù

ふっかける【吹っかける】《けんかを》挑衅 tiǎoxìn（英 challenge）；《高値を》要价 yào jià（英 overcharge）▶けんかを～/寻衅打架 xúnxìn dǎjià ▶法外な高値を～/漫天要高价 màntiān yào gāojià

ふっかつ【復活】する 复活 fùhuó；更生 gēngshēng；恢复 huīfù（英 revive）▶～祭/复活节 Fùhuó Jié ▶～折衝/要求恢复款项的交涉 yāoqiú huīfù kuǎnxiàng de jiāoshè ▶30年ぶりに～した伝統行事/中止了三十年后重获新生的传统节日活动 zhōngzhǐle sānshí nián hòu chónghuò xīnshēng de chuántǒng jiérì huódòng ▶～させる/恢复旧习惯 huīfù jiùxíguàn

ぶつかる ❶【当たる】碰 pèng；撞 zhuàng（英 run against...）▶車に～/撞上汽车 zhuàngshàng qìchē ▶陶器がぶつかり合う/瓷器碰撞 cíqì pèngzhuàng ▶難題に～/遇上难题 yùshàng nántí ▶壁に～/碰壁 pèngbì ▶鳥がガラス窓に～/鸟撞上了玻璃窗 niǎo zhuàngshàngle bōlichuāng ▶柱に～/撞上柱子 zhuàngshàng zhùzi ▶二つの会が～/两个会撞车 liǎng ge huì zhuàngchē
❷【出会う】遇 yù（英 meet with...）▶本を読んでいるとよくこの言葉に～/看书时经常会遇到这句话 kàn shū shí jīngcháng huì yùdào zhè jù huà
❸【対立する】冲突 chōngtū（英 conflict）▶意見が～/意见冲突 yìjiàn chōngtū
❹【重なる】赶 gǎn（英 fall on...）▶その日は娘の結婚式に～/那天正好赶上女儿的结婚典礼 nà tiān zhènghǎo gǎnshàng nǚ'ér de jiéhūn diǎnlǐ

ふっかん【復刊】する 复刊 fùkān（英 reissue）▶僕たちの同人雑誌が～した/我们的同仁杂志复刊了 wǒmen de tóngrén zázhì fùkān le

ふっき【復帰】する 重返 chóngfǎn；复职 fùzhí（英 return）▶職場に～する/复职 fùzhí ▶社会～が難しい/重返社会很难 chóngfǎn shèhuì hěn nán

ぶつぎ【物議】 社会上的议论 shèhuìshang de yìlùn；众议 zhòngyì（英 public discussion）▶～をかもす/引起众议 yīnqǐ zhòngyì

ふっきゅう【復旧】する 修复 xiūfù（英 restore）▶～工事/修复工程 xiūfù gōngchéng ▶道路はすでに～した/道路已经修复了 dàolù yǐjīng xiūfù le ▶ダイヤは間もなく～する見込みである/火车估计不久将恢复正常运行 huǒchē gūjì bùjiǔ jiāng huīfù zhèngcháng yùnxíng

ふつぎょう【払暁】 拂晓 fúxiǎo（英 dawn）

ぶっきょう【仏教】 佛教 Fójiào（英 Buddhism）▶～を信じる/信佛 xìnfó ▶～寺院/佛庙 fómiào；禅房 chánfáng ▶～徒/佛教徒 Fójiàotú ▶チベット～/西藏佛教 Xīzàng Fójiào

ぶっきらぼうな 生硬 shēngyìng；不和气 bù héqi（英 abrupt）▶物言い/生硬的措辞

shēngyìng de cuòcí

ぶつぎり【ぶつ切り】 切成大块 qiēchéng dàkuài (英 *a chunk*) ▶魚を~にする/把鱼切成大块 bǎ yú qiēchéng dàkuài

ふっきん【腹筋】 腹肌 fùjī (英 *an abdominal muscle*) ▶~を鍛える/锻炼腹肌 duànliàn fùjī

フック (鉤) 钩子 gōuzi; (ボクシング) 钩击 gōujī; (ゴルフ) 左曲球 zuǒqūqiú (英 *a hook*)

ぶつぐ【仏具】 佛具 fójù (英 *Buddhist altar things*)

ブックカバー 书套 shūtào (英 *a jacket*)

ぶつくさ 嘟嘟囔囔 dūdūnāngnāng (英 *peevishly*) ▶~を言う/发牢骚 fā láosāo

ふっくらした 软和 ruǎnhuo; 丰满 fēngmǎn (英 *plump*) ▶~したほっぺ/软乎乎的脸蛋儿 ruǎnhūhū de liǎndànr ▶パンが~と焼き上がった/面包烤得很松软 miànbāo kǎode hěn sōngruǎn

ブックレビュー 书评 shūpíng; 新书介绍 xīnshū jièshào (英 *a book review*)

ぶつける 碰 pèng; 撞 zhuàng; (投げつける) 扔 rēng (英 *throw at...; knock against...*) ▶車を~/撞车 zhuàngchē ▶乗用車のドアの上に頭をぶつけた/头撞到了小汽车的车门上 tóu zhuàngdàole xiǎoqìchē de chēménshang ▶犬に石を~/往狗身上扔石头 wǎng gǒushēnshang rēng shítou ▶壁に頭を~/往墙上撞头 wǎng qiángshang zhuàng tóu ▶欲求不満を人に~/因为欲望得不到满足而向人撒气 yīnwèi yùwàng débùdào mǎnzú ér xiàng rén sā qì ▶怒りを~/倾诉心中的愤怒 qīngsù xīnzhōng de fènnù

ふっけん【復権】 恢复权利 huīfù quánlì; 复权 fùquán (英 *restoration of rights*) ▶反对势力が~を図る/反对派一方企图复权 fǎnduìpài yìfāng qǐtú fùquán

ぶっけん【物件】 物件 wùjiàn; 物品 wùpǐn (英 *a thing; an object*) ▶よい~を探す/寻找优良物件 xúnzhǎo yōuliáng wùjiàn ▶抵当/抵押物件 dǐyā wùjiàn

◆証拠~/物证 wùzhèng

ふっこ【復古する】 复古 fùgǔ (英 *restore*) ▶王政~/王政复古 wángzhèng fùgǔ; 恢复天皇政体 huīfù tiānhuáng zhèngtǐ ▶~調/复古调 fùgǔdiào ▶~趣味/复古情趣 fùgǔ qíngqù

ふっこう【復興する】 复兴 fùxīng; 重建 chóngjiàn (英 *reconstruct; revive*) ▶経済の~/经济复兴 jīngjì fùxīng ▶文芸~/文艺复兴 wényì fùxīng ▶甚大な被害を被った市街地を~する/重建遭受了严重灾害的市区 chóngjiàn zāoshòule yánzhòng zāihài de shìqū

ふつごう【不都合な】 不便 búbiàn; 不相宜 bù xiāngyí; 不妥当 bù tuǒdàng (英 *inconvenient; wrong*) ▶~な真実/不相宜的真实情况 bù xiāngyí de zhēnshí qíngkuàng ▶役所に~なデータは公表しない/对政府不利的数据不公布 duì zhèngfǔ búlì de shùjù bù gōngbù ▶何か~が生じたときはすぐに御連絡下さい/有什么不妥当的话，请马上和我联系 yǒu shénme bù tuǒdang

ふっこく【復刻する】 翻印 fānyìn; 翻刻 fānkè (英 *reprint*) ▶~版/翻印本 fānyìnběn

ぶっさん【物産】 物产 wùchǎn; 土特产 tǔtèchǎn (英 *a product; produce*) ▶~展/土特产展览会 tǔtèchǎn zhǎnlǎnhuì ▶この地域は多様な~を産出する/这个地区盛产多种多样的特产 zhège dìqū shèngchǎn duō zhǒng duō yàng de tèchǎn

ぶっし【物資】 物资 wùzī (英 *goods; commodities*) ▶援助~/援助物资 yuánzhù wùzī ▶~を補給する/补充物资 bǔchōng wùzī ▶被災地への緊急~を調達する/为受灾地区筹措紧急援助物资 wèi shòuzāi dìqū chóucuò jǐnjí yuánzhù wùzī ▶この国は~が豊かで生活が楽である/这个国家物资丰富生活舒适 zhège guójiā wùzī fēngfù shēnghuó shūshì ▶生活~が不足している/生活物资匮乏 shēnghuó wùzī kuìfá

ぶつじ【仏事】 法事 fǎshì (英 *a Buddhist memorial service*) ▶~を営む/做法事 zuò fǎshì

ぶっしき【仏式】 佛教仪式 Fójiào yíshì (英 *Buddhist rites*) ▶葬儀を~で行う/举行佛教仪式的葬礼 Fójiào yíshì de zànglǐ

ぶっしつ【物質】 物质 wùzhì (英 *matter; a substance*; [原料] *material*) ▶この製品には有害~が混入している/这个产品里混入了有害物质 zhège chǎnpǐn lǐ hùnrùle yǒuhài wùzhì ▶~的に恵まれている/物质上很富裕 wùzhìshang hěn fùyù ▶このはさみは鉄という~からできている/这剪刀是用叫做铁的材料作成的 zhè jiǎndāo shì yòng jiàozuò tiě de cáiliào zuòchéng de ▶~的な援助/物质方面的援助 wùzhì fāngmiàn de yuánzhù

◆~主義/物质主义 wùzhì zhǔyì ~文明/物质文明 wùzhì wénmíng

プッシュホン 按钮式电话机 ànniǔshì diànhuàjī (英 *a push-button telephone*)

ぶっしょう【物証】 见证 jiànzhèng; 物证 wùzhèng (英 *material evidence*) ▶~を手に入れる/得到物证 dédào wùzhèng ▶本事件は~がきわめて少ない/这个案件的物证极其少 zhège ànjiàn de wùzhèng jíqí shǎo

ぶつじょう【物情】 世人心情 shìrén xīnqíng; 世上情况 shìshàng qíngkuàng (英 *public feeling*)

~騒然としている 人心惶惶 rénxīn huánghuáng

ふっしょく【払拭する】 消除 xiāochú; 解除 jiěchú; 拂拭 fúshì (英 *sweep off*) ▶疑惑を完全に~するには至らなかった/没能彻底消除嫌疑 méi néng chèdǐ xiāochú xiányí ▶不信感を~する/解除怀疑的心情 jiěchú huáiyí de xīnqíng

ぶっしょく【物色する】 寻找 xúnzhǎo; 物色 wùsè (英 *search for...*) ▶高価な品を~する/物色高档货 wùsè gāodànghuò ▶手頃な家具を~する/物色合适的家具 wùsè héshì de jiājù

ぶつぜん【仏前】 佛前 fóqián (英 [香典] *condolence money*) ▶果物を~に供える/把水果供

在佛前把水果供在佛前
ふっそ【弗素】【化学】氟 fú (英 *fluorine*)
ぶっそう【物騒な】 騒然不安 sāorán bù'ān；危険 wēixiǎn (英 *unsafe; dangerous*) ▶~な世の中/动荡不安的社会 dòngdàng bù'ān de shèhuì ▶ここでは女の一人歩きは~だ/在这里，女人一个人走路很危险 zài zhèlǐ, nǚrén yí ge rén zǒulù hěn wēixiǎn ▶この土地柄で拳銃の乱射事件がよくある/在当地骚然不安，乱开枪的事件经常发生 zài dāngdì sāorán bù'ān, luàn kāiqiāng de shìjiàn jīngcháng fāshēng ▶刃物を持った~な男がうろつく/手持刃具的可怕的男人转来转去 shǒu chí rènjù de kěpà de nánrén zhuànlái zhuànqù

ぶつぞう【仏像】 佛像 fóxiàng (英 *a Buddhist image*) ▶木彫りの~/木雕的佛像 mùdiāo de fóxiàng ▶突然~が金色に輝いて見えた/佛像突然显现金光 fóxiàng hūrán xiǎnxiàn jīnguāng

フッター【脚注】页脚 yèjiǎo (英 *a footer*)
ぶったい【物体】 物体 wùtǐ (英 *a body; an object*) ▶謎の~を発見する/发现了神秘的物体 fāxiànle shénmì de wùtǐ ▶未確認飛行~/未确认的飞行物 wèi quèrèn de fēixíngwù；飞碟 fēidié

ぶつだん【仏壇】 佛龛 fókān (英 *a family (Buddhist) altar*)

ぶっちょうづら【仏頂面】 绷脸 běngliǎn (英 *a sullen face〔look〕*) ▶~をする/拉下脸 lāxià liǎn；板脸 bǎnliǎn ▶彼らはみな~で去って行った/他们都板着脸走了 tāmen dōu bǎnzhe liǎn zǒu le ▶~をした女店員/绷着脸的女店员 běngzhe liǎn de nǚdiànyuán

ふつつかな 不懂事 bù dǒngshì；不才 bùcái [たしなみの無い] *of few accomplishments*) ▶~者/不才 bùcái ▶~娘ですがよろしく頼みます/我的女儿不懂事，请多包涵 wǒ de nǚ'ér bù dǒngshì, qǐng duō bāohan

ぶっつけで〔いきなり〕 突然 tūrán；〔最初〕开头 kāitóu (英 *without preparation*) ▶~本番/没有准备，直接上阵 méiyǒu zhǔnbèi, zhíjiē shàngzhèn

ふっつり〔途絶える場合〕突然 tūrán；〔やめる場合〕断然 duànrán (英 *abruptly*) ▶それ以来~姿を見せなくなった/从那以后就突然不见他的影子了 cóng nà yǐhòu jiù tūrán kàibúdào de yǐngzi le ▶病気を機に彼は~酒をやめた/以得病为契机，他断然把酒戒了 yǐ débìng wéi qìjī, tā duànrán bǎ jiǔ jiè le

ふっつり 突然（断絶）tūrán(duànjué) (英 *abruptly*) ▶糸が切れた/线一下子就断了 xiàn yíxiàzi jiù duàn le ▶退職以来~音信が途絶えた/他退休以后杳无音信了 tā tuìxiū yǐhòu yǎo wú yīnxìn le

ふってい【払底する】 缺乏 quēfá (英 *run short*) ▶人材が~している/人才缺乏 réncái quēfá

ぶってきしょうこ【物的証拠】 物证 wùzhèng (英 *real evidence*) ▶~を提示する/出示物证 chūshì wùzhèng

ふってん【沸点】 沸点 fèidiǎn (英 *the boiling point*) ▶~に達する/达到沸点 dádào fèidiǎn ▶親父さんの怒りが~に達した/老板的怒火已达到了顶点 lǎobǎn de nùhuǒ yǐ dádàole dǐngdiǎn

ふっと **1**【突然】 忽地 hūdì；蓦然 mòrán (英 *suddenly*) ▶~気が遠くなる/突然神志不清了 tūrán shénzhì bùqīng le ▶この歌を聞くと~昔のことを思い出す/一听到这首歌就会蓦然想起往事 yì tīngdào zhè shǒu gē jiù huì mòrán xiǎngqǐ wǎngshì **2**【息を】 呵 hē (英 *with a whiff*) ▶~と吹く/吐一口气 tǔ yì kǒu qì ▶~手に息を吹きかける/呵了呵手 hēlehē shǒu

ふっとう【沸騰する】 **1**【液体が】 沸腾 fèiténg (英 *boil*) ▶~点/沸点 fèidiǎn **2**【盛り上がる】 沸腾 fèiténg (英 *become excited*) ▶世論が~/舆论哗然 yúlùn huárán ▶彼は今や人気~だ/他现在大受欢迎了 tā xiànzài dà shòu huānyíng le

ぶつどう【仏堂】 佛堂 fótáng (英 *a temple*)
ぶっとおし【ぶっ通しで】 连续不断 liánxù búduàn (英 *without a stop*) ▶三時間~で稽古する/连续练习三小时 liánxù liànxí sān xiǎoshí ▶36時間~で起きている/连续三十六个小时一觉没睡 liánxù sānshíliù ge xiǎoshí yí jiào méi shuì ▶10日間~の交渉の末やっと妥結した/经过连续十天的谈判，终于达成协议了 jīngguò liánxù shí tiān de tánpàn, zhōngyú dáchéng xiéyì le

フットボール〔スポーツ〕足球 zúqiú (英 *football*)
フットライト 脚灯 jiǎodēng (英 *footlights*) ▶~を浴びる 受到社会注目 shòudào shèhuì zhùmù

フットワーク 步法 bùfǎ；脚功 jiǎogōng；《比喻》活动 huódòng (英 *footwork*) ▶軽やかな~/轻快的步法 qīngkuài de bùfǎ ▶素晴しい~を見せる/展现了灵动的脚法 zhǎnxiànle língdòng de jiǎofǎ ▶よく営業して回る/灵活地进行营业活动 línghuó de jìnxíng yíngyè huódòng ▶~が乱れる/步法紊乱 bùfǎ wěnluàn

ぶつのう【物納する】 以实物缴纳 yǐ shíwù jiǎonà (英 *pay... in kind*) ▶~物件/缴纳的物件 jiǎonà de wùjiàn

ぶっぴん【物品】 物品 wùpǐn (英 *an article; goods*) ▶~税/物品税 wùpǐnshuì

ぶつぶつ **1**【不平不满を】嘟囔 dūnang；唠叨 láodao (英 *mutter*) ▶かげで~文句を言う/背地里嘟囔发牢骚 bèidìli dūnang fā láosao **2**【発疹】 小疙瘩 xiǎogēda (英 *a rash*) ▶顔に~が出来る/脸上出疙瘩 liánshang chū gēda **3**【切る】 (英 *chop into chunks*) ▶魚を~に切る/把鱼切成几块 bǎ yú qiēchéng jǐ kuài

ぶつぶつこうかん【物物交换する】 以物易物 yǐ wù yì wù；以货易货 yǐ huò yì huò (英 *barter*) ▶その頃は着物とお米を~した/那个时候用和服来换大米 nàge shíhou yòng héfú lái huàn dàmǐ

ぶっぽう【仏法】 佛教 Fójiào；佛法 fófǎ（英 *Buddhism*）▶～を説く/讲佛教 jiǎng Fójiào

ぶつま【仏間】 佛室 fóshì（英 *a Buddhist altar room*）

ぶつもん【仏門】 佛家 fójiā；释门 Shìmén（英 *Buddhism*）▶～に入る/入佛门 rù fómén

ぶつよく【物欲】 物欲 wùyù（英 *worldly desires*）▶～が強すぎて身を滅ぼした/物欲太强，自取灭亡 wùyù tài qiáng, zì qǔ mièwáng

ぶつり【物理】 物理 wùlǐ（英 *physics*）▶～学/物理学 wùlǐxué ▶～療法/理疗 lǐliáo；物理疗法 wùlǐ liáofǎ ▶～的にありえない/客观上决不可能 kèguānshàng jué bù kěnéng
◆地球～学/地球物理学 dìqiú wùlǐxué ～学者/物理学者 wùlǐxuézhě

ふつりあい【不釣り合い】 不相称 bù xiāngchèn；不配合 bú pèihé（英 *imbalance*）▶～な夫婦/不相称的夫妻 bù xiāngchèn de fūqī ▶小さな町に～な豪華庁舎/和小镇不相称的豪华的政府办公楼 hé xiǎozhèn bù xiāngchèn de háohuá de zhèngfǔ bàngōnglóu ▶ブラウスとスカートが～だ/衬衫和裙子不相称 chènshān hé qúnzi bù xiāngchèn ▶収入に～なぜいたくをする/过着与收入不相称的奢侈生活 guòzhe yǔ shōurù bù xiāngchèn de shēchǐ shēnghuó

ぶつりょう【物量】 大量物资 dàliàng wùzī（英 *the amount of materials*）▶～作戦/投入物力的战术 tóurù wùlì de zhànshù ▶～に物を言わせる/利用大量物资来说话 lìyòng dàliàng wùzī lái shuōhuà

ふで【筆】 笔 bǐ；笔杆子 bǐgǎnzi（英 *a writing brush*）▶～を走らせる/飞快地写 fēikuài de xiě ▶～に任せて書く/信笔而书 xìn bǐ ér shū；信笔写下 xìn bǐ xiěxià ▶～先が鈍る/笔尖唧涩 bǐjiān huìsè；行笔不流畅 xíng bǐ bù liúchàng ▶ちょっと～を加えたらこの小説はよくなると思う/如果稍微润色一下的话，这篇小说一定会很好 rúguǒ shāowēi rùnsè yíxià dehuà, zhè piān xiǎoshuō yídìng huì hěn hǎo ▶みごとな～使い/精彩的笔法 jīngcǎi de bǐfǎ ▶一～で書く/一笔画成 yì bǐ huàchéng

～が立つ 文章写得好 wénzhāng xiěde hǎo
～をおく 搁笔 gēbǐ
～を折る 停止写作 tíngzhǐ xiězuò
～をとる 执笔 zhíbǐ ▶～をとってさらさらと書く/拿起笔来流畅地写 náqǐ bǐ lái liúchàng de xiě ▶雑誌に～をとる/给杂志写稿 gěi zázhì xiěgǎo
◆～入れ 笔筒 bǐtǒng；铅笔盒 qiānbǐhé ～立て 笔筒 bǐtǒng；笔架 bǐjià

ふてい【不定の】 不定 búdìng（英 *unsettled*; *indefinite*）▶～住所/住址不定 zhùzhǐ búdìng ▶～冠詞/不定冠词 búdìng guàncí ▶月によって収入が～だ/每个月收入都不一样 měi ge yuè shōurù dōu bù yíyàng

ふてい【不貞の】 失身 shīshēn；不贞 bùzhēn（英 *unfaithful*）▶～心/外心 wàixīn ▶～を働

く/有外遇 yǒu wàiyù

ふてい【不逞】 不逞 bùchěng；放肆 fàngsì（英 *lawless people*）▶～の輩(やから)/不逞之徒 bùchěng zhī tú

ふていき【不定期の】 不定期 bú dìngqī（英 *irregular*）
♦～航空便/不定期航班 búdìngqī hángbān ～船/不定期客轮 búdìngqī kèlún

ふていさい【不体裁な】 不体面 bù tǐmiàn；寒碜 hánchen（英 *unsightly*; *improper*）▶～な服装/寒碜的服装 hánchen de fúzhuāng ▶傍聴席での飲食や～な行為はお控え下さい/请注意不要在旁听席上吃喝和做出其他不体面的行为 qǐng zhùyì búyào zài pángtīngxíshang chīhē hé zuòchū qítā bù tǐmiàn de xíngwéi

ブティック 时装店 shízhuāngdiàn（英 *a boutique*）▶この通りはしゃれた～が並んでいる/这条街上时髦的时装店鳞次栉比 zhè tiáo jiēshang shímǎo de shízhuāngdiàn lín cì zhì bǐ

プディング 〚料理〛布丁 bùdīng（英 *a pudding*）

ふてき【不敵】 大胆 dàdǎn；无畏 wúwèi（英 *daring*; *fearless*）▶～な面構え/胆大的相貌 dǎndà de xiàngmào ▶大胆～/无所畏惧 wú suǒ wèijù

ふでき【不出来な】 做得不好 zuòde bùhǎo；质量差 zhìliàng chà；差劲 chàjìn（英 *poor*; *unsatisfactory*）▶～な息子/没出息的孩子 méi chūxi de háizi ▶～なところが目につくがどこか捨て難い味がある/做得不好的地方很碍眼，但总让人舍不得扔 zuòde bùhǎo de dìfang hěn àiyǎn, dàn zǒng ràng rén shěbude rēng

ふてきおう【不適応】 不适应 bú shìyìng（英 *maladjustment*）▶社会～/不适应社会 bú shìyìng shèhuì

ふてきかく【不適格な】 不合格 bù hégé；不够资格 bùgòu zīgé（英 *unfit*）▶任務に～である/不称职 bú chènzhí

ふてきせつ【不適切な】 不妥当 bù tuǒdang；失当 shīdàng；不合适 bù héshì（英 *unsuitable*）▶～な表現/失当的表现 shīdàng de biǎoxiàn ▶スーパーの食品に～な表示があった/超市的食品上有不妥当的标记 chāoshì de shípǐnshang yǒu bù tuǒdang de biāojì

ふてきとう【不適当な】 不合适 bù héshì；不当 búdàng；不妥当 bù tuǒdang（英 *unsuitable*; *unfit*）▶～とみなす/看作不当 kànzuò búdàng

ふてきにん【不適任な】 不胜任 bú shèngrèn；不称职 bú chènzhí（英 *unfit*; *unqualified*）▶彼はその仕事には～だ/他不胜任那项工作 tā bú shèngrèn nà xiàng gōngzuò

ふてぎわ【不手際な】 做得不好 zuòde bùhǎo；不恰当 bú qiàdang；失误 shīwù（英 *clumsy*; *tactless*）▶私の～で諸君に迷惑をかけた/因为我的失误，让你们为难了 yīnwèi wǒ de shīwù, ràng nǐmen wéinán le

ふてくされる【不貞腐れる】 闹情绪 nào

ふてってい

ふてってい【不徹底な】 不彻底 bú chèdǐ; 半途而废 bàn tú ér fèi (英)(*not thorough; inconsistent*) ▶彼は何をやっても～だ/他干什么都半途而废 tā gàn shénme dōu bàn tú ér fèi

ふでぶしょう【筆不精】 懒于动笔 lǎnyú dòngbǐ; 不爱写信 bú ài xiěxìn (英)(*(be) lazy with the pen*) ▶～で手紙は苦手だ/因为手懒，不擅长写信 yīnwèi shǒu lǎn, bú shàncháng xiě xìn

ふてぶてしい 厚脸皮 hòuliǎnpí; 目中无人 mù zhōng wú rén (英)(*impudent; arrogant*) ▶男はふてぶてしく言い放った/那个男的厚颜无耻地扔下这句话 nàge nán de hòuyán wúchǐ de rēngxià zhè jù huà

ふでまめ【筆まめな】 好动笔 hào dòngbǐ; 爱写信 ài xiěxìn (英)(*(be) ready with the pen*)

ふと 忽然 hūrán; 偶然 ǒurán (英)(*suddenly*; [偶然] *by chance*) ▶～聞こえる/忽然听见 hūrán tīngjiàn ▶～目に入る/偶然看见 ǒurán kànjiàn ▶～したことで知り合いになった/因为一个偶然的机会而相识了 yīnwèi yí ge ǒurán de jīhuì ér xiāngshí le ▶～思いついて電話をしてみた/突然想到，就给他打了个电话 tūrán xiǎngdào, jiù gěi tā dǎle ge diànhuà ▶～そう思っただけです。気を悪くしないで下さい/我只是偶然那样想了一下，请别生气 wǒ zhǐshì ǒurán nàyàng xiǎngle yíxià, qǐng bié shēngqì ▶～気がつくと電車を乗り越していた/突然回过神来，电车坐过站了 tūrán huíguò shén lái, diànchē zuòguò zhàn le

ふとい【太い】 粗 cū (英)(*thick*; [声の] *deep*) ▶[手足が] 太くたくましい/粗重 cūzhòng ▶彼は神経が～/他胆子大 tā dǎnzi dà; 他不走心 tā bù zǒu xīn ▶声が～/声音很粗 shēngyīn hěn cū ▶このズボンはずいぶん～/这条裤子相当肥大 zhè tiáo kùzi xiāngdāng féidà ▶太く短く暮らす/只顾眼前过得痛快 zhǐ gù yǎnqián guòde tòngkuài ▶～柱の家だった/那房子柱子可粗了 nà fángzi zhùzi kě cū le

ふとう【不当な】 不正当 bú zhèngdàng; 歪 wāi (英)(*unjust; improper*) ▶～な扱いを受ける/受冤屈 shòu yuānqū ▶～な利益/油水 yóushuǐ ▶～に要求する/提出无理的要求 tíchū wúlǐ de yāoqiú ▶～判决/不公正的判决 bù gōngzhèng de pànjué ▶～な取り引きを行う/进行不正当的交易 jìnxíng bú zhèngdàng de jiāoyì

◆～解雇｜非法解雇 fēifǎ jiěgù ～竞争｜不公平的竞争 bù gōngpíng de jìngzhēng ～表示｜不妥当的标示说明 bù tuǒdang de biāoshì shuōmíng

ふとう【埠頭】 码头 mǎtóu; 埠头 bùtóu (英)(*a wharf; a quay*)

ふどう【不動】 坚定 jiāndìng; 坚定不移 jiāndìng bù yí (英)(*immovable; stable*) ▶～の姿势をとる/立正 lìzhèng ▶～の决意を固める/巩固了坚定不移的决心 gǒnggùle jiāndìng bù yí de juéxīn ▶～の地位を占める/占据稳固的地位 zhànjù wěngù de dìwèi

ふどう【浮动する】 浮动 fúdòng; 不固定 bú gùdìng (英)(*float*) ▶～票/浮动票 fúdòngpiào

> 日中比较 中国語の'浮动 fúdòng'は「漂って動く」「揺れ動く」他に「上下に変動する」こともいう。▶浮动汇率制度 fúdòng huìlǜ zhìdù/变动為替相場制

ぶとう【舞踏】 舞蹈 wǔdǎo (英)(*dance*)
~会／舞会 wǔhuì

ぶどう【武道】 武术 wǔshù (英)(*martial arts, such as judo or kendo*) ▶～家/武术家 wǔshùjiā ▶私は～の心得がありません/我对武术一窍不通 wǒ duì wǔshù yí qiào bùtōng
~館／武术馆 wǔshùguǎn

ブドウ【葡萄】 〖植物〗葡萄 pútao (英)(*a grape*) ▶～畑/葡萄地 pútaodì ▶～色/葡萄色 pútaosè; 紫色 zǐsè ▶～のつる/葡萄蔓 pútaowān ▶～の一房/一串葡萄 yí chuàn pútao ▶家族みんなで～狩りに行った/全家人一起去葡萄园摘葡萄 quánjiārén yìqǐ qù pútaoyuán zhāi pútao

◆～球菌〖医〗葡萄球菌 pútao qiújūn ～棚｜葡萄架 pútaojià

ふとういつ【不統一な】 不统一 bù tǒngyī (英)(*disunited*) ▶意见が～である/意见不统一 yìjiàn bù tǒngyī

ふとうえき【不冻液】 不冻液 búdòngyè (英)(*antifreeze*)

ふとうこう【不冻港】 不冻港 búdònggǎng (英)(*an ice-free port*)

ふとうごう【不等号】 〖数〗不等号 bùděnghào (英)(*a sign of inequality*)

ふどうさん【不动产】 不动产 búdòngchǎn; 恒产 héngchǎn; 房地产 fángdìchǎn (英)(*realty; real estate*) ▶～取得税/房地产购置税 fángdìchǎn gòuzhìshuì ▶～仲介人/纤手 qiànshǒu ▶～屋/房产商 fángchǎnshāng ▶～に手を出して大やけどした/冒然开始做房地产生意，结果亏了一大笔 màorán kāishǐ zuò fángdìchǎn shēngyi, jiéguǒ kuīle yí dà bǐ

◆～价格｜房地产价格 fángdìchǎn jiàgé

ふとうしき【不等式】 〖数〗不等式 bùděngshì (英)(*an inequality*)

ぶどうしゅ【葡萄酒】 （酒）葡萄酒 pútaojiǔ (英)(*wine*)

ふどうたい【不导体】 〖电气〗非导体 fēidǎotǐ; 绝缘体 juéyuántǐ (英)(*a nonconductor*)

ぶどうとう【葡萄糖】 葡萄糖 pútatáng (英)(*grape sugar*)

ふどうとく【不道德な】 不道德 bú dàodé; 缺德 quēdé (英)(*immoral*) ▶～な行い/缺德的行为 quēdé de xíngwéi

ふとうふくつ【不撓不屈の】 不屈不挠 bù qū bù náo (英 *unyielding*) ▶~の精神で頂上を極めた/以不屈不挠的精神爬到了山顶 yǐ bù qū bù náo de jīngshén pádàole shāndǐng

ふとうめい【不透明な】 不透明 bú tòumíng (英 *opaque; obscure*) ▶~なガラス/磨砂玻璃 móshā bōli ▶景気の先行きは～だ/经济前景难以预料 jīngjì qiánjǐng nányǐ yùliào ▶政策決定の過程が～だ/制定政策的过程很不透明 zhìdìng zhèngcè de guòchéng hěn bú tòumíng

ふとく【不徳】 无德 wúdé; 缺德 quēdé (英 *lack of virtue*) ▶すべて私の～のいたすところです/这都是本人无德所致 zhè dōu shì běnrén wúdé suǒ zhì

ふとくい【不得意な】 不擅长 bú shàncháng; 不拿手 bù náshǒu (英 *inapt; unskilled*) ▶~な分野/不拿手的领域 bù náshǒu de lǐngyù ▶彼はもともと物理が～だった/他原来就不擅长物理 tā yuánlái jiù búshàncháng wùlǐ

ふとくてい【不特定の】 非特定 fēitèdìng (英 *unspecific*) ▶~多数/非特定多数 fēitèdìng duōshù ▶~多数の共感を得る/获得了非特定多数人的共鸣 huòdéle fēitèdìng duōshù rén de gòngmíng

ふとくようりょう【不得要領な】 不得要领 bù dé yàolǐng (英 *vague; ambiguous*) ▶~なことを言う/讲不得要领的话 jiǎng bù dé yàolǐng de huà ▶~な返事/含糊其词的答复 hánhu qící de dáfù

ふところ【懐】 ❶【胸・内部】怀抱 huáibào; 怀 huái (英 *the bosom; the breast*) ▶赤ん坊は母の～に抱かれてお乳を飲みながら眠った/婴儿在妈妈的怀抱里吃着奶睡着了 yīng'ér zài māma de huáili chīzhe nǎi shuìzháo le ▶大自然の～で暮らす/生活在大自然的怀抱里 shēnghuó zài dàzìrán de huáibàoli ▶山の～にある小さな村/坐落在山坳里的小村子 zuòluò zài shān'àoli de xiǎocūn ❷【所持金】腰包 yāobāo (英 *money*) ▶~具合/手头 shǒutóu; 手下 shǒuxià ▶~が豊かな/宽绰 kuānchuo ▶私の～は痛まない/不用我花钱 búyòng wǒ huāqián

~が寒い 手头没有钱 shǒutóu méiyǒu qián ▶~が寒くて晩飯が食えない/手头没有钱, 吃不上晚饭 shǒutóu méi yǒuqián, chībushàng wǎnfàn

~が深い 宽宏大度 kuānróng dàdù
~を肥やす 中饱私囊 zhōngbǎo sīnáng ▶私はこうしてせっせと～を肥やしていった/我就这样忙于中饱私囊 wǒ jiù zhèyàng mángyú zhōngbǎo sīnáng

◆~刀 心腹人物 xīnfù rénwù ▶彼はいまや社長の～刀だ/他现在是总经理的心腹人物 tā xiànzài shì zǒngjīnglǐ de xīnfù rénwù ▶~手 袖手旁观 xiùshǒu pángguān ▶彼は～手をして見て見ぬ振りをしている/他袖手旁观, 一副视而不见的样子 tā xiùshǒu pángguān, yí fù shì ér bú jiàn de yàngzi

ふとさ【太さ】 粗细 cūxì (英 *thickness*) ▶パスタの～は 1．7ミリだ/意大利面的粗细为一点七毫米 Yìdàlìmiàn de cūxì wéi yì diǎn qī háomǐ ▶太ももの～を測る/测量大腿的粗细 cèliáng dàtuǐ de cūxì

ふとじ【太字】 粗体字 cūtǐzì; 〔印刷〕黑体字 hēitǐzì (英 *a bold-faced type*) ▶~のボールペン/粗头圆珠笔 cūtóu yuánzhūbǐ; 粗体字圆珠笔 cūtǐzì yuánzhūbǐ ▶~で印刷する/印成黑体字 yìnchéng hēitǐzì

ふとった【太った】 ❶【人間が】胖 pàng (英 *plump*) ▶~人/胖子 pàngzi ❷【家畜が】膘肥 biāoféi; 肥 féi (英 *fat*) ▶~猫だね。妊娠しているんだよ/真是只胖猫啊。它是怀孕啦！zhēnshì zhī pàngmāo a. tā shì huáiyùn la! ▶僕は～豚より痩せた哲人でありたい/我愿做清瘦的哲人，而不愿做肥猪 wǒ yuàn zuò qīngshòu de zhérén, ér búyuàn zuò féizhū

ふとっぱら【太っ腹な】 度量大 dùliàng dà (英 *generous*)；【大胆な】bold ▶~な所を見せる/显大方 xiǎn dàfang

ふとどき【不届きな】 粗鲁 cūlǔ; 无礼 wúlǐ; 不道德 bú dàodé (英 *outrageous; rude*) ▶~な話/没礼貌的话 méi lǐmào de huà ▶千万/非常无礼 fēicháng wúlǐ ▶~者/粗鲁的人 cūlǔ de rén ▶揭示板に～書き込みをする連中がいる/有的人在告示牌上写不道德的文字 yǒu de rén zài gàoshipáishang xiě bú dàodé de wénzì

ふともも【太腿】 大腿 dàtuǐ (英 *a thigh*) ▶~まで露出するのはいかがなものか/连大腿都露出来了, 这不太好吧 lián dàtuǐ dōu lùchūlai le, zhè bú tài hǎo ba

ふとらせる【太らせる】 〔家畜を〕蹲膘 dūnbiāo (英 *fatten*) ▶鶏を運動させないで～/不让鸡活动，使它肥起来 bú ràng jī huódòng, shǐ tā féiqǐlai

ふとりすぎ【太り過ぎの】 痴肥 chīféi; 臃肿 yōngzhǒng; 过于肥胖 guòyú féipàng (英 *too fat*) ▶~に注意する/注意别过胖 zhùyì bié guò pàng ▶~は万病のもと/过于肥胖是百病之源 guòyú féipàng shì bǎibìng zhī yuán ▶彼は少し～だ/他有些过于肥胖 tā yǒu xiē guòyú féipàng

ふとる【太る】 ❶【人が】发胖 fāpàng; 〔特に中高年が〕发福 fāfú (英 *grow stout; get fat*) ▶なんだか最近急に太った気がする/总觉得最近好像突然发胖了 zǒng juéde zuìjìn hǎoxiàng tūrán fāpàng le ▶結婚してから約 3 キロ太った/结婚以后胖了大约三公斤 jiéhūn yǐhòu pàngle dàyuē sān gōngjīn ▶彼女は太らないよう気を遣っている/为了不发胖, 她很注意 wèile bù fāpàng, tā hěn zhùyì

❷【家畜が】上膘 shàngbiāo; 长膘 zhǎngbiāo (英 *fatten*)

❸【財産が】增财 zēng cái (英 *become rich*) ▶金持ち優遇で富裕層はますます肥え～/有钱人受到优待，所以富裕阶层会越来越有钱 yǒuqiánrén shòudào yōudài, suǒyǐ fùyù jiēcéng huì yuèláiyuè yǒuqián

ふとん【布団】 被褥 bèirù ㊥ *bedclothes*；［掛け布団］*a cover; a quilt*）▶～を干す/晒被褥 shài bèirù ▶～カバー/被罩 bèizhào ▶～を敷く/铺被褥 pū bèirù ▶～を掛ける/盖被子 gài bèizi ▶～をたたむ/叠被褥 dié bèirù ▶～を頭からかぶる/蒙头盖被 méng tóu gài bèi
♦掛け～/被子 bèizi 敷き～/褥子 rùzi せんべい～/又薄又硬的被褥 yòu báo yòu yìng de bèirù ▶せんべい～にくるまって寝る/蜷在又薄又硬的被褥里睡觉 quánzài yòu báo yòu yìng de bèirùli shuìjiào

フナ【鮒】 ［魚］鲫鱼 jìyú ㊥ *a crucian carp*）

ブナ【橅】 ［植物］山毛榉 shānmáojǔ；水青冈 shuǐqīnggāng ㊥ *a beech (tree)*）

ふなあそび【舟遊び】 乘船兜风 chéngchuán dōufēng；乘船游玩 chéngchuán yóuwán ㊥ *boating*）

ぶない【部内】 内部 nèibù ㊥ *the department*）▶彼は～のいろいろな困難な問題と取り組んだ/他为解决内部的各种难题而努力 tā wèi jiějué nèibù de gè zhǒng nántí ér nǔlì ▶政府～でも見解が分かれている/政府内部的意见也不一致 zhèngfǔ nèibù de yìjiàn yě bù yízhì

ふなか【不仲】 不和睦 bù hémù ㊥ *discord; bad terms*）▶彼は長いこと彼女と～だ/他与她长期不和 tā yǔ tā chángqī bùhé

ふながいしゃ【船会社】 航运公司 hángyùn gōngsī ㊥ *a shipping company*）

ふなぞこ【船底】 船底 chuándǐ ㊥ *the bottom of a ship*）▶～に水が溜まる/船底积水了 chuándǐ jīshuǐ le

ふなだいく【船大工】 船工 chuángōng ㊥ *a shipbuilder*）

ふなたび【船旅】 乘船旅行 chéngchuán lǚxíng ㊥ *a sea voyage*）▶100日間世界一周の～/一百天环游世界的海上旅行 yìbǎi tiān huányóu shìjiè de hǎishàng lǚxíng

ふなちん【船賃】 船钱 chuánqián；船费 chuánfèi ㊥ ［客の］*a fare*；［貨物の］*freight*）▶大島までの～はいくらですか/到大岛的船票是多少钱？dào Dàdǎo de chuánpiào shì duōshao qián?

ふなつきば【船着き場】 船埠 chuánbù；码头 mǎtou ㊥ *a landing place; a wharf*）▶～にフェリーが着岸する/轮渡在船埠靠岸了 lúndù zài chuánbù kào'àn le

ふなづみ【船積みする】 装船 zhuāng chuán ㊥ *ship; load*）
♦～送り状/装船发货单 zhuāngchuán fāhuòdàn ～書類/装船文件 zhuāngchuán wénjiàn

ふなで【船出する】 起航 qǐháng；开船 kāi chuán；(比喻) 扬帆起航 yángfān qǐháng ㊥ *sail out*）▶新たな人生の～/人生的新起点 rénshēng de xīnqǐdiǎn

ふなぬし【船主】 船主 chuánzhǔ ㊥ *a shipowner*）

ふなのり【船乗り】 船员 chuányuán；海员 hǎiyuán ㊥ *a sailor; a seaman*）

ふなびん【船便】 海运 hǎiyùn；船运 chuányùn ㊥ *sea mail*；［運行］*shipping service*）▶～で小包を送る/用船邮部寄包裹 yòng chuányùn yóujì bāoguǒ ▶海外驻在中为大きな荷物を～で送る/要派驻国外，所以用船运大件行李 yào pàizhù guówài, suǒyǐ yòng chuányùn dàjiàn xíngli

ふなやど【船宿】 游艇出租店 yóuchuán chūzūdiàn ㊥ *the boat-keeper's*）▶船釣りに行くために～に予約する/为了乘船去钓鱼，跟游艇出租店预约 wèile chéng chuán qù diàoyú, gēn yóutǐng chūzūdiàn yùyuē

ふなよい【船酔い】 晕船 yùnchuán ㊥ *seasickness*）▶水夫たちでさえ～に苦しんだ/连水手们都晕船叫苦 lián shuǐshǒumen dōu yùnchuán jiào kǔ ▶～しないコツを教えて下さい/请告诉我不晕船的秘诀吧 qǐng gàosu wǒ bú yùnchuán de mìjué ba

ふなれ【不慣れな】 不习惯 bù xíguàn；不熟悉 bù shúxī ㊥ *unfamiliar; inexperienced*）▶～な手つき/不习惯的动作 bù xíguàn de dòngzuò ▶～な女の子がぎこちなくコーヒーを持ってきた/还没有习惯的女孩儿笨手笨脚地端来了咖啡 hái méiyǒu xíguàn de nǚháir bènshǒu běnjiǎo de duānláile kāfēi ▶こうした仕事に～である/不习惯这项工作 bù xíguàn zhè xiàng gōngzuò ▶～な土地/不熟悉的地方 bù shúxī de dìfang

ぶなん【無難な】 平淡无奇 píngdàn wúqí；平安 píng'ān ㊥ *acceptable; sure*）▶～なコメント/平淡无奇的见解 píngdàn wúqí de jiànjiě ▶やめたほうが～だ/还是放弃最稳妥 háishi fàngqì zuì wěntuǒ ▶これならまず～に/这样，至少可以放心 zhèyàng, zhìshǎo kěyǐ fàngxīn

ふにあい【不似合いな】 不适合 bú shìhé；不相称 bù xiāngchèn；不相宜 bù xiāngyí ㊥ *unbecoming; unfit*）▶オフィスに～な振る舞い/不适合办公室的举止 bú shìhé bàngōngshì de jǔzhǐ ▶～な夫婦/不般配的夫妻 bù bānpèi de fūqī ▶女子高生に～派手な身なりをしている/穿了一身不适合女高中生的华丽的衣服 chuānle yì shēn bú shìhé nǚgāozhōngshēng de huálì de yīfu ▶住宅地に～などぎつい広告/与住宅区不相宜的刺眼的广告 yǔ zhùzháiqū bù xiāngyí de cìyǎn de guǎnggào

ふにゃふにゃの 软乎乎 ruǎnhūhū ㊥ *limp; flabby*）▶この～した食べ物は何ですか/这个软乎乎的食品是什么啊？zhège ruǎnhūhū de shípǐn shì shénme a?

ふによい【不如意】 拮据 jiéjū；贫穷 pínqióng ㊥ *needy circumstances*）▶手もとが～である/手头拮据 shǒutóu jiéjū

ふにん【不妊の】 不孕 búyùn；不育 búyù ㊥ *sterile*）▶～治療/不孕治疗 búyùn zhìliáo ▶動物たちは～手術をされた/动物们被做了绝育手术 dòngwùmen bèi zuòle juéyù shǒushù

ふにん【赴任する】 赴任 fùrèn；上任 shàngrèn ㊥ *leave for one's new post*）▶～手当/安家

费 ānjiāfèi ▶単身～/单身赴任 dānshēn fùrèn；只身在外 zhīshēn zài wài ▶入社してすぐ海外～になった/进了公司就被派到外国赴任了 jìnle gōngsī jiù bèi pàidào wàiguó fùrèn le ▶新しく～して来た先生/新来赴任的老师 xīn lái fùrèn de lǎoshī

ふにんか【不認可】 不批准 bù pīzhǔn；不许可 bù xǔkě (英 *disapproving*) ▶～の薬/禁药 jìnyào ▶県はこの件について正式に～の決定を下した/对这件事，县政府正式决定不予批准 duì zhè jiàn shì, xiànzhèngfǔ zhèngshì juédìng bùyǔ pīzhǔn

ふにんき【不人気】 不受欢迎 bú shòu huānyíng (英 *unpopularity*) ▶～な商品/不受欢迎的商品 bú shòu huānyíng de shāngpǐn ▶このタワーは住民には～だった/这座塔很不受居民欢迎 zhè zuò tǎ hěn bú shòu jūmín huānyíng

ふにんじょう【不人情な】 刻薄 kèbó；不体贴人 bù tǐtiē rén；不近人情 bú jìn rénqíng (英 *unkind*; *heartless*) ▶～な人/刻薄的人 kèbó de rén ▶僕にはそんな～なまねはできなかった/我没能做出那种不近人情的事 wǒ méi néng zuòchū nà zhǒng bú jìn rénqíng de shì

ふぬけ【腑抜け】 窝囊废 wōnāngfèi；没出息的 méi chūxi de (英 *a coward*)

ふね【船】 船 chuán；船只 chuánzhī (英 *a ship*; *a boat*) ▶～に乗る/乘船 chéng chuán ▶～に酔う/晕船 yùnchuán ▶～を降りる/下船 xià chuán ▶昔は川を上下する～の数がもっと多かった/从前，在江上往来的船只更多 cóngqián, zài jiāngshang wǎnglái de chuánzhī gèng duō ▶対岸まで～で行く/坐船到对岸去 zuò chuán dào duì'àn qù

～をこぐ 划船 huá chuán；《比喻》打个盹儿 dǎ ge dǔnr ▶彼は会議中ずっと～をこいでいた/他在开会时一直打瞌睡 tā zài kāihuì shí yìzhí dǎ kēshuì

ふねん【不燃の】 不燃 bùrán；耐火 nàihuǒ (英 *incombustible*; *nonflammable*) ▶～繊維/耐火纤维 nàihuǒ xiānwéi ▶～ごみ/不可燃垃圾 bù kěrán lājī

ふのう【不能な】 不能 bùnéng；不可能 bù kěnéng (英 *impossible*; *impotent*) ▶ヘリコプターが操縦～になった/直升飞机失控了 zhíshēng fēijī shīkòng le ▶再起～になる/无望东山再起 wúwàng Dōngshān zài qǐ ▶性的～/阳痿 yángwěi

ふのう【富農】 富农 fùnóng (英 *a rich farmer*)

ふはい【不敗の】 不败 búbài；不可战胜 bùkě zhànshèng (英 *invincible*; *unbeatable*) ▶～神話/不败的神话 búbài de shénhuà ▶彼の～神話がついに止まった/他的不败神话终于结束了 tā de búbài shénhuà zhōngyú jiéshù le ▶2年間～の記録を持つ/保持两年不败的纪录 bǎochí liǎng nián búbài de jìlù

ふはい【腐敗する】 朽坏 xiǔhuài；腐败 fǔbài；颓败 tuíbài (英 *rot*; *corrupt*) ▶～分子/败类 bàilèi ▶～したゴミが散乱する/腐烂了的垃圾散落着 fǔlànle de lājī sànluòzhe ▶～した社会/腐朽的社会 fǔxiǔ de shèhuì ▶政治の～はもはやどうにもならない/政治腐败已经无可奈何了 zhèngzhì fǔbài yǐjīng wú kě nài hé le

ふばいうんどう【不買運動】 不买运动 bùmǎi yùndòng (英 *a boycott*) ▶～に参加する/参加不买运动 cānjiā bùmǎi yùndòng ▶外国製品～/抵制外货运动 dǐzhì wàihuò yùndòng

ふはつ【不発】 《弾丸》哑 yǎ；《運動など》告吹 gàochuī (英 *misfire*) ▶～弾/哑弾 yǎdàn ▶交通ストは～に終わった/交通系统的罢工告吹了 jiāotōng xìtǒng de bàgōng gàochuī le

ふばらい【不払い】 拒绝付款 jùjué fùkuǎn；不发款 bù fākuǎn (英 *nonpayment*) ▶給料～/不发工资 bù fā gōngzī ▶家賃～で部屋を追い出された/由于没交房租而被赶出来了 yóuyú méi jiāo fángzū ér bèi gǎnchūlai le

ふび【不備】 不完备 bù wánbèi；不周全 bù zhōuquán；齐全 qíquán (英 *imperfection*; *a defect*) ▶書類の～/文件不全 wénjiàn bùquán ▶書類の～で申請を却下された/由于文件不齐全，申请被驳回了 yóuyú wénjiàn bù qíquán, shēnqǐng bèi bóhuí le ▶衛生設備の～/卫生设备不完善 wèishēng shèbèi bù wánshàn ▶論証の～を突かれた/被抓到了论证不周全的地方 bèi zhuādàole lùnzhèng bù zhōuquán de dìfang

ふひつよう【不必要な】 不必要 bú bìyào (英 *unnecessary*; *needless*) ▶～な現金は持ち歩かない/不随身携带不必要的现金 bù suíshēn xiédài bú bìyào de xiànjīn ▶～な包装が多すぎる/多余的包装太多 duōyú de bāozhuāng tài duō

ふひょう【不評の】 低评价 dīpíngjià；不好的评价 bùhǎo de píngjià (英 *unpopular*) ▶～を買う/招致恶评 zhāozhì èpíng ▶社運をかけた新機種はユーザーに～だった/决定公司命运的新机种在用户中间评价很低 juédìng gōngsī mìngyùn de xīnjīzhǒng zài yònghù zhōngjiān píngjià hěn dī ▶批評家の間で～である/在评论家中间受到的评价不高 zài pínglùnjiā zhōngjiān shòudào de píngjià bù gāo

ふひょう【付表】 附表 fùbiǎo (英 *an appended table*)

ふびょうどう【不平等な】 不平等 bù píngděng (英 *unfair*) ▶～条約/不平等条约 bù píngděng tiáoyuē ▶～社会/不平等社会 bù píngděng shèhuì ▶雇用機会の～/雇用机会的不平等 gùyòng jīhuì de bù píngděng

ふびん【不憫な】 可怜 kělián (英 *poor*; *pitiful*) ▶～に思う/觉得可怜 juéde kělián ▶～な子供/可怜的孩子 kělián de háizi

ぶひん【部品】 零件 língjiàn；零件儿 língjiànr；配件 pèijiàn (英 *parts*) ▶～交換/零件交换 língjiàn jiāohuàn ▶自動車～会社/汽车零件公司 qìchē língjiàn gōngsī ▶店が～を切らしている/商店里的零件卖光了 shāngdiànli de língjiàn màiguāng le

ふぶき【吹雪】暴风雪 bàofēngxuě (英 *a snowstorm*) ▶～に巻かれて道に迷う/在暴风雪中迷失了路 zài bàofēngxuě zhōng míshīle lù ▶大一で交通が途絶する/因为暴风雪交通中断了 yīnwèi bàofēngxuě jiāotōng zhōngduàn le

ふふく【不服】(納得しない) 不满意 bù mǎnyì; 不服从 bù fúcóng (英 *dissatisfaction*); (抗議) 异议 yìyì; 意见 yìjiàn (英 *objection*) ▶役所に～を申し立てる/向政府机关提出异议 xiàng zhèngfǔ jīguān tíchū yìyì ▶彼は～そうにぶつぶつ言った/他很不满地发了牢骚 tā hěn bùmǎn de fāle láosao ▶何か～があるか/有什么不满吗? yǒu shénme bùmǎn ma? ▶～はない/没有异议 méiyǒu yìyì

ふぶく【吹雪く】刮暴风雪 guā bàofēngxuě (英 *blow hard*) ▶一晚中吹雪いた/刮了一夜暴风雪 guāle yí yè bàofēngxuě

ふふん 哼 hēng (英 *humph!; pooh!*) ▶～と鼻であしらう/哼的一声冷淡对待 hēng de yì shēng lěngdàn duìdài

ぶぶん【部分】部分 bùfen (英 *a part; a portion*) ▶一月食/月偏食 yuèpiānshí ▶この一は削除して下さい/请删掉这一部分 qǐng shāndiào zhè yíbùfen ▶その話の一は嘘だ/那番话有一部分是假的 nà fān huà yǒu yíbùfen shì jiǎ de ▶一的な誤りが全体の評価を下げるのだ/部分的错误会降低总体的评价 bùfen de cuòwù huì jiàngdī zǒngtǐ de píngjià

ふぶんりつ【不文律】不成文法 bùchéngwénfǎ; 不成文的规矩 bù chéngwén de guījǔ (英 *an unwritten law*)

ふへい【不平】埋怨 mányuàn; 怨言 yuànyán; 不满 bùmǎn (英 *discontent; complaint*) ▶～を言う/鸣不平 míng bùpíng; 埋怨 mányuàn; 发牢骚 fā láosao ▶～を抱く/心怀不满 xīnhuái bùmǎn ▶～を申し立てる/提出异议 tíchū yìyì ▶彼は今の仕事に～たらたらである/他对现在的工作满腹牢骚 tā duì xiànzài de gōngzuò mǎnfù láosao

◆～分子|不满分子 bùmǎn fènzǐ

ぶべつ【侮蔑】侮蔑 wǔmiè; 侮辱 wǔrǔ; 轻侮 qīngwǔ (英 *contempt*) ▶一的な態度をとる/采取侮辱性态度 cǎiqǔ wǔrǔxìng tàidù

ふへん【不変】固定 gùdìng; 不变 búbiàn (英 *unchangeable; permanent*) ▶～の真理/不变的真理 búbiàn de zhēnlǐ

ふべん【不便】不便 búbiàn; 不方便 bù fāngbiàn (英 *inconvenient*) ▶交通の～な土地/交通不便的地方 jiāotōng búbiàn de dìfang; 偏僻的地方 piānpì de dìfang ▶それは携帯に～だ/不便携带 nàge búbiàn xiédài ▶部屋の間取りが実に～だ/房间的布局实在是不方便 fángjiān de bùjú shízài shì bù fāngbiàn ▶洗濯機が故障して非常に～を感じる/洗衣机出了故障，感到非常不方便 xǐyījī chūle gùzhàng, gǎndào fēicháng bù fāngbiàn ▶当分～を忍んで下さい/请暂且忍受现在的不便吧 qǐng zànqiě rěnshòu yí-

xià xiànzài de búbiàn ba

ふべんきょう【不勉強な】不用功 bú yònggōng; 不努力 bù nǔlì; 无知 wúzhī (英 *laziness*) ▶自らの～を恥じる/为自己的无知感到惭愧 wèi zìjǐ de wúzhī gǎndào cánkuì

ふへんせい【普遍性】一般性 yìbānxìng; 普遍性 pǔbiànxìng (英 *universality*) ▶～を持つ/有普遍性 yǒu pǔbiànxìng ▶～がない/不具普遍性 bú jù pǔbiànxìng

ふへんてき【普遍的な】普遍 pǔbiàn (英 *universal; general*) ▶～な概念/普遍的概念 pǔbiàn de gàiniàn

ふぼ【父母】父母 fùmǔ; 爹娘 diēniáng; 家长 jiāzhǎng (英 *one's father and mother; one's parents*) ▶～会/家长会 jiāzhǎnghuì

ふほう【不法な】不法 bùfǎ; 非法 fēifǎ; (無法) 无理 wúlǐ (英 *illegal*) ▶～占拠する/非法占据 fēifǎ zhànjù; 盘踞 pánjù ▶こんな～な要求には応じられない/总不能接受这种无理的要求 zǒng bùnéng jiēshòu zhè zhǒng wúlǐ de yāoqiú ▶覚醒剤の～所持/非法携带兴奋剂 fēifǎ xiédài xīngfènjì

◆～監禁|非法监禁 fēifǎ jiānjìn ～行為|违法行为 wéifǎ xíngwéi ～就労|非法就业 fēifǎ jiùyè ～侵入|非法入侵 fēifǎ rùqīn ～入国 ▶日本への～入国/非法进入日本境内 fēifǎ jìnrù Rìběn jìngnèi

ふほう【訃報】讣告 fùgào; 死讯 sǐxùn; 噩耗 èhào (英 *the report of a person's death*) ▶親友の～に接する/接到至友的死讯 jiēdào zhìyǒu de sǐxùn

ふほんい【不本意】违心 wéixīn; 非本意 fēi běnyì; 不情愿 bù qíngyuàn (英 *reluctance*) ▶～ながら/虽非本意 suī fēi běnyì ▶～ながらこの条件を受け入れざるを得ない/虽非本意，但不得不接受这个条件 suī fēi běnyì, dàn bùdébù jiēshòu zhège tiáojiàn

ふまえる【踏まえる】根据 gēnjù; 依据 yījù; 考虑 kǎolǜ (英 *be based on...*) ▶事実を～/根据事实 gēnjù shìshí ▶現実を踏まえて対策を講じる/根据事实研究对策 gēnjù shìshí yánjiū duìcè ▶経験を踏まえて主張する/根据经验提出己见 gēnjù jīngyàn tíchū jǐjiàn

ふまじめ【不真面目な】吊儿郎当 diào'erlángdāng; 含糊 hánhu (英 *insincere; dishonest*) ▶～な取り組み方/不认真的作风 bú rènzhēn de zuòfēng ▶あいつは全く～な奴だ/他真是个吊儿郎当的家伙 tā zhēn shì ge diào'erlángdāng de jiāhuo

ふまん【不満】不满 bùmǎn; 牢骚 láosao; 意见 yìjiàn (英 *dissatisfaction; discontent*) ▶～げな/怏怏 yàngyàng ▶～を並べる/发牢骚 fā láosao ▶～を抱く/闹情绪 nào qíngxù; 抱不平 bào bùpíng ▶今の会社に～がありますか/你对现在的公司有什么不满吗? nǐ duì xiànzài de gōngsī yǒu shénme bùmǎn ma? ▶結果は～だった/结果很不满意 jiéguǒ hěn bù mǎnyì ▶彼はその処

置に～だった/他对那项措施很不满意 tā duì nà xiàng cuòshī hěn bù mǎnyì ▶声を大にして～を述べる/大声讲出不满 dàshēng jiǎngchū bùmǎn ▶出版社はその原稿に～の意を示した/出版社对那部稿件表示了不满之意 chūbǎnshè duì nà bù gǎojiàn biǎoshìle bùmǎn zhī yì

ふみいれる【踏み入れる】 跨进 kuàjìn；走进 zǒujìn；踏入 tàrù (英 step into...) ▶未知の世界に足を～/踏入未知世界 tàrù wèizhī shìjiè

ふみえ【踏絵】 踩踏圣像 cǎità shèngxiàng (英 a tablet bearing an image of Christ) ▶～を踏ませる/让人践踏圣像 ràng rén jiàntà shèngxiàng

ふみかためる【踏み固める】 踏结实 tājiēshi (英 stamp down) ▶雪を～/把雪踏结实 bǎ xuě tājiēshi ▶地面を平らに～/把地面结结实实地踩平 bǎ dìmiàn jiējiēshíshí de cǎipíng

ふみきり【踏切】 (鉄道)道口 dàokǒu (英 a crossing) ▶～を渡る/过道口 guò dàokǒu ▶～番/道口看守 dàokǒu kānshǒu ▶車は～で一時停止する/车在道口停一下 chē zài dàokǒu tíng yíxià

ふみきりばん【踏み切り板】 《跳躍》起跳板 qǐtiàobǎn (英 a takeoff board)

ふみきる【踏み切る】 ❶《跳躍で》起跳 qǐtiào (英 take off) ❷《実行する》下决心 xià juéxīn；决定实行 juédìng shíxíng (英 start) ▶政府は選挙後に増税に～/政府看来是下决心在选举结束后增税的 zhèngfǔ kànlái shì xià juéxīn zài xuǎnjǔ jiéshù hòu zēng shuì de

ふみこえる【踏み越える】 ❶《境界線を》踏み過ぎる tàguò；跨ぐ kuà (英 step over...) ❷《困難を》摆脱 bǎituō；超越 chāoyuè；冲破 chōngpò (英 overcome)

ふみこむ【踏み込む】 进入 jìnrù；跨进 kuàjìn (英 step in...) ▶部外者がそこまで踏み込んでよいのか/局外人插手插到那个地步，好吗？júwàirén chāshǒu chādào nàge dìbù, hǎo ma？ ▶詐欺団の本拠地に警察官が踏み込んだ/警察队闯进了欺诈集团的巢穴 jǐngcháduì chuǎngjìnle qīzhà jítuán de cháoxué

ふみしめる【踏み締める】 用力踏 yònglì tà (英 step firmly) ▶一步一步足を踏み締めて歩く/一步一步脚踏实地地走 yí bù yí bù jiǎo tà shí dì de zǒu

ふみだい【踏み台】 《足場》脚蹬子 jiǎodēngzi；《出世のための》垫脚石 diànjiǎoshí (英 a footstool) ▶他人を～にして出世する/以他人为垫脚石往上爬 yǐ tārén wéi diànjiǎoshí wǎng shàng pá

ふみたおす【踏み倒す】 《金を》赖账 làizhàng；赖着不交 làizhe bù jiāo；《足で》踩倒 cǎidǎo (英 bilk) ▶借金を～/欠账不还 qiànzhàng bù huán

ふみだす【踏み出す】 迈出 màichū 《始める》开始 kāishǐ (英 step forward; advance) ▶解决へ一步～/迈出了解决的第一步 màichūle jiějué de dìyī bù ▶将来の実用化へ一步～/向将来的实用化迈出了第一步 xiàng jiānglái de shíyònghuà màichūle dìyī bù ▶新規事業に～/着手新事业 zhuóshǒu xīnshìyè

ふみつけ【踏み付け】 践踏 jiàntà；欺侮 qīwǔ (英 a trample) ▶～にされる/受欺 shòuqī；遭受欺侮 zāoshòu qīwǔ ▶～にする/欺负 qīfu；欺压 qīyā ▶これは人を～にした仕打ちだ/这是欺负人的行为 zhè shì qīfu rén de xíngwéi

ふみつぶす【踏み潰す】 践踏 jiàntà；踩碎 cǎisuì ▶価格下落した白菜をブルドーザーで～/把价格跌落的白菜用推土机压碎 bǎ jiàgé diēluò de báicài yòng tuītǔjī yāsuì

ふみとどまる【踏み止まる】 留下 liúxià；《転ばずに》站住 zhànzhù；《実行を》打消念头 dǎxiāo niàntou (英 stay on; remain) ▶崖っぷちで～/悬崖勒马 xuányá lèmǎ ▶大学を中退しようと思ったがなんとか踏み止まった/曾打算从大学中途退学，不过总算打消了那个念头 céng dǎsuan cóng dàxué zhōngtú tuìxué, búguò zǒngsuàn dǎxiāole nàge niàntou

ふみならす【踏み鳴らす】 跺脚 duòjiǎo (英 stomp) ▶足を踏み鳴らして歩く/跺着脚走 duòzhe jiǎo zǒu

ふみにじる【踏みにじる】 践踏 jiàntà；蹂躏 róulìn (英 trample down) ▶好意を～/辜负好意 gūfù hǎoyì ▶彼は私の友情を踏みにじった/他践踏了我的友情 tā jiàntàle wǒ de yǒuqíng

ふみはずす【踏み外す】 《階段などを》踩错 cǎicuò；踩空 cǎikōng；《人の道を》失足 shīzú；走入邪道 zǒushàng xiédào (英 miss one's step) ▶階段を踏み外して右足首をねんざした/因为踩空了台阶，右脚脚脖子扭伤了 yīnwèi cǎikōngle táijiē, yòujiǎo jiǎobózi niǔshāng le ▶はしごを～/踩空了梯子 cǎikōngle tīzi ▶一度足を踏み外したが希望を捨てなかった/失了一次足，可是并没有放弃希望 shīle yí cì zú, kěshì bìng méiyǒu fàngqì xīwàng

ふみん【不眠】 失眠 shīmián (英 sleeplessness) ▶～不休で 孜孜不倦 zīzī bújuàn ▶～不休で働く/日以继夜地工作 rì yǐ jì yè de gōngzuò ▶～不休で鉄道の復旧作業をする/日以继夜地进行修复铁路的工作 rì yǐ jì yè de jìnxíng xiūfù tiělù de gōngzuò

ふみんしょう【不眠症】 〔医〕失眠症 shīmiánzhèng (英 insomnia) ▶～にかかる/患失眠症 huàn shīmiánzhèng ▶彼女は～で悩んでいる/她为失眠症所苦 tā wéi shīmiánzhèng suǒ kǔ

ふむ【踏む】 ❶《足で》踩 cǎi；踏 tà；践 jiàn (英 tread) ▶人の足を～/踩了别人的脚 cǎile biéren de jiǎo ▶犬の糞を踏んだ/踩了狗粪 cǎile gǒufèn ▶地下鉄で足を踏まれる/在地铁里被人踩了脚上 jiǎo bèi rén cǎile jiǎo shàng ❷《従う》履行 lǚxíng (英 go through...) ▶手続きを～/履行手续 lǚxíng shǒuxù ▶正式の手続きを～/办理正式的手续 bànlǐ zhèngshì de

❸〖経験する〗经过 jīngguò；经历 jīnglì（㊀ experience）▶場数を～/有很多实际经验 yǒu hěn duō shíjì jīngyàn ▶初めて外国の地を～/初次踏上外国的土地 chūcì tàshàng wàiguó de tǔdì

❹〖見当をつける〗估计 gūjì（㊀ estimate）▶五千元はかかると～/估计需要五千元 gūjì xūyào wǔqiān yuán ▶安く踏んでも 50 万円の値打ちはある/即使低一些地估价，也有五十万日元的价值 jíshǐ dī yìxiē de gūjià, yě yǒu wǔshí wàn Rìyuán de jiàzhí

ふむき【不向きな】不合适 bù héshì；不适合 bú shìhé（㊀ unfit; unsuitable）▶教員に～な性格/不适合当教师的性格 bú shìhé dāng jiàoshī de xìnggé ▶この仕事は私には～です/这份工作不适合我 zhè fèn gōngzuò bú shìhé wǒ ▶この T シャツはあなたには～です/这件 T 恤衫你穿不合适 zhè jiàn T xùshān nǐ chuān bù héshì

ふめい【不明な】❶〖不分明〗不明 bùmíng；不详 bùxiáng（㊀ obscure; unclear）▶～な点/不明之处 bùmíng zhī chù ▶事故の原因はいまだに～である/事故的原因至今没有弄清 shìgù de yuányīn zhìjīn méiyǒu nòngqīng ▶原因～の火事/原因不明的火灾 yuányīn bùmíng de huǒzāi ▶身元～の死体/身份不明的尸体 shēnfen bùmíng de shītǐ ▶国籍～の船/国籍不明的船 guójí bùmíng de chuán

❷〖不聡明〗愚昧 yúmèi（㊀ ignorant）▶自己の～を恥じる/为自己的愚昧而羞愧 wèi zìjǐ de yúmèi ér xiūkuì

ふめいよ【不名誉】耻辱 chǐrǔ；污点 wūdiǎn；不光彩 bù guāngcǎi（㊀ dishonor; disgrace）▶～なできごと/丑闻 chǒuwén ▶今度の敗北で～な記録をつくってしまった/由于这次的失败留下了耻辱的纪录 yóuyú zhè cì de shībài liúxiàle chǐrǔ de jìlù ▶それは我々にとって大変～なことである/那对我们来说是一件非常不光彩的事 nà duì wǒmen lái shuō shì yí jiàn fēicháng bù guāngcǎi de shì

ふめいりょう【不明瞭な】隐晦 yǐnhuì；暧昧 àimèi；不清楚 bù qīngchu（㊀ unclear; obscure）▶～な説明/含糊的说明 hánhu de shuōmíng ▶発音が～だ/发音不清楚 fāyīn bù qīngchu

ふめいろう【不明朗な】暧昧 àimèi；不明朗 bù míngláng（㊀ gloomy; underhand）▶～な会计/糊涂账 hútu zhàng

ふめつ【不滅の】不朽 bùxiǔ；不灭 búmiè（㊀ immortal）▶～の業績/不朽的业绩 bùxiǔ de yèjì ▶霊魂の～を信じますか/你相信灵魂不灭吗？nǐ xiāngxìn línghún búmiè ma?

ふめんだい【譜面台】〖音楽〗乐谱架 yuèpǔjià（㊀ a music stand）

ふもう【不毛の】不毛 bùmáo；一无所获 yī wú suǒ huò（㊀ barren; waste）▶～の地/不毛之地 bùmáo zhī dì ▶～な議論はもう止めよう/快结束这毫无意义的争论吧 kuài jiéshù zhè háowú yìyì de zhēnglùn ba

ふもと【麓】山脚 shānjiǎo；山根 shāngēn（㊀ the foot）▶～の村/山脚下的村庄 shānjiǎoxia de cūnzhuāng

ふもん【不問】不问 bú wèn ▶～に付す 置之不问 zhì zhī bú wèn

ぶもん【部門】部门 bùmén；部类 bùlèi（㊀ a section; a division；〖類〗a class）▶演劇～/戏剧部门 xìjù bùmén ▶～別に分ける/按部门分类 àn bùmén fēnlèi ▶3 ～に分かれる/分为三个部类 fēnwéi sān ge bùlèi

ふやかす〖水につけて〗泡涨 pàozhàng；浸泡 jìnpào（㊀ soak）▶豆を水につけて～/用水浸泡豆子 yòng shuǐ jìnpào dòuzi ▶ドライフードをぬるま湯で～/用温水浸泡干货 yòng wēnshuǐ jìnpào gānhuò

ふやける泡涨 pàozhàng；〖精神が〗松懈 sōngxiè（㊀ become sodden）▶手の皮が～/手上皮肤泡涨 shǒushang pífū pàozhàng

ふやす【増やす】添 tiān；增添 zēngtiān；增加 zēngjiā（㊀ increase）▶雇用機会を～/增加雇用机会 zēngjiā gùyōng jīhuì；增加就业机会 zēngjiā jiùyè jīhuì ▶お金を～方法を教えます/教授增加钱的方法 jiàoshòu zēngjiā qián de fāngfǎ

ふゆ【冬】冬天 dōngtiān（㊀ winter）▶～仕度をする/准备过冬 zhǔnbèi guòdōng ▶～といえば鍋料理だ/冬天还是吃火锅最好 dōngtiān háishi chī huǒguō zuì hǎo ▶～めく/冬意渐浓 dōngsè jiàn nóng ▶熊が～ごもりする/熊冬眠 xióng dōngmián

～来たりなば春遠からじ 冬天来了，春天还会远吗？dōngtiān lái le, chūntiān hái huì yuǎn ma?

◆～物〖衣料〗冬装 dōngzhuāng

ふゆう【浮遊する】浮游 fúyóu（㊀ float; drift）▶〖水中の〗～生物/浮游生物 fúyóu shēngwù ▶〖空気中の〗～物/空中悬浮物 kōngzhōng xuánfúwù

ふゆう【富裕な】丰盈 fēngyíng；富裕 fùyù（㊀ rich）▶～な家庭/富裕家庭 fùyù jiātíng ▶世界で最も～な都市はどこか/世界上最富裕的城市是哪儿？shìjièshang zuì fùyù de chéngshì shì nǎr? ▶これらは中国の～層向けの日本製品だ/这些都是向中国富裕阶层的日本货 zhèxiē dōu shì xiàng Zhōngguó fùyù jiēcéng de Rìběnhuò ▶石油で～になった国々/因为石油致富的国家 yīnwèi shíyóu zhìfù de guójiā

ふゆかい【不愉快な】不愉快 bù yúkuài；反感 fǎngǎn（㊀ unpleasant）▶～になる/感到不愉快 gǎndào bù yúkuài ▶～な音を立てるな/别发出令人不快的声音 bié fāchū lìng rén búkuài de shēngyīn ▶～だ，帰る/真恼人，我走了！zhēn nǎorén, wǒ zǒu le！

ふゆがれ【冬枯れ】荒凉冬景 huāngliáng dōngjǐng；〖景気の〗冬季萧条 dōngjì xiāotiáo（㊀ a bleak winter）▶～の景色/萧瑟荒凉的冬景

xiāosè huāngliáng de dōngjǐng

ふゆきとどき【不行き届き】 不周到 bù zhōudào; 疏忽 shūhu ㉕ *negligence*; *carelessness* ▶～で恐縮です/招待不周您慢怠了 zhāodài bùzhōu dàimàn nín le ▶監督～/監督失職 jiāndū shīzhí

ふゆげしき【冬景色】 冬天的景色 dōngtiān de jǐngsè; 冬景 dōngjǐng ㉕ *a winter scene*

ふゆしょうぐん【冬将軍】 严冬 yándōng; 严寒 yánhán ㉕ *Jack Frost* ▶～の到来/严冬的到来 yándōng de dàolái

ふゆふく【冬服】 冬装 dōngzhuāng; 寒衣 hányī ㉕ *winter wear*

ふゆやすみ【冬休み】 寒假 hánjià ㉕ *a winter vacation* ▶～が待ち遠しい/盼望寒假快来到 pànwàng hánjià kuài láidào

ふゆやま【冬山】 冬天的山 dōngtiān de shān ㉕ *a mountain in winter* ▶～に登る/冬季登山 dōngjì dēngshān ▶～は特に危険だ/冬季登山尤其危险 dōngjì dēngshān yóuqí wēixiǎn

ふよ【付与する】 给予 jǐyǔ; 授予 shòuyǔ; 赋予 fùyǔ ㉕ *give*; *allow* ▶18歳から投票権を～する/从十八岁起被赋予选举权 cóng shíbā suì qǐ bèi fùyǔ xuǎnjǔquán

ブヨ【蚋】〔虫〕蚋 ruì ㉕ *a gnat* ▶～に刺されてかゆいのなんの/被蚋咬, 感到奇痒 bèi ruì yǎo, gǎndào qí yǎng

ふよう【不用な・不要な】 不需要 bù xūyào; 不用 bú yòng;《役に立たない》无用 wú yòng ㉕ *useless*; *unnecessary* ▶～になった衣類をお持ち下さい/请带来不用的衣物 qǐng dàilái bú yòng de yīwù ▶～の節はお返し下さい/不用的时候请还回来 bú yòng de shíhou qǐng huánhuílái ▶あんな施設はまったく～だ/那种设施完全没用 nà zhǒng shèshī wánquán méiyòng ▶～不急の出費/不必要不着急的开销 bú bìyào bù zháojí de kāixiāo

◆～品:不要的东西 bú yào de dōngxi

[日中比較] 中国語の'不用 bú yòng'は「…しなくてよい」という意味にもなる。また'不要 bú yào'は「…してはならない」という意味にもなる。

ふよう【扶養する】 扶养 fúyǎng; 养活 yǎnghuo ㉕ *support; provide for...* ▶～家族が3人ある/有三名扶养的家属 yǒu sān míng fúyǎng de jiāshǔ ▶～の義務を不履行/不履行扶养义务 bù lǚxíng fúyǎng yìwù

◆～手当:扶养津贴 fúyǎng jīntiē

フヨウ【芙蓉】〔植物〕木芙蓉 mùfúróng; 芙蓉花 fúrónghuā ㉕ *a cotton rose*

ぶよう【舞踊】 舞蹈 wǔdǎo ㉕ *dancing*; *a dance* ▶劇～/舞剧 wǔjù ▶民族～/民族舞蹈 mínzú wǔdǎo

ふようい【不用意】 不谨慎 bù jǐnshèn; 不小心 bù xiǎoxīn ㉕ *carelessness*; *lack of care* ▶～なことを言う/说出欠考虑的话 shuōchū qiàn kǎolǜ de huà ▶～に秘密をもらす/不小心泄漏了秘密 bù xiǎoxīn xièlòule mìmì

ふようじょう【不養生な】 不注意健康 bú zhùyì jiànkāng ㉕ *careless of one's health*

[ことわざ] 医者の不養生 身为医生却不注意保养身体 shēn wéi yīshēng què bú zhùyì bǎoyǎng shēntǐ; 对人讲道理自己却不实行 duì rén jiǎng dàolǐ zìjǐ què bù shíxíng

ぶようじん【不用心な・無用心な】 缺少警惕心 quēshǎo jǐngtìxīn; 不注意 bú zhùyì;［不注意な］*careless* ▶戸締まりが～な/不留意锁门 bù liúyì suǒmén ▶鍵をせずに外出するとは～だ/不锁门就外出, 那太不警惕了 bù suǒmén jiù wàichū, nà tài bù jǐngtì le

ふようど【腐葉土】 腐叶土 fǔyètǔ ㉕ *leaf mold*

フライ【揚げ物】 油炸食品 yóuzhá shípǐn ㉕ *fry*;《野球》飞球 fēiqiú ㉕ *a fly* ▶～にする/油炸 yóuzhá; 油炸 yóuzhá ▶エビ～/炸虾 zháxiā ▶魚を～にする/油炸鱼 yóuzhá yú

◆～級《ボクシング》:特轻量级 tèqīngliàngjí

ぶらい【無頼な】 无赖 wúlài ㉕ *villainous* ▶～の徒/无赖 wúlài; 恶棍 ègùn ▶～漢/流氓 liúmáng

フライト 飞行 fēixíng; 航程 hángchéng ㉕ *a flight* ▶～クルー/机组 jīzǔ; 机组人员 jīzǔ rényuán ▶～レコーダー/黑匣子 hēixiázi ▶機長は最後の～を終えて退職した/机长飞完了最后的航程就退休了 jīzhǎng fēiwánle zuìhòu de hángchéng jiù tuìxiū le

プライド 自豪感 zìháogǎn; 自尊心 zìzūnxīn ㉕ *pride*; *self-respect* ▶～が高い/自尊心强 zìzūnxīn qiáng ▶相手の～を傷つける/伤害对方的自尊心 shānghài duìfāng de zìzūnxīn

プライバシー 隐私 yǐnsī; 私生活 sīshēnghuó;《権利》隐私权 yǐnsīquán ㉕ *privacy* ▶～の侵害/侵犯隐私权 qīnfàn yǐnsīquán ▶～を守る/保护隐私 bǎohù yǐnsī

フライパン 煎锅 jiānguō; 平底锅 píngdǐguō ㉕ *a frying pan*

プライベートな 私人的 sīrén de; 个人的 gèrén de ㉕ *private* ▶～レッスン/个别教授 gèbié jiàoshòu ▶～な問題に立ち入る/干预别人的私事 gānyù biérén de sīshì

プライムレート〔金融〕最优惠利率 zuì yōuhuì lìlǜ ㉕ *the prime rate*

フライング〔陸上競技〕抢跑 qiǎngpǎo; 偷跑 tōupǎo;《水泳》抢跳 qiǎngtiào ㉕ *a false start*

ブラインド 百叶窗 bǎiyèchuāng; 遮帘 zhēlián ㉕ *a shade*; *a (window) blind* ▶～を下ろす/落下百叶窗 luòxià bǎiyèchuāng ▶～を上げる/卷起百叶窗 juǎnqǐ bǎiyèchuāng

ブラインドタッチ《キーボードの》盲打 mángdǎ ㉕ *touch-typing*

ブラウザ〔電算〕浏览器 liúlǎnqì ㉕ *a browser*

ブラウス〔服飾〕女式衬衫 nǚshì chènshān ㉕ *a blouse*

ブラウンかん【ブラウン管】 显像管 xiǎnxiàngguǎn（英 a cathode-ray tube）▶～の画面/屏幕 píngmù

プラカード 标语牌 biāoyǔpái（英 a placard）▶～を掲げて行進する/举着标语牌游行 jǔzhe biāoyǔpái yóuxíng

ぶらく【部落】 小村庄 xiǎocūnzhuāng（英 a small village）

プラグ 〔電気〕插头 chātóu; 插销 chāxiāo（英 a plug）▶～をコンセントに差し込む/把插头插进插座 bǎ chātóu chājìn chāzuò

プラグマチック 实用主义的 shíyòng zhǔyì de; 讲实利的 jiǎng shílì de（英 pragmatic）

ぶらさがる【ぶら下がる】 吊垂 diàochuí; 悬挂 xuánguà; 搭拉 dāla（英 hang down）▶両手で鉄棒に～/两手悬在单杠上 liǎngshǒu xuánzài dāngàngshang

ぶらさげる【ぶら下げる】 悬挂 xuánguà;（手に）提 tí; 拎 līn（英 hang）

ブラシ 刷 shuā; 刷子 shuāzi（英 a brush）▶～で洗う/洗刷 xǐshuā ▶髪を～で梳く/用发刷梳理头发 yòng fàshuā shūlǐ tóufa ▶歯間～/齿间牙刷 chǐjiān yáshuā ▶牙隙牙刷 yáxì yáshuā ▶洋服～/衣刷 yīshuā ▶スーツに～をかける/用衣刷刷衣服 yòng yīshuā shuā yīfu

ブラジャー 〔服飾〕胸罩 xiōngzhào; 乳罩 rǔzhào（英 a bra）▶～のサイズ/胸罩的号码 xiōngzhào de hàomǎ ▶～を着ける/戴胸罩 dài xiōngzhào ▶～をはずす/摘下胸罩 zhāixià xiōngzhào

ふらす【降らす】 使降 shǐ jiàng（英 shower）▶大気汚染が酸性雨を～/由于空气污染, 下起了酸雨 yóuyú kōngqì wūrǎn, xiàqǐle suānyǔ ▶げんこつの雨を～/用拳乱打 yòng quán luàn dǎ

プラス 正数 zhèngshù; 正极 zhèngjí;（加える）加 jiā（英 plus）▶～記号/加号 jiāhào ▶～の側面/正面 zhèngmiàn ▶～になる/有益 yǒuyì ▶～アルファ/附加部分 fùjiā bùfen ▶～思考をする/采取积极乐观的想法 cǎiqǔ jījí lèguān de xiǎngfǎ ▶それでは～マイナスゼロだよ/那样的话, 就正负相抵了 nàyàng dehuà, jiù zhèngfù xiāngdǐ le ▶結果は～の面ばかりではない/结果不仅仅是正面的 jiéguǒ bù jǐnjǐn shì zhèngmiàn de

フラスコ 烧瓶 shāopíng（英 a flask）

プラスチック 塑料 sùliào（英 plastic）▶～製品/塑料制品 sùliào zhìpǐn ▶～爆弾/塑料炸弹 sùliào zhàdàn ▶～容器/塑料容器 sùliào róngqì

フラストレーション 欲望不满 yùwàng bùmǎn; 挫折 cuòzhé; 受挫 shòucuò（英 frustration）▶～が溜まる/欲望得不到满足 yùwàng débudào mǎnzú

プラスバンド 〔音楽〕铜管乐队 tóngguǎn yuèduì（英 a brass band）

プラズマ 〔物理〕等离子体 děnglízǐtǐ（英 plasma）▶～テレビ/等离子电视 děnglízǐ diànshì

プラタナス 〔植物〕法国梧桐 fǎguó wútóng; 悬铃木 xuánlíngmù（英 a plane tree）▶～が真夏の道に涼しい陰を作っていた/法国梧桐落下了一片夏日道边的荫凉 fǎguó wútóng luòxiàle yí piàn xiàrì dàobiān de yìnliáng

フラダンス 草裙舞 cǎoqúnwǔ（英 the hula）▶～を踊る/跳草裙舞 tiào cǎoqúnwǔ

ふらち【不埒な】 岂有此理 qǐ yǒu cǐ lǐ; 太不讲理 tài bù jiǎnglǐ; 蛮横 mánhèng（英 insolent; rude）▶～な悪行/蛮横的恶行 mánhèng de èxíng ▶～なことをする/作恶 zuò'è ▶～なやつだ/真不是东西 zhēn bú shì dōngxi; 真是个坏蛋 zhēn shì ge huàidàn

プラチナ ❶〔金属〕白金 báijīn; 铂 bó（英 platinum）▶～製の/白金制的 báijīnzhì de ❷〔高価な〕（英 expensive）▶～チケット/高价票 gāojiàpiào

ふらつく ❶〔足が〕蹒跚 pánshān; 摇晃 yáohuàng（英 stagger）❷〔ぶらく〕逛 guàng（英 wander around）❸〔気持ちなど〕犹豫 yóuyù; 踌躇 chóuchú（英 waver）

ブラック（コーヒー） 黑咖啡 hēikāfēi（英 black coffee）

ぶらつく 逛 guàng; 溜达 liūda（英 stroll; walk aimlessly）▶大通りを～/逛大街 guàng dàjiē ▶ちょっとあたりをぶらついてくるよ/出去一会儿溜达溜达 chūqù yíhuìr liūda liūda

ブラックホール 〔天文〕黑洞 hēidòng（英 a black hole）

ブラックボックス 〔航空〕黑匣子 hēixiázi（英 a black box）

ブラックリスト 黑名单 hēimíngdān（英 a blacklist）▶おまえの名前も～に載っているぞ/你的名字也上了黑名单了 nǐ de míngzi yě shàngle hēimíngdān le

フラッシュ 〔写真の〕闪光灯 shǎnguāngdēng; 镁光 měiguāng（英 a flashlight）▶～をたく/打镁光灯 dǎ měiguāngdēng ▶～を浴びる/受闪光灯包围 shòu shǎnguāngdēng bāowéi ▶～付きのカメラ/带闪光灯的照相机 dài shǎnguāngdēng de zhàoxiàngjī

フラット ❶〔音楽〕降号 jiànghào; 降半音 jiàngbànyīn（音楽記号；♭）（英 a flat）❷〔きっかり〕（英 flat）▶10秒～/十秒整 shí miǎo zhěng ❸〔平らな〕平坦的 píngtǎn de; 平板的 píngbǎn de（英 flat）

プラットホーム 站台 zhàntái; 月台 yuètái（英 a platform; a track）

プラトニックラブ 精神恋爱 jīngshén liàn'ài（英 platonic love）

プラネタリウム 天象仪 tiānxiàngyí（英 a planetarium）

ふらふら ❶〔体が〕〔頭が〕头晕目眩 tóuyūn mùxuàn; 跟跟跄跄 liàngliàngqiàngqiàng; 趔趔趄趄 lièlièqièqiè（英 totteringly）▶頭が～する/头昏昏沉沉的 tóu hūnhūnchénchén de ▶～の足取りで歩く/步履蹒跚 bùlǚ pánshān

▶~と立ちあがる/摇摇晃晃地站起来 yáoyáo-huànghuàng de zhànqǐlai ▶酔って~している/醉得东倒西歪 zuìde dōng dǎo xī wāi ▶空腹で~している/饿肚头昏目眩 èdè tóuyūn mùxuàn ❷【気持ちや考えが】游移不定 yóuyí búdìng；拿不主意 ná bù zhǔyì (英 *aimlessly*) ❸【思わず】糊里糊涂 húlihútu (英 *unconsciously*) ▶~との店に入った/糊里糊涂地拐进了那家店 húlihútu de guǎijìnle nà jiā diàn

ぶらぶらする ❶【揺れ動く】逛荡 guàngdang；盘旋 pánxuán (英 *sway*) ▶提灯が風に~揺れる/灯笼因风悠荡 dēnglong yīn fēng yōudàng ❷【あてどなく歩く】溜达 liūda；闲逛 xiánguàng (英 *stroll*) ▶盛り場を~と見物する/在繁华街游逛 zài fánhuájiē yóuguàng ▶店内を~見て歩く/在商店里随便逛着 zài shāngdiànli suíbiàn guàngzhe ❸【無職で】闲着 xiánzhe (英 *be idle*) ▶郷里で~している/在家乡无所事事 zài jiāxiāng wú suǒ shì shì ▶学校へも行かずに~と暮らす/不上学,一直鬼混 bú shàng xué, yìzhí guǐhùn ▶仕事がなくて~している/没有工作,整日游手好闲 méiyǒu gōngzuò, zhěngrì yóu shǒu hào xián

フラミンゴ 〔鳥〕火烈鸟 huǒlièniǎo；红鹳 hóngguàn (英 *a flamingo*)

フラメンコ 弗拉门戈 fúlāméngē (英 *flamenco*)

プラモデル 塑料模型 sùliào móxíng (英 *a plastic model*)

ぶらりと 信步 xìnbù；无目的地 wú mùdì de (英 *aimlessly*) ▶~やって来る/信步走来 xìnbù zǒulái；随随便便地来 suísuíbiànbiàn de lái ▶~出かける/信步出行 xìnbù chūxíng

ふらん【腐乱】腐烂 fǔlàn (英 *decompose*) ▶裏山で~死体が見つかった/后山发现了腐烂的体 hòushān fāxiànle fǔlàn de tǐ

フラン《貨幣単位》法郎 Fǎláng (英 *a franc*)

プラン《計画》jìhuà；方案 fāng'àn (英 *a plan*) ▶海外旅行の~を立てる/订国外旅游的计划 dìng guówài lǚyóu de jìhuà ▶工事の~を練る/研究设计工程方案 yánjiū shèjì gōngchéng fāng'àn

ふらんき【孵卵器】孵卵器 fūluǎnqì (英 *an incubator*)

フランク 直率 zhíshuài；不客气 bú kèqi；坦率 tǎnshuài (英 *frank*) ▶~に話す/直率地讲 zhíshuài de jiǎng；不客气地说 bú kèqi de shuō

ブランク 空白 kòngbái；余白 yúbái (英 *a blank*) ▶1年半の~を経てカムバックする/经过一年半的空白,又东山再起了 jīngguò yì nián bàn de kòngbái, yòu Dōngshān zài qǐ le ▶10年の~はどうにも取り返せない/十年的空白怎么也挽回不了 shí nián de kòngbái zěnme yě wǎnhuí-buliǎo

プランクトン 浮游生物 fúyóu shēngwù (英 *plankton*)

ぶらんこ 秋千 qiūqiān (英 *a swing*) ▶~を漕ぐ/荡秋千 dàng qiūqiān；打秋千 dǎ qiūqiān ▶公園の~に乗る/坐上公园里的秋千 zuòshàng gōngyuánlǐ de qiūqiān

フランス 法国 Fǎguó (英 *France*) ▶~語/法语 Fǎyǔ ▶~料理/法国菜 Fǎguócài ▶~パン/法式面包 Fǎshì miànbāo

プランター 花盆 huāpén；种植箱 zhòngzhíxiāng (英 *a planter*) ▶~で野菜をつくる/用花盆种蔬菜 yòng huāpén zhòng shūcài

フランチャイズ 独家营业权 dújiā yíngyèquán；专营权 zhuānyíngquán (英 *franchise*) ▶~契約/独占营业合同 dúzhàn yíngyè hétong

ブランデー《酒》白兰地 báilándì (英 *brandy*)

ブランド 商标 shāngbiāo；牌子 páizi (英 *a brand*) ▶有名~/老牌 lǎopái；名牌 míngpái ▶にせ~商品/假冒名牌货 jiǎmào míngpáihuò ▶彼女は~商品が好きだ/她喜欢名牌儿 tā xǐhuan míngpáir

プラント 成套设备 chéngtào shèbèi (英 *a plant*) ▶石油~/石油成套设备 shíyóu chéngtào shèbèi

ふり【不利】不利 búlì (英 *disadvantage; a handicap*) ▶~な位置/不利的地位 búlì de dìwèi ▶~な点/不利的因素 búlì de yīnsù ▶~な立場にある/处于不利的立场 chǔyú búlì de lìchǎng ▶形勢~だ/形势不利 xíngshì búlì ▶そのことが彼には~に働いた/那件事对他起了反作用 nà jiàn shì duì tā qǐle fǎnzuòyòng

ふり【振りをする】伪装 wěizhuāng；假装 jiǎzhuāng；装假 zhuāngjiǎ (英 *pretend*) ▶見ない~をする/假装没看见 jiǎzhuāng méi kànjiàn ▶眠った~をする/假装睡着 jiǎzhuāng shuìzháo ▶知らない~をする/假装不知道 jiǎzhuāng bù zhīdào ▶驚いた~をする/佯装吃惊的样子 yángzhuāng chījīng de yàngzi ▶本を読んでいる~をする/装出在看书样子 zhuāngchū zài kàn shū yàngzi ▶警官の~をする/假扮警察 jiǎbàn jǐngchá ▶知ったか~をする/不懂装懂 bù dǒng zhuāng dǒng；假装知道 jiǎzhuāng zhīdào

ことわざ 人の振り見てわが振り直せ 他山之石可以攻玉 tā shān zhī shí kěyǐ gōng yù

ふり【降り】下雨 xiàyǔ (英〔雨〕*rain*；〔雪〕*snow*) ▶ひどい~/雨下得真大啊 yǔ xiàde zhēn dà a ▶この~では出られない/雨下得这个样子,没法出门 yǔ xiàde zhège yàngzi, méi fǎ chūmén

ブリ【鰤】〔魚〕鰤鱼 shīyú (英 *a yellowtail*)

ふりあおぐ【振り仰ぐ】仰面 yǎngmiàn；仰望 yǎngwàng (英 *look up*) ▶天を~/仰望天空 yǎngwàng tiānkōng

ふりあげる【振り上げる】摇起 yáoqǐ；挥起 huīqǐ；举起 jǔqǐ (英 *raise... overhead*) ▶こぶしを~/挥拳 huīquán

フリー【立場が】无拘束 wú jūshù；自由 zìyóu；《料金》免费 miǎnfèi (英 *free*) ▶~のアナウンサー/自由合同的播音员 zìyóu hétong de bōyīnyuán

フリーザー 冷却器 lěngquèqì；冷冻室 lěngdòngshì（英 *a freezer*）

フリージア〔植物〕香雪兰 xiāngxuělán；小苍兰 xiǎocānglán（英 *a freesia*）

フリーズする〔電算〕死机 sǐjī（英 *freeze*）

フリースタイル 自由式 zìyóushì（英 *the free-style*）

フリーズドライ 冷冻干燥 lěngdòng gānzào（英 *freeze-drying*）

フリーター 自由打工者 zìyóu dǎgōngzhě（英 *a part-timer*）

フリーダイヤル 接方付费方式的电话 jiēfāng fùfèi fāngshì de diànhuà（英 *a toll-free call*）

フリータックス 免税 miǎnshuì（英 *tax-free*）

プリーツ〔服飾〕褶 zhě；褶子 zhězi（英 *a pleat*）▶～スカート/百褶裙 bǎizhěqún

フリートーキング 自由讨论 zìyóu tǎolùn（英 *free discussion*）

フリーパス 免票 miǎnpiào（英 *a free ticket*）

ブリーフ〔下着〕男用短内裤 nányòng duǎnnèikù（英 *breifs*）

ブリーフィング 背景说明 bèijǐng shuōmíng；简报会 jiǎnbàohuì（英 *briefing*）

ブリーフケース 公事皮包 gōngshì píbāo（英 *a breif case*）

フリーマーケット 自由市场 zìyóu shìchǎng；跳蚤市场 tiàozao shìchǎng（英 *a flea market*）▶盗品が～で売られている/赃物在自由市场出售 zāngwù zài zìyóu shìchǎng chūshòu

フリーライター 自由作家 zìyóu zuòjiā（英 *a freelance writer*）

フリーランサー 自由合同者 zìyóu hétongzhě（英 *a freelance*）

フリーランスの 自由合同 zìyóu hétong（英 *freelance*）

ふりえき【不利益】不利 búlì；亏损 kuīsǔn（英 *a disadvantage*; *a handicap*）▶～を被る/受到损失 shòudào sǔnshī ▶この高速道路は付近の住民に～をもたらすだけだ/这条高速公路只会给附近居民带来不利影响 zhè tiáo gāosù gōnglù zhǐ huì gěi fùjìn jūmín dàilái búlì yǐngxiǎng ▶社長の悪口を言うと、君の～になる/说总经理坏话会对你不利的 shuō zǒngjīnglǐ huàihuà huì duì nǐ búlì de

ふりおとす【振り落とす】抖落 dǒuluò；甩掉 shuǎidiào（英 *shake off*; *throw off*）▶突風でリフトから振り落とされる/一阵狂风吹来，被从滑雪吊车上甩了下来 yízhèn kuángfēng chuīlái, bèi cóng huáxuě diàochē shuǎixiàlái

ふりおろす【振り降ろす】（棒などを）往下打 wǎng xià dǎ；（刃物を）砍下 kǎnxià（英 *swing... downward*）▶斧を振り降ろして薪を割る/用斧子劈柴 yòng fǔzi pǐchái

ふりかえ【振替】❶【帳簿上で】转账 zhuǎnzhàng（英 *transfer*）▶～口座/转账户头 zhuǎnzhàng hùtóu ▶～で金を送る/以转账形式汇款 yǐ zhuǎnzhàng xíngshì huìkuǎn

❷【代用】调换 diàohuàn（英 *substitute*）▶～休日/串换休日 chuànhuàn xiūrì ▶～輸送/调换运送 diàohuàn yùnsòng

ぶりかえす【ぶり返す】（病気が）复发 fùfā；（古い習慣などが）重犯 chóngfàn（英 *relapse*）▶腰痛は何度も～/腰痛复发了好几次 yāotòng fùfāle hǎojǐ cì ▶寒さが～/寒气再度袭来 hánqì zàidù xílái ▶あの子の夜遊び癖がまたぶり返した/他重犯旧习，又开始夜里游逛了 tā chóngfàn jiùxí, yòu kāishǐ yèlǐ yóuguàng le

ふりかえる【振り返る】❶【後ろを】回首 huíshǒu；回头 huítóu（英 *look back*）▶あとを振り返りもせずに立ち去った/头也不回地走了 tóu yě bù huí de zǒu le ❷【過去を】回顾 huígù（英 *look back*）▶国際映画祭の歴史を～/回顾国际电影节的历史 huígù guójì diànyǐngjié de lìshǐ ▶彼は過去を振り返らない男だ/他是一个不回头的人 tā shì yí ge bù huítóu de rén

ふりかかる【降りかかる】降临 jiànglín；（雨など）落到身上 luòdào shēnshang（英 *fall on...*; *happen to...*）▶～困難をものともせず…/不顾风吹雨打… bú gù fēng chuī yǔ dǎ… ▶災難が降りかかった/灾难降临了 zāinàn jiànglín le ▶火の粉は払わねばならぬ/必须掸掉落到身上的火星儿 bìxū dǎndiào luòdào shēnshang de huǒxīngr

ふりかける【振り掛ける】撒上 sǎshàng（英 *shake*）▶塩胡椒(ｺｼｮｳ)を～/撒上盐胡椒粉 sǎshàng yánhújiāofěn

ふりかざす【振りかざす】挥舞 huīwǔ；（主義主張などを）宣扬 xuānyáng（英 *fling*）▶職権を～/滥用职权 lànyòng zhíquán

ふりかた【振り方】处置法 chǔzhìfǎ；（身の）立身处世 lìshēn chǔshì（英 *a way to do*）▶身の～を考える/考虑自身前途 kǎolǜ zìshēn qiántú

ふりがな【振り仮名】注音假名 zhùyīn jiǎmíng（英 *kana written at the side of the kanji*）▶～を振る/标注音假名 biāo zhùyīn jiǎmíng ▶姓名には～をつけてください/请在姓名上面标上注音假名 qǐng zài xìngmíng shàngmian biāoshàng zhùyīn jiǎmíng

ブリキ 镀锡铁皮 dùxī tiěpí；白铁皮 báitiěpí；马口铁 mǎkǒutiě（英 *tin plate*）▶～のおもちゃ/白铁皮玩具 báitiěpí wánjù ▶～缶/白铁皮罐 báitiěpíguàn

ふりきる【振り切る】（追っ手など）甩开 shuǎikāi；挣开 zhèngkāi；（誘惑を）断然拒绝 duànrán jùjué（英 *shake... off*）

ふりこ【振り子】摆 bǎi；钟摆 zhōngbǎi（英 *a pendulum*）▶～時計/摆钟 bǎizhōng

ふりこう【不履行】不执行 bù zhíxíng；不履行 bù lǚxíng（英 *nonfulfillment*; *a breach*）▶契約～で訴える/以不履行合同为由起诉 yǐ bù lǚxíng hétong wéi yóu qǐsù ▶債務の～/不履行债务 bù lǚxíng zhàiwù

ふりこむ【振り込む】（銀行などに）存入 cúnrù；汇 huì（英 *transfer*）▶銀行に十万円～

把十万日元存入银行 bǎ shíwàn Rìyuán cúnrù yínháng ▶振り込み手数料/汇款手续费 huìkuǎn shǒuxùfèi; 汇费 huìfèi
◆振り込め詐欺 :骗取汇款的欺诈行为 piànqǔ huìkuǎn de qīzhà xíngwéi

ブリザード〔気象〕极地特有的暴风雪 jídì tèyǒu de bàofēngxuě（英 *a blizzard*）▶～に見舞われる/遇上极地风暴 yùshàng jídì fēngbào

ふりしきる【降りしきる】 下个不停 xià ge bùtíng; 不停地下 bùtíng de xià（[雨が] *rain continuously*;［雪が］*snow continuously*）▶～雨/淫雨霏霏 yínyǔ fēifēi ▶雪が～中で車を走らせる/在飘飘飞雪中驱车前行 zài piāopiāo fēixuě zhōng qūchē qiánxíng

ふりしぼる【振り絞る】（力を）竭尽全力 jiéjìn quánlì; 用尽力气 yòngjìn lìqì（英 *summon up all one's strength*);（声を）声嘶力竭 shēng sī lì jié（*strain one's voice*)

ふりすてる【振り捨てる】 丢弃 diūqì; 抛弃 pāoqì;（感情を）割断 gēduàn（英 *shake off; desert*)

フリスビー（商標）飞盘 fēipán; 飞碟 fēidié（英 *a frisbee*)

プリズム 棱镜 léngjìng; 三棱镜 sānléngjìng（英 *a prism*)

ふりそそぐ【降り注ぐ】（陽光が）照射 zhàoshè; 洒上 sǎshàng;（雨が）降下 jiàngxià;（視線や批判が）被加之于 bèi jiā zhī yú（英 *pour on...; rain hard on...*)▶春の日が燦々と～/春天阳光灿烂地洒下来 chūntiān yángguāng cànlàn de sǎxiàlái ▶激しい雨が～/大雨倾盆 dàyǔ qīngpén ▶彼には非難の声が降り注いだ/他成了众矢之的 tā chéngle zhòngshǐ zhī dì

ふりそで【振り袖】 长袖和服 chángxiù héfú（英 *a long-sleeved kimono*)

ふりだし【振り出し】 ❶〔出発点〕（英 *the beginning*）▶に戻る/回到出发点 huídào chūfādiǎn; 从头开始 cóng tóu kāishǐ ▶失败したら～にもどってしまうだろう/如果失败的话，就得重新开始吧 rúguǒ shībài dehuà, jiù děi chóngxīn kāishǐ ba ▶それで試合は～にもどった/因此，比赛又重新开始了 yīncǐ, bǐsài yòu chóngxīn kāishǐ le ❷〔手形などの〕开出 kāichū（*drawing*）▶～人/（支票等的）发票人（zhīpiào děng de）fāpiàorén

ふりだす【振り出す】（手形を）发 fā; 开 kāi（英 *draw*）▶手形を～/开票据 kāi piàojù

ふりだす【降り出す】（雨や雪が）下起来 xiàqǐlai（英 *begin to rain*〔*snow*〕）

ふりつけ【振り付け】 舞蹈动作 wǔdǎo dòngzuò（英 *dance composition*）▶～师/编舞 biānwǔ

ブリッジ（橋）桥 qiáo;（トランプの）桥牌 qiáopái;（歯の）牙桥 yáqiáo;（船の）船桥 chuánqiáo（英 *a bridge*)

ふりつづく【降り続く】（雨や雪などが）下个不住 xià ge búzhù（英 *it continues to rain* 〔*snow*〕）▶今日も雨が～と洗濯物が干せない/如果今天雨还是下个不住的话，洗好的衣物就干不了 rúguǒ jīntiān yǔ háishi xià ge búzhù dehuà, xǐhǎo de yīwù jiù gānbuliǎo ▶一昨日から雨が降り続いている/从前天起一直在下雨 cóng qiántiān qǐ yìzhí zài xià yǔ

ふりはらう【振り払う】 挣开 zhèngkāi; 挥开 huīkāi（英 *shake off*）▶その手を～/挣开那只手 zhèngkāi nà zhī shǒu ▶不快を～/驱散心中不快 qūsàn xīnzhōng búkuài ▶悪運を～/驱赶厄运 qūgǎn èyùn

ぷりぷり（怒る様子）怒气冲冲 nùqì chōngchōng（英 *get angry*);（弹力がある様子）（肉が）新鲜而富有弹性的样子（ròu）xīnxiān ér fùyǒu tánxìng de yàngzi（英 *plump*）▶いつまでもするなよ/别老是怒气冲冲的 bié lǎoshi nùqì chōngchōng de ▶～した生きのいい蝦/鲜活肥嫩的虾 xiānhuó féinèn de xiā

プリペイドカード 预付卡 yùfùkǎ（英 *a prepaid card*）▶～で会計する/用预付卡结账 yòng yùfùkǎ jiézhàng

ふりまく【振り撒く】（物を）撒 sǎ;（水などを）洒 sǎ（英 *sprinkle; scatter*）▶農藥を～/喷洒农药 pēnsǎ nóngyào

プリマドンナ 歌剧女主角 gējù nǚzhǔjué（英 *a prima donna*)

ふりまわす【振り回す】 挥舞 huīwǔ; 抡 lūn;（人を指す）摆布 bǎibu（英 *shake*）▶刃物を～/动起刀来 dòngqǐ dāo lái ▶棒を～/抡起棍子 lūnqǐ gùnzi ▶デマに振り回される/被谣言蛊惑 bèi yáoyán gǔhuò ▶三つの子供に振り回される/受三岁的孩子摆布 shòu sān suì de háizi bǎibu

ふりみだす【振り乱す】（髪を）披散 pīsàn; 甩 shuǎi（英 *shake... loose*）▶髪を振り乱して走る/甩动着头发跑 shuǎidòngzhe tóufa pǎo

ふりむく【振り向く】 掉头 diàotóu; 回首 huíshǒu; 回头 huítóu（英 *look back; turn to...*）▶振り向きざまに馬鹿やろうと言った/一回头就骂了一句"混蛋！" yì huítóu jiù màle yí jù "Húndàn!"

ふりむける【振り向ける】 挪用 nuóyòng（英 *turn; appropriate*）▶子供の教育費を借金の返済に～/把孩子的教育费挪用到还债上 bǎ háizi de jiāoyùfèi nuóyòngdào huánzhàishang

ふりょ【不慮】 意外 yìwài; 不测 búcè（英 *unexpected*）▶～の災難/飞祸 fēihuò ▶～の死を遂げる/死于非命 sǐyú fēimìng; 横死 hèngsǐ ▶～の事故/意外的事故 yìwài de shìgù; 三长两短 sān cháng liǎng duǎn

ふりょう【不良】 不好 bùhǎo; 坏 huài; 不良 bùliáng;（品行の悪い人）恶棍 ègùn; 痞子 pǐzi（英 *bad; poor*）▶～少年/阿飞 āfēi; 小流氓 xiǎoliúmáng ▶～品/次品 cìpǐn; 废品 fèipǐn ▶天候～のため運動会を中止する/由于天气不好，运动会中止进行 yóuyú tiānqì bùhǎo, yùndònghuì zhōngzhǐ jìnxíng ▶発育～/发育不良 fāyù

ふりょう bùliáng
- ♦ ―債権 ;不良債権 bùliáng zhàiquán ▶ ―債権を買い取る/收买不良债权 shōumǎi bùliáng zhàiquán

ふりょう【不漁】 捕鱼量少 bǔyúliàng shǎo (英 *a poor catch*)

ぶりょう【無聊】 无聊 wúliáo; 郁闷 yùmèn (英 *ennui*) ▶ ―を慰める/消遣 xiāoqiǎn; 解闷 jiěmèn ―をかこつ 抱怨无聊 bàoyuàn wúliáo

ふりょく【浮力】 浮力 fúlì (英 *buoyancy*) ▶ ―を利用する/利用浮力 lìyòng fúlì

ぶりょく【武力】 枪杆 qiānggǎn; 武力 wǔlì (英 *military power*) ▶ ―に訴える/诉诸武力 sùzhū wǔlì ▶ ―抗争/武斗 wǔdòu ▶ ―革命/武装革命 wǔzhuāng gémìng ▶ ―を行使する/行使武力 xíngshǐ wǔlì ▶ ―を誇示する/炫耀武力 xuànyào wǔlì ▶ ―介入する/武装干涉 wǔzhuāng gānshè ▶ ―衝突を回避する/回避武装冲突 huíbì wǔzhuāng chōngtū

フリル 〘服飾〙饰边 shìbiān; 褶边 zhěbiān (英 *a frill*)

ふりわける【振り分ける】 分 fēn;〘仕事や役割を〙分配 fēnpèi; 调拨 diàobō (英 *distribute... among* ～) ▶ 仕事を～/分配工作 fēnpèi gōngzuò ▶ 各部署に人員を～/往各个部门调拨人员 wǎng gègè bùmén diàobō rényuán ▶ 新入生を 3 クラスに～/把新一年级分成三个班 bǎ xīn yī niánjí fēnchéng sān ge bān

ふりん【不倫】 婚外恋 hūnwàiliàn; 作风不好 zuòfēng bùhǎo (英 *adultery*) ▶ ―する/奸淫 jiānyín; 通奸 tōngjiān ▶ ―の関係/外遇 wàiyù ▶ ―の相手/相好 xiānghǎo; 第三者 dìsānzhě ▶ ―の恋/婚外恋 hūnwàiliàn

プリン 〘料理〙布丁 bùdīng (英 *pudding*)

プリンター 〘印刷機〙打印机 dǎyìnjī (英 *a printer*)

プリント ❶〘印刷·印刷物〙印刷品 yìnshuāpǐn (英 *a print*) ▶ ―する/印 yìn; 印刷 yìnshuā ▶ ―アウトする/打印输出 dǎyìn shūchū ❷〘染めること〙印染 yìnrǎn; 印花 yìnhuā (英 *a print*) ▶ ―の布地/印花儿布 yìnhuārbù

ふる【振る】 ❶〘振り動かす〙挥 huī; 摇 yáo (英 *wave*; *shake*) ▶ 手を～/挥手 huī shǒu ▶ 首を～/摇头 yáo tóu ▶ 尻尾を～/摇尾巴 yáo wěiba ▶ バットを～/挥球棒 huī qiúbàng ▶ 胡椒(しょう)を～/撒胡椒 sǎ hújiāo ▶ サイコロを振って順番を決めよう/掷色子决定次序吧 zhì shǎizi juédìng cìxù ba ▶ 手を振って別れのあいさつをする/挥手道别 huī shǒu dàobié
❷〘番号などを振り分ける〙标 biāo (英 *distribute*) ▶ 番号を～/标上号码 biāoshàng hàomǎ
❸〘捨てる〙甩 shuǎi (英 *refuse*) ▶ 恋人を～/把恋爱对象甩掉 bǎ liàn'ài duìxiàng shuǎidiào 首を縦に～ 点头 diǎn tóu

ふる【降る】 下 xià; 降 jiàng (英 *fall*; *come down*) ▶ 雨が～/下雨 xià yǔ ▶ 砲弾が雨のように～/落下一阵枪弹雨 luòxià yízhèn qiāngdànyǔ ▶ 降って沸いたような話だ/这是一件从天而降的事 zhè shì yí jiàn cóng tiān ér jiàng de shì ▶ 今にも降りそうなあやしい空模様/眼看就会落雨的不稳定的天色 yǎnkàn jiù huò luò yǔ de bù wěndìng de tiānsè ▶ 降ったりやんだりする/雨时落时停 yǔ shí luò shí tíng ▶ 流星が雨のように～/流星像雨点儿一样落下 liúxīng xiàng yǔdiǎnr yíyàng luòxià

フルに 完全 wánquán; 整整 zhěngzhěng (英 〖使う〗 *make full use of* ...) ▶ ―メンバー/全员 quányuán ▶ ―に利用する/充分利用 chōngfèn lìyòng ▶ ―回転で稼動する/(工厂)全面运转 (gōngchǎng) quánmiàn yùnzhuǎn

-ぶる 假装 jiǎzhuāng (英 *pretend to* ...) ▶ 学者～な/别摆学者架子 bié bǎi xuézhě jiàzi ▶ インテリ―人/知识分子腔调的人 zhīshi fènzǐ qiāngdiào de rén ▶ 上品―/假装高雅 jiǎzhuāng gāoyǎ; 假装斯文 jiǎzhuāng sīwén

ふるい【古い】 旧 jiù; 老 lǎo;〘頭が〙落后 luòhòu (英 *old*; *ancient*; *stale*) ▶ ―考え方/保守观念 bǎoshǒu guānniàn ▶ ―話を蒸し返す/旧事重提 jiùshì chóngtí ▶ 昔からの―町並みが残っている/还保留着古老街道 hái bǎoliúzhe gǔlǎo jiēdào ▶ それは古くて新しい問題だ/这是一个既老又新的问题 zhè shì yí ge jì lǎo yòu xīn de wèntí ▶ 世の中がおかしいのか、私の頭が～のか;是世道不正常，还是我的脑筋太旧了？ shì shìdào tài bú zhèngcháng, háishi wǒ de nǎojīn tài jiù le? ▶ ―殻を破る/打破旧框框 dǎpò jiùkuàngkuang ▶ ―切手/老邮票 lǎoyóupiào

ふるい【篩】 筛子 shāizi (英 *a sieve*; *a sifter*) ～に掛ける 筛 shāi; 筛选 shāixuǎn ▶ 志願者を～に掛けて選ぶ/筛选志愿者 shāixuǎn zhìyuànzhě

ぶるい【部類】 种类 zhǒnglèi; 品类 pǐnlèi; 类型 lèixíng (英 *a class*; 〖範疇〗*a category*) ▶ まじめな―の人間/安分守己类型的人 ānfèn shǒujǐ lèixíng de rén ▶ 野菜と果物とを同じ～に入れる/把蔬菜和水果归为同一类 bǎ shūcài hé shuǐguǒ guīwéi tóng yí lèi

ふるいおこす【奮い起こす】 抖 dǒu; 焕发 huànfā; 振起 zhènqǐ (英 *summon up*) ▶ 勇気を～/鼓起勇气 gǔqǐ yǒngqì

ふるいおとす【振るい落とす】 筛掉 shāidiào; 掸掉 dǎndiào; 抖掉 dǒudiào (英 *shake off*;〖試験で〗*screen off*) ▶ 一次試験で振るい落とされる/在初试中被淘汰掉 zài chūshì zhōng bèi táotàidiào ▶ 帽子の雪を～/掸掉帽子上的雪 dǎndiào màozishang de xuě

ふるいたたせる【奮い立たせる】 唤起 huànqǐ; 激动 jīdòng; 振奋 zhènfèn (英 *make*; *rouse*) ▶ 自らを～/振作自己 zhènzuò zìjǐ

ふるいたつ【奮い立つ】 抖擞 dǒusǒu; 奋起 fènqǐ; 振奋 zhènfèn (英 *rouse*) ▶ あの人の演説を聞いてみんな奮い立った/听了他的演说，我们都振奋起来了 tīngle tā de yǎnshuō, wǒmen dōu

ふるう【振るう】挥动 huīdòng（英 shake）；(能力を)发挥 fāhuī（英 exercise）▶腕を～/发挥能力 fāhuī nénglì ▶采配を～/发号施令 fā hào shī lìng ▶今期は業績が振るわない/本期业绩不振 běn qī yèjì bú zhèn ▶台風5号が猛威を振った/五号台风来势凶猛 wǔ hào táifēng láishì xiōngměng

大なたを～ 大刀阔斧地整顿 dàdāo kuòfǔ de zhěngdùn ▶経費に大なたを～/大刀阔斧地削减经费 dàdāo kuòfǔ de xuējiǎn jīngfèi

ふるう【奮う】振作 zhènzuò；奋勇 fènyǒng；踊跃 yǒngyuè（英 be in high sprits）▶奮って御参加ください/请踊跃参加 qǐng yǒngyuè cānjiā ▶蛮勇を奮って挑戦する/凭蛮劲儿挑战 píng mánjìnr tiǎozhàn

ブルーカラー 蓝领工人 lánlǐng gōngrén（英 a blue-collar worker）

ブルース〔音楽〕布鲁士 bùlǔshì（英 the blues）

フルーツ 水果 shuǐguǒ（英 fruits）▶～パーラー/冷饮店 lěngyǐndiàn ▶～ポンチ/水果宾治 shuǐguǒ bīnzhì

フルート〔楽器〕长笛 chángdí（英 a flute）▶～奏者/长笛演奏者 chángdí yǎnzòuzhě ▶～を吹く/吹长笛 chuī chángdí

ブルーレイディスク 蓝光光盘 lánguāng guāngpán（英〔商標〕Blu-ray disk）

ふるえあがる【震え上がる】魂不附体 hún bú fù tǐ；浑身战栗 húnshēn zhànlì（英 be scared）▶先生に一喝されて震え上がった/被老师喝了一声,吓得浑身打战 bèi lǎoshī hèle yī shēng, xiàde húnshēn dǎ zhàn

ふるえる【震える】❶〔寒さや恐怖で〕发抖 fādǒu，战栗 zhànlì；哆嗦 duōsuō（英 shiver; shake）▶恐ろしくて全身がぶるぶる～/吓得全身发抖 xiàde quánshēn fādǒu ▶～手で書く/用颤抖的手写 chàndǒu de shǒu xiě ▶草の葉が微かに震えている/草叶微微在颤抖 cǎoyè wēiwēi zài chàndǒu ❷〔振動で〕震动 zhèndòng（英 shake）▶声が～/声音发颤 shēngyīn fāchàn ▶花火が鳴って窓が震えた/烟火响起,窗子都颤动了 yānhuǒ xiǎngqǐ, chuāngzi dōu chàndòng le

ふるかぶ【古株】老手 lǎoshǒu；老资格 lǎozīgé（英〔人〕an old-timer）▶チームの～/队里的老将 duìlǐ de lǎojiàng

ふるぎ【古着】旧衣服 jiùyīfu（英 second-hand clothing）▶フリーマーケットで～を買う/在跳蚤市场上买旧衣服 zài tiàozao shìchǎngshang mǎi jiùyīfu

ふるきず【古傷】老伤 lǎoshāng；旧伤 jiùshāng（英 an old wound）▶～が痛む/老伤作痛 lǎoshāng zuòtòng ▶彼の～に触れないようにする/不去触摸他的旧伤 bú qù chùmō tā de jiùshāng ▶～をあばく/揭开旧伤 jiēkāi jiùshāng

ふるくから【古くからの】很久以来 hěn jiǔ yǐlái；自古 zìgǔ（英 from old）▶～の諺/古谚 gǔyàn ▶～の友人/老朋友 lǎopéngyou ▶この島に～伝わるしきたり/在这座岛上自古传下来的规矩 zài zhè zuò dǎoshang zìgǔ chuánxiàlai de guīju

ふるくさい【古臭い】陈腐 chénfǔ；老掉牙 lǎodiàoyá；过时 guòshí（英 old-fashioned）▶～言い方/陈腐的说法 chénfǔ de shuōfǎ ▶そんな～デザインじゃ売れないよ/这种老掉牙的设计是卖不出去的 zhè zhǒng lǎodiàoyá de shèjì shì màibuchūqù de

フルコース〔料理〕全席 quánxí（英 a five-course; a six-course）▶フランス料理の～/法国全套餐 Fǎguó quántàocān

ふるさと【故郷】家乡 jiāxiāng；故乡 gùxiāng（英 one's home）▶～に帰る/回家乡 huí jiāxiāng ▶奈良は私の心の～です/奈良是我心中的故乡 Nàiliáng shì wǒ xīnzhōng de gùxiāng ▶～は遠くにありて想うもの/故乡是在远方思念才好 gùxiāng shì zài yuǎnfāng sīniàn cái hǎo ▶～の山や川がなつかしい/怀念故乡的山河 huáiniàn gùxiāng de shānhé ▶魯迅の～/紹興に行ってきた/去了一趟鲁迅的故乡绍兴 qùle yí tàng Lǔ Xùn de gùxiāng Shàoxīng

ブルジョワジー 布尔乔亚 bù'ěrqiáoyà；资产阶级 zīchǎn jiējí（英 a bourgeoisie）

ふるす【古巣】旧窝 jiùwō；老巢 lǎocháo（英 one's old home）▶～に戻る/回老巢 huí lǎocháo ▶～を離れる/离开原来的地方 líkāi yuánlái de dìfang ▶～の職場に戻る/回老巢工作 huí lǎocháo gōngzuò

フルスピードで 全速 quánsù（英 at full speed）▶～で車を走らせる/全速行驶 quánsù xíngshǐ ▶盗難車がパトカーに追われて～で逃げる/被盗汽车被警车追踪而全速逃跑 bèi dào qìchē bèi jǐngchē zhuīzōng ér quánsù táopǎo

ブルゾン〔服飾〕夹克 jiākè（英 a blouson）

フルタイム（パートタイムに対して）全职 quánzhí；专职 zhuānzhí（英 full time）▶彼はここで～で働いている/他在这儿做全职工作 tā zài zhèr zuò quánzhí gōngzuò

ふるだぬき【古狸】老滑头 lǎohuátóu；老狐狸 lǎohúli（英 an old badger）；〔古株〕a veteran）

ふるて【古手】〔人が〕老资格 lǎozīgé；老手儿 lǎoshǒur；老字辈 lǎozìbèi（英 an old-timer）▶役人の～/老资格官员 lǎozīgé guānyuán ▶～の教員/老资格教师 lǎozīgé jiàoshī

ふるどうぐ【古道具】旧器具 jiùqìjù；旧货 jiùhuò（英 a second-hand article; old furniture）▶～屋/旧货店 jiùhuòdiàn ▶～屋で古い掛時計を買った/在旧货店买了一台老挂钟 zài jiùhuòdiàn mǎile yì tái lǎoguàzhōng

ブルドーザー 推土机 tuītǔjī（英 a bulldozer）▶～で塀を取り払う/用推土机推倒墙壁 yòng tuītǔjī tuīdǎo qiángbì ▶～で地面を平にする/用推土机推平地面 yòng tuītǔjī tuīpíng dìmiàn

ブルドッグ〔動物〕虎头狗 hǔtóugǒu（英 a bulldog）

プルトップかん【プルトップ缶】易拉罐 yìlāguàn (英 *a pull top can*)

プルトニウム〖化学〗钚 bù (英 *plutonium*) ▶～爆弾/钚弹 bùdàn ▶～を抽出する/提取钚 tíqǔ bù

フルネーム 全名 quánmíng (英 *a full name*) ▶お名前を～でお書き下さい/请填上您的全名 qǐng tiánshàng nín de quánmíng

ふるびる【古びる】陈旧 chénjiù; 变旧 biànjiù (英 *become old*) ▶古い家具/老家具 lǎojiā jù; 旧家具 jiùjiājù

ぶるぶる 发抖 fā dǒu; 哆嗦 duōsuō (英 *tremblingly*) ▶～震える/哆嗦 duōsuō; 打冷战 dǎ lěngzhàn; 打颤 dǎzhàn ▶手が～震えて書けなかった/手颤抖着没能写出来 shǒu chàndǒuzhe méi néng xiěchūlai ▶唇が～震えた/嘴唇抖动 zuǐchún dǒudòng ▶寒さで～する/冷得浑身哆嗦 lěngde húnshēn duōsuō

ふるぼけた【古ぼけた】陈旧 chénjiù; 破旧 pòjiù (英 *time-worn*) ▶～置時計/破钟 pòzhōng ▶公園の～ベンチに座る/坐在公园的旧长椅上 zuòzài gōngyuán de jiùchángyǐshang ▶場末に～映画館があった/闹市的边缘有一家破旧的电影院 nàoshì de biānyuán yǒu yì jiā pòjiù de diànyǐngyuàn

ふるほん【古本】旧书 jiùshū (英 *a second-hand book*) ▶～屋/旧书店 jiùshūdiàn ▶読み終わった本を～屋に売る/把看完的书卖给旧书店 bǎ kànwán de shū màigěi jiùshūdiàn

ふるまい【振る舞い】❶【行動】举措 jǔcuò; 态度 tàidù; 行迹 xíngjì (英 *behavior; conduct*) ▶立ち居～/举止动作 jǔzhǐ dòngzuò ▶妙な～をする/举止怪异 jǔzhǐ guàiyì ❷【もてなし】请客 qǐngkè (英 *an entertainment*) ▶～酒/请客酒 qǐngkèjiǔ

ふるまう【振る舞う】❶【動き】行动 xíngdòng; 动作 dòngzuò (英 *behave oneself*) ▶傍若無人に～/旁若无人地做事 páng ruò wú rén de zuòshì ▶堂々と～/举止不卑不亢 jǔzhǐ bù bēi bú kàng ▶彼は最後まで冷静に振る舞った/他始终冷静地行动 tā shǐzhōng lěngjìng de xíngdòng ❷【もてなす】款待 kuǎndài; 请客 qǐngkè (英 *entertain*) ▶彼はみんなにそばを振る舞った/他请大家吃荞麦面 tā qǐng dàjiā chī qiáomàimiàn

ふるめかしい【古めかしい】古老 gǔlǎo; 陈旧 chénjiù; 老式 lǎoshì (英 *old-fashioned*) ▶～服装/老式服装 lǎoshì fúzhuāng ▶～文章で書かれた手紙/用老式文体写的信 yòng lǎoshì wéntǐ xiě de xìn

ふるわせる【震わせる】颤抖 chàndǒu; 抖动 dǒudòng; 震颤 zhènchàn (英 *shake*) ▶声を～/颤着声音 chànzhe shēngyīn ▶声を震わせて言う/颤抖着声音说 chàndǒuzhe shēngyīn shuō ▶体を震わせて泣く/抖动着身子哭 dǒudòngzhe shēnzi kū ▶雷鳴が天地を震わせた/雷声震得天地颤动 léishēng zhèn de tiāndì chàndòng

ふるわない【振るわない】不振 búzhèn; 不兴旺 bù xīngwàng (英 *be stagnant*) ▶商いが～/生意清淡 shēngyì qīngdàn ▶食欲が～/食欲不振 shíyù bùzhèn

ふれあい【触れ合い】接触 jiēchù; 交流 jiāoliú (英 *contact*) ▶心の～を大切にする/珍视心灵的接触 zhēnshì xīnlíng de jiēchù ▶教師と学生の～/教师与学生的交流 jiāoshī yǔ xuéshēng de jiāoliú

ふれあう【触れ合う】接触 jiēchù; 碰撞 pèngzhuàng (英 *come in touch*) ▶肌と肌とで～/肌肤接触 jīfū jiēchù ▶言葉は通じないが心は触れ合った/语言不通, 心灵相通 yǔyán bùtōng, xīnlíng xiāngtōng

ぶれい【無礼な】非礼 fēilǐ; 不恭敬 bù gōngjìng (英 *impolite; rude*); [不逊] *insolent*) ▶～を働く/冒犯 màofàn ▶～な振る舞いに対してどう振る舞うか/对于无礼的举止该以怎样的行动应对呢？ duìyú wúlǐ de jǔzhǐ gāi yǐ zěnyàng de xíngdòng yìngduì ne?

◆～講/不讲客套的宴席 bù jiǎng kètào de yànxí ～者！/混蛋！húndàn!

プレイガイド 联合售票处 liánhé shòupiàochù (英 *a ticket office*)

プレイボーイ 花花公子 huāhuā gōngzǐ (英 *a playboy*)

ブレイン 参谋 cānmóu; 智囊人物 zhìnáng rénwù (英 *brains*) ▶彼は会長の陰の～だそうだ/据说他是会长的幕后参谋 jùshuō tā shì huìzhǎng de mùhòu cānmóu

◆～トラスト/智囊团 zhìnángtuán; 顾问团 gùwèntuán

プレー〈遊び〉游戏 yóuxì;〈競技〉比赛 bǐsài (英 *play*)

プレーオフ 延长赛 yánchángsài; 为决第一名的加赛 wèi jué dìyī míng de jiāsài (英 *a play-off*) ▶勝負は～にもつれこんだ/比赛拖延到决胜加赛 bǐsài tuōyán dào juéshèng jiāsài

ブレーキ 闸 zhá; 制动器 zhìdòngqì; 车闸 chēzhá (英 *a brake*) ▶～を掛ける/刹 shā; 刹车 shāchē ▶急～を掛ける/踩上急刹车 cǎishàng jíshāchē ▶行き過ぎに～を掛ける/制止过分行为 zhìzhǐ guòfèn xíngwéi ▶～が利かない/刹车失灵 shāchē shīlíng

◆非常～/紧急刹车 jǐnjí shāchē

フレーズ 短语 duǎnyǔ; 句子 jùzi;〖音楽〗小楽句 xiǎoyuèjù; 乐句 yuèjù (英 *a phrase*)

プレート 平板 píngbǎn; 金属板 jīnshǔbǎn (英 *a plate*) ▶ネーム～/名字牌 míngzipái ▶ナンバー～/汽车号码牌 qìchē hàomǎpái ▶～境界で起こる地震/板块交界处发生的地震 bǎnkuài jiāojièchù fāshēng de dìzhèn

フレーム 骨子 gǔzi; 框子 kuàngzi (英 *a frame*) ▶写真を～に収める/把照片镶入相框 bǎ zhàopiàn xiāngrù xiàngkuàng

ふれこみ【触れ込み】宣扬 xuānyáng; 事先宣传 shìxiān xuānchuán (英 *announcement*)

非常に斬新だという～/宣扬说是新鲜无比的 xuānyáng shuō shì xīnxiān wúbǐ de ▶彼は医者だという～だった/事先宣扬他是个医生 shìxiān xuānyáng tā shì ge yīshēng

ブレザー〔服飾〕鲜艳的西装上衣 xiānyàn de xīzhuāng shàngyī 〘英〙*a blazer*〙

プレスする ❶【押し】压 yā 〘英〙*press*〙▶～ハム/压硬的熏肉 yāyìng de xūnròu ▶～加工する/冲压 chòngyā 〘英〙*the press*〙❷【新聞】新闻界 xīnwénjiè ▶～センター/新闻中心 xīnwén zhōngxīn ❸【アイロンをかける】熨 yùn 〘英〙*press*〙▶ズボンを～する/熨裤子 yùn kùzi

ブレスレット手镯 shǒuzhuó；钏 chuàn 〘英〙*a bracelet*〙

プレゼント礼物 lǐwù 〘英〙*a present*〙▶～する/送礼 sònglǐ ▶入学祝いに時計を～しよう/为庆祝入学，送你一块手表吧 wèi qìngzhù rùxué, sòng nǐ yí kuài shǒubiǎo ba

フレックスタイム弹性工作时间 tánxìng gōngzuò shíjiān 〘英〙*flextime*〙

プレッシャー《精神的な》压力 yālì 〘英〙*pressure*〙▶～がかかる/有压力 yǒu yālì ▶～を与える/施加压力 shījiā yālì ▶～を全然感じない/没感到丝毫压力 méi gǎndào sīháo yālì ▶僕は試合前から～に潰されていた/我早在比赛以前就被压力打垮了 wǒ zǎo zài bǐsài yǐqián jiù bèi yālì dǎkuǎ le

フレッシュな清新 qīngxīn；新鲜 xīnxiān 〘英〙*fresh*〙▶～マン/新人 xīnrén；新生 xīnshēng

プレハブ预制房屋 yùzhìshì fángwū 〘英〙*a prefab*〙

ふれまわる【触れ回る】四处散布 sìchù sànbù；到处宣扬 dàochù xuānyáng 〘英〙*circulate*〙▶近所に～/向近邻宣扬 xiàng jìnlín xuānyáng ▶彼女はその話を町中に～だろう/她一定会把那件事在整条街上到处宣扬吧 tā yídìng huì bǎ nà jiàn shì zài zhěng tiáo jiēshang dàochù xuānyáng ba

プレミア加价 jiājià 〘英〙*a premium*〙▶～がつく/追加高价 zhuījiā gāojià

プレリュード〘英〙*a prelude*〙〔音楽〕序曲 xùqǔ；《前触れ》前奏 qiánzòu ▶悲劇の～/悲剧的前奏 bēijù de qiánzòu

ふれる【触れる】❶【さわる】触及 chùjí；接触 jiēchù 〘英〙*touch*; *feel*〙▶急所に～/触痛 chùtòng ▶手で～/用手摸摸 yòng shǒu mōmo ▶地雷に～/触到地雷 chùdào dìléi ▶ふと卓上の赤い花が目に触れた/忽然看见桌子上的红花 hūrán kànjiàn zhuōzishang de hónghuā ▶あのとき初めて大都会の空気に触れた/那时第一次接触到了大城市的空气 nà shí dìyī cì jiēchùdàole dàchéngshì de kōngqì

❷【言及する】提及 tíjí；涉及 shèjí 〘英〙*mention*; *refer to*...〙▶話題に～/触及到该话题 chùjídào gāi huàtí ▶この問題にも簡単に触れておこう/这个问题也简单地谈一下吧 zhège wèntí yě jiǎndān de tán yíxià ba ▶触れられたくない心の古傷/不愿被触碰的心头旧伤 bú yuàn bèi chùpèng de xīntóu jiùshāng

❸【抵触する】违反 wéifǎn；抵触 dǐchù 〘英〙*violate*〙▶法に～ようなことはするな/别做触犯法律的事 bié zuò chùfàn fǎlǜ de shì

ぶれる《写真で》照得模糊 zhàode móhu；《方針などで》背离 bèilí；脱离 tuōlí 〘英〙*shake*〙

ブレンドする 勾兑 gōuduì；混合 hùnhé；掺和 chānhuo 〘英〙*blend*〙▶～コーヒー/混合咖啡 hùnhé kāfēi；勾兑咖啡 gōuduì kāfēi

ふろ【風呂】《入浴》洗澡 xǐzǎo；《浴槽》澡盆 zǎopén 〘英〙*a bath*〙▶～に入る/洗澡 xǐzǎo ▶～場/洗澡间 xǐzǎojiān ▶～一を沸かす/烧洗澡水 shāo xǐzǎoshuǐ ▶～が沸きました/洗澡水烧好了 xǐzǎoshuǐ shāohǎo le ▶～が熱い[ぬるい]/洗澡水热[温乎] xǐzǎoshuǐ rè[wēnhū] ▶お～のかげんはいかがですか/洗澡水温度怎么样？xǐzǎoshuǐ wēndù zěnmeyàng？

◆砂～/沙浴 shāyù ～屋/公共浴池 gōnggòng yùchí；澡堂 zǎotáng

プロ（フェッショナル） 职业 zhíyè；专业 zhuānyè 〘英〙*a professional*; *a pro*〙▶～スポーツ/职业体育 zhíyè tǐyù ▶～意識を持つ/有专业意识 yǒu zhuānyè yìshí

フロア地面 dìmiàn；地板 dìbǎn 〘英〙*a floor*〙

ブロイラー笋鸡 sǔnjī；食用嫩鸡 shíyòng nènjī 〘英〙*a broiler*〙

ふろうしゃ【浮浪者】无家无业之人 wú jiā wú yè zhī rén 〘英〙*a tramp*; *the homeless*〙

ふろうしょとく【不労所得】不劳而获的收入 bù láo ér huò de shōurù 〘英〙*unearned income*〙

ふろうふし【不老不死の】长生不死 cháng shēng bù sǐ 〘英〙*of eternal youth*〙▶～の秘薬/长生不死的秘药 cháng shēng bù sǐ de mìyào

ブローカー经纪人 jīngjìrén；掮客 qiánkè 〘英〙*a broker*〙▶金融～/金融经纪人 jīnróng jīngjìrén ▶～の手数料/经纪人手续费 jīngjìrén shǒuxùfèi

ブローチ饰针 shìzhēn 〘英〙*a brooch*〙▶胸にパンダの～をつけている/胸前别着大熊猫的饰针 xiōngqián biézhe dàxióngmāo de shìzhēn

ブロードバンド《インターネット》宽带 kuāndài 〘英〙*broadband*〙

ふろく【付録】附录 fùlù 〘英〙*a supplement*; *an appendix*〙▶雑誌の～/杂志的附录 zázhì de fùlù

ブログ《インターネット》博客 bókè 〘英〙*a blog*〙

プログラマー程序设计员 chéngxù shèjìyuán 〘英〙*a programer*〙

プログラミング程序设计 chéngxù shèjì 〘英〙*programing*〙

プログラム《番組・演劇などの》节目 jiémù；节目单 jiémùdān；《説明书》说明书 shuōmíngshū；《コンピュータの》程序 chéngxù 〘英〙*a program*〙

プロジェクター放映机 fàngyìngjī；投影仪 tóuyǐngyí 〘英〙*a projector*〙

プロジェクト工程 gōngchéng；计划 jìhuà 〘英〙

**a project》▶巨大〜/巨大工程 jùdà gōngchéng ♦〜チーム：项目工作组 xiàngmù gōngzuòzǔ ▶〜チームを作って企画を練る/成立个项目组来进行设计 chénglì ge xiàngmùzǔ lái jìnxíng shèjì

ふろしき【風呂敷】 包袱 bāofu 《*a cloth wrapper*》▶〜で包む/用包袱皮包 yòng bāofupí bāo ▶大〜をひろげる/说大话 shuō dàhuà; 吹牛 chuīniú

プロセス 过程 guòchéng; 进程 jìnchéng 《*a process*》▶必要な〜/必要的过程 bìyào de guòchéng

プロダクション 生产 shēngchǎn;《映画・芸能の》制作公司 zhìzuò gōngsī 《映画》*a film studio*;《芸能》*a talent agency*》

ブロック《市街などの》街区 jiēqū; 单元 dānyuán;《コンクリートなどの》预制板 yùzhìbǎn 《*a block*》▶台風で〜塀が倒れた/预制板墙被台风吹倒了 yùzhìbǎnqiáng bèi táifēng chuīdǎo le

ブロッコリー〔植物〕西蓝花 xīlánhuā; 绿菜花 lǜcàihuā 《*broccoli*》▶〜は栄養価の高い野菜です/西蓝花是营养价值很高的蔬菜 xīlánhuā shì yíngyǎng jiàzhí hěn gāo de shūcài

プロット 情节 qíngjié 《*a plot*》▶初めに〜を決めてから物語を展開させる/先设定好情节，再展开故事 xiān shèdìnghǎo qíngjié, zài zhǎnkāi gùshi

フロッピーディスク〔電算〕软盘 ruǎnpán 《*a floppy disk*》

プロテクター 保护器 bǎohùqì; 护具 hùjù 《*a protector*》▶〜を着ける/戴上护具 dàishàng hùjù

プロテスタント《信徒》新教徒 Xīnjiàotú 《*a Protestant*》;《宗派》新教 Xīnjiào 《*Protestantism*》

参考 中国語の'基督教 Jīdūjiào（キリスト教）'は主にプロテスタントを指す。一方のカトリックは'天主教 Tiānzhǔjiào'という。

プロデューサー 制片人 zhìpiànrén; 编制人 biānzhìrén 《*a producer*》

プロバイダー《インターネット》服务商 fúwùshāng 《*a provider*》

プロパガンダ 宣传 xuānchuán 《*propaganda*》▶「民族の祭典」は典型的な〜映画だ/《民族盛会》是一部典型的宣传电影 《Mínzú shènghuì》 shì yí bù diǎnxíng de xuānchuán diànyǐng

プロパンガス 丙烷气 bǐngwánqì 《*propane (gas)*》

プロフィール 侧面像 cèmiànxiàng; 传略 zhuànlüè 《*a profile*》▶新人歌手の〜/新歌手的简介 xīngēshǒu de jiǎnjiè

プロペラ 螺旋桨 luóxuánjiǎng 《*a propeller*》▶〜機/螺旋桨式飞机 luóxuánjiǎngshì fēijī

プロポーション《体型について》体型 tǐxíng 《*proportions*》▶彼女は抜群の〜を誇っている/她有超群的好身材 tā yǒu chāoqún de hǎoshēncái

プロポーズする 求婚 qiúhūn 《*propose*》▶彼女に〜したがあっさり断られた/我向她求了婚，可是被一口回绝了 wǒ xiàng tā qiúle hūn, kěshì bèi yì kǒu huíjué le

プロムナード 散步路 sànbùlù 《*a promenade*》

プロモーター 主办者 zhǔbànzhě; 演出人 yǎnchūrén; 承办人 chéngbànrén 《*a promoter*》▶大会の〜/大会的承办人 dàhuì de chéngbànrén

プロやきゅう【プロ野球】 职业棒球 zhíyè bàngqiú 《*professional baseball*》▶〜選手/职业棒球选手 zhíyè bàngqiú xuǎnshǒu

プロレス 职业摔交 zhíyè shuāijiāo 《*professional wrestling*》

プロレタリア 无产阶级 wúchǎn jiējí; 无产者 wúchǎnzhě 《[階級]*the proletariat*》▶〜文学/无产阶级文学 wúchǎn jiējí wénxué

プロローグ《序》序言 xùyán; 序章 xùzhāng;《劇》序幕 xùmù;《発端》开端 kāiduān 《*a prologue*》▶路上の小さなけんかが一大疑獄事件の〜だった/路边的小口角成了一大贪污案的开端 lùbiān de xiǎokǒujué chéngle yídà tānwū'àn de kāiduān

フロン（ガス） 氟隆气 fúlóngqì 《*Freon gas*》▶〜はオゾン層破壊の原因となる/氟隆气是破坏臭氧层的因素 fúlóngqì shì pòhuài chòuyǎngcéng de yīnsù

ブロンズ 青铜 qīngtóng 《*bronze*》▶〜像/青铜像 qīngtóng xiàng

フロント《ホテルなどの》服务台 fúwùtái; 前台 qiántái 《*the reception desk*》▶〜にキーをあずける/把钥匙寄存到前台 bǎ yàoshi jìcúndào qiántái ▶テレビの調子が悪かったので〜に連絡した/电视机有毛病，所以跟服务台联系了 diànshìjī yǒu máobìng, suǒyǐ gēn fúwùtái liánxì le

ブロンド 金发 jīnfà 《[金髪]*blond hair*》▶〜の婦人/金发女人 jīnfà nǚrén

フロントガラス 挡风玻璃 dǎngfēng bōli 《*a windshield*》

ふわ【不和】 不和 bùhé; 不和睦 bù hémù 《*discord; trouble*》▶〜を招く/引起不和 yǐnqǐ bùhé ▶家庭内の〜に悩む/为家庭不和而烦恼 wèi jiātíng bùhé ér fánnǎo ▶友達と〜になる/和朋友闹僵了 hé péngyou nàojiāng le

ふわく【不惑】 不惑 búhuò; 四十岁 sìshí suì 《*the age of forty*》

ふわたり【不渡り】 拒付 jùfù 《*a dishonored check*》▶〜小切手/空头支票 kōngtóu zhīpiào ▶手形が〜になった/票据被拒付了 piàojù bèi jùfù le ▶〜をつかまされる/支票被拒付了 zhīpiào bèi jùfù le

ふわふわ ❶《軽い》软绵绵 ruǎnmiánmián 《*soft*》▶〜した/暖腾腾的 xuānténgténg de 毛が〜している/羽毛软绵绵的 yǔmáo ruǎnmiánmián de ▶真っ青な空に〜した雲が浮かんでいる/蔚蓝的天空中飘着轻柔的云朵 wèilán de tiānkōng zhōng piāozhe qīngróu de yúnduǒ ▶ ❷【漂うさま】飄然 piāorán; 飄悠 piāoyōu (英 *lightly*) ▶ ～漂う/悬浮 xuánfú ▶ ❸【気持ちが】飄飄然 piāopiāorán (英 *unsteady*) ▶ ～した気持ちじゃダメだ/你这么浮躁, 怎么行呢? nǐ zhème fúzào, zěnme xíng ne?

ふわらいどう【付和雷同する】随声附和 suí shēng fùhè; 人云亦云 rén yún yì yún (英 *follow blindly*) ▶ 周りの雰囲気に～する/对周围的氛围随声附和 duì zhōuwéi de fēnwéi suí shēng fùhè

ふわり ❶【軽い】輕輕飄 qīngqīngpiāo; 轻轻地 qīngqīng de (英 *lightly*) ▶ 雲が～と空に浮かんでいる/一朵云轻轻地飘在空中 yì duǒ yún qīngqīng de piāozài kōngzhōng ▶ 毛皮のコートを～と羽織る/轻轻地披上毛皮大衣 qīngqīng de pīshàng máopí dàyī ❷【柔らかい】松软 sōngruǎn (英 *softly*) ▶ パンが～と焼き上がる/面包烤得松软 miànbāo kǎode sōngruǎn

ふん【分】分 fēn (英 *a minute*) ▶ 5時3～前/差三分五点 chà sān fēn wǔ diǎn ▶ 半熟卵は何～ぐらいで煮るのですか/半熟鸡蛋要煮几分钟? bànshú jīdàn yào zhǔ jǐ fēnzhōng? ▶ 北緯20度15～/北纬二十度十五分 běiwěi èrshí dù shíwǔ fēn ▶ 私は一刻みのスケジュールで動いている/我按照细密的时间表行动 wǒ ànzhào xìmì de shíjiānbiǎo xíngdòng

ふん【糞】屎 shǐ; 粪 fèn (英 *excrement; feces; dung*) ▶ 馬の～/马粪 mǎfèn ▶ ～をする/拉屎 lāshǐ; 出恭 chūgōng ▶ 犬の～は飼い主が始末して下さい/狗粪主人清理 gǒufèn zhǔrén qīnglǐ ▶ ハトが頭の上に落ちてきた/鸽子粪落到了头上 gēzifèn luòdàole tóushang

ぶん【分】❶【部分】分 fēn (英 *a part*) ▶ 百～の五/百分之五 bǎi fēn zhī wǔ ❷【割当】份 fèn (英 *a share; a portion*) ▶ これは君の～だ/这是你的那份儿 zhè shì nǐ de nà fènr ▶ 僕は彼の～まで払わされた/我被迫把他那份儿钱也付了 wǒ bèipò bǎ tā nà fènr qián yě fù le ▶ 3人～の仕事をする/干三个人的工作 gàn sān ge rén de gōngzuò ▶ 2日～の薬を出しておきましょう/先给你两天的药吧 xiān gěi nǐ liǎng tiān de yào ba ▶ 二人～食べる/吃双份儿 chī shuāng fènr ❸【身分】分 fèn (英 *one's place*) ▶ ～相応に暮らす/安分过活 ānfèn guòhuó ▶ ～を知る/懂本分 dǒng běnfèn

ぶん【文】《一つの文》句子 jùzi; 《文章》文章 wénzhāng (英 *a sentence; writings*) ▶ 例～を作る/造例句 zào lìjù ▶ あいつは文うまい～を書くな/他文章写得真好啊 tā wénzhāng xiěde zhēn hǎo a

ことわざ 文は人なり 文如其人 wén rú qí rén

♦～頭:（文章的）开头（wénzhāng de）kāitóu ～末:（文章的）末尾（wénzhāng de）mòwěi; 句末 jùmò ～面:字面 zìmiàn

ぶんいき【雰囲気】气氛 qìfēn; 空气 kōngqì; 氛围 fēnwéi (英 *atmosphere*) ▶ ～を柔らげる/缓和空气 huǎnhé kōngqì ▶ 家庭的～に浸る/沉浸在家庭气氛中 chénjìn zài jiātíng qìfēn zhōng ▶ カーテンを替えたら部屋の～が変わった/一换窗帘, 房间的气氛都变了 yí huàn chuānglián, fángjiān de qìfēn dōu biàn le ▶ レトロな～の市内循環バス/怀旧情趣的市内环行公共汽车 huáijiù qíngqù de shìnèi huánxíng gōnggòng qìchē ▶ あのホテルは家庭的な～がある/那家宾馆很有家庭情趣 nà jiā bīnguǎn hěn yǒu jiātíng qíngqù ▶ 彼女は何か上品な～をもっている/她有一种优雅的气质 tā yǒu yì zhǒng yōuyǎ de qìzhì

ふんえん【噴煙】火山烟云 huǒshān yānyún (英 *volcanic smoke*) ▶ ～を上げる/喷出烟云 pēnchū yānyún

ふんか【噴火する】喷火 pēnhuǒ (英 *erupt*) ▶ 浅間山が～した/浅间山喷火了 Qiǎnjiānshān pēnhuǒ le

♦～口:喷火口 pēnhuǒkǒu ～山:活火山 huóhuǒshān

ぶんか【分化する】分化 fēnhuà (英 *differentiate*)

ぶんか【分科】分科 fēnkē (英 *a department*; [1部門] *a branch*) ▶ 午後は三つの～会に分かれて討議する/下午分为三个分科会来进行讨论 xiàwǔ fēnwéi sān ge fēnkēhuì lái jìnxíng tǎolùn

ぶんか【文化】文化 wénhuà (英 *culture; civilization*) ▶ ～遺産/文化遗产 wénhuà yíchǎn ▶ ～的な生活/文化生活 wénhuà shēnghuó ▶ ～水準が高い国/文化水平很高的国家 wénhuà shuǐpíng hěn gāo de guójiā ▶ ❷国間の～交流/两国间的文化交流 liǎng guó jiān de wénhuà jiāoliú ▶ 異～コミュニケーション/不同文化间的交流 bùtóng wénhuà jiān de jiāoliú ▶ 高校の～祭/高中的文化节 gāozhōng de wénhuàjié

♦ 重要無形～財:重要的非物质文化遗产 zhòngyào de fēiwùzhì wénhuà yíchǎn ～勲章:文化勋章 wénhuà xūnzhāng ～功労者:文化功臣 wénhuà gōngchén ～人:知识分子 zhīshi fènzǐ; 文化人士 wénhuà rénshì ～人類学:文化人类学 wénhuà rénlèixué

日中比較 中国語の '文化 wénhuà' には「学問」や「教養」という意味もある。

ぶんか【文科】文科 wénkē (英 *the humanities*) ▶ ～を専攻する/专修文科 zhuānxiū wénkē ▶ ～系の学生/文科大学生 wénkē dàxuéshēng

ふんがい【憤慨する】愤慨 fènkǎi; 气愤 qìfèn (英 *take offense*) ▶ 会長の無責任な対応にみなは～している/对董事长不负责任的应对大家很愤慨 duì dǒngshìzhǎng bú fù zérèn de yìngduì dàjiā hěn fènkǎi ▶ 彼は侮辱されてひどく～した/他遭到侮辱, 非常气愤 tā zāodào wǔrǔ, fēicháng qìfèn

ぶんかい【分解する】分解 fēnjiě; 拆卸 chāixiè (英 *dissolve*; [機械を] *take apart*) ▶ 電気～す

ぶんがく【文学】 文学 wénxué; 文芸 wényì (英 literary) ▶～的才能/文学方面的才气 wénxué fāngmiàn de cáiqì; 文采 wéncǎi ▶～作品/文学作品 wénxué zuòpǐn ▶～者/文学家 wénxuéjiā ▶～の素養がある/具有文学修養 jùyǒu wénxué xiūyǎng
♦大衆～/大众文学 dàzhòng wénxué ～雑誌/文学杂志 wénxué zázhì;文艺刊物 wényì kānwù ～賞/文学奖 wénxuéjiǎng ～部/文学院 wénxuéyuàn ▶～部長/文学院院长 wénxuéyuàn zhǎng

ぶんかつ【分割する】 分割 fēngē; 划分 huàfēn (英 divide) ▶～して支払う/分期付款 fēnqī fùkuǎn ▶領土を両国で～統治する/领土由两国分割统治 lǐngtǔ yóu liǎng guó fēngē tǒngzhì

ふんき【奮起する】 发奋 fāfèn; 振作 zhènzuò; 奋起 fènqǐ (英 rouse oneself up) ▶～させる/鼓劲 gǔjìn; 振奋 zhènfèn ▶～して仕事に取りかかる/振作起来,着手工作 zhènzuòqǐlai, zhuóshǒu gōngzuò ▶部下に～を促す/促使部下发奋向上 cùshǐ bùxià fāfèn xiàngshàng

ぶんき【分岐する】 分岔 fēnchà; 岔开 chàkāi (英 branch off; fork) ▶～点/岔口 chàkǒu ▶高速道路の～点に近づく/接近高速公路的岔口了 jiējìn gāosù gōnglù de chàkǒu le
[日中比較] 中国語の'分歧 fēnqí'は意見や記載などの「不一致」を指す.

ふんきゅう【紛糾する】 纠纷 jiūfēn; 混乱 hùnluàn (英 tangle) ▶事態が～する/情况混乱 qíngkuàng hùnluàn ▶予算をめぐって村議会が～した/围绕预算村议会产生了纠纷 wéirào yùsuàn cūnyìhuì chǎnshēngle jiūfēn ▶～をさける/避开纠纷 bìkāi jiūfēn

ぶんきょう【文教】 文教 wénjiào (英 education) ▶～政策/文教政策 wénjiào zhèngcè ▶～地区/文教区 wénjiàoqū

ぶんぎょう【分業する】 分工 fēngōng (英 divide the work) ▶この仕事を三人で～してやろう/这项工作三个人分工完成吧 zhè xiàng gōngzuò sān ge rén fēngōng wánchéng ba ▶現代は社会的～の時代だ/现今是社会分工的时代 xiànjīn shì shèhuì fēngōng de shídài

ふんぎり【踏ん切り】 决心 juéxīn; 决断 juéduàn (英 decision) ▶～がつかない/下不了决心 xiàbuliǎo juéxīn

ぶんぐ【文具】 文具 wénjù (英 stationery)

ぶんけ【分家】 分家 fēnjiā (英 a branch family) ▶～を立てる/另立门户 lìng lì ménhù ▶本家と～がいがみ合う/主系和旁枝相争 zhǔxì hé pángzhī xiāng zhēng ▶僕の家は祖父の代に～した/我家在祖父一代另立了门户 wǒ jiā zài zǔfù yídài lìng lì le ménhù

ふんけい【刎頸】
[ことわざ] **刎頸の交わり** 刎颈之交 wěn jǐng zhī jiāo

ぶんけい【文型】 句型 jùxíng (英 a sentence pattern)

ぶんげい【文芸】 文艺 wényì (英 literary arts) ♦口承～/口传文艺 kǒuchuán wényì ～作品/文艺作品 wényì zuòpǐn ～誌/文艺杂志 wényì zázhì ～批評/文艺评论 wényì pínglùn ～復興/文艺复兴 wényì fùxīng ～欄/文艺栏 wényìlán

ふんげき【憤激する】 激愤 jīfèn; 愤怒 fènnù (英 fury)

ぶんけん【分権】 分权 fēnquán (英 decentralization) ▶地方～/地方分权 dìfāng fēnquán

ぶんけん【文献】 文献 wénxiàn (英 literature) ▶参考～/参考文献 cānkǎo wénxiàn ▶多くの～に当たる/查看许多文献 chákàn xǔduō wénxiàn ▶この問題に関する～は少ない/关于这个问题文献很少 guānyú zhège wèntí wénxiàn hěn shǎo

ぶんこ【文庫】 文库 wénkù (英 a library) ♦～本/袖珍本 xiùzhēnběn
[参考] '文库 wénkù'は通常叢書名に使われる.

ぶんご【文語】 文言 wényán (英 literary language) ▶～調の/文言味儿的 wényánwèir de ▶父の手紙は～で書かれていた/父亲的信是用文言写的 fùqin de xìn shì yòng wényán xiě de

ぶんこう【分校】 分校 fēnxiào (英 a branch school) ▶山の～には生徒が5人しかいない/山区分校的学生只有五名 shānqū fēnxiào de xuésheng zhǐ yǒu wǔ míng

ぶんごう【文豪】 文豪 wénháo (英 a great writer)

ぶんこうき【分光器】 分光镜 fēnguāngjìng (英 a spectroscope)

ぶんこつ【分骨する】 骨灰分葬 gǔhuī fēnzàng (英 bury part of a person's ashes) ▶母の遺骨を郷里の墓地に～した/把母亲的骨灰分葬在故乡的坟地 bǎ mǔqin de gǔhuī fēnzàng zài gùxiāng de féndì

ふんこつさいしん【粉骨砕身する】 粉身碎骨 fěn shēn suì gǔ (英 do one's very best) ▶会社再建のために～努力する覚悟であります/为了重建公司,我做好了粉身碎骨的精神准备 wèile chóngjiàn gōngsī, wǒ zuòhǎole fěn shēn suì gǔ de jīngshén zhǔnbèi

ふんさい【粉砕する】 粉碎 fěnsuì; 破碎 pòsuì (英 smash...to pieces) ▶敵を～する/粉碎敌人 fěnsuì dírén ▶重機で岩石を～する/用重型机械粉碎岩石 yòng zhòngxíng jīxiè fěnsuì yánshí

ぶんさい【文才】 文才 wéncái (英 a talent for writing) ▶～豊かな/富于文才 fùyú wéncái ▶～を認められる/文才被承认 wéncái bèi chéngrèn

ぶんざい【分際】 资格 zīgé; 身分 shēnfen (英 one's social status) ▶君はそんなことを言える～でない/你没有资格说那样的话 nǐ méiyǒu zīgé shuō nàyàng de huà ▶学生の～で高級車を乗り回している/身为一个学生却开着高级车四处兜风 shēn wéi yí ge xuésheng què kāizhe gāojíchē sìchù dōufēng

ぶんさつ【分冊】 分冊 fēncè (英 *a separate volume*) ▶この事典は3～になっている/这部百科辞典分为三册 zhè bù bǎikē cídiǎn fēnwéi sān cè

ぶんさん【分散する】 疏散 shūsàn; 分散 fēnsàn (英 *disperse*) ▶～させる/分散 fēnsàn ▶万一に備え危険を～させなければならない/为了防备万一，必须分散危险 wèile fángbèi wànyī, bìxū fēnsàn wēixiǎn ▶兵力を～する/分散兵力 fēnsàn bīnglì ▶貴重図書を地方に～させる/把珍贵图书疏散到地方 bǎ zhēnguì túshū shūsàndào dìfāng

ぶんし【分子】 分子 fēnzǐ; 《一部の者》fènzǐ (英 *a molecule*: [分数の] *a numerator*; [一部の者] *an element*) ▶～式/分子式 fēnzǐshì ▶危険～/危险分子 wēixiǎn fènzǐ ▶反政府勢力の不穏な～の動きを警戒する/警惕反政府势力的危险分子的行动 jǐngtì fǎnzhèngfǔ shìlì de wēixiǎn fènzǐ de xíngdòng

ふんしつ【紛失】 丢失 diūshī; 遗失 yíshī; 散失 sànshī (英 *lose*) ▶～物/遗失物 yíshīwù ▶パスポートを～した/丢了护照 diūle hùzhào ▶警察に～届を出した/把遗失登记交给了警察 bǎ yíshī dēngjì jiāogěile jǐngchá ▶しまったと思った鍵が部屋の中にあった/原以为丢了的钥匙原来在房间里 yuán yǐwéi diūle de yàoshi yuánlái zài fángjiānli

ふんしゃ【噴射する】 喷射 pēnshè (英 *blast off*) ▶ロケットを～する/喷焰推进火箭 pēn yàn tuījìn huǒjiàn ▶スプレー式の殺虫剤を～する/喷射喷雾式的灭虫剂 pēnshè pēnwùshì de mièchóngjì ▶軌道に乗る～に成功する/载入轨道的喷射成功了 zǎirù guǐdào de pēnshè chénggōng le

ぶんしゅう【文集】 集子 jízi; 文集 wénjí (英 *an anthology*) ▶卒業～/毕业文集 bìyè wénjí ▶郭沫若～/郭沫若文集 Guō Mòruò wénjí

ふんしゅつ【噴出する】 喷出 pēnchū; 喷涌 pēnyǒng (英 *spout; gush out*) ▶火山から溶岩を～する/从火山喷出了熔岩 cóng huǒshān pēnchūle róngyán ▶教育をめぐってさまざまな問題が～する/围绕教育，一下子爆发出了各种各样的问题 wéirào jiàoyù, yíxiàzi bàofāchūle gè zhǒng gè yàng de wèntí

ぶんしょ【文書】 公文 gōngwén; 文件 wénjiàn; 文书 wénshū (英 *a document*) ▶～を取り交わす/换文 huàn wén; 交换公文 jiāohuàn gōngwén ▶～偽造/伪造文件 wěizào wénjiàn ▶外交～/外交公文 wàijiāo gōngwén ▶調査の結果を～にまとめる/把调查结果整理成文件 bǎ diàochá jiéguǒ zhěnglǐchéng wénjiàn ▶～で回答する/书面回答 shūmiàn huídá

日中比較 中国語の '文书 wénshū' は「書類」の他に「書記」をも指す．

ぶんしょう【文章】 文章 wénzhāng; 文字 wénzì; 文 wén (英 *writing; a sentence*) ▶～を書く/写文章 xiě wénzhāng; 作文 zuòwén ▶直訳文をこなれた～に変える/把直译文章改写成通顺自然的文章 bǎ zhíyì wénzhāng gǎixiěchéng tōngshùn zìrán de wénzhāng ▶～はじょうずだが内容に乏しい/文笔优美，但内容空泛 wénbǐ hěn měi, dàn nèiróng kōngfàn

◆～家：著名作家 zhùmíng zuòjiā; 笔杆子 bǐgǎnzi

ぶんじょう【分乗する】 分乘 fēnchéng (英 *ride separately*) ▶3台に～する/分乘三辆 fēnchéng sān liàng ▶空港からタクシーに～してホテルに向かった/从机场分乘几辆出租车前往宾馆 cóng jīchǎng fēnchéng jǐ liàng chūzūchē qiánwǎng bīnguǎn

ぶんじょう【分譲する】 分开出售 fēnkāi chūshòu (英 *sell... in lots*) ▶～住宅/按户出售的住宅 àn hù chūshòu de zhùzhái

◆～地：分块出售的土地 fēn kuài chūshòu de tǔdì　～マンション：按单元出售的公寓 àn dānyuán chūshòu de gōngyù

ふんしょく【粉飾】 掩饰 yǎnshì; 粉饰 fěnshì; 虚饰 xūshì (英 *an adornment*) ▶～決算/假结账 jiǎjiézhàng ▶赤字を黒字に～する/把赤字虚饰成黑字 bǎ chìzì xūshìchéng hēizì ▶売上総利益を～する/虚饰销售总利润 xūshì xiāoshòu zǒnglìrùn ▶～された報道/经过美化的报道 jīngguò měihuà de bàodào

ふんしょこうじゅ【焚書坑儒】 焚书坑儒 fén shū kēng rú (英 *burning books and burying scholars alive*)

ふんじん【粉塵】 粉尘 fěnchén (英 *mine dust*) ▶～公害/粉尘公害 fěnchén gōnghài ▶炭鉱で～爆発が起こった/煤矿发生了粉尘爆炸事故 méikuàng fāshēngle fěnchén bàozhà shìgù ▶我々は毎日たっぷり～を吸わされていた/我们每天都被迫吸入大量粉尘 wǒmen měitiān dōu bèipò xīrù dàliàng fěnchén

ぶんしん【分身】 化身 huàshēn (英 *the other self*) ▶作者の～/作者的化身 zuòzhě de huàshēn ▶この小説の主人公は作者の～といえる/这篇小说的主人公可以说是作者的化身 zhè piān xiǎoshuō de zhǔréngōng kěyǐ shuō shì zuòzhě de huàshēn

日中比較 中国語の '分身 fēnshēn' は「仕事から手を離す」こと．

ぶんじん【文人】 文人 wénrén (英 *a man of letters*) ▶～画/南宗画 nánzōnghuà ▶～墨客/文人墨客 wénrén mòkè

ふんすい【噴水】 喷泉 pēnquán (英 *a fountain*) ▶公園の～/公园的喷泉 gōngyuán de pēnquán

ぶんすいれい【分水嶺】 分水岭 fēnshuǐlǐng (英 *a watershed*)

ぶんすいろ【分水路】 支渠 zhīqú (英 *a water-control chanel*)

ぶんすう【分数】〔数〕分数 fēnshù（英 *a fraction*）

ふんする【扮する】 扮 bàn；扮演 bànyǎn；打扮 dǎbàn（英 *play the role of...*）▶浦島太郎に～/扮演浦島太郎 bànyǎn Pǔdǎo Tàiláng ▶名優がピエロに～/名角来扮演小丑 míngjué lái bànyǎn xiǎochǒu

ぶんせき【分析する】 分析 fēnxī；剖析 pōuxī（英 *analyse*）▶～化学/分析化学 fēnxī huàxué ▶事前の状況～が不十分だった/事前的情况分析做得很不够 shìqián de qíngkuàng fēnxī zuòde hěn búgòu ▶毒物がないか～して調べる/分析调查是否含有毒物质 fēnxī diàochá shìfǒu hányǒu dúwùzhì ▶食品～表/食品分析列表 shípǐn fēnxī lièbiǎo
◆定性～/定性分析 dìngxìng fēnxī

ぶんせき【文責】 文责 wénzé（英 *the responsibility for the article*）▶～は筆者/文责由作者自负 wénzé yóu zuòzhě zìfù

ふんせん【噴泉】 喷泉 pēnquán（英 *a fountain*）

ふんせん【奮戦する】 奋战 fèndòu（英 *fight hard*）▶子育て～記を書く/书写养育儿女奋斗记 shūxiě yǎngyù érnǚ fèndòujì ▶～空しく金メダルを逃した/虽经奋战，错失金牌 suī jīng fènzhàn, cuòshī jīnpái

ふんぜん【憤然と】 愤然 fènrán；勃然 bórán（英 *indignantly*）▶彼は～として席を立った/他愤然离席而去 tā fènrán lí xí ér qù ▶～とした面持ちで口をつぐんだ/神色愤然地住了嘴 shénsè fènrán de zhùle zuǐ

ふんそう【扮装】 打扮 dǎbàn；扮装 bànzhuāng；装扮 zhuāngbàn（英 *a makeup*）；［変装］*a disguise*）▶～を解く/卸装 xièzhuāng ▶彼は女に～していた/他扮了女装 tā bànle nǚzhuāng

ふんそう【紛争】 纷争 fēnzhēng；纠纷 jiūfēn（英 *a dispute*）▶～を起こす/引起纷争 yǐnqǐ jiūfēn ▶世界各地で民族～が起きている/在世界各地发生了民族纠纷 zài shìjiè gèdì fāshēngle mínzú jiūfēn ▶お互いの理解不足が～を招く/由于互相理解不够而引起了纠纷 yóuyú hùxiāng lǐjiě búgòu ér yǐnqǐle jiūfēn ▶国際～を解決する手段としての戦争/做为解决国际间纷争之手段的战争 zuòwéi jiějué guójì jiān fēnzhēng zhī shǒuduàn de zhànzhēng

ふんぞりかえる【踏ん反り返る】 翘尾巴 qiào wěiba；摆架子 bǎi jiàzi（英 *assume a haughty attitude*）▶権力の座に～/傲慢地坐在权力的宝座上 àomàn de zuòzài quánlì de bǎozuòshang ▶彼は椅子に踏ん反り返っている/他伸腿仰面地坐在椅子上 tā shēntuǐ yǎngmiàn de zuòzài yǐzishang

ぶんたい【文体】 文体 wéntǐ；文风 wénfēng；风格 fēnggé（英 *one's writing style*）；［独自の～/独特的风格 dútè de fēnggé ▶この本はやさしい～で書いてある/这本书是以平易的文笔书写的 zhè běn shū shì yǐ píngyì de wénbǐ shūxiě de

⚑日中比较 中国語の'文体 wéntǐ'は「文章の様式・特徴」の他に，'文娱和体育 wényú hé tǐyù'すなわち文化とスポーツの総称としても使う。

ふんだくる【ひったくる】 抢夺 qiǎngduó；敲 qiāo；敲竹杠 qiāo zhúgàng（英 *snatch*）▶病院で高い治療費をふんだくられた/在医院被敲诈了高额医疗费 zài yīyuàn bèi qiāozhàle gāo'é yīliáofèi

ふんだりけったり【踏んだり蹴ったり】（人に対し）欺人太甚 qī rén tài shèn；（自分に）祸不单行 huò bù dānxíng；雪上加霜 xuěshàng jiā shuāng（英 *adding insult to injury*）▶これではまるで～だ/这简直是雪上加霜 zhè jiǎnzhí shì xuěshàng jiā shuāng

ふんだんに 很丰富 hěn fēngfù；很多 hěn duō；大量 dàliàng（英 *in plenty*）▶材料を～に使う/大量使用材料 dàliàng shǐyòng cáiliào ▶～に金を使う/花了大量的钱 huāle dàliàng de qián ▶～に酒を振る舞う/拿出许多酒请客 náchū xǔduō jiǔ qǐngkè

ぶんたん【分担する】 分摊 fēntān；分担 fēndān（英 ［費用を］*share*；［役割を］*assign*）▶～金/份子 fènzi ▶費用は我々五人で～しよう/经费由我们五个人来分摊吧 jīngfèi yóu wǒmen wǔ ge rén lái fēntān ba ▶各自が役割と責任を～する/各自分担自己的任务和责任 gèzì fēndān zìjǐ de rènwu hé zérèn ▶三人でこの仕事を～しよう/由三个人分担这项工作吧 yóu sān ge rén fēndān zhè xiàng gōngzuò ba

ぶんだん【分断する】 切断 qiēduàn；割断 gēduàn（英 *divide*）▶補給路を～する/切断补给路线 qiēduàn bǔjǐ lùxiàn ▶高速道路が村を～した/高速公路从村子里横穿而过 gāosù gōnglù cóng cūnzi héngchuān ér guò ▶台風で交通が～された/因为台风交通线被切断了 yīnwèi táifēng jiāotōngxiàn bèi qiēduàn le

ぶんだん【文壇】 文坛 wéntán；文苑 wényuàn（英 *the literary world*）▶～に躍り出る/一跃登上文坛 yíyuè dēngshàng wéntán

ブンチョウ【文鳥】〔鳥〕文鸟 wénniǎo（英 *a paddy bird*）▶手乗り～/托在掌上的文鸟 tuōzài zhǎngshang de wénniǎo

ぶんちん【文鎮】 镇纸 zhènzhǐ（英 *a paperweight*）

ぶんつう【文通する】 通信 tōngxìn（英 *correspond with...*）▶生徒に外国の子供たちと～させる/让学生们和外国的孩子们通信 ràng xuéshengmen hé wàiguó de háizimen tōngxìn

ふんとう【奮闘する】 奋斗 fèndòu；奋战 fènzhàn（英 *struggle*）▶孤軍～/孤军奋战 gūjūn fènzhàn ▶各員～努力せよ/各自努力奋斗吧！gèzì nǔlì fèndòu ba！▶最後まで～する/奋斗到底 fèndòu dàodǐ

ふんどう【分銅】 秤锤 chèngchuí；秤砣 chèngtuó（英 *a weight*）

ぶんどき【分度器】 量角器 liángjiǎoqì（英 *a*

ふんどし【褌】 兜襠布 dōudāngbù ▶～を締めてかかる/下定决心干 xiàdìng juéxīn gàn
ことわざ 人の褌で相撲を取る 借花献佛 jiè huā xiàn fó; 借鸡下蛋 jiè jī xiàdàn

ぶんどる【分捕る】 抢占 qiǎngzhàn; 抢夺 qiǎngduó (英 capture; seize) ▶人の分け前を～/抢占别人的份 qiǎngzhàn biéren de fèn 敵の兵器を～/抢夺敌人的武器 qiǎngduó dírén de wǔqì

ふんにょう【糞尿】 屎尿 shǐniào; 粪尿 fènniào (英 feces and urine)

ふんぬ【憤怒】 愤怒 fènnù (英 anger) ▶その時の父の～の形相は凄まじかった/当时父亲愤怒的面容真可怕 dāngshí fùqin fènnù de miànróng zhēn kěpà

ぶんのう【分納する】 分期缴纳 fēnqī jiǎonà (英 pay by installments) ▶税金を～する/分期纳税 fēnqī nàshuì

ぶんぱ【分派】 帮派 bāngpài; 宗派 zōngpài (英 a branch; a sect) ▶～性/派性 pàixìng ▶～活動 宗派活动 zōngpài huódòng

日中比較 中国語の'分派'fēnpài は「配属する」こと、「割り当てる」こと.

ぶんぱい【分配する】 分配 fēnpèi; 分 fēn (英 distribute) ▶利益の～にあずかる/分到好处 fēndào hǎochu ▶食糧は全員に～する/把粮食分给每一个人 bǎ liángshi fēngěi měi yí ge rén

日中比較 中国語の'分配'fēnpèi は「分配する」意味の他に「配属する」こと,「割り当てる」ことをも意味する.

ふんぱつ【奮発する】 豁出 huòchū; 多出钱 duō chū qián (英 be generous) ▶給料を～する/多发工资 duō fā gōngzī ▶ぶどう酒を1本～する/豁出了一瓶葡萄酒 huòchūle yì píng pútáojiǔ ▶～して, 町一番のホテルに泊まろう/豁出钱来, 住在城里最好的饭店 huòchū qián lái, zhùzài chénglǐ zuì hǎo de bīnguǎn ba

ふんばる【踏ん張る】 坚持 jiānchí (英 hold out) ▶土俵際で～/在紧要关头坚持下去 zài jǐnyào guāntóu jiānchíxiàqu

ふんぱん【噴飯】 喷饭 pēnfàn; 可笑 kěxiào (英 nonsense) ▶そりゃ～物だね/这真是太可笑了 zhè zhēn shì tài kěxiào le

ぶんぴつ【分泌する】 分泌 fēnmì (英 secrete) ▶～液/分泌液 fēnmìyè ▶ホルモンを～する/分泌激素 fēnmì jīsù

ぶんぴつ【文筆】 文笔 wénbǐ; 写作 xiězuò (英 writing) ▶～家/作家 zuòjiā ▶～を業としている/以写作为职业 yǐ xiězuò wéi zhíyè

ぶんぶ【文武】 ～両道 文武双全 wénwǔ shuāngquán

ぶんぷ【分布する】 分布 fēnbù (英 be distributed) ▶～図/分布图 fēnbùtú ▶人口～/人口分布 rénkǒu fēnbù ▶～が広い/分布广泛 fēnbù guǎngfàn

ぶんふそうおう【分不相応な】 非分 fēifèn (英 beyond one's means) ▶～な家に住む/在非分的房子里住 zài fēifèn de fángzili zhù

ふんべつ【分別】 判断力 pànduànlì; 理性的思考 lǐxìng de sīkǎo (英 discretion; judgment; [良識] good sense) ▶～のある/通情达理 tōng qíng dá lǐ ▶～を失う/发昏 fāhūn; 失去理智 shīqù lǐzhì ▶それは上～だ/这可是真知灼见 zhè kěshì zhēnzhī zhuójiàn ▶～を働かす/动脑筋辨别 dòng nǎojīn biànbié

ぶんべん【分娩する】 分娩 fēnmiǎn (英 have a baby) ▶～室/产房 chǎnfáng

ぶんぼ【分母】〔数〕分母 fēnmǔ (英 a denominator)

ぶんぽう【文法】 文法 wénfǎ; 语法 yǔfǎ (英 grammar) ▶～学/语法学 yǔfǎxué ▶～的に間違った書き方[話し方]/犯了语法错误的写法[说法] fànle yǔfǎ cuòwù de xiěfǎ[shuōfa]

♦**生成**～ 生成语法 shēngchéng yǔfǎ ～書 语法书 yǔfǎshū

ぶんぼうぐ【文房具】 文具 wénjù (英 stationery) ▶～店/文具店 wénjùdiàn

ふんまつ【粉末】 粉末 fěnmò (英 powder) ▶この薬は～でも売っている/这种药也有粉末状的在出售 zhè zhǒng yào yě yǒu fěnmòzhuàng de zài chūshòu

ふんまん【憤懣】 愤懑 fènmèn (英 anger; indignation) ▶～やる方ない/愤懑难平 fènmèn nán píng; 憋气 biēqì

ぶんみゃく【文脈】 文理 wénlǐ; 文脉 wénmài (英 the context) ▶～に沿った/顺着文理 shùnzhe wénlǐ ▶～から判断する/根据上下文来判断 gēnjù shàngxiàwén lái pànduàn ▶ここの～がわからない/不清楚这儿的上下文关系 bù qīngchu zhèr de shàngxiàwén guānxi

ふんむき【噴霧器】 喷雾器 pēnwùqì; 喷子 pēnzi (英 a spray) ▶～で消毒薬をかける/用喷雾器喷消毒水 yòng pēnwùqì pēn xiāodúshuǐ

ぶんめい【文明】 文明 wénmíng (英 a civilization) ▶～の開けた/文明的 wénmíng de ▶～の利器/文明利器 wénmíng lìqì ▶～開化/文明开化 wénmíng kāihuà ▶西欧～/西欧文明 Xī Ōu wénmíng ▶～が進歩する/文明发达了 wénmíng fādá le

♦～**国** 文明国家 wénmíng guójiā

日中比較 中国語の'文明'wénmíng は「文化程度が高い」ことをも指す.

ぶんや【分野】 方面 fāngmiàn; 分野 fēnyě; 領域 lǐngyù (英 a field; a branch) ▶専門～/专门领域 zhuānmén lǐngyù ▶新～を開拓する/开拓新的领域 kāituò xīn de lǐngyù ▶経済～のことはあの人に任せている/经济领域的问题全听他的 jīngjì lǐngyù de wèntí quán tīng tā de

ぶんり【分離する】 分割 fēngē; 分离 fēnlí; 脱离 tuōlí (英 separate) ▶宗主国からの～独立を達成する/脱离宗主国取得独立 tuōlí zōngzhǔguó qǔdé dúlì

♦**中央**～**帯**《道路の》 中央隔离带 zhōngyāng

gélídài 〖器〗分离器 fēnlíqì

ぶんりつ【分立する】 分立 fēnlì; 分设 fēnshè (英 *separate*)

ぶんりゅう【分流】 分支 fēnzhī; 分流 fēnliú (英 *a distributary*) ▶ 牧本派はもともと野山派から～した派だ/牧本派原本是从野山派分出来的派别 Mùběnpài yuánběn shì cóng Yěshānpài fēnchūlai de pàibié

ぶんりょう【分量】 分量 fènliàng (英 *a quantity*); 〖薬の〗*a dose* ▶～を計る/称分量 chēng fènliàng ▶ 薬の～を誤る/弄错了药量 nòngcuòle yàoliàng

ぶんるい【分類する】 分类 fēnlèi; 分门别类 fēn mén bié lèi (英 *classify*) ▶～学/分类学 fēnlèixué ▶ テーマごとに～する/按照主题分类 ànzhào zhǔtí fēnlèi

ふんれい【奮励する】 奋勉 fènmiǎn; 奋发努力 fènfā nǔlì (英 *try one's best*)

ぶんれつ【分裂】 分裂 fēnliè (英 *a division*; *a split*) ▶ 細胞～/细胞分裂 xìbāo fēnliè ▶ 党はその問題で3派に～した/党内因为那个问题分成了三派 dǎngnèi yīnwèi nàge wèntí fēnchéng le sān pài
♦～国家/解体的国家 jiětǐ de guójiā; 未统一的国家 wèi tǒngyī de guójiā

ふんわり 松软 sōngruǎn; 柔软 róuruǎn (英 *lightly*; *softly*) ▶～した/松软 sōngruǎn ▶ 柔らかい綿で～包む/用柔软的棉花松松地包起来 yòng róuruǎn de miánhuā sōngsōng de bāoqǐlai

へ【屁】 屁 pì (英 *a fart*) ▶～をひる/放屁 fàngpì ▶ 君にしたらこんなこと～みたいなもんだろ/对你来说，这种事不值一提吧 duì nǐ láishuō, zhè zhǒng shì bù zhí yì tí ba ▶ 連中は他人の迷惑など～とも思わない/这种人，给别人添了麻烦还满不在乎 zhè zhǒng rén, gěi biéren tiānle máfan hái mǎn bú zàihu ▶ そんなこと～の河童だ/那种事轻而易举 nà zhǒng shì qīng ér yì jǔ

ヘ〖音楽〗(英 *F*)
♦～短調/F 小调 F xiǎodiào ～長調/F 大调 F dàdiào

ーへ【方向】 往 wǎng; 向 xiàng; 朝 cháo (英 *to*; *in*; *on*) ▶ 一行は西～向かった/一行向西而去 yìxíng xiàng xī ér qù ▶ 上～上～と昇ってゆく/向上一直飞去 xiàng shàng yìzhí fēiqù

ヘア 头发 tóufa; 〖陰毛〗阴毛 yīnmáo (英 *hair*)
♦～カット/剪头发 jiǎn tóufa ～ゴム/发膏 fàgāo ～スタイル/发型 fàxíng ▶ 君～スタイルを変えたね/你改发型啦 nǐ gǎi fàxíng la ▶ いま流行の～スタイルだな/这是现在流行的发型啊 zhè shì xiànzài liúxíng de fàxíng a ～トニック/生发香水 shēngfà xiāngshuǐ ～養発液 yǎngfàyè ～ドライヤー/吹风机 chuīfēngjī ▶ ～で髪を乾かす/用吹风机吹干头发 yòng chuīfēngjī chuīgān tóufa ～トリートメント/护发素 hùfàsù ～ドレッサー/美发师 měifàshī; 美容师 měiróngshī ～バンド/发带 fàdài ～ピース/假发 jiǎfà ～ブラシ/发刷 fàshuā ▶ 何度も～ブラシをかけた/用发刷刷了好几次 yòng fàshuā shuāle hǎojǐ cì ～メイク/发型美容 fàxíng měiróng ～リキッド/护发水 hùfàshuǐ ～液 hùfàyè ～ローション/整发液 zhěngfàyè ▶ ～ローションを振りかける/撒整发液 sǎ zhěngfàyè

ペア 一对 yíduì (英 *a pair*) ▶～を組む/组成对 zǔchéng duì ▶～を組む相手を時々変えたほうがいい/配对儿的伙伴，最好时常调换 pèiduìr de huǒbàn, zuìhǎo shícháng diàohuàn ▶ ～ウォッチ/成对儿的手表 chéng duìr de shǒubiǎo ▶ 先生が子供たちに二人ずつ～で学習するようにと言った/老师叫孩子们两个人一对儿学习 lǎoshī jiào háizimen liǎng ge rén yí duìr xuéxí

ヘアピン 发夹 fàjiā; 头发夹子 tóufa jiāzi (英 *a hairpin*)
♦～カーブ/急转弯的道路 jízhuǎnwān de dàolù ▶～カーブに差しかかる/就要驶到拐弯处了 jiùyào shǐdào guǎiwānchù le

ベアリング〖軸受け〗轴承 zhóuchéng (英 *bearing*)
♦ボール～/滚珠轴承 gǔnzhū zhóuchéng ローラー～/滚柱轴承 gǔnzhù zhóuchéng

へい【兵】 兵 bīng (英 *a soldier*; [軍隊] *troops*) ▶～を率いる/率兵 shuài bīng; 带兵 dài bīng ▶ 衛生～/卫生兵 wèishēngbīng ▶ 初年～/第一年的新兵 dìyī nián de xīnbīng ▶～を挙げる/举兵 jǔ bīng ▶ 退兵 tuì bīng ～
ことわざ 敗軍の将、兵を語らず 败军之将不可言勇 bàijūn zhī jiàng bùkě yán yǒng

へい【塀】 墙 qiáng; 围墙 wéiqiáng (英 *a wall*) ▶～をよじ登る/爬墙 pá qiáng ▶ 賊が～を乗り越えて屋敷に忍び入る/贼翻过墙钻进院里 zéi fānguò qiáng zuānjìn yuànli ▶ 家に高い～を巡らす/高墙围绕院子 gāoqiáng wéirào yuànzi ▶ 拘置所のレンガ～/拘留所的砖墙 jūliúsuǒ de zhuānqiáng ▶ 板～/木板墙 mùbǎnqiáng ▶～越しに見る/隔着墙看 gézhe qiáng kàn

ペイ 工资 gōngzī; 报酬 bàochou (英 *pay*) ▶～しない/不合算 bùhésuàn ▶ そんな値段では～しないよ/按那个价钱就赔本儿啦 àn nàge jiàqian jiù péi běnr la ▶ ～トータルで～すればいい/整个儿的计算不吃亏就行 zhěnggèr jìsuàn bù chīkuī jiù xíng

へいあん【平安な】〖社会が〗太平 tàipíng; 平稳 píngwěn (英 *peaceful*) ▶ いつになったら～な日々が戻るのだろうか/什么时候才能回到太平的日子啊 shénme shíhou cái néng huídào tàipíng de rìzi a
♦～時代/平安时代 Píng'ān shídài

へいい【平易な】 浅显 qiǎnxiǎn; 易懂 yìdǒng; 平易 píngyì (英 *easy*) ▶ 文章が～/文章易懂 wénzhāng yìdǒng ▶～な言葉で解説する/用ого

単的言語解説 yòng jiǎndān de yǔyán jiěshuō ▶これは～な英語で書き直された本です/这是用浅易的英语改写的书 zhè shì yòng qiǎnyì de Yīngyǔ gǎixiě de shū

日中比較 中国語の '平易 píngyì' は「易しい」他に人が「穏和である」ことをいう.

へいいん【兵員】 兵员 bīngyuán (英 [兵士] *troops*; [数] *strength*) ▶～の削減/削减兵员 xuējiǎn bīngyuán ▶～が足りない/兵员不足 bīngyuán bùzú

へいえい【兵営】 军营 jūnyíng; 兵营 bīngyíng (英 *barracks*)

へいえき【兵役】 兵役 bīngyì (英 *military service*) ▶～に就く/服兵役 fú bīngyì ▶病身のため～を免除される/因为有病免服兵役 yīnwèi yǒu bìng miǎnfú bīngyì ▶良心的～拒否/听从良知拒绝参军 tīngcóng liángzhī jùjué cānjūn
♦～義務 参军义务 cānjūn yìwù

へいえん【閉園する】 关门 guānmén (英 *be closed*)

へいおん【平穏な】 安宁 ānníng; 平稳 píngwěn (英 *peaceful*; *quiet*) ▶～無事に/安然无事 ānrán wú shì ▶～な日々を送る/平安过日子 píng'ān guò rìzi ▶今日は比較的～な一日だった/今天是比较安宁的一天 jīntiān shì bǐjiào ānníng de yì tiān ▶総会は～無事に終わった/总会安然无事地结束了 zǒnghuì ānrán wú shì de jiéshù le

日中比較 中国語の '平稳 píngwěn' は「穏やかである」ことの他に「揺れない」ことをも指す. ▶平稳血圧 píngwěn xuèyā/安定した血圧

へいか【平価】 比价 bǐjià (英 *par*; *parity*) ▶～切り上げ/货币升值 huòbì shēngzhí ▶～切り下げ/货币贬值 huòbì biǎnzhí

へいか【陛下】 陛下 bìxià (英 《三人称》 *His [Her] Majesty*; 《二人称》 *Your Majesty*) ▶女王～/女王陛下 nǚwáng bìxià ▶両～が被災者を見舞われた/两位陛下慰问灾民 liǎng wèi bìxià wèiwèn zāimín
♦皇后～ 皇后陛下 huánghòu bìxià 天皇～ 天皇陛下 tiānhuáng bìxià

べいか【米価】 米价 mǐjià (英 *the price of rice*) ▶～審議会/米价审议会 mǐjià shěnyìhuì ▶生産者～/(从农民购买时的)生产者米价 (cóng nóngmín gòumǎi shí de)shēngchǎnzhě mǐjià 消費者～/(卖给)消费者的米价 (mài gěi)xiāofèizhě de mǐjià

へいかい【閉会する】 闭会 bìhuì; 闭幕 bìmù (英 *close*) ▶これで～といたします/大会到此闭幕 dàhuì dào cǐ bìmù ▶～を宣する/宣布闭幕 xuānbù bìmù
♦～の辞 ▶～の辞を述べる/宣读闭幕词 xuāndú bìmùcí

へいがい【弊害】 弊病 bìbìng; 弊端 bìduān (英 *a harmful effect*) ▶～を招く/带来弊端 dàilái bìduān ▶過剰な情報がかえって～をもたらすという/过剩的信息反倒带来了弊端 guòshèng de xìnxī fǎndào dàiláile bìduān ▶間違ったダイエットによる～が少なくない/错误的减肥带来的弊端可不少 cuòwù de jiǎnféi dàilái de bìduān kě bùshǎo ▶縦割り行政の～を改める/改革直线领导的行政管理弊端 gǎigé zhíxiàn lǐngdǎo de xíngzhèng bìduān ▶喫煙は自分自身だけでなく周りの人にも～を及ぼす/抽烟不但对自己有害而且会祸及他人 chōuyān búdàn duì zìjǐ yǒuhài érqiě huì huòjí tārén

へいかいしき【閉会式】 闭幕式 bìmùshì (英 *a closing ceremony*) ▶一部の選手は～の前に帰国した/部分选手在闭幕式之前就回国了 bùfen xuǎnshǒu zài bìmùshì zhīqián jiù huíguó le

へいかしき【閉架式】 《図書館の》闭架式 bìjiàshì (英 *a closed-stack system*)

へいかん【閉館する】 《その日の業務を》闭馆 bìguǎn;《施設を廃止》关闭 guānbì (英 *close*) ▶今月をもって当映画館は～することになりました/本电影院决定于本月关闭 běn diànyǐngyuàn juédìng yú běn yuè guānbì ▶金曜日は～時刻を2時間繰り下げます/星期五关门时间推迟两个小时 xīngqī wǔ guānmén shíjiān tuīchí liǎng ge xiǎoshí

へいき【平気な】 冷静 lěngjìng; 不在乎 bú zàihu (英 *calm*; *unconcerned*) ▶彼は～で嘘をつく/他满不在乎地撒谎 tā mǎn bú zàihu de sāhuǎng ▶～でゴミを捨てる連中の気が知れん/我不能理解那些人随便扔垃圾的心理 wǒ bùnéng lǐjiě nàxiē rén suíbiàn rēng lājī de xīnlǐ ▶～を装う/假装平静 jiǎzhuāng píngjìng ▶他人の批評など私は～です/我不在乎别人的批评什么的 wǒ bú zàihu biéren de pīpíng shénme de ▶彼は先生に叱られても～のへいぎだった/他被老师批评却无动于衷 tā bèi lǎoshī pīpíng què wú dòng yú zhōng ▶私は徹夜くらい～です/熬夜对我来说算不了什么 áoyè duì wǒ láishuō suànbuliǎo shénme ▶私は少しくらいの熱は～です/发点儿低烧算不了什么 fā diǎnr dīshāo suànbuliǎo shénme ▶彼は～でその地位に居座っている/他心安理得地赖在那个位置上 tā xīn ān lǐ dé de làizài nàge wèizhìshang ▶彼は～で自分の運命を受け入れた/他很冷静的承受了自己的命运 tā hěn lěngjìng de chéngshòule zìjǐ de mìngyùn

へいき【兵器】 兵器 bīngqì; 武器 wǔqì (英 *a weapon*; *arms*) ▶～工場/兵工厂 bīnggōngchǎng; 军工厂 jūngōngchǎng ▶大量破壊～/大规模杀伤性武器 dàguīmó shāshāngxìng wǔqì ▶秘密～/秘密武器 mìmì wǔqì
♦化学～ 化学武器 huàxué wǔqì 核～ 核武器 héwǔqì 生物～ 生物武器 shēngwù wǔqì ～庫 武器库 wǔqìkù ～産業 军工产业 jūngōng chǎnyè

へいき【併記する】 一起写 yìqǐ xiě (英 *write side by side*) ▶二人の名前を此の書類に～して下さい/请把两位的姓名一起写在这份文件上 qǐng bǎ liǎng wèi de xìngmíng yìqǐ xiězài zhè fèn wénjiànshang ▶委員会のリポートには両論が

～されている/委員会的汇报里一同记载了两种意见 wěiyuánhuì de huìbàoli yītóng jìzǎile liǎng zhǒng yìjiàn

へいきん【平均する】 平均 píngjūn；拉平 lāpíng（英［均す］*average*；［均衡をとる］*balance*）▶～している/均匀 jūnyún ～年齢/平均年龄 píngjūn niánlíng ▶8月の一気温は平年より1.5度も高かった/八月份的平均气温比往年高出一点五度 bā yuèfèn de píngjūn qìwēn bǐ wǎngnián gāochū yì diǎn wǔ dù ▶日本人の一身長は戦後一貫して伸びてきた/战后日本人的平均身高不断提高 zhànhòu Rìběnrén de píngjūn shēngāo búduàn tígāo ▶年に百冊読むとすると月に～8冊になる/如果每年读一百本书，平均每个月就要看八本 rúguǒ měinián dú yìbǎi běn shū, píngjūn měige yuè jiùyào kàn bā běn ▶～以上の生活水準/高于平均水平的生活 gāoyú píngjūn shuǐpíng de shēnghuó ▶1日～9時間働く/每天平均工作九个小时 měitiān píngjūn gōngzuò jiǔ ge xiǎoshí ▶全国～を下回る/低于全国平均水平 dīyú quánguó píngjūn shuǐpíng ♦～寿命 一般に男性より女性の方が～寿命が長い/一般来说，女性的平均寿命要比男性长 yìbān láishuō, nǚxìng de píngjūn shòumìng yào bǐ nánxìng cháng ～点 平均分儿 píngjūnfēnr ▶～点60点未満は落第とする/平均分儿的不及格 píngjūnfēnr bú dào liùshí fēnr de bù jígé ▶彼が試験に欠席したのでクラス全体の～点が上がった/因为他没参加考试，全班的平均分数提高了 yīnwèi tā méi cānjiā kǎoshì, quánbān de píngjūn fēnshù tígāo le

へいきんだい【平均台】 平衡木 pínghéngmù（英 *a balance beam*）

へいきんち【平均値】 平均值 píngjūnzhí（英 *the mean value*）▶～を出す/算出平均值 suànchū píngjūnzhí

べいぐん【米軍】 美军 Měijūn（英 *the United States armed forces*）▶～基地/美军基地 Měijūn jīdì ▶在日～/驻日美军 zhù Rì Měijūn

へいげい【睥睨する】 睥睨 pìnì（英 *watch carefully*）▶天下を～する/睥睨天下 pìnì tiānxià

へいげん【平原】 平原 píngyuán（英 *a plain*）▶列車が大～をひた走る/列车奔驰在大平原上 lièchē bēnchí zài dàpíngyuánshang

へいこう【平行する】 平行 píngxíng（英 *parallel*）▶議論が～線をたどる/讨论未能达成一致意见 tǎolùn wèinéng dáchéng yīzhì yìjiàn ▶～する2本の滑走路が南北に伸びている/两条平行的跑道以南北走向延伸 liǎng tiáo píngxíng de pǎodào yǐ nánběi zǒuxiàng yánshēn ▶この線に～に線を引きなさい/请画一条跟这条线平行的线 qǐng huà yì tiáo gēn zhè tiáo xiàn píngxíng de xiàn
♦～移動 平行移动 píngxíng yídòng ～四辺形 平行四边形 píngxíng sìbiānxíng ～線 平行线 píngxíngxiàn

へいこう【平衡】 平衡 pínghéng（英 *balance*）▶身体の～を保つ/保持身体平衡 bǎochí shēntǐ pínghéng
♦～感覚 平衡感觉 pínghéng gǎnjué ▶彼はあれ以来心の～を失った/自从那件事以后，他失去了心态平衡 zìcóng nà jiàn shì yǐhòu, tā shīqùle xīntài pínghéng

へいこう【並行する】 并行 bìngxíng（英 *go side by side*）▶鉄道線路に～するハイウエイ/跟铁道并行的高速公路 gēn tiědào bìngxíng de gāosù gōnglù ▶彼は数篇の小説を～して書く/他同时写作几篇小说 tā tóngshí xiězuò jǐ piān xiǎoshuō

へいこう【閉口する】 为难 wéinán；受不了 shòubuliǎo（英 *be annoyed; be embarrassed*）▶この蒸し暑さには～する/这么闷热，真受不了 zhème mēnrè, zhēn shòubuliǎo ▶職探しで私が一番～するのは学歴のことだ/找工作的时候，我最感无奈的是学历的问题 zhǎo gōngzuò de shíhou, wǒ zuì gǎn wúnài de shì xuélì de wèntí ▶飲み屋で隣の客がタバコをぷかぷか吹かすので～した/在小酒馆儿，邻座的顾客大口地抽烟真让人受不了 zài xiǎojiǔguǎnr, línzuò de gùkè dà kǒu de chōuyān zhēn ràng rén shòubuliǎo
日中比較 中国語の'闭口 bìkǒu'は「口をつぐむ」こと。

へいごう【併合する】（まとめる）合并 hébìng；（他者を）并吞 bìngtūn（英 *merge*）▶～して新工場を作る/把三所工厂合并成一所新工厂 bǎ sān suǒ gōngchǎng hébìngchéng yì suǒ xīngōngchǎng ▶我が社は緑風社に～された/我们公司被绿风社吞并了 wǒmen gōngsī bèi Lǜfēngshè tūnbìng le

へいこうぼう【平行棒】 双杠 shuānggàng（英 *parallel bars*）▶段違い～/高低杠 gāodīgàng

べいこく【米穀】 大米 dàmǐ（英 *rice*）▶～店/粮店 liángdiàn ▶～市場/粮食市场 liángshi shìchǎng

へいこらする 点头哈腰 diǎntóu hāyāo；唯唯诺诺 wéiwéi nuònuò（英 *kowtow*）▶ふだん威張っている人ほど強い者には～する/平时越是嚣张的人，遇到强者越是唯唯诺诺 píngshí yuè shì xiāozhāng de rén, yùdào qiángzhě yuè shì wéiwéi nuònuò

へいさ【閉鎖する】 封锁 fēngsuǒ；关闭 guānbì；封闭 fēngbì（英 *close*）▶インフルエンザ流行のため学級～する/由于流感，学校关闭了 yóuyú liúgǎn, xuéxiào guānbì le ▶山間部では冬季～される道路がある/在山区有的地方一到冬天就封路 zài shānqū yǒude dìfang yí dào dōngtiān jiù fēng lù ▶改装のため博物館は当分の間～される/为了装修，博物馆暂时关闭 wèile zhuāngxiū, bówùguǎn zànshí guānbì ▶彼は心が～的である/他的心理是封闭型的 tā de xīnlǐ shì fēngbìxíng de
♦工場～ 工厂关门 gōngchǎng guānmén ～社会 封闭型社会 fēngbìxíng shèhuì

べいさく【米作】 种稻 zhòngdào（英 *cultiva-*

tion of rice);《収穫》稻米收成 dàomǐ shōu-cheng (英 a rice crop) ▶~は平年作以上の見込み/稻米收成预计会超过往年 dàomǐ shōu-cheng yùjì huì chāoguò wǎngnián ▶~に適した気候だ/这个地区的气候适于种植水稻 zhège dìqū de qìhòu shìyú zhòngzhí shuǐdào ▶今年の~は台風の直撃を受けて不作が予想される/受台风的袭击，估计今年的水稻收成不佳 shòudào táifēng de xíjī, gūjì jīnnián de shuǐdào shōucheng bùjiā

へいざん【閉山する】 关闭矿山 guānbì kuàng-shān (英 close down a mine) ▶この金鉱は約50年前に~となった/这个金矿大约在五十年以前就关闭了 zhège jīnkuàng dàyuē zài wǔshí nián yǐqián jiù guānbì le ▶石油の時代になって多くの炭鉱が~した/到了石油的时代，很多煤矿都关闭了 dàole shíyóu de shídài, hěn duō méikuàng dōu guānbì le

へいし【兵士】 兵 bīng; 士兵 shìbīng (英 a soldier) ▶戦時には多くの国民が~として動員された/战争时期很多国民都被征兵了 zhànzhēng shíqī hěn duō guómín dōu bèi zhēngbīng le

へいじ【平時】 平常 píngcháng; 平时 píngshí (英 普段) normal times; [平和な時] peacetime ▶~から防災を意識する/平时就注意防范灾害 píngshí jiù zhùyì fángfàn zāihài ▶~はもとより有事においても不測の混乱を回避する/不用说了，即使在特殊时期也要回避预料之外的混乱 píngshí jiù búyòng shuō le, jíshǐ zài tèshū shíqī yě yào huíbì yùliào zhīwài de hùnluàn

へいじつ【平日】 平日 píngrì; 平常日 píngchángrì; [日曜以外の日] a weekday ▶~ダイヤ/平日时刻表 píngrì shíkèbiǎo ▶~のわりには映画館は込んでいた/虽然是周日，电影院却很拥挤 suīrán shì zhōurì, diànyǐngyuàn què hěn yōngjǐ

へいしゃ【兵舎】 兵营 bīngyíng; 军营 jūnyíng (英 barracks)

べいじゅ【米寿】 (英 one's eighty-eighth birthday) ▶~の祝い/祝贺八十八岁寿辰 zhùhè bāshíbā suì shòuchén

へいじょう【平常の】 通常 tōngcháng; 平常 píngcháng; 平时 píngshí (英 usual) ▶~心で試合に臨む/以平常心参加比赛 yǐ píngchángxīn cānjiā bǐsài ▶営業は~通り/照常营业 zhàocháng yíngyè ▶列車ダイヤが~に復する/列车班次恢复常态 lièchē bāncì huīfù chángtài ▶~の成績で点をつける/按平时的成绩来打分 àn píngshí de chéngjī lái dǎfēn

へいしょきょうふしょう【閉所恐怖症】 幽闭恐怖症 yōubì kǒngbùzhèng (英 claustrophobia)

へいじょぶん【平叙文】〘文法〙陈述句 chénshùjù (英 a declarative sentence)

へいしんていとう【平身低頭する】 俯首谢罪 fǔ shǒu xiè zuì (英 prostrate oneself) ▶ひたすら~してお願いする/一个劲儿地叩头请愿 yígejìnr de kòutóu qǐngyuàn

へいせい【平静な】 平静 píngjìng; 泰然 tàirán (英 calm; quiet) ▶~を取り戻す/恢复镇静 huīfù zhènjìng ▶彼は悔しいのに耐えて必死に~を装った/他克制着内心的屈辱，竭力装出坦然的样子 tā kèzhìzhe nèixīn de qūrǔ, jiélì zhuāngchū tǎnrán de yàngzi ▶クーデター騒ぎにも市民は意外に~だった/虽然发生了政变骚动，市民却很平静 suīrán fāshēngle zhèngbiàn sāodòng, shìmín què hěn píngjìng ▶こんなでたらめを~に受け止めることができるか/这样胡作非为，怎么能坦然接受呢？ zhèyàng hú zuò fēi wéi, zěnme néng tǎnrán jiēshòu ne? ▶心の~を乱す/搅乱了平静的心态 jiǎoluànle píngjìng de xīntài ▶~を保つ〔失う〕/保持〔失去〕平静 bǎochí[shīqù]píngjìng

へいぜい【平生】 平时 píngshí; 平素 píngsù; 平生 píngshēng (英 usually; ordinarily) ▶~の心がけが悪いからこんな目に会うんだ/平生不注意才会遭到这样的报应 píngshēng bú zhùyì cái huì zāodào zhèyàng de bàoyìng

〖日中比较〗中国语の'平生 píngshēng'には「ふだん」の他に「生まれてこのかた」「一生」という意味もある.

へいせつ【併設する】 同时设置 tóngshí shèzhì; 附设 fùshè (英 establish... as an annex to ~) ▶その大学には幼稚園が~されている/那所大学附设幼儿园 nà suǒ dàxué fùshè yòu'éryuán

へいぜん【平然たる】 自若 zìruò; 坦然 tǎnrán; 冷静 lěngjìng (英 calm) ▶市当局は~と無駄な工事に税金をつぎ込んだ/市政当局满不在乎地把税金投到无益的工程中去 shìzhèng dāngjú mǎn bú zàihu de bǎ shuìjīn tóudào wúyì de gōngchéng zhōng qù ▶歩きながら~たる態度でタバコを吸う/一边走路一边若无其事的抽烟 yìbiān zǒulù yìbiān ruò wú qí shì de chōuyān ▶彼は~としてそれを見ていた/他坦然地看着那儿 tā tǎnrán de kànzhe nàr

へいそ【平素】 平常 píngcháng; 素日 sùrì; 平时 píngshí (英 usually; ordinarily) ▶~の努力/素日的努力 sùrì de nǔlì ▶~の御無沙汰を謝す/一直没有联系，谨请原谅 yīzhí méiyǒu liánxì, jǐn qǐng yuánliàng ▶~の行いが大切です/平时的所作所为很重要 píngshí de suǒ zuò suǒ wéi hěn zhòngyào

へいそく【閉塞】 闭塞 bìsāi; 堵塞 dǔsāi (英 a blockade) ▶腸~/肠梗阻 chánggěngzǔ ▶時代の~感を打破する/冲破时代的闭塞感 chōng-pò shídài de bìsègǎn

〖日中比较〗中国语の'闭塞 bìsè'は「闭じられた状態」の他に「交通が不便である」ことをもいう.

へいそつ【兵卒】 兵 bīng (英 an enlisted man〔woman〕)

へいたい【兵隊】 军人 jūnrén; 士兵 shìbīng (英〔軍人〕a soldier;〔軍隊〕troops) ▶~に取られる/被征兵 bèi zhēngbīng

へいたん【平坦な】 平坦 píngtǎn (英 flat) ▶~な人生/平稳的人生 píngwěn de rénshēng ▶山

へいたん【兵站】 兵站 bīngzhàn（英 *logistics*）▶～部/兵站部 bīngzhànbù

へいたん【兵端】 战争的端绪 zhànzhēng de duānxù（英 *hostilities*）▶～を開く/开战 kāizhàn

へいち【平地】 平地 píngdì（英 *flat land*）▶～に波乱を起こす/平地起波澜 píngdì qǐ bōlán；无事生非 wú shì shēng fēi ▶この島は～のため山の斜面で耕作している/这座岛上平地少，所以在山坡上种地 zhè zuò dǎoshang píngdì shǎo, suǒyǐ zài shānpōshang zhòngdì ▶このところ温かな天気で～の雪はほとんど溶けた/最近天气温暖，所以平地上的雪大多融化了 zuìjìn tiānqì wēnnuǎn, suǒyǐ píngdìshang de xuě dàduō rónghuà le

へいちゃら 算不了什么 suànbuliǎo shénme；毫不介意 háobù jièyì（英 *calmness*）▶そんなこと～よ/那种事算不了什么 nà zhǒng shì suànbuliǎo shénme

へいてい【平定する】 扫平 sǎopíng；平定 píngdìng（英 *suppress*）▶天下を～する/平定天下 píngdìng tiānxià ▶内乱を～する/平息内乱 píngxī nèiluàn

へいてい【閉廷する】 闭庭 bìtíng（英 *adjourn the court*）▶法廷は次回の期日を決めて～した/法院决定了下一次的开庭日期后宣布闭庭 fǎyuàn juédìngle xià yí cì de kāitíng rìqī hòu xuānbù bìtíng ▶本日はこれにて～する/今天到此闭庭 jīntiān dào cǐ bìtíng ▶午後5時に～した/下午五点这里宣布休庭 xiàwǔ wǔ diǎn bìtíng

へいてん【閉店する】 关门 guānmén；(废业) 停业 tíngyè；歇业 xiēyè（英 *close one's doors*；[废业] *shut up shop*）▶～時刻/关门时刻 guānmén shíkè ▶当店は今月末をもって～させて頂きます/本店谨于本月底停业 běn diàn jǐn yú běn yuèdǐ tíngyè ▶このスーパーでは～前に魚を半額にする/这家超市在关门以前，鱼的价钱打五折 zhè jiā chāoshì zài guānmén yǐqián, yú de jiàqian dǎ wǔ zhé ▶店は8時に～する/商店八点关门 shāngdiàn bā diǎn guānmén ♦～大売り出し/停业关门大甩卖 tíngyè guānmén dàshuǎimài

べいドル【米ドル】 美元 Měiyuán（英 *the US dollar*）

へいどん【併呑する】 并吞 bìngtūn；吞并 tūnbìng（英 *annex*）▶秦は六国を～した/秦吞并了六国 Qín tūnbìngle liù guó

へいねつ【平熱】 正常体温 zhèngcháng tǐwēn（英 *the normal temperature*）▶子供は～よりかなり高かった/孩子的体温比平时高出了很多 háizi de tǐwēn bǐ píngshí gāochūle hěn duō ▶入院して3日で～に戻った/住院三天以后恢复了平时的体温 zhùyuàn sān tiān yǐhòu huīfùle píngshí de tǐwēn

へいねん【平年】 往年 wǎngnián；常年 chángnián；《闰年以外的年》平年 píngnián（英 [例年] *a normal year*；[闰年でない] *a common year*）▶～に比べて/和往年相比 hé wǎngnián xiāngbǐ ▶梅雨明けは～より数日遅れた/出梅的日期比常年晚了几天 chūméi de rìqī bǐ chángnián wǎnle jǐ tiān ▶気温は～より5度高い/气温比往年高了五度 qìwēn bǐ wǎngnián gāole wǔ dù ▶米作は～作を下回る見込みだ/预计稻米收成将低于往年 yùjì dàomǐ shōucheng jiāng dīyú wǎngnián

へいはつ【併発する】 并发 bìngfā（英 *concur*；[病気の] *be complicated by...*）▶肺炎を～する/并发肺炎 bìngfā fèiyán ▶一人の患者が複数の疾患を～することは珍しくない/同一个病人并发多种疾患的病例并不少见 tóng yí ge bìngrén bìngfā duō zhǒng jíhuàn de bìnglì bìng bù shǎojiàn

へいばん【平板な】 单调 dāndiào；呆板 dāibǎn（英 *monotonous*；*dull*）▶～な文章/呆板的文章 dāibǎn de wénzhāng ▶近頃の～なアクセントには違和感を覚える/近来平板的音调，我觉得很别扭 jìnlái píngbǎn de yīndiào, wǒ juéde hěn bièniu ▶他にメリハリがなく～な印象を受ける/故事情节缺乏起伏，给人一种平淡的印象 gùshi qíngjié quēfá qǐfú, gěi rén yì zhǒng píngdàn de yìnxiàng

べいはん【米飯】 米饭 mǐfàn（英 *boiled rice*）

へいふく【平伏】 叩拜 kòubài（英 *prostrate oneself*）▶信徒は地面に～して活仏を拝んだ/信徒五体投地叩拜活佛 xìntú wǔ tǐ tóu dì kòubài huófó

へいふく【平服】 便服 biànfú；(制服に対して) 便衣 biànyī（英 *ordinary clothes*；[警官の制服に対し] *plain clothes*）▶招待状には「～でお越し下さい」と書いてある/请柬上写着"请穿便服光临" qǐngjiǎnshang xiězhe "qǐng chuān biànfú guānglín"

日中比較 中国語の'平服 píngfú'は「気持ちが落ち着く」こと.

へいほう【平方】 平方 píngfāng（英 *a square*）▶～メートル/平方米 píngfāngmǐ ▶～キロメートル/平方公里 píngfāng gōnglǐ

へいほう【兵法】 兵法 bīngfǎ（英 [戦術] *tactics*；[戦略] *strategy*）▶～を説く/讲解兵法 jiǎngjiě bīngfǎ ▶孙子の～/孙子兵法 Sūnzǐ bīngfǎ ▶～書/兵书11 bīng shū

へいほうこん【平方根】 〔数〕平方根 píngfānggēn（英 *a square root*）▶～を開く/开平方 kāi píngfāng ▶～を求める/求平方根 qiú píngfānggēn

へいぼん【平凡】 平凡 píngfán；平庸 píngyōng（英 *commonplace*；[凡庸] *mediocre*）▶～な男/平庸之辈 píngyōng zhī bèi ▶～な人

生/平凡的人生 píngfán de rénshēng ▶当時は目立たないごく〜な学生だった/当时他是一个不起眼的极其平庸的学生 dāngshí tā shì yí ge bùqǐyǎn de jíqí píngyōng de xuéshēng ▶彼は〜な生活にうんざりしていた/他已经厌烦了平庸的生活 tā yǐjing yànfánle píngyōng de shēnghuó ▶彼女も〜な働く母だ/她也是一个平凡的有着工作的母亲 tā yě shì yí ge píngfán de yǒuzhe gōngzuò de mǔqin

へいまく【閉幕】（芝居などが）闭幕 bìmù；（行事など）结束 jiéshù （英 *the falling of the curtain*）▶その興行は9月に〜となった/这次公演九月闭幕 zhècì gōngyǎn jiǔ yuè bìmù

へいみん【平民】平民 píngmín；百姓 bǎixìng（〔貴族に対し〕 *a commoner*；［総称］*the common people*）

へいめい【平明な】简明 jiǎnmíng；平易 píngyì（*simple*；*plain*；［明暸］*clear*）▶できるだけ〜な表現を用いて生徒に語る/尽量用浅显的表现对学生讲述 jǐnliàng yòng qiǎnxiǎn de biǎoxiàn duì xuésheng jiǎngshù

へいめん【平面】平面 píngmiàn （英 *a plane*）▶〜の/平面的 píngmiàn de ▶〜図/平面图 píngmiàntú
◆〜幾何学/平面几何学 píngmiàn jǐhéxué

へいや【平野】平原 píngyuán；平野 píngyě（英 *a plain*）▶十勝〜は北海道有数の畑作地帯だ/十胜平原是北海道数得上的农耕地区 Shíshèng píngyuán shì Běihǎidǎo shǔdeshàng de nónggēng dìqū

へいよう【併用する】并用 bìngyòng；同时使用 tóngshí shǐyòng（英 *use jointly*）▶外科手術と化学療法を〜する/同时使用外科手术和化疗 tóngshí shǐyòng wàikē shǒushù hé huàliáo

へいりつ【並立する】并立 bìnglì；并存 bìngcún（英 *stand side by side*）▶二大政党が〜する/两大政党相持并立 liǎng dà zhèngdǎng xiāngchí bìnglì ▶いまや多元的な価値が〜する時代である/现在是多元的价值观并立相存的时代 xiànzài shì duōyuán de jiàzhíguān bìnglì xiāngcún de shídài

へいりょく【兵力】兵力 bīnglì；武力 wǔlì（英 *military power*）▶〜増強/增强兵力 zēngqiáng bīnglì ▶空からの攻撃にさらされ〜は半減した/受到空袭，兵力损失了一半 shòudào kōngxí, bīnglì sǔnshīle yíbàn ▶〜を集結する/集结兵力 jíjié bīnglì

へいれつ【並列の】并列 bìngliè（英 *parallel*）▶〔電池〕〜回路/并联电路 bìnglián diànlù ▶〜接続/并联电池 bìnglián diànchí

へいわ【平和】和平 hépíng（英 *peace*）▶〜会議/和会 héhuì ▶〜共存/和平共处 hépíng gòngchǔ ▶〜条約/和约 héyuē ▶家庭の〜を乱す/搅乱家庭的和睦 jiǎoluàn jiātíng de hémù ▶一家は村で〜に暮らしていた/全家人在村里过着和平的生活 quánjiārén zài cūnli guòzhe hépíng de shēnghuó ▶〜の鐘は鳴ったが父は帰ってこなかった/和平的钟声敲响了，可是父亲却没有回来 hépíng de zhōngshēng qiāoxiǎngle, kěshì fùqīn què méiyǒu huílái ▶恒久〜を訴える/提倡持久和平 tíchàng chíjiǔ hépíng ▶〜主義に徹する/坚持和平主义 jiānchí hépíng zhǔyì
◆〜維持活動/维和活动 wéihé huódòng 〜維持軍/维和部队 wéihé bùduì
[日中比较] 中国語の'和平 pínghé'は言行や薬効が「穏やかである」ことをいう。

へえ 哎 āi（英 ［驚き］*indeed!*；［疑問］*what?*）▶〜、そんなことを言いましたか/哎，谁说的啊！āi, shéi shuō de a！▶〜、ずうずうしい男ですね/哎，这个男人脸皮真厚 āi, zhège nánrén liǎnpí zhēn hòu

ベーカリー 面包房 miànbāofáng；面包店 miànbāodiàn（英 *a bakery*）

ベーコン〔食品〕咸肉 xiánròu；腌肉 yānròu；熏猪肉 xūnzhūròu（英 *bacon*）▶〜エッグ/腌肉蛋 yānròudàn

ページ 页 yè（英 *a page*）▶〜ナンバー/页码 yèmǎ ▶〜を飛ばして読む/跳着页数念 tiàozhe yèshù niàn ▶〜をめくる/翻页 fān yè ▶教科書の10〜をあけなさい/请翻到课本的第十页 qǐng fāndào kèběn de dìshí yè ▶1200〜のぶ厚い本/有一千二百页厚的书 yǒu yìqiān èrbǎi yè hòu de shū ▶今日は中国小説を40〜も読んだ/今天看了四十页中国小说 jīntiān kànle sìshí yè Zhōngguó xiǎoshuō
◆全〜広告/整页的广告 zhěngyè de guǎnggào

ベージュ〔色〕浅驼色 qiǎntuósè；米色 mǐsè（英 *beige*）▶〜色のマフラー/浅驼色的围巾 qiǎntuósè de wéijīn

ベース ❶［基盤］基础 jīchǔ；基本 jīběn（英 *a base*）▶〜にする/作为基本 zuòwéi jīběn ▶ウイスキーを〜にしたカクテル/以威士忌为基础的鸡尾酒 yǐ wēishìjì wéi jīchǔ de jīwěijiǔ
❷［野球］垒 lěi（英 *a base*）
❸［音楽］低音乐器 dīyīn yuèqì（英 *a bass*）▶〜ギター/低音吉他 dīyīn jítā

ペース 速度 sùdù；步调 bùdiào（英 *a pace*）▶〜が乱れる/步调不整齐 bùdiào bù zhěngqí ▶〜を守る/保持速度 bǎochí sùdù ▶相手の〜にはまる/落入对方的掌中 làorù duìfāng de zhǎng zhōng ▶〜の配分がよい/速度分配得好 sùdù fēnpèi de hǎo

ベースアップ 提高工资 tígāo gōngzī（英 *an increase in base pay*）

ペースト 面糊 miànhù（英 *paste*）▶コピーアンド〜/复制粘贴 fùzhì zhāntiē ▶レバー〜/肝酱 gānjiàng

ペースメーカー ❶［心臓の］起搏器 qǐbóqì（英 *a pacemaker*）▶3年前から〜を入れている/三年前就装上了起搏器 sān nián qián jiù zhuāngshànglè qǐbóqì
❷［競技などで］带跑人 dàipǎorén（英 *a pacemaker*）▶20キロ地点で〜は列を離れた/在二十公里的地方，带跑人离开了队列 zài èrshí

gōnglǐ de dìfang, dàipǎorén líkāile duìliè

ペーソス 哀愁 āichóu; 悲哀 bēi'āi (英 *pathos*) ▶ユーモアと～にあふれた芝居/充满幽默和哀愁的戏剧 chōngmǎn yōumò hé āichóu de xìjù

ベータ【β】贝塔 bèitǎ (英 *beta*) ▶～線/乙种射线 yīzhǒng shèxiàn ～粒子/乙种粒子 yǐzhǒng lìzǐ

ペーパー 纸 zhǐ; 〔紙やすり〕砂纸 shāzhǐ; 〔論文〕论文 lùnwén (英 *paper*; 〔紙やすり〕*sandpaper*) ▶～をかける/用砂纸打平 yòng shāzhǐ dǎpíng トイレット～/手纸 shǒuzhǐ ～ナプキン/纸卫生巾 zhǐwèishēngjīn 彼は～が足りない/他的论文不够数 tā de lùnwén búgòu shù ◆～カンパニー 有名无实的公司 yǒumíng wúshí de gōngsī; 皮包公司 píbāo gōngsī ～テスト 笔试 bǐshì ～ドライバー 挂牌司机 guàpái sījī; 本族 běnbènzú

ペーパーバック 平装 píngzhuāng (英 *a paperback*) ▶～の本/平装书 píngzhuāngshū ～でミステリーを読む/看平装本的推理小说 kàn píngzhuāngběn de tuīlǐ xiǎoshuō

ベール 面纱 miànshā (英 *a veil*) ▶～を脱ぐ/摘下面纱 zhāixià miànshā ～をかぶる/戴上面纱 dàishàng miànshā ▶神秘の～に包まれている/隐藏在神秘的面纱后面 yǐncáng zài shénmì de miànshā hòumian

-べからず〔禁止〕不许 bùxǔ; 不准 bùzhǔn; 不能 bùnéng (英 *do not*; *don't*)

-べき 应该 yīnggāi; 必须 bìxū (英 〔義務〕*must*)

へきえき【辟易する】❶【ひるむ】畏缩 wèisuō; 吓退 xiàtuì; 踌躇不前 chóuchú bù qián (英 *flinch from...*) ❷【閉口する】感到为难 gǎndào wéinán (英 *be nonplused*) ▶景色はすばらしいが～するほど物売りが多い/景色很美，但是商贩多得令人烦厌 jǐngsè hěn měi, dànshì shāngfàn duō de lìng rén fányàn ▶彼の無神経さには全く～する/他毫无顾忌的言行实在使人厌烦 tā háo wú gùjì de yánxíng shízài shǐ rén yànfán ▶あいつのしつこさには～する/对他的那种执拗，感到很为难 duì tā de nà zhǒng zhíniù, gǎndào hěn wéinán

へきえん【僻遠の】边远 biānyuǎn; 偏僻 piānpì (英 *remote*) ▶～の孤島/偏远的孤岛 piānyuǎn de gūdǎo

へきが【壁画】壁画 bìhuà (英 *a wall painting*)

へきち【僻地】僻壤 pìrǎng; 边部 biānbù (英 *a remote area*) ▶山間の～/山间的偏僻地区 shānjiān de piānpì dìqū

ペキニーズ〔犬〕叭儿狗 bāérgǒu; 哈巴狗 hǎbāgǒu (英 *a Pekingese*)

ペキン【北京】北京 Běijīng (英 *Beijing*) ▶～原人/北京猿人 Běijīng yuánrén ～ダック/北京烤鸭 Běijīng kǎoyā; 北京鸭 Běijīngyā ～オリンピック/北京奥运会 Běijīng Àoyùnhuì

ヘクタール〔単位〕公顷 gōngqǐng (英 *a hectare*) ▶1～は100アールです/一公顷是一百亚 yì gōngqǐng shì yìbǎi qīng ▶その山火事で約1万～の森林が焼失した/那次的山火烧掉了一万公顷森林 nà cì de shānhuǒ shāodiàole yíwàn gōngqǐng sēnlín

ヘクトパスカル【理学】百帕 bǎipà (英 *a hectopascal*) ▶台風5号の中心気圧は950～だ/台风五号的中心气压是九百五百帕 táifēng wǔ hào de zhōngxīn qìyā shì jiǔbǎi wǔ bǎipà

ベクトル【数】向量 xiàngliàng; 矢量 shǐliàng (英 *a vector*) ▶政局次第で逆方向に～が働く/根据政治风向，可能会产生反动力 gēnjù zhèngzhì fēngxiàng, kěnéng huì chǎnshēng fǎndònglì

ヘゲモニー 主导权 zhǔdǎoquán; 领导权 lǐngdǎoquán; 霸权 bàquán (英 〔主導権〕*hegemony*) ▶この分野で～を握ることも夢ではない/在这个领域掌握主导权也不是梦话 zài zhège lǐngyù zhǎngwò zhǔdǎoquán yě bú shì mènghuà ▶誰が～を奪うかが最大の関心事となった/谁掌握主导权成为最大的焦点 shéi zhǎngwò zhǔdǎoquán chéngwéi zuì dà de jiāodiǎn

へこたれる 气馁 qìněi; 精疲力尽 jīng pí lì jìn (英 〔落胆する〕*be discouraged*; 〔疲労する〕*be exhausted*) ▶こんなことで～わけにはいかない/不能因为这一点事就一蹶不振 bùnéng yīnwèi zhè yìdiǎn shìqing jiù yī jué bú zhèn ▶彼は最後になってへこたれてしまった/到了最后，他终于精疲力尽了 dàole zuìhòu, tā zhōngyú jīng pí lì jìn le ▶少年たちは厳しい練習にもへこたれない/孩子们面对艰苦的练习也毫不气馁 háizimen miànduì jiānkǔ de liànxí yě háobù qìněi

ベゴニア【植物】秋海棠 qiūhǎitáng (英 *a begonia*)

ぺこぺこ ❶【へつらう】点头哈腰 diǎntóu hāyāo (英 *cringe*) ❷【空腹】饿 è (英 *very hungry*) ▶腹が～だ/肚子空了 dùzi kōng le ▶母さん、おなかが～だよ/妈，我饿了 mā, wǒ è le ～する 低三下四 dī sān xià sì; 点头哈腰 diǎntóu hāyāo ▶上司の前でやたらに～するのはみっともない/在上司面前老是低三下四的，很没有体面 zài shàngsi miànqián lǎoshì dī sān xià sì de, hěn méiyǒu tǐmiàn ▶客に～するのは生活のためだ/对客人低三下四，那是为了糊口 duì kèrén dī sān xià sì, nà shì wèile húkǒu

へこます【凹ます】❶【くぼませる】弄瘪 nòngbiě; 收 shōu (英 *dent*) ▶下腹を凹ませてゆっくり息を吐き出して下さい/收小腹，慢慢地吐气 shōu xiǎofù, mànmàn de tǔ qì ❷【屈服させる】使屈服 shǐ qūfú; 说倒 shuōdǎo (英 *put down*) ▶知ったかぶりして子供に凹まされた/不懂装懂，倒让孩子治服了 bù dǒng zhuāng dǒng, dào ràng háizi zhì fú le

へこみ【凹み】洼陷 wāxiàn; 凹面 āomiàn (英 *a dent*; *a hollow*) ▶木に衝突して車のバンパーに～をつくった/汽车撞在树上了，把保险杠撞出了一个坑 qìchē zhuàngzài shùshang le, bǎ bǎoxiǎngàng zhuàngchūle yí ge kēng

へこむ【凹む】（窪(窪)む）凹下 āoxia; 瘪下 biěxia（英 be dented）;〔気分が落ちこむ〕泄气 xièqì（英 feel depressed）▶就職活動をやっていると～ことが多い／找工作的过程中容易泄气 zhǎo gōngzuò de guòchéng zhōng róngyì xièqì ▶その事故で車の先端が凹んだ／因为那次事故，汽车的前面凹下去了 yīnwèi nà cì shìgù, qìchē de qiánmian āoxiàqu le ▶凹んだ腹／瘦下来了的肚子 shòuxiàlaile de dùzi

ぺこり 点头行礼 diǎntóu xínglǐ（英〔頭を下げる〕bob one's head）▶～と頭を下げる／点头鞠躬 diǎntóu jūgōng ▶帽子をとって～と頭を下げた／摘下帽子，点一点头 zhāixià màozi, diǎn yì diǎn tóu

へさき【舳先】〔船舶〕船头 chuántóu（英 the bow）

へしおる【圧し折る】摧折 cuīzhé; 折断 zhéduàn（英 break）▶天狗の鼻を～／挫人锐气 cuò rén ruìqì; 挫其骄慢的气焰 cuò qí jiāomàn de qìyàn ▶剛速球にバットを圧し折られた／球棒被快速有威力的投球折断了 qiúbàng bèi kuàisù yǒu wēilì de tóuqiú zhéduàn le

ペシミスト 厌世者 yànshìzhě; 悲观主义者 bēiguān zhǔyìzhě（英 a pessimist）

ペシミズム 悲观主义 bēiguān zhǔyì; 厌世主义 yànshì zhǔyì（英 pessimism）

ベスト〔最も良い〕最好 zuì hǎo;〔全力〕全力 quánlì（英 best）▶～を尽くす／尽力而为 jìnlì ér wéi ▶今の時点で～の選択をする／在目前做最好的选择 zài mùqián zuò zuì hǎo de xuǎnzé ▶～コンディションで試合を迎える／以最好的状态迎接比赛 yǐ zuì hǎo de zhuàngtài yíngjiē bǐsài

ベスト〔服飾〕背心 bèixīn（英 a vest）

ベスト〔医〕黑死病 hēisǐbìng; 鼠疫 shǔyì（英 the (black) plague）▶～菌／鼠疫菌 shǔyìjūn

ベストセラー 畅销书 chàngxiāoshū（英 a bestseller）▶～作家／畅销书作家 chàngxiāoshū zuòjiā ▶世界一の～は聖書だ／世界上最畅销的书是圣经 shìjièshang zuì chàngxiāo de shū shì Shèngjīng

ベストタイム〔賽跑等的〕最高记录 (sàipǎo děng de) zuìgāo jìlù（英 one's best time）▶自己の～を4秒短縮した／把自己的最高记录缩短了四秒 bǎ zìjǐ de zuìgāo jìlù suōduǎnle sì miǎo

ベストテン 前十名 qián shímíng; 最佳十名 zuìjiā shímíng（英 the best ten; the top ten）▶～にはいる／进入前十 jìnrù qián shí

ベストドレッサー 穿着最佳的人 chuānzhuó zuìjiā de rén（英 the best-dressed man [woman]）

へそ【臍】肚脐 dùqí（英 a navel）▶～の緒／脐带 qídài ▶～を曲げる／闹别扭 nào bièniu ▶で茶を沸かす／捧腹大笑 pěng fù dà xiào

◆～曲り／あんな～曲がりには何を言っても無駄だ／对那种乖戾的人说什么都没用 duì nà zhǒng guāilì de rén shuō shénme dōu méiyòng

べそをかく 哭鼻子 kū bízi（英 sob）▶あとで

をかいても知らんぞ／等会儿你可不要哭鼻子啊 děng huìr nǐ kě búyào kū bízi a

へそくり【臍繰り】私房钱 sīfangqián; 梯己钱 tījiqián（英 secret savings）▶これは私の～で買えるような値段じゃない／这个价不是我的私房钱能买得起的 zhège jià bú shì wǒ de sīfangqián néng mǎideqǐ de

へた【下手な】笨拙 bènzhuō; 拙劣 zhuōliè（英 poor）▶～だ／不擅长 bú shàncháng ▶彼は話～だが聞き上手だ／他不会说话，但是很会听别人说话 tā búhuì shuō huà, dànshì hěn huì tīng biéren shuō huà ▶彼は中国語が～だ／他的中文很差劲 tā de Zhōngwén hěn chàjìn ▶～な冗談はよせ／别开蹩脚的玩笑 bié kāi biéjiǎo de wánxiào ▶練習を怠ればますます～になる／放松练习，就会越来越差 fàngsōng liànxí, jiù huì yuèláiyuè chà de

～な鉄砲も数撃ちゃ当たる 愚者千言，必有一真 yúzhě qiān yán, bì yǒu yì zhēn

～の考え休むに似たり 笨人思想也想不出好点子，只白费时间 bènrén xiǎng yě xiǎngbuchū hǎodiǎnzi, zhǐ báifèi shíjiān

～の横好き 喜欢而不擅长 xǐhuān ér bú shàncháng

[日中比較] 中国語の'下手 xiàshǒu'は「手を付ける」こと。

へた【蒂】〔植物の〕蒂 dì（英 the calyx）

へだたり【隔たり】距离 jùlí; 差距 chājù; 隔阂 géhé（英 a distance; a gap）▶～のない／切近 qièjìn ▶年齢的な～を感じる／感觉有年龄上的差距 gǎnjué yǒu niánlíngshang de chājù ▶その会談では彼らの間の～は埋まらなかった／在那次会谈中，他们之间的距离没有缩小 zài nà cì huìtán zhōng, tāmen zhījiān de jùlí méiyǒu suōxiǎo ▶理想と現実の～は大きくなるばかりだ／理想和现实的距离越来越大 lǐxiǎng hé xiànshí de jùlí yuèláiyuè dà ▶世代間の～が大きい／代沟很深 dàigōu hěn shēn ▶二人の能力の間にはほとんど～がない／二人的能力没有什么差距 èr rén de nénglì méiyǒu shénme chājù

へだたる【隔たる】隔离 gélí; 相隔 xiānggé; 相距 xiāngjù（英 be distant; be apart）▶空港は都心から60キロも隔たっている／机场离市中心有六十公里 jīchǎng lí shìzhōngxīn yǒu liùshí gōnglǐ ▶彼の主張は真理と遠く隔たっている／他的主张和真理相差很远 tā de zhǔzhāng hé zhēnlǐ xiāngchà hěn yuǎn ▶その施設は人家から遠く隔たった所にあった／那个设施在离人家很远的地方 nàge shèshī zài lí rénjiā hěn yuǎn de dìfang

べたつく 沾 zhān; 黏糊 niánhú（英 be sticky）▶油が指先に～／油沾在手指尖上 yóu zhānzài shǒuzhǐjiānshang ▶汗でぬれたシャツが体にべたついた／被汗打湿了的衬衫沾在身体上 bèi hàn dǎ shīle de chènshān zhānzài shēntǐshang

へだて【隔て】隔阂 géhé; 间隔 jiàngé（英 distinction）▶我々は～のない間柄です／我们的

へだてる 关系亲密无间 wǒmen de guānxi qīnmì wú jiān ▶誰にも～なく話す/和谁都能谈得融洽 hé shéi dōu néng tán de róngqià

へだてる【隔てる】 分隔 fēngé; 隔 gé; 隔断 géduàn (英 separate) ▶半島を南北に～国境線/把半岛隔成南北的国境线 bǎ bàndǎo géchéng nánběi de guójìngxiàn ▶彼らの部屋はカーテン1枚で隔ててる/他们的房间用一幅布帘隔开 tāmen de fángjiān yòng yì fú bùlián gékāi ▶その家は道を隔てて私たちの家のすぐ前に立っていた/那处房子隔着路建在我们家的前面 nà chù fángzi gézhe lù jiànzài wǒmen jiā de qiánmian ▶30年隔てた今日でも状況は変わっていない/事隔三十年，至今情况也没有变 shì gé sānshí nián, zhì jīn qíngkuàng yě méiyǒu biàn

へたばる 累垮 lèikuǎ;《気力が》气馁 qìněi (英 be worn out) ▶彼はとうとうへたばった/他终于累倒了 tā zhōngyú lèidǎo le

べたべた《一面に》涂满 túmǎn (英 all over);《厚く》涂得厚 tú de hòu (英 thickly) ▶壁にポスターが～貼ってあった/墙上贴满海报 qiángshang tiēmǎn hǎibào ▶おしろいを～塗る/涂上厚厚的粉 túshàng hòuhòu de fěn ▶絵の具を～塗る/涂上厚厚的颜料 túshàng hòuhòu de yánliào ▶素足で～歩く/光脚啪嗒啪嗒地走 guāngjiǎo pādāpādā de zǒu

べたべたする《手などが》粘糊糊 niánhūhū (英 be sticky);《まつわりつく》纠缠 jiūchán; 紧贴不离 jǐn tiē bù lí (英 cling to...) ▶ラーメン屋のカウンターは～していた/面馆的柜台黏呼呼的 miànguǎn de guìtái niánhūhū de ▶君たち人前で～するな/当着人你们不要太亲热 dāngzhe rén nǐmen búyào tài qīnrè

べたぼめ【べた誉め】 全面吹捧 quánmiàn chuīpěng; 极力称赞 jílì chēngzàn (英 extravagant praise) ▶彼が～する映画だからきっとつまらないよ/因为是他极力吹捧的电影，所以肯定没意思 yīnwèi shì tā jílì chuīpěng de diànyǐng, suǒyǐ kěndìng méi yìsi

ペダル 踏板 tàbǎn; 脚蹬子 jiǎodēngzi (英 a pedal) ▶～を踏む/踩踏板 cǎi tàbǎn

ペダンチック 卖弄学问 màinòng xuéwèn (英 [物知りぶる] pedantic)

ペチカ 俄式壁炉 Éshì bìlú (英 a Russian brick stove)

ペチコート《服飾》衬裙 chènqún (英 a petticoat)

ヘチマ《植物》丝瓜 sīguā;《無用のもの》不中用的 bú zhòngyòng de (英 a sponge gourd) ▶この～野郎/你这个饭桶！ nǐ zhège fàntǒng! ▶規則も～もあるものか/管什么规则不规则 guǎn shénme guīzé bùguīzé

ぺちゃくちゃしゃべる 喋喋 diédié (英 chatter) ▶小声で～しゃべる/喊喳喳地小声谈论 qīqīchāchāde xiǎoshēng tánlùn ▶いつまでも～しゃべるんじゃないよ/别老是叽叽喳喳地说个不停 bié lǎoshi jījizhāzhā de shuō ge bùtíng

ぺちゃんこの ❶【つぶれる】压扁 yābiǎn (英 flat; crushed) ▶かばんの中でパンが～になった/包里的面包被压扁了 bāoli de miànbāo bèi yābiǎn le ▶車は～になった/汽车被压扁了 qìchē bèi yābiǎn le ❷【屈服する】被驳倒 bèi bódǎo (英 deflated) ▶孫たちに～に言い負かされる/完全被孙子们驳倒了 wánquán bèi sūnzimen bódǎo le

べつ【別の】 ❶【分別】区分 qūfēn; 区别 qūbié (英 separate) ▶年齢～に統計をとる/按年龄统计 àn niánlíng tǒngjì ▶男女の～なく参加できる/不分男女，都可以参加 bù fēn nánnǚ, dōu kěyǐ cānjiā

❷【別個】別 bié; 另 lìng (英 another; different) ▶～の魂胆がある/别有用心 bié yǒu yòngxīn ▶～の問題/另一个问题 lìng yí ge wèntí ▶～に帽子を買った/另外还买了一顶帽子 lìngwài hái mǎile yì dǐng màozi ▶～の日/别日 tārì ▶～のを持って来てくれ/拿一个别的来！ ná yí ge bié de lái! ▶言うのと行うのとは～の事柄だ/说和做是不一样的事 shuō hé zuò shì bù yíyàng de shì ▶どこか～の場所に行きたい/想去别的地方 xiǎng qù biéde dìfang

❸【特別・例外】特别 tèbié; 例外 lìwài (英 exceptional) ▶君だけは～だ/只有你是例外 zhǐyǒu nǐ shì lìwài

♦職業～電話帳/按职业分类的电话号码本 àn zhíyè fēnlèi de diànhuà hàomǎběn

べっかく【別格】 特别 tèbié; 特殊 tèshū (英 special) ▶彼らは～の扱いを受けた/他们受到了特别的待遇 tāmen shòudàole tèbié de dàiyù ▶彼らは～/他们与众不同 tāmen yǔ zhòng bù tóng

べっかん【別館】 配楼 pèilóu; 分馆 fēnguǎn (英 an annex) ▶お部屋は～になります/您的房间在分馆 nín de fángjiān zài fēnguǎn

べつかんじょう【別勘定】 另行结算 lìngxíng jiésuàn (英 a separate account) ▶～にしてもらう/请求另行结算 qǐngqiú lìngxíng jiésuàn ▶アルコールは～にします/酒类另算 jiǔlèi lìng suàn

べっきょ【別居する】 分居 fēnjū (英 live separately) ▶彼らは長い間～している/他们长期分居 tāmen chángqī fēnjū ▶～中の妻と離婚の話し合いをする/和分居中的妻子谈离婚的事 hé fēnjū zhōng de qīzi tán líhūn de shì

べつぐち【別の口】 另外 lìngwài (英 another; different) ▶～の収入/另外一份收入 lìngwài yí fèn shōurù

べっけん【別件】 另一件 lìng yí jiàn; 另外的事 lìngwài de shì (英 another incident) ▶～で逮捕する/另案逮捕 lìng'àn dàibǔ

べっけん【瞥見】 瞥见 piējiàn (英 a glance)

べっこ【別個の】 另一个 lìng yí ge (英 separate) ▶～の人格/另一个人格 lìng yí ge réngé ▶これらは～に扱わなくてはならない/这些要作不同处理 zhèxiē yào zuò bùtóng chǔlǐ

べっこう【別項】 其他项目 qítā xiàngmù; 另

べっこう【鼈甲】 玳瑁 dàimào (英 tortoise-shell) ▶～細工/玳瑁工艺品 dàimào gōngyìpǐn ～縁の眼鏡/玳瑁镜框的眼镜 dàimào jìngkuàng de yǎnjìng

べっさつ【別冊】 另册 lìngcè (英 a separate volume; [雑誌] an extra number)
♦～付録:另册附录 lìngcè fùlù

べっし【別紙】 另纸 lìngzhǐ (英 another sheet) ▶～に書く/写在其他纸上 xiězài qítā zhǐshang ▶～の通り/如另纸所述 rú lìngzhǐ suǒ shù

べっし【蔑視】 蔑视 mièshì; 歧视 qíshì (英 contempt) ▶彼の発言は大衆を～するものだ/他的发言是对大众的蔑视 tā de fāyán shì duì dàzhòng de mièshì
♦女性～:歧视女性 qíshì nǚxìng

べっしつ【別室】 另一间屋子 lìng yì jiān wūzi (英 another room) ▶入国審査のとき～に連れて行かれた/入境审查的时候被带到别的房间去了 rùjìng shěnchá de shíhou bèi dàidào biéde fángjiān qù le ▶～で待機する/在另一个房间等待 zài lìng yí ge fángjiān děngdài

べつじょう【別状】 异状 yìzhuàng; 意外 yìwài (英 something unusual) ▶命に～はない/没有生命危险 méiyǒu shēngmìng wēixiǎn ▶目に～はない/眼睛没有毛病 yǎnjing méiyǒu máobìng

べつじん【別人】 别人 biérén (英 a different person) ▶～である/好像是另一个人 hǎoxiàng shì lìng yí ge rén

べつずり【別刷り】 抽印 chōuyìn (英 print separately) ▶論文の～を200部作る/作二百份论文的抽印 zuò èrbǎi fèn lùnwén de chōuyìn

べっせかい【別世界】 另一个世界 lìng yí ge shìjiè (英 another world) ▶その一角は都会の喧騒を忘れさせる～だった/那个角落是让人忘记城市喧哗的另一个世界 nàge jiǎoluò shì ràng rén wàngjì chéngshì xuānhuá de lìng yí ge shìjiè ▶我々は突然～に迷い込んだ気がした/我们好像忽然闯入了另一个世界 wǒmen hǎoxiàng hūrán chuǎngrùle lìng yí ge shìjiè

べっそう【別荘】 别墅 bièshù (英 a villa) ▶週末は～で過ごす/周末在别墅度过 zhōumò zài bièshù dùguò

ヘッダー【電算】 页眉 yèméi (英 a header)

べったり 紧紧地 jǐnjǐn de (英 fast) ▶～くっつく/紧紧贴上 jǐnjǐn tiēshàng ▶この新聞は体制～の報道をする/这家报纸的报道紧跟政府 zhè jiā bàozhǐ de bàodào jǐngēn zhèngfǔ ▶子供は母親に～くっついて離れない/孩子紧跟着母亲，寸步不离 háizi jǐngēnzhe mǔqīn, cùnbù bù lí ▶汗でシャツが背中に～くっつく/汗湿透了衬衫，紧贴在背上 hàn shītòule chènshān, jǐntiē zài bèishang

べつだん【別段】《他と異なる》 另外 lìngwài; 《取り立てて言うこともない》 并(不) bìng(bù) (英 particularly) ▶～の取り扱い/另行对待 lìng xíng duìdài ▶У作处理 lìng zuò chǔlǐ ▶～困らない/并没有什么困难 bìng méiyǒu shénme kùnnan ▶～大騒ぎするほどのことじゃない/也不是什么大惊小怪的事 yě bú shì shénme dà jīng xiǎo guài de shì

べってんち【別天地】 另一个世界 lìng yí ge shìjiè; 桃花源 táohuāyuán (英 another world) ▶～を求める/追求另一个世界 zhuīqiú lìng yí ge shìjiè

べっと【別途の】 另外 lìngwài (英 extra) ▶～連絡する/另行联络 lìngxíng liánluò ▶交通費は～支給する/交通费另付 jiāotōngfèi lìng fù ▶その件は～に考慮しよう/那件事另考虑吧 nà jiàn shì lìng kǎolǜ ba ▶食事は～料金です/餐费另收 cānfèi lìng shōu

ヘッド【頭部】 头 tóu;【先端】前端 qiánduān;【首領】 首脑 shǒunǎo (英 a head)
♦～ギア:头部护具 tóubù hùjù ～ヘルメット:头盔 tóukuī ～コーチ:总教练 zǒngjiàoliàn ～ランプ:戴在头上的灯 dàizài tóushang de dēng

ベッド 床 chuáng (英 a bed) ▶布団が～から滑り落ちる/被子从床上掉下来 bèizi cóng chuángshang diàoxià lái ▶疲れたからちょっと～で横になるよ/我累了，在床上躺一会儿 wǒ lèi le, zài chuángshang tǎng yíhuìr ▶～に入る/上床 shàng chuáng ▶赤ん坊を～に寝かしつける/哄婴儿在床上睡 hǒng yīng'ér zài chuángshang shuì ▶～数200の病院/有二百张病床的医院 yǒu èrbǎi zhāng bìngchuáng de yīyuàn
♦～カバー:床罩 chuángzhào ～シーン:床上镜头 chuángshang jìngtóu ～タウン:市郊住宅区 shìjiāo zhùzháiqū

文化 中国人は一般にベッドに寝る。日本のように床に直接蒲団を敷いて寝ることはない。そのベッドを中国語では 'chuáng' といい、日本語の「床（ゆか）」は '地板 dìbǎn' という。

ペット 宠物 chǒngwù (英 a pet) ▶この猫は～というより家族なんです/这只猫与其说是宠物不如说是家庭成员 zhè zhī māo yǔqí shuōshì chǒngwù bùrú shuōshì jiātíng chéngyuán
♦～ショップ:宠物店 chǒngwùdiàn ～フード:宠物食品 chǒngwù shípǐn

べつどうたい【別働隊】 别动队 biédòngduì (英 a detached corps)

ヘッドハンティング 猎头 liètóu (英 headhunting)

ペットボトル PET 瓶 PET píng (英 a PET bottle)

ヘッドホン 耳机 ěrjī; 头带耳机 tóudài ěrjī (英 a headphone) ▶～で音楽を聞く/用耳机听音乐 yòng ěrjī tīng yīnyuè

ヘッドライト 车头灯 chētóudēng (英 a headlight) ▶～が一人の人物を照らし出す/车头灯照出了一个人 chētóudēng zhàochūle yí ge rén ▶～をつける/打开车头灯 dǎkāi chētóudēng

べっとり 沾满 zhānmǎn; 涂满 túmǎn (英 thickly) ▶手に～と血がつく/手上沾满了血

shǒushang zhānmǎnle xiě ▸顔に~ドーランを塗る/脸上涂满了油彩 liǎnshang túmǎnle yóucǎi

べつに【別に】 ❶ 〖分けて〗另外 lìngwài (英 *separately*) ▸~相談しよう/另行商量吧 lìngxíng shāngliang ba ▸夫と寝室を~する/卧室和丈夫分开 wòshì hé zhàngfu fēnkāi ▸これは~金を払う必要はない/不用另付钱 búyòng lìng fùqián

❷ 〖特には〗并(不) bìng(bù) (英 *particularly*) ▸~用しない/并没什么事 bìng méi shénme shì ▸「どうしたんだ?」「~」/"怎么了? Zěnme le?" "没什么 Méi shénme" ▸~用事はない/没有什么事 méiyǒu shénme shì ▸~面白いことは書いていない/没有写什么有趣的 méiyǒu xiě shénme yǒuqù de shì ▸彼の病気は~大したことじゃない/他的病没有什么大不了的 tā de bìng méiyǒu shénme dàbuliǎo de

べつのう【別納】 另付 lìngfù; 另外交纳 lìngwài jiāonà (英 *separate payment*) ▸~料金/另外交纳的钱 lìngwài jiāo de qián ▸~料金ー郵便/邮资另付的邮件 yóuzī lìng fù de yóujiàn

べっぴょう【別表】 另表 lìngbiǎo; 附表 fùbiǎo (英 *an attached list*) ▸納入金額は~を参照のこと/缴纳金额请参照附表 jiǎonà jīn'é qǐng cānzhào fùbiǎo

べつびん【別便で】 另寄的邮件 lìng jì de yóujiàn (英 *by separate mail*) ▸~で送る/另寄 lìng jì ▸旅先から携行品は~で送った/从旅行的地方把行李单独寄出 cóng lǚxíng de dìfang bǎ xíngli dāndú jìchū ▸本は段ボールに詰めて~で送る/把书装在箱子里单独寄送 bǎ shū zhuāngzài xiāngzili dāndú jìsòng

べっぷう【別封】 另封 lìngfēng;《别的封書》另一封信 lìng yì fēng xìn (英 *under separate cover*) ▸~の調味料/单独封好了的调味料 dāndú fēnghǎole de tiáowèiliào

べつべつ【別別に】 分别 fēnbié; 各自 gèzì (英 *separately*) ▸~に包んで下さい/请分别包装 qǐng fēnbié bāozhuāng ▸昼食代は~に払おう/午餐费各自付吧 wǔcānfèi gèzì fù ba ▸話し合いが終わると皆~に帰った/会议结束后, 各自回家了 huìyì jiéshù hòu, gèzì huíjiā le ▸本と雑誌は~にまとめて下さい/请把书和杂志分开收拾起来 qǐng bǎ shū hé zázhì fēnkāi shōushíqǐlai ▸彼らは皆~の方向に向かった/他们各自走向不同的方向 tāmen gèzì zǒuxiàng bùtóng de fāngxiàng ▸彼らは~に審理された/他们被分别审查 tāmen bèi fēnbié shěnchá ▸一つ一つを~にしておきなさい/把它们一个一个分开 bǎ tāmen yí ge yí ge fēnkāi

べつむね【別棟】 另一栋房子 lìng yí dòng fángzi (英 *another house* 〔*building*〕)

べつめい【別名】 别称 biéchēng; 别名 biémíng (英 *another name*; 〖犯人などの偽名〗*an alias*) ▸彼はデビュー作を~で発表した/他的问世作品是用别名发表的 tā de wènshì zuòpǐn shì yòng biémíng fābiǎo de

べつもの【別物】 不同的东西 bùtóng de dōngxi; 另一个东西 lìng yí ge dōngxi (英 *a different thing*) ▸名前は似ているがそれらは全く~だ/名字很相似, 但是它们完全是不同的东西 míngzi hěn xiāngsì, dànshì tāmen wánquán shì bùtóng de dōngxi

べつもんだい【別問題】 另一回事 lìng yì huí shì (英 *another question*) ▸それとこれとは~だ/这个和那个是两回事 zhège hé nàge shì liǎng huí shì

へつらい 奉承 fèngcheng; 阿谀 ēyú (英 *flattery*)
♦~者/阿谀奉承的人 ēyú fèngcheng de rén

へつらう 恭维 gōngwei; 拍马屁 pāi mǎpì; 奉承 fèngcheng (英 *flatter*) ▸権力者への立場が弱いからだ/奉承有权势的人是因为自己太弱小 fèngcheng yǒu quánshì de rén shì yīnwèi zìjǐ tài ruòxiǎo

べつり【別離】 离别 líbié; 别离 biélí (英 *parting*) ▸~を悲しむ/为别离而伤心 wèi biélí ér shāngxīn

へて【…を経て】 经过 jīngguò (英〖場所〗*via...*;〖時間〗*after...*) ▸彼は3年間のブランクをーカムバックした/他中断了三年又东山再起了 tā zhōngduànle sān nián yòu Dōngshān zài qǐ le ▸高野山を~熊野へ向かう/经过高野山去熊野 jīngguò Gāoyěshān qù Xióngyě

ヘディング 〖サッカー〗头球 tóuqiú (英 *a header*; *heading*) ▸~シュート/头球射门 tóuqiú shèmén

ベテラン 老兵 lǎobīng; 老手 lǎoshǒu; 老资格 lǎozīge (英 *a veteran*; *an expert*) ▸~の先生が退職し若い教師が増えた/老教师退休了, 年轻的老师增加了 lǎojiàoshī tuìxiūle, niánqīng de lǎoshī zēngjiā le ▸~ドライバーのくせに運転が乱暴だ/说是老资格的司机, 驾车可真野 shuōshì lǎozīgé de sījī, jiàchē kě zhēn yě

ぺてん 骗局 piànjú; 欺骗 qīpiàn; 诈 zhà (英 *trickery*) ▸~にかかる/上当 shàng dàng ▸~师/骗子 piànzi ▸~にかけて金を取る/骗人钱财 piànrén qiáncái

ヘど 〖反吐〗呕吐 ǒutù (英 *vomit*) ▸顔を見ただけで~が出る/一看那张脸就恶心 yí kàn nà zhāng liǎn jiù ěxīn ▸~を吐く/呕吐 ǒutù

へとへと 非常疲乏 fēicháng pífá; 精疲力尽 jīng pí lì jìn (英 *exhausted*) ▸毎日猛練習で~になって帰宅する/每天都有高强度的训练, 回到家都精疲力竭了 měitiān dōu yǒu gāoqiángdù de xùnliàn, huídào jiā dōu jīng pí lì jié le ▸5時間も歩きづめで~に疲れた/五个小时一直在走, 已经精疲力竭了 wǔ ge xiǎoshí yìzhí zài zǒu, yǐjīng jīng pí lì jié le

ヘどろ 淤泥 yūní (英 *sludge*) ▸川底は~がとどこおって悪臭を放つ/河底里沉积着淤泥发出臭味 hédǐli chénjīzhe yūní fāchū chòuwèi

ペナルティ 处罚 chǔfá;《金銭》罚金 fájīn (英 *a penalty*) ▸~を科す/判罚 pànfá ▸~エリ

ア/(足球等的)罚球区 (zúqiú děng de)fáqiúqū ◆～キック/罚球 fáqiú

ペナント (優勝旗)锦旗 jǐnqí; (三角旗)三角旗 sānjiǎoqí (英 *a pennant*) ◆～レース/锦标赛 jǐnbiāosài ◆～を争う/争夺赛冠军 zhēngduó sàijì guànjūn

べに【紅】(色)红 hóng; (口紅)口红 kǒuhóng; (頰紅)胭脂 yānzhi (英 *rouge*) ◆～をさした頰/抹了胭脂的脸颊 mǒle yānzhi de liǎnjiá ◆～鮭/红大马哈鱼 hóng dàmǎhāyú ～雀/红雀 hóngquè ～しょうが/红姜 hóngjiāng

ペニシリン (薬)青霉素 qīngméisù (英 *penicillin*) ◆～アレルギーでひどい目にあった/因青霉素过敏痊吃了苦头 yīn qīngméisù guòmǐnzhèng chīle kǔtóu

ペニス (解)阴茎 yīnjīng (英 *a penis*)

ベニヤいた【ベニヤ板】胶合板 jiāohébǎn; 三合板 sānhébǎn (英 *plywood*) ◆台風に備え窓に～を打ちつける/为了防备台风在窗户上钉上了三合板 wèile fángbèi táifēng zài chuānghushang dìngshàngle sānhébǎn

ペパーミント (植物)薄荷 bòhe (英 *peppermint*)

へばりつく 紧贴 jǐntiē; 沾上 zhānshàng (英 *cling to…*) ◆ヤモリが壁にへばりついている/壁虎贴在墙壁上 bìhǔ tiēzài qiángbìshang

へばる 筋疲力尽 jīn pí lì jìn; 累倒 lèidǎo (英 *be exhausted*) ◆この暑さでは犬だって～だ/这么热，狗也受不了了 zhème rè, gǒu yě shòubuliǎo le ◆途中でへばらないよう荷物を減らして山に登る/为了中途不太累，减少行李去爬山 wèile zhōngtú bú tài lèi, jiǎnshǎo xínglǐ qù páshān

へビ【蛇】(動物)蛇 shé; 长虫 chángchóng (英 *a snake*) ◆毒～にかまれる/被毒蛇咬了 bèi dúshé yǎo le ◆～の抜けがら/蜕下的蛇皮 tuìxià de shépí

～に見込まれた蛙のよう 像青蛙遇见蛇一样，手足无措 xiàng qīngwā yùjiàn shé yíyàng, shǒu zú wú cuò

～の生殺し 使人死活不成 shǐ rén sǐ huó bù chéng

◆～使い/驯蛇人 xùnshérén

ベビー 婴儿 yīng'ér (英 *a baby*)
◆試験管～/试管婴儿 shìguǎn yīng'ér ～カー/婴儿车 yīng'érchē ～シッター/临时保姆 línshí bǎomǔ ～パウダー/婴儿粉 yīng'érfěn ～フード/婴儿食品 yīng'ér shípǐn ～フェイス/娃娃脸 wáwaliǎn ～ベッド/婴儿床 yīng'érchuáng

ヘビーきゅう【ヘビー級】(ボクシング)重量级 zhòngliàngjí (英 *the heavyweight*) ◆～ボクサー/重量级拳击手 zhòngliàngjí quánjīshǒu

へべれけ 大醉 dàzuì; 烂醉如泥 lànzuì rú ní (英 *be dead drunk*)

へぼ 笨拙 bènzhuō; 蹩脚 biéjiǎo (英 *unskillful; poor*)
◆～絵かき/蹩脚的画家 biéjiǎo de huàjiā ～将棋/臭棋 chòuqí

ヘボンしき【ヘボン式】黑本式罗马字拼写法 Hēiběnshì Luómǎzì pīnxiěfǎ (英 *the Hepburn system (of Romaji)*)

へま 笨拙 bènzhuō; 愚蠢 yúchǔn; (ばかな失敗)错 cuò (英 *a blunder*) ◆～をする/失误 shīwù; 做错 zuòcuò ◆～なことを言う/说错话 shuōcuòhuà ◆～なやつだな、おまえは/你真是个笨蛋 nǐ zhēn shì ge bèndàn ◆新人の頃毎日～ばかりしていられた/刚上班的时候每天都做错事，经常挨骂 gāng shàngbān de shíhou měitiān dōu zuòcuò shì, jīngcháng áimà

ヘモグロビン (医)血色素 xuèsèsù; 血红蛋白 xuèhóng dànbái (英 *hemoglobin*)

へや【部屋】房间 fángjiān; 屋子 wūzi (英 *a room*) ◆～の中/屋里 wūli ◆相～/(在旅馆等)与人同住一个房间 (zài lǚguǎn děng) yǔ rén tóngzhù yí ge fángjiān ◆～代/房租 fángzū ◆初めて上京して～探しが大変だった/第一次来东京的时候，找房子真不容易 dìyī cì lái Dōngjīng de shíhou, zhǎo fángzi zhēn bù róngyì ◆出張で一週間～を空けますのでよろしく/要去出差，一个星期不在家，请照看一下 yào qù chūchāi, yí ge xīngqī bú zàijiā, qǐng zhàokàn yíxià ◆ホテルに～を取る/在酒店预定房间 zài jiǔdiàn yùdìng fángjiān ◆アパートの～代が2ヶ月たまっている/房租拖欠了两个月 fángzū tuōqiànle liǎng ge yuè

へら【箆】木铲 mùchǎn; 刮刀 guādāo; (裁縫用)竹板 zhúbǎn (英 *a spatula*) ◆竹～で遺物を掘り出す/用竹铲挖出遗物 yòng zhúchǎn wāchū yíwù

へらす【減らす】减少 jiǎnshǎo; 省 shěng (英 *reduce; (切りつめる) cut down*) ◆体重を～/减肥 jiǎnféi ◆人員を～/裁员 cáiyuán ◆腹を減らしている/饥肠辘辘 jīcháng lùlù ◆ゴミを半分に～/将垃圾减半 jiāng lājī jiǎnbàn ◆原価を～/降低原价 jiàngdī yuánjià ◆医者から煙草を～ように言われた/医生要我减少吸烟量 yīshēng yào wǒ jiǎnshǎo yānliàng ◆運動をして体重を5キロ減らした/通过运动减少了五公斤的体重 tōngguò yùndòng jiǎnshǎole wǔ gōngjīn de tǐzhòng ◆小遣いを半分に減らされた/零用钱被减少了一半 língyòngqián bèi jiǎnshǎole yíbàn

へらずぐち【減らず口】不认输 bú rènshū; 嘴硬 zuǐ yìng (英 *a retort*) ◆～をたたく/斗嘴 dòuzuǐ; 强词夺理 qiángdiào duó lǐ ◆若僧のくせに～をたたくな/乳臭未干，就别来顶嘴！rǔ chòu wèi gān, jiù bié lái dǐngzuǐ!

べらべら (休みなくしゃべる様子)喋喋不休 diédié bù xiū (英 *thoughtlessly*) ◆秘密を～しゃべる/把秘密喋喋不休地讲了出来 bǎ mìmì diédié bù xiū de jiǎngle chūlai

ぺらぺら ❶(外国語が)流利 liúlì (英 *fluently*) ◆英語を～しゃべる/英语说得很流利 Yīngyǔ shuō de hěn liúlì ❷(おしゃべり)乱讲 luànjiǎng; 耍嘴皮子 shuǎ zuǐpízi (英 *volubly*) ◆子供は外でうちのことを～しゃべる/孩子们会在

べらぼう

外面乱讲家里的事 háizimen huì zài wàimian luàn jiǎng jiāli de shì

べらぼう【程度】非常 fēicháng; 太 tài; (むちゃな) 太不像话 tài búxiànghuà (英 awful) ▶そんな～な/那太不像话 nà tài búxiànghuà ▶値段が～に高い/价钱贵得厉害 jiàqián guì de lìhai ▶そんな～な話があるか/怎么会有这么荒唐的事？ zěnme huì yǒu zhème huāngtáng de shì? ▶その腕時計は～な値段だったのであきらめた/那款手表价钱太贵, 就不买了 nà kuǎn shǒubiǎo jiàqian tài guì, jiù bù mǎi le

ベランダ【建築】阳台 yángtái; 晒台 shàitái (英 a veranda) ▶～に洗濯物を干す/在阳台上晾衣服 zài yángtáishang liàng yīfu ▶でハーブを育てる/在阳台上种香草 zài yángtáishang zhòng xiāngcǎo

へり【縁】边儿 biānr (英 an edge) ▶茶碗の～が欠けている/碗的边儿缺了 wǎn de biānr quē le ▶畳の～は踏まないように/不要踩榻榻米的边儿 búyào cǎi tàtàmǐ de biānr

ヘリウム〔化学〕氦 hài (英 helium)

ペリカン〔鳥〕塘鹅 táng'é; 鹈鹕 tíhú (英 a pelican)

へりくだる 谦虚 qiānxū; 恭敬 gōngjìng; 谦逊 qiānxùn (英 be modest) ▶へりくだった言葉遣い/谦恭的措辞 qiāngōng de cuòcí ▶あんな人にそんなに～ことはないでしょう/不用对那样的人那么恭敬 búyòng duì nàyàng de rén nàme gōngjìng

へりくつ【屁理屈】歪理 wāilǐ (英 a quibble) ▶～をこねる/强词夺理 qiǎng cí duó lǐ ▶～ばかり言ってないでさっさとやれ！/别老说歪理, 赶快干！ bié lǎo shuō wāilǐ, gǎnkuài gàn!

ヘリコプター 直升飞机 zhíshēng fēijī; 直升机 zhíshēngjī (英 a helicopter) ▶3人の遭難者は～で救出された/三个遇难者被直升飞机救出来了 sān ge yùnànzhě bèi zhíshēng fēijī jiùchūlai le ▶病人を～で運ぶ/用直升飞机运送病人 yòng zhíshēng fēijī yùnsòng bìngrén

ヘリポート 直升飞机场 zhíshēng fēijīchǎng (英 a heliport) ▶病院の屋上に～を設置する/在医院的屋顶上设置直升飞机场 zài yīyuàn de wūdǐngshang shèzhì zhíshēng fēijīchǎng

へる【経る】经过 jīngguò; 经历 jīnglì (英〔経過〕pass; 〔通過〕go through...) ▶髪の毛は一定の時間を～と自然に抜ける/头发经过一定的时间就会自然脱落 tóufa jīngguò yídìng de shíjiān jiù huì zìrán tuōluò ▶この案件は議会の議決を～必要がある/这个案件需要经过议会的议决 zhège ànjiàn xūyào jīngguò yìhuì de yìjué

へる【減る】❶〔減少する〕减轻 jiǎnqīng; 减少 jiǎnshǎo (英 decrease) ▶貯金が～/储蓄减少 chǔxù jiǎnshǎo ▶人通りが～/行人减少 xíngrén jiǎnshǎo ▶負担が減った/担子减轻了 dànzi jiǎnqīng le ▶腹が減った/肚子饿了 dùzi è le ▶売り上げは27パーセント減った/营业额减少了百分之二十七 yíngyè'é jiǎnshǎole bǎi fēn zhī èrshiqī ▶村の人口が8500から4500へと減った/村里的人口由八千五百减少到四千五百 cūnli de rénkǒu yóu bāqiān wǔbǎi jiǎnshǎodào sìqiān wǔbǎi ▶1ヶ月に5キロ体重が～/一个月之内体重减轻了五公斤 yí ge yuè zhīnèi tǐzhòng jiǎnqīngle wǔ gōngjīn ▶車のガソリンが減ってきた/汽车的油减少了 qìchē de yóu jiǎnshǎo le ▶川の水が減った/河水少了 héshuǐ shǎo le ❷〔摩滅する〕磨损 mósǔn (英 wear out) ▶靴がすっかり減ってしまった/鞋子磨平了 xiézi mópíng le ▶彼女の靴底はいつも外側が～/她的鞋底总是外側磨得快 tā de xiédǐ zǒngshì wàicè mó de kuài

ベル 铃 líng (英 a bell) ▶電話の～が鳴る/电话铃响 diànhuàlíng xiǎng ▶自転車の～/自行车铃 zìxíngchē líng ▶～ボーイ/宾馆侍应生 bīnguǎn shìyìngshēng ▶列車の発車の～が鳴る/列车发车的铃响了 lièchē fāchē de líng xiǎng le

ヘルシー 健康的 jiànkāng de; 保健的 bǎojiàn de (英 healthy) ▶～食品/健康食品 jiànkāng shípǐn

ペルシャ 波斯 Bōsī (英 Persia)
◆～絨毯〔じゅうたん〕波斯地毯 Bōsī dìtǎn ～猫/波斯猫 Bōsīmāo

ヘルスメーター 体重计 tǐzhòngjì (英 a bath scale) ▶入浴のたびに～に乗る/每次洗澡都量体重 měicì xǐzǎo dōu liáng tǐzhòng

ヘルツ〔理学〕赫兹 hèzī (英 a hertz)

ベルト 带子 dàizi; 腰带 yāodài (英 a belt) ▶左手でエスカレーターの～につかまる/左手扶住滚梯的扶手 zuǒshǒu zhuāzhù gǔntī de fúshou ▶～をしめる/系上安全带 jìshàng ānquándài

ベルトコンベア 皮带运输机 pídài yùnshūjī; 传送带 chuánsòngdài (英 a conveyor belt)

ヘルニア〔医〕脱肠 tuōcháng; 疝 shàn (hernia)

ヘルプ 帮助 bāngzhù (英 help)
◆～メニュー〔電算〕帮助菜单 bāngzhù càidān

ヘルペス〔医〕疱疹 pàozhěn (英 herpes)

ベルベット〔布地〕丝绒 sīróng; 天鹅绒 tiān'éróng (英 velvet)

ヘルメット 头盔 tóukuī; 安全帽 ānquánmào (英 a helmet) ▶子供が自転车に乗る時は～着用のこと/孩子骑自行车的时候必须带上头盔 háizi qí zìxíngchē de shíhou bìxū dàishàng tóukuī ▶～をかぶった警官/带着头盔的警察 dàizhe tóukuī de jǐngchá

ベレー〔帽子〕贝雷帽 bèiléimào (英 a beret)

ヘロイン 海洛因 hǎiluòyīn; 白面儿 báimiànr (英 heroin)

ぺろぺろ ❶〔なめる様子〕舔来舔去 tiǎnlái tiǎnqù (英 lick) ▶アイスキャンデーを～なめる/舌舔冰棍儿 shé tiǎn bīnggùnr ❷〔酔いつぶれる様〕烂醉如泥 lànzuì rú ní (英 be very drunk) ▶夕べは～に酔ってしまった/昨晚醉得一塌糊涂 zuówǎn zuì de yì tā hú tú

ぺろりと〔食べる〕一口气吃光 yìkǒuqì chīguāng;《なめる》伸出舌头舔 shēnchū shétou tiǎn （英）［食べる］*gobble up*;［なめる］*lick*）▶～平らげる/一转眼吃光 yìzhuǎnyǎn chīguāng

べろべろん【(ひどく酔った様子)】醉得昏乱 zuìde hūnluàn ［酔う］*be dead drunk*）

へん【辺】 **1**［あたり］一带 yídài; 附近 fùjìn （英 *a locality*; *a part*）▶この～にコンビニはありますか/这附近有没有便利店 zhè fùjìn yǒuméiyǒu biànlìdiàn **2**【数学の】边 biān（英 *a side*）**3**［事情など］方面 fāngmiàn ▶私はその～のことには詳しい/我对这方面的事情比较懂 wǒ duì zhè fāngmiàn de shìqing bǐjiào dǒng ▶その～の事情を知らせて下さい/请告诉我这方面的事情 qǐng gàosu wǒ zhè fāngmiàn de shìqing ▶今日はこの～までにしておきましょう/今天就到这里吧 jīntiān jiù dào zhèlǐ ba ▶君はどの～まで知っているんだ/你都知道些什么？nǐ dōu zhīdào xiē shénme?

へん【変な】怪 guài; 奇怪 qíguài; 可疑 kěyí （英 *strange*）▶～だと思う/诧异 chàyì; 感到奇怪 gǎndào qíguài ▶～な格好の/怪模怪样 guàimó guàiyàng ▶近頃の世相は少し～だ/最近的世态有些不正常 zuìjìn de shìtài yǒuxiē bù zhèngcháng ▶私はちっとも～だと思いませんよ/我一点儿也不觉得奇怪 wǒ yìdiǎnr yě bù juéde qíguài ▶おい～なにおいがしないか/喂，你不觉得有股怪味儿吗？wèi, nǐ bù juéde yǒu gǔ guàiwèir ma? ▶あの男，そぶりが～だぞ/那个男的举动有点可疑 nàge nán de jǔdòng yǒudiǎn kěyí ▶電車の中に～な人がいた/电车里有个奇怪的人 diànchēlǐ yǒu ge qíguài de rén ▶～な話しをするものだ/真有这么奇怪的事啊 zhēn yǒu zhème qíguài de shì a ▶彼は頭が～だ/他的脑袋有问题 tā de nǎodai yǒu wèntí ▶彼は我々を～な目で見ている/他用怀疑的眼光看着我们 tā yòng huáiyí de yǎnguāng kànzhe wǒmen ▶～な真似をするなよ/别想什么歪点子！bié xiǎng shénme wāidiǎnzi!

へん【偏】偏旁 piānpáng（英 *the left-hand radical (of a Chinese character)*）▶火/火字旁儿 huǒ zì pángr

へん【編】［編む］编 biān;《文の単位》篇 piān;《詩の単位》首 shǒu（英 ［編集された］*edited*;［詩の単位］*a poem*）▶～者/编者 biānzhě ▶前～/上半部 shàngbànbù ▶一～の诗/一首诗 yì shǒu shī

べん【弁】 **1**【弁舌】（英 *speech*）▶～が立つ/能说会道 néng shuō huì dào ▶～を弄する/巧令言辞 qiǎo lìng yán cí **2**【方言】方言 fāngyán;话 huà（英 *a dialect*）▶関西～で話す/用关西话说 yòng Guānxīhuà shuō **3**【機械のバルブ】阀门 fámén（英 *a valve*）**4**【花びらの】花瓣 huābàn（英 *a petal*）

べん【便】 **1**【都合・便利】方便 fāngbiàn （英 *convenience*）▶交通の～がいい/交通方便 jiāotōng fāngbiàn ▶外国人旅行者の～を図る/给外国旅行者提供方便 gěi wàiguó lǚxíngzhě

tígōng fāngbiàn ▶地下鉄の～がよいホテル/坐地铁很方便的酒店 zuò dìtiě hěn fāngbiàn de jiǔdiàn ▶学术情报を公开して研究の～を図る/公开学术情报，为研究提供方便 gōngkāi xuéshù qíngbào, wèi yánjiū tígōng fāngbiàn **2**【大便】便 biàn（英 *feces*）▶～を検査してもらう/验便 yàn biàn

ペン 钢笔 gāngbǐ;（文筆）笔杆子 bǐgǎnzi（英 *a pen*）▶この～は書きやすい/这杆笔挺好写 zhè gǎn bǐ tǐng hǎoxiě ▶～で書く/用钢笔写 yòng gāngbǐ xiě

ことわざ ペンは剣よりも強し 枪杆子不如笔杆子 qiānggǎnzi bù rú bǐgǎnzi

～を折る 放弃笔杆子 fàngqì bǐgǎnzi; 投笔 tóubǐ ♦日本～クラブ ¦ 日本笔会 Rìběn bǐhuì ～先 ¦ 笔尖 bǐjiān ～軸 ¦ 笔芯 bǐxīn ～ネーム ¦ 笔名 bǐmíng ～フレンド ¦ 笔友 bǐyǒu

へんあい【偏愛】偏爱 piān'ài;（子供などを）偏疼 piānténg（英 *be partial*）▶彼は私が最も～する作家だ/他是我最偏爱的作家 tā shì wǒ zuì piān'ài de zuòjiā ▶～されるのも重荷だよ/受到偏爱也会感到压力 shòudào piān'ài yě huì gǎndào yālì

へんあつき【変圧器】变压器 biànyāqì（英 *a transformer*）

へんい【変異】（地殻や生物の）变异 biànyì;（物事の異変）异变 yìbiàn（英 *variation*）▶大～/突变 tūbiàn ▶一大～が起こる/出现一大变故 chūxiàn yí dà biàngù ▶～種/变异种 biànyìzhǒng

べんい【便意】要去方便 yào qù fāngbiàn（英 *a defecation desire*）▶電車の中で急に～を催した/在电车里突然想上厕所了 zài diànchēli tūrán xiǎng shàng cèsuǒ le

べんえき【便益】方便 fāngbiàn; 利益 lìyì（英 *convenience*）▶公共の～を図る/给公众提供方便 gěi gōngzhòng tígōng fāngbiàn

へんおんどうぶつ【変温動物】冷血动物 lěngxuè dòngwù; 变温动物 biànwēn dòngwù（英 *a poikilotherm*）

へんか【変化】变化 biànhuà; 转变 zhuǎnbiàn; 变动 biàndòng（英 *change*;［多様］*variety*）▶～のない生活/无变化的生活 wú biànhuà de shēnghuó ▶子供を取り巻く環境が大きく～した/孩子们周围的环境发生了巨大的变化 háizimen zhōuwéi de huánjìng fāshēngle jùdà de biànhuà ▶気候の～がさまざまな異変をもたらす/气候的变化带来了各种异变 qìhòu de biànhuà dàiláile gèzhǒng yìbiàn ▶世間の態度の～に唖然とする/对世人的态度变化感到吃惊 duì shìrén de tàidù biànhuà gǎndào chījīng ▶彼は～の必要を感じている/他感觉到需要变化 tā gǎnjuédào xūyào biànhuà ▶大きな構造～をもたらす/产生巨大的构造变化 chǎnshēng jùdà de gòuzào biànhuà ▶山の天気は～しやすい/山上的天气易变 shānshang de tiānqì yìbiàn

べんかい【弁解する】辩解 biànjiě; 分辩 fēnbiàn

へんかく【…】（㊐ excuse oneself）▶～の余地がない/不容分辩 bù róng fēnbiàn ▶つべこべ～するな/别这个那个地辩解啦！bié zhège nàge de biànjiě la！▶彼は遅れてきたことをいろいろと～した/他为迟到作出种种辩解 tā wèi chídào zuòchū zhǒngzhǒng biànjiě ▶～がましいことを言う/说些有辩解意思的话 shuō xiē yǒu biànjiě yìsi de huà ▶知らなかったと～する/辩解说不知道 biànjiě shuō bù zhīdào

へんかく【変革する】 変革 biàngé；改革 gǎigé（㊐ reform；change）▶時代を～する旗手となれ/去成为时代变革的旗手吧 qù chéngwéi shídài biàngé de qíshǒu ba ▶我々自身の意識の～が先決なのだ/首先需要变革我们自己的意识 shǒuxiān xūyào biàngé wǒmen zìjǐ de yìshí ▶インターネットは我々の生活に大～をもたらした/因特网给我们的生活带来了巨大的变化 yīntèwǎng gěi wǒmen de shēnghuó dàiláile jùdà de biànhuà

へんがく【扁額】 匾额 biǎn'é（㊐ a framed picture）

べんがく【勉学する】 读书 dúshū；学习 xuéxí（㊐ study）▶～に励む/勤勉学习 qínmiǎn xuéxí ▶ここは閑静な環境で～に最適だ/这里环境幽静，最适合读书 zhèlǐ huánjìng yōujìng, zuì shìhé dúshū

へんかん【返還する】 还 huán；归还 guīhuán；交还 jiāohuán（㊐ return）▶香港は中国に～された/香港归还中国了 Xiānggǎng guīhuán Zhōngguó le ▶過払い金の～を請求する/要求还给多付了的钱 yāoqiú huángěi duōfùle de qián ▶我が国固有領土の～を要求する/要求归还我国固有的领土 yāoqiú guīhuán wǒguó gùyǒu de lǐngtǔ

へんかん【変換する】 变换 biànhuàn；转换 zhuǎnhuàn（㊐ convert）▶君のメールは～ミスが多すぎる/你的电子邮件里转换错误太多 nǐ de diànzǐ yóujiànlǐ zhuǎnhuàn cuòwù tài duō

べんき【便器】 便盆 biànpén；马桶 mǎtǒng；便桶 biàntǒng（㊐ a toilet stool；[室内用] a chamber pot）▶洋式～/坐式马桶 zuòshì mǎtǒng ▶～のふた/马桶盖 mǎtǒnggài ▶水洗～/抽水马桶 chōushuǐ mǎtǒng

べんぎ【便宜】 方便 fāngbiàn；利益 lìyì（㊐ convenience）▶～を图る/谋求方便 móuqiú fāngbiàn ▶自己の～を图る/为自己谋利益 wèi zìjǐ móu lìyì ▶公衆の～のためと称して工事を強行する/冒着为公众利益的名，强行施工 màozhe wèi gōngzhòng lìyì de míng, qiángxíng shīgōng ▶できる限りの～をお図りします/尽力提供方便 jìnlì tígōng fāngbiàn ▶～主義の政策/机会主义的政策 jīhuì zhǔyì de zhèngcè ▶～上自動車の乗り入れは断っている/出于某种理由，拒绝汽车开进来 chūyú mǒu zhǒng lǐyóu, jùjué qìchē kāijìnlái

日中比较 中国語の'便宜 piányi'は「値段が安い」こと。また'biànyí'と読めば「臨機応変に」という意味である.

ペンキ 油漆 yóuqī（㊐ paint）▶～を塗る/涂漆 túqī ▶～を塗り立て/油漆未干 yóuqī wèi gān ▶～を塗りかえる/重新涂油漆 chóngxīn tú yóuqī ▶屋根の～がはげる/屋顶上的油漆掉了 wūdǐngshang de yóuqī diào le

◆～屋：油漆店 yóuqīdiàn

へんきゃく【返却する】 还 huán；返还 fǎnhuán；交还 jiāohuán（㊐ return）▶図書を～する/还书 huán shū ▶～期限/返还期限 fǎnhuán qīxiàn ▶一週間以内に～して下さい/请在一周内归还 qǐng zài yì zhōu nèi guīhuán

へんきょう【辺境】 边疆 biānjiāng；边境 biānjìng（㊐ a frontier；a remote region）▶～の地/边地 biāndì ▶～を警備する/警备边境 jǐngbèi biānjìng ▶～貿易/边境贸易 biānjìng màoyì ▶～には情報が届かなかった/那个信息没有传到边疆地区 nàge xìnxī méiyǒu chuándào biānjiāng dìqū

へんきょう【偏狭な】 狭隘 xiá'ài；狭窄 xiázhǎi；狭小 xiáxiǎo（㊐ narrow-minded）▶～なナショナリズムが台頭する/狭隘的民族主义抬头 xiá'ài de mínzú zhǔyì táitóu ▶あの人はそもそも～な性格なのだ/他本来就是个小心眼 tā běnlái jiù shì ge xiǎoxīnyǎn

べんきょう【勉強】 学习 xuéxí；用功 yònggōng；《値段》减价 jiǎnjià；便宜 piányi（㊐ study）▶段階を～する/功课 gōngkè ▶彼は学校の～はよくできた/他在学校的学习很棒 tā zài xuéxiào de xuéxí hěn bàng ▶～家/努力用功的人 nǔlì yònggōng de rén ▶彼女は芝居の～をしている/她在学习演戏 tā zài xuéxí yǎnxì ▶試験前に猛～する/考试前拼命学习 kǎoshì qián pīnmìng xuéxí ▶～を怠る/放松学习 fàngsōng xuéxí ▶あの店では他よりも値段を～する/那家店比别的店打折打得多 nà jiā diàn bǐ biéde diàn dǎzhé de duō ▶今回の失败でいい～になった/通过这次失败，得到了很大的教训 tōngguò zhècì shībài, dédàole hěn dà de jiàoxùn

◆～部屋：学习的房间 xuéxí de fángjiān

日中比较 中国語の'勉强 miǎnqiǎng'は「強制する」という動詞，「むりやり…」という副詞である.

へんきょく【編曲する】〔音楽〕编曲 biānqǔ（㊐ arrange）▶管弦楽に～する/编成管弦乐 biānchéng guǎnxiányuè

へんきん【返金する】 还钱 huánqián；还账 huánzhàng（㊐ repay）

ペンギン〔鳥〕企鹅 qǐ'é（㊐ a penguin）

へんくつ【偏屈な】 乖僻 guāipì；古怪 gǔguài；性僻 xìngpì（㊐ obstinate）▶彼は仕事では～が少々～だ/他工作上很能干，就是有些怪僻 tā gōngzuòshang hěn nénggàn, jiù shì yǒuxiē guàipì

ペンクラブ 笔会 bǐhuì（㊐ PEN）▶国際～/国际笔会 guójì bǐhuì

へんけい【変形する】 变形 biànxíng（㊐ transform）▶～性脊椎症/变形性脊椎症 biànxíng-

xìng jǐzhuīzhèng ▶足の爪が〜している/脚趾甲变形了 jiǎozhǐjiǎ biànxíng le ▶加熱すると〜する/一加热就变形 yì jiārè jiù biànxíng
♦〜文法:变形文法 biànxíng wénfǎ

べんけい【弁慶】
〜の泣き所:迎面骨 yíngmiàngǔ;强者的致命弱点 qiángzhě de zhìmìng ruòdiǎn
♦内〜:在家称雄,在外怯懦 zài jiā chēng xióng, zài wài qiènuò;窝里横 wōlǐhéng

へんけん【偏見】成见 chéngjiàn;偏见 piānjiàn (英 prejudice) ▶〜を持つ/怀有偏见 huáiyǒu piānjiàn ▶『高慢と〜』(小説)/《傲慢与偏见 Àomàn yǔ piānjiàn》 ▶独断と〜に満ちた論評だ/是一个充满了臆断和偏见的评论 shì yí ge chōngmǎnle yìduàn hé piānjiàn de pínglùn ▶人種の〜が根強い/种族歧视根深蒂固 zhǒngzú qíshì gēn shēn dì gù ▶その先生はいつも私に対して〜を持っていた/那个老师一直对我有成见 nàge lǎoshī yìzhí duì wǒ yǒu chéngjiàn ▶彼らは〜なしに自由に語り合った/他们没有成见地自由交谈 tāmen méiyǒu chéngjiàn de zìyóu jiāotán ▶どうすれば〜をなくすためにはどうすればいいか/怎么样才能消除偏见呢? zěnmeyàng cái néng xiāochú piānjiàn ne?

へんげんじざい【変幻自在】变幻自如 biànhuàn zìrú (英 Protean) ▶〜の孫悟空/变化自如的孙悟空 biànhuà zìrú de Sūn Wùkōng

べんご【弁護】辩护 biànhù;申辩 shēnbiàn (英 defend;[正当化する] justify) ▶〜人/辩护人 biànhùrén ▶どうしてあんな悪人を〜するのか/为什么要给那样的坏人辩护呢? wèi shénme yào gěi nàyàng de huàirén biànhù ne? ▶自己〜に終始する/始终为自己辩护 shǐzhōng wèi zìjǐ biànhù ▶有能な弁護士に〜を依頼する/委托能干的律师辩护 wěituō nénggàn de lǜshī biànhù ▶〜の余地もない凶悪犯罪だ/这是没有辩护余地的恶性犯罪 zhè shì méiyǒu biànhù yúdì de èxìng fànzuì

へんこう【変更する】变更 biàngēng;改变 gǎibiàn;更动 gēngdòng (英 change) ▶予定を〜する/改变预定 gǎibiàn yùdìng ▶不可能な/不容更改的 bù róng gēnggǎi de ▶パスワードを〜する/改变密码 gǎibiàn mìmǎ ▶計画を〜する/变更计划 biàngēng jìhuà ▶予定に〜なし/计划没有改变 jìhuà méiyǒu gǎibiàn ▶日程は〜することもある/日程可能有所改变 rìchéng kěnéng yǒusuǒ gǎibiàn ▶住所〜届を出す/提交住所变更申请 tíjiāo zhùsuǒ biàngēng shēnqǐng

へんこう【偏光】偏振光 piānzhènguāng (英 polarized light) ▶〜顕微鏡/偏光显微镜 piānzhènguāng xiǎnwēijìng

へんこう【偏向】倾向 qīngxiàng (英 deviation) ▶マスメディアの〜報道はよくない/公众媒体的倾向性报道不好 gōngzhòng méitǐ de qīngxiàng bàodào bù hǎo ▶君はどうも思想が〜しているね/你的思想好像有点偏向 nǐ de sīxiǎng hǎoxiàng yǒudiǎn piānxiàng

♦〜教育:思想意识倾向于某一方面的教育 sīxiǎng yìshí qīngxiàng yú mǒu yīfāngmiàn de jiàoyù

べんごし【弁護士】律师 lǜshī (英 a lawyer) ▶被告側の〜/被告方的律师 bèigàofāng de lǜshī ▶誰でも〜をつけてもらう権利がある/任何人都有受律师辩护的权利 rènhé rén dōu yǒu shòu lǜshī biànhù de quánlì ▶〜の資格を剥奪される/被剥夺律师的资格 bèi bōduó lǜshī de zīgé ▶〜と相談して対応を決める/跟律师商量后再考虑对策 gēn lǜshī shāngliang hòu zài kǎolǜ duìcè

♦〜顧問:(会社の)公司的顾问律师 gōngsī de gùwèn lǜshī 〜会:律师会 lǜshīhuì 〜事務所:律师事务所 lǜshī shìwùsuǒ

べんざ【便座】马桶座垫 mǎtǒng zuòdiàn (英 a toilet seat)

へんさい【返済する】偿还 chánghuán;返还 fǎnhuán (英 repay) ▶〜を遅らせる/拖欠偿还 tuōqiàn chánghuán ▶〜を迫る/催讨 cuītǎo ▶〜期日/偿还截止期 chánghuán jiézhǐqī ▶住宅ローンの〜計画をたてる/订偿还房屋贷款的计划 dìng chánghuán fángwū dàikuǎn de jìhuà ▶借金の〜を迫られる/被催讨借款 bèi cuītǎo jièkuǎn ▶〜期限を過ぎている/已过偿还期限 yǐ guò chánghuán qīxiàn

へんざい【偏在】偏在 piānzài (英 maldistribution) ▶富が〜する/财富不均 cáifù bù jūn ▶人口が都市に〜する/人口集中在城市里 rénkǒu jízhōng zài chéngshìlǐ

べんさい【弁済】偿还 chánghuán (英 repay) ▶借金を〜する/偿还借款 chánghuán jièkuǎn

♦债务〜不履行:不履行债务偿还 bù lǚxíng zhàiwù chánghuán

へんさち【偏差値】偏差值 piānchāzhí (英 deviation value) ▶〜が高い/偏差值高 piānchāzhí gāo ▶〜ランキング/偏差值排名 piānchāzhí páimíng

へんさん【編纂する】编 biān;编写 biānxiě;编纂 biānzuǎn (英 edit;compile) ▶辞書を〜する/编纂词典 biānzuǎn cídiǎn ▶郷土史を〜する/编写乡土史 biānxiě xiāngtǔshǐ

♦〜者:编撰者 biānzhuànzhě

へんし【変死する】横死 hèngsǐ;非命之死 fēimìng zhī sǐ (英 die a violent death) ▶〜体/死因不明的尸体 sǐyīn bùmíng de shītǐ

へんじ【返事】**1** [相手に] 回答 huídá;答应 dāying (英 an answer) ▶呼ばれたら〜をしろ/叫你别不吭声 jiào nǐ bié bù kēngshēng
2 [手紙の] 回信 huíxìn (英 an answer) ▶〜を書く/写回信 xiě huíxìn ▶先方からはとうとう〜がなかった/对方到底没有回信 duìfāng dàodǐ méiyǒu huíxìn

へんじ【変事】变故 biàngù (英 an accident) ▶〜が起こる/发生变故 fāshēng biàngù

べんし【弁士】 讲演者 jiǎngyǎnzhě (英 *a speaker*) ▶無声映画の〜/无声电影的解说员 wúshēng diànyǐng de jiěshuōyuán ▶選挙の応援〜/为选举助威的讲演者 wèi xuǎnjǔ zhùwēi de jiǎngyǎnzhě

へんしつ【変質する】 变质 biànzhì; 蜕变 tuìbiàn (英 *change in quality*) ▶労働組合は完全に〜した/工会完全变质了 gōnghuì wánquán biànzhì le ▶この製品は通常1ヶ月以内に〜することはない/这个产品一个月之内一般不会变质 zhège chǎnpǐn yí ge yuè zhīnèi yìbān búhuì biànzhì

へんしつきょう【偏執狂】 ⇨へんしゅうきょう (偏執狂)

へんしつしゃ【変質者】 精神变态者 jīngshén biàntàizhě (英 *a pervert*)

へんしゃ【編者】 编者 biānzhě (英 *an editor; a compiler*)

へんしゅ【変種】 〔生物〕变种 biànzhǒng (英 *a variety*) ▶珍しい〜のバラ/珍奇变种的玫瑰 zhēnqí biànzhǒng de méiguī

へんしゅう【編集する】 编 biān; 编辑 biānjí; 编纂 biānzuǎn (英 *edit; compile*) ▶〜者/编辑 biānjí ▶彼が責任〜する雑誌が発刊された/他责任编辑的杂志发行了 tā zérèn biānjí de zázhì fāxíng le ▶彼の〜の元で, その雑誌は発行部数を倍増した/在他的编辑之下, 那本杂志发行量增加了一倍 zài tā de biānjí zhīxià, nà běn zázhì fāxíngliàng zēngjiāle yí bèi ▶〜経験のある人/有编辑经验的人 yǒu biānjí jīngyàn de rén
◆〜会議 :编辑会议 biānjí huìyì 〜長 :总编辑 zǒngbiānjí

へんしゅうきょう【偏執狂】 偏执狂 piānzhíkuáng; 偏执狂 piānzhíkuáng (英 *monomania*); [人] *a monomaniac*) ▶〜的に細部にこだわる/像偏执狂一样对细小的地方特别固执 xiàng piānzhíkuáng yíyàng duì xìxiǎo de dìfang tèbié gùzhí

へんしゅうびょう【偏執病】 〔医〕偏执狂 piānzhíkuáng (英 *paranoia*) ▶〜患者/偏执狂患者 piānzhíkuáng huànzhě

べんじょ【便所】 厕所 cèsuǒ (英 *a rest room*; [家庭で] *a bathroom*) ▶〜に行く/上厕所 shàng cèsuǒ ▶水洗〜/冲水厕所 chōngshuǐ cèsuǒ ▶このアパートの〜は共同だ/这个宿舍的厕所是公用的 zhège sùshè de cèsuǒ shì gōngyòng de
◆公衆〜 :公共厕所 gōnggòng cèsuǒ; 公厕 gōngcè

へんじょう【返上する】 奉还 fènghuán; 退还 tuìhuán (英 *return; give up*) ▶汚名を〜する/湔雪污名 jiānxuě wūmíng ▶休みを〜する/连假日都不休息 lián jiàrì dōu bù xiūxi ▶不祥事の責任を取って給与の一部を〜する/为出了丑闻一事负责, 上交一部分工资 wèi chūle chǒuwén yí shì fùzé, shàngjiāo yíbùfen gōngzī ▶タイトルを〜する/丢掉冠军称号 diūdiào guànjūn chēnghào

べんしょう【弁償する】 抵偿 dǐcháng; 赔偿 péicháng (英 *compensate*) ▶〜金/赔款 péikuǎn ▶馆内の设施を破损した场合は〜を求められ/馆内的设施如果有损害, 须赔偿 guǎnnèi de shèshī rúguǒ yǒu sǔnhài, xū péicháng ▶彼はこわした窓の〜をさせられた/他被要求赔偿弄坏了的窗户 tā bèi yāoqiú péicháng nònghuàile de chuānghu

べんしょうほう【弁証法】 辩证法 biànzhèngfǎ (英 *dialectics*) ▶〜的唯物論/辩证唯物主义 biànzhèng wéiwùzhǔyì

へんしょく【変色する】 变色 biànsè;《色が落ちる》褪色 tuìshǎi; 掉色 diàoshǎi (英 *change color*; [退色する] *fade*) ▶〜した古い写真/变色了的旧照片 biànsèle de jiùzhàopiàn ▶このジーンズは洗濯しても〜しません/这条牛仔裤洗也不会掉色 zhè tiáo niúzǎikù xǐ yě búhuì diào shǎi

へんしょく【偏食】 偏食 piānshí (英 *an unbalanced diet*) ▶〜する/挑食 tiāoshí ▶子供たちの〜をなくそう/纠正孩子们的偏食吧 jiūzhèng háizimen de piānshí ba ▶うちの子供は〜がひどくて困ります/我家的孩子太偏食了, 真难办 wǒ jiā de háizi tài piānshíle, zhēn nánbàn

> **日中比較** 中国語の'偏食 piānshí'には「部分月食, 部分日食」という意味もある。

へんしん【返信】 复信 fùxìn; 回信 huíxìn (英 *an answer; a reply*) ▶〜用封筒/回信用信封 huíxìnyòng xìnfēng ▶E メールにはなるべく早く〜する/对寄来的电子邮件, 尽可能早回信 duì xiělái de diànzǐ yóujiàn, jǐnkěnéng zǎo huíxìn ▶切手を貼り, あて名を書いた〜用はがきを同封する/随信附上贴上邮票写好地址的回信用明信片 suí xìn fùshàng tiēshàng yóupiào xiěhǎo dìzhǐ de huíxìnyòng míngxìnpiàn

へんしん【変心する】 变心 biànxīn; 变节 biànjié (英 *change one's mind*) ▶彼は〜して組織を売った/他变节出卖了组织 tā biànjié chūmàile zǔzhī

へんしん【変身する】 变形 biànxíng (英 *be transformed*) ▶ぱっと〜する/摇身一变 yáo shēn yí biàn ▶〜願望/变身的愿望 biànshēn de yuànwàng ▶彼はある朝自分が毒虫に〜していることを知る《カフカ》/有一天早上, 他发现自己变成了一只毒虫 yǒu yìtiān zǎoshang, tā fāxiàn zìjǐ biànchéngle yì zhī dúchóng

へんじん【変人】 怪人 guàirén; 怪物 guàiwu (英 *an eccentric person*) ▶〜扱いする/当成怪物对待 dāngchéng guàiwu duìdài ▶あなたも十分〜ですよ/你也是个十足的怪人 nǐ yě shì ge shízú de guàirén ▶自分でも〜だと思っていたが, 他人から言われるといやだな/自己也觉得自己是个怪人, 但是被别人一说就觉得不高兴 zìjǐ yě juéde zìjǐ shì ge guàirén, dànshì bèi biérén yì shuō jiù juéde bù gāoxìng

ベンジン 挥发油 huīfāyóu (英 *benzine*) ▶〜でカーペットの汚れを取る/用挥发油擦掉地毯上的污迹 yòng huīfāyóu cādiào dìtǎnshang de wūjì

へんすう【変数】〖数〗変数 biànshù（英 *a variable*）

へんずつう【偏頭痛】〖医〗偏头痛 piāntóutòng（英 *migraine*）▶こんな日にはよく〜がする/这样的日子容易犯偏头疼 zhèyàng de rìzi róngyì fàn piāntóuténg

へんする【偏する】偏 piān；偏向 piānxiàng（英 *be partial*）▶あなたの議論は一方に偏している/你的意见偏向一方 nǐ de yìjiàn piānxiàng yìfāng ▶利害に偏した考え方の人/过于看重利害得失的人 guòyú kànzhòng lìhài déshí de rén

へんせい【編成する】编 biān；编成 biānchéng（英 *organize*）▶10両〜の列车/十节车厢组成的列车 shí jié chēxiāng biānzǔchéng de lièchē ▶予算〜/制定预算 zhìdìng yùsuàn ▶オーケストラの楽器〜/管弦乐队的乐器构成 guǎnxián yuèduì de yuèqì gòuchéng ▶50人で1クラスを〜する/五十人编成一个班 wǔshí rén biānchéng yí ge bān
◆能力別クラス〜/按成绩分班 àn chéngjì fēnbān

へんせいき【変声期】变声期 biànshēngqī（英 *the age of puberty*）

へんせいふう【偏西風】〖気象〗偏西风 piānxīfēng（英 *the prevailing westerly winds*）

へんせつ【変節】变节 biànjié；叛变 pànbiàn（英 *treachery*）▶平気で〜する政治家がいる/有些政治家轻易变节 yǒuxiē zhèngzhìjiā qīngyì biànjié
◆〜漢/变节分子 biànjié fènzǐ

べんぜつ【弁舌】口才 kǒucái；唇舌 chúnshé（英 *speech*）▶〜の才/辩才 biàncái ▶〜さわやか/能说会道 néng shuō huì dào ▶〜をふるう/进行辩论 jìnxíng biànlùn ▶〜の立つ人/很会辩论的人 hěn huì biànlùn de rén

へんせん【変遷する】变迁 biànqiān（英 *change*）▶価値観は時代とともに〜する/价值观随着时代变迁 jiàzhíguān suízhe shídài biànqiān ▶幾多の〜を経て現在の制度ができた/经过各种变迁形成了现在的制度 jīngguò gèzhǒng biànqiān xíngchéngle xiànzài de zhìdù

へんそう【返送する】寄回 jìhuí；运回 yùnhuí（英 *send back*）▶僕の手紙は封も切らずに〜されてきた/我的信没有开封就被寄回来了 wǒ de xìn méiyǒu kāifēng jiù bèi jìhuílai le ▶返品は商品到着後7日以内に〜して下さい/要退货的话，请于七天之内寄回来 yào tuìhuò de huà, qǐng yú qī tiān zhīnèi jìhuílai

へんそう【変装する】伪装 wěizhuāng；化装 huàzhuāng；假扮 jiǎbàn（英 *disguise oneself*）▶眼鏡とつけひげで〜したつもりだった/原打算用眼镜和假胡子化装的 yuán dǎsuan yòng yǎnjìng hé jiǎhúzi huàzhuāng de ▶〜がばれた/化装被识破了 huàzhuāng bèi shípò le ▶〜の名人/化装的高手 huàzhuāng de gāoshǒu

へんぞう【変造】伪造 wěizào［改変］*alteration*；［偽造］*forgery*）▶クレジットカードを〜する/伪造信用卡 wěizào xìnyòngkǎ

へんそうきょく【変奏曲】〖音楽〗变奏曲 biànzòuqǔ（英 *a variation*）

ベンゾール〖化学〗笨 běn（英 *benzol*）

へんそく【変則】不正规 bú zhèngguī；不正常 bú zhèngcháng（英 *irregularity*）▶〜的な方法/反常的方法 fǎncháng de fāngfǎ ▶〜的ではあるがこうするしかない/虽然不正规，现在也只好这样了 suīrán bú zhèngguī, xiànzài yě zhǐhǎo zhèyàng le

へんそくギア【変速ギア】《自転车の》自行车换档 zìxíngchē huàndǎng（英 *a gearshift*）

へんたい【変態】变态 biàntài（英 *abnormality*）▶〜心理/变态心理 biàntài xīnlǐ

へんたい【編隊】编队 biānduì（英 *a formation*）▶〜を組む/组成编队 zǔchéng biānduì ▶〜飛行をする/进行编队飞行 jìnxíng biānduì fēixíng

べんたつ【鞭撻する】鞭策 biāncè；鞭挞 biāntà（英 *encourage*）▶〜を請う/希望鼓励 xīwàng gǔlì ▶なおいっそうの御指導御〜を願います/更请多加指教和鞭策 gèng qǐng duōjiā zhǐjiào hé biāncè

ペンダント垂饰 chuíshì；项坠 xiàngzhuì（英 *a pendant*）

へんち【辺地】僻壤 pìrǎng（英 *a remote place*）▶彼は〜の小学校に配属替えになった/他被调到偏僻的小学去了 tā bèi diàodào piānpì de xiǎoxué qù le

ベンチ长椅 chángyǐ（英 *a bench*）▶公園の〜に腰をおろしてしばらく休む/坐在公园的长椅上休息一会儿 zuòzài gōngyuán de chángyǐshang xiūxi yíhuìr ▶今年はもっぱら〜を温めている/今年一直坐冷板凳 jīnnián yīzhí zuò lěngbǎndèng

ペンチ老虎钳 lǎohǔqián；钳子 qiánzi（英 *pliers*）▶〜で針金を切断する/用老虎钳剪断铁丝 yòng lǎohǔqián jiǎnduàn tiěsī

ベンチャー冒险 màoxiǎn；风险 fēngxiǎn（英 *a venture*）▶〜ビジネス/冒险事业 màoxiǎn shìyè ▶〜企業/风险企业 fēngxiǎn qǐyè

へんちょ【編著】编著 biānzhù（英 *written and edited by...*）▶彼には映画に関する〜が5点ある/他有五篇关于电影的著作 tā yǒu wǔ piān guānyú diànyǐng de zhùzuò

へんちょう【変調】❶〖音楽〗变调 biàndiào（英 *a change of key*）❷〖調子が狂う〗不正常 bú zhèngcháng；失常 shīcháng（英 *disorder*）▶体に〜をきたす/身体状况失常 shēntǐ zhuàngkuàng shīcháng

へんちょう【偏重】侧重 cèzhòng；偏重 piānzhòng（英 *make too much of...*）▶学历〜社会/偏重学历的社会 piānzhòng xuélì de shèhuì ▶効率性を〜するあまり住民サービスが低下する/由于侧重于工作效率，对居民的服务下降了 yóuyú cèzhòng yú gōngzuò xiàolǜ, duì jūmín de fúwù xiàjiàng le ▶学力試験を〜する入試制度を改める/改变偏重分数的升学考试制度

gǎibiàn piānzhòng fēnshù de shēngxué kǎoshì zhìdù

べんつう【便通】 通便 tōngbiàn; 便通 biàntōng; 排便 páibiàn（英 *a bowel movement*）▶1日に1回～がある/一天排一次便 yì tiān pái yí cì biàn ▶～をよくする/让大便通畅 ràng dàbiàn tōngchàng

ペンディング 悬而未决 xuán ér wèi jué; 保留 bǎoliú（英 *pending*）

へんてつ【変哲】
何の～もない 平淡无奇 píng dàn wú qí; 没什么不寻常的 méi shénme bù xúncháng de ▶何の～もない田舎の駅に降りた/在一个普普通通的乡间车站下了车 zài yí ge pǔpǔtōngtōng de xiāngjiān chēzhàn xiàle chē

へんてん【変転する】 转变 zhuǎnbiàn; 变化 biànhuà（英 *change*）▶～きわまりない社会情勢に振り回される/被不断变化的社会形势所摆弄 bèi búduàn biànhuà de shèhuì xíngshì suǒ bǎinòng ▶ビジネス環境はめまぐるしく～する/商业环境在剧烈的变化 shāngyè huánjìng zài jùliè de biànhuà

へんでん【返電】 回电 huídiàn（英 *a reply telegram*）▶～を打つ/打回电 dǎ huídiàn

へんでんしょ【変電所】 变电站 biàndiànzhàn（英 *a transformer substation*）▶～に落雷した/落雷打中了变电站 luòléi dǎzhòngle biàndiànzhàn

へんとう【返答する】 答复 dáfù; 回答 huídá（英 *answer; reply*）▶～に困る/不知如何回答 bù zhī rúhé huídá ▶～の必要はない/没有回答的必要 méiyǒu huídá de bìyào ▶では、どう～しましょうか/那么，该怎么答复好呢 nàme, gāi zěnme dáfù hǎo ne

へんどう【変動】 ❶【変化】变化 biànhuà; 变动 biàndòng（英 *change*）▶～の激しい時代/急剧变化的时代 jíjù biànhuà de shídài ▶気候は人為的要因もある/气候的变化也有人为的原因 qìhòu de biànhuà yě yǒu rénwéi de yuányīn ❷【相場の】浮动 fúdòng; 波动 bōdòng（英 *fluctuation*）▶～金利/浮动利息 fúdòng lìxī ▶～相場制/浮动汇率制 fúdòng huìlǜzhì

べんとう【弁当】 盒装菜饭 hézhuāng càifàn; 盒饭 héfàn（英 *lunch*）▶～箱/饭盒 fànhé ▶コンビニ～/便利店的盒饭 biànlìdiàn de héfàn

へんとうせん【扁桃腺】〔解〕扁桃腺 biǎntáoxiàn; 扁桃体 biǎntáotǐ（英 *a tonsil*）▶～炎/扁桃腺炎 biǎntáotǐyán
♦～摘出手術/切除扁桃腺的手术 qiēchú biǎntáoxiàn de shǒushù ▶～肥大/扁桃腺肥大 biǎntáoxiàn féidà

へんにゅう【編入する】 编入 biānrù; 插入 chārù; 插班 chābān（英 ［学生などに］*enroll*;［合併する］*incorporate*）▶～生/插班生 chābānshēng ▶二つの町が隣の市に～されることになった/两个镇将被合并到相邻的市里 liǎng ge zhèn jiāng bèi hébìngdào xiānglín de shìlǐ ▶試験の上2学年に～された/通过考试插班上了二年级 tōngguò kǎoshì chābānshàngle èrniánjí

へんねんたい【編年体】 编年体 biānniántǐ（英 *chronological table*）

へんのう【返納】 交还 jiāohuán; 返还 fǎnhuán; 退还 tuìhuán（英 *return*）▶運転免許証を～する/退还汽车驾驶执照 tuìhuán qìchē jiàshǐ zhízhào ▶責任を取って給与の3ヶ月分を～された/因为被追究责任，交还了三个月的工资 yīnwèi bèi zhuījiū zérèn, jiāohuánle sān ge yuè de gōngzī

べんぱつ【弁髪】《中国清朝時代の》辫子 biànzi; 发辫 fàbiàn（英 *a pigtail*）

へんぴ【辺鄙な】 偏僻 piānpì; 僻静 pìjìng（英 *remote*）▶～な所/僻壤 pìrǎng ▶こんな～な所へようこそおいで下さいました/欢迎您到我们这个偏僻的地方 huānyíng nín dào wǒmen zhège piānpì de dìfang

べんぴ【便秘】 便秘 biànmì（英 *constipation*）▶長年～に悩んでいる/常年为便秘而感到烦恼 chángnián wèi biànmì ér gǎndào fánnǎo ▶～を解消する/解除便秘 jiěchú biànmì

へんぴん【返品する】 退货 tuìhuò（英 *return*）▶～の山ができる/退货堆成山 tuìhuò duīchéng shān ▶一週間以内なら～がきく/一个星期以内可以退货 yí ge xīngqī yǐnèi kěyǐ tuìhuò

へんぺい【扁平】 扁平 biǎnpíng（英 *flat*）▶～足/扁平足 biǎnpíngzú

べんべつ【弁別】 识别 shíbié; 辨别 biànbié（英 *distinction*）▶骨董の真贋を～できるか/能不能识别古董的真假 néngbunéng shíbié gǔdǒng de zhēnjiǎ

へんぼう【変貌】 变形 biànxíng; 变样 biànyàng（英 *transfiguration*）▶～を遂げる/改变面貌 gǎibiàn miànmào ▶旧市街は完全に～した/旧的城市街道完全变样了 jiù de chéngshì jiēdào wánquán biànyàng le

へんぽん【返本】 退书 tuì shū（英 *returned books*）▶これは～がきかない/这本书不能退 zhè běn shū bùnéng tuì

べんむかん【弁務官】（联合国等的）高级专员（Liánhéguó děng de）gāojí zhuānyuán（英 *a commissioner*）

へんめい【変名】 化名 huàmíng（英 *an assumed name*）▶この作品は有名作家が～で書いたものだ/这部作品是一个有名的作家用化名写的 zhè bù zuòpǐn shì yí ge yǒumíng de zuòjiā yòng huàmíng xiě de ▶どういう～を使っているのだ/用的是什么化名呢？yòng de shì shénme huàmíng ne?

べんめい【弁明する】 辩白 biànbái; 解释 jiěshì; 分辨 fēnbiàn（英 *make an excuse*）▶書面または口頭により～する機会を与える/给与用书面或者口头进行辩解的机会 jǐyǔ yòng shūmiàn huòzhě kǒutóu jìnxíng biànjiě de jīhuì
♦～書/辩解书 biànjiěshū

へんよう【変容】 变貌 biànmào; 变样 biànyàng（英 transfiguration）▶10年ぶりに見る彼はすっかり～していた/时隔十年见到的他完全变样了 shí gé shí nián jiàndào de tā wánquán biànyàng le

べんり【便利な】 便利 biànlì; 方便 fāngbiàn（英 convenient）▶携帯に～だ/便于携带 biànyú xiédài ▶～な道具/灵便的工具 língbian de gōngjù ▶現代は～になりすぎてかえって不便になった面もある/现代因为过于方便，有时反而会感到不方便 xiàndài yīnwèi guòyú fāngbiàn, yǒushí fǎn'ér huì gǎndào bù fāngbiàn ▶商店街が近いから買い物が～だ/因为商业街很近，买东西很方便 yīnwèi shāngyèjiē hěn jìn, mǎi dōngxi hěn fāngbiàn ▶あらゆる～設備がととのっている/所有的便利设备都齐备 suǒyǒu de biànlì shèbèi dōu qíbèi ▶あの会社の飛行便は乗り換えが～だ/那家公司的航班，转机很方便 nà jiā gōngsī de hángbān, zhuǎnjī hěn fāngbiàn ▶あると～だがなくてもすむ/有很方便，没有也凑合 yǒu hěn fāngbiàn, méiyǒu yě còuhe

♦～屋：方便人（替人承办各种杂事的服务行业）fāngbiànrén（替人承办各种杂事的服务行业）

べんりし【弁理士】（专利事务的）代办人（zhuānlì shìwù de）dàibànrén（英 a patent attorney）

へんりん【片鱗】 一斑 yībān（英 a glimpse）▶彼は少年時代にすでに天才の～を見せていた/在少年时代他的天分就初露头角了 zài shàonián shídài tā de tiānfēn jiù chū lù tóujiǎo le

へんれい【返礼する】 回礼 huílǐ; 还礼 huánlǐ（英 make a return present）▶～の品を選ぶ/挑选回礼的东西 tiāoxuǎn huílǐ de dōngxi ▶桜を贈った～としてはなみずきが贈られてきた/作为送樱花的回礼，送来了四照花 zuòwéi sòng yīnghuā de huílǐ, sònglaile sìzhàohuā

べんれい【勉励する】 勤奋 qínfèn; 勤勉 qínmiǎn（英 work very hard）
[日中比较] 中国語の'勉励 miǎnlì'は「励ます」こと.

へんれき【遍歴する】 游历 yóulì; 周游 zhōuyóu（英 wander around）▶孔子は14年にわたる～のあと故国魯にもどった/孔子在经历了十四年的周游之后回到了故国鲁国 Kǒngzǐ zài jīnglìle shísì nián de zhōuyóu zhīhòu huídàole gùguó Lǔguó ▶あいつの女～も終わったらしい/他的艳福好像到头了 tā de yànfú hǎoxiàng dàotóu le ▶彼は若い頃ヨーロッパ各地を～した/他年轻的时候周游了欧洲各地 tā niánqīng de shíhou zhōuyóule Ōuzhōu gèdì ▶私の読書～/我的读书历程 wǒ de dúshū lìchéng

べんろん【弁論】 辩论 biànlùn（英 public speaking; [裁判] pleading）▶～大会/辩论赛 biànlùnsài ▶原告の最終～/原告的最后陈述 yuángào de zuìhòu chénshù

♦口頭～：口头辩论 kǒutóu biànlùn ～部：辩论部 biànlùnbù

ほ

ほ【帆】 帆 fān;《小船の》船篷 chuánpéng（英 a sail）▶～が風をはらむ/帆兜着风 fān dōuzhe fēng ▶追風（ぎ）に～を揚げる/顺风扬帆 shùnfēng yángfān ▶～を上げる/扬帆 yángfān ▶～を降ろす/落帆 luò fān

船は～まかせ・は風まかせ 船靠帆, 帆靠风 chuán kào fān, fān kào fēng

ほ【歩】 步 bù; 脚步 jiǎobù（英 a step）▶家が近づいて私は～を速めた/离家近了，我加快了脚步 lí jiā jìn le, wǒ jiākuàile jiǎobù ▶事業は着々と～を進めている/事业脚踏实地地在前进 shìyè jiǎo tà shídì de zài qiánjìn ▶3〜進んで2〜さがる/进三步，退两步 jìn sān bù, tuì liǎng bù ▶彼らは黙々と～を運んだ/他们默默地在走 tāmen mòmò de zài zǒu

ほ【穂】《米・麦などの》穗 suì;《尖った先》尖端 jiānduān（英 an ear）▶～が出る/抽穗 chōusuì; 吐穗 tǔsuì ▶麦の～が出始めた/麦穗开始长出来了 màisuì kāishǐ zhǎngchūlai le ▶筆の～に墨を含ませる/在毛笔尖上吸满墨汁 zài máobǐjiānshang xīmǎn mòzhī

ほあん【保安】 保安 bǎo'ān（英 the preservation of public peace）▶～課《機関内の》/保卫科 bǎowèikē ▶本日付けで～課に配属された/从今天开始被分配到了保安科 cóng jīntiān kāishǐ bèi fēnpèidàole bǎo'ānkē ▶ここは～林に指定されている/这里被指定为防护林 zhèlǐ bèi zhǐdìng wéi fánghùlín ▶火事だというのに～要員は何をしているんだ/起火了，保安人员在做什么！qǐhuǒ le, bǎo'ān rényuán zài zuò shénme！

♦海上～庁：海上保安厅 hǎishàng bǎo'āntīng

ぽい 随便乱扔的样子 suíbiàn luànrēng de yàngzi（英［～と投げる］toss）▶吸いがらの～捨て禁止/禁止乱扔烟头 jìnzhǐ luànrēng yāntóu ▶空箱を屑入れに～と投げこんだ/把空盒扔进了垃圾箱 bǎ kōnghé rēngjìnle lājīxiāng

ほいく【保育する】 保育 bǎoyù（英 nurture）▶～園/托儿所 tuō'érsuǒ ▶毎日～園に送り迎えする/每天接送孩子去托儿所 měitiān jiēsòng háizi qù tuō'érsuǒ ▶うちの子は3年～に預けている/我们家的孩子寄放在三年制托儿所 wǒmen jiā de háizi jìfàng zài sān nián zhì tuō'érsuǒ ▶残された子供たちを誰が～するのか/留下的孩子们谁来抚养？liúxià de háizimen shéi lái fǔyǎng？

♦～器：器に入れられる/被放进早产婴儿保育箱中 bèi fàngjìn zǎochǎn yīng'ér bǎoyùxiāng zhōng

ボイコットする 联合抵制 liánhé dǐzhì; 排斥 páichì（英 boycott）▶学生たちはついに授業を～した/最后学生们罢课了 zuìhòu xuéshengmen bàkè le ▶我が社の製品の～が起きている/出现了抵制我们公司产品的运动 chūxiànle dǐzhì wǒmen gōngsī chǎnpǐn de yùndòng

ボイスレコーダー 《(航空機の)》**数码录音机** shùmǎ lùyīnjī;**座舱录音器** zuòcāng lùyīnqì (英 *a voice recorder*) ▶~の解析を急ぐ/加紧分析声音记录 jiājǐn fēnxī shēngyīn jìlù

ホイッスル 号笛 hàodí;**哨子** shàozi (英 *a whistle*)▶~が鳴る/哨子响 shàozi xiǎng ▶~を鳴らす/吹哨儿 chuī shàor ▶スタートの~を鳴らす/吹响开始的哨子 chuīxiǎng kāishǐ de shàozi ▶~が鳴って試合が始まる/号笛响起,比赛开始了 hàodí xiǎngqǐ, bǐsài kāishǐ le

ボイラー 锅炉 guōlú (英 *a boiler*)▶~室/锅炉房 guōlúfáng ▶~技師/锅炉技师 guōlú jìshī ▶~室は炎熱地獄だった/锅炉房热死人 guōlúfáng rèsǐ rén

ホイル 箔 bó (英 (*aluminum*) *foil*) ▶握り飯をアルミ~でくるんである/饭团用锡箔包着 fàntuán yòng xībó bāozhe

ぼいん【母音】〔音声学〕**元音** yuányīn;**韵母** yùnmǔ (英 *a vowel* (*sound*))

ぼいん【拇印】手印 shǒuyìn;**指印** zhǐyìn (英 *a thumbprint*) ▶~を押す/按手印 àn shǒuyìn ▶印鑑がなければ~でいい/没有印章的话,按手印也可以 méiyǒu yìnzhāng dehuà, àn shǒuyìn yě kěyǐ ▶借用証に~を押す/在借条上按手印 zài jiètiáoshang àn shǒuyìn

ポインセチア〔植物〕**一品红** yīpǐnhóng;**猩猩木** xīngxingmù (英 *a poinsettia*)

ポインター 《犬》**向导猎狗** xiàngdǎo lièqǒu;**波音犬** bōyīnqǎn (英 *a pointer*)

ポイント ❶〖鉄道の〗**道岔** dàochà (英 *points*) ▶~を切り換える/扳道岔 bān dàochà ▶雪で~が凍りつく/雪把道岔冻住了 xuě bǎ dàochà dòngzhù le

❷〖点数〗**分数** fēnshù (英 *a point*)▶~を稼ぐ/得分 défēn ▶創造有利条件 chuàngzàoyǒulì tiáojiàn ▶まだ3リードしている/还领先三分 hái lǐngxiān sān fēn ▶~カード/积分卡 jīfēnkǎ

❸〖要点〗**要点** yàodiǎn;**着重点** zhuózhòngdiǎn (英 *the point*)▶彼の質問は~をついていた/他的问题切中了要点 tā de wèntí qièzhòngle yàodiǎn ▶いいかい,ここが大事な~だよ/要记住,这才是关键所在 yào jìzhù, zhè cái shì guānjiàn suǒ zài

❹〖活字〗**点** diǎn;**磅** bàng (英 *a point*)▶本文は9,注釈は8~で組む/本文按九磅字,注释按八磅字排版 běnwén àn jiǔ bàng zì, zhùshì àn bā bàng zì páibǎn

ほう 《感嘆して》**嗬** hē;**哦** ó (英 *oh*; *well*)▶~,あの男がやりましたか/哦,他做到了吗?ó, tā zuòdào le ma? ▶~,よく憶えているもんだねぇ/嚯,你还记得真清楚 hē, nǐ hái jìde zhēn qīngchu

ほう【方】❶〖方向〗**方向** fāngxiàng;**方** fāng (英 *a direction*)▶彼の指す~を見た/朝他指的方向看过去 cháo tā zhǐ de fāngxiàng kànguòqu ▶球が左の~に転がった/球向左方滚过去 qiú xiàng zuǒfāng gǔnleguòqu

❷〖関係〗**方面** fāngmiàn (英 *a field*)▶販売の~は私たちに任せなさい。/销售这方面交给我们 xiāoshòu zhè fāngmiàn jiāogěi wǒmen

❸〖対比〗(英 *should*)▶彼は物事を楽観する~だ/他对事物的看法比较乐观 tā duì shìwù de kànfǎ bǐjiào lèguān ▶医者へ行った~がいいよ/最好去看看医生 zuìhǎo qù kànkan yīshēng

ほう【法】❶〖おきて〗**法律** fǎlǜ (英 *a law*)▶~に適(かな)った/合法 héfǎ ▶いかにも~に適ったやり方だ/的确是合法的做法 díquè shì héfǎ de zuòfǎ ▶~に触れる/违法 wéifǎ ▶~に触れるようなことはするな/不要做违法的事 búyào zuò wéifǎ de shì ▶~を犯す/犯法 fànfǎ ▶~的権利/法权 fǎquán ▶~的権利が無視されている/法律权利被无视 fǎlǜ quánlì bèi wúshì ▶人は~の下に平等である/法律面前人人平等 fǎlǜ miànqián rénrén píngděng

❷〖方法〗**方法** fāngfǎ;**办法** bànfǎ (英 *a method*)▶中国語教授~を研究する/研究汉语教学法 yánjiū Hànyǔ jiàoxuéfǎ ▶何か健康~を実践していますか/你有什么保持健康的方法吗?nǐ yǒu shénme bǎochí jiànkāng de fāngfǎ ma?

❸〖教え〗**教义** jiàoyì (英 *a doctrine*)▶人を見て~を説け/看什么人,说什么法 kàn shénme rén, shuō shénme fǎ

❹〖道理〗**道理** dàolǐ (英 *reason*)▶黙って引っこむ~はない/不能就这么缩回去 bùnéng jiù zhème suōhuíqu

❺〖文法〗**式** shì;**法** fǎ (英 *the mood*)▶仮定~/假设法 jiǎshèfǎ

ぼう【某】某 mǒu (英 *one*; *a certain*)▶~所にて/在某处 zài mǒuchù ▶都内~所で密談したらしい/据说在都内的某个地方进行了秘密会谈 jùshuō zài dūnèi de mǒu ge dìfang jìnxíngle mìmì huìtán ▶~重役がおかしな動きをしている/某个董事的行动很可疑 mǒu ge dǒngshì de xíngdòng hěn kěyí ▶杉本~のしわざだそうだ/据说是杉本某某干的 jùshuō shì Shānběn mǒumǒu gàn de

ぼう【棒】棍子 gùnzi;**棒子** bàngzi (英 [棒切れ] *a stick*; [竿] *a pole*)▶歩き回って足が~になった/到处走,脚都动不了了 dàochù zǒu, jiǎo dōu dòngbuliǎo le ▶~で体を支える/用棍子支撑着身体 yòng gùnzi zhīchēngzhe shēntǐ

ことわざ **犬も歩けば棒に当たる** 什么人都有走运的时候 shénme rén dōu yǒu zǒuyùn de shíhou

~に振る 白白断送 báibái duànsòng ▶一度の過ちで人生を~に振る/一次的过失葬送了整个人生 yí cì de guòshī zàngsòngle zhěnggè rénshēng

ほうあん【法案】法案 fǎ'àn (英 *a bill*)▶~を審議する/审议法案 shěnyì fǎ'àn ▶議長提出の~もある/也有由议长提出的法案 yě yǒu yóu yìzhǎng tíchū de fǎ'àn

ぼうあんき【棒暗記する】死记 sǐjì;**死记硬背** sǐjì yìng bèi (英 *learn by rote*)▶~など実際

ほうい【方位】 方位 fāngwèi (英 *a direction*) ▶操縦士は慎重に～を測った/操船手慎重地测量了方位 cāoduòshǒu shènzhòng de cèliángle fāngwèi

ほうい【包囲する】 包围 bāowéi; 围困 wéikùn (英 *surround*) ▶警備陣の～を破って逃走する/突破警备的包围逃跑 tūpò jǐngbèi de bāowéi táopǎo ▶我々は完全に犯人を～した/我们把犯人团团围住了 wǒmen bǎ fànrén tuántuán wéizhù le

ぼうい【暴威】 淫威 yínwēi; 凶威 xiōngwēi (英 *tyranny*) ▶～を振るう/逞淫威 chěng yínwēi ▶今年も台風が～を振るった/今年台风也逞了淫威了 jīnnián táifēng yě chěngle yínwēi le ▶悪党どもの～に屈するのはいやだ/我不愿意屈服于坏家伙们的凶威 wǒ bú yuànyì qūfú yú huàijiāhuomen de xiōngwēi

ほういがく【法医学】 法医学 fǎyīxué (英 *forensic medicine*)
◆～者 法医学者 fǎyīxuézhě

ぼういん【暴飲】 暴饮 bàoyǐn (英 *excessive drinking*) ▶～暴食する/暴饮暴食 bàoyǐn bàoshí ▶この時期は～する機会が増える/在这个时期暴饮暴食的机会增多 zài zhège shíqī bàoyǐn bàoshí de jīhuì zēngduō ▶～暴食は死への早道である/暴饮暴食是通向死亡的捷径 bàoyǐn bàoshí shì tōngxiàng sǐwáng de jiéjìng

ほうい【法衣】 法衣 fǎyī (英 *a canonical robe*) ▶紫の～に身を包んで和尚が現れた/出现了一个身穿紫色袈裟的和尚 chūxiànle yí ge shēn chuān zǐsè jiāshā de héshang

ほうえい【放映】 播送 bōsòng; 播放 bōfàng (英 *televise*) ▶直前になって～に横槍が入った/快到要播出的时候，有人提出了异议 kuài dào yào bōchū de shíhou, yǒu rén tíchūle yìyì ▶試合は全世界に～された/比赛向全世界播放了 bǐsài xiàng quánshìjiè bōfàng le

[日中比较] 中国語の'放映 fàngyìng'は「上映する」こと。

ぼうえい【防衛する】 保卫 bǎowèi; 防卫 fángwèi; 捍卫 hànwèi (英 *defend*) ▶～力/国防力量 guófáng lìliang ▶～力の強化を唱える/提倡强化防卫能力 tíchàng qiánghuà fángwèi nénglì ▶タイトルは必ず～してみせる/我一定要捍卫冠军称号 wǒ yídìng yào hànwèi guànjūn chēnghào ▶正当～と認められ無罪となる/被认定是正当防卫，判决无罪 bèi rèndìng shì zhèngdāng fángwèi, pànjué wúzuì
◆～予算 国防预算 guófáng yùsuàn

ぼうえき【防疫】 防疫 fángyì (英 *prevention of epidemics*)

ぼうえき【貿易】 贸易 màoyì (英 *foreign trade*) ▶日中～/日中贸易 Rì-Zhōng màoyì ▶～商社/贸易公司 màoyì gōngsī ▶父は神戸で～商を営んでいる/父亲在神戸做贸易 fùqīn zài Shénhù zuò màoyì ▶～外収支は赤字が続いている/贸易外收支持续赤字 màoyìwài shōuzhī chíxù chìzì ▶日本～振興会/日本贸易振兴会 Rìběn màoyì zhènxīnghuì

◆～赤字 贸易逆差 màoyì nìchā ▶当期の～赤字が10億ドルを超えた/本期的贸易逆差超过了十亿美元 běnqī de màoyì nìchā chāoguòle shíyì Měiyuán　～黒字 贸易顺差 màoyì shùnchā　～港 对外贸易港 duìwài màoyìgǎng ▶横浜は～港として栄えた/横滨作为贸易港口繁荣过 Héngbīn zuòwéi màoyì gǎngkǒu fánróngguò　～風/信风 xìnfēng; 贸易风 màoyìfēng ▶货船は～風に逆らって進んだ/货轮顶着信风前进 huòlún dǐngzhe xìnfēng qiánjìn　～摩擦 ▶～摩擦が深刻さを増している/贸易摩擦愈演愈烈 màoyì mócā yù yǎn yù liè

ほうえつ【法悦】 ❶【宗教上の】 法悦 fǎyuè (英 *religious delight*) ▶～があるから救いを実感するのだ/因为有法悦，所以能感到心灵得救 yīnwèi yǒu fǎyuè, suǒyǐ néng gǎndào xīnlíng déjiù ❷【恍惚】 心醉神迷 xīn zuì shén mí (英 *ecstasy*) ▶名画の前でしばし～に浸った/在名画前面感觉到了心醉神怡 zài mínghuà qiánmian gǎnjuédàole xīn kuàng shén yí

ぼうえん【望遠】 望远 wàngyuǎn (英 *seeing far*) ▶～レンズ/远摄物镜 yuǎnshè wùjìng ▶～レンズで撮る/用望远镜头照相 yòng wàngyuǎn jìngtóu zhàoxiàng ▶～鏡/望远镜 wàngyuǎnjìng ▶展望台から～鏡で港を見下ろした/从展望台用望远镜俯视港口 cóng zhǎnwàngtái yòng wàngyuǎnjìng fǔshì gǎngkǒu ▶天体～鏡/天体望远镜 tiāntǐ wàngyuǎnjìng

ほうおう【法王】 教皇 jiàohuáng (英 *a pope*) ▶～庁/教皇厅 jiàohuángtīng　ローマ～/罗马教皇 Luómǎ jiàohuáng

ほうおう【訪欧】 访欧 fǎng Ōu (英 *a visit to Europe*) ▶代表団は～の途についた/代表团踏上了访欧的旅程 dàibiǎotuán tàshàngle fǎng Ōu de lǚchéng ▶会長の～に随行する/随同会长访欧 suítóng huìzhǎng fǎng Ōu

ほうおう【鳳凰】 凤凰 fènghuáng (英 *a Chinese phoenix*)

ぼうおく【茅屋】 茅舍 máoshè; 茅屋 máowū (英 *a thatched cottage*) ▶このたび山麓に～を構えました/这次我在山脚盖了一间茅舍 zhè cì wǒ zài shānjiǎo gàile yì jiān máoshè ▶～に思わぬ客があった/茅屋里来了一个不速之客 máowūli láile yí ge bú sù zhī kè

ぼうおん【忘恩】 忘恩负义 wàng ēn fù yì (英 *ingratitude*) ▶～の徒とは言われたくない/不愿意被叫做忘恩负义之徒 bú yuànyì bèi jiàozuò wàng ēn fù yì zhī tú

ぼうおん【防音する】 隔音 géyīn; 防音 fángyīn (英 *soundproof*) ▶～構造/隔音结构 géyīn

jiégòu ▸～構造がしっかりできている/隔音构造做得很好 géyīn gòuzào zuòde hěn hǎo ▸どうやって～するか頭が痛い/为怎样能隔音伤脑筋 wèi zěnyàng néng géyīn hěn shāng nǎojīn
◆～室:隔音室 géyīnshì

ほうか【邦貨】 日币 Rìbì; 日本货币 Rìběn huòbì (英 *Japanese currency*) ▸～に換算してほぼ120億円になる/换算成日币的话, 差不多一百二十亿日元 chàbuduō yībǎi èrshí yì Rìyuán

ほうか【放火する】 放火 fànghuǒ; 纵火 zònghuǒ (英 *set fire*) ▸～犯/纵火犯 zònghuǒfàn ▸～犯はまだ捕まらない/纵火犯还没有抓到 zònghuǒfàn hái méiyǒu zhuādào ▸いやなことが募って～してしまった、心情极度不好、就放了一把火 xīnqíng jídù bùhǎo, jiù fàngle yì bǎ huǒ ▸原因が～であることは明らかだ/很明显原因是放火 hěn míngxiǎn yuányīn shì fànghuǒ

ほうか【法科】 法科 fǎkē; 法律系 fǎlǜxì (英 *the law department*) ▸～を卒業する/法律系毕业 fǎlǜxì bìyè ▸～を卒業して俳優になった/从法学科毕业当了演员 cóng fǎxuékē bìyè dāngle yǎnyuán

ほうか【砲火】 炮火 pàohuǒ (英 *gunfire*) ▸～を交える/交火 jiāohuǒ ▸両国はついに～を交えるにいたった/两国终于交火了 liǎngguó zhōngyú jiāohuǒ le ▸博士の新説は集中～を浴びた/博士的新学说遭到了集中炮轰 bóshì de xīnxuéshuō zāodàole jízhōng pàohōng

ほうが【邦画】 **1**〖日本映画〗日本电影 Rìběn diànyǐng; 日本片 Rìběnpiàn (英 *a Japanese film*) ▸近年は～の人気が高い/近年来日本电影很受欢迎 jìnnián lái Rìběn diànyǐng hěn shòu huānyíng ▸黒澤は～を代表する巨匠だ/黑泽是代表日本电影界的巨匠 Hēizé shì dàibiǎo Rìběn diànyǐngjiè de jùjiàng **2**〖日本画〗日本画 Rìběnhuà (英 *a Japanese painting*)

ほうが【萌芽】 萌芽 méngyá; 胚胎 pēitāi;〈比喻〉苗头 miáotou (英 [芽] *a sprout*; [芽を出すこと] *germination*) ▸悪は～のうちに摘み取らねばならない/恶, 要在萌芽阶段铲除 è, yào zài méngyá jiēduàn chǎnchú ▸そのときすでに罪の～はあったのだ/那时候就有了罪恶的萌芽了 nà shíhou jiù yǒule zuì'è de méngyá le

ほうか【防火】 防火 fánghuǒ (英 *fire prevention*) ▸～訓練/防火训练 fánghuǒ xùnliàn ▸ふだんの～訓練を怠るまい/不能松懈平时的防火训练 bùnéng sōngxiè píngshí de fánghuǒ xùnliàn ▸～壁/防火墙 fánghuǒqiáng; 风火墙 fēnghuǒqiáng ▸～壁が地震でもろくも崩れた/防火墙在地震下一下就崩塌了 fánghuǒqiáng zài dìzhènxià yíxià jiù bēngtā le ▸住民こぞって～に努めている/居民们齐心协力努力防火 jūmínmen qíxīn xiélì nǔlì fánghuǒ

ほうが【忘我】 忘我 wàngwǒ (英 *ecstacy*) ▸絵を前にしてしばし～の境にあった/在画的前面、一时进入了忘我的境界 zài huà de qiánmiàn, yìshí jìnrùle wàngwǒ de jìngjiè

ほうかい【崩壊する】 垮台 kuǎtái; 倾塌 qīngtā; 瓦解 wǎjiě (英 *collapse*) ▸建物が～する/建筑物倒塌 jiànzhùwù dǎotā ▸強大な国家がががらと～した/强大的国家土崩瓦解了 qiángdà de guójiā tǔ bēng wǎ jiě le ▸家庭の～が深刻な社会問題になっている/家庭的瓦解成了深刻的社会问题 jiātíng de wǎjiě chéngle shēnkè de shèhuì wèntí

ほうがい【法外な】 过分 guòfèn; 不合理 bù hélǐ (英 *unreasonable*) ▸～な値段/不合理的价格 bù hélǐ de jiàgé ▸～な値段で売りつける/用不合理的价钱卖货 yòng bù hélǐ de jiàqian mài huò ▸弱みにつけこんで～な要求をつきつける/乘人之危提出无理的要求 chéng rén zhī wēi tíchū wúlǐ de yāoqiú ▸料金が～に高い/费用高得过分 fèiyong gāode guòfèn

ぼうがい【妨害】 干扰 gānrǎo; 妨碍 fáng'ài; 阻挠 zǔnáo (英 *disturbance; obstruction*) ▸電波/电波干扰 diànbō gānrǎo ▸海上から～電波を流す/从海上发射干扰电波 cóng hǎishàng fāshè gānrǎo diànbō ▸台風に～されて生産計画が狂った/受台风影响, 生产计划被打乱了 shòu táifēng yǐngxiǎng, shēngchǎn jìhuà bèi dǎluàn le ▸我々の運動を～する一派がいる/有一部分人要破坏我们运动 yǒu yíbùfen rén yào pòhuài wǒmen de yùndòng ▸公務執行～で逮捕された/以妨碍公务的罪名被逮捕 yǐ fáng'ài gōngwù de zuìmíng bèi dàibǔ

交通～ 妨碍交通 fáng'ài jiāotōng ▸自転車の放置は交通～になる/乱放自行车会妨碍交通 luàn fàng zìxíngchē huì fáng'ài jiāotōng

ぼうがい【望外の】 望外 wàngwài; 意外 yìwài (英 *unexpected*) ▸～の喜びを得る/大喜过望 dà xǐ guò wàng ▸大賞を得たことは～の喜びであります/得到大奖让我喜出望外 dédào dàjiǎng ràng wǒ xǐchū wàngwài ▸我々は～な効果を～て帰った/我们取得了意外的效果回来了 wǒmen qǔdéle yìwài de xiàoguǒ huílái le

ほうがく【方角】 方位 fāngwèi; 方向 fāngxiàng (英 *a direction*) ▸郷里はこの～にある/故乡在这个方位 gùxiāng zài zhège fāngwèi ▸東の～から人影が近づいてくる/有人影从东边靠近 yǒu rényǐng cóng dōngbian kàojìn ▸あなたの家は～が悪い/你家的方位不好 nǐ jiā de fāngwèi bùhǎo ▸霧で～がわからなくなる/因为有雾, 分不清方位了 yīnwèi yǒu wù, fēnbuqīng fāngwèi le

ほうがく【邦楽】 日本传统音乐 Rìběn chuántǒng yīnyuè (英 *Japanese music*)

ほうがく【法学】 法学 fǎxué (英 *law*) ▸～博士:法学博士 fǎxué bóshì ▸～部:法学院 fǎxuéyuàn

ほうかご【放課後】 下课后 xiàkèhòu; 放学后 fàngxuéhòu (英 *after school*) ▸～は部活で忙しい/放学后课外活动很忙 fàngxuéhòu kèwài huódòng hěn máng

ほうがちょう【奉加帳】 捐款簿 juānkuǎnbù

(英 *a subscription list*) ▶遺族を助けるべく社内で～を回した/为了帮助遗属，在公司里号召大家捐款 wèile bāngzhù yíshǔ, zài gōngsīlǐ hàozhào dàjiā juānkuǎn

ほうかつ【包括】 包括 bāokuò; 总括 zǒngkuò; 囊括 nángkuò (英 *include*) ▶～的に/总括地 zǒngkuò de ▶～的に議論しよう/我们进行整体讨论吧 wǒmen jìnxíng zhěngtǐ tǎolùn ba ▶この論文は問題点を～している/这篇论文囊括了问题点 zhè piān lùnwén nángkuòle wèntídiǎn ▶まず，～的な問題提起をして下さい/请你先提出总括性的问题 qǐng nǐ xiān tíchū zǒngkuòxìng de wèntí

日中比較 中国語の '包括 bāokuò'は「包括する」の他に，ある範囲の中に「含む」ことをも意味する. ▶也包括我自己 yě bāokuò wǒ zìjǐ/私も含めて…

ほうがん【包含】 包含 bāohán; 含有 hányǒu (英 *include*) ▶相互不信によって～したまま合併は行われた/在双方互不信任的状况下进行了合并 zài shuāngfāng hù bú xìnrèn de zhuàngkuàngxia jìnxíngle hébìng

ほうがん【砲丸】 〚スポーツ〛铅球 qiānqiú (英 *a shot*) ▶～投げ/投铅球 tóuqiānqiú

ぼうかん【防寒】 防寒 fánghán (英 *protection against the cold*) ▶～着/冬装 dōngzhuāng; 寒衣 hányī ▶冬は間近だ．～着の用意はよいか/冬天就在眼前，防寒衣准备得怎么样了？dōngtiān jiù zài yǎnqián, fánghányī zhǔnbèide zěnmeyàng le?

♦～具/防寒用具 fánghán yòngjù

ぼうかん【傍観】 旁观 pángguān (英 *look on*) ▶我々には～は許されない/我们不能旁观 wǒmen bùnéng pángguān ▶～者/观潮派 guāncháopài ▶～者づらして物を言うな/不要以旁观者的姿势说话 búyào yǐ pángguānzhě de zīshì shuōhuà ▶友が苦しんでいるのに～していた/朋友在受苦，但是我却袖手旁观 péngyou zài shòukǔ, dànshì wǒ què xiùshǒu pángguān

ぼうかん【暴漢】 暴徒 bàotú; 歹徒 dǎitú (英 *a ruffian*) ▶演説中に～に襲われる/在演说中遭到歹徒袭击 zài yǎnshuō zhōng zāodào dǎitú xíjī

ほうがんし【方眼紙】 方格纸 fānggézhǐ (英 *graph paper*)

ほうき【放棄】する 放弃 fàngqì; 废弃 fèiqì; 抛弃 pāoqì (英 *abandon*) ▶職場～/旷工 kuànggōng ▶職場～という手もある/也有旷工这个办法 yě yǒu kuànggōng zhège bànfǎ ▶憲法に戦争の～をうたう/宪法坚决主张废除战争 xiànfǎ jiānjué zhǔzhāng fèichú zhànzhēng ▶議員特権を～してはどうか/你放弃议员的特权怎么样？nǐ fàngqì yìyuán de tèquán zěnmeyàng?

ほうき【法規】 法规 fǎguī; 规章 guīzhāng (英 *laws and regulations*) ▶交通～を守りなさい/请遵守交通规则 qǐng zūnshǒu jiāotōng guīzé ▶～の解釈に誤りがある/对法规的解释有谬误 duì fǎguī de jiěshì yǒu miùwù ▶～に照らして適切に処理している/遵照法规正确处理 zūnzhào fǎguī zhèngquè chǔlǐ ▶犯人は超～的措置で釈放された/犯人以超法规措施释放 fànrén yǐ chāofǎguī cuòshī shìfàng

ほうき【蜂起】する 叛乱 pànluàn; 起义 qǐyì (英 *rise in revolt*) ▶農民～/农民起义 nóngmín qǐyì ▶農民の～が相次いだ/农民起义风起云涌 nóngmín qǐyì fēng qǐ yún yǒng ▶今暁5時を期して一斉に～する/今天拂晓五点同时起义 jīntiān fúxiǎo wǔ diǎn tóngshí qǐyì

ほうき【箒】 笤帚 tiáozhou; 扫帚 sàozhou (英 *a broom*) ▶～でごみを掃き集める/用笤帚扫垃圾 yòng tiáozhou sǎo lājī ▶～が残されている/沙地上留下了整齐的笤帚痕迹 shādìshang liúxiàle zhěngqí de tiáozhou hénjì

♦～星/扫帚星 sàozhouxīng; 彗星 huìxīng ▶東の空に～星が現れた/东边的天空出现了扫帚星 dōngbian de tiānkōng chūxiànle sàozhouxīng

ぼうぎ【謀議】 同谋 tóngmóu; 策划 cèhuà (英 *conspiracy*) ▶連日～を凝らした/连日来商量密谋 liánrì lái shāngliang mìmóu ▶彼はその共同～には加わっていなかった/他没有参与这次的共同策划 tā méiyǒu cānyù zhè cì de gòngtóng cèhuà

ぼうきゃく【忘却】する 忘记 wàngjì; 遗忘 yíwàng (英 *forget*) ▶本件はもはや～のかなたにある/这次事件已经被忘记得一干二净了 zhè cì shìjiàn yǐjing bèi wàngjìde yì gān èr jìng le ▶恥ずかしながら前後を～しておりました/非常惭愧，我一时失去理性了 fēicháng cánkuì, wǒ yìshí shīqù lǐxìng le

ぼうぎゃく【暴虐】 暴虐 bàonüè; 残暴 cánbào (英 *tyranny; atrocity*) ▶兵たちはそこで～の限りをつくした/士兵们在那里极尽暴虐 shìbīngmen zài nàli jí jìn bàonüè ▶彼らの～な行為は今なお語りつがれている/他们的暴虐行为至今仍在流传 tāmen de bàonüè xíngwéi zhìjīn réng zài liúchuán

ほうきゅう【俸給】 薪水 xīnshuǐ; 薪俸 xīnfèng; 工资 gōngzī (英 *pay; a salary*) ▶月20万の～で暮らしている/靠每月二十万的工资生活 kào měiyuè èrshí wàn de gōngzī shēnghuó ▶～が上がる/涨工资 zhǎng gōngzī ▶～は安い～に耐えて精勤する/工资很低，但工作很认真 gōngzī hěn dī, dàn gōngzuò hěn rènzhēn

♦～生活者/工薪阶层 gōngxīn jiēcéng

ほうぎょ【崩御】する 崩 bēng; 驾崩 jiàbēng (英 *pass away*)

ぼうきょ【暴挙】 暴行 bàoxíng; 劣迹 lièjì (英 *a reckless attempt*) ▶彼らは誘拐という～に出た/他们干出了拐骗的这种劣迹 tāmen gànchūle guǎipiàn de zhè zhǒng lièjì ▶彼らは互いに～を戒めあった/他们互相戒告不搞暴行 tāmen hùxiāng jiègào bù gǎo bàoxíng

ぼうぎょ【防御】する 防御 fángyù; 守备 shǒubèi; 守卫 shǒuwèi (英 *defend*) ▶我々には～の手段がない/我们没有防御的手段 wǒmen méiyǒu fángyù de shǒuduàn ▶攻撃は最大の～

ぼうきょう である/攻击是最大的防御 gōngjī shì zuìdà de fángyù ▶任せろ。おれが必ず～する/交给我。我一定防好 jiāogěi wǒ. wǒ yídìng fánghǎo

ぼうきょう【望郷】 思乡 sīxiāng（英 *homesickness*）▶～の念/乡思 xiāngsī ▶～の念に駆られる/想念家乡 xiǎngniàn jiāxiāng ▶この歌を聞くたびに～の念に駆られる/一听到这首歌，就充满思乡之情 yì tīngdào zhè shǒu gē, jiù chōngmǎn sīxiāng zhī qíng

ぼうぐ【防具】 护具 hùjù（英 *protective equipment*）▶～をつけて試合をする/穿上护具进行比赛 chuānshàng hùjù jìnxíng bǐsài ▶～なしではけがをするぞ/没有防护用具你会受伤的 méiyǒu fánghù yòngjù nǐ huì shòushāng de

ぼうくう【防空】 防空 fángkōng（英 *air defense*）▶～壕を掘る/挖防空洞 wā fángkōngdòng ▶～頭巾は防寒帽でもあった/防空的头巾也有防寒的作用 fángkōng de tóujīn yě yǒu fánghán de zuòyòng

ぼうグラフ【棒グラフ】 长条图 chángtiáotú；条形图 tiáoxíngtú（英 *a bar chart*）

ぼうくん【暴君】 霸王 bàwáng；暴君 bàojūn（英 *a tyrant; a despot*）▶～の強横 qiánghèng ▶～社長の圧制に苦しんでるよ/我们被暴虐的总经理害苦了 wǒmen bèi bàonüè de zǒngjīnglǐ hàikǔ le ▶あのおとなしい男が家庭では～なんだ/那个老实的男人在家可是个暴君 nàge lǎoshi de nánrén zài jiā kě shì ge bàojūn

ぼうけい【傍系】 旁支 pángzhī；旁系 pángxì（英 *a collateral line*）▶～会社/旁系公司 pángxì gōngsī ▶あれは～会社から移ってきた人だ/他是从旁系公司转来的人 tā shì cóng pángxì gōngsī zhuǎnlái de rén ▶彼は～に属するので影響力が小さい/他属于旁系的，影响力不大 tā shǔyú pángxì de, yǐngxiǎnglì bú dà

ほうげき【砲撃】 炮击 pàojī（英 *bombardment*）▶警告なしに～をしかけてきた/没有警告，就开始了炮轰 méiyǒu jǐnggào, jiù kāishǐle pàohōng ▶市街地を～してはならない/不要炮击街区 búyào pàojī jiēqū

ほうける【惚ける】 《ぼける》恍惚 huǎnghū；昏聩 hūnkuì（英 *get senile*）▶遊び～/贪玩儿 tānwánr

ほうけん【封建】 封建 fēngjiàn（英 *feudalism*）▶～的な/封建 fēngjiàn ▶～的な風習が残っている/保留着封建习俗 bǎoliúzhe fēngjiàn xísú ▶～時代/封建时代 fēngjiàn shídài ▶～時代の化石のような人だ/是个像封建时期的化石般的人 shì ge xiàng fēngjiàn shíqí de huàshí bān de rén ▶～主義/封建主义 fēngjiàn zhǔyì ▶彼らの心には～思想が深く根を張っている/在他们心里封建思想根深蒂固 zài tāmen xīnlǐ fēngjiàn sīxiǎng gēn shēn dì gù

ほうげん【方言】 方言 fāngyán；土话 tǔhuà（英 *a dialect*）

文化 中国の地域による方言差は非常に大きく，この辞書が対象とする「共通語」（'普通话 pǔtōnghuà'）がなければ口語でコミュニケーションすることは難しい．中国には大きく分けて7つの方言があるとされている．

ほうげん【放言】 信口开河 xìn kǒu kāi hé；随口乱说 suíkǒu luàn shuō（英 *an irresponsible remark*）▶大臣の～が物議をかもした/大臣的随口乱说引发了民众的批评 dàchén de suíkǒu luàn shuō yǐnfāle mínzhòng de pīpíng ▶ふてぶてしく～して憚らない/态度高傲地信口开河 tàidù gāo'ào de xìn kǒu kāi hé

ぼうけん【冒険する】 冒险 màoxiǎn（英 *run a risk*）▶～物語/冒险故事 màoxiǎn gùshi ▶大事な時期にそんな～はしない/在关键的时期不能做那样的冒险 zài guānjiàn de shíqí bùnéng zuò nàyàng de màoxiǎn ▶損を覚悟で～する気はあるかね/你有作好吃亏的准备去冒险的决心吗？nǐ yǒu zuòhǎo chīkuī de zhǔnbèi qù màoxiǎn de juéxīn ma? ▶おじの～談に聞き入った/听叔叔的冒险经历听入迷了 tīng shūshu de màoxiǎn jīnglì tīng rùmí le

ぼうげん【暴言】 粗鲁的言辞 cūlǔ de yáncí；妄言 wàngyán（英 *violent language*）▶～を吐く/口出粗话 kǒu tǔ cūhuà ▶場所柄もわきまえず～を吐く/不分清场合，乱讲粗话 bù fēnqīng chǎnghé, luàn jiǎng cūhuà ▶若いからといって許される～ではない/不是年轻就可以口吐妄言的 bú shì niánqīng jiù kěyǐ kǒu tǔ wàngyán de

ほうこ【宝庫】 宝藏 bǎozàng；宝库 bǎokù（英 *a treasure house*）▶図書館は情報の～である/图书馆是情报的宝库 túshūguǎn shì qíngbào de bǎokù

ぼうご【防護する】 防护 fánghù；维护 wéihù（英 *protect*）▶～壁/防护墙 fánghùqiáng ▶砲弾は～壁をも貫いた/炮弹贯通了防护墙 pàodàn guàntōngle fánghùqiáng ▶この壁が危険から～してくれる/这道墙能防止危险 zhè dào qiáng néng fángzhǐ wēixiǎn ▶～服に身をかためて放射能を測る/身穿防护服测放射线 shēn chuān fánghùfú cè fàngshèxiàn

ほうこう【方向】 方向 fāngxiàng（英 [方角] *a direction*；[進路] *a course*）▶～を転换する/转向 zhuǎnxiàng；《比喻》改变方针 gǎibiàn fāngzhēn ▶船はここから東に～を転换する/船在这里向东转换方向 chuán zài zhèlǐ xiàng dōng zhuǎnhuàn fāngxiàng ▶私はひどい～音痴なんです/我没有一点方向感 wǒ méiyǒu yìdiǎn fāngxiànggǎn ▶改革の～を誤ったかなぁ/改革的方向错了吗？gǎigé de fāngxiàng cuò le ma? ▶国民の関心がどの～に向かっているか/国民关心的是哪个方面呢？guómín guānxīn de shì nǎge fāngmiàn ne? ▶法曹か新聞か，将来の～が決まらない/是法律界还是媒体界，还不能决定今后的方向 shì fǎlǜjiè háishi méitǐjiè, hái bùnéng juédìng jīnhòu de fāngxiàng

ほうこう【彷徨する】 彷徨 pánghuáng（英 *wander about*）▶光を求めて心の闇を～する/追求光明，在心里的黑暗中彷徨 zhuīqiú guāngmíng,

ほうこう【彷徨】 zài xīnli de hēi'àn zhōng pánghuáng ▶山中を～のすえ，とある民家にたどりついた/在山中彷徨了很久，找到一户住家 zài shān zhōng pánghuángle hěn jiǔ, zhǎodàole yí hù zhùjiā

ほうこう【芳香】 芳香 fāngxiāng; 芬芳 fēnfāng; 馨香 xīnxiāng (英 fragrance) ▶～剂/芳香剂 fāngxiāngjì ▶～を放つ/散发芳香 sànfā fāngxiāng ▶木犀が闇の中に～を放っていた/桂花在黑暗中散发出芳香 guìhuā zài hēi'àn zhōng sànfāchū fāngxiāng

ほうこう【奉公】 效劳 xiàoláo; (商店などの)当佣工 dāng yōnggōng (英 service) ▶祖父は8歳の春から～に出た/祖父在八岁的时候就去工作了 zǔfù zài bā suì de shíhou jiù qù gōngzuò le ▶しっかり御～するんだよ/好好儿效力吧 hǎohāor xiàolì ba ▶屋敷には一人が幾人もいた/宅院里有好几个佣工 zháiyuànli yǒu hǎojǐ ge yōnggōng

ほうこう【砲口】 炮口 pàokǒu (英 a muzzle) ▶艦は港に～を向けている/舰艇把炮口对准了港口 jiàntǐng bǎ pàokǒu duìzhǔnle gǎngkǒu

ほうごう【縫合する】 缝合 fénghé (英 suture) ▶傷口の～は難くすんだ/伤口很容易缝合了 shāngkǒu hěn róngyì fénghé le ▶腹にガーゼを残したまま～してしまった/纱布留在腹腔里被缝上了 shābù liúzài fùqiāngli bèi féngshàng le

ぼうこう【膀胱】 〖解〗膀胱 pángguāng (英 the bladder) ▶～炎/膀胱炎 pángguāngyán
♦～結石|膀胱结石 pángguāng jiéshí

ぼうこう【暴行】 暴行 bàoxíng; 行凶 xíng xiōng (英 violence) ▶集団で～を加える/集体施加暴力 jítǐ shījiā bàolì ▶夜道で～される/在晚上的道路上遭到暴行 zài wǎnshang de dàolùshang zāodào bàoxíng ▶～罪で訴える/以暴力罪起诉 yǐ bàolìzuì qǐsù

ほうこく【報告する】 报告 bàogào; 反映 fǎnyìng; 汇报 huìbào (英 report) ▶中間～/中间报告 zhōngjiān bàogào ▶社長に～されていなかった/没有向总经理报告 méiyǒu xiàng zǒngjīnglǐ bàogào ▶進行状況を～してくれ/向我报告进展的情况 xiàng wǒ bàogào jìnzhǎn de qíngkuàng ▶調査委員会の中間～が出た/调查委员会的中间报告出来了 diàochá wěiyuánhuì de zhōngjiān bàogào chūlái le ▶最終～は私がまとめます/由我来总结最终报告 yóu wǒ lái zǒngjié zuìzhōng bàogào ▶結果の～を待っている/我在等着结果报告 wǒ zài děngzhe jiéguǒ bàogào ▶分厚い～書/厚厚的报告书 hòuhòu de bàogàoshū

ぼうこく【亡国の】 亡国 wángguó (英 ruinous to the state) ▶～の民/亡国奴 wángguónú ▶～の悲哀を味わう/体会亡国的悲哀 tǐhuì wángguó de bēi'āi ▶酒を飲むと～的言辞を弄する/喝了酒就玩弄亡国的言辞 hēle jiǔ jiù wánnòng wángguó de yáncí ▶かつて野球～論というのがあった/以前有一种说法叫棒球亡国论 yǐqián yǒu yì zhǒng shuōfǎ jiào bàngqiú wángguólùn

ぼうさい【亡妻】 亡妻 wángqī (英 one's deceased wife) ▶～の写真に語りかける/向亡妻的照片倾述 xiàng wángqī de zhàopiàn qīngshù

ぼうさい【防災】 防灾 fángzāi (英 prevention of disasters) ▶我が市の～対策は不十分だ/我们市的防灾对策不充分 wǒmen shì de fángzāi duìcè bù chōngfèn ▶～に熱心に取り組んでいる/很热心地进行防灾工作 hěn rèxīn de jìnxíng fángzāi gōngzuò
♦～訓練|防灾训练 fángzāi xùnliàn ▶定期的に～訓練を実施している/定期实行防灾训练 dìngqī shíxíng fángzāi xùnliàn

ほうさく【方策】 计策 jìcè; 方策 fāngcè (英 measures) ▶～を立てる/制定方策 zhìdìng fāngcè ▶立て直しの～を立てる必要がある/有必要制定复兴的方案 yǒu bìyào zhìdìng fùxīng de fāngcè ▶生き残る～はあるだろうか/有没有生存下去的方法？ yǒuméiyǒu shēngcúnxiàqu de fāngfǎ?

ほうさく【豊作】 丰产 fēngchǎn; 丰收 fēngshōu (英 a rich harvest) ▶～の年/大年 dànián; 熟年 shúnián ▶今年はりんごが～だった/今年苹果丰收 jīnnián píngguǒ fēngshōu
♦～貧乏 ▶～貧乏ということもある/也有丰收反而卖不出好价钱的时候 yě yǒu fēngshōu fǎn'ér màibuchū hǎojiàqián de shíhou

ぼうさつ【忙殺】 ▶～される/劳碌 láolù ▶仕事に～される/工作繁忙 gōngzuò fánmáng ▶彼はその会合の準備に～されている/他为了准备那次会议非常忙碌 tā wèile zhǔnbèi nà cì huìyì fēicháng mánglù

ぼうさつ【謀殺】 谋杀 móushā (英 murder) ▶邪魔な男を～する/谋杀碍事的人 móushā àishì de rén

ぼうさりん【防砂林】 防沙林 fángshālín (英 an erosion control forest)

ほうさん【硼酸】 〖化学〗硼酸 péngsuān (英 boric acid)

ぼうさん【坊さん】 和尚 héshang (英 a Buddhist priest) ▶いつもの～にお経を上げてもらった/请常来的和尚诵了经 qǐng cháng lái de héshang sòngle jīng

ほうし【奉仕する】 服务 fúwù (英 serve) ▶～の精神で働いてもらいたい/请你们以为大家服务的精神来工作 qǐng nǐmen yǐwéi dàjiā fúwù de jīngshén lái gōngzuò ▶社会に～するとはどういうことか/贡献于社会是什么意思？ gòngxiàn yú shèhuì shì shénme yìsi? ▶特別～価格で販売しております/以特别价格销售 yǐ tèbié jiàgé xiāoshòu ▶勤労～/义务劳动 yìwù láodòng

ほうし【法師】 和尚 héshang; 僧侣 sēnglǚ (英 a Buddhist priest) ▶荒～/武艺高强的和尚 wǔyì gāoqiáng de héshang ▶琵琶～/弹琵琶的盲艺人 tán pípá de mángyìrén

ほうし【胞子】 〖植物〗孢子 bāozǐ (英 a spore)

ほうじ【法事】 忌日 jìrì; 法事 fǎshì (英 a Buddhist service for the dead) ▶父の三回忌の～

ぼうし

ぼうし【防止する】 防止 fángzhǐ (英 prevent) ▶少年犯罪の～に努める/努力防止少年犯罪 nǔlì fángzhǐ shàonián fànzuì ▶～することが肝要だ/防止事故于未然是很重要的 fángzhǐ shìgù yú wèirán shì hěn zhòngyào de

ぼうし【帽子】 帽子 màozi (英 a hat; a cap) ▶～を被る/戴帽子 dài màozi ▶～を脱ぐ/摘下帽子 zhāixià màozi; 脱帽 tuōmào ▶～を取ってあいさつする/摘下帽子打招呼 zhāixià màozi dǎ zhāohu ▶大きな麦わら～が野道を歩いてゆく/大大的草帽走过了田间小道 dàdà de cǎomào zǒuguòle tiánjiān xiǎodào
◆～掛け|帽架 màojià ▶～掛けに～を掛ける/把帽子挂在帽架上 bǎ màozi guàzài màojiàshang

ほうしき【方式】 方式 fāngshì (英 a form; a method) ▶～を変える/改变方式 gǎibiàn fāngshì ▶～を変える/改变表达的方式 gǎibiàn biǎojué de fāngshì ▶旧来の～に従って処理する/按照以前的方式处理 ànzhào yǐqián de fāngshì chǔlǐ ▶審査には一定の～がある/审查有一定的方式 shěnchá yǒu yídìng de fāngshì

ほうじし【邦字紙】 日文报 Rìwénbào (英 a newspaper in Japanese) ▶在留邦人を対象に～を発行した/以在住的日本人为对象发行日文报纸 yǐ zàizhù de Rìběnrén wéi duìxiàng fāxíng Rìwén bàozhǐ

ほうじちゃ【焙じ茶】 焙制茶 bèizhìchá (英 toasted tea)

ぼうしつ【防湿の】 防湿 fángshī; 防潮 fángcháo (英 dampproof) ▶～剤/防湿剂 fángshījì ▶～代わりに新聞紙を詰めた/上报纸当作防湿剂 sāishàng bàozhǐ dàngzuò fángshījì

ほうしゃ【放射する】 放射 fàngshè; 辐射 fúshè (英 radiate) ▶～冷却/辐射冷却 fúshè lěngquè ▶舗装道路が大量の熱を～している/柏油马路释放出大量的热 bǎiyóu mǎlù shìfàng dàliàng de rè ▶冬の日は弱々しい光を～していた/冬天的太阳发出微弱的光 dōngtiān de tàiyáng fāchū wēiruò de guāng ▶公園を中心に道路が～状に伸びている/以公园为中心道路呈辐射状延伸 yǐ gōngyuán wéi zhōngxīn dàolù chéng fúshèzhuàng yánshēn

ぼうじゃくぶじん【傍若無人な】 旁若无人 páng ruò wú rén; 放纵自己 fàngzòng zìjǐ (英 insolent) ▶～な振る舞い/旁若无人的行为 páng ruò wú rén de xíngwéi ▶少年の～な振る舞いは目に余った/少年的那种旁若无人的行为，让人看不过去 shàonián de nà zhǒng páng ruò wú rén de xíngwéi, ràng rén kànbuguòqù ▶あの娘は何でも～にやってのける/那个小姑娘做什么都是旁若无人似的 nàge xiǎogūniang zuò shénme dōu shì páng ruò wú rén shìde

ほうしゃせい【放射性】 放射性 fàngshèxìng (英 radioactivity) ▶～物質/放射性物质 fàngshèxìng wùzhì ▶～炭素年代測定法/放射性碳年代测定法 fàngshèxìng tàn niándài cèdìngfǎ ▶～廃棄物/放射性废弃物 fàngshèxìng fèiqìwù

ほうしゃせん【放射線】 〖物理〗放射线 fàngshèxiàn; 射线 shèxiàn (英 radiation) ▶～状に/呈放射状地 chéng fàngshèzhuàng de ▶雲間から光が～状に伸びている/放射状的光从云间照射出来 fàngshèzhuàng de guāng cóng yúnjiān zhàoshèchūlái ▶～治療を受ける/接受放射线治疗 jiēshòu fàngshèxiàn zhìliáo ▶～化学/放射化学 fàngshè huàxué

ほうしゃのう【放射能】 〖物理〗放射能 fàngshènéng (英 radioactivity) ▶～汚染/放射性污染 fàngshèxìng wūrǎn ▶土壤が～に汚染された/土壤被放射能污染 tǔrǎng bèi fàngshènéng wūrǎn ▶作業中に～を浴びる/在作业中被放射能照射 zài zuòyè zhōng bèi fàngshènéng zhàoshè ▶原子炉が～もれを起こす/核反应堆出现放射能泄漏 héfǎnyìngduī chūxiàn fàngshènéng xièlòu

ほうしゅ【砲手】 炮手 pàoshǒu (英 a gunner)

ぼうじゅ【傍受する】(電波を) 监听 jiāntīng (英 intercept) ▶暗号通信が～され解読されていた/密码通信被监听解密了 mìmǎ tōngxìn bèi jiāntīng jiěmǐ le ▶彼らは警察無線の～を始めた/他们开始偷听警察的无线通信 tāmen kāishǐ tōutīng jǐngchá de wúxiàn tōngxìn

ほうしゅう【報酬】 报酬 bàochou; 酬金 chóujīn; 酬劳 chóuláo (英 pay; [医师などの] a fee) ▶～を払う/给报酬 gěi bàochou ▶働いた分だけ～を払ってもらおう/让他们支付劳动应得的报酬 ràng tāmen zhīfù láodong yīngdé de bàochou ▶～以上の働きをしている/工作量超过报酬 gōngzuòliàng chāoguò bàochou ▶～は要らない/不要报酬 bú yào bàochou

ほうじゅう【放縦】 放纵 fàngzòng; 放任自流 fàngrèn zìliú (英 self-indulgence) ▶自由と～とを取り違えてはいけない/不要混淆自由和放纵 búyào hùnxiáo zìyóu hé fàngzòng ▶一人暮らしはとかく～に流れる/一个人生活容易放任自流 yī ge rén shēnghuó róngyì fàngrèn zìliú ▶親元を離れて～な生活をする/离开双亲过着放任自流的生活 líkāi shuāngqīn guòzhe fàngrèn zìliú de shēnghuó

ぼうしゅう【防臭】 防臭 fángchòu (英 deodorization) ▶～剤/防臭剂 fángchòujì

ぼうしゅくかこう【防縮加工】 防缩加工 fángsuō jiāgōng (英 shrink-proofing) ▶これらの生地はすべて～が施してある/这些料子都经过了防缩加工 zhè xiē liàozi dōu jīngguòle fángsuō jiāgōng

ほうしゅつ【放出する】 发放 fāfàng; 投放 tóufàng (英 [放散] emit; [物资を] release) ▶～物资/发放物资 fāfàng wùzī ▶軍の～物资が配給される/分配军队发放的物资 fēnpèi jūnduì fāfàng de wùzī ▶備蓄の石油を～する/投放储备的石油 tóufàng chǔbèi de shíyóu

ほうじゅん【芳醇な】 芳醇 fāngchún （英 *mellow*）▶～な酒/醇酒 chúnjiǔ

ほうじょ【幇助する】 帮助 bāngzhù; 协助 xiézhù（英 *assist*;〖犯罪を〗*aid and abet*）▶友の自殺を～したことを認めるんだね/你承认帮助朋友自杀了吧 nǐ chéngrèn bāngzhù péngyou zìshā le ba ▶君の～がなければ犯罪は成り立たなかった/没有你的协助，犯罪就不可能成立 méiyǒu nǐ de xiézhù, fànzuì jiù bù kěnéng chénglì

ほうしょう【報奨】 奖励 jiǎnglì（英 *a bonus*）▶～金/奖金 jiǎngjīn ▶会社の名を上げたというので～金が出た/因为提高了公司的名声，所以得到了奖金 yīnwèi tígāole gōngsī de míngshēng, suǒyǐ dédàole jiǎngjīn

ほうしょう【褒賞】 嘉奖 jiājiǎng; 褒奖 bāojiǎng（英 *a prize*; *a reward*）▶多年の功績に対して～を贈られた/鉴于多年的功绩，受到褒奖 jiànyú duōnián de gōngjì, shòudào bāojiǎng

ほうじょう【豊饒な】 丰饶 fēngráo; 富饶 fùráo（英 *fertile*）▶～な大地/丰饶的大地 fēngráo de dàdì ▶～な土地に生まれてすくすく育った/在富饶的土地上出生，茁壮地成长 zài fùráo de tǔdìshang chūshēng, zhuózhuàng de chéngzhǎng

ほうしょう【傍証】 旁证 pángzhèng（英 *circumstantial evidence*）▶～を固めて審理に臨む/准备好了旁证参加审议 zhǔnbèihǎole pángzhèng cānjiā shěnyì

ほうしょく【奉職する】 供职 gòngzhí; 任职 rènzhí（英 *serve*）▶30年の長きにわたり本学に～して参りました/三十年来一直在本校供职 sānshí nián lái yìzhí zài běnxiào gòngzhí ▶～が叶って夢のようです/任职的愿望实现了，真像做梦似的 rènzhí de yuànwàng shíxiàn le, zhēn xiàng zuòmèng shìde ▶財務省に～する/在财务省供职 zài cáiwùshěng gòngzhí

ほうしょく【飽食する】 饱食 bǎoshí（英 *satiate oneself*）▶～自体に飽き飽きした/我对饱食本身感觉到很厌倦了 wǒ duì bǎoshí běnshēn gǎnjuédào hěn yànjuàn le ▶～していては十分に働けない/吃得太饱了就不能充分工作 chīde tài bǎole jiù bùnéng chōngfèn gōngzuò ▶～の時代には肥満児が多い/饱食的时代里肥胖儿太多 bǎoshí de shídàili féipàng'ér tài duō

ほうしょく【紡織】 纺织 fǎngzhī（英 *spinning and weaving*）▶～工場/纺织厂 fǎngzhīchǎng

ぼうしょく【暴食】 暴食 bàoshí; 乱吃 luànchī（英 *overeating*）▶～が祟って胃を切る羽目になった/暴食带来了切除胃的后果 bàoshí dàiláile qiēchú wèi de hòuguǒ ▶あんなに～するからだ/就是因为那样地暴食 jiù shì yīnwèi nà yàng de bàoshí

ほうじる【報じる】 ①【報いる】报答 bàodá; 报 bào（英 *return*）▶ようやく先生の恩に～ことができた/终于可以报答师恩了 zhōngyú kěyǐ bàodá shī'ēn le ②【報道】报道 bàodào（英 *report*）▶マスコミの～によれば…/根据媒体的报道… gēnjù méitǐ de bàodào… ▶あれは作り話であったことをテレビが報じた/电视报道说那是假话 diànshì bàodào shuō nà shì jiǎhuà

ほうしん【方針】 方针 fāngzhēn（英 *a principle*; *a policy*）▶～を決定する/制定方针 zhìdìng fāngzhēn ▶次号の編集～を決定する/决定下一期的编辑方针 juédìng xià yī qī de biānjí fāngzhēn ▶社の～がぐらついている/公司的方针摇摆不定 gōngsī de fāngzhēn yáobǎi bú dìng

ほうしん【放心する】 精神恍惚 jīngshén huǎnghū（英 *become absent-minded*）▶～状態に陥る/陷入恍惚状态 xiànrù huǎnghū zhuàngtài ▶ショックでしばし～状態に陥っていた/因为受到刺激陷入了精神恍惚状态 yīnwèi shòudào cìjī xiànrùle jīngshén huǎnghū zhuàngtài ▶～したように突っ立っている/精神恍惚地呆站着 jīngshén huǎnghū de dāi zhànzhe

日中比較 中国語の'放心 fàngxīn'は「安心する」こと。

ほうじん【邦人】（海外的）日本人（hǎiwài de）Rìběnrén（英 *a Japanese*）▶紛争地域で～が拉致された模様である/好像在纷争地区有日本人被绑架了 hǎoxiàng zài fēnzhēng dìqū yǒu Rìběnrén bèi bǎngjià le ▶在留～/海外日侨 hǎiwài Rìqiáo ▶在留～の援助を得ることができた/得到了当地日本人的援助 dédàole dāngdì Rìběnrén de yuánzhù

ほうじん【法人】 法人 fǎrén（英 *a juridical person*）▶～格を取得する/取得法人资格 qǔdé fǎrén zīgé
♦公益～/公益法人 gōngyì fǎrén 財団～/财团法人 cáituán fǎrén 特殊～ ▶特殊～に天下りする/政府官员转业到特殊法人 zhèngfǔ guānyuán zhuǎnyèdào tèshū fǎrén ～税/法人税 fǎrénshuì ▶～税を滞納する/迟交法人税 chíjiāo fǎrénshuì

ぼうず【坊主】 和尚 héshang;〖男の子〗小鬼 xiǎoguǐ;〖丸刈り〗光头 guāngtóu（英 *a Buddhist priest*）▶～頭/光头 guāngtóu ▶負けたら～になる/输了的话，就剃光头 shūle dehuà, jiù tì guāngtóu ▶一年～が生意気言うな/一年级的毛头小子别说大话 yī niánjí de máotóu xiǎozi bié shuō dàhuà ▶～頭がずらりと並んだ/聚集了一大排光头 jùjíle yí dà pái guāngtóutou

ことわざ 坊主憎けりゃ袈裟まで憎い 讨厌和尚的话，连裟袈都讨厌 tǎoyàn héshang dehuà, lián jiāshā dōu tǎoyàn

ほうすい【放水する】 放水 fàngshuǐ（英 *release water*）▶～路/灌渠 guànqú; 排水沟 páishuǐgōu ▶～路の堰を開く/打开水渠的闸 dǎkāi shuǐqú de zhá ▶ダムの～が始まる/水库开始放水 shuǐkù kāishǐ fàngshuǐ ▶消防車が一斉に～した/消防车一起放水了 xiāofángchē yìqǐ fàngshuǐ le

ぼうすい【防水する】 防水 fángshuǐ（英 *water-*

ほうすん【方寸】 方寸 fāngcùn; 内心 nèixīn (英 one's heart) ▶この件は私の〜に収めておく/这件事就藏在我的心里吧 zhè jiàn shì jiù cángzài wǒ de xīnli ba ▶あの学生たちの処分いかんは校長の〜にある/怎样处分那些学生，全靠校长的方寸 zěnyàng chǔfèn nà xiē xuésheng, quán kào xiàozhǎng de fāngcùn

ほうせい【方正な】 端正 duānzhèng; 正当 zhèngdàng (英 upright) ▶品行一生正派端正 pǐnxíng duānzhèng ▶彼は思想穏健品行一の好青年である/他是一个思想稳健品行优秀的好青年 tā shì yí ge sīxiǎng wěnjiàn pǐnxíng yōuxiù de hǎoqīngnián

ほうせい【法制】 法制 fǎzhì (英 legislation) ▶中国〜史/中国法制史 Zhōngguó fǎzhìshǐ ▶内閣〜局/内阁法制局 nèigé fǎzhìjú ▶排ガス規制を〜化する/将限制废气排放法制化 jiāng xiànzhì fèiqì páifàng fǎzhìhuà

ほうせい【砲声】 炮声 pàoshēng (英 the sound of a gun) ▶〜が轟き弾丸が降り注ぐ/炮声轰鸣弹如雨下 pàoshēng hōngmíng dàn rú yǔ xià ▶〜で耳が破れそうだった/炮声震耳欲聋 pàoshēng zhèn ěr yù lóng

ほうせい【縫製する】 缝制 féngzhì (英 sew) ▶〜工場/服装厂 fúzhuāngchǎng ▶〜工場はフル操業である/缝制工厂全天开工 féngzhì gōngchǎng quántiān kāigōng

ぼうせい【暴政】 暴政 bàozhèng; 苛政 kēzhèng (英 tyranny) ▶民衆は〜に苦しんでいる/民众苦于暴政 mínzhòng kǔyú bàozhèng ▶〜への抵抗が始まろうとしていた/对于暴政的抵抗将要开始 duìyú bàozhèng de dǐkàng jiāngyào kāishǐ

ほうせき【宝石】 宝石 bǎoshí (英 a jewel; jewelry) ▶〜店/珠宝店 zhūbǎodiàn ▶〜箱/宝石盒 bǎoshíhé ▶〜で飾りたてる/用宝石装饰 yòng bǎoshí zhuāngshì

ぼうせき【紡績】 纺纱 fǎngshā (英 cotton spinning) ▶〜工場/纺纱厂 fǎngshāchǎng ▶この町はかつて〜業で知られていた/这个城市曾经以纺纱业闻名 zhège chéngshì céngjīng yǐ fǎngshāyè wénmíng

ぼうせつりん【防雪林】 (英 a snowbreak forest) ▶〜が線路伝いに長く長く続いていた/防雪林沿着铁路长长地延伸 fángxuělín yánzhe tiělù chángcháng de yánshēn

ぼうせん【防戦】 防御战 fángyùzhàn (英 a defensive fight) ▶マスコミに対して〜する一方だった/对于媒体，一个劲儿地进行抵御 duìyú méitǐ, yí ge jìnr de jìnxíng dǐyù ▶2ヶ月にわたる〜のすえに敗れた/在抵抗两个月以后失败了 zài dǐkàng liǎng ge yuè yǐhòu shībài le

ぼうせん【傍線】 旁线 pángxiàn; 杠子 gàngzi (英 a sideline) ▶〜を引く/画杠 huà gàng ▶大事な個所に〜を引く/在重要的地方划上旁线 zài zhòngyào de dìfang huàshàng pángxiàn

ぼうぜん【茫然】 发呆 fādāi; 发愣 fālèng (英 be stunned) ▶〜自失/茫然自失 mángrán zìshī ▶しばらくは〜自失の態(てい)だった/一时进入了茫然自失的状态了 yìshí jìnrùle mángrán zìshī de zhuàngtài le ▶彼はただ〜と立ちつくした/他只是呆呆地站立着 tā zhǐshì dāidāi de zhànlìzhe

ホウセンカ【鳳仙花】 【植物】凤仙花 fèngxiānhuā (英 a balsam)

ほうそう【包装する】 包装 bāozhuāng (英 pack) ▶陶器は特に念入りに〜した/把陶器特别小心地包装好了 bǎ táoqì tèbié xiǎoxīn de bāozhuānghǎo le ▶〜はすべて業者に任せる/包装全都交给专业人员 bāozhuāng quándōu jiāogěi zhuānyè rényuán ▶〜紙/包装纸 bāozhuāngzhǐ ▶学歴とは〜紙のようなものだ/学历就好像是包装纸 xuélì jiù hǎoxiàng shì bāozhuāngzhǐ

ほうそう【放送する】 广播 guǎngbō; 播送 bōsòng; 播放 bōfàng (英 broadcast) ▶宇宙から実況で〜しております/从宇宙进行实况转播 cóng yǔzhòu jìnxíng shíkuàng zhuǎnbō ▶政見〜は6時から始まる/政见节目的播送在六点开始 zhèngjiàn jiémù de bōsòng zài liù diǎn kāishǐ ▶〜中に地震が起こった/播放的过程中发生了地震 bōfàng de guòchéng zhōng fāshēngle dìzhèn ▶番組が〜されるまでにはまだ時間がある/到节目播送还有时间 dào jiémù bōsòng hái yǒu shíjiān ▶〜を聞きながら手紙を書いていた/一边听播送一边写信 yìbiān tīng bōsòng yìbiān xiě xìn ▶〜聴取者から問い合わせの電話があった/听众打来了咨询电话 tīngzhòng dǎláile zīxún diànhuà

◆〜衛星 广播卫星 guǎngbō wèixīng ▶〜衛星を打ち上げる/发射广播卫星 fāshè guǎngbō wèixīng ▶〜局/广播电台 guǎngbō diàntái ▶〜大学/广播电视大学 guǎngbō diànshì dàxué; 电大 diàndà ▶停年後は〜大学で学ぶつもりだ/退休后准备在广播电视大学学习 tuìxiūhòu zhǔnbèi zài guǎngbō diànshì dàxué xuéxí

ぼうそう【暴走する】 ❶【車で·車が】乱跑 luànpǎo; 狂驾 kuángjià; 失去控制 shīqù kòngzhì (英 drive recklessly) ▶〜族が高速道を占拠した/飙车族占领了高速公路 biāochēzú zhànlǐngle gāosù gōnglù ▶トラックが〜して通行人を薙ぎ倒した/失去控制的卡车压倒了一片过路人 shīqù kòngzhì de kǎchē yādǎole yí piàn guòlùrén ▶電車が〜して大惨事となった/电车失控酿成了大惨案 diànchē shīkòng niàngchéngle dàcǎn'àn ❷【行いが】暴举 bàojǔ; 随心所欲 suí xīn suǒ yù (英 run wild) ▶あいつは自己中心的ですぐ〜する/那家伙只想着自己老是随心所欲地做事

情 nà jiāhuo zhǐ xiǎngzhe zìjǐ lǎoshì suí xīn suǒ yù de zuò shìqing ▶社長の～を止める者はいないのか/没有能制止总经理的暴举的吗？ méiyǒu néng zhìzhǐ zǒngjīnglǐ de bàojǔ de ma?

ほうそうかい【法曹界】 司法界 sīfǎjiè（英 *legal circles*）▶～に入る/进入司法界 jìnrù sīfǎjiè

ほうそく【法則】 法则 fǎzé；规律 guīlǜ（英 *a law*）▶自然の～/自然规律 zìrán guīlǜ ▶自然の～は人間の意志では変えられない/自然规律不能由人的意志转移 zìrán guīlǜ bùnéng yóu rén de yìzhì zhuǎnyí ▶星は一定の～に従って動いている/星星按一定的规律移动 xīngxing àn yídìng de guīlǜ yídòng

ほうたい【包帯】 绷带 bēngdài（英 *a bandage*）▶～を巻く/缠上绷带 chánshàng bēngdài ▶～がずれて傷口が露出している/绷带开了，伤口露了出来 bēngdài kāi le, shāngkǒu lòulechūlai ▶足首にぐるぐる～を巻く/在脚腕上缠上几重绷带 zài jiǎowànshang chánshàng jǐ chóng bēngdài

ほうだい【砲台】 炮台 pàotái（英 *a battery*）▶岬の突端に～を築いた/在海角的尖端建了个炮台 zài jiǎjiǎo de jiānduān jiànle ge pàotái

-ほうだい【-放題】 随便地 suíbiàn de（英 *as one pleases*）▶あの子にはしたい～をさせてやります/那个孩子想干什么，就让他干什么 nàge háizi xiǎng gàn shénme, jiù ràng tā gàn shénme ▶あいつ，言いたい～に言いやがって/那家伙，想说什么就说什么 nà jiāhuo, xiǎng shuō shénme jiù shuō shénme ▶近所に食べ～飲み～の店がある/附近有一个自助餐馆 fùjìn yǒu yí ge zìzhù cānguǎn ▶裏の庭は荒れ～になっている/后院荒芜殆尽 hòuyuàn huāngwú dài jìn

ぼうだい【厖大な】 庞大 pángdà；浩瀚 hàohàn（英 *huge*; *enormous*）▶～な資料/浩如烟海的资料 hào rú yānhǎi de zīliào ▶彼は研究室で～の資料に埋もれている/他在研究室埋没于浩瀚的资料中 tā zài yánjiūshì máimò yú hàohàn de zīliào zhōng ▶必要経費は～な額になる/必要经费是一个巨额数字 bìyào jīngfèi shì yí ge jù'é shùzì ▶計画の～さにただただ驚いていた/对于计划之庞大，感到非常吃惊 duìyú jìhuà zhī pángdà, gǎndào fēicháng chījīng

ぼうたかとび【棒高跳び】【スポーツ】撑杆跳高 chēnggān tiàogāo（英 *the pole vault*）

ぼうだち【棒立ちになる】 站着发愣 zhànzhe fālèng（英 *stand bolt upright*）▶いきなりどなられてその場に～になった/突然被吼了一下，当时就愣在那儿了 tūrán bèi hǒule yíxià, dāngshí jiù lèngzài nàr le

ぼうだん【放談する】 漫谈 màntán；纵谈 zòngtán（英 *talk freely*）▶大臣の新春～が思わぬ波紋をひろげた/大臣的新春漫谈引起了意想不到的风波 dàchén de xīnchūn màntán yǐnqǐle yìxiǎngbúdào de fēngbō ▶三人で時々集まって～する/三个人不时聚在一起漫谈 sān ge rén shíbùshí jùzài yìqǐ màntán

ほうだん【砲弾】 炮弹 pàodàn（英 *a shell*）▶～が司令塔を直撃した/炮弹直接打到了司令部 pàodàn zhíjiē dǎdàole sīlìngbù

ぼうだん【防弾の】 防弹 fángdàn（英 *bulletproof*）▶～チョッキ/防弹背心 fángdàn bèixīn ▶～チョッキを着用する/穿防弹衣 chuān fángdànyī ▶～ガラス/防弹玻璃 fángdàn bōli ▶銃弾は～ガラスを貫通した/子弹打穿了防弹玻璃 zǐdàn dǎchuānle fángdàn bōli

ほうち【放置する】 搁置 gēzhì；置之不理 zhì zhī bù lǐ；放置 fàngzhì（英 *leave... alone*）▶～自転車/放置自行车 fàngzhì zìxíngchē ▶自転车は随時撤去する/搁放的自行车将被随时搬走 gēfàng de zìxíngchē jiāng bèi suíshí bānzǒu ▶事故の報告が半年も～されていた/事故报告被搁置了半年之久 shìgù bàogào bèi gēzhìle bànnián zhī jiǔ ▶側溝に猫の死体が～されたままだ/水沟里遗弃着猫的尸体 shuǐgōuli yíqìzhe māo de shītǐ

日中比较 中国語の'放置 fàngzhì'は「放置する」の他に，単に「置く」ことも意味する．

ほうち【法治】 法治 fǎzhì（英 *constitutional government*）▶～国家/法治国家 fǎzhì guójiā ▶～は人治にまさる/法治胜过人治 fǎzhì shèngguò rénzhì

ほうち【報知】 通知 tōngzhī（英 *information*）▶火災～器が鳴りだした/火灾报警器响起来 huǒzāi bàojǐngqì xiǎngqǐlai ▶死者の氏名はただちに本部に～された/死者的姓名马上被通知到本部 sǐzhě de xìngmíng mǎshàng bèi tōngzhīdào běnbù

ほうちく【放逐する】 驱逐 qūzhú；放逐 fàngzhú（英 *oust*）▶私は国外に～された/我被驱逐出境了 wǒ bèi qūzhú chūjìng le ▶彼の～は誰の目にも不当と映った/驱逐他大家都认为不当 qūzhú tā dàjiā dōu rènwéi búdàng

ぼうちゅうざい【防虫剤】 防虫剂 fángchóngjì（英 *an insect repellent*）；[衣類用]*mothballs*

ほうちょう【包丁】 菜刀 càidāo（英 *a kitchen knife*）▶～で切る/用菜刀切 yòng càidāo qiē ▶人切り～を振り回す/挥舞着切肉刀 huīwǔzhe qiēròu dāo ▶君，～が研げるの/你会磨菜刀吗？ nǐ huì mó càidāo ma? ▶出刃～で魚を切る/用尖菜刀剖鱼 yòng jiāncàidāo pōu yú

ぼうちょう【傍聴する】 旁听 pángtīng（英 *hear*; *listen to...*）▶～席/旁听席 pángtīngxí ▶～席には遺族の姿もあった/旁听席上还坐着遗属的身影 pángtīngxíshang hái zuòzhe yíshǔ de shēnyǐng ▶本日は～が禁止されております/今天禁止旁听 jīntiān jìnzhǐ pángtīng ▶見学の小学生が本会議を～した/参观的小学生旁听了会议 cānguān de xiǎoxuéshēng pángtīngle huìyì

ぼうちょう【膨張する】 膨胀 péngzhàng；胀 zhàng；膨大 péngdà（英 *expand*）▶近年予算の～が著しい/近年来预算膨胀显著 jìnnián lái yùsuàn péngzhàng xiǎnzhù ▶本市は人口が急激に～した/本市人口急剧膨胀 běnshì rénkǒu

ぼうっと jíjù péngzhàng ▶気体は熱で大きく～する/气体由于热膨胀得很大 qìtǐ yóuyú rè péngzhàngde hěn dà ▶～率/膨胀率 péngzhànglǜ ▶～率が大きい/膨胀率大 péngzhànglǜ hěn dà

ぼうっと 朦胧 ménglóng；模糊 móhu；（頭が）恍惚 huānghū（英 dimly；vacantly）▶～かすんでいる/朦胧不清 ménglóng bù qīng ▶島影が～かすんでいる/岛影模糊不清 dǎoyǐng móhu bù qīng ▶暑くて頭が～なる/天气热得头脑发昏 tiānqì rède tóunǎo fāhūn ▶～しないで働かんかい/别傻呆着，干活！bié shǎdāizhe, gànhuó! ▶朝から頭が～している/从早上起，头脑就不清醒 cóng zǎoshang qǐ, tóunǎo jiù bù qīngxǐng ▶大スターを目の前にして～なった/在大明星面前脑袋一片空白 zài dàmíngxīng miànqián nǎodai yí piàn kòngbái ▶彼の横顔を～見られていた/看着他的侧脸，走了神 kànzhe tā de cèliǎn, zǒule shén ▶たき火が～燃え上がり，篝火一下子就燃了起来 gōuhuǒ yíxiàzi jiù ránleqǐlai

ぼうっとなる（脸）发红（liǎn）fāhóng（英 be fascinated；[赤くなる] flush）▶顔が～赤くなる/脸稍微发红 liǎn shāowēi fāhóng

ほうてい【法廷】 法庭 fǎtíng（英 a law court）▶～で争う/在法庭论争 zài fǎtíng lùnzhēng ▶～で争うと長期戦になる/在法庭上论争的话，就会成为长期战 zài fǎtíngshang lùnzhēng dehuà, jiù huì chéngwéi chángqīzhàn ▶証人として～に立つ/作为证人出庭 zuòwéi zhèngrén chūtíng ▶国を相手どり～闘争に持ちこむ/以国家为对手，进行法庭斗争 yǐ guójiā wéi duìshǒu, jìnxíng fǎtíng dòuzhēng

◆～侮辱罪　▶侮辱罪に問われて収監された/以藐视法庭的罪名被收监 yǐ miǎoshì fǎtíng de zuìmíng bèi shōujiān

ほうてい【法定の】 法定 fǎdìng（英 legal）▶～伝染病/法定传染病 fǎdìng chuánrǎnbìng ▶～相続人は僕は一人だった/法定继承人是我一个人 fǎdìng jìchéngrén shì wǒ yí ge rén ▶～金利を越えた利息を取る/收超过了法定标准利息的利息 shōu chāoguòle fǎdìng biāozhǔn lìxī de lìxī ▶～得票数にも達せず落選した/连法定的票数也没有得到，落选了 lián fǎdìng de piàoshù yě méiyǒu dédào, luòxuǎn le

ほうていしき【方程式】 〔数〕方程式 fāngchéngshì（英 an equation）▶～を解く/解方程式 jiě fāngchéngshì ▶～を立てる/列方程式 liè fāngchéngshì

◆3次～｜三次方程式 sān cì fāngchéngshì　連立～｜联立方程式 liánlì fāngchéngshì

ほうてき【放擲する】 放弃 fàngqì（英 abandon）▶地位も名誉も捨てて恋に走った/放弃了地位和名誉追求爱情 fàngqìle dìwèi hé míngyù zhuīqiú àiqíng ▶義務や責任の～が許されると思っているのか/你以为放弃义务和责任能得到容许吗？nǐ yǐwéi fàngqì yìwù hé zérèn néng dédào róngxǔ ma?

ほうてき【法的】 法律上 fǎlǜshang（英 legal）▶我が社に～責任はない/我们公司不负法律责任 wǒmen gōngsī bú fù fǎlǜ zérèn ▶こうなったら～措置を取るしかない/这样的话，只能采取法律措施了 zhèyàng dehuà, zhǐ néng cǎiqǔ fǎlǜ cuòshī le

ほうてん【宝典】（英 a thesaurus）▶『育児～』/《育儿宝典 Yù'ér bǎodiǎn》

ほうでん【放電する】 放电 fàngdiàn（英 discharge electricity）▶電池は自然に～するんだな/电池会自然放电的 diànchí huì zìrán fàngdiàn de ▶雷は天地の間の～だ/雷就是天地之间的放电 léi jiù shì tiāndì zhījiān de fàngdiàn

ほうてん【傍点】 着重点 zhuózhòngdiǎn（英 sidedots）▶～をつける/加上着重点 jiāshàng zhuózhòngdiǎn

ほうと【方途】 方法 fāngfǎ（英 a way）▶組織再建の～をさぐる/摸索重建组织的方法 mōsuǒ chóngjiàn zǔzhī de fāngfǎ ▶和解に持ちこむ～はないか/没有促成和解的方法吗？méiyǒu cùchéng héjiě de fāngfǎ ma?

ほうと【暴徒】 暴徒 bàotú（英 a mob）▶～と化す/蜕变为暴徒 tuìbiàn wéi bàotú ▶観客はもはや～と化していた/观众已经变成暴徒了 guānzhòng yǐjīng biànchéng bàotú le ▶～はたちまち鎮圧された/暴徒立刻被镇压了 bàotú lìkè bèi zhènyā le

ほうとう【宝刀】 宝刀 bǎodāo；宝剑 bǎojiàn（英 a treasured sword）▶解散という伝家の～を抜きますか/要不要打出"解散"这张最后的王牌呢？yàobuyào dǎchū "jiěsàn" zhè zhāng zuìhòu de wángpái ne? ▶先祖伝来の～を担保に入れる/把祖先传下来的宝刀拿去当了 bǎ zǔxiān chuánxiàlai de bǎodāo náqù dàng le

ほうとう【放蕩】 放荡 fàngdàng（英 dissipation）▶～児/败子 bàizǐ ▶親父も昔は～児だったんだよ/父亲以前也是败家子 fùqīn yǐqián yě shì bàijiāzǐ ▶～息子が家を食いつぶす/败家的儿子吃光了家产 bàijiā de érzi chīguāngle jiāchǎn ▶～三昧にふける/整天放荡无度 zhěngtiān fàngdàng wúdù ▶さんざん～したあげくにぽっくり死んだ/到处放荡之后突然死了 dàochù fàngdàng zhīhòu tūrán sǐ le

ほうどう【報道する】 报道 bàodào（英 report）▶錯綜した事態を分かりやすく～する/将错综复杂的事情清楚地报道出来 jiāng cuòzōng fùzá de shìqing qīngchu de bàodàochūlai ▶東日紙の～によれば両社が合併するらしい/根据东日报纸的报道说，两家公司将要合并 gēnjù Dōngrì bàozhǐ de bàodào shuō, liǎng jiā gōngsī jiāngyào hébìng ▶間違った～はまだ訂正していない/错误报道还没有被订正 cuòwù bàodào hái méiyǒu bèi dìngzhèng ▶～陣に取り囲まれる/被新闻媒体围住了 bèi xīnwén méitǐ wéizhù le ▶展示が～関係者に公開された/展览向媒体方面公开了 zhǎnlǎn xiàng méitǐ fāngmiàn gōngkāi le

◆～管制　▶～管制をしく/对新闻报道进行管制

duì xīnwén bàodào jìnxíng guǎnzhì ▶病院はきびしい〜管制をしいた/医院进行了严格的报道管理 yīyuàn jìnxíngle yángé de bàodào guǎnlǐ 〜記事｜報道 bàodào ▶〜記事をうのみにするな/不要不经思考就完全相信报道 búyào bù jīng sīkǎo jiù wánquán xiāngxìn bàodào 〜写真｜报道照片 bàodào zhàopiàn 〜の自由｜报道的自由 bàodào de zìyóu ▶〜の自由には責任が貼りついている/报道的自由同时也带有责任 bàodào de zìyóu tóngshí yě dài yǒu zérèn

ぼうとう【冒頭に】 开头 kāitóu；劈头 pītóu (英 at the beginning) ▶その論文の〜を引用するなら, …/如果引用那篇论文的开头, 就是… rúguǒ yǐnyòng nà piān lùnwén de kāitóu, jiù shì… ▶〜に述べた通り, 我が国の命運は…/就像开头我说的那样, 我国的命运… jiù xiàng kāitóu wǒ shuō de nàyàng, wǒ guó de mìngyùn… ▶会議は〜から紛糾した/会议从一开头就争论起来 huìyì cóng yì kāitóu jiù zhēnglùnqǐlái ♦〜陳述 ▶検察官の〜陳述が始まった/检察官的开头陈述开始了 jiǎncháguān de kāitóu chénshù kāishǐ le

ぼうとう【暴騰する】 暴涨 bàozhǎng (英 rise sharply) ▶物価が〜する/物价暴涨 wùjià bàozhǎng ▶地価の〜は止まるところを知らない/地价暴涨, 没有停止 dìjià bàozhǎng, méiyǒu tíngzhǐ

ぼうどう【暴動】 暴动 bàodòng；暴乱 bàoluàn (英 a riot) ▶〜を鎮める/平息暴乱 píngxī bàoluàn ▶いかにして〜を鎮めるか/怎么样能平息暴动呢？zěnmeyàng néng píngxī bàodòng ne? ▶各地で〜が起きている/各地发生暴乱 gèdì fāshēng bàoluàn ▶抗議行動が〜の様相を呈してきた/抗议行动出现了暴动的迹象 kàngyì xíngdòng chūxiànle bàodòng de jīxiàng

ぼうとく【冒瀆する】 亵渎 xièdú；污辱 wūrǔ (英 blaspheme) ▶神を〜する/亵渎神灵 xièdú shénlíng ▶神への〜は許しがたい/无法允许对神的亵渎 wúfǎ yǔnxǔ duì shén de xièdú ▶諸君は自らの尊厳を〜している/诸位亵渎了自己的尊严 zhūwèi xièdúle zìjǐ de zūnyán

ぼうどくマスク【防毒マスク】 防毒面具 fángdú miànjù (英 a gas mask) ▶〜を着用して出動する/带着防毒面具出动 dàizhe fángdú miànjù chūdòng

ほうにち【訪日】 访日 fǎng Rì (英 a visit to Japan) ▶代表団の〜を歓迎する/欢迎代表团访日 huānyíng dàibiǎotuán fǎng Rì ▶一週間の予定で〜するという/听说预定访日一周 tīngshuō yùdìng fǎng Rì yìzhōu ▶〜日程が大幅に変更される/访日日程大幅度变更 fǎng Rì rìchéng dàfúdù biàngēng

ほうにょう【放尿】 撒尿 sāniào；小便 xiǎobiàn (英 urination) ▶土手に向かって悠々と〜する/朝着堤坝悠然自得地撒尿 cháozhe dībà yōurán zìdé de sāniào

ほうにん【放任する】 放任 fàngrèn；放纵 fàngzòng (英 leave... alone) ▶〜主義/放任主义 fàngrèn zhǔyì ▶我が家は〜主義です/我们家实行放纵主义 wǒmen jiā shíxíng fàngzòng zhǔyì ▶子供がどの道に進もうと〜しています/孩子要走哪条路, 都放任自流 háizi yào zǒu nǎ tiáo lù, dōu fàngrèn zìliú

ほうねつ【放熱する】 放热 fàngrè；(機械の冷却で)散热 sànrè (英 radiate heat) ♦〜器｜放热器 fàngrèqì

ほうねん【豊年】 丰年 fēngnián；丰收年 fēngshōunián；大年 dànián (英 a fruitful year) ▶〜万作/丰年好收成 fēngnián hǎoshōucheng ▶〜万作でめでたい/丰产丰收大吉祥 fēngchǎn fēngshōu dà jíxiáng ▶神社に参って〜を祈る/去神社参拜祈祷丰收 qù shénshè cānbài qídǎo fēngshōu

ぼうねんかい【忘年会】 年终联欢会 niánzhōng liánhuānhuì (英 a year-end party) ▶〜で悪酔いした/在年终联欢会上喝得烂醉 zài niánzhōng liánhuānhuìshang hēde lànzuì

ほうのう【奉納する】 奉献 fèngxiàn；供奉 gòngfèng (英 dedicate) ▶当日は一相撲が催される/当天要举行供奉大相扑 dàngtiān yào jǔxíng gòngfèng dàxiàngpū ▶鎮守の社に神楽を〜する/向土地神社供奉神乐 xiàng tǔdì shénshè gòngfèng shényuè

ほうはい【澎湃】 澎湃 péngpài (英［〜として起こる］surge up) ▶変革の声が〜として起こった/要求变革之声汹涌澎湃 yāoqiú biàngé zhī shēng xiōngyǒng péngpài

ほうばい【傍輩·朋輩】 朋友 péngyou；伙伴 huǒbàn (英 a colleague) ▶僕は〜から妬まれていたのだった/我原来一直被朋友们所妒嫉 wǒ yuánlái yìzhí bèi péngyoumen suǒ dùjí ▶ここは〜を立てておこう/这里还是给朋友一些面子吧 zhèlǐ háishi gěi péngyou yìxiē miànzi ba

ぼうばく【茫漠たる】 苍茫 cāngmáng；迷茫 mímáng (英 vague; vast) ▶あいつの言うことはどうも〜としている/总觉得他说的很迷茫 zǒng juéde tā shuō de hěn mímáng ▶目の前には〜たる海原がひろがっている/眼前出现一片汪洋大海 yǎnqián chūxiàn yí piàn wāngyáng dàhǎi

ぼうはつ【暴発する】 (銃が) 走火 zǒuhuǒ；(不平などが) 爆发 bàofā (英 go off accidentally) ▶銃が〜する/枪走火 qiāng zǒuhuǒ ▶銃が〜してけが人が出た/枪走火, 打伤了人 qiāng zǒuhuǒ, dǎshāngle rén ▶若い集団の〜を防ごうと心を砕いた/为了防止年轻人的爆发不满而费尽了心思 wèile fángzhǐ niánqīngrén de bàofā bùmǎn ér fèijìnle xīnsi

[日中比較] 中国語の '暴发 bàofā' は「成り上がる」こと。

ぼうはてい【防波堤】 防波堤 fángbōdī；堤坝 dībà (英 a breakwater) ▶高波は〜を越えて流れこんだ/大浪越过堤坝流了进来 dàlàng yuèguò dībà liúlejìnlái 〜になる 成为防线 chéngwéi fángxiàn ▶非難に対しては君が〜になれ/你要顶住责难 nǐ yào dǐngzhù zénàn

ぼうはん【防犯】 防止犯罪 fángzhǐ fànzuì (英 *prevention of crimes*) ▶〜に努める/努力防止犯罪 nǔlì fángzhǐ fànzuì ▶町ぐるみで〜に努める/整个地区齐心协力防止犯罪 zhěnggè dìqū qíxīn xiélì fángzhǐ fànzuì

◆〜カメラ：**防盗视频** fángdào shìpín ▶〜カメラに犯人の姿が残されていた/防盗视频上留下了犯人的身影 fángdào shìpín shàng liúxiàle fànrén de shēnyǐng ～ベル：**防盗铃** fángdàolíng

ほうび【褒美】 嘉奖 jiājiǎng; 赏赐 shǎngcì; 奖奖 jiǎng (英 *a reward*; [賞] *a prize*) ▶〜を与える/给与奖赏 jǐyǔ jiǎngshǎng ▶〜を与えるほどのことではない/还没到达该奖赏的地步 hái méi dàodá gāi jiǎngshǎng de dìbù ▶これはよくがんばった〜だよ/这是对于努力的奖赏 zhè shì duìyú nǔlì de jiǎngshǎng ▶社長から〜にネクタイをもらった/总经理发给我一条领带作为奖品 zǒngjīnglǐ fāgěi wǒ yì tiáo lǐngdài zuòwéi jiǎngpǐn

ぼうび【防備する】 防备 fángbèi (英 *defend*) ▶〜を固める/巩固防备 gǒnggù fángbèi ▶沿岸の〜を強化する/加强沿岸的防备 jiāqiáng yán'àn de fángbèi ▶君はあまりに無〜だ/你太不小心了 nǐ tài bù xiǎoxīn le

ぼうびき【棒引き】 一笔勾销 yì bǐ gōuxiāo; 销账 xiāozhàng (英 *cancellation*) ▶借金を〜にする/借款一笔勾销了 jièkuǎn yì bǐ gōuxiāo le

ほうふ【抱負】 抱负 bàofù (英 *ambition*) ▶〜を語る/述说抱负 shùshuō bàofù ▶新人議員として〜を述べる/述说作为新议员的抱负 shùshuō zuòwéi xīnyìyuán de bàofù ▶語るばかりの〜はありません/也没有什么抱负好说的 yě méiyǒu shénme bàofù hǎoshuō de

ほうふ【豊富な】 丰足 fēngzú; 丰富 fēngfù; 优裕 yōuyù (英 *abundant*) ▶〜な資源/丰足的资源 fēngzú de zīyuán ▶〜な資源に恵まれている/拥有丰富的资源 yōngyǒu fēngfù de zīyuán ▶経験／〜/经验丰富 jīngyàn fēngfù ▶この役は経験〜でないと勤まらない/不是经验丰富的人演不好这个角色 bú shì jīngyàn fēngfù de rén yǎnbuhǎo zhège juésè ▶あの人は語彙が〜だ/他的词汇量很丰富 tā de cíhuìliàng hěn fēngfù ▶この国は石油が〜である/这个国家石油很丰富 zhège guójiā shíyóu hěn fēngfù ▶各種商品が〜に取りそろえてある/各种商品都很丰富 gèzhǒng shāngpǐn dōu hěn fēngfù

ぼうふ【亡夫】 亡夫 wángfū (英 *one's deceased husband*) ▶毎日〜の遺影に語りかけております/每天对着亡夫的遗影述说 měitiān duìzhe wángfū de yíyǐng shùshuō

ぼうふ【亡父】 亡父 wángfù; 先父 xiānfù (英 *one's deceased father*) ▶明日は〜の命日なので/明天是先父的忌日 míngtiān shì xiānfù de jìrì ▶〜をうりゆう行為が嫌いでした/先父讨厌这种做法 xiānfù tǎoyàn zhè zhǒng zuòfǎ

ぼうふう【暴風】 暴风 bàofēng; 风暴 fēngbào (英 *a storm*; [強風] *a gale*) ▶〜雨/暴风雨 bàofēngyǔ ▶未曾有の〜雨が列島を襲った/从未有过的暴风雨袭击了列岛 cóngwèi yǒuguo de bàofēngyǔ xíjīle lièdǎo ▶九州南部の〜域に入った/九州南部进入了暴风区域 Jiǔzhōu nánbù jìnrùle bàofēng qūyù ▶船は〜を避けて進路を変えた/船避开暴风改变了方向 chuán bìkāi bàofēng gǎibiànle fāngxiàng

ぼうふうりん【防風林】 防风林 fángfēnglín (英 *a windbreak forest*)

ほうふく【法服】 (宗教者の) 法衣 fǎyī (英 *a robe*)

ほうふく【報復】 报复 bàofù; 复仇 fùchóu (英 *retaliate*) ▶ただちに〜措置を取るつもりだ/我们准备马上采取报复措施 wǒmen zhǔnbèi mǎshàng cǎiqǔ bàofù cuòshī ▶これしきのことに〜する気はない/对于这么小的事，没有心思报复 duìyú zhème xiǎo de shì, méiyǒu xīnsī bàofù ▶〜に関税をかける/征收报复性关税 zhēngshōu bàofùxìng guānshuì

ほうふくぜっとう【抱腹絶倒する】 捧腹大笑 pěngfù dàxiào (英 *split one's sides with laughter*) ▶聞いて一同は〜した/大家一听都捧腹大笑了 dàjiā yì tīng dōu pěngfù dàxiào le

ぼうふざい【防腐剤】 防腐剂 fángfǔjì (英 *an antiseptic*; [食物の] *a preservative*) ▶本品は〜を使用しておりません/本品没有使用防腐剂 běnpǐn méiyǒu shǐyòng fángfǔjì

ほうふつ【彷彿とさせる】 令人想起 lìng rén xiǎngqǐ (英 *remind one of...*) ▶〜とする/仿佛 fǎngfú; 好像 hǎoxiàng ▶元気なころの父の姿が〜として蘇る/好像看到父亲健康时的身影 hǎoxiàng kàndào fùqīn jiànkāng shí de shēnyǐng ▶出土品が繁栄の昔を〜させる/出土品让人们想起往日的繁荣 chūtǔpǐn ràng rénmen xiǎngqǐ wǎngrì de fánróng ▶母の面影が〜としてくる/令人回想起母亲的面容 lìng rén huíxiǎngqǐ mǔqīn de miànróng

ほうぶつせん【放物線】 〔数〕抛物线 pāowùxiàn (英 *a parabola*) ▶〜を描く/画抛物线 huà pāowùxiàn ▶白球は〜を描いてスタンドに消えた/白球画了个抛物线, 消失在看台上了 báiqiú huàle ge pāowùxiàn, xiāoshī zài kàntáishang le

ボウフラ【孑孑】 〔虫〕孑孓 jiéjué (英 *a mosquito larva*) ▶〜が湧く/生出孑孓 shēngchū jiéjué ▶流れぬ水には〜が湧く/死水里生出孑孓 sǐshuǐlǐ shēngchū jiéjué

ほうぶん【邦文】 日语 Rìyǔ (英 *the Japanese language*)

◆〜タイプライター：**日语打字机** Rìyǔ dǎzìjī

ほうぶん【法文】 ❶【法律の条文】(英 *the text of the law*) ▶〜化する/写成法律条文 xiěchéng fǎlǜ tiáowén ❷【法学と文学】(英 *law and literature*) ▶〜学部/法律文学学院 fǎlǜ wénxuéyuàn ▶進学の〜系を考えている/升学的话, 我考虑法学和文学方面 shēngxué dehuà, wǒ kǎolǜ fǎxué hé wénxué fāngmiàn

ほうへい【砲兵】 炮兵 pàobīng (英 the artillery)

ぼうへき【防壁】 防御墙 fángyùqiáng (英 a protective wall) ▶あの土手が～になって延焼をくいとめた/那个土堤成了防火墙，防止了火的蔓延 nàge tǔdī chéngle fánghuǒqiáng, fángzhǐle huǒ de mànyán

ほうべん【方便】 权宜之计 quányí zhī jì (英 an expedient) ▶嘘も～ 说谎也是一种权宜之计 shuōhuǎng yě shì yì zhǒng quányí zhī jì

日中比較 中国語の'方便 fāngbiàn'は「便利である」こと．

ぼうぼ【亡母】 先母 xiānmǔ (英 one's deceased mother)

ほうほう【方法】 办法 bànfǎ; 法子 fǎzi; 方法 fāngfǎ (英 a way; a method) ▶～を講じる/设法 shèfǎ; 想法 xiǎngfǎ ▶～論/方法论 fāngfǎlùn ▶今日の会合は～論に終始した/今天的会议一直在讨论方法论 jīntiān de huìyì yìzhí zài tǎolùn fāngfǎlùn ▶何とか～を講じて救出しなくては/怎么也要想个办法救出来 zěnme yě yào xiǎng ge bànfǎ jiùchūlái ▶どうにも～が見つからない/怎么也找不到办法 zěnme yě zhǎobudào bànfǎ

ほうぼう【方方に】 到处 dàochù; 各处 gèchù (英 everywhere; in several places) ▶～に散らばる/分散在各处 fēnsàn zài gèchù ▶あのコレクションはもう～に散らばっている/那些收藏品已经散到各处去了 nà xiē shōucángpǐn yǐjing sàndào gèchù qù le ▶～を捜したが見つからなかった/到处找了，没有找到 dàochù zhǎo le, méiyǒu zhǎodào ▶あの人は～に借金がある/他到处欠着钱 tā dàochù qiànzhe qián ▶放送のあと～から問い合わせがあった/播送完了以后，各个方面都来询问 bōsòng wánle yǐhòu, gègè fāngmiàn dōu lái xúnwèn

ぼうぼう（火などが）熊熊（燃烧）xióngxióng (ránshāo);（草や髪などが）蓬乱 péngluàn (英 blazingly; [ひげが] shaggy) ▶火が～と燃え上った/大火熊熊燃烧 dàhuǒ xióngxióng ránshāo ▶ひげが～に伸びている/满脸胡子 mǎnliǎn húzi ▶庭は草が～だ/院子里杂草横生 yuànzili zácǎo héngshēng

ほうほうのてい【ほうほうの体】 狼狈不堪 lángbèi bù kān (英 hurriedly) ▶～で逃げる/狼狈逃窜 lángbèi táocuàn ▶叱られて～で逃げ帰った/被骂了一顿，狼狈地逃了回来 bèi màle yí dùn, lángbèi de táolehuílái

ほうぼく【放牧】 放牧 fàngmù (英 graze) ▶～地/牧场 mùchǎng ▶高原にはあちこちに～地がある/高原上到处都有牧场 gāoyuánshang dàochù dōu yǒu mùchǎng ▶思わぬ所に牛が～されている/在想不到的地方，放养着牛 xiǎngbudào de dìfang fàngyǎngzhe niú

ほうまつ【泡沫】 泡沫 pàomò (英 a bubble)

どうせうちは～会社ですよ/反正我们是泡沫公司 fǎnzheng wǒmen shì pàomò gōngsī

♦**～候補**：昙花一现的候选人 tánhuā yí xiàn de hòuxuǎnrén ▶職業が～候補であるような人もいる/也有以不知名参选人为职业的人 yě yǒu yǐ bù zhīmíng cānxuǎnrén wéi zhíyè de rén

ほうまん【放漫な】 散漫 sǎnmàn; 松弛 sōngchí (英 loose) ▶～経営のツケが回ってきたのだ/散漫经营的恶果出现 sǎnmàn jīngyíng de èguǒ chūxiàn le ▶生活がいつのまにか～に流されていた/不知道什么时候，生活开始散漫了 bù zhīdào shénme shíhou, shēnghuó kāishǐ sǎnmàn le

ほうまん【豊満な】 丰满 fēngmǎn; 丰盈 fēngyíng (英 plump) ▶～な肉体/丰满的肉体 fēngmǎn de ròutǐ ▶～な肉体を人目にさらす/露出丰满的肉体让人看 lùchū fēngmǎn de ròutǐ ràng rén kàn

ほうむ【法務】 (英 judicial affairs) ▶～省/法务省 fǎwùshěng;《中国の》司法部 sīfǎbù ▶～大臣/法务大臣 fǎwù dàchén; 司法部部长 sīfǎ bùzhǎng ▶会社で～を担当している/在公司担任法务工作 zài gōngsī dānrèn fǎwù gōngzuò

ほうむりさる【葬り去る】 葬送 zàngsòng;《隐す》掩盖下去 yǎngàixiàqu (英 bury) ▶事件は闇から闇へと葬り去られた/事件被葬送到不为人知的地方去了 shìjiàn bèi zàngsòngdào bù wéi rén zhī de dìfang qù le ▶あの男を政界から葬り去ってしまえ/让那个家伙从政界消失 ràng nàge jiāhuo cóng zhèngjiè xiāoshī

ほうむる【葬る】 安葬 ānzàng; 埋葬 máizàng;《倒す》打倒 dǎdǎo (英 bury) ▶闇に～/暗中隐蔽 ànzhōng yǐnbì ▶～はずが世間に知られてしまった/本来要掩盖过去，却还是被世人知道了 běnlái yào yǎngàiguòqu, què háishi bèi shìrén zhīdào le ▶死んだら山に葬ってほしい/我死了就想埋在山上 wǒ sǐle jiù xiǎng máizài shānshang ▶ライバルを葬ってついに頂点に立った/胜过了竞争对手，终于站到了顶点 shèngguòle jìngzhēng duìshǒu, zhōngyú zhàndàole dǐngdiǎn

ほうめい【芳名】 大名 dàmíng; 芳名 fāngmíng (英 a good name; [貴名] your name) ▶御～はかねて承っていました/久仰大名 jiǔyǎng dàmíng ▶～録に名を記す/在芳名簿上留名 zài fāngmíngbùshang liú míng

ぼうめい【亡命する】 政治避难 zhèngzhì bìnàn; 亡命 wángmìng; 流亡 liúwáng (英 seek political asylum) ▶政治的～を受け入れる/接受政治避难 jiēshòu zhèngzhì bìnàn ▶日本経由でアメリカに～する/经过日本到美国避难 jīngguò Rìběn dào Měiguó bìnàn ▶～先で暗殺された/在流亡地被暗杀了 zài liúwángdì bèi ànshā le

日中比較 中国語の'亡命 wángmìng'は「亡命する」の他に「命知らず」という意味をも持つ.

ほうめん【方面】 **❶**[地域] 方面 fāngmiàn (英 a direction; a district) ▶アフリカ～に出かける/前往非洲方面 qiánwǎng Fēizhōu fāngmiàn

ほうめん ▶中米~に調査に出かける/去中美洲方面进行调查 qù Zhōng Měizhōu fāngmiàn jìnxíng diàochá ▶中越~で地震があった模様です/中越方面好像发生了地震 Zhōngyuè fāngmiàn hǎoxiàng fāshēngle dìzhèn **2**【分野】方面 fāngmiàn; 领域 lǐngyù (英 a field) ▶経済~に疎い/经济方面不熟悉 jīngjì fāngmiàn bù shúxī ▶各~の意見を聞いた上で検討しよう/在听取各方面的意见的基础上考虑 zài tīngqǔ gè fāngmiàn de yìjiàn de jīchǔshang kǎolǜ

ほうめん【放免する】 释放 shìfàng; 解放 jiěfàng (英 release) ▶無罪~となる/无罪释放 wúzuì shìfàng ▶晴れて無罪~となる/名正言顺地被无罪释放了 míng zhèng yán shùn de bèi wúzuì shìfàng le ▶これで残業から~される/这样就从加班中解放出来了 zhèyàng jiù cóng jiābān zhōng jiěfàngchūlai le

ほうもつ【宝物】 宝贝 bǎobèi; 宝物 bǎowù; 珍宝 zhēnbǎo (英 a treasure) ▶寺にはたくさんの~が収蔵されている/庙里收藏了很多宝物 miàoli shōucángle hěn duō bǎowù
◆~殿：藏宝阁 cángbǎogé

ほうもん【訪問】 拜访 bàifǎng; 访问 fǎngwèn; 走访 zǒufǎng (英 visit) ▶~販売/直销 zhíxiāo ▶悪質な~販売もある/也有性质恶劣的直销 yě yǒu xìngzhì èliè de zhíxiāo ▶来月には北欧諸国を~します/下个月去北欧各国访问 xià ge yuè qù Běi Ōu gèguó fǎngwèn ▶先で不作法なことをしてしまった/去拜访别人的时候，做了不得体的事 qù bàifǎng biéren de shíhou, zuòle bù détǐ de shì ▶学業より会社~でくたくたです/比之学业倒是因拜访公司而累得精疲力竭 bǐ zhī xuéyè dàoshì yīn bàifǎng gōngsī ér lèide jīng pí lì jié ▶あらかじめ~の約束がしてあった/事先约定要去造访 shìxiān yuēdìng yào qù zàofǎng ▶午後には表敬~が予定されている/下午预定进行表敬访问 xiàwǔ yùdìng jìnxíng biǎojìng fǎngwèn

ぼうや【坊や】 小朋友 xiǎopéngyou; 小宝宝 xiǎobǎobao (英 【呼びかけ】Sonny!; My boy!) ▶~はよい子だねんねしな/小宝宝乖，快快睡觉 xiǎobǎobao guāi, kuàikuai shuìjiào ▶~、いい子にしててね/小朋友，乖乖的啊 xiǎopéngyou, guāiguāi de a ▶あいつは世間知らずの~だからな/他是个不知世事的少爷 tā shì ge bù zhī shìshì de shàoye

ほうやく【邦訳】 日译 Rìyì (英 Japanese translation) ▶これには幾つかの~がある/这个有几种日语翻译 zhège yǒu jǐ zhǒng Rìyǔ fānyì ▶~を頼りに原作を読んだ/参照日文译文，看了原作 cānzhào Rìwén yìwén, kànle yuánzuò

ほうよう【抱擁する】 拥抱 yōngbào; 搂抱 lǒubào (英 embrace) ▶空港で二人は人目も憚らず~した/在机场两个人也不顾众目睽睽紧紧拥抱 zài jīchǎng liǎng ge rén yě bú gù zhòngmù kuíkuí jǐnjǐn yōngbào

ほうよう【法要】 法事 fǎshì (英 a Buddhist service) ▶~を営む/办法事 bàn fǎshì ▶亡母の七回忌の~を営む/办亡母六周年的法事 bàn wángmǔ liù zhōunián de fǎshì

ほうようりょく【包容力】 度量 dùliàng; 肚量 dùliàng (英 tolerance) ▶~のある/气量大 qìliàng dà ▶あまり~のある人ではない/不是肚量很大的人 bú shì dùliàng hěn dà de rén ▶指導者には~が求められる/领导人需要有肚量 lǐngdǎorén xūyào yǒu dùliàng

ぼうよみ【棒読みする】 念得没有抑扬 niànde méiyǒu yìyáng (英 [抑揚をつけずに] read in a singsong manner) ▶大臣は与えられたメモを~していた/大臣平淡无味地念着别人给的条子 dàchén píngdàn wúwèi de niànzhe biéren gěi de tiáozi

ぼうらく【暴落する】 狂跌 kuángdiē; 大跌 dàdiē; 一落千丈 yí luò qiān zhàng (英 fall sharply) ▶株が~する/股价狂跌 gǔjià kuángdiē; 股票暴跌 gǔpiào bàodiē ▶こんどの大~ですってんてんになった/由于这次的大跌，分文没有了 yóuyú zhè cì dà dàdiē, fēnwén méiyǒu le ▶アメリカ株の~/美股一落千丈 Měigǔ yí luò qiān zhàng

ほうらつ【放埒な】 放荡 fàngdàng; 放纵 fàngzòng (英 loose) ▶~な暮らしぶり/放荡的生活方式 fàngdàng de shēnghuó fāngshì ▶あんな~な暮らしが続くわけがない/那样放荡的生活不可能持久 nàyàng fàngdàng de shēnghuó bùkěnéng chíjiǔ ▶あいつの~にはみんな眉をしかめている/大家对他的放纵都皱眉而视 dàjiā duì tā de fàngzòng dōu zhòuméi ér shì

ぼうり【暴利】 暴利 bàolì (英 excessive profits) ▶~を貪る/贪图暴利 tāntú bàolì ▶高値で売って~を貪る/高价卖出，赚取暴利 gāojià màichū, zhuànqǔ bàolì

ほうりあげる【放り上げる】 抛开 pāokāi; 放上 fàngshàng (英 throw up) ▶段ボール箱を荷台に~/把纸箱子放上货架 bǎ zhǐxiāngzi fàngshàng huòjià

ほうりこむ【放り込む】 扔进 rēngjìn; 放进 fàngjìn (英 throw... into~) ▶ピーナツを口に~/把花生扔进嘴里 bǎ huāshēng rēngjìn zuǐli ▶舟から海に放り込んで泳ぎを覚えさせる/从船上扔进海里让他学游泳 cóng chuánshang rēngjìn hǎili ràng tā xué yóuyǒng

ほうりだす【放り出す】 抛弃 pāoqì; 扔出去 rēngchūqu (英 throw... out; [断念] give up) ▶野良猫を屋敷の外に放り出した/把野猫扔出宅院 bǎ yěmāo rēngchū zháiyuàn ▶仕事を放り出して野球見物に行った/把工作放在一边去看棒球赛 bǎ gōngzuò fàngzài yībiān qù kàn bàngqiúsài ▶彼女は一人で世間に放り出された/她一个人被扔到了大千世界 tā yí ge rén bèi rēngdàole dàqiān shìjiè

ほうりつ【法律】 法律 fǎlǜ (英 a law) ▶~に違反する/犯法 fànfǎ ▶~に違反することは承知の上だ/明摆着这是违反法律的 míngbǎizhe zhè shì wéifǎn fǎlǜ de ▶～で認められている/被法律所承认 bèi fǎlǜ suǒ chéngrèn ▶～を知らないでは通らない/不懂法律可行不通 bù dǒng fǎlǜ kě xíngbutōng ▶人々の～の前には平等である/法律面前人人平等 fǎlǜ miànqián rénrén píngděng ▶～を制定するのが彼らの役目だ/制定法律是他们的任务 zhìdìng fǎlǜ shì tāmen de rènwu ◆～相談 法律咨询 fǎlǜ zīxún ▶毎週土曜に～相談を行っている/每周六举行法律咨询 měi zhōuliù jǔxíng fǎlǜ zīxún

ほうりなげる【放り投げる】 抛出 pāochū;扔 rēng (英 throw) ▶ボールをスタンドに～/把球扔进观众席 bǎ qiú rēngjìn guānzhòngxí ▶塀越しに爆弾を放り投げた/隔着墙扔炸弹 gézhe qiáng rēng zhàdàn

ぼうりゃく【謀略】 计谋 jìmóu;策略 cèlüè (英 a plot) ▶～に引っかかる/中计 zhòngjì ▶ライバル社の～に引っかかる/中了竞争对手公司的计谋 zhòngle jìngzhēng duìshǒu gōngsī de jìmóu ▶盛んに～をめぐらせた/使用各种计谋 shǐyòng gèzhǒng jìmóu

ほうりゅう【放流する】 放流 fàngliú (英 [水を] discharge; [魚を] stock) ▶稚魚を～する/放鱼苗 fàng yúmiáo ▶鮎の稚魚を～する/放香鱼的幼苗 fàng xiāngyú de yòumiáo

ぼうりゅう【傍流】 支流 zhīliú;支派 zhīpài (英 a branch) ▶画壇では～にいてあまり注目されていない/在画坛是支流, 不太受人注目 zài huàtán shì zhīpài, bú tài shòu rén zhùmù

ほうりょう【豊漁】 (捕鱼)丰收 (bǔyú) fēngshōu (英 a big catch of fish) ▶今年は蟹の～が期待されている/今年期待着捕螃蟹能丰收 jīnnián qīdàizhe bǔ pángxiè néng fēngshōu ▶かつおの思わぬ～に恵まれた/捕鲣鱼有了意想不到的丰收 bǔ jiānyú yǒule yìxiǎngbudào de fēngshōu

ぼうりょく【暴力】 暴力 bàolì;武力 wǔlì (英 violence) ▶～を振るう/动凶 dòngxiōng;行凶 xíngxiōng ▶妻に対して～を振るう/对妻子动武 duì qīzi dòngwǔ ▶～団/黑社会 hēishèhuì ▶あれは～団が経営する会社だ/那是黑社会经营的公司 nà shì hēishèhuì jīngyíng de gōngsī ▶～沙汰になる/动起武来 dòngqǐ wǔ lai ▶口げんかから～沙汰になる/吵架变成了暴力事件 chǎojià biànchéngle bàolì shìjiàn ▶戦争は最大の～行為である/战争是最大的暴力行为 zhànzhēng shì zuìdà de bàolì xíngwéi

ボウリング 保龄球 bǎolíngqiú (英 bowling) ▶～場/保龄球场 bǎolíngqiúchǎng

ほうる【放る】 扔 rēng;(放棄する) 放弃 fàngqì;(放置する) 置之不理 zhì zhī bù lǐ (英 [投げる] throw; [うっちゃる] neglect; [放棄する] give up) →ほっとく ▶とうとう試験を放ってしまった/最终放弃了考试 zuìzhōng fàngqìle kǎoshì ▶彼にリンゴを放ってやった/扔了一个苹果给他 rēngle yí ge píngguǒ gěi tā ▶私のことは放っておいて/别管我 bié guǎn wǒ ▶放っておく/搁 gē;置之不理 zhì zhī bù lǐ ▶このまま放っておくと癌になる

ぞ/这么置之不理会变成癌的 zhème zhì zhī bù lǐ huì biànchéng ái de ▶苦情が来たが返事も出さずに放っておいた/有人投诉, 却被搁在一边, 没得到回复 yǒu rén tóusù, què bèi gēzài yìbiān, méi dédào huífù

ボウル 〘器〙 盆 pén;盘 pán;钵 bō (英 a bowl) ▶サラダ～/色拉盘 sèlāpán

ほうれい【法令】 法令 fǎlìng (英 laws and ordinances) ▶～に違反する/违反法令 wéifǎn fǎlìng ◆～集 法令集 fǎlìngjí

ぼうれい【亡霊】 亡灵 wánglíng;幽灵 yōulíng (英 a departed soul; a ghost) ▶軍国主義の～が現れたかと思われた/好像军国主义的亡灵又出现了 hǎoxiàng jūnguó zhǔyì de wánglíng yòu chūxiàn le

ほうれつ【放列】 排成一排的… páichéng yì pái de … (英 a battery) ▶報道陣がカメラの～を敷く/记者们把照相机排成了阵 jìzhěmen bǎ zhàoxiàngjī páichéngle zhèn

ホウレンソウ 〘植物〙 菠菜 bōcài (英 spinach)

ほうろう【放浪する】 流浪 liúlàng;云游 yúnyóu (英 wander about) ▶『～記』(林芙美子)/《流浪记 Liúlàngjì》 ▶～の俳人山頭火/云游的俳句诗人山头火 yúnyóu de páijù shīrén Shāntóuhuǒ ▶若い頃アメリカ大陸を～したことがある/年轻的时候周游过美洲大陆 niánqīng de shíhou zhōuyóuguo Měizhōu dàlù ▶あの子には～癖があるんだよ/那个孩子有出去流浪的毛病 nàge háizi yǒu chūqù liúlàng de máobìng

> 日中比較 中国語の'放浪 fànglàng'は「勝手気ままな」「世俗にとらわれない」という意味.

ほうろう【琺瑯】 洋瓷 yángcí;珐琅 fàláng (英 enamel) ▶～引きの搪瓷 tángcí ▶〔歯の〕質 珐琅质 fàlángzhì ▶～引きのボウル/洋瓷盘子 yángcí pánzi

ぼうろう【望楼】 岗楼 gǎnglóu;望楼 wànglóu;瞭望塔 liàowàngtǎ (英 a watchtower) ▶消防署の～に今日も人が立っている/消防的瞭望塔今天也有人站岗 xiāofáng de liàowàngtǎ jīntiān yě yǒu rén zhàngǎng ▶～がビルの谷に沈んでしまった/岗楼埋没在大楼群里了 gǎnglóu máimò zài dàlóuqúnli le

ぼうろん【暴論】 谬论 miùlùn (英 an absurd argument) ▶～を唱える/鼓吹谬论 gǔchuī miùlùn ▶それこそ天下の～だ/那才叫天下的谬论呢 nà cái jiào tiānxià de miùlùn ne ▶あんな～に屈してたまるか/能屈服于那种谬论吗? néng qūfú yú nà zhǒng miùlùn ma? ▶～を吐くやつは許せん/不允许胡说谬论 bù yǔnxǔ húshuō miùlùn

ほうわ【法話】 〘仏教〙 说法 shuōfǎ (英 a sermon)

ほうわ【飽和】 饱和 bǎohé (英 saturation) ▶～点/饱和点 bǎohédiǎn ▶水中の塩分は～点に達している/水中的盐分达到了饱和点 shuǐ zhōng de yánfèn dádàole bǎohédiǎn ▶東京の人口は～状態にある/东京的人口处于饱和状态 Dōngjīng de rénkǒu chǔyú bǎohé zhuàngtài

ほえごえ【吠え声】 吼声 hǒushēng；叫声 jiàoshēng（英）[犬の] *a bark*；[ライオンなどの] *a roar*）▶深夜に犬の〜が聞こえた/深夜里听到狗叫 shēnyèli tīngdào gǒu jiào ▶虎の〜に私は震えあがった/听到老虎的吼声，我吓得发抖 tīngdào lǎohǔ de hǒushēng, wǒ xiàde fādǒu

ほえる【吠える】❶[犬などが] 咬 yǎo；《猛獣が》吼 hǒu（英 *bark; howl*）▶散歩中いきなり犬に吠えられた/散着步，突然有狗冲我咬 sànbù, tūrán yǒu gǒu chōng wǒ yǎo ▶弱い犬ほどよく〜/越是弱狗，就越喜欢叫 yuè shì ruògǒu, jiù yuè xǐhuan jiào
❷[人間が] 吼叫 hǒujiào；叫唤 jiàohuan（英 *shout*）▶ああ、また女房が吠えている/哎，老婆又在嚷嚷 āi, lǎopo yòu zài rāngrang ▶あとで吠え面かくなよ/过后你可别哭鼻子哟 guòhòu nǐ kě bié kū bízi yo

ほお【頰】 脸颊 liǎnjiá；嘴巴 zuǐba；腮 sāi（英 *a cheek*）▶涙が〜を伝う/泪流满颊 lèi liú miànjiá ▶病み上がりで〜がこけている/病刚好，脸颊都瘦下去了 bìng gānggāng hǎo, liǎnjiá dōu shòulexiàqu ▶ほんのり〜を赤らめる/脸颊有一点发红 liǎnjiá yǒu yìdiǎn fāhóng ▶少女は〜をふくらませて私を睨んだ/少女鼓着腮帮子瞪着我 shàonǚ gǔzhe sāibāngzi dèngzhe wǒ

ボーイ 男服务员 nánfúwùyuán（英）[飲食店の] *a waiter*；[ホテルの] *a bellboy*）▶〜さん、コーヒーお願いね/服务员，要杯咖啡 fúwùyuán, yào bēi kāfēi

ボーイスカウト 童子军 tóngzǐjūn（英 *the Boy Scouts*）

ボーイフレンド 男朋友 nánpéngyou（英 *a boyfriend*）

ポーカー《ゲーム》扑克 pūkè（英 *poker*）▶賭け〜をする/赌扑克牌 dǔ pūkèpái ▶〜に大金を賭ける/打扑克赌大钱 dǎ pūkè dǔ dàqián ▶〜フェース/无表情的脸 wú biǎoqíng de liǎn ▶あいつの〜フェースにだまされた/被那家伙的冷静表情骗了 bèi nà jiāhuo de lěngjìng biǎoqíng piàn le

ほおかぶり【頰被りする】❶『手ぬぐいなどで』(用手巾)包住头脸（英 *cover one's head and cheeks with a towel*）▶〜して庭の手入れをする/包住头脸，收拾院子 bāozhù tóuliǎn, shōushi yuànzi
❷『知らん振りする』假装不知 jiǎzhuāng bù zhī（英 *pretend ignorance*）▶自分の責任には〜をきめこむさ/自己的责任就假装不知 zìjǐ de zérèn jiù jiǎzhuāng bù zhī

ボーカル 声乐 shēngyuè；《バンドの》歌手 gēshǒu（英 *a vocal*）▶〜レッスン/声乐课程 shēngyuè kèchéng ▶〜を担当する/担任唱歌 dānrèn chànggē ▶人気バンドの〜/当红乐队的歌手 dānghóng yuèduì de gēshǒu

ボーキサイト〚鉱物〛铝土矿 lǚtǔkuàng（英 *bauxite*）

ポーク 猪肉 zhūròu（英 *pork*）▶〜カツレツ/炸猪排 zházhūpái ▶〜チョップ/猪排 zhūpái

ホオジロ【頰白】〚鳥〛三道眉草鹀 sāndàoméicǎowú；白颊鸟 báijiániǎo（英 *a Japanese bunting*）

ホース 软管 ruǎnguǎn；水龙管 shuǐlóngguǎn（英 *a hose*）▶〜で道に水をまく/用软水管往路上洒水 yòng ruǎnshuǐguǎn wǎng lùshang sǎ shuǐ ▶〜がはずれて水がとび散る/软水管掉了下来，水四处溅了开来 ruǎnshuǐguǎn diàolexiàlái, shuǐ sìchù jiànle kāilái

ポーズ❶〚間〛停顿 tíngdùn（英 *a pause*）▶〜をおく/停顿 tíngdùn ▶ここで短く〜をおく/在这里短暂地停顿一下 zài zhèlǐ duǎnzàn de tíngdùn yíxià
❷〚姿勢〛架势 jiàshì（英 *a pose*）▶〜を作る/作势 zuòshì；摆姿势 bǎi zīshì ▶誇らしげな〜を作る/做一个炫耀的姿势 zuò yí ge xuànyào de zīshì ▶その〜が身についてしまった/那个姿势变成了他的一部分了 nàge zīshì biànchéngle tā de yíbùfen le

ホオズキ【鬼灯】〚植物〛酸浆 suānjiāng；红姑娘 hóngguniáng（英 *a ground cherry*）▶〜市(いち)は夏の風物詩だ/酸浆市场是夏天不可缺的东西 suānjiāng shìchǎng shì xiàtiān bùkě quē de dōngxi ▶子供たちは〜を鳴らして遊んだ/孩子们吹着酸浆皮玩儿 háizimen chuīzhe suānjiāngpí wánr

ほおずり【頰ずりする】 贴脸 tiē liǎn（英 *press one's cheek against another's*）▶父の〜が痛かった/和父亲脸贴脸，被他的胡子扎得疼 hé fùqīn liǎn tiē liǎn, bèi tā de húzi zhāde téng ▶帰るとまず子供に〜する/一回来就和孩子贴脸 yì huílái jiù hé háizi tiē liǎn

ポーター 搬运工 bānyùngōng（英 *a porter*）

ボーダーライン 界线 jièxiàn（英 *a borderline*）▶合否の〜/合格的标准 hégé de biāozhǔn ▶当落の〜ぎりぎりにいる/在当选和落选的界线上 zài dāngxuǎn hé luòxuǎn de jièxiànshang

ボーダーレス 无界限 wújièxiàn；无国境 wúguójìng（英 *borderless*）▶〜の事象が急速に拡大している/超越国境的现象在急速扩大 chāoyuè guójìng de xiànxiàng zài jísù kuòdà ▶いまやテロまで〜だ/现在恐怖活动也没有国界了 xiànzài kǒngbù huódòng yě méiyǒu guójiè le

ポータブル 手提式 shǒutíshì；便携式 biànxiéshì（英 *portable*）▶〜ラジオ/袖珍收音机 xiùzhēn shōuyīnjī ▶このパソコンは便携式だから山にも持ってゆける/这种电脑是便携式的，所以能拿到山里去 zhè zhǒng diànnǎo shì biànxiéshì de, suǒyǐ néng nádào shānli qù

ポーチ〚建築〛门廊 ménláng（英 *a porch*）

ほおづえ【頰杖をつく】 托腮 tuō sāi（英 *rest one's chin in one's cupped hands*）▶〜をついたまま講義を聞いていた/用手托着腮听讲义 yòng shǒu tuōzhe sāi tīng jiǎngyì

ボート 划子 huázi；小船 xiǎochuán（英 *a boat; a rowboat*）▶〜を漕ぐ/划船 huá chuán ▶〜は見る間に波間に飲まれた/小船看着看着就被波浪

吞没了 xiǎochuán kànzhe kànzhe jiù bèi bōlàng tūnmò le ▶～を漕いで対岸に渡る/划着船渡到对岸 huázhe chuán dùdào duì'àn ▶岸辺から～にエールを送った/在岸边为划船比赛加油 zài ànbiān wèi huáchuán bǐsài jiāyóu

ボードセーリング〘スポーツ〙帆板运动 fānbǎn yùndòng (英 boardsailing)

ボードビリアン 轻松戏剧演员 qīngsōng xìjù yǎnyuán (英 a vaudevillian)

ボードビル 轻松戏剧 qīngsōng xìjù; 轻歌舞剧 qīnggēwǔjù (英 vaudeville)

ポートレート 肖像(画) xiàoxiàng(huà) (英 a portrait)

ポートワイン〘酒〙甜红葡萄酒 tiánhóng pútaojiǔ (英 port)

ボーナス 红利 hónglì; 津贴 jīntiē (英 a bonus) ▶～が出たらパソコンを買い替えよう/发了奖金,就买个新的电脑吧 fāle jiǎngjīn, jiù mǎi ge xīn de diànnǎo ba ▶～を現物で受け取る/领取实物代替奖金 lǐngqǔ shíwù dàitì jiǎngjīn

ほおばる【頬張る】大口吃 dàkǒu chī (英 fill one's mouth with...) ▶口一杯に～/狼吞虎咽 láng tūn hǔ yàn ▶リンゴを口一杯に～/满嘴塞满了苹果 mǎnzuǐ sāimǎnle píngguǒ

ほおひげ【頬髭】连鬓胡子 liánbìn húzi; 络腮胡子 luòsāi húzi (英 whiskers) ▶～がもじゃもじゃに生えている/留着长长的络腮胡子 liúzhe chángcháng de luòsāi húzi ▶～をはやした男が応対に出た/蓄着络腮胡子的男子出来接待 xùzhe luòsāi húzi de nánzǐ chūlái jiēdài

ホープ 瞩望人物 zhǔwàng rénwù (英 a hope) ▶日本サッカー界の～/日本足球界所瞩望的人物 Rìběn zúqiújiè suǒ zhǔwàng de rénwù ▶君は我が社の～なんだってね/听说你是我们公司的希望啊 tīngshuō nǐ shì wǒmen gōngsī de xīwàng a

ほおべに【頬紅】胭脂 yānzhi (英 rouge) ▶うっすらと～をさしている/脸颊上薄薄地涂了一层胭脂 liǎnjiáshang báobáo de túle yì céng yānzhi ▶～が濃すぎますよ/胭脂太浓了 yānzhi tài nóng le

ほおぼね【頬骨】颧骨 quángǔ (英 a cheekbone) ▶～の高い/高颧骨的 gāoquángǔ de ▶あの～の高い人が幹事さんですよ/那个颧骨高的人就是干事 nàge quángǔ gāo de rén jiù shì gànshi

ホーム 家 jiā; 家庭 jiātíng; 站台 zhàntái; 本垒 běnlěi (英 a home; 〘駅の〙a platform; 〘野球の〙the home plate) ▶ときどき～パーティーを開いている/时不时举行家庭晚会 shíbùshí jǔxíng jiātíng wǎnhuì

◆～ゲーム ┊主场比赛 zhǔchǎng bǐsài ～ヘルパー ▶週に3日～ヘルパーに来てもらう/一周三天请保姆来 yì zhōu sān tiān qǐng bǎomǔ lái マイ～ ┊自家 zìjiā ▶無理をしてマイ～を買った/超过能力买了房子 chāoguò nénglì mǎile fángzi 老人～ ┊养老院 yǎnglǎoyuàn ▶老人～に入るにも先立つものが…/进养老院也需要钱… jìn yǎnglǎoyuàn yě xūyào qián…

ホームグラウンド 主场 zhǔchǎng; 根据地 gēnjùdì (英 ground) ▶彼は大人なのに新宿が夜の～なんだって/听说他虽说是老人,但是晚上却把新宿当成了根据地 tīngshuō tā suīshuō shì lǎorén, dànshì wǎnshang què bǎ Xīnsù dàngchéngle gēnjùdì

ホームシック 怀乡病 huáixiāngbìng; 思乡病 sīxiāngbìng (英 homesickness) ▶～にかかる/陷入乡思 xiànrù xiāngsī ▶入学当初はひどい～にかかった/刚入学的时候感觉很想家 gāng rùxué de shíhou gǎnjué hěn xiǎngjiā

ホームステイ 留学生在外国人家庭寄住 liúxuéshēng zài wàiguórén jiātíng jìzhù (英 homestay) ▶若い頃アメリカで～を体験した/年轻的时候在美国民家寄宿过 niánqīng de shíhou zài Měiguó mínjiā jìsùguò ▶文化摩擦につきものだ/家庭寄居一定会有文化摩擦 jiātíng jìjū yídìng huì yǒu wénhuà mócā ▶彼は1年間私の家に～した/他在我家寄宿了一年 tā zài wǒ jiā jìsùle yì nián

ホームチーム 本地球队 běndì qiúduì; 主队 zhǔduì (英 the home team)

ホームドラマ 家庭故事片 jiātíng gùshipiàn; 家庭剧 jiātíngjù (英 a family drama)

ホームページ〘インターネット〙主页 zhǔyè; 网页 wǎngyè (英 a website;〘最初のページ〙a homepage) ▶新たに～を開設する/重新开设了网站 chóngxīn kāishèle wǎngzhàn ▶近藤さんの～に書き込みをした/给近藤的网站写了帖子 gěi Jìnténg de wǎngzhàn xiěle tiězi ▶詳しくは～で御案内しております/详细情况在网站上说明 xiángxì qíngkuàng zài wǎngzhànshang shuōmíng

ホームラン〘野球〙本垒打 běnlěidǎ (英 a home run) ▶～は野球の花だ/本垒打是棒球中最耀眼的 běnlěidǎ shì bàngqiú zhōng zuì yàoyǎn de ▶こんどの企画は大～でしたね/这次的企划真好像是个极大的本垒打 zhè cì de qǐhuà zhēn hǎoxiàng shì ge jí dà de běnlěidǎ

ホームルーム 班会活动 bānhuì huódòng (英 homeroom) ▶あのクラスは～が活発だ/那个班的班会活动很活跃 nàge bān de bānhuì huódòng hěn huóyuè ▶～の有効利用を考えよう/一起想想怎样有效利用班会活动吧 yìqǐ xiǎngxiang zěnyàng yǒuxiào lìyòng bānhuì huódòng ba

ホームレス 无家可归者 wú jiā kě guī zhě; 流浪者 liúlàngzhě (英 a homeless person) ▶～にも高齢化がしのびよっている/无家可归者也悄悄开始老龄化了 wú jiā kě guī zhě yě qiāoqiāo kāishǐ lǎolínghuà le

ポーランド 波兰 Bōlán (英 Poland)

ボーリング 钻探 zuāntàn (掘る) (英 boring) ▶温泉をつくろうと～を始めた/为了建温泉,开始钻探了 wèile jiàn wēnquán, kāishǐ zuāntàn le

ホール〘広間〙大厅 dàtīng (英 [大広間] a

ボール hall; [ゴルフの] a hole）▶彫刻は玄関～に飾られている/雕刻装饰在门厅 diāokè zhuāngshì zài méntīng ▶演奏会は市民～で催される/演奏会在市民大厅举行 yǎnzòuhuì zài shìmín dàtīng jǔxíng

ボール 球 qiú（英 a ball）▶～を打つ/击球 jī qiú ▶～をパスする/传球 chuán qiú ▶～は青空に吸い込まれていった/球高高地飞向蓝天 qiú gāogāo de fēixiàng lántiān

ボール 杆子 gānzi；竿 gān（英 a pole）▶～に高々と国旗が上がった/在旗杆上高高地升起了国旗 zài qígānshang gāogāo de shēngqǐle guóqí

ボールがみ【ボール紙】 马粪纸 mǎfènzhǐ；纸板 zhǐbǎn（英 cardboard）

ホールディングカンパニー 持股公司 chígǔ gōngsī（英 a holding company）

ボールペン 圆珠笔 yuánzhūbǐ（英 a ballpoint pen）

ほおん【保温する】 保暖 bǎonuǎn；保温 bǎowēn（英 keep... warm）▶毛布に包めば～効果があるだろう/用毛毯包住的话就会有保温效果吧 yòng máotǎn bāozhù dehuà jiù huì yǒu bǎowēn xiàoguǒ ba ▶一晩～して発芽を促す/保温一个晚上促使发芽 bǎowēn yí ge wǎnshang cùshǐ fāyá ▶寒冷地には～下着がいい/在寒冷地区最好还是穿保温内衣 zài hánlěng dìqū zuìhǎo háishi chuān bǎowēn nèiyī

ほか【外·他】 **❶**［それ以外のこと·もの］其他 qítā（英 the others）▶～にまだ三人が未提出だ/另外还有三个人没有提交 lìngwài hái yǒu sān ge rén méiyǒu tíjiāo ▶黙って耐える～はない/只有默默地忍耐 zhǐyǒu mòmò de rěnnài **❷**［…を除いて］除了… 以外 chúle … yǐwài（英 except...）▶佐藤博士～3名が名を連ねている/佐藤博士和其他三位联名 Zuǒténg bóshì hé qítā sān wèi liánmíng

思いの～ 意外 yìwài ▶相手は思いの～手ごわかった/对手比想象的要强 duìshǒu bǐ xiǎngxiàng de yàoqiáng

～でもない ▶話というのは～でもないが、今度の人事で…/我要说的不是别的，就是这次的人事问题… wǒ yào shuō de bú shì biéde, jiù shì zhè cì de rénshì wèntí…

～ならぬ ▶～ならぬあなたの御依頼だから…/求我的是你而不是别人，所以… qiú wǒ de shì nǐ ér bú shì biérén, suǒyǐ…

～の 別的 biéde ▶～の店をあたろう/去别的店吧 qù biéde diàn ba ▶～の誰か/其他 qítā ▶～の人はともかく、私は…/我不知道别的人怎么样，我… wǒ bù zhīdào biéde rén zěnmeyàng, wǒ…

ポカ（失敗）失误 shīwù；疏忽 shūhu（英 a blunder）▶こう～が多くては留任など無理だ/失误这么多，不可能留任 shīwù zhème duō, bù kěnéng liúrèn

ほかく【捕獲する】 捕获 bǔhuò；缴获 jiǎohuò；捕捉 bǔzhuō（英 capture）▶町では熊の～に踏

みきった/镇上决定捕熊 zhènshang juédìng bǔ xióng ▶3日目にようやくあざらしを～することができた/第三天终于捕获到海豹 dìsān tiān zhōngyú bǔhuòdào hǎibào

ほかげ【火影】 火光 huǒguāng（英 a flicker of light）▶窓から～が漏れている/火光从窗户里透过来 huǒguāng cóng chuānghuli tòuguòlai

ほかげ【帆影】 帆影 fānyǐng（英 a sail seen in the distance）▶かすんでいる/在海面上朦胧可见帆影 zài hǎimiànshang ménglóng kějiàn fānyǐng

ほかけぶね【帆掛け舟】 帆船 fānchuán（英 a sailboat）▶こんな小さな～で海峡を渡れるのか/这么小的帆船能渡过海峡吗？zhème xiǎo de fānchuán néng dùguò hǎixiá ma?

ぼかし【暈し】 晕染 yùnrǎn；模糊处理 móhu chǔlǐ（英 shading off）▶～を入れる/加浓色 jiā dànsè ▶この辺に～を入れてはいかがでしょう/这个地方让它模糊一点怎么样？zhège dìfang ràng tā móhu yìdiǎn zěnmeyàng? ▶～染めの技法を学ぶ/学习晕染技法 xuéxí yùnrǎn jìfǎ

ぼかす【暈す】 弄蒙 nòngdàn；模糊 móhu（英 shade off）▶淡い霧が里の明かりを暈していた/淡淡的薄雾让村庄的灯火显得朦朦胧胧 dàndàn de bówù ràng cūnzhuāng de dēnghuǒ xiǎnde méngménglónglóng ▶肝腎の点は暈して答弁した/重要的地方回答得模模糊糊 zhòngyào de dìfang huídáde móumóhu

-ほかない 只好 zhǐhǎo；只有 zhǐyǒu（英 can only）▶謝る～/只好赔不是 zhǐhǎo péi búshi

-ほかならない 无非 wúfēi；不外 búwài；无异于 wúyíyú（英 be nothing but...）▶これは彼からの警告に～/这无非是他的警告 zhè wúfēi shì tā de jǐnggào ▶「某氏」とはこの私に～/所谓的某位是指我 suǒwèi de mǒu wèi jiù shì zhǐ wǒ

ほかほか 热烘烘 rèhōnghōng；热乎乎 rèhūhū（英 hot）▶～の焼きいもはいかがですか/来一个热乎乎的烤红薯吧？lái yí ge rèhūhū de kǎohóngshǔ ba? ▶肉マンが～温かい/肉包子热乎乎 ròubāozi rèhūhū de

ぽかぽか（暖か）暖洋洋 nuǎnyángyáng；（たたく音）怦怦 pēngpēng［暖かい］ comfortably warm；［何度も］over and over again）▶～暖かい/暖烘烘 nuǎnhōnghōng ▶春の陽ざしは～暖かい/春天的阳光暖洋洋的 chūntiān de yángguāng nuǎnyángyáng de ▶～陽気/暖洋洋的天气 nuǎnyángyáng de tiānqì ▶～陽気に誘われて散歩に出た/被暖洋洋的天气吸引，出门散步 bèi nuǎnyángyáng de tiānqì xīyǐn, chūmén sànbù ▶この鍋物は腹の底から～温まる/冬天吃火锅能把整个身体暖和过来 dōngtiān chī huǒguō néng bǎ zhěnggè shēntǐ nuǎnhuoguòlai ▶ヘルメットの上から～なぐる/怦怦地从头盔上敲了敲他 pēngpēng de cóng tóukuīshang qiāoleqiāo tā

ほがらか【朗らかな】 明朗 mínglǎng；开朗 kāilǎng（英 cheerful）▶～な人柄/爽朗的性格

ぼかりと 怦怦 pēngpēng (英 at one whack) ▶頭を～となぐられた/头被怦地敲了一下 tóu bèi pēng de qiāole yíxià

ほかん【保管】 保管 bǎoguǎn (英 keep) ▶～係/保管员 bǎoguǎnyuán ▶拾った財布は遺失物～係に届けた/把捡到的钱包交给了失物保管员 bǎ jiǎndào de qiánbāo jiāogěile shīwù bǎoguǎnyuán ▶書類は私が～しています/我来保管文件 wǒ lái bǎoguǎn wénjiàn ▶～料は一分もまけていただきます/保管费一分不能少 bǎoguǎnfèi yì fēn bùnéng shǎo

ぼかんと ❶【殴る勢い】啪地一声 pā de yì shēng (英 at a whack) ▶～一発叩きたいですね/啪地打了他一下 pā de dǎle tā yíxià ❷【ぼんやり】发呆 fādāi (英 absent-mindedly) ▶～とする/发愣 fālèng; 发呆 fādāi ▶～と口をあける/张开大口发愣 zhāngkāi dàkǒu fālèng ▶くたびれて～と空を眺めていた/累得望着天空发呆 lèide wàngzhe tiānkōng fādāi ▶～と口をあけたままつっ立っていた/张开嘴站着发愣 zhāngkāi zuǐ zhànzhe fālèng

ぼき【簿記】 簿记 bùjì (英 bookkeeping) ▶複式～/复式簿记 fùshì bùjì ▶珠算一級～二級の腕をもつ/有珠算一级簿记二级的水平 yǒu zhūsuàn yì jí bùjì èr jí de shuǐpíng

ぼきっと 喀嚓一声 kāchā yì shēng (英 with a snap) ▶枯れ枝が～と折れた/枯树枝一下子折了 kūshùzhī yíxiàzi zhé le ▶～と音がして腕の骨が折れた/手腕怦地一下折了 shǒuwàn pēng de yíxià zhé le

ぼきぼき 嘎巴嘎巴 gābāgābā; 咔嘣咔嘣 kābēngkābēng ([ぼきぼき鳴らす] crack) ▶指の骨を～鳴らして身構えた/手指骨节发出咔嘣咔嘣 de xiǎngshēng, bǎihǎole zīshì

ボキャブラリー 词汇 cíhuì (英 vocabulary) ▶～が乏しい/语汇贫乏 yǔhuì pínfá ▶～が乏しくて話に味がない/词汇太少, 说的话没有意思 cíhuì tài shǎo, shuō de huà méiyǒu yìsi ▶～を豊かにするよう心がける/努力让自己的语言丰富起来 nǔlì ràng zìjǐ de yǔyán fēngfùqǐlai

ほきゅう【補給する】 补给 bǔjǐ (英 supply) ▶栄養を～する/补充营养 bǔchōng yíngyǎng ▶集落への食料～が緊急の課題だった/当时给村落补给粮食是一个紧迫的课题 dāngshí gěi cūnluò bǔjǐ liángshi shì yí ge jǐnpò de kètí ▶燃料の～路を断たれる/燃料的补给被切断了 ránliào de bǔjǐ bèi qiēduàn le ▶用紙がきれた. すぐ～してくれ/纸用完了, 马上补充一下 zhǐ yòngwán le, mǎshàng gěi bǔchōng yíxià

◆～基地:补给基地 bǔjǐ jīdì

ほきょう【補強する】 加强 jiāqiáng; 加固 jiāgù (英 reinforce) ▶耐震～が急務です/加强防震是当务之急 jiāqiáng fángzhèn shì dāng wù zhī jí ▶建造物～に予算を回した/为加固建筑物做了充分的预算 wèi jiāgù jiànzhùwù zhǔnbèile chōngfèn de yùsuàn ▶まず壁面を～する/首先加固墙壁 shǒuxiān jiāgù qiángbì ▶戦力は十分に～できた/战斗力量得到了足够的加强 zhàndòu lìliàng dédàole zúgòu de jiāqiáng

ぼきん【募金】 捐款 juānkuǎn; 募捐 mùjuān (英 fund raising) ▶救援のための～に応じる/向救援基金捐款 xiàng jiùyuán jījīn juānkuǎn ▶～を求めて街頭に立つ/在街头号召捐款 zài jiētóu hàozhào juānkuǎn ▶共同の時期になる/到了共同捐款的时期了 dàole gòngtóng juānkuǎn de shíqī le

ほきんしゃ【保菌者】 带菌者 dàijūnzhě (英 a germ carrier) ▶～が街をうろついている/带菌者在外面到处走 dàijūnzhě zài wàimiàn dàochù zǒu ▶本人は～であることを知らない/他本人不知道自己是带菌者 tā běnrén bù zhīdào zìjǐ shì dàijūnzhě

ぼく【僕】 我 wǒ (英 I) ▶君と～は二人で一人だ/你和我, 我们两个是一个人 nǐ hé wǒ, wǒmen liǎng ge shì yí ge rén ▶そんなことを～に聞かれても困る/这种事情问我, 我怎么知道 zhè zhǒng shìqing wèn wǒ, wǒ zěnme zhīdào ▶～を信じてくれ/相信我吧 xiāngxìn wǒ ba

ほくい【北緯】 北纬 běiwěi (英 the north latitude) ▶ヨットは～40度東経170度に達した/小帆船到达了北纬四十度东经一百七十度的地点 xiǎofānchuán dàodále běiwěi sìshí dù dōngjīng yìbǎi qīshí dù de dìdiǎn

ほくおう【北欧】 北欧 Běi Ōu (英 Northern Europe)

◆～神話:北欧神话 Běi Ōu shénhuà

ほくげん【北限】 (生物分布的)北限 (shēngwù fēnbù de) běixiàn (英 the northernmost point) ▶日本猿の～は青森県である/日本猴分布的北限在青森县 Rìběnhóu fēnbù de běixiàn zài Qīngsēnxiàn

ボクサー 拳击家 quánjījiā (英 a boxer) ▶～になりたい一心で苦労に耐えている/忍受艰苦, 一心要做拳击手 rěnshòu jiānkǔ, yìxīn yào zuò quánjīshǒu

ぼくさつ【撲殺する】 打死 dǎsǐ (英 beat... to death) ▶死者は明らかに～されている/死者明显是被打死的 sǐzhě míngxiǎn shì bèi dǎsǐ de

ぼくし【牧師】 牧师 mùshi (英 a minister; a clergyman) ▶坊さんの子が～になると言いだした/和尚的孩子要当牧师 héshang de háizi shuō yào dāng mùshi ▶～が説教を始めた/牧师开始传教 mùshi kāishǐ chuánjiào

ぼくしゅ【墨守】 墨守 mòshǒu (英 adherence) ▶旧套を～していては進歩がない/墨守成规的话, 就没有进步 mòshǒu chéngguī dehuà, jiù méiyǒu jìnbù

ぼくじゅう【墨汁】 墨水 mòshuǐ; 墨汁 mòzhī (英 India ink) ▶筆にたっぷり〜を含ませて紙に向かう/毛笔上蘸满墨汁往纸上写字 máobǐshang zhànmǎn mòzhī wǎng zhǐshang xiě zì

ぼくじょう【北上する】 北上 běishàng (英 go up north) ▶台風は〜を続けている/台风继续北上 táifēng jìxù běishàng ▶部隊は急ぎ〜した/部队急速北上 bùduì jísù běishàng

ぼくじょう【牧場】 牧场 mùchǎng (英 a stock farm) ▶〜を経営/牧场经营 mùchǎng jīngyíng ▶早めに退職して〜を経営にのりだす/提前退休,参与经营牧场 tíqián tuìxiū, cānyù jīngyíng mùchǎng ▶この〜から多くの競走馬が育った/这个牧场饲育了许多赛马 zhège mùchǎng sìyùle xǔduō sàimǎ

ぼくしん【北進する】 北进 běijìn (英 go up north) ▶船団はここから〜に転じた/船队从这里转向北进 chuándùi cóng zhèlǐ zhuǎnxiàng běijìn ▶このまま〜すれば危険区域に入りこむ/这样一直北进的话就进入危险区域了 zhèyàng yìzhí běijìn dehuà jiù jìnrù wēixiǎn qūyù le

ボクシング〚スポーツ〛 拳击 quánjī (英 boxing) ▶〜界にスターが生まれた/拳击界出现了明星 quánjījiè chūxiànle míngxīng
◆キック〜 ▶キック〜の普及をはかる/试图普及泰式拳击 shìtú pǔjí Tàishì quánjī

ほぐす 疏松 shūsōng (英〚もつれを〛 disentangle;〚緊張などを〛 ease) ▶筋肉を〜/揉开肌肉 róukāi jīròu ▶軽い体操で筋肉を〜/做轻度体操放松肌肉 zuò qīngdù tǐcāo fàngsōng jīròu ▶緊張をほぐそうとしてアカンペーをした/为了让气氛轻松扮了个鬼脸 wèile ràng qìfēn qīngsōng bànle ge guǐliǎn

ぼくせい【北西】 西北 xīběi (英 northwest) ▶〜の風, 風力4/西北风, 风力四级 xīběifēng, fēnglì sì jí ▶〜に進路を取って速度を上げよ/进路向西北, 加快速度 jìnlù xiàng xīběi, jiākuài sùdù

ぼくせき【木石】 不懂人情 bù dǒng rénqíng (英 a callous person) ▶私も〜ではないから察していた/我也不是草木, 早就察觉到了 wǒ yě bú shì cǎomù, zǎojiù chájuédào le

ぼくそう【牧草】 牧草 mùcǎo (英 grass) ▶〜地/草场 cǎochǎng; 草地 cǎodì ▶〜地が砂漠化してゆく/牧草地逐渐沙漠化 mùcǎodì zhújiàn shāmòhuà ▶雨が降って〜がよく育つ/下雨了, 牧草长得很好 xià yǔ le, mùcǎo zhǎngde hěn hǎo

ぼくそえむ【ぼくそ笑む】 暗笑 ànxiào; 窃笑 qièxiào (英 chuckle to oneself) ▶午後の図書館では睡魔がぼくそ笑んでいた/在午后的图书馆, 睡魔在暗笑 zài wǔhòu de túshūguǎn, shuìmó zài ànxiào ▶だましたつもりで〜彼がおかしかった/他自以为骗到我, 躲在一边偷笑的样子太可笑了 tā zì yǐwéi piàndào wǒ, duǒzài yìbiān tōuxiào de yàngzi tài kěxiào le

ぼくたく【木鐸】 木铎 mùduó; 先导 xiāndǎo (英 a leader) ▶あんな連中の〜とは聞いて呆れるよ/那帮人是社会的先导, 真让人惊讶 nà bāng rén shì shèhuì de xiāndǎo, zhēn ràng rén jīngyà

ぼくたん【北端】 北端 běiduān (英 the northern extremity) ▶島の〜に小船が流れついた/有一只小船漂到了岛的北端 yǒu yì zhī xiǎochuán piāodàole dǎo de běiduān ▶稚内は日本最〜の町である/稚内是日本最北端的城镇 Zhìnèi shì Rìběn zuì běiduān de chéngzhèn

ぼくちく【牧畜】 畜牧 xùmù (英 stock raising) ▶〜業/畜牧业 xùmùyè ▶北海道は〜業が盛んだ/北海道的畜牧业很兴盛 Běihǎidào de xùmùyè hěn xīngshèng ▶彼らは〜に活路を見出した/他们在畜牧业上找到了出路 tāmen zài xùmùyèshang zhǎodàole chūlù

ぼくとう【北東】 东北 dōngběi (英 northeast) ▶風は〜から吹いてくる/风从东北吹来 fēng cóng dōngběi chuīlái ▶〜の空に機影が現れた/东北的天空里出现了飞机的影子 dōngběi de tiānkōngli chūxiànle fēijī de yǐngzi

ぼくとう【木刀】 木刀 mùdāo (英 a wooden sword) ▶〜で素振りを繰り返す/空抡木刀反复练习 kōng lūn mùdāo fǎnfù liànxí

ぼくどう【牧童】 牧童 mùtóng (英〚羊飼の〛 a shepherd boy;〚牛飼の〛 a cowboy) ▶〜の朝は早い/牧童早上起得很早 mùtóng zǎoshang qǐde hěn zǎo ▶霧の中から〜が駆けてくる/从雾里跑出来一个牧童 cóng wùli pǎochūlai yí ge mùtóng

ぼくとしちせい【北斗七星】〚天文〛 北斗七星 běidǒu qīxīng (英 the Big Dipper)

ぼくとつ【朴訥な】 朴质 pǔzhì (英 simple; unsophisticated) ▶その〜な人柄がみなに好かれた/他朴实的性格受到大家的喜爱 tā pǔshí de xìnggé shòudào dàjiā de xǐ'ài

ぼくねんじん【朴念仁】 不通情理的人 bù tōng qínglǐ de rén (英 a blockhead) ▶あいつは度しがたい〜だ/他是个难以想象的不通人情的人 tā shì ge nányǐ xiǎngxiàng de bù tōng rénqíng de rén ▶あんな〜が相手で話がまとまりますか/跟那样不通情理的人谈, 能谈成吗? gēn nàyàng bù tōng qínglǐ de rén tán, néng tánchéng ma?

ぼくぶ【北部】 北部 běibù (英 the northern part) ▶〜県〜山岳地域に雪が降った/本县的北部山区下了雪 běn xiàn de běibù shānqū xiàle xuě

ぼくべい【北米】 北美 Běi Měi (英 North America) ▶〜大陸/北美大陆 Běi Měi dàlù ▶〜大陸横断ツアー/横断北美大陆的团体旅行 héngduàn Běi Měi dàlù de tuántǐ lǚxíng

ほくほく ❶〚嬉しい〛 高兴 gāoxìng (英 be pleased) ▶思わぬ申し出に彼は内心〜した/听到这个意想不到的提议, 他的内心很高兴 tīngdào zhège yìxiǎngbúdào de tíyì, tā de nèixīn hěn gāoxìng ▶儲けが膨らんで親父は〜顔だった/钱越赚越多, 老头子脸上透着喜悦 qián yuè zhuàn yuè duō, lǎotóuzi liǎnshang tòuzhe xǐyuè ❷【熱い】**热乎乎** rèhūhū (英 *hot and fluffy*) ▶さあさあ～のふかしいもですよ/来，来，尝尝热乎乎的蒸红薯 lái, lái, chángchang rèhūhū de zhēnghóngshǔ

ほくほくせい【北北西】 **西北北** xīběiběi (英 *north-northwest*) ▶～に進路を取れ/向西北北前进 xiàng xīběiběi qiánjìn

ほくほくとう【北北東】 **东北北** dōngběiběi (英 *north-northeast*)

ぼくめつ【撲滅する】 **扑灭** pūmiè; **灭绝** mièjué (英 *exterminate*); [疾病，悪風などを] *stamp out*) ▶麻薬を～する/扫除毒品 sǎochú dúpǐn ▶密輸を～せよ/清除走私 qīngchú zǒusī ▶～が結核の～が彼の悲願だった/完全消除结核是他的夙愿 wánquán xiāochú jiéhé shì tā de sùyuàn

日中比較 中国語の'扑灭 pūmiè'は「撲滅する」の他に「火を消し止める」ことをもいう。

ほくよう【北洋】 **北洋** běiyáng (英 *the northern seas*) ▶～漁業/北洋渔业 běiyáng yúyè ▶～漁業も資源の枯渇が心配だ/北洋渔业也存在资源枯渇的忧患 běiyáng yúyè yě cúnzài zīyuán kūjié de yōuhuàn

ほぐれる ❶【解ける】**解开** jiěkāi; **舒展** shūzhǎn (英 *become disentangled*) ▶固まった麺がほぐれてきた/变硬了的面条舒展开了 biànyìngle de miàntiáo shūzhǎnkāi le ❷【気が】**舒畅** shūchàng; **开朗** kāilǎng (英 *be relaxed*) ▶彼の一言で皆の気持がほぐれた/那一句话让大家的心情都舒畅了 nà yí jù huà ràng dàjiā de xīnqíng dōu shūchàng le

ほくろ【黒子】 **黑子** hēizǐ; **黑痣** hēizhì (英 *a mole*) ▶鼻先に～がある/鼻尖尖上有颗痣 bíjiānshang yǒu kē zhì ▶化粧の仕上げはつけ～である/化妆的最后是贴一颗痣 huàzhuāng de zuìhòu shì tiē yì kē zhì

ぼけ【惚け】 **痴呆** chīdāi;《万才のボケ役》**捧哏** pěnggén (英 *senility*) ▶時差～がまだ続いている/时差还没有调整过来 shíchā hái méiyǒu tiáozhěngguòlai ▶若い頃から～を心配していた/年轻的时候就担心会不会痴呆 niánqīng de shíhou jiù dānxīn huìbuhuì chīdāi ▶母の～が一段とひどくなった/母亲的痴呆越来越严重了 mǔqin de chīdāi yuèláiyuè yánzhòng le ▶僕が～を演じています/我总是扮演捧哏 wǒ zǒngshì bànyǎn pěnggén

ボケ【木瓜】 〖植物〗**木瓜** mùguā (英 *a Japanese quince*)

ほげい【捕鯨】 **捕鯨** bǔjīng (英 *whaling*)
◆～船**捕鯨船** bǔjīngchuán

ぼけい【母系】 **母系** mǔxì (英 *a maternal line*) ▶～社会/母系社会 mǔxì shèhuì

ほけつ【補欠】 **后备** hòubèi; **补缺** bǔquē (英 *a substitute*) ▶～選手/后备队员 hòubèi duìyuán ▶僕は～選手のままで終わった/我以替补队员的身份结束了 wǒ yǐ tìbǔ duìyuán de shēnfen jiéshù le ▶辛うじて～で合格することができた/好不容易做为补缺合格了 hǎobù róngyì zuò wéi bǔquē hégé le ▶～選挙に打って出ることにした/决定参加补缺选举 juédìng cānjiā bǔquē xuǎnjǔ

ぼけつ【墓穴】 **墓穴** mùxué (英 *a grave*) ▶～を掘る **自掘坟墓** zì jué fénmù; **自取灭亡** zì qǔ mièwáng ▶大臣は～を掘りましたね/大臣这可是自掘坟墓 dàchén zhè kě shì zì jué fénmù

ポケット **衣兜** yīdōu; **口袋** kǒudai (英 *a pocket*) ▶内～から手帳を取り出す/从里口袋取出记事本 cóng lǐkǒudai qǔchū jìshìběn ▶寄付金を自分の～に入れたのだ/把捐款放到了自己的腰包里 bǎ juānkuǎn fàngdàole zìjǐ de yāobāoli ▶～にナイフを忍ばせている/在兜儿里藏上刀 zài dōurli cángshàng dāo
～サイズの **小型的** xiǎoxíng de; **袖珍型** xiùzhēnxíng ▶～サイズの辞書を重宝している/我一直爱用袖珍字典 wǒ yìzhí àiyòng xiùzhēn zìdiǎn
◆～ベル **BP机** BPjī; **寻呼机** xúnhūjī ◆～マネー **零用钱** língyòngqián ▶～は私の～マネーで負担しよう/那个用我的私款付吧 nàge yòng wǒ de sīkuǎn fù ba

ぼける【呆ける】 ❶【頭が】**发痴** fāchī; **发呆** fādāi; **昏聩** hūnkuì (英 *grow senile*) ▶まだ～年じゃないだろう/还没有到痴呆的年龄吧 hái méiyǒu dào chīdāi de niánlíng ba ▶どんなに呆けても子供の顔は憶えていた/不管怎样痴呆，还是记住了孩子的脸 bùguǎn zěnyàng chīdāi, háishi jìzhùle háizi de liǎn ❷【色や像が】**模糊** móhu ▶このレポートはピントが呆けているよ/这篇报告的论点模糊 zhè piān bàogào de lùndiǎn móhu

ほけん【保健】 **保健** bǎojiàn (英 *health*) ▶～所/保健站 bǎojiànzhàn ▶～所で健康診断を受けた/在保健所接受身体检查 zài bǎojiànsuǒ jiēshòu shēntǐ jiǎnchá ▶～室が僕の教室だった/保健室是我的教室 bǎojiànshì shì wǒ de jiàoshì ▶～師の免許が取れた/取得了保健师的执照 qǔdéle bǎojiànshī de zhízhào

ほけん【保険】 **保险** bǎoxiǎn (英 *insurance*) ▶妻に高額の～をかけると怪しまれるぞ/给妻子加上高额的保险，会被人怀疑的 gěi qīzi jiāshàng gāo'é de bǎoxiǎn, huì bèi rén huáiyí de ▶～にも入らずに車を運転していたんだって/据说他开车一直没加入保险 jùshuō tā kāichē yìzhí méi jiārù bǎoxiǎn ▶治療費は～でまかなえる/治疗费用从保险中出 zhìliáofèi néng cóng bǎoxiǎn zhōng chū ▶～を解約して借金を払う/把人寿保险解约来还债 bǎ rénshòu bǎoxiǎn jiěyuē lái huánzhài ▶図書費は精神の～のようなものだ/图书费就像是精神的保险金一样的 túshūfèi jiù xiàng shì jīngshén de bǎoxiǎnjīn yíyàng de ▶～金目当ての殺人がばれた/以骗取保险金为目的的杀人事件败露了 yǐ piànqǔ bǎoxiǎnjīn wéi mùdì de shārén shìjiàn bàilù le ▶妻を受取人として一千万円の生命～をかけた/我加入了以妻子为受领人的一千万日元的保险 wǒ jiārùle yǐ qīzi wéi shòulǐngrén de yìqiān wàn Rìyuán de bǎoxiǎn

◆～会社|保险公司 bǎoxiǎn gōngsī ～証書|保单 bǎodān; 保险证书 bǎoxiǎn zhèngshū ～代理店|保险代理店 bǎoxiǎn dàilǐdiàn

[日中比較] 中国語の'保険'は「保険」の他に「保険箱」ことをもいう。▶保険箱 bǎoxiǎnxiāng/(小型)金庫

ほこ【矛】戈 gē (英 *a pike*; [武器] *arms*) ▶あくまで～をまじえる構えでいる/摆出非一决雌雄不可的架势 bǎichū fēi yì jué cíxióng bùkě de jiàshì

～を納める 停戦 tíngzhàn ▶いいかげんに～を納めろよ/差不多可以停战了吧！ chàbuduō kěyǐ tíngzhàn le ba！

ほご【反故】废纸 fèizhǐ (英 *wastepaper*) ▶約束を～にする/毀约 huǐyuē ▶約束を～にするつもりか/你想反悔吗？ nǐ xiǎng fǎnhuǐ ma？ ▶血と汗で書いた報告書が～同然に扱われている/用血汗写成的报告被当作废纸一样处理了 yòng xuèhàn xiěchéng de bàogào bèi dàngzuò fèizhǐ yíyàng chǔlǐ le

ほご【保護する】保护 bǎohù; 卫护 wèihù (英 *protect*) ▶警察に～を求める/去找警察请求保护 qù zhǎo jǐngchá qǐngqiú bǎohù ▶～者/保护人 bǎohùrén ▶～者同伴で出席されたい/请家长一同出席 qǐng jiāzhǎng yìtóng chūxí ▶海辺で迷子が 3 人～された/海边收容了三个迷路的孩子 hǎibiān shōuróngle sān ge mílù de háizi ▶野生動物～地区/野生动物保护地区 yěshēng dòngwù bǎohù dìqū ▶彼はまだ～観察期間中です/他还在保护观察期间 tā hái zài bǎohù guānchá qījiān

◆生活～ ▶生活～を受ける/接受生活保障 jiēshòu shēnghuó bǎozhàng ～関税 ▶～関税を撤廃する/撤销保护关税 chèxiāo bǎohù guānshuì

ほご【補語】『文法』补语 bǔyǔ (英 *a complement*)

ぼご【母語】母语 mǔyǔ (英 *one's mother tongue*)

ほこう【歩行する】步行 bùxíng; 走路 zǒulù (英 *walk*) ▶～困難/走路困难 zǒulù kùnnan ▶～者/行人 xíngrén ▶～者が車両に脅えている/行人怕车辆 xíngrén pà chēliàng ▶後遺症があって～が困難である/有后遗症步行困难 yǒu hòuyízhèng bùxíng kùnnan ▶ここでは右側を～して下さい/在这里请走右侧 zài zhèlǐ qǐng zǒu yòucè

ほこう【補講】补课 bǔkè (英 *a supplementary lecture*) ▶出席不足のため～を受ける/因为出席不够，接受补课 yīnwèi chūxí bú gòu, jiēshòu bǔkè ▶～して遅れを取りもどす/通过补课把掉下的功课补回来 tōngguò bǔkè bǎ diàoxià de gōngkè bǔhuílái ▶ 1 週間の～期間を設ける/设置一周的补课期间 shèzhì yì zhōu de bǔkè qījiān

ぼこう【母校】母校 mǔxiào (英 *one's alma mater*) ▶甲子園に～の校歌が流れた/母校的校歌在甲子园响起 mǔxiào de xiàogē zài Jiǎzǐyuán huíxiǎng ▶統廃合で～がなくなった/由于与别的学校合并，母校已不复存在 yóuyú yǔ biéde xuéxiào hébìng, mǔxiào yǐ bú fù cúnzài

ぼこう【母港】母港 mǔgǎng (英 *a ship's home port*) ▶艦は無残な姿で～に帰ってきた/军舰以惨不忍睹的形象回到了母港 jūnjiàn yǐ cǎn bù rěn dǔ de xíngxiàng huídàole mǔgǎng ▶～を出てすぐ戦闘が始まった/一出母港，战斗就开始了 yì chū mǔgǎng, zhàndòu jiù kāishǐ le

ぼこく【母国】祖国 zǔguó (英 *one's mother country*) ▶旅先で思いがけず～語を聞いた/在旅行的地方没想到听到了母语 zài lǚxíng de dìfang méi xiǎngdào tīngdàole mǔyǔ

ほこさき【矛先】《非難・攻撃的》矛头 máotóu; 锋芒 fēngmáng (英 [槍先] *the point of a spear*; [論鋒] *the force of an argument*) ▶君が相手だと～が鈍るよ/你是对手的话，我斗志都没了 nǐ shì duìshǒu dehuà, wǒ dòuzhì dōu méi le ▶相手の鋭い質問の～をかわしかねた/没能避开对方的尖锐质问 méi néng bìkāi duìfāng de jiānruì zhìwèn

～を転じる 转移锋芒 zhuǎnyí fēngmáng ▶質問者は汚染問題へと～を転じた/提问者把矛头转向了污染问题 tíwènzhě bǎ máotóu zhuǎnxiàngle wūrǎn wèntí

～を向ける 把矛头指向 bǎ máotóu zhǐxiàng ▶彼らは局長に～を向けてきた/他们的矛头指向了局长 tāmen de máotóu zhǐxiàngle júzhǎng

ほこぼこ 咕嘟咕嘟 gūdūgūdū (〔ほこぼこ音がする〕 *make a hollow sound*) ▶あいつを～に痛めつけてやる/我要把他痛打一通 wǒ yào bǎ tā tòngdǎ yítōng ▶下水管が～音をたてた/下水管道咕嘟咕嘟地响 xiàshuǐ guǎndào gūdūgūdū de xiǎng

ほこら【祠】小神庙 xiǎoshénmiào (英 *a small shrine*) ▶庭先の小さな～に狐がまつってある/在院子里的小庙供奉着狐狸 zài yuànzili de xiǎomiào gòngfèngzhe húli ▶交通事故の現場近くに～ができた/在交通事故的现场附近盖起了小庙 zài jiāotōng shìgù de xiànchǎng fùjìn gàiqǐle xiǎomiào

ほこらしい【誇らしい】骄傲 jiāo'ào; 自豪 zìháo (英 *proud*) ▶初めて立った赤ん坊は誇らしげに母を見た/第一次站起来的婴儿自豪地看了看妈妈 dìyī cì zhànqǐlai de yīng'ér zìháo de kànlekàn māma ▶友の偉業を私まで誇らしく思う/朋友的伟业，我都感到骄傲 péngyou de wěiyè, wǒ dōu gǎndào jiāo'ào ▶マラソンを完走して～気持ちになる/跑到了马拉松的终点，感到很自豪 pǎodàole mǎlāsōng de zhōngdiǎn, gǎndào hěn zìháo

ほこり【埃】尘埃 chén'āi; 灰尘 huīchén; 尘土 chéntǔ (英 *dust*) ▶～をはたく/掸去尘土 dǎnqù chéntǔ ▶全身～だらけだ/满身是灰尘 mǎnshēn shì huīchén ▶歩くとたちまち～が立った/一走动，灰尘马上就起来了 yì zǒudòng, huīchén mǎshàng jiù qǐlái le ▶風の日に外出して全身

～だらけになった/刮风的日子里出门，全身都是灰尘 guāfēng de rìzili chūmén, quánshēn dōu shì huīchén ▶読みかけの本は～をかぶっていた/还没读完的书蒙上了灰尘 hái méi dúwán de shū méngshàngle huīchén ▶なんだか～っぽい町だ/总觉得是一个满是灰尘的城镇 zǒng juéde shì yí ge mǎn shì huīchén de chéngzhèn ▶雨が降って～が静まった/下了雨，灰尘也少了 xiàle yǔ, huīchén yě shǎo le

叩けば～が出る ▶どうせおれは叩けば～が出る体だ/反正，我是一查就能查出问题的人 fǎnzheng, wǒ shì yì chá jiù néng cháchū wèntí de rén

ほこり【誇り】自尊心 zìzūnxīn；骄傲 jiāo'ào；自豪感 zìháogǎn（英 pride）▶～に思う/感到自豪 gǎndào zìháo ▶君という友を得たことを～に思う/能有你这样的朋友感到很骄傲 néng yǒu nǐ zhèyàng de péngyou gǎndào hěn jiāo'ào ▶～高い/自尊心很强 zìzūnxīn hěn qiáng ▶彼らは～高い集団である/他们是自尊心很强的团体 tāmen shì zìzūnxīn hěn qiáng de tuántǐ ▶自分の仕事に～を持っているか/你对自己的工作感到自豪吗？ nǐ duì zìjǐ de gōngzuò gǎndào zìháo ma? ▶彼は我が校の～である/他是我们学校的骄傲 tā shì wǒmen xuéxiào de jiāo'ào

ほこる【誇る】自豪 zìháo；夸耀 kuāyào（英 be proud）▶世界に～/向世界夸耀 xiàng shìjiè kuāyào ▶『源氏物語』は日本が世界に～古典である/《源氏物語》是日本对世界引以为荣的古典 《Yuánshì wùyǔ》shì Rìběn duì shìjiè yǐn yǐ wéi róng de gǔdiǎn ▶それが～ほどのことかい/那是值得夸耀的事吗？ nà shì zhíde kuāyào de shì ma? ▶豪腕を～社长もついに引退した/以铁腕闻名的总经理终于退休了 yǐ tiěwàn wénmíng de zǒngjīnglǐ zhōngyú tuìxiū le

ほころび【綻び】破绽 pòzhàn（英 an open seam）▶年金制度にも～が目立ってきた/养老金制度的漏洞也开始明显났다 yǎnglǎojīn zhìdù de lòudòng yě kāishǐ míngxiǎn le ▶僕の心の～を縫えるのは君だけだ/能补好我心中的漏洞的人只有你 néng bǔhǎo wǒ xīnzhōng de lòudòng de rén zhǐ yǒu nǐ ▶ズボンの～に気づいて慌てた/发现裤子上破了个洞，觉得十分狼狈 fāxiàn kùzishang pòle ge dòng, juéde shífēn lángbèi

ほころびる【綻びる】❶【縫い目】开线 kāi-xiàn；开线 kāixiàn（英 come apart）▶袖口が綻びている/袖口开线了 xiùkǒu zàixiàn le
❷【花が】微开 wēikāi；【口元が】微笑 wēixiào（英 open）▶桜の花が～/樱花微开 yīnghuā wēikāi ▶桜の花が綻びはじめた/樱花开始绽放了 yīnghuā kāishǐ zhànfàng le ▶口元が～/微笑 wēixiào ▶口元が思わず知らず～/情不自禁地口笑开了 qíng bù zì jīn de kāikǒu xiàokāi le ▶彼女は顔を綻ばせた/她开口一笑 tā kāikǒu yí xiào

ほさ【補佐】助理 zhùlǐ；辅助 fǔzhù（英 an assistant）▶～する/辅助 fǔzhù；辅佐 fǔzuǒ ▶～役は会长を～することである/任务是辅助会长 rènwu shì fǔzhù huìzhǎng ▶～的な/助理 zhùlǐ ▶当面は～的な仕事をしてもらう/目前你做辅助性的工作 mùqián nǐ zuò fǔzhùxìng de gōngzuò ▶～役/助理 zhùlǐ ▶彼は二十年間～役に徹した/他二十年来一直作辅助工作 tā èrshí nián lái yìzhí zuò fǔzhù gōngzuò ▶環境問題担当～官/负责环境问题助理官员 fùzé huánjìng wèntí zhùlǐ guānyuán

ぼさつ【菩薩】（仏教）菩萨 púsà（英 a Bodhisattva）▶観音～/观音菩萨 Guānyīn púsà ▶月光～/月光菩萨 Yuèguāng púsà

ぼさっと发呆 fādāi（英 absent-mindedly）▶～立っていないで手伝え/别呆站着那儿快帮忙 bié dāi zhànzhe nàr kuài bāngmáng

ぼさぼさ【髪が】头发蓬乱 tóufa péngluàn（英 unkempt）▶～頭/蓬乱的头发 péngluàn de tóufa ▶戸が開いて～頭が出てきた/门开了，出来一个头发蓬乱的脑袋 mén kāi le, chūlái yí ge tóufa péngluàn de nǎodai ▶うっかり～の髪のまま外出した/不小心头发蓬松地就外出了 bù xiǎoxīn tóufa péngsōng de jiù wàichū le

ぼさん【墓参る】扫墓 sǎomù；上坟 shàngfén（英 visit a grave）▶毎年父母の～を欠かさない/每年一定要去给父母扫墓 měinián yídìng yào qù gěi fùmǔ sǎomù ▶今年も親族そろって～した/今年亲戚们也一起去扫墓 jīnnián qīnqimen yě yìqǐ qù sǎomù

ほし【星】❶【天体】星辰 xīngchén；星星 xīngxing；星斗 xīngdǒu（英 a star）▶～印/星标 xīngbiāo；星号 xīnghào ▶～印は在庫切れ/打星号的表示没有库存了 dǎ xīnghào de biǎoshì méiyǒu kùcún le ▶暗い夜空に～が流れた/黑暗的夜空中流星滑过 hēi'àn de yèkōng zhōng liúxīng huáguò ▶あの子は我が家の希望の～だ/那个孩子是我们家的希望之星 nàge háizi shì wǒmen jiā de xīwàng zhī xīng ▶朝は～を頂いて家を出る/早上披星戴月出家门 zǎoshang pī xīng dài yuè chū jiāmén ▶～空を仰いで步く/仰望星空步行 yǎngwàng xīngkōng bùxíng ▶～屑が降ってきそうな夜だった/是一个星星像要落下来的夜晚 shì yí ge xīngxing xiàng yào luòxiàlai de yèwǎn
❷【犯人】犯人 fànrén（英 the culprit）▶～を上げる/逮捕犯人 dàibǔ fànrén ▶執念の捜査で～を上げる/在执著的侦查下逮捕了犯人 zài zhízhuó de zhēnchá xià dàibǔle fànrén
❸【運勢】命运 mìngyùn（英 one's star）

ほじ【保持する】保持 bǎochí（英 maintain）▶秘密を～する/保守秘密 bǎoshǒu mìmì ▶世界记录～者/世界记录保持者 shìjiè jìlù bǎochízhě

ぼし【母子】母子 mǔzǐ（英 mother and child）▶～ともに健康である/母子都健康 mǔzǐ dōu jiànkāng
▶**～家庭**/母子家庭 mǔzǐ jiātíng ▶貧しい～家庭に育った/在贫穷的母子家庭长大 zài pínqióng de mǔzǐ jiātíng zhǎngdà ～**手帳**/母子

ほし【墓誌】墓誌 mùzhì（英 *an epitaph*）▶これには…に書かれている事実だ/这是写在墓志上的事实 zhè shì xiězài mùzhìshang de shìshí ▶~を読んで事蹟を知った/读了墓志知道了事迹 dúle mùzhì zhīdàole shìjì

ポジ〖写真の〗正片 zhèngpiàn（英 *a positive*）

ほしあかり【星明かり】星光 xīngguāng（英 *starlight*）▶~を頼りに家路を急いだ/星星照路,急忙回家 xīngxing zhào lù, jímáng huíjiā

ほしい【欲しい】要 yào（英 *want*）▶何が~の/你要什么呀？nǐ yào shénme ya？▶プレゼントは何が~の/你想要什么礼物？nǐ xiǎngyào shénme lǐwù？▶新聞を買ってきて~/请去买报纸 qǐng qù mǎi bàozhǐ ▶のどから手が出るほどに~金だったが…/虽然是非常想要的钱,但是… suīrán shì fēicháng xiǎngyào de qián, dànshì…

ほしいまま【恣にする】肆意 sìyì；任意 rènyì；由着性子 yóuzhe xìngzi（英 *do as one pleases*）▶権力を~にする/擅权 shànquán ▶草に寝て~な空想にふけった/躺在草地上沉湎于空想之中 tǎngzài cǎodìshang chénmián yú kōngxiǎng zhīzhōng

ほしうらない【星占い】占星术 zhānxīngshù（英 *astrology; a horoscope*）▶妹が~に凝り始めた/妹妹开始迷上了占星术 mèimei kāishǐ míshàngle zhānxīngshù ▶~を信じるというのか/你说你相信占星术吗？nǐ shuō nǐ xiāngxìn zhānxīngshù ma？

ポシェット小荷包 xiǎohébāo（英 *a pochette*）

ほしえび【干し海老】〖食品〗虾干 xiāgān；虾皮 xiāpí；虾米 xiāmi（英 *a dried shrimp*）

ほしがき【干し柿】〖食品〗柿饼 shìbǐng（英 *a dried persimmon*）

ほしかげ【星影】星星 xīngxing；星斗 xīngdǒu（英 *starlight*）▶~またたく高原の野道/星星闪烁的高原小路上 xīngxing shǎnshuò de gāoyuán xiǎolùshang

ほしがる【欲しがる】想要 xiǎngyào；贪图 tāntú（英 *want*）▶金がたまると名誉を~/有钱了就想要名誉 yǒuqiánle jiù xiǎngyào míngyù ▶お乳を~この子が不憫だ/想要吃奶的这个孩子真可怜 xiǎngyào chī nǎi de zhège háizi zhēn kělián ▶前から欲しがっていたCDが手に入ったよ/一直就想要的CD买到了 yìzhí jiù xiǎngyào de CD mǎidào le ▶「欲しがりません、勝つまでは」/'什么都不要, 直到胜利为止 Shénme dōu bú yào, zhídào shènglì wéizhǐ'

ほしくさ【干し草】干草 gāncǎo（英 *hay*）▶あちこちに~の山ができている/到处是干草堆成的山 dàochù shì gāncǎo duīchéng de shān

ほじくる抠 kōu；〖詮索する〗揭 jiē（英 *pick; pry into*…）▶鼻を~/抠鼻孔 kōu bíkǒng ▶鼻を~のはやめなさい/别挖鼻子 bié wā bízi ▶人の過去をどこまで~つもりだ/你打算把别人的过去翻到什么地步？nǐ dǎsuan duì biéren de guòqù fāndào shénme dìbù？▶いまさら古い噂を~な/事到如今,不要追究过去的传言了 shì dào rújīn, búyào zhuījiū guòqù de chuányán le

ポジション地位 dìwèi；职位 zhíwèi；〖スポーツ〗（防守）位置（fángshǒu）wèizhì（英 *a position*）

ほしぞら【星空】星空 xīngkōng（英 *a starry sky*）▶~を人工衛星がよぎってゆく/人造卫星穿过星空 rénzào wèixīng chuānguò xīngkōng

ポジティブな积极 jījí；肯定 kěndìng（英 *positive*）

ほしにく【干し肉】〖食品〗肉干 ròugān（英 *dried meat*）

ほしぶどう【干し葡萄】〖食品〗葡萄干儿 pútaogānr（英 *raisins*）▶ここの最大の名物が~だそうだ/据说这里最有名的土产就是葡萄干 jùshuō zhèlǐ zuì yǒumíng de tǔchǎn jiù shì pútaogān

ぼしめい【墓誌銘】墓志铭 mùzhìmíng（英 *an epitaph*）

ほしゃく【保釈する】〖法〗保释 bǎoshì（英 *release... on bail*）▶~金を払う/付保释金 fù bǎoshìjīn ▶~が認められなかった保释금没有被批准 bǎoshì méiyǒu bèi pīzhǔn ▶億を越える~金を払う/支付超过亿元的保释金 zhīfù chāoguò yì yuán de bǎoshìjīn ▶~中に追突事故を起こした/在保释期间出了汽车追尾的事故 zài bǎoshì qījiān chūle qìchē zhuīwěi de shìgù

ほしゅ【保守】**❶**〖保つ〗保养 bǎoyǎng（英 *maintenance*）▶線路を~する/保养轨道 bǎoyǎng guǐdào ▶線路の~に生涯をささげる/把一辈子贡献给铁路的维修事业 bǎ yíbèizi gòngxiàn gěi tiělù de wéixiū shìyè

❷〖考えなどが〗保守 bǎoshǒu（英 *conservatism*）▶~政党/保守政党 bǎoshǒu zhèngdǎng ▶~的な/守旧 shǒujiù；保守 bǎoshǒu ▶~政権がいつまで続くか/保守政权能持续到什么时候呢？bǎoshǒu zhèngquán néng chíxùdào shénme shíhou ne？▶おれは芸術に関しては~的なんだよ/我在艺术方面是很保守的 wǒ zài yìshù fāngmiàn shì hěn bǎoshǒu de

ほしゅう【補修する】维修 wéixiū；补修 bǔxiū（英 *repair*）▶このビルは緊急の~が必要です/这个大楼需要紧急维修 zhège dàlóu xūyào jǐnjí wéixiū ▶この川は来年中に~する予定です/那条河将在明年之内补修 nà tiáo hé jiāng zài láinián zhīnèi bǔxiū ▶~工事のため2週間通行止めになる/由于补修工程两周禁止通行 yóuyú bǔxiū gōngchéng liǎng zhōu jìnzhǐ tōngxíng

ほしゅう【補習】补课 bǔkè（英 *supplementary lessons*）▶~授业/补课 bǔkè ▶今日から~授业が始まる/从今天开始补课 cóng jīntiān kāishǐ bǔkè

ほじゅう【補充する】补充 bǔchōng；添补 tiānbu（英 *supplement*）▶欠員を~する/补充空额 bǔchōng kòng'é ▶人員~/补充人员 bǔchōng rényuán ▶祖母に甘えては小遣いの~を計った/

向祖母撒娇，想要讨到零花钱 xiàng zǔmǔ sājiāo, xiǎngyào tǎodào línghuāqián ▶～人員は戦力にならないのだ/补充人员不能成为战斗力 bǔchōng rényuán bùnéng chéngwéi zhàndòulì

ぼしゅう【募集する】 募集 mùjí; 征募 zhēngmù; **招募** zhāomù (英 recruit) ▶ ～広告/招聘广告 zhāopìn guǎnggào ▶ パート～のちらしを見た/看到了募集零时工的小广告 kàndàole mùjí língshígōng de xiǎoguǎnggào ▶ 正社員を～するところもある/也有在招募正式职员的地方 yě yǒu zài zhāomù zhèngshì zhíyuán de dìfang ▶ 新聞に～広告を出す/在报纸上登招募广告 zài bàozhǐshang dēng zhāomù guǎnggào ❷【公債・寄付金などを】招募 zhāomù (英 collect) ▶ ～に応じて些少の寄付をした/响应招募，捐了少许钱款 xiǎngyìng zhāomù, juānle shǎoxǔ qiánkuǎn

ほじょ【補助する】 贴补 tiēbǔ; 补助 bǔzhù (英 assist) ▶ 生活費を～する/补贴家用 bǔtiē jiāyòng ▶ ～役/下手 xiàshǒu; 助理 zhùlǐ ▶ 誰の～も期待しない/不期待谁的帮助 bù qīdài shéi de bāngzhù ▶ 旅費の一部が～される/补助一部分旅费 bǔzhù yíbùfèn lǚfèi ▶ この事業には政府の～がある/这个项目有政府补助 zhège xiàngmù yǒu zhèngfǔ bǔzhù
♦～椅子／～椅子をいくつも並べる/摆了好几张备用的椅子 bǎile hǎojǐ zhāng bèiyòng de yǐzi ～金 补贴 bǔtiē ▶～金が大幅に削減される/补助金被大幅削减 bǔzhùjīn bèi dàfú xuējiǎn ～線 ▶ ～線を引く/画辅助线 huà fǔzhùxiàn

ほしょう【歩哨】 岗哨 gǎngshào (英 a sentry) ▶ 兵士が交代で～に立つ/士兵轮换站岗 shìbīng lúnhuàn zhàngǎng

ほしょう【保証する】 保险 bǎoxiǎn; 保证 bǎozhèng; 担保 dānbǎo (英 guarantee) ▶ 彼の人柄は私が～する/我对他的人品担保 wǒ duì tā de rénpǐn dānbǎo ▶ 真偽は～の限りではない/不能保证真伪 bùnéng bǎozhèng zhēnwěi ▶ 本社に帰れるという～はない/不能保证能回到总公司 bùnéng bǎozhèng néng huídào zǒnggōngsī ▶ この学校を出れば将来が～される/从这个学校毕业今后就有保证了 cóng zhège xuéxiào bìyè jīnhòu jiù yǒu bǎozhèng le
♦～期間：保修期 bǎoxiūqī ▶ この時計の～期間はまだ切れていない/这个手表的保修期还没有过 zhège shǒubiǎo de bǎoxiūqī hái méiyǒu guò ～金：保证金 bǎozhèngjīn; 押金 yājīn ▶ 100万円の～金を積んだ/放了一百万保证金 fàngle yìbǎi wàn bǎozhèngjīn ～し難い：难保 nánbǎo ～書：保证书 bǎozhèngshū ～人：保人 bǎoren ▶ ～人になる/作保 zuòbǎo ▶ 友人の借金の～人になる/成为朋友借钱的保证人 chéngwéi péngyou jièqián de bǎozhèngrén

ほしょう【保障する】 保障 bǎozhàng (英 secure) ▶ これらの権利は憲法によって～されている/这些权利由宪法保障 zhè xiē quánlì yóu xiànfǎ bǎozhàng ▶ 安全を～し難い/安全难以保障 ānquán nányǐ bǎozhàng ▶ 安全～について協議する/就安全保障问题进行磋商 jiù ānquán bǎozhàng wèntí jìnxíng cuōshāng

ほしょう【補償する】 补偿 bǔcháng; 赔偿 péicháng (英 compensate) ▶ 被害者への～は足りているか/给被害者的补偿够吗？ gěi bèihàizhě de bǔcháng gòu ma? ▶ 損害はちゃんと～してくれるんだろうね/我的损失你会全部赔偿吗？wǒ de sǔnshī nǐ huì quánbù péicháng ma?
～金を払う 赔钱 péiqián ▶ 立ち退きに関しては十分な～金を払う/对拆迁给予充分的补偿金 duì chāiqiān jǐyǔ chōngfèn de bǔchángjīn

ぼじょう【慕情】 恋慕之情 liànmù zhī qíng (英 longing) ▶ その青年に対して淡い～を覚えていた/对那个青年有那么一点爱恋 duì nàge qīngnián yǒu nàme yìdiǎn àiliàn ▶ あれほどの～が一瞬のうちに消えてしまった/那么深的恋慕之情在一瞬间就消失了 nàme shēn de liànmù zhī qíng zài yíshùnjiān jiù xiāoshī le

ほしょく【捕食】 捕食 bǔshí (英 prey on...) ▶ 燕は飛びながら昆虫を～する/燕子在飞行中捕食昆虫 yànzi zài fēixíng zhōng bǔshí kūnchóng

ほしょく【補色】 互补色 hùbǔsè (英 complementary colors)

ぼしょく【暮色】 暮色 mùsè (英 evening twilight) ▶ ～蒼然/暮色苍然 mùsè cāngrán ▶ 目の前は～蒼然たる雪山である/眼前是暮色苍然的雪山 yǎnqián shì mùsè cāngrán de xuěshān ▶ 港にも～が迫っていた/暮色降临港口 mùsè jiànglín gǎngkǒu

ほじる【抉る】 抠 kōu (英 pick) ▶ 耳の穴をほじってよく聞け/掏干净你的耳朵好好儿听着 tāogānjìng nǐ de ěrduo hǎohāor tīngzhe ▶ 灰をほじっていると五百円玉が出てきた/掏灰掏出了一个五百日元硬币 tāo huī tāochūle yí ge wǔbǎi Rìyuán yìngbì

ほしん【保身】 保身 bǎoshēn (英 self-protection) ▶ ～に走る/只顾保身 zhǐ gù bǎoshēn ▶ 責任を部下に押しつけて～に走る/把责任推到部下身上且只顾保身 bǎ zérèn tuīdào bùxià shēnshang zìjǐ zhǐ gù bǎoshēn ▶ ～術/保身之道 bǎoshēn zhī dào ▶ ～術にたけている/擅长保身术 shàncháng bǎoshēnshù

ほす【干す】 晒 shài; 晒干 shàigān (英 [かわかす] dry; [空にする] empty) ▶ 杯を～/喝干 hēgān ▶ 一口で杯を干した/一口干了杯 yì kǒu gānle bēi ▶ 仕事を干される/被夺去饭碗 bèi duóqù fànwǎn ▶ このところ仕事を干されている/最近没给活儿干 zuìjìn méi gěi huór gàn ▶ 物干し台にはおむつが干してあった/晾衣台上晾着尿布 liàngyītáishang liàngzhe niàobù ▶ 日なたで布団を～/太阳底下晒被褥 tàiyángdǐxia shài bèirù

ボス 头头儿 tóutour; 老板 lǎobǎn (英 a boss) ▶ ～と呼ばれていい気になる/被叫做老板，挺得意的 bèi jiàozuò lǎobǎn, tǐng déyì de ▶ 政界の

ポスター 海报 hǎibào; 宣传画 xuānchuánhuà; 招贴 zhāotiē (英 *a poster*) ▶～が風で剥がれる/海报被风刮走了 hǎibào bèi fēng guāzǒu le ▶町じゅうに映画の～を張る/城镇里贴满了电影海报 chéngzhènlǐ tiēmǎnle diànyǐng hǎibào ▶～はデザインが勝負だ/宣传画的关键在于设计 xuānchuánhuà de guānjiàn zàiyú shèjì

ホステス ❶〖女主人〗女主人 nǚzhǔrén (英 *a hostess*) ▶パーティーで彼女は鮮やかな～ぶりだった/在晚会上,她作为女主人做得很成功 zài wǎnhuìshang, tā zuòwéi nǚzhǔrén zuòde hěn chénggōng ❷〖バーなどの〗女招待 nǚzhāodài; 陪酒女郎 péijiǔ nǚláng (英 *a bar hostess*) ▶借金までして～に貢いだ/借钱去供陪酒小姐挥霍 jièqián qù gōng péijiǔ xiǎojiě huīhuò ▶～と大学生の二つの顔を持っている/有陪酒女郎和大学生两个身份 yǒu péijiǔ nǚláng hé dàxuéshēng liǎng ge shēnfen

ホスト ❶〖主人〗东道 dōngdào; 东道主 dōngdàozhǔ (英 *a host*) ▶～国として手落ちはないか/作为举办国没有什么不周到的地方吗?zuòwéi jǔbànguó méiyǒu shénme bù zhōudào de dìfang ma? ❷〖ホストクラブの〗陪酒男 péijiǔnán; 牛郎 niúláng (英 *a male companion*) ▶～相手の会話にも飽きた/已经厌倦了和陪酒男的会话了 yǐjing yànjuànle hé péijiǔnán de huìhuà le

ポスト ❶〖郵便の〗信筒 xìntǒng; 信箱 xìnxiāng (英 *a mailbox*) ▶郵便～が赤いのも私のせいだと言うのか/邮局信箱是红的也是我的责任吗?yóujú xìnxiāng shì hóng de yě shì wǒ de zérèn ma? ▶返事を待ちかねて何度も～を覗いた/等回信等急了,几次去看信箱 děng huíxìn děngjí le, jǐ cì qù kàn xìnxiāng ❷〖地位〗职位 zhíwèi; 地位 dìwèi (英 *a post*) ▶～が空く/缺位 quēwèi ▶教授の～が空く/教授的位置空了 jiàoshòu de wèizhi kōng le ▶～を去る/去职 qùzhí ▶惜しまれつつ会長の～を去る/在众人惋惜声中离开了会长的职位 zài zhòngrén wǎnxī shēng zhōng líkāile huìzhǎng de zhíwèi ❸〖後〗后 hòu (英 *post*) ▶～モダニズム/后现代主义 hòu xiàndài zhǔyì ▶～シーズン/淡季 dànjì

ホストクラブ 接待女客的风俗店 jiēdài nǚkè de fēngsúdiàn; 牛郎店 niúlángdiàn (英 *a club which provides male companions for women*) ▶～で派手に散財しているらしい/据说在牛郎店里挥霍呢 jùshuō zài niúlángdiànlǐ huīhuò ne

ホストコンピュータ 主机 zhǔjī (英 *a host computer*)

ボストンバッグ 提包 tíbāo; 旅行袋 lǚxíngdài (英 *an overnight bag*) ▶～一つを提げて家を出た/拿着一个提包就出了家门 názhe yí ge tíbāo jiù chūle jiāmén

ホスピス 临终关怀医院 línzhōng guānhuái yīyuàn (英 *a hospice*) ▶できれば～で生を終えたい/可能的话,想在临终关怀医院迎接死亡 kěnéng dehuà, xiǎng zài línzhōng guānhuái yīyuàn yíngjiē sǐwáng

ほせい〖補正する〗补正 bǔzhèng; 修整 xiūzhěng (英 *revise*) ▶予算/补正预算 bǔzhèng yùsuàn ▶～予算を組むべきだ/应该编制补正预算 yīnggāi biānzhì bǔzhèng yùsuàn ▶これら統計は若干の～が必要だ/这些统计需要若干的修正 zhè xiē tǒngjì xūyào ruògān de xiūzhèng ▶数値の～の必要はない/没有必要修整数据 méiyǒu bìyào xiūzhěng shùjù

ほせい〖母性〗母性 mǔxìng (英 *motherhood*) ▶～愛/母爱 mǔ'ài ▶子をもって～愛が湧いてきた/有了孩子以后,母爱涌了上来 yǒule háizi yǐhòu, mǔ'ài yǒngleshànglai ▶～本能 mǔxìng běnnéng ▶あの男は～本能をくすぐるのよ/那个男人能刺激母性本能 nàge nánrén néng cìjī mǔxìng běnnéng

ぼせき〖墓石〗墓碑 mùbēi (英 *a gravestone*) ▶自分の～は自分で選んでおきたい/自己的墓碑想自己选 zìjǐ de mùbēi xiǎng zìjǐ xuǎn ▶倒れた～をもとに戻すのが一苦労だった/要把倒下的墓碑复原费了很大的劲 yào bǎ dǎoxià de mùbēi fùyuán fèile hěn dà de jìn

ほせん〖保線〗保养铁路 bǎoyǎng tiělù; 养路 yǎnglù (英 *maintenance of tracks*) ▶铁路があれば～工事がある/有铁路的话就有养路工程 yǒu tiělù dehuà jiù yǒu yǎnglù gōngchéng

ほぜん〖保全する〗保全 bǎoquán; 保养 bǎoyǎng; 保护 bǎohù (英 *maintain*) ▶机械设备の～に努める/努力保养机械设备 nǔlì bǎoyǎng jīxiè shèbèi ▶环境～/环保 huánbǎo ▶环境を最大の责务と考えます/我们认为保护环境是最大的职责 wǒmen rènwéi bǎohù huánjìng shì zuìdà de zhízé ▶领土は誰が～するか/谁来保卫领土?shéi lái bǎowèi lǐngtǔ?

ぼせん〖母船〗母船 mǔchuán (英 *a mother ship*) ▶漁船団は～とともに出港した/鱼船队和母船一起出港了 yúchuánduì hé mǔchuán yìqǐ chūgǎng le

ほぞ〖臍〗肚脐 dùqí (英 *a tenon*)

～を固める 下决心 xià juéxīn ▶命运をかけて対決しようと～を固めた/下决心要以命运为筹码一决雌雄 xià juéxīn yào yǐ mìngyùn wéi chóumǎ yì jué cíxióng

～をかむ 后悔莫及 hòuhuǐ mò jí ▶なぜ抗議しなかったのか、～をかんだ/后悔为什么没有抗议 hòuhuǐ wèi shénme méiyǒu kàngyì

ほそい〖細い〗细 xì (英 *thin*) ▶～針金/细铁丝 xìtiěsī ▶もう少し～針金はないか/有没有再细一点的铁丝?yǒuméiyǒu zài xì yìdiǎn de tiěsī? ▶体が～ている/他担心自己太瘦 tā dānxīn zìjǐ tài shòu ▶一声/微细的声音 wēixì de shēngyīn

声がだんだん細くなった/声音渐渐小了 shēngyīn jiànjiàn xiǎo le ▶細く暗い道をたどってゆく/顺着细小昏暗的路往前走 shùnzhe xìxiǎo hūn'àn de lù wǎng qián zǒu ▶家の柱を細くするのは考えものだ/把家里的柱子弄细值得商讨 bǎ jiāli de zhùzi nòngxì zhíde shāngtǎo

食が~ 饭量小 fànliàng xiǎo ▶食が~のは生まれつきだ/吃得少是天生的 chīde shǎo shì tiānshēng de

ほそう【舗装する】 铺砌 pūqì (英 *pave*) ▶~道路/柏油马路 bǎiyóu mǎlù ▶~道路を馬が歩む/马走在柏油马路上 mǎ zǒuzài bǎiyóu mǎlùshang ▶この辺の道は簡易～が施してある/这附近的道路是简易铺砌的 zhè fùjìn de dàolù shì jiǎnyì pūqì de ▶せまい農道も～してある/田间小路也铺了柏油 tiánjiān xiǎolù yě pūle bǎiyóu

ほそうで【細腕】 细弱的胳膊 xìruò de gēbo (英 *a thin arm*) ▶~の一家をささえている/靠女人纤弱的手支撑着全家 kào nǚrén xiānruò de shǒu zhīchēngzhe quánjiā

ほそおもて【細面】 长脸 chángliǎn; 瓜子儿脸 guāzǐrliǎn (英 *a slender face*) ▶娘は～のやさしい顔立ちをしている/我姑娘长着一张温柔的瓜子儿脸 wǒ gūniang zhǎngzhe yì zhāng wēnróu de guāzǐrliǎn

ほそく【捕捉する】 捕捉 bǔzhuō; 抓住 zhuāzhù (英 *catch*) ▶先方の真意が～しがたい/不能知道对方的真意 bùnéng zhīdào duìfāng de zhēnyì ▶レーダーでUFOを～する/用雷达捕捉飞碟 yòng léidá bǔzhuō fēidié

ほそく【補足する】 补足 bǔzú; 补充 bǔchōng (英 *supplement*) ▶私の説明のあと課長が一言～した/我说明完了以后, 科长又补充了一句 wǒ shuōmíngwánle yǐhòu, kēzhǎng yòu bǔchōngle yí jù ▶あの～が余計でしたね/那个补充是多余的 nàge bǔchōng shì duōyú de ▶~的/附带的 fùdài de ▶~的な注釈がついている/有补充的注解 yǒu bǔchōng de zhùjiě

ほそく【補則】 补充规则 bǔchōng guīzé (英 *supplementary rules*)

ほそながい【細長い】 细长 xìcháng; 修长 xiūcháng (英 *long and narrow*) ▶沖縄は～島だ/冲绳是一个细长的岛 Chōngshéng shì yí ge xìcháng de dǎo ▶岬が細長く伸びている/岬角细长地延伸着 jiǎjiǎo xìcháng de yánshēnzhe ▶紙を細長く切って投票用紙にする/把纸切成细长条作投票用纸 bǎ zhǐ qiēchéng xìchángtiáo zuò tóupiào yòngzhǐ

ほそびき【細引】 细麻绳 xìmáshéng (英 *a cord*)

ほそぼそ【細細と】 勉強地 miǎnqiǎng de (英 *barely*) ▶~と生活する/勉强度日 miǎnqiǎng dùrì ▶パートの稼ぎで～と暮らす/靠着零时工的收入勉强生活 kàozhe língshígōng de shōurù miǎnqiǎng shēnghuó ▶研究会は今日まで～と続いてきた/研究会勉强继续到现在 yánjiūhuì miǎnqiàxùdào xiànzài

ほそぼそ (英 *in a subdued voice*) ▶~としゃべる/喊喊喳喳地 qīqīchāchā de; 叽咕 jīgū ▶訊かれて彼は～と答えた/被问到后, 他嘟嘟囔囔地作了回答 bèi wèndào hòu, tā dūdūnāngnāng de zuòle huídá ▶彼はいつでも～話す/他说话总是叽叽咕咕的 tā shuōhuà zǒngshi jījīgūgū de

ほそみ【細身の】 细长 xìcháng (英 *narrow*) ▶~のパンツ/显瘦裤子 xiǎn shòu kùzi

ほそみち【細道】 窄道 zhǎidào; 小道 xiǎodào (英 *a narrow path*) ▶~をたどってゆくと神社がある/顺着小道走就能看到一个神社 shùnzhe xiǎodào zǒu jiù néng kàndào yí ge shénshè ▶『奥の～』《芭蕉》/《奥州的小道》Àozhōu de xiǎodào

ほそめ【細目の】 ❶【目が】眯缝的眼睛 mīfeng de yǎnjing (英 *of narrow eyes*) ▶~をして見る/眯缝着眼看 mīfengzhe yǎn kàn ▶~をして空を見る/眯起眼睛看天空 mīqǐ yǎnjing kàn tiānkōng ❷【体などが】细 xì (英 *slender*) ▶大根を～に切って味噌汁に入れる/把白萝卜切成细条放进酱汤里 bǎ báiluóbo qiēchéng xìtiáo fàngjìn jiàngtāng li ▶運動選手にしては体が～だった/作为运动选手, 身体有些细小 zuòwéi yùndòng xuǎnshǒu, shēntǐ yǒuxiē xìxiǎo

ほそめる【細める】 《目を》眯缝 mīfeng (英 *narrow*) ▶目を細めて子供たちの写真に見入った/眼睛眯缝着入神地看着孩子们的相片 yǎnjing mīfengzhe rùshén de kànzhe háizimen de xiàngpiàn

ほそる【細る】 消瘦 xiāoshòu (英〔やせる〕 *become thin*) ▶身の～思いだ/忧思悸憔悴 yōusīde qiáocuì ▶通知を待つ何日間かは身の～思いだった/等通知的那几天, 身体都要憔悴下去了似的 děng tōngzhī de nà jǐ tiān, shēntǐ dōu yào qiáocuìxiàqule shìde ▶夏に入って食が細ってきた/进入夏天后, 吃得少了 jìnrù xiàtiān hòu, chīde shǎo le

ほぞん【保存する】 保存 bǎocún; 储藏 chǔcáng; 保藏 bǎocáng (英 *preserve*) ▶~食/保藏食品 bǎocáng shípǐn ▶雪の下では～食が頼みだ/在雪下面生活, 只能靠保存食品 zài xuě xiàmian shēnghuó, zhǐ néng kào bǎocún shípǐn ▶祖父の蔵書は手つかずで～してある/祖父的藏书原封不动保存着 zǔfù de cángshū yuánfēng bú dòng bǎocúnzhe ▶稀少動物の～を図る/谋求保存稀少动物 móuqiú bǎocún xīshǎo dòngwù ▶肉を冷凍～する/把肉冷冻保存 bǎ ròu lěngdòng bǎocún ▶~状態が悪かったらしい/看来保存状态不好 kànlái bǎocún zhuàngtài bùhǎo

ポタージュ 〔料理〕西餐汤 xīcāntāng; 浓汤 nóngtāng (英 *potage*)

ぼたい【母体】 母体 mǔtǐ (英 *the mother's body*;〔中心〕 *the nucleus*) ▶~の保護を第一に考えよう/保证母体是第一 bǎozhèng mǔtǐ shì dìyī ▶笑い学会は笑い研究会が～となって生まれた/笑学会是以笑研究会为母体诞生的 xiàoxuéhuì shì yǐ xiàoyánjiūhuì wéi mǔtǐ dànshēng de

▶私も大泉候補の推薦～の一員である/我也是大泉候选人的推荐团体的一员 wǒ yě shì Dàquán hòuxuǎnrén de tuījiàn tuántǐ de yì yuán

ぼたい【母胎】 母胎 mǔtāi (英 *the mother's womb*)

ぼだい【菩提】 菩提 pútí ▶～を弔う/亡き母の～を弔う/为亡母祈祷冥福 wèi wángmǔ qídǎo míngfú

ボダイジュ【菩提樹】 〖植物〗菩提树 pútíshù (英 *a linden tree*)

ほだされる 碍于… àiyú… (英 *be moved by...*) ▶情にほだされてついうんと言った/碍于情面，就答应了 àiyú qíngmiàn, jiù dāying le ▶親の情に～/碍于父母之情 àiyú fùmǔ zhī qíng

ホタテガイ【帆立貝】 〖貝〗扇贝 shànbèi; 海扇 hǎishàn (英 *a scallop*)

ぼたぼた 噼啪啪嗒 pādāpādā; 噼啪噼啪 pīpā-pīpā ▶天井から雨水が～落ちてくる/雨水从天花板上噼啪噼啪地掉下来 yǔshuǐ cóng tiānhuābǎnshang pīpāpīpā de diàoxiàlai

ぽたぽた 滴答滴答 dīdādīdā; 一滴滴 yìdīdī (英 *dripping*) ▶水滴が～落ちる/水滴滴答答下来 shuǐdī dīdaxiàlai ▶涙が～落ちる/眼泪扑簌扑簌地掉下来 yǎnlèi pūsùpūsù de diàoxiàlai ▶汗が～滴り落ちる/汗水滴答滴答地掉下来 hànshuǐ dīdādīdā de diàoxiàlai ▶涙が～畳を濡らした/泪水吧嗒吧嗒地打湿了榻榻米 lèishuǐ bādābādā de dǎshīle tàtàmǐ

ぼたもち【牡丹餅】 〖菓子〗小豆馅黏糕团 xiǎodòuxiàn niángāotuán; 江米糕团 jiāngmǐ gāotuán (英 *a soft rice cake covered with bean paste*) ▶彼岸には～を作って仏に供えた/在春分时做了小豆馅黏糕团供祖先 zài chūnfēn shí zuòle xiǎodòuxiàn niángāotuán gòng zǔxiān

ことわざ 棚から牡丹餅 福自天降 fú zì tiān jiàng

ぽたり 啪嗒 pādā (英 *dripping; plopping*) ▶涙の滴(しずく)が～と落ちた/眼泪啪嗒一下掉了下来 yǎnlèi pādā yíxià diàoxiàlai ▶椿の花から蜜が～と滴(したた)った/花蜜从山茶花上啪嗒一下掉了下来 huāmì cóng shāncháhuāshang pādā yíxià diàoxiàlai

ホタル【蛍】 〖虫〗萤火虫 yínghuǒchóng (英 *a firefly*) ▶～狩り/捕萤 bǔyíng ▶～狩りに出かけて水に落ちた/去捕萤掉到了水里 qù bǔyíng diàodàole shuǐli ▶～の光窓の雪/囊萤映雪 náng yíng yìng xuě ▶を蚊帐の中に放つ/把萤火虫放进蚊帐里 bǎ yínghuǒchóng fàngjìn wénzhàngli

ボタン ❶〖服などの〗扣 kòu; 扣子 kòuzi (英 *a button*) ▶～をはめる/扣上扣子 kòushang kòuzi ▶～をはずす/解开扣子 jiěkāi kòuzi ▶～をつける/钉上扣子 dìngshàng kòuzi ▶袖口の～がとれた/袖口的扣子掉了 xiùkǒu de kòuzi diào le ❷〖機械などの〗按钮 ànniǔ (英 *a button*) ▶～を押す/按钮 ànniǔ ▶核ミサイルの～を押せすか/能按核导弹的按钮吗？ néng àn hédǎodàn de ànniǔ ma? ▶エレベーターは～一つで上下する/

一个按钮就能让电梯上下 yí ge ànniǔ jiù néng ràng diàntī shàngxià

ボタン【牡丹】 〖植物〗牡丹 mǔdān (英 *a peony*) ▶庭の～は今が盛りだ/院子里的牡丹现在正盛开 yuànzili de mǔdan xiànzài zhèng shèngkāi

◆～鍋〈猪鍋〉(ちゃ)▶冬の夜には～などいかがでしょう/冬天的晚上吃野猪锅怎么样？ dōngtiān de wǎnshang chī yězhūguō zěnmeyàng? ～雪 ▶～雪が舞い落ちてくる/鹅毛雪飘了下来 émáoxuě piāoxiàlai

ぼち【墓地】 坟地 féndì; 墓地 mùdì (英 *a graveyard*) ▶無縁～/义冢 yìzhǒng ▶無縁～に葬られている/被埋在义冢里 bèi máizài yìzhǒngli ▶過疎の村の～に桜が舞い散っている/人口稀少的村子的墓地里樱花飘舞 rénkǒu xīshǎo de cūnzi de mùdìli yīnghuā piāowǔ ▶～の用意はできておいでか/你的墓地准备好了吗？ nǐ de mùdì zhǔnbèihǎo le ma? ▶近くに公園～ができた/附近建了一个公园墓地 fùjìn jiànle yí ge gōngyuán mùdì

ぽちぽち ⇨ぼつぼつ

ぽちゃぽちゃ 胖乎乎 pànghūhū (英 *plump*) ▶～としたかわいい女の子だった/是一个胖乎乎的、很可爱的女孩子 shì yí ge pànghūhū de, hěn kě'ài de nǚháizi

ぽちゃん 扑通 pūtōng (英 *a splash*) ▶川に～と飛び込んだ/扑通一下跳到了河里 pūtōng yíxià tiàodàole héli

ほちゅうあみ【捕虫網】 捕虫网 bǔchóngwǎng (英 *an insect net*) ▶幼こが～を振り回している/幼儿挥舞着捕虫的网子 yòu'ér huīwǔzhe bǔchóng de wǎngzi ▶～で初めて捕まえたのが蜂だった/用捕虫网第一次捉到的是蜜蜂 yòng bǔchóngwǎng dìyī cì zhuōdào de shì mìfēng

ほちょう【歩調】 步调 bùdiào; 步伐 bùfá (英 *a pace*) ▶～を合わせる/统一步调 tǒngyī bùdiào ▶～を速める/加快步调 jiākuài bùdiào ▶全員で～を合わせて行進した/全体一步伐列队行进 quántǐ tǒngyī bùfá lièduì xíngjìn ▶仕事の～を速めないと納期に遅れるぞ/不加快工作的步调，会误交货的 bù jiākuài gōngzuò de bùfá, huì dànwu jiāohuò de ▶あいつはどうもみんなと～が合わない/他怎么也和大家的步伐不一致 tā zěnme yě hé dàjiā de bùfá bù yízhì

ほちょうき【補聴器】 助听器 zhùtīngqì (英 *a hearing aid*) ▶～の助けがないと話ができない/没有助听器的帮助，就不能对话 méiyǒu zhùtīngqì de bāngzhù, jiù bùnéng duìhuà ▶～をつけずに外出しても不自由な思いをした/没带助听器外出，感觉不方便 méi dài zhùtīngqì wàichū, gǎnjué bù fāngbiàn

ぼつ【没にする】 不予采用 bùyǔ cǎiyòng (英 *reject*) ▶せっかくの原稿が～になった/好不容易写好的稿子没被采用 hǎobù róngyì xiěhǎo de gǎozi méi bèi cǎiyòng ▶つまらなければ～にしてくれていいよ/觉得没意思的话，就别采用 juéde méi yìsi dehuà, jiù bié cǎiyòng

ぼっか【牧歌的な】 牧歌 mùgē; 田园诗 tiányuánshī (英 pastoral) ▶～の生活に憧れた時期もある/我有一段时期向往牧歌式的生活 wǒ yǒu yí duàn shíqí xiàngwǎng mùgēshì de shēnghuó ▶あの～の光景はもう戻らない/那个牧歌式的光景已经一去不复返了 nàge mùgēshì de guāngjǐng yǐjīng yí qù bú fù fǎn le

ぼっか【墨家】 墨家 Mòjiā (英 a Mohist)

ぼつが【没我】 忘我 wàngwǒ (英 selfless) ▶僕はいつしか～の境に入っていた/我不知不觉进入了忘我的境界 wǒ bùzhī bùjué jìnrùle wàngwǒ de jìngjiè

ほっかい【北海】 北海 běihǎi (英 a northern sea) ▶～の荒波にもまれて育った/在北海的大浪冲洗下长大的 zài běihǎi de dàlàng chōngxǐxià zhǎngdà de

ぼっかく【墨客】 墨客 mòkè (英 an expert in painting and calligraphy) ▶かつて多くの文人～がこの地を訪れた/曾有许多的文人墨客来过此地 céng yǒu xǔduō de wénrén mòkè láiguo cǐdì

ぽっかり 飘浮 piāofú; (突然)裂开 lièkāi (英 wide open) ▶師を失って心に～空洞ができた/失去了老师，心里空空地留下个大洞 shīqùle lǎoshī, xīnli kōngkōng de liúxià ge dàdòng ▶青空に～と白い雲が浮かんでいる/蓝天上漂着白云 lántiānshàng piāozhe báiyún

ほっき【発起】 倡议 chàngyì; 发起 fāqǐ (英 propose; [事業などを] promote) ▶～人/发起人 fāqǐrén ▶～人に名を連ねる/加入发起人的行列 jiārù fāqǐrén de hángliè ▶人会で主導権争いが始まった/在发起人会议上开始了争夺主导权 zài fāqǐrén huìyìshang kāishǐle zhēngduó zhǔdǎoquán ▶～したやつも賛同したやつも頭が変だぞ/发起人和赞成的人脑子肯定都有毛病 fāqǐrén hé zànchéng de rén nǎozi kěndìng dōu yǒu máobìng ▶本事業は松本博士の～による/本事业由松本博士发起 běn shìyè yóu Sōngběn bóshì fāqǐ

ぼっき【勃起する】 勃起 bóqǐ (英 have an erection) ▶隆々と～する/雄壮地勃起 xióngzhuàng de bóqǐ ▶～不全に悩む/为勃起功能障碍而烦恼 wèi bóqǐ gōngnéng zhàng'ài ér fánnǎo

ほっきょく【北極】 北极 běijí (英 the North Pole) ▶～熊/北极熊 běijíxióng ▶単身で～横断に成功した/只身成功横断北极 zhīshēn chénggōng héngduàn běijí
◆～圈【北极圈】 běijíquān ▶～圈の氷が溶け始めている/北极圈的冰开始化了 běijíquān de bīng kāishǐ huà le ◆～星 ▶～が見える/在云缝里能看到北极星 zài yúnfèngli néng kàndào běijíxīng

ぽっきり (折れる) 喀嚓 kāchā; (ちょうど) 恰好 qiàhǎo; 只有 zhǐ yǒu (英 with a snap; just) ▶枝が～折れた/树枝喀嚓一声折断了 shùzhī kāchā yì shēng zhéduàn le ▶手もとには千円～しかなかった/手里只有一千日元 shǒuli zhǐ yǒu

yìqiān Rìyuán

ホック 暗扣 ànkòu; 钩扣 gōukòu (英 a hook) ▶～をはめる/按上暗扣 ànshàng ànkòu ▶えりは～で留めるようにした/衣襟用钩子钩起来 yījīn yòng gōuzi gōuqǐlai

ぼっくり 猝 cù; 暴卒 bàozú (英 [突然] suddenly; [ぽきっと] with a snap) ▶旅先で～死んだ/在旅行的地方突然死了 zài lǚxíng de dìfāng tūrán sǐ le ▶強風で柿の枝が～折れた/强风把柿子树枝弄折了 qiángfēng bǎ shìzi shùzhī nòngzhé le
◆～病【猝死病】 cùsǐbìng

ホッケー 〔スポーツ〕 曲棍球 qūgùnqiú (英 hockey) ▶アイス～/冰球 bīngqiú

ぼっこう【勃興する】 兴起 xīngqǐ; 勃兴 bóxīng (英 rise suddenly) ▶この時期に反戦の気運の～が見られた/这个时期可以看到反战气氛勃发 zhège shíqí kěyǐ kàndào fǎnzhàn qìfēn bófā ▶そのころナショナリズムが～してきた/那时国家主义逐渐兴起 nàshí guójiā zhǔyì zhújiàn xīngqǐ

ぼっこうしょう【没交渉】 没有来往 méiyǒu láiwang; 没打交道 méi dǎ jiāodào (英 out of touch) ▶～以来両社は～だ/那以后两家公司就没有来往了 nà yǐhòu liǎng jiā gōngsī jiù méiyǒu láiwang le ▶彼とは～のまま10年が過ぎた/和他十年没有打过交道了 hé tā shí nián méiyǒu dǎguò jiāodào le

ほっさ【発作】 发作 fāzuò (英 a fit) ▶喘息～/哮喘发作 xiàochuǎn fāzuò
～的に 发作性地 fāzuòxìng de ▶男は～的に笑いだした/那个男的发作性地笑了起来 nàge nán de fāzuòxìng de xiàoleqǐlai
◆心臓～【心脏病发作】xīnzàngbìng fāzuò ▶講演中に心臓～が起きた/讲演中心脏病发作了 jiǎngyǎn zhōng xīnzàngbìng fāzuò le

[日中比较] 中国語の'发作'fāzuò"は「症状が突発的に起こる」他に「かんしゃくを起こす」こともいう。

ぼっしゅう【没収する】 充公 chōnggōng; 没收 mòshōu (英 confiscate) ▶料理本は辛うじて～を免れた/烹饪书总算没有被没收 pēngrènshū zǒngsuàn méiyǒu bèi mòshōu ▶全財産を～されてはもう立ち直れまい/所有财产都被没收，已经一蹶不振了 suǒyǒu cáichǎn dōu bèi mòshōu, yǐjīng yí jué bú zhèn le

ほっしん【発疹】 皮疹 pízhěn (英 a rash) ▶～が出る/出疹子 chū zhěnzi ▶薬の副作用で全身に～が出る/因为药的副作用，全身出疹子 yīnwèi yào de fùzuòyòng, quánshēn chū zhěnzi

ほっする【欲する】 希望 xīwàng; 愿意 yuànyì; 谋求 móuqiú (英 desire; want) ▶富を～心を温和な表情の裏に隠していた/谋求财富的心隐藏在温和的表情后面 móuqiú cáifù de xīn yǐncáng zài wēnhé de biǎoqíng hòumian
ことわざ 将を射んと欲さばまず馬を射よ 射人先射马 shè rén xiān shè mǎ
己の欲せざる所を人に施すことなかれ《論語》 己所

不欲,勿施于人 jǐ suǒ bú yù, wù shī yú rén

ぼっする【没する】 ❶【沈む】淹没 yānmò;沉沒 chénmò （英 sink）▶日は雪山のかなたに没した/太阳落在了雪山后面 tàiyáng luòzàile xuěshān hòumian ▶彼の姿はやがて波間に没した/他的身影终于消失在波浪中 tā de shēnyǐng zhōngyú xiāoshī zài bōlàng zhōng ❷【死ぬ】去世 qùshì; 死 sǐ （英 die）▶彼はついに異郷に没した/他最后死于异乡 tā zuìhòu sǐyú yìxiāng ▶自分はいつどこで没しようと構いはしない/毫不在乎且じ将死于何时何地 háobú zàihu zìjǐ jiāng sǐyú héshí hédì

ほっそく【発足する】 开始活动 kāishǐ huódòng; 成立 chénglì （英 start）▶新政権が～する/新政权开始执政 xīnzhèngquán kāishǐ zhízhèng ▶協会の～を祝って乾杯しよう/为了庆祝协会的成立,干杯 wèile qìngzhù xiéhuì de chénglì, gānbēi ▶～までには幾つもハードルがある/为了正式成立,需要扫平几个障碍 wèile zhèngshì chénglì, xūyào sǎopíng jǐ ge zhàng'ài

ほっそり した 清瘦 qīngshòu; 纤细 xiānxì （英 slim）▶手足が～している/手脚纤细 shǒujiǎo xiānxì ▶～した体つきの女が立っていた/站着一个苗条身材的女人 zhànzhe yí ge miáotiao shēncái de nǚrén ▶～した指に宝石が光っている/纤细的手指上宝石闪着光 xiānxì de shǒuzhǐshang bǎoshí shǎnzhe guāng

ほったてごや【掘っ立て小屋】 小屋 xiǎowū; 小棚 xiǎopéng; 窝棚 wōpeng （英 a hut）▶急造の～で暮らしている/在临时建的小屋中生活 zài línshí jiàn de xiǎowū zhōng shēnghuó ▶焼け跡に～を建てる/在烧毁了的地方建了一个小屋 zài shāohuǐle de dìfang jiànle yí ge xiǎowū

ポツダムせんげん【ポツダム宣言】 波茨坦宣言 Bōcítǎn xuānyán （英 the Potsdam Declaration）

ほったらかす【放ったらかす】 弃置不顾 qìzhì bú gù; 置之不理 zhì zhī bù lǐ （英 neglect）▶仕事を放ったらかして野球を見ている/丢下工作去看棒球 diūxià gōngzuò qù kàn bàngqiú ▶犬も病人も放ったらかしにして飲みに行った/狗和病人都放在一边,喝酒去了 gǒu hé bìngrén dōu fàngzài yìbiān, hē jiǔ qù le

ほったん【発端】 发端 fāduān; 开端 kāiduān （英 the origin; the beginning）▶事の～/事情的开端 shìqing de kāiduān ▶事の～は息子の宿題だった/事情是由于儿子的作业引起的 shìqing shì yóuyú érzi de zuòyè yǐnqǐ de ▶新しい事業の～になるかもしれない/可能成为新事业的开端 kěnéng chéngwéi xīnshìyè de kāiduān ▶そもそもの～から話してごらん/你从事情的开讲讲 nǐ cóng shìqing de kāishǐ jiǎngjiang

ホッチキス 订书机 dìngshūjī （英 a stapler）▶～で綴じる/用订书机钉订上 yòng dìngshūzhēn dìngshàng ▶～に針を入れる/把订书针放进订书机里 bǎ dìngshūzhēn fàngjìn dìngshūjīlǐ

ぽっちゃり した 胖乎乎 pànghūhū （英 plump）▶～した女と連れ立っていた/和一个胖乎乎的女人走了 hé yí ge pànghūhū de nǚrén zǒu le

ぼっちゃん【坊ちゃん】 令郎 lìngláng; 少爷 shàoye;《呼びかけ》小朋友 xiǎopéngyou [子供] a boy; [世間知らず] a greenhorn; [呼びかけ] Sonny!）▶お宅の～はよくできますね/你家令郎成绩真好 nǐ jiā lìngláng chéngjì zhēn hǎo ▶～、いっしょに遊びましょ/小朋友,一起玩吧 xiǎopéngyou, yìqǐ wán ba ▶～育ちなのに根性がある/虽说是少爷出身,但是很有毅力 suīshuō shì shàoye chūshēn, dànshì hěn yǒu yìlì ▶彼は全くの お～だ/他完全是一个公子哥儿 tā wánquán shì yí ge gōngzǐgēr

ほっつきあるく【ほっつき歩く】 徘徊 páihuái; 闲逛 xiánguàng （英 wander about）▶当てもなく街をほっつき歩いていた/没有目的地在街上走 méiyǒu mùdì de zài jiēshang zǒu ▶～のも楽ではないな/没有钱到处走,也不容易 méiyǒu qián dàochù zǒu, yě bù róngyì

ぽってり した 胖乎乎 pànghūhū （英 plump）▶～した丸顔の坊やだった/是一个胖胖的圆脸男孩 shì yí ge pàngpàng de yuánliǎn nánhái

ホット ❶【熱い】热 rè （英 hot）▶～コーヒー/热咖啡 rèkāfēi ▶～ドリンク/热饮 rèyǐn ❷【最新の】最新 zuìxīn （英 latest）▶～な話題/最新话题 zuìxīn huàtí; 热门话题 rèmén huàtí ▶～カーペット/电热毯 diànrètǎn ～スポット/热点 rèdiǎn

ほっとする 放心 fàngxīn （英 feel relieved）▶～ひと息つく/缓一口气 huǎn yìkǒuqì ▶～した/放下心了 fàngxià xīn le ▶なんとか時間に間に合って～した/总算赶上时间了,松了一口气 zǒngsuàn gǎnshàng shíjiān le, sōngle yìkǒuqì ▶それを聞いて～安心した/听到那个稍微放心一点了 tīngdào nàge shāowēi fàngxīn yìdiǎn le ▶客を送り出して～息をつく/送出客人以后,喘了一口气 sòngchū kèrén yǐhòu, chuǎnle yìkǒuqì

ぽっと 脸微红 liǎn wēihóng; 忽然明亮 hūrán míngliàng （英 blushingly）▶～顔を赤らめる/一下子红了脸 yíxiàzi hóngle liǎn ▶～心に灯がともった/心里一下子亮堂了 xīnli yíxiàzi liàngtang le

ポット 壶 hú; 暖水瓶 nuǎnshuǐpíng; 热水瓶 rèshuǐpíng （英 a pot; 魔法瓶 a thermos）▶～持参で芝居を見にゆく/带着壶去看戏 dàizhe hú qù kàn xì ▶～とカップのセットを買う/买了一套壶和杯子 mǎile yí tào hú hé bēizi

ぼっとう【没頭する】 埋头 máitóu; 忙于 mángyú; 专心 zhuānxīn （英 devote oneself to...）▶日夜研究に～している/日夜专心研究 rìyè zhuānxīn yánjiū

ほっとく 不管 bù guǎn; 不理 bù lǐ （英 leave... alone）▶ほうる（放る）▶おれのことはほっといてくれ/不要管我 búyào guǎn wǒ ▶親として～わけにはゆかない/作为父母不能不管 zuòwéi fùmǔ bùnéngbù guǎn ▶あいつはほっといたら何をするか分からん/不管他的话，都不知道他会做出什么事情 bù guǎn tā dehuà, dōu bù zhīdào tā huì zuòchū shénme shìqing

ホットケーキ 〘料理〙薄煎饼 báojiānbǐng （英 *a pancake*）

ほっとで【ほっと出】 从乡村初到城市(的人) cóng xiāngcūn chū dào chéngshì (de rén) ▶～の人/乡下佬 xiāngxiàlǎo ▶～の新人に勤まる仕事ではない/不是刚从乡下来的新手能做的工作 bú shì gāng cóng xiāngxia lái de xīnshǒu néng zuò de gōngzuò ▶～の私には何もかもが新鲜だった/对刚从乡下来的我来说，什么都是新鲜的 duì gāng cóng xiāngxia lái de wǒ lái shuō, shénme dōu shì xīnxiān de

ホットドッグ 〘料理〙热狗 règǒu （英 *a hot dog*）

ホットニュース 最新消息 zuìxīn xiāoxi （英 *hot news*）

ホットパンツ 〘服飾〙热裤 rèkù （英 *hot pants*）

ホットライン 热线 rèxiàn （英 *a hot line*） ▶～を结ぶ/开通热线 kāitōng rèxiàn ▶两国首脑が～で協議した/两国首脑通过热线进行了协商 liǎngguó shǒunǎo tōngguò rèxiàn jìnxíng xiéshāng ▶人権～を開設しよう/开设人权热线吧 kāishè rénquán rèxiàn ba

ぼつにゅう【没入する】 沉入 chénrù；埋头 máitóu （英 *be absorbed in...*） ▶近年絵画の世界に～している/近年来埋头于绘画的世界 jìnnián lái máitóu yú huìhuà de shìjiè

ぼつねん【没年】 殁年 mòniàn；卒年 zúnián （英 *the year of a person's death*） ▶生年は記録があるが～は明らかでない/有生年的记录，卒年不详 yǒu shēngnián de jìlù, zúnián bùxiáng

ぼつねんと 独自一人 dúzì yì rén；孤独的 gūdú de （英 *all alone*） ▶明かりもつけずに～書斎に座っていた/不点灯独自一人坐在书房 bù diǎndēng dúzì yì rén zuòzài shūfáng ▶豪雪の里に～取り残された家屋であった/那是一个在大雪地区孤零零剩下的房子 nà shì yí ge zài dàxuě dìqū gūlínglíng shèngxià de fángzi

ぼっぱつ【勃発する】 爆发 bàofā （英 *break out*） ▶世界大戦が～する/世界大战爆发 shìjiè dàzhàn bàofā ▶抗争の～は何としても防がねばならない/一定要防止械斗的爆发 yídìng yào fángzhǐ xièdòu de bàofā

ほっぴょうよう【北氷洋】 北极海 Běijíhǎi （英 *the Arctic Ocean*）

ホップ ❶〘植物〙啤酒花 píjiǔhuā （英 *a hop*） ▶～が利いてうまいビールだ/啤酒花很浓的好喝的啤酒 píjiǔhuā hěn nóng de hǎohē de píjiǔ ❷【その他】 ▶～，ステップ，ジャンプ/单足跳，跨步跳，双脚跳 dānzútiào, kuàbùtiào, shuāngjiǎotiào ▶《野球》～する速球/上旋的快球 shàng xuán de kuàisùqiú

ポップアート 〘美術〙波普艺术 bōpǔ yìshù；流行艺术 liúxíng yìshù （英 *pop art*）

ポップコーン 〘料理〙爆玉米花儿 bàoyùmǐhuār （英 *popcorn*）

ポップス〘音楽〙（英 *pop music*） ▶～から演歌まで歌えます/流行歌和演歌都能唱 liúxínggē hé yǎngē dōu néng chàng

ほっぺ【子供の】脸蛋儿 liǎndànr （英 *a cheek*） ▶～にチューをする/亲脸 qīnliǎn ▶リンゴのように赤い～している/脸颊红得像苹果 liǎnjiá hóngde xiàng píngguǒ

ほっぺた 脸颊 liǎnjiá；腮帮子 sāibāngzi （英 *a cheek*） ▶うまくて～が落ちそうだ/太好吃了，腮帮子都要掉下来了 tài hǎochī le, sāibāngzi dōu yào diàoxiàlái le

ほっぽう【北方の】 北方 běifāng；北面 běimiàn （英 *north*） ▶～領土/北方領土 běifāng lǐngtǔ ▶事故は島の～50キロのあたりで起きた/事故是在岛的北面五十公里处发生的 shìgù shì zài dǎo de běimiàn wǔshí gōnglǐchù fāshēng de

〘参考〙中国の'北方 běifāng'は一般に黄河流域およびそれより北をいう。地理概念としては淮河(がい)と秦嶺(ホム)山脈を結ぶ線より北の土地。

ぼつぼつ ❶【そろそろ】渐渐 jiànjiàn；慢慢 mànmàn （英 *little by little*） ▶～世間に知られるようになった/慢慢地被世人所知 mànmàn de bèi shìrén suǒ zhī ▶～出かけよう/该走了吧 gāi zǒu le ba
❷【小さな点・粒】（英【小点】*dots*；【吹出物】*eruptions*） ▶顔に～ができる/脸上起小疙瘩 liǎnshang qǐ xiǎogēda ▶着物に～穴があいている/和服上开了许多小孔 héfushang kāile xǔduō xiǎokǒng

ぽつぽつ ❶【少しずつ】一点点地 yìdiǎndiǎn de （英 *little by little*） ▶～来る避暑客/零零星星前来避暑的客人 línglíngxīngxīng qiánlái bìshǔ de kèrén ▶桜が～咲き始めた/樱花渐渐地开始开了 yīnghuā jiànjiàn de kāishǐ kāi le
❷【斑点】斑点 bāndiǎn；污渍 wūzì （英 *a spot*）

ぼつらく【没落する】 没落 mòluò；败落 bàiluò；凋零 diāolíng （英 *fall*） ▶彼らの～は瞬く間に/他们在瞬间就溃败了 tāmen zài shùnjiān jiù kuìbài le ▶败战を境に一族は～した/以战败为界，整个家族没落了 yǐ zhànbài wéi jiè, zhěnggè jiāzú mòluò le

ぽつりぽつり （英【雨が】*in small drops*；【少しずつ】*little by little*） ▶～と雨が降りだした/零星地下起雨来了 língxīng de xiàqǐ yù lai le ▶あるじは～と語り始めた/主人一点一点地讲了起来 zhǔrén yìdiǎnyìdiǎn de jiǎngleqǐlai

ほつれる 绽开 zhànkāi；绽线 zhànxiàn；纰 pī （英 *get loose*） ▶ズボンの裾の糸が～/裤脚开线了 kùjiǎo kāixiàn le ▶ほつれた髪に手をやった/用手拢了一下散开来的头发 yòng shǒu lǒngle yíxià sǎnkāilái de tóufa

ぽつんと 孤零零 gūlínglíng；〘しずくが〙叭嗒 bādā （英 *all alone*） ▶彼女は一人～立っていた/她

ボディー 一个人孤零零地站着 tā yí ge rén gūlínglíng de zhànzhe ▶雨の滴(ﾂﾞ)が〜落ちた/一个雨滴啪嗒一下掉了下来 yí ge yǔdī pādā yíxià diàolexiàlai

ボディー **1**【体】身体 shēntǐ (英 *a body*) ▶〜チェック《身体検査などの》/搜身 sōushēn ▶空港の〜チェックがきびしい/机场的搜身检查很严 jīchǎng de sōushēn jiǎnchá hěn yán **2**【車の】车身 chēshēn (英 *a body*) ▶〜はスマートだがエンジンはどうかな/车身很漂亮, 引擎怎么样呢? chēshēn hěn piàoliang, yǐnqíng zěnmeyàng ne? ◆〜ソープ|沐浴露 mùyùlù 〜ライン|身体曲线 shēntǐ qūxiàn

ボディーガード 保镖 bǎobiāo; 警卫 jǐngwèi (英 *a bodyguard*) ▶要人の〜を勤める/当要人的警卫 dāng yàorén de jǐngwèi ▶彼には〜がついている/他有保镖 tā yǒu bǎobiāo

ボディービル 肌肉健美锻炼 jīròu jiànměi duànliàn (英 *bodybuilding*)

ボディーランゲージ 身体语言 shēntǐ yǔyán; 身势语 shēnshìyǔ (英 *body language*) ▶海外旅行に〜で乗り切った/去国外旅行, 是用身体语言交流的 qù guówài lǚxíng, shì yòng shēntǐ yǔyán jiāoliú de

ポテトチップス 〖料理〗炸土豆片 zhátǔdòupiàn (英 *potato chips*)

ほてる【火照る】 发热 fārè; 发烧 fāshāo (英 *feel hot*) ▶顔が〜/脸发烧 liǎn fāshāo ▶恥ずかしくて顔が〜/很害羞, 脸都红了 hěn hàixiū, liǎn dōu hóng le

ホテル 饭店 fàndiàn; 宾馆 bīnguǎn (英 *a hotel*) ▶〜に泊まる/住饭店 zhù fàndiàn ▶今夜は駅前の〜に泊まる/今晚在站前的饭店里住 jīnwǎn zài zhànqián de fàndiànli zhù ▶6時に〜のロビーで会おう/六点在宾馆的大厅见吧 liù diǎn zài bīnguǎn de dàtīng jiàn ba

ほてん【補填する】 填补 tiánbǔ; 弥补 míbǔ (英 *make good*) ▶損失を〜する/弥补损失 míbǔ sǔnshī ▶どうやって損失を〜するか/怎么才能填补损失呢? zěnme cái néng tiánbǔ sǔnshī ne? ▶今期の赤字は〜のすべがない/这期的赤字没有办法填补 zhè qī de chìzì méiyǒu bànfǎ tiánbǔ

ほど【程】 **1**【限度】分寸 fēncun; 限度 xiàndù; 尺度 chǐdù (英 *a limit*) ▶物には〜というものがある/事情总有一个尺度 shìqing zǒng yǒu yí ge chǐdù ▶冗談にも〜がある/开玩笑也有一个限度 kāi wánxiào yě yǒu yí ge xiàndù ▶身の〜をわきまえろ/你要搞清楚自己的身份 nǐ yào gǎo qīngchu zìjǐ de shēnfen **2**【程度】程度 chéngdù (英 *an extent*) ▶庭という〜の庭ではない/谈不上院子的院子 tánbushàng yuànzi de yuànzi ▶これ〜嬉しいことはない/从来没有过这么高兴的事 cónglái méi yǒuguo zhème gāoxìng de shì ▶また親切とは〜遠い行為だった/这和关心是完全不一样的事 zhè hé guānxīn shì wánquán bù yíyàng de shì ▶世の中に金〜恐ろしいものはないね/世界上没有

比钱更可怕的东西 shìjièshang méiyǒu bǐ qián gèng kěpà de dōngxi ▶いも〜よく焼けてきた/红薯烤得正好 hóngshǔ kǎode zhènghǎo **3**【約】大约 dàyuē (英 *about*) ▶一月〜前のことだが…/大约是一个月前的事 dàyuē shì yí ge yuè qián de shì **4**【時間】一会儿 yíhuìr (英 *time*) ▶〜なく彼が来た/过一会儿他就来了 guò yíhuìr tā lái le **5**【いよいよ】越…越… yuè … yuè … (英 *the more... the more* 〜) ▶考えれば考える〜分からなくなる/越想越不明白 yuè xiǎng yuè bù míngbai

ほどう【歩道】 人行道 rénxíngdào; 便道 biàndào (英 *a sidewalk*) ▶〜橋/过街天桥 guòjiē tiānqiáo ▶〜橋は老人にはつらい/过天桥对老人来说挺困难的 guò tiānqiáo duì lǎorén lái shuō tǐng kùnnan de ▶〜を自転车が我が物顔で走る/自行车在人行道上旁若无人地飞奔 zìxíngchē zài rénxíngdàoshang páng ruò wú rén de fēibēn

ほどう【補導する】 辅导 fǔdǎo; 教导 jiàodǎo (英 *guide*) ▶〜員/辅导员 fǔdǎoyuán ▶家出して警官に〜された/离家出走, 受到警察教育 lí jiā chūzǒu, shòudào jǐngchá jiàoyù ▶あの子は何度も〜歴がある/那个孩子被警察带走过好几次 nàge háizi bèi jǐngchá dàizǒuguo hǎojǐ cì ▶青少年の〜に心を砕く/为辅导青少年尽心尽力 wèi fǔdǎo qīngshàonián jìnxīn jìnlì

ほどく【解く】 解开 jiěkāi (英 *untie*) ▶縄を〜/解开绳子 jiěkāi shéngzi ▶荷づくりの縄を〜/解开捆行李的绳子 jiěkāi kǔn xíngli de shéngzi ▶古いセーターを〜/拆旧毛衣 chāi jiùmáoyī

ほとけ【仏】 佛爷 fóye (英 〖佛陀〗 *the Buddha*; 〖死者〗 *the dead*) ▶〜と呼ばれる先生を怒らせてしまった/触怒了被叫做笑面佛的老师 chùnùle bèi jiàozuò xiàomiànfó de lǎoshī

ことわざ **仏造って魂入れず** 画龙而不点睛 huà lóng ér bù diǎn jīng

知らぬが〜 眼不见心不烦 yǎn bú jiàn xīn bù fán ▶知らぬが〜だ。黙っていような/眼不见心不烦, 还是不说为好 yǎn bú jiàn xīn bù fán, háishi bù shuō wéi hǎo

〜の顔も三度まで 事不过三 shì bú guò sān

ほとけごころ【仏心】 慈悲心 cíbēixīn (英 *a merciful heart*) ▶〜を出す/留情 liúqíng ▶〜を起こすだけでは無責任だ/光是手下留情, 也就是不负责任 guāng shì shǒuxià liúqíng, yě jiù shì bú fù zérèn ▶〜も時によりけりだ/善心也要看时候 shànxīn yě yào kàn shíhou

ほどける 松开 sōngkāi (英 *get untied*) ▶靴のひもがほどけた/鞋带松了 xiédài sōng le

ほどこし【施し】 施舍 shīshě (英 *almsgiving*) ▶他人の〜は受けない/不接受他人的施舍 bù jiēshòu tārén de shīshě ▶赤子を抱えて〜を乞うている/抱着婴儿乞讨 bàozhe yīng'ér qǐtǎo

ほどこす【施す】 **1**【与える】施舍 shīshě (英 *give... in alms*) ▶肥料を〜には時期がある/施肥是有时期的 shīféi shì yǒu shíqí de

❷【行う】 施 shī; 施行 shīxíng (㊀ do) ▶いかなる策を施そうというのか/你要采取什么样的措施？nǐ yào cǎiqǔ shénmeyàng de cuòshī ? ▶この車の傷はひどくて手の施しようがない/这辆车损伤得厉害没有办法了 zhè liàng chē sǔnshāngde lìhai méiyǒu bànfǎ le ▶手当てを~ 医治 yīzhì ▶病人に応急の手当てを~/对病人采取应急措施 duì bìngrén cǎiqǔ yìngjí cuòshī

ほどちかい【程近い】 比较近 bǐjiào jìn; 不太远 bú tài yuǎn (㊀ near) ▶公園に~住宅地に熊が現れた/离公园比较近的住宅区里出现了熊 lí gōngyuán bǐjiào jìn de zhùzháiqūli chūxiànle xióng ▶予定額に~金额で落札した/以和预定金额差不多的价格中标了 yǐ hé yùdìng jīn'é chàbuduō de jiàgé zhòngbiāo le

ほどとおい【程遠い】 相当远 xiāngdāng yuǎn; 差得远 chàde yuǎn (㊀ far from...)

ホトトギス【不如帰】（鳥）杜鹃 dùjuān; 布谷 bùgǔ (㊀ a little cuckoo)

ほどなく【程無く】 不久 bùjiǔ; 不一会儿 bù yíhuìr (㊀ soon) ▶~帰国する/不久将回国 bùjiǔ jiāng huíguó ▶~帰るでしょう/不多久就会回来吧 bùduōjiǔ jiù huì huílái ba ▶一日が落ちた/不一会儿太阳落山了 bù yíhuìr tàiyáng luòshān le

ほとばしる【迸る】 迸发 bèngfā; 喷出 pēnchū (㊀ gush out) ▶彼の口から激しい言葉がほとばしり出た/从他嘴里迸发出激烈的言辞 cóng tā zuǐli bèngfāchū jīliè de yáncí ▶傷口から鲜血がほとばしり出た/从伤口里喷出鲜血 cóng shāngkǒuli pēnchū xiānxuè ▶彼は情熱が~ままに行动した/他凭着自己的一腔热情行动 tā píngzhe zìjǐ de yì qiāng rèqíng xíngdòng

ほとほと 实在 shízài (㊀ quite) ▶~困り果てる/实在没办法 shízài méi bànfǎ ▶銀行の貸し渋りには~困り果てた/为银行的不予贷款而烦恼透了 wèi yínháng de búyǔ dàikuǎn ér fánnǎotòu le ▶あの頑張りには~感心した/对那种努力精神感到很佩服 duì nà zhǒng nǔlì jīngshén gǎndào hěn pèifú

ほどほどに 有节制地 yǒu jiézhì de; 适当 shìdāng (㊀ moderately) ▶遊びは~にしなさい/别太贪玩 bié tài tānwán ▶~の休みがないと倒れるよ/不适度休息会病倒的 bú shìdù xiūxi huì bìngdǎo de

ほとぼり 余燼 yújìn (㊀ remaining heat) ▶~が冷める 喧嚣冷静下来 xuānxiāo lěngjìngxiàlai; 事情稳下来 shìqing wěnxiàlai ▶事件の~が冷めるまで海外に隠れていた/躲在国外等待事件风波的平息 duǒzài guówài děngdài shìjiàn fēngbō de píngxī

ボトムアップ 由下往上 yóu xià wǎng shàng (㊀ bottom-up) ▶~方式には消極的だ/对从下到上的决定方式持消极态度 duì cóng xià dào shàng de juédìng fāngshì chí xiāojí tàidù

ほどよい【程よい】 恰好 qiàhǎo; 适宜 shìyí (㊀ moderate) ▶~甘さの/甜得适度 tiánde shìdù ▶~甘さの西瓜だった/甜度适宜的西瓜 tiándù shìyí de xīguā ▶ほどよく味がしみている/味道恰到好处 wèidao qiàdào hǎochù

ほとり【辺】 边 biān (㊀ a neighborhood) ▶湖の~/湖边 húbiān ▶湖の~を毎日歩く/每天在湖边走 měitiān zài húbiān zǒu ▶彼は川の~に住んでいた/他住在河边 tā zhùzài hébiān

ボトル 瓶 píng;（店に預ける酒）酒瓶 jiǔpíng (㊀ a bottle) ▶私は~はキープしない/我不把喝剩下的酒存在店里 wǒ bù bǎ hēshèngxià de jiǔ cúnzài diànli ▶あの店には~が置いてあるんだ/我在那家店存着酒 wǒ zài nà jiā diàn cúnzhe jiǔ ▶~ネック 瓶颈 píngjǐng; 阻碍 zǔ'ài ▶この部門の内紛が~ネックになっている/这个部门的内讧成为阻碍因素 zhège bùmén de nèihòng chéngwéi zǔ'ài yīnsù

ほとんど【殆ど】 大部分 dàbùfen; 差不多 chàbuduō; 几乎 jīhū (㊀ almost; [否定] little) ▶3日間は~何も食べなかった/三天差不多什么都没吃 sān tiān chàbuduō shénme dōu méi chī ▶~毎日図書館へ行く/三天两头儿去图书馆 sān tiān liǎng tóur qù túshūguǎn ▶~毎日飲んでいる/差不多每天都喝酒 chàbuduō měitiān dōu hē jiǔ ▶~でき上がった 差不多完成了 chàbuduō wánchéng le ▶作品は~でき上がった/作品差不多完成了 zuòpǐn chàbuduō wánchéng le

ポニーテール 马尾式发型 mǎwěishì fàxíng (㊀ a ponytail)

ほにゅう【哺乳】 (㊀ suckling) ▶~動物/哺乳动物 bǔrǔ dòngwù ▶~瓶/奶瓶 nǎipíng ▶パンダの赤ん坊に~瓶で牛乳を飲ませる/用奶瓶给熊猫宝宝喂牛奶 yòng nǎipíng gěi xióngmāo bǎobǎo wèi niúnǎi

ぼにゅう【母乳】 母乳 mǔrǔ (㊀ mother's milk) ▶~を与える/喂奶 wèinǎi ▶長女は~で育てた/长女是喝母奶长大的 zhǎngnǚ shì hē mǔnǎi zhǎngdà de

ほね【骨】 ❶【動物の】 骨头 gǔtou (㊀ a bone) ▶~と皮/皮包骨 pí bāo gǔ ▶痩せて~と皮になっていた/瘦得只剩皮包骨了 shòude zhǐ shèng pí bāo gǔ le ▶おまえの~はおれが拾ってやる/你的后事就交给我吧 nǐ de hòushì jiù jiāogěi wǒ ba ▶転んで右腕の~を折った/摔了一跤把右胳膊的骨头弄折了 shuāile yì jiān bǎ yòugēbo de gǔtou nòngzhé le ▶小魚は~ごと食べる/小鱼连刺一起吃 xiǎoyú lián cì yìqǐ chī ▶北国は寒さが~にしみる/北国的寒冷能渗到骨子里 běiguó de hánlěng néng shèndào gǔzili ▶この会社に~を埋めるつもりだった/我本想在这个公司干一辈子 wǒ běn xiǎng zài zhège gōngsī gàn yíbèizi ▶あの女に~までしゃぶられた/被那个女人把骨头都榨干了 bèi nàge nǚrén bǎ gǔtou dōu zhàgān le ▶~の髄まで腐っている/他坏到骨髓 tā huàidào gǔsuǐ

❷【骨折り】 辛苦 xīnkǔ (㊀ trouble) ▶~が折

れる/劳劲 fèijìn；费力 fèilì ▶辞书づくりは～が折れる/编词典很辛苦 biān cídiǎn hěn xīnkǔ ▶～を折ったかいがあった/没有白费劲儿 méiyǒu bái fèijìnr ▶ここに漕ぎつけるまでが～だった/为弄到这个地步费了好大劲 wèi nòngdào zhège dìbù fèile hǎo dà jìn

❸【気骨】 骨气 gǔqì；骨头 gǔtou (英 backbone) ▶～のある男/硬骨头 yìnggǔtou ▶なかなか～のある男じゃないか/是一个挺有骨气的男人嘛 shì yí ge tǐng yǒu gǔqì de nánrén ma ▶ああいう～なし男がかわいいのよ/那样没有男子气的人挺可爱的 nàyàng méiyǒu nánzǐqì de rén tǐng kě'ài de

ほねおしみ【骨惜しみする】 惜力 xīlì；怕苦怕累 pàkǔ pàlèi (英 spare oneself) ▶こらっ, 若いものが～などするな/喂, 年轻人可不要怕吃苦啊 wèi, niánqīngrén kě búyào pà chīkǔ a

ほねおり【骨折り】 辛劳 xīnláo；血汗 xuèhàn；辛苦 xīnkǔ (英 trouble) ▶あいつを手助けするなんてむだな～だ/帮他的忙都是白辛苦 bāng tā de máng dōu shì bái xīnkǔ ▶先生のお～に心から感謝しております/衷心地感谢老师付出的辛劳 zhōngxīn de gǎnxiè lǎoshī fùchū de xīnláo

ほねおりぞん【骨折り損】 徒劳 túláo；白费劲 bái fèijìn (英 getting nothing for one's pains) ▶さんざん汗を流したが～に終わった/干得很累结果是白辛苦一场 gànde hěn lèi jiéguǒ shì bái xīnkǔ yì cháng

~のくたびれもうけ 徒劳无益 túláo wúyì；受累不讨好 shòulèi bù tǎohǎo

ほねぐみ【骨組】 《建造物の》骨架 gǔjià；桁架 héngjià；《人間の》骨骼 gǔgé [骨格] (英 the frame; 《構造》a framework) ▶～の逞しい若者である/骨骼健壮的年轻人 gǔgé jiànzhuàng de niánqīngrén ▶体育館の～はでき上がった/体育馆的骨架搭成了 tǐyùguǎn de gǔjià dāchéng le ▶論文の～を聞かせてもらおう/我来听听你的论文框架吧 wǒ lái tīngting nǐ de lùnwén kuàngjià ba

ほねつぎ【骨接ぎ】 正骨 zhènggǔ；接骨 jiēgǔ (英 bone setting；【人】a bone setter) ▶あの人は三代続いた～の名人だ/他是持续了三代的接骨名人 tā shì chíxùle sān dài de jiēgǔ míngrén

ほねっぷし【骨っ節】 骨气 gǔqì；志气 zhìqì (英 【関節】a joint；【気骨】spirit) ▶なかなか～の強い老人だった/是一个很有骨气的老人 shì yí ge hěn yǒu gǔqì de lǎorén

ほねっぽい【骨っぽい】 有骨气 yǒu gǔqì；有志气 yǒu zhìqì (英 【骨の多い】bony；【気骨のある】spirited) ▶～議論はなかなか骨のある人だった/是一个谈论也很有志气的人 shì yí ge tánlùn yě hěn yǒu zhìqì de rén ▶久々に～政治家が登場した/很久没有过的有骨气的政治家出现了 hěn jiǔ méi yǒuguo de yǒugǔqì de zhèngzhìjiā chūxiàn le

ほねなし【骨無しの】 没有骨气 méiyǒu gǔqì (英 【骨のない】boneless；【気骨のない】weak-willed) ▶あんな～には任せられない/不能交给那样没有骨气的人 bùnéng jiāogěi nàyàng méiyǒu gǔqì de rén

ほねぬき【骨抜き】 抽掉实际内容 chōudiào shíjì nèiróng；丧失气节 sàngshī qìjié (英 emasculation) ▶法案は～にされた/法案被去掉了实质性内容 fǎ'àn bèi qùdiàole shízhìxìng nèiróng ▶あの男まで～になったか/连那个男人也丧失气节了吗？ lián nàge nánrén yě sàngshī qìjié le ma?

ほねばった【骨張った】 骨骼突出的 gǔgé tūchū de；瘦骨嶙峋 shòugǔ línxún (英 bony) ▶山中で兄弟の～死体が見つかった/在山中发现了兄弟俩瘦骨嶙峋的尸体 zài shān zhōng fāxiànle xiōngdì liǎ shòugǔ línxún de shītǐ

ほねぶと【骨太の】 骨头结实 gǔtou jiēshi (英 big-boned) ▶父の～の体が棺に收まった/父亲魁梧的身体放进了棺材 fùqin kuíwú de shēntǐ fàngjìnle guāncai ▶いかにも～な論文ですね/真是一本构架宏大的论文集 zhēn shì yì běn gòujià hóngdà de lùnwénjí

ほねみ【骨身】 骨髓 gǔsuǐ；骨肉 gǔròu (英 flesh and bones) ▶～を惜しまず働く/不惜辛苦地工作 bù xī xīnkǔ de gōngzuò

~にこたえる 彻骨 chègǔ ▶孤独の辛さが～にこたえた/孤独的辛酸深入骨髓 gūdú de xīnsuān shēnrù gǔsuǐ

~にしみる 彻骨 chègǔ；入骨 rùgǔ ▶親友の忠告が～にしみた/好朋友的忠告深入骨髓 hǎopéngyou de zhōnggào shēnrù gǔsuǐ

ほねやすめ【骨休めする】 休息 xiūxi；休养 xiūyǎng (英 take a rest) ▶たまには～しないとね/有时候也要休息休息 yǒushíhòu yě yào xiūxixiūxi ▶～にハワイへ行ってきた/去夏威夷休养了 qù Xiàwēiyí xiūyǎng le

ほのお【炎】 火苗 huǒmiáo；火焰 huǒyàn (英 a flame) ▶ろうそくの～が揺らぐ/蜡烛的火苗在摇晃 làzhú de huǒmiáo zài yáohuàng ▶その一言が僕の怒りの～をかきたてた/那一句话点燃了我的怒火 nà yí jù huà diǎnránle wǒ de nùhuǒ ▶家は～に包まれた/房屋被火焰包围了 fángwū bèi huǒyàn bāowéi le

ほのかな 隐约 yǐnyuē；不明显 bù míngxiǎn (英 faint) ▶～な甘さ/甜头 tiántou ▶辛さの中に～な甘さが混じっている/在咸中间夹杂着一丝甘甜 zài xián zhōngjiān jiāzázhe yì sī gāntián ▶～な香り/幽香 yōuxiāng ▶金モクセイの香りが～に漂っている/桂花淡淡地飘着香 guìhuā dàndàn de piāozhe xiāng

ほのぐらい【ほの暗い】 幽暗 yōu'àn；昏黄 hūnhuáng (英 dim) ▶倉庫の中はほの暗かった/仓库里面很幽暗 cāngkù lǐmiàn hěn yōu'àn ▶～小道をたどって駅に向かう/顺着昏暗的小道走向车站 shùnzhe hūn'àn de xiǎodào zǒuxiàng chēzhàn

ほのじろい【ほの白い】 微白 wēibái；《夜明け時の空》鱼肚白 yúdùbái (英 dimly white) ▶闇の底に川面がほの白く浮かび上った/黑暗中间, 河

面上微微泛起白光 hēi'àn zhōngjiān, hémiànshang wēiwēi fànqǐ báiguāng ▶～東の空に星がまたたいている/微白的东边的天空中星星在闪烁 wēibái de dōngbian de tiānkōng zhōng xīngxing zài shǎnshuò

ほのぼのとした 温暖 wēnnuǎn (英 heartwarming) ▶～とする/感到温暖 gǎndào wēnnuǎn ▶その言葉を聞いて～とした気持ちになった/听到那句话，心里暖洋洋的 tīngdào nà jù huà, xīnli nuǎnyángyáng de

ほのめかす 暗示 ànshì; 透风 tòufēng (英 hint) ▶出家を～/暗示要出家 ànshì yào chūjiā ▶彼は彼なりに自殺をほのめかしていたのだ/他以自己的方式在暗示要自杀 tā yǐ zìjǐ de fāngshì zài ànshì yào zìshā

ホノルル 火奴鲁鲁 Huǒnúlǔlǔ (英 Honolulu)

ホバークラフト 《商标》气垫船 qìdiànchuán (英 a hovercraft)

ほばしら【帆柱】 桅杆 wéigān (英 a mast) ▶強風で～が折れた/强风中船的桅杆折了 qiángfēng zhōng chuán de wéigān zhé le ▶～を立てて出港に備える/立起桅杆准备出航 lìqǐ wéigān zhǔnbèi chūháng

ほはば【歩幅】 步子 bùzi; 脚步 jiǎobù; 步幅 bùfú (英 a step; [大きな] a stride) ▶～の広い/步子大 bùzi dà ▶老人なのに～が大きい/虽是老人但走路步幅却很大 suī shì lǎorén dàn zǒulù bùfú què hěn dà ▶人ごみの中を狭い～でのろのろ歩いた/在人群中迈着小步子慢慢走 zài rénqún zhōng màizhe xiǎobùzi mànmàn zǒu ▶～を大きくする/加大步幅 jiādà bùfú

ぼひ【墓碑】 墓碑 mùbēi (英 a gravestone) ▶私の死後に～は要らない/我死后不要墓碑 wǒ sǐhòu bú yào mùbēi ▶生前に～銘を考えておいた/在生前已考虑好墓志 shēngqián yǐ kǎolǜhǎo mùzhì ▶～に刻まれた名は本名ではなかった/刻在墓碑上的不是真名 kèzài mùbēishang de bú shì zhēnmíng ▶父は郷里に～を立てるよう望んでいた/父亲希望在故乡建墓碑 fùqīn xīwàng zài gùxiāng jiàn mùbēi

ポピュラー 大众的 dàzhòng de; 通俗的 tōngsú de (英 popular) ▶～ソング/流行曲 liúxíngqǔ ▶あまり～な作家ではない/不是很大众化的作家 bú shì hěn dàzhònghuà de zuòjiā ▶『坊ちゃん』ほど～ではない/没有《哥儿》那样知名 méiyǒu《Gēr》nàyàng zhīmíng ▶クラシックも～も好きだ/古典音乐和流行音乐都喜欢 gǔdiǎn yīnyuè hé liúxíng yīnyuè dōu xǐhuan

ぼひょう【墓標】 墓碑 mùbēi; 墓标 mùbiāo (英 a grave post) ▶いつしか忘れられ朽ちていった/墓标在不知不觉中被人们忘却而腐朽了 mùbiāo zài bùzhī bùjué zhōng bèi rénmen wàngquè ér fǔxiǔ le ▶幾つかの石を積んで～とした/码上几块石头作为墓碑 mǎshàng jǐ kuài shítou zuòwéi mùbēi

ほふく【匍匐する】 匍匐 púfú (英 creep) ▶敵陣めざして～前進した/朝着敌人阵地匍匐前进 cháozhe dírén zhèndì púfú qiánjìn

ボブスレー 〖スポーツ〗雪橇滑降比赛 xuěqiāo huájiàng bǐsài (英 a bobsled)

ポプラ 〖植物〗白杨 báiyáng; 钻天杨 zuāntiānyáng (英 a poplar) ▶～并木/白杨树荫道 báiyáng shùyīndào ▶霧がはれて～并木が見えてきた/雾散了，看到了一排排的钻天杨 wù sàn le, kàndàole yì páipái de zuāntiānyáng

ポプリ 干燥的花草 gānzào de huācǎo (英 potpourri)

ほふる【屠る】 〘家畜を〙宰 zǎi; 屠宰 túzǎi; 〘敵を〙歼灭 jiānmiè (英 slaughter)

ほへい【歩兵】 步兵 bùbīng (英 a foot soldier; [集合的] infantry)

ボヘミアン 波希米亚人 Bōxīmǐyàrén; 放荡不羁的文化人 fàngdàng bù jī de wénhuàrén (英 a Bohemian) ▶彼はいっぱしの～気取りだった/他一副放荡不羁的艺术家派头 tā yǐ fù fàngdàng bù jī de yìshùjiā pàitóu

ほぼ【保母】 保母 bǎomǔ; 阿姨 āyí (英 a dry nurse)

ほぼ【略】 差不多 chàbuduō; 将近 jiāngjìn; 大致 dàzhì (英 almost) ▶～倍の量/将近两倍的数量 jiāngjìn liǎng bèi de shùliàng ▶食糧は予定の～倍の量が必要だった/食粮的需要比预定大约多一倍 shíliáng de xūyào bǐ yùdìng dàyuē duō yí bèi ▶～同じ/差不多一样 chàbuduō yíyàng; 大同小异 dàtóng xiǎoyì ▶性能は～同じである/性能差不多一样 xìngnéng chàbuduō yíyàng ▶紛争は～収まった/纷争差不多平定了 fēnzhēng chàbuduō píngdìng le

ほほえましい【微笑ましい】 招人微笑 zhāorén wēixiào; 令人愉快 lìng rén yúkuài (英 heartwarming; pleasant) ▶～光景/欢快情景 huānkuài qíngjǐng ▶母子が戯れる～光景だった/那是一个母子亲热的愉快场面 nà shì yí ge mǔzǐ qīnrè de yúkuài chǎngmiàn ▶見ていて微笑ましく思った/看着感觉令人愉快 kànzhe gǎnjué lìng rén yúkuài

ほほえみ【微笑み】 微笑 wēixiào (英 a smile) ▶～を返す/报以微笑 bào yǐ wēixiào ▶被災者の顔に～が戻った/笑容又回到了受灾者的脸上 xiàoróng yòu huídàole shòuzāizhě de liǎnshang ▶私もにっこり～を返した/我也回送了一个微笑 wǒ yě huísòngle yí ge wēixiào ▶彼女はいつも～をたたえている/她一直面带微笑 tā yìzhí miàn dài wēixiào

ほほえむ【微笑む】 含笑 hánxiào; 微笑 wēixiào (英 smile) ▶彼女は黙って～ばかりだった/她只是沉默地微笑着 tā zhǐshì chénmò de wēixiàozhe ▶額の中には若き日の妻が微笑んでいる/玻璃框里年轻时的妻子在微笑 bōlikuàngli niánqīng shí de qīzi zài wēixiào

ポマード 发蜡 fàlà; 头油 tóuyóu (英 pomade) ▶～をつける/上发蜡 shàng fàlà ▶～で固めた髪が光っている/用发蜡定型的头发在闪光 yòng fàlà dìngxíng de tóufa zài shǎnguāng

ほまれ【誉れ】 荣耀 róngyào; 荣誉 róngyù; 光荣 guāngróng (英 honor) ▶～高い/显扬 xiǎnyáng; 声誉著称 shēngyù zhùchēng ▶若い頃は秀才の～高かったが…/年轻的时候被誉为是高才生… niánqīng de shíhou bèi yù wéi shì gāocáishēng… ▶君は我が校の～である/你是本校的骄傲 nǐ shì běnxiào de jiāo'ào

ほめごろし【誉め殺し】 捧杀 pěngshā (英 a backhanded compliment) ▶～にして才能の芽を摘んでしまえ/捧杀他的才能 pěngshā tā de cáinéng

ほめそやす【誉めそやす】 称赞 chēngzàn; 赞颂 zànsòng (英 praise... highly) ▶彼の偉業をみんなで誉めやした/对于他的伟业,大家大为称赞 duìyú tā de wěiyè, dàjiā dàwéi chēngzàn

ほめたたえる【褒め称える】 表彰 biǎozhāng; 赞颂 zànsòng; 称颂 chēngsòng (英 praise... highly) ▶功績を～/表彰功绩 biǎozhāng gōngjì ▶去りゆく人の功績を～/赞颂引退者的功绩 zànsòng yǐntuìzhě de gōngjì

ほめちぎる【誉めちぎる】 极力称赞 jílì chēngzàn (英 praise... highly) ▶あの辛口批評家が君の新作を誉めちぎっている/那位严厉的评论家对你的新作极力称赞 nà wèi yánlì de pínglùnjiā duìyú nǐ de xīnzuò jílì chēngzàn

ほめる【誉める】 称赏 chēngshǎng; 夸奖 kuājiǎng; 表扬 biǎoyáng (英 praise) ▶誉めすぎだ/夸得过分 kuāde guòfèn; 过奖 guòjiǎng ▶なにがなんでも誉めすぎだ/说什么也是过奖了 shuō shénme yě shì guòjiǎng le ▶～のはただだからな/夸奖也不花钱 kuājiǎng yě bù huāqián ▶彼女は声がきれいだと誉められた/她被表扬说声音很好 tā bèi biǎoyáng shuō shēngyīn hěn hǎo ▶その点は誉められてよい/这点可以表扬 zhè diǎn kěyǐ biǎoyáng ▶あまり誉められた話じゃない/也不是什么值得称赞的事 yě bú shì shénme zhíde chēngshǎng de shì

ホモ(セクシュアル) 男同性恋 nán tóngxìngliàn (英 homosexuality)

ぼや【小火】 小火灾 xiǎohuǒzāi (英 a small fire) ▶～を出す/失一场小火 shī yì cháng xiǎohuǒ ▶子供の火遊びから～を出す/小孩子玩火导致了一场小火灾 xiǎoháizi wánhuǒ dǎozhìle yì cháng xiǎohuǒzāi ▶紛争は～のうちに食い止めろ/纷争要在小火的时候扑灭 fēnzhēng yào zài xiǎohuǒ de shíhou pūmiè

ぼやかす 模糊 móhu; 含糊 hánhu (英 make... vague) ▶話の焦点を～/含糊其辞 hánhu qí cí ▶自分の意見はぼやかしたまま会見を打ち切った/没明确表达自己的意见就结束了会见 méi míngquè biǎodá zìjǐ de yìjiàn jiù jiéshùle huìjiàn ▶春霞が塔の姿をぼやかしていた/春霞使塔影变得朦胧不清 chūnxiá shǐ tǎyǐng biànde ménglóng bù qīng

ぼやく 嘟囔 dūnang; 发牢骚 fā láosao (英 grumble) ▶いくらぼやいても損失は取り返せない/怎么也嘟囔损失也不能挽回了 zěnme dūnang sǔnshī yě bùnéng wǎnhuíle ▶～のは老人たちに任せよう/嘟囔是老人干的事 dūnang shì lǎorén gàn de shì

ぼやける 模糊 móhu (英 grow dim; become blurred) ▶論点が～/论点模糊不清 lùndiǎn móhu bù qīng ▶涙で母の顔がぼやけた/眼泪让我看不清母亲的脸 yǎnlèi ràng wǒ kànbuqīng mǔqin de liǎn ▶遠くにぼやけた島影が見えた/远处依稀地看见了岛的影子 yuǎnchù yīxī de kànjiànle dǎo de yǐngzi

ぼやっと 呆呆地 dāidāi de (英 vacantly) ▶～している/傻呵呵 shǎhēhē; 呆呆看着 dāidāi kànzhe ▶あいつは人間が～している/他做人傻呵呵的 tā zuòrén shǎhēhē de ▶～立っていないで手を動かしてくれ/别傻呆呆地看着,也动动手 bié shǎdāidāi de kànzhe, yě dòngdong shǒu

ほやほやの 刚刚做好 gānggāng zuòhǎo; 〈あつっ〉 热乎乎 rèhūhū (英 [新鮮な] fresh; [熱い] hot) ▶新婚～/新婚燕尔 xīnhūn yàn'ěr ▶新婚～でも残業はやってもらうよ/虽说你是新婚燕尔,还是得加班 suīshuō nǐ shì xīnhūn yàn'ěr, háishi děi jiābān ▶焼きたて～のパン/刚烤好的热乎乎的面包 gāng kǎohǎo de rèhūhū de miànbāo ▶でき立て～の肉まんはいかが/刚出笼的肉包子怎么样? gāng chūlóng de ròubāozi zěnmeyàng?

ぼやぼやする 发呆 fādāi; 心不在焉 xīn bú zài yān (英 be careless; be absent-minded) ▶残り1週間か. ～してはいられないぞ/剩下一周, 也不能傻呆看着了 shèngxià yì zhōu, yě bùnéng shǎdāizhe le ▶～するな, 早く謝ってこい/别傻呆着, 快道歉去 bié shǎdāizhe, kuài dàoqiàn qù

ほゆう【保有する】 保有 bǎoyǒu; 持有 chíyǒu (英 possess) ▶核～国/核持有国 héchíyǒuguó ▶ねらいは核～国の仲間入りだ/目标是加入核持有国的行列 mùbiāo shì jiārù héchíyǒuguó de hángliè ▶多量の金塊を～している/保有很多的金块 bǎoyǒu hěn duō de jīnkuài

ほよう【保養する】 保养 bǎoyǎng (英 [病後に] recuperate; [気晴らしに] recreate) ▶目の～になる/饱眼福 bǎo yǎnfú ▶この絵は見ているだけで目の～になる/这幅画看着就能养眼 zhè fú huà kànzhe jiù néng yǎngyǎn ▶～地/疗养地 liáoyǎngdì ▶そこは名高い～地/那是一个有名的疗养地 nà shì yí ge yǒumíng de liáoyǎngdì ▶母国に帰って～するそうだ/据说要回祖国进行疗养 jùshuō yào huí zǔguó jìnxíng liáoyǎng

〖日中比較〗中国语的 '保养 bǎoyǎng' は「保養する」他に「手入れする」ことをもいう.

ほら 1【呼びかけ】 喂 wèi; 看 kàn (英 Look!) ▶～, あれを見てごらん/喂, 你瞧 wèi, nǐ qiáo ▶～, あれがパンダだ/看, 那就是大熊猫 kàn, nà jiù shì dàxióngmāo **2**【念を押して】 喏 nuò; 看 kàn (英 See!) ▶～ごらん, あんなに言ったじゃないか/看, 我不是说过了嘛 kàn, wǒ bú shì shuōguo le ma

ほら【法螺】 牛皮 niúpí (英 a brag) ▶～話/白

话 báihuà｜〜話を信じてしまった/相信了大话 xiāngxìnle dàhuà ｜〜を吹く 吹牛 chuīniú；夸口 kuākǒu ▶〜を吹くのも才能だね/会吹牛也是才能 huì chuīniú yě shì cáinéng
♦〜吹き｜大炮 dàpào；说大话的人 shuō dàhuà de rén ▶〜吹きではあいつに負ける/论吹牛,我总不如他 lùn chuīniú, wǒ zǒng bù rú tā

ホラー 恐怖 kǒngbù；战栗 zhànlì（英 horror）▶〜映画/恐怖片 kǒngbùpiàn ▶〜小説/恐怖小说 kǒngbù xiǎoshuō

ほらあな【洞穴】洞穴 dòngxué（英 a cave）▶山腹の〜に1週間隠れていた/在山腹的洞里躲了一个星期 zài shānfù de dònglǐ duǒle yí ge xīngqī ▶〜から1万年前の人骨が見つかった/从洞里发现了一万年前的人骨 cóng dòngli fāxiànle yíwàn nián qián de réngǔ

ほらがい【法螺貝】海螺 hǎiluó；法螺 fǎluó（英 a trumpet shell）▶〜を吹き鳴らす/吹响法螺号 chuīxiǎng fǎluóhào ▶〜の音が谷間にひびき渡った/法螺号的声音在山谷间回荡 fǎluóhào de shēngyīn zài shāngǔ jiān huídàng

ポラロイド(カメラ)《商標》宝丽来相机 bǎolìlái xiàngjī（英 a Polaroid）

ボランティア 志愿者 zhìyuànzhě；义工 yìgōng（英 a volunteer）▶山野さんは〜で出演した/山野作为志愿者参加了演出 Shānyě zuòwéi zhìyuànzhě cānjiāle yǎnchū
♦〜活動｜无偿社会活动 wúcháng shèhuì huódòng ▶〜活動に参加する/参加社会福利活动 cānjiā shèhuì fúlì huódòng ▶退職後は〜活動に参加している/退休后参加义务活动 tuìxiūhòu cānjiā yìwù huódòng

ほり【堀】护城河 hùchénghé（英 a moat）▶〜の水に天守閣が映っている/护城河的水倒映着天守阁 hùchénghé de shuǐ dàoyìngzhe tiānshǒugé ▶〜外〜を埋められてしまった/外围都被堵死了 wàiwéi dōu bèi dǔsǐ le

ほり【彫り】雕刻 diāokè（英 carving；engraving）▶この竜の〜がまたすばらしい/这条龙的雕刻也很精湛 zhè tiáo lóng de diāokè yě hěn jīngzhàn ▶あの〜の深い顔が印象的だった/那个轮廓分明的脸给人留下深刻的印象 nàge lúnkuò fēnmíng de liǎn gěi rén liúxià shēnkè de yìnxiàng

ほりあてる【掘り当てる】挖到 wādào（英 strike）▶油田を〜/发现油田 fāxiàn yóutián

ポリープ〔医〕息肉 xīròu（英 a polyp）▶〜を取り除く/切除息肉 qiēchú xīròu ▶胃の〜を取り除く/切除胃部的息肉 qiēchú wèibù de xīròu ▶腸に〜ができている/肠子里有息肉 chángzili yǒu xīròu

ポリウレタン〔化学〕聚氨酯 jù'ānzhǐ（英 polyurethane）

ポリエステル〔化学〕聚酯 jùzhǐ（英 polyester）

ポリエチレン〔化学〕聚乙烯 jùyǐxī（英 polyethylene）

ポリえんかビニール【ポリ塩化ビニール】〔化学〕氯纶 lǜlún（英 polyvinyl chloride）

ポリオ〔医〕小儿麻痹 xiǎo'ér mábì（英 polio）▶〜ワクチン/小儿麻痹疫苗 xiǎo'ér mábì yìmiáo ▶〜の後遺症に苦しんでいる/为小儿麻痹的后遗症而痛苦 wèi xiǎo'ér mábì de hòuyízhèng ér tòngkǔ

ほりおこす【掘り起こす】挖掘 wājué；挖出 wāchū（英 dig up）▶古文書の束から新事実を〜/从成堆的旧文书中挖掘新事实 cóng chéngduī de jiùwénshū zhōng wājué xīnshìshí ▶人材を〜のも幹部の務めだ/挖掘人材也是干部的责任 wājué réncái yě shì gànbù de zérèn ▶汗にまみれて古い木の根を掘り起こした/出了一身汗,把旧的木头根挖了出来 chūle yì shēn hàn, bǎ jiù de mùtougēn wālechūlai

ほりかえす【掘り返す】翻掘 fānjué；挖出 wāchū（英 dig up）▶過去の事件を〜/翻掘过去的事件 fānchū guòqù de shìjiàn ▶工事,工事,何度道路を〜んだ/施工,又是施工,到底要把路反复挖几次啊 shīgōng, yòu shì shīgōng, dàodǐ yào bǎ lù fǎnfù wā jǐ cì a ▶掘り返した畑の土にも虫がいた/田里翻出来的土里有白虫 tiánli fānchūlai de tǔli yǒu báichóng

ほりごたつ【掘火燵】坑式暖桌 kēngshì nuǎnzhuō（英 a sunken kotatsu）

ほりさげる【掘り下げる】《内容を》深入思考 shēnrù sīkǎo（英 dig down）▶もう一段掘り下げた考察がほしい/希望能有更进一步的深入考察 xīwàng néng yǒu gèng jìnyíbù de shēnrù kǎochá ▶問題を掘り下げて考える/进一步挖掘问题 jìnyíbù wājué wèntí

ポリシー 政策 zhèngcè；原则 yuánzé（英 policy）▶〜がない/没有原则 méiyǒu yuánzé

ほりだしもの【掘り出し物】偶然弄到的珍品 ǒurán nòngdào de zhēnpǐn（英 a find；［買い物の］a bargain）▶古书市で見つけた〜だ/在旧书市场找到的珍品 zài jiùshū shìchǎng zhǎodào de zhēnpǐn ▶あの新人は〜だぞ/那个新人是个难得的珍品 nàge xīnrén shì ge nándé de zhēnpǐn ▶こんな〜をするなんて夢ではなかろうか/能得到这样的珍品,我不是在做梦吧 néng dédào zhèyàng de zhēnpǐn, wǒ bú shì zài zuòmèng ba

ほりだす【掘り出す】挖出 wāchū；采掘 cǎijué；发掘 fājué（英 dig out）▶人骨ところか小判を掘り出してしまった/哪里是人骨头,挖出的是金币 nǎli shì réngǔtou, wāchū de shì jīnbì ▶夜店の骨董屋で掘り出したお宝ですよ/这是在夜市的古董店里找出来的宝贝 zhè shì zài yèshì de gǔdǒngdiànli zhǎochūlai de bǎobèi

ホリデー 假日 jiàrì；节日 jiérì（英 a holiday）

ほりぬく【掘り抜く】挖穿 wāchuān（英 dig through...）▶山の向こうまでトンネルを掘り抜きます/挖一个隧道到山的那边 wā yí ge suìdào dào shān de nàbian ▶庭先を5mも〜と地下水が出てきた/在院子里挖五米地下水就出来了 zài yuànzǐli wā wǔ mǐ dìxiàshuǐ jiù chūlái le

ポリバケツ 塑料水桶 sùliào shuǐtǒng（英 *a plastic bucket*）

ポリぶくろ【ポリ袋】塑料袋 sùliàodài（英 *a plastic bag*）

ポリプロピレン〔化学〕丙纶 bǐnglún（英 *polypropylene*）

ぼりぼり ❶【固いものをかむ】咯吱咯吱 gēzhī-gēzhī（英 *crunch*）▶せんべいを～かじる/咯吱咯吱地吃脆饼干 gēzhīgēzhī de chī cuìbǐnggān ❷【掻く】噌噌地(抓挠) cēngcēng de (zhuā-nao)（英 *scratch*）▶頭を～掻く/噌噌地搔脑袋 cēngcēng de são nǎodai

ほりもの【彫り物】❶【彫刻】雕刻 diāokè（英 *carving; engraving*）▶公園の片隅の～が脚光を浴びる日がきた/在公园角落的雕刻变得引人注目 zài gōngyuán jiǎoluò de diāokè biànde yǐn rén zhùmù le ❷【いれずみ】文身 wénshēn（英 *a tattoo*）▶～の桜が年中背中で咲いていた/文身的樱花整年在背上开着 wénshēn de yīnghuā zhěngnián zài bèishang kāizhe ▶ある日～師に若い女の客があった/有一天文身师家里来了一个年轻的女客人 yǒuyìtiān wénshēnshī jiālǐ láile yí ge niánqīng de nǚkèrén

ほりゅう【保留する】保留 bǎoliú（英 *reserve*）▶～分/后备 hòubèi ▶いつまで態度を～するつもりか/你到底要保留态度到多久？nǐ dàodǐ yào bǎoliú tàidù dào duōjiǔ? ▶人事案件はしばらく～としよう/人事事暂时保留吧 rénshì de shì zànshí bǎoliú ba

> 日中比较 中国語の'保留 bǎoliú'は「保留する」他に「原状を保つ」ことをもいう。

ボリューム ❶【分量のある】分量 fēnliàng；重量 zhòngliàng（英 *bulky; heavy*）▶～のある婦人に睨まれて何も言えなかった/被一个很有重量的妇女瞪了一眼，什么也说不出来了 bèi yí ge hěn yǒu zhòngliàng de fùnǚ dèngle yì yǎn, shénme yě shuōbuchūlái le ▶～のある食事に満足した/对分量足实的饭菜很满意 duì fēnliàng zú shí de fàncài hěn mǎnyì ❷【音量】音量 yīnliàng（英 *volume*）▶～を上げる/提高音量 tígāo yīnliàng ▶マイクの～を上げる/放大话筒的音量 fàngdà huàtǒng de yīnliàng ▶～を下げる/放低音量 fàngdī yīnliàng ▶ラジオの～を下げる/调小收音机的音量 tiáoxiǎo shōuyīnjī de yīnliàng

ほりょ【捕虜】俘虏 fúlǔ；战俘 zhànfú（英 *a prisoner of war*）▶～にする/俘虏 fúlǔ ▶～虐待の罪に問われる/被控虐待俘虏罪 bèi kòng nüèdài fúlǔ zuì ▶敵の斥候を～する/俘虏敌方的侦察兵 fúlǔ dífāng de zhēnchábīng ▶2年間～になっていた/当了两年俘虏 dāngle liǎng nián fúlǔ
◆～収容所/俘虏收容所 fúlǔ shōuróngsuǒ

ほりわり【掘割】渠 qú；渠道 qúdào（英 *a canal*）▶街なかを～が貫いている/一条渠道横穿过街市 yì tiáo qúdào héngchuānguò jiēshì ▶屋敷の外の～で野菜を洗う/在宅邸外面的沟里洗菜 zài zháidǐ wàimian de gōuli xǐ cài

ほる【彫る】❶【模様などを】雕花 diāohuā（英 *carve*）▶桧の柱に龍を～了一条龙/在丝柏的柱子上雕了一条龙 zài sībǎi de zhùzishang diāole yì tiáo lóng ❷【刺青を】刺文身 cì wénshēn（英 *tattoo*）▶腕に小さく蜘蛛を彫った/在手臂上刺了一个小蜘蛛 zài shǒubìshang cìle yí ge xiǎozhīzhū

ほる【掘る】挖 wā；掘 jué；挖掘 wājué；开采 kāicǎi（英 *dig*）▶穴を～/挖坑 wā kēng ▶遺跡を～/发掘遗迹 fājué yíjì ▶砂漠で石油を～計画がある/有在沙漠开采石油的计划 yǒu zài shāmò kāicǎi shíyóu de jìhuà ▶来る日も来る日もいもを掘り続けた/天天都在挖红薯 tiāntiān dōu zài wā hóngshǔ ▶古墳を～のは初めての体験だった/挖古坟是第一次体验 wā gǔfén shì dì yī cì tǐyàn

ぼる 宰 zǎi；牟取暴利 móuqǔ bàolì；敲竹杠 qiāo zhúgàng（英 *make undue profits*）▶場末のバーでがっぽりぼられた/在偏僻的酒吧被宰了一大笔 zài piānpì de jiǔbā bèi zǎile yí dà bǐ

ポルカ 波尔卡舞 bō'ěrkǎwǔ（英 *a polka*）

ホルスタイン〔牛〕荷兰牛 Hélánniú（英 *a Holstein*）

ボルテージ 电压 diànyā；《訴える力》〔有〕劲儿 (yǒu) jìnr（英 *voltage*）▶～の低い演说は眠くなる/听者情绪低落的演讲，让人犯困 tīngzhe qíngxù dīluò de yǎnjiǎng, ràng rén fànkùn ▶観衆の～は上がる一方である/观众的情绪越发地高涨起来 guānzhòng de qíngxù yuèfā de gāozhǎngqǐlái

ボルト ❶【金属ねじ】螺栓 luóshuān；螺丝钉 luósīdīng（英 *a bolt*）▶～1本がはずれて大惨事を招いた/掉了一颗螺丝，引起了大惨案 diàole yì kē luósī, yǐnqǐle dàcǎn'àn ▶緩んだ～を締めなおす/重新拧紧螺丝 chóngxīn nǐngjǐn luósī ❷【電圧】伏特 fútè（英 *a volt*）▶「君の瞳は1万～」〔歌詞〕/"你的眼睛有一万伏的电 Nǐ de yǎnjing yǒu yíwàn fú de diàn" ▶1.5～の電池3個で動く/用三个一点五伏的电池带动 yòng sān ge yī diǎn wǔ fú de diànchí dàidòng

ポルトガル 葡萄牙 Pútáoyá（英 *Portugal*）

ポルノ 色情文艺 sèqíng wényì；黄色文艺 huángsè wényì（英 *pornography*）▶一掃/扫黄 sǎohuáng ▶～映画/黄色电影 huángsè diànyǐng ▶～小説/色情小说 sèqíng xiǎoshuō ▶今月号は～小説の特集だ/本月号是色情小说特集 běn yuè hào shì sèqíng xiǎoshuō tèjí

ホルマリン〔化学〕福尔马林 fú'ěrmǎlín（英 *formalin*）▶～漬けの標本/用福尔马林泡的标本 yòng fú'ěrmǎlín pào de biāoběn

ホルモン 荷尔蒙 hé'ěrméng；激素 jīsù（英 *hormone*）▶～焼き/烤牛内脏 kǎoniúnèizàng；烤猪内脏 kǎozhūnèizàng ▶患者に～を投与する/给患者吃激素 gěi huànzhě chī jīsù ▶屋台の～焼きで一杯飲んだ/在摊儿上就着烤猪下

水，喝了一杯酒 zài tānrshang jiùzhe kǎozhūxiàshui, hēle yì bēi jiǔ ▶あいつ，性～が足りないんじゃないか/那家伙，是不是性荷尔蒙分泌不足啊？nà jiāhuo, shìbushì xìnghé'ěrméng fēnmì bùzú a?

ホルン〔楽器〕圆号 yuánhào（英 a horn）▶～を吹く/吹圆号 chuī yuánhào ◆～奏者/圆号演奏者 yuánhào yǎnzòuzhě

ほれい【保冷】冷藏 lěngcáng（英 keeping... cool）▶とれた魚を～車で送り出される/捕到的鱼用冷藏车送走 bǔdào de yú yòng lěngcángchē sòngzǒu ▶一時的に～倉庫に預けた/临时保管在冰冻库 línshí bǎoguǎn zài bīngdòngkù

ほれぐすり【惚れ薬】恋慕药 liànmùyào；媚药 mèiyào（英 a love potion）▶いもりの黒焼きに勝る～はない/没有比烧焦的蝾螈更好的媚药 méiyǒu bǐ shāojiāo de róngyuán gèng hǎo de mèiyào ▶～を飲ませたのに惚れてくれない/给她吃了媚药但她还是不喜欢我 gěi tā chīle mèiyào dàn tā háishi bù xǐhuan wǒ

ほれこむ【惚れ込む】喜爱 xǐ'ài；迷恋 míliàn（英 fall for...）▶人柄に～/看上人品 kànshàng rénpǐn ▶何よりも人柄に惚れ込んだそうだ/最看上的是人品 zuì kànshàng de shì rénpǐn ▶寝ても君の名を呼ぶほどの惚れ込みようなんだ/迷恋你迷恋到说梦话也叫你的名字 míliàn nǐ míliàndào shuō mènghuà yě jiào nǐ de míngzi

ほれぼれ【惚れ惚れする】令人陶醉 lìng rén táozuì；迷人 mírén（英 fascinating）▶～とする美しさ/迷人的美 mírén de měi ▶彼女の着物姿は～する美しさだった/她穿和服的样子，美得让人倾倒 tā chuān héfú de yàngzi, měide ràng rén qīngdǎo ▶彼女は～する声で歌った/她用令人陶醉的声音唱了一首歌 tā yòng lìng rén táozuì de shēngyīn chàngle yì shǒu gē

ほれる【惚れる】看中 kànzhòng；爱上 àishang；钦佩 qīnpèi（英 fall in love）▶男が～男になれと婆さまが言っていた/奶奶说要做能让男人钦佩的男人 nǎinai shuō yào zuò néng ràng nánrén qīnpèi de nánrén ▶「かわいそうだとも惚れたってことよ」〔夏目漱石〕/感到可怜，那就是喜欢上了 gǎndào kělián, nà jiù shì xǐhuanshàng le

ことわざ 惚れて通えば千里も一里 千里有缘一线牵 qiānlǐ yǒuyuán yí xiàn qiān

ほれる【掘れる】（英 be hollowed）▶雨垂れで小さな穴が掘れた/从房檐流下的雨滴砸了一个小洞 cóng fángyán liúxià de yǔdī zále yí ge xiǎodòng ▶雪解け水で坂道に溝が掘れた/融化的雪水在坡道上流出了一条沟 rónghuà de xuěshuǐ zài pōdàoshang liúchūle yì tiáo gōu

ボレロ ❶〔服〕妇女短上衣 fùnǚ duǎnshàngyī（英 a bolero）❷〔音楽〕包列罗舞曲 bāolièluó wǔqǔ（英 a bolero）

ほろ【幌】车篷 chēpéng（英 a hood）▶トラックの荷台は～に隠されている/卡车的货架子被车篷挡住 kǎchē de huòjiàzi bèi chēpéng dǎngzhe

▶～を掛けて雨を防ぐ/挂上车篷防雨 guàshàng chēpéng fángyǔ

ぼろ【襤褸の】破旧 pòjiù（英 worn-out; ragged）▶子供に～しか着せてやれない/只能给孩子穿破旧的衣服 zhǐ néng gěi háizi chuān pòjiù de yīfu ▶～切れを集めて雑巾を縫う/用破布条缝抹布 yòng pòbùtiáo féng mābù

～が出る 暴露破绽 bàolù pòzhàn ▶あまり話すと～が出るよ/说得太多就会露出破绽 shuōde tài duō jiù huì lùchū pòzhàn de

～は着ていても心は錦 穿得破旧但是心里却是美丽的 chuānde pòjiù dànshì xīnli què shì měilì de ▶～の露马脚 lòu mǎjiǎo

ポロ〔スポーツ〕马球 mǎqiú（英 polo）

ぼろい 利益大的 lìyì dà de（英 very profitable）▶こんな～商売はないね/没有像这样一本万利的买卖的 méiyǒu xiàng zhèyàng yī běn wànlì de de mǎimai de ▶～話をもちかける/拉他做能赚大钱的买卖 lā tā zuò néng zhuàn dàqián de mǎimai

ぼろくそ 辱骂 rǔmà（英〔ぼろくそに言う〕speak ill of...）▶亭主を～に言いながら嬉しそうだった/把丈夫说得一钱不值的，却还很高兴 bǎ zhàngfu shuōde yì qián bù zhí de, què hái hěn gāoxìng

ポロシャツ〔服飾〕开领短袖衬衫 kāilǐng duǎnxiù chènshān（英 a polo shirt）

ほろにがい【ほろ苦い】味稍苦 wèi shāo kǔ（英 slightly bitter; bittersweet）▶～思い出/淡淡苦涩的回忆 dàndàn kǔsè de huíyì ▶諦めの酒はほろ苦かった/断念的酒味道有点儿苦 duànniàn de jiǔ wèidao yǒudiǎnr kǔ ▶修学旅行には～思い出がある/对修学旅行的回忆是又苦又甜 duì xiūxué lǚxíng de huíyì shì yòu kǔ yòu tián

ほろびる【滅びる】灭亡 mièwáng；衰亡 shuāiwáng；消灭 xiāomiè（英 be ruined;〔絶滅する〕die out）▶このままでは人類は～ね/这样下去的话，人类会毁灭的 zhèyàng xiàqù dehuà, rénlèi huì huǐmiè de ▶滅びた流派を再興したい/我想复兴衰亡了的流派 wǒ xiǎng fùxīng shuāiwángle de liúpài

ほろぼす【滅ぼす】毁灭 huǐmiè；消灭 xiāomiè（英 ruin）▶身を～/毁灭自己 huǐmiè zìjǐ ▶そういう無知と傲慢が国を～のだ/这种无知和傲慢会毁灭国家的 zhè zhǒng wúzhī hé àomàn huì huǐmiè guójiā de ▶酒は身を～/酒会毁身的 jiǔ huì huǐshēn de

ほろほろ 纷纷 fēnfēn；啾啾 jiūjiū（英 lightly）▶白い花が～こぼれた/白花纷纷地掉了下来 báihuā fēnfēn de diàolexiàlai ▶～と鳴く鸟の声が聞こえてきた/听到啾啾的鸟啼声 tīngdào jiūjiū de niǎotíshēng

ぼろぼろ 破烂不堪 pòlàn bù kān；疲累不堪 pílèi bù kān（英 ragged; worn-out）▶～の服/破破烂烂的衣服 pòpòlànlàn de yīfu ▶～になるまで現役を続けます/非到精疲力尽，不想从现在的岗位退下来 fēi dào jīng pí lì jìn, bù xiǎng cóng xiànzài de gǎngwèi tuìxiàlai ▶彼の着物は

ぼろぼろ ～だった/他的衣服破烂不堪 tā de yīfú pòlàn bù kān ▶蔵の隅から～のノートが出てきた/从仓库的角落里找出了破烂不堪的本子 cóng cāngkù de jiǎoluòlǐ zhǎochūle pòlàn bù kān de běnzi

ぽろぽろ 噗噜噜 pūlūlū; 劈里啪啦 pīlīpālā; 啪嗒啪嗒 pādāpādā (英) in large drops ▶～こぼれ落ちる/(汗や涙が)滚滴 gǔntāng ▶涙が～こぼれ落ちる/泪水啪嗒啪嗒地掉下来 lèishuǐ pādāpādā de diàolexiàlai ▶看板の塗りが～剥がれた/招牌的漆掉得稀稀落落的了 zhāopai de qī diàode xīxīluòluò de le ▶彼は涙を～こぼした/他的眼泪扑簌扑簌地往下掉 tā de yǎnlèi pūsùpūsù de wǎng xià diào

ぼろもうけ【ぼろ儲けする】赚大钱 zhuàn dàqián (英) make easy money ▶バブルに乗じて～した/乘着泡沫经济发了大财 chéngzhe pàomò jīngjì fāle dàcái ▶～をもくろんだあげくに大損した/想要发大财，结果输了大笔钱 xiǎngyào fā dàcái, jiéguǒ shūle dà bǐ qián

ほろよい【ほろ酔い】微醉 wēizuì; 微醺 wēixūn (英) tipsiness ▶～機嫌/有几分醉意 yǒu jǐ fēn zuìyì ▶～機嫌で線路わきを歩いていた/带着几分醉意在铁路边走着 dàizhe jǐ fēn zuìyì zài tiělùbiān zǒuzhe ▶～の父はいつがぜん気前がよくなった/微醺的父亲一下子大方起来了 wēixūn de fùqīn yíxiàzi dàfāngqǐlai le

ほろり (感動で)要落泪 (gǎndòngde) yào luòlèi ▶【ほろとする】be moved to tears ▶観客を～とさせる場面である/让观众感动落泪的场面 ràng guānzhòng gǎndòng luòlèi de chǎngmiàn ▶話を聞いて～となった/听了这段事，不禁打湿了眼眶 tīngle zhè duàn shì, bùjīn dǎshīle yǎnkuàng ▶～涙が手紙に落ちた/泪水啪嗒地掉在信纸上 lèishuǐ pādā de diàozài xìnzhǐshang

ホワイトカラー 白领阶层 báilǐng jiēcéng (英) a white-collar worker ▶～の貧困化が進む/白领阶层的贫困在加剧 báilǐng jiēcéng de pínkùn zài jiājù

ホワイトハウス 白宫 Báigōng《米国大統領官邸》(英) the White House

ホワイトボード 白板 báibǎn (英) a whiteboard ▶～用マーカー/白板笔 báibǎnbǐ ▶～消し/白板擦 báibǎncā

ほん【本】书 shū; 本本 běnběn (英) a book ▶～を読む/读书 dúshū; 看书 kànshū ▶これは私が初めて出した～/这是我第一次出的书 zhè shì wǒ dìyī cì chū de shū ▶～の重みで床が抜ける/由于书的重量，地板塌了 yóuyú shū de zhòngliàng, dìbǎn tā le ▶彼は～では勉強できないことを学んだ/他学到了书上学不到的东西 tā xuédàole shūshang xuébudào de dōngxi ▶彼は～をよく読んでいる/他读书读得又多又广 tā dúshū dúde yòu duō yòu guǎng ▶郷土の伝説について～を書いた/写了一本关于故乡传说的书 xiěle yì běn guānyú gùxiāng chuánshuō de shū ▶～の虫/书痴 shūchī; 书呆子 shūdāizi ▶彼はその～の虫ではない/他不是个书呆子 tā bú shì ge shūdāizi

日中比較 中国語では'本 běn'は本を数える「1冊, 2冊」の単位を表し, 本そのものは'书(書) shū'で表す.

ホン 吩 fēng (英) a phon ▶交叉点の騒音は 90～に達した/十字路口的噪音达到了九十吩 shízì lùkǒu de zàoyīn dádàole jiǔshí fēng

ほん【本】本 běn; 此 cǐ (英)［この］this ▶～法案はこれにて可決されました/本法案就此通过了 běn fǎ'àn jiùcǐ tōngguò le ▶～誌は今年限りで廃刊になる/本杂志年内停刊 běn zázhì niánnèi tíngkān

-ほん【-本】《線など》条 tiáo;《棒など》根 gēn;《映画》部 bù ▶券 1 枚がビール 2～になる/一张票可以买两瓶啤酒 yì zhāng piào kěyǐ mǎi liǎng píng píjiǔ

ぼん【盆】❶[什器の]盘子 pánzi; 盆子 pénzi (英) a tray ▶ビールとコップを～にのせて運んできた/把啤酒和酒杯放在木盆端了过来 bǎ píjiǔ hé jiǔbēi fàngzài mùpén duānleguòlai

❷[うらぼん] 盂兰盆会 yúlánpénhuì (英) the Bon Festival ▶～が過ぎれば涼しくなるだろう/盂兰盆节过后就会凉快了吧 yúlánpénjié guòhòu jiù huì liángkuai le ba

ことわざ 覆水盆にかえらず 覆水难收 fù shuǐ nán shōu

～を覆(gaeru)す ▶～を覆すような雨が降った/下了一场倾盆大雨 xiàle yì cháng qīngpén dàyǔ

◆～踊り/盂兰盆舞 yúlánpénhuìwǔ ▶～踊りで手が触れたのが始まりだった/在盂兰盆会上跳舞时碰到了手, 这是我们交往的开始 zài yúlánpénhuìshang tiàowǔ shí pèngdàole shǒu, zhè shì wǒmen jiāowǎng de kāishǐ

ぽん 砰 pēng (英)[音] Pow!) ▶～と肩をたたく/砰地打了一下肩 pēng de dǎle yíxià jiān ▶被災地の見舞いに～と 10 万円投げ出した/去看望灾区，一下子拿出了十万日元 qù kànwàng zāiqū, yíxiàzi náchūle shíwàn Rìyuán ▶～と音がしてビンのふたが飛んだ/砰的一声，瓶子盖飞了的一声，瓶盖飞了 píngzǐgài fēi le

ほんあん【翻案】改编 gǎibiān (英) an adaptation ▶このドラマは『坊ちゃん』の～です/这个剧是《哥儿》的翻版 zhège jù shì《Gēr》de fānbǎn ▶近松を現代劇に～してみた/把近松改编成了现代剧 bǎ Jìnsōng gǎibiānchéngle xiàndàijù

◆～小説/改编小说 gǎibiān xiǎoshuō

日中比較 中国語の'翻案 fān'àn'は判決や評価などを「覆す」こと.

ほんい【本位】本位 běnwèi (英) a standard ▶金～制度/金本位制度 jīnběnwèi zhìdù ▶何でも自己～で考えるんだね/你考虑什么都这么自私 nǐ kǎolǜ shénme dōu zhème zìsī ▶社員の採用は人物～を旨とする/录用员工本着以人品为重的原则 lùyòng yuángōng běnzhe yǐ rénpǐn wéizhòng de yuánzé

ほんい【本意】本意 běnyì; 真意 zhēnyì (英) one's real intention ▶私の～は伝わらなかった/

没能传达我的真心 méi néng chuándá wǒ de zhēnxīn ▶それは私の〜ではない/那不是我的本意 nà bú shì wǒ de běnyì

ほんい【翻意】 改变主意 gǎibiàn zhǔyì (英 *a change of mind*) ▶今さら彼に〜させるのは無理だ/事到如今已经改变不了他的决心 shì dào rújīn yǐjing gǎibiànbuliǎo tā de juéxīn ▶会長がじきじきに会って〜を促すそうだ/据说会长亲自去见他, 劝他改变主意 jùshuō huìzhǎng qīnzì qù jiàn tā, quàn tā gǎibiàn zhǔyì

ほんか【本科】 本科 běnkē (英 *a regular course*) ▶〜生/本科生 běnkēshēng ▶〜生が定員をオーバーしている/本科生超过了定员 běnkēshēng chāoguòle dìngyuán

ほんかい【本懐】 宿愿 sùyuàn; 理想 lǐxiǎng (英 *one's long-cherished desire*) ▶〜を遂げるまでは帰りません/不实现理想不回去 bù shíxiàn lǐxiǎng bù huíqù ▶男子の〜も軽くなったもんだ/男孩子们的理想也低多了 nánháizimen de lǐxiǎng yě dīduō le

ほんかいぎ【本会議】 全会 quánhuì; 全体会议 quántǐ huìyì (英 *a plenary session*) ▶衆院の〜のベルが鸣った/众议院全体会议的铃响了 zhòngyìyuàn quánhuì de líng xiǎng le ▶無断で〜を欠席した/无故缺席全体会议 wúgù quēxí quántǐ huìyì

ほんかく【本格的な】 正式 zhèngshì; 真正 zhēnzhèng (英 *real; authentic*) ▶〜派の政治家を目ざして/努力成为真正的政治家 nǔlì chéngwéi zhēnzhèng de zhèngzhìjiā ▶警察も〜的に動きだした/警察也正式出动了 jǐngchá yě zhèngshì chūdòng le ▶〜的にトレーニングを始める/从明天开始正式训练 cóng míngtiān kāishǐ zhèngshì xùnliàn ▶初めて〜的な論文を書いた/第一次写正式的论文 dìyī cì xiě zhèngshì de lùnwén

ほんかん【本館】 主楼 zhǔlóu (英 *the main building*)

ほんき【本気で】 认真 rènzhēn (英 *earnestly*) ▶〜で相談する/认真商量 rènzhēn shāngliang ▶〜にする/当真 dàngzhēn; 信真 xìnzhēn ▶君は〜で言っているのか/你是认真说的吗? nǐ shì rènzhēn shuō de ma? ▶冗談を〜にするやつがあるか/别把玩笑当真啊 bié bǎ wánxiào dàngzhēn a ▶おれは〜だよ/我是认真的 wǒ shì rènzhēn de ▶〜になればできないわけはない/认真去做就没有做不好的 rènzhēn qù zuò jiù méiyǒu zuòbuhǎo de

ほんぎ【本義】 《転義に対して》本义 běnyì (英 *the original meaning*)

ほんぎまり【本決まりの】 正式决定 zhèngshì juédìng (英 *finally decided*) ▶本社の移転が〜になった/总公司搬迁正式决定了 zǒnggōngsī bānqiān zhèngshì juédìng le ▶処分はまだ〜ではない/处分还没有正式决定 chǔfēn hái méiyǒu zhèngshì juédìng

ほんきゅう【本給】 基本工资 jīběn gōngzī (英 *one's basic pay*) ▶〜の不足を残業代で補っている/用加班工资补足基本工资的不足 yòng jiābān gōngzī bǔzú jīběn gōngzī de bùzú

ほんきょ【本拠】 据点 jùdiǎn; 根据地 gēnjùdì; 大本营 dàběnyíng (英 *a base*) ▶私は都心の〜を置いている/我把生活的大本营放在东京的中心 wǒ bǎ shēnghuó de dàběnyíng fàngzài Dōngjīng de zhōngxīn ▶活動の〜は日本にある/活动据点在日本 huódòng jùdiǎn zài Rìběn ▶支援活動の〜にふさわしい場所だ/适合作为援助活动据点的地方 shìhé zuòwéi yuánzhù huódòng jùdiǎn de dìfang

ほんぎょう【本業】 本行 běnháng (英 *one's principal occupation*) ▶〜に戻る/复业 fùyè ▶議員をやめて旅館の〜に戻る/辞去议员重拾旅馆的本行 cíqù yìyuán chóng shí lǚguǎn de běnháng ▶〜を忘れて花作りに熱中する/忘记自己的本行热衷于养花 wàngjì zìjǐ de běnháng rèzhōng yú yǎnghuā ▶作家ではあるが実は医者が〜です/虽是作家, 其实本行是医生 suī shì zuòjiā, qíshí běnháng shì yīshēng

ほんきょち【本拠地】 根据地 gēnjùdì; 本地 běndì (英 *a base*) ▶海外キャンプを終えて〜に戻ってきた/结束了海外训练, 回到了根据地 jiéshùle hǎiwài xùnliàn, huídàole gēnjùdì ▶〜を離れると行動に不便が多い/离开根据地, 就会感到行动很不便 líkāi gēnjùdì, jiù huì gǎndào xíngdòng hěn bùbiàn

ぼんくら 傻瓜 shǎguā; 笨蛋 bèndàn (英 *a blockhead*) ▶あんな〜に会長が勤まるのかい/那样的傻瓜能当会长吗? nàyàng de shǎguā néng dāng huìzhǎng ma? ▶〜に見えるが実は切れ者なんだ/看上去傻, 其实很聪明 kànshàngqu shǎ, qíshí hěn cōngmíng ▶〜な男だからよく騙される/他是个笨蛋, 所以经常受骗 tā shì ge bèndàn, suǒyǐ jīngcháng shòupiàn

ぼんくれ【盆暮】 中元节和年末 Zhōngyuánjié hé niánmò (英 *the Bon festival and the end of the year*) ▶〜には必ずあいさつに訪れる/中元节和年末一定会来拜访 Zhōngyuánjié hé niánmò yídìng huì lái bàifǎng ▶〜の贈り物を楽しみにしていた/等候着中元节和年末的礼物 děnghòuzhe Zhōngyuánjié hé niánmò de lǐwù

ほんけ【本家】 正宗 zhèngzōng; 本家 běnjiā (英 *the head family*) ▶事業の〜本元が失踪してしまった/事业的发起人失踪了 shìyè de fāqǐrén shīzōng le ▶土地を売るなら〜の了解を取ってほしい/要卖地的话, 一定要征得本家的同意 yào mài dì dehuà, yídìng yào zhēngdé běnjiā de tóngyì ▶〜から暖簾を分けてもらってこの店ができた/从本家领受了同一个名号开了这个店 cóng běnjiā lǐngshòule tóng yí ge mínghào kāile zhège diàn

ほんけがえり【本卦帰り】 《還暦》花甲 huājiǎ (英 *one's sixtieth birthday*) ▶とうとう〜です〜, 情けない/岁月无情, 到底年届花甲了 suìyuè wúqíng, dàodǐ nián jiè huājiǎ le

ほんご【梵語】 梵语 Fànyǔ（英 *Sanskrit*）

ほんこう【本校】 ❶『分校に対して』本校 běnxiào；总校 zǒngxiào（英 *the principal school*）▶4年生からは薫の～に通う/四年级开始去山脚下的本校上课 sì niánjí kāishǐ qù shānjiǎoxia de běnxiào shàngkè ❷『この学校』本校 běnxiào；我校 wǒ xiào（英 *this school*）▶諸君の活躍は～の誇りである/诸位的成绩是我校的骄傲 zhūwèi de chéngjì shì wǒ xiào de jiāo'ào

ほんこく【翻刻】 翻印 fānyìn；翻刻 fānkè（英 *reprinting*）

ほんごく【本国】 本国 běnguó；母国 mǔguó；祖国 zǔguó（英 *one's own country*）▶密入国者が～に送還された/偷渡者被送回本国了 tōudùzhě bèi sònghuí běnguó le ▶政府に照会する/向本国政府询问 xiàng běnguó zhèngfǔ xúnwèn ▶～に政変が起こって帰国できなくなった/祖国发生了政变，不能回国了 zǔguó fāshēngle zhèngbiàn, bùnéng huíguó le

ほんごし【本腰】 真正地着手 zhēnzhèng de zhuóshǒu（英 *seriousness*）▶～を入れる/认真努力 rènzhēn nǔlì ▶教育改革に～を入れるという/据说要认真地进行教育改革 jùshuō yào rènzhēn de jìnxíng jiàoyù gǎigé ▶安全対策に彼らも～でかかっている/他们也很认真地进行维护安全措施 tāmen yě hěn rènzhēn de jìnxíng wéihù ānquán cuòshī

ポンコツ 破旧车 pòjiùchē；老爷车 lǎoyēchē（英 *a piece of junk*）▶～を転がして入り日を見に行った/开着破旧的车去看日落 kāizhe pòjiù de chē qù kàn rìluò ▶～ながら現役で働いているよ/虽然是破旧不堪，但是还在工作呢 suīrán shì pòjiù bù kān, dànshì hái zài gōngzuò ne

ホンコン【香港】 香港 Xiānggǎng（英 *Hong Kong*）

ほんさい【本妻】 正房 zhèngfáng；大老婆 dàlǎopo（英 *one's legal wife*）

ぼんさい【凡才】 庸才 yōngcái（英 *ordinary ability*）▶私などは掛け値なしの～です/我是一个名副其实的庸才 wǒ shì yí ge míng fù qí shí de yōngcái ▶～のくせに秀才気取りでなる/明明是个庸才，还以为自己有多聪明 míngmíng shì ge yōngcái, hái yǐwéi zìjǐ yǒu duō cōngmíng

ぼんさい【盆栽】 盆景 pénjǐng；盆栽 pénzāi（英 *a bonsai*）▶趣味は～です/爱好是盆景 àihào shì pénjǐng ▶いい若いもんが～いじりかい/年纪轻轻，就爱好盆景啊 niánjì qīngqīng, jiù àihào pénjǐng a

ほんざん【本山】 总寺院 zǒngsìyuàn（英 ［寺］*the head temple*；［元締］*a center*）▶ここは天台宗の総～だ/这里是天台宗的总寺院 zhèlǐ shì Tiāntáizōng de zǒngsìyuàn ▶住職は～で修行を積んだ人物である/住持是在总寺院修行过的人 zhùchí shì zài zǒngsìyuàn xiūxíngguo de rén

ほんし【本旨】 宗旨 zōngzhǐ；本意 běnyì（英 *the main aim*）▶我々は～を見失っていたのではないか/我们是不是迷失了宗旨？ wǒmen shìbushì míshīle zōngzhǐ? ▶青少年の健全な育成を～とする/以培育青少年的健康发展为宗旨 yǐ péiyù qīngshàonián de jiànkāng fāzhǎn wéi zōngzhǐ

ほんしき【本式の】 正式 zhèngshì；真正 zhēnzhèng（英 *regular; formal*）▶～のオペラを見たことがない/没有看过真正的歌剧 méiyǒu kànguo zhēnzhèng de gējù ▶秋から英語を～に習うつもりだ/准备从秋天开始正式学英语 zhǔnbèi cóng qiūtiān kāishǐ zhèngshì xué Yīngyǔ ▶～の服装で出席されたい/请穿正装出席 qǐng chuān zhèngzhuāng chūxí

ほんしつ【本質】 本质 běnzhì；实质 shízhì（英 ［神髄］*essence*；［性質］*nature*；［実質］*substance*）▶～的差異/本质上的差别 běnzhìshang de chābié ▶両案に～的な差異はない/两个方案没有本质上的差异 liǎng ge fāng'àn méiyǒu běnzhìshang de chāyì ▶それは問題の～をついた質問だった/这是抓住了问题本质的问题 zhè shì zhuāzhùle wèntí běnzhì de wèntí ▶いきなり～論に入った/直接就进入了本质论 zhíjiē jiù jìnrùle běnzhìlùn

ほんじつ【本日】 本日 běnrì；今日 jīnrì；今天 jīntiān（英 *today*）▶割り引きは～限りですよ/打折到今天为止 dǎzhé dào jīntiān wéizhǐ ▶～の入場者は500人を越えた/今天的入场者超过了五百人 jīntiān de rùchǎngzhě chāoguòle wǔbǎi rén ▶「～は晴天なり」/"今天晴天 Jīntiān qíngtiān"

♦～休業【掲示】 :本日休息 běnrì xiūxi

ほんしゃ【本社】 总社 zǒngshè；总公司 zǒnggōngsī；(我が社) 敝社 bìshè；敝公司 bìgōngsī（英 *the head office*，［当社］*our firm*）▶～から重役が視察に来た/董事从总公司来视察 dǒngshì cóng zǒnggōngsī lái shìchá ▶4月から～勤務になる/从四月开始在总公司工作 cóng sì yuè kāishǐ zài zǒnggōngsī gōngzuò ▶現場の声が～に伝わらない/第一线的声音没有反映到总公司 dìyīxiàn de shēngyīn méiyǒu fǎnyìngdào zǒnggōngsī

ほんしゅう【本州】 本州 Běnzhōu（*Honshu*）▶～最北端の岬/本州最北端的海岬 Běnzhōu zuì běiduān de hǎijiǎ

ほんしょう【本性】 本性 běnxìng；根性 gēnxìng（英 *one's true character*）▶～を現す/露出本性来 lùchū běnxìng lai ▶いざという時に～が出るものだ/关键的时候会露出本性 guānjiàn de shíhou huì lùchū běnxìng ▶こんなことで～を現してはまずい/这一点事情就露出了本性，不好吧 zhè yì diǎn shìqing jiù lùchūle běnxìng, bù hǎo ba

ほんしょく【本職】 本行 běnháng；(プロ) 专业 zhuānyè；内行 nèiháng（英 *a professional*）▶君の歌は～はだしだね/你唱的歌让专业歌手都逊色也 nǐ chàng de gē ràng zhuānyè gēshǒu dōu xùnsè ▶うちのチームの監督は～は大工なんだ/我们的领队本行是木匠 wǒmen de lǐngduì běnháng shì mùjiang ▶さすが〜だ．いい仕事をしているよ/到底是内行，工作就是漂亮 dàodǐ shì nèiháng, gōngzuò jiù shì piàoliang

[中日比较] 中国語の'本职 běnzhí'は「自分の仕事」のこと．

ほんしん【本心】 实意 shíyì；真心 zhēnxīn；《本来の正しい心》良心 liángxīn（英 *one's real intention*）▶あなたにだけは〜を明かしますが…/就对你说真心话 jiù duì nǐ shuō zhēnxīnhuà ▶〜から/打心眼里 dǎ xīnyǎnli ▶〜からそう思いますか/你是真心这么想吗？ nǐ shì zhēnxīn zhème xiǎng ma? ▶〜と違う言葉/违心之言 wéixīn zhī yán ▶〜と違う言葉が口をついて出た/不由得说了违心的话 bùyóude shuōle wéixīn de huà ▶〜に立ち返って自分を見つめ直しなさい/想想自己的初衷，重新审视一下自己的言行！ xiǎngxiang zìjǐ de chūzhōng, chóngxīn shěnshì yíxià zìjǐ de yánxíng

ほんじん【凡人】 庸才 yōngcái；庸人 yōngrén；凡人 fánrén（英 *an ordinary person*）▶〜は〜なりに考えているんですよ/凡人也有凡人的考虑 fánrén yě yǒu fánrén de kǎolǜ ▶〜にもようなことではないでしょう/这不是能让凡人干的事吧 zhè bú shì néng ràng fánrén gàn de shì ba

ほんすじ【本筋】 正题 zhèngtí（英 *the main subject*）▶〜を外れる/离开正题 líkāi zhèngtí ▶議論が話から〜から外れている/讨论的话题篇离开了正题 tǎolùn de huàtí líkāile zhèngtí ▶事柄の〜を見誤ってはいけない/不要认错事情的本质 búyào rèncuò shìqing de běnzhì ▶話を〜に戻そう/把话说回原题来吧 bǎ huà shuōhuí yuántí lai ba

ほんせき【本籍】 原籍 yuánjí；籍贯 jíguàn（英 *one's legal domicile*）▶〜地/原籍所在地 yuánjí suǒzàidì ▶結婚を機に〜を移した/以结婚为契机，转了原籍 yǐ jiéhūn wéi qìjī, zhuǎnle yuánjí ▶〜地にはもう誰も残っていない/原籍所在地已经没有亲族了 yuánjí suǒzàidì yǐjīng méiyǒu qīnzú le

ほんせん【本線】 干线 gànxiàn；主线 zhǔxiàn（英 *a main line*）▶山陰〜/山阴主线 Shānyīn zhǔxiàn

ほんぜん【翻然として】 翻然 fānrán（英 *suddenly*）▶風を感じた時彼は〜として悟った/感受到风，他翻然醒悟了 gǎnshòudào fēng, tā fānrán xǐngwù le

ほんそう【奔走する】 奔跑 bēnpǎo；奔走 bēnzǒu（英 *make an effort*）▶資金集めに〜する/为筹资奔走 wèi chóuzī bēnzǒu ▶彼の〜のおかげで僕は処分を免れた/多亏了他的四处奔走，我才免于受处分 duōkuīle tā de sìchù bēnzǒu, wǒ cái miǎnyú shòu chǔfēn

ほんぞく【凡俗】 庸俗 yōngsú；凡庸 fányōng；《人》俗人 súrén（英 *mediocrity*）▶おれはその辺の〜の輩とは違うんだ/我和那些凡夫俗子可不一样 wǒ hé nà xiē fánfū súzǐ kě bù yíyàng ▶あいつの言動は〜の理解を超えているよ/他的言行超过了凡夫俗子的理解范围 tā de yánxíng chāoguòle fánfū súzǐ de lǐjiě fànwéi

ほんぞん【本尊】《仏像》主佛像 zhǔfóxiàng（英 *the principal image*）；《張本人》本人 běnrén（英 *the person himself〔herself〕*）▶〜抜きで決めるわけにはゆかない/本人不在，不能做决定 běnrén bú zài, bùnéng zuò juédìng ▶肝腎の御〜は何と言ってるの/关键的本人怎么说的？ guānjiàn de běnrén zěnme shuō de?

ほんたい【本体】 本体 běntǐ；《正体》本来面目 běnlái miànmù（英 *the main body*）▶〜に故障はない/本体没有故障 běntǐ méiyǒu gùzhàng ▶あの男の〜を掴めたように思う/我想我搞清了那个男人的本来面目 wǒ xiǎng wǒ gǎoqīngle nàge nánrén de běnlái miànmù ▶〜価格に消費税が加わります/本体价格加上消费税 běntǐ jiàgé jiāshàng xiāofèishuì

ほんだい【本題】 本题 běntí；正题 zhèngtí（英 *the main subject*）▶〜からそれる/离辙 lízhé ▶〜に入る/进入本题 jìnrù běntí ▶話はますます〜からそれていった/话越来越离本题远了 huà yuèláiyuè lí běntí yuǎn le ▶〜に入る前に一言言わせてもらいたい/进入正题之前，请让我说一句 jìnrù zhèngtí zhīqián, qǐng ràng wǒ shuō yí jù

ほんたく【本宅】 本宅 běnzhái（英 *one's principal residence*）▶〜にはあまり帰らない/不太回本宅 bú tài huí běnzhái ▶あの人、〜を追い出されたんだって/那个人据说被赶出本宅了 nàge rén jùshuō bèi gǎnchū běnzhái le

ほんたて【本立】 书档 shūdàng；书立 shūlì（英 *bookends*）▶机の上に安物の〜がのっている/桌子上放着一个便宜的书档 zhuōzishang fàngzhe yí ge piányi de shūdàng ▶手を伸ばして〜から時刻表を抜き取った/伸手从书立上拿下时刻表 shēnshǒu cóng shūlìshang náxià shíkèbiǎo

ほんだな【本棚】 书架 shūjià；书柜 shūguì（英 *a bookshelf*）▶〜は粗末だが本は値打ちものだぞ/虽然书架便宜，但是书很值钱 suīrán shūjià piányi, dànshì shū hěn zhíqián ▶〜の重みで畳に大きなへこみができた/书架的重量让榻榻米上起了一个大坑 shūjià de zhòngliàng ràng tàtàmǐshang qǐle yí ge dàkēng ▶スチール製の6段の〜/钢制的六层书架 gāngzhì de liù céng shūjià

ぼんち【盆地】 盆地 péndì（英 *a basin*）▶濃霧が〜を閉ざしていた/浓雾笼罩着盆地 nóngwù lǒngzhàozhe péndì ▶故郷は〜の底にある/故乡在盆地的底部 gùxiāng zài péndì de dǐbù

ほんちょう【本庁】 中央机关 zhōngyāng jīguān；总厅 zǒngtīng（英 *the central government office*）▶ちょっと〜へ打ち合わせに行ってくる/我去中央开一个会 wǒ qù zhōngyāng kāi yí ge huì ▶報告が遅れると〜がうるさいよ/报告晚了的话，总厅会说闲话的 bàogào wǎnle dehuà, zǒngtīng huì shuō xiánhuà de

ほんちょうし【本調子の】 常态 chángtài *in one's normal condition*）▶やっと体が〜に戻っ

ほんてん【本店】 総店 zǒngdiàn（英 *the head office*）

ほんでん【本殿】 正殿 zhèngdiàn（英 *the main shrine*）▶～は戦火を免れた/正殿幸免于火灾 zhèngdiàn xìngmiǎn yú huǒzāi ▶にぬかずき無事を祈った/向正殿磕头,祈求平安 xiàng zhèngdiàn kētóu, qíqiú píng'ān

ほんど【本土】 本土 běntǔ（英 *the mainland*）▶～決戦なると叫んでいる/那时候在狂叫本土决战 nà shíhou zài kuángjiào běntǔ juézhàn ▶島と～をフェリーが繋いでいる/岛和本土之间用轮渡联系 dǎo hé běntǔ zhījiān yòng lúndù liánxì

[日中比較] 中国語の'本土 běntǔ'は「主な国土」の他に「郷里」のことを意味する.

ポンド １【貨幣単位の】英镑 Yīngbàng（英 *a pound*）▶そのころ～が値を上げていた/那时候,英镑在升值 nà shíhou, Yīngbàng zài shēngzhí ２【重さの単位の】磅 bàng（英 *a pound*）▶ヤード～法/英里英镑法 yīnglǐ yīngbàngfǎ ▶１～は16オンス/一磅等于十六盎司 yí bàng děngyú shíliù àngsī

ほんとう【本当】 的确 díquè; 真的 zhēn de; 真是 zhēnshi（英 *truly; really*）▶～は嬉しいんだ/说真的,我很高兴 shuō zhēn de, wǒ hěn gāoxìng ▶～は私が行くはずだった/其实应该是我去 qíshí yīnggāi shì wǒ qù ▶～に恐ろしい/实在可怕 shízài kěpà ▶～に恐ろしかった/真的很可怕 zhēn de hěn kěpà ▶～のこと/实话 shíhuà ▶～のことを話してほしい/希望你能说真话 xīwàng nǐ néng shuō zhēnhuà ▶～の気持ちを分かってほしいのです/希望你能明白我的真心 xīwàng nǐ néng míngbái wǒ de zhēnxīn ▶～の寒さはこんなものではないぞ/真正的冷可不是这种程度 zhēnzhèng de lěng kě bú shì zhè zhǒng chéngdù ▶～だ. うそではないんだ/真的,不是假的 zhēn de, bú shì jiǎ de ▶いかにも～らしいそうだった/那可是个逼真的谎言 nà kě shì ge bīzhēn de huǎngyán ▶君は～にしないかもしれないが…/你可能不认为是真的… nǐ kěnéng bú rènwéi shì zhēn de ▶～だ, きれいねぇ/真的,真漂亮 zhēn de, zhēn piàoliang

ほんとう【本島】 本岛 běndǎo; 中心岛 zhōngxīndǎo（英 *the main island*）▶沖縄～/冲绳本岛 Chōngshéng běndǎo

ほんどう【本堂】 正殿 zhèngdiàn（英 *the main temple*）

ほんどう【本道】 大路 dàlù;《正統な道》正道 zhèngdào（英 *the main road*）▶２キロも歩くと～に出られる/走两公里就能到大路 zǒu liǎng gōnglǐ jiù néng dào dàlù ▶スポーツの～を忘れているのだ/忘掉了运动的宗旨 wàngdiàole yùndòng de zōngzhǐ

ほんにん【本人】 本人 běnrén（英 *the person himself〔herself〕*）▶彼～に聞いて下さい/你去问他本人 nǐ qù wèn tā běnrén ▶～の筆跡/亲笔 qīnbǐ ▶～の筆跡に間違いない/肯定是本人的笔迹 kěndìng shì běnrén de bǐjì ▶～を目の前にして言いにくいが…/虽然当着本人不太好说… suīrán dāngzhe běnrén bú tài hǎoshuō… ▶～確認が必要だ/有必要确认身份 yǒu bìyào quèrèn shēnfen

ほんね【本音】 心里话 xīnlihuà; 真心话 zhēnxīnhuà（英 *one's real intention*）▶～を言う/口吐真言 kǒu tǔ zhēnyán ▶早く帰りたいのが～である/说实话,是想早点回去 shuō shíhuà, shì xiǎng zǎodiǎn huíqù ▶とうとう～を吐いたな/终于说出了心里话 zhōngyú shuōchūle xīnlihuà ▶～と建前を使い分ける/分场合使用真心话和表面上的话 fēn chǎnghé shǐyòng zhēnxīnhuà hé biǎomiànshang de huà

ボンネット《車の》发动机罩 fādòngjīzhào（英 *a hood*）

ほんねん【本年】 今年 jīnnián（英 *this year*）▶～もよろしくお願い申しあげます/今年也请您多多关照 jīnnián yě qǐng nín duōduō guānzhào ▶～は昨年を上回る実績をあげたい/今年想取得比去年大的成绩 jīnnián xiǎng qǔdé bǐ qùnián dà de chéngjì

ほんの 仅仅 jǐnjǐn; 一点点的 yìdiǎndiǎn de（英 *mere; only*）▶～一瞬/弹指之间 tánzhǐ zhījiān ▶10年なんて～一瞬だね/十年真是一瞬间啊 shí nián zhēn shì yíshùnjiān a ▶～気持ち/小意思 xiǎoyìsi ▶～気持ちです. お納め下さい/一点心意,请笑纳 zhǐshì yìdiǎn xīnyì, qǐng xiàonà ▶～少し/一丁点儿 yìdīngdiǎnr たのむ, ～少しでいいんだ/求求你,只要一点就行 qiúqiú nǐ, zhǐ yào yìdiǎn jiù xíng ▶～二, 三日/仅仅两三天 jǐnjǐn liǎng sān tiān ▶世論は～二, 三日でこうも変わるものか/这么两三天,舆论变化就这么大啊 zhème liǎng sān tiān, yúlùn biànhuà jiù zhème dà a ▶～でき心/一时冲动 yìshí chōngdòng ▶万引きは～でき心だったのです/一时糊涂,偷了商店的东西 yìshí hútu, tōule shāngdiàn de dōngxi ▶社長とは～名ばかりだ/只是名义上的总经理 zhǐ shì míngyìshang de zǒngjīnglǐ

ほんのう【本能】 本能 běnnéng（英 *instinct*）▶～的に/本能地 běnnéng de ▶～的に生涯の夫になる男だと分かった/本能地知道了他是成为一生伴侶的男人 běnnéng de zhīdàole tā shì chéngwéi yìshēng bànlǚ de nánrén ▶異性を求めるのは～だ/追求异性是本能 zhuīqiú yìxìng shì běnnéng ▶あいつは母性～をくすぐるらしい/他能激起母性本能 tā néng jīqǐ mǔxìng běnnéng

ほんのう【煩悩】 烦恼 fánnǎo（英 *worldly desires*）▶～は108どころではありません/烦恼哪里才止一百零八个 fánnǎo nǎli cái zhǐ yìbǎi líng bā ge ▶私など～のとりこですよ/我被烦恼缠身 wǒ bèi fánnǎo chánshēn ▶～を断ち切れず

か/你能断绝烦恼吗？ nǐ néng duànjué fánnǎo ma?

ほんのり 微微 wēiwēi; 淡淡 dàndàn (英 *slightly*)（顔が）～赤くなる/脸上微微泛出红晕 liǎnshang wēiwēi fànchū hóngyùn ▶一口の酒で～赤くなる/喝了一口酒，脸微微的红了 hēle yì kǒu jiǔ, liǎn wēiwēi de hóng le ▶梅林の香りが～漂っている/梅林的香气淡淡地飘着 méilín de xiāngqì dàndàn de piāozhe ▶あの人の顔を見ると、～暖かい気分になる/看到他，就感到一丝的温暖 kàndào tā, jiù gǎndào yì sī de wēnnuǎn

ほんば【本場】 当地 dāngdì;（産地）主要场地 zhǔyào chǎngdì; (英 *the home; the center*) ▶～の中華料理を味わっていきましょう/请你尝尝地道的中国菜 qǐng nǐ chángchang dìdao de Zhōngguócài ▶こんぶは北海道が～である/北海道是海带的中心产地 Běihǎidào shì hǎidài de zhōngxīn chǎndì ▶彼の英語は～仕込みだ/他的英语是在当地培养出来的 tā de Yīngyǔ shì zài dāngdì péiyǎngchūlai de

ほんばこ【本箱】 书柜 shūguì; 书橱 shūchú (英 *a bookcase*) ▶～にぎっしり洋書が詰まっている/书柜里满满地装着外文书 shūguìlǐ mǎnmǎn de zhuāngzhe wàiwénshū ▶問題のメモ～から見つかった/引起关注的那张便条在书箱中找到了 yǐnqǐ guānzhù de nà zhāng biàntiáo zài shūxiāng zhōng zhǎodào le

ほんばしょ【本場所】（相撲）（相针的）正式比赛 (xiāngpū de) zhèngshì bǐsài (英 *a regular sumo tournament*) ▶～を見るのは初めてです/第一次看大相扑的正式比赛 dìyī cì kàn dàxiāngpū de zhèngshì bǐsài

ほんばん【本番】 正式表演 zhèngshì biǎoyǎn (英 *a take*) ▶～までにはまだ時間がある/到正式表演还有时间 dào zhèngshì biǎoyǎn háiyǒu shíjiān ▶もう～だね/快到真正的夏天了 kuài dào zhēnzhèng de xiàtiān le ぶっつけ～で 上场就演 shàngchǎng jiù yǎn; 开门见山 kāi mén jiàn shān ▶ぶっつけ～で演説した/没有准备就上场演讲了 méiyǒu zhǔnbèi jiù shàngchǎng yǎnjiǎng le

ほんぶ【本部】 本部 běnbù; 中央 zhōngyāng; 总部 zǒngbù (英 *the head office; the headquarters*) ▶捜査～/搜查本部 sōuchá běnbù ▶所轄署内に捜査～が設けられた/在所辖警署设立了搜查总部 zài suǒxiá jǐngshǔ shèlìle sōuchá zǒngbù ▶さっき～から電話があった/刚才本部打来电话 gāngcái běnbù dǎlái diànhuà ▶本日をもって対策～を解散する/到今天为止解散对策本部 dào jīntiān wéizhǐ jiěsàn duìcè běnbù ▶目の前にあるのが大学～の建物です/眼前的就是大学本部的大楼 yǎnqián de jiù shì dàxué běnbù de dàlóu

ポンプ 泵 bèng; 水泵 shuǐbèng (英 *a pump*) ▶消防～/消防泵 xiāofángbèng ▶真空～/真空泵 zhēnkōngbèng ▶～で水をくみ上げる/用泵抽水 yòng bèng chōushuǐ

ほんぷく【本復】 康复 kāngfù; 恢复健康 huīfù jiànkāng (英 *a complete recovery*) ▶病も～し，仕事に復帰いたしました/病治好了，重新恢复工作 bìng zhìhǎo le, chóngxīn huīfù gōngzuò

ほんぶたい【本舞台】 大舞台 dàwǔtái; 正式场所 zhèngshì chǎngsuǒ (英 *the main stage;* [晴れの場所] *a public place*) ▶オリンピックの～で活躍する/活跃在奥林匹克的大舞台上 huóyuè zài Àolínpǐkè de dàwǔtáishang ▶今日が君の～だ/今天是你的大舞台 jīntiān shì nǐ de dàwǔtái

ほんぶり【本降り】（雨）大下 (yǔ) dàxià (英 *a steady downpour*) ▶～になった/雨下得大了 yǔ xiàde dà le ▶雨は夜になって～になった/到了晚上，雨下大了 dàole wǎnshang, yǔ xiàdà le

ほんぶん【本分】 本分 běnfèn (英 *one's duty*) ▶学生の～は何であるか/学生的本分是什么？ xuésheng de běnfèn shì shénme? ▶～を尽くす/尽责任 jìn zérèn ▶社长は社长の～を尽くす/总经理尽总经理的职责 zǒngjīnglǐ jìn zǒngjīnglǐ de zhízé

ほんぶん【本文】 正文 zhèngwén;（もとの文）原文 yuánwén; 本文 běnwén ([注などに対し] *the text;* [手紙などの] *the body*) ▶～より注釈が長い/注释比本文长 zhùshì bǐ běnwén cháng ▶～の筆者が実は定かでない/其实本文的作者不详 qíshí běnwén de zuòzhě bùxiáng

ボンベ 气瓶 qìpíng (英 *a cylinder*) ▶酸素～/氧气瓶 yǎngqìpíng ▶酸素が爆発した/氧气瓶爆炸了 yǎngqìpíng bàozhà le

ほんぺん【本編】 正编 zhèngbiān (英 *the original story*) ▶続編は～ほどおもしろくない/续编没有正编有意思 xùbiān méiyǒu zhèngbiān yǒu yìsi

ほんぽう【本邦】 我国 wǒ guó (英 *our country*) ▶寒冷前線が～付近に張り出している/冷锋一直停留在我国的附近 lěngfēng yìzhí tíngliú zài wǒ guó de fùjìn ▶あの劇は～初演というので話題になった/那个剧因为是在我国初次演出，引起了注目 nàge jù yīnwèi shì zài wǒ guó chū cì yǎnchū, yǐnqǐle zhùmù

ほんぽう【本俸】 底薪 dǐxīn; 基本工资 jīběn gōngzī (英 *the basic salary*) ▶～は低いが諸手当が多い/基本工资很低，但是补贴很多 jīběn gōngzī hěn dī, dànshì bǔtiē hěn duō

ほんぽう【奔放な】 奔放 bēnfàng (英 *wild*) ▶自由～な/自由奔放 zìyóu bēnfàng ▶自由～な生活を夢見たこともある/曾经梦想过自由奔放的日子 céngjīng mèngxiǎngguo zìyóu bēnfàng de rìzi ▶～に見えるが実は心遣いが細やかだ/看上去自由奔放，其实关心备至 kànshàngqu zìyóu bēnfàng, qíshí guānxīn bèizhì

ボンボン（菓子）酒心巧克力 jiǔxīn qiǎokèlì (英 *a bonbon*) ▶ウイスキー～/威士忌酒心巧克力 wēishìjì jiǔxīn qiǎokèlì

ぼんぼん ❶【音】砰砰 pēngpēng; 嘭嘭 pēng-pēng (英 *bang! bang!; pop! pop!*) ▶花火が～空にはじけた/焰火砰砰地在天空中开放 yànhuǒ pēngpēng de zài tiānkōng zhōng kāifàng ▶~ピストルをぶっ放す/砰砰地开枪 pēngpēng de kāiqiāng ❷【幼児語の腹】肚子 dùzi (英 the tummy) ❸【遠慮なく話す】毫无忌惮 háowú jìdàn (英 say without reserve) ▶上司に一文句を言う/对上司毫无忌惮地提意见 duì shàngsi háowú jìdàn de tí yìjiàn

ほんまつ【本末】 本末 běnmò [原因结果] cause and effect) ▶~を誤ってはならない/不能本末倒置 bùnéng běnmò dàozhì ▶それは~を転倒した議論だ/那是本末倒置的议论 nà shì běnmò dàozhì de yìlùn

～転倒 舍本逐末 shě běn zhú mò; 本末颠倒 běnmò diāndǎo ▶当局の見解は～転倒し も甚だしい/当局的见解本末倒置得非常厉害 dāngjú de jiànjiě běnmò dàozhìde fēicháng lìhai

ぼんミス【凡ミス】 简单错误 jiǎndān cuòwù (英 an unforced error) ▶~が続出するのはなぜなんだ/为什么接连出现简单的错误？ wèi shénme jiēlián chūxiàn jiǎndān de cuòwù? ▶気を引き締めて～を防ぐ/提高注意力，防止简单错误 tígāo zhùyìlì, fángzhǐ jiǎndān cuòwù

ほんみょう【本名】 本名 běnmíng; 真名 zhēnmíng (英 one's real name) ▶お互いに～は隠している/互相掩盖了真名 hùxiāng yǎngàile zhēnmíng ▶書類には～をお書き下さい/文件上请写真名 wénjiànshang qǐng xiě zhēnmíng ▶同期会では～に返る/同期生的聚会上回到真名的自己 tóngqīshēng de jùhuìshang huídào zhēnmíng de zìjǐ

ほんむ【本務】 本分 běnfèn, ; 本职 běnzhí (英 [本分] one's duty) ▶~を疎かにして誘致運動に熱を入れた/不顾自己的本职，热心参加招揽运动 bú gù zìjǐ de běnzhí, rèxīn cānjiā zhāolǎn yùndòng ▶~校の都合で出席できなくなった/因为本职所在的学校有事，不能参加了 yīnwèi běnzhí suǒ zài de xuéxiào yǒushì, bùnéng cānjiā le

ほんめい【本命】 最有希望的候选人 zuì yǒu xīwàng de hòuxuǎnrén; 最会优胜的马 zuì huì yōushèng de mǎ (英 [竞马などの] the favorite; [選挙などの] a prospective winner) ▶絶対の～と目されていた山田氏が落選した/被认为绝对有希望的山田落选了 bèi rènwéi juéduì yǒu xīwàng de Shāntián luòxuǎn le ▶次期会長レースに～がいない/下届会长的竞选中，没有最有竞争力的人 xià jiè huìzhǎng de jìngxuǎn zhōng, méiyǒu zuì yǒu jìngzhēnglì de rén

ほんもう【本望である】 宿愿 sùyuàn; 满意 mǎnyì (英 be quite satisfied) ▶舞台で死ねれば～だ/如能在舞台上死就满意了 rú néng zài wǔtáishang sǐ jiù mǎnyì le ▶これで彼も～を遂げたわけだ/这样他也实现了自己的夙愿 zhèyàng tā yě shíxiànle zìjǐ de sùyuàn

ほんもの【本物】 真货 zhēnhuò; 地道的 dìdao de (英 a real thing) ▶~そっくりな(模仿や描写が)/惟妙惟肖 wéi miào wéi xiào ▶~と信じて買った皿が偽物だった/本以为是真货的盘子，买来的却是假的 běn yǐwéi shì zhēnhuò de pánzi, mǎilái de què shì jiǎ de ▶~そっくりに歌う/唱得和真人一样 chàngde hé zhēnrén yíyàng

～になる 成真货 chéng zhēnhuò ▶彼の絵も～になってきた/他的画也越来越像样了 tā de huà yě yuèláiyuè xiàngyàng le

ほんもん【本文】 本文 běnwén; 正文 zhèngwén (英 [注文に対し] the text; [手紙などの] the body) ▶~批判がしっかりできている/对本文的校对很正确 duì běnwén de jiàoduì hěn zhèngquè ▶なんだ、～だけで注釈がないぞ/怎么搞的，只有正文没有注解啊 zěnme gǎo de, zhǐ yǒu zhèngwén méiyǒu zhùjiě a

日中比較 中国語の‵本文 běnwén'は「主な文章」「元の文章」の他に「この文章」という意味をも持つ．

ほんや【本屋】 书店 shūdiàn (英 [店] a bookstore; [人] a bookseller) ▶町から～が消えてゆく/书店从街上渐渐消失了 shūdiàn cóng jiēshang jiànjiàn xiāoshī le ▶本は近くの～に注文する/要买的书就在附近的书店订 yào mǎi de shū jiù zài fùjìn de shūdiàn dìng

ほんやく【翻訳する】 翻译 fānyì (英 translate) ▶~者/译者 yìzhě ▶~書/译本 yìběn ▶これは私の～です/这是我的翻译 zhè shì wǒ de fānyì ▶この小説は英語に～できますか/这本小说能翻译成英文吗？ zhè běn xiǎoshuō néng fānyìchéng Yīngwén ma? ▶彼は～がうまい/他翻译得很好 tā fānyìde hěn hǎo ▶この劇はフランス語からの～だ/这部剧是从法语翻译过来的 zhè bù jù shì cóng Fǎyǔ fānyìguòlai de ▶ゲーテを～で読んだ/歌德，我读的是译本 Gēdé, wǒ dú de shì yìběn

◆～権【翻訳権】 fānyìquán ▶~権を獲得する/取得翻译权 qǔdé fānyìquán

日中比較 中国語の‵翻译 fānyì'は「通訳」「通訳する」ことをもいう．

ぼんやり ❶【かすんで】模糊 móhu; 朦胧 ménglóng; 影影绰绰 yǐngyǐngchuòchuò (英 dimly) ▶霧の中に船が～見えてきた/在雾中朦胧的看见了船 zài wù zhōng ménglóng de kànjiànle chuán ❷【意識が】迷糊 míhu; 恍惚 huǎnghū (英 foggily) ▶まだ頭が～している/头脑还不清醒 tóunǎo hái bù qīngxǐng ▶昨夜の記憶が～蘇ってきた/模模糊糊地想起了昨晚的事 mómóhūhū de xiǎngqǐle zuówǎn de shì ❸【物事に集中しないで】呆 dāi (英 absent-mindedly) ▶~川面を眺めていた/发呆地看着河面 fādāi de kànzhe hémiàn

～する 出神 chūshén; 发呆 fādāi; 走神儿 zǒushénr ▶何を～しているんだ/呆头地做什么？ dāidāi de zài zuò shénme?

ぼんよう【凡庸】 凡庸 fányōng; 平庸 píngyōng (英 mediocre) ▶~な人/平庸的人 píngyōng de rén ▶このポストには～な人物では勤まらない/这个职位不是平庸的人能胜任的 zhège zhíwèi bú shì píngyōng de rén néng shèngrèn de ▶あの人は自分の～さをちゃんと自覚している/他完全知道自己是一个平庸的人 tā wánquán zhīdào zìjǐ shì yí ge píngyōng de rén

ほんらい【本来の】 本来 běnlái (英 *original*) ▶～の意図/本来的意图 běnlái de yìtú ▶～の意図がどこかでぼやけた/本来的意图不知什么时候变得模糊了 běnlái de yìtú bù zhī shénme shíhou biànde móhu le ▶～の姿/本色 běnsè；原形 yuánxíng ▶彼は～ここにいるべき人間ではない/他本来就不是该在这里的人 tā běnlái jiù bú shì gāi zài zhèlǐ de rén ▶～の意味が忘れられている/本来的意思被遗忘了 běnlái de yìsi bèi yíwàng le ▶～なら/按理 ànlǐ；按说 ànshuō ▶～ならこちらから伺うところですが…/按理应该是我去拜访的 ànlǐ yīnggāi shì wǒ qù bàifǎng de…

ほんりゅう【本流】 干流 gànliú；主流 zhǔliú (英 [川の] *the main course*；[中心となる流派] *a main current*) ▶～を行く/随主流而行 suí zhǔliú ér xíng ▶氏は保守～に身を置く人物だ/他是保守派主流的成员 tā shì bǎoshǒupài zhǔliú de chéngyuán ▶こういうのが～を行く小説かい/这样的小说就是属于主流的吗? zhèyàng de xiǎoshuō jiù shì shǔyú zhǔliú de ma?

ほんりゅう【奔流】 奔流 bēnliú (英 *a rapid stream*) ▶雪解け水がやがて～となって下った/化雪的水变成了奔流至下而去 huàxuě de shuǐ biànchéngle bēnliú zhì xià ér qù ▶人の群れは～のごとくに市庁舎に向かった/人群像奔流朝着市政厅走去 rénqún xiàng bēnliú cháozhe shìzhèngtīng zǒuqù

ほんりょう【本領】 特长 tècháng；本领 běnlǐng；专长 zhuāncháng (英 *a characteristic*) ▶～を発揮する/发挥专长 fāhuī zhuāncháng ▶彼は遺憾なく～を発揮した/他毫无遗憾地发挥了特长 tā háowú yíhàn de fāhuīle tècháng ▶彼女の～は描写の細かさにある/她的专长在于描写的细腻 tā de zhuāncháng zàiyú miáoxiě de xìnì

ほんろう【翻弄する】 愚弄 yúnòng；玩弄 wánnòng (英 [人が] *trifle with...*；[波が] *toss... about*) ▶敵を～する/玩弄敌人 wánnòng dírén ▶巧妙な戦術で敵を～する/用巧妙的战术愚弄敌人 yòng qiǎomiào de zhànshù yúnòng dírén ▶我々の世代は歴史の波に～された/我们这个年代的人倍受历史的影响 wǒmen zhège niándài de rén bèi shòu lìshǐ de yǐngxiǎng

ほんろん【本論】 正题 zhèngtí；本论 běnlùn；正文 zhèngwén (英 *the main subject*) ▶話はようやく～に入った/话终于进入了正题 huà zhōngyú jìnrùle zhèngtí ▶序論はよいが～は締まりがない/绪论很好, 但是本论不紧凑 xùlùn hěn hǎo, dànshì běnlùn bù jǐncòu

ほんわかした 温煦 wēnxù；亲切温和 qīnqiè wēnhé；温暖 wēnnuǎn (英 *warm and comfortable*) ▶二人の間に～した空気が流れている/两个人之间荡漾着温暖的空气 liǎng ge rén zhījiān dàngyàngzhe wēnnuǎn de kōngqì

ま

ま【真に受ける】 真 zhēn (英 take... seriously) ▶冗談を~に受ける/把笑话当真 bǎ xiàohua dàngzhēn ▶言われたことは何でも~に受ける/把別人说的任何话都当真 bǎ biérén shuō de rènhé huà dōu dàngzhēn ▶誰が君の話を~に受けるのか/谁会把你的话当真呢？shéi huì bǎ nǐ de huà dàngzhēn ne?

ま【間】 ❶【室】屋子 wūzi; 房间 fángjiān (英 a room) ▶一~の部屋に母娘で住んだ/母女住在一室户的房子里 mǔnǚ zhùzài yí shì hù de fángzili
❷【時間】时间 shíjiān (英 time) ▶上京してからまだ~がない/来东京后时间还不长 lái Dōngjīng hòu shíjiān hái bù cháng ▶つかの~/转眼之间 zhuǎnyǎn zhījiān ▶本を読んでいたらいつの~にか眠り込んでいた/看着书不知不觉就睡着了 kànzhe shū bùzhī bùjué jiù shuìzháo le
❸【隔たり】间隔 jiàngé (英 space) ▶5メートルの~をおいて/隔五米 gé wǔ mǐ
❹【その他】▶この喜劇役者は~の取り方が抜群にうまい/这个喜剧演员分寸把握得特别好 zhège xǐjù yǎnyuán fēncun bǎwòde tèbié hǎo

あっという~ 刹那间 chànàjiān ▶あっという~に夏休みが終わってしまった/一转眼暑假就结束了 yì zhuǎnyǎn shǔjià jiù jiéshù le

~が抜ける 愚蠢 yúchǔn; 傻气 shǎqì;《言動が》着三不着两 zháo sān bù zháo liǎng ▶~が抜けた話だ/傻话 shǎhuà ▶自分でもかなり~が抜けていると思う/我也觉得自己相当糊涂了 wǒ yě juéde zìjǐ xiāngdāng hútu le

~が悪い《きまりが悪い》不好意思 bù hǎoyìsi;《タイミングが悪い》不凑巧 bú còuqiǎo; 不走运 bù zǒuyùn ▶~が悪いことに/真不巧 zhēn bùqiǎo ▶~が悪いことに次のバス便は2時間後だ/不巧得是，下一班公交车要等两个小时后才来 bùqiǎo de shì, xià yì bān gōngjiāochē yào děng liǎng ge xiǎoshíhòu cái lái

~をおく 待一会儿 dài yíhuìr; 隔一会儿 gé yíhuìr
~をとる 停顿 tíngdùn

ま【魔】 恶魔 èmó (英 a devil) ▶事故が多くてここは~の曲がり角と言われている/由于出了很多事故，这里被称作魔鬼拐角 yóuyú chūle hěn duō shìgù, zhèlǐ bèi chēngzuò mógui guǎijiǎo ▶~が差す/中魔 zhòngmó; 鬼迷心窍 guǐ mí xīnqiào ▶あんなことをするなんて，彼は何か~が差したんだろう/居然做出了那样的事，他莫非鬼迷心窍了 jūrán zuòchūle nàyàng de shì, tā mòfēi guǐ mí xīnqiào le

まあ《確認の気分》还算是吧 hái suàn shì ba;《なだめ，勧める気分》好了好了 hǎo le hǎo le (英 [そうですね] well; [ちょっと] just) ▶~いいだろう/还可以 hái kěyǐ; 总算不错了 zǒngsuàn búcuò le ▶~そんなに怒りなさるな/好了，好了，别发那么大的火儿了 hǎo le, hǎo le, bié fā nàme dà de huǒr le ▶~仕方がないか/哎呀，没办法啊 āiyā, méi bànfǎ a ▶~そんなところでず/大概就这样吧 dàgài jiù zhèyàng ba ▶「好きなのか」「~な」/"喜欢吗？Xǐhuan ma?" "还可以吧 Hái kěyǐ ba" ▶そのことはいいから，~飲めよ/别说这些了，来！喝吧！bié shuō zhè xiē le, lái! hē ba!

まあ《感嘆》哎呀 āiyā; 呦 yōu (英 Oh!; Dear me!) ▶~きれいな花だこと/哎呀，多么美的花啊 āiyā, duōme měi de huā a ▶~可愛い赤ちゃんね/哎呀，好可爱的宝宝啊 āiyā, hǎo kě'ài de bǎobao a

まあい【間合い】 (英 a suitable distance [interval]) ▶~を計って会場から抜け出した/看准时机从会场溜了出来 kàn zhǔn shíjī cóng huìchǎng liūle chūlái

マーガリン《食品》人造黄油 rénzào huángyóu (英 margarine) ▶トーストにはバターですか~ですか/吐司上是涂黄油呢还是涂麦淇淋？tǔsīshang shì tú huángyóu ne háishi tú màiqílín?

マーキュロ《赤チン》红药水 hóngyàoshuǐ; 红汞 hónggǒng (英 mercurochrome)

マーク ❶【しるし】记号 jìhao; 符号 fúhào; 标记 biāojì (英 a mark) ▶キーワードを蛍光ペンで~する/用荧光笔把关键词涂上 yòng yíngguāngbǐ bǎ guānjiàncí túshàng ▶初心者~/初学者标志 chūxuézhě biāozhì ▶シンボル~/象征图案 xiàngzhēng tú'àn ▶~を付ける/做记号 zuò jìhao ❷【会社や商品などのしるし】标记 huìjì (英 a trademark; a logo) ❸【監視】监视 jiānshì; 盯住 dīngzhù (英 watch) ▶怪しい人物を~する/监视可疑分子 jiānshì kěyí fènzǐ ▶警察に~されている男/被警察盯上的男人 bèi jǐngchá dīngshàng de nánrén ▶田中選手をしっかり~する/紧紧地盯着田中选手 jǐnjǐn de dīngzhe Tiánzhōng xuǎnshǒu ❹【スポーツで記録を作る】记录 jìlù (英 setting a record)

~シート 填涂式答题纸 tiántúshì dátízhǐ

マーケット 商场 shāngchǎng; 市场 shìchǎng (英 a market) ▶~情况/商情 shāngqíng ▶~を開拓する/开拓市场 kāituò shìchǎng ▶~シェア/市场占有率 shìchǎng zhànyǒulǜ

マーケティングリサーチ 市场调查 shìchǎng diàochá (英 marketing research)

マージャン【麻雀】 麻将 májiàng (英 mahjong) ▶~をする/打麻将 dǎ májiàng ▶~パイ/麻将牌 májiàngpái ▶~卓/麻将桌 májiàngzhuō ▶~で損をする/打麻将输了钱 dǎ májiàng shūle qián

♦賭け~ 以赌博为目的的麻将 yǐ dǔbó wéi mùdí de májiàng

> 日中比較 中国语の'麻雀 máquè'は「雀」を意味する（地域によっては「マージャン」をも指す）．

マージン 赚头 zhuàntou; 利润 lìrùn; 销售手续费 xiāoshòu shǒuxùfèi (英 a margin)

る/转手获利 zhuǎnshǒu huòlì ▶中間〜を取ることで利益を上げる/转手获利而赚钱 zhuǎnshǒu huòlì ér zhuànqián ▶我その業界では〜は極めて少ない/在我们这个行业里获得的利润相当低 zài wǒmen zhège hángyèlǐ huòdé de lìrùn xiāngdāng dī

まあたらしい【真新しい】 崭新 zhǎnxīn; 新颖 xīnyǐng (英 brand-new) ▶〜い靴/新颖的鞋子 xīnyǐng de xiézi ▶新入生が〜カバンを背負って登校した/新生们背着崭新的书包上学了 xīnshēngmen bēizhe zhǎnxīn de shūbāo shàngxué le

マーチ 进行曲 jìnxíngqǔ (英 a march)

まあまあ 总算 zǒngsuàn; 差不多 chàbuduō; (なだめる気分) 好了好了 hǎo le hǎo le (英) [そこそこ] so-so; [なだめて] come, come ▶〜だ/还可以 hái kěyǐ ▶〜の成績/成绩差不多 chéngjì chàbuduō ▶自分では…だと思っています/我自己觉得还可以 wǒ zìjǐ juéde hái kěyǐ ▶《スポーツ》今日は〜の調子だった/今天发挥得还行吧 jīntiān fāhuīde hái xíng ba ▶〜そう焦るな/好了好了,别着急 hǎo le hǎo le, bié zháojí

マーマレード【食品】桔子果酱 júzi guǒjiàng (英 marmalade)

まい【舞】舞蹈 wǔdǎo; 跳舞 tiàowǔ (英 dancing) ▶〜を舞う/跳舞 tiàowǔ

-まい【-枚】张 zhāng (英 a sheet of...) ▶紙 3 〜/三张纸 sān zhāng zhǐ ▶80 円切手 2 〜を同封した/信封里装有两张八十日元的邮票 xìnfēnglǐ zhuāngyǒu liǎng zhāng bāshí Rìyuán de yóupiào ▶ちり紙を何〜も重ねてそれを包んだ/用好几张手纸把它层层包住 yòng hǎojǐ zhāng shǒuzhǐ bǎ tā céngcéng bāozhù

まいあがる【舞い上がる】 ❶【埃・風などが】飞扬 fēiyáng; 飞舞 fēiwǔ (英 soar; [吹かれて] be blown up) ▶白鷺が 2 羽川辺から〜/两只白鹭从河边飞了起来 liǎng zhī báilù cóng hébiān fēile qǐlái ▶強風でビニールシートが舞い上がった/大风把塑料布刮飞了 dàfēng bǎ sùliàobù guāfēi le ❷【気持ちが】兴高采烈 xìng gāo cǎi liè (英 be elated) ▶彼は初舞台の演技をほめられて舞い上がってしまった/他首次登台表演就获得赞扬而得意洋洋起来 tā shǒucì dēngtái biǎoyǎn jiù huòdé zànyáng ér déyì yángyáng qǐlái

まいあさ【毎朝】每天早上 měitiān zǎoshang (英 every morning)

まいおりる【舞い下りる】 降落 jiàngluò; 飞落 fēiluò (英 swoop down) ▶ツルが 1 羽〜/一只仙鹤飞落下来 yì zhǐ xiānhè fēiluòxiàlái

マイカー 私人汽车 sīrén qìchē; 私家车 sījiāchē (英 one's own car) ▶当社は〜通勤を禁止している/本公司禁止坐私家车上下班 běn gōngsī jìnzhǐ zuò sījiāchē shàngxiàbān

まいかい【毎回】每次 měicì; 每回 měihuí (英 every time; each time) ▶病院の診察は〜長く待たされる/去医院看病每次都要等很久 qù yīyuàn kànbìng měicì dōu yào děng hěn jiǔ ▶彼は会うたびに〜同じ話をする/他每次见面都说同样的话 tā měicì jiànmiàn dōu shuō tóngyàng de huà

まいきょ【枚挙】枚举 méijǔ (英 enumeration) ▶〜にいとまがない 不胜枚举 bú shèng méijǔ ▶公職にあるものの不祥事は〜にいとまがない/身居公职者所做出的不体面的事不胜枚举 shēn jū gōngzhí zhě suǒ zuòchū de bù tǐmiàn de shì bú shèng méijǔ ▶同様の事例は〜にいとまがないほどだ/同样的事例多得不胜枚举 tóngyàng de shìlì duōde bú shèng méijǔ

マイク 话筒 huàtǒng; 麦克风 màikèfēng (英 a mike) ▶〜なしに話す/不用话筒讲话 búyòng huàtǒng jiǎnghuà ▶ずらっと並んだ〜の前に立つ/站在摆成一排的麦克风前 zhànzài bǎichéng yì pái de màikèfēngqián

♦隠し〜 窃听器 qiètīngqì 集音〜 聚音麦克风 jùyīn màikèfēng ワイヤレス〜 无线麦克风 wúxiàn màikèfēng

マイクロ 微型 wēixíng; 微小 wēixiǎo (英 micro-) ▶100 年前の雑誌 10 点が〜化された/一百年前的十种刊物都进行了缩微处理 yìbǎi nián qián de shí zhǒng kānwù dōu jìnxíngle suōwēi chǔlǐ

♦〜波 微波 wēibō 〜バス 小型客车 xiǎoxíng kèchē; 面包车 miànbāochē 〜フィルム 微型胶卷 wēixíng jiāojuǎn 〜ホン 话筒 huàtǒng; 麦克风 màikèfēng

まいご【迷子】走失的孩子 zǒushī de háizi (英 a lost child) ▶〜になる/走失 zǒushī; 迷路 mílù ▶飼い猫が〜になったので探しています/家里养的猫走失了,我们正在寻找 jiālǐ yǎng de māo zǒushī le, wǒmen zhèngzài xúnzhǎo

まいこむ【舞い込む】飞入 fēirù; 飘进 piāojìn (英【人が】visit; [花びらなどが] come fluttering into...) ▶花びらが〜/花瓣飘进来 huābàn piāojìnlái ▶知らせが〜/消息传来 xiāoxī chuánlái ▶じゃんじゃんお金が〜/钱财滚滚涌进来 qiáncái gǔngǔn yǒngjìnlái ▶急に新しい仕事の依頼が舞い込んだ/突然有人请我做一份新的工作 tūrán yǒu rén qǐng wǒ zuò yí fèn xīn de gōngzuò ▶妙な手紙が舞い込んだ/收到了一封奇怪的信 shōudàole yì fēng qíguài de xìn

マイコン〔電算〕微型计算机 wēixíng jìsuànjī; 微机 wēijī (英 a microcomputer)

まいじ【毎時】每小时 měi xiǎoshí (英 every hour) ▶その鳩時計は〜時(じ)を知らせる/那只鸟鸣钟每小时都报时 nà zhī niǎomíngzhōng měi xiǎoshí dōu bàoshí ▶〜10 m³の熱湯が湧く/每小时涌出十立方米的热水 měi xiǎoshí yǒngchū shí lìfāngmǐ de rèshuǐ

まいしゅう【毎週】每个星期 měige xīngqī; 每周 měizhōu (英 every week) ▶〜金曜日に友人とテニスをする/每周五都和朋友打网球 měi zhōuwǔ dōu hé péngyou dǎ wǎngqiú ▶〜一回は夫が家事全部を担当する/丈夫每周一次料理全部家务 zhàngfu měizhōu yí cì liàolǐ quánbù

まいしん【邁進する】 迈进 màijìn (英 *push forward*) ▶仕事に～する/专心工作 zhuānxīn gōngzuò ▶さらなる発展に～する決意です/决心朝着进一步的发展而奋进 juéxīn cháozhe jìnyíbù de fāzhǎn ér fènjìn

まいすう【枚数】（紙などの）张数 zhāngshù (英 *the number of...*) ▶～を確認する/点张数 diǎn zhāngshù ▶印刷～を制限する/限制印刷张数 xiànzhì yìnshuā zhāngshù ▶君の趣味は札束の～を数えることか/你的爱好是点钱吗？ nǐ de àihào shì diǎn qián ma?

まいせつ【埋設する】 埋设 máishè (英 *lay...underground*) ▶電線を地下に～して街の美観を保つ/把电线埋设在地下以保持市容的美观 bǎ diànxiàn máishè zài dìxià yǐ bǎochí shìróng de měiguān

まいそう【埋葬する】 埋葬 máizàng；下葬 xiàzàng (英 *bury*) ▶自宅の庭にペットを～する/把宠物埋在自家院子里 bǎ chǒngwù máizài zìjiā yuànzili
◆～許可証|埋葬许可证 máizàng xǔkězhèng

まいぞう【埋蔵】 埋藏 máicáng；蕴藏 yùncáng (英 *bury underground*) ▶～石油/油矿 yóukuàng ▶～された宝物/被埋藏的宝物 bèi máicáng de bǎowù
◆～量|储量 chǔliàng；蕴藏量 yùncángliàng ▶石炭の～量/煤炭储量 méitàn chǔliàng

まいちもんじ【真一文字】 一字形 yī zì xíng；笔直 bǐzhí (英 *a straight line*) ▶彼は唇を～に結んでいる/他紧闭双唇 tā jǐn bì shuāngchún

まいつき【毎月】 每个月 měige yuè；每月 měiyuè (英 *every month*) ▶健康食品を～1回お届けします/每个月送一次健康食品 měige yuè sòng yí cì jiànkāng shípǐn ▶～第三日曜日に区民マラソンがある/每个月的第三个星期天举办区民马拉松 měige yuè de dìsān ge xīngqītiān jǔbàn qūmín mǎlāsōng ▶～1度ずつ治療を受ける/每月接受一次治疗 měiyuè jiēshòu yí cì zhìliáo

まいど【毎度】 每次 měicì；(いつも) 时常 shícháng (英 [いつも] *always*；[その都度] *every time*) ▶～ありがとうございます/屡蒙关照，多谢 lǚ méng guānzhào, duōxiè ▶～おなじみの土産物を買ってくる/每次都买来熟悉的礼物 měicì dōu mǎilái shúxī de lǐwù ▶～お手を煩わしてみません/每次都给您添麻烦，真不好意思 měicì dōu gěi nín tiān máfan, zhēn bù hǎoyìsi

まいとし【毎年】 每年 měinián；年年 niánnián (英 *every year*) ▶～恒例の花火大会が今年は中止になった/一年一度的焰火大会今年中止了 yì nián yí dù de yànhuǒ dàhuì jīnnián zhōngzhǐ le ▶～今頃になると白鳥の大群がやってくる/每年这个时候会飞来一大群天鹅 měinián zhège shíhou huì fēilái yí dàqún tiān'é ▶その問題には～頭を悩まされる/每年都会为那个问题而头疼 měinián dōu huì wèi nàge wèntí ér tóuténg

マイナーな 规模小 guīmó xiǎo；少数派 shǎoshùpài；无名 wúmíng；〖音楽〗小调 xiǎodiào (英 *minor*) ▶～の分野/次要的领域 cìyào de lǐngyù；不受重视的领域 bú shòu zhòngshì de lǐngyù ▶～な映画が好きだ/我喜欢不太有名的电影 wǒ xǐhuan bú tài yǒumíng de diànyǐng ▶〖野球〗～リーグ/乙级联盟 yǐ jí liánméng

マイナス 负 fù；(引く) 减 jiǎn；《電極など》阴 yīn (英 *minus*) ▶～記号/减号 jiǎnhào；负号 fùhào ▶5－2は3/5减二等于三 wǔ jiǎn èr děngyú sān ▶～40度/零下四十度 língxià sìshí dù ▶電極のプラスと～/阳极和阴极 yángjí hé yīnjí ▶収支は～/入不敷出了 rù bù fū chū le ▶～要因/消极因素 xiāojí yīnsù ▶～成長/负增长 fùzēngzhǎng ▶～の面ばかり挙げるな、プラス面もあるのだ/你别光指出消极的一面，也有积极的一面嘛 nǐ bié guāng zhǐchū xiāojí de yí miàn, yě yǒu jījí de yí miàn ma ▶家計が～だ/家庭财政赤字 jiātíng cáizhèng chìzì ▶その案を支持することは政治的には～だ/支持那项方案在政治上不利 zhīchí nà xiàng fāng'àn zài zhèngzhìshang búlì ▶～に働く/起负作用 qǐ fùzuòyòng

まいにち【毎日】 每天 měitiān；天天 tiāntiān (英 *every day*) ▶～母から電話がかかってくる/妈妈每天都打来电话 māma měitiān dōu dǎlái diànhuà ▶そういうチャンスは～あることではない/那样的机会不是每天都会有的 nàyàng de jīhuì bú shì měitiān dōu huì yǒu de

まいねん【毎年】 ⇨まいとし【毎年】

マイノリティー 少数派 shǎoshùpài；《民族》少数民族 shǎoshù mínzú (英 *the minority*)

まいばん【毎晩】 每天晚上 měitiān wǎnshang；每晚 měiwǎn (英 *every night; every evening*) ▶私、～変な夢を見るんです/我每天晚上都会做奇怪的梦 wǒ měitiān wǎnshang dōu huì zuò qíguài de mèng ▶近頃～よく眠れない/最近我每天晚上都睡不好觉 zuìjìn wǒ měitiān wǎnshang dōu shuìbuhǎo jiào ▶～の残業で身体がついに音を上げた/因每天晚上加班，身体终于累垮了 yīn měitiān wǎnshang jiābān, shēntǐ zhōngyú lèikuǎ le

マイペース 自己的方式 zìjǐ de fāngshì；自己的节奏 zìjǐ de jiézòu (英 [速度] *one's own pace*；[方法] *one's own way*) ▶～でゆく/我行我素 wǒ xíng wǒ sù ▶社員たちはそれぞれ～で仕事をしていた/员工都在按各自的节奏工作着 yuángōng dōu zài ànzhe gèzì de jiézòu gōngzuòzhe

マイホーム 自分の家 zìjǐ de jiā；自有的房子 zìyǒu de fángzi (英 *one's own home*) ▶都心に～を持つのが私の夢です/在城市中心地区拥有自己的住房就是我的理想 zài chéngshì zhōngxīn dìqū yōngyǒu zìjǐ de zhùfáng jiùshì wǒ de lǐxiǎng ▶～主義の男/家庭至上主义的男子 jiātíng zhìshàng zhǔyì de nánzǐ

まいぼつ【埋没する】 埋没 máimò (英 [物理的に] *be buried*；[世に知られないこと] *be un-*

known）▶土砂崩れで民家3戸が〜した/因为塌方,三家民房被埋没了 yīnwèi tāfāng, sān jiā mínfáng bèi máimò le ▶有能な人材が組織の中に〜している/能干的人才在组织里被埋没了 nénggàn de réncái zài zǔzhīli bèi máimò le

まいもどる【舞い戻る】 重返 chóngfǎn; 返回 fǎnhuí (英 *come back*) ▶彼は長い放浪生活から故郷に舞い戻ってきた/他结束了漫长的流浪生活,返回了故乡 tā jiéshùle màncháng de liúlàng shēnghuó, fǎnhuíle gùxiāng

まいる【参る】 ❶【行く】 去 qù (英 *go*);【来る】来 lái (英 *come*) ▶明日また参ります/明天再来 míngtiān zài lái ▶2番線に東京行き急行が参ります/开往东京的快车将到达第二号站台 kāiwǎng Dōngjīng de kuàichē jiāng dàodá dì'èr hào zhàntái ▶ただいま参ります/我这就来 wǒ zhè jiù lái

❷【負ける】 输 shū; 服 fú (英 *be defeated*) ▶いやあ,参った/我服了 wǒ fú le ▶一本参った/输了一分 shūle yì fēn

❸【参詣】 拜 bài; 参拜 cānbài (英 *visit*) ▶お寺に〜/拜佛 bàifó; 参拜佛庙 cānbài fómiào

❹【ほれこむ】 爱上 àishàng; 佩服 pèifú (英 *be over head and ears in love*) ▶あの映画に,俺,すっかり参っちゃったよ/看了那个电影,我被深深感动了 kànle nàge diànyǐng, wǒ bèi shēnshēn gǎndòng le

❺【閉口する】 受不了 shòubuliǎo; 耐不了 nàibuliǎo (英 *be beaten*) ▶いやあ,歯痛で参ったよ/哎呀,牙疼得真受不了 āiyā, yá téngde zhēn shòubuliǎo ▶この暑さには参った/真受不了这样的酷暑 zhēn shòubuliǎo zhèyàng de kùshǔ ▶このままじゃ神経が参ってしまうよ/这样下去的话精神肯定要崩溃的 zhèyàng xiàqù dehuà jīngshén kěndìng yào bēngkuì de ▶僕は緊張して参ってしまった/我紧张得不行了 wǒ jǐnzhāngde bùxíng le ▶彼は精神的に相当参っていた/他在精神上已经垮下来了 tā zài jīngshénshang yǐjing kuǎxiàlai le

マイル【単位】 英里 yīnglǐ (英 *a mile*) ▶〜ストーン/里程碑 lǐchéngbēi ▶1〜は約1.6キロです/一英里大约是一点六公里 yì yīnglǐ dàyuē shì yì diǎn liù gōnglǐ

マイルド【おだやか】 温和 wēnhé; 和蔼 hé'ǎi;【口あたりが】 无刺激 wú cìjī (英 *mild*)

マイレージ 里程 lǐchéng (英 *mileage*) ▶〜カード/里程卡 lǐchéngkǎ ▶〜をためる/积累里程 jīlěi lǐchéng

まう【舞う】 舞蹈 wǔdǎo;（枯れ葉など）飞舞 fēiwǔ; 飘舞 piāowǔ (英 *dance*) ▶雪が空一面に〜/雪花满天飞舞 xuěhuā mǎntiān fēiwǔ ▶神社で巫女が舞を〜/侍奉神的未婚女子在神社里跳舞 shìfèng shén de wèihūn nǚzǐ zài shénshèli tiàowǔ ▶ハングライダーが空を軽やかに〜/滑翔翼在空中轻快地飞翔 huáxiángyì zài kōngzhōng qīngkuài de fēixiáng ▶木枯らしに木の葉が〜/落叶在寒风中飘舞 luòyè zài hánfēng zhōng piāowǔ

まうえ【真上】 头顶上 tóudǐngshang; 正上方 zhèng shàngfāng (英 *right above*) ▶活断層の〜に建っていた建物/建在活断层正上方的建筑物 jiànzài huóduàncéng zhèng shàngfāng de jiànzhùwù ▶我が家の玄関の〜にツバメが巣をつくった/燕子在我家大门的头顶上做了窝 yànzi zài wǒ jiā dàmén de tóudǐngshang zuòle wō ▶両手を〜に挙げられない/双手举不过头顶 shuāngshǒu jǔbuguò tóudǐng

まうしろ【真後ろに】 正后面 zhèng hòumian; 正背面 zhèng bèimiàn (英 *right behind*) ▶俺の〜に立つな/你别站在我的正后面 nǐ bié zhànzài wǒ de zhèng hòumian ▶彼の車の〜にパトカーがぴったりついてくる/在他的车的正后面,警车紧紧地跟着着 zài tā de chē de zhèng hòumian, jǐngchē jǐnjǐn de gēnsuízhe

マウス【動物】 老鼠 lǎoshǔ; 耗子 hàozi;〔電算〕鼠标 shǔbiāo (英 *a mouse*)
♦〜パッド（パソコンの）:鼠标垫 shǔbiāodiàn 〜ポインタ:鼠标指针 shǔbiāo zhǐzhēn ミッキー〜:米老鼠 Mǐlǎoshǔ

マウスピース 〔音楽〕 吹口 chuīkǒu; 哨嘴 shàozuǐ;〔スポーツ〕护齿 hùchǐ (英 *a mouthpiece*)

マウンテンバイク 山地车 shāndìchē (英 *a mountain bike*)

マウンド（野球）投手岗 tóushǒugǎng (英 *the mound*) ▶ピッチャーが〜に立つ/棒球投手站在投球位置上 bàngqiú tóushǒu zhànzài tóu qiú wèizhīshang

まえ【前】 ❶【時間的に】 前面 qiánmian; 前边 qiánbian (英 *before*) ▶〜に来たことがある/以前来过 yǐqián láiguo ▶死ぬ〜に何か言うことはないか/临死之前你有什么要说的吗? línsǐ zhīqián nǐ yǒu shénme yào shuō de ma? ▶そのことは〜から知っていた/那件事我早就知道了 nà jiàn shì wǒ zǎojiù zhīdào le ▶〜〜から/很久以前 hěn jiǔ yǐqián; 早就 zǎojiù ▶3時5分〜に来て下さい/请在差五分三点的时候来 qǐng zài chà wǔ fēn sān diǎn de shíhou lái ▶10年〜に植えた木が大きく育った/十年前种的树长大了 shí nián qián zhòng de shù zhǎngdà le ▶今から数えて26年〜のことだ/算起来,已经是二十六年前的事了 suànqǐlai, yǐjīng shì èrshíliù nián qián de shì le ▶私は7時〜から待っていたんだぞ/我从七点前就在等你了 wǒ cóng qī diǎn qián jiù zài děng nǐ le ▶彼女は〜より血色がよかった/她比以前气色好 tā bǐ yǐqián qìsè hǎo ▶〜もって用意された殺人事件/事先预谋好的杀人事件 shìxiān yùmóuhǎo de shārén shìjiàn

❷【空間的に】 前面 qiánmian (英 *the front*) ▶駅の〜に/在火车站前 zài huǒchēzhànqián ▶お墓の〜で手を合わせる/在坟前合掌 zài fénqián hé zhǎng ▶朝日がまぶしくて〜がよく見えない/因为旭日耀眼而看不清前面 yīnwèi xùrì yàoyǎn ér kànbuqīng qiánmian ▶私はよく彼の家の〜を

まえあし

通る/我经常在他家门前路过 wǒ jīngcháng zài tā jiā ménqián lùguò ▶ ～の方の席に座るほうがよく見える/坐在前面的位子上看得清楚 zuòzài qiánmian de wèizishang kànde qīngchu

❸【分】份量 fènliàng; 份 fèn *for...*;[食事の一人前] *a helping*) ▶ 3人～働く/干三个人的活儿 gàn sān ge rén de huór ▶ 牛丼を2人～たべる/吃两份牛肉盖饭 chī liǎng fèn niúròu gàifàn ▶ 仕事は半人～なのに言うことだけは一人～だ/做事不像样,说得倒挺像样 zuòshì bú xiàngyàng, shuōde dào tǐng xiàngyàng

まえあし【前足】(動物の) 前肢 qiánzhī;《踏み出した足》前脚 qiánjiǎo; 迈出的腿 màichū de tuǐ (英 *a foreleg*)

まえいわい【前祝い】预祝 yùzhù (英 *celebration in advance*)

まえうり【前売りする】预售 yùshòu (英 *sell in advance*)

◆～券｜预售票 yùshòupiào ▶～券好評発売中/预售票受到好评正在出售 yùshòupiào shòudào hǎopíng zhèngzài chūshòu

まえおき【前置き】《文章や話の》引子 yǐnzi; 开场白 kāichǎngbái (英 *a preface*) ▶～はさておき/引子说到这儿 yǐnzi shuōdào zhèr ▶ 彼の話は～が長すぎる/他说话开场白太长了 tā shuōhuà kāichǎngbái tài cháng le ▶～なしにいきなり本題に入る/开门见山直奔主题 kāi mén jiàn shān zhíbèn zhǔtí

まえかがみ【前屈み】弯腰 wānyāo; 弯身 wānshēn (英 *a stoop*) ▶ 腰が痛くて歩くときつい～になる/因为腰疼,走这路就要弯下腰 yīnwèi yāo téng, yǐ zǒulù jiùyào wānxià yāo ▶ やや～の先生の姿が現れた/微微弯着腰的老师走了过来 wēiwēi wānzhe yāo de lǎoshī zǒule guòlái

まえがき【前書き】序言 xùyán; 前言 qiányán (英 *a preface*)

まえかけ【前掛け】围裙 wéiqún (英 *an apron*) ▶ 父の日に～をプレゼントした/父亲节那天送了围裙当礼物 Fùqīnjié nà tiān sòngle wéiqún dāng lǐwù ▶～をする/系上围裙 jìshàng wéiqún

まえがし【前貸しする】预付 yùfù; 预支 yùzhī (英 *advance*) ▶ 月給を～する/预支月薪 yùzhī yuèxīn

まえがみ【前髪】额发 éfà;《切りそろえた短髪》刘海儿 liúhǎir (英 *a forelock*) ▶～を垂らす/留刘海儿 liú liúhǎir ▶～を切りそろえる/把刘海儿剪齐 bǎ liúhǎir jiǎnqí

まえがり【前借りする】《給料を》借支 jièzhī; 预借 yùjiè (英 *borrow in advance*) ▶ 給料を～してパソコンを買った/预支工资买了电脑 yùzhī gōngzī mǎile diànnǎo

まえきん【前金】预付款 yùfùkuǎn; 定钱 dìngqián (英 *advance payment*) ▶ 家賃は～で支払う/房钱须先付 fángqián xū xiān fù

まえせんでん【前宣伝】事先宣传 shìxiān xuānchuán (英 *advance advertising*)

まえのめり【前のめり】前倾 qián qīng (英 *a lurch forward*) ▶～に倒れる/朝前跌倒 cháo qián diēdǎo

まえば【前歯】门牙 ményá; 门齿 ménchǐ (英 *a front tooth*) ▶～がぐらぐらする/门牙松动了 ményá sōngdòng le ▶～が欠けた/门牙掉了 ményá diào le

まえばらい【前払いする】预付 yùfù (英 *pay in advance*) ▶～金/押款 yākuǎn; 预付款 yùfùkuǎn ▶ このビジネスホテルは～制だ/这家商务旅馆实行预付款制 zhè jiā shāngwù lǚguǎn shíxíng yùfùkuǎnzhì ▶ 100万円～しなければならなかった/必须预付一百万日元 bìxū yùfù yìbǎi wàn Rìyuán ▶ この路線バスは運賃～です/这趟公交车实行预付车费制 zhè tàng gōngjiāochē shíxíng yùfù chēfèizhì

まえひょうばん【前評判】事先评价 shìxiān píngjià (英 *advance reviews*) ▶～は高かったが予想外の敗北だった/事前评价很高但意外地败北了 shìqián píngjià hěn gāo dàn què yìwài de bàibēi le ▶～どおりに素晴らしい映画だった/正如事前评价所言,真是一部好电影 zhèngrú shìqián píngjià suǒ yán, zhēn shì yí bù hǎodiànyǐng

まえぶれ【前触れ】 ❶【予告】预告 yùgào; 预先通知 yùxiān tōngzhī; 事前打招呼 shìqián dǎ zhāohu (英 *previous notice*) ▶～もなく故郷の父が訪ねてきた/预先没有打招呼,父亲就从老家来了 yùxiān méiyǒu dǎ zhāohu, fùqin jiù cóng lǎojiā lái le ❷【前兆】前兆 qiánzhào; 先兆 xiānzhào (英 *a herald*) ▶ 嵐の～/暴風雨的预兆 bàofēngyǔ de yùzhào ▶ 思えばあれが脑卒中の～だった/想来,那就是中风的先兆 xiǎnglái, nà jiùshì zhòngfēng de xiānzhào

まえむき【前向き】向前看的态度 xiàng qián kàn de tàidu; 积极 jījí;《前方向き》向 xiàng qián (英 [方向] *facing forward*; [建設的なこと] *constructiveness*) ▶～に対処する/积极对待 jījí duìdài ▶ 先方には一応～に考えると答えておきました/我姑且回答对方说,会积极考虑一下 gūqiě huídá duìfāng shuō, huì jījí kǎolǜ yíxià ▶ なぜか～で撮った写真がない/不知为什么,没有面向前照的照片 bù zhī wèi shénme, méiyǒu miànxiàng qián zhào de zhàopiàn

まえもって【前もって】事先 shìxiān; 提前 tíqián (英 *beforehand*) ▶～通告する/预先通知 yùxiān tōngzhī ▶～到着の時間を知らせて下さい/请提前通知一下到达时间 qǐng tíqián tōngzhī yíxià dàodá shíjiān

まおう【魔王】魔王 mówáng (英 *Satan*)

まがいもの【紛い物】假的 jiǎ de; 冒牌货 màopáihuò (英 *an imitation*) ▶～の宝石/假宝石 jiǎbǎoshí ▶～を掴まされる/上当买了冒牌货 shàngdàng mǎile màopáihuò

まがお【真顔】严肃的表情 yánsù de biǎoqíng; 认真的样子 rènzhēn de yàngzi (英 *a serious look*) ▶～で聞き返す/一脸认真地反问 yì liǎn rènzhēn de fǎnwèn ▶彼は~でっけいなことを言う/他表情严肃地说出诙谐的话 tā biǎoqíng yánsù de shuōchū huīxié de huà

マガジン 杂志 zázhì; 刊物 kānwù (英 *a magazine*) ▶~ラック/报刊架 bàokānjià; 杂志架 zázhījià

まかす【負かす】 打败 dǎbài (英 *defeat*) ▶兄を~/赢了哥哥 yíngle gēge ▶彼女にはいつも言い負かされる/我总是说不过她 wǒ zǒngshì shuōbuguò tā ▶ライバルを打ち~/打败对手 dǎbài duìshǒu

まかせっきり【任せっきり】 完全托付 wánquán tuōfù (英 *leaving... up to...*) ▶~にする/听之任之 tīng zhī rèn zhī ▶家事や育児は妻に~だ/把料理家务和抚养孩子全托付给妻子 bǎ liàolǐ jiāwù hé fǔyǎng háizi quán tuōfù gěi qīzi ▶子供の躾を学校に~にする/把自己孩子的教育全都推给学校 bǎ zìjǐ háizi de jiàoyù quándōu tuīgěi xuéxiào

まかせる【任せる】 任凭 rènpíng; 听任 tīngrèn; 委托 wěituō (英 *trust... with* ~; *leave... to* ~) ▶君の選択に~/任凭你的挑选 rènpíng nǐ de tiāoxuǎn ▶運を天に~/听天由命 tīng tiān yóu mìng ▶感情に任せて激しく怒る/感用事大发雷霆 gǎnqíng yòngshì de dà fā léitíng ▶事件を弁護士に~/事件的解决委托给律师 shìjiàn de jiějué wěituō gěi lǜshī ▶万事僕に任せてくれ/一切都交给我吧 yíqiè dōu jiāogěi wǒ ba ▶その点は御想像にお任せします/关于这个问题,任凭您想象 guānyú zhège wèntí, rènpíng nín xiǎngxiàng ▶もう打つ手はありません. なりゆきに任せなさい/已经没有什么办法了, 顺其自然吧 yǐjing méiyǒu shénme bànfǎ le, shùn qí zìrán ba

まかない【賄い】 伙食 huǒshi (英 *board*) ▶~婦/厨娘 chúniáng
◆~付き; 包饭 bāofàn ▶~付きで月いくらするか/包伙食的话一个月多少钱? bāo huǒshí dehuà yí ge yuè duōshao qián? ▶~付き下宿/包伙食的宿舍 bāo huǒshí de sùshè

まかなう【賄う】 ❶〖食事を作って出す〗供给饭食 gōngjǐ fànshí (英 *board*) ▶10人の昼食を~だけの食材がない/没有足够十个人午餐的材料 méiyǒu zúgòu shí ge rén wǔfàn de cáiliào
❷〖間に合わせる〗(在一定的范围内)供应 (zài yídìng de fànwéinèi) gōngyìng; 维持 wéichí (英 *meet*) ▶月18万円で家計費を全部~/每个月用十八万日元来支付全部家用 měige yuè yòng shíbā wàn Rìyuán lái zhīfù quánbù jiāyòng ▶税収で国の财政を~/用税收维持国家的财政 yòng shuìshōu wéichí guójiā de cáizhèng

まかふしぎ【摩訶不思議】 非常离奇 fēicháng líqí; 神乎其神 shén hū qí shén (英 *a complete mystery*)

まがまがしい【禍禍しい】 不祥 bù xiáng; 不吉利 bù jílì (英 *unlucky*)

まがり【間借りする】 租房间 zū fángjiān (英 *rent a room*) ▶~人/房客 fángkè ▶1人~人を置いている/家里有一个房客 jiāli yǒu yí ge fángkè

まがりかど【曲がり角】 拐角 guǎijiǎo; 弯儿 wānr;〖転換点〗转折点 zhuǎnzhédiǎn (英 *a corner*;〖転換点〗*a turning point*) ▶人生の~/人生的转折点 rénshēng de zhuǎnzhédiǎn ▶この国は今~にきている/这个国家正处于转折点 zhège guójiā zhèng chǔyú zhuǎnzhédiǎn ▶廊下の~で人にぶつかった/在走廊拐角撞了人 zài zǒuláng guǎijiǎo zhuàngle rén

まがりくねる【曲がりくねる】 曲折 qūzhé;《道や川などが》逶迤 wēiyí; 弯弯曲曲 wānwānqūqū (英 *turn and twist; meander*) ▶谷川が村の中を曲がりくねって流れる/溪流蜿蜒地流过村子中央 xīliú wānyán de liúguò cūnzi zhōngyāng ▶曲がりくねった森の中の道を歩く/在弯弯曲曲的林间道路上走 zài wānwānqūqū de línjiān dàolùshang zǒu

まかりでる【まかり出る】《退出する》退出 tuìchū; 退下 tuìxià (英 *withdraw*);《人前に出る》到人前去 dào rénqián qù; 抛头露面 pāo tóu lù miàn (英 *appear*)

まかりとおる【よくないことが】 通行 tōngxíng; 横行 héngxíng (英 *go openly*)

まかりなりにも【曲がりなりにも】 勉强 miǎnqiǎng; 好歹 hǎodǎi (英 *somehow*) ▶~卒業できた/勉强毕业了 miǎnqiǎng bìyè le ▶~パソコンが使えるようになった/勉强地会用电脑了 miǎnqiǎng de huì yòng diànnǎo le

まかりまちがえば【まかり間違えば】 险些 xiǎnxiē; 差一点儿 chàyìdiǎnr (英 *if the worst happens*) ▶大惨事になるところだった/险些造成一场特大惨剧 xiǎnxiē zàochéng yì cháng tèdà cǎnjù ▶~取り返しのつかないことになりかねない/稍有闪失的话, 可能就无法挽回了 shāo yǒu shǎnshī dehuà, kěnéng jiù wúfǎ wǎnhuí le

まがる【曲がる】 ❶〖角を〗拐弯 guǎiwān; 转转 zhuǎn (英 *turn*) ▶右に~/往右转 wǎng yòu zhuǎn ▶車椅子で廊下を直角に~のは難しい/坐轮椅在走廊里直角拐弯很难 zuò lúnyǐ zài zǒuláng chéng zhíjiǎo guǎiwān hěn nán ▶この廊下を突当たりまで行き, それから右へ曲がりなさい/请沿着这条走廊走到头儿, 然后再向右拐 qǐng yánzhe zhè tiáo zǒuláng zǒudào tóur, ránhòu zài xiàng yòu guǎi
❷〖物体が〗蜷曲 quánqū; 弯曲 wānqū (英 *bend*) ▶年を取って腰が曲がっている/上了年纪腰弯了 shàngle niánjì yāo wān le ▶彼のネクタイが曲がっていた/他的领带歪了 tā de lǐngdài wāi le
❸〖性格が〗古怪 gǔguài; 乖僻 guāipì;《行いなどが》歪 wāi; 不正当 bú zhèngdàng (英 *be twisted*) ▶根性が曲がっている/脾气怪癖 píqi guàipì ▶根性の曲がったやつとは付き合いにくい/性情古怪的家伙可不好相处 xìngqíng gǔguài de jiāhuo kě bùhǎo xiāngchǔ ▶曲がったこと/不

正当の行為 bú zhèngdàng de xíngwéi ▶あの人は曲がったことをしない人だと思っていた/我以为他不会搞歪门邪道的 wǒ yǐwéi tā búhuì gǎo wāimén xiédào de

マカロニ〔食品〕通心粉 tōngxīnfěn (英 *macaroni*)

まき【巻き・巻】 ❶『巻くこと』卷 juǎn; 缠 chán (英 *winding*) ▶〜が甘い/缠得很松 chánde hěn sōng ▶右〜/向右卷 xiàng yòu juǎn ❷『巻数』卷 juàn (英 *a volume*) ▶〜一/卷一 juǎn yī; 第一卷 dìyī juàn

まき【薪】 木柴 mùchái; 劈柴 pǐchái (英 *firewood*) ▶〜を割る/劈木柴 pī mùchái ▶〜ストーブ/烧木柴的炉子 shāo mùchái de lúzi ▶〜を燃やして湯を沸かす/点燃劈柴烧水 diǎnrán pǐchái shāo shuǐ

マキ【槙】〔植物〕罗汉松 luóhànsōng (英 *a Japanese yew*)

まきあげる【巻き上げる】 ❶『ロープなど』卷起 juǎnqǐ (英 *roll up*);『埃など』扬起 yángqǐ (英 *whirl up*) ▶ワイヤロープを〜/卷起钢绳 juǎnqǐ gāngshéng ▶ダンプカーが土埃を巻き上げて突っ走る/自动卸货车扬起尘土飞奔向前 zìdòng xièhuòchē yángqǐ chéntǔ fēibēn xiàngqián ❷『奪う』掠夺 lüèduó; 勒索 lēisuǒ; 敲竹杠 qiāo zhúgàng (英 *rob*) ▶金を〜/敲竹杠 qiāo zhúgàng ▶彼らは私の持っているものを全部巻き上げた/他们把我的东西全部卷走了 tāmen bǎ wǒ de dōngxi quánbù juǎnzǒu le

まきえ【蒔絵】〔金銀の〕泥金画 níjīnhuà (英 *gold〔silver〕lacquer*)

まきえ【撒餌】 撒饲料 sǎ sìliào (英 *ground bait*) ▶〜をすると漁場が荒れる/一撒饲料渔场就会沸腾起来 yì sǎ sìliào yúchǎng jiù huì fēiténgqǐlai

まきおこす【巻き起こす】 掀起 xiānqǐ; 引起 yǐnqǐ (英 *create*) ▶ブームを〜/掀起热潮 xiānqǐ rècháo ▶彼の発言は大きな論争を〜ことになった/他的发言引起了一场激烈的争论 tā de fāyán yǐnqǐle yì cháng jīliè de zhēnglùn ▶センセーションを巻き起こす/引起轰动 yǐnqǐ hōngdòng

まきがい【巻き貝】〔貝〕螺 luó (英 *a conch*)

まきかえし【巻き返し】 卷土重来 juǎn tǔ chóng lái; 反攻 fǎngōng (英 *a rollback; a comeback*) ▶万全の準備をして〜を狙う/做好万全准备意图反攻 zuòhǎo wànquán zhǔnbèi yìtú fǎngōng

まきかえす【巻き返す】 反攻 fǎngōng; 回击 huíjī (英 *fight back; roll back*) ▶劣勢を〜余地はまだある/还有扭转劣势的余地 hái yǒu niǔzhuǎn lièshì de yúdì

まきがみ【巻紙】 卷纸 juǎnzhǐ (英 *rolled letter paper*) ▶〜に弔辞を書く/在卷纸上写悼词 zài juǎnzhǐshang xiě dàocí

まきこむ【巻き込む】 卷入 juǎnrù;（巻き添え）连累 liánlěi; 牵连 qiānlián (英 [巻き入れる] *roll in*; [巻き添え] *involve*) ▶他人を〜/牵连别人 qiānlián biéren ▶災難に巻き込まれる/遭受灾难 zāoshòu zāinàn ▶空爆で多数の市民が巻き込まれた/众多市民被卷入空袭 zhòngduō shìmín bèi juǎnrù kōngxí ▶機械に袖を巻き込まれる/衣袖被卷到机器里 yīxiù bèi juǎndào jīqìli ▶喧嘩(ゲン)に巻き込まれる/被牵连到打架事件中 bèi qiānlián dào dǎjià shìjiàn zhōng

マキシマム 最大 zuìdà; 最高 zuìgāo (英 *maximum*)

まきじゃく【巻尺】 皮尺 píchǐ; 卷尺 juǎnchǐ (英 *a tape measure*) ▶〜で家具の寸法を計る/用卷尺量家具的尺寸 yòng juǎnchǐ liàng jiājù de chǐcun

まきぞえ【巻き添え】 牵连 qiānlián; 连累 liánlěi (英 *involvement*) ▶〜を食う/受累 shòulèi ▶他人を〜にする/牵连别人 qiānlián biéren ▶交通事故の〜で何人も通行人が負傷した/由于受到交通事故的连累,好几个行人受伤了 yóuyú shòudào jiāotōng shìgù de liánlèi, hǎojǐ ge xíngrén shòushāng le

まきたばこ【巻き煙草】 卷烟 juǎnyān; 香烟 xiāngyān (英 *a cigarette*)

まきちらす【撒き散らす】 散 sàn; 散布 sànbù; 撒 sǎ (英 *scatter about*) ▶細菌を〜/散布细菌 sànbù xìjūn ▶デマを〜/散布谣言 sànbù yáoyán ▶林道を排気ガスを撒き散らして車が走る/汽车在林间道路上排放着尾气奔驰 qìchē zài línjiān dàolùshang páifàngzhe wěiqì bēnchí

まきつく【巻き付く】 盘绕 pánrào; 卷住 juǎnzhù (英 *wind itself around...*) ▶朝顔のつるが支柱に〜/牵牛花的蔓盘绕在支棍上 qiānniúhuā de màn pánrào zài zhīgùnshang

まきつける【巻き付ける】 绕 rào; 绑 bǎng; 缠 chán (英 *wind... around...*) ▶腰にセーターを〜/把毛衣缠在腰上 bǎ máoyī chánzài yāoshang ▶独楽にしっかりひもを〜/把绳子紧紧缠在陀螺上 bǎ shéngzi jǐnjǐn chánzài tuóluóshang

まきば【牧場】 牧场 mùchǎng (英 *a pasture*)

まきもどす【巻き戻す】 卷回来 juǎnhuílai (英 *rewind*) ▶テープを〜/倒带 dào dài

まきもの【巻物】 卷轴 juànzhóu (英 *a scroll*)

マキャベリズム 权术主义 quánshù zhǔyì; 马基雅弗利主义 Mǎjīyǎfúlì zhǔyì (英 *Machiavellism*)

まぎらす【紛らす】 掩饰 yǎnshì; 排遣 páiqiǎn; 消去 xiāoqù (英 *divert; conceal*) ▶気を〜/解闷 jiěmèn ▶笑いに〜/用笑来掩饰 yòng xiào lái yǎnshì ▶退屈を〜ために散歩に出た/为了打发无聊而出去散步 wèile dǎfa wúliáo ér chūqù sànbù ▶酒に悲しみを〜/在酒杯里排遣忧伤 zài jiǔbēili páiqiǎn yōushāng ▶話を〜/把话岔开 bǎ huà chà kāi

まぎらわしい【紛らわしい】 不易分辨 bú yì fēnbiàn; 难以辨别 nányǐ biànbié (英 *confusing*) ▶〜表示/不易分辨的表示 bú yì fēnbiàn de biǎoshì ▶〜言い方はやめてくれ/你别说那些容易误解的话 nǐ bié shuō nà xiē róngyì wùjiě de huà ▶ ~名称を使って消費者をだます/使用容易混淆的名称来欺骗消费者 shǐyòng róngyì hùnxiáo de míngchēng lái qīpiàn xiāofèizhě

まぎれ【紛れ】
~もない 真实无疑 zhēnshí wú yí；确凿 quèzáo；不可否认 bùkě fǒurèn ▶~もない事实/真正的事实 zhēnzhèng de shìshí ▶この作品は~もなく傑作である/这部作品毫无疑问是一部杰作 zhè bù zuòpǐn háowú yíwèn shì yí bù jiézuò ▶我々が敗北したのは~もない事实/我们已经败北是不可否认的事实 wǒmen yǐjīng bàibēi shì bùkě fǒurèn de shìshí

-まぎれ【紛れ】 极为 jíwéi；非常 fēicháng（[腹立ち紛れに] *in a fit of anger*）▶ 腹だち~に花瓶を割る/因为非常愤怒而把花瓶打碎 yīnwèi fēicháng fènnù ér bǎ huāpíng dǎsuì ▶苦し~に憎まれ口をたたく/因为太苦而说出招人厌恶的话 yīnwèi tài kǔ ér shuōchū zhāo rén yànwù de huà

まぎれこむ【紛れ込む】 混进 hùnjìn；混入 hùnrù（英 *get mixed with...*；[はいり込む] *slip into...*）▶ 書類がどこかに~/文件混入到哪儿去了 wénjiàn hùnrù dào nǎr qù le ▶ 人込みに~/混进人群里 hùnjìn rénqúnli

まぎれる【紛れる】 ❶ [気が] 解除 jiěchú；分散 fēnsàn（英 *be diverted*）▶痛みが~/忘掉疼痛 wàngdiào téngtòng ▶気が~/解闷 jiěmèn ▶忙しさに紛れて御無沙汰しました/因为繁忙而久疏问候 yīnwèi fánmáng ér jiǔ shū wènhòu ❷ [混ざり合う] 混进 hùnjìn；混淆 hùnxiáo（英 *become confused*）▶ 人込みに~/混进人群 hùnjìn rénqún ▶本物と偽物が~/真假混合 zhēnjiǎ hùnhé

まぎわ【間際に】 快要…的时候 kuàiyào…de shíhou；正要…时 zhèng yào…shí（英 *just before...*）▶発車~に/快要开车的时候 kuàiyào kāichē de shíhou ▶出かける~に/正要临走时 zhèng yào lín zǒu shí ▶出かける~に電話がかかってきた/正要出门时来了电话 zhèng yào chūmén shí láile diànhuà ▶試合終了~に同点ゴールを決めた/比赛就要结束前射门成功，成了平局 bǐsài jiùyào jiéshùqián shèmén chénggōng, chéngle píngjú ▶彼はいつも締め切り~になって原稿を書く/他总是在快要截稿的时候才写稿子 tā zǒngshì zài kuàiyào jié gǎo de shíhou cái xiě gǎozi ▶~になってバタバタしても遅いよ/火烧眉毛才手忙脚乱地做已经来不及了 huǒ shāo méimao cái shǒu máng jiǎo luàn de zuò yǐjing láibují le

まく【巻く】 卷 juǎn；裹 guǒ；绕 rào（英 [ねじなどを] *wind*；[丸める] *roll*）▶ 渦を~/卷成旋涡 juǎnchéng xuánwō ▶ねじを~/上弦 shàng xián ▶足に包帯を~/把绷带缠在腿上 bǎ bēngdài chánzài tuǐshang ▶相手を煙に~/使对方坠入五里雾中 shǐ duìfāng zhuìrù wǔ lǐ wù zhōng ▶彼らは頭にターバンを~/他们在头上缠着头巾 tāmen zài tóushang chánzhe tóujīn 《火事などで》煙に巻かれる/被烟熏呛 bèi yān xūn qiāng

舌を~ 咂嘴 zāzuǐ ▶彼女の妙技に舌を~/对她的绝技赞叹不已 duì tā de juéjì zàntàn bù yǐ

まく【幕】 ❶ [とばり] 幔帐 mànzhàng；帷幕 wéimù（英 *a curtain*）~を張る/张挂帷幕 zhāngguà wéimù ❷ [芝居の] 幕 mù（英 *an act*）一~一物/独幕剧 dúmùjù ~間/幕间 mù jiān ❸ [比喩的に] ~が開く/开幕 kāi mù ~を引く/结束 jiéshù ▶事件の~切れはあっけなかった/事件的结局很没味 shìjiàn de jiéjú hěn fáwèi

出る~ 私の出る~じゃない/不是我出面的时候 bú shì wǒ chūmiàn de shíhou

~開け 五輪の~開け/奥运会揭幕 Àoyùnhuì jiēmù ▶新しい時代の~開けだ/新时代到来了 xīnshídài dàoláile

まく【蒔く】 播 bō（英 *sow*）種を~/播种 bō zhǒng
ことわざ 蒔かぬ種は生えぬ 种瓜得瓜，种豆得豆 zhòng guā dé guā, zhòng dòu dé dòu

まく【膜】 膜 mó；薄膜 báomó（英 *a film*）

まく【撒く】 散布 sànbù；撒 sǎ；《水などを》洒 sǎ（英 *scatter*；[水を] *water*）~水を~/浇水 jiāo shuǐ 洒水 sǎ shuǐ ▶上空からビラを~/从上空撒下传单 cóng shàngkōng sǎxià chuándān ▶飛行機で農薬を~/用飞机撒农药 yòng fēijī sǎ nóngyào

マグカップ 马克杯 mǎkèbēi（英 *a mug*）

まぐさ【秣】 草料 cǎoliào（英 *fodder*）▶馬に~をやる/给马喂草料 gěi mǎ wèi cǎoliào ◆~槽 ⟨俗⟩料桶 liàotǒng

まくしたてる【まくし立てる】 喋喋不休地说 diédié bù xiū de shuō；滔滔不绝地说 tāotāo bù jué de shuō（英 *rattle away*）▶彼はその理由をまくし立てた/他喋喋不休地讲了那条理由 tā diédié bù xiū de jiǎngle nà tiáo lǐyóu

まぐち【間口】 房屋正面的宽窄 fángwū zhèngmiàn de kuānzhǎi（英 *the frontage*）~が狭い/正面窄 zhèngmiàn zhǎi ▶店は~が2間しかない/店面的横宽只有两间 diànmiàn de héngkuān zhǐ yǒu liǎng jiān

マグニチュード [地学] 震级 zhènjí（英 *magnitude*）~3．5の地震/三点五级地震 sān diǎn wǔ jí dìzhèn

マグネシウム [化学] 镁 měi（英 *magnesium*）~の光/镁光 měiguāng

マグネット 磁石 císhí（英 *a magnet*）

まくのうち【幕の内】 [弁当]（在剧场吃的）盒饭（zài jùchǎng chī de）héfàn（英 *an assorted box lunch, originally eaten between curtains in a theater*）参考 本来の日本語の「幕の内」は芝居の舞台の幕がおりている間（'戏剧的休息时间 xìjù de xiūxí shíjiān'）のこと。

マグマ [地学] 岩浆 yánjiāng（英 *magma*）▶~が一気に噴き出した/岩浆一下喷了出来 yánjiāng yíxià pēnle chūlái

まくら【枕】 枕头 zhěntou（英 *a pillow*）▶話

の～/引子 yǐnzi ▶～が変わると眠れない/一換枕头就睡不着觉 yí huàn zhěntou jiù shuìbuzháo jiào ▶～元に携帯を置いて寝る/把手机放在枕边睡觉 bǎ shǒujī fàngzài zhěnbiān shuìjiào ▶どちらかというと私は固い～が好きだ/比较之下我还是喜欢硬枕头 bǐjiào zhīxià wǒ háishi xǐhuan yìngzhěntou ▶兄弟3人は～を並べて眠りについた/兄弟三个躺成一排睡着了 xiōngdì sān ge tǎngchéng yì pái shuìzháo le
～を高くして眠る 高枕无忧 gāozhěn wú yōu
♦―カバー[枕巾] zhěnjīn; 枕套 zhěntào

まくらぎ【枕木】 轨枕 guǐzhěn; 枕木 zhěnmù (英 *a tie; a sleeper*)

まくらことば【枕詞】 冠在特定词语前面的修饰词 guànzài tèdìng cíyǔ qiánmiàn de xiūshìcí; (比喩) 引子 yǐnzi; 开场白 kāichǎngbái (英 *a conventional epithet used in waka*) ▶「驚くなよ」というのがあいつの―だった/"你们可别吓一跳啊"是他说话前常用的开场白 "Nǐmen kě bié xià yí tiào a" shì tā shuōhuàqián chángyòng de kāichǎngbái

まくりあげる【捲り上げる】 《袖などを》挽起 wǎnqǐ; 卷起 juǎnqǐ (英 *roll up*) ▶袖を～/挽起袖子 wǎnqǐ xiùzi ▶シャツの袖を～/挽起衬衫袖子 wǎnqǐ chènshān xiùzi

まくる【捲る】 挽 wǎn; 卷 juǎn; 撩 liāo (英 *roll up*) ▶腕を～/挽起袖子 wǎnqǐ xiùzi ▶尻を～/突然翻脸 tūrán fānliǎn ▶スカートを捲って訴えられた/因为撩起别人裙子被起诉了 yīnwèi liāo biéren qúnzi bèi qǐsù le ▶知らない人が来ると犬が激しく吠える～/陌生人一来狗就一个劲儿地狂吼 mòshēngrén yì lái gǒu jiù yí ge jìnr de kuáng hǒu

まぐれ 偶然 ǒurán; 侥幸 jiǎoxìng (英 *a fluke*) ▶～で合格する/偶然考上了 ǒurán kǎoshàng le ▶～当たり/偶然打中 ǒurán dǎzhòng

まくれる【捲れる】 卷上 juǎnshàng (英 *get rolled up*) ▶地下鉄の風でスカートがひざ上まで捲れた/地铁的风把裙子吹到了膝盖上边 dìtiě de fēng bǎ qúnzi chuīdàole xīgài shàngbian

マクロ 宏观 hóngguān (英 *macro-*) ▶～経済学/宏观经济学 hóngguān jīngjìxué ▶コスモス/宏观世界 hóngguān shìjiè

マグロ【鮪】 〔魚〕 金枪鱼 jīnqiāngyú (英 *a tuna*) ▶～の刺身/金枪鱼生鱼片 jīnqiāngyú shēngyúpiàn

マクワウリ【真桑瓜】 〔植物〕 甜瓜 tiánguā; 香瓜 xiāngguā (英 *an Oriental melon*)

まけ【負け】 输 shū (英 *a defeat*) ▶～を認める/认输 rèn shū ▶まさかの逆転に打了败仗 yīnwèi yìwài de nìzhuǎn ér dǎle bàizhàng ▶わずかでも～は～だ/即使是一点点差距，输了就是输了 jíshǐ shì yìdiǎndiǎn chājù, shūle jiùshì shū le

まげ【髷】 发髻 fàjì (英〔女の〕*a chignon*; 〔男の〕*a topknot*) ▶～を結う/梳发髻 shū fàjì ▶～を切る/剪掉发髻 jiǎndiào fàjì

まけいくさ【負け戦】 败仗 bàizhàng (英 *a losing battle*)

まけいぬ【負け犬】 败者 bàizhě (英 *a loser*) ▶～の遠吠え/败者狂言 bài zhě kuáng yán; 背地里呈英雄 bèidìli chéng yīngxióng

まけおしみ【負け惜しみ】 不服输 bù fúshū (英 *sour grapes*) ▶～が強い/硬不服输 yìng bù fúshū ▶～ではないが今日は体調が悪くて負けたんだ/不是我嘴硬，真是因为今天身体不舒服才输的 bú shì wǒ zuǐyìng, zhēn shì yīnwèi jīntiān shēntǐ bù shūfu cái shū de

まけこす【負け越す】 负多于胜 fù duōyú shèng; 败多胜少 bài duō shèng shǎo (英 *suffer more losses than wins*) ▶最下位のチームに負け越している/输给了排名最末位的队伍 shūgěile páimíng zuì mòwèi de duìwu

まけずおとらず【負けず劣らず】 不相上下 bù xiāng shàngxià (英 *equally; no less... than～*) ▶妹も姉に―の美人だ/妹妹也是个可与姐姐媲美的美人 mèimei yě shì ge kě yǔ jiějie pìměi de měirén ▶あの二人は～記憶力がいい/他们俩不相上下，同样的好记性 tāmen liǎ bù xiāng shàngxià, tóngyàng de hǎojìxìng

まけずぎらい【負けず嫌いな】 要强 yàoqiáng; 好胜 hàoshèng (英 *unyielding*) ▶～な性格/性格好胜 xìnggé hàoshèng ▶彼は非常に～だ/他非常要强 tā fēicháng yàoqiáng

まける【負ける】 ❶〖敗北する〗 输 shū; 败北 bàiběi (英 *lose; be beaten*) ▶君には負けたよ/我输给你了 wǒ shūgěi nǐ le ▶あいつには～気がしない/我不觉得自己不如他 wǒ bù juéde zìjǐ bùrú tā ▶彼はもっと経験のある男に負けてしまった/他输给了一个更有经验的男人 tā shūgěile yí ge gèng yǒu jīngyàn de nánrén

❷〖屈服する〗 经不住 jīngbuzhù; 抵挡不住 dǐdǎngbuzhù (英 *yield*) ▶睡魔に～/经不住睡意 jīngbuzhù shuìyì ▶彼は悲しみに負けてしまった/他被悲伤击倒了 tā bèi bēishāng jīdǎo le

❸〖かぶれる〗 过敏 guòmǐn (英 *be poisoned*) ▶肌が弱くて剃刀に～/皮肤弱，刮脸过敏 pífu ruò, guāliǎn guòmǐn ▶漆に負けて顔が腫れた/对漆过敏，脸肿了起来 duì qī guòmǐn, liǎn zhǒngleqǐlai

❹〖安くする〗 让价 ràng jià (英 *lower*) ▶もっと負けて下さい/再让点儿价吧 zài ràng diǎnr jià ba ▶値段を2千円負けてくれた/把价钱给我便宜了两千日元 bǎ jiàqian gěi wǒ piányile liǎngqiān Rìyuán

❺〖劣る〗 比不过 bǐbuguò; 抵不上 dǐbushàng (英 *be inferior to...*) ▶彼女は町内の誰にも負けない器量よしだった/她在街道里是谁也比不过的漂亮女子 tā zài jiēdàoli shì shéi yě bǐbuguò de piàoliang nǚzǐ

～が勝ち 忍让方能取胜 rěn ràng fāng néng qǔshèng; 吃小亏占大便宜 chī xiǎokuī zhàn dà piányi

まげる【曲げる】 ❶〖物の形を〗 蜷曲 quánqū;

弯 wān （英 bend） ▶針金を～に/弯铁丝 wān tiě sī ▶背を～/弯身 wān shēn ▶膝(&)を～/屈膝 qū xī **❷**【信念などを】改变 gǎibiàn （英 depart from...） ▶主張を曲げない/坚持主张 jiānchí zhǔzhāng ▶彼は自分の信念を曲げない/他不改变自己的信念 tā bù gǎibiàn zìjǐ de xìnniàn **❸**【事実や規則を】歪曲 wāiqū （英 distort） ▶事実を～/歪曲事实 wāiqū shìshí 賄賂をむさぼり法を～/贪图贿赂而枉法 tāntú huìlù ér wǎngfǎ ▶君はいつも自分の都合のいいように言葉の意味を～/你总是按照自己的意愿来歪曲词句的意思 nǐ zǒngshì ànzhào zìjǐ de yìyuàn lái wāiqū cíjù de yìsi

まけんき【負けん気】 好胜 hàoshèng；要强 yàoqiáng（英 an unyielding spirit）▶～を出す/争气 zhēngqì ▶うちの女房は～が強すぎる/我老婆太好胜了 wǒ lǎopo tài hàoshèng le

まご【孫】《息子の男児》孙子 sūnzi（英 a grandson）；《息子の女児》孙女 sūnnǚ（英 a granddaughter）；《娘の男児》外孙子 wàisūnzi（英 a grandson）；《娘の女児》外孙女 wàisūnnǚ（英 a granddaughter）▶～弟子/徒孙 túsūn ▶～の世代/孙子那一代 sūnzi nà yí dài ▶お～さんはおありですか/您有孙子吗？ nín yǒu sūnzi ma? ▶早く～を抱きたい/希望早点抱孙子 xīwàng zǎodiǎn bào sūnzi

[参考] 中国語では「孙」はただの接尾辞なので軽声に読む。ここで「子」はただの接尾辞なので軽声に読む。兵法家の「孫子(&)」は'Sūnzǐ'と発音するので完全な同音とはならない。

まご【馬子】 马夫 mǎfū（英 a packhorse driver）
[ことわざ] 马子にも衣装 人是衣裳马是鞍 rén shì yīshang mǎ shì ān

マゴイ【真鯉】〔魚〕黑鲤鱼 hēilǐyú（英 a black carp）

まごころ【真心】 诚心 chéngxīn；真情 zhēnqíng；诚意 chéngyì（英 sincerity）▶～の込もった/真诚的 zhēnchéng de ▶～の込もった贈り物/饱含真情的礼物 bǎohán zhēnqíng de lǐwù ▶～込めて料理をつくる/满怀深情地做饭 mǎnhuái shēnqíng de zuòfàn ▶僕の～が彼女に通じたのだ/她已经明白我的诚意了 tā yǐjing míngbai wǒ de chéngyì le

まごつく 慌张 huāngzhāng；慌神儿 huāngshénr；着慌 zháohuāng（英 be confused）▶いざというときにまごつかないように十分に準備する/充分做好准备，以便紧急时刻不慌神儿 chōngfēn zuòhǎo zhǔnbèi, yǐbiàn jǐnjí shíkè bù huāngshénr ▶初めての駅で切符を買うのにまごついた/在第一次去的车站买票，有些着慌 zài dìyī cì qù de chēzhàn mǎipiào, yǒuxiē zháohuāng

まこと【誠・真】 真 zhēn；真实 zhēnshí；《まごころ》诚意 chéngyì（英 [まごころ] sincerity；[真実] truth）▶～に申し訳ありません/实在抱歉 shízài bàoqiàn ▶～を尽くしてお願いしなさい/你竭尽诚意去求他吧 nǐ jiéjìn chéngyì qù qiú tā ba

[ことわざ] 嘘から出た真 弄假成真 nòng jiǎ chéng zhēn

まことしやか【真しやかな】 煞有介事 shà yǒu jiè shì（英 plausible）▶～に嘘をつく/煞有介事地撒谎 shà yǒu jiè shì de sā huǎng ▶～に噂話を流した/煞有介事地散布谣言 shà yǒu jiè shì de sànbù yáoyán

まごのて【孫の手】 老头儿乐 lǎotóurlè（英 a back scratcher）▶～で背中をかく/用老头儿乐挠后背 yòng lǎotóurlè náo hòubèi

まごびき【孫引きする】 间接引用 jiānjiē yǐnyòng（英 quote... secondhand）

まごまごする 着慌 zháohuāng；不知所措 bù zhī suǒ cuò（英 be flurried; be at a loss）▶慣れない新しいシステムで～する/面对尚未习惯的新系统而不知所措 miànduì shàngwèi xíguàn de xīn xìtǒng ér bù zhī suǒ cuò ▶こうなると～してはいられない/这样一来就不能张皇失措了 zhèyàng yì lái jiù bùnéng zhānghuáng shīcuò le

マザーコンプレックス ⇨マザコン

マザーテープ 原声带 yuánshēngdài；母带 mǔdài（英 a master tape）

まさか 怎么能 zěnme néng；难道 nándào（英 surely not）▶～癌ではあるまいな/莫非是癌症了 mòfēi shì áizhèng le ▶俺の金を盗んだのは～君じゃないだろうな/偷了我钱的难道是你吗？ tōule wǒ qián de nándào shì nǐ ma? ▶～そんなことはあるまい/怎么能有那样的事呢？ zěnme néng yǒu nàyàng de shì ne? ▶～という顔つきで私を見た/她以难以置信的表情看着我 tā yǐ nányǐ zhìxìn de biǎoqíng kànzhe wǒ ▶「おまえ離婚したって本当か」「～」/"听说你离婚了，真的吗？" Tīngshuō nǐ líhūn le, zhēn de ma? "怎么可能" Zěnme kěnéng"

～の時 万一的时候 wànyī de shíhou ▶～の時に備える/以备万一 yǐ bèi wànyī

まさかり【鉞】 板斧 bǎnfǔ（英 a broadax）

マザコン 恋母情结 liànmǔ qíngjié（英 an Oedipus complex）▶彼は～だ/他有恋母情结 tā yǒu liànmǔ qíngjié ▶あんな～男はもういや/那种有恋母情结的男人，我已经受够了 nà zhǒng yǒu liànmǔ qíngjié de nánrén, wǒ yǐjing shòugòu le

まさしく【正しく】 的确 díquè；就是 jiùshì（英 surely）▶～彼の筆跡だ/就是他的笔迹 jiùshì tā de bǐjì ▶これぞ～本場の味だ/这才是地道的味道呢 zhè cái shì dìdao de wèidao ne

まさつ【摩擦】 **❶**【物理的・心理的】 摩擦 mócā（英 rubbing; friction）▶～で熱を持つ/摩擦生热 mócā shēng rè ▶冷水～をする/用冷水擦身 yòng lěngshuǐ cā shēn **❷**【反目】 不和 bùhé（英 friction）▶夫婦の間に～が起こる/夫妻之间发生摩擦 fūqī zhījiān fāshēng mócā ▶社内に多少の～が生じるのは避けられない/公司内多少产生摩擦是避免不了的 gōngsīnèi duōshǎo chǎnshēng mócā shì bìmiǎnbuliǎo de ▶貿易～/贸易摩擦 màoyì mócā

まさに【正に】 正是 zhèng shì；确实 quèshí

まさに（英 *exactly*）▶～危機一髪/正是千钧一发的时候 zhèng shì qiān jūn yí fà de shíhou ▶～なるべくしてなった感じだな/这正是有其因必有其结果 zhè zhèng shì yǒu qí yīn bì yǒu qí jiéguǒ ▶これは～願ってもないチャンスだ/这正是求之不得的好机会 zhè zhèng shì qiú zhī bù dé de hǎojīhuì ▶～革命的な変化と言えよう/这正可以说是革命性的变化 zhè zhèng kěyǐ shuō shì gémìngxìng de biànhuà ▶～そのとおりです/正是如此 zhèng shì rúcǐ ▶上記金額～受領いたしました/上述金额已确实收到 shàngshù jīn'é yǐ quèshí shōudào

まさに【将に…しようとする】 正要 zhèng yào; 就要 jiù yào（英 *be on the point of...*）▶列車が～出ようとしている/列车正要发车 lièchē zhèng yào fāchē

まざまざと 清晰 qīngxī; 清清楚楚 qīngqīngchǔchǔ（英 *vividly*）▶～と目に浮かぶ/清清楚楚地浮现在眼前 qīngqīngchǔchǔ de fúxiàn zài yǎnqián ▶これは彼の弱点を～と見せつけたできごとだった/这件事清清楚楚地显露他的弱点 zhè jiàn shì qīngqīngchǔchǔ de xiǎnlù tā de ruòdiǎn ▶当時の悲惨な情景を今も～と思い出す/当时悲惨的情景至今仍能清晰地回忆起来 dāngshí bēicǎn de qíngjǐng zhìjīn réng néng qīngxī de huíyìqǐlai

まさゆめ【正夢】 应验的梦 yìngyàn de mèng（英 *a prophetic dream*）▶ゆうべ見た夢は～であった/昨晚做的梦应验了 zuówǎn zuò de mèng yìngyàn le

まざりあう【混ざり合う】 混杂 hùnzá; 掺杂 chānzá（英 *be mixed*）▶水と油は混ざり合わない/水和油不会掺到一起 shuǐ hé yóu búhuì chāndào yìqǐ ▶河口で海水と淡水が～/在河口处海水与淡水混合到一起了 zài hékǒuchù hǎishuǐ yǔ dànshuǐ hùnhé dào yìqǐ le

まざりもの【混ざり物】 夹杂物 jiāzáwù（英 *an impurity*）▶この茶葉に～は一切ない/这种茶叶里不含任何夹杂物 zhè zhǒng cháyèli bù hán rènhé jiāzáwù

まさる【勝る】 强似 qiángsì; 胜过 shèngguò; 超过 chāoguò（英 *be superior*）▶あの人は聞きしに～頑固者だった/她比听说的更顽固 tā bǐ tīngshuō de gèng wángù ▶健康は富に～/健康胜过财富 jiànkāng shèngguò cáifù ▶学識はともかく経験においては彼の方がわずかに～/学识暂且不谈,在经验方面,还是他略微居上 xuéshí zànqiě bù tán, zài jīngyàn fāngmiàn, háishi tā lüèwēi jū shàng

ことわざ 努力にまさる天才なし 没有能胜过努力的天才 méiyǒu néng shèngguò nǔlì de tiāncái

～とも劣らない 有过之而无不及 yǒu guò zhī ér wú bù jí; 不相上下 bù xiāng shàngxià

まざる【混ざる】 混杂 hùnzá; 掺杂 chānzá（英 *mix*）▶この組織は水と油が混ざったようなものだ/这个组织如同水和油混在一起一样 zhège zǔzhī rútóng shuǐ yǔ yóu hùnzài yìqǐ yíyàng

-まし【-増し】 增加 zēngjiā; 加上 jiāshàng（英 *increase*）▶一割～/增加一成 zēngjiā yì chéng ▶乗車賃が二割～になった/车费涨了两成 chēfèi zhǎngle liǎng chéng

ましである 不如 bùrú; 胜过 shèngguò; 强 qiáng（英 *be better*）▶ないよりは～だ/有胜于无 yǒu shèngyú wú ▶酒を断つくらいなら死んだほうが～だ/戒酒不如死 jiè jiǔ bùrú sǐ ▶あんな奴は死んだ方が～だ/那种人还不如死了好呢 nà zhǒng rén hái bùrú sǐle hǎo ne

まじえる【交える】 交 jiāo; 加入 jiārù; 掺杂 chānzá（英 [混ぜる] *mix*; [交差させる] *cross*）▶ひざを交えて話す/促膝谈心 cù xī tán xīn ▶彼も交えて相談する/他也在内一起商量 tā yě zàinèi yìqǐ shāngliang ▶私情を～ことは慎むべきだ/不要掺杂个人感情 búyào chānzá gèrén gǎnqíng ▶やたらに外来語を交えた演説/挽杂了过多外来语的演说 chānzále guòduō wàiláiyǔ de yǎnshuō

ましかく【真四角】 正方形 zhèngfāngxíng（英 *a regular square*）

まじきり【間仕切り】 间壁 jiānbì（英 *a partition*）

ました【真下に】 正下面 zhèng xiàmiàn; 正下方 zhèng xiàfāng（英 *just under; directly below*）

マジック 戏法 xìfǎ; 魔术 móshù（英 *magic*）▶～を演じる/变把戏 biàn bǎxì; 变戏法 biàn xìfǎ ♦～テープ《商標》|尼龙搭扣 nílóng dākòu ～ハンド|机械手 jīxièshǒu ～ペン|油性万能笔 yóuxìng wànnéngbǐ ～ミラー|哈哈镜 hāhājìng

まして 何况 hékuàng（英 *much less;* [言うでもなく] *not to speak of...*）▶君ができないのに,僕にできるはずがない/连你都不会,何况我呢 lián nǐ dōu búhuì, hékuàng wǒ ne ▶高校生でも難しいのに,～10歳の子供にはなおさらだ/对于高中生都难,更何况十岁的孩子呢 duìyú gāozhōngshēng dōu nán, gèng hékuàng shí suì de háizi ne

まして【増して】 更 gèng（英 *much more*）▶文法にも～発音が難しい/语法很难,发音更难 yǔfǎ hěn nán, fāyīn gèng nán ▶今日はいつも～バスが込む/今天公交车比平时都挤 jīntiān gōngjiāochē bǐ píngshí dōu jǐ

まじない【呪い】 咒 zhòu; 咒语 zhòuyǔ; 巫术 wūshù（英 *a charm; a spell*）▶～を唱える/念咒 niàn zhòu ～師/巫师 wūshī; 女巫 nǚwū ▶厄除けの～をする/用巫术驱邪 yòng wūshù qūxié ▶合格の～をしてあげよう/施一个魔法,让你能通过 shī yí ge mófǎ, ràng nǐ néng tōngguò

まじまじ 目不转睛 mù bù zhuǎn jīng; 直盯 zhídīng（英 [まじまじと見る] *stare*）▶～と見つめる/盯视 dīngshì; 盯着看 dīngzhe kàn

まじめ【真面目な】 认真 rènzhēn; 正经 zhèngjing; 老实 lǎoshi（英 *serious*）▶～くさった/一本正经 yì běn zhèngjing ▶～な人/正经人

zhèngjing rén; 老实人 lǎoshi rén ▶~に働く/认真工作 rènzhēn gōngzuò ▶たまには~な話でもしようか/有时候也谈点儿正经的吧 yǒushíhou yě tán diǎnr zhèngjing de ba ▶先生，もっと~に教えて下さい/老师，请您教得再认真点儿 lǎoshī, qǐng nín jiāode zài rènzhēn diǎnr ▶~な顔をして嘘をつくのは難しい/作出一副认真的表情说谎话难 zuòchū yí fù rènzhēn de biǎoqíng shuō huǎnghuà hěn nán ▶くさって説教するのも照れくさい/一本正经地说教也怪难为情的 yì běn zhèngjing de shuōjiào yě guài nánwéiqíng de ▶~に暮らす/本分地过日子 běnfèn de guò rìzi; 认真地生活 rènzhēn de shēnghuó ▶彼の言うことだそう~に受けとることはない/他讲的那些话你没有必要那么当真 tā jiǎng de nà xiē huà nǐ méiyǒu bìyào nàme dàngzhēn ▶もう少し~にやれ/能不能再干得认真些啊？ néngbunéng zài gàn de rènzhēn xiē a?

ましゃく【間尺】(英)[寸法] *measurements*) ▶~に合わない/不合算 bù hésuàn ▶手間ばかりかかって~に合わない仕事だ/费事却不合算的工作 fèishí què bù hésuàn de gōngzuò

ましゅ【魔手】魔掌 mózhǎng; 魔爪 mózhǎo (英) *evil power*) ▶~にかかる/陷入魔掌 xiànrù mózhǎng ▶背後に忍び寄る~/偷偷靠近身后的魔掌 tōutōu kàojìn shēnhòu de mózhǎng

まじゅつ【魔術】魔术 móshù (英) *magic*) ▶~師/魔术家 móshùjiā ▶~を行う/施魔法 shī mófǎ; 变魔术 biàn móshù

ましょ【魔女】女巫 nǚwū; 魔女 mónǚ;《比喻》(迷惑男人的)妖女 (míhuò nánrén de) yāonǚ (英) *a witch*) ▶~狩り/(中世欧洲的)迫害女巫 (zhōngshì Ōuzhōu de) pòhài nǚwū; (组织或集团)排除异己 (zǔzhī huò jítuán) páichú yìjǐ

ましょう【魔性の】魔性 móxìng; 魔力 mólì (英) *devil*) ▶~の女/妖妇 yāofù

ましょうめん【真正面】正面 zhèngmiàn; 正对面 zhèng duìmiàn (英) *the front*) ▶~から対决する/正面交锋 zhèngmiàn jiāofēng ▶仏像はたいてい~を向いている/佛像大多面朝正面 fóxiàng dàduō miàn cháo zhèngmiàn ▶クレームを~から受け止める/从正面接受顾客投诉 cóng zhèngmiàn jiēshòu gùkè tóusù ▶我が家の~に富士山が聳(ｿﾋ)え立つ/我家正对面耸立着富士山 wǒ jiā de zhèng duìmiàn sǒnglìzhe Fùshìshān

-まじり【交じり・-混じり】混合 hùnhé; 夹杂 jiāzá (英) *mixture*) ▶雨の雪/雪中夹雨 xuě zhōng jiā yǔ ▶ため息~に成績表を見る/叹着气看成績単 tànzhe qì kàn chéngjìdān ▶鼻歌~で車をとばす/哼着歌飞开车 hēngzhe gēr kāi chē

まじりけ【交じり気・混じり気】混杂 hùnzá (英) *mixture; impurities*) ▶~のある/掺杂 chānzá ▶~のない/纯粹 chúncuì; 纯正 chúnzhèng ▶~のない原材料にこだわった酒/讲究使用纯正原料酿出的酒 jiǎngjiù shǐyòng chúnzhèng yuánliào niàngchū de jiǔ

まじる【交じる・混じる】混入 hùnrù; 夹杂 jiāzá; 交织 jiāozhī (英) *mix*) ▶彼女はフランス人の血が混じっている/她身上有一部分法国人的血 tā shēnshang yǒu yíbùfen Fǎguórén de xiě ▶自信と不安が混じった気持ちでプレゼンする/怀着自信与不安交织的心情进行发表 huáizhe zìxìn yǔ bù'ān jiāozhī de xīnqíng jìnxíng fābiǎo ▶尿に血が~/尿里混染着血 niàoli hùnzázhe xiě

まじろぐ 眨眼 zhǎyǎn (英) *blink*) ▶まじろぎもせずに見つめる/目不转睛地看 mù bù zhuǎn jīng de kàn

まじわり【交わり】交往 jiāowǎng; 交际 jiāojì; 来往 láiwǎng (英) *association*) ▶~を結ぶ/结交 jiāojiāo ▶~がある/有来往 yǒu láiwǎng ▶世間との~を絶つ/与世隔绝 yǔ shì géjué
水魚の~　鱼水情 yúshuǐqíng
莫逆の~　莫逆之交 mònì zhī jiāo

まじわる【交わる】❶【交際】交际 jiāojì; 交往 jiāowǎng; 来往 láiwǎng (英) *associate*) ▶外国人と親しく~/和外国人亲密交往 hé wàiguórén qīnmì jiāowǎng
❷【交差】交叉 jiāochā (英) *cross*) ▶2本の直線が直角に~/两条直线交叉成直角 liǎng tiáo zhíxiàn jiāochāchéng zhíjiǎo
ことわざ 朱に交われば赤くなる　近朱者赤，近墨者黑 jìn zhū zhě chì, jìn mò zhě hēi

マシン【機械】机器 jīqì;《レーシングカー》赛车 sàichē (英) *a machine*)

マシンガン 机枪 jīqiāng; 冲锋枪 chōngfēngqiāng (英) *a machine gun*)

ます【升】(枡) 木制量器 mùzhì liángqì (英) *a measure cup*);《芝居などの席》包厢 bāoxiāng; 池座 chízuò (英) *a box seat*) ▶原稿用紙の~目/稿纸的格子 gǎozhǐ de gézi ▶~酒/装在木制量器中喝的酒 zhuāngzài mùzhì liángqì zhōng hē de jiǔ

ます【増す】增加 zēngjiā; 增大 zēngdà; 加大 jiādà (英) *increase; gain*) ▶河川の水かさが~/河水上涨 héshuǐ shàngzhǎng ▶この本を読んで科学への興味を増した/读了这本书后提高了对科学的兴趣 dúle zhè běn shū hòu tígāole duì kēxué de xìngqù ▶台風の勢いが増してきた/台风的势头增大了 táifēng de shìtóu zēngdà le ▶たまねぎを炒めると甘みが~/洋葱一炒就会增加甜味儿 yángcōng yì chǎo jiù huì zēngjiā tiánwèir ▶世間の信用が~/社会上的信用提高了 shèhuìshang de xìnyòng tígāo le ▶危険が~/危险加大 wēixiǎn jiādà ▶古い街並みの人気が~/古老的街景人气上升 gǔlǎo de jiējǐng rénqì shàngshēng ▶スピードを~/增加速度 zēngjiā sùdù

マス【鱒】《魚》鳟鱼 zūnyú (英) *a trout*)

まず【先ず】❶【最初に】先 xiān; 首先 shǒuxiān (英) *first of all*) ▶~は乾杯に/咱们先干杯吧 zánmen xiān gānbēi ba ▶リーダーに必要なのは~決断力だ/领导人所必要的素质首先是决断能力 lǐngdǎorén suǒ bìyào de sùzhì shǒuxiān shì juéduàn nénglì ❷【多分】大概 dàgài; 恐

ますい

怕 kǒngpà（英 *perhaps*）▶彼なら～断ることはないだろう/如果是他的话,起码不会拒绝吧 rúguǒ shì tā dehuà, qǐmǎ búhuì jùjué ba ▶～大丈夫だろう/大概没问题吧 dàgài méi wèntí ba ▶～そんなところさ/大概就是这些吧 dàgài jiùshì zhè xiē ba

ますい【麻酔】 麻酔 mázuì（英 *anesthesia*）▶～剤/麻酔剤 mázuìjì; 麻药 máyào ▶～をかける/麻酔 mázuì ▶～が覚めた/从麻酔中醒来了 cóng mázuì zhōng xǐnglái le ▶全身～で手術する/全身麻酔后进行手术 quánshēn mázuìhòu jìnxíng shǒushù ▶逃げたいのししに～銃を撃つ/朝逃走的野猪打麻药枪 cháo táozǒu de yězhū dǎ máyàoqiāng

◆～医:麻酔医师 mázuì yīshī

まずい【不味い】 不好 bùhǎo; 拙劣 zhuōliè;（状況が）糟 zāo [味が悪い] *unpalatable*; [下手な] *poor*; [不都合な] *awkward* ▶ことに/恰巧 qiàqiǎo; 偏巧 piānqiǎo ▶こりゃ～な/糟了 zāo le ▶味が～/不好吃 bù hǎochī ▶～料理/难吃的菜 nánchī de cài ▶不味くてもがまんして食べなさい/难吃也要忍着吃下 nánchī yě yào rěnzhe chīxià ▶あの～演技には参ったよ/那拙劣的演技使人受不了 nà zhuōliè de yǎnjì shǐ rén shòubuliǎo ▶顔はいいんだが声が～/相貌行,嗓子差が～ xiàngmào xíng, sǎngzi què bùxíng ▶今そうしては～よ/现在那样做的话不妥吧 xiànzài nàyàng zuò dehuà bùtuǒ ba ▶～ことになったものだ/真是糟了 zhēn shì zāo le ▶～ところを母に見られた/最难堪的地方被母亲看到了 zuì nánkān de dìfang bèi mǔqin kàndào le

マスカット【植物】麝香葡萄 shèxiāng pútao（英 *a muscat*）

マスカラ 睫毛膏 jiémáogāo（英 *mascara*）

マスク 口罩 kǒuzhào;（顔を覆う）面罩 miànzhào;（仮面）假面具 jiǎmiànjù（英 *a mask*）▶～をかける/戴口罩 dài kǒuzhào ▶防塵～/防尘口罩 fángchén kǒuzhào ▶ガス～/防毒面罩 fángdú miànzhào ▶酸素～/氧气面具 yǎngqì miànjù ▶デス～/死人面模 sǐrén miànmó

マスクメロン【植物】香瓜 xiāngguā; 甜瓜 tiánguā（英 *a muskmelon*）

マスゲーム【スポーツ】団体操 tuántǐcāo（英 *mass gymnastic exercises*）▶運動会で～をする/在运动会上表演团体操 zài yùndònghuìshang biǎoyǎn tuántǐcāo

マスコット 吉祥物 jíxiángwù; 福神 fúshén（英 *a mascot*）▶～ガール/吉祥女孩 jíxiáng nǚhái

マスコミ 媒体 méitǐ; 大众传播 dàzhòng chuánbō（英 *mass communication*）[報道機関]（英 *the media*）▶～で騒がれる/被媒体炒作 bèi méitǐ chǎozuò ▶～の餌食になる/成为大众传媒的牺牲品 chéngwéi dàzhòng chuánméi de xīshēngpǐn ▶凶悪事件が連日～をにぎわす/残暴的事件连日来轰动了媒体 cánbào de shìjiàn liánrì lái hōngdòngle méitǐ

まずしい【貧しい】 贫穷 pínqióng; 贫困 pínkùn;（貧弱）贫乏 pínfá（英 *poor*）▶生活が～/家境贫苦 jiājìng pínkǔ ▶発想が～/构思平淡 gòusī píngdàn ▶今晩の献立は～ね/今晚就这些粗茶淡饭啊？ jīnwǎn jiù zhè xiē cūchá dànfàn a? ▶この事件は彼らの想像力がいかに～かを示している/这个事件显示出他们的想象力是何等贫乏 zhège shìjiàn xiǎnshìchū tāmen de xiǎngxiànglì shì héděng pínfá ▶父を亡くして～暮らしを強いられることになった/父亲去世后,被迫过起了贫穷的生活 fùqīn qùshìhòu, bèipò guòqǐle pínqióng de shēnghuó ▶～家に生まれる/出生于贫寒家庭 chūshēng yú pínhán jiātíng ▶～大衆の衣食問題を解決する/解决贫苦大众的衣食问题 jiějué pínkǔ dàzhòng de yīshí wèntí

マスター ❶【修士】硕士 shuòshì（英 *a master*）▶～コース/硕士课程 shuòshì kèchéng

❷（バーなどの）老板 lǎobǎn; 主人 zhǔrén（英 *a barkeeper*）▶ねえ～,聞いてよ/喂,老板,听我说呀 wèi, lǎobǎn, tīng wǒ shuō ya

❸【熟達する】学好 xuéhǎo; 学会 xuéhuì; 精通 jīngtōng（英 *master*）▶～キー/万能钥匙 wànnéng yàoshi ▶～プラン/总体规划 zǒngtǐ guīhuà; 基本计划 jīběn jìhuà ▶3年かけて英語を～した/花了三年学会了英语 huāle sān nián xuéhuìle Yīngyǔ

マスタード【食品】芥末 jièmo; 芥末酱 jièmojiàng（英 *mustard*）

マスターベーション 自慰 zìwèi; 手淫 shǒuyín（英 *masturbation*）

マスト【船舶】桅 wéi; 桅杆 wéigān（英 *a mast*）▶Z 旗が～に翻る/Z 旗飘扬在船桅上 Z qí piāoyáng zài chuánwéishang ▶3 本～の船/三桅船 sānwéichuán

マスプロ(ダクション) 大量生产 dàliàng shēngchǎn（英 *mass production*）

ますます【益益】 越发 yuèfā; 越加 yuèjiā; 更加 gèngjiā（英 *more and more; increasingly*）▶～励む/再接再厉 zài jiē zài lì ▶～盛んになる/越来越隆盛 yuèláiyuè lóngshèng ▶今後～の御活躍のほどお祈りいたします/祝愿您今后越来越发达 zhùyuàn nín jīnhòu yuèláiyuè fādá ▶我々の責任は～大きくなる/我们的责任日益大起来 wǒmen de zérèn rìyì dàqǐlai ▶地球環境は～悪くなる/地球环境进一步恶化 dìqiú huánjìng jìnyíbù èhuà ▶～深刻になりつつある交通状況/日益严峻的交通状况 rìyì yánjùn de jiāotōng zhuàngkuàng ▶これで僕の責任は～重くなった/这样我的责任更大了 zhèyàng wǒ de zérèn gèng dà le

まずまず 还可以 hái kěyǐ; 总算 zǒngsuàn（英 *so-so*）▶～いける/过得去 guòdeqù ▶～のでき/结果差不多 jiéguǒ chàbuduō ▶作品は～の仕上がりだ/作品完成得还可以 zuòpǐn wánchéngde hái kěyǐ ▶不満は残るが～書き上がった/虽然不理想,总算写完了 suīrán bù lǐxiǎng, zǒngsuàn xiěwán le

ますめ【升目】 格子 gézi（英 *a square*）▶（原

稿用紙の)～を埋める/写稿子 xiě gǎozi; 爬格子 pá gézi

マスメディア 大众媒介 dàzhòng méijiè; 传媒 chuánméi (英) the mass media)

まぜあわせる【混ぜ合わせる】 搀和 chānhuo; 混合 hùnhé (英) mix together) ▶卵とバターを～/把鸡蛋和黄油掺和在一起 bǎ jīdàn hé huángyóu chānhuo zài yìqǐ

まぜかえす【混ぜ返す】 ❶［かき混ぜる］搅拌 jiǎobàn; 搅混 jiǎohùn (英) mix up) ❷［人の話を］插嘴打扰(别人说话) chāzuǐ dǎrǎo(biéren shuōhuà); 打岔 dǎchà (英) interrupt a person's talk)

まぜこぜ【混ぜこぜ】 (英) a jumble) ▶～にする/弄混 nònghùn; 搀合 chānhuo ▶～になっている/杂乱 záluàn ▶順序が～になっている/顺序弄乱了 shùnxù nòngluàn le

ませた 早熟 zǎoshú; 老成 lǎochéng (英) precocious) ▶～子供/早熟儿童 zǎoshú értóng ▶彼女はまだやっと8歳なのに～口の利き方をする/她才八岁,说话却很老成 tā cái bā suì, shuōhuà què hěn lǎochéng

まぜもの【混ぜ物】 夹杂物 jiāzáwù (英) a mixture; ［不純物］an impurity) ▶～なしの/纯正 chúnzhèng ▶～なしの黒酢/不含夹杂物的黑醋 bù hán jiāzáwù de hēicù ▶～をする/掺假 chānjiǎ

まぜる【混ぜる】 搀和 chānhuo; 混 hùn; 夹杂 jiāzá (英) mix) ▶米に大麦を～/大米里掺杂大麦 dàmǐli chānzá dàmài ▶赤と黒の絵の具を～/把红色和黑色的颜料掺在一起 bǎ hóngsè hé hēisè de yánliào chānzài yìqǐ ▶マジシャンがカードを～/魔术师洗牌 móshùshī xǐ pái ▶酒に水を～/往酒里掺水 wǎng jiǔli chān shuǐ

マゾヒズム 受虐狂 shòunüèkuáng (英) masochism)

また 再 zài; 又 yòu;〈同様に〉也 yě ［その上］and; ［再び］once more; ［同じく］also) ▶～明日/明天见 míngtiān jiàn ▶～の機会に/以后再说 yǐhòu zài shuō ▶～とない機会/再不会有的机会 zài bùhuì yǒu de jīhuì ▶あいつ～来たのか/他又来了 tā yòu lái le ▶この絵も～よく描けている/这张画儿也画得很好 zhè zhāng huàr yě huàde hěn hǎo

また【股】 胯 kuà; 胯档 kuàdāng (英) ［付け根］the crotch; ［もも］the thigh) ▶大～で歩く/迈大步走 mài dàbù zǒu ▶世界を～にかける/走遍世界 zǒubiàn shìjiè ▶樹の～に跨って柿を食べていた/跨在树叉上吃柿子 kuàzài shùchāshang chī shìzi

まだ【未だ】 还 hái; (否定の場合) 未 wèi (英) still; yet; ［わずかに］only) ▶～来ない/还没来 hái méi lái ▶退院は～だ/还不能出院 hái bùnéng chūyuàn ▶～間に合う/还来得及 hái láidejí ▶～見ぬ肉親を求めて旅に/为了寻找没见过面的亲骨肉而动身启程 wèile xúnzhǎo méi jiànguo miàn de qīngǔròu ér dòngshēn qǐchéng ▶～雨が降っている/雨还在下 yǔ hái zài xià ▶彼女は～私に自分の名前も告げていない/她连自己的名字也还没告诉我 tā lián zìjǐ de míngzi yě hái méi gàosu wǒ ▶～話があるよ/我还有话呢 wǒ hái yǒu huà ne ▶僕がこちらに来てから～2ヶ月にしかならない/我来到这儿才两个月 wǒ láidào zhèr cái liǎng ge yuè

マダイ【真鯛】 〔魚〕真鲷 zhēndiāo; 加吉鱼 jiājíyú (英) a red sea bream)

またいとこ【又従兄弟】 从堂兄弟［姐妹］cóngtáng xiōngdì[jiěmèi]; 从表兄弟［姐妹］cóngbiǎo xiōngdì[jiěmèi] (英) a second cousin)

またがし【又貸しする】 转借 zhuǎnjiè (英) sublet) ▶部屋を知人に～する/把房子转借给熟人 bǎ fángzi zhuǎnjiè gěi shúrén

またがり【又借りする】 转借 zhuǎnjiè;《有料で》转租 zhuǎnzū (英) borrow... secondhand) ▶図書館の本を～する/转借图书馆的书 zhuǎnjiè túshūguǎn de shū

またがる【跨がる】 跨 kuà; 骑 qí ([馬などに] mount; [わたる] extend over...) ▶馬に～/骑马 qí mǎ ▶年度に～計画/跨年度的计划 kuà niándù de jìhuà ▶川の両岸に～村/横跨河流两岸的村庄 héngkuà héliú liǎng'àn de cūnzhuāng

またぎき【又聞き】 间接听到 jiànjiē tīngdào (英) indirect information; hearsay) ▶これは～だから本当かどうか知らないよ/这是我间接听到的事,不知是否属实 zhè shì wǒ jiànjiē tīngdào de shì, bù zhī shìfǒu shǔshí

またぐ【跨ぐ】 跨 kuà (英) step over...) ▶敷居を～/进门 jìnmén ▶海峡を～大橋/跨海峡的大桥 kuà hǎixiá de dàqiáo

またぐら【股座】 胯下 kuàxià; 腿档 tuǐdāng (英) [付け根] the crotch; [もも] the thigh)

またしても【又しても】 又 yòu; 再次 zàicì (英) again) ▶～彼が勝った/他又赢了 tā yòu yíng le

まだしも【未だしも】 还可以 hái suàn kěyǐ; 还好 hái hǎo; 还行 hái xíng (英) rather)

またせる【待たせる】 使…等待 shǐ…děngdài (英) make... wait) ▶友人を30分も～/让朋友等三十分钟 ràng péngyou děng sānshí fēnzhōng ▶お待たせしました/叫您久等了 jiào nín jiǔ děng le

またたく【瞬く】 (目が) 眨眼 zhǎyǎn; (灯りなどが) 闪烁 shǎnshuò (英) wink; [明滅する] flicker) ▶星が～/星星闪烁 xīngxing shǎnshuò ～間に 一刹那 yíchànà; 转眼 zhuǎnyǎn; 一眨眼 yìzhǎyǎn ▶～間にでき上がる/转眼就做好 zhuǎnyǎn jiù zuòhǎo ▶そのニュースは～間に世界中に伝わった/那条新闻转眼间传遍了全世界 nà tiáo xīnwén zhuǎnyǎn jiàn chuánbiànle quánshìjiè

マタタビ 〔植物〕木天蓼 mùtiānliǎo (英) a silver vine)

マタニティー 孕妇的 yùnfù de; 产妇的 chǎnfù de (英) maternity) ▶～ウエア/孕妇服装 yùnfù fúzhuāng

または【又は】 或 huò; 或者 huòzhě (英 or)

マダム ❶【奥様】太太 tàitai; 夫人 fūren (英 a woman; a madam) ▶～キラー/令女人神魂颠倒的美男子 lìng nǚrén shénhún diāndǎo de měinánzǐ ❷『バーの』老板娘 lǎobǎnniáng (英 a saloon keeper) ▶雇われ～/雇用的老板娘 gùyòng de lǎobǎnniáng

まだら【斑の】 斑驳 bānbó; 斑纹 bānwén (英 spotted) ▶～模様的斑驳 bānbó

まだるっこい 慢吞吞 màntūntūn; 慢腾腾 mànténgténg (英 slow) ▶～しゃべり方/话说得慢慢腾腾的 huà shuōde mànmàntēngtēng de ▶そんな～ことをやっていられるか/怎么能那样慢慢腾腾的呢 zěnme néng nàyàng mànmàntēngtēng de ne

まち【街・町】 街 jiē; 街巷 jiēxiàng; 城市 chéngshì;〖行政単位〗町 dīng (英 a town; a city) ▶港～/港口城市 gǎngkǒu chéngshì ▶～の噂/街谈巷议 jiē tán xiàng yì ▶～の様子/市容 shìróng ▶～の灯り/街市灯光 jiēshì dēngguāng ▶初めての土地の～歩きが好きだ/初到一个地方的时候，我喜欢逛逛街巷 chū dào yí ge dìfang de shíhou, wǒ xǐhuan guàngguang jiēxiàng ▶彼はこれまでずっとこの～に住んできた/他迄今为止一直住在这个城市 tā qì jīn wéi zhǐ yìzhí zhùzài zhège chéngshì ▶～中の人がその話をしている/全城的人都在议论那件事 quánchéng de rén dōu zài yìlùn nà jiàn shì

◆～役場/乡镇政府 xiāngzhèn zhèngfǔ

まちあいしつ【待合室】〖駅の〗候车室 hòuchēshì;〖空港の〗候机室 hòujīshì;〖船の〗候船室 hòuchuánshì;〖病院の〗候诊室 hòuzhěnshì (英 a waiting room)

まちあぐむ【待ちあぐむ】 等得不耐烦 děngde bú nàifán (英 grow tired of waiting)

まちあわせる【待ち合わせる】 约会 yuēhuì; 约定 yuēdìng (英 meet) ▶駅で～/约定在火车站见面 yuēdìng zài huǒchēzhàn jiànmiàn ▶恋人と～/跟对象约会 gēn duìxiàng yuēhuì ▶～時間を間違えた/弄错了约定的时间 nòngcuòle yuēdìng de shíjiān

まちうける【待ち受ける】 等待 děngdài; 等候 děnghòu (英 wait for...) ▶ニュースを～/等待消息 děngdài xiāoxi ▶父の帰国を～/等候父亲回国 děnghòu fùqīn huíguó ▶その後に～運命を知る由もない/无法预知等来的将是什么样命运 wúfǎ yùzhī děnglái de jiāng shì shénmeyàng mìngyùn ▶さまざまな難題が～新政権が発足した/面临着种种难题，新政府开始起步了 miànlínzhe zhǒngzhǒng nántí, xīnzhèngfǔ kāishǐ qǐbù le ▶待ち受け画面〖携帯電話〗/待机画面 dàijī huàmiàn

まぢか【間近】 跟前 gēnqián; 在即 zàijí; 临近 línjìn (英 nearness) ▶～に迫る/逼近 bījìn ▶～で見る/在眼前看 zài yǎnqián kàn ▶末期ガンで死が～に迫る/癌症到了晚期，死亡已经逼近 áizhèng dàole wǎnqí, sǐwáng yǐjīng bījìn ▶アルプスの山々が～に迫る/阿尔卑斯群山迫在眼前 Ā'ěrbēisī qúnshān pòzài yǎnqián ▶その陸橋は完成～で崩落した/那座天桥在就要竣工时塌落了 nà zuò tiānqiáo zài jiùyào jùngōng shí tāluò le

まちがい【間違い】 差错 chācuò; 错误 cuòwù; 过错 guòcuò (英 a mistake) ▶～ない/确实无疑 quèshí wúyí ▶～を犯す/犯错误 fàn cuòwù ▶～なく仕上げる/一定做完 yídìng zuòwán ▶この企业は～なく发展する/这家企业一定会有发展 zhè jiā qǐyè yídìng huì yǒu fāzhǎn ▶今度の映画は～なくヒットするさ/这次的电影一定会大受欢迎 zhè cì de diànyǐng yídìng huì dà shòu huānyíng ▶盗んだのは彼であることはほぼ～ない/偷窃的人是他，这一点几乎可以肯定 tōuqiè de rén shì tā, zhè yì diǎn jīhū kěyǐ kěndìng ▶来年の今月今夜～なくここへ来て下さいね/明年的本月本日的晚上请一定要来这儿啊 míngnián de běn yuè běn rì de wǎnshang qǐng yídìng yào lái zhèr a ▶コンピュータがどこで～を犯したか今調べているところだ/电脑在哪儿出了故障现在正在检查 diànnǎo zài nǎr chūle gùzhàng xiànzài zhèngzài jiǎnchá ▶その問題について彼は大変な～を犯した/在那个问题上他犯了严重的错误 zài nàge wèntíshang tā fànle yánzhòng de cuòwù

まちがう【間違う】 弄错 nòngcuò; 错误 cuòwù (英 make a mistake) ▶間違って毒キノコを食べた/误吃了毒蘑菇 wùchīle dúmógú ▶俺だってたまには～こともあるさ/我有时候也会弄错啊 wǒ yǒushíhou yě huì nòngcuò a ▶故障の原因は間违った使い方をしたからだ/发生故障的原因是因为用法不当 fāshēng gùzhàng de yuányīn shì yīnwèi yòngfǎ búdàng ▶あの人には間違っても頼まない/说什么也不会求那个人 shuō shénme yě búhuì qiú nàge rén

まちがえる【間違える】 弄错 nòngcuò; 错误 cuòwù;〖誤りをやる〗make a mistake;〖取り違える〗take... for～ ▶間違えやすい/容易错误 róngyì cuòwù ▶聞き～/听错 tīngcuò ▶熊と間違えて人を撃った/误以为是熊而错打了人 wù yǐwéi shì xióng ér cuò dǎle rén ▶うっかり間違えて女子トイレに入った/他不小心走错，闯进了女厕所 tā bù xiǎoxīn zǒucuò, chuǎngjìnle nǚcèsuǒ ▶駅への道を～/走错了去车站的路 zǒucuòle qù chēzhàn de lù ▶10題のうち1題答えを間違えた/十道题里答错了一道 shí dào tílǐ dácuòle yí dào ▶彼は日取りを間違えた/他弄错了日期 tā nòngcuòle rìqí

まちかど【街角・町角】 街头 jiētóu; 街口 jiēkǒu (英 a street corner)

まちかねる【待ち兼ねる】 等得不耐烦 děngde bú nàifán; 望眼欲穿 wàng yǎn yù chuān; 盼望 pànwàng (英 wait impatiently) ▶待ち兼ねた夏休み/盼望已久的暑假 pànwàng yǐ jiǔ de shǔjià ▶春を待ち兼ねたように梅の花が咲く/仿佛等不及春天的到来一样，梅花开了 fǎngfú děngbují chūntiān de dàolái yíyàng, méihuā kāi le ▶御

両親がお待ち兼ねですよ/您的父母正在盼着您呢 nín de fùmǔ zhèngzài pànzhe nín ne

まちかまえる【待ち構える】 守候 shǒuhòu; 等候 děnghòu (英 *be prepared; wait eagerly*) ▶今か今かと待ち構えている/等得焦急 děngde jiāojí ▶彼の到着を多くの取材陣が空港で待ち構えていた/众多前来采访的记者在机场等候着他的到达 zhòngduō qiánlái cǎifǎng de jìzhě zài jīchǎng děnghòuzhe tā de dàodá

まちくたびれる【待ちくたびれる】 等累 děnglèi; 等腻 děngnì (英 *grow tired of waiting*) ▶母の帰りを待ちくたびれてつい眠ってしまった/等母亲回来等得累了,不知不觉睡着了 děng mǔqin huílái děngde lèi le, bùzhī bùjué shuìzháo le

まちこがれる【待ち焦がれる】 企望 qǐwàng; 渴望 kěwàng; 望穿秋水 wàng chuān qiū shuǐ (英 *wait impatiently*) ▶待ち焦がれている/眼巴巴地盼着 yǎnbābā de pànzhe ▶多くのファンが新しいゲーム機の発売を待ち焦がれている/众多游戏机迷急切地盼着新型游戏机上市 zhòngduō yóuxìjīmí jíqiè de pànzhe xīnxíng yóuxìjī shàngshì

まちじゅう【町中】 整个城市 zhěnggè chéngshì; 满街 mǎnjiē (英 *all over the town*) ▶~の噂になる/满城风雨 mǎn chéng fēngyǔ ▶~のいたるところに汚水やゴミがたまっている/街上到处都积满了污水和垃圾 jiēshang dàochù dōu jīmǎnle wūshuǐ hé lājī

まちどおしい【待ち遠しい】 一日三秋 yí rì sān qiū; 巴不得 bābude; 盼望 pànwàng (英 *long for...*) ▶春が~/巴不得春天到来 pànwàngzhe chūntiān dàolái ▶高速道路の開通が~/高速公路的开通令人望眼欲穿 gāosù gōnglù de kāitōng lìng rén wàng yǎn yù chuān ▶人気シリーズの最新刊発売が~/盼望着受欢迎的那套丛书的新书早日发售 pànwàngzhe shòu huānyíng de nà tào cóngshū de xīnshū zǎorì fāshòu

まちなか【町中】 市内 shìnèi; 街上 jiēshang (英 *downtown*)

まちなみ【町並み】 市容 shìróng; 街景 jiējǐng (英 *the row of houses*) ▶中世ヨーロッパの~がそっくり残っている/中世纪欧洲的街景完好无缺地保存着 zhōngshìjì Ōuzhōu de jiējǐng wánhǎo wúquē de bǎocúnzhe ▶美しい~をしっかり保存する/保存住美丽的街景 bǎocúnzhù měilì de jiējǐng

マチネー 日场 rìchǎng; 早场 zǎochǎng (英 *a matinee*)

まちのぞむ【待ち望む】 巴不得 bābude; 盼望 pànwàng (英 *look forward to...*) ▶一日も早い解決を~/盼望早日解决 pànwàng zǎorì jiějué ▶多くの患者が臓器移植を~/众多患者在盼望器官移植 zhòngduō huànzhě zài pànwàng qìguān yízhí

まちはずれ【町外れ】 市郊 shìjiāo (英 *on the outskirts of a town*) ▶~にある古ぼけたホテルに泊まった/住进了市郊一家破旧的旅馆 zhùjìnle shìjiāo yì jiā pòjiù de lǚguǎn

まちばり【待ち針】 绷针 bēngzhēn (英 *a marker pin*)

まちびと【待ち人】 盼望的人 pànwàng de rén; 等待的人 děngdài de rén (英 *the waited one*) ▶~来たらず/等待的人不来 děngdài de rén bù lái

まちぶせ【待ち伏せする】 埋伏 máifu (英 *lie in wait*) ▶捜査員が犯人を~する/侦查员打埋伏等候犯人 zhēncháyuán dǎ máifu děnghòu fànrén ▶~攻撃を受けて死ぬ/遭到伏击被打死 zāodào fújī bèi dǎsǐ

まちぼうけ【待ちぼうけ】 白等 bái děng (英 *waiting in vain*) ▶彼女に~を食わされる/她让我空等一场 tā ràng wǒ kōng děng yì chǎng

まちまち 参差 cēncī; 各式各样 gè shì gè yàng; 不统一 bù tǒngyī (英 [个々の] *various*; [異なった] *different*) ▶形も色も~だ/形状和颜色各式各样 xíngzhuàng hé yánsè gè shì gè yàng ▶各人の意見は~でまとまりがつかない/每个人的意见思都不同,无法统一 měige rén de yìjiàn dōu bùtóng, wúfǎ tǒngyī

まちわびる【待ち侘びる】 等得不耐烦 děngde bú nàifán; 等得焦急 děngde jiāojí (英 *wait impatiently*) ▶返事を~/等等回复等得焦急 děng dáfù děngde jiāojí ▶戦地からの息子の帰りを~/焦急地等待儿子从战场归来 jiāojí de děngdài érzi cóng zhànchǎng guīlái

まつ【待つ】 ❶【待ち受ける】等 děng; 等待 děngdài (英 *wait*) ▶彼を長いこと待った/等了他很久 děngle tā hěn jiǔ ▶せっかくこれだけ待ったんだから,もう少し待ってもいい/好不容易等了这么久,再等一会儿也行 hǎobù róngyì děngle zhème jiǔ, zài děng yíhuìr yě xíng ▶10分待ったのち立ち去った/等了十分钟就走了 děngle shí fēnzhōng jiù zǒu le ▶お待たせしてすみません/让您久等了,对不起 ràng nín jiǔ děng le, duìbuqǐ ▶寝ずに待っている/不合眼地等 bù héyǎn de děng; 睁着眼睛等 zhēngzhe yǎnjing děng ▶待ちに待った青空/盼望已久的蓝天 pànwàng yǐ jiǔ de lántiān ▶彼の受賞を首を長くして~/翘首企盼他得奖 qiáoshǒu qǐpàn tā déjiǎng

❷【期待する・任せる】托付 tuōfù; 听任 tīngrèn (英 *expect, rely on...*) ▶処置は诸君の良识ある判断に~/怎样处理就听凭各位明智决断了 zěnyàng chǔlǐ jiù tīngpíng gèwèi míngzhì juéduàn le

ことわざ **果報は寝て待て** 命中有福,不求自来 mìng zhōng yǒu fú, bù qiú zì lái

ことわざ **人事を尽くして天命を待つ** 谋事在人,成事在天 móu shì zài rén, chéng shì zài tiān; 尽人事,听天命 jìn rénshì, tīng tiānmìng

ことわざ **百年河清を待つ** 百年待河清 bǎi nián dài hé qīng

ことわざ **待てば海路の日和あり** 北风也有转南

时 běifēng yě yǒu zhuǎn nán shí; 耐心等待, 时来运转 nàixīn děngdài, shí lái yùnzhuǎn

マツ【松】〔植物〕松树 sōngshù（英 *a pine tree*）▶葉/松针 sōngzhēn；▶ぼっくり/松球 sōngqiú ▶─並木/松树林周边道 sōngshù lín yīndào ▶─の実/松子 sōngzǐ; 松仁 sōngrén

まつえい【末裔】后代 hòudài; 子孙 zǐsūn; 后裔 hòuyì（英 *a descendant*）▶孔子の～/孔子的后代 Kǒngzǐ de hòudài

まっか【真っ赤な】通红 tōnghóng; 彤红 tònghóng; 鲜红 xiānhóng; 红彤彤 hóngtōngtōng（英 *deep red*）▶～な血/鲜血 xiānxuè ▶～な嘘/弥天大谎 mítiān dàhuǎng ▶～な太陽/火红的太阳 huǒhóng de tàiyáng ▶徹夜の連続で彼の眼は～になった/由于连续几天熬夜，他双眼通红 yóuyú liánxù jǐ tiān áoyè, tā shuāngyǎn tōnghóng ▶～になって怒る/气得满脸通红 qìde mǎnliǎn tōnghóng

まっき【末期】末期 mòqī; 晚期 wǎnqī（英 *the last stage*）▶～的症状/末期症状 mòqī zhèngzhuàng ▶癌の～/癌症晚期 áizhèng wǎnqī ▶内閣は～症状を呈している/内阁已显出无可救药的迹象 nèigé yǐ xiǎnchū wú kě jiù yào de jìxiàng

まっくら【真っ暗な】漆黑 qīhēi; 黑咕隆咚 hēigulōngdōng; 墨黑 mòhēi（英 *pitch-dark*）▶お先～だ/前途一片黑暗 qiántú yí piàn hēi'àn ▶停電で町中～になった/因为停电，整个城市一片漆黑 yīnwèi tíngdiàn, zhěnggè chéngshì yí piàn qīhēi

まっくらやみ【真っ暗闇】黑暗 hēi'àn; 昏天黑地 hūntiān hēidì（英 *total darkness*）▶世の中は～ではございませんか/世间岂不昏天黑地 shìjiān qǐbù hūntiān hēidì

まっくろ【真っ黒な】漆黑 qīhēi; 乌黑 wūhēi;（日に焼けて）黝黑 yǒuhēi（英 *deep-black*）▶～な猫/黑猫 hēimāo ▶～に日焼けする/晒得黝黑 shàide yǒuhēi ▶～になって働く/晒得黝黑地劳作 shàide yǒuhēi de láozuò

まつげ【睫】睫毛 jiémáo（英 *eyelashes*）▶～の長い青年/睫毛很长的青年 jiémáo hěn cháng de qīngnián
♦つけ～/假睫毛 jiǎjiémáo ▶彼女はつけ～をしている/她粘着假睫毛 tā zhānzhe jiǎjiémáo

まつご【末期】临终 línzhōng; 临死 línsǐ（英 *one's last moments*）▶～の水/临终咽水 línzhōngshuǐ ▶～の水を取る/送终 sòngzhōng

まっこう【抹香】沉香 chénxiāng（英 *incense powder*）▶～臭い/佛教气味十足 Fójiào qìwèi shízú ▶～臭い説教を聞かされた/被灌输了一通佛教气味十足的训诫 bèi guànshūle yí tòng Fójiàoqì shízú de xùnjiè

まっこう【真っ向】正面 zhèngmiàn（英 *right in front*）▶～から/劈脸 pī liǎn; 劈头 pī tóu ▶～から対立する/尖锐地对立 jiānruì de duìlì ▶相手を～から睨みつける/从正面逼视对方 cóng zhèngmiàn bīshì duìfāng ▶自動車はその垣根に～から突っ込んだ/汽车从正面冲到了那排栅栏上 qìchē cóng zhèngmiàn chōngdàole nà pái zhàlanshang ▶他人の意見を～から否定する/从根本上否定他人的意见 cóng gēnběnshang fǒudìng tārén de yìjiàn

マッコウクジラ【抹香鯨】〔動物〕抹香鯨 mǒxiāngjīng（英 *a sperm whale*）

マッサージ 按摩 ànmó; 推拿 tuīná（英 *massage*）▶足裏～/足底按摩 zúdǐ ànmó ▶背中を～してもらう/请人按摩后背 qǐng rén ànmó hòubèi
♦～師/按摩师 ànmóshī

まっさいちゅう【真っ最中】正当中 zhèngdāngzhōng; 正在… zhèngzài…（英 *the midst*）▶けんかの～だ/正在打架 zhèngzài dǎjià ▶今は田植えの～だ/现在正是插秧的季节 xiànzài zhèng shì chāyāng de jìjié ▶試験の～にトイレに行きたくなった/于考试之际想上厕所了 zhèngzài kǎoshì zhījì xiǎng cèsuǒ le

まっさお【真っ青な】❶〖色彩〗深蓝 shēnlán; 蔚蓝 wèilán（英 *deep blue*）❷〖顔色〗煞白 shàbái; 惨白 cǎnbái（英 *deadly pale*）▶～な空/蔚蓝的天空 wèilán de tiānkōng ▶顔が～になる/脸色变得煞白 liǎnsè biànde shàbái

まっさかさま【真っ逆様に】头朝下 tóu cháo xià（英 *headlong*）▶バスは谷底へ～に転落した/公交车头朝下地翻落到了谷底 gōngjiāochē tóu cháo xià de fānluò dàole gǔdǐ ▶難破した船が～になっている/遇难的船只头朝下 yùnàn de chuánzhī tóu cháo xià

まっさかり【真っ盛りに】正盛 zhèng shèng; 如日中天 rú rì zhōng tiān（英 *at the height (of ...)*）▶高校野球大会は夏の～に行われる/高中棒球比赛在盛夏举行 gāozhōng bàngqiú bǐsài zài shèngxià jǔxíng ▶君たちはいま青春～だ/你们正处于青春最好的时光 nǐmen zhèng chǔyú qīngchūn zuìhǎo de shíguāng

まっさきに【真っ先に】首先 shǒuxiān; 最先 zuìxiān（英 *foremost*）▶先生の急を聞き彼が病院に～駆けつけた/听到老师病危的消息，他最先赶到了医院 tīngdào lǎoshī bìngwēi de xiāoxi, tā zuìxiān gǎndàole yīyuàn ▶朝起きたら～窓を開ける/早晨起来首先把窗户打开 zǎochen qǐlái shǒuxiān bǎ chuānghu dǎkāi ▶～立ってやる/领头来办 lǐngtóu lái bàn

まっさつ【抹殺する】抹杀 mǒshā; 抹去 mǒqù（英 *erase*）▶組織に逆らう者は～する/违抗组织的人一律抹杀 wéikàng zǔzhī de rén yílǜ mǒshā

まっしぐら 拼命地 pīnmìng de; 拼力 pīnlì;〖まっしぐらに〗*at full speed*）▶ゴールに向かって～に走る/拼命地跑向终点 pīnmìng de pǎoxiàng zhōngdiǎn

まつじつ【末日】最后一天 zuìhòu yì tiān; 末日 mòrì（英 *the last day*）▶5月～/五月末日 wǔ yuè mòrì

マッシュポテト〔料理〕土豆泥 tǔdòuní（英

マッシュルーム〘きのこ〙洋蘑菇 yángmógu（英 *a mushroom*）

まっしょう【抹消する】抹掉 mǒdiào；注销 zhùxiāo；勾销 gōuxiāo（英 *erase*）▶ハードディスクの全データを〜する/删除硬盘里的所有数据 shānchú yìngpánli de suǒ yǒu shùjù

まっしょうじき【真っ正直な】老老实实 lǎolǎoshíshí；诚实 chéngshí；诚实 chéngshi（英 *straight-forward*）▶〜な人/老实人 lǎoshirén ▶〜に生きる/老老实实地活 lǎolǎoshíshí de huó ▶〜に商売する/老老实实地做买卖 lǎolǎoshíshí de zuò mǎimài

まっしょうしんけい【末梢神経】末梢神经 mòshāo shénjīng；〘解〙周围神经 zhōuwéi shénjīng（英 *peripheral nerves*）

まっしょうてき【末梢的な】枝节 zhījié；琐细 suǒxì（英 *trivial*）▶〜な問題/琐细的问题 suǒxì de wèntí；枝节问题 zhījié wèntí

まっしろ【真っ白な】洁白 jiébái；雪白 xuěbái（英 *pure-white*）▶〜な雪景色/洁白的雪景 jiébái de xuějǐng ▶頭の中が〜になる/头脑一片空白 tóunǎo yí piàn kòngbái ▶〜なワイシャツを着て/穿雪白的衬衫 chuān xuěbái de chènshān ▶突然頭の中が〜になって何も考えられなくなった/突然头脑中一片空白，什么都不能思考了 tūrán tóunǎo zhōng yí piàn kòngbái, shénme dōu bùnéng sīkǎo le

まっすぐ【真っ直ぐな】❶〖一直線の〗笔直 bǐzhí；径直 jìngzhí（英 *straight as an arrow*；〖直立した〗*upright*）▶〜進む/一直往前走 yìzhí wǎng qián zǒu ▶寄り道せずに〜帰る/不顺路到别处去，径直回家 bú shùnlù dào biéchù qù, jìngzhí huíjiā ▶背筋を伸ばして〜に立つ/挺直脊背站直 tǐngzhí jǐbèi zhànzhí

❷〖正直な〗刚正 gāngzhèng；正直 zhèngzhí；耿直 gěngzhí（英 *honest*）▶〜な心/正直的心 zhèngzhí de xīn ▶彼は〜な人だから誤解されやすい/他为人耿直，所以很容易被误解 tā wéirén gěngzhí, suǒyǐ hěn róngyì bèi wùjiě

まっせ【末世】〖道義が衰えた世〗末世 mòshì；道义衰败、混乱的世道 dàoyì shuāibài, hùnluàn de shìdào；〖仏教の〗末法之世 mòfǎ zhī shì
〖日中比較〗中国語の'末世 mòshì'はある時代の「晩期」をも指す.

まっせき【末席】末座 mòzuò；末位 mòwèi（英 *the lowest seat*）▶〜を汚す/忝列末席 tiǎnliè mòxí ▶委員の一人として〜を汚すことになった/作为一名委员而忝列末席 zuòwéi yì míng wěiyuán ér tiǎnliè mòxí

まっせつ【末節】末节 mòjié；细节 xìjié（英 *trifles*）▶枝葉〜/琐细小事 suǒxì xiǎoshì

まった【待った】暂停 zàntíng（英 *Wait!*）▶〜をかける/要求暂停 yāoqiú zàntíng

まつだい【末代】后世 hòushì（英 *all generations to come*）▶〜まで名を留める/万古流芳 wàngǔ liúfāng
〜までの恥 遺臭万年 yíchòu wànnián

〖日中比較〗中国語の'末代 mòdài'は「王朝最後の君主」を指す.

まったく【全く】完全 wánquán；简直 jiǎnzhí；实在 shízài（英〖完全に〗*quite*；〖実に〗*really*；〖少しも...ない〗*not at all*）▶〜見込みはない/毫无把握 háowú bǎwò ▶〜気にしない/满不在乎 mǎn bú zàihu ▶〜耐えがたい/简直受不了 jiǎnzhí shòubuliǎo ▶〜大したもんだ/实在了不起 shízài liǎobuqǐ ▶〜の初心者です/打高尔夫球我完全是个新手 dǎ gāo'ěrfūqiú wǒ wánquán shì ge xīnshǒu ▶彼のことは〜知らない/对他我一点儿也不了解 duì tā wǒ yìdiǎnr yě bù liǎojiě ▶〜その通りだ/的确如此 díquè rú cǐ ▶〜個人的な事情で欠席します/完全是因为私事而缺席 wánquán shì yīnwèi sīshì ér quēxí

マツタケ【松茸】〘きのこ〙松蕈 sōngxùn；松茸 sōngróng（英 *a matsutake mushroom*）▶今夜は〜御飯ですよ/今天晚上吃松茸饭哟 jīntiān wǎnshang chī sōngróngfàn yo

まったん【末端】顶端 dǐngduān；末端 mòduān（英 *terminal*）▶組織の〜/基层 jīcéng 覚醒剤の〜価格/兴奋剂的零售价 xīngfènjì de língshòujià

マッチ❶〖発火具〗火柴 huǒchái（英 *a match*）▶〜箱/火柴盒 huǒcháihé ▶〜を擦る/划火柴 huà huǒchái ▶〜で火をつける/用火柴点火 yòng huǒchái diǎn huǒ ▶〜の軸/火柴杆 huǒcháigǎn ❷〖試合〗比賽 bǐsài（英 *a match*）▶〜タイトル/锦标赛 jǐnbiāosài ▶プレー/比洞赛 bǐdòngsài ▶タッグ〜/二人一组的摔跤比赛 èr rén yì zǔ de shuāijiāo bǐsài

マッチする相配 xiāngpèi；配合 pèihé；适合 shìhé；相称 xiāngchèn（英 *match*）▶素材にしたデザイン/跟材料相称的设计 gēn cáiliào xiāngchèn de shèjì ▶あの二人はミス〜だ/他们俩不般配 tāmen liǎ bù bānpèi

マット垫子 diànzi（英 *a mat*）▶玄関〜/门垫 méndiàn

まっとう【真っ当な】正当 zhèngdàng；正经 zhèngjing（英 *straight*）▶〜な生活/正经的生活 zhèngjing de shēnghuó ▶ほう、たまには〜なことを言うじゃないか/啊呀，你也会有时候说些像样话嘛 āyā, nǐ yě huì yǒushíhòu shuō xiē xiàngyàng huà ma

まっとうする【全うする】完成 wánchéng（英 *fulfill; complete*）▶天寿を〜/尽其天年 jìn qí tiānnián ▶〜させる/完成 chéngquán ▶与えられた任務を〜/完成交给自己的任务 wánchéng jiāogěi zìjǐ de rènwu ▶職務を〜/完成职务 wánchéng zhíwù

マットレス床垫 chuángdiàn（英 *a mattress*）▶〜を敷く/铺床垫 pù chuángdiàn

まつねん【末年】末年 mònián（英 *the last year*）

マッハ〘理学〙马赫 mǎhè（英 *Mach (number)*）▶最高速度〜 2.4で飛行する/以二点四马赫的最快速度飞行 yǐ èr diǎn sì mǎhè de zuìkuài sùdù fēixíng

まっぱだか【真っ裸の】 一丝不挂 yì sī bú guà; 赤身裸体 chìshēn luǒtǐ; 赤裸 chìluǒ (英 *naked*) ▶冬でも〜で寝る/冬天也一丝不挂地睡 dōngtiān yě yì sī bú guà de shuì ▶なんだか自分が〜にされたような気分だ/自己好像被当众剥得赤裸裸一样 zìjǐ hǎoxiàng bèi dāngzhòng bāode chìluǒluǒ yíyàng

まつばづえ【松葉杖】 拐杖 guǎizhàng; 丁字拐 dīngzìguǎi (英 *a crutch*) ▶〜をつく/拄丁字拐 zhù dīngzìguǎi ▶足のけがで彼女は〜をつくことになった/由于腿受伤了，她拄起了拐杖 yóuyú tuǐ shòushāng le, tā zhǔqǐle guǎizhàng

まつび【末尾に】 末尾 mòwěi (英 *at the end*) ▶〜3 桁/末尾三位 mòwěi sān wèi

まっぴつ【末筆】 书信末尾 shūxìn mòwěi ▶〜ながら皆様の御多幸を祈ります/最后祝愿各位幸福如意 zuìhòu zhùyuàn gèwèi xìngfú rúyì

まっぴら【真っ平】 绝对不干 juéduì bù gàn; 不敢遵命 bù gǎn zūnmìng (英 *not... by any means*) ▶酒なんてもう〜/酒我再不喝了 jiǔ wǒ zài bù hē le ▶もう恋なんて〜よ/我再也不谈什么恋爱了 wǒ zài yě bù tán shénme liàn'ài le ▶これだけは〜だ/这种事我绝对不干 zhè zhǒng shì wǒ juéduì bú gàn ▶〜ごめん/绝对不行 juéduì bùxíng

まっぴるま【真っ昼間】 大白天 dàbáitiān (英 *broad daylight*) ▶真夏の〜にジョギングする人の気が知れない/无法理解盛夏时节大白天跑步的人 wúfǎ lǐjiě shèngxià shíjié dàbáitiān pǎobù de rén ▶〜から酒盛りかい/从大白天就开始大吃大喝啊 cóng dàbáitiān jiù kāishǐ dà chī dà hē a

まっぷたつ【真っ二つに】 (切段) 两半儿 (qiēchéng) liǎngbànr (英 *in right half*) ▶この件で世論は〜に分かれている/在这件事上，社会舆论截然分成了两派 zài zhè jiàn shìshang, shèhuì yúlùn jiérán fēnchéngle liǎng pài ▶西瓜を〜に切る/把西瓜切成两半儿 bǎ xīguā qiēchéng liǎngbànr

マツムシ【松虫】 〔虫〕金琵琶 jīnpípa (英 *a species of cricket*)

まつやに【松脂】 松香 sōngxiāng; 松脂 sōngzhī (英 *resin*)

まつり【祭り】 祭祀 jìsi; 庙会 miàohuì (英 *a festival*) ▶札幌の雪〜/札幌冰雪节 Zháhuǎng bīngxuějié ▶この両日に恒例の秋〜が行われる/这两天举行一年一度的金秋节 zhè liǎng tiān jǔxíng yì nián yí dù de jīnqiūjié ▶お〜騒ぎをする/狂欢一气 kuánghuān yíqì; 热闹一番 rènao yìfān

あとの〜 马后炮 mǎhòupào; 贼走了关门 zéi zǒule guānmén; 雨后送伞 yǔhòu sòng sǎn

まつりあげる【祭り上げる】 捧上台 pěngshàngtái (英 *set up*) ▶彼を会长に〜/捧他做会长 pěng tā zuò huìzhǎng

マツリカ【茉莉花】 〔植物〕茉莉 mòlì (英 *an Arabian jasmine*)

まつりごと【政】 政治 zhèngzhì (英 *politics*)

まつる【祭る】 《死者の霊を》祭奠 jìdiàn; [社(やしろ)に] enshrine; 《神として》供奉 gōngfèng; 崇奉 chóngfèng (英 *deify*) ▶先祖を〜/祭奠祖先 jìdiàn zǔxiān ▶お地藏さんを〜/供奉地藏菩萨 gòngfèng Dìcáng púsà

まつろ【末路】 末路 mòlù; 下场 xiàchang (英 *the end*) ▶哀れな〜/悲惨的末路 bēicǎn de mòlù ▶独裁者の〜は哀れなものだ/独裁者的下场是可悲的 dúcáizhě de xiàchang shì kěbēi de

まつわりつく 缠 chán; 纠缠 jiūchán (英 [つきまとう] *follow about...*; [ぴったりつく] *cling to...*) ▶静電気で服が〜/因产生静电，衣服缠在身上 yīn chǎnshēng jìngdiàn, yīfu chánzài shēnshang ▶いつまでも俺に〜のはやめてくれ/你别老缠着我好不好 nǐ bié lǎo chánzhe wǒ hǎobuhǎo ▶べとっと〜ような暑さだ/黏糊糊儿的暑热 niánhūhūr de shǔrè

まつわる 有关 yǒuguān; 关于 guānyú; 围绕 wéirào (英 *be related to...*) ▶郷土に〜伝説/关于乡土的传说 guānyú xiāngtǔ de chuánshuō ▶彼の死に〜谜/围绕着他死因的谜团 wéiràozhe tā sǐyīn de mítuán

-まで[-迄] ❶《時》 到 dào; 至 zhì (英 *until...*) ▶明日9時〜に来て下さい/请于明天九点之前来 qǐng yú míngtiān jiǔ diǎn zhīqián lái ▶朝から晚〜働く/从早到晚工作 cóng zǎo dào wǎn gōngzuò ▶月曜から金曜〜開業する/从星期一到星期五营业 cóng xīngqīyī dào xīngqīwǔ yíngyè ▶母は97〜生きた/母亲活到了九十七岁 mǔqīn huódàole jiǔshíqī suì ▶5日〜待つ/等到五号 děngdào wǔ hào ▶期限は月末〜とする/期限到月底为止 qīxiàn dào yuèdǐ wéi zhǐ

❷《場所》 到 dào; 至 zhì (英 *to...*; *as far as...*) ▶大阪〜列車で行った/坐火车去大阪 zuò huǒchē qù Dàbǎn ▶空港〜どれくらいかかりますか/到机场需要多长时间？ tā dào jīchǎng xūyào duōcháng shíjiān? ▶肩〜垂れ下がる髮/披肩长发 pījiān chángfà ▶幼稚園から大学〜ある一貫校です/从幼儿园到大学的一贯制学校 cóng yòu'éryuán dào dàxué de yíguànzhì xuéxiào ▶今日の話はここ〜/今天讲到这儿 jīntiān jiǎngdào zhèr

❸《程度》 直到…程度 zhídào…chéngdù; 到…地步 dào…dìbù; 《强意》连…都 lián…dōu (英 *even*; *so far as...*) ▶あいつは僕を気が変だと〜言った/他甚至还说我脑子有问题 tā shènzhì hái shuō wǒ nǎozi yǒu wèntí ▶そのロボットは走ること〜できる/那个机器人还会跑 nàge jīqìrén hái huì pǎo ▶そこ〜言っていいの/连这个也能说出来吗？ lián zhège yě néng shuōchūlai ma? ▶君〜そんなこと言うのか/连你也这么说吗？ lián nǐ yě zhème shuō ma? ▶やれるところ〜やります/能做到哪步就做到哪步 néng zuòdào nǎ bù jiù zuòdào nǎ bù ▶彼女とはどこ〜進んでいるんだ/你和她交往到什么程度了？ nǐ hé tā jiāowǎng dào shénme chéngdù le?

まてんろう【摩天楼】 摩天大楼 mótiān dàlóu (英 *a skyscraper*) ▷ニューヨークの~/纽约的摩天大楼 Niǔyuē de mótiān dàlóu

まと【的】 的 dí; 靶子 bǎzi;《対象》目标 mùbiāo (英 *a target*; [目的物] *an object*) ▶~を射た/中鹄 zhòngǔ; 击中要害 jīzhòng yàohài ▶注目の~となる/引人注目 yǐn rén zhùmù ▶彼の主張は~はずれもいいところだ/他的主张也太不中肯了 tā de zhǔzhāng yě tài bú zhòngkěn le ▶羨望の~となる/成为众人羡慕的目标 chéngwéi zhòngrén xiànmù de mùbiāo ▶世人の非難の~となる/成为众矢之的 chéngwéi zhòngshǐ zhī dì

まど【窓】 窗户 chuānghu; 窗 chuāng (英 *a window*) ▶~を開ければ港が見える/一开窗就能望见港口 yì kāi chuāng jiù néng wàngjiàn gǎngkǒu ▶~を閉める/关窗户 guān chuānghu ▶授業ではいつも~から外を見ている/上课时一直从窗户往外看 shàngkè shí yìzhí cóng chuānghu wǎng wài kàn ▶涼しい風が~から入ってくる/凉风透过窗户吹了进来 liángfēng tòuguò chuānghu chuīle jìnlái ▶~側の席に座りなさい/坐到窗边的座位上去 zuòdào chuāngbiān de zuòwèi shàngqù

♦~ガラス/窗户玻璃 chuānghu bōli ~際族/坐冷板凳的人 zuò lěngbǎndèng de rén ~枠/窗户框 chuānghukuàng

まどい【惑い】 困惑 kùnhuò; 疑惑 yíhuò (英 *perplexity*)

まとう《衣服》穿上 chuānshàng; 披上 pīshàng (英 *be dressed*)

まどう【迷う】 困惑 kùnhuò;《心を奪われる》迷恋 míliàn (英 *be puzzled*) ▶逃げ~/逃窜 táocuàn

四十にして惑わず 四十而不惑 sìshí ér bú huò

まどぐち【窓口】 窗口 chuāngkǒu (英 *the window*) ▶苦情相談~/投诉咨询窗口 tóusù zīxún chuāngkǒu ▶~のサービスが悪い/窗口服务很不好 chuāngkǒu fúwù hěn bùhǎo ▶課長が交渉の~になっている/由科长担任谈判的联络工作 yóu kēzhǎng dānrèn tánpàn de liánluò gōngzuò

まどごうし【窓格子】 窗格子 chuānggézi (英 *the lattice of a window*)

まとまり 统一 tǒngyī; 一致 yízhì; 团结 tuánjié (英 *unity*) ▶~がない/拉杂 lāzá ▶全体に~がない文章だね/整体上看是一篇松散的文章 zhěngtǐshang kàn shì yì piān sōngsǎn de wénzhāng ▶~のある/统一的 tǒngyī de; 有系统的 yǒu xìtǒng de ▶そろそろ~をつける必要がある/有必要下一下儿了 yǒu bìyào xíe yíxiàr le ▶~のない話で恐縮です/毫无条理的讲话，非常抱歉 háowú tiáolǐ de jiǎnghuà, fēicháng bàoqiàn ▶~のよいチーム/团结和谐的团队 tuánjié héxié de tuánduì

まとまる **1**《落ち着く》一致 yízhì; 谈妥 tántuǒ (英 *be settled*) ▶話が~/达成协议 dáchéng xiéyì ▶意見が~/意见一致 yìjiàn yízhì ▶党内の意見がまとまらない/党内意见不统一 dǎngnèi yìjiàn bù tǒngyī ▶ついに交渉はまとまらなかった/谈判终究没有成功 tánpàn zhōngjiū méiyǒu chénggōng

2【集まる】凑齐 còuqí (英 *be collected*) ▶まとまったお金/一笔大钱 yì bǐ dàqián ▶ちょっとまとまった金が要るな/需要一笔不小的钱啊 xūyào yì bǐ bù xiǎo de qián a

3【整然とする】有条有理 yǒu tiáo yǒu lǐ; 整齐 zhěngqí (英 *be well arranged*) ▶この論文はよくまとまっている/这篇论文写得很有条理 zhè piān lùnwén xiěde hěn yǒu tiáolǐ

まとめ 结语 jiéyǔ;（ひとくくり）概括 gàikuò; 归纳 guīnà ▶[結論] *a conclusion*; [要約] *a summary*) ▶~役/调停人 tiáotíngrén ▶話がそろそろ~に入ってきた/谈话差不多快进入尾声了 tánhuà chàbuduō kuài jìnrù wěishēng le ▶~に後期印象派といわれる画家たち/归纳到一起被叫做是后期印象派的画家们 guīnà dào yìqǐ bèi jiàozuò shì hòuqī yìnxiàngpài de huàjiāmen

まとめる 集中 jízhōng; 综括 zōngkuò; 总结 zǒngjié;《争いごとを》解决 jiějué (英 [集める] *collect*; [決着をつける] *settle*) ▶意見を~/集中意见 jízhōng yìjiàn ▶双方を~/说合 shuōhe ▶5冊まとめて借りる/五本书一并借出 wǔ běn shū yìbìng jièchū ▶要点を~/总结要点 zǒngjié yàodiǎn ▶荷物をまとめて部屋を出る/收拾好行李走出房间 shōushihǎo xíngli zǒuchū fángjiān ▶5人分まとめて入会金を払う/把五个人的入会费收到一起付了 bǎ wǔ ge rén de rùhuìfèi shōudào yìqǐ fù le ▶今の状況を私なりにまとめてみました/按照我自己的理解把目前的状况整理了一下 ànzhào wǒ zìjǐ de lǐjiě bǎ mùqián de zhuàngkuàng zhěnglǐle yíxià ▶研究を~/总结一下研究 zǒngjié yíxià yánjiū ▶雑誌に連載したエッセーを本にまとめた/把在杂志上连载的随笔汇集成了一本书 bǎ zài zázhìshang liánzài de suíbǐ huìjíchéngle yì běn shū ▶長い髪を首のしろにまとめている/把长发束在颈后 bǎ chángfà shùzài jǐnghòu

まとも **1**【正面】正面 zhèngmiàn; 迎面 yíngmiàn (英 *the front*) ▶太陽は~に我々を照らしつけた/太阳迎面照耀着我们 tàiyáng yíngmiàn zhàoyàozhe wǒmen ▶強い風を~に受けて歩くのにも苦労する/大风迎面吹来，走路十分吃力 dàfēng yíngmiàn chuīlái, zǒulù shífēn chīlì **2**【まじめ・正気】正经 zhèngjing; 正常 zhèngcháng; 正当 zhèngdàng (英 *seriousness*; *soberness*) ▶俺だってたまには~なことをするぞ/我偶尔也会干些正经事的 wǒ ǒu'ěr yě huì gàn xiē zhèngjing shì de ▶あれ以来どうも頭が~でない/自那以后，脑子总有些不对劲儿 zì nà yǐhòu, nǎozi zǒng yǒu xiē bú duìjìnr ▶~に暮らす/本分地过日子 běnfen de guò rìzi ▶彼は泥酔して~に立っていられなかった/他烂醉如泥，根本站不

住 tā lànzuì rú ní, gēnběn zhànbuzhù
まどり【間取り】 房间配置 fángjiān pèizhì (英 the plan of a house) ▶～がよい/房间配置很好 fángjiān pèizhì hěn hǎo
まどろむ 打瞌睡 dǎ kēshuì; 打盹儿 dǎdǔnr (英 doze) ▶明け方に少しだけ～/拂晓时打了一会儿瞌睡 fúxiǎo shí dǎle yíhuìr kēshuì
まどわす【惑わす】 迷惑 míhuò; 荧惑 yínghuò; 蛊惑 gǔhuò ([当惑させる] perplex; [誘惑する] seduce) ▶人心を～/荧惑人心 yínghuò rénxīn ▶消費者を～誇大広告/蛊惑消费者的夸张的广告 gǔhuò xiāofèizhě de kuāzhāng de guǎnggào
マトン〖食品〗 羊肉 yángròu (英 mutton)
マドンナ ❶〖聖母マリア〗 圣母 shèngmǔ; 圣母画像 shèngmǔ huàxiàng (英 the Madonna) ❷〖美しい婦人〗 大家憧憬的美女 dàjiā chōngjǐng de měinǚ (英 a belle)
マナー 礼貌 lǐmào; 礼节 lǐjié (英 manners) ▶～がよい/有礼貌 yǒu lǐmào ▶～が悪い/没有礼貌 méiyǒu lǐmào ▶彼らはテーブル～がよくない/他们的餐桌礼节不好 tāmen de cānzhuō lǐjié bù hǎo ▶君の行為は～違反というよりルール違反だ/你的行为与其说是违反了礼节, 不如说是违反了规则 nǐ de xíngwéi yǔqí shuōshì wéifǎnle lǐjié, bùrú shuōshì wéifǎnle guīzé ▶彼の～のよさには感心する/对他的彬彬有礼很佩服 duì tā de bīnbīn yǒu lǐ hěn pèifú

◆～モード〖携帯電話〗 振动提示 zhèndòng tíshì

まないた【俎】 砧板 zhēnbǎn; 菜板 càibǎn (英 a cutting board) ▶週刊誌の記事を～の上にのせる/对周刊杂志的报道进行评论 duì zhōukān zázhì de bàodào jìnxíng pínglùn ▶私の今の心境は～の上の鯉と同じだ/我现在的心情如同俎上之鱼 wǒ xiànzài de xīnqíng rútóng zǔshang zhī yú

まなこ【眼】 眼睛 yǎnjing; 眼珠 yǎnzhū (英 an eye) ▶寝ぼけ～/睡眼 shuìyǎn ▶どんぐり～/大圆眼珠 dà yuán yǎnzhū

まなざし【眼差し】 目光 mùguāng; 眼光 yǎnguāng (英 a look) ▶暖かい～/温和的目光 wēnhé de mùguāng ▶真剣な～で見つめる/以严肃的目光注视着 yǐ yánsù de mùguāng zhùshìzhe

まなじり【眦】 眼角 yǎnjiǎo (英 the outer corner of the eye) ▶～を決して立ち上がる/怒目而视地站起来 nù mù ér shì de zhànqǐlai

まなつ【真夏】 盛夏 shèngxià; 盛暑 shèngshǔ (英 midsummer) ▶『～の夜の夢』〖シェークスピア〗/《仲夏夜之梦》 Zhòngxià yè zhī mèng) ▶彼は～でもスーツ姿だ/他在盛夏也是西装革履的 tā zài shèngxià yě shì xīzhuāng gélǚ de ▶6月なのにもう～だった/才六月, 却已经是盛夏了 cái liù yuè, què yǐjīng shì shèngxià le

まなでし【愛弟子】 得意门生 déyì ménshēng (英 one's favorite pupil)

まなぶ【学ぶ】 学 xué; 学习 xuéxí (英 study; learn) 参考 '学' xué' は「具体的なものを勉強する」ニュアンスがあり, '学习 xuéxí' は一般的な「意味で学習する」という意味. また, 補語を取るときは '学' が使われることが多い. ▶学校では学ばなかったのか/在学校没有学过吗？ zài xuéxiào méiyǒu xuéguo ma? ▶漫画で歴史を～/通过漫画学习历史 tōngguò mànhuà xuéxí lìshǐ ▶子供たちの～権利を保障する/保障孩子们学习的权利 bǎozhàng háizimen xuéxí de quánlì ▶彼の伝記から大いに～ところがあった/从他的传记里学到了很多东西 cóng tā de zhuànjìlǐ xuédàole hěn duō dōngxi ▶先生についてピアノを～/跟着老师学习钢琴 gēnzhe lǎoshī xuéxí gāngqín ▶よく遊びよく～/好好玩儿, 好好学 hǎohǎo wánr, hǎohǎo xué

マニア 爱好者 àihàozhě; 迷 mí (英 a maniac) ▶切手～/集邮迷 jíyóumí ▶釣り～/钓鱼迷 diàoyúmí ▶汽車～/火车迷 huǒchēmí

まにあう【間に合う】 ❶〖時間に〗 赶得上 gǎndeshàng; 来得及 láidejí (英 be in time) ▶間に合わない/赶不上 gǎnbushàng; 来不及 láibují ▶彼との10時の約束に間に合わなかった/没赶上和他约好的在十点的约会 méi gǎnshàng hé tā yuēhǎo de zài shí diǎn de yuēhuì ▶今ならまだ授業に～/现在还来得及上课 xiànzài hái láidejí shàngkè ❷〖足りる・役に立つ〗 够 gòu (英 do; be useful) ▶小銭で～/零钱就够 língqián jiù gòu ▶彼では間に合わない/他不够用 tā búgòu yòng ▶5万円あれば～/有五万日元就够了 yǒu wǔ wàn Rìyuán jiù gòu le

まにあわせ【間に合わせの】 权宜 quányí; 凑合 còuhe (英 makeshift) ▶～に使う/凑合着使用 còuhezhe yòng; 充数 chōngshù ▶これだけあれば急場の～にはなる/有这些钱, 关键时刻可以凑合着用了 yǒu zhè xiē qián, guānjiàn shíkè kěyǐ còuhezhe yòng le

まにあわせる【間に合わせる】 ❶〖一時しのぎ〗 将就 jiāngjiu; 凑合 còuhe (英 make shift) ▶その場にある物で間に合わせなければならない/必须用在场的东西凑合一下 bìxū yòng zàichǎng de dōngxi còuhe yíxià ❷〖定刻までに行う〗 赶上 gǎnshang (英 have... ready) ▶期限に～/遵守期限 zūnshǒu qīxiàn ▶なんとしても納期に～必要がある/无论如何也必须赶在期限前交货 wúlùn rúhé yě bìxū gǎn zài qīxiànqián jiāohuò ▶これを明日までに間に合わせてくれ/到明天之前办好这个 dào míngtiān zhīqián bànhǎo zhège

マニキュア 修指甲 xiū zhǐjia;〖化粧品〗 指甲油 zhǐjiayóu (英 manicure) ▶～をつける/染指甲 rǎn zhǐjia

マニフェスト 宣言 xuānyán; 竞选纲领 jìngxuǎn gānglǐng (英 a manifesto) ▶各党の～を比較検討する/把各党的竞选纲领拿来进行比较研究 bǎ gèdǎng de jìngxuǎn gānglǐng nálái jìnxíng bǐjiào yánjiū

まにまに 随着 suízhe (英 *at the mercy of...*) ▶波の〜漂う/随着波浪漂流 suízhe bōlàng piāoliú

マニュアル 使用说明 shǐyòng shuōmíng; 说明书 shuōmíngshū; 指南 zhǐnán (英 *a manual*) ▶ホテルの接客〜/宾馆的待客规则 bīnguǎn de dàikè guīzé ▶〜通りに応待する/按照规定应对 ànzhào guīdìng yìngduì

マニラ 马尼拉 Mǎnílā (英 *Manila*) 〜麻/蕉麻 jiāomá; 马尼拉麻 Mǎnílāmá

まにんげん【真人間】 正经人 zhèngjing rén; 正派人 zhèngpài rén (英 *an honest man*) ▶あの男が〜になるとは思えないな/无法相信他会改邪归正 wúfǎ xiāngxìn tā huì gǎi xié guī zhèng

まぬがれる【免れる】 免得 miǎnde; 避免 bìmiǎn (英 *evade; escape*) ▶罪を〜/免罪 miǎnzuì ▶免れない/免不了 miǎnbuliǎo; 难免 nánmiǎn ▶無責任とのそしりは免れない/难免被指责为不负责任 nánmiǎn bèi zhǐzé wéi bú fù zérèn ▶彼の犯罪は極刑を免れないだろう/他犯下的罪行难逃极刑 tā fànxià de zuìxíng nán táo jíxíng ▶危機一髪で惨事を免れた/在千钧一发之际避免了一场惨祸 zài qiān jūn yí fà zhī jì bìmiǎnle yì cháng cǎnhuò ▶言を左右にして責任を免れようとする/含混其辞,企图逃避责任 hánhùn qí cí, qǐtú táobì zérèn ▶世間の批判も免れない/难逃社会上的批判 nán táo shèhuìshang de pīpàn

まぬけ【間抜け】 傻瓜 shǎguā; 笨蛋 bèndàn; 糊涂 hútu (英 *a stupid fellow*) ▶〜な/笨 bèn; 呆笨 dāibèn ▶〜な泥棒もいるもんだ/真有那么笨的小偷儿啊 zhēn yǒu nàme bèn de xiǎotōur a

まね【真似】 模仿 mófǎng; 仿效 fǎngxiào (英 *an imitation*); 〈行為〉行为 xíngwéi (英 *mimicry*) ▶これはパリのエッフェル塔を〜したものだ/这是模仿巴黎埃菲尔塔建造的 zhè shì mófǎng Bālí Āifēi'ěrtǎ jiànzào de ▶酔っぱらいの〜をする/模仿醉鬼 mófǎng zuìguǐ ▶馬鹿な〜をするな/你别做蠢事 nǐ bié zuò chǔnshì ▶ゴルフの〜事をする/摆样子打高尔夫球 bǎibǎi yàngzi dǎ gāo'ěrfūqiú ▶そのような汚い〜は許しませんよ/绝不能允许那种卑鄙的行为 jué bùnéng yǔnxǔ nà zhǒng bēibǐ de xíngwéi

マネー 钱 qián (英 *money*) ▶〜ロンダリング/洗钱 xǐqián ▶〜ゲーム/金钱游戏 jīnqián yóuxì

マネージメント 管理 guǎnlǐ; 经营 jīngyíng (英 *management*)

マネージャー 经理 jīnglǐ; 干事 gànshi (英 *a manager*) ▶レストランの〜/餐厅经理 cāntīng jīnglǐ ▶サッカー部の〜/足球俱乐部的干事 zúqiú jùlèbù de gànshi ▶彼女は〜としての能力がある/她具有作为经理的能力 tā jùyǒu zuòwéi jīnglǐ de nénglì

まねき【招き】 招待 zhāodài; 邀请 yāoqǐng (英 *invitation*) ▶〜を受ける/被邀请 bèi yāoqǐng ▶彼ら一行は芸術祭の〜に応じて古典芸能を披露した/他们一行应艺术节的邀请表演了古典艺术节目 tāmen yìxíng yìng yìshùjié de yāoqǐng biǎoyǎnle gǔdiǎn yìshù jiémù ▶本日はお〜いただき有難うございます/今天承蒙邀请,非常感谢 jīntiān chéngméng yāoqǐng, fēicháng gǎnxiè ▶〜を断る/谢绝邀请 xièjué yāoqǐng

まねきねこ【招き猫】 招人猫 zhāorénmāo (英 *a figure of a cat beckoning customers with one raised paw*)

マネキン 橱窗人体模型 chúchuāng réntǐ móxíng (英 *a mannequin; a dummy*)

まねく【招く】 约请 yuēqǐng; 招聘 zhāopìn; 〈引き起こす〉引起 yǐnqǐ; 招惹 zhāorě (英 *invite*) ▶招かれざる客/不速之客 bú sù zhī kè ▶宮中晩餐(ばん)会に招かれる/被邀请参加皇宫的晚宴 bèi yāoqǐng cānjiā huánggōng de wǎnyàn ▶災難を〜/造成灾难 zàochéng zāinàn ▶その一言が彼の怒りを招いた/那句话引起了他的怒火,那句话惹恼了他 nà jù huà yǐnqǐle tā de nùhuǒ; nà jù huà rěnǎole tā ▶誤解を〜ような表現を取り消す/删掉容易引起误会的文字 shāndiào róngyì yǐnqǐ wùhuì de wénzì ▶彼は自ら危険を〜ようなことをしている/他在做着引火烧身的事 tā zài zuòzhe yǐn huǒ shāo shēn de shì ▶国際的な非難を〜/招致国际社会的责难 zhāozhì guójì shèhuì de zénàn

まねる【真似る】 仿效 fǎngxiào; 模仿 mófǎng; 效仿 xiàofǎng (英 *imitate; mimic*) ▶仕草を〜/模仿动作 mófǎng dòngzuò ▶彼は他人の筆跡を真似てサインした/他模仿别人的笔迹签了名 tā mófǎng biéren de bǐjì qiānle míng

まのあたり【目の当たり】 眼前 yǎnqián; 亲眼 qīnyǎn (英 *before one's very eyes*) ▶列車事故の現場を〜にする/亲眼看到了列车事故现场 qīnyǎn kàndàole lièchē shìgù xiànchǎng

まのて【魔の手】 魔爪 mózhǎo; 魔掌 mózhǎng (英 *evil power*) ▶〜が伸びてくる/魔爪伸过来 mózhǎo shēnguòlai ▶〜にかかる/陷入魔掌 xiànrù mózhǎng ▶子供たちを犯罪の〜から守る/保护孩子们不受犯罪者魔掌的伤害 bǎohù háizimen bú shòu fànzuìzhě mózhǎng de shānghài

まのび【間延びした】 慢腾腾 màntēngtēng; 冗长 róngcháng; 〈たるんだ〉松懈 sōngxiè (英 *slow; dull*) ▶なんだか〜した文体になってしまった/不知不觉写成了冗长的文体 bùzhī bùjué xiěchéngle róngcháng de wéntǐ

まばたき【瞬きする】 眨 zhǎ; 眨眼 zhǎyǎn (英 *blink*) ▶〜もしない/目不转睛 mù bù zhuǎn jīng ▶星の〜/星斗闪烁 xīngdǒu shǎnshuò ▶〜する間にまた1年過ぎた/一眨眼,一年又过去了 yì zhǎyǎn, yì nián yòu guòqù le ▶〜もせずに見つめる/眼睛一眨不眨地凝视着 yǎnjing yì bù zhǎ de níngshìzhe

まばゆい【目映い】 耀眼 yàoyǎn; 晃眼 huǎngyǎn; 眩目 xuànmù (英 *dazzling*) ▶〜光/光耀 guāngyào ▶日差しが照りつける/耀眼的阳光照射着 yàoyǎn de yángguāng zhàoshèzhe ▶ばかりの美しいイルミネーション/令人眩目的美丽的

彩灯 lìng rén xuànmù de měilì de cǎidēng

まばら 稀疏 xīshū; 稀少 xīshǎo （英 *sparse*） ▶人影が～だ/人影儿稀稀拉拉 rényǐngr xīxīlālā ▶草原に樹木が～に生えている/草原上稀疏地长着几棵树木 cǎoyuánshang xīshū de zhǎngzhe jǐ kē shùmù ▶あたりに人家が～だった/四周的人家稀少 sìzhōu de rénjiā xīshǎo ▶彼の講演は聴衆が～だった/他的讲演会上听众儿稀稀拉拉的 tā de jiǎngyǎnhuìshang tīngzhòngr xīxīlālā de

まひ【麻痺】 麻痺 mábì; 麻木 mámù （英 *paralysis*） ▶～させる/麻痺 mábì ▶交通～/交通堵塞 jiāotōng dǔsè ▶片足が～した/一只脚麻了 yì zhī tuǐ má le ▶心臟～/心脏麻痺 xīnzàng mábì ▶台風の影響で交通機関が～した/受台风影响，交通瘫痪了 shòu táifēng yǐngxiǎng, jiāotōng tānhuàn le ▶彼らは良心が～している/他们的良心麻痺了 tāmen de liángxīn mábì le

まびき【間引き】 间苗 jiān miáo （英 *thinning out*） ▶バスを～運転する/減少公交车班次 jiǎnshǎo gōngjiāochē bāncì

まびく【間引く】 间苗 jiān miáo （英 *thin out*） ▶大根を～/间萝卜苗 jiān luóbo miáo

まひる【真昼】 大白天 dàbáitiān; 白昼 báizhòu （英 *in broad daylight*）; 〔正午〕正午 zhèngwǔ （英 *at high noon*） ▶～の太陽が眩しい/白昼的太阳晃眼睛 báizhòu de tàiyáng huǎng yǎnjīng ▶《～の決闘》《映画名》/《白昼的决斗 Báizhòu de juédòu》

マフィア 黑手党 hēishǒudǎng; 〔犯罪集団の〕秘密组织 (fànzuì jítuán de) mìmì zǔzhī （英 *the Mafia*）

まぶか【目深に】 〔帽子などを〕压得低 yāde dī （英 *over one's eyes*） ▶帽子を～にかぶる/把帽檐押下来 bǎ màoyán yāxiàlai; 深戴帽子 shēn dài màozi

まぶしい【眩しい】 耀眼 yàoyǎn; 刺眼 cìyǎn （英 *dazzling*） ▶～白さの/白花花的 báihuāhuā de ▶眩しく光る/晃 huǎng; 闪耀 shǎnyào ▶若さが～/青春闪耀 qīngchūn shǎnyào ▶僕らには彼は常に～存在だった/对于我们来说，他始终是一个头上罩着光环的人 duìyú wǒmen lái shuō, tā shǐzhōng shì yí ge tóushang zhàozhe guānghuán de rén ▶日光が眩しくて目をしばたかせる/阳光晃得使人眨眼睛 yángguāng huǎngde shǐ rén zhǎ yǎnjīng

まぶす 撒满 sǎmǎn （英 *cover*） ▶切り身の魚に小麦粉を～/在鱼块儿上撒满面粉 zài yúkuàirshang sǎmǎn miànfěn

まぶた【瞼】 眼皮 yǎnpí; 眼睑 yǎnjiǎn; 眼帘 yǎnlián （英 *an eyelid*） ▶二重～/双眼皮 shuāngyǎnpí ▶母のおもかげが～に浮かぶ/母亲的音容浮现在眼帘 mǔqin de yīnróng fúxiàn zài yǎnlián ▶～を閉じる/合上眼帘 héshàng yǎnlián

まふゆ【真冬】 隆冬 lóngdōng; 严冬 yándōng; 深冬 shēndōng （英 *midwinter*）

マフラー 〔襟巻き〕围巾 wéijīn （英 *a scarf*）; 消音器 xiāoyīnqì （英〔消音器〕*a muffler*） ▶～を巻く/围上围巾 wéishàng wéijīn

まほう【魔法】 魔术 móshù; 妖术 yāoshù （英 *magic*） ▶～使い/魔术师 móshùshī ▶彼はその妖女の～にかけられていた/他被那个妖女施了妖术 tā bèi nàge yāonǚ shīle yāoshù ▶すべてが～のようにうまくいった/一切都象变魔术一样顺利成功 yíqiè dōu xiàng biàn móshù yíyàng shùnlì chénggōng

まほうびん【魔法瓶】 暖水瓶 nuǎnshuǐpíng; 热水瓶 rèshuǐpíng （英 *a vacuum bottle*）

マホガニー 〔植物〕红木 hóngmù; 桃花心木 táohuāxīnmù （英 *mahogany*）

まぼろし【幻】 幻想 huànxiǎng; 幻影 huànyǐng （英 *a phantom*） ▶～を見る/看幻影 kàn huànyǐng ▶～の光景/幻景 huànjǐng ▶～の名画/失传的名画 shīchuán de mínghuà ▶幸せを夢見たがしょせん～だった/梦见的那幸福到底是幻影 mèngjiàn de nà xìngfú dàodǐ shì huànyǐng

まま 原样 yuányàng; 原封不动 yuán fēng bú dòng （英 *as...; according to...*） ▶人の言うが～になる/任人摆布 rèn rén bǎibu ▶靴の～ベッドに横たわる/穿着鞋躺在床上 chuānzhe xié tǎngzài chuángshang ▶立ったま～食べる/站着吃 zhànzhe chī ▶昔の～/依然如故 yīrán rú gù ▶ドアは開けた～にしておく/门就那么开着 mén jiù nàme kāizhe ▶彼女は黙った～すっと部屋を出て行った/她一言不发倏地走出了房间 tā yì yán bù fā shūdì zǒuchūle fángjiān ▶服を着た～川に跳び込む/穿着衣服跳进河里 chuānzhe yīfu tiàojìn héli ▶二日間眠った～だった/整整两天一睡不醒 zhěngzhěng liǎng tiān yī shuì bù xǐng ▶私は今の～の生活がしたい/我就想过现在这样的生活 wǒ jiù xiǎng guò xiànzài zhèyàng de shēnghuó ▶思った～を言う/心里想什么就说什么 xīnli xiǎng shénme jiù shuō shénme ▶彼の言葉はその～には受け取れない/他说的话不能就那么按字面理解 tā shuō de huà bùnéng jiù nàme àn zìmiàn lǐjiě

まま【間間】 偶尔 ǒu'ěr; 间或 jiànhuò （英 *sometimes*） ▶～ある/偶尔有 ǒu'ěr yǒu ▶そういうことは～あるものだ/那种事偶尔也会发生 nà zhǒng shì ǒu'ěr yě huì fāshēng

ママ ❶〔母〕妈妈 māma （英 *a mom*） ❷〔バーなどの〕老板娘 lǎobǎnniáng （英 *a proprietress*） ▶～教育/热心于教育的妈妈 rèxīn yú jiàoyù de māma

ままこ【継子】 继子女 jìzǐnǚ; 〔男〕继子 jìzǐ; 〔女〕继女 jìnǚ; 〔比喻〕在集团里受歧视的人 zài jítuánlǐ shòu qíshì de rén （英 *a stepchild*） ~扱いにする 歧视 qíshì; 排斥 páichì

ままごと 过家家儿 guòjiājiar （英 *playing house*）

ままならぬ 不如意 bù rúyì; 不随心 bù suíxīn （英 *don't go just as one wishes*） ▶ほんとに～世の中だな/真是难如人意的世道 zhēn shì nán rú rényì de shìdào

ままはは【継母】 后母 hòumǔ; 继母 jìmǔ (英 *a stepmother*)

まみえる 见面 jiànmiàn; 拜谒 bàiyè (英 *see; meet*) ▶相～/相见 xiāngjiàn; 相会 xiānghuì

まみず【真水】 淡水 dànshuǐ (英 *fresh water*) ▶海水を～に変える装置を導入する/引进把海水转换成淡水的装置 yǐnjìn bǎ hǎishuǐ zhuǎnhuànchéng dànshuǐ de zhuāngzhì ▶プールから出たら～で目を洗う/一从游泳池上来就用淡水洗眼睛 yī cóng yóuyǒngchí shànglái jiù yòng dànshuǐ xǐ yǎnjing

まみれる 沾满全身 zhānmǎn quánshēn (英 *be covered*) ▶汗にまみれて/浑身是汗 húnshēn shì hàn ▶汚辱に～/蒙辱 méng rǔ; 受到污辱 shòudào wūrǔ ▶ぬかるみで転び全身泥まみれになった/摔倒在泥潭里弄得全身是泥 shuāidǎo zài nítánli nòngde quánshēn shì ní

まむかい【真向かいに】 正对面 zhèng duìmiàn; 正面 zhèngmiàn (英 *just in front*) ▶駅の～にあるビル/在火车站正对面的大楼 zài huǒchēzhàn zhèng duìmiàn de dàlóu ▶ホテルの～に有料駐車場がある/酒店正对面有收费停车场 jiǔdiàn zhèng duìmiàn yǒu shōufèi tíngchēchǎng

マムシ【蝮】【動物】蝮蛇 fùshé (英 *a viper*)

まめ 水泡 shuǐpào; 泡 pào (英 *a blister*) ▶～ができる/打泡 dǎpào; 磨起水泡 móqǐ shuǐpào ▶～がつぶれた/水泡破了 shuǐpào pò le

まめ【勤勉】 勤恳 qínkěn; 勤快 qínkuai; 〖健康〗健康 jiànkāng (英 *diligence*) ▶～に働く/勤恳地工作 qínkěn de gōngzuò ▶～に暮らす/健康地过活 jiànkāng de guòhuó ▶～に身の回りの世話をする/勤快地照顾(他的)日常生活 qínkuai de zhàogù (tā de) rìcháng shēnghuó

まめ【豆】 ❶ 豆 dòu; 豆子 dòuzi (英 *a bean*) ▶～の莢(さや)/豆荚 dòujiá ▶コーヒー豆/咖啡豆 kāfēidòu ❷ 〖小形の〗小 xiǎo; 小型 xiǎoxíng (英 *miniature*) ▶～本/抽珍本 chōuzhēnběn ▶～知識/小知识 xiǎozhīshi

まめつ【磨滅する】 磨灭 mómiè; 磨损 mósǔn (英 *wear out*) ▶タイヤが～する/轮胎磨损 lúntāi mósǔn

まめでんきゅう【豆電球】 电珠 diànzhū (英 *a miniature bulb*)

まめまき【豆撒き】 〖立春前夜の〗撒豆驱邪 sǎ dòu qū xié (英 *a bean scattering ceremony*)

まもう【摩耗する】 磨损 mósǔn; 磨耗 móhào (英 *be worn away*)

まもなく【間もなく】 一会儿就 yíhuìr jiù; 快要…了 kuàiyào…le; 不久 bùjiǔ (英 *soon*) ▶～始まる/一会儿就开始 yíhuìr jiù kāishǐ; 将要开始 jiāngyào kāishǐ ▶夏休みだ/快要放暑假了 kuàiyào fàng shǔjià le ▶東京駅に到着します/快到达东京站了 kuài dàodá Dōngjīngzhàn le ▶雨が上がった/不久, 雨就停了 bùjiǔ, yǔ jiù tíng le ▶発表があるだろう/一会儿会发表吧 yíhuìr huì fābiǎo ba

まもの【魔物】 魔鬼 móguǐ; 妖魔 yāomó (英 *a demon*) ▶～に取りつかれる/被妖魔附体 bèi yāomó fùtǐ

まもり【守り】 ❶ 〖国境などの〗保卫 bǎowèi; 守卫 shǒuwèi (英 *defense*) ▶～を固める/加强保卫 jiāqiáng bǎowèi ▶～に回る/站在岗位 zhànzài gǎngwèi ❷【スポーツの】防守 fángshǒu (英 *defense*) ▶～につく/担任防守 dānrèn fángshǒu ▶守/守护神 shǒuhùshén

まもりぬく【守り抜く】 固守 gùshǒu; 坚持 jiānchí (英 *defend... to the end*)

まもる【守る】 ❶ 〖護る〗维护 wéihù; 守卫 shǒuwèi; 保卫 bǎowèi (英 *protect; defend*) ▶財産を～/保全财产 bǎoquán cáichǎn ▶身を～/保护身体 bǎohù shēntǐ ▶地球環境を～/保护地球环境 bǎohù dìqiú huánjìng ▶子供を交通事故から～/保护好孩子, 以免出交通事故 bǎohùhǎo háizi, yǐmiǎn chū jiāotōng shìgù ▶厳しい暑さから身を～/在酷暑中维护身体健康 zài kùshǔ zhōng wéihù shēntǐ jiànkāng ▶留守を～/看家 kānjiā; 守家 shǒujiā
❷ 〖約束・法規などを〗遵守 zūnshǒu (英 *keep; observe*) ▶法律を～/遵守法律 zūnshǒu fǎlǜ; 守法 shǒufǎ ▶秘密を～/保守秘密 bǎoshǒu mìmì ▶親の教えを～/听父母的话 tīng fùmǔ de huà ▶交通法规を守らない人が少なくない/不遵守交通规则的人不少 bù zūnshǒu jiāotōng guīzé de rén bù shǎo ▶速度制限を～/遵守速度限制 zūnshǒu sùdù xiànzhì ▶党の方針を～ことが優先される/把遵守党的方针放在首位 bǎ zūnshǒu dǎng de fāngzhēn fàngzài shǒuwèi

まやかし 欺骗 qīpiàn; 〖偽物〗假货 jiǎhuò; 伪造货 wěizàohuò (英 *deception*) ▶君の言い草は人をたぶらかす～にすぎない/你说的不过是骗人手段而已 nǐ shuō de búguò shì piànrén shǒuduàn éryǐ

◆～物: 骗人的东西 piànrén de dōngxi

まやく【麻薬】 毒品 dúpǐn; 麻药 máyào (英 *a narcotic; a drug*) ▶～中毒/毒物瘾 dúwùyǐn ▶～を吸う/吸毒 xīdú ▶～を取り締まる/取缔毒品 qǔdì dúpǐn

◆～常習者: 吸毒惯犯 xīdú guànfàn; 毒品中毒者 dúpǐn zhòngdúzhě ▶～取り引き: 毒品交易 dúpǐn jiāoyì ▶～密売者: 毒品走私者 dúpǐn zǒusīzhě

まゆ【眉】 眉峰 méifēng; 眉毛 méimao (英 *an eyebrow*) ▶～をひそめる/颦蹙 píncù; 皱眉 zhòu méi ▶～唾もの/值得怀疑 zhíde huáiyí ▶～に火が着く/火烧眉毛 huǒ shāo méimao ▶～を逆立てて怒る/眉毛倒竖, 勃然大怒 méimao dào shù, bórán dà nù ▶～を開く/舒展愁眉 shūzhǎn chóuméi ▶～を上げる/吊起眉梢 diàoqǐ méishāo ▶～を描く/描眉 miáo méi

～一つ動かさない ▶彼は何を聞いても一つ動かさない/他无论听到什么连眉毛都不动一下 tā wúlùn tīngdào shénme lián méimao dōu bú dòng yíxià

～をしかめる ▶彼はその知らせを聞いて～をしかめ

まゆ【繭】蚕茧 cánjiǎn;茧儿（英 *a cocoon*）
まゆげ【眉毛】眉毛 méimao（英 *an eyebrow*）▶濃い[三日月]～/浓眉[娥眉] nóngméi[éméi]▶げじげじ[粗而浓的眉毛 cū ér nóng de méimao
まゆじり【眉尻】眉梢 méishāo（英 *the outer end of an eyebrow*）
まゆずみ【眉墨】眉黛 méidài;眉笔 méibǐ（英 *an eyebrow pencil*）
まゆね【眉根】眉峰 méifēng;眉头 méitóu (*the inside end of an eyebrow*）▶～を寄せる/颦蹙 pínzù;皱眉头 zhòu méitóu
まよい【迷い】迷惑 míhuò;（ためらい）犹豫 yóuyù（英 *hesitation*）▶～を除く/清除迷惑 qīngchú míhuò ▶あれは一時の気の―だった/那是我一时糊涂 nà shì wǒ yìshí hútu▶～猫を探す/找跑丢的猫 zhǎo pǎodiū de māo
まよう【迷う】❶『方角や道に』迷失 míshī（英 *get lost*）▶道に～/迷路 mílù ▶路頭に～/迷失街头 míshī jiētóu ❷『選択に』犹豫不定 yóuyù búdìng;动摇不定 dòngyáo búdìng（英 *hesitate*）▶どれにするか～/犹豫不定选哪一个 yóuyù búdìng xuǎn nǎ yí ge ▶ここに来るまでさんざん迷ったよ/我找了半天才找到这儿 wǒ zhǎole bàntiān cái zhǎodào zhèr ▶種類が多すぎてどの商品を買えばいいか～なあ/种类太多，真不知道买哪种商品好 zhǒnglèi tài duō, zhēn bù zhīdào mǎi nǎ zhǒng shāngpǐn hǎo
まよけ【魔除け】避邪 bìxié;驱邪 qūxié（英 *a charm against evil*）▶～のペンダント/避邪垂饰 bìxié chuíshì;避邪坠儿 bìxié zhuìr
まよなか【真夜中】半夜 bànyè;半夜三更 bànyè sān gēng;子夜 zǐyè（英 *the middle of the night*）
マヨネーズ〖食品〗蛋黄酱 dànhuángjiàng（英 *mayonnaise*）▶～をかけたサラダ/浇了蛋黄酱的沙拉[色拉] jiāole dànhuángjiàng de shālā[sèlā]
マラソン〖スポーツ〗马拉松 mǎlāsōng（英 *a marathon race*）▶ホノルル～/火奴鲁鲁马拉松 Huǒnúlúlǔ mǎlāsōng ▶ハーフ～/半场马拉松 bànchǎng mǎlāsōng
マラリア〖医〗疟子 yàozi;疟疾 nüèji（英 *malaria*）
まり【毬】球儿 qiúr（英 *a ball*）▶～つき/拍球 pāi qiú ▶子供が歌を歌いながら～をつく/孩子一边唱歌一边拍球 háizi yìbiān chànggē yìbiān pāi qiú
マリア 马利亚 Mǎlìyà（英〖聖母〗*the Virgin Mary*）▶聖母～/圣母马利亚 shèngmǔ Mǎlìyà
マリオネット 提线木偶 tíxiàn mù'ǒu（英 *a marionette*）
マリファナ 大麻 dàmá（英 *marijuana*）▶～を吸って捕まった/因吸大麻被捕了 yīn xī dàmá bèibǔ le

マリモ【毬藻】〖植物〗绿球藻 lǜqiúzǎo（英 *marimo*）
まりょく【魔力】魔力 mólì（英 *magical power*）▶音楽の～に魅せられる/被音乐的魔力深深吸引住 bèi yīnyuè de mólì shēnshēn xīyǐnzhù ▶あの笑顔には～がある/那张笑脸具有一种魔力 nà zhāng xiàoliǎn jùyǒu yì zhǒng mólì
マリンバ〖楽器〗马林巴 mǎlínbā;木琴 mùqín（英 *a marimba*）▶～を弾く/弹木琴[马林巴琴] tán mùqín[mǎlínbāqín]
まる【丸・円】❶『円』圈 quān;球形 qiúxíng（英 *a circle*）▶～で囲む/圈 quān ▶～をつける/画圆儿 huà quānr ▶～屋根/圆屋顶 yuánwūdǐng ▶文章の終わりに～をつける/在文章结尾处画句号 zài wénzhāng jiéwěichù huà jùhào ❷『接頭辞の全体の意味で』整整 zhěngzhěng（英 *full*）▶～3日何も食っていない/整整三天什么也没吃 zhěngzhěng sān tiān shénme yě méi chī ▶～1週間風呂に入っていない/整整一个星期没洗澡 zhěngzhěng yí ge xīngqī méi xǐzǎo

〖文化〗中国では試験の正解には○ではなく'钩儿 gōur'（チェックマーク）を付ける．○は「要注意」の印になる．名簿にチェックを入れるようなときも普通は○印は使わない．

まるあらい【丸洗いする】整个洗 zhěnggè xǐ（英 *wash... whole*）▶布団を～/洗整条被子 xǐ zhěngtiáo bèizi
まるあんき【丸暗記する】死记 sǐjì;完全背下来 wánquán bèixiàlai（英 *learn... by rote*）▶詩を～/背下一首诗 bèixià yì shǒu shī ▶意味も分からず～するのはどうか/不理解意思地死记合适吗? bù lǐjiě yìsi de sǐjì héshì ma? ▶試験前に英単語を～する/考试前死背英语单词 kǎoshìqián sǐbèi Yīngyǔ dāncí
まるい【丸い】❶『形が』圆 yuán;球形的 qiúxíngde（英 *round*）▶～テーブル/圆桌 yuánzhuō ▶地球は～/地球是球形的 dìqiú shì qiúxíng de ▶目を丸くする/睁圆眼睛 zhēngyuán yǎnjīng ▶驚いて目を丸くする/吃惊得睁圆了眼睛 chījīngde zhēngyuánle yǎnjing ▶丸くなって寝る/蜷起身子睡觉 quánqǐ shēnzi shuìjiào ▶背中を丸くする/弓背 gōng bèi ▶みんなで丸く座る/大家坐成一个圈儿 dàjiā zuòchéng yí ge quānr ❷『穏やか』温和 wēnhé;圆满 yuánmǎn（英 *mild*）▶彼もずいぶん丸くなった/他最近脾气好多了 tā zuìjìn píqi hǎoduō le ▶丸く治る/言归于好 yán guīyú hǎo ▶丸く治める/圆场 yuánchǎng;打圆场 dǎ yuánchǎng ▶争いは丸くおさまった/争执圆满收场了 zhēngzhí yuánmǎn shōuchǎng le
まるうつし【丸写しする】照抄 zhàochāo（英 *copy... entirely*）▶他人の論文を～する/照抄别人的论文 zhàochāo biéren de lùnwén ▶某社の新プロジェクトは我が社のそれの～だ/某某公司的新计划完全是照抄我们公司的 mǒumǒu gōngsī de xīnjìhuà wánquán shì zhàochāo wǒmen

gōngsī de

まるがお【丸顔】 団脸 tuánliǎn; 圆脸 yuánliǎn (英 *a round face*) ▶彼は～で垂れ目だ/他圆脸,耷拉眼 tā yuánliǎn, dāla yǎn

まるがかえ【丸抱えする】 全包 quán bāo (英 *provide all the funds for...*) ▶行政が何もかも～するのは無理だ/行政机构包揽一切是不可能的 xíngzhèng jīgòu bāolǎn yíqiè shì bù kěnéng de ▶彼はあの会社で海外旅行させた/他由那家公司全包去海外旅行了 tā yóu nà jiā gōngsī quán bāo qù hǎiwài lǚxíng le

まるがり【丸刈り】 (英 *close clipping*) ▶～にする/推个光头 tuī ge guāngtóu

まるき【丸木】 原木 yuánmù; 圆木 yuánmù (英 *a log*) ▶～橋/独木桥 dúmùqiáo
♦～舟/独木舟 dúmùzhōu; 独木船 dúmùchuán

マルク 马克 Mǎkè (英[ドイツの旧貨幣単位] *a mark*)

マルクス 马克思 Mǎkèsī (英 *Marx*) ▶～レーニン主义/马克思列宁主义 Mǎkèsī-Lièníng zhǔyì

まるくび【丸首の】 圆领口 yuánlǐngkǒu (英 *round-neck*) ▶～セーター/圆领口的毛衣 yuánlǐngkǒu de máoyī

まるごし【丸腰】 手无寸铁 shǒu wú cùntiě; 徒手 túshǒu (英 *without a sword [a gun]*)

まるごと【丸ごとの】 整个 zhěnggè; 囫囵 húlún (英 *whole*) ▶小さい魚を～油で揚げる/把小鱼整个用油炸 bǎ xiǎoyú zhěnggè yòng yóu zhá ▶他人の文章を～写す/把别人的文章整个抄下来 bǎ biéren de wénzhāng zhěnggè chāoxiàlai

まるじるし【丸印】 圈儿 quānr (英 *a circle*) ▶～を付ける/画圈儿 huàquānr

まるぞん【丸損】 全赔 quán péi; 满赔 mǎn péi (英 *a total loss*) ▶あの会社が倒産したらこちらは～だ/那家公司如果破产的话,我们就全赔了 nà jiā gōngsī rúguǒ pòchǎn dehuà, wǒmen jiù quán péi le

まるた【丸太】 圆木料 yuánmùliào (英 *a log*)
♦～小屋/圆木房子 yuánmù fángzi

まるだし【丸出しの】 完全暴露 wánquán bàolù; 裸露 luǒlù (英 *exposed*) ▶お国訛りで/满口操着乡音 mǎnkǒu cāozhe xiāngyīn ▶バカ～の笑い方をする/里里外外透着傻气地笑 lǐliwàiwài tòuzhe shǎqì de xiào

マルチタレント 多面手 duōmiànshǒu; 多才多艺的人 duōcái duōyì de rén (英 *a multitalented entertainer*)

マルチメディア 复合媒体 fùhé méitǐ (英 *multimedia*)

まるっきり 压根儿 yàgēnr; 根本 gēnběn; 完全 wánquán (英 *completely*) ▶～だめだ/完全不行 wánquán bùxíng ▶ここ十数年～運動していない/这十几年来根本没有锻炼 zhè shíjǐ nián lái gēnběn méiyǒu duànliàn ▶おまえ,～分かってないじゃないか/你呀,完全没有理解啊 nǐ ya, wánquán méiyǒu lǐjiě a

まるつぶれ【丸潰れ】 完全倒塌 wánquán dǎotā; 完全崩溃 wánquán bēngkuì (英[～になる] *be completely ruined*) ▶面目～になる/丢掉面子 diūdiào miànzi

まるで ❶【全然】 全然 quánrán; 完全 wánquán (英 *entirely*) ▶～知らない/全不知道 quán bù zhīdào ▶その後のことは～おぼえがない/那以后的事一点儿也没有印象 nà yǐhòu de shì yìdiǎnr yě méiyǒu yìnxiàng ▶君の言うことは～話にならん/你说的简直不像话 nǐ shuō de jiǎnzhí bú xiànghuà

❷【あたかも】 好像 hǎoxiàng; 宛然 wǎnrán; 俨然 yǎnrán (英 *as if...*) ▶～天国だ/宛然天堂 wǎnrán tiāntáng ▶彼女は～男のようなふるまいをする/她的举止简直像男的 tā de jǔzhǐ jiǎnzhí xiàng nán de ▶彼女は～裸同然だった/她穿得简直好像一丝不挂 tā chuānde jiǎnzhí hǎoxiàng yì sī bú guà

まるなげ【丸投げ】 全盘委托 quánpán wěituō (英 *farming out the whole of its work to a subcontractor*) ▶工事を下請け業者に～する/把工程全盘委托给承包的公司 bǎ gōngchéng quánpán wěituō gěi chéngbāo de gōngsī

まるのみ【丸飲みする】 吞 tūn; 吞食 tūnshí; [比喩] 囫囵吞枣 húlún tūn zǎo (英 *swallow...whole*) ▶蛇が卵を～する/蛇吞食整个蛋 shé tūnshí zhěnggè dàn ▶社長は我々の要求を～した/总经理完全接受我们的要求 zǒngjīnglǐ wánquán jiēshòu wǒmen de yāoqiú

まるはだか【丸裸の】 赤条条 chìtiáotiáo; 赤裸裸 chìluǒluǒ (英 *stark-naked*) ▶事業に失敗して～になる/因事业失败变得一无所有 yīn shìyè shībài biànde yì wú suǒ yǒu ▶子供が～で遊んでいる/小孩儿光着身子玩儿 xiǎoháir guāngzhe shēnzi wánr

まるばつしき【○×式の】 划圈儿叉儿方式 huà quānr chār fāngshì; 是非题形式 shìfēití xíngshì (英 *true-false*)

マルひ【マル秘】 绝密 juémì (英 *Confidential*) ▶～情報を漏らす/泄露绝密情报 xièlòu juémì qíngbào ▶この件は～扱いとする/把这件事作为机密来处理 bǎ zhè jiàn shì zuòwéi jīmì lái chǔlǐ

まるぼうず【丸坊主】 光头 guāngtóu (英 *a close-cropped head*) ▶優勝を逸した監督は約束通りに～になった/错失冠军的领队主教练如约剃了光头 cuòshī guànjūn de lǐngduì zhǔjiàoliàn rúyuē tīle guāngtóu

まるまる【丸丸】 ❶【全部】 整个 zhěnggè; 整整 zhěngzhěng (英 *entirely*) ▶～揃った/完整 wánzhěng ▶～儲かる/满赚 mǎn zhuàn ▶～三日間美術館めぐりをした/整整三天一直逛了几家美术馆 zhěngzhěng sān tiān yìzhí guàngle jǐ jiā měishùguǎn ▶～損をした/全赔了 quán péi le; 整个儿赔光了 zhěnggèr péiguāng le ❷【太った】 胖乎乎 pànghūhū (英 *plump*) ▶～太った赤ん坊/胖乎乎的娃娃 pànghūhū de wáwa

まるみ【丸み】（形が）圆 yuán；圆形 yuánxíng；（性格が）圆滑 yuánhuá（英 roundness）▶～を帯びたデザイン/圆角设计 yuánjiǎo shèjì ▶～を出す/（形状）稍微圆一些（xíngzhuàng）shāowēi yuán yìxiē ▶～のある声/圆润的声音 yuánrùn de shēngyīn

まるみえ【丸見え】 完全看得清楚 wánquán kànde qīngchu（英 a full view）▶この部屋は外から～/这个房间从外面看得一清二楚 zhège fángjiān cóng wàimian kànde yì qīng èr chǔ

まるめこむ【丸め込む】 笼络 lǒngluò；拉拢 lālǒng（英 cajole）▶口先で相手を～/用花言巧语笼络对方 yòng huāyán qiǎoyǔ lǒngluò duìfāng

まるめる【丸める】 揉成团 róuchéng tuán；（頭を）剃光 tìguāng；（背中を）弯 wān（英 round）▶紙屑を～/把废纸揉成团 bǎ fèizhǐ róuchéng tuán

まるもうけ【丸儲けする】 全赚 quán zhuàn（英 make a clear profit）▶人間は生きているだけで～だ/人活着就是大赚特赚 rén huózhe jiùshì dà zhuàn tè zhuàn

まるやき【丸焼き】 整烤 zhěng kǎo（英 a barbecue）▶鴨の～/烤野鸭 kǎo yěyā

まるやけ【丸焼け】 烧光 shāoguāng（英 complete destruction by fire）▶家が～になる/房子烧光 fángzi shāoguāng

まれ【稀な】 稀罕 xīhan；罕见 hǎnjiàn；稀有 xīyǒu（英 rare）▶この花は山地で～に見かける/这种花在山区很罕见 zhè zhǒng huā zài shānqū hěn hǎnjiàn ▶たぐい～な美人/出类拔萃的美女 chū lèi bá cuì de měinǚ ▶彼は近年～に見る好青年だ/他是近来少见的好青年 tā shì jìnlái shǎojiàn de hǎoqīngnián

マロニエ〔植物〕七叶树 qīyèshù（英 a horse chestnut）▶パリは今～の季節です/巴黎现在正是七叶树繁茂的季节 Bālí xiànzài zhèng shì qīyèshù fánmào de jìjié

まろやかな 圆润 yuánrùn；醇厚 chúnhòu（英 smooth; mellow）▶味が～だ/醇厚 chúnhòu ▶口当たりの～な酒だった/那酒入口醇厚 nà jiǔ rù kǒu chúnhòu

まわしもの【回し者】 坐探 zuòtàn；奸细 jiānxi；间谍 jiàndié（英 a spy）▶おまえは商売仇の～だな/你是我生意对手派来的奸细吧 nǐ shì wǒ shēngyì duìshǒu pàilái de jiānxi ba

まわす【回す】 扭转 niǔzhuǎn；转动 zhuàndòng（〔回転〕revolve；〔順に〕send round）▶コマを～/转陀螺 zhuàn tuóluó ▶目を～/昏过去 hūnguòqu ▶気を～/多心 duōxīn ▶采取措置 cǎiqǔ cuòshī ▶奴らは裏から手を回したにちがいない/那些家伙肯定会从背后使坏 nà xiē jiāhuo kěndìng huì cóng bèihòu shǐhuài ▶ドアのノブを～/转动房门把手 zhuàndòng fángmén bǎshou

まわた【真綿】 丝绵 sīmián（英 floss silk）▶～糸/蚕丝 cánsī ▶～で首をしめる/软刀子杀人 ruǎndāozi shā rén

まわり【周り・回り】 ❶【周囲】周围 zhōuwéi；四周 sìzhōu；附近 fùjìn（英 circumference）；〔付近〕neighborhood）▶～の／身边 shēnbiān ▶～じゅう/四下里 sìxiàlǐ ▶不审な男が家の～をうろつく/可疑的男人在房子的周围转来转去 kěyí de nánrén zài fángzi de zhōuwéi zhuǎnlái zhuǎnqù ▶～の誰も気付かなかった/周围的人都没有注意到 zhōuwéi de rén dōu méiyǒu zhùyì dào ▶テーブルの～に座る/坐在饭桌四周 zuòzài fànzhuō sìzhōu

❷【経由】经由 jīngyóu；绕 rào（英 by way of…）▶北極～で飛ぶ/经由北极飞行 jīngyóu běijí fēixíng

❸【巡回】圈 quān（英 a round）▶すでに地球を三～した/已经周绕地球三周了 yǐjīng wéirào dìqiú sān zhōu le

❹【その他】 空腹だと酒の～が早い/空腹喝酒容易醉 kōngfù hē jiǔ róngyì zuì ▶火の～が早くて何も持ち出せなかった/火势发展很快，什么都没能拿出来 huǒshì fāzhǎn hěn kuài, shénme dōu méinéng náchūlai

まわりくどい【回りくどい】 拐弯抹角 guǎi wān mò jiǎo；绕圈子 rào quānzi（英 roundabout）▶～言い方をするな/你别拐弯抹角的 nǐ bié guǎi wān mò jiǎo de；你别绕圈子了 nǐ bié rào quānzi le

まわりどうろう【回り灯籠】 走马灯 zǒumǎdēng（英 a revolving lantern）

まわりぶたい【回り舞台】 旋转舞台 xuánzhuǎn wǔtái；转台 zhuàntái（英 a revolving stage）

まわりみち【回り道】（英 a detour）▶～する/绕道 ràodào；绕圈子 rào quānzi；走弯路 zǒu wānlù ▶少々～でもこの道の方が迷わない/即使有点儿绕道，但还是这条路不容易走错 jíshǐ yǒudiǎnr ràodào, dàn háishi zhè tiáo lù bù róngyì zǒucuò

まわりもち【回り持ちで】 轮流承担 lúnliú chéngdān（英 by turns）▶食事の用意は～にしよう/轮流值班做饭吧 lúnliú zhíbān zuòfàn ba

まわる【回る】 ❶【回転する】转 zhuàn；旋转 xuánzhuǎn（英 revolve）▶モーターが～/马达转动 mǎdá zhuàndòng ▶今日は目が～ように忙しさだった/今天忙得头昏眼花 jīntiān mángde tóuhūn yǎnhuā

❷【周回する】绕 rào（英 go around）▶主な観光地を～には自転車が便利だ/骑自行车逛主要景点很方便 qí zìxíngchē guàng zhǔyào jǐngdiǎn hěn fāngbiàn ▶探測卫星が月を～/探測卫星绕月球运转 tàncè wèixīng rào yuèqiú yùnzhuǎn ▶神保町の古本屋を見て～/逛逛神保町的旧书店 guàngguang Shénbǎodīng de jiùshūdiàn ▶シベリアを回って帰国する/绕道西伯利亚回国 ràodào Xībólìyà huíguó ▶裏庭に～/转到后院 zhuǎndào hòuyuàn

❸【時間が】过 guò（英 be past）▶6時を～/

六点多了 liù diǎn duō le
4【働く】灵活 línghuó; 灵敏 língmǐn (いずれも形容詞)(英 work) ▶舌が回らない/口齿不伶俐 kǒuchǐ bù línglì ▶知恵が～/脑筋灵活 nǎojīn línghuó **5**【その他】酒が～/酒醉 jiǔzuì ▶手が回らない/忙得顾不上 mángde gùbushàng ▶火が～/火势蔓延 huǒshì mànyán ▶番が～/轮到 lúndào ▶セキュリティ対策が後手に回った/安全措施晚了一步 ānquán cuòshī wǎnle yí bù ▶今度は俺にお鉢が回ってきた/这回轮到我了 zhè huí lúndào wǒ le
ことわざ 急がば回れ 欲速则不达 yù sù zé bù dá
回り回って 辗转 zhǎnzhuǎn ▶贈り物が回り回って結局手元に戻る/礼物转了一圈又回来 lǐwù zhuǎnle yìquān yòu huílái

まわれみぎ【回れ右する】反身 fǎnshēn; 往后转 wǎng hòu zhuǎn (英 do an about-face) ▶向こうから受け持ちの先生が来たのであわてて～した/见班主任老师迎面走来慌忙转身走了 jiàn bānzhǔrèn lǎoshī yíngmiàn zǒulái huāngmáng zhuǎnshēn zǒu le

まん【万】万 wàn (英 ten thousand) ▶～に一つもない/绝对没有 juéduì méiyǒu ▶～を数える/成千上万 chéng qiān shàng wàn ▶そんなことは～に一つも起こるはずがない/那种事绝无仅有 nà zhǒng shì jué wú jǐn yǒu ▶成功の可能性は～に一つだ/成功的可能性只有万分之一 chénggōng de kěnéngxìng zhǐ yǒu wàn fēn zhī yī

まん【満】整 zhěng; 充满 chōngmǎn (英 full) ▶～5年/整整五年 zhěngzhěng wǔ nián ▶1歳/一周岁 yì zhōusuì ▶～を持す/引而不发 yǐn ér bù fā; 做好充分准备 zuòhǎo chōngfèn zhǔnbèi

まんいち【万一】万一 wànyī (英 emergency; the worst) ▶～に備える/以防万一 yǐ fáng wànyī ▶～の時には必ず不測 rú yǒu búcè ▶～来られなかったら/如果不能来 rúguǒ bùnéng lái ▶～の際には誰にも頼れない/关键时刻谁都靠不住 guānjiàn shíkè shéi dōu kàobuzhù ▶～パスポートを紛失したときは帰国が遅れます/万一遗失护照的话, 回国就要推迟 wànyī yíshī hùzhào dehuà, huíguó jiùyào tuīchí ▶～に備えて貯金する/存钱以备万一 cúnqián yǐ bèi wànyī

まんいん【満員の】客满 kèmǎn; 满员 mǎnyuán; 满座 mǎnzuò (英 full; crowded) ▶～電车/拥挤的电车 yōngjǐ de diànchē ▶劇場は～で立見席しか残っていない/剧场满员了, 只剩下站席 jùchǎng mǎnyuán le, zhǐ shèngxià zhànxí ▶ホテルはどこも～だった/饭店哪儿都满员了 fàndiàn nǎr dōu mǎnyuán le ▶～札止めになる/票已售完 piào yǐ shòuwán

まんえつ【満悦】喜悦 xǐyuè; 满意 mǎnyì (英 satisfaction) ▶御～の体(てい)/非常高兴的样子 fēicháng gāoxìng de yàngzi

まんえん【蔓延する】蔓延 mànyán; 滋蔓 zīmàn (英 spread) ▶病気が～する/疾病蔓延 jíbìng mànyán ▶流感が全世界に～した/流感在全世界蔓延 liúgǎn zài quánshìjiè mànyán

まんが【漫画】**1**【新聞などの】漫画 mànhuà (英[ひとこまの] a cartoon) **2**【劇画】连环画 liánhuánhuà (英 a story comic) **3**【アニメーション】动画片 dònghuàpiàn; 卡通片 kǎtōngpiàn (英 an animated cartoon) ▶風刺/讽刺漫画 fěngcì mànhuà ▶～雑誌/漫画杂志 mànhuà zázhì
◆～家 漫画家 mànhuàjiā

まんかい【満開】盛开 shèngkāi (英 full bloom) ▶桜が～だ/樱花盛开 yīnghuā shèngkāi ▶まだチラホラ咲きで～には数日かかります/花还只是星星点点地开, 盛开还要几天时间 huā hái zhǐshì xīngxīngdiǎndiǎn de kāi, shèngkāi hái yào jǐ tiān shíjiān ▶～のばら/盛开的玫瑰 shèngkāi de méigui

マンガン 锰 měng (英 manganese) ▶～鋼/锰钢 měnggāng ▶～電池/锰电池 měngdiànchí ▶二酸化～/二氧化锰 èryǎnghuà měng

まんき【満期】到期 dàoqī; 期满 qī mǎn (英 expiration; [手形の] maturity) ▶定期預金が～になる/定期存款到期了 dìngqī cúnkuǎn dàoqī le

まんきつ【満喫する】饱尝 bǎocháng; 充分享受 chōngfèn xiǎngshòu (英 have enough; [楽しむ] enjoy fully) ▶山の空気を～する/充分享受山地的空气 chōngfèn xiǎngshòu shāndì de kōngqì ▶自由を～する/充分享受自由 chōngfèn xiǎngshòu zìyóu ▶港町で海の幸を～する/在海滨城市饱尝海鲜美食 zài hǎibīn chéngshì bǎocháng hǎixiān měishí

マングローブ 红树林 hóngshùlín (英 a mangrove)

まんげきょう【万華鏡】万花筒 wànhuātǒng (英 a kaleidoscope) ▶周りの景色が～のように変化する/周围的景色象万花筒一样变化 zhōuwéi de jǐngsè xiàng wànhuātǒng yíyàng biànhuà

まんげつ【満月】满月 mǎnyuè; 望月 wàngyuè (英 a full moon) ▶今夜は～である/今晚是满月 jīnwǎn shì mǎnyuè
日中比較 中国語の'满月 mǎnyuè'は赤ん坊が生後一ヶ月になることをもいう.

マンゴー〖植物〗芒果 mángguǒ (英 a mango) ▶～プリン/芒果布丁 mángguǒ bùdīng

マンゴスチン〖植物〗莽吉柿 mǎngjíshì; 山竹果 shānzhúguǒ (英 a mangosteen)

まんざ【満座の】全场人 quánchǎngrén; 在座的所有人 zàizuò de suǒyǒu rén (英 of all those present) ▶～の中で大家面前 zài dàjiā miànqián ▶～の中で恥をかかされる/使我在大家面前丢脸 shǐ wǒ zài dàjiā miànqián diūliǎn ▶彼女は～の視線を引きつけた/她引起全场人的注视 tā yǐnqǐ quánchǎngrén de zhùshì

まんさい【満載する】满载 mǎnzài; 登满 dēngmǎn (英 carry a full load) ▶積み荷を～して出港する/装满货物出港 zhuāngmǎn huò chūgǎng

まんざい【漫才】 相声 xiàngsheng（英 *a cross-talk comedy*）▶～師/相声演员 xiàngsheng yǎnyuán ▶あの人たちが～ブームをもたらした/他们带来了相声热 tāmen dàilái le xiàngshengrè

まんざら【満更】〖否定を伴う〗未必 wèibì; 并不一定 bìng bù yídìng（英 *not altogether*）▶～いやではない/并不讨厌 bìng bù tǎoyàn ▶～でもない表情/喜形于色 xǐ xíng yú sè ▶彼の提案は～冗談でもなさそうだ/他的提案看似并不是在开玩笑 tā de tí'àn sìhū bìng bú shì zài kāi wánxiào ▶～悪くもない/并不差 bìng bú chà

まんじ【卍】 卍字 wànzì（英 *a swastika*）

まんしつ【満室】〖掲示〗客満 kè mǎn（英 *no vacancy*）▶申し訳ありませんが本日は～でございます/非常抱歉，本日已经客满了 fēicháng bàoqiàn, běn rì yǐjīng kè mǎn le

まんじゅう【饅頭】 包子 bāozi; 甜点心 tiándiǎnxīn（英 *a sweet bean-jam bun*）▶肉～/肉包子 ròubāozi ▶あん～/豆沙包 dòushābāo

〖日中比較〗中国語の'馒头 mántou'は具の入っていない中国式の「蒸しパン」のこと．

マンジュシャゲ【曼珠沙華】〖植物〗石蒜 shísuàn（英 *a cluster-amaryllis*）

まんじょう【満場】の 全场 quánchǎng（英 *of the whole house*）▶～の喝采（ホゥ）を浴びる/博得全场喝彩 bódé quánchǎng hècǎi ▶～一致で決する/全场一致通过 quánchǎng yízhì tōngguò ▶～総立ちの拍手の中を退場していった/在全场起立的一致鼓掌中退下去了 zài quánchǎng qǐlì de yízhì gǔzhǎng zhōng tuìxiàqu le

マンション 公寓大楼 gōngyù dàlóu（英 *an apartment house; a condominium*）▶高層～/高层公寓楼 gāocéng gōngyùlóu ▶賃貸/出租公寓 chūzū gōngyù ▶ワンルーム～/单间公寓 dānjiān gōngyù

まんじり 合眼 héyǎn; 打盹 dǎdǔn《通常否定を伴う》▶昨夜は心配で～ともしなかった/昨晚因为担心一夜都没合眼 zuówǎn yīnwèi dānxīn yí yè dōu méi héyǎn

まんしん【満身】 満身 mǎnshēn; 全身 quánshēn（英 *the whole body*）▶～の力を込めて/用尽全身力气 yòngjìn quánshēn lìqi ▶創痍/体无完肤 tǐ wú wánfū ▶兵士たちは～創痍の状態で帰還した/士兵们伤痕累累地归还了 shìbīngmen shānghén léilèi de guīhuán le ▶～に日を浴びていい気分だ/全身晒着阳光感到舒舒服服的 quánshēn shàizhe yángguāng gǎndào shūshūfúfú de

まんしん【慢心する】 傲慢 àomàn; 骄气 jiāoqì; 自満 zìmǎn（英 *get conceited*）▶この勝利に～しないで努力を重ねよう/不因为这次胜利而骄傲，继续不断努力 bù yīnwèi zhè cì shènglì ér jiāo'ào, jìxù búduàn nǔlì

まんせい【慢性の】 慢性 mànxìng（英 *chronic*）▶～病/慢性病 mànxìngbìng/顽症 wánzhèng ▶～疾患/慢性病 mànxìngbìng ▶不況が～化している/不景气将长期持续 bùjǐngqì jiāng chángqī chíxù

まんせき【満席の】 満座 mǎnzuò; 客満 kè mǎn; 満員 mǎnyuán（英 *full*）▶コンサート会場はほぼ～だった/音乐会会场几乎满员了 yīnyuèhuì huìchǎng jīhū mǎnyuán le ▶この役者の顔ぶれじゃ～は無理だな/就凭这些演员的话，观众恐怕不会坐满吧 jiù píng zhè xiē yǎnyuán dehuà, guānzhòng kǒngpà búhuì zuòmǎn ba

まんぜん【漫然と】 漫然 mànrán; 稀里糊涂 xīlihútú（英 *aimlessly*）▶～と過ごす/稀里糊涂地过日子 xīlihútú de guò rìzi ▶成り行きをただ～と見ているだけだった/只是漫不经心地看着事态发展 zhǐ shì màn bù jīngxīn de kànzhe shìtài fāzhǎn ▶あの余りに～とした態度にあきれた/对那过于心不在焉的态度感到惊讶 duì nà guòyú xīn bù zài yān de tàidu gǎndào jīngyà

まんぞく【満足な】 満意 mǎnyì; 満足 mǎnzú（英 *satisfactory*）▶～する/感到満意 gǎndào mǎnyì; 感到満足 gǎndào mǎnzú ▶～のゆく/称心 chènxīn; 理想 lǐxiǎng ▶当店は必ずお客様に～していただけます/本店一定会令客人満意 běndiàn yídìng huì lìng kèrén mǎnyì ▶心ゆくまで味覚を～させてくれた/充分地满足了我们的味觉 chōngfèn de mǎnzúle wǒmen de wèijué ▶この子供たちは～な教育も受けていない/这些孩子没有受到充分的教育 zhè xiē háizi méiyǒu shòudào chōngfèn de jiàoyù ▶～な椅子は一つもない/好点儿的椅子一把也没有 hǎo diǎnr de yǐzi yì bǎ yě méiyǒu ▶手紙に～に書けない/连信也不会写 lián xìn yě búhuì xiě ▶校長は～そうにうなずいた/校长満意地点了点头 xiàozhǎng mǎnyì de diǎn diǎntóu

まんタン【満タン】 灌満 guànmǎn（英 *filling up the tank*）▶ガソリンを～にする/灌满汽油 guànmǎn qìyóu

まんだん【漫談】 闲谈 xiántán; 聊天儿 liáotiānr（英 *a chat*）;〖演芸〗単口相声 dānkǒu xiàngsheng（英 *a comic chat*）▶～家/単口相声大师 dānkǒu xiàngsheng dàshī

〖日中比較〗中国語の'漫谈 màntán'は「雑談する」「自由討論する」ことを指す．

まんちょう【満潮】 涨潮 zhǎngcháo; 満潮 mǎncháo（英 *high tide*）▶今日の横浜港の～は3:41と16:08だ/今天横滨港的涨潮时间是三点四十一分和十六点零八分 jīntiān Héngbīngǎng de zhǎngcháo shíjiān shì sān diǎn sìshíyī fēn hé shíliù diǎn líng bāfēn ▶釣り人は～時に注意して下さい/钓鱼者涨潮时请注意 diàoyúzhě zhǎngcháo shí qǐng zhùyì

マンツーマン 一对一 yī duì yī（英 *one-to-one*）▶～で指導する/个别辅导 gèbié fǔdǎo

まんてん【満天】 満天 mǎntiān（英 *a skyful of...*）▶～の星/繁星満天 fánxīng mǎntiān

まんてん【満点】 満分 mǎnfēn; 十全十美 shí quán shí měi (英 *full marks*) ▶ ～を取る/得満分 dé mǎnfēn ▶ 英語で～を取る/英语考了满分 Yīngyǔ kǎole mǎnfēn ▶ この料理は栄養～だ/这道菜在营养方面十全十美 zhè dào cài zài yíngyǎng fāngmiàn shí quán shí měi ▶ サービス～のホテル/服务十全十美的宾馆 fúwù shí quán shí měi de bīnguǎn

マント〘服飾〙斗篷 dǒupeng; 披风 pīfēng (英 *a cloak*) ▶ ～を羽織る/披斗篷 pī dǒupeng

マントウ〘饅頭〙〘料理〙馒头 mántou (英 *a steamed bun*) ▶ ～を蒸す/蒸馒头 zhēng mántou

マンドリン〘楽器〙曼陀林琴 màntuólínqín (英 *a mandolin*)

マントルピース 壁炉台 bìlútái (英 *a mantelpiece*)

まんなか【真ん中】 中间 zhōngjiān; 当中 dāngzhōng (英 *the middle; the center*) ▶ 三人兄弟の～/弟兄三个里居中 dìxiong sān ge lǐ jūzhōng ▶ 部屋の～/屋子的正中 wūzi de zhèngzhōng ▶ 道の～で/在路当中 zài lù dāngzhōng ▶ 歓楽街の～には古本屋が一軒ある/在闹市中央有一家旧书店 zài nàoshì zhōngyāng yǒu yì jiā jiùshūdiàn ▶ ～に穴のあいた貨幣/中央漏着孔的货币 zhōngyāng lòuzhe kǒng de huòbì ▶ 髪を～で分ける/把头发从中间分开 bǎ tóufa cóng zhōngjiān fēnkāi ▶ 庭の～にたいさんぼくの大木がある/在里院中央种着高大的玉兰树 zài lǐyuàn zhōngyāng zhòngzhe gāodà de yùlánshù

マンネリズム 千篇一律 qiān piān yílǜ; 维持现状的倾向 wéichí xiànzhuàng de qīngxiàng (英 *mannerism*) ▶ ～に陥る/陷入陈规旧套 xiànrù chéngguī jiùtào

まんねん【万年】 永久 yǒngjiǔ; 万年 wàn nián (英 *ten thousand years*)
ことわざ 鶴は千年亀は万年 千年鹤万年龟 qiān nián hè wàn nián guī
◆～床(ﾄ) ▶ ～床をする/从来不叠被褥 cónglái bù dié bèirù

まんねんひつ【万年筆】 钢笔 gāngbǐ; 自来水笔 zìláishuǐbǐ (英 *a fountain pen*) ▶ 私はいつも使い慣れた～で原稿を書く/我总是用使惯了的钢笔写稿子 wǒ zǒngshì yòng shǐguànle de gāngbǐ xiě gǎozi

まんねんゆき【万年雪】 万年雪 wànniánxuě (英 *eternal snow*)

まんねんれい【満年齢】 周岁 zhōusuì (英 *one's age calculated in completed years*) ▶ ～で50歳になる/五十周岁了 wǔshí zhōusuì le

まんぱい〘満杯である〙装满 zhuāngmǎn; 满满 mǎnmǎn (英 *be full*) ▶ 駐車場は～だ/停车场都是满满的 tíngchēchǎng dōu shì mǎnmǎn de

マンパワー 人力 rénlì; 人力资源 rénlì zīyuán (英 *manpower*)

まんびき【万引きする】 窃偷商品 qiètōu shāngpǐn (英 *shoplift*) ▶ 店员の目を盗んで雑誌を～する/躲开店员的眼睛偷了杂志 duǒkāi diànyuán de yǎnjing tōule zázhì ▶ 本の～で捕まった/因偷书而被捕了 yīn tōu shū ér bèibǔ le

まんびょう【万病】 百病 bǎibìng (英 *all sorts of diseases*) ▶ ～の薬/万能药 wànnéngyào ▶ 風邪は～のもと/感冒是百病之源 gǎnmào shì bǎibìng zhī yuán

まんぷく【満腹の】 吃饱 chībǎo (英 *replete*) ▶ これだけ食べれば～しそうだ/吃这么多就会饱了吧 chī zhème duō jiù huì bǎo le ba ▶ ～になって眠くなった/一吃饱就犯困 yì chībǎo jiù fànkùn ▶ おにぎり一個じゃ～感がない/只吃一个饭团子不会觉吃饱 zhǐ chī yí ge fàntuánzi búhuì juéde bǎo

まんべんなく【万遍なく】 普遍 pǔbiàn; 均匀地 jūnyún de (英 *equally*) ▶ ～塗る/涂得均匀 túde jūnyún

マンボ〘音楽〙曼保舞 mànbǎowǔ; 曼波 mànbō (英 *mambo*) ▶ ～ズボン/细腿裤 xìtuǐkù

マンホール 下水道口 xiàshuǐdàokǒu; 检修孔 jiǎnxiūkǒng (英 *a manhole*) ▶ ～のふた/检修孔盖儿 jiǎnxiūkǒng gàir ▶ ～に落ちて大けがした/跌进下水道口受了重伤 diējìn xiàshuǐdàokǒu shòule zhòngshāng

まんぽけい【万歩計】 计步器 jìbùqì (英 *a pedometer*) ▶ ～をつけて歩く/腰带计步器走路 yāodài jìbùqì zǒulù

まんまえ【真ん前に】 眼前 yǎnqián; 跟前 gēnqián (英 *just in front*) ▶ 戦車の～に立ちはだかる/挡在战车跟前 dǎngzài zhànchē gēnqián ▶ 駅の～にコンビニがある/在车站前面有便利店 zài chēzhàn qiánmiàn yǒu biànlìdiàn

まんまく【幔幕】 幔帐 mànzhàng; 帷幕 wéimù (英 *bunting*) ▶ 式場には～が張りめぐらされている/会场围着幔帐 huìchǎng wéizhe mànzhàng

まんまと 巧妙地 qiǎomiào de (英 *completely; successfully*) ▶ ～騙される/完全受骗 wánquán shòupiàn ▶ ～逃げおおせる/狡猾地逃跑 jiǎohuá de táopǎo

まんまる【真ん丸な】 滴溜儿 dīliūr; 浑圆 húnyuán; 溜圆 liūyuán (英 *perfectly round*) ▶ ～な月/溜圆的月亮 liūyuán de yuèliang ▶ ～い顔に～い眼がついている/溜圆的脸上有两个滴圆的眼睛 liūyuán de liǎnshang yǒu liǎng ge dī liūyuán de yǎnjing

まんまん【満満】 满 mǎn (英 *full of...*) ▶ 自信～/满怀信心 mǎnhuái xìnxīn ▶ やる気～/干劲儿十足 gànjìnr shízú ▶ 不平～である/牢骚满腹 láosao mǎnfù ▶ ダムは～と水をたたえていた/水坝蓄满了水 shuǐbà xùmǎnle shuǐ ▶ 窓の外は～たる大河である/窗外是茫茫大河 chuāngwài shì mángmáng dàhé

まんめん【満面】 (英 *the whole face*) ▶ ～の笑みをたたえる/满面春风 mǎnmiàn chūnfēng ▶ 彼は得意～の顔で登壇した/他得意洋洋地登上了讲台 tā déyì yángyáng de dēngshàngle jiǎngtái

マンモス ❶〘氷河期の巨象〙猛犸 měngmǎ; 长毛象 chángmáoxiàng (英 *a mammoth*)

❷【比喩】 巨大的 jùdà de (英 mammoth) ▶～タンカー/巨型油轮 jùxíng yóulún ◆～企業/巨大企业 jùdà qǐyè; 巨型企业 jùxíng qǐyè ◆～都市/巨大城市 jùdà chéngshì; 巨型城市 jùxíng chéngshì

まんゆう【漫遊する】 漫游 mànyóu (英 make a tour) ▶諸国～/漫游各地 mànyóu gèdì ▶～記/漫游记 mànyóujì ▶老後は～記でも書こうかな/晚年说不定写点漫游记什么的 wǎnnián shuōbudìng xiě diǎn mànyóujì shénmede

まんりき【万力】 老虎钳 lǎohǔqián (英 a vise) ▶～で締めつける/用老虎钳夹住 yòng lǎohǔqián jiāzhù

まんりょう【満了】 期满 qīmǎn; 届满 jièmǎn (英 expiration) ▶任期～/届满 jièmǎn ▶刑期～で出所する/刑满出狱 xíngmǎn chūyù

み

み【巳】〔十二支〕巳 sì (英 (the year of) the Snake) ▶～年生まれ/属蛇 shǔ shé

み【身】 **❶**【人のからだ】 身上 shēnshang; 身子 shēnzi (英 a body) ▶～を寄せる/寄居 jìjū ▶～につける物/穿戴 chuāndài ▶～につける物でセンスを計られる/从穿戴看品味 cóng chuāndài kàn pǐnwèi ▶～を乗り出す/探身 tàn shēn ▶～を乗り出して話に聞き入る/探身倾听 tàn shēn qīngtīng ▶～をもって/亲身 qīnshēn ▶正義とは何か、彼は～をもって示した/他以自己的行动告诉大家，何谓正义 tā yǐ zìjǐ de xíngdòng gàosu dàjiā, héwèi zhèngyì ▶焼け出されて親戚の家に～を寄せている/因火灾无家可归而投靠亲戚 yīn huǒzāi wú jiā kě guī ér tóukào qīnqi ▶その服はぴたりと～についていた/那件衣服很合身 nà jiàn yīfu hěn héshēn ▶カーテンの後ろに～を隠す/藏身在窗帘后面 cángshēn zài chuānglián hòumian ▶船から海に～を投げた/从船上投海 cóng chuánshang tóu hǎi ▶～をもって逃げる/只身逃跑 zhīshēn táopǎo ▶残業残業、こんじゃとても～が持たないよ/加班加班，身体怎么挺得住啊？jiābān jiābān, shēntǐ zěnme tǐngdezhù a?

❷【我が身】 身 shēn (英 oneself) ▶深い教養を～につける/获得很好的教养 huòdé hěn hǎo de jiàoyǎng ▶～についた習慣/长期养成的习惯 chángqī yǎngchéng de xíguàn ▶～のためを思うなら/若是为自身着想 ruòshì wèi zìshēn zhuóxiǎng ▶芸術の世界に～を投じる/投身于艺术 tóushēn yú yìshù ▶いさぎよく～を引くことにした/决定毅然退职 juédìng yìrán tuìzhí ▶都会に出て～を持ちくずしたそうだ/听说进城以后变得品行不正了 tīngshuō jìnchéng yǐhòu biànde pǐnxíng bú zhèng le ▶～の危険を顧みず川にとびこんだ/奋不顾身地跳入河中 fèn bú gù shēn de tiàorù hézhōng ▶今後の～の振り方/今后的生活道路 jīnhòu de shēnghuó dàolù

❸【肉】 肉 ròu (英 flesh; meat) ▶卵の白～/蛋清 dànqīng ▶この魚は～がしまっている/这条鱼的肉很新鲜 zhè tiáo yú de ròu hěn xīnxiān

❹【立場】 立场 lìchǎng (英 a place; a position) ▶お父さんの～にもなってごらんよ/站在父亲的立场上想一想 zhànzài fùqin de lìchǎngshang xiǎng yì xiǎng

ことわざ 身から出た錆 自作自受 zì zuò zì shòu
ことわざ 身を捨ててこそ浮かぶ瀬もあれ 肯牺牲才能有成功 kěn xīshēng cái néng yǒu chénggōng; 有付出才能有获得 yǒu fùchū cái néng yǒu huòdé

～が入る 专心 zhuānxīn ▶私は仕事に～が入らない/我不能专心工作 wǒ bùnéng zhuānxīn gōngzuò ▶このところ仕事に～が入らないようだね/你最近好像不能专心工作 nǐ zuìjìn hǎoxiàng bùnéng zhuānxīn gōngzuò

～に余る 过分 guòfèn ▶賞をいただくなんて、～に余る光栄です/获奖是无上的荣誉 huòjiǎng shì wúshàng de róngyù

～にしみる 深感 shēn gǎn ▶浮世の風が～にしみる/切身感受世道艰难 qièshēn gǎnshòu shìdào jiānnán ▶寒さが～にしみる/寒气袭人 hánqì xí rén ▶君の親切が～にしみる/你的热情使我深受感动 nǐ de rèqíng shǐ wǒ shēn shòu gǎndòng ▶～にしみる辛さ/切肤之痛 qiè fū zhī tòng

～につく 掌握 zhǎngwò; 学会 xuéhuì ▶芸をにつける/掌握手艺 zhǎngwò shǒuyì ▶彼の音感は習得したものではなく、生まれつき～についたものだ/他的音感不是学来的，而是天生的 tā de yīngǎn bú shì xuélái de, ér shì tiānshēng de ▶彼女の～のこなしは、とっつつけたもので～についたものだ/她的动作一点不假，非常自然 tā de dòngzuò yìdiǎn bù jiǎ, fēicháng zìrán

～につまされる 为他人的身世而感伤 wèi tārén de shēnshì ér gǎnshāng

～の置き所 ▶～の置き所がない/无地自容 wú dì zì róng ▶広い世間に～の置き所がない/世间广大却无容身之地 shìjiān guǎngdà què wú róngshēn zhī dì

～のこなし 体态 tǐtài ▶～のこなしがいかにも軽やかだ/举止十分轻快 jǔzhǐ shífēn qīngkuài

～のため 对自己有好处 duì zìjǐ yǒu hǎochu ▶すっかり白状する方が～のためだぞ/全部坦白对自己有好处 quánbù tǎnbái duì zìjǐ yǒu hǎochu

～二つになる 生孩子 shēng háizi ▶秋には～二つになる予定だ/秋天要生孩子 qiūtiān yào shēng háizi

～も蓋(ふた)もない 露骨 lùgǔ ▶そう言ってしまっては～も蓋もない/这么说也太露骨了 zhème shuō yě tài lùgǔ le

～を固める 成家 chéngjiā; 结婚 jiéhūn; (〈身支度〉)身穿 shēn chuān ▶そろそろ～を固めろよ/该成家了吧 gāi chéngjiāle ba

～をかわす 闪身 shǎnshēn; 闪开 shǎnkāi ▶さっと～をかわして難を逃れた/身子一闪躲过了过去 shēnzi yì shǎn duǒle guòqù

~を粉(こ)にする ▶~を粉にして働いた/拼命地工作 pīnmìng de gōngzuò;对事业鞠躬尽瘁 duì shìyè jūgōng jìncuì

~を立てる[起こす] 以…为生 yǐ…wéishēng;成功 chénggōng ▶商売で~を立てる/以买卖为生 yǐ mǎimài wéishēng ▶彼は一介の教員から~を起こして大作家になった/他从一名教员起家成了大作家 tā cóng yì míng jiàoyuán qǐjiā chéngle dàzuòjiā

~を挺(てい)する 挺身 tǐngshēn ▶~を挺して子供を救った/挺身抢救儿童 tǐngshēn qiǎngjiù értóng

~を任す 委身 wěishēn;许身 xǔshēn

み[実] **❶**[果実] 果实 guǒshí (英 *fruit; nut*) ▶~がなる/结果 jiēguǒ ▶たわわに柿の~がなった/树枝弯弯地结满柿子 shùzhī wānwān de jiēmǎn shìzi

❷[実質] 内容 nèiróng (英 *substance*) ▶~のある/内容充实 nèiróng chōngshí ▶~のある話をしろ/讲有内容的话吧 jiǎng yǒu nèiróng de huà ba ▶~のないおつゆでがまんする/凑合喝清汤寡水 còuhe hē qīngtāng guǎshuǐ

~を結ぶ 结果 jiēguǒ;出成果 chū chéngguǒ ▶努力が~を結んだ/由于努力取得了成果 yóuyú nǔlì qǔdéle chéngguǒ ▶多年の研究が~を結ぶ/多年的研究出了成果 duōnián de yánjiū chūle chéngguǒ

み[箕][農具] 簸箕 bòji (英 *a winnower*) ▶~でふるう/摇簸箕 yáo bòji

ミ[音楽] 米 mǐ〔ドレミ音階の第3音〕(英 *mi*)

みあい[見合い]をする 相亲 xiāngqīn;相看 xiāngkàn (英 *be formally introduced to a prospective husband〔wife〕*) ▶来週~をすることになっている/下星期要相亲 xiàxīngqī yào xiāngqīn ▶~の相手は八百屋の跡取り息子である/相亲的对方是蔬菜店将继承家业的儿子 xiāngqīn de duìfāng shì shūcàidiàn jiāng jìchéng jiāyè de érzi

♦~結婚 通过相亲结的婚 tōngguò xiāngqīn jié de hūn;介绍结婚 jièshào jiéhūn ▶私たちは~結婚です/我们是通过介绍结婚的 wǒmen shì tōngguò jièshào jiéhūn de ▶~写真 ▶~写真を撮る/拍相亲照 pāi xiāngqīnzhào

みあう[見合う] 相抵 xiāngdǐ;平衡 pínghéng;相称 xiāngchèn (英 *suit*) ▶予算に見合った買い物/与预算相当的购物 yǔ yùsuàn xiāngdāng de gòuwù ▶予算に見合った買い物/根据预算买东西 gēnjù yùsuàn mǎi dōngxi ▶知能は収入の伸びに見合って高まっていってはくれない/智力却不能与收入的增长同步 zhìlì què bùnéng yǔ shōurù de zēngzhǎng tóngbù ▶努力に~結果がほしい/希望得到与努力相应的成果 xīwàng dédào yǔ nǔlì xiāngyìng de chéngguǒ ▶骨折りに~満足を得る/获得与辛劳相抵的满足感 huòdé yǔ xīnláo xiāngdǐ de mǎnzúgǎn ▶生活費の値上りに~給料を要求する/我们要求工资跟得上生活费用的提高 wǒmen yāoqiú gōngzī gēndeshàng shēnghuó fèiyong de tígāo ▶責務に~賃金/与职位相称的工资 yǔ zhíwèi xiāngchèn de gōngzī

みあきる[見飽きる] 看腻 kànnì;看够 chàngòu (英 *be tired of seeing*) ▶もう見飽きた/已经看腻了 yǐjīng kànnì le ▶あの馬づらはもう見飽きたわ/那张驴脸已经看够了 nà zhāng lǘliǎn yǐjīng kàngòu le ▶あの映画は何度見ても~ことがない/那个电影看多少回也看不腻 nàge diànyǐng kàn duōshao huí yě kànbunì

みあげた[見上げた] 可钦佩 kě qīnpèi;令人赞赏 lìng rén zànshǎng (英 *admirable*) ▶~態度/令人赞赏的态度 lìng rén zànshǎng de tàidù ▶~心がけ/值得赞扬的作风 zhídé zànyáng de zuòfēng ▶~男だ/令人佩服的男子汉 lìng rén pèifú de nánzǐhàn ▶老人の歩行を助けるな~心がけである/搀扶老人行走是令人尊敬的举止 chānfú lǎorén xíngzǒu shì lìng rén zūnjìng de jǔzhǐ

みあげる[見上げる] 仰望 yǎngwàng;抬头看 táitóu kàn (英 *look up; raise the eyes*) ▶天の川を~/仰望银河 yǎngwàng yínhé ▶2階を見上げて名を呼んだ/朝着二楼喊着名字 cháozhe èr lóu hǎn míngzi ▶~空に丸い月が浮かんでいた/抬头仰望只见圆月当空 táitóu yǎngwàng zhǐ jiàn yuányuè dāngkōng ▶息子は~ばかりの巨漢に育った/儿子长成了身材高大的汉子 érzi zhǎngchéngle shēncái gāodà de hànzi

みあたる[見当たる] 找到 zhǎodào (英 *find*) ▶どこにも見当たらない/哪里都找不到 nǎli dōu zhǎobudào ▶彼の名は名簿のどこにも見当たらない/他的名字在名单上怎么也找不到 tā de míngzi zài míngdānshang zěnme yě zhǎobudào ▶ポケットに入れたはずの切符が見当たらない/票的确放进兜里了,可是找不到 piào díquè fàngjìn dōuli le, kěshì zhǎobudào ▶彼はどこにも見当たらない/哪儿都找不到 nǎr dōu zhǎobudào

みあやまる[見誤る] 看错 kàncuò;认错 rèncuò (英 *fail to see; mistake*) ▶彼らの意図を~/估计错了他们的意图 gūjìcuòle tāmen de yìtú ▶客を従業員と~/错把顾客当成服务员 cuò bǎ gùkè dàngchéng fúwùyuán

みあわせる[見合わせる] **❶**[顔を] 互看 hùkàn;相视 xiāngshì (英 *look at each other*) ▶二人は思わず顔を見合わせた/两个人禁不住互相看了看 liǎng ge rén jīnbuzhù hùxiāng kànle kàn

❷[中止] 暂缓 zànhuǎn;取消 qǔxiāo;中止 zhōngzhǐ (英 *put off; postpone*) ▶出発を~/暂缓出发 zànhuǎn chūfā ▶嵐のため運転を一時~/由于暴风雨电车暂时停开 yóuyú bàofēngyǔ diànchē zànshí tíng kāi ▶テロで物騒だ。旅行は見合わせよう/恐怖活动闹得很凶,旅行还是中止吧 kǒngbù huódòng nàode hěn xiōng, lǚxíng háishi zhōngzhǐ ba

みいだす[見出だす] 看出来 kànchūlai;找到 zhǎodào;发现 fāxiàn (英 *find; discover*) ▶

ミーティング 碰头会 pèngtóuhuì; 会议 huìyì; 会 huì (英 *a meeting*) ▶週末に~を行います/周末有会 zhōumò yǒu huì ▶朝の~で方針を確認しあった/在早上的会议上共同确认了方针 zài zǎoshang de huìyìshang gòngtóng quèrènle fāngzhēn

ミイラ【木乃伊】 mùnǎiyī (英 *a mummy*) ▶~のごとく瘦せている/枯瘦得好像木乃伊 kūshòude hǎoxiàng mùnǎiyī ▶~化した体/变成木乃伊的尸体 biànchéng mùnǎiyī de shītǐ

~取りが~になる 前往召还别人,结果自己一去不返/劝人者反被人劝服 quànrénzhě fǎn bèi rén quànfú ▶~取りになるとはな/没想到去说服人反被说服了 méi xiǎngdào qù shuōfú rén fǎn bèi shuōfú

みいられる【魅入られる】 被迷住 bèi mízhù; (取りつかれる) 着魔 zháomó (英 *be fascinated*) ▶その時の僕は悪魔に魅入られたようだった/那时候我好像是走火入魔了一样 nà shíhou wǒ hǎoxiàng shì zǒuhuǒ rùmóle yíyàng

みいり【実入り】 收入 shōurù; 进款 jìnkuǎn (英 *gains; profit; an income*) ▶~がよい 收入好 shōurù hǎo; 收入多 shōurù duō ▶もっと~のよい仕事があるんだが…/收入更好的工作有是有… shōurù gèng hǎo de gōngzuò yǒu shì yǒu…

みいる【見入る】 看得出神 kànde chū shén; 注视 zhùshì (英 *watch; look at*) ▶写真に~/看照片看得入迷 kàn zhàopiàn kànde chū shén ▶父の写真にじっと見入った/对着父亲的照片看得出神 duìzhe fùqin de zhàopiàn kànde chū shén

みうける【見受ける】 看见 kànjiàn; 看到 kàndào (英 *come across; [... のようだ] look*) ▶よく見うけられる光景/经常看到的景象 jīngcháng kàndào de jǐngxiàng ▶どこでも見うけられる光景である/在哪儿都能看到的光景 zài nǎr dōu néng kàndào de guāngjǐng ▶~とお見受けする/看来… kànlái… ▶陶芸に詳しいお方とお見受けする/看来这位对陶艺很有研究 kànlái zhè wèi duì táoyì hěn yǒu yánjiū ▶見受けたところ/看样子 kàn yàngzi; 看起来 kànqǐlai ▶見受けたところ旅慣れた人らしい/看样子他经常旅行 kàn yàngzi tā jīngcháng lǚxíng

みうごき【身動きする】 活动 huódòng; 动弹 dòngtan; 转动 zhuǎndòng (英 *move*) ▶借金で~がとれない/因负债一筹莫展 yīn fùzhài yì chóumò zhǎn ▶車内は混んで~がとれない/车里挤得动弹不得 chēli jǐde dòngtanbude ▶~もできない/动都不能动 dòng dōu bùnéng dòng

みうしなう【見失う】 (方向を) 迷失 míshī; (姿などを) 看丢 kàndiū (英 *lose sight of...; miss*) ▶方向を~/迷失方向 míshī fāngxiàng ▶見知らぬ土地で方向を~/在陌生的地方迷了路 zài mòshēng de dìfang mílе lù ▶~を見丢いだ人/人混みで妻の姿を~/在人群中不见了妻子 zài rénqún zhōng bújiànle qīzi ▶自分を~/遗失自己 yíshī zìjǐ ▶私はいつしか自分を見失っていた/我在不知不觉中失去了自我 wǒ zài bùzhī bùjué zhōng shīqùle zìwǒ

みうち【身内】 自家人 zìjiārén; 亲人 qīnrén (〔親類〕 *one's relatives*) ▶どうして人じゃないけど、たった一人の~なのだ/他人虽不怎么样,却是我唯一的亲人 tā rén suī bù zěnmeyàng, què shì wǒ wéiyī de qīnrén ▶~の不始末をどうするつもりなんだ/对自家人的过失,你准备怎么处理? duì zìjiārén de guòshī, nǐ zhǔnbèi zěnme chǔlǐ?

みうり【身売りする】 (会社の) 转让 zhuǎnràng (英 *sell oneself*) ▶当社も~する羽目になった/我们公司也落到了要被转让的地步 wǒmen gōngsī yě luòdàole yào bèi zhuǎnràng de dìbù ▶さる新聞社の~がささやかれている/传闻某报社要被转让 chuánwén mǒu bàoshè yào bèi zhuǎnràng

みえ【見栄】 排场 páichǎng; páichang; 虚荣 xūróng (英 *show; vanity*) ▶~でブランド品ばかり買う/讲排场尽买名牌 jiǎng páichǎng jìn mǎi míngpái ▶~でピアノを習わせてるんだ/为了虚荣让孩子学钢琴 wèile xūróng ràng háizi xué gāngqín ▶~のために/为了虚荣 wèile xūróng

~を切る (舞台で) 亮相 liàngxiàng;《自信を誇示》夸示自己 kuāshì zìjǐ ▶完成させると大~を切った手前…/已经拍着胸脯断言说了一定完成… yǐjing pāizhe xiōngpú duànyán shuōle yídìng wánchéng…

~を張る 摆门面 bǎi ménmian; 撑场面 chēng chǎngmiàn; 要样儿 yào yàngr ▶人に負けまいと~を張る/为了面子争强好胜 wèile miànzi zhēngqiáng hàoshèng ▶~を张って新车を買う/为了体面买新车 wèile tǐmiàn mǎi xīnchē

♦~っぱり(な人) 要面子(的人) yào miànzi (de rén)

みえかくれ【見え隠れする】 隐现 yǐnxiàn; 若隐若现 ruò yǐn ruò xiàn (英 *be seen off and on*) ▶雨がやんで山の頂上が~している/雨停了,山顶若隐若现 yǔ tíngle, shāndǐng ruò yǐn ruò xiàn ▶木の間に~する家々/树林中若隐若现的人家 shùlín zhōng ruò yǐn ruò xiàn de rénjiā

みえすいた【見え透いた】 明显的 míngxiǎn de; 露骨的 lùgǔ de (英 *transparent*) ▶~嘘/明显的谎言 míngxiǎn de huǎngyán ▶おまえの嘘は見え透いている/看穿了你的谎言 kànchuānle nǐ de huǎngyán ▶~懐柔策には乗らないよ/露骨的怀柔策略,我们不上当 lùgǔ de huáiróu cèlüè, wǒmen bù shàngdàng ▶~言い訳/非常明显的辩解 fēicháng míngxiǎn de biànjiě ▶~ことをする/他的意图是显而易见的 tā de yì shì xiǎn ér yì jiàn de ▶これはあまりに～貿易保護政策である/这是再明显不过的贸易保护政策 zhè shì zài míngxiǎnbúguò de màoyì bǎohù zhèngcè

みえる【見える】 ❶【目に入る】 看得见 kàndejiàn (英 see; be visible) ▶海の～窓辺にずっと座っていた/一直坐在能望到海的窗边 yīzhí zuòzài néng wàngdào hǎi de chuāngbiān ▶目が見えない人の心がよく～/眼睛看不见的人能看到人的内心 yǎnjing kànbujiàn de rén néng kàndào rén de nèixīn ▶彼は開いた窓の近くの,庭の～ところに座っていた/他坐在敞开的窗子旁边,从那儿可以看到院子 tā zuòzài chǎngkāi de chuāngzi pángbiān, cóng nàr kěyǐ kàndào yuànzi ▶この季節にはむくどりと雀だけが～/这个季节只能看到灰椋鸟和麻雀 zhège jìjié zhǐ néng kàndào huīliángniǎo hé máquè ▶その時トラックのために子供の姿が見えなくなった/那时由于卡车开了过来,孩子的身影看不见了 nàshí yóuyú kǎchē kāileguòlai, háizi de shēnyǐng kànbujiàn le ▶見えてくる/慢慢看清楚 mànmàn kànqīngchu ▶片目が見えなくなる/一只眼睛失明了 yì zhī yǎnjing shīmíng le ❷【…のように見える】 显得 xiǎnde; 好像 hǎoxiàng (英 appear; seem) ▶とても10歳の子供には見えない/一点也不像十岁的孩子 yìdiǎn yě bú xiàng shí suì de háizi ▶人の死を喜んでいるように～/他好像对别人的死很高兴 tā hǎoxiàng duì biérén de sǐ hěn gāoxìng ▶彼は50歳だと言うが,そうは見えない/他说是五十岁,可其不像 tā shuō shì wǔshí suì, kě zhēn bú xiàng

みおくり【見送り】 送别 sòngbié;《機会を》搁置 gēzhì; 放弃 fàngqì (英 a send-off) ▶～に行く/送行 sòngxíng ▶駅まで先生を～に行く/送老师到车站 sòng lǎoshī dào chēzhàn ▶今回は～にする/这次的议一下 zhècì gēzhì yíxià ▶改革案は今回は～にする/改革方案这次予以放弃 gǎigé fāng'àn zhècì yǔyǐ fàngqì ▶《野球で》～のストライク/错过一个好球 cuòguò yí ge hǎoqiú
◆～人/送行的人 sòngxíng de rén

みおくる【見送る】 ❶【去って行く人などを】 送别 sòngbié; 送行 sòngxíng (英 off) ▶後ろ姿を～/望着背影 wàngzhe bèiyǐng ▶いつまでも彼の後ろ姿を見送っていた/一直望着他的背影 yīzhí wàngzhe tā de bèiyǐng ▶客を～/送客 sòng kè ▶客を見送って外に出た/把客人送到外边 bǎ kèrén sòngdào wàibian ▶玄関まで～/送到门口 sòngdào ménkǒu
❷【実行を延ばす】 放弃 fàngqì; 放过 fàngguò (英 leave) ▶その件は見送った/那件事还是搁置了 nà jiàn shì háishi gēzhì le ▶その件は～ことにした/那件事不办了 nà jiàn shì bú bàn le ▶福永君はこういう機会は決して見送らない/福永绝不放过这种机会 Fúyǒng juébù fàngguò zhè zhǒng jīhuì

みおさめ【見納め】 看最后一次 kàn zuìhòu yí cì (英 a last look) ▶それが我が家の～になろうとは/没想到那是我最后一次见到自己家 méi xiǎngdào nà shì wǒ zuìhòu yí cì jiàndào zìjǐjiā ▶これがこの世の～になるかも知れない/这也许是我的末日 zhè yěxǔ shì wǒ de mòrì

みおとし【見落とし】 看漏 kànlòu; 遗漏 yílòu (英 an oversight) ▶～のないように/不要看漏 búyào kànlòu ▶～のないように再度点検しなさい/再检查一遍,不要有遗漏 zài jiǎnchá yí biàn, búyào yǒu yílòu ▶それは致命的な～だった/那是致命的遗漏 nà shì zhìmìng de yílòu

みおとす【見落とす】 看漏 kànlòu; 忽略 hūlüè; 疏漏 shūlòu (英 overlook) ▶うっかり～/不留心忽略 bù liúxīn de hūlüè ▶うっかり標識を～/没注意看漏了标记 méi zhùyì kànlòu biāojì ▶こんな誤字を～なんてどうかしてるぞ/这么明显的错字也看漏,出什么毛病了吧 zhème míngxiǎn de cuòzì yě kànlòu, chū shénme máobìngle ba

みおとり【見劣りする】 逊色 xùnsè (英 be not as good as…) ▶安物は～がする/便宜货有逊色 piányihuò yǒu xùnsè ▶あの娘はスターと並んでも～しない/那个女孩子跟明星站在一起也不觉逊色 nàge nǚháizi gēn míngxīng zhànzài yìqǐ yě bùjué xùnsè

みおぼえ【見覚えがある】 眼熟 yǎnshú; 看上去眼熟 kànshàngqu yǎnshú (英 remember; recognize) ▶～のない/陌生 mòshēng ▶～のない人物が私を訪ねてきた/一个没见过的人来访问我 yí ge méi jiànguo de rén lái fǎngwèn wǒ ▶～のある村の家々が懐かしかった/那眼熟的村子的家家户户令人怀念 nà yǎnshú de cūnzi de jiājiāhùhù lìng rén huáiliàn ▶写真の人物には～がある/照片上的人看上去眼熟 zhàopiànshang de rén kànshàngqu yǎnshú ▶彼の顔は写真で～がある/他的脸在照片上见过 tā de liǎn zài zhàopiànshang jiànguo

みおも【身重の】 身孕 shēnyùn; 怀孕 huáiyùn (英 pregnant) ▶～な体/双身子 shuāngshēnzi ▶彼女は～だ/她有身孕 tā yǒu shēnyùn ▶～の体を引きずるようにして歩く/拖着怀孕的身子行走 tuōzhe huáiyùn de shēnzi xíngzǒuzhe ▶～の婦人が乗ってきた/一个有身孕的妇人上了车 yí ge yǒu shēnyùn de fùrén shàngle chē

みおろす【見下ろす】 俯视 fǔshì; 往下看 wǎngxià kàn;《人を》小看 xiǎokàn (英 overlook; look down) ▶～/俯视山脚 fǔshì shānjiǎo ▶学校は港を～高台にある/学校位于可以俯视码头的高岗 xuéxiào wèiyú kěyǐ fǔshì mǎtou de gāogǎng ▶人を～ような態度が気にさわる/看不惯他那种傲慢的态度 kànbuguàn tā nà zhǒng àomàn de tàidù

みかい【未開の】 未开化 wèi kāihuà; 未开拓 wèi kāituò (英 barbarous; uncivilized) ▶～の地/未开化的土地 wèi kāihuà de tǔdì ▶～の地が大都市に変わった/未开化的土地变成了大都市 wèi kāihuà de tǔdì biànchéngle dàdūshì ▶先端科学の～の分野に挑戦する/向先端科学

中未开发的领域挑战 xiàngduān kēxué zhōng wèi kāifā de lǐngyù tiǎozhàn

みかいけつ【未解決の】 还没解决 hái méi jiějué (英 *unsettled; unsolved*) ▶~の問題/悬案 xuán'àn ▶~の事件が多い/未解决的案件有很多 wèi jiějué de ànjiàn yǒu hěn duō ▶問題は～のまま放置されてきた/问题迄今停留于未解决状态 wèntí qìjīn tíngliú yú wèi jiějué zhuàngtài

みかいこんち【未開墾地】 生荒地 shēnghuāngdì (英 *uncultivated land*) ▶～に入植する/迁入垦荒地区 qiānrù kěnhuāng dìqū ▶～が地下資源の宝庫と分かった/经调查知道了那片未开垦地区是地下资源的宝库 jīng diàochá zhīdàole nà piàn wèi kāikěn dìqū shì dìxià zīyuán de bǎokù

みかいたく【未開拓の】 未开拓 wèi kāituò; 未开发 wèi kāifā (英 *undeveloped; uncultivated*) ▶あの一帯の土地は～のままだ/那一带还是未开垦地区 nà yídài háishi wèi kāikěn dìqū ▶～の分野/还没开发的领域 hái méi kāifā de lǐngyù ▶～の分野に進出する/进入未开拓的领域 jìnrù wèi kāituò de lǐngyù ▶～の研究分野/未开拓的研究领域 wèi kāituò de yánjiū lǐngyù

みかいはつ【未開発の】 未开发 wèi kāifā (英 *undeveloped*) ▶～の山奥/未开发的深山 wèi kāifā de shēnshān ▶～の山奥に調査の手が入る/开始调查未开发的偏远山区 kāishǐ diàochá wèi kāifā de piānyuǎn shānqū ▶あの辺の地下資源は～だ/那个地区的地下资源还没有被开发出来 nàge dìqū de dìxià zīyuán hái méiyǒu bèi kāifāchūlai

みかえす【見返す】 回顾 huígù; (見直す) 重复看 chóngfù kàn; (過去の屈辱に) 争气 zhēngqi (英 *look back*; [報復] *get revenge*) ▶答案を～/重看一遍考卷 chóng kàn yí biàn kǎojuàn ▶答案を2度3度と～/对考卷重复检查两三遍 duì kǎojuàn chóngfù jiǎnchá liǎng sān biàn ▶きっとあいつを見返してやる/我非要干出个样子让那个家伙看看 wǒ fēi yào gànchū ge yàngzi ràng nàge jiāhuo kànkan; 一定要争气给他看看 yídìng yào zhēngqì gěi tā kànkan ▶ぎろりと見たので俺も見返してやった/那个男的盯了我一眼,于是我也回瞪了他一眼 nàge nán de dīngle wǒ yì yǎn, yúshì wǒ yě huí dèngle tā yì yǎn

みかえり【見返りに】 回报 huíbào; 抵消 dǐxiāo (英 *in return for...*) ▶～品/抵押品 dǐyāpǐn ▶便宜を計った～に時計をもらう/因为提供了方便收到回报的手表 yīnwèi tígōngle fāngbiàn shōudào huíbào de shǒubiǎo ▶高い～を要求する/对方要求昂贵的回报 duìfāng yāoqiú ángguì de huíbào

みがき【磨き】 磨亮 móliàng; (洗練) 修练 xiūliàn (英 *refine; polish*) ▶技術にいっそう～をかける/对技术更加精益求精 duì jìshù gèngjiā jīngyì qiú jīng ▶～をかけてぴかぴかにする/磨得锃亮 móde zèngliàng ▶乗馬術に～をかける/进一步提高骑马术 jìnyíbù tígāo qímǎshù ▶彼女は演技にもう少し～をかけるという/她说要进一步提高演技 tā shuō yào jìnyíbù tígāo yǎnjì ▶～のかかった演技/经过磨练的演技 jīngguò mòliàn de yǎnjì ▶～砂で鍋をぴかぴかにする/用去污粉把锅擦得亮亮的 yòng qùwùfěn bǎ guō cāde liàngliàng de

みがきあげる【磨き上げる】 (ぴかぴかに) 擦亮 cāliàng; (きたえる) 磨砺 mólì (英 *polish... up*) ▶家具を～/擦亮家具 cāliàng jiājù ▶磨き上げた芸を楽しませてもらった/欣赏了精湛的技艺 xīnshǎngle jīngzhàn de jìyì

みかぎる【見限る】 丢手 diūshǒu; 放弃 fàngqì (英 *abandon; give up*) ▶彼は自分で自分を見限ったのだ/他对自己丧失了信心 tā duì zìjǐ sàngshīle xìnxīn ▶なにしろ親に見限られたんだから/连父母都对他不抱希望了 lián fùmǔ dōu duì tā bú bào xīwàng le

みかく【味覚】 味觉 wèijué (英 *the taste*) ▶秋の～/秋天的时鲜 qiūtiān de shíxiān ▶秋の～が店頭に並ぶ/秋季的时鲜摆在铺面 qiūjì de shíxiān bǎizài pūmiàn ▶とびぬけて～が発達している/味觉特别发达 wèijué tèbié fādá ▶客の～を満足させる/让客人享口福 ràng kèrén xiǎng kǒufú

みがく【磨く】 **1**〖研磨する〗研磨 yánmó; 擦干 cāgān (英 *polish*) ▶レンズを～/磨镜片 mó jìngpiàn

2〖ブラシなどで〗刷 shuā; 擦 cā (英 *clean*) ▶歯を～/刷牙 shuā yá

3〖芸や技を〗锤炼 chuíliàn; 锻炼 duànliàn (英 *improve; train*) ▶腕を～/锻炼技艺 duànliàn jìyì ▶腕を磨いて出直してこい/提高了手艺以后你再来吧 tígāole shǒuyì yǐhòu nǐ zài lái ba ▶磨きこんだ/有深造 yǒu shēnzào

みかくにん【未確認の】 没有确认 méiyǒu quèrèn; 未经证实 wèi jīng zhèngshí (英 *unconfirmed*) ▶～情報/还没确证的消息 hái méi quèzhèng de xiāoxi ▶～情報が一人歩きしている/未经证实的消息在私下传播 wèi jīng zhèngshí de xiāoxi zài sīxià chuánbō ▶～けが人が出たらしい/还没得到证实但好像有人受伤 hái méi dédào zhèngshí dàn hǎoxiàng yǒu rén shòushāng

◆～飛行物体:不明飞行物 bùmíng fēixíngwù; 飞碟 fēidié

みかけ【見かけ】 外表 wàibiǎo; 表面 biǎomiàn (英 *outward looks; appearance; show*) ▶あの人は～によらず親切だ/真没看出来那个人还挺亲切的 zhēn méi kànchūlai nàge rén hái tǐng qīnqiè de ▶この本は～ばかりで中身がない/这本书就是包装漂亮没内容 zhè běn shū jiùshì bāozhuāng piàoliang méi nèiróng ▶人は～によらぬもの/人不能看外表 rén bùnéng kàn wàibiǎo ▶彼は親切そうにされるが、～は当てにならない/他当面上去好像挺亲切的,不过外表靠不住 tā kànshàngqu hǎoxiàng tǐng qīnqiè de, búguò wàibiǎo kàobuzhù ▶彼は～より体重がある/他看不出来有这么重 tā kànbuchūlái yǒu zhème zhòng ▶～はおいしそうだ/看上去很好吃 kànshàngqu hěn hǎochī ▶～倒し 虚有其表 xū yǒu qí biǎo；黔驴之技 Qián lú zhī jì ▶あいつ—倒した/那家伙虚有其表 nà jiāhuo xū yǒu qí biǎo ▶～倒しの品/漂亮货 piàolianghuò；华丽无实的东西 huálì wú shí de dōngxi

みかげいし【御影石】花岗岩 huāgāngyán (英 granite)

みかける【見かける】看见 kànjiàn; kànjian (英 find; see; notice) ▶よく～/经常见到 jīngcháng jiàndào ▶最近そういう記事をよく～ね/最近常能看到这样的报道 zuìjìn cháng néng kàndào zhèyàng de bàodào ▶ほら、テレビでよく一人だよ/你看，经常在电视里看到的那个人 nǐ kàn, jīngcháng zài diànshìlǐ kàndào de nàge rén ▶どこかで浩ちゃんを見かけなかったかい/有没有在哪儿看见阿浩啊？ yǒuméiyǒu zài nǎr kànjiàn Ā Hào a? ▶よく～顔/常见的面孔 chángjiàn de miànkǒng ▶最近彼女を見かけないかね/最近一直没见到她 zuìjìn yìzhí méi jiàndào tā ▶彼は息子と娘がままごと遊びをしているのを見かけた/他看见儿子和闺女在玩儿过家家儿 tā kànjiàn érzi hé guīnǚ zài wánr guòjiājiar ▶見かけ次第連絡します/见到以后立刻通知你 jiàndào yǐhòu lìkè tōngzhī nǐ

みかた【見方】看法 kànfǎ (英 a viewpoint; a perspective) ▶～を変えれば/从另一面看 cóng lìng yímiàn kàn ▶～を変えれば評価も変わるだろう/换一个角度来看评价可能也会改变 huàn yí ge jiǎodù lái kàn píngjià kěnéng yě huì gǎibiàn ▶偏った～では判断を誤る/偏见会带来错误的判断 piānjiàn huì dàilái cuòwù de pànduàn ▶～の相違/看法的不同 kànfǎ de bùtóng ▶我々は物に対する～が違う/我们对事情的看法不同 wǒmen duì shìqing de kànfǎ bùtóng ▶～によっては/如果根据不同的看法 rúguǒ gēnjù bùtóng de kànfǎ それは～による/那要根据各自的看法 nà yào gēnjù gèzì de kànfǎ ▶新しい～をする/用新的观点看问题 yòng xīn de guāndiǎn kàn wèntí ▶物の～が古い/观点很旧 guāndiǎn hěn jiù ▶正しい～で見る/用正确的观点看问题 yòng zhèngquè de guāndiǎn kàn wèntí

みかた【味方】我方 wǒfāng；自己人 zìjǐrén (英 a supporter; an ally) ▶（敵方から）～につく/反正 fǎnzhèng ▶～する/拥护 yōnghù ▶君が～についてくれたら千人力だよ/你能站到我这一边来，我腰板就硬了 nǐ néng zhàndào wǒ zhè yìbiān lái, wǒ yāobǎn jiù yìng le ▶撃つな、～だ/别开枪，是自己人 bié kāiqiāng, shì zìjǐrén ▶君はいったいどちらの～なんだ/你到底站在哪一边？ nǐ dàodǐ zhànzài nǎ yìbiān ▶彼を～に引き入れよう/把他拉到咱们这边来 bǎ tā lādào zánmen zhèbiān lái ▶彼は終始我々に～してくれました/他总是站在我们这一边 tā zǒngshì zhànzài wǒmen zhè yìbiān ▶誰が誰の～なのか分らない/搞不清楚谁支持谁 gǎobuqīngchu shéi zhīchí shéi ▶彼には若さが～している/他有年轻这个本钱 tā yǒu niánqīng zhège běnqián

みかづき【三日月】月牙儿 yuèyár；新月 xīnyuè (英 the crescent moon) ▶～の淡い光が窓からさしこんでくる/新月的微光射进窗户 xīnyuè de wēiguāng shèjìn chuānghu ▶彼女の～眉がぴくりと動いた/她的娥眉略微一动 tā de éméi lüèwēi yí dòng ▶～が空にかかっていた/月牙儿挂在天空 yuèyár guàzài tiānkōng ▶～形の/新月型的 xīnyuèxíng de

みがって【身勝手な】自私 zìsī；任性 rènxìng (英 selfish) ▶～な振る舞い/举止任性 jǔzhǐ rènxìng；自私的行为 zìsī de xíngwéi ▶そいつの～な振る舞いが許せなかった/他的任性行为无法容忍 tā de rènxìng xíngwéi wúfǎ róngrěn ▶それはあなたの～というものです/那是出于你的任性 nà shì chūyú nǐ de rènxìng

みかねる【見兼ねる】看不过去 kànbuguòqù (英 be unable to remain indifferent) ▶僕は見兼ねて手を貸した/我看不下去就出手帮忙了 wǒ kànbuxiàqù jiù chūshǒu bāngmáng le ▶私は見るに見兼ねて口を出した/我实在看不下去插了一句 wǒ shízài kànbuxiàqù chāle yí jù

みがまえる【身構える】摆姿势 bǎi zīshì (英 assume a posture) ▶男はいかにも身構えた話し方をした/那个男的说话很是小心翼翼的 nàge nán de shuōhuà hěn shì xiǎoxīn yìyì de ▶怪しい人影を見て，一瞬身構えた/看到可疑的人影，身子紧张了一下 kàndào kěyí de rényǐng, shēnzi jǐnzhāngle yíxià

みがら【身柄】本人 běnrén (英 custody) ▶～を拘束する/拘留嫌疑分子 jūliú xiányí fènzǐ ▶息子の～を引き取る/领回儿子本人 lǐnghuí érzi běnrén ▶私は2日間～を拘束された/我被拘留了两天 wǒ bèi jūliúle liǎng tiān ▶～を引き取ってきた/把他领出来了 bǎ tā lǐngchūlái le ▶祖父の～は交番で保護されていた/爷爷被带到警察亭保护起来了 yéye bèi dàidào jǐngchátíng bǎohùqǐlai le ▶～不拘束のまま～/暂不拘留… zàn bù jūliú…

みがる【身軽な】 ❶【からだが軽い様子】轻快 qīngkuài (英 light) ▶～な動作/轻快的动作 qīngkuài de dòngzuò ▶岩から岩へ～に跳び移った/从一块岩石怪快地跳到另一块岩石 cóng yí kuài yánshí guài kuài de tiàodào lìng yí kuài yánshí

❷【所持品が少ない】轻便 qīngbiàn (英 light) ▶～ないでたち/轻装 qīngzhuāng ▶～な服装でおいで下さい/请轻装来 qǐng qīngzhuāng lái ▶《荷物をたくさん持たずに》～に旅行する/轻装旅行 qīngzhuāng lǚxíng

❸【気楽な】轻松 qīngsōng (英 carefree) ▶役職を離れて～になる/离职卸任轻松下来 lízhí xièrèn qīngsōngxiàlai ▶責任がなくなって～になる/卸了重任浑身轻松 xièle zhòngrèn húnshēn qīngsōng

みかわす【見交わす】 互看 hùkàn; 彼此对看 bǐcǐ duìkàn (英 exchange glances)

みがわり【身代わり】 替身 tìshēn; 替死鬼 tìsǐguǐ (英 a substitute; 〔犠牲〕a scapegoat) ▶～になる/当替身 dāng tìshēn ▶～受験者/枪手 qiāngshǒu ▶～受験する/枪替 qiāngtì; 替考 tìkǎo ▶～受験がばれた/代替别人考试露馅了 dàitì biérén kǎoshì lòuxiàn le ▶急死した父の～で立候補する/代替突然去世的父亲参加竞选 dàitì tūrán qùshì de fùqīn cānjiā jìngxuǎn ▶その子を放せ、わしが～になる/放开那孩子，我来顶替他 fàngkāi nà háizi, wǒ lái dǐngtì tā ▶僕は彼の～で自首した/我顶替他自首了 wǒ dǐngtì tā zìshǒu le

みかん【未刊の】 未出版 wèi chūbǎn (英 unpublished)

みかん【未完の】 未完 wèiwán (英 unfinished; incomplete) ▶～の作品/未完的作品 wèiwán de zuòpǐn ▶机上に～の長篇が遺されていた/未完成的长篇小说遗留在桌子上 wèi wánchéng de chángpiān xiǎoshuō yíliú zài zhuōzishang ▶この稿へ/本稿待续 běngǎo dàixù

～の大器 大器未成 dàqì wèi chéng ▶あの人は～の大器のままで終わるのかなぁ/那个人难道大器未成地结束一生吗？ nàge rén nándào dàqì wèi chéng de jiéshù yìshēng ma?

ミカン【蜜柑】 〔植物〕橘子 júzi (英 an orange) ▶～の木/橘树 júshù ▶～色/橘黄 júhuáng ▶～色の月が昇った/橙黄色的月亮升起来了 chénghuángsè de yuèliang shēngqǐlai le ▶～の花が咲いている/开着橘子花 kāizhe júzi huā ▶～を食べすぎた/橘子吃多了 júzi chīduō le ▶～の皮/橘子皮 júzipí ▶～の中袋/橘子瓣 júzibàn

◆～畑｜柑橘园 gānjúyuán

みかんせい【未完成】 未完成 wèi wánchéng (英 immaturity) ▶～品/半成品 bànchéngpǐn ▶～品なのに買い手がついた/虽然是半成品可是已经有买主了 suīrán shì bànchéngpǐn kěshì yǐjing yǒu mǎizhǔ le ▶～の原稿を渡してしまった/把未完成的原稿交了出去 bǎ wèiwánchéng de yuángǎo jiāochūqu ▶講堂はまだ～だ/礼堂还未完工 lǐtáng hái wèi wángōng ▶「～交響曲」/《未完成交响曲 Wèi wánchéng jiāoxiǎngqǔ》

みき【幹】 树干 shùgàn; 主干 zhǔgàn (英 a trunk; a stock) ▶太い～に蝉がとまっている/知了趴在很粗的树干上 zhīliǎo pāzài hěn cū de shùgànshang ▶事業計画の～の部分はまとまった/事业规划的大纲形成了 shìyè guīhuà de dàgāng xíngchéng le

みぎ【右】 右边 yòubian; 右面 yòumiàn (英 the right) ▶金は～から左に消えた/钱到手就光了 qián dàoshǒu jiù guāng le ▶稼ぎは～から左に消えていった/工资一拿到手就全光了 gōngzī yì nádào shǒu jiù quán guāng le ▶次の角を～へ曲がる/从下一个路口向右拐 cóng xià yí ge lùkǒu xiàng yòu guǎi ▶気をつけ、～へ倣え！/立正，向右看齐 lìzhèng, xiàng yòu kànqí

～といえば左 故意反対 gùyì fǎnduì

～に出るの者がない 没有超过他的 méiyǒu chāoguò tā de ▶柔道では彼の～に出る者がない/柔道没人超过他 róudào méi rén chāoguò tā ▶政治家として彼の～に出る者はない/作为政治家没有比他更卓越的 zuòwéi zhèngzhìjiā méiyǒu bǐ tā gèng zhuóyuè de

～の通り ～の通り相違ありません/如上所述没有出入 rú shàng suǒ shù méiyǒu chūrù

～も左も分からない 越してきたばかりでまだ～も左も分からない/刚搬过来什么都不熟悉 gāng bānguòlai shénme dōu bù shúxī

◆～クリック｜右击 yòujī 《思想的に》～寄り｜右倾 yòuqīng ▶～寄りの思想家/右翼思想家 yòuyì sīxiǎngjiā ▶中道～寄りの党/中间偏右的党 zhōngjiān piān yòu de dǎng ▶あの人は思想的には～寄りだ/那个人思想偏右 nàge rén sīxiǎng piān yòu

みぎあがり【右上がり】 (英 steadily growing) ▶彼は～の字を書く/他写的字右边高 tā xiě de zì yòubian gāo ▶売り上げは～に伸びている/销售额一直增加 xiāoshòu'é yìzhí zēngjiā

みぎうで【右腕】 ❶〔右の腕〕右胳膊 yòugēbo; 右臂 yòubì (英 the right arm) ▶～に注射/在右臂注射 zài yòubì zhùshè ❷〔信頼できる人〕好帮手 hǎobāngshǒu (英 one's right-hand man) ▶社長の～/总经理的亲信部下 zǒngjīnglǐ de qīnxìn bùxià ▶あの人はながらく父の～でした/他长期是我父亲的好帮手 tā chángqī shì wǒ fùqīn de hǎobāngshǒu

みぎかたあがり【右肩上がりの】 (英 steadily increasing) ▶景気は～で推移している/景气越来越好 jǐngqì yuèláiyuè hǎo

みぎがわ【右側】 右边 yòubian; 右面 yòumiàn (英 the right side) ▶玄関を入って～に子供部屋がある/进了门右边是孩子的房间 jìnle mén yòubian shì háizi de fángjiān

◆～運転｜右側行驶 yòucè xíngshǐ ～通行《掲示》｜右側通行 yòucè tōngxíng

みきき【見聞きする】 耳闻目睹 ěr wén mù dǔ (英 experience; go through) ▶テレビで～する/在电视上看到 zài diànshìshang kàndào ▶テレビで～するほどで実際を知りたことはない/只是从电视上听过看过，实际没见过 zhǐshì cóng diànshìshang tīngguo kànguo, shíjì méi jiànguo

みぎきき【右利きの】 手不灵 yòushǒu líng; 惯用右手 guànyòng yòushǒu (英 clockwise) ▶日本では圧倒的に～が多い/在日本右手灵的人占压绝对多数 zài Rìběn yòushǒu líng de rén zhàn juéduì duōshù ▶明らかに～の人間の犯行だ/显然这是惯用右手的人犯行 xiǎnrán zhè shì guànyòng yòushǒu de rén zuò'àn

ミキサー ❶〔ジュースなどの〕搅果汁器 jiǎoguǒzhīqì; 搅拌器 jiǎobànqì (英 a blender) ▶～にかける/用搅果汁器搅拌 yòng jiǎoguǒzhīqì

みぎて【右手】 ❶【右の手】右手 yòushǒu (英 *the right hand*) ▶～で書く/用右手写 yòushǒu xiě ▶ボールは～で投げる/用右手投球 yòng yòushǒu tóu qiú

❷【右の方】右边 yòubian (英 *the right*) ▶～に見える/右边可以看到 yòubian kěyǐ kàndào ▶～に見えます山が桜島でございます/右边看到的山是樱岛 yòubian kàndào de shān shì Yīngdǎo ▶向かって～に/正前方右手 zhèngqiánfāng yòushǒu

みぎまき【右巻きの】 右转 yòuzhuàn；右旋 yòuxuán；〔植物のつるが〕右缠 yòuchán (英 *clockwise*)

みきり【見切り】 (英 *abandonment*) ～発車する 甩客发车 shuǎi kè fāchē；(比喩的)没准备好就开始 méi zhǔnbèihǎo jiù kāishǐ ▶～発車したバスが事故を起こした/甩客发车的公共汽车出了事故 shuǎi kè fāchē de gōnggòng qìchē chūle shìgù ～をつける 断念 duànniàn；放弃 fàngqì ▶あの男には～をつけた/已经对那个男人断了念头 yǐjing duì nàge nánrén duànle niàntou ▶寂れた村に～をつけて都会に出た/对冷落的乡村失去信心来到了都市 duì lěngluò de xiāngcūn shīqù xìnxīn láidàole dūshì

～値段 廉卖价格 liánmài jiàgé ～品 廉价的商品 liánjià de shāngpǐn

みぎれい【身ぎれい】 干净利落 gānjìng lìluo；穿得整洁 chuānde zhěngjié (英 *be neatly dressed*) ▶あの人はいつも～にしている/那个人总是很整洁利落 nàge rén zǒngshì hěn zhěngjié lìluo

みきわめる【見極める】 看透 kàntòu；弄清楚 nòng qīngchu (英 *make sure of...*) ▶生きる意味を～/看透人生的意义 kàntòu rénshēng de yìyì ▶事の真相を～/查明真相 chámíng zhēnxiàng ▶正否を～/弄清对不对 nòngqīng duì búduì ▶真相を～のは容易ではない/查明真相不容易 chámíng zhēnxiàng bù róngyì

みくだす【見下す】 看不起 kànbuqǐ；轻蔑 qīngmiè (英 *look down; despise*) ▶その人を～ような態度が反感を買うのだ/他那看不起人的态度引起了反感 tā nà kànbuqǐ rén de tàidù yǐnqǐle fǎngǎn

みくびる【見くびる】 轻视 qīngshì；小看 xiǎokàn (英 *underrate*) ▶人を見くびってはいけない/别看不起人 bié kànbuqǐ rén ▶見くびらないでもらいたいな/你别小看我呀 nǐ bié xiǎokàn wǒ ya ▶世論を見くびってはいけない/不可轻视舆论 bùkě qīngshì yúlùn ▶俺も見くびられたものだ/想不到人家如此小看我 xiǎngbudào rénjiā rúcǐ xiǎokàn wǒ

みくらべる【見比べる】 比较 bǐjiào (英 *judge by comparison*) ▶よく見比べて/仔细比一比 zǐxì bǐyibǐ ▶二つの絵をよく見比べてごらん/把两张画好好儿对照着看 bǎ liǎng zhāng huà hǎohāor duìzhàozhe kàn

みぐるしい【見苦しい】 难看 nánkàn；惨 cǎn；丢人 diūrén (英〔恥ずべき〕*disgraceful*；〔服装など〕*shabby*；〔卑しい〕*indecent*) ▶真似をするな/别做丢人的事 bié zuò diūrén de shì ▶あの狼狽ぶりは見苦しかった/那副狼狈相很惨 nà fù lángbèixiàng hěn cǎn ▶服装をしている/穿着寒碜的衣服 chuānzhe hánchen de yīfu ▶振る舞いをする/动作难看 dòngzuò nánkàn ▶～負け方をする/输得很惨 shūde hěn cǎn

みぐるみ【身ぐるみ】 全身穿戴 quánshēn chuāndài (英 *be robbed of all one has*) ▶こわい酒場で～剥がれた/在可怕的酒吧身上被剥得精光 zài kěpà de jiǔbā shēnshang bèi guāde jīngguāng

ミクロの 微观 wēiguān (英 *micro*) ▶～経済学/微观经济学 wēiguān jīngjìxué ▶～コスモス/微观世界 wēiguān shìjiè ▶～の世界/微观世界 wēiguān shìjiè

ミクロネシア 密克罗尼西亚 Mìkèluóníxīyà (英 *Micronesia*)

ミクロン 微米 wēimǐ (英 *a micron*)

みけいけん【未経験の】 没有经验 méiyǒu jīngyàn (英 *inexperienced*) ▶誰でも初めは～だ/最初谁都是新手 zuìchū shéi dōu shì xīnshǒu ▶彼女はデータを使っての編集は～である/她没有用数据进行编辑的经验 tā méiyǒu yòng shùjù jìnxíng biānjí de jīngyàn ▶～な若者の暴走は許しがたい/毫无经验的年轻人的擅自行事不能允许 háowú jīngyàn de niánqīngrén de shànzì xíngshì bùnéng yǔnxǔ

みけつ【未決の】 未决 wèijué (英 *undecided; unsettled*) ▶～囚/未判决的囚犯 wèipànjué de qiúfàn ▶書類が積み上がっている/待办卷宗堆积着 dài bàn juànzōng duījīzhe

◆～勾留 判决前拘留 pànjuéqián jūliú ～箱《文書整理用》待办文件存放箱 dài bàn wénjiàn cúnfàngxiāng

みけっさい【未決済の】 未清算 wèi qīngsuàn (英 *unsettled*) 貸借は～のまま遺されていた/未结的帐原样保留着 wèi jié de zhàng yuányàng liúzhe

みけねこ【三毛猫】 花猫 huāmāo (英 *a tortoiseshell cat*)

みけん【未見】 未见 wèijiàn；未见过 wèi jiànguo (英 *the middle of the eyebrows*)

みけん【眉間】 眉间 méijiān；眉头 méitóu (英 *the middle of the forehead*) ▶～にしわを寄せる/皱眉头 zhòu méitóu ▶～にしわを寄せて考えこむ/皱着眉头思索 zhòuzhe méitóu sīsuǒ ▶～を

なぐる/拳击痛心 quán jī méixīn ▶~のしわ/两眉之间的皱纹 liǎngméi zhījiān de zhòuwén

みこ【巫女】 女巫 nǚwū (英 *a shrine maiden; a medium*)

みこうかい【未公開の】 未公开 wèi gōngkāi (英 *not yet open*) ▶~株/未公开发行的股票 wèi gōngkāi fāxíng de gǔpiào ▶池田氏の側に~株が贈与された/赠与了池田一方未公开发行的股票 zèngyǔle Chítián yīfāng wèi gōngkāi fāxíng de gǔpiào ▶今回は本邦への公開も上映される/此次还上映在本国未公开的片子 cǐ cì hái shàngyìng zài běnguó wèi gōngkāi de piānzi

みこうにん【未公認の】 未公认 wèi gōngrèn (英 *unofficial*) ▶我がサークルは~のまま活動を続けた/我们小组正在未被公认的情况下继续活动 wǒmen xiǎozǔ zài wèi bèi gōngrèn de qíngkuàngxia jìxù huódòng ▶団体には便宜が供与されない/对未被公认团体不提供方便 duì wèi bèi gōngrèn tuántǐ bù tígōng fāngbiàn

みこし【神輿】 神轿 shénjiào (英 *a portable shrine*) ▶~を担(かつ)ぐ/抬神轿 tái shénjiào ▶重い~を担いで練り歩く/抬着重重的神轿游街 táizhe zhòngzhòng de shénjiào yóujiē

~を上げる 开始做事 kāishǐ zuò shì ▶役所もようやく~を上げるらしい/行政机关好像终于要着手了 xíngzhèng jīguān hǎoxiàng zhōngyú yào zhuóshǒu le ▶彼は関係当局の~を上げさせた/他到底让有关部门开始行动了 tā dàodǐ ràng yǒuguān bùmén kāishǐ xíngdòng le

~を担(かつ)ぐ〔おだてる〕 捧场 pěngchǎng ▶盛んに会長の~を担いでいるよ/使劲给会长捧场 shǐjìn gěi huìzhǎng pěngchǎng

~を据える 久坐不动 jiǔzuò bú dòng ▶おじさんが~を据えて動かないんだよ/大叔稳坐不动啊 dàshū wěnzuò bú dòng a

みごしらえ【身拵する】 妆饰 zhuāngshì; 装束 zhuāngshù (英 *dress oneself*) ▶~をする/穿好衣服 chuānhǎo yīfu ▶登山のような~をして出かけた/穿着登山服似的衣服出门了 chuānzhe dēngshānfú shìde yīfu chūmén le ▶~を整える/打扮得整整齐齐 dǎbande zhěngzhěngqíqí ▶~を整えて客を迎える/打扮得整整齐齐迎接客人 dǎbande zhěngzhěngqíqí yíngjiē kèren

みこす【見越す】 预料 yùliào; 事先推测 shìxiān tuīcè (英 *look ahead*) ▶先を見越して/预料前途 yùliào qiántú ▶先を見越して手を打っておく/预想未来早作准备 yùxiǎng wèilái zǎo zuò zhǔnbèi ▶母は僕の留年を見越しているのだ/母亲预料到我会留级 mǔqin yùliàodào wǒ huì liújí ▶母は雨を見越して洗濯物を取りこんだ/妈妈预料会下雨就把晾的衣服收了进来 māma yùliào huì xià yǔ jiù bǎ liàng de yīfu shōulejìnlai

みごたえ【見応えがある】 值得看 zhíde kàn (英 *be worth seeing*)

みごと【見事な】 **1**【立派な·立派に】 漂亮 piàoliang; 美妙 měimiào (英 *fine; excellent*) ▶~な作品/完美的作品 wánměi de zuòpǐn ▶~にこなす/出色地办理 chūsè de bànlǐ ▶いやあ~なできばえですよ/啊,写得太好了 à, xiěde tài hǎo le ▶これは~だ/这个太棒了 zhège tài bàng le ▶その件の彼女の~な処理に感心した/她对那件事的处理令人钦佩 tā duì nà jiàn shì de chǔlǐ lìng rén qīnpèi ▶あの人の書道は~なものだ/那个人的书法棒极了 nàge rén de shūfǎ bàng jíle ▶大作を~に描きあげた/出色地完成了大作 chūsè de wánchéngle dàzuò ▶彼は~再建を果たした/他成功地完成了重建工作 tā chénggōng de wánchéngle chóngjiàn gōngzuò

2〔すっかり〕 彻底 chèdǐ; 完全 wánquán (英 *completely*) ▶~にやっつけられる/被彻底打败 bèi chèdǐ dǎbài ▶~に失敗する/彻底失败 chèdǐ shībài ▶あはは,~落選だね/唉,彻底落选了 āi, chèdǐ luòxuǎn le

みごなし【身ごなし】 动作 dòngzuò; 举止 jǔzhǐ (英 *a bearing*) ▶その子は軽やかな~で下りてきた/那孩子轻快地走了下来 nà háizi qīngkuài de zǒulexiàlai ▶その~の優雅さを私はうっとり眺めた/我出神地望着那优雅的身姿 wǒ chūshén de wàngzhe nà yōuyǎ de shēnzī

みこみ【見込み】 **1**〔期待·可能性〕 盼头 pàntou; 希望 xīwàng; 可能性 kěnéngxìng (英 *hope; possibility*) ▶輝かしい将来の~/前途有望 qiántú yǒuwàng

2〔予想〕 估计 gūjì; 预计 yùjì (英 *a forecast*) ▶午後には晴れる~です/预计下午会转晴 yùjì xiàwǔ huì zhuǎn qíng ▶~が当たる/估计正确 gūjì zhèngquè ▶~が外れる/预想落空 yùxiǎng luòkōng

~がある 有门儿 yǒu ménr; 有希望 yǒu xīngwàng ▶~のある青年/有希望的青年 yǒu xīwàng de qīngnián ▶かなり~がある/相当有希望 xiāngdāng yǒu xīwàng ▶もうかる~は大いにある/大有赚钱的希望 dà yǒu zhuànqián de xīwàng ▶回復の~はあるのかい/有没有恢复的可能性？ yǒuméiyǒu huīfù de kěnéngxìng? ▶彼が早期に回復する~は十分ある/他早日恢复的可能性很大 tā zǎorì huīfù de kěnéngxìng hěn dà ▶医者は助かる~があるとは言えなかった/医生没敢说有救 yīshēng méi gǎn shuō yǒu jiù

~がない 没有把握 méiyǒu bǎwò; 没希望 méi xīwàng ▶あまり~がない/没多大希望 méi duōdà xīwàng ▶あの男,あまり~はなさそうだね/那家伙看来没什么大指望 nà jiāhuo kànlái méi shénme dàzhǐwang ▶~のない事業には手を出さない/不与没前途的企业打交道 bù yǔ méi qiántú de qǐyè dǎ jiāodao ▶彼が勝つ~はない/他没有获胜的希望 tā méiyǒu huòshèng de xīwàng ▶彼が成功する~はまずない/他肯定没有成功的可能性 tā kěndìng méiyǒu chénggōng de kěnéngxìng ▶昔は癌患者の生存の~は十に一つしかなかった/从前癌症患者的存活率只有十分之一 cóngqián áizhèng huànzhě de cúnhuólǜ zhǐyǒu shí fēn zhī yī ▶私は最初から~はないと思っていた/我一开始就觉得没希望 wǒ yì kāishǐ jiù jué-

de méi xīwàng
〜違い 估计错误 gūjì cuòwù ▶〜違いをする/错误地估计 cuòwù de gūjì ▶ひどい〜違いで大赤字を出した/重大的预测失误造成了严重亏损 zhòngdà de yùcè shīwù zàochéngle yánzhòng kuīsǔn

みこむ【見込む】 **1**【事前に勘定に入れる】预计 yùjì；估计在内 gūjì zài nèi（英 expect; estimate）▶儲けを見込んで/预料利润 yùliào lìrùn ▶1割の儲けを見込んで計算してある/按照利润一成的预测来计算 ànzhào lìrùn yì chéng de yùcè lái jìsuàn ▶はじめから欠損を見込んである/一开始就预计有亏损 yì kāishǐ jiù yùjì yǒu kuīsǔn ▶利益を15パーセントと〜/预计有百分之十五的盈利 yùjì yǒu bǎi fēn zhī shíwǔ de yínglì ▶駅まで15分は見込んでおかないといけない/到车站一定要作足十五分钟的打算 dào chēzhàn yídìng yào zuò zú shíwǔ fēnzhōng de dǎsuan **2**【信頼する】相信 xiāngxìn；期待 qīdài（英 trust）▶あなたを見込んで/瞩望你 zhǔwàng nǐ ▶あなたを見込んでお願いがあります/出于对你的赏识有事相求 chūyú duì nǐ de shǎngshí yǒushì xiāng qiú **3**【取りつく】看上 kànshàng；盯上 dīngshàng ▶疫病神に見込まれちゃったな/我被丧门神看上了 wǒ bèi sāngménshén kànshàng le

みごもる【身ごもる】 怀孕 huáiyùn（英 become pregnant）▶妻は いま二人目を身ごもっている/妻子现在怀着第二胎 qīzi xiànzài huáizhe dì èr tāi

みごろ【見頃】 正好看的时候 zhèng hǎokàn de shíhou（英 the best time to see）▶桜は今が〜です/樱花正在盛开 yīnghuā zhèngzài shèngkāi

みごろし【見殺しにする】 见死不救 jiàn sǐ bú jiù；坐视不救 zuòshì bú jiù（英 leave... die without help）▶濁流に呑まれる友を〜にするしかなかった/只能眼睁睁地看着朋友被浊流吞没 zhǐ néng yǎnzhēngzhēng de kànzhe péngyou bèi zhuóliú tūnmò ▶おまえら、俺を〜にする気か/你们难道对我见死不救吗？ nǐmen nándào duì wǒ jiàn sǐ bú jiù ma?

みこん【未婚】 未婚 wèihūn（英 unmarried; single）▶〜の母となった/女儿成了未婚母亲 nǚ'ér chéngle wèihūn mǔqin ▶〜者を対象にした企画です/以未婚者为对象的计划 yǐ wèihūnzhě wéi duìxiàng de jìhuà

みこんち【未墾地】 荒原 huāngyuán；生地 shēngdì（英 uncultivated land）

ミサ 弥撒 mísa（英（a）Mass）▶〜を行う/做弥撒 zuò mísa ▶〜に行く/去做弥撒 qù zuò mísa ▶旅先で日曜の〜に行ってみた/旅途中去做了一次星期日弥撒 lǚtú zhōng qù zuòle yí cì xīngqīrì mísa

◆**〜曲** 弥撒曲 mísaqǔ ▶教会から〜曲が流れてくる/从教会传来弥撒曲 cóng jiàohuì chuánlái mísaqǔ

みさい【未済の】 未処理 wèi chǔlǐ；（金銭で）还没还好 hái méi huánhǎo（英 unsettled; unpaid）▶先月のお買い上げ分が〜です/上个月购买的商品还没有付款 shàng ge yuè gòumǎi de shāngpǐn hái méiyǒu fùkuǎn ▶〜の案件がいくつもある/未解决的案件还有很多 wèi jiějué de ànjiàn háiyǒu hěn duō

ミサイル 导弹 dǎodàn（英 a missile）▶地対空〜を発射する/发射地对空导弹 fāshè dìduìkōng dǎodàn

◆**核〜** ；**核导弹** hédǎodàn **巡航〜**：**巡航导弹** xúnháng dǎodàn **〜基地**：**导弹基地** dǎodàn jīdì **〜発射台**：**导弹发射台** dǎodàn fāshètái

みさお【操】 节操 jiécāo；贞操 zhēncāo（英 chastity; fidelity）▶〜を守る/守贞 shǒu zhēn ▶〜を立てる/坚持贞操 jiānchí zhēncāo ▶〜を立てて政界を去る/坚守节操退出政界 jiānshǒu jiécāo tuìchū zhèngjiè ▶彼は〜を破って推進派に回った/他变节转到了推进派一方 tā biànjié zhuǎndàole tuījìnpài yìfāng

みさかい【見境】 辨别 biànbié；判断 pànduàn（英 discrimination）▶〜をつける/分辨 fēnbiàn ▶〜がつかない/不能辨别 bùnéng biànbié ▶彼は善悪の〜がつかなくなっている/他已经分不清是非了 tā yǐjīng fēnbuqīng shìfēi le ▶〜がなくなる/丧失理智 sàngshī lǐzhì；头脑发昏 tóunǎo fāhūn **〜なく** 不加区别 bù jiā qūbié ▶誰彼の〜なく/不管是谁，见人就… bùguǎn shì shéi, jiàn rén jiù… ▶誰彼の〜なく握手をし頭を下げた/跟谁都握手鞠躬 gēn shéi dōu wòshǒu jūgōng

みさき【岬】 岬角 jiǎjiǎo（英 a cape）▶室戸〜/室户岬（位于高知县土佐湾东端凸出的海角）Shìhùjiǎ (wèiyú Gāozhīxiàn Tǔzuǒwān dōngduān tūchū de hǎijiǎo)

みさげはてた【見下げ果てた】 卑鄙 bēibǐ；极其卑劣的 jíqí bēiliè de（英 mean; base）▶〜奴/卑鄙无耻的东西 bēibǐ wúchǐ de dōngxi ▶年寄りを食いものにするとは〜な奴だ/欺诈老年人是最卑鄙的家伙 qīzhà lǎoniánrén shì zuì bēibǐ de jiāhuo

みさげる【見下げる】 瞧不起 qiáobuqǐ；看不起 kànbuqǐ（英 despise）▶見下げた性根/卑劣的心地 bēiliè de xīndì ▶全く見下げた性根だな/心地真卑劣 xīndì zhēn bēiliè ▶人を見下げた顔をする/一脸瞧不起的样子 yì liǎn qiáobuqǐ de yàngzi

みさだめる【見定める】 看准 kànzhǔn；认清 rènqīng（英 make sure of...; ascertain）▶目標を〜/认清目标 rènqīng mùbiāo ▶目標を見定めて学習計画を立てる/看准目标制定学习计划 kànzhǔn mùbiāo zhìdìng xuéxí jìhuà ▶この先の見定めがつかない/找不到今后的目标 zhǎobudào jīnhòu de mùbiāo ▶あの娘の心が見定められない/她心里怎么想的，我总摸不准 tā xīnli zěnme xiǎng de, wǒ zǒng mōbuzhǔn ▶状況を〜/看清形势 kànqīng xíngshì

みざる【見ざる】
ことわざ 見ざる聞かざる言わざる 不看不听不说 bú

kàn bù tīng bù shuō ▶社内派閥の動きには~聞かざる言わざるを決めこんでいた/对公司内部的派系斗争采取完全不参与不过问的态度 duì gōngsī nèibù de pàixì dòuzhēng cǎiqǔ wánquán bù cānyù bú guòwèn de tàidù

みじかい【短い】 短 duǎn （英 short）▶日が~/天短 tiān duǎn ▶秋は日が短くなる/秋天白天变短 qiūtiān báitiān biàn duǎn ▶日が短くなり始めた/天开始变短 tiān kāishǐ biàn duǎn ▶脚が~/腿短 tuǐ duǎn ▶僕は脚が~しスタイルもよくない/我腿短体型也不好 wǒ tuǐ duǎn tǐxíng yě bù hǎo ▶気が~/性子急 xìngzi jí ▶気が~のが玉にきずだ/性急是美中不足 xìngjí shì měi zhōng bù zú ▶~その一言がずしり重かった/短短的那一句话却相当有分量 duǎnduǎn de nà yí jù huà què xiāngdāng yǒu fènliàng ▶~電文/简短的电文 jiǎnduǎn de diànwén ▶もう2メートル短くしてくれ/请再缩短两米 qǐng zài suōduǎn liǎng mǐ ▶~針金で結びつけてあった/用短铁丝系在一起了 yòng duǎntiěsī jìzài yìqǐ le ▶先が~人は大事にしてあげよう/对于活不了多久的人要特别照顾 duìyú huóbuliǎo duōjiǔ de rén yào tèbié zhàogù ▶銃身を短くした/把枪管缩短 bǎ qiāngguǎn suōduǎn ▶髪を短く刈っている/头发剪得很短 tóufa jiǎnde hěn duǎn ▶つめを短く切る/把指甲剪短 bǎ zhǐjia jiǎn duǎn

みじたく【身支度する】 梳妆 shūzhuāng; 打扮 dǎban （英 get dressed）▶旅の/行装 xíngzhuāng ▶旅の~を整える/准备好行装 zhǔnbèi hǎo xíngzhuāng ▶~をそこそこに家を出た/草草地打扮了一下就出门了 cǎocǎo de dǎbanle yíxià jiù chūmén le ▶彼女は祝賀会に出席のため美しい~をしていた/为了出席庆祝会她打扮得非常漂亮 wèile chūxí qìngzhùhuì tā dǎbande fēicháng piàoliang

みしみし 吱吱嘎嘎 zhīzhīgāgā （英 with a creak）▶階段をのぼると~という/上楼梯就吱吱嘎嘎地响 shàng lóutī jiù zhīzhīgāgā de xiǎng

みじめ【惨めな】 惨淡 cǎndàn; 悲惨 bēicǎn （英 miserable）▶~な気持ち/悲伤的心情 bēishāng de xīnqíng ▶僕は~な気持ちで不合格の通知を受け取った/我怀着惨痛的心情接过了落榜通知书 wǒ huáizhe cǎntòng de xīnqíng jiēguòle luòbǎng tōngzhīshū ▶ああいう強がりはかえって~に見える/那么好胜反而让人觉得可怜 nàme hàoshèng fǎn'ér ràng rén juéde kělián ▶同情される自分が~だ/周围的同情反而使自己觉得悲惨 zhōuwéi de tóngqíng fǎn'ér shǐ zìjǐ juéde bēicǎn ▶~な日曜日/惨淡的星期日 cǎndàn de xīngqīrì ▶~な死に方をする/死得很悲惨 sǐde hěn bēicǎn

みしゅうがく【未就学】《児童》学龄前儿童 xuélíngqián értóng;《中途退学者》辍学学生 chuòxué xuésheng （英 preschool children）

みじゅく【未熟な】 不成熟 bù chéngshú; 不熟练 bù shúliàn （英 unripe; immature; inexperienced）▶~児/早产儿 zǎochǎn'ér ▶僕は~児で生まれた/我是个早产儿 wǒ shì ge zǎochǎn'ér ▶~者/生手 shēngshǒu; 不成熟的人 bù chéngshú de rén ▶この~者をしっかり鍛えてやってくれ/对这个生手请严加训练 duì zhège shēngshǒu qǐng yánjiā xùnliàn ▶~な思想を誇らしげに語る/洋洋得意地谈论着未成熟的观点 yángyáng déyì de tánlùnzhe wèi chéngshú de guāndiǎn ▶~な文/不成熟的文章 bù chéngshú de wénzhāng ▶外務には~な/对外交还不太熟悉的 duì wàijiāo bú tài shúxī de ▶年齢も経験も~な職人/无论是年龄还是经验都未成熟的工匠 wúlùn shì niánlíng háishi jīngyàn dōu wèi chéngshú de gōngjiàng ▶彼の英語はまだ~だ/他的英语还不熟练 tā de Yīngyǔ hái bù shúliàn

みしょう【未詳】 不详 bùxiáng （英 unknown）▶没年/殁年不详 mònián bùxiáng ▶被害の程度は~である/受灾程度不详 shòuzāi chéngdù bùxiáng ▶氏名~のまま葬られた/在姓氏不明的情况下被埋葬了 zài xìngshì bùmíng de qíngkuàngxia bèi máizàng le

みしょう【実生】（英 a seedling）从种子生长 cóng zhǒngzi shēngzhǎng ▶~で育てるほうがいいよ/从种子发芽开始培育比较好 cóng zhǒngzi fāyá kāishǐ péiyù bǐjiào hǎo ▶庭の隅に~の椿が育っている/庭院的一角生长着从种子发芽长成的山茶树 tíngyuàn de yìjiǎo shēngzhǎngzhe cóng zhǒngzi fāyá zhǎngchéng de shāncháshù

みしょうか【未消化】 未经消化 wèi jīng xiāohuà （英 indigestion）▶~な外来語で今日の日本語は乱れている/受未经消化的外来语影响，现在的日语缺乏规范性 shòu wèi jīng xiāohuà de wàiláiyǔ yǐngxiǎng, xiànzài de Rìyǔ quēfá guīfànxìng

みしょり【未処理】 未处理 wèi chǔlǐ （英 unfinished）

みしらぬ【見知らぬ】 陌生 mòshēng; 不认识的 bú rènshi de （英 unknown）▶~客 客人 kèrén ▶~客が訪ねてきた/来了位不认识的客人 láile wèi bú rènshi de kèrén ▶~人/陌生人 mòshēngrén ▶~人に声をかけられる/被不认识的人叫住 bèi bú rènshi de rén jiàozhù ▶~町に迷いこむ/闯入陌生的街巷 chuǎngrù mòshēng de jiēxiàng

みしる【見知る】 认识 rènshi （英 know... by sight）▶以後お見知りおきを願います/以后请多多关照 yǐhòu yě qǐng duōduō guānzhào ▶なかには見知った顔もあった/其中也有认识的人 qízhōng yě yǒu rènshi de rén ▶倉橋氏ならすでに見知っている/如果是仓桥氏的话，我已经认识了 rúguǒ shì Cāngqiáo shì de huà, wǒ yǐjīng rènshi le

みじろぐ【身じろぐ】 转动身体 zhuàndòng shēntǐ; 扭转身体 niǔzhuǎn shēntǐ （英 stir）▶身じろぎもしない/一动也不动 yí dòng yě bú dòng ▶彼は凍りついたように身じろぎ一つしない/他好像冻僵了一样一动不动 tā hǎoxiàng dòngjiāngle yíyàng yí dòng bú dòng

ミシン 縫纫机 féngrènjī (英 *a sewing machine*) ▶夜遅くまで～を踏む音がしていた/直到深夜还响着踩缝纫机的声音 zhídào shēnyè hái xiǎngzhe cǎi féngrènjī de shēngyīn ▶毎日毎日～かけに追われている/天天忙于缝纫活儿 tiāntiān máng-yú féngrèn huór ▶～で子供の服を縫う/用缝纫机给孩子做衣服 yòng féngrènjī gěi háizi zuò yīfu

みじん【微塵】一丝一毫 yì sī yì háo (英 *a piece*) ▶～もない/一点儿也没有 yìdiǎnr yě méiyǒu ▶君を困らす気なんか～もない/丝毫没有要使你为难的意思 sīháo méiyǒu yào shǐ nǐ wéinán de yìsi ▶の真理も含まれていない/不包含任何真理性 bù bāohán rènhé zhēnlǐxìng ▶高価な壺を粉～に打ち砕いた/把昂贵的罐子砸得粉碎 bǎ ánggui de guànzi zádé fěnsuì ▶一縷の希望が～に砕けた/一线希望变成了泡影 yíxiàn xīwàng biànchéngle pàoyǐng
◆～切り；[切碎] qiēsuì ▶玉ねぎを～切りにする/把葱头切成碎末 bǎ cōngtóu qiēchéng suìmò

みす【御簾】竹帘 zhúlián (英 *a bamboo blind*) ▶～を垂らして日ざしを遮る/放下竹帘遮阳 fàngxià zhúlián zhēyáng ▶～は巻き上げておこう/把竹帘卷起来吧 bǎ zhúlián juǎnqǐlai ba

ミス ❶【失敗】错误 cuòwù；差误 chāwù；失误 shīwù (英 *a miss*) ▶～を取り返す/挽回失误 wǎnhuí shīwù ▶～を取り返そうと無理をした/为了挽回失误硬干了一下 wèile wǎnhuí shīwù yìng gànle yíxià ▶～を取り繕う/文过饰非 wén guò shì fēi ▶笑って～を取り繕う/用微笑来掩饰错误 yòng wēixiào lái yǎnshì cuòwù ▶うっかり～をする/不小心失误 bù xiǎoxīn shīwù ▶相手の～につけ込む/利用对方的失误 lìyòng duìfāng de shīwù
❷【結婚していない女性】小姐 xiǎojiě (英 *Miss*) ▶～東京/东京小姐 Dōngjīng xiǎojiě ▶～ワールドに選ばれた/被选为世界小姐 bèi xuǎnwéi Shìjiè xiǎojiě

みず【水】水 shuǐ (英 *water*) ▶一杯の～/一杯凉水 yì bēi liángshuǐ ▶～の滴(ｼｽﾞｸ)ようないい男だった/是很漂亮的美男子 shì hěn piàoliang de měinánzǐ ▶～はザーザーと部屋の中へあふれてきた/水哗啦哗啦地漫到房间里来 shuǐ huālā huālā de màndào fángjiānli lái ▶～に濡れると変質します/沾水就会变质 zhān shuǐ jiù huì biànzhí ▶ここでは水道の～が飲めます/这里的自来水可以直接喝 zhèlǐ de zìláishuǐ kěyǐ zhíjiē hē ▶庭の花に～をやるのが楽しみです/给院子里的花浇水是一大乐趣 gěi yuànzili de huā jiāo shuǐ shì yí dà lèqù ▶ウイスキーに～で割る/往威士忌里兑水 wǎng wēishìjìlǐ duì shuǐ ▶[蛇口から]～を出しっ放しにする/不关水龙头让水哗哗地流 bù guān shuǐlóngtóu ràng shuǐ huāhuā de liú ▶～を通さない素材/防水材料 fángshuǐ cáiliào

ことわざ **水清ければ魚棲まず** 水清无鱼 shuǐ qīng wú yú

ことわざ **水と油** 水火不相容 shuǐ huǒ bù xiāngróng ▶あの二人は～と油の関係だ/他们俩水火不相容 tāmen liǎ shuǐhuǒ bù xiāngróng
～が合わない《他郷で》不服水土 bù fú shuǐtǔ ▶転勤先の～が合わない/不适应新单位 bú shìyìng xīndānwèi
～が入る《相撲で》（相扑比赛时的）暂停休息 (xiāngpū bǐsài shí de) zàntíng xiūxi
～に流す 付之东流 fù zhī dōng liú；既往不咎 jì wǎng bú jiù ▶今度の件は一切～に流す/这件事一笔勾销 zhè jiàn shì yì bǐ gōuxiāo ▶今までのことは～に流せ/对以前的事情一概不要追究 duì yǐqián de shìqíng yígài búyào zhuījiū
～の泡となる 成为泡影 chéngwéi pàoyǐng ▶せっかくの努力が～の泡となる/一番努力却成了泡影 yìfān nǔlì què chéngle pàoyǐng
～も漏らさぬ 水泄不通 shuǐ xiè bù tōng；滴水不漏 dīshuǐ bú lòu ▶～も漏らさぬ警戒をしている/戒备森严 jièbèi sēnyán ▶～も漏らさぬはずの捜査網だったが…/本应是滴水不漏的搜查网… běn yīng shì dīshuǐ bú lòu de sōucháwǎng…
～をあける 差距悬殊 chājù xuánshū ▶売り上げでは三興社に～をあけられている/销售额落后于三兴社很多 xiāoshòu'é luòhòu yú Sānxīngshè hěn duō
～を打ったよう ▶その場が～を打ったように静まり返った/会场上变得鸦雀无声 huìchǎngshang biànde yā què wú shēng
～をきる 把水沥干 bǎ shuǐ lìgān ▶彼女は皿を洗い、～をきるため金網の籠に入れた/她把洗了的碗放在铝丝沥水器里晾干 tā bǎ xǐle de wǎn fàngzài lǚsī lìshuǐqìlǐ liànggān
～をさす《注ぐ》倒水 dào shuǐ；《熱意などに》泼冷水 pō lěngshuǐ ▶まとまりかけた縁談に～をさす/给将要谈妥的亲事泼冷水 gěi jiāngyào tántuǒ de qīnshì pō lěngshuǐ
～を向ける 用话套 yòng huà tào；引诱 yǐnyòu

日比較 中国語の '水 shuǐ' は「水」も「湯」も指す.

ミズ 女士 nǚshì (英 *Ms*) ▶パーカー, 日本語は分かりますか/派克女士, 您懂日语吗？Pàikè nǚshì, nín dǒng Rìyǔ ma?

みずあか【水垢】水垢 shuǐgòu；水锈 shuǐxiù；水碱 shuǐjiǎn (英 *fur*) ▶川底の石が～でぬるぬる滑る/河底的石头因沾满水锈而滑溜溜的 hédǐ de shítou yīn zhānmǎn shuǐxiù ér huáliūliū de ▶やかんに～がたまっている/水壶里结满了水垢 shuǐhúli jiémǎnle shuǐgòu

みずあげ【水揚げ】《漁業》渔获 yúhuò；捕捞量 bǔlāoliàng (英 *catches*)；《生花》吸收水分 xīshōu shuǐfèn (英 *preservation*) ▶今年はサンマの～が増えている/今年秋刀鱼的捕捞量增加了 jīnnián qiūdāoyú de bǔlāoliàng zēngjiā le ▶タクシーの～もがくんと落ちた/出租汽车的流水额急剧下降 chūzū qìchē de liúshuǐ'é jíjù xiàjiàng ▶薬を使って花の～をよくしておいた/在水里放了些药使鲜花充分吸水 zài shuǐli fàngle xiē yào shǐ

みずあそび【水遊びする】 玩儿水 wánr shuǐ (英 play with water) ▶~をするうちに流れにのまれ河里玩儿的时候被河水吞没了 zài héli wánr de shíhou bèi héshuǐ tūnmò le ▶子供だけの~は危ないよ/让孩子们自己在水里玩儿是很危险的 ràng háizimen zìjǐ zài shuǐli wánr shì hěn wēixiǎn de

みずあび【水浴びする】 洗澡 xǐzǎo; 淋浴 línyù (英 bathe) ▶小鸟が~している/小鸟在戏水 xiǎoniǎo zài xìshuǐ ▶こう涼しくては~なんてとんでもない/这么凉怎么可以游泳？ zhème liáng zěnme kěyǐ yóuyǒng? ▶小鸟の~盤/小鸟的戏水盆 xiǎoniǎo de xìshuǐpén

みずあらい【水洗いする】 水洗 shuǐxǐ; 用水洗 yòng shuǐ xǐ (英 wash in water) ▶野菜を~する/用水洗菜 yòng shuǐ xǐ cài

みすい【未遂】 未遂 wèisuì (英 an abortive attempt) ▶~に終わる/以未遂告终 yǐ wèisuì gàozhōng ▶自殺をはかったが~に終わった/试图自杀却没死成 shìtú zìshā què méi sǐchéng ▶殺人未遂/杀人未遂 shārén wèisuì ▶殺人~の罪に問われる/被控杀人未遂 bèi kòng shārén wèisuì ▶誘拐~/拐骗未遂 guǎipiàn wèisuì ▶暗殺~/暗杀未遂 ànshā wèisuì ▶彼は大統領暗殺~で告発された/他因暗杀总统未遂事件而被检举 tā yīn ànshā zǒngtǒng wèisuì shìjiàn ér bèi jiǎnjǔ

みずいらず【水入らずで】 只有自家人 zhǐyǒu zìjiārén (英 privately) ▶夫婦~で/只有夫妻两个人 zhǐyǒu fūqī liǎng ge rén ▶夫婦~で芝居見物ですって/说是就夫妻俩人去看戏 jiù fūqī liǎ rén qù kàn xì ▶親子~の暮らしがしたい/我向往只有父母子女一起过的日子 wǒ xiàngwǎng zhǐyǒu fùmǔ zǐnǚ yìqǐ guò de rìzi ▶妻と~のひとときを楽しむ/享受和妻子两人在一起的时光 xiǎngshòu hé qīzi liǎng rén zài yìqǐ de shíguāng ▶一家の集まり/自家人的团聚 zìjiārén de tuánjù

みずいろ【水色】 淡蓝色 dànlánsè (英 light blue)

みずうみ【湖】 湖 hú; 湖泊 húpō (英 a lake) ▶~に舟を浮かべて月見をする/在湖中泛舟赏月 zài hú zhōng fànzhōu shǎngyuè ▶~で魚を捕って暮らしを立てる/靠在湖边打鱼为生 kàozài húbiān dǎyú wéishēng

みすえる【見据える】 目不转睛 mù bù zhuǎn jīng; 定睛细看 dìngjīng xìkàn (英 fix one's eyes) ▶未来を~/看准未来 kànzhǔn wèilái ▶将来を見据えて計画を練る/看准未来制定计划 kànzhǔn wèilái zhìdìng jìhuà ▶父は腕組みして僕を見据えた/父亲抱着胳膊直盯 fùqin bàozhe gēbo zhídīng

みずおけ【水桶】《竹や木製の》水桶 shuǐtǒng (英 a pail) ▶~の水を墓石にかける/把水桶里的水浇到墓碑上 bǎ shuǐtǒngli de shuǐ jiāodào mùbēishang

みずおと【水音】 水声 shuǐshēng (英 the sound of water) ▶障子越しに川の~が聞こえた/隔着纸拉窗可以听到河水声 gézhe zhǐlāchuāng kěyǐ tīngdào héshuǐshēng

みずかがみ【水鏡】 以水为镜 yǐ shuǐ wéi jìng ~に映す 对着水影 duìzhe shuǐyǐng ▶~に映して髪を整える/对着水影梳理头发 duìzhe shuǐyǐng shūlǐ tóufa

みずかき【水かき】 蹼 pǔ (英 a web; [オールの] a blade) ▶~のついた足/带蹼的脚 dài pǔ de jiǎo ▶水鳥は~で泳ぐ/水鸟用蹼划水 shuǐniǎo yòng pǔ huá shuǐ ▶アヒルの~, 見えない所で働いている/鸭子的蹼，在看不见的地方起作用 yāzi de pǔ, zài kànbujiàn de dìfang qǐzhe zuòyòng

みずかけろん【水掛け論】 抬死杠 tái sǐgàng; 争论不休 zhēnglùn bù xiū (英 an fruitless dispute) ▶~しょせんは~になってしまう/终归还是争论不休 zhōngguī háishi zhēnglùn bù xiū ▶こんな~は時間のむだだ/如此争论不休是浪费时间 rúcǐ zhēnglùn bù xiū shì làngfèi shíjiān ▶結局~だよ/结果还是抬死杠 jiéguǒ háishi tái sǐgàng

みずかさ【水嵩】 水量 shuǐliàng (英 the volume of water) ▶川の~が増す/河水上涨 héshuǐ shàngzhǎng ▶川の~が増して堤防が心配だ/河水上涨河堤令人担心 héshuǐ shàngzhǎng hédī lìng rén dānxīn ▶上流付近が豪雨で川の~が増している/由于上游地区下暴雨，河水正在上涨 yóuyú shàngyóu dìqū xià bàoyǔ, héshuǐ zhèngzài shàngzhǎng ▶川の~が減る/河水下降 héshuǐ xiàjiàng

みすかす【見透かす】 看透 kàntòu; 看穿 kànchuān (英 see through...) ▶腹を見透かされる/被看破心计 bèi kànpò xīnjì

みずがめ【水瓶】 水缸 shuǐgāng;《ダム·貯水池》水库 shuǐkù ▶東京の~に待望の雨が降った/东京的水源地区久旱逢喜雨 Dōngjīng de shuǐyuán dìqū jiǔ hàn féng xǐyǔ ▶~に睡蓮が咲いている/水缸里开着水浮莲 shuǐgāngli kāizhe shuǐfúlián

みずがめざ【水瓶座】【天文】宝瓶座 bǎopíngzuò (英 the Water Bearer; Aquarius)

みずから【自ら】 亲自 qīnzì; 自己 zìjǐ (英 oneself; in person) ▶~禍を招く/引火烧身 yǐn huǒ shāo shēn ▶~関係を断つ/自绝关系 zìjué guānxi ▶~決める/自决 zìjué ▶これは君が~決めたことだ/这是你自己决定的 zhè shì nǐ zìjǐ juédìng de ▶~生命を絶ってしまった/自己结束了自己的生命 zìjǐ jiéshùle zìjǐ de shēngmìng ▶社長~陣頭に立つ/社长亲自带头 shèzhǎng qīnzì dàitóu ▶~罪を認め~を罰した/自动认了罪做了自我惩罚 zìdòng rènle zuì zuòle zìwǒ chéngfá ▶~進んで非難の的になる/甘愿做千夫所指 gānyuàn zuò qiānfū suǒ zhǐ

みずがれ【水涸れ】《田畑の》旱 hàn; 干旱 gānhàn (英 drought) ▶~で稲は全滅だ/由于干

早稲子全完了 yóuyú gānhàn dàozi quán wán le

みずぎ【水着】 泳衣 yǒngyī; 泳装 yǒngzhuāng; 游泳衣 yóuyǒngyī 〈英〉*a swimming suit*) ▶~姿で美を競う/穿着游泳衣比美 chuānzhe yóuyǒngyī bǐ měi ▶かなづちのくせに~を着ている/不会水却穿着游泳衣 búhuì shuǐ què chuānzhe yóuyǒngyī ▶~の美人/泳装美人 yǒngzhuāng měirén

みずききん【水飢饉】 缺水 quēshuǐ; 水荒 shuǐhuāng 〈英〉*water shortage*) ▶四国全域が~に見舞われている/四国全域遭受水荒 Sìguó quányù zāoshòu shuǐhuāng

ミスキャスト 〈配役〉角色安排得不得当 juésè ānpáide bù dédàng 〈英〉*miscasting*) ▶今度の課長人事はひどい~だよ/这次的科长安排得太不恰当了 zhècì de kēzhǎng ānpáide tài bú qiàdàng le

みずきり【水切り】 控水 kòngshuǐ 〈英〉*a colander*(道具)) ▶流しの~台/洗碗池的控水板 xǐwǎnchí de kòngshuǐbǎn ▶~皿立て/餐具控水架 cānjù kòngshuǐjià
◆~遊び ~遊びをする/用石头打水漂 yòng shítou dǎ shuǐpiāo

みずぎわ【水際】 水边 shuǐbiān;(病菌などの)登陆点 dēnglùdiǎn 〈英〉*the water's edge; the waterside*) ▶エボラ菌の侵入を~で食いとめる/在入境处控制住埃博拉病菌的侵入 zài rùjìngchù kòngzhìzhù Āibólā bìngjūn de qīnrù
◆~作戦 海岸歼灭战 hǎi'àn jiānmièzhàn; 在入境处进行的防疫战 zài rùjìngchù jìnxíng de fángyìzhàn

みずぎわだつ【水際立つ】 〈技芸〉高超(jìyì) gāochāo; 精彩 jīngcǎi; 超群 chāoqún 〈英〉*splendid*) ▶敗戦処理に水際立った腕を見せた/在战败处置上表现出了高超的手腕 zài zhànbài chǔzhìshang biǎoxiànchūle gāochāo de shǒuwàn

みずくさ【水草】 水草 shuǐcǎo; 水藻 shuǐzǎo 〈英〉*a water plant*)

みずくさい【水臭い】 见外 jiànwài; 客套 kètào;(水っぽい)水分过多 shuǐfèn guòduō 〈英〉*reserved; distant*) ▶遠慮するなんて~じゃないか/这么客气太见外了 zhème kèqì tài jiànwài le ▶私にそんな~ことを言うな/你别跟我来客套的 nǐ bié gēn wǒ lái kètào de ▶この酒水臭くないか/这个酒掺水了吧 zhège jiǔ chān shuǐle ba

みずぐすり【水薬】 药水 yàoshuǐ 〈英〉*a liquid medicine*) ▶この~は食前に飲んで下さいね/这个药水请饭前吃 zhège yàoshuǐ qǐng fànqián chī
◆~瓶 药水瓶 yàoshuǐpíng

みずくみ【水汲み】 打水 dǎ shuǐ 〈英〉*drawing water*) ▶~をする/打水 dǎ shuǐ; 汲水 jí shuǐ ▶~草取り何でもやります/打水割草什么都干 dǎ shuǐ gē cǎo shénme dōu gàn ▶谷川まで~に出かけた/到山里的小河打水去了 dào shānli de xiǎohé dǎ shuǐ qù le

みずけ【水気】 水分 shuǐfèn 〈英〉*dampness; moisture*) ▶~が多い/水分多 shuǐfèn duō ▶この辺の梨は~が多い/这地方的梨水分很多 zhè dìfang de lí shuǐfèn hěn duō ▶寝る前に~を取ったほうがいいよ/睡觉前最好喝点水 shuìjiào qián zuìhǎo hē diǎn shuǐ ▶~のある/水分多的 shuǐfèn duō de

みずけむり【水煙】 飞沫 fēimò; 水雾 shuǐwù; 水花 shuǐhuā 〈英〉*spray*) ▶~を立てる/溅起水沫 jiànqǐ shuǐmò ▶水中翼船が~をあげて走り去った/水翼船溅起水沫飞快地开走了 shuǐyìchuán jiànqǐ shuǐmò fēikuài de kāizǒu le ▶砲弾が落ちるたびに~があがった/炮弹每落一处都溅起水花 pàodàn měi luò yí chù dōu jiànqǐ shuǐhuā

みずごころ【水心】
ことわざ 魚心あれば水心 你若帮我，我也帮你 nǐ ruò bāng wǒ, wǒ yě bāng nǐ

みずごす【見過ごす】【見過とす】 忽视 hūshì; 看漏 kànlòu 〈英〉*overlook*; (許す)宽恕 kuānshù 〈英〉*let... pass*) ▶うっかり~/轻忽 qīnghū ▶うっかり信号を見過ごした/不小心把信号灯错过了 bù xiǎoxīn bǎ xìnhàodēng cuòguò le ▶~わけにはいかない/不能宽恕 bùnéng kuānshù ▶あんな乱暴を~わけにはいかない/如此蛮不讲理绝不能饶恕 rúcǐ mán bù jiǎng lǐ jué bùnéng ráoshù

みずさいばい【水栽培】 无土栽培 wútǔ zāipéi; 水耕法 shuǐgēngfǎ 〈英〉*hydroponic farming*) ▶~でトマトを作ってみた/尝试用水耕法栽培西红柿 chángshì yòng shuǐgēngfǎ zāipéi xīhóngshì

みずさかずき【水杯】 〈英〉*farewell cups (of water)*) ▶家族とは~で別れてきた/跟家人是交杯饮水作的别 gēn jiārén shì jiāo bēi yǐnshuǐ zuò de bié
~を交わす (遠くへ旅立つ人との別れに)交杯饮水作别 jiāo bēi yǐnshuǐ zuòbié ▶あの頃は東京へ行くのにさえ~を交わした/那时候去东京也要互相交杯饮水以示离别 nà shíhou qù Dōngjīng yě yào hùxiāng jiāo bēi yǐnshuǐ yǐ shì líbié

みずさきあんない【水先案内】 领航 lǐngháng 〈英〉*pilotage*) ▶~をする/领港 lǐnggǎng ▶~人/领港员 lǐnggǎngyuán; 领航员 lǐnghángyuán

みずさし【水差し】 水瓶 shuǐpíng 〈英〉*a pitcher; a carafe*)

みずしげん【水資源】 水利资源 shuǐlì zīyuán 〈英〉*water resource*) ▶~が決定的に不足している/水源从根本上处于不足状态 shuǐyuán cóng gēnběnshang chǔyú bùzú zhuàngtài ▶~開発の仕事にたずさわる/从事开发水利资源的工作 cóngshì kāifā shuǐlì zīyuán de gōngzuò ▶~を大切にしよう/要珍惜水利资源 yào zhēnxī shuǐlì zīyuán

みずしごと【水仕事】 洗刷工作 xǐshuā gōngzuò; 用水的家务 yòng shuǐ de jiāwù 〈英〉*kitchen work*) ▶冬場の~ですっかり手が荒れた/

由于冬季的洗刷工作手全皲裂了 yóuyú dōngjì de xǐshuā gōngzuò shǒu quán cūnliè le ▶あの娘は～をしたことがない/那姑娘没干过洗刷工作 nà gūniang méi gànguo xǐshuā gōngzuò

みずしぶき【水飛沫】 水花 shuǐhuā (英 spray; splash) ▶～を上げる/溅起水花 jiànqǐ shuǐhuā; 形成水雾 xíngchéng shuǐwù ▶カプセルは～をあげて着水した/(宇航船的)密封舱溅起水花降落到水面上 (yǔhángchuán de) mìfēngcāng jiànqǐ shuǐhuā jiànluòdào shuǐmiànshang ▶噴水の～が虹を作りだす/喷泉的水雾形成了彩虹 pēnquán de shuǐwù xíngchéngle cǎihóng

ミスジャッジ 裁判错误 cáipàn cuòwù; 误判 wùpàn (英 misjudgment) ▶一試合に3度も～をするなんて/一场比赛竟有三次误判 yì chǎng bǐsài jìng yǒu sān cì wùpàn ▶～のせいで優勝を逃した/由于误判没能得冠军 yóuyú wùpàn méi néng dé guànjūn

みずしょうばい【水商売】 接客的行业 jiēkè de hángyè (英 night entertainment); [不安定な商売] a chancy trade) ▶～が性分に合っているのだろう/从事接客行业正合乎性格吧 cóngshì jiēkè hángyè zhèng hé xìnggé ba ▶に浮き沈みはつきものだ/接客的行业浮沉荣辱是常事 jiēkè de hángyè fúchén róngrǔ shì chángshì

みずしらず【見ず知らずの】 陌生 mòshēng (英 strange) ▶～の人/陌生人 mòshēngrén ▶～の男と婚約しって海を渡った/跟完全不认识的男人订婚以后就去了国外 gēn wánquán bú rènshi de nánrén dìnghūn yǐhòu jiù qùle guówài

ミズスマシ【水澄まし】 〔虫〕豉虫 chǐchóng (英 a water spider)

ミスター 先生 xiānsheng (英 Mr.)

みずたま【水玉】 水珠儿 shuǐzhūr (英 a drop of water; a dewdrop) ▶雨上がりの木の葉には～がきらきら光っていた/雨后天晴，树叶上水珠亮闪闪的 yǔ hòu tiān qíng, shùyèshang shuǐzhū liàngshǎnshǎn de

◆～模様:水珠儿图案 shuǐzhūr tú'àn ▶いつでも～模様のネクタイを締めていた/总是系着水珠图案的领带 zǒngshì jìzhe shuǐzhūr tú'àn de lǐngdài ▶～模様の服/圆点纹样的衣服 yuándiǎn wényàng de yīfu

みずたまり【水溜まり】 水坑 shuǐkēng; 水洼 shuǐwā (英 a puddle; a pool) ▶道路のあちこちに～ができている/路上到处都是水坑 lùshang dàochù dōu shì shuǐkēng ▶～に足をつっこんだ/一脚踩进了水坑 yì jiǎo cǎijìnle shuǐkēng ▶自動車は～の水をはねとばした/汽车把水坑里的水溅了起来 qìchē bǎ shuǐkēngli de shuǐ jiànleqǐlai ▶溝からあふれ出た水があちこちに～をなしていた/水沟里漫出来的水形成很多水坑 shuǐgōuli mànchūlai de shuǐ xíngchéng hěn duō shuǐkēng

みずため【水溜め】 蓄水池 xùshuǐchí; 蓄水槽 xùshuǐcáo (英 a reservoir; [貯水槽] a cistern)

みずっぱな【水っ洟】 鼻涕 bítì (英 snivel) ▶～がたれているよ/流着鼻涕呢 liúzhe bítì ne ▶～をたらしていた小僧がいまや町長だよ/曾经流着鼻涕的毛孩子如今成了村长 céngjīng liúzhe bítì de máoháizi rújīn chéngle cūnzhǎng

みずっぽい【水っぽい】 水分多 shuǐfèn duō (英 watery; washy) ▶なんだか～酒だね/味淡如水的酒 wèi dàn rú shuǐ de jiǔ ▶このみかん、～よ/这橘子味真淡 zhè júzi wèi zhēn dàn

みずでっぽう【水鉄砲】 水枪 shuǐqiāng (英 a water pistol) ▶～で水をかけあう/用水枪互相滋水 yòng shuǐqiāng hùxiāng zī shuǐ

ミステリー 谜 mí; 不可思议 bùkě sīyì; 《小説》推理小说 tuīlǐ xiǎoshuō (英 mystery) ▶～小説/推理小说 tuīlǐ xiǎoshuō ▶～小説で純文学の賞を受ける/以推理小说获纯文学奖 yǐ tuīlǐ xiǎoshuō huò chúnwénxuéjiǎng ▶今世紀最大の～だ/本世纪最大的谜 běnshìjì zuì dà de mí ▶僕は～の大ファンだ/我非常喜好推理小说 wǒ fēicháng xǐhào tuīlǐ xiǎoshuō

みすてる【見捨てる】 抛弃 pāoqì; 离弃 líqì; 背离 bèilí (英 desert; abandon) ▶同僚を～/不顾同事 búgù tóngshì ▶同僚を見捨てて転職していった/背离同事跳槽而去 bèilí tóngshì tiàocáo ér qù ▶この場合は弟子が師匠を見捨てたんだ/这次是徒弟抛弃了师傅 zhè cì shì túdì pāoqìle shīfu ▶どうぞ今後ともお見捨てなく/今后也请多多关照 jīnhòu yě qǐng duōduō guānzhào

みずとり【水鳥】 水鸟 shuǐniǎo (英 a waterfowl; a water bird) ▶～がいっせいに飛び立った/水鸟一齐飞起 shuǐniǎo yìqí fēiqǐ ▶～と海鳥とは区別される/水鸟和海鸟是有区别的 shuǐniǎo hé hǎiniǎo shì yǒu qūbié de

みずのあわ【水の泡】 泡沫 pàomò; 泡影 pàoyǐng (英 foam; bubbles) ▶三年の苦労が～だ/三年的辛苦落空了 sān nián de xīnkǔ luòkōng le ▶～と消える/一场空 yì chǎng kōng ▶夢も希望も～と消えた/理想和希望都归于泡影 lǐxiǎng hé xīwàng dōu guīyú pàoyǐng

みずのみば【水飲み場】 饮水处 yǐnshuǐchù (英 a drinking fountain)

みずば【水場】 供水站 gōngshuǐzhàn (英 a watering place) ▶山道の傍らに～があった/山路旁边有个供水站 shānlù pángbiān yǒu ge gōngshuǐzhàn

みずはけ【水はけ】 排水 páishuǐ (英 drainage) ▶～の悪い…/排水不好 páishuǐ bùhǎo ▶～の悪い土地だから雨のあとがたいへんだ/因为是排水困难的土地下雨之后一塌糊涂 yīnwèi shì páishuǐ kùnnan de tǔdì xià yǔ zhīhòu yì tā hútu ▶この辺は高台で～がよい/这一带是高地排水很好 zhè yídài shì gāodì páishuǐ hěn hǎo

ミズバショウ【水芭蕉】 〔植物〕佛焰苞芋 fóyàn bāoyù (英 a skunk cabbage) ▶木道をはさんで～が咲き誇っている/在木板铺成的步行道两旁开满了佛焰苞芋 zài mùbǎn pūchéng de bùxíngdào liǎngpáng kāimǎnle fóyàn bāoyù

みずひき【水引】 礼品绳 lǐpǐnshéng; 《植物の》

毛蓼 máoliǎo (英 *a ceremonial paper cord*) ▶紅白の～をかけて祝いの品を贈った/装饰上红白礼品绳, 赠送了贺礼 zhuāngshìshàng hóngbái lǐpǐnshéng, zèngsòngle hèlǐ

みずびたし【水浸しになる】 淹 yān; 漫水 jìnshuǐ (英 *be under water; be flooded*) ▶刈り入れ前の稲が～になる/还未收割的稻子被水淹没了 hái wèi shōugē de dàozi bèi shuǐ yānmò le

みずぶくれ【水膨れ】 水疱 shuǐpào (英 *a (water) blister*) ▶～ができる/打泡 dǎpào ▶靴擦れで～ができる/脚被鞋擦出了泡 jiǎo bèi xié móchūle pào ▶火傷のあとが～になる/被烫伤的地方起了水泡 bèi tàngshāng de dìfang qǐle shuǐpào

みずぶそく【水不足】 缺水 quēshuǐ (英 *a water shortage*) ▶～で困っている/因缺水而感到苦恼 yīn quēshuǐ ér gǎndào kǔnǎo ▶世界的に～が深刻だ/世界范围的缺水严重 shìjiè fànwéi de quēshuǐ yánzhòng

ミスプリント 错字 cuòzì; 印错 yìncuò (英 *a misprint*) ▶～に気づかなかった私が悪い/是我不好, 没注意到印错的地方 shì wǒ bùhǎo, méi zhùyìdào yìncuò de dìfang ▶思わず笑う～もある/也有印错的地方, 让人不禁一笑 yě yǒu yìncuò de dìfang, ràng rén bùjīn yí xiào

みずべ【水辺】 水边 shuǐbiān; 岸边 ànbiān (英 *the shore*) ▶～の植物/水边植物 shuǐbiān zhíwù ▶～に幾つかベンチが並んでいる/岸边有几个长凳 ànbiān yǒu jǐ ge chángdèng

みずぼうそう【水疱瘡】〘医〙水痘 shuǐdòu (英 *chicken pox*) ▶～にかかる/出水痘 chū shuǐdòu

みすぼらしい 寒酸 hánsuān; 破旧 pòjiù (英 *shabby; miserable*) ▶その子は～身なりをしていた/那个孩子衣衫褴褛 nàge háizi yīshān lánlǚ ▶住まいは見るからに～/住的地方看起来很破旧 zhù de dìfang kàn qǐlai hěn pòjiù

みずまき【水撒きをする】 洒水 sǎshuǐ (英 *water; sprinkle*)

みずまくら【水枕】 冷水枕 lěngshuǐzhěn (英 *a water pillow*) ▶高い熱が出たので～をした/因为发高烧所以垫冷水枕 yīnwèi fā gāoshāo suǒyǐ diàn lěngshuǐzhěn

みずまし【水増しする】 虚报 xūbào; 浮报 fúbào (英 *pad out*) ▶～を勘定/花账 huāzhàng ▶金額を～して请求する/虚填金额申请报销 xū tián jīn'é shēnqǐng bàoxiāo ▶この数字には～はない/这个数字没有虚报 zhège shùzì méiyǒu xūbào ▶売り上げを～する/虚报销售额 xūbào xiāoshòué ▶请求书の金額を～するな/不准虚填账单 bùzhǔn xū tián zhàngdān

◆～資産/虚报的资产 xūbào de zīchǎn ◆請求書弄虚作假的报账单 nòng xū zuò jiǎ de bàozhàngdān ◆～利益/掺水利润 chānshuǐ lìrùn

ミスマッチ 配错 pèicuò (英 *a mismatch*) ▶あのコンビはどう見ても～だな/那一对儿怎么看都不般配 nà yí duìr zěnme kàn dōu bù bānpèi

みすみす 眼看着 yǎnkànzhe (英 *before one's very eyes*) ▶～好機を逃す/眼看着放过难得的好机会 yǎnkànzhe fàngguò nándé de hǎojīhuì ▶～負けると分かっていながら…/明明知道要输却… míngmíng zhīdào yào shū què… ▶～彼を溺死させた/眼睁睁地看着他淹死了 yǎnzhēngzhēng de kànzhe tā yānsǐ le

みずみずしい【瑞瑞しい】 水汪汪 shuǐwāngwāng; 鲜嫩 xiānnèn (英 *young and fresh; fresh-looking*) ▶肌が～/皮肤细腻 pífū xìnì ▶～緑の／娇绿 jiāolǜ ▶～緑の中を僕たちは歩いた/我们在翠绿的树林间行走 wǒmen zài cuìlǜ de shùlín jiān xíngzǒu ▶作者の～感性が輝いている/作者细腻的感受性熠熠生辉 zuòzhě xìnì de gǎnshòuxìng yìyì shēng huī ▶～声の婦人/声音娇嫩的妇女 shēngyīn jiāonen de fùnǚ

みずみずしさ【瑞瑞しさ】 鲜嫩 xiānnèn; 细嫩 xìnèn; 鲜灵 xiānlíng (英 *freshness*) ▶彼はいつまでも精神の～を失わない/他任何时候也不丧失精神世界的鲜灵 tā rènhé shíhòu yě bú sàngshī jīngshén shìjiè de xiānlíng

みずむし【水虫】 脚癣 jiǎoxuǎn; 脚气 jiǎoqi (英 *athlete's foot*) ▶もう何年も～に悩まされている/多少年来一直为脚气而苦恼 duōshao nián lái yìzhí wèi jiǎoqi ér kǔnǎo ▶～によく効く薬があるそうだ/听说有对脚气很有疗效的药 tīngshuō yǒu duì jiǎoqi hěn yǒu liáoxiào de yào

みずもの【水物】〘果物〙水果 shuǐguǒ (英 *fruit*); 〘飲み物〙饮料 yǐnliào (英 *a beverage*); 〘予想しがたいこと〙不可靠 bù kěkào; 无常的事 wúcháng de shì (英 〘賭け〙*a gamble*) ▶勝負は～だ/胜败无常 shèngbài wúcháng ▶～を凍らせてはいけない/水果不能冰冻 shuǐguǒ bùnéng bīngdòng

みずもれ【水漏れする】 漏水 lòushuǐ; 走水 zǒushuǐ (英 *leak*) ▶陥没は水管の～が原因だった/塌陷的原因是由于供水管漏水 tāxiàn de yuányīn shì yóuyú gōngshuǐguǎn lòushuǐ ▶上の階で～しているのではないか/楼上是不是在漏水？ lóushàng shìbushì zài lòushuǐ? ▶～防止/防止漏水的 fángzhǐ lòushuǐ de

みする【魅する】 令人神往 lìng rén shénwǎng; 吸引 xīyǐn (英 *charm; fascinate*) ▶聴衆を～歌唱力/使听众着迷的歌声 shǐ tīngzhòng zháomí de gēshēng

みずわり【水割りの】 搀水 chān shuǐ; 兑水 duì shuǐ (英 *whiskey an water*) ▶ウイスキーの～/兑水的威士忌 duì shuǐ de wēishìjì ▶寝酒はウイスキーの～と決めている/临睡前喝的酒总是兑水威士忌 lín shuì qián hē de jiǔ zǒngshì duì shuǐ wēishìjì

みせ【店】 商店 shāngdiàn (英 *a shop; a store*) ▶～を売りに出す/出倒 chūdǎo ▶～を閉じる〘廃業〙/歇业 xiēyè ▶赤字続きで～を閉じた/由于连续亏本就把商店关了 yóuyú liánxù kuīběn jiù bǎ shāngdiàn guān le ▶朝の7時に～を開ける/早上七点商店开门 zǎoshang qī diǎn shāngdiàn kāimén ▶祖父も～に出ることがある/爷爷有时也站柜台 yéye yǒushí yě zhàn guìtái ▶デパートに～を出している/在百货商场里有一个专柜 zài bǎihuò shāngchǎngli yǒu yí ge zhuānguì ▶その辺の～で売ってるだろう/附近的商店有卖吧 fùjìn de shāngdiàn yǒu mài ba ▶夏場は～が忙しい/夏季商店很忙 xiàjì shāngdiàn hěn máng ▶夕方6時には～を閉めます/傍晚六点商店关门 bàngwǎn liù diǎn shāngdiàn guānmén ▶～で買ったのだ、手製ではない/那是在商店买的，不是自己做的 nà shì zài shāngdiàn mǎi de, bú shì zìjǐ zuò de ▶～の番をする/看守店铺 kānshǒu diànpù ▶～に出している品/店里摆着的商品 diànli bǎizhe de shāngpǐn ▶道道に～を出している露店商人/在道旁摆摊的商人 zài dàopáng bǎi tān de shāngrén ▶～構え/店面 diànmiàn

～を張る 开店摆放商品 kāidiàn bǎifàng shāngpǐn

みせあう【見せ合う】 互相给对方看 hùxiāng gěi duìfāng kàn (英 *show something to each other*)

みせいねん【未成年】 未成年 wèi chéngnián (英 *minority*) ▶だから罪が軽いんだって/据说是未成年就减刑 jùshuō shì wèi chéngnián jiù jiǎnxíng ▶あいつは精神的に～者なんだ/他在精神上还未成年 tā zài jīngshénshang hái wèi chéngnián

みせかけ【見せかけ】 表面的 biǎomiàn de; 假装 jiǎzhuāng; 虚假 xūjiǎ (英 *pretense; a show*) ▶～の平和がいつまで続くか/表面的和平能持续到什么时候？ biǎomiàn de hépíng néng chíxùdào shénme shíhou? ▶あの涙は～だ/那眼泪是假的 nà yǎnlèi shì jiǎ de ▶～の平穏な家庭生活の下で/在表面平稳的家庭生活背后 zài biǎomiàn píngwěn de jiātíng shēnghuó bèihòu

みせかける【見せかける】 假装 jiǎzhuāng; 装作 zhuāngzuò (英 *pretend; make a show of...*) ▶本物に～/以假充真 yǐ jiǎ chōng zhēn ▶本物に見せかけて偽物を売る/以假货当真货卖 yǐ jiǎhuò dāng zhēnhuò mài ▶攻撃すると見せかけて一挙に和議に持ちこんだ/摆出要进攻的架势却突然提出了和谈 bǎichū yào jìngōng de jiàshì què tūrán tíchūle hétán

みせさき【店先】 店头 diàntóu (英 *the storefront*) ▶花屋の～/花店的店头 huādiàn de diàntóu ▶花屋の～に桔梗が出はじめた/鲜花店的店头开始卖桔梗了 xiānhuādiàn de diàntóu kāishǐ mài jiégěng le ▶なにやら～が騒がしい/不知为什么店头喧哗 bù zhī wèi shénme diàntóu xuānhuá

みせじまい【店仕舞い】 ❶【その日の閉店】结束一天的营业 jiéshù yì tiān de yíngyè; 闭店 bìdiàn (英 *close*) ▶～間際に客がとびこんできた/商店就要关门时客人闯了进来 shāngdiàn jiùyào guānmén shí kèrén chuǎnglejìnlai

❷【廃業】歇业 xiēyè; 停业 tíngyè; 关张 guānzhāng (英 *a close-down*) ▶赤字が続いて～を余儀なくされた/一直亏损不得不停业 yìzhí kuīsǔn bùdébù tíngyè ▶～の売り出し/商店关张前的大拍卖 shāngdiàn guānzhāng qián de dàpāimài

みせしめ【見せしめ】 儆戒 jǐngjiè; 惩一戒百 chéng yī jiè bǎi (英 *a lesson; a warning*) ▶～のため/为了惩一儆百 wèile chéng yī jǐng bǎi ▶～のために廊下に立たされた/为了警众被罚站走廊 wèile jǐng zhòng bèi fá zhàn zǒuláng ▶彼への処分はみんなへの～だ/对他的处分是对大家的警告 duì tā de chǔfèn shì duì dàjiā de jǐnggào

ミセス (敬称)太太 tàitai; 夫人 fūrén (既婚女性)已婚妇女 yǐhūn fùnǚ (英 *Mrs.*)

みせつける【見せつける】 显示 xiǎnshì; 夸示 kuāshì (英 *show off*) ▶彼は3連覇をとげて力の程を見せつけた/他取得了三连冠，显示了自己的实力 tā qǔdéle sānliánguàn, xiǎnshìle zìjǐ de shílì ▶技術力の差をまざまざと見せつけられた/明显感到技术力量的差距 míngxiǎn gǎndào jìshù lìliang de chājù ▶仲のいい所を～/显示两人的亲密关系 xiǎnshì liǎng rén de qīnmì guānxi

みせどころ【見せ所】 最拿手的地方 zuì náshǒu de dìfang; 最精彩的地方 zuì jīngcǎi de dìfang (英 *a highlight*) ▶ここが腕の～と、僕はいよいよ張り切った/是大干一场的时候了，我越发觉得精神振奋 shì dà gàn yì cháng de shíhou le, wǒ yuèfā juéde jīngshén zhènfèn

みぜに【身銭】 自己的钱 zìjǐ de qián (英 *one's own pocket*)

～を切る 自己掏腰包 zìjǐ tāo yāobāo ▶～を切って視察に出かける/自己掏腰包外出视察 zìjǐ tāo yāobāo wàichū shìchá

みせば【見せ場】 最精彩的场面 zuì jīngcǎi de chǎngmiàn (英 *a highlight scene*) ▶最大の～はトップ同士の激論だった/最精彩的是两个首脑之间的激烈辩论 zuì jīngcǎi de shì liǎng ge shǒunǎo zhījiān de jīliè biànlùn ▶彼は最後に～を作ってくれた/他最后表演了最精彩的部分 tā zuìhòu biǎoyǎnle zuì jīngcǎi de bùfen

みせばん【店番をする】 看柜台 kān guìtái (英 *watch a store*) ▶時々～を頼まれることがある/有时候替别人看柜台 yǒushíhou tì biérén kān guìtái ▶～をしながら手紙を書いた/一边看柜台一边写了封信 yìbiān kān guìtái yìbiān xiěle fēng xìn

みせびらかす【見せびらかす】 夸耀 kuāyào; 炫示 xuànshì (英 *make a show of...; display*) ▶彼はことさら時計を見せびらかした/他有意炫耀手表 tā yǒuyì xuànyào shǒubiǎo

みせびらき【店開きする】 开业 kāiyè; 开张 kāizhāng (英 *open a new store*) ▶家の向かいにそば屋が～した/一家荞麦面馆在家对面开张了 yì jiā qiáomàimiànguǎn zài jiā duìmiàn kāizhāng le ▶～の前から客が行列して待っている/开店之前客人就排队等候着 kāidiàn zhīqián kèrén jiù páiduì děnghòuzhe

みせもの【見世物】 玩意儿 wányìr; 杂技 zájì;

雑耍 záshuǎ (英 *a show; an exhibition*) ▶~になる/出洋相 chū yángxiàng ▶いい~にされた/出了大洋相 chūle dàyángxiàng ▶俺は~じゃないぞ/我可不是是好这着玩的 wǒ kě bú shì hǎo dòuzhe wán de ▶これは~じゃないぞ/这不是做戏 zhè bú shì zuò xì

◆~小屋:杂技棚 zájìpéng

みせられる【魅せられる】 入魔 rùmó；着迷 zháomí；《人に》钦佩 qīnpèi (英 *be charmed*) ▶先生の人柄に~/钦佩老师的为人 qīnpèi lǎoshī de wéirén ▶师匠の人柄に魅せられて弟子入りした/由于敬佩师傅的人品而当了他的徒弟 yóuyú jìngpèi shīfu de rénpǐn ér dāngle tā de túdì ▶その美しい演奏に魅せられた/被那优美的演奏所吸引 bèi nà yōuměi de yǎnzòu suǒ xīyǐn

みせる【見せる】 给…看 gěi…kàn；显示 xiǎnshì；《取り出して》出示 chūshì (英 *show; let see*；《陳列》display) ▶写真を~/把照片拿出来给人看 bǎ zhàopiàn náchūlái gěi rén kàn ▶パスポートを~/出示护照 chūshì hùzhào ▶子供の写真をみんなに~/给大家看自己孩子的照片 gěi dàjiā kàn zìjǐ háizi de zhàopiàn ▶涙には見せないものだ/眼泪是不能给人看的 yǎnlèi shì bùnéng gěi rén kàn de ▶あの演技、見せますなあ/那演技真棒 nà yǎnjì zhēn bàng ▶努力の尊さを見せてやろう/显示努力的可贵 xiǎnshì nǔlì de kěguì ▶隣の子が教科书を持っていなかったので、いっしょに見せてやった/旁边的孩子没带课本，就让他跟我一起看 pángbiān de háizi méi dài kèběn, jiù ràng tā gēn wǒ yìqǐ kàn ▶彼女は君に~ために芝居をしていたのだと思う/我觉得她是做戏给你看的 wǒ juéde tā shì zuò xì gěi nǐ kàn de ▶彼女は真っ白い歯を見せて笑った/她露出雪白的牙笑了 tā lùchū xuěbái de yá xiào le ▶彼は気前のいいところを見せようとして无理をした/他为了表现慷慨而硬撑门面 tā wèile biǎoxiàn kāngkǎi ér yìng chēng ménmian ▶《テニス》强力なフォアハンドで~/打出了强有力的正拍击球 dǎchūle qiángyǒulì de zhèngpāi jīqiú ▶医者に見せたのかい/让医生看了没有？ ràng yīshēng kànle méiyǒu？ ▶心のうちを人に~/不跟人说心里话 bù gēn rén shuō xīnlǐhuà ▶脚を~スカート/露大腿的裙子 lòu dàtuǐ de qúnzi ▶人には見せない日記/不给人看的日记 bù gěi rén kàn de rìjì

みぜん【未然に】 未然 wèirán (英 *previously*) ▶事故を~に防ぐ/防事故于未然 fáng shìgù yú wèirán ▶灾いを~に防ぐ/防患于未然 fáng huàn yú wèirán ▶「走る」の~形は？/"走る" 的未然时态是什么？ "zǒu rù" de wèirán shítài shì shénme？

みそ【味噌】 1 【調味料】 酱 jiàng (英 *soybean paste; miso*) ▶~渍け/酱菜 jiàngcài ▶茄子の~渍け/酱腌茄子 jiàng yān qiézi ▶~汁が僕のエネルギー源だ/酱汤是我的能量来源 jiàngtāng shì wǒ de néngliàng láiyuán

2 【比喻的】独到之处 dúdào zhī chù ▶そこが~だよ/那是独特之处 nà shì dútè zhī chù ▶自作に一切ふれないところが~だね/对自己的作品一概不提这点很妙 duì zìjǐ de zuòpǐn yígài bù tí zhè diǎn hěn miào

くそ~に言う 乱说坏话 luàn shuō huàihuà；说得一文不值 shuōde yì wén bù zhí

手前~を並べたてる 自吹自擂 zì chuī zì léi

~もくそもいっしょにする 好坏不分 hǎohuài bù fēn；鱼龙混杂 yúlóng hùnzá

~をつける 失败 shībài；丢脸 diūliǎn ▶せりふをとちって~をつけた/台词念错，丢脸了 táicí niàncuò, diūliǎn le

みぞ【溝】 1 【水路】 沟 gōu (英 *a ditch; a gutter*) ▶~の両側/沟沿儿 gōuyánr ▶~の両側に細い道がある/沟两边有窄道 gōu liǎngbiān yǒu zhǎidào ▶酔っぱらいが~に落ちる/醉汉掉到沟里去 zuìhàn diàodào gōuli qù ▶レコードの~/唱片上的纹路 chàngpiànshang de wénlù

2 【人間関係の】隔阂 géhé (英 *a gap*) ▶~ができる/产生隔阂 chǎnshēng géhé ▶彼との間に~ができた/和他之间出现了隔阂 hé tā zhījiān chūxiànle géhé ▶~を埋める/沟通 gōutōng；弥补隔阂 míbǔ géhé ▶~を埋める努力をする/努力消除隔阂 nǔlì xiāochú géhé ▶市民と政治家の間の~を埋める/填补市民和政治家之间的隔阂 tiánbǔ shìmín hé zhèngzhìjiā zhījiān de géhé ▶夫婦間の~/夫妻之间的隔阂 fūqī zhījiān de géhé

みぞう【未曾有の】 空前 kōngqián；史无前例 shǐ wú qiánlì (英 *unprecedented*) ▶津波の被害は~の広がりを見せる/海啸造成的灾害以空前的趋势在扩大 hǎixiào zàochéng de zāihài yǐ kōngqián de qūshì zài kuòdà ▶おまえの勝利は古今~の快事だ/你的胜利是史无前例的大快人心之事 nǐ de shènglì shì shǐ wú qiánlì de dà kuài rénxīn zhī shì

みぞおち【鳩尾】 心口 xīnkǒu；胸口 xiōngkǒu (英 *the pit of the stomach*) ▶~にパンチを浴びて倒れた/心口挨了一拳倒下了 xīnkǒu áile yì quán dǎoxià le

みそか【晦日】 月底 yuèdǐ；三十日 sānshí rì (英 *the last day of the month*)

◆大~:年三十 niánsānshí；大年三十 dàniánsānshí

みそぎ【禊】 《宗教の》禊 xì；涤除污垢 díchú wūgòu (英 *ablutions*) ▶選挙という~を経たのですよ/渡过了竞选这一大关呢 dùguòle jìngxuǎn zhè yí dàguān ne ▶滝にうたれて~をする/接受瀑布的冲净以纯洁灵魂 jiēshòu pùbù de chōngjìng yǐ chúnjié línghún

みそこなう【見損なう】 看错 kàncuò；《評価を誤る》估计错 gūjìcuò (英 *misjudge*)；《见る机会を逸する》错过看的机会 cuòguò kàn de jīhuì (英 *fail to see*) ▶番号を~/看错号码 kàncuò hàomǎ ▶番号を見损なって间違い电话をかけてしまった/看错号码错打了电话 kàncuò hàomǎ cuòdǎle diànhuà ▶あいにく会议があって试合を见

損なった/不巧有会没看上比赛 bùqiǎo yǒu huì méi kànshàng bǐsài ▶私は忙しくて、そのテレビ番組を見損なった/我因为忙，没看上那个电视节目 wǒ yīnwèi máng, méi kànshàng nàge diànshì jiémù ▶君を見損なったよ/把你估计错了 bǎ nǐ gūjicuò le ▶あの男は見損なった/没想到那个男的是这样的人 méi xiǎngdào nàge nán de shì zhèyàng de rén ▶俺を～な/别小看我 bié xiǎokàn wǒ

ミソサザイ 〚鳥〛鹪鹩 jiāoliáo (英 *a wren*)

みそっぱ【味噌っ歯】 乳牙黑斑 rǔyá hēibān (英 *a decayed tooth*)

みそめる【見初める】 看中 kànzhòng；一见钟情 yí jiàn zhōng qíng (英 *fall in love at first sight*) ▶犬を散歩させていてあの娘を見初めた/带狗散步的时候看上了她 dài gǒu sànbù de shíhou kànshàngle tā

みそら【身空】 身世 shēnshì；境遇 jìngyù [若い～で] *at this young age* ▶若い～で寝たきりを余儀なくされている/年纪轻轻的却不得不卧床不起 niánjì qīngqīng de què bùdébù wòchuáng bù qǐ

みぞれ【霙】 雨雪 yǔxuě (英 *sleet*) ▶～が降る/雨雪交加 yǔxuě jiāojiā；下雨夹雪 xiàyǔ jiā xuě ▶試合中に～が降ってきた/比赛的时候下起了雨雪 bǐsài de shíhou xiàqǐle yǔxuě ▶雨みつしか～になった/不知什么时候开始雨里夹着雪了 bù zhī shénme shíhou kāishǐ yǔli jiāzhe xuě le

みそれる【見それる】 估计错认 gūjì cuòrèn (英 *fail to recognize*) ▶これはお見それしました/原谅我有眼不识泰山 yuánliàng wǒ yǒu yǎn bù shí Tàishān

-みたい ❶【類似】 像…一样 xiàng…yíyàng (英 *like*…) ▶夢～だ/像做梦一样 xiàng zuòmèng yíyàng ❷【推量】 好像 hǎoxiàng (英 *seem*) ▶熱がある～だ/好像发烧了 hǎoxiàng fāshāo le

みだし【見出し】 标题 biāotí (英 *an index; a title*;［新聞の］*a headline*) ▶新聞にでかでかと～が躍った/报纸上的大标题十分醒目 bàozhǐshang de dàbiāotí shífēn xǐngmù ▶本辞典の～の表記について説明します/对本词典的条目标记作一下说明 duì běn cídiǎn de tiáomù biāojì zuò yíxià shuōmíng ▶事件は3段抜きの～で報じられた/事件以通里三段的标题被加以报道 shìjiàn yǐ tōngguàn sān duàn de biāotí bèi jiāyǐ bàodào ▶～を独占する/各报一色标题 gè bào yísè biāotí；各报同时报道 gè bào tóngshí bàodào

♦大～ ⁞大标题 dàbiāotí ▶新聞に大～で出る/以大标题出现在报纸上 yǐ dàbiāotí chūxiàn zài bàozhǐshang 小～ ⁞小标题 xiǎobiāotí ～語（辞書の）词条 cítiáo

みだしなみ【身だしなみ】 仪表 yíbiǎo；《教養としての》文化修养 wénhuà xiūyǎng (英 *one's appearance*) ▶～に気をつける/注意修饰 zhùyì xiūshì；注意仪表 zhùyì yíbiǎo ▶～のよい人だね/仪表整洁的人 yíbiǎo zhěngjié de rén ▶紳士の～はたいへんだよ/男士的服饰仪容很令人伤脑筋 nánshì de fúshì yíróng hěn lìng rén shāng nǎojīn ▶コンピュータの操作は現代人の～ですよ/使用电脑是现代人的修养 shǐyòng diànnǎo shì xiàndàirén de xiūyǎng

みたす【満たす】 ❶【いっぱいにする】填满 tiánmǎn (英 *fill*) ▶コップに水を～/往杯子里倒满水 wàng bēizili dàomǎn shuǐ

❷【満足させる】満足 mǎnzú (英 *satisfy*) ▶心を～/满意 mǎnyì ▶要求を～/满足要求 mǎnzú yāoqiú ▶要求を～だけの回答をいただきたい/希望得到令人满意的答复 xīwàng dédào lìng rén mǎnyì de dáfù ▶それでも彼の探求心は満たされなかった/那也没能满足他的探求心 nà yě méi néng mǎnzú tā de tànqiúxīn ▶需要を～/满足需要 mǎnzú xūyào ▶知的好奇心を～/满足求知欲 mǎnzú qiúzhīyù

みだす【乱す】 扰乱 rǎoluàn；打乱 dǎluàn；乱动 luàndòng (英 *disturb*) ▶髪を～/蓬着头 péngzhe tóu ▶会场に髪を乱した女が飞び込んできた/一个头发蓬乱的女人闯进了会场 yí ge tóufa péngluàn de nǚrén chuǎngjìnle huìchǎng ▶秩序を～/扰乱秩序 rǎoluàn zhìxù ▶秩序を～行為はつつしめ/要注意扰乱秩序的行为 yào zhùyì rǎoluàn zhìxù de xíngwéi ▶計画が乱される/计划被打乱 jìhuà bèi dǎluàn

みたて【見立て】 选择 xuǎnzé；鉴别 jiànbié (英 *choice; judgment*);《医師の》诊断 zhěnduàn (英 *diagnosis*) ▶医者の～では肝脏が弱っているそうだ/医生诊断是肝脏衰竭 yīshēng zhěnduàn shì gānzàng shuāijié ▶叔母は着物の～がうまい/姑姑很会选和服 gūgu hěn huì xuǎn héfú

♦～違い⁞誤诊 wùzhěn；判断错误 pànduàn cuòwù ▶かぜというのは医師の～違いだった/医生误诊为感冒 yīshēng wùzhěn wéi gǎnmào ▶～違いをしたばかりにひどい欠損を出した/就因为判断错误造成了严重的亏损 jiù yīnwèi pànduàn cuòwù zàochéngle yánzhòng de kuīsǔn

みたてる【見立てる】 ❶【なぞらえる】 当做 dàngzuò (英 *compare*) ▶ほうきを馬に～/把扫帚当做马 bǎ sàozhou dàngzuò mǎ

❷【選定・診断する】 选定 xuǎndìng；诊断 zhěnduàn；鉴定 jiàndìng (英 *choose; diagnose*) ▶骨董を～/鉴别古董 jiànbié gǔdǒng ▶季节に合った服を～/选择适合季节的衣服 xuǎnzé shíhé jìjié de yīfu

みたところ【見たところ】 看来 kànlái；表面看 biǎomiàn kàn (英 *apparently*) ▶～よくできている/表面看上去做得还不错 biǎomiàn kànshàngqu zuòde hái búcuò ▶～やさしい爺さまみたいだ、ところが…/表面看是个和气的老头吧，可实际上… biǎomiàn kàn shì ge héqi de lǎotóu ba, kě shíjìshang…

みたない【満たない】 不足 bùzú；未满 wèimǎn

(英 *do not satisfy*) ▶定員に～/不足定员 bùzú dìngyuán ▶今年は応募者が定員に～/今年应征者没达到定员 jīnnián yìngzhēngzhě méi dádào dìngyuán ▶二度直したがなお意に～/改了两次还是不满意 èrdù zhí le hái shì bù mǎnyì

みため【見た目】 外表 wàibiǎo; 表面 biǎomiàn (英 *a look; appearance*) ▶彼は～には意志が強そうだが実はもろいのだ/他外表意志坚强，实际上挺脆弱的 tā wàibiǎo yìzhì jiānqiáng, shíjìshang tǐng cuìruò de ▶人は～で判断してはいけない/人不能根据外表判断 rén bùnéng gēnjù wàibiǎo pànduàn ▶あいつは～がいいから得をしている/那个家伙靠外表占便宜 nàge jiāhuo kào wàibiǎo zhàn piányi ▶しっかりしているんだが…/表面看挺结实的… biǎomiàn kàn tǐng jiēshí de…

みだら【淫ら】 猥亵 wěixiè; 淫荡 yíndàng; 下流 xiàliú (英 *indecent; obscene*) ▶～な行为/淫荡的行为 yíndàng de xíngwéi ▶あの颜つきが～/那表情很下流 nà biǎoqíng hěn xiàliú ▶～な思いが浮かぶ/心中产生淫念 xīnzhōng chǎnshēng yínniàn ▶～な言葉/下流话 xiàliúhuà ▶～な冗談/下流的玩笑 xiàliú de wánxiào ▶黄色笑话 huángsè xiàohua ▶～な老人/猥亵的老头儿 wěixiè de lǎotóur; 老色鬼 lǎosèguǐ ▶電車の中で～な振る舞いをして捕まった/在电车里要流氓被逮起来了 zài diànchēli shuǎ liúmáng bèi dàiqǐlai le ▶～なことをもちかける/提出猥亵的要求 tíchū wěixiè de yāoqiú

みだりに【妄りに】 胡乱 húluàn; 随便 suíbiàn (英 *without reason*, [むやみに] *recklessly*) ▶～石を投げてはいけない/不要随意扔石头 búyào suíyì rēng shítou ▶路上で～大声をあげてはいけない/在路上不要胡乱大声说话 zài lùshang búyào húluàn dàshēng shuōhuà ▶ああいう話を～信用するものではない/那种话不可随意听信 nà zhǒng huà bùkě suíyì tīngxìn

みだれ【乱れ】 乱 luàn; 混乱 hùnluàn; 错乱 cuòluàn (英 *disorder; confusion*) ▶日本語の～が気がかりだ/日语中的乱用让人担心 Rìyǔ zhōng de luànyòng ràng rén dānxīn ▶髪の～に手をやった/用手整理蓬乱的头发 yòng shǒu zhěnglǐ péngluàn de tóufa ▶手紙の文字の～を詫びていた/对信中的字迹潦草表示了歉意 duì xìn zhōng de zìjì liáocǎo biǎoshìle qiànyì

みだれがみ【乱れ髪】 蓬乱的头发 péngluàn de tóufa (英 *unkempt hair*)

みだれる【乱れる】 凌乱 língluàn; 乱 luàn (英 *be disordered; be confused*) ▶脈が～/脉搏不规律 màibó bù guīlǜ ▶年のせいか脈が～/也许由于年龄的关系脉搏没有规律 yěxǔ yóuyú niánlíng de guānxi màibó méiyǒu guīlǜ ▶足なみが～/步调凌乱 bùdiào língluàn ▶みんなの足なみが乱れ始めた/大家的步伐开始紊乱 dàjiā de bùfá kāishǐ wěnluàn ▶あの人はいくら飲んでも～ことがない/那人喝多少酒也不会失态 nà rén hē duōshao jiǔ yě búhuì shītài ▶すっかり座が乱れた/宴席变得喧哗无序 yànxí biànde xuānhuá

wúxù ▶僕は心が乱れに乱れていた/我心绪很乱 wǒ xīnxù hěn luàn

みち【未知の】 未知 wèizhī (英 *unknown*) ▶～の世界/未知的世界 wèizhī de shìjiè ▶科学は～の世界を切り開いてゆく/科学开辟未知的世界 kēxué kāipì wèizhī de shìjiè ▶～の人から手紙をもらった/接到了不认识的人的信 jiēdàole bú rènshi de rén de xìn

みち【道・路】 **1**【道路】 路 lù; 道路 dàolù (英 *a road; a street*) ▶～の両側/道路两旁 dàolù liǎngpáng ▶～の両側に応援の人々が立っている/道路两旁站着助威的人 dàolù liǎngpáng zhànzhe zhùwēi de rén ▶～が絶える/绝路 juélù ▶～は遠い/路远 lù yuǎn ▶～に迷う/迷路 mílù ▶下山の途中で～に迷ってしまった/下山途中迷了路 xiàshān túzhōng míle lù ▶～の真ん中に寝ころがる/在马路中间横躺着 zài mǎlù zhōngjiān héngtǎngzhe ▶この～はどこへ行くか/这条路通往什么地方？ zhè tiáo lù tōngwǎng shénme dìfang? ▶～に大きな穴があった/路上有个大坑 lùshang yǒu ge dàkēng ▶～を聞く/问路 wèn lù ▶～を聞かずに彼の家まで行った/没问路就找到了他家 méi wèn lù jiù zhǎodàole jiājiā ▶～を聞き聞きそこまで行った/多次问路才找到那儿 duōcì wèn lù cái zhǎodào nàr ▶～を教える/指路 zhǐ lù ▶～を間違える/走错路 zǒucuò lù ▶人と～で会う/在路上和人相遇 zài lùshang hé rén xiāngyù ▶～で遊ぶ/在路上玩 zài lùshang wán ▶～を譲る/让路 rànglù

2【距離】 路程 lùchéng (英 *a distance*) ▶30キロの～を行く/走三十公里的路 zǒu sānshí gōnglǐ de lù

3【方法・道程】 路 lù; 途径 tújìng (英 *a course; a way*) ▶他にとるべき～がない/别无选择 bié wú xuǎnzé ▶平和への～/通往和平的路 tōngwǎng hépíng de lù ▶平和への～が絶えたかに見えた/通往和平的途径似乎断绝了 tōngwǎng hépíng de tújìng sìhū duànjué le ▶俺、生きる～を間違えたかなぁ/我或许走错了人生道路 wǒ huòxǔ zǒucuòle rénshēng dàolù ▶実現までの～は遠い/离实现还有很长的路程 lí shíxiàn háiyǒu hěn cháng de lùchéng ▶介護もいずれは我が行く～なのだ/痴呆或需人护理都是我们必由之路 chīdāi huò xū rén hùlǐ dōu shì wǒmen bì yóu zhī lù ▶～は近きにありと言うぞ/常言道路在脚下 chángyán dàolù zài jiǎoxià

4【道德】 道 dào; 道理 dàolǐ (英 *moral code*) ▶～にはずれた振る舞い/不合道理的行为 bùhé dàoli de xíngwéi

5【専門】 专业 zhuānyè; 领域 lǐngyù (英 *a line*) ▶その～のプロがそう言うんだ/这行的专家这么说的 zhè háng de zhuānjiā zhème shuō de ▶その～ではたいしたものだ/在那方面非常出色 zài nà fāngmiàn fēicháng chūsè

～を誤る 走错路 zǒucuò lù; 误入歧途 wùrù qítú ▶～を誤って画家になってしまった/走错了路当了

画家 zǒucuòle lù dāngle huàjiā
～をつける 沟通 gōutōng; 开路 kāilù; 引路 yǐnlù ▶交涉の～はつけておいたよ/找到交涉的途径了 zhǎodào jiāoshè de tújìng le
～を説く 讲道 jiǎngdào; 说教 shuōjiào ▶おまえに～を説かれたくないよ/我就是不想听你的大道理 wǒ jiùshì bù xiǎng tīng nǐ de dàdàoli
～を開く 开路 kāilù ▶条約調印への～を開く/为签署条约开路 wèi qiānshǔ tiáoyuē kāilù
～を踏み外す 误入歧途 wùrù qítú; 失足 shīzú ▶晩年に至って～を踏み外すとはねぇ/竟是晚年失足 jìngshì wǎnnián shīzú

[文化] 中国の町の道路には必ず名前が付いている。交差点には道の名前を示すプレート（'路牌 lùpái'）が掲げられ、しばしば東西南北も示してある。

みちあふれる【満ちあふれる】 飘溢 piāoyì; 洋溢 yángyì (英 brim) ▶愛情に～充満 爱的信 chōngmǎn ài de xìn ▶その表情は自信に満ちあふれていた/他那神情充满了自信 tā nà shénqíng chōngmǎnle zìxìn

みちあんない【道案内】 向导 xiàngdǎo; 引导 yǐndǎo (英 guide); 《道路標識》路标 lùbiāo (英 a road sign) ▶～する/带路 dàilù ▶～人/先导 xiāndǎo ▶～を頼む/雇向导 gù xiàngdǎo ▶誰をどこへ～するの/把谁领到什么地方? bǎ shéi lǐngdào shénme dìfang? ▶初めての町なので～を頼んだ/第一次来到这个城市，所以请了导游 dìyī cì láidào zhège chéngshì, suǒyǐ qǐngle dǎoyóu ▶～は私が務めます/我来负责导游 wǒ lái fùzé dǎoyóu ▶～をする/导游 dǎoyóu; 引导 yǐndǎo; 做向导 zuò xiàngdǎo

みちか【身近な】 身边 shēnbiān; 切身 qièshēn (英 immediate) ▶～な問題/切身的问题 qièshēn de wèntí ▶～な問題をテーマにして書いた/写的是身边发生的事 xiě de shì shēnbiān fāshēng de shì ▶～で起こる/在近旁发生 zài jìnpáng fāshēng ▶こんな事故が～で起こるとは驚いた/这样的事故在身边发生令人震惊 zhèyàng de shìgù zài shēnbiān fāshēng lìng rén zhènjīng ▶こういう話題は～に感じる/这样的话题使人觉得亲近 zhèyàng de huàtí shǐ rén juéde qīnjìn ▶～さ/亲近感 qīnjìngǎn

みちがえる【見違える】 看错 kàncuò; 认不得 rènbude (英 take... for another) ▶彼女は～ほどきれいになった/她变好看了，简直认不出来了 tā biàn hǎokàn le, jiǎnzhí rènbuchūlai le ▶古田さんをうっかり吉田さんと見違えた/把古田氏错当成吉田氏 bǎ Gǔtián shì cuò dàngchéng Jítián shì ▶彼は体型が～ほど変わってしまった/他的体型变得认不得了 tā de tǐxíng biànde rènbude le

みちかけ【満ち欠け】 盈亏 yíngkuī (英 waxing and waning) ▶月の～は狂うことがない/月亮的盈亏不会紊乱 yuèliang de yíngkuī búhuì wěnluàn

みちくさ【道草】 闲逛 xiánguàng; 耽搁 dānge (英 loitering) ▶～をくう/中途耽搁 zhōngtú

dānge ▶病気で3年～を食っていたから…/因病耽搁了三年, 所以… yīn bìng dāngle sān nián, suǒyǐ… ▶出張ついでにちょっと～してゆこうか/趁着出差去逛逛吧 chènzhe chūchāi qù guàngguang ba

みちしお【満ち潮】 涨潮 zhǎngcháo; 满潮 mǎncháo (英 the high tide) ▶台風の襲来が～と重なった/台风和满潮赶一块儿了 táifēng hé mǎncháo gǎn yíkuàir le

みちじゅん【道順】 路线 lùxiàn;《手続き・順序》程序 chéngxù (英 a route; a course) ▶～を教える/指路 zhǐlù ▶会場までの～を教える/介绍到会场的路线 jièshào dào huìchǎng de lùxiàn ▶彼がここへくる～を教えてくれた/他告诉了我到这儿来的路线 tā gàosule wǒ dào zhèr lái de lùxiàn ▶彼らは問題処理の～が分かっていない/他们不知道解决问题的程序 tāmen bù zhīdào jiějué wèntí de chéngxù

みちしるべ【道標】 路标 lùbiāo (英 a signpost) ▶街道には江戸時代の～が残っている/马路上残留着江户时代的路标 mǎlùshang cánliúzhe Jiānghù shídài de lùbiāo ▶～を頼りに山路を急いだ/按照路标的指示在山道上急行 ànzhào lùbiāo de zhǐshì zài shāndàoshang jí xíng

みちすう【未知数】 未知数 wèizhīshù (英 an unknown) ▶可能性は～だ/不知道可能性有多少 bù zhīdào kěnéngxìng yǒu duōshao ▶実現の可能性は～だ/实现的可能性是个未知数 shíxiàn de kěnéngxìng shì ge wèizhīshù ▶新しい社長の器量はまだ～だ/新总经理的才干是谁还不清楚 xīn zǒngjīnglǐ de cáigàn shì shéi hái bù qīngchu ▶彼の外交手腕はまだ～である/他的外交手腕还是个未知数 tā de wàijiāo shǒuwàn háishi ge wèizhīshù ▶【数】方程式の～/方程式的未知数 fāngchéngshì de wèizhīshù

みちすがら【道すがら】 顺路 shùnlù; 沿路 yánlù (英 on the way to...) ▶球場への期待を語りあった/在去球场的路上谈论对于获胜的期待 zài qù qiúchǎng de lùshang tánlùn duìyú huòshèng de qīdài

みちすじ【道筋】 路径 lùjìng; 路途 lùtú;《条理》道理 dàoli (英 a course; a route) ▶～を外れる/离辙 lízhé ▶駅への途中に古い神社がある/去车站的途中有一个古老的神社 qù chēzhàn de túzhōng yǒu yí ge gǔlǎo de shénshè ▶話の～がおかしい/事情进行得不合理 shìqing jìnxíngde bù hélǐ

みちぞい【道沿いに】 沿路 yánlù (英 along the road) ▶～にコスモスの花が揺れていた/沿途的大波斯菊在摇曳 yántú de dàbōsījú zài yáoyè ▶～の家々はまだ目覚めない/沿途的人家还没有醒来 yántú de rénjiā hái méiyǒu xǐnglái

みちたりた【満ち足りた】 满足 mǎnzú;《衣食などが》丰足 fēngzú (英 satisfied) ▶～表情/满意的表情 mǎnyì de biǎoqíng ▶～表情で講演を終えた/带着满意的表情结束了讲演 dàizhe mǎnyì de biǎoqíng jiéshùle jiǎngyǎn ▶彼は～

人生を送った/他度过了富足的人生 tā dùguòle fùzú de rénshēng

みちづれ【道連れ】 伴侣 bànlǚ; 同行人 tóngxíngrén (英 *a traveling companion*) ▶～になる/搭伴 dābàn ▶他の生涯の～になってくれ/希望你成为我人生的伴侣 xīwàng nǐ chéngwéi wǒ rénshēng de bànlǚ ▶子供を～に死んでしまった/带着孩子一块儿寻了死 dàizhe háizi yíkuàir xúnle sǐ ▶転落の～にする/使一起堕落 shǐ yìqǐ duòluò

ことわざ 旅は道連れ世は情け 出行靠旅伴，谋生靠人情 chūxíng kào lǚbàn, móushēng kào rénqíng

みちならぬ【道ならぬ】 不正当 bú zhèngdàng; 不道德 bú dàodé (英 *immoral*) ▶まじめ男が～恋におちた/老老实实的汉子陷入了不正当的恋爱 lǎolǎoshíshí de hànzi xiànrùle bú zhèngdàng de liàn'ài

みちなり【道なり】 顺路 shùnlù; 沿路 yánlù (英 *the way the road goes*) ▶その旅館は～に走ってゆけば左側に建っています/顺路往前开，那旅馆就在左边 shùnlù wǎng qián kāi, nà lǚguǎn jiù zài zuǒbian

みちのり【道のり】 路程 lùchéng; 行程 xíngchéng (英 *distance; journey*) ▶ここから 10 キロの～です/从这里有十公里路 cóng zhèlǐ yǒu shí gōnglǐ lù ▶塔まで～はどれくらいですか/到塔有多少路程？dào tǎ yǒu duōshao lùchéng? ▶バスで 30 分ほどの～です/坐巴士半小时的路程 zuò bāshì bàn xiǎoshí de lùchéng

みちばた【道端】 路旁 lùpáng; 路边 lùbiān (英 *the roadside*) ▶～で売る/在路上卖 zài lùshang mài ▶～でもぎたての梨を売っていた/在路边卖刚摘的梨 zài lùbiān mài gāng zhāi de lí ▶～に赤い自動車が停まっている/路边停着一辆红汽车 lùbiān tíngzhe yí liàng hóngqìchē

みちひ【満ち干】 潮汐 cháoxī; 涨落 zhǎngluò (英 *the ebb and flow*) ▶湾の潮の～は見ものだ/海湾的潮水涨落值得一看 hǎiwān de cháoshuǐ zhǎngluò zhíde yí kàn

みちびく【導く】 引导 yǐndǎo; 指导 zhǐdǎo (英 *guide; lead*) ▶後進を～/教导后进 jiàodǎo hòujìn ▶生徒を～/引导学生 yǐndǎo xuésheng ▶成功に～/导向成功 dǎoxiàng chénggōng ▶努力の積み重ねが事を成功に～のだ/不断的努力将带来了事业的成功 búduàn de nǔlì jiāng dàiláile shìyè de chénggōng ▶自分に有利な結論に導こうとしている/要把结论朝对自己有利的方向引 yào bǎ jiélùn cháo duì zìjǐ yǒulì de fāngxiàng yǐn ▶生徒を教え～/教导学生 jiàodǎo xuésheng ▶来賓を会場に～/引导来宾进入会场 yǐndǎo láibīn jìnrù huìchǎng

みちみち【道道】 沿路 yánlù; 一路上 yílùshang (英 *on the way of...*) ▶～対策を話しあった/一路谈论对策 yílù tánlùn duìcè ▶～見かけた花が他ならぬ海棠だった/一路上看到的花不是别的正是海棠 yílùshàng kàndào de huā bú shì biéde zhèngshì hǎitáng

みちる【満ちる】 满 mǎn; 充满 chōngmǎn (英 *be full; be filled*); (潮が) 涨 zhǎng (英 *flow*) ▶潮が～/涨潮 zhǎngcháo ▶港に潮が満ちてきた/湾里涨潮了 wānli zhǎngcháo le ▶任期が～/任期就要满了 rènqī jiùyào mǎn le ▶彼はいつでも自信に満ちている/他总是充满自信 tā zǒngshì chōngmǎn zìxìn

みつ【密】 稠密 chóumì (英 [密接に] *close*; [稠密に] *dense*) ▶連絡を～にする/密切地联系 mìqiè de liánxì ▶お互い連絡を～にしましょう/互相多联系吧 hùxiāng duō liánxì ba ▶内容が～な講義は聞いて充実感がある/听了内容充实的讲义以后有一种充实感 tīngle nèiróng chōngshí de jiǎngyì yǐhòu yǒu yì zhǒng chōngshígǎn

みつ【蜜】 蜜 mì (英 *honey*) ▶巣箱から～を取る/从蜂箱里取蜜 cóng fēngxiāngli qǔ mì ▶～のように甘い生活だった/甜如蜜的生活 tián rú mì de shēnghuó

みっか【三日】 三天 sān tiān (英 (*for*) *three days*)

~天下 短命政权 duǎnmìng zhèngquán ▶その政権は～で終わった/那个政府以短命告终 nàge zhèngfǔ yǐ duǎnmìng gàozhōng

~に上げず 三天两头儿 sān tiān liǎng tóur ▶～に上げず会いに行く/三天两头儿去会面 sān tiān liǎng tóur qù huìmiàn

~坊主 三天打鱼，两天晒网 sān tiān dǎ yú, liǎng tiān shài wǎng ▶おまえは何でも～坊主だ/你总是三天打鱼，两天晒网 nǐ zǒngshì sān tiān dǎ yú, liǎng tiān shài wǎng ▶今度こそ～坊主にならないよう頑張ります/这次一定努力，绝不三天打鱼，两天晒网 zhècì yídìng nǔlì, juébù sān tiān dǎ yú, liǎng tiān shài wǎng

みっかい【密会する】 偷情 tōuqíng; 幽会 yōuhuì; 密会 mìhuì (英 *meet secretly*) ▶誰にも知られねばず～のだ/本来是谁也不会知道的幽会 běnlái shì shéi yě búhuì zhīdào de yōuhuì ▶町はずれの墓地で～する/在城边墓地幽会 zài chéngbiān mùdì yōuhuì

日中比較 中国语の「密会 mìhuì」は「密会する」他に「秘密会議」のことをもいう。

みつかる【見つかる】 1 [探していたものが] 找到 zhǎodào; 发现 fāxiàn (英 *be found*) ▶財布が～/找到钱包儿 zhǎodào qiánbāor ▶失くした財布が駅で見つかった/丢了的钱包在车站找到了 diūle de qiánbāo zài chēzhàn zhǎodào le ▶子供は見つかり保護されている/孩子已找到并受到了保护 háizi yǐ zhǎodào bìng shòudàole bǎohù ▶街なかの川でわにが見つかった/市内的小河里发现了鳄鱼 shìnèi de xiǎohéli fāxiàn le èyú ▶家はすぐ見つかりましたか/他家马上就找到了吗？tājiā mǎshàng jiù zhǎodàole ma?

2 [ばれる] 被看到 bèi kàndào; 被发现 bèi fāxiàn (英 *be caught*) ▶人に～/被人发现 bèi rén fāxiàn ▶宿にひそんでいるところを見つかった/藏在旅店时被人发现 cángzài lǚdiàn shí bèi

rén fāxiàn)▶私は木の上にいるところを見つかった/坐在树枝上的我被发现了 zuòzài shùzhīshang de wǒ bèi fāxiàn le

みつぎ【密議】 秘密商议 mìmì shāngyì (英 a secret conference)▶彼らは連日～をこらした/他们连日进行密议 tāmen liánrì jìnxíng mìyì

みつぎもの【貢物】 贡品 gòngpǐn (英 a tribute)▶毎年たくさんの～が運ばれてくる/每年运来很多贡品 měinián yùnlái hěn duō gòngpǐn

みつぐ【貢ぐ】 献纳 xiànnà; 纳贡 nàgòng; 为(人)花钱 wèi (rén) huāqián (英 give financial aid)▶せっせと彼女に～がいいよ/你就玩命地在她身上花钱吧 nǐ jiù wánmìng de zài tā shēnshang huāqián ba ▶彼女に貢ぎたくても稼ぎがない/我想在她身上花钱,可是收入太少 wǒ xiǎng zài tā shēnshang huāqián, kěshì shōurù tài shǎo

ミックス 混合 hùnhé (英 mix)▶男女を～したチームを作る/组成男女混合队 zǔchéng nánnǚ hùnhéduì

◆～ジュース：混合果汁 hùnhé guǒzhī

みづくろい【身づくろいする】 打扮 dǎban (英 groom oneself)▶すばやく～して表に出た/迅速打扮整齐来到外面 xùnsù dǎban zhěngqí láidào wàimian

みつくろう【見繕う】 斟酌 zhēnzhuó (英 choose)▶見繕って肴を作る/斟酌做酒菜 zhēnzhuó zuò jiǔcài ▶みやげは適当に見繕って私に持たせた/适当准备了礼物让儿子带去 shìdàng zhǔnbèile lǐwù ràng érzi dàiqù ▶肴は見繕いで二三品たのみます/下酒菜你就看看给上两个三个 xiàjiǔcài hǎo jiù kànzhe gěi shàng liǎng sān ge

みつげつ【蜜月】 蜜月 mìyuè (英 a honeymoon)▶両社の～の関係は長くは続かなかった/两个公司的蜜月关系没持续多久 liǎng ge gōngsī de mìyuè guānxi méi chíxù duōjiǔ

みつける【見つける】 **1**[発見する・気づく] 发现 fāxiàn; 找到 zhǎodào (英 find; discover; notice)▶100メートルも行かぬうちに郵便局を見つけた/还没走一百米就找到了邮局 hái méi zǒu yìbǎi mǐ jiù zhǎodàole yóujú ▶自分の進む道をまだ見つけられないでいる/还没有找到自己未来的方向 hái méiyǒu zhǎodào zìjǐ wèilái de fāngxiàng ▶草むらで珍しい虫を見つけた/在草丛中发现了少见的昆虫 zài cǎocóng zhōng fāxiànle shǎojiàn de kūnchóng ▶〈かくれんぼで〉太郎君見つけた/找到太郎了! zhǎodào Tàiláng le! ▶群衆の中に彼を見つけた/在人群中找到了他 zài rénqún zhōng zhǎodàole tā ▶バス停はその角を曲がったところです．きっと見つけられますよ/车站在拐角那儿,肯定能找到 chēzhàn zài guǎijiǎo nàr, kěndìng néng zhǎodào ▶急いで追いかけたが見つけられなかった/急忙去追,可是没找到 jímáng qù zhuī, kěshì méi zhǎodào ▶公園で偶然～/偶然在公园找到 ǒurán zài gōngyuán zhǎodào

2[見慣れる] 眼熟 yǎnshú (英 be used to seeing)▶今日は見つけない人が来ていた/今天来了个陌生人 jīntiān láile ge mòshēngrén

みつご【三つ子】 **1**[きょうだい] 三胞胎 sānbāotāi (英 triplets)▶女房が～を生んだ/老婆生了三胞胎 lǎopo shēngle sānbāotāi

2[三歳児] 三岁儿童 sān suì értóng (英 a three-year-old child)▶そんなの～にだって分かる道理だよ/那是三岁孩子也懂的道理 nà shì sān suì háizi yě dǒng de dàoli

ことわざ 三つ子の魂百まで 江山易改, 秉性难移 jiāngshān yìgǎi, bǐngxìng nányí

みっこう【密行する】 秘密去 mìmì qù;《隐密行動》秘密行動 mìmì xíngdòng (英 travel secretly)▶密命を帯びてインドに～した/带着秘密使命悄悄去了印度 dàizhe mìmì shǐmìng qiāoqiāo qùle Yìndù ▶～が早くも察知されている/秘密行动很快就被察觉 mìmì xíngdòng hěn kuài jiù bèi chájué

みっこう【密航】 偷渡 tōudù (英 take passage in secret)▶コンテナに潜んで～する/潜藏在集装箱里偷渡 qiáncáng zài jízhuāngxiānglǐ tōudù ▶～を企てたが警備艇につかまった/企图偷渡被保安艇抓获了 qǐtú tōudù bèi bǎo'āntǐng zhuāhuò le

◆～者：偷渡者 tōudùzhě　～船：偷渡船只 tōudù chuánzhī ▶新月の夜に～船は入ってきた/新月之夜偷渡船开了进来 xīnyuè zhī yè tōudùchuán kāilejìnlai

みっこく【密告する】 告密 gàomì; 密告 mìgào; 密报 mìbào (英 inform secretly)▶俺たちの中に～したやつがいる/我们当中有告密的家伙 wǒmen dāngzhōng yǒu gàomì de jiāhuo ▶捜査を妨害するための偽の～もある/也有出于扰乱搜查的假密告 yě yǒu chūyú rǎoluàn sōusuǒ de jiǎmìgào ▶彼は私が警察に～したと思いこんでいる/他以为是我去警察那儿告的密 tā yǐwéi shì wǒ qù jǐngchá nàr gào de mì

◆～者：密告者 mìgàozhě ▶私は～者の汚名を着せられた/我被扣上了告密者的帽子 wǒ bèi kòushàngle gàomìzhě de màozi

みっし【密使】 密使 mìshǐ (英 a secret envoy; a confidential agent)▶総理の意を受け北京に～にたった/接受总理的旨意担任了去北京的密使 jiēshòu zǒnglǐ de zhǐyì dānrènle qù Běijīng de mìshǐ ▶～を遣(つか)うと連絡を受けた/接受了派遣密使的通知 jiēshòule pàiqiǎn mìshǐ de tōngzhī

みっしつ【密室】 密室 mìshì (英 a secret room)▶～の談合で事は決まった/通过密室的暗中交易事情定下来了 tōngguò mìshì de ànzhōng jiāoyì shìqing dìngxiàlai le ▶外からは入るすべのない～である/从外部无法进入的密室 cóng wàibù wúfǎ jìnrù de mìshì

◆～殺人事件：密室杀人事件 mìshì shārén shìjiàn

みっしゅう【密集する】 密集 mìjí; 攒聚 cuánjù (英 crowd; swarm)▶～している/密密层层 mìmicéngcéng ▶一带是人家が～している/这一带民房密集 zhè yídài mínfáng mìjí ▶最近はあの土地も人家が～している/最近那一带也密растет着民房 zuìjìn nà yídài yě mìjīzhe mínfáng ▶住宅の過度な～に心配だ/住宅过度密集令人担心 zhùzhái guòdù mìjí lìng rén dānxīn

みっしょ【密書】 机密信件 jīmì xìnjiàn (英 *a secret letter*) ▶～をファクスで送るやつがあるか/哪儿有用传真送机密文件的？ nǎr yǒu yòng chuánzhēn sòng jīmì wénjiàn de? ▶～は先方に届かなかった/机密文件没送到对方手里 jīmì wénjiàn méi sòngdào duìfāng shǒuli

ミッションスクール 教会学校 jiàohuì xuéxiào (英 *a missionary school*)

みっしり 密密麻麻 mìmìmámá (英 *densely; closely*) ▶レポートは細かい字で～書き込まれている/报告上写着密密麻麻的字 bàogàoshang xiězhe mìmìmámá de zì

みっせい【密生する】 密生 mìshēng; 丛生 cóngshēng (英 *grow thick; be dense*) ▶下草が～している/密生杂草 mìshēng zácǎo ▶川底には水草が～している/河底青草丛生 hédǐ qīngcǎo cóngshēng

みっせつ【密接な】 紧密 jǐnmì; 密切 mìqiè (英 *close; intimate*) ▶～な関係がある/有密切的关系 yǒu mìqiè de guānxi; 十指连心 shí zhǐ lián xīn ▶両社は～な関係にある/两个公司关系密切 liǎng ge gōngsī guānxi mìqiè ▶民家に～してビルが建っている/大楼盖在紧靠民房的地方 dàlóu gàizài jǐnkào mínfáng de dìfang ▶気象は経済と～に結びついている/气象与经济紧密关联 qìxiàng yǔ jīngjì jǐnmì guānlián

みっそう【密葬】 只由亲属举办的葬礼 zhǐ yóu qīnshǔ jǔbàn de zànglǐ (英 *an informal funeral service*) ▶親族だけで～をすませた/只请亲属参加非公开地举办了葬礼 zhǐ qǐng qīnshǔ cānjiā fēi gōngkāi de jǔbànle zànglǐ ▶内々で～したため通知が遅れた/由于是私下举办的葬礼，所以通知晚了 yóuyú shì sīxià jǔbàn de zànglǐ, suǒyǐ tōngzhī wǎn le

みつぞう【密造する】 私造 sīzào; 非法制造 fēifǎ zhìzào (英 *make illegally*; [酒を] *bootleg*) ▶酒を～する/私自酿酒 sīzì niàngjiǔ ▶納屋で濁酒を～しているらしい/似乎是在仓库里私自酿造浊酒 sìhū shì zài cānglì sīzì niàngzào zhuójiǔ ▶拳銃の～が摘発される/揭发私自制造手枪 jiēfā sīzì zhìzào shǒuqiāng

◆～者**:** 非法制造者 fēifǎ zhìzàozhě ～酒/私酿酒 sīniàngjiǔ

みつぞろい【三つ揃い】 〖男人的〗成套西服 (nánrén de) chéngtào xīfú (英 *a three-piece suit*) ▶～に身を固めて祝賀会に出席した/穿上成套西装出席庆祝会 chuānshàng chéngtào xīzhuāng chūxí qìngzhùhuì ▶君は～がよく似合うね/你很适合穿三件套西装 nǐ hěn shìhé chuān sānjiàntào xīzhuāng

みつだん【密談する】 密谈 mìtán (英 *have a secret talk*) ▶喫茶店でひそひそ～を交わしていた/在咖啡厅悄悄密谈 zài kāfēitīng qiāoqiāo mìtán ▶彼は声が大きいから～できない/他声音太大没法密谈 tā shēngyīn tài dà méi fǎ mìtán ▶～中である/正在密谈 zhèngzài mìtán

みっちゃく【密着する】 贴紧 tiējǐn (英 *adhere to...; stick to...*) ▶生活に～したテーマを選ぶ/选择与生活紧密相关的题材 xuǎnzé yǔ shēnghuó jǐnmì xiāngguān de tícái

◆**～取材**: 跟踪采访 gēnzōng cǎifǎng ▶記者はその事件を～取材していた/记者对那个事件进行了跟踪采访 jìzhě duì nàge shìjiàn jìnxíngle gēnzōng cǎifǎng ▶大臣の現場視察に～取材した/对大臣的现场视察进行跟踪采访 duì dàchén de xiànchǎng shìchá jìnxíng gēnzōng cǎifǎng

みっちり 充分地 chōngfèn de; 好好儿地 hǎohāor de (英 *severely; fully*) ▶～仕込む/严格地教导 yángé de jiàodǎo ▶親方の元で～仕込まれた/在师傅手下受到了严格的训练 zài shīfu shǒuxià shòudàole yángé de xùnliàn

みっつ【三つ】 仨 sā; 三个 sān gè; 〖年齢〗3岁 sān suì (英 *three*) ▶この子も～になった/这孩子也已经三岁了 zhè háizi yě yǐjīng sān suì le ▶～目の信号を左折するんだ/在第三个信号灯变往左拐 zài dìsān ge xìnhàodēng yào wǎng zuǒ guǎi ▶～目の駅/第三站 dìsān zhàn

みっつう【密通する】 私通 sītōng; 偷情 tōuqíng (英 *make an illicit love*) ▶不義～/私通 sītōng ▶～がばれて職を辞した/由于私通败露而辞职了 yóuyú sītōng bàilù ér cízhí le ▶～するほどの度胸はない/没有偷情的勇气 méiyǒu tōuqíng de yǒngqi

みってい【密偵】 暗探 àntàn; 密探 mìtàn (英 *a spy*) ▶両国は互いに～を放っていた/两国之间互相派遣了密探 liǎngguó zhījiān hùxiāng pàiqiǎnle mìtàn ▶秋田派に夏目派の～が入った/夏目派的密探潜入了秋田派 Xiàmùpài de mìtàn qiánrùle Qiūtiánpài

ミット 棒球接手手套 bàngqiú jiēshǒu shǒutào (英 *a mitt*)

みつど【密度】 密度 mìdù (英 *density*) ▶～が高い/稠 chóu ▶～の高い授業/很有内容的讲学 hěn yǒu nèiróng de jiǎngxué ▶～の高い授業を心がける/努力使上课内容充实 nǔlì shǐ shàngkè nèiróng chōngshí ▶人口～が高い/人口密度高 rénkǒu mìdù gāo ▶交流の～を深めたい/希望增进交流的密度 xīwàng zēngjìn jiāoliú de mìdù

みつどもえ【三つ巴】 〖图案〗三漩涡图 sān xuánwō tú; 〖对立など〗三方混战 sān fāng hùnzhàn (英 *three-cornered*) ▶優勝争いは～の戦いとなった/冠军赛变成了三方混战 guànjūnsài biànchéngle sān fāng hùnzhàn ▶三種の問題が～になって混乱を深めた/三种问题搅在一起进一步加深了混乱 sān zhǒng wèntí jiǎozài yìqǐ jìnyíbù jiāshēnle hùnluàn

みっともない 难看 nánkàn; 不像样 bú xiàng-

みつにゅうこく

yàng; 不好看 bù hǎokàn (英 shabby; shameful) ▶〜格好/丑态 chǒutài ▶〜格好で出歩かないでね/别穿得那么不像样地在外头走来走去 bié chuānde nàme bú xiàngyàng de zài wàitou zǒulái zǒuqù ▶〜まねをする/出洋相 chū yángxiàng ▶横領なんて〜/贪污真可耻 tānwū zhēn kěchǐ ▶そんな小さい子供をいじめるのは〜/欺负这么小的孩子真不害臊 qīfu zhème xiǎo de háizi zhēn bú hàixiū ▶〜腫れ物/使人难为情的疙瘩 shǐ rén nánwéiqíng de gēda

みつにゅうこく【密入国する】 潜入国境 qiánrù guójìng; 偷渡 tōudù (英 smuggle) ▶〜を取り締まる/取缔偷渡入国 qǔdì tōudù rùguó ▶〜のルートを探る/追查秘密入境的途径 zhuīchá mìmì rùjìng de tújìng ▶彼らは巧みに〜した/他们巧妙地偷渡了 tāmen qiǎomiào de tōudù le ▶外国人を日本に〜させる/让外国人偷渡到日本 ràng wàiguórén tōudùdào Rìběn ▶船でアメリカに〜する/乘船偷渡到美国 chéng chuán tōudùdào Měiguó

♦〜者:偷渡客 tōudùkè ▶〜者が摘発される/偷渡者被揭发 tōudùzhě bèi jiēfā

みつばい【密売する】 私卖 sīmài; 私售 sīshòu; 秘密出售 mìmì chūshòu (英 sell secretely) ▶麻薬の〜/贩毒 fàndú ▶麻薬の〜の現場を押える/当场抓获毒品私卖 dāngchǎng zhuāhuò dúpǐn sīmài ▶覚醒剤を〜して生計を立てる/靠秘密出售兴奋剂为生 kào mìmì chūshòu xīngfènjì wéishēng

♦〜買:私白买卖 sīzì mǎimài 〜人:私販 sīfàn; 私售者 sīshòuzhě ▶路上で〜人が近づいてきた/大街上私贩者凑了过来 dàjiēshang sīfànzhě còuleguòlai

ミツバチ【蜜蜂】〔虫〕蜜蜂 mìfēng (英 a honeybee) ▶〜を飼う/养蜂 yǎng fēng ▶〜の巣/蜂窝 fēngwō

みっぷう【密封する】 封闭 fēngbì; 密封 mìfēng (英 seal tightly) ▶書類を〜する/封闭资料 fēngbì zīliào ▶書類を封筒に入れて〜する/把文件装入信封后密封 bǎ wénjiàn zhuāngrù xìnfēng hòu mìfēng ▶〜を指示する/吩咐密封 fēnfu mìfēng

みっぺい【密閉する】 密闭 mìbì; 封閉 fēngbì (英 shut tight;［気密に］make airtight) ▶〜された瓶/封闭的玻璃瓶 fēngbì de bōlípíng ▶〜された瓶が海岸に流れついた/密封的瓶子漂到海岸边 mìfēng de píngzi piāodào hǎi'ànbiān ▶完全な〜は難しい/完全密封很难 wánquán mìfēng hěn nán

みつぼうえき【密貿易】 走私贸易 zǒusī màoyì (英 smuggling) ▶〜を摘発する/揭发走私 jiēfā zǒusī ▶大規模な〜が行われていた/发生大规模走私贸易 fāshēng dàguīmó zǒusī màoyì ▶窮した彼らは〜に手をそめた/他们走投无路，开始了走私贸易 tāmen zǒu tóu wú lù, kāishǐle zǒusī màoyì ▶〜をやる/从事走私贸易 cóngshì zǒusī màoyì

♦〜者:走私贸易者 zǒusī màoyìzhě

みつまた【三叉】 分为三股 fēnwéi sāngǔ (英 three-forked) ▶〜の分かれ道/三岔路口 sānchà lùkǒu ▶道が〜に分かれている/路分成三叉 lù fēnchéng sān chā ▶〜の戈を手にする/手拿三叉戟 shǒu ná sānchājǐ

ミツマタ【三椏】〔植物〕结香 jiéxiāng; 黄瑞香 huángruìxiāng

みつまめ【みつ豆】 什锦甜凉粉 shíjǐn tiánliángfěn (英 mitsumame; a Japanese dessert) ▶コーヒーと〜をちょうだい/要咖啡和什锦甜凉粉 yào kāfēi hé shíjǐn tiánliángfěn

みつめい【密命】 秘密使命 mìmì shǐmìng (英 a secret order) ▶〜を帯びてロシアに飛ぶ/带着秘密使命飞往俄罗斯 dàizhe mìmì shǐmìng fēiwǎng Éluósī

みつめる【見つめる】 盯 dīng; 注視 zhùshì (英 gaze at...) ▶じっと; 凝视 níngshì ▶じっと手のひらを〜/盯着手心看 dīngzhe shǒuxīn kàn ▶見つめられて僕は不安になった/由于被盯着看我变得很不安 yóuyú bèi dīngzhe kàn wǒ biànde hěn bù'ān ▶彼の顔を〜/盯着他的脸看 dīngzhe tā de liǎn kàn

みつもり【見積もり】 估计 gūjì; 估价 gūjià (英 an estimate) ▶〜生産高/预计产量 yùjì chǎnliàng ▶3社の〜書を比較検討した/对三个公司的报价单进行了比较研究 duì sān ge gōngsī de bàojiàdān jìnxíngle bǐjiào yánjiū ▶会議経費の〜を立てる/制定会议经费的预算 zhìdìng huìyì jīngfèi de yùsuàn ▶旅費の〜がまだ出ていませんよ/旅费的估算还没做出来呢 lǚfèi de gūsuàn hái méi zuòchūlai ne

♦〜額:估价 gūjià 〜書:报价单 bàojiàdān; 估价单 gūjiàdān

みつもる【見積もる】 估计 gūjì; 估价 gūjià (英 estimate; make an estimate) ▶低く〜/低估 dīgū ▶引っ越し費用を〜/估计搬家费用 gūjì bānjiā fèiyong ▶引っ越し費用を低く見積もりすぎた/对搬家费用估计得过低了 duì bānjiā fèiyong gūjìde guò dī le ▶金(㌔)に〜/折算成钱估价 zhésuànchéng qián gūjià ▶五千万円と〜/估价为五千万日元 gūjià wéi wǔqiān wàn Rìyuán ▶被害額を過大に〜/过高估价受灾金额 guò gāo gūjià shòuzāi jīn'é ▶過少に〜/估价过低 gūjià guò dī ▶いくら少なく見積もっても2億はかかる/再怎么低估也得要二亿 zài zěnme dīgū yě děi yào èryì

みつやく【密約】 密约 mìyuē (英 a secret promise) ▶〜ができている/事先订好密约 shìxiān dìnghǎo mìyuē ▶条約とは別に〜ができている/条约之外还订了密约 tiáoyuē zhīwài hái dìngle mìyuē ▶〜の情報がマスコミに漏れた/有关密约的情报被媒体知晓 yǒuguān mìyuē de qíngbào bèi méitǐ zhīxiǎo ▶両首脳間で〜を交わした/两国首脑之间交换密约 liǎngguó shǒunǎo zhījiān jiāohuàn mìyuē ▶〜を結ぶ/缔结密约 dìjié mìyuē

みつゆ【密輸する】 走私 zǒusī (英 smuggle) ▶～を捜査する/查私 chásī ▶麻薬の～を捜査する/搜查毒品走私 sōuchá dúpǐn zǒusī ▶～のルートが判明された/走私途径查明了 zǒusī tújìng chámíng le ▶～団が逮捕される/走私集团被抓获 zǒusī jítuán bèi zhuāhuò

みつゆにゅう【密輸入する】 走私进口 zǒusī jìnkǒu (英 smuggle... in) ▶武器を～する/向国内私运武器 xiàng guónèi sīyùn wǔqì ▶旅行者が軽はずみに～をした/旅行者轻率地把走私品带入境内 lǚxíngzhě qīngshuài de bǎ zǒusīpǐn dàirù jìngnèi

◆～者：走私进口者 zǒusī jìnkǒuzhě ～団：走私进口团伙 zǒusī jìnkǒu tuánhuǒ ～品：走私进口货 zǒusī jìnkǒuhuò

みつりょう【密猟する】 非法狩猎 fēifǎ shòuliè (英 poach) ▶虎が絶滅の危機にある/由于非法狩猎老虎濒临灭绝 yóuyú fēifǎ shòuliè lǎohǔ bīnlín mièjué ▶～する気はさらさらなかった/根本没有非法狩猎的念头 gēnběn méiyǒu fēifǎ dǎliè de niàntou

◆～者：违禁猎手 wéijìn lièshǒu

みつりょう【密漁する】 非法捕鱼 fēifǎ bǔyú (英 poach) ▶蟹の～が絶えない/非法捕蟹层出不穷 fēifǎ bǔxiè céngchū bù qióng ▶～したなまこはどこへ行くか/非法打捞的海参运往什么地方？ fēifǎ dǎlāo de hǎishēn yùnwǎng shénme dìfang?

みつりん【密林】 密林 mìlín (英 a thick forest; a jungle) ▶～が急速に消失してゆく/密林在迅速消失 mìlín zài xùnsù xiāoshī ▶『～の王者ターザン』/《密林之王泰山 Mìlín zhī wáng Tàishān》

みつろう【蜜蝋】 白蜡 báilà；蜂蜡 fēnglà (英 beeswax)

みてい【未定の】 未定 wèidìng；未决定 wèi juédìng (英 undecided; unsettled) ▶葬儀の日時は～である/葬礼的时间未定 zànglǐ de shíjiān wèidìng ▶後任が～のままに日が過ぎた/在后任迟迟未决的状态下时间过去了 zài hòurèn chíchí wèijué de zhuàngtàixia shíjiān guòqù le ▶日取りは～/日期未定 rìqī wèidìng；还没决定日期 hái méi juédìng rìqī ▶それをするかどうかは～です/那个干不干还没决定 nàge gànbugàn hái méi juédìng

◆～稿：未定稿 wèidìnggǎo

みてくれ【見てくれ】 外貌 wàimào；外表 wàibiǎo (英 an outward appearance) ▶～が悪い/外表难看 wàibiǎo nánkàn ▶～のよい製品/表面光的产品 biǎomiàn guāng de chǎnpǐn ▶～は悪いが性能は良い/外表不好看性能倒很好 wàibiǎo bù hǎokàn xìngnéng dào hěn hǎo ▶ついに騙されちゃった/无意中被外观给蒙骗了 wúyìzhōng bèi wàiguān gěi mēngpiàn le ▶単なる～だけじゃないか/不过是外表呗 búguò shì wàibiǎo ma ▶～の善し悪しで判断するな/不要仅凭外观好坏来判断 búyào jǐn píng wàiguān hǎohuài lái pànduàn ▶彼のスポーツカーは～は素敵だ/他

的赛车外观真漂亮 tā de sàichē wàiguān zhēn piàoliang

みてとる【見て取る】 觉察 juéchá；看出 kànchū；看清 kànqīng (英 grasp; realize) ▶状況を～/看清情况 kànqīng qíngkuàng ▶相手の気持ちを～/看出对方的心情 kànchū duìfāng de xīnqíng ▶その場の空気を敏感に～/敏感地觉察到当时的气氛 mǐngǎn de juéchádào dāngshí de qìfēn ▶相手の動きを～/看清对方的动向 kànqīng duìfāng de dòngxiàng

みとう【未踏の】 未曾有 wèicéng yǒu；空前 kōngqián (英 maiden; uncharted) ▶前人～の記録を達成した/创造了空前的伟大纪录 chuàngzàole kōngqián de wěidà jìlù

みとおし【見通し】 ❶〖遠景〗 视野 shìyě；远见 yuǎnjiàn (英 a perspective; a vista) ▶霧で～がきかない/因有雾看不远 yīn yǒu wù kànbuyuǎn ▶事故は～の悪いカーブで起きた/事故发生在视野狭窄的拐弯处 shìgù fāshēng zài shìyě xiázhǎi de guǎiwānchù ▶～がきく/视野开阔 shìyě kāikuò ▶道路のカーブは広く～がきくよう設計されている/在设计上注重使道路拐弯处的视野开阔 zài shèjìshang zhùzhòng shǐ dàolù guǎiwānchù de shìyě kāikuò ▶～のきかない曲り角/视野狭窄的拐角 shìyě xiázhǎi de guǎijiǎo

❷〖見ぬく〗 洞察 dòngchá；预料 yùliào (英 an insight; penetration) ▶先の～が立つ/预料到前景 yùliàodào qiánjǐng ▶何とか先の～が立った/今后的规划总算设计出来了 jīnhòu de guīhuà zǒngsuàn shèjìchūlai le ▶先の～がきく/洞察未来 dòngchá wèilái ▶～がつかない/前景莫测 qiánjǐng mò cè ▶神様はお～だ/上天有眼 shàngtiān yǒu yǎn；老天爷明鉴 lǎotiānyé míngjiàn

❸〖見込み〗 指望 zhǐwàng；预测 yùcè (英 a prospect; an outlook) ▶経済预测 jīngjì yùcè ▶この法案の早期通過の～は明るい/此法案有望很快通过 cǐ fǎ'àn yǒuwàng hěn kuài tōngguò ▶産業界の～は暗い/产业界的前景暗淡 chǎnyèjiè de qiánjǐng àndàn ▶まずは返済の～をつけてからだ/等偿还债务有了目目以后再说吧 děng chánghuán zhàiwù yǒule méimù yǐhòu zàishuō ba

みとおす【見通す】 瞭望 liàowàng；预测 yùcè；〖見抜く〗看穿 kànchuān (英 see through...) ▶将来を～/推测未来的景象 tuīcè wèilái de jǐngxiàng ▶将来はこうなると見通していたのだ/预测到将来会是这样的 yùcèdào jiānglái huì shì zhèyàng de ▶庭木がじゃまで見通せない/院子里树木碍事挡眼 yuànzilǐ shùmù àishì dǎng yǎn ▶まるで腹の中を見通したようなことを言う/简直说到我心里去了 jiǎnzhí shuōdào wǒ xīnli qù le

みとがめる【見咎める】 盘问 pánwèn；查问 cháwèn (英 question) ▶裏門近くでガードマンに見咎められた/在后门附近被警卫盘问了 zài hòumén fùjìn bèi jǐngwèi pánwèn le ▶逃げるように出てゆく男を見咎めた/对逃也似的跑出去的男子

进行盘查 duì táo yǔ shìde pǎochūqu de nánzǐ jìnxíng pánchá

みどく【味読する】 仔细阅读 zǐxì yuèdú (英 *read with appreciation*) ▶やっと古典の作品を～するゆとりができた/总算有时间细读古典作品了 zǒngsuàn yǒu shíjiān xìdú gǔdiǎn zuòpǐn le

みどころ【見どころ】 最精彩的地方 zuì jīngcǎi de dìfang (英 *the highlight*);〖将来性〗前途 qiántú (英 *prospects*) ▶芝居の～/戏里精彩的地方 xìlǐ jīngcǎi de dìfang ▶ここが今日の芝居の～なんです/这是今天的戏里最精彩的地方 zhè shì jīntiān de xìlǐ zuì jīngcǎi de dìfang ▶～のある人/很有前途的人 hěn yǒu qiántú de rén ▶～のある著者に見えた/看来是很有前途的作家 kànlái shì hěn yǒu qiántú de zuòjiā ▶何の～もない人/没什么长处的人 méi shénme chángchu de rén ▶あの男のどこに～があるのか/那个男的有什么好？nàge nán de yǒu shénme hǎo?

みとどける【見届ける】 看到 kàndào (英 *make sure; assure oneself*) ▶結果を～/看到结果 kàndào jiéguǒ ▶最期を～/看到临终 kàndào línzhōng ▶結果を見届けてから報告する/有了结果以后就汇报 yǒule jiéguǒ yǐhòu jiù huìbào ▶最期を見届けてもらいたい/希望能给送终 xīwàng néng gěi sòngzhōng

みとめいん【認め印】 手戳 shǒuchuō; 戳儿 chuōr (英 *a private seal*) ▶署名して～を押す/签名盖戳儿 qiānmíng gài chuōr

みとめる【認める】 ❶〖見る・確認する〗 看到 kàndào; 发现 fāxiàn (英 *see; find; notice*) ▶人影を～/看到人影 kàndào rényǐng ▶庭に人影を認めて外に出た/看到院子里有人影就走了出来 kàndào yuànzili yǒu rényǐng jiù zǒulechūlai ▶胃に潰瘍が認められる/胃里发现溃疡 wèili fāxiàn kuìyáng

❷〖承認する〗 允许 yǔnxǔ; 承认 chéngrèn (英 *admit; recognize*) ▶犯行を～/承认罪行 chéngrèn zuìxíng ▶犯行を～んだな/认罪啦？rènzuì la? ▶外出を～/允许出门 yǔnxǔ chūmén ▶要求を～/准许要求 zhǔnxǔ yāoqiú ▶今回だけは要求を認めよう/只此一次准许要求 zhǐ cǐ yí cì zhǔnxǔ yāoqiú ▶才能を～/看重才能 kànzhòng cáinéng ▶巨匠に才能を認められた/才能得到名家的称赞 cáinéng dédào míngjiā de chēngzàn ▶外出は医師が認めてくれない/医生不允许外出 yīshēng bù yǔnxǔ wàichū ▶その偉業は世界に認められている/那个丰功伟绩得到了世界的承认 nàge fēnggōng wěijì dédàole shìjiè de chéngrèn ▶そういう理由は認められない/那不能成为理由 nà bùnéng chéngwéi lǐyóu ▶世に認められる/得到社会的承认 dédào shèhuì de chéngrèn ▶彼の業績は広く認められるところとなった/他的业绩已得到广泛承认 tā de yèjì yǐ dédào guǎngfàn chéngrèn ▶その実験の成功は彼の功績であると認められた/那个实验的成功是他的功绩，这一点已得到公认 nàge shíyàn de chénggōng shì tā de gōngjì, zhè yìdiǎn yǐ dédào gōngrèn ▶彼の活動は一般大衆に認められていない/他的奔走活动没有得到大众的认可 tā de bēnzǒu huódòng méiyǒu dédào dàzhòng de rènkě ▶学生の大多数は暴力を認めない/大多数学生不赞成暴力 dàduōshù xuésheng bú zànchéng bàolì ▶口実を～/对此借口予以认可 duì cǐ jièkǒu yǔyǐ rènkě ▶《選挙などで》敗北を～/承认失败 chéngrèn shībài ▶～に該認可的就认可 gāi rènkě de jiù rènkě ▶悪い人にもよいところは認めてやる/即使是坏人也应该承认他好的一面 jíshǐ shì huàirén yě yīnggāi chéngrèn tā hǎo de yímiàn ▶自分の罪を～/招供 zhāogōng ▶彼は窃盗を犯したことを認めた/他承认了偷窃 tā chéngrènle tōuqiè

❸〖判断する〗 认为 rènwéi; 认定 rèndìng ▶君も承知したものと～/认定你也同意 rèndìng nǐ yě tóngyì ▶我々はあなたに責任があると～/我们认定你有责任 wǒmen rèndìng nǐ yǒu zérèn

みどり【緑】 绿色 lǜsè (英 *green*) ▶鲜やかな娇绿 jiāolǜ ▶木々の～が目に鲜やかだ/树木的绿色鲜艳夺目 shùmù de lǜsè xiānyàn duómù ▶白い服装は夏の～を背景にしてひときわ目立つ/白色的衣服在夏日翠绿的背景下很醒目 báisè de yīfu zài xiàrì cuìlǜ de bèijǐngxia hěn xǐngmù ▶～の黑髪/黑油油的头发 hēiyóuyóu de tóufa ▶～のそよ風が顔をなでる/林间微风拂面 línjiān wēifēng fú miàn ▶～したたる山道を歩む/走在寿翠欲滴的山道上 zǒuzài qīngcuì yù dī de shāndàoshang ▶今日も～のおばさんが立っている/绿衣阿姨[学童交通保护员]今天也站在那里 lǜyī āyí [xuétóng jiāotōng bǎohùyuán]jīntiān yě zhànzài nàli

◆～の日《5月4日》绿之日 Lǜ zhī rì

みとりず【見取り図】 示意图 shìyìtú (英 *a sketch;*〖家の〗*a floor plan*) ▶工事現場の～を手書きした/工地施工示意图画出来了 bǎ gōngdì shīgōng shìyìtú huàchūlai le ▶～に従って道をとった/按照示意图择道 ànzhào shìyìtú zé dào ▶～を描く/绘示意图 huì shìyìtú

みとる【看取る】 看护 kānhù; 照顾 zhàogù (英 *attend*) ▶親の最期を～/给父母送终 gěi fùmǔ sòngzhōng ▶寝たきりの病人を～は苦労がたいへいではない/照顾卧床不起的病人其辛苦非同一般 zhàogù wòchuáng bù qǐ de bìngrén qí xīnkǔ fēi tóng yībān

ミドル 中间 zhōngjiān; 中等 zhōngděng;〖年齢〗中年 zhōngnián (英 *middle*) ▶～級/中量级 zhōngliàngjí ▶～級チャンピオン/中量级冠军 zhōngliàngjí guànjūn ▶ナイス～/潇洒的中年男子 xiāosǎ de zhōngnián nánzǐ ▶ナイス～だなんておだてられちゃって…/给戴上高帽子，说我是有魅力的中年人… gěi dàishàng gāomàozi, shuō wǒ shì yǒu mèilì de zhōngniánrén…

みとれる【見とれる】 看得入迷 kànde rùmí (英 *look admiringly at...; be charmed*) ▶絵に見とれていて時間を忘れた/看画看得入迷把时间给忘了 kàn huà kànde rùmí bǎ shíjiān gěi

みな【皆】 (すべて) 都 dōu; 全 quán;《その場の全員》大家 dàjiā (英) *everything*; *everyone*; *everybody*) →みんな ▶~さん/诸位 zhūwèi; 大家 dàjiā ▶~さん御着席下さい/请诸位就座 qǐng zhūwèi jiùzuò ▶~来た/都来了 dōu lái le ▶~来たか/大家都来了吗？dàjiā dōu láile ma? どれでも~同じだ/哪个都一样 nǎge dōu yíyàng ▶~が~喜んでいるわけではない/并不是所有的人都高兴 bìng bú shì suǒyǒu de rén dōu gāoxìng ▶~いっしょに踊ろう/大家一起跳吧 dàjiā yìqǐ tiào ba

みなおす【見直す】 ❶【再評価する】重新估价 chóngxīn gūjià (英) *revalue*) ▶あなたを見直したわ/对你有新的认识 duì nǐ yǒu xīnde rènshi ▶近年彼の業績は見直されている/最近他的成就得到了被重新估价 zuìjìn tā de chéngjiù dédàole bèi chóngxīn gūjià ▶私は彼を見直した/我对他有了新的认识 wǒ duì tā yǒule xīn de rènshi ❷【再検討する】重新研究 chóngxīn yánjiū (英) *reexamine*) ▶~必要がある/需要重新研究 xūyào chóngxīn yánjiū ▶このルールは~必要がある/这个规定有必要重新修订 zhège guīdìng yǒu bìyào chóngxīn xiūdìng ▶協定は 5 年後に~ことになっている/协定等 5 年后将进行修订 xiédìng wǔ nián hòu jiāng jìnxíng xiūdìng

みなぎる 充满 chōngmǎn; 洋溢 yángyì (英) *overflow*; *swell*; *be full of…*) ▶水がみなぎっている湖/茫茫的一片湖水 mángmáng de yípiàn húshuǐ ▶力が~/洋溢着活力 yángyìzhe huólì ▶活力~集団が行動を起こした/充满活力的团体开始行动了 chōngmǎn huólì de tuántǐ kāishǐ xíngdòng le ▶胸に若さがみなぎっている/胸中充满年轻的朝气 xiōngzhōng chōngmǎn niánqīng de zhāoqì ▶僕は闘志をみなぎらせていた/我斗志旺盛 wǒ dòuzhì wàngshèng ▶松の香りがあたりにみなぎっていた/周围弥漫着松树的气味 zhōuwéi mímànzhe sōngshù de qìwèi ▶喜びの気分が国中にみなぎっていた/全国上下洋溢着欢快喜悦的气氛 quánguó shàngxià yángyìzhe huānkuài xǐyuè de qìfēn

みなげ【身投げする】 《川に》跳水自尽 tiàoshuǐ zìjìn (英) *drown oneself*) ▶ビルの屋上から~する/从楼顶上跳下来自杀 cóng lóudǐngshang tiàoxiàlai zìshā ▶橋から~するつもりだった/本想从桥上跳河自杀 běn xiǎng cóng qiáoshang tiào hé zìshā ▶子連れの~を目撃した/亲眼看见带着孩子跳水自杀的 qīnyǎn kànjiàn dàizhe háizi tiàoshuǐ zìshā de

みなごろし【皆殺し】 杀光 shāguāng (英) *a massacre*) ▶一族~にされる/整个家族全被杀光 zhěnggè jiāzú quán bèi shāguāng ▶一家~にする/一家斩尽杀绝 yì jiā zhǎnjǐn shājué

みなしご【孤児】 孤儿 gū'ér (英) *an orphan*) ▶戦争で~になる/因战争成为孤儿 yīn zhànzhēng chéngwéi gū'ér

みなす【見なす】 当做 dàngzuò; 作为 zuòwéi; 认为 rènwéi (英) *look upon*; *consider*) ▶欠席と~/作为缺席 zuòwéi quēxí ▶返事がなければ欠席と~/没回答就看作是缺席 méi huídá jiù kànzuò shì quēxí ▶職場では彼の過失だと見なされていた/单位认为是他的过失 dānwèi rènwéi shì tā de guòshī

みなと【港】 港口 gǎngkǒu; 海港 hǎigǎng (英) *a harbor*) ▶~に入る/进港 jìngǎng ▶~を出る/出港 chūgǎng ▶船はニューヨークの~に入った/轮船开进纽约港 lúnchuán kāijìn Niǔyuēgǎng ▶~町は異国のにおいがする/港口城市有着异国情趣 gǎngkǒu chéngshì yǒuzhe yìguó qíngqù

みなみ【南】 南 nán; 南边 nánbian; 南方 nánfāng (英) *the south*) ▶~へ行く/向南走 xiàng nán zǒu ▶~側/南边 nánbian ▶我が家はあの山の~側にある/我们家在那座山的南侧 wǒmen jiā zài nà zuò shān de náncè ▶~向きの/朝阳 cháoyáng; 坐北朝南 zuò běi cháo nán ▶~向きの部屋を借りた/租了朝南的房子 zūle cháo nán de fángzi

♦ ~回帰線 南回归线 nánhuíguīxiàn ▶船は~回帰線を~によぎった/轮船向南穿过了南回归线 lúnchuán xiàng nán chuānguòle nánhuíguīxiàn ~風 南风 nánfēng ~十字星 南十字架 Nán-shíjìjià ~太平洋 南太平洋 Nántàipíngyáng ~半球 南半球 nánbànqiú

みなも【水面】 水面 shuǐmiàn (英) *the surface of the water*)

みなもと【源】 ❶【起源・根源】来源 láiyuán; 渊源 yuānyuán (英) *the origin*) ▶~を尋ねる/寻根 xúngēn ▶郵便制度の~を尋ねる/探寻邮政制度的发源 tànxún yóuzhèng zhìdù de fāyuán ▶~を発する/发源 fāyuán ▶母の愁いの~は弟の非行に発していた/妈妈的忧虑来源于弟弟的不良行为 māma de yōulǜ láiyuán yú dìdi de bùliáng xíngwéi ❷【水源】水源 shuǐyuán (英) *the source*) ▶川の~/河流的水源 héliú de shuǐyuán ▶次の休みはこの川の~まで溯ってみよう/下次放假试着追溯到这条河的发源地 xiàcì fàngjià shìzhe zhuīsùdào zhè tiáo hé de fāyuándì ▶淀川は~を琵琶湖に発する/淀川发源于琵琶湖 Diànchuān fāyuán yú Pípáhú

みならい【習い】 见习 jiànxí; 学徒期 xuétúqī (英) *apprenticeship*) ▶~期間/见习期 jiànxíqī ▶最初の 1 年は~期間だ/第一年是见习期 dìyī nián shì jiànxíqī ▶~/工/学徒工 xuétúgōng ▶まだ~の身で大きなことは言えない/还是见习生，不敢说大话 háishi jiànxíshēng, bùgǎn shuō dàhuà ▶15 のとき行儀~に出された/十五岁时被送出去见习礼仪（寄宿在地位高的人家一边做工一边学礼仪）shíwǔ suì shí bèi sòngchūqu jiànxí lǐyí (jìsù zài dìwèi gāo de rénjiā yībiān

みならう【見習う】学习 xuéxí; 模仿 mófǎng (英 learn) ▶大人を～/模仿大人 mófǎng dàren ▶子供は何でも大人を～ものだ/孩子什么都模仿大人 háizi shénme dōu mófǎng dàren ▶彼を～/向他学习 xiàng tā xuéxí ▶彼を見習って早く仕事に職をつけよう/向他学习赶快掌握技能吧 xiàng tā xuéxí gǎnkuài zhǎngwò jìnéng ba

みなり【身なり】穿着 chuānzhuó; 打扮 dǎban (英 clothing; dress) ▶いい～の紳士/穿着考究的男人 chuānzhuó kǎojiu de nánrén ▶いい～の紳士が訪ねてきた/来了一位穿着考究的绅士 láile yí wèi chuānzhuó kǎojiu de shēnshì ▶～を整える/打扮得整齐 dǎbande zhěngqí; 梳妆打扮 shūzhuāng dǎban ▶～が粗末だ/衣着寒酸 yīzhuó hánsuān ▶いつも～のきちんとしている人/总是穿戴得很利索的人 zǒngshì chuāndàide hěn lìsuo de rén ▶しゃれた～をしている/十分讲究的装束 shífēn jiǎngjiu de zhuāngshù ▶～にかまわないにも程がある/不修边幅也要有个分寸 bù xiū biānfú yě yào yǒu ge fēncun

みなれる【見慣れる】眼熟 yǎnshú; 看惯 kànguàn (英 become accustomed to…) ▶見慣れた風景/熟悉的景色 shúxī de jǐngsè ▶入試期の見慣れた風景である/是考试期间司空见惯的状况 shì kǎoshì qījiān sī kōng jiàn guàn de zhuàngkuàng ▶見慣れない人/陌生人 mòshēngrén ▶見慣れない人が来ているよ/来了陌生人 láile mòshēngrén ▶見慣れた街がいつもと違う/熟悉的街道好像变了样子 shúxī de jiēdào hǎoxiàng biànle yàngzi ▶散步コースで見慣れない植物に出会った/散步途中遇到了没见过的植物 sànbù túzhōng yùdàole méi jiànguò de zhíwù

ミニ　迷你中; 微型 wēixíng (英 a mini) ▶～カー/汽车模型 qìchē móxíng ▶～コミ/特定少数传播 tèdìng shǎoshù chuánbō ▶～スカート/迷你裙 mínǐqún ▶～スカートが通りを闊步する/迷你裙在街上阔步前进 mínǐqún zài jiēshang kuòbù qiánjìn ▶～バス/小型公共汽车 xiǎoxíng gōnggòng qìchē

みにくい【見にくい】《よく見えない》看不清楚 kànbuqīngchu (英 (be) hard to see) ▶字が～/字看不清楚 zì kànbuqīngchu ▶目がかすんで字が～/因眼花看不清字 yīn yǎnhuā kànbuqīng zì ▶この位置からはテレビが～/这个位置不好看电视 zhège wèizhi bùhǎo kàn diànshì

みにくい【醜い】难看 nánkàn; 丑陋 chǒulòu (英 ugly; plain) ▶～姿/姿容丑陋 zīróng chǒulòu ▶～争い/丑恶的争执 chǒu'è de zhēngzhí ▶遺産をめぐって～争いを続けている/围绕遗产问题持续着丑恶的纷争 wéirào yíchǎn wèntí chíxùzhe chǒu'è de fēnzhēng ▶「アヒルの子」/《丑小鸭 Chǒuxiǎoyā》 ▶大衆の前に～姿をさらしてしまった/在公众面前献丑 zài gōngzhòng miànqián xiànchǒu ▶鏡に映った自分の姿は醜かった/映在镜子里的自己的身影很难看 yìngzài jìngzili de zìjǐ de shēnyǐng hěn nánkàn ▶事故で顔が醜くなった/因事故脸变得难看了 yīn shìgù liǎn biànde nánkàn le

ミニチュア　模型 móxíng; 雏型 chúxíng (英 a miniature) ▶僕は親父の～だと言われている/人家说我跟父亲像是一个模子里出来的 rénjia shuō wǒ gēn fùqīn xiàng shì yí ge múzili chūlái de ▶棚にヨットの～が飾ってある/架子上摆着帆船模型 jiàzishang bǎizhe fānchuán móxíng

ミニマム　极小 jíxiǎo; 最小值 zuìxiǎozhí (英 a minimum)

みぬく【見抜く】看透 kàntòu; 看破 kànpò (英 see through…) ▶本質を～/洞察计谋 dòngchá jìmóu ▶本質を～目を持ちたい/希望具备洞察实质的眼光 xīwàng jùbèi dòngchá shízhì de yǎnguāng ▶策略を～/看破策略 kànpò cèlüè ▶当方の策略を～/我方的策略早被看穿 wǒfāng de cèlüè zǎo bèi kànchuān ▶すぐ偽物であることを見抜いた/立刻看出是假货 lìkè kànchū shì jiǎhuò ▶人物を～/会看人 huì kàn rén ▶彼の正体を見抜いた/看穿他的真相 kànchuān tā de zhēnxiàng

みね【峰】山峰 shānfēng; 山岭 shānlǐng (英 a peak; a summit) ▶～を越えるとさらに～がそびえている/翻过山又是岭 fānguò shān yòu shì lǐng

ミネラル　矿物质 kuàngwùzhí (英 a mineral) ▶～を豊富に含む/含有丰富的矿物质 hányǒu fēngfù de kuàngwùzhí

◆～ウォーター/矿泉水 kuàngquánshuǐ

みの【蓑】蓑衣 suōyī (英 a straw raincoat) ▶～腰/腰蓑裙 yāosuōqún; 草裙 cǎoqún

みのう【未納】未付 wèi nà; 未缴 wèi jiǎo (英 unpaid; in arrears) ▶～金/尾欠 wěiqiàn; 未缴金 wèijiǎojīn ▶～金の督促を受ける/接到欠款催促通知 jiēdào qiànkuǎn cuīcù tōngzhī ▶先月分が～です/上月的钱还未缴 shàng yuè de qián hái wèi jiǎo ▶～の学費をやっと払った/未缴的学费总算交上了 wèi jiǎo de xuéfèi zǒngsuàn jiāoshàng le

◆～者/未缴者 wèijiǎozhě

みのうえ【身の上】身世 shēnshì; 境遇 jìngyù (英 〖運命〗one's lot; one's history) ▶～話/身世谈 shēnshìtán ▶～話など聞きたくない/身世谈之类的不想听 shēnshìtán zhīlèi de bù xiǎng tīng ▶あいつ、かわいそうな～なんだ/他呀，身世怪可怜的 tā ya, shēnshì guài kělián de ▶酒の肴に～を語る/喝酒的时候聊身世 hē jiǔ de shíhou liáo shēnshì ▶今の～ではとても大学には行けない/现在的状况上大学很困难 xiànzài de zhuàngkuàng shàng dàxué hěn kùnnan

◆～相談/人生咨询 rénshēng zīxún ▶～相談をする/进行人生咨询 jìnxíng rénshēng zīxún ▶～相談なんかされても困る/上这儿来人生咨询我也很为难 shàng zhèr lái rénshēng zīxún wǒ yě hěn wéinán ▶新聞の～相談欄/报纸的人生咨询栏 bàozhǐ de rénshēng zīxúnlán ～判断/算

命 suànmìng

みのがす【見逃す】《見落とす》错过 cuòguò; 没注意到 méi zhùyìdào;《咎めのない》饶恕 ráoshù; 放过 fàngguò ▶《pass over; overlook》絶好のチャンスを～/错过极好的机会 cuògùo jíhǎo de jīhuì ▶今度だけは見逃してやる/饶了你这一回 ráole nǐ zhè yì huí ▶急用ができて歌謡番組を見逃した/因有急事没能看上流行歌曲节目 yīn yǒu jíshì méi néng kànshàng liúxíng gēqǔ jiémù ▶こんな誤字を～なんてどうかしてるぞ/这样的错字也没看出来, 干什么呀? zhèyàng de cuòzì yě méi kànchūlai, gàn shénme ya? ▶今はやつを見逃しておくつもりだ/现在打算暂且放他走 xiànzài dǎsuan zànqiě fàng tā zǒu ▶彼は万事見逃さなかった/任何事情都逃不过他的眼睛 rènhé shìqing dōu táobuguò tā de yǎnjing; 他什么都看在眼里 tā shénme dōu kànzài yǎnli ▶これは～ことのできない重大な事柄だ/这是不能放过的大事 zhè shì bùnéng fàngguò de dàshì ▶サインを～/没注意到信号 méi zhùyìdào xìnhào

みのけ【身の毛】 ～がよだつ 毛骨悚然 máogǔ sǒngrán ▶～がよだつ話/令人毛骨悚然的话 lìng rén máogǔ sǒngrán de huà ▶聞くだに～がよだつ話だ/听起来都让人毛骨悚然的事情 tīngqǐlai dōu ràng rén máogǔ sǒngrán de shìqing ▶恐ろしさに～がよだつ/吓得毛骨悚然 xiàde máogǔ sǒngrán

みのこす【見残す】 没看完 méi kànwán 《英 leave... unseen》▶終電に間に合わないので最後の一幕は見残して帰った/怕赶不上末班车, 没看最后一幕就走了 pà gǎnbushàng mòbānchē, méi kàn zuìhòu yí mù jiù zǒu le

みのしろきん【身代金】 赎金 shújīn;《身売りの代金》卖身钱 màishēnqián 《英 ransom》▶二千万円の～を要求する/要求两千万日元的赎金 yāoqiú liǎngqiān wàn Rìyuán de shújīn ▶～を目当てに誘拐をたくらむ/以获取赎金为目的策划拐骗 yǐ huòqǔ shújīn wéi mùdì cèhuà guǎipiàn ▶～の要求をつっぱねる/对赎金的要求严加拒绝 duì shújīn de yāoqiú yánjiā jùjué

みのたけ【身の丈】 身高 shēngāo; 个子 gèzi 《英 one's place》▶自分の～に合った生き方をする/选择适合于自己的生活方式 xuǎnzé shìhé yú zìjǐ de shēnghuó fāngshì ▶～は180を越えている/身高超过一米八 shēngāo chāoguò yì mǐ bā

みのほど【身の程】 身分 shēnfèn; 分寸 fēncun 《英 one's place》▶～を知らない/不自量 bú zìliàng; 不知天高地厚 bù zhī tiān gāo dì hòu ▶～を知らないような活力でもある/自不量力也是一种生命力的流露 zì bú liàng lì yě shì yì zhǒng shēngmìnglì de liúlù ▶～を知る/有自知之明 yǒu zìzhī zhī míng ▶～知らずにも程がある/自不量力也得有个分寸 zì bú liàng lì yě děi yǒu ge fēncun ▶あいつに～を知らせてやる/让那小子知道一点自量 ràng nà xiǎozi zhīdào yìdiǎn zìliàng ▶～知らずのうぬぼれ/不知天高地厚自命不凡的人 bù zhī tiān gāo dì hòu zìmìng bù fán de rén ▶～を忘れる/忘了自己是谁 wàngle zìjǐ shì shéi

みのまわり【身の回り】 身边 shēnbiān 《personal appearance》▶～の世話をする/照料日常生活 zhàoliào rìcháng shēnghuó ▶～の世话をする人はいないのかい/有没有人照料你的日常生活? yǒu méi yǒu rén zhàoliào nǐ de rìcháng shēnghuó? ▶～の品だけ持って家を出た/只带着随身用品出走了 zhǐ dàizhe suíshēn yòngpǐn chūzǒu le ▶～をきれいにしておく/把自己周围的事情办利索 bǎ zìjǐ zhōuwéi de shìqing bàn lìsuo ▶～の物/自己身边的东西 zìjǐ shēnbiān de dōngxi ▶～のことは自分でできるの/能自己照顾自己吗? néng zìjǐ zhàogù zìjǐ ma?

ミノムシ【蓑虫】〔虫〕蓑衣虫 suōyīchóng; 结草虫 jiécǎochóng《a bagworm》

みのり【実り】 成果 chéngguǒ; 收成 shōuchéng《a crop; a harvest》▶～豊かな/丰硕 fēngshuò ▶～豊かな人生でありますように/希望能有个丰富多彩的人生 xīwàng néng yǒu ge fēngfù duōcǎi de rénshēng ▶～の秋がやってきた/收获的秋天到了 shōuhuò de qiūtiān dào le ▶今年は米の～がいい/今年的稻子收成好 jīnnián de dàozi shōucheng hǎo ▶苦労したわりに～が乏しかった/下了很大功夫收获却不大 xiàle hěn dà gōngfu shōuhuò què bú dà ▶～のある会談/内容充实的会谈 nèiróng chōngshí de huìtán

みのる【実る】 ❶【植物が】结实 jiēshí; 结果 jiēguǒ《bear fruit; ripen》▶稲が～/稻子成熟 dàozi chéngshú ▶枝もたわわにりんごが実った/树枝弯弯结满了苹果 shùzhī wānwān jiēmǎnle píngguǒ ▶この柿の木はよく～/这棵柿子树结果结得很多 zhè kē shìzishù jiēguǒ jiēde hěn duō ❷【成果が】有成果 yǒu chéngguǒ《bear fruit》▶努力が～/努力见成果 nǔlì jiàn chéngguǒ ▶日頃の努力が実って入賞できた/平日的努力见成效获奖了 píngrì de nǔlì jiàn chéngxiào huòjiǎng le ▶自分の夢を実らせる/实现自己的理想 shíxiàn zìjǐ de lǐxiǎng

ことわざ 実るほど頭(ぇ)を垂れる稲穂かな 稻穗越丰满头垂得越低(越是水平高的人越谦虚) dàosuì yuè fēngmǎn tóu chuíde yuè dī(yuè shì shuǐpíng gāo de rén yuè qiānxū)

みば【見場】 外貌 wàimào; 外表 wàibiǎo《appearance》▶～がいい/好看 hǎokàn ▶～だけがいい二級品/只是外表漂亮的二级品 zhǐshì wàibiǎo piàoliang de èrjípǐn ▶この品種は～は悪いが味はいい/这个品种外观不怎么样可是味道很好 zhège pǐnzhǒng wàiguān bù zěnmeyàng kěshì wèidao hěn hǎo

みばえ【見栄え】 好看 hǎokàn; 外表美 wàibiǎo měi《a showing》▶～がする/外表很美观 wàibiǎo hěn měiguān ▶その和服は～がする/那件和服很好看 nà jiàn héfú hěn hǎokàn ▶なか

なか〜のする男だろう/是外表很帅的男人吧 shì wàibiǎo hěn shuài de nánrén ba ▶服装からして〜がしない/从服装上来说也不够引人注目 cóng fúzhuāngshang láishuō yě búgòu yǐn rén zhùmù

みはからう【見計らう】 ❶【品物を】斟酌 zhēnzhuó；看 kàn (英 choose) ▶好みに合いそうなものを〜/选自己喜欢的东西 xuǎn zìjǐ xǐhuan de dōngxi ▶適当に見計らって買っておいてくれ/你就看看买吧 nǐ jiù kànzhe mǎi ba ▶見舞いの品は君の見計らいに任せる/慰问品就由你来定吧 wèiwènpǐn jiù yóu nǐ lái dìng ba ▶見計らい注文/(由卖主)斟酌订购 (yóu màizhǔ)zhēnzhuó dìnggòu ❷【時間を】看准 kànzhǔn；估计 gūjì (英 time) ▶頃合いを見計らってドアをたたいた/看准时机敲了门 kànzhǔn shíjī qiāole mén ▶上司の手のすいた頃を見計らって頼み事に行け/看准上司有空的时候你去求他 kànzhǔn shàngsi yǒu kòng de shíhou nǐ qù qiú tā

みはったつ【未発達の】 发育不良 fāyù bùliáng (英 immature; undeveloped) ▶大脑が〜だ/大脑不够发达 dànǎo bú gòu fādá ▶この子らは心身共に〜である/这些孩子身心均未发育成熟 zhèxiē háizi shēnxīn jūn wèi fāyù chéngshú ▶〜の産業分野にてこ入れする/加强不发达的产业领域 jiāqiáng bù fādá de chǎnyè lǐngyù

みはっぴょう【未発表の】 未発表 wèi fābiǎo (英 unpublished) ▶〜の作品/未发表的作品 wèi fābiǎo de zuòpǐn ▶〜の作品がいくつも遺されていた/留下了好几部未发表的作品 liúxià hǎojǐ bù wèi fābiǎo de zuòpǐn ▶応募は〜作に限る/投稿限于未发表的作品 tóugǎo xiànyú wèi fābiǎo de zuòpǐn

みはてぬ【見果てぬ】
〜夢 未做完的梦 wèi zuòwán de mèng ▶〜夢を追う/追求未实现的理想 zhuīqiú wèi shíxiàn de lǐxiǎng

みはなす【見放す】 抛弃 pāoqì；放弃 fàngqì (英 give up; forsake; abandon) ▶彼はとっくに親に見放されている/他早就被父母抛弃了 tā zǎojiù bèi fùmǔ pāoqì le ▶医者に見放される/被医生抛弃 bèi yīshēng pāoqì ▶一時は医者もほどだった/有段时间连医生也摇头放弃了 yǒu duàn shíjiān lián yīshēng yě yáotóu fàngqì le

みはらい【未払いの】 未付 wèi fù (英 unpaid) ▶治療代が〜のままだ/拖欠着医疗费 tuōqiànzhe yīliáofèi ▶工事は終わったのに賃金は〜のままだ/工程完工仍未付工钱 gōngchéng wángōng réng wèi fù gōngqian
◆〜金 积欠 jīqiàn ▶えっ、〜金がこんなにあるの/啊？有这么多欠款 a? yǒu zhème duō qiànkuǎn 〜高 未付金额 wèi fù jīn'é

みはらし【見晴らし】 眺望 tiàowàng (英 a fine view) ▶〜がいい/可以眺望远方 kěyǐ tiàowàng yuǎnfāng ▶家は高台で〜がいい/家在高地，那儿观景很好 jiā zài gāodì, nàr guānjǐng hěn hǎo ▶〜台/瞭望台 liàowàngtái ▶〜台から平野を見下ろす/从瞭望台俯瞰平原 cóng liàowàngtái fǔkàn píngyuán ▶〜のよい家/观景很好的房子 guānjǐng hěn hǎo de fángzi

みはり【見張り】 看守 kānshǒu；岗哨 gǎngshào (英 watch; a guard) ▶〜をつける/派人看守 pài rén kānshǒu ▶〜を立ててみんなは休んだ/派人站了岗大家都睡了 pài rén zhànle gǎng dàjiā jiù dōu shuì le ▶肝心の〜が居眠りをしてしまった/身负重职的看守打盹儿了 shēn fù zhòngzhí de kānshǒu dǎdǔnr le ▶交代で〜に立つ/轮流站岗 lúnliú zhàngǎng ▶〜に立ちながら眠った兵士/一边站岗一边打瞌睡的士兵 yìbiān zhàngǎng yìbiān dǎ kēshuì de shìbīng

みはる【見張る】（監視する）監视 jiānshì；看守 kānshǒu (英 watch)；《目を丸くする》瞠目 chēngmù (英 open one's eyes) ▶畑の作物を〜/看庄稼 kān zhuāngjia ▶人が近づかぬよう見張っていた/監视着不让人接近 jiānshìzhe bú ràng rén jiējìn ▶初めて見る富士の姿に目を見張った/第一次看富士山时都把我看呆了 dìyī cì kàn Fùshìshān shí dōu bǎ wǒ kàn dāi le ▶目をほどの美人だった/令人瞠目结舌的美人 lìng rén chēngmù jiéshé de měirén ▶警察はその家を見張っていた/警察对那个房子进行了監视 jǐngchá duì nàge fángzi jìnxíngle jiānshì ▶驚きの目を見張って/惊得目瞪口呆 jīngde mù zhèng kǒu dāi ▶はっと目を見張らせるもの/一下子引人注目的东西 yíxiàzi yǐn rén zhùmù de dōngxi ▶はっと目を見張らせるデザイン/引人夺目的设计 yǐn rén duómù de shèjì

みびいき【身晶屓する】 袒护亲朋 tǎnhù qīnpéng；偏护 piānhù (英 be partial to...) ▶〜で言うのではないが、この子は…/不是袒护说，这孩子… bú shì tǎnhù shuō, zhè háizi… ▶审判が〜するなんてひどいよ/裁判员具有偏向，太不像话了 cáipànyuán yǒu piānxiàng, tài búxiànghuà le

みひつ【未必】（英 willful negligence）
〜の故意 故意的过失 gùyì de guòshī；有意的疏忽 yǒuyì de shūhu

みひらき【見開き】 对开的两页 duìkāi de liǎng yè (英 a spread) ▶《本の》 2 頁に戦场の写真を入れよう/在对开两页上刊登战场照片吧 zài duìkāi liǎngyèshang kāndēng zhànchǎng zhàopiàn ba

みひらく【見開く】 睁开 zhēngkāi (英 open... wide) ▶目を見開いてしっかり見てくれ/睁开眼睛好好儿看看 zhēngkāi yǎnjing hǎohāor kànkan

みぶり【身振り】 姿态 zītài；手势 shǒushì；比划 bǐhua (英 a gesture) ▶彼は〜で秘书を下がらせた/他用手势让秘书退下 tā yòng shǒushì ràng mìshū tuìxià ▶大げさな〜をする/做夸张的手势 zuò kuāzhāng de shǒushì ▶彼は〜であっちへ行けと命じた/他用手势命令走开 tā yòng shǒushì mìnglìng zǒukāi

〜手振り《をする》 比手画脚 bǐ shǒu huà jiǎo；比划 bǐhua ▶あの人は〜手振りがにぎやかだ/那个人

比手画脚忙得不可开交 nàge rén bǐ shǒu huà jiǎo mángde bùkě kāijiāo
♦～言語|体态语言 tǐtài yǔyán

みぶるい【身震いする】 发抖 fādǒu；打颤 dǎzhàn （英 *shiver; tremble*） ▶あのことは思い出しても～する/那件事想起来都会让人浑身打颤 nà jiàn shì xiǎngqǐlai dōu huì ràng rén húnshēn dǎzhàn ▶あの男は～するほど嫌いです/那个男人让人讨厌得浑身发颤 nàge nánrén ràng rén tǎoyàndé húnshēn fāchàn ▶寒くて～が止まらない/冷得浑身不停地发抖 lěngde húnshēn bùtíng de fādǒu ▶思っただけでも～がする/想想都会让人发抖 xiǎngxiang dōu huì ràng rén fādǒu ▶彼女は彼を～するほど嫌っている/她讨厌他到了浑身颤栗的地步 tā tǎoyàn tā dàole húnshēn zhànlì de dìbù

みぶん【身分】 ❶【地位】身份 shēnfen；资格 zīgé（英 *a social position; rank*） ▶～がつりあっている/门当户对 mén dāng hù duì ▶两家の～がつりあっているかどうか/两家的身份是否般配 liǎng jiā de shēnfen shìfǒu bānpèi ▶当時は～制度がきびしかった/当时身份制度非常严格 dāngshí shēnfen zhìdù fēicháng yángé ▶政治的亡命者としての～を与える/给予政治避难者身份 jǐyǔ zhèngzhì bìnànzhě shēnfen ▶社会的～の高い人/社会地位高的人 shèhuì dìwèi gāo de rén ▶彼女は社会的～の同じ人と結婚した/她跟与自己社会地位相同的人结了婚 tā gēn yǔ zìjǐ shèhuì dìwèi xiāngtóng de rén jiéle hūn ▶～関係の支配する社会/受身份地位支配的社会 shòu shēnfen dìwèi zhīpèi de shèhuì ▶～をわきまえなさい/请注意自己的身份 qǐng zhùyì zìjǐ de shēnfen

❷【境遇】境遇 jìngyù（英 *circumstances*）▶ほそぼそと～相応に暮らしています/符合身份地勉强度日 fúhé shēnfen de miǎnqiǎng dùrì ▶私はあなたと一緒に酒を飲む～ではありません/我的身份不配跟你一起喝酒 wǒ de shēnfen bú pèi gēn nǐ yìqǐ hē jiǔ ▶楽な～である/轻松自在的境遇 qīngsōng zìzai de jìngyù ▶海外旅行とはけっこうな御～だねえ/去海外旅游，真够有福气的 qù hǎiwài lǚyóu, zhēn gòu yǒu fúqi de

❸【素性】身份 shēnfen（英 *birth; origin*）▶～を明かす/说出身份 shuōchū shēnfen ▶御隠居がここで～を明かす/老人到此说出了自己的身份 lǎorén dào cǐ shuōchūle zìjǐ de shēnfen ▶～を証明するものをお持ちですか/有什么可以证明身份的东西吗？yǒu shénme kěyǐ zhèngmíng shēnfen de dōngxi ma?

♦～証明書|工作证；身份证 shēnfenzhèng ▶～を提示する/出示身份证 chūshì shēnfenzhèng ～保障|身份保障 shēnfen bǎozhàng

みぼうじん【未亡人】 寡妇 guǎfu；未亡人 wèiwángrén（英 *a widow*）▶～になる/成为寡妇 chéngwéi guǎfu ▶彼女は～になって10年です/她当了10年的寡妇了 tā dāngle shí nián de guǎfu le

♦戦争～|战争遗孀 zhànzhēng yíshuāng

みほん【見本】 标样 biāoyàng；样品 yàngpǐn（英 *a sample; a specimen; a model*）▶～の通りに/照样 zhàoyàng ▶～通りにこしらえてくれ/请按样品制造 qǐng àn yàngpǐn zhìzào ▶～通りである/跟样品一样 gēn yàngpǐn yíyàng ▶～市/交易会 jiāoyìhuì；商品展销会 shāngpǐn zhǎnxiāohuì ▶新製品を～市に出品する/在商品交易会上展出新产品 zài shāngpǐn jiāoyìhuìshang zhǎnchū xīnchǎnpǐn ▶～帳/样本 yàngběn ▶生地の～帳/布料的样品目录 bùliào de yàngpǐn mùlù ▶私が申請書の～を示します/我来出示申请书的样本 wǒ lái chūshì shēnqǐngshū de yàngběn ▶～の雑誌/杂志的样品 zázhì de yàngpǐn ▶～より劣る/比样品差 bǐ yàngpǐn chà

みまい【見舞い】 慰问 wèiwèn；探望 tànwàng；看望 kànwàng（英 *a visit; a call*）▶～金/抚恤金 fǔxùjīn ▶被災者に～金が贈られる/慰问金被送到灾民手中 wèiwènjīn bèi sòngdào zāimín shǒuzhōng ▶暑中～を書きそびれた/没来得及写盛夏问安的明信片 méi láidejí xiě shèngxià wèn'ān de míngxìnpiàn ▶病院へ友人を～に行く/去医院探望朋友 qù yīyuàn tànwàng péngyou ▶入院中たびたび～に行った/住院期间去看望了好几次 zhùyuàn qījiān qù kànwàngle hǎojǐ cì

♦～客|来慰问的客人 lái wèiwèn de kèrén ～状 ▶～状を出す/寄慰问信 jì wèiwènxìn ▶たくさんの～状が届いた/收到了很多慰问信 shōudàole hěn duō wèiwènxìn ～品|(病人の)|探望病人时送的礼物 tànwàng bìngrén shí sòng de lǐwù

みまう【見舞う】 ❶【病人を】慰问 wèiwèn；探望 tànwàng；看望 kànwàng（英 *visit*）▶病人を～のが逆に励まされた/本来是去慰问病人的，却让病人鼓励了一通 běnlái shì qù wèiwèn bìngrén de, què ràng bìngrén gǔlìle yí tòng

❷【災害などが】(受身的に)遭受 zāoshòu；(能動的に)袭击 xíjī（英 *attack*）▶災難に見舞われる/遭受灾难 zāoshòu zāinàn ▶思わぬ災難に見舞われる/遭受意外的灾难 zāoshòu yìwài de zāinàn ▶不幸に見舞われる/遭受不幸 zāoshòu búxìng ▶二度と人類が戦争に見舞われないようにしよう/让人类再不要遭受战争的灾难 ràng rénlèi zài búyào zāoshòu zhànzhēng de zāinàn ▶その町は台風に見舞われた/那个城市遭到台风袭击 nàge chéngshì zāodào táifēng xíjī

みまがう【見紛う】 看错 kàncuò；误认 wùrèn（英 *mistake*）▶花と～蝶の群だった/如花一般的蝴蝶群 rú huā yìbān de húdiéqún

みまちがえる【見間違える】 看错 kàncuò；误认 wùrèn（英 *hardly recognaize*）▶他人と～/看错人 kàncuò rén ▶記者を刑事と～/把记者当作刑警 bǎ jìzhě dàngzuò xíngjǐng

みまもる【見守る】 注視 zhùshì; 关注 guānzhù (英 keep watch) ▶成長を～/关照成长 guānzhào chéngzhǎng ▶我が子の成長を～/关注孩子的成长 guānzhù háizi de chéngzhǎng ▶砂場でたわむれる姿をじっと見守っていた/一直关注着在沙堆玩耍的身影 yìzhí guānzhùzhe zài shāduī wánshuǎ de shēnyǐng

みまわす【見回す】 张望 zhāngwàng; 环视 huánshì (英 look around) ▶辺りを～/张望四周 zhāngwàng sìzhōu ▶辺りをきょろきょろ～/四处张望 sìchù zhāngwàng

みまわり【見回り】 巡回 xúnhuí; 巡逻 xúnluó (英 patrol; inspection) ▶3時間置きに～に出る/隔三小时出去巡回一次 gé sān xiǎoshí chūqù xúnhuí yí cì ▶まずい,～が来たぞ/糟糕,巡逻的人来了 zāogāo, xúnluó de rén lái le ▶夜間～の仕事が見つかった/找到夜间巡逻的工作 zhǎodàole yèjiān xúnluó de gōngzuò

みまわる【見回る】 巡罗 xúnluó; 巡视 xúnshì (英 patrol; inspect) ▶畑を～/巡视农田 xúnshì nóngtián ▶広い畑を見回って歩く/在开阔的农田里走动巡视 zài kāikuò de nóngtiánli zǒudòng xúnshì ▶一人で～時は特に緊張する/一个人巡逻的时候特别紧张 yí ge rén xúnluó de shíhou tèbié jǐnzhāng

みまん【未満】 未满 wèi mǎn (英 less than...; under...) ▶10 歳～/未满十岁 wèi mǎn shí suì ▶20 歳～は名簿からはずして下さい/把二十岁未满的人从名单上删除 bǎ èrshí suì wèi mǎn de rén cóng míngdānshang shānchú ▶このワクチンは三歳～を対象としている/这种疫苗适用于三岁以下的儿童 zhè zhǒng yìmiáo shìyòng yú sān suì yǐxià de értóng ▶百円～は切り捨てる/不到一百日元的舍去 bú dào yìbǎi Rìyuán de shěqù

みみ【耳】 ❶ 耳朵 ěrduo (英 an ear) ▶～の穴/耳朵眼儿 ěrduoyǎnr; 耳孔 ěrkǒng ▶～の穴をかっぽじってよく聞け/看耳朵眼儿,听好 kàn ěrduoyǎnr tīng hǎo ▶～に鉛筆をはさむ/把铅笔夹在耳朵上 bǎ qiānbǐ jiāzài ěrduoshang ▶受話器を～にあてる/把听筒贴在耳边 bǎ tīngtǒng tiēzài ěrbiān ▶～のうしろに手をあてがって聞く/把手挡在耳背听 bǎ shǒu dǎngzài ěrbèi tīng ▶忠告は右の～から入って左の～から抜けていった/忠告从这个耳朵进从那个耳朵出 zhōnggào cóng zhège ěrduo jìn cóng nàge ěrduo chū ▶～につけた真珠の飾り/戴在耳朵上的珍珠 dàizài ěrduoshang de zhēnzhū

❷ [聴力] 听力 tīnglì; 耳朵 ěrduo (英 hearing) ▶～がいいから調律師になる/听力很好所以当了调律师 tīnglì hěn hǎo suǒyǐ dāngle tiáolǜshī ▶～が聞こえなくなる/耳朵听不见了 ěrduo tīngbujiàn le ▶～をふさぐ/捂住耳朵 wǔzhù ěrduo ▶～を澄まして虫の音を聞く/竖起耳朵倾听昆虫的鸣叫 shùqǐ ěrduo qīngtīng kūnchóng de míngjiào ▶彼女の笑い声がまだ～に残っている/她的笑声还回响在耳边 tā de xiàoshēng hái huíxiǎng zài ěrbiān ▶～を聾する爆音である/是震耳欲聋的爆炸声 shì zhèn ěr yù lóng de bàozhàshēng

❸ [端] 边儿 biānr (英 an edge) ▶書物の～を折る/折书角 zhé shūjiǎo

ことわざ 忠言耳に逆らう 忠言逆耳 zhōngyán nì ěr

～が痛い 扎耳朵 zhā ěrduo; 刺耳 cì'ěr ▶なんだか～が痛い話だね/这话听起来有点扎耳 zhè huà tīngqǐlai yǒudiǎn zhā ěr ▶その言葉には～が痛かった/那句话觉得很刺耳 nà jù huà juéde hěn cì'ěr ▶～の痛いことを言われて立ち去る/听到令人不愉快的话,于是走人 tīngdào lìng rén bù yúkuài de huà, yúshì zǒu rén

～が汚(きたな)れる 听着讨厌 tīngzhe tǎoyàn

～が肥えている ▶彼は実に音楽に～が肥えている/他对音乐很有鉴赏力 tā duì yīnyuè hěn yǒu jiànshǎnglì

～が遠い 耳背 ěrbèi; 耳朵不好使 ěrduo bù hǎoshǐ ▶年のせいか～が遠い/是年龄的关系吧,耳朵不好使了 shì niánlíng de guānxi ba, ěrduo bù hǎoshǐ le ▶近頃～が遠くなった/最近耳背了 zuìjìn ěrbèi le; 最近耳朵不好使了 zuìjìn ěrduo bù hǎoshǐ le ▶そのけがで～が遠くなった/因为那次受伤耳朵不好使了 yīnwèi nà cì shòushāng ěrduo bù hǎoshǐ le

～が早い 消息灵通 xiāoxi língtōng ▶あの人はおそろしく～が早い/那个人消息灵通得要命 nàge rén xiāoxi língtōngde yàomìng

～に入(い)れる ▶ちょっと君の～に入れておきたいとがある/有件事得告诉你 yǒu jiàn shì děi gàosu nǐ ▶一応お～に入れておきます/先打个招呼 xiān dǎ ge zhāohu ▶若い婦人の～には入れられない話/不适于让年轻妇女听的话 bú shìyú ràng niánqīng fùnǚ tīng de huà

～にたこができる 听腻了 tīngnì le ▶～にたこができるほど聞かされて育った/从小就听,听得耳朵都长膙子了 cóngxiǎo jiù tīng, tīngde ěrduo dōu zhǎng jiǎngzi le

～に入(はい)る 听见 tīngjiàn; tīngjian ▶社長の～に入ったから事が大きくなった/因为传到总经理的耳朵里,所以事情变大了 yīnwèi chuándào zǒngjīnglǐ de ěrduoli, suǒyǐ shìqing biàn dà le ▶彼の悪口が～に入る/听到有关他的坏话 tīngdào yǒuguān tā de huàihuà

～に挟む 通りすがりに～に挟んだのだが…/在外头偶然听到… zài wàitou ǒurán tīngdào…

～を疑う ▶私は一瞬～を疑った/我一时不相信自己的耳朵 wǒ yìshí bù xiāngxìn zìjǐ de ěrduo

～を貸す 倾听 qīngtīng; 听取 tīngqǔ ▶批判にも～を貸すべきだ/对批评意见也应该倾听 duì pīpíng yìjiàn yě yīnggāi qīngtīng ▶～を貸さない/不听取 bù tīngqǔ

～を傾ける ▶必死の訴えに～を傾ける/倾听那切切的申诉 qīngtīng nà qièqiè de shēnsù

～を揃える ▶～を揃えて返してもらおう/请把钱凑齐还债 qǐng bǎ qián còuqí huánzhài

◆パンの～: 面包边 miànbāobiān ▶ちょっと貧しくてもパンの～をかじってでも目標は遂げてみせる/即使吃面包皮(无论生活多么困苦)也要实现目标 jíshǐ chī miànbāo bāopí(wúlùn shēnghuó duōme kùnkǔ)yě yào shíxiàn mùbiāo

みみあか【耳垢】 耳垢 ěrgòu; 耳屎 ěrshǐ (英 earwax) ▶〜がたまる/有耳屎 yǒu ěrshǐ ▶たまった〜が取れてよく聞こえるようになった/掏了耳屎以后听得清楚了 tāole ěrshǐ yǐhòu tīngdeqīngchu le

みみあたらしい【耳新しい】 新鲜 xīnxiān; 初次听的 chūcì tīng de (英 new; novel) ▶別段〜話ではない/并不是特别别的言论 bìng bú shì tèbié xīn de yánlùn

みみあて【耳当て】(防寒用的) 护耳 hù'ěr; 耳套 ěrtào (英 earmuffs) ▶〜がほしいほどの冷えこみだった/冷得想戴耳套 lěngde xiǎng dài ěrtào ▶〜をして外出する/戴上耳套出门 dàishàng ěrtào chūmén

みみうち【耳打ちする】 咬耳朵 yǎo ěrduo; 耳语 ěryǔ (英 whisper in a person's ear) ▶課長が近づいてきてそっと〜した/科长靠过来低声耳语 kēzhǎng kàoguòlai dīshēng ěryǔ

みみかき【耳かき】 耳挖子 ěrwāzi; 耳勺儿 ěrsháor (英 an earpick)

みみがくもん【耳学問】 道听途说之学 dào tīng tú shuō zhī xué (英 learning by the ear) ▶あの人は物知りだがしょせんは〜だ/那个人知道的很多，但终归是些道听途说的东西 nàge rén zhīdào de hěn duō, dàn zhōngguī shì xiē dào tīng tú shuō de dōngxi ▶〜でも役に立つ/道听途说也能派上用场 dào tīng tú shuō yě néng pàishàng yòngchǎng ▶〜でいろいろなことを知っている/通过道听途说知道了很多事情 tōngguò dào tīng tú shuō zhīdàole hěn duō shìqing

みみかざり【耳飾り】 耳饰 ěrshì; 耳坠 ěrzhuì; 耳环 ěrhuán (英 earrings) ▶〜が時おりきらりと光る/耳饰时而闪动 ěrshì shí'ér shǎndòng ▶今日はどんな〜をつけて行こうか/今天戴什么耳饰去呢？jīntiān dài shénme ěrshì qù ne?

みみざわり【耳障りな】 刺耳 cì'ěr; 难听 nántīng (英 irritating) ▶〜なことを言うようだが君の態度はいささか無礼だ/这么说可能不太好听，可你的态度也有点儿没礼貌 zhème shuō kěnéng bú tài hǎotīng, kě nǐ de tàidù yě yǒudiǎnr méi lǐmào ▶あの男の自慢話は〜だ/那个家伙的自吹自擂让人听得难受 nàge jiāhuo de zì chuī zì léi ràng rén tīngde nánshòu ▶彼の声は〜だ/他的声音听起来刺耳 tā de shēngyīn tīngqǐlai cì'ěr

ミミズ【蚯蚓】〖動物〗蚯蚓 qiūyǐn; 曲蟮 qūshàn (英 an earthworm) ▶〜がのたくったような字/七扭八歪的字 qī niǔ bā wāi de zì ▶遗书は〜がのたくったような字で書かれていた/遗书上写的字像蚯蚓似的七扭八歪 yíshūshang xiě de zì xiàng qiūyǐn shìde qī niǔ bā wāi ▶〜を掘る/挖蚯蚓 wā qiūyǐn

ミミズク【木兎】〖鳥〗猫头鹰 māotóuyīng (英 a horned owl)

みみずばれ【みみず腫れ】 血道子 xuèdàozi; 红道子 hóngdàozi (英 a welt; a wale) ▶両腕にものすごい〜があった/两个胳膊上有红红的道子 liǎng ge gēboshang yǒu hónghóng de dàozi ▶ひっかいたあとが〜になった/挠了之后起了红道子 náole zhīhòu qǐle hóngdàozi ▶腕をばらの棘にひっかけて〜ができた/胳膊被蔷薇的刺拉出了红道子 gēbo bèi qiángwēi de cì láchūle hóngdàozi

みみせん【耳栓】 耳塞 ěrsāi (英 an earplug) ▶機内では〜をして眠った/在飞机舱内戴上耳塞睡了 zài jīcāng nèi dàishàng ěrsāi shuì le

みみたぶ【耳たぶ】 耳垂 ěrchuí (英 an earlobe) ▶〜に穴をあける《ピアス用に》/穿耳 chuān'ěr ▶〜が厚い/耳垂很厚 ěrchuí hěn hòu

みみっちい 小气 xiǎoqi; 吝啬 lìnsè (英 stingy; mean) ▶そんな〜了見では大成しないぞ/这么小家子气是成不了大事的 zhème xiǎojiāziqì shì chéngbuliǎo dàshì de ▶あいつは言うことがいちいち〜/他说话总那么小气 tā shuōhuà zǒng nàme xiǎoqi

みみなり【耳鳴りがする】 耳鸣 ěrmíng (英 have a ringing in one's ears) ▶〜がして頭が痛い/耳鸣头疼 ěrmíng tóuténg ▶〜の原因は複雑だ/引起耳鸣的原因很复杂 yǐnqǐ ěrmíng de yuányīn hěn fùzá

みみなれる【耳慣れる】 耳熟 ěrshú; 听惯 tīngguàn (英 get used to hearing) ▶耳慣れない/耳生 ěrshēng ▶そこでは耳慣れない外国語がとびかっていた/在那里四处都是听不懂的外语 zài nàli sìchù dōu shì tīngbudǒng de wàiyǔ ▶気がつくと耳慣れた妻の声がした/清醒过来就听到了妻子那熟悉的声音 qīngxǐngguòlai jiù tīngdàole qīzi nà shúxī de shēngyīn

みみもと【耳元】 耳边 ěrbiān (英 a person's ear) ▶彼の甘い声が〜に囁きかけてきた/他那甜蜜的声音在耳边喃喃作响 tā nà tiánmì de shēngyīn zài ěrbiān nánnán zuòxiǎng ▶〜で赤ん坊がないらい泣いている/耳边传来宝宝的喃喃自语 ěrbiān chuánlái bǎobǎo de nánnán zìyǔ

みみより【耳寄りな】 值得一听 zhíde yì tīng (英 welcome) ▶〜な話があるんだが，聞くかい/有个值得一听的好消息，听不听？yǒu ge zhíde yì tīng de hǎo xiāoxi, tīngbutīng?

みむく【見向く】 理睬 lǐcǎi (英 look at) ▶縁談には見向きもしない/对提案的事根本不予理睬 duì tíqīn de shì gēnběn bùyǔ lǐcǎi ▶僕の方には見向きもせずに通りすぎた/对我看都不看就走过去了 duì wǒ kàn dōu bú kàn jiù zǒuguòqu le

みめ【見目】 容貌 róngmào (英 looks) ▶〜麗しい/俊美 jùnměi ▶〜麗しい妻を迎えた/娶了美貌的妻子 qǔle měimào de qīzi ▶人は〜より心/一个人容貌美不如心灵美 yí ge rén róngmào měi bùrú xīnlíng měi

みめい【未明に】 黎明 límíng; 凌晨 língchén; 拂晓 fúxiǎo (英 before dawn) ▶明朝〜に出発する/明天凌晨出发 míngtiān língchén chūfā ▶〜の事故で救出が遅れた/因为是凌晨发生的事故，所以抢救延误了 yīnwèi shì língchén fā-

ミモザ〘植物〙《ギンヨウアカシア》金合欢树 jīn-héhuānshù;《オジギソウ》含羞草 hánxiūcǎo(英 *a mimosa*)

みもだえ【身悶える】（因痛苦而）扭动身体（yīn tòngkǔ ér) niǔdòng shēntǐ(英 *twist one's body with...*)▶苦しくて～する/痛苦得扭曲身体 tòngkǔde niǔqū shēntǐ ▶～しながら彼の名を呼んだ/一边痛苦地扭曲身体一边喊着他的名字 yìbiān tòngkǔ de niǔqū shēntǐ yìbiān hǎnzhe tā de míngzi ▶～するほどに恋しい/眷恋得身心交瘁 juànliànde shēnxīn jiāo cuì

みもち【身持ち】 品行 pǐnxíng(英 *conduct*; *behavior*)▶彼なら～がいいから安心だ/如果是他的话,品行端正让人放心 rúguǒ shì tā de huà, pǐnxíng duānzhèng ràng rén fàngxīn ▶～が悪い/品行不端 pǐnxíng bùduān ▶あんな～の悪い女だとは知らなかった/没想到她是那么不正派的女人 méi xiǎngdào tā shì nàme bú zhèngpài de nǚrén ▶若い時は～の悪かった人/年轻时是品行不正的人 niánqīng shí shì pǐnxíng bú zhèng de rén

みもと【身元】 出身 chūshēn; 身份 shēnfen(英 *one's identity*)▶～が確かだ/来历可靠 láilì kěkào ▶～は確かなんだろうね/身份不会有问题吧 shēnfen búhuì yǒu wèntí ba ▶～を調査する/调查身份 diàochá shēnfen ▶～を証明する/证明身份 zhèngmíng shēnfen ▶死者の～が判明する/死者的身份弄清了 sǐzhě de shēnfen nòngqīng le ▶～不明の死体があがった/发现了身份不明的尸体 fāxiàn le shēnfen bùmíng de shītǐ ▶～不明者の墓/身份不明的墓 shēnfen bùmíngzhě de mù ▶～の手がかりとなるもの/可以判明身份的线索 kěyǐ pànmíng shēnfen de xiànsuǒ

♦～引き受け人;**担保人** dānbǎorén ▶私が～引き受け人になろう/我来作担保人吧 wǒ lái zuò dānbǎorén ba ～保証人;**身份保证人** shēnfen bǎozhèngrén

みもの【見物】 値得看的 zhíde kàn de(英 *a sight*; *an attraction*)▶それは～だ/那真值得看 nà zhēn zhíde kàn ▶あなたが踊るって? そりゃ～だわ/你跳舞? 那可值得一看 nǐ tiàowǔ? nà kě zhíde yí kàn ▶二人の口論はまさしく～だった/两个人的论争实在值得一看 liǎng ge rén de lùnzhēng shízài zhíde yí kàn ▶あの看板は通りの～になっていた/那个招牌在这条街上很有名 nàge zhāopai zài zhè tiáo jiēshang hěn yǒumíng

みや【宮】❶〘神社〙 神社 shénshè(英 *a (Shinto) shrine*)

❷〘皇族〙 亲王 qīnwáng; 公主 gōngzhǔ(英 *an Imperial Prince*〔*Princess*〕)▶～様/皇族 huángzú

みゃく【脈】 脉搏 màibó(英〘脈拍〙*pulse*;〘鉱脈〙*a vein*;〘望み〙*hope*)▶～をとる/诊脉 zhěn mài; 号脉 hào mài ▶～を見る《漢方で》/切脉 qiè mài ▶医師は まず～をとる/医生首先号脉 yīshēng shǒuxiān hào mài ▶～をみながら首をかしげた/一边号脉一边歪头思索 yìbiān hào mài yìbiān wāi tóu sīsuǒ ▶救急車の中で～がとだえた/在救护车里脉搏停止了跳动 zài jiùhùchēlǐ màibó tíngzhǐle tiàodòng ▶～は平常の 72 に戻った/脉搏恢复到平时的七十二下儿 màibó huīfùdào píngshí de qīshí'èr xiàr ▶急に～が速くなった/脉搏突然加快 màibó tūrán jiākuài ▶～があるかどうか見る/摸摸还有没有脉 mōmo háiyǒu méiyǒu mài ▶～を数える/量脉搏次数 liáng màibó cìshù

～打つ 脉搏跳动 màibó tiàodòng; **搏动** bódòng ▶若い血潮の～打つ体/搏动着年轻血脉的身躯 bódòngzhe niánqīng xuèmài de shēnqū ▶すべての人の心に～打っているその感情/在所有人心中搏动的那种情感 zài suǒyǒu rén xīnzhōng bódòng de nà zhǒng qínggǎn

～がある 有希望 yǒu xīwàng ▶彼の昇進は～がありそうだ/他有希望提升 tā yǒu xīwàng tíshēng ▶あの口ぶりならまだ～がある/听那口气还有希望 tīng nà kǒuqì háiyǒu xīwàng

♦不整～;**心律不齐** xīnlǜ bù qí

みゃくどう【脈動】 搏动 bódòng(英 *pulsation*)

みゃくはく【脈拍】〘医〙脉搏 màibó(英 *the pulse*)▶～は 70 を前後している/脉搏在七十次左右 màibó zài qīshí cì zuǒyòu ▶～に変化はない/脉搏没变化 màibó méi biànhuà

みゃくみゃく【脈脈たる】 接连不断 jiēlián bú duàn; **一脉相传** yí mài xiāng chuán(英 *continuous*; *unbroken*)▶我が校の伝统は～と受けつがれてきた/我校的传统一脉相承 wǒ xiào de chuántǒng yí mài xiāng chéng ▶山々の～たる広がりに息をのんだ/面对连绵不断的群山惊讶得屏住了呼吸 miàndùi liánmián bú duàn de qúnshān jīngyàde bǐngzhùle hūxī

みゃくらく【脈絡】 脉络 màiluò; 条理 tiáolǐ(英 *logical connection*;〘文脈〙*context*)▶～をつける/连贯 liánguàn ▶～のない/没有条理 méiyǒu tiáolǐ ▶～不连贯的话 bùliánguàn de huà ▶～のない話を長々と続けた/没完没了地说着那没有条理的话 méiwán méiliǎo de shuōzhe nà méiyǒu tiáolǐ de huà ▶二つの事件の間に～はないものと思われたが…/原以为两个事件没有关联… yuán yǐwéi liǎng ge shìjiàn méiyǒu guānlián…

みやげ【土産】 土产 tǔchǎn; 礼物 lǐwù; 特产 tèchǎn(英〘記念の〙*a souvenir*;〘進物〙*a present*; *a gift*)▶～は何がいいかなあ/买什么特产好呢? mǎi shénme tèchǎn hǎo ne? ▶孫への～にゲームを買った/给孙子买的礼物是电子游戏 gěi sūnzi mǎi de lǐwù shì diànzǐ yóuxì ▶家への～/给家人的礼物 gěi jiārén de lǐwù

♦～話;**旅行见闻** lǚxíng jiànwén ▶～话を期待していますよ/等着听你的旅行见闻啦 děngzhe tīng nǐ de lǚxíng jiànwén la ～物店;**土特产店** tǔtèchǎndiàn

みやこ【都】 京都 jīngdū; 首都 shǒudū (英 *a capital; a metropolis*) ▶~の風が吹いているのだと僕は思った/我感到吹来一阵古都的风 wǒ gǎndào chuīlái yīzhèn gǔdū de fēng ▶住めば~、田舎暮らしも味なものです/久居为安, 乡下的生活也是满有滋味的 jiǔ jū wéi ān, xiāngxia de shēnghuó yě shì mǎn yǒu zīwèi de

みやこおち【都落ちする】 搬到乡下 bāndào xiāngxia; 离开首都 líkāi shǒudū (英 *fly from Kyoto*) ▶私にしてみれば失意の~だった/在我来说是不得志而离开都市搬到乡下的 zài wǒ láishuō shì bù dézhì ér líkāi dūshì bāndào xiāngxia de ▶彼は自分から望んで~した/他自己要求离开京城去外地的 tā zìjǐ yāoqiú líkāi jīngchéng qù wàidì de

みやすい【見易い】 易看 yìkàn; 容易看到 róngyì kàndào; 易懂 yìdǒng (英 *be easy to see* [*read*]) ▶工夫して~紙面の篇幅 yìdǒng de piānfu ▶紙面/易懂的版面を作った/下功夫作出了明了易懂的版面 xià gōngfu zuòchūle míngliǎo yìdǒng de bǎnmiàn ▶この位置なら山も~/如果是这个位置山也很容易看到 rúguǒ shì zhège wèizhi shān yě hěn róngyì kàndào ▶図表を取り入れて見易くした/采用了图表以便于理解 cǎiyòngle túbiǎo yǐ biànyú lǐjiě ▶そんなのは子供にも~道理だ/那是小孩子也懂的道理 nà shì xiǎoháizi yě dǒng de dàoli

みやづかえ【宮仕えする】 供职 gòngzhí; 吃机关[公司]饭 chī jīguān[gōngsī]fàn (英 *be in the court* [*government*] *service*) ▶すまじきものは~と言うけれど…/虽说是当差不自在… suī shuōshì dāngchāi bú zìzai… ▶この年でいまさら~でもなかろう?/都这个岁数了，怎么可能去出没官场? dōu zhège suìshu le, zěnme kěnéng qù chūmò guānchǎng?

みやびやか【雅びやか】 文雅 wényǎ; 高雅 gāoyǎ; 高尚优雅 gāoshàng yōuyǎ (英 *elegant; graceful*)

みやぶる【見破る】 看破 kànpò; 识破 shípò (英 *detect*) ▶トリックを~/看破诡计 kànpò guǐjì ▶マジシャンのトリックを~/看破魔术师的花招 kànpò móshùshī de huāzhāo ▶骗し的手口は簡単に見破られた/欺骗手段很容易就被识破了 qīpiàn shǒuduàn hěn róngyì jiù bèi shípò le

みやまいり【宮参り】 小孩生后初次参拜神庙 xiǎohái shēng hòu chūcì cānbài shénmiào (英 *a visit to a Shinto shrine for the happiness of the new baby*) ▶明日はこの子の~だ/明天是这个孩子初次拜神的日 míngtiān shì zhège háizi chūcì bài shén de rì ▶~は天気に恵まれた/参拜本地保护神时天气很好 cānbài běndì bǎohùshén shí tiānqì hěn hǎo

みやる【見やる】 看 kàn; 望 wàng (英 *look at…*) ▶遠くを~/远望 yuǎnwàng ▶ちらりと~/略微一看 lüèwēi yí kàn ▶いつまでも空の彼方を一直遥望着天际 yīzhí yáowàngzhe tiānjì ▶じゃれ合う犬をちらりと見やって通りすぎた/朝互相玩逗的狗望了一眼走过去 cháo hùxiāng wándòu de gǒu wàngle yì yǎn jiù zǒuleguòqu

ミャンマー 缅甸 Miǎndiàn (英 *Myanmar*)

ミュージアム 博物馆 bówùguǎn (英 *a museum*)

ミュージカル 音乐剧 yīnyuèjù; 歌舞剧 gēwǔjù (英 *a musical*) ▶昨日は~を見てきた/昨天看了一个音乐剧 zuótiān kànle yí ge yīnyuèjù

みよう【妙な】 ❶【すばらしい】 妙 miào; 巧妙 qiǎomiào (英 *queer; strange*) ▶あの話術の~にはほとほと感心する/那说话方式的巧妙实在令人佩服 nà shuōhuà fāngshì de qiǎomiào shízài lìng rén pèifú ▶~と言い得て~だ/把闪腰说成"魔女的一击", 说得真妙 bǎ shǎnyāo shuōchéng "mónǚ de yì jī", shuōde zhēn miào ❷【へんな】 奇怪 qíguài; 奇妙 qímiào ▶~だな/奇怪 qíguài ▶連絡がない、~だな/没有联系, 真奇怪 méiyǒu liánxì, zhēn qíguài ▶交渉が~な具合になってきた/谈判的局势变得很微妙 tánpàn de júshì biànde hěn wēimiào ▶今日は~におとなしいじゃないか/今天怎么这么老实? jīntiān zěnme zhème lǎoshí? ▶人に~な感じを与える/给人一种奇妙的感觉 gěi rén yì zhǒng qímiào de gǎnjué ▶同じことで彼が話すと~に聞える/同样的话让他一说就觉得有别的意思 tóngyàng de huà ràng tā yì shuō jiù juéde yǒu bié de yìsi

みよう【見様】 看法 kànfǎ; 观点 guāndiǎn (英 *a point of view*) ▶~見まねで煮炊きのすべを覚えた/看样学样地学会了做饭 kàn yàng xué yàng de xuéhuìle zuòfàn ▶~によっては大器なのかもしれない/换个角度来看也许是英才 huàn ge jiǎodù láikàn yěxǔ shì yīngcái

みょうあん【妙案】 好主意 hǎozhǔyi; 绝妙的办法 juémiào de bànfǎ (英 *an excellent plan*) ▶いくら知恵を絞っても~は浮かばない/绞尽了脑汁儿也想不出好办法 jiǎojìnle nǎozhīr yě xiǎngbuchū hǎobànfǎ ▶それはいかにも~だった/那实在是个好主意 nà shízài shì ge hǎozhǔyi

みょうぎ【妙技】 妙技 miàojì (英 *a feat; a fine play*) ▶氷上の~に観衆は酔いしれた/观众们对冰场上的绝妙演技如醉如痴 guānzhòngmen duì bīngchǎngshang de juémiào yǎnjì rú zuì rú chī ▶彼らは~を連発した/他们连展妙技 tāmen liánzhǎn miàojì ▶~を見せる/表演绝招 biǎoyǎn juézhāo

みょうごにち【明後日】 后天 hòutiān; 后日 hòurì (英 *the day after tomorrow*) ▶~の午後なら空いている/如果是后天下午就有空 rúguǒ shì hòutiān xiàwǔ jiù yǒu kòng ▶~から新制度が始まる/从后天开始实施新制度 cóng hòutiān kāishǐ shíshí xīnzhìdù ▶~は父の法事なのです/后天有父亲的法事 hòutiān yǒu fùqin de fǎshì ▶式典は~に行われる/典礼于后天举行 diǎnlǐ yú hòutiān jǔxíng

みょうじ【名字】 姓 xìng; 姓氏 xìngshì (英 *a surname; a family name*) ▶結婚して~が変わっ

た/結婚後改了姓 jiéhūn hòu gǎile xìng ▶前には加藤好子といったが，今は～が変わっているだろう/以前叫加藤好子，现在大概改姓了 yǐqián jiào Jiāténg Hǎozǐ, xiànzài dàgài gǎi xìng le ▶～と名前/姓和名 xìng hé míng

日中比較 中国語の'名字 míngzi'は「フルネーム」のこと．

みょうしゅ【妙手】 高手 gāoshǒu；名手 míngshǒu（英 *an expert*）；《碁・将棋の》妙着 miàozhāo（英 *a clever move*）▶踊りの～/舞蹈名手 wǔdǎo míngshǒu ▶若いころは踊りの～だった/年轻时是舞蹈名手 niánqīng shí shì wǔdǎo míngshǒu ▶我が家からバイオリンの～が出た/我家出了小提琴名手 wǒ jiā chūle xiǎotíqín míngshǒu ▶名人はここで決定的な一を打った《囲碁などで》/名人在此使出了关键的一着儿 míngrén zài cǐ shǐchūle guānjiàn de yì zhāor

みょうじょう【明星】 金星 jīnxīng（英 *Venus*）▶明けの～/晨星 chénxīng ▶宵の～/昏星 hūnxīng ▶明けの～の輝きは神々(ミミ)しい/晨星的光芒很神圣 chénxīng de guāngmáng hěn shénshèng ▶宵の～に願いごとをする/向着昏星许愿 xiàngzhe hūnxīng xǔyuàn

みょうだい【名代】 代理人 dàilǐrén（英 *a proxy; a deputy*）▶父の～で参りました/作为父亲的代理人来了 zuòwéi fùqin de dàilǐrén lái le ▶やむなく私が～に立った/无奈我当了代理人 wúnài wǒ dāngle dàilǐrén

みょうちょう【明朝】 明天早晨 míngtiān zǎozhén（英 *tomorrow morning*）▶～早く帰国の途につく/明天一早启程回国 míngtiān yìzǎo qǐchéng huíguó ▶の寒気が案じられます/明晨的寒冷天气令人担心 míngchén de hánlěng tiānqì lìng rén dānxīn

みょうにち【明日】 明天 míngtiān；明日 míngrì（英 *tomorrow*）▶期限は～でしたね/期限是明天吧 qīxiàn shì míngtiān ba

みょうばん【明晩】 明天晚上 míngtiān wǎnshang（英 *tomorrow evening〔night〕*）▶～集会がある/明天晚上开会 míngtiān wǎnshang kāihuì ▶～は所用のため出席できません/明晚因事不能出席 míngwǎn yīn shì bùnéng chūxí

みょうばん【明礬】 明矾 míngfán；白矾 báifán（英 *alum*）

みょうみ【妙味】 妙趣 miàoqù（英 *a nice point*）▶音色に～がある/音色有妙趣 yīnsè yǒu miàoqù ▶節まわしに彼ならではの～がある/在歌声的抑扬顿挫上有他独特的巧妙之处 zài gēshēng de yìyáng dùncuòshang yǒu tā dútè de qiǎomiào zhī chù ▶釣り上げる一瞬の手ごたえが～なのだ/鱼钓上来那一瞬的手感真是绝妙 yú diàoshànglai nà yíshùn de shǒugǎn zhēn shì juémiào

みょうやく【妙薬】 灵药 língyào；特效药 tèxiàoyào（英 *a miracle drug; a specific*）▶ボケを治す～はないものか/没有治疗痴呆的特效药吗？ méiyǒu zhìliáo chīdāi de tèxiàoyào ma? ▶これが過疎解消の～なのだろうか/难道这是解决人口稀少的有效方法吗？ nándào zhè shì jiějué rénkǒu xīshǎo de yǒuxiào fāngfǎ ma?

みょうり【名利】 名利 mínglì（英 *fame and wealth*）▶～に目がくらむ/眩于名利 xuànyú mínglì ▶～を求めない/不求名利 bù qiú mínglì ▶世俗の～に目がくらむ/因世间的名利冲昏头脑 yīn shìjiān de mínglì chōnghūn tóunǎo ▶～の外に身を置けるか/能置身于名利之外吗？ néng zhìshēn yú mínglì zhīwài ma?

みょうり【冥利】 恩惠 ēnhuì；幸运 xìngyùn（英 *a divine favor*）▶彼女と結婚するなんて男～に尽きるというものだ/能跟她结婚真是男人的幸运 néng gēn tā jiéhūn zhēn shì nánrén de xìngyùn ▶こんな学生に出会えたのも教師～だね/能遇到这样的学生也是当老师的福气 néng yùdào zhèyàng de xuésheng yě shì dāng lǎoshī de fúqi

みょうれい【妙齢】 妙龄 miàolíng（英 *youth; blooming age*）▶神社の境内で～の女性とすれちがった/在神社的院子里与妙龄女子擦肩而过 zài shénshè de yuànzili yǔ miàolíng nǚzǐ cā jiān ér guò

みより【身寄り】 家属 jiāshǔ；亲属 qīnshǔ（英 *a relation; a relative*）▶～のない孤寡 gūguǎ ▶この町には～のない老人が多い/这个城市无依无靠的老人很多 zhège chéngshì wú yī wú kào de lǎorén hěn duō ▶～といえば僕一人なのだ/要说亲属，只有我一个人 yào shuō qīnshǔ, zhǐyǒu wǒ yí ge rén ▶～から離れる/离开亲人 líkāi qīnrén

みらい【未来】 未来 wèilái（英 *(the) future*）▶～の構想/未来的蓝图 wèilái de lántú ▶君は～の大スターだ/你将是未来的大明星 nǐ jiāng shì wèilái de dàmíngxīng ▶～への見通し/远景 yuǎnjǐng ▶日本の～への見通しは立っているのですか/能看到日本的未来吗？ néng kàndào Rìběn de wèilái ma? ▶宇宙開発の～はどうなるのだろう/宇宙开发的未来会怎样呢？ yǔzhòu kāifā de wèilái huì zěnyàng ne? ▶～永劫の愛を誓う/发誓爱到永远 fāshì àidào yǒngyuǎn ▶鉄道の～図を描く/描绘铁路的未来图景 miáohuì tiělù de wèilái tújǐng ▶～のような場面が急速に現実になってきた/仿佛属于未来的事情迅速变成了现实 fǎngfú shǔyú wèilái de shìqing xùnsù biànchéngle xiànshí

～学|未来学| wèiláixué ▶～学者/未来学者 wèiláixuézhě ▶かつては花形～学者だった/曾经是有名的未来学者 céngjīng shì yǒumíng de wèiláixuézhě ~**時制**|未来时态| wèilái shítài ~**派**|未来派| wèiláipài ▶～派の画家/未来派画家 wèiláipài huàjiā

ミリ〖単位〗 毫 háo（英 *milli-*）▶～グラム/毫克 háokè ▶～ミクロン/毫微米 háowēimǐ ▶～メートル/毫米 háomǐ ▶～リットル/毫升 háoshēng ▶～バール/毫巴 háobā ▶16～映画/十六毫米电影 shíliù háomǐ diànyǐng ▶～波/毫米波

háomǐbō
ミリタリズム 军国主义 jūnguó zhǔyì (英 *militarism*)

みりょう【未了の】 未完 wèiwán (英 *unfinished*) ▶審議～/审议未完 shěnyì wèiwán

みりょう【魅了する】 吸引 xīyǐn; 使人入迷 shǐ rén rùmí (英 *charm; fascinate*) ▶観客を～する/使观众入迷 shǐ guānzhòng rùmí ▶なぜあれほど観客を～するのだろう/为什么那么吸引观众呢? wèi shénme nàme xīyǐn guānzhòng ne? ▶彼女の笑顔に僕はすっかり～された/我完全被她的笑容迷住了 wǒ wánquán bèi tā de xiàoróng mízhù le

みりょく【魅力】 魔力 mólì; 魅力 mèilì (英 *charm; fascination*) ▶～のある/有魅力 yǒu mèilì ▶～的な会社にしたい/希望使公司富有魅力 xīwàng shǐ gōngsī fùyǒu mèilì ▶あの男は年配だが人間の～に欠ける/那个男有能力却缺乏人的魅力 nàge nán yǒu nénglì què quēfá rén de mèilì ▶その計画がどんなに～をもっていたことか/那个计划多有吸引力呀 nàge jìhuà duō yǒu xīyǐnlì ya ▶～のある本/有吸引力的书 yǒu xīyǐnlì de shū ▶彼の～的な活気あるインタビュー方式/他那吸引人并充满活力的采访方式 tā nà xīyǐn rén bìng chōngmǎn huólì de cǎifǎng fāngshì ▶その仕事は僕には～がない/那个工作对我没有吸引力 nàge gōngzuò duì wǒ méiyǒu xīyǐnlì

みりん【味醂】 (食品)甜料酒 tiánliàojiǔ (英 *mirin; a sweet kind of sake*)

♦～干し: **用甜料酒的腊制小干鱼** yòng tiánliàojiǔ de làzhì xiǎogānyú ▶鰯(いわし)の～干し/用甜料酒做的腊制干沙丁鱼 yòng tiánliàojiǔ zuò de làzhì gānshādīngyú

みる【見る】 ❶【目で】 看 kàn (英 *see; look at...*) ▶テレビを～/看电视 kàn diànshì ▶窓の外を～/看看窗外 kànkan chuāngwài ▶映画を～機会が増えた/看电影的机会增多了 kàn diànyǐng de jīhuì zēngduō le ▶手を休めて窓の外を～/放下手里的活儿朝窗外看 fàngxià shǒuli de huór cháo chuāngwài kàn ▶ものごとは見ぬが花だよ/想象总是比现实美好 xiǎngxiàng zǒngshì bǐ xiànshí měihǎo; 远看一朵花, 近看豆腐渣 yuǎnkàn yì duǒ huā, jìnkàn dòufuzhā ▶～と聞くとは大違い/看到的与听到的大不相同 kàndào de yǔ tīngdào de dà bù xiāngtóng ▶誰だか見て来てごらん/去看看是谁来了? qù kànkan shì shéi lái le? ▶ほら, こちらを見なさい/欸, 看这儿 éi, kàn zhèr ▶あんな恐ろしい光景は見たことがない/没见过那么可怕的情形 méi jiànguo nàme kěpà de qíngxíng ▶あの人は見れば～ほど美しい/那个人越看越漂亮 nàge rén yuè kàn yuè piàoliang ▶その時彼女は自分は人に見られていないと思ったのにちがいない/那时候她肯定以为她没被人注意 nà shíhou tā kěndìng yǐwéi tā méi bèi rén zhùyì ▶熊を見て逃げ出した/看到熊就逃跑了 kàndào xióng jiù táopǎo le ▶私はその人をひと目見て気に入った/那个人我一眼就看上了 nàge rén wǒ yì yǎn jiù kànshàng le ▶ちらりと～/瞅了一眼 chǒule yì yǎn ▶よく～/好好儿看 hǎohāor kàn ▶注意して～/注意地看 zhùyì de kàn ▶じっと～/盯着看 dīngzhù kàn

❷【見物】 看 kàn; 参观 cānguān (英 *see the sights of...; visit*) ▶彼の野球は下手くそで見ていられない/他的棒球次得没法看 tā de bàngqiú cìde méi fǎ kàn ▶何千という見物人が見ている前で/在几千人观众的注视下 zài jǐqiān rén guānzhòng de zhùshìxia ▶刑務所を見に行ったが, 中には入れなかった/去参观了监狱, 可是没能进去 qù cānguānle jiānyù, kěshì méi néng jìnqù

❸【観察】 看 kàn (英 *observe*) ▶ちょっと見ただけでは違いが分からない/稍微看一下看不出差别 shāowēi kàn yíxià kànbuchū chābié ▶誰の作か一目見ればわかる/是谁的作品一眼就能看出来 shì shéi de zuòpǐn yì yǎn jiù néng kànchūlai ▶僕は外国人が日本をどう見ているかを気にする/我很在意外国人怎样看日本 wǒ hěn zàiyì wàiguórén zěnyàng kàn Rìběn ▶地理的に見て日本はアジアの東の端にある/从地理上看日本处于亚洲的东端 cóng dìlǐshang kàn Rìběn chǔyú Yàzhōu de dōngduān ▶見たところあおざらしは自由を満喫しているようだった/看上去海豹充分享受着自由 kànshàngqu hǎibào chōngfèn xiǎngshòuzhe zìyóu ▶私の～のところでは二人はできているらしい/依我看他们俩成了 yī wǒ kàn tāmen liǎ chéng le ▶どう見ても彼は女としか思えない/无论怎么看觉得他是个女的 wúlùn zěnme kàn juéde tā shì ge nǚ de ▶黙っているところを～と, 君も仲間なのか/你没发言, 如此看来你大概也是同伙吧 nǐ méi fāyán, rúcǐ kànlái nǐ dàgài yě shì tónghuǒ ba ▶その後の行動で～と, 気が変わったらしい/根据其后的举动, 好像是主意变了 gēnjù qíhòu de jǔdòng, hǎoxiàng shì zhǔyì biàn le

❹【見なす】 认为 rènwéi (英 *regard*) ▶彼の責任だと～向きが多い/多数意见认为是他的责任 duōshù yìjiàn rènwéi shì tā de zérèn

❺【読む】 看 kàn; 阅读 yuèdú (英 *read*) ▶今日の新聞を見ましたか/今天的报纸看了吗? jīntiān de bàozhǐ kànle ma?

❻【物事の具合を】 看 kàn (英 *look over*); (味を)尝 cháng (英 *taste*) ▶味を～/尝一尝 chángyicháng ▶ちょっと味を見てくれ/你尝尝这个味道 nǐ chángchang zhège wèidao ▶草案ができましたので見て下さい/草案出来了, 请看一下 cǎo'àn chūláile, qǐng kàn yíxià ▶エンジンの具合がよくないんだ, ちょっと見てくれないか/马达转得不太好, 你能不能给看看? mǎdá zhuànde bú tài hǎo, nǐ néngbunéng gěi kànkan?

❼【世話する】 照顾 zhàogù; 照料 zhàoliào (英 *look after*) ▶親の面倒を見なくてはいけない/必须照料父母 bìxū zhàoliào fùmǔ ▶赤ん坊を見ていて下さい/请照看一下婴儿 qǐng zhàokàn yíxià yīng'ér

みる

8【試みる】試試看 shìshi kàn (英 try) ▶やれるものならやってみろ/能干的就試試 nénggàn de jiù shìshi ▶着てみる/穿上試試 chuānshàng shìshi

9【その他】 ▶片道1時間は見ておきなさい/做好单程一小时的准备 zuòhǎo dānchéng yī xiǎoshí de zhǔnbèi ▶今に見てろ!/你等着瞧! nǐ děngzhe qiáo! ▶それ見たことか? あんなに止めたのに/结果怎么样? 告诉你别干别干 jiéguǒ zěnmeyàng? gàosu nǐ bié gàn bié gàn ▶勝手なことばかりしていると、そのうち痛い目を～ぞ/总是擅自行事,将来肯定会给你好瞧的 zǒngshì shànzì xíngshì, jiānglái kěndìng huì gěi nǐ hǎoqiáo de ▶見も知らぬ人から手紙をもらった/接到了陌生人来的信 jiēdàole mòshēngrén lái de xìn

ことわざ **聞いて極楽見て地獄** 传闻是天堂看后是地狱 chuánwén shì tiāntáng kàn hòu shì dìyù

見ぬ振り 佯装没看见 yángzhuāng méi kànjiàn ▶見て見ぬ振りをする/看见了也假装没看见 kànjiànle yě jiǎzhuāng méi kànjiàn

～影もない 面目全非 miànmù quán fēi ▶～影もないほどやつれる/憔悴得面目全非 qiáocuìde miànmù quán fēi ▶以前的美丽是～影もない/以前的美丽全无踪影 yǐqián de měilì quán wú zōngyǐng ▶～影もなくやせてしまった/瘦得认不出来了 shòude rènbuchūlái le ▶暫く会わぬ間に～影もなくやつれていた/有段时间没见竟憔悴得面目全非 yǒu duàn shíjiān méi jiàn jìng qiáocuìde miànmù quán fēi ▶栄華を誇った寺院が今や～影もない/曾经隆盛极至的寺院现在以衰败得可怜 céngjīng lóngshèng jízhì de sìyuàn xiànzài yǐ shuāibàide kělián

～に見かねて 不能不管 bùnéng bù guǎn ▶立てずにいるので～に見かねて手を貸した/看到那人站不住,不能视而不见于是帮了忙 kàndào nà rén zhànbuzhù, bùnéng shì ér bú jiàn yúshì bāngle máng

～間に 眼看着 yǎnkànzhe ▶～間に人で埋まった/眼看着挤满了人 yǎnkànzhe jǐmǎnle rén スタンドは～間に人で埋まった/看台上很快就挤满了人 kàntáishang hěn kuài jiù jǐmǎnle rén

～(うちに) 眼看着 yǎnkànzhe ▶水は～～うちに敷居を越えた/眼看着水就漫过了门槛 yǎnkànzhe shuǐ jiù mànguòle ménkǎn

～目 ▶～目がある/有眼力 yǒu yǎnlì ▶～目がない/没有眼力 méiyǒu yǎnlì ▶～目のある人でないと、この壺の値打ちは分からない/没有眼力的人不会知道这个瓷罐的价值 méiyǒu yǎnlì de rén búhuì zhīdào zhège cíguàn de jiàzhí ▶あれで人を～目があるのかね/就那个样子能说是会看人吗? jiù nàge yàngzi néng shuōshì huì kàn rén ma? ▶自分はつくづく絵を～目がないと思う/痛感自己没有鉴赏绘画的能力 tònggǎn zìjǐ méiyǒu jiànshǎng huìhuà de nénglì

みる【診る】 看病 kànbìng; **诊察** zhěnchá (英 examine; attend) ▶医者に診てもらう/去看病 qù kànbìng ▶名医に診てもらっているから安心だ/请名医在看,所以很放心 qǐng míngyī zài kàn,

suǒyǐ hěn fàngxīn

みるからに【見るからに】 一看就知道 yí kàn jiù zhīdào; **一目了然** yí mù liǎorán (英 at a glance) ▶彼は～健康そうだ/显然他很健康 xiǎnrán tā hěn jiànkāng ▶彼は～粗野な男だった/一看就知道他是个粗野的男人 yí kàn jiù zhīdào tā shì ge cūyě de nánrén

ミルク 《食品》**牛奶** niúnǎi (英 milk) ▶～色の夜明け/乳白色的黎明 rǔbáisè de límíng ▶この子は～で育ちました/那孩子是喝牛奶长大的 nà háizi shì hē niúnǎi zhǎngdà de

◆**粉～ 奶粉** nǎifěn

みれん【未練】 依恋 yīliàn; **留恋** liúliàn (英 [爱着] attachment) ▶～がある/恋恋不舍 liàn liàn bù shě ▶～がない/舍得 shěde ▶～を残す/留恋 liúliàn ▶終わった恋に～を残すな/对已经结束的爱情不要恋恋不舍 duì yǐjīng jiéshù de àiqíng búyào liàn liàn bù shě ▶負け試合にはいつまでも～が残る/对输了的比赛总觉得很遗憾 duì shūle de bǐsài zǒng juéde hěn yíhàn ▶彼は～たらたらで都会を去った/他恋恋不舍地离开了都市 tā liàn liàn bù shě de líkāile dūshì ▶～やめなさいよ、～たらしい/快死了心吧,看你那黏糊劲儿 kuài sǐle xīn ba, kàn nǐ nà niánhujìnr ▶東京を去るのに～はない/对离开东京没有任何留恋 duì líkāi Dōngjīng méiyǒu rènhé liúliàn ▶あんな女に～はないが/对那样的女人没有留恋,却不知为什么眼泪… duì nàyàng de nǚrén méiyǒu liúliàn, què bù zhī wèi shénme yǎnlèi…

～がましい 不干脆 bù gāncuì; **黏糊** niánhu ▶～がましい言い訳は聞きたくない/不想听那黏黏糊糊的辩解 bù xiǎng tīng nà niánniánhūhū de biànjiě

みわく【魅惑する】 迷惑 míhuò; **迷人** mírén (英 fascinate; charm) ▶あの目には人を～する力がある/那眼睛里有迷人的魅力 nà yǎnjingli yǒu mírén de mèilì

みわくてき【魅惑的な】 妖艳 yāoyàn; **迷人** mírén (英 fascinating; charming) ▶～な容貌/冶容 yěróng ▶菩薩の表情は～だった/菩萨的表情很迷人 púsà de biǎoqíng hěn mírén ▶あの～な声がいつまでも残っている/那迷人的声音总在耳边回响不断 nà mírén de shēngyīn zǒng zài ěrbiān huíxiǎng búduàn

みわけ【見分け】 辨別 biànbié; **辨认** biànrèn (英 distinction) ▶～がつく/认得出来 rèndechūlái ▶～がつかない/认不出来 rènbuchūlái; 无法辨别 wúfǎ biànbié ▶傷だらけの顔でも～はつくものだ/即使伤痕满面也能辨认出来呢 jíshǐ shānghén mǎnmiàn yě néng biànrènchūlái ne ▶あのふたごの姉妹は～がつかない/那对双胞胎姊妹分不出谁是谁 nà duì shuāngbāotāi zǐmèi fēnbuchū shéi shì shéi ▶死体は～のつかないほどに腐乱していた/尸体已经腐烂到无法辨认的地步 shītǐ yǐjīng fǔlàndào wúfǎ biànrèn de dìbù

みわける【見分ける】 识别 shíbié; **辨别** biànbié (英 distinct) ▶種類を～/鉴别种类 jiànbié zhǒnglèi ▶善し悪しを～/识别好坏 shíbié hǎohuài ▶ひよこの雌雄を~/辨別雛鶏的公母 biànbié cíjí de gōngmǔ ▶人の性格を~には修業がいる/識別人的性格需要学習 shíbié rén de xìnggé xūyào xuéxí

みわたす【見渡す】 張望 zhāngwàng; 环视 huánshì; 瞭望 liàowàng (英 look out) ▶さっと~/扫视一下 sǎoshì yíxià ▶遠くを~/展望 zhǎnwàng ▶~限りの/一望无际 yí wàng wú jì ▶目の前は~限りの枯野である/眼前是一片无际的荒野 yǎnqián shì yí piàn wú jì de huāngyě ▶会場をさっと見渡して口を開いた/环视了一下会场然后开了口 huánshìle yíxià huìchǎng ránhòu kāile kǒu ▶遠くを見渡そうにも霧に遮られている/想要远望，却被雾挡住了视线 xiǎngyào yuǎnwàng, què bèi wù dǎngzhùle shìxiàn

みんい【民意】 民意 mínyì (英 public opinion) ▶~を反映させる/反映民意 fǎnyìng mínyì ▶~が正しく反映されているか/是否正确地反映了民意 zhèngquè de fǎnyìngle mínyì ▶選挙によって~を問う/通过选举征询民意 tōngguò xuǎnjǔ zhēngxún mínyì ▶支持はいずれにあるかを~に問いたい/支持究竟在哪一方对此要征询民意 zhīchí jiūjìng zài nǎ yìfāng duì cǐ yào zhēngxún mínyì

みんえい【民営】 私营 sīyíng; 民办 mínbàn (英 private management〔operation〕) ▶~企業/民办企业 mínbàn qǐyè

♦**~化** 民营化 mínyínghuà ▶その病院は去年~化された/那个医院去年变成民办的了 nàge yīyuàn qùnián biànchéng mínbàn de le ▶税务署を~化したらどうなるかねえ/如果使税务署民营化会怎么样呢？rúguǒ shǐ shuìwùshǔ mínyínghuà huì zěnmeyàng ne?

みんか【民家】 民房 mínfáng (英 a private house) ▶川沿いにいくつかの~が並んでいる/河岸上有几户民房 hé'ànshang yǒu jǐ hù mínfáng ▶銃を持った軍隊が~に押し入った/持枪的士兵闯进民房 chíqiāng de shìbīng chuǎngjìn mínfáng

みんかん【民間】 民间 mínjiān; 民用 mínyòng (英 civilian; civil; popular) ▶~航空/民用航空 mínyòng hángkōng ▶~で運営する/民办 mínbàn ▶経費を含め一切を~で運営する/包括经费在内一切由民办部门经营 bāokuò jīngfèi zàinèi yíqiè yóu mínbàn bùmén jīngyíng ▶~にはおもしろい物語が伝承されている/在民间流传着有趣的故事 zài mínjiān liúchuánzhe yǒuqù de gùshì ▶~ペースで文化交流を進める/在民间范围内推进文化交流 zài mínjiān fànwéi nèi tuījìn wénhuà jiāoliú ▶~企業に天下りして3年になる/由官僚退任到民办企业已有三年 yóu guānliáo tuìrèn dào mínbàn qǐyè yǐ yǒu sān nián

♦**~外交** 民间外交 mínjiān wàijiāo ▶~人 老百姓 lǎobǎixìng; 非政府人员 fēi zhèngfǔ rényuán ▶多数の~人が戦闘に巻き込まれた/很多老百姓被卷入战争 hěn duō lǎobǎixìng bèi juǎnrù zhànzhēng ▶~伝説 民间传说 mínjiān chuán-

shuō ▶~部門 民办部门 mínbàn bùmén ▶~放送 民办广播 mínbàn guǎngbō ▶~療法 土方 tǔfāng; 民间土方 mínjiān tǔfāng ▶~療法をなめてはいけない/不能小看民间土方 bùnéng xiǎokàn mínjiān tǔfāng

ミンク〔動物〕水貂 shuǐdiāo (英 a mink) ▶~の毛皮/貂皮 diāopí ▶彼女は~のコートに身を包んで登場した/她身穿貂皮大衣登场了 tā shēn chuān diāopí dàyī dēngchǎng le

みんぐ【民具】 民间生活用具 mínjiān shēnghuó yòngjù (英 a folk utensil) ▶郷土資料館で懐かしい~を見た/在地方资料馆看到了令人怀恋的生活用具 zài dìfāng zīliàoguǎn kàndàole lìngrén huáiliàn de shēnghuó yòngjù ▶らちもない~が今や貴重品になった/很平常的生活用具如今变成了贵重物品 hěn píngcháng de shēnghuó yòngjù rújīn biànchéngle guìzhòng wùpǐn

みんげい【民芸】 民间艺术 mínjiān yìshù (英 folk art; folk craft) ▶~品/民间工艺品 mínjiān gōngyìpǐn ▶高くて庶民には買えない~品もある/也有非常昂贵老百姓买不起的民间工艺品 yě yǒu fēicháng ángguì lǎobǎixìng mǎibuqǐ de mínjiān gōngyìpǐn ▶~に力を入れて村おこしを計る/在民间艺术上下功夫以振兴村镇 zài mínjiān yìshùshang xià gōngfu yǐ zhènxīng cūnzhèn

みんけん【民権】 民权 mínquán (英 civil rights) ▶自由~運動/自由民权运动 zìyóu mínquán yùndòng

みんじ【民事】 民事 mínshì (英 a civil case) ▶~事件/民事案件 mínshì ànjiàn ▶我々は~事件は扱わない/我们不受理民事案件 wǒmen bú shòulǐ mínshì ànjiàn ▶刑事がだめなら~で争います/刑事诉讼不行就来民事诉讼 xíngshì sùsòng bùxíng jiù lái mínshì sùsòng

♦**~裁判所** 民事法庭 mínshì fǎtíng ▶~訴訟 民事诉讼 mínshì sùsòng ▶隣人を相手に~訴訟を起こす/以邻人为对象进行民事诉讼 yǐ línrén wéi duìxiàng jìnxíng mínshì sùsòng

みんしゅ【民主】 民主 mínzhǔ (英 democracy) ▶~主義/民主主义 mínzhǔ zhǔyì ▶~主義はとかく手間がかかる/讲民主总之挺费事 jiǎng mínzhǔ zǒngzhī tǐng fèishì ▶~か独裁か/是民主还是独裁？shì mínzhǔ háishi dúcái? ▶彼は~的に選ばれた代表ではない/他不是通过民主选举选出来的代表 tā bú shì tōngguò mínzhǔ xuǎnjǔ xuǎnchūlái de dàibiǎo ▶~化を求めるデモは全国にひろがった/要求民主化的示威游行在全国展开 yāoqiú mínzhǔhuà de shìwēi yóuxíng zài quánguó zhǎnkāi

♦**~国** 民主国家 mínzhǔ guójiā

みんじゅ【民需】 民用 mínyòng; 民需 mínxū (英 civilian demands) ▶~拡大のかけ声が高い/扩大民需的呼声很高 kuòdà mínxū de hūshēng hěn gāo ▶この半年~は停滞したままだ/这半年民需处于停滞状态 zhè bàn nián mínxū chǔyú tíngzhǐ zhuàngtài

みんしゅう【民衆】 群众 qúnzhòng; 老百姓

みんしゅく【民宿】 家庭旅店 jiātíng lǚdiàn (英 *a tourist home*) ▶～を営む/经营家庭旅店 jīngyíng jiātíng lǚdiàn ▶海辺で～を営む/在海边经营家庭旅店 zài hǎibiān jīngyíng jiātíng lǚdiàn ▶家族で高原の～に泊まった/一家人在高原的家庭旅店住了宿 yìjiārén zài gāoyuán de jiātíng lǚdiàn zhùle xiǔ

みんじょう【民情】 民情 mínqíng (英 *the conditions of the people*) ▶～を知らぬにも程がある/不知民情也该有个限度 bù zhī mínqíng yě gāi yǒu ge xiàndù ▶わずか1日で～は視察できまい/只用一天恐怕视察不了民情 zhǐ yòng yì tiān kǒngpà shìchábuliǎo mínqíng

みんしん【民心】 民心 mínxīn (英 *popular feelings*) ▶そういう不用意な発言が～を動揺させるのだ/如此发言不谨慎会动摇民心的 rúcǐ fāyán bù jǐnshèn huì dòngyáo mínxīn de ▶～はすでに我が党を離れている/民心已经与我党背离 mínxīn yǐjīng yǔ wǒ dǎng bèilí ▶今は何より～の安定を計らなくてはならない/现在最重要的是安定民心 xiànzài zuì zhòngyào de shì āndìng mínxīn ▶現政権はすでに～を失っている/现政权已失去民心 xiànzhèngquán yǐ shīqù mínxīn

みんせい【民生】 民生 mínshēng
◆～委員｜民生委员 mínshēng wěiyuán

みんせい【民政】 民政 mínzhèng (英 *civil administration*) ▶軍政を～に移管せよ/把军政移交民政管理 bǎ jūnzhèng yíjiāo mínzhèng guǎnlǐ

みんせん【民選】 民选 mínxuǎn (英 *popularly-elected*) ▶今日の議員はすべて～である/如今的议员都是民选的 rújīn de yìyuán dōu shì mínxuǎn de ▶議会は～の議員によって構成される/议会由民选议员组成 yìhuì yóu mínxuǎn yìyuán zǔchéng

みんぞく【民俗】 民俗 mínsú (英 *folkways*) ▶～芸能の保存に努める/致力于保存民俗技艺 zhìlì yú bǎocún mínsú jìyì ▶うちの蔵には～文化財がいっぱいある/我家库房里有很多民俗文物 wǒ jiā kùfánglǐ yǒu hěn duō mínsú wénwù
◆～音楽｜民俗音乐 mínsú yīnyuè　～学｜民俗学 mínsúxué　～学者｜民俗学者 mínsúxuézhě

みんぞく【民族】 民族 mínzú (英 *a race*) ▶～色/民族色彩 mínzú sècǎi ▶会场は各国の～色豊かな衣裳がそろった/会场上汇集了各国色彩鲜艳的民族服装 huìchǎngshang huìjíle gèguó sècǎi xiānyàn de mínzú fúzhuāng ▶私に～意識があるだろうか/我是否有民族意识呢？ wǒ shìfǒu yǒu mínzú yìshí ne? ▶時間に厳格なのも～性ですか/严守时间也是民族性吗？ yánshǒu shíjiān yě shì mínzúxìng ma? ▶～的偏見/民族偏见 mínzú piānjiàn
◆少数～｜少数民族 shǎoshù mínzú ▶「少数～」と一口に言うが…/用"少数民族"这一个词来一概而论… yòng "shǎoshù mínzú zhè yí ge cí lái yígài ér lùn… 　多～国家｜多民族国家 duōmínzú guójiā　～衣装｜民族服装 mínzú fúzhuāng　～学｜民族学 mínzúxué　～自决｜民族自决 mínzú zìjué　～主义｜民族主义 mínzú zhǔyì ▶あの頃は～主义が急速に高まっていた/那时候民族主义迅速高涨 nà shíhou mínzú zhǔyì xùnsù gāozhǎng　～浄化｜民族净化 mínzú jìnghuà　～精神｜民族精神 mínzú jīngshén　～文化｜民族文化 mínzú wénhuà ▶グローバリゼーション下の～文化/全球化之下的民族文化 quánqiúhuà zhīxià de mínzú wénhuà　～紛争｜民族纷争 mínzú fēnzhēng

文化 中国には人口の90パーセント以上を占める「漢族」('汉族 Hànzú')以外にも55の「少数民族」('少数民族 shǎoshù mínzú')がいる。少数とはいってもその総数は1億人近くに達し、国境をまたいで居住している民族も少なくない。

ミント〖植物〗薄荷 bòhe (英 *mint*)

みんな〖全員〗大家 dàjiā; 大众 dàzhòng;《すべて》都 dōu (英 *everybody; everyone; all*) →みな(皆) ▶～のために/为大家 wèi dàjiā ▶～のためにこの身を捧げます/为大众而献身 wèi dàzhòng ér xiànshēn ▶～で/大家在一起 dàjiā zài yìqǐ ▶～あいつが悪いんだ/都是他不好 dōu shì tā bùhǎo ▶その案には～が反対した/大家反对那个提案 dàjiā dōu fǎnduì nàge tí'àn ▶彼は～に好かれている/他受到大家的喜爱 tā shòudào dàjiā de xǐ'ài ▶それは～の利益になるのだ/那符合大家的利益 nà fúhé dàjiā de lìyì ▶その方が～に好都合だ/那样对大家都合适 nàyàng duì dàjiā dōu héshì ▶彼は～と握手した/他和大家握了手 tā hé dàjiā wòle shǒu

みんぺい【民兵】 民兵 mínbīng (英 *the militia*)

みんぽう【民放】 民营广播 mínyíng guǎngbō; 民营电视台 mínyíng diànshìtái (英 *commercial broadcasting*) ▶～のドラマ/民营台的电视剧 mínyíngtái de diànshìjù

みんぽう【民法】〖法〗民法 mínfǎ (英 *the civil law*) ▶～第90条に定めるところにより…/根据民法第九十条规定… gēnjù mínfǎ dì jiǔshí tiáo guīdìng…

みんゆう【民有の】 私有 sīyǒu (英 *private*) ▶～地/私有地 sīyǒudì ▶公園の一角に～地が張り出している/公园的一角有一块私有地 gōngyuán de yìjiǎo yǒu yí kuài sīyǒudì ▶昨日の～林が団地に化けた/昔日的私有林变成了住宅区 xīrì de sīyǒulín biànchéngle zhùzháiqū

みんよう【民謡】 民歌 míngē; 民谣 mínyáo (英 *a folk song; a ballad*) ▶～教室に通うのが楽しみです/去民歌班是我的乐趣 qù míngēbān shì wǒ de lèqù ▶日本の～は三味線や太鼓，尺八などの伴奏で歌われます/演唱日本民谣时要有三弦、大鼓、尺八(似箫的乐器)等伴奏 yǎnchàng Rìběn mínyáo shí yào yǒu sānxián, dàgǔ, chǐbā (sì xiāo de yuèqì) děng bànzòu

みんわ【民話】 民间故事 mínjiān gùshi (英 *folklore*) ▶子供たちに~を語り聞かせていた/给孩子们讲述民间故事 gěi háizimen jiǎngshù mínjiān gùshi ▶私の故郷は~の宝庫だった/我的家乡是民间故事的宝库 wǒ de jiāxiāng shì mínjiān gùshi de bǎokù

む

む【無】 无 wú (英 *nothing*) ▶好意を~にする/辜负好意 gūfù hǎoyì ▶~から有は生じない/无中不能生有 wú zhōng bùnéng shēng yǒu ▶~から始める/从零开始 cóng líng kāishǐ ▶彼へのせっかくの親切が~になった/他辜负了我的一片好意 tā gūfù wǒ de yí piàn hǎoyì ▶相手の好意を~にしないようにしなさい/别辜负了对方的好意 bié gūfùle duìfāng de hǎoyì

~に帰する 落空 luòkōng; 化为乌有 huàwéi wūyǒu ▶蓄えた財産が株暴落で~に帰した/因股票暴跌，积蓄的财产化为乌有 yīn gǔpiào bàodiē, jīxù de cáichǎn huàwéi wūyǒu

むい【無為に】 无为 wúwéi (英 *idly*)
~にして化す 无为而化 wúwéi ér huà
~に過ごす 消闲 xiāoxián; 游手好闲 yóu shǒu hào xián ▶休日を~に過ごす/休息日无所事事 xiūxīrì wú suǒ shì shì ▶この一年、職もなく~に過ごした/这一年没有工作，过得碌碌无为 zhè yì nián méiyǒu gōngzuò, guò de lùlù wúwéi

むいしき【無意識】 下意识 xiàyìshí; 不知不觉 bù zhī bù jué (英 *unconsciousness*) ▶~に意識 wúyìshí ▶彼女は~に前髪を指に巻きつけた/她下意识地把头发缠在指头上 tā xiàyìshí de bǎ tóufa chánzài zhǐtoushang ▶~の一言で彼を傷つけた/无意中的一句话把他给伤害了 wúyì zhōng de yì jù huà bǎ tā gěi shānghài le

むいそん【無医村】 没有医生的村庄 méiyǒu yīshēng de cūnzhuāng (英 *a village without any doctor*)

むいちもつ【無一物】 精光 jīngguāng; 一无所有 yì wú suǒ yǒu (英 *nothing*) ▶火事で焼け出され~になる/被火烧得一无所有 bèi huǒ shāode yì wú suǒ yǒu

むいちもん【無一文】 一文不名 yì wén bù míng (英 *penniless*) ▶~になる/落得一文不名 luòde yì wén bù míng ▶最後の競馬レースに賭けて~になった/钱都用于最后一场赌马，结果输得一文不名 qián dōu yòngyú zuìhòu yì chǎng dǔ mǎ, jiéguǒ shūde yì wén bù míng

むいみ【無意味な】 没意思 méi yìsi; 无意义 wú yìyì; 无谓 wúwèi (英 *meaningless*) ▶ベンチで老婆が~なことをぶつぶつ言う/有个老婆婆坐在长凳上嘟囔着什么 yǒu ge lǎopópo zuòzài chángdèngshang dūnang zhe shénme ▶君はよくあん次から次へ~な話ができるものだ/你可真能说，可有无可无的话题没完没了 nǐ kě zhēn néng shuō, kě yǒu kě wú de huàtí méi wán méi liǎo ▶その時僕は~な生活はできないと思った/那时候，我感到自己决不能碌碌无为地生活 nà shíhou, wǒ gǎndào zìjǐ jué bùnéng lùlù wúwéi de shēnghuó ▶10年も放置されると辞書の原稿は~になる/一放就是十年，辞典原稿也失去了意义 yí fàng jiù shì shí nián, cídiǎn yuángǎo yě shīqùle yìyì

ムース 《料理の》奶油冻 nǎiyóudòng;《整髮料》摩丝 mósī (英 *mousse*)

ムード 风气 fēngqì; 气氛 qìfēn (英 *an atmosphere*) ▶手を打って沈んだ~を変えた/拍拍手，改变了消沉的气氛 pāipai shǒu, gǎibiànle xiāochén de qìfēn ▶開催日が近づくにつれ~度とが高まった/随着开幕日的临近，人们的情绪越发高涨起来 suízhe kāimùrì de línjìn, rénmen de qíngxù yuèfā gāozhǎngqǐlai ▶生演奏で~を盛りあげる/通过现场演奏来活跃气氛 tōngguò xiànchǎng yǎnzòu lái huóyuè qìfēn ▶経済の先行きに楽観~が強い/人们对经济发展前景极其乐观 rénmen duì jīngjì fāzhǎn qiánjǐng jíqí lèguān

◆~ミュージック：情调音乐 qíngdiào yīnyuè

ムームー 夏威夷妇女穿的长装 Xiàwēiyí fùnǚ chuān de chángzhuāng《ハワイの服》(英 *a muumuu*)

ムールがい【ムール貝】〔貝〕贻贝 yíbèi (英 *a mussel*)

むえき【無益な】 无益 wúyì; 无济于事 wú jì yú shì (英 *useless*) ▶~な議論ははた迷惑だ/无用的议论只会烦扰旁人 wúyòng de yìlùn zhǐ huì fánrǎo pángrén ▶~な殺生はやめなさい/别无益杀生 bié wúyì shāshēng

むえん【無援の】 无援 wúyuán (英 *helpless*) ▶孤立~の生活を生き抜く/在孤立无助的生活中坚强地活下去 zài gūlì wúzhù de shēnghuó zhōng jiānqiáng de huóxiàqu

むえん【無煙の】 无烟 wúyān (英 *smokeless*) ▶~炭/无烟煤 wúyānméi

むえん【無縁の】 无缘 wúyuán; 毫无关系 háowúguānxi; 没有缘份 méiyǒu yuánfèn (英 *without relations*);《関係のない》*unrelated*) ▶~墓地/无主坟地 wú zhǔ féndì ▶义冢 yìzhǒng ▶その問題は我々に~ではない/这个问题并非和我们无关 zhège wèntí bìngfēi hé wǒmen wúguān ▶環境汚染に~のクリーンエネルギー/与环境污染无关的清洁能源 yǔ huánjìng wūrǎn wúguān de qīngjié néngyuán ▶学問と~の生活は気楽でいい/与学问无关的生活真是安闲舒适 yǔ xuéwen wúguān de shēnghuó zhēn shì ānxián shūshì

◆~仏/孤身死亡，无人祭祀的人 gūshēn sǐwáng, wú rén jìsì de rén

むが【無我】 忘我 wàngwǒ (英 *selfless*; *ecstasy*) ▶~の境/忘我的境地 wàngwǒ de jìngdì ▶~の愛/无私的爱 wúsī de ài ▶~の境地に達する/达到忘我的境界 dádào wàngwǒ de jìngjiè

むかい【向かい】 对面 duìmiàn;《家》对门 duì-

むがい

mén (英 *opposite*) ▶~の家/对门 duìmén ▶~側/对面 duìmiàn ▶~の家からどなり声が聞こえてくる/从对面的住宅传来吵架声 cóng duìmiàn de zhùzhái chuánlái chǎojiàshēng ▶そ の家は郵便局の～にある/那所房子在邮局对面 nà suǒ fángzi zài yóujú duìmiàn ▶彼はこの通り の～側に住んでいる/他住在这条街道的对面 tā zhùzài zhè tiáo jiēdào de duìmiàn ▶~の席に 座った女が化粧し始めた/坐在对面的姑娘开始化 起妆来 zuòzài duìmiàn de gūniang kāishǐ huàqǐ zhuāng lái

むがい【無害の】 无害 wúhài (英 *harmless*) ▶ この薬品は人畜への結論に達した/结论认为, 该药品对人畜无害 jiélùn rènwéi, gāi yàopǐn duì rén xù wúhài ▶この乾燥剤は～ですが食べら れません/这种干燥剂对身体无害, 但不能吃 zhè zhǒng gānzàojì duì shēntǐ wúhài, dàn bùnéng chī

むがい【無蓋の】 (英 *open*) ▶~貨車/敞篷货 车 chǎngpéng huòchē; 敞车 chǎngchē

むかいあう【向かい合う】 相对 xiāngduì (英 *be opposite; face each other*) ▶向かい合わせ/ 面対面 duì miàn ▶伯父は僕に向かい合って 食卓についた/伯父在我餐桌对面坐下 bófù zài wǒ cānzhuō duìmiàn zuòxià ▶向かい合った 辺が平行である四角形は何と言いますか?/对边 平行的四边形叫什么? duìbiān píngxíng de sìbiānxíng jiào shénme? ▶両軍は川をはさんで向 かい合っている/隔着河水两军对峙 gézhe héshuǐ liǎng jūn duìzhì ▶二つの高級旅館が向かい合っ ている/两家高级旅馆面对面 liǎng jiā gāojí lǚguǎn miàn duì miàn

むかいかぜ【向かい風】 顶风 dǐngfēng; 逆风 nìfēng; 迎面风 yíngmiànfēng (英 *a head wind*) ▶~を受けてランナーのスピードが落ちた/迎着逆风, 赛跑选手速度放慢了 yíngzhe nìfēng, sàipǎo xuǎnshǒu sùdù fàngmàn le

むかう【向かう】 (～きあう) 对 duì;《進む》 向 xiàng (英 *turn toward...; face*;〔行く〕*go toward...*) ▶鏡に～/对着镜子 duìzhe jìngzi ▶ 向かって左側のドア/对面左側的门 duìmiàn zuǒcè de mén ▶太陽に向かって進む/向着太阳走 xiàngzhe tàiyáng zǒu ▶西に～/道が夕日に照らさ れる/朝西的道路被夕阳照晒 cháo xī de dàolù bèi xīyáng zhàoshài ▶彼女は今駅に向かってい るから少し待とう/她现在正往车站走, 稍等一 下 tā xiànzài zhèng wǎng chēzhàn zǒu, shāo děng yíxià ▶親に向かって生意気なことを言う男 の子だ/他是一个对父母出言不逊的男孩 tā shì yí ge duì fùmǔ chū yán bù xùn de nánhái ▶~ のも久しぶりだ/很久没有像这样坐在桌 机に前了 hěn jiǔ méiyǒu xiàng zhèyàng zuòzài zhuōziqián le ▶女房と海岸の方に向かった/和 妻子朝海边走去 hé qīzi cháo hǎibiān zǒuqù ▶ ～ところ敵なし/所向披靡 suǒ xiàng pīmǐ; 所 向无敌 suǒ xiàng wú dí ▶我々は北に向かって 進んでいる/我们正在朝北行进 wǒmen zhèng-

zài cháo běi xíngjìn ▶義兄の容態は快方に向 かっている/内兄的病情正在好转 nèixiōng de bìngqíng zhèngzài hǎozhuǎn ▶トイレは向かって 左にある/厕所在对面左側 cèsuǒ zài duìmiàn zuǒcè ▶花咲く春に向かって日々暖かくなる/临近 百花盛开的春天, 一天比一天暖和起来 línjìn bǎihuā shèngkāi de chūntiān, yì tiān bǐ yì tiān nuǎnhuoqǐlai ▶地震を感じて慌てて出口に向 かった/觉得有地震, 慌忙向出口跑去 juéde yǒu dìzhèn, huāngmáng xiàng chūkǒu pǎoqù ▶台 風は日本列島に向かって北上している/台风正向 着日本列岛北进 táifēng zhèng xiàngzhe Rìběn lièdǎo běijìn

むかえ【迎え】 接 jiē; 迎接 yíngjiē (英 *meeting*) ▶出～/迎接 yíngjiē ▶駅へ～に行く/到车 站去接 dào chēzhàn qù jiē ▶弟を～に行く/去 接弟弟 qù jiē dìdi ▶医者を～にやる/派人去请 医生 pài rén qù qǐng yīshēng ▶自動車を～にや る/派车去接人 pài chē qù jiē rén

むかえいれる【迎え入れる】 迎进 yíngjìn;《招 聘する》聘请 pìnqǐng (英 *receive; welcome*) ▶ 青木氏を教授に～/把青木女士聘为教授 bǎ Qīngmù nǚshì pìnwéi jiàoshòu ▶彼女を我が家 の婿に～/把他招到我们家当女婿 bǎ tā zhāodào wǒmen jiā dàng nǚxu ▶新入生を迎え入れてキャ ンパスは活気づいた/迎来新生, 校园里增添了不 少生气 yínglái xīnshēng, xiàoyuánlǐ zēngtiānle bùshǎo shēngqì ▶客を書斎に迎え入れた/把客 人迎进书房 bǎ kèrén yíngjìn shūfáng

むかえうつ【迎え撃つ】 抗击 kàngjī; 迎战 yíngzhàn (英 *intercept*) ▶強豪を～/我がチーム は故障者が多い/迎战强敌, 我队有很多人受 伤 yíngzhàn qiángdí, wǒ duì yǒu hěn duō rén shòushāng

むかえざけ【迎え酒】(在宿醉第二天)以酒解 酒 (zài sùzuì dì'èr tiān) yǐ jiǔ jiě jiǔ (英 *a drink taken to cure a hangover*)

むかえび【迎え火】迎魂火 yínghúnhuǒ (英 *a sacred fire*) ▶~をたく/点燃迎魂火 diǎnrán yínghúnhuǒ

むかえる【迎える】 聘请 pìnqǐng; 迎接 yíngjiē (英 *meet*;〔歓迎〕*welcome; receive*) ▶重役 に～/聘任为董事 pìnrènwéi dǒngshì ▶二塁 からランナーを～/从二垒迎来跑垒员 cóng èrlěi yínglái pǎolěiyuán ▶下の娘が二十歳を迎えた/ 小女儿满二十岁了 xiǎonǚ'ér mǎn èrshí suì le ▶今年は早々と新年を～準備ができた/今年早早 地就做好了新年的准备 jīnnián zǎozǎo de jiù zuòhǎole xīnnián de zhǔnbèi ▶妻を～/娶妻结 婚 qǔ qī jiéhūn ▶諦めをもって死を～/灰心失意 地等死 huīxīn shīyì de děng sǐ ▶定年近くになっ てまた倒産の危機を迎えた/快退休的时候, 又一 次面临破产危机 kuài tuìxiū de shíhou, yòu yí cì miànlín pòchǎn wēijī

むがく【無学】 没有文化 méiyǒu wénhuà; 胸 无点墨 xiōng wú diǎn mò (英 *illiterate*) ▶ 無能/才疏学浅 cái shū xué qiǎn ▶~な輩と

軽蔑を受ける/被认为才疏学浅,受到轻视 bèi rènwéi cái shū xué qiǎn, shòudào qīngshì ▶祖父は～だったが知識は豊かだった/祖父没有受过多少教育,知识却很丰富 zǔfù méiyǒu shòuguo duōshao jiàoyù, zhīshi què hěn fēngfù

むかし【昔】 往昔 wǎngxī; 过去 guòqù; 从前 cóngqián (英 old days; ancient times; long ago) ▶～ながらのやり方/老一套 lǎoyītào ▶～のままの/依然如故 yīrán rúgù ▶～のできごと/往事 wǎngshì ▶～の人/前人 qiánrén ▶～からの仲間/旧交 jiùjiāo ▶彼女は～の彼女ではない/她已经不再是从前的她 tā yǐjīng búzài shì cóngqián de tā ▶～のことを蒸し返す/旧事重提 jiùshì chóngtí ▶節分に餅をつくのがこのあたりの～からのしきたりだ/立春前一天捣糍粑是这一带以前就有的风俗 lìchūn qián yì tiān dǎo cíbā shì zhè yídài yíguàn jiù yǒu de fēngsú ▶1920年の～から彼を知っていた/从一九二〇年起我就认识他了 cóng yī jiǔ èr líng nián qǐ wǒ jiù rènshi tā le ▶彼は～からの友達です/他是我的老朋友 tā shì wǒ de lǎopéngyou ▶～からの礼儀の一つ/一个传统的礼节 yí ge chuántǒng de lǐjié ▶～ながらのやり方が一番堅実だ/还是老方法最牢靠 háishi lǎofāngfǎ zuì láokao ▶～と同じように/和以前一样 hé yǐqián yíyàng ▶「雀百まで踊り忘れず」とは～の人はいいことを言った/古人说得好:"本性难移" gǔrén shuōde hǎo: "Běnxìng nán yí"

むかしかたぎ【昔気質の】 老脑筋 lǎonǎojīn; 老派 lǎopài (英 old-fashioned) ▶～の男/老派男人 lǎopài nánrén ▶～の職人はこつこつと仕事をこなす/保持着传统作风的工匠孜孜不倦地工作 bǎochízhe chuántǒng zuòfēng de gōngjiàng zīzī bùjuàn de gōngzuò

むかしなじみ【昔馴染】 老熟人 lǎoshúrén; 老朋友 lǎopéngyǒu (英 an old friend) ▶～の顔/熟识的面孔 shúshi de miànkǒng ▶～に会うとすぐ近況を話しあう/见到老熟人,立即相互聊起近况 jiàndào lǎoshúrén, lìjí xiānghù liáoqǐ jìnkuàng

むかしばなし【昔話】 故事 gùshì; 传说 chuánshuō; 过去的事 guòqù de shì (英 an old story (tale)) ▶〈友人同士が〉～をする/叙旧 xùjiù ▶子供に村の～を聞かせる/给孩子讲村里的故事 gěi háizi jiǎng cūnli de gùshi ▶～をする/讲故事 jiǎng gùshi ▶同窓生と会えばすぐ～に花が咲く/跟老同学相见,立即兴致勃勃地聊起旧事 gēn lǎotóngxué xiāngjiàn, lìjí xìng zhì bóbó de liáoqǐ jiùshì ▶日本の～に鬼はよく出てきます/日本的传说故事中常常出现鬼 Rìběn de chuánshuō gùshi zhōng chángcháng chūxiàn guǐ

むかしふう【昔風】 旧式 jiùshì; 老式 lǎoshì (英 old-fashioned) ▶～のレンガ造りの建物/旧式的砖砌建筑 jiùshì de zhuān qì jiànzhù

むかつく ❶【病気などで】恶心 ěxīn; 反胃 fǎnwèi (英 feel sick) ▶喫煙コーナーに入ると胸がむかついた/一走进吸烟角, 就感到恶心 yì zǒujìn xīyānjiǎo, jiù gǎndào ěxīn

❷【感情的に】厌恶 yànwù; 恶心 ěxīn; 生气 shēng qì (英 become irritated) ▶～光景/令人不愉快的情景 lìng rén bù yúkuài de qíngjǐng ▶何度も聞く彼の自慢話には～/对他翻来覆去的夸夸其谈感到恶心 duì tā fānlái fùqù de kuākuā qí tán gǎndào ěxīn

むかっぱら【向かっ腹】 赌气 dǔqì; 负气 fùqì (英 a fit of anger) ▶～を立てる/生气 shēng qì; 冒火 màohuǒ ▶店员の物を知らないのに～を立てる/对店员的无知感到冒恼火 duì diànyuán de wúzhī gǎndào mào nǎohuǒ

ムカデ【百足】〔虫〕蜈蚣 wúgōng; wúgong (英 a centipede)

むかむかする 恶心 ěxīn; 生气 shēngqì (英 feel sick; 〖立腹〗get angry) ▶～する話/使人恼火的话 shǐ rén nǎohuǒ de huà ▶酔って～する/醉得恶心了 zuìde ěxīn le ▶見ただけで～/只是看看, 也感到恶心 zhǐshì kànkan, yě gǎndào ěxīn ▶その話で腹が立って～した/听了这番话, 感到非常生气 tīngle zhè fān huà, gǎndào fēicháng shēngqì ▶胸に～くるような臭いがする/地下室里有股臭味儿, 让人作呕 dìxiàshìli yǒu gǔ chòuwèir, ràng rén zuò ǒu

むがむちゅう【無我夢中で】 拼命 pīnmìng; 不顾一切 bú gù yíqiè (英 wholeheartedly) ▶蜂に襲われ～で逃げる/受到蜂的袭击, 拼命逃跑 shòudào fēng de xíjí, pīnmìng táopǎo

むかんかく【無感覚な】 麻木不仁 mámù bùrén; 无感觉 wúgǎnjué (英 insensible; senseless) ▶足がしびれて～になる/腿发麻, 失去知觉 tuǐ fāmá, shīqù zhījué ▶冷たさで手足が～になる/因为太冷, 手脚都失去了知觉 yīnwèi tài lěng, shǒujiǎo dōu shīqùle zhījué

むかんけい【無関係な】 无干 wúgān; 没有关系 méiyǒu guānxi; 无关 wúguān (英 unrelated) ▶この件では彼は～である/这件事与他不相干 zhè jiàn shì yǔ tā bù xiānggān

むかんしん【無関心な】 冷淡 lěngdàn; 漠然 mòrán (英 indifference; apathy) ▶～である/漠不关心 mò bù guānxīn ▶僕はこの運動には～だ/我对这项运动不感兴趣 wǒ duì zhè xiàng yùndòng bù gǎn xìngqù ▶子供の成长に～な親がいるなんて信じられない/令人难以相信, 居然有对孩子成长毫不关心的父母 lìng rén nányǐ xiāngxìn, jūrán yǒu duì háizi de chéngzhǎng háobù guānxīn de fùmǔ ▶外国からの輸入食品に～ではいられない/不能不关注从外国进口的食品 bùnéngbù guānzhù cóng wàiguó jìnkǒu de shípǐn ▶食品売り場のケーキに～を装う/装出一副对食品专柜的蛋糕毫无兴趣的样子 zhuāngchū yí fù duì shípǐn zhuāngguì de dàngāo háowú xìngqù de yàngzi

むかんどう【無感動な】 无动于衷 wú dòng yú zhōng; 冷淡 lěngdàn (英 indifferent) ▶何事も～な若者が少なくない/不少年轻人对什么都无动于衷 bùshǎo niánqīngrén duì shénme dōu wú dòng yú zhōng

むき【向き】 ❶【方向】方向 fāngxiàng;《接尾辞的に》向 xiàng; 朝 cháo (英) *direction; position* ▶机の～を変える/改变桌子的方向 gǎibiàn zhuōzi de fāngxiàng ▶車の～を変える/改变车的行驶方向 gǎibiàn chē de xíngshǐ fāngxiàng ▶南～の窓/朝南的窗户 cháo nán de chuānghu ▶東～の部屋/向东的房间 xiàng dōng de fángjiān; 朝东的房间 cháo dōng de fángjiān ▶この小さな失敗を前～に捕らえよう/以积极的姿态来看待这次小失败 yǐ jījí de zītài lái kàndài zhè cì xiǎoshībài ❷【適合】适合 shìhé (英) *suitability; taste* ▶その運動は万人～である/这项运动对谁都适合 zhè xiàng yùndòng duì shéi dōu shìhé ▶春～の服/适合春季的服装 shìhé chūnjì de fúzhuāng ▶子供～の映画/适合孩子看的电影 shìhé háizi kàn de diànyǐng ▶若～のワンピース/适合年轻人穿的连衣裙 shìhé niánqīngrén chuān de liányīqún ▶仕事には～不～がある/工作也分适合自己和不适合自己的 gōngzuò yě fēn shìhé zìjǐ hé bú shìhé zìjǐ de

~になる 当真 dāngzhēn; 认真 rènzhēn; 生气 shēng qì ▶～になるな/别激动, 静一静 bié jīdòng, jìngyījìng ▶～になって言う/郑重其事地说 zhèngzhòng qí shì de shuō ▶～になって怒る/为小事较真而动怒 wèi xiǎoshì jiàozhēn ér dòngnù ▶そのため彼はかえって～になって怒った/为此, 他反倒当真生气了 wèi cǐ, tā fǎndào dàngzhēn shēngqì le

むき【無期の】 无期 wúqī (英) *indefinite; unlimited*

♦～延期 |无限延期 wúxiàn yánqī ▶航空事故で国際試合が～延期になる/受航空事故的影响, 国际比赛无限期地延迟了 shòu hángkōng shìgù de yǐngxiǎng, guójì bǐsài wú xiànqī de yánchí le ▶両国首脳会議は～延期になった/两国首脑会谈无期限地推迟了 liǎng guó shǒunǎo huìtán wú qīxiàn de tuīchí le ▶懲役 |无期徒刑 wúqī túxíng ▶～懲役に処せられる/被判处无期徒刑 bèi pànchǔ wúqī túxíng

むき【無機】 无机 wújī (英) *inorganic* ▶～肥料/无机肥料 wújī féiliào

♦～化学 |无机化学 wújī huàxué ～物 |无机物 wújīwù

むぎ【麦】 麦子 màizi (英) *wheat; barley; oats* ▶～の穂/麦穗儿 màisuìr ▶～を刈る/割麦子 gē màizi ▶小～の国際価格が上がる/小麦的国际价格上涨 xiǎomài de guójì jiàgé shàngzhǎng

♦～こがし |糌粑 zānba ～茶 |麦茶 màichá ～畑 |麦田 màitián ～飯 |大麦饭 dàmàifàn ～藁 ⇨むぎわら(麦藁)

むきあう【向き合う】 朝向 cháoxiàng; 面对面 miànduìmiàn (英) *meet face to face* ▶向き合って座る/对着面儿来 duìzhe miànr zuò ▶がんと向き合って生きるか/面对癌症, 怎么生活下去 miànduì áizhèng, zěnme shēnghuó xiàqù

むきげん【無期限の】 无期 wúqī; 无限期 wúxiànqī (英) *limitless; indefinite* ▶～に/无限期地 wú xiànqī de ▶決定を～に延ばす/将决定无限期地推迟 jiāng juédìng wú xiànqī de tuīchí ▶その人気バンドは～の活動停止を発表した/那个人气组合宣称将无期限地停止活动 nàge rénqì zǔhé xuānchēng jiāng wúqīxiàn de tíngzhǐ huódòng

♦～スト |无限期的罢工 wú xiànqī de bàgōng

むきしつ【無機質】 无机 wújī (英) *inorganic; inhuman*

むきず【無傷の】 完好 wánhǎo; 无瑕疵 wú xiácī (英) *faultless; flawless* ▶全員～で帰った/全员无伤归还 quányuán wú shāng guīhuán ▶私は～の中古車を買った/我买了辆完好无损的二手车 wǒ mǎile liàng wánhǎo wúsǔn de èrshǒuchē ▶大破した車の中で赤ん坊だけが～で生き残った/在严重毁坏的车中, 只有婴儿无伤生还 zài yánzhòng huǐhuài de chē zhōng, zhǐyǒu yīng'ér wú shāng shēnghuán ▶このスキャンダルで彼も～ではいられまい/因为那个丑闻, 他也不可能不受影响 yīnwèi nàge chǒuwén, tā yě bùkěnéng bú shòu yǐngxiǎng

むきだし【剥き出しの】 (英) *open; naked; bare* ▶～にする/不掩盖 bù yǎngài; 露出 lùchū ▶感情を～にする/毫不掩饰感情 háo bù yǎnshì gǎnqíng ▶歯を～にする/露出牙齿 lùchū yáchǐ ▶～に/不掩盖, 光着, 不 bù yǎngài, guāngzhe, bù お祝いのお金を～で渡すのは失礼です/(不加包装)直接把贺礼的钱交给对方是不礼貌的 (bù jiā bāozhuāng)zhíjiē bǎ hèlǐ de qián jiāogěi duìfāng shì bù lǐmào de ▶壁はコンクリート～になっている/墙上的水泥裸露着 qiángshang de shuǐní luǒlùzhe ▶同僚に敵意～で食って掛かる/表现出赤裸裸的敌意来顶撞同事 biǎoxiànchū chìluǒluǒ de díyì lái dǐngzhuàng tóngshì

むきだす【剥き出す】 露出 lùchū (英) *show; bare* ▶歯を～/露着牙 lùzhe yá ▶歯をむき出して笑う/龇着牙笑 zīzhe yá xiào ▶背中もおへそもむき出しで海岸を歩き回る/光着背, 露着肚脐, 在海边走来走去 guāngzhe bèi, lùzhe dùqí, zài hǎibiān zǒulái zǒuqù

むきどう【無軌道な】 放荡 fàngdàng; 不轨 bùguǐ; 放纵 fàngzòng (英) *lawless* ▶～な生活を送る/过着放荡不羁的生活 guòzhe fàngdàng bùjī de shēnghuó ▶土曜の夜に決まって暴走族が～ぶりを発揮する/每到周六晚上, 飙车族必定会肆无忌惮地飙车 měi dào zhōuliù wǎnshang, biāochēzú bìdìng huì sì wú jìdàn de biāochē

むきなおる【向き直る】 转过身来 zhuǎnguò shēn lái (英) *turn round* ▶母は向き直って姉の気持ちを尋ねた/妈妈转过身来询问姐姐的心情 māma zhuǎnguò shēn lái xúnwèn jiějie de xīnqíng

むきみ【剥身】 (从贝壳上剔下来的)贝肉 (cóng bèikéshang tīxiàlai de) bèiròu (英) [貝の] *shucked shellfish*

むきめい【無記名の】 无记名 wújìmíng (英 *unregistered; unsigned*) ▶～アンケート/无记名问卷调查 wújìmíng wènjuàn diàochá ▶～投票/无记名投票 wú jìmíng tóupiào

むきゅう【無休】 无休 wúxiū; 不休息 bù xiūxi (英 *without a holiday*) ▶年中～/全年不休业 quánnián bù xiūyè ▶8月は～で営業します/八月份无休营业 bā yuèfèn wú xiū yíngyè

むきゅう【無給】 没有工资 méiyǒu gōngzī; 义务 yìwù (英 *unpaid*) ▶～の産休/无薪产假 wú xīn chǎnjià ▶叔父が経営している牧場で～で働く/在叔父经营的牧场无报酬地劳动 zài shūshu jīngyíng de mùchǎng wú bàochóu de láodong

むきょういく【無教育な】 没文化 méi wénhuà (英 *uneducated*) ▶ここには～で退屈な人間ばかりがいる/这个地方尽是没文化无聊的人 zhège dìfang jǐn shì méi wénhuà wúliáo de rén

むきょうそう【無競争で】 (英 *without competition*) ▶町長選挙は～で現職が当選した/镇长选举在没有竞争对手的情况下，原职当选了 zhènzhǎng xuǎnjǔ zài méiyǒu jìngzhēng duìshǒu de qíngkuàngxia, yuánzhí dāngxuǎn le

むきりょく【無気力な】 没有精神 méiyǒu jīngshen; 没有朝气 méiyǒu zhāoqì (英 *spiritless; nerveless*) ▶～な教授とやる気満々の理事長/缺乏朝气的教授和干劲十足的理事长 quēfá zhāoqì de jiàoshòu hé gànjìn shízú de lǐshìzhǎng ▶彼は～状態に陥り何事にも興味が持てない/他沉陷在没有精神的状态中，对什么都不感兴趣 tā chénxiàn zài méiyǒu jīngshen de zhuàngtài zhōng, duì shénme dōu bù gǎn xìngqù

むぎわら【麦藁】 麦秆儿 màigǎnr; 麦秸 màijiē (英 *straw*) ▶～帽子/草帽 cǎomào ▶～細工/麦秆儿编的工艺品 màigǎnr biān de gōngyìpǐn

むきん【無菌】 无菌 wújūn (英 *asepsis*) ◆～室: 无菌室 wújūnshì ▶その子は特異な病気で～室でしか生きられぬ/这个孩子患有特异疾病，只能在无菌室里生存 zhège háizi huànyǒu tèyì jíbìng, zhǐ néng zài wújūnshìli shēngcún

むく【向く】 ❶『方向をとる』 向 xiàng; 朝 cháo; 转 zhuǎn (英 *turn; face*) ▶南に～/朝南 cháonán ▶上映中時々後ろを～/电影上映时，时不时地向后看 diànyǐng shàngyìng shí, shíbushí de xiàng hòu kàn ▶どちらを向いても黒いコートの男だけだ/无论往哪儿看，都是一律黑色外套的男士 wúlùn wǎng nǎr kàn, dōu shì yīlǜ hēisè wàitào de nánshì ▶二人はばつが悪そうに下を向いた/两人难为情地低下头 liǎng rén nánwéiqíng de dīxià tóu ▶夕方になると自然と盛り場に足が～/到了傍晚, 自然而然地向闹市区走去 dàole bàngwǎn, zìrán ér rán de xiàng nàoshìqū zǒuqù

❷『適する』 适合 shìhé (英 *be fit*) ▶自分に～仕事/适合自己的工作 shìhé zìjǐ de gōngzuò ▶彼は生まれつき教師に向いている/他天生适合当老师 tā tiānshēng shìhé dāng lǎoshī ▶山歩きに向いている絶好の天気だ/适合爬山的绝佳天气 shìhé páshān de juéjiā tiānqì ▶編集部に配属されていても編集に向いているわけではない/即使分配到编辑部工作, 也不见得就适合做编辑 jíshǐ fēnpèidào biānjíbù gōngzuò, yě bú jiàndé jiù shìhé zuò biānjí

❸『その方に傾く』 (英 *tend*) ▶気が向いたら遊びにおいで/想来的时候, 就请来玩 xiǎnglái de shíhou, jiù qǐng lái wán ▶都会の生活より田舎の生活に関心が～/比起城市生活, 我对田园生活更感兴趣 bǐ qǐ chéngshì shēnghuó, wǒ duì tiányuán shēnghuó gèng gǎn xìngqù ▶去年の暮れからやっと運が向いてきた/从去年年底起, 好运终于来了 cóng qùnián niándǐ qǐ, hǎoyùn zhōngyú lái le

むく【剥く】 剥 bāo; 削 xiāo (英 *peel; rind; pare*) ▶皮を～/剥皮 bāo pí ▶栗の皮を～/剥栗子 bāo lìzi ▶切れない包丁でリンゴを剥いた/用钝刀削苹果 yòng dùndāo xiāo píngguǒ ▶慣れない手で玉ねぎを～と涙が出る/不习惯剥洋葱, 一剥就流眼泪 bù xíguàn bāo yángcōng, yì bāo jiù liú yǎnlèi ▶うちのテリアは部屋に入る客に牙を剥いて威嚇する/我家的小狗德里亚咄牙咧嘴地威吓进屋的客人 wǒ jiā de xiǎogǒu délǐyà zī yá liě zuǐ de wēihè jìn wū de kèrén ▶彼も業務を一人で担当したことで一皮剥けた/独当一面的工作经验使他更上一层楼 dú dāng yí miàn de gōngzuò jīngyàn shǐ tā gèng shàng yì céng lóu

むく【無垢な】 纯真 chúnzhēn (英 *pure*) ▶～な心/童心 tóngxīn ▶～な少女/纯洁的少女 chúnjié de shàonǚ ▶いつまでも～子供のままではいられない/不可能永远纯真的小孩子 bùkěnéng yǒngyuǎn zuò chúnzhēn de xiǎoháizi

むくい【報い】 报应 bàoyìng; 果报 guǒbào (英 [報償] *a reward*; [応報] *retribution*) ▶そんなことをやったら必ず～がある/做这样的事, 一定会有报应 zuò zhèyàng de shì, yídìng huì yǒu bàoyìng ▶私はこの成果に当然の～を受けたい/我想为这个成果得到理所当然的回报 wǒ xiǎng wèi zhège chéngguǒ dédào lǐ suǒ dāngrán de huíbào ▶善行にはよい～が悪行には悪い～が下される/善有善报, 恶有恶报 shàn yǒu shànbào, è yǒu èbào

むくいぬ【尨犬】 长卷毛狗 chángjuǎnmáo gǒu (英 *a shaggy dog*)

むくいる【報いる】 报答 bàodá; 回报 huíbào (英 *reward; recompense; return*) ▶恩義に～/报答恩情 bàodá ēnqíng ▶悪に対して善で～/以善报恶 yǐ shàn bào è ▶人に忘恩を～/忘恩负义 wàng ēn fù yì ▶暴に～に暴をもってする/以眼还眼, 以牙还牙 yǐ yǎn huán yǎn, yǐ yá huán yá ▶彼の努力は十分に報いられた/他的努力得到了充分的回报 tā de nǔlì dédàole chōngfèn de huíbào ▶彼の労は1ヶ月の有給休暇で報いられた/他的辛劳得到了一个月带薪休假的回报 tā de xīnláo dédàole yí ge yuè dài xīn xiūjià de huíbào ▶介護サービスは報いられることの少ない仕事です/护理工作是一项报酬微薄的工作 hùlǐ gōngzuò shì yí xiàng bàochóu wēibó de gōngzuò ▶彼の善意は報いられずに終わった/他的善意最终没有得到回报 tā de shànyì zuìzhōng méiyǒu dédào huíbào ▶彼の功績に〜ために会社は金一封を添えて表彰した/对于他的贡献，公司予以奖金以示表彰 duìyú tā de gòngxiàn, gōngsī yǔyǐ jiǎngjīn yǐ shì biǎozhāng

ムクゲ【槿】〖植物〗木槿 mùjǐn（英 *an althea*）

むくち【無口な】沉默寡言 chénmò guǎyán；不爱说话 bú ài shuōhuà（英 *silent; quiet*）▶〜な人/闷葫芦 mènhúlu ▶父も兄も無口な人間です/父亲和哥哥都是沉默寡言的人 fùqin hé gēge dōu shì chénmò guǎyán de rén ▶山田さんの娘さんは〜だがいつも微笑んで挨拶します/山田的女儿不爱说话，却常常微笑着对人打招呼 Shāntián de nǚ'ér bú ài shuōhuà, què chángcháng wēixiàozhe duì rén dǎ zhāohu

ムクドリ【椋鳥】〖鳥〗灰椋鸟 huīliángniǎo（英 *a starling*）

むくみ 浮肿 fúzhǒng；水肿 shuǐzhǒng（英 *a swelling*）▶昨日はよく寝られず顔の〜が取れない/昨天没有睡好，脸上还带着浮肿 zuótiān méiyǒu shuìhǎo, liǎnshang hái dàizhe fúzhǒng ▶一晩ぐっすり寝れば顔や足の〜は取れる/睡一晚上好觉，脸和脚上的浮肿都会消除 shuì yì wǎnshang hǎojiào, liǎn hé jiǎo shang de fúzhǒng dōu huì xiāochú

むくむ 膀 pāng；肿 zhǒng（英 *swell*）▶足が〜/腿浮肿 tuǐ fúzhǒng ▶今日はよく歩いたから足がむくんでいる/今天走了不少路，腿都肿了 jīntiān zǒule bùshǎo lù, tuǐ dōu zhǒng le

むくむくと（英 *gathering*）▶煙が〜と上る/烟雾滚滚升起 yānwù gǔngǔn shēngqǐ

むくれる 绷脸 běngliǎn；生闷气 shēng mènqì（英 *take offense; become cross*）▶弟はいつも〜くれた顔をしている/弟弟总是绷着脸 dìdi zǒngshì bēngzhe liǎn

-むけ【-向け】向 xiàng；为 wèi（英 *for...*）▶子供〜の辞書/儿童用辞典 értóng yòng cídiǎn ▶海外〜の番組/向国外播送的节目 xiàng guówài bōsòng de jiémù

むけい【無形の】无形 wúxíng（英 *abstract; invisible; spiritual*）▶〜文化財/非物质文化遗产 fēi wùzhì wénhuà yíchǎn

むげい【無芸】无一技之长 wú yí jì zhī cháng（英 *no accomplishment*）▶彼は〜大食だと言いつつもすぐマイクを握る/他刚说自己什么本事都没有，却又马上拿起麦克风 tā gāng shuō zìjǐ shénme běnshì dōu méiyǒu, què yòu mǎshàng náqǐ màikèfēng

むけいかい【無警戒】不警惕 bù jǐngtì；不提防 bù tífáng ▶新しい細菌の襲来にあまりにも〜だった/对于新细菌的袭击，我们太缺少警惕心了 duìyú xīnxìjūn de xíjī, wǒmen tài quēshǎo jǐngtìxīn le

むけいかく【無計画な】无计划 wú jìhuà；没谱儿 méipǔr（英 *unplanned; haphazard*）▶〜な都市づくりで景観が台なしだ/没有计划的城市建设破坏了景观 méiyǒu jìhuà de chéngshì jiànshè pòhuàile jǐngguān

むけつかくめい【無血革命】不流血革命 bù liúxuè gémìng（英 *a bloodless revolution*）

むけっきん【無欠勤】全勤 quánqín（英 *perfect attendance*）

むけっせき【無欠席】无缺席 wú quēxí（英 *perfect attendance*）

むげに【無下に】断然 duànrán；不讲情面 bù jiǎng qíngmiàn（英 *flatly; bluntly*）▶〜断る/断然拒绝 duànrán jùjué ▶客の申し出はどんなことでも〜扱えない/无论顾客提出什么样的提议，都不能不屑一顾 wúlùn gùkè tíchū shénmeyàng de tíyì, dōu bùnéng búxiè yígù ▶彼の提案を〜は断れなかった/没能断然拒绝他的提案 méi néng duànrán jùjué tā de tí'àn

むける【向ける】❶【方向・方角を】（英 *turn; direct*）▶背を〜/转身 zhuǎnshēn ▶注意を〜/留意 liúyì；注意 zhùyì ▶目を〜/看 kàn ▶超薄型テレビをアメリカに向けて輸出する/超薄型电视出口到美国 chāobáoxíng diànshì chūkǒu dào Měiguó ▶この援助は中小企業に向けられている/该项援助面向中小企业 gāi xiàng yuánzhù miànxiàng zhōngxiǎo qǐyè ▶海から顔も向けられないほどの大風が吹き始めた/从海那边刮起的风很大，让人无法迎风面对 cóng hǎi nàbiān guāqǐ de fēng hěn dà, ràng rén wúfǎ yíngfēng miànduì ▶大事な人に背を向けて田舎を出て行った/背对心上人，离开了故乡 bèi duì xīnshàngrén, líkāile gùxiāng ▶アフリカの飢えた子供たちのことにも目を向けなさい/看看非洲的饥饿儿童吧 kànkan Fēizhōu de jī'è értóng ba ❷【ねらう】（英 *point at...*）▶都会の子はマイクを向けられてもはっきり言う/城市的孩子面对麦克风也能说得井井有条 chéngshì de háizi miànduì màikèfēng yě néng shuō de jǐngjǐng yǒu tiáo ▶運動会に向けて行進の練習をする/面向运动会，练习队列行进 miànxiàng yùndònghuì, liànxí duìliè xíngjìn ▶坂口君に水を〜と会社の悪口を次から次へとしゃべる/用话一套坂口，他就接连不断地说起公司的坏话 yòng huà yí tào bǎn kǒu, tā jiù jiēlián búduàn de shuōqǐ gōngsī de huàihuà

むける【剝ける】剥落 bāoluò（英 *peel off*）

むげん【無限】无限 wúxiàn（英 *infinity*）▶サウジアラビアには石油資源が〜に眠るなどと言われたものだ/据说沙特阿拉伯蕴藏着无穷的石油资源 jùshuō Shātè Ālābó yùncángzhe wúqióng de shíyóu zīyuán ▶砂漠が〜に広がる/沙漠无边无垠 shāmò wú biān wú yín ▶君は若いのだから〜の可能性がある/你还年轻，前途无量 nǐ hái niánqīng, qiántú wúliàng

◆〜級数【数】**无限级数** wúxiàn jíshù 〜大 **无穷大** wúqióngdà/**无限大** wúxiàndà

むげん【夢幻】 梦幻 mènghuàn （英 a dream; a vision）

むこ【婿】 女婿 nǚxu （英 a son-in-law; [花婿] a bridegroom） ▶～養子/赘婿 zhuìxù ▶～を取る/招女婿 zhāo nǚxu; 招亲 zhāoqīn ▶田中家の娘は～が仲むつまじく花を育てている/田中家的女儿女婿和和气气地养花 Tiánzhōng jiā de nǚ'ér nǚxu héhéqìqì de yǎng huā

むこ【無辜】 innocence ▶～の民/无辜的人们 wúgū de rénmen

むごい 狠 hěn; 刻薄 kèbó; 残酷 cánkù （英 cruel; merciless） ▶～やり方/残忍的手段 cánrěn de shǒuduàn ▶あまりにも～殺し方だ/杀人的方法也太残忍了 shārén de fāngfǎ yě tài cánrěn le ▶～死に方をする/死得很凄惨 sǐde hěn qīcǎn

むこいり【婿入りする】 入赘 rùzhuì; 招亲 zhāoqīn （英 marry into a daughter's family）

むこう【向こう】 对方 duìfāng; 那边 nàbiān （英 the opposite side; the destination）;《今から》今后 jīnhòu ▶～の家/那儿的房子 nàr de fángzi ▶～の意向/对方的意向 duìfāng de yìxiàng ▶強敵を～に回す/以强敌为对手 yǐ qiángdí wéi duìshǒu ▶川の～に古くからのおいしいうなぎ屋がある/河对岸很早以前就有一家很好吃的鳗鱼店 hé duì'àn hěn zǎo yǐqián jiù yǒu yì jiā hěn hǎochī de mányúdiàn ▶彼の声は運動場の～まで聞こえた/运动场对面都能听到他的声音 yùndòngchǎng duìmiàn dōu néng tīngdào tā de shēngyīn ▶飲酒運転をした選手は～1年間出場できない/因为酒后驾车，该选手在今后一年内不能参赛 yīnwèi jiǔhòu jiàchē, gāi xuǎnshǒu zài jīnhòu yì nián nèi bùnéng cānsài ▶はるか～に夕日が沈む/夕阳从远处沉下去了 xīyáng cóng yuǎnchù chénxiàqu le ▶～から子供を乗せた自転車を～/对面过来了一辆带着孩子的自行车 duìmiàn guòláile yí liàng dàizhe háizi de zìxíngchē ▶彼を～に回すと厄介なことになる/跟他作对，事情就会变得很麻烦 gēn tā zuòduì, shìqing jiù huì biànde hěn máfan ▶～に着いたらすぐ電話をちょうだい/到了那边，马上给我来一个电话 dàole nàbiān, mǎshàng gěi wǒ lái yí ge diànhuà ▶4月から～3年賃上げを凍結する/从四月以后的三年内停止加薪 cóng sì yuè yǐhòu de sān nián nèi tíngzhǐ jiāxīn

～を張る 对抗 duìkàng; 较量 jiàoliàng ▶鹿児島の～を張って宮崎も焼酎祭りをする/为了跟鹿儿岛较量，宫崎也办了一个烧酒节 wèile gēn Lù'érdǎo jiàoliàng, Gōngqí yě bànle yí ge shāojiǔjié

むこう【無効の】 无效 wúxiào （英 invalid; of no effect） ▶～にする/取消 qǔxiāo ▶一方的に協定を～にする/单方面取消协定 dānfāngmiàn qǔxiāo xiédìng ▶～な/作废 zuòfèi ▶この契約書は当事者の署名がなく～である/该合同没有当事人的署名，无效 gāi hétong méiyǒu dāngshìrén de shǔmíng, wúxiào

～投票 ▶立候補者以外の名前を書いた～投票が多数あった/有很多填写候选人以外的名字的无效投票 yǒu hěn duō tiánxiě hòuxuǎnrén yǐwài de míngzi de wúxiào tóupiào

むこういき【向こう意気】 不甘示弱 bùgān shìruò （英 unyielding spirit） ▶～の強い娘/好胜的姑娘 hàoshèng de gūniang

むこうがわ【向こう側】 那边 nàbiān;《相手》对方 duìfāng （英 the opposite side） ▶塀の～/院墙的另一侧 yuànqiáng de lìng yí cè ▶山の～に温泉宿がある/山那边有温泉旅馆 shān nàbiān yǒu wēnquán lǚguǎn

むこうぎし【向こう岸】 对岸 duì'àn （英 the opposite bank） ▶～に着く前に小船は沈んだ/在停靠对岸前，小船沉了 zài tíngkào duì'àn qián, xiǎochuán chén le

むこうずね【向こう脛】 迎面骨 yíngmiàngǔ （英 a shin） ▶～をすりむく/擦破了迎面骨皮 cāpòle yíngmiàngǔpí

むこうみず【向こう見ずな】 鲁莽 lǔmǎng; 愣头愣脑 lèng tóu lèng nǎo （英 reckless） ▶彼があんな～な奴とは思わなかった/没想到他会有那样鲁莽的举动 méi xiǎngdào tā huì yǒu nàyàng lǔmǎng de jǔdòng ▶人を巻き込んで～なことはするな/别带着别人莽干 bié dàizhe biéren mǎng gàn

むこうもち【向こう持ちで】 对方负担 duìfāng fùdān （英 at (their) expense） ▶交通費は～だ/交通费由对方负担 jiāotōngfèi yóu duìfāng fùdān ▶宿泊代は～で来年の計画を打ち合わせる/住宿费由对方出，双方就明年的计划进行了商谈 zhùsùfèi yóu duìfāng chū, shuāngfāng jiù míngnián de jìhuà jìnxíngle shāngtán

むごたらしい 血淋淋 xiělínlín; 凄惨 qīcǎn （英 cruel; horrible） ▶～写真/惨不忍睹的照片 cǎn bù rěn dǔ de zhàopiàn

むこん【無根】 没根据 méi gēnjù （英 false） ▶事実～/无凭无据 wú píng wú jù

むごん【無言の】 默然 mòrán （英 silent; tacit） ▶～劇/哑剧 yǎjù ▶一夜明けて夫は～の帰宅となった/第二天，丈夫的尸体被送回家 dì'èr tiān, zhàngfu de shītǐ bèi sònghuí jiā

むざい【無罪】 无罪 wúzuì （英 innocence） ▶～を言い渡す/宣告无罪 xuāngào wúzuì ▶母は死ぬまで息子の～を信じた/母亲至死相信儿子是清白的 mǔqin zhì sǐ xiāngxìn érzi shì qīngbái de ▶彼は窃盗罪で起訴されたが～になった/他因盗窃罪被起诉，但却被判无罪 tā yīn dàoqièzuì bèi qǐsù, dàn què bèi pàn wúzuì ▶3時間の取り調べが終わって～放免になる/经过三个小时的审问，获得无罪释放 jīngguò sān ge xiǎoshí shěnwèn, huòdé wúzuì shìfàng

むさく【無策】 无策 wúcè; 没办法 méi bànfǎ （英 lack of policy） ▶石油の値上がりで20年前と同じく政府は無為～である/面对油价的上涨，政府和二十年前一样，束手无策 miànduì yóujià de shàngzhǎng, zhèngfǔ hé èrshí nián qián yíyàng, shù shǒu wú cè

むさくい【無作為に】 随意 suíyì；任意 rènyì（英 at random）▶～抽出/任意抽选 rènyì chōuchū ▶～に選んだとは思えない/很难相信是随机抽选的 hěn nán xiāngxìn shì suíjī chōuxuǎn de ▶今度の選挙には行かないと～抽出で50％の人が答えた/据任意抽查的结果，百分之五十的人表明不参加这次的选举 jù rènyì chōuchá de jiéguǒ, bǎi fēn zhī wǔshí de rén biǎomíng bù cānjiā zhè cì de xuǎnjǔ

むさくるしい 不整洁 bù zhěngjié；肮脏 āngzāng；《きまくるしい》简陋 jiǎnlòu（英 foul; dirty; shabby）▶～所ですが一度はおいで下さい/这里很简陋，但还是请你来玩玩儿 zhèlǐ hěn jiǎnlòu, dàn háishi qǐng nǐ lái wánwánr ▶そんな～格好では彼女に嫌われるぞ/这样不整洁的样子会被女朋友厌恶的 zhèyàng bù zhěngjié de yàngzi huì bèi nǚpéngyou yànwù de

ムササビ〔動物〕鼯鼠 wúshǔ（英 a flying squirrel）

むさべつ【無差別に】 无差别 wú chābié；不加区别 bù jiā qūbié（英 without distinction）▶名前を男女～にあいうえお順に並べる/名字不分男女，按假名的顺序排列 míngzi bù fēn nánnǚ, àn jiǎmíng de shùnxù páiliè ▶市民の生命と財産を破壊し尽くす~爆撃/彻底破坏市民生命和财产的无差别轰炸 chèdǐ pòhuài shìmín shēngmìng hé cáichǎn de wú chābié hōngzhà ▶通行人を～に銃撃する/无差别地枪击行人 wú chābié de qiāngjī xíngrén

♦～級《柔道》无差别级 wú chābié jí

むさぼる【貪る】 贪 tān；贪图 tāntú（英 be greedy）▶～ように/如饥似渴 rú jī sì kě ▶ローン会社が暴利を～/贷款公司牟取暴利 dàikuǎn gōngsī móuqǔ bàolì ▶鶏の唐揚げを貪り食う/贪食炸鸡块 tānshí zhájīkuài ▶～ように漫画を立ち読みする/在书店贪婪地读着漫画 zài shūdiàn tānlán de dúzhe mànhuà

むざむざ 白白 báibái；轻易 qīngyì（英 without resistance; helplessly）▶～一日を無駄にした/白白浪费一天了 báibái làngfèi yì tiān le ▶あと一歩のところで優勝を～取り逃がす/只差最后一步的时候，眼睁睁地丢掉了金牌 zhǐ chà zuìhòu yí bù de shíhou, yǎnzhēngzhēng de diūdiàole jīnpái

むざん【無残な】 凄惨 qīcǎn（英 merciless; cruel; tragic）▶～にも/残酷地 cánkù de；无情地 wúqíng de ▶～な最期/死得很惨 sǐde hěn cǎn ▶取材活動中に～な死に方をする/在采访工作中凄惨而死 zài cǎifǎng gōngzuò zhōng qīcǎn ér sǐ

むさんかいきゅう【無産階級】 无产阶级 wúchǎn jiējí（英 the proletariate）

むし【虫】 ❶〖生物としての虫〗虫 chóng；虫子 chóngzi（英 an insect; a worm）▶～が食った衣類/被虫子蛀过的衣服 bèi chóngzi zhùguo de yīfu ▶～に刺される/被虫子蜇 bèi chóngzi zhē

▶高原の～の声/高原昆虫的鸣叫 gāoyuán kūnchóng de míngjiào ▶気を付けたのにコートは～に食われた/虽然有所防备，大衣还是被虫给蛀了 suīrán yǒusuǒ fángbèi, dàyī háishi bèi chóng gěi zhù le ▶盆栽の～を取る/把盆景上的虫捉下来 bǎ pénjǐngshang de chóng zhuōxiàlai

❷〖心の状態〗（英 one's temper）▶～が好かない/合不来 hébulái ▶～のいい要求/自私的要求 zìsī de yāoqiú ▶～の居所が悪かったのでしょう/可能是因为心情不好的缘故吧 kěnéng shì yīnwèi xīnqíng bùhǎo de yuángù ba ▶それはあまりに～がいい/这可是自私自利，只顾自己 zhè kěshi zìsī zìlì, zhǐ gù zìjǐ ▶一度で～の好かぬ男と思った/见过一次就觉得他很讨厌 jiànguo yí cì jiù juéde tā hěn tǎoyàn

❸〖熱中する人〗迷 mí（英 an enthusiast）

腹の～ ▶腹の～が納まらない/怒气难消 nùqì nán xiāo

本の～ ▶昔は読書好きを本の～と言った/过去，喜欢读书的人被称为书呆子 guòqù, xǐhuan dúshū de rén bèi chēngwéi shūdāizi

～が知らせる 预感 yùgǎn ▶友人の死を～が知らせる/事先预感到朋友的死 shìxiān yùgǎndào péngyou de sǐ

～がつく 娘に～がつく/女儿有了情人 nǚ'ér yǒule qíngrén

～の息 奄奄一息 yǎnyǎn yìxī ▶病院に運ばれた時彼はもう～の息だった/被搬到医院的时候，他已是奄奄一息 bèi bāndào yīyuàn de shíhou, tā yǐ shì yǎnyǎn yìxī

～も殺さぬ ▶～も殺さぬ顔をしながら彼女は底意地が悪い/她看起来满面仁慈，其实心眼儿可坏了 tā kànqǐlai mǎnmiàn réncí, qíshí xīnyǎnr kě huài le

♦～かご；虫笼 chónglóng

むし【無私の】 无私 wúsī（英 unselfish; selfless）▶母の愛は～の愛/母亲的爱是无私的爱 mǔqin de ài shì wúsī de ài

むし【無視する】 无视 wúshì；忽视 hūshì；不顾 búgù（英 ignore）▶彼は招待されないのだと知って～された気がした/他知道自己没有受到邀请，感到被人忽视了 tā zhīdào zìjǐ méiyǒu shòudào yāoqǐng, gǎndào bèi rén hūshì le ▶市長は質問を～して足早にその場を去った/市长对提问不予理睬，快步走开了 shìzhǎng duì tíwèn bùyǔ lǐcǎi, kuàibù zǒukāi le ▶そのタレントはあらゆる常識を～している/这位艺人不把任何常识放在眼里 zhè wèi yìrén bù bǎ rènhé chángshí fàngzài yǎnlǐ ▶その運転手は赤信号を～した/那位司机闯红灯 nà wèi sījī chuǎng hóngdēng ▶民主主義といいながらしばしば少数意見は～される/声称民主主义，可是少数意见经常遭到忽视 shēngchēng mínzhǔ zhǔyì, kěshì shǎoshù yìjiàn jīngcháng zāodào hūshì

むじ【無地の】 无花纹 wú huāwén（英 plain）
～の着物/无花纹的和服 wú huāwén de héfú
～のＴシャツ/没有花纹的Ｔ恤衫 méiyǒu huā-

wén de T xùshān

むしあつい【蒸し暑い】 闷热 mēnrè (英 *sultry; hot and humid*) ▶夏の夜に各地で夜祭りが催された 在闷热的夏夜，各地都举行了夏夜庙会 zài mēnrè de xiàyè, gè dì dōu jǔxíngle xiàyè miàohuì ▶それにしても～ね/还真挺闷热的呢 hái zhēn tǐng mēnrè de ne

むしかえす【蒸し返す】 旧事重提 jiùshì chóngtí (英 *bring up again; revive*) ▶古い話を～/老话重提 lǎohuà chóngtí ▶既に決まったことを会議で～奴が必ずいるものだ/会上肯定有人再重提已经决定的事宜 huìshang kěndìng yǒu rén zài chóngtí yǐjing juédìng de shìyí

むしかく【無資格の】 无资格 wú zīgé (英 *unqualified*) ▶～で治療する/无照行医 wúzhào xíngyī

むしかく【無自覚な】 不自觉 bú zìjué; 无意识 wúyìshí (英 *unconscious; insensible;*) ▶事故は放射能に対する～から起こった/事故是由于没有认识到核能的危害而引发的 shìgù shì yóuyú méiyǒu rènshidào hénéng de wēihài ér yǐnfā de

むしき【蒸し器】 蒸笼 zhēnglóng (英 *a steamer*) ▶～に入れる/放到蒸笼上 fàngdào zhēnglóngshang ▶店頭の～が盛大に湯気を立て客を誘っている/店前的蒸笼冒着浓浓的蒸气，吸引着顾客 diànqián de zhēnglóng màozhe nóngnóng de zhēngqì, xīyǐnzhe gùkè

むしくい【虫食いの】 (英 *worm-eaten; moth-eaten*) ▶～の栗は始末に負えない/虫蛀的栗子难以处理 chóng zhù de lìzi nányǐ chǔlǐ
♦～穴:虫蛀的眼儿 chóng zhù de yǎnr

むしくだし【虫下し】 驱虫剂 qūchóngjì (英 *a vermifuge*)

むしけら【虫けら】 小虫 xiǎochóng; 蝼蚁 lóuyǐ (英 *a worm*) ▶この業界では銭のないやつは～同然だ/在这个行业，没有钱的人如同蝼蚁之辈 zài zhège hángyè, méi yǒuqián de rén rútóng lóuyǐ zhī bèi

むしけん【無試験の】 免试 miǎnshì (英 *free of examination*) ▶～で採用/免试录取 miǎnshì lùqǔ ▶ってをたどって～入社した/靠关系，免试进入了公司 kào guānxi, miǎnshì jìnrùle gōngsī

むしこ【無事故】 无事故 wú shìgù (英 *no accidents*) ▶この車は15年間～で走っている/这辆车无事故行驶了十五年 zhè liàng chē wú shìgù xíngshǐle shíwǔ nián

むしず【虫酸】
～が走る 反胃 fǎnwèi; 讨厌得胃里冒酸水 tǎoyànde wèili mào suānshuǐ ▶見ただけで～が走る/一看就觉得反胃 yí kàn jiù juéde fǎnwèi

むしタオル【蒸しタオル】 热毛巾 rèmáojīn (英 *a steamed towel*) ▶散髪屋の～はとても気持ちがいい/理发店的热毛巾让人感到非常舒服 lǐfàdiàn de rèmáojīn ràng rén gǎndào fēicháng shūfu

むじつ【無実の】 没有根据 méiyǒu gēnjù; (ぬれぎぬ) 冤 yuān (英 *innocent*) ▶彼の～が証明された/他的清白得到了证实 tā de qīngbái dédàole zhèngshí ▶～を訴える/申冤 shēnyuān ▶～の罪/冤屈 yuānqū; 冤罪 yuānzuì ▶～の罪を着せられた/他蒙受了冤罪 tā méngshòule yuānzuì

ムジナ【貉】〔動物〕貉 hé (英 *a badger*)
同じ穴の～ 一丘之貉 yì qiū zhī hé

むしに【蒸し煮にする】 焖 mèn (英 *smother*) ▶魚を～/焖鱼 mèn yú

むしば【虫歯】 虫牙 chóngyá; 龋齿 qǔchǐ; 蛀牙 wāyá (英 *a decayed tooth*) ▶会社近くの歯医者は～の治療がうまい/公司附近的牙医擅长医治虫牙 gōngsī fùjìn de yáyī shàncháng yīzhì chóngyá ▶～の穴/虫牙洞 chóngyádòng ▶～にならないようによく歯磨きしなさい/为防止虫牙，得好好儿刷牙 wèi fángzhǐ chóngyá, děi hǎohāor shuā yá

むしばむ【蝕む】 侵蚀 qīnshí;《人の心を》蛊惑 gǔhuò; 腐蚀 fǔshí (英 *spoil; affect; undermine*) ▶身体を～/侵蚀身体 qīnshí shēntǐ ▶友情が蝕まれる/友谊遭到破坏 yǒuyì zāodào pòhuài ▶現代社会を～麻薬がはびこる/侵蚀现代社会的毒品在蔓延 qīnshí xiàndài shèhuì de dúpǐn zài mànyán

むじひ【無慈悲な】 不仁 bùrén; 无情 wúqíng; 狠毒 hěndú (英 *merciless; pitiless*) ▶社会の弱者に～な政策をとる/对社会弱势人群实行冷酷无情的政策 duì shèhuì ruòshì rénqún shíxíng lěngkù wúqíng de zhèngcè

むしぶろ【蒸し風呂】 蒸气浴 zhēngqìyù (英 *a steam bath*) ▶湿気が高くて～に入っているみたいだ/湿气很重，象洗蒸气浴 shīqì hěn zhòng, xiàng xǐ zhēngqìyù

むしぼし【虫干】 (英 *airing*) ▶～をする/晾晒衣服 liàngshài yīfu

むしむし【蒸蒸】 熏蒸 xūnzhēng; 闷热 mēnrè (英 *be sultry*) ▶今日は～する/今天很闷热 jīntiān hěn mēnrè ▶このところ～して毎晩ろくに眠れない/最近天气闷热，每天晚上都睡不好 zuìjìn tiānqì mēnrè, měitiān wǎnshang dōu shuìbuhǎo

むしめがね【虫眼鏡】 放大镜 fàngdàjìng (英 *a magnifying glass*) ▶～で新聞を読む/用放大镜读报 yòng fàngdàjìng dú bào

むしゃ【武者】 武士 wǔshì (英 *a warrier*)
♦～修行:武士走访各地锻炼 wǔshì zǒufǎng gèdì duànliàn; 调到别处积累经验 diàodào biéchù jīlěi jīngyàn ▶～人形:武士偶人 wǔshì ǒurén ▶～震い:因意志全身发抖 yīn dòuzhì quánshēn fādǒu ▶スタート地点に立つと～震いがする/站在起跑线前，浑身精神抖擞 zhànzài qǐpǎoxiànqián, húnshēn jīngshen dǒusǒu

むしゃやき【蒸し焼きの】 干蒸 gānzhēng (英 *baked; roast*)

むじゃき【無邪気な】 稚气 zhìqì; 天真 tiānzhēn (英 *innocent; naive; simple*) ▶赤ん坊の～さ/婴儿的天真无邪 yīng'ér de tiānzhēn wúxié ▶～ないたずらだとしても許されることではない/即使是没有坏心的恶作剧，也不能容许 jíshǐ shì méiyǒu huáixīn de èzuòjù, yě bùnéng róngxǔ

むしゃくしゃする 没好气 méi hǎoqì; 憋气 biēqì; 心烦意乱 xīn fán yì luàn (英 *be irritated*) ▶1週間も待たされて～した/等了一个星期,感觉很憋闷 děngle yí ge xīngqī, gǎnjué hěn biēmēn

むしゃぶりつく【武者振り付く】 猛扑上去 měng pūshàngqu (英 *seize violent hold of...*) ▶餌に～/猛地扑向饵食 měngde pū xiàng ěr shí ▶子供が母親を見つけてむしゃぶりついた/孩子见到妈妈, 猛地扑了过去 háizi jiàndào māma, měng de pūleguòqu

むしゃむしゃ 大口大口地吃 dàkǒu dàkǒu de chī; 狼吞虎咽地吃 láng tūn hǔ yàn de chī (英 *munch*)

むしゅう【無臭の】 无臭 wúxiù (英 *odorless; scentless*) ▶～のにんにく漬け/没有臭味的酱大蒜 méiyǒu chòuwèi de jiàngdàsuàn

むしゅうきょう【無宗教】 无宗教 wú zōngjiào (英 *irreligious; atheistic*) ▶～の葬式/无宗教的葬礼 wú zōngjiào de zànglǐ

むしゅうにゅう【無収入の】 没有收入 méiyǒu shōurù (英 *without any income*) ▶夫は売れない俳優でこの2年間～だ/丈夫是一个不卖座的演员, 这两年分文不收 zhàngfu shì yí ge bú màizuò de yǎnyuán, zhè liǎng nián fēnwén bù shōu

むじゅうりょく【無重力】 无重力 wú zhònglì (英 *zero gravity*) ▶～状態の訓練飛行は5分で終わった/无重力状态的飞行训练五分钟就结束了 wú zhònglì zhuàngtài de fēixíng xùnliàn wǔ fēnzhōng jiù jiéshù le

むしゅみ【無趣味な】 没什么爱好 méi shénme àihào (英 *of no tastes*) ▶夫はほんとに～な人なのよ/丈夫实在是个没有什么爱好的人 zhàngfu shízài shì ge méiyǒu shénme àihào de rén

むじゅん【矛盾】 矛盾 máodùn (英 *a conflict*) ▶～した意見/矛盾的看法 máodùn de kànfǎ ▶～を生む/闹矛盾 nào máodùn ▶彼は～したことを平気で言う/他说话前后矛盾, 自己却不在意 tā shuōhuà qiánhòu máodùn, zìjǐ què bú zàiyì ▶新聞記者として社会のさまざまな～に立ち向かう/作为新闻记者, 要面对社会的各种矛盾 zuòwéi xīnwén jìzhě, yào miànduì shèhuì de gè zhǒng máodùn ▶先ほどの説明と今の説明は～している/刚才的说明和现在的说明互相矛盾 gāngcái de shuōmíng hé xiànzài de shuōmíng hùxiāng máodùn

むしょう【無性に】 特别 tèbié; 非常 fēicháng (英 *extremely*) ▶～腹が立つ/非常生气 fēicháng shēngqì ▶あの演歌を聞くと～に泣きたくなる/听到这首演歌, 不禁想哭出来 tīng zhè shǒu yǎngē, bùjīn xiǎng kūchūlai ▶あの地名を聞くと～に鮟鱇(あんこう)を食べたくなる/一听到那个地名, 就特别想吃鮟鱇鱼 yì tīngdào nàge dìmíng, jiù tèbié xiǎng chī ānkāngyú ▶寂しいときは～にふるさとに帰りたくなる/一个人感到寂寞的时候, 特别想回老家 yí ge rén gǎndào jìmò de shíhou, tèbié xiǎng huí lǎojiā

むしょう【無償の】 无偿 wúcháng; 免费 miǎnfèi (英 *free*) ▶～の愛/无偿的爱 wúcháng de ài ▶我が社の暖房機を～で取り替えます/本公司的暖气机免费更换 běn gōngsī de nuǎnqìjī kěyǐ miǎnfèi gēnghuàn

むじょう【無上の】 无比 wúbǐ; 无上 wúshàng (英 *best; supreme*) ▶～の幸福/无比的幸福 wúbǐ de xìngfú ▶～の光栄と存じます/感到无上的光荣 gǎndào wúshàng de guāngróng

むじょう【無常】 无常 wúcháng (英 *uncertainty*) ▶この世の～を感じる/感到世事无常 gǎndào shìshì wúcháng

むじょう【無情の】 无情 wúqíng; 冷酷 lěngkù (英 *coldhearted; cruel; merciless*) ▶9月から準備した運動会が～の雨で延期になる/九月起开始准备的运动会, 被无情的雨拖延了 jiǔ yuè qǐ kāishǐ zhǔnbèi de yùndònghuì, bèi wúqíng de yǔ tuōyán le ▶周囲のあまりに～な仕打ちに神様を怨んだ/遭到周围极其冷酷的对待, 抱怨起老天来 zāodào zhōuwéi jíqí lěngkù de duìdài, bàoyuànqǐ lǎotiān lái

むじょうけん【無条件の】 无条件 wútiáojiàn (英 *unconditional; unqualified; absolute*) ▶～降伏/无条件投降 wútiáojiàn tóuxiáng ▶君の企画提案は～で認めます/无条件地采纳你的计划提案 wútiáojiàn de cǎinà nǐ de jìhuà tí'àn

むしょく【無色】 无色 wúsè (英 *colorless*) ▶～無臭/无色无臭 wúsè wúxiù ▶政治的に～の/没有政治倾向 méiyǒu zhèngzhì qīngxiàng

むしょく【無職の】 无职业 wú zhíyè; 没有工作 méiyǒu gōngzuò (英 *without a job; unemployed*) ▶娘はひげを生やした～の男をつれてきた/女儿带来一个留着胡子没有工作的男子 nǚ'ér dàilái yí ge liúzhe húzi méiyǒu gōngzuò de nánzǐ

むしよけ【虫除け】 防治虫害 fángzhì chónghài; (くすり) 防虫药 fángchóngyào (英 *an insect repellent*) ▶～スプレー/除虫喷雾器 chúchóng pēnwùqì

むしょぞく【無所属の】 无党派 wúdǎngpài; 不参加党派 bù cānjiā dǎngpài (英 *independent; maverick*) ▶～で選挙に出る/以无党派身份参加选举 yǐ wúdǎngpài shēnfen cānjiā xuǎnjǔ

むしりとる【むしり取る】 拔掉 bádiào; 薅掉 hāodiào (英 *pluck off*) ▶老婆の手提げをむしり取って二人組は逃走した/两个人夺下老太太的提包逃跑了 liǎng ge rén duóxià lǎotàitai de tíbāo táopǎo le ▶軍手をはめて雑草を～/带上劳动手套拔掉杂草 dàishàng láodòng shǒutào bōdiào zácǎo ▶これは庶民から金を～ような法案だ/这是一个从老百姓身上榨取钱财的法案 zhè shì yí ge cóng lǎobǎixìng shēnshang zhàqǔ qiáncái de fǎ'àn

むしる 薅 hāo; 拔 bá; 揪 jiū (英 *pluck; tear*) ▶鶏の羽根を～/拔下鸡毛 báxià jīmáo

むじるし【無印の】 无标记 wú biāojì (英 *unmarked; unbranded*)

むしろ〖与其…不如〗yǔqí…bùrú (英 *rather*) ▶〈…するくらいなら〉〜…したい/宁肯 nìngkěn ▶頭を下げるくらいなら〜死んだほうがましだ/要我低头还不如让我死 yào wǒ dītóu hái bùrú ràng wǒ sǐ; 我宁可死，决不低头 wǒ nìngkě sǐ, juébù dītóu ▶正直だというより―単純なのだ/与其说老实还不如说单纯 yǔqí shuō lǎoshi hái bùrú shuō dānchún ▶小説家というより〜詩人だ/与其说是小说家，还不如说是诗人 yǔqí shuō shì xiǎoshuōjiā, hái bùrú shuō shì shīrén

むしろ【筵】席子 xízi; 草席 cǎoxí (英 *a straw mat; a mat*) ▶〜の上に野菜を並べる/席子上摆着蔬菜 xízishang bǎizhe shūcài ▶桜の木の下に〜を敷く/在樱花树下铺上草席 zài yīnghuāshùxia pùshàng cǎoxí

むしん【無心】 **❶**〖無邪気〗天真 tiānzhēn; 专心一意 zhuānxīn yíyì (英 *innocence*) ▶〜に遊ぶ/天真地玩儿 tiānzhēn de wánr ▶私は〜で本を読んでいる子供に感動した/我被天真无邪地看着书的孩子所感动了 wǒ bèi tiānzhēn wúxié de kànzhe shū de háizi suǒ gǎndòng le **❷**〖頼み〗(英 *a request*) ▶金の〜を言う/要钱 yào qián; 讨钱 tǎo qián

📘比較 中国語の '无心' wúxīn は「…する気になれない」「何気なく…」という意味.

むじん【無人の】无人 wúrén (英 *uninhabited*) ▶〜操縦の偵察機/无人驾驶的侦察机 wúrén jiàshǐ de zhēncháji ▶〜スタンド/无人售货店 wúrén shòuhuòdiàn; 自助销售点 zìzhù xiāoshòudiǎn ▶鹿児島の〜駅を観光スポットとして売り出した/把鹿儿岛的无人站作为观光点来进行宣传 bǎ Lù'érdǎo de wúrénzhàn zuòwéi guānguāngdiǎn lái jìnxíng xuānchuán ◆〜島 ▶あの〜島は山羊だらけになってしまった/那个无人岛净是山羊 nàge wúréndǎo jìng shì shānyáng

むじん【無尽の】无尽 wújìn; 无穷尽 wú qióngjìn (英 *inexhaustible*)

むしんけい【無神経な】反应慢 fǎnyìng màn; 粗心大意 cūxīn dàyì; 无感觉 wú gǎnjué (英 *dull; insensible; insensitive*) ▶服装に〜な/对装束不细心 duì zhuāngshù bú xìxīn ▶〜な言葉遣い/说话不注意轻重 shuōhuà bú zhùyì qīngzhòng ▶彼は差別語に対しては〜ではない/他对于带有歧视的话并不是漫不经心 tā duìyú dàiyǒu qíshì de huà bìng bú shì màn bù jīngxīn

むしんじん【無信心】不信教 bú xìnjiào; 无宗教信仰 wú zōngjiào xìnyǎng (英 *unbelief; impiety*)

むじんぞう【無尽蔵の】无穷 wúqióng; 取之不尽, 用之不竭 qǔ zhī bùjìn, yòng zhī bùjié (英 *boundless; limitless*) ▶どんな資源も〜ではない/任何资源都不是取之不尽的 rènhé zīyuán dōu bú shì qǔ zhī bùjìn de

むしんろん【無神論】无神论 wúshénlùn (英 *atheism*) ◆〜者:无神论者 wúshénlùnzhě

むす【蒸す】〈ふかす〉蒸 zhēng (英 *steam*); 〈天候が〉闷热 mēnrè (英 *be sultry*) ▶さつまいもを〜/蒸甘薯 zhēng gānshǔ ▶もち米を蒸しそれを搗(つ)いて餅を作る/把糯米蒸了之后，捣来做糍粑 bǎ nuòmǐ zhēngle zhīhòu, dǎo lái zuò cíbā ▶今日は〜ね/今天真闷热啊 jīntiān zhēn mēnrè a

むすい【無水の】无水 wúshuǐ (英 *anhydrous*) ▶〜アルコール/纯酒精 chúnjiǔjīng

むすう【無数の】无数 wúshù; 数不清 shùbuqīng (英 *countless; innumerable*) ▶満天に〜の星が出ている/天上挂满无数的星星 tiānshàng guàmǎn wúshù de xīngxing

むずかしい【難しい】 **❶**〖困難な〗难 nán; 困难 kùnnan (英 *hard; difficult*) ▶発音が〜/发音难 fāyīn nán ▶先生はさっそく誰も答えられない〜問題を出した/老师立即就出了一道谁也答不上来的难题 lǎoshī lìjí jiù chūle yí dào shéi yě dábùshànglái de nántí ▶それは非常に〜役柄だ/这个角色非常难演 zhège juésè fēicháng nán yǎn ▶彼の作品は一般大衆には難しすぎる/他的作品对一般老百姓来说太难了 tā de zuòpǐn duì yìbān lǎobǎixìng lái shuō tài nán le ▶それはたいして〜仕事ではないだろう/那不是一个太难的工作吧 nà bú shì yí ge tài nán de gōngzuò ba ▶再開するにはまだ〜情勢である/要重新进行, 看来情况很还很难 yào chóngxīn jìnxíng, kànlái qíngkuàng hái hěn nán **❷**〖扱いにくい〗难对付 nánduìfu; 麻烦 máfan (英 *troublesome*) ▶〜病気/难治之症 nán zhì zhī zhèng; 疑难病症 yínán bìngzhèng ▶私の受け持ちのクラスに何人か〜生徒がいる/我负责的班级里有几名难对付的学生 wǒ fùzé de bānjí lǐ yǒu jǐ míng nán duìfu de xuésheng ▶姉の回復は〜/姐姐的健康, 很难恢复 jiějie de jiànkāng, hěn nán huīfù **❸**〖気・顔つき〗严肃 yánsù (英 *grave; sullen*) ▶〜顔をする/面有难色 miàn yǒu nánsè ▶彼はすぐ〜顔をするけれど大したことではない/他动不动就显露难色, 其实没有什么大不了的事儿 tā dòngbudòng jiù xiǎnlù nánsè, qíshí méiyǒu shénme dàbuliǎo de shìr ▶漱石は〜性格の人だったと言われている/听说漱石是个怪僻的人 tīngshuō Shùshí shì yí ge guàipì de rén

むずがゆい【むず痒い】刺痒 cìyáng (英 *feel itchy*) ▶背中が〜/背上刺痒 bèishang cìyáng

むずかる〈子供が〉哭闹 kūnào; 磨人 mó rén (英 *be fretful; be peevish*) ▶むずかっている子供/磨人的孩子 mó rén de háizi ▶子供がむずかって若い父親が手こずっている/孩子磨人, 年轻的爸爸束手无策 háizi mó rén, niánqīng de bàba shù shǒu wú cè

むすこ【息子】儿子 érzi; 小儿 xiǎo'ér (英 *a son*) ▶〜は学業を終えるとすぐ就職した/儿子毕业后马上就工作了 érzi bìyèhòu mǎshàng jiù gōngzuò le ▶隣の〜はタバコを買いに出るくらいでほとんど家にいる/邻居家的儿子除了买烟什么的

むすばれる 几乎不出门 línjūjiā de érzi chúle mǎi yān shénmede jīhū bù chūmén ▶私たちには娘だけで～はいません/我们只有女儿没有儿子 wǒmen zhǐ yǒu nǚ'ér méiyǒu érzi

むすばれる【結ばれる】 结婚 jiéhūn; 结为夫妻 jiéwéi fūqī (英 get married)

むすび【結び】 ❶〖結ぶこと〗(英 a tie) ▶～目が固い/打的结很结实 dǎ de jié hěn jiēshí ❷〖締めくくり〗结束 jiéshù; 结尾 jiéwěi (英 conclusion) ▶～の言葉を落とした手紙/没有结尾的信 méiyǒu jiéwěi de xìn ❸〖おにぎり〗饭团 fàntuán (英 a rice ball)

むすびあわせる【結び合わせる】 使结合 shǐ jiéhé; 使联合 shǐ liánhé (英 combine; tie together) ▶ロープで木材を～/用绳子把木材捆在一起 yòng shéngzi bǎ mùcái kǔnzài yìqǐ

むすびつく【結び付く】 结合 jiéhé; 有联系 yǒu liánxì; 相关 xiāngguān (英 be tied up; be related to…) ▶彼の過去はその村の歴史と固く結び付いていた/他的过去和这个村子的历史紧密相连 tā de guòqù hé zhège cūnzi de lìshǐ jǐnmì xiānglián ▶犯罪は貧しさと～/犯罪和贫困相关 fànzuì hé pínkùn xiāngguān ▶この件とそれがどう～か説明して下さい/请说明这件事和那件事有什么关联 qǐng shuōmíng zhè jiàn shì hé nà jiàn shì yǒu shénme guānlián

むすびつける【結び付ける】 联系 liánxì; 联结 liánjié; 系 jì; fasten) ▶日本と世界とを結び付けて考える/把日本和世界结合起来考虑 bǎ Rìběn hé shìjiè jiéhéqǐlai kǎolǜ ▶警察にはその数々の殺人と彼を～証拠がほとんどなかった/警察没有证据证明多起的杀人案和他有关 jǐngchá méiyǒu zhèngjù zhèngmíng duō qǐ de shārén-'àn hé tā yǒuguān

むすびめ【結び目】 结子 jiézi; 扣子 kòuzi (英 a knot) ▶～を作る/绾 wǎn; 打结 dǎ jié ▶～をほどく/解扣子 xiè kòuzi

むすぶ【結ぶ】 系 jì;〖契約などを〗订 dìng;〖場所と場所を〗连接 liánjiē (英 tie; bind; knot; [実を] bear) ▶靴紐を～/系鞋带儿 jì xiédàir ▶契約を～/签约 qiānyuē; 订合同 dìng hétong ▶実を～/结果儿 jiē guǒr ▶それはきちんと紙に包んで紐が結んであった/东西用纸好好儿包着, 还系了根绳子 dōngxi yòng zhǐ hǎohāor bāozhe, hái jìle gēn shéngzi ▶彼は秘かに三星社とも契約を結んでいた/他悄悄和三星社也签署了合同 tā qiāoqiāo hé Sānxīngshè yě qiānshǔle hétong ▶そのジェット旅客機は東京サンフランシスコ間を13時間で～/这架喷气式客机航行在东京和旧金山之间, 全程历时十三小时 zhè jià pēnqìshì kèjī hángxíng zài Dōngjīng hé Jiùjīnshān zhījiān, quánchéng lìshí shísān xiǎoshí ▶島と半島を～橋がこれからも 2 本予定されている/在岛和半岛之间, 今后打算建两条桥梁 zài dǎo hé bàndǎo zhījiān, jīnhòu dǎsuan jiàn liǎng tiáo qiáoliáng ▶ネクタイを結んで会社に行く/系上领带去公司 jìshàng lǐngdài qù gōngsī

むずむずする 痒痒 yǎngyang;〖気持ちが〗急切地想 jíqiè de xiǎng (英 feel itchy;[心が] be impatient) ▶背筋が～した/背上发痒 bèishang fāyǎng ▶鼻が～した/鼻子刺痒 bízi cìnao ▶falls～して落ち着かない/心心里慌乱, 不能沉静下来 tā xīnli huāngluàn, bùnéng chénjìngxiàlai

むすめ【娘】 女孩儿 nǚháir;〖親属名称の〗女儿 nǚ'ér (英 a daughter; a girl) ▶～さん/姑娘 gūniang; 闺女 guīnü ▶婿/女婿 nǚxu ▶母と～/母女俩 mǔnǚ liǎ ▶隣の～さんは～さんらしい～さんだ/邻居家的女孩儿有个女孩子样儿 línjūjiā de nǚháir yǒu ge nǚháiziyàngr ▶母は～時代を軍需工場で働いていた/妈妈在少女时代在军需工厂工作 māma zài shàonǚ shídài zài jūnxū gōngchǎng gōngzuò ▶がこの春高校の同級生と結婚した/女儿今年春天同一个年级的高中同学结婚了 nǚ'ér jīnnián chūntiān hé tóng yí ge niánjí de gāozhōng tóngxué jiéhūn le

日中比较 中国语的'娘 niáng' は「母親」のこと。

むせい【無声】 无声 wúshēng (英 silent) ▶～映画/无声片 wúshēngpiàn

むせい【夢精】 遗精 yíjīng (英 a wet dream)

むぜい【無税の】 无税 wúshuì (英 tax-free) ▶観光客の皆様はこちらの商品は～です/这些商品对各位游客免税 zhè xiē shāngpǐn duì gè wèi yóukè miǎnshuì ▶～のみやげ物屋といっても品が悪い/虽说是免税的礼品店, 质量却不好 suī shuō shì miǎnshuì de lǐpǐndiàn, zhìliàng què bùhǎo

むせいげん【無制限な】 无限制 wú xiànzhì (英 unrestricted; limitless) ▶～な乱獲でこの鳥は地球上から消えた/因为遭到无限制的滥捕, 这种鸟从地球上绝迹了 yīnwèi zāodào wú xiànzhì de lànbǔ, zhè zhǒng niǎo cóng dìqiúshang juéjì le

むせいふ【無政府】 无政府 wúzhèngfǔ (英 anarchy) ▶～主义/无政府主义 wúzhèngfǔ zhǔyì ▶～状态/无政府状态 wúzhèngfǔ zhuàngtài

むせいぶつ【無生物】 无生物 wúshēngwù (英 a lifeless thing)

むせいらん【無精卵】 无精卵 wújīngluǎn (英 an unimpregnated egg)

むせかえる【むせ返る】 呛 qiàng (英 be choked) ▶煙に～/被烟呛 bèi yān qiàng

むせきにん【無責任な】 不负责任 bú fù zérèn (英 irresponsible) ▶～な行動をとる/采取了不负责任的行动 cǎiqǔle bú fù zérèn de xíngdòng ▶～な親/没有责任心的父母 méiyǒu zérènxīn de fùmǔ

むせっそう【無節操な】 无节操 wú jiécāo (英 unprincipled)

むせびなく【むせび泣く】 呜咽 wūyè; 抽搭 chōuda; 抽泣 chōuqì (英 sob)

むせぶ〖泣いて〗抽泣 chōuqì; 哽咽 gěngyè (英 be choked) ▶涙に～/流泪哽咽 liúlèi gěngyè

むせる〖食べ物で〗噎食 yēshí;〖煙・刺激物で〗呛 qiàng (英 choke) ▶のどに物が詰まってむせ

むせん【無銭の】 没有钱 méiyǒu qián (英 *penniless*) ▶~飲食をする/白吃白喝 bái chī bái hē; 吃饭不付钱 chīfàn bú fù qián ▶今の若者は豊かだから~旅行はやらない/现今的年轻人有钱，不会作穷无分文的旅行 xiànjīn de niánqīngrén yǒuqián, búhuì zuò shēn wú fēn wén de lǚxíng

むせん【無線】 无线 wúxiàn (英 *radio*; *wireless*) ▶~操縦の車/无线操纵的车 wúxiàn cāozòng de chē
♦ **~ LAN** 〔電算〕 无线局域网 wúxiàn júyùwǎng

むそう【無双】 无双 wúshuāng; 无比 wúbǐ (英 *matchless*) ▶古今~/古今无双 gǔjīn wú shuāng

むそう【夢想する】 梦想 mèngxiǎng; 做梦 zuòmèng (英 *dream*) ▶この企画の成功を~する/梦想着这个计划成功 mèngxiǎngzhe zhège jìhuà chénggōng ▶彼が総理に就任するとは~だにしなかった/他出任总理是做梦也想不到的事儿 tā chūrèn zǒnglǐ shì zuòmèng yě xiǎngbudào de shì
♦ **~家** 幻想家 huànxiǎngjiā

むぞうさ【無造作に】 漫不经心 màn bù jīng xīn; 随便 suíbiàn; 简单 jiǎndān (英 *easily*; *casually*) ▶~に書きあげる/漫不经心地写完 màn bù jīng xīn de xiěwán ▶~に承知する/轻易答应 qīngyì dāying ▶~に財布を机の上に置く/随随便便地把钱包搁在桌子上 suísuíbiànbiàn de bǎ qiánbāo gēzài zhuōzishang ▶彼は~に額の汗をぬぐった/他随手擦去额头上的汗水 tā suíshǒu cāqù étoushang de hànshuǐ

むだ【無駄な】 白费 báifèi; 徒劳 túláo; 浪费 làngfèi (英 *useless*; *fruitless*) ▶~な努力/徒劳 túláo ▶~な努力などというものはない/努力不会白费的 nǔlì búhuì báifèi de ▶~がない文章/精炼的文章 jīngliàn de wénzhāng ▶時間を~にする/浪费时间 làngfèi shíjiān ▶~を省く/俭省 jiǎnshěng ▶彼の動きには~がない/他的行动没有白费 tā de xíngdòng méiyǒu báifèi ▶プロの投手は~な動作を一つもしない/专业的棒球投手不会作任何多余的动作 zhuānyè de bàngqiú tóushǒu búhuì zuò rènhé duōyú de dòngzuò ▶そんなことをしても~だ/做这样的事只能是徒劳 zuò zhèyàng de shì zhǐ néng shì túláo ▶やって見れば~だった/试了试，却是徒劳 shìleshì, què shì túláo ▶その方法では金と時間が~になる/用这样的方法，只能是白费金钱和时间 yòng zhèyàng de fāngfǎ, zhǐ néng shì báifèi jīnqián hé shíjiān ▶そこは多くの金が~になる/那样只会白白地多花钱 nàyàng zhǐ huì báibái de duō huā qián ▶装飾品の~な買い方は止めなさい/别在买装饰品方面浪费钱 bié zài mǎi zhuāngshìpǐn fāngmiàn làngfèi qián

むだあし【無駄足】 白走 bái zǒu; 扑空 pūkōng (英 *a fool's errand*) ▶~を踏む 白跑一趟 bái pǎo yí tàng

むだぐち【無駄口】 闲话 xiánhuà; 废话 fèihuà (英 *idle talk*) ▶~をたたく/闲聊 xiánliáo ▶おまえは~が多すぎる/你废话太多 nǐ fèihuà tài duō

むだづかい【無駄遣いする】 浪费 làngfèi; 乱花钱 luàn huā qián (英 *waste*)

むだばなし【無駄話】 闲扯 xiánchě; 淡话 dànhuà; 废话 fèihuà (英 *idle talk*) ▶~をする/扯谈 chětán; 闲聊 xiánliáo ▶時には酒を飲んで~でもしよう/有时饮酒，聊聊天也是好的吧 yǒushí yǐn jiǔ, liáoliao tiān shénmede ba

むだぼね【無駄骨】 徒劳 túláo; 白费 báifèi (英 *a vain effort*) ▶~を折る/白受累 bái shòulèi; 白费力气 báifèi lìqi

むだめし【無駄飯】 白吃饭 bái chī fàn; 不劳而食 bù láo ér shí (英 *an idle life*)
~食い 吃闲饭的人 chī xiánfàn de rén

むだん【無断】 径自 jìngzì; 私自 sīzì; 擅自 shànzì (英 *without permission*; *without notice*) ▶~带出する/擅自借出 shànzì jièchū
~欠勤する 旷职 kuàngzhí; 缺勤 quēqín ▶3度~欠勤すると解雇される/三次擅自缺勤就会被解雇 sān cì shànzì quēqín jiù huì bèi jiěgù

むち【無知な】 无知 wúzhī; 愚昧 yúmèi (英 *ignorant*) ▶~な輩/愚昧之徒 yúmèi zhī tú ▶自分の~を恥じる/对自己的无知感到羞耻 duì zìjǐ de wúzhī gǎndào xiūchǐ

むち【無恥な】 无耻 wúchǐ; 不要脸 bú yàoliǎn (英 *shameless*)

むち【鞭】 鞭子 biānzi (英 *a whip*; *a cane*) ▶~打ちの刑/笞刑 chīxíng ▶~打ち刑は西アジアではまだ行われている/在西亚还保留着鞭刑 zài Xī Yà hái bǎoliúzhe biānxíng ▶赛的马に~を打つのには决まりがある/赛马时用鞭打马也是有规则的 sàimǎ shí yòng biān dǎ mǎ yě shì yǒu guīzé de ▶体が~のようにしなる/身体像柳枝一样弯曲 shēntǐ xiàng liǔzhī yíyàng wānqū

むちうちしょう【鞭打症】 〔医〕击撞颈椎挫伤症 jīzhuàng jǐngzhuī cuòshāngzhèng (英 *whiplash*) ▶~で首に固定器をつけている/由于击撞颈椎挫伤症的原因，颈部带上了固定器 yóuyú jīzhuàng jǐngzhuī cuòshāngzhèng de yuányīn, jǐngbù dàishàngle gùdìngqì

むちうつ【鞭打つ】 鞭打 biāndǎ; 鞭挞 biāntà; 鞭策 biāncè (英 *encourage*; *urge*) ▶母の言葉が常に私を~/母亲的话时时鞭策着我 mǔqīn de huà shíshí biāncèzhe wǒ
老骨に~ 鞭策老躯 biāncè lǎoqū ▶祖父は老骨に鞭打って働き、私の学费を捻出してくれた/祖父撑着年迈之身坚持工作，为我筹措学费 zǔfù chēngzhe niánmài zhī shēn jiānchí gōngzuò, wèi wǒ chóucuò xuéfèi

むちつじょ【無秩序】 凌乱 língluàn; 紊乱 wěnluàn; 没有秩序 méiyǒu zhìxù (英 *confusion*; *disorder*) ▶~な/无序的 wúxù de

むちゃ【無茶な】 蛮不讲理 mán bù jiǎnglǐ; 太不合理 tài bù hélǐ (英 *unreasonable*; *reckless*)

むちゃくちゃ

▶～を言う/胡搅 hújiǎo; 胡说八道 hú shuō bā dào　▶～をして体をこわすなよ/别胡来, 把身体搞坏了 bié húlái, bǎ shēntǐ gǎohuài le　▶～な頼みだとは分かっているが引き受けてくれないか/我也知道这个请求真是岂有此理, 可还是请您答应我 wǒ yě zhīdào zhège qǐngqiú zhēn shì qǐ yǒu cǐ lǐ, kě háishi qǐng nín dāying wǒ

むちゃくちゃ【無茶苦茶な】　荒唐 huāngtáng; huāngtang; 岂有此理 qǐ yǒu cǐ lǐ (英 *confused*)　▶どう考えても～なことだ/怎么想也觉得是个荒唐事儿 zěnme xiǎng yě juéde shì ge huāngtáng shìr

むちゃくりくひこう【無着陸飛行】　直达飞行 zhídá fēixíng (英 *a nonstop flight*)

むちゅう【夢中になる】　入迷 rùmí; 着迷 zháomí (英 *forget oneself; be beside oneself*)　▶ゲームに～になる/玩游戏入迷 wán yóuxì rùmí　▶若い二人は～になって将来の話をしていた/说到将来, 两个年轻人谈得如痴如醉 shuōdào jiānglái, liǎng ge niánqīngrén tánde rú chī rú zuì　▶株に～になって大損をする/痴迷于股票, 赔了大钱 chīmí yú gǔpiào, péile dàqián　▶彼を～にさせるなんて彼女は罪なことする/让他着迷, 这可是她的罪过 ràng tā zháomí, zhè kěshì tā de zuìguo　▶～で林の中を走る/忘我地在树林里奔跑 wàngwǒ de zài shùlínli bēnpǎo　▶彼女は勉強よりスポーツに～である/比起学习, 她对运动更为痴迷 bǐqǐ xuéxí, tā duì yùndòng gèng shì chīmí

むちん【無賃で】　不交费 bù jiāofèi (英 *free of charge*)　▶～乗車/无票乘车 wúpiào chéngchē

むつう【無痛の】　无痛 wútòng (英 *painless*)　▶～分娩/无痛分娩 wútòng fēnmiǎn

むっくりと　忽地 hūdì; 蓦地 mòdì (英 *suddenly*)　▶檻の中のライオンは～と起き上がった/笼子中的狮子忽地站起来 lóngzi zhōng de shīzi hūdì zhànqǐlai

むつごと【睦言】　闺房私话 guīfáng sīhuà (英 *love talk*)　▶たわいない～/无聊的闺房私话 wúliáo de guīfáng sīhuà

むっちりした　丰满 fēngmǎn; 胖乎乎 pànghūhū (英 *plump; chubby*)　▶～した乳房/丰满的乳房 fēngmǎn de rǔfáng

むっつりした　沉默寡言 chénmò guǎyán; 闷闷不乐 mènmèn bú lè (英 *sullen*)　▶彼は今朝から～した顔をしている/他从今天早上起一直都闷闷不乐的 tā cóng jīntiān zǎoshang qǐ yìzhí dōu mènmèn bú lè de

むっとする　❶【憤る】　赌气 dǔqì; 发怒 fānù (英 *get angry; take offense*)　▶彼は同僚の言葉遣いに～した/他对同事用词不当感到十分愤怒 tā duì tóngshì yòng cí bù dàng gǎndào shífēn fènnù　▶彼は～して電話を切った/他赌气挂上了电话 tā dǔqì guàshàngle diànhuà

❷【蒸し暑い】　闷得慌 mènde huāng; 熏蒸 xūzhēng (英 *be stuffy; be close*)　▶ホールは熱気で～していた/大厅里的热气让人憋闷 dàtīngli de rèqì ràng rén biēmen　▶ドアを開けると～するにおいが入り込んできた/一打开门, 熏人的气味窜了进来 yì dǎkāi mén, xūn rén de qìwèi cuànlejìnlai

むつまじい【睦まじい】　融洽 róngqià; 和睦 hémù (英 *on good terms; intimate*)　▶仲～な夫婦/恩爱夫妻 ēn'ài fūqī　▶その夫婦は何事もなく睦まじく暮らした/那对夫妇相处得和谐融合 nà duì fūfù xiāngchǔde héxié rónghé

むていけん【無定見】　顺风倒 shùnfēngdǎo; 无主见 wú zhǔjiàn (英 *lack of principles*)　▶彼は～な男は見たことがない/还没见过像他那样没有主见的人 hái méi jiànguo xiàng tā nàyàng méiyǒu zhǔjiàn de rén

むていこう【無抵抗】　不抵抗 bùdǐkàng (英 *nonresistance*)　▶～主義/不抵抗主义 bù dǐkàng zhǔyì　▶～の捕虜/束手就擒的俘虏 shù shǒu jiù qín de fúlǔ　▶兵士は～の市民に銃撃を加えた/士兵开枪袭击不抵抗的市民 shìbīng kāiqiāng xíjī bù dǐkàng de shìmín

むてき【無敵】　无敌 wúdí; 战无不胜 zhàn wú bú shèng (英 *invincible; unrivaled*)　▶～の軍隊/无敌的军队 wú dí de jūnduì　▶スペインの～艦隊も歴史は歴史の寛容を得なかった/西班牙的无敌舰队也没有得到历史的宽容 Xībānyá de wúdí jiànduì yě méiyǒu dédào lìshǐ de kuānróng

むてき【霧笛】　雾笛 wùdí (英 *a foghorn*)　▶霧の中を互いに～を鳴らしあう/在雾中相互鸣雾中警笛 zài wù zhōng xiānghù míng wùzhōng jǐngdí

むてっぽう【無鉄砲な】　愣头愣脑 lèngtóu lèngnǎo; 鲁莽 lǔmǎng; 冒失 màoshi (英 *reckless; thoughtless*)　▶～な娘/鲁莽的女孩 lǔmǎng de nǚhái　▶～をやる男だった/他是个做事鲁莽的家伙 tā shì ge zuòshì lǔmǎng de jiāhuo

むでん【無電】　无线电 wúxiàndiàn (英 *radio; wireless*)

むてんか【無添加の】　无添加物 wú tiānjiāwù (英 *additive-free*)　♦～食品/无添加物的食品 wú tiānjiāwù de shípǐn

むとうは【無党派】　无党派 wúdǎngpài (英 *the independent*)　▶～層/无党派阶层 wúdǎngpài jiēcéng

むとうひょう【無投票で】　不经投票 bù jīng tóupiào (英 *without voting*)　▶議長は～で選ばれた/议长不经投票就当选了 yìzhǎng bù jīng tóupiào jiù dāngxuǎn le

むどく【無毒】　无毒 wúdú (英 *nonpoisonous*)

むとくてん【無得点の】　零分 língfēn; 无得分 wú défēn (英 *scoreless*)　▶試合は～のまま延長戦に入った/比赛到最后也没有得分, 进入加时赛 bǐsài dào zuìhòu yě méiyǒu défēn, jìnrù jiāshísài

むとどけ【無届けの】　没请示 méi qǐngshì; 未上报 wèi shàngbào (英 *without notice*)　▶昨日彼は～で学校を休んだ/昨天他旷课了 zuótiān tā kuàngkè le

むとんちゃく【無頓着な】 不在意 bú zàiyì; 漫不经心 màn bù jīngxīn (英 indifference) ▶彼は富にも名声にも～だ/他对财富和名声都很不在意 tā duì cáifù hé míngshēng dōu hěn bú zàiyì ▶彼は会社でも～な服装をして来る/即使是上班, 他也不注意服装 jíshǐ shì shàngbān, tā yě bú zhùyì fúzhuāng

むないた【胸板】 胸脯 xiōngpú (英 a chest) ▶～が厚い/胸部厚 xiōngbù hòu

むなぎ【棟木】〖建築〗栋木 dòngmù; 脊檀 jǐtán (英 the ridgepole)

むなくそ【胸糞】 ～が悪い 真使人恶心 zhēn shǐ rén ěxīn; 太不痛快 tài bú tòngkuài ▶この本は人の悪口ばかり書いていて～が悪くなる/这本书尽说人坏话, 让人感到不舒服 zhè běn shū jǐn shuō rén huàihuà, ràng rén gǎndào bù shūfu

むなぐら【胸ぐら】 前襟 qiánjīn (英 the breast) ▶相手の～をつかむ/抓住对方的前襟 zhuāzhù qiánjīn ▶～に鉄砲を突きつける/把枪架在胸前 bǎ qiāng jiàzài xiōngqián

むなぐるしい【胸苦しい】 胸口堵得慌 xiōngkǒu dǔdehuāng; 喘不上气来 chuǎnbushàng qì lái (英 feel heavy in one's breast) ▶布団の重みで胸苦しくなって目が覚めた/因被子很沉, 感到喘不上气, 醒了过来 yīn bèizi hěn chén, gǎndào chuǎnbushàng qì, xǐngleguòlai

むなげ【胸毛】 胸毛 xiōngmao (英 chest hair) ▶暑くても～を見せるな/即使很热, 也别露出胸毛 jíshǐ hěn rè, yě bié lùchū xiōngmáo

むなさわぎ【胸騒ぎがする】 忐忑不安 tǎntè bù'ān (英 feel uneasy)

むなざんよう【胸算用】 心里盘算 xīnli pánsuan (英 [思惑] expectation) ▶～だけで老後の生活はできない/光靠心里盘算, 晚年的生活也得不到保证 guāng kào xīnli pánsuan, wǎnnián de shēnghuó yě débudào bǎozhèng

むなしい【空しい・虚しい】《無內容》空虚 kōngxū (英 empty);《むだな》徒劳 túláo (英 futile) ▶～希望/妄想 wàngxiǎng ▶彼の努力は空しかった/他的努力只是徒劳 tā de nǔlì zhǐshì túláo ▶語れば語るほど～感じがする/越说越觉得空虚 yuè shuō yuè juéde kōngxū ▶空しく過ごす/虚度 xūdù ▶空しく時を過ごす/虚度光阴 xūdù guāngyīn ▶遭難した父は祈りも空しく帰って来なかった/祈祷也是徒劳, 遇难的父亲再也没有回来 qídǎo yě shì túláo, yùnàn de fùqin zài yě méiyǒu huílái

むなつきはっちょう【胸突き八丁】 很陡的山岐 hěn dǒu de shānqí;《比喩的》最紧要的关头 zuì jǐnyào de guāntóu (英 the last crucial moment) ▶交渉が～にさしかかっている/交涉进入了最困难的局面 jiāoshè jìnrùle zuì kùnnan de júmiàn

むなもと【胸元】 胸部 xiōngbù (英 the breast)

むに【無二】 无双 wúshuāng; 独一无二 dú yī wú èr (英 matchless; unique) ▶～の親友/独一无二的亲密朋友 dú yī wú èr de qīnmì péngyou; 至交 zhìjiāo

むにゃむにゃ【むにゃむにゃ言う】 咕哝 gūnóng; 叽里咕噜 jīligūlū (英 mumble) ▶彼は言葉を濁した/他唧嘟哝哝地说了些什么敷衍 tā dūdunónggnóng de shuōle xiē shénme fūyǎn

むにんか【無認可】 (英 unauthorized) ▶～の保育園/无照托儿所 wúzhào tuō'érsuǒ

むにんしょ【無任所】 (英 without portfolio) ▶～大使/无任所大使 wú rèn suǒ dàshǐ

むね【旨】《主たる考え》宗旨 zōngzhǐ;《意味》意思 yìsi (英 effect; an aim) ▶節約を～とする/以节约为宗旨 yǐ jiéyuē wéi zōngzhǐ ▶その～を伝える/传达这个意思 chuándá zhège yìsi ▶承知した～の手紙を受け取る/收到来信, 说是同意 shōudào láixìn, shuōshì tóngyì ▶当理髪店は技術と丁寧さを～としております/我们理发店以技术和周到对待客作为宗旨 wǒmen lǐfàdiàn yǐ jìshù hé zhōudào dàikè zuòwéi zōngzhǐ

むね【胸】 **❶**[胸部] 胸脯 xiōngpú; 胸膛 xiōngtáng (英 the chest; the breast) ▶～に抱く/怀抱 huáibào; 胸怀 xiōng huái ▶～と肩を思いきり出した服/大胆露出胸部和肩部的衣服 dàdǎn lùchū xiōngbù hé jiānbù de yīfu ▶～の厚い/胸膛坚实 xiōngtáng jiānshí ▶～をそらす/挺着胸膛 tǐngzhe xiōngtáng ▶健康のために～を張って歩く/为了健康, 昂首挺胸地行走 wèile jiànkāng, ángshǒu tǐngxiōng de xíngzǒu ▶彼は任せろとばかりに～を叩く/他拍着胸, 像是说:"交给我好了！" tā pāizhe xiōng, xiàng shì shuō: "Jiāogěi wǒ hǎo le！"
❷[乳房] 胸部 xiōngbù (英 breasts) ▶あの女優は豊かな～で売っている/那个女演员凭着丰满的胸部博得人气 nàge nǚyǎnyuán píngzhe fēngmǎn de xiōngbù bódé rénqì
❸[胸の臓器]《心臓》心 xīn (英 the heart);《肺》肺 fèi (英 the lungs);《胃》胃 wèi (英 a stomach) ▶～を患う/患肺病 huàn fèibìng ▶～がむかつく/作呕 zuò'ǒu ▶～がどきどきする/心里怦怦 xīntiào ▶心跳 xīntiào ▶消化の悪い物を食べ過ぎて～が焼けた/吃多了不易消化的东西烧心 chīduōle búyì xiāohuà de dōngxi shāoxīn ▶見晴らしのいい山道で～一杯に空気を吸った/山道景色很美, 我尽情地呼吸着空气 shāndào jǐngsè hěn měi, wǒ jìnqíng de hūxīzhe kōngqì
❹[心] 内心 nèixīn; 心里 xīnli (英 one's heart) ▶～の内を話す/谈心 tánxīn ▶難病で死んだ義父のことを考えると～がいっぱいになる/想到患上疑难病症的岳父, 心里感慨万千 xiǎngdào huànshàng yínán bìngzhèng de yuèfù, xīnli gǎnkǎi wànqiān ▶恋心を深く～に秘める/心里深深地藏着爱恋 xīnli shēnshēn de cángzhe àiliàn

～が痛む 感到痛心 gǎndào tòngxīn ▶おまえのことを考えると～が痛む/想到你的事, 我就觉得心

痛 xiǎngdào nǐ de shì, wǒ jiù juéde xīntòng
～がおどる 心情激动 xīnqíng jídòng ▶卒業できると思うと～がおどる/想到可以毕业，我心里欢喜不已 bìyè, wǒ xīnlǐ huānxǐ bùyǐ
～が張り裂ける 肝肠欲断 gāncháng yù duàn ▶誰にも見取られずに死んだ姉のことを考えると～が張り裂ける思いがする/想到没有人护理而死去的姐姐，心如刀割般地难受 xiǎngdào méiyǒu rén hùlǐ ér sǐqù de jiějie, xīn rú dāo gē bān de nánshòu
～三寸 决定在君的～三寸にある/决定藏在你的心中 juédìng cángzài nǐ de xīnzhōng
～に一物 ▶～に一物ありそうな声で質問する/心怀叵测，用沙哑的声音质问 xīn huái pǒcè, yòng shāyǎ de shēngyīn zhìwèn
～に浮かぶ ▶走って一番になった父の姿が～に浮ぶ/心中浮现出跑到最前面的爸爸的身影 xīnzhōng fúxiànchū pǎodào zuì qiánmian de bàba de shēnyǐng
～にこたえる 打动人心 dǎdòng rénxīn ▶友人の一言が～にこたえる/朋友的一句话打动了我的心 péngyou de yí jù huà dǎdòngle wǒ de xīn
～のすく 痛快 tòngkuài ▶その一言に実に～のすく思いだった/这句话真让我心里的石头落了地 zhè jù huà zhēn ràng wǒ xīnlǐ de shítou luò le de
～を痛める ▶息子の素行の悪さに～を痛める/对儿子的品行感到心痛 duì érzi de pǐnxíng gǎndào xīntòng
～を打たれる 感动 gǎndòng ▶漁師たちの仲間の弔い方に～を打たれた/被渔民们悼念同伴的方式所打动 bèi yúmínmen dàoniàn tóngbàn de fāngshì suǒ dǎdòng
～をしめつけられる ▶残された幼い子のあどけなさに～をしめつけられる/看到幼小的遗孤那天真的样子，心里十分难过 kàndào yòuxiǎo de yígū nà tiānzhēn de yàngzi, xīnlǐ shífēn nánguò
～をなでおろす 放下心来 fàngxia xīn lái ▶無事に就職できて～をなでおろす/终于得以顺利就职，心里落下一块石头 zhōngyú déyǐ shùnlì jiùzhí, xīnlǐ luòxià yí kuài shítou
～を張る ▶編集者はこれはいい企画だと～を張った/编辑挺着胸说，这个计划很不错 biānjí tǐngzhe xiōng shuō, zhège jìhuà hěn bùcuò

むね【棟】（建物）栋 dòng (英 *a building; a house*) ▶狭い敷地に4～建てる/在狭窄的一块地上建起四栋房子 zài xiázhǎi de yí kuài dìshàng jiànqǐ sì dòng fángzi ▶両親は廊下伝いの別～で生活している/父母住在走道相连的另一栋房子里 fùmǔ zhùzài zǒudào xiānglián de lìng yí dòng fángzilǐ
♦～上げ: 上梁 shàngliáng; 上梁仪式 shàngliáng yíshì

むねあて【胸当】 护胸布 hù xiōngbù; 护胸甲 hù xiōngjiǎ (英 *a breastplate*)
むねはば【胸幅】 胸宽 xiōngkuān (英 *chest expansion*) ▶彼は背は低いが～は広い/他个子矮，胸宽却很大 tā gèzi ǎi, xiōngkuān què hěn dà

むねやけ【胸焼けする】 烧心 shāoxīn (英 *have heartburn*)
むねん【無念】 悔恨 huǐhèn; 遗憾 yíhàn (英 *regret*) ▶～に思う/悔恨 huǐhèn; 懊悔 àohuǐ ▶今年も～の涙を飲んだ/今年仍然让人流下懊悔的眼泪 jīnnián réngrán ràng rén liúxià àohuǐ de yǎnlèi
むのう【無能な】 无能 wúnéng (英 *incompetent; incapable*) ▶～な人間/饭桶 fàntǒng; 无能的人 wúnéng de rén ▶主婦として彼女は全く～であった/作为主妇，她实在太无能了 zuòwéi zhǔfù, tā shízài tài wúnéng le
むのうりょく【無能力】 没有能力 méiyǒu nénglì (英 *incompetence*) ▶彼が～者だと次第に分かってきた/渐渐看出来他没有能力了 jiànjiàn kànchūlai tā méiyǒu nénglì le
むはい【無敗の】 不败 bú bài; 战无不胜 zhàn wú bú shèng (英 *undefeated*) ▶《相撲で》十両になるまで～を続けた/不败的纪录一直保持到成为"十两" bú bài de jìlù yìzhí bǎochí dào chéngwéi "shí liǎng"
むばんそう【無伴奏】 无伴奏 wú bànzòu (英 *unaccompanied*) ▶～で歌う/清唱 qīngchàng
むひ【無比】 无双 wúshuāng; 无比 wúbǐ (英 *unique; unequaled*) ▶1000年前の世界の～の石像/一千年前举世无双的石像 yìqiān nián qián jǔ shì wú shuāng de shíxiàng
むひょう【霧氷】【気象】树挂 shùguà; 雾凇 wùsōng (英 *rime*)
むひょうじょう【無表情な】 无表情 wú biǎoqíng (英 *expressionless; blank*) ▶～を装った顔/脸上装着没有表情 liǎnshang zhuāngzhe méiyǒu biǎoqíng ▶彼は～な顔で座っていた/他面无表情地坐着 tā miàn wú biǎoqíng de zuòzhe
むびょうそくさい【無病息災】 没病没灾 méi bìng méi zāi (英 *good health*) ▶神社に詣でて～を祈る/参拜神社，祈求无病免灾 cānbài shénshè, qíqiú wú bìng miǎn zāi
むふう【無風】 无风 wú fēng (英 *windless; calm*) ▶今度は有力な対立候補が立たず～選挙区になった/这次没有具备实力的参选人来挑战，本选区风平浪静 zhè cì méiyǒu jùbèi shílì de cānxuǎnrén lái tiǎozhàn, běn xuǎnqū fēng píng làng jìng
むふんべつ【無分別な】 莽撞 mǎngzhuàng; 贸然 màorán (英 *thoughtless; reckless*) ▶なんにでも手を出す～な男/什么都想做，考虑不周的人 shénme dōu xiǎng zuò, kǎolǜ bùzhōu de rén
むほう【無法な】 无赖 wúlài; 无法无天 wú fǎ wú tiān (英 *unlawful; [乱暴な] outrageous*) ▶～地带/无视法律的地区 wúshì fǎlǜ de dìqū ▶～なことを言う/蛮不讲理 mán bù jiǎnglǐ
♦～者: 不轨之徒 bùguǐ zhī tú ▶西部劇では～者がいないと映画にならない/在西部片中，没有蛮横粗野的人就成不了电影 zài xībùpiàn zhōng, méiyǒu mánhéng cūyě de rén jiù chéngbuliǎo

diànyǐng

> [日中比較] 中国語の'无法 wúfǎ'は「…のしようがない」という意味.

むぼう【無謀な】 鲁莽 lǔmǎng (英 *reckless; wild*) ▶彼は～にも単身で社長室に乗り込んだ/他一个人鲁莽地闯进总经理办公室 tā yí ge rén lǔmǎng de chuǎngjìn zǒngjīnglǐ bàngōngshì ▶～なことをする/做事鲁莽，欠斟酌 zuòshì lǔmǎng, qiàn zhēnzhuó ▶酒饮みの～運転で犠牲者が後を絶たない/饮酒后莽撞开车造成的受害者层出不穷 yǐn jiǔ hòu mǎngzhuàng kāichē zàochéng de shòuhàizhě céng chū bù qióng ▶軽装の～な登山で毎年この山では가 사人が出る/这座山每年都会有一些身着轻装鲁莽登山的人受伤 zhè zuò shān měinián dōu huì yǒu yìxiē shēnzhuó qīngzhuāng lǔmǎng dēngshān de rén shòushāng

むほうしゅう【無報酬の】 无偿 wúcháng; 义务 yìwù (英 *unpaid; voluntary*) ▶事故の責任を取って3ヶ月間～で働く/为了承担事故的责任，无报酬地工作三个月 wèile chéngdān shìgù de zérèn, wú bàochóu de gōngzuò sān ge yuè ▶毎日～で街路掃除をする/每天义务清扫街道 měitiān yìwù qīngsǎo jiēdào

むぼうび【無防備な】 无防备 wú fángbèi (英 *defenseless; unfortified*) ▶～都市/没有防备的城市 méiyǒu fángbèi de chéngshì ▶大津波に～な島々が大被害を受けた/在大海啸中，没有准备的许多岛屿遭受了灾害 zài dàhǎixiào zhōng, méiyǒu zhǔnbèi de xǔduō dǎoyǔ zāoshòule zāihài ▶この地域の住宅は地震に対してあまりに～だった/这个地区的住宅根本没有顾及到抗震问题 zhège dìqū de zhùzhái gēnběn méiyǒu gùjídào kàngzhèn wèntí

むほん【謀反】 谋反 móufǎn; 反叛 fǎnpàn; 造反 zàofǎn (英 *revolt; treason*) ▶德川幕府に～を起こす/反叛德川幕府 fǎnpàn Déchuān mùfǔ ▶～を企てた首謀者として捕らわれる/作为策动反叛的首犯被逮捕 zuòwéi cèdòng fǎnpàn de shǒufàn bèi dàibǔ ▶その時代は～人は極刑をもって裁かれた/那个时代，谋反的人要被处以极刑 nàge shídài, móufǎn de rén yào bèi chǔ yǐ jíxíng

むみ【無味】 无味 wúwèi; 没有趣味 méiyǒu qùwèi
~乾燥 索然寡味 suǒrán guǎwèi ▶～乾燥な議論/枯燥无味的议论 kūzào wúwèi de yìlùn ▶～乾燥な文章/枯燥无味的文章 kūzào wúwèi de wénzhāng ▶得にも損にもならない～乾燥な話/没有意义枯燥无味的内容 méiyǒu yìyì kūzào wúwèi de nèiróng
~無臭 无味无臭 wúwèi wúxiù

むめい【無名】 无名 wúmíng; 不著名 bú zhùmíng (英 *anonymous; unknown*) ▶～の作家/无名的作家 wúmíng de zuòjiā ▶岡島はユニークな投球方法で～から第一線に躍り出た/冈岛凭借特别的投球方式，从无名小卒升到第一流的行列 Gāngdǎo píngjiè tèbié de tóuqiú fāngshì, cóng wúmíng xiǎozú shēngdào dìyīliú de hángliè ▶～戦士の墓はいつも花束が置かれている/无名战士的墓前总是放着花束 wúmíng zhànshì de mùqián zǒngshì fàngzhe huāshù ▶この絵は画家がまだ～だった頃の作品です/这幅画是画家尚未成名时的作品 zhè fú huà shì huàjiā shàngwèi chéngmíng shí de zuòpǐn

むめい【無銘】 没落款 méi luòkuǎn; 没留名 méi liúmíng (英 *unsigned; nameless*) ▶崩れ落ちた蔵の土壁から～の短刀が出てきた/仓库崩塌，从土墙中露出一把没落款的短刀 cāngkù bēngtā, cóng tǔqiáng zhōng lùchū yì bǎ méi luòkuǎn de duǎndāo

むめんきょ【無免許の】 无照 wúzhào; 没有执照 méiyǒu zhízhào (英 *unlicensed*) ▶～運転/无照驾驶 wúzhào jiàshǐ ▶～運転でその高校生は退学処分を受けた/由于无照开车，那个高中生受到了退学处分 yóuyú wúzhào kāichē, nàge gāozhōngshēng shòudàole tuìxué chǔfèn

むやみ【無闇に】 瞎 xiā; 胡乱 húluàn (英 *excessively; recklessly*) ▶年取って～に怒る/上了年纪，动不动就发火 shàngle niánjì, dòngbudòng jiù fāhuǒ ▶川に～にゴミを捨てるな/别往河里滥扔垃圾 bié wǎng hé lǐ lànrēng lājī ▶緊張で～と喉が渇く/因为紧张，喉咙干得冒烟 yīnwèi jǐnzhāng, hóulóng gàn de màoyān

むゆうびょう【夢遊病】〔医〕梦行症 mèngxíngzhèng; 梦游症 mèngyóuzhèng; 夜游症 yèyóuzhèng (英 *sleepwalking*) ▶かぜの後で～者のように体に力が入らない/感冒之后，就像梦游症患者一样，浑身乏力 gǎnmào zhīhòu, jiù xiàng mèngyóuzhèng huànzhě yíyàng, húnshēn fálì

むよう【無用の】(役に立たない) 没有用处 méiyǒu yòngchu; (禁止) 不许 bùxǔ; 无用 wúyòng (英 *useless; unnecessary; needless*) ▶以上彼を待つのは～だ/再继续等他也没用 zài jìxù děng tā yě méiyòng
▶開放～〖揭示〗**不得开放** bùdé kāifàng 天地～〖揭示〗**请勿倒置** qǐng wú dàozhì ～の長物 多余的东西 duōyú de dōngxi; 赘疣 zhuìyóu ▶～の長物となった雨傘が電車の中に置かれている/雨伞成了累赘，被放在电车里 yǔsǎn chéngle léizhui, bèi fàngzài diànchēlǐ ～の者立ち入り禁止〖揭示〗**闲者免进** xiánzhě miǎn jìn

むよく【無欲】 无私欲 wú sīyù; 淡泊 dànbó; 恬淡 tiándàn (英 *unselfish; disinterested*) ▶練習の甲斐あって～の勝利を得る/练习得到回报，最终以平常心取得胜利 liànxí dédào huíbào, zuìzhōng yǐ píngchángxīn qǔdé shènglì

むら【村】 村 cūn; 村落 cūnluò; 村庄 cūnzhuāng (英 *a village*) ▶～人/村里人 cūnlirén; 乡亲们 xiāngqīnmen ▶～人といっても私ら10数人の老人だけです/村民也就只有我们老人十几个 cūnmín yě jiù zhǐ yǒu wǒmen lǎorén shíjǐ ge ▶山間の～/山村 shāncūn ▶～はずれに/村头 cūntóu ▶～役場は合併のあと取り壊さ

れた/村公所在合并之后被拆掉了 cūngōngsuǒ zài hébìng zhīhòu bèi chāidiào le ▶特産物の金柑で~おこしをする/用特产金橘来发展村子的经济 yòng tèchǎn jīnjú lái fāzhǎn cūnzi de jīngjì

むらのある（英 *uneven*）▶気持ちに~のある社長で従業員が困っている/总经理变化无常，职员们感到很为难 zǒngjīnglǐ biànhuà wúcháng, zhíyuánmen gǎndào hěn wéinán ▶~のある作家と付き合う編集者の身にもなってみろ/总是对待性情易变的作家，也该体谅编辑的难处 zǒngshì duìdài xìngqíng yìbiàn de zuòjiā, yě gāi tǐliàng biānjí de nánchu

~がある 易变 yìbiàn; **没定性 méi dìngxìng** ▶色に~がある/颜色不匀 yánsè bùyún ▶気性に~がある/性情多变 xìngqíng yìbiàn; 忽三忽四 hū sān hū sì ▶彼は気分屋だから成績に~がある/他对学习忽冷忽热，成绩不稳定 tā duì xuéxí hū lěng hū rè, chéngjì bù wěndìng

~がない 匀净 yúnjing; **匀实 yúnshi** ▶着実に原稿を書いてくれる~がない先生/踏踏实实写稿子，不会忽三忽四的著者 tātashíshí xiě gǎozi, búhuì hū sān hū sì de zhùzhě

むらがる【群がる】 群集 qúnjí; 聚集 jùjí（英 *crowd*）▶沖でカモメが群がっている/海面上，海鸥成群飞翔 hǎimiànshang, hǎi'ōu chéngqún fēixiáng ▶砂糖に~無数のあり/砂糖里爬着成群结队的蚂蚁 shātánglǐ pázhe chéngqún jiéduì de mǎyǐ ▶熱帯魚の~海にカメラを持ち込む/把照相机带到热带鱼聚集的海里 bǎ zhàoxiàngjī dàidào rèdàiyú jùjí de hǎilǐ

むらさき【紫】（色）**紫色 zǐsè**（英 *violet*）▶~草/紫鸭跖草 zǐyāzhícǎo ▶寒中水泳で唇が~になる/游冬泳，嘴唇冻得发紫 yóu dōngyǒng, zuǐchún dòngde fāzǐ ▶机にぶつかり打ち身で膝の辺りが~色になった/撞到桌子上，膝盖周围发青 zhuàngdào zhuōzishang, xīgài zhōuwéi fā qīng

むらさきずいしょう【紫水晶】〔鉱物〕**紫石英 zǐshíyīng**（英 *amethyst*）

むらす【蒸らす】 闷 mēn; 蒸 zhēng（英 *steam*）▶酒まんじゅうを湯気で~/用蒸气来蒸酒馒头 yòng zhēngqì lái zhēng jiǔmántou ▶急須に~たをして少し茶を~/盖上壶盖闷一会儿茶 gàishàng húgài mēn yíhuìr chá

むらはちぶ【村八分】 遭受社会排斥 zāoshòu shèhuì páichì（英 *ostracism*）▶ゴミ置き場の件が後を引き田家では~になった/因为倒垃圾的事情，田村家被近邻孤立起来 yīnwèi dào lājī de shìqing, Tiáncūn jiā bèi jìnlín gūlìqǐlai

むらむらと（怒気・欲望などが）**涌上来 yǒngshànglai**（英 *increasingly*）▶生返事に~と怒りが沸いてくる/听到含糊其辞的回答，不由得怒上心头 tīngdào hánhu qí cí de huídá, bùyóude nù shàng xīntóu

むり【無理】（不当）**不合理 bùhélǐ**; 难題 **nántí**;（不可能）**不可能 bù kěnéng**;（むりやり）**硬 yìng**; **勉强 miǎnqiǎng**（英 *impossibility*; *forc-*

ing）▶そりゃ~だ/那不可能 nà bù kěnéng ▶~を言うよな/请不要难为我 qǐng búyào nánwei wǒ ▶彼には~でしょう/他不能承担吧 tā bùnéng chéngdān ba ▶~な要求/不合理的要求 bù hélǐ de yāoqiú ▶社員に~な要求を突きつける/把不合理的要求强加于公司职员 bǎ bù hélǐ de yāoqiú qiángjiā yú gōngsī zhíyuán ▶~に後輩に酒を飲ませた先輩は退学となった/强迫低年级学生饮酒的高年级学生被处以退学 qiǎngpò dīniánjí xuésheng yǐn jiǔ de gāoniánjí xuésheng bèi chǔ yǐ tuìxué ▶働ける人を61歳で~に退職させるべきではない/不应当强制性地要求还能工作的人到六十一岁就退休 bù yīngdāng qiángzhìxìng de yāoqiú hái néng gōngzuò de rén dào liùshíyī suì jiù tuìxiū ▶彼がそのことを自慢するのは~もない/他以此为骄傲也是理所当然的 tā yǐ cǐ wéi jiāo'ào yě shì lǐ suǒ dāngrán de ▶踝に~のかからないハイヒールを履く/穿不给脚踝造成负担的高跟鞋 chuān bù gěi jiǎohuái zàochéng fùdān de gāogēnxié ▶期末を乗り切るために~算段する/为了渡过期末而四处筹措 wèile dùguò qīmò ér sìchù chóucuò ▶親会社の持ち上げのために子会社に~難題を持ちかける/由于总公司营业额不佳，把很多难题强加给分公司 yóuyú zǒnggōngsī yíngyè'é bù jiā, bǎ hěn duō nántí qiángjiā gěi fēngōngsī

ことわざ **無理が通れば道理が引っ込む** 邪理行得通，正理就不存在了 xiélǐ xíngdetōng, zhènglǐ jiù bù cúnzài le

~をする ▶いいところを見せようとして~をする/硬要展示自己的优点 yìng yào zhǎnshì zìjǐ de yōudiǎn ▶彼女は~をして体をこわした/她硬撑，到底病倒了 tā yìngchēng, dàodǐ bìngdǎo le ▶~をするなよ/不要勉强了 búyào miǎnqiáng le ▶~をしないでも、それくらいのことはできます/这样的事轻轻松松就能做 zhèyàng de shì qīngqīngsōngsōng jiù néng zuò

♦**~押し** ▶~押ししてますます事態は悪くなる/强干硬进，结果事态越来越严重 qiǎng gàn yìng jìn, jiéguǒ shìtài yuèláiyuè yánzhòng ▶~心中/痛ましい老夫婦の~心中が多発する/老夫妇被迫自杀的悲惨事件多有发生 lǎofūfù bèipò zìshā de bēicǎn shìjiàn duō yǒu fāshēng

むりかい【無理解】 缺乏理解 quēfá lǐjiě（英 *lack of understanding*）▶周囲の~で二人は別れ別れになった/由于周围人缺乏理解，他们两个不得不分手了 yóuyú zhōuwéirén quēfá lǐjiě, tāmen liǎng ge bùdébù fēnshǒu le

むりじい【無理強いする】 勉强 miǎnqiáng; **强使 qiángshǐ**; **逼迫 bīpò**（英 *force*; *compel*）▶相手の嫌がることを~するのはよくない/不喜欢的事情硬逼对方做是不好的 bù xǐhuan de shìqing yìng bī duìfāng zuò shì bù hǎo de ▶酒を~/强行劝酒 qiángxíng quànjiǔ

むりそく【無利息】〔金融〕**无利息 wúlìxī**（英 *non-interest*）▶3ヶ月間は~なんて怪しいぞ/三个月无利息什么的，可能吗？sān ge yuè wú lìxī shénmede, kěnéng ma?

むりやり【無理矢理に】 硬 yìng; 勉強 miǎnqiǎng（英 by force）▶～言わせる/强迫着说 qiǎngbīzhe shuō ▶～学校に連れて行く/强行带到学校 qiángxíng dàidào xuéxiào

むりょう【無料の】 免費 miǎnfèi（英 free (of charge)）▶～券/免票 miǎnpiào ▶～の飲み物が供される/提供免费的饮料 tígōng miǎnfèi de yǐnliào ▶駅構内の~雑誌が大流行（1ﾘ）りだ/车站里的免费杂志很受欢迎 chēzhànli de miǎnfèi zázhì hěn shòu huānyíng
♦～サービス ▶～サービスのキムチやゆで卵/免费提供的韩国泡菜和鸡蛋 miǎnfèi tígōng de Hánguó pàocài hé jīdàn ▶当レストランではミネラルウォーターは~サービスです/本餐厅的矿泉水是免费的 běn cāntīng de kuàngquánshuǐ shì miǎnfèi de

むりょく【無力な】 没能力 méi nénglì; 无力 wúlì（英 helpless; powerless）▶～な父/无力的父亲 wúlì de fùqīn ▶何の権限も無く、さだけが漂う/没有任何权力，显得十分无力 méiyǒu rènhé quánlì, xiǎnde shífēn wúlì

むるい【無類の】 絶倫 juélún; 无比 wúbǐ（英 unrivaled; matchless）▶～の酒好き・大酒鬼 dàjiǔguǐ ▶叔父は~の好人物で叔母はいつもこぼしている/叔父是一个少有的好人, 为此婶子时常抱怨 shūfù shì yí ge shǎoyǒu de hǎorén, wèi cǐ shěnzi shícháng bàoyuàn

むれ【群れ】 群 qún（英 a group; a crowd）▶～をなす/成群结队 chéng qún jié duì ▶鮭が~をなして川を上っていく/大马哈鱼成群结队, 逆流而上 dàmǎhǎyú chéng qún jié duì, nìliú ér shàng ▶ライオンの~が老いたヌーに襲いかかった/狮子群向老角马发起了攻击 shīzi qún xiàng lǎojiǎomǎ fāqǐle gōngjī

むれる【群れる】 群集 qúnjí（英 group; herd）▶丘の上に羊が群れている/山丘上绵羊成群 shānqiūshang miányáng chéng qún

むれる【蒸れる】 〔食べ物が〕蒸透 zhēngtòu（英 be steamed）;〔通気性が悪くて〕闷 mēn（英 be stuffy）▶すきっ腹に蒸れた肉まんの匂いが堪らない/饥肠难以抵挡蒸肉包香味的诱惑 jīfù nányǐ dǐdǎng zhēng ròubāo xiāngwèi de yòuhuò ▶靴の中で足が~/脚闷在鞋子里 jiǎo mēnzai xiézili

むろ【室】 窖 jiào（英 a cellar）▶氷を~に蓄える/把冰储存在地窖里 bǎ bīng chǔcún zài dìjiàoli

むろん【無論】 不用说 búyòng shuō; 当然 dāngrán（英 of course）▶～彼の案には賛成だ/当然赞成他的想法 dāngrán zànchéng tā de xiǎngfa ▶it は偽情報で～何事もおこらなかった/这是假信息, 不用说, 什么也没有发生 zhè shì jiǎxìnxì, búyòng shuō, shénme yě méiyǒu fāshēng

【日中比較】中国語の'无论 wúlùn'は「…にかかわらず」「…であろうとあるまいと」という意味．

め

め【目】
❶〔目〕眼睛 yǎnjing;《目の玉》眼珠 yǎnzhū（英 an eye）▶～を開ける/睁眼 zhēng yǎn ▶～が霞む/眼花 yǎn huā ▶～を細める/眯缝眼睛 mīfeng yǎnjing ▶あの子は青い~をしている/那个孩子长着一双蓝眼睛 nàge háizi zhǎngzhe yì shuāng lányǎnjing ▶大きい~をしている/长着一双大眼睛 zhǎngzhe yì shuāng dàyǎnjing ▶～を閉じる/闭上眼睛 bìshàng yǎnjing ▶弱気になって~を伏せる/胆怯地垂下眼帘 dǎnqiè de chuíxia yǎnlián ▶しっかりしろ！どこに~があるんだ/你做什么呀！眼睛长哪儿去了？nǐ zuò shénme ya! yǎnjing zhǎng nǎr qù le? ▶彼女は~を泣きはらしていた/她把眼睛给哭肿了 tā bǎ yǎnjing gěi kūzhǒng le ▶彼は読書で疲れた~を休めた/他让读书读累的双眼歇了歇 tā ràng dúshū dúlèi de shuāng yǎn xiēlexiē

❷〔視力・視線〕視力 shìlì; 视线 shìxiàn; 目光 mùguāng（英 sight）▶来期の予算書の数字に~をすえる/凝神细看下一期预算表上的数字 níngshén xì kàn xià yì qī yùsuànbiǎoshang de shùzì ▶～の届かぬ所に薬をおく/把药放在不易看到的地方 bǎ yào fàngzài bú yì kàndào de dìfang ▶パソコン使用で~を悪くする/因为用电脑视力下降了 yīnwèi yòng diànnǎo shìlì xiàjiàng le ▶彼はほとんど~が見えなくなっている/他几乎什么都看不见了 tā jīhū shénme dōu kànbujiàn le ▶彼は~が暗やみに慣れるのを待った/他等着眼睛逐渐习惯黑暗 tā děngzhe yǎnjing zhújiàn xíguàn hēi'àn ▶～の前で人が倒れる/有人就在眼前倒下了 yǒu rén jiù zài yǎnqián dǎoxià le ▶偶然～と~を合わす/视线偶然碰到了一起 shìxiàn ǒurán pèngdàole yìqǐ ▶現場は見てられない惨状だった/现场实在惨不忍睹 xiànchǎng shízài cǎn bù rěn dǔ ▶そういう魚はまだ~にしたことがない/那种鱼我还没看过 nà zhǒng yú wǒ hái méi kànguo

❸〔注目〕注意 zhùyì; 注目 zhùmù（英 attention）▶機敏さが監督の~についた/(他的)机敏引起了教练的注意 (tā de)jīmǐn yǐnqǐle jiàoliàn de zhùyì ▶小さいながらも~につく広告だ/那是个虽小却醒目的广告 nà shì ge suī xiǎo què xǐngmù de guǎnggào ▶前から~をつけていた骨董品を安く買う/低价买下很久以前就看中的古董 dījià mǎixià hěn jiǔ yǐqián jiù kànzhòng de gǔdǒng ▶赤ん坊から~をはなす/眼睛别离开婴儿 yǎnjing bié líkāi yīng'ér

❹〔見方・眼識〕看法 kànfǎ; 眼力 yǎnlì; 见识 jiànshì（英 a viewpoint; discernment）▶長い~で見ると、その方がかえって利益がある/长远地看, 那样做反而有利 chángyuǎn de kàn, nàyàng zuò fǎn'ér yǒulì ▶私の~から見ると彼は無能力だ/依我看, 他没有能力 yī wǒ kàn, tā méiyǒu néngli ▶そのできごとは子供の〜で記録されている/那件事从孩子的角度被记录下来 nà jiàn shì cóng háizi de jiǎodù bèi jìlùxiàlai ▶彼には人を見る〜がある/他看人的眼力高 tā kàn rén de yǎnlì gāo ▶執筆者の誠実さを見た私の〜に狂いはない/看到执笔者的真诚，可以说我的眼光很准 kàndào zhíbǐzhě de zhēnchéng, kěyǐ shuō wǒ de yǎnguāng hěn zhǔn

❺【経験】经验 jīngyàn; 遭遇 zāoyù 〘英〙an experience）▶せっかくの行楽も雨と風でひどい〜にあう/难得出游，却因为刮风下雨吃尽了苦头儿 nándé chūyóu, què yīnwèi guāfēng xià yǔ chījīnle kǔtóur ▶うまいことをしようとすると、こういう〜にあうんだ/想投机取巧就会落到这个下场 xiǎng tóu jī qǔ qiǎo jiù huì luòdào zhège xiàchang

❻【網目など目の形のもの】眼 yǎn; 眼儿 yǎnr 〘英〙[台風の]the eye; [針の]an eye; [さいころの]a spot) ▶昨年最下位のチームが今年台風の〜になる/去年排名最低的队今年成了注目的焦点 qùnián páimíng zuìdī de duì jīnnián chéngle zhùmù de jiāodiǎn ▶ベルトの〜を一つゆるめる/把皮带眼儿松出一格 bǎ pídàiyǎnr sōngchū yī gé ▶網の〜の大きさで取れる魚を加減する/以渔网眼的大小调整捕到的鱼 yǐ yúwǎngyǎn de dàxiǎo tiáozhěng bǔdào de yú

ことわざ 目には目を 以眼还眼，以牙还牙 yǐ yǎn huán yǎn, yǐ yá huán yá

ことわざ 目は口ほどに物を言う 眼睛会说话 yǎnjing huì shuō huà; 眉目传情，胜过言语 méimù chuán qíng, shèngguò yányǔ

金には〜もくれない 对钱连看都不看一眼 duì qián lián kàn dōu bú kàn yì yǎn

〜が利く 识货 shíhuò

〜がくらむ 眩惑 xuànhuò ▶欲に〜がくらむ/利令智昏 lì lìng zhì hūn

〜が肥えている 鉴赏能力很强 jiànshǎng nénglì hěn qiáng

〜が覚める 眼前一亮 yǎnqián yí liàng; 醒悟 xǐngwù ▶〜が覚めるような美人/光彩夺目的美人 guāngcǎi duó mù de měirén ▶この事件で彼も少しは〜が覚めたらしい/经过这个事件，他似乎也稍微醒悟过来了 jīngguò zhège shìjiàn, tā sìhū yě shāowēi xǐngwùguòlai le

〜がない 着迷 zháomí; 没眼力 méi yǎnlì ▶彼はワインに〜がない/他是葡萄酒迷 tā shì pútáojiǔ mí ▶君を活用しないなんて、課長も〜がない/不任用你，科长也真是没有眼力 bú rènyòng nǐ, kēzhǎng yě zhēn shì méiyǒu yǎnlì

〜が回る 《船酔いなどで》眼睛打眩 yǎnjing dǎxuàn; 《忙しくて》忙得团团转 mángde tuántuánzhuàn ▶〜が回るほど忙しい/忙得头昏眼花 mángde tóuhūn yǎnhuā ▶おなかが空きすぎて〜が回る/饿得头晕目眩 ède tóuyūn mùxuàn

〜から火が出る 眼冒金星 yǎn mào jīnxīng ▶ぶつかって〜から火が出る/被撞得眼冒金星 bèi zhuàngde yǎn mào jīnxīng

〜と鼻の先 距离很近 jùlí hěn jìn ▶〜と鼻の先にある美味しい豆腐屋の屋号は竹屋です/就在不远处的那家美味豆腐坊的商号叫"竹屋" jiù zài bùyuǎnchù de nà jiā měiwèi dòufufáng de shānghào jiào "Zhúwū"

〜に余る 看不下去 kànbuxiàqù; 不能容忍 bùnéng róngrěn ▶彼の手抜きの業務態度は〜に余る/他那疏漏怠慢的工作态度令人不能容忍 tā nà shūlòu dàimàn de gōngzuò tàidù lìng rén bùnéng róngrěn

〜に入れても痛くない 极为疼爱 jí wéi téng'ài ▶近所の中田さんにも〜に入れても痛くない孫ができた/邻居中田先生得了一个掌上明珠般的宝贝孙子 línjū Zhōngtián xiānsheng déle yí ge zhǎngshàng míngzhū bān de bǎobèi sūnzi

〜に見えて 眼看着 yǎn kànzhe; 明显地 míngxiǎn de ▶退院後、〜に見えて彼は血色がよくなった/出院后，他的脸色日见好转 chūyuàn hòu, tā de liǎnsè rìjiàn hǎozhuǎn ▶三学期になって〜に見えて上達した/到了第三个学期，明显地进步了 dàole dìsān ge xuéqī, míngxiǎnde jìnbù le

〜の色を変える 变脸色 biàn liǎnsè ▶大したことでもないのに〜の色を変えて彼女は怒った/并不是什么大不了事，可是她却变脸大怒 bénlái bú shì shénme dàbuliǎo shì, kěshì tā què biànliǎn dà nù

〜の上のたんこぶ 眼中钉 yǎnzhōngdīng; 肉中刺 ròuzhōngcì ▶係長は〜の上のたんこぶ/股长是眼中钉 gǔzhǎng shì yǎnzhōngdīng

〜の敵 眼中钉 yǎnzhōngdīng ▶才能のある部下を〜の敵にする/他把有才能的部下看作眼中钉 tā bǎ yǒu cáinéng de bùxià kànzuò yǎnzhōngdīng

〜の黒いうち 有生之年 yǒu shēng zhī nián ▶俺の〜の黒いうちは勝手な振る舞いはさせない/只要我还有一口气，就不许他胡来 zhǐyào wǒ háiyǒu yì kǒu qì, jiù bùxǔ tā húlái

〜の毒 眼馋 yǎnchán ▶ゲームの新ソフトは子供には〜の毒だ/游戏的新软件让孩子们眼馋 yóuxì de xīnruǎnjiàn ràng háizimen yǎnchán

〜の飛び出るような 令人吃惊 lìng rén chījīng ▶あの小さなバッグの〜の飛び出るような値段だ/那件小包的价格令人瞠目结舌 nà jiàn xiǎobāo de jiàgé lìng rén chēng mù jié shé

〜を奪うような《華やかで》鲜艳夺目 xiānyàn duómù

〜を掛ける 关切 guānqiè; 挂念 guàniàn

〜を配る 留意 liúyì ▶旅館の女将は額の僅かな傾きにも〜を配る/旅馆的老板娘对画框的微小倾斜也十分留意 lǚguǎn de lǎobǎnniáng duì huàkuàng de wēixiǎo qīngxié yě shífēn liúyì

〜をこらす 凝视 níngshì; 聚精会神地看 jù jīng huì shén de kàn

〜を通す 浏览 liúlǎn; 通看 tōngkàn ▶書類に〜を通す/浏览文件 liúlǎn wénjiàn ▶10年間の資料に〜を通す/把十年的资料看一遍 bǎ shí nián de zīliào kàn yí biàn

~を盗む 避开眼睛 bìkāi yǎnjing
~を光らす 株価操作に~を光らす/严加监视对股市价格的操作 yánjiā jiānshì duì gǔshì jiàgé de cāozuò
~を引く 触目 chùmù; 引人注目 yǐn rén zhù mù
~を見張る 瞪眼 dèng yǎn

め【芽】芽 yá;〔(兆)(きざ)し〕苗头 miáotou (英 *a bud*) ▶~が出る/发芽 fāyá; 露苗 lòumiáo ┃~を摘む/打尖 dǎjiān;〔(比喩)〕消灭在萌芽之中 xiāomiè zài méngyá zhī zhōng ┃反乱を摘む/除掉叛乱的苗头 chúdiào pànluàn de miáotou ┃田舎に帰ったらもう桜の~が出ていた/回到老家，樱花树已经发芽了 huídào lǎojiā, yīnghuāshù yǐjīng fāyá le ┃時間を掛けた事業がやっと~をふき始めた/花费了很长时间的事业终于开始起步了 huāfèile hěn cháng shíjiān de shìyè zhōngyú kāishǐ qǐbù le ┃彼はいつまでたっても~が出ないな/他始终出不了头 tā shǐzhōng chūbuliǎo tóu

-め【-目】❶〔程度〕(英 *rather...*) ▶小さ~のお茶碗/小一点的饭碗 xiǎo yìdiǎn de fànwǎn ❷〔順序〕二つ~の曲りかどを曲がる/在第二个拐角处拐弯 zài dì'èr ge guǎijiǎochù guǎiwān ▶ディズニーランドに行くのはこれで何回~ですか/到迪士尼乐园这是第几次呢? dào Díshìní lèyuán zhè shì dìjǐ cì ne? ▶彼は3度~の受験で合格した/他考了三次才考中了 tā kǎole sān cì cái kǎozhòng le ┃2杯~のカクテルを飲んでいた/在喝第二杯鸡尾酒 zài hē dì'èr bēi jīwěijiǔ

めあたらしい【目新しい】新奇 xīnqí; 新异 xīnyì (英 *new; novel*) ▶~企画で会社を活気づけようではないか/咱们做出新颖的策划，给公司带来生机吧 zánmen zuòchū xīnyǐng de cèhuà, gěi gōngsī dàilái shēngjī ba

めあて【目当て】〔目的〕目的 mùdì (英 *an aim*);〔目印〕目标 mùbiāo (英 *a guide*) ▶財産を~に/为了财产 wèile cáichǎn ┃灯台を~に/以灯塔为目标 yǐ dēngtǎ wéi mùbiāo ▶シニアを~に作られている旅行企画/以中老年为对象制定的旅行计划 yǐ zhōnglǎonián wéi duìxiàng zhìdìng de lǚxíng jìhuà ▶金が~で結婚する/为了钱结婚 wèile qián jiéhūn ┃身代金の誘拐は必ず捕まる/以索取赎金为目的的绑架，犯人一定会落网 yǐ suǒqǔ shújīn wéi mùdì de bǎngjià, fànrén yídìng huì luòwǎng

めい【命】命令 mìnglìng (英 *an order*) ▶社長の~によりワシントンに派遣される/受总经理之命被派驻华盛顿 shòu zǒngjīnglǐ zhī mìng bèi pàizhù Huáshèngdùn

めい【姪】侄女 zhínǚ; 外甥女 wàishēngnǚ (英 *a niece*) ▶私は兄弟が多く、~は10人いる/我的兄弟姐妹很多，侄女、外甥女有十个 wǒ de xiōngdì jiěmèi hěn duō, zhínǚ, wàishengnǚ yǒu shí ge

めい【銘】铭 míng; 铭文 míngwén (英〔碑銘〕*an inscription*;〔刀剣などの〕*a signature*) ▶座右の~/座右铭 zuòyòumíng ▶…~を打って/以…为名 yǐ… wéi míng ▶~菓/上等点心 shàngděng diǎnxin; 有名糕点 yǒumíng gāodiǎn ▶~のある刀/刻有工匠名字的刀 kèyǒu gōngjiàng míngzi de dāo

めいあん【名案】好主意 hǎo zhǔyi; 妙计 miàojì (英 *a good idea*) ▶苦しんだ後に~が浮かぶ/冥思苦想后终于想出了好主意 míng sī kǔ xiǎng hòu zhōngyú xiǎngchūle hǎo zhǔyi

めいあん【明暗】明暗 míng'àn; 幸福与不幸 xìngfú yǔ búxìng; 祸福 huòfú (英 *light and shade*) ▶一度の試験で人生の~を決められてたまるか/只靠一次考试怎么能决定一辈子的祸福呢? zhǐ kào yí cì kǎoshì zěnme néng juédìng yíbèizi de huòfú ne? ▶交通事故にはシートベルトをしていた、いなかったで~を分ける/交通事故发生时，是否系安全带会决定生死 jiāotōng shìgù fāshēng shí, shìfǒu jì ānquándài huì juédìng shēngsǐ

めいい【名医】名医 míngyī; 神医 shényī (英 *a skilled doctor*) ▶街に~あり/神医藏于市井里 shényī cángyú shìjǐngli

めいうん【命運】命运 mìngyùn (英 *one's fate*) ▶新製品に我が社は~をかける/新产品牵系着我们公司的命运 xīnchǎnpǐn qiānxìzhe wǒmen gōngsī de mìngyùn ▶政権の~は尽きましたな/政权的气数要尽了吧 zhèngquán de qìshu yào jìn le ba

めいおうせい【冥王星】〔天文〕冥王星 Míngwángxīng (英 *Pluto*)

めいか【名家】名门 míngmén; 名家 míngjiā (英 *a distinguished family*) ▶妹はその地方の~といわれるところに嫁いだ/妹妹嫁到了在那一带被视为名门的人家 mèimei jiàdàole zài nà yídài bèi shìwéi míngmén de rénjiā

めいが【名画】❶〔絵画の〕名画 mínghuà (英 *a great picture*) ❷〔映画の〕著名影片 zhùmíng yǐngpiàn (英 *a famous film*)

めいかい【明快な・明解な】明快 míngkuài; 明确 míngquè (英 *clear*) ▶~な論理/简明的逻辑 jiǎnmíng de luójí ┃~な答えはなかなか出ない/难以得出明快的答案 nányǐ déchū míngkuài de dá'àn ▶社長は~に言い切るが実際はたいへんくはいかない/尽管总经理说得很明确，但实际上并不那么容易 jǐnguǎn zǒngjīnglǐ shuōde hěn míngquè, dàn shíjìshang bìng bú nàme róngyì

めいかい【冥界】冥界 míngjiè; 阴间 yīnjiān (英 *Hades*)

めいかく【明確な】明确 míngquè (英 *clear; distinct*) ▶~な見解/明确的见解 míngquè de jiànjiě ▶~に区分する/明确划分 míngquè huàfēn ▶~な指導方針/明确的指导方针 míngquè de zhǐdǎo fāngzhēn ┃態度を~にする/明确态度 míngquè tàidù ▶それは~には表現できない/那很难明确表达出来 nà hěn nán míngquè biǎodáchūlái ▶事故の責任を~にする/明确事故责任所在 míngquè shìgù zérèn suǒ zài

めいがら【銘柄】品种 pǐnzhǒng; 品牌 pǐnpái; 商标 shāngbiāo (英 *a brand*; [株式の] *a name*) ▶~の売買／品牌交易 pǐnpái jiāoyì ▶「あきたこまち」は米の有名な～です／"秋田小町"是稻米中有名的品牌 "Qiūtián xiǎodīng" shì dàomǐ zhōng yǒumíng de pǐnpái

めいかん【名鑑】 名簿 míngbù; 名录 mínglù (英 *a directory*) ▶企业～／企业名录 qǐyè mínglù

めいき【明記する】 清楚写出 qīngchu xiěchū; 写明 xiěmíng; 明确记载 míngquè jìzǎi (英 *write clearly*) ▶法律に～する／在法律上明确写出 zài fǎlǜshang míngquè xiěchū ▶そういうことは憲法のどこにも～されていない／那种事在宪法上根本没有明文规定 nà zhǒng shì zài xiànfǎshang gēnběn méiyǒu míngwén guīdìng

めいき【銘記する】 牢记 láojì; 铭记 míngjì [心に] *keep... in mind*) ▶開拓の苦労を石碑に～する／将开拓时期的艰辛铭刻在石碑上 jiāng kāituò shíqī de jiānxīn míngkè zài shíbēishang ▶先生のお言葉は生涯心に～します／老师的话铭记在心终生不忘 lǎoshī de huà míngjì zài xīn zhōngzhěng bú wàng

めいぎ【名義】 名义 míngyì (英 *one's name*) ▶父の～を使う／借用父亲的名义 jièyòng fùqin de míngyì ▶会员证の～书き换えには金が挂かる／变更会员证的名义人需要交钱 biàngēng huìyuánzhèng de míngyìrén xūyào jiāo qián ▶家屋の所有者を子供に～书き换える／把房产的产权人改写成孩子的名字 bǎ fángchǎn de chǎnquánrén gǎixiěchéng háizi de míngzi

めいきゅう【迷宫】 迷宫 mígōng (英 *a labyrinth*) ▶事件は～入りらしい／事件看来真相不明 shìjiàn sìhū zhēnxiàng bùmíng ▶その毒杀事件はあと半年で～入りになる／那个毒杀事件再过半年就将成无头案 nàge dúshā shìjiàn zài guò bàn nián jiù jiāng chéng wútóu'àn

めいきょく【名曲】 名曲 míngqǔ (英 *an excellent piece of music*) ▶ベートーベンは苦难を乘り越えて多くの～を残した／贝多芬战胜了重重苦难，留下了众多的名曲 Bèiduōfēn zhànshèngle chóngchóng kǔnàn, liúxiàle zhòngduō de míngqǔ

めいく【名句】 名句 míngjù; 名言 míngyán (英 *a wise saying*) ▶古今東西の～辞典を編集する／编辑古今中外名句辞典 biānjí gǔjīn zhōngwài míngjù cídiǎn ▶会長は～を引くのがうまい／会长善于引用名句 huìzhǎng shànyú yǐnyòng míngjù

めいくん【名君】 名君 míngjūn (英 *a wise monarch*)

めいげつ【名月・明月】 明月 míngyuè; 满月 mǎnyuè; 望月 wàngyuè (英 [さえた月] *a bright moon*; [満月] *a full moon*; [仲秋の] *the harvest moon*) ▶中秋の～／中秋明月 Zhōngqiū míngyuè; 中秋节 Zhōngqiūjié ▶中秋の～にはすすきや栗や団子をお供えします／中秋明月之夜，供上芒草、栗子和米粉团 Zhōngqiū míngyuè zhī yè, gòngshàng mángcǎo、lìzi hé mǐfěntuán

めいげん【名言】 名言 míngyán (英 *a wise saying*) ▶子供ながら～を吐いて大人をうならせる／虽然是个孩子，可是随口讲出名言使大人感叹 suīrán shì ge háizi, kěshì suíkǒu jiǎngchū míngyán shǐ dàren gǎntàn ▶それは～だ／这是名言 zhè shì míngyán

めいげん【明言する】 明确说出 míngquè shuōchū; 明说 míngshuō; 明言 míngyán (英 *declare*) ▶増税を～すればその党は選挙に負ける恐れがある／明确提出增税的话，那个党派将可能在选举中败北 míngquè tíchū zēngshuì dehuà, nàge dǎngpài jiāng kěnéng zài xuǎnjǔ zhōng bàibēi

めいこう【名工】 名工 mínggōng; 能工巧匠 nénggōng qiǎojiàng (英 *a master craftsperson*) ▶陶芸でも建筑でも彫刻でも名を残した～が日本には多数いる／无论是陶瓷工艺还是建筑、雕刻，名留青史的能工巧匠在日本为数众多 wúlùn shì táocí gōngyì háishi jiànzhù、diāokè, míng liú qīngshǐ de nénggōng qiǎojiàng zài Rìběn wéishù zhòngduō

めいさい【明細な】 详细 xiángxì (英 *detailed*) ◆～書：清账 qīngzhàng; 详单 xiángdān ▶改築の～書を検討してから業者と契約する／先把改建的清单研究一下再和施工公司签合同 xiān bǎ gǎijiàn de qīngdān yánjiū yíxià zài hé shīgōng gōngsī qiān hétong

めいさい【迷彩】 迷彩 mícǎi; 保护色 bǎohùsè (英 *camouflage*) ▶～を施す／涂保护色 tú bǎohùsè ▶顔にも服にも～を施したゲリラ／在脸上和衣服上都涂上迷彩的游击队员 zài liǎnshang hé yīfushang dōu túshàng mícǎi de yóujī duìyuán

めいさく【名作】 名作 míngzuò; 名著 míngzhù (英 *a masterpiece*) ▶母は読書家で古今の～はほとんど読んでいる／母亲酷爱读书，古今名著几乎都读过 mǔqin kù'ài dúshū, gǔjīn míngzhù jīhū dōu dúguo ▶映画の「二十四の瞳」はほんとに～ですね／电影《二十四只眼睛》真是一部优秀作品 diànyǐng《Èrshísì zhī yǎnjing》zhēn shì yí bù yōuxiù zuòpǐn

めいさつ【明察】 明察 míngchá; 洞察 dòngchá (英 *clear insight*) ▶「御～」と何度も言って褒め上げた／反复称赞说："您真是明察秋毫" fǎnfù chēngzàn shuō: "Nín zhēn shì míngchá qiūháo"

めいさん【名産】 名产 míngchǎn; 特产 tèchǎn (英 *a noted product*) ▶当地～苺を食べてみてくれ／请尝尝这里的名产草莓 qǐng chángchang zhèlǐ de míngchǎn cǎoméi ▶ここの～は酒饅頭です／这里的特产是酒味豆沙包 zhèlǐ de tèchǎn shì jiǔwèi dòushābāo ▶土産に～の漬物を買っていこう／买回特产的咸菜做礼物吧 mǎihuí tèchǎn de xiáncài zuò lǐwù ba ▶鹿児島の～といえば芋焼酎だ／说起鹿儿岛县的特产当然是白薯酒 shuōqǐ Lù'érdǎoxiàn de tèchǎn dāngrán shì báishǔ shāojiǔ

めいし【名士】 名人 míngrén；名士 míngshì（英 *a celebrity*）▶かつて校長を務めた地方の〜である/是曾经出任过校长的地方名士 shì céngjīng chūrènguo xiàozhǎng de dìfāng míngshì ▶政界の〜と自分で言っているだけだ/自称为政界名士 zìchēngwéi zhèngjiè míngshì ▶この時代に〜気取りでいるとは信じられない/在这个时代还以名士自居，真是难以置信 zài zhège shídài hái yǐ míngshì zìjū, zhēn shì nán yǐ zhì xìn
◆〜録 ▶〜録に載せると言われて詐欺にあう/被告知将载入"名士录"而上当受骗 bèi gàozhī jiāng zǎirù "míngshì lù" ér shàngdàng shòupiàn

めいし【名刺】 名片 míngpiàn（英 *a calling card*）；[営業用] *a business card*）▶SSDのマークのある〜/印有SSD标记的名片 yìn yǒu SSD biāojì de míngpiàn ▶〜を交換して話を始める/交换名片开始谈话 jiāohuàn míngpiàn kāishǐ tánhuà ▶彼の〜にはただ山田太郎と書いてあった/他的名片上只印着"山田太郎"四个字 tā de míngpiànshang zhǐ yìnzhe Shāntián Tàiláng sì ge zì ▶挨拶と同時に〜を差し出す/边寒暄边递上名片 biān hánxuān biān dìshàng míngpiàn

めいし【名詞】[文法] 名词 míngcí（英 *a noun*）

めいじ【明示する】 明示 míngshì；晓示 xiǎoshì（英 *state plainly*）▶ドアに避難路を〜する/在门上明示避难路线 zài ménshang míngshì bìnàn lùxiàn

めいじつ【名実】 名实 míngshí（英 *name and reality*）▶〜相伴う/名副其实 míng fù qí shí ▶〜相伴わない/名不副实 míng bú fù shí ▶賞金女王となって〜ともに彼女が今年のチャンピオンです/当上获奖女王，是今年名副其实的冠军 dāngshàng huòjiǎng nǚwáng, tā shì jīnnián míng fù qí shí de guànjūn

めいしゃ【目医者】 眼科医生 yǎnkē yīshēng（英 *an eye doctor*）▶患者で一杯になる/一到花粉纷飞的季节，眼科医生那里的患者就会满满的 yí dào huāfěn fēnfēi de jìjié, yǎnkē yīshēng nàli de huànzhě jiù huì mǎnmǎn de

めいしゅ【名手】 名手 míngshǒu；高手 gāoshǒu（英 *an expert*）▶バイオリンの〜/小提琴的名手 xiǎotíqín de míngshǒu ▶スマッシュの〜/扣球的高手 kòuqiú de gāoshǒu ▶短編小説の〜/短篇小说的名手 duǎnpiān xiǎoshuō de míngshǒu

めいしゅ【盟主】 霸主 bàzhǔ；盟主 méngzhǔ（英 *the leader*）▶〜となる/执牛耳 zhí niú'ěr ▶あのチームはとうていアジアの〜にはなれない/那个球队根本本当不了亚洲的霸主 nàge qiúduì gēnběn dāngbushàng Yàzhōu de bàzhǔ

めいしゅ【銘酒】 名酒 míngjiǔ；名牌酒 míngpáijiǔ（英 *sake of a superior brand*）▶私は味が分からないから〜でなくとも飲む/我不懂酒，即使不是名牌酒也喝 wǒ bù dǒng jiǔ, jíshǐ bú shì míngpáijiǔ yě hē

めいしょ【名所】 名胜 míngshèng（英 *a noted place*）▶北京に3泊して〜旧跡を見て回る/在北京住三天游览名胜古迹 zài Běijīng zhù sān tiān yóulǎn míngshèng gǔjì ▶今年も妻と東京の桜の〜を見て回った/今年也和妻子到处观赏了东京的樱花名胜 jīnnián yě hé qīzi dàochù guānshǎngle Dōngjīng de yīnghuā míngshèng ▶上京した同窓と東京の〜を見物する/和来东京的同学一起参观东京的名胜 hé lái Dōngjīng de tóngxué yìqǐ cānguān Dōngjīng de míngshèng

めいしょう【名匠】 大师 dàshī；名匠 míngjiàng（英 *a master hand*）▶〜の手になる竹細工の花瓶/出自名匠之手的竹编工艺花瓶 chūzì míngjiàng zhī shǒu de zhúbiān gōngyì huāpíng

めいしょう【名将】 名将 míngjiàng（英 *a great commander*）

めいしょう【名称】 名称 míngchēng；名字 míngzi（英 *a name*）▶新製品に強そうな〜をつける/给新产品起一个强有力的名字 gěi xīnchǎnpǐn qǐ yí ge qiángyǒulì de míngzi ▶大企業の変更は費用も規模も大きい/大企业变更名称费用和规模都很大 dàqǐyè biàngēng míngchēng fèiyong hé guīmó dōu hěn dà

めいしょう【名勝】 名胜 míngshèng（英 *a place of scenic beauty*）

めいじょう【名状】 ▶〜し難い/不可名状 bùkě míngzhuàng；难以表达 nányǐ biǎodá ▶時おり〜し難い焦燥感に襲われる/有时忽然感到不可名状的焦躁 yǒushí hūrán gǎndào bùkě míngzhuàng de jiāozào

めいじる【命じる】 命令 mìnglìng；吩咐 fēnfù；交代 jiāodài（英 *order*）；[任命する] *appoint*）▶昨日の編集会議の報告を〜/吩咐报告昨天的编辑会议情况 fēnfù bàogào zuótiān de biānjí huìyì qíngkuàng ▶母は息子に部屋を整理するように命じた/妈妈吩咐儿子收拾房间 māma fēnfù érzi shōushi fángjiān ▶命じられた通りにしなさい/请按照指示去做 qǐng ànzhào zhǐshì qù zuò ▶主審はしつこい抗議に退場を命じた/主裁判命令没完没了进行抗议的队员退场 zhǔcáipàn mìnglìng méi wán méi liǎo jìnxíng kàngyì de duìyuán tuìchǎng

めいじる【銘じる】 铭刻 míngkè（英 *impress*）肝に〜 铭记在心 míngjì zài xīn ▶監督のその一言を肝に銘じて野球人生を送る/把教练的那句话铭记在心度过棒球生涯 bǎ jiàoliàn de nà jù huà míngjì zài xīn dùguò bàngqiú shēngyá

めいしん【迷信】 迷信 míxìn（英 *superstition*）▶〜を打破する/破除迷信 pòchú míxìn ▶〜でも運勢占いは毎日楽しみにする/虽然知道是迷信，每天也喜欢占卜运势 suīrán zhīdào shì míxìn, měitiān yě xǐhuan zhānbǔ yùnshì ▶山村の〜は住民の減少とともに失われた/山村里的迷信随着居民的减少而逐渐消失了 shāncūnli de míxìn suízhe jūmín de jiǎnshǎo ér zhújiàn xiāoshī le ▶〜でも大安の日には結婚式を挙げる/明知是迷信，也愿选择日历上黄道吉日举行婚礼 míngzhī shì míxìn, yě yuàn xuǎnzé rìlìshang huángdào jírì jǔxíng hūnlǐ

めいじん【名人】 妙手 miàoshǒu; 名匠 míngjiàng; 高手 gāoshǒu (英 *a master; an expert*) ▶射撃の〜/射击高手 shèjī gāoshǒu ▶夫は傘をなくす—なのよ，全くもう/丈夫是丢伞的专家，真是的 zhàngfu shì diū sǎn de zhuānjiā, zhēnshide ▶おじさんは鮎釣りの〜でこの季節は家にいません/爷爷是钓香鱼的高手，这个季节不在家 yéye shì diào xiāngyú de gāoshǒu, zhège jìjié bú zàijiā ▶兄は包丁捌きに—肌のところがある/哥哥在刀功上颇有名厨风范 gēge zài dāogōngshang pō yǒu míngchú fēngfàn

◆〜芸 |高妙的技艺 gāomiào de jìyì

日中比較 中国語の'名人 míngrén'は「有名人」を指す.

めいせい【名声】 大名 dàmíng; 名声 míngshēng; 声望 shēngwàng (英 *renown; fame*) ▶〜が大鼎鼎 dàmíng dǐngdǐng ▶世界のある指揮者/名扬海内外的指挥 míng yáng hǎinèiwài de zhǐhuī ▶業界で最も先見性のある経営者という〜を得る/在同行中被誉为最具先见之明的经营者 zài tóngháng zhōng bèi yùwéi zuì jù xiān jiàn zhī míng de jīngyíngzhě ▶イタリアでソプラノ歌手としての〜を博する/在意大利作为女高音歌手博得声名 zài Yìdàlì zuòwéi nǚgāoyīn gēshǒu bódé shēngmíng ▶彼の不祥事が母親の〜を傷つけた/他不体面的行为损伤了母亲的声望 tā bù tǐmiàn de xíngwéi sǔnshāngle mǔqin de shēngwàng

めいせき【明晰な】 明晰 míngxī; 清晰 qīngxī (英 *clear*) ▶〜な頭脳/明晰的头脑 míngxī de tóunǎo ▶頭脳〜を誇る彼が今度は判断を誤った/号称头脑明晰的他这次却判断失误 hàochēng tóunǎo míngxī de tā zhè cì què pànduàn shīwù ▶彼は言語は〜だが意味は不明瞭だ/他措辞清楚，可是意思却不明了 tā cuòcí qīngchu, kěshì yìsi què bùmíng le

めいそう【名僧】 高僧 gāosēng (英 *a saintly priest*)

めいそう【迷走】 横行 héngxíng; 陷入迷途 xiànrù mítú ▶台風 12 号が—する/十二号台风路径异常地狂奔 shí'èr hào táifēng lùjìng yìcháng de kuángbēn ▶議会が〜して収拾がつかない/议会陷入迷途，不可收拾 yìhuì xiànrù mítú, bùkě shōushi

◆〜神経 |迷走神经 mízǒu shénjīng

めいそう【瞑想する】 冥想 míngxiǎng (英 *meditate*) ▶駅のベンチでしばし〜にふけった/坐在车站的长椅上沉思了一会儿 zuòzài chēzhàn de chángyǐshang chénsīle yíhuìr ▶烏の〜を破られた/乌鸦的叫声打断了冥想 wūyā de jiàoshēng dǎduànle míngxiǎng ▶彼は線香を焚いて—している/他焚香冥想着 tā fénxiāng míngxiǎngzhe

めいだい【命題】 论断 lùnduàn; 命题 mìngtí (英 *a proposition*)

めいちゅう【命中する】 命中 mìngzhòng; 打中 dǎzhòng (英 *hit*) ▶〜率/命中率 mìngzhònglǜ ▶弾が右足に〜する/子弹打中了右腿 zǐdàn dǎzhòngle yòutuǐ ▶神主が射る矢がなかなかの(%)に〜しない/神官射出的箭怎么也打不中靶子 shénguān shèchū de jiàn zěnme yě dǎbuzhōng bǎzi

めいちょ【名著】 名著 míngzhù (英 *an excellent book*) ▶新渡戸稲造の〜『武士道』は英語で書かれた/新渡户稻造的名著《武士道》是用英语写的 Xīndùhù Dàozào de míngzhù《Wǔshìdào》shì yòng Yīngyǔ xiě de

めいちょうし【名調子】 连珠妙语 liánzhū miàoyǔ (英 *eloquence*) ▶あの野球解说の〜に僕は酔った/棒球解说的连珠妙语让我陶醉 bàngqiú jiěshuō de liánzhū miàoyǔ ràng wǒ táozuì

めいっぱい【目一杯】 最大限度 zuìdà xiàndù; 尽力 jìnlì (英 *full*) ▶〜頑張る/竭尽全力 jiéjìn quánlì

めいてい【酩酊する】 大醉 dàzuì; 酩酊大醉 mǐngdǐng dàzuì (英 *be intoxicated*) ▶駅のベンチで〜した男がだらしなく寝ている/一个酩酊大醉的男人四仰八叉地睡在车站长椅上 yí gè mǐngdǐng dàzuì de nánrén sì yǎng bā chā de shuìzài chēzhàn chángyǐshang

めいてんがい【名店街】 著名商店街 zhùmíng shāngdiànjiē; 老字号街 lǎozìhàojiē (英 *a street lined with well-known stores*) ▶雪国では客がまばらで寂しい/冰雪之乡的名店街里，客人稀稀拉拉的，很冷清 bīngxuě zhī xiāng de míngdiànjiēlǐ, kèrén xīxīlālā de, hěn lěngqīng

めいど【明度】 亮度 liàngdù (英 *brightness*)

めいど【冥土】 冥土 míngtǔ; 黄泉 huángquán; 冥府 míngfǔ (英 *Hades*) ▶〜へ持ってゆく/带到阴间去 dàidào yīnjiān qù ▶僕は母親の教育熱心を〜のみやげにする/我至死也不会忘记母亲对教育的热诚 wǒ zhì sǐ yě búhuì wàngjì mǔqin duì jiàoyù de rèchéng

メイド 《ホテルなどの》女服务员 nǚfúwùyuán (英 *a maid*) ▶アメリカでは必ずチップを渡す/在美国一定要付给女服务员小费 zài Měiguó yídìng yào fùgěi nǚfúwùyuán xiǎofèi

めいとう【名刀】 宝刀 bǎodāo (英 *a noted sword*) ▶〜正宗は相手の刀を切り落とす/宝刀"正宗"能砍断了对手的刀 bǎodāo "Zhèngzōng" néng kǎnduànle duìshǒu de dāo

めいとう【名答】 出色的回答 chūsè de huídá (英 *a clever answer*) ▶御〜!/漂亮的回答! piàoliang de huídá!; 回答得妙! huídáde miào!

めいどう【鳴動】 鸣动 míngdòng; 轰隆作响 hōnglōng zuòxiǎng; 地动山摇 dì dòng shān yáo (英 *rumbling*) ▶大地が〜するのを感じる/感觉大地在轰鸣 gǎnjué dàdì zài hōngmíng

ことわざ 大山鳴動して鼠一匹 |虎头蛇尾 hǔtóu shéwěi; 雷声大，雨点稀 léishēng dà, yǔdiǎn xī

めいにち【命日】 忌辰 jìchén; 忌日 jìrì (英 the anniversary of a person's death) ▶母の7度目の〜が巡ってきた/母亲的第七次忌辰到了 mǔqin de dìqī cì jìchén dào le

めいば【名馬】 好马 hǎomǎ; 骏马 jùnmǎ (英 a fine horse) ▶「無事これ〜」とはけがの少ない選手をほめた言葉/所谓"平安即名马",这是赞扬受伤少的选手的话 suǒwèi "píng'ān jí míngmǎ", zhè shì zànyáng shòushāng shǎo de xuǎnshǒu de huà

めいはく【明白な】 明白 míngbai; 明显 míngxiǎn (英 clear) ▶〜な事実/明摆着的事实 míngbǎizhe de shìshí ▶ビルの崩壊は手抜き工事による/大楼的倒塌显然是由于豆腐渣工程所致 dàlóu de dǎotā xiǎnrán shì yóuyú dòufuzhā gōngchéng suǒ zhì ▶彼は〜に酔っている/他明显醉了 tā míngxiǎn zuì le

> 日中比較 中国語の'明白 míngbai'は「はっきりしていて疑いようがない」という意味の他に「分かる」という意味をも持つ.

めいびん【明敏な】 精明 jīngmíng; 灵敏 língmǐn; 聪明 cōngming (英 quick-witted) ▶頭脳が〜だ/头脑聪颖 tóunǎo cōngyíng ▶風采は上がらないけれど聡明な探偵役を演じる/扮演一个其貌不扬却聪明机智的侦探 bànyǎn yí ge qí mào bù yáng què cōngmíng jīzhì de zhēntàn

めいふく【冥福】 冥福 míngfú (英 the repose of a person's soul) ▶〜を祈る/祈祷冥福 qídǎo míngfú ▶「彼の〜を祈る」と走り書きで書いてあった/字迹潦草地写着"为他祈祷冥福" zìjì liáocǎo de xiězhe "wèi tā qídǎo míngfú"

めいぶつ【名物】 名产 míngchǎn; 有名的东西 yǒumíng de dōngxi; 特产 tèchǎn (英 a noted product) ▶この土地の〜は太いネギだ/当地的名产是粗大的青葱 dāngdì de míngchǎn shì cūdà de qīngcōng ▶〜男が町の案内役を買ってでる/当地那个有名的男子自告奋勇担任向导 dāngdì nàge yǒumíng de nánzǐ zì gào fènyǒng dānrèn xiàngdǎo

ことわざ **名物に旨い物なし** 所谓特产都不好吃 suǒwèi tèchǎn dōu bù hǎochī; 有名无实 yǒu míng wú shí

めいぶん【名分】 名分 míngfèn; 名目 míngmù (英 justification) ▶いろいろ〜を並べ立てる/巧立各种名目 qiǎo lì gè zhǒng míngmù

めいぶん【名文】 名文 míngwén; 佳文 jiāwén (英 a beautiful passage) ▶記者は〜より明瞭な文を書かねばならない/记者不必写名文佳作,应该写明了易懂的文章 jìzhě búbì xiě míng wén jiāzuò, yīnggāi xiěmíngle yì dǒng de wénzhāng

♦〜家 写文章的高手 xiě wénzhāng de gāoshǒu

めいぶん【明文】 明文 míngwén (英 an express statement) ▶それは法律に〜がある/那个在法律上有明文规定 nàge zài fǎlùshang yǒu míngwén guīdìng

〜化する 明文化 míngwénhuà ▶お互いに了解したことを〜化する/把彼此同意的事明文化 bǎ bǐcǐ tóngyì de shì míngwénhuà ▶定年は就業規則に〜化されている/退休年龄在就业规则里有明文规定 tuìxiū niánlíng zài jiùyè guīzéli yǒu míngwén guīdìng

めいぶん【銘文】 铭文 míngwén (英 an inscription)

めいぼ【名簿】 名册 míngcè; 名单 míngdān (英 a list) ▶学校創立からの同窓会〜を作る/编载建校以来的校友会名册 biānjí jiànxiào yǐlái de xiàoyǒuhuì míngcè ▶〜に古い友達の名を見つける/在名册上找到老朋友的名字 zài míngcè-shang zhǎodào lǎopéngyou de míngzi 歴代の校長を〜に載せる/把历代校长载入名册 bǎ lìdài xiàozhǎng zǎirù míngcè ▶自分の名前を選挙人〜で確認する/在选举人名单上确认自己的名字 zài xuǎnjǔrén míngdānshang quèrèn zìjǐ de míngzi

めいぼう【名望】 名望 míngwàng; 声誉 shēngyù; 声望 shēngwàng (英 renown) ▶〜家/有名望者 yǒu míngwàng zhě

めいみゃく【命脈】 命脉 mìngmài; 生命 shēngmìng (英 life) ▶〜を保つ/维持命脉 wéichí mìngmài ▶融資を断たれて会社は〜が尽きた/由于贷款被停止,公司气数已尽 yóuyú dàikuǎn bèi tíngzhǐ, gōngsī qìshu yǐ jìn

めいめい【命名する】 命名 mìngmíng; 起名 qǐmíng (英 name) ▶新造の漁船を「第二雄渾丸」と〜した/把新造的渔船命名为"第二雄浑丸" bǎ xīnzào de yúchuán mìngmíngwéi "Dì'èr xiónghúnwán"

♦〜式 命名仪式 mìngmíng yíshì

めいめい【銘銘】 各个 gègè; 各自 gèzì (英 respective) ▶我々は〜自分の部屋を持っていた/我们各自都有自己的房间 wǒmen gèzì dōu yǒu zìjǐ de fángjiān ▶搭乗券は〜お持ち下さい/登机牌请各自拿好 dēngjīpái qǐng gèzì náhǎo ▶〜の考えで投票する/根据各自的意见投票 gēnjù gèzì de yìjiàn tóupiào ▶旅行中は〜勝手に行動しないで下さい/在旅行中,请不要各自随便·行动 zài lǚxíng zhōng, qǐng búyào gèzì suíbiàn·xíngdòng

めいめいはくはく【明明白白】 明明白白 míngmíngbáibái; 非常明显 fēicháng míngxiǎn (英 absolutely clear)

めいめつ【明滅】 闪烁 shǎnshuò; 明灭 míngmiè (英 blinking) ▶遠くに〜する明かりが見える/看见远处有闪烁着灯光 kànjiàn yuǎnchù yǒu shǎnshuòzhe dēngguāng

めいもく【名目】 幌子 huǎngzi; 名目 míngmù; 名义 míngyì (英 a name) ▶学習を〜にする/打学习的幌子 dǎ xuéxí de huǎngzi ▶〜上の/名义上的 míngyìshang de ▶なんとか〜をこしらえて予算を作る/想方设法编制预算 xiǎng fāng shè fǎ biānzhì yùsuàn ▶先生にお代というで〜講演料をお支払いした/以交通费的名目向老师支付了讲演费 yǐ jiāotōngfèi de míngmù xiàng

らおしshī zhīfǔle jiǎngyǎnfèi ▶休暇を取りたいが～がない/想告假却找不到借口 xiǎng gàojià què zhǎobudào jièkǒu

めいもん【名門】 世家 shìjiā；名门 míngmén (英 *a distinguished family*) ▶一族/望族 wàngzú ▶政治家が～出身ばかりでは政治に重みがない/政治家净是世家出身, 政治就缺少威信了 zhèngzhìjiā jìng shì shìjiā chūshēn, zhèngzhì jiù quēshǎo wēixìn le ▶九州の～の出である/出身于九州的名门望族 chūshēn yú Jiǔzhōu de míngmén wàngzú
♦ ～大学：名牌大学 míngpái dàxué

めいもんく【名文句】 名句 míngjù；名言 míngyán (英 *wise words*) ▶～を吐いて喝采を浴びる/口吐名言博得喝彩 kǒu tù míngyán bódé hècǎi

めいやく【名訳】 有名的翻译 yǒumíng de fānyì；出色的译文 chūsè de yìwén (英 *an excellent translation*)

めいやく【盟約】 盟约 méngyuē (英 *an alliance*) ▶半世紀前の敵国同士が～を結ぶ/半个世纪前的两个敌对国缔结盟约 bàn ge shìjì qián de liǎng ge díduìguó dìjié méngyuē

めいゆう【名優】 名角 míngjué；优秀演员 yōuxiù yǎnyuán (英 *a great actor*) ▶後世に残る名画に今は亡き～が幾人も映る/流传后世的著名影片中出现了好几位已故名演员 liúchuán hòushì de zhùmíng yǐngpiàn zhōng chūxiànle hǎojǐ wèi yǐgù míngyǎnyuán

めいゆう【盟友】 盟友 méngyǒu (英 *a sworn friend*) ▶ドイツとイタリアは第二次大戦中日本の～でした/德国和意大利在二战时期是日本的盟友 Déguó hé Yìdàlì zài Èrzhàn shíqí shì Rìběn de méngyǒu ▶彼らは～を裏切ったのだ/他们背叛了盟友 tāmen bèipànle méngyǒu

めいよ【名誉】 名誉 míngyù；荣誉 róngyù；光荣 guāngróng (英 *honor*) ▶～を挽回する/挽回名誉 wǎnhuí míngyù ▶傷ついた～を回復する/恢复受到损害的名誉 huīfù shòudào sǔnhài de míngyù ▶国の～にかけて優勝を誓う/以国家的名誉起誓一定夺冠 yǐ guójiā de míngyù qǐshì yídìng duóguàn ▶生活が苦しくとも～を重んじる/即使生活艰难也看重名誉 jíshǐ shēnghuó jiānnán yě kànzhòng míngyù ▶晩年になって～を汚す/到了晚年玷污了名誉 dàole wǎnnián diànwūle míngyù ▶この分野の先駆者たる～は彼が受けるべきである/应该享有他在这个领域的先驱者的名誉 yīnggāi yóu tā xiǎngyǒu zhège lǐngyù de xiānqūzhě de míngyù ▶この～は製作に加わった全員のものです/这份荣誉属于参加制作的全体人员 zhè fèn róngyù shǔyú cānjiā zhìzuò de quántǐ rényuán ▶彼は我が校の～である/他是我校的荣誉 tā shì wǒ xiào de róngyù ▶根も葉もない噂で彼の～はいたく傷ついた/因为那些毫无根据的谣言, 他的名誉受到了严重的损害 yīnwèi nà xiē háowú gēnjù de yáoyán, tā de míngyù shòudàole yánzhòng de sǔnhài ▶～

市民に選ばれる/被选为名誉市民 bèi xuǎnwéi míngyù shìmín
♦ ～会長：名誉会长 míngyù huìzhǎng ～毀損(きん)：损害名誉 sǔnhài míngyù ▶その週刊誌を～毀損で訴える/以损害名誉罪起诉那家周刊杂志 yǐ sǔnhài míngyù zuì qǐsù nà jiā zhōukān zázhì ～勲章：荣誉勋章 róngyù xūnzhāng ～職：会社の顧問は～職である/公司顾问是一项名誉职位 gōngsī gùwèn shì yí xiàng míngyù zhíwèi

めいりょう【明瞭な】 明了 míngliǎo；清晰 qīngxī (英 *clear*) ▶～に理解する/理解得很清楚 lǐjiěde hěn qīngchu ▶文意が～さを欠いている/文章的意思不清楚 wénzhāng de yìsi bù qīngchu ▶最後まで言葉はなくとも意識は～だった/始终没讲一句话, 可意识却是清晰的 shǐzhōng méi jiǎng yí jù huà, kě yìshí què shì qīngxī de ▶艦長は責任は私にあると～に答えた/舰长明确地回答说责任在我 jiànzhǎng míngquè de huídá shuō zérèn zài wǒ

めいる【滅入る】 气馁 qìněi；忧闷 yōumèn；消沉 xiāochén (英 *be depressed*) ▶彼らは気が滅入った/他们意志消沉 tāmen yìzhì xiāochén ▶気の～ようなニュースが続く/令人郁闷的消息接连不断 lìng rén yùmèn de xiāoxi jiēlián búduàn

めいれい【命令する】 命令 mìnglìng；指令 zhǐlìng (英 *orders*) ▶私は君の～は受けない/我不接受你的命令 wǒ bù jiēshòu nǐ de mìnglìng ▶彼は裁判所から出頭～を受けている/他接到了法庭的传唤 tā jiēdàole fǎtíng de chuánhuàn ▶脳が発汗の～を出す/大脑发出出汗指令 dànǎo fāchū chū hàn zhǐlìng ▶～を実行する/执行命令 zhíxíng mìnglìng ▶上司の～に従って/按照上级的命令 ànzhào shàngjí de mìnglìng ▶社長が最後に～口調で管理職に指示した/经理最后以命令口吻向管理层作了指示 jīnglǐ zuìhòu yǐ mìnglìng kǒuwěn xiàng guǎnlǐcéng zuòle zhǐshì ▶～系統を正す/修改指令系统 xiūgǎi zhǐlìng xìtǒng
♦ ～文：祈使句 qíshǐjù

めいろ【迷路】 迷途 mítú；迷宫 mígōng；迷路 mílù (英 *a maze; a labyrinth*) ▶樹木を植えた公園の～で遊ぶ/在用树木搭建的公园里的迷宫里玩儿 zài yòng shùmù dājiàn de gōngyuánlǐ de mígōngli wánr ▶地下街は入り組んでいて～のようである/地下街道层层深入, 好像迷宫一样 dìxià jiēdào céngcéng shēnrù, hǎoxiàng mígōng yíyàng ▶私は生涯～を歩いてきたような気がする/我总觉得这辈子都是在迷路中走过来的 wǒ zǒng juéde zhè bèizi dōu shì zài mílù zhōng zǒuguòlai de ▶今経済は～に迷いこんでいる/现在经济陷入了迷途 xiànzài jīngjì xiànrùle mítú
|日中比较| 中国语の'迷路 mílù'は「正しい方向を見失う」ことをも意味する.

めいろう【明朗な】 明朗 mínglǎng；豁达 huòdá；《不正がない》公正 gōngzhèng (英 *cheerful; [公正な] honest*) ▶～取引/公平交易 gōngpíng jiāoyì▶彼は就職すると打って変わって～な青年になった/他参加工作后，一下子变成了一个开朗的年轻人 tā cānjiā gōngzuò hòu, yíxiàzi biànchéngle yí ge kāilǎng de niánqīngrén

[日中比較] 中国語の'明朗 mínglǎng'には光が満ちて「明るい」という意味もある．▶明朗的晴天 mínglǎng de qíngtiān/明るい晴れの日

めいわく【迷惑な】 麻烦 máfan; 为难 wéinán; 烦扰 fánrǎo (英 *annoying*)▶～を掛ける/添麻烦 tiān máfan; 找麻烦 zhǎo máfan▶はた～/烦扰旁人 fánrǎo pángrén▶隣の夫婦の大声は全く～だ/隔壁夫妇的大嗓门儿直真烦人 gébì fūfù de dàsǎngménr zhēn fánrén▶深夜のオートバイの騒音には～する/深夜的摩托车噪声烦扰 wèi shēnyè de mótuōchē zàoshēng fánrǎo▶駅前を占拠した自転車が通行人に～をかける/车站前边停满的自行车妨碍行人来往 chēzhàn qiánbian tíngmǎn de zìxíngchē fáng'ài xíngrén láiwǎng▶御～だったでしょう/给您添麻烦了吧 gěi nín tiān máfan le ba; 打扰您了吧 dǎrǎo nín le ba▶本当に御～ではありませんか/这真的不给您添麻烦吗？ zhè zhēn de bù gěi nín tiān máfan ma?▶図書館では周囲の～にならないよう静かにして下さい/在图书馆里请保持安静，不要打扰周围的人 zài túshūguǎnli qǐng bǎochí ānjìng, búyào dǎrǎo zhōuwéi de rén▶犬の不始末は～千万だ/叫狗随地大小便，真是烦死人了 jiào gǒu suídì dàxiǎobiàn, zhēn shì fánsǐ rén le

[日中比較] 中国語の'迷惑 míhuò'は「迷う」こと，「惑わす」ことを意味する．

めうえ【目上】 长辈 zhǎngbèi; 尊长 zūnzhǎng; 上司 shàngsī (英 *one's superior*)▶～の人に丁寧に挨拶する/向长辈礼貌地打招呼 xiàng zhǎngbèi lǐmào de dǎ zhāohu

めうし【雌牛】 牝牛 pìnniú; 母牛 mǔniú (英 *a cow*)

めうつり【目移りする】 眼光转到别处 yǎnguāng zhuǎndào biéchù (英 *be unable to decide which to choose*)▶棚にある商品を見るとついつい～する/看着货架上的商品不由得挑花了眼 kànzhe huòjiàshang de shāngpǐn bùyóude tiāohuāle yǎn

メーカー 厂商 chǎngshāng; 制造公司 zhìzào gōngsī (英 *a maker*)▶我が社は冷蔵庫の～として誇りをもっている/本公司作为冰箱的知名厂家充满自豪感 běn gōngsī zuòwéi bīngxiāng de zhīmíng chǎngjiā chōngmǎn zìháogǎn

♦～品 **名牌货** míngpáihuò

メーキャップする 化妆 huàzhuāng; 扮装 bànzhuāng (英 *make up*)▶テレビ討論会の収録前に～する/在录制电视讨论节目前化妆 zài lùzhì diànshì tǎolùn jiémù qián huàzhuāng

メーター 仪表 yíbiǎo;《電気の》电表 diànbiǎo (英 *a meter*)▶タクシーの～/出租车计价器 chūzūchē jìjiàqì▶水道～に出ている数字/水表上显示的数字 shuǐbiǎoshang xiǎnshì de shùzì▶～の料金に1割のチップを載せて払う/除了计价器上显示的车费以外，还要加上百分之十的小费 chúle jìjiàqìshang xiǎnshì de chēfèi yǐwài, hái yào jiāshàng bǎi fēn zhī shí de xiǎofèi

メーデー 五一国际劳动节 Wǔ-Yī guójì láodòngjié; 五一节 Wǔ-Yī jié (英 *May Day*)

メートル《単位》公尺 gōngchǐ; 米 mǐ (英 *a meter*)▶～法/国际公制 guójì gōngzhì▶我が国は～法を採用している/我国采用国际公制 wǒ guó cǎiyòng guójì gōngzhì▶駅までは500～ある/离车站有五百米 lí chēzhàn yǒu wǔbǎi mǐ

メール 邮递 yóudì;［電子メール］*email*;［郵便］*mail*)▶電子～/电子邮件 diànzǐ yóujiàn▶～ボックス/信箱 xìnxiāng▶ファックスとＥ～で連絡する/用传真和电子邮件联系 yòng chuánzhēn hé diànzǐ yóujiàn liánxì▶彼とは～をやりとりしている/跟他经常互通电子邮件 gēn tā jīngcháng hùtōng diànzǐ yóujiàn

♦迷惑～ :垃圾邮件 lājī yóujiàn　～アドレス :邮件地址 yóujiàn dìzhǐ　～マガジン :电子杂志 diànzǐ zázhì　メーリングリスト :邮递清单 yóudì qīngdān; 邮件列表 yóujiàn lièbiǎo

メーン 主要的 zhǔyào de (英 *main*)▶～スタンド前を行進する/从正面看台前行进 cóng zhèngmiàn kàntái qián xíngjìn

♦～ストリート :主要大街 zhǔyào dàjiē　▶～ストリートといっても人通りは少ない/虽说是大街，可是来往行人很少 suī shuō shì dàjiē, kěshì láiwǎng xíngrén hěn shǎo　～ディッシュ :主菜 zhǔcài　▶サーモンのフライが～ディッシュです/炸鲑鱼是主菜 zhá guīyú shì zhǔcài　～バンク :主办银行 zhǔbàn yínháng　▶我が社は東友銀行を～バンクにしています/本公司以东友银行为主办银行 běn gōngsī yǐ Dōngyǒu yínháng wéi zhǔbàn yínháng

めおと【夫婦】 夫妻 fūqī; 夫妇 fūfù (英 *husband and wife*)▶～茶碗をプレゼントする/赠送鸳鸯碗 zèngsòng yuānyāngwǎn

メガ 兆 zhào; 百万 bǎiwàn (英 *mega-*) [参考] 現代中国における'兆 zhào'は「100万」であって日本語の「1兆」と同じではない．

めがお【目顔】 眼神 yǎnshén (英 *a look*)▶～で知らせる/以目示意 yǐ mù shìyì

めかくし【目隠しする】 蒙眼儿 méngyǎnr (英 *blindfold*)▶その植え込みが台所の～になっていた/那片树丛正好遮住厨房 nà piàn shùcóng zhènghǎo zhēzhù chúfáng▶子供の小さい手が父親を～をした/孩子的小手蒙住了爸爸的眼睛 háizi de xiǎoshǒu méngzhùle bàba de yǎnjing

めかけ【妾】 小老婆 xiǎolǎopo; 姨太太 yítàitai; 妾 qiè (英 *a mistress*)

めがける【目掛ける】 瞄准 miáozhǔn; 对准 duìzhǔn (英 *aim at...*)▶窓を目掛けて投げる/朝窗户扔过去 cháo chuānghu rēngguòqu▶屑かごを目掛けてミカンの皮を投げる/瞄准废纸篓扔桔子皮 miáozhǔn fèizhǐlǒu rēng júzípí▶ゴール目掛けて走り込む/朝着终点奋力跑过去 cháozhe zhōngdiǎn fènlì pǎoguòqu

めがしら【目頭】 眼角 yǎnjiǎo (英 the inner corner of the eye)
～が熱くなる 鼻子酸起来 bízi suānqǐlai
～を押さえる ▶死んだ親友の最期の話に～を押さえる/听了好朋友临终时的样子了,掩面强忍眼泪 tīngle hǎopéngyou línzhōng shí de yàngzi, yǎnmiàn qiǎngrěn yǎnlèi

めかす 打扮 dǎban (英 dress oneself up) ▶お嬢ちゃん、おめかししてどこに行くの/小姑娘,打扮得漂漂亮亮的去哪儿啊? xiǎogūniang, dǎbande piàopiàoliàngliàng de qù nǎr a?

めかた【目方】 重量 zhòngliàng; 斤两 jīnliǎng; 轻重 qīngzhòng (英 weight) ▶航空便の～を量る/称量航空邮件的重量 chēngliáng hángkōng yóujiàn de zhòngliàng ▶搭乗前にスーツケースの～を量る/登机前称量旅行箱的重量 dēngjī qián chēngliáng lǚxíngxiāng de zhòngliàng ▶～が2キロある鮭を釣り上げた/钓上了两公斤重的大马哈鱼 diàoshàngle liǎng gōngjīn zhòng de dàmǎhāyú ▶～が重い[軽い]/分量重[轻] fēnliàng zhòng[qīng] ▶風呂上りの～を量る/称量洗澡后的体重 chēngliáng xǐzǎo hòu de tǐzhòng ▶そこでは貴重な図書が～で売られていた/在那儿,宝贵的书籍被当成废纸论斤卖掉 zài nàr, bǎoguì de shūjí bèi dàngchéng fèizhǐ lùn jīn màidiào

メガトン (単位) 百万吨 bǎiwàn dūn (英 a megaton)

メカニズム 机构 jīgòu; 结构 jiégòu; 机制 jīzhì (英 a mechanism) ▶政党政治の～を研究する/研究政党政治的机制 yánjiū zhèngdǎng zhèngzhì de jīzhì

めがね【眼鏡】 眼镜 yǎnjìng (英 glasses) ▶～のフレーム/镜框 jìngkuàng ～をかける[はずす]/戴[摘]眼镜 dài[zhāi]yǎnjìng ～を拭く/擦眼镜 cā yǎnjìng ▶近视[远视]用の～/近视[远视]用 jìnshì[yuǎnshì]jìng ▶湯気で～がくもった/眼镜被蒸汽熏模糊了 yǎnjìng bèi zhēngqì xūnmóhu le ▶度の強い～/度数高的眼镜 dùshu gāo de yǎnjìng ▶安売りの～店/减价出售的眼镜店 jiǎnjià chūshòu de yǎnjìngdiàn

～色～で見る 抱有成见 bàoyǒu chéngjiàn ▶転校生を色～で見る/对插班生抱有成见 duì chābānshēng bàoyǒu chéngjiàn

～にかなう 看中 kànzhòng

◆～入れ/眼镜盒 yǎnjìnghé

メガバイト [電算] 兆字节 zhàozìjié (英 a megabyte)

メガヘルツ (単位) 兆周 zhàozhōu; 兆赫 zhàohè (英 a megahertz)

メガホン 喇叭筒 lǎbatǒng; 扩声器 kuòshēngqì (英 a megaphone)

めがみ【女神】 女神 nǚshén; 神女 shénnǚ (英 a goddess) ▶勝利の～/胜利的女神 shènglì de nǚshén ▶自由の～を見るにはフェリーボートで行きます/坐轮渡去看自由女神 zuò lúndù qù kàn Zìyóu nǚshén

メガロポリス 巨大城市 jùdà chéngshì (英 a megalopolis)

めきき【目利き】 鉴定 jiàndìng; 鉴别 jiànbié; 识货 shíhuò (英 judgment; [人] a judge) ▶彼の～なら確かだ/他鉴别功夫肯定可靠 tā jiànbié gōngfu kěkào ▶～がうまい/识货 shíhuò; 有鉴别能力 yǒu jiànbié nénglì ▶どの骨董の世界にも～はいるものだ/哪一种古董领域,都有识货的人 nǎ yì zhǒng gǔdǒng lǐngyù, dōu yǒu shíhuò de rén

メキシコ 墨西哥 Mòxīgē (英 Mexico)

めきめき 迅速 xùnsù; 显著地 xiǎnzhù de (英 remarkably) ▶～上達する/迅速进步 xùnsù jìnbù ▶彼は初級コースを終えた頃から～腕が上がった/他从初级班结业后水平迅速提高了 tā cóng chūjíbān jiéyè hòu shuǐpíng xùnsù tígāo le

めキャベツ【芽キャベツ】 〔植物〕球芽甘蓝 qiúyágānlán (英 Brussels sprouts)

-めく (英 look (like...)) ▶だいぶ春めいてきた/春天的气息越来越浓了 chūntiān de qìxī yuèláiyuè nóng le ▶こう言うと、皮肉～かもしれないが…/这么说好像有点讽刺意味 zhème shuō hǎoxiàng yǒudiǎn fěngcì yìwèi

めくじら【目くじら】 眼角 yǎnjiǎo (英 the corner of the eye)

～を立てる 吹毛求疵 chuī máo qiú cī; 怒目找茬儿 nùmù zhǎochár ▶それぽっちのことで～を立てるな/只为那么点儿事,别那么大动肝火 zhǐ wèi nàme diǎnr shì, bié nàme dà dòng gānhuǒ

めぐすり【目薬】 眼药 yǎnyào (英 eye lotion) ▶～をさす/点眼药水 diǎn yǎnyàoshuǐ ▶パソコンに向かうときは必ず～をさします/用电脑时一定点眼药水 yòng diànnǎo shí yídìng diǎn yǎnyàoshuǐ

めくそ【目くそ】 眼屎 yǎnshǐ; 眼眵 yǎnchī (英 eye mucus)

ことわざ 目くそ鼻くそを笑う 五十步笑百步 wǔshí bù xiào bǎi bù

めくばせ【目配せする】 递眼色 dì yǎnsè; 挤眼 jǐyǎn; 使眼色 shǐ yǎnsè (英 wink) ▶彼は私に彼女のあとを追えと～した/他向我使眼色示意紧跟着她 tā xiàng wǒ shǐ yǎnsè shìyì jǐngēnzhe tā

めくばり【目配りする】 注意 zhùyì; 照看 zhàokàn (英 take good care of...)

めぐまれる【恵まれる】 赋予 fùyǔ; 富有 fùyǒu (英 be blessed) ▶資源に恵まれた土地/资源丰富的土地 zīyuán fēngfù de tǔdì ▶恵まれた環境/条件很好的环境 tiáojiàn hěn hǎo de huánjìng ▶天候に～/遇上好天气 yùshàng hǎo tiānqì

めぐみ【恵み】 恩惠 ēnhuì; 恩赐 ēncì (英 [神の] blessing; [恩恵] favor) ▶～の雨/及时雨 jíshíyǔ; 慈雨 cíyǔ ▶天の～で大雪の山から下山できた/受到老天恩惠,终于从积雪深重的山上下来了 shòudào lǎotiān ēnhuì, zhōngyú cóng jīxuě shēnzhòng de shānshang xiàlái le ▶海は人間に豊かな～をもたらす/大海给人类带来了丰富的恩惠 dàhǎi gěi rénlèi dàiláile fēngfù de ēnhuì

めぐむ【芽ぐむ】 发芽 fāyá; 萌芽 méngyá (英 bud) ▶林の木々が芽ぐみ始めた/林子里的树开始发芽了 línzilǐ de shù kāishǐ fāyá le

めぐむ【恵む】 施舍 shīshě; 周济 zhōujì (英 give alms) ▶子宝に恵まれる/有子孙福 yǒu zǐsūnfú ▶恵まれない人々に寄付をお願いします/请为那些不幸的人捐款 qǐng wèi nà xiē búxìng de rén juānkuǎn ▶僕はよくよく上司に恵まれない/我总是遇不到好上司 wǒ zǒngshì yùbudào hǎo shàngsi ▶パートナーに恵まれていい結果が出ました/遇到了得力队友，所以作出了好成绩 yùdàole délì duìyǒu, suǒyǐ zuòchūle hǎo chéngjì ▶天候にも恵まれて全員完走できました/遇上了好天气，全都跑完了全程 yùshàngle hǎo tiānqì, quándōu pǎowánle quánchéng

めぐらす【巡らす】(囲ませる) 围上 wéishàng (英 enclose); (知恵など) 思考 sīkǎo; 策划 cèhuà (英 think out) ▶知恵を～/动脑筋 dòng nǎojīn ▶塀を～/修围墙 xiū wéiqiáng ▶これからの生き方に思いを～/围绕今后的生活方式进行思考 wéirào jīnhòu de shēnghuó fāngshì jìnxíng sīkǎo ▶明日の対戦を前にいろいろ作戦を～/面临明天的比赛千方百计地筹谋对策 miànlín míngtiān de bǐsài qiānfāng bǎijì de chóumóu duìcè

めぐり【巡り】 1【回転】循环 xúnhuán (英 circulation) ▶あいつは血の～の悪いやつだ/他可真是个榆木脑袋 tā kě zhēn shì ge yúmù nǎodai 2【巡歴】巡回 xúnhuí; 周游 zhōuyóu; 环游 huányóu (英 a tour) ▶夫妻二人周游北海道 ～をする/夫妻で北海道を～をする fūqī èr rén zhōuyóu Běihǎidào ▶僕の楽しみは古本屋～だ/逛旧书店是我的一个爱好 guàng jiùshūdiàn shì wǒ de yí ge àihào ▶沖縄の島～コースは評判がいい/冲绳环岛游这一路线受到好评 Chōngshéng huándǎo yóu zhè yī lùxiàn shòudào hǎopíng

めぐりあい【巡り合い】 相逢 xiāngféng; 邂逅 xièhòu; 遇到 yùdào (英 a chance meeting)

めぐりあう【巡り合う】 相逢 xiāngféng; 邂逅 xièhòu; 遇到 yùdào (英 meet by chance) ▶たまたま乗った飛行機で彼女と巡り合った/在飞机上，与她偶然相遇了 zài fēijīshang, yǔ tā ǒurán xiāngyù le ▶先生に巡り合わなければ今の私は無かった/如果没有遇到老师，就没有现在的我 rúguǒ méiyǒu yùdào lǎoshī, jiù méiyǒu xiànzài de wǒ

めぐりあわせ【巡り合わせ】 机缘 jīyuán; 命运 mìngyùn (英 luck; fate) ▶結ばれる～だった/注定要结合在一起 zhùdìng yào jiéhé zài yìqǐ ▶皮肉な～でまた会った/因为某种讽刺性的机缘，又见面了 yīnwèi mǒu zhǒng fěngcìxìng de jīyuán, yòu jiànmiàn le ▶～がいい[悪い]/凑巧[不凑巧] còuqiǎo[bú còuqiǎo] ▶こうなったのも～すれ/这也是命里注定的 zhè yě shì mìnglǐ zhùdìng de ▶幸運な～で結婚する/因为一次幸运的邂逅而结婚 yīnwèi yí cì xìngyùn de xièhòu

ér jiéhūn ▶妙な～で始発駅から目的地まで一緒だった/由于某种奇特的机缘，我们从始发站到目的地一直在一起 yóuyú mǒu zhǒng qítè de jīyuán, wǒmen cóng shǐfāzhàn dào mùdìdì yìzhí zài yìqǐ

めくる【捲る】 掀开 xiānkāi; 翻 fān (英 turn over) ▶カレンダーをめくって妻と娘の誕生日に印を付けた/翻开日历，在妻子和女儿生日的地方标上记号 fānkāi rìlì, zài qīzi hé nǚ'ér shēngrì de dìfang biāoshàng jìhao ▶雑誌を～と桜島の噴火の特集があった/翻开杂志，看到了樱岛喷火的专题文章 fānkāi zázhì, kàndàole Yīngdǎo pēnhuǒ de zhuāntí wénzhāng ▶アルバムを～と母のボストンで撮った写真があった/翻开影集，看到了母亲在波士顿拍的照片 fānkāi yǐngjí, kàndàole mǔqīn zài Bōshìdùn pāi de zhàopiàn ▶突風で歩いていた女性のスカートがめくれた/因为一阵突然刮起来的狂风，在路上妇女的裙子被掀了起来 yīnwèi yízhèn tūrán guāqǐlai de kuángfēng, zài lùshang fùnǚ de qúnzi bèi xiānleqǐlai

めぐる【巡る】 1【囲む】绕 rào; 围 wéi; 循环 xúnhuán (英 come around; [囲む] surround) ▶敷地を～囲い/环绕地皮的围墙 huánrào dìpí de wéiqiáng ▶梅が咲き桜が咲き、春がまた巡ってきた/梅花开了，樱花开了，春天又来到了 méihuā kāi le, yīnghuā kāi le, chūntiān yòu láidào le ▶5度目の震災記念日が巡ってきた/又到了第五次震灾纪念日 yòu dàole dìwǔ cì zhènzāi jìniànrì ▶名古屋城には堀が巡らされている/名古屋城被护城河环绕着 Mínggǔwūchéng bèi hùchénghé huánràozhe

2【…に関する】围绕 wéirào; 关于 guānyú (英 over…) ▶宗教問題を～論議/围绕宗教问题的讨论 wéirào zōngjiào wèntí de tǎolùn ▶利益の分配を巡って会社と株主とで争う/围绕利润分配，公司与股东之发生争论 wéirào lìrùn fēnpèi, gōngsī yǔ gǔdōng zhī fāshēng zhēnglùn ▶遺産を巡っての兄弟の醜い争い/围绕遗产分配兄弟间进行的丑陋纷争 wéirào yíchǎn fēnpèi xiōngdì jiān jìnxíng de chǒulòu fēnzhēng ▶この問題を巡っては今日討議し明日採決します/关于这个问题，今天讨论，明天表决 guānyú zhège wèntí, jīntiān tǎolùn, míngtiān biǎojué

3【各地を】周游 zhōuyóu; 巡回 xúnhuí (英 travel around…) ▶定年になったら軽自動車で九州を巡りたい/退休以后，我想开着小型汽车遍游九州各地 tuìxiū yǐhòu, wǒ xiǎng kāizhe xiǎoxíng qìchē biàn yóu Jiǔzhōu gè dì

めげる 气馁 qìněi; 沮丧 jǔsàng; 受挫 shòucuò (英 be discouraged) ▶めげない/不气馁 bú qìněi ▶二度の失敗にめげて声も優しくなる/经历两次失败而气馁，声音也变得柔和了 jīnglì liǎng cì shībài ér qìněi, shēngyīn yě biànde róuhé le ▶暑さにもめげずにネクタイをする/不畏酷暑，仍系着领带 bú wèi kùshǔ, réng jìzhe lǐngdài

めこぼし【目こぼしする】 宽恕 kuānshù (英 overlook) ▶子供のいたずらです，お～下さい/是

小孩儿淘气, 请您宽恕 shì xiǎoháir táoqì, qǐng nín kuānshù

めさき【目先】 ❶［目前·現状］眼底下 yǎndíxia; 眼前 yǎnqián (英 *the present; the existing condition*) ▶～の利益/眼前利益 yǎnqián lìyì ▶～のことばかり考える/只顾眼前 zhǐ gù yǎnqián; 目光短浅 mùguāng duǎnqiǎn ▶3ヶ月後より～の売り上げの方が大事だ/还是眼前的销售额比三个月后的重要 háishi yǎnqián de xiāoshòu'é bǐ sān ge yuè hòu de zhòngyào ▶あの人の顔が～にちらついて離れない/他的面容在眼前浮现总忘不了 tā de miànróng zài yǎnqián fúxiàn zǒng wàngbuliǎo
❷［様子］花样 huāyàng; 主意 zhǔyì (英 *appearance*) ▶～を変える/换换样儿 huànhuan yàngr ▶今日は～を変えて外で食事しよう/今天变个花样, 我们在外面吃饭吧 jīntiān biàn ge huāyàng, wǒmen zài wàimian chīfàn ba
❸［先見］远见 yuǎnjiàn; 先见能力 xiān jiàn nénglì (英 *foresight*) ▶～が利く/能预见 néng yùjiàn; 机敏 jīmǐn ▶私は～が利かないから损ばかりする/我没有远见, 所以处处吃亏 wǒ méiyǒu yuǎnjiàn, suǒyǐ chùchù chīkuī

めざし【目刺し】沙丁鱼干串 shādīngyúgànchuàn (英 *dried sardines*) ▶我が家の朝食のおかずは～と納豆に決めてある/我家早餐总是沙丁鱼干串和纳豆 wǒ jiā zǎocān zǒngshì shādīngyúgànchuàn hé nàdòu

めざす【目指す】志向 zhìxiàng; 以…为目标 yǐ… wéi mùbiāo; 向 xiàng; 朝 cháo (英 *aim at*) ▶事务所を訪ねたが～相手は留守だった/去了事务所, 可是想见的人不在 qùle shìwùsuǒ, kěshì xiǎng jiàn de rén bú zài ▶我々はさらに高いところを目指しています/我们以更高的水平为目标 wǒmen yǐ gèng gāo de shuǐpíng wéi mùbiāo ▶彼の～所は囲碁の最高位の棋聖です/他努力的方向是围棋界的最高称号"棋圣" tā nǔlì de fāngxiàng shì wéiqíjiè de zuìgāo chēnghào "qíshèng" ▶我々は山頂目指して進んだ/我们朝山顶爬去 wǒmen cháo shāndǐng páqù

めざとい【目ざとい】 ❶［目が早い］眼尖 yǎnjiān (英 *be quick-eyed*) ▶犬は目ざとく床に落ちていた肉を見つけた/狗一眼就看到了掉在地板上的肉 gǒu yì yǎn jiù kàndàole diàozài dìbǎnshang de ròu
❷［目覚めやすい］容易醒 róngyì xǐng (英 *be easily awakened*) ▶おじいちゃんは年だから～のよ/爷爷是老人, 容易醒 yéye shì lǎorén, róngyì xǐng

めざましい【目覚ましい】惊人 jīngrén; 显著 xiǎnzhù (英 *remarkable*) ▶～発展を遂げる/取得惊人的进步 qǔdé jīngrén de jìnbù ▶彼は消火に当たって～働きをした/他在救火现场表现得很突出 tā zài jiùhuǒ xiànchǎng biǎoxiàn de hěn tūchū

めざましどけい【目覚まし時計】闹钟 nàozhōng (英 *an alarm clock*) ▶6時に～をかける/把闹钟上到六点 bǎ nàozhōng shàngdào liù diǎn ▶～の音で目が覚めた/闹钟的声音叫醒了我 nàozhōng de shēngyīn jiàoxǐngle wǒ ▶～が鳴る前に起きた/在闹钟响之前起来了 zài nàozhōng xiǎng zhīqián qǐlái le ▶彼は～をとめた/他摁住了闹铃 tā ànzhùle nàolíng

めざめ【目覚め】睡醒 shuìxǐng;《精神的な》觉醒 juéxǐng; 觉悟 juéwù (英 *wakening*);［自觉］*awakening*) ▶ぐっすり睡眠をとったおかげで～がいい/多亏睡得好, 醒来感到很舒服 duōkuī shuìde hǎo, xǐnglái gǎndào hěn shūfu ▶近代の～/现代的觉醒 xiàndài de juéxǐng

めざめる【目覚める】 ❶［眠りから］睡醒 shuìxǐng; 醒 xǐng (英 *wake up*) ▶お姫様は深い眠りから目覚めた/公主从酣睡中醒来了 gōngzhǔ cóng hānshuì zhōng xǐnglái le ▶目覚めがちの寒い夜/容易醒来的寒夜 róngyì xǐnglái de hányè
❷［精神的·本能に］觉醒 juéxǐng; 醒悟 xǐngwù; 觉醒 juéxǐng (英 *awake*) ▶自我に～/发现自我 fāxiàn zìwǒ ▶サーカスのライオンが野性に目覚めて猛獣使いに向かっていった/马戏团的狮子野性复苏, 扑向了驯兽者 mǎxìtuán de shīzi yěxìng fùsū, pūxiàng xùnshòuzhě ▶それは性に～頃の少年少女を詩的に扱った小説です/那是一部以诗一般的语言来描写情窦初开的少男少女的小说 nà shì yī bù yǐ shī yībān de yǔyán lái miáoxiě qíngdòu chū kāi de shàonán shàonǚ de xiǎoshuō ▶おじいさんの影響で早くから漢詩漢文の世界に目覚めていた/受爷爷的影响, 很早就对中国古诗古文萌发了兴趣 shòu yéye de yǐngxiǎng, hěn zǎo jiù duì Zhōngguó gǔshī gǔwén méngfāle xìngqù

めざわり【目障りな】刺眼 cìyǎn; 碍眼 àiyǎn; 看不惯 kànbuguàn (英 *obtrusive*) ▶～にならぬようにする/努力做到不碍眼 nǔlì zuòdào bú ài yǎn ▶あの真っ赤な家が～なんだ/那家鲜红的房子真刺眼 nà jiā xiānhóng de fángzi zhēn cìyǎn ▶～なポスターが板壁に貼ってある/木板墙上贴着刺眼的招贴画儿 mùbǎnqiángshang tiēzhe cìyǎn de zhāotiēhuàr ▶私の前を行ったりきたりして～なやつだ/那家伙在我面前走来走去的, 真是碍眼 nà jiāhuo zài wǒ qiánmian zǒulái zǒuqù de, zhēn shì ài yǎn

めし【飯】 ❶［食事］《米飯》米饭 mǐfàn; 饭食 fànshí (英 *a meal*) ▶～を食う/吃饭 chī fàn ▶～を炊く/烧饭 shāo fàn ▶野球が～より好きだ/比吃饭还喜欢棒球 bǐ chī fàn hái xǐhuan bàngqiú ▶腹がへったからそろそろ～にしよう/肚子饿了, 该吃饭了 dùzi è le, gāi chī fàn le
❷［生計］生计 shēngjì (英 *a livelihood*) ▶～の種/生活来源 shēnghuó láiyuán; 饭碗 fànwǎn ▶人の不幸が～の種になる仕事だ/把别人的不幸当成自己生计的工作 bǎ biérén de búxìng dàngchéng zìjǐ shēngjì de gōngzuò ▶筆で～を食う/靠一支笔吃饭 kào yì zhī bǐ chīfàn ▶～が食えない/活不下去 huóbuxiàqù

同じ釜の～を食う▶彼とは2年間同じ釜の～を

食ったことがある/曽和他同吃同住过两年 céng hé tā tóng chī tóng zhù guò liǎng nián

めしあがる【召し上がる】 用 yòng (英 *eat*; *have*) ▶食事を～/用饭 yòng fàn ▶何を召し上がりますか/你想吃点儿什么？nǐ xiǎng chī diǎnr shénme?

めしあげる【召し上げる】 没收 mòshōu; 查抄 cháchāo (英 *confiscate*)

めした【目下】 晚辈 wǎnbèi; 部下 bùxià (英 *one's inferior*) ▶この会社は目上も～もなく成果を上げたやつが評価される/这个公司里不论资排辈，取得成果的人就会获得肯定 zhège gōngsī lǐ bú lùn zī pái bèi, qǔdé chéngguǒ de rén jiù huì huòdé kěndìng

めしつかい【召し使い】 佣人 yōngrén; 仆人 púrén (英 *a servant*) ▶～と呼ばれる人を見たことがない/没见过被称为佣人的人 méi jiànguo bèi chēngwéi yōngrén de rén

めしべ【雌蕊・雌蕋】〔植物〕雌蕊 círuǐ (英 *a pistil*)

メジャー **1**〖巻尺〗皮尺 píchǐ; 卷尺 juǎnchǐ (英 *a tape measure*) ▶ピアノがこのドアを通るかどうか～で測って下さい/请用皮尺量量看钢琴能不能从这扇门抬进去 qǐng yòng píchǐ liàngliang kàn gāngqín néngbunéng cóng zhè shàn mén tái jìnqù **2**〖一流・著名な〗一流 yīliú; 主流 zhǔliú (英 *major*) ▶彼らはテレビに出るようになると言う/他们把上电视说成当名角儿 tāmen bǎ shàng diànshì shuōchéng dāng míngjuér ▶アメリカの～リーグに今年も日本から5人入団した/今年也有五个人从日本加入美国的职业棒球大联盟里 jīnnián yě yǒu wǔ ge rén cóng Rìběn jiārù Měiguó de zhíyè bàngqiú dàliánméngli

めじり【目尻】 眼角儿 yǎnjiǎor; 眼梢儿 yǎnshāor (英 *the outer corner of the eye*) ▶～が下がっている/眼角向下垂 yǎnshāo xiàng xià chuí ▶孫のかわいい声に～を下げる/听到孙子可爱的声音就眉开眼笑 tīngdào sūnzi kě'ài de shēngyīn jiù méi kāi yǎn xiào ▶男でも～のしわが気になるやつがいる/就是男人也有人在意眼角纹 jiùshì nánrén yě yǒu rén zàiyì yǎnjiǎowén

めじるし【目印】 记号 jìhào; 标志 biāozhì (英 *a mark*) ▶～にする/做个记号 zuò ge jìhao ▶少女は～に青い表紙の本を胸に抱いていた/女孩儿把一本蓝色封面的书抱在胸前作标志 nǚháir bǎ yì běn lánsè fēngmiàn de shū bàozài xiōngqián zuò biāozhì ▶伐採する杉の木に～に赤いひもが結ばれてあった/准备砍伐的杉树上都系上红色的绳子做了记号 zhǔnbèi kǎnfá de shānshùshang dōu jìshang hóngsè de shéngzi zuòle jìhao ▶郵便局を～にして進みなさい/以邮局为目标往前走 yǐ yóujú wéi mùbiāo wǎng qián zǒu

メジロ【目白】〔鳥〕白眼鸟 báiyǎnniǎo; 暗绿绣眼鸟 ànlǜ xiùyǎnniǎo (英 *a white-eye*)

めじろおし【目白押し】 拥挤 yōngjǐ; 一个挨一个地挤着 yí ge āi yí ge de jǐzhe (英 *jostling*) ▶店内は客で～だ/店内顾客拥挤 diànnèi gùkè yōngjǐ ▶大事な行事が～だ/要事成堆 yàoshì chéngduī ▶春は楽しい行事が～だ/春天，愉快的活动一个接一个的 chūntiān, yúkuài de huódòng yí ge jiē yí ge de

めす【雌】 雌 cí; 牝 pìn (英 *a female*) ▶雌の家畜/母畜 mǔchù ▶～犬が子犬を5匹も産んだ/母狗下了五只小狗 mǔgǒu xiàle wǔ zhī xiǎogǒu ▶～鹿が葉っぱの間からこちらを窺っている/母鹿透过树叶丛窥视着这边 mǔlù tòuguò shùyècóng kuīshìzhe zhèbiān

メス《手術用の》手术刀 shǒushùdāo; 解剖刀 jiěpōudāo;《比喻》根本解决的手段 gēnběn jiějué de shǒuduàn (英 *a scalpel*) ▶この体に～を入れるなんて真っ平だ/在我身上动手术，不行，绝对不行 zài wǒ shēnshang dòng shǒushù, bùxíng, juéduì bùxíng

～を入れる 动手术 dòng shǒushù; 采取果断措施 cǎiqǔ guǒduàn cuòshī ▶疑惑事件に～を入れる/彻底查清嫌疑案件 chèdǐ cháqīng xiányí ànjiàn

メスシリンダー 量杯 liángbēi; 量筒 liángtǒng (英 *a measuring cylinder*)

めずらしい【珍しい】 **1**〖新奇な・貴重な〗珍贵 zhēnguì 希罕 xīhan (英 *novel*) ▶～光景/奇观 qíguān ▶～動物/珍奇动物 zhēnqí dòngwù ▶これは世界でも～生き物だ/这是一种世界上希罕的生物 zhè shì yì zhǒng shìjièshang xīhan de shēngwù ▶日本では見るもの聞くものすべてが珍しかった/在日本的所见所闻都很新奇 zài Rìběn de suǒ jiàn suǒ wén dōu hěn xīnqí ▶俳優の版画が珍しさも手伝って30枚売れた/演员创作的版画，新奇也起了作用，卖出了三十张 yǎnyuán chuàngzuò de bǎnhuà, xīnqí yě qǐle zuòyòng, màichūle sānshí zhāng **2**〖まれな〗少有 shǎoyǒu (英 *rare*) ▶夫が珍しく早く帰ってきた/丈夫难得早早回来了 zhàngfu nándé zǎozǎo huílái le ▶1月でこんなに暖かいことは…/一月这么暖和可真是少有 yī yuè zhème nuǎnhuo kě zhēn shì shǎoyǒu ▶これはこれは、お～/啊呀！稀客呀！a ya! xīkè ya! ▶海上生活者は今ではきわめて～/海上人家在当今十分罕见 hǎishàng rénjiā zài dāngjīn shífēn hǎnjiàn ▶午後この季節には珍しく大雪になった/下午，下起了这个季节罕见的大雪 xiàwǔ, xiàqǐle zhège jìjié hǎnjiàn de dàxuě

めせん【目線】 视线 shìxiàn (英 *an eye*)

メソジスト 卫理公会 Wèilǐ gōnghuì (英 *a Methodist*) ▶～教徒/卫理公会教徒 Wèilǐ gōnghuì jiàotú

メゾソプラノ〔音楽〕女中音 nǚzhōngyīn (英 *mezzo-soprano*)

メソポタミア 美索不达米亚 Měisuǒbùdámǐyà (英 *Mesopotamia*) ▶～文明/美索不达米亚文明 Měisuǒbùdámǐyà wénmíng

めそめそ 动不动就哭 dòngbudòng jiù kū; 抽泣 chōuqì; 啜泣 chuòqì (英 *tearfully*) ▶～泣いたって何の役にも立たない/哭哭啼啼也没什么用

kūkūtítí yě méi shénme yòng

メダカ【目高】〖魚〗鱂 jiāng (英 *a killifish*) ▶～と言えば田舎の春を思い出す/提起鱂鱼就会想起故乡的春天 tíqǐ jiāngyú jiù huì xiǎngqǐ gùxiāng de chūntiān

メタセコイア 〖植物〗水杉 shuǐshān (英 *a metasequoia*)

めだつ【目立つ】 显眼 xiǎnyǎn; 惹眼 rě yǎn; 醒目 xǐngmù (英 *be conspicuous*) ▶彼の活躍が～/他的活动很显赫 tā de huódòng hěn xiǎnhè ▶目立って元気になる/明显地恢复健康 míngxiǎn de huīfù jiànkāng ▶文学大賞を貰ったのは目立った特徴のない人だった/获得文学大奖的是一个没有明显特征的人 huòdé wénxué dàjiǎng de shì yí ge méiyǒu míngxiǎn tèzhēng de rén ▶その家は小さかったが、付近では目立っていた/那幢房子虽然小, 但是在那一带很醒目 nà zhuàng fángzi suīrán xiǎo, dànshì zài nà yídài hěn xǐngmù ▶目立たない所で社会のために頑張る人です/(他)是在不显眼的地方为社会贡献的人 (tā) shì zài bù xiǎnyǎn de dìfang wèi shèhuì gòngxiàn de rén ▶車のシルバー色は汚れが目立たない/银白色汽车上的污渍不显眼 yínbáisè qìchēshang de wūzì bù xiǎnyǎn ▶彼は目立たないように後ろに座った/他坐在了后面不引人注意 tā zuòzàile hòumian yǐ bù yǐn rén zhùyì ▶頭髪に白いものが～ようになった/头发中的银丝开始显眼了 tóufa zhōng de yínsī kāishǐ xiǎnyǎn le ▶目立たせる【陪衬】péichèn; 突出 tūchū ▶体にぴったりした上衣が彼女の小太りを目立たせた/紧贴的上衣使她稍microphone发胖的身体更显眼了 jǐntiē de shàngyī shǐ tā shāowēi fāpàng de shēntǐ gèng xiǎnyǎn le ▶目立ちたがる/爱出风头 ài chū fēngtou ▶彼女は目立ちたがり屋だ/她是个爱出风头的人 tā shì ge ài chū fēngtou de rén

めたて【目立て】 锉 cuò (英 *setting*) ▶鋸の～をする/锉锯齿 cuò jùchǐ

メタノール 〖化学〗甲醇 jiǎchún (英 *methanol*)

めだま【目玉】 **1**〖目の玉〗眼球 yǎnqiú; 眼珠子 yǎnzhūzi (英 *an eyeball*) ▶～をぎょろつかせる/瞪圆眼睛 dèngyuán yǎnjing ▶一本の松茸に～の飛び出るほどの値がついている/仅仅一只松蘑就标着贵得惊人的价格 jǐnjǐn yì zhī sōngmó jiù biāozhe guì de jīngrén de jiàgé ▶破れた襖から子供の～がこちらを覗いていた/孩子的眼睛透过破旧的拉门朝这边儿窥视着 háizi de yǎnjing tòuguò pòjiù de lāmén cháo zhèbiānr kuīshìzhe ▶卵はゆで卵ではなく、焼きにした/鸡蛋没有煮, 而是做了煎荷包蛋 jīdàn méiyǒu zhǔ, ér shì zuòle jiānhébāodàn

2〖叱責〗教训 jiàoxùn (英 *scolding*) ▶女生徒をからかったら先生にお～をくらった/因为捉弄女生而被老师教训了一顿 yīnwèi zhuōnòng nǚshēng ér bèi lǎoshī jiàoxùnle yí dùn

3〖中心のことがら〗引人注目的事物 yǐn rén zhùmù de shìwù; 招揽客人的东西 zhāolǎn kèrén de dōngxi (英 *a centerpiece*) ▶～商品/招揽顾客的商品 zhāolǎn gùkè de shāngpǐn ▶政策の～は福祉の充実である/政策的热点是完善福利 zhèngcè de rèdiǎn shì wánshàn fúlì

メダル 奖章 jiǎngzhāng; 奖牌 jiǎngpái (英 *a medal*) ▶金～/金奖 jīnjiǎng; 金牌 jīnpái ▶彼の成績は春夏連続して銅～だった/他的成绩春夏连续都是铜牌 tā de chéngjì chūnxià liánxù dōu shì tóngpái

メタン 〖化学〗甲烷 jiǎwán; 沼气 zhǎoqì (英 *methane*) ▶～ガス/甲烷气 jiǎwánqì; 沼气 zhǎoqì ▶～ガスは色も匂いもありません/沼气无色无味 zhǎoqì wúsè wúwèi

めちゃくちゃ〖滅茶苦茶な〗 一塌糊涂 yì tā hútu; 乱七八糟 luàn qī bā zāo; 支离破碎 zhīlí pòsuì (英 *unreasonable*; *messy*) ▶最後になって～なことを言う/到了最后胡说八道 dàole zuìhòu hú shuō bā dào ▶市の財政は～だ/市的财政情况一塌糊涂 shì de cáizhèng qíngkuàng yì tā hútu

めちゃめちゃ〖滅茶滅茶になる〗 一塌糊涂 yì tā hútu; 乱七八糟 luàn qī bā zāo; 支离破碎 zhīlí pòsuì (英 *go to pieces*) ▶犬が並べたパズルを～にした/狗把我好不容易拼好的拼图给弄乱了 gǒu bǎ wǒ hǎobù róngyì pīnhǎo de pīntú gěi nòngluàn le ▶彼の不参加で計画が～になった/由于他不参加, 计划完全被打乱了 yóuyú tā bù cānjiā, jìhuà wánquán bèi dǎluàn le

メチル 〖化学〗甲醇 jiǎchún (英 *methyl*) ▶～アルコールは飲めない/甲醇不能喝 jiǎchún bùnéng hē

メッカ 麦加 Màijiā; 圣地 shèngdì (英 [地名] *Mecca*; [あこがれの地] *a mecca*) ▶このホールは全国高校生の吹奏楽の～です/这个礼堂是全国高中生吹奏乐的圣殿 zhège lǐtáng shì quánguó gāozhōngshēng chuīzòuyuè de shèngdiàn

めっき【鍍金する】 镀 dù (英 *plate*) ▶金～/镀金 dùjīn ▶小箱には偽(½)の金～を施す/在匣子上镀上假金 zài xiázishang dùshàng jiǎjīn ▶この失敗でやり手と思われていた課長の～がはげてしまった/这次失败使一向显得能干的科长现了原形 zhè cì shībài shǐ yíxiàng xiǎnde nénggàn de kēzhǎng xiànle yuánxíng

めつき【目付き】 眼神 yǎnshén; 目光 mùguāng (英 *a look*) ▶～が悪い/眼神恶毒 yǎnshén èdú ▶こわい～でにらむ/用凶狠的目光瞪人 yòng xiōnghěn de mùguāng dèng rén ▶この日ばかりは父も優しい～で見ていた/只有在这一天父亲也用慈祥的目光看着 zhǐyǒu zài zhè yì tiān fùqīn yě yòng cíxiáng de mùguāng kànzhe

～が鋭い 眼神犀利 yǎnshén ruìlì ▶～の鋭い男が通りの角に立っていた/街角上站着一个目光犀利的人 jiējiǎoshang zhànzhe yí ge mùguāng xīlì de rén

めっきり 显著 xiǎnzhù; 明显地 míngxiǎn de (英 *considerably*) ▶～春めく/春意盎然 chūnyì àngrán ▶～年をとった/明显地老了 míngxiǎn de lǎo le ▶この頃～寒くなった/这几天明显地冷起来了 zhè jǐ tiān míngxiǎn de lěngqǐlai le ▶入院してから彼は～やせた/住院以后，他明显地消瘦了 zhùyuàn yǐhòu, tā míngxiǎn de xiāoshòu le ▶母は～白髪がふえた/母亲的白发明显地增多了 mǔqīn de báifà míngxiǎn de zēngduō le

めつけやく【目付け役】 监督 jiāndū; 管理人 guǎnlǐrén (英) a supervisor)

メッセージ 口信 kǒuxìn; 留言 liúyán; 赠言 zèngyán (英) a message) ▶贈り物の中に「幸せに」という～が入っていた/在礼物里面夹着一句"祝你幸福"的赠言 zài lǐwù lǐmiàn jiāzhe yí jù "zhù nǐ xìngfú" de zèngyán ▶老人ホームに幼い子供たちから可愛い～が届いた/敬老院里收到了幼儿们可爱的赠言 jìnglǎoyuànlǐ shōudàole yòu'érmen kě'ài de zèngyán ▶御用件のある方は～どうぞ/有事的话请留言 yǒu shì dehuà qǐng liúyán

メッセンジャー 使者 shǐzhě (英) a messenger) ▶～ボーイ/信使 xìnshǐ

めっそう【滅相】 ▶お金が消えたって？そんな～な/钱没有了？岂有此理！qián méiyǒu le? qǐ yǒu cǐ lǐ !
～もない 没有的事 méiyǒu de shì; 岂有此理 qǐ yǒu cǐ lǐ ▶あなたの悪口を言うなんて～もない/我说你的坏话了？没有的事，wǒ shuō nǐ de huàihuà le? méiyǒu de shì !

めった【滅多な】 鲁莽 lǔmǎng; 胡乱 húluàn; 罕有 hǎnyǒu (英) thoughtless; careless) ▶～なことは言えない/不能瞎说 bùnéng xiāshuō ▶子供の前で～なことを言ってはいけない/当着孩子的面不许瞎说 dāngzhe háizi de miàn bùxǔ xiāshuō ▶～な人に話すんじゃないぞ/别跟不知道的人说 bié gēn bù zhīdào de rén shuō ▶こんな楽しい話は～に聞けない/这样开心的事很少能听到 zhèyàng kāixīn de shì hěn shǎo néng tīngdào
～にない 十年九不遇 shí nián jiǔ bú yù; 很少遇到 hěn shǎo yùdào ▶こんな好機は～にない/这样好的机会不可多得 zhèyàng hǎo de jīhuì bùkě duō dé
◆**～打ち** 乱打 luàn dǎ; 痛殴 tòng'ōu ▶竹刀で～打ちにする/用竹刀乱打一气 yòng zhúdāo luàn dǎ yīqì

めつぼう【滅亡する】 灭亡 mièwáng; 沦亡 lúnwáng (英) be ruined) ▶人類～の危機/人类灭亡的危机 rénlèi sǐmièk de wēijī ▶ローマ帝国が～する/罗马帝国灭亡了 Luómǎ dìguó mièwáng le ▶秦は中国を統一したがまもなく～した/秦朝统一了中国，可是，不久就灭亡了 Qíncháo tǒngyīle Zhōngguó, kěshì, bùjiǔ jiù mièwáng le ▶ポンペイは火山の爆発で一夜にして～した/庞贝城因火山爆发，在一夜之间灭亡了 Pángbèichéng yīn huǒshān bàofā, zài yí yè zhījiān mièwáng le

めっぽう【滅法】 非常 fēicháng (英) extremely) ▶おとなしそうな男だが囲碁は～強い/看起来是个老实巴交的人，可是下起围棋却非常厉害 kànqǐlai shì ge lǎoshibājiāo de rén, kěshì xiàqǐ wéiqí què fēicháng lìhai

メディア 媒体 méitǐ; 媒介 méijiè (英) a medium; [マスコミ] the media) ▶マス～/大众传媒 dàzhòng chuánméi

めでたい 吉利 jílì; 吉祥 jíxiáng; 可庆 kěqìng (英) happy) ▶～こと/喜事 xǐshì; 幸事 xìngshì ▶～と思う/庆幸 qìngxìng ▶めでたく合格した/顺利考上了 shùnlì kǎoshàng le ▶彼は皮肉が通じないお～男だ/他是听不懂讽刺的傻瓜 tā shì tīngbudǒng fěngcì de shǎguā ▶民話の最後は「めでたしめでたし」で終わる/民间故事的最后，都用"可喜可贺"来结束 mínjiān gùshi de zuìhòu, dōu yòng "kěxǐ kěhè" lái jiéshù ▶結婚出産と～ことが続く/结婚、生孩子，喜事接踵而来 jiéhūn, shēng háizi, xǐshì jiē zhǒng ér lái ▶難問も最後になってめでたく解決する/难题最后圆满解决了 nántí zuìhòu yuánmǎn jiějué le

めでる【愛でる】 爱 ài; 玩赏 wánshǎng; 欣赏 xīnshǎng (英) [愛する] love; [賞する] admire) ▶山のふもとに草花を～老婆が住んでいた/在山脚下，住着一位喜爱花草的老太婆 zài shānjiǎoxia, zhùzhe yí wèi xǐ'ài huācǎo de lǎofùrén

めど【目処】 目标 mùbiāo; 眉目 méimù (英) [目標] an aim; [見通し] a prospect) ▶完成の～がつく/有完成的把握 yǒu wánchéng de bǎwò ▶月末を～に/以月底为目标 yǐ yuèdǐ wéi mùbiāo ▶問題解決に～がついた/那个问题有把握解决了 nàge wèntí yǒu bǎwò jiějué le ▶今のところ復旧の～が立っていません/目前，修复工程还没有完工的目目 mùqián, xiūfù gōngchéng hái méiyǒu wángōng de méimù ▶九州縦断高速道路にやっと完成の～がついた/纵贯九州的高速公路终于看到了竣工的希望 zòngguàn Jiǔzhōu de gāosù gōnglù zhōngyú kàndàole jùngōng de xīwàng ▶今年9月の完成を～に工場建設を進めている/以今年9月完工为目标在建设工厂 yǐ jīnnián jiǔ yuè wángōng wéi mùbiāo zài jiànshè gōngchǎng

めとる【娶る】 娶 qǔ (英) marry) ▶妻を～/娶妻 qǔqī ▶彼は美しい女性を娶った/他娶了一个漂亮的女人 tā qǔle yí ge piàoliang de nǚrén

メドレー 《水泳》混合泳接力 hùnhéyǒng jiēlì; 《音楽》混合曲 hùnhéqǔ (英) a medley) ▶女子400メートル～リレーで平泳ぎを泳ぐ/在女子四百米混合泳接力赛上游蛙泳 zài nǚzǐ sìbǎi mǐ hùnhéyǒng jiēlìsàishang yóu wāyǒng ▶個人～/个人混合泳接力赛 gèrén hùnhéyǒng jiēlìsài ▶3曲～でお聞きいただきましょう/请连续欣赏三首曲子 qǐng liánxù xīnshǎng sān shǒu qǔzi

メトロ 地铁 dìtiě; 地下铁道 dìxià tiědào (英) the metro)

メトロノーム 《音楽》节拍器 jiépāiqì (英) a metronome) ▶～に合わせてピアノを演奏する/配

合节拍器演奏钢琴 pèihé jiépāiqì yǎnzòu gāng-qín

メトロポリス 首都 shǒudū; 大城市 dàchéngshì (英 a metropolis)

メニュー 菜单 càidān; 食谱 shípǔ; 菜谱 càipǔ (英 a menu) ▶～に載っている/列在菜单上 lièzài càidānshang ▶料理を写真付きの～で選ぶ/在配有照片的菜单上选菜 zài pèiyǒu zhàopiàn de càidānshang xuǎn cài ▶～を見せて下さい/请让我看一下菜单 qǐng ràng wǒ kàn yíxià càidān

メヌエット 〔音楽〕三步舞曲 sānbù wǔqǔ (英 a minuet)

めぬき【目抜きの】 显眼 xiǎnyǎn; 繁华 fánhuá (英 main) ▶～通り/繁华大街 fánhuá dàjiē ▶～通りのレストランで食事をする/在繁华大街上的餐厅里吃饭 zài fánhuá dàjiēshang de cāntīngli chī fàn

めねじ【女螺子】 螺母 luómǔ; 螺丝帽 luósīmào (英 a female screw)

めのう【瑪瑙】〔鉱物〕玛瑙 mǎnǎo (英 agate)

めのかたき【目の敵にする】 眼中钉 yǎnzhōngdīng; 肉中刺 ròuzhōngcì (英 hate the very sight of...) ▶他总是把我当成眼中钉，在我的话里找茬儿 tā zǒngshì bǎ wǒ dàngchéng yǎnzhōngdīng, zài wǒ de huàli zhǎochár

めのたま【目の玉】 眼珠 yǎnzhū; 眼球 yǎnqiú (英 an eyeball) ▶～の飛び出るような値段/令人目瞪口呆的价钱 lìng rén mù dèng kǒu dāi de jiàqian ▶私の～の黒いうちはおまえを許さないぞ/只要我还有口气儿，就绝不饶恕你 zhǐyào wǒ háiyǒu kǒuqìr, jiù juébù ráoshù nǐ

めのまえ【目の前】 眼前 yǎnqián;《目の前で》当着… dāngzhe… (英 before one's eyes) ▶子供の～で/当着孩子的面 dāngzhe háizi de miàn ▶電車に鞄を置き忘れて一瞬～がまっ暗になった/我把提包忘在了电车里，一瞬间急得眼前发黑 wǒ bǎ tíbāo wàngzàile diànchēli, yíshùn jiān jíde yǎnqián fāhēi ▶～を白い影が通り過ぎた/一个白色的影子从眼前闪过了 yí ge báisè de yǐngzi cóng yǎnqián shǎnguo le ▶入学試験はもう～だ/入学考试就在眼前 rùxué kǎoshì jiù zài yǎnqián

めばえ【芽生え】 发芽 fāyá; 萌芽 méng yá; 萌生 méngshēng (英 a sprout) ▶寒さが続き木々の～は今年は遅い/一直是寒冷的天气，所以今年树木发芽很晚 yìzhí shì hánlěng de tiānqì, suǒyǐ jīnnián shùmù fāyá hěn wǎn ▶～つつある産業/正在起步的产业 zhèngzài qǐbù de chǎnyè ▶彼の～つつある才能/他刚刚显露出来的才能 tā gānggāng xiǎnlùchūlai de cáinéng

めばえる【芽生える】 发芽 fāyá; 萌芽 méng yá; 萌发 méngfā (英 bud; sprout) ▶二人の間に愛が芽生えた/两个人之间萌发了爱情 liǎng ge rén zhījiān méngfāle àiqíng ▶電車の中で出会い、その時から友情が芽生えた/在电车里相遇，从那时起就产生了友谊 zài diànchē xiāngyù, cóng nà shí qǐ jiù chǎnshēngle yǒuyì

めはな【目鼻】 眉目 méimu; 头绪 tóuxù (英 the eyes and the nose) ▶～がつく 有眉目 yǒu méimù ▶2時間話しあって家の境界線問題は～がついた/谈了两个小时，房子界限的问题有了眉目 tánle liǎng ge xiǎoshí, fángzi jièxiàn de wèntí yǒule méimu ▶～をつける 搞出头绪来 gǎochū tóuxù lai

めばな【雌花】 雌花 cíhuā (英 a female flower)

めはなだち【目鼻立ち】 眉眼 méiyǎn; 五官 wǔguān; 相貌 xiàngmào (英 features) ▶～の整った/五官端正的 wǔguān duānzhèng de ▶～の整った色白の男の子/眉目清秀、皮肤白皙的男孩子 méimù qīngxiù, pífū báixī de nánháizi

めばり【目張りする】《隙間に》糊缝 hú fèng (英 seal up) ▶窓にしっかり～した/在窗户缝上严严实实地糊了纸 zài chuānghu fèngshàng yányánshíshí de húle zhǐ

めぶく【芽吹く】 发芽 fāyá; 抽芽 chōuyá (英 bud) ▶川辺の柳が一斉に芽吹いた/河边的柳树一齐抽芽了 hébiān de liǔshù yìqí chōuyá le

めぶんりょう【目分量】 目测 mùcè; 估量 gūliang (英 eye measure) ▶水加减を～で計る/靠目测来计量添水量 kào mùcè lái jìliàng tiānshuǐliàng ▶～だが5メートルはあるだろう/据目测，起码有五米 suī jù mùcè, qǐmǎ yǒu wǔ mǐ

めべり【目減り】 损耗 sǔnhào;《貨幣価值など》贬值 biǎn zhí (英 lose in weight) ▶貯金がインフレのおかげで～した/由于通货膨胀，存款贬值了 yóuyú tōnghuò péngzhàng, cúnkuǎn biǎnzhí le ▶～加工の過程で重量は幾分か～する/在加工的过程中，重量会有一定的损耗 zài jiāgōng de guòchéng zhōng, zhòngliàng huì yǒu yídìng de sǔnhào

めぼし【目星】 瞄 miáo; 估计 gūjì; 估量 gūliáng (英 an aim) ▶～を付ける 估计 gūjì; 心中大致有个数 xīnzhōng dàzhì yǒu ge shù ▶犯人の～は付いているが確証がない/已经猜测到谁是犯人，只是没有确证 yǐjing cāicèdào shéi shì fànrén, zhǐshì méiyǒu quèzhèng

めぼしい【目ぼしい】 值钱 zhíqián; 显著 xiǎnzhù (英 important) ▶今日は不漁で～獲物は取れなかった/今天捕鱼量很少，没捕到值钱的东西 jīntiān bǔyúliàng hěn shǎo, méi bǔdào zhíqián de dōngxi ▶バーゲンセールの～品は残っていなかった/在大减价时值钱的东西没有剩下 zài dà jiǎnjià shí zhíqián de dōngxi méiyǒu shèngxià

めまい【眩暈】 发昏 fāhūn; 眼晕 yǎnyùn; 眩晕 xuànyùn (英 giddiness) ▶寝込んだ後立つ様い～がする/卧床不起几天，一站起来就感到微微发昏 wòchuáng bù qǐ jǐ tiān, yí zhànqǐlai jiù gǎndào wēiwēi fāhūn ▶「大丈夫ですか？」「いえ、ちょっと～がしただけです」/"不要紧吗？Bú yàojǐn ma?""没事，只是稍微有些头晕 Méishì, zhǐshì shāowēi yǒu xiē tóuyūn"

めまぐるしい【目まぐるしい】 目不暇接的 mù bù xiá jiē de; 眼花缭乱 yǎnhuā liáoluàn (英 dizzy) ▶目まぐるしく変わる/变幻无常 biànhuàn wúcháng ▶世の中で趣味の動きに勤しむ/在令人目不暇接的人世间潜心于陶艺爱好 zài lìng rén mù bù xiá jiē de rénshì jiān qiánxīn yú táoyì àihào ▶転職を繰り返して〜生活をする/接连不断地调动工作, 过着奔波忙碌的生活 jiēliánbúduàn de diàodòng gōngzuò, guòzhe bēnbō mánglù de shēnghuó

めめしい【女女しい】 懦弱 nuòruò; 没有男子汉气概 méiyǒu nánzǐhàn qìgài (英 effeminate) ▶今どき男が〜振る舞いをし, 女が雄々しい活動をする/今天, 男人行为很懦弱, 而女人却有男子汉气概 jīntiān, nánrén xíngwéi hěn nuòruò, ér nǚrén què yǒu nánzǐhàn qìgài ▶彼女の女々しさが鼻につく/她的懦弱让人讨厌 tā de nuòruò ràng rén tǎoyàn

メモ 笔记 bǐjì; 便条 biàntiáo; 字条 zìtiáo (英 a memo; a note) ▶電話番号を〜する/记下电话号码 jìxià diànhuà hàomǎ ▶急ぎを取る/急忙记下 jímáng jìxià ▶印刷し損ねた紙を〜用紙にする/把印刷过作废的纸用来记东西 bǎ yìnshuā shí zuòfèi de zhǐ yòng lái jì dōngxi

◆〜帳/备忘录 bèiwànglù ▶左右に〜帳をおいて電話をする/在旁边放着备忘录打电话 zài pángbiān fàngzhe bèiwànglù dǎ diànhuà

めもと【目元・目許】 眼睛 yǎnjing; 眼神 yǎnshén (英 eyes) ▶〜がかわいい/眼睛可爱 yǎnjing kě'ài ▶今度の新入社員は〜ばっちりしている/这次来的新职员眼大有神 zhè cì jìnlái de xīnzhíyuán yǎn dà yǒushén

めもり【目盛り】 度数 dùshu; 刻度 kèdù (英 graduation) ▶老体には計量カップの〜が見えない/年迈之人看不清量杯的刻度 niánmài zhī rén kànbuqīng liàng bēi de kèdù ▶その物差しはインチで〜がつけてある/那把尺子以英寸为单位刻着刻度 nà bǎ chǐzi yǐ yīngcùn wéi dānwèi kèzhe kèdù

メモリー〔電算〕内存 nèicún (英 memory) ▶メイン〜/主存储器 zhǔcúnchǔqì; 主存 zhǔcún

めやす【目安】 目标 mùbiāo; 大致的标准 dàzhì de biāozhǔn (英 [標準] a standard; [目的物] an aim) ▶この肉料理は四人分を〜にしてある/这道肉菜大致是四个人的份儿 zhè dào ròucài dàzhì shì sì ge rén de fènr ▶1ヶ月20万円を〜に生活する/以一个月的生活费大致为二十万日元 yǐ yí ge yuè de shēnghuófèi dàzhì wéi èrshí wàn Rìyuán ▶株価決定の一つの〜はドルと円の兌換比率/决定股价的一个标准是美元和日元的兌換比率 juédìng gǔjià de yí ge biāozhǔn shì Měiyuán hé Rìyuán de duìhuàn bǐlǜ ▶会社には〜箱がコピー室に置いてある/公司复印室里放着意见箱 gōngsī fùyìnshìli fàngzhe yìjiànxiāng

めやに【目やに】 眼屎 yǎnshǐ (英 eye mucus) ▶〜のたまった目/挂满眼屎的眼睛 guàmǎn yǎnshǐ de yǎnjing

メラニン（色素）黑素 hēisù; 黑色素 hēisèsù (英 melanin)

めらめら（炎などが）熊熊 xióngxióng;（闘志などが）昂扬 ángyáng (英 (be) in flames) ▶嫉妬心が〜と燃え上がった/妒火中烧 dùhuǒ zhōng shāo ▶炎が〜と寺の屋根をなめている/火焰吞食着寺庙的屋顶 huǒyàn tūnshízhe sìmiào de wūdǐng

メリーゴーラウンド 旋转木马 xuánzhuǎn mùmǎ (英 a merry-go-round)

めりけんこ【メリケン粉】（食品）白面 báimiàn; 面粉 miànfěn (英 wheat flour) 注意 '白面儿 báimiànr' というと「ヘロイン」の意味になる.

めりこむ【めり込む】 陷入 xiànrù; 陷进 xiànjìn (英 cave in) ▶車輪が泥に〜/车轮陷进泥里 chēlún xiànjìn nílǐ

メリット 优点 yōudiǎn; 价值 jiàzhí (英 a merit; an advantage) ▶その制度の〜とデ〜を教えて下さい/请告诉我这项制度的优点和缺点 qǐng gàosu wǒ zhè xiàng zhìdù de yōudiǎn hé quēdiǎn

めりはり（行為について）有张有弛 yǒu zhāng yǒu chí; 节奏 jiézòu;（ことばについて）有腔有调 yǒu qiāng yǒu diào (英 modulation) ▶彼は独自の〜のある指導をするだろう/他会进行独特的张弛适度的指导吧 tā huì jìnxíng dútè de zhāng chí shìdù de zhǐdǎo ba ▶演説を印象づけるため声〜をきかせる/为了加深演讲的印象, 他讲得抑扬顿挫 wèile jiāshēn yǎnjiǎng de yìnxiàng, tā jiǎngde yìyáng dùncuò

〜がきいた《話や文などが》一板一眼的 yì bǎn yì yǎn de ▶〜のきいた漢文のリズムで小説を書く/用一板一眼的古汉语节奏来写小说 yòng yì bǎn yì yǎn de gǔ Hànyǔ jiézòu lái xiě xiǎoshuō

めりめり 咯吱咯吱 gēzhīgēzhī (英 with a crack) ▶台風で柱が〜音をたてる/台风刮得柱子咯吱咯吱作响 táifēng guāde zhùzi gēzhīgēzhī zuòxiǎng ▶〜と音がして柳の木が折れた/柳树吱吱作响地倒下了 liǔshù zhīzhī zuòxiǎng de dǎoxià le

メリヤス〔布地〕针织品 zhēnzhīpǐn (英 knitted goods) ▶〜製品/针织品 zhēnzhīpǐn ▶〜の肌着/针织内衣 zhēnzhī nèiyī

メルヘン 童话 tónghuà (英 a fairy tale)

メロディー 曲调 qǔdiào; 旋律 xuánlǜ (英 a melody) ▶大衆酒場では昔の〜が流れる/在大众酒馆里播放着从前的曲调 zài dàzhòng jiǔguǎnli bōfàngzhe cóngqián de qǔdiào ▶なつかしの〜/怀旧歌曲 huáijiù gēqǔ

メロドラマ 爱情剧 àiqíngjù (英 a melodrama) ▶気の抜けた連続〜を再放送する/重播令人泄气的连续爱情剧 chóngbō lìng rén xièqì de liánxù àiqíngjù

メロン〔植物〕香瓜 xiāngguā;（マスクメロン）网纹甜瓜 wǎngwén tiánguā (英 a melon) ▶〜は西瓜と違って小さく, 上品に食べやす/香瓜和西瓜不一样, 个儿小, 吃起来很雅 xiāngguā hé xīguā bù yíyàng, gèrén xiǎo, chīqǐlai hěn yǎ

めん【面】 ❶【仮面】 假面 jiǎmiàn（英 *a mask*）▶~を かぶる/戴假面 dài jiǎmiàn ▶~を 打つ/雕塑面具 diāo jiǎmiànjù

❷【顔】 脸 liǎn; 面 miàn（英 *a face*）

❸【平面・部面】 一面 yímiàn; 方面 fāngmiàn（英 *a plane*;【物事の】*an aspect*）▶石の平らな~を表에/把石头平整的一面放在表面 bǎ shítou píngzhěng de yímiàn fàngzài biǎomiàn ▶彼は愛想はないが，非常に親切な~がある/他不爱说话，但是有非常热情的一面 tā bú ài shuōhuà, dànshì yǒu fēicháng rèqíng de yímiàn ▶彼はジャーナリズムのあらゆる~を知っている/他熟悉新闻工作的方方面面 tā shúxī xīnwén gōngzuò de fāngfāngmiànmiàn ▶どの~から見ても彼は欠点がない/无论从哪个角度看，他都完美无缺 wúlùn cóng nǎge jiǎodù kàn, tā dōu wánměi wúquē ▶計画は資金~でつまずいた/由于资金方面的原因，计划受到挫折 yóuyú zījīn fāngmiàn de yuányīn, jìhuà shòudào cuòzhé

❹【数】 面 miàn（英 *a surface*）

❺【新聞の】 版 bǎn（英 *a page*）▶第一~を飾ったノーベル賞受賞者/登在头版的诺贝尔奖获奖者 dēngzài tóubǎn de Nuòbèi'ěrjiǎng huòjiǎngzhě ▶社会~の記事は公務員の失態がひっきりなしだ/社会版接连不断地报道了公务员的丑闻 shèhuìbǎn jiēlián búduàn de bàodàole gōngwùyuán de chǒuwén

~が割れる 相貌暴露无遗 xiàngmào bàolù wúyí ▶容疑者は監視カメラから~が割れた/嫌疑犯的相貌被监控器给拍了下来 xiányífàn de xiàngmào bèi jiānkòngqì gěi pāilexiàlai

~と向かう 面对面 miàn duì miàn; 当面 dāngmiàn ▶はっきりと~と向かって言う/直接当面讲 zhíjiē dāngmiàn jiǎng ▶そんなこと，~と向かっては言えないよ/这种话怎么能当面说呢？zhè zhǒng huà zěnme néng dāngmiàn shuō ne?

日中比較 中国語の'面 miàn'には「麺」や「粉」の意味もある.

めん【綿】 棉 mián（英 *cotton*）▶~織物/棉织品 miánzhīpǐn ▶~織物のタオル/棉制毛巾 miánzhì máojīn ▶~ 100パーセント/纯棉 chúnmián ▶ジャケットの素材は麻50％，~50％からできている/夹克的料子是由百分之五十的麻和百分之五十的棉织成的 jiākè de liàozi shì yóu bǎi fēn zhī wǔshí de má hé bǎi fēn zhī wǔshí de mián zhīchéng de

♦~製品: 棉制品 miánzhìpǐn ▶乳児服は肌に優しい~製品を使います/婴儿服装使用对皮肤柔和的棉制品 yīng'ér fúzhuāng shǐyòng duì pífū róuhé de miánzhìpǐn

日中比較 中国語の'绵 mián'は「真綿」を意味する.

めん【麺】《食品》面 miàn; 面条 miàntiáo（英 *noodles*）▶ここのラーメン屋は自分の所で~を打っています/这家拉面店在自己店里制面 zhè jiā lāmiàndiàn zài zìjǐ diànlǐ zhì miàn

-めん【-面】 片 piàn; 个 ge ▶テニスコート三~/三个网球场 sān ge wǎngqiúchǎng

めんえき【免疫】 免疫 miǎnyì（英 *immunity*）▶体内に~ができる/体内产生免疫力 tǐnèi chǎnshēng miǎnyìlì ▶何度も新聞に叩かれたから批判には~になっている/在报上被攻击过几次，所以对批评已经有了免疫力 zài bàoshang bèi gōngjīguò jǐ cì, suǒyǐ duì pīpíng yǐjing yǒule miǎnyìlì

めんか【綿花】 棉花 miánhuā（英 *cotton*）

めんかい【面会】する 会见 huìjiàn; 会面 huìmiàn;《病人と》探视 tànshì（英 *see*;［約束して会う］*meet*）▶友人の病気は重く肉親以外の~はできなかった/朋友病重，除了亲骨肉以外都没能去探视 péngyou bìng zhòng, chúle qīn gǔròu yǐwài dōu méi néng qù tànshì ▶3度お願いして~の約束を取り付けた/求了三次终于取得了会见的约定 qiúle sān cì zhōngyú qǔdéle huìjiàn de yuēdìng

~を謝絶する 谢客 xièkè ▶その病人は~を謝絶です/那名患者谢绝探视 nà míng huànzhě xièjué tànshì

♦~時間:会客时间 huìkè shíjiān ▶病院の~時間/医院的探视时间 yīyuàn de tànshì shíjiān

めんきょ【免許】 执照 zhízhào; 许可证 xǔkězhèng（英 *license*）▶学生時代に車の~を取る/在学生时代取得驾照 zài xuésheng shídài qǔdé jiàzhào ▶酒酔い運転で~を取り消される/由于酒后驾车而被吊销了驾照 yóuyú jiǔhòu jiàchē ér bèi diàoxiāole jiàzhào ▶この仕事には~が必要である/干这项工作需要执照 gàn zhè xiàng gōngzuò xūyào zhízhào

♦~運転:驾驶执照 jiàshǐ zhízhào 仮~证《自動車運転の》临时驾驶证 línshí jiàshǐzhèng ~証;凭照 píngzhào; 执照 zhízhào ▶事故が続いて猟銃の~を取るのは難しくなった/由于事故接连发生，取得猎枪执照难起来了 yóuyú shìgù jiēlián fāshēng, qǔdé lièqiāng zhízhào nánqǐlai le ~状 ▶国家試験に合格して医師の~状を受けとる/通过了国家统一考试，拿到医师执照 tōngguòle guójiā tǒngyī kǎoshì, ná dào yīshī zhízhào

めんくい【面食い】 挑相貌 tiāo xiàngmào; 喜欢相貌好的人 xǐhuan xiàngmào hǎo de rén（英 *a sucker for a man's*［*girl's*］*looks*）

めんくらう【面食らう】 不知所措 bù zhī suǒ cuò; 惊慌失措 jīnghuāng shīcuò（英 *be confused*）

めんざい【免罪】 免罪 miǎnzuì（英 *acquittal*）▶報告すれば~になるなんて大間違いだ/只要汇报就可以免去罪责的话，那就大错特错了 zhǐyào huìbào jiù kěyǐ miǎnqù zuìzé dehuà, nà jiù cuò tècuò le

♦~符:免罪符 miǎnzuìfú ▶彼らは前例がないことを~符にしている/他们以没有前例为免罪符 tāmen yǐ méiyǒu qiánlì wéi miǎnzuìfú

めんし【綿糸】 棉纱 miánshā（英 *cotton yarn*）▶~纺绩/棉纺 miánfǎng

めんしき【面識】 认识 rènshi (英 acquaintance) ▶~のある/相识 xiāngshí; 面熟 miànshú ▶~がない/没见过面 méi jiànguo miàn ▶英語の先生とは~があるが数学の先生とは初対面だ/和英语老师见过面，但和数学老师则是第一次见 hé Yīngyǔ lǎoshī jiànguo miàn, dàn hé shùxué lǎoshī zé shì dìyī cì jiàn ▶彼とは一~もない/和他素不相识 hé tā sù bù xiāngshí

めんじょ【免除する】 免除 miǎnchú; 豁免 huòmiǎn (英 exempt) ▶学費を~する/免收学费 miǎn shōu xuéfèi ▶特待生は授業料を~される/特殊待遇生可以免收学费 tèshū dàiyùshēng kěyǐ miǎn shōu xuéfèi ▶障害者には多少税金の~がある/残障人可以免除一部分税金 cánzhàngrén kěyǐ miǎnchú yíbùfen shuìjīn ▶正会員の紹介があれば入会金は~される/如果有正会员的介绍，入会费也可以免除 rúguǒ yǒu zhènghuìyuán de jièshào, rùhuìfèi kěyǐ miǎnchú

めんじょう【免状】 执照 zhízhào; 许可证 xǔkězhèng; 资格证书 zīgé zhèngshū (英 a diploma; a license) ▶卒業証書 (免許状) (英 a license) ▶調理師学校で学び調理師の~をとった/在烹饪学校学习，取得了厨师执照 zài pēngrèn xuéxiào xuéxí, qǔdéle chúshī zhízhào ▶合格者には 10 年間有効の~を与える/对合格者颁发有效期为十年的资格证书 duì hégézhě bānfā yǒuxiàoqī wéi shí nián de zīgé zhèngshū

めんしょく【免職する】 解职 jiězhí; 免职 miǎnzhí (英 dismiss... from office) ▶仲間の積立金を流用して~になる/盗用了同事们的公积金而被开除了 dàoyòngle tóngshìmen de gōngjījīn ér bèi kāichú le

めんじる【免じる】 (免職する) 免职 miǎn zhí; 解职 jiě zhí (英 dismiss) ▶…に免じて 看面子 kàn miànzi; 考虑 … kǎolǜ ▶私に免じて彼を許してやって下さい/请看在我的面子上原谅他吧 qǐng kànzài wǒ de miànzishang yuánliàng tā ba ▶若さに免じて彼の失敗を許して下さい/念他年轻，请原谅他的失误吧 niàn tā niánqīng, qǐng yuánliàng tā de shīwù ba

メンス 〔生理〕月経 yuèjīng (英 the menses)

めんする【面する】 面临 miànlín; 面对 miànduì; 面向 miànxiàng (英 face) ▶海に面した部屋は海の見えない部屋よりも高い/临海的房间比看不见海的房间贵 lín hǎi de fángjiān bǐ kànbujiàn hǎi de fángjiān guì ▶私の家の東側は公道に面しています/我家房子东侧面朝公路 wǒ jiā fángzi dōngcèmiàn cháo gōnglù ▶危機に面しているまないでほしい/希望你能临危不惧 xīwàng nǐ néng lín wēi bú jù ▶春になると庭に面した座敷から鶯が見える/一到春天，从面临庭院的房间里能看到黄莺 yí dào chūntiān, cóng miànlín tíngyuàn de fángjiānlǐ néng kàndào huángyīng

めんぜい【免税の】 免税 miǎnshuì (英 duty-free)

◆~店 ▶電気製品の~店/电器产品的免税店 diànqì chǎnpǐn de miǎnshuìdiàn ▶空港の~店でブランド品のネクタイを買う/在机场免税店里买名牌领带 zài jīchǎng miǎnshuìdiànli mǎi míngpái lǐngdài ◆~品 免税货物 miǎnshuì huòwù ▶各階にさまざまな~品が並んでいます/每层楼里都陈列着各种各样的免税商品 měi céng lóu li dōu chénlièzhe gè zhǒng gè yàng de miǎnshuì shāngpǐn

めんせき【免責】 免除责任 miǎnchú zérèn (英 exemption from responsibility) ▶~条項/免除责任的项目 miǎnchú zérèn de xiàngmù ▶~にする/免除责任 miǎnchú zérèn ▶国会議員には~特権がある/国会议员享有免责特权 guóhuì yìyuán xiǎngyǒu miǎnzé tèquán

めんせき【面積】 面积 miànjī (英 an area) ▶~が 100 平方メートルある家/面积有一百平方米的房子 miànjī yǒu yìbǎi píngfāngmǐ de fángzi ▶半径 3 センチメートルの円の~はいくらか？/半径为三厘米的圆面积是多少？bànjìng wéi sān límǐ de yuán miànjī shì duōshao?

めんせつ【面接する】 面试 miànshì (英 have an interview) ▶就職希望者の~は 5 月 10 日に行います/希望就业者的面试于五月十日举行 xīwàng jiùyèzhě de miànshì yú wǔ yuè shí rì jǔxíng ▶南国開発社の~を受けた後，友信銀行の~を受けた/先接受了南国开发社的面试，之后又接受了友信银行的面试 xiān jiēshòule Nánguó kāifāshè de miànshì, zhīhòu yòu jiēshòule Yǒuxìn yínháng de miànshì

◆~試験 ▶口试 kǒushì; 面试 miànshì ▶筆記試験の結果を見て，~試験の案内をいたします/看了笔试成绩后，再发面试通知 kànle bǐshì chéngjì hòu, zài fā miànshì tōngzhī

めんぜん【面前】 眼前 yǎnqián; 面前 miànqián (英 before...; in the presence of...) ▶公衆の~を裸で走り抜ける/在众人面前裸着身子跑过去 zài zhòngrén miànqián luǒzhe shēnzi pǎoguòqu

めんそう【面相】 容貌 róngmào; 相貌 xiàngmào; 面容 miànróng (英 looks)

メンタル 精神的 jīngshén de; 智能的 zhìnéng de; 心灵的 xīnlíng de (英 mental) ▶~トレーニング/心理锻炼 xīnlǐ duànliàn ▶~ヘルス/心理健康 xīnlǐ jiànkāng

めんだん【面談する】 会晤 huìwù; 面洽 miànqià; 面谈 miàntán (英 have an interview) ▶その件で直接社長と~します/就那个问题，直接与总经理面谈 jiù nàge wèntí, zhíjiē yǔ zǒngjīnglǐ miàntán ▶三者 (老師、家长以及学生本人) 面洽商量毕业后的去向问题 sānzhě (lǎoshī, jiāzhǎng yǐjí xuésheng běnrén) miànqià shāngliang bìyèhòu de qùxiàng wèntí

◆委細~ 〔広告〕詳情面谈 xiángqíng miàntán

めんつ【面子】 面子 miànzi; 脸面 liǎnmiàn (英 face; honor) ▶~が立つ/保住面子 bǎozhù miànzi ▶~を失う/丢脸 diūliǎn ▶~にこだわる/

要面子 yào miànzi ▶～を立てる/给面子 gěi miànzi ▶～を失わずに建築業界から撤退する/不失体面地从建筑行业撤退出去 bù shī tǐmiàn de cóng jiànzhù hángyè chètuìchūqu ▶～の問題は非常に微妙だ/面子问题非常微妙 miànzi wèntí fēicháng wēimiào ▶そんな金(㋖)を受け取るなんて～にかかわる/接受那种钱可丢脸了 jiēshòu nà zhǒng qián kě diūliǎn le

メンテナンス 维修 wéixiū; 保养 bǎoyǎng (㊊ *maintenance*)

メンデル (人) 孟德尔 Mèngdé'ěr (㊊ *Mendel*) ▶～の法則/孟德尔定律 Mèngdé'ěr dìnglǜ

めんどう【面倒】❶【厄介なこと】 麻烦 máfan; 费事 fèishì; (採め事) 纠纷 jiūfēn (㊊ *trouble*) ▶～くさがる/厌烦 yànfán ▶～だ/麻烦 máfan ▶～を掛ける/添麻烦 tiān máfan; 烦劳 fánláo ▶～を引き起こす/找麻烦 zhǎo máfan; 惹事 rěshì ▶時には人の嫌がる～なことを買って出なさい/有时候你要主动承担那些众人讨厌的麻烦事 yǒushíhòu nǐ yào zhǔdòng chéngdān nà xiē zhòngrén tǎoyàn de máfanshì ▶～を起こすのは彼だ/惹麻烦的总是他 rě máfan de zǒngshì tā ▶警察と～を起こした生徒を引き取りにいく/去领回和警察发生纠纷的学生 qù lǐnghuí hé jǐngchá fāshēng jiūfēn de xuésheng ▶練習後の道具の後始末は～くさい/练习之后收拾用具很麻烦 liànxí zhīhòu shōushi yòngjù hěn máfan ▶あの男は～なことはない，私が話してやる/他不会有什么麻烦，我去说一下 tā búhuì yǒu shénme máfan, wǒ qù shuō yíxià ▶書類に書き込む～は一切ありません/全无填写资料等麻烦事 quán wú tiánxiě zīliào děng máfanshì ▶こんな御～をおかけしてすみません/给您添了这么多麻烦, 真对不起 gěi nín tiānle zhème duō máfan, zhēn duìbuqǐ ▶彼は処理能力に欠け, 事を～にする/他缺乏处理能力, 把事情弄得很麻烦 tā quēfá chǔlǐ nénglì, bǎ shìqing nòngde hěn máfan ❷【世話】照顾 zhàogù; 照料 zhàoliào (㊊ *care*) ▶～を見る/照顾 zhàogù; 照料 zhàoliào ▶犬の～を見るというのは飼う時の約束でしょう/照顾狗, 这是养狗前就说定的吧 zhàogù gǒu, zhè shì yǎng gǒu qián jiù shuōdìng de ba ▶入院中の母親につきっきりで～を見る/不离左右地照顾正在住院的母亲 bù lí zuǒyòu de zhàogù zhèngzài zhùyuàn de mǔqin ▶あなたの老後の～は誰が見るの/你老后, 谁来照顾你呢 nǐ lǎo hòu, shéi lái zhàoliào ne

めんどり【雌鶏】 母鸡 mǔjī (㊊ *a hen*)

メンバー 成员 chéngyuán; 组员 zǔyuán; 会员 huìyuán (㊊ *a member*) ▶チームの～/队员 duìyuán ▶マージャンの～が揃わない/麻将人手不够 májiàng rénshǒu bú gòu ▶～表を交換する/交换成员名单 jiāohuàn chéngyuán míngdān ▶～ズカード/会员卡 huìyuánkǎ

めんぷ【綿布】(布地) 棉布 miánbù (㊊ *cotton cloth*)

めんファスナー【面ファスナー】 尼龙拉链 nílóng lāliàn (㊊ *a hook and loop fastener*)

めんぼう【綿棒】 棉签 miánqiān; 棉签棒儿 miánhuābàngr (㊊ *a swab*) ▶で耳をくすぐる/用棉签掏耳朵 yòng miánqiān tāo ěrduo

めんぼう【麺棒】〖料理〗擀面杖 gǎnmiànzhàng (㊊ *a rolling pin*)

めんぼく【面目】❶【名誉】 脸面 liǎnmiàn; 体面 tǐmiàn (㊊ *honor*) ▶諸君が勝ってくれて私まで～を施した/你们的胜利给我脸上增添了光彩 nǐmen de shènglì gěi wǒ liǎnshang zēngtiānle guāngcǎi ▶かろうじて～を保つ/勉强保住脸面 miǎnqiǎng bǎozhù liǎnmiàn ▶中学生に負けるなんて～丸つぶれだ/居然输给了初中生, 真是丢尽了脸面 jūrán shūgěile chūzhōngshēng, zhēn shì diūjìnle liǎnmiàn ❷【様相】面目 miànmù (㊊ *appearance*) ▶商店街はアーケード街になって～を一新した/商业街改造成了拱廊商店街, 面目一新 shāngyèjiē gǎichéngle gǒngláng shāngdiànjiē, miànmù yì xīn

～が立つ 保住脸面 bǎozhù liǎnmiàn

～ない 没脸见人 méi liǎn jiàn rén; 对不起 duìbuqǐ ▶集合場所が分からず遅れた，～ない/找不到集合场地, 所以迟到了, 真对不起 zhǎobudào jíhé chǎngdì, suǒyǐ chídào le, zhēn duìbuqǐ

～を失う 丢脸 diūliǎn ▶みんなの面前で～を失う/在众人面前丢了面子 zài zhòngrén miànqián diūle miànzi

> 日中比較 中国語の'面目 miànmù'は「名誉」や「様相」の他に「顔つき」や「状態」をもいう.

めんみつ【綿密な】 绵密 miánmì; 周密 zhōumì (㊊ *minute*) ▶～に計画する/仔细地制定计划 zǐxì de zhìdìng jìhuà ▶～な記録を残す/留下周详的记录 liúxià zhōuxiáng de jìlù ▶調査範囲を拡大して～に調べ直す/扩大调查范围, 重新进行周密调查 kuòdà diàochá fànwéi, chóngxīn jìnxíng zhōumì diàochá

めんめん【面面】 每个人 měi ge rén; 人们 rénmen (㊊ *every one*)

めんめん【綿綿】 绵绵 miánmián; 连绵 liánmián (㊊ *without a break*) ▶～と訴える/绵绵诉说 miánmián sùshuō ▶手紙には生活苦が～と綴られていた/信上绵绵不断地写满了生活如何艰难 xìnshang miánmián búduàn de xiěmǎnle shēnghuó rúhé jiānnán ▶鹿児島県人は独特の方言を～と引き継いできた/鹿儿岛县人代代相传地继承下来了独特的方言 Lù'érdǎoxiànrén dàidài xiāngchuán de jìchéngxiàlaile dútè de fāngyán

めんもく【面目】 ⇨めんぼく【面目】

めんよう【面妖な】 奇怪 qíguài; 可疑 kěyí (㊊ *mysterious*)

メンヨウ【綿羊】〖動物〗绵羊 miányáng (㊊ *a sheep*)

めんるい【麺類】 面类食物 miànlèi shíwù; 面条 miàntiáo (㊊ *noodles*) ▶昼食は毎日～です/午饭每天吃面条 wǔfàn měitiān chī miàntiáo

も【喪】 喪事 sāngshì (英 *mourning*) ▶～に服す/带孝 dàixiào；服丧 fúsāng ◆公の場合には半旗を掲げて～に服した/在公共场合降半旗致哀 zài gōnggòng chǎnghé jiàng bànqí zhì'āi ▶1ヶ月後に～があける/一个月后，服丧期满 yí ge yuè hòu, fúsāng qīmǎn ▶～中につき年末年始の御挨拶は遠慮させていただきます/服丧期间，恕不发新年贺信 fúsāng qījiān, shù bù shōufā xīnnián zhùhè

も【藻】 藻 zǎo (英 *algae*)

-も ❶【…も…も】 都 dōu (英 *both... and...*；[否定] *neither... nor...*) ▶英語～フランス語～話す/英语、法语都会说 Yīngyǔ, Fǎyǔ dōu huì shuō

❷【…もまた】 也 yě (英 *too*；[否定] *not... either*) ▶君～いたのだとばかり思っていたよ/我一直以为当时你也在的 wǒ yìzhí yǐwéi dāngshí nǐ yě zài de ▶君が行かないのなら私～行かない/你不去的话我也不去 nǐ bú qù de huà wǒ yě bú qù

❸【どちらでも】 …不…都 bù…dōu (英 *either... or...*) ▶行って～行かなくて～よい/去不去都行 qù bú qù dōu xíng ▶雨が降って～降らなく～出かけない/不管下不下雨都不出门 bùguǎn xià bú xià yǔ dōu bù chūmén

❹【たとえ…でも】 就是…也 jiùshì…yě；即使…也 jíshǐ…yě (英 *even if...*) ▶雨が降って～駅伝は行われる/即使下雨，路上长跑接力赛也将进行 jíshǐ xià yǔ, lùshang chángpǎo jiēlìsài yě jiāng jìnxíng ▶暦の上では春とはいって～まだ寒い/虽然节气已是春天，但还是很冷 suīrán jiéqi yǐ shì chūntiān, dàn háishí hěn lěng

❺【くらい】 整整 zhěngzhěng (英 *as much as...*) ▶これを入手するのに5万円～使った/为了得到这个花了整整五万日元 wèile dédào zhège huāle zhěngzhěng wǔwàn Rìyuán ▶完成までに10年～かかった/到完成为止，花了整整十年 dào wánchéng wéizhǐ, huāle zhěngzhěng shí nián

❻【…さえ】 连…都 lián…dōu；连…也 lián…yě (英 *even*) ▶メガネがないと新聞～読めない/没有眼镜的话，连报纸都不能看 méiyǒu yǎnjìng de huà, lián bàozhǐ dōu bùnéng kàn

もう ❶【まもなく】 快要～ kuàiyào～；马上就～ mǎshàng jiù～ (英 *soon*；[今は] *now*) ▶～すぐ来る/快要来了 kuàiyào lái le ▶～おいとましなければなりません/我现在得告辞了 wǒ xiànzài děi gàocí le ▶駅は～じきです/车站马上就到了 chēzhàn mǎshàng jiù dào le

❷【既に】 已 yǐ；已经 yǐjing (英 *already*；[疑問文で] *yet*) ▶～出かけた/已经走了 yǐjing zǒu le ▶そういった習慣は～ありません/那种习惯已经不复存在了 nà zhǒng xíguàn yǐjing bù fù cúnzài le ▶最終電車は～出ましたか/末班车已经开走了吗？ mòbānchē yǐjing kāizǒu le ma？ ▶～向こうに着いた頃だ/现在应该已经到那里了 xiànzài yīnggāi yǐjing dào nàlǐ le

❸【さらに】 还 hái；再 zài (英 *another；more*) ▶～三日ここにいなければならない/还得在这里待三天 hái děi zài zhèlǐ dāi sān tiān ▶定年まで～あと1ヶ月というときに亡くなった/还差一个月就该退休的时候去世了 hái chà yí ge yuè jiù gāi tuìxiū de shíhou qùshì le ▶～少し大きい声でお願いします/请再大点声 qǐng zài dà diǎn shēng ▶～一日だけ待ってくれ/请再等一天 qǐng zài děng yì tiān

～一度 再次 zàicì；重新 chóngxīn ▶～一度言って下さい/请再说一遍 qǐng zài shuō yíbiàn ▶～一度考えなさい/请再考虑一下 qǐng zài kǎolǜ yíxià ▶～一度人生を生きるとしたら私は教師として生きたい/如果能重新选择人生的话，我希望能做一名教师 rúguǒ néng chóngxīn xuǎnzé rénshēng de huà, wǒ xīwàng néng zuò yì míng jiàoshī

～一つ 另一个 lìng yí ge；再来一个 zài lái yí ge；还有一个 hái yǒu yí ge ▶ケーキを～一つどうですか？/再来一个蛋糕怎么样？ zài lái yí ge dàngāo zěnmeyàng？ ▶参考になる例文を～一つ作って下さい/再作一个可供参考的例句 zài zuò yí ge kěgòng cānkǎo de lìjù ▶～一つのポケットに財布が入っている/钱包在另一个口袋里 qiánbāo zài lìng yí ge kǒudaili ▶～一つ問題がある/还有一个问题 háiyǒu yí ge wèntí

もう 哞哞 mōumōu (英 [牛の声] *moo*) ▶牛がのんびり～と鳴く/牛悠闲地哞哞叫 niú yōuxián de mōumōu jiào

もうい【猛威】 凶猛 xiōngměng；猛烈 měngliè (英 *ferocity*) ▶～を振るう/来势凶猛 láishì xiōngměng；猖獗 chāngjué ▶地震の～/地震凶猛 dìzhèn xiōngměng ▶台風は一日中～を振るった/台风一整天都气势凶猛 táifēng yì zhěngtiān dōu qìshì xiōngměng

もうか【猛火】 大火 dàhuǒ；烈火 lièhuǒ (英 *raging flames*) ▶あっという間に～に包まれる/转眼之间被大火包围 zhuǎnyǎn zhī jiān bèi dàhuǒ bāowéi

もうがっこう【盲学校】 盲人学校 mángrén xuéxiào (英 *a school for the blind*)

もうかる【儲かる】 能赚钱 néng zuànqián；利益大 lìyì dà (英 *be profitable*) ▶これは～商売だ/这是个能赚钱的生意 zhè shì ge néng zhuànqián de shēngyi ▶こんなことをやっても儲からない/这样的生意做了也赚不着钱 zhèyàng de shēngyi zuòle yě zhuànbuzháo qián ▶彼は近頃儲かっているらしい/他最近好像赚了不少 tā zuìjìn hǎoxiàng zhuànle bùshǎo

もうかん【毛管】 毛管 máoguǎn；毛细管 máoxìguǎn (英 *a capillary tube*)
◆～現象：毛管现象 máoguǎn xiànxiàng

もうきんるい【猛禽類】 猛禽类 měngqínlèi (英 *Raptores*) ▶鷲と鷹が代表的な～です/鹫和鹰是有代表性的猛禽类 jiù hé yīng shì yǒu dàibiǎoxìng de měngqínlèi

もうけ【儲け】 赚头 zhuàntou (英 *a profit*) ▶～が多い/赚头多 zhuàntou duō ▶この商売の～はたいしたものではない/这生意的赚头没多少 zhè shēngyi de zhuàntou méi duōshao ▶～にならない仕事だが経験が財産になる/虽是赚不了钱的工作，但经验将成为财富 suī shì zhuànbuliǎo qián de gōngzuò, dàn jīngyàn jiāng chéngwéi cáifù ▶株で大～をする/靠股票赚大钱 kào gǔpiào zhuàn dàqián

～口【仕事】 赚钱的活儿 zhuànqián de huór；赚钱的门路 zhuànqián de ménlù

～物 意外收获 yìwài shōuhuò；意外之财 yìwài zhī cái ▶たった 10 万円ですめたのならいい～物だよ/区区十万元就能了事的话，那可是意外收获 qūqū shíwàn Rìyuán jiù néng liǎoshì de huà, nà kěshì yìwài shōuhuò

もうける【設ける】 **1**【設置する】设置 shèzhì (英 *establish*) ▶駅前に事務所を～/在站前设事务所 zài zhànqián shè shìwùsuǒ **2**【用意する】准备 zhǔnbèi (英 *prepare*) ▶企画が当たったので著者に一流料亭で一席設けた/因为企划成功，所以为作者在高级日式料理店设宴い宴请功臣 qǐhuà chénggōng, suǒyǐ wèi zuòzhě zài gāojí Rìshì liàolǐdiàn shèyàn ▶口実を設けて役目を逃れる/找借口逃避责任 zhǎo jièkǒu táobì zérèn

もうける【儲ける】 赚 zhuàn (英 *make a profit*) ▶投資信託で 3 万円儲けて株で 13 万損をする/在信托投资上赚了三万元，又在股票上损失了十三万元 zài xìntuō tóuzīshang zhuànle sānwàn Rìyuán, yòu zài gǔpiàoshang sǔnshīle shísān wàn Rìyuán ▶お宅との取引で儲けようとは思っていませんよ/我没想过在和你的生意上赚钱 wǒ méi xiǎngguo zài hé nǐ de shēngyishang zhuànqián ▶人の不幸に付け入って～/乘人之危赚钱 chéng rén búxìng zhī jī zhuànqián ▶義理の父は不動産売買で相当儲けた/岳父在不动产买卖上赚了不少 yuèfù zài búdòngchǎn mǎimàishang zhuànle bùshǎo

もうけん【猛犬】 猛犬 měngquǎn (英 *a fierce dog*)

もうげん【妄言】 妄语 wàngyǔ (英 *a thoughtless remark*) ▶～を吐く/妄语 wàngyǔ

もうこ【蒙古】 蒙古 Měnggǔ (英 *Mongolia*) ▶出身の力士ばかりが目立っている/引人注目的都是来自蒙古的相扑选手 yǐn rén zhùmù de dōu shì láizì Měnggǔ de xiāngpū xuǎnshǒu ◆～語：蒙古语 Měnggǔyǔ ～人：蒙古人 Měnggǔrén

もうこうげき【猛攻撃】 猛烈攻击 měngliè gōngjī；猛攻 měnggōng (英 *a fierce attack*)

もうこん【毛根】 毛根 máogēn (英 *the root of a hair*)

もうさいかん【毛細管】 毛管 máoguǎn；毛细管 máoxìguǎn (英 *a capillary tube*)

◆～現象：毛细管现象 máoxìguǎn xiànxiàng；毛管现象 máoguǎn xiànxiàng

もうさいけっかん【毛細血管】 〔解〕毛细血管 máoxì xuèguǎn (英 *a capillary (vessel)*)

もうし【孟子】 孟子 Mèngzǐ (英 *Mencius*)

もうしあわせ【申し合わせ】 公约 gōngyuē；协定 xiédìng (英 *an agreement*) ▶マンション管理上の～/公寓管理方面的协定 gōngyù guǎnlǐ fāngmiàn de xiédìng ▶新聞各社は～によって事件報道を自粛した/各报社根据协定，对该事件没作报道 gè bàoshè gēnjù xiédìng, duì gāi shìjiàn méi zuò bàodào

もうしあわせる【申し合わせる】 约定 yuēdìng；商定 shāngdìng (英 *agree*) ▶申し合わせたように値上げする/就像商量好了似的一起涨价 jiù xiàng shāngliánghǎole shìde yìqǐ zhǎngjià

もうしいれ【申し入れ】 提议 tíyì；要求 yāoqiú (英 *a proposal*)

もうしいれる【申し入れる】 要求 yāoqiú；提出希望 tíchū xīwàng (英 *propose*) ▶抗議団が大臣に面会を～/抗议团要求跟大臣面谈 kàngyìtuán yāoqiú gēn dàchén miàntán

もうしうける【申し受ける】 接受 jiēshòu；收取 shōuqǔ (英 *receive*) ▶送料は実費を申し受けます/邮送费按实际金额收取 yóusòngfèi àn shíjì jīn'é shōuqǔ

もうしおくる【申し送る】 传达 chuándá；转告 zhuǎngào (英 *hand over... to ～*) ▶この件は後任課長に詳細に申し送ってある/这件事已详细转告下任科长 zhè jiàn shì yǐ xiángxì zhuǎngào xiàrèn kēzhǎng

もうしかねる【申し兼ねる】 不敢说 bùgǎn shuō；不能说 bùnéng shuō；《前置きで》对不起 duìbuqǐ (英 *hesitate to say*) ▶申し兼ねますが/很难说 hěn nánshuō ▶申し兼ねますが席をお譲りいただけませんか/不好意思，可以麻烦您让个座吗？ bù hǎoyìsi, kěyǐ máfan nín ràng ge zuò ma? ▶はっきりとは申し兼ねますが…/很难直说… hěn nán zhíshuō…

もうしご【申し子】 天赐的孩子 tiāncì de háizi；《比喻》产物 chǎnwù (英 *a gift child*) ▶情報化時代の～/信息化时代的产物 xìnxīhuà shídài de chǎnwù

もうしこみ【申し込み】 报名 bàomíng；申请 shēnqǐng (英 [提議] *a proposal*；[応募，志願] *application*) ▶彼女に結婚の～をする/向她提婚 xiàng tā tíhūn ▶入会の～が殺到している/入会的申请蜂拥而至 rùhuì de shēnqǐng fēngyǒng ér zhì ▶履修の～が多い人気科目/选修人数众多的受欢迎的科目 xuǎnxiū rénshù zhòngduō de shòu huānyíng de kēmù ▶参加費を添えて～/附上参加费报名 fùshàng cānjiāfèi bàomíng ▶こちらから～順に招待券を送ります/我们将按报名顺序邮寄招待券 wǒmen jiāng àn bàomíng shùnxù yóujì zhāodàiquàn ◆～次第

資料を送る/接到报名后邮寄资料 jiēdào bàomíng hòu yóujì zīliào

◆~金 ~金は別途振込用紙を送ります/报名费将另行寄上汇款单 bàomíngfèi jiāng lìngxíng jìshàng huìkuǎndān **~者** ▶~者は身分証明書のコピーを同封して下さい/报名者请将身份证明复印件附在信内 bàomíngzhě qǐng jiāng shēnfen zhèngmíng fùyìnjiàn fùzài xìnnèi **~用紙**;**报名表** bàomíngbiǎo;**申请书** shēnqǐngshū ▶~用紙の太枠の欄に書き入れる/填写在报名表粗框内 tiánxiě zài bàomíngbiǎo cūkuàngnèi

もうしこむ【申し込む】 报名 bàomíng; 申请 shēnqǐng; 申込 tíchū (英[出願] apply; [予約など] book) ▶参加を~/报名参加 bàomíng cānjiā ▶購読を~/申请订阅 shēnqǐng dìngyuè ▶野球の試合を~/提出棒球比赛的挑战 tíchū bàngqiú bǐsài de tiǎozhàn ▶夏のヨーロッパ旅行に~/报名参加夏天的欧洲旅行 bàomíng cānjiā xiàtiān de Ōuzhōu lǚxíng ▶不動産屋に苦情を~/向不动产商提意见 xiàng búdòngchǎnshāng tí yìjiàn ▶往復はがきで~/用往返明信片报名 yòng wǎngfǎn míngxìnpiàn bàomíng

もうしたて【申し立て】 陈述 chénshù; 申述 shēnshù (英 a statement) ▶裁判所の決定に異議の~をする/对法庭判决提出异议 duì fǎtíng pànjué tíchū yìyì ▶虚偽の~をする/作伪证 zuò wěizhèng ▶彼の~は事実でないそうだ/听说他的申述不是事实 tīngshuō tā de shēnshù bú shì shìshí

もうしたてる【申し立てる】 陈述 chénshù; 申诉 shēnsù; 提出 tíchū (英 state) ▶苦情を~/提出意见 tíchū yìjiàn; 鸣不平 míng bùpíng ▶事実を~/陈述事实 chénshù shìshí ▶無罪を~/申述自己无罪 shēnshù zìjǐ wúzuì ▶彼はそれを自分の意見として申し立てた/他把那作为自己的意见来陈述 tā bǎ nà zuòwéi zìjǐ de yìjiàn lái chénshù

もうしで【申し出】 提议 tíyì; 申请 shēnqǐng; 请求 qǐngqiú (英 a proposal) ▶援助の~を受け/接受援助的提议 jiēshòu yuánzhù de tíyì ▶彼の辞職の~を批准/批准他辞职的请求 pīzhǔn tā cízhí de qǐngqiú

もうしでる【申し出る】 提出 tíchū; 报名 bàomíng (英 offer; propose) ▶地元の山岳隊が救助を~/当地山岳队提出救援 dāngdì shānyuèduì tíchū jiùyuán

もうしひらき【申し開きする】 解释 jiěshì; 申辩 shēnbiàn; 辩解 biànjiě (英 defend oneself) ▶~できない/说不过去 shuōbuguòqù ▶工事の遅れについて~する/对延误工期进行申辩 duì yánwù gōngqī jìnxíng shēnbiàn

もうしぶん【申し分】 不满 bùmǎn; 缺点 quēdiǎn (英 perfect) ▶~のない結果/再好不过的结果 zài hǎobuguò de jiéguǒ ▶~のない礼儀作法を身に付ける/掌握无可挑剔的礼仪 zhǎngwò wú kě tiāotī de lǐyí ▶母には~のない設備がある部屋/对于妈妈来说，这是设备非常完善的房间 duìyú māma lái shuō, zhè shì shèbèi fēicháng wánshàn de fángjiān

もうじゃ【亡者】 鬼 guǐ; 阴魂 yīnhún (英 the deceased) ▶金の~/财迷 cáimí

もうじゅう【盲従する】 盲从 mángcóng; 盲目随从 mángmù suícóng (英 obey blindly)

もうじゅう【猛獣】 猛兽 měngshòu (英 a fierce animal) ▶~狩りは国際的にも許されない/狩猎猛兽在国际上也得不到认同 shòuliè měngshòu zài guójìshang yě débudào rèntóng ▶サーカスの~使い/马戏团的驯兽师 mǎxìtuán de xùnshòushī

もうしょ【猛暑の】 酷暑 kùshǔ; 炎热 yánrè (英 scorching hot) ▶~の夏/炎夏 yánxià ▶今年は世界中に見舞われる予感がする/预感今年酷暑将席卷全世界 yùgǎn jīnnián kùshǔ jiāng xíjuǎn quánshìjiè

もうしわけ【申し訳】 辩解 biànjiě; 申辩 shēnbiàn; (形ばかり) 微小 wēixiǎo (英 an excuse) ▶~が立たない/对不起 duìbuqǐ ▶~が立つ/对得起 duìdeqǐ ▶~なく思う/抱歉 bàoqiàn ▶遅れて~ありません/来晚了真对不起 láiwǎnle zhēn duìbuqǐ

~程度 微微薄薄 wēiwēibóbó ▶~程度の謝礼を払う/支付微薄的谢礼 zhīfù wēibó de xièlǐ ▶~程度の少数の難民しか受け入れなかった/只接受极为少数的难民 zhǐ jiēshòu jíwéi shǎoshù de nànmín

もうしわたす【申し渡す】 宣告 xuāngào; 宣判 xuānpàn (英 tell; [判决などを] sentence) ▶懲役 3 年執行猶予 5 年を~/宣布判处三年徒刑缓期五年执行 xuānbù pànchǔ sān nián túxíng huǎnqī wǔ nián zhíxíng

もうしん【盲信する】 盲信 mángxìn; 盲目相信 mángmù xiāngxìn (英 believe blindly)

もうしん【猛進する】 猛进 měngjìn; 挺进 tǐngjìn (英 dash forward)

猪突~ 盲目冒进 mángmù màojìn

もうじん【盲人】 盲人 mángrén; 瞎子 xiāzi (英 a blind person; [集合的] the blind) ▶~の手を引く/牵盲人的手 qiān mángrén de shǒu ▶~用信号機/盲人用信号器 mángrén yòng xìnhàoqì

もうす【申す】《話す》说 shuō (英 speak) ▶~までもございません/用不着说 yòngbuzháo shuō ▶私は田中と申します/我叫田中 wǒ jiào Tiánzhōng

もうすぐ 将要 jiāngyào; 快要 kuàiyào (英 soon) ▶~夏休みだ/快要放暑假了 kuàiyào fàng shǔjià le ▶この回復だと~退院できますよ/这样恢复下去的话很快就能出院了 zhèyàng huīfù xiàqù de huà hěn kuài jiù néng chūyuàn le

もうすこし【もう少し】 差点儿 chàdiǎnr;《さらに》再…点儿 zài…diǎnr (英 some more) ▶~で死ぬところだった/差点儿没死 chàdiǎnr méi sǐ ▶~飲もう/再喝一点儿吧 zài hē yìdiǎnr

もうスピード【猛スピード】 迅疾 xùnjí；飞速 fēisù（英 *furious speed*）▶～で狭い道を通り抜ける/飞速穿过狭窄的道路 fēisù chuānguò xiázhǎi de dàolù

もうせい【猛省】 深刻反省 shēnkè fǎnxǐng（英 *serious reconsideration*）▶犯した過ちに君の～を促したい/希望你深刻反省犯下的过错 xīwàng nǐ shēnkè fǎnxǐng fànxià de guòcuò

もうせん【毛氈】 毡子 zhānzi（英 *a carpet*）▶緋～の上でテープカットをする/在红毡毯上剪彩 zài hóngzhāntǎnshang jiǎncǎi

もうぜん【猛然と】 猛地 měngde；猛烈 měngliè；猛然 měngrán（英 *furiously*）▶～と襲いかかる/猛扑上 měng pūshàng ▶犬が猛然と泥棒に吠えかかった/狗猛地朝着小偷吼叫 gǒu měngde cháozhe xiǎotōu hǒujiào ▶沈黙を守っていた彼は最後に～と反対した/一直保持沉默的他最后猛然反对 yìzhí bǎochí chénmò de tā zuìhòu měngrán fǎnduì

もうそう【妄想する】 梦想 mèngxiǎng；妄想 wàngxiǎng（英 *harbor delusions*）▶世界征服の～を抱く/报有征服世界的妄想 bàoyǒu zhēngfú shìjiè de wàngxiǎng ▶発明王になる～にふける/沉湎于成为大发明家的妄想之中 chénmiàn yú chéngwéi dàfāmíngjiā de wàngxiǎng zhīzhōng ▶被害～に悩まされる/因受害妄想而苦恼 yīn shòuhài wàngxiǎng ér kǔnǎo

モウソウチク【孟宗竹】〖植物〗毛竹 máozhú（英 *Moso bamboo*）

もうだ【猛打】〖野球〗猛打 měngdǎ；猛攻 měnggōng（英 *hard hitting*）▶7回表に～を浴びせて投手を交替させる/第七局前半场连续猛打迫使对方换投手 dìqī jú qiánbànchǎng liánxù měngdǎ pòshǐ duìfāng huàn tóushǒu

もうちょう【盲腸】〖解〗阑尾 lánwěi（英 *the caecum*）▶～炎/阑尾炎 lánwěiyán；盲肠炎 mángchángyán ▶～手術の痕/盲肠手术的疤痕 mángcháng shǒushù de bāhén

もうでる【詣でる】 参拜 cānbài（英 *visit*）▶毎月一日（ついたち）には必ず近くの神社に～/每月一号一定去附近的神社参拜 měiyuè yī hào yídìng qù fùjìn de shénshè cānbài

もうてん【盲点】 盲点 mángdiǎn；空子 kòngzi（英 *a blind spot*）▶法の～を突く/钻法律的空子 zuān fǎlǜ de kòngzi ▶犯人は変装して捜査陣の～を突いた/犯人乔装打扮钻搜查班子的空子 fànrén qiáozhuāng dǎbàn zuān sōuchá bānzi de kòngzi

もうとう【毛頭】〈否定を伴って〉一点也 yìdiǎn yě（英 *not in the least*）▶そんなつもりは～ない/一点也没那样的意思 yìdiǎn yě méi nàyàng de yìsi ▶この犯行は家族の仕業に～ありがすまい/毫无疑问这一犯罪是家里人干的勾当 háo wú yíwèn zhè yí fànzuì shì jiālǐrén gàn de gòudàng ▶この件について謝罪の意は～ありません/就这件事毫无谢罪之意 jiù zhè jiàn shì háowú xièzuì zhī yì

もうどうけん【盲導犬】 导盲犬 dǎomángquǎn（英 *a seeing-eye dog*）▶訓練して～に仕立てる/通过训练培养成导盲犬 tōngguò xùnliàn péiyǎng chéng dǎomángquǎn

もうどく【猛毒】 剧毒 jùdú（英 *a deadly poison*）▶ふぐの肝臓には～がある/河豚的肝脏里有剧毒 hétún de gānzàngli yǒu jùdú

もうばく【猛爆】 猛轰 měnghōng（英 *heavy bombing*）▶～する/狂轰滥炸 kuánghōng lànzhà ▶敵の拠点都市を～する/对敌方据点所在城市进行猛轰 duì dífāng jùdiǎn suǒ zài chéngshì jìnxíng měnghōng

もうはつ【毛髪】 毛发 máofà；头发 tóufa（英 *hair*）

もうひつ【毛筆】 毛笔 máobǐ（英 *a writing brush*）▶年賀状を～で書く/用毛笔写贺年卡 yòng máobǐ xiě hèniánkǎ

もうふ【毛布】 毛毯 máotǎn；毯子 tǎnzi（英 *a blanket*）▶すっぽり～を頭までかぶる/用毯子把头盖得严严的 yòng tǎnzi bǎtóu gàide yányán de ▶～を物干しに干す/把毯子晒在晾衣杆上 bǎ tǎnzi shàizài liàngyīgānshang

もうべんきょう【猛勉強する】 拼命学习 pīnmìng xuéxí（英 *study very hard*）

もうぼ【孟母】 孟母 Mèngmǔ（英 *Mencius' mother*）

ことわざ 孟母三遷の教え 孟母三迁之教 Mèngmǔ sān qiān zhī jiào

ことわざ 孟母断機の教え 孟母断机之教 Mèngmǔ duàn jī zhī jiào

もうまい【蒙昧】 蒙昧 méngmèi（英 *ignorance*）▶無知／蒙昧无知 méngmèi wúzhī

もうまく【網膜】〖解〗视网膜 shìwǎngmó；网膜 wǎngmó（英 *the retina*）▶～剥離/视网膜剥离 shìwǎngmó bōlí

もうもうたる 蒙蒙 méngméng；弥漫 mímàn（英 *thick*）▶～たる埃/尘埃弥漫 chén'āi mímàn ▶～たる砂ぼこりを上げて走る/跑得尘土飞扬 pǎode chéntǔ fēiyáng ▶～と煙が立ちのぼった/烟雾弥漫 yānwù mímàn ▶温泉場から湯気が～と立っていた/温泉浴场蒸气腾腾 wēnquán yùchǎng zhēngqì téngténg

もうもく【盲目の】 失明 shīmíng；盲 máng；盲目 mángmù（英 *blind*）▶～のピアニスト/失明的钢琴家 shīmíng de gāngqínjiā ▶～的に行動する/瞎干 xiāgàn ▶～的にその教えを信じてはいけません/不能盲目地相信那教义 bùnéng mángmù de xiāngxìn nà jiàoyì

ことわざ 恋は盲目 恋爱是盲目的 liàn'ài shì mángmù de

もうら【網羅する】 网罗 wǎngluó；收罗 shōuluó（英 *cover*）▶名詞は～的に扱い動詞は重要語のみ扱う/名词收录所有方面的词汇，动词则只收重要词汇 míngcí shōulù suǒyǒu fāngmiàn de cíhuì, dòngcí zé zhǐ shōulù zhòngyào cíhuì

もうれつ【猛烈な】 剧烈 jùliè；猛烈 měngliè（英 *violent*）▶時間外を稼ぐために夕方からも～に働く/为挣加班费，傍晚以后也拼命工作 wèi zhèng jiābānfèi, bàngwǎn yǐhòu yě pīnmìng gōngzuò ▶車が～なスピードで走り去った/车飞驰而过 chē fēichí ér guò ▶団塊世代の～な競争は終わった/人口高峰的一代的激烈竞争结束了 rénkǒu gāofēng de yídài de jīliè jìngzhēng jiéshù le ▶北から～風が吹く/从北面刮来强风 cóng běimiàn guālái qiángfēng

もうれんしゅう【猛練習する】 练得很厉害 liànde hěn lìhai；猛烈地练习 měngliè de liànxí（英 *train intensively*）▶彼らは～の明け暮れだった/他们日复一日地进行高强度练习 tāmen rì fù yí rì de jìnxíng gāoqiángdù liànxí

もうろう【朦朧たる】 朦胧 ménglóng；模糊 móhu（英 *dim*）▶意識が～とする/意识模糊 yìshí móhu ▶酔眼/醉眼朦胧 zuìyǎn ménglóng ▶麻酔が効いて意識が～となった/麻醉生效，意识变得模糊不清 mázuì shēngxiào, yìshí biànde móhu bù qīng ▶毎日午後 3 時になると頭が～となる/每天到了下午三点头就晕沉沉的 měitiān dàole xiàwǔ sān diǎn tóu jiù yūnchénchén de

もうろく【老耄する】 老迈 lǎomài；老糊涂 lǎohútu（英 *get senile*）▶今の人は～した年寄りにやさしくない/近来人们对老迈的人不和善 jìnlái rénmen duì lǎomài de rén bù héshàn ▶親父，～するにはまだ早いぞ，別言ふな早就老糊涂了！ diē, bié zhème zǎojiù lǎohútu le！

もえあがる【燃え上がる】 燃起 ránqǐ；烧起来 shāoqǐlai（英 *blaze up*）▶彼女の心に怒りが燃え上がった/她心中燃起怒火 tā xīnzhōng ránqǐ nùhuǒ

もえうつる【燃え移る】 延烧 yánshāo；烧到 shāodào（英 *spread*）▶火は隣家に燃え移った/火烧到隔壁了 huǒ shāodào gébì le ▶炎は屋根に燃え移った/火焰烧到屋顶 huǒyàn shāodào wūdǐng

もえかす【燃えかす】 灰烬 huījìn（英 *cinders*）

もえがら【燃え殻】 灰烬 huījìn（英 *cinders*）

もえぎいろ【萌黄色】（色）葱绿 cōnglǜ（*light green*）

もえさかる【燃え盛る】 炽盛 chìshèng；熊熊燃烧 xióngxióng ránshāo（英 *blaze*）▶～炎の中に母は飛び込んだ/母亲冲进熊熊燃烧的火焰中 mǔqīn chōngjìn xióngxióng ránshāo de huǒyàn zhōng

もえさし【燃えさし】 余烬 yújìn（英 *embers*）

もえだす【燃え出す】 发火 fāhuǒ；烧起来 shāoqǐlai（英 *begin to burn*）

もえつきる【燃え尽きる】 烧尽 shāojìn（英 *burn out*）▶野球に対する情热が燃え尽きた/对棒球的热情燃尽了 duì bàngqiú de rèqíng ránjìn le

もえにくい【燃えにくい】 不好烧 bù hǎoshāo；不易燃 bú yìrán（英 *nonflammable*）▶～材質を使う/使用不易燃的材料 shǐyòng bú yìrán de cáiliào

もえのこり【燃え残り】 余烬 yújìn（英 *embers*）

もえひろがる【燃え広がる】 延烧 yánshāo；燃烧蔓延开来 ránshāo mànyánkāilai（英 *spread*）▶火事は大風のあとぱっと燃え広がった/火势在大风后迅速蔓延开来 huǒshì zài dàfēng hòu xùnsù mànyánkāilai

もえやすい【燃え易い】 容易着火 róngyì zháohuǒ；易燃 yìrán（英 *inflammable*）▶～ものは家の周りに置かないで下さい/易燃物品请不要放在房屋周围 yìrán wùpǐn qǐng búyào fàngzài fángwū zhōuwéi

もえる【萌える】 萌芽 méngyá；发芽 fāyá（*bud; sprout*）▶この渓谷の新緑の～頃はさらに美しい/这个溪谷当新绿萌发时更美 zhège xīgǔ dāng xīnlǜ méngfā shí gèng měi

もえる【燃える】 ❶【物が】燃烧 ránshāo（英 *burn*）▶薪が～/柴在燃烧 chái zài ránshāo ▶ストーブには火が燃えていた/炉子里火在燃烧 lúzili huǒ zài ránshāo ▶火は燃え尽きた/火烧尽了 huǒ shāojìn le ▶燃えている薪を静かに眺めるる/静静眺望燃烧着的柴火 jìngjìng tiàowàng ránshāozhe de cháihuo ▶～ものと燃えないものを分別する/将可燃物和不可燃物分开 jiāng kěránwù hé búkě ránwù fēnkāi ▶有田焼の～ような赤はだれも真似できない/有田瓷那燃烧般的红色是谁都无法模仿的 Yǒutiáncí nà ránshāo bān de hóngsè shì shéi dōu wúfǎ mófǎng de ❷【感情が】炽热 chìrè（英 *burn*）▶希望に～/满怀希望 mǎnhuái xīwàng ▶彼の目は怒りに燃えた/他眼中燃烧着怒火 tā yǎn zhōng ránshāozhe nùhuǒ ▶～思いをノートに綴る/将炽热的情感记录在本子上 jiāng chìrè de qínggǎn jìlù zài běnzishang

モーション《動作》动作 dòngzuò；《異性に》传情 chuánqíng；信号 xìnhào（英 *a motion*）▶右横の彼女に～をかける/对右侧方的她使眼色 duì yòucèfāng de tā shǐ yǎnsè

モーター 发动机 fādòngjī；马达 mǎdá；摩托 mótuō（英 *a motor*）▶～をかける[切る]/开动[关闭]马达 kāidòng[guānbì]mǎdá ◆～バイク ▶～バイクで行く/骑摩托车去 qí mótuōchē qù ～ボート；摩托艇 mótuōtǐng；汽艇 qìtǐng ▶～ボートが波をきる/汽艇破浪前进 qìtǐng pòlàng qiánjìn

モーテル 汽车旅店 qìchē lǚdiàn（英 *a motel*）▶幹線道路脇の～/主干道旁的汽车旅店 zhǔgàndào páng de qìchē lǚdiàn

モード 形式 xíngshì；样式 yàngshì；《ファッション》潮流 cháoliú；流行 liúxíng（英 *a mode*）▶ニュー～/最新式样 zuìxīn shìyàng

モーニング〘服飾〙礼服 lǐfú（英 *a morning coat*）▶シルクハットと～/礼帽和礼服 lǐmào hé lǐfú

モーニングコール 早上提醒起床的电话 zǎoshang tíxǐng qǐchuáng de diànhuà（英 *a wake-*

up call）▶ホテルのフロントに~を頼む/让酒店前台早上电话叫醒 ràng jiǔdiàn qiántái zǎoshang diànhuà jiàoxǐng

モールスしんごう【モールス信号】莫尔斯电码 Mò'ěrsī diànmǎ（英 Morse（code））

もがく 挣扎 zhēngzhá;（精神的に）着急 zháojí; 焦急 jiāojí（英 struggle;［あせる］be impatient）▶池に落ちて浮き上がろうと必死に~/掉到池塘里, 拼命挣扎想浮上来 diàodào chítánglǐ, pīnmìng zhēngzhá xiǎng fúshànglai ▶どんなにもがいても入試まであと 1 ヶ月です/无论怎么着急, 离入学考试还是一个月 wúlùn zěnme zháojí, lí rùxué kǎoshì háishi yí ge yuè

もぎ【模擬】模拟 mónǐ（英 imitation）
◆~訓練 火灾避難の~訓練を行う/进行火灾避难的模拟演习 jìnxíng huǒzāi bìnàn de mónǐ yǎnxí ~テスト［試験］模拟考试 mónǐ kǎoshì ▶入試本番の 2 ヶ月前に~試験を受ける/在入学考试两个月前接受模拟考试 zài rùxué kǎoshì liǎng ge yuè qián jiēshòu mónǐ kǎoshì ~店 大学祭で焼きそばの~店を出した/在大学节上办了个临时炒面店 zài dàxuéjiéshang bànle ge línshí chǎomiàndiàn

もぎとる【もぎ取る】摘下 zhāixià; 拧掉 níngdiào; 揪下 jiūxià（英 break...off; pick）▶トマトを~/摘西红柿 zhāi xīhóngshì

もぎり（劇場などの）收票 shōupiào;（人）收票员 shōupiàoyuán（英 a ticket taker）

-もく【-目】（生物分類）目 mù;（囲碁）目 mù（英［分類の］an order;［囲碁］a stone）▶わずか 3~の負けだった/仅仅输了三个子儿 jǐnjǐn shūle sān ge zǐr
一~置かれる 高人一筹 gāo rén yì chóu ▶彼はみんなに一~置かれている/大家都承认他要高人一筹 dàjiā dōu chéngrèn tā yào gāo rén yì chóu

もぐ 采摘 cǎizhāi; 摘 zhāi（英 pluck off）▶今枇杷はもぎ頃である/现在枇杷正是收获的时节 xiànzài pípá zhèngshì shōuhuò de shíjié

もくあみ【木阿弥】（=元の木阿弥）a relapse）
元の~ 前功尽弃 qián gōng jìn qì

もくぎょ【木魚】木鱼 mùyú（英 a wooden gong）▶日本には~を叩かない宗派もあります/在日本有不敲木鱼的宗派 zài Rìběn yǒu bù qiāo mùyú de zōngpài

もくげき【目撃する】目睹 mùdǔ; 目击 mùjī（英 witness）▶~証人/见证人 jiànzhèngrén ▶犯人を~する/亲眼看到犯人 qīnyǎn kàndào fànrén
◆~者 ⁝目睹者 mùdǔzhě ▶事故の~者を探している/寻找事故目击者 xúnzhǎo shìgù mùjīzhě ▶航空事故の~者談が掲載/登载着飞行事故目击者的访谈 dēngzàizhe fēixíng shìgù mùjīzhě de fǎngtán

もぐさ【艾】艾绒 àiróng（英 moxa）

もくざい【木材】木材 mùcái; 丸太, '木料 mùliào'（英 wood）參考 '木材 mùcái' は丸太, '木料 mùliào' は加工後の材木をいう. ▶大量の~をカナダから輸入する/从加拿大进口大量木材 cóng Jiānádà jìnkǒu dàliàng mùcái ▶~を馬に引かせて運ぶ/用马拖运木材 yòng mǎ tuōyùn mùcái ▶建築用の~を地元で調達する/在当地寻办建筑用的木材 zài dāngdì zhìbàn jiànzhù yòng de mùcái ▶パルプ用の~は急に値が高くなった/用于纸浆的木材突然涨价了 yòngyú zhǐjiāng de mùcái tūrán zhǎngjià le

もくさつ【黙殺する】置之不理 zhì zhī bù lǐ; 不理睬 bù lǐcǎi（英 ignore）▶議長は反対派の発言を~した/议长对反对派的发言置之不理 yìzhǎng duì fǎnduìpài de fāyán zhì zhī bù lǐ

もくさん【目算】估计 gūjì; 估量 gūliáng（英 an expectation）▶著者の病気で 10 月刊行の~がはずれた/因为作者生病, 十月份的发行计划落空了 yīnwèi zuòzhě shēngbìng, shí yuèfèn de fāxíng jìhuà luòkōng le

もくし【黙示】无言而谕 wú yán ér yù; 暗示 ànshì;（神の）启示 qǐshì（英 revelation）

もくし【黙視する】默视 mòshì; 坐视不管 zuòshì bùguǎn（英 overlook）

もくじ【目次】目录 mùlù; 篇目 piānmù; 目次 mùcì（英 a table of contents）▶表題の次に~が来る/标题下面是目录 biāotí xiàmian shì mùlù

もくず【藻屑】海草的屑末 hǎicǎo de xièmò（英 seaweeds）▶海の~と消える/葬身海底, 葬身海底 zàngshēn hǎidǐ ▶多くの軍艦が海の~となる/很多军舰葬身海底 hěn duō jūnjiàn zàngshēn hǎidǐ

もくする【目する】看作 kànzuò; 认为 rènwéi（英 regard）▶文壇の泰斗と目される/被认为文坛泰斗 bèi rènwéi wéntán tàidǒu

もくする【黙する】沉默 chénmò（英 be silent）▶黙して語らず/默而不语 mò ér bù yǔ

もくせい【木星】〖天文〗木星 mùxīng; 太岁 tàisuì（英 Jupiter）

もくせい【木製の】木制 mùzhì（英 wooden）▶~家具/木器 mùqì ▶子供に優しい~のおもちゃが評判である/对孩子无害的木制玩具很受欢迎 duì háizi wúhài de mùzhì wánjù hěn shòu huānyíng

モクセイ【木犀】〖植物〗木樨 mùxī; 桂花 guìhuā（英 a fragrant olive）

もくぜん【目前】眉睫 méijié; 眼前 yǎnqián（英 before one's eyes）▶~の重大事/当前的重大事情 dāngqián de zhòngdà shìqing ▶~に迫る/逼到眼前 bīdào yǎnqián; 迫在眉睫 pòzài méijié ▶世紀のイベントが~に迫る/世纪性的盛会即将到来 shìjìxìng de shènghuì jíjiāng dàolái ▶原稿の締め切り日が~に迫っている/截稿日期迫在眉睫 jié gǎo rìqī pòzài méijié ▶試験を~に控えて徹夜を繰り返す/考试迫在眉睫, 连连开夜车 kǎoshì pòzài méijié, liánlián kāi yèchē

日中比較 中国語の '目前 mùqián' は「目下」という意味.

もくそう【黙想】 黙想 mòxiǎng；沉思 chénsī；冥想 míngxiǎng (英 *meditation*) ▶～に耽ける/陷于沉思 xiànyú chénsī ▶練習の終わりに～する/练习后凝神冥想 liànxíhòu níngshén míngxiǎng

もくぞう【木造の】 木造 mùzào；木制 mùzhì (英 *wooden*) ▶～住宅/木造房子 mùzào fángzi ▶都会では～の一戸建ては人気がある/在都市，木造独户小房很受欢迎 zài dūshì, mùzào dúhù xiǎofáng hěn shòu huānyíng ▶古い～アパートが一軒取り残される/剩下一幢古旧的木制结构的公寓 shèngxià yí zhuàng gǔjiù de mùzhì jiégòu de gōngyù

もくぞう【木像】 木雕像 mùdiāoxiàng (英 *a wooden image*)

もくそく【目測する】 目測 mùcè (英 *measure by eye*) ▶距離を～する/目測距离 mùcè jùlí

もくタール【木タール】《木材防腐剂》木焦油 mùjiāoyóu (英 *wood tar*)

もくだく【黙諾】 默许 mòxǔ；默认 mòrèn (英 *tacit consent*) ▶気の弱い上司がその件を～する/懦弱的上司默许那件事 nuòruò de shàngsi mòxǔ nà jiàn shì

もくたん【木炭】 木炭 mùtàn；炭 tàn；(デッサン用) 炭笔 tànbǐ (英 *charcoal*)
♦～画 炭画 tànhuà

もくちょう【木彫】 木雕 mùdiāo (英 *woodcarving*)

もくてき【目的】 目的 mùdì；目标 mùbiāo；意图 yìtú (英 *a purpose*) ▶観光の～で訪れる/以旅游为目的走访 yǐ lǚyóu wéi mùdì zǒufǎng ▶君がやって来た～は何ですか/你来的目的是什么 nǐ lái de mùdì shì shénme? ▶川沿いの道を2時間歩いて～の旅館に着いた/沿着河边小路走了两个小时就到了要去的旅馆 yánzhe hébiān xiǎolù zǒule liǎng ge xiǎoshí jiù dàole yào qù de lǚguǎn ▶本校は文武両道の人材養成を～とする/本校以培养文武兼备的人才为目标 běn xiào yǐ péiyǎng wénwǔ jiānbèi de réncái wéi mùbiāo ▶国家試験合格の～を果たした/实现了通过国家考试的目标 shíxiànle tōngguò guójiā kǎoshì de mùbiāo ▶非暴力の反対運動で～を達成する/通过非暴力不合作运动实现目标 tōngguò fēibàolì bù hézuò yùndòng shíxiàn mùbiāo ▶彼は～のためには手段を選ばなかった/他为达到目的不择手段 tā wèi dádào mùdì bù zé shǒu duàn ▶彼は人生に確固たる～をもっていた/他抱有坚定的人生目标 tā bàoyǒu jiāndìng de rénshēng mùbiāo
♦～意識【目標】mùbiāo ▶明らかな～意識がないと達成できない/没有明确的目的性就无法做到 méiyǒu míngquè de mùdìxìng jiù wúfǎ zuòdào ～語〖宾语 bīnyǔ〗 ～地〖目的地 mùdìdì〗 ▶早朝から～地に向かう/一早就向目的地进发 yìzǎo jiù xiàng mùdìdì jìnfā

もくとう【黙祷する】 默哀 mò'āi；静默 jìngmò；默祷 mòdǎo (英 *pray silently*) ▶事故で亡くなった人々に1分間の～を捧げる/为死于事故的人们默哀一分钟 wèi sǐ yú shìgù de rénmen mò'āi yì fēnzhōng

もくどく【黙読する】 默读 mòdú (英 *read silently*)

もくにん【黙認する】 默认 mòrèn；默许 mòxǔ (英 *permit tacitly*) ▶夜間高校の遅刻者を～する/默许夜校高中生迟到 mòxǔ yèxiào gāozhōngshēng chídào

もくねじ【木螺子】 木螺钉 mùluódīng (英 *a wood screw*)

もくば【木馬】 木马 mùmǎ (英 *a wooden horse*) ▶ギリシャ神話で「トロイの～」は有名だ/希腊神话中《特洛伊木马》很有名 Xīlà shénhuà zhōng 《Tèluòyī mùmǎ》hěn yǒumíng

もくはん【木版】 木版 mùbǎn (英 *an engraved wood-block*) ▶年賀状を～で刷る/用木版印贺年片 yòng mùbǎn yìn hèniánpiàn
♦～画 木版画 mùbǎnhuà；木刻 mùkè ▶正月前の美術の時間はいつも～画だった/正月前的美术课总是木版画 zhēngyuè qián de měishùkè zǒngshì mùbǎnhuà

もくひけん【黙秘権】〔法〕缄默权 jiānmòquán；沉默权 chénmòquán (英 *the right to keep silence*) ▶彼は～を行使し続けた/他坚持行使缄默权 tā jiānchí xíngshǐ jiānmòquán

もくひょう【目標】 指标 zhǐbiāo；目标 mùbiāo (英 *a goal*, [标的 *a target*]) ▶～に向かって邁進(⽈)する/朝着目标勇往直前 cháozhe mùbiāo yǒng wǎng zhí qián ▶～を突破する/突破指标 tūpò zhǐbiāo ▶自分で～を決める/决定自己的目标 juédìng zìjǐ de mùbiāo ▶オリンピックを～に練習している/以奥运为目标进行训练 yǐ Àoyùn wéi mùbiāo jìnxíng xùnliàn ▶田舎で生活するのを人生の～にする/把过田园生活作为人生目标 bǎ guò tiányuán shēnghuó zuòwéi rénshēng mùbiāo ▶近くに～になるような高い建物はありませんか/附近有没有标志性的高大建筑? fùjìn yǒuméiyǒu biāozhìxìng de gāodà jiànzhù? ▶年末の売り上げが～額に達した/年底销售额达到了指标 niándǐ xiāoshòu'é dádàole zhǐbiāo

もくへん【木片】 木片 mùpiàn；小木头 xiǎomùtóu (英 *a wood block*)

もくめ【木目】 木理 mùlǐ；木纹 mùwén (英 *the grain (of wood)*) ▶のこぎりで～にそって切る/用锯子沿木纹锯 yòng jùzi yán mùwén jù

もくもく〖(煙など) 滚滚 gǔngǔn〗[大量に *massively*] ▶～と煙が出る/滚滚地冒烟 gǔngǔn de màoyān ▶稜線に～と雲が湧いていた/山脊处, 云层滚滚涌动 shānjǐchù, yúncéng gǔngǔn yǒngdòng

もくもく【黙々と】 默默 mòmò；专心地 zhuānxīn de (英 *silently*) ▶～と歩く/默默前行 mòmò ér xíng ▶～と課せられた仕事をこなす/默默地做好分内的工作 mòmò de zuòhǎo fènnèi de gōngzuò

もぐもぐ (食べる) 闭着嘴(嚼) bìzhe zuǐ (jiáo)

（英 *munch*）；《言う》嘟嘟囔囔地（说）dūdū-nāngnāng de（shuō）*mumble*）▶～食べる/闭着嘴嚼 bìzhe zuǐ jiáo ▶～と何か言い始める/开始咕哝着什么 kāishǐ gūnongzhe shénme ▶言いかけて一口ごもる/要开口，却说不出话 yào kāikǒu, què shuōbuchū huà

もくやく【黙約】默契 mòqì; 默约 mòyuē（英 *a tacit agreement*）

もくようび【木曜日】星期四 xīngqīsì; 礼拜四 lǐbàisì（英 *Thursday*）▶～が一番疲れる/星期四最累 xīngqīsì zuì lèi

もくよく【沐浴する】沐浴 mùyù（英 *wash oneself*）

モグラ【土竜】〘動物〙鼹鼠 yǎnshǔ（英 *a mole*）

もぐり【潜り】❶〘水中に〙潜水 qiánshuǐ（英 *diving*）素～/赤身潜水 chìshēn qiánshuǐ ❷〘よそ者・部外者〙外行 wàiháng; 外人 wàirén（英 *an outsider*）▶この商売であの人を知らないなんて～だ/做这行不知道那位，必定是外行 zuò zhè háng bù zhīdào nà wèi, bìdìng shì wàiháng ❸〘正式でない〙非法营业 fēifǎ yíngyè（英 *unlicensed*）▶～の医者/无执照的医生 wú zhízhào de yīshēng

もぐりこむ【潜り込む】❶〘布団などに〙钻进 zuānjìn（英 *get into...*）▶布団に～/钻进被窝 zuānjìn bèiwō ▶寒くなれば落ち葉の下に～/冷了就钻入落叶下 lěngle jiù zuānrù luòyèxia ▶蟹が砂の中に潜り込んだ/蟹钻到了沙子里 xiè zuāndàole shāzili ▶目覚ましが鳴ってさらにベッドに～/闹钟一响, 却更是钻进被窝不探头 nàozhōng yì xiǎng, què gèng shì zuānjìn bèiwō bú tàntóu ❷〘団体・地域などに〙混进 hùnjìn; 潜入 qiánrù（英 *sneak into...*）

もぐる【潜る】❶〘水中に〙潜 qián（英 *dive*）▶水に～/潜入水中 qiánrù shuǐzhōng ▶どの位長く潜っていられますか/您潜水能潜多长时间？nín qiánshuǐ néng qián duōcháng shíjiān? ❷〘物の中に入り込む〙潜入 qiánrù;《布団などに》钻 zuān（英 *get in*）▶地下に～/潜入地下 qiánrù dìxià

もくれい【目礼する】以目致意 yǐ mù zhìyì（英 *nod*）▶彼女はすれ違う時私に～した/她擦肩而过时向我以目致意 tā cā jiān ér guò shí xiàng wǒ yǐ mù zhìyì

もくれい【黙礼する】默默一礼 mòmò yìlǐ（英 *bow in silence*）▶参列された方々に丁寧に～する/向列席各位郑重地默默行礼 xiàng lièxí gèwèi zhèngzhòng de mòmò xínglǐ

モクレン【木蓮】〘植物〙木兰 mùlán; 玉兰 yùlán（英 *a magnolia*）

もくろく【目録】目录 mùlù;《品目》清单 qīngdān（英〘カタログ〙*a catalog*; 〘表〙*a list*）▶〘図書の〙～/编目 biānmù ▶记念品～を作る/制定纪念品清单 zhìdìng jìniànpǐn qīngdān ▶研究室の图書～を作る/编制研究室

的图书目录 biānzhì yánjiūshì de túshū mùlù

もくろみ【目論見】计划 jìhuà; 拟议 nǐyì; 企图 qǐtú（英 *a plan*）▶～がはずれる/打算落空 dǎsuan luòkōng ▶他に何か～があるらしいから素直には信用できない/对方像另有企图, 所以不能相信对方 duìfāng xiàng lìng yǒu qǐtú, suǒyǐ bùnéng tīngxìn ▶～書には損しても責任を取るとは書いていない/计划书中没有写即使损失也会负责 jìhuàshū zhōng méiyǒu xiě jíshǐ sǔnshī yě huì fùzé

もくろむ【目論む】企图 qǐtú; 算计 suànjì; 图谋 túmóu（英 *plan*）▶あいつら次に何を目論んでいるやら/不知道那伙人接下来又在图谋什么 bù zhīdào nà huǒ rén jiēxiàlái yòu zài túmóu shénme

もけい【模型】模型 móxíng（英 *a model*）▶実物の10分の1大の～を組み立てる/装配相当于实物十分之一大的模型 zhuāngpèi xiāngdāng yú shíwù shí fēn zhī yī dà de móxíng ▶小さい頃ゴムで飛ぶ～飛行機を作った/小时候做过橡皮筋作动力的飞机模型 xiǎoshíhòu zuòguo xiàngpíjīn zuò dònglì de fēijī móxíng

もげる 掉下 diàoxià; 脱落 tuōluò（英 *come off*）▶引っ張られて左腕が～かと思った/被人拉得以为左胳膊要掉了呢 bèi rén lāde yǐwéi zuǒgēbo yào diào le ne

もさ【猛者】健将 jiànjiàng; 强将 qiángjiàng; 强手 qiángshǒu（英 *a man of valor*）▶彼らはみんな柔道部の～だ/他们都是柔道部的强将 tāmen dōu shì róudàobù de qiángjiàng

モザイク 镶嵌画 xiāngqiànhuà; 马赛克 mǎsàikè（英 *a mosaic*）▶～模様の床を歩く/在马赛克纹样的地板上走 zài mǎsàikè wényàng de dìbǎnshang zǒu

もさく【模索する】摸索 mōsuǒ; mōsuo; 寻找 xúnzhǎo（英 *grope*）▶難病の治療法を～する/寻找疑难病症的治疗方法 xúnzhǎo yínán bìngzhèng de zhìliáo fāngfǎ ▶長い苦しい一の明るい未来が拓ける/漫长的苦苦摸索后将开创出美好未来 màncháng de kǔkǔ mōsuǒhòu jiāng kāichuàngchū měihǎo wèilái

もし【若し】如果 rúguǒ; 假如 jiǎrú; 倘若 tǎngruò; 要是 yàoshi（英 〘if〙）▶～でなければ/若非 ruòfēi ▶～本当なら/如果是真的话 rúguǒ shì zhēn de huà ▶～雨ならば行かない/如果下雨就不去 rúguǒ xià yǔ jiù bú qù ▶～時間があれば清水寺に行くつもりです/如果有时间, 准备去清水寺 rúguǒ yǒu shíjiān, zhǔnbèi qù Qīngshuǐsì ▶～南極の氷が解け始めたら…/倘若南极的冰开始融化… tǎngruò nánjí de bīng kāishǐ rónghuà… ▶～金があれば車を買いたいものだ/要是有钱, 就想买辆车 yàoshi yǒuqián, jiù xiǎng mǎi liàng chē ▶～君の助言がなかったら大損をするところだった/要是没有你的劝告, 损失可就大了 yàoshi méiyǒu nǐ de quàngào, sǔnshī kě jiù dà le

もじ【文字】字 zì; 文字 wénzì（英 〘英字など〙*a letter*; 〘漢字・かなど〙*a character*）▶～を間違える/写错字 xiěcuò zì ▶～を覚える/识字 shízì

▶ロシア～で書かれた手紙は珍しい/用俄语写的书信很少见 yòng Éyǔ xiě de shūxìn hěn shǎojiàn ▶黒板にきれいな～を書く/在黑板上写漂亮的字 zài hēibǎnshang xiě piàoliang de zì ▶～に書いて記録しておく/留下文字以作记录 liúxià wénzì yǐ zuò jìlù ▶～のわからないところは抜かして読む/不懂的字就跳过去读 bù dǒng de zì jiù tiàoguòqu dú ▶～の誤りを赤ペンで正す/用红笔订正文字错误 yòng hóngbǐ dìngzhèng wénzì cuòwù ▶小～で書く/用小字写 yòng xiǎozì xiě

～通り ▶～通り骨と皮ばかりにやせ細る/瘦得简直就是皮包骨头 shòude jiǎnzhí jiùshì pí bāo gǔtou ▶規則を～通りに守る/按一字一句遵守规则 àn yī zì yī jù zūnshǒu guīzé

◆**～化け**;乱码 luànmǎ

[日中比較] 中国語の'文字 wénzì'は「文章」をも意味する.

もしかしたら【若しかしたら】 ⇨もしかすると（若しかすると）

もしかして【若しかして】《ひょっとして》或许 huòxǔ; 也许 yěxǔ（英 possibly）;《もしも》如果 rúguǒ; 假如 jiǎrú（英 if）▶あなたは奥様さんではありませんか/该不会您就是奥野女士吧？ gāi búhuì nín jiùshì Àoyě nǚshì ba? ▶～遅れたらどうしよう/要是迟到了怎么办？yàoshi chídàole zěnme bàn?

もしかすると【若しかすると】 或许 huòxǔ; 作兴 zuòxīng; zuòxing; 也许 yěxǔ（英 possibly）▶～お目にかかれると思ってやってきました/心想或许能见到您就来了 xīnxiǎng huòxǔ néng jiàndào nín jiù lái le

もしくは【若しくは】 或者 huòzhě（英 or）

もじばん【文字盤】 表盘 biǎopán（英 a dial）▶夜光塗料の付いた～/带有夜光涂料的表盘 dàiyǒu yèguāng túliào de biǎopán

もしも【若しも】 如果 rúguǒ; 假如 jiǎrú（英 if）▶～データが壊れたらたいへんだ/如果数据出问题就惨了 rúguǒ shùjù chū wèntí jiù cǎn le

～のこと 三长两短 sān cháng liǎng duǎn ▶～のことがあったら困ります/万一发生意外就麻烦了 wànyī fāshēng yìwài jiù máfan le

～の時は 万一时候 wànyī de shíhou ▶～の時は妻の収入で生活する/万不得已的时候靠妻子的收入生活 wàn bù dé yǐ de shíhou kào qīzi de shōurù shēnghuó

もしもし ❶《呼びかけ》唉 āi; 喂 wèi（英 Excuse me.）▶～、ケータイをお忘れですよ/喂，您忘了手机了 wèi, nín wàngle shǒujī le ❷《電話》喂 wèi（英 Hello.）▶～、田中さんのお宅ですか/喂，是田中先生家吗？wèi, shì Tiánzhōng xiānsheng jiā ma?

もじもじする 扭捏 niǔnie; 忸忸怩怩 niǔniǔníní（英 be restless）;［躊躇］hesitate）▶椅子に座って～している/坐在椅子上动来动去 zuòzài yǐzishang dòng lái dòng qù ▶～しながら話す/扭扭捏捏地说 niǔniǔniēniē de shuō

もしゃ【模写する】 临摹 línmó; 描摹 miáomó; 摹写 móxiě（英 copy）;《書画の》～品/临本 línběn ▶名画を～する/临摹名画 línmó mínghuà

もしや【若しや】 或许 huòxǔ（英 if）▶～失敗するのではないかと気が気でない/生怕会失败，担心得坐立不安 shēngpà huì shībài, dānxīn de zuòlì bù'ān ▶うまくいくとは思わなかったが、～と思ってやった/没想过能行，只是心存侥幸做做试试看 méi xiǎngguo néng xíng, zhǐshì xīn cún jiǎoxìng zuòzuo shìshi kàn

もじゃもじゃの 乱蓬蓬 luànpéngpéng（英 shaggy）

もしゅ【喪主】 丧主 sāngzhǔ（英 the chief mourner）▶若い奥さんが～になっていた/年轻的太太成了丧主 niánqīng de tàitai chéngle sāngzhǔ

もしょう【喪章】 丧章 sāngzhāng; 黑纱 hēishā（英 a mourning band）▶左腕に～をつける/左腕上戴黑纱 zuǒwànshang dài hēishā

もじり 谐模诗文 xiémó shīwén（英 a parody）

もじる 诙谐模仿 huīxié mófǎng; 应用 yìngyòng（英 parody）▶漫画の鉄人28号をもじって別人28号と称した/模仿漫画「铁人二十八号」, 自称为"别人二十八号" mófǎng mànhuà "Tiěrén èrshíbā hào", zìchēng wéi "Biéren èrshíbā hào"

モズ【百舌】〔鳥〕伯劳 bóláo（英 a shrike）

モスク 清真寺 qīngzhēnsì（英 a mosque）

モスクワ 莫斯科 Mòsīkē（英 Moscow）▶～市民/莫斯科市民 Mòsīkē shìmín

もする【模する】 模仿 mófǎng; 仿造 fǎngzào（英 imitate）

もぞう【模造する】 仿造 fǎngzào; 仿制 fǎngzhì（英 imitate）▶～品/仿制品 fǎngzhìpǐn ▶ブランド品を～する業者が後を絶たない/仿造名牌货的人层出不穷 fǎngzào míngpáihuò de rén céng chū bù qióng ▶ハンドバッグの～をつかまされた/受骗买了手提包的仿造品 shòupiàn mǎile shǒutíbāo de fǎngzàopǐn ▶～真珠でも彼女がつければ映える/即使是仿造的珍珠，她戴上就光彩照人 jíshǐ shì fǎngzào de zhēnzhū, tā dàishang jiù guāngcǎi zhào rén ▶～の宝石が大量に出回る/伪造宝石充斥市场 wěizào bǎoshí chōngchì shìchǎng

もそもそ 不干脆 bù gāncuì; 不利索 bú lìsuo; 拖拖拉拉 tuōtuōlālā（英 restlessly）▶～とかばんをひっかき回して鍵を捜した/慢腾腾地翻包找钥匙 màntēngtēng de fān bāo zhǎo yàoshi

もだえ【悶え】 烦恼 fánnǎo; 苦闷 kǔmèn（英 agony）

もだえる【悶える】 苦闷 kǔmèn; 挣扎 zhēngzhá; 烦恼 fánnǎo（英 writhe in agony）▶テレビドラマで犯人が悶え死んだ/电视剧中犯人苦闷而死 diànshìjù zhōng fànrén kǔmèn ér sǐ

もたげる【抬げる】 抬起 táiqǐ（英 raise）▶頭を～/冒头 màotóu; 抬头 táitóu ▶ふと小さな疑惑が頭をもたげた/忽然心里产生了小小的疑念 hūrán xīnli chǎnshēngle xiǎoxiǎo de yíniàn

もたせかける 靠 kào; 倚靠 yīkào (英 set... against ~)

もたせる【持たせる】 ❶【運ばせる】让…拿 ràng…ná (英 get a person to carry) ▶夫に荷物を～/让丈夫拿行李 ràng zhàngfu ná xíngli ❷【負担させる】让…付 ràng…fù (英 make... pay) ▶レストランの食事代はいつも俺に～んだ/在餐馆吃饭的钱总是叫我付 zài cānguǎn chīfàn de qián zǒngshì jiào wǒ fù ❸【保たせる】维持 wéichí (英 keep) ▶彼はいつも気を～ばかりでじとなると逃げる/他总是提起别人的兴趣，一到关键时刻就逃了 tā zǒngshì tíqǐ biéren de xìngqù, yí dào guānjiàn shíkè jiù táo le ▶会議の開始まで間(ま)を～のに苦労した/费了很大精力填补开会之前的空白时间 fèile hěn dà jīnglì tiánbǔ kāihuì zhīqián de kòngbái shíjiān

もたつく 磨蹭 móceng; 缓慢 huǎnmàn; 迟钝 chídùn (英 be slow) ▶もたついてゴロをエラーする/动作迟缓，致使地滚球失误 dòngzuò chíhuǎn, zhìshǐ de gǔnqiú shīwù

モダニズム 现代主义 xiàndài zhǔyì (英 modernism)

もたもたする 磨蹭 móceng; 迟缓 chíhuǎn; 缓慢 huǎnmàn (英 be slow) ▶～するな/不要磨磨蹭蹭 búyào mómócèngcèng

もたらす 诱致 yòuzhì; 造成 zàochéng; 带来 dàilái (英 bring about; [生じる] produce) ▶利益を～/带来利益 dàilái lìyì ▶幸運を～/带来幸运 dàilái xìngyùn ▶どの戦争も人類に不幸を～/所有的战争都会给人类带来不幸 suǒyǒu de zhànzhēng dōu huì gěi rénlèi dàilái búxìng ▶鉄砲はポルトガル人によって日本にもたらされた/枪由葡萄牙人带到了日本 qiāng yóu Pútáoyárén dàidàole Rìběn ▶その実験は確かな結果をもたらした/那个实验得到了切实的结果 nàge shíyàn dédàole qièshí de jiéguǒ ▶台風がこの一帯に大きな被害をもたらした/台风给这一带带来了很大的灾害 táifēng gěi zhè yídài dàiláile hěn dà de zāihài

もたれかかる 倚靠 yīkào; 依靠 yīkào (英 lean on...)

もたれる ❶【寄りかかる】靠 kào; 倚靠 yīkào (英 lean on...) ▶塀に～/靠围墙 kào wéiqiáng ▶危ない！その手すりに～/危险！不要靠那扶手 wēixiǎn! búyào kào nà fúshou ❷【胃が】存食 cúnshí; 停食 tíngshí (英 sit heavy on one's stomach) ▶胃が～/消化不良 xiāohuà bùliáng ▶消化の悪いものを食べて胃がもたれた/吃不利于消化的食物，胃里积食 chīle bú lìyú xiāohuà de shíwù, wèili jīshí

モダン 摩登 módēng; 文明 wénmíng; 现代派 xiàndàipài (英 modern) ▶ポスト～/后现代 hòuxiàndài ▶アート/现代艺术 xiàndài yìshù ▶この一画は～建築が多い/这一带现代建筑很多 zhè yídài xiàndài jiànzhù hěn duō

もち【持ち】 ❶【耐久力】耐久性 nàijiǔxìng (英 durability) ▶～がよい/耐久 nàijiǔ ▶～が悪い/不耐用 bú nàiyòng ▶そのメーカーの靴は～がいい/那家厂生产的皮鞋很耐穿 nà jiā chǎng shēngchǎn de píxié hěn nàichuān ❷【使用・所有】适合…用 shìhé…yòng (英 use; possession) ▶誰も使わない女～の時計が5個ある/有五个没人用的女装表 yǒu wǔ ge méi rén yòng de nǚzhuāngbiǎo ▶手～の金(かね)が心細いだ/手头的钱或许有点不够 shǒutóu de qián huòxǔ yǒudiǎn búgòu ❸【負担】负担 fùdān (英 charge) ▶費用は会社～ではなく自分～です/费用不是由公司而是由个人负担 fèiyong bú shì yóu gōngsī ér shì yóu gèrén fùdān ▶家族旅行の費用は一切母が持ってくれました/妈妈支付了全家旅行的费用 māma zhīfùle quánjiā lǚxíng de fèiyong

もち【餅】《食品》糍粑 cíba; 年糕 niángāo; 粘糕 zhāngāo (英 a rice cake) ▶正月間近になると家では～をついた/正月将近在家捣糍粑 zhēngyuè jiāngjìn zài jiā dǎo cíba
～は～屋 犬守夜鸡司晨 quǎn shǒu yè jī sī chén; 事事有专人 shìshì yǒu hángjiā ▶～の技術の仕事は技術屋に任せなさい/做年糕要找年糕店，技术活还是交给技术人员 zuò niángāo yào zhǎo niángāodiàn, jìshùhuó háishi jiāogěi jìshù rényuán

◆～つき**打糍粑** dǎ cíba ▶正月の～つきは小さい頃の楽しみだった/正月里捣糍粑是儿时的乐事 zhēngyuèli dǎo cíba shì érshí de lèshì

[日中比较] 中国語の '饼 bǐng' は小麦粉をのばして焼くか蒸した食物のことである。▶南瓜饼 nánguābǐng/かぼちゃ入りの～ ▶月饼 yuèbǐng/月餅 ▶烧饼 shāobǐng/シャオビン

もちあい【持ち合い】【力の均衡】势均力敌 shì jūn lì dí (英 equilibrium of force);【相場】平盘儿 píngpánr; 平稳 píngwěn (英 steadiness)

もちあう【持ち合う】 ❶【分担】分担 fēndān; 凑份子 còu fènzi (英 share) ❷【相場が】保持平稳 bǎochí píngwěn (英 remain steady)

もちあがる【持ち上がる】 ❶【上に上がる】隆起 lóngqǐ; 抬起 táiqǐ (英 be lifted) ▶地震で床が～/地震使地板隆起 dìzhèn shǐ dìbǎn lóngqǐ ▶この箱は重くて持ち上がらない/这箱子太重举不起来 zhè xiāngzi tài zhòng jǔbuqǐlái ❷【起こる】发生 fāshēng (英 happen) ▶事件が～/发生事件 fāshēng shìjiàn ▶学校で面白くないことが持ち上がっている/学校发生了一些不愉快的事 xuéxiào fāshēngle yìxiē bù yúkuài de shì ▶娘にやっと結婚話が持ち上がった/女儿终于谈婚论嫁了 nǚ'ér zhōngyú tánhūn lùnjià le

もちあげる【持ち上げる】 捧场 pěngchǎng; 抬起 táiqǐ (英 lift; [おだてる] flatter) ▶お世辞を言って～/说奉承话捧人 shuō fèngchénghuà pěngrén ▶昨日は腕を～ことができなかった/昨天手腕抬不起来 zuótiān shǒuwàn táibuqǐlái ▶いたちは頭を持ち上げて音がする方向を確かめている/

黄鼠狼抬起头确认声音传出的方向 huángshǔláng táiqǐ tóu quèrèn shēngyīn chuánchū de fāngxiàng

もちあじ【持ち味】 特色 tèsè; 风格 fēnggé (英 *a special ability*) ▶体力に劣っていても粘り強さの〜を生かす/虽然体力不如人, 但充分体现顽强的意志 suīrán tǐlì bùrú rén, dàn chōngfèn tǐxiàn wánqiáng de yìzhì ▶それがあの人の〜だ/那就是他的特点 nà jiùshì tā de tèdiǎn

もちあみ【餅網】 烤年糕的铁丝网 kǎo niángāo de tiěsīwǎng (英 *a rice-cake toasting grid*)

もちあるく【持ち歩く】 带着走 dàizhe zǒu; 携带 xiédài (英 *carry*) ▶彼はいつも傘を持ち歩いていた/他总是带着伞 tā zǒngshì dàizhe sǎn ▶携帯電話とキャッシュカードを肌身離さず〜/总是随身手机和银行卡 zǒngshì suíshēn shǒujī hé yínhángkǎ

もちあわせ【持ち合わせ】（現金の）手头的钱 shǒutóu de qián (英 *(money) on hand*) ▶〜がない/手头不便 shǒutóu búbiàn

もちいえ【持ち家】 自己的房产 zìjǐ de fángchǎn (英 *one's own house*) ▶〜ではあるが残り 23 年のローンが組んである/虽说是自己的房产, 但还有二十三年的贷款 suī shuōshì zìjǐ de fángchǎn, dàn háiyǒu èrshísān nián de dàikuǎn

モチーフ 中心思想 zhōngxīn sīxiǎng; 主题 zhǔtí; 动机 dòngjī (英 *a motif*) ▶ばらの花を〜にしたテーブルセンターがあった/有一张以玫瑰为主题的桌心布 yǒu yì zhāng yǐ méigui wéi zhǔtí de zhuōxīnbù ▶全作品にこの〜がつらぬかれている/这个主题贯穿着整个作品 zhège zhǔtí guànchuānzhe zhěnggè zuòpǐn

もちいる【用いる】 ❶[使用] 使用 shǐyòng (英 *use*) ▶武器として〜/做武器用 zuò wǔqì yòng ▶日常用いられていた道具が地方博物館に収めてある/日常使用的器具收藏于地方博物馆 rìcháng shǐyòng de qìjù shōucáng yú dìfāng bówùguǎn ▶彼らは特に教材に意を用いている/他们尤其注意教材的内容 tāmen yóuqí zhùyì jiàocái de nèiróng

❷[採用] 采用 cǎiyòng (英 *adopt*) ▶データを駆使した編集方法が用いられる/采用运用数据的编辑方法 cǎiyòng yùnyòng shùjù de biānjí fāngfǎ ▶飛行機の主翼に繊維が新素材として用いられる/纤维作为新型材料被用于飞机的主翼 xiānwéi zuòwéi xīnxíng cáiliào bèi yòngyú fēijī de zhǔyì

❸[雇用] 任用 rènyòng; 录用 lùyòng (英 *employ*) ▶営業畑で苦労した彼は会社で重く用いられている/在销售部门磨练过的他受到公司的重用 zài xiāoshòu bùmén mólianguòlái de tā shòudào gōngsī de zhòngyòng

もちかえる【持ち帰る】 带回 dàihuí; 拿回 náhuí (英 *carry... back*) ▶食べ残しを〜/把吃剩下的带回去 bǎ chī shèngxià de dàihuíqù ▶試験問題を自宅に〜ことはできない/不可将试题带回家 bùkě jiāng shìtí dài huíjiā ▶こちらでお召し上がりですか、お持ち帰りですか/您是在这里吃, 还是带走？nín shì zài zhèlǐ chī, háishi dàizǒu?

もちかえる【持ち換える】 换手 huànshǒu (英 *shift... from one hand to the other*) ▶重い荷物を左右の手で交互に〜/左右手交替互换着拿重行李 zuǒyòushǒu jiāotì hùhuànzhe ná zhòngxíngli

もちかける【持ち掛ける】 提出 tíchū; 商量 shāngliang (英 *propose*) ▶儲け話を〜/提出赚钱的事 tíchū zhuànqián de shì ▶厄介な問題を持ち掛けていらいらさせないでくれ/不要提出些麻烦的问题让人心烦！búyào tíchū xiē máfan de wèntí ràng rén xīnfán!

もちかぶ【持ち株】 保有的股子 bǎoyǒu de gǔzi; 持股 chígǔ (英 *one's (stock) holdings*) ▶親から貰った〜が 4 年後に倍になった/从父母那里得到的股票四年后翻了一倍 cóng fùmǔ nàli dédào de gǔpiào sì nián hòu fānle yí bèi

もちきり【持ち切り】 一直谈论 yìzhí tánlùn; 净在谈论 jìng zài tánlùn (英 *the only topic of conversation*) ▶町中彼の話で〜だ/他的事满城风雨 tā de shì mǎnchéng fēngyǔ; 到处谈论他的事 dàochù tánlùn tā de shì ▶新聞は駅の殺人事件で〜だった/报纸上净在谈论车站杀人事件 bàozhǐshang jìng zài tánlùn chēzhàn shārén shìjiàn

もちぐされ【持ち腐れ】 空藏 kōngcáng; 白白糟蹋 báibái zāotà (英 *useless possession*) ▶宝の〜だ/空藏美玉 kōngcáng měiyù ▶最新のパソコンも彼には宝の〜だ/最新的电脑拿给他, 真是白白糟蹋了 zuìxīn de diànnǎo nágěi tā, zhēn shì báibái zāotà le

もちくずす【持ち崩す】 (英 *ruin oneself*) 身を〜 败坏品行 bàihuài pǐnxíng ▶酒とばくちで身を持ち崩した/因酒和赌博品行变坏 yīn jiǔ hé dǔbó pǐnxíng biànhuài

もちこす【持ち越す】 遗留 yíliú; 待心解决 dài xīn jiějué (英 *carry over*) ▶明日に〜/拖到明天 tuōdào míngtiān ▶2 時間の討議の後結論は持ち越された/经过两小时的讨论结论待定 jīngguò liǎng xiǎoshí de tǎolùn jiélùn dàidìng ▶厚生年金問題を翌年まで〜/养老保险问题留待明年解决 yǎnglǎo bǎoxiǎn wèntí liúdài míngnián jiějué

もちこたえる【持ちこたえる】 抵挡 dǐdǎng; 经受 jīngshòu; 撑得住 chēngdezhù (英 *hold out*) ▶病人はまだ数日〜かも知れない/病人可能还能撑几天 bìngrén kěnéng hái néng chēng jǐ tiān ▶鉄橋は敵の攻撃にも持ちこたえられる/铁桥经得住敌人的攻击 tiěqiáo jīngdezhù dírén de gōngjī ▶何事が起こっても、最後まで持ちこたえよう/无论发生什么事都要坚持到最后 wúlùn fāshēng shénme shì dōu yào jiānchí dào zuìhòu

もちごま【持ち駒】 备用人才 bèiyòng réncái; 拥有的人员 yōngyǒu de rényuán; 人选 rénxuǎn ［将棋の］ *a captured piece*; ［控えの人員］*people kept in reserve*) ▶ピアノ教師の

もちこむ【持ち込む】 ❶【運び込む】拿进 nájìn（英 bring in）▶持ち込み手荷物/随身行李 suíshēn xíngli ▶持ち込み原稿/自荐的稿件 zìjiàn de gǎojiàn ▶荷物を機内に…/将行李拿进机内 jiāng xíngli ná jìn jīnèi ▶車内に危険物を持ち込まないで下さい/请不要将危险品携带至车内 qǐng búyào jiāng wēixiǎnpǐn xiédài zhì chēnèi ▶飛行機にある種の植物は持ち込めません/有些种类的植物不能带入飞机内 yǒuxiē zhǒnglèi de zhíwù bùnéng dàirù fēijīnèi
❷【相談を】提议 tíyì；商量 shāngliang（propose）▶姉は面白くない夫婦仲の話を始終～/姐姐总是讲些无趣的夫妻间的纠葛 jiějie zǒngshì jiǎng xiē wúqù de fūqī jiān de jiūgé
❸【ある状態に持っていく】成 chéng（英 bring）▶引き分けに～/比成平局 bǐchéng píngjú ▶(テニスで)接戦の末ジュースに～/经过激战最后形成平局 jīngguò jīzhàn zuìhòu dáchéng píngjú

もちごめ【餅米】 江米 jiāngmǐ；糯米 nuòmǐ（英 glutinous rice）

もちさる【持ち去る】 抄 chāo；拿走 názǒu（carry away）▶常務が会社の運転資金を～/常务董事拿走了公司的流动资金 chángwù dǒngshì názǒule gōngsī de liúdòng zījīn

もちだし【持ち出し】 带出 dàichū；拿出 náchū；(費用の)自掏腰包 zì tāo yāobāo（英 taking out）▶～禁止/禁止带出 jìnzhǐ dàichū ▶費用の～になる/费用要由自己补贴 fèiyong yào yóu zìjǐ bǔtiē ▶図書の～を禁ず/禁止将图书带出 jìnzhǐ jiāng túshū dàichū ▶同窓会は会費が不足し幹事たちの～になった/校友会的会费不足，只好由干事们补贴 xiàoyǒuhuì de huìfèi bùzú, zhǐhǎo yóu gànshimen bǔtiē

もちだす【持ち出す】 拿出 náchū；带出 dàichū；(話題を)提出 tíchū（英 take out）▶妻か夫に離婚の条件を～/妻子向丈夫提出离婚的条件 qīzi xiàng zhàngfu tíchū líhūn de tiáojiàn ▶部屋から家具を～/把家具搬出房间 bǎ jiājù bānchū fángjiān ▶重要書類を金庫から～/将重要资料从保险柜中拿出 jiāng zhòngyào zīliào cóng bǎoxiǎnguì zhōng náchū

もちつもたれつ【持ちつ持たれつ】 相辅相成 xiāng fǔ xiāng chéng；互相帮助 hùxiāng bāngzhù；互相依靠 hùxiāng yīkào（give-and-take）▶世の中は～ですからね/世间都是相辅相成的 shìjiān dōu shì xiāng fǔ xiāng chéng de

もちなおす【持ち直す】 （状態・容態）好转 hǎozhuǎn；恢复 huīfù（英 improve）▶天気が持ち直して運動会ができた/天气好转，运动会得以举行 tiānqì hǎozhuǎn, yùndònghuì déyǐ jǔxíng ▶株価が持ち直した/股价回升 gǔjià huíshēng ▶景気も次第に持ち直してきた/景气也逐渐好转起来了 jǐngqì yě zhújiàn hǎozhuǎnqǐlai le

もちにげ【持ち逃げする】 拐 guǎi；拐款 guǎikuǎn（英 run away with...）▶～犯/拐子 guǎizi ▶店員は当日の売り上げを～した/店员携当天销售的钱款逃跑了 diànyuán xié dāngtiān xiāoshòu de qiánkuǎn táopǎo le

もちぬし【持ち主】 主人 zhǔrén；zhǔren；物主 wùzhǔ（英 the owner）▶この傘の～は誰ですか/这把伞是谁的？zhè bǎ sǎn shì shéi de? ▶マンションの～が変わる/公寓易主 gōngyù yì zhǔ ▶～不明の品物が置かれている/放置着物主不明的物品 fàngzhìzhe wùzhǔ bùmíng de wùpǐn ▶巨体の～だが繊細なバイオリン奏者でもある/身材高大但却是细腻的小提琴演奏者 shēncái gāodà dàn què shì xìnì de xiǎotíqín yǎnzòuzhě

もちば【持ち場】 岗哨 gǎngshào；岗位 gǎngwèi（英 one's post）▶勝手に～を離れる/擅离岗位 shànlí gǎngwèi ▶明け方～を巡回する/拂晓巡视管辖区域 fúxiǎo xúnshì guǎnxiá qūyù ▶係員の皆さんは～に着いて下さい/工作人员请各位就各就岗位 gōngzuò rényuán qǐng gè jiù gèwèi ▶明日から～が変わります/从明天开始换工作部门 cóng míngtiān kāishǐ huàn gōngzuò bùmén

もちはこび【持ち運び】 搬运 bānyùn；携带 xiédài（carrying）▶～できるコンピュータ/便携式计算机 biànxiéshì jìsuànjī ▶～に便利な道具/便携工具 biànxié gōngjù

もちはこぶ【持ち運ぶ】 搬运 bānyùn；携带 xiédài（carry）▶持ち運べる自転車がはやっている/现在流行便携式自行车 xiànzài liúxíng biànxiéshì zìxíngchē

もちふだ【持ち札】 手里的牌 shǒuli de pái（the cards in one's hands）

もちぶん【持ち分】 份额 fèn'é（英 one's share）

モチベーション 《動機付け》动力 dònglì；动机 dòngjī（英 motivation）

もちまえ【持ち前の】 秉性 bǐngxìng；天生 tiānshēng（英 natural）▶～の明るさで/以明朗的天性 yǐ mínglǎng de tiānxìng ▶～の明るさで苦難を乗り切る/凭明朗的天性度过困难 píng mínglǎng de tiānxìng dùguò kùnnan

もちまわり【持ち回りにする】 轮流 lúnliú（take turns）▶議長は8名の役員を～で務める/主席由八名董事轮流担任 zhǔxí yóu bā míng dǒngshì lúnliú dānrèn

もちまわる【持ち回る】 带到各处去 dàidào gèchù qù（take... round）

もちもの【持ち物】 携带物品 xiédài wùpǐn；《所有物》(人)の东西（rén）de dōngxi（英 one's things）▶入場の際には～が調べられる/入场时将被检查随身物品 rùchǎngshí jiāng bèi jiǎnchá suíshēn wùpǐn ▶自分の～には名前を書いておきなさい/在自己的物品上写上名字 zài zìjǐ de wùpǐnshang xiěshàng míngzì

もちゅう【喪中】 服丧期间 fúsāng qījiān；正在服丧 zhèngzài fúsāng（英 in mourning）▶～につき年賀を欠礼いたします/服丧中恕不能拜年

fúsāng zhōng shù bùnéng bàinián

もちよる【持ち寄る】 各自带来 gèzì dàilái (英 contribute each his own share) ▶食べ物を持ち寄ってパーティーをしましょう/各自带食物来开派对,好不好? gèzì dài shíwù lái kāi pàiduì, hǎobuhǎo?

もちろん【勿論】 当然 dāngrán; 自然 zìrán; 不用说 búyòng shuō (英 of course) ▶仕事をするのはこのことだ/工作是当然的事 gōngzuò shì dāngrán de shì ▶英语は～フランス語も知っている/英语不用说了,还会法语 Yīngyǔ búyòng shuō le, hái huì Fǎyǔ ▶「結婚披露宴に来てもらえますか?」「～喜んで」/"能出席我的婚礼吗? Néng chūxí wǒ de hūnlǐ ma?""当然欣然前往 Dāngrán xīnrán qiánwǎng" ▶温泉旅行は～ストレス解消になる/温泉旅行当然能消解压力 wēnquán lǚxíng dāngrán néng xiāojiě yālì ▶老教授は大学の提案を～断るだろう/老教授当然会回绝大学的提议吧 lǎojiàoshòu dāngrán huì huíjué dàxué de tíyì ba

もつ【持つ】 1 【携帯する・手に持つ】 拿 ná; 带 dài; 提 tí (英 carry; hold) ▶荷物を～/带着行李 dàizhe xíngli ▶今日は傘を持っていない/今天没带伞 jīntiān méi dài sǎn ▶重そうにみえた袋は持ってみると不思議に軽かった/看起来很重的袋子拎起来没想到很轻 kànqǐlai hěn zhòng de dàizi língqǐlai méi xiǎngdào hěn qīng

2 【所有する】 有 yǒu; 拥有 yōngyǒu (英 have; own) ▶車を2台持っている/有两辆车 yǒu liǎng liàng chē ▶その会社は海外支店を持っている/那家公司有海外分店 nà jiā gōngsī yǒu hǎiwài fēndiàn ▶こまかいお金をお持ちですか/您有零钱吗? nín yǒu língqián ma? ▶彼は福島に温泉付きの別荘を持っている/他在福岛有一所带温泉的别墅 tā zài Fúdǎo yǒu yì suǒ dài wēnquán de biéshù ▶信頼できる友達を～/有可以信赖的朋友 yǒu kěyǐ xìnlài de péngyou ▶パン職人として確かな腕を持っている/作为一个以做面包为职业的人,拥有过硬的技术 zuòwéi yí ge yǐ zuò miànbāo wéi zhíyè de rén, yōngyǒu guòyìng de jìshù ▶彼は手帳とボールペンを持って会議に出席した/他带着笔记本和圆珠笔出席会议 tā dàizhe bǐjìběn hé yuánzhūbǐ chūxí huìyì

3 【持ちこたえる】 维持 wéichí; 耐 nài; 坚持 jiānchí (英 last) ▶一月と持たない/维持不了一个月 wéichíbuliǎo yí ge yuè ▶長く～/耐久 nàijiǔ ▶この天気は長くは～まい/好天气不会再长了 hǎotiānqì búhuì zài cháng le ▶医者はその病人は幾日も～まいと言った/医生说那个病人坚持不了几天了 yīshēng shuō nàge bìngrén jiānchíbuliǎo jǐ tiān le ▶1日腹が～ようにうんと昼飯をたべた/为了坚持一天不饿,午饭吃了很多 wèile néng jiānchí yì tiān bú è, wǔfàn chī le hěn duō

4 【負担・担当する】 承担 chéngdān; 支付 zhīfù (英 pay) ▶コーヒー代は僕が持ちます/咖啡钱我承担 kāfēiqián wǒ chéngdān ▶費用は全部私が持ちます/费用全部由我负担 fèiyong quánbù yóu wǒ fùdān ▶このビールの代は僕が～/这啤酒钱由我来付 zhè píjiǔdài yóu wǒ lái fù ▶この荒れたクラスは若い上田先生が持っておられる/这个最乱的班级由很年轻的上田老师担任 zhège zuì luàn de bānjí yóu hěn niánqīng de Shàngtián lǎoshī dānrèn

肩を～ 友人の肩を～/支持朋友 zhīchí péngyou

もっか【目下】 当前 dāngqián; 目前 mùqián (英 at present) ▶～のところ打ち合わせは無用です/眼下不必开碰头会 yǎnxià búbì kāi pèngtóuhuì ▶彼の絵は～この市の美術館で展示中である/他的画目前在市美術館展览 tā de huà mùqián zài shìměishùguǎn zhǎnlǎn ▶～全国的に年金の調査が行われている/目前在全国范围内进行养老金调查 mùqián zài quánguó fànwéinèi jìnxíng yǎnglǎojīn diàochá

もっかん【木管】 木管 mùguǎn (英 a wood pipe) ▶～楽器/木管乐器 mùguǎn yuèqì

もっきん【木琴】 〖楽器〗 木琴 mùqín (英 a xylophone)

もっけ 意外 yìwài (英 unexpectedness)
～の幸い 意外的幸运 yìwài de xìngyùn ▶～の幸いとばかり皆より先に夏休みをとった/趁着意想不到的好运,抢先请到夏季休假 chènzhe yìxiǎngbudào de hǎoyùn, qiǎngxiān qǐng dào xiàjì xiūjià

もっけい【黙契】 默契 mòqì (英 a tacit agreement)

もっこう【木工】 木工 mùgōng (英 woodwork) ▶この中学校にも簡単な～の機械があります/这所中学也有简单的木工用机械 zhè suǒ zhōngxué yě yǒu jiǎndān de mùgōngyòng jīxiè ▶～教室は中高年に人気がある/木工教室很受中老年的欢迎 mùgōng jiàoshì hěn shòu zhōnglǎonián de huānyíng

もっこう【黙考する】 沉思 chénsī; 凝思 níngsī (英 meditate)

もったいない【勿体ない】 1 【むだ】 可惜 kěxī; 浪费 làngfèi (英 be wasteful) ▶あの才能を遊ばせておくのは実に～/没用上那才能实在是很浪费 méi yòngshàng nà cáinéng shízài shì hěn làngfèi ▶時間が～/时间很可惜 shíjiān hěn kěxī ▶世界中が食料不足で日本語の「～」が流行している/全世界粮食不足,所以日语的"勿体ない(可惜)"很流行 quánshìjiè liángshi bùzú, suǒyǐ Rìyǔ de "wùtǐnài (kěxī)" hěn liúxíng

2 【過分である】 过分 guòfèn; 不敢当 bù gǎndāng (英 be too good) ▶こんな厚遇を受けて～限りです/受到如此厚待,实在不敢当 shòudào rúcǐ hòudài, shízài bùgǎndāng

もったいぶる【勿体ぶる】 摆架子 bǎi jiàzi; 装模作样 zhuāng mú zuò yàng (英 put on airs) ▶勿体ぶった話し方は嫌われる/装模作样的讲话

方式遭人厌 zhuāng mú zuò yàng de jiǎnghuà fāngshì zāo rén yàn ▶勿論ぶってなかなか結論を言わない/装模作样就是不轻易说出结论 zhuāng mú zuò yàng jiùshì bù qīngyì shuōchū jiélùn

もって【以て】 以 yǐ; 用 yòng (英 […によって] by…) ▶明日を～締め切る/到明天为止 dào míngtiān wéi zhǐ ▶会長の権威を～しても鎮められない/就是凭借会长的权威，也不能让大家平静下来 jiùshì píngjiè huìzhǎng de quánwēi, yě bùnéng ràng dàjiā píngjìngxiàlai

もっていく【持って行く】 带去 dàiqù; 拿去 náqù (英 take) ▶傘を～のを忘れないでね/别忘了带伞 bié wàngle dài sǎn ▶僕は毎日会社へ弁当を～/我每天带着盒饭上班 wǒ měitiān dàizhe héfàn shàngbān ▶あの人は真相を墓場まで～つもりだ/他想把真相带进坟墓 tā xiǎng bǎ zhēnxiàng dàijìn fénmù

もってかえる【持って帰る】 带回 dàihuí; 拿回 náhuí (英 carry… back) ▶ハイキングで出たごみは家に持って帰って下さい/远足时的垃圾请带回家 yuǎnzúshí de lājī qǐng dài huíjiā

もってくる【持って来る】 带来 dàilái; 拿来 nálai (英 bring) ▶校外の写生会には水筒を持って来てもいい/校外写生时可以带水壶来 xiàowài xiěshēnghuì kěyǐ dài shuǐhú lái

もってこい【以ての来いの】 正合适 zhèng héshì; 适合 shìhé (英 ideal) ▶君には～の仕事/最适合于你的工作 zuì shìhé yú nǐ de gōngzuò ▶そういうアルバイトなら君には～だ/那种临工，适合你做 nà zhǒng língōng, shìhé nǐ zuò

もってのほか【以ての外】 毫无道理 háowú dàolǐ; 岂有此理 qǐ yǒu cǐ lǐ; 太不像话 tài bú xiànghuà (英 out of the question) ▶約束の時間を決めておいて遅れるとは～だ/定下约会时间却又迟到，真是岂有此理 dìngxià yuēhuì shíjiān què yòu chídào, zhēn shì qǐ yǒu cǐ lǐ

もってまわった【持って回った】 兜圈子 dōu quānzi; 拐弯抹角 guǎi wān mò jiǎo; 不直截了当 bù zhíjié liǎodàng (英 roundabout) ▶彼はいつも～話し方をする/他说话总是兜圈子 tā shuōhuà zǒngshì dōu quānzi

もっと 更 gèng; 再 zài; 还 hái (英 more) ▶～たくさん食べて下さい/请再多吃一点 qǐng zài duō chī yìdiǎn ▶～本棚を探してごらん/再在书架上找一找 zài zài shūjiàshang zhǎoyizhǎo ▶それだけではない，背後に～何かある/不仅是那样，背后肯定还有些什么别的 bùjǐn shì nàyàng, bèihòu kěndìng háiyǒu xiē shénme biéde

モットー 座右铭 zuòyòumíng; 宗旨 zōngzhǐ (英 a motto) ▶人に迷惑を掛けない，が彼の～/不给人添麻烦是他的宗旨 bù gěi rén tiān máfan shì tā de zōngzhǐ

もっとも 难怪 nánguài; 有理 yǒulǐ; 怨不得 yuànbude (英 reasonabl) ▶～な名言/至理名言 zhì lǐ míng yán ▶彼が怒るのは～だ/怪不得他那么生气 guàibude tā nàme shēngqì ▶息子の自慢をするのも～だ/他以儿子为豪也是理所应当的 tā yǐ érzi wéi háo yě shì lǐ suǒ yīngdāng de ▶彼の言うことにも～な点がある/他的话也有理也 de huà yě yǒulǐ ▶無事に卒業できるか，親としては～心配です/能不能顺利毕业，作为父母来说当然担心了 néngbunéng shùnlì bìyè, zuòwéi fùmǔ lái shuō dāngrán dānxīn le ▶彼は口では～なことを言うが汗をかいたことがない/他满嘴大道理却从不出力 tā mǎnzuǐ dàdàoli què cóngbù chūlì

～らしい 煞有介事 shà yǒu jiè shì ▶～らしい嘘をつく/撒谎撒得头头是道 sāhuǎng sāde tóutóu shì dào ▶～らしい顔をして大きなことを言う/煞有介事地夸夸其谈 shà yǒu jiè shì de kuākuā qí tán

もっとも【最も】 最 zuì; 顶 dǐng (英 most; supremely) ▶日本で～高い山は富士山です/日本最高的山是富士山 Rìběn zuìgāo de shān shì Fùshìshān ▶寒さが～厳しいのは２月です/最冷的是二月 zuì lěng de shì èr yuè ▶資産がない私たちには健康が～大事だ/对于没有资产的我们来说健康是最重要的 duìyú méiyǒu zīchǎn de wǒmen lái shuō jiànkāng shì zuì zhòngyào de

もっぱら【専ら】 专门 zhuānmén; 都 dōu (英 entirely) ▶次期社長は彼ではないかというのが～の噂だ/大家都说下一届社长可能是他 dàjiā dōu shuō xià yí jiè shèzhǎng kěnéng shì tā ▶編集作業は～女性の得意とする分野だ/编辑工作是女性擅长的领域 biānjí gōngzuò shì nǚxìng shàncháng de lǐngyù ▶～野党攻撃をする/专门攻击在野党 zhuānmén gōngjī zàiyědǎng

モップ 拖把 tuōbǎ; 拖布 tuōbù (英 a mop) ▶～で床を掃除する/用拖布清扫地面 yòng tuōbù qīngsǎo dìmiàn

もつれ【縺れ】 葛藤 géteng; 纠葛 jiūgé [糸などの] a tangle); [紛糾] trouble) ▶感情の～が傷害事件まで発展した/情感纠纷发展成了伤害事件 qínggǎn jiūfēn fāzhǎn chéngle shānghài shìjiàn ▶間に立って二人の気分の～を解く/在中间解决两人情绪上的纠葛 zài zhōngjiān jiějué liǎng rén qíngxùshang de jiūgé

もつれる【縺れる】 ❶[事柄が] 纠缠 jiūchán; 混乱 hùnluàn (英 become complicated) ▶試合が～/比赛难分胜负 bǐsài nán fēn shèngfù ▶感情が～/感情纠缠不断 gǎnqíng jiūchán búduàn ▶話が～/事情错综复杂 shìqing cuòzōng fùzá ❷[糸などが] 扭结 niǔjié;《動作が》不灵 bùlíng (英 get entangled) ▶糸が～/线扭结 xiàn niǔjié ▶舌が～/舌头打结 shétou dǎjié ▶舌がもつれて言いたいことも言えなかった/舌头打结，想说的话也没说出来 shétou dǎjié, xiǎng shuō de huà yě méi shuōchūlai ▶足がもつれて坂道で転んだ/脚不听使唤，在坡道上摔倒了 jiǎo bù tīng shǐhuan, zài pōdàoshang shuāidǎo le

もてあそぶ【弄ぶ】 耍弄 shuǎnòng; 摆弄 bǎinòng; 玩弄 wánnòng (英 play with…) ▶いつの

世も男に弄ばれる女性の話は尽きない/任何时代女人被男人玩弄的事都层出不穷 rènhé shídài nǚrén bèi nánrén wánnòng de shì dōu céng chū bù qióng ▶銃を〜/耍枪杆子 shuǎ qiānggǎnzi

もてあます【持て余す】 难办 nánbàn; 对付不了 duìfubuliǎo; 棘手 jíshǒu (英 be embarrassed) ▶暇を〜/打发空闲时间 dǎfa kòngxián shíjiān ▶若い時は時間を持て余したものだった/年轻的时候不知如何打发时间 niánqīng de shíhou bù zhī rúhé dǎfa shíjiān ▶一人の持て余し者が会を白けさせる/一个讨人嫌的人使会议很扫兴 yí ge tǎo rén xián de rén shǐ huìyì hěn sǎoxìng

もてなし【持てなし】 招待 zhāodài; 对待 duìdài (英 treatment; hospitality) ▶手厚い〜/热情的招待 rèqíng de zhāodài ▶姉の友達の家は〜のいい家庭だった/姐姐朋友的家是个热情待客的家庭 jiějie péngyou de jiā shì ge rèqíng dàikè de jiātíng ▶気持ちが定まらず恩義ある人に〜を怠った/情绪不稳定,连对有恩于己的人也怠慢了 qíngxù bù wěndìng, lián duì yǒu ēnyú jǐ de rén yě dàimàn le

もてなす【持てなす】 接待 jiēdài; 招待 zhāodài (英 treat; entertain) ▶正月に部下を呼んで家で〜などとは昔の話だ/新年在家里招待部下,那都是过去的事了 xīnnián zài jiālǐ zhāodài bùxià, nà dōu shì guòqù de shì le ▶彼女はお客を持てなそうとしていろいろと心を砕いた/她为了招待客人伤尽了脑筋 tā wèile zhāodài kèrén shāngjìnle nǎojīn

もてはやす【持て囃す】 赞扬 zànyáng; 高度评价 gāodù píngjià (英 make much of...) 持てはやされる《人や物が》/行时 xíngshí; 受欢迎 shòu huānyíng ▶世間は無責任に彼を天才だと持てはやした/社会上不负责任地称赞他是天才 shèhuìshang bú fù zérèn de chēngzàn tā shì tiāncái

モデム〔電算〕调制解调器 tiáozhì jiětiáoqì (英 a modem)

もてる【持てる】 吃得开 chīdekāi; 吃香 chīxiāng; 受欢迎 shòu huānyíng (英 be popular) ▶彼女は男性に〜/她受男士欢迎 tā shòu nánshì huānyíng ▶今はコンピュータに強いやつが〜時代だ/现在是擅长电脑的人吃香的时代 xiànzài shì shàncháng diànnǎo de rén chīxiāng de shídài ▶我が兄弟に女に〜やつはいない/我们兄弟中没有一个讨女人喜欢 wǒmen xiōngdì zhōng méiyǒu yí ge tǎo nǚrén xǐhuan

モデル 模式 móshì; 型号 xínghào; 模特儿 mótèr (英 a model) ▶今度の〜/原型 yuánxíng ▶今度の件はいい〜ケースになる/这件事可以做为好范例 zhè jiàn shì kěyǐ zuòwéi hǎofànlì ▶実在の〜をもとにして書いた/根据实际的人物原型写的 gēnjù shíjì de rénwù yuánxíng xiě de ▶この小説には全然〜がいない/这个小说完全没有原型 zhège xiǎoshuō wánquán méiyǒu yuánxíng

周夫人を〜にして描かれた肖像画は永遠に残った/以周夫人为模特儿画的肖像画永远流传下来 yǐ Zhōu fūrén wéi mótèr huà de xiàoxiànghuà yǒngyuǎn liúchuánxiàlai

◆ファッション〜 时装模特儿 shízhuāng mótèr 〜ガン 模型枪 móxíngqiāng 〜チェンジ ▶〜チェンジする/改型儿 gǎi xíngr 〜ルーム 模品房 mópǐnfáng

もと【下・許】 底下 dǐxia; 下面 xiàmian (英 under...) ▶柳教授の指導の〜に研究する/在柳教授的指导下进行研究 zài Liǔ jiàoshòu de zhǐdǎoxia jìnxíng yánjiū ▶北海道の叔母の〜に一夏滞在する/在北海道的姑母那里呆一夏天 zài Běihǎidào de gūmǔ nàli dāi yí xiàtiān ▶親の〜を離れる/离开父母身边 líkāi fùmǔ shēnbiān ▶現行法の〜では罪にならない/根据现行法律是不问罪的 gēnjù xiànxíng fǎlǜ shì bú wènzuì de

もと【元・本】 **❶**〔原因・起源〕原因 yuányīn; 本源 běnyuán (英 the cause; the origin) ▶けんかの〜/吵架的原因 chǎojià de yuányīn ▶無知は罪悪の〜です/无知是罪恶之源 wúzhī shì zuì'è zhī yuán ▶一つのことが〜で次々に事が起きた/一件事为起源接二连三地发生事情 yí jiàn shì wéi qǐyuán jiē èr lián sān de fāshēng shìqing

❷〔元金・原価〕成本 chéngběn; 资本 zīběn (英 capital; the cost price) ▶〜がとれる/够本 gòuběn ▶〜も子もなくしてしまう/本利全无 běnlì quán wú; 鸡飞蛋打 jī fēi dàn dǎ ▶〜を割って売る/赔本出售 péiběn chūshòu

❸〔原料・材料〕原料 yuánliào; 材料 cáiliào (英 material) ▶彼は体験を〜にして小説を書いた/他根据亲身体验写了小说 tā gēnjù qīnshēn tǐyàn xiěle xiǎoshuō

❹〔以前〕前 qián; 以前 yǐqián; 原来 yuánlái (英 once) ▶〜の状態に戻る/还原 huányuán ▶〜の場所/原地 yuándì ▶〜のままの/依旧 yījiù; 外observe灯笼 wàishenɡ dǎ dēnglong ▶〜の課長/从前的科长 cóngqián de kēzhǎng ▶彼は〜学校の教師だった/他原来是学校的教师 tā yuánlái shì xuéxiào de jiàoshī ▶〜の女優が老舗の温泉旅館の女将に収まる/以前的女演员成为温泉旅馆的老板娘 yǐqián de nǚyǎnyuán chéngwéi wēnquán lǚguǎn de lǎobǎnniáng ▶〜新聞記者が詐欺行為を働く/原报社记者从事诈骗活动 yuán bàoshè jìzhě cóngshì zhàpiàn huódòng ▶彼は〜の彼ではない/他不是原来的他了 tā bú shì yuánlái de tā le ▶この酢は〜からある製法法で作られている/这醋是用以前就有的制作方法生产的 zhè cù shì yòng yǐqián jiù yǒu de zhìzuò fāngfǎ shēngchǎn de ▶私は手を加えたものより〜の方が好きだ/比之加工后的东西我更喜欢原来的 bǐ zhī jiāgōnghòu de dōngxi wǒ gèng xǐhuan yuánlái de

❺〔基本・根源〕基础 jīchǔ; 本 běn; 根基 gēnjī (英 a foundation) ▶他们需要从基础开始重新锻炼ばだけだ/他们需要从基础开始重新锻炼 tāmen xūyào cóng jīchǔ kāishǐ chóngxīn duànliàn ▶

教育は国の～だぞ/教育是国家之本！ jiàoyù shì guójiā zhī běn！

ことわざ 元の鞘に収まる 破镜重圆 pò jìng chóng yuán

もどかしい 令人着急 lìng rén zháojí; 不耐烦 bú nàifán (英 *irritating*) ▶食事をする間ももどかしく協議を続けた/连吃饭的时间都嫌多余, 忙着继续磋商 lián chīfàn de shíjiān dōu xián duōyú, mángzhe jìxù cuōshāng ▶彼のはっきりしない態度が～/他不明朗的态度让人着急 tā bù míngláng de tàidù ràng rén zháojí

-もどき 像…一样 xiàng…yíyàng; 类似 lèisì; 好像 hǎoxiàng (英 *like…*) ▶おとぎ話～のできごとだ/像童话一样的事情 xiàng tónghuà yíyàng de shìqíng

もときん【元金】 本金 běnjīn; 本钱 běnqián (英 *a principal*) ▶～を返済する/还本 huánběn ▶退職金を元手にして夢だった料理屋を始めた/用退休金作本金开了家梦寐以求的饭馆 yòng tuìxiūjīn zuò běnjīn kāile jiā mèngmèi yǐ qiú de fànguǎn

モトクロス〚スポーツ〛山地摩托车赛 shāndì mótuōchēsài (英 *motocross*)

もとじめ【元締】 负责人 fùzérén; 头子 tóuzi (英 *a manager*) ▶還暦の男に祭りの～が任せられる/花甲老人被委任为祭祀活动的总负责人 huājiǎ lǎorén bèi wěirèn wéi jìsì huódòng de zǒngfùzérén

もどす【戻す】 ❶ ［返す］ 退回 tuìhuí; 放回 fànghuí (英 *return*) ▶元の場所に～/放回原处 fànghuí yuánchù ▶動物を野生地へ～/将动物放回大自然 jiāng dòngwù fànghuí dàzìrán ▶傷ついた鷹を元気にして山へ～/医治好受伤的老鹰放归山林 yīzhìhǎo shòushāng de lǎoyīng fàngguī shānlín ▶脱線した話を元へ～/将跑题的话转回正题 jiāng pǎotí de huà zhuǎnhuí zhèngtí ▶水で戻した干し椎茸をきざんでお寿司の具にする/把用水发好的干香菇切碎做寿司料 bǎ yòng shuǐ fāhǎo de gānxiānggū qiēsuì zuò shòusīliào

❷ ［時間］ 倒転 dàozhuàn (英 *put back*) ▶時計を 1 時間～/将时针倒转一个小时 jiāng shízhēn dàozhuàn yí ge xiǎoshí

❸ ［吐く］ 吐 tù; 反胃 fǎnwèi (英 *vomit*) ▶気分が悪くて戻しそうになる/恶心想吐 ěxīn xiǎng tù ▶彼は昼食べたものを皆戻してしまった/他把午饭吃的东西都吐出来了 tā bǎ wǔfàn chī de dōngxi dōu tùchūlai le

もとせん【元栓】 总开关 zǒngkāiguān (英 *the main cock*) ▶ガスの～を閉めるのを忘れないように/不要忘记关煤气总开关 búyào wàngjì guān méiqì zǒngkāiguān

もとちょう【元帳】 〚会計〛总账 zǒngzhàng (英 *a ledger*)

もとづく【基づく】 根据 gēnjù; 按照 ànzhào; 依据 yījù (英 ［根拠とする］ *be based on…*; ［起因する］ *be due to*) ▶法律に基づいて犯罪者を処罰する/依照法律处罚犯罪分子 yīzhào fǎlǜ chǔfá fànzuì fènzǐ ▶旅費規程に基づいて費用を支払う/根据旅费规章支付费用 gēnjù lǚfèi guīzhāng zhīfù fèiyòng ▶入手できる資料に基づいて論文を書く/根据能得到的资料写论文 gēnjù néng dédào de zīliào xiě lùnwén ▶作業工程表に基づいてビルができ上がっていく/根据工期表, 大楼渐渐建起来了 gēnjù gōngqībiǎo, dàlóu jiànjiàn jiànqǐlai le ▶このドラマは事実に基づいて作られている/这个电视剧是基于事实拍摄的 zhège diànshìjù shì jīyú shìshí pāishè de

もとで【元手】 本钱 běnqián; 老本 lǎoběn (英 *capital*; *funds*) ▶～を割る/亏本 kuīběn; 亏蚀 kuīshí ▶編集者は体が～で口ばかりでは本ができない/编辑人员身体是本钱, 光靠嘴是编不成书的 biānjí rényuán shēntǐ shì běnqián, guāng kào zuǐ shì biānbuchéng shū de ▶ゴルフは～が掛かる割には上達しない/在高尔夫上, 大花本钱却不太见成效 zài gāo'ěrfūshang, dà huā běnqián què bú tài jiàn chéngxiào ▶わずかなお金を～にして飲み屋を始める/用一点点钱作本金开酒馆 yòng yìdiǎndiǎn qián zuò běnjīn kāi jiǔguǎn

もとどおり【元通り】 原様 yuányàng; 如初 rúchū (英 *as it was before*) ▶～に再建する/照着原样重修 zhàozhe yuányàng chóngxiū ▶～に直す/修复如初 xiūfù rúchū ▶台風で壊れた屋根や塀を～にする/修复台风中被毁的屋顶墙壁 xiūfù táifēng zhōng bèi huǐ de wūdǐng qiángbì

もとね【元値】 成本 chéngběn; 原价 yuánjià (英 *the cost price*) ▶～で売る/按成本价出售 àn chéngběnjià chūshòu ▶～が切れる/跌破成本价 diēpò chéngběnjià

もとめ【求め】 要求 yāoqiú; 需要 xūyào (英 *a request*) ▶～に応じて参加する/应征参加 yìngzhēng cānjiā ▶司会者の～により一言御挨拶いたします/根据主持人要求简单说几句 gēnjù zhǔchírén yāoqiú jiǎndān shuō jǐ jù

もとめる【求める】 ❶ ［要求する］ 要求 yāoqiú; 求 qiú (英 *request*) ▶意見を～/征求意见 zhēngqiú yìjiàn ▶助けを～/寻求帮助 xúnqiú bāngzhù ▶仕事を～/求职 qiúzhí ▶教科書の記述について説明を求められた/有人要求就教科书的内容加以说明 yǒurén yāoqiú jiù jiàokēshū de nèiróng jiāyǐ shuōmíng

❷ ［得ようとする］ 索取 suǒqǔ; 征求 zhēngqiú (英 *want*) ▶長い間求めていた機会がやってきた/长期以来寻求的机会来了 chángqí yǐlái xúnqiú de jīhuì lái le ▶君はトラブルを自ら求めているんじゃないか/你不是自己找麻烦吗？ nǐ bú shì zìjǐ zhǎo máfan ma？ ▶事故現場で目撃者探しの協力を～/在事故现场要求协助寻找目击证人 zài shìgù xiànchǎng yāoqiú xiézhù xúnzhǎo mùjī zhèngrén

もともと【元元】 本来 běnlái; 原来 yuánlái (英 ［元来］ *from the beginning*; ［生来］ *by nature*)

参考 '本来 běnlái'は「元をたどれば」「当然だ」と

いうニュアンス，'原来 yuánlái' は「最初はというと…」「気づいたら…だった」というニュアンスを持つ．▶～の意味/本义 běnyì; 原来的意思 yuánlái de yìsi ▶～私のものだ/本来是我的 běnlái shì wǒ de ▶だめで～/不行也没什么 bùxíng yě méishénme ▶彼女は～血色がよくなかった/她本来血色就不好 tā běnlái xuèsè jiù bùhǎo ▶万一失敗しても～だ/万一失败，也没什么遗憾 wànyī shībài, yě méi shénme yíhàn ▶このボタンも～は石油のかな/这个纽扣的原料也是石油吧 zhège niǔkòu de yuánliào yě shì shíyóu ba

もとより【元より】 当然 dāngrán; 不用说 búyòng shuō; 本来就 běnlái jiù《始めから》from the beginning,《もちろん》of course) ▶～行くさ/当然去 dāngrán qù ▶太郎は～次郎だってできる/太郎不用说，就是次郎也会 Tàiláng búyòng shuō, jiùshì Cìláng yě huì ▶～負けることは～分かっていた/本来就知道会失败 běnlái jiù zhīdào huì shībài ▶彼の提案には賛成だ/当然赞成他的提议 dāngrán zànchéng tā de tíyí ▶彼の小説は男性は～女性にも人気がある/他的小说，男性不用说，也深受女性的欢迎 tā de xiǎoshuō, nánxìng búyòng shuō, yě shēn shòu nǚxìng de huānyíng

もどり【戻り】《帰宅》回家 huíjiā; 回来 huílái;《復路》回程 huíchéng (英 a return) ▶今夜も～が遅かった/今天晚上也回来得很晚 jīntiān wǎnshang yě huílái de hěn wǎn ▶行きは飛行機，～は鉄道にする/打算去时坐飞机，回来坐火车 dǎsuan qùshí zuò fēijī, huílái zuò huǒchē

もとる【悖る】 违反 wéifǎn; 违背 wéibèi (英 be against...) ▶遅刻するとは学生の本分に～/迟到有悖学生的本分 chídào yǒubèi xuésheng de běnfèn ▶詐欺を働くとは人間の信義に～/欺诈有悖人的信义 qīzhà yǒubèi wéirén de xìnyì

もどる【戻る】 ❶《帰る》回 huí;《後らに》退 tuì (英 go back, return) ▶家に～/回家 huíjiā ▶後に～/倒退 dàotuì ▶燕が～/燕子回来 yànzi huílái ▶走って～/跑回来 pǎohuílái ▶急いで～/急忙赶回 jímáng gǎnhuí ▶元の位置に～/回到原来的位置 huídào yuánlái de wèizhi ▶登録がすんだ人は席に戻ってよろしい/登记好的人可以回到座位上 dēngjìhǎo de rén kěyǐ huídào zuòwèishang ▶医療費を申告すると少し税金が～/申报医疗费，可以返还一点税金 shēnbào yīliáofèi, kěyǐ fǎnhuán yìdiǎn shuìjīn

❷《回復する》恢复 huīfù (英 return) ▶顔を冷たい水で拭いてやると意識が戻った/用冷水给他擦脸让他苏醒过来 yòng lěngshuǐ gěi tā cā liǎn ràng tā sūxǐngguòlai ▶アーケードが整備されると客足が戻った/建了拱廊后顾客又回来了 jiànle gǒngláng hòu gùkè yòu huílái le ▶部族間の争いが収まり平和が戻った/部族间的纷争平息，又恢复了和平 bùzú jiān de fēnzhēng píngxī, yòu huīfùle hépíng

❸《巻いたものが》回转 huízhuǎn (英 get loose) ▶オルゴールはぜんまいが～のを利用する/八音盒利用了发条回转的原理 bāyīnhé lìyòngle fātiáo huízhuǎn de yuánlǐ

モナリザ(英) the Mona lisa) ▶～の微笑/蒙娜丽莎的微笑 Méngnàlìshā de wēixiào

モニター 监视器 jiānshìqì;《人》评论员 pínglùnyuán; 监视人 jiānshìrén (英 a monitor; [商品の意見提供者] a test user) ▶新製品の～をする/监察新制品 jiānchá xīnzhìpǐn ▶パソコンに～をつなぐ/把监视器和电脑连上 bǎ jiānshìqì hé diànnǎo liánshàng ▶彼女は某テレビ局の～をしている/她是某家电视台的观众评论员 tā shì mǒu jiā diànshìtái de guānzhòng pínglùnyuán

モニタリング 监测 jiāncè; 监视 jiānshì (英 monitoring)

モニュメント 纪念碑 jìniànbēi; 纪念像 jìniànxiàng;《偉業》不巧的业绩 bùqiǎo de yèjì (英 a monument)

もぬけ【もぬけ】 蜕皮 tuìpí; 脱壳 tuōqiào (英 a cast-off skin) ▶寝床は～の空(から)だった/被窝是个蜕出的空壳 bèiwō shì ge tuìchū de kōngké

もの【物】 ❶《物体・物品》物 wù; 东西 dōngxi (英 a thing) ▶こんな～/这样的东西 zhèyàng de dōngxi ▶国産の衣類は～がよい/国产的衣物质量好 guóchǎn de yīwù zhìliàng hǎo

❷《言葉・文章》话 huà; 文章 wénzhāng (英 a word) ▶～を言わない/不做声 bú zuòshēng ▶～を言う《しゃべる》彼は緊張のあまり～が言えなかった/他太紧张什么也讲不出 tā tài jǐnzhāng shénme yě jiǎngbuchū ▶彼は気楽に～を言う人ではない/他不是个轻率表态的人 tā bú shì ge qīngshuài biǎotài de rén

❸《道理》事理 shìlǐ; 道理 dàolǐ (英 reason) ▶～を知らない/无知 wúzhī ▶赤ん坊が～がわかりはじめた/婴儿开始懂事了 yīng'ér kāishǐ dǒngshì le ▶あの娘も～思う年ごろだね/那个女孩也到了想事的年龄了 nàge nǚhái yě dàole xiǎng shì de niánlíng le ▶部長は～の分かった人のはずなんだが/部长本来是个明白事理的人 bùzhǎng běnlái shì ge míngbai shìlǐ de rén

❹《その他》▶彼はたいへんな罪を犯した．絞首刑に～/他犯下重罪，应处判处绞刑 tā fànxià zhòngzuì, lǐyíng pànchǔ jiǎoxíng ▶～の本に書いてある/相关的书上是那么写的 xiāngguān de shūshang shì nàme xiě de ▶世間の評価なんてそんな～だよ/社会上的评价就那么回事儿 shèhuìshang de píngjià jiù nàme huí shìr ▶そんなこと俺が知る～か/那样的事，我不管得了 nàyàng de shì, wǒ bùguǎn dé le

[ことわざ] **目は口ほどに物を言う** 眼睛象嘴一样会说话 yǎnjing xiàng zuǐ yíyàng huì shuōhuà

[ことわざ] **物も言いようで角が立つ** 说得不好就会伤害对方的感情 shuōde bùhǎo jiù huì shānghài duìfāng de gǎnqíng; 一样事有多种说法 yíyàng shì yǒu duō zhǒng shuōfǎ

～ともしない 毫不在意 háobú zàiyì ▶冬の寒さなど～ともせずに出漁する/毫不在意冬天的严寒出

海打鱼 háobú zàiyì dōngtiān de yánhán chūhǎi dǎyú
- ~にする 学好 xuéhǎo; 掌握 zhǎngwò; 达到目的 dádào mùdì ▶散々苦労して泳ぎるまでに泳ぎを~にした/历尽辛苦, 终于学好游泳, 可以享受个中乐趣了 lìjìn xīnkǔ, zhōngyú xuéhǎo yóuyǒng, kěyǐ xiǎngshòu gèzhōng lèqù le ▶なんかこの企画を~にしたい/希望能设法实现这个企划 xīwàng néng shèfǎ shíxiàn zhège qǐhuà
- ~になる 成器 chéngqì; 成为优秀人材 chéngwéi yōuxiù réncái ▶練習をやめなければ最後には~になる/不中途而废, 最终都能成才 bù zhōngtú ér fèi, zuìzhōng dōu néng chéngcái ▶苦労しないとどんな技術にも~にならない/不下苦功, 什么技术都学不好 bú xià kǔgōng, shénme jìshù dōu xuébuhǎo
- ~の数 值得一提 zhíde yì tí ▶彼の苦労にくらべると私の苦労など~の数ではない/和他吃的苦相比, 我的这点辛苦不值一提 hé tā chī de kǔ xiāngbǐ, wǒ de zhè diǎn xīnkǔ bù zhí yì tí
- ~の見事 非常漂亮地 fēicháng piàoliang de; 精彩地 jīngcǎi de ▶相手を見くびると~の見事にやられるよ/小看对手就会被打得很惨, 小瞧对手就会被打得很惨 xiǎokàn duìshǒu jiù huì bèi dǎ de hěn cǎn yo
- ~不足 物资紧张 wùzī jǐnzhāng; 东西短缺 dōngxi duǎnquē ▶原油高騰が一転して~不足を引き起こした/石油价格高涨, 转眼间引起物资紧张 shíyóu jiàgé gāozhǎng, zhuǎnyǎn jiān yǐnqǐ wùzī jǐnzhāng
- ~を言う 起作用 qǐ zuòyòng; 发挥力量 fāhuī lìliang ▶格闘技は練習量が~を言う/格斗运动决定性的因素是训练量的多少 gédòu yùndòng juédìngxìng de yīnsù shì xùnliànliàng de duōshǎo ▶結局は金が~を言うそうだ/最后还是钱发挥效用 zuìhòu háishi qián fāhuī xiàoyòng ▶その報告書は政策決定に大いに~を言うだろう/那份报告书会对决策起很大作用吧 nà fèn bàogàoshū duì juécè yǒu hěn dà zuòyòng ba ▶担当者の経験に~を言わせて進行を早めた/充分发挥负责人的经验加快了进程 chōngfèn fāhuī fùzérén de jīngyàn jiākuàile jìnchéng

もの[者] 人 rén; 者 zhě (英 a person) ▶外部の~/外人 wàirén ▶高野と申す~です/我叫高野 wǒ jiào Gāoyě ▶私は仙台の~です/我是仙台人 wǒ shì Xiāntáirén ▶佐藤商会の~です/我是佐藤公司的 wǒ shì Zuǒténg gōngsī de ▶うちの~に~にやらせましょう/让年轻人来办吧 ràng niánqīngrén lái bàn ba ▶若い~も年寄りもみんな祭りの準備に忙しい/不论老少, 都在为准备神社庙会而奔忙 búlùn lǎoshào, dōu zài wèi zhǔnbèi shénshè miàohuì ér bēnmáng

ものいい【物言い】(言葉遣い) 措词 cuòcí; 说话口气 shuōhuà kǒuqì (英 a manner of speaking); (異議・抗議) 异议 yìyì (英 objection) ▶~がぶっきらぼうである/措辞粗鲁生硬 cuòcí cūlǔ shēngyìng ▶京都育ちの義母は~が丁寧です/在京都长大的岳母说话很礼貌 zài Jīngdū zhǎng-dà de yuèmǔ shuōhuà hěn lǐmào ▶判定に~をつける/对裁决提出异议 duì cáijué tíchū yìyì ▶~のついたプレーをビデオで見直す/通过录像重新判定有争议的比赛 tōngguò lùxiàng chóngxīn pàndìng yǒu zhēngyì de bǐsài

ものいり【物入り】 开销 kāixiāo; 花费多 huāfèi duō (英 expenses) ▶~だ/花费多 huāfèi duō ▶今月は冠婚葬祭が続き~が多かった/这个月红白喜事不断, 开销很多 zhège yuè hóngbái xǐshì bùduàn, kāixiāo hěn duō

ものうい【物憂い】 懒 lǎn; 厌倦 yànjuàn; 倦怠 juàndài (英 languid) ▶春の縁側で年寄りが~時間を過ごしている/有一个老人在春季的廊子里度过倦慵的时光 yǒu yí ge lǎorén zài chūnjì de lángzili dùguò juànlǎn de shíguāng

ものうり【物売り】 小贩 xiǎofàn; 叫卖人 jiàomàirén (英 a peddler) ▶お断り《掲示》/谢绝推销 xièjué tuīxiāo

ものおき【物置】 堆房 duīfáng; 库房 kùfáng; 储藏室 chǔcángshì (英 a lumber room) ▶小さい頃の遊び道具が~に仕舞われている/小时用过的玩具被收拾在储藏室里 xiǎoshí yòngguo de wánjù bèi shōushi zài chǔcángshìli ▶段ボールに入ったままの本がある/仓房里放着装进纸盒箱里的书 cāngfángli fàngzhe zhuāngjìn zhǐhéxiāngli de shū

ものおじ【物怖じする】 胆怯 dǎnqiè; 害怕 hàipà (英 be timid) ▶~しない性格/不胆怯的性格 bù dǎnqiè de xìnggé ▶一生悬命顽张って, まるで~しない娘だ/是个拼命努力, 毫不胆怯的女孩 shì ge pīnmìng nǔlì, háobù dǎnqiè de nǚháir

ものおしみ【物惜しみ】 小气 xiǎoqi; 吝啬 lìnsè (英 meanness) ▶おばさんは~しないで何でも人にやる/姑姑什么都毫不吝惜地送人 gūgu shénme dōu háobù lìnxī de sòng rén

ものおと【物音】 动静 dòngjing; 声音 shēngyīn; 响声 xiǎngshēng (英 a noise) ▶~一つしない/没有一点儿声息 méiyǒu yìdiǎnr shēngxi ▶赤ん坊が寝ているので~立てないようにしてね/宝宝在睡觉, 不要出响声 bǎobao zài shuìjiào, búyào chū xiǎngshēng ▶あれはなんの~?/那是什么声音呢? nà shì shénme shēngyīn ne?

ものおぼえ【物覚え】 记性 jìxing; 记忆力 jìyìlì (英 memory) ▶~のいい子だ/是个记性好的孩子 shì ge jìxing hǎo de háizi ▶この頃~が悪くなった/最近记性差了 zuìjìn jìxing chà le ▶人にだまされたくはないが~は悪くなる歳だ/虽不想被人骗, 可是已经到了记性不好的年纪了 suī bù xiǎng bèi rén piàn, kěshì yǐjing dàole jìxing bùhǎo de niánjì le

ものおもい【物思い】 沉思 chénsī; 思索 sīsuǒ (英 meditation) ▶一人~にふけりながら夫の帰りを待っている/一个人陷入沉思等待丈夫的归来 yí ge rén xiànrù chénsī děngdài zhàngfu de guīlái ▶姉は最近~に沈んでいる/姐姐最近总在想心事 jiějie zuìjìn zǒng zài xiǎng xīnshì

ものかき【物書き】 写作家 xiězuòjiā；著作家 zhùzuòjiā（英 *a writer*）▶～をする/耍笔杆 shuǎ bǐgǎn；爬格子 pá gézi

ものかげ【物陰】 背阴处 bèiyīnchù；暗地 àndì（英 *a place behind the object*）▶～から飛び出してくる/从暗处跳出来 cóng ànchù tiàochūlái ▶～に隠れて追っ手をやり過ごす/躲在暗处逃过追兵 duǒzài ànchù táoguò zhuībīng

ものがたり【物語】 故事 gùshi（英 *a story*）▶聖書の～/圣经故事 Shèngjīng gùshi ▶世にも不思議な～だ/实在不可思议的故事 shízài bù kě sīyì de gùshi ▶最近は夢のある～を聞かない/最近听不到给人带来希望的故事 zuìjìn tīngbudào gěi rén dàilái xīwàng de gùshi ▶日本には～のような人生を送った傑物がいた/日本曾经有过拥有传奇般人生的伟人 Rìběn céngjīng yǒuguo yōngyǒu chuánqí bān rénshēng de wěirén

ものがたる【物語る】 讲 jiǎng，叙述 xùshù，《示す》说明 shuōmíng，证明 zhèngmíng（英 *tell*）▶これは彼の正直さを～ものである/这正说明了他的正直 zhè zhèng shuōmíngle tā de zhèngzhí ▶これは科学の進歩を～/这说明了科学的进步 zhè shuōmíngle kēxué de jìnbù ▶これらの証拠が彼らの無罪を雄弁に物語っていた/这些证据有力地证明了他们是无罪的 zhèxiē zhèngjù yǒulì de zhèngmíngle tāmen shì wúzuì de ▶彼は小説の形を借りて山の暮らしを物語った/他用小说的形式叙述了山里的生活 tā yòng xiǎoshuō de xíngshì xùshùle shānli de shēnghuó

ものがなしい【物悲しい】 悲凉 bēiliáng；裳哀 qī'āi（英 *sad*）▶～笛の響き/悲凉的笛声 bēiliáng de díshēng

ものぐさ【物臭な】 懒 lǎn；懒惰 lǎnduò（英 *lazy*）▶～な人/懒汉 lǎnhàn；懒虫 lǎnchóng ▶寝転んだまま～な態度で返事をする/横躺着懒洋洋地回答 héngtǎngzhe lǎnyángyáng de huídá ▶～はよくない/懒惰是不行的 lǎnduò shì bùxíng de

モノクロ 黑白 hēibái（英 *monochrome*）▶～映画/黑白片 hēibáipiàn ▶～の写真/黑白照片 hēibái zhàopiàn

ものごい【物乞い】 化子 huāzi；叫花子 jiàohuāzi；乞丐 qǐgài（英［事］*begging*；［人］*a beggar*）▶～する/讨饭 tǎofàn；行乞 xíngqǐ

ものごころ【物心がつく】 懂事 dǒngshì；开始记事 kāishǐ jìshì（英 *begin to take notice of things around one*）▶私が～がついた時には両親は離婚していた/在我开始记事的时候，父母早已离婚了 zài wǒ kāishǐ jìshì de shíhou, fùmǔ zǎoyǐ líhūn le ▶まだ～がつかないうちにブラジルに渡って/还不懂事的时候就迁移到巴西去了 hái bù dǒngshì de shíhou jiù qiānyí dào Bāxī qù le

ものごし【物腰】 风采 fēngcǎi；态度 tàidù；举止 jǔzhǐ（英 *manner*）▶～が柔らかい/举止温柔 jǔzhǐ wēnróu ▶菓子屋の主人は丁寧な～で客に応対する/点心店的老板以客气的态度待客

ものごと【物事】 事物 shìwù；事情 shìqing（英 *things*）▶彼は気が小さく～を苦にする/他胆小怕事 tā dǎnxiǎo pàshì ▶彼は～にこだわらない心の広い人です/他是个不拘小节，心胸宽广的人 tā shì ge bùjū xiǎojié, xīnxiōng kuānguǎng de rén ▶～には両面あるし、都合の悪い面も検討する/事物都有两个方面，不利的一面也要考虑 shìwù dōu yǒu liǎng ge fāngmiàn, búlì de yí miàn yě yào kǎolǜ

ものさし【物差し】 尺子 chǐzi；标准 biāozhǔn；准则 zhǔnzé（英 *a rule*，*a measure*）▶～で計る/用尺子量 yòng chǐzi liáng ▶大人の～で子供の行動は計れない/不能用大人的准则衡量孩子的行动 bùnéng yòng dàren de zhǔnzé héngliáng háizi de xíngdòng ▶君は自分の～でしか物を見ないね/你只用自己的标准来看事物啊 nǐ zhǐ yòng zìjǐ de biāozhǔn lái kàn shìwù a

ものさびしい【物寂しい】 荒凉 huāngliáng；凄凉 qīliáng；萧条 xiāotiáo（英 *lonely*）▶祭りが終わると～夕暮れになった/庙会结束后是寂寞的傍晚 miàohuì jiéshùhòu shì jìliáo de bàngwǎn

ものしずか【物静かな】 文静 wénjìng（英 *quiet*）▶～で知性的な/温文尔雅 wēnwén ěryǎ ▶彼女のお母さんは～な方です/她母亲是位文静的人 tā mǔqin shì wèi wénjìng de rén

ものしり【物知り】 渊博 yuānbó；博文强识 bówén qiángzhì；万事通 wànshìtōng（英 *a well-informed person*）▶あいつが～顔で話すからつい信用した/那家伙以一副博学的面孔说话，最终我就信了 nà jiāhuo yǐ yí fù bóxué de miànkǒng shuōhuà, zuìzhōng wǒ jiù xìn le ▶彼は本当に～だ/他真是一个万事通 tā zhēn shì yí ge wànshìtōng

ものずき【物好きな】 好事 hàoshì；好奇 hàoqí（英 *curious*）▶～でこんなことをやっているんじゃない/不是好事才这么做的 bú shì hàoshì cái zhème zuò de ▶そんなことを手を出すなんて、よほどの～だ/插手那种事，真够好事的 chāshǒu nà zhǒng shì, zhēn gòu hàoshì de ▶彼は先生を辞め、～が高じてそば屋を始めた/他辞去老师一职，凭好奇之心开了一家荞麦面店 tā cíqù lǎoshī yì zhí, píng hàoqí zhī xīn kāile yì jiā qiáomàimiàndiàn

ものすごい【物凄い】 可怕 kěpà；厉害 lìhai；惊人的 jīngrén de（英 *terrible*）▶～爆発音がとどろく/强烈的爆炸声轰隆隆作响 qiángliè de bàopòshēng hōnglóng zuòxiǎng ▶～人出で前に進めない/人太多，无法前行 rén tài duō, wúfǎ qiánxíng ▶かぜで寝込んで回復すると～食欲がでた/因感冒病倒，恢复后胃口好得吓人 yīn gǎnmào bìngdǎo, huīfùhòu wèikǒu hǎode xiàrén

ものたりない【物足りない】 不够充分 búgòu chōngfèn；不过瘾 bú guòyǐn；不能满意 bùnéng

ものなれる【物慣れる】 熟練 shúliàn; 娴熟 xiánshú (英 become skillful) ▶部屋は物慣れた手口で荒されていた/房间被人轻车熟路地搜了一番 fángjiān bèi rén qīngchē shúlù de sōule yìfān

ものの【物の】 仅仅 jǐnjǐn; 还(不到) hái(bú dào) (英 only) ▶~10分もあれば…/只要有10分钟… zhǐyǒu shí fēnzhōng… ▶~3分とたたないうちに…/还不到三分钟… hái búdào sān fēnzhōng…

もののけ【物の怪】 妖怪 yāoguài; yāoguai; 妖精 yāojīng (英 an evil spirit)

ものほし【物干し】(英 a place for drying clothes) ▶一台/晒台 shàitái ▶一竿/晒衣竿 shàiyīgān; 篙子 gāozi ▶アパートの〜竿に洗濯物がぶら下がっている/公寓的晾衣杆上挂着洗好的衣服 gōngyù de yùgān·shàng guàzhe xǐhǎo de yīfu ▶紐が細い路地の上でつながっている/晾衣绳在狭窄的甬道上相连 liàngyīshéng zài xiázhǎi de yǒngdào·shang xiānglián

ものほしげ【物欲しげな】 渴望得到的 kěwàng dédào de; 很想要的 hěn xiǎng yào de (英 wistful) ▶〜な顔/眼馋的神色 yǎnchán de shénsè

ものまね【物真似する】 模仿 mófǎng; 仿效 fǎngxiào; (声带模写) 口技 kǒujì (英 mimic) ▶先生方の〜をする/模仿各位老师 mófǎng gèwèi lǎoshī ▶彼の映画スターの〜は面白い/他模仿电影明星很有趣 tā mófǎng diànyǐng míngxīng hěn yǒuqù ▶物品の〜で商売すると違法になる/经销仿制品会违法 jīngxiāo fǎngzhìpǐn huì wéifǎ

ものみだかい【物見高い】 好奇 hàoqí (英 curious) ▶〜連中がホテルの前を取り囲んだ/好奇的人们围在宾馆前 hàoqí de rénmen wéizài bīnguǎnqián

ものみやぐら【物見櫓】 瞭望塔 liàowàngtǎ; 望楼 wànglóu (英 a watchtower)

ものみゆさん【物見遊山】 游览 yóulǎn; 游山玩水 yóushān wánshuǐ (英 a pleasure trip) ▶営業で全国を回るが〜の暇はない/为销售跑遍了全国, 却没有游山玩水的闲暇 wèi xiāoshòu pǎobiàn·le quánguó, què méiyǒu yóushān wánshuǐ de xiánxiá

ものめずらしい【物珍しい】 新奇 xīnqí; 新异 xīnyì (英 curious) ▶彼は物珍しそうにあちこち

まんい (英 be not quite satisfactory) ▶この本は簡単すぎて〜/这本书简单不过瘾 zhè běn shū tài jiǎndān bú guòyǐn ▶昼のメロドラマは夫への物足りなさがテーマです/中午的肥皂剧以对丈夫的不满为主题 zhōngwǔ de féizàojù yǐ duì zhàngfu de bùmǎn wéi zhǔtí ▶彼は同じ説明を繰り返しただけなので物足りなかった/他只是重复同样的解释, 不能令人满意 tā zhǐshì chóngfù tóngyàng de jiěshì, bùnéng lìng rén mǎnyì ▶このお吸い物は何か〜/这个清汤总好像缺点什么 zhège qīngtāng zǒng hǎoxiàng quēdiǎn shénme

見回した/他好奇地东看西看 tā hàoqí de dōng kàn xī kàn ▶早朝の港が物珍しく感じられた/早晨的港湾令人感到新鲜 zǎochen de gǎngwān lìng rén gǎndào xīnxiān

ものもち【物持ち】(財産家) 财主 cáizhǔ; 拥有大量物品 yōngyǒu dàliàng wùpǐn;《物を大事にする人》爱惜东西 àixī dōngxi (英 a rich person) ▶〜がいい/使用东西很细心 shǐyòng dōngxi hěn xīxīn; 爱惜东西 àixī dōngxi

ものものしい【物々しい】 森严 sēnyán;《大げさな》夸张 kuāzhāng (英 showy) ▶〜黑い車列が猛スピードで通過する/黑森森的车队飞速驶过 hēisēnsēn de chēduì fēisù shǐguò ▶沿道を物々しく警官が警戒する/沿线警察戒备森严 yánxiàn jǐngchá jièbèi sēnyán ▶服装が〜ね/打扮得很夸张 dǎban·de hěn kuāzhāng

ものもらい【物貰い】【医】麦粒肿 màilìzhǒng; 针眼 zhēnyan (英 a sty) ▶右目に〜ができかけていた/右眼开始长麦粒肿 yòuyǎn kāishǐ zhǎng màilìzhǒng

ものやわらか【物柔らかな】 柔和 róuhé; 随和 suíhe (英 gentle) ▶彼は話しぶりが〜な人です/他说话十分温和 tā shuōhuà shífēn wēnhé

モノラル 单声道 dānshēngdào (英 monaural) ▶〜レコード/单声道碟片 dānshēngdào diépiàn

モノレール 单轨电车 dānguǐ diànchē (英 a monorail)

モノローグ 独白 dúbái (英 a monologue)

ものわかり【物分かり】 理解力 lǐjiělì; 领悟 lǐngwù (英 understanding) ▶〜が早い/领会得快 lǐnghuì·de kuài ▶〜がいい/懂事 dǒngshì ▶〜のいい人/明白人 míngbairén ▶〜のいい叔父さんは四国に住んでいます/通情达理的叔叔住在四国 tōngqíng dálǐ de shūshu zhùzài Sìguó

ものわかれ【物別れ】 决裂 juéliè; 破裂 pòliè (英 rupture) ▶三度目の交渉も結論を得ずとなった/第三次交涉也没有结果, 终于决裂 dì sān cì jiāoshè yě méiyǒu jiéguǒ, zhōngyú juéliè

ものわすれ【物忘れ】 忘怀 wànghuái; 忘性 wàngxing (英 slip of memory) ▶〜がひどい/健忘 jiànwàng; 丢三落四 diū sān là sì; 忘性大 wàngxing dà ▶母は〜が激しいので手荷物は絶対に一つにさせます/妈妈很健忘, 手提行李一定只能让她带一个 māma hěn jiànwàng, shǒutí xíngli yídìng zhǐ néng ràng tā dài yí ge

ものわらい【物笑い】 笑柄 xiàobǐng; 笑话 xiàohua ▶〜になる/出丑 chūchǒu; 闹笑话 nào xiàohuà ▶〜の種になる/成为笑柄 chéngwéi xiàohuà

モバイル〔電算〕便携式电脑处理 biànxiéshì diànnǎo chǔlǐ (英 mobile)

もはや【最早】 已经 yǐjīng; 早已 zǎoyǐ (英 今や) now;〔すでに〕already) ▶〜忘れたのですか, 親の恩を/父母的恩情已经忘记了吗? fùmǔ de ēnqíng yǐjīng wàng le ma? ▶〜手遅れだ/已经来不及了 yǐjīng láibují le ▶あれから〜8年ですよ, 8年/从那以后已经八年了, 八年啊 cóng nà yǐhòu yǐjīng bā nián le, bā nián a

もはん【模範】 模范 mófàn; 楷模 kǎimó; 榜样 bǎngyàng (英 *a model*) ▶～演技/模范表演 mófàn biǎoyǎn ▶皆の前で柔道の技の～を示す/在大家面前示范柔道技巧 zài dàjiā miànqián shìfàn róudào jìqiǎo ▶六年生は下級生の～でなければなりません/六年级学生必须成为低年级学生的表率 liù niánjí xuésheng bìxū chéngwéi dī niánjí xuésheng de biǎoshuài ▶社会の～となるべき教師に不祥事が絶えない、本应成为社会楷模的教师却丑闻不断 běn yīng chéngwéi shèhuì kǎimó de jiàoshī què chǒuwén búduàn ▶日本は欧米を～にして近代化を進めた/日本以欧美为典范推进现代化 Rìběn yǐ Ōu-Měi wéi diǎnfàn tuījìn xiàndàihuà ▶～的な家庭の主婦/家庭主妇的典范 jiātíng zhǔfù de diǎnfàn ▶趣味は読書とは～の答えです/爱好是读书可谓是模范回答 àihào shì dúshū kěwèi shì mófàn huídá ◆～解答:标准答案 biāozhǔn dá'àn ▶～解答を掲示板に貼り付ける/把标准答案贴在公告牌上 bǎ biāozhǔn dá'àn tiēzài gōnggàopáishang ～試合:示范赛 shìfànsài ▶本戦に先立って～試合を行う/在正式比赛前举行示范赛 zài zhèngshì bǐsài qián jǔxíng shìfànsài ～囚:表现好的囚犯 biǎoxiànhǎo de qiúfàn

もふく【喪服】 丧服 sāngfú; 孝衣 xiàoyī; 孝服 xiàofú (英 *mourning dress*) ▶～を着る/戴孝 dàixiào

もほう【模倣する】 仿效 fǎngxiào; 模仿 mófǎng (英 *imitate*) ▶開拓社のデザインを～する/模仿开拓社的设计 mófǎng Kāituòshè de shèjì ▶～がうまいのは自慢にならない/模仿得好并不值得骄傲 mófǎngde hǎo bìng bù zhíde jiāo'ào ▶～性/模仿性 mófǎngxìng

もまれる【揉まれる】 ❶〖人ごみに〗挨挤 āijǐ; 被推挤 bèi tuījǐ (英 *be tossed about*) ▶朝の満員電車に揉まれて上着のボタンが取れた/早上拥挤的电车里挨挤, 上衣的扣子掉了 zǎoshang yōngjǐ de diànchēlǐ āijǐ, shàngyī de kòuzi diào le ❷〖鍛えられる〗锤炼 chuíliàn; 磨炼 móliàn (英 *see hardships*) ▶浮世の荒波に～/经受辛酸的磨炼 jīngshòu xīnsuān de móliàn ▶社会に出て揉まれなければ一人前とは言えない/不踏上社会加以磨练, 就称不上能独当一面 bú tàshàng shèhuì jiāyǐ móliàn, jiù chēngbushàng néng dú dāng yí miàn

もみ【籾】 稻谷 dàogǔ (英 *unhulled rice*)～殻/稻皮 dàopí ▶～殻は火力が強いからうちでは焚き物にしていた/稻皮火力强, 所以我家用它作燃料 dàopí huǒlì qiáng, suǒyǐ wǒ jiā yòng tā zuò ránliào

モミ【樅】〖植物〗枞树 cōngshù; 冷杉 lěngshān (英 *a fir (tree)*) ▶クリスマスには～の木にデコレーションを飾る/圣诞节装饰枞树 Shèngdànjié zhuāngshì cōngshù

もみあう【揉み合う】 互相推挤 hùxiāng tuījǐ; 乱作一团 luànzuò yì tuán (英 *jostle*) ▶警官と群集が路上で～/警察和群众在路上互相推挤 jǐngchá hé qúnzhòng zài lùshang hùxiāng tuījǐ

もみあげ【揉み上げ】 鬓角 bìnjiǎo (英 *sideburns*)

もみあらい【揉み洗いする】 搓洗 cuōxǐ (英 *wash... by rubbing*)

もみくちゃ【揉みくちゃ】《手でもんで》揉得皱巴巴 róude zhòubābā;《人混みで》挤得一塌糊涂 jǐde yìtā hútu (英 *jostling*)

もみけす【揉み消す】《火を》揉灭 róumiè; 掐灭 qiāmiè (英 *smother*);《事件などを》掩盖 yǎngài; 暗中压下去 ànzhōng yāxiàqu (英 *cover up*) ▶靴の裏でタバコを～/用鞋底将烟压灭 yòng xiédǐ jiāng yān yāmiè ▶躍起になって不倫の噂を～/竭力将婚外恋的谣言压下去 jiélì jiāng hūnwàiliàn de yáoyán yāxiàqu

もみじ【紅葉】 红叶 hóngyè (英 *a maple*) ◆～狩り:赏红叶 shǎnghóngyè

もみて【揉み手をする】 搓手 cuōshǒu (英 *rub one's hands together*) ▶～しながら客を奥へ誘う/搓着手将客人请到里面 cuōzhe shǒu jiāng kèrén qǐng dào lǐmiàn

もみりょうじ【揉み療治】 按摩 ànmó; 推拿 tuīná (英 *a massage*) ▶腰を痛めて～を受けた/扭了腰, 请人按摩治疗 niǔle yāo, qǐng rén ànmó zhìliáo

もむ【揉む】 揉 róu; 搓 cuō (英 *massage*);〖鍛練〗train) ▶振動で背中を～機械が流行っている/通过振动按摩肩膀的器械很流行 tōngguò zhèndòng ànmó jiānbǎng de qìxiè hěn liúxíng ▶碁敵が一丁揉んでやると訪ねてきた/棋友跑来说要跟我切磋一盘 qíyǒu pǎolái shuō yào gēn wǒ qiēcuō yì pán

気を～ 担心着急 dānxīn zháojí ▶彼は気を揉みながら飛行場に着いた/他焦急不安地到达机场 tā jiāojí bù'ān de dàodá jīchǎng

もめごと【揉め事】 纠纷 jiūfēn; 争执 zhēngzhí (英 *a trouble*) ▶他人の家庭の～に首を突っ込むな/不要介入别人的家庭纠纷 búyào jièrù biéren de jiātíng jiūfēn ▶社内の～がマスコミに流れた/公司内部的纠纷传到了媒体 gōngsī nèibù de jiūfēn chuándàole méitǐ

もめる【揉める】 发生纷争 fāshēng fēnzhēng; 争执 zhēngzhí (英 *have trouble*) ▶株主総会で株主側と経営者側の間で揉めた/在股东大会上股东和经营者两方发生争执 zài gǔdōng dàhuìshang gǔdōng hé jīngyíngzhě liǎngfāng fāshēng zhēngzhí ▶あそこの家は絶えず息子と父親が～/那家父子之间矛盾不断 nà jiā fùzǐ zhījiān máodùn búduàn

気が～ 焦急不安 jiāojí bù'ān; 着急 zháojí ▶時計を見ながらいらいら気が揉めた/看着手表心里一直焦急不安 kànzhe shǒubiǎo xīnlǐ yìzhí jiāojí bù'ān

もめん【木綿】《布》棉布 miánbù;《糸》棉线 miánxiàn (英 *cotton*) ▶～のハンカチ/棉手帕 miánshǒupà ▶～糸/棉线 miánxiàn ▶～の衣

もも【股】大腿 dàtuǐ (英 *a thigh*) ▶競輪選手の~回りは女性の胴くらいある/自行车运动员的大腿有女性的腰粗 zìxíngchē yùndòngyuán de dàtuǐ yǒu nǚxìng de yāo cū
◆~の肉〔鶏の〕鸡腿肉 jītuǐròu

モモ【桃】〔植物〕桃子 táozi (英 *a peach*) ▶~色/粉红色 fěnhóngsè ▶~の花/桃花 táohuā ▶~のタネ/桃核 táohé ▶毎年甘い~が店に並びます/每年都有甜甜的桃子上市 měinián dōu yǒu tiántián de táozi shàngshì
◆~の節句:桃花节 Táohuājié; 女儿节 Nǚ'érjié ▶三月三日は~の節句で女の子の祭りです/三月三日是桃花节,是女孩子的节日 sān yuè sān rì shì Táohuājié, shì nǚháizi de jiérì

ももひき【股引き】〔服飾〕衬裤 chènkù (英 *long underpants*)

もや【靄】〔気象〕烟霞 yānxiá; 霭雾 ǎiwù (英 *haze*) ▶朝~/朝霭 zhāo'ǎi ▶朝~をついて十数隻の漁船が漁場に向かった/迎着朝霭十几艘渔船向渔场进发了 yíngzhe zhāo'ǎi shíjǐ sōu yúchuán xiàng yúchǎng jìnfā le ▶~が晴れて遠くに小さな島影が見えた/烟霞散去远处可以看到一个小岛 yānxiá sànqù yuǎnchù kěyǐ kàndào yí ge xiǎodǎo

もやし 豆芽儿 dòuyár (英 *bean sprouts*)

もやす【燃やす】点燃 diǎnrán; 焚烧 fénshāo (英 *burn*) ▶闘志を~/焕发斗志 huànfā dòuzhì ▶昔の手紙を~/焚烧以前的书信 fénshāo yǐqián de shūxìn ▶体の脂肪を燃やしてエネルギーに変える/燃烧体内脂肪变为能量 ránshāo tǐnèi zhīfáng biànwéi néngliàng

もやもやした〔意識の〕混乱 hùnluàn; 迷乱 míluàn;〔人間関係の〕隔阂 géhé; 疙瘩 gēda (英 *hazy*) ▶頭がまだ~している/头脑还有些混乱 tóunǎo háiyǒu xiē hùnluàn ▶近所を一周して気分の~を一掃する/在附近转一圈一扫心中的烦乱 zài fùjìn zhuàn yì quān yì sǎo xīnzhōng de fánluàn ▶二人の間の~/两个人之间的隔阂 liǎng ge rén zhī jiān de géhé

もよう【模様】**❶**〔文様〕花纹 huāwén; 图案 tú'àn (英 *a pattern*) ▶水玉~入りのワンピース/带圆点儿花纹的连衣裙 dài yuándiǎnr huāwén de liányīqún ▶手拭いには日本独自の多種多様な~がある/手巾上有多种多样的日本独有的花纹 shǒujīnshang yǒu duōzhǒng duōyàng de Rìběn dú yǒu de huāwén ▶女の子には花~の服がいい/女孩子还是穿有花卉图案的服 nǚháizi háishi chuān yǒu huāhuì tú'àn de yīfu hǎo
❷〔様子〕样子 yàngzi; 情形 qíngxíng; 情况 qíngkuàng (英 *an aspect; looks*) ▶空~/天气情况 tiānqì qíngkuàng ▶この空~だと、很快就会来阵雨 tiānkōng zhège yàngzi, hěn kuài jiù huì lái zhènyǔ ▶天気予報と違って小止みになる~はなかった/和天气预报所说的不同, 雨没有暂歇的迹象 hé tiānqì yùbào suǒ shuō de bùtóng, yǔ méiyǒu zàn xiē de jìxiàng ▶新幹線は途中雷雨のため遅れる~/新干线好像因途中遇雷雨而延迟 xīnxiànxiàn hǎoxiàng yīn túzhōng yù léiyǔ ér yánchí ▶事故現場の~をいの一番にNHKが報道した/NHK抢先报道了事故现场的情景 NHK qiǎngxiān bàodàole shìgù xiànchǎng de qíngjǐng

~替え 居間の天井と壁を明るい色で~替えする/将起居室的天花板和墙壁用亮色换个花样 jiāng qǐjūshì de tiānhuābǎn hé qiángbì yòng liàngsè huàn ge huāyàng

日中比较 中国語の「模样 múyàng」は「容貌」や「身なり」のこと.

もよおし【催し】活动 huódòng; huódong (英 *a social gathering*) ▶今週のデパートの~は駅前祭りです/本周百货商店的展销会是车站便当展 běn zhōu bǎihuò shāngdiàn de zhǎnxiāohuì shì chēzhàn biàndāngzhǎn ▶本年度の~物はフランス印象派絵画展です/本年度特别展览是法国印象派的画展 běn niándù tèbié zhǎnlǎn shì Fǎguó yìnxiàngpài de huàzhǎn ▶夏祭りの~/准备夏季祭祀活动的节目 zhǔnbèi xiàjì jìsì huódòng de jiémù

もよおす【催す】**❶**〔開催する〕举办 jǔbàn (英 *hold*) ▶歓迎会を~/举办欢迎会 jǔbàn huānyínghuì ▶パーティーを~/开派对 kāi pàiduì ▶屋上で寿司と天麩羅の昼食会を~/在屋顶上举办寿司和天麸罗午餐会 zài wūdǐngshang jǔbàn shòusī hé tiānfùluó wǔcānhuì
❷〔…しそうになる〕欲… yù…; 想… xiǎng… (英 *feel*) ▶散歩中、急に便意を催した/散步时, 忽然想去厕所了 sànbùshí, hūrán xiǎng qù cèsuǒ le ▶薄暗い会場で眠気を~/昏暗的会场令人昏昏欲睡 hūn'àn de huìchǎng lìng rén hūnhūn yù shuì ▶そんな話は聞くだけで吐き気を~/那种事只听听就令人作呕 nà zhǒng shì zhǐ tīngting jiù lìng rén zuò'ǒu

もより【最寄り】附近 fùjìn; 最近 zuìjìn; 就近 jiùjìn (英 *the nearest*) ▶~の駅はどちらですか/最近的车站是哪里? zuìjìn de chēzhàn shì nǎli?

もらい【貰い】施舍物 shīshěwù (英 〔心づけ〕*a tip*; 〔乞食などの〕*alms*)
ことわざ 慌てる乞食は貰いが少ない 慌张的人容易失败 huāngzhāng de rén róngyì shībài

もらいて【貰い手】要的人 yào de rén; 要主 yàozhǔ (英 *a receiver*) ▶5匹も生まれて~が見つかるかしら/生了五只了,能找到要的人吗? shēngle wǔ zhī le, néng zhǎodào yào de rén ma?

もらいなき【貰い泣きする】洒同情泪 sǎ tóngqínglèi (英 *weep in sympathy*) ▶聞きながら思わず~した/听着听着禁不住流下同情的眼泪 tīngzhe tīngzhe jīnbuzhù liúxià tóngqíng de yǎnlèi

もらいもの【貰い物】礼物 lǐwù (英 *a present*)

▶酒のつまみに～のハムがある/把别人送的火腿用来作下酒菜 bǎ biéren sòng de huǒtuǐ yònglái zuò xiàjiǔcài

もらう【貰う】 ❶【物などを】领取 lǐngqǔ；获得 huòdé（英 get）▶アルバイトで5日分のお金を金曜日に～/星期五领五天打工的钱 xīngqīwǔ lǐng wǔ tiān dǎgōng de qián ▶本を一時貸してやったら、彼女は貰ったのだと思ったらしい/借给她书，可她好像以为是给她了 jiègěi tā shū, kě tā hǎoxiàng yǐwéi shì gěi tā le ▶私の友達の千恵子さんをお嫁に貰いなさいよ/你娶我朋友千惠子吧 nǐ qǔ wǒ péngyou Qiānhuìzǐ ba ▶管理職手当と住宅手当を～/领取管理人员津贴和住宅津贴 lǐngqǔ guǎnlǐ rényuán jīntiē hé zhùzhái jīntiē ▶貰いたい賞品はデパートの商品券で/想得的奖品是百货商店的购物券 xiǎng dé de jiǎngpǐn shì bǎihuò shāngdiàn de gòuwùquàn

❷【…してもらう】请 qǐng；让 ràng（英 get a person to do）▶近くの理髪店で三月に一度散髪して～/三个月一次到附近的理发店去理发 sān ge yuè yí cì dào fùjìn de lǐfàdiàn qù lǐfà ▶先生に夏休みの図書を選んでもらった/请老师帮忙挑选暑假时阅读的书 qǐng lǎoshī bāngmáng tiāoxuǎn shǔjiàshí yuèdú de shū

もらす【漏らす】 ❶【液体・気体を】漏 lòu（英 let leak）▶水を～/漏水 lòushuǐ ▶宮崎県下に水も漏らさぬ警戒体制を敷く/在宫崎县布下滴水不漏的警戒 zài Gōngqíxiàn bùxià dīshuǐ bùlòu de jǐngjiè ▶小便を～/尿裤子 niào kùzi

❷【機密などを】泄漏 xièlòu（英 reveal）▶気を許して秘密を～/放松警惕泄露秘密 fàngsōng jǐngtì xièlòu mìmì ▶思っていることをうっかり漏らしてしまった/不小心泄露了心中所想 bù xiǎoxīn xièlòule xīnzhōng suǒ xiǎng ▶彼はそのことについて一言も漏らさなかった/他对那事没有泄露一句 tā duì nà shì méiyǒu xièlòu yí jù ▶このことは誰にも漏らさないで下さい/这件事不要透露给任何人 zhè jiàn shì búyào tòulù gěi rènhérén

❸【心情を】流露 liúlù；表现 biǎoxiàn（英 express）▶不満を～/流露不满 liúlù bùmǎn ▶つい言わなくてもいい本音を～/终究还是吐露出不应说的真心话 zhōngjiū háishi tǔlùchū bù yīng shuō de zhēnxīnhuà

❹【見落としなど】遗漏 yílòu（英 miss）▶先生の言ったことを聞き漏らした/将老师说的话听漏了 jiāng lǎoshī shuō de huà tīnglòu le ▶リストに彼の名を書き漏らした/在名单上漏了他的名字 zài míngdānshang lòule tā de míngzi

モラトリアム 延期偿付 yánqī chángfù（英 a moratorium）▶大学時代は～だと思っている/以为大学时代是一个延缓进入社会的时期 yǐwéi dàxué shídài shì yí ge yánhuǎn jìnrù shèhuì de shíqí

モラル 道德 dàodé；伦理 lúnlǐ（英 morals）▶彼は～の欠けた人間だ/他是个缺乏道德的人 tā shì ge quēfá dàodé de rén

もり【守り】 看守 kānshǒu；照看 zhàokàn（英 [子守] a baby sitter；[番人] a keeper）▶子供のお～をする/看孩子 kān háizi ▶赤ん坊の～をする/照看婴儿 zhàokàn yīng'ér ▶当時は上の子が下の子の～をするのが普通だった/那时候大孩子照看小孩子是很常见的 nà shíhou dàháizi zhàokàn xiǎoháizi shì hěn chángjiàn de

もり【森】 树林 shùlín；森林 sēnlín（英 woods）▶～の中で迷う/在森林中迷路 zài sēnlín zhōng mílù ▶～の動物が市に出てくる/森林里的动物跑到市区来 sēnlínli de dòngwù pǎodào shìqū lái ▶日光が木の根もとまで届かぬ深い～/阳光照不到树根的深山老林 yángguāng zhàobùdào shùgēn de shēnshān lǎolín ▶高速道路のために～が切り開かれた/为建高速公路砍伐森林 wèi jiàn gāosù gōnglù kǎnfá sēnlín

木を見て～を見ず 见树不见林 jiàn shù bú jiàn lín；只看局部不顾大局 zhǐ kàn júbù bú gù dàjú

もり【盛り】 盛 chéng（英 a helping）▶学生食堂は～がよい/学生食堂饭菜给得多 xuésheng shítáng fàncài gěide duō ▶食欲がないので～を減らして下さい/没有食欲，请少盛一点 méiyǒu shíyù, qǐng shǎo chéng yìdiǎn

もり【銛】 鱼叉 yúchā（英 a harpoon）▶マグロに～を打ちこんで引き上げる/用鱼叉刺入金枪鱼后拉上来 yòng yúchā cìrù jīnqiāngyú hòu lāshànglai

もりあがり【盛り上がり】《土地などの》隆起 lóngqǐ；《クライマックス》高潮 gāocháo（英 [隆起] a rise；[絶頂] a climax）▶物語はみごとな～を見せる/故事巧妙地呈现出高潮 gùshi qiǎomiào de chéngxiànchū gāocháo ▶祭りはその踊りで最後の～に達した/那个舞蹈把庆祝活动推向最后的高潮 nàge wǔdǎo bǎ qìngzhù huódòng tuīxiàng zuìhòu de gāocháo ▶今年の大会は～に欠けた/今年年会热闹气氛不够 jīnnián niánhuì rènao qìfēn búgòu

もりあがる【盛り上がる】 ❶【高くなる】隆起 lóngqǐ；鼓起 gǔqǐ（英 rise）▶筋肉が～/筋肉隆起 jīnròu lóngqǐ ▶沖合い数キロのところで急に水面が盛り上がった/海面数公里的地方水面突然涌起 hǎimiàn shù gōnglǐ de dìfang shuǐmiàn túrán yǒngqǐ ❷【感情・気分が】高涨 gāozhǎng；热烈起来 rèlièqǐlai（英 build up to a climax）▶祭りが～/庆祝活动气氛热烈 qìngzhù huódòng qìfēn rèliè ▶川を守る運動が住民の中から盛り上がった/在居民中掀起了保护河流的运动 zài jūmín zhōng xiānqǐle bǎohù héliú de yùndòng ▶後半になって試合は盛り上がった/到了下半场比赛激烈起来了 dàole xiàbànchǎng bǐsài jīlièqǐlai le

もりあげる【盛り上げる】 掀起 xiānqǐ；使高涨 shǐ gāozhǎng；《物を》盛 chéng；堆起 duīqǐ（英 heap up）▶場の雰囲気を～/掀起了场内的热烈气氛 xiānqǐle chǎngnèi de rèliè qìfēn ▶学習熱を～/掀起学习热潮 xiānqǐ xuéxí rècháo ▶興味を～/提高兴趣 tígāo xìngqù ▶皿に羊の肉を～/在盘子里盛上羊肉 zài pánzili chéng-

もりかえす【盛り返す】 挽回 wǎnhuí; 重振 chóngzhèn; 东山再起 Dōngshān zàiqǐ (英 *recover; make a rally*) ▶下火になった人気を～/重振衰退的人气 chóngzhèn shuāituì de rénqì ▶一挙に勢いを盛り返して勝つ/一举挽回颓势获胜 yìjǔ wǎnhuí tuíshì huòshèng

もりこむ【盛り込む】 加进 jiājìn; 放进 fàngjìn (英 *incorporate*) ▶話にユーモアをふんだんに～/谈话富含幽默 tánhuà fùhán yōumò

もりだくさん【盛り沢山の】 丰富多彩 fēngfù duōcǎi (英 *many*) ▶テーブルには～の料理が並んでいた/桌子上放着多彩多样的菜 zhuōzishang fàngzhe duōcǎi duōyàng de cài

もりたてる【守り立てる】 积极支持 jījí zhīchí; 热心帮助 rèxīn bāngzhù (英 *support*) ▶未熟な私をみんなで守り立ててくれた/大家都热心地帮助还不成熟的我 dàjiā dōu rèxīn de bāngzhù hái bù chéngshú de wǒ

もりつける【盛り付ける】 装盘 zhuāngpán;（把饭菜）盛入碟中（bǎ fàncài）chéngrù diézhōng (英 *dish...up*)

もりもり 旺盛 wàngshèng (英 *vigorously*) ▶～元気を取りもどす/恢复旺盛的精力 huīfù wàngshèng de jīnglì ▶～した筋肉/隆起的肌肉 lóngqǐ de jīròu ▶朝から～食べる/从早上就吃很多 cóng zǎoshang jiù chī hěn duō

もる【盛る】 ❶【土などを】堆 duī (英 *heap up*) ▶住民総出で土を盛り土手の決壊を防ぐ/居民全员出动垒土以防决堤 jūmín quányuán chūdòng lěitǔ yǐ fáng juédī ❷【食べ物を器に】盛 chéng (英 *serve*) ▶飯を～/盛饭 chéng fàn ▶果物を大皿に～/把水果装在大盘子里 bǎ shuǐguǒ zhuāngzài dàpánzili ❸【毒を】下 xià (英 *poison*) ▶毒を盛られて殺される/被下毒杀害 bèi xiàdú shāhài ❹【含ませる】(英 *put into...*) ▶宣言にはこうした精神も盛られている/宣言也包含着这种精神 xuānyán yě bāohánzhe zhè zhǒng jīngshén

もる【漏る】 漏 lòu (英 *leak*) ▶雨が～/漏雨 lòuyǔ ▶屋根が～/屋顶漏雨 wūdǐng lòuyǔ ▶靴に水が～/鞋子进水 xiézi jìn shuǐ

モルタル 〔建築〕灰浆 huījiāng; 沙浆 shājiāng (英 *mortar*) ▶～塗りの/抹灰浆的 mò huījiāng de

モルヒネ 吗啡 mǎfēi (英 *morphine*) ▶～で痛みを和らげる/用吗啡缓解疼痛 yòng mǎfēi huǎnjiě téngtòng

モルモット 〔動物〕天竺鼠 tiānzhúshǔ; 试验材料 shìyàn cáiliào (英 *a guinea pig*)

モルモンきょう【モルモン教】 摩门教 Móménjiào (英 *Mormonism*) ▶～徒/摩门教徒 Móménjiàotú

もれ【漏れ】 ❶【水や秘密など】漏 lòu;（機密）泄露 xièlù; 走漏 zǒulòu (英 *a leak*) ▶風呂桶はひどい水～がしていた/澡盆漏水很厉害 zǎopén lòushuǐ hěn lìhai ▶水～を止める/防止漏水 fángzhǐ lòushuǐ ▶ガス～から大火災を引き起こす/因煤气泄漏引起大火灾 yīn méiqì xièlòu yǐnqǐ dàhuǒzāi ▶情報の～をどうやって防ぐか/怎样才能防止情报泄漏 zěnyàng cái néng fángzhǐ qíngbào xièlòu ❷【見落とし】遗漏 yílòu (英 *an omission*) ▶点検の～はないか、もう一度確認して下さい/请再确认一下有没有点检漏掉的地方 qǐng zài quèrèn yíxià yǒuméiyǒu diǎnjiǎn lòudiào de dìfang

もれきく【漏れ聞く】 据闻 jùwén (英 *overhear*) ▶～ところによると彼は癌らしい/据悉他得了癌症 jùxī tā déle áizhèng

もれなく【漏れなく】 通通 tōngtōng; 无遗漏地 wú yílòu de (英 *without omission*) ▶キーホルダーを～差し上げます/无遗漏地赠送钥匙环 wú yílòu de zèngsòng yàoshihuán

もれる【漏れる】 ❶【光・液体などが】漏 lòu; 透 tòu (英 *escape; leak*) ▶窓から明かりが～/灯光从窗户透出来 dēngguāng cóng chuānghu tòuchūlai ▶ヘッドホンから音が～/声音从耳机传出来 shēngyīn cóng ěrjī chuánchūlai ▶水道管から水が～/从水管里漏水 cóng shuǐguǎnli lòushuǐ ▶臭い，ガスがどこから漏れている/好臭！哪里在漏煤气 hǎo chòu！nǎli zài lòu méiqì ▶思わず苦痛の叫びが漏れた/不禁发出痛哭的叫声 bùjīn fāchū tòngkū de jiàoshēng ❷【機密が】泄漏 xièlòu; 走漏 zǒulòu (英 *leak*) ▶秘密が～/秘密泄露 mìmì xièlòu ▶会談の結果が新聞社に漏れた/会谈的结果泄露给了报社 huìtán de jiéguǒ xièlòu gěile bàoshè ❸【除外】遺漏 yílòu; 遺編 yíbiān (英 *be left out*) ▶選に～/落选 luòxuǎn ▶大丈夫と思ったが5名の候補者のリストから漏れた/本以为没问题，不想未进入五名候选人的名单 běn yǐwéi méi wèntí, bù xiǎng wèi jìnrù wǔ míng hòuxuǎnrén de míngdān ▶僕の名が名簿から漏れているよ/名册上漏掉了我的名字 míngcèshang lòudiàole wǒ de míngzi

もろい【脆い】 脆弱 cuìruò; 娇嫩 jiāonen (英 *fragile*) ▶彼は恐い顔をしていても情に～/他长得很吓人但感情很脆弱 tā zhǎngde hěn xiàrén dàn gǎnqíng hěn cuìruò ▶年取ると涙もろくなる/年纪大了爱落泪 niánjì dàle ài luòlèi ▶カルシウムが足りないと骨がもろくなる/缺钙会骨质酥松 quē gài huì gǔzhì sūsōng

もろさ【脆さ】 脆性 cuìxìng (英 *fragility*)

もろて【諸手】 两手 liǎngshǒu; 双手 shuāngshǒu (英 *both hands*) ▶クラス全員～を挙げて喜んだ/全班同学都举起双手欢迎 quánbān tóngxué dōu jǔqǐ shuāngshǒu huānyíng

もろとも【諸共】 一起 yìqǐ, 一同 yìtóng; 连…带… lián...dài... (英 *together*) ▶乗組員は船～波間に沈んだ/船员和船一起沉入浪里 chuányuán hé chuán yìqǐ chénrù lànglǐ ▶人馬～川に落ちた/连人带马都掉进河里 lián rén dài mǎ dōu diàojìn hélǐ

もろに 直接 zhíjiē; 迎面 yíngmiàn (英 *straight*)

▶～ぶつかる/正面相撞 zhèngmiàn xiāngzhuàng ▶～影響を受ける/直接受到影响 zhíjiē shòudào yǐngxiǎng

もろは【両刃】 双刃 shuāngrèn (英 *double-edged*) ▶～の剣/双刃剑 shuāngrènjiàn ▶その薬は特効薬にも毒にもなる～の剣だ/这药是既能成为特效药又能成为毒药的双刃剑 zhè yào shì jì néng chéngwéi tèxiàoyào yòu néng chéngwéi dúyào de shuāngrènjiàn

もろはだ【諸肌】 双膀 shuāngbǎng (英 *both shoulders*) ▶～を脱ぐ/脱光膀子 tuōguāng bǎngzi;《全力をあげる》竭尽全力 jiéjìn quánlì

もろもろ【諸諸の】 种种 zhǒngzhǒng (英 *various*) ▶進学を諦めた理由は～ある/放弃升学有许多理由 fàngqì shēngxué yǒu xǔduō lǐyóu ▶あの絵については～の評価がある/关于那幅画儿有种种评价 guānyú nà fú huàr yǒu zhǒngzhǒng píngjià

もん【門】 大门 dàmén; 街门 jiēmén (英 *a gate*) ▶～を閉ざす/关门 guānmén ▶～外不出/珍藏 zhēncáng ▶九時に図書館の～は開きます/九点图书馆开门 jiǔ diǎn túshūguǎn kāimén ▶彼が育った家には屋根つきの～があった/他长大的家里有带屋檐的门 tā zhǎngdà de jiālǐ yǒu dài wūyán de mén ▶～をくぐるとつつじの植え込みがある/穿过大门有杜鹃花丛 chuānguò dàmén yǒu dùjuān huācóng ▶大臣の～を叩き書生となる/拜在大臣门下做学生 bàizài dàchén ménxià zuò xuésheng ▶入試という狭き～をくぐらねばならない/须要通过入考这个关口 xūyào tōngguò rùkǎo zhège guānkǒu

[日中比較] 中国语では「出入り口」はすべて '门 mén' という。必ずしも日本語の「門」のような建築を必要としない。家の玄関、バスの乗降口も '门 mén'.

もん【紋】 家徽 jiāhuī (英 *a crest*) ▶德川家を表す～は葵の～/代表德川家的家徽是葵花纹 dàibiǎo Déchuānjiā de jiāhuī shì kuíhuāwén ▶～付の羽織は代々長男が引き継ぐ/带家徽的外褂代代由长子继承 dài jiāhuī de wàiguà dàidài yóu zhǎngzǐ jìchéng

もんえい【門衛】 门岗 méngǎng; 门卫 ménwèi (英 *a gatekeeper*)

もんか【門下】 门下 ménxià; 门生 ménshēng (英 *under person's tuition*) ▶孫氏の～の秀才/孙氏门下的秀才 Sūnshì ménxià de xiùcai

◆**～生【門生】** ménshēng; 弟子 dìzǐ ▶吉田松蔭の～生が明治を作っていった/吉田松荫的门生缔造了明治时代 Jítián Sōngyīn de ménshēng dìzàole Míngzhì shídài

もんがいかん【門外漢】 门外汉 ménwàihàn; 外行 wàiháng (英 *a layman*) ▶経理関係は全くの～だ/会计方面完全是个门外汉 kuàijì fāngmiàn wánquán shì ge ménwàihàn

もんがいふしゅつ【門外不出】 珍藏 zhēncáng; 秘不出户 mì bù chūhù (英 *not being allowed to take out*)

もんかしょう【文科省】 文科省 wénkēshěng (英 *the Ministry of Education*)

もんがまえ【門構え】 大门的风格 dàmén de fēnggé (英 *the style of a gate*) ▶堂々たる～の家/街门气派的院院 jiēmén qìpài de zháiyuàn

もんきりがた【紋切り型】 老一套 lǎoyítào (英 *a stereotype*) ▶～の挨拶を交わす/互相说老一套的客套话 hùxiāng shuō lǎoyítào de kètàohuà

もんく【文句】 ①【言葉】词句 cíjù; 话 huà (英 *words*) ▶カードには次の～があった/卡上写着以下的句子 kǎshang xiězhe yǐxià de jùzi ▶歌の～はよく覚えていないが曲は覚えている/歌词记不太清，但曲调记得 gēcí jì bú tài qīng, dàn qǔdiào jìde ▶挨拶状はどういう～で始めましょうか/问候信用什么话开头呢？ wènhòuxìn yòng shénme huà kāitóu ne?

②【苦情】意见 yìjiàn; 不满 bùmǎn (英 *a complaint*) ▶～をつける/发牢骚 fā láosao ▶～なんかあ/有什么不满吗？ yǒu shénme bùmǎn ma? ▶型通りの～の抗議だから放っておきなさい/老一套的抗议，就那么放着不用管 lǎoyítào de kàngyì, jiù nàme fàngzhe búyòng guǎn ▶僕は君に～がある/我对你有意见 wǒ duì nǐ yǒu yìjiàn ▶その決定に～はないよ/那个决定没有不满 duì nàge juédìng méiyǒu bùmǎn ▶その提案には～のつけようがない/对那提议没有任何异议 duì nà tíyì méiyǒu rènhé yìyì ▶犬の鳴き声に～を言う/对狗叫声提出抗议 duì gǒu jiàoshēng tíchū kàngyì ▶それ以上～を言うな/不要再发牢骚了 búyào zài fā láosao le

～なし 没有缺点 méiyǒu quēdiǎn; 很理想 hěn lǐxiǎng ▶彼の成績は～なしだ/他的成绩十分理想 tā de chéngjì shífēn lǐxiǎng ▶～なしの完璧な成功を収める/获得完美无瑕的成功 huòdé wánměi wúxiá de chénggōng

◆**決まり～：套话** tàohuà

もんげん【門限】 关门时间 guānmén shíjiān (英 *curfew*) ▶～に遅れて塀を乗り越える/没赶上关门时间所以翻墙 méi gǎnshàng guānmén shíjiān suǒyǐ fān qiáng

もんこ【門戸】 门户 ménhù (英 *the door*) ▶～を開く/开门 kāimén; 开放门户 kāifàng ménhù

◆**～開放政策** 门户开放政策 ménhù kāifàng zhèngcè

モンゴル 蒙古 Měnggǔ (英 *Mongolia*) ▶～語/蒙语 Měngyǔ; 蒙古语 Měnggǔyǔ ▶～族/蒙古族 Měnggǔzú ▶～人/蒙古人 Měnggǔrén

もんし【門歯】〔解〕切牙 qiēyá; 门牙 ményá; 门齿 ménchǐ (英 *an incisor*)

もんし【悶死する】 苦闷而死 kǔmèn ér sǐ (英 *die in agony*)

もんじゅ【文殊】 (英 *Manjushiri*)

[ことわざ] **三人寄れば文殊の知恵** 三个臭皮匠顶个诸葛亮 sān ge chòupíjiàng dǐng ge Zhūgě Liàng; 人多出韩信 rén duō chū Hán Xìn

もんしょう【紋章】 徽章 huīzhāng (英 *a*

crest）▶イギリスの貴族には〜がある/英国贵族有纹徽 Yīngguó guìzú yǒu wénhuī
◆〜学；徽章学 huīzhāngxué

もんしん【問診】〔医〕问诊 wènzhěn（英 *a diagnostic process with an interview*）▶〜する/进行问诊 jìnxíng wènzhěn ▶〜を受ける/接受问诊 jiēshòu wènzhěn

もんじん【門人】门生 ménshēng；弟子 dìzǐ（英 *a pupil*）

モンスーン〔気象〕季风 jìfēng（英 *the monsoon*）▶この季節はタイは〜の時期だ/这个季节泰国是季风季节 zhège jìjié Tàiguó shì jìfēng jìjié

モンスター怪物 guàiwù（英 *an monster*）

もんせき【問責】责问 zéwèn；指责 zhǐzé；追究责任 zhuījiū zérèn（英 *censure*）▶法务大臣の〜決議を提出する/提出追究法务大臣责任的决议 tíchū zhuījiū fǎwù dàchén zérèn de juéyì

もんぜつ【悶絶】苦闷而昏过去 kǔmèn ér hūnguòqù（英 *fainting in agony*）

もんぜん【門前】门前 ménqián（英 *in front of a gate*）▶新大臣の〜にマスコミが待機する/媒体在新大臣的门前待机 méitǐ zài xīndàchén de ménqián dàijī

ことわざ 門前の小僧習わぬ経を読む 耳濡目染不学自会 ěr rú mù rǎn bù xué zì huì

〜市をなす 门庭若市 méntíng ruò shì

〜払い ▶〜払いを食う/吃闭门羹 chī bìméngēng ▶〜払いの対応で救われない学生が多数出た/求学无门得不到帮助的学生有很多 qiúxué wú mén débuduō bāngzhù de xuésheng yǒu hěn duō

モンタージュ剪辑 jiǎnjí；蒙太奇 méngtàiqí（英 *a montage*）▶〜写真/剪辑照片 jiǎnjí zhàopiàn ▶犯人の〜写真を作製する/剪辑犯人的蒙太奇照片 jiǎnjí fànrén de méngtàiqí zhàopiàn

もんだい【問題】❶〔解決すべき〕问题 wèntí（英 *a question; problem*）▶〜となる/成问题 chéng wèntí ▶〜を提起する/提起问题 tíqǐ wèntí ▶解決するのは時間の〜だ/解决只是时间问题 jiějué zhǐshì shíjiān wèntí ▶〜は半年近くもくすぶっている/那问题已经纠缠了近半年了 nà wèntí yǐjing jiūchánle jìn bànnián le ▶民族間の〜を会議で解決する/通过会议解决民族问题 tōngguò huìyì jiějué mínzú wèntí ▶大事な会議を欠席するとは〜である/缺席重要会议可不行 quēxí zhòngyào huìyì kě bùxíng ▶〜はおのずと解決した/问题自行解决了 wèntí zìxíng jiějué le ▶主要〜は後回しにする/主要问题往后推 zhǔyào wèntí wǎng hòu tuī

❷〔設問・試験問題〕试题 shìtí（英 *a question*）▶数学の〜の答えは明瞭だ/数学问题的答案很明确 shùxué wèntí de dá'àn hěn míngquè ▶試験に出そうな〜を復習する/复习考试可能出的问题 fùxí kǎoshì kěnéng huì chū de wèntí

❸〔厄介事〕麻烦 máfan（英 *trouble*）▶地方の衰退という難しい〜がある/存在着地方衰退的难题 cúnzàizhe dìfāng shuāituì de nántí ▶あの少年は〜を起こしてばかりいる/那个男孩总是惹麻烦 nàge nánhái zǒngshì rě máfan ▶彼を推挙したいが彼には健康の〜がある/想推举他，可是他有健康问题 xiǎng tuījǔ tā, kěshì tā yǒu jiànkāng wèntí

❹〔関係する事柄〕有关事务 yǒuguān shìwù（英 *a matter*）▶それは趣味の〜だ/那是兴趣问题 nà shì xìngqù wèntí ▶〜の人物はあの車に乗っていた/引起轰动的人物坐在那辆车上 yǐnqǐ hōngdòng de rénwù zuòzài nà liàng chēshang

❺〔その他〕▶これはたいした〜ではない/这不是什么大问题 zhè bú shì shénme dàwèntí ▶金は〜ではない，ただ人手が足りないのだ/钱没有问题，就是人手不够 qián méiyǒu wèntí, jiùshì rénshǒu búgòu ▶今解決しておかないとあとで〜になるだろう/现在不解决，将来会成问题 xiànzài bù jiějué, jiānglái huì chéng wèntí ▶少々の不足は〜にしなくてよい/稍有不足也不用在意 shāo yǒu bùzú yě búyòng zàiyì ▶それとこれとは別〜です/那和这是两个问题 nà hé zhè shì liǎng ge wèntí

〜にならない ▶まるで〜にならない/根本谈不上 gēnběn tánbushàng ▶彼は素人で〜にならない/他是个门外汉不用放在眼里 tā shì ge ménwàihàn búyòng fàngzài yǎnlǐ

◆死活〜；生死存亡的问题 shēngsǐ cúnwáng de wèntí ▶燃料の高騰は漁業の死活〜だ/燃料上涨是关系到渔民生死存亡的问题 ránliào shàngzhǎng shì guānxi dào yúmín shēngsǐ cúnwáng de wèntí 食糧〜；粮食问题 liángshí wèntí ▶食糧〜が暴動に発展する/粮食问题发展为暴动 liángshí wèntí fāzhǎn wéi bàodòng 〜児；问题人物 wèntí rénwù ▶インターネット社会の〜児/网络社会的反面英雄 wǎngluò shèhuì de fǎnmiàn yīngxióng 〜小説；争议小说 zhēngyì xiǎoshuō ▶実名がそれと分かる〜小説/可以知道真实姓名的，有争议的小说 kěyǐ zhīdào zhēnshí xìngmíng de, yǒu zhēngyì de xiǎoshuō

もんちゃく【悶着】纠纷 jiūfēn；争执 zhēngzhí（英 *trouble*）▶〜を起こす/引起纠纷 yǐnqǐ jiūfēn

もんちゅう【門柱】门柱 ménzhù（英 *a gatepost*）

もんてい【門弟】门生 ménshēng；弟子 dìzǐ（英 *a pupil*）▶〜といっても近所の子供だ/所谓门生只不过是住在附近的孩子 suǒwèi ménshēng zhǐbuguò shì zhùzài fùjìn de háizi

もんとう【門灯】门灯 méndēng（英 *a gate lamp*）▶人に反応する〜を付ける/安装能感应到人的门灯 ānzhuāng néng gǎnyìng dào rén de mén dēng

もんどう【問答する】问答 wèndá；讨论 tǎolùn；议论 yìlùn（英 *exchange questions and answers*）▶面接試験の〜集/面试的问答集

miànshì de wèndájí

もんどり 跟头 gēntou; 筋斗 jīndǒu (英 *a somersault*) ▶根にひっかかり，〜打って倒れる/被树根绊倒，摔个倒栽葱 bèi shùgēn bàndǎo, shuāi ge dàozāicōng

もんなし【文無しの】 穷光蛋 qióngguāngdàn; 一文不名 yì wén bù míng; 一贫如洗 yì pín rú xǐ (英 *penniless*) ▶コップ酒一杯で〜になる/喝了一玻璃杯酒就身无分文了 hēle yì bōlibēi jiǔ jiù shēn wú fēn wén le

もんばつ【門閥】 名门世家 míngmén shìjiā; 门阀 ménfá ([名门] *good lineage*; [家柄] *lineage*)

もんばん【門番】 看门的 kānmén de; 门房 ménfáng; 门卫 ménwèi (英 *a gatekeeper*) ▶〜をする/看家 kānjiā; 看门 kānmén

もんぴ【門扉】 大门 dàmén; 门扇 ménshàn (英 *a gate*)

もんもう【文盲】 文盲 wénmáng (英 *illiteracy*) ▶〜一掃運動/扫盲运动 sǎománg yùndòng ▶あの国の国民は飢えに苦しむ上に9割が〜だ/那个国家的人民不但苦于饥荒，而且九成是文盲 nàge guójiā de rénmín búdàn kǔyú jīhuang, érqiě jiǔ chéng shì wénmáng

もんもん【悶悶とする】 愁闷 chóumèn; 忧闷 yōumèn (英 *be in distress*) ▶彼女はそのことで〜として一夜を過ごした/她为那事郁闷了一晚上 tā wèi nà shì yùmènle yì wǎnshang

もんよう【紋様】 花纹 huāwén;《物に施した》纹样 wényàng (英 *a pattern*)

や

や〈驚きなどを表す〉哎呀 āiyā(英 *oh; ah;*〔驚き〕*dear me!*) ▶～、しまった/哎呀，糟了 āiyā, zāo le ▶～、たいへんだ/哎呀，不得了了 āiyā, bùdéliǎo le

や【矢】箭 jiàn (英 *an arrow*) ▶～を射る/射箭 shèjiàn ▶外野から～のように早い球を投げる《野球で》/从外场扔回来像箭一样快的球 cóng wàichǎng rēnghuílai xiàng jiàn yíyàng kuài de qiú ▶原稿の～の催促に夏休みは台なしになった/由于接连不断的催稿，暑假也泡汤了 yóuyú jiēlián búduàn de cuīgǎo, shǔjià yě pàotāng le

ことわざ 光陰矢のごとし 光阴似箭 guāngyīn sì jiàn

白羽の～が立つ 选中 xuǎnzhòng ▶その任务は彼に白羽の～が立った/他被选中去执行那个任务 tā bèi xuǎnzhòng qù zhíxíng nàge rènwu

～も盾もたまらず 迫不及待 pò bù jí dài ▶姉の緊急入院に～も盾もたまらず駆けつけた/听说姐姐紧急住院，什么也顾不上就赶来了 tīngshuō jiějie jǐnjí zhùyuàn, shénme yě gùbushàng jiù gǎnlái le

や【野】原野 yuányě;《民間》野 yě; 民间 mínjiān〔野原〕*a field*;〔民間〕*a civilian*)
～に下る 下野 xiàyě

—や 和 hé; 或 huò(英 *and; or*) ▶くつ・帽子が散らばっている/鞋和帽子散乱地放着 xuē hé màozi sànluàn de fàngzhe

やあ〈呼びかけ〉喂 wèi; 哎 āi (英 *hello; hallo*) ▶～、山田君/欸，山田 ēi, Shāntián ▶彼らとは道で会えば～という間柄だった/他们是在路上遇到了会打个招呼的朋友 tāmen shì zài lùshang yùdàole huì dǎ ge zhāohu de péngyou

ヤード《単位》码 mǎ (英 *a yard*)▶《ゴルフで》次のホールは 320 ～ある/下一个洞是三百二十码 xià yí ge dòng shì sānbǎi èrshí mǎ

やいば【刃】刀刃 dāorèn (英〔刃〕*a blade*;〔刀〕*a sword*)▶～を交える/刀枪相见 dāoqiāng xiāngjiàn ▶敵の～にかかる/被敌人的刀剑劈杀 bèi dírén de dāojiàn pīshā

やいやい【やいやい言う】吵闹着〈要求〉chǎonàozhe(要求)(英 *clamor*); 喧嚷着〈说出〉xuānrāngzhe(shuōchū)(英 *press hard*)▶マスコミは政府の政策に反対して～言っている/媒体吵闹着反对政府的政策 méitǐ chǎonàozhe fǎnduì zhèngfǔ de zhèngcè ▶～言ってようやく それをやらせました/左劝右劝地终于让他做完了 zuǒ quàn yòu quàn de zhōngyú ràng tā zuòwán le ▶～言うから～言うなよ/不要在旁边叽里哇啦的 búyào zài pángbiān jīliwālā de

やいん【夜陰】黑夜 hēiyè (英 *the darkness of night*)▶～に乗じて脱走する/趁着黑夜逃跑 chènzhe hēiyè táopǎo

やい 嘿 hēi; 嗨 hāi (英 *hey!*) ▶～、なんて言った

んだ/喂，你说什么？ wèi, nǐ shuō shénme? ▶～、そこで何をしてるんだ/喂，你在这里做什么？ wèi, nǐ zài zhèlǐ zuò shénme?

やえ【八重の】〈植物の〉重瓣 chóngbàn (英 *double-petaled*) ▶ばらには～のものも一重のものもある/玫瑰有重瓣的也有单瓣的 méigui yǒu chóngbàn de yě yǒu dānbàn de

やえい【野営】野营 yěyíng (英 *a camp*)～する/扎营 zhāyíng ▶標高 3000 メートルの地点に～を設営する/在海拔三千米的地点设立野营地 zài hǎibá sānqiān mǐ de dìdiǎn shèlì yěyíngdì

ヤエザクラ【八重桜】〔植物〕重瓣樱花 chóngbàn yīnghuā; 八重樱 bāchóngyīng (英 *double cherry blossoms*) ▶桜の中では～の咲くのが遅い/樱花中八重樱开得较晚 yīnghuā zhōng bāchóngyīng kāide jiào wǎn

やえば【八重歯】虎牙 hǔyá (英 *a double tooth*) ▶～が生える/长虎牙 zhǎng hǔyá

やおちょう【八百長】假比赛 jiǎbǐsài; 作弊 zuòbì (英 *a put-up job*) ▶あの野球は～だ/那场棒球赛有舞弊现象 nà chǎng bàngqiúsài yǒu wǔbì xiànxiàng ▶～試合ができないように試合関係者は排除される/为了不发生比赛舞弊的现象，把有关的人员排除在外 wèile bù fāshēng bǐsài wǔbì de xiànxiàng, bǎ yǒuguān de rényuán páichú zàiwài

やおもて【矢面】众矢之的 zhòng shǐ zhī dì; 批评的対象 pīpíng de duìxiàng (英 *a target*) ▶非難の～に立つ/受到了集中攻击 shòudàole jízhōng gōngjī

やおや【八百屋】蔬菜店 shūcàidiàn; 菜铺 càipù (英〔人〕*a greengrocer*;〔店〕*a greengrocery*) ▶あの店は有機栽培の野菜だけを扱う～です/那是一家只卖有机蔬菜的菜店 nà shì yì jiā zhǐ mài yǒujī shūcài de cǎidiàn

やおら 从容不迫 cóngróng bú pò; 不慌不忙 bù huāng bù máng (英 *gently; slowly*) ▶黙っていた彼が～立ち上がった/一直没发言的他从容不迫地站了起来 yìzhí méi fāyán de tā cóngróng bú pò de zhànleqǐlai

やかい【夜会】晚会 wǎnhuì (英 *an evening party*;〔舞踏会〕*a ball*) ▶～服を着て行く/穿晚礼服去 chuān wǎnlǐfú qù

やがい【野外】露天 lùtiān; 户外 hùwài; 室外 shìwài (英 *the fields; the outdoors*) ▶～劇場/露天剧场 lùtiān jùchǎng ▶夏の高原で～コンサートを開く/在夏天的高原露天音乐会 zài xiàtiān de gāoyuán kāi lùtiān yīnyuèhuì ▶今日の授業は～で行う/今天的课在室外上 jīntiān de kè zài shìwài shàng ▶みんなが楽しむには～のバーベキューが一番だ/户外烧烤最能让大家开心 hùwài shāokǎo zuì néng ràng dàjiā kāixīn

♦ ～活動/户外活动 hùwài huódòng

やがく【夜学】夜校 yèxiào (英 *a night school*〔*class*〕) ▶～に通う/上夜校 shàng yèxiào ▶～で学ぶ生徒の中に多くの主婦も含まれていた/

夜校学习的学生中有许多家庭主妇 zài yèxiào xuéxí de xuésheng zhōng yǒu xǔduō jiātíng zhǔfù

やかた【館】 公馆 gōngguǎn; 宅第 zháidì（英 *a mansion; a residence*）

やかたぶね【屋形船】 屋顶形画舫 wūdǐngxíng huàfǎng（英 *a houseboat*）▶～から花火を見る/在有屋顶形船篷的游艇上看焰火 zài yǒu wūdǐngxíng chuánpéng de yóutǐngshang kàn yànhuǒ

やがて 不久 bùjiǔ; 马上 mǎshàng（英 *soon; before long; shortly; after all*）▶～彼は父を見送って帰って来た/不久他送完父亲回来了 bùjiǔ tā sòngwán fùqin huíláile ▶我慢しなさい、～花を咲かせる時が来る/耐心点儿，一定会有功成名就的那一天的 nàixīn diǎnr, yídìng huì yǒu gōng chéng míng jiù de nà yì tiān de ▶あれから～1年になる/从那时到现在快一年了 cóng nàshí dào xiànzài kuài yì nián le

やかましい ❶【騒々しい】 喧闹 xuānnào; 嘈杂 cáozá; 吵闹 chǎonào（英 *noisy; clamorous*）▶～音が昼夜を問わず響く/嘈杂声不分白天黑夜地响 cáozáshēng bù fēn báitiān hēiyè de xiǎng ▶地球温暖化問題が世間で～/全球气候变暖的问题在社会上被吵得沸沸扬扬的 quánqiú qìhòu biànnuǎn de wèntí zài shèhuìshang bèi chǎode fèifèiyángyáng de ▶漁民が原油高騰による損失への対策をやかましく政府に迫った/渔民执意要政府就原油涨价一事做出对策 yúmín zhíyì yào zhèngfǔ jiù yuányóu zhǎngjià yí shì zuòchū duìcè
❷【厳しい】 严 yán; 严格 yángé（英 *rigid; strict; particular*）▶彼は従業員に～/他对职员要求很严 tā duì zhíyuán yāoqiú hěn yán ▶彼は会議の開始時間に～/他严格要求会议要按时召开 tā yángé yāoqiú huìyì yào ànshí zhàokāi ▶彼は食べ物に～/他对食物很挑剔 tā duì shíwù hěn tiāotī ▶あの先生は僕らの出欠に～/那老师对我们的出席状况很严 nà lǎoshī duì wǒmen de chūxí zhuàngkuàng hěn yán ▶あまり細かいことでやかましく言うのはよそう/别再在小地方计较了 bié zài zài xiǎo dìfang jìjiào le
❸【うるさい】 唠唠叨叨 láoláodāodāo ▶女房はしょっちゅう私にやかましく小言を言う/老婆老是对我唠唠叨叨地发牢骚 lǎopo lǎoshì duì wǒ láoláodāodāo de fā láosao

やから【輩】 同伙 tónghuǒ; 家伙 jiāhuo（英 *a bunch*）▶不逞の～/不逞之徒 bù chěng zhī tú

やかん【夜間】 夜间 yèjiān; 夜里 yèli（英 *at night; in the night*）▶～興行/夜场 yèchǎng ▶～作業/夜工 yègōng ▶～飛行/夜航 yèháng ▶～試合/夜场比赛 yèchǎng bǐsài ▶工事は～に行われる/工程在夜间进行 gōngchéng zài yèjiān jìnxíng ▶～外出禁止/宵禁 xiāojìn ▶あの国では～外出禁止令がいつも出ている/那个国家一直持续着夜间戒严令 nàge guójiā yìzhí chíxùzhe yèjiān jièyánlìng ▶大学の一部に在

籍する/在大学的夜校读书 zài dàxué de yèxiào dúshū ▶～の冷え込みが厳しくなる/夜间的寒冷更加加剧了 yèjiān de hánlěng gèngjiā jiājù le

やかん【薬缶】 水壶 shuǐhú（英 *a kettle; a teakettle*）▶～で湯を沸かす/用水壶烧水 yòng shuǐhú shāo shuǐ ▶～を火にかける/把水壶放到火上 bǎ shuǐhú fàngdào huǒshang

やき【焼き】〖金属に〗淬火 cuìhuǒ; 蘸火 zhànhuǒ;〖陶磁器の〗窑 yáo（英 *temper*）▶伊万里～の窯/伊万里瓷窑 Yīwànlǐ cíyáo ▶刃物に～を入れる/给刀淬火 gěi dāo cuìhuǒ

～が回る 年老衰退 nián lǎo shuāituì ▶天才と言われた彼も視力の衰えとともに～が回った/被称为天才的他也随着视力衰退而头脑昏聩了 bèi chēngwéi tiāncái de tā yě suízhe shìlì shuāituì ér tóunǎo hūnkuì le

ヤギ【山羊】〖動物〗山羊 shānyáng（英 *a goat*）▶～が鳴いている/山羊在叫 shānyáng zài jiào ▶子～が親を追いかける/小山羊跟着母亲 xiǎoshānyáng gēnzhe mǔqin ▶～ひげを生やした漢学の先生/蓄着山羊胡须的汉学老师 xùzhe shānyáng húxū de Hànxué lǎoshī

やきあみ【焼き網】 烧烤用的铁丝网 shāokǎoyòng de tiěsīwǎng（英 *a grill*）

やきいも【焼き芋】〖食品〗烤红薯 kǎohóngshǔ（英 *baked sweet potatoes*）

やきいれ【焼き入れ】 淬火 cuìhuǒ（英 *tempering*）

やきいん【焼き印】 火印 huǒyìn; 烙印 làoyìn（英 *a brand*）▶～を押す/烙 lào; 打上烙印 dǎshàng làoyìn

やきうち【焼き打ちする】（英 *attack by setting fire*）▶工場は数百人の暴徒に～された/工厂被数百名暴徒付之一炬了 gōngchǎng bèi shùbǎi míng bàotú fù zhī yí jù le

やきうどん【焼きうどん】〖料理〗炒乌冬面 chǎowūdōngmiàn（英 *baked noodles*）

やきギョーザ【焼き餃子】〖料理〗锅贴儿 guōtiēr（英 *a baked Chinese dumpling*）

やききる【焼き切る】《切断する》烧断 shāoduàn;《焼き尽くす》烧光 shāoguāng（英 *burn off*）▶ガスバーナーで事故車の窓枠を～/用火焰切割器烧断出事车辆的窗户框 yòng huǒyàn qiēgēqì shāoduàn chūshì chēliàng de chuānghukuàng ▶その電球は焼き切れた/那个灯泡烧坏了 nàge dēngpào shāohuài le

やきぐし【焼き串】 烤肉叉 kǎoròuchā（英 *a spit; a skewer*）

やきぐり【焼き栗】〖食品〗炒栗子 chǎolìzi（英 *a roast chestnut*）

やきこがす【焼き焦がす】 烧灼 shāozhuó; 烤焦 kǎojiāo（英 *burn*）▶肌を～ような太陽/像要把皮肤烤焦的太阳 xiàng yào bǎ pífū kǎojiāo de tàiyáng

やきごて【焼きごて】 烙铁 làotie（英 *a heated iron*）▶～を当てる/用烙铁烫 yòng làotie tàng

やきころす【焼き殺す】 烧死 shāosǐ（英 *burn*

やぎざ【山羊座】〖天文〗摩羯座 mójiézuò (英 the Goat; Capricorn)

やきざかな【焼き魚】〖料理〗烤鱼 kǎoyú (英 a broiled fish)

やきすてる【焼き捨てる】烧掉 shāodiào (英 burn; throw into the fire) ▶結果が分かると資料を焼き捨てた/知道了结果就把资料烧掉了 zhīdàole jiéguǒ jiù bǎ zīliào shāodiào le

やきそば【焼きそば】〖料理〗炒面 chǎomiàn (英 chow mein; fried noodles) ▶五目～/什锦炒面 shíjǐn chǎomiàn

やきたて【焼き立ての】刚出炉 gāng chūlú (英 freshbaked) ▶～のパンの匂いは空腹に効く/刚出炉的面包香味让人更觉得饥肠辘辘 gāng chūlú de miànbāo xiāngwèi ràng rén gèng juéde jīcháng lùlù

やきつく【焼き付く】(心に)铭记 míngjì; 刻 kè (英 be imprinted) ▶彼女の言葉が私の心に焼き付いた/她说的话深深地留在了我的心中 tā shuō de huà shēnshēn de liúzàile wǒ de xīnzhōng ▶この事件は私の記憶に焼き付いている/那个事件深深地刻在了我的记忆里 nàge shìjiàn shēnshēn de kèzàile wǒ de jìyìli ▶彼の顔がはっきり私の心に焼き付いた/他的面容清楚地铭记我的心里 tā de miànróng qīngchu de míngjì wǒ de xīnlǐ

やきつくす【焼き尽くす】焚毁 fénhuǐ; 烧光 shāoguāng (英 burn to nothing; burn out) ▶すべてを～ような愛情/爱情似火焚毁一切 àiqíng sì huǒ fénhuǐ yíqiè

やきつける【焼き付ける】烙上 làoshàng;〖印象を〗铭刻 míngkè;〖写真〗洗印 xǐyìn (英 brand; print) ▶胸に深く彼女の姿を～/把她的身影深深地铭刻在心里 bǎ tā de shēnyǐng shēnshēn de míngkè zài xīnlǐ

やきとり【焼き鳥】〖料理〗烤鸡肉串 kǎojīròuchuàn (英 grilled chicken)

やきなおし【焼き直し】翻版 fānbǎn; 改编 gǎibiān (英 食物 rebaking;〖作品〗a remake) ▶タイトルは新しいが過去の作品の～だ/题目换新的了,可内容基本上是过去作品的翻版 tímù huàn xīn de le, kě nèiróng jīběnshang shì guòqù zuòpǐn de fānbǎn

やきにく【焼き肉】烤肉 kǎoròu (英 roast meat)

やきのり【焼き海苔】干紫菜 gānzǐcài (英 baked laver)

やきば【焼き場】火葬场 huǒzàngchǎng;〖ゴミの〗垃圾焚化场 lājī fénhuàchǎng (英 a crematory)

やきはた【焼き畑】(英 slash-and-burn farming) ▶～農法/刀耕火种 dāo gēng huǒ zhòng

やきはらう【焼き払う】焚毁 fénhuǐ; 烧光 shāoguāng (英 burn off; reduce to ashes) ▶火は市中心部を焼き払った/大火把市中心部分烧光了 dàhuǒ bǎ shìzhōngxīn bùfen shāoguāng le ▶火事がその家の内部を焼き払った/火灾把那家屋里的东西都烧光了 huǒzāi bǎ nà jiā wūli de dōngxi dōu shāoguāng le

やきぶた【焼き豚】〖食品〗叉烧肉 chāshāoròu (英 roast pork)

やきまし【焼き増し】〖写真〗加洗 jiāxǐ; 加印 jiāyìn (英 an extra print) ▶この写真をもう3枚～して下さい/把这张照片再洗三张 bǎ zhè zhāng zhàopiàn zài xǐ sān zhāng

やきめし【焼き飯】〖料理〗炒饭 chǎofàn (英 fried rice)

やきもきする焦虑不安 jiāolǜ bù'ān; 焦急 jiāojí (英 be impatient; worry oneself) ▶あまり～すると病気になるよ/太焦虑的话,会生病的 tài jiāolǜ de huà, huì shēngbìng de

やきもち【焼き餅】嫉妒 jídù; 忌妒 jìdu [嫉妬] jealousy) ▶～を焼く/吃醋 chīcù; 嫉妒 jídù; 忌妒 jìdu ▶～焼き/醋罐子 cùguànzi

やきもの【焼き物】〖陶器〗陶瓷器 táocíqì (英 pottery);〖料理〗烧烤的食品 shāokǎo de shípǐn (英 broiled fish〔meat〕)

やきゅう【野球】棒球 bàngqiú (英 baseball) ▶～の試合をする/进行棒球比赛 jìnxíng bàngqiú bǐsài ▶彼は本校の～選手です/他是本校的棒球选手 tā shì běn xiào de bàngqiú xuǎnshǒu ▶～のボール/棒球的球 bàngqiú de qiú ▶～場/棒球场 bàngqiúchǎng

～チーム/棒球队 bàngqiúduì

やぎゅう【野牛】〖動物〗野牛 yěniú (英 a wild ox; a buffalo)

やぎょう【夜業】夜班 yèbān (英 night work)

やきょく【夜曲】〖音楽〗夜曲 yèqǔ (英 a nocturne)

やきん【冶金】冶金 yějīn (英 metallurgy)

やきん【夜勤】夜班 yèbān; 夜工 yègōng (英 night duty; night shift) ▶～は月に2度回っています/夜班一个月轮两次 yèbān yí ge yuè lún liǎng cì ▶～の看護師/值夜班的护士 zhí yèbān de hùshi

やきん【野禽】野禽 yěqín (英 wild fowl)

やく【厄】灾祸 zāihuò; 厄运 èyùn (英 misfortune)

やく【役】 **1**〖地位・官職〗职务 zhíwù; 公职 gōngzhí (英 an office; a post) ▶長年勤めて～に付いた/工作多年,当上了官 gōngzuò duōnián, dāngshàngle guān ▶会社で一番難しい～につく/在公司做上了最难做的位子 zài gōngsī zuòshàngle zuì nán zuò de wèizi ▶取り締まりの～を務める/当上了董事 dāngshàngle dǒngshì ▶彼は～付きの一人だ/他也是领导之一 tā yě shì lǐngdǎo zhīyī

2〖任務〗任务 rènwu (英 duty) ▶子供たちの世話をするのが私の～です/照顾孩子们是我的任务 zhàogù háizimen shì wǒ de rènwu ▶その陰謀に彼も～買っていたらしい/看来在那个阴谋里他也扮演了一个角色 kànlái zài nàge yīnmóuli tā yě bànyǎnle yí ge juésè ▶案内人

の〜を務める/担任向导 dānrèn xiàngdǎo ▶彼には接待〜が適任だ/他适合做公关 tā shìhé zuò gōngguān

❸[芝居]角色 juésè (英 *a part*; *a role*) ▶その〜にぴったりの顔や体つきの者がいなかった/没有面相和身材都适合那个角色的人 méiyǒu miànxiàng hé shēncái dōu shìhé nàge juésè de rén ▶ハムレットの〜を務める/扮演哈姆雷特的角色 bànyǎn Hāmǔléitè de juésè ▶新しい〜を演じる/扮演新的角色 bànyǎn xīn de juésè ▶台本を読んですぐその〜になりきる/看剧本就能马上进入那个角色 kàn jùběn jiù néng mǎshàng jìnrù nàge juésè ▶〜不足を言うにはまだ早い/你还不配抱怨这份职务 nǐ hái bú pèi bàoyuàn zhè fèn zhíwù

〜に立たない 不济事 bú jìshì; 不管用 bù guǎnyòng ▶彼に話してみたって何の〜にも立たない/对他说一点儿都不管用 duì tā shuō yìdiǎnr dōu bù guǎnyòng ▶こう暑いと冷房も〜に立たない/这么热,连空调都不起作用了 zhème rè, lián kōngtiáo dōu bù qǐ zuòyòng le ▶彼は投手としてはもう〜に立たない/他作为投球手已经失去了能力了 tā zuòwéi tóuqiúshǒu yǐjīng shīqùle nénglì le

〜に立つ 有用 yǒuyòng ▶少しでもお〜に立てば幸いです/能派上一点儿用场就是我的荣幸 néng pàishàng yìdiǎnr yòngchǎng jiù shì wǒ de róngxìng ▶学校では実務の〜に立つことはあまり教えてくれない/学校不太教我们能在实际工作中派上用场的知识 xuéxiào bú tài jiāo wǒmen néng zài shíjì gōngzuò zhōng pàishàng yòngchǎng de zhīshi ▶彼の知識がそこで〜に立った/他的知识在此时发挥了作用 tā de zhīshi zài cǐshí fāhuīle zuòyòng

♦主〜 主角 zhǔjué 端〜(く) 跑龙套的 pǎo lóngtào de 脇〜 配角 pèijué

やく【妬く】吃醋 chīcù; 忌妒 jìdu (英 *be jealous*) ▶女房が〜ほど亭主もてもせず/老婆能吃醋,老公倒没那么吃香 lǎopo néng chīcù, lǎogōng dào méi nàme chīxiāng

やく【約】大约 dàyuē; 约 yuē; 大概 dàgài (英 *about*; *some*) ▶〜30人の学生が出席していた/大约三十个学生出席了 dàyuē sānshí ge xuésheng chūxí le ▶〜10日はかかりましょう/大概需要十天吧 dàgài xūyào shí tiān ba

やく【訳】翻訳 fānyì; [翻訳]*translation*) ▶〜の間違いを見つけた/发现了翻译错误 fāxiànle fānyì cuòwù ▶初めてのファウストの日本語〜/初版的浮士德的日文翻译 chūbǎn de Fúshìdé de Rìwén fānyì ▶新しい日本語〜で読む/看日语新译本 kàn Rìyǔ xīnyìběn

♦直〜 直译 zhíyì

やく【焼く】 ❶[火や熱で] 烧 shāo; 烤 kǎo (英 *burn*); [日光で] 晒 shài (英 *sunburn*) ▶この間の火事で彼は家を焼いてしまった/上次的火灾把他家给烧光了 shàng cì de huǒzāi bǎ tājiā gěi shāoguāng le ▶落ち葉を焼いて灰にする/把落叶烧成灰 bǎ luòyè shāochéng huī ▶日に〜/晒太阳 shài tàiyáng ▶(海岸などで) 肌を〜人/晒日光浴的人 shài rìguāngyù de rén

❷[熱する] 烧 shāo (英 *heat*); 烤 kǎo/烧炭 shāotàn ▶火ばしを真っ赤に〜/把火钳烧得通红 bǎ huǒqián shāode tōnghóng

❸[食物を] 烤 kǎo (英 *roast*; *broil*; [パンで] *toast*) ▶魚を〜/烤鱼 kǎo yú ▶パンを〜/烤面包 kǎo miànbāo ▶よく焼けたのがいい/鱼是烤透的好 yú shì kǎotòule de hǎo ▶この魚はこんがりよく焼けているね/这条鱼烤得可透了 zhè tiáo yú kǎode kě tòu le ▶肉は焼きすぎると美味しくない/肉烤得太过了就不好吃了 ròu kǎode tài guòle jiù bù hǎochī le ▶よく焼けていない/没有烤透 méiyǒu kǎotòu

❹[写真・陶器など][写真] 冲洗 chōngxǐ (英 *print*);[陶器など] 烧制 shāozhì (英 *bake*) ▶焼き物を〜/烧制陶瓷 shāozhì táocí

❺[その他] 世話を〜/照顾 zhàogù ▶彼には散々手を焼いたものだった/他可给我添了不少麻烦 tā kě gěi wǒ tiānle bùshǎo máfan

ヤク [動物] 牦牛 máoniú (英 *yak*)

やぐ【夜具】铺盖 pūgài; 床上用品 chuángshàng yòngpǐn (英 [寝具] *bedding*; *bedclothes*; *a coverlet*)

やくいん【役員】干事 gànshi; 董事 dǒngshì (英 *an officer*; *an official*; *a director*) ▶〜会/董事会 dǒngshìhuì ▶会社〜/公司董事 gōngsī dǒngshì ▶組合〜/工会干部 gōnghuì gànbù ▶彼は名ばかりの〜だ/他只是个挂名的干部 tā zhǐ shì ge guàmíng de gànbù

やくおとし【厄落とし】祓除厄运 fúchú èyùn (英 *an escape from evil*)

やくがい【薬害】药害 yàohài (英 *drag poisoning*) ▶〜訴訟/药害诉讼 yàohài sùsòng

やくがく【薬学】药学 yàoxué (英 *pharmacy*; *pharmaceutics*)

♦(大学の)〜部/药学院 yàoxuéyuàn

やくがら【役柄】角色 juésè; 身分 shēnfen (英 *the nature of one's duty*; [劇などの]*a role*) ▶〜に合った行動をとる/采取合乎身份的行为 cǎiqǔ héhū shēnfen de xíngwéi ▶管理職の〜に合った身なりで/穿着打扮适合管理干部的身份 chuānzhuó dǎbàn shìhé guǎnlǐ gànbù de shēnfen ▶彼の関西なまりはハムレットの〜に合わなかった/他一口的关西口音,不适合演哈姆雷特的角色 tā yì kǒu de Guānxī kǒuyin, bú shìhé yǎn Hāmǔléitè de juésè

やくご【訳語】翻译词 fānyìcí (英 *words used in translation*) ▶その日本語の〜は何ですか/这个日语的翻译词是什么? zhège Rìyǔ de fānyìcí shì shénme? ▶この語には適当な日本語の〜がない/这个词没有适当的日语翻译词 zhège cí méiyǒu shìdàng de Rìyǔ fānyìcí

やくざ 黑社会 hēishèhuì; 流氓 liúmáng; [役立たずの] 无用的 wúyòng de (英 *a gangster*) ▶〜映画が一世を風靡する/黑社会电影一时风靡

やくざい

hēishèhuì diànyǐng yíshì fēngmì ▶～の世界から足を洗う/洗手不干 hēishèhuì le ▶～の大物が道端で撃ち殺された/黑社会的大头目在街头被枪击身亡 hēishèhuì de dàtóumù zài jiētóu bèi qiāngjī shēnwáng ▶その頃～な生活を送っていた/那时候过着无赖的生活 nà shíhou guòzhe wúlài de shēnghuó

♦～者：无赖 wúlài; 赌棍 dǔgùn; 流氓 liúmáng

やくざい【薬剤】 药剂 yàojì (英 a medicine; a drug)
♦～師：药剂师 yàojìshī

やくさつ【扼殺する】 扼杀 èshā (英 strangle... to death)

やくさつ【薬殺する】 毒死 dúsǐ (英 kill... by using poison)

やくし【訳詩】 翻译诗 fānyìshī (英 a translated poem)

やくしゃ【役者】 演员 yǎnyuán; 戏子 xìzi (英 a player; [男] an actor; [女] an actress) ▶～になる勉強をしている/我在学习想当演员 wǒ zài xuéxí xiǎng dāng yǎnyuán ▶これで～が揃ったな/这样人员就齐了 zhèyàng rényuán jiù qí le ▶～が一枚上である 技高一筹 jì gāo yì chóu

やくしゃ【訳者】 译者 yìzhě (英 a translator)

やくしゅ【薬酒】 药酒 yàojiǔ (英 medicinal liquor)

やくしゅつ【訳出する】 译出 yìchū; 翻译 fānyì (英 translate)

やくしょ【役所】 官署 guānshǔ; 机关 jīguān; 衙门 yámen (英 a public [government] office; a city hall) ▶ここの～はホテルみたいだ/这里的政府机关像宾馆一样 zhèlǐ de zhèngfǔ jīguān xiàng bīnguǎn yíyàng ▶～に印鑑証明を取りに行く/到机关去拿印章证明 dào jīguān qù ná yìnzhāng zhèngmíng ▶ここの市～はいかにもお～で市民サービスが悪い/这里的市政机关官气十足,对市民的服务很差 zhèlǐ de shì jīguān guānqì shízú, duì shìmín de fúwù hěn chà

やくじょ【躍如たる】 栩栩如生 xǔxǔ rú shēng; 逼真 bīzhēn (英 vivid; graphic) ▶トップで合格とは彼の面目～たるものがある/以第一名通过,他表现得真是淋漓尽致 yǐ dìyī míng tōngguò, tā biǎoxiàndé zhēn shì línlí jìnzhì

やくじょう【約定】 诺言 nuòyán; 约定 yuēdìng (英 [協定] an agreement; [契約] a contract)

やくしょく【役職】 官职 guānzhí; 职务 zhíwù (英 a managerial post)

やくしん【躍進する】 跃进 yuèjìn (英 advance remarkably) ▶大～の大跃进 dàyuèjìn ▶企画があたって我が社は年々～を続けた/企划获得成功,本公司年年业绩递增 qǐhuà huòdé chénggōng, běn gōngsī niánnián yèjī dìzēng

やくす【約す】 〔数〕约分 yuēfēn (英 reduce)
やくす【訳す】 译 yì; 翻 fān (英 translate) ▶次の文を日本語に訳せ/把下列句子译成日语 bǎ xiàliè jùzi yìchéng Rìyǔ ▶この詩は他の言語にはうまく訳せない/这首诗不太好翻成其他语言 zhè shǒu shī bú tài hǎo fānchéng qítā yǔyán ▶彼の小説は世界中で訳されている/他的小说翻译到了世界各国 tā de xiǎoshuō fānyìdàole shìjiè gèguó

やくすう【約数】 〔数〕约数 yuēshù (英 a divisor)

やくせき【薬石】 药石 yàoshí (英 medical treatment)
～効なく 药石罔效 yàoshí wǎng xiào

やくぜん【薬膳】 药膳 yàoshàn (英 medicinal cooking) ▶～レストラン/药膳餐厅 yàoshàn cāntīng

やくそう【薬草】 药草 yàocǎo; 草药 cǎoyào (英 a medicinal herb [plant]) ▶～園/药草园 yàocǎoyuán

やくそく【約束】 ❶ [相手との] 诺言 nuòyán; 约定 yuēdìng (英 a promise; an appointment) ▶～に会う/约会 yuēhuì ▶～に背く/失约 shīyuē; 爽约 shuǎngyuē ▶～の言葉/约言 yuēyán ▶～をたがえる/背约 bèiyuē ▶～する/言定 yándìng; 保证 bǎozhèng ▶～したよ/一言为定 yì yán wéi dìng ▶「支払いは～たるかね」「～します」/"你保证付钱吗？" "我保证" "Nǐ bǎozhèng fùqián ma?" "Wǒ bǎozhèng" ▶彼は必ず来ると～した/他保证一定来 tā bǎozhèng yídìng lái ▶明日何か～がありますか/明天有什么约会吗 míngtiān nǐ yǒu shénme yuēhuì ma? ▶明日は彼と食事の～があります/明天预定和他一起吃饭 míngtiān yùdìng hé tā yìqǐ chīfàn ▶10時に歯医者に行く～があった/预约了十点去看牙医 yùyuēle shí diǎn qù kàn yáyī ▶その～はまだ生きている/那个约定仍然有效 nàge yuēdìng réngrán yǒuxiào ▶財政困難の時は援助する～になっている/说好在财政困难的时候要支援助的 shuōhǎo zài cáizhèng kùnnan de shíhou yào qù yuánzhù de ▶～を取り消す/取消约定 qǔxiāo yuēdìng ▶数回～を破る/数次违约 shù cì wéiyuē ▶面会の～を取りつける/约好见面 yuēhǎo jiànmiàn ▶家庭の事情で～をのばしてもらう/因为家里的事情推迟约定 yīnwèi jiālǐ de shìqing tuīchí yuēdìng ▶やっと昼食の～に間にあった/好不容易赶上了约定的午餐时间 hǎobù róngyì gǎnshàngle yuēdìng de wǔcān shíjiān

❷ [協定] 协定 xiédìng; 约定 yuēdìng (英 an agreement) ▶3年間という～で家を貸した/谈好了把房子租出去三年 tánhǎole bǎ fángzi zūchūqù sān nián ▶～どおり月末には20万円ずつ振り込まれる/按谈好了的那样,月底汇进来二十万日元 àn tánhǎole de nàyàng, yuèdǐ huìjìnlái èrshí wàn Rìyuán

～を守る 遵守诺言 zūnshǒu nuòyán; 守信 shǒuxìn ▶彼は必ず～を守る男だ/他是个很守信的人 tā shì ge hěn shǒuxìn de rén ▶先週から彼らはその～を守りはじめた/从上周开始,他们就开始严守自己的诺言了 cóng shàngzhōu kāishǐ, tāmen jiù kāishǐ yánshǒu zìjǐ de nuòyán le

◆〜手形｜期票 qīpiào

[日中比較] 中国語の'约束 yuēshù'は「束縛する」こと。

やくたたず【役立たず】 阿斗 Ā Dǒu; 废料 fèiliào; 废物 fèiwù; 脓包 nóngbāo; 窝囊 wōnang (英 useless; worthless)

やくだつ【役立つ】 有用 yǒuyòng; 有益 yǒuyì (英 be useful) ▶日常生活に〜ヒント/对日常生活有益的小启示 duì rìcháng shēnghuó yǒuyì de xiǎoqǐshì ▶心の平静を保つのに〜と言われることは何でもやってみた/所有对保持心理平静有益的事我都做了 suǒyǒu duì bǎochí xīnlǐ píngjìng yǒuyì de shì wǒ dōu zuò le ▶彼は教師の経験を海外ボランティアで十分に役立たせた/他把当老师的经验充分应用到海外志愿者活动中 tā bǎ dāng lǎoshī de jīngyàn chōngfèn yìngyòng dào hǎiwài zhìyuànzhě huódòng zhōng

やくちゅう【訳注】 译注 yìzhù (英 translation and annotation)
◆〜書｜译注书 yìzhùshū

やくづき【役付き】 负责人员 fùzé rényuán; 管理人员 guǎnlǐ rényuán (英 a managerial position) ▶〜になる/成为管理人员 chéngwéi guǎnlǐ rényuán

やくとう【薬湯】《煎じ薬》汤药 tāngyào (英 a decoction) ▶〜を煎じる/熬汤药 áo tāngyào

やくどう【躍動する】 跳动 tiàodòng; 跃然 yuèrán; 生气勃勃 shēngqì bóbó (英 make a lively motion; stir) ▶自然を大切にし未来へ〜する都市をめざす/争取创建一个爱护自然，向着未来迈进的都市 zhēngqǔ chuàngjiàn yí ge àihù zìrán, xiàngzhe wèilái màijìn de dūshì ▶舞台いっぱいに〜する踊り子たち/活跃在整个舞台上舞蹈演员们 huóyuè zài zhěnggè wǔtáishang wǔdǎo yǎnyuánmen

やくとく【役得】 额外收入 éwài shōurù; 外快 wàikuài (英 spoils; [合法的な] a perquisite) ▶その職には〜がいろいろある/那个职位有许多好处 nàge zhíwèi yǒu xǔduō hǎochu

やくどく【訳読】 (英 oral translation) ▶〜で英語を教える/用翻译课文的方法教英语 yòng fānyì kèwén de fāngfǎ jiāo Yīngyǔ

やくどし【厄年】 厄运之年 èyùn zhī nián (英 an unlucky year) ▶男の〜は25歳と42歳、60歳だ/男人的厄运之年是二十五岁，四十二岁和六十岁 nánrén de èyùn zhī nián shì èrshíwǔ suì, sìshí'èr suì hé liùshí suì

やくにん【役人】 官吏 guānlì; 官员 guānyuán (英 a government official; a public officer) ▶〜口調/官腔 guānqiāng ▶彼は外務省の〜だ/他是外务省的官员 tā shì wàiwùshěng de guānyuán ▶〜になる/当官员 dāng guānyuán
◆〜生活｜政府职员的生活 zhèngfǔ zhíyuán de shēnghuó

やくば【役場】 公所 gōngsuǒ (英 a village [town] office)

やくばらい【厄払いする】 祓除厄运 fúchú èyùn (英 exorcise; drive off evils)

やくび【厄日】 灾难之日 zāinàn zhī rì (英 an unlucky day)

やくびょうがみ【疫病神】 瘟神 wēnshén; 丧门神 sāngménshén (英 a deity of plagues; [嫌われ者] a pest) ▶全く〜のようなやつだ/真是个瘟神一样的家伙 zhēn shì ge wēnshén yíyàng de jiāhuo ▶〜に取りつかれる/瘟神附体 wēnshén fùtǐ

やくひん【薬品】 药品 yàopǐn; 药物 yàowù (英 medicines; drugs)

やくぶそく【役不足】 大材小用 dà cái xiǎo yòng (英 too poor part)

やくぶつ【薬物】 药品 yàopǐn; 药物 yàowù (英 medicines; drugs; medical substances) ▶〜アレルギー/药物过敏 yàowù guòmǐn
◆〜依存｜慢性药物中毒 mànxìng yàowù zhòngdú 〜使用｜使用药物 shǐyòng yàowù 〜中毒｜药物中毒 yàowù zhòngdú 〜療法｜药物疗法 yàowù liáofǎ

やくぶん【約分】〔数〕约分 yuēfēn (英 reduction of a fraction)

やくぶん【訳文】 译文 yìwén (英 a translation; a version)

やくほん【訳本】 译本 yìběn; 译著 yìzhù (英 a translation) ▶小説『嵐が丘』の〜はありますか/有没有小说《呼啸山庄》的翻译本？ yǒuméiyǒu xiǎoshuō《Hūxiào shānzhuāng》de fānyìběn? ▶『源氏物語』は英〜で読んだ/《源氏物语》读的是英译本《Yuánshì wùyǔ》dú de shì Yīngyìběn

やくまわり【役回り】 角色 juésè; (分配的)任务 (fēnpèi de) rènwu (英 one's assignment) ▶損な〜/吃亏的角色 chīkuī de juésè

やくみ【薬味】 作料 zuòliao; 调味品 tiáowèipǐn; 调料 tiáoliào (英 spice) ▶〜にねぎと生姜を使う/用葱姜做作料 yòng cōng jiāng zuò zuòliao

◆〜入れ｜调料瓶 tiáoliàopíng

[日中比較] 中国語の'药味 yàowèi'は「薬の味やにおい」のこと。

やくめ【役目】 任务 rènwu; 职责 zhízé;(はたらき)作用 zuòyòng (英 duty; business; office) ▶〜を果たす/完成任务 wánchéng rènwu ▶それを決めるのは君の〜だ/决定那件事是你的职责 juédìng nà jiàn shì shì nǐ de zhízé ▶キウイの葉が日除けの〜をする/猕猴桃的叶子有遮光的作用 míhóutáo de yèzi yǒu zhēguāng de zuòyòng ▶この部屋は寝室の〜もする/这间房间也用来做卧室 zhè jiān fángjiān yě yòngláii zuò wòshì ▶子供の躾は親の〜だ/教育孩子是父母的责任 jiàoyù háizi shì fùmǔ de zérèn

やくよう【薬用】 药用 yàoyòng (英 medicinal) ▶〜酒/补酒 bǔjiǔ ▶この山草を干して〜にする/把这个山草晒干做药 bǎ zhège shāncǎo shàigān zuò yào
◆〜石鹸｜药皂 yàozào

やくよけ【厄除け】(㊦)[お守り]*a talisman; a charm*)▶～をする/驱邪 qūxié

やぐら【櫓】 塔楼 tǎlóu;箭楼 jiànlóu(㊦[城など]*a turret*)
◆火の見～/消防瞭望台 xiāofáng liàowàngtái

やくりがく【薬理学】 药理学 yàolǐxué(㊦ *pharmacology*)

ヤグルマソウ【矢車草】〘植物〙鬼灯檠 guǐdēngqíng(㊦ *a cornflower*)

やくわり【役割】 职务 zhíwù;角色 juésè;作用 zuòyòng(㊦ *a part; a role*;[配役]*a cast*)▶～を演じる/扮演 bànyǎn▶彼はその事件で重要な～を演じた/他在那次事件中扮演了重要的角色 tā zài nà cì shìjiàn zhōng bànyǎnle zhòngyào de juésè▶この委員会は公的～を担う/这个委员会承担社会职能 zhège wěiyuánhuì chéngdān shèhuì zhínéng▶大気中の二酸化炭素が温室のガラスの～をする/大气中的二氧化碳起到温室玻璃的作用 dàqì zhōng de èryǎnghuàtàn qǐdào wēnshì bōli de zuòyòng▶魚の中には子育ての～を持つ雄がいる/有些鱼是由雄鱼抚养幼仔的 yǒuxiē yú shì yóu xióngyú fǔyǎng yòuzǐ de

やけ【自棄】 自暴自弃 zì bào zì qì(㊦ *despair*)▶彼は失敗して～を起こした/他因失败而自暴自弃 tā yīn shībài ér zì bào zì qì▶そんな小さなとで～を起こしてはいけない/不要因为那么小的事情而自暴自弃 búyào yīnwèi nàme xiǎo de shìqing ér zì bào zì qì

～糞になる 自暴自弃 zì bào zì qì;破罐子破摔 pòguànzi pòshuāi

◆～食い[自暴自弃而暴饮暴食 zì bào zì qì ér bào yǐn bào shí ～酒 闷酒 mènjiǔ▶独り言を言いながら～酒を飲む/自言自语地喝闷酒 zì yán zì yǔ de hē mènjiǔ

やけあと【焼け跡】 火灾废墟 huǒzāi fèixū(㊦ *the ruins of a fire*)

やけい【夜景】 夜景 yèjǐng(㊦ *a night view*)▶友達と函館の～を見に行く/和朋友一起去看函馆的夜景 hé péngyou yìqǐ qù kàn Hánguǎn de yèjǐng▶飛行機から見る東京の～も素晴らしい/从飞机上看东京的夜景也是很美的 cóng fēijīshang kàn Dōngjīng de yèjǐng yě shì hěn měi de

やけい【夜警】 守夜 shǒuyè;夜间值班的警卫 yèjiān zhíbān de jǐngwèi(㊦ *night watch*;[人]*a night watchman*)

やけいし【焼け石】(㊦ *a hot stone*)
ことわざ 焼け石に水 杯水车薪 bēi shuǐ chē xīn;无济于事 wú jì yú shì▶その程度のお金では～に水だ/那么一点儿钱就像杯水车薪一样 nàme yìdiǎnr qián jiù xiàng bēi shuǐ chē xīn yíyàng

やけおちる【焼け落ちる】 烧塌 shāotā;烧毁 shāohuǐ(㊦ *burn down*[*away*];*collapse in flames*)

やけこげ【焼け焦げ】 烧焦 shāojiāo(㊦ *a burn*)▶畳に～を作ってからタバコをやめた/因为抽烟在榻榻米上烧了一个洞,从此就戒烟了 yīnwèi chōuyān zài tàtàmǐshang shāole yí ge dòng,cóngcǐ jiù jiè yān le

やけしぬ【焼け死ぬ】 烧死 shāosǐ(㊦ *be burned to death*)

やけだされる【焼け出される】 因火灾而无家可归 yīn huǒzāi ér wú jiā kě guī(㊦ *be burned out of house*)

やけつく【焼け付く(ような)】 滚热 gǔnrè;火毒 huǒdú(㊦ *burning*)▶～ほど熱い/热辣辣 rèlàlà▶～太陽/烧热的太阳 shāo rè de tàiyáng▶～ような暑い日/炎热的日子 yánrè de rìzi▶～ような舗道を走る/在炙热的柏油路上跑 zài zhìrè de bǎiyóulùshang pǎo

やけど【火傷】 烧伤 shāoshāng;烫伤 tàngshāng;火伤 huǒshāng(㊦[火による]*a burn*;[熱湯による]*a scald*)▶指に～をしてすぐ水道水で冷やした/烫伤了手指,马上用自来水冷却了一下 tàngshāngle shǒuzhǐ,mǎshàng yòng zìláishuǐ lěngquèle yíxià▶～のあとが消えない/留下了烫伤的疤痕 liúxiàle tàngshāng de bāhén▶～する/烧伤 shāoshāng;烫伤 tàng shāng▶彼は足を～した/他的脚被烫伤了 tā de jiǎo bèi tàngshāng le▶～するような熱い温泉/几乎能把人烫伤的温泉 jīhū néng bǎ rén tàngshāng de wēnquán

やけに 过于 guòyú;非常 fēicháng(㊦ *terribly; awfully*)▶朝から～暑いね/早上起来就这么热 zǎoshang qǐlái jiù zhème rè

やけのこる【焼け残る】 火烧后残留下来 huǒ shāo hòu cánliúxiàlài(㊦ *escape the fire*)▶烧け残った家財を捨てる/扔掉火灾后剩下的家什 rēngdiào huǒzāi hòu shèngxià de jiāshi

やけのはら【焼け野原】 大火过后的废墟 dàhuǒ guòhòu de fèixū(㊦ *a burnt area*)▶町は一面の～になっていた/小镇被大火烧成了一片废墟 xiǎozhèn bèi dàhuǒ shāochéngle yí piàn fèixū

やけぼっくい【焼け棒杭】 烧焦桩 shāojiāozhuāng(㊦ *an ember; a charred pile*)
～に火がつく 死灰复燃 sǐ huī fù rán

やける【焼ける】 ❶〘焼失〙〘燃える〙燃烧 ránshāo(㊦ *be burned*);〘焼失する〙烧掉 shāodiào(㊦ *be destroyed by fire*)▶火事で3軒の家がすっかり焼けた/火灾把三幢房子烧成了灰烬 huǒzāi bǎ sān zhuàng fángzi shāochéngle huījìn▶乾燥した季節で見る見るうちに家が焼けた/因为是干燥的季节,一眨眼房子就被烧光了 yīnwèi shì gānzào de jìjié, yì zhǎyǎn fángzi jiù bèi shāoguāng le▶～ように暑い/火辣辣 huǒlàlà;炎热 yánrè

❷[肌が日に]晒黑 shàihēi(㊦ *be sunburned*)▶ゴルフで少し日に焼けたね/打高尔夫晒黑了 dǎ gāo'ěrfū shàihēi le▶元気な子供たちが真っ黒に焼けている/朝气蓬勃的孩子们被晒得乌黑 zhāoqì péngbó de háizimen bèi shài de wūhēi

❸[料理]烤熟 kǎoshú(㊦[肉が]*be roasted*;[魚が]*be broiled*;[パンなど]*be baked*)▶薄い

肉だからすぐ焼けすぎる/因为肉很薄，容易烧过火 yīnwèi ròu hěn báo, róngyì shāoguò huǒ ▶まだこの魚は心まで焼けていない/这条鱼还没有烤熟 zhè tiáo yú hái méiyǒu kǎoshú ▶焼きたてのパンのにおいが店中に立ちこめている/商店里充满了烤面包的味道 shāngdiànli chōngmǎnle kǎo miànbāo de wèidao

4【胸が】烧心 shāoxīn （英 have a heartburn） ▶胸が～/烧心 shāoxīn ▶消化の悪いものはほどほどにしないと胸が～よ/吃多了不好消化的东西容易烧心的 chī duōle bùhǎo xiāohuà de dōngxi róngyì shāoxīn de

5【色が】晒退色 shài tuìshǎi （英 be discolored; fade）▶カーテンが～/窗帘退色了 chuānglián tuìshǎi le

6【ねたむ】嫉妒 jídù；吃醋 chīcù （英 be jealous; be envious）▶牧本さん夫婦は回りの者が～ほど仲がいい/牧本夫妻感情好得让周围的人嫉妒 Mùběn fūqī gǎnqíng hǎode ràng zhōuwéi de rén jídù

やけん【野犬】野狗 yěgǒu（英 an ownerless dog）▶～狩りをする/捕捉野狗 bǔzhuō yěgǒu
♦～捕獲人 捕捉野狗的人 bǔzhuō yěgǒu de rén

やげん【薬研】药碾子 yàoniǎnzi（英 a druggist's dog）

ヤゴ【トンボの幼虫】水虿 shuǐchài

やこう【夜光】夜光 yèguāng（英 luminous; nocturnal）
♦～虫 夜光虫 yèguāngchóng　～時計 夜光表 yèguāngbiǎo　～塗料 夜光涂料 yèguāng túliào

やこう【夜行】夜行 yèxíng（英 night travelling）▶バスで帰郷する/乘夜行长途汽车回老家 chéng yèxíng chángtú qìchē huí lǎojiā ▶～性の動物/夜行性的动物 yèxíngxìng de dòngwù
♦～便 夜班 yèbān ～列車 晚车 wǎnchē；夜车 yèchē ▶～列車の汽笛が物悲しい/夜班火车的汽笛让人伤感 yèbān huǒchē de qìdí ràng rén shānggǎn

やごう【屋号】**1**【店の】商号 shānghào；店名 diànmíng（英 a nickname of a store）
2【役者の】字号 zìhao（英 an actor's stage name）

やごう【野合】姘居 pīnjū；苟合 gǒuhé；《組織など》勾结 gōujié（英 illicit union）▶～の夫婦だと言われて悲しかった/被称作姘居的夫妻很伤心 bèi chēngzuò pīnjū de fūqī hěn shāngxīn

やさい【野菜】菜 cài；青菜 qīngcài；蔬菜 shūcài（英 vegetables; greens）▶～畑/菜圃 càipǔ；菜园 càiyuán ▶緑黄色～/绿色蔬菜 lǜsè shūcài ▶～を作る/种蔬菜 zhòng shūcài
♦～サラダ 蔬菜色拉 shūcài sèlā　～ジュース 蔬菜汁儿 shūcàizhīr　～スープ 蔬菜汤 shūcàitāng　～農家 菜农 càinóng　～料理 蔬菜做成的菜 shūcài zuòchéng de cài

日中比较 中国語の'野菜 yěcài'は「野生の食用植物」「山菜」のこと．

やさおとこ【優男】温柔的男子 wēnróu de nánzǐ；俊美的男子 jùnměi de nánzǐ（英 an effeminate man; a sissy）

やさがし【家捜しする】抄家 chāojiā；遍查家中 biànchá jiāzhōng（英 search a house）

やさがた【優形】《上品な》温文尔雅 wēnwén ěryǎ（英 grace）；《ほっそりした》清瘦 qīngshòu（a slender figure）

やさき【矢先に】正要…的时候 zhèngyào…de shíhou（英 just when...）▶外出しようとする～に友人が来た/正要出去的时候朋友来了 zhèngyào chūqù de shíhou péngyou lái le

やさしい【易しい】容易 róngyì；平易 píngyì；简单 jiǎndān（英 ［容易な］ easy; simple）▶～問題/简单的问题 jiǎndān de wèntí ▶この本は～英語で書いてある/这本书是用平易的英语写的 zhè běn shū shì yòng píngyì de Yīngyǔ xiě de ▶～表現を易しくする/用浅显易懂的词句表达 yòng qiǎnxiǎn yì dǒng de cíjù biǎodá

やさしい【優しい】和蔼 hé'ǎi；温和 wēnhé；温柔 wēnróu（英［温和な］gentle;［親切な］kind; tender）▶～心/柔情 róuqíng ▶微笑で温柔的微笑 wēnróu de wēixiào ▶彼女はとても～人だ/她是一个很温柔的人 tā shì yí ge hěn wēnróu de rén ▶気だての～人/性情温顺和善的人 xìngqíng wēnshùn héshàn de rén ▶優しさにあふれた手紙を受け取る/收到了充满柔情的信 shōudàole chōngmǎn róuqíng de xìn ▶環境に～がういい文句だ/关怀环境是它的宣传口号 guānhuái huánjìng shì tā de xuānchuán kǒuhào ▶優しくする/温存 wēncún ▶人には優しくしなさい/对人要和善 duì rén yào héshàn ▶母親が赤ん坊の寝顔を優しく見ている/母亲充满柔情地看着婴儿的睡脸 mǔqin chōngmǎn róuqíng de kànzhe yīng'ér de shuìliǎn

やし【香具師】摊贩 tānfàn；江湖小贩 jiānghú xiǎofàn（英 a quack）；【興行師】a showman

ヤシ【椰子】【植物】椰子 yēzi（英［木］a palm; a coconut tree;［実］a coconut）▶～の実/椰子 yēzi ▶～油/椰油 yēyóu ▶～の葉/椰子的叶子 yēzi de yèzi

やじ【野次】倒彩 dǎocǎi；奚落声 xīluòshēng（英 jeering; heckling;［激しい］catcalls）▶～を飛ばす/喝倒彩 hè dàocǎi ▶激しい～で講演は中断した/因为奚落声四起，讲演中断了 yīnwèi xīluòshēng sìqǐ, jiǎngyǎn zhōngduàn le

やじうま【野次馬】看热闹的人 kàn rènao de rén；跟着起哄的人 gēnzhe qǐhòng de rén（英 curious spectators; bystanders）

やしき【屋敷】公馆 gōngguǎn；府邸 fǔdǐ；宅院 zháiyuàn（英 a mansion; a residence）▶お～/深宅大院 shēnzhái dàyuàn ▶四方を樹木で覆われた～が点々とある/零星地看到几处四周被树木覆盖的人家 língxīng de kàndào jǐ chù sìzhōu bèi shùmù fùgài de rénjiā ▶一帯の家々を武家～として保存する/把附近的民宅作为武士宅院保存起来 bǎ fùjìn de mínzhái zuòwéi wǔshì zháiyuàn bǎocúnqǐlai

やしなう【養う】 ❶〖養育する〗扶养 fúyǎng; 养活 yǎnghuo (英 bring up; raise) ▶子供を～/养育 yǎngyù háizi ▶彼の給料で何とか 5 人家族を養ってきた/用他的工资勉强养活五口之家 yòng tā de gōngzī miǎnqiǎng yǎnghuo wǔ kǒu zhī jiā ▶彼は父代わりに弟を養わなければならなかった/他要代替父亲抚养弟弟 tā yào dàitì fùqin fǔyǎng dìdi ▶(一家の)働き手/(一家的)主要挣钱人 (yì jiā de) zhǔyào zhèngqiánrén ❷〖養成する〗培养 péiyǎng (英 cultivate) ▶田舎の夏休みで英気を～/在农村度假，恢复了元气 zài nóngcūn dùjià, huīfùle yuánqì ▶よい習慣を～/培养良好的习惯 péiyǎng liánghǎo de xíguàn ▶いい美術品をみて感性を～/欣赏好的艺术品，培养感性 xīnshǎng hǎo de yìshùpǐn, péiyǎng gǎnxìng

やしゃご【玄孫】(男子の) 玄孙 xuánsūn;(女子の) 玄孙女 xuánsūnnǚ

やしゅ【野手】 (野球) 守场员 shǒuchǎngyuán (英 a fielder)

やしゅ【野趣】 野趣 yěqù (英 rural beauty; a rural air) ▶～に富んだ/充满野趣 chōngmǎn yěqù

やしゅう【夜襲】 夜袭 yèxí (英 a night attack) ▶～をかける/进行夜袭 jìnxíng yèxí

やじゅう【野獣】 野兽 yěshòu (英 a wild animal [beast]) ▶美女と～の物語/美女和野兽的故事 měinǚ hé yěshòu de gùshi

♦～派〖美術〗野兽派 yěshòupài

やしょく【夜食】 (英 supper; [深夜食] a midnight meal) 夜餐 yècān; 夜宵 yèxiāo ▶～を食べる/吃夜宵 chī yèxiāo

やじり【鏃】 箭头 jiàntóu (英 an arrowhead)

やじる【野次る】 起哄 qǐhòng; 喝倒彩 hè dàocǎi (英 hoot; heckle) ▶相手方の選手を～/给对方的选手喝倒彩 gěi duìfāng de xuǎnshǒu hè dàocǎi

やじるし【矢印】 箭头 jiàntóu (英 an arrow; a pointing arrow) ▶～の道しるべ/箭头指路标 jiàntóu zhǐlùbiāo ▶〖揭示〗～の方向にお進み下さい/请按箭头方向走 qǐng àn jiàntóu fāngxiàng zǒu ▶～は参照先を示します/箭头表示参阅处 jiàntóu biǎoshì cānyuèchù

やしろ【社】 庙 miào; 神社 shénshè (英 a (Shinto) shrine)

やしん【野心】 野心 yěxīn; 奢望 shēwàng; 雄心 xióngxīn (英 ambition) ▶～家/野心家 yěxīnjiā ▶世界征服の～を抱く/胸怀征服世界的野心 xiōnghuái zhēngfú shìjiè de yěxīn ▶今さら彼は自分の将来に～を持っていない/如今他对自己的前途也没有抱什么希望了 rújīn tā duì zìjǐ de qiántú yě méiyǒu bào shénme shēwàng le ▶政治的～をむき出しにする/充分暴露政治野心 chōngfèn bàolù zhèngzhì yěxīn ▶今の社員に社長になろうというような～はない/现在的公司职员都没有要做老板的雄心了 xiànzài de gōngsī zhíyuán dōu méiyǒu yào zuò lǎobǎn de xióngxīn le

♦～作 ▶みんなに彼の～作を披露した/向大家公开了他的雄心大作 xiàng dàjiā gōngkāile tā de xióngxīn dàzuò

やじん【野人】 山野村夫 shānyě cūnfū; 粗人 cūrén (英 a country man; a rustic)

やす【漁具】 叉 chā; 鱼叉 yúchā 〖漁具〗(英 a gaff; a barb) ▶～で魚を突く/用鱼叉叉鱼 yòng yúchā chā yú

やすあがり【安上がりな】 省钱 shěngqián; 便宜 piányi (英 cheap; economical) ▶最も～な旅行をする/去最便宜的旅行 qù zuì piányi de lǚxíng

やすい【安い】 便宜 piányi; 低廉 dīlián (英 cheap; inexpensive; low-priced) ▶大根が～/白萝卜便宜 báiluóbo piányi ▶人件費が～/人工费便宜 réngōngfèi piányi ▶給料のアルバイト/工资低的临时工 gōngzī dī de línshígōng ▶給料は必ずしも安くなかった/工资也并不是很低 gōngzī yě bìng bú shì hěn dī ▶時間は掛かったが～買い物をした/虽然费了时间，但是买到了便宜东西 suīrán fèile shíjiān, dànshì mǎidàole piányi dōngxi ▶値段が安かったので買った/因为价钱便宜，就买了 yīnwèi jiàqian piányi, jiù mǎi le ▶安く見積もる/低估 dīgū ▶ケータイを安く売る/贱卖手机 jiànmài shǒujī; 廉价卖手机 liánjià mài shǒujī ▶パーティーは安く上げよう/晚会就省着点钱办吧 wǎnhuì jiù shěngzhe diǎn qián bàn ba ▶ほかの店ならもっと安く買えるよ/去别的商店可以买到更便宜的 qù biéde shāngdiàn kěyǐ mǎidào gèng piányi de ▶心配したが思ったより安くて済んだ/担心会很贵，没想到比想象的要便宜 dānxīn huì hěn guì, méi xiǎngdào bǐ xiǎngxiàng de yào piányi ▶飛行機で行った方が安くつく/坐飞机去更便宜 zuò fēijī qù gèng piányi ▶安くできませんか/能便宜一点儿吗? néng piányi yìdiǎnr ma? ▶もっと安くしなさいよ/再便宜一点儿，好不好? zài piányi yìdiǎnr, hǎobuhǎo? ▶これ以上は安くなりません/不能再便宜了 bùnéng zài piányi le ▶冬场は飛行機代が安くなる/冬天飞机票降价 dōngtiān fēijīpiào jiàngjià

-やすい【-易い】 ❶〖…しがちだ〗容易… róngyì… (英 be apt to do) ▶人を信じ～人/容易相信人的人 róngyì xiāngxìn rén de rén ▶彼女はかぜを引き～体質だ/她的体质容易感冒 tā de tǐzhì róngyì gǎnmào ▶傷つき～年頃になる/到了心理容易受伤的年龄 dàole xīnlǐ róngyì shòushāng de niánlíng ▶歳を取ると転びやすくなる/上了年纪就容易摔跤 shàngle niánjì jiù róngyì shuāijiāo ❷〖容易な〗易 yì; 容易 róngyì (英 easy) ▶燃え～素材/易燃的材料 yìrán de cáiliào ▶読み～活字/容易看的印刷体 róngyì kàn de yìnshuātǐ ▶彼の説明は分かり～/他的说明易懂 tā de shuōmíng yì dǒng

やすうけあい【安請け合いする】 轻诺寡信

qīng nuò guǎ xìn;轻易应承 qīngyì yìngchéng(英 be too ready to promise)▶「いいよ」と〜した/顺口答应了一声"行" shùnkǒu dāyingle yì shēng "Xíng"

やすうり【安売り】する 贱卖 jiànmài;倾销 qīngxiāo;廉价出售 liánjià chūshòu(英 sell at a bargain)▶店仕舞いの時間になると〜する/到了快要关店的时候就降价卖 dàole kuàiyào guān diàn de shíhou jiù jiāngjià mài ▶靴下を〜て買う/降价的时候买袜子 jiàngjià de shíhou mǎi wàzi ▶自分を〜してはいけない/不要把自己贱卖了 búyào bǎ zìjǐ jiànmài le
〜店:廉价商店 liánjià shāngdiàn

やすっぽい【安っぽい】 粗劣 cūliè;庸俗 yōngsú(英 cheap; tawdry; flashy)▶〜婦人服/廉价的女装 liánjià de nǚzhuāng ▶道沿いに安っぽく見える旅館が並ぶ/路边都是看起来简陋的旅店 lùbiān dōu shì kànqǐlai jiǎnlòu de lǚdiàn ▶どれも〜物ばかりだ/哪个都显得不值钱 nǎge dōu xiǎnde bù zhíqián

やすで【安手】 廉价 liánjià;不值钱 bù zhíqián(英 rather cheap)

ヤスデ[動物]马陆 mǎlù(英 a millipede)

やすね【安値】 廉价 liánjià(英 a low price)▶他店より〜で売る/比其他店卖得便宜 bǐ qítā diàn màide piányi ▶銀行株も電気株も最〜を記録した/银行股和电力股都刷新了最低价纪录 yínhánggǔ hé diànlìgǔ dōu shuāxīnle zuìdījià jìlù

やすぶしん【安普請】 廉价修建(的房子)liánjià xiūjiàn(de fángzi)(英 a jerry-building)

やすませる【休ませる】 停 tíng(英[休暇を与える]give... a holiday; rest)▶修繕のため休ませてある(バスなど)/因为要维修而停业了 yīnwèi yào wéixiū ér tíngyè le

やすまる【休まる】 休息 xiūxi;(心が)心神安宁 xīnshén ānníng;安心 ānxīn(英 feel at ease)▶体は十分休まりました/身体已经足够休息好了 shēntǐ yǐjing zúgòu xiūxi hǎo le ▶心も体も〜暇がない/身心都没有时间得到休息 shēnxīn dōu méiyǒu shíjiān dédào xiūxi ▶森の緑を見る目が〜/看到森林的绿色,眼睛就能得到休息 kàndào sēnlín de lǜsè, yǎnjing jiù néng dédào xiūxi

やすみ【休み】 ❶【休息】休息 xiūxi(英 rest; a break)▶〜にしよう/休息一下吧 xiūxi yíxià ba ▶昼に 1 時間の〜がある/中午有一个小时的休息时间 zhōngwǔ yǒu yí ge xiǎoshí de xiūxi shíjiān ▶お〜のところ申し訳ありません/在您休息的时候打扰您,对不起 zài nín xiūxi de shíhou dǎjiǎo nín, duìbuqǐ ❷【休日】休假 xiūjià;假日 jiàrì(英 a holiday; a vacation)▶〜に入る/放假 fàngjià ▶〜をとる/休假 xiūjià;告假 gàojià;请假 qǐngjià ▶每週木曜日は〜だ/每周星期四休息 měi zhōu xīngqī sì xiūxi ▶2 週間の〜もたちまち過ぎた/两周的假期一眨眼就过去了 liǎng zhōu de jiàqī yì zhǎyǎn jiù guò le

明日は学校は〜です/明天学校放假 míngtiān xuéxiào fàngjià ❸【休止】间断 jiànduàn(英 a pause; intermission)▶休みなく/一个劲儿 yígejìnr;不停地 bù tíng de ▶雨は三日間〜なく降った/雨连续下了三天 yǔ liánxù xiàle sān tiān

やすむ【休む】 ❶【休息する】歇 xiē;休息 xiūxi;休憩 xiūqì(英 rest; have a rest)▶2, 3 時間休んだらよくなりましょう/休息两三个小时就会好的 xiūxi liǎng sān ge xiǎoshí jiù huì hǎo de ▶2, 3 日ゆっくりお休みなさらなければいけません/需要休息两三天 xūyào xiūxi liǎng sān tiān ▶ばかも休み休み言え/别说傻话了 bié shuō shǎhuà le ▶《号令》休め!/稍息 shàoxī ▶休めの姿勢をとる/作出稍息的姿势 zuòchū shàoxī de zīshì
❷【中止する】停止 tíngzhǐ;暂停 zàntíng(英 suspend)▶25 日から営業を〜/二十五日起暂停营业 èrshíwǔ rì qǐ zàntíng yíngyè
❸【欠席する】缺席 quēxí;缺勤 quēqín;休课 xiūkè(英 be absent)▶仕事を〜/工作请假 gōngzuò qǐngjià ▶あの先生は授業を一度も休んだことがない/那位老师从来就没有休过课 nà wèi lǎoshī cónglái jiù méiyǒu xiūguo kè
❹【就寝する】睡 shuì(英 go to bed; sleep)▶もう〜としよう/睡觉吧 shuìjiào ba ▶お休みなさい/晚安 wǎn'ān ▶高木さん,昨夜はよくお休みになりましたか/高木小姐,昨晚睡得好吗? Gāomù xiǎojiě, zuówǎn shuìde hǎo ma?

やすめる【休める】 使…休息 shǐ …xiūxi;(活動を)停下 tíngxia(英 rest; give... a rest)▶その女優は目下神経を〜ために海外旅行に出ている/那位女演员目前为了调整心态出国旅行去了 nà wèi nǚyǎnyuán mùqián wèile tiáozhěng xīntài chūguó lǚxíng qù le ▶仕事の手を〜/停下了手头的工作 tíngxiàle shǒutóu de gōngzuò

やすもの【安物】 便宜货 piányihuò;次货 cìhuò;贱货 jiànhuò(英 a cheap article;[格安品]a bargain)▶その部屋には〜の家具が入っていた/这间屋子里摆放着便宜的家具 zhè jiān wūzili bǎifàngzhe piányi de jiājù ▶〜の時計だけれど故障をしたことがない/虽然是便宜表,却没出过毛病 suīrán shì piányi biǎo, què méi chūguò máobìng
ことわざ 安物買いの銭失い 贪小便宜吃大亏 tān xiǎo piányi chī dà kuī

やすやす【易易と】 轻易 qīngyì(英 easily; with ease; without effort)▶そう〜と信じるわけにはいかない/不能那么轻易相信 bùnéng nàme qīngyì xiāngxìn ▶これは誰もが〜に手に入れられる代物ではない/这不是谁都能轻易弄到手的东西 zhè bú shì shéi dōu néng qīngyì nòngdào shǒu de dōngxi

やすやど【安宿】 小客栈 xiǎokèzhàn;简陋旅馆 jiǎnlòu lǚguǎn(英 a cheap hotel)

やすらか【安らかな】 ❶【心が】安静 ānjìng;平安 píng'ān;恬静 tiánjìng(英 peaceful; calm)▶〜に暮らす/过得安乐 guòde ānlè ▶写真には〜な母が写っていた/像片上的母亲显得和蔼安祥

xiàngpiànshang de mǔqin xiǎnde hé'ǎi ānxiáng ▶～な心持ちになる/心情平静 xīnqíng píngjìng ▶余生を～に過ごす/安度晩年 āndù wǎnnián ❷『眠いだが』沉稳 chénwěn (英 restful; quiet) ▶～に眠る/安眠 ānmián 『死者が』～に眠る/安息 ānxī; 死得安祥 sǐde ānxiáng ▶～な寝息が隣の部屋から聞こえる/隔壁房间传来沉稳平和的鼾声 gébì fángjiān chuánlái chénwěn pínghé de hānshēng

やすらぎ【安らぎ】 安乐 ānlè; 平静 píngjìng; 安慰 ānwèi (英 peace; repose) ▶～を感じる/感到安慰 gǎndào ānwèi

やすり 锉 cuò; 锉刀 cuòdāo (英 a file) ▶～で削る/锉 cuò ▶～をかける/用锉刀锉 yòng cuòdāo cuò

♦～紙/砂纸 shāzhǐ ～屑/锉屑 cuòxiè

やすんじる【安んじる】 ❶『安心する』放心 fàngxīn; 安心 ānxīn (英 be at ease) ▶安んじて眠る/放心地睡觉 fàngxīn de shuìjiào
❷『満足する』满足于 mǎnzúyú; 安于 ānyú (英 be satisfied) ▶小成に～/安于小成 ānyú xiǎochéng
❸『落ち着かせる』使安心 shǐ ānxīn (英 calm down) ▶心を～/沉下心来 chénxià xīn lái

やせい【野生】 野生 yěshēng (英 wild) ▶～の/野生 yěshēng ▶～生物/野生生物 yěshēng shēngwù ▶孤島でヤギが～化する/在孤岛上山羊野生化了 zài gūdǎoshang shānyáng yěshēnghuà le

♦～動物/野生动物 yěshēng dòngwù ～動物保護地区/野生动物保护区 yěshēng dòngwù bǎohùqū

やせい【野性】 野性 yěxìng (英 wild nature); [狂暴性] savage nature) ▶眉毛の濃い～的な男/眉毛浓厚的粗壮汉子 méimao nónghòu de cūzhuàng hànzi

やせうで【痩せ腕】 弱小的力量 ruòxiǎo de lìliang (英 a thin arm); [比喩的に] a small income) ▶彼女の～で一家を養うのは容易ではなかった/靠她的弱小的劳动力养活一家人不容易 kào tā de ruòxiǎo de láodònglì yǎnghuo yìjiārén bù róngyì

やせうま【痩せ馬】 瘦马 shòumǎ (英 a jade; a lean horse)

やせおとろえる【痩せ衰える】 消瘦 xiāoshòu (英 be reduced to skin and bones)

やせがた【痩せ形の】 清瘦 qīngshòu; 细长 xìcháng (英 slim; slender)

やせがまん【痩せ我慢する】 硬支撑 yìng zhīcheng; 硬挺 yìngtǐng; 硬着头皮 yìngzhe tóupí (英 endure from pride) ▶彼は～の強い男だ/他是一个很能逞强的男人 tā shì yí ge hěn néng chěngqiáng de nánrén ▶～もいいかげんにしろ/别逞强了 bié chěngqiáng le

やせぎす【痩せぎすの】 瘦骨伶仃 shòugǔ língdīng (英 skinny; lean)

やせこける【痩せこける】 憔悴 qiáocuì; 瘦得

皮包骨头 shòude pí bāo gǔtou; 瘦骨嶙峋 shòugǔ línxún (英 become thin; lose flesh) ▶瘦せこけた野良犬がうなだれながら路地裏を歩いていた/瘦骨嶙峋的野狗耷拉着头走在小巷里 shòugǔ línlín de yěgǒu dālazhe tóu zǒuzài xiǎoxiàngli

やせち【瘦せ地】 贫瘠的土地 pínjí de tǔdì (英 infertile land; barren land) ▶そばは～でもよく育つ/荞麦可以在贫瘠的土地上成长 qiáomài kěyǐ zài pínjí de tǔdìshang chéngzhǎng

やせっぽち【瘦せっぽち】 瘦干儿 shòugānr (英 a skinny person) ▶私は子供の頃～だった/我小时候干瘦干瘦的 wǒ xiǎoshíhou gānshòu gānshòu de

やせほそる【痩せ細る】 消瘦 xiāoshòu; 瘦伶仃 shòulíngdīng (英 get thin) ▶歩けなくなると足の筋肉が～/一旦不能步行, 腿脚的肌肉就会消瘦 yídàn bùnéng bùxíng, tuǐjiǎo de jīròu jiù huì xiāoshòu

やせる【瘦せる】 ❶『からだが』瘦 shòu; 消瘦 xiāoshòu (英 get thin); 『ダイエットする』减肥 jiǎnféi (英 slim) ▶～ための特別の食事をとる/吃专为减肥的特别饮食 chī zhuānwèi jiǎnféi de tèbié yǐnshí ▶～ために食事を考えて取っています/为了减肥而在饮食上下工夫 wèile jiǎnféi ér zài yǐnshíshang xià gōngfu ▶瘦せた人/瘦子 shòuzi ▶瘦せて背の高い男だから遠くからすぐ分かる/他又瘦又高, 从远处一看就能辨认出来 tā yòu shòu yòu gāo, cóng yuǎnchù yí kàn jiù néng biànrènchūlai ▶久しぶりに会ったが彼はずいぶん瘦せていた/隔了好久才见到他, 可他瘦多了 géle hǎojiǔ cái jiàndào tā, kě tā shòu duō le
❷『土地が』贫瘠 pínjí (英 become poor) ▶瘦せた田畑/瘦田 shòutián; 薄地 bódì ▶度重なる洪水で土地が～/接二连三的洪水致使土地变得贫瘠 jiē èr lián sān de hóngshuǐ zhìshǐ tǔdì biànde pínjí

やせん【野戦】 野战 yězhàn (英 field operations) ▶～軍/野战军 yězhànjūn

♦～病院/野战医院 yězhàn yīyuàn

やそう【野草】 野草 yěcǎo (英 wild grass [herbs]) ▶川辺で食べられる～を探す/在河边寻找能吃的野草 zài hébiān xúnzhǎo néng chī de yěcǎo

やそうきょく【夜想曲】 『音楽』夜想曲 yèxiǎngqǔ; 夜曲 yèqǔ (英 a nocturne)

やたい【屋台】 摊 tān; 摊子 tānzi; 货摊 huòtān (英 a street stall; a stand) ▶どの国でも街角の～料理はおいしい/在任何国家街角小摊的菜都很好吃 zài rènhé guójiā jiējiǎo xiǎotān de cài dōu hěn hǎochī ▶～がなければ祭りは始まらない/没有摊床庙会就办不成 méiyǒu tānchuáng miàohuì jiù bànbuchéng

♦～店/摊床 tānchuáng

やたいぼね【屋台骨】 『身代』根基 gēnjī; 『組織など』支柱 zhīzhù (英 the foundation; the framework) ▶～が傾く/根基动摇 gēnjī dòngyáo ▶お母さんが～となって家族を養う/妈妈

为一家支柱而养活一家人 māma zuòwéi yì jiā zhīzhù ér yǎnghuò yìjiārén ▶中小企業が日本経済の～を支えている/中小企业支撑着日本经济的骨架 zhōngxiǎo qǐyè zhīchēngzhe Rìběn jīngjì de gǔjià

やたらに 一味 yíwèi; 胡乱 húluàn (英 excessively; too much; at random) ▶～忙しい/忙得要命 mángde yàomìng ▶～ほめ上げる/吹捧 chuīpěng; 一味赞扬 yíwèi zànyáng ▶こういう親切で穏やかな人は～にはいない/这样亲切而温和的人并不多 zhèyàng qīnqiè ér wēnhé de rén bìng bù duō ▶その犬は～に人なつっこい/那只狗非常爱和人亲近 nà zhī gǒu fēicháng ài hé rén qīnjìn ▶あの人は最近～に金回りがいい/那个人最近手头非常宽裕 nàge rén zuìjìn shǒutóu fēicháng kuānyù ▶借金を繰り返して～に金を使う/不断借钱乱花 búduàn jiè qián luàn huā ▶乱～な土地開発で町の風情が消えた/因为乱开发土地，小镇的情趣消失了 yīnwèi luàn kāifā tǔdì, xiǎozhèn de qíngqù xiāoshī le

やちょう【野鳥】 野禽 yěqín; 野鸟 yěniǎo (英 a wild bird) ▶日本では～を捕ってはいけないことになっている/在日本不能随便捕捉野鸟 zài Rìběn bùnéng suíbiàn bǔzhuō yěniǎo

♦～観察 观察野鸟 guānchá yěniǎo ～の会 野鸟会 yěniǎohuì ～保護 保护野鸟 bǎohù yěniǎo

やちん【家賃】 房钱 fángqián; 房租 fángzū; 租钱 zūqian (英 a (house) rent) ▶君の家の～はいくらですか/你家的房租多少钱? nǐ jiā de fángzū duōshao qián? ▶この辺の～はあまり高くない/这附近的房租不太高 zhè fùjìn de fángzū bú tài gāo ▶家主が～の値上げを言ってきた/房东通知要涨房租 fángdōng tōngzhī yào zhǎng fángzū ▶その頃家を月10万円の～で借りていた/那时候每月花十万日元租房子了 nà shíhou měiyuè huā shíwàn Rìyuán zū fángzi le

やつ【奴】 东西 dōngxi; 家伙 jiāhuo (英 a fellow; a guy) ▶いい～/好小子 hǎoxiǎozi ▶彼はそんなことをする～ではない/他不是做那种事的家伙 tā bú shì zuò nà zhǒng shì de jiāhuo ▶彼は本当に悪い～だった/他的确是个坏家伙 tā díquè shì ge huài jiāhuo ▶この寒い時に手伝ってくれる～なんていない/这么冷的时候没人来帮忙 zhème lěng de shíhou méi rén lái bāngmáng

やつあたり【八つ当たりする】 迁怒 qiānnù; 撒气 sāqi; 乱发脾气 luàn fā píqi (英 take it out on...) ▶ひいきチームが負けると父は～する/自己喜欢的运动队一打败，爸爸就乱发脾气 zìjǐ xǐhuan de yùndòngduì yì dǎbài, bàba jiù luàn fā píqi

やっかい【厄介】 ①【面倒な】 麻烦 máfan; 费事 fèishì; 辣手 làshǒu (英 troublesome; difficult) ▶～なことをしでかす/闯祸 chuǎnghuò ▶～者/难对付的人 nán duìfu de rén ▶それは相当～な仕事だ/那是件相当棘手的工作 nà shì jiàn xiāngdāng jíshǒu de gōngzuò ▶事情は如

なり～そうに見えた/事情看起来很麻烦 shìqing kànqǐlai hěn máfan ▶～な男をくびにする/把难对付的男人开除掉 bǎ nán duìfu de nánrén kāichúdiào

②【世話】 请人照顾 qǐng rén zhàogù (英 care) ▶上京に際しては姉の家に一晩～になる/上东京的时候在姐姐家里住一晚 shàng Dōngjīng de shíhou zài jiějie jiāli zhù yì wǎn ▶人の～にならないで生活する/自己独立生活 zìjǐ dúlì shēnghuó ▶警察の～になる《犯罪を犯して》/被警察逮捕 bèi jǐngchá dàibǔ

～払いする 退职金を払って彼を～払いする/发给他退职金, 去掉了一个麻烦 fāgěi tā tuìzhíjīn, qùdiàole yí ge máfan

やっかだいがく【薬科大学】 药学院 yàoxuéyuàn (英 a college of pharmacy)

やっかむ 嫉妒 jídù; 眼红 yǎnhóng (英 envy; be jealous)

やっかん【約款】 条款 tiáokuǎn (英 an agreement; an article; a clause)

やっき【躍起になる】 发急 fājí; 拼命 pīnmìng; 竭力 jiélì (英 get excited; become eager) ▶予算を取ろうと～になる/竭力争取预算 jiélì zhēngqǔ yùsuàn ▶合格しようと～となって勉強する/想要通过考试而拼命学习 xiǎng yào tōngguò kǎoshì ér pīnmìng xuéxí ▶進行の遅れを～になって弁解した/为进展缓慢拼命辩解 wèi jìnzhǎn huǎnmàn pīnmìng biànjiě

やつぎばや【矢継ぎ早に】 接连不断 jiēlián búduàn; 接二连三 jiē èr lián sān (英 in rapid succession) ▶～に質問を発する/接连不断地提问 jiēlián búduàn de tíwèn

やっきょう【薬莢】 弹壳 dànké; 药筒 yàotǒng (英 a cartridge; a shell)

やっきょく【薬局】 药房 yàofáng (英 a pharmacy; a drugstore) ▶～方(书)/药典 yàodiǎn ▶～で風邪薬を買う/在药店买感冒药 zài yàodiàn mǎi gǎnmàoyào

ヤッケ 《スキーの》防风衣 fángfēngyī; 风雪短大衣 fēngxuě duǎndàyī (英 a ski parka)

やっこう【薬効】 药力 yàolì; 药效 yàoxiào (英 the effect of a medicine)

やつざき【八つ裂きにする】 剐 guǎ (英 tear... limb from limb)

やつす 化装 huàzhuāng; 打扮 dǎban (英 disguise oneself) ▶薬売りに姿をやつして敵地に潜入する/化装成卖药人潜入敌区 huàzhuāngchéng màiyàorén qiánrù díqū

やっつけしごと【やっつけ仕事】 急就章 jíjiùzhāng; 草率从事的工作 cǎoshuài cóngshì de gōngzuò (英 a rough-and-ready job)

やっつける 整 zhěng; 打败 dǎbài (英 [殺す] kill; [負かす] defeat) ▶あいつは俺がやっつけてやる/那家伙我来收拾 nà jiāhuo wǒ lái shōushi ▶彼は新聞でひどくやっつけられた/他在报纸上受到极力批判 tā zài bàozhǐshang shòudào jílì pīpàn ▶批評家連中を逆にやっつけてやった/反而把一班

やっていく【やって行く】 活下去 huóxiàqu; 維持下去 wéichíxiàqu (英 get along; make to do) ▶そんな収入ではやって行けない/凭那点儿收入没法过下去 píng nà diǎnr shōurù méi fǎ guòxiàqu ▶なんとかやって行ける給料だった/能勉強对付下去的薪水 néng miǎnqiǎng duìfuxiàqu de xīnshui ▶即使没有那个也可以勉強将就下去吧 jíshǐ méiyǒu nàge yě kěyǐ miǎnqiǎng jiāngjiuxiàqu ba ▶経済的に何とか/经济上勉强维持下去 jīngjìshang miǎnqiǎng wéichíxiàqu

やってくる【やって来る】 来 lái; 过来 guòlái; 到来 dàolái (英 come along) ▶こういう機会はもうやって来ないかも知れない/这种机会也许不会再来了 zhè zhǒng jīhuì yěxǔ búhuì zài lái le ▶彼はまだやって来ません/他还没有来 tā hái méiyǒu lái ▶春がまたやって来た/春天又到了 chūntiān yòu dào le ▶そのうちまたやって来たまえ/过几天再来吧 guò jǐ tiān zài lái ba

やってのける 做完 zuòwán (英 accomplish) ▶長時間の会議を議長として難なくやってのけた/作为会议主席轻松地主持了长时间的会议 zuòwéi huìyì zhǔxí qīngsōng de zhǔchíle chángshíjiān de huìyì

やってみる 尝试 chángshì; 试试看 shìshi kàn (英 try; have a try) ▶〜だけのことはあった/那件事到底值得一做 nà jiàn shì dàodǐ zhíde yí zuò ▶〜ことが一番だ/最好做一做试试 zuìhǎo zuò yí zuò shìshi

やっと ❶【ついに・ようやく】 才 cái; 好不容易 hǎobùróngyì (英 at last; at length) ▶〜のことで/好不容易 hǎobùróngyì; 好容易总算 zǒngsuàn ▶やれやれ〜終わった/哎呀, 好容易完了 āiyā, hǎoróngyì wán le ▶しつこいかぜが〜治った/顽固的感冒总算好了 wángù de gǎnmào zǒngsuàn hǎo le
❷【かろうじて】 勉强 miǎnqiǎng; 好容易 hǎoróngyì (英 barely; narrowly) ▶〜汽车に間にあった/好不容易赶上了火车 hǎobùróngyì gǎnshàngle huǒchē ▶〜生活するだけの収入しかありません/只有勉强维生的收入 zhǐyǒu miǎnqiǎng wéishēng de shōurù ▶〜試験をパスする/终于通过了考试 zhōngyú tōngguòle kǎoshì ▶〜難をのがれる/好容易脱离危险 hǎoróngyì tuōlí wēixiǎn ▶感情を〜のことで押さえた/好容易才控制住了感情 hǎoróngyì cái kòngzhìzhùle gǎnqíng

やっとこ【工具】 钳子 qiánzi (英 pincers)

やっぱり ⇨やはり

ヤツメウナギ【八つ目鰻】【魚】 八目鳗 bāmùmán (英 a lamprey)

やつれる 憔悴 qiáocuì; 消瘦 xiāoshòu (英 be worn; be consumed) ▶君はひどくやつれましたね/你瘦多了 nǐ shòu duō le ▶心配で〜/因心事而憔悴 yīnwéi xīnshì ér qiáocuì ▶妻はインフルエンザで3日寝込んでやつれた/妻子因为得了流感而三天卧床不起, 所以消瘦了 qīzi yīnwéi déle liúgǎn ér sān tiān wòchuáng bù qǐ, suǒyǐ xiāoshòu le ▶恋にやつれた女/因恋爱而憔悴的女人 yīn liàn'ài ér qiáocuì de nǚrén ▶心配でやつれた顔をしている/因为担心而面容憔悴 yīnwéi dānxīn ér miànróng qiáocuì

やど【宿】 宿舍 sùshè; 住处 zhùchù (英 an inn; a hotel) ▶〜を取る/落脚 luòjiǎo; 住宿 zhùsù ▶海の見える部屋に〜を訂下一个能看见海的房間 dìngxià yí ge néng kànjiàn hǎi de fángjiān ▶〜を借りる/寄宿 jìsù; 借宿 jièsù; 投宿 tóusù ▶草津温泉の有名なホテルに2泊〜を借りた/在草津温泉有名的宾馆住宿了两天 zài Cǎojīn wēnquán yǒumíng de bīnguǎn zhùsùle liǎng tiān ▶学生時代〜が決まらず駅に泊まったことがある/学生时代没地方投宿, 在车站里住过 xuésheng shídài méi dìfang tóusù, zài chēzhànli zhùguo
◆〜賃/住店钱 zhùdiànqián; 旅馆费 lǚguǎnfèi

やといにん【雇い人】 雇工 gùgōng (英 an employee; a servant) ▶家にはその当時〜が三人いた/家里当时雇了三个佣人 jiāli dāngshí gùle sān ge yōngrén

やといぬし【雇い主】 雇主 gùzhǔ (英 an employer; the master)

やとう【野党】 在野党 zàiyědǎng (英 the Opposition; an Opposition party) ▶〜の党首/在野党领袖 zàiyědǎng lǐngxiù ▶法案が〜の支配する参議院で否决される/法案在在野党支配的参议院被否决 fǎ'àn zài zàiyědǎng zhīpèi de cānyìyuàn bèi fǒujué
◆〜議員/在野党议员 zàiyědǎng yìyuán

やとう【雇う】 雇 gù; 雇佣 gùyòng (英 employ; hire) ▶家庭教師を〜/雇家庭教师 gù jiātíng jiàoshī ▶繁忙期に三人のアルバイトを〜/繁忙时期雇三个人打工 fánmáng shíqí gù sān ge rén dǎgōng ▶数度の面接を行って人を〜/通过几次面试雇人 tōngguò jǐ cì miànshì gù rén ▶今はこの歳で雇ってくれるところほとんどない/现在几乎没有地方雇用我这个年纪的人 xiànzài jīhū méiyǒu dìfang gùyòng wǒ zhège niánjì de rén ▶いったん辞めたら, もう一度雇ってもらうわけにはいかないよ/一旦辞职, 就不能再被重新雇用 yídàn cízhí, jiù bùnéng zài bèi chóngxīn gùyòng

ヤドカリ【宿借り】【動物】 寄居蟹 jìjūxiè (英 a hermit crab)

やどす【宿す】 【妊娠する】 怀孕 huáiyùn (英 conceive) ▶彼女は離婚した彼の子を宿していた/她怀上了前夫的孩子 tā huáishàngle qiánfū de háizi

やどちょう【宿帳】 旅馆登记簿 lǚguǎn dēngjìbù (英 a hotel register; a guest book) ▶〜につける/入住登记 rùzhù dēngjì

やどちん【宿賃】 旅馆费 lǚguǎnfèi (英 hotel charges)

やどなし【宿無し】 流浪者 liúlàngzhě; 无家可归的 wújiā kě guī de (英 a homeless person; a

やどぬし【宿主】 房东 fángdōng；（寄生物の）寄主 jìzhǔ（英 *a host*）

やどや【宿屋】 旅馆 lǚguǎn；旅社 lǚshè；客栈 kèzhàn（英 *an inn; a hotel*）

ヤドリギ【宿木】〖植物〗槲寄生 hújìshēng（英 *a parasite*）

やどる【宿る】（宿に）投宿 tóusù；（存在する）存在 cúnzài；（子が）怀胎 huáitāi（英 *dwell in; lodge*）▶草葉に露が〜/露水凝结在草叶上 lùshuǐ níngjié zài cǎoyèshang ▶日本料理には季節感が宿っている/日本菜肴涵着季节感 Rìběncài yùnhánzhe jìjiégǎn

やとわれ-【雇われ-】 受雇 shòugù（英 *hired*）▶〜仕事をする/帮工 bānggōng ▶〜店長/受雇的店长 shòugù de diànzhǎng

やな【梁】〘漁具〙鱼梁 yúliáng（英 *a weir*）

ヤナギ【柳】〖植物〗柳树 liǔshù（英 *a willow*）▶〜の枝/柳条 liǔtiáo
◆〜腰/柳腰 liǔyāo

やなみ【家並み】 一排房屋 yì pái fángwū（英 *a row of houses*）

やに【脂】（樹木の）树脂 shùzhī；（タバコなどの）油子 yóuzi（英 [木の] *resin*；[タバコの] *nicotine*）▶松〜/松脂 sōngzhī ▶タバコの〜/烟油子 yānyóuzi ▶地下のバーの〜で染まっていた/地下的酒吧熏染上了烟油 dìxià de jiǔbā xūnrǎnshàngle yānyóu
◆目〜/眼屎 yǎnshǐ

やにさがる【やに下がる】 洋洋自得 yángyáng zìdé；自鸣得意 zì míng déyì（英 *chuckle over...*）▶おまえなにをやに下がっているんだ/你得意什么呀？ nǐ déyì shénme ya?

やにょうしょう【夜尿症】 夜尿症 yèniàozhèng（英 *enuresis; bed-wetting*）▶子供の〜には困ったもんだ/对小孩子尿床真是没办法 duì xiǎoháizi niàochuáng zhēn shì méi bànfǎ

やにわに【矢庭に】 突然 tūrán；冷不防 lěngbufáng（英 *suddenly; abruptly*）▶その若者は〜ポケットからナイフを取り出した/那个年轻人冷不防从口袋里掏出了匕首 nàge niánqīngrén lěngbufáng cóng kǒudàili tāochūle bǐshǒu

やぬし【家主】 房东 fángdōng［男］*a landlord*；［女］*a landlady*）

やね【屋根】 房顶 fángdǐng；屋顶 wūdǐng（英 *a roof*）▶藁で〜をふく/苫稻草房顶 shàn dàocǎo fángdǐng ▶〜に上がって雨漏りの修繕をする/爬上屋顶修补漏雨的地方 páshàng wūdǐng xiūbǔ lòuyǔ de dìfang ▶地震が恐くて〜瓦をスレートぶきに変える/由于害怕地震，把屋顶瓦换成了薄石板 yóuyú hàipà dìzhèn, bǎ wūdǐngwǎ huànchéngle báoshíbǎn

やねうら【屋根裏】 阁楼 gélóu；顶楼 dǐnglóu（英 *an attic; a loft*）
◆〜部屋/阁楼间 géloujiān

やばい 危险 wēixiǎn；不行 bùxíng（英 *risky*）

やはり ❶【同様に】还是 háishi；仍然 réngrán；也 yě（英 *too; also*）▶その案も〜だめだ/这个方案还是不行 zhège fāng'àn háishi bùxíng ▶兄も〜医者でした/哥哥是个医生 gēge yě shì ge yīshēng ▶〜彼と同じく私も〜反対です/和他一样，我也反对 hé tā yīyàng, wǒ yě fǎnduì
❷【思った通り】果然 guǒrán；还是 háishi（英 *still; nevertheless*）▶〜彼がやったことでした/那果然是他做出来的 nà guǒrán shì tā zuòchūlai de ▶〜本当だったよ/那还是真的 nà háishi zhēn de
❸【結局】毕竟 bìjìng；到底 dàodǐ（英 *after all*）▶兄弟は兄弟です/兄弟终归是兄弟 xiōngdì zhōngguī shì xiōngdì

やはん【夜半】 半夜 bànyè；夜半 yèbàn（英 *at midnight*）▶父が帰って来たのは〜過ぎだった/爸爸回来时已过半夜了 bàba huílái shí yǐ guò bànyè le

やばん【野蛮な】 野蛮 yěmán；（粗野な）粗野 cūyě（英 *savage; barbarous*）▶〜な行為/粗野的行为 cūyě de xíngwéi ▶顔をそむけたくなるような〜な風習/令人不敢正视的野蛮风俗 lìng rén bù gǎn zhèngshì de yěmán fēngsú
◆〜人〘野蛮人〙yěmánrén

やひ【野卑な】 粗俗 cūsú；粗鲁 cūlǔ；下贱 xiàjiàn（英 *vulgar; coarse*）▶〜言葉/粗鲁话 cūlǔhuà ▶〜で無骨な男/粗鲁庸俗的男人 cūlǔ yōngsú de nánrén

やぶ【藪】 草丛 cǎocóng；灌木丛 guànmùcóng（英 *a scrub; a bush*）▶竹〜/竹林 zhúlín ▶〜が生い茂って前に進めない/灌木丛生无法向前 guànmù cóngshēng wúfǎ xiàng qián
〜から棒に/〜から棒に何を言うんだ/没头没脑地说什么话? méitóu méinǎo de shuō shénme huà?
〜をつついて蛇を出す〘やぶ蛇〙打草惊蛇 dǎ cǎo jīng shé；捅马蜂窝 tǒng mǎfēngwō；自寻烦恼 zì xún fánnǎo
◆〜医者〘庸医〙yōngyī 〜蚊〘豹脚蚊〙bàojiǎowén

やぶく【破く】 弄破 nòngpò；撕开 sīkāi（英 *tear*）

やぶさか
〜でない 不吝惜 bú lìnxī；乐意 lèyì；甘心 gānxīn ▶私は彼の行為をほめるに〜でない/我很乐意表扬他的行为 wǒ hěn lèyì biǎoyáng tā de xíngwéi ▶いつでも会うのに〜でない/我任何时候都愿意见面 wǒ rènhé shíhou dōu yuànyì jiànmiàn

やぶさめ【流鏑馬】 骑马射箭 qí mǎ shè jiàn（英 *a ceremonial riding and archery exercise*）

やぶにらみ【藪にらみの】 斜视 xiéshì；斜眼 xiéyǎn（英 *squint-eyed; squint*）▶彼はひどい〜だ/他斜视很严重 tā xiéshì hěn yánzhòng

やぶへび【藪蛇】 ⇨やぶ（藪）

やぶる【破る】 ❶【紙などを裂く】撕破 sīpò；撕毁 sīhuǐ（英 *tear*）▶紙を〜/把纸撕碎 bǎ zhǐ sīsuì ▶封筒を破って開ける/撕破信封打开信 sīpò xìnfēng dǎkāi xìn ▶書類を破り捨てる/

撕毁文件 sīhuǐ wénjiàn ▶釘に引っかかって袖が破れた/因刮到钉子上弄破了袖子 yīn guādào dīngzishang nòngpòle xiùzi

❷【壊す】 打破 dǎpò; 突破 tūpò (英 break; destroy) ▶自分の殻を~/打破自身的框框 dǎpò zìshēn de kuàngkuang ▶裏の窓ガラスを破って賊は侵入した/匪徒打破了后窗的玻璃闯了进来 fěitú dǎpòle hòuchuāng de bōli chuǎnglejìnlai ▶封鎖ラインを~/突破封锁线 tūpò fēngsuǒxiàn ▶世界の平和を~できごと/破坏世界和平的事件 pòhuài shìjiè hépíng de shìjiàn ▶老婆は長い沈黙を破って語り出した/老太太打破了长时间的沉默讲述起来 lǎotàitai dǎpòle chángshíjiān de chénmò jiǎngshùqǐlai ▶敵の包囲を~/冲破敌人的包围 chōngpò dírén de bāowéi ▶世界記録を2秒~/打破两秒世界纪录 dǎpò liǎng miǎo shìjiè jìlù

❸【違反する】 破坏 pòhuài; 违反 wéifǎn (英 break; violate) ▶規則を~/违规 wéiguī ▶約束を~/失约 shīyuē ▶伝統を~/破坏传统 pòhuài chuántǒng

❹【負かす】 打败 dǎbài (英 defeat; beat) ▶昨年の優勝校を破って決勝戦に進出する/打败去年的冠军队进入决赛 dǎbài qùnián de guànjūnduì jìnrù juésài

やぶれ【破れ】 破绽 pòzhàn; 裂缝 lièfèng (英 a rent; a tear) ▶上着を繕う/修补上衣的破绽 xiūbǔ shàngyī de pòzhàn

やぶれかぶれ【破れかぶれの】 自暴自弃 zì bào zì qì; 破罐破摔 pò guàn pò shuāi (英 desperate; reckless) ▶こうなったら~だ/到了这个地步,只好破罐子破摔了 dàole zhège dìbù, zhǐhǎo pòguànzi pòshuāi le ▶~の反撃に出た/作出了同归于尽的反击 zuòchūle tóng guī yú jìn de fǎnjī

やぶれる【破れる】 破 pò (英 be torn; break; be broken) ▶シャツが~/汗衫破了 hànshān pò le ▶夢が~/理想破灭 lǐxiǎng pòmiè ▶窓に破れたカーテンが下がっていた/窗户上挂着破窗帘 chuānghushang guàzhe pòchuānglián ▶肘も膝も破れた服を着ている/穿着胳膊肘和膝盖都破了的衣服 chuānzhe gēbozhǒu hé xīgài dōu pòle de yīfu ▶鼓膜が破れそうな音だ/震耳欲聋的声音 zhèn ěr yù lóng de shēngyīn ▶寒さに水道管が破れた/冻得自来水管破了 dòngde zìláishuǐguǎn pò le

やぶれる【敗れる・破れる】 打输 dǎ shū; 失败 shībài (英 be beaten [defeated]) ▶試合に~/比赛打输 bǐsài dǎ shū ▶戦いに~/战败 zhànbài ▶選挙に大差で~/在选举中大败 zài xuǎnjǔ zhōng dàbài

国破れて山河あり 国破山河在 guó pò shānhé zài

やぶん【夜分】 夜里 yèli; 夜间 yèjiān (英 at night) ▶(電話で)~すみません, 御主人は御在宅でしょうか/这么晚(打电话), 对不起. 您先生在家吗？zhème wǎn (dǎ diànhuà), duìbuqǐ. nín xiānsheng zàijiā ma?

やぼ【野暮な】 庸俗 yōngsú; 不知趣 bù zhīqù (英 unrefined; rustic) ▶~ったい/粗笨 cūbèn; 土气 tǔqì; 俗气 súqì ▶~なことを言う/说蠢话 shuō chǔnhuà ▶女性には年齢を聞くなんて~だよ/向女性问年纪什么的太不知趣了 xiàng nǚxìng wèn niánjì shénmede tài bù zhīqù le ▶~用があるので失礼します/因为有点儿杂事, 失陪了 yīnwèi yǒudiǎnr záshì, shī péi le

やほう【野砲】 野战炮 yězhànpào (英 a field gun; (集合的) field artillery)

やぼう【野望】 野心 yěxīn (英 ambition) ▶~を抱く/怀有野心 huáiyǒu yěxīn

やま【山】 **❶【山岳】** 山 shān (英 a mountain; (峰) a peak) ▶~の幸/山货 shānhuò ▶~に登る/爬山 páshān; 登山 dēngshān ▶~を越える/越过山岭 yuèguò shānlǐng ▶高い~/高山 gāoshān ▶夏休みに~へ行く/暑假到山里去 shǔjià dào shānli qù ▶~の中に住む/住在山里 zhùzài shānli ▶登ったのは必ず降りることになる/爬过的山总是要下来的 páguo de shān zǒngshì yào xiàlái de ▶南アルプスの~~は雪に覆われた/南阿尔卑斯群山被雪覆盖了 nán Ā'ěrbēisī qúnshān bèi xuě fùgài le ▶~のふもとに小さな湖がある/山脚下有面小湖 shānjiǎoxia yǒu miàn xiǎohú ▶~の中腹に数軒の民家が見える/山腰上可以看见几所民房 shānyāoshang kěyǐ kànjiàn jǐ suǒ mínfáng ▶~の頂から雲が湧いている/山顶上飘浮着云彩 shāndǐngshang piāofúzhe yúncai ▶~のような大波が打ち寄せる/像山一样的巨浪涌过来 xiàng shān yíyàng de jùlàng yǒngguòlai

❷【多量】 一大堆 yí dàduī (英 a heap; lots) ▶仕事は~ほどある/工作堆积如山 gōngzuò duījī rú shān ▶君に聞きたいことは~ほどある/要问你的事有一大堆 yào wèn nǐ de shì yǒu yí dàduī ▶ファンレターが~ほど来た/慕名信来了一大堆 mùmíngxìn láile yí dàduī ▶テーブルには ごちそうが~のように出ていた/桌子上堆满了好吃的 zhuōzishang duīmǎnle hǎochī de ▶~のような借金/一大堆债 yí dàduī zhài

❸【極点】 顶点 dǐngdiǎn; 高潮 gāocháo (英 the climax) ▶ここがこの小説の~だ/这里是这部小说的高潮 zhè lǐ shì zhè bù xiǎoshuō de gāocháo ▶仕事も~が見えてきた/工作眼看到头了 gōngzuò yǎnkàn dàotóu le; 工作就要到头了 gōngzuò jiùyào dàotóu le

❹【投機】 押 yā (英 speculation) ▶試験に~をかける/考试押考题 kǎoshì yā kǎotí

ことわざ **山高きが故に貴からず** 山不在高, 有仙则灵 shān bú zài gāo, yǒu xiān zé líng; 山不以高为贵, 以有树为贵 shān bù yǐ gāo wéi guì, yǐ yǒu shù wéi guì

~が当たる 碰运气 pèng yùnqì ▶大きな~が当たれば百万長者だ/如果碰上好运就是百万富翁了 rúguǒ pèngshàng hǎoyùn jiù shì bǎiwàn fùwēng le

♦**~歩き** 夫婦で紅葉の中を~歩きする/夫妇二人在红叶的山中散步 fūfù èr rén zài hóngyè de

しゃん　ヂォン　サンブー　～くずれ【山崩】shānbēng　～国 ▶雪深い～国に住む/住在多雪的山区 zhù-zài duōxuě de shānqū　～裾【山麓】shānlù; 山脚 shānjiǎo　～津波【山洪 shānhóng　～の端【山脊】shānjí ▶月から～の端から出る/月亮从山脊上升起 yuèliang cóng shānjí shàng shēngqǐ

やまあい【山間の】山沟 shāngōu; 山谷 shāngǔ (英 *among the mountains*) ▶～の道/山沟的道路 shāngōu de dàolù

ヤマアラシ【山荒らし】〔動物〕豪猪 háozhū (英 *a porcupine*)

やまい【病】病 bìng; 疾病 jíbìng (英 *a disease; illness*) ▶～を抱える/抱病 bàobìng ▶胸の～で長い闘病生活を送る/因为肺结核接受长期治疗 yīnwèi fèijiéhé jiēshòu chángqī zhìliáo ▶～が癒える/病愈 bìngyù ▶～は気から　疾病源于心情 jíbìng yuányú xīnqíng

ヤマイヌ【山犬】〔動物〕豺狗 cháigǒu (英 *a wild dog; a wolf*)

ヤマイモ【山芋】〔植物〕薯蓣 shǔyù; 山药 shānyao (英 *a yam*)

やまおく【山奥に】深山里 shēnshānli; 山窝 shānwō (英 *in the heart of a mountain*) ▶～で　在深山 zài shēnshān ▶人里離れた～で暮らす/在远离人烟的深山生活 zài yuǎnlí rényān de shēnshān shēnghuó

やまおとこ【山男】登山迷 dēngshānmí; 山地人 shāndìrén (英 *a backwoodsman*); [登山家] *an expert mountaineer*

ヤマカガシ〔動物〕赤链蛇 chìliànshé (英 *a grass snake*)

やまかじ【山火事】山火 shānhuǒ (英 *a forest fire*) ▶～が起こる/发生山林火灾 fāshēng shānlín huǒzāi

やまがた【山形】人字形 rénzìxíng (英 [模様] *a chevron*)

ヤマガラ【山雀】〔鳥〕杂色山雀 zásè shānquè (英 *a titmouse*)

やまがり【山狩りをする】山中狩猎 shānzhōng shòuliè (英 *hunt for... all over the hills*) ▶犯人を追って～する/搜山追捕犯人 sōu shān zhuībǔ fànrén

やまかん【山勘】瞎猜 xiācāi (英 *a guess; speculation*) ▶～が当たった/瞎猜猜中了 xiācāi cāizhòng le

やまけ【山気】投机心 tóujīxīn (英 *a speculative disposition*) ▶～のある/有投机意识的 yǒu tóujī yìshí de; 好冒险的 hào màoxiǎn de ▶～から不動産投資に手を出して大損をした/出于冒险心理搞不动产投资而赔了大钱 chūyú màoxiǎn xīnlǐ gǎo bùdòngchǎn tóuzī ér péile dàqián

やまごや【山小屋】山中小房 shānzhōng xiǎofáng; 山中小屋 shānzhōng xiǎowū (英 *a mountain lodge*)

ヤマザクラ【山桜】〔植物〕山樱 shānyīng; 野樱 yěyīng (英 *a wild cherry tree*)

やまざと【山里】山村 shāncūn (英 *a mountain village*)

やまし【山師】投机家 tóujījiā; 江湖骗子 jiānghú piànzi (英 *a speculator*; [詐欺師] *a swindler*)

やましい　内疚 nèijiù; 愧疚 kuìjiù (英 *feel a guilty conscience*) ▶やましく思う/亏心 kuīxīn ▶何も～ことはしていません/什么亏心事也没做 shénme kuīxīnshì yě méi zuò

ヤマシギ【山鴫】〔鳥〕丘鹬 qiūyù (英 *a woodcock*)

やまたかぼうし【山高帽子】圆顶硬礼帽 yuándǐngyìnglǐmào (英 *a bowler [a derby] hat*)

やまづみ【山積みにする】成堆 chéngduī; 堆积如山 duījī rú shān (英 *make a high pile of...*)

やまでら【山寺】山寺 shānsì (英 *a mountain temple*)

やまと【大和】大和 Dàhé (英 *Yamato; old Japan*) ▶～魂/日本民族精神 Rìběn mínzú jīngshén ▶～民族/日本民族 Rìběn mínzú

やまどり【山鳥】❶【山中の】山里的鸟 shānli de niǎo (英 *a mountain bird*) ❷【鳥名】日本山雉 Rìběn shānzhì (英 *a copper pheasant*)

やまなみ【山並み】群山 qúnshān; 山峦 shānluán; 山脉 shānmài (英 *a mountain range*) ▶日本アルプスの～/日本阿尔卑斯山脉 Rìběn Ā'ěrbēisī shānmài ▶青い～/绿色山脉 lǜsè shānmài

やまなり【山なりの】弧形 húxíng (英 *of the shape of an arch*) ▶～のフライ/弧形飞球 húxíng fēiqiú ▶～の返球/弧形回传球 húxíng huíchuánqiú

ヤマネコ【山猫】〔動物〕山猫 shānmāo; 豹猫 bàomāo (英 *a wild cat*; *a lynx*) ▶～争議/自发的劳资纠纷 zìfā de láozī jiūfēn

やまのて【山の手】《住宅区域》高岗住宅区 gāogǎng zhùzháiqū (英 *a residential quarter; uptown*) ▶彼は～に住んでいる/他住在高岗住宅区 tā zhùzài gāogǎng zhùzháiqū

やまのぼり【山登り】爬山 páshān; 登山 dēngshān (英 *mountain climbing*) ▶趣味は～です/我的爱好是登山 wǒ de àihào shì dēngshān

やまば【山場】高潮 gāocháo (英 *a climax; a peak*) ▶～を迎える/进入高潮 jìnrù gāocháo; 达到顶点 dádào dǐngdiǎn ▶その芝居は～を迎えた/那场戏达到了最高潮 nà chǎng xì dádàole zuìgāocháo

やまはだ【山肌】山的地表 shān de dìbiǎo (英 *the surface of a mountain*)

ヤマバト【山鳩】〔鳥〕山斑鸠 shānbānjiū (英 *a turtledove*)

やまびこ【山彦】回声 huíshēng; 反响 fǎnxiǎng; 回响 huíxiǎng (英 *an echo*)

やまびらき【山開き】封山开禁 fēngshān kāijìn (英 *the opening of a mountain to climbers*)

ヤマブキ【山吹】〔植物〕棣棠 dìtáng (英 *a Japanese rose*) ▶～色/黄澄澄 huángdēng-

やまぶし【山伏】 山野中修行的僧侣 shānyě zhōng xiūxíng de sēnglǚ（英 an mountain priest; a hermit）

ヤマブドウ【山葡萄】〖植物〗野葡萄 yěpútao（英 a wild grapevine）

やままゆ【山繭】 天蚕 tiāncán（英 a Japanese silkmoth）

やまみち【山道】 山路 shānlù（英 a mountain path）

やまもり【山盛り】 盛得满满 chéngde mǎnmǎn; 一大堆 yí dàduī（英 a heap of...）▶〜になる/冒尖 màojiān ▶茶わんに御飯を〜にする/碗里的饭盛得冒尖 wǎnli de fàn chéngde màojiān ▶大さじに〜1杯の砂糖/盛满满一勺的糖 chéng mǎnmǎn yì sháo de táng

やまやま【山山である】 非常希望 fēicháng xīwàng; 渴望 kěwàng（英 be anxious;（I）would like to do）▶行きたいのは〜ですが, 今日は午後から来客があるのです/去是很想去的, 但今天下午有客人来 qù shì hěn xiǎng qù de, dàn jīntiān xiàwǔ yǒu kèrén lái

ヤマユリ【山百合】〖植物〗天香百合 tiānxiāng bǎihé（英 a golden-banded lily）

やまわけ【山分け】 均沾 jūnzhān; 均分 jūnfēn; 平分 píngfēn（英 a fifty-fifty split）賞金が入ったら〜にしましょう/要能得到奖金就平分吧 yào néng dédào jiǎngjīn jiù píngfēn ba

やみ【闇】 黑暗 hēi'àn（英 darkness; the dark）▶〜にまぎれて上陸する/趁着天黑登陆 chènzhe tiān hēi dēng lù ▶謎の人物が〜に消える/神秘人物消失在黑暗中 shénmì rénwù xiāoshī zài hēi'àn zhōng ▶真っ暗な〜に包まれる/被漆黑的夜色笼罩着 bèi qīhēi de yèsè lǒngzhàozhe ▶事件を〜から〜に葬る/把案件掩埋在黑暗中 bǎ ànjiàn yǎnmái zài hēi'àn zhōng

〜献金 暗地里捐款 àndìli juānkuǎn; 非法捐钱 fēifǎ juānqián ~商人 黑市商人 hēishì shāngrén ~相場 黑市价格 hēishì jiàgé

やみあがり【病み上がりの】 病后 bìnghòu; 刚刚病愈 gānggāng bìngyù（英 just recovered from illness）▶妻はまだ〜の本調子ではない/妻子病刚好, 还没有恢复正常状态 qīzi bìng gānghǎo, hái méiyǒu huīfù zhèngcháng zhuàngtài

やみいち【闇市】 黑市 hēishì（英 a black market）▶この馬革の財布は〜で買った/这个马皮钱包是在黑市买的 zhège mǎpí qiánbāo shì zài hēishì mǎi de

やみうち【闇打ち】 黑夜袭击 hēiyè xíjī（英 an attack in the dark; a surprise attack）▶〜をかける/在黑暗中袭击 zài hēi'àn zhōng xíjī

やみくも【闇雲に】 胡乱 húluàn; 随便 suíbiàn（英 abruptly; suddenly; at random）▶〜に進む/冒进 màojìn ▶〜にやる/蛮干 mángàn; 盲干 mánggàn ▶山で道に迷った時〜に歩き回らないほうがいい/在山上迷路的时候, 最好不要乱走乱动 zài shānshang mílù de shíhou, zuìhǎo búyào luàn zǒu luàn dòng

やみつき【病みつきになる】 入迷 rùmí; 上瘾 shàngyǐn; 入魔 rùmó（英 become addicted to...）▶テレビゲームが〜になる/玩电子游戏玩得入迷 wán diànzǐ yóuxì wánde rùmí ▶あいつはゴルフが〜になっている/那个家伙迷上了打高尔夫球 nàge jiāhuo míshàngle dǎ gāo'ěrfūqiú ▶この菓子を一度食べたら〜になるよ/这种点心吃过一次就会上瘾 zhè zhǒng diǎnxin chīguo yí cì jiù huì shàngyǐn

やみとりひき【闇取引】 黑市交易 hēishì jiāoyì; 走私活动 zǒusī huódòng（英 black-marketing）

やみや【闇屋】 倒爷 dǎoyé（英 a black marketeer）

やみよ【闇夜】 黑夜 hēiyè（英 a dark night）ことわざ 闇夜のつぶて 暗夜投石 ànyè tóu shí; 无的放矢 wú dì fàng shǐ ~に烏 黑夜中的乌鸦, 难以区分 hēiyè zhōng de wūyā, nányí qūfēn

やむ【止む】 止息 zhǐxī; 停止 tíngzhǐ; 停歇 tíngxiē（英 stop; cease）▶〜ことなく降り続いた/雪不停地下 xuě bùtíng de xià ▶この種の事件は〜ことなく起こる/这类事件不停地发生 zhè lèi shìjiàn bùtíng de fāshēng ▶雨が〜/雨停 yǔ tíng; 雨住 yǔ zhù ▶雨が止んだ/雨停了 yǔ tíng le ▶涼しい夜風がびたっと止んだ/凉爽的夜风一下子停了 liángshuǎng de yèfēng yíxiàzi tíng le ▶〜に止まれぬ動機/迫不得已的动机 pòbudéyǐ de dòngjī

やむ【病む】 害病 hàibìng; 生病 shēngbìng; 患 huàn（英 suffer from...）▶彼は肝臓を病んでいる/他患了肝脏疾病 tā huànle gānzàng jíbìng ▶気を〜/担心 dānxīn; 忧虑 yōulǜ ▶病める社会/病态社会 bìngtài shèhuì ▶健やかなる時も病める時も…/不管是健康的时候, 还是生病的时候…/bùguǎn jiànkāng de shíhou, háishi shēngbìng de shíhou…

やむちゃ【飲茶】 饮茶 yǐnchá; 早茶 zǎochá（英 Chinese refreshments）▶〜にしよう/吃粤式茶点吧 chī Yuèshì chádiǎn ba

やむなく【止む無く】 不得已 bùdéyǐ ▶大雪で〜引き返した/因为下大雪不得已返回了 yīnwèi xià dàxuě bùdéyǐ fǎnhuí le

やむをえず【止むを得ず】 不得已 bùdéyǐ; 只好 zhǐhǎo（英 unavoidably）▶〜借金する/不得已而借债 bùdéyǐ ér jiè zhài ▶会社の命令で〜そこへ行った/由于公司的命令不得已到那里去了 yóuyú gōngsī de mìnglìng bùdéyǐ dào nàli qù le

やむをえない【止むを得ない】 不得已 bùdéyǐ（英 be necessary; be unavoidable）▶〜ことだ/不得已的事 bùdéyǐ de shì ▶事情のため会合を欠席した/因为不得已的缘故没有参加聚会 yīnwèi bùdéyǐ de yuángù méiyǒu cānjiā jùhuì

やめさせる【止めさせる・辞めさせる】

【事柄を】制止 zhìzhǐ (英 *stop...from doing*) ▶けんかを～/制止争吵 zhìzhǐ zhēngchǎo ▶未成年のタバコを～/制止未成年人吸烟 zhìzhǐ wèichéngniánrén xīyān ❷【免職・解雇】免职 miǎnzhí; 退 tuì (英 *dismiss; fire*) ▶遅刻が多くて会社を辞めさせられる/迟到次数太多而被公司解雇 chídào cìshù tài duō ér bèi gōngsī jiěgù ▶成績が悪いので学校を～/因成绩不好而退学 yīn chéngjì bù hǎo ér tuìxué

やめる【止める・辞める】❶【中止・終わりにする】作罢 zuòbà; 停止 tíngzhǐ; 缩手 suōshǒu (英 *stop; cease*) ▶けんかは止めろ/别吵架了 bié chǎo jià le ▶授業を～/不上课了 bú shàng kè le ▶彼女は何か言いかけて、止めてしまった/她刚要说什么、又不说了 tā gāng yào shuō shénme, yòu bù shuō le ▶ストは止めになった/罢工停止了 bàgōng tíngzhǐ le ▶8万円だって？ 止めた/八万日元吗？ 那就算了 bāwàn Rìyuán ma? nà jiùsuàn le ▶突然の雨で仕事を～/因为突然下雨停止工作 yīnwèi tūrán xià yǔ tíngzhǐ gōngzuò ▶彼らは交通を止めなかった/他们没停止通信联系 tāmen méi tíngzhǐ tōngxìn liánxì ▶戦争を～/停止打仗 tíngzhǐ dǎ zhàng ▶交際を～/取消交往 qǔxiāo jiāowǎng ▶テロ行為を～/停止恐怖行动 tíngzhǐ kǒngbù xíngdòng ❷【悪習】戒除 jièchú; 改掉 gǎidiào (英 *give up; quit*) ▶タバコを～/戒烟 jiè yān ▶彼は酒を止めて3年になる/他戒酒已经三年了 tā jiè jiǔ yǐjing sān nián le ▶悪い習慣を～/改掉坏习惯 gǎidiào huàixíguàn ▶そんな慣は止めにせよ/改掉那种习惯吧 gǎidiào nà zhǒng xíguàn ba ❸【辞職する】辞去 cíqù (英 *resign; retire*) ▶会社を辞めて選挙に出る/辞去公司参加竞选 cíqù gōngsī cānjiā jìngxuǎn ▶情報がマスコミに漏れて公務員を～/因为情报泄漏到媒体而辞去公务员 yīnwèi qíngbào xièlòudào méitǐ ér cíqù gōngwùyuán

やもうしょう【夜盲症】〖医〗夜盲 yèmáng; 雀盲眼 qiǎomangyǎn (英 *night blindness*)

やもめ ❶【男性】鳏夫 guānfū (英 *a widower*) ❷【女性】孤孀 gūshuāng; 寡妇 guǎfù (英 *a widow*) ▶～暮らし/孀居 shuāngjū ◆男～/光棍汉 guānggùnhàn ▶男～にうじが湧く/光棍汉家里邋邋遢遢 guānggùnhàn jiā lā lātātā

ヤモリ【守宮】〖動物〗壁虎 bìhǔ; 蝎虎 xiēhǔ (英 *a gecko; a house lizard*)

やや 稍 shāo; 稍稍 shāoshāo; 稍微 shāowēi (英 *somewhat; slightly;*[かなりに]*fairly*) ▶～劣る/差点儿 chàdiǎnr ▶～勝る/稍胜一等 shāo shèng yì děng ▶今日の体調は～よい様です/今天的健康状态稍微好一些 jīntiān de jiànkāng zhuàngtài shāowēi hǎo yìxiē ▶～間があって語り始めた/稍微过了一会儿, 开始讲起来 shāowēi guòle yìhuìr, kāishǐ jiǎngqǐlái ▶今年のコメ作況は～不良である/今年的稻米成长状况略差 jīnnián de dàomǐ chéngzhǎng zhuàngkuàng lüèchà

ややこしい 复杂 fùzá; 麻烦 máfan; 难办 nánbàn (英 *complicated; intricate*) ▶～問題/复杂的问题 fùzá de wèntí ▶～事柄だから一歩一歩説明します/因为事情很复杂, 所以要一点一点地说明 yīnwèi shìqing hěn fùzá, suǒyǐ yào yìdiǎn yìdiǎn de shuōmíng ▶～手続きであることを覚悟しなさい/因为手续很麻烦, 你要做好精神准备 yīnwèi shǒuxù hěn máfan, nǐ yào zuòhǎo jīngshén zhǔnbèi ▶この機械の操作は～/这台机器的操作很麻烦 zhè tái jīqì de cāozuò hěn máfan

ややもすれば 动不动 dòngbudòng; 动辄 dòngzhé; 往往 wǎngwǎng (英 *be apt to do; be inclined to do*) ▶彼は～かんしゃくを起こす/他动不动就发脾气 tā dòngbudòng jiù fā píqí ▶これらの問題は～忘れがちだ/这些问题稍不留神就容易忘记 zhèxiē wèntí shāo bù liúshén jiù róngyì wàngjì

やゆ【揶揄】揶揄 yéyú (英 *ridicule*)

やよい【弥生】(暦) (阴历)三月 (yīnlì) sān yuè (英 *March*);〖考古学〗弥生 Míshēng (英 *the Yayoi period*) ▶～時代/弥生时代 Míshēng shídài

-やら ❶【または・あるいは】又…又… yòu …yòu … (英 *and; or*) ▶彼女は泣く～わめく～大騒ぎをした/她又哭又叫, 闹得不可开交 tā yòu kū yòu jiào, nàode bùkě kāi jiāo ▶過労～睡眠不足～で彼はついに病気になった/又是疲劳过度, 又是睡眠不足, 他终于病倒了 yòu shì píláo guòdù, yòu shì shuìmián bùzú, tā zhōngyú bìngdǎo le ❷【不確実】什么 shénme (英 *certain*) ▶黒田と～いう人/叫黑田什么的人 jiào Hēitián shénmede rén ▶だれ～さん/什么什么人 shénme shénme rén ❸【噂】说什么 shuō shénme; 俗话说 súhuà shuō (英 *they say*) ▶去る者は日々にうとしと～/俗话说, 人去茶凉 súhuà shuō, rén qù chá liáng

やらせ 作假 zuòjiǎ; 假演 jiǎyǎn (英 *fake; staged*) ▶～の場面/作假的场面 zuòjiǎ de chǎngmiàn ▶テレビのディレクターが～を強制した/电视导演强行要求作假 diànshì dǎoyǎn qiángxíng yāoqiú zuòjiǎ

やらせる 让…做 ràng…zuò (英 *make...do*) ▶その仕事は私にやらせて下さい/那个任务请让我来做 nàge rènwu qǐng ràng wǒ lái zuò ▶この件はすべて彼女に～/这件事完全交给她去做 zhè jiàn shì wánquán jiāogěi tā qù zuò ▶あの子の好きなようにやらせてあげよう/就由他去吧 jiù yóu tā qù ba

やられる 受害 shòuhài; 被打败 bèi dǎ bài; 被整 bèizhěng (英 *be beaten*) ▶不況にやられた/被不景气所影响 bèi bùjǐngqì suǒ yǐngxiǎng ▶顔のひっかき傷はネコにやられたんです/脸上的划伤是被猫弄的 liǎnshang de huáshāng shì bèi māo nòng de ▶くそっ！やられた/妈的！

被人捉弄了 mā de/bèi rén zhuōnòng le

やり【槍】 枪 qiāng (英 *a spear*; [投げ槍] *a javelin*) ▶～投げ/标枪 biāoqiāng ▶～で突く/用枪扎 yòng qiāng zhā

雨が降ろうと～が降ろうと 不管下雨还是下刀子 bùguǎn xià yǔ háishi xià dāozi; 无论情况如何 wúlùn qíngkuàng rúhé

やりあう【やり合う】 争执 zhēngzhí; 争吵 zhēngchǎo (英 *compete with each other*)

ヤリイカ【槍烏賊】〔動物〕枪乌贼 qiāngwūzéi (英 *a squid*)

やりがい【やり甲斐の】 干头儿 gàntour; 搞头 gǎotou (英 *worth doing*) ▶～のある仕事がしたい/想做有干头儿的工作 xiǎng zuò yǒu gàntour de gōngzuò

やりかえす【やり返す】 还手 huánshǒu; 回击 huíjī (英 *answer〔talk〕back*; *retort*) ▶負けずに～/不甘示弱地还击 bùgān shìruò de huánjī

やりかけの 做到半途中 zuòdào zhōngtú; 刚刚着手 gānggāng zhuóshǒu (英 *unfinished*; *half-done*) ▶～の仕事/做到中途的工作 zuòdào zhōngtú de gōngzuò

やりかた【やり方】 办法 bànfǎ; 方法 fāngfǎ; 做法 zuòfǎ (英 *a way of doing*; *how to do*; *a method*) ▶優れた～/高明的做法 gāomíng de zuòfǎ ▶それは～次第だ/那取决于方法 nà qǔjuéyú fāngfǎ ▶～はよいが答が間違っている/做法很好，但答案错了 zuòfǎ hěn hǎo, dàn dá'àn cuò le ▶君の強引な～には賛成できない/我不赞成你的强硬做法 wǒ bú zànchéng nǐ de qiángyìng zuòfǎ

やりきれない 受不了 shòubuliǎo; 无法忍受 wúfǎ rěnshòu (英 *cannot bear*) ▶こう暑くては全くやりきれません/这种热天简直受不了 zhè zhǒng rètiān jiǎnzhí shòubuliǎo ▶毎日～思いの事件が続く/每天不断发生让人难以忍受的事件 měitiān búduàn fāshēng ràng rén nányǐ rěnshòu de shìjiàn

やりくち【やり口】 干法 gànfǎ; 手段 shǒuduàn (英 *a way of doing*) ▶あんな卑劣な～は許すことができない/那种卑劣的手段是无法饶恕的 nà zhǒng bēiliè de shǒuduàn shì wúfǎ ráoshù de

やりくりする 筹措 chóucuò; 周转 zhōuzhuǎn (英 *manage*) ▶毎月の僅かな給料だけで～する/用每月仅有的工资度日 yòng měiyuè jǐn yǒu de gōngzī dùrì ▶なんとか時間を～してやっていただけませんか/请你设法调整时间帮帮忙好吗？ qǐng nǐ shèfǎ tiáozhěng shíjiān bāngbang máng hǎo ma? ▶家計の～上手の奥さんだ/真是一位会过日子的好太太 zhēn shì yí wèi huì guò rìzi de hǎo tàitai

～算段 ▶～算段でやっと起業の資金が出来た/东拼西凑好容易筹集了创业的资金 dōng pīn xī còu hǎoróngyì chóujíle chuàngyè de zījīn

やりこなす 做好 zuòhǎo; 处理好 chǔlǐ hǎo (英 *manage*) ▶司会者の役をうまく～/做好主持人

的工作 zuòhǎo zhǔchírén de gōngzuò

やりこめる【やり込める】 噎 yē; 驳斥 bóchì (英 *put... to silence*) ▶子供たちにやり込められるとは面目ない/遭到孩子们反驳，很没有面子 zāodào háizimen fǎnbó, hěn méiyǒu miànzi

やりすぎる【やり過ぎる】 做过头 zuò guòtóu (英 *overdo*) ▶パソコンを～と目がおかしくなる/电脑玩过了头，眼睛就不舒服 diànnǎo wánguòle tóu, yǎnjīng jiù bù shūfu

やりすごす【やり過ごす】 让过去 ràngguòqu (英 *let... go〔pass〕*) ▶園児の群を～/让幼儿园的孩子们 ràng yòu'éryuán de háizimen ▶このまま～わけにはいかない/不能就这么放手不管 bùnéng jiù zhème fàng shǒu bù guǎn

やりそこなう【やり損なう】 做错 zuòcuò; 弄错 nòngcuò (英 *fail*)

やりだま【槍玉】 攻击目标 gōngjī mùbiāo; 靶子 bǎzi (英 *make a victim of...*) ▶健康を損なう原因としていつも肥満が～に挙げられる/作为损害健康的原因，总是把肥胖当成靶子 zuòwéi sǔnhài jiànkāng de yuányīn, zǒngshì bǎ féipàng dàngchéng bǎzi

やりつける 做惯 zuòguàn (英 *be accustomed to doing*) ▶やりつけた仕事/做惯了的工作 zuòguànle de gōngzuò

やりっぱなし【やりっ放しにする】 不做到底 bú zuò dàodǐ; 只做完不检点 zhǐ zuòwán bù jiǎndiǎn (英 *leave... unfinished*) ▶～の仕事を片付ける/处理没收拾好的工作 chǔlǐ méi shōushihǎo de gōngzuò ▶彼は何事も～、中途半端です/他做什么事都是只做完不检点，很不可靠 tā zuò shénme shì dōu shì zhǐ zuòwán bù jiǎndiǎn, hěn bù kěkào

やりて【やり手】 干才 gàncái; 能手 néngshǒu; 硬手 yìngshǒu (英 *a shrewd person*) ▶彼は当社で～の営業マンだ/他是我们公司很有才干的推销员 tā shì wǒmen gōngsī hěn yǒu cáigàn de tuīxiāoyuán

やりとげる【やり遂げる】 完成 wánchéng; 干到底 gàn dàodǐ (英 *carry out*; *accomplish*) ▶彼は計画を立てるのはうまいが、何事もものにならずに～/他很会制定计划，但什么事都很少有做成的 tā hěn huì zhìdìng jìhuà, dàn shénme shì dōu hěn shǎo yǒu zuòchéng de

やりとり【やり取りする】 交换 jiāohuàn;《言葉の》问答 wèndá (英 *give and take*; *exchange*) ▶手紙の～をする/互相书信往来 hùxiāng shūxìn wǎnglái ▶贈り物の～をする/互赠礼物 hù zèng lǐwù ▶盃の～をする/推杯换盏 tuī bēi huàn zhǎn; 相互敬酒 xiānghù jìng jiǔ

やりなおす【やり直す】 重做 chóngzuò; 再做 zàizuò (英 *try again*; *make a fresh start*) ▶こうなっては初めから～しかない/到了这种地步，只有从头重新开始了 dàole zhè zhǒng dìbù, zhǐyǒu cóngtóu chóngxīn kāishǐ le ▶人生はやり直しが利かない/人生无法重来 rénshēng wúfǎ chónglái

やりなげ【槍投げ】〘スポーツ〙投标枪 tóubiāoqiāng 〔英〕*javelin throw*）▶～で80メートル投げて優勝する/投标枪投了八十米获得冠军 tóubiāoqiāng tóule bāshí mǐ huòdé guànjūn

やりにくい 难办 nánbàn；不好做 bùhǎo zuò；《人との関係が》合不来 hébùlái 〔英〕*be difficult to do*）▶この仕事は～/这个工作很棘手 zhège gōngzuò hěn jíshǒu ▶彼はどうも～人物だ/总觉得他是个合不来的人 zǒng juéde tā shì ge hébùlái de rén

やりぬく【やり抜く】 贯彻 guànchè；做完 zuòwán 〔英〕*carry... through; achieve;*）▶このプロジェクトを最後まで～覚悟はあるか/有把这个项目做到最后的决心吗？yǒu bǎ zhège xiàngmù zuòdào zuìhòu de juéxīn ma?

やりば【やり場】〔英〕*an outlet*）▶～のない怒り[悲しみ]/无处发泄的生气[悲痛] wú chù fāxiè de shēngqì[bēitòng] ▶目の～に困った/不知往哪里看才好 bù zhī wǎng nǎli kàn cái hǎo

やりやすい【やり易い】 好办 hǎobàn 〔英〕*easy; simple*）▶君が～ように必要な物を揃えておいたよ/为了你能好做一些，已经准备了必要的东西 wèile nǐ néng hǎozuò yìxiē, yǐjing zhǔnbèile bìyào de dōngxi

やる ❶【仕事などをする・試みる】做 zuò；干 gàn；办 bàn 〔英〕*do; try*）▶やったぞ！/干得好！gànde hǎo！▶どうやったらいいのかわからない/不知道怎么办才好 bù zhīdào zěnme bàn cái hǎo ▶やれるものならやってみろ/能做的话就做做看 néng zuò de huà jiù zuòzuo kàn ▶やってみるだけの価値がある/有做一做的价值 yǒu zuò yí zuò de jiàzhí ▶ここまでやったのだから、最後まで～つもりだ/已经做到这一步了，所以打算做到最后 yǐjing zuòdào zhè yíbù le, suǒyǐ dǎsuan zuòdào zuìhòu ▶あの男のやりそうなことだ/这事正像那个男的做的 zhè shì zhèng xiàng nàge nán de zuò de ▶君は柔道を～んだったね/听说你曾经练过柔道，对吗？tīngshuō nǐ céngjīng liànguò róudào, duì ba? ▶どうにかこうにか言われたことをやってのける/总算把让做的事做完 zǒngsuàn bǎ ràng zuò de shì zuòwán ▶その交通事故は自分がやった/那场交通事故是自己造成的 nà cháng jiāotōng shìgù shì zìjǐ zàochéng de ▶帰りに軽く一杯やろう/回去时稍微喝一盅吧 huíqù shí shāowēi hē yì zhōng ba

❷【与える】给 gěi 〔英〕*give*）▶みんな君に～よ/全都给你了 quándōu gěi nǐ le ▶その本を～からこの本は俺にくれ/我把那本书给你了，所以这本书给我吧 wǒ bǎ nà běn shū gěi nǐ le, suǒyǐ zhè běn shū gěi wǒ ba ▶彼に帽子を買ってやった/给他买了顶帽子 gěi tā mǎile dǐng màozi

❸【催す】举办 jǔbàn；举行 jǔxíng 〔英〕*hold; perform; show*）▶明日お茶の会をやります/明天举办茶会 míngtiān jǔbàn cháhuì ▶隣の部屋ではにぎやかにパーティをやっていた/旁边的屋子里举行了热闹的联欢会 pángbiān de wūzili jǔxíngle rènao de liánhuānhuì ▶本日の映画は何をやって

いますか/今天上映什么电影呢？jīntiān shàngyìng shénme diànyǐng ne?

❹【移す】移动 yídòng；放 fàng 〔英〕*turn*）▶彼は窓に目をやった/他把目光转向窗户 tā bǎ mùguāng zhuǎnxiàng chuānghu ▶眼鏡をどっかにやった/不知又把眼镜放在哪儿了 bù zhī yòu bǎ yǎnjìng fàngzài nǎr le

❺【経営する・営業する】经营 jīngyíng；办 bàn 〔英〕*run; operate*）▶家を買 fáng 买～mǎimài ▶食べ物屋を～/办饮食店 bàn yǐnshídiàn ▶あの静かなホテルはまだやっていると思う/我看那家安静的宾馆还在经营着 wǒ kàn nà jiā ānjìng de bīnguǎn hái zài jīngyíng zhe

やるき【やる気】 干劲 gànjìn；劲头 jìntóu 〔英〕*will*）▶～を出す/发奋 fāfèn；奋起 fènqǐ ▶～をなくす/泄劲 xièjìn ▶どうしても～が出ないんだよ/怎么也鼓也不出来干劲 zěnme yě gǔchūbulái gànjìn

やるせない 不能开心 bùnéng kāixīn 〔英〕*helpless*）▶仕事も恋愛もうまくいかず～思いがつのるばかりです/无论工作还是恋爱都不顺利，只是增添郁郁不欢的心情 wúlùn gōngzuò háishi liàn'ài dōu bú shùnlì, zhǐshì zēngtiān yùyù bù huān de xīnqíng

やれやれ 哎呀 āiyā 〔英〕*Well, well!; Thank God!*）▶～、やっとすんだ/哎呀呀，好容易完了 āiyāyā, hǎoróngyì wán le ▶～、あとまだ10キロ歩くのか/哎呀，还要走十公里吗？āiyā, hái yào zǒu shí gōnglǐ ma?

やろう【野郎】 家伙 jiāhuo 〔英〕*a fellow; a guy*）▶あの～また仕事をサボって/那家伙又偷懒不工作了 nà jiāhuo yòu tōulǎn bù gōngzuò le

やわらかい【柔らかい】 绵软 miánruǎn；柔软 róuruǎn；《穏やか》柔和 róuhé；《皮膚や筋肉が》细嫩 xìnèn 〔英〕*soft; mild; gentle*）▶～食べ物/软食 ruǎnshí ▶体が～/身体柔软 shēntǐ róuruǎn ▶頭〈考え方〉が～/头脑灵活 tóunǎo línghuó ▶～言い方/温和的说法 wēnhé de shuōfǎ ▶～肉/嫩肉 nènròu ▶～ふとん/软绵绵的被子 ruǎnmiánmián de bèizi ▶柔らかな態度で客に接する/用亲切温和的态度侍客 yòng qīnqiè wēnhé de tàidù dàikè ▶もっと練てクリームを柔らかくする/还要搅拌使奶油柔软细腻 hái yào jiǎobàn shǐ nǎiyóu róuruǎn xìnì

やわらぐ【和らぐ】 变温和 biàn wēnhé；缓和 huǎnhé 〔英〕*be softened;*〔痛みが〕*lessen*）▶風が和らいだ/风平静下来 fēng píngjìngxiàlái ▶痛みが和らいだ/疼痛缓和下来 téngtòng huǎnhéxiàlai ▶彼の君に対する気持ちやがて和らいできますよ/他对你的感情也会缓和下来的 tā duì nǐ de gǎnqíng yě jiāng huì huǎnhéxiàlai de

やわらげる【和らげる】 ❶【衝撃などを】缓和 huǎnhé 〔英〕*soften; moderate*）▶当地では南風が寒さを和らげます/在当地南风缓和了寒冷气候 zài dāngdì nánfēng huǎnhéle hánlěng qìhòu ▶カーテンで強い太陽の光線を～/用窗帘使强烈的阳光变得柔和些 yòng chuānglián shǐ qiángliè de yángguāng biàndé róuhé xiē ▶給料の値上げ要求を～/在加薪要求上有所让步 zài jiāxīn yāoqiúshang yǒusuǒ ràngbù

2 〖苦痛・苦労を〗减轻 jiǎnqīng；缓和 huǎnhé（英 ease; relieve）▶緊張を～/减轻紧张感 jiǎnqīng jǐnzhānggǎn ▶肩こりを～体操/缓和肩痛的体操 huǎnhé jiāntòng de tǐcāo

3 〖心や感情などを〗放松 fàngsōng；缓和 huǎnhé（英 soften; soothe; melt）▶優しい言葉がかたくなな心を～/温柔的夸奖使顽固的心缓和下来 wēnróu de kuājiǎng shǐ wángù de xīn huǎnhéxiàlai ▶怒りを～/消怒 xiāo nù ▶表現を～/使表现方式柔和些 shǐ biǎoxiàn fāngshì róuhé xiē

やんちゃ 淘气 táoqì；顽皮 wánpí（英 naughty; mischievous）▶うちの子は毎日～ばかりして困る/我家孩子每天只是顽皮淘气，真是没办法 wǒ jiā háizi měitiān zhǐshì wánpí táoqì, zhēn shì méi bànfǎ

◆～坊主 淘气包 táoqìbāo ～娘 疯丫头 fēngyātou

やんやと（英 loudly）▶～と喝采する/欢呼喝采 huānhū hè cǎi

やんわりと 温和地 wēnhé de；委婉地 wěiwǎn de（英 softly; gently; mildly）▶～と断る/婉转地谢绝 wǎnzhuǎn de xièjué ▶～叱っても相手はこたえない/叱责得太温和了对方没什么反应 chìzéde tài wēnhéle duìfāng méi shénme fǎnyìng

ゆ

ゆ【湯】**1**〖お湯〗开水 kāishuǐ；热水 rèshuǐ（英 hot water）▶～を沸かす/烧开水 shāo kāishuǐ ▶～が沸きました/水开了 shuǐ kāi le ▶～をさます/凉凉开水 liàngliang kāishuǐ **2**〖風呂〗〖風呂の湯〗洗澡水 xǐzǎoshuǐ；〖浴槽〗浴池 yùchí（英 a bath）▶～を立てる/烧热洗澡水 shāorè xǐzǎoshuǐ ▶～に入る/泡澡 pào zǎo；洗澡 xǐzǎo ▶～加减はいかがですか/洗澡水温度怎么样？ xǐzǎoshuǐ wēndù zěnmeyàng? ▶食事の前に～を浴びてくる/饭前洗个澡 fànqián xǐ ge zǎo **3**〖温泉〗温泉 wēnquán（英 a hot spring）▶～の町/温泉乡 wēnquánxiāng

◆女～ 女浴池 nǚ yùchí

日中比較 中国語の '汤 tāng' は「スープ」のこと.

ゆあか【湯垢】水碱 shuǐjiǎn；水垢 shuǐgòu（英 fur; scale）▶～がつく/结水垢 jié shuǐgòu ▶～をとる/除水垢 chú shuǐgòu

ゆあがり【湯上がりの】刚洗完澡 gāng xǐwán zǎo；洗澡后 xǐzǎo hòu（英 after taking a bath）▶～にビールを飲むことを覚えた/学会了洗完澡就喝啤酒 xuéhuìle xǐwán zǎo jiù hē píjiǔ

◆～タオル 浴巾 yùjīn

ゆあたり【湯あたりする】晕池 yùnchí（英 be affected by taking too long a hot bath）▶長風呂は～することがあるから気を付けて/在浴池里泡得时间长了容易晕池，当心一点 zài yùchíli pàode shíjiān chángle róngyì yùnchí, dāngxīn yìdiǎn

ゆあつ【油圧】油压 yóuyā；液压 yèyā（英 oil pressure）▶～式ポンプ/液压泵 yèyābèng ▶～ブレーキ/油压制动器 yóuyā zhìdòngqì

ゆいいつ【唯一】唯一 wéiyī；惟一 wéiyī（英 only; sole）▶～の/惟一 wéiyī ▶～無二の/独一无二 dú yī wú èr ▶～無二の方法/不二法门 bú èr fǎmén；唯一的方法 wéiyī de fāngfǎ ▶彼の～の欠点は時間を守らないことです/他唯一的缺点就是不守时 tā wéiyī de quēdiǎn jiùshì bù shǒu shí

ゆいごん【遺言】遗言 yíyán；遗嘱 yízhǔ（英 a will）▶兄弟が～について争う/兄弟就遗嘱发生争执 xiōngdì jiù yízhǔ fāshēng zhēngzhí ▶父の～を忘れるな/不要忘记父亲的遗言 búyào wàngjì fùqin de yíyán ▶～をしないで死ぬ/不留遗嘱而死去 bù liú yízhǔ ér sǐqù ▶ノーベル賞は彼の～にしたがって創設された/遵照他的遗言创设了诺贝尔奖 zūnzhào tā de yíyán chuàngshèle Nuòbèi'ěrjiǎng ▶～で財産を譲る/通过遗言转让遗产 tōngguò yíyán zhuǎnràng yíchǎn ▶～によって遺産相続から除外される/根据遗嘱被排除在遗产继承人之外 gēnjù yízhǔ bèi páichú zài yíchǎn jìchéngrén zhīwài

◆～作成者 立嘱人 lìzhǔrén ～執行者 遗嘱执行人 yízhǔ zhíxíngrén ～状 遗嘱 yízhǔ

ゆいしょ【由緒】来历 láilì；来头 láitou ▶君がそんな～のある家柄の出だとは知らなかった/没想到你的家世这么有来头 méi xiǎngdào nǐ de jiāshì zhème yǒu láitou ▶ここは悠久の歴史を重ねてきた～ある土地だ/这是一片拥有悠久历史的土地 zhè shì yí piàn yōngyǒu yōujiǔ lìshǐ de tǔdì

ゆいしん【唯心】▶～史観/唯心史观 wéixīn shǐguān ▶～論/唯心论 wéixīnlùn

ゆいのう【結納】彩礼 cǎilǐ；财礼 cáilǐ；聘礼 pìnlǐ（英 engagement presents [gifts]）▶～を送る/送彩礼 sòng cǎilǐ

ゆいび【唯美】唯美 wéiměi（英 aesthetic）▶～主義者/唯美主义者 wéi měi zhǔyìzhě

ゆいぶつ【唯物的】唯物 wéiwù；〖打算的〗唯利是图 wéi lì shì tú（英 materialistic）▶～史観/历史唯物主义 lìshǐ wéiwù zhǔyì；唯物史观 wéiwù shǐguān ▶～弁証法/唯物辩证法 wéiwù biànzhèngfǎ ▶～論/唯物论 wéiwùlùn ▶～論者/唯物主义者 wéiwù zhǔyìzhě

ゆう【結う】结 jié；系 jì；扎 zā〖結ぶ〗tie；〖髪を〗dress）▶髪を～/束发 shù fà ▶彼女は日本髪に結っていた/她挽着一个日式发髻 tā wǎnzhe yí ge Rìshì fājì ▶髪をポニーテールに～/把头发扎成一个马尾辫 bǎ tóufa zāchéng yí ge mǎwěibiàn

ゆう【雄】雄 xióng；实力者 shílìzhě（英 a hero）▶関東の～と目される/被认为关东之雄

bèi rènwéi Guǎndōng zhī xióng

ゆ【優】(англ.[採点の] А; excellent) ▶彼は〜が二つだった/他得了两个优 tā déle liǎng ge yōu ▶彼は全〜の成績で大学を卒業した/他以全优的成绩从大学毕业 tā yǐ quányōu de chéngjì cóng dàxué bìyè

ユーアールエル【URL】〔電算〕网址 wǎngzhǐ; 统一资源定位符 tǒngyī zīyuán dìngwèifú (英 uniform resource locator)

ゆうあい【友愛】友爱 yǒu'ài (英 friendship; fellowship)

ゆうい【有為の】有为 yǒuwéi (英 able; capable; [有望な] promising) ▶〜の人材を育成する/培养有为的人才 péiyǎng yǒuwéi de réncái

ゆうい【優位】优势 yōushì (英 a dominant position) ▶〜に立つ/占先 zhànxiān; 占上风 zhàn shàngfēng ▶中盤の攻防で〜に立つのはどちらか/中盘的攻防上哪方占上风? zhōngpán de gōngfángshang nǎ fāng zhàn shàngfēng?

ゆういぎ【有意義な】有意义 yǒu yìyì; 有价值 yǒu jiàzhí (英 significant) ▶夏休みを〜に過ごしなさい/过一个有意义的暑假 guò yí ge yǒu yìyì de shǔjià ▶彼らの研究の方がはるかに〜だ/他们的研究工作有意义得多 tāmen de yánjiū gōngzuò yǒu yìyì de duō

ゆういん【誘引する】引诱 yǐnyòu; 诱导 yòudǎo (英 invite; induce) ▶老人たちを講習会に〜する/诱导老人们去讲习会 yòudǎo lǎorénmen qù jiǎngxíhuì

ゆういん【誘因】起因 qǐyīn; 诱因 yòuyīn (英 a cause; [動機] a motive) ▶アルコールの飲み過ぎはあらゆる病気の〜となる/饮酒过度是诱发各种疾病的原因 yǐnjiǔ guòdù shì yòufā gèzhǒng jíbìng de yuányīn

ゆううつ【憂鬱な】忧郁 yōuyù; 沉闷 chénmèn; 沉郁 chényù (英 melancholy; gloomy; depression) ▶〜を吹き飛ばす/驱散忧愁的心情 qūsàn yōuchóu de xīnqíng ▶〜な天気/阴郁的天气 yīnyù de tiānqì ▶明日はまた〜な月曜日だ/明天又是忧郁的星期一 míngtiān yòu shì yōuyù de xīngqī yī ▶いつも〜な顔をしている/他总是一副忧郁的神色 tā zǒngshì yí fù yōuyù de shénsè ▶雨の日はいつも〜になる/雨天总让人感到沉闷 yǔtiān zǒng ràng rén gǎndào chénmèn

◆**〜症**:抑郁症 yìyùzhèng

ゆうえい【遊泳する】游泳 yóuyǒng (英 swim) ▶〜禁止/禁止游泳 jìnzhǐ yóuyǒng ▶宇宙〜/太空行走 tàikōng xíngzǒu

ゆうえき【有益な】有益 yǒuyì; 有意义 yǒu yìyì (英 beneficial; useful) ▶…に〜だ/有利于 yǒulìyú ▶この本は〜でかつ面白い/这本书又有教育意义又有意思 zhè běn shū yòu yǒu jiàoyù yìyì yòu yǒu yìsi ▶金もそう使えば〜だ/钱那么用的话很有意义 qián nàme yòng de huà hěn yǒu yìyì ▶二年間の農村生活は〜な人生体験だった/两年的农村生活是一段很有价值的人生经历 liǎng nián de nóngcūn shēnghuó shì yí duàn hěn yǒu jiàzhí de rénshēng jīnglì

ユーエスビー【USB】〔電算〕通用串行总线 tōngyòng chuànxíng zǒngxiàn (英 universal serial bus) ▶〜フラッシュメモリ/USB 闪存 USB shǎn cún

ゆうえつ【優越】优越 yōuyuè (英 superiority) ▶実力は我が校が〜している/在实力方面我们学校处于优势 zài shílì fāngmiàn wǒmen xuéxiào chǔyú yōushì

◆**〜感**:优越感 yōuyuègǎn ▶マンションの最上階に住んで〜感に浸る/住在公寓最顶层很有优越感 zhùzài gōngyù zuì dǐngcéng hěn yǒu yōuyuègǎn

ゆうえんち【遊園地】游乐园 yóulèyuán (英 recreation grounds; an amusement park) ▶子供を〜に連れて行く/带孩子去游乐园 dài háizi qù yóulèyuán

ゆうおうまいしん【勇往邁進する】勇往直前 yǒng wǎng zhí qián (英 dash forward…)

ゆうが【優雅な】文雅 wényǎ; 秀气 xiùqi; 优雅 yōuyǎ (英 graceful; elegant) ▶音楽に合わせて〜にワルツを踊る/和着音乐优雅地跳起华尔兹 hèzhe yīnyuè yōuyǎ de tiàoqǐ huá'ěrzī ▶高級ホテルで〜に暮らす/在高级宾馆过着优雅的生活 zài gāojí bīnguǎn guòzhe yōuyǎ de shēnghuó ▶老人は〜な手つきで茶を入れた/那老人文雅地敬了杯茶 nà lǎorén wényǎ de dào chá

ゆうかい【誘拐する】拐带 guǎidài; 拐骗 guǎipiàn; 诱拐 yòuguǎi (英 kidnapping; abduction) ▶営利〜/绑架勒索 bǎngjià lèsuǒ

◆**〜事件**:绑架案 bǎngjià'àn ▶〜事件に際して報道協定が結ばれた/针对诱拐事件缔结了报道协定 zhēnduì yòuguǎi shìjiàn dìjiéle bàodào xiédìng ◆**〜犯人**:拐骗犯 guǎipiànfàn

ゆうかい【融解する】熔化 rónghuà (英 fuse; melt) ▶〜点/熔点 róngdiǎn ▶〜熱/熔解热 róng jiěrè ▶ヒマラヤ山脈の氷河が大規模に〜している/喜马拉雅山脉的冰川在大规模融化 Xǐmǎlāyǎ shānmài de bīngchuān zài dàguīmó rónghuà

ゆうがい【有害】有害 yǒuhài (英 bad; harmful; noxious) ▶喫煙は健康に〜である/吸烟有害于健康 xīyān yǒuhài yú jiànkāng ▶このような本は青少年にとって〜無益である/这种书对青少年有害无益 zhè zhǒng shū duì qīngshàonián yǒuhài wúyì ▶この川は〜物質に汚染されている/这条河流受到有害物质的污染 zhè tiáo héliú shòudào yǒuhài wùzhì de wūrǎn

◆**〜食品**:有害食品 yǒuhài shípǐn

ゆうがい【有蓋の】有盖 yǒu gài (英 covered; closed)

◆**〜貨車**:有盖货车 yǒu gài huòchē

ユウガオ【夕顔】〔植物〕瓠子 hùzi; 葫芦花 húluhuā (英 a moonflower)

ゆうがく【遊学する】游学 yóuxué; 留学 liúxué (英 go to… to study) ▶当時祖父は熊本から東

京へ～した/当时祖父从熊本去东京上学 dāngshí zǔfù cóng Xióngběn qù Dōngjīng shàng xué

ゆうかしょうけん【有価証券】 有价证券 yǒujià zhèngquàn (英 *a negotiable paper; securities*)

ゆうがた【夕方】 傍晚 bàngwǎn; 黄昏 huánghūn (英 *evening; dusk*) ▶～になると子供たちは家へ帰った/一到傍晚孩子们都回家了 yí dào bàngwǎn háizimen dōu huíjiā le ▶明日の～までには強風はおさまるでしょう/到明天傍晚强风将会平息 dào míngtiān bàngwǎn qiángfēng jiāng huì píngxī

ゆうがとう【誘蛾灯】 诱虫灯 yòuchóngdēng (英 *a light trap*)

ユーカリ【植物】有加利 yǒujiālì; 桉树 ānshù (英 *a eucalyptus*) ▶～油/桉油 ānyóu

ゆうかん【夕刊】 晚报 wǎnbào (英 *an evening paper*; [朝刊に対し] *an evening edition*) ▶朝日は日曜には～を出さない/朝日新闻星期天不出晚报 Zhāorì xīnwén xīngqī tiān bù chū wǎnbào ▶駅の売店で～を買う/在车站的报亭买晚报 zài chēzhàn de bàotíng mǎi wǎnbào

ゆうかん【有閑】 闲散 xiánsàn; 有闲 yǒuxián (英 *leisured; idle*)
♦～階級 | 有闲阶级 yǒuxián jiējí ～地 | 空闲地皮 kòngxián dìpí ～マダム | 有闲太太 yǒuxián tàitai

ゆうかん【勇敢な】 勇敢 yǒnggǎn (英 *brave; courageous*) ▶強敵に～に立ち向かう/向强敌勇敢地挑战 xiàng qiángdí yǒnggǎn de tiāozhàn ▶彼の～な行為で多くの人が救われた/他勇敢的行为拯救了很多人 tā yǒnggǎn de xíngwéi zhěngjiùle hěn duō rén

ゆうかんじしん【有感地震】 可感地震 kěgǎn dìzhèn (英 *a felt earthquake*)

ゆうき【有機の】 有机 yǒujī (英 *organic*) ▶五つの工場が～的に結びついている/五家工厂有机地结合起来 wǔ jiā gōngchǎng yǒujī de jiéhéqǐlai
♦～化学 | 有机化学 yǒujī huàxué ～化合物 | 有机化合物 yǒujī huàhéwù ～栽培 ▶～栽培の野菜/有机栽培的蔬菜 yǒujī zāipéi de shūcài ～一体 | 有机体 yǒujītǐ ～農業 | 有机农业 yǒujī nóngyè ～肥料 | 有机肥料 yǒujī féiliào

ゆうき【勇気】 勇気 yǒngqì (英 *courage; bravery*) ▶話し合うの ないまま時が過ぎた/一直没有好好谈说的勇气，时间就这样过去了 yìzhí méiyǒu hǎohǎo tántan de yǒngqì, shíjiān jiù zhèyàng guòqù le ▶～を出して反対した/拿出勇气来反对 náchū yǒngqì lái fǎnduì ▶彼は決して～を失わなかった/他绝对没有失去勇气 tā juéduì méiyǒu shīqù yǒngqì ▶私には彼にそれを知らせる～がなかった/我没有勇气把那件事告诉他 wǒ méiyǒu yǒngqì bǎ nà jiàn shì gàosu tā ▶子供を～づける言葉が大切だ/增加孩子们勇气的话语很重要 zēngjiā háizimen yǒngqì de huàyǔ hěn zhòngyào ▶～をくじく/挫伤勇气 cuòshāng yǒngqì

ゆうぎ【友誼】 友谊 yǒuyì; 友情 yǒuqíng (英 *friendship*) ▶～賓館/友谊宾馆 yǒuyì bīnguǎn ▶僕らは親密な～を結んでいた/我们结成了亲密的友谊 wǒmen jiéchéngle qīnmì de yǒuyì

ゆうぎ【遊戯】 玩耍 wánshuǎ; 游戏 yóuxì (英 *play; a game*) ▶～場/游戏场 yóuxìchǎng ▶言葉の～/语言游戏 yǔyán yóuxì

ゆうきゅう【有給の】 (英 *salaried; paid*) ▶～休暇を取る/请带薪假 qǐng dàixīnjià ▶管理職なので～休暇をなかなか消化できない/担任管理职务，带薪假期很难用完 dānrèn guǎnlǐ zhíwù, dàixīn jiàqī hěn nán yòngwán

ゆうきゅう【悠久】 悠久 yōujiǔ (英 *eternal*) ▶～の大地を行く/走在这悠久的大地上 zǒuzài zhè yōujiǔ de dàdishang ▶～の真理/悠久的真理 yōujiǔ de zhēnlǐ

ゆうきゅう【遊休】 闲置 xiánzhì; 闲散 xiánsàn (英 *idle; unused*) ▶～資金/闲置资金 xiánzhì zījīn ▶～地/闲散土地 xiánsǎn tǔdì ▶～施設を再活用する/对闲置设施进行再利用 duì xiánzhì shèshī jìnxíng zàilìyòng

ゆうきょう【遊興する】 游玩 yóuwán; 游乐 yóulè (英 *make merry; have a spree*) ▶～費/游乐费 yóulèfèi ▶横領した金を～費に使うとは何事か/将贪污的钱用于花天酒地，这算什么事儿！jiāng tānwū de qián yòngyú huā tiān jiǔ dì, zhè suàn shénme shìr！

ゆうぎり【夕霧】 傍晚的雾气 bàngwǎn de wùqì; 晚雾 wǎnwù (英 *evening mist*)

ゆうぐう【優遇する】 优遇 yōuyù; 优待 yōudài (英 *treat... warmly*; [待遇] *pay a good salary*) ▶金持ちを～する税制/优待有钱人的税收制度 yōudài yǒuqiánrén de shuìshōu zhìdù
♦～措置 | 优待措施 yōudài cuòshī

ゆうぐれ【夕暮れ】 黄昏 huánghūn; 傍晚 bàngwǎn (英) ▶この写真は～の富士山です/这照片拍的是黄昏时分的富士山 zhè zhàopiàn pāi de shì huánghūn shífēn de Fùshìshān

ゆうぐん【友軍】 友军 yǒujūn (英 *a friendly army; an allied army*)

ゆうぐん【遊軍】 机动部队 jīdòng bùduì; 后备人员 hòubèi rényuán (英 *the reserve forces*)

ゆうけい【有形の】 有形 yǒuxíng (英 *material; tangible*) ▶私は山田先生から～無形の援助を受けた/我从山田老师那里得到了各种有形无形的援助 wǒ cóng Shāntián lǎoshī nàli dédàole gèzhǒng yǒuxíng wúxíng de yuánzhù

ゆうげきしゅ【遊撃手】【野球】游击手 yóujīshǒu (英 *a shortstop*)

ゆうげん【有限】 有限 yǒuxiàn (英 *limited; finite*) ▶～会社/有限公司 yǒuxiàn gōngsī ▶人の命は～だ/人的生命是有限的 rén de shēngmìng shì yǒuxiàn de

ゆうげん【幽玄】 深奥 shēn'ào; 玄妙 xuánmiào (英 *profound; subtle*) ▶～な楽の音が流れてきた/响起了玄妙的音乐 xiǎngqǐle xuánmiào de yīnyuè

ゆうけんしゃ【有権者】 有选举权的公民 yǒu xuǎnjǔquán de gōngmín; 选民 xuǎnmín (英 *a voter*; *an elector*) ▶3分の2が投票した/三分之二的选民投了票 sān fēn zhī èr de xuǎnmín tóule piào ▶市の〜総数は十万人であった/市里有总数为十万人的选民 shìlǐ yǒu zǒngshù wéi shíwàn rén de xuǎnmín

ゆうこう【友好】 友好 yǒuhǎo (英 *friendship*) ▶〜的な雰囲気のうちに会談が行われた/在友好的气氛中进行了会谈 zài yǒuhǎo de qìfēn zhōng jìnxíngle huìtán ▶日本と〜関係を結ぶ/和日本缔结友好关系 hé Rìběn dìjié yǒuhǎo guānxi
◆〜国 友邦 yǒubāng 〜通商条約 友好通商条约 yǒuhǎo tōngshāng tiáoyuē

ゆうこう【有効】 有效 yǒuxiào (英 *effective*; *good*; [法律上] *valid*) ▶〜期間/时效 shíxiào; 有效期间 yǒuxiào qījiān ▶〜期限/有效期限 yǒuxiào qīxiàn ▶このワクチンは新型インフルエンザに〜ではない/这个疫苗对新型流感无效 zhège yìmiáo duì xīnxíng liúgǎn wúxiào ▶この切符は3日間〜です/这票三天有效 zhè piào sān tiān yǒuxiào ▶この契約はまだ〜です/这个合同还有效 zhège hétong hái yǒuxiào ▶願書は5月20日の消印まで〜/盖有五月二十日以前邮戳的申请书有效 gài yǒu wǔ yuè èrshí rì yǐqián yóuchuō de shēnqǐngshū yǒuxiào ▶その警告を発するのも最も〜な対応だった/发出那个警告是最有效的对策 fāchū nàge jǐnggào shì zuì yǒuxiào de duìcè ▶時間を〜に使う/有效利用时间 yǒuxiào lìyòng shíjiān
◆〜投票 有效投票 yǒuxiào tóupiào

ゆうごう【融合する】 融合 rónghé;《核の》聚变 jùbiàn (英 *fuse*; *harmonize*; *unite*) ▶民族間の〜を図る/谋求民族间的融合 móuqiú mínzú jiān de rónghé
◆核〜 核聚变 hé jùbiàn

ゆうこく【夕刻】 傍晚 bàngwǎn; 黄昏 huánghūn (英 *an evening*)

ゆうこく【幽谷】 幽谷 yōugǔ; 深谷 shēngǔ (英 *a deep valley*) ▶深山の宿/深山幽谷中的旅舍 shēnshān yōugǔ zhōng de lǚshè

ゆうこく【憂国】 忧国 yōuguó (英 *patriotism*) ▶〜の論/忧国之士 yōuguó zhī shì ▶いっぱしの〜の論を吐く/发出堂堂的忧国之论 fāchū tángtáng de yōuguó zhī lùn

ゆうこん【雄渾な】 雄浑 xiónghún; 雄劲 xióngjìng (英 *grand*; *sublime*; *powerful*) ▶〜な筆致/雄劲的笔势 xióngjìng de bǐshì

ユーザー 用户 yònghù (英 *a user*) ▶登录する/登录用户名 dēnglù yònghùmíng ▶〜ID/用户代号 yònghù dàihào

ゆうざい【有罪】 有罪 yǒuzuì (英 *guilty*) ▶判決を下す/判决有罪 pànjué yǒuzuì; 判罪 pànzuì ▶薬物売買で〜を認める/因贩卖毒品承认自己有罪 yīn fànmài dúpǐn chéngrèn zìjǐ yǒuzuì ▶〜を立証する証拠はない/没有证明其有罪的证据 méiyǒu zhèngmíng qí yǒuzuì de zhèngjù

ゆうさんかいきゅう【有産階級】 资产阶级 zīchǎn jiējí (英 *the bourgeoisie*)

ゆうし【有史】 有史 yǒushǐ (英 *history*) ▶〜以前/史前 shǐqián ▶〜以来の新記録を作る/创有史以来的新纪录 chuàngchū yǒushǐ yǐlái de xīnjìlù

ゆうし【有志】 有心人 yǒuxīnrén; 志愿者 zhìyuànzhě; 意识的人 yǒuyì de rén (英 *an interested person*; *a volunteer*) ▶友人〜で送別会を開いた/朋友中的热心者开了一个送别会 péngyou zhōng de rèxīnzhě kāile yí ge sòngbiéhuì ▶〜の方の御寄付をお願いいたします/希望有志者予以捐助 xīwàng yǒuzhìzhě yǔyǐ juānzhù ▶〜を募集する/募集志愿者 mùjí zhìyuànzhě

ゆうし【勇士】 猛士 měngshì; 勇士 yǒngshì; 壮士 zhuàngshì (英 *a brave man*; [兵士] *a brave soldier*) ▶〜も女の涙には弱い/壮士难敌女人泪 zhuàngshì nán dí nǚrénlèi

ゆうし【雄姿】 雄姿 xióngzī; 英姿 yīngzī (英 *a gallant figure*) ▶それが息子の〜の見納めとなった/那就是我最后一次看到儿子英姿 nà jiùshì wǒ zuìhòu yí cì kàndào érzi yīngzī

ゆうし【融資する】 贷款 dàikuǎn; 通融资金 tōngróng zījīn (英 *finance*; *loan*) ▶〜を受ける/借款 jièkuǎn ▶経営が悪化した企業に対して〜を打ち切る/对经营恶化的企业停止贷款 duì jīngyíng èhuà de qǐyè tíngzhǐ dàikuǎn

ゆうじ【有事】 有事 yǒushì (英 *an emergency*) ▶〜の際に/紧急之际 jǐnjí zhī jì; 有事 yīzhāo yǒushì ▶〜の際の備えはあるか/紧急时有所准备吗？jǐnjí shí yǒusuǒ zhǔnbèi ma?

ゆうしかいひこう【有視界飛行】 目视飞行 mùshì fēixíng (英 *a visual flight*)

ゆうしかくしゃ【有資格者】 有资格的人 yǒu zīgé de rén (英 *a qualified person*) ▶投票〜/有资格投票者 yǒu zīgé tóupiàozhě ▶医療〜を募集する/招聘有医疗资格的人 zhāopìn yǒu yīliáo zīgé de rén

ゆうしきしゃ【有識者】 有学识的人 yǒu xuéshí de rén; 有识之士 yǒushí zhī shì (英 *a well-informed person*) ▶地球温暖化問題に関する〜懇談会/有关全球气候变暖问题的有识之士恳谈会 yǒuguān quánqiú qìhòu biànnuǎn wèntí de yǒushí zhī shì kěntánhuì

ゆうしてっせん【有刺鉄線】 带刺铁丝 dàicì tiěsī (英 *barbed wire*) ▶〜の垣根/有铁刺网的墙头 yǒu tiěcìwǎng de qiángtóu ▶〜でバリケードを張る/用带刺铁丝设置路障 yòng dàicì tiěsī shèzhì lùzhàng

ゆうしゃ【勇者】 勇士 yǒngshì; 勇者 yǒngzhě (英 *a brave man*) ▶真の〜は涙の味を知っている/真正的勇士理解眼泪的味道 zhēnzhèng de yǒngshì lǐjiě yǎnlèi de wèidào

ゆうしゅう【有終】 善终 shànzhōng (英 *a suc-*

ゆうしゅう【憂愁】 忧愁 yōuchóu (英 *melancholy*; *gloom*) ▶彼は澄んだ瞳の中に～をたたえていた/他清澈的眼眸中充满了深深的忧愁 tā qīngchè de yǎnmóu zhōng chōngmǎnle shēnshēn de yōuchóu

ゆうしゅう【優秀な】 优秀 yōuxiù (英 *excellent*; *superior*) ▶～な人物/精英 jīngyīng ▶～なエンジニアをリクルートする/征聘优秀的技术者 zhēngpìn yōuxiù de jìshù zhě

♦最～選手 最优秀选手 zuì yōuxiù xuǎnshǒu

ゆうじゅうふだん【優柔不断】 优柔寡断 yōu róu guǎ duàn; 三心二意 sān xīn èr yì (英 *indecision*) ▶～な性格でなかなか決められない/优柔寡断的性格难以做出决断 yōu róu guǎ duàn de xìnggé nányǐ zuòchū juéduàn

ゆうじょ【遊女】 妓女 jìnǚ (英 *a courtesan*)

ゆうしょう【有償】 〔法〕有代价 yǒu dàijià (英 *onerous*) ▶市有地を～で借り受ける/有偿租借市政机关所拥有的土地 yǒucháng zūjiè shìzhèng jīguān suǒ yōngyǒu de tǔdì

ゆうしょう【勇将】 闯将 chuǎngjiàng; 虎将 hǔjiàng; 枭将 xiāojiàng (英 *a brave general*)

ことわざ 勇将の下に弱卒無し 强将手下无弱兵 qiángjiāng shǒuxià wú ruòbīng

ゆうしょう【優勝する】 冠军 guànjūn; 第一名 dìyīmíng (英 *win the victory* 〔*championship*〕) ▶彼女は女子マラソンで～した/她在女子马拉松比赛上获胜 tā zài nǚzǐ mǎlāsōng bǐsàishang huòshèng ▶彼は17歳にしてウインブルドンで～した/他十七岁就在温布尔登网球赛上夺冠 tā shíqī suì jiù zài Wēnbù'ěrdēng wǎngqiúsàishang duóguàn ▶～候補が初戦で敗退した/最有希望夺魁的选手首战失利 zuì yǒu xīwàng duókuí de xuǎnshǒu shǒuzhàn shīlì ▶～戦はまれにみる大熱戦となった/决胜赛是难得一见的激烈比赛 juéshèngsài shì nándé yí jiàn de jīliè bǐsài ▶3年ぶりに～旗を獲得する/时隔三年重获优胜 shígé sān nián chónghuò yōushèng

♦～カップ 优胜杯 yōushèngbēi ♦～旗 冠军旗 guànjūnqí; 锦旗 jǐnqí

ゆうじょう【友情】 友情 yǒuqíng; 友谊 yǒuyì (英 *friendly feelings*; *friendship*) ▶この映画は男の～と嫉妬を描いたものです/这是一部描写男人之间友情和嫉妒的电影 zhè shì yí bù miáoxiě nánrén zhījiān yǒuqíng hé jídù de diànyǐng ▶彼は～に厚い男だ/他是一个重友情的人 tā shì yí ge zhòng yǒuqíng de rén ▶～を固める/加深友情 jiāshēn yǒuqíng ▶～を裏切る/背叛友情 bèipàn yǒuqíng

ゆうしょく【夕食】 晚饭 wǎnfàn; 晚餐 wǎncān (英 *supper*; *dinner*; *an evening meal*) ▶～は何時ですか/晚饭几点开 wǎnfàn jǐ diǎn kāi ▶～に何が出ましたか/晚饭有些什么 wǎnfàn yǒu xiē shénme ▶家族と～を食べる/和家里人一起吃晚饭 hé jiālirén yìqǐ chī wǎnfàn

ゆうしょく【有色】 有色 yǒusè (英 *colored*) ▶～人種/有色人种 yǒusè rénzhǒng ▶～野菜/有色蔬菜 yǒusè shūcài

ゆうしょく【愁色】 愁容 chóuróng; 忧色 yōusè (英 *a worried look*; *an anxious look*) ▶～を帯びる/面带愁容 miàn dài chóuróng ▶～に閉ざされる/愁云紧东 chóuyún jǐn bù

ゆうじん【友人】 朋友 péngyou; 友人 yǒurén (英 *a friend*) ▶～の紹介で彼女と知り合った/经朋友介绍和她认识了 jīng péngyou jièshào hé tā rènshi le ▶披露宴で～代表としてスピーチした/在婚礼上作为朋友代表致辞 zài hūnlǐshang zuòwéi péngyou dàibiǎo zhìcí ▶彼は多くの外国人のいい～をもっている/他有很多外国朋友 tā yǒu hěn duō wàiguó péngyou

ゆうじん【有人の】 有人 yǒurén;《宇宙船など》载人 zài rén (英 *manned*) ▶～宇宙飛行/载人宇宙飞行 zài rén yǔzhòu fēixíng

ゆうしんろん【有神論】 有神论 yǒushénlùn (英 *theism*) ▶～者/有神论者 yǒushénlùnzhě

ゆうすう【有数の】 屈指可数 qūzhǐ kě shǔ (英 *prominent*; *leading*) ▶石垣島は世界一のサンゴ礁を誇る/石垣岛以世界上少有的珊瑚礁为荣 Shíyuándǎo yǐ shìjièshang shǎoyǒu de shānhújiāo wéi róng

日中比较 中国語の'有数 yǒushù'は「よく分かっている」こと,「見通しが立っている」を指す。

ゆうずう【融通する】 通融 tōngróng;《人に譲る》匀兑 yúndui (英 *accommodate*; *lend*) ▶5万円～していただけませんか/能通融五万日币吗? néng tōngróng wǔwàn rìbì ma? ▶彼に資金の～を依頼する/请他通融资金 qǐng tā tōngróng zījīn ▶あの人たちにもワインを2,3本～してあげてよ/也给她们匀兑几瓶葡萄酒,好不好? yě gěi tāmen yúndui jǐ píng pútáojiǔ, hǎobuhǎo?

～がきかない 僵硬 jiāngyìng; 死板 sǐbǎn; 死硬 sǐyìng ▶彼はきまじめで～がきかなすぎる/他太认真不灵活 tā tài rènzhēn bù línghuó

～がきく 圆通 yuántōng; 灵活 línghuó ▶彼はとても～のきく男だ/他是一个非常灵活圆通的人 tā shì yí ge fēicháng línghuó yuántōng de rén

～手形 可兑现票据 kě duìxiàn piàojù

ゆうすずみ【夕涼みする】 纳晚凉 nà wǎnliáng; 晚上乘凉 wǎnshang chéngliáng (英 *enjoy the evening cool*) ▶荒川の土手で～する/在荒川的河堤上乘凉 zài Huāngchuān de hédīshang chéngliáng

ユースホステル 青年旅舍 qīngnián lǚshè (英 *a youth hostel*)

ゆうする【有する】 有 yǒu; 具备 jùbèi; 具有 jùyǒu (英 *have*; *possess*) ▶聴覚障害を～学生/有听觉障碍的学生 yǒu tīngjué zhàng'ài de xuésheng ▶すべて国民はその能力に応じて等しく教育を受ける権利を～/所有的公民都有接受和能力相符的教育的权利 suǒyǒu de gōngmín dōu yǒu jiēshòu hé nénglì xiāngfú de jiàoyù de quánlì

ゆうせい【郵政】 郵政 yóuzhèng (英 postal administration)

ゆうせい【遊星】〔天文〕行星 xíngxīng (英 a planet)

ゆうせい【優生】(英 a dominant character)
♦～学｜优生学 yōushēngxué ～保護法｜优生保护法 yōushēng bǎohùfǎ

ゆうせい【優性の】顕性 xiǎnxìng (英 dominant) ▶～遺伝｜显性遗传 xiǎnxìng yíchuán

ゆうせい【優勢な】优势 yōushì；上风 shàngfēng (英 superior; predominant; leading) ▶反対派が数において～である/反对派在人数上占优势 fǎnduìpài zài rénshùshang zhàn yōushì ▶その意見は彼らの間にとみに～となりつつある/那个意见在他们之间突然开始占上风 nàge yìjiàn zài tāmen zhījiān tūrán kāishǐ zhàn shàngfēng ▶終始～のうちに試合を進めた/比赛中一直占上风 bǐsài zhōng yìzhí zhàn shàngfēng

ゆうぜい【遊説する】游说 yóushuì (英 canvass; go canvassing) ▶全国を～して回る/在全国各地游说 zài quánguó gèdì yóushuì ▶～旅行中の政治家が暴漢に襲われた/进行游说中的政治家遭到歹徒袭击 jìnxíng yóushuì zhōng de zhèngzhìjiā zāodào dǎitú xíjī

ゆうせいせいしょく【有性生殖】〔生物〕有性生殖 yǒuxìng shēngzhí (英 sexual reproduction)

ゆうせん【有線】有线 yǒuxiàn (英 wired) ▶～電話/有线电话 yǒuxiàn diànhuà ▶～放送/有线广播 yǒuxiàn guǎngbō ▶～テレビ/有线电视 yǒuxiàn diànshì

ゆうせん【優先】优先 yōuxiān (英 take priority over…) ▶彼は自分のことを最～する/他把自己放在第一位 tā bǎ zìjǐ fàngzài dìyī wèi ▶～順位が高い/优先度高 yōuxiāndù gāo ▶最～事項/最优先事项 zuì yōuxiān shìxiàng ▶個人の利益よりも～すると判断された/最后决定比之个人利益，首先考虑公共利益 zuìhòu juédìng bǐ zhī gèrén lìyì, shǒuxiān kǎolù gōnggòng lìyì
～的に 尽先 jǐnxiān ▶～的に取り扱われる/尽先对待 jǐnxiān duìdài ▶チケットを～的に割り当てる/门票优先分配 ménpiào yōuxiān fēnpèi
♦～権｜优先权 yōuxiānquán ▶必要性の高い人に～権を認める/承认必要性高的人优先权 chéngrèn bìyàoxìng gāo de rén yōuxiānquán 売買交渉の～権を得る/取得交易谈判优先权 qǔdé jiāoyì tánpàn yōuxiānquán ～席〔乗り物の〕｜老幼病残孕专座 lǎo yòu bìng cán yùn zhuānzuò

ゆうぜん【悠然と】扬长 yángcháng；悠然 yōurán；从容不迫 cóng róng bú pò (英 composedly) ▶～とした/慢悠悠 mànyōuyōu ▶～と流れる大河をさかのぼる/沿悠然流淌的大河逆流而上 yán yōurán liútǎng de dàhé sù liú ér shàng ▶～と構えていたが急にあわてだした/本来从容不迫，突然慌张起来 běnlái cóng róng bú pò, tūrán huāngzhāngqǐlai

ゆうぜんぞめ【友禅染め】友禅印染 yǒuchán yìnrǎn (英 yuzen dyeing) ▶～の着物/友禅印染的和服 yǒuchán yìnrǎn de héfú

ゆうそう【勇壮・雄壮】豪壮 háozhuàng；英武 yīngwǔ；雄壮 xióngzhuàng (英 brave; heroic; gallant) ▶活発な音楽/雄壮活泼的音乐 xióngzhuàng huópo de yīnyuè

ゆうそう【郵送する】邮寄 yóujì；邮送 yóusòng (英 mail; post; send by mail) ▶その手紙は～の途中でなくなった/那封信在邮递过程中丢失了 nà fēng xìn zài yóudì guòchéng zhōng diūshī le ▶《カタログなどの》～先名簿/邮送地址一览 yóusòng dìzhǐ yīlǎn
♦～料｜邮费 yóufèi

ユーターン【Uターンする】U字形转弯 Uzìxíng zhuǎnwān；掉头 diàotóu；《比喻》从城市返回家乡 cóng chéngshì fǎnhuí jiāxiāng (英 make a U-turn) ▶俺，仕事をやめて～するよ/我决定辞掉工作返回故乡 wǒ juédìng cídiào gōngzuò fǎnhuí gùxiāng
♦～禁止〔掲示〕｜禁止掉头 jìnzhǐ diàotóu

ゆうたい【勇退する】主动辞职 zhǔdòng cízhí；（为了后来人）提前退休（wèile hòuláirén）tíqián tuìxiū (英 retire voluntarily) ▶政界を～する/从政界急流勇退 cóng zhèngjiè jíliú yǒngtuì

ゆうたい【優待する】优待 yōudài；优惠 yōuhuì (英 treat with kindness; receive warmly) ▶期間中，高齢者は～される/这期间对高龄者优惠 zhè qījiān duì gāolíngzhě yōuhuì
♦～券｜优待券 yōudàiquàn

ゆうだい【雄大な】宏伟 hóngwěi；雄伟 xióngwěi (英 grand; magnificent) ▶～な計画/宏图 hóngtú ▶～な志/雄心壮志 xióng xīn zhuàng zhì ▶～な山並みを朝夕に眺めている/早晚眺望雄伟的山脉 zǎowǎn tiàowàng xióngwěi de shānmài

ゆうたいるい【有袋類】〔動物〕有袋类 yǒudàilèi (英 the marsupial)

ゆうだち【夕立】夏季雷雨 xiàjì zhòuyǔ；雷阵雨 léizhènyǔ (英 a (sudden) shower) ▶～が来そうだ/看来要下雷阵雨 kànlái yào xià léizhènyǔ ▶～に遭う/遇到雷阵雨 yùdào léizhènyǔ

ゆうだん【勇断】果断 guǒduàn；勇敢决断 yǒnggǎn juéduàn (英 a courageous decision) ▶今こそ～を奮ってこの体制をば打破すべきだ/现在正需要勇敢决断，打破这个体制 xiànzài zhèng xūyào yǒnggǎn juéduàn, dǎpò zhège tǐzhì ▶彼の～は高く評価された/他的果敢受到高度评价 tā de guǒgǎn shòudào gāodù píngjià

ゆうだんしゃ【有段者】（武术或围棋等领域）拥有段位的人（wǔshù huò wéiqí děng lǐngyù）yōngyǒu duànwèi de rén (英 a grade holder)

ゆうち【誘致する】招徠 zhāolái；招揽 zhāolǎn (英 invite) ▶観光客を～する/招揽观光客 zhāolǎn guāngguāngkè ▶工場を～する/招徕建厂 zhāolái jiànchǎng

ゆうちょう【悠長な】 悠然 yōurán; 不慌不忙 bùhuāng bùmáng（英 leisurely; slow）▶～に構える/从容不迫 cóng róng bù pò ▶そんな～なことを言っている場合か/现在是闲聊的时候吗？xiànzài shì xiánliáo de shíhou ma?

ゆうてん【融点】〔物理〕融点 róngdiǎn（英 the melting point）

ゆうとう【優等である】 优等 yōuděng; 优秀 yōuxiù（英 be excellent）▶清酒品评会で～賞を得た/在清酒品评会上获得优等奖 zài qīngjiǔ pǐnpínghuìshang huòdé yōuděngjiǎng

◆～生 优等生 yōuděngshēng; 高才生 gāocáishēng

ゆうどう【誘導する】 引导 yǐndǎo; 诱导 yòudǎo; 感应 gǎnyìng（英 lead; guide;［電気，熱などを］conduct）▶～路を滑走路と勘違いする/把诱导路误认为滑行跑道 bǎ yòudǎolù wùrèn wéi huáxíng pǎodào

◆～尋問 诱供 yòugōng ～弾 导弹 dǎodàn

ゆうとく【有徳の】 有德 yǒu dé（英 virtuous）▶～の士/有德之士 yǒu dé zhī shì

ゆうどく【有毒】 有毒 yǒu dú（英 poisonous; venomous）▶～ガス/毒气 dúqì ▶それは人間にとって～だ/那对人体有毒 nà duì réntǐ yǒudú

ユートピア 乌托邦 wūtuōbāng《理想郷》（英 Utopia）

ゆうなぎ【夕凪】 傍晚海上平静无风 bàngwǎn hǎishàng píngjìng wúfēng（英 an evening calm）

ゆうに【優に】 足足 zúzú; 足够 zúgòu（英 fully; easily）▶駅まで～3キロはあります/到车站足足有三公里 dào chēzhàn zúzú yǒu sān gōnglǐ ▶利益は～百万円あった/利润足足有一百万日元 lìrùn zúzú yǒu yìbǎi wàn Rìyuán

ゆうのう【有能】 得力 délì; 精干 jīnggàn; 精悍 jīnghàn（英 able; capable; competent）▶～な人/干才 gàncái; 有才干的 yǒu cáigàn de ▶あの二人はどちらが～かね/那个人谁更能干呢？nà liǎng ge rén shéi gèng nénggàn ne?

ゆうばえ【夕映え】 晚霞 wǎnxiá（英 the evening glow）▶山は～がしていた/山被晚霞映照 shān bèi wǎnxiá yìngzhào

ゆうはつ【誘発する】 引起 yǐnqǐ; 诱发 yòufā（英 induce; cause）▶戦争を～する/诱发战争 yòufā zhànzhēng ▶憎しみを～する/引起憎恨 yǐnqǐ zēnghèn

ゆうはん【夕飯】 晚饭 wǎnfàn（英 dinner; supper）

ゆうひ【夕日】 夕阳 xīyáng; 斜阳 xiéyáng（英 the evening sun;［落日］the setting sun）▶穂高の～は神秘的で妖しさだった/穗高的夕阳有一种神秘的美 Suìgāo de xīyáng yǒu yì zhǒng shénmì de měi ▶～をあびて散歩する/沐浴着夕阳散步 mùyù zhe xīyáng sànbù

ゆうび【優美な】 优美 yōuměi; 雅致 yǎzhi（英 graceful; elegant）▶岸壁には客船の～姿があった/港湾里有一艘外型优美的客船 gǎng-wānli yǒu yì sōu wàixíng yōuměi de kèchuán

ゆうびん【郵便】 邮政 yóuzhèng（英 mail; post）▶～物/邮件 yóujiàn ▶～受け/信箱 xìnxiāng ▶その手紙は今朝～で来た/那封信是今天寄到的 nà fēng xìn shì jīntiān jìdào de ▶～を出す/寄信 jìxìn ▶彼らは～を利用する/他们使用邮递 tāmen shǐyòng yóudì ▶～を配達する/邮递 yóudì

◆書留～ 挂号信 guàhàoxìn 航空～ 航空邮件 hángkōng yóujiàn; 航空信 hángkōngxìn 速達～ 快递邮件 kuàidì yóujiàn; 快信 kuàixìn ～為替 邮政汇票 yóuzhèng huìpiào ～局 邮局 yóujú; 邮政局 yóuzhèngjú ～小包 包裹 bāoguǒ; 邮包 yóubāo ～貯金 邮政储蓄 yóuzhèng chǔxù ～配達人 邮递员 yóudìyuán ～はがき 明信片 míngxìnpiàn ～番号 邮政编码 yóuzhèng biānmǎ ～ポスト 邮筒 yóutǒng; 信筒 xìntǒng ～料金 邮资 yóufèi ▶～料金50円不足です/邮费不足五十日元 yóufèi bùzú wǔshí Rìyuán

ユーフォー【UFO】《未確認飛行物体》不明飞行物 bùmíng fēixíngwù; 外星飞碟 wàixīng fēidié（英 a UFO）

ゆうふく【裕福な】 富裕 fùyù; 丰盈 fēngyíng; 优裕 yōuyù（英 rich; wealthy）▶彼は～な家庭の出である/他出身富裕家庭 tā chūshēn fùyù jiātíng ▶～に暮らす/过着富裕的生活 guòzhe fùyù de shēnghuó ▶石油で～になった地域/因石油而富起来的地区 yīn shíyóu ér fùqǐlai de dìqū

ゆうべ【夕べ】 傍晚 bàngwǎn; 黄昏 bànghēi;（昨晩）昨晚 zuówǎn（英 an evening）▶秋の～/秋日的傍晚 qiūrì de bàngwǎn ▶ブラームスの～/勃拉姆斯之夜 Bólāmǔsī zhī yè ▶～の鐘/傍晚的钟声 bàngwǎn de zhōngshēng

ゆうへい【幽閉する】 幽闭 yōubì; 囚禁 qiújìn（英 confine; imprison）▶暗い洞窟に3年間も～されていた/在黑暗的洞穴里被幽禁了三年 zài hēi'àn de dòngxuéli bèi yōujìnle sān nián

ゆうべん【雄弁な】 雄辩 xióngbiàn（英 eloquence）▶～をふるう/高谈阔论 gāotán kuòlùn ▶何よりもの統計数字が～に物语っている/这个统计数据无可辩驳的说服力 zhège tǒngjì shùjù wú kě biànbó de shuōfúlì

ことわざ 雄弁は銀なり，沈黙は金なり 雄辩是银，沉默是金 xióngbiàn shì yín, chénmò shì jīn

◆～家 雄辩家 xióngbiànjiā ～術 辩术 xióngbiànshù

ゆうぼう【有望な】 有为 yǒuwéi; 有望 yǒuwàng（英 promising; hopeful）▶新人/新秀 xīnxiù ▶彼は小说家として将来～である/他作为小说家有大前途 tā zuòwéi xiǎoshuōjiā dà yǒu qiántú ▶将来が～视されているエネルギー源/被认为是将来大有前景的能源 bèi rènwéi shì jiānglái dà yǒu qiánjǐng de néngyuán ▶政界の～株と目されている/他被认为政界的潜力股 tā bèi rènwéi wéi zhèngjiè de qiánlìgǔ ▶オリンピ

クの～選手/有望在奥运会上取得好成绩的选手 yǒuwàng zài Àoyùnhuìshang qǔdé hǎochéngjì de xuǎnshǒu

ゆうぼく【遊牧】 游牧 yóumù (英 *a nomadic life*) ▶～民族/游牧民族 yóumù mínzú ▶多くの～民が固定住宅に移り住んだ/众多的游牧民移居固定住宅 zhòngduō de yóumù mín yíjū gùdìng zhùzhái

ゆうほどう【遊歩道】 散步道 sànbùdào (英 *a promenade; a parade*)

ゆうめい【有名な】 有名 yǒumíng; 知名 zhīmíng; 著名 zhùmíng (英 *famous; well-known*; [悪名高き] *notorious*) ▶そこは風景の美しさで～だ/那里以风景优美而闻名 nàli yǐ fēngjǐng yōuměi ér wénmíng ▶彼の時間厳守は会社では～だ/他严守时间的作风在公司里是有名的 tā yánshǒu shíjiān de zuòfēng zài gōngsī dōu shì yǒumíng de ▶～大学に合格する/考上名牌大学 kǎoshàng míngpái dàxué ▶～店の割には味がもう一つだ/虽是名店，但味道并不怎么样 suī shì míngdiàn, dàn wèidao bìng bù zěnmeyàng ▶それは～税というものですよ/那就是所谓的名人税啊 nà jiù shì suǒwèi de míngrénshuì a ▶～になる/成名 chéngmíng; 出名 chūmíng; 扬名 yángmíng ▶彼は大賞を受賞して国際的に～になった/他获得大奖，在国际上成名了 tā huòdé dàjiǎng, zài guójìshang chéngmíng le ▶彼は一躍～になった/他一举成名 tā yíjǔ chéngmíng ▶この不祥事で母校がいくらか～になる/因为这个丑事母校变得小有名气了 yīnwèi zhège chǒushì mǔxiào biànde xiǎo yǒu míngqi le

◆～人 | 名人 míngrén ～人としての地位を失った/失去了名人的地位 shīqùle míngrén de dìwèi ～ブランド | 老牌子 lǎopáizi; 名牌 míngpái

ゆうめい【勇名】 威名 wēimíng (英 *fame of one's bravery*) ▶～がとどろく/威名远扬 wēimíng yuǎnyáng

ゆうめいむじつ【有名無実の】 挂名 guàmíng; 有名无实 yǒu míng wú shí (英 *nominal; in name only*) ▶～の会員/挂名会员 guàmíng huìyuán

ユーモア 幽默 yōumò; 风趣 fēngqù; 诙谐 huīxié (英 *humor*) ▶～のある人/风趣的人 fēngqù de rén ▶～に富むセリフ/富于幽默的说词 fùyú yōumò de shuōcí ▶彼は～を解さない無粋者だ/他是个不懂幽默的杀风景的人 tā shì ge bù dǒng yōumò de shāfēngjǐng de rén

◆～作家 | 幽默作家 yōumò zuòjiā ～小説 | 幽默小说 yōumò xiǎoshuō

ゆうもう【勇猛な】 勇猛 yǒngměng; 勇武 yǒngwǔ; 骁勇 xiāoyǒng (英 *daring; brave*) ▶～果敢な/悍勇 hànyǒng

◆～心 | 勇猛精神 yǒngměng jīngshén

ゆうもや【夕靄】 暮霭 mù'ǎi; 夕烟 xīyān (英 *evening haze*) ▶～に煙る桜島/暮烟缭绕的樱岛 mù'āi liáorào de Yīngdǎo

ユーモラスな 幽默 yōumò; 诙谐 huīxié (英 *humorous*) ▶～なしぐさで笑いを誘う/以幽默的言行引人发笑 yǐ yōumò de yánxíng yǐn rén fāxiào

ゆうもん【幽門】 〔解〕幽门 yōumén (英 *the pylorus*)

ゆうやく【勇躍して】 踊跃 yǒngyuè (英 *in high spirits*) ▶～して試合に臨む/踊跃参加比赛 yǒngyuè cānjiā bǐsài

ゆうやけ【夕焼け】 晚霞 wǎnxiá; 火烧云 huǒshāoyún (英 *an evening glow*) ▶～の翌日は晴れる/有火烧云的第二天是晴天 yǒu huǒshāoyún de dì'èr tiān shì qíngtiān

◆～空 | 晚霞染红的天空 wǎnxiá rǎn hóng de tiānkōng

ゆうやみ【夕闇】 薄暮 bómù; 昏暗 hūn'àn (英 *dusk; (evening) twilight*) ▶～が迫る/薄暮临近 bómù línjìn ▶～が迫って試合ができなくなった/天昏暗下来，无法再进行比赛了 tiān hūn'àn xiàlái, wúfǎ zài jìnxíng bǐsài le ▶彼は～にまぎれて町を抜けだした/他趁着黄昏离开了小城 tā chènzhe huánghūn líkāile xiǎochéng

ゆうゆう【悠悠と】 悠悠 yōuyōu; 悠然 yōurán; 从容不迫 cóng róng bú pò (英 *calm; leisurely; eternal*) ▶彼は～と一服やっていた/他悠然地抽着烟 tā yōurán de chōuzhe yān ▶遅刻しながら彼は～と入って来た/他虽然迟到了，还是不慌不忙地走了进来 tā suīrán chídào le, háishi bùhuāng bùmáng de zǒulejìnlái ▶今から出かければ3時の列車には～間に合う/现在出发的话，可以轻松赶上三点的火车 xiànzài chūfā de huà, kěyǐ qīngsōng gǎnshàng sān diǎn de huǒchē ▶～と過半数を得る/轻松获得过半数的议席 qīngsōng huòdé guò bànshù de yìxí ▶～と仕事をさばく/从容不迫地处理工作 cóng róng bú pò de chǔlǐ gōngzuò

◆～自適 | 逍遥自在 xiāoyáo zìzài; 悠闲自得 yōuxián zìdé

ゆうよ【猶予】 ❶【ためらい】犹豫 yóuyù; 迟疑 chíyí (英 *delay*) ▶一刻も～すべき場合ではない/这种情况，一刻都不能犹豫 zhè zhǒng qíngkuàng, yíkè dōu bùnéng yóuyù

❷【期日・支払いなど】延期 yánqī; 延缓 yánhuǎn (英 *postponement; grace*) ▶奖学金的返済を～する/延缓奖学金的归还期限 yánhuǎn jiǎngxuéjīn de guīhuán qīxiàn ▶彼は支払いに対して少しの～を願った/他希望能稍微延缓支付 tā xīwàng néng shāowēi yánhuǎn zhīfù ▶刑の執行を3週間～された/他被判的刑罚缓刑三星期执行 tā bèi pàn de xíngfá huǎnxíng sān xīngqī zhíxíng

◆～期間 | 宽限期 kuānxiànqī

ゆうよう【有用な】 有用 yǒuyòng (英 *useful; of use; valuable*) ▶～な情報をいち早く入手する/迅速得到有用信息 xùnsù dédào yǒuyòng xìnxī ▶僕は社会に～人間でありたい/我愿意做对社会有用的人 wǒ yuànyì zuò duì shèhuì yǒuyòng de rén

ユーラシア 欧亚 Ōu-Yà（英 *Eurasia*）▶～大陸/欧亚大陆 Ōu-Yà dàlù

ゆうらん【遊覧】 游览 yóulǎn; 游玩 yóuwán（英 *a pleasure trip*）▶バス/游览车 yóulǎnchē ▶～案内/游览指南 yóulǎn zhǐnán ▶～客/游人 yóurén ▶～船/游船 yóuchuán; 游览船 yóulǎnchuán; 游艇 yóutǐng

ゆうり【有利な】 有利 yǒulì（英 *advantageous; favorable*）▶情勢は彼に～であった/形势对他有利 xíngshì duì tā yǒulì ▶就職には資格を持っているほうが～である/找工作时有资格证书的话会比较有利 zhǎo gōngzuò shí yǒu zīgé zhèngshū de huà huì bǐjiào yǒulì ▶自分に～な戦い方で勝利する/用对自己有利的战斗方式获胜 yòng duì zìjǐ yǒulì de zhàndòu fāngshì huòshèng

ゆうり【有理の】〘数〙有理 yóulǐ（英 *rational*）▶～式/有理式 yǒulǐshì ▶～数/有理数 yǒulǐshù

ゆうり【遊離する】 脱离 tuōlí; 超脱 chāotuō; 游离 yóulí（英 *isolate; separate*）▶大衆から～したエリート意識/脱离大众的尖子意识 tuōlí dàzhòng de jiānzǐ yìshí ▶現実から～した政策/脱离实际的政策 tuōlí shíjì de zhèngcè

ゆうりょ【憂慮する】 愁虑 chóulǜ; 忧虑 yōulǜ; 担心 dānxīn（英 *worry*）▶～の色/愁容 chóuróng ▶一同は彼の安否を非常に～した/大家都很担心他的安危 dàjiā dōu hěn dānxīn tā de ānwēi ▶彼は事態を～している/他很担心局势 tā hěn dānxīn júshì ▶～すべき事態に直面する/面临令人担忧的事态 miànlín lìng rén dānyōu de shìtài

ゆうりょう【有料の】 收费 shōufèi（英 *charged*）▶～駐車場/收费停车场 shōufèi tíngchēchǎng ▶入場は無料ですか～ですか/是免费入场还是要收费的？ shì miǎnfèi rùchǎng háishi yào shōufèi de?

◆～トイレ：**收费厕所** shōufèi cèsuǒ ～**道路**：**收费公路** shōufèi gōnglù

ゆうりょう【優良な】 优良 yōuliáng（英 *superior; excellent*）▶～品種/良种 liángzhǒng; 优良品种 yōuliáng pǐnzhǒng ▶～な学業成績をあげる/取得了优良的学习成绩 qǔdéle yōuliáng de xuéxí chéngjì ▶彼は自分の会社を～会社に仕立て上げた/他把自己的公司建成了一个优良企业 tā bǎ zìjǐ de gōngsī jiànchéngle yí ge yōuliáng qǐyè ▶省エネ～店/节能优良店 jiénéng yōuliángdiàn ▶～株/绩优股 jìyōugǔ

ゆうりょく【有力な】 有力 yǒulì; 有势力 yǒu shìlì;（可能性が大）有可能 yǒu kěnéng（英 *strong; powerful*）▶～な賛成論/有力的赞成意见 yǒulì de zànchéng yìjiàn ▶一番～な市長候補/最有力的市长候选 zuì yǒulì de shìzhǎng hòuxuǎn ▶あのころは輸入禁止の声が～だった/那时禁止进口的意见占优势 nàshí jìnzhǐ jìnkǒu de yìjiàn zhàn yōushì

◆～者：**有势力者** yǒushìlìzhě; **权威人士** quánwēi rénshì ▶財界の～者/经济界的权威人

士 jīngjìjiè de quánwēi rénshì ▶町の～者/当地有权势的人 dāngdì yǒu quánshì de rén

ゆうれい【幽霊】 鬼 guǐ; 幽灵 yōulíng; 阴魂 yīnhún（英 *a ghost*）▶～が出る/闹鬼 nào guǐ ▶あの家には～が出る/那房子闹鬼 nà fángzi nào guǐ ▶～のように音もなく消えた/像幽灵一样，没声没息地消失了 xiàng yōulíng yíyàng, méi shēng méi xī de xiāoshī le ▶～がないのはなぜですか/日本的幽灵为什么没有腿脚？ Rìběn de yōulíng wèi shénme méiyǒu tuǐjiǎo?

◆～会社：**皮包公司** píbāo gōngsī ～**人口**：**虚报的人口** xūbào de rénkǒu ～**船**：**幽灵船** yōulíngchuán ～**話**：**鬼故事** guǐgùshì ～**屋敷**：**凶宅** xiōngzhái

ゆうれつ【優劣】 优劣 yōuliè; 高低 gāodī（英 *difference*）▶～をつける/分高低 fēn gāodī ▶～がない/没有优劣之分 méiyǒu yōuliè zhī fēn ▶～を争う/争高低 zhēng gāodī ▶～を論じる/品评优劣 pǐnpíng yōuliè ▶大賞候補作品はどちらとも～つけがたい/大奖候选作品很难分出高下 dàjiǎng hòuxuǎn zuòpǐn hěn nán fēnchū gāoxià

ユーロ【通貨単位】 欧元 Ōuyuán（英 *a euro*）

ゆうわ【宥和】 宽和 kuānhé; 绥靖 suíjìng（英 *appeasement*）▶～政策/绥靖政策 suíjìng zhèngcè ▶～路線に転じる/转向绥靖路线 zhuǎnxiàng suíjìng lùxiàn

ゆうわ【融和する】 融洽 róngqià; 和睦 hémù（英 *harmonize*）▶これが両国民の～に大いに貢献した/这对两国人民和睦相处做出了巨大贡献 zhè duì liǎngguó rénmín hémù xiāngchǔ zuòchūle jùdà gòngxiàn ▶地元住民と～する/和当地居民和睦相处 hé dāngdì jūmín hémù xiāngchǔ

ゆうわく【誘惑する】 诱惑 yòuhuò; 勾引 gōuyǐn; 引诱 yǐnyòu（英 *tempt; seduce*）▶都会には青年を破滅に導くような～が多い/都市中引诱青年走向毁灭的诱惑很多 dūshì zhōng yǐnyòu qīngnián zǒuxiàng huǐmiè de yòuhuò hěn duō ▶彼を金で～しようとしても無駄だ/想要用金钱施加下水也是徒劳 xiǎng yào yòng jīnqián shǐ tā xiàshuǐ yě shì túláo ▶～に負ける/经不起诱惑 jīngbuqǐ yòuhuò ▶～に勝つ/战胜诱惑 zhànshèng yòuhuò ▶手練手管を使って～する/耍花招引诱人 shuǎ huāzhāo yǐnyòu rén

ゆえ【故】 原因 yuányīn; 理由 lǐyóu（英〘理由〙*a reason*;〘原因〙*a cause*）▶～あって郷里に戻ることにしました/事出有因，决定归乡 shì chū yǒu yīn, juédìng guī xiāng ▶若さ～軽はずみなことをした/因为年轻做出了轻率的事 yīnwèi niánqīng zuòchūle qīngshuài de shì ▶私は～なく批判にさらされた/我无缘无故地遭到了批判 wǒ wú yuán wú gù de zāodàole pīpàn ▶老齢の～を以て彼は就任を辞退した/他以年纪大为由，辞掉了新任的职务 tā yǐ niánjì dà wéi yóu, cídiàole xīnrèn de zhíwù

ゆえに【故に】 因而 yīn'ér; 因此 yīncǐ（英

ゆえん【所以】 原因 yuányīn；理由 lǐyóu （英 *a reason*）▶これこそ彼が世間から嫌われる〜だ/这正是他被世人讨厌的原因 zhè zhèngshì tā bèi shìrén tǎoyàn de yuányīn

ゆえん【油煙】 油烟 yóuyān （英 *lamp soot*）

ゆか【床】 地板 dìbǎn （英 *a floor*）▶〜をふく/擦地板 cā dìbǎn ▶〜を張る/铺地板 pù dìbǎn ▶〜をはがす/拆开地板 chāikāi dìbǎn ▶〜に叩きのめされる/被打倒在地 bèi dǎdǎo zài dì ▶鉛筆が〜に落ちる/铅笔掉在地上 qiānbǐ diàozài dìshang ▶〜から天井までの高さはどれくらいですか/从地板到天花板有多高？ cóng dìbǎn dào tiānhuābǎn yǒu duō gāo？ ▶裾が〜まで届くドレス/下摆及地的服裙 xiàbǎi jí dì de lǐfúqún ▶〜上浸水する/水漫到地板上 shuǐ màndào dìbǎnshang

◆〜運動《体操競技の》：自由体操 zìyóu tǐcāo 〜面積/使用面积 shǐyòng miànjī

⚠日中比較 中国語の'床 chuáng'は「ベッド」のこと。

ゆかい【愉快な】 开心 kāixīn；痛快 tòngkuài；愉快 yúkuài （英 *pleasant; enjoyable*）▶彼らを教えることはとても〜だ/教他们真是非常开心的事 jiāo tāmen zhēn shì fēicháng kāixīn de shì ▶今晩は非常に〜でした/今晚过得非常愉快 jīnwǎn guòde fēicháng yúkuài ▶あの試合は実に〜だった/那场比赛真是痛快 nà chǎng bǐsài zhēn shì tòngkuài ▶あんな〜なことはなかった/没有那么高兴的事了 méiyǒu nàme gāoxìng de shì le

ゆがく【湯掻く】 焯 chāo （英 *scald*）▶ほうれんそうを〜/焯菠菜 chāo bōcài

ゆかしい【床しい】 温文尔雅 wēn wén ěr yǎ；高尚 gāoshàng （英 *admirable; charming; elegant*）

ゆかた【浴衣】《服飾》浴衣（夏天穿的日式单衣）yùyī (xiàtiān chuān de Rìshì dānyī) （英 *a yukata; an informal cotton kimono for summer*）▶〜掛けで出かける/穿着和式单衣出门 chuānzhe héshì dānyī chūmén

ゆがみ【歪み】 形变 xíngbiàn；歪 wāi （英 *a bend; distortion*）▶背骨に〜がある/脊椎骨发生变形 jǐzhuīgǔ fāshēng biànxíng ▶建物の〜を直す/修正建筑物的倾斜 xiūzhèng jiànzhùwù de qīngxié

ゆがむ【歪む】 歪 wāi；歪斜 wāixié；扭曲 niǔqū （英 *be distorted; be bent*）▶窓枠が〜/窗框变形 chuāngkuàng biànxíng ▶性格が〜/性格乖僻 xìnggé guāipì ▶彼の顔は怒りで歪んだ/他的脸因愤怒而变形 tā de liǎn yīn fènnù ér biànxíng ▶歪んだ物の見方をする/以歪曲的观点看事物 yǐ wāiqū de guāndiǎn kàn shìwù ▶歪んだ根性をどうにかしたがいい/要改改这扭曲的根性才行 yào gǎigai zhè niǔqū de gēnxìng cái xíng

ゆがめる【歪める】 歪曲 wāiqū （英 *distort; pervert; twist*）▶事実を〜/歪曲事实 wāiqū shìshí ▶歴史家が権力者のために歴史を〜ことがある/历史学家有时会为当权者而歪曲历史 lìshǐxuéjiā yǒushí yě huì wèi dāngquánzhě ér wāiqū lìshǐ ▶このことが彼の性格を〜ことになった/这件事扭曲了他的性格 zhè jiàn shì niǔqūle tā de xìnggé ▶その報告には事実を歪めたところがある/那份报告有歪曲事实的地方 nà fèn bàogào yǒu wāiqū shìshí de dìfang ▶彼女は悲しみで顔を歪めた/她悲伤得面部都扭曲了 tā bēishāngde miànbù dōu niǔqū le ▶口を〜/歪着嘴 wāizhe zuǐ

ゆかり 因缘 yīnyuán；关系 guānxi （英 *relation; connection*）▶縁も〜ない/毫无关系 háowú guānxi ▶あの人とは縁も〜もない/和那个人毫无瓜葛 hé nàge rén háowú guāgé

ゆかん【湯灌する】 擦净死者的身体 cājìng sǐzhě de shēntǐ （英 *wash a body for burial*）

ゆき【行き】《往路》去 qù；往 wǎng （英 *on one's way to...; bound for...*）▶青森〜の列車/开往青森的列车 kāiwǎng Qīngsēn de lièchē ▶〜はバスで帰りは電車にした/决定去时坐巴士，回来时坐电车 juédìng qù shí zuò bāshì, huílái shí zuò diànchē ▶〜も帰りも歩く/来去都是走路 láiqù dōu shì zǒulù ▶羽田〜のバス/去羽田机场的巴士 qù Yǔtián jīchǎng de bāshì

ゆき【雪】 雪 xuě （英 *snow; [降雪] a snowfall*）▶大〜/大雪 dàxuě ▶初〜/头场雪 tóuchángxuě ▶粉〜/细雪 xìxuě ▶〜が降る/下雪 xià xuě ▶明日は〜が降るでしょう/明天会下雪吧 míngtiān huì xià xuě ba ▶〜が盛んに降っている/雪下得很大 xuě xiàde hěn dà ▶〜が降りそうだ/好像要下雪 hǎoxiàng yào xià xuě ▶ぼたん〜が降っている/下着鹅毛大雪 xiàzhe émáo dàxuě ▶当地では〜がひどく2メートルも降りました/当地雪下得厉害，整整有两米高 dāngdì xuě xiàde lìhai, zhěngzhěng yǒu liǎng mǐ gāo ▶〜が解ける/雪化了 xuě huà le ▶〜にうずもれる/埋在雪中 máizài xuě zhōng ▶冬中〜に閉じ込められる/整个冬天被困在雪中 zhěnggè dōngtiān bèi kùnzài xuě zhōng ▶彼は〜の中を出て行った/他冒着大雪走出去了 tā màozhe dàxuě zǒuchūqu le ▶うっすらと〜をかぶった山/薄薄地盖着一层雪的山 báobáo de gàizhe yì céng xuě de shān

◆〜男《ヒマラヤの》：雪人 xuěrén ：靴/雪鞋 xuěxié 〜だまり/积雪 jīxuě 〜よけ/除雪 chúxuě

ゆきあう【行き会う】 遇见 yùjiàn （英 *meet with...; pass*）▶道で行き会っても挨拶もしない/在路上遇见也不打招呼 zài lùshang yùjiàn yě bù dǎ zhāohu

ゆきあかり【雪明かり】 雪光 xuěguāng （英 *snowblink*）▶昔〜を頼りに本を読んだ人がいた/古代曾有人利用白雪的反光来读书 gǔdài céng yǒu rén lìyòng báixuě de fǎnguāng lái dúshū

ゆきあたりばったり【行き当たりばったり の】没有计划 méiyǒu jìhuà；听其自然 tīng qí zìrán 〈英〉haphazard）▶にやる/漫无计划地做 màn wú jìhuà de zuò▶何事も～にやってはならない/什么事都不能毫无计划 shénme shì dōu bùnéng háowú jìhuà▶～の生き方/没有计划性的生活方式 méiyǒu jìhuàxìng de shēnghuó fāngshì

ゆきあたる【行き当たる】走到 zǒudào；碰到 pèngdào 〈英〉bump against...；run into...）▶まっすぐ行くと墓地に～/一直走就会到墓地 yìzhí zǒu jiù huì dào mùdì

ゆきかう【行き交う】往来 wǎnglái；来往 láiwǎng 〈英〉come and go）▶瀬戸内海は大小多くの船が～/濑户内海有很多大小船只来往 Làihùnèihǎi yǒu hěn duō dàxiǎo chuánzhī láiwǎng ▶大勢の人が～交差点で立ち止まった/在人来人往的十字路口停了下来 zài rén lái rén wǎng de shízì lùkǒu tíngleixiàlai

ゆきかえり【行き帰り】往返 wǎngfǎn；来回 láihuí 〈英〉to and from）▶～歩きました/步行往返 bùxíng wǎngfǎn ▶学校の～に/在上下学的路上 zài shàngxiàxué de lùshang

ゆきがかり【行き掛かり】进展的情形 jìnzhǎn de qíngxing 〈英〉circumstances）▶今までの～は忘れることにしよう/把过去的事都忘了吧 bǎ guòqù de shì dōu wàngle ba ▶その場の～でやむなくそうした/在当时的情形下，不得不同意了 zài dāngshí de qíngxingxia, bùdébù tóngyì le

ゆきかき【雪掻き】除雪 chú xuě 〈英〉snow shoveling）

ゆきがけ【行き掛けに】顺道 shùndào；顺路 shùnlù 〈英〉on one's way to...）▶学校の～に手紙を投函した/去学校时顺路邮了信 qù xuéxiào shí shùnlù yóule xìn

～の駄賃〈俗〉顺手牵羊 shùn shǒu qiān yáng ▶～の駄賃にこれを一つもらって行くぜ/我顺手牵羊拿个这个去哦 wǒ shùn shǒu qiān yáng ná ge zhège qù ò

ゆきがっせん【雪合戦をする】打雪仗 dǎ xuězhàng 〈英〉have a snowball fight）

ゆきき【行き来する】来往 láiwǎng；往来 wǎnglái 〈英〉[通行] coming and going; traffic; [交際] association）▶この辺は人の～の多い所です/这一带是行人较多的地方 zhè yídài shì xíngrén jiào duō de dìfang ▶警官が歩道を～しているのが見えた/看到警察在人行道上走来走去 kàndào jǐngchá zài rénxíngdàoshang zǒu lái zǒu qù ▶ダンプカーが住宅街を～する/翻斗车在住宅区来来往往 fāndǒuchē zài zhùzháiqū láiláiwǎngwang ▶私は10年以上彼と～している/我和他打了十多年交道了 wǒ hé tā dǎle shí duō nián jiāodào le ▶彼とは～しないほうがよい/你最好还是不要和他来往 nǐ zuìhǎo háishi búyào hé tā láiwǎng

ゆきぐに【雪国】雪国 xuěguó；多雪的地方 duōxuě de dìfang 〈英〉a snow country）

ゆきくれる【行き暮れる】走着走着天黑下来 zǒuzhe zǒuzhe tiān hēixiàlai 〈英〉be benighted）

ゆきげしき【雪景色】雪景 xuějǐng 〈英〉a snow scene）▶車窓から見に入った/车窗外面的雪景看得入了神 chēchuāng wàimian de xuějǐng kànde rùle shén

ゆきげしょう【雪化粧する】披上银装 pīshàng yínzhuāng 〈英〉be covered with snow）

ゆきさき【行き先】去的地方 qù de dìfang；目的地 mùdìdì；(将来) 将来 jiānglái 〈英〉[目的地] one's destination）▶彼の～を御存知ですか/你知道他去哪里了吗？nǐ zhīdào tā qù nǎli le ma? ▶～を変える/改变目的地 gǎibiàn mùdìdì ▶飛行機の～をカイロに変える/把飞行的目的地改为开罗 bǎ fēixíng de mùdìdì gǎiwéi Kāiluó ▶～不透明な時代/前景不明的时代 qiánjǐng bùmíng de shídài

ゆきすぎ【行き過ぎ】过分 guòfèn；过度 guòdù；过火 guòhuǒ 〈英〉overdoing; excess）▶それは男女平等の～だ/那是过度的男女平等 nà shì guòdù de nánnǚ píngděng

ゆきすぎる【行き過ぎる】走过 zǒuguò；做得过分 zuòde guòfèn 〈英〉go too far）▶うっかり校門を行き過ぎた/不注意走过了校门 bú zhùyì zǒuguòle xiàomén ▶行き過ぎた個人主義の結果がこれだ/极端个人主义的结果就是这样 jíduān gèrén zhǔyì de jiéguǒ jiù shì zhèyàng ▶行き過ぎた発言を撤回します/收回那次过激的发言 shōuhuí nà cì guòjī de fāyán

ゆきずり【行きずりの】路过 lùguò 〈英〉passing; casual）▶～の旅行者/路过的旅行者 lùguò de lǚxíngzhě ▶一人の男が～に声をかけてきた/一个男的迎面过来搭话 yí ge nán de yíngmiàn guòlái dāhuà

ゆきだおれ【行き倒れ】路倒 lùdǎo 〈英〉a person dying on the road）▶～になる/倒毙 dǎobì

ゆきだるま【雪達磨】雪人 xuěrén 〈英〉a snowman）▶～を作る/堆雪人 duī xuěrén

ゆきちがい【行き違い】走岔 zǒuchà；错过 cuòguò；(感情の) 隔阂 géhé 〈英〉crossing）▶気持ちの～/不对劲儿 bú duìjìnr ▶私たちの手紙は～になった/我们的信正好走岔了 wǒmen de xìn zhènghǎo zǒuchà le ▶君が帰ると～に彼が来た/你一回去他就来了，正好走岔了 nǐ yì huíqù tā jiù láile, zhènghǎo zǒuchà le

ゆきつく【行き着く】走到 zǒudào 〈英〉reach; get to...; arrive at...）▶そこまで行ったら、～ところまで行く他はない/都到这一步了，只好能走到哪步算哪步了 dōu dào zhè yí bù le, zhǐhǎo néng zǒudào nǎ bù suàn nǎ bù le

ゆきつけ【行き付けの】常去 chángqù 〈英〉one's favorite...）▶～の店/常去的商店 chángqù de shāngdiàn

ゆきづまり【行き詰まり】僵局 jiāngjú 〈英〉a deadlock; a stalemate）▶～の状態/绝境 juéjìng ▶～を打開する/打开僵局 dǎkāi jiāngjú

ゆきづまる【行き詰まる】 磨不开 mòbukāi; 走投无路 zǒu tóu wú lù; 行不通 xíngbutōng (英 come to a deadlock; stalemate) ▶調査は行き詰まったかに見えた/调查看起来陷入僵局了 diàochá kànqǐlai xiànrù jiāngjú le ▶会談は行き詰まったままだった/会谈还是僵持不下 huìtán háishi jiāngchíbuxià

ゆきつもどりつ【行きつ戻りつ】 往返 wǎngfǎn; 来来往往 láiláiwǎngwang (英 linger about...)

ゆきどけ【雪解け】 雪融 xuěróng (英 a thaw) ▶〜の頃/解冻季节 jiědòng jìjié ▶両国間の〜が始まったらしい/好像两国之间开始和解了 hǎoxiàng liǎngguó zhījiān kāishǐ héjiě le

ゆきどころ【行き所】 去向 qùxiàng (英 a place to go to) ▶今さら〜がない/事到如今没有去处了 shì dào rújīn méiyǒu qùchù le ▶彼の〜がわからない/不知道他的去向 bù zhīdào tā de qùxiàng

ゆきとどく【行き届く】 周到 zhōudào; 周详 zhōuxiáng (英 be careful; be complete) ▶行き届いた配慮/无微不至的关怀 wú wēi bú zhì de guānhuái ▶あの人は万事に行き届いた人です/那个人事事周到 nàge rén shìshì zhōudào ▶寄宿舎は衛生設備が行き届いている/宿舍的卫生设备很周到 sùshè de wèishēng shèbèi hěn zhōudào ▶あの家もいつも掃除が行き届いている/那家总是打扫得干干净净 nà jiā zǒngshì dǎsǎode gāngānjìngjìng ▶みな私が行き届かないためです/都怪我做事不够周全 dōu guài wǒ zuòshì bú gòu zhōuquán

ゆきどまり【行き止まり】 死胡同 sǐhútòng; 止境 zhǐjìng (英 the end of a street; [袋小路] a blind alley) ▶〜の道/死路 sǐlù ▶この道〜/此路不通 cǐlù bùtōng ▶道は塀で〜になっていた/路到了墙那儿就走不下去了 lù dàole qiáng nàr jiù zǒubuxiàqù le

ユキヒョウ【雪豹】〔動物〕雪豹 xuěbào (英 a snow leopard)

ゆきやけ【雪焼けする】 脸在雪原阳光下晒黑 liǎn zài xuěyuán yángguāngxia shàihēi (英 get snow-burn)

ユキヤナギ【雪柳】〔植物〕珍珠绣线菊 zhēnzhūxiùxiànjú (英 a spirea)

ゆきやま【雪山】 雪山 xuěshān (英 a snow mountain) ▶〜に登山/登雪山 dēng xuěshān

ゆきわたる【行き渡る】 普及 pǔjí; 遍及 biànjí (英 spread; prevail; go all around) ▶酒は皆に〜だけない/酒不够让所有人都喝到 jiǔ bùgòu ràng suǒyǒu rén dōu hēdào ▶その情報は全員に行き渡っていない/那个信息没有传达给所有人 nàge xìnxī méiyǒu chuándá gěi suǒyǒu rén ▶キップは全員に行き渡りましたか/票大家都拿到了吗？ piào dàjiā dōu nádàole ma?

ユキワリソウ【雪割草】〔植物〕獐耳细辛 zhāng'ěrxìxīn (英 a hepatica)

ゆく【行く】 ❶【ある場所へ】去 qù; 走 zǒu; 前往 qiánwǎng (英 go; [聞き手のところへ] come) →いく(行く) ▶学校へ〜/上学 shàngxué ▶スケートに〜/去滑冰 qù huábīng ▶電車で〜/坐电车去 zuò diànchē qù ▶歩いて〜/走着去 zǒuzhe qù ▶今直ぐ〜よ/现在马上去 xiànzài mǎshàng qù ▶あっちへ行けと言われた/他叫我走开 tā jiào wǒ zǒukāi ▶最近床屋へ〜回数が減った/最近去理发店的次数少了 zuìjìn qù lǐfàdiàn de cìshù shǎo le ▶この道を〜と四谷に出ます/顺着这条路走就是四谷了 shùnzhe zhè tiáo lù zǒu jiù shì Sìgǔ le ▶ここから歩いて1時間で行ける所です/是从这走一个小时就能到的地方 shì cóng zhè zǒu yí ge xiǎoshí jiù néng dào de dìfang ▶今晩皆で君の所に行きますよ/今晚大家去你那儿哦 jīnwǎn dàjiā qù nǐ nàr ó

❷【進行する】进行 jìnxíng (英 reach; go well) →いく(行く) ▶その日はその問題を討議するところまでは行かなかった/那天还没能讨论到那个问题 nà tiān hái méi néng tǎolùndào nàge wèntí ▶世の中はそんなふうには行かないよ/世上的事不会那么顺利的 shìshàng de shì búhuì nàme shùnlì de

❸【時間が経つ】过去 guòqù (英 pass; go by) ▶春／去去る春天 qùqu de chūntiān ▶〜年を送る/送走了过去的一年 sòngzǒule guòqù de yì nián

ゆく【逝く】 死去 sǐqù; 逝世 shìshì; 去世 qùshì (英 die; pass away)

ゆくえ【行方】 去向 qùxiàng; 迹行 xíngjì; 行踪 xíngzōng (英 [行き先] the place where one has gone; [所在] one's whereabouts) ▶〜をくらます/出亡 chūwáng; 潜逃 qiántáo ▶逃げた女房の〜を捜す/找寻逃走的老婆的去向 zhǎoxún táozǒu de lǎopo de qùxiàng ▶逃亡犯の〜をつきとめる/追查逃犯的去向 zhuīchá táofàn de qùxiàng ▶彼の〜は依然不明である/他依然下落不明 tā yīrán xiàluò bùmíng

♦〜不明／失踪 shīzōng; 下落不明 xiàluò bùmíng; 去向不明 qùxiàng bùmíng ▶海で〜不明になる/在海上下落不明 zài hǎishang xiàluò bùmíng

ゆくさき【行く先】 去处 qùchù; 行踪 xíngzōng; 前途 qiántú (英 one's destination) ▶〜も告げずに出かけていった/没说去哪里就出去了 méi shuō qù nǎli jiù chūqù le ▶〜何も楽しみがない/今后没有什么乐趣了 jīnhòu méiyǒu shénme lèqù le

ゆくすえ【行く末】 未来 wèilái; 将来 jiānglái; 前途 qiántú (英 one's future) ▶どの親も子供の〜を案じる/所有的父母都挂念孩子的将来 suǒyǒu de fùmǔ dōu guānniàn háizi de jiānglái ▶〜がどうなろうと構わない/不管将来如何 bùguǎn jiānglái rúhé

ゆくて【行く手】 去路 qùlù; 前程 qiánchéng (英 one's way) ▶我々の〜に灯が見えて来た/在我们的前方看到了光亮 zài wǒmen de qiánfāng kàndàole guāngliàng ▶〜をさえぎる/挡住去路

dǎngzhù qùlù ▶政権の～に暗雲が立ちこめる/政权的前程布满阴云 zhèngquán de qiánchéng bùmǎn yīnyún

ゆくゆく【行く行くは】 将来 jiānglái (英[将来] *in the future; some day*) ▶～は海外へ進出するつもりだ/将来准备到海外发展 jiānglái zhǔnbèi dào hǎiwài fāzhǎn

ゆげ【湯気】 热气 rèqì; 蒸气 zhēngqì (英 *steam; vapor*) ▶～を立てて怒る/火冒三丈 huǒ mào sān zhàng; 怒气冲冲 nùqì chōngchōng ▶～が立つ/冒热气 mào rèqì ▶テーブルの上のスープはうまそうな～を立てていた/桌上的汤盲着诱人的热气 zhuōshang de tāng màozhe yòurén de rèqì ▶～の立っているコーヒー/热气腾腾的咖啡 rèqì téngténg de kāfēi

ゆけつ【輸血する】 输血 shūxuè (英 *transfuse*) ▶患者は急いで～する必要がある/患者急需输血 huànzhě jíxū shūxuè ▶父への～を申し出る/要求给父亲输血 yāoqiú gěi fùqīn shūxuè ▶手術は～なしで行われた/手术在不用输血的情况下进行 shǒushù zài búyòng shūxuè de qíngkuàngxia jìnxíng

ゆさぶる【揺さぶる】 **1**【揺らす】摇 yáo; 摇撼 yáohàn (英 *shake*) ▶木を～/摇树 yáoshù **2**【動揺させる】动摇 dòngyáo (英 *disturb*) ▶人の心を～/震撼人心 zhènhàn rénxīn ▶相手の心を～話術/靠心弦的说话方式 dòng rén xīnxián de shuōhuà fāngshì ▶そのニュースはジャーナリズムを揺さぶった/那条消息震动了新闻界 nà tiáo xiāoxi zhèndòngle xīnwénjiè

ゆざまし【湯冷まし】 凉开水 liángkāishuǐ (英 *cooled boiled water*)

ゆざめ【湯冷めする】 洗澡后着凉 xǐzǎo hòu zháoliáng (英 *feel cold after a bath*)

ゆさん【遊山】 出去游玩 chūqù yóuwán; 玩水 wánshuǐ (英 *a picnic*) ▶～気分で視察に来られては迷惑だ/带着游山玩水的心情来视察的话让人很为难啊 dàizhe yóushān wánshuǐ de xīnqíng lái shìchá de huà ràng rén hěn wéinán a

♦～客:游览的客人 yóulǎn de kèrén

ゆし【油脂】 油脂 yóuzhī (英 *oils and fats*)

♦～工業:油脂工业 yóuzhī gōngyè

ゆしゅつ【輸出する】 出口 chūkǒu; 输出 shūchū (英 *export*) ▶～品/出口货 chūkǒuhuò ▶～超過/出超 chūchāo; 顺差 shùnchā ▶当時日本の対中国～は総額十億円であった/当时日本对中国的出口总额为十亿日元 dāngshí Rìběn duì Zhōngguó de chūkǒu zǒng'é wéi shíyì Rìyuán ▶日本車の～を制限する/限制日本车的出口 xiànzhì Rìběnchē de chūkǒu ▶日本の対米～超過/日本对美出超 Rìběn duì měi chūchāo ▶～国ランキング/出口国排行 chūkǒuguó páiháng

♦～入:进出口 jìnchūkǒu ▶～入を禁止する/禁运 jìnyùn ▶貿易外～入/贸易外进出口 màoyì wài jìnchūkǒu ▶～入業者/进出口行业人员 jìnchūkǒu hángyè rényuán

日中比較 中国語の'输出 shūchū'は「輸出する」他に「出力する」こともをも指す.

ユズ【柚】 【植物】香橙 xiāngchéng; 蟹橙 xièchéng (英 *a yuzu; a citron*)

日中比較 中国語の'柚 yòu'は「ザボン、ボンタン」のこと.

ゆすぐ 漂洗 piǎoxǐ; 涮 shuàn;《口を》漱 shù (英 *wash out; rinse*) ▶水で口を～/用水漱口 yòng shuǐ shùkǒu

ユスラウメ【梅桃】 【植物】毛樱桃 máoyīngtáo; 山樱桃 shānyīngtáo (英 *a downy cherry*)

ゆすり 敲诈 qiāozhà; 勒索 lèsuǒ (英 *blackmail*) ▶～の種にする/作为敲诈的本钱 zuòwéi qiāozhà de běnqián

ゆずりあい【譲り合い】 互相妥协 hùxiāng tuǒxié; 互让 hùràng (英 *mutual concession*) ▶～の精神はどこかへ行ってしまった/相互谦让的精神都到哪里去了 xiānghù qiānràng de jīngshén dōu dào nǎli qù le

ゆずりあう【譲り合う】 互让 hùràng (英 *make mutual concessions; meet halfway*) ▶彼らは互いに席を譲り合った/他们互相让位子 tāmen hùxiāng ràng wèizi

ゆずりうける【譲り受ける】 继承 jìchéng; 承受 chéngshòu (英 *buy; take over*; [継承する] *inherit*) ▶友人から中古のパソコンを譲り受けて/从朋友那儿要来了一个旧电脑 cóng péngyou nàr yào láile yí ge jiùdiànnǎo

ゆずりわたす【譲り渡す】 让给 rànggěi; 转让 zhuǎnràng (英 *hand over; transfer*) ▶事業を息子に～/把事业传给儿子 bǎ shìyè chuángěi érzi

ゆする 敲诈 qiāozhà; 讹诈 ézhà; 勒索 lèsuǒ (英 *extort... from ～*; [脅迫する] *blackmail*) ▶100万円～/敲诈一百万日元 qiāozhà yìbǎi wàn Rìyuán ▶ゆすられて金を出す/被要挟出钱 bèi yāoxié chū qián

ゆする【揺する】 摇动 yáodòng; 摇晃 yáohuàng (英 *shake; swing; roll*) ▶赤ん坊を揺すって寝かす/悠哉儿睡觉 yōu yīng'ér shuìjiào ▶枝を揺すって実を落とす/摇晃树枝把果实晃下来 yáohuàng shùzhī bǎ guǒshí huǎngxiàlai ▶彼女は腰を揺すって歩いた/她扭着腰走路 tā niǔzhe yāo zǒulù

ゆずる【譲る】 **1**【渡す・与える】让 ràng; 让给 rànggěi (英 *hand over*; [売る] *sell*) ▶その家は父親から息子へと譲られた/那个房子是父亲让给儿子的 nàge fángzi shì fùqīn rànggěi érzi de ▶道を～/让路 rànglù ▶若者が地下鉄やバスで老人に席を譲らなくなっている/现在的年轻人在地铁、巴士上不给老人让座了 xiànzài de niánqīngrén zài dìtiě, bāshìshang bù gěi lǎorén ràngzuò le

2【譲歩する】让步 ràngbù (英 *give way to...*) ▶君も少しは譲らなければだめだ/你也不让让步不行 nǐ yě bú ràng ràngbù bùxíng ▶彼はいつもその友達を立てて一歩譲った/他总是给那朋友

面子，自己让一步 tā zǒngshì gěi nà péngyou miànzi, zìjǐ ràng yí bù ▶一歩も譲らない/一步也不让 yí bù yě bú ràng

3【劣る】比…差 bǐ …chà；输 shū (英 be inferior to…) ▶映画好きにかけては何人にも譲らない/在喜欢看电影这一点上不输给任何人 zài xǐhuan kàn diànyǐng zhè yì diǎn shàng bù shūgěi rènhé rén

4【保留する】改日 gǎirì；延期 yánqī (英 reserve) ▶その件は他日に譲りましょう/那件事改天再谈吧 nà jiàn shì gǎitiān zài tán ba

ゆせい【油井】油井 yóujǐng (英 an oil well) ▶~やぐら/钻塔 zuàntǎ

ゆせい【油性の】油性 yóuxìng (英 oily; oil-based) ▶~塗料/油性涂料 yóuxìng túliào ~ボールペン/油性圆珠笔 yóuxìng yuánzhūbǐ

ゆせいかん【輸精管】【解】輸精管 shūjīngguǎn (英 the vas deferens) ▶~切除/切除输精管 qiēchú shūjīngguǎn

ゆせん【湯煎する】隔水加热 gé shuǐ jiārè (英 heat up over hot water) ▶チョコレートを~でとかす/把巧克力隔水溶化 bǎ qiǎokèlì gé shuǐ rónghuà

ゆそう【輸送】运输 yùnshū；搬运 bānyùn；输送 shūsòng (英 transport; conveyance) ▶~の途中で海賊に襲われた/在运输途中遭到海盗袭击 zài yùnshū túzhōng zāodào hǎidào xíjī ▶その列車は乗客二千人の~能力がある/那列火车能运输两千乘客 nà liè huǒchē néng yùnshū liǎngqiān chéngkè

◆海上~/海上运输 hǎishàng yùnshū ~現金車/现金运输车 xiànjīn yùnshūchē ~機/运输机 yùnshūjī ~貨物/货物运输机 huòwù yùnshūjī ~船/运输船 yùnshūchuán 旅客~/旅客运输 lǚkè yùnshū

ゆたか【豊かな】**1**【裕福な】富裕 fùyù；宽裕 kuānyù；丰盈 fēngyíng (英 rich; wealthy) ▶~な生活/富裕的生活 fùyù de shēnghuó ▶財政が~だ/财政充裕 cáizhèng chōngyù ▶石油で~になった国々/靠石油致富的国家 kào shíyóu zhìfù de guójiā ▶より~な生活を求める/追求更加富裕的生活 zhuīqiú gèngjiā fùyù de shēnghuó ▶国民生活を~にする/让国民的生活富裕起来 ràng guómín de shēnghuó fùyùqǐlai ▶老後を~に暮らす/老后日子丰盈 lǎo hòu rìzi fēngyíng

2【豊富な】丰富 fēngfù (英 abundant; plentiful) ▶~な実り/丰收 fēngshōu ▶心が~だ/心怀宽大 xīnhuái kuāndà ▶才能が~な人/才能丰富的人 cáinéng fēngfù de rén ▶~な胸の女性/大胸脯的女性 dàxiōngpú de nǚxìng ▶胸を~にする手術/隆胸手术 lóngxiōng shǒushù ▶この病院はガン治療に~な経験をもつ/这个医院拥有治疗癌症的丰富的经验 zhège yīyuàn yōngyǒu zhìliáo áizhèng de fēngfù de jīngyàn ▶オーストラリアは資源が~である/澳大利亚资源丰富 Àodàlìyà zīyuán fēngfù ▶読書が私の人生に~にした/读书丰富了我的人生 dúshū fēngfùle wǒ de rénshēng

ゆたかさ【豊かさ】丰裕 fēngyù；富裕 fùyù (英 richness) ▶~への道/致富之道 zhìfù zhī dào

ゆだねる【委ねる】付托 fùtuō；交付 jiāofù；委任 wěirèn (英 leave… to the care of ~; entrust… with ~) ▶彼に～しかない/只好委托他 zhǐhǎo wěituō tā ▶彼は伯母に委ねられた/他被交给了伯母抚养 tā bèi jiāogěile bómǔ fúyǎng ▶この生徒の進路は親の判断に～しかない/这个学生的前途只好任由家长决定 zhège xuésheng de qiántú zhǐhǎo rèn yóu jiāzhǎng juédìng

ユダヤ 犹太 Yóutài (英 Judah) ▶~人/犹太人 Yóutàirén ▶~教/犹太教 Yóutàijiào ▶反~主義/反犹太主义 fǎn Yóutàizhǔyì

ゆだる【茹だる】煮熟 zhǔshú；熬好 áohǎo (英 be boiled)

ゆだん【油断する】麻痺大意 mábì dàyì；失神 shīshén；疏忽 shūhu (英 be inattentive; be careless) ▶ちょっと～したすきに財布を盗まれた/一不小心钱包被偷了 yī bù xiǎoxīn qiánbāo bèi tōu le ▶～なく見張る/毫不疏忽的看着 háobù shūhu de kānzhe ▶相手を～させる/让对手大意 ràng duìshǒu dàyì ▶あの男は～がならないぞ/对那个人不能大意 duì nàge rén bùnéng dàyì

ことわざ **油断大敵** 疏忽是大敌 shūhū shì dàdí；千万不要麻痹大意 qiānwàn búyào mábì dàyì

ゆたんぽ【湯湯婆】汤壶 tānghú；汤婆子 tāngpózi (英 a hot-water bottle)

ゆちゃ【湯茶】茶水 cháshuǐ (英 tea) ▶桜の下で～の接待をする/在樱花树下提供茶水 zài yīnghuāshùxia tígōng cháshuǐ

ゆちゃく【癒着】粘连 zhānlián (英 adhesion)；《結託》勾结 gōujié (英 corrupt relationship) ▶肋膜が～した/肋膜粘连了 lèimó zhānlián le ▶政治家との～/和政治家勾结 hé zhèngzhìjiā gōujié

ゆっくり **1**【遅く】慢慢 mànmàn；缓缓 huǎnhuǎn；缓慢 huǎnmàn (英 slowly) ▶～歩く/慢慢走 mànmàn zǒu；踱 duó ▶～動く/蠕动 rúdòng；蹭 cèng ▶～した/缓缓 huǎnhuǎn；慢条斯理 màntiáosīlǐ ▶～話す/慢慢地说话 mànmàn de shuōhuà ▶もう少し～話しなさい/说得慢点吧 shuōde màn diǎn ba ▶～じゃないか/咱们一起谈谈吧 zánmen yìqǐ tántan ba ▶彼は～と立ち上がった/他慢慢站起来 tā mànmàn zhànqǐlai ▶車を～走らせる/减速行驶 jiǎnsù xíngshǐ

2【ゆとりをもって】充裕 chōngyù；充分 chōngfèn (英 deliberately) ▶彼らは～食事をした/他们好好儿吃了顿饭 tāmen hǎohāor chīle dùn fàn ▶そのことについては～と御相談したいと思います/就这件事我想和你好好儿谈谈 jiù zhè jiàn shì wǒ xiǎng hé nǐ hǎohāor tántan ▶今晩は～していけよ/今晚多呆会儿吧 jīnwǎn duō dāi huìr ba ▶~やろうじゃないか/慢慢来吧 mànmàn lái ba ▶久し振りに~眠った/好久没睡得这么好了 hǎojiǔ méi shuìde zhème hǎo le ▶~風呂に入る/好好地洗澡 hǎohǎo de pào zǎo ▶彼は~考えることをしない男だ/他是不好好儿考虑的人 tā shì bù hǎohāor kǎolǜ de rén

ゆったりした ❶【気持ち・雰囲気・衣服が】宽大 kuāndà;【雰囲気が】大方 dàfang (英 *easy; relaxed*);【衣服などが】宽松 kuānsōng (英 *loose*) ~した気持ちになる/心情安然 xīnqíng ānrán ~したブラウス/宽松的女式衬衫 kuānsōng de nǚshì chènshān ~した椅子/舒适的椅子 shūshì de yǐzi ▶この服の胸の部分をもう少し~させて下さい/把这衣服胸部放宽松一点 bǎ zhè yīfu xiōngbù fàng kuānsōng yìdiǎn ❷【動きが】悠然 yōurán (英 *calm; quiet*) ~した時間を過ごす/悠闲地渡过时间 yōuxián de dùguò shíjiān ▶~したスケジュール/安排得充裕的日程 ānpáide chōngyù de rìchéng

ゆでだこ【茹で蛸】煮熟的章鱼 zhǔshú de zhāngyú ▶酔って~のような顔になっている/醉得像红脸的猴子 zuìde xiàng hóngliǎn de hóuzi

ゆでたまご【茹で卵】【料理】煮鸡蛋 zhǔjīdàn (英 *a boiled egg*)

ゆでる【茹でる】焯 chāo; 煮 zhǔ (英 *boil*) 卵を~/煮鸡蛋 zhǔ jīdàn ▶ほうれんそうを~/焯菠菜 chāo bōcài ▶茹ですぎの麺/煮过头的面 zhǔ guòtóu de miàn

ゆでん【油田】油田 yóutián (英 *an oil field*)

ゆどうふ【湯豆腐】【料理】烫豆腐 tàngdòufu (英 *tofu boiled in water*)

ゆどの【湯殿】洗澡间 xǐzǎojiān (英 *a bathroom*)

ゆとり 宽裕 kuānyù; 充裕 chōngyù (英 *room; play*) ▶生活に~ができた/生活宽裕了 shēnghuó kuānyù le ▶~教育/宽松教育 kuānsōng jiàoyù

ユニークな 别致 biézhì; 独特 dútè (英 *unique; unusual*) ▶~な発想から生まれた製品/别出心裁的产品 bié chū xīncái de chǎnpǐn

ユニセックスの 男女两用 nánnǚ liǎngyòng (英 *unisex*)

ユニセフ 联合国儿童基金 Liánhéguó értóng jījīn (英 *UNICEF*)

ユニット 单元 dānyuán; 机组 jīzǔ (英 *a unit*) ▶~式家具/组合家具 zǔhé jiājù

ユニバーシアード 世界大学生运动会 Shìjiè dàxuéshēng yùndònghuì (英 *the Universiade*)

ユニホーム 制服 zhìfú (英 *a uniform*) ▶~を着ている/穿着制服 chuānzhe zhìfú ▶~の上着を脱ぐ/脱去制服上衣 tuōqù zhìfú shàngyī ▶(比喩)~を脱ぐ/退役 tuìyì; 退队 tuì duì

ゆにゅう【輸入する】进口 jìnkǒu; 输入 shūrù (英 *import*) ▶~国/进口国 jìnkǒuguó ▶~課徴金/进口税金 jìnkǒu shuìjīn ▶~規制/进口限制 jìnkǒu xiànzhì ▶~割り当て/进口配额 jìnkǒu pèi'é ▶~自由化；进口自由化 jìnkǒu zìyóuhuà ▶~超過；逆差 nìchā; 入超 rùchāo ▶貿易収支は五千万ドルの~超過を超えた/贸易收支出现五千万美金的逆差 chūxiàn wǔ qiānwàn měijīn de nìchā ▶~品；进口货 jìnkǒuhuò ▶免税~品/免税进口货 miǎnshuì jìnkǒuhuò ▶中国からの~品/从中国进口的东西 cóng Zhōngguó jìnkǒu de dōngxi

日中比較 中国語の'输入 shūrù'は「輸入する」他に「入力する」ことをも指す.

ゆにょうかん【輸尿管】【解】输尿管 shūniàoguǎn (英 *the ureter*)

ユネスコ 联合国教科文组织 Liánhéguó jiàokēwén zǔzhī (英 *UNESCO*)

ゆのみ【湯飲み】茶杯 chábēi; 茶碗 cháwǎn (英 *a teacup; a cup*)

ゆば【湯葉】〖食品〗豆腐皮 dòufupí (英 *dried bean curd*)

ゆび【指】指头 zhǐtou; zhítou (英 *a finger*; [足の] *a toe*) ▶~でひねる/捻 niǎn ▶~を鳴らす/打榧子 dǎ fěizi; 打响指 dǎxiǎng zhǐ ▶左足の~/左脚脚趾 zuǒjiǎo jiǎozhǐ ▶そんな人は5本の~で数えるほどしかいない/那种人真是屈指可数 nà zhǒng rén zhēn shì qū zhǐ kě shǔ ▶~をポキポキと鳴らす/把手指弄得嘎巴嘎巴响 bǎ shǒuzhǐ nòngde gābā gābā xiǎng ▶~を2本出す/伸出两只手指 shēnchū liǎng zhī shǒuzhǐ ▶~をくわえる/~をくわえて見ているしかない/只能垂涎三尺地看着 zhǐ néng chuíxián sān chǐ de kànzhe

ゆびおり【指折りの】数一数二 shǔ yī shǔ èr (英 *leading; prominent*) ▶~の大企業/屈指可数的大企业 qū zhǐ kě shǔ de dàqǐyè ~数える 掐算 qiāsuàn; 屈指 qūzhǐ; 扳着指头算 bānzhe zhǐtou suàn ▶~数えて夏休みを待つ/扳着手指盼暑假 bānzhe shǒuzhǐ pàn shǔjià

ゆびきり【指切りする】拉钩 lāgōu; 勾小指 gōu xiǎozhǐ (英 *make a pledge by hooking each other's little fingers*) ▶~げんまん/拉钩上吊 lāgōu shàngdiào

ゆびさき【指先】指尖儿 zhǐtóujiānr (英 *a fingertip*) ▶~でつまむ/捏 niē ▶~が器用だ/手巧 shǒuqiǎo

ゆびさす【指差す】指画 zhǐhuà; 指点 zhǐdiǎn (英 *point at...*) ▶目撃者が3人目の男を指差した/目击者指向第三个男人 mùjīzhě zhǐxiàng dìsān ge nánrén

ゆびにんぎょう【指人形】手托木偶 shǒutuō mù'ǒu (英 *a hand puppet*)

ゆびぬき【指抜き】顶针 dǐngzhen (英 *a thimble*)

ゆびぶえ【指笛】呼哨 hūshào (英 *finger whistling*) ▶~を吹き鳴らす/打呼哨 dǎ hūshào

ゆびわ【指輪】戒指 jièzhi; 指环 zhǐhuán (英 *a ring*) ▶~をはめる/带戒指 dài jièzhi ▶ダイヤの~/钻石戒指 zuànshí jièzhi ◆婚約~；订婚戒指 dìnghūn jièzhi

ゆぶね【湯船】 浴池 yùchí; 澡盆 zǎopén; 浴缸 yùgāng (英 *a bathtub*) ▶～に玩具のアヒルを浮かべた/在澡盆里漂起玩具鸭子 zài zǎopénli piāoqǐ wánjù yāzi

ゆみ【弓】 弓 gōng;《弓術》射箭术 shèjiànshù (英 *a bow*, [弓術] *archery*) ▶～矢/弓箭 gōngjiàn ▶弦楽器の～/琴弓 qínɡōng ▶～の名人/射箭名人 shèjiàn mínɡrén ▶～に矢をつがえる/把箭搭在弓上 bǎ jiàn dāzài gōngshang ▶～を射る/射箭 shèjiàn

～を引く 拉弓 lāgōnɡ;《比喩》背叛 bèipàn

ゆみず【湯水】 ～のように金(を)を使う 挥金如土 huī jīn rú tǔ; 任意挥霍 rènyì huīhuò

ゆみなり【弓なりの】 弓形 gōngxíng (英 *arched; bowed*) ▶釣竿が～にたわむ/钓竿弯成弓形 diàogān wānchéng gōngxíng

ゆめ【夢】 ❶【睡眠中の】 梦 mèng; 梦境 mèngjìng (英 *a dream*) ▶～をみる/做梦 zuòmèng ▶月に降り立つ～を見た/做了降落在月球上的梦 zuòle jiàngluò zài yuèqiúshang de mèng ▶昨日君の～を見た/昨天梦见你了 zuótiān mèngjiàn nǐ le ▶～からさめる/从梦里醒来 cóng mènglǐ xǐnglái ▶そんなことがあろうとは～にも思わなかった/做梦都没想到会有这样的事 zuòmèng dōu méi xiǎngdào huì yǒu zhèyàng de shì ▶～は正～だった/梦中的事情真的发生了 mèng zhōng de shìqíng zhēn de fāshēng le ▶～のようなひと時が過ぎた/梦幻般的时光过去了 mènghuàn bān de shíguāng guòqù le ▶同じ～を何度も見る/同一个梦做了好几次 tóng yí ge mèng zuòle hǎojǐ cì ▶楽しい～はすぐさめるものだ/快乐的梦总是会快醒 kuàilè de mèng zǒngshì huì kuài xǐng ▶何もかも～のようだ/什么都像梦一样 shénme dōu xiàng mèng yíyàng ▶～判断をする/占梦

❷【願望の世界】 理想 lǐxiǎng; 梦想 mèngxiǎng (英 *a dream; a vision*) ▶～の国/梦乡 mèngxiāng ▶留学することが私の～でした/留学是我的梦想 liúxué shì wǒ de mèngxiǎng ▶少年時代の～がかなう/实现少年时代的梦想 shíxiàn shàonián shídài de mèngxiǎng ▶コマーシャルは～を売る/广告兜售梦想 guǎnggào dōushòu mèngxiǎng ▶彼女はいつもなにか～を見ている/她总是在做着什么梦 tā zǒngshì zài zuòzhe shénme mèng ▶子供の頃は発明家を～見ていた/孩提时代梦想当一名发明家 háití shídài mèngxiǎng dāng yì míng fāmíngjiā ▶～をさますようなことは言わないでちょうだい/求求你别再给别人的梦想泼冷水了 qiúqiu nǐ bié zài gěi biéren de mèngxiǎng pō lěngshuǐ le ▶～をなくす/失去梦想 shīqù mèngxiǎng

～破れる 梦想破灭 mèngxiǎng pòmiè

ゆめうつつ【夢現の】 在梦境中 zài mèngjìng zhōng (英 *dreamy*) ▶～の中で電話のベルが聞こえた/在梦境中听到电话铃响 zài mèngjìng zhōng tīngdào diànhuàlíng xiǎng

ゆめうらない【夢占い】 (英 *dream interpretation*) ▶～をする/占梦 zhān mèng; 圆梦 yuán mèng

ゆめごこち【夢心地で】 梦境 mèngjìng; 如在梦中 rú zài mèng zhōng (英 *as if in a dream*) ▶憧れの人に会えて～だった/见到了心仪的人，就像在梦里一样 jiàndàole xīnyí de rén, jiù xiàng zài mènglǐ yíyàng

ゆめじ【夢路】 梦乡 mèngxiāng; 梦中 mèngzhōng (英 *a dream*) ▶いつのまにか辞書を枕に～に入った/不知何时枕着辞典进入了梦乡 bù zhī héshí zhěnzhe cídiǎn jìnrùle mèngxiāng

ゆめみ【夢見】 做梦 zuòmèng (英 *a (good) dream*) ▶～がよい/做梦吉利 zuòmèng jílì ▶～が悪い/做梦不吉利 zuòmèng bùjílì

～心地 如在梦中 rú zài mèng zhōng ▶素晴らしいオペラを～心地のままに見た/如在梦中般地看了一场精彩的歌剧 rú zài mèng zhōng bān de kànle yì chǎng jīngcǎi de gējù

ゆめみる【夢見る】 做梦 zuòmèng; 梦想 mèngxiǎng (英 *dream*) ▶未来を～/梦想未来 mèngxiǎng wèilái

ゆめものがたり【夢物語】 梦想 mèngxiǎng; 幻想 huànxiǎng (英 *a fantastic story*) ▶現実を軽視しては単なる～に終わるだけだ/轻视现实的话, 结果只能是一场梦 jiégùzhǐ zhǐ néng shì yì chǎng mèng

ゆめゆめ 千万 qiānwàn (英 *never; on no account*) ▶～忘れるな/千万不要忘记 qiānwàn búyào wàngjì

ゆもと【湯元】 温泉涌出的地方 wēnquán yǒngchū de dìfang (英 *the source of a hot spring*)

ゆゆしい【由由しい】 严重 yánzhòng; 严峻 yánjùn (英 *serious; grave*) ▶彼らの学力低下は～問題である/他们学力下降是一个严峻的问题 tāmen xuélì xiàjiàng shì yí ge yánjùn de wèntí

ゆらい【由来】 由来 yóulái; 根由 gēnyóu; 起源于 qǐyuán yú;《もともと》本来 běnlái (英 *the origin*; [本来] *originally*) ▶北海道の地名の多くがアイヌ語に～する/北海道的很多地名都起源于阿伊努语 Běihǎidào de hěn duō dìmíng dōu qǐyuán yú Āyīnǔyǔ ▶社名の～を尋ねる/询问公司名称的由来 xúnwèn gōngsī míngchēng de yóulái ▶中国に～する行事は少なくない/起源于中国的传统活动不少 qǐyuán yú Zhōngguó de chuántǒng huódòng bùshǎo

日中比較 中国語の「由来 yóulái」は「来歴」の他に「始まりから現在までの時間」をいう。

ゆらぐ【揺らぐ】 摇动 yáodòng; 摇晃 yáohuàng; 动摇 dòngyáo (英 《炎が》*flicker; flutter*; [信念が] *waver*) ▶気持ちが～/心境摇动 xīnjìng yáodòng ▶方針は揺らがない/方针不动摇 fāngzhēn bú dòngyáo ▶政治への信用は～ばかりだ/对于政治的信赖越来越动摇 duìyú zhèngzhì de xìnlài yuèláiyuè dòngyáo

ゆらす【揺らす】 摆动 bǎidòng; 抖动 dǒudòng;

ゆらめく 摇 yáo 〈英〉*shake; swing*）▶ゆりかごを～/摇摇篮 yáo yáolán ▶会社の屋台骨を～事件だった/那是动摇公司支柱的事件 nà shì dòngyáo gōngsī zhīzhù de shìjiàn

ゆらめく【揺らめく】 招展 zhāozhǎn；招晃 zhāohuàng 〈英〉*flicker*）▶色とりどりの旗が～/彩旗招展 cǎiqí zhāozhǎn ▶ろうそくの火が揺らめいて消えた/烛光摇动着熄灭了 zhúguāng yáodòngzhe xīmiè le

ゆらゆらする 悠悠荡荡 yōuyōudàngdàng 〈*sway; swing*）▶～揺れる/晃动 huàngdòng；晃悠 huàngyou；摇曳 yáoyè ▶光が水面で～した/光在水面上微微晃动着 guāng zài shuǐmiànshang wēiwēi huàngdòng ▶酔っ払いが～揺れながらホームに立っていた/喝醉酒的人晃晃悠悠地站在站台上 hēzuì jiǔ de rén huànghuàngyōuyōu de zhànzài zhàntáishang

ゆらんかん【輸卵管】〈解〉输卵管 shūluǎn-guǎn 〈英〉*an oviduct*）

ユリ【百合】〈植物〉百合 bǎihé 〈英〉*a lily*）▶～の花/百合花 bǎihéhuā
【鬼～：卷丹 juàndān　～根：百合鳞茎 bǎihé línjīng】

ゆりいす【揺り椅子】 摇椅 yáoyǐ 〈英〉*a rocking chair; a rocker*）

ゆりうごかす【揺り動かす】 摇动 yáodòng；摇撼 yáohàn 〈英〉*shake*）▶人の心を～/激荡人心 jīdàng rénxīn

ゆりおこす【揺り起こす】 推醒 tuīxǐng；晃醒 huàngxǐng 〈英〉*shake... out of sleep*）▶終点で眠り込んでいる人を～/在终点站摇醒熟睡的人 zài zhōngdiǎnzhàn yáoxǐng shúshuì de rén

ゆりかえし【揺り返し】 余震 yúzhèn [地震] 〈英〉*an aftershock*）▶夜の間も何度か～が来た/夜里又来了几次余震 yèli yòu láile jǐ cì yúzhèn

ゆりかご【揺り籠】 摇篮 yáolán 〈英〉*a cradle*）▶～を揺する/摇摇篮 yáo yáolán ▶～から墓場までの社会保障/从出生到死亡的社会保障 cóng chūshēng dào sǐwáng de shèhuì bǎozhàng

ゆるい【緩い】 （規制など）不严 bù yán 〈英〉*slack*）；（服など）松弛 sōngchí 〈英〉*loose*）；（傾斜など）慢 màn 〈英〉*gentle*）▶ベルトが～/腰带松弛 yāodài sōngchí ▶～カーブを曲がりそこねた/没拐好慢转弯 méi guǎihǎo mànzhuǎnwān ▶～結び目/系得松松的扣 jìde sōngsōng de jíkòu ▶～傾斜/略微倾斜 lüèwēi qīngxié ▶彼は～ゴロを打った/他打了一个缓慢的地滚球 tā dǎle yí ge huǎnmàn de de gǔnqiú ▶少し～靴/略松的鞋 lüè sōng de xié ▶取り締まりが～のにいっては違法駐車する/借着规制松缓违章停车 jièzhe guīzhì sōnghuǎn wéizhāng tíngchē

ゆるがす【揺るがす】 震荡 zhèndàng；震撼 zhènhàn；动摇 dòngyáo 〈英〉*shake; unsettle*）▶大地を～/震动大地 zhèndòng dàdì ▶国を根底から～/全面震动了整个国家 quánmiàn zhèndòngle zhěnggè guójiā ▶その損害は会社の土台を揺るがした/那损失动摇了公司的根基 nà sǔnshī dòngyáole gōngsī de gēnjī ▶何事も彼女に対する私の信頼を～ことはない/没有任何事会动摇我对她的信任 méiyǒu rènhé shì huì dòngyáo wǒ duì tā de xìnrèn

ゆるがせにする 忽视 hūshì；疏忽 shūhu 〈英〉*neglect; make light of...*）▶一点一画を～にしない学風/丝毫不马虎的学风 sīháo bù mǎhu de xuéfēng ▶職務を～にする/疏忽职务 shūhu zhíwù

ゆるぎない【揺るぎない】 巩固 gǒnggù；牢固 láogù；稳 wěn 〈英〉*firm; secure; unshaken*）▶～意志／铁心 tiěxīn ▶～自信/毫不动摇的自信 háobù dòngyáo de zìxìn

ゆるぐ【揺るぐ】 动摇 dòngyáo ▶信念が～/信念动摇 dìngjiàn ▶揺るがない見解/定见 dìngjiàn ▶揺るがない証拠/真凭实据 zhēn píng shíjù ▶揺るがない地位/稳固的地位 wěngù de dìwèi

ゆるし【許し】 许可 xǔkě；准许 zhǔnxǔ；允许 yǔnxǔ 〈英〉*permission; pardon*）▶～を求める/求饶 qiúráo；求情 qiúqíng；讨饶 tǎoráo ▶誰の～を得て入ってきたのだ/你是得到谁的许可才进来的/你是得到谁的许可才进来 nǐ shì dédào shéi de xǔkě jìnlái de ▶神の～を得る/得到神的宽恕 dédào shén de kuānshù

ゆるす【許す】 ❶【許可】 允许 yǔnxǔ；许可 xǔkě；应许 yīngxǔ 〈英〉*permit; allow*）▶～される/可以 kěyǐ ▶（…するのを）許さない/不容 bùróng；不许 bùxǔ ▶問題はそのような簡単な解決を許さない/这个问题不允许那么轻率地解决 zhège wèntí bù yǔnxǔ nàme qīngshuài de jiějué ▶そうしないのでは彼の誇りが許さなかった/不那么做的话，他的自尊心过不去 bú nàme zuò de huà, tā de zìzūnxīn guòbuqù ▶入学を～/准予入学 zhǔnyǔ rùxué ▶事情の～限り早急に対応する/尽可能及早处理 jǐnkěnéng jízǎo chǔlǐ ▶そんなぜいたくは僕の財布が許さない/我的钱包不允许我那么奢侈 wǒ de qiánbāo bù yǔnxǔ wǒ nàme shēchí ▶お時間が許せば御参加下さい/如果时间允许请出席 rúguǒ shíjiān yǔnxǔ qǐng chūxí ▶天候が許せば山頂まで登りたい/天气允许的话想爬到山顶 tiānqì yǔnxǔ de huà xiǎng pádào shāndǐng

❷【容赦する】 饶恕 ráoshù；原谅 yuánliàng；容许 róngxǔ 〈英〉*forgive; pardon; excuse*）▶許していただけますか/能原谅我吗？ néng yuánliàng wǒ ma? ▶今度だけは許してやる/这次就饶了你 zhècì jiù ráole nǐ ▶私は彼の過失を許してやった/我原谅了他的过失 wǒ yuánliàngle tā de guòshī ▶誰からの干渉も許さない/无论是谁说话都不能原谅 wúlùn shì shéi shuōhuà dōu bùnéng yuánliàng ▶いかなる暴力も許しがたい/无论是怎样的暴力行为都难以原谅 wúlùn shì zěnyàng de bàolì xíngwéi dōu nányǐ yuánliàng

❸【その他】 演説することだけは（辞退を）許していただきたい/演讲这事还请您不要让我做了 yǎnjiǎng zhè shì hái qǐng nín búyào ràng wǒ zuò le ▶自他ともに許している大学者/公认的大学者 gōngrèn de dàxuézhě ▶あの女に心を~な/不要相信那个女人 búyào xiāngxìn nàge nǚrén 気を~ 放松警惕 fàngsōng jǐngtì ▶ちょっと気を許したすきにバッグを盗まれた/一不注意提包被人偷了 yī bú zhùyì tíbāo bèi rén tōu le

ゆるみ【緩み】 松弛 sōngchí; 疏忽 shūhu; 粗心 cūxīn ⓔ *relaxation; slackness* ▶心に~がある/有些粗心 yǒuxiē cūxīn ▶あのミスは一瞬の気の~があったとしか考えられない/那错误肯定是因为一时没注意 nà cuòwù kěndìng shì yīnwèi yīshí méi zhùyì

ゆるむ【緩む】 (ひもなど) 松动 sōngdòng; (地盤など) 软化 ruǎnhuà; (気が) 松懈 sōngxiè ⓔ *loosen* ▶靴のひもがゆるんだ/鞋带松了 xiédài sōng le ▶寒さが目だってゆるんできた/寒冷明显缓解了 hánlěng míngxiǎn huǎnjiě le ▶ゆるんだネジを締め直す/重新拧紧松动的螺丝 chóngxīn nǐngjǐn sōngdòng de luósī ▶腹がゆるんでいる/有点腹泻 yǒudiǎn fùxiè ▶暑さですっかり気が~/因为天热完全没有了紧张感 yīnwèi tiān rè wánquán méiyǒule jǐnzhānggǎn

ゆるめる【緩める】 放松 fàngsōng; 宽 kuān; 松懈 sōngxiè ⓔ *loosen*; [注意などを] *relax*; [速力を] *slacken* ▶力を~/松劲 sōngjìn ▶バンドを~/放松腰带 fàngsōng yāodài ▶ネクタイを~/把领带放松 bǎ lǐngdài fàngsōng ▶駅が近づいて列車は速度をゆるめた/接近车站列车放慢速度 jiējìn chēzhàn lièchē fàngmàn sùdù ▶規則を~/放宽规则 fàngkuān guīzé ▶改革の手を~/不能放松改革措 bùnéng fàngsōng gǎigé jǔcuò ▶輸入制限を~/放宽进口限制 fàngkuān jìnkǒu xiànzhì ▶最後まで気を~/不到最后不要放松 bú dào zuìhòu búyào fàngsōng

ゆるやか【緩やかな】 平缓 pínghuǎn; 缓慢 huǎnmàn ⓔ *loose; gentle*; (処置) 宽大 kuāndà ⓔ *generous* ▶~な坂/慢坡 mànpō; 缓坡 huǎnpō ▶~に下降線をたどる/沿着缓缓下降的路线推移 yánzhe huǎnmàn xiàjiàng de lùxiàn tuīyí ▶今回は~な処分で済ませましょう/这次就宽大处理吧 zhèci jiù kuāndà chǔlǐ ba

ゆれ【揺れ】 晃动 huàngdòng; 摇动 yáodòng; 振动 zhèndòng ⓔ *shaking* ▶今日の地震はひどい~だった/今天地震摇得可厉害 jīntiān de dìzhèn yáode kě lìhai

ゆれうごく【揺れ動く】 摇荡 yáodàng; 动摇 dòngyáo; 摇晃 yáohuàng ⓔ *shake* ▶地面が~/地面振动 dìmiàn zhèndòng ▶心が~/心里动摇 xīnli dòngyáo ▶世界情勢は目まぐるしく~/世界形势动荡多变 shìjiè xíngshì dòngdàng duōbiàn

ゆれる【揺れる】 振动 zhèndòng; 摇 yáo; 摇摆 yáobǎi ⓔ *shake; sway; tremble* ▶トラックが通ると家が~のを感じる/卡车一开过就感到房子振动 kǎchē yì kāiguò jiù gǎndào fángzi zhèndòng ▶~想い/摇摆不定的想法 yáobǎi bú dìng de xiǎngfa ▶強い風に竹やぶが~/竹林在强风中摇摆 zhúlín zài qiángfēng zhōng yáobǎi

ゆわえる【結わえる】 扎 zā; 结 jié; 捆 kǔn ⓔ *tie; fasten; bind* ▶刈った稲を~/把收割下来稻子扎起来 bǎ shōugēxiàlai dàozi zāqǐlai ▶新聞をひもで~/用绳子捆报纸 yòng shéngzi kǔn bàozhǐ

ゆわかし【湯沸かし】 水壶 shuǐhú; 烧水器 shāoshuǐqì ⓔ *a kettle*
◆ガス~器 煤气式热水器 méiqìshì rèshuǐqì

よ

よ【世】 ❶〖世の中〗 世 shì; 世道 shìdào ⓔ *the world* ▶~に問う/问世 wènshì ▶~をはなむ/厌世 yànshì ▶聞こえた学者なのですよ/他可是闻名退迹的学者呀 tā kěshì wénmíng xiá'ěr de xuézhě ya ▶生きにくい~になりましたね/这可真是一个难以安生的时代啊 zhè kě zhēn shì yí ge nányǐ ānshēng de shídài a ▶あんな男が大臣だなんて、~も末だよ/那样的人还当大臣，这世道真是没治了 nàyàng de rén hái dāng dàchén, zhè shìdào zhēn shì méi zhì le ▶教師稼業は~を忍ぶ仮の姿、実は…/当老师只是对外的一个幌子，他其实是…dāng lǎoshī zhǐshì duìwài de yí ge huǎngzi, tā qíshí shì…
❷〖この世・あの世〗 人间 rénjiān; 世 shì ⓔ *life; lifetime* ▶この~で添えないならあの~へ旅立ったのだ/不能在人间相伴，于是踏上黄泉路 bùnéng zài rénjiān xiāngbàn, yúshì tàshàng huángquánlù ▶彼は 30 歳の若さで~を去った/他才三十岁就离开了人世 tā cái sānshí suì jiù líkāile rénshì ▶あの~/黄泉 huángquán ▶~にある時/在世的时侯 zài shì de shíhou
❸〖…時代〗 世 shì; 治世 zhìshì; 时代 shídài ⓔ *an era; a period*; [治世] *a reign* ▶徳川の~はまだ続いていた/德川的治世还延存着 Déchuān de zhìshì hái yáncúnzhe

~が~なら 如果世道没变 rúguǒ shìdào méi biàn
▶~が~なら俺は大富豪だ/要是世道没变，我肯定是个大富翁 yàoshi shìdào méi biàn, wǒ kěndìng shì ge dàfùwēng
~に知られる 出名 chūmíng
~に出る 出世 chūshì
~の常, ~の習い 人之常情 rén zhī chángqíng
~を去る 去世 qùshì
~を捨てる 弃世出家 qìshì chūjiā

よ【余】 余 yú; 多 duō ⓔ *over; more than…; odd* ▶その学校には 2000 ~の生徒がいる/那所学校有两千多名学生 nà suǒ xuéxiào yǒu liǎngqiān duō míng xuésheng

よ【夜】 夜 yè; 夜里 yèli; 晚上 wǎnshang ⓔ *a night*; [宵] *an evening* ▶~を日についで働く/夜以继日地工作 yè yǐ jì rì de gōngzuò ▶公園のベンチで~を明かす/在公园的长椅上过一夜 zài

よあかし

gōngyuán de chángyīshang guò yí yè
～が明ける 破曉 pò xiǎo; 天亮 tiān liàng; 天明 tiān míng
～がふける ▶ドラマを見るうちにすっかり～がふけていた/看着看着电视剧, 就到深夜了 kànzhe kànzhe diànshìjù, jiù dào shēnyè le
～を徹する ▶僕らは～を徹してプランを練ったのだ/我们彻夜商讨计划 wǒmen chèyè shāngtǎo jìhuà

よあかし【夜明かしする】 彻夜 chèyè; 熬夜 áoyè; 通宵 tōngxiāo (英 sit up all night) ▶納期が迫って, 今日も～した/交货期限逼近, 今天又是一宿没睡 jiāohuòqī qīxiàn bījìn, jīntiān yòu shì yì xiǔ méi shuì

よあけ【夜明け】 黎明 límíng; 天亮 tiānliàng; 破曉 pòxiǎo (英 dawn; daybreak) ▶～前/凌晨 língchén ▶彼は～とともに出発した/天一亮他就出发了 tiān yí liàng tā jiù chūfā le ▶くじけるな。～は近いぞ/别气馁, 苦难快要结束了 bié qìněi, kǔnàn kuàiyào jiéshù le ▶こうして日本は新時代の～を迎えた/就这样, 日本迎来了新时代的曙光 jiù zhèyàng, Rìběn yíngláile xīnshídài de shǔguāng ▶～前には闇が深まる/黎明前黑暗更深 límíngqián hēi'àn gèng shēn

よあそび【夜遊びする】 晚上游玩 wǎnshang yóuwán; 夜里游荡 yèli yóudàng (英 go out at night for amusement) ▶～する人/夜游神 yèyóushén ▶君, ～が過ぎるんじゃないか/你是不是晚上玩得太过火了? nǐ shìbushì wǎnshang wánde tài guòhuǒ le?

よあつふく【与压服】 增压安全服 zēngyā ānquánfú (英 a pressure suit)

よあるき【夜歩きする】 夜间走路 yèjiān zǒulù; 晚上闲走 wǎnshang xiánzǒu (英 go out at night)

よい【良い】 ❶【好ましい】好 hǎo; 良好 liánghǎo; 要得 yàodé (英 good) →いい ▶～ことをする/行善 xíngshàn ▶よくなる/见好 jiànhǎo ▶来年は景気がよくなる/明年经济会好转起来 míngnián jīngjì huì hǎozhuǎnqǐlai

❷【…すべきである】好 hǎo; 行 xíng (英 ought to do; had better do) ▶君はもっと分別があってもよさそうなものだ/你要能再多一些辨别能力就好了 nǐ yào néng zài duō yìxiē biànbié nénglì jiù hǎo le ▶もっと勉強しておけばよかった/要是当时学习再努力一点就好了 yàoshi dāngshí xuéxí zài nǔlì yìdiǎn jiù hǎo le ▶返事ぐらいしていても～だろう/你就该一声也好啊 nǐ jiù yìng yì shēng yě hǎo a ▶彼には黙っているほうが～ぞ/还是别告诉他为好 háishi bié gàosu tā wéi hǎo ▶先生なられより小说家になればよかったのに/比起当老师什么的, 要能成为小说家就好了 bǐqǐ dāng lǎoshī shénmede, yào néng chéngwéi xiǎoshuōjiā jiù hǎo le ▶そうだ, それで～のだ/对, 这就可以 duì, zhè jiù kěyǐ ▶服装规定はあって～と思う/我觉得服装方面的规定是可行的 wǒ juéde fúzhuāng fāngmiàn de guīdìng shì kěxíng de

❸【許容】使得 shǐde; 可以 kěyǐ (英 may; can; [... する必要がない] need not do) ▶書き終わったら帰っても～/写完的话, 就可以回去了 xiěwán de huà, jiù kěyǐ huíqù le ▶言って～ことと悪いことがある/说话应该有分寸 shuōhuà yīnggāi yǒu fēncun ▶今日がだめなら明日でも～/今天要不行的话, 明天也可以 jīntiān yào bùxíng de huà, míngtiān yě kěyǐ ▶何でも～から食べるものを～/给点儿吃的, 什么都行 gěi diǎnr chī de, shénme dōu xíng

❹【その他】▶無事でよかった/没出事, 太好了 méi chūshì, tài hǎo le ▶ああよかった, 私の意が通じたんだ/啊, 太好了, 真是 "心有灵犀一点通" à, tài hǎo le, zhēn shì "xīn yǒu língxī yìdiǎn tōng" ▶～か, よく聞け/喂, 你给我好好儿听着 wèi, nǐ gěi wǒ hǎohāor tīngzhe

よい【宵】 傍晚 bàngwǎn (英 early evening) ▶～を越す/过夜 guòyè ▶10 時なんてまだ～の口だ/才十点, 夜晚才刚刚开始呢 cái shí diǎn, yèwǎn cái gānggāng kāishǐ ne ▶路地に～闇が迫ってきた/夜暮渐渐笼罩上小巷 yèmù jiànjiàn lǒngzhàozhe xiǎoxiàng

◆～っぱり：夜猫子 yèmāozi ～っぱりの朝寝坊/晚睡晏起的人 wǎn shuì yàn qǐ de rén ～の明星：长庚星 chánggēngxīng; 昏星 hūnxīng ▶あの人と結ばれるよう～の明星に祈った/向着长庚星祈祷, 愿他结为连理 xiàngzhe chánggēngxīng qídǎo, yuàn yǔ tā jiéwéi liánlǐ

よい【酔い】 醉意 zuìyì; 醉劲儿 zuìjìnr (英 drunkenness) ▶～を覚ます/醒酒 xǐngjiǔ ▶心地/醉乡 zuìxiāng ▶公園で～を覚ましてから帰るよ/在公园醒酒就回去 zài gōngyuán xǐngxīng jiù huíqù ▶だんだん～が回ってきた/酒劲儿渐渐上来了 jiǔjìnr jiànjiàn shànglái le ▶話を聞いて～がすっかり覚めてしまった/听了这话, 醉意一下就烟消云散 tīngle zhè huà, zuìyì yíxià jiù yān xiāo yún sàn ▶～ざめの水の味がわかるか/你知道醒酒水的滋味吗? nǐ zhīdào xǐngjiǔshuǐ de zīwèi ma?

よいしょ ❶【かけ声】嗨哟 hāiyō (英 Yo-ho!) ▶さあ押すよ。一, 二, ～/好, 推了。一, 二, 三 hǎo, tuī le. yī, èr, sān ❷【おべっか】恭维 gōngwei; 拍马屁 pāi mǎpì (英 flatter) ▶あいつまた社长に～してるよ/他又在拍总经理的马屁 tā yòu zài pāi zǒngjīnglǐ de mǎpì

よいしれる【酔いしれる】 《酒に酔う》烂醉 lànzuì; 酣醉 hānzuì; 《うっとりする》陶醉 táozuì (英 be drunk with...) ▶成功に～/沉醉于成功之中 chénzuì yú chénggōng zhīzhōng

よいつぶれる【酔いつぶれる】 醉倒 zuìdǎo; 大醉 dàzuì (英 drink oneself dead) ▶飲んで～/喝得酩酊大醉 hēde mǐngdǐng dàzuì

ヨイマチグサ【宵待草】〘植物〙待宵草 dàixiāocǎo; 月见草 yuèjiàncǎo

よいん【余韻】 余味 yúwèi; 余韵 yúyùn (英 [楽音の] a trailing note; [詩, 文の] suggestiveness) ▶甘い歌声が～をひいて耳に残った/甜美的歌声在耳边久久不散 tiánměi de gēshēng zài ěrbiān jiǔjiǔ bú sàn

よう《呼びかけ》嘿 hēi; 嗨 hāi《英 hello》▶～, 元気か/嗨, 你好吗? hāi, nǐ hǎo ma?

よう【用】❶【用事】事情 shìqing; 差事《英 business》;［仕事］engagement《使い走りの》an errand ▶～がある/有事情 yǒu shìqing ▶午後は～がない/下午没事 xiàwǔ méi shì ▶駅前で～を足してから帰ります/在车站前办完事就回家 zài chēzhànqián bànwán shì jiù huíjiā ▶何か御～ですか/有什么事吗? yǒu shénme shì ma? ▶君には～がない/你没事儿 nǐ méi shìr; 不关你的事儿 bù guān nǐ de shìr

❷【役・効用】用处 yòngchu; 用 yòng《英 use; service》▶～をなさない/不济事 bú jìshì ▶それではテレビの～をなさない/那么，电视没有发挥作用 nàme, diànshì méiyǒu fāhuī zuòyòng ▶彼は彼女にとって何の～もない人間だった/在她看来，他是个什么用都没有的人 zài tā kànlái, tā shì ge shénme yòng dōu méiyǒu de rén ▶婦人～の靴を買いたいのですが/我想买双女鞋 wǒ xiǎng mǎi shuāng nǚxié ▶家庭～プリンター/家庭用打印机 jiātíngyòng dǎyìnjī

❸【用便】▶～をたす/方便 fāngbiàn; 解手 jiěshǒu ▶便所に入って～を足す/进厕所解手 jìn cèsuǒ jiěshǒu

よう【要】要点 yàodiǎn; 关键 guānjiàn;《必要》需要 xūyào《英 in short; in brief; the point is...》▶～を得ている/说明抓住了要点 shuōmíng zhuāzhùle yàodiǎn ▶これは再手术の～があるな/看来有必要再作一次手术 kànlái yǒu bìyào zài zuò yí cì shǒushù ▶～は本人のやる気だよ/关键在于本人的干劲儿 guānjiàn zàiyú běnrén de gànjìnr

よう【酔う】❶【酒に】醉 zuì《英 get drunk》▶酒に～/喝醉 hēzuì; 醉酒 zuìjiǔ ▶酔って帰宅の途中，転んで怪我をした/在喝醉回家的途中，摔了一跤，受了伤 zài hēzuì huíjiā de túzhōng, shuāile yì jiāo, shòule shāng ▶酔った勢いでとんでもない約束をした/借着酒劲儿，竟然作出荒唐的承诺 jièzhe jiǔjìnr, jìngrán zuòchū huāngtáng de chéngnuò

❷【乗り物に】晕 yùn《英》［船］get seasick; [车] be carsick; [飞行機] be airsick ▶车に～/晕车 yùnchē ▶船に～/晕船 yùnchuán

❸【夢中】陶醉 táozuì《英 be intoxicated》▶雰囲気に～/陶醉在气氛中 táozuì zài qìfēn zhōng ▶一度の成功に酔って反省を忘れた/沉浸在一次的成功里，忘了反省 chénnì zài yí cì de chénggōnglǐ, wàngle fǎnxǐng ▶彼は語りながら自らの言葉に酔っていた/他一边说，一边陶醉在自己的话里 tā yìbiān shuō, yìbiān táozuì zài zìjǐ de huàli

よう【陽】阳 yáng; 明里 mínglǐ《英 the positive》▶物ごとは陰があるから～があるのだ/什么事情都是有正面和反面 shíqíng dōu shì yǒu zhèngmiàn jiù yǒu fǎnmiàn ▶～は陰に～僕を助けてくれた/他明里暗地帮助我 tā

míngli ànli de bāngzhù wǒ

よう【癰】〖医〗痈 yōng《英 a carbuncle》

-よう【-樣】❶【しかた】样 yàng; 样子 yàngzi《英 a way; a manner》▶どういうふうに書けばいいでしょうか/怎么写才好呢? zěnme xiě cái hǎo ne?

❷【推量】似乎 sìhū; 好像 hǎoxiàng《英 [...ようだ] seem》▶今夜は雪の～だ/今夜好像要下雪 jīnyè hǎoxiàng yào xià xuě ▶私が間違っていた～だ/我好像错了 wǒ hǎoxiàng cuò le

❸【類似】像 xiàng; 犹如 yóurú; 跟…一样 gēn…yíyàng《英 a kind; a sort》▶兄弟の～に仲がよかった/亲如兄弟 qīn rú xiōngdì ▶父は猿の～な顔つきをしている/父亲长着一张猴脸 fùqin zhǎngzhe yì zhāng hóuliǎn ▶どこかで聞いた～な話だ/好像在哪里听到过 hǎoxiàng zài nǎli tīngdàoguo ▶彼はその～なことをする人間ではない/他不是做这种事的人 tā bú shì zuò zhè zhǒng shì de rén ▶それには取っ手の～なものがついている/上面带着一个把手一样的东西 shàngmian dàizhe yí ge bǎshou yíyàng de dōngxi ▶山の～な大波が襲ってきた/山一般的巨浪涌了过来 shān yìbān de jùlàng yǒngleguòlai ▶彼らはまるで蟻の～に働いた/他们像蚂蚁一样辛勤工作 tāmen xiàng mǎyǐ yíyàng xīnqín gōngzuò ▶君の～に英語が話せればよいのだが/要能像你一样会说英语就好了 yào néng xiàng nǐ yíyàng huì shuō Yīngyǔ jiù hǎo le ▶雪の～に白い肌をしている/皮肤像雪一样地白 pífū xiàng xuě yíyàng de bái ▶いつもの～にバスに乗り会社に向かった/像平时一样乘坐公交车去公司 xiàng píngshí yíyàng chéngzuò gōngjiāochē qù gōngsī

❹【願望】以免 yǐmiǎn; 以便 yǐbiàn; 为了 wèile《英 may》▶学校に遅れない～道を急いだ/匆匆赶路，以免上课迟到 cōngcōng gǎnlù, yǐmiǎn shàngkè chídào ▶手術が成功する～祈っているよ/我在祈祷手术获得成功 wǒ zài qídǎo shǒushù huòdé chénggōng ▶試合に勝てる～にしっかり練習した/为了比赛胜利，我们努力练习 wèile bǐsài shènglì, wǒmen nǔlì liànxí

ようい【用意する】准备 zhǔnbèi; 预备 yùbèi《英 prepare; arrange》▶周到な/准备周到 zhǔnbèi zhōudào ▶彼はいつでも飛び出せる～して待った/他作好准备待机，以随时跑出去 tā zuòhǎo zhǔnbèi dàijī, yǐ suíshí pǎochūqu ▶夕食の～ができました/晚饭准备好了 wǎnfàn zhǔnbèi hǎo le ▶冬の～を怠っている/迟迟未作冬天的准备 chíchí wèi zuò dōngtiān de zhǔnbèi ▶～した金が底をついた/准备的钱快用光了 zhǔnbèi de qián kuài yòngguāng le ▶～万端整った/准备周全 yǐ zhǔnbèi zhōuquán ▶ドン!/预备!开始! yùbèi! kāishǐ! ▶走者は全員～の姿勢をとった/赛跑的人全都作好了预备姿势 sàipǎo de rén quándōu zuòhǎole yùbèi zīshì

> 日中比較 中国語の '用意 yòngyì' は「意図」のこと.

ようい【容易】容易 róngyì; 轻易 qīngyì; 简

よういон【…】単 jiǎndān（英 ease） ▶～に信じる/轻易地相信 qīngyì de xiāngxìn ▶君が言うほど～な仕事ではない/这个工作不像你所说的那样容易 zhège gōngzuò bú xiàng nǐ suǒ shuō de nàyàng róngyì ▶それは～ならぬ事件だ/这是一个非同小可的案件 zhè shì yí ge fēi tóng xiǎo kě de ànjiàn ▶彼は～には承知しないだろう/他不会轻易赞同吧 tā búhuì qīngyì zàntóng ba ▶それが事件の解決を～にした/这使事件的解决变得简单 zhè shǐ shìjiàn de jiějué biànde jiǎndān ▶こういう感情は～に消えない/这样的感情难以简单消除 zhèyàng de gǎnqíng hányí jiǎndān xiāochú

よういオン【陽イオン】〖理学〗阳离子 yánglízǐ（英 a positive ion）

よういく【養育する】扶养 fúyǎng; 抚养 fǔyǎng; 养育 yǎngyù（英 bring up; raise） ▶子供の～費は誰が負担するか/谁来负担孩子的养育费？ shéi lái fùdān háizi de yǎngyùfèi? ▶5歳の時から母方の叔母の家で～された/从五岁时就在姨妈家长大 cóng wǔ suì shí qǐ jiù zài yímājiā zhǎngdà ▶協議の結果, 子供たちの～権は彼女が得た/协商的结果, 她得到了孩子的抚养权 xiéshāng de jiéguǒ, tā dédàole háizimen de fǔyǎngquán

よういん【要因】因素 yīnsù（英 an important factor） ▶主要な～/主要因素 zhǔyào yīnsù ▶原料高が赤字の～となっている/原料涨价成为赤字的一个因素 yuánliào zhǎngjià chéngwéi chìzì de yí ge yīnsù

よういん【要員】人员 rényuán（英 necessary personnel） ▶編集～/编辑人员 biānjí rényuán ▶～はすでに確保した/已经确保人员 yǐjing quèbǎo rényuán
| 日中比較 | 中国語の'要员 yàoyuán'は「要人」を指す。

よえき【溶液】溶液 róngyè（英 a solution） ▶5パーセントのアンモニア～/百分之五的氨溶液 bǎi fēn zhī wǔ de ānróngyè ▶～を50倍に薄める/把溶液稀释五十倍 bǎ róngyè xīshì wǔshí bèi

よえん【妖艶な】妖媚 yāomèi; 妖艳 yāoyàn（英 fascinating; voluptuous）

ようか【養家】养父母家 yǎngfùmǔ jiā（英 an adoptive family） ▶放蕩のあげく～を追い出された/由于放纵, 最后被赶出养父母的家门 yóuyú fàngzòng, zuìhòu bèi gǎnchū yǎngfùmǔ de jiāmén

ようが【洋画】《絵画の》西洋画 xīyánghuà（英 a Europeanstyle painting）;《映画の》西方影片 xīfāng yǐngpiàn（英 a foreign film） ▶～家/西洋画画家 xīyánghuà huàjiā

ようが【陽画】〖写真〗正片 zhèngpiàn（英 a positive (picture)）

ようかい【妖怪】鬼怪 guǐguài; 魔鬼 móguǐ; 妖怪 yāoguài（英 a ghost; a monster） ▶～変化/牛鬼蛇神 niú guǐ shé shén; 妖魔鬼怪 yāomó guǐguài

ようかい【容喙する】插嘴 chāzuǐ; 干涉 gānshè（英 meddle） ▶市民の運動に行政の～を許すな/对市民运动不许加以行政干涉 duì shìmín yùndòng bùxǔ jiāyǐ xíngzhèng gānshè

ようかい【溶解する】熔融 róngróng; 溶化 rónghuà; 溶解 róngjiě（英 melt） ▶彼への疑念がすっかり～した/对他的怀疑烟消云散 duì tā de huáiyí yān xiāo yún sàn

ようがい【要害】险隘 xiǎn'ài; 要害 yàohài;《とりで》要塞 yàosài ▶～の地/险地 xiǎndì
| 日中比較 | 中国語の'要害 yàohài'は「人体の急所」をも指す。

ようがく【洋学】西学 xīxué

ようがく【洋楽】西乐 xīyuè; 西方音乐 xīfāng yīnyuè（英 Western〔European〕music）

ようがし【洋菓子】西点 xīdiǎn; 西式糕点 xīshì gāodiǎn（英 Western confectionary）

ようかん【羊羹】羊羹 yánggēng（英 sweet jelly of beans）

ようかん【洋館】西式建筑 xīshì jiànzhù（英 a Westren-style house）

ようがん【溶岩】熔岩 róngyán（英 lava） ▶村は流れ出た～に呑み込まれた/村庄被流出的熔岩所吞噬 cūnzhuāng bèi liúchū de róngyán suǒ tūnshì
♦～流 熔岩流 róngyánliú

ようき【容器】容器 róngqì; 盛器 chéngqì（英 a container; a receptacle） ▶プラスチック～/塑料容器 sùliào róngqì ▶何か～がなければ運べない/没有容器就搬不走 méiyǒu róngqì jiù bānbuzǒu

ようき【陽気】❶《時候》天气 tiānqì; 气候 qìhòu（英 the weather） ▶彼のあんな言動は多分～のせいでしょう/可能是受天气的影响, 他才有这样的言行举止的吧 kěnéng shì shòu tiānqì de yǐngxiǎng, tā cái yǒu zhèyàng de yánxíng jǔzhǐ de ba ▶ぽかーが続いて一気に桜が開花した/由于连天异常温暖, 樱花一下全开了 yóuyú liántiān yìcháng wēnnuǎn, yīnghuā yíxià quánkāi le ❷《快活》欢乐 huānlè; 开朗 kāilǎng; 爽朗 shuǎnglǎng（英 cheerfulness） ▶～な人ですね/真是开朗的人 zhēn shì kāilǎng de rén ▶彼らは何も知らず～に騒いでいた/他们什么也不知道, 开心地又说又笑 tāmen shénme yě bù zhīdào, kāixīn de yòu shuō yòu xiào

ようぎ【容疑】嫌疑 xiányí（英 suspicion） ▶～が掛かる/被嫌疑 bèi xiányí ▶殺人の～で逮捕する/以涉嫌杀人的理由逮捕 yǐ shèxián shārén de lǐyóu dàibǔ ▶～を否认する/否认嫌疑 fǒurèn xiányí ▶捜査線上に～者が浮かんだ/在搜查过程中, 嫌疑犯浮出水面 zài sōuchá guòchéng zhōng, xiányífàn fúchū shuǐmiàn

ようきゅう【洋弓】西式射箭 xīshì shèjiàn（英 Western-style archery）

ようきゅう【要求する】要求 yāoqiú（英 claim; demand） ▶～を満たす/满足要求 mǎnzú yāoqiú ▶犯人は身代金を～してきた/犯人索要赎金 fàn-

ren suǒyào shújīn ▶そういう～は筋が通らない/这样的要求毫无道理 zhèyàng de yāoqiú háo wú dàolǐ ▶無理な～を押しつける/强行提出做不到的要求 qiángxíng tíchū zuòbudào de yāoqiú ▶損害賠償の～に応じる/答应损坏赔偿的要求 dāying sǔnhuài péicháng de yāoqiú

ようぎょ【養魚】人工养鱼 réngōng yǎngyú（英 *fish farming*）▶～場/养鱼场 yǎngyúchǎng ◆～池/鱼塘 yútáng
◆～業者：养鱼户 yǎngyúhù；从事养鱼的人 cóngshì yǎngyú de rén

ようきょう【容共の】容共 rónggòng；容共政策 rónggòng zhèngcè（英 *pro-Communist*）

ようぎょう【窯業】窑业 yáoyè（英 *ceramic industry; ceramics*）▶信楽は～の町である/信乐是陶瓷之乡 Xìnlè shì táocí zhī xiāng

ようきょく【陽極】〘電気〙阳极 yángjí；正极 zhèngjí（英 *the anode; the positive pole*）

ようきょく【謡曲】谣曲（'能'的唱词）yáoqǔ（'Néng' de chàngcí）（英 *a Noh song*）

ようぐ【用具】用具 yòngjù（英 *a tool*）▶スキー一式を揃えたい/想备一套滑雪用具 xiǎng bèi yí tào huáxuě yòngjù

ようけい【養鶏】养鸡 yǎngjī（英 *poultry farming*）▶～場/养鸡场 yǎngjīchǎng ▶稻作をやめて～を始めた/放弃种稻，开始养鸡 fàngqì zhòngdào, kāishǐ yǎngjī

ようけん【用件】事情 shìqíng；事儿 shìr（英 *business*）▶さっそく～に入ります/马上进入正题吧 mǎshàng jìnrù zhèngtí ba ▶～を早く言いたまえ/有什么事儿快点说 yǒu shénme shìr kuàidiǎn shuō ▶どういう御～でしょうか/有何贵干？yǒu hé guìgàn?

ようけん【要件】必要条件 bìyào tiáojiàn；要紧的事 yàojǐn de shì（英 *a necessary condition*）▶健康は成功の第一一である/健康是成功首要的条件 jiànkāng shì chénggōng shǒuyào de tiáojiàn

ようげん【用言】〘文法〙用言 yòngyán（英 *the declinable parts of speech*）

ようご【用語】用语 yòngyǔ；用词 yòngcí；措词 cuòcí（英 *a term; vocabulary*）▶彼は～に非常に細かく注意を払う/他十分注意用语的细微之处 tā shífēn zhùyì yòngyǔ de xìwēi zhī chù ▶官庁～を世間一般の言葉に直す/把行政机关专用语改成一般用语 bǎ xíngzhèng jīguān zhuānyòngyǔ gǎichéng yìbān yòngyǔ
◆専門～：专业用语 zhuānyè yòngyǔ

ようご【養護】护养 hùyǎng；护理 hùlǐ（英 *nursing; protective care*）▶～学校/护养学校 hùyǎng xuéxiào ▶子供たちは～施設に引き取られた/孩子们被养护机构领走 háizimen bèi yǎnghù jīgòu lǐngzǒu
◆～老人ホーム/老年护理院 lǎonián hùlǐyuàn

ようご【擁護する】拥护 yōnghù；保护 bǎohù；支持 zhīchí（英 *protect; defend*）▶人権～委員会/人权维护委员会 rénquán wéihù wěiyuánhuì ▶公務員は憲法を～する義務を負う/公务员有拥护宪法的义务 gōngwùyuán yǒu yōnghù xiànfǎ de yìwù

ようこう【洋行する】出洋 chūyáng；去欧美留学 qù Ōu-Měi liúxué（英 *go overseas; go abroad*）
〖日中比較〗中国語の'洋行 yángháng'は旧時の対外貿易商社，および旧時に外国資本が中国に開いた貿易商社をいう。

ようこう【要項】要点 yàodiǎn；简章 jiǎnzhāng（英 *the main points*）▶募集～をいくつか取り寄せた/索取了几份招收简章 suǒqǔle jǐ fèn zhāoshōu jiǎnzhāng

ようこう【要綱】提纲 tígāng；纲要 gāngyào（英 *the outline; the gist*）▶沿岸地区再生事業実施～/沿岸地区再开发事业实施纲要 yán'àn dìqū zài kāifā shìyè shíshī gāngyào

ようこう【陽光】阳光 yángguāng（英 *sunshine; sunlight; sunbeams*）▶～降り注ぐ春の午後/阳光灿烂的春日午后 yángguāng cànlàn de chūnrì wǔhòu

ようこうろ【溶鉱炉】炼铁炉 liàntiělú；熔炉 rónglú；冶炼炉 yěliànlú（英 *a blast furnace*）

ようこそ 欢迎 huānyíng（英 *Welcome!*）▶～おいで下さいました《店員などが》/欢迎光临 huānyíng guānglín；欢迎欢迎 huānyíng huānyíng

ようさい【洋裁】西式裁剪 xīshì cáijiǎn；西式缝纫 xīshì féngrèn（英 *dressmaking*）▶～教室に通って技術を身につけた/在裁剪教室学习，掌握了技术 zài cáijiǎn jiàoshì xuéxí, zhǎngwòle jìshù
◆～店：裁缝店 cáifengdiàn

ようさい【要塞】要塞 yàosài（英 *a fortress; a stronghold*）

ようざい【用材】木材 mùcái；木料 mùliào；用材 yòngcái（英 *timber; lumber*）▶建築～はすべて地元の山から切り出した/建筑用材都是从当地的山上砍伐而来的 jiànzhù yòngcái dōu shì cóng dāngdì de shānshang kǎnfá ér lái de

ようざい【溶剤】〘化学〙溶剂 róngjì（英 *a solvent*）

ようさん【養蚕】养蚕 yǎngcán（英 *sericulture*）
◆～業：养蚕业 yǎngcányè

ようし【用紙】纸 zhǐ；表格 biǎogé；用纸 yòngzhǐ（英 *a form*）▶申し込み～に書き込む/填写申请表 tiánxiě shēnqǐngbiǎo ▶答案～は白いままだった/答题纸上什么也没写 dátízhǐshang shénme yě méi xiě

ようし【洋紙】洋纸 yángzhǐ（英 *foreign paper*）

ようし【要旨】概要 gàiyào；要旨 yàozhǐ；摘要 zhāiyào（英 *the point; the gist*）▶演説の～は明日の朝刊に載る/演讲的概要将登载在明天的晨报上 yǎnjiǎng de gàiyào jiāng dēngzǎi zài míngtiān de chénbàoshang ▶～を500字にまとめよ/用五百字归纳概要 yòng wǔbǎi zì guīnà gàiyào

ようし【容姿】 姿容 zīróng (英 *a figure; an appearance*) ▶〜端麗/姿容端正 zīróng duānzhèng ▶自分の〜に自信がない/对自己的姿容没有自信 duì zìjǐ de zīróng méiyǒu zìxìn

ようし【陽子】【理学】质子 zhìzǐ (英 *a proton*)

ようし【養子】 养子 yǎngzǐ; 继子 jìzǐ (英 *an adopted child*) ▶田中家へ〜に行くことになった/到田中家去当养子 dào Tiánzhōngjiā qù dāng yǎngzǐ ▶縁組がまとまった/彼は〜の父母関系 jiéwéi yǎngzǐ yǎngfùmǔ guānxì

ようじ【幼児】 幼儿 yòu'ér (英 *a baby; an infant*) ▶〜教育/幼儿教育 yòu'ér jiàoyù 客室乗務員の仕事には〜の世話が含まれる/照顾幼儿也包含在客舱乘务员的工作里 zhàogù yòu'ér yě bāohán zài kècāng chéngwùyuán de gōngzuòlǐ ▶この３年は〜死亡率が異常に高い/近三年来幼儿的死亡率异常高 jìn sān nián lái yòu'ér de sǐwánglǜ yìcháng gāo ▶彼は幸せな〜期を過ごした/他幼儿时代过得十分幸福 tā yòu'ér shídài guòde shífēn xìngfú

ようじ【幼時の】 小时 xiǎoshí; 幼年 yòunián (英 *one's infancy*) ▶〜の友がひょっこり訪ねてきた/幼年时的好友突然找上门来 yòuniánshí de péngyou tūrán zhǎoshàng mén lái ▶私は〜に父を失った/我小时候就失去了父亲 wǒ xiǎoshíhou jiù shīqùle fùqīn

ようじ【用事】 事情 shìqing; 工作 gōngzuò (英 *business*; [使い走りの] *an errand*) ▶君に〜があるそうだ/有人找你有事儿 yǒurén zhǎo nǐ yǒu shìr ▶〜を済ませたらすぐ行きます/办完事马上就去 bànwán shì mǎshàng jiù qù ▶ちょっと手の離せない〜がある/有一点难以脱手的事 yǒu yīdiǎn nányǐ tuōshǒu de shì ▶大切な〜を忘れていた/把重要的事情忘在脑后 bǎ zhòngyào de shìqing wàngzài nǎohòu ▶母は〜でそこまで出ています/妈妈因为有事,到附近去了 māma yīnwèi yǒushì, dào fùjìn qù le

ようじ【楊枝】 牙签儿 yáqiānr (英 *a toothpick*) ▶〜で歯をはじる/用牙签[剔牙] yòng yáqiān[tīyá]

ようしき【洋式の】 西式 xīshì (英 *Western-style*) ▶〜建築/洋房 yángfáng ▶〜便所/西式厕所 xīshì cèsuǒ

ようしき【様式】 式样 shìyàng; 格式 géshì; 方式 fāngshì (英 *a form; a mode; a style*) ▶〜化する/程式化 chéngshìhuà ▶転居してから生活〜ががらりと変わった/搬家后,生活方式一下就变了 bānjiāhòu, shēnghuó fāngshì yíxià jiù biàn le

◆〜美 :式样美 shìyàngměi

ようしつ【洋室】 西式房间 xīshì fángjiān (英 *a Western-style room*)

ようしゃ【容赦する】 容情 róngqíng; 宽容 kuānróng; 原谅 yuánliàng (英 *pardon; forgive*) ▶〜のない叱正の声がとぶ/毫不留情地指正 háo bù liúqíng de zhǐzhèng ▶こういう不正に対して〜はしません/这样不正当的行为是不能容许的 zhèyàng bú zhèngdàng de xíngwéi shì bùnéng róngxǔ de ▶この段ひらに御〜下さい/关于此事,恳请原谅 guānyú cǐ shì, kěnqǐng yuánliàng ▶雨〜なく部屋に吹き込んだ/雨水肆无忌惮地溅进房间里来 yǔshuǐ sì wú jìdàn de shàojìn fángjiānlǐ lái

ようしゅ【洋酒】 西洋酒 xīyángjiǔ (英 *foreign liquors*) ▶棚にはずらりと〜が並んでいる/架子上排着一排洋酒 jiàzishàng páizhe yì pái yángjiǔ

ようしゅん【陽春】 阳春 yángchūn (英 *spring*) ▶〜四月,希望に燃えて大学に入った/阳春四月,充满希望地走进大学 yángchūn sì yuè, chōngmǎn xīwàng de zǒujìn dàxué

ようしょ【洋書】 西洋书籍 xīyáng shūjí; 西方图书 xīfāng túshū (英 *a foreign* [*Western*] *book*)

ようしょ【要所】 要点 yàodiǎn; 关节 guānjié; (重要な場所) 要地 yàodì (英 *an important point*) ▶論文の〜を抜き出す/把论文的要点摘录出来 bǎ lùnwén de yàodiǎn zhāilùchūlái ▶〜〜に兵を配置する/在各个重要地段配置士兵 zài gègè zhòngyào dìduàn pèizhì shìbīng

ようじょ【幼女】 幼女 yòunǚ

ようじょ【養女】 养女 yǎngnǚ; 继女 jìnǚ (英 *an adopted daughter; a foster daughter*) ▶佐藤家の次女を〜にもらい受けた/把佐藤家的二女儿收为养女 bǎ Zuǒténgjiā de èrnǚ'ér shōuwéi yǎngnǚ

ようしょう【幼少】 幼小 yòuxiǎo (英 *infancy; childhood*) ▶〜の頃/幼小时期 yòuxiǎo shíqī; 小的时候 xiǎo de shíhou ▶〜の頃から音楽の天分は現れていた/年少的时候音乐天分就显现出来 niánshào de shíhou yīnyuè tiānfèn jiù xiǎnxiànchūlái

ようしょう【要衝】 要地 yàodì; 要害 yàohài; 冲要 chōngyào (英 *a strategic point*) ▶〜の地/咽喉要地 yānhóu yàodì ▶我が市は陸上交通の〜に位置する/我市处于陆上交通的咽喉位置 wǒshì chǔyú lùshang jiāotōng de yānhóu wèizhi

ようじょう【洋上】 海上 hǎishàng (英 *on* [*in*] *the ocean*) ▶〜の月見も味なものだ/海上赏月也很有味道 hǎishàng shǎngyuè yě hěn yǒu wèidao ▶〜大学/海上大学 hǎishàng dàxué

ようじょう【養生する】 养生 yǎngshēng; 养病 yǎngbìng; 保养 bǎoyǎng (英 *take care of oneself; be careful of one's health*) ▶〜のため十日ばかり温泉に来ている/为了疗养,来温泉十来天了 wèile liáoyǎng, lái wēnquán shí lái tiān le ▶しっかり〜するんだよ/好好儿休养休养 hǎohǎor xiūyǎng xiūyǎng

ようしょく【洋食】 西餐 xīcān (英 *Western food* [*dishes*]) ▶〜屋/西餐餐馆 xīcān cānguǎn ▶昼は〜でよろしいですか/中午吃西餐,怎么样? zhōngwǔ chī xīcān, zěnmeyàng?

◆〜器 :西餐餐具 xīcān cānjù

ようしょく【要職】 要职 yàozhí (英 *an impor-*

ようしょく【容色】 容貌 róngmào；姿色 zīsè (英 *good looks*) ▶～が衰える/姿色衰減 zīsè shuāijiǎn

ようしょく【養殖する】 養殖 yǎngzhí (英 *raise; culture*) ▶車えびを～して生計を立てる/以養殖对虾谋生 yǐ yǎngzhí duìxiā móushēng ▶～うなぎを天然ものと偽って売る/把人工养殖的鳗鱼冒充成天然鳗鱼销售 bǎ réngōng yǎngzhí de mányú màochōng chéng tiānrán mányú xiāoshòu ▶牡蠣(ｶｷ)～場/牡蛎养殖场 mǔlì yǎngzhíchǎng

ようじん【用心する】 留神 liúshén；小心 xiǎoxīn；注意 zhùyì (英 *take care*) ▶彼は～を怠らなかった/他没有放松警惕 tā méiyǒu fàngsōng jǐngtì ▶～に～を重ねて運転していたのだが…/小心翼翼地开车, 但却…… xiǎoxīn yìyì de kāichē, dàn què…… ▶かぜを引かないよう～しなさい/注意别感冒了 zhùyì bié gǎnmào le ▶よほど～してかからないと危ないぞ/不引起充分注意会很危险的 bù yǐnqǐ chōngfèn zhùyì huì hěn wēixiǎn de ▶火の～を怠るな/一定不能放松防火意识 yídìng bùnéng fàngsōng fánghuǒ yìshí ▶すりに御～/注意小偷 zhùyì xiǎotōu ▶私はうっかり足をすくわれないよう～していた/我小心翼翼, 以防稍有不慎被人暗算 wǒ xiǎoxīn yìyì, yǐ fáng shāo yǒu bú shèn bèi rén ànsuàn ▶あなたも～深い方ですね/你也是非常小心谨慎的人嘛 nǐ yě shì fēicháng xiǎoxīn jǐnshèn de rén ma

> 日中比较　中国語の'用心 yòngxīn'は「心をこめる」「身を入れる」ことをいう。▶用心观察 yòngxīn guānchá/注意深く観察する

ようじん【要人】 要人 yàorén (英 *a very important person; a VIP*) ▶政界の～/政界要人 zhèngjiè yàorén ▶外国の～を迎えて緊張する/迎接外国要人, 感到很紧张 yíngjiē wàiguó yàorén, gǎndào hěn jǐnzhāng

ようじんぼう【用心棒】 保镖 bǎobiāo (英 *a bodyguard*) ▶今日は息子を～に連れてきました/今天把儿子作为保镖带来 jīntiān bǎ érzi zuòwéi bǎobiāo dàilái

ようす【様子】 ❶【状態・動向】情況 qíngkuàng；状况 zhuàngkuàng；样子 yàngzi (英 *state; condition*) ▶～をさぐる/探听情况 tàntīng qíngkuàng ▶～がつかめない/情况不明 qíngkuàng bùmíng ▶国内の～はどうなっているか/国内的状况怎么样？ guónèi de zhuàngkuàng zěnmeyàng? ▶雨も小やみになった～です/雨好像暂时停了 yǔ hǎoxiàng zànshí tíng le ▶彼はしばらくそれから～を窺っていた/他对形里的情况凝视了一会儿 tā duì nàlǐ de qíngkuàng kuīshìle yíhuìr ▶しばらく～を見てから考えよう/

先看看情况再考虑 xiān kànkan qíngkuàng zài kǎolǜ ▶最近雇われたばかりでまだ店の～がわからない/最近刚刚来这店里工作, 情况还不清楚 zuìjìn gānggāng lái zhè diànlǐ gōngzuò, qíngkuàng hái bù qīngchu

❷【身なり】様子 yàngzi；姿态 zītài (英 *appearance; a look*) ▶あのだらしのない～はどうにもならない/那个没规矩矩的样子真不像话 nàge méi guī méi jǔ de yàngzi zhēn bú xiànghuà

❸【気配・態度】(英 *a manner; a sign*) ▶彼の～は普段と変わったところは少しもなかった/他与平常没有什么两样 tā yǔ píngcháng méiyǒu shénme liǎngyàng ▶彼は恐れる～もなく私に近寄って来た/他毫无忌惮地向我靠近 tā háowú jìdàn de xiàng wǒ kàojìn ▶人の住んでいる～がない/好像没有人住 hǎoxiàng méiyǒu rén zhù

ようすい【用水】 用水 yòngshuǐ；水渠 shuǐqú (英〔灌溉用の〕*water for irrigation*) ▶～路/水渠 shuǐqú
◆工業～:工业用水 gōngyè yòngshuǐ ～池:水池 shuǐchí

ようすい【羊水】〔生理〕羊水 yángshuǐ (英 *amniotic fluid*) ▶～が出る《お産の前に》/出羊水 chū yángshuǐ

ようすこう【揚子江】 长江 Chángjiāng (英 *the Yangtze River*)

> 参考　'扬子江 Yángzǐjiāng'は長江の一部. かつて揚州から下流をそう呼んだ.

ようずみ【用済み】 用完 yòngwán；不要了 búyào le (英 *(be) no longer needed*) ▶～の段ボール箱が放置してある/用完的瓦楞纸箱放置在那儿 yòngwán de wǎléngzhǐxiāng fàngzhì zài nàr ▶俺たちはもう～なんだってさ/说什么我们都没用了 shuō shénme wǒmen dōu méiyòng le

ようする【要する】 需要 xūyào；要 yào (英 *require; demand*) ▶早期の解決を～/需要尽早解决 xūyào jǐnzǎo jiějué ▶この仕事を完成させるには3週間を～/需要三个星期才能完成这项工作 xūyào sān ge xīngqī cái néng wánchéng zhè xiàng gōngzuò ▶その仕事は忍耐を～/这项工作需要忍耐性 zhè xiàng gōngzuò xūyào rěnnàixìng

ようする【擁する】 拥有 yōngyǒu (英 *have; hold*) ▶何しろ相手は財力と権力を擁しているのだ/不管怎么说, 对方有钱有势 bùguǎn zěnme shuō, duìfāng yǒu qián yǒu shì ▶それは千人の医師を～大病院だった/那是一家拥有千名医生的大医院 nà shì yì jiā yōngyǒu qiān míng yīshēng de dàyīyuàn

ようするに【要するに】 总而言之 zǒng ér yán zhī；总之 zǒngzhī (英 *in short; in a word*；[結局] *after all*) ▶～誰も望んでいないということだ/总之, 这是谁都不希望的 zǒngzhī, zhè shì shéi dōu bù xīwàng de

ようせい【夭逝する】 夭亡 yāowáng；夭折 yāozhé (英 *die young*)

ようせい【妖精】 仙女 xiānnǚ；精灵 jīnglíng

ようせい ㊧ *a fairy*; *an elf*) ▶～のような少女が現れた/出现一个仙女般的少女 chūxiàn yí ge xiānnǚ bān de shàonǚ ▶牡丹の～の夢を見た/梦见了牡丹仙子 mèngjiànle mǔdan xiānzǐ ▶氷上の～（女性スケーター）/冰上仙子 bīngshang xiānzǐ

[日中比較] 中国語の'精灵 yāojing'は「化け物」「妖婦」を指す.

ようせい【要請する】 请求 qǐngqiú; 要求 yāoqiú; 恳求 kěnqiú ㊧ *make a request*) ▶緊急援助を～する/恳求提供紧急援助 kěnqiú tígōng jǐnjí yuánzhù ▶情報の公開は時代の～である/信息公开是时代的要求 xìnxī gōngkāi shì shídài de yāoqiú ▶～に応じて日程を変更した/应要求更改日程 yìng yāoqiú gēnggǎi rìchéng

ようせい【陽性の】《反応が》阳性 yángxìng;《性格が》开朗 kāilǎng; 快活 kuàihuo ㊧ [反応] *positive*; [気質] *cheerful*) ▶ツベルクリン反応は～だった/结核菌素反映呈阳性 jiéhé jūnsù fǎnyìng chéng yángxìng ▶ドーピング検査で～反応が出た/兴奋剂检查反应呈阳性 xīngfènjì jiǎnchá fǎnyìng chéng yángxìng ▶～であるほうが人気を得やすい/性格开朗容易讨人喜欢 xìnggé kāilǎng róngyì tǎo rén xǐhuan

ようせい【養成する】 培养 péiyǎng; 扶植 fúzhí; 造就 zàojiù ㊧ *train*; [涵養] *cultivate*) ▶人材を～する/培养人才 péiyǎng réncái ▶いかにして自主独立の精神を～するか/怎样才能培养出独立自主的精神呢？ zěnyàng cái néng péiyǎngchū dúlì zìzhǔ de jīngshén ne? ▶我が校は幾多の人材を～した/我们学校造就出很多人才 wǒmen xuéxiào zàojiùchū hěn duō réncái

◆介護士～所|护理人员培养所 hùlǐ rényuán péiyǎngsuǒ

[日中比較] 中国語の'养成 yǎngchéng'は習慣などを「身につける」ことを指す.

ようせき【容積】 容积 róngjī; 容量 róngliàng ㊧《容量》*capacity*; [体積] *volume*) ▶この缶は20リットルの～がある/这个罐子容积为二十公升 zhège guànzi róngjī wéi èrshí gōngshēng ▶この区域は～率200％まで認められる/这个区域的容积率可达百分之二百以内 zhège qūyù de róngjīlǜ kě dá bǎi fēn zhī èrbǎi yǐnèi

ようせつ【夭折する】 夭折 yāozhé; 夭亡 yāowáng ㊧ *die prematurely*) ▶天才学者の～を誰もが惜しんだ/谁都为这位天才学者的英年早逝感到惋惜 shéi dōu wèi zhè wèi tiāncái xuézhě de yīngnián zǎoshì gǎndào wǎnxī ▶20代で～するなんて誰が予想しただろう/谁都没有想到他才二十多岁就早早离开人世 shéi dōu méiyǒu xiǎngdào tā cái èrshí duō suì jiù zǎozǎo líkāi rénshì

[日中比較] 中国語の'夭折 yāozhé'は「夭折する」他に物事が「挫折する」ことをもいう.

ようせつ【溶接する】 焊 hàn; 焊接 hànjiē ㊧ *weld*) ▶～工/焊工 hàngōng ▶故障は不完全な～のせいだった/故障是由于焊接未焊透所造成的 gùzhàng shì yóuyú hànjiē wèi hàntòu suǒ zàochéng de ▶2本の鋼材を～する/焊接两段钢材 hànjiē liǎng duàn gāngcái

◆電気～|电焊 diànhàn

ようせん【用箋】 信笺 xìnjiān; 信纸 xìnzhǐ ㊧ *stationery*; *letter paper*)

ようせん【傭船】 租船 zūchuán ㊧ *a chartered ship*) ▶～契約書/租船合同书 zūchuán hétongshū ▶この船は10年間～されることになっている/这艘船被租出十年 zhè sōu chuán bèi zūchū shí nián

ようそ【沃素】《化学》碘 diǎn ㊧ *iodine*)

ようそ【要素】 要素 yàosù; 因素 yīnsù ㊧ *an element*; *a factor*) ▶それには別の～からちがいない/这里面一定还有其他的因素 zhè lǐmiàn yídìng háiyǒu qítā de yīnsù

ようそう【洋装】 西装 xīzhuāng; 洋服 yángfú; 洋装 yángzhuāng ㊧ *Western style of dress*) ▶～本/洋装书 yángzhuāngshū

ようそう【様相】 样子 yàngzi; 情形 qíngxing; 情状 qíngzhuàng ㊧ *an aspect*; *a phase*) ▶…の～を呈する/呈现 chéngxiàn ▶市民生活は厳しい～を帯びてきている/市民生活呈现出严峻状态 shìmín shēnghuó chéngxiànchū yánjùn zhuàngtài ▶事態は泥沼化の～を呈してきた/事态开始陷入僵局 shìtài kāishǐ xiànrù jiāngjú

ようだい【容態】 病势 bìngshì; 病情 bìngqíng ㊧ *one's condition*) ▶奥様の御～はいかがですか/夫人的病情怎么样？ fūrén de bìngqíng zěnmeyàng? ▶彼の～が急に悪化した/他的病情急剧恶化 tā de bìngqíng jíjù èhuà ▶～は安定している/病情安定 bìngqíng āndìng

ようたし【用足し】《用事で》办事 bànshì; 做事 zuòshì ㊧ *on business*);《トイレで》去厕所 qù cèsuǒ; 方便 fāngbiàn ㊧ *to the bathroom*) ▶ちょっと～に行ってくれませんか/你能帮我去办点儿事吗？ nǐ néng bāng wǒ qù bàn diǎnr shì ma?

ようだてる【用立てる】《金を貸す》借钱 jièqián;《役に立つ》用 yòng ㊧ *lend*; *accommodate*) ▶10万円用立ててくれませんか/可以借给我十万日元吗？ kěyǐ jiègěi wǒ shíwàn Rìyuán ma?

ようだん【用談】 商量 shāngliang; 谈论 tánlùn; 会商 huìshāng ㊧ *a business talk*) ▶～はあとにして、まず一杯どうです/话放在后面慢慢说，先来一杯怎么样？ huà fàngzài hòumian mànmàn shuō, xiān lái yì bēi zěnmeyàng? ▶二人は別室で～しているらしい/两个人好像在其他房间谈论着 liǎng ge rén hǎoxiàng zài qítā fángjiān tánlùnzhe

ようだんす【用箪笥】 小柜橱 xiǎoguìchú ㊧ *a chest of drawers*) ▶読み終わった手紙は～にしまっておいた/读完的信件放到小柜橱里 dúwán de xìnjiàn fàngdào xiǎoguìchúli

ようち【幼稚な】 年幼 niányòu; 幼稚 yòuzhì ㊧ *crude*; *primitive*) ▶そんな～な考えでは人の心を動かせないよ/这样幼稚的想法不能打动人

心 zhèyàng yòuzhì de xiǎngfa bùnéng dǎdòng rénxīn

ようち【用地】 用地 yòngdì (英 *a lot; a site*) ▶鉄道へ の買収が難航している/收买铁路用地遇到困难 shōumǎi tiělù yòngdì yùdào kùnnan

ようち【夜討ち】 夜袭 yèxí (英 *a night attack*) ▶～朝がけは新聞記者がよくやる手だ/新闻记者常常不分昼夜登门采访 xīnwén jìzhě chángcháng bù fēn zhòuyè dēngmén cǎifǎng

ようち【要地】 要地 yàodì; 要冲 yàochōng (英 *an important place; a strategic point*) ▶交通の～を占領される/交通要冲被占领 jiāotōng yàochōng bèi zhànlǐng

ようちえん【幼稚園】 幼儿园 yòu'éryuán (英 *a kindergarten*) ▶～に入る/进幼儿园 jìn yòu'éryuán ◻この学園は～から大学院まである/这个学园包括从幼儿园到研究生院的各级学校 zhège xuéyuán bāokuò cóng yòu'éryuán dào yánjiūshēngyuàn de gèjí xuéxiào ▶～児/幼儿园的孩子 yòu'éryuán de háizi

ようちゅう【幼虫】 幼虫 yòuchóng (英 *a larva*) ▶こんな～がやがては蝶になるのである/这样的幼虫将会变成蝴蝶 zhèyàng de yòuchóng jiāng huì biànchéng húdié

ようつい【腰椎】〖解〗腰椎 yāozhuī (英 *the lumbar*) ▶坂道で転んで～を痛めた/在坡道上摔了跤, 摔疼了腰椎 zài pōdàoshang shuāile jiāo, shuāiténgle yāozhuī

ようつう【腰痛】〖医〗腰痛 yāotòng (英 *lumbago; backache*) ▶この3年間～に苦しんできた/这三年一直在受腰痛的折磨 zhè sān nián yìzhí zài shòu yāotòng de zhémó ▶～がひどくて会社へ行けない/因为腰疼得厉害, 不能去公司上班 yīnwèi yāo téngde lìhai, bùnéng qù gōngsī shàngbān

ようてん【要点】 要领 yàolǐng; 要点 yàodiǎn (英 *the main point*) ▶～だけ言え/只说要点 zhǐ shuō yàodiǎn ◻この文章は～がつかめない/这篇文章抓不住要点 zhè piān wénzhāng zhuābuzhù yàodiǎn

ようてん【陽転する】 转为阳性 zhuǎnwéi yángxìng (英 ［ツベルクリン反応が］ *change to positive*) ▶僕は先月～したばかりだ/我上个月结核菌素反应由阴性转为阳性 wǒ shàng ge yuè jiéhé jùnsù fǎnyìng yóu yīnxìng zhuǎnwéi yángxìng

ようでんき【陽電気】〖電気〗阳电 yángdiàn (英 *positive electricity*)

ようでんし【陽電子】〖物理〗正电子 zhèngdiànzǐ (英 *a positron*)

ようと【用途】 用处 yòngchu; 用途 yòngtú; 用场 yòngchǎng (英 *use*) ▶～の広い品が喜ばれます/用途广的产品受到欢迎 yòngtú guǎng de chǎnpǐn shòudào huānyíng ▶その金は子供のめと～が決まっている/这笔钱仅限定用于儿童 zhè bǐ qián xiàndìng yòngyú értóng ▶募金の～を明らかにしてもらいたい/希望能公布捐款的用途

xīwàng néng gōngbù juānkuǎn de yòngtú

ようど【用度】 供应 gōngyìng;《費用》用度 yòngdù; 开支 kāizhī (英 (*office*) *supplies*) ▶役所で～を扱っている/在政府里担任物资供应方面的工作 zài zhèngfǔli dānrèn wùzī gōngyìng fāngmiàn de gōngzuò

ようどう【陽動】 佯动 yángdòng (英 *feint; diversion*) ▶～作戦をとる/佯攻 yánggōng ▶相手の～作戦にまんまと引っかかった/完全陷入对方的佯攻圈套 wánquán xiànrù duìfāng de yánggōng quāntào

ようとうくにく【羊頭狗肉】 挂羊头卖狗肉 guà yángtóu mài gǒuròu (英 *deceptive advertising*)

ようとして【杳として】 杳然 yǎorán (英 (*have*) *no clue*) ▶その後の行方は～知れない/那以后杳无音讯 nà yǐhòu yǎo wú yīnxùn

ようとん【養豚】 养猪 yǎngzhū (英 *pig breeding*)
◆～業者:养猪专业户 yǎngzhū zhuānyèhù

ようにく【羊肉】 羊肉 yángròu (英 *mutton; lamb*)

ようにん【容認する】 容许 róngxǔ; 允许 yǔnxǔ; 容忍 róngrěn (英 *admit*) ▶彼らの無法は～し得ない/不能容忍他们的胡作非为 bùnéng róngrěn tāmen de hú zuò fēi wéi

ようねん【幼年】 童年 tóngnián; 幼年 yòunián (英 *infancy; childhood*) ▶～時代/幼年时代 yòunián shídài ▶～時代の思い出/幼年时代的回忆 yòunián shídài de huíyì

ようばい【溶媒】〖化学〗溶媒 róngméi; 溶剂 róngjì (英 *a solvent*)

ようび【曜日】 星期 xīngqī (英 *a day of the week*) ▶今日は何～ですか/今天星期几？ jīntiān xīngqī jǐ? ▶引きこもっていると～がわからなくなる/在家不出门, 连星期几都不知道了 zàijiā bù chūmén, lián xīngqī jǐ dōu bù zhīdào le

ようひし【羊皮紙】 羊皮纸 yángpízhǐ (英 *parchment; sheepskin*)

ようひん【用品】 用品 yòngpǐn; 用具 yòngjù (英 *goods*; (台所の)*a utensil*)
◆スポーツ～店/体育用品店 tǐyù yòngpǐndiàn 台所～/厨房用品 chúfáng yòngpǐn

ようひん【洋品】 洋货 yánghuò; 西洋服饰品 xīyáng fúshìpǐn (英 *furnishings*) ▶母娘で～店を営む/母女共同经营服饰用品店 mǔnǚ gòngtóng jīngyíng fúshìyòngpǐndiàn

ようふ【養父】 养父 yǎngfù (英 *a foster father*) ▶～母/养父养母 yǎngfù yǎngmǔ

ようぶ【腰部】 腰部 yāobù (英 *the waist*) ▶～に激痛が走った/腰部感到剧痛 yāobù gǎndào jùtòng

ようふう【洋風】 洋气 yángqì; 西式 xīshì (英 *foreign; European*) ▶～の菓子/西点 xīdiǎn ▶あの家族は万事が～だ/那家人什么都采用西式风格 nà jiārén shénme dōu cǎiyòng xīshì fēnggé

◆～建築:西式建筑 xīshì jiànzhù

ようふく【洋服】 西服 xīfú; 西装 xīzhuāng (英 foreign〔Western〕clothes) ▶ ～だんす/衣橱 yīchú; 衣柜 yīguì ▶ ～掛け/衣架 yījià ▶ その頃～はまだ珍しかった/那时候西装还很少见 nà shíhou xīzhuāng hái hěn shǎojiàn

◆～屋:西装店 xīzhuāngdiàn

ようぶん【養分】 养分 yǎngfèn; 营养 yíngyǎng (英 nourishment; nutriment) ▶ 植物はどこから～を吸収するのか/植物是从哪里吸收营养的? zhíwù shì cóng nǎli xīshōu yíngyǎng de?

ようへい【葉柄】 (植物の)叶柄 yèbǐng (英 a leafstalk)

ようべん【用便する】 大小便 dàxiǎobiàn; 解手 jiěshǒu (英 go to the bathroom) ▶ 会議途中で～に立つ/会议中途上厕所 huìyì zhōngtú shàng cèsuǒ

ようぼ【養母】 养母 yǎngmǔ (英 a foster mother)

ようほう【用法】 用法 yòngfǎ (英 the use; how to use) ▶ 君はその～を知っているか/你知道怎样使用吗? nǐ zhīdào zěnyàng shǐyòng ma? ▶ 買ってはみたものの～がわからない/买是买了, 可是不知道使用方法 mǎi shì mǎi le, kěshì bù zhīdào shǐyòng fāngfǎ

ようほう【養蜂】 养蜂 yǎngfēng (英 beekeeping; apiculture) ▶ ～場/养蜂场 yǎngfēngchǎng

◆～家:养蜂人 yǎngfēngrén

ようぼう【要望する】 要求 yāoqiú; 期望 qīwàng (英 demand; request) ▶ 早急な対策を～する/希望尽早采取对策 xīwàng jǐnzǎo cǎiqǔ duìcè ▶ ～に応じて現地に赴く/应要求前往当地 yìng yāoqiú qiánwǎng dāngdì ▶ ～を受け入れる/接受要求 jiēshòu yāoqiú

ようぼう【容貌】 眉目 méimù; 面貌 miànmào; 面容 miànróng (英 looks; features) ▶ ～すぐれた/容貌秀丽 róngmào xiùlì ▶ ～が美しい/容貌俊美 róngmào jùnměi ▶ 人はとかく～にだまされる/人总是被容貌所迷惑 rén zǒngshì bèi róngmào suǒ míhuò

ようま【洋間】 西式房间 xīshì fángjiān (英 a Western-style room)

ようみゃく【葉脈】 (植物の)叶脉 yèmài (英 the veins of a leaf)

ようむ【要務】 要务 yàowù; 重要的任务 zhòngyào de rènwu (英 important business) ▶ ～を帯びて北京に飛んだ/带着重要任务飞往北京 dàizhe zhòngyào rènwù fēiwǎng Běijīng

ようむいん【用務員】 工友 gōngyǒu; 勤务员 qínwùyuán (英 a janitor)

ようむき【用向き】 来意 láiyì; 事情 shìqing (英 one's business; an errand) ▶ ～を尋ねる/询问来意 xúnwèn láiyì

ようめい【幼名】 奶名 nǎimíng; 乳名 rǔmíng; 小名 xiǎomíng (英 one's childhood name)

ようめい【用命】 (言いつける)吩咐 fēnfu; (注文する)订购 dìnggòu (英 an order) ▶ 御～の品/您订购的商品 nín dìnggòu de shāngpǐn

ようもう【羊毛】 羊毛 yángmáo (英 wool) ▶ ～を刈る/剪羊毛 jiǎn yángmáo ▶ 100％の生地/百分之百羊毛面料 bǎifēn zhī bǎi yángmáo miànliào

ようもうざい【養毛剤】 生发水 shēngfàshuǐ (英 a hair tonic)

ようもく【要目】 要目 yàomù (英 principal items) ▶ 今日の中国関係記事～を編む/编写当今与中国有关的报道要目 biānxiě dāngjīn yǔ Zhōngguó yǒuguān de bàodào yàomù

◆教授～:讲义提纲 jiǎngyì tígāng

ようやく 好不容易 hǎobù róngyì; 终于 zhōngyú; 总算 zǒngsuàn (英 at last; [苦労して]with difficulty) ▶ 景気が～好転してきた/经济好不容易开始好转 jīngjì hǎobù róngyì kāishǐ hǎozhuǎn ▶ ～私の番になった/终于轮到我了 zhōngyú lúndào wǒ le ▶ ～頂上にたどりついた/终于登上了山顶 zhōngyú dēngshàngle shāndǐng

ようやく【要約】 概要 gàiyào; 文摘 wénzhāi (英 summary) ▶ ～する/概括 gàikuò ▶ 本書には各章末に～が載せてある/此书各章末记有概要 cǐ shū gèzhāng mòjì yǒu gàiyào

ようよう【洋洋たる】 辽阔 liáokuò; 广大 guǎngdà (英 boundless; vast) ▶ 前途～/前途无限 qiántú wúxiàn; 前途远大 qiántú yuǎndà ▶ 諸君はいま～たる大海に乗り出そうとしている/各位眼前是一条金光大道 gèwèi yǎnqián shì yì tiáo jīnguāng dàdào

日中比較 中国語の'洋洋 yángyáng'は「盛んな様」を表す。▶ 喜洋洋 xǐyángyáng/喜びにあふれている

ようらん【要覧】 要览 yàolǎn; 概观 gàiguān (英 a survey; an outline) ▶ 市政～/市政概观 shìzhèng gàiguān

ようらん【揺籃】 摇篮 yáolán (英 a cradle;《発祥地》发源地 fāyuándì (英 the birthplace) ▶ この国の工業はまだ～期にある/该国的工业还处于摇篮期 gāi guó de gōngyè hái chǔyú yáolánqī ▶ ベースボールの～の地に来ています/来到棒球的发源地 láidào bàngqiú de fāyuándì

ようりつ【擁立する】 拥立 yōnglì; 拥戴 yōngdài (英 back up; support) ▶ 山本先生を会長候補に～することとした/拥立山本先生参选会长 yōnglì Shānběn xiānsheng cānxuǎn huìzhǎng

ようりょう【用量】 用量 yòngliàng (英[薬の]dosage) ▶ ～を2倍にする/把用量增加到两倍 bǎ yòngliàng zēngjiādào liǎng bèi ▶ 薬の～を間違えると危険です/弄错了药品的使用量会很危险 nòngcuòle yàopǐn de shǐyòngliàng huì hěn wēixiǎn de

ようりょう【要領】 ❶【要点・趣旨】 要领 yàolǐng; 要点 yàodiǎn (英 the main point; the gist) ▶ ～を得た/扼要 èyào ▶ ～を得ない/不得要领 bù dé yàolǐng; 着三不着两 zháo sān bù

zháo liǎng ▶彼の言うことは少しも〜を得ない/他的话完全不得要领 tā de huà wánquán bù dé yàolǐng ▶彼の話は簡単ではあるが〜を得ている/他的话简明扼要 tā de huà jiǎnmíng èyào ▶新法の趣旨を彼に〜よく説明してくれた/他简明扼要地向我们说明了新法的内容 tā jiǎnmíng èyào de xiàng wǒmen shuōmíngle xīnfǎ de nèiróng ❷[こつ] 要领 yàolǐng; 窍门 qiàomén (英 *the knack*; *the trick*) ▶〜を会得する/领会要领 lǐnghuì yàolǐng ▶何度やっても〜が飲み込めない/做了好几次也领会不到窍门 zuòle hǎojǐ cì yě lǐnghuìbudào qiàomén
〜がいい 全く〜のいい男だよ/他是个很精的人 tā shì ge hěn jīng de rén

ようりょう【容量】 容量 róngliàng (英 *capacity*) ▶大〜のハードディスク/大容量硬盘 dàróngliàng yìngpán

ようりょく【揚力】〔物理〕升力 shēnglì (英 *lift*)

ようりょくそ【葉緑素】 叶绿素 yèlǜsù (英 *chlorophyll*) ▶〜入りのチューインガム/含有叶绿素的口香糖 hányǒu yèlǜsù de kǒuxiāngtáng

ようれい【用例】 例句 lìjù (英 *an example*) ▶文法の説明には〜が不可欠だ/要说明语法, 例句是不可缺的 yào shuōmíng yǔfǎ, lìjù shì bùkě huò quē de ▶近年の小説から〜を探す/从近年的小说找例句 cóng jìnnián de xiǎoshuō zhǎo lìjù

ようれき【陽暦】 阳历 yánglì; 公历 gōnglì (英 *the solar calendar*)

ようろ【要路】❶[交通] 要道 yàodào; 要冲 yàochōng (英 *the main artery*) ▶交通の〜に埋まれた/交通要道被雪掩埋 jiāotōng yàodào bèi xuě yǎnmái ❷[地位] 要职 yàozhí (英 *an important post*) ▶〜の人々にあいさつして回る/给身居要职的人们打招呼 gěi shēn jū yàozhí de rénmen dǎ zhāohu

ようろ【溶炉】 熔炉 rónglú (英 *a smelting furnace*)

ようろう【養老】(英 *provision for old age*) ▶〜年金/养老金 yǎnglǎojīn ▶〜保険/养老保险 yǎnglǎo bǎoxiǎn
◆〜院 养老院 yǎnglǎoyuàn, 敬老院 jìnglǎoyuàn

ヨーグルト 《食品》酸牛奶 suānniúnǎi (英 *yogurt*)

ヨーデル〔音楽〕颤声歌曲 chànshēng gēqǔ (英 *a yodel*; *yodeling*) ▶〜で歌う/用颤音唱法唱 yòng chànyīn chàngfǎ chàng

ヨード 碘 diǎn (英 *iodin*)
◆〜チンキ 碘酊 diǎndīng; 碘酒 diǎnjiǔ

ヨーヨー (おもちゃ) 悠悠球 yōuyōuqiú (英 *a yo-yo*)

ヨーロッパ 欧洲 Ōuzhōu (英 *Europe*) ▶〜連合/欧盟 Ōuméng ▶〜大陸/欧洲大陆 Ōuzhōu dàlù

よか【余暇】 余暇 yúxiá; 闲暇 xiánxiá; 休闲 xiūxián (英 *leisure*; *spare time*) ▶〜の/业余 yèyú ▶〜を楽しむゆとりを持ちたい/想拥有一份休闲的闲情逸致 xiǎng yōngyǒu yí fèn xiūxián de xiánqíng yìzhì ▶業務の〜に料理を習う/工作之余学习烹饪 gōngzuò zhī yú xuéxí pēngrèn

ヨガ 瑜伽 yújiā (英 *yoga*) ▶毎週〜教室に通っている/每周到瑜伽教室学习瑜伽 měizhōu dào yújiā jiàoshì xuéxí yújiā

よかぜ【夜風】 夜风 yèfēng; 晚风 wǎnfēng (英 *a night wind*) ▶〜は病人の身体に毒だよ/晚风对病人身体非常不好 wǎnfēng duì bìngrén shēntǐ fēicháng bùhǎo ▶遠い汽笛が〜に乗って流れてきた/远处的汽笛声随着晚风传过来 yuǎnchù de qìdíshēng suízhe wǎnfēng chuánguòlai

よからぬ【良からぬ】 坏 huài; 不良 bùliáng (英 *bad*) ▶〜考え/坏念头 huài niàntou; 歪道 wāidào ▶〜風 /歪风 wāifēng

よかれ【善かれ】 出于好心 chūyú hǎoxīn (英 *for good*) ▶〜と思ってしたことが彼を傷つけてしまった/出于好心做的事反而伤害了他 chūyú hǎoxīn zuò de shì fǎn'ér shānghàile tā
〜**悪しかれ** 好歹 hǎodǎi; 无论如何 wúlùn rúhé ▶〜悪しかれ対決は避けられない/无论如何, 对抗都不可避免 wúlùn rúhé, duìkàng dōu bùkě bìmiǎn

よかん【予感】 预感 yùgǎn (英 *a premonition*) ▶その〜は現実となった/那种预感变成了现实 nà zhǒng yùgǎn biànchéngle xiànshí ▶今日は地震がありそうな〜がした/预感今天可能有地震 yùgǎn jīntiān kěnéng yǒu dìzhèn ▶危険を〜してその場を離れた/预感到危险, 离开了那里 yùgǎndào wēixiǎn, líkāile nàli

よかん【余寒】 春寒 chūnhán; 余寒 yúhán (英 *the lingering cold*) ▶梅が咲いても〜がまだ去らない/梅花虽已开放, 但余寒还未消尽 méihuā suī yǐ kāifàng, dàn yúhán hái wèi xiāojìn

よき【予期】 预期 yùqī; 预料 yùliào (英 *expectation*) ▶〜せぬできごと/不可预料的事情 bùkě yùliào de shìqing ▶彼の当選は彼らの〜せぬことだった/他的当选是他们所没有预料到的 tā de dāngxuǎn shì tāmen suǒ méiyǒu yùliàodào de ▶その薬は〜した効果はなかった/这种药没有预期的效果 zhè zhǒng yào méiyǒu yùqī de xiàoguǒ ▶まさに〜した通りのできばえだった/正如预料的那样, 做得很好 zhèngrú yùliào de nàyàng, zuòde hěn hǎo ▶彼は〜に反して銀行員になってしまった/没有预想到, 他竟当上了银行员 méiyǒu yùxiǎngdào, tā jìng dāngshàngle yínhángyuán

よぎ【余技】 业余爱好 yèyú àihào; 副业 fùyè (英 *a hobby*) ▶〜に木工を楽しんでいます/把做木工活作为业余爱好 bǎ zuò mùgōnghuó zuòwéi yèyú àihào ▶彼の絵はとても〜とは思えない/他的画难以相信是业余作品 tā de huà nányǐ xiāngxìn shì yèyú zuòpǐn

よぎしゃ【夜汽車】 夜车 yèchē (英 *a night train*)

よぎない【余儀ない】 不得已 bùdéyǐ; 不能不 bùnéngbù; 无奈 wúnài (英 *unavoidable; urgent*) ▶ 事情で退会します/因为无可奈何的情况而退会 yīnwèi wúkě nàihé de qíngkuàng ér tuìhuì ▶ 僕は余儀なく承諾した/我只好同意 wǒ zhǐhǎo tóngyì ▶ 記者会見は中止を余儀なくされた/记者招待会不得已被取消了 jìzhě zhāodàihuì bùdéyǐ bèi qǔxiāo le

よきょう【余興】 游艺 yóuyì; 余兴 yúxìng (英 *an entertainment*) ▶ ～に郷里の民謡を歌いましょう/唱一首故乡的民歌给大家助兴 chàng yì shǒu gùxiāng de míngē gěi dàjiā zhùxìng

[日中比较] 中国语の'余兴 yúxìng'は「つきない兴味」のことをもいう。

よぎり【夜霧】 夜雾 yèwù (英 *a night fog*) ▶ 高速道路は～に閉ざされた/高速公路被夜雾所吞没 gāosù gōnglù bèi yèwù suǒ tūnmò

よぎる【過ぎる】 通过 tōngguò; 穿过 chuānguò (英 *cross*) ▶ 一抹の不安が～/心里掠过一丝不安 xīnlǐ lüèguò yì sī bù'ān

よきん【預金する】 存款 cúnkuǎn; 储蓄 chǔxù; 存放 cúnfàng (英 *deposit money*) ▶ 月給の5%を～する/把工资的百分之五存进银行 bǎ gōngzī de bǎifēn zhī wǔ cúnjìn yínháng ▶ ～から200万円引き出して男に渡した/从存款中取出二百万，交给那个男人 cóng cúnkuǎn zhōng qǔchū èrbǎi wàn, jiāogěi nàge nánrén ▶ 銀行の～を全額引き出す/把银行里的存款全取出来 bǎ yínhánglǐ de cúnkuǎn quán qǔchūlai ▶ 彼は銀行に500万円も～している/他在银行里存了五百万日元 tā zài yínhánglǐ cúnle wǔbǎi wàn Rìyuán ▶ ～残高はいくらもない/没有多少存款 méiyǒu duōshao cúnkuǎn

◆定期～ 定期存款 dìngqī cúnkuǎn 当座～ 活期存款 huóqī cúnkuǎn ～口座 户头 hùtóu ～口座をひらく/开银行账户 kāi yínháng zhànghù ～者 储户 chǔhù ～帳 存折 cúnzhé

よく ❶【いつも】时常 shícháng; 经常 jīngcháng (英 *often*) ▶ 近頃は電車が～止まるなあ/最近，电车老是停 zuìjìn, diànchē lǎoshì tíng ▶ 日曜日の午後には二人で～テニスをした/星期天下午，经常是两个人一起打网球 xīngqītiān xiàwǔ, jīngcháng shì liǎng ge rén yìqǐ dǎ wǎngqiú ▶ 青年期には～あることだ/这是青年时代常有的事 zhè shì qīngnián shídài cháng yǒu de shì ▶ あなたのことは姉から～聞いております/常常从姐姐那儿听到你的情况 chángcháng cóng jiějie nàr tīngdào nǐ de qíngkuàng

❷【上手に・しっかり】好好儿地 hǎohāor de; 认真 rènzhēn; (細かに) 仔细 zǐxì (英 *well; right*) ▶ 彼の言う意味が～わからない/不太明白他的意思 bú tài míngbai tā de yìsi ▶ 彼は～働く/他工作得很努力 tā gōngzuòde hěn nǔlì ▶ 君は何で～知っているね/你可真是什么都知道啊 nǐ kě zhēn shì shénme dōu zhīdào a ▶ 返事をする前に～考えないといけない/在回答之前得好好儿想想 zài huídá zhīqián děi hǎohāor xiǎngxiang ▶ ～見るとそれは鳥ではなく雲だった/仔细一看，那不是岛屿而是云彩 zǐxì yí kàn, nà bú shì dǎoyǔ ér shì yúncai ▶ ～やった/好，干得真棒！hǎo, gàndé zhēn bàng!

❸【良好に】好 hǎo (英 *nicely; well*) ▶ あの人は人のことをいつでも～言う/那个人总是说人家的好话 nàge rén zǒngshì shuō rénjia de hǎohuà ▶ 人には～するものですよ/对人要好好相处 duì rén yào hǎohāo xiāngchǔ ▶ ～したもので，金に困ると必ず仕事が来る/说来也巧，缺钱的时候总有工作找上门来 shuōlái yě qiǎo, quēqián de shíhou zǒng yǒu gōngzuò zhǎoshàng mén lái ▶ 午後は天気が～なるだろう/下午天气可能会好起来吧 xiàwǔ tiānqì kěnéng huì hǎoqǐlai ba ▶ 夜更かしは健康に～ない/熬夜对身体健康不好 áoyè duì shēntǐ jiànkāng bùhǎo

❹【その他】 ▶ まあ御無事で／竟然平安无事 jìngrán píng'ān wúshì ▶ ～いらっしゃいました/欢迎光临 huānyíng guānglín

よく【欲】 欲望 yùwàng; 贪心 tānxīn (英 *desire*) ▶ ～が深い/贪婪 tānlán ▶ 持てば持つほど～が出るものだ/贪得无厌 tān dé wú yàn ▶ ～を捨てれば道は開ける/抛开贪欲，海阔天空 pāokāi tānyù, hǎikuò tiānkōng ▶ 彼女は～のない女だ/她是一个没有贪欲的人 tā shì yí ge méiyǒu tānyù de rén ▶ ～を言えばもう少し明るければいい/要是鸡蛋里挑骨头的话，就是希望能再开朗一点 yàoshi jīdànlǐ tiāo gǔtou de huà, jiùshì xīwàng néng zài kāilǎng yìdiǎn ▶ あの男は権力～のかたまりだ/那个男的对权力贪得无厌 nàge nán de duì quánlì tān dé wú yàn

～に目がくらむ 利令智昏 lì lìng zhì hūn; 利欲熏心 lìyù xūnxīn

◆金銭～ 金钱欲 jīnqiányù 所有～ 占有欲 zhànyǒuyù 知識～ 求知欲 qiúzhīyù

よく【翼】 翼 yì (英 *a wing*) ▶ 右～/右翼 yòuyì ▶ 平和運動の一～をになっている/担负起和平运动的一部分任务 dānfùqǐ hépíng yùndòng de yíbùfen rènwu

よくー【翌ー】 (英 *the next...; the following...*) ▶ ～15日，船は港を離れた/翌日的十五日，船离开了海港 yìrì de shíwǔ rì, chuán líkāile hǎigǎng ▶ ～98年には長女が生まれた/翌年的九八年，长女出生了 yìnián de jiǔ bā nián, zhǎngnǚ chūshēng le

よくあさ【翌朝】 第二天早晨 dì'èrtiān zǎochén (英 *the next morning*)

よくあつ【抑圧】 压迫 yāpò; 压制 yāzhì (英 *restraint; suppression*) ▶ 僕は音楽の志向を無理やり～してきた/我一直都在强迫压制着自己对音乐的向往 wǒ yìzhí dōu zài qiǎngpò yāzhìzhe zìjǐ duì yīnyuè de xiàngwǎng ▶ 自由への～がいっそうひどくなった/对自由的压制愈演愈烈 duì zìyóu de yāzhì yù yǎn yù liè ▶ いくら～されても伸びるのが個性というものだ/无论如何受压制，个性都不会泯灭 wúlùn rúhé shòu yāzhì, gèxìng

よくし【抑止する】 制止 zhìzhǐ; 抑制 yìzhì (英 deter; check) ▶モラルの崩壊をいかにして～するか/怎样才能制止道德沦丧？ zěnyàng cái néng zhìzhǐ dàodé lúnluò? ▶これが犯罪の～力になるとよいのだが/这要是能抑制犯罪就好了 zhè yàoshi néng yìzhì fànzuì jiù hǎo le

よくしつ【浴室】 浴室 yùshì; 洗澡间 xǐzǎojiān (英 a bathroom)

よくじつ【翌日】 第二天 dì'èrtiān (英 the next day)

よくじょう【浴場】 浴池 yùchí; 澡堂 zǎotáng (英 a bath; [風呂屋] a public bathhouse) ▶温泉の大～/温泉的大浴池 wēnquán de dàyùchí 日比較 中国语的'浴场 yùchǎng'是屋外的游泳场を指す.

よくじょう【欲情】 情欲 qíngyù; 性欲 xìngyù (英 a desire; a lust) ▶この絵が彼の～をそそった/这幅画煽起了他的性欲 zhè fú huà shānqǐle tā de xìngyù

よくする【浴する】 沐浴 mùyù (英 get benefit) ▶文明の恩恵に～/沐浴在文明的恩典之中 mùyù zài wénmíng de ēndiǎn zhīzhōng

よくする【善くする】 《上手だ》善于 shànyú; 擅长 shàncháng (英 be good at...) ▶詩を～/善于作诗 shànyú zuò shī

よくせい【抑制する】 抑制 yìzhì; 遏制 èzhì; 控制 kòngzhì (英 curb; control; check) ▶感情を～する/抑制感情 yìzhì gǎnqíng ▶インフレの～を図る/期望制止通货膨胀 qīwàng zhìzhǐ tōnghuò péngzhàng ▶彼らの成長を～することはできない/不能抑制他们的成长 bùnéng yìzhì tāmen de chéngzhǎng ▶憎しみを～できないのか/难道就不能抑制住憎恶的情感吗？nándào jiù bùnéng yìzhìzhù zēngwù de qínggǎn ma?

よくそう【浴槽】 浴池 yùchí; 浴盆 yùpén; 澡塘 zǎotáng (英 a bathtub) ▶～に水をはる/往浴池里倒满水 wǎng yùchílǐ dàomǎn shuǐ

よくど【沃土】 沃土 wòtǔ (英 rich soil; fertile land)

よくとく【欲得】 贪图 tāntú; 利己之心 lìjǐ zhī xīn (英 a selfish motive) ▶あいつは何でも～ずくだ/那家伙什么事都是为自己着想 nà jiāhuo shénme shì dōu shì wèi zìjǐ zhuóxiǎng ▶～を離れて人を助ける/抛开利己之心帮助别人 pāokāi lìjǐ zhī xīn bāngzhù biéren

よくねん【翌年】 第二年 dì'èrnián; 翌年 yìnián (英 the next year)

よくばり【欲張りな】 贪心 tānxīn; 贪得无厌 tān dé wú yàn (英 greedy) ▶研究に関しては～でいいのだ/在研究方面，就是要有股贪劲儿才行 zài yánjiū fāngmiàn, jiùshì yào yǒu gǔ tān jìnr cái xíng ▶彼の～にはあきれるよ/他的贪婪让人吃惊 tā de tānlán ràng rén chījīng

よくばる【欲張る】 贪馋 tānchán; 贪得无厌 tān dé wú yàn (英 be greedy) ▶欲張って食べると胃をこわすよ/当心因为贪吃而吃坏肚子 dāng-xīn yīnwèi tānchī ér chī huài dùzi ▶～分だけ友が減る/越贪越没有朋友 yuè tān yuè méiyǒu péngyou

よくぼう【欲望】 欲念 yùniàn; 欲望 yùwàng (英 desire; ambition) ▶～を満たす/满足欲望 mǎnzú yùwàng

よくめ【欲目】 偏心 piānxīn; 偏爱 piān'ài; 偏袒 piāntǎn (英 partiality) ▶～には回復に向かっているように見えた/朝着好的方向想，觉得正在恢复 cháozhe hǎo de fāngxiàng xiǎng, juéde zhèngzài huīfù ▶あの子が秀才だというのは親の～だ/父母偏袒孩子，才说他是个人才 fùmǔ piāntǎn háizi, cái shuō tā shì ge réncái

よくも 亏得 kuīde; 竟敢 jìnggǎn; 竟然 jìngrán (英 How dare you...?) ▶～俺の前に顔を出せたもんだ/竟敢在我面前露脸 jìnggǎn zài wǒ miànqián lòuliǎn ▶～だましたな/你竟敢这么骗人 nǐ jìnggǎn zhème piànrén ▶～まあ無事に帰れたね/竟然安全地回来了 jìngrán ānquán de huílái le ▶～そんな返事ができたものだね/竟然这么回答 jìngrán zhème huídá

よくや【沃野】 沃野 wòyě; 沃土 wòtǔ (英 a fertile plain)

よくよう【抑揚】 抑扬 yìyáng (英 intonation) ▶～をつける/抑扬 yìyáng ▶彼女は歌うような～でしゃべった/她说话抑扬顿挫，就跟唱歌一样 tā shuōhuà yìyáng dùncuò, jiù gēn chànggē yíyàng ▶文章にもう少し～をつけて下さい/文章中请再加一些抑扬 wénzhāng zhōng qǐng zài jiā yìxiē yìyáng ▶～のないしゃべり方をする/说话平，没有抑扬顿挫 shuōhuà píng, méiyǒu yìyáng dùncuò

よくよう【浴用の】 沐浴用 mùyùyòng (英 bath) ▶～剤/沐浴剂 mùyùjì

よくよく 好好儿 hǎohāor; 认真地 rènzhēn de; 非常 fēicháng (英 exceedingly) ▶彼は～金に困っているに違いない/他一定特别缺钱 tā yídìng tèbié quēqián ▶～考えた上で言っているのかい/你是想好了才说的吗？nǐ shì xiǎnghǎole cái shuō de ma? ▶彼には～の事情があるのだろう/他好像有什么万不得已的情况 tā hǎoxiàng yǒu shénme wàn bùdéyǐ de qíngkuàng

よくよく-【翌翌-】 (英 the next day〔year〕but one) ▶～日/第三天 dìsāntiān ▶～年/第三年 dìsānnián

よくりゅう【抑留する】 扣留 kòuliú (英 detain) ▶シベリアへの体験を語る/谈扣留在西伯利亚的体验 tán kòuliú zài Xībólìyà de tǐyàn ♦～者:受到扣留的人 shòudào kòuliú de rén

-よけ【-除け】 防 fáng; 挡 dǎng; 遮 zhē (英 protection) ▶日～/遮阳 zhēyáng ▶風～/防风 fángfēng ▶挡风 dǎngfēng ▶虫～/除虫 chúchóng ▶魔～/避邪 bìxié

よけい【余計】 ❶【必要度を越えた】多 duō; 多余 duōyú (英 too much; extra) ▶～な口を出す/多嘴 duōzuǐ ▶～なことをする/多此一举 duō cǐ yì jǔ; 没事找事 méishì zhǎoshì ▶～な心配

をする/过虑 guòlǜ ▶会費を～に取りすぎたかな/会费收得太多了吧 huìfèi shōude tài duō le ba ▶～なお世話だ/多管闲事 duō guǎn xiánshì ▶～なことは言わぬがよい/别多嘴 bié duōzuǐ ▶～なおせっかいはしませんよ/我不会多管闲事的 wǒ búhuì duō guǎn xiánshì de
❷『もっと・なおさら』更加 gèngjiā (英 more than enough) ▶見るなと言われると～見たくなる/越是不让看，越是想看 yuè shì bú ràng kàn, yuè shì xiǎng kàn ▶一日でも～に生きていたい/想多活一天 xiǎng duō huó yì tiān

よける 回避 huíbì；躲 duǒ；避开 bìkāi (英 avoid; dodge) ▶水たまりをよけて通る/绕过水洼走 ràoguò shuǐwā zǒu ▶彼はその石をよけて通った/他避开石头穿过去 tā bìkāi shítou chuānguòqu ▶とっさのことでよけきれなかった/这是突然出现的情况，没法避开 zhè shì tūrán chūxiàn de qíngkuàng, méi fǎ bìkāi

よけん【予見する】 预见 yùjiàn；预知 yùzhī (英 foresee) ▶地震発生の～なんてできるものか/地震什么的怎么能预料到？ dìzhèn shénmede zěnme néng yùliàodào? ▶～させる実験結果だった/这是一个让人预感到光明未来的实验结果 zhè shì yí ge ràng rén yùgǎndào guāngmíng wèilái de shíyàn jiéguǒ

よげん【予言する】 预言 yùyán (英 foresee; predict) ▶～者/预言家 yùyánjiā ▶彼の～が的中した/他预言中了 tā yùyán zhòng le ▶あの人は今回の大事故を～していた/他预言到了这次的大事故 tā yùyándàole zhècì de dàshìgù

よこ【横】❶『水平方向・横列』横 héng (英 the side; the flank) ▶～一列に並ぶ/横着排成一排 héngzhe páichéng yì pái ▶戸口が狭いので本箱を～にしないと入らない/门口太小,不把书箱横过来就进不去 ménkǒu tài xiǎo, bù bǎ shūxiāng héngguòlai jiù jìnbuqù ▶～を向く/扭头 niǔtóu ▶声をかけたら彼はぷいと～を向いた/喊了他一声，他一下把头扭过去 hǎnle tā yì shēng, tā yíxià bǎtóu niǔguòqu ▶顔をちょっと～に向けて下さい/脸稍微向侧面转一下 liǎn shāowēi xiàng cèmiàn zhuǎn yíxià
❷『そば・側面』侧面 cèmiàn；旁边 pángbiān (英 the side) ▶～から口をはさむんじゃない/别插嘴 bié chāzuǐ
❸『横幅』宽度 kuāndù (英 the width) ▶その紙は縦 30 センチ～20 センチだ/那张纸长三十厘米，宽二十厘米 nà zhāng zhǐ cháng sānshí límǐ, kuān èrshí límǐ

縦から見ても～から見ても ▶縦から見ても～から見ても紳士である/他怎么看都是一个绅士 tā zěnme kàn dōu shì yí ge shēnshì

～にそれる ▶話が～にそれちゃったよ/话说离题了 huà shuō lítí le

～になる 躺 tǎng ▶肘を枕に～になる/枕着手躺着 zhěnzhe shǒu tǎngzhe

～に振る ▶社長は黙って首を～に振った/总经理默默地摇了摇头 zǒnglǐ mòmò de yáoleyáo

tóu

～のものを縦にもしない ▶主人は～のものを縦にもしてくれません/爱人觉得麻烦，什么都不干 àiren juéde máfan, shénme dōu bú gàn

よご【予後】《病状の見通し》预后 yùhòu；《経過》病后状况 bìnghòu zhuàngkuàng (英 prognosis) ▶幸い父の～は順調だ/幸好父亲病后状况良好 xìnghǎo fùqin bìnghòu zhuàngkuàng liánghǎo

よこあな【横穴】 横穴 héngxué (英 a tunnel; a cave)

よこいと【横糸】 纬 wěi；纬线 wěixiàn (英 the woof)

よこうえんしゅう【予行演習】 预演 yùyǎn；彩排 cǎipái (英 a rehearsal) ▶～をする/进行彩排 jìnxíng cǎipái ▶～で思わぬ問題が持ち上がった/在预演中出现了意想不到的问题 zài yùyǎn zhōng chūxiànle yìxiǎngbudào de wèntí

よこおよぎ【横泳ぎ】 侧泳 cèyǒng (英 sidestroke)

よこがお【横顔】 侧影 cèyǐng；《プロフィール》侧面像 cèmiànxiàng；人物简介 rénwù jiǎnjiè (英 a profile; a side face) ▶僕は彼女の～に見とれていた/我对她的侧影看得入迷 wǒ duì tā de cèyǐng kànde rùmí ▶科学者の～というシリーズが面白い/科学家的系列简介很有意思 kēxuéjiā de xìliè jiǎnjiè hěn yǒu yìsi

よこがき【横書きにする】 横写 héngxiě (英 write horizontally)

よこかぜ【横風】 侧风 cèfēng (英 a crosswind) ▶～にあおられて船は揺れに揺れた/遇到侧风，船东摇西晃 yùdào cèfēng, chuán dōng yáo xī huàng

よこがみやぶり【横紙破りの】 蛮不讲理 mán bù jiǎnglǐ；专横 zhuānhèng (英 perverse; wayward) ▶～を自慢にしている男/自夸自己是和尚打伞无法无天的人 zìkuā zìjǐ shì héshang dǎsǎn wú fǎ wú tiān de rén

よこがわ【横側】 侧面 cèmiàn (英 the side) ▶顔の～にほくろがある/脸侧面有黑痣 liǎn cèmiàn yǒu hēizhì ▶～から飛んできた球が頭に当たった/侧面飞来的球撞到头上 cèmiàn fēilái de qiú zhuàngdào tóushang

よこぎ【横木】 横木 héngmù (英 a crossbar)

よこぎる【横切る】 穿过 chuānguò；越过 yuèguò (英 cross; go across) ▶海峡を泳いで～/横穿过海峡 héngchuānguò hǎixiá ▶道路を～/横穿过道路 héngchuānguò dàolù

よこく【予告する】 预告 yùgào；事先通知 shìxiān tōngzhī (英 announce previously) ▶《映画の》～編/预告片 yùgàopiàn ▶異変を～するような空の色/好像预告出现异常情况似的天空的颜色 hǎoxiàng yùgào chūxiàn yìcháng qíngkuàng shìde tiānkōng de yánsè ▶～通りにミサイル攻撃が始まった/正如通知那样，开始了导弹攻击 zhèngrú tōngzhī nàyàng, kāishǐle dǎodàn gōngjī ▶～なしに解雇された/没有事先通知

給解雇了 méiyǒu shìxiān tōngzhī jiù gěi jiěgù le ▶入港の日取りを~しておいてほしい/希望能通知入港的日期 xīwàng néng tōngzhī rùgǎng de rìqī

◆新刊~/新刊预告 xīnkān yùgào

よぐるま【横車】 蛮横 mánhèng; 专横 zhuānhèng (英 *perversity*) ▶そういう~は世間が許しませんよ/这样的蛮横是得不到社会的允许的 zhèyàng de mánhèng shì débùdào shèhuì de yǔnxǔ de

~を押す 蛮不讲理 mán bù jiǎnglǐ

よこけい【横罫】 横线 héngxiàn; 横格 hénggé (英 *a horizontal line*) ▶手紙はもっぱら~の便箋に書いている/写信总是写在横格的信纸上 xiě xìn zǒngshì xiězài hénggé de xìnzhǐshang

よこじく【横軸】 横轴 héngzhóu (英 *a cross axis*)

よこしま【邪な】 邪恶 xié'è (英 *wicked*) ▶~な考え/邪念 xiéniàn ▶~なことをする/做不正当的勾当 zuò bú zhèngdàng de gòudàng ▶ふと~な考えが頭をよぎった/脑子里突然闪现出邪念 nǎozǐli tūrán shǎnxiànchū xiéniàn

よこじま【横縞】 横纹 héngwén; 横条 héngtiáo (英 *horizontal stripes*) ▶紺の~のシャツがよく似合っていた/深蓝的横格衬衫很合适 shēnlán de hénggé chènshān hěn héshì

よこす【寄越す】 寄来 jìlái; …で 过来 guòlai (英 *send*) ▶郵便で送って/寄来 jìlái ▶人を~/派人来 pài rén lái ▶彼はそう言いながら投げて寄越した/他说着扔了过来 tā shuōzhe rēngleguòlai ▶すぐに駅まで誰か迎えを寄越してくれ/马上派人到车站来接我！mǎshàng pài rén dào chēzhàn láijiē wǒ!

よごす【汚す】 弄脏 nòngzāng; 污染 wūrǎn (英 *make... dirty; soil*) ▶彼女は畑の土で手を汚したくなかった/她不想种田弄脏了自己的手 tā bù xiǎng zhòngtián nòngzāngle zìjǐ de shǒu ▶上着を汚してしまった/弄脏了上衣 nòngzāngle shàngyī ▶海を~な/不要污染大海 búyào wūrǎn dàhǎi

よこすべり【横滑りする】 (役職を) 调职 diàozhí; (車など) 横向滑 héngxiànghuá (英 *skid; sideslip*) ▶法相から外相に~する/法务大臣调任外务大臣 fǎwù dàchén diàorèn wàiwù dàchén ▶それで車の~を防ぐ/这样就能防止汽车横向打滑 héngxiàng dǎhuá

よこせん【横線】 横线 héngxiàn (英 *a horizontal line*)

よこたえる【横たえる】 (体を) 横卧 héngwò; 躺 tǎng; (物を) 放倒 fàngdǎo (英 *lay down*) ▶柔らかいベッドに身を~/躺在柔软的床上 tǎngzài róuruǎn de chuángshang

よこだおし【横倒しになる】 横倒 héngdǎo (英 *fall down sideways*) ▶~になった松の木が道を塞いでいた/横倒的松树挡住了路 héngdǎo de sōngshù dǎngzhùle lù

よこだき【横抱きにする】 横抱 héngbào; 夹在腋下 jiāzài yèxia (英 *carry... under one's arm*) ▶子供を~にして走る/把孩子夹在腋下跑 bǎ háizi jiāzài yèxia pǎo

よこたわる【横たわる】 躺 tǎng; 横卧 héngwò; (橋や山脈が) 横亘 hénggèn (英 *lie down*) ▶長々と~半島/横亘绵延的半岛 hénggèn miányán de bàndǎo ▶ぐったりベッドに~/全身无力地倒在床上 quánshēn wúlì de dǎozài chuángshang

よこちょう【横町】 胡同 hútòng; hútong; 里巷 lǐxiàng; 小巷 xiǎoxiàng (英 *a bystreet;* [小路] *an alley*) ▶三つ目の~を左へ曲がりなさい/第三条小路往左拐 dìsān tiáo xiǎolù wǎng zuǒ guǎi ▶法善寺~にある店/位于法善寺小路的商店 wèiyú Fǎshànsì xiǎolù de shāngdiàn

よこづけ【横付けにする】 (車或船) 停靠 (chē huò chuán) tíngkào (英 *bring alongside*) ▶車を玄関に~にする/把车停在大门口 bǎ chē tíngzài dàménkǒu ▶岸壁には貨物船が~になっていた/码头上停靠着一艘货轮 mǎtoushang tíngkàozhe yì sōu huòlún

よこっつら【横っ面】 耳光 ěrguāng; 耳刮子 ěrguāzi (英 *the side face*) ▶~を張る/打嘴巴 dǎ zuǐba ▶化粧すけなして~を張られる/挖苦别人的化妆吃了耳光 wākū biérén de huàzhuāng chīle ěrguāng

よこっとび【横っ跳びに跳ぶ】 侧跳 cètiào; 跳到一边 tiàodào yībiān (英 *jump aside*) ▶~して球をつかむ/侧跳接球 cètiào jiē qiú

よこづな【横綱】 (相扑) 横纲 hénggāng (英 *a grand champion sumo wrestler*) ▶審議会/横纲审议会 hénggāng shěnyìhuì ▶この子は将来きっと~になるよ/这个孩子将来一定会成为横纲力士的 zhège háizi jiānglái yídìng huì chéngwéi hénggāng lìshì de

よこっぱら【横っ腹】 侧腹部 cèfùbù (英 *the side; the flank*) ▶左の~が痛む/左边的侧腹疼 zuǒbiān de cèfù téng ▶5キロも走ると~が痛くなってきた/跑了五公里就岔气了 pǎole wǔ gōnglǐ jiù chàqì le

よこて【横手に】 侧面 cèmiàn; 旁边 pángbiān (英 *at the side*) ▶家の~の小道/家旁边的小路 jiā pángbiān de xiǎolù ▶~から三毛猫が歩み出てきた/从旁边走出来了一只花猫 cóng pángbiān zǒuchūlaile yì zhī huāmāo

◆~投げ (野球) 侧投 cètóu ▶~投げの投手/侧投投手 cètóu tóushǒu

よごと【夜ごとに】 每天晚上 měitiān wǎnshang ▶~に戦闘机の爆音におびえる/每天晚上都因战斗机的隆隆声感到害怕 měitiān wǎnshang dōu yīn zhàndòujī de lónglóngshēng gǎndào hàipà ▶~の夢に死んだ親父が出てくる/每天晚上梦里都出现死去的父亲 měitiān wǎnshang mènglǐ dōu chūxiàn sǐqù de fùqīn

よこどなり【横隣の】 隔壁 gébì (英 *the next door*) ▶~の人/隔壁的人 gébì de rén ▶~の

部屋から赤ん坊の泣き声がする/从隔壁的房间里传来婴儿的哭声 cóng gébì de fángjiānli chuánlái yīng'ér de kūshēng

よこどり【横取りする】 抢夺 qiǎngduó；窃取 qièqǔ（英 *seize*; *usurp*）▶人の手柄を～する/窃取别人的功劳 qièqǔ biéren de gōngláo

よこなが【横長の】 横宽 héngkuān（英 *oblong*）▶～のテレビ/宽幅电视 kuānfú diànshì

よこながし【横流しする】 倒卖 dǎomài；非法销售 fēifǎ xiāoshòu（英 *sell... through illegal channels*）▶外国からの救援物資を～する/倒卖外国的救援物资 dǎomài wàiguó de jiùyuán wùzī

よこなぐり【横殴りの】《風雨が》横吹 héng chuī（英 *a side blow*）▶～の雨/斜淌的大雨 xiéshào de dàyǔ ▶外は～に吹きつける吹雪である/外面雪花横飞 wàimian xuěhuā héngfēi

よこなみ【横波】 侧面来的波浪 cèmiàn lái de bōlàng（英 *a side wave*;［海］*cross sea*）▶～を受けてボートが激しく揺れた/受到侧面来的波浪冲击，小船激烈地摇晃起来 shòudào cèmiàn lái de bōlàng chōngjī, xiǎochuán jīliè de yáohuàngqǐlai

よこならび【横並び】 并排 bìngpái；(みんなと同じに) 并进 bìngjìn；看齐 kànqí

よこばい【横這いする】 ❶【蟹などが】 横行 héngxíng（英 *crawl sideways*）▶蟹はなぜ～するのか/螃蟹为什么横着走 pángxiè wèi shénme héngzhe zǒu **❷【数字などが】** 停滞 tíngzhì；平行推移 píngxíng tuīyí（英 *level off*）▶犯罪件数は～状態にある/犯罪件数保持同一水平 fànzuì jiànshù bǎochí tóngyī shuǐpíng ▶受注と出荷ともにほぼ～状態にある/接单和出货基本上呈平行推移状态 jiēdān hé chūhuò jīběnshang chéng píngxíng tuīyí zhuàngtài

よこはば【横幅】 宽 kuān；宽度 kuāndù（英 *width*）▶この土地は～は広いが奥行きは狭い/这块地的横面宽，进深窄 zhè kuài dì de héngmiàn kuān, jìnshēn zhǎi

日中比较 中国語の'横幅 héngfú'は「横長の軸物」のこと．

よこはら【横腹】⇨よこっぱら（横っ腹）

よこぶえ【横笛】 笛子 dízi；横笛 héngdí（英 *a flute*）

よこぼう【横棒】 横杆 hénggān（英 *a horizontal bar*）▶踏切の～がいつまでも上がらないんだ/道口的横杆总也不升上去 dàokǒu de hénggān zǒng yě bù shēngshàngqu

よこみち【横道】 岔道 chàdào；歧路 qílù；(悪い道) 邪道 xiédào（英 *a byroad*; *a side road*;［誤った方向］*a wrong way*）▶風呂屋は表通りから少し～に入った場所にあった/澡堂在大街分岔的地方 zǎotáng zài dàjiē fēnchà de dìfang ▶話が～にそれる/话岔开正题 huà chàkāi zhèngtí

よこむき【横向き】 侧身 cèshēn；侧向 cèxiàng（英 *sideways*）▶～の写真/侧面的照片 cèmiàn de zhàopiàn ▶～に座る/侧向坐着 cèxiàng zuòzhe ▶～に寝る/侧卧 cèwò ▶馬に～に乗る/侧身坐在马上 cèshēn zuòzài mǎshàng

よこめ【横目】 斜眼 xiéyǎn（英 *a side glance*）▶～で見る/睃 suō；瞟 piǎo ▶おやじはテレビを～で見ながらビールを飲む/爸爸瞟着电视喝啤酒 bàba piǎozhe diànshì hē píjiǔ

よこもじ【横文字】 欧美的语言 Ōuměi de yǔyán（英 *a Western language*）▶僕は～には弱いんだ/我不擅长欧美的语言 wǒ bú shàncháng Ōuměi de yǔyán

よこやり【横槍】 干涉 gānshè；插嘴 chāzuǐ（英 *an interruption*）▶～を入れる/挡驾比 dǎnghèngr；横加干涉 héngjiā gānshè ▶会長の～で計画は御破算になった/因为会长横加干涉，计划落空了 yīnwèi huìzhǎng héngjiā gānshè, jìhuà luòkōng le

よこゆれ【横揺れ】 横摆 héngbǎi（英 *rolling*）▶地震ははじめ長い～があった/地震首先发生长时间的横向摇晃 dìzhèn shǒuxiān fāshēng chángshíjiān de héngxiàng yáohuàng

よごれ【汚れ】 污垢 wūgòu；污痕 wūhén（英 *a stain*;［汚物］*dirt*）▶～を落とす/洗掉污垢 xǐdiào wūgòu ▶ペンキの～/油漆的污点 yóuqī de wūdiǎn ▶しつこい～は洗剤で取る/难洗掉的污迹用洗涤剂清洗 nán xǐdiào de wūjì yòng xǐdíjì qīngxǐ

▶～物／脏东西 zāngdōngxi

よごれる【汚れる】 弄脏 nòngzāng（英 *become dirty*; *be soiled*; *be stained*）▶白いズボンはじき～/白裤子很容易脏 báikùzi hěn róngyi zāng ▶生活排水で河が汚れた/生活污水弄脏了河流 shēnghuó wūshuǐ nòngzāngle héliú ▶汗で汚れたシャツ/被汗弄脏的衬衫 bèi hàn nòngzāng de chènshān ▶排気ガスで汚れた空気/被废气污染的空气 bèi fèiqì wūrǎn de kōngqì

よこれんぼ【横恋慕する】 恋慕别人的配偶 liànmù biéren de pèi'ǒu（英 *love someone's lover*）

よさ【良さ】 好处 hǎochu；长处 chángchu；优点 yōudiǎn（英 *merit*; *virtue*; *good quality*）▶僕にはこの詩の～がわからない/我不知道这首诗好在哪里 wǒ bù zhīdào zhè shǒu shī hǎozài nǎli ▶この絵には彼のほんとうの～が出ていない/这幅画里没有真正体现出他的优点 zhè fú huàli méiyǒu zhēnzhèng tǐxiànchū tā de yōudiǎn ▶メールより手紙の～が見直されている/和电子邮件相比，书信的长处得到重新认识 hé diànzǐ yóujiàn xiāngbǐ, shūxìn de chángchu dédào chóngxīn rènshi

よざい【余財】 剩余的财产 shèngyú de cáichǎn（英 *one's available fund*）

よざい【余罪】 余罪 yúzuì；其他罪行 qítā zuìxíng（英 *other crimes*）▶彼にはなお～があるようだ/他好像还有其他罪行 tā hǎoxiàng háiyǒu qítā zuìxíng

よざくら【夜桜】 夜里的樱花 yèli de yīnghuā

(英 *the cherry blossoms at night*) ▶僕らは円山公園に〜見物に出かけた/我们夜里去圆山公园看樱花 wǒmen yèli qù Yuánshān gōngyuán kàn yīnghuā

よさん【予算】 予算 yùsuàn (英 *an estimate; a budget*) ▶年度／予算年度 yùsuàn niándù ▶事務所の建築に三千万円の〜がついた/为了修建事务所得到了三千万日元的预算 wèile xiūjiàn shìwùsuǒ dédàole sānqiān wàn Rìyuán de yùsuàn ▶工事は〜内であげなければいけない/工程必须在预算内完成 gōngchéng bìxū zài yùsuànnèi wánchéng ▶御〜はいかほどでしょうか/您的预算是多少？ nín de yùsuàn shì duōshao? ▶来年度の〜を編成する/做次年度的预算 zuò cìniándù de yùsuàn ▶〜を超過する/超过预算 chāoguò yùsuàn ▶耐震工事を〜に計上する/把防震工程计算进预算里 bǎ fángzhèn gōngchéng jìsuàn jìn yùsuàn ▶必要な金を〜に組んでおく/把必要的钱打入预算中 bǎ bìyào de qián dǎrù yùsuàn zhōng ▶わずかな〜で製作した映画/用极少的预算拍成的电影 yòng jíshǎo de yùsuàn pāichéng de diànyǐng
♦暫定〜/暂定预算 zàndìng yùsuàn 総〜/总预算 zǒngyùsuàn 〜案/预算案 yùsuàn'àn ▶〜案を議会へ提出する/将预算案提交议会 jiāng yùsuàn'àn tíjiāo yìhuì

よし 好 hǎo (英 *All right!*; *Good!*; *O. K.*) ▶〜，君に任せよう/好，就交给你吧 hǎo, jiù jiāogěi nǐ ba ▶〜〜，泣くんじゃない/好了好了，别哭了 hǎo le hǎo le, bié kū le

よし【由】 ❶【原因】原因 yuányīn (英 *a cause*) ❷【方法】方法 fāngfǎ (英 *a means*) ▶どんな経緯で死に至ったのか知る〜もない/无法知道是怎么死的 wúfǎ zhīdào shì zěnme sǐ de ❸【伝聞】听说 tīngshuō (英 *hearsay*) ▶無事御退院の〜，お慶び申し上げます/听说您平安出院了，深表祝贺 tīngshuō nín píng'ān chūyuàn le, shēn biǎo zhùhè ▶来週にも帰国する〜だが，なぜなんだ/据说下星期就回国，这是为什么呢？ jùshuō xiàxīngqī jiù huíguó, zhè shì wèi shénme ne?

ヨシ【葦】 [植物] 苇子 wěizi (英 *a reed*)
ことわざ 葦の髄から天井をのぞく 管窥蠡测 guǎnkuī lícè; 以管窥天 yǐ guǎn kuī tiān

よしあし【善し悪し】 好歹 hǎodǎi; 长短 chángduǎn; 是非 shìfēi (英 *good or bad*; [正邪] *right or wrong*) ▶会社の〜を見分ける/分清公司的好坏 fēnqīng gōngsī de hǎohuài ▶天気の〜にかかわらず実施する/不论天气怎么样，一概进行 búlùn tiānqì zěnmeyàng, yígài jìnxíng ▶天才教育も〜だ/英才教育也是有利有弊的 yīngcái jiàoyù yě shì yǒu lì yǒu bì de

ヨシキリ【葦切り】 [鸟] 苇莺 wěiyīng (英 *a reed warbler*)

よじげん【四次元】 四维 sìwéi (英 *four dimensions*) ▶〜の世界/四维的世界 sìwéi de shìjiè

よしず【葦簾】 苇帘子 wěiliánzi (英 *a reed screen*) ▶よしず張りの小屋/苇棚 wěipéng

よじのぼる【よじ登る】 爬 pá; 攀 pān; 攀登 pāndēng (英 *climb*) ▶スパイダーマンがビルを〜/蜘蛛侠爬上大楼 Zhīzhūxiá páshàng dàlóu ▶ロープを伝って屋根へ〜/抓着绳子爬上屋顶 zhuāzhe shéngzi páshàng wūdǐng

よしみ 情分 qíngfèn; 情谊 qíngyì; 友谊 yǒuyì (英 *friendship*) ▶昔の〜で金を貸す/看在往日的情分上，借给(他)钱 kànzài wǎngrì de qíngfènshang, jiègěi (tā) qián ▶近所の〜で犬を預かる/念在邻居的情分上，帮助代养狗 niànzài línjū de qíngfènshang, bāngzhù dài yǎnggǒu ▶彼らはいつの間にか〜を通じていた/他们不知什么时候建立起友谊 tāmen bù zhī shénme shíhou jiànlìqǐ yǒuyì

よしゅう【予習する】 预习 yùxí (英 *prepare lessons*) ▶明日の英語の〜をする/预习明天的英语课 yùxí míngtiān de Yīngyǔkè

よじょう【余剰】 盈余 yíngyú; 剩余 shèngyú (英 *surplus*) ▶〜食糧/剩余粮食 shèngyú liángshi; 余粮 yúliáng ▶〜人员の配置転換をする/对剩余人员进行重新分配 duì shèngyú rényuán jìnxíng chóngxīn fēnpèi

よじょう【余情】 余韵 yúyùn; 余味 yúwèi (英 *suggestiveness*)

よじる 扭 niǔ; 捻 niǎn (英 *twist*) ▶身をよじって笑う/笑弯了腰 xiàowānle yāo

よじれる 扭歪 niǔwāi (英 *get twisted*) ▶腹の皮が〜ほど笑う/笑得肚皮岔气 xiàode dùpí chàqì ▶イヤホンのコードが〜/耳机的线缠在一起了 ěrjī de xiàn chánzài yìqǐ le

よしん【予診】 预诊 yùzhěn (英 *a preliminary diagnosis*) ▶〜票は正確に記入して下さい/请正确填写预诊单 qǐng zhèngquè tiánxiě yùzhěndān

よしん【余震】 余震 yúzhèn (英 *an aftershock*) ▶当分震度４程度の〜が続く/这段时间会有震度四级的余震持续 zhè duàn shíjiān huì yǒu zhèndù sì jí de yúzhèn chíxù ▶人々は暗がりの中で〜におびえた/人们在黑暗中害怕发生余震 rénmen zài hēi'àn zhōng hàipà fāshēng yúzhèn

よじん【余人】 他人 tārén; 别人 biérén (英 *other people*)

よじん【余燼】 余烬 yújìn (英 *embers*) ▶〜が燻る/余烬冒烟 yújìn màoyān ▶紛争の〜はまだ冷めない/战火仍余烬未灭 zhànhuǒ réng yújìn wèi miè

よす 停止 tíngzhǐ; 作罢 zuòbà; 拉倒 lādào (英 *stop; give up*) ▶よせよ/住手 zhùshǒu ▶それでいやならよしなさい/如果你不想那样的话，就不要干了 rúguǒ nǐ bù xiǎng nàyàng de huà, jiù búyào gàn le ▶そのくらいでよしたら/差不多了，别干了吧 chàbuduō le, bié gàn le ba ▶「先生」をつけて僕を呼ぶのはよしてくれ/不要称我做"老师" búyào chēng wǒ zuò "lǎoshī"

よすが 缘分 yuánfèn; 门路 ménlù (英 [手段] *a means*) ▶彼をしのぶ〜は何もない/用来悼念他

的遺物都沒有 yònglái dàoniàn tā de yíwù dōu méiyǒu ▶この年になって身を寄せる〜もない/到了这种年纪，也没有能依靠的人 dàole zhè bǎ niánjì, yě méiyǒu néng yīkào de rén

よすてびと【世捨て人】 出家人 chūjiārén; 隐士 yǐnshì 〈英〉 *a hermit; a recluse*

よすみ【四隅】 四角 sìjiǎo; 四个角落 sìge jiǎoluò 〈英〉 *four corners of a room* ▶部屋の〜にごみが溜まる/房间的四角淤积着垃圾 fángjiān de sìjiǎo yūjīzhe lājī

よせ【寄せ】（囲碁・将棋）收官 shōuguān 〈英〉 *the end game* ▶終盤の〜が甘い/最后的官子太松 zuìhòu de guānzǐ tài sōng

よせ【寄席】 曲艺场 qǔyìchǎng 〈英〉 *a vaudeville theater* ▶〜の高座をつとめる/登台演出曲艺 dēngtái yǎnchū qǔyì

◆〜芸人｜曲艺的艺人 qǔyì de yìrén

よせあつめ【寄せ集め】 大杂烩 dàzáhuì; 杂拌儿 zábànr 〈英〉 *a mixture; a medley* ▶各省庁〜の予算案/把各省厅方案拼凑而成的预算案 bǎ gě shěngtīng fāng'àn pīncòu ér chéng de yùsuànàn ▶〜のチーム/拼拼凑凑的队伍 pīnpīncòucòu de duìwu

よせあつめる【寄せ集める】 凑合 còuhe; 拼凑 pīncòu; 东拼西凑 dōng pīn xī còu 〈英〉 *gather; collect* ▶がらくたを寄せ集めて芸術作品に仕立て上げる/把各种废品拼凑在一起制成艺术作品 bǎ gèzhǒng fèipǐn pīncòu zài yìqǐ zhìzuòchéng yìshù zuòpǐn ▶乏しい髪の毛を中央に〜/把所剩无几的头发拼凑到中间 bǎ suǒ shèng wújǐ de tóufa pīncòudào zhōngjiān

よせい【余生】 余生 yúshēng 〈英〉 *the rest of one's life* ▶〜を送る/度晚年 dù wǎnnián ▶彼を安楽に送った/他安安乐乐地度过了晚年 tā ānānlèlè de dùguòle wǎnnián

よせい【余勢】 余势 yúshì 〈英〉 *surplus energy* ▶〜を駆って一気に攻勢をかける/乘势进攻 chéngshì jìngōng

よせがき【寄せ書き】 集体书写 jítǐ shūxiě; 集体签名 jítǐ qiānmíng 〈英〉 *a collection of autographs* ▶卒業記念文集に〜する/在毕业纪念文集中集体签名 zài bìyè jìniàn wénjí zhōng jítǐ qiānmíng

よせぎ【寄せ木】 嵌木 qiànmù; 木片拼花 mùpiàn pīnhuā 〈英〉 *mosaic; parquetry* ▶〜細工の床/由木片拼成的地板 yóu mùpiàn pīnchéng de dìbǎn

よせつける【寄せ付ける】 让…接近 ràng… jiējìn 〈英〉 *allow... to come near* ▶彼の実力は他を寄せ付けない/他实力无人能与之匹敌 tā de shílì wú rén néng yǔ zhī pǐdí ▶蚊を寄せ付けないスプレー/不让蚊子靠近的杀虫剂 bú ràng wénzi kàojìn de shāchóngjì ▶彼女は君なんか全然寄せ付けないよ/她一点儿都不搭理你 tā yìdiǎnr dōu bù dālǐ nǐ

よせなべ【寄せ鍋】 什锦火锅 shíjǐn huǒguō; 什锦沙锅 shíjǐn shāguō 〈英〉 *a Japanese chowder*

よせる【寄せる】 ❶〖近づく〗 逼近 bījìn 〈英〉 *draw up* ▶波が寄せてくる/波浪打来 bōlàng dǎlái

❷〖近づける〗 挪近 nuójìn; 靠近 kàojìn 〈英〉 *bring... near* ▶彼は私のそばにいすを寄せた/他把椅子往我跟前靠了靠 tā bǎ yǐzi wǎng wǒ gēnqian kàolekào ▶車を路肩に〜/把车停在路边 bǎ chē tíngzài lùbiān ▶耳もとに口を寄せてささやいた/靠近耳边小声说 kàojìn ěrbiān xiǎoshēng shuō

❸〖心を〗傾心 qīngxīn; 向往 xiàngwǎng 〈英〉 *give one's heart to...* ▶ひそかに彼に思いを〜/暗恋他 ànliàn tā ▶この医師に全幅の信頼を〜/对这位医生寄托全面的信赖 duì zhè wèi yīshēng jìtuō quánmiàn de xìnlài

❹〖その他〗 ▶叔母のところに身を〜/寄居在叔母家 jìjū zài shūmǔjiā ▶私の詩集に彼が序文を寄せてくれた/他为我的诗集写了序文 tā wèi wǒ de shījí xiěle xùwén ▶眉間にしわを寄せて手紙を読んでいる/皱着眉头看信 zhòuzhe méitóu kàn xìn ▶全国から慰問の手紙が寄せられた/从全国各地寄来了慰问信 cóng quánguó gèdì jìláile wèiwènxìn

よせん【予選】 预赛 yùsài; 及格赛 jígésài 〈英〉 *a preliminary contest* ▶〜試合/预赛 yùsài ▶コンテストの〜で落ちた/在竞赛的预选赛中被淘汰了 zài jìngsài de yùxuǎnsài zhōng bèi táotàile ▶国内〜で勝って代表選手に選ばれた/在国内选拔赛中被选为代表选手 zài guónèi xuǎnbásài zhōng bèi xuǎnwéi dàibiǎo xuǎnshǒu ▶〜を通過する/通过预选 tōngguò yùxuǎn ▶競泳女子100メートル〜/游泳女子一百米预赛 yóuyǒng nǚzǐ yìbǎi mǐ yùsài

よそ【別処】 biéchù 〈英〉 *elsewhere* ▶〜では買えない品ですよ/这是别的地方买不到的东西 zhè shì bié de dìfang mǎibudào de dōngxi ▶あの家庭は〜目にもほほえましい/那家人在旁人看来也是亲亲热热的 nà jiārén zài pángrén kànlái yě shì qīnqīnrèrè de ▶〜の会社でも採用し始めたらしい/好像别的公司也开始使用了 hǎoxiàng biéde gōngsī yě kāishǐ shǐyòng le

よそう【盛る】 盛 chéng 〈英〉〖皿に〗*dish up* ▶姉がごはんをよそってくれた/姐姐给我盛了一碗饭 jiějie gěi wǒ chéngle yì wǎn fàn

よそう【予想する】 预想 yùxiǎng; 意料 yìliào; 意想 yìxiǎng 〈英〉 *expect; anticipate* ▶〜を裏切る/出乎意料 chūhū yìliào ▶結末を〜するのは困難だ/预想结局是很困难的 yùxiǎng jiéjú shì hěn kùnnan de ▶彼は当選するだろうと世間では〜している/大家都认为他会当选 dàjiā dōu rènwéi tā huì dāngxuǎn ▶結果は僕の〜通りだった/结果和我预想的一样 jiéguǒ hé wǒ yùxiǎng de yíyàng ▶僕の〜はことごとくはずれた/我的预想都没有中 wǒ de yùxiǎng dōu méiyǒu zhòng ▶彼が何をやり出すか〜がつかない/想像不出他会怎么做 xiǎngxiàngbuchū tā huì zěnme zuò

◆完成〜図｜竣工效果图 jùngōng xiàoguǒtú

外［出人意料］chū rén yìliào ▶～外の5位に終わる/出人意料地只得了第五名 chū rén yìliào de zhǐ déle dìwǔ míng ▶その本は～外に難しかった/那本书比预想的要难 nà běn shū bǐ yùxiǎng de yào nán ～**屋**（競馬などの）[预测商家] yùcè shāngjiā

よそおい【装い】 打扮 dǎban; 装饰 zhuāngshì（英 *dress; array*；［化粧］*toilet*）▶春の～/春天的打扮 chūntiān de dǎban ▶デパートは～も新たに再オープンした/百货商店重新装修开张了 bǎihuò shāngdiàn chóngxīn zhuāngxiū kāizhāng le ▶私は～をこらしてパーティーに出た/我精心装扮来参加派对 wǒ jīngxīn zhuāngbàn lái cānjiā pàiduì

よそおう【装う】 **❶**［着る・化粧する］ 打扮 dǎban（英 *dress oneself; make one's toilet*）**❷**［ふりをする］装 zhuāng; 假装 jiǎzhuāng（英 *pretend*）▶病気を～/装病 zhuāng bìng ▶知らないふうを～/装作不知道的样子 zhuāngzuò bù zhīdào de yàngzi ▶慈善団体を装って街頭で募金/装成慈善团体在街头募捐 zhuāngchéng císhàn tuántǐ zài jiētóu mùjuān

よそく【予測する】 预测 yùcè; 预料 yùliào（英 *forecast; estimate*）▶結果は～不可能である/结果是不能预测的 jiéguǒ shì bùnéng yùcè de ▶選挙の～を誤る/错误预测了选举的结果 cuòwù yùcè le xuǎnjǔ de jiéguǒ ▶地震の発生を～する/预测地震 yùcè dìzhèn

よそごと【よそ事】 别人的事 biéren de shì; 与己无关的事 yǔ jǐ wúguān de shì（英 *a matter of no concern*）▶～とは思えない/不能认为与己无关的事 bùnéng rènwéi yǔ jǐ wúguān ▶～のように言う/说得就像和自己毫无关系似的 shuōde jiù xiàng hé zìjǐ háowú guānxì shìde

よそみ【よそ見する】 东张西望 dōng zhāng xī wàng; 往旁处看 wǎng pángchù kàn; 转移注意力 zhuǎnyí zhùyìlì（英 *look away*）▶運転は危険は/开车时东张西望是很危险的 kāichēshí dōng zhāng xī wàng shì hěn wēixiǎn de ▶こら、～するな！/喂，不许东张西望 wèi, bùxǔ wǎng pángbiān kàn !

よそもの【よそ者】 外地人 wàidìrén; 外来户 wàiláihù;《外部的人》外人 wàirén（英 *a stranger*）▶～を排除する/排除外来人 páichú wàiláirén ▶いつまでも～扱いしないでもらいたい/别总把我当外人对待 bié zǒng bǎ wǒ dàng wàirén duìdài

よそゆき【よそ行き】 正装 zhèngjīng; 客套 kètào（英 *one's best clothes*［晴れ着］）▶～の服装/正装 zhèngzhuāng ▶～の言葉/客客气气的话 kèkèqiqi de huà

よそよそしい 冷淡 lěngdàn; 疏远 shūyuǎn（英 *cold; indifferent*）▶よそよそしくする/见外 jiànwài ▶彼らは互いに～挨拶を交わす/他们相互不冷不热地打招呼 tāmen xiānghù bù lěng bú rè de dǎ zhāohu

よぞら【夜空】 夜空 yèkōng（英 *night sky*）▶～を彩る花火/妆点夜空的焰火 zhuāngdiǎn yèkōng de yànhuǒ ▶暗い～の流れ星/黑暗的夜空中的流星 hēi'àn de yèkōng zhōng de liúxīng

よた【与太】 满嘴胡言 mǎnzuǐ húyán（英 *(say) silly things*）▶～を飛ばす/闲扯 xiánchě ▶公園で～話に興じていた/在公园聊得起劲 zài gōngyuán liáode qǐjìn

ヨタカ【夜鷹】 〘鳥〙夜鹰 yèyīng（英 *a nighthawk*）

よだつ
　身の毛が～ 毛骨悚然 máogǔ sǒngrán ▶彼の話を聞いて身の毛がよだちました/听了他的话，不禁毛骨悚然起来 tīngle tā de huà, bùjīn máogǔ sǒngránqǐlai

よたもの【与太者】 流氓 liúmáng; 地痞 dìpǐ（英 *a rowdy; a hoodlum*）

よたよた 摇摇晃晃 yáoyáohuàngbuàng; 东倒西歪 dōng dǎo xī wāi（英 *totteringly*; *unsteadily*）▶～歩く/东倒西歪 dōng dǎo xī wāi; 摇摇晃晃地走 yáoyáohuàngbuàng de zǒu ▶ペンギンが～歩く/企鹅摇摇晃晃地走 qǐ'é yáoyáohuàngbuàng de zǒu ▶～飛んでいる冬の蚊/东倒西歪地飞着的冬天的蚊子 dōng dǎo xī wāi de fēizhe de dōngtiān de wénzi

よだれ【涎】 口水 kǒushuǐ; 涎水 xiánshuǐ（英 *saliva; slaver*）▶～を垂らす/流涎 liúxián; 流口水 liú kǒushuǐ ▶～掛け/围嘴儿 wéizuǐr ▶～の出そうなプリンの絵/看着令人垂涎的，画着布丁的画 kànzhe lìng rén chuíxián de, huàzhe bùdīng de huà ▶その料理のにおいをかぐと～が出る/闻到那道菜的香味就流口水 wéndào nà dào cài de xiāngwèi jiù liú kǒushuǐ ▶彼は～を流さんばかりの顔つきで壺に見入った/他贪婪地看着那个瓷瓶，口水都像要流出来 tā tānlán de kànzhe nàge cíping, kǒushuǐ dōu xiàng yào liúchūlai

よだん【予断】 预料 yùliào; 预测 yùcè（英 *prediction*）▶～を下す/预先判断 yùxiān pànduàn ▶次に何が起きるを～を許さない/接下来将会发生什么情况，不容乐观 jiēxiàlai jiāng huì fāshēng shénme qíngkuàng, bùróng lèguān

よだん【余談】 闲话 xiánhuà; 题外话 tíwàihuà（英 *a digression*）▶～はさておき/闲话少提 xiánhuà shǎo tí ▶～ですが/顺便说一句 shùnbiàn shuō yí jù

よち【予知する】 预知 yùzhī; 预见 yùjiàn（英 *foresee*）▶自分が殺されることなど～できるはずもなかった/根本没有预想到自己会被杀 gēnběn méiyǒu yùxiǎngdào zìjǐ huì bèi shā ▶地震を～する/预知地震 yùzhī dìzhèn

よち【余地】 余地 yúdì（英 *room; a margin; space*）▶議論の～がある/还有讨论的余地 háiyǒu tǎolùn de yúdì ▶疑いをはさむ～がない/没有置疑的余地 méiyǒu zhìyí de yúdì ▶これらの細かな点はまだ改良の～がある/这些细小的地方还有改良的余地 zhèxiē xìxiǎo de dìfang háiyǒu gǎiliáng de yúdì ▶場内はもう立錐の～もなかっ

よちょきん【預貯金】 积蓄 jīxù; 储蓄 chǔxù (英 *deposits and saving*)

よちよち 摇摇晃晃 yáoyáohuàngguàng; 蹒跚 pánshān ▶幼児が~歩く/幼儿摇摇摆摆地走着 yòu'ér yáoyáobǎibǎi de zǒuzhe

よつ【四つ】 →よっつ(四つ) ▶~に組む（相撲）作出四手相交的姿势 zuòchū sìshǒu xiāngjiāo de zīshì;（比喻）正面对待难题 zhèngmiàn duìdài nántí

よつあし【四つ足の】 四条腿 sì tiáo tuǐ; 走兽 zǒushòu (英 *four-footed; quadruped*)

よつおり【四つ折にする】 折下四下 zhé sì xià (英 *fold... into quarters*) ▶手紙を~にする/把信折四下 bǎ xìn zhé sì xià

よつかど【四つ角】 十字街头 shízì jiētóu; 十字路口 shízì lùkǒu (英 *a crossroads; a crossing*) ▶その~を右に曲がりなさい/在那个十字路口往右拐 zài nàge shízì lùkǒu wǎng yòu guǎi

よつぎ【世継】 继承人 jìchéngrén (英 *a successor*); [男] *an heir*; [女] *an heiress*) ▶~が絶える/断了香火 duànle xiānghuǒ

よっきゅう【欲求】 欲望 yùwàng; 欲求 yùqiú (英 *desire; want*) ▶~を満たす/满足欲望 mǎnzú yùwàng ▶~不満/欲求未满足而感到的烦躁 yùqiú wèi mǎnzú ér gǎndào de fánzào ▶~不満を他人にぶつける/把自己的烦躁发泄到别人身上 bǎ zìjǐ de fánzào fāxièdào biéren shēnshang

よつぎり【四つ切り】（写真の）四开的印相纸 sì kāi de yìnxiàngzhǐ (英 *a ten-by-twelve picture*) ▶じゃがいもを~にする/把土豆切成四份 bǎ tǔdòu qiēchéng sì fèn

よつご【四つ子】 四胞胎 sìbāotāi (英 *quadruplets; quads*)

よっつ【四つ】（数量）四个 sì ge;（年齢）四岁 sì suì (英 *four*) →よつ(四つ)

よってたかって【寄ってたかって】 结伙 jiéhuǒ; 口口声声 kǒukǒushēngshēng (英 *in a crowd*) ▶~いじめる/联合起来欺负人 liánhéqǐlai qīfu rén ▶連中は~俺をいじめた/他们成帮结伙地欺负我 tāmen chéngbāng jiéhuǒ de qīfu wǒ

ヨット 帆船 fānchuán (英 *a sailboat; a yacht*) ▶~を走らせる/驾驶帆船 jiàshǐ fānchuán
◆~競走 帆船竞赛 fānchuán jìngsài ~ハーバー 游艇港口 yóutǐng gǎngkǒu

よっぱらい【酔っ払い】 醉鬼 zuìguǐ; 醉汉 zuìhàn; [人] *a drunk*) ▶~のたわごとだ，気にするな/这是醉鬼的胡话，不要在意 zhè shì zuìguǐ de húhuà, búyào zàiyì ▶~運転/酒后驾车 jiǔhòu jiàchē ▶~運転で子供の列につっこんだ/醉酒驾车冲撞到孩子们的队伍里 zuìjiǔ jiàchē chōngzhuàngdào háizimen de duìwuli

よっぱらう【酔っ払う】 醉酒 zuìjiǔ; 喝醉 hēzuì (英 *get drunk*) ▶彼女は~と誰とでもダンスをしたがる/她喝醉后，和谁都想跳舞 tā hēzuìhòu, hé shéi dōu xiǎng tiàowǔ ▶近頃は~ほど飲まなくなった/最近不会喝到醉了 zuìjìn búhuì hēdào zuì le

よつゆ【夜露】 夜露 yèlù (英 *the night dew*) ▶長い髪が~に濡れる/长发被夜露打湿了 chángfà bèi yèlù dǎshī le

よづり【夜釣り】 夜里钓鱼 yèli diàoyú (英 *night fishing*) ▶父は~に出たまま帰らなかった/父亲晚上去钓鱼了就没回来 fùqin wǎnshang qù diàoyú jiù méi huílái

よつんばい【四つん這いになる】 爬 pá (英 *get down on all fours*) ▶~になって子供を背に乗せる/趴在地上, 把孩子背到背上 pāzài dìshang, bǎ háizi bēidào bèishang

よてい【予定】 预定 yùdìng; 预先的安排 yùxiān de ānpái (英 *a schedule; a plan*) ▶明日は~がつまっています/明天安排得很满 míngtiān ānpáide hěn mǎn ▶彼の出現で~がすっかり狂ってしまった/由于他的出现，整个安排都被打乱了 yóuyú tā de chūxiàn, zhěnggè ānpái dōu bèi dǎluàn le ▶来月の~を組む/制定下个月的计划 zhìdìng xià ge yuè de jìhuà ▶私は駅前で彼と会う~だ/我准备和他在车站前见面 wǒ zhǔnbèi hé tā zài chēzhànqián jiànmiàn ▶父は明日帰宅の~です/父亲定于明天回家 fùqin dìngyú míngtiān huíjiā ▶彼は1週間の~で今朝早く出発した/他今早出发，预计一周在外 tā jīnzǎo chūfā, yùjì yī zhōu zàiwài ▶費用は~の額をはるかに超過した/费用远远地超过了预定的金额 fèiyong yuǎnyuǎn de chāoguòle yùdìng de jīn'é ▶一行は~の時刻に揃ったことがない/一行没有在预定的时间里到齐过 yīxíng méiyǒu zài yùdìng de shíjiānlǐ dàoqíguo ▶雨天だが~通り出発した/虽然是雨天，但是仍照计划出发了 suīrán shì yǔtiān, dànshì réng zhào jìhuà chūfā le ▶それは~外のことだった/那是没想到的事 nà shì méi xiǎngdào de shì ▶彼女は~より早く休暇から帰った/她比原定的假期提前回来了 tā bǐ yuándìng de jiàqī tíqián huílái le

◆~出産 ~日 预产期 yùchǎnqī ~着水水域（宇宙船の）预定落海地点 yùdìng luòhǎi dìdiǎn ~表 计划表 jìhuàbiǎo

よとう【与党】 执政党 zhízhèngdǎng (英 *the ruling party*) ▶あの政党はいつも~にくっつく/那个政党老是跟着执政党跑 nàge zhèngdǎng lǎoshì gēnzhe zhízhèngdǎng pǎo
◆~議員 执政党议员 zhízhèngdǎng yìyuán

よどおし【夜通し】 整夜 zhěngyè; 彻夜 chèyè; 通宵 tōngxiāo (英 *all night through*) ▶~働く/打通宵 dǎ tōngxiāo ▶二人は酒を飲みはじめると，~で飲む/两个人一喝起酒来，就要喝个通宵 liǎng ge rén yī hēqǐ jiǔ lái, jiùyào hē ge tōngxiāo ▶~走るタクシー運転手/通宵的出租

汽车司机 tōngxiāo de chūzū qìchē sījī ▶～母を看病した/彻夜看护生病的母亲 chèyè kānhù shēngbìng de mǔqīn

よとく【余得】 外快 wàikuài (英 *an extra profit*) ▶思わぬ～があった/有了意想不到的外快 yǒule yìxiǎngbúdào de wàikuài

よどみない【淀みない】 流畅 liúchàng; 通畅 tōngchàng; (弁舌の) 滔滔 tāotāo (英 *fluently; without hesitation*) ▶川の水がよどみなく流れる/河水通畅地流着 héshuǐ tōngchàng de liúzhe ▶あの人は日本語をよどみなく話す/他日语说得很流利 tā Rìyǔ shuōde hěn liúlì ▶市長は難問にもよどみなく答弁した/市长对棘手的提问也顺畅地进行了答辩 shìzhǎng duì jíshǒu de tíwèn yě shùnchàng de jìnxíngle dábiàn

よどむ【淀む】 淤滞 yūzhì; 不流通 bù liútōng; 沉淀 chéndiàn (英 *stagnate*) ▶都会は汚れた空気が～/都市沉淀着污气 dūshì chéndiànzhe wūqì ▶淀んだ水/死水 sǐshuǐ; 淤水 yūshuǐ ▶なぜか気分が～/不知为什么, 心情沉重 bù zhī wèi shénme, xīnqíng chénzhòng ▶この半年心に淀んでいたことがある/这半年来有个事情沉淀在我心里 zhè bànnián lái yǒu ge shìqing chéndiàn zài wǒ xīnli

よなか【夜中】 半夜 bànyè; 深夜 shēnyè (英 *midnight*) ▶～過ぎ/下半夜 xiàbànyè ▶～の2時頃に救急車が来た/深夜两点救护车来了 shēnyè liǎng diǎn jiùhùchē lái le ▶～過までにみんなタクシーで帰った/到半夜之前, 大家都坐出租车回家了 dào bànyè zhīqián, dàjiā dōu zuò chūzūchē huíjiā le

よなが【夜長】 (秋の) 秋天的长夜 qiūtiān de chángyè (英 *in the long autumn nights*) ▶秋の～に読みたい本がない/秋天的长夜里没有书可读 qiūtiān de chángyèli méiyǒu shū kě dú ▶鈴虫が秋の～を鳴き通す/金铃子在秋天的长夜一直叫个不停 jīnlíngzǐ zài qiūtiān de chángyè yìzhí jiào ge bùtíng

よなき【夜泣きする】 夜里哭 yèli kū (英 *cry at night*) ▶子供の～で毎日寝不足だ/由于孩子晚上哭, 每天都睡眠不足 yóuyú háizi wǎnshang kū, měitiān dōu shuìmián bùzú

よなべ【夜なべ】 夜活 yèhuó (英 *night work*) ▶～をする/打夜作 dǎ yèzuò ▶母さんが～をして手袋編んでくれた/妈妈干夜活给我织了一双手套 māma gàn yèhuó gěi wǒ zhīle yì shuāng shǒutào

よなよな【夜な夜な】 每天夜里 měitiān yèli (英 *night after night*) ▶～ふくろうが出没する/每天夜里, 猫头鹰四处出没 měitiān yèli, māotóuyīng sìchù chūmò

よなれた【世慣れた】 世故 shìgù (英 *experienced*) ▶～人/世故的人 shìgù de rén ▶待っていたのは～感じの中年男だった/等来的是一个感觉俗世故的中年男子 děnglái de shì yí ge gǎnjué hěn shìgù de zhōngnián nánzǐ

よにげ【夜逃げする】 夜里逃脱 yèli táotuō; 趁夜逃跑 chènyè táopǎo (英 *flee by night*) ▶こうなったらもう～するしかない/到了这个地步, 也只有乘夜逃走了 dàole zhège dìbù, yě zhǐ yǒu chéngyè táozǒu le

よねつ【余熱】 余热 yúrè (英 *retained heat*) ▶鍋底を水水につけて～を取る/把锅底泡在冰水里, 将余热去掉 bǎ guōdǐ pàozài bīngshuǐli, jiāng yúrè qùdiào ▶～でじんわり火を通す/用余热煮熟 yòng yúrè zhǔshú

よねん【余念】
～がない 专心致志 zhuānxīn zhìzhì ▶新たな市場の開拓に～がない/专心致志地开拓新的市场 zhuānxīn zhìzhì de kāituò xīn de shìchǎng

よのなか【世の中】 人間 rénjiān; 世间 shìjiān; 世上 shìshàng (英 *the world*; [時世] *the times*) ▶～にはいろんな人がいるものだ/世界上真有各种各样的人啊 shìjièshang zhēn yǒu gèzhǒng gèyàng de rén a ▶およそ～にあれほどずるい男はいない/世上再没有比他更狡猾的人了 shìshàng zài méiyǒu bǐ tā gèng jiǎohuá de rén le ▶～が嫌になった/讨厌这个世界了 tǎoyàn zhège shìjiè le ▶～をなめてはいけないよ/可别小看这个世道 kě bié xiǎokàn zhège shìdào ▶～はそういうふうには行かない/那样的话, 在社会上是行不通的 nàyàng de huà, zài shèhuìshang shì xíngbùtōng de ▶～から消えろって言うのかい/你是说让我从世上消失吗？ nǐ shì shuō ràng wǒ cóng shìshang xiāoshī ma?

ことわざ 世の中は三日見ぬ間の桜かな 世事瞬息万变 shìshì shùnxī wànbiàn

よは【余波】 余波 yúbō; 影响 yǐngxiǎng (英 *an aftereffect*) ▶台風の～で波が高い/由于台风的余波, 波浪很大 yóuyú táifēng de yúbō, bōlàng hěn dà ▶思わぬ金融危機の～を受ける/受到了意想不到的金融风暴的影响 shòudàole yìxiǎngbúdào de jīnróng fēngbào de yǐngxiǎng

よはく【余白】 空白 kòngbái (英 *a blank; space*) ▶各語のあとに～を置け/每个单词的后面都要留出空白！ měige dāncí de hòumian dōu yào liúchū kòngbái! ▶気付いたことを～に書く/把想到的事写在空白处 bǎ xiǎngdào de shì xiězài kòngbáichù

よばわり【呼ばわりする】 被称为 bèi chēngwéi (英 *call*) ▶泥棒～される/被叫做小偷 bèi jiàozuò xiǎotōu ▶君から「君」～されたくない/你别叫我"你" nǐ bié jiào wǒ "nǐ"

よばん【夜番】 夜班 yèbān (英 *night watch*) ▶～をする/值夜班 zhí yèbān

よび【予備の】 预备 yùbèi; 备用 bèiyòng; 机动 jīdòng (英 *spare; preparatory*) ▶～実験/试点 shìdiǎn ▶～費/机动费 jīdòngfèi ▶～として残してある物/作为预备保留的东西 zuòwéi yùbèi bǎoliú de dōngxi ▶～の眼鏡/备用的眼镜 bèiyòng de yǎnjìng ▶～知識/预备知识 yùbèi zhīshi

◆～会談 : 事前会谈 shìqián huìtán

よびあげる【呼び上げる】 大声点名 dàshēng

よびあつめる

diǎnmíng (英) [名簿を] call the roll) ▶解雇者の名を一人一人〜/一个一个地点将被解雇的人的名字 yí ge yí ge de diǎn jiāng bèi jiěgù de rén de míngzì

よびあつめる【呼び集める】 召集 zhàojí (英) call together) ▶昔の遊び仲間を〜/召集以前的玩伴 zhàojí yǐqián de wánbàn ▶拡声器で人を〜/用喇叭召集人 yòng lǎba zhàojí rén

よびおこす【呼び起こす】 ❶【眠りから】叫醒 jiàoxǐng (英) wake up; rouse) ▶心地よい眠りから呼び起こされた/从美梦中被叫醒 cóng měimèng zhōng bèi jiàoxǐng ❷【注意や記憶を】唤起 huànqǐ (英) call to mind) ▶その写真は私の心に幼い日の思い出を呼び起こした/那张相片让我回想起童年 nà zhāng xiàngpiàn ràng wǒ huíxiǎngqǐ tóngnián ▶潜在意識を〜/激发潜在意识 jīfā qiánzài yìshí

よびかえす【呼び返す】 叫回 jiàohuí (英) call back) ▶出演者は何回も舞台に呼び返された/演出者几次被叫回舞台 yǎnchūzhě jǐ cì bèi jiàohuí wǔtái ▶彼女が携帯を忘れていったので〜ことができない/她忘记带手机了, 所以不能叫回来了 tā wàngjì dài shǒujī le, suǒyǐ bùnéng jiàohuílái le

よびかけ【呼びかけ】 号召 hàozhào; 呼吁 hūyù (英) an appeal) ▶この集会はたった一人の〜から始まった/这次集会是由一个人的呼吁而开始的 zhè cì jíhuì shì yóu yí ge rén de hūyù ér kāishǐ de

◆〜人 :呼吁人 hūyùrén

よびかける【呼びかける】 呼吁 hūyù; 提倡 tíchàng;〔広く訴える〕号召 hàozhào (英) call to...; 〔訴える〕appeal to...) ▶当事国に平和的解決を呼びかけた/呼吁当事国和平解决问题 hūyù dāngshìguó hépíng jiějué wèntí ▶偽ブランド商品を買わないよう注意を〜/呼吁大家不要买假名牌 hūyù dàjiā búyào mǎi jiǎmíngpái ▶選手に頑張れと〜/给选手加油 gěi xuǎnshǒu jiāyóu

よびかた【呼び方】 称呼 chēnghu; 称谓 chēngwèi (英) a name)

よびこ【呼び子】 哨子 shàozi (英) a whistle)

よびこう【予備校】 补习学校 bǔxí xuéxiào (英) a prep school)

よびごえ【呼び声】〔呼ぶ声〕呼喊声 hūhǎnshēng;〔物売りの〕叫卖声 jiàomàishēng;〔評判〕呼声 hūshēng (英) a cry) ▶次期会長の〜が高い/当选下届会长的呼声很高 dāngxuǎn xiàjiè huìzhǎng de hūshēng hěn gāo ▶優勝の〜が高い/夺冠的呼声很高 duóguàn de hūshēng hěn gāo ▶遙かなる山の〜/远山的呼唤声 yuǎnshān de hūhuànshēng ▶焼き芋屋の〜/卖烤红薯的吆喝声 mài kǎohóngshǔ de yāohesheng

よびこみ【呼び込み】 招揽顾客的宣传 zhāolǎn gùkè de xuānchuán (英) [人] a barker)

よびこむ【呼び込む】 唤进 huànjìn; 招揽 zhāolǎn (英) call... in; invite... in) ▶冬場に観光客を〜アイディア/冬天招揽游客的主意 dōngtiān zhāolǎn yóukè de zhǔyi ▶幸運を〜水晶/招来幸运的水晶石 zhāolái xìngyùn de shuǐjīngshí

よびさます【呼び覚ます】 唤醒 huànxǐng; 叫醒 jiàoxǐng (英) recall) ▶眠っていた記憶を〜/唤醒沉睡的记忆 huànxǐng chénshuì de jìyì

よびすて【呼び捨てにする】 不用敬称 bú yòng jìngchēng (英) do not mister....) ▶彼は部下に対しても〜にしない/他对部下也不是直呼其名的 tā duì bùxià yě bú shì zhíhū qímíng de ▶おまえなんかに〜にされる覚えはない/你没有资格直呼我的姓名 nǐ méiyǒu zīgé zhíhū wǒ de xìngmíng

よびだし【呼び出し】 唤唤 chuánhuàn; 呼唤 chuánhū (英) a call; [召喚] a summons) ▶場内放送で〜をしてもらう/通过场内广播传呼找人 tōngguò chǎngnèi guǎngbō chuánhū zhǎo rén ▶社長から〜を食った/被总经理叫去了 bèi zǒngjīnglǐ jiào qù le ▶〜を申し上げます. 小平からお越しの永井様…/下面广播找人. 从小平来的永井先生… xiàmian guǎngbō zhǎo rén. cóng Xiǎopíng lái de Yǒngjǐng xiānsheng… ▶病院待合室の〜画面/医院候诊室的传呼画面 yīyuàn hòuzhěnshì de chuánhū huàmiàn

◆〜状 :传呼信 chuánhuànxìn

よびだす【呼び出す】 唤出来 huànchūlai; 叫出 jiàochū; 传呼 chuánhū (英) call; [召喚する] summon) ▶笠原氏は廊下に呼び出された/笠原先生被叫到走廊去了 Lìyuán xiānsheng bèi jiàodào zǒuláng qù le ▶自分が呼び出されているのが聞こえた/听到自己被呼叫了 tīngdào zìjǐ bèi chuánhū le ▶ディスクに保存したプログラムを〜/调用保存在硬盘里的程序 diàoyòng bǎocún zài yìngpánli de chéngxù

よびたてる【呼び立てる】 约人 yuē rén; 叫出来 jiàochūlái (英) call out) ▶お呼び立てして恐縮です/把您叫出来, 真不好意思 bǎ nín yuēchūlai, zhēn bùhǎoyìsi

よびつける【呼びつける】 叫到 jiàodào (英) call... to 〜) ▶校長室に呼びつけて叱る/(把他)叫到校长室来训话 (bǎ tā)jiàodào xiàozhǎngshì lái xùnhuà

よびとめる【呼び止める】 叫住 jiàozhù (英) call to... to stop) ▶警官に大声で呼び止められた/被巡警大声叫住了 bèi xúnjǐng dàshēng jiàozhù le ▶タクシーを〜/叫住出租汽车 jiàozhù chūzū qìchē

よびな【呼び名】 通称 tōngchēng; 别名 biémíng (英) a popular name) ▶同じ魚でも地方によって〜が違う/同样的鱼, 地区不同叫法也不一样 tóngyàng de yú, dìqū bùtóng jiàofǎ yě bù yíyàng

よびみず【呼び水】 启动水 qǐdòngshuǐ; 诱因 yòuyīn; 开端 kāiduān (英) priming water) ▶ポンプに〜をやる/给水泵加启动水 gěi shuǐbèng jiā qǐdòngshuǐ ▶〜式经济刺激措施/政府注资的经济刺激措施 zhèngfǔ zhùzī de jīngjì cìjī cuòshī ▶このドラマが〜になって観光客が増えた/这出戏

成为一个让游客增多的契机 zhè chū xì chéngwéi yí ge ràng yóukè zēngduō de qìjī

よびもどす【呼び戻す】 召回 zhàohuí；叫回 jiàohuí（英 *call back; recall*）▶ホタルが舞う自然へ／恢复萤火虫飞舞的自然 huīfù yínghuǒchóng fēiwǔ de zìrán ▶彼を外国から呼び戻して社長になってもらう／把他从国外召回来做总经理 bǎ tā cóng guówài zhàohuílai zuò zǒngjīnglǐ

よびもの【呼び物】 最叫座的节目 zuì jiàozuò de jiémù（英 *a feature; a draw*）▶本日最大の～は勇壮な獅子舞だ／今天最叫座的节目就是雄壮的狮子舞 jīntiān zuì jiàozuò de jiémù jiùshì xióngzhuàng de shīziwǔ

よびょう【余病】 合并症 hébìngzhèng；并发症 bìngfāzhèng（英 *a complication*）▶～を併発する／引起合并症 yǐnqǐ hébìngzhèng ▶～の併発で亡くなる／因引起并发症而身亡 yīn yǐnqǐ bìngfāzhèng ér shēnwáng

よびよせる【呼び寄せる】 叫来 jiàolái（英 *call; beckon... over*）▶そこで彼をここへ呼び寄せたのだ／所以把他叫到这里来的 suǒyǐ bǎ tā jiàodào zhèlǐ lái de ▶近いうちに家族を呼び寄せたい／我想近期把家里人叫来 wǒ xiǎng jìnqī bǎ jiālǐrén jiàolái

よびりん【呼び鈴】 电铃 diànlíng；叫人的铃 jiào rén de líng（英 *a bell; a doorbell*）▶～を鳴らす／按铃 àn líng ▶玄関の～の鳴るのが聞こえた／听到门口的铃响了 tīngdào ménkǒu de líng xiǎng le ▶～を鳴らして付き添いを呼ぶ／按铃叫护理的人来 àn líng jiào hùlǐ de rén lái ▶～を押す／按铃 àn líng

よぶ【呼ぶ】 ❶【声をかける】叫 jiào，喊 hǎn（英 *call; call out*）▶助けを～／呼救 hūjiù ▶呼べば答える猫／一叫就答应的猫 yí jiào jiù dāying de māo

❷【呼びにやる】请 qǐng；叫 jiào；招呼 zhāohu（英 *send for...*）▶すぐ医者を呼んだ／马上叫来了医生 mǎshàng jiàoláile yīshēng ▶タクシーを呼びましょうか／我替您叫出租车吧 wǒ tì nín jiào chūzūchē ba ▶お母様がお呼びですよ／母亲叫你呢 mǔqin jiào nǐ ne

❸【招待する】请 qǐng，招待 zhāodài（英 *invite*）▶結婚式にはあの人も呼ぼう／婚礼也请他吧 hūnlǐ yě qǐng tā ba ▶夕食に2, 3人呼んであった／晚餐的时候请了两三个人 wǎncān de shíhou qǐngle liǎng sān ge rén

❹【称する】叫做 jiàozuò；称为 chēngwéi（英 *call; name*）▶彼はミュージシャンなのになぜ教授と呼ばれるのか／他是音乐家，为什么会被叫做教授呢？tā shì yīnyuèjiā, wèi shénme huì bèi jiàozuò jiàoshòu ne？▶彼女は天才と～にふさわしい／她被叫做天才，是名副其实的 tā bèi jiàozuò tiāncái, shì míng fù qíshí de

よふかし【夜更かしする】 熬夜 áoyè（英 *sit up late*）▶～の一人／夜猫子 yèmāozi ▶昨夜は本を読んで～をした／昨天看书熬夜了 zuótiān kàn shū áoyè le ▶～は健康によくない／熬夜对健康不好 áoyè duì jiànkāng bùhǎo

よふけ【夜更け】 夜半 yèbàn；深夜 shēnyè（英 *late at night; at midnight*）▶我々は～まで語り合った／我们谈到了深夜 wǒmen tándàole shēnyè

よぶん【余分な】 多余 duōyú；剩余 shèngyú（英 *excess; surplus*）▶～な金を払わされている／被迫多付了钱 bèipò duōfùle qián ▶千円～に払う／多付一千日元 duōfù yìqiān Rìyuán ▶～に働く／超量工作 chāoliàng gōngzuò ▶～な脂肪をためていませんか／有没有积留多余的脂肪呢？yǒuméiyǒu jīliú duōyú de zhīfáng ne?

よほう【予報】 预报 yùbào（英 *forecast; predict*）▶天気が当たる／天气预报预测准了 tiānqì yùbào yùcè zhǔn le ▶長期～／长期预报 chángqī yùbào

よぼう【予防する】 预防 yùfáng（英 *prevent; protect*）▶～措置をとる／采取预防措施 cǎiqǔ yùfáng cuòshī ▶～は治療にまさる／预防强于治疗 yùfáng qiángyú zhìliáo ▶清潔にしておくのが最上の病気～です／保持清洁是预防疾病的最佳方法 bǎochí qīngjié shì yùfáng jíbìng de zuìjiā fāngfǎ ▶盗難を～するため監視カメラを増やす／为了预防盗窃，增加监控摄像机 wèile yùfáng dàoqiè, zēngjiā jiānkòng shèxiàngjī ▶～策を講じる／实施预防方法 shíshī yùfáng fāngfǎ ▶あとで責任を問われないよう～線を張る／为了避免事后追究责任设置防线 wèile bìmiǎn shìhòu zhuījiū zérèn shèzhì fángxiàn

◆－医学｜预防医学 yùfáng yīxué　～接种｜预防接种 yùfáng jiēzhǒng ▶はしかの～接种をする／接种预防麻疹的疫苗 jiēzhǒng yùfáng mázhěn de yìmiáo　～注射｜防疫针 fángyìzhēn　～薬｜预防药 yùfángyào

よぼう【輿望】 信任 xìnrèn；声望 shēngwàng（英 *popularity*；[信頼] *trust*）▶国民の～にこなう／担负着国民的信任 dānfùzhe guómín de xìnrèn

よほど【余程】 很 hěn；颇 pō；相当 xiāngdāng（英 *very; much; greatly*）▶今日は～気分がいいらしい／他今天好像十分高兴似的 tā jīntiān hǎoxiàng shífēn gāoxìng shìde ▶彼女は～の金持ちに違いない／她肯定相当有钱 tā kěndìng xiāngdāng yǒuqián ▶～暇なのか日に何回もブログを更新している／可能他特别闲吧，一天更要新好儿次博客 kěnéng tā tèbié xián ba, yì tiān yào gèngxīn hǎojǐ cì bókè ▶～自首しようと思ったのだができなかった／虽然很想自首，但没能做到 suīrán hěn xiǎng zìshǒu, dàn méi néng zuòdào

よぼよぼ 老朽 lǎoxiǔ；龙钟 lóngzhōng（英 *feeble and tottery*）▶～じじいに言われたくないね／我可不想被老态龙钟的老头儿来教训 wǒ kě bù xiǎng bèi lǎotài lóngzhōng de lǎotóur lái jiàoxùn ▶～歩く／缓慢地挪着步子走 huǎnmàn de nuózhe bùzi zǒu

よまいごと【世迷言】 牢骚话 láosāohuà；废话 fèihuà（英 *nonsense*）▶～もいいかげんにしろ／别

发牢骚ი bié fā láosao le

よまわり【夜回り】(英)*night watch* ▶～をする巡夜 xúnyè

よみ【黄泉】 黄泉 huángquán;九泉 jiǔquán;冥府 míngfǔ(英)*Hades; the land of the dead*)

よみ【読み】 理解 lǐjiě;解读 jiědú;分析 fēnxī(英)[読む事]*reading*;[囲碁などの]*judgment*)▶～が浅い/理解种肤浅 lǐjiědé fūqiǎn ▶投手の投球に対する彼の～はすばらしい/他对投手的心理猜得很准 tā duì tóushǒu de xīnlǐ cāide hěn zhǔn

よみあげる【読み上げる】 1【声を出して】朗读 lǎngdú(英)*read aloud*)▶宣读宣言/朗读宣言 lǎngdú xuānyán 2【読み終える】看完 kànwán(英)*finish reading*)▶苦劳して全巻～/费了很大的力,把全巻读完了 fèile hěn dà de lì, bǎ quánjuàn dúwán le

よみあやまる【読み誤る】 读错 dúcuò;念错 niàncuò;《比喻》估计错 gūjìcuò(英)*misread*)▶時計の針を～/看错了时钟的针 kàncuòle shízhōng de zhēn ▶リスクを～/错估了风险 cuògūle fēngxiǎn ▶相手の真意を～/猜错对方的真意 cāicuò duìfāng de zhēnyì ▶「吉田」を「古田」と～/把"吉田"错读成"古田" bǎ "Jítián" cuòdú chéng "Gǔtián"

よみあわせる【読み合わせる】 核对 héduì;校对 jiàoduì(英)*collate; check*)▶本文と初校を～/校对本文和初校稿 jiàoduì běnwén hé chūjiàogǎo ▶出演者全員で台本を～/全体演员一起对台词 quántǐ yǎnyuán yìqǐ duì táicí

よみおとす【読み落とす】 读漏 dúlòu;漏读 lòudú(英)*overlook*)▶データを～/漏读了数据 lòudúle shùjù

よみおわる【読み終わる】 读完 dúwán;看完 kànwán(英)*finish reading*)▶読み終わったら僕に貸して下さい/你看完后,请借给我看看 nǐ kànwánhòu, qǐng jiègěi wǒ kànkan

よみかえす【読み返す】 重读 chóngdú;再看 zài kàn(英)*read over again*)▶书いた手紙を～/反复看写完的信 fǎnfù kàn xiěwán de xìn ▶昔感激した本を～/重读曾经感动过的书 chóngdú céngjīng gǎndòngguo de shū

よみがえる【蘇る】 复苏 fùsū;更生 gēngshēng;复活 fùhuó(英)*return to life; revive*)▶いろいろな记忆がどっと蘇った/各种各样的回忆一齐涌上来 gèzhǒng gèyàng de huíyì yìqǐ yǒngleshànglai ▶消え去った愛情を蘇らせようとする/想要让失去的爱情复燃 xiǎng yào ràng shīqù de àiqíng fù rán ▶あの国は废墟の中から蘇ったのです/那个国家是从废墟中复兴的 nàge guójiā shì cóng fèixū zhōng fùxīng de

よみかき【読み書き】 读写 dúxiě(英)*reading and writing*)▶～の能力/文化 wénhuà)/文化水平 wénhuà shuǐpíng ▶～ができない/不会读书写字 búhuì dúshū xiězì;不识字 bù shízì ▶～そろばんは生活の基本だ/读写计算是生活的基础 dúxiě jìsuàn shì shēnghuó de jīchǔ

よみかた【読み方】 看法 kànfǎ;读法 dúfǎ;念法 niànfǎ(英)[読書法]*how to read*)▶彼の歴史の～は独特だ/他对历史的看法很独特 tā duì lìshǐ de kànfǎ hěn dútè ▶この地名は～がわからない/我不知道这个地名该怎么读 wǒ bù zhīdào zhège dìmíng gāi zěnme dú ▶楽谱の～を覚える/学会怎样看乐谱 xuéhuì zěnyàng kàn yuèpǔ

よみきり【読み切り】 念完 dúwán;读完 dúwán;全文一次刊登完 quánwén yícì kāndēngwán(英)*complete*)▶～短編小説/一次刊完的短篇小说 yí cì kānwán de duǎnpiān xiǎoshuō

よみきる【読み切る】 读完 dúwán;看完 kànwán(英)*read through*)▶一晩で一気に読み切った/一晚上就一口气读完了 yì wǎnshang jiù yìkǒuqì dúwán le ▶1,2年では読み切れないほどの资料がある/一两年都看不完的资料 yì liǎng nián dōu kànbuwán de zīliào

よみごたえ【読み応え】 看头儿 kàntour;值得看 zhíde kàn(英)*worth reading*)▶この本は～がある/这本书很有看头 zhè běn shū hěn yǒu kàntou ▶～のない新聞/没有看头的报纸 méiyǒu kàntou de bàozhǐ

よみこなす【読みこなす】 看懂 kàndǒng;消化 xiāohuà;领会 lǐnghuì(英)*digest; understand*)▶英文情報を～/看懂英文的信息 kàndǒng Yīngwén de xìnxī ▶源氏物語を～のは无理だ/要领会源氏物语是不可能的 yào lǐnghuì Yuánshì wùyǔ shì bù kěnéng de

よみこむ【詠み込む】 咏入 yǒngrù;放进 fàngjìn(英)*include... in a verse*)▶俳句には季語を一つ～必要がある/俳句里要放进一个季语 páijùlǐ yào fàngjìn yí ge jìyǔ ▶自分の名4文字を詠み込んだ诗を作る/作一首嵌入自己姓名四个字的诗 zuò yì shǒu qiànrù zìjǐ xìngmíng sì ge zì de shī

よみこむ【読み込む】 反复阅读深深理解 fǎnfù yuèdú shēnshēn lǐjiě(英)*read deeply*);(コンピュータに)读进 dújìn(英)*read in*)▶パソコンに写真を～/把照片读进电脑里 bǎ zhàopiàn dújìn diànnǎolǐ ▶台本が遅れて～时間がない/剧本来晚了,没有时间深读领会 jùběn láiwǎn le, méiyǒu shíjiān shēndú lǐnghuì

よみさし【読みさしの】 读到中途 dúdào zhōngtú;没有读完 méiyǒu dúwán(英)*half-read*)▶～の小説/还没读完的小说 hái méi dúwán de xiǎoshuō

よみすてる【読み捨てる】 看完了就抛弃 kànwánle jiù pāoqì(英)*throw... away after reading*)▶読み捨てにするたぐいの小説/看了就忘记的那种小说 kànle jiù wàngjì de nà zhǒng xiǎoshuō

よみせ【夜店】 夜市 yèshì(英)*a night stall*)▶～をひやかす/不买东西逛夜市 (bù mǎi dōngxi)guàng yèshì ▶～で金鱼すくいをした/在夜市捞金鱼 zài yèshì lāo jīnyú

よみち【夜道】 夜道儿 yèdàor;晚上的路 wǎnshang de lù 英 *a night walk*）▶～の一人歩きは物騒だ/晚上一个人走太危险 wǎnshang yí ge rén zǒu tài wēixiǎn

よみて【読み手】 読者 dúzhě（英 *a reader*）▶～の身になって書いてほしい/请你站在读者的立场上写 qǐng nǐ zhànzài dúzhě de lìchǎngshang xiě

よみとおす【読み通す】 通読 tōngdú；看完 kànwán（英 *read through a book*）▶全文を～/通读全文 tōngdú quánwén ▶今はまとまった作品を～余裕がない/现在没有看长篇著作的时间 xiànzài méiyǒu kàn chángpiān zhùzuò de shíjiān

よみとりき【読み取り機】〔電算〕扫描机 sǎomiáojī（英 *a reader*）

よみとる【読み取る】 领会 lǐnghuì；看懂 kàndǒng（英 *read*；[解釈する]*interprete*）▶言外の意味を～/领会言外之意 lǐnghuì yánwài zhī yì ▶人の心を～/看懂人心 kàndǒng rénxīn ▶物を深く～人/把事物看得很透的人 bǎ shìwù kànde hěn tòu de rén ▶スキャナーで画像を～/用扫描机扫描画像 yòng sǎomiáojī sǎomiáo huàxiàng

よみなおす【読み直す】 重新看 chóngxīn kàn；再次读 zàicì dú（英 *read over again*）▶シェークスピアを～/重读莎士比亚 chóngdú Shāshìbǐyà

よみながす【読み流す】 浏览 liúlǎn；草草地看 cǎocǎo de kàn（英 *read without pause*）

よみにくい【読みにくい】 很难看懂 hěn nán kàndǒng；难认 nánrèn（英 *be hard to read*）▶彼は～字を書く/他写的字很难看懂 tā xiě de zì hěn nán kàndǒng

よみびと【詠み人】 诗歌作者 shīgē zuòzhě（英 *an author unknown*）▶～知らずの和歌/不知作者的和歌 bù zhī zuòzhě de hégē

よみふける【読みふける】 沉溺于读书 chénnì yú dúshū；看得入迷 kànde rùmí（英 *be absorbed in reading*）▶大好きなミステリーを時間も忘れて～/看特别喜欢的侦探小说看得忘记时间 kàn tèbié xǐhuan de zhēntàn xiǎoshuō kànde wàngjì shíjiān

よみもの【読み物】 读物 dúwù（英 *reading matter*）▶おもしろい～/很有意思的读物 hěn yǒu yìsi de dúwù ▶軽い～を持って入院した/带着易懂的读物住院 dàizhe yìdǒng de dúwù zhùyuàn ▶子供の～/儿童读物 értóng dúwù

よみやすい【読み易い】 易懂 yìdǒng；浅易 qiǎnyì（英 *be easy to read*）▶なるべく～文章を書く/尽量写易懂的文章 jǐnliàng xiě yìdǒng de wénzhāng

よむ【読む】 ❶【読んで理解する】 读 dú；阅读 yuèdú（英 *read*）▶私はそのことをある新聞で読みました/我在某个报纸上读到过这件事 wǒ zài mǒu ge bàozhǐshang dúdàoguo zhè jiàn shì ▶この雑誌は～ところが少ない/这本杂志没什么可看的 zhè běn zázhì méi shénme kě kàn de ▶これは高校生がぜひ～べき本だ/这是高中生应该读的书 zhè shì gāozhōngshēng yīng dú de shū ▶本書は日本の学生の間に広く読まれている/本书在日本被学生们广泛阅读 běnshū zài Rìběn bèi xuéshengmen guǎngfàn yuèdú ▶一番よく読まれているマンガ雑誌/读者最多的漫画杂志 dúzhě zuìduō de mànhuà zázhì ▶この子は楽譜が読めるんだ/这个孩子懂五线谱 zhège háizi dǒng wǔxiànpǔ ▶むさぼり～/着迷地阅读 zháomí de yuèdú ▶ざっと～/浏览 liúlǎn ▶2、3ページ飛ばして～/跳过两三页读 tiào guò liǎng sān yè dú

❷【声を出して】 念 niàn（英 *read aloud*）▶経を～/念经 niànjīng ▶テキストを声を出して～/出声地读教材 chūshēng de dú jiàocái，下偏に堅と書いて何と～の/木字旁加个"坚"字念什么？mùzìpáng jiā ge "jiān" zì niàn shénme?

❸【その他】 ▶人の顔色を～/看別人的脸色 kàn biéren de liǎnsè ▶棋士は何手も先を～/棋手能看到好数步以后的棋 qíshǒu néng kàndào hǎoshùbù yǐhòu de qí ▶歌を～/作和歌 zuò hégē ▶すっかり腹の中を読まれてしまった/心里想的全被猜透了 xīnlǐ xiǎng de quán bèi cāitòu le

ことわざ 門前の小僧習わぬ経を読む 耳濡目染不学自会 ěr rú mù rǎn bù xué zì huì

よめ【夜目】 在黒夜里看 zài hēiyèli kàn ▶～にもはっきり見える/夜里也能清楚地看到 yèli yě néng qīngchu de kàndào

よめ 媳妇 xífù（英 *a bride*；[妻]*a wife*）▶～に行く/出嫁 chūjià ▶～をもらう/迎娶 yíngqǔ；娶亲 qǔqīn ▶娘を～にやる/嫁姑娘 jià gūniang ▶うちの～/我家的媳妇 wǒjiā de xífù ▶姑の～いびりがひどい/婆婆欺负媳妇欺负得太厉害了 pópo qīfu xífù qīfude tài lìhai le

よめい【余命】 余生 yúshēng（英 *the remainder of one's life*）▶～いくばくもない/风烛残年 fēngzhú cánnián ▶3ヶ月だと医師は告げた/医生说只能活三个月 yīshēng shuō zhǐ néng huó sān ge yuè

よめいり【嫁入り】 出嫁 chūjià（英 *a marriage*）▶～する/过门 guòmén；嫁人 jiàrén ▶道具/嫁妆 jiàzhuang；陪嫁 péijià ▶～先/嫁过去的人家 jiàguòqu de rénjiā

よめる【読める】 ❶【読むことができる】 能看 néng kàn（英 *be able to read*）▶彼の字はてんで読めない/他的字根本看不懂 tā de zì gēnběn kànbudǒng

❷【読む価値がある】 有看头 yǒu kàntou（英 *be worth reading*）▶この本はなかなか読めますよ/这本书相当不错 zhè běn shū xiāngdāng búcuò

❸【解釈できる】 可以理解为… kěyǐ lǐjiěwéi…（英 *be interpreted*）▶この文章はいろいろに～/这篇文章有各方面的含意 yǒu gè fāngmiàn de hányì ▶ああ、それで読めた/啊，这样就明白了 à, zhèyàng jiù míngbai le

ヨモギ【蓬】〔植物〕蒿子 hāozi；艾蒿 àihāo（英 *a mugwort*）

よもすがら【夜もすがら】 通宵达旦 tōngxiāo

dádàn; 徹夜 zhěngyè (英 *all night long*) ▶〜歌い踊る/通宵唱歌跳舞 tōngxiāo chànggē tiàowǔ ▶名月や池をめぐりて〜/围着池塘，守着明月，通宵达旦 wéizhe chítáng, shǒuzhe míngyuè, tōngxiāo dádàn

よもや 难道 nándào; 不会 búhuì; 未必 wèibì (英 *surely*) ▶〜もう忘れたわけではあるまい/难道你忘了吗? nándào nǐ wàng le ma? ▶〜そんなことはあるまい/不会出这种事吧 búhuì chū zhè zhǒng shì ba

よもやま【四方山】各种各样 gèzhǒng gèyàng (英 *chat on various topics*) ▶〜話をする/聊天 liáotiān

よやく【予約する】❶【座席やホテルなど】预订 yùdìng; 预约 yùyuē (英 *reserve*) ▶ホテルの部屋を〜して下さい/请预订一个饭店的房间 qǐng yùdìng yí ge fàndiàn de fángjiān ▶座席は全部〜済で/席位都预订完了 xíwèi dōu yùdìngwán le ▶2ヶ月先まで〜でいっぱいです/下两个月都订满了 xià liǎng ge yuè dōu dìngmǎn le ▶その飛行機は〜で満席です/那架飞机都订满了 nà jià fēijī dōu dìngmǎn le ▶定員以上の〜を受け付けてしまった/居然接受了超过定员的预订 jūrán jiēshòule chāoguò dìngyuán de yùdìng ▶〜受付は明日からです/明天开始接受预订 míngtiān kāishǐ jiēshòu yùdìng ▶電話で〜できますか/可以电话预订吗? kěyǐ diànhuà yùdìng ma? ▶〜を取り消す/取消预订 qǔxiāo yùdìng ❷【歯医者など】预约 yùyuē (英 *make an appointment*) ▶歯医者の〜をする/预约牙科 yùyuē yákē ❸【購読】预订 yùdìng (英 *subscribe*) ▶購読者の/预订读者 yùdìng dúzhě ▶私の雑誌の〜は来月切れる/我预订的杂志下月到期了 wǒ yùdìng de zázhì xiàyuè dàoqī le
◆〜金 定钱 dìngqián; 定金 dìngjīn 〜購入 订购 dìnggòu 〜席 预订的座位 yùdìng de zuòwèi

よゆう【余裕】❶【空間・時間的】富余 fùyu; 充裕 chōngyù; 余地 yúdì (英 *room; time to spare*) ▶この部屋は狭すぎる。もうちょっと〜が欲しい/这间房间太小了，最好还有些富余 zhè jiān fángjiān tài xiǎo le, zuìhǎo háiyǒu xiē fùyu ▶僕には時間の〜がない/我没有富余的时间 wǒ méiyǒu fùyu de shíjiān ▶30分は〜を見ておかねばならない/要打出三十分的富余时间 yào dǎchū sānshí fēn de fùyu shíjiān ▶買い物する時間の〜は十分ある/有充裕的时间可以购物 yǒu chōngyù de shíjiān kěyǐ gòuwù ▶まだ二人だけ入る〜がある/还有两个人能进来的余地 háiyǒu liǎng ge rén néng jìnlái de yúdì ▶列車にはまだ1時間の〜がある/离列车开还有一个小时的富余 lí lièchē kāi háiyǒu yí ge xiǎoshí de fùyu ▶出発までに10分しか〜がない/离出发只有十分钟的富余了 lí chūfā zhǐyǒu shí fēnzhōng de fùyu le
❷【経済的】富余 fùyu; 余力 yúlì (英 *money to spare; surplus*) ▶私には生活の〜がほとんどない/我的生活没有富余 wǒ de shēnghuó méiyǒu fùyu ▶君にはこの車を買う〜がありますか/你有余力买这部车吗? nǐ yǒu yúlì mǎi zhè bù chē ma?
❸【精神的】充裕 chōngyù; 从容 cóngróng (英 *composure*) ▶彼はあれだけ損をしてもなお〜綽々としていた/他亏了那么多，还是绰绰有余的样子 tā kuīle nàme duō, háishi chuòchuò yǒuyú de yàngzi

より 更加 gèngjiā; 更 gèng (英 *more; even*) ▶〜一層の努力が求められる/需要进一步的努力 xūyào jìn yíbù de nǔlì ▶これからは〜簡便な手法が求められる/今后需要的是更简便的方法 jīnhòu xūyào de shì gèng jiǎnbiàn de fāngfǎ

より【縒り・撚り】捻 niǎn (英 *twist*) 腕に〜をかける 抖擞精神地做 dǒusǒu jīngshen de zuò
〜がもどる 破镜重圆 pò jìng chóng yuán; 重归旧好 chóng guī jiù hǎo ▶彼女と〜をもどしたい/我想和她重归旧好 wǒ xiǎng hé tā chóng guī jiù hǎo
〜糸 捻线 niǎnxiàn

-より ❶【…より·起点】打 dǎ; 自 zì; 从 cóng (英 *from; at*) ▶本日10時〜開店/本日十点开店 běnrì shí diǎn kāidiàn ▶まず隗(かい)〜始めよ/请自隗始 qǐng zì Kuí shǐ
❷【比較】比 bǐ (英 *than...*) ▶僕はビール〜ワインが好きだ/比起啤酒，我更喜欢葡萄酒 bǐqǐ píjiǔ, wǒ gèng xǐhuan pútáojiǔ ▶兄貴は俺〜二つ上/哥哥比我大两岁 gēge bǐ wǒ dà liǎng suì ▶これはあれ〜はるかによい/这个比那个好得多 zhège bǐ nàge hǎode duō ▶金銭〜名誉を重んじるべきだ/与金钱相比，应该看重名誉 yǔ jīnqián xiāngbǐ, yīnggāi kànzhòng míngyù ▶その額は昨年同期〜三百万円多い/数额比去年同期多三百万日元 shù'é bǐ qùnián tóngqī duō sānbǎi wàn Rìyuán

-より【寄り】《方角》靠 kào ▶学校は駅からすこし山〜のところにあった/学校在从车站朝着山走一点的地方 xuéxiào zài cóng chēzhàn cháozhe shān zǒu yìdiǎn de dìfang ▶東〜の風/偏东风 piāndōngfēng ▶左〜の政治家/偏左的政治家 piānzuǒ de zhèngzhìjiā

よりあい【寄り合い】集会 jíhuì; 聚会 jùhuì (英 *a meeting; a gathering; a party*) ▶今夜は村の〜がある/今晚村里有集会 jīnwǎn cūnli yǒu jíhuì ▶この党はもともと〜所帯だからいずれ分裂するさ/这个党本来就是拼凑在一起的，到时候会分裂的 zhège dǎng běnlái jiùshì pīncòu zài yìqǐ de, dào shíhou huì fēnliè de

よりあつまる【寄り集まる】聚集 jùjí (英 *gather; meet together*) ▶近所の人が寄り集まって相談した/邻居们聚集在一起商量了 línjūmen jùjí zài yìqǐ shāngliang le ▶寄り集まり/聚会 jùhuì

よりかかる【寄りかかる】靠 kào; 依靠 yīkào;

偎 wēi (英 lean;[頼る] rely on...) ▶デスクに～/靠在桌子上 kàozài zhuōzishang ▶エスカレーターの手すりに寄りかからないで下さい/不要靠在滚梯的扶手上 búyào kào zài gǔntī de fúshoushang ▶隣っている人に～/靠在坐旁边的人身上 kàozài zuò pángbiān de rénshēnshang ▶いつまでも親に寄りかかってるんじゃないよ/你不要总依靠父母好不好? nǐ búyào zǒng yīkào fùmǔ hǎobuhǎo?

よりごのみ【選り好み・する】 挑剔 tiāotī (英 be particular) ▶食べ物の～をする/挑剔食物 tiāotī shíwù ▶仕事を～できる身分じゃない/不是挑剔工作的处境 bú shì tiāotī gōngzuò de chǔjìng

よりすがる【寄りすがる】 偎依 wēiyī; 依靠 yīkào [すがる] cling to; [頼る] rely on...) ▶兄の肩に寄りすがって泣く/靠在哥哥的肩上哭了 kàozài gēge de jiānshang kū le ▶炭坑に寄りすがって生きてきた町である/是全面依靠煤矿延存下来的城镇 shì quánmiàn yīkào méikuàng yáncúnxiàlái de chéngzhèn

よりすぐる【選りすぐる】 选拔 xuǎnbá; 精选 jīngxuǎn; 挑选 tiāoxuǎn (英 select)

よりそう【寄り添う】 挨近 āijìn; 紧靠 jǐnkào; 偎依 wēiyī (英 draw closer) ▶患者に～/贴近患者 tiējìn huànzhě ▶二人は仲良く寄り添って暮らしている/两个人和睦相依地生活着 liǎng ge rén hémù xiāngyī de shēnghuózhe ▶川辺の道を寄り添って歩く/依偎着走在河边路上 yīwēizhe zǒuzài hébiānlùshang

よりだす【選り出す】 挑出 tiāochū; 选择 xuǎnzé (英 pick out) ▶腐ったリンゴを～/挑出腐烂的苹果 tiāochū fǔlàn de píngguǒ

よりつき【寄り付き】《株式》开盘 kāipán (英 the opening of a session) ▶～レート/开盘汇率 kāipán huìlù
◆～値/开盘价 kāipánjià

よりつく【寄り付く】《株式の》开盘 kāipán; 《近づく》靠近 kàojìn (英 come near; approach) ▶日経平均は小反落して～/日经指数开盘后小幅回跌 Rìjīng zhǐshù kāipánhòu xiǎofú huídiē ▶あの男には寄り付かないほうがいい/最好不要靠近他 zuìhǎo búyào kàojìn tā

よりどころ【拠りどころ】 依据 yījù; 依靠 yīkào; 根据 gēnjù [根拠] the ground; [典拠] the source) ▶～のない/没有依据 méiyǒu yījù ▶精神的～を求める/追求精神上的寄托 zhuīqiú jīngshénshang de jìtuō ▶家庭は心の～だ/家庭是心灵的寄托 jiātíng shì xīnlíng de jìtuō ▶彼らの主張に確たる～がない/他们的主张没有合理的根据 tāmen de zhǔzhāng méiyǒu hélǐ de gēnjù

よりどりみどり【選り取り見取り】 随意挑选 suíyì tiāoxuǎn (英 choice) ▶これらの製品は～です/这些产品可以随意挑选 zhèxiē chǎnpǐn kěyǐ suíyì tiāoxuǎn

よりによって 偏偏 piānpiān (英 of all...) ▶～こんな時に来るとは/没想到偏偏在这个时候你来了! méi xiǎngdào piānpiān zài zhè shíhou nǐ lái le! ▶～その日に父が帰ってきた/不凑巧的是，偏偏在那天父亲回来了 bú còuqiǎo de shì, piānpiān zài nà tiān fùqin huílái le

よりぬき【選り抜き】 精选 jīngxuǎn; 选拔 xuǎnbá (英 the choice; the cream) ▶～の選手を集める/召集精选出来的选手 zhàojí jīngxuǎnchūlai de xuǎnshǒu ▶世界でも～のデザイナーに依頼する/请世界顶尖的设计师做 qǐng shìjiè dǐngjiān de shèjìshī zuò

よりぬく【選り抜く】 精选 jīngxuǎn; 选拔 xuǎnbá (英 choose; select) ▶当学院は選り抜かれた講師陣を揃えている/本学院拥有经过挑选的讲师队伍 běn xuéyuàn yōngyǒu jīngguò tiāoxuǎn de jiǎngshī duìwu

よりみち【寄り道・する】 绕道 ràodào; 绕远儿 ràoyuǎnr (英 stop on the way) ▶銀座へ～して買ってきた/绕道去银座买回来了 ràodào qù Yínzuò mǎihuílai le ▶学校から～しないで帰りなさいよ/从学校回来的时候不要绕道啊 cóng xuéxiào huílái de shíhou búyào ràodào a

よりめ【寄り目】 斗眼 dòuyǎn; 对眼 duìyǎn (英 cross-eye)

よりょく【余力】 余力 yúlì (英 reserve power) ▶～をたくわえる/积攒余力 jīzǎn yúlì ▶まだ～が十分ある/还有足够的余力 háiyǒu zúgòu de yúlì ▶～を全部つぎ込む/投入全部的余力 tóurù quánbù de yúlì

よりわける【選り分ける】 分辨 fēnbiàn; 分类 fēnlèi (英 sort out; classify) ▶書類を～/将文件分类 jiāng wénjiàn fēnlèi ▶不良品を～/挑出不良品 tiāochū bùliángpǐn

よる【依る・由る・因る】 ❶【基づく】 基于 jīyú (英 depend) ▶このやり方はあくまで私の経験に～ものです/这种方法完全基于我的经验 zhè zhǒng fāngfǎ wánquán jīyú wǒ de jīngyàn ▶この小説は昔の伝説によっている/这篇小说基于以前的传说 zhè piān xiǎoshuō jīyú yǐqián de chuánshuō ▶それは事情いかんに～/那要看事情的性质如何 nà yào kàn shìqing de xìngzhì rúhé ▶会長の要請によって警官隊が出動した/在会长要求下，警察出动了 zài huìzhǎng yāoqiúxia, jǐngchá chūdòng le

❷【起因する】 由于 yóuyú; 因为 yīnwèi (英 be due) ▶酒酔い運転に～悲惨な事故が相次いでいる/由于酒后驾驶而造成的悲惨事故接连发生 yóuyú jiǔhòu jiàshǐ ér zàochéng de bēicǎn shìgù jiēlián fāshēng ▶彼の成功は君の援助に～ことは明らかだ/他的成功是因为有你的帮助，这是很明白的事 tā de chénggōng shì yīnwèi yǒu nǐ de bāngzhù, zhè shì hěn míngbai de shì ▶彼は努力によって今日を築いたのだ/他是凭借努力才有了今天 tā shì píngjiè nǔlì cái yǒule jīntiān ▶彼は勤勉によって成功した/由于勤奋，他获得了成功 yóuyú qínfèn, tā huòdéle chénggōng ▶麻薬によって起きた犯罪/因毒品而引发的犯罪 yīn dúpǐn ér yǐnfā de fànzuì

❸【手段・方法に基づく】据 jù; 跟据 gēnjù; 通过 tōngguò (英 be based) ▶我々は新聞によって日々のできごとを知る/我们通过报纸知道每天的新闻 wǒmen tōngguò bàozhǐ zhīdào měitiān de xīnwén ▶報道によれば今年は春が遅いらしい/据报导,今年春天来得要晚 jù bàodǎo, jīnnián chūntiān láide yào wǎn ▶郵便料金は重量により異なる/邮资根据重量不同而不同 yóuzī gēnjù zhòngliàng bùtóng ér bùtóng ▶思想は言語により表現される/思想是通过语言表达出来的 sīxiǎng shì tōngguò yǔyán biǎodáchūlai de

よる【夜】 晚上 wǎnshang; 夜间 yèjiān; 夜里 yèlǐ (英 night;［宵］evening) ▶~の夜中/黑更半夜 hēigēng bànyè ▶~の部 (映画・演劇の)/晚场 wǎnchǎng ▶~になった/到晚上了 dào wǎnshang le ▶彼は昼寝て~働く/他白天睡觉, 晚上工作 tā báitiān shuìjiào, wǎnshang gōngzuò ▶~遅くまで何をしていたんだ/这么晚, 你干什么来着？ zhème wǎn, nǐ gàn shénme láizhe? ▶先週は~も昼もなく忙しかった/上周忙得没日没夜的 shàng zhōu mángde méi rì méi yè de

よる【寄る】 ❶【近寄る】靠近 kàojìn; 走近 zǒujìn; 凑近 còujìn (英 draw near; come near) ▶もっとそばへ寄りたまえ/再靠近一点儿 zài kàojìn yìdiǎnr ▶近くで見てたら墓石だった/靠近一看, 原来是墓石 kàojìn yí kàn, yuánlái shì mùshí ▶片側へ/靠向一边 kào xiàng yìbiān ▶もう少し右へ寄って/再向右靠一靠 zài xiàng yòu kàoyíkào

❷【立ち寄る】过访 guòfǎng (英 drop in) ▶立ち~/顺便去 shùnbiàn qù ▶彼は途中に立ち~所があった/他在路上要顺便去一个地方 tā zài lùshang yào shùnbiàn qù yí ge dìfang ▶どうぞまたお寄り下さい/请再来 qǐng zài lái ▶ちょっとうちに寄ってゆかないか/顺便来一下我家吧 shùnbiàn lái yíxià wǒjiā ba

❸【集まる】聚集 jùjí (英 gather; come together) ▶同期生が寄って桜の下で一杯やった/同班同学聚在一起, 在樱花树下喝酒 tóngbān tóngxué jùzài yìqǐ, zài yīnghuāshùxià hē jiǔ

ことわざ **寄らば大樹の陰** (谚) 大树底下好乘凉 dàshù dǐxià hǎo chéngliáng

~とさわると 一碰在一起就 yí pèng zài yìqǐ jiù ▶~とさわると選挙が話題となった/一凑在一起就谈选举的话题 yí còu zài yìqǐ jiù tán xuǎnjǔ de huàtí

よる【縒る・撚る】 捻 niǎn (英 twist; twine) ▶糸を~/捻线 niǎn xiàn

よる【選る】 选择 xuǎnzé;《悪いものを》剔 tī (英 choose)

ヨルダン 约旦 Yuēdàn (英 Jordan)

よるべ【寄る辺】 依靠 yīkào; 投靠 tóukào ▶~のないその子を引き取った/收养了那个无依无靠的孩子 shōuyǎngle nàge wú yī wú kào de háizi

よれい【予鈴】 预备铃 yùbèilíng (英 the warning bell) ▶11時の授業の~が鳴った/十一点的课的预备铃响了 shíyī diǎn de kè de yùbèilíng xiǎng le ▶5分前に~を鳴らします/正式开始五分钟之前, 响预备铃 zhèngshì kāishǐ wǔ fēnzhōng zhīqián, xiǎng yùbèilíng

よれよれ 皱巴巴 zhòubābā (英 worn-out) ▶彼はいつも~のコートを着ている/他总是穿着皱皱巴巴的大衣 tā zǒngshì chuānzhe zhòuzhòubābā de dàyī

よれる 折皱 zhézhòu (英 be twisted; get tangled) ▶この古書は表紙の端がよれている/那本古书的封面边儿皱了 nà běn gǔshū de fēngmiàn biānr zhòu le ▶湯を注ぐとよれた茶葉が開く/倒进热水以后, 皱成团儿的茶叶打开了 dàojìn rèshuǐ yǐhòu, zhòuchéng tuánr de cháyè dǎkāi le

よろい【鎧】 铠甲 kǎijiǎ; 铁甲 tiějiǎ (英 an armor) ▶~兜/甲胄 jiǎzhòu; 盔甲 kuījiǎ ▶~に身をかためる/全身披上盔甲 quánshēn pīshàng kuījiǎ ▶~一そろい/一套盔甲 yí tào kuījiǎ ▶衣の下に~を着ている/法衣下穿着盔甲 fǎyīxia chuānzhe kuījiǎ

よろいど【鎧戸】 百叶门 bǎiyèmén (英 a louver door);［店先の］a shutter ▶~をあげる/打开铁叶门 dǎkāi tiěyèmén ▶部屋にはまだ~が下りていた/房间的百叶窗还没有打开 fángjiān de bǎiyèchuāng hái méiyǒu dǎkāi

よろける 蹒跚 pánshān; 踉跄 liàngqiàng (英 totter; stagger) ▶よろけた拍子に人の足を踏んだ/一个踉跄踩了别人的脚 yí ge liàngqiàng cǎile biéren de jiǎo

よろこばしい【喜ばしい】 可喜 kěxǐ; 喜庆 xǐqìng; 喜人 xǐrén; 愉悦 yúyuè (英 glad; delightful; pleasant) ▶~気分/喜气 xǐqì ▶平均寿命が伸びるのは本来~ことではあるが…/平均寿命延长本来是一件好事 píngjūn shòumìng yáncháng běnlái shì yí jiàn hǎoshì… ▶今日は何と~日であることか/今天是多么愉快的一天呀 jīntiān shì duōme yúkuài de yì tiān ya

よろこばす【喜ばす】 使高兴 shǐ gāoxìng; 令人喜悦 lìng rén xǐyuè (英 please; make... happy; give pleasure,) ▶彼の好プレーはファンを喜ばせた/他的精彩表演让球迷们大为振奋 tā de jīngcǎi biǎoyǎn ràng qiúmímen dàwéi zhènfèn

よろこび【喜び】 ❶【幸福・満足】喜悦 xǐyuè (英 joy; delight) ▶~が顔に出る/喜形于色 xǐxíng yú sè ▶~に沸く/欢腾 huānténg ▶皆様のお役にたてることは私の最大の~であります/能为大家做出贡献是我最大的幸事 néng wèi dàjiā zuòchū gòngxiàn shì wǒ zuìdà de xìngshì ▶~のあまりに泣く/高兴得流下眼泪 gāoxìngde liúxià yǎnlèi

❷【慶事】喜庆 xǐqìng (英 a happy event);［祝辞］祝贺 zhùhè (英 a speech of congratulations) ▶受賞のお~を申し上げます/衷心祝贺您获奖 zhōngxīn zhùhè nín huòjiǎng ▶この~をまず誰に伝えたいですか/这件喜事要先告诉谁呢？ zhè jiàn xǐshì yào xiān gàosu shéi ne? ▶この年は~が重なりました/今年秋天喜上加喜了 jīnnián

qiūtiān xǐ shàng jiāxǐ le
大～する 极为高兴 jíwéi gāoxìng
～勇んで 兴高采烈 xìng gāo cǎi liè
よろこぶ【喜ぶ】 欢喜 huānxǐ; 高兴 gāoxìng; 喜悦 xǐyuè (英 be glad; be delighted) ▶母は私の成功を喜んでくれた/妈妈为我的成功而喜悦 māma wèi wǒ de chénggōng ér xǐyuè ▶御成功をお喜び申し上げます/祝贺您取得了成功 zhùhè nín qǔdéle chénggōng ▶君が無事と聞いて私たちはとても喜んだよ/听说你平安无事, 我们大家都很高兴 tīngshuō nǐ píng'ān wúshì, wǒmen dàjiā dōu hěn gāoxìng ▶彼はこおどりして喜んだ/他高兴得欢跳起来 tā gāoxìngde huāntiàoqǐlai ▶彼はそれをあまり喜ばないかも知れない/说不定他不会为那件事高兴的 shuōbudìng tā búhuì wèi nà jiàn shì gāoxìng de ▶これは本来～べきことなんだが…/这本来是一件可喜的事, 可是… zhè běnlái shì yí jiàn kěxǐ de shì, kěshì… ▶喜んで…する/甘心 gānxīn; 乐意 lèyì; 情愿 qíngyuàn ▶喜んでやるとも/何乐而不为 hé lè ér bù wéi ▶あなたのためなら私は喜んでやりますよ/如果是为了你, 我很乐意那么做 rúguǒ shì wèile nǐ, wǒ hěn lèyì nàme zuò

よろしい 好 hǎo; 行 xíng; 可以 kěyǐ (英 very well; all right) ▶帰っても～/你可以回去了 nǐ kěyǐ huíqù le ▶兄弟げんかするのはよろしくない/兄弟吵架不是好事 xiōngdì chǎojià bú shì hǎoshì ▶あんなことを言わせておいて～のですか/让他那么胡说八道, 行吗？ ràng tā nàme húshuō bādào, xíng ma?

よろしく (あいさつ) 请多关照 qǐng duō guānzhào (英 How do you do?) ▶～お取り計らい下さい/请替我好好儿安排吧 qǐng tì wǒ hǎohāor ānpái ba ▶弟をなにぶん～願います/请多照顾我的弟弟 qǐng duō zhàogù wǒ de dìdi ▶今後もどうぞ～お願いいたします/今后也请多多关照 jīnhòu yě qǐng duōduō guānzhào ▶お父様によろ～/请代我向尊父问好 qǐng dài wǒ xiàng zūnfù wènhǎo ▶父からも～と申していました/父亲也让我向您问好 fùqin yě ràng wǒ xiàng nín wènhǎo ▶あの方にもよろ～とお伝え下さい/请向他转达我的问候 qǐng xiàng tā zhuǎndá wǒ de wènhòu ▶あいつらはきっと陰で～やっているんだよ/他们肯定在暗地里占便宜 tāmen kěndìng zài àndìli zhàn piányi

よろずや【万屋】 杂货店 záhuòdiàn; 百货店 bǎihuòdiàn; (人) 万事通 wànshìtōng (英 a general store)

よろつく (足元が) 跌跌撞撞 diēdiezhuàngzhuàng (英 stagger)

よろめく ❶ (体がふらふらする) 踉跄 liàngqiàng; 蹒跚 pánshān (英 stagger; totter) ▶後ろから肩を突かれ思わず前によろめいた/肩膀被后面推了一把, 不由得向前跟跄 jiānbǎng bèi hòumian tuīle yī bǎ, bùyóude xiàngqián diēqiàng ▶彼はよろめきながら近寄ってきた/他东倒西歪地靠近来了 tā dōng dǎo xī wāi de kàojìn lái le

❷【気持ちがゆらぐ】迷恋 míliàn; 动摇 dòngyáo (英 have a love affair)

よろよろ 踉跄 liàngqiàng; 蹒跚 pánshān (英 totteringly; on wobbly steps) ▶～歩きの/磕磕撞撞 kēkēzhuàngzhuàng ▶～立ち上がる/颤颤巍巍地站起来 chànchànwēiwēi de zhànqǐlai ▶2, 3歩～歩く/东倒西歪地走了两三步 dōng dǎo xī wāi de zǒule liǎng sān bù ▶～酔って～している/醉得东倒西歪 zuìde dōng dǎo xī wāi

よろん【世論】 舆论 yúlùn (英 public opinion) ▶～をあやつる/操纵舆论 cāozòng yúlùn
♦～調査：舆论调查 yúlùn diàochá; 民意测验 mínyì cèyàn

よわい【弱い】 ❶【身体・精神的に】弱 ruò; 软弱 ruǎnruò (英 weak; feeble) ▶～者いじめをする/欺负弱者 qīfu ruòzhě ▶彼は体が～/他身体不好 tā shēntǐ bùhǎo ▶俺って誘惑に～からなぁ/我真经不起诱惑啊 wǒ zhēn jīngbuqǐ yòuhuò a ▶気が～/胆小 dǎnxiǎo ▶意志が～/意志薄弱 yìzhì bóruò ▶頭が～/脑袋笨 nǎodai bèn

❷【耐える力】弱 ruò; 怕 pà (英 faint; weak) ▶ナイロンは熱に～/尼龙怕热 nílóng pà rè ▶東京は雪に～/东京怕下雪 Dōngjīng pà xià xuě ▶船に～/怕坐船 pà zuò chuán

❸【勢いが】弱 ruò (英 faint) ▶風が弱くなった/风变弱了 fēng biànruò le

❹【不得意である】不会 búhuì; 怕 pà (英 be poor) ▶それを言われると～/你这么一说, 我还真没词了 nǐ zhème yì shuō, wǒ hái zhēn méi cí le ▶私は数字に～/我不大会摆弄数据 wǒ búdà huì bǎinòng shùjù ▶彼は機械には全く～/他对机械完全不懂行 tā duì jīxiè wánquán bù dǒngháng

よわい【齢】 年龄 niánlíng; 年纪 niánjì (英 age) ▶～を重ねる/上年纪 shàng niánjì; 长岁数 zhǎng suìshu

よわき【弱気】 气馁 qìněi; 胆怯 dǎnqiè; 消极 xiāojí (英 timidness) ; [株式] a bear) ▶～な業績見通し/对今后业绩的消极预测 duì jīnhòu yèjì de xiāojí yùcè ▶病気になるとつい～になってしまう/生病以后变得很胆怯了 shēngbìng yǐhòu biànde hěn dǎnqiè le ▶今からそんな～でどうするんだ/现在就这么胆怯, 怎么行呢？ xiànzài jiù zhème dǎnqiè, zěnme xíng ne?
♦～相場【株式】没有信心的股市 méiyǒu xìnxīn de gǔshì

よわごし【弱腰の】 懦弱 nuòruò; 胆怯 dǎnqiè (英 timid) ▶最初からそんな～では勝負にならない/开始就那么胆怯的话, 不可能赢 kāishǐ jiù nàme dǎnqiè de huà, bù kěnéng yíng

よわさ【弱さ】 软弱的地方 ruǎnruò de dìfang; 弱点 ruòdiǎn (英 weakness; frailty) ▶彼は時に人間的な～を見せることがあった/他有时表现出人的软弱 tā yǒushí biǎoxiànchū rén de ruǎnruò lái

よわせる【酔わせる】 醉 zuì; 使喝醉 shǐ hēzuì

(㊀ *make... drunk*; [うっとりさせる] *fascinate*) ▶ 彼女の熱唱はファンを酔わせた/她的热情歌唱使歌迷们陶醉了 tā de rèqíng gēchàng shǐ gēmímen táozuì le

よわたり【世渡り】 处世 chǔshì (㊀ *a living*; *life*) ▶ ～の知恵/人情世故 rénqíng shìgù ▶ ～が上手だ/善于处世 shànyú chǔshì ▶ ～が下手だ/不会处世 búhuì chǔshì

よわね【弱音】 叫苦 jiàokǔ; 泄气 xièqì (㊀ *complaint*) ▶ ～を吐くな/别泄气 bié xièqì ▶ ～を吐かない/不甘示弱 bùgān shìruò

よわび【弱火】 文火 wénhuǒ; 微火 wēihuǒ (㊀ *a low flame*) ▶ ～でじっくり煮込む/用微火慢慢地炖 yòng wēihuǒ mànmàn de dùn

よわまる【弱まる】 减弱 jiǎnruò; 变弱 biànruò (㊀ *become weak*) ▶《山火事で》火の勢いが弱まってきた/火势减弱了 huǒshì jiǎnruò le

よわみ【弱み】 弱点 ruòdiǎn; 痛处 tòngchù; 把柄 bǎbǐng (㊀ *weak point*) ▶ ～につけこむ/钻空子 zuān kòngzi ▶ ～を見せる/示弱 shìruò ▶ あの男に～でも握られているのかい/是不是被他抓住什么把柄？ shìbushì bèi tā zhuāzhù shénme bǎbǐng?

よわむし【弱虫】 怕死鬼 pàsǐguǐ; 胆小鬼 dǎnxiǎoguǐ; 软骨头 ruǎngǔtou (㊀ *a coward*)

よわめる【弱める】 减弱 jiǎnruò; 使变弱 shǐ biànruò (㊀ *weaken*; *reduce*) ▶ 台風は勢力を弱めながら東へ向かった/台风的风势减弱，向东边移动 táifēng de fēngshì jiǎnruò, xiàng dōngbian yídòng

よわよわしい【弱弱しい】 绵软 miánruǎn; 微弱 wēiruò; 无力 wúlì (㊀ *weak*; *delicate*; *frail*)

▶ ～体/身体软弱 shēntǐ ruǎnruò ▶ ～声が助けを求めていた/听到微弱的求救声 tīngdào wēiruò de qiújiùshēng

よわりはてる【弱り果てる】《困惑》非常为难 fēicháng wéinán;《衰弱》极其衰弱 jíqí shuāiruò (㊀ *be utterly exhausted*; *be helpless*) ▶ 彼に泣きつかれて私は弱り果てた/被他哭着恳求，我感到非常为难 bèi tā kūzhe kěnqiú, wǒ gǎndào fēicháng wéinán ▶ 彼は弱り果てた体を横たえていた/他非常虚弱地躺着 tā fēicháng xūruò de tǎngzhe

よわる【弱る】 ❶【衰える】削弱 xuēruò; 衰弱 shuāiruò (㊀ *become weak*; *grow feeble*) ▶ 動かないと体が～/不经常活动的话，身体就变弱 bù jīngcháng huódòng de huà, shēntǐ jiù biànruò ❷【困る】受不了 shòubuliǎo (㊀ *be embarrassed*) ▶ この暑さには弱ります/这么炎热，真受不了 zhème yánrè, zhēn shòubuliǎo ▶ 全く君にも～ね/真拿你没有办法 zhēn ná nǐ méiyǒu bànfǎ ▶ 弱ったな/真不好办 zhēn bùhǎo bàn

ことわざ **弱り目にたたり目** 祸不单行 huò bù dān xíng

よん【四】 ⇨し（四）

よんどころない 不得已 bùdéyǐ; 无奈 wúnài (㊀ *unavoidable*; *inevitable*) ▶ ～事情で遅刻する/因为有不得已的理由迟到了 yīnwèi yǒu bùdéyǐ de lǐyóu chídào le ▶ よんどころなく引き受けた/没有办法，只好接受了 méiyǒu bànfǎ, zhǐhǎo jiēshòu le

よんりん【四輪】 四轮 sìlún (㊀ *a four-wheel drive*) ▶ ～駆動車/四轮驱动 sìlún qūdòng

ら

ラ〔音楽〕拉 lā（ドレミ音階の6音）(英 *la*)

-ら【等】们 men; 些 xiē ▶彼～/他们 tāmen これ～/这些 zhè xiē

ラード〔食品〕猪油 zhūyóu; 大油 dàyóu (英 *lard*)

ラーメン〔料理〕面条 miàntiáo (英 *ramen*) ▶即席～/方便面 fāngbiànmiàn

ラーユ〔辣油〕〔食品〕辣椒油 làjiāoyóu (英 *spicy oil*)

らい【来】**❶**〔それ以来〕(英 *since*) ▶この数日～彼は元気がない/这几天来他没有精神 zhè jǐ tiān lái tā méiyǒu jīngshen **❷**〔次の〕(英 *next; the coming…*) ▶春には結婚するつもりです/我打算明年春天结婚 wǒ dǎsuan míngnián chūntiān jiéhūn

らいい【来意】来意 láiyì (英 *the purpose of one's visit*) ▶～を告げる/说明来意 shuōmíng láiyì

らいう【雷雨】〔気象〕雷雨 léiyǔ (英 *a thunderstorm*) ▶帰宅直後に～が始まった/刚到家外面就下起了雷雨 gāng dào jiā wàimian jiù xiàqǐle léiyǔ ▶突然の～でバスが止まってしまった/由于突降雷雨, 公交车停住了 yóuyú tūjiàng léiyǔ, gōngjiāochē tíngzhù le

らいうん【雷雲】〔気象〕雷雨云 léiyǔyún; 雷云 léiyún (英 *a thundercloud*) ▶～が発生する/出现雷雨云 chūxiàn léiyǔyún

ライオン〔動物〕狮子 shīzi (英 *a lion*;〔雌〕*a lioness*)

らいが【来駕】光临 guānglín (英 *your presence* 〔*attendance*〕) ▶～をお待ち申しております/恭候大驾光临 gōnghòu dàjià guānglín

らいかん【雷管】雷管 léiguǎn (英 *a detonator*) ▶～を取りはずす/取下雷管 qǔxià léiguǎn

らいきゃく【来客】来客 láikè (英 *a guest; a visitor*) ▶彼は～中で今接待客人呢 tā zài jiēdài kèrén ne ▶午前中は～が多い/上午客人很多 shàngwǔ kèrén hěn duō ▶～の応接に追いまくられる/为接待客人而忙得晕头转向 wèi jiēdài kèrén ér mángde yūntóu zhuànxiàng ▶この後すぐに～がある/紧接着就有客人来 jǐn jiēzhe jiù yǒu kèrén lái

ライギョ【雷魚】〔魚〕乌鱼 wūyú; 黑鱼 hēiyú; 鳢鱼 lǐyú (英 *a snakehead fish*) ▶～が湖の生態系を壊している/乌鱼破坏了湖泊的生态系统 wūyú pòhuàile húpō de shēngtài xìtǒng

らいげつ【来月】下月 xià yuè; 下个月 xià ge yuè (英 *next month*) ▶～の今日が結婚記念日なんです/下月的今天就是结婚纪念日 xià yuè de jīntiān jiù shì jiéhūn jìniànrì ▶では～からうちで働いてもらいましょう/那么, 就请你从下月开始在我们公司工作吧 nàme, jiù qǐng nǐ cóng xià yuè kāishǐ zài wǒmen gōngsī gōngzuò ba ▶いっぱいは予約でふさがっている/下个月整整一个月都预约出去了 xià ge yuè zhěngzhěng yí ge yuè dōu yùyuēchūqu le

らいこう【来航する】来航 láiháng (英 *visit*) ▶黒船が～した時はたいへんな騒ぎだった/柏利的黑船开来时引起了很大的轰动 Bǎilì de hēichuán kāilái shí yǐnqǐle hěn dà de hōngdòng

らいさん【礼賛する】歌颂 gēsòng; 赞扬 zànyáng; 称赞 chēngzàn (英 *glorify; admire*) ▶故人の偉業を～する/歌颂前人的伟业 gēsòng qiánrén de wěiyè ▶この時の過度の～が彼の人生を狂わせた/这时过分的赞扬打乱了他的人生 zhè shí guòfèn de zànyáng dǎluànle tā de rénshēng

らいしゅう【来週】下周 xià zhōu; 下星期 xià xīngqī (英 *next week*) ▶～はずっと家にいるよ/下星期我一直在家啊 xià xīngqī wǒ yīzhí zàijiā a ▶～の今日は先約がある/下周的今天我已经有约 xià zhōu de jīntiān wǒ yǐjīng yǒu yuē ▶再～の土曜日に手術することになった/大下个星期的星期六我要动手术 dà xià ge xīngqī de xīngqīliù wǒ yào dòng shǒushù

らいしゅう【来襲】来袭 láixí (英 *an invasion; a raid*) ▶敵機～/敌机来袭 díjī láixí ▶いなごの大群が～して作物は食い尽くされた/蝗虫成群袭来, 庄稼都被吃光了 huángchóng chéngqún xílái, zhuāngjia dōu bèi chīguāng le

らいじょう【来場する】到场 dàochǎng; 出席 chūxí (英 *attend*) ▶御～の皆様に申し上げます/各位来宾, …, gè wèi láibīn, …; 在座各位, … zàizuò gè wèi, …

らいじん【雷神】雷公 léigōng (英 *the god of thunder*) ▶～の怒りに触れる/惹怒雷公 rě nù léigōng

ライスカレー〔料理〕咖哩饭 gālífàn (英 *curry and rice*)

らいせ【来世】来生 láishēng; 来世 láishì (英 *the other life; the life to come*) ▶～では女になりたい/来世我想做个女人 láishì wǒ xiǎng zuò ge nǚrén ▶あなたほどの人が～を信じるのですか/像您这样的人也相信有来世吗？xiàng nín zhèyàng de rén yě xiāngxìn yǒu láishì ma?

ライセンス许可证 xǔkězhèng; 执照 zhízhào (英 *a license*) ▶オートレーサーの～を取得する/取得赛车执照 qǔdé sàichē zhízhào

ライター**❶**〔発火具〕打火机 dǎhuǒjī (英 *a lighter*) ▶～でタバコに火をつける/用打火机点烟 yòng dǎhuǒjī diǎn yān ▶～の火が新聞に燃え移った/打火机的火蔓延到了报纸上 dǎhuǒjī de huǒ mànyándàole bàozhǐshang

❷〔物書き〕作家 zuòjiā; 作者 zuòzhě; 写家 xiějiā (英 *a writer*) ▶ルポ～/现场采访作者 xiànchǎng cǎifǎng zuòzhě ▶纪实文学作者 jìshí wénxué zuòzhě ▶あの自伝は ゴースト～に書かせたものだ/那部自传是让代笔人写的 nà bù zìzhuàn shì ràng dàibǐrén xiě de

ライチョウ【雷鳥】〔鳥〕雷鸟 léiniǎo (英 a grouse) ▶えぞ～/榛鸡 zhēnjī; 松鸡 sōngjī

らいてん【来店】(英 one's coming to the store) ▶御～ありがとうございます/欢迎光临 huānyíng guānglín

らいでん【雷電】雷电 léidiàn (英 a thunderbolt)

ライト ❶【明かり】照明灯 zhàomíngdēng; 电灯 diàndēng (英 a light) ▶ヘッド～/前灯 qiándēng ▶彼は自動車の～を消した/他熄了汽车车灯 tā xīle qìchē chēdēng ▶熱い撮影～を浴びて頭がくらくらした/被炽热的摄影灯光照得头晕目眩 bèi chìrè de shèyǐng zhàode tóuyūn mùxuàn ▶大噴水がきれいに～アップされた/大型喷泉被照明灯光映射得很美 dàxíng pēnquán bèi zhàomíng dēngguāng yìngshède hěn měi ❷【軽い】轻的 qīng de; 〈色彩〉淡 dàn; 明亮 míngliàng (英 light) ▶～級/轻量级 qīngliàngjí ❸【右】右 yòu; 〈野球〉右翼 yòuyì (英 the right field) ▶打球は～の頭上を越えた/打过来的球越过了右翼手的头上 dǎguòlái de qiú yuèguòle yòuyìshǒu de tóushang ▶～スタンド/右翼观众席 yòuyì guānzhòngxí

ライトバン 客货两用汽车 kèhuò liǎngyòng qìchē (英 a minivan; a station wagon) ▶引っ越しは～1台で済んだ/搬家只用了一辆客货两用汽车就搬完了 bānjiā zhǐ yòngle yí liàng kèhuò liǎngyòng qìchē jiù bānwán le

ライトブルー 水绿 shuǐlǜ; 淡蓝 dànlán (英 light blue)

ライナー ❶【野球の】平直球 píngzhíqiú (英 a liner; a line drive) ▶～性のライトフライ/直球式的右翼飞球 zhíqiúshì de yòuyì fēiqiú ❷【定期便】铁路特快班车 tiělù tèkuài bānchē (英 a liner)

ライナーノート《CD等に付いている》音乐鉴赏解说词 yīnyuè jiǎnshǎng jiěshuōcí (英 liner notes) ▶～を丹念に読む/仔仔细细地读音乐鉴赏解说词 zǐzǐxìxì de dú yīnyuè jiǎnshǎng jiěshuōcí

らいにち【来日する】来日 lái Rì; 访日 fǎng Rì (英 come to Japan) ▶～中の張氏に面会を申し込む/提出探访正在出访日本的张先生 tíchū tànfǎng zhèngzài chūfǎng Rìběn de Zhāng xiānsheng ▶来月には代表団が～する/下个月代表团来日本访问 xià ge yuè dàibiǎotuán lái Rìběn fǎngwèn

らいねん【来年】明年 míngnián; 来年 láinián; 转年 zhuǎnnián (英 next year) ▶～の今月今夜のこの月/明年的本月本日晚上的这轮明月 míngnián de běn yuè běn rì wǎnshang de zhè lún míngyuè ▶～こそは優勝するぞ/明年一定夺冠 míngnián yídìng duóguàn
[ことわざ] 来年のことを言うと鬼が笑う 人作千年调, 鬼见拍手笑 rén zuò qiānnián diào, guǐ jiàn pāishǒu xiào; 未来之事无法预知 wèilái zhī shì wú fǎ yùzhī

ライバル 对手 duìshǒu; 敌手 díshǒu (英 a rival) ▶強力な～が現れた/出现了强有力的对手 chūxiànle qiángyǒulì de duìshǒu ▶一方的に～意識を燃やす/单方面地产生竞争意识 dān-fāngmiàn de chǎnshēng jìngzhēng yìshí

らいびょう【癩病】⇨ハンセンびょう（ハンセン病）

らいひん【来賓】来宾 láibīn; 嘉宾 jiābīn (英 a guest; a visitor) ▶私の祝辞はいつも長い/来宾致辞总是很长 láibīn zhìcí zǒngshì hěn cháng ▶～席に案内される/被领到来宾席位 bèi lǐngdào láibīn xíwèi

ライブ【実況】实况 shíkuàng; 直播 zhíbō;《生演奏》现场演唱会 xiànchǎng yǎnchànghuì (英 live) ▶～で聞くとまるで迫力が違う/在现场听演唱, 气势完全不同 zài xiànchǎng tīng yǎnchàng, qìshì wánquán bù tóng ▶祝典の模様を～でお送りしております/我们正直播庆典实况 wǒmen zhèng zhíbō qìngdiǎn shíkuàng
▶～ハウス/小型歌厅 xiǎoxíng gētīng

ライフサイエンス 生命科学 shēngmìng kēxué (英 life sciences)

ライフサイクル 生命周期 shēngmìng zhōuqī (英 a life cycle)

ライフジャケット 救生衣 jiùshēngyī (英 a life jacket) ▶必ず～を身に付けること/一定要身着救生衣 yídìng yào shēnzhuó jiùshēngyī

ライフスタイル 生活方式 shēnghuó fāngshì (英 a lifestyle) ▶～を変える/改变生活方式 gǎibiàn shēnghuó fāngshì

ライフライン 生命线工程 shēngmìngxiàn gōngchéng (英 a lifeline) ▶被災地の～が全面復旧する/灾区生命线全面恢复 zāiqū shēngmìngxiàn quánmiàn huīfù

ライブラリー《図書館》图书馆 túshūguǎn (英 a library) ▶フィルム～/电影资料馆 diànyǐng zīliàoguǎn ▶緑風社の日本名作～/绿风社发行的日本名作丛书 Lǜfēngshè fāxíng de Rìběn míngzuò cóngshū

ライフルじゅう【ライフル銃】步枪 bùqiāng; 来复枪 láifùqiāng (英 a rifle) ▶銀行は～に守られていた/银行被持步枪的警卫保护起来 yínháng bèi chí bùqiāng de jǐngwèi bǎohùqǐlái ▶強盗団は～を乱射した/强盗团伙用步枪胡乱扫射 qiángdào tuánhuǒ yòng bùqiāng húluàn sǎoshè

ライフワーク 毕生的事业 bìshēng de shìyè;《著作》毕生巨著 bìshēng jùzhù (英 one's life-work) ▶この辞典を私の～としたい/我希望把这部词典当做毕生的事业来做 wǒ xīwàng bǎ zhè bù cídiǎn dàngzuò bìshēng de shìyè lái zuò

らいほう【来訪】来访 láifǎng (英 a call; a visit) ▶御～くださる/光临 guānglín; 赏光 shǎngguāng ▶彼らは予告なしに～した/他们不事先通知就登门来访了 tāmen bú shìxiān tōngzhī jiù dēngmén láifǎng le ▶外国人の突然の～にみんな慌てた/外国人突然来访, 大家很慌乱 wàiguórén tūrán láifǎng, dàjiā hěn huāngluàn

◆～者：访问者 fǎngwènzhě

ライム〔植物〕酸橙 suānchéng（英 *a lime*）

ライムギ【ライ麦】〔植物〕黑麦 hēimài（英 *rye*）

ライムライト〔舞台の〕灰光灯 huīguāngdēng；〔名声〕声誉 shēngyù（英 *limelight*）▶舞台中央で～に照らし出された／在舞台中央被聚光灯照亮了 zài wǔtái zhōngyāng bèi jùguāngdēng zhàoliàng le

らいめい【雷鸣】雷鸣 léimíng；雷声 léishēng（英 *thunder; a roll of thunder*）▶～がとどろく／响雷 xiǎnglèi ▶ときどき低い～が聞こえた／时常会听到低沉的雷鸣声 shícháng huì tīngdào dīchén de léimíngshēng

らいらく【磊落な】磊落 lěiluò；胸怀宽广 xiōnghuái kuānguǎng（英 *openhearted*）▶豪放／豪放磊落 háofàng lěiluò ▶先生は豪放～な調子で話しかけてきた／老师用豪放磊落的语气讲了起来 lǎoshī yòng háofàng lěiluò de yǔqì jiǎngleqǐlai

ライラック〔植物〕紫丁香 zǐdīngxiāng（英 *a lilac*）▶～の香りが漂っている／飘来紫丁香的芬芳 piāolái zǐdīngxiāng de fēnfāng

らいれき【来歴】来历 láilì；来路 láilù；经历 jīnglì（英 *one's histry; an origin*）▶～を調べる／查来历 chá láilì ▶あの男の～がはっきりしない／那家伙来路不明 nà jiāhuo láilù bù míng

ライン 线 xiàn（英 *a line*）▶～を跨ぐ／过界 guò jiè ▶球は無情にも～の外に出た／球无情地出了界 qiú wúqíng de chūle jiè ▶合格～ぎりぎりのところにいる／勉勉强强刚过分数线 miǎnmiǎnqiángjiàng gāng guò fēnshùxiàn ▶会社は～とスタッフから成る／公司由前线部门和后勤部门组成 gōngsī yóu qiánxiàn bùmén hé hòuqín bùmén zǔchéng

ラインズマン〔球技〕边裁 biāncái；巡边员 xúnbiānyuán（英 *a linesman*）▶～の判定／边裁的判定 biāncái de pàndìng

ラインダンス 横列队舞 hénglièduìwǔ；排舞 páiwǔ（英 *line dancing*）▶華やかに～を踊る／神采飞扬地跳排舞 shéncǎi fēiyáng de tiào páiwǔ

ラインナップ 阵容 zhènróng；《先発メンバー》上场选手名单 shàngchǎng xuǎnshǒu míngdān（英 *a lineup*）▶～の発表があった／公布阵容 gōngbù zhènróng ▶不動の～で試合に臨む／以坚实的阵容迎接比赛 yǐ jiānshí de zhènróng yíngjiē bǐsài

◆スターティング～：首发阵容 shǒufā zhènróng

ラウドスピーカー 扬声器 yángshēngqì；扩音器 kuòyīnqì（英 *a loudspeaker; a public address system*）▶～が自分の名前を呼んでいる／扩音器正在叫着自己的名字 kuòyīnqì zhèngzài jiàozhe zìjǐ de míngzi

ラウンジ 社交室 shèjiāoshì；休息室 xiūxishì（英 *a lounge*）▶ホテルの／饭店社交室 fàndiàn shèjiāoshì ▶学生～はいつも混んでいる／学生休息室里总是人满为患 xuésheng xiūxishì lǐ zǒngshì rén mǎn wéi huàn

ラウンド《ボクシング》回合 huíhé；轮 lún；《ゴルフ》轮 lún（英 *a round*）▶第１～がはじまって２分半で彼は倒れた／比赛第一个回合开始两分半钟他就倒下了 bǐsài dìyī ge huíhé kāishǐ liǎng fēn bàn zhōng tā jiù dǎoxia le ▶第３～以上戦ったことがない／不曾打过第三个回合以上的比赛 bùcéng dǎguo dìsān ge huíhé yǐshàng de bǐsài ▶最終～まで戦う／一直打到最后一轮 yìzhí dǎdào zuìhòu yì lún ▶〈ゴルフで〉１～回ってひどく疲れた／首轮打下来累得筋疲力尽 shǒu lún dǎxiàlái lèide jīn pí lì jìn

ラオス 老挝 Lǎowō（英 *Laos*）

らかん【羅漢】罗汉 luóhàn（英 *a Buddhist monk who has attained to enlightenment*）▶あの寺は五百～で名高い／那座寺庙因为五百罗汉而闻名遐迩 nà zuò sìmiào yīnwèi wǔbǎi luóhàn ér wénmíng xiá'ěr

らがん【裸眼】裸眼 luǒyǎn（英 *the naked eye*）▶～視力／裸眼视力 luǒyǎn shìlì

らく【楽な】❶〔安楽な〕安乐 ānlè；舒服 shūfu；舒适 shūshì（英 *easy; comfortable*）▶～な姿勢／舒服的姿势 shūfu de zīshì ▶どうぞお～にして下さい／请放松点儿 qǐng fàngsōng diǎnr ▶若者のくせに～をしようとする／年纪轻轻的却只想轻松享受 niánjì qīngqīng de què zhǐ xiǎng qīngsōng xiǎngshòu ▶軽くて～な服を着る／身穿轻便舒适的衣服 shēn chuān qīngbiàn shūshì de yīfu ▶この薬をのむと～になる／这种药一服下去就会舒服的 zhè zhǒng yào yì fúxiàqu jiù huì shūfu de ▶仕事は人に任せて自分は～をしている／工作全都推给别人，自己游手好闲 gōngzuò quándōu tuīgěi biéren, zìjǐ yóu shǒu hào xián ▶その一言で気が～になった／那一句话使我心里轻松了 nà yí jù huà shǐ wǒ xīnlǐ qīngsōng le ❷〔容易な〕轻便 qīngbiàn；容易 róngyì（英 *easy*）▶その仕事を時間までに片付けるのは～ではない／按时完成那项工作并不轻松 ànshí wánchéng nà xiàng gōngzuò bìng bù qīngsōng ▶腕にハンデがあるので、何をするのも～ではない／手臂有缺陷，所以干什么都很吃力 shǒubì yǒu quēxiàn, suǒyǐ gàn shénme dōu hěn chīlì ▶僕は英語なら～に話せる／要是英语我轻轻松松就能说 yàoshi Yīngyǔ wǒ qīngqīngsōngsōng jiù néng shuō ▶試合を～に進めることができた／比赛轻松顺利地进行了 bǐsài qīngsōng shùnlì de jìnxíng le ▶こういう交渉は彼なら～に片付けるだろう／这种交涉，如果要他做的话，一定手到擒来吧 zhè zhǒng jiāoshè, rúguǒ yào tā zuò dehuà, yídìng shǒu dào qín lái ba

ことわざ 楽あれば苦あり苦あれば楽あり 有乐必有苦，有苦必有乐 yǒu lè bì yǒu kǔ, yǒu kǔ bì yǒu lè

ことわざ 楽は苦の種苦は楽の種 否极泰来，乐极生悲 pǐ jí tài lái, lè jí shēng bēi

らくいん【烙印】烙印 làoyìn（英 *a brand*）▶嘘つきの～を押される／被打上说谎成性的烙印 bèi dǎshàng shuōhuǎng chéng xìng de làoyìn

らくいんきょ【楽隠居する】 退休后过舒适生活 tuìxiūhòu guò shūshì shēnghuó (英 *live in easy retirement*) ▶早くーしたいものだ/真想早些悠闲地享受退休后的生活 zhēn xiǎng zǎo xiē yōuxián de xiǎngshòu tuìxiūhòu de shēnghuó

らくえん【楽園】 乐园 lèyuán; 天堂 tiāntáng (英 *a paradise*) ▶地上の～にいるみたいだ/仿佛置身于世外桃源 fǎngfú zhìshēn yú shìwài táoyuán

らくがき【落書きする】 胡写 húxiě; 乱写乱画 luàn xiě luàn huà (英 *scribble; write graffiti*) ▶心ないーに店は大損を蒙った/由于不通情理的乱写乱画，店里蒙受了巨大的损失 yóuyú bùtōng qínglǐ de luàn xiě luàn huà, diànli méngshòule jùdà de sǔnshī ▶講義を聞かずに机に～していた/不听课一直在课桌上乱写乱画 bù tīngkè yìzhí zài kèzhuōshang luàn xiě luàn huà
♦ーを禁止: 禁止乱写乱画 jìnzhǐ luàn xiě luàn huà

らくご【落伍する】 掉队 diàoduì; 跟不上 gēnbushàng; 落伍 luòwǔ (英 *fall out; drop out*) ▶社会のー者/社会的落伍者 shèhuì de luòwǔzhě ▶マラソンの先頭集団から～する/从跑在最前面的马拉松队伍里掉队 cóng pǎozài zuì qiánmian de mǎlāsōng duìwuli diàoduì

らくご【落語】 日本单口相声 Rìběn dānkǒu xiàngsheng (英 *rakugo; a comic story*) ▶ー家/单口相声演员 dānkǒu xiàngsheng yǎnyuán ▶夜寝る前に～を聞く/晚上睡觉前听单口相声 wǎnshang shuìjiàoqián tīng dānkǒu xiàngsheng

らくさ【(水面の)落差 luòchā (英 *a head*); **(物ごとの間の)差距** chājù (英 *difference*) ▶社会の上流と下流ではーが大きい/上层社会和底层社会有很大差距 shàngcéng shèhuì hé dǐcéng shèhuì yǒu hěn dà chājù ▶川を隔てた両国間の文化のーは小さくない/一川之隔的两国在文化上的差距却不小 yì chuān zhī gé de liǎng guó jiān zài wénhuàshang de chājù què bù xiǎo

らくさつ【落札する】 得标 débiāo; 中标 zhòngbiāo (英 *make a successful bid*) ▶その絵はわずか50万円で～された/那幅画仅以五十万日元就中标了 nà fú huà jǐn yǐ wǔshí wàn Rìyuán jiù zhòngbiāo le
♦ー価格: 中标价格 zhòngbiāo jiàgé; 得标价格 débiāo jiàgé

らくじつ【落日】 夕阳 xīyáng; 落日 luòrì (英 *the setting sun*) ▶ーの輝き/落照 luòzhào ▶ーを追うかのように鳥の列が去っていった/仿佛是去追逐落日一样，一群鸟结队飞走了 fǎngfú shì qù zhuīzhú luòrì yíyàng, yì qún niǎo jiéduì fēizǒu le

らくしゅ【落手する】 收到 shōudào; 接到 jiēdào (英 *receive*) ▶貴信本日ーしました/华翰于本日收到 huáhàn yú běn rì shōudào

らくしょう【楽勝する】 容易取胜 róngyì qǔshèng (英 *win an easy victory*) ▶初戦はーすると思われたが…/本以为首战会轻松获胜呢… běn yǐwéi shǒuzhàn huì qīngsōng huòshèng ne… ▶予想通りのーで感激もなかった/轻松获胜是意料之中的，所以也没感到激动 qīngsōng huòshèng shì yìliào zhīzhōng de, suǒyǐ yě méi gǎndào jīdòng

らくじょう【落城】 城池陷落 chéngchí xiànluò (英 *the fall of a castle*) ▶大坂城のーは歴史の転換点である/大坂城陷落成为历史的转折点 Dàbǎnchéng xiànluò chéngwéi lìshǐ de zhuǎnzhédiǎn

らくせい【落成する】 落成 luòchéng; 竣工 jùngōng (英 *be completed; be finished*) ▶ー式/落成典礼 luòchéng diǎnlǐ ▶3ヶ年の工事の末に橋はーした/经过三年的工程，桥梁竣工了 jīngguò sān nián de gōngchéng, qiáoliáng jùngōng le

らくせき【落石】 落石 luòshí; 落下来的石头 luòxiàlai de shítou (英 *falling rocks; fallen rocks*) ▶このあたりの道はよく～する/在这一带的路上经常或有石头落下来 zài zhè yídài de lùshang jīngcháng huò yǒu shítou luòxiàlai ▶ーが道路をふさいだ/落下来的石头堵住了道路 luòxiàlai de shítou dǔzhùle dàolù
♦ー注意(掲示): 注意落石 zhùyì luòshí

らくせん【落選する】 落选 luòxuǎn (英 (選挙で) *lose an election*; (出品が) *be not accepted*) ▶わずか百票の差でーした/仅以一百票之差落选了 jǐn yǐ yìbǎi piào zhī chā luòxuǎn le ▶味わい深いーの弁だった/意味深长的落选谈话 yìwèi shēncháng de luòxuǎn tánhuà
♦ー者: 落选者 luòxuǎnzhě

ラクダ【駱駝】 〔動物〕骆驼 luòtuo (英 *a camel*) ▶ー色/驼色 tuósè ▶ーに乗って砂漠を旅する/骑着骆驼在沙漠中旅行 qízhe luòtuo zài shāmò zhōng lǚxíng

らくだい【落第する】 不及格 bùjígé; 留级 liújí; 名落孙山 míng luò Sūn Shān (英 *fail in an examination*) ▶彼は教師としてはーだ/作为一名教师他是不合格的 zuòwéi yì míng jiàoshī tā shì bù hégé de ▶彼は学科でも実技でもーした/无论在专业考试还是应用技术考试上他都没及格 wúlùn zài zhuānyè kǎoshì háishi yìngyòng jìshù kǎoshìshang tā dōu méi jígé ▶なまけていると～させるぞ/不用功的话，就让你留级啊 bú yònggōng dehuà, jiù ràng nǐ liújí a ▶あの会社は財務管理がーだ/那家公司在财务管理上是不合格的 nà jiā gōngsī zài cáiwù guǎnlǐshang shì bù hégé de
♦ー生: 留级生 liújíshēng ～点: 不及格分数 bù jígé fēnshù

らくたん【落胆する】 灰心 huīxīn; 气馁 qìněi; 失望 shīwàng (英 *be discouraged; lose heart*) ▶ーするなという方が無理だ/劝人别灰心是强人所难 quàn rén bié huīxīn shì qiǎng rén suǒ nán ▶彼のあれほどのーはちょっと意外でした/他那即气馁的样子真让我感到意外 tā nà fù qìněi de yàngzi zhēn ràng wǒ gǎndào yìwài ▶そう～

るな，万事は気の持ち方だ/不要那么灰心，万事关键看你怎么想 búyào nàme huīxīn, wànshì guānjiàn kàn nǐ zěnme xiǎng

らくちゃく【落着】 解決 jiějué; 了结 liǎojié (英 *be settled; come to a settlement*) ▶一件～/了结了一件事 liǎojiéle yí jiàn shì ▶紛争が何とか～した/纠纷总算解决了 jiūfēn zǒngsuàn jiějué le

らくちょう【落丁】 缺页 quēyè (英 *a missing page*) ▶～がある/有缺页 yǒu quēyè ▶32ページ分～だ/书里有三十二页缺页 shūli yǒu sānshí'èr yè quēyè
♦～本 :缺页版 quēyèbǎn; 缺页书 quēyèshū

らくてん【楽天】 乐天 lètiān; 乐观 lèguān (英 *optimism*) ▶そんなに～的でいられて幸せだね/你总是能这么乐天可真幸福啊 nǐ zǒngshì néng zhème lètiān kě zhēn xìngfú a
♦～家:乐天派 lètiānpài ▶僕は世間で考えるほど～家ではない/我可不是像大家所想像中那样的乐天派 wǒ kě bú shì xiàng dàjiā suǒ xiǎngxiàng zhōng nàyàng de lètiānpài ～主義:乐天主义 lètiānzhǔyì; 乐观主义 lèguānzhǔyì

らくのう【酪農】 酪农 làonóng (英 *dairy farming; dairying*) ▶～家/酪农户 làonónghù
♦～製品:奶制品 nǎizhìpǐn

らくば【落馬する】 坠马 zhuìmǎ (英 *fall off one's horse*) ▶走在即将跑进终点前骑手从马上掉下来 jiù zài jíjiāng pǎojìn zhōngdiǎn qián qíshǒu cóng mǎshang diàoxiàlai ▶～の瞬間をカメラが捕らえた/照相机拍下了坠马的瞬间 zhàoxiàngjī pāixiàle luòmǎ de shùnjiān

らくばん【落盤】 塌方 tāfāng (英 *a cave-in*) ▶炭坑で～事故が起こった/煤矿发生塌方事故 méikuàng fāshēng tāfāng shìgù

ラグビー（競技・ボールとも） 橄榄球 gǎnlǎnqiú (英 *Rugby; rugby football*) ▶ボールは思わぬ方向に跳ねた/橄榄球朝着意外的方向飞去 gǎnlǎnqiú cháozhe yìwài de fāngxiàng fēiqù ▶草原で友人たちと～を楽しんだ/在草原上和朋友们玩儿了橄榄球 zài cǎoyuánshang hé péngyoumen wánrle gǎnlǎnqiú

らくめい【落命する】 丧命 sàngmìng; 死亡 sǐwáng (英 *pass away; die; be killed*) ▶父は旅先の火事で～した/父亲在旅途中丧命于火灾 fùqin zài lǚtú zhōng sàngmìng yú huǒzāi

らくやき【楽焼き】 粗陶器 cūtáoqì (英 *hand-molded earthenware*)

らくよう【落葉】 落叶 luòyè (英 *fallen leaves*) ▶～樹/落叶树 luòyèshù ▶街路樹の～が始まる/行道树即将开始落叶 xíngdàoshù jíjiāng kāishǐ luòyè ▶樹木は色づいた後～する/树木变黄或者变红后就该落叶了 shùmù biànhuáng huòzhě biànhóng hòu jiù gāi luòyè le
♦～剤:人工落叶剂 réngōng luòyèjì

らくらい【落雷】 落雷 luòléi; 雷击 léijī (英 *the falling of a thunderbolt*) ▶近くの铁塔に～があっ

た/附近的铁塔遭到了雷击 fùjìn de tiětǎ zāodàole léijī ▶こうもり傘に～したという/据说雷击到了洋伞上 jùshuō léijī dàole yángsǎnshang

らくらく【楽楽と】（ゆったり）舒舒服服 shūshūfúfú; （たやすく）轻松 qīngsōng (英 *easily*) ▶难度の高い技を彼は～とやってのける/他轻松地完成了高难度技巧 tā qīngsōng de wánchéngle gāonándù jìqiǎo ▶～と暮らせるのなら/如果有这些钱的话就能舒舒服服地过日子了 rúguǒ yǒu zhè xiē qián dehuà jiù néng shūshūfúfú de guò rìzi le

らくるい【落涙する】 落泪 luòlèi (英 *shed tears; weep*) ▶社長の～なんて見たことがない/从没见过老板落泪 cóng méi jiànguo lǎobǎn luòlèi

ラクロス〖スポーツ〗长曲棍球 chángqūgùnqiú (英 *lacrosse*)

ラケット 拍子 pāizi; 球拍 qiúpāi (英 *a racket*) ▶テニス～のガットを張りかえる/重新换网球拍的网 chóngxīn huàn wǎngqiúpāi de wǎng

ラジアルタイヤ 子午线轮胎 zǐwǔxiàn lúntāi; 子午胎 zǐwǔtāi (英 *a radial tire*)

-らしい 似乎 sìhū; 好像 hǎoxiàng; 似的 shìde (〖思われる〗 *seem*; 〖ふさしい〗 *be fit*) ▶彼は悩みを抱えている～/他好像有什么烦恼 tā hǎoxiàng yǒu shénme fánnǎo ▶博士はいかにも学者～風貌をしていた/博士具有一副名副其实的学者风貌 bóshì jùyǒu yí fù míng fù qí shí de xuézhě fēngmào ▶男らしく責任を認められたらどうですか/你痛痛快快地承担责任怎么样？nǐ tòngtòngkuàikuài de chéngdān zérèn zěnmeyàng? ▶子供らしくない子供だ/没有孩子气的小孩儿 méiyǒu háiziqì de xiǎoháir

ラジウム〖化学〗镭 léi (英 *radium*) ▶～療法/镭疗 léiliáo

ラジエーター 散热器 sànrèqì; （エンジンの）冷却器 lěngquèqì (英 *a radiator*)

ラジオ 无线电 wúxiàndiàn; 收音机 shōuyīnjī (英 *a radio*) ▶この～は外国放送がよく聞こえる/这台收音机能听清国外的广播 zhè tái shōuyīnjī néng tīngqīng guówài de guǎngbō ▶眠れぬ夜は～を聞く/不眠之夜就听收音机 bù mián zhī yè jiù tīng shōuyīnjī ▶～から不思議な音楽が流れる/收音机里传来了奇妙的音乐 shōuyīnjīli chuánláile qímiào de yīnyuè ▶～を切る/关掉收音机 guāndiào shōuyīnjī ▶～の音をあげる/调大收音机音量 tiáodà shōuyīnjī yīnliàng
♦カー～:汽车收音机 qìchē shōuyīnjī ～体操:广播体操 guǎngbō tǐcāo ～聴取者:广播听众 guǎngbō tīngzhòng ～ドラマ:广播剧 guǎngbōjù ～ニュース:广播新闻 guǎngbō xīnwén ～放送:无线电广播 wúxiàndiàn guǎngbō ～放送局/广播电台 guǎngbō diàntái

ラジカセ 收录两用机 shōulù liǎngyòngjī (英 *a radio cassette recorder*)

らししょくぶつ【裸子植物】 裸子植物 luǒzǐ zhíwù (英 *a gymnosperm*)

ラシャ【羅紗】(布地) 呢料 níliào (英 *woolen cloth*) ▶～の制服を着用する/穿呢料制服 chuān níliào zhìfú

らしんばん【羅針盤】 罗盘 luópán; 指南针 zhǐnánzhēn (英 *a compass*)

ラスト 最后 zuìhòu (英 *last*) ▶～1周で追いつかれた/跑到最后一圈时被追上了 pǎodào zuìhòu yī quān shí bèi zhuīshàng le ▶～も～が近づいた/学生生活已经接近尾声了 xuésheng shēnghuó yǐjing jiējīn wěishēng le ◆～オーダー ▶10時で～オーダーになります/餐厅点菜时间最晚到十点 cāntīng diǎncài shíjiān zuì wǎn dào shí diǎn ◆～シーン 最后场面 zuìhòu chǎngmiàn ▶あの～シーンが目に焼きついている/那最后的场面深深印在我的眼里 nà zuìhòu de chǎngmiàn shēnshēn yìnzài wǒ de yǎnlǐ ◆～スパート 最后冲刺 zuìhòu chōngcì ▶近村選手の～スパートは素晴らしかった/近村选手的最后冲刺真是太漂亮了 Jìncūn xuǎnshǒu de zuìhòu chōngcì zhēn shì tài piàoliang le

ラズベリー〔植物〕树莓 shùméi (英 *a raspberry*)

らせん【螺旋】 螺旋 luóxuán (英 *a screw; a spiral*) ▶～階段/螺旋梯 luóxuántī; 盘梯 pántī ▶～状/螺旋式 luóxuánshì ▶～形のUFO/螺旋状的不明飞行物 luóxuánzhuàng de bùmíng fēixíngwù

らたい【裸体の】 裸体 luǒtǐ (英 *naked; nude*) ▶半～の/半裸体的 bàn luǒtǐ de ▶～画を描く/画裸体画 huà luǒtǐhuà ▶壁に～画を飾る/在墙上挂裸体画 zài qiángshang guà luǒtǐhuà

らち【拉致する】 绑架 bǎngjià (英 *carry away; kidnap*) ▶兵たちは民家を荒らし住民を～した/士兵们抢掠民宅, 绑架了居民 shìbīngmen qiǎnglüè mínzhái, bǎngjiàle jūmín ▶海外旅行中に～された人もいる/也有人在出国旅行时被绑架了 yě yǒu rén zài chūguó lǚxíng shí bèi bǎngjià le

らち【埒】 界限 jièxiàn; 范围 fànwéi (英 *settlement*) ▶～もないことを言う/说糊涂话 shuō hútuhuà ▶いつまでも～があかない/总是没有进展 zǒngshì méiyǒu jìnzhǎn ▶自分たちを法の～外に置く/他们把自己置身于法外 tāmen bǎ zìjǐ zhìshēn yú fǎwài

らっか【落下する】 掉下 diàoxià; 跌落 diēluò (英 *drop; fall (down)*) ▶屋根の瓦が～する/房顶上的瓦掉下来了 fángdǐngshang de wǎ diàoxiàlai le

らっか【落花】 落花 luòhuā (英 *falling of flowers*) ▶～流水の情/落花有情, 流水有意 luòhuā yǒu qíng, liúshuǐ yǒu yì

ラッカー 喷漆 pēnqī (英 *lacquer*〔塗料〕) ▶～を吹き付け塗装する/用喷漆来喷涂 yòng pēnqī lái pēntú

らっかさん【落下傘】 降落伞 jiàngluòsǎn (英 *a parachute*) ▶～で降りる/跳伞 tiàosǎn ◆～部隊 伞兵部队 sǎnbīng bùduì

らっかせい【落花生】〔食品〕花生 huāshēng; 落花生 luòhuāshēng (英 *a peanut*) ▶～油/花生油 huāshēngyóu ▶～は食べ始めると止まらない/花生一开吃就停不住 huāshēng yì kāi chī jiù tíngbuzhù

らっかん【落款】 落款 luòkuǎn (英 *a signature*) ▶～する/落款 luòkuǎn ▶～が明らかな贋物です/这个落款明显是假冒的 zhège luòkuǎn míngxiǎn shì jiǎmào de

らっかん【楽観】 乐观 lèguān (英 *optimism*) ▶～的な/乐观 lèguān ▶～视する/乐观看待 lèguān kàndài ▶～できない/不容乐观 bùróng lèguān ▶彼の容態は～を許さない/他的病情不容乐观 tā de bìngqíng bùróng lèguān ▶当初は～ムードが强かった/当初乐观情绪十分浓厚 dāngchū lèguān qíngxù shífēn nónghòu ▶前途については～している/对前途充满乐观 duì qiántú chōngmǎn lèguān ◆～主义者 乐观主义者 lèguān zhǔyìzhě ～论 ▶～论を述べる/阐述了乐观论 chǎnshùle lèguānlùn

ラッキー 幸运 xìngyùn; 走运 zǒuyùn; 侥幸 jiǎoxìng (英 *lucky*) ▶君に会えるなんて今日は～だ/能见到你, 今天可真是幸运 néng jiàndào nǐ, jīntiān kě zhēn shì xìngyùn

らっきゅう【落球する】〔野球〕接球失误 jiēqiú shīwù (英 *drop the ball*) ▶照明が目に入って～した/由于灯光刺眼, 接球失误了 yóuyú dēngguāng cìyǎn, jiēqiú shīwù le

ラッキョウ【辣韭】〔植物〕薤 xiè; 藠头 jiàotou (英 *a shallot*) ▶昼飯は茶漬けと～ですませた/午饭吃了茶泡饭和藠头 wǔfàn chīle chápàofàn hé jiàotou

ラック 架子 jiàzi (英 *a rack*) ▶マガジン～/杂志架 zázhìjià

ラッコ【猟虎】〔動物〕海獭 hǎitǎ (英 *a sea otter*)

ラッシュ〔混雑〕高峰 gāofēng; 高峰时间 gāofēng shíjiān; 〔ボクシング〕猛攻 měnggōng (英 *rush*) ▶もうすぐ帰省～が始まる/返乡高峰就要开始了 fǎnxiāng gāofēng jiùyào kāishǐ le ▶朝夕の～には参るよ/早晚的高峰时间真让人受不了 zǎowǎn de gāofēng shíjiān zhēn ràng rén shòubuliǎo ▶〔ボクシング〕牧本選手は猛然と～した/牧本选手猛然展开了进攻 Mùběn xuǎnshǒu měngrán zhǎnkāile jìngōng ◆～アワー 交通高峰时间 jiāotōng gāofēng shíjiān ▶～アワーの车の渋滞/交通高峰时间的汽车堵塞 jiāotōng gāofēng shíjiān de qìchē dǔsè ▶～アワーの駅の人混みは壮観だ/交通高峰时间车站的人流十分壮观 jiāotōng gāofēng shíjiān chēzhàn de rénliú shífēn zhuàngguān

ラッセルしゃ【ラッセル車】 除雪车 chúxuěchē (英 *a snowplow*)

ラッパ【喇叭】〔楽器〕喇叭 lǎba (英 *a trumpet*; 〔軍隊〕*a bugle*) ▶～手/号兵 hàobīng ▶～を吹く/吹喇叭 chuī lǎba ▶起床～が鸣る/起床号吹响了 qǐchuánghào chuīxiǎng le ▶～

の音がスタンドにこだまる/喇叭声在看台上响起回声 lǎbashēng zài kàntáishang xiǎngqǐ huíshēng

~飲みする 对着瓶口喝 duìzhe píngkǒu hē ▶烧酎を~飲みする/嘴对瓶口喝烧酒 zuǐ duì píngkǒu hē shāojiǔ

~を吹く《ほらを吹く》 吹牛皮 chuī niúpí; 说大话 shuō dàhuà ▶あの人は~も吹くが実力もある/他虽善于说大话，却有实力 tā suī shànyú shuō dàhuà, què yǒu shílì

ラッパズイセン【喇叭水仙】〔植物〕黄水仙 huángshuǐxiān (英 a daffodil)

ラップ《食品用の》保鲜膜 bǎoxiānmó (英 wrap);《ラップタイム》分段速度 fēnduàn sùdù (英 a lap) ▶シュウマイに~に包んで取っておく/把烧卖用保鲜膜包好收起来 bǎ shāomai yòng bǎoxiānmó bāohǎo shōuqǐlai

♦~タイム：分段速度 fēnduàn sùdù ▶5キロ毎の~タイムを比較する/每五公里比较一次分段速度 měi wǔ gōnglǐ bǐjiào yí cì fēnduàn sùdù

ラップ《ミュージック》〔音楽〕说唱音乐 shuōchàng yīnyuè (英 rap)

らつわん【辣腕の】精明强干 jīngmíng qiánggàn; 能干 nénggàn (英 shrewd; sharp) ▶~を振るう/大显身手 dà xiǎn shēnshǒu ▶~弁護士/能干的律师 nénggàn de lǜshī ▶財政再建に~を発揮する/为重建财政而大显身手 wèi chóngjiàn cáizhèng ér dà xiǎn shēnshǒu

♦~家：精明强干的人 jīngmíng qiánggàn de rén

ラディッシュ〔植物〕小萝卜 xiǎoluóbo (英 a radish)

ラテン 拉丁 Lādīng (英 Latin) ▶~語/拉丁语 Lādīngyǔ ▶~語起源の言葉/起源于拉丁的词 qǐyuán yú Lādīngyǔ de cí ▶~民族/拉丁民族 Lādīng mínzú ▶~アメリカ/拉丁美洲 Lādīng Měizhōu ▶~音楽の夕べ/拉丁音乐之夜 Lādīng yīnyuè zhī yè

らでん【螺鈿】螺钿 luódiàn (英 mother-of-pearl) ▶~の皿/螺钿漆盘 luódiàn qīpán ▶形見に~の硯箱をもらった/分得遗物中的螺钿砚台盒作为纪念品 fēndé yíwù zhōng de luódiàn yàntáihé zuòwéi jìniànpǐn

ラニーニャげんしょう【ラニーニャ現象】〔気象〕拉尼娜现象 Lāninà xiànxiàng (英 La Niña)

ラバ【騾馬】〔動物〕骡子 luózi; 马骡 mǎluó (英 a mule)

ラバーソール 胶底 jiāodǐ (英 rubber sole) ▶~の靴を履く/穿胶底鞋 chuān jiāodǐxié

らふ【裸婦】裸妇 luǒfù; 裸女 luǒnǚ (英 a woman in the nude) ▶~像/裸女像 luǒnǚxiàng ▶課題は~のデッサンである/作业课题是素描裸妇像 zuòyè kètí shì sùmiáo luǒfùxiàng

ラフ 粗糙 cūcāo; 粗略 cūlüè (英 rough) ▶~な服装/随便的服装 suíbiàn de fúzhuāng ▶~スケッチ/草图 cǎotú

ラブ 爱情 àiqíng;《無得点》零分 língfēn (英 love)

♦~コール：爱的呼唤 ài de hūhuàn ▶社長直々の~コールが来て異動を承知した/总经理亲自打电话来说服，我便同意调动工作 zǒngjīnglǐ qīnzì dǎ diànhuà lái shuōfú, wǒ biàn tóngyì diàodòng gōngzuò

ラブシーン 恋爱场面 liàn'ài chǎngmiàn (英 a love scene)

ラプソディー 〔音楽〕狂想曲 kuángxiǎngqǔ (英 a rhapsody)

ラブソング 爱情歌曲 àiqíng gēqǔ; 情歌 qínggē (英 a love song)

ラブレター 情书 qíngshū (英 a love letter) ▶頼まれて~を代筆した/受人之托代写情书 shòu rén zhī tuō dàixiě qíngshū

ラベル 标牌 biāopái; 标签 biāoqiān (英 a label) ▶~を貼る/贴上标签 tiēshàng biāoqiān ▶偽の~に騙される/被假冒商标欺骗了 bèi jiǎmào shāngbiāo qīpiàn le ▶~をはがす/揭下标签 jiēxià biāoqiān

ラベンダー 〔植物〕薰衣草 xūnyīcǎo (英 lavender) ▶一面の~畑が広がる/宽广的薰衣草田延伸出一片 kuānguǎng de xūnyīcǎotián yánshēnchū yí piàn

ラボ 研究室 yánjiūshì; 语言实验室 yǔyán shíyànshì; 外语实习室 wàiyǔ shíxíshì (英 a language laboratory)

ラマ 喇嘛 lǎma (英 僧 a lama)

♦~教：喇嘛教 Lǎmajiào; 西藏佛教 Xīzàng fójiào; 藏传佛教 Zàngchuán fójiào ▶~教の聖地/喇嘛教的圣地 Lǎmajiào de shèngdì ～教徒：喇嘛教信徒 Lǎmajiào xìntú

ラマ 〔動物〕无峰驼 wúfēngtuó; 美洲驼 Měizhōutuó (英 a llama)

ラム 羊羔肉 yánggāoròu (英 a lamb) ▶~ウール/羊羔毛 yánggāomáo

ラム《酒》朗姆酒 lǎngmǔjiǔ (英 rum) ▶~酒をストレートで飲む/喝不兑水的朗姆酒 hē bú duì shuǐ de lǎngmǔjiǔ

ラムサール 拉姆萨尔 Lāmǔsà'ěr (英 Ramsar) ▶~条约/拉姆萨尔公约 Lāmǔsà'ěr gōngyuē; 湿地公约 Shīdì gōngyuē

ラムネ 汽水 qìshuǐ; 柠檬汽水 níngméng qìshuǐ (英 lemon pop; soda water)

ラメ 金线 jīnxiàn (英 lamé) ▶金色の~のブーツ/带金丝线的靴子 dài jīnsīxiàn de xuēzi

ラリー 拉力赛 lālìsài (英 a rally) ▶《卓球で》長い~の応酬があった/进行了一场长时间的对打 jìnxíngle yì cháng chángshíjiān de duìdǎ ▶《車の》ダカール~に出場する/参加达喀尔拉力赛 cānjiā Dákā'ěr lālìsài

られつ【羅列する】罗列 luóliè (英 enumerate; cite) ▶数字の~/数字罗列 shùzì luóliè ▶言葉を~しても小説にはならない/光罗列词汇也不能成为小说 guāng luóliè cíhuì yě bùnéng chéngwéi xiǎoshuō

-(ら)れる ❶【受け身】被 bèi; 叫 jiào; 让

ràng；**受到** shòudào；**遭到** zāodào ▸子供が犬に噛まれた/小孩子被狗咬了 xiǎoháizi bèi gǒu yǎo le **2**〖可能〗**能够** nénggòu；**可以** kěyǐ ▸10分で駅まで行かれる/十分钟能走到车站 shí fēnzhōng néng zǒudào chēzhàn **3**〖おのずと感じる·思う〗**感到** gǎndào；**觉得** juéde；**想起** xiǎngqǐ ▸尾瀬沼のパンフレットを見ると登った山が思い出される/看到介绍尾濑沼的小册子就想起在那里爬过的山 kàndào jièshào Wěilàizhǎo de xiǎocèzi jiù xiǎngqǐ zài nàli páguo de shān **4**〖尊敬〗▸先生が時間より早く来られた/老师提前到了 lǎoshī tíqián dào le

ラワン〔植物〕**柳安木** liǔ'ānmù（[英] *lauan*）▸輸入～材で書架を作る/用进口柳安木料做书架 yòng jìnkǒu liǔ'ānmùliào zuò shūjià

らん【欄】 **栏** lán；**专栏** zhuānlán（[英] *a column*；［余白］*space*）▸書評～/书评栏 shūpínglán ▸夕日新聞の読者～に載った/在夕日报的读者来信专栏里登出了 zài Xīrìbào de dúzhě láixìn zhuānlánli dēngchū le ▸この～には記入しないこと/不要填写这一栏 búyào tiánxiě zhè yì lán

♦**学芸～**¦**文艺栏** wényìlán ▸あの新聞は学芸～が充実している/那家报纸的文艺栏内容十分丰富 nà jiā bàozhǐ de wényìlán nèiróng shífēn fēngfù **広告～**¦**广告栏** guǎnggàolán **スポーツ～**¦**体育栏目** tǐyù lánmù

ラン【LAN】〔電算〕**局域网** júyùwǎng（[英] *local area network*）▸学内～/校园网 xiàoyuánwǎng ▸無線～/无线局域网 wúxiàn júyùwǎng

ラン【蘭】〔植物〕**兰** lán；**兰花** lánhuā（[英] *an orchid*）▸君子～/君子兰 jūnzǐlán ▸龍舌～/龙舌兰 lóngshélán

らんうん【乱雲】 **乌云团** wūyúntuán（[英] *a nimbus*）▸雨になると見えて～が空を覆った/好像要下雨了，乌云笼罩了天空 hǎoxiàng yào xià yǔ le, wūyún lǒngzhàole tiānkōng

らんおう【卵黄】 **蛋黄** dànhuáng（[英] *yolk*）

らんがい【欄外】 **栏外** lánwài（[英] *the margin*）▸～の注釈/栏外注释 lánwài zhùshì；**旁注** páng zhù ▸～の余白につい感想を書いた/不禁在天头地脚写下了感想 bùjīn zài tiāntóu dìjiǎo xiěxiàle gǎnxiǎng

らんかく【乱獲·濫獲】 **滥捕乱杀** lànbǔ luànshā（[英] *reckless fishing*〔*hunting*〕）▸鮭の～が止む/停止对鲑鱼的滥捕乱杀 tíngzhǐ duì guīyú de lànbǔ luànshā ▸いわしだって～すれば絶滅するだろう/即使是沙丁鱼，如果一味地滥捕也迟早会灭绝吧 jíshǐ shì shādīngyú, rúguǒ yíwèi de lànbǔ yě chízǎo huì mièjué ba

らんがく【蘭学】 **兰学**（日本江户时代传自荷兰的西洋文明）lánxué（Rìběn Jiānghù shídài chuánzì Hélán de Xīyáng wénmíng）（[英] *Dutch studies*）▸～が日本の近代化に果たした役割/兰学对日本近代化发挥的作用 lánxué duì Rìběn jìndàihuà fāhuī de zuòyòng ▸～者/兰学者 lánxuézhě

らんかん【欄干】 **栏杆** lángān（[英] *a rail*；［橋の］*a parapet*）▸～にもたれる/倚靠在栏杆上 yǐkào zài lángānshang

らんぎょう【乱行·濫行】 **放荡** fàngdàng；**为所欲为** wéi suǒ yù wéi（[英] *immoral conduct*；*profligacy*）▸最近の若者は～が過ぎる/最近的年轻人为所欲为 zuìjìn de niánqīngrén wéi suǒ yù wéi

らんきりゅう【乱気流】〔気象〕**湍流** tuānliú；**乱流** luànliú（[英] *turbulence*）▸ジャンボ機は～に突っ込んだ/巨型飞机闯入了大气湍流 jùxíng fēijī chuǎngrùle dàqì tuānliú

ランキング **名次** míngcì；**排行榜** páihángbǎng；**排名** páimíng（[英] *ranking*）▸世界～トップ10入りを目指す/把进入世界排行榜前十名作为目标 bǎ jìnrù shìjiè páihángbǎng qián shí míng zuòwéi mùbiāo ▸フライ級世界～1位の選手/特轻量级世界排名第一位的选手 tèqīngliàngjí shìjiè páimíng dìyī wèi de xuǎnshǒu ▸売り上げ～のトップに躍り出る/营业额一跃而上名列排行榜首位 yíngyè'é yí yuè ér shàng míng liè páihángbǎng shǒuwèi

ランク **等级** děngjí（[英] *a rank*；*a grade*）▸～が上がる/晋级 jìnjí ▸～の高い品は値段も張ります/高级商品自然价格也昂贵 gāojí shāngpǐn zìrán jiàgé yě ángguì ▸我が大学の就職率は第3位に～されている/我们大学的就业率位居第三 wǒmen dàxué de jiùyèlǜ wèi jū dìsān ▸君と僕では～が違う/你和我不是同一个层次的 nǐ hé wǒ bú shì tóng yí ge céngcì de

らんぐいば【乱杭歯】 **参差不齐的牙齿** cēncī bù qí de yáchǐ（[英] *an irregular set of teeth*）▸笑うと～がむき出しになった/一笑，一口参差不齐的牙齿就全露出来了 yí xiào, yì kǒu cēncī bù qí de yáchǐ jiù quán lùchūlai le

らんくつ【乱掘する·濫掘する】 **乱掘** luànjué；**滥采** làncǎi（[英] *overmine*）▸～すれば資源は尽きる/如果滥采乱掘，资源就会消失殆尽 rúguǒ làncǎi luànjué, zīyuán jiù huì xiāoshī dài jìn

らんこう【乱交】 **乱交** luànjiāo（[英] *group sex*）

♦**～パーティー**¦**滥交聚会** lànjiāo jùhuì

らんさく【乱作する·濫作する】 **粗制滥造** cūzhì lànzào（[英] *overproduce*）▸近頃彼は～が目立つ/最近，他粗制滥造的作品很多 zuìjìn, tā cūzhì lànzào de zuòpǐn hěn duō

らんざつ【乱雑な】 **杂乱** záluàn；**乱七八糟** luànqībāzāo（[英] *disorderly*；*confused*）▸机の上が～になっている/桌子上乱七八糟的 zhuōzishang luànqībāzāo de ▸字が～だ/字迹潦草 zìjì liáocǎo ▸倉庫の中は～をきわめた/仓库里过于杂乱无章 cāngkùli guòyú záluàn wúzhāng ▸部屋の中が～だ/房间里乱七八糟的 fángjiānli luànqībāzāo de

らんし【乱視】 **散光** sǎnguāng（[英] *astigmatism*）▸老眼に～が加わった/老花眼又加上了散光 lǎohuāyǎn yòu jiāshàngle sǎnguāng

らんし【卵子】〔生物〕**卵子** luǎnzǐ（[英] *an ovum*）▸～を移植する/移植卵子 yízhí luǎnzǐ

らんしゃ【乱射】 乱射 luànshè（英 *random shots*）▶教会で男がライフル銃を～した/在教堂里一名男子用来复枪乱打一通 zài jiàotánglǐ yì míng nánzǐ yòng láifùqiāng luàndǎ yìtōng

らんじゅく【爛熟】 熟透 shútòu;（果物が）熟过劲儿 shúguòjìnr（英 *overripe; highly developed*）▶～期の文化/极盛期的文化 jíshèngqī de wénhuà ▶江戸の文化は～期を迎えた/江戸文化迎来了鼎盛时期 Jiānghù wénhuà yíngláile dǐngshèng shíqī ▶女の～した肉体を描く/描画女人成熟的肉体 miáohuà nǚrén chéngshú de ròutǐ

らんしん【乱心】 发狂 fākuáng; 精神错乱 jīngshén cuòluàn（英 *madness; insanity*）▶あの大臣の言動はまるで「御～」だ/那位大臣的言行简直是精神失常 nà wèi dàchén de yánxíng jiǎnzhí shì jīngshén shīcháng

♦～者:疯子 fēngzi

らんすうひょう【乱数表】 随机数表 suíjīshùbiǎo（英 *a table of random numbers*）

らんせい【乱世】 乱世 luànshì; 浊世 zhuóshì（英 *turbulent times*）▶～を生き延びる/乱世中幸存 luànshì zhōng xìngcún ▶騙し合いは～の常だ/尔虞我诈乃乱世常事 ěr yú wǒ zhà nǎi luànshì chángshì

らんせい【卵生】〔生物〕卵生 luǎnshēng（英 *oviparous*）

らんせん【乱戦】 混战 hùnzhàn（英 *a confused fight*）▶～を制する/经过混战最后取胜 jīngguò hùnzhàn zuìhòu qǔshèng ▶決勝戦は～模様になった/决赛演变成了一场混战 juésài yǎnbiàn chéngle yì cháng hùnzhàn

らんそう【卵巣】〔解〕卵巢 luǎncháo（英 *the ovary; the ovarium*）

♦～ホルモン:卵巢激素 luǎncháo jīsù

らんぞう【濫造する・乱造する】 滥造 lànzào（英 *overproduce*）▶粗製の品が出回る/粗制滥造的商品充斥市场 cūzhì lànzào de shāngpǐn chōngchì shìchǎng ▶先のことを考えず～した結果がこの始末だ/只顾眼前利益粗制滥造就是这个下场 zhǐ gù yǎnqián lìyì cūzhì lànzào jiù shì zhège xiàchǎng

らんそううん【乱層雲】〔気象〕雨层云 yǔcéngyún（英 *a nimbostratus*）

らんだ【乱打する】 乱打 luàndǎ（英 *strike wildly; give a shower of blows*）▶警鐘を～したのに世間は無関心だった/连连敲击警钟, 可这世道人人都漠不关心 liánlián qiāojī jǐngzhōng, kě zhè shìdào rénrén dōu mò bù guānxīn ▶牧本投手は～を浴びて交代した/牧本投手遭受了一连串的安全打后被替换了 Mùběn tóushǒu zāoshòule yìliánchuàn de ānquándǎ hòu bèi tìhuàn le

らんたいせい【卵胎生】〔生物〕卵胎生 luǎntāishēng（英 *ovoviviparity*）

ランダムアクセス〔電算〕随机存取 suíjī cúnqǔ（英 *random access*）

ランタン 灯笼 dēnglong（英 *a lantern*）

ランチ 午餐 wǔcān; 便餐 biàncān（英 *lunch*）▶日替わり～/一天一换的午餐 yì tiān yí huàn de wǔcān

♦～定食:午餐套餐 wǔcān tàocān; 午餐份儿饭 wǔcān fènrfàn

らんちきさわぎ【乱痴気騒ぎ】 狂欢作乐 kuánghuān zuòlè（英 *a spree; a wild party*）▶若者たちは深夜まで～を続けた/年轻人狂欢寻乐一直闹到深夜 niánqīngrén kuánghuān xúnlè yìzhí nàodào shēnyè

らんちょう【乱丁】 错页 cuòyè（英 *incorrect collating*）▶～本はお取り替えします/有错页的书可以退换 yǒu cuòyè de shū kěyǐ tuìhuàn

♦～本:有错页的书 yǒu cuòyè de shū

ランデブー（デート）约会 yuēhuì;（宇宙間）会合 huìhé（英 *a rendezvous*）▶二つの宇宙船が間もなく～します/两艘宇宙飞船马上将对接 liǎng sōu yǔzhòu fēichuán mǎshàng jiāng duìjiē

らんとう【乱闘】 乱斗 luàndòu; 打群架 dǎ qúnjià（英 *a free fight; a dogfight*）▶公園の隅で少年たちが～していた/在公园一角, 几个少年打群架来着 zài gōngyuán yìjiǎo, jǐ ge shàonián dǎ qúnjià láizhe ▶スタンドの観客同士が大～を始めた/看台上的观众互相打起了群架 kàntáishang de guānzhòng hùxiāng dǎqǐle qúnjià

らんどく【乱読・濫読する】 滥读 làndú; 乱读 luàndú（英 *read books at random*）▶いろんな分野の本を～する/滥读各个领域的书 làndú gège lǐngyù de shū

ランドセル（小学生背的）双肩书包（xiǎoxuéshēng bēi de）shuāngjiān shūbāo（英 *a book satchel*）▶～を背負う/背双肩书包 bēi shuāngjiān shūbāo ▶～がいかにも重そうだ/小学生背的双肩书包看着的确很重 xiǎoxuéshēng bēi de shuāngjiān shūbāo kànzhe díquè hěn zhòng

ランドリー 洗衣房 xǐyīfáng（英 *a laundry*）コイン～/投币式自动洗衣店 tóubìshì zìdòng xǐyīdiàn

ランナー 赛跑运动员 sàipǎo yùndòngyuán;（野球）跑垒员 pǎolěiyuán（英 *a runner; a baserunner*）▶長距離～は高地練習に入った/长跑运动员进入了高地练习阶段 chángpǎo yùndòngyuán jìnrùle gāodì liànxí jiēduàn ▶～が2塁に進む/跑垒员进入了二垒 pǎolěiyuán jìnrùle èr lěi

らんにゅう【乱入する】 闯进 chuǎngjìn; 闯入 chuǎngrù（英 *break into...; force one's way into...*）▶観客の～を警備員が阻止した/警卫员阻止了观众的闯入 jǐngwèiyuán zǔzhǐle guānzhòng de chuǎngrù

ランニング 跑步 pǎobù（英 *running*）▶準備運動は～から始まった/准备活动从跑步开始了 zhǔnbèi huódòng cóng pǎobù kāishǐ le

♦～キャッチ:跑着接球 pǎozhe jiēqiú　～コスト:设备运转费 shèbèi yùnzhuǎnfèi ▶～コストが予

想外にかかった/设备运转费高得出乎意料 shèbèi yùnzhuǎnfèi gāode chūhū yìliào 〜シャツ 汗背心 hànbèixīn 〜シューズ 跑鞋 pǎoxié

らんばい【乱売する】 甩卖 shuǎimài; 抛售 pāoshòu（英 sell at a loss; dump）▶海賊版が路上で〜されていた/盗版在路旁被抛售了 dàobǎn zài lùpáng bèi pāoshòu le ▶安い輸入品の〜に太刀打ちできない/无法对抗低价进口商品的甩卖 wúfǎ duìkàng dījià jìnkǒu shāngpǐn de shuǎimài

らんぱく【卵白】蛋白 dànbái（英 the white; albumen）

らんばつ【乱伐・濫伐】滥伐 lànfá（英 reckless deforestation）▶洪水は多年の〜が原因で起こったのだ/正是由于多年的乱砍滥伐才引发了洪水 zhèng shì yóuyú duōnián de luànkǎn lànfá cái yǐnfāle hóngshuǐ ▶何年も熱帯雨林を〜してきた/对热带雨林乱砍滥伐了好几年 duì rèdài yǔlín luànkǎn lànfále hǎojǐ nián

らんぱつ【乱発・濫発】（銃を）乱射 luànshè（英 random firing）；（国債などを）乱発 luànfā; 滥发行 làn fāxíng（英 an excessive issue）▶ピストルを〜する/乱放手枪 luànfàng shǒuqiāng ▶国債を〜する/滥发国债 lànfā guózhài ▶手形の〜の責任を問われた/因为乱开票据而被追究责任 yīnwèi luànkāi piàojù ér bèi zhuījiū zérèn

らんはんしゃ【乱反射】散射 sǎnshè; 乱反射 luànfǎnshè（英 diffused reflection）▶斜面の雪の〜が目に痛い/斜坡上积雪散射的光很刺眼 xiépōshang jīxuě sǎnshè de guāng hěn cìyǎn

らんぴ【乱費・濫費】滥用 lànyòng; 挥霍 huīhuò（英 waste; extravagance）▶国費を〜する/滥用公款 lànyòng gōngkuǎn

らんぴつ【乱筆】字迹潦草 zìjì liáocǎo（英 hasty writing）▶〜にて失礼いたします/草草不恭 cǎocǎo bùgōng

らんぶ【乱舞する】乱舞 luànwǔ; 狂舞 kuángwǔ（英 dance wildly）▶狂喜〜する/狂欢乱舞 kuánghuān luànwǔ ▶もうすぐ蛍の〜が見られる/快要看到萤火虫四处飞舞了 kuàiyào kàndào yínghuǒchóng sìchù fēiwǔ le

ランプ❶【灯】油灯 yóudēng（英 a lamp）▶〜の灯心/灯草 dēngcǎo ▶〜の炎/灯苗 dēngmiáo ▶〜をつける/点油灯 diǎn yóudēng ▶〜の光を頼りに手紙を書いた/借着油灯的光亮写了信 jièzhe yóudēng de guāngliàng xiě xìn

❷【高速道路の】坡路 pōlù; 高速出入口 gāosù chūrùkǒu（英 a ramp）▶羽田〜で高速を下りる/下了羽田高速公路出入口 xiàle Yǔtián gāosù gōnglù chūrùkǒu

らんぼう【乱暴な】粗暴 cūbào; 野蛮 yěmán（英 violent; rough; rude）▶言葉遣いが〜だ/说话粗鲁 shuōhuà cūlǔ ▶僕はわざと〜に振る舞った/我故意拿出了一副粗蛮的作派 wǒ gùyì náchūle yí fù cūmán de zuòpài ▶若い女性が〜な言葉を使う/那个年轻女人言辞粗俗 nàge niánqīng nǚrén yáncí cūsú ▶その子の目に余

った/那孩子的野蛮让人看不下去 nà háizi de yěmán zhēn ràng rén kànbuxiàqù ▶運送荷物を〜に扱う/野蛮装卸运输货物 yěmán zhuāngxiè yùnshū huòwù ▶彼に〜されたと訴えがあった/有人起诉说被他强暴了 yǒu rén qǐsù shuō bèi tā qiángbàole ▶鼻摘みの〜者/令人讨厌的野蛮家伙 lìng rén tǎoyàn de yěmán jiāhuo

らんま【欄間】楣窗 méichuāng（英 a transom）▶〜には竜が彫りこんである/楣窗上雕刻着龙 méichuāngshang diāokèzhe lóng

らんまん【爛漫】烂漫 lànmàn（英 in full bloom）▶春〜/春色烂漫 chūnsè lànmàn ▶天真〜な方ですね/你可真是天真烂漫啊 nǐ kě zhēn shì tiānzhēn lànmàn ▶〜たる春四月である/时值百花烂漫的暖春四月 shízhí bǎihuā lànmàn de nuǎnchūn sì yuè

らんみゃく【乱脈な】混乱 hùnluàn; 杂乱无章 záluàn wú zhāng（英 confused; disorderly）▶〜融資/贷款紊乱 dàikuǎn wěnluàn ▶〜な経営に監査が入った/混乱的经营状况受到监查部门的审计 hùnluàn de jīngyíng zhuàngkuàng shòudào jiānchá bùmén de shěnjì ▶文章は〜をきわめている/文章极其杂乱无章 wénzhāng jíqí záluàn wú zhāng ▶この〜ぶりには施すすべはない/对这种杂乱无章的状态简直无术可施 duì zhè zhǒng záluàn wú zhāng de zhuàngtài jiǎnzhí wú shù kě shī

らんよう【乱用する・濫用する】滥用 lànyòng（英 abuse; misuse）▶麻薬の〜が命を縮めた/滥用毒品缩短了他的寿命 lànyòng dúpǐn suōduǎnle tā de shòumìng ▶彼の行為は職権の〜には当たらない/他的行为不能构成滥用职权 tā de xíngwéi bùnéng gòuchéng lànyòng zhíquán

らんらん【爛爛たる】炯炯 jiǒngjiǒng（英 glaring; fiery）▶虎の〜たる目に射すくめられる/被老虎炯炯有神的目光盯住了 bèi lǎohǔ jiǒngjiǒng yǒu shén de mùguāng dīngzhù le

らんりつ【乱立する・濫立する】乱立 luànlì（英 there are too many...）▶候補者の〜/候选人泛滥 hòuxuǎnrén fànlàn ▶その選挙区は候補者の〜が予想される/在那片选区内可以预想有很多候选人出马 zài nà piàn xuǎnqū nèi kěyǐ yùxiǎng yǒu hěn duō hòuxuǎnrén chūmǎ ▶〜するビルの間に小さな石碑が立っている/在参差林立的高楼之间树立一块小小的石碑 zài cēncī línlì de gāolóu zhījiān shùzhe yí kuài xiǎoxiǎo de shíbēi

り

り【利】利 lì; 利益 lìyì; 有益 yǒuyì（英 [有利] an advantage; [利益] benefit）▶当方に地の〜がある/我们占有地利 wǒmen zhànyǒu dìlì ▶目先の〜にとらわれる/被眼前的利益所迷惑 bèi yǎnqián de lìyì suǒ míhuò ▶〜にさとい人ですね/

可真是个对利益很敏感的人呢 kě zhēn shì ge duì lìyì hěn mǐngǎn de rén ne

り【理】理儿；道理 dàolǐ 〘英〙 *reason*）▶~にかなった説明が聞きたい/我想听听合乎情理的解释 wǒ xiǎng tīngting héhū qínglǐ de jiěshì ▶泥棒にも三分の～と言うぞ/俗话说小偷也有三分理嘛 súhuà shuō xiǎotōu yě yǒu sān fēn lǐ ma ▶そんなのは～だ/那是自明之理嘛 nà shì zìmíng zhī lǐ ma
~の当然 理所当然 lǐ suǒ dāngrán

リアクション 反应 fǎnyìng 〘英〙 *reaction*）

りあげ【利上げする】〘金融〙提高利率 tígāo lìlǜ 〘英〙 *raise the rate of interest*）

リアリズム 现实主义 xiànshízhǔyì；〘哲学〙实在论 shízàilùn 〘英〙 *realism*）

リアル 活生生 huóshēngshēng；逼真 bīzhēn 〘英〙 *real*）▶~な演技に感心した/为逼真的演技所倾倒 wéi bīzhēn de yǎnjì suǒ qīngdǎo ▶実に～に描かれている/的确描写得十分逼真 díquè miáoxiěde shífēn bīzhēn

リアルタイム 实时 shíshí 〘英〙 *real time*）▶~で映像が届く/实时传送图像 shíshí chuánsòng túxiàng

リークする 泄 xiè；泄漏 xièlòu 〘英〙 *leak*）▶これは検察サイドからの～らしい/这好像是从检察方面泄漏出来的 zhè hǎoxiàng shì cóng jiǎnchá fāngmiàn xièlòuchūlai de

リーグ 联盟 liánméng 〘英〙 *a league*）▶~戦/联赛 liánsài；循环赛 xúnhuánsài ▶皆で将棋の～戦をやろう/一起来搞一个象棋联赛吧 yìqǐ lái gǎo yí ge xiàngqí liánsài ba ▶大～でプレーすることが夢でした/一直梦想着在美国最高联赛打球 yìzhí mèngxiǎngzhe zài Měiguó zuìgāo liánsài dǎqiú

リース（貸し出し）租赁 zūlìn；出租 chūzū 〘英〙 *lease*）▶~業/租赁行业 zūlìn hángyè ▶当社は防犯カメラも～している/本公司也租赁安全防犯摄像机 běn gōngsī yě zūlìn ānquán fángfàn shèxiàngjī

リーダー（指導者）领导人 lǐngdǎorén；导师 dǎoshī；首领 shǒulǐng 〘英〙 *a leader*）▶あの協会は優れた～に恵まれている/那个协会拥有优秀的领导 nàge xiéhuì yōngyǒu yōuxiù de lǐngdǎo
♦~シップ ▶もっと～シップを発揮してもらいたい/希望能更多地发挥领导能力 xīwàng néng gèng duō de fāhuī lǐngdǎo nénglì

リーダー（読本）读本 dúběn；〘読者〙读者 dúzhě 〘英〙 *a reader*）

リーチ 胳臂长度 gēbei chángdù 〘英〙 *a reach*）▶長い～が生かされていない/长长的胳臂没有得到充分的利用 chángcháng de gēbei méiyǒu dédào chōngfèn de lìyòng

リート（ドイツ歌曲）德国歌曲 Déguó gēqǔ 〘英〙 *a lied*）

リード **1**【優位に立つ】领先 lǐngxiān 〘英〙 *lead*）▶1 点～する/领先一分 lǐngxiān yì fēn ▶ロボット技術で断然～している/在机器人技术方面占绝对领先地位 zài jīqìrén jìshù fāngmiàn zhàn juéduì lǐngxiān dìwèi
2【導いて導く】领导 lǐngdǎo 〘英〙 *lead*）▶彼はあの運動を～してきた/他在那场运动中一直发挥着领导作用 tā zài nà cháng yùndòng zhōng yìzhí fāhuīzhe lǐngdǎo zuòyòng
3【記事の】内容提要 nèiróng tíyào 〘英〙 *a lead*）
4【管楽器などの】簧 huáng 〘英〙 *a reed*）

リール **1**【釣り】卷盘 juǎnpán 〘英〙 *a reel*）▶~を巻く/收卷盘 shōu juǎnpán **2**【映画】一盘 yìpán 〘英〙 *a spool*）

りえき【利益】**1**【利潤】盈利 yínglì；利润 lìrùn 〘英〙 *a profit*）▶~と損失/盈亏 yíngkuī ▶~をむさぼる/牟利 móulì ▶~を受ける/受益 shòuyì ▶~を配分する/分红 fēnhóng ▶投资额に対する～が少なすぎる/相对于投资额，利润太少了 xiāngduì yú tóuzī'é, lìrùn tài shǎo le ▶我々はこの店を経営して～をあげている/我们经营这家店铺，从中获取利润 wǒmen jīngyíng zhè jiā diànpù, cóngzhōng huòqǔ lìrùn ▶~のない商売からは手を引きなさい/从没有利润的买卖中撤手 cóng méiyǒu lìrùn de mǎimai zhōng chè shǒu

2【益】好处 hǎochu；利益 lìyì；便宜 piányi 〘英〙 *benefit*）▶自己の～を図る/图谋私利 túmóu sīlì ▶そうすることが君の～になるだろう/这样做会对你有利吧 zhèyàng zuò huì duì nǐ yǒulì ba ▶どっちに転んでも君には～がある/无论结果怎么样,你都能得到好处 wúlùn jiéguǒ zěnmeyàng, nǐ dōu néng dédào hǎochu ▶そんなことをしてなんの～があるか/做这样的事情,有什么好处? zuò zhèyàng de shìqing, yǒu shénme hǎochu? ▶社会の～のために働く/为了社会的利益而工作 wèile shèhuì de lìyì ér gōngzuò
◆純～ 纯利润 chúnlìrùn ～率 利润率 lìrùnlǜ

りえん【離縁する】离婚 líhūn；〘妻を〙休妻 xiūqī 〘英〙 *divorce*）▶加代さんは～して実家に戻っておいでじゃ/加代离婚后回到娘家 Jiādài líhūn hòu huídào niángjia
♦~状（旧时，丈夫交给妻子的）离婚书（jiùshí, zhàngfu jiāogěi qīzi de）líhūnshū

りか【李下】
ことわざ 李下に冠を正さず 李下不正冠，瓜田不纳履 lǐxià bú zhèng guān, guātián bú nà lǚ

りか【理科】理科 lǐkē 〘小·中学校の〙 *science*；〘大学の〙 *the science course*）▶~は苦手だ/理科学得不好 lǐkē xuéde bùhǎo ▶将来は～系の大学に進みたい/将来想读理科方面的大学 jiānglái xiǎng dú lǐkē fāngmiàn de dàxué

りかい【理解】理解 lǐjiě；了解 liǎojiě 〘英〙 *understand*）▶~が早い/理解得快 lǐjiěde kuài ▶~に苦しむ/难以理解 nányǐ lǐjiě ▶（人に）がある/能体谅 néng tǐliàng ▶経済問題に優れた～力を有する/在经济问题方面具有非凡的理解力 zài jīngjì wèntí fāngmiàn jùyǒu fēifán de lǐjiělì ▶彼の話を～するのにずいぶん時間がかかっ

た/花了很多时间才弄懂他的话 huāle hěn duō shíjiān cái nòngdǒng tā de huà ▶人の立場を～する/理解别人的处境 lǐjiě biéren de chǔjìng ▶母は文学への～がない/妈妈不理解文学意义 māma bù lǐjiě wénxué yìyì ▶そういう説明だと～やすい/这么说明，就容易懂了 zhème shuōmíng, jiù róngyì dǒng le ▶その点が僕には～できない/我无法理解这一点 wǒ wúfǎ lǐjiě zhè yì diǎn ▶ーのある父親がいて君は幸せだね/有理解儿女的父亲，你真幸福啊 yǒu lǐjiě érnǚ de fùqin, nǐ zhēn xìngfú a

りがい【利害】 利害 lìhài; 利弊 lìbì; 得失 déshī (英 *interests*) ▶～の得失/利害得失 lìhài déshī ▶～の衝突が起きる/产生了利害冲突 chǎnshēngle lìhài chōngtū ▶自分の～にさとい/对于个人得失很敏感 duìyú gèrén déshī hěn mǐngǎn ▶この点で両国の～が衝突する/对于这一点，两国存在着利害冲突 zhè yì diǎn, liǎng guó cúnzàizhe lìhài chōngtū
◆～関係 ⦅利害关系 lìhài guānxi⦆ ▶この件には我が社も～関係を有する/这件事和我们公司也存在利害关系 zhè jiàn shì hé wǒmen gōngsī yě cúnzài lìhài guānxi

りかがく【理化学】 物理学和化学 wùlǐxué hé huàxué (英 *physics and chemistry*)

りがく【理学】 理学 lǐxué (英 *physical science*) ▶～博士/理学博士 lǐxué bóshì
◆～部 ⦅理学院 lǐxuéyuàn⦆

りき【利器】 利器 lìqì (英 *a convenience*) ▶文明の～/文明利器 wénmíng lìqì

りきえい【力泳する】 全力游泳 quánlì yóuyǒng (英 *swim with powerful strokes*) ▶彼の～が観衆の感動を呼んだ/他奋力前游的样子让观众们激动不已 tā fènlì qián yóu de yàngzi ràng guānzhòngmen jīdòng bùyǐ

りきがく【力学】 力学 lìxué; 动力学 dònglìxué (英 *dynamics*) ▶～的エネルギー/力学的能量 lìxué de néngliàng ▶そこが政治の～の不思議なころだ/那就是政治力学不可思议的地方 nà jiù shì zhèngzhì lìxué bùkě sīyì de dìfang

りきさく【力作】 精心作品 jīngxīn zuòpǐn; 力作 lìzuò (英 *a masterpiece*) ▶今月号は～揃いだ/本期汇集了很多精心杰作 běn qī huìjíle hěn duō jīngxīn jiézuò

りきし【力士】 相扑力士 xiāngpū lìshì (英 *a (sumo) wrestler*)

りきせつ【力説する】 强调 qiángdiào (英 *emphasize*) ▶人々に節約の必要さを～する/向大家强调指出节约的必要性 xiàng dàjiā qiángdiào zhǐchū jiéyuē de bìyàoxìng

りきそう【力走する】 全力跑 quánlì pǎo; 全速奔跑 quánsù bēnpǎo (英 *run as hard as one can*) ▶～の甲斐あって2着に入った/全力冲刺的结果，第二个到达终点 quánlì chōngcì de jiéguǒ, dì'èr ge dàodá zhōngdiǎn ▶～する姿は美しい/全力奔跑的样子很美 quánlì bēnpǎo de yàngzi hěn měi

りきそう【力漕する】 全力划船 quánlì huáchuán (英 *row with all one's might*) ▶8人は心を一つに～した/八个人拧成一股绳，尽力划船 bā ge rén níngchéng yì gǔ shéng, jìnlì huáchuán

りきてん【力点】 重点 zhòngdiǎn; 力点 lìdiǎn (英 *emphasis*) ▶運動の～は生活防衛にこそ置かれるべきだ/运动的重点应该放在保证生活质量上 yùndòng de zhòngdiǎn yīnggāi fàngzài bǎozhèng shēnghuó zhìliàngshang

りきとう【力投する】 ⦅野球⦆ 全力投球 quánlì tóu qiú (英 *pitch hard*) ▶～むなしく苦杯をなめた/用尽全力投球，结果却不理想 yòngjìn quánlì tóu qiú, jiéguǒ què bù lǐxiǎng

りきむ【力む】 使劲 shǐjìn; 用力 yònglì; 紧张 jǐnzhāng (英 *strain oneself*) ▶力んで石を持ち上げた/用力把石头抬起来 yònglì bǎ shítou táiqǐlai ▶～から素直な文章が書けないんだ/因为过于雕琢，所以写不出自然的文章 yīnwèi guòyú diāozhuó, suǒyǐ xiěbuchū zìrán de wénzhāng

りきゅう【離宮】 离宫 lígōng (英 *a detached palace*)

リキュール ⦅酒⦆ 利口酒 lìkǒujiǔ; 甜香酒 tiánxiāngjiǔ (英 *liqueur*)

りきりょう【力量】 力量 lìliang; 能力 nénglì; 本领 běnlǐng (英 *ability*) ▶～を試す/试本领 shì běnlǐng ▶僕にはこの仕事をするだけの～がない/我没有做这项工作的本事 wǒ méiyǒu zuò zhè xiàng gōngzuò de běnshi ▶～のある女性が揃った/有能力女性汇集到一起 yǒu nénglì de nǚxìng huìjídào yìqǐ ▶各人の～に応じて働いてもらう/让每个人发挥能力工作 ràng měige rén fāhuī nénglì gōngzuò

りく【陸】 陆地 lùdì (英 *land*) ▶～に上がるとほっとする/上了陆，放下心来 shàngle lù, fàngxià xīn lái ▶船から～への電話がつながった/船上和岸上的电话接通了 chuánshang hé ànshang de diànhuà jiētōng le ▶「～だ！」と誰かが叫んだ/有谁在喊：''看到陆地了！'' yǒu shéi zài hǎn: "Kàndào lùdì le!"

りくあげ【陸揚げする】 起岸 qǐ'àn; 卸货 xièhuò (英 *unload*) ▶～港/卸货港 xièhuògǎng ▶その貨物船は積み荷を～中だった/那只货船正在往岸上卸货 nà zhī huòchuán zhèngzài wǎng ànshang xièhuò

りぐい【利食い】 ⦅株式⦆ 套利 tàolì (英 *profit taking*)

りくうん【陆運】 陆运 lùyùn; 陆上货运 lùshàng huòyùn (英 *land transport*) ▶～業/陆路输业 lùshàng lùshūyè

リクエスト 要求 yāoqiú; 希望 xīwàng (英 *request*) ▶～に応える/应希望 yìng xīwàng ▶～曲/点播曲 diǎnbōqǔ ▶番組に流行の曲を～する/在节目中点播流行歌曲 zài jiémù zhōng diǎnbō liúxíng gēqǔ ▶夕食に何か～はありますか/晚饭想吃点什么呢？ wǎnfàn xiǎng chī diǎn shénme ne?

りくかいくう【陸海空】 (英 *land, sea and air*)

▶～の三方から攻撃する/从陆海空三方展开攻 cóng lù hǎi kōng sān fāng zhǎnkāi jīngōng
♦～軍:陆海空三军 lù hǎi kōng sān jūn

りくぐん【陸軍】 陆军 lùjūn (英 the army) ▶～士官/陆军军官 lùjūn jūnguān
♦～士官学校:陆军军官学校 lùjūn jūnguān xuéxiào

りくじょう【陸上】 陆上 lùshàng (英 land) ▶～競技/田径赛 tiánjìngsài ▶～競技種目/田径项目 tiánjìng xiàngmù ▶～競技場/田赛场 tiánsàichǎng ▶～交通/陆路交通 lùlù jiāotōng ▶～自衛隊/陆上自卫队 lùshàng zìwèiduì ▶～輸送に頼った/救援物资靠陆路进行运输 jiùyuán wùzī kào lùlù jìnxíng yùnshū
♦～競技会:田径运动会 tiánjìng yùndònghuì
～短距離選手:田径短跑选手 tiánjìng duǎnpǎo xuǎnshǒu

りくせい【陸棲の】 陆栖 lùqī (英 terrestrial) ▶～動物/陆栖动物 lùqī dòngwù

りくせん【陸戦】 陆上作战 lùshàng zuòzhàn (英 a land battle) ▶海軍～隊が上陸した/海军陆战队登陆 hǎijūn lùzhànduì dēng lù

りくぞく【陸続と】 陆续 lùxù; 连接不断 liánjiē búduàn (英 one after another)

りくち【陸地】 陆地 lùdì (英 land) ▶ぼんやり～が見えてきた/陆地模模糊糊地进入视线 lùdì mómóhūhū de jìnrù shìxiàn ▶ついに～にたどりついた/终于到岸了 zhōngyú dào àn le

りくつ【理屈】 道理 dàoli; 事理 shìlǐ (英 reason) ▶～では/按理说 ànlǐ shuō ▶～をこねる/强词夺理 qiǎng cí duó lǐ ▶～はその通りだが, 実際にうまく行くだろうか/道理是这样的, 可是实际能行得通吗? dàoli shì zhèyàng de, kěshì shíjì néng xíngdetōng ma? ▶学校へ行くと～ばかり達者になる/到学校读书, 会变得满口大道理 dào xuéxiào dúshū, huì biànde mǎnkǒu dàdàolǐ ▶～を並べて辞退する/举出事理, 辞退了任务 jǔchū shìlǐ, cítuìle rènwu ▶～に合わない話には耳を貸さない/不听没有道理的话 bù tīng méiyǒu dàoli de huà ▶～っぽい男は嫌われるよ/满口大道理的男人很会人讨厌 mǎnkǒu dàdàoli de nánrén hěn lìng rén tǎoyàn

[日中比較] 中国語の'理屈 lǐqū'は「筋が通らない」ことを指す.

りくとう【陸稲】 旱稻 hàndào; 陆稻 lùdào (英 a dry-field rice plant)

りくふう【陸風】 陆风 lùfēng (英 a land breeze)

リクライニングシート 躺椅座席 tǎngyǐ zuòxí (英 a reclining seat)

りくろ【陸路】 旱路 hànlù; 陆路 lùlù (英 a land route) ▶～長崎へと急いだ/通过陆路往长崎赶 tōngguò lùlù wǎng Chángqí gǎn ▶小山町まで～を取ると3時間かかる/要到小山镇, 走陆路的话要三个小时 yào dào Xiǎoshān zhèn, zǒu lùlù dehuà yào sān ge xiǎoshí

りけん【利権】 利权 lìquán (英 rights (and interests)) ▶～が絡む/涉及利权 shèjí lìquán ▶彼らは石油の～を握っている/他们掌握着石油利权 tāmen zhǎngwòzhe shíyóu lìquán
♦～屋:追求利权的人 zhuīqiú lìquán de rén; 为谋求利权者鞍旋, 从中谋利的人 wèi móuqiú lìquánzhě wòxuán, cóngzhōng móulì de rén

りげん【俚諺】 俚谚 lǐyàn; 谚语 yànyǔ (英 a saying)

りこ【利己】 利己 lǐjǐ; 自私 zìsī (英 selfishness) ▶～心のない人間は珍しい/没有私心的人很少 méiyǒu sīxīn de rén hěn shǎo ▶～主義者/利己主义者 lìjǐ zhǔyìzhě ▶～的な/自私 zìsī; 自私自利 zìsī zìlì ▶僕は～的な動機で反対に回った/我从个人利益的角度出发, 表示反对 wǒ cóng gèrén lìyì de jiǎodù chūfā, biǎoshì fǎnduì

りこう【利口な】 聪明 cōngmíng; 机灵 jīling; 乖乖 guāi (英 clever) ▶～ぶる/卖乖 màiguāi ▶彼は～だからそんなまねはしない/他很聪明, 不会做出那种事 tā hěn cōngmíng, bùhuì zuòchū nà zhǒng shì ▶それはあまり～なやり方ではない/这可不是一个聪明的办法 zhè kě bú shì yí ge cōngmíng de bànfǎ ▶お～なワンちゃん/聪明的小狗 cōngmíng de xiǎogǒu ▶～そうな顔はしているが…/长得倒好像很机灵, 可是… zhǎngde dào hǎoxiàng hěn jīling, kěshì…

りこう【理工】 理工 lǐgōng (英 science and engineering)
♦～学部:理工学院 lǐgōng xuéyuàn

りこう【履行する】 履行 lǚxíng; 实行 shíxíng (英 carry out) ▶契約を～する/履行合同 lǚxíng hétong ▶裁判所命令の～が先决だ/履行法院命令是先决条件 lǚxíng fǎyuàn mìnglìng shì xiānjué tiáojiàn

りごうしゅうさん【離合集散】 聚散离合 jù sàn lí hé (英 meeting and parting) ▶～を繰り返す/他们不断地重复着聚散离合 tāmen búduàn de chóngfùzhe jù sàn lí hé

リコール (公職者を)罢免 bàmiǎn; (製品を)收回 shōuhuí (英 a recall) ▶投票の結果知事の～が成立した/根据投票结果, 决定知事被罢免 gēnjù tóupiào jiéguǒ, juédìng zhīshì bèi bàmiǎn ▶市民たちは市長を～しようとしていた/市民们想罢免市长 shìmínmen xiǎng bàmiǎn shìzhǎng ▶本州電器は欠陥テレビ15万台を～する/本州电器公司收回十五万台有问题的电视 Běnzhōu diànqì gōngsī shōuhuí shíwǔ wàn tái yǒu wèntí de diànshì

りこん【離婚する】 离婚 líhūn (英 divorce) ▶妻が突然～を言い出した/妻子突然提出离婚 qīzi tūrán tíchū líhūn ▶その結婚は最终的に～に終わった/这场婚姻最终以离婚而告终 zhè cháng hūnyīn zuìzhōng yǐ líhūn ér gàozhōng ▶そんな理由で～は認められない/只因为这种理由, 离婚不予承认 zhǐ yīnwèi zhè zhǒng líyóu, líhūn bùyǔ chéngrèn ▶～歴が4回もある/离过四次婚 líguo sì cì hūn ▶夫の方から～訴訟を起こす/丈夫提起离婚诉讼 zhàngfu tíqǐ líhūn sù-

sòng
♦協議~：协议离婚 xiéyì líhūn ~届け：离婚申请书 líhūn shēnqǐngshū

リサーチ 调查 diàochá；研究 yánjiū（英 research）

りさい【罹災する】 受灾 shòuzāi（英 suffer）▶~地/灾区 zāiqū ▶~者を救済する/救助灾民 jiùzhù zāimín ▶地震で家を失った/因地震受灾而无家可归 yīn dìzhèn shòuzāi ér wú jiā kě guī

リサイクル 再利用 zàilìyòng（英 recycling）▶ショップ/再生用品店 zàishēng yòngpǐndiàn；信托商店 xìntuō shāngdiàn ▶こういうプラスチックは~がきかない/这样的塑料不能回收再生 zhèyàng de sùliào bùnéng huíshōu zàishēng ▶新聞は束ねて~に出す/把报纸捆起来拿出回收 bǎ bàozhǐ kǔnqǐlai náchū huíshōu ▶~運動/回收运动 huíshōu yùndòng ▶~紙/回收再造纸 huíshōu zàizàozhǐ

リサイタル 独奏会 dúzòuhuì（英 a recital）▶ピアノ~を聞く/听钢琴独奏音乐会 tīng gāngqín dúzòu yīnyuèhuì

りさげ【利下げする】〔金融〕降低利率 jiàngdī lìlǜ（英 lower the interest rate）▶日银はさらに~に踏み切った/日银再次降低利率 Rìyín zàicì jiàngdī lìlǜ

りざや【利鞘】 差额利润 chā'é lìrùn（英 a (profit) margin）▶~を稼ぐ/转手获利 zhuǎnshǒu huòlì

りさん【離散する】 失散 shīsàn；离散 lísàn（英 scatter）▶一家の憂き目に遭う/惨遭一家失散的苦难 cǎnzāo yì jiā shīsàn de kǔnàn ▶~していた家族が再会する/离散的家人重新相逢 lísàn de jiārén chóngxīn xiāngféng

りし【利子】 利息 lìxī（英 interest）▶~が高い/支付高利 zhīfù gāolì ▶この金には 3 分の~がつく/这笔钱带三分利息 zhè bǐ qián dài sān fēn lìxī ▶高い~で金を貸す/放高利贷 fàng gāolìdài ▶無~で貸し付ける/无息借贷 wúxī jièdài ▶で悠々暮らせたらなあ/要能靠吃利息悠闲地生活，那就好了 yàu néng kào chī lìxī yōuxián de shēnghuó, nà jiù hǎo le

りじ【理事】 董事 dǒngshì；理事 lǐshì（英 a director）▶~会/董事会 dǒngshìhuì ▶~長/董事长 dǒngshìzhǎng ▶常任/常任理事 chángrèn lǐshì
♦安全保障~国：安理会理事国 ānlǐhuì lǐshìguó

りしゅう【履修する】 学 xué；选修 xuǎnxiū（英 complete）▶~科目/登记科目 dēngjì kēmù ▶~届を出す/交科目登记表 jiāo kēmù dēngjìbiǎo ▶医学課程を~する/学医学课程 xué yīxué kèchéng

りじゅん【利潤】 利润 lìrùn；盈利 yínglì；红利 hónglì（英 profit）▶~を追求する/追求利润 zhuīqiú lìrùn ~をあげる ▶新製品で相当の~をあげた/新产品大大地获取了利润 xīnchǎnpǐn dàdà de huòqǔle lìrùn

りしょく【利殖】 谋利 móulì；生财 shēngcái（英 moneymaking）▶彼には~の才がある/他精于生财之道 tā jīngyú shēngcái zhī dào

りしょく【離職する】 去职 qùzhí；离职 lízhí（英 leave one's job）▶~率/离职率 lízhílǜ ▶~者の再就職問題/失业人员再就业问题 shīyè rényuán zài jiùyè wèntí ▶鉄道を~したので仕事がない/从铁路上离职以后就没有工作了 cóng tiělùshang lízhí yǐhòu jiù méiyǒu gōngzuò le

リス【栗鼠】〔動物〕松鼠 sōngshǔ（英 a squirrel）

りすい【利水】 疏通水路 shūtōng shuǐlù（英 water utilization）▶~工事/疏水工程 shūshuǐ gōngchéng

リスク 风险 fēngxiǎn；危险 wēixiǎn（英 risk）▶その計画は~が大きすぎる/那个计划的风险太大了 nàge jìhuà de fēngxiǎn tài dà le ▶~を負うのは下請け会社だ/承担风险的是转包公司 chéngdān fēngxiǎn de shì zhuǎnbāo gōngsī

リスト **1**【手首】手腕 shǒuwàn（英 a wrist）▶~カット/割腕 gēwàn ▶~カット/割腕 gēwàn
2【一覧表】名单 míngdān，一览表 yìlǎnbiǎo（英 a list）▶俺の名がブラック~に載っているらしい/我的名字好像被载入了黑名单 wǒ de míngzi hǎoxiàng bèi zǎirùle hēimíngdān ▶動機のある人物を 10 人~アップした/把十个存有动机的人物列成表 bǎ shí ge cúnyǒu dòngjī de rénwù lièchéng biǎo

リストラ 解雇 jiěgù；裁员 cáiyuán（英 restructuring）▶~に遭って困っている/因被解雇，一筹莫展 yīn bèi jiěgù, yì chóu mò zhǎn

リスナー 听众 tīngzhòng（英 a listener）▶全国の~から多くの便りが届いている/全国的听众纷纷来信 quánguó de tīngzhòng fēnfēn láixìn ▶私も深夜放送の~です/我也是深夜广播节目的听众 wǒ yě shì shēnyè guǎngbō jiémù de tīngzhòng

リズミカル 有节奏的 yǒu jiézòu de（英 rhythmical）▶選手団が~に歩いてくる/选手团有节奏地走来 xuǎnshǒutuán yǒu jiézòu de zǒulái

リズム 节奏 jiézòu（英 rhythm）▶~に合わせて足踏みをする/合着节奏踏步 hézhe jiézòu tàbù ▶速い~で踊る/以快节拍跳舞 yǐ kuàijiépāi tiàowǔ ▶足で~をとる/用脚打拍子 yòng jiǎo dǎ pāizi ▶生活の~を狂わされた/生活节奏被打乱了 shēnghuó jiézòu bèi dǎluàn le
♦~感：节奏感 jiézòugǎn

りせい【理性】 理性 lǐxìng；理智 lǐzhì（英 reason）▶~的な/理性的 lǐxìng de ▶~を失う/失去理性 shīqù lǐxìng ▶人間だけが~を持っている/只有人才具有理性 zhǐyǒu rén cái jùyǒu lǐxìng ▶~に訴える/诉诸理性 sù zhū lǐxìng ▶~で感情を抑える/用理性来压制感情 yòng lǐxìng lái yāzhì gǎnqíng

リセットする 复位 fùwèi（英 reset）▶~ボタン/复位按钮 fùwèi ànniǔ

りそう【理想】 理想 lǐxiǎng (英 an ideal) ▶~の人物/理想中的人物 lǐxiǎng zhōng de rénwù ▶~の父親像/理想的父亲形像 lǐxiǎng de fùqīn xíngxiàng ▶高い~をいだいて大学に入った/抱着远大理想来到大学 bàozhe yuǎndà lǐxiǎng láidào dàxué ▶~の女性と結婚したはずだったが…/本来是和一位理想的女孩儿结婚的,可是… běnlái shì hé yí wèi lǐxiǎng de nǚháir jiéhūn de, kěshì… ▶~化する/理想化 lǐxiǎnghuà ◆~家｜理想家 lǐxiǎngjiā; 理想主义者 lǐxiǎng zhǔyìzhě ~郷｜桃花源 táohuāyuán; 乌托邦 wūtuōbāng ~主義｜理想主义 lǐxiǎng zhǔyì

リゾート 休养胜地 xiūyǎng shèngdì (英 a resort) ▶サマー～/避暑地 bìshǔdì ▶～開発で林が一つ消えた/由于休闲胜地的开发,一片树林消失了 yóuyú xiūxián shèngdì de kāifā, yí piàn shùlín xiāoshī le ◆～ホテル｜度假饭店 dùjià jiǔdiàn

りそく【利息】〔金融〕利息 lìxī (英 interest) ▶～が～を生む/利生利 lì shēng lì

りた【利他の】(英 altruistic) ◆～主義｜利他主义 lìtā zhǔyì

リターンマッチ〔ボクシング〕雪耻赛 xuěchǐsài (英 a return match) ▶～でタイトルを奪回します/通过雪耻赛夺回头衔 tōngguò xuěchǐsài duóhuí tóuxián

リタイア〔引退〕退休 tuìxiū; 退职 tuìzhí;《退場》退出 tuìchū (英 retirement) ▶レース途中で～を余儀なくされた/不得不退出比赛 bùdébù tuìchū bǐsài ▶この3月で政界から～した/这个三月退出政界 zhège sān yuè tuìchū zhèngjiè

りだつ【離脱する】 脱离 tuōlí; 脱出 tuōchū (英 secede) ▶戦線～/离开战斗行列 líkāi zhàndòu hángliè ▶飛行機はすでに暴風域を～した/飞机已经脱离了暴风区 fēijī yǐjīng tuōlíle bàofēngqū

りち【理知】 理智 lǐzhì (英 intellect) ▶～的な顔立ちの人/长相显得很有理智的人 zhǎngxiàng xiǎnde hěn yǒu lǐzhì de rén ▶～的に判断してもらいたい/希望理智地进行判断 xīwàng lǐzhì de jìnxíng pànduàn

リチウム〔化学〕锂 lǐ (英 lithium) ▶～電池/锂电池 lǐdiànchí

りちぎ【律義な】 忠实 zhōngshí; 一丝不苟 yì sī bù gǒu (英 honest) ▶～者/诚实人 chéngshírén ▶～な性格が文字にも出ている/从文字也可以看到诚实的性格 cóng wénzì yě kěyǐ kàndào chéngshí de xìnggé

りちゃくりく【離着陸する】 起落 qǐluò; 起降 qǐjiàng (英 take off and land) ▶水上で～する飛行機は水上飛行機と呼ばれる/在水面上起降的飞机叫做水上飞机 zài shuǐmiànshang qǐjiàng de fēijī jiàozuò shuǐshàng fēijī

りつ【率】 比率 bǐlǜ (英 a rate) ▶～が高い/比率高 bǐlǜ gāo ▶競争～は30倍を超える/竞争率超过三十倍 jìngzhēnglǜ chāoguò sānshí bèi ▶犯罪検挙～が下がった/犯罪犯逮捕率下降 fànzuì zuìfàn dàibǔlǜ xiàjiàng ◆死亡～｜死亡率 sǐwánglǜ 出生～｜出生率 chūshēnglǜ

りつあん【立案する】 拟订 nǐdìng; 制定计划 zhìdìng jìhuà (英 form a plan; [起草] draw up) ▶あの開発計画は私の～です/那项开发计划是我拟定的 nà xiàng kāifā jìhuà shì wǒ nǐdìng de ▶せっかく～したがボツになった/好不容易起草的东西却没被采用 hǎobù róngyì qǐcǎo de dōngxi què méi bèi cǎiyòng ◆～者｜规划人员 guīhuà rényuán

りっか【立夏】 立夏 lìxià (英 the first day of summer)

りつき【利付き】〔金融〕付息 fùxī (英 with interest) ▶～公債/付息公债 fùxī gōngzhài ～為替手形/付息汇票 fùxī huìpiào

りっきゃく【立脚する】 立足 lìzú (英 be based on…) ▶～点/立脚点 lìjiǎodiǎn ▶私は客観的事实に～して発言している/我立足于客观事实进行发言 wǒ lìzú yú kèguān shìshí jìnxíng fāyán

りっきょう【陸橋】 高架桥 gāojiàqiáo; 旱桥 hànqiáo; 天桥 tiānqiáo (英 an overpass; [谷などにかかる] a viaduct) ▶～をまたいでかかっている/高架桥跨过道路 gāojiàqiáo kuàguò dàolù

りっけん【立憲】 立宪 lìxiàn (英 constitutionalism) ▶～君主制/君主立宪制 jūnzhǔ lìxiànzhì ▶～政体/立宪政体 lìxiàn zhèngtǐ ▶～政治/立宪政治 lìxiàn zhèngzhì

りっこうほ【立候補する】 参加竞选 cānjiā jìngxuǎn (英 run) ▶～者/竞选人 jìngxuǎnrén; 候选人 hòuxuǎnrén ▶神奈川県から～する/从神奈川县参选 cóng Shénnàichuānxiàn cānxuǎn ▶自由党から～する/以自由党身份参选 yǐ Zìyóudǎng shēnfen cānxuǎn ▶～を届け出る/报名参选 bàomíng cānxuǎn ▶私の～を支持してくれますか/能支持我参选吗？ néng zhīchí wǒ cānxuǎn ma?

りっし【律詩】 律诗 lǜshī (英 a Chinese poem of eight lines) ▶七言～/七言律诗 qī yán lǜshī

りっしでん【立志伝】 立志奋斗终于成功的人的传记 lìzhì fèndòu zhōngyú chénggōng de rén de zhuànjì (英 a story of a self-made man) ▶山田会長はまさしく～中の人物である/山田会长正是一位志向高远、努力上进的人 Shāntián huìzhǎng zhèngshì yí wèi zhìxiàng gāoyuǎn, nǔlì shàngjìn de rén

りっしゅう【立秋】 立秋 lìqiū (英 the first day of autumn)

りっしゅん【立春】 立春 lìchūn (英 the first day of spring)

りっしょう【立証する】 证实 zhèngshí; 作证 zuòzhèng (英 prove) ▶無罪を～する/证明无罪 zhèngmíng wúzuì ▶こうして新物質の存在が～された/就这样,新物质的存在被证实了 jiù zhèyàng, xīnwùzhì de cúnzài bèi zhèngshí le ▶～困難な事件/难以证实的事件 nányǐ zhèngshí

~de shìjiàn ▶~責任はどちらにありますか/作证的责任在哪边？zuòzhèng de zérèn zài nǎbiān?

りっしょく【立食】 立餐 lìcān (英 *a stand-up meal*) ▶~パーティー/立餐会 lìcānhuì ▶今夜の懇親会は~で行ないます/今天晚上的联谊会以立餐形式举行 jīntiān wǎnshang de liányìhuì yǐ lìcān xíngshì jǔxíng

りっしん【立身】 出人头地 chū rén tóu dì;《官界で》飞黄腾达 fēihuáng téngdá (英 *succeed in life*) ▶おまえの~を楽しみにしていたのに/我本来还期望你能够出人头地呢 wǒ běnlái hái qīwàng nǐ nénggòu chū rén tóu dì ne

りっすい【立錐】
~の余地もない ▶寺の境内は参拝客で~の余地もなかった/参拜的人很多，寺院内已无立锥之地了 cānbài de rén hěn duō, sìyuàn nèi yǐ wú lì zhuī zhī dì le

りっする【律する】 律 lǜ (英 *judge*) ▶厳しくおのれを~/严以律己 yán yǐ lǜ jǐ

りつぜん【慄然とする】 战栗 zhànlì; 毛骨悚然 máogǔ sǒngrán (英 *be struck with horror*) ▶彼の本心を知って僕は~とした/知道了他的真正想法，我感到不寒而栗 zhīdàole tā de zhēnzhèng xiǎngfa, wǒ gǎndào bù hán ér lì

りつぞう【立像】 立像 lìxiàng (英 *a statue*)

りったい【立体】 立体 lìtǐ (英 *a solid*) ▶~音響/立体声 lìtǐshēng ▶~交差/立体交叉 lìtǐ jiāochā ▶~図/立体图 lìtǐtú ▶小説は現代社会の矛盾を~的に描き出した/该小说立体地刻画出现代社会的矛盾 gāi xiǎoshuō lìtǐ de kèhuàchū xiàndài shèhuì de máodùn

◆~映画｜立体电影 lìtǐ diànyǐng ～感｜立体感 lìtǐgǎn

りっち【立地】 布局 bùjú (英 *location*) ▶~条件がよい/布局条件好 bùjú tiáojiàn hǎo

りっとう【立冬】 立冬 lìdōng (英 *the first day of winter*)

りつどう【律動】 律动 lǜdòng; 节奏 jiézòu (英 *a rhythmic movement*) ▶~的な/律动的 lǜdòng de ▶~する鼓の音が耳に快かった/富有节奏性的鼓声听起来很舒服 fùyǒu jiézòuxìng de gǔshēng tīngqǐlai hěn shūfu

リットル【単位】 公升 gōngshēng; 立升 lìshēng (英 *a liter*)

りっぱ【立派な】 出色 chūsè; 优秀 yōuxiù; 堂皇 tánghuáng (英 *excellent*) ▶~な人/了不起的人 liǎobuqǐ de rén ▶~な教育を受ける/受到良好的教育 shòudào liánghǎo de jiàoyù ▶丘の上に~な教会が立っている/小山上建着一个漂亮的教堂 xiǎoshānshang jiànzhe yí ge piàoliang de jiàotáng ▶~な業績を残す/留下优异的业绩 liúxià yōuyì de yèjì ▶無名ながら~な学者だ/是一位虽没名气却很优秀的学者 shì yí wèi suī méi míngqi què hěn yōuxiù de xuézhě ▶あの男、服装だけは~だね/那家伙只是服装像回事儿吧 nà jiāhuo zhǐshì fúzhuāng xiàng huí shìr ▶彼は写真を趣味から~な芸術に高めた/他把照相从爱好提升到出色的艺术 tā bǎ zhàoxiàng cóng àihào tíshēngdào chūsè de yìshù ▶彼は~に仕事をやってのけた/他工作干得很不错 tā gōngzuò gàndé hěn búcuò ▶その機械はまだ~に使える状態にあった/那台机器还是完全可以使用状态 nà tái jīqì háishi wánquán kěyǐ shǐyòng zhuàngtài

りっぷく【立腹する】 气恼 qìnǎo; 发怒 fānù; 生气 shēngqì (英 *get angry*) ▶社長がひどく御~だよ/总经理可气坏了 zǒngjīnglǐ kě qìhuài le ▶そんな些細なことで~するな/别因为这样的小事生气 bié yīnwèi zhèyàng de xiǎoshì shēngqì

リップサービス 门面话 ménmiànhuà (英 *lip service*) ▶~がうまい/嘴巧 zuǐqiǎo; 说得好听 shuōde hǎotīng ▶あんなのは選挙人への~さ/那只是说给选民们听的好话 nà zhǐshì shuō gěi xuǎnmínmen tīng de hǎohuà

りっぽう【立方】 立方 lìfāng (英 *cube*) ▶~根/立方根 lìfānggēn ▶~体/立方体 lìfāngtǐ ▶正方体 zhèngfāngtǐ ▶~メートル/立方米 lìfāngmǐ

りっぽう【立法】 立法 lìfǎ (英 *legislation*) ▶~機関/立法机关 lìfǎ jīguān ▶環境保全のために~する/为保护环境而立法 wèi bǎohù huánjìng ér lìfǎ ▶消費者保護を強化する~が必要である/有必要加强保护消费者的立法 yǒu bìyào jiāqiáng bǎohù xiāofèizhě de lìfǎ

◆~権｜立法权 lìfǎquán ～府｜立法机关 lìfǎ jīguān

りづめ【理詰め】 说理 shuōlǐ (英 *force of argument*) ▶そんな~では説得できない/像这样净讲大道理是不能说服人的 xiàng zhèyàng jìng jiǎng dàdàolǐ shì bùnéng shuōfú rén de ▶~の談判に押し切られた/被净讲大道理的谈判所压制 bèi jìng jiǎng dàdàolǐ de tánpàn suǒ yāzhì

りつめんず【立面図】 立面图 lìmiàntú (英 *an elevation*)

りつろん【立論する】 立论 lìlùn; 论证 lùnzhèng (英 *argue*) ▶氏の~は十分な研究結果に基づいている/他是根据充分的研究结果立论的 tā shì gēnjù chōngfèn de yánjiū jiéguǒ lìlùn de ▶何を根拠に~するのか/以什么为依据立论呢？ yǐ shénme wéi yījù lìlùn ne?

りてい【里程】 里程 lǐchéng (英 *mileage*) ▶~標/里程碑 lǐchéngbēi ▶本作品は日本映画史上の重要な~標となった/这部作品成为日本电影史上重要的一个里程碑 zhè bù zuòpǐn chéngwéi Rìběn diànyǐngshǐshang zhòngyào de yí ge lǐchéngbēi

りてきこうい【利敵行為】 利敌行为 lìdí xíngwéi (英 *an act that profits the enemy*) ▶善意の行為が時には~となる/善意的行为有时候会成为利敌行为 shànyì de xíngwéi yǒushíhou huì chéngwéi lìdí xíngwéi

りてん【利点】 好处 hǎochu; 优点 yōudiǎn (英 *an advantage*) ▶~がある/有优点 yǒu yōudiǎn ▶~を生かす/活用好处 huóyòng hǎochu ▶都会生活には多くの~がある/城市生活有很多优点

chéngshì shēnghuó yǒu hěn duō yōudiǎn

りとう【離党する】 脱党 tuōdǎng; 退党 tuìdǎng (英 *leave a party*)

りとう【離島】(離れ島)孤島 gūdǎo;(島を離れる)离开岛屿 líkāi dǎoyǔ (英 *an isolated island*) ▶～に生まれ～に没した/孤岛上出生孤岛上死去 gūdǎoshang chūshēng gūdǎoshang sǐqù ▶一家は新生活を求めて～した/为了谋求新生活，一家人离开了小岛 wèile móuqiú xīnshēnghuó, yìjiārén líkāile xiǎodǎo

りとく【利得】 收益 shōuyì; 利益 lìyì (英 *profits*) ▶彼らは不当な～を狙っている/他们企图谋取不正当的收益 tāmen qǐtú móuqǔ bú zhèngdàng de shōuyì

リトマス (英 *litmus*) ～試験紙/石蕊试纸 shíruǐ shìzhǐ

リニア (英 *linear*) ▶～モーターカー/磁悬浮列车 cíxuánfú lièchē

りにゅう【離乳する】 断奶 duànnǎi (英 *wean*) ▶～期/断奶期 duànnǎiqī ▶～食/断奶食品 duànnǎi shípǐn ▶そろそろ～が始まる頃か/差不多该到断奶期了吧 chàbuduō gāi dào duànnǎiqī le ba

リニューアル 更新 gēngxīn; 翻新 fānxīn (英 *renewal*) ▶店舗を～した/对店铺进行了翻新 duì diànpù jìnxíngle fānxīn ▶雑誌の～後の評判がいい/杂志改版后受到好评 zázhì gǎibǎnhòu shòudào hǎopíng

りにょう【利尿】(英 *diuresis*) ～剤/利尿剂 lìniàojì ▶スイカには～作用がある/西瓜具有利尿作用 xīguā jùyǒu lìniào zuòyòng

りにん【離任する】 离任 lírèn; 离职 lízhí (英 *leave one's post*) ▶駐日大使が～前の記者会見を行った/驻日大使举行了离任前的记者招待会 zhù Rì dàshǐ jǔxíngle lírènqián de jìzhě zhāodàihuì

りねん【理念】 理念 lǐniàn (英 *an idea*) ▶確固たる～に基づく政策/基于坚定理念的政策 jīyú jiāndìng lǐniàn de zhèngcè ▶だいたい運動の旗振り役が～を欠いている/运动中摇旗呐喊的人本来都缺乏理念 yùndòng zhōng yáo qí nàhǎn de rén běnlái dōu quēfá lǐniàn

りのう【離農する】 弃农 qìnóng (英 *give up farming*) ▶工業化が～を促進した/工业化促进了弃农 gōngyèhuà cùjìnle qìnóng

リノリウム 漆布 qībù; 油毡 yóuzhān (英 *linoleum*)

リハーサル 排演 páiyǎn; 排练 páiliàn; 预演 yùyǎn (英 *a rehearsal*) ▶～が長引いている/排练拖得很长 páiliàn tuōde hěn cháng ▶1時から～をはじめる/从一点开始彩排 cóng yī diǎn kāishǐ cǎipái

リバーシブル 可逆式 kěnìshì;(衣類)表里两用上衣 biǎolǐ liǎngyòng shàngyī (英 *reversible*) ▶～のブルゾン/双面式茄克 shuāngmiànshì jiākè

リバイバル 复活 fùhuó; 重新流行 chóngxīn liúxíng (英 *a revival*) ▶今年は～映画がいくつも作られた/今年翻拍了好几部老电影 jīnnián fānpāile hǎojǐ bù lǎodiànyǐng ▶作家牧本が～を果たした/作家牧本重出江湖 zuòjiā Mùběn chóngchū jiānghú

りはつ【利発な】 聡明 cōngmíng; 伶俐 línglì (英 *bright*) ▶～な子供/伶俐的孩子 línglì de háizi

りはつ【理髪する】 理发 lǐfà (英 *cut a person's hair and put it into a style*) ▶～店/理发馆 lǐfàguǎn ▶～師/理发员 lǐfàyuán

りはば【利幅】 纯利润 chúnlìrùn (英 *a profit margin*) ▶～は薄いがよく売れる/利润少，但卖得很不错 lìrùn shǎo, dàn màide hěn búcuò

リハビリ 康复锻炼 kāngfù duànliàn (英 *rehabilitation*) ▶～でプールに通っている/为进行康复锻炼而去游泳 wèi jìnxíng kāngfù duànliàn ér qù yóuyǒng ▶脳梗塞後の～計画/患脑梗塞后的康复计划 huàn nǎogěngsè hòu de kāngfù jìhuà
♦～センター：康复中心 kāngfù zhōngxīn

りばらい【利払い】 支付利息 zhīfù lìxī (英 *an interest payment*) ▶～が滞る/迟迟不支付利息 chíchí bù zhīfù lìxī

りはん【離反する】 叛离 pànlí; 背离 bèilí (英 *be alienated*) ▶人心が～する/民心叛离 mínxīn pànlí ▶部員たちの～を食い止めようと必死だった/为了阻止队员们的叛离拼命努力 wèile zǔzhǐ duìyuánmen de pànlí pīnmìng nǔlì

りひ【理非】 是非 shìfēi (英 *right and wrong*) ▶～をわきまえる/分清是非 fēnqīng shìfēi
♦～曲直：抗弁する前に～曲直をよく考えなさい/在抗辩前好好儿考虑是非曲直 zài kàngbiàn qián hǎohāor kǎolǜ shìfēi qūzhí

リピートする 反复 fǎnfù; 重复 chóngfù (英 *repeat*)
♦リピーター：回头客 huítóukè

りびょう【罹病】 患病 huànbìng; 生病 shēngbìng (英 *contract a disease*) ▶～率/患病率 huànbìnglǜ ▶～率が高いのは大気汚染のせいですか/患病率高是因为受大气污染的影响吗？huànbìnglǜ gāo shì yīnwèi shòu dàqì wūrǎn de yǐngxiǎng ma?

リビングルーム 生活间 shēnghuójiān; 起居室 qǐjùshì (英 *a living room*)

リフォーム 改造 gǎizào; 翻新 fānxīn (英 *remodel*) ▶この家を～すれば15年後は大丈夫だ/这套房子要进行翻新的话，还能再用十五年 zhè tào fángzi yào jìnxíng fānxīn dehuà, hái néng zài yòng shíwǔ nián ▶その体も～が必要みたいね/看来，你那身体也有必要进行改造 kànlái, nǐ nà shēntǐ yě yǒu bìyào jìnxíng gǎizào

りふじん【理不尽な】 蛮横 mánhèng; 蛮不讲理 mán bù jiǎnglǐ (英 *unreasonable*) ▶～なやり方/不讲理的手段 bù jiǎnglǐ de shǒuduàn ▶先方の言い分はあまりに～だった/对方的主张蛮不讲理 duìfāng de zhǔzhāng mán bù jiǎnglǐ

リフト 电梯 diàntī; 升降机 shēngjiàngjī (英 *a*

リプリント 再版 zàibǎn; 翻版 fānbǎn; 重印 chóngyìn (英 *a reprint*) ▶写真を～する/重印照片 chóngyìn zhàopiàn ▶あの詩集の一版が出た/那本詩集已经再版了 nà běn shījí yǐjing zàibǎn le

リフレッシュする 恢复精力 huīfù jīnglì; 重新振作 chóngxīn zhènzuò (英 *refresh*)

リベート 回扣 huíkòu; 佣钱 yòngqian (英 *a rebate*) ▶受け取る/索取回扣 suǒqǔ huíkòu ▶その担当者は抜け目なく～を要求した/那位负责人毫不含糊地索要回扣 nà wèi fùzérén háobù hánhu de suǒyào huíkòu

りべつ【離別する】 离别 líbié; 分手 fēnshǒu; (夫婦が) 离婚 líhūn (英 [離婚する] *divorce*; [別離する] *separate*) ▶両親と～する/离别父母 líbié fùmǔ ▶5歳の時両親が～した/五岁的时候,双亲离别 wǔ suì de shíhou, shuāngqīn líyì

リベット 铆钉 mǎodīng (英 *a rivet*) ▶～でつなぐ/铆接 mǎojiē ▶～を打つ/铆 mǎo
◆～打ち機/铆钉机 mǎodīngjī

リベラル 自由的 zìyóu de; 宽大的 kuāndà de (英 *liberal*) ▶～な考え方をする人だった/他是一个思想不受束缚的人 tā shì yí ge sīxiǎng bú shòu shùfù de rén ▶校風が驚くほど～だ/校风非常自由,令人吃惊 xiàofēng fēicháng zìyóu, lìng rén chījīng

リベンジ 报复 bàofù; 雪耻 xuěchǐ (英 *revenge*) ▶完勝で～を果たした/大获全胜,实现了雪耻 dà huò quánshèng, shíxiànle xuěchǐ

リボルバー 转轮手枪 zhuǎnlún shǒuqiāng (英 *a revolver*)

リボン ❶【装飾用】 丝带 sīdài; 缎带 duàndài (英 *a ribbon*) ▶贈り物にばら結びの～をつけた/用丝带在礼物上系上蔷薇结 yòng sīdài zài lǐwùshang jìshàng qiángwēijié ▶少女は髪を～で結んでいた/少女用丝带把头发系上 shàonǚ yòng sīdài bǎ tóufa jìshàng
❷【印字用テープ】 色带 sèdài (英 *a ribbon*) ▶インク～/色带 sèdài

りまわり【利回り】 【金融】利率 lìlǜ (英 *a yield*) ▶～が高い/利率高 lìlǜ gāo ▶この債券は年6分の～になる/这种债券每年利率为6分 zhè zhǒng zhàiquàn měinián lìlǜ wéi liù fēn

リミット 界限 jièxiàn; 局限 júxiàn (英 *a limit*) ▶タイム～を越えて失格になる/超过时间,丧失资格 chāoguò shíjiān, sàngshī zīgé ▶業界も～が見えてきた/这个行当的局限也开始渐渐体现出来 zhège hángdang de júxiàn yě kāishǐ jiànjiàn tǐxiànchūlái

リムジン (空港送迎バス) 交通车 jiāotōngchē; (大型乗用車) 房车 fángchē; 豪华轿车 háohuá jiàochē (英 *a limousine*)

リメイクする [映画] 重拍 chóngpāi (英 *remake*)

りめん【裏面】 内幕 nèimù; 幕后 mùhòu; (紙などの) 背面 bèimiàn (英 *the back*; [内幕] *the inside*) ▶～の政界の/政界的 zhèngjiè de nèimù ▶～工作/幕后活动 mùhòu huódòng ▶この事件の～をいくらか知っている/对这个事件的内幕多少知道一些 duì zhège shìjiàn de nèimù duōshǎo zhīdào yīxiē ▶記事は～に続く/报道转接背面 bàodào zhuǎnjiē bèimiàn

日中比較 中国語の '里面(裏面) lǐmiàn' は「中」のこと. ▶口袋里面 kǒudài lǐmiàn/ポケットの中

リモコン 遥控 yáokòng; (比喩)幕后操纵 mùhòu cāozòng (英 *a remote control*) ▶～装置/遥控装置 yáokòng zhuāngzhì ▶あいつは会長の～で動いている/他受会长的幕后操纵 tā shòu huìzhǎng de mùhòu cāozòng ▶～付きのテレビ/带遥控器的电视 dài yáokòngqì de diànshì

リヤカー 两轮拖车 liǎng lún tuōchē (英 *a bicycle-drawn cart*) ▶毎日～を引いて野菜を売り歩いた/每天拉着两轮拖车卖蔬菜 měitiān lāzhe liǎng lún tuōchē mài shūcài

りゃく【略】 省略 shěnglüè; 从略 cónglüè; 简略 jiǎnlüè (英 [略字] *abbreviate*; [省略] *omit*) ▶あいさつは～しましょう/寒暄话就省略了吧 hánxuānhuà jiù shěnglüèle ba ▶以下～/以下省略 yǐxià shěnglüè ▶国民体育大会を～して国体と呼ぶ/国民体育大会简称国体 Guómín tǐyù dàhuì jiǎnchēng Guótǐ ▶P.R.は何の～ですか/P.R.是什么的缩写? P. R. shì shénme de suōxiě? ▶細部も～さず記録して下さい/细微部分也要详细记录下来 xiwēi bùfen yě yào xiángxì jìlùxiàlái

りゃくご【略語】 略语 lüèyǔ (英 *an abbreviation*) ▶「うどん」が何の～かわかりますか/你知道"うどん"是什么的略称吗? nǐ zhīdào "udon" shì shénme lüèchēng ma?

りゃくごう【略号】 代号 dàihào (英 *a code*)

りゃくじ【略字】 简化字 jiǎnhuàzì (英 *a simplified form of a Chinese character*)

りゃくしき【略式の】 简便方式 jiǎnbiàn fāngshì (英 *informal*) ▶～の礼服/简便礼服 jiǎnbiàn lǐfú ▶～命令で罰金を言い渡された/以简易命令的方式勒令缴纳罚款 yǐ jiǎnyì mìnglìng de fāngshì lèilìng jiǎonà fákuǎn ▶葬儀は～で済ませた/以简单方式办完葬礼 yǐ jiǎndān fāngshì bànwán zànglǐ

りゃくじゅつ【略述する】 略述 lüèshù (英 *summarize*) ▶捜査の経緯を～する/略述搜查的经过 lüèshù sōuchá de jīngguò

りゃくしょう【略称】 简称 jiǎnchēng (英 *an abbreviation*) ▶日本赤十字社は「日赤」と～される/日本红十字会简称"日赤" Rìběn Hóngshízìhuì jiǎnchēng "Rì Chì" ▶名前が長いから～で呼んでいいよ/名字很长,就用简称称呼吧 míngzi hěn cháng, jiù yòng jiǎnchēng chēnghu ba

りゃくず【略図】 略图 lüètú; 草图 cǎotú (英 *a*

**りゃく…を～で示す/用略图表示去车站的路线 yòng lüètú biǎoshì qù chēzhàn de lùxiàn

りゃくだつ【略奪する】 掠夺 lüèduó；抢掠 qiǎnglüè；抢劫 qiǎngjié（英 *plunder*）▶金品を～する/打劫财物 dǎjié cáiwù ▶～結婚する/抢亲 qiǎngqīn ▶やがて彼らは～を始めた/他们不久就开始了掠夺 tāmen bùjiǔ jiù kāishǐle lüèduó ▶資源を～する/掠夺资源 lüèduó zīyuán

りゃくでん【略伝】 传略 zhuànlüè；事略 shìlüè（英 *a short biography*）▶毛沢東の～/毛泽东的传略 Máo Zédōng de zhuànlüè

りゃくふ【略譜】 简谱 jiǎnpǔ（英 *simplified music*）▶民謡を～に写し取る/用简谱把民谣记录下来 yòng jiǎnpǔ bǎ mínyáo jìlùxiàlai

りゃくれき【略歴】 简历 jiǎnlì（英 *a brief personal history*）▶～を添えて願書を出す/附加上简历提交申请书 fùjiāshàng jiǎnlì tíjiāo shēnqǐngshū

りゃっき【略記】 记要 jìyào（英 *a sketch*）▶会談の内容を～して報告する/简要归纳会谈内容作报告 jiǎnyào guīnà huìtán nèiróng hòu zuò bàogào

りゅう【竜】 龙 lóng（英 *a dragon*）▶～虎相搏(う)戦い/龙虎相斗 lóng hǔ xiāng dòu ～の髭をなで虎の尾を踏む 暴虎冯河 bào hǔ píng hé

-りゅう【-流】 流派 liúpài（英［やり方］*a way*；[流派] *a school*；[等級] *a class*）▶自己～で花を生ける/按照自己的创意插花 ànzhào zìjǐ de chuàngyì chāhuā ▶日本～の釣銭の出し方/日本式的找钱的方式 Rìběnshì de zhǎoqián de fāngshì ▶藤間～の踊り/藤间流派的舞蹈 Téngjiān liúpài de wǔdǎo

りゆう【理由】 理由 lǐyóu；缘故 yuángù（英 *reason*）▶～を述べる/陈述理由 chénshù lǐyóu ▶～なしに断る/以健康为理由谢绝 yǐ jiànkāng wéi lǐyóu xièjué ▶彼がそうしたと信ずべき確かな～がある/有确切理由可以相信他这么做了 yǒu quèqiè lǐyóu kěyǐ xiāngxìn tā zhème zuò le ▶それが不可能な～が私にはわからない/我不明白那件事为什么不可能 wǒ bù míngbai nà jiàn shì wèi shénme bù kěnéng ▶僕には不平を言う～がない/我没有理由怨天尤人 wǒ méiyǒu lǐyóu yuàn tiān yóu rén ▶人道上の～で特例を認めた/出于人道上的理由而承认了特例 chūyú réndàoshang de lǐyóu ér chéngrènle tèlì ▶彼は～もなく反対した/他毫无理由地表示反对 tā háowú lǐyóu de biǎoshì fǎnduì

りゅうあん【硫安】〖化学〗硫铵 liú'ǎn；肥田粉 féitiánfěn（英 *ammonium sulfate*）

りゅうい【留意】 留心 liúxīn；理会 lǐhuì；注意 zhùyì（英 *take notice of...*）▶～点/注意点 zhùyìdiǎn ▶健康に～する/注意健康 zhùyì jiànkāng ▶彼らの提言に～しながらプランをまとめ/参考了他们的建议，制定了计划 cānkǎole tāmen de jiànyì, zhìdìngle jìhuà

りゅういき【流域】 流域 liúyù（英 *a basin*）▶長江～/长江流域 Chángjiāng liúyù ▶～面積/流域面积 liúyù miànjī

りゅういん【溜飲】 反胃 fǎnwèi（英 *sour stomach*）▶～が下がる/可痛快 kě tòngkuài；大为畅快 dàwéi chàngkuài ▶尊大に構える教師をやりこめて～を下げる/驳倒狂妄的老师，心里大为畅快 bódǎo kuángwàng de lǎoshī, xīnli dàwéi chàngkuài

りゅうかー【硫化-】〖化学〗硫化 liúhuà（英 *sulfuration*）▶～物/硫化物 liúhuàwù ▶～水素/硫化氢 liúhuàqīng

りゅうかい【流会】 会议不成立 huìyì bù chénglì（英 *an adjournment of a meeting*）▶定足数に達せず～になる/因为人数不够，会议被取消 yīnwèi rénshù bùgòu, huìyì bèi qǔxiāo

りゅうがく【留学する】 留学 liúxué（英 *study abroad*）▶～生/留学生 liúxuéshēng ▶～先が決まった/留学地点定下来了 liúxué dìdiǎn dìngxiàlai le ▶唐詩研究のため中国に～する/为了研究唐诗，前往中国留学 wèile yánjiū Tángshī, qiánwǎng Zhōngguó liúxué ▶彼女とは英国～中に知り合った/跟她是在英国留学的时候认识的 gēn tā shì zài Yīngguó liúxué de shíhou rènshi de

♦在日中国人～生／留日中国学生 liú Rì Zhōngguó xuésheng

りゅうかん【流感】 流感 liúgǎn（英 *influenza*）▶～にかかる/患流感 huàn liúgǎn ▶～がはやって学校が休みになる/因流感的流行，学校停课 yīn liúgǎn de liúxíng, xuéxiào tíngkè

リュウガン【竜眼】〖植物〗龙眼 lóngyǎn；桂圆 guìyuán（英 *a longan*）▶～肉/龙眼肉 lóngyǎnròu

りゅうき【隆起する】 隆起 lóngqǐ（英 *upheave*）▶～海岸/上升海岸 shàngshēng hǎi'àn ▶この辺は地震で～したのだろうか/听说这一带是因地震隆起的 tīngshuō zhè yídài shì yīn dìzhèn lóngqǐ de

りゅうぎ【流儀】 流派 liúpài；[独特のやり方] 作风 zuòfēng（英 *a style*；*a way*）▶我が家の～で接待しますよ/就按照我们家的方式来接待吧 jiù ànzhào wǒmen jiā de fāngshì lái jiēdài ba ▶人にはそれぞれ～がある/每个人都有自己的作风 měi ge rén dōu yǒu zìjǐ de zuòfēng

りゅうきゅう【琉球】 琉球 Liúqiú（英 *Ryukyu*）

りゅうぐう【竜宮】 龙宫 lónggōng（英 *the Dragon's Palace*）

りゅうけい【流刑】 流放 liúfàng；流刑 liúxíng（英 *exile*）▶～に処する/处以流刑 chǔ yǐ liúxíng ▶この島はもともと～地だった/这个岛本来是流放犯人的地方 zhège dǎo běnlái shì liúfàng fànrén de dìfang

りゅうけつ【流血】 流血 liúxuè（英 *bloodshed*）▶酒場の口論が～騒ぎに発展する/酒馆儿里的争执发展成流血事件 jiǔguǎnrli de zhēngzhì fāzhǎnchéng liúxuè shìjiàn ▶彼らはとうとう～の惨事を引き起こした/他们终于引发了流血事件 tāmen zhōngyú yǐnfāle liúxuè shìjiàn ▶このテレビドラマでは～の場面が多すぎる/这部电视剧流血的场面太多了 zhè bù diànshìjù liúxuè de chǎngmiàn tài duō le

りゅうげん【流言】 流言 liúyán；谣言 yáoyán（英 *a groundless rumor*）▶～に惑わされる/为流言所迷惑 wéi liúyán suǒ míhuò
◆～飛語｜流言蜚语 liúyán fēiyǔ ▶さまざまな飛語が飛びかっていた/各种各样的流言蜚语蜂拥而至 gè zhǒng gè yàng de liúyán fēiyǔ fēngyōng ér zhì

りゅうこう【流行する】 ❶【服装・言葉などが】 时尚 shíshàng；流行 liúxíng；时髦 shímáo（英 *come into fashion*）▶～を追う/赶时髦 gǎn shímáo ▶そんなテーマは～遅れだ/这样的主题过时了 zhèyàng de zhǔtí guòshí le ▶～は変わりやすい/流行易变 liúxíng yì biàn ▶一時の～に惑わされる/被一时的流行所迷惑 bèi yìshí de liúxíng suǒ míhuò ▶その歌が今全国的に～している/那首歌现在在全国流行 nà shǒu gē xiànzài zài quánguó liúxíng ▶当時は赤いネクタイが～していた/当时流行红条纹的领带 dāngshí liúxíng hóngtiáowén de lǐngdài ▶最新～のファッションに身を包む/身穿最为流行的时装 shēn chuān zuìwéi liúxíng de shízhuāng ▶1枚のポスターが～のさきがけとなる/一张海报成为时尚的先驱 yì zhāng hǎibào chéngwéi shíshàng de xiānqū

❷【病気が】 流行 liúxíng（英 *spread quickly*）▶インフルエンザが全国に～している/流感在全国流行 liúgǎn zài quánguó liúxíng ▶鳥インフルエンザの大～が心配だ/担心禽流感会大规模流行 dānxīn qínliúgǎn huì dàguīmó liúxíng
◆～歌｜流行歌 liúxínggē ～語｜流行语 liúxíngyǔ ～作家｜当红作家 dānghóng zuòjiā ～性脳炎｜流行性脑炎 liúxíngxìng nǎoyán

りゅうこつ【竜骨】〖船舶〗船龙骨 chuánlónggǔ（英 *the keel*）

りゅうさ【流砂】 流沙 liúshā（英 *quicksand*）▶彼の郷里は～のかなたにある/他家乡在流沙那边 tā jiāxiāng zài liúshā nàbiān ▶～に埋もれた街が発掘される/流沙埋没的街市被发掘出来 liúshā máimò de jiēshì bèi fājuéchūlai

りゅうさん【硫酸】〖化学〗硫酸 liúsuān（英 *sulfuric acid*）
◆～アンモニウム｜硫酸铵 liúsuān'ǎn

りゅうざん【流産】 小月 xiǎoyuè；流产 liúchǎn；小产 xiǎochǎn（英 *a miscarriage*）▶企画が～に終わる/计划流产 jìhuà liúchǎn

りゅうし【粒子】 粒子 lìzǐ（英 *a particle*）▶写真の～が荒い/照片的粒子很粗 zhàopiàn de lìzǐ hěn cū

りゅうしつ【流失する】 流失 liúshī（英 *be washed away*）▶～家屋が30戸に達した/流失的房屋达到三十所 liúshī de fángwū dádào

sānshí suǒ ▶その橋は去年の洪水で～した/那座桥梁在被去年的洪水冲走了 nà zuò qiáoliáng zài bèi qùnián de hóngshuǐ chōngzǒu le

リュージュ〖スポーツ〗平底雪橇 píngdǐ xuěqiāo（英 *luge*）

りゅうしゅつ【流出】 流出 liúchū；〖国外への〗外流 wàiliú（英 *outflow*）▶海上に大量の石油が～する/大量的石油流到海上 dàliàng de shíyóu liúdào hǎishàng ▶～が止まらない/阻止人才的外流 nányǐ zǔzhǐ réncái de wàiliú

りゅうじょう【粒状の】 颗粒状 kēlìzhuàng（英 *granular*）▶～の薬をぬるま湯で流し込む/用温水送服颗粒状药剂 yòng wēnshuǐ sòngfú kēlìzhuàng yàojì

りゅうず【竜頭】 表冠 biǎoguān；表把 biǎobà（英 *the stem of a watch*）▶～を巻く/上表 shàng biǎo

日中比较 中国語の'龙头 lóngtóu'は水道の「蛇口」をいう.

りゅうすい【流水】 流水 liúshuǐ（英 *running water*）▶～量/流水量 liúshuǐliàng ▶行雲～/自然体で生きてゆこう/行云流水，就顺其自然吧 xíngyún liúshuǐ, jiù shùn qí zìrán ba

りゅうせい【流星】〖天文〗流星 liúxīng（英 *a shooting star*）▶～雨/流星雨 liúxīngyǔ ▶～群/流星群 liúxīngqún

りゅうせい【隆盛】 隆盛 lóngshèng；兴盛 xīngshèng（英 *prosperity*）▶～を極める/极尽隆盛 jíjìn lóngshèng ▶国家が～におもむく/国家走向兴盛 guójiā zǒuxiàng xīngshèng

リュウゼツラン【竜舌蘭】〖植物〗龙舌兰 lóngshélán（英 *an agave*）

りゅうせんけい【流線型の】 流线型 liúxiànxíng（英 *streamlined*）▶～の機関車/流线型机车 liúxiànxíng de jīchē

りゅうそく【流速】 流速 liúsù（英 *the speed of a moving fluid*）▶～計/流速表 liúsùbiǎo ▶～は毎秒2m程度と思われる/看来，流速每秒两米左右 kànlái, liúsù měi miǎo liǎng mǐ zuǒyòu

りゅうたい【流体】 流体 liútǐ（英 *a fluid*）▶～力学/流体力学 liútǐ lìxué

りゅうだん【流弾】 流弹 liúdàn（英 *a stray bullet*）▶歩道上で～に当たって落命した/在便道上被流弹打中而丧生 zài biàndàoshang bèi liúdàn dǎzhòng ér sàngshēng

りゅうち【留置する】 拘留 jūliú；看押 kānyā；扣押 kòuyā（英 *detain*）▶～場/看守所 kānshǒusuǒ ▶万引きでつかまり、～された/偷东西被逮住，给扣留起来 tōu dōngxi bèi dǎizhù, gěi kòuliúqǐlai

りゅうちょう【流暢な】 流畅 liúchàng；流利 liúlì（英 *fluent*）▶英語を～に話す/流利地说英语 liúlì de shuō Yīngyǔ ▶あの人の日本語は日本人より～だ/他的日语比日本人还流畅 tā de Rìyǔ bǐ Rìběnrén hái liúchàng ▶～な北京语にうっとり聞き入った/陶醉地听流畅的北京话 táozuì de tīng liúchàng de Běijīnghuà

りゅうつう【流通する】 流通 liútōng (㊈ *circulate*) ▶～機構/流通机构 liútōng jīgòu ▶麻薬の～ルート/毒品的流通途径 dúpǐn de liútōng tújìng ▶旧千円紙幣がまだ～している/旧版的一千日元钞票还在流通 jiùbǎn de yìqiān Rìyuán chāopiào hái zài liútōng ▶～コストがかさむ/流通成本加大 liútōng chéngběn jiādà ▶空気の～がよい/空气的流通状况很好 kōngqì de liútōng zhuàngkuàng hěn hǎo
♦～革命:流通革命 liútōng gémìng

りゅうどう【流動する】 流动 liúdòng; 变化 biànhuà (㊈ *flow*) ▶～資金/流动资金 liúdòng zījīn ▶～人口/流动人口 liúdòng rénkǒu ▶～的な/流动的 liúdòng de ▶事態は依然～的である/事态依然还在变化 shìtài yīrán hái zài biànhuà ▶この先政局がどう～するか/今后, 政局会如何变动呢？jīnhòu, zhèngjú huì rúhé biàndòng ne? ▶～性の高い資産/流动性较高的资产 liúdòngxìng jiào gāo de zīchǎn ▶～資本:流动资本 liúdòng zīběn ～食:流食 liúshí ▶手術後2週間は～食しか与えられない/手术后两周只能吃流食 shǒushùhòu liǎng zhōu zhǐ néng chī liúshí
[日中比較] 中国語の'流动 liúdòng'は「流動する」他に「移動する」ことをもいう. ▶流动演出 liúdòng yǎnchū/旅回り公演

りゅうとうだび【竜頭蛇尾】 有头无尾 yǒu tóu wú wěi; 虎头蛇尾 hǔtóu shéwěi (㊈ *an anticlimax*) ▶彼らの運動は全く～に終わった/他们的运动完全是虎头蛇尾 tāmen de yùndòng wánquán shì hǔtóu shéwěi

りゅうにゅう【流入する】 流进 liújìn (㊈ *flow in*) ▶人口が～する/人口流入 rénkǒu liúrù ▶外国資本の～/外资流入 wàizī liúrù

りゅうにん【留任する】 留任 liúrèn; 留职 liúzhí (㊈ *remain in office*) ▶局長の～が望ましい/希望局长留任 xīwàng júzhǎng liúrèn ▶御苦労だが, 君には～してもらう/虽然很辛苦, 但还是请你留职 suīrán hěn xīnkǔ, dàn háishi qǐng nǐ liúzhí

りゅうねん【留年する】 蹲班 dūnbān; 留级 liújí (㊈ *repeat the same year*) ▶～を自慢しているやつがいる/有人以留级为荣 yǒu rén yǐ liújí wéi róng ▶2度も～すると親の前に出にくい/要留两次级, 就难以面对父母了 yào liú liǎng cì jí, jiù nányǐ miànduì fùmǔ le

リュウノヒゲ【竜の髭】〔植物〕沿阶草 yánjiēcǎo; 蒲草 púcǎo (㊈ *a Japanese snake's beard*)

りゅうは【流派】 流派 liúpài; 派别 pàibié (㊈ *a school*)

りゅうび【柳眉】 柳眉 liǔméi (㊈ *beautiful eyebrows*) ▶～を逆立てる/柳眉倒竖 liǔméi dàoshù

りゅうびじゅつ【隆鼻術】 隆鼻术 lóngbíshù (㊈ *nasal plastic surgery*)

りゅうひょう【流氷】 流冰 liúbīng (㊈ *an ice floe*) ▶港は厚い～に閉ざされる/港口被厚厚的冰封住了 gǎngkǒu bèi hòuhòu de bīng fēngzhù le ▶春の気配に～が緩み始めた/春天渐渐来临, 流冰开始融化 chūntiān jiànjiàn láilín, liúbīng kāishǐ rónghuà

りゅうほ【留保する】 保留 bǎoliú (㊈ *reserve*) ▶決定を～する/保留决定 bǎoliú juédìng ▶こういう義務の～がいつまで許されるか/这种保留义务容许到什么时候？zhè zhǒng bǎoliú yìwù róngxǔdào shénme shíhou?

りゅうぼく【流木】 漂流的木材 piāoliú de mùcái (㊈ *driftwood*) ▶砂浜に～が打ち上げられている/水中漂流的木材被冲到沙滩上来 shuǐ zhōng piāoliú de mùcái bèi chōngdào shātānshang lái ▶～にすがっているところを救出された/抱着水上漂浮的木头, 被救上岸来 bàozhe shuǐshàng piāofú de mùtou, bèi jiù shàng'àn lái

リューマチ〔医〕风湿病 fēngshībìng (㊈ *rheumatism*) ▶～に悩む/为风湿病感到苦恼 wèi fēngshībìng gǎndào kǔnǎo
♦～患者:风湿病患者 fēngshībìng huànzhě

りゅうよう【流用する】 挪用 nuóyòng (㊈ *divert... to ~*) ▶交際費を交通費に～する/把交际费挪用作交通费 bǎ jiāojìfèi nuóyòng zuò jiāotōngfèi

りゅうりゅう【隆隆たる】〔筋肉〕健壮 jiànzhuàng;〔勢い盛んな〕兴隆 xīnglóng (㊈〔筋肉が〕*muscular*;〔勢いのある〕*growing*) ▶～たる筋肉が好敵を待っている/健壮的肌肉在等候着强劲的对手 jiànzhuàng de jīròu zài děnghòuzhe qiángjìng de duìshǒu ▶筋骨～たる若者/肌肉发达的年轻人 jīròu fādá de niánqīngrén

りゅうりゅうしんく【粒粒辛苦】 辛辛苦苦 xīnxīnkǔkǔ (㊈ *assiduous toil*) ▶～の末築いた財産であった/辛辛苦苦积攒起来的财产 xīnxīnkǔkǔ jīzǎnqǐlai de cáichǎn

りゅうりょう【流量】 流量 liúliàng (㊈ *a flow*) ▶～計/流量计 liúliàngjì

りゅうれい【流麗】 流丽 liúlì (㊈ *elegant*) ▶彼の文章はいかにも～である/他的文章写得非常流丽 tā de wénzhāng xiěde fēicháng liúlì

リュックサック 背包 bēibāo; 背囊 bèináng (㊈ *a rucksack*)

りょう【良】〔成績〕良 liáng; 良好 liánghǎo (㊈ *good*) ▶成績は優～可の3段階で評価される/成绩分为优良可三个等级 chéngjì fēnwéi yōu liáng kě sān ge děngjí ▶先生は彼に～をつけた/老师给他打良 lǎoshī gěi tā dǎ liáng ▶英語は～だった/英语得了"良" Yīngyǔ déle "liáng"

りょう【涼】 凉 liáng; 凉爽 liángshuǎng (㊈ *the cool*) ▶木陰に入って～を取る/到有树荫的地方歇凉 dào yǒu shùyìn de dìfang xiē liángpengfix

りょう【猟】 打猎 dǎliè; 狩猎 shòuliè (㊈ *hunting*) ▶銃をかついで～に出る/扛着枪, 出去打猎 kángzhe qiāng, chūqù dǎliè ▶この山での～は禁止されている/这座山禁止打猎 zhè zuò shān jìnzhǐ dǎliè

りょう【陵】（丘）丘陵 qiūlíng；(みささぎ) 陵 líng (英 *a mausoleum*) ▶一帯はなだらかな丘~が続く/这一带缓坡连绵不断 zhè yídài huǎnpō liánmián búduàn ▶あれは平安期の天皇の~墓である/那是平安时期天皇的陵墓 nà shì Píng'ān shíqī tiānhuáng de língmù

りょう【量】 分量 fènliàng；数量 shùliàng (英 *quantity; amount*) ▶~をはかる/称量 chēngliáng ▶~より質が大事だ/与量相比, 质更为重要 yǔ liàng xiāngbǐ, zhì gèngwéi zhòngyào ▶在庫の~にゆとりがない/库存的货已经不那么富余了 kùcún de huò yǐjing bú nàme fùyu le ▶各人の仕事の~が減った/每个人的工作量都减少了 měige rén de de gōngzuòliàng dōu jiǎnshǎo le ~的 数量上的 shùliàngshang de；量上 liàngshang

りょう【漁】 捕鱼 bǔyú (英 *fishing*) ▶~に出る/下海 xiàhǎi ▶サンマの~のシーズンがやってきた/捕秋刀鱼的季节到了 bǔ qiūdāoyú de jìjié dào le ▶豊~に浜はわき立った/捕鱼满载而归, 岸上一片欢腾 bǔyú mǎnzài ér guī, ànshang yí piàn huānténg

りょう【寮】 宿舎 sùshè (英 *a dormitory*) ▶独身~/单身宿舍 dānshēn sùshè ▶学生時代は~で過ごした/学生时代是在宿舍度过的 xuésheng shídài shì zài sùshè dùguò de ◆~生 住宿生 zhùsùshēng ~母 照管宿舍的妇女 zhàoguǎn sùshè de fùnǚ

りょう【輛】 辆 liàng (英 *a car*) ▶10~編成車/由十辆车厢组成的列车 yóu shí liàng chēxiāng zǔchéng de lièchē

りょう【利用する】 利用 lìyòng (英 *use*) ▶~時間/开放时间 kāifàng shíjiān ▶~価値/利用价值 lìyòng jiàzhí ▶地位を~して私服を肥やす/利用地位肥自己腰包 lìyòng dìwèi féi zìjǐ yāobāo ▶閑暇を~して絵を描く/利用很少的闲暇时间画画儿 lìyòng hěn shǎo de xiánxiá shíjiān huà huàr ▶相手の無知を~して金をだまし取る/利用对方无知, 骗取金钱 lìyòng duìfāng wúzhī, piànqǔ jīnqián ▶彼女は彼を~できる限り~した/她充分地利用了他 tā chōngfèn de lìyòngle tā ▶通勤にはバスと電車を~/上班坐公交车和电车 shàngbān zuò gōngjiāochē hé diànchē ▶出張の機会を~して病気の母を見舞った/利用出差的机会, 去看望生病的母亲 lìyòng chūchāi de jīhuì, qù kànwàng shēngbìng de mǔqin ▶河川を発電に~する/利用河流来发电 lìyòng héliú lái fādiàn ▶型は古いが~価値は十分にある/虽然种类很旧, 但还具有充分的使用价值 suīrán zhǒnglèi hěn jiù, dàn hái jùyǒu chōngfèn de shǐyòng jiàzhí

りょう【理容】 理发美容 lǐfà měiróng (英 *hairdressing*) ▶~師の免許を取る/取得理发美容师的资格 qǔdé lǐfà měiróngshī de zīgé ◆~店 美容店 měiróngdiàn

りょういき【領域】 领域 lǐngyù；分野 fēnyě (英 *a province*) ▶そこから先は隣国の~である/那里再往前是邻国的领域 nàli zài wǎng qián shì línguó de lǐngyù ▶近年, 当社の扱う~が広がっている/近年来, 本公司经营的领域正在扩大 jìnnián lái, běn gōngsī jīngyíng de lǐngyù zhèngzài kuòdà ▶君の研究テーマは倫理学の~に入る/你的研究课题属于伦理学的领域 nǐ de yánjiū kètí shǔyú lúnlǐxué de lǐngyù

りょうえん【良縁】 良缘 liángyuán；好婚姻 hǎohūnyīn (英 *a good match*) ▶幸い娘は~に恵まれた/万幸的是女儿婚姻美满 wànxìng de shì nǚ'ér hūnyīn měimǎn

りょうが【凌駕する】 凌驾 língjià；胜过 shèngguò (英 *surpass*) ▶技量で彼を~するものはなかった/本事凌驾于他之上人没有 běnshi língjià yú tā zhī shàng rén méiyǒu ▶東京は人口の多さでは他のいかなる都市をも~する/东京人口之多超过了其他的任何城市 Dōngjīng rénkǒu zhī duō chāoguòle qítā de rènhé chéngshì

りょうかい【了解する】 ❶【了承する】 谅解 liàngjiě；原谅 yuánliàng (英 *agree*) ▶先方の~は得ているのか/得到对方的谅解吗？ dédàole duìfāng de liàngjiě ma？ ▶そんな話は~できない/这样的事情不能原谅 zhèyàng de shìqing bùnéng yuánliàng ▶2時間の話し合いの末~がついた/通过两小时的对话, 达成了谅解 tōngguò liǎng xiǎoshí de duìhuà, dáchéngle liàngjiě ❷【理解する】 理解 lǐjiě；明白 míngbai；了解 liǎojiě (英 *understand*) ▶いかにも~している様子でうなずく/就像明白了似的点头 jiù xiàng míngbaile shìde diǎntóu「ただちに現場に急行せよ/「~！」/「马上赶到现场 Mǎshàng gǎndào xiànchǎng」"知道了" Zhīdào le!" ▶皆さん同意と~していいですか/可以认为大家都同意了吗？ kěyǐ rènwéi dàjiā dōu tóngyì le ma？ ◆~事項/认可事项 rènkě shìxiàng

[日中比较] 中国語の「了解 liǎojiě」は「理解する」他に「調べる」ことをも指す。

りょうかい【領海】 领海 lǐnghǎi (英 *territorial waters*) ▶~侵犯/侵犯领海 qīnfàn lǐnghǎi ▶日本の~内で操業中に…/在日本的领海内进行操作时… zài Rìběn de lǐnghǎi nèi jìnxíng cāozuò shí…

りょうがえ【両替する】 兑换 duìhuàn；换钱 huànqián (英 *change; exchange*) ▶円を元に~する/把日币换成人民币 bǎ Rìbì huànchéng rénmínbì ◆~機 兑换机 duìhuànjī ~屋 钱铺 qiánpù；兑换所 duìhuànsuǒ

りょうがわ【両側】 两边 liǎngbiān；两侧 liǎngcè；两面 liǎngmiàn (英 *both sides*) ▶道の~に小旗を持って並ぶ/拿着小旗, 并排站在道路两侧 názhe xiǎoqí, bìngpái zhànzài dàolù liǎngcè ▶~から腕を抱えられて身動きできない/两边的胳膊被架住, 不能动弹 liǎngbiān de gēbo bèi jiàzhù, bùnéng dòngtan

りょうかん【量感】 量感 liànggǎn (英 *mas-*

siveness）▶~豊かに描かれている/描绘得非常厚重 miáohuìde fēicháng hòuzhòng

りょうがん【両岸】 两岸 liǎng'àn（英 both banks）

参考 中国語の'两岸 liǎng'àn'は特に台湾海峡の両岸，すなわち中国本土と台湾を包括する語として使うことが多い．

りょうがん【両眼】 两眼 liǎngyǎn（英 both eyes）

りょうき【猟奇】 猎奇 lièqí（英 curiosity-hunting）~殺人/猎奇杀人 lièqí shārén ▶私はつい~の目で事件を見ていた/我不知不觉地用猎奇的眼光来看这个事件 wǒ bùzhī bùjué de yòng lièqí de yǎnguāng lái kàn zhège shìjiàn ▶彼には~的な興味しかなかった/他仅有一种猎奇似的兴趣 tā jǐn yǒu yì zhǒng lièqí shìde xìngqù

りょうき【漁期】 渔期 yúqī；鱼汛 yúxùn（英 the fishing season）▶鮎の~はまだ始まっていない/还没到香鱼的捕鱼期 hái méi dào xiāngyú de bǔyúqī ▶蟹の~を迎えて港が活気づいている/迎来捕蟹期，港口显得十分有活力 yínglái bǔxièqī, gǎngkǒu xiǎnde shífēn yǒu huólì

りょうきょく【両極】 两极 liǎngjí；两个极端 liǎng ge jíduān（英 the two poles）▶彼はついに南北~を踏破した/他终于到过了南极和北极 tā zhōngyú dàoguòle nánjí hé běijí ▶作品評価をめぐって，二人の意見は~だった/围绕作品，两个人意见处于两个极端 wéirào zuòpǐn, liǎng ge rén yìjiàn chǔyú liǎng ge jíduān

りょうきょくたん【両極端】 两个极端 liǎng ge jíduān（英 both extremes）▶二人の懐具合はまるで~だった/两个人的经济状况处于两个极端 liǎng ge rén de jīngjì zhuàngkuàng chǔyú liǎng ge jíduān

りょうきん【料金】 费用 fèiyong（英 a charge；[交通機関の] a fare）▶水道~/水费 shuǐfèi ▶~表/费用表 fèiyongbiǎo ▶1回200円の~を取る/一次付二百日元 yí cì fù èrbǎi Rìyuán ▶~未納でガスを止められる/因为没有付费，煤气被停了 yīnwèi méiyǒu fùfèi, méiqì bèi tíng le ▶タクシー~の値上げが決まった/已决定上涨出租车收费 yǐ juédìng shàngzhǎng chūzūchē shōufèi ▶資料室の利用には別途~がかかります/使用资料室需另交钱 shǐyòng zīliàoshì xū lìng jiāo qián ▶~は受取人払いにして下さい/费用由收取人支付 fèiyong yóu shōuqǔrén zhīfù

◆~所｜交费所 jiāofèisuǒ ~箱｜收费箱 shōufèixiāng

りょうくう【領空】 领空 lǐngkōng（英 territorial air）▶~権/领空权 lǐngkōngquán ▶日本の~を飛行する/在日本领空飞行 zài Rìběn lǐngkōng fēixíng

◆~侵犯 ▶~侵犯に激しく抗議した/强烈抗议侵犯领空 qiángliè kàngyì qīnfàn lǐngkōng

りょうけ【良家】 良家 liángjiā（英 a good family）▶~の子女/良家子女 liángjiā zǐnǚ ▶あの男はもとはと言えば~の出である/他本身是个良家子弟 tā běnshēn shì ge liángjiā zǐdì

りょうけい【量刑】 〔法〕量刑 liàngxíng（英 culpability assessment）▶~が不当に重い/量刑太重，不合理 liàngxíng tài zhòng, bù héli

りょうけん【了見・料簡】 心眼儿 xīnyǎnr；心路 xīnlù；想法 xiǎngfa（英 [考え] an idea；[意図] an intention）▶~が狭い/心眼儿小 xīnyǎnr xiǎo ▶悪い~を起こす/起坏念头 qǐ huàiniàntou ▶それはとんだ~違いだ/那是完全错误的主意 nà shì wánquán cuòwù de zhǔyi ▶そんなけちな~で言ってるんじゃないんだ/我没有说得那么下三烂 wǒ méiyǒu shuōde nàme xiàsānlàn ▶こんなことをするなんて，あいつの~が知りたい/居然做这样的事，我很想知道他是怎么想的 jūrán zuò zhèyàng de shì, wǒ hěn xiǎng zhīdào tā shì zěnme xiǎng de

りょうけん【猟犬】 猎狗 liègǒu（英 a hunting dog）

りょうこう【良好な】 良好 liánghǎo（英 good）▶健康状態は~だ/健康状态良好 jiànkāng zhuàngtài liánghǎo ▶視界きわめて~/视野非常好 shìyě fēicháng hǎo

りょうこく【両国】 两国 liǎngguó（英 the two countries）▶~の会談が3年ぶりに行われる/两国时隔三年举行会谈 liǎngguó shí gé sān nián jǔxíng huìtán ▶~間の貿易高は増大の一途に/两国间的贸易额越来越增加 liǎngguó jiān de màoyì'é yuèláiyuè zēngjiā

りょうさい【良妻】 贤妻 xiánqī（英 a good wife）▶~賢母/贤妻良母 xiánqī liángmǔ

りょうざい【良材】 《よい木材》好木材 hǎo mùcái；《よい人材》优秀人才 yōuxiù réncái；[木材] good timber；[人材] good personnel）▶~を選んで家を建てる/选好建材修建房屋 xuǎnqǔ hǎojiàncái xiūjiàn fángwū ▶あの会社を眠らせている/那家公司没有充分利用优秀人才 nà jiā gōngsī méiyǒu chōngfēn lìyòng yōuxiù réncái

りょうさん【量産する】 批量生产 pīliàng shēngchǎn（英 mass-produce）▶~品/大量生产品 dàliàng shēngchǎnpǐn ▶高級品を~するわけにはいかない/高档商品不能大量生产 gāodàng shāngpǐn bùnéng dàliàng shēngchǎn

りょうし【猟師】 猎人 lièrén（英 a hunter）

りょうし【量子】 〔理学〕量子 liàngzǐ（英 a quantum）▶~力学/量子力学 liàngzǐ lìxué ▶~物理学/量子物理学 liàngzǐ wùlǐxué

◆~論｜量子论 liàngzǐlùn

りょうし【漁師】 渔夫 yúfū（英 a fisherman）

りょうじ【領事】 领事 lǐngshì（英 a consul）▶~館/领事馆 lǐngshìguǎn

◆総~｜总领事 zǒnglǐngshì

りょうしき【良識】 理智 lǐzhì；明智 míngzhì（英 good sense）▶~のある言動を心がけよ/请注意有理智的言行 qǐng zhùyì yǒu lǐzhì de yánxíng ▶どう対応するかは諸君の~に待つ/怎么

做才好,有待诸位作出明智的判断 zěnme zuò cái hǎo, yǒudài zhūwèi zuòchū míngzhì de pànduàn ▶私は議員の〜に訴えたい/我想呼吁议员保持理智 wǒ xiǎng hūyù yìyuán bǎochí lǐzhì

りょうしつ【良質】 优质 yōuzhì; 上等 shàngděng (英 *of good quality*) ▶当店の豆腐は〜の大豆を使用しております/本店的豆腐是使用优质大豆做成的 běn diàn de dòufu shì shǐyòng yōuzhì dàdòu zuòchéng de

りょうしゃ【両者】 两者 liǎngzhě; 双方 shuāngfāng (英 *both*) ▶〜の言い分が食い違う/两者的主张不同 liǎngzhě de zhǔzhāng bùtóng ▶〜共に好成績を収めた/双方都取得了好成绩 shuāngfāng dōu qǔdéle hǎochéngjì

りょうしゅ【領主】 领主 lǐngzhǔ (英 [封建的な] *a feudal lord*)

りょうしゅう【領収する】 收到 shōudào (英 *receive*) ▶〜証/发票 fāpiào; 收据 shōujù; 收条 shōutiáo ▶〜書を出す/开发票 kāi fāpiào ▶〜(領収書で)金1万円也正に〜いたしました/现收到现金壹万日元 xiàn shōudào xiànjīn yíwàn Rìyuán ▶その代金ならもう〜済みだ/那笔钱已经收到了 nà bǐ qián yǐjīng shōudào le

りょうしゅう【領袖】 领袖 lǐngxiù; 头领 tóulǐng (英 *a leader*) ▶両派の〜間で話し合いがついたそうだ/听说两派领袖间的对话达成了妥协 tīngshuō liǎngpài lǐngxiù jiān de duìhuà dáchéngle tuǒxié

りょうじゅう【猟銃】 猎枪 lièqiāng (英 *a hunting rifle*)

りょうしょ【良書】 良书 liángshū (英 *a good book*) ▶〜を選ぶ/挑选好书 tiāoxuǎn hǎoshū

りょうしょう【了承する】 理解 lǐjiě; 同意 tóngyì (英 *understand*) ▶〜を得る/得到谅解 dédào liàngjiě ▶理事会の〜が得られなかった/没有取得理事会的同意 méiyǒu qǔdé lǐshìhuì de tóngyì

りょうじょく【凌辱する】 凌辱 língrǔ; 糟蹋 zāota (英 [侮辱する] *insult*; [女性を犯す] *violate*) ▶〜を受ける/受辱 shòurǔ ▶強者が弱者を〜してよいのか/难道强者就可以凌辱弱者吗? nándào qiángzhě jiù kěyǐ língrǔ ruòzhě ma?

りょうしん【両親】 父母 fùmǔ; 爹娘 diēniáng; 双亲 shuāngqīn (英 *one's parents*) ▶〜ともに健在です/父母均健在 fùmǔ jūn jiànzài

りょうしん【良心】 良心 liángxīn (英 *conscience*) ▶〜がうずく/歉疚 qiànjiù ▶〜に背く/昧良心 mèi liángxīn; 昧心 mèixīn ▶〜を失う/丧尽天良 sàngjìn tiānliáng ▶先方が〜な人で助かった/对方是有良心的人,真是太好了 duìfāng shì yǒu liángxīn de rén, zhēn shì tài hǎo le ▶こんな行動は私の〜が許さない/我的良心不能容忍这样的行动 wǒ de liángxīn bùnéng róngrěn zhèyàng de xíngdòng ▶彼は何か〜に恥じるところがあるらしい/他好像觉得有什么事情对良心不安 tā hǎoxiàng juéde yǒu shénme shì kuìduì liángxīn ▶その一言が彼の〜を目覚めさせた/

那句话唤醒了他的良知 nà jù huà huànxǐngle tā de liángzhī ▶〜の呵責に耐えられなかった/难以忍受良心的谴责 nányǐ rěnshòu liángxīn de qiǎnzé ▶〜の命じるところに従い,反対票を投じた/凭着良心所示投了反对票 píngzhe liángxīn suǒ shì tóule fǎnduìpiào

りょうせい【両性】 两性 liǎngxìng (英 *both sexes*) ▶婚姻は〜の合意のみに基づいて成立する/婚姻只在男女双方的同意下可以成立 hūnyīn zhǐ zài nánnǚ shuāngfāng de tóngyìxià kěyǐ chénglì

りょうせい【両棲(の)】 (英 *amphibious*) ▶〜動物/两栖动物 liǎngqī dòngwù ◆〜類;两栖类 liǎngqīlèi

りょうせい【良性】 良性 liángxìng (英 *benign*) ▶〜腫瘍/良性肿瘤 liángxìng zhǒngliú ▶幸い腫瘍は〜だった/幸运的是肿瘤是良性的 xìngyùn de shì zhǒngliú shì liángxìng de

りょうせい【寮生】 寄宿生 jìsùshēng (英 *a dormitory student*)

りょうせいばい【両成敗】 (英 *punishing both parties*) ▶けんか〜 打架双方一同受罚 dǎjià shuāngfāng yìtóng shòufá

りょうせん【稜線】 山脊线 shānjǐxiàn (英 *a ridgeline*) ▶〜がくっきりと天と地を分けている/山脊线清楚地划分出天和地 shānjǐxiàn qīngchu de huàfēnchū tiān hé dì

りょうぞく【良俗】 好风气 hǎofēngqì (英 *public decency*) ▶公序〜に反する行為/伤风败俗的行为 shāng fēng bài sú de xíngwéi

りょうそで【両袖】 〘衣服の〙 两袖 liǎngxiù (英 *both sleeves*) ▶〜机だから場所を取る/因为是两头沉写字台,所以很占地方 yīnwèi shì liǎngtóuchén xiězìtái, suǒyǐ hěn zhàn dìfang ▶私たちは舞台の〜に分かれて出番を待った/我们分在舞台的两侧,等着出场 wǒmen fēnzài wǔtái de liǎngcè, děngzhe chūchǎng

りょうだて【両建て】 〘金融〙 套利 tàolì (英 *straddling*)

りょうたん【両端】 两端 liǎngduān; 两头儿 liǎngtóur (英 *both ends*) ▶ロープの〜におもりが結びつけてある/绳子的两端系着坠子 shéngzi de liǎngduān jìzhe zhuìzi

りょうだん【両断する】 断成两截 duànchéng liǎngjié; 两断 liǎngduàn (英 *cut... in two*)

りょうち【領地】 领地 lǐngdì; 领土 lǐngtǔ (英 *a territory*) ▶ここは徳川家の〜だった/这里曾经是德川家的领地 zhèlǐ céngjīng shì Déchuānjiā de lǐngdì ▶〜の拡張につとめる/拼命扩张领地 pīnmìng kuòzhāng lǐngdì ▶ここから先は隣国の〜になる/从这儿再往前走就到邻国的领土了 cóng zhèr zài wǎng qián zǒu jiù dào línguó de lǐngtǔ le

りょうちょう【寮長】 宿舍管理人 sùshè guǎnlǐrén (英 *a dormitory superintendent*)

りょうて【両手】 两手 liǎngshǒu; 双手 shuāng-

shǒu(英 *both hands*) ▶ ~で捧げ持つ/捧 pěng; 端 duān ▶ ~両足/四肢 sìzhī ▶ 受賞と婚約、まさに~に花ですね/又得奖又订婚，真是双喜临门 yòu déjiǎng yòu dìnghūn, zhēn shì shuāng xǐ lín mén ▶ ~を広げて待っているよ/张开双手等着呢 zhāngkāi shuāngshǒu děngzhe ne ▶ (テニス)~打ち/双手握拍 shuāngshǒu wò pāi

りょうてい【料亭】 日式菜馆 Rìshì càiguǎn (英 *a Japanese-style restaurant*) ▶ 高級の女将(ｶﾐ)/高档餐馆的女老板 gāodàng cānguǎn de nǚlǎobǎn

りょうてんびん【両天秤にかける】 脚踏两只船 jiǎo tà liǎng zhī chuán (英 *try to have it both ways*) ▶ 二人の男性を~にかける/脚踏两只船，同时和两个男的好 jiǎo tà liǎng zhī chuán, tóngshí hé liǎng ge nán de hǎo

りょうど【領土】 领土 lǐngtǔ; 国土 guótǔ; 疆土 jiāngtǔ (英 *territory*) ▶ ~を割譲する/割地 gēdì ▶ ~を失う/失地 shīdì ▶ ~拡張主義/扩张主义 kuòzhāng zhǔyì ▶ 他国の~を侵してはならぬ/不得侵占他国的领土 bùdé qīnzhàn tāguó de lǐngtǔ ▶ 日本の~内に持ち込まれていた/带到日本领土内来 dàidào Rìběn lǐngtǔ nèi lái ▶ ~的野心が見え隠れする/对于领土的野心时隐时现 duìyú lǐngtǔ de yěxīn shí yǐn shí xiàn

◆~権:领土权 lǐngtǔquán

りょうどう【糧道】 粮道 liángdào (英 *a person's supplies*) ▶ ~を断たれて彼は事務所を閉じた/由于断了粮道，他关闭了事务所 yóuyú duànle liángdào, tā guānbìle shìwùsuǒ

りょうどうたい【良導体】 良导体 liángdǎotǐ (英 *a good conductor*)

りょうとうつかい【両刀遣い】 **1**【剣法】双剑法 shuāngjiànfǎ (英 *two-sword fencing*) ▶ ~の剣士は珍しい/同时使用双剑的人很少 tóngshí shǐyòng shuāngjiàn de rén hěn shǎo **2**【二つのことができる】二艺兼优 liǎng yì jiān yōu (英 *an expert in two arts*) ▶ あの人は作詞と作曲の~ができる/他既能作词又能作曲 tā jì néng zuò cí yòu néng zuò qǔ **3**【酒と甘いもの】(英 *a person who likes both alcohol and sweets*) ▶ 彼は甘辛~だ/他爱喝酒又爱吃甜东西 tā ài hē jiǔ yòu ài chī tiándōngxi

りょうどなり【両隣】 左右邻居 zuǒyòu línjū (英 *one's next-door neighbors*)

りょうにん【両人】 两人 liǎngrén (英 *the two*) ▶ ~を引き合わせたのは私です/是我撮合了他们俩 shì wǒ cuōhele tāmen liǎ ▶ よっ、御~！/好，两位驾到！ hǎo, liǎng wèi jiàdào!

りょうば【両刃の】 双刃 shuāngrèn (英 *double-edged*) ▶ ~の剣(ﾂﾙｷﾞ)/双刃剑 shuāngrènjiàn ▶ 科学技術はいつだって~の剣だ/科学技术无论什么时候都是双刃剑 kēxué jìshù wúlùn shénme shíhou dōu shì shuāngrènjiàn

りょうば【猟場】 猎场 lièchǎng (英 *a hunting ground*) ▶ あの山は絶好の~だ/那座山是极好的猎场 nà zuò shān shì jí hǎo de lièchǎng

りょうば【漁場】 渔场 yúchǎng (英 *a fishing ground*) ▶ レジャーボートに~を荒らされる/渔场遭到度假用小船的破坏 yúchǎng zāodào dùjià yòng xiǎochuán de pòhuài

りょうはし【両端】 两头 liǎngtóu; 两端 liǎngduān (英 *both ends*) ▶ ひものに鉤(ｶｷﾞ)がついている/绳子的两头带着钩 shéngzi de liǎngtóu dàizhe gōu

りょうはん【量販】 量贩 liàngfàn (英 *mass sales*) ▶ 商店街は~店に客を奪われた/商店街的客人被量贩店抢走了 shāngdiànjiē de kèrén bèi liàngfàndiàn gěi qiǎngzǒu le ▶ あの店ではパソコンの~をしている/那家店大量销售电脑 nà jiā diàn dàliàng xiāoshòu diànnǎo

りょうひ【良否】 好坏 hǎohuài; 好歹 hǎodǎi (英 *quality*) ▶ 新製品の~を評価する/评价新产品的好坏 píngjià xīnchǎnpǐn de hǎohuài ▶ ~なにしろ事の~もわきまえない連中なのだ/反正是些不知好歹的家伙们 fǎnzheng shì xiē bù zhī hǎodǎi de jiāhuomen

りょうびらき【両開きの】 向左右两面开 xiàng zuǒyòu liǎngmiàn kāi (英 *double*) ▶ ~の扉/两扇儿的门 liǎngshànr de mén ▶ 窓は~になっている/窗户是两面开的结构 chuānghu shì liǎngmiàn kāi de jiégòu

りょうふう【涼風】 清风 qīngfēng; 凉风 liángfēng (英 *a cool breeze*)

りょうぶん【領分】 **1**【領土】领域 lǐngyù; 境域 jìngyù (英 *a territory*) **2**【活動範囲】范围 fànwéi; 领域 lǐngyù (英 *one's field*) ▶ 設計は私の~ではない/设计不是我从事的领域 shèjì bú shì wǒ cóngshì de lǐngyù ▶ それはもう数学の~に入るだろう/这已属于数学范畴了吧 zhè yǐ shǔyú shùxué fànchóu le ba

りょうほう【両方】 两者 liǎngzhě; 双方 shuāngfāng (英 *both*) ▶ ~とも黙れ，你们两个都给我住嘴/你们两个都给我住嘴 nǐmen liǎngge dōu zhùzuǐ ▶ 左右~から避難を浴びる/左右受责难 zuǒyòu shòu zénàn

りょうほう【療法】 疗法 liáofǎ (英 *a remedy*) ▶ 民間~を試みる/尝试民间疗法 chángshì mínjiān liáofǎ ▶ 彼にはこの際ショック~が必要だ/现在应该给他个"刺激"疗法 xiànzài yīnggāi gěi tā ge "cìjī" liáofǎ ▶ 癌の新~を開発する/开发癌症的新疗法 kāifā áizhèng de xīnliáofǎ ▶ 食餌~が効きました/饮食疗法起到了作用 yǐnshí liáofǎ qǐdàole zuòyòng

◆化学~:化学疗法 huàxué liáofǎ 精神~:精神疗法 jīngshén liáofǎ

りょうめ【量目】 分量 fēnliàng (英 *weight*) ▶ ~をごまかす/蒙混重量 ménghùn zhòngliàng ▶ ~が足りない/分量不够 fènliàng bùgòu ▶ あの店は~不足の時が多い/那个店很多时候给的分量不足 nàge diàn hěn duō shíhou gěi de fènliàng bùzú

りょうめん【両面】 两面 liǎngmiàn (英 *both sides*) ▶ ~印刷/两面印刷 liǎngmiàn yìnshuā ▶ 物事の~を見る/看事情的两个方面 kàn shì-

qing de liǎng ge fāngmiàn ▶物心～で戦わなくてはならない/必须在物质和精神两方面进行斗争 bìxū zài wùzhì hé jīngshén liǎng fāngmiàn jìnxíng dòuzhēng
◆～テープ:双面胶带 shuāngmiàn jiāodài

りょうやく【良薬】(英 *a good medicine*)
ことわざ 良薬は口に苦し　良药苦口，忠言逆耳 liángyào kǔkǒu, zhōngyán nì'ěr

りょうゆう【両雄】(英 *two great men*)
ことわざ 両雄並び立たず　两雄不并立 liǎng xióng bú bìnglì

りょうゆう【良友】　益友 yìyǒu; 良友 liángyǒu (英 *a good friend*) ▶つくづく～に恵まれたと思う/深深地感到拥有好朋的幸运 shēnshēn de gǎndào yōngyǒu hǎopéng de xìngyùn

りょうゆう【領有する】　领有 lǐngyǒu; 占有 zhànyǒu (英 *possess*) ▶この島はかつてイギリスが～していた/这个岛屿曾经是由英国占有的 zhè ge dǎoyǔ céngjīng shì yóu Yīngguó zhànyǒu de

りょうよう【両用の】　两用 liǎngyòng (英 *for two uses*) ▶水陸～車/水陆两用车 shuǐlù liǎngyòngchē ▶晴雨～の靴/晴雨两用鞋 qíng yǔ liǎngyòngxié

りょうよう【療養する】　疗养 liáoyǎng; 养病 yǎngbìng (英 *be under medical treatment*) ▶～所/疗养院 liáoyǎngyuàn ▶この病気は自宅で～ができる/这个病可以在自己家里疗养 zhège bìng kěyǐ zài zìjǐ jiāli liáoyǎng ▶もう半年も～生活を続けている/疗养生活持续半年了 liáoyǎng shēnghuó chíxù bàn nián le
◆～費:疗养费 liáoyǎngfèi

りょうよく【両翼】　两翼 liǎngyì (英 *both wings*) ▶～のエンジンが止まった/两翼的发动机停火了 liǎngyì de fādòngjī tínghuǒ le

りょうり【料理】　菜 cài (英 *cooking*; [料理品] *a dish*) ▶～を作る,烹调 pēngtiáo; 烹饪 pēngrèn ▶～の本/菜谱 càipǔ; 食谱 shípǔ ▶～を作る/烹饪 pēngrèn ▶おいしい～を作ってあげます/给你做好吃的 gěi nǐ zuò hǎochī de ▶母は～がじょうずだ/妈妈做菜做得很好 māma zuòcài zuòde hěn hǎo ▶うまい野菜～の店/很好吃的素菜店 hěn hǎochī de sùcàidiàn ▶～はうまかったが器物はお粗末だった/东西很好吃，但餐具却很粗糙 dōngxi hěn hǎochī, dàn cānjù què hěn cūcāo ▶あんなチームは俺たちが～してやる/那样的团队，对我们来说只是一碟小菜 nàyàng de tuánduì, duì wǒmen lái shuō zhǐshì yì dié xiǎocài
◆家庭～　▶家庭～でもてなす/用家常菜招待 yòng jiāchángcài zhāodài　中華～:中国菜 Zhōngguócài　:烹饪学校:烹饪学校 pēngrèn xuéxiào　～研究家　▶テレビでおなじみの～研究家/电视上常常露面的烹饪专家 diànshìshang chángcháng lòumiàn de pēngrèn zhuānjiā　～店:菜馆 càiguǎn; 餐馆 cānguǎn　～人:厨师 chúshī; 厨子 chúzi
日中比較 「料理」を中国语では一般に「菜 cài」という。新语として日本语から「料理 liàolǐ」という

单语も入っているが，まだ一般的ではない．中国语の'料理 liàolǐ' は基本的には动词で,「ものごとを処理する」という意味．
文化 中国料理は大きく四つに分类できる．代表的な料理を挙げつつ紹介すると，'北京烤鸭 Běijīng kǎoyā'（北京ダック）の北，'大闸蟹 dàzháxiè'（上海蟹）の东，'宫保鸡丁 gōngbǎo jīdīng'（鸡肉の唐辛子炒め）の西，'蚝油鲍鱼 háoyóu bàoyú'（鲍のオイスターソース炒め）の南となる．特徴としては '东酸南甜西辣北咸 dōng suān nán tián xī là běi xián'（东は酸っぱい，南は甘い，西は辛い，北は塩辛い）といわれる．

りょうりつ【両立する】　并存 bìngcún; 两立 liǎnglì (英 *be compatible*) ▶～しない/不相容 bù xiāngróng ▶仕事と家庭を～させる/使工作和家庭相调和 shǐ gōngzuò hé jiātíng xiāng tiáohe ▶职业と学业を心に誓った/在心里发誓，要工作学习两不误 zài xīnli fāshì, yào gōngzuò xuéxí liǎng bú wù ▶倹約と消费扩大は～しない/节约和扩大消费互不相容 jiéyuē hé kuòdà xiāofèi hù bù xiāngróng

りょうりょう【寥寥たる】　寂寥 jìliáo (英 *desolate*) ▶楽隐居の身なって，今や～たるものだ/退休后能逍遥过日子的人，现在寥寥无几 tuìxiūhòu néng xiāoyáo guò rìzi de rén, xiànzài liáoliáo wújǐ

りょうわき【両脇】　两胁 liǎngxié; 两边 liǎngbiān (英 *both sides*) ▶社长の～に立つ/站在总经理的两侧 zhànzài zǒngjīnglǐ de liǎngcè ▶青年に～を支えられて家に帰り着いた/左右由年轻人搀扶着回到家里 zuǒyòu yóu niánqīngrén chānfúzhe huídào jiāli

りょかく【旅客】　旅客 lǚkè (英 *a traveler*; [乘客] *a passenger*) ▶～運賃/旅客运费 lǚkè yùnfèi ▶～列車/客运列车 kèyùn lièchē ▶～の苦情が絶えない/乘客的不满意踵而至 chéngkè de bùmǎn jiēzhǒng ér zhì ▶～サービスの向上に努める/努力提高面向旅客的服务 nǔlì tígāo miànxiàng lǚkè de fúwù

りょかくき【旅客機】　客机 kèjī (英 *a passenger plane*)
◆大型定期～:大型定期客机 dàxíng dìngqī kèjī

りょかん【旅館】　旅店 lǚdiàn; 旅馆 lǚguǎn; 旅社 lǚshè (英 *an inn*) ▶町はずれの温泉～に泊まる/在偏离街市的温泉旅馆住宿 zài piānlí jiēshì de wēnquán lǚguǎn zhùsù ▶～を経営する/经营旅馆 jīngyíng lǚguǎn ▶～の女将(おかみ)はまだ若かった/旅馆的女老板还很年轻 lǚguǎn de nǚlǎobǎn hái hěn niánqīng ▶その～は一人客でも泊めてくれる/那家旅馆一个人也可以住宿 nà jiā lǚguǎn yí ge rén yě kěyǐ zhùsù

りよく【利欲】　利欲 lìyù (英 *greed*) ▶～に目がくらむ/利令智昏 lì lìng zhì hūn ▶～のためには人をも殺すというのか/难道为了利欲连杀人的事都干吗？nándào wèile lìyù lián shārén de shì dōu gàn ma?

りょくいん【緑陰】　绿阴 lǜyīn; 树阴 shùyīn

(英 the shade of a tree)　▶～で休む/在树阴下休息 zài shùyīnxia xiūxi　▶～の囲碁というのも味なものだ/在树阴下下围棋也挺有意思的 zài shùyīnxia xià wéiqí yě tǐng yǒu yìsi de

りょくち【緑地】緑地 lǜdì (英 a green tract of land)　▶一帯/绿地带 lǜdìdài　▶わずかに残った～もマンションに変わった/仅存一点儿绿地也变成公寓了 jǐn cún de yìdiǎnr lǜdì yě biànchéng gōngyù le　◆～化：成为绿地 chéngwéi lǜdì

りょくちゃ【緑茶】绿茶 lǜchá (英 green tea)

りょくとう【緑豆】〔植物〕绿豆 lǜdòu (英 a mung bean)

りょくないしょう【緑内障】〔医〕绿内障 lǜnèizhàng (英 glaucoma)

りょけん【旅券】护照 hùzhào (英 a passport)　▶～を申請する/申请护照 shēnqǐng hùzhào　▶～を更新する/更新护照 gēngxīn hùzhào　▶有効な/有效的护照 yǒuxiào de hùzhào　▶期限の切れた～で入国をはかって捕まる/企图用过期的护照入关而被抓获 qǐtú yòng guòqī de hùzhào rùguān ér bèi zhuāhuò　▶外交～が役に立った/外交护照很有用 wàijiāo hùzhào hěn yǒuyòng

りょこう【旅行する】旅行 lǚxíng；旅游 lǚyóu (英 travel)　▶私は～が好きだ/我喜欢旅行 wǒ xǐhuan lǚxíng　▶海外～は初めてでした/海外旅行还是第一次 hǎiwài lǚxíng háishi dìyī cì　▶帰省ついでに方々へ～する/利用回家省亲的机会到各地旅游 lìyòng huíjiā shěngqīn de jīhuì dào gè dì lǚyóu　▶日本中を～して回る/在日本各地旅游 zài Rìběn gè dì lǚyóu　▶彼女はまた～に出かけていた/她又旅游去了 tā yòu lǚyóu qù le　▶京都へ～した時に彼と知り合った/去京都旅游的时候和他认识了 qù Jīngdū lǚyóu de shíhou hé tā rènshi le　▶8日間の月～/为时八天的月球旅行 wéishí bā tiān de yuèqiú lǚxíng　◆修学～：修学旅行 xiūxué lǚxíng　バス～：汽车旅行 qìchē lǚxíng　～案内：旅游向导 lǚyóu xiàngdǎo　～会社：旅行社 lǚxíngshè　～ガイド：导游 dǎoyóu　～かばん：旅行提包 lǚxíng tíbāo　～記：纪行 jìxíng；游记 yóujì　～客：旅客 lǚkè　～コース：旅程 lǚchéng　～先：先をちゃんとメモしておいてね/把要去旅游目的地好好地记下来 bǎ yào qù lǚyóu mùdìdì hǎohǎo de jìluxiàlai　▶～先でテロに遭った/在旅游的地方遭遇了恐怖活动 zài lǚyóu de dìfang zāoyùle kǒngbù huódòng　～者用小切手：旅行支票 lǚxíng zhīpiào

りょしゅう【旅愁】旅愁 lǚchóu (英 loneliness felt while on a journey)　▶～を慰める/排遣旅愁 páiqiǎn lǚchóu

りょじょう【旅情】旅情 lǚqíng (英 traveler's sentiment)　▶もともと～をそそるような土地ではない/本来就不是能激发旅情的地方 běnlái jiù bú shì néng jīfā lǚqíng de dìfang

りょそう【旅装】行装 xíngzhuāng (英 a traveling outfit)　▶～を整える/整理行装 zhěnglǐ xíngzhuāng　▶～を解く間も惜しんで連絡にあたった/连行装也来不及换下就开始联系 lián xíngzhuāng yě láibují huànxià jiù kāishǐ liánxì

りょだん【旅団】旅 lǚ (英 a brigade)　▶～長/旅长 lǚzhǎng

りょっか【緑化する】绿化 lǜhuà (英 plant trees)　▶～運動/绿化运动 lǜhuà yùndòng　▶工場周辺の～が進む/工厂周围正在推进绿化 gōngchǎng zhōuwéi zhèngzài tuījìn lǜhuà　▶我が街を住民の手で～しよう/用居民的双手，绿化我们的街区 yòng jūmín de shuāngshǒu, lǜhuà wǒmen de jiēqū

りょてい【旅程】旅程 lǚchéng (英 an itinerary)　▶厳しい～を組んだものだ/旅程安排得真紧 lǚchéng ānpáide zhēn jǐn　▶今日1日の～は500キロにのぼる/今天一天的旅程达到五百公里 jīntiān yì tiān de lǚchéng dádào wǔbǎi gōnglǐ

りょひ【旅費】旅费 lǚfèi；路费 lùfèi；盘缠 pánchán (英 traveling expenses)

リラ〔植物〕丁香 dīngxiāng；紫丁香 zǐdīngxiāng (英 a lilac)

リラ《イタリアの旧通貨単位》里拉 Lǐlā (英 a lira)

リライトする 改写 gǎixiě；改稿 gǎigǎo (英 rewrite)　▶受け取った原稿は編集部で～/在编辑部修改收到的稿子 zài biānjíbù xiūgǎi shōudào de gǎozi

リラックス 轻松 qīngsōng；放松 fàngsōng (英 relaxation)　▶君は緊張しすぎだ、もっと～しろよ/你太紧张了，再放松点儿吧 nǐ tài jǐnzhāng le, zài fàngsōng diǎnr ba

リリースする（発売）推出 tuīchū；发布 fābù (英 release)

リリーフ〔野球〕救援投手 jiùyuán tóushǒu (英 relief)　▶あのチームは～陣が充実している/那个队拥有充足的替换投手 nàge duì yōngyǒu chōngzú de tìhuàn tóushǒu　▶～する/救援 jiùyuán；援助 yuánzhù　◆～投手：救援投手 jiùyuán tóushǒu

りりく【離陸する】起飞 qǐfēi (英 take off)　▶間もなく～します/很快就要起飞了 hěn kuài jiùyào qǐfēi le　▶～直後に異変が起きた/起飞不久就出现了异常情况 qǐfēi bùjiǔ jiù chūxiànle yìcháng qíngkuàng

りりしい【凛凛しい】凛凛 lǐnlǐn；英勇 yīngyǒng (英 manly)　▶～顔立ちの青年が迎えてくれた/一位长相威严的青年来迎接我们 yí wèi zhǎngxiàng wēiyán de qīngnián lái yíngjiē wǒmen　▶旅立つ我が子が凛々しく見える/将踏上旅途的孩子显得英姿飒爽 jiāng tàshàng lǚtú de háizi xiǎnde yīngzī sàshuǎng

リリシズム 抒情味 shūqíngwèi (英 lyricism)

りりつ【利率】〔金融〕利率 lìlǜ (英 an interest rate)　▶～がよい/利率高 lìlǜ gāo　▶～を下げる/降低利率 jiàngdī lìlǜ　▶～を年9分にきめる/利率定为一年九分 lìlǜ dìngwéi yì nián jiǔ fēn

リレー（競走）接力赛 jiēlìsài；{手から手へ送り渡す}传递 chuándì (英 a relay)　▶～中継する/

りれき【履歴】 履历 lǚlì (英 *one's record*) ▶~書/履历书 lǚlìshū ▶なぜか会長は私の~にこだわった/不知为什么，会长对我的履历很在乎 bù zhī wèi shénme, huìzhǎng duì wǒ de lǚlì hěn zàihu ▶通信~が消されている/通信履历被抹消掉 tōngxìn lǚlì bèi mǒxiāodiào

りろ【理路】 理路 lǐlù; 条理 tiáolǐ (英 *logic*) ◆~整然 整然と反論した/条理清晰地进行反驳 tiáolǐ qīngxī de jìnxíng fǎnbó

りろん【理論】 理论 lǐlùn (英 *theory*) ▶~と実際は必ずしも一致しない/理论与实际不一定一致 lǐlùn yǔ shíjì bù yídìng yízhì ▶~としては結構だが実行は難しいだろう/理论上讲没有问题，但执行起来可能很难 lǐlùnshang jiǎng méiyǒu wèntí, dàn zhíxíngqǐlai kěnéng hěn nán ▶そういう浅薄な~は通用しない/这种浅薄的理论是行不通的 zhè zhǒng qiǎnbó de lǐlùn shì xíngbutōng de ▶新~を打ち出す/拿出新理论 náchū xīnlǐlùn ▶~の研究/理论研究 lǐlùn yánjiū ▶~の根拠/理论根据 lǐlùn gēnjù

◆~派：理论派 lǐlùnpài ~物理学：理论物理学 lǐlùn wùlǐxué

りん【燐】〔化学〕磷 lín (英 *phosphorus*)

りんか【隣家】 隔壁 gébì; 间壁 jiānbì; 邻居 línjū (英 *a neighboring house*)

りんかい【臨界】〔理学〕临界 línjiè (英 *criticality*) ▶~温度/临界温度 línjiè wēndù ▶~点/临界点 línjièdiǎn ▶原子炉は~状態にある/核反应堆处于临界状态 héfǎnyìngduī chǔyú línjiè zhuàngtài ▶今日第一号炉は~に達する/今天，第一号反应堆将达到临界状态 jīntiān, dìyī hào fǎnyìngduī jiāng dádào línjiè zhuàngtài

りんかい【臨海の】 临海 línhǎi (英 *seaside*) ▶~学校/海滨夏令营 hǎibīn xiàlìngyíng ▶~工業地帯/临海工业地带 línhǎi gōngyè dìdài

りんかく【輪郭】 ❶〔縁どり〕轮廓 lúnkuò (英 *an outline*) ▶顔の~/脸形 liǎnxíng ▶体の~/身体的轮廓 shēntǐ de lúnkuò ▶~のはっきりした顔立ち/线条清晰的脸庞 xiàntiáo qīngxī de liǎnpáng ❷〔概略〕概略 gàilüè (英 *an outline*) ▶事件の~は飲み込めた/掌握了事件的大概情况 zhǎngwòle shìjiàn de dàgài qíngkuàng ▶今は~を述べるにとどめる/今天只谈谈概要 jīntiān zhǐ tántan gàiyào

りんがく【林学】 林学 línxué (英 *forestry*)

りんかんがっこう【林間学校】 林间夏令营 línjiān xiàlìngyíng (英 *a camp school*)

りんき【臨機の】 随机 suíjī; 机动 jīdòng (英 *suited to the occasion*) ▶そのへんは~応変に対処してくれ/这方面需要你临机应变 zhè fāngmiàn xūyào nǐ línjī yìngbiàn ▶~の処置をとる/采取随机应变的措施 cǎiqǔ suíjī yìngbiàn de cuòshī

りんぎ【稟議】 书面请示 shūmiàn qǐngshì (英 *a system of obtaining the approval by circulating a proposal*) ▶書の作成に思わぬ時間を食った/写请示材料花费了预想不到的大量时间 xiě qǐngshì cáiliào huāfèile yùxiǎngbudào de dàliàng shíjiān

りんぎょう【林業】 林业 línyè (英 *forestry*) ▶~生産物/林产品 línchǎnpǐn ▶~の後継者不足は深刻だ/林业接班人不足的问题很严重 línyè jiēbānrén bùzú de wèntí hěn yánzhòng

リンク《スケート》滑冰场 huábīngchǎng; 溜冰场 liūbīngchǎng (英 *a rink*) ▶~一杯に自由地飞舞在整个滑冰场上 zìyóu de fēiwǔ zài zhěnggè huábīngchǎngshang

リンクする 挂钩 guàgōu; 连环 liánhuán (英 *link*)

リング ❶〔ボクシングの〕拳击场 quánjīchǎng (英 *the ring*) ▶~サイド/拳击台前排座 quánjītái qiánpáizuò ▶40歳で~に上がる/四十岁走上拳击场 sìshí suì zǒushàng quánjīchǎng ❷〔輪〕环 huán; 圈 quān (英 *a ring*) ▶《日食の》ダイヤモンド~/日环食 rìhuánshí ❸〔指輪〕戒指 jièzhi (英 *a ring*) ▶左手にエンゲージ~が輝いている/左手的婚戒闪闪发光 zuǒshǒu de hūnjiè shǎnshǎn fāguāng

りんげつ【臨月】 临月 línyuè; 临产期 línchǎnqī (英 *the last month of pregnancy*) ▶~が迫って不安を覚える/产期临近，感到不安 chǎnqī línjìn, gǎndào bù'ān

リンゲルえき【リンゲル液】〔医〕生理盐水 shēnglǐ yánshuǐ; 林格氏液 Língéshìyè (英 *Ringer's solution*) ▶~を打たれて横たわる/注射林格液后横躺着 zhùshè Língéyè hòu héngtǎngzhe

りんけん【臨検する】 现场检查 xiànchǎng jiǎnchá (英 *make an on-the-spot inspection*) ▶工場を~する/检查工厂 jiǎnchá gōngchǎng ▶~の税務署員がやってきた/进行现场检查的税务员过来了 jìnxíng xiànchǎng jiǎnchá de shuìwùyuán guòlái le

リンゴ【林檎】〔植物〕苹果 píngguǒ (英 *an apple*) ▶~ジャム/苹果酱 píngguǒjiàng ▶~の木/苹果树 píngguǒshù ▶~酒/苹果酒 píngguǒjiǔ

りんこう【燐光】 磷光 línguāng (英 *phosphorescence*) ▶~を発する/发磷光 fā línguāng

◆~塗料：磷光涂料 línguāng túliào

りんこうせき【燐鉱石】〔鉱物〕磷矿石 línkuàngshí (英 *phosphate rock*)

りんごく【隣国】 邻邦 línbāng; 邻国 línguó (英 *a neighboring country*) ▶~なのに交流が乏しい/虽为邻国，但却缺乏交流 suī wéi línguó, dàn què quēfá jiāoliú

りんさく【輪作】 轮作 lúnzuò; 轮种 lúnzhòng (英 *crop rotation*)

りんさん【燐酸】〔化学〕磷酸 línsuān (英 *phosphoric acid*) ▶ ～肥料/磷肥 línféi
◆～石灰/磷酸石灰 línsuān shíhuī

りんじ【臨時】临时 línshí; 暂行 zànxíng (英 [仮の] *temporary*; [特別な] *special*) ▶ ～収入/外快 wàikuài ▶ ～ニュースをお伝えします/现在报道临时新闻 xiànzài bàodào línshí xīnwén ▶ ～列車を仕立てて帰省客を運ぶ/增设临时列车，运送回乡的人 zēngshè línshí lièchē, yùnsòng huíxiāng de rén ▶ 都合により本日より3日間～休業いたします/因有事，从本日起临时休业三天 yīn yǒushì, cóng běn rì qǐ línshí xiūyè sān tiān ▶ ～予算を組む/制定临时预算 zhìdìng línshí yùsuàn ▶ ～国会を召集する/召集临时国会 zhàojí línshí guóhuì
◆～政府/临时政府 línshí zhèngfǔ ～雇い/短工 duǎngōng

りんしつ【隣室】隔壁 gébì (英 *the next room*) ▶ ～の客のいびきがかすかに聞こえる/隐约传来隔壁客人的鼾声 yǐnyuē chuánlái gébì kèrén de hānshēng

りんしゃ【臨写する】临摹 línmó (英 *copy*)

りんじゅう【臨終】临终 línzhōng; 临死 línsǐ (英 *one's hour of death*) ▶ 心安らかに迎えたい/想安然地迎来临终时刻 xiǎng ānrán de yínglái línzhōng shíkè ▶ 父の～に立ち会う/在床边守候父亲的临终 zài chuángbiān shǒuhòu fùqīn de línzhōng ▶ ～の言葉/临终前的遗言 línzhōngqián de yíyán

りんしょ【臨書】临帖 líntiè (英 *write after a model*) ▶ 雨の日に家で～に励む/下雨天在家专心临帖 xiàyǔtiān zàijiā zhuānxīn líntiè

りんしょう【輪唱する】〔音楽〕轮唱 lúnchàng (英 *sing a round*)

りんしょう【臨床】临床 línchuáng (英 *clinical*) ▶ ～検査/临床检查 línchuáng jiǎnchá ▶ ～医/临床医生 línchuáng yīshēng ▶ 病室で～尋問が行われた/在病室进行了临床询问 zài bìngshì jìnxíngle línchuáng xúnwèn
◆～医学/临床医学 línchuáng yīxué ～実験/临床实验 línchuáng shíyàn ～心理学/临床心理学 línchuáng xīnlǐxué

りんじょう【輪状の】环形 huánxíng (英 *ring-shaped*)

りんじょうかん【臨場感】身临其境之感 shēn lín qí jìng zhī gǎn (英 *presence*) ▶ あふれる報告だった/让人感到身临其境的报告 ràng rén gǎndào shēn lín qí jìng de bàogào ▶ 劇場にいるような～がある/有一种亲临剧场的感觉 yǒu yì zhǒng qīnlín jùchǎng de gǎnjué

りんしょく【吝嗇】吝啬 lìnsè (英 *parsimony*) ▶ ～家/吝啬鬼 lìnsèguǐ

りんじん【隣人】街坊 jiēfang; 邻家 línjiā; 邻居 línjū (英 *a neighbor*) ▶ ～愛/爱护邻居的心 àihù línjū de xīn ▶ ～のよしみで声援を送ろう/出于近邻之情，进行声援吧 chūyú jìnlín zhī qíng, jìnxíng shēngyuán ba

リンス 护发素 hùfàsù; 润丝 rùnsī (英 *rinse*) ▶ 髪を～する/给头发抹上护发素 gěi tóufa mǒshàng hùfàsù ▶ あれっ，～が切れてる/啊，护发素用没了 a, hùfàsù yòngméi le

りんず【綸子】〔布地〕绫子 língzi (英 *figured satin*)

りんせき【臨席する】莅临 lìlín; 出席 chūxí (英 *be in attendance*) ▶ 市長の～をあおいで卒園式は行われた/在市长亲临之下举行了幼儿园的毕业典礼 zài shìzhǎng qīnlín zhīxià jǔxíngle yòu'éryuán de bìyè diǎnlǐ ▶ 当日は社長も～する/当天总经理也会到场 dàngtiān zǒngjīnglǐ yě huì dàochǎng

りんせつ【隣接する】邻接 línjiē; 毗连 pílián (英 *adjoin*) ▶ ～地域の了解が得られていない/没有得到相邻地区的同意 méiyǒu dédào xiānglín dìqū de tóngyì ▶ ～する分野についてもよく知っている/对于相邻领域也知道得很深 duìyú xiānglín lǐngyù yě zhīdàode hěn shēn

りんせん【臨戦】临战 línzhàn (英 *presence at a battle*) ▶ 軍に～態勢をとらせる/让军队做好临战准备 ràng jūnduì zuòhǎo línzhàn zhǔnbèi

リンチ 私刑 sīxíng (英 *a lynching*) ▶ ～を加える/施加私刑 shījiā sīxíng

りんてんき【輪転機】〔印刷〕轮转印刷机 lúnzhuàn yìnshuājī (英 *a rotary press*) ▶ すでに～は回っていて修正できない/印刷机已经开动，无法修正 yìnshuājī yǐjīng kāidòng, wúfǎ xiūzhèng

りんと【凛と】凛然 lǐnrán; 凛冽 lǐnliè (英 *dignified*)

りんどう【林道】林间道路 línjiān dàolù (英 *a path through a forest*) ▶ 倒木が～をふさいだ/倒下的树木把路给堵了 dǎoxià de shùmù bǎ lù gěi dǔ le

リンドウ【竜胆】〔植物〕龙胆 lóngdǎn (英 *a gentian*)

りんどく【輪読する】轮流讲读 lúnliú jiǎngdú (英 *read... by turns*) ▶ 午後は聖書の～会だ/下午是圣经轮流朗读会 xiàwǔ shì Shèngjīng lúnliú lǎngdúhuì ▶ 有志で『万葉集』を～する/一些志趣相同的人轮流讲读《万叶集》 yìxiē zhìqù xiāngtóng de rén lúnliú jiǎngdú《Wànyèjí》

りんね【輪廻】轮回 lúnhuí (英 *transmigration*)

リンネル〔布地〕亚麻布 yàmábù (英 *linen*)

リンパ〔生理〕淋巴 línbā (英 *lymph*) ▶ ～液/淋巴液 línbāyè ▶ ～腺/淋巴腺 línbāxiàn ▶ ～腺が腫れている/淋巴腺肿大 línbāxiàn zhǒngdà

りんばん【輪番】轮番 lúnfān; 轮流 lúnliú; 轮班 lúnbān (英 *turn*) ▶ ～制/轮番制 lúnfānzhì ▶ 部屋の掃除は～でやる/轮流打扫房间 lúnliú dǎsǎo fángjiān ▶ 議長は～になっている/主席采用轮班制 zhǔxí cǎiyòng lúnliúzhì

りんびょう【淋病】〔医〕淋病 lìnbìng (英 *gonorrhoea*)

りんぼく【林木】山里的树 shānli de shù (英 *a forest tree*) ▶ 大量に～を切り出す/大量采伐运出山里的树木 dàliàng cǎifá yùnchū shānli de

りんや【林野】 林野 línyě (英 forests and fields) ◆-庁/林野庁 línyětīng

りんらく【淪落する】 沉沦 chénlún; 沦落 lúnluò (英 ruin oneself) ▶ゴミをあさって生きるまでに~した/沦落到以淘垃圾谋生 lúnluòdào yǐ táo lājī móushēng

りんり【倫理】 伦理 lúnlǐ (英 ethics) ▶政治~/政治伦理 zhèngzhì lúnlǐ ▶-学/伦理学 lúnlǐxué ▶そういう行為は記者の~に背く/这样的行为违背记者的伦理 zhèyàng de xíngwéi wéibèi jìzhě de lúnlǐ ▶職業~/职业伦理 zhíyè lúnlǐ

りんりつ【林立する】 林立 línlì (英 bristle with...) ▶ビルが~している/大厦林立 dàshà línlì

りんりん【ベルなどの音】 铃铃 línglíng; 【玉などの触れあう音】玲玎玲玎 língdīnglíngdīng;【虫の音】唧唧 jījī (英 jingling) ▶鈴虫が~鳴いている/金钟儿在唧唧地叫 jīnzhōngr zài jījī de jiào

る

ルアー 诱饵 yòu'ěr (英 a lure) ▶~フィッシング/诱饵钓鱼 yòu'ěr diàoyú

るい【累】 连累 liánlei; 牵累 qiānlèi (英 trouble; an evil influence) ▶家族に~を及ぼす/连累家人 liánlěi jiārén ▶同僚に~が及んだ/累及同事 lěijí tóngshì ▶他に~が及ぶ/累及他人 lěijí tārén

るい【塁】 〔野球〕垒 lěi (英 a base) ▶三~を踏ませない/不让踩三垒 bú ràng cǎi sānlěi ▶彼が単打で~に出たあと僕が四球で続いた/在他一垒打出垒后，我随后以四球接续 zài tā yīlěidǎ chū lěi hòu, wǒ suíhòu yǐ sìqiú xiāngjiē

◆二~手 | 二垒手 èrlěishǒu 本~打 | 全垒打 quánlěidǎ

るい【類】 种类 zhǒnglèi (英 a kind; a sort) ▶ビタミン~/维生素之类 wéishēngsù zhī lèi ▶犬，猫と~なら飼ってもよい/猫狗之类是可以饲养的 māo gǒu zhī lèi shì kěyǐ sìyǎng de ▶それは泥棒を見て縄をなうの~だ/这类似于临阵磨枪 zhè lèisì yú lín zhèn mó qiāng ▶こういう寺院は他に~がない/这样的寺院绝无仅有 zhèyàng de sìyuàn jué wú jǐn yǒu

~は友を呼ぶ 物以类聚 wù yǐ lèi jù; 臭味相投 chòuwèi xiāng tóu

るいか【累加する】 累加 lěijiā; 累积 lěijī (英 increase progressively) ▶年々赤字が~する/赤字年年累加 chìzì niánnián lěijiā

るいぎご【類義語】 ⇨るいご (類語)

るいけい【累計】 累计 lěijì (英 the cumulative total) ▶経費は~/累计经费 lěijì jīngfèi

るいけい【類型】 类型 lèixíng; 〔類型的な〕概念化的 gàiniànhuà de (英 a stereotype) ▶三つの~にまとめることができる/可以归纳为三种类型 kěyǐ guīnàwéi sān zhǒng lèixíng ▶~的な小説ばかり集まった/收集的小说都是没有个性的 shōují de xiǎoshuō dōu shì méiyǒu gèxìng de

るいご【類語】 类义词 lèiyìcí (英 a synonym) ▶~辞典/同义词词典 tóngyìcí cídiǎn

るいじ【類似】 类似 lèisì; 相近 xiāngjìn; 相似 xiāngsì (英 similarity; resemblance) ▶両者は性格がはなはだしく~している/两者性格非常相似 liǎngzhě xìnggé fēicháng xiāngsì

◆~点 | 类似点 lèisìdiǎn ▶漱石の小説との一点が今一つある/与漱石小说的类似点还有一个 yǔ Shùshí de xiǎoshuō de lèisìdiǎn háiyǒu yí ge ~品 | ~品に御注意下さい/请注意类似商品 qǐng zhùyì lèisì shāngpǐn

るいしょ【類書】 同类的书 tónglèi de shū (英 similar books) ▶他に~がない/没有别的同类的书 méiyǒu bié de tónglèi de shū

るいしょう【類焼する】 延烧 yánshāo (英 catch fire from next door) ▶~を防ぐ/防延烧 fáng yánshāo ▶~は免れたもののしばらくは住めない/虽然免遭延烧，但一时还不能住 suīrán miǎn zāo yánshāo, dàn yīshí hái bùnéng zhù ▶その火事で我が家も~した/这场大火蔓延烧到我家 zhè chǎng dàhuǒ mànyán shāodào wǒ jiā

るいじょう【累乗】 〔数〕乘方 chéngfāng; 幂 mì (英 involution)

るいしん【累進する】 累进 lěijìn; 递增 dìzēng (英 be promoted from one position to another) ▶~課税/累进税 lěijìnshuì ▶税率は~的に高くなる/税率随着收入的增加而递增 shuìlǜ suízhe shōurù de zēngjiā ér dìzēng ▶30年経って彼は次官に~した/经过三十年，他晋升到副部长 jīngguò sānshí nián, tā jìnshēngdào fùbùzhǎng

るいしん【塁審】 〔野球〕司垒裁判员 sīlěi cáipànyuán (英 a base umpire)

るいじんえん【類人猿】 类人猿 lèirényuán (英 an anthropoid ape)

るいすい【類推】 类比 lèibǐ; 类推 lèituī (英 an analogy) ▶~を働かせる/触类旁通 chù lèi páng tōng ▶過去の例から~する/从过去的例子类推 cóng guòqù de lìzi lèituī ▶~によって誤った解釈をする/根据类推做了错误的解释 gēnjù lèituī zuòle cuòwù de jiěshì

るいする【類する】 类似 lèisì; 相似 xiāngsì (英 be similar to...) ▶これに~事件は他にいくらもある/与此类似的事件还有好几起 yǔ cǐ lèisì de shìjiàn háiyǒu hǎojǐ qǐ

るいせき【累積する】 累积 lěijī (英 accumulate) ▶~赤字/累积赤字 lěijī chìzì ▶~した債務にどう対処するのか/累积起来的债务应该如何处理呢 lěijīqǐlai de zhàiwù yīnggāi rúhé chǔlǐ ne

るいせん【涙腺】 〔解〕泪腺 lèixiàn (英 the lachrymal gland; a tear duct) ▶~が弱い/爱流泪 ài liúlèi

るいだい【累代の】 累世 lěishì; 历代 lìdài (英 successive generations) ▶この壺は~の家宝であ

る/这个罐子是世代相传的传家宝 zhège guànzi shì shìdài chuánchuán de chuánjiābǎo

るいべつ【類別する】 类别 lèibié; 分门别类 fēn mén bié lèi (英 classify; assort) ▶ ~类似资料 lèibié zīliào ▶ 標本の~には苦労した/在标本的类别方面大费苦心 zài biāoběn de lèibié fāngmiàn dà fèi kǔxīn

るいらん【累卵】 ~の危うき 危如累卵 wēi rú lěi luǎn

るいるい【累累たる】 累累 lěilěi; 成堆地 chéngduī de (英 in heaps) ▶ 死体が~と横たわっていた/尸体累累横陈 shītǐ léiléi héngchén

るいれい【類例】 类似的例子 lèisì de lìzi (英 an example; a parallel case) ▶ 過去に~を見ない市民運動だった/史无前例的市民运动 shǐ wú qiánlì de shìmín yùndòng ▶ これは他に~のない作品である/这是别无他类的作品 zhè shì bié wú tā lèi de zuòpǐn

ルー 〔料理〕黄油面酱 huángyóu miànjiàng (英 roux)

ルーキー 新来者 xīnláizhě; 新生 xīnshēng; 新秀 xīnxiù (英 a rookie) ▶ あれが鳴り物入りで入団した期待の~だ/他就是大张旗鼓入团的身负众望的新生 tā jiù shì dà zhāng qí gǔ rùtuán de shēn fù zhòngwàng de xīnshēng

ルージュ 〔口红〕唇膏 chúngāo; 口红 kǒuhóng (英 rouge)

ルーズ 散漫 sǎnmàn; 松懈 sōngxiè;〈ふるまいが〉放荡 fàngdàng (英 loose) ▶ うちは銭金に~な人間は採らない/我们不采用在金钱方面随便便的人 wǒmen bù cǎiyòng zài jīnqián fāngmiàn suísuíbiànbiàn de rén ▶ 検査が~だからこんな事態になるのだ/因为检查松懈，才导致了这样的事态 yīnwèi jiǎnchá sōngxiè, cái dǎozhì zhèyàng de shìtài ▶ あいつは全く時間に~で困るよ/他在时间方面很散漫,真让人为难 tā zài shíjiān fāngmiàn hěn sǎnmàn, zhēn ràng rén wéinán

ルーズリーフ 活页 huóyè (英 loose-leaf) ▶ ~ノート/活页笔记本 huóyè bǐjìběn

ルーツ 根 gēn; 起源 qǐyuán (英 roots) ▶ すき焼きの~を尋ねる/追寻日式火锅的起源 zhuīxún Rìshì huǒguō de qǐyuán ▶ 日本人の~はどこに求められるか/日本人的起源可以追溯到哪里 Rìběnrén de qǐyuán kěyǐ zhuīsùdào nǎli

ルート ❶〔平方根〕根 gēn; 根号 gēnhào (英 a root) ❷〔道筋〕路线 lùxiàn; 途径 tújìng (英 a route; a channel) ▶ 密輸~をおさえる/掌控走私渠道 zhǎngkòng zǒusī qúdào ▶ 外交~を通じて申し入れる/通过外交途径提出希望 tōngguò wàijiāo tújìng tíchū xīwàng

ループ 圈 quān; 环 huán (英 a loop) ▶ ~タイ/绳状领带 shéngzhuàng lǐngdài

ルーフィング 〔屋根ふき材料〕盖屋顶的材料 gài wūdǐng de cáiliào (英 roofing)

ルーフガーデン 屋顶花园 wūdǐng huāyuán (英 a roof garden)

ルーブル 《ロシアの通貨》卢布 Lúbù (英 a rouble)

ルーブルびじゅつかん【ルーブル美術館】 (英 the Louvre) 罗浮宫博物馆 Luófúgōng bówùguǎn

ルーペ 放大镜 fàngdàjìng; 凸透镜 tūtòujìng (英 a loupe; a small magnifier)

ルーマニア 罗马尼亚 Luómǎníyà (英 Rumania) ▶ ~人/罗马尼亚人 Luómǎníyàrén

ルーム 房间 fángjiān; 室 shì (英 a room) ▶ 朝食は~サービスを頼んだ/早餐请人送到房间里 zǎocān qǐng rén sòngdào fángjiānli ▶ 彼とは3年間～メートだった/我和他同宅住了三年 hé tā tóngshì zhùle sān nián ▶ 僕はワン～マンションに住んでいる/我住在一居室的公寓里 wǒ zhùzài yī jūshì de gōngyùli ▶ リビング~から山が良く見える/从起居室可以清楚地看到山 cóng qǐjūshì kěyǐ qīngchu de kàndào shān

◆~クーラー/室内冷气设备 shìnèi lěngqì shèbèi ~チャージ/住宿费 zhùsùfèi

ルール 規則 guīzé; 章程 zhāngchéng (英 a rule) ▶ 今のプレーを~に違反している/刚才的动作犯规了 gāngcái de dòngzuò fànguī le ▶ 国際~がまた変わる/国际规则又要变 guójì guīzé yòu yào biàn ▶ ~を守って競技をする/遵循规则进行比赛 zūnxún guīzé jìnxíng bǐsài

ルーレット 轮盘赌 lúnpándǔ (英 roulette) ▶ ~でもうける/在轮盘赌上赢钱 zài lúnpándǔshang yíng qián

ルクス 〔物理〕勒克司 lēikèsī (英 a lux)

るけい【流刑】 流刑 liúxíng; 发配 fāpèi (英 exile) ▶ ~にする/发放 fàngzhú ▶ 地/流刑地 liúxíngdì ▶ 彼はいま離島に~の身である/他现在被流放到孤岛上 tā xiànzài bèi liúfàngdào gūdǎoshang

るざい【流罪】 发配 fāpèi; 流放罪 liúfàngzuì (英 exile) ▶ 謀反人に~を言い渡す/判谋反的人以流放刑 pàn móufǎn de rén yǐ liúfàngxíng

るす【留守】 不在家 bú zàijiā (英 absence) ▶ ~を預かる/负责看家 fùzé kānjiā ▶ 2, 3 日~にする/两三天不在家 liǎng sān tiān bú zàijiā ▶ 彼は大阪に出張中で~だった/他在大阪出差, 现在不在家 tā zài Dàbǎn chūchāi, xiànzài bú zàijiā ▶ ~中いろいろなことがありました/不在家的时候, 发生了很多事 bú zàijiā de shíhou, fāshēngle hěn duō shì

居~を使う 假装不在家 jiǎzhuāng bú zàijiā

るすばん【留守番】 看家 kānjiā (英 housesitting) ▶ ~を頼む/委托看家 wěituō kānjiā ▶ ~電話/留言电话 liúyán diànhuà ▶ 別荘には~の夫婦がいる/别墅由看家的夫妇照管 biéshù yóu kānjiā de fūfù zhàoguǎn ▶ 君が復帰するまで私が~をするよ/在你回来以前, 我会帮你守家的 zài nǐ huílái yǐqián, wǒ huì bāng nǐ shǒu jiā de

ルックス 容貌 róngmào; 外观 wàiguān (英 looks) ▶ 息子は~がいいからもてるらしい/儿子长得好看, 看来很受欢迎 érzi zhǎngde hǎokàn,

るつぼ【坩堝】 《容器》坩埚 gāngguō;《比喩的に》;熔炉 rónglú, 旋涡 xuánwō (英 *a melting pot*) ▶アメリカ社会は人種の〜である/美国社会是一个种族的大熔炉 Měiguó shèhuì shì yí ge zhǒngzú de dà rónglú ▶場内は興奮の〜と化した/场内化为一片欢腾 chǎngnèi huàwéi yí piàn huānténg

るてん【流転する】 流转 liúzhuǎn; 变迁 biànqiān (英 *change continually*) ▶万物は〜する/万物变化 wànwù biànhuà

日中比較 中国語の'流转 liúzhuǎn'は「流転する」他に商品や資金が「回転する」ことをも指す。

ルネッサンス 文艺复兴 wényì fùxīng (英 *the Renaissance*) ▶絵画は〜を経てどう変わったか/经过文艺复兴之后, 绘画有了什么变化? jīngguò wényì fùxīng zhīhòu, huìhuà yǒule shénme biànhuà?

ルビ 《印刷》注音假名 zhùyīn jiǎmíng (英 *a ruby*) ▶氏名に〜を振る/在姓名上标注读音 zài xìngmíngshang biāozhù dúyīn ▶図書が総〜らいのに/图书上都有读音标注就好了 túshūshang dōu yǒu dúyīn biāozhù jiù hǎo le

ルビー 〔鉱物〕红宝石 hóngbǎoshí (英 *a ruby*) ▶彼女は〜の指輪をはめていた/她戴着红宝石戒指 tā dàizhe hóngbǎoshí jièzhi

ルピー 《インドなどの通貨単位》卢比 Lúbǐ (英 *a rupee*)

るふ【流布する】 流布 liúbù; 流传 liúchuán (英 *circulate; spread*) ▶本/通行本 tōngxíngběn ▶その本は広く〜している/那本书广为流传 nà běn shū guǎng wéi liúchuán ▶ある説がたちまち世間に〜していった/这个说法立即在社会上流传开 zhège shuōfǎ lìjí zài shèhuìshang liúchuánkāi

ルポ 现地报告 xiàndì bàogào; 当地报道 dāngdì bàodào (英 *report*) ▶生々しい現場〜が新聞に載っている/逼真的实地报道刊载到报纸上 bīzhēn de shídì bàodào kānzàidào bàozhǐshang

ルポライター 采访记者 cǎifǎng jìzhě; 纪实作家 jìshí zuòjiā (英 *a repotage writer*) ▶〜が取材に訪れた/采访记者来采访 cǎifǎng jìzhě lái cǎifǎng

ルポルタージュ 报告文学 bàogào wénxué; 特写 tèxiě (英 *reportage*)

るみん【流民】 流浪之民 liúlàng zhī mín; 难民 nànmín (英 *refugees*)

るり【瑠璃】 琉璃 liúli (英 *lapis lazuli*) ▶〜瓦/琉璃瓦 liúliwǎ ▶見上げると〜色の空が澄み渡っていた/抬头仰望, 琉璃色的天空万里无云 táitóu yǎngwàng, liúlísè de tiānkōng wànlǐ wú yún

～も玻璃も照らせば光る 琉璃和玻璃碰到阳光都会发光 liúli hé bōli pèngdào yángguāng dōu huì fāguāng; 有才能的人都会有机会发挥各自的能力 yǒu cáinéng de rén dōu huì yǒu jīhuì fāhuī gèzì de nénglì

るる【縷縷】 缕缕 lǚlǚ; 详详细细地 xiángxiángxìxì de (英 *minutely*) ▶事の次第を〜説明する/缕述事件的原委 lǚshù shìjiàn de yuánwěi

ろろう 【流浪する】 流浪 liúlàng; 漂泊 piāobó (英 *wander about; rove*) ▶〜の民/漂泊之民 piāobó zhī mín ▶各地を〜する/四处漂泊 sìchù piāobó ▶〜の旅を重ねるうちに季節が巡った/在流浪的旅程中, 又迎来新一轮的季节变换 zài liúlàng de lǚchéng zhōng, yòu yínglái xīn yì lún de jìjié biànhuàn ▶シューマン作曲「〜の民」/舒曼作曲的《流浪者》 Shūmàn zuòqǔ de 《Liúlàngzhě》

ルンバ 《音楽》伦巴 lúnbā (英 *rumba*) ▶〜を踊る/跳伦巴舞 tiào lúnbāwǔ

ルンペン 流浪者 liúlàngzhě; 失业者 shīyèzhě (英 *a loafer*) ▶行きつく先が〜暮らしだなんて…/说什么走到头就是无家可归的生活… shuō shénme zǒudàotóu jiùshì wú jiā kě guī de shēnghuó…

れ

レ 〔音楽〕来 lái《ドレミ音階の第2音》(英 *re*) ▶ドと〜の音が出ない/"多"和"来"的音阶发不出来 "duō" hé "lái" de yīnjiē fābuchūlái

レアメタル 稀有金属 xīyǒujīnshǔ (英 *rare metal*)

れい【礼】 ❶〖規範・作法〗礼 lǐ; 礼貌 lǐmào (英 *manners*) ▶〜に背く/违反礼节 wéifǎn lǐjié ▶〜をわきまえない/不懂礼貌 bùdǒng lǐmào ▶〜を尽くす/尽到礼节 jìndào lǐjié ▶途中で退席するのは〜を欠く/中途退席有悖礼节 zhōngtú tuìxí yǒu bèi lǐjié ▶〜を失しない程度でできるだけ早く退席した/在不失礼的情况下尽早退席了 zài bù shīlǐ de qíngkuàngxia jǐnzǎo tuìxí le

❷〖感謝・謝意〗谢谢 xièxiè (英 *thanks*) ▶〜を言う/道谢 dàoxiè ▶〜を述べる/致谢 zhìxiè ▶お〜の申し上げようもありません/不胜感激 búshèng gǎnjī

❸〖謝礼〗礼 lǐ; 礼品 lǐpǐn ▶これしきのことで〜をもらうわけにはいかない/这种区区小事不足为谢 zhè zhǒng qūqū xiǎoshì bùzú wéi xiè ▶お〜はいたしますから手を貸して下さい/帮帮忙, 我会感谢你的 bāngbang máng, wǒ huì gǎnxiè nǐ de

❹〖お辞儀〗敬礼 jìnglǐ;《最敬礼》鞠躬 jūgōng (英 *a bow*)

…のお〜として 作为…的谢礼 zuòwéi…de xièlǐ
〜をする 行礼 xínglǐ; 施礼 shīlǐ ▶帽子をとって〜をする/摘下帽子行礼 zhāixià màozi xínglǐ ▶客席に向かって深々と〜をした/面向观众席, 深深地行礼 miànxiàng guānzhòngxí, shēnshēn de xíng lǐ

れい【例】 ❶〖実例・先例〗例子 lìzi; 事例 shìlì (英 *an example; a precedent*) ▶〜を引く/引例 yǐn lì ▶そんな〜は今までにない/这样的例子是未

曾有的 zhèyàng de lìzi shì wèicéng yǒu de ▶これは若いうちに勉強せねばならないというよい〜だ/这是一个很好的例子，说明年轻的时候得学习 zhè shì yí ge hěn hǎo de lìzi, shuōmíng niánqīng de shíhou děi xuéxí ▶自分の経験を〜に持ち出すのは何だが…/自己的经验并不值得作为例子来讲，不过… zìjǐ de jīngyàn bìng bù zhíde zuòwéi lìzi lái jiǎng, búguò… ❷【慣例】惯例 guànlì；习惯 xíguàn (英 *a custom*) ▶先生は〜になく厳しい表情で教室に入ってきた/老师显露出与往常不同的严肃表情，走进了教室 lǎoshī xiǎnlùchū yǔ wǎngcháng bùtóng de yánsù biǎoqíng, zǒujìnle jiàoshì ▶彼らは〜の場所に集合した/他们在老地方集合 tāmen zài lǎodìfang jíhé

〜にならう 援例 yuánlì ▶過去の〜にならうと現在の傾向は長続きしない/从过去的例子来看，现在的倾向不会长期继续下去 cóng guòqù de lìzi lái kàn, xiànzài de qīngxiàng búhuì chángqī jìxùxiàqu

〜によって 照例 zhàolì ▶彼は〜によってつまらぬ質問をした/他跟往常一样提了无聊的问题 tā gēn wǎngcháng yíyàng tíle wúliáo de wèntí

〜を挙げる 举例 jǔ lì ▶一〜を挙げれば/举一个例子来说明的话 jǔ yí ge lìzi lái shuōmíng dehuà

れい【零】 零 líng (英 *zero*) ▶《電話で》203-1009番/二零三幺零零九 èr líng sān yāo líng líng jiǔ ▶0.5/零点五 líng diǎn wǔ ▶〜が7つ並ぶほどの報酬を得る/得到了七个零连在一起的高额报酬 dédàole qī ge líng liánzài yìqǐ de gāo'é bàochóu

れい【霊】 灵魂 línghún (英 *the spirit*) ▶祖先の〜を祭る/祭祀祖先之灵 jìsì zǔxiān zhī líng ▶〜と肉/灵与肉 líng yǔ ròu ▶戦没者の〜を慰める/安抚阵亡者的灵魂 ānfǔ zhènwángzhě de línghún

レイ 《ハワイの》花环 huāhuán (英 *a lei*) ▶首に〜を掛けてもらう/脖子上被挂上一个花环 bózishang bèi guàshàng yí ge huāhuán

レイアウトする 《割り付け》编排 biānpái; 版面设计 bǎnmiàn shèjì; 《配置》布置 bùzhì (英 *lay out*) ▶紙面の〜がよい/版面设计得很好 bǎnmiàn shèjìde hěn hǎo ▶オフィスの〜を変える/改变办公室的样式 gǎibiàn bàngōngshì de yàngshì

れいあんしつ【霊安室】 太平间 tàipíngjiān (英 *a mortuary*)

れいえん【霊園】 陵园 língyuán; 公墓 gōngmù (英 *a cemetery*)

レイオフ 临时解雇 línshí jiěgù; 下岗 xiàgǎng (英 *a layoff*) ▶半数の従業員が〜された/职工的一半被解雇 zhígōng de yíbàn bèi jiěgù

れいか【冷夏】 冷夏 lěngxià (英 *a cool summer*) ▶天気予報によると今年は〜らしい/天气预报说，今年可能是冷夏 jīnnián kěnéng shì lěngxià ▶〜の影響でエアコンの販売が伸び悩んでいる/受冷夏的影响，空调销路不好 shòu lěngxià de yǐngxiǎng, kōngtiáo xiāolù bùhǎo

れいか【零下】 零下 língxià (英 *below zero*) ▶〜20度/零下二十度 língxià èrshí dù ▶昨日の最低気温は〜7度だった/昨天的最低气温是零下七度 zuótiān de zuìdī qìwēn shì língxià qī dù

れいかい【例会】 常会 chánghuì; 例会 lìhuì (英 *a regular meeting*) ▶〜に出席する/出席例会 chūxí lìhuì ▶毎月の〜/每月的例会 měiyuè de lìhuì ▶〜の知らせが来た/得到例会的通知 dédào lìhuì de tōngzhī

れいかい【例解する】 举例解释 jǔlì jiěshì (英 *explain*)

れいかい【霊界】 阴间 yīnjiān; 冥府 míngfǔ (英 *the spiritual world*)

れいがい【冷害】 冻害 dònghài; 冻灾 dòngzāi (英 *cold-weather damage*) ▶〜を受ける/遭受冻灾 zāoshòu dòngzāi ▶この地方では〜が多い/这个地方冻灾较多 zhège dìfang dòngzāi jiào duō ▶〜対策の手引き/冻害防范指南 dònghài fángfàn zhǐnán

れいがい【例外の】 例外 lìwài (英 *exceptional*) ▶〜なしに/一律 yílǜ; 无一例外 wú yí lìwài ▶〜を作る/破例 pòlì ▶〜を認める/准许例外 zhǔnxǔ lìwài ▶何事にも〜がある/什么事都有例外 shénme shì dōu yǒu lìwài ▶特別の理由がない限り〜は認められない/除非有特殊的理由，不能承认例外 chúfēi yǒu tèshū de lǐyóu, bùnéng chéngrèn lìwài ▶君の場合は〜としよう/把你的情况作为例外 bǎ nǐ de qíngkuàng zuòwéi lìwài ▶〜のない規則はない/不存在没有例外的规则 bù cúnzài méiyǒu lìwài de guīzé ▶こんな天気は〜で，普通のことではない/这样的天气属于例外，不是通常的情况 zhèyàng de tiānqì shǔyú lìwài, bú shì tōngcháng de qíngkuàng

れいかん【霊感】 灵感 línggǎn (英 *an inspiration*) ▶〜が働く/灵机一动 líng jī yí dòng ▶〜を受ける/得到灵感 dédào línggǎn ▶大自然に囲まれている時を〜を感じた/身处大自然时，感觉到灵感 shēn chù dàzìrán shí, gǎnjuédào línggǎn

れいき【冷気】 冷气 lěngqì; 寒气 hánqì (英 *chill*) ▶朝の〜/早上的凉气 zǎoshang de liángqì ▶洞穴の中は真夏でも〜を感じる/在洞穴中，即使是盛夏也感到阴冷 zài dòngxué zhōng, jíshǐ shì shèngxià yě gǎndào yīnlěng

[日中比较] 中国語の'冷气 lěngqì'は「冷たい空気」の他に「冷房装置」をも指す．

れいぎ【礼儀】 礼节 lǐjié; 礼貌 lǐmào (英 *courtesy; good manners*) ▶〜正しい/端正 duānzhèng; 恭敬 gōngjìng ▶〜にかなった/合乎礼节 héhū lǐjié ▶〜をわきまえない/不讲礼貌 bù jiǎng lǐmào ▶それは昔からの〜の一つだ/那是一个传统礼仪 nà shì yí ge chuántǒng lǐyí ▶目上には会釈するのが〜だ/向长辈点头致意是一项礼仪 xiàng zhǎngbèi duì tóu zhìyì shì yí xiàng lǐyí ▶彼は誰に対しても～正しく接する/他对谁都是毕恭毕敬的 tā duì shéi dōu shì bì gōng bì jìng de ▶そんなねは～にはずれる/这样的行为有违礼仪 zhèyàng de xíngwéi yǒu wéi lǐyí

ことわざ 親しき仲にも礼儀あり 关系亲密也要讲究礼仪 guānxi qīnmì yě yào jiǎngjiu lǐyí ◆～作法：礼法 lǐfǎ

れいきゃく【冷却する】 冷却 lěngquè；冰 bīng（英 *cool*）▶～水/冷却水 lěngquèshuǐ ▶～期間をおく/间隔一段冷静期 jiàngé yí duàn lěngjìng qī ▶放射～/辐射冷却 fúshè lěngquè ◆～液：冷却液 lěngquèyè ～装置：冷却装置 lěngquè zhuāngzhì

れいきゅうしゃ【霊柩車】 灵车 língchē；柩车 jiùchē（英 *a funeral car*）

れいきん【礼金】 酬谢金 chóuxièjīn（英 *a reward*）▶～なしのアパートを探す/寻找不要酬谢金的简易公寓 xúnzhǎo bú yào chóuxièjīn de jiǎnyì gōngyù

れいぐう【礼遇する】 礼遇 lǐyù；厚待 hòudài（英 *treat... coldly*）

れいぐう【冷遇する】 冷遇 lěngyù；冷待 lěngdài（英 *treat coldly*）▶～される/坐冷板凳 zuò lěngbǎndèng ▶現場の技術者が不当に～されている/现场的技术人员受到不公正的冷遇 xiànchǎng de jìshù rényuán shòudào bù gōngzhèng de lěngyù

れいけつ【冷血の】 冷血 lěngxuè（英 *cold-blooded*）▶この小説は殺人者の～心理を描く/这部小说描写了杀人犯的冷血心理 zhè bù xiǎoshuō miáoxiěle shārénfàn de lěngxuè xīnlǐ ◆～漢：冷酷无情的人 lěngkù wúqíng de rén ～動物：冷血动物 lěngxuè dòngwù

れいげん【冷厳な】 严厉 yánlì；无情 wúqíng（英 *grim*）▶～な事実/严酷的事实 yánkù de shìshí ▶～な態度/冷静严肃的态度 lěngjìng yánsù de tàidu ▶国際情勢の～な現実に直面する/面对国际形势的冷酷现实 miànduì guójì xíngshì de lěngkù xiànshí

れいげん【例言】 例言 lìyán（英 *explanatory notes*）

れいげん【霊験】（英 *a miracle*）～あらたか 显灵 xiǎnlíng；灵验 língyàn ▶ここはあらたかなお寺として知られている/作为灵验的寺庙，这里广为人知 zuòwéi língyàn de sìmiào, zhèlǐ guǎng wéi rén zhī

れいこう【励行する】 厉行 lìxíng；坚持 jiānchí（英 *carry out faithfully*）▶手洗い、うがいを～する/厉行洗手、漱口 lìxíng xǐshǒu, shùkǒu ▶毎朝のウオーキングを～する/坚持每天早上步行 jiānchí měitiān zǎoshang bùxíng ▶安全運転を～する/严格坚持安全行车 yángé jiānchí ānquán xíngchē

れいこく【冷酷な】 冷酷 lěngkù；心硬 xīnyìng；严酷 yánkù（英 *cruel; heartless*）▶～な仕打ち/冷酷的对待 lěngkù de duìdài ▶～無情な

心狠手辣 xīn hěn shǒu là ▶～な犯人/无情的犯人 wúqíng de fànrén ▶～な言い方だが、自業自得というものだ/说得残酷点儿，这是自作自受 shuōde cánkù diǎnr, zhè shì zì zuò zì shòu

れいこん【霊魂】 灵魂 línghún ▶～の不滅を信じるか/你相信灵魂不灭吗？ nǐ xiāngxìn línghún bú miè ma?

れいさい【零細】 零星 língxīng；零碎 língsuì（英 *small*）▶～企業/零星企业 língxīng qǐyè；小规模企业 xiǎoguīmó qǐyè ▶～な自营业者/小本个体户 xiǎoběn gètǐhù

レイシ【茘枝】【植物】 荔枝 lìzhī（英 *a litchi*）

レイシ【霊芝】《きのこ》 灵芝 língzhī（英 *a reishi mushroom*）

れいじ【例示する】 例示 lìshì；举例 jǔlì（英 *give an example*）▶～して説明する/举例说明 jǔlì shuōmíng

れいじ【零時】 零点 língdiǎn；零时 língshí；午夜十二点 wǔyè shí'èr diǎn（英 [午前零時] *midnight*；[正午] *noon*）▶午前～/凌晨零点 língchén língdiǎn ▶午後～/中午十二点 zhōngwǔ shí'èr diǎn

れいしゅ【冷酒】 凉酒 liángjiǔ（英 *cold sake*）

れいしょ【隷書】 隶书 lìshū（英 *the clerical style of writing Chinese characters*）

れいしょう【冷笑する】 冷笑 lěngxiào；嘲笑 cháoxiào（英 *sneer*）▶門から～を浴びる/被世人嘲笑 bèi shìrén cháoxiào ▶相手を～して強がってみせる/朝着对方冷笑，装出强硬的样子 cháozhe duìfāng lěngxiào, zhuāngchū qiángyìng de yàngzi

れいしょう【例証する】 例证 lìzhèng；佐证 zuǒzhèng（英 *illustrate*）▶～を挙げる/举例证明 jǔ lì zhèngmíng ▶自说の～として多くの写真を示す/作为自己主张的佐证，展示了很多照片 zuòwéi zìjǐ zhǔzhāng de zuǒzhèng, zhǎnshìle hěn duō zhàopiàn

れいじょう【令状】 拘票 jūpiào；通知 tōngzhī（英 *a warrant*）▶逮捕～/逮捕拘票 dàibǔ jūpiào ▶逮捕～を発行する/发出逮捕令 fāchū dàibǔlìng ▶差し押さえ～を執行する/执行没收命令 zhíxíng mòshōu mìnglìng ▶～なしに家宅搜索する/没有搜查令对家里进行搜查 méiyǒu sōuchálìng duì jiāli jìnxíng sōuchá ▶誕生日の朝召集～を受け取った/生日那天上午接到征兵通知 shēngrì nà tiān shàngwǔ jiēdào zhēngbīng tōngzhī

れいじょう【令嬢】 千金 qiānjīn；令爱 lìng'ài；小姐 xiǎojiě（英 *a daughter*）▶铃木氏の～/铃木先生的千金 Língmù xiānsheng de qiānjīn ▶祖母は伯爵～だったそうだ/据说我祖母是伯爵的千金小姐 jùshuō wǒ zǔmǔ shì bójué de qiānjīn xiǎojiě

れいじょう【礼状】 感谢信 gǎnxièxìn（英 *a letter of thanks*）▶～を出す/寄出谢函 jìchū xièhán

れいじょう【礼譲】 礼让 lǐràng（英 *courtesy*）

れいじん【麗人】 佳丽 jiālì; 丽人 lìrén (英 *a beauty*) ▶男装の～/男装丽人 nánzhuāng lìrén

れいすい【冷水】 冷水 lěngshuǐ; 凉水 liángshuǐ (英 *cold water*) ▶～を浴びせる/浇冷水 jiāo lěngshuǐ ▶～摩擦/冷水擦身 lěngshuǐ cāshēn ◆～浴をする⇒洗冷水澡 xǐ lěngshuǐzǎo

れいせい【冷静な】 沉着 chénzhuó; 冷静 lěngjìng; 平心静气 píngxīn jìngqì (英 *calm*) ▶～に論じる/平心而论 píngxīn ér lùn ▶～に判断する/冷静地判断 lěngjìng de pànduàn ▶今こそ～な議論が必要だ/现在正有必要冷静地进行讨论 xiànzài zhèng yǒu bìyào lěngjìng de jìnxíng tǎolùn ▶沈着～な人/沉着冷静的人 chénzhuó lěngjìng de rén ▶～を保つ/保持冷静 bǎochí lěngjìng ▶～さを失う/失去冷静 shīqù lěngjìng ▶～に観察する/冷静地进行观察 lěngjìng de jìnxíng guānchá ▶現実を～に受け止める/冷静地接受现实 lěngjìng de jiēshòu xiànshí

れいせつ【礼節】 礼仪 lǐyí; 礼节 lǐjié (英 *decorum*) ▶～を重んじる/重视礼节 zhòngshì lǐjié ▶～をわきまえない/不懂得礼节 bù dǒngde lǐjié ことわざ衣食足りて礼節を知る 衣食足而知礼节 yīshí zú ér zhī lǐjié

れいせん【冷戦】 冷战 lěngzhàn (英 *a cold war*) ▶～の終結/冷战终结 lěngzhàn zhōngjié

れいぜん【冷然たる】 冷淡 lěngdàn; 冷冰冰 lěngbīngbīng (英 *cold*) ▶彼らの申し出を～としりぞけた/冷淡地拒绝了他们的要求 lěngdàn de jùjuéle tāmen de yāoqiú

れいぜん【霊前】 灵前 língqián (英 *before the spirit of the deceased*) ▶～に供える/供在灵前 gòngzài língqián ▶～に誓う/在灵前发誓 zài língqián fāshì

れいそう【礼装】 礼服 lǐfú; 礼装 lǐzhuāng (英 *full dress*) ▶～で出席する/礼装出席 lǐzhuāng chūxí ▶～用の帽子/礼帽 lǐmào ▶～用の靴/配礼服的鞋 pèi lǐfú de xié

れいぞう【冷蔵する】 冷藏 lěngcáng (英 *refrigerate*) ▶～庫/冰箱 bīngxiāng ▶～倉庫/冷藏库 lěngcángkù; 冷库 lěngkù ▶要～/需要冷藏 xūyào lěngcáng ▶～保存で1週間もつ/用冷藏方式可以保存一个星期 yòng lěngcáng fāngshì kěyǐ bǎocún yí ge xīngqī

れいそく【令息】 公子 gōngzǐ; 令郎 lìngláng (英 *your〔his, her, their〕son*)

れいぞく【隷属する】 从属 cóngshǔ; 统属 tǒngshǔ; 隶属 lìshǔ (英 *be subject to...*) ▶～関係/隶属关系 lìshǔ guānxi ▶いつまで他国に～するのか/怎么总是甘于从属他国呢 zěnme zǒngshì gānyú cóngshǔ tāguó ne

れいだい【例題】 例题 lìtí (英 *an exercise*) ▶～を出す/出例题 chū lìtí

れいたん【冷淡な】 淡漠 dànmò; 冷淡 lěngdàn; 冷漠 lěngmò (英 *cold*) ▶～にあしらう/冷淡对待 lěngdàn duìdài ▶他人の苦しみに～である/对别人的痛苦十分淡漠 duì biéren de tòngkǔ shífēn dànmò ▶報道によると～な反応が大半を占めた/据报道, 大多数人反应冷淡 jù bàodào, dàduōshù rén fǎnyìng lěngdàn ▶批評家はその小説を～に扱った/评论家对那部小说反应冷淡 pínglùnjiā duì nà bù xiǎoshuō fǎnyìng lěngdàn

れいだんぼう【冷暖房】 冷气和暖气 lěngqì hé nuǎnqì; 冷暖气 lěngnuǎnqì (英 *air conditioning*) ▶この部屋は～完備だ/这间房子冷暖设备齐全 zhè jiān fángzi lěngnuǎn shèbèi qíquán

れいちょう【霊長】 (英 *a primate*) ▶～類/灵长目 língzhǎngmù ▶人間は万物の～である/人是万物之灵 rén shì wànwù zhī líng

れいてつ【冷徹】 冷静而透彻 lěngjìng ér tòuchè (英 *cool-headed*) ▶～な頭脳の持ち主/头脑冷静而透彻的人 tóunǎo lěngjìng ér tòuchè de rén

れいてん【零点】 零分 líng fēn; 鸭蛋 yādàn (英 *zero*) ▶～をとる⇒〔試験で〕吃鸭蛋 chī yādàn ▶彼は父親としては～/在当父亲方面, 他只能得零分 zài dāng fùqin fāngmiàn, tā zhǐ néng dé líng fēn

れいど【零度】 零度 líng dù (英 *zero; the freezing point*) ▶絶対～/绝对零度 juéduì líng dù ▶外気温が～以下に下がる/外面的气温下降到零度以下 wàimian de qìwēn xiàjiàngdào líng dù yǐxià

れいとう【冷凍する】 冷冻 lěngdòng (英 *freeze*) ▶～工場/冷冻厂 lěngdòngchǎng ▶～食品/冷冻食品 lěngdòng shípǐn ▶～保存する/冷藏 lěngcáng ▶～をもどす/解冻 jiědòng ▶～で1ヶ月は保存できる/冷冻的话, 可以保存一个月 lěngdòng dehuà, kěyǐ bǎocún yí ge yuè ◆～庫⇒冷冻库 lěngdòngkù ～車⇒冷冻车 lěngdòngchē

れいねん【例年】 往年 wǎngnián; 每年 měinián (英 [每年] *every year*; [平年] *the average year*) ▶～通り/和往年一样 hé wǎngnián yíyàng ▶～を上回る収穫高/超过往年的收获量 chāoguò wǎngnián de shōuhuòliàng ▶この夏は～にない暑さだった/今年夏天的炎热程度超过了往年 jīnnián xiàtiān de yánrè chéngdù chāoguòle wǎngnián

れいはい【礼拝する】 礼拜 lǐbài; 朝拜 cháobài (英 *worship*) ▶教会の～に出る/到教堂去做礼拜 dào jiàotáng qù zuò lǐbài ▶ムスリムは1日5回に～する/穆斯林一天做五次礼拜 mùsīlín yì tiān zuò wǔ cì lǐbài ◆～堂⇒礼拜堂 lǐbàitáng

れいはい【零敗】 (英 *shut out*) ▶～する/一分未得而失败 yì fēn wèi dé ér shībài ▶今シーズン10回目の～を喫した/在本赛季中第十次品尝到一分未得的滋味 zài běn sàijì zhōng dìshí cì pǐnchángdào yì fēn wèi dé de zīwèi

れいばい【霊媒】 巫师 wūshī (英 *a medium*)

れいびょう【霊廟】 灵庙 língmiào (英 *a mausoleum*)

レイプ 奸污 jiānwū; 强奸 qiángjiān (英 *a rape*) ▶～事件/奸污事件 jiānwū shìjiàn

れいふく【礼服】 礼服 lǐfú (英 full dress) ▶こ の披露宴には～はいらない/这次婚宴不需要穿礼服 zhè cì hūnyàn bù xūyào chuān lǐfú ▶略～で出席する/穿普通套装出席 chuān pǔtōng tàozhuāng chūxí

れいふじん【令夫人】 夫人 fūrén; 您太太 nín tàitai (英 your〔his〕wife)

れいぶん【例文】 例句 lìjù (英 an example) ▶～を挙げる/举例句 jǔ lìjù ▶ビジネス～集/商业例句集 shāngyè lìjùjí ▶夏休みは～作りに追われた/暑假忙于作例句 shǔjià mángyú zuò lìjù

れいほう【礼砲】 礼炮 lǐpào (英 a salute) ▶～を撃つ/鸣放礼炮 míngfàng lǐpào ▶ 21 発の～を放つ/放二十一响礼炮 fàng èrshíyī xiǎng lǐpào

れいぼう【冷房】 冷气 lěngqì (英 air conditioning) ▶全館～完備/馆内冷气齐备 guǎnnèi lěngqì qíbèi ▶～の設備/冷气设备 lěngqì shèbèi ▶～がとまっている/冷气停了 lěngqì tíng le ▶～をつけなさい/把冷气打开 bǎ lěngqì dǎkāi ▶これまで教室には～がなかった/以前教室里没有冷气 yǐqián jiàoshìli méiyǒu lěngqì ▶この車両は～が効きすぎている/这节车厢冷气开得太强了 zhè jié chēxiāng lěngqì kāide tài qiáng le
◆～車 空调车 kōngtiáochē

れいみょう【霊妙な】 神妙 shénmiào; 灵妙 língmiào (英 miraculous) ▶～な音楽/神秘的音乐 shénmì de yīnyuè

れいめい【黎明】 黎明 límíng; 侵晨 qīnchén (英 dawn) ▶～期/黎明期 límíngqī ▶テレビ放送の～期/电视播送的黎明期 diànshì bōsòng de límíngqī ▶～に家を出て駅へ急いだ/凌晨出门赶往车站 língchén chūmén gǎnwǎng chēzhàn

れいらく【零落する】 零落 língluò; 沦落 lúnluò (英 be reduced to poverty) ▶このままだという一方だ/放着不管不说的话，会越来越破落 fàngzhe bùguǎn dehuà, huì yuèláiyuè pòluò

れいり【怜悧な】 伶俐 línglì; 聪明 cōngming (英 clever) ▶～な頭脳/聪明的头脑 cōngmíng de tóunǎo

れいれいしい【麗麗しい】 花哨 huāshao; 炫耀 xuànyào (英 ostentatious) ▶麗々しく着飾る/炫耀地打扮 xuànyào de dǎbàn ▶彼の笑顔が新聞の第一面を麗々しく飾った/他的笑脸醒目地登在报纸的第一版 tā de xiàoliǎn xǐngmù de dēngzài bàozhǐ de dìyī bǎn

レインコート 〘服飾〙雨衣 yǔyī (英 a raincoat)

レインシューズ 〘服飾〙雨靴 yǔxuē (英 rain boots)

レーサー 赛车手 sàichēshǒu (英 a racer)

レーザー 激光 jīguāng; 莱塞 láisài (英 a laser) ▶～ビーム/激光束 jīguāngshù ▶～ディスク/激光视盘 jīguāng shìpán; 光盘 guāngpán ▶～プリンター/激光打印机 jīguāng dǎyìnjī ▶～メス/激光手术刀 jīguāng shǒushùdāo

◆～光線 激光光线 jīguāng guāngxiàn

レーシングカー 赛车 sàichē (英 a racing car)

レース ❶〘編み物や刺繍〙花边 huābiān; 精细网织品 jīngxì wǎngzhīpǐn (英 lace) ▶～編み/抽纱 chōushā ▶～の飾りのついた/带花边儿的 dài huābiānr de ▶～のカーテン/网眼窗帘 wǎngyǎn chuānglián ▶～の下着/网眼儿内衣 wǎngyǎnr nèiyī
❷〘競走〙比赛 bǐsài; 赛跑 sàipǎo (英 a race) ▶～用ボート/赛艇 sàitǐng ▶そのボート～は明日行われる/划艇比赛明天举行 huátǐng bǐsài míngtiān jǔxíng ▶総裁～の行方を占う/预测总裁竞选的结果 yùcè zǒngcái jìngxuǎn de jiéguǒ
◆ヨット～ 帆船比赛 fānchuán bǐsài ロード～ 越野赛跑 yuèyě sàipǎo

レーズン 〘食品〙葡萄干 pútaogān (英 a raisin)

レーゾンデートル 存在的理由 cúnzài de lǐyóu; 存在的价值 cúnzài de jiàzhí (英 raison d'être)

レーダー 雷达 léidá (英 radar) ▶～で追跡する/通过雷达追踪 tōngguò léidá zhuīzōng
◆～基地 雷达基地 léidá jīdì ～網 雷达网 léidáwǎng

レート 比率 bǐlǜ; 汇率 huìlǜ (英 a rate) ▶為替～/外汇牌价 wàihuì páijià ▶今日の～は 1 ドル 95 円だ/今天的外汇牌价是一美元兑九十五日元 jīntiān de wàihuì páijià shì yì Měiyuán duì jiǔshíwǔ Rìyuán

レーニン 列宁 Lièníng (英 Lenin) ▶～主義/列宁主义 Lièníng zhǔyì

レーヨン 人造丝 rénzàosī (英 rayon)

レール 铁轨 tiěguǐ; 轨道 guǐdào (英 a rail) ▶～を敷く/铺轨 pūguǐ ▶ガード～/护栏 hùlán ▶カーテンの～/窗帘轨 chuānglián guǐ ▶親が子供の人生の～を敷く/父母为子女铺设人生道路 fùmǔ wèi zǐnǚ pūshè rénshēng dàolù

レーン 〘水泳の〙泳道 yǒngdào;〘ボウリングの〙球道 qiúdào (英 a lane)

レーンジャー 突击队 tūjíduì;〘森林・公園など〙守卫员 shǒuwèiyuán; 护林员 hùlínyuán (英 a ranger) ▶～部隊/特种游击战部队 tèzhǒng yóujīzhàn bùduì; 别动队 biédòngduì

レオタード 〘服飾〙紧身衣 jǐnshēnyī (英 a leotard)

レガッタ 赛艇 sàitǐng; 划船竞赛 huáchuán jìngsài (英 a regatta)

れきし【歴史】 历史 lìshǐ (英 history) ▶～が浅い/历史短浅 lìshǐ duǎnqiǎn ▶～に逆行する/倒行逆施 dào xíng nì shī; 开倒车 kāi dàochē ▶～に学ぶ/向历史学习 xiàng lìshǐ xuéxí ▶～は繰り返す/历史重复 lìshǐ chóngfù ▶～をひも解く/翻阅历史 fānyuè lìshǐ ▶～の長い寺/历史悠久的寺院 lìshǐ yōujiǔ de sìyuàn ▶～由来已久 yóulái yǐ jiǔ ▶それは～をさかのぼってみて初めてわかる/那要通过回顾历史，才能明白 nà yào tōngguò huígù lìshǐ, cái néng míngbai ▶これらの行動によって彼らは～を作りつつある/他们正通过这些行动创造着历史 tāmen zhèng tōngguò zhè xiē xíngdòng chuàngzàozhe lìshǐ ▶～にしるされている/载入历史 zǎirù lìshǐ ▶彼は中東の～に通じている/他通晓中东历史 tā tōngxiǎo Zhōngdōng lìshǐ ～始まって以来の珍事/有史以来罕见的稀奇事 yǒu shǐ yǐlái hǎnjiàn de shì ▶～上有名な古戦場/历史上有名的古战场 lìshǐshang yǒumíng de gǔzhànchǎng ▶～的建造物を保存する/保存历史建筑物 bǎocún lìshǐ jiànzhùwù ～の教訓から学ぶ/吸取历史的教训 xīqǔ lìshǐ de jiàoxùn ～に照らして見る/对比历史来看 duìbǐ lìshǐ lái kàn ～的文書/具有历史意义的文件 jùyǒu lìshǐ yìyì de wénjiàn ◆～家|历史学家 lìshǐxuéjiā ～学|史学 shǐxué ～書|史籍 shǐjí; 史书 shǐshū ～小説|历史小说 lìshǐ xiǎoshuō ～年表|历史年表 lìshǐ niánbiǎo

れきし【轢死する】 轧死 yàsǐ (英 *be run over and killed*)

れきせん【歴戦の】 身经百战 shēn jīng bǎi zhàn (英 *battle-tested*) ▶～に鍛えぬかれた勇者の顔/身经百战的勇士面貌 shēn jīng bǎi zhàn de yǒngshì miànmào

れきぜん【歴然とした】 明显 míngxiǎn; 分明 fēnmíng (英 *evident*) ▶～とした証拠/明显的证据 míngxiǎn de zhèngjù ▶両者の実力の差は～としている/两者的实力差距非常明显 liǎngzhě shílì de chājù fēicháng míngxiǎn

れきだい【歴代の】 历代 lìdài; 历届 lìjiè (英 *successive*) ▶～の支配者/历代统治者 lìdài tǒngzhìzhě ▶中国の～の名画家たち/中国历代的名画家 Zhōngguó lìdài de mínghuàjiā ▶～内閣最低支持率/历届内阁中最低的支持率 lìjiè nèigé zhōng zuìdī de zhīchílǜ

れきにん【歴任する】 历任 lìrèn (英 *successively hold*) ▶要職を～する/历任要职 lìrèn yàozhí

れきねん【歴年】 历年 lìnián (英 *the passage of years*) ▶の受賞者/历年的获奖者 lìnián de huòjiǎngzhě

れきほう【歴訪する】 历访 lìfǎng (英 *make a round of calls*) ▶東南アジア諸国を～する/历访东南亚各国 lìfǎng Dōngnán Yà gè guó

レギュラー 1【正規の】 正规 zhèngguī; 正式 zhèngshì (英 *regular*) ▶彼が～で出ている番組/他固定出演的节目 tā gùdìng chūyǎn de jiémù 2【メンバー】正式选手 zhèngshì xuǎnshǒu (英 *a regular player*) ▶～になった/成了正式选手 chéngle zhèngshì xuǎnshǒu ▶彼は新チームでの座をつかんだ/他在新团队中获得了正式的位置 tā zài xīntuánduì zhōng huòdéle zhèngshì de wèizhi
◆～ガソリン|标准汽油 biāozhǔn qìyóu ～サイズ|均码 jūnmǎ; 普通尺寸 pǔtōng chǐcùn

れきれき【歴歴】 1【お偉方】高官显贵 gāoguān xiǎnguì; 大人物 dàrénwù (英 *celebrities*) ▶お～が一堂に会する/达官显贵聚集在一堂 dáguān xiǎnguì jùjí zài yī táng 2【歴然】历历 lìlì; 清清楚楚 qīngqīngchǔchǔ; 明明白白 míngmíngbáibái (英 *evidently*) ▶～たる事実/明明白白的事实 míngmíngbáibái de shìshí

レクイエム 〔音楽〕安魂曲 ānhúnqǔ (英 *a requiem*)

レクチャー 讲义 jiǎngyì; 讲课 jiǎngkè (英 *a lecture*) ▶専門家から～を受ける/听专家讲课 tīng zhuānjiā jiǎngkè

レクリエーション 文娱 wényú; 娱乐活动 yúlè huódòng (英 *recreation*) ▶それは今日本ではやっている/这是现在在日本流行的娱乐活动 zhè shì xiànzài zài Rìběn liúxíng de yúlè huódòng ▶～のための野菜作り/作为消遣种植蔬菜 zuòwéi xiāoqiǎn zhòngzhí shūcài

レコーディング 录音 lùyīn (英 *recording*) ▶新曲を～する/录新歌曲 lù xīngēqǔ

レコード 1【音楽などの】唱片儿 chàngpiānr; 唱片 chàngpiàn (英 *a record*) ▶～をかける/放唱片 fàng chàngpiàn ～針/唱针 chàngzhēn ▶ビートルズの～を集める/收集甲壳虫乐队的唱片 shōují Jiǎqiàochóng yuèduì de chàngpiàn ▶その～を1枚ほしい/想要那一张唱片 xiǎng yào nà yī zhāng chàngpiàn ▶その演説は全部この～に入っている/演讲内容全部收录在这张唱片中 yǎnjiǎng nèiróng quánbù shōulù zài zhè zhāng chàngpiàn zhōng ▶～に吹き込む/灌唱片 guàn chàngpiàn 2【記録】记录 jìlù (英 *a record*) ▶～を更新する/刷新记录 shuāxīn jìlù ▶世界～/世界记录 shìjiè jìlù ▶彼の～はまだ破られていない/他的记录还没有被打破 tā de jìlù hái méiyǒu bèi dǎpò ▶～をつくる/创记录 chuàng jìlù ◆～音楽|唱片音乐 chàngpiàn yīnyuè ～会社|唱片公司 chàngpiàn gōngsī ～ファン|唱片迷 chàngpiànmí ～プレーヤー|电唱机 diànchàngjī ～保持者|记录保持者 jìlù bǎochízhě

レザー【革】皮革 pígé (英 *leather*) ▶～クロス/人造革 rénzàogé; 漆布 qībù

レジ 收款处 shōukuǎnchù; 出纳处 chūnàchù; 收银机 shōuyínjī (英 *a register*; [人] *a cashier*) ▶～を打つのはパートのおばさんだ/站收银台的是钟点工的阿姨 zhàn shōuyíntái de shì zhōngdiǎngōng de āyí ▶～の前に行列ができる/收银台前排起了队 shōuyíntáiqián páiqǐle duì ▶～を打ちそこねる/打错收银机 dǎcuò shōuyínjī ◆～係|收款员 shōukuǎnyuán ～袋|购物袋 gòuwùdài

レシート 发票 fāpiào; 收据 shōujù (英 *a receipt*) ▶～を受け取る/收取发票 shōuqǔ fāpiào

レシーバー 〔スポーツ〕接球员 jiēqiúyuán; 《受信》接收机 jiēshōujī (英 *a receiver*)

レシーブ 接球 jiēqiú (英 *receiving*)

レジスター 收款机 shōukuǎnjī; 自动记录器 zì-

レジスタンス 抵抗 dǐkàng; 反抗 fǎnkàng;《第二次大戦中の》抵抗运动 dǐkàng yùndòng (英 resistance) ▶～文学/抵抗文学 dǐkàng wénxué ◆かつては～の闘士だった人だ/他曾经是抵抗运动的战士 tā céngjīng shì dǐkàng yùndòng de zhànshì

レシピ 食谱 shípǔ; 烹饪法 pēngrènfǎ (英 a recipe)

レジャー 闲暇 xiánxiá; 休闲 xiūxián (英 leisure) ▶～产业/娱乐业 yúlèyè ▶～を楽しむ/享受余暇 xiǎngshòu yúxiá ▶～に使う金/用在休闲方面的钱 yòngzài xiūxián fāngmiàn de qián
◆施設 休闲设施 xiūxián shèshī ～スポット 休闲地 xiūxiándì ～用品 休闲用品 xiūxián yòngpǐn

レジュメ 提纲 tígāng; 摘要 zhāiyào (英 a résumé) ▶講演の～を配布する/发演讲的提纲 fā yǎnjiǎng de tígāng

レスキューたい【レスキュー隊】 救援队 jiùyuánduì (英 a rescue team)

レストラン 菜馆 càiguǎn; 西餐馆 xīcānguǎn; 餐厅 cāntīng (英 a restaurant) ▶イタリアン～/意大利餐厅 Yìdàlì càiguǎn ▶旅行ガイドで～を選ぶ/通过旅行指南挑选餐厅 tōngguò lǚxíng zhǐnán tiāoxuǎn cāntīng

レスビアン 女性同性恋 nǚxìng tóngxìngliàn (英 a lesbian) ▶～の関係を持つ/保持同性恋关系 bǎochí tóngxìngliàn guānxì

レスリング〖スポーツ〗摔跤 shuāijiāo (英 wrestling) ▶～の選手/摔跤选手 shuāijiāo xuǎnshǒu

レセプション 招待会 zhāodàihuì (英 a reception) ▶～に出席する/参加招待会 cānjiā zhāodàihuì ▶～を催す/召开招待会 zhàokāi zhāodàihuì

レター 信 xìn; 书信 shūxìn (英 a letter) ▶～ペーパー/信纸 xìnzhǐ; 信笺 xìnjiān ▶ファン～/慕名信 mùmíngxìn
◆ラブ～ 情书 qíngshū

レタス〖植物〗莴苣 wōjù; 生菜 shēngcài (英 lettuce)

レタリング 字体设计 zìtǐ shèjì; 美术字 měishùzì (英 lettering)

れつ【列】 行列 hángliè; 列 liè; 队 duì (英 [縦] a line; [横] a row) ▶～に割り込む/插队 chā duì; 加塞儿 jiā sāir ▶～を作る/排队 páiduì ▶～を離れる/离开队伍 líkāi duìwǔ ▶野球場の入口には～ができていた/棒球场入口排着队 bàngqiúchǎng rùkǒu páizhe duì
～に加わる ▶《比喩的に》これで彼も名優の～に加わったわけだ/这样他也加入了名演员的行列 zhèyàng tā yě jiārùle míngyǎnyuán de hángliè
～に並ぶ 站队 zhàn duì ▶横一～に並ぶ/排成一个横队 páichéng yí ge héngduì ▶縦二～に並ぶ/排成两列纵队 páichéng liǎng liè zòngduì ▶沿道に横に五～に並ぶ/沿着道路横着排成五列 yánzhe dào héngzhe páichéng wǔ liè ▶カードを五枚ずつ四～に並べる/把每五张卡片排一列, 一共排四列 bǎ měi wǔ zhāng kǎpiàn pái yí liè, yígòng pái sì liè
～を乱す 打乱队列 dǎluàn duìliè ▶バスを待つ人の～が乱れた/排队等公交车的人都乱套了 páiduì děng gōngjiāochē de rén dōu luàntào le

れつあく【劣悪な】 恶劣 èliè; 粗劣 cūliè (英 poor) ▶～な労働環境/恶劣的劳动环境 èliè de láodòng huánjìng ▶～な衛生状態/恶劣的卫生状况 èliè de wèishēng zhuàngkuàng

れっか【劣化する】 变坏 biànhuài; 老化 lǎohuà (英 deteriorate) ▶コンクリートが～する/水泥老化 shuǐní lǎohuà ▶政治家の資質が～している/政治家的素质越来越差 zhèngzhìjiā de sùzhì yuèláiyuè chà
◆～ウラン弾 贫铀弹 pínyóudàn

れっか【烈火】 烈火 lièhuǒ; 烈焰 lièyàn (英 a raging fire) ▶～のごとく ▶～のごとく怒る/暴跳如雷 bàotiào rú léi; 勃然大怒 bórán dà nù; 火冒三丈 huǒ mào sān zhàng

レッカー (英 a wrecking car) ▶～車/牵引车 qiānyǐnchē; 救险车 jiùxiǎnchē ▶駐車違反の車を～車で運ばれた/违反停车规则的车辆被牵引车拉走 wéifǎn tíngchē guīzé de chēliàng bèi qiānyǐnchē lāzǒu

れっき【列記する】 开列 kāiliè; 列举 lièjǔ (英 make a list)

れっきとした 明显的 míngxiǎn de; 像样的 xiàngyàng de (英 [立派な] respectable; [明白な] obvious) ▶～夫のある女/明明是有丈夫的女人 míngmíng shì yǒu zhàngfu de nǚrén ▶彼の仕業だという～証拠がある/有确实的证据证明是他所为 yǒu quèshí de zhèngjù zhèngmíng shì tā suǒ wéi

れっきょ【列挙する】 列举 lièjǔ; 罗列 luóliè (英 enumerate) ▶今後改善すべき点を～する/列举今后亟待改善的地方 lièjǔ jīnhòu jídài gǎishàn de dìfang

れっきょう【列強】 列强 lièqiáng (英 the (world) powers)

れっこく【列国】 各国 gèguó; 列国 lièguó (英 the nations of the world)

レッサーパンダ〖動物〗小猫熊 xiǎomāoxióng; 小熊猫 xiǎoxióngmāo (英 a lesser panda)

れっし【烈士】 烈士 lièshì (英 a man of principle)

れっしゃ【列車】 火车 huǒchē; 列车 lièchē (英 a train) ▶～に乗る/乘火车 chéng huǒchē; 坐火车 zuò huǒchē ▶～を降りる/下火车 xià huǒchē ▶～を乗り換える/换火车 huàn huǒchē ▶～を乗り継ぐ/接着乘坐火车 jiēzhe chéngzuò huǒchē ▶～の到着ホーム/到达站台 dàodá

zhàntái ▶～番号/车次 chēcì ▶～ダイヤ/列车时刻表 lièchē shíkèbiǎo ▶長距離～/长途列车 chángtú lièchē ▶上り～/上行列车 shàngxíng lièchē ▶午後 3 時 25 分の～でたつ/坐下午三点二十五分的火车出发 zuò xiàwǔ sān diǎn èrshiwǔ fēn de huǒchē chūfā ▶3 両編成の臨時～/由三节车厢组成的临时列车 yóu sānjié chēxiāng zǔchéng de línshí lièchē ▶～に間に合う/赶火车 gǎn huǒchē ▶～内でのサービス/火车上的服务 huǒchēshang de fúwù

◆急行～ 快速列车 kuàisù lièchē; 快车 kuài chē 通勤～ 通勤列车 tōngqín lièchē 特急～ 特快列车 tèkuài lièchē 鈍行～ 慢车 mànchē 普通～ 普通列车 pǔtōng lièchē 満員～ 坐满乘客的列车 zuòmǎn chéngkè de lièchē ～事故 列车事故 lièchē shìgù

参考 中国の列车は、原則的に上りは偶数、下りは奇数の列车番号となる。また、列车番号だけでなく "和谐号 Héxiéhào" "黑土地号 Hēitǔdìhào" などの名称が付くこともある。

れっしょう【裂傷】 裂伤 lièshāng; 划破伤 huápòshāng (英 *a laceration*) ▶顔に～を負う/脸上划破 liǎnshang huápò

れつじょう【劣情】 色情 sèqíng; 情欲 qíngyù (英 *carnal desires*) ▶～を催す/引起情欲 yǐnqǐ qíngyù ▶～を刺激する/挑动色情 tiǎodòng sèqíng

れっしん【烈震】 烈震 lièzhèn (英 *a violent earthquake*)

れっする【列する】 ❶〖出席する〗出席 chūxí; 参加 cānjiā (英 *attend*) ❷〖仲間の一員となる〗列入 lièrù; 列为 lièwéi (英 *become a member of...*)

レッスン 课 kè; 课业 kèyè (英 *a lesson*) ▶～を受ける/上课 shàngkè ▶ピアノの～/钢琴课程 gāngqín kèchéng ▶英会話の個人～を受ける/上一对一的英语会话课 shàng yī duì yī de Yīngyù huìhuàkè

れっせい【劣性】 隐性 yǐnxìng (英 *recessive*) ▶～遺伝/隐性遗传 yǐnxìng yíchuán

れっせい【劣勢の】 劣势 lièshì (英 *inferior*) ▶～に立たされる/处于劣势 chǔyú lièshì ▶3-0 の～を挽回する/挽回三比零的劣势 wǎnhuí sān bǐ líng de lièshì

れっせき【列席する】 列席 lièxí; 出席 chūxí (英 *attend*) ▶～者/出席者 chūxízhě ▶結婚式に～する/出席结婚式 chūxí jiéhūnshì ▶御～の皆様/各位来宾 gè wèi láibīn

レッテル ❶〖表示札〗标牌 biāopái; 标签 biāoqiān (英 *a label*) ▶びんに～を貼る/在瓶子上贴标签 zài píngzishang tiē biāoqiān ❷〖人の評価〗帽子 màozi (英 *a label*) ▶落ちこぼれの～を貼られる/被戴上后进生的帽子 bèi dàishàng hòujìnshēng de màozi ▶マスコミはすぐ人に～を貼りたがる/媒体喜欢动不动就给人戴上帽子 méitǐ xǐhuan dòngbúdòng jiù gěi rén dàishàng màozi

れつでん【列伝】 列传 lièzhuàn (英 *a series of biographies*) ▶史記～/史记列传 Shǐjì lièzhuàn

レッド〘色〙红 hóng; 红色 hóngsè (英 *red*) ▶～バージ/清共政策 qīng gòng zhèngcè
◆～カード 红卡 hóngkǎ ～カーペット 红地毯 hóngdìtǎn

れっとう【列島】 列岛 lièdǎo (英 *a chain of islands*) ▶日本～/日本列岛 Rìběn lièdǎo

れっとう【劣等】 劣等 lièděng (英 *inferior*) ▶～生/差生 chàshēng; 劣等生 lièděng shēng
◆～感〖自卑感〗自卑感 zìbēigǎn ▶～感を持つ/怀有自卑感 huáiyǒu zìbēigǎn ▶学生の頃激しい～感に悩んだ/学生时期，为强烈的自卑感而感到苦恼 xuésheng shíqī, wèi qiángliè de zìbēigǎn ér gǎndào kǔnǎo

れっぷう【烈風】 狂风 kuángfēng; 暴风 bàofēng (英 *a violent wind*) ▶山頂は～が吹きつけていた/山顶狂风肆虐 shāndǐng kuángfēng sìnüè

レディー 贵妇人 guìfùrén; 女士 nǚshì (英 *a lady*) ▶～ファースト/女性优先 nǚxìng yōuxiān ▶～ファースト～/总统夫人 zǒngtǒng fūrén

レディーメード〘服飾〙成衣 chéngyī; 现成的衣服 xiànchéng de yīfu (英 *ready-made*)

レトリック 修辞学 xiūcíxué; 修辞法 xiūcífǎ (英 *rhetoric*) ▶それは事実をごまかす～にすぎない/那不过是掩饰事实的修辞技巧 nà búguò shì yǎnshì shìshí de xiūcí jìqiǎo ▶彼らの～にごまかされるな/别被他们的花言巧语蒙骗了 bié bèi tāmen de huāyán qiǎoyǔ méngpiàn le

レトルト 曲颈甑 qūjǐngzèng; 弯管蒸馏器 wānguǎn zhēngliúqì (英 *a retort*) ▶～食品/蒸煮袋食品 zhēngzhǔdài shípǐn; 袋装食品 dàizhuāng shípǐn

レトロ 怀旧 huáijiù; 昔日的 xīrì de (英 *retro*) ▶～趣味/怀古情绪 huáigǔ qíngxù ▶私好みの～な喫茶店があった/找到一个我喜欢的有怀古情调的茶馆 zhǎodào yí ge wǒ xǐhuan de jù yǒu huáigǔ qíngdiào de cháguǎn

レバー ❶〖機械などの〗扳手 bānshou (英 *a lever*) ▶～を引く/拉扳手 lā bānshou ❷〖肝臓〗肝儿 gānr; 肝脏 gānzàng (英 *liver*) ▶鶏の～/鸡肝 jīgān

レパートリー 上演节目 shàngyǎn jiémù; 保留剧目 bǎoliú jùmù (英 *a repertoire*) ▶彼はジャズの～が豊富だ/他有着丰富的爵士曲目 tā yǒuzhe fēngfù de juéshì qǔmù ▶カラオケでの～を増やしたい/想增加卡拉 OK 的演唱曲目 xiǎng zēngjiā kǎlā OK de yǎnchàng qǔmù

レビュー 批评 pīpíng; 评论 pínglùn (英 *a review*) ▶ブック～/书评 shūpíng

レフ 反光照相机 fǎnguāng zhàoxiàngjī (英 [カメラの] *a reflex*)
◆一眼～ 单镜头 dānjìngtóu

レファレンス 参考 cānkǎo; 咨询服务 zīxún fúwù (英 *reference*)

レフェリー 裁判员 cáipànyuán (英 *a referee*) ▶~ストップ/裁判员叫停 cáipànyuán jiàotíng ▶サッカー国際試合の~を務める/担任足球国际比赛的裁判员 dānrèn zúqiú guójì bǐsài de cáipànyuán

レフト〖野球〗左外场 zuǒwàichǎng (英 [左翼] *the left field*) ▶~を守る/守卫左外场 shǒuwèi zuǒwàichǎng ▶~線にそってライナーを打つ/沿着左线打直球 yánzhe zuǒxiàn dǎ zhíqiú ▶ボールが~センター間に飛ぶ/球飞向左外场和中外场之间 qiú fēixiàng zuǒwàichǎng hé zhōngwàichǎng zhījiān

レプリカ〖複製〗复制品 fùzhìpǐn (英 *a replica*)

レベル 程度 chéngdù；水平 shuǐpíng (英 *a level*) ▶~の高い/水平高 shuǐpíng gāo ▶~の低い/次等 cìděng ▶~が下がる/水平降低 shuǐpíng jiàngdī ▶~アップを図る/设法提高水平 shèfǎ tígāo shuǐpíng ▶あまりに~が低い話をされて/说话这么低水平, 令人非常吃惊 shuōhuà zhème dīshuǐpíng, lìng rén fēicháng chījīng ▶相手の~に合わせて話す/根据对方的水平高低说话 gēnjù duìfāng de shuǐpíng gāodī shuōhuà ▶大使の外交関係を開設する/建立大使级别的外交关系 jiànlì dàshǐ jíbié de wàijiāo guānxi

レポーター《報告者》报告人 bàogàorén；报告者 bàogàozhě;《取材記者》采访记者 cǎifǎng jìzhě；通讯员 tōngxùnyuán (英 *a reporter*)

レポート❶〖報告書〗报告 bàogào；研究报告 yánjiū bàogào (英 *a report*) ▶~を書く/写报告 xiě bàogào ▶~を提出する/提交报告 tíjiāo bàogào ❷〖新聞・テレビで〗报道 bàodào (英 *a report*) ▶現場から~する/从现场进行报道 cóng xiànchǎng jìnxíng bàodào

レモネード 柠檬水 níngméngshuǐ (英 *lemonade*)

レモン【檸檬】〖植物〗柠檬 níngméng (英 *a lemon*) ▶~水/柠檬水 níngméngshuǐ ▶~ティー/柠檬红茶 níngméng hóngchá ▶~を絞って紅茶にたらす/挤柠檬汁滴入红茶里 jǐ níngméngzhī dīrù hóngcháli
◆~スカッシュ 柠檬果汁 níngméng guǒzhī

レリーフ 浮雕 fúdiāo (英 *relief*)

-れる ⇨られる

れんあい【恋愛する】恋爱 liàn'ài；谈恋爱 tán liàn'ài (英 *love*) ▶~結婚/恋爱结婚 liàn'ài jiéhūn ▶二人の間には~関係はなかった/两人之间不存在恋爱关系 liǎngrén zhījiān bù cúnzài liàn'ài guānxi
◆遠距離~ 远距离恋爱 yuǎnjùlí liàn'ài ▶~小説 恋爱小说 liàn'ài xiǎoshuō

れんか【廉価】廉价 liánjià；便宜 piányi (英 *cheap*) ▶~な商品/廉价品 liánjiàpǐn
◆~版 简装版 jiǎnzhuāngbǎn

れんが【連歌】连歌 liángē (英 *a renga; a linked verse, which later developed into haiku*)

れんが【煉瓦】砖 zhuān (英 *brick*) ▶~を積み上げる/砌砖 qì zhuān ▶~を焼く/烧砖 shāo zhuān ▶~造りの建物/砖造建筑 zhuānzào jiànzhù ▶赤~のレトロな建物が続く/旧式的红砖建筑物接连不断 jiùshì de hóngzhuān jiànzhù jiēlián búduàn
◆化粧~ 釉面砖 yòumiànzhuān 耐火~ 耐火砖 nàihuǒzhuān 日干し~ 土胚 tǔpēi ~塀 砖墙 zhuānqiáng

れんき【連記】连记 liánjì (英 *plural entry*) ▶3名~する/三名连记 sān míng liánjì
◆無記名~投票 无记名连记投票 wújìmíng liánjì tóupiào ~制/《投票的》连记制 (tóupiào de) liánjìzhì

れんきゅう【連休】连休 liánxiū；连续放假 liánxù fàngjià (英 *consecutive holidays*) ▶飛び石~/断续的连续假日 duànxù de liánxù jiàrì ▶今度の週末は3~だ/这个周末是三连休 zhège zhōumò shì sānliánxiū ▶大型~をどう過ごしますか/大型连休你怎么过 dàxíng liánxiū nǐ zěnme guò

レンギョウ【連翹】〖植物〗连翘 liánqiáo (英 *a forsythia*)

れんきんじゅつ【錬金術】炼金术 liànjīnshù；《比喩》集资能力 jízī nénglì (英 *alchemy*) ▶あの大臣は~を心得ているらしい/那个大臣好像懂得炼金术 nàge dàchén hǎoxiàng dǒngde liànjīnshù ▶~師/炼金术师 liànjīnshùshī

レンゲ【蓮華】❶〖ハスの花〗莲花 liánhuā；荷花 héhuā ❷〖レンゲソウ〗紫云英 zǐyúnyīng (英 *a Chinese milk vetch*) ❸〖中華料理の〗调羹 tiáogēng；汤匙 tāngchí (英 *a porcelain spoon*)

れんけい【連係する】联系 liánxì；协作 xiézuò (英 *coordinate*) ▶~を密にする/密切联系 mìqiè liánxì ▶緊密な~がある/有着紧密的联系 yǒuzhe jǐnmì de liánxì ▶~して/与…联系 yǔ…liánxì
◆~プレー 在比赛中相互协作 zài bǐsài zhōng xiānghù xiézuò

れんけつ【連結する】联结 liánjié；挂 guà (英 *connect*) ▶列車を~する/挂钩 guàgōu ▶~器/车钩 chēgōu ▶食堂車を~する/列車に食堂車を~する/列车餐车连在一起 lièchē gēn cānchē liánzài yìqǐ ▶その列車は20両~である/这列火车挂着二十节车厢 zhè liè huǒchē guàzhe èrshí jié chēxiāng
◆~決算 合并结账 hébìng jiézhàng

れんこ【連呼する】连呼 liánhū；连续呼喊 liánxù hūhǎn (英 *call... repeatedly*) ▶スローガンを~する/连呼标语 liánhū biāoyǔ ▶マイクで候補者の名前を~する/用麦克连续呼叫候选人的名字 yòng màikè liánxù hūjiào hòuxuǎnrén de míngzi

れんご【連語】〖文法〗词组 cízǔ (英 *a collocation*)

れんこう【連行する】带走 dàizǒu；押送 yāsòng (英 *take*) ▶犯人を~/带走犯人 dàizǒu fànrén

▶強制〜される/强行带走 qiángxíng dàizǒu

れんごう【連合する】联合 liánhé (英 be allied) ▶〜軍/联军 liánjūn ▶〜政府/联合政府 liánhé zhèngfǔ ▶あの時は3国が〜して戦った/那时三个国家联合作战 nà shí sān ge guójiā liánhé zuòzhàn

♦〜国│同盟国 tóngméngguó 〜体│共同体 gòngtóngtǐ

れんこん【蓮根】《食品》藕 ǒu (英 a lotus root)

れんさ【連鎖】连锁 liánsuǒ (英 a chain) ▶〜反応/连锁反应 liánsuǒ fǎnyìng; 链式反应 liànshì fǎnyìng ▶〜反応を起こす/引起连锁反应 yǐnqǐ liánsuǒ fǎnyìng

〜状球菌│链球菌 liànqiújūn

れんざ【連座する】连坐 liánzuò; 株连 zhūlián; 牵累 qiānlěi (英 be involved) ▶〜制/连坐制 liánzuòzhì ▶その事件に〜したことが政治的に命取りになった/牵连到这个事件中去是政治上的致命伤 qiānlián dào zhège shìjiàn zhōng qù shì zhèngzhìshang de zhìmìngshāng

れんさい【連載する】连载 liánzǎi (英 serialize) ▶〜記事/连载报导 liánzǎi bàodǎo ▶『三四郎』は朝日に〜された/《三四郎》曾在朝日新闻上连载《Sānsìláng》céng zài Zhāorì xīnwénshang liánzǎi ▶〜はわずか10日で打ち切られた/连载仅仅十天就被砍掉了 liánzǎi jǐnjǐn shí tiān jiù bèi kǎndiào le

♦〜小説│连载小说 liánzǎi xiǎoshuō 〜物│连载文章 liánzǎi wénzhāng

れんさく【連作】《農作物》连种 liánzhòng; 连茬儿 liánchár (英 continuous cropping); 《小説など》合写 héxiě (英 one fiction written by several authors) ▶里芋の〜/芋头连茬 chóngchá yùtou ▶トマトや茄子(㊥)は〜を嫌う/西红柿和茄子不宜连茬 xīhóngshì hé qiézi bùyí liánchá ▶三人で一篇の小説を〜する/三个人合写一篇小说 sān ge rén héxiě yì piān xiǎoshuō

れんざん【連山】山峦 shānluán; 连绵的群山 liánmián de qúnshān (英 a (mountain) range)

レンジ【連日】炉灶 lúzào (英 a cooking stove) ▶ガス〜/煤气灶 méiqìzào 電子〜/微波炉 wēibōlú

れんじつ【連日】连日 liánrì; 连天 liántiān (英 day after day) ▶〜連夜/连日连夜 liánrì liányè; 日日夜夜 rìrìyèyè ▶展覧会は〜人でいっぱいだった/展览会连日来有很多人参观 zhǎnlǎnhuì liánrì lái yǒu hěn duō rén cānguān ▶関東は〜雨です/关东连日下雨 Guāndōng liánrì xià yǔ

れんしゃ【連射する】连射 liánshè (英 shoot in rapid succession) ▶〜砲/连珠炮 liánzhūpào

レンジャー ⇨レーンジャー

れんしゅう【練習する】练功 liàngōng; 练习 liànxí (英 practice) ▶〜を重ねる/反复练习 fǎnfù liànxí ▶〜問題/习题 xítí ▶そこまで上達するには大いに〜がいる/要想取得这样的进步得拼命练习才行 yào xiǎng qǔdé zhèyàng de jìnbù pīnmìng liànxí cái xíng ▶それは推理力を養ういい〜になる/这是培养推理能力的好练习 zhè shì péiyǎng tuīlǐ nénglì de hǎoliànxí ▶誰も彼ほど〜に時間をかけない/谁都不像他花费这么多的时间练习 shéi dōu bú xiàng tā huāfèi zhème duō de shíjiān liànxí ▶ピアノを〜する/练习钢琴 liànxí gāngqín ▶〜は嘘をつかない/练习总会得出真本事 liànxí zǒng huì déchū zhēnběnshi ▶〜をよく積んだ/进行了不少的练习 jìnxíngle bùshǎo de liànxí ▶敗因は単なる〜不足である/败因仅仅是因为练习不够 bàiyīn jǐnjǐn shì yīnwèi liànxí búgòu

♦公開〜│公开练习 gōngkāi liànxí 〜曲│练习曲 liànxíqǔ 〜試合│练习比赛 liànxí bǐsài 〜生│实习生 shíxíshēng; 见习生 jiànxíshēng 〜船《商船大学などの》│训练船 xùnliànchuán

れんしょ【連署する】共同签署 gòngtóng qiānshǔ (英 sign jointly)

♦〜人│联名签署人 liánmíng qiānshǔ rén

れんしょう【連勝する】连胜 liánshèng; 接连胜利 jiēlián shènglì (英 win successive victories) ▶3〜する/连胜三次 liánshèng sān cì ▶〜記録を伸ばす/创新连胜记录 chuàngxīn liánshèng jìlù ▶35〜の記録をつくる/创下三十五连胜的记录 chuàngxià sānshíwǔ liánshèng de jìlù ▶〜式の馬券/连胜式马票 liánshèngshì mǎpiào ▶〜は必ず止まる/连战连胜不会长久的 liánzhàn liánshèng búhuì chángjiǔ de

レンズ镜片 jìngpiàn; 透镜 tòujìng (英 a lens) ▶〜雲/荚状云 jiázhuàngyún

♦凹〜│凹透镜 āotòujìng 魚眼〜│鱼眼透镜 yúyǎn tòujìng 広角〜│广角镜 guǎngjiǎojìng コンタクト〜│隐形眼镜 yǐnxíng yǎnjìng 望遠〜│望远镜片 wàngyuǎn jìngpiàn

れんせん【連戦する】连战 liánzhàn; 连续作战 liánxù zuòzhàn (英 fight a series of battles) ▶〜連勝/连战连胜 liánzhàn liánshèng ▶連敗する/连战连败 liánzhàn liánbài ▶今日から4〜が始まる/今天开始四连战 jīntiān kāishǐ sìliánzhàn ▶〜の疲れがぬけない/连战的疲劳总不解消 liánzhàn de pīláo zǒng bù jiěxiāo

れんそう【連想する】联想 liánxiǎng (英 associate) ▶ダーウィンという名前はすぐ進化論を〜させる/达尔文这个名字让人马上联想起进化论 Dá'ěrwén zhège míngzi ràng rén mǎshàng liánxiǎngqǐ jìnhuàlùn ▶鹿児島と聞いて最初に何を〜しますか/说到鹿儿岛，马上会联想到什么呢？shuōdào Lù'érdǎo, mǎshàng huì liánxiǎngdào shénme ne?

♦〜ゲーム│联想游戏 liánxiǎng yóuxì

れんぞく【連続する】连续 liánxù; 接连 jiēlián (英 continue) ▶3日〜で/连续三天 liánxù sān tiān ▶〜ドラマ/连续剧 liánxùjù ▶この街で3夜〜して火事があった/这条街道连续三天晚上发生火灾 zhè tiáo jiēdào liánxù sān tiān wǎnshang fāshēng huǒzāi ▶一家を〜的に不幸が襲った/他们一家接二连三地遭受不幸 tāmen yì jiā jiē èr lián sān de zāoshòu búxìng ▶弁護

士の生活はいやなことの〜だ/在律师的生活中,不愉快的事一宗接一宗 zài lǜshī de shēnghuó zhōng, bù yúkuài de shì yì zōng jiē yì zōng ▶おめでたの〜/好事不断 hǎoshì búduàn ▶3年〜で大賞を受賞した/连续三年获得大奖 sān nián huòdé dàjiǎng ▶〜性/连续性 liánxùxìng ▶〜殺人/连续杀人 liánxù shārén

れんだ【連打】连打 liándǎ (英 *a succession of blows*) ▶《ボクシング》左右の〜を浴びせる/左右连击 zuǒyòu liánjī ▶《野球》この投手なら〜を許すことはあるまい/这个投手不会容许对方的连打吧 zhège tóushǒu búhuì róngxǔ duìfāng de liándǎ ba ▶太鼓を〜する音が聞こえてきた/听见了一阵击鼓声 tīngjiànle yí tòng dǎgǔshēng

れんたい【連帯】连带 liándài; 团结 tuánjié (英 *solidarity*) ▶住宅ローンの〜保証人になる/成为住房贷款的连带保证人 chéngwéi zhùfáng dàikuǎn de liándài bǎozhèngrén ▶なぜ我々が〜責任を負わされるのか/为什么要我们担负共同责任 wèi shénme yào wǒmen dānfù gòngtóng zérèn ▶地域の〜意識を高める必要がある/有必要提高地区的连带意识 yǒu bìyào tígāo dìqū de liándài yìshí
♦〜保証:共同担保 gòngtóng dānbǎo

レンタカー 租用汽车 zūyòng qìchē; 出租汽车 chūlìn qìchē (英 *a rental car*) ▶〜を借りる/租出租汽车 zū chūlìn qìchē ▶〜店/出租汽车店 chū lìn qìchē diàn

れんたつ【練達の】干练 gànliàn; 老练 lǎoliàn (英 *skillful*) ▶〜の士/干练之士 gànliàn zhī shì

レンタル 出租 chūzū; 租赁 zūlìn (英 *rental*) ▶〜ビデオ/出租影像 chūzū yǐngxiàng ▶〜料金/出租费 chūzūfèi ▶スキー用具はスキー場で〜する/滑雪场租赁滑雪用具 huáxuěchǎng zūlìn huáxuě yòngjù
♦〜ショップ:租赁店铺 zūlìn diànpù

れんたん【煉炭・練炭】蜂窝煤 fēngwōméi (英 *a briquet*)
♦〜こんろ:炭炉 tànlú; 蜂窝煤炉 fēngwōméilú

れんだん【連弾する】连弹 liántán (英 *play a duet*) ▶幼い姉妹がピアノを〜する/年幼的姐妹表演钢琴连弹 niányòu de jiěmèi biǎoyǎn gāngqín liántán

レンチ 扳手 bānshou (英 *a wrench*)

れんちゅう【連中】一伙 yìhuǒ; 家伙 jiāhuǒ; 伙伴 huǒbàn (英 *a lot*) ▶彼らは頑固な〜だ/他们是些顽固的家伙 tāmen shì xiē wángù de jiāhuo ▶家の息子がつき合っている〜/儿子交往的伙伴 érzi jiāowǎng de huǒbàn ▶あんな〜は相手にしないよ/那伙人, 别理他们 nà huǒ rén, bié lǐ tāmen ▶〜には荷が重すぎますよ/对他们来说担子太重了 duì tāmen lái shuō dànzi tài zhòng le

れんとう【連投する】《野球》连投 liántóu (英 *take the mound in successive games*) ▶日本シリーズで3〜する/在日本联赛中连续三次投球 zài Rìběn liánsài zhōng liánxù sān cì tóuqiú

れんどう【連動する】联动 liándòng (英 *be connected*) ▶家賃は物価指数に〜する/房租联动物价指数 fángzū liándòng wùjià zhǐshù

レントゲン X光线 X guāngxiàn (英 *X-rays*) ▶〜を撮る/拍摄 X 光线照片 pāishè X guāngxiàn zhàopiàn ▶〜撮影で癌が見つかる/拍 X 片发现癌症 pāi X guāngpiàn fāxiàn áizhèng
♦〜技師:爱克斯光医师 àikèsīguāng yīshī 〜検査:爱克斯光检查 àikèsīguāng jiǎnchá 〜治療:爱克斯光治疗 àikèsīguāng zhìliáo 〜フィルム:爱克斯光底片 àikèsīguāng dǐpiàn

れんにゅう【練乳】《食品》炼乳 liànrǔ (英 *condensed milk*)

れんねん【連年の】连年 liánnián (英 *year after year*) ▶〜の不作/连年的歉收 liánnián de qiànshōu

れんぱ【連覇する】连续取得冠军 liánxù qǔdé guànjūn (英 *win the championship in succession*) ▶3〜を果たす/连续三次优胜 liánxù sān cì yōushèng ▶〜の夢ははかなく潰えた/连冠的梦想无情地破灭了 lián guàn de mèngxiǎng wúqíng de pòmiè le

れんばい【廉売】贱卖 jiànmài; 廉价出卖 liánjià chūmài (英 *sell cheap*) ▶特価で〜する/特价贱卖 tèjià jiànmài

れんぱい【連敗する】连败 liánbài (英 *suffer successive defeats*) ▶3〜する/三连败 sān liánbài ▶10〜に終止符を打つ/以十连败告终 yǐ shí liánbài gàozhōng

れんぱつ【連発する】《銃》连续发射 liánxù fāshè; 《事柄》连续发生 liánxù fāshēng (英 *fire... in succession*) ▶質問を〜する/连续提问 liánxù tíwèn ▶〜する犯罪を止める/阻止犯罪事件连续发生 zǔzhǐ fànzuì shìjiàn liánxù fāshēng ▶くしゃみを〜する/连打几个喷嚏 liándǎ jǐ ge pēntì
♦6〜銃:可连发六枚子弹的枪 kě liánfā liù méi zǐdàn de qiāng

れんばん【連判する】联合签署 liánhé qiānshǔ (英 *sign jointly*) ▶〜状/联合签署的公约 liánhé qiānshǔ de gōngyuē

れんびん【憐憫】怜悯 liánmǐn (英 *pity*) ▶〜の情/怜悯心 liánmǐnxīn ▶〜の情を催す/生起怜悯之心 shēngqǐ liánmǐn zhī xīn

れんぼ【恋慕する】恋慕 liànmù; 爱慕 àimù (英 *be in love*) ▶〜の情/恋慕之情 liànmù zhī qíng

れんぽう【連邦】联邦 liánbāng (英 *a federation*) ▶〜政府/联邦政府 liánbāng zhèngfǔ ▶旧ソビエト〜/前苏联 qián Sūlián
♦〜国家:联邦国家 liánbāng guójiā 〜捜査局:联邦调查局 liánbāng diàochájú

れんぽう【連峰】丛山 cóngshān; 连峰 liánfēng (英 *a mountain range*) ▶立山〜/立山丛岭 Lìshān cónglǐng

れんま【錬磨する】磨炼 móliàn; 磨砺 móli (英 *train*) ▶百戦〜/百战磨炼 bǎizhàn móliàn ▶あの技は〜の賜物だ/那种技巧是不断磨练的

成果 nà zhǒng jìqiǎo shì búduàn móliàn de chéngguǒ
れんめい【連名で】 联名 liánmíng (英 *in joint signature*) ▶ 3県の知事が~でダム建設中止の要望書を提出した/三县的知事联名提交了停建水库的请愿书 sān xiàn de zhīshì liánmíng tíjiāole tíngjiàn shuǐkù de qǐngyuànshū ▶~の招待状が届いた/收到连名请柬 shōudào liánmíng qǐngjiǎn
れんめい【連盟】 联盟 liánméng (英 *a league*) ▶~に加入する/参加联盟 cānjiā liánméng ▶~を結成する/结成联盟 jiéchéng liánméng ▶~を解散する/解散联盟 jiěsàn liánméng
れんめん【連綿と】 连绵不断 liánmián búduàn (英 *continuously*) ▶~と続く山脈/绵亘的山脉 miángèn de shānmài ▶伝統文化と歴史が~と息づく都市だ/传统文化与历史源远流长的城市 chuántǒng wénhuà yǔ lìshǐ yuán yuǎn liú cháng de chéngshì
れんや【連夜】 连夜 liányè；每夜 měi yè (英 *every night*) ▶~の乱痴気騒ぎ/连夜的大吵大闹 liányè de dà chǎo dà nào
日中比较 中国語の「连夜 liányè」は「毎晩」の他に「その晩すぐ」という意味もある。
れんよう【連用する】 连续使用 liánxù shǐyòng (英 *take... continuously*)
◆~修飾語：状语 zhuàngyǔ
れんらく【連絡する】 ❶【通知】联系 liánxì；联络 liánluò (英 *contact*) ▶~をつける/串通 chuàntōng ▶~をとる/联络 liánluò ▶松本氏からはまだ~がない/还没有接到松本先生的联系 hái méiyǒu jiēdào Sōngběn xiānsheng de liánxì ▶行方不明だった漁船と無線で~が取れた/与失踪的渔船取得了无线联系 yǔ shīzōng de yúchuán qǔdéle wúxiàn liánxì ▶彼は欠席すると電話で~してきた/他打电话联系，说是不来了 tā dǎ diànhuà liánxì, shuōshi bù lái le ▶~を保つ/保持联系 bǎochí liánxì ▶~を失う/失去联系 shīqù liánxì ▶その後彼は完全に~を断った/后来，他完全中断了联系 hòulái, tā wánquán zhōngduànle liánxì ▶外部との~を断たれる/与外部的联系被切断 yǔ wàibù de liánxì bèi qiēduàn
❷【接続】连接 liánjiē (英 *connect*) ▶電車の~が悪い/电车连接不顺利 diànchē liánjiē bú shùnlì ▶~がうまくいって，思いのほか早く着いた/中途联系得很顺利，出乎意料地早早就到了 zhōngtú liánxìde hěn shùnlì, chūhū yìliào de zǎozǎo jiù dào le ▶この飛行便は~がよい/这班飞机连接得很好 zhè bān fēijī liánjiēde hěn hǎo
◆~橋：连运桥 liányùnqiáo ~事務所：联络处 liánluòchù ~船：渡轮 dùlún ~網：联络网 liánluòwǎng
れんりつ【連立】 联立 liánlì；联合 liánhé (英 *a coalition*)
◆~政権：联合政权 liánhé zhèngquán ~内閣：联合政府 liánhé zhèngfǔ ~方程式：联立方程 liánlì fāngchéng

れんれん【恋恋たる】 依恋 yīliàn；恋恋不舍 liànliàn bùshě (英 *lingeringly*)

ろ

ろ【炉】 火炉 huǒlú；炉子 lúzi (英 *a fireplace*；[溶炉] *a furnace*) ▶原子~/原子反应堆 yuánzǐ fǎnyìngduī ▶部屋の中央に~を切る/在房间中央砌上火炉 zài fángjiān zhōngyāng qìshàng huǒlú ▶~を焚く/烧火炉 shāo huǒlú ▶~を囲んで談笑する/围着火炉谈笑 wéizhe huǒlú tánxiào
ろ【櫓】 橹 lǔ (英 *an oar*) ▶~を漕ぐ/摇橹 yáo lǔ
ロ〖音楽〗(英 *B*)
◆~長調：B 大调 B dàdiào
ロイヤリティー 专利使用费 zhuānlì shǐyòngfèi；版权费 bǎnquánfèi (英 *royalty*)
ろう【労】 劳苦 láokǔ；《功績》劳绩 láojì (英 *trouble*；*pains*) ▶多年の~をねぎらう/慰劳多年的辛苦 wèiláo duōnián de xīnkǔ ▶~を惜しまず働く/不惜劳苦地工作 bùxī láokǔ de gōngzuò ▶~を省く/省力 shěng lì ▶~をいとわず協力する/不辞辛劳地共同努力 bù cí xīnláo de gòngtóng nǔlì ▶君の~は十分報いられる/你的辛劳一定能得到回报 nǐ de xīnláo yídìng néng dédào huíbào ▶彼は私にその社長を紹介する~をとってくれた/他替我介绍那位总经理 tā tì wǒ jièshào nà wèi zǒngjīnglǐ
ろう【牢】 监狱 jiānyù；牢房 láofáng；牢狱 láoyù (英 *a prison*；*a jail*) ▶~に入れる/关进监狱 guānjìn jiānyù ▶~を出る/出狱 chū yù ▶ 3 年間~に入っていた/坐了三年牢 zuòle sān nián láo
◆~役人：监狱看守 jiānyù kānshǒu ~破り：越狱 yuèyù
ろう【蝋】 蜡 là (英 *wax*) ▶~が垂れる/淌下蜡油 tǎngxià làyóu ▶~引きの紙袋/涂蜡的纸袋 túlà de zhǐdài
◆~紙〖パラフィン紙に似た紙〗：蜡纸 làzhǐ ~細工：蜡制工艺品 làzhì gōngyìpǐn ~人形：蜡像 làxiàng
ろうあ【聾唖】 聋哑 lóngyǎ (英 *the deaf and mute*) ▶~学校/聋哑学校 lóngyǎ xuéxiào
ろうえい【朗詠する】 朗诵 lǎngsòng；吟咏 yínyǒng (英 *recite*)
ろうえい【漏洩する】 泄露 xièlòu (英 *leak*) ▶機密を~する/泄露机密 xièlòu jīmì ▶個人情報~に対して彼には責任がない/对这起泄漏个人情报的事件，他没有责任 duì zhè qǐ xièlòu gèrén qíngbào de shìjiàn, tā méiyǒu zérèn
ろうえき【労役】 劳役 láoyì (英 *labor*；*toil*) ▶~に服する/服劳役 fú láoyì
ろうか【老化する】 老化 lǎohuà (英 *age*；*get old*) ▶~現象/老化现像 lǎohuà xiànxiàng ▶

あなたも~現象が現れてきましたな/你也出现了老化现象 nǐ yě chūxiànle lǎohuà xiànxiàng ▶~を遅らせる/延缓老化 yánhuǎn lǎohuà ▶~を防ぐ薬がほしいよ/有防止老化的药多好啊 yǒu fángzhǐ lǎohuà de yào duō hǎo a

ろうか【廊下】 走廊 zǒuláng; 过道 guòdào (英 *a hallway; a corridor*) ▶渡り/游廊 yóuláng ▶彼と僕の事務室は~続きになっている/他和我的办公室通过走廊连在一起 tā hé wǒ de bàngōngshì tōngguò zǒuláng liánzài yìqǐ ▶彼は休憩時間に~で煙草を吸う/他休息的时候在走廊里抽烟 tā xiūxi de shíhou zài zǒulángli chōuyān ▶~のエレベーター/走廊里的电梯 zǒulángli de diàntī ▶学校の~を走ってはいけません/不得在学校的过道上奔跑 bùdé zài xuéxiào de guòdàoshang bēnpǎo

ろうかい【老獪な】 老奸巨猾 lǎojiān jùhuá; 狡猾 jiǎohuá (英 *crafty; cunning*) ▶~な手法/狡猾的手法 jiǎohuá de shǒufǎ ▶~な外交術に振り回される/为狡诈的外交手法所摆布 wéi jiǎozhà de wàijiāo shǒufǎ suǒ bǎibu ▶会長は~を絵にかいたような人だ/会长是一个典型的老奸巨猾的人物 huìzhǎng shì yí ge diǎnxíng de lǎojiān jùhuá de rénwù

ろうかく【楼閣】 楼阁 lóugé (英 *a many-storied palace*) ▶砂上の~/沙上楼阁 shāshang lóugé ▶空中~/空中楼阁 kōng zhōng lóugé

ろうがっこう【聾学校】 聋人学校 lóngrén xuéxiào (英 *a school for the deaf*)

ろうがん【老眼】 〚医〛花眼 huāyǎn; 老花眼 lǎohuāyǎn (英 *presbyopia*) ▶~鏡/花镜 huājìng ▶~が進んだ/眼睛老花的现象越来越严重 yǎnjing lǎohuà de xiànxiàng yuèláiyuè yánzhòng ▶~のせいか近くのものがかすんで見える/可能是因为老眼昏花, 近处的东西模模糊糊看不清楚 kěnéng shì yīnwèi lǎoyǎn hūnhuā, jìnchù de dōngxi mómóhūhū kànbuqīngchu

ろうきゅう【老朽】 老朽 lǎoxiǔ (英 *age-worn; time-worn*) ▶~家屋/破旧的房屋 pòjiù de fángwū ▶~化する/老朽化 lǎoxiǔhuà ▶~化した橋が崩落した/破旧的桥梁垮了 pòjiù de qiáoliáng kuǎ le

ろうきょう【老境】 老境 lǎojìng; 桑榆暮景 sāng yú mùjǐng (英 *one's old age; senility*) ▶~に近づく/垂暮 chuímù ▶~に入る/进入老境 jìnrù lǎojìng ▶古人に学ぶ~の生き方/向古人学习晚年的生活方式 xiàng gǔrén xuéxí wǎnnián de shēnghuó fāngshì

ろうく【労苦】 劳苦 láokǔ; 辛苦 xīnkǔ (英 *labor; toil; pains*) ▶~に耐える/耐劳 nàiláo ▶~に報いる/报偿劳苦 bàocháng láokǔ ▶~をいとわない/不厌劳苦 búyàn láokǔ ▶スタッフは~を惜しまず会議の準備をする/员工们不惜辛劳地为会议作准备 yuángōngmen bùxī xīnláo de wèi huìyì zuò zhǔnbèi

ろうけつぞめ【臘纈染め】 蜡染 làrǎn (英 *wax printing; batik*) ▶~の手さげ/蜡染的手提包 làrǎn de shǒutíbāo

ろうこ【牢固たる】 牢固 láogù; 坚固 jiāngù (英 *firm*) ▶~たる自信/坚定的信心 jiāndìng de xìnxīn

ろうご【老後】 晚年 wǎnnián (英 *one's old age*) ▶~を過ごす/养老 yǎnglǎo; 度过晚年 dùguò wǎnnián ▶~の楽しみ/晚年的乐趣 wǎnnián de lèqù ▶~の設計が一気に崩れた/老后的计划一下子破灭了 lǎohòu de jìhuà yíxiàzi pòmiè le ▶若い時から~に備える/从年轻时起为晚年作准备 cóng niánqīng shí qǐ wèi wǎnnián zuò zhǔnbèi ▶~に必要なのは何よりお金だ/晚年最需要的就是钱 wǎnnián zuì xūyào de jiù shì qián ▶~は田舎で暮らすつもりだ/打算去乡下安度晚年 dǎsuan qù xiāngxia āndù wǎnnián

ろうこう【老巧な】 老练 lǎoliàn (英 *experienced; expert*) ▶~なやり口/老练的做法 lǎoliàn de zuòfǎ

ろうごく【牢獄】 监牢 jiānláo; 牢狱 láoyù (英 *a prison*) ▶~に入る/坐牢 zuòláo ▶~の窓から月が見える/从牢狱的窗户看得见月亮 cóng láoyù de chuānghu kàndejiàn yuèliang

ろうこつ【老骨】 老骨头 lǎogǔtou; 老躯 lǎoqū (英 *an old man*) ▶~にむち打って野良に出る/豁出老命下地干活 huōchū lǎomìng xiàdì gànhuó

ろうさい【労災】 职工灾害赔偿保险 zhígōng zāihài péicháng bǎoxiǎn ▶明らかな過労死なのに~が下りないのだ/明明是因公劳累而死, 却也得不到保险金 míngmíng shì yīn gōng láolèi ér sǐ, què yě débudào bǎoxiǎnjīn

ろうさく【労作】 〚作品〛精心的创作 jīngxīn de chuàngzuò (英 *a product of one's laborious work*); 〚労働〛辛勤的劳动 xīnqín de láodòng (英 *labor*) ▶御~を拝受いたしました/收到了您精心大作 shōudàole nín jīngxīn dàzuò

■日中比較 中国語の'劳作 láozuò'は「肉体労働」のこと.

ろうし【労使】 劳资 láozī (英 *management and labor*) ▶~協調/劳资协调 láozī xiétiáo ▶~紛争が長びく/劳资纠纷持续不断 láozī jiūfēn chíxù búduàn

◆~関係/劳资关系 láozī guānxi ~交渉/劳资交涉 láozī jiāoshè

ろうしゅう【老醜】 丑老 lǎochǒu (英 *ugliness of old age*) ▶~をさらす/丢老丑 diū lǎochǒu

ろうしゅう【陋習】 陋习 lòuxí; 恶习 èxí (英 *an evil custom*) ▶~を破る/废除陋习 fèichú lòuxí

ろうじゅく【老熟】 圆熟 yuánshú; 老练 lǎoliàn (英 *mature; experienced*) ▶~した作品/熟练的作品 shúliàn de zuòpǐn ▶~の域に達した職人の技/炉火纯青的技艺 lúhuǒ chúnqīng de jìyì

ろうじょ【老女】 老年的妇女 lǎonián de fùnǚ; 老大娘 lǎodàniáng (英 *an old woman*)

ろうしょう【朗唱する】 朗诵 lǎngsòng〈英 recite〉▶杜甫の詩を～する/朗诵杜甫的诗歌 lǎngsòng Dù Fǔ de shīgē

ろうじょう【籠城する】 困守孤城 kùnshǒu gūchéng〈英 be besieged; keep indoors〉▶人質～事件が起きる/发生了扣押人质的事件 fāshēngle kòuyā rénzhì de shìjiàn

ろうじん【老人】 老年人 lǎoniánrén; 老人 lǎorén〈英 an old man; a senior citizen〉▶～医学/老年医学 lǎonián yīxué ▶若者をしのぐ～パワー/老人所拥有的超越年轻人的才能 lǎorén suǒ yōngyǒu de chāoyuè niánqīngrén de cáinéng ▶～人口の推移/老年人口的变迁 lǎonián rénkǒu de biànqiān ▶医療センター/老人医疗中心 lǎorén yīliáo zhōngxīn ▶介護施設/老人护理设施 lǎorén hùlǐ shèshī
◆～ホーム/养老院 yǎnglǎoyuàn; 敬老院 jìnglǎoyuàn

ろうすい【老衰】 衰老 shuāilǎo〈英 senile〉▶～死/老死 lǎosǐ ▶飼い猫が～で死んだ/养的猫因衰老而死 yǎng de māo yīn shuāilǎo ér sǐ

ろうすい【漏水】 漏水 lòushuǐ〈英 leak of water〉▶～事故で5万世帯が断水した/因为发生漏水事故,五万个家庭出现停水 yīnwèi fāshēng lòushuǐ shìgù, wǔwàn ge jiātíng chūxiàn tíngshuǐ

ろうする【労する】 辛苦 xīnkǔ; 劳苦 láokǔ〈英 work hard〉▶労せずして手に入れる/不劳而获 bù láo ér huò

ろうする【弄する】 耍 shuǎ; 玩 wán〈英 play tricks〉▶策を～/玩弄手段 wánnòng shǒuduàn; 耍花招 shuǎ huāzhāo ▶詭弁を弄して大衆をあざむく/玩弄诡辩,愚弄群众 wánnòng guǐbiàn, yúnòng qúnzhòng

ろうする【聾する】 致聋 zhì lóng〈英 deafen〉▶耳を聾せんばかりの音/震耳欲聋的声音 zhèn ěr yù lóng de shēngyīn

ろうせい【老成】 老气 lǎoqì; 老成 lǎochéng〈英 mature; experienced〉▶彼は若いのにいやに～した感じを与える/他年龄不大,却让人觉得过于老成 tā niánlíng bú dà, què ràng rén juéde guòyú lǎochéng

ろうぜき【狼藉】 狼藉 lángjí; 野蛮 yěmán〈英 a riot; disorder〉▶～を働く/蛮横打砸抢 mánhèng dǎzáqiǎng ▶～者/行凶犯 xíngxiōng fàn

ろうそう【老荘】 老庄 Lǎo Zhuāng〈英 Laozi and Zhuangzi〉▶～の学/老庄之学 Lǎo Zhuāng zhī xué

ろうそく【蝋燭】 蜡烛 làzhú〈英 a candle〉▶～立て/蜡扦 làqiān ▶～の炎/烛火 zhúhuǒ ▶～をつける/点蜡烛 diǎn làzhú ▶～が尽きかけている/蜡烛将要熄灭 làzhú jiāngyào xīmiè ▶～をいっぱい立てたケーキ/插满蜡烛的蛋糕 chāmǎn làzhú de dàngāo ▶停電のため～を立てて食事する/因为停电,只是点上蜡烛吃饭 yīnwèi tíngdiàn, yúshì diǎn shàng làzhú chī fàn ▶～の芯/烛芯 zhú xīn

ろうたい【老体】 老人 lǎorén; 老躯 lǎoqū〈英 an old body〉▶御～〈《老人への敬称》〉/老人家 lǎorenjia; 老太爷 lǎotàiyé ▶御～に裁定をお願いいたします/请您老人家来裁决 qǐng nín lǎorénjiā lái cáijué

ろうたいか【老大家】 泰斗 tàidǒu; 巨擘 jùbò〈英 a veteran authority〉▶推理小説の～が死んだ/推理小说的巨擘去世了 tuīlǐ xiǎoshuō de jùbò qùshì le

ろうちん【労賃】 工钱 gōngqian〈英 wages〉▶～も出ない/不付工钱 bú fù gōngqian

ろうでん【漏電する】 漏电 lòudiàn; 跑电 pǎodiàn〈英 short-circuit〉▶～事故/漏电事故 lòudiàn shìgù ▶その火事の原因は～である/这场火灾的原因是漏电 zhè chǎng huǒzāi de yuányīn shì lòudiàn

ろうと【漏斗】 漏斗 lòudǒu〈英 a funnel〉

ろうとう【郎党】 从者 cóngzhě〈英 one's followers〉▶一族～/一家老小 yìjiā lǎoxiǎo

ろうどう【労働する】 工作 gōngzuò; 劳动 láodòng; 做活儿 zuòhuór〈英 work; labor〉▶この市は～力を吸収する産業がない/本市没有吸收劳动力的产业 běn shì méiyǒu xīshōu láodònglì de chǎnyè ▶～人口が減少する傾向にある/有劳动人口减少的倾向 yǒu láodòng rénkǒu jiǎnshǎo de qīngxiàng ▶～争議が頻発する/时常出现劳资纠纷 shícháng chūxiàn láozī jiūfēn
◆強制～/强制劳动 qiángzhì láodòng 時間外～/加班劳动 jiābān láodòng 頭脳～/脑力劳动 nǎolì láodòng 肉体～/体力劳动 tǐlì láodòng ～運動/工人运动 gōngrén yùndòng ～基準法/劳动标准法 láodòng biāozhǔnfǎ ～組合/工会 gōnghuì ～組合委員長/工会主席 gōnghuì zhǔxí ～災害/工伤 gōngshāng ～時間/劳动时间 láodòng shíjiān ▶1週間単位で～時間を弾力的に決める/灵活决定每一星期的劳动时间 línghuó juédìng měi xī xīng qī de láodòng shíjiān ～者/职工 zhígōng; 工人 gōngrén ～者階級/工人阶级 gōngrén jiējí ～集約型産業/劳动密集型产业 láodòng mìjíxíng chǎnyè ～条件/劳动条件 láodòng tiáojiàn ～生産性/生产率 shēngchǎnlǜ ～日数/工作日 gōngzuòrì ～力/劳力 láolì; 人工 réngōng

ろうどく【朗読する】 朗读 lǎngdú; 朗诵 lǎngsòng〈英 read aloud; [詩を] recite〉▶文芸作品の～/朗读文艺作品 lǎngdú wényì zuòpǐn ▶子供たちに童話を～して聞かせる/给孩子们朗读童话听 gěi háizimen lǎngdú tónghuà tīng
◆～会/朗诵会 lǎngsònghuì ▶詩の～会/诗歌朗诵会 shīgē lǎngsònghuì

ろうにゃくなんにょ【老若男女】 男女老少 nánnǚ lǎoshào〈英 men and women of all ages〉▶～を問わず幅広く人気がある/广泛受到男女老少的喜爱 guǎngfàn shòudào nánnǚ lǎoshào de xǐ'ài

ろうにん【浪人】 ❶〈侍の〉无主的武士 wú zhǔ de wǔshì〈英 a masterless samurai〉

❷【現代の】《無職》无业人 wúyèrén；《学生》失学的学生 shīxué de xuésheng（英 *a person who failed to get into the school or company*）▶就職～/社会青年 shèhuì qīngnián ▶彼は2年～して大学に入った/他过了两年的失学生活上了大学 tā guòle liǎng nián de shīxué shēnghuó shàngle dàxué

ろうねん【老年】 老年 lǎonián；垂暮之年 chuímù zhī nián（英 *old age; advanced age*）▶～期/老境 lǎojìng
♦～性痴呆：老年痴呆症 lǎonián chīdāizhèng

ろうば【老婆】 老太婆 lǎotàipó（英 *an old woman*）▶～が一人桜を見上げていた/有一个老太婆仰头看着樱花 yǒu yí ge lǎotàipó yǎng tóu kànzhe yīnghuā
♦～心：苦口婆心，恳切之心 kǔkǒu póxīn, kěnqiè zhī xīn ▶これは～心から言うのだが…/这可能是多余的话 zhè kěnéng shì duōyú de huà
[日中比較] 中国語の'老婆 lǎopo'は「女房」をいう。また'老婆儿 lǎopór'といえば「老婦人」となる。

ろうばい【狼狽する】 心慌 xīn huāng；惊慌失措 jīnghuāng shīcuò（英 *lose one's head; become panicky*）▶その知らせを聞いていささか～した/听到这个消息，略微有些惊慌 tīngdào zhège xiāoxi, lüèwēi yǒu xiē jīnghuāng ▶その場に～しても関key時刻不会会惊慌 guānjiàn shíkè bùhuì jīnghuāng ▶課長の～ぶりがおかしかった/科长惊慌的样子真可笑 kēzhǎng jīnghuāng de yàngzi zhēn kěxiào

ロウバイ【臘梅】〔植物〕腊梅 làméi（英 *a winter sweet*）

ろうはいぶつ【老廃物】 体内的废物 tǐnèi de fèiwù（英 *wastes*）

ろうひ【浪費する】 浪费 làngfèi（英 *waste; throw away*）▶時間の～/时间的浪费 shíjiān de làngfèi ▶旧型機器は電力を～/老型号的机器浪费电力 lǎoxínghào de jīqì làngfèi diànlì ▶多くの会議で時間が～される/时间在众多的会议中被浪费掉 shíjiān zài zhòngduō de huìyì zhōng bèi làngfèidiào ▶～癖がある夫と別れたい/想和浪费成癖的丈夫离婚 xiǎng hé làngfèi chéngpǐ de zhàngfu líhūn

ろうほう【朗報】 好消息 hǎoxiāoxi；喜报 xǐbào（英 *good news*）▶～が届く/传来好消息 chuánlái hǎoxiāoxi

ろうまん【浪漫】 浪漫 làngmàn（英 *romance*）▶～主義/浪漫主义 làngmàn zhǔyì ▶～派/浪漫派 làngmànpài

ろうむ【労務】 劳务 láowù（英 *labor; work*）▶～者/劳动者 láodòngzhě
♦～課：劳务科 láowùkē ～管理：劳务管理 láowù guǎnlǐ

ろうや【牢屋】 监狱 jiānyù；牢狱 láoyù（英 *a jail; a prison*）▶～にぶちこまれる/被关进牢狱 bèi guānjìn láoyù

ろうらく【籠絡する】 拉拢 lālǒng；笼络 lǒngluò（英 *cajole*）▶敵を～する/拉拢敌人 lālǒng dírén

ろうりょく【労力】 劳力 láolì；人手 rénshǒu（英 *labor;*〔骨折り〕*pains*）▶～を惜しむ/吝惜出力 lìnxī chūlì ▶～を提供する/供给劳力 gōngjǐ láolì ▶維持管理に多大の～を要する/维持管理需要花费很大的劳力 wéichí guǎnlǐ xūyào huāfèi hěn dà de láolì ▶時間と～を削減する/削减时间和劳力 xuējiǎn shíjiān hé láolì ▶ロボットで～を省く/使用机器人，节省劳力 shǐyòng jīqìrén, jiéshěng láolì ▶期限に間に合わせるには～が足りない/要按期完成，人手不够 yào ànqī wánchéng, rénshǒu bùgòu
♦～年金：老年养老金 lǎonián yǎnglǎojīn

ろうれい【老齢】 高龄 gāolíng；年迈 niánmài；老龄 lǎolíng（英 *old; aged*）▶～化社会/老龄化社会 lǎolínghuà shèhuì ▶少子～化問題/少子老龄化问题 shǎozǐ lǎolínghuà wèntí
♦～年金：老年养老金 lǎonián yǎnglǎojīn

ろうれつ【陋劣な】 卑劣 bēiliè；卑鄙 bēibǐ（英 *dirty; shabby*）

ろうれん【老練な】 老练 lǎoliàn；熟练 shúliàn（英 *experienced*）▶～な教師/经验丰富的老师 jīngyàn fēngfù de lǎoshī ▶～な選手/老练的选手 lǎoliàn de xuǎnshǒu ▶彼はこの仕事にかけては～である/他在这项工作方面具有丰富的经验 tā zài zhè xiàng gōngzuò fāngmiàn jùyǒu fēngfù de jīngyàn

ろうろう【朗朗たる】 洪亮 hóngliàng；豁亮 huòliàng（英 *sonorous; resonant*）▶アリアを～と歌う/用洪亮的声音唱咏叹调 yòng hóngliàng de shēngyīn chàng yǒngtàndiào

ろえい【露営する】 露营 lùyíng；野营 yěyíng（英 *bivouac*）▶～地/野营地 yěyíngdì

ローカル 地方 dìfāng（英 *local*）▶～線/支线 zhīxiàn ▶～ニュース/地方新闻 dìfāng xīnwén ▶～カラー/乡土气息 xiāngtǔ qìxī；地方色彩 dìfāng sècǎi
♦～放送：地方播放 dìfāng bōfàng

ローション 化妆水 huàzhuāngshuǐ（英 *lotion*）▶～を塗る/擦药水 cā yàoshuǐ ▶ヘアー～をすりこむ/抹整发香水 mǒ zhěngfà xiāngshuǐ
♦ボディ～：润肤霜 rùnfūshuāng

ロース 里脊肉 lǐjǐròu（英〔牛肉〕*sirloin*）▶～ハム/里脊肉火腿 lǐjǐròu huǒtuǐ

ロースト 烤肉 kǎoròu（英 *roast*）▶チキン～/烤鸡 kǎojī ▶～ビーフ/烤牛肉 kǎoniúròu

ローター 转子 zhuànzi；叶轮 yèlún（英 *a rotor*）

ロータリー〔円形交差点〕转盘 zhuànpán；环形岛 huánxíngdǎo；交通岛 jiāotōngdǎo（英 *a rotary; a traffic circle*）
♦～エンジン：转缸式发动机 zhuàngāngshì fādòngjī ～クラブ：国际扶轮社的分会 guójì fúlúnshè de fēnhuì

ローティーン 十岁出头 shí suì chūtóu（英 *the low teens*）▶～の頃/十岁出头的时候 shí suì chūtóu de shíhou

ローテーション 轮班 lúnbān; 轮流 lúnliú (英 *a rotating basis*) ▶～を組む/组成轮班 zǔchéng lúnbān ▶会長には会員が～でなる/会长由会员轮流担任 huìzhǎng yóu huìyuán lúnliú dānrèn ▶～をはずれる/排除在轮班人员之外 páichú zài lúnbān rényuán zhī wài

ロード 路 lù (英 *road*) ▶～ゲーム/客场比赛 kèchǎng bǐsài
♦**オフ～レース**:越野赛 yuèyěsài **シルク～**:丝绸之路 sīchóu zhī lù

ロードショー 首先放映新片 shǒuxiān fàngyìng xīnpiàn (英 *a road show*)

ロードマップ 公路图 gōnglùtú (英 *a road map*)

ロードレース 公路赛 gōnglùsài (英 *road racing; a road race*)

ロードローラー 压路机 yālùjī《地ならし機》(英 *a road roller*)

ロードワーク 越野长跑训练 yuèyě chángpǎo xùnliàn (英 *roadwork*)

ローヒール 低跟鞋 dīgēnxié (英 *low-heeled shoes*)

ロープ 绳索 shéngsuǒ; 缆 lǎn (英 *a rope*) ▶～に追いつめる/把对手逼到围绳边 bǎ duìshǒu bīdào wéishéngbiān ▶木と木の間に～を張る/在树与树之间拉上绳索 zài shù yǔ shù zhījiān lāshàng shéngsuǒ ▶車の荷台の荷物を～で縛る/把装在车上的货物用绳子捆绑起来 bǎ zhuāngzài chēshang de huòwù yòng shéngzi kǔnbǎngqǐlai

ロープウエー 缆车 lǎnchē; 钢丝索道 gāngsī suǒdào (英 *a roapway*) ▶頂上まで～が通じている/索道车通到山顶上 suǒdàochē tōngdào shāndǐngshang

ローマ 罗马 Luómǎ (英 *Rome*) ▶～数字/罗马数字 Luómǎ shùzì ▶～帝国/罗马帝国 Luómǎ Dìguó ▶～法王/罗马教皇 Luómǎ jiàohuáng ▶～カトリック教会/罗马天主教教会 Luómǎ Tiānzhǔjiào jiàohuì ▶～教皇庁/罗马教廷 Luómǎ jiàotíng
ことわざ **ローマは一日にして成らず** 罗马非朝夕建成 Luómǎ fēi zhāoxī jiànchéng
▶**～字**:拉丁字母 Lādīng zìmǔ ▶～字で名前を書く/用罗马字书写名字 yòng Luómǎzì shūxiě míngzi

ローム 〖地学〗垆姆 lúmǔ (英 *loam*) ▶～層/垆姆质土层 lúmǔzhì tǔcéng ▶関東～層/关东垆姆质土层 Guāndōng lúmǔzhì tǔcéng

ローヤルゼリー 王浆 wángjiāng; 蜂王浆 fēngwángjiāng (英 *royal jelly*)

ローラー 辊子 gǔnzi; 碌子 gǔnzi; 滚杠 gǔngàng (英 *a roller*) ▶～作戦を敷く/布下天罗地网 bùxià tiānluó dìwǎng;（一个地区）彻底搜查 (yí ge dìqū) chèdǐ sōuchá ▶テニスコートに～をかける/用碌子平整网球场 yòng gǔnzi píngzhěng wǎngqiúchǎng

ローラースケート 旱冰 hànbīng (英 *roller-skateing*) ▶～をする/滑旱冰 huá hànbīng

ローリング 左右摇晃 zuǒyòu yáohuàng (英 *rolling*) ▶～泳法/身体左右摆摆的游法 shēntǐ zuǒyòu yáobǎi de yóufǎ

ロールキャベツ 〖料理〗肉馅洋白菜卷 ròuxiàn yángbáicàijuǎn (英 *rolled cabbage*)

ロールパン 〖食品〗卷面包 juǎnmiànbāo (英 *a roll*) ▶バター～/奶油卷 nǎiyóujuǎn

ローン 〖金融〗贷款 dàikuǎn; 借款 jièkuǎn (英 *a loan*) ▶住宅～/住宅贷款 zhùzhái dàikuǎn ▶銀行に行って～の交渉をする/去银行申请贷款 qù yínháng shēnqǐng dàikuǎn ▶銀行から教育～を借りる/从银行借教育贷款 cóng yínháng jièjiàoyù dàikuǎn ▶家々の～が払えない/付不了房屋贷款 fùbùliǎo fángwū dàikuǎn

ろか 【濾過する】过滤 guòlǜ (英 *filter; leach*) ▶～器/过滤器 guòlǜqì ▶～された水/过滤后的水 guòlǜhòu de shuǐ ▶水を～して不純物を取り除く/过滤水, 提取杂质 guòlǜ shuǐ, tíqǔ zázhì ▶～性病原体/过滤性病原体 guòlǜxìng bìngyuántǐ

ろかた 【路肩】路边 lùbiān (英 *the shoulder (of a road)*) ▶～に車を止める/把车停在路边 bǎ chē tíngzài lùbiān

ろく 【六】六 liù;《大字》陆 lù (英 *six*)

ろく 【碌な】像样 xiàngyàng (英 *sufficient; enough*) ▶～なおかずがない/没有像样的菜 méiyǒu xiàngyàng de cài ▶～なものではない/不是好东西 búshì hǎo dōngxi; 没什么了不起的 méi shénme liǎobuqǐ de ▶この辺には～な料理屋はない/这附近没有像样的餐馆 zhè fùjìn méiyǒu xiàngyàng de cānguǎn ▶今日も～なことはかった/今天也没有什么好事 jīntiān yě méiyǒu shénme hǎoshì ▶～に見もせず買う/没好好儿看就买 méi hǎohāor kàn jiù mǎi ▶横を向いたまま～に返事もしない/总是把脸转向一边什么也不回答 zǒngshì bǎ liǎn zhuǎnxiàng yībiān shénme yě bù huídá ▶朝から～に食べていません/从早上起就没好好儿吃饭 cóng zǎoshang qǐ jiù méi hǎohāor chī fàn ▶手紙も～に書けない/连一封像样的信也写不了 lián yì fēng xiàngyàng de xìn yě xiěbùliǎo ▶～なことをしないな/你简直是不干好事 nǐ jiǎnzhí shì bú gàn hǎoshì

ログ 《原木》原木 yuánmù; 圆木 yuánmù (英 *a log*) ▶ハウス/木屋 mùwū

ログアウト 〖電算〗退出系统 tuìchū xìtǒng; 登出 dēngchū (英 *log-out*)

ログイン 〖電算〗登录 dēnglù (英 *log-in*)

ろくおん 【録音する】录音 lùyīn (英 *make a recording*) ▶～を放送/广播 lùyīn guǎngbō ▶ラジオ講座をテープに～する/把广播讲座用磁带录下来 bǎ guǎngbō jiǎngzuò yòng cídài lùxiàlai ▶このテープ1本で2時間～できる/一盘这样的磁带可以录两个小时的音 yì pán zhèyàng de cídài kěyǐ lù liǎng ge xiǎoshí de yīn ▶講演を～で放送する/播送演讲录音 bōsòng yǎnjiǎng

ろくが【録画する】 録像 lùxiàng (英 *record... on video*) ▶テレビドラマ1週間分を～予約する/预约录下一个星期的电视剧 yùyuē lùxià yí ge xīngqī de diànshìjù ▶ハイビジョン画質でDVDに～する/高清晰度录制成DVD gāoqīngxīdù lùzhìchéng DVD ▶～を再生する/播放录像 bōfàng lùxiàng

ろくがつ【六月】 六月 liù yuè (英 *June*)

ろくじゅう【六十】 六十 liùshí (英 *sixty*) ～の手習い 活到老, 学到老 huódào lǎo, xuédào lǎo; 老而好学 lǎo ér hào xué

ろくしょう【緑青】 铜绿 tónglǜ (英 *green rust; patina*) ▶欄干に～が出た/栏杆上生出绿锈 lángānshang shēngchū lùxiù

ろくでなし【碌でなし】 废物 fèiwu; 二流子 èrliúzi; 草包 cǎobāo (英 *a good-for-nothing fellow*) ▶この～め！/你这个窝囊废 nǐ zhège wōnangfèi ▶俺みたいな～で, ほんとにいいのかい/像我这样的没用的人, 能行吗？/像我这样的没用的人, 能行吗？ xiàng wǒ zhèyàng de méiyòng de rén, néng xíng ma?

ろくでもない【碌でもない】 无聊 wúliáo; 不正经 bú zhèngjing (英 *good-for-nothing*) ▶～話/屁话 pìhuà ▶～男/无用的家伙 wúyòng de jiāhuo ▶あんな～映画は見ないほうがよかった/这样无聊的电影, 还不如不看 zhèyàng wúliáo de diànyǐng, hái bùrú bú kàn ▶また～ことをしでかしたな/又做蠢事呀 yòu zuò chǔnshì ya ▶また何か～ことをたくらんでいるのだろう/又在打什么鬼主意吧 yòu zài dǎ shénme guǐzhǔyi ba

ろくまく【肋膜】〔解〕胸膜 xiōngmó (英 *the pleura*) ▶～炎/肋膜炎 lèimóyán; 胸膜炎 xiōngmóyán

ろくめんたい【六面体】 六面体 liùmiàntǐ (英 *a hexahedron*)

ろくろ【轆轤】 辘轳 lùlú (英 *a potter's wheel*) ▶～を回す/转辘轳 zhuàn lùlú

ロケ（—ション）〔映画〕外景拍摄 wàijǐng pāishè (英 *a location*) ▶～ハン/采外景 cǎi wàijǐng ▶彼は九州の～先から電話をかけてきた/他从九州的外景地打来电话 tā cóng Jiǔzhōu de wàijǐngdì dǎlái diànhuà ▶その映画は目下京都で～中である/那部电影目前正在京都拍摄外景 nà bù diànyǐng mùqián zhèngzài Jīngdū pāishè wàijǐng ▶新しい映画のための～地をさがす/为拍新电影寻找外景地 wèi pāi xīndiànyǐng xúnzhǎo wàijǐngdì

ロケーション（立地）位置 wèizhi (英 *a location*) ▶絶好の～/绝好的地点 juéhǎo de dìdiǎn

ロケット ❶〔推進装置〕火箭 huǒjiàn (英 *a rocket*) ▶～砲/火箭炮 huǒjiànpào ▶～エンジン/火箭发动机 huǒjiàn fādòngjī ❷〔装身具〕项链盒 xiàngliànhé (英 *a locket*) ▶❸ 段式～/三段式火箭 sānduànshì huǒjiàn ～弾/火箭弾 huǒjiàndàn ～発射台/火箭发射台 huǒjiàn fāshètái

ろけん【露見する】 败露 bàilù; 暴露 bàolù (英 *come out*) ▶悪事が～する/罪恶暴露 zuìwù bàolù ▶陰謀が～した/阴谋败露了 yīnmóu bàilù le

ロゴ 图案化的商标 tú'ànhuà de shāngbiāo (英 *a logo*)

ろこう【露光】〔写真〕曝光 bàoguāng (英 *exposure*)

ロココちょう【ロココ調の】 洛可可式 luòkěkěshì (英 *rococo*)

ろこつ【露骨な】 露骨 lùgǔ; 毫无掩饰 háowú yǎnshì (英 *plain; bold*;〔下品な〕*broad*) ▶～に悪口を言う/毫无掩饰地说坏话 háowú yǎnshì de shuō huàihuà ▶外国からの～な干渉/来自外国明目张胆的干涉 láizì wàiguó míngmù zhāngdǎn de gānshè ▶～に嫌な顔をされた/遭人毫不留情的白眼 zāo rén háobù liúqíng de báiyǎn

ロサンゼルス 洛杉矶 Luòshānjī (英 *Los Angeles*)

ろし【濾紙】 滤纸 lǜzhǐ (英 *filter paper*)

ろじ【路地】〔家と家の間の〕胡同 hútòng; 巷 xiàng (英 *an alley; a lane*) ▶～裏の小さな酒場で飲んでいた/在胡同里头的小酒馆里喝着酒 zài hútòng lǐtou de xiǎojiǔguǎnli hēzhe jiǔ

ろじ【露地】 露天的地面 lùtiān de dìmiàn (英 *a field*) ▶～栽培のきゅうり/露地栽培的黄瓜 lùdì zāipéi de huánggua

ロシア 俄罗斯 Éluósī (英 *Russia*) ▶～語/俄语 Éyǔ ▶～連邦/俄罗斯联邦 Éluósī Liánbāng ▶～人/俄罗斯人 Éluósīrén

ロジック 逻辑 luójí (英 *logic*) ▶妙な～を振り回す/搞诡辩 gǎo guǐbiàn

ろしゅつ【露出する】 ❶〔現す〕露出 lùchū; 裸露 luǒlù (英 *expose*) ▶背中を～したドレス/露背的礼裙 lòu bèi de lǐqún ▶～した岩石を撤去する/将露出地面的岩石撤走 jiāng lùchū dìmiàn de yánshí chèzǒu ❷〔写真の〕曝光 bàoguāng (英 *expose*) ▶～が不足する/曝光不够 bàoguāng bùgòu ▶～計/曝光表 bàoguāng biǎo ◆～狂/具有裸露癖的人 jùyǒu luǒlùpǐ de rén ～時間/曝光时间 bàoguāng shíjiān ～症/裸露癖 luǒlùpǐ

ろじょう【路上で】 路上 lùshang; 街上 jiēshàng (英 *on the street*〔*road*〕) ▶～駐車/路上停车 lùshang tíngchē ▶～でのローラースケート遊びは危険だ/在路上旱冰很危险 zài lùshang huá hànbīng hěn wēixiǎn ▶～喫煙禁止/禁止在路上吸烟 jìnzhǐ zài lùshang xīyān ◆～ライブ/在街道上现场表演 zài jiēdàoshang xiànchǎng biǎoyǎn

ロス（無駄）损耗 sǔnhào; 消费 xiāofèi (英 *loss*) ▶～が～/发生～的损失 shēngnào ▶時間の～/时间的损失 shíjiān de sǔnshī ▶5時間の～を取り返す/把五小时的损失追回来 bǎ wǔ xiǎoshí de sǔnshī zhuīhuílai ▶~タイムに入って同点に追いついた/进入伤停补时，追成平局 jìnrù shāngtíngbǔshí, zhuīchéng píngjú

ろせん【路線】 ❶[交通] 路线 lùxiàn; 路 lù (英 *a route; a line*) ▶~検索/检索路线 jiǎnsuǒ lùxiàn ❷[方針] 路线 lùxiàn; 道路 dàolù (英 *a line*) ▶平和~/和平路线 hépíng lùxiàn ▶某党は~を大きく変更するらしい/某党好像要大幅度地改变方针 mǒu dǎng hǎoxiàng yào dàfúdù de gǎibiàn fāngzhēn ▶拡大~の根本的再検討が必要だ/扩大路线需要根本性地重新研究 kuòdà lùxiàn xūyào gēnběnxìng de chóngxīn yánjiū

♦バス~/公共汽车路线 gōnggòng qìchē lùxiàn ~距離/路线距离 lùxiàn jùlí ~図/路线表 lùxiànbiǎo

ロッカー 橱柜 chúguì; 衣柜 yīguì; 存物柜 cúnwùguì (英 *a locker*) ▶~ルーム/更衣室 gēngyīshì (英 *コイン~/投币式自动存物柜* tóubìshì zìdòng cúnwùguì ▶~に預ける/存放在存物柜里 cúnfàng zài cúnwùguìli

♦有料~/收费存物柜 shōufèi cúnwùguì

ろっかくけい【六角形】 六角 liùjiǎo (英 *a hexagon*)

ろっかん【六感】 第六感 dìliùgǎn (英 *extrasensory perception; a sixth sense*) ▶私はこういうことには第~が働く/在这方面我具有第六感官 zài zhè fāngmiàn wǒ jùyǒu dìliù gǎnguān ▶彼女はいつもの第~でそれを知った/她总是通过第六感官觉察到 tā zǒngshì tōngguò dìliù gǎnguān juécházhī

ろっかんしんけいつう【肋間神経痛】 【医】肋间神经痛 lèijiān shénjīngtòng (英 *intercostal neuralgia*)

ロック ❶[音楽] 摇滚乐 yáogǔnyuè (英 *rock music*) ▶~バンド/摇滚组合 yáogǔn zǔhé ▶~歌手/摇滚歌手 yáogǔn gēshǒu ❷[鍵をかける] 上锁 shàngsuǒ (英 *a lock*) ▶車のドアを~する/锁上车门 suǒshàng chēmén

ロックアウト 关闭工厂 guānbì gōngchǎng (英 *a lockout*)

ロッククライミング 【スポーツ】爬岩石 pá yánshí; 攀岩术 pānyánshù (英 *rock-climbing*)

ロックンロール 摇摆舞 yáobǎiwǔ; 摇滚乐 yáogǔnyuè (英 *rock'n'roll*)

ろっこつ【肋骨】 【解】肋骨 lèigǔ (英 *the ribs*) ▶~を折る/折断肋骨 shéduàn lèigǔ

ロッジ 山中小房 shānzhōng xiǎofáng (英 *a lodge*)

ロット [経済] 批 pī (英 *a lot*) ▶~生産/批量生产 pīliàng shēngchǎn

ろっぽうぜんしょ【六法全書】 六法全书 liùfǎ quánshū (英 *the Compendium of Laws*)

ろてい【路程】 路程 lùchéng (英 *mileage*) ▶~表/路程表 lùchéngbiǎo

ろてい【露呈する】 暴露 bàolù; 露出 lùchū (英 *expose*) ▶はからずも先方の内部矛盾が~した/不料对方的内部矛盾暴露出来了 bùliào duìfāng de nèibù máodùn bàolùchūlai le

ろてん【露天の】 露天 lùtiān; 野外 yěwài (英 *open-air*) ▶~風呂/露天浴池 lùtiān yùchí ▶~掘り鉱山/露天矿 lùtiānkuàng ▶~商/练摊儿 liàntānr; 摊贩 tānfàn ▶石炭を~掘りする/露天开采煤炭 lùtiān kāicǎi méitàn

ろてん【露店】 摊 tān; 摊子 tānzi (英 *a street stall; a booth*) ▶~がたくさん並ぶ/这个神社逢年过节会有很多小摊 zhège shénshè féng nián guò jié huì yǒu hěn duō xiǎotān

ろとう【路頭】 街头 jiētóu; 路边 lùbiān (英 *the street*)

~に迷う 流落街头 liúluò jiētóu; 穷困潦倒 qióngkùn liáodǎo ▶工場がつぶれて彼は~に迷うことになった/工厂倒闭，他流落街头 gōngchǎng dǎobì, tā liúluò jiētóu

ロバ【驢馬】 【動物】驴 lú; 驴子 lúzi (英 *an ass; a donkey*)

ろばた【炉端】 炉边 lúbiān (英 *the fireside; a hearth*) ▶~焼きの店/用炉火烧烤各样菜的餐饮店 yòng lúhuǒ shāokǎo gèyàng cài de cānyǐndiàn ▶~で海の幸を味わう/在炉子旁边品尝海鲜 zài lúzi pángbiān pǐncháng hǎixiān

ろばん【路盤】 路基 lùjī (英 *a roadbed*) ▶~がゆるむ/路基松弛 lùjī sōngchí ▶地震のため~に多数亀裂が生じた/由于地震，路基多处出现龟裂 yóuyú dìzhèn, lùjī duō chù chūxiàn jūnliè

ロビー 门厅 méntīng; 《議会の》休息厅 xiūxitīng (英 *a lobby; a lounge*) ▶~活動/院外活动 yuànwài huódòng ▶ホテルの~で仕事の打ち合わせをする/在宾馆的大厅里商讨工作 zài bīnguǎn de dàtīnglǐ shāngtǎo gōngzuò

ロブ 《テニス》吊高球 diàogāoqiú (英 *a lob*) ▶~をあげる/打吊高球 dǎ diàogāoqiú

ロブスター 【動物】龙虾 lóngxiā (英 *a lobster*)

参考 「伊勢エビ」も '龙虾 lóngxiā' という．

ロフト 【建築】阁楼 gélóu; 房顶下面的贮藏室 fángdǐng xiàmiàn de zhùcángshì (英 *a loft*)

ろぼう【路傍】 路旁 lùpáng; 路边 lùbiān (英 *a roadside*) ▶~の人/路人 lùrén ▶~に咲く花/在路边开放的花朵 zài lùbiān kāifàng de huāduǒ ▶~の石仏/路边的石佛 lùbiān de shífó

ロボット (英 *a robot*) 机器人 jīqìrén; 机械人 jīxièrén; 《人についての比喩》傀儡 kuǐlěi ▶軍部の~/军部的傀儡 jūnbù de kuǐlěi ▶社長といっても全くの~だ/虽说是总经理，却完全是个傀儡 suī shuōshì zǒngjīnglǐ, què wánquán shì ge kuǐlěi ▶~化された自動車組み立て工場/实现了自动化的汽车组装工厂 shíxiànle zìdònghuà de qìchē zǔzhuāng gōngchǎng ▶介護~を実用化する/实际使用护理机器人 shíjì shǐyòng hùlǐ jīqìrén

♦産業用~/生产用机器人 shēngchǎnyòng jīqìrén ~工学/机器人工学 jīqìrén gōngxué

ロボトミー〔医〕脑白质切除术 nǎobáizhì qiēchúshù（英 lobotomy）

ロマネスク 罗马式风格 Luómǎshì fēnggé（英 Romanesque）▶～様式の教会/罗马风格的教堂 Luómǎ fēnggé de jiàotáng

ロマン 浪漫 làngmàn; 浪漫的理想 làngmàn de lǐxiǎng（英 a roman）▶男の～を追い求める/追求男人的梦想 zhuīqiú nánrén de mèngxiǎng

ロマンス 罗曼司 luómànsī; 恋爱 liàn'ài（英 romance）▶～语派/罗曼语族 Luómànyǔzú ▶彼とある女性との間に～があった/他与一位女性之间有过恋爱关系 tā yǔ yí wèi nǚxìng zhījiān yǒuguo liàn'ài guānxi ▶～の花が咲いた/绽放出爱情的花朵 zhànfàngchū àiqíng de huāduǒ ◆～カー 浪漫特快 làngmàn tèkuài ～シート 鸳鸯席 yuānyāngxí; 双人座椅 shuāngrén zuòyǐ

ロマンチシズム 浪漫主义 làngmàn zhǔyì（英 romanticism）

ロマンチスト 浪漫主义者 làngmàn zhǔyìzhě（英 a romantic person）

ロマンチック 浪漫 làngmàn; 传奇似的 chuánqí shìde（英 romantic）▶～な物語/浪漫的故事 làngmàn de gùshi ▶～な方式で祝う/用浪漫的方式庆祝纪念日 yòng làngmàn de fāngshì qìngzhù jìniànrì ▶～街道と古城巡り/环游浪漫大道及古城 huányóu làngmàn dàdào jí gǔchéng

ろめん【路面】 路面 lùmiàn（英 road surface）▶～が凍結する/路面冻冰 lùmiàn dòngbīng ▶～電車/有轨电车 yǒuguǐ diànchē ▶～清扫车/路面清扫车 lùmiàn qīngsǎochē

ろれつ【呂律】 口齿 kǒuchǐ（英 articulation）～が回らない/口齿不清 kǒuchǐ bù qīng

ろん【論】 意见 yìjiàn; 议论 yìlùn; 理论 lǐlùn（英 an argument; a dispute）▶～が分かれる/意见有分歧 yìjiàn yǒu fēnqí ▶彼と夜更けまで文学の～を闘わせた/跟他讨论文学到半夜 gēn tā tǎolùn wénxué dào bànyè
〔ことわざ〕**論より証拠** 事实胜于雄辩 shìshí shèngyú xióngbiàn
～を待たない ▶この問題の重要性は～を待たない/这个问题的重要性不需论证 zhège wèntí de zhòngyàoxìng bùxū lùnzhèng
◆進化～ 进化论 jìnhuàlùn 抽象～ 抽象论 chōuxiànglùn

ろんがい【論外の】 不值一提 bù zhí yì tí（英 out of the question）▶最低のマナーも守れない奴は～である/连最起码的规矩都不能遵守的人不值得一提 lián zuì qǐmǎ de guījǔ dōu bùnéng zūnshǒu de rén bù zhíde yī tí

ろんぎ【論議する】 讨论 tǎolùn; 辩论 biànlùn; 商榷 shāngquè（英 discuss; argue）▶～を尽くす/充分进行讨论 chōngfēn jìnxíng tǎolùn ▶それについてはかなり～が進んでいる/对此已有很多讨论 duì cǐ yǐ yǒu hěn duō tǎolùn ▶それは～の余地のない事実だ/这是不容争辩的事实 zhè shì bùróng zhēngbiàn de shìshí ▶問題を十分に～する必要がある/有必要充分地讨论问题 yǒu bìyào chōngfēn de tǎolùn wèntí ▶その問題はまだ～中である/这个问题还在讨论之中 zhège wèntí hái zài tǎolùn zhīzhōng
～を呼ぶ **引起争议** yǐnqǐ zhēnglùn ▶これは現在最も～を呼んでいる問題だ/这是目前引起最大争议的问题 zhè shì mùqián yǐnqǐ zuìdà zhēngyì de wèntí

ろんきゃく【論客】 评论家 pínglùnjiā; 论客 lùnkè（英 a critic; a controversialist）▶彼は保守派の～である/他是保守派的评论家 tā shì bǎoshǒupài de pínglùnjiā

ろんきゅう【論及する】（英 refer to）▶この本は以下の諸問題にも～している/这本书也论及以下诸问题 zhè běn shū yě lùnjí yǐxià zhū wèntí

ろんきょ【論拠】 论据 lùnjù; 论证 lùnzhèng（英 the basis; the ground）▶～を示す/出示论据 chūshì lùnjù ▶その説は確かな～がある/这种学说有确凿的论据 zhè zhǒng xuéshuō yǒu quèzáo de lùnjù ▶彼は完全に～を失ってしまった/他完全失去了论据 tā wánquán shīqùle lùnjù ▶どちらの側にもよりな～しかない/双方都只有靠不住的论据 shuāngfāng dōu zhǐyǒu kàobuzhù de lùnjù

ロングスカート〔服飾〕长裙 chángqún（英 a long skirt）

ロングセラー 长期畅销商品 chángqī chàngxiāo shāngpǐn（英 a longtime best seller）

ロングヘア 长发 chángfà（英 long hair）

ロングラン〔演劇〕长期演出 chángqī yǎnchū;〔映画〕长期放映 chángqī fàngyìng（英 a long run）▶その演劇公演は500回の～を記録した/这出剧创下了五百次的长期上演记录 zhè chū jù chuàngxiàle wǔbǎi cì de chángqī shàngyǎn jìlù ▶このミュージカルは5年目に入った現在も～を続けている/这出歌剧已进入第五个年头，现在仍在上演 zhè chū gējù yǐ jìnrù dìwǔ ge niántóu, xiànzài réng zài shàngyǎn

ろんご【論語】 论语 Lúnyǔ（英 the Analects of Confucius）
〔ことわざ〕**論語読みの論語知らず** 死读书而不知应用 sǐ dúshū ér bù zhī yìngyòng; 书呆子 shūdāizi

ろんこうこうしょう【論功行賞】 论功行赏 lùn gōng xíng shǎng（英 the grant of honors）

ろんこく【論告】〔法〕（英 the final speech of the prosecutor）▶～求刑/论刑求刑 lùn zuì qiú xíng

ろんし【論旨】 论点 lùndiǎn（英 the point of an argument）▶～をまとめる/整理论点 zhěnglǐ lùndiǎn ▶～がすり替えられている/偷换论点 tōuhuàn lùndiǎn

ろんしゃ【論者】 论者 lùnzhě; 论文作者 lùnwén zuòzhě（英 a debater）▶～の熱意はよくわかる/十分理解论文作者的热情 shífēn lǐjiě lùnwén zuòzhě de rèqíng

ろんじゅつ【論述】 阐述 chǎnshù; 论述 lùnshù

（英 *a statement*）▶学問とは何かについて～せよ/请就"什么是学问"展开论述 qǐng jiù "shénme shì xuéwen" zhǎnkāi lùnshù ▶～式テスト/论述式考试 lùnshùshì kǎoshì

ろんしょう【論証する】 论证 lùnzhèng（英 *demonstrate; prove*）▶～が不十分で説得力がない/论证不足缺乏说服力 lùnzhèng bùzú quēfá shuōfúlì ▶神の存在を～することができますか/你能论证神的存在吗？ nǐ néng lùnzhèng shén de cúnzài ma?

ろんじる【論じる】 谈论 tánlùn；议论 yìlùn；讨论 tǎolùn（英 *argue; discuss*）▶その問題は論じ尽くされている/对于这个问题已有充分的议论 duìyú zhège wèntí yǐ yǒu chōngfèn de yìlùn ▶政治を～ことのむなしさを感じる/感到谈论政治的空虚 gǎndào tánlùn zhèngzhì de kōngxū ▶このテーマはもはや～に足りない/这个主题已不值得讨论 zhège zhǔtí yǐ bù zhíde tǎolùn

ろんせつ【論説】 论说 lùnshuō；(新聞の) 社论 shèlùn（英 *an article*）▶～文/论说文 lùnshuōwén ▶～委員/评论员 pínglùnyuán ▶憲法問題を～で取り上げる/通过社论，提出宪法问题 tōngguò shèlùn, tíchū xiànfǎ wèntí

ろんせん【論戦】 论战 lùnzhàn；辩论 biànlùn（英 *a controversy*）▶激しい～を繰り広げる/展开激烈的论战 zhǎnkāi jīliè de lùnzhàn

ろんそう【論争】 论战 lùnzhàn；争论 zhēnglùn（英 *argue; debate*）▶～して譲らない/争执 zhēngzhí；争论不休 zhēnglùn bùxiū ▶両者が～を好むのは結構だが中味がつまらん/双方喜好争论倒也罢了，只是议论的尽是些空话 shuāngfāng xǐhào zhēnglùn dào yěbà le, zhǐshì yìlùn de jǐn shì xiē kōnghuà ▶新たな～の種になる/成为新论战的根源 chéngwéi xīnlùnzhàn de gēnyuán

ろんだい【論題】 论题 lùntí（英 *a subject*）▶午後は自由～セッションです/下午进行自由论题讨论 xiàwǔ jìnxíng zìyóu lùntí tǎolùn ▶～に引かれて発表を聞いた/被论题吸引而听了报告 bèi lùntí xīyǐn ér tīngle bàogào

ろんだん【論断】 论断 lùnduàn（英 *a conclusion*）▶敗因は早急に～できるものではない/失败的原因不是简单论断的事情 shībài de yuányīn bú shì jiǎndān lùnduàn de shìqing

ろんだん【論壇】 论坛 lùntán；言论界 yánlùnjiè（英 *the press* [言論界]）▶彼らは戦後～に登場した/他们登上了二战后的论坛 tāmen dēngshàngle Èrzhànhòu de lùntán

ろんちょう【論調】 论调 lùndiào（英 *the tone of argument*）▶厳しい～/严厉论调 yánlì lùndiào ▶彼はリベラルな～で知られている/他以自由主义的论调为人所知 tā yǐ zìyóu zhǔyì de lùndiào wéi rén suǒ zhī
♦新聞～/报刊论调 bàokān lùndiào

ろんてき【論敵】 论敌 lùndí（英 *an opponent in argument*）▶彼は当時魯迅の～であった/他当时是鲁迅的论敌 tā dāngshí shì Lǔ Xùn de lùndí

▶よい～に恵まれて嬉しい/遇到好论敌而感到高兴 yùdào hǎolùndí ér gǎndào gāoxìng

ろんてん【論点】 论点 lùndiǎn（英 *the point under discussion*）▶～を整理する/整理论点 zhěnglǐ lùndiǎn ▶君の話は～があいまいだ/你的意见论点有些暧昧 nǐ de yìjiàn lùndiǎn yǒuxiē àimèi

ロンド〔音楽〕 回旋曲 huíxuánqǔ（英 *a rondo*）

ロンドン 伦敦 Lúndūn（英 *London*）
♦～っ子：伦敦人 Lúndūnrén ～なまり：伦敦腔 Lúndūnqiāng

ろんなん【論難する】 论难 lùnnàn；责难 zénàn（英 *criticize*）▶互いに～する/互相论难 hùxiāng lùnnàn

ろんぱ【論破する】 驳倒 bódǎo（英 *argue... down*）▶～できない強固な理論/颠扑不破的理论 diānpū bú pò de lǐlùn ▶論理的に相手を～する/井然有条地驳倒对方 jǐngrán yǒu tiáo de bódǎo duìfāng

ロンパース〔服飾〕兜兜裤儿 dōudoukùr；儿童的连衣裤 értóng de liányīkù（英 *rompers*）

ろんばく【論駁する】 批驳 pībó；辩驳 biànbó；反驳 fǎnbó（英 *argue against...; refute*）▶彼の説を～するのは容易ではない/要想反驳他的说法并不容易 yào xiǎng fǎnbó tā de shuōfa bìng bù róngyì

ろんぴょう【論評】 议论 yìlùn；评论 pínglùn；述评 shùpíng（英 *criticism; a review*）▶～を加える/加以评论 jiāyǐ pínglùn ▶公判中なので～は差し控えさせていただきます/因为正在公审，请允许我保留意见 yīnwèi zhèngzài gōngshěn, qǐng yǔnxǔ wǒ bǎoliú yìjiàn

ろんぶん【論文】 论文 lùnwén（英 *a treatise; an essay*）▶～集/论文集 lùnwénjí ▶卒業～/毕业论文 bìyè lùnwén ▶博士～は着々と進んでいますか/你的博士论文进行得顺利吗？ nǐ de bóshì lùnwén jìnxíng de shùnlì ma? ▶英語で～を書く/用英语写论文 yòng Yīngyǔ xiě lùnwén

ろんぽう【論法】 论法 lùnfǎ；论理结构 lùnlǐ jiégòu（英 *logic; reasoning*）▶三段～/三段论法 sānduànlùnfǎ ▶君の～だと僕だけ悪者になるじゃないか/按照你的论理，是我一个人的错了 ànzhào nǐ de lùnlǐ, shì wǒ yí ge rén de cuò le

ろんぽう【論鋒】 言论的势头 yánlùn de shìtóu；批判的矛头 pīpàn de máotóu（英 *the force of arguments*）▶鋭い～/尖锐的批评 jiānruì de pīpíng ▶歯に衣着せぬ～で矛盾をつく/毫不留情地挑出矛盾 háo bù liúqíng de tiāochū máodùn

ろんり【論理】 论理 lùnlǐ；逻辑 luójí（英 *logic*）▶～の/合乎逻辑的 ▶～学/逻辑学 luójíxué ▶～的思考/逻辑思维 luójí sīwéi ▶そこにはちゃんと～がある/这完全是合乎逻辑的 zhè wánquán shì héhū luójí de ▶～的に意見を述べる/条理清晰地阐述意见 tiáolǐ qīngxī de chǎnshù yìjiàn ▶企業の～に合わない/不合乎企业的逻辑 bù héhū qǐyè de luójí ▶～的根拠を欠く/缺乏合乎逻辑的根据 quēfá héhū luójí de gēnjù

わ

わ【和】 ❶【仲良くする】和睦 hémù; 和好 héhǎo（英 harmony）▶グループの〜/集体内的和谐 jítǐnèi de héxié ▶〜を以て尊しと為す/以人为贵 yǐ hé wéi guì ▶大事の前の〜だ/人和比什么都重要 rénhé bǐ shénme dōu zhòngyào ❷【計算の】和数 héshù; 总和 zǒnghé（英 the sum; the total）▶この三つの数の〜を答えなさい/请回答出这三个数的和 qǐng huídáchū zhè sān ge shù de hé

わ【輪】 ❶【円形】圈儿 quānr; 环儿 huánr（英 a circle）▶先生の周りに〜になって座る/环坐在老师周围 huánzuò zài lǎoshī zhōuwéi ▶歌手の周りにすぐ人の〜ができた/歌手的周围马上围上了一圈人 gēshǒu de zhōuwéi mǎshàng wéishàngle yì quān rén ▶縄で作った〜で土俵を作る/用绳子作成的草环围成相扑的土台 yòng shéngzi zuòchéng de cǎohuán wéichéng xiāngpū de tǔtái ▶黒板に三重の〜を描いた/在黑板上画了三重圆圈 zài hēibǎnshang huàle sān chóng yuánquān ▶オリンピックの五輪の〜/奥林匹克的五环 Àolínpǐkè de wǔhuán ▶ライオンが〜くぐりをする/狮子钻环 shīzi zuān huán ❷【つながり】连环 liánhuán（英 a link）▶友情の〜/友谊的连环 yǒuyì de liánhuán ▶災害救援の運動の〜をひろげる/推广救灾运动的连环 tuīguǎng jiùzāi yùndòng de liánhuán …に〜を掛けて 夸大其词 kuādà qí cí; 更厉害 gèng lìhai ▶おやじも酒飲みだが彼も〜を掛けた大酒飲みだ/他父亲就挺能喝酒的, 他更是海量 tā fùqin jiù tǐng néng hē jiǔ de, tā gèng shì hǎiliàng

-わ【-羽】 只 zhī ▶1 〜のはと/一只鸽子 yì zhī gēzi ▶うさぎ 2 〜/两只兔子 liǎng zhī tùzi

-わ【-把】 把 bǎ; 捆 kǔn; 束 shù（英 a bundle）▶まき一〜/一捆柴火 yì kǔn cháihuo ▶帰りにほうれん草を三〜買ってきて下さい/回来时请买三把菠菜 huílai shí qǐng mǎi sān bǎ bōcài

わあ 哇 wā（英〔歓声〕Hurrah!; Hurray!;〔驚声〕Oh!）▶隣の教室で〜っと言う歓声が上がった/旁边的教室哇地响起欢呼声 pángbiān de jiàoshì wā de xiǎngqǐ huānhūshēng

ワーカホリック 工作中毒 gōngzuò zhòngdú（英 workaholic）▶あなた〜にかかってるんじゃないの/你不是工作中毒了吧 nǐ bú shì gōngzuò zhòngdúle ba

ワーキンググループ 工作小组 gōngzuò xiǎozǔ（英 a working group）▶この件は〜を作って検討にしよう/关于这个问题组织工作小组来研究吧 guānyú zhège wèntí zǔzhī gōngzuò xiǎozǔ lái yánjiū ba

ワークシェアリング 工作分摊制 gōngzuò fēntānzhì（英 worksharing）

ワークショップ 研讨会 yántǎohuì; 讲习会 jiǎngxíhuì（英 a workshop）

ワークブック 习题集 xítíjí; 复习指导书 fùxí zhǐdǎoshū（英 a work book）

ワースト 最坏 zuìhuài（英 worst）▶俺、〜ドレッサーだって/大家说我穿得最不得体 dàjiā shuō wǒ chuānde zuì bù détǐ

ワープロ 文字处理机 wénzì chǔlǐjī; 电子打字机 diànzǐ dǎzìjī（英 a word processor）▶〜を打つ/用文字处理机打字 yòng wénzì chǔlǐjī dǎzì

ワールドカップ 世界杯赛 shìjièbēisài（英 the World Cup）▶あの年の〜の熱狂はどこへ行ったんだろう/当年世界杯的狂热到哪儿去了 dāngnián shìjièbēi de kuángrè dào nǎr qù le

わあわあ 哇哇 wāwā（英 Whaah!; Wha!）▶何を〜言ってるんだ？/哇啦哇啦吵什么呢？wālā-wālā chǎo shénme ne? ▶教室で〜騒ぐな/别在教室里吵吵嚷嚷的 bié zài jiàoshìli chǎochāo-rǎngrǎng de ▶僕は一人になって〜泣いた/我一个人哇哇大哭 wǒ yí ge rén wāwā dà kū

わいきょく【歪曲する】 歪曲 wāiqū（英 distort）▶事実を〜する/歪曲事实 wāiqū shìshí ▶インターネットの〜された情報を鵜呑みにする/盲目相信互联网上被歪曲的信息 mángmù xiāngxìn hùliánwǎngshang bèi wāiqū de xìnxī

わいざつ【猥雑な】〔雑然たる〕杂乱 záluàn;〔下卑て薄汚れた〕庸俗肮脏 yōngsú āngzāng（英 sordid）▶〜な大都会の裏通りに花屋を開く/在大都市杂乱的小巷里开花店 zài dàdūshì záluàn de xiǎoxiàngli kāi huādiàn

ワイシャツ〔服飾〕衬衫 chènshān（英 a white shirt）▶ノーネクタイの〜姿で会社に行く/以穿衬衫不打领带的打扮去公司 yǐ chuān chènshān bù dǎ lǐngdài de dǎban qù gōngsī ▶母はいつも息子の〜にアイロン掛けをする/妈妈经常给儿子熨衬衫 māma jīngcháng gěi érzi yùn chènshān

わいしょう【矮小な】 矮小 ǎixiǎo（英 dwarf）▶〜化する/大事化小 dàshì huàxiǎo ▶〜な考え/狭隘的想法 xiá'ài de xiǎngfa ▶会社の信用問題を個人の責任に〜化した/公司的信用问题缩小成个人的责任 gōngsī de xìnyòng wèntí suōxiǎochéng gèrén de zérèn

わいせつ【猥褻な】 淫秽 yínhuì; 猥亵 wěixiè（英 obscene; dirty）▶〜物/猥亵物 wěixièwù ▶〜な動画がネットで撒き散らされている/黄色录像在网上泛滥 huángsè lùxiàng zài wǎngshang fànlàn

◆〜映画 黄色电影 huángsè diànyǐng 〜行为 猥亵行为 wěixiè xíngwéi 〜文書 黄色文件 huángsè wénjiàn

わいだん【猥談】 猥亵之谈 wěixiè zhī tán（英 obscene talk）

ワイドスクリーン〔映画〕宽银幕 kuānyínmù（英 a wide screen）▶〜の活劇映画/宽银幕武打影片 kuānyínmù wǔdǎ yǐngpiàn

ワイドばん【ワイド版】 大型版本 dàxíng bǎnběn（英 a wide edition）

ワイドばんぐみ【ワイド番組】 长时间节目 chángshíjiān jiémù（英 *a long TV program*）

ワイパー 雨刷 yǔshuā;《车の》擋抹器 kāimǒqì; 刮雨器 guāyǔqì（英 *a wiper*）▶～が左右に動いている/雨刷左右摆动 yǔshuā zuǒyòu bǎidòng

ワイヤ 钢丝 gāngsī; 钢索 gāngsuǒ（英 *a wire*）▶—ガラス/夹丝玻璃 jiāsī bōli ▶小船は太い2本の～で吊り上げられた/小船被两根粗钢丝绳吊了起来 xiǎochuán bèi liǎng gēn cūgāngsīshéng diàoleqǐlai
◆—レスマイク/无线麦克风 wúxiàn màikèfēng

わいろ【賄賂】 贿赂 huìlù（英 *a bribe*）▶～を贈る/行贿 xínghuì; 送贿赂 sòng huìlù ▶～を受ける/受贿 shòuhuì; 贪污 tānwū ▶～を要求する/要求贿赂 yāoqiú huìlù ▶日頃の～が物を言った/平时的贿赂发挥了作用 píngshí de huìlù fāhuīle zuòyòng ▶景気が悪くなると公務員に～が効く/景气一变坏对公务员的贿赂就有用了 jǐngqì yí biànhuài duì gōngwùyuán de huìlù jiù yǒuyòng le ▶役所の駐車場で～を取る/在行政机关的停车场接受贿赂 zài xíngzhèng jīguān de tíngchēchǎng jiēshòu huìlù

わいわい 哇啦 wālā; 吵吵嚷嚷 chāochǎorǎngrǎng（英 *noisily; clamorously*）▶～うるさい/乱哄哄 luànhōnghōng ▶～騒ぐ/闹哄 nàohong ▶禁煙しないと女房が～うるさいんだ/我不戒烟老婆就哇啦哇啦发牢骚 wǒ bú jiè yān lǎopo jiù wālāwālā fā láosāo

ワイン 葡萄酒 pútaojiǔ（英 *wine*）▶赤～/红葡萄酒 hóngpútaojiǔ ▶—グラス/葡萄酒杯 pútaojiǔbēi ▶—カラー/暗红色 ànhóngsè ▶この～はお口に合いますか/这种葡萄酒合口吗? zhè zhǒng pútaojiǔ hékǒu ma? ▶これこそ熟成した～というものだ/这才叫做醇厚的葡萄酒 zhè cái jiàozuò chúnhòu de pútaojiǔ

ワインドアップ《野球》挥臂动作 huībì dòngzuò（英 *a windup*）▶—なしで投げる/没有挥臂动作而投球 méiyǒu huībì dòngzuò ér tóuqiú

わえい【和英】 日英 Rì-Yīng（英 *Japanese-English*）▶～両文で書く/用日英双语写 yòng Rì-Yīng shuāngyǔ xiě
◆～辞典/日英词典 Rì-Yīng cídiǎn

わおん【和音】〔音楽〕和音 héyīn（英 *a chord*）▶合唱の楽しみは～の美しさにある/合唱的乐趣就在于和声之美 héchàng de lèqù jiù zàiyú héshēng zhī měi

わか【和歌】 和歌 hégē（英 *a tanka; a 31-syllable Japanese poem*）▶～を詠む/做和歌 zuò hégē

わが【我が】 我的 wǒ de; 我们的 wǒmen de（英 *my; our; one's own*）▶～国は海に囲まれている/我国四面环海 wǒ guó sìmiàn huán hǎi ▶～社には言語のデータがたくさん眠っている/我们公司闲置着很多语言数据 wǒmen gōngsī xiánzhìzhe hěn duō yǔyán shùjù ▶彼女は彼の幸運を～ことのように喜んだ/她对他的好运感自己的事情一样感到高兴 tā duì tā de hǎoyùn xiàng zìjǐ de shìqing yíyàng gǎndào gāoxìng ▶～子が憎い親がおりましょうか/怎么能有恨自己孩子的父母呢? zěnme néng yǒu hèn zìjǐ háizi de fùmǔ ne?
◆～道を行く 我行我素 wǒ xíng wǒ sù

わかい【和解する】 和解 héjiě; 讲和 jiǎnghé（英 *reach a reconciliation*）▶相手国と～が成立した/与对方国家达成和解 yǔ duìfāng guójiā dáchéng héjiě ▶国連が入って紛争を～させる/联合国介入其间使纷争达成和解 Liánhéguó jièrù qíjiān shǐ fēnzhēng dáchéng héjiě

わかい【若い】 年轻 niánqīng;《未熟》不成熟 bù chéngshú（英 *young*）▶～頃/早年 zǎonián ▶～衆/小伙子 xiǎohuǒzi ▶～人/年轻人 niánqīngrén ▶君はまだ～な/你到底还是幼稚啊 nǐ dàodǐ háishi yòuzhì a ▶彼は年の割に若く見える/他看上去比实际年龄显得年轻 tā kànshàngqu bǐ shíjì niánlíng xiǎnde niánqīng ▶彼は私より5歳～/他比我小五岁 tā bǐ wǒ xiǎo wǔ suì ▶～時の苦労は買ってでもしなさい/年轻时应该自觉地去吃苦 niánqīng shí yīnggāi zìjué de qù chīkǔ ▶～頃は美人でもてだったのよ/年轻时候因为长得漂亮被人百般娇宠 niánqīng shíhou yīnwèi zhǎngde piàoliang bèi rén bǎibān jiāochǒng ▶君のような～者には聞かせられない話だ/那不是可以讲给像你那样的年轻人来听的话 nà bú shì kěyǐ jiǎnggěi xiàng nǐ nàyàng de niánqīngrén lái tīng de huà ▶彼は若くして世を去った/他年纪轻轻就去世了 tā niánjì qīngqīng jiù qùshì le ▶～番号順に並ぶ/从小号码起按顺序排 cóng xiǎohàomǎ qǐ àn shùnxù pái

わがい【我が意】
◆～を得たり 正合我意 zhènghé wǒyì

わかおくさん【若奥さん】 少奶奶 shàonǎinai（英 *a young wife*）

わかがえり【若返り】 返老还童 fǎn lǎo huán tóng; 年轻化 niánqīnghuà（英 *restoration of youth*）▶～の秘訣/返老还童的秘诀 fǎn lǎo huán tóng de mìjué ▶チームの～を図る/要使团队年轻化 yào shǐ tuánduì niánqīnghuà

わかがえる【若返る】 变年轻 biàn niánqīng; 返老还童 fǎn lǎo huán tóng（英 *grow younger*）▶気分が～/感觉变年轻 gǎnjué biàn niánqīng ▶その着物を着ると十年は若返って見える/穿上那件衣服看起来年轻十岁 chuānshang nà jiàn yīfu kànqǐlai niánqīng shí suì ▶若返ったような気がする/感到变年轻了似的 gǎndào biàn niánqīng le shìde ▶年輩の人たちを若返らす/让年纪大的人们返老还童 ràng niánjì dà de rénmen fǎn lǎo huán tóng

わかぎ【若木】 幼树 yòushù; 小树 xiǎoshù（英 *a young tree*）

わかくさ【若草】 嫩草 nèncǎo（英 *young grass*）

わかげ【若気】 年轻人的血气 niánqīngrén de xuèqì; 幼稚性 yòuzhìxìng（英 *youthful spirit*）▶～の過ち 因幼稚而导致的失败 yīn yòuzhì ér

わかさ【若さ】 年轻 niánqīng (英 youth) ▶～を保つ/保持青春 bǎochí qīngchūn ▶～を取り戻す/追回青春 zhuīhuí qīngchūn；返老还童 fǎnlǎo huán tóng ▶～に任せて無茶をする/凭着年轻做荒唐事 píngzhe niánqīng zuò huāngtáng shì ▶日頃のウォーキングで～を保つ/靠平时的走步保持青春 kào píngshí de zǒubù bǎochí qīngchūn ▶80歳でも女優でいる～の秘訣はなんだろうか/到八十岁还活跃在演艺界，保持青春的秘诀是什么呢？ dào bāshí suì hái huóyuè zài yǎnyìjiè, bǎochí qīngchūn de mìjué shì shénme ne?

ワカサギ【公魚】 〔魚〕公鱼 gōngyú (英 a pond smelt)

わかし【和菓子】 日式点心 Rìshì diǎnxīn (英 Japanese sweets)

わかじに【若死にする】 夭折 yāozhé；早死 zǎosǐ (英 die young) ▶彼は立派な体格をしていたが～した/他有着健壮的体格，却英年早逝 tā yǒuzhe jiànzhuàng de tǐgé, què yīngnián zǎoshì

わかしらが【若白髪】 少白头 shàobáitóu (英 premature gray hair)

わかす【沸かす】 〔湯を〕烧开 shāokāi；烧热 shāorè；〔人を〕让人沸腾 ràng rén fèiténg (英 boil; heat) ▶湯を～/烧开水 shāo kāishuǐ ▶ガスコンロで湯を～/用煤气灶烧开水 yòng méiqìzào shāo kāishuǐ ▶観衆を～/使观众沸腾 shǐ guānzhòng fèiténg ▶最終回のホームランが観客を沸かせた/最后的本垒打使观众沸腾了 zuìhòu de běnlěidǎ shǐ guānzhòng fèiténg le ▶血をようできごと/让人热血沸腾的事情 ràng rén rèxuè fèiténg de shìqíng

わかぞう【若造】 小伙子 xiǎohuǒzi；年轻人 niánqīngrén (英 a lad; a youngster) ▶～が何をほざくか/年轻人胡扯什么呀？ niánqīngrén húchě shénme ya?

わかだんな【若旦那】 大少爷 dàshàoye；少爷 shàoye (英 a young master)

わかちあう【分かち合う】 分担 fēndān；分享 fēnxiǎng (英 share) ▶喜びを～/共同喜悦 gòngtóng xǐyuè

わかつ【分かつ】 ❶ 〔分ける〕分 fēn；分开 fēnkāi；隔日 gékāi (英 divide) ▶袂を～/分手 fēnshǒu ❷ 〔区別する〕区别 qūbié (英 classify) ▶是非を～/辨别是非 biànbié shìfēi ▶昼夜を分かたず/不分昼夜 bù fēn zhòuyè；昼夜不停 zhòuyè bù tíng ❸ 〔分かち合う〕分享 fēnxiǎng (英 distribute)

わかづくり【若作りする】 打扮得年轻 dǎbànde niánqīng (英 make oneself up to look young)

わかて【若手】 年轻人 niánqīngrén (英 younger members) ▶～を起用する/起用青年 qǐyòng qīngnián ▶今度の交渉には経験者よりへを使おう/这次谈判，用有经验的人不如用年轻人吧 zhè cì tánpàn, yòng yǒu jīngyàn de rén bùrú yòng niánqīngrén ba

わかどり【若鳥】 嫩鸡 nènjī (英 a chicken)

わかめ【若芽】 嫩叶 nènyè；〔新緑〕fresh green (英 young leaves) ▶～が萌える/发出嫩叶 fāchū nènyè ▶4月の～/四月的新叶 sì yuè de xīnyè ▶～の萌え出る頃は1年で一番いい季節だ/草木长出嫩叶的时候是一年中最好的季节 cǎomù zhǎngchū nènyè de shíhou shì yì nián zhōng zuìhǎo de jìjié ▶俺まだ～マークなんだ/我还是刚拿驾照的"绿叶标志" wǒ háishi gāng ná jiàzhào de "lǜyè biāozhì"

わかはげ【若禿】 年轻秃头 niánqīng tūtóu (英 premature baldness)

わかふうふ【若夫婦】 年轻夫妇 niánqīng fūfù；〔息子夫婦〕儿子夫妇 érzi érxí (英 a young couple) ▶店のことは～に任せてある/店里的事情都交给年轻夫妇了 diànli de shìqing dōu jiāogěi niánqīng fūfù le

わがままな 放肆 fàngsì；任性 rènxìng；恣意 zìyì (英 selfish) ▶～に育てる/惯纵 guànzòng ▶～に振る舞う/逞性 chěngxìng ▶～放题の/恣意妄为 zìyì wàngwéi ▶～を通す/固执任性 gùzhí rènxìng ▶息子は～に育って自制心がない/儿子娇生惯养，没有自制心 érzi jiāo shēng guàn yǎng, méiyǒu zìzhìxīn ▶老後の暮らしは俺にも～を言わせて下さい/老后生活让作为妻子的我也自由自在一些吧 lǎohòu shēnghuó ràng zuòwéi qīzi de wǒ yě zìyóu zìzài yìxiē ba

わがみ【我が身】 自己 zìjǐ (英 myself; oneself) ▶～を捨てる/舍身 shěshēn ▶～を振り返る/反躬自问 fǎn gōng zì wèn ▶明日は～/明天或许自身难保 míngtiān huòxǔ zìshēn nánbǎo

ことわざ 我が身をつねって人の痛さを知れ 推己及人 tuī jǐ jí rén

わかめ【若芽】 嫩芽 nènyá (英 young leaves; buds; sprouts)

ワカメ【若布】 裙带菜 qúndàicài (英 wakame seaweed)

わかもの【若者】 年青人 niánqīngrén；青年 qīngnián (英 a young man [woman]; the youth) ▶～は～らしく振る舞え/年轻人要有年轻人的朝气 niánqīngrén yào yǒu niánqīngrén de zhāoqì

わがもの【我が物】 自己所有 zìjǐ suǒyǒu (英 one's own property) ▶五十を越えてから陶芸の技術を～にする/过了五十岁才把陶瓷技艺学成自己的本领 guòle wǔshí suì cái bǎ táocí jìyì xuéchéng zìjǐ de běnlǐng ▶隣の土地を～にしてしまった/把邻居的土地据为己有 bǎ línjū de tǔdì jù wéi jǐyǒu

ことわざ 我が物と思えば軽し笠の雪 自愿担的担子

不嫌重 zìyuàn dān de dànzi bù xián zhòng
～顔に振る舞う 旁若无人 páng ruò wú rén；唯我独尊 wéi wǒ dú zūn

わがよ【我が世】
～の春 最得意的时期 zuì déyì de shíqí；春风得意 chūnfēng déyì

わからずや【分からず屋】 不懂情理的人 bù dǒng qínglǐ de rén 英 *an obstinate person*

わかり【分かり】 理解 lǐjiě；领会 lǐnghuì；通达事理 tōngdá shìlǐ 英 *understanding* ▶～が早い/一听就懂 yì tīng jiù dǒng ▶おやじは～が悪いんだ/我家老头子不爱通融 wǒ jiā lǎotóuzi bú ài tōngróng

わかりきった【分かり切った】 明明白白的 míngmíngbáibái de；谁都明白的 shéi dōu míngbai de 英 *plain*; *evident*）▶それは分かり切っている/那是明摆着的事 nà shì míngbǎizhe de shì ▶～ことを何度も言われると腹がたつ/谁都明白的事三番五次地说让人生气 shéi dōu míngbai de shì sān fān wǔ cì de shuō jiù ràng rén shēngqì

わかりにくい【分かりにくい】 费解 fèijiě；难懂 nán dǒng 英 *difficult to understand*）▶彼の字は～/他的字很难认识 tā de zì hěn nán rènshi ▶君の発音は～/你的发音很难懂 nǐ de fāyīn hěn nán dǒng ▶マニュアルというものは何度読んでも～/操作说明这个东西读了多少次也不容易明白 cāozuò shuōmíng zhège dōngxi dúle duōshao cì yě bù róngyì míngbai

わかりやすい【分かり易い】 平易 píngyì；浅易 qiǎnyì（英 *easy to understand*; *simple*）▶～かり易く説明する/深入浅出地说明 shēn rù qiǎn chū de shuōmíng ▶もっと分かり易く言って下さい/请说得再通俗易懂些 qǐng shuōde zài tōngsú yì xiē

わかる【分かる】 ❶【理解】 理解 lǐjiě；明白 míngbai；懂 dǒng（英 *understand*; *be sensible*）▶よく分かっている/清清楚楚 qīngqīngchǔchǔ ▶言われなくても分かっているさ/不用说我也知道 búyòng shuō wǒ yě zhīdào ▶私に分からないのが、彼がなぜそうしたかだ/我不理解的是他为什么那么做 wǒ bù lǐjiě de shì tā wèi shénme nàme zuò ▶そんな難しいことは僕には分からない/那么难的事我不懂 nàme nán de shì wǒ bù dǒng ▶僕の言うことを分かってもらえなかった/没有让人理解我所说的事 méiyǒu ràng rén lǐjiě wǒ suǒ shuō de shì ▶問われても何のことかさっぱり分からない/即使被问起来我也不明白怎么回事 jíshǐ bèi wènqǐlai wǒ yě bù míngbai zěnme huí shì ▶彼がそれを聞いて怒った気持ちはよく～/我理解他听了那件事就生气的心情 wǒ lǐjiě tā tīngle nà jiàn shì jiù shēngqì de xīnqíng ▶《アンケートで》賛成・反对・分からない/赞成, 反对, 不置可否 zànchéng, fǎnduì, bú zhì kěfǒu ▶あの頑固親父に分からせることは難しい/很难让那个顽固的老家伙理解 hěn nán ràng nàge wángù de lǎojiāhuo lǐjiě ▶彼は話せば～男だ/他是个明事理的

人 tā shì ge míng shìlǐ de rén ▶昔は近所に物の分かった人がいた/以前邻居总有明白事理的人 yǐqián línjū zǒng yǒu míngbai shìlǐ de rén ▶あの人が何を言いたいのか分かりますか/你明白那个人想要说什么吗？nǐ míngbai nàge rén xiǎngyào shuō shénme ma?

❷【認知できる・判別できる】 知道 zhīdào；明白 míngbai（英 *know*; *recognize*）▶一目見れば～/看一眼就明白 kàn yì yǎn jiù míngbai ▶だから勝負は最後まで分からないのだ/所以胜负不到最后不明白 suǒyǐ shèngfù bú dào zuìhòu bù míngbai ▶私には絵のよしあしが全然分からない/绘画的好坏我一点也不明白 huìhuà de hǎohuài wǒ yìdiǎn yě bù míngbai ▶うわさは事实无根であることが分かった/知道了谣言是毫无根据的 zhīdàole yáoyán shì háowú gēnjù de ▶時がたてば～/随着时间过去就会明白 suízhe shíjiān guòqù jiù huì míngbai ▶あの男は何をやり出すか分からない/不知道那个男的会做出什么来 bù zhīdào nàge nán de huì zuòchū shénme lái ▶すぐ私が誰だか分かりましたか/马上就知道我是谁了吗？mǎshàng jiù zhīdào wǒ shì shéi le ma? ▶彼の家はたいへん大きな家ですから、すぐ分かります/他的家很大, 很容易认出来 tā de jiā hěn dà, hěn róngyì rènchūlai

❸【意味が分かる】 懂 dǒng（英 *know*）▶あれは冗談が分からない男なんだ/那家伙不解幽默 nà jiāhuo bùjiě yōumò ▶その説明でよく分かりました/凭借那个说明弄明白了 píngjiè nàge shuōmíng nòng míngbai le

わかれ【別れ】 分手 fēnshǒu；离别 líbié（英 *parting*; *farewell*）▶～を告げる/告别 gàobié；道别 dàobié ▶～を惜しむ/惜别 xībié ▶玄関先で彼女に～を告げる/在大门口和她道别 zài dàménkǒu hé tā dàobié ▶さり気なく～の握手をする/若无其事地握手告别 ruò wú qí shì de wòshǒu gàobié ▶祖母は門まで出てきて～を見送り手を振った/祖母送到大门口挥手送别 zǔmǔ sòngdào dàménkǒu huīshǒu sòngbié ▶親しい人との～はいつでも辛い/和亲近的人分别总是很难过 hé qīnjìn de rén fēnbié zǒngshì hěn nánguò ▶～に臨んでも言う言葉はない/即使到临别也没有要说的话 jíshǐ dào línbié yě méiyǒu yào shuō de huà ▶今夜～の盃をくもう/今晚喝杯送别酒吧 jīnwǎn hē bēi sòngbié jiǔ ba ▶喫茶店での話が彼とのこの世の～になった/在咖啡店的谈话竟成了和他的永别 zài kāfēidiàn de tánhuà jìng chéngle hé tā de yǒngbié

♦～話：有关分手的磋商 yǒuguān fēnshǒu de cuōshāng ～話を持ち出す/提出分手 tíchū fēnshǒu ～道：岔口 chàkǒu；歧路 qílù ▶彼はいま人生の～に立っている/他现在面临人生歧路 tā xiànzài miànlín rénshēng qílù

わかれめ【分かれ目】 转折点 zhuǎnzhédiǎn；界线 jièxiàn（英［転换期］ *a turning point*）▶登るか降りるかが生死の～となった/是攀登还是下来成了生死的转折点 shì pāndēng háishi xiàlái chéngle shēngsǐ de zhuǎnzhédiǎn ▶もう一踏張りできるかどうかが成否の〜だ/能不能再加把劲就是成败的关键 néngbunéng zàijiā bǎ jìn jiùshì chéngbài de guānjiàn

わかれる【分かれる】 ❶【分岐】岔开 chàkāi；分开 fēnkāi（英 *branch off*）▶ここで道は本道から分かれている/在这里路从大道岔开了 zài zhèlǐ lù cóng dàdào chàkāi le ▶その山道はしばらく行くと三筋に分かれた/那条山路走一会儿就分成三条岔道 nà tiáo shānlù zǒu yíhuìr jiù fēnchéng sān tiáo chàdào ▶彼らは二つの党派に分かれた/他们分成了两个党派 tāmen fēnchéngle liǎng ge dǎngpài
❷【区分】划分 huàfēn；分别 fēnbié（英 *be divided*）▶学校は 10 学級に分かれている/学校分十个班级 xuéxiào fēn shí ge bānjí ▶15 人が 5 人 1 組と 3 組に分かれた/十五个人以五人一组分成了三个组 shíwǔ ge rén yǐ wǔ rén yì zǔ fēnchéngle sān ge zǔ ▶その問題については意見が分かれている/关于那个问题意见发生了分歧 guānyú nàge wèntí yìjiàn fāshēngle fēnqí

わかれる【別れる】 告别 gàobié；离别 líbié（英 *separate; say good-by*；[離婚する] *divorce*）▶ 我々は一緒に歩いていき駅で別れた/我们一起走，在车站告别 wǒmen yìqǐ zǒu, zài chēzhàn gàobié ▶二人は一緒になったと思ったらすぐ別れた/两个人刚结婚就分手了 liǎng ge rén gāng jiéhūn jiù fēnshǒu le ▶そこで弟と〜のはたまらない気持ちだった/在那里跟弟弟告别心情十分难受 zài nàli gēn dìdi gàobié xīnqíng shífēn nánshòu ▶二人を残して手をふって〜/挥手告别离开两人 huīshǒu gàobié líkāi liǎngrén ▶両親に早く死に〜/双亲很早就去世了 shuāngqīn hěn zǎojiù qùshì le

> 文化 中国人は一般に梨を切り分けて食べることはしない．'分梨 fēn lí'（梨を分ける）は'分离 fēnlí'（別れる）と同音で縁起が悪い．特に恋人同士ではタブー．

わかれわかれ【別れ別れに】 分别 fēnbié；分开 fēnkāi（英 *separately; severally*）▶〜に暮らす/分头居住 fēntóu jūzhù ▶兄弟は別々の親戚に預けられて〜になった/兄弟们被分别托付给亲戚寄养 xiōngdìmen bèi fēnbié tuōfù gěi qīnqi jìyǎng

わかわかしい【若々しい】 朝气蓬勃 zhāoqì péngbó；年轻轻 niánqīngqīng（英 *youthful; fresh*）▶〜服装/年轻轻的服装 niánqīngqīng de fúzhāng ▶彼は一体つきをしている/他朝气蓬勃体格健壮 tā zhāoqì péngbó tǐgé jiànzhuàng ▶同窓の集まりの中で一番若々しく見える/在同学们的集会上看起来最年轻 zài tóngxuémen de jíhuìshang kànqǐlai zuì niánqīng ▶幸せで顔が若々しく輝いていた/幸福得脸上充满了朝气 xìngfúde liǎnshang chōngmǎnle zhāoqì

わき【脇】 ❶【体の】腋下 yèxià（英 *side*）▶〜に抱える/夹在腋下 jiāzài yèxià ▶コートの〜がほころびている/大衣的腋窝处开线了 dàyī de yèwōchù kāixiàn le ▶新聞を左の〜にはさむ/把报纸夹在左腋下 bǎ bàozhǐ jiāzài zuǒyèxia
❷【周り】旁边 pángbiān（英 *side*）▶机の〜に本棚を置く/书桌旁边放着书架 shūzhuō pángbiān fàngzhe shūjià ▶道の〜にすみれが咲いている/路边开放着堇菜 lùbiān kāifàngzhe jǐncài ▶門の〜に松の木がある/门旁边有棵松树 mén pángbiān yǒu kē sōngshù ▶私の〜にすわりなさい/坐在我旁边吧 zuòzài wǒ pángbiān ba ▶間違いが多いので〜に控えて教える/因为出错太多，所以在旁边指点 yīnwèi chūcuò tài duō, suǒyǐ zài pángbiān zhǐdiǎn ▶〜に寄って通して下さい/请站到旁边让我过去 qǐng zhàndào pángbiān ràng wǒ guòqù ▶〜から口を挟むのは失礼ですよ/从旁边插话是很失礼的 cóng pángbiān chāhuà shì hěn shīlǐ de

♦〜にそれる 话说得离题 huà shuōde lítí
〜が甘い 不善于保护自己 bú shànyú bǎohù zìjǐ
〜に回る ▶大体は彼女に任せて私は〜に回った/基本上让她做主，我做帮 jīběnshang ràng tā zuò zhǔ, wǒ zuò fū
〜を向く ▶〜を向いた運転は危ないよ/开车往旁边看是很危险的 kāichē wǎng pángbiān kàn shì hěn wēixiǎn de

わぎ【和議】 和谈 hétán；和议 héyì；和解 héjiě（英 *peace negotiations*）▶〜を結ぶ/言和 yánhé；媾和 gòuhé ▶債務者と債権者との〜が成立する/欠债者和债权人之间达成和解 qiànzhàizhě hé zhàiquánrén zhījiān dáchéng héjiě

わきあいあい【和気あいあい】 一团和气 yì tuán héqì；气氛融洽 qìfēn róngqià（英 *harmoniously*）▶会合は〜としていた/聚会显得愉快和睦 jùhuì xiǎnde yúkuài hémù

わきあがる【沸き上がる】 沸腾 fèiténg；(泉などが) 涌 yǒng（英 *boil up; be in an uproar*）▶湯が〜/水滚起来 shuǐ gǔnqǐlai ▶歓声が〜/欢声沸腾起来 huānshēng fèiténgqǐlai

わきおこる【湧き起こる】 涌起 yǒngqǐ；迸发 bèngfā（英 *arise*）▶拍手が〜/响起掌声 xiǎngqǐ zhǎngshēng

わきが【腋臭】 狐臭 húchòu；腋臭 yèchòu（英 *body odor*）▶〜がひどくて長い間悩んだ/患有强烈的狐臭长期以来一直很烦恼 huàn yǒu qiángliè de húchòu chángqī yǐlái yìzhí hěn fánnǎo

♦〜止め 狐臭消臭剂 húchòu xiāochòujì

わきかえる【沸き返る】 沸腾 fèiténg；(湯が) 煮开 zhǔkāi（英 *boil up; be in an uproar*）▶場内が〜/锅里的热水煮开了 guōli de rèshuǐ zhǔkāi le ▶ワールドカップ出場に全国が沸き返った/为参加世界杯比赛而全国沸腾 wèi cānjiā Shìjièbēi bǐsài ér quánguó fèiténg ▶彼が姿を現すと群衆はどっと沸き返った/他的身影一出现群众一下子沸腾起来 tā de shēnyǐng yì chūxiàn qúnzhòng yíxiàzi fèiténgqǐlai

わきげ【腋毛】 腋毛 yèmáo（英 *underarm*

わきたつ【沸き立つ】 沸腾 fèiténg; 欢腾 huānténg（英 seethe; boil up）▶～気持ち/心潮滚滚 xīncháo gǔngǔn ▶勝利に～/因得胜利而欢腾 yīn dé shènglì ér huānténg ▶腹の中で怒りが沸き立った/胸中怒火熊熊 xiōngzhōng nùhuǒ xióngxióng

わきでる【湧き出る】 涌出 yǒngchū（英［水が］gush〔spring〕out）▶温泉が～/涌出温泉 yǒngchū wēnquán ▶勇気が～/涌出勇气 yǒngchū yǒngqì

わきのした【腋の下・脇の下】 胳肢窝 gāzhiwō; 腋下 yèxià（英 an armpit）▶本を～に抱える/把书夹在腋下 bǎ shū jiāzài yèxia ▶～に汗をかく/胳肢窝出汗 gāzhiwō chūhàn ▶～をくすぐる/挠胳肢窝 náo gāzhiwō

わきばら【脇腹】 侧腹 cèfù（英 one's side）▶左の～が痛む/肚子的左边痛 dùzi de zuǒbiān tòng

わきまえる 懂 dǒng; 知道 zhīdào; 辨别 biànbié（英 know; bear in mind）▶礼儀を～/懂得礼貌 dǒngde lǐmào ▶身のほどを～/知道自量 zhīdào zìliàng ▶彼は善悪をわきまえている/他能辨别善恶 tā néng biànbié shàn'è ▶彼女は礼儀をわきまえていない/她不懂礼貌 tā bù dǒng lǐmào

わきみ【脇見する】 往旁边看 wǎng pángbiān kàn; 看别处 kàn biéchù（英 look aside）▶～運転/漫不经心地开车 màn bù jīngxīn de kāichē ▶～しないでお父さんの後に続きなさい/别往旁边看，跟在爸爸后面 bié wǎng pángbiān kàn, gēn zài bàba hòumian ▶授業中本を見ずに～する/上课不看书本东张西望 shàngkè bú kàn shūběn dōng zhāng xī wàng

わきみず【湧き水】 泉水 quánshuǐ; 涌出来的水 yǒngchūlai de shuǐ（英 spring water）

わきみち【脇道】 岔道 chàdào; 歧途 qítú（英 a byroad; a bypath; [話の] a digression）▶車が～にそれる/汽车走进岔道 qìchē zǒujìn chàdào ▶話が～にそれる/话离题了 huà lítí le

わきめ【脇目】 往旁边看 wǎng pángbiān kàn（英 looking aside）
～もふらず 专心一意 zhuānxīn yíyì; 全神贯注 quánshén guànzhù ▶その朝僕は～もふらずに絵をかいた/那天早上我专心致志画画儿 nà tiān zǎoshang wǒ zhuānxīn zhì zhì huà huàr

わきやく【脇役】 配角 pèijué; 配演 pèiyǎn（英 a supporting player）▶～を演じる/配戏 pèixì; 配演 pèiyǎn ▶～を務める/充当配角 chōngdāng pèijué ▶～に徹する/坚持演配角 jiānchí yǎn pèijué ▶名～/名配角 míngpèijué ▶～の俳優がいいと映画も面白い/配角演得好电影就好看 pèijué yǎnde hǎo diànyǐng jiù hǎokàn

わぎり【輪切り】 圆片 yuánpiàn（英 round slices）▶～にする/切成圆片 qiēchéng yuánpiàn

わく【枠】 **❶**【額などの】边框 biānkuàng（英 a frame）▶～で囲む/框 kuàng ▶絵を～に入れる/把画镶到框里 bǎ huà xiāngdào kuàngli ▶～内に名前を書きなさい/把名字写在框格里 bǎ míngzi xiězài kuànggéli ▶（競馬で）4～8頭だてでスタートする/（赛马）四组八匹开赛（sàimǎ）sì zǔ bā pǐ kāisài

❷【範囲・制約】框框 kuàngkuang（英 a limit）▶～にははまらない/不落窠臼 bú luò kējiù ▶～にはめる/以框束缚 yǐ kuàng shùfù ▶公務員の組合運動には一定の～がある/公务员的工会活动受一定的条款限制 gōngwùyuán de gōnghuì huódòng shòu yídìng de tiáokuǎn xiànzhì ▶定員の～がいなくて採用は難しい/名额少，所以录用很难 míng'é shǎo, suǒyǐ lùyòng hěn nán ▶予算の～内で企画を進める/在预算开支的范围内把计划进行下去 zài yùsuàn kāizhī de fànwéinèi bǎ jìhuà jìnxíngxiàqu

わく【沸く】 **❶**【お湯などが】开 kāi; 沸腾 fèiténg（英 boil）▶風呂が～/洗澡水烧热 xǐzǎoshuǐ shāorè ▶お湯が沸いたらお茶を入れて下さい/等水开了请给我泡一杯茶 děng shuǐ kāile qǐng gěi wǒ pào yì bēi chá

❷【反響・熱狂】兴奋 xīngfèn; 欢腾 huānténg（英 become enthusiastic）▶観客が～/观客激动 guānkè jīdòng ▶地元の高校の甲子園初出場で町中が沸いた/本地的高中首次参加甲子园比赛，因此整个城里都轰动了 běndì de gāozhōng shǒu cì cānjiā Jiǎzǐyuán bǐsài, yīncǐ zhěnggè chénglǐ dōu hōngdòng le ▶1位と2位が逆転して場内が沸いた/由于第一和第二的顺序出现逆转，赛场内沸腾起来 yóuyú dìyī hé dì'èr de shùnxù chūxiàn nìzhuǎn, sàichǎngnèi fèiténgqǐlai

わく【湧く】 **❶**【涌き出る】涌出 yǒngchū; 冒出 màochū（英 spring out）▶泉が～/泉水涌出 quánshuǐ yǒngchū ▶涙が～/眼泪喷出 yǎnlèi pēnchū ▶崖の斜面に清水が涌いている/在山崖的斜面涌出清彻的泉水 zài shānyá de xiémiàn yǒngchū qīngchè de quánshuǐ

❷【心中に】产生 chǎnshēng; 发生 fāshēng（英 arise; grow）▶興味が～/产生兴趣 chǎnshēng xìngqù ▶自信が～/产生信心 chǎnshēng xìnxīn ▶希望が～/发生希望 fāshēng xīwàng

❸【発生する】生 shēng（英 breed）▶ボウフラが～/生孑孓 shēng jiéjué

わくぐみ【枠組み】 **❶**【物の縁】框框 kuàngkuang; 框架 kuàngjià（英 a frame）▶～を作る/做框架 zuò kuàngjià ▶鉄の～/铁框架 tiěkuàngjià ▶社会の～を踏み越える/跨越社会的条条框框 kuàyuè shèhuì de tiáotiáokuàngkuang **❷**【物事の仕組み】结构 jiégòu; 规划 guīhuà（英 scheme）▶予算の～を作る/设计预算的大纲 shèjì yùsuàn de dàgāng ▶協力のためのよい～を作る/为了同心协力建设好的组织结构 wèile tóngxīn xiélì jiànshè hǎo de zǔzhī jiégòu

わくせい【惑星】 行星 xíngxīng（英 a planet）▶～の軌道/行星轨道 xíngxīng guǐdào ▶地球

ワクチン

という〜に我々は生きている/我们生活在地球这颗行星上 wǒmen shēnghuó zài dìqiú zhè kē xíngxíngshang
♦小〜 小行星 xiǎoxíngxīng

ワクチン〔医〕疫苗 yìmiáo (英 *vaccine*) ▶インフルエンザの〜/流感疫苗 liúgǎn yìmiáo ▶〜を注射する/注射疫苗 zhùshè yìmiáo
〜を接種 **接种疫苗** jiēzhòng yìmiáo

わくわくする 兴奋 xīngfèn; 心神激动 xīnshén jīdòng (英 *get excited*) ▶私は年甲斐もなく好奇心で〜していた/我忘记年岁，在好奇心驱使下兴奋不已 wǒ wàngjì niánsuì, zài hàoqíxīn qūshǐxià xīngfèn búyǐ ▶僕は〜しながら入って行った/我兴致勃勃地走了进去 wǒ xìngzhì bóbó de zǒulejìnqu

わけ【訳】 ❶〖意味・筋道〗意思 yìsi (英 *meaning*) ▶〜の分かった男だ/懂道理的男人 dǒng dàoli de nánrén ❷〖理由〗理由 lǐyóu; 缘故 yuángù (英 *reason; cause*) ▶〜を話せ/你说说为什么 nǐ shuōshuo wèi shénme ▶それには〜があるに違いない/那件事一定有什么缘故 nà jiàn shì yídìng yǒu shénme yuángù ▶私にはうすべき〜がある/对我来说有那么做的理由 duì wǒ lái shuō yǒu nàme zuò de lǐyóu ▶君はどういう〜で彼を疑うのか/你凭什么怀疑他呢？ nǐ píng shénme huáiyí tā ne? ▶彼が有罪である〜がない/他不会有罪的 tā búhuì yǒuzuì de ▶順序立てて作ってきたからミスする〜がない/我是按顺序做的，没有出错的理由 wǒ shì àn shùnxù zuò de, méiyǒu chūcuò de lǐyóu ▶今晩田舎に帰ります/我有点事情，今晚回老家 wǒ yǒudiǎn shìqing, jīnwǎn huí lǎojiā ▶彼と知り合いになった〜を聞かせて下さい/给我讲一下和他认识的过程吧 gěi wǒ jiǎng yíxià hé tā rènshi de guòchéng ba ▶叱られる〜にはいかない/不能不负责 bùnéngbù zébèi ▶どうやらあの二人は〜ありげだね/看来两个人是那种关系 kànlái liǎng ge rén shì nà zhǒng guānxi

〜が分からない 莫名其妙 mò míng qí miào; 摸不着头脑 mōbuzháo tóunǎo ▶おまえも〜が分からない人間だなあ/你真是不懂事理的人啊 nǐ zhēn shì bù dǒng shìlǐ de rén a ▶〜の分からない文章だ/莫名其妙的文章 mò míng qí miào de wénzhāng ▶何やら〜の分からないことをつぶやいていた/嘀咕着什么莫名其妙的话 díguzhe shénme mò míng qí miào de huà

〜もなく 无缘无故 wúyuán wúgù ▶〜もなく腹がたつ/无缘无故地生气 wúyuán wúgù de shēngqì

わけあう【分け合う】 分享 fēnxiǎng; 分担 fēndān (英 *share; split*) ▶1本のコーラを皆で分け合って飲む/一瓶可乐大家分着喝 yì píng kělè dàjiā fēnzhe hē ▶苦労を〜/同甘共苦 tóng gān gòng kǔ

わけあたえる【分け与える】 发发 fēnfā; 分给 fēngěi (英 *distribute*)

わけいる【分け入る】 钻进 zuānjìn; 挤入 jǐrù (英 *force one's way into...*) ▶人垣に〜/拨开人墙 bōkāi rénqiáng ▶森深く〜/深进森林里 shēn jìn sēnlínli

わげき【話劇】 话剧 huàjù 参考 '话剧 huàjù' は中国の新劇. 歌舞劇に対し, 台詞(ぜりふ)中心で歌わないためこう呼ばれる.

わけても 尤其 yóuqí; 其中 qízhōng; 特別 tèbié (英 *especially*); 〔なかんずく〕 *above all* ▶〜彼の怒りは激しかった/他的怒火尤其冲 tā de nùqì yóuqí chōng

わけない【訳ない】 容易 róngyì; 简单 jiǎndān (英 *easy; simple*) ▶〜ことである/那很简单 nà hěn jiǎndān ▶訳なくやってのける/轻而易举地做 qīng ér yì jǔ de zuò ▶難問を訳なく解く/轻而易举地解决难题 qīng ér yì jǔ de jiějué nántí ▶碁であの人に勝つのは〜/胜那个人的棋不费劲 shèng nàge rén de qí bú fèijìn ▶母親を喜ばせるのは〜ことだよ/让老妈高兴是再容易不过的事了 ràng lǎomā gāoxìng shì zài róngyìbuguò de shì le

わけへだて【分け隔てする】 歧视 qíshì; 差別待遇 chābié dàiyù; 区別 qūbié (英 *discriminate*) ▶彼は誰にも〜なく親切にする/他对谁都一样热情 tā duì shéi dōu yíyàng rèqíng
〜しない 不歧视 bù qíshì; 一视同仁地对待 yí shì tóngrén de duìdài

わけまえ【分け前】 份儿 fènr; 分配額 fēnpèi'é (英 *a share*) ▶〜をもらう/拿自己的份儿 ná zìjǐ de fènr ▶〜を要求する/要份儿 yào fènr ▶〜以上に取ろうとするな/除自己应得的份儿以外别多拿 chú zìjǐ yīngdé de fènr yǐwài bié duō ná ▶〜は公平にしよう/公平分配每人应得的份儿 gōngpíng fēnpèi měirén yīngdé de fènr ▶初めての君にも〜にあずかろう/也给初次参加的你应得一份呢 yě gěi chū cì cānjiā de nǐ yīngdé yí fèn ba ▶利益の5％の〜を与える/给予利益的百分之五作为配额 jǐyǔ lìyì de bǎi fēn zhī wǔ zuòwéi pèi'é

わけめ【分け目】 界线 jièxiàn; 《成否の》关键 guānjiàn; 关头 guāntóu (英〖分ける線〗*a dividing line*); 〖危機〗*a critical moment*) ▶髪に〜をつける/把头发分开 bǎ tóufa fēnkāi ▶天下〜の戦い/决定最后命运的一战 juédìng zuìhòu mìngyùn de yí zhàn

わける【分ける】 ❶〖区分する〗分 fēn (英 *divide*) ▶等分に〜/均分 jūnfēn ▶本を分野別に〜/把书按领域分类 bǎ shū àn lǐngyù fēnlèi ▶ゴミを燃えるものと燃えないものに〜/把垃圾分类为可燃和不可燃的 bǎ lājī fēnlèi wéi kěrán hé bùkěrán de ▶守備のエラーが勝敗を〜ことになった/防守的失分出了胜败 fángshǒu de guòshī fēnchūle shèngbài ▶その問題は本題と分けて討議しましょう/把那个问题和正题分开来讨论吧 bǎ nàge wèntí hé zhèngtí fēnkāilai tǎolùn ba ▶掛かった費用は半々に分けよう/花的费用一人一半平分吧 huā de fèiyong yìrén yíbàn píngfēn ba

❷〖分配する〗分配 fēnpèi (英 *share*) ▶遺産

を〜/分遗产 fēn yíchǎn ▶親の財産を兄弟四人で〜/把父母的财产按兄弟四人分配 bǎ fùmǔ de cáichǎn àn xiōngdì sì rén fēnpèi

3 [左右にかき分ける] 分开 fēnkāi (英 part) ▶人波を〜/草の根分けても/就是走遍天南地北 jiùshì zǒubiàn tiān nán dì běi ▶親父はいつもきちんと髪を分けている/父亲总是把头发分得整整齐齐的 fùqin zǒngshì bǎ tóufa fēnde zhěngzhěngqíqí de

4 [その他] ▶けんかを〜/仲裁以口角 zhòngcái kǒujué ▶対戦相手と一勝一敗で星を分けた/和比赛对手以一胜一败分出了胜负 hé bǐsài duìshǒu yǐ yí shèng yí bài fēnchūle shèngfù

わご【和語】固有日语 gùyǒu Rìyǔ (英 a pure Japanese word)

わごう【和合】和谐 héxié; 和睦 hémù (英 harmony; unity)

わこうど【若人】年轻人 niánqīngrén; 青年 qīngnián (英 young people)

わごむ【輪ゴム】橡皮筋 xiàngpíjīn; 橡皮圈儿 xiàngpíquānr (英 a rubber band) ▶ハガキの束を〜で束ねる/用橡皮筋把明信片捆起来 yòng xiàngpíjīn bǎ míngxìnpiàn kǔnqǐlai

ワゴン **1**[ワゴン車] 运货车 yùnhuòchē (英 a van) ▶ステーション〜/客货两用车 kèhuò liǎngyòngchē **2**[手押し車] 手推车 shǒutuīchē (英 a wagon) ▶〜サービス/推车销售 tuīchē xiāoshòu

わざ【業・技】技艺 jìyì; 技能 jìnéng; 本领 běnlǐng (英 work; a deed) [技術] an art ▶〜をこらした/精致 jīngzhì ▶〜を練る/练功 liàngōng ▶人間〜とは思えない/远远超过人为 yuǎnyuǎn chāoguò rénwéi ▶竹細工の巧みな〜に驚嘆する/精致的竹编技艺让人惊叹 jīngzhì de zhúbiān jìyì ràng rén jīngtàn ▶これは容易な〜ではない/这可不是件容易事 zhè kě bú shì jiàn róngyì shì ▶[試合で] 果敢に得意の〜をかける/果断地使出拿手高招儿 guǒduàn de shǐchū náshǒu gāozhāor

〜あり! 《柔道で》有招数！yǒu zhāoshù !

寝〜に持ち込む 《柔道で》使用卧倒招数 shǐyòng wòdǎo zhāoshù

わさい【和裁】日式剪裁 Rìshì jiǎncái (英 Japanese dressmaking)

わざと 故意 gùyì; 存心 cúnxīn (英 on purpose; [故意に] intentionally) ▶〜やったのではない/我不是故意弄的 wǒ bú shì gùyì nòng de ▶あいつは〜あんな失礼なことをしたんだ/那家伙是存心做出那种没礼貌的举动的 nà jiāhuo shì cúnxīn zuòchū nà zhǒng méi lǐmào de jǔdòng de

わざとらしい 不自然 búzìran; 做作 zuòzuo (英 unnatural; affected) ▶〜態度をとる/装腔作势 zhuāngqiāng zuòshì ▶〜微笑/做作的微笑 zuòzuo de wēixiào ▶彼の身振りは〜/他的样子很做作 tā de yàngzi hěn zuòzuo ▶〜お世辞をいう/假惺惺地说奉承话 jiǎxīngxīng de shuō fèngchenghuà

ワサビ【山葵】〔植物〕山萮菜 shānyúcài (英 Japanese mustard; horseradish) ▶〜の効いた/辛辣 xīnlà; 尖锐 jiānruì ▶〜の効いた批評/辛辣的评论 xīnlà de pínglùn

♦練り〜：芥辣酱 jièlàjiàng 〜おろし：辣根末 làgēnmò

わざわい【災い・禍】灾祸 zāihuò; 灾难 zāinàn (英 a misfortune; a disaster) ▶〜をもたらす/引起祸害 yǐnqǐ huòhài ▶〜の元/病根 bìnggēn; 祸根 huògēn ▶父が還暦を迎えたとたん一が家を襲った/父亲刚迎来花甲之年, 全家就灾祸降临 fùqin gāng yínglái huājiǎ zhī nián, quánjiā jiù zāihuò jiànglín ▶日本では北枕は〜を招くと言われる/在日本据说头朝北睡会招致灾祸 zài Rìběn jùshuō tóu cháo běi shuì huì zhāozhì zāihuò ▶美貌が身の〜となった/美貌反而为自身招灾惹祸 měimào fǎn'ér wèi zìshēn zhāozāi rěhuò ▶豊かさが〜する/富裕成为灾祸 fùyù chéngwéi zāihuò ▶徹夜続きが〜して腰痛になってしまった/因为持续彻夜工作导致了腰酸痛 yīnwèi chíxù chèyè gōngzuò dǎozhìle yāotòng ▶口の軽さが〜して彼は失脚した/他因为爱乱嘴而下台了 tā yīnwèi ài zǒuzuǐ ér xiàtái le

ことわざ 口は災いの元 祸从口出 huò cóng kǒu chū

ことわざ 災いは口より出で病は口より入る 祸从口出, 病从口入 huò cóng kǒu chū, bìng cóng kǒu rù

ことわざ 災いを転じて福となす 转祸为福 zhuǎn huò wéi fú; 因祸得福 yīn huò dé fú

わざわざ 特地 tèdì; 特意 tèyì (英 specially) ▶〜見送りにいく/特意去送别 tèyì qù sòngbié ▶遠方から〜おいでくださって恐縮です/远道专程前来真过意不去 yuǎndào zhuānchéng qiánlái zhēn guòyìbuqù ▶〜書き直すには及ばない/不必特意重写 búbì tèyì chóngxiě ▶美味しいものでもないのに〜行って買ってきた/并不是什么好吃的东西, 却特地去买回来 bìng bú shì shénme hǎochī de dōngxi, què tèdì qù mǎihuílai

文化 プレゼントを渡すときに「粗品」と謙遜する文化は中国にはない. 土産を渡すときは '特意 tèyì' '特地 tèdì' などを用いて「わざわざ…」と表現し相手のために行動したことをアピールする. ▶这是特意为你买的/zhè shì tèyì wèi nǐ mǎi de/这はわざわざあなたのために買ったのです

わし【和紙】日本纸 Rìběnzhǐ (英 Japanese paper)

ワシ【鷲】〔鳥〕雕 diāo; 鹫 jiù (英 an eagle) ♦〜鼻/鹰钩鼻子 yīnggōu bízi

わしき【和式】日本式 Rìběnshì; 日式 Rìshì (英 Japanese style)

わしつ【和室】日式房间 Rìshì fángjiān (英 a Japanese-style room) ▶その家は〜が二部屋あった/那房屋有两间榻榻米的房间 nà fángwū yǒu liǎng jiān tàtàmǐ de fángjiān

わしづかみ【鷲掴みにする】猛抓 měngzhuā (英 grab; clutch) ▶札束を〜にして逃走した/猛地抓起大叠钞票逃跑了 měng de zhuāqǐ dà dié chāopiào táopǎo le

わじゅつ【話術】 说话技巧 shuōhuà jìqiǎo; 口才 kǒucái (英 *the art of telling a story*) ▶～が巧みだ/善于辞令 shànyú cílìng; 口才很好 kǒucái hěn hǎo ▶彼は～の妙を心得ている/他深得会话技巧之妙 tā shēn dé huìhuà jìqiǎo zhī miào

わしょ【和書】《日本語の本》日文书 Rìwénshū (英 *a Japanese book*);《和綴じ本》线装书 xiànzhuāngshū (英 *a book bound in Japanese style*)

わしょく【和食】 日餐 Rìcān (英 *Japanese food*〔*cuisine*〕) ▶ここでも見た目のきれいな～に人気がある/这里的赏心悦目的日式饭菜也很受欢迎 zhèlǐ de shǎng xīn yuè mù de Rìshì fàncài yě hěn shòu huānyíng

わずか【僅かな】 ❶【少ない】仅仅 jǐnjǐn; 一点点 yìdiǎndiǎn (英 *a few; a little*) ▶～な金(㍍)/一点儿钱 yìdiǎnr qián ▶～なこと/小小的事 xiǎoxiǎo de shì ▶～な時間/片刻 piànkè ▶～の差/微小的差 wēixiǎo de chā ▶～1ヶ月で仅仅一个月就 jǐnjǐn yí ge yuè jiù ▶夏休みも残り～となった/暑假剩下不几天了 shǔjià shèngxià bù jǐ tiān le ▶～2, 3年のうちに売り上げが倍増した/仅在两三年内营业额就增加了一倍 jǐn zài liǎng sān niánnèi yíngyè'é jiù zēngjiāle yí bèi ▶彼の家まではほんの～です/到他家只有一点点距离 dào tā jiā zhǐ yǒu yìdiǎndiǎn jùlí ▶～な収入で暮らしている/仅靠微薄的收入生活 jǐn kào wēibó de shōurù shēnghuó ▶～予算でもあれば心強い思いがする/只要有一点点的预算的话就会觉得心理踏实些 zhǐyào yǒu yìdiǎndiǎn de yùsuàn dehuà jiù huì juéde xīnlǐ tāshi xiē ▶英語の本は～2, 3冊しかない/英文书仅有两三册 Yīngwénshū jǐn yǒu liǎng sān cè ▶給料日前の財布には～な金額しか入っていない/发薪日之前钱包里只有一点点钱了 fāxīnrì zhīqián qiánbāolǐ zhǐ yǒu yìdiǎndiǎn qián le ▶～の本が二千冊売れただけである/那本书仅仅卖出了两千册 nà běn shū jǐnjǐn màichūle liǎngqiān cè ▶彼の技量が～に優れている/他的身手略微好一点 tā de shēnshǒu lüèwēi hǎo yìdiǎn ▶～に京都訛りのある言葉で話した/说话略带一点京都口音 shuōhuà lüè dài yìdiǎn Jīngdū kǒuyīn ▶～に遅れて第2位だった/稍微落后了一点成为第二名 shāowēi luòhòule yìdiǎn chéngwéi dì'èr míng ❷【かすか】细微 xìwēi; 略微 lüèwēi (英 *slight; subtle*) ▶～な光/微微的光明 wēiwēi de guāngmíng ▶～な振動でも反応する/即使微微的震动也会有反应 jíshǐ wēiwēi de zhèndòng yě huì yǒu fǎnyìng

わずらう【患う･煩う】 患病 huànbìng; 生病 shēngbìng; 得病 débìng (英 *be ill; be sick*) ▶胸を～/患肺病 huàn fèibìng ▶思い～/苦恼 kǔnǎo; 伤脑筋 shāng nǎojīn ▶彼は入社して以来一日も患ったことがない/他进公司以来一天也没有得过病 tā jìn gōngsī yǐlái yì tiān yě méiyǒu déguo bìng ▶彼は患って10日で死んだ/他病了十天死了 tā bìngle shí tiān sǐ le ▶喘息を患っている/患有哮喘病 huàn yǒu xiàochuǎnbìng ▶彼女は子供の頃何度か肺炎を患った/她在童年时候过几次肺炎 tā zài tóngnián shí déguo jǐ cì fèiyán ▶息子の恋患いは重症だった/儿子的单相思可严重了 érzi de dānxiāngsī kě yánzhòng le ▶長患い/长期患病 chángqī huànbìng

わずらわしい【煩わしい】 麻烦 máfan; 累赘 léizhui (英 *troublesome; annoying*) ▶煩わしく思う/厌烦 yànfán ▶～手続き/繁琐的手续 fánsuǒ de shǒuxù ▶都会生活の煩わしさから逃れて郷里に帰る/逃离厌烦的城市生活, 回乡下去 táolí yànfán de chéngshì shēnghuó, huí xiāngxia qù

わずらわす【煩わす】 麻烦 máfan; 烦扰 fánrǎo (英 *trouble*) ▶お手を煩わせますが/麻烦您… máfan nín… ▶こんなつまらないことで先生を煩わしてはいけない/不要以这么无聊的事麻烦老师 búyào yǐ zhème wúliáo de shì máfan lǎoshī

わする【和する】 ❶【仲がよい】和睦 hémù (英 *make peace*) ▶夫婦相～/夫妻和睦 fūqī hémù ❷【声や調子を合わせる】和 hè; 附和 fùhè (英 *be in harmony*) ▶和して歌う/唱和 chànghè

ことわざ 和して同ぜず 和而不同 hé ér bù tóng

わすれがたみ【忘れ形見】 ❶【記念の品】遗物 yíwù; 纪念品 jìniànpǐn (英 *a keepsake*) ❷【遺児】遗孤 yígū; 孤儿 gū'ér (英 *a person's posthumous child*)

わすれさる【忘れ去る】 忘掉 wàngdiào; 忘记 wàngjì (英 *forget completely*)

わすれっぽい【忘れっぽい】 健忘 jiànwàng; 丢三落四 diū sān là sì (英 *be forgetful*) ▶～人/好忘的人 hào wàng de rén ▶年をとるとどうも物事を忘れっぽくなりましてね/上了年纪后容易忘事了 shàngle niánjì hòu róngyì wàng shì le

ワスレナグサ【勿忘草】〔植物〕勿忘草 wùwàngcǎo (英 *a forget-me-not*)

わすれもの【忘れ物】 遗忘的东西 yíwàng de dōngxi ▶～はありませんか/有没有忘记的东西？yǒuméiyǒu wàngjì de dōngxi? ▶電車の網棚に～をしてしまった/把东西忘在电车的行李架上了 bǎ dōngxi wàngzài diànchē de xínglijiàshang le ▶雨が止むと電車に傘の～が多い/雨一停电车上就有很多忘带走的伞 yǔ yì tíng diànchēshang jiù yǒu hěn duō wàng dàizǒu de sǎn ▶お～のないよう願います/提醒您不要忘记随身携带的物品 tíxǐng nín búyào wàngjì suíshēn xiédài de wùpǐn

わすれる【忘れる】 ❶【失念する】忘 wàng; 忘记 wàngjì; 忘怀 wànghuái (英 *forget; slip one's memory*) ▶人の名前を～/忘掉人名 wàngdiào rénmíng ▶寝食を～/废寝忘食 fèi qǐn wàng shí ▶悩みを～/忘却忧虑 wàngquè yōulǜ ▶忘れられない思い出/难忘的记忆 nán wàng de jìyì ▶覚えたはずの単語を~/理応记住的单词忘记了 lǐyīng jìzhù de dāncí wàngjì le ▶忘れないうちに申しておきますが… /趁我还记得,先说一下… chèn wǒ hái jìde, xiān shuō yíxià ▶彼は自分の目的を忘れている/他忘了自己的目标 tā wàngle zìjǐ de mùbiāo ▶彼女は長電話に夢中で要件を忘れた/她煲电话粥,忘记了正事 tā bāo diànhuàzhōu, wàngjìle zhèngshì ▶僕は『三国志』を我を忘れて読みふけった/我读起《三国志》来就不知不觉地看入迷了 wǒ dúqǐ 《Sānguózhì》 lái jiù bùzhī bùjué de kàn rùmí le ▶とうに忘れていた人を思い出した/想起了早就忘了的人 xiǎngqǐle zǎojiù wàngle de rén ▶悲しみは月日とともに忘れていった/随着时光的流逝忘记悲伤 suízhe shíguāng de liúshì wàngjì bēishāng ▶天災は忘れた頃にやってくる/灾祸偏在遗忘时降临 zāihuò piānzài yíwàng shí jiànglín ❷【置き忘れる】忘带 wàng dài (英) *leave... behind*) ▶本をバスの中に忘れて来た/把书忘在公共汽车上了 bǎ shū wàngzài gōnggòng qìchēshang le ▶財布を~/遗忘钱包 yíwàng qiánbāo ▶駅に着いてから定期券を忘れたことに気付いた/到了车站才发觉月票忘带了 dàole chēzhàn cái fājué yuèpiào wàng dài le ▶来週は忘れずに持って来よう/下周别忘了带来 xiàzhōu bié wàngle dàilái

わせ【早稲・早生】❶【稲が】早稻 zǎodào (英) *an early-ripening rice*) ❷【果物が】早熟 zǎoshú (英) *an early variety*) ▶~のみかん/早熟橘子 zǎoshú júzi

わせい【和製の】日本造 Rìběnzào; 日本制 Rìběnzhì (英) *Japanese-made; ... made in Japan*) ▶~英語/日式英语 Rìshì Yīngyǔ

ワセリン〔化学〕凡士林 fánshìlín (英) *vaseline*)

わせん【和戦】和与战 hé yǔ zhàn (英) *both for war and peace*) ▶~両様の構えが必要だ/应该有和战的两手准备 yīnggāi yǒu hé zhàn de liǎngshǒu zhǔnbèi

わそう【和装の】日式服装 Rìshì fúzhuāng (英) (*be dressed*) *in a kimono*)

わた【腸】内脏 nèizàng (英) *entrails*; *guts*) ▶魚の~を抜く/取出鱼肠 qǔchū yúcháng

わた【綿】棉 mián; 棉花 miánhuā (英) *cotton*) ▶~の実/棉桃 miántáo ▶~畑/棉田 miántián ▶~のように疲れる/累得瘫软 lèide tānruǎn; 浑身疲软 húnshēn pírúan
♦~菓子/棉花糖 miánhuātáng ～雲/卷毛云 juǎnmáoyún

わだい【話題】话题 huàtí; 话茬儿 huàchár (英) *a topic*, *a subject*) ▶~が経常提起 jīngcháng tíqǐ ▶~の豊富な/话题丰富的 huàtí fēngfù de ▶~をそらす/岔开话题 chàkāi huàtí ▶~の人/话题的中心人物 huàtí de zhōngxīn rénwù ▶今日のホットな~/今天的热门话题 jīntiān de rèmén huàtí ▶~を作るために天候の話をした/为了做话题谈起了天气 wèile zuò

huàtí tánqǐle tiānqì ▶その~が夕食の時にまた出た/在吃晚饭的时候又说起了那个话题 zài chī wǎnfàn de shíhou yòu shuōqǐle nàge huàtí ▶新聞で盛んに~にされている/在报纸上大肆报道 zài bàozhǐshang dàsì bàodào ▶~をスポーツの方へ持っていく/把话题转到体育方面 bǎ huàtí zhuǎndào tǐyù fāngmiàn

～に上る成为话题 chéngwéi huàtí ▶世間の~に上っている/成为世人的谈资话题 chéngwéi shìrén de tánzī huàtí

～を変える变话题 biàn huàtí; 换话题 huàn huàtí ▶次から次へと忙しく~を変える/一个又一个地忙着改变话题 yí ge yòu yí ge de mángzhe gǎibiàn huàtí

わたいれ【綿入れ】棉衣 miányī (英) *padded clothes*)

わだかまり疙瘩 gēda; 隔阂 géhé; 芥蒂 jièdì (英) 【屈託】*cares*; 【悪感情】*ill feeling*) ▶~がある/有隔阂 yǒu géhé ▶胸のうちに~がある/心存芥蒂 xīn cún jièdì ▶~を捨てる/解开疙瘩 jiěkāi gēda ▶~なく/没有隔膜 méiyǒu gémó ▶その一言で両者の~が解けた/那一句话化解了两者间的隔阂 nà yí jù huà huàjiěle liǎngzhě jiān de géhé ▶お互いに心に~を持たないようにしましょう/我们互相不要在心里留下疙瘩 wǒmen hùxiāng búyào zài xīnlǐ liúxià gēda

わだかまる有隔阂 yǒu géhé (英) *be deep rooted*) ▶不安が胸に~/心里的不安总不消去 xīnli de bù'ān zǒng bù xiāoqù

わたくし【私】❶【自分】我 wǒ (英) *I*; *myself*) ▶~たち/我们 wǒmen;《相手を含んで》咱们 zánmen ▶「もしもし、田中さんおいでですか」「~ですが」/"喂,田中先生在吗?" "我就是 Wǒ jiùshì" ▶~たち二人は先に京都に行った/我们两人先去了京都 wǒmen liǎng rén xiān qùle Jīngdū ▶~が代表して挨拶いたします/发言由我来代表说 fāyán yóu wǒ lái dàibiǎo shuō

❷【公に対し】私 sī; 私心 sīxīn (英) *personal affairs*) ▶~事で恐縮です/对不起,涉及我的个人私事 duìbuqǐ, shèjí wǒ de gèrén sīshì ▶彼は公金をひそかに～している/他把公款偷偷私吞了 tā bǎ gōngkuǎn tōutōu sītūn ▶あれほど~のない人も珍しい/那样没有私心的人是少有的 nàyàng méiyǒu sīxīn de rén zhēn shì shǎo yǒu de

わたげ【綿毛】绒毛 róngmáo (英) *down*) ▶タンポポの～が飛びはじめた/蒲公英的绒毛开始飞散 púgōngyīng de róngmáo kāishǐ fēisàn

わたし【私】我 wǒ (英) *I*)

わたし【渡し】❶【渡船場】渡口 dùkǒu (英) *a ferry*) ▶～守り/艄公 shāogōng ❷【受け渡し】交接 jiāojiē (英) *delivery*) ▶品物の～は2週間後になります/商品交货在两个星期后 shāngpǐn jiāohuò zài liǎng ge xīngqī hòu
♦倉庫～/货栈交货 huòzhàn jiāohuò 代金引换～/货到付款 huò dào fùkuǎn; 货款两付 huòkuǎn liǎng fù

わたしぶね【渡し舟】 摆渡 bǎidù; 渡船 dùchuán (英 *a ferryboat*)

わたす【渡す】 ❶〖手渡しする〗交 jiāo; 递 dì (英 *hand; deliver*) ▶商品を〜/交货 jiāohuò ▶バトンを〜/传递接力棒 chuándì jiēlìbàng ▶月給を〜/发薪水 fā xīnshuǐ ▶現金と引き換えで品物を〜/钱货两清 qián huò liǎng qīng ▶この手紙を彼に渡して下さい/请把这封信交给他 qǐng bǎ zhè fēng xìn jiāogěi tā ▶お会いして直接原稿をお渡しします/见面直接交稿 jiànmiàn zhíjiē jiāo gǎo ▶暴漢は警察の手に渡された/暴徒被移交给警方 bàotú bèi yíjiāo gěi jǐngfāng

❷〖岸から岸へ〗摆渡 bǎidù (英 *ferry...over*) ▶船で人を〜/用船渡人 yòng chuán dù rén

❸〖架ける〗架 jià (英 *build...over*) ▶川に橋を〜/在河上架桥 zài héshang jià qiáo ▶溝に板を〜/在沟上架板 zài gōushang jià bǎn

わだち【轍】 辙 zhé; 车辙 chēzhé (英 *a wheel track*) ▶〜がのこる/留下车辙 liúxià chēzhé

わたり【渡り】〖手づる〗交涉 jiāoshè;〖渡り歩くこと〗漂泊 piāobó;〖渡し場〗渡口 dùkǒu;〖渡り鳥の〗迁徙 qiānxǐ (英 *negotiations*) ▶〜をつける/串通 chuàntōng; 挂钩 guàgōu; 搭上关系 dāshàng guānxi ▶〜の板前〖店を待たない〗漂泊江湖的烹调师傅 piāobó jiānghú de pēngrèn shīfu ▶前もって〜はつけてあるから会ってこい/事先已经联系好了，你去碰个面 shìxiān yǐjīng liánxìhǎo le, nǐ qù pèng ge miàn ▶官僚の〜/高级官员退职后一个接一个地就任领导职务 gāojí guānyuán tuìzhíhòu yí ge jiē yí ge de jiùrèn lǐngdǎo zhíwù

〜に船 顺水推舟 shùn shuǐ tuī zhōu ▶〜に船と申し出を受ける/顺水推舟接受提议 shùn shuǐ tuī zhōu jiēshòu tíyì

わたりあう【渡り合う】 争论 zhēnglùn; 交锋 jiāofēng (英 *cross swords*); ［論争］argue ▶営業方针をめぐって部长と〜/围绕经营方针和部长进行争论 wéirào jīngyíng fāngzhēn hé bùzhǎng jìnxíng zhēnglùn

わたりあるく【渡り歩く】 到处走遍 dàochù zǒubiàn (英 *wander from place to place*) ▶方々を渡り歩いた放浪の画家/走遍各处的流浪画家 zǒubiàn gèchù de liúláng huàjiā ▶彼女は男から男へと渡り歩いた/她一个接一个地更换男朋友 tā yí ge jiē yí ge de gēnghuàn nánpéngyou

わたりどり【渡り鳥】 候鸟 hòuniǎo (英 *a bird of passage; a migratory bird*) ▶春の〜/春天的候鸟 chūntiān de hòuniǎo

わたりもの【渡り者】 流浪谋生的人 liúláng móushēng de rén;［よそ者］外来人 wàiláirén (英 *a migratory worker*) ▶当时は〜と呼ばれた人たちが大势いた/那时候有很多被称做 "流浪者" 的人 nà shíhou yǒu hěn duō bèi chēngzuò "liúlàngzhě" de rén

わたりろうか【渡り廊下】 游廊 yóuláng; 走廊 zǒuláng (英 *a roofed passage*)

わたる 经过 jīngguò; 涉及 shèjí (英 *range; extend; cover*) ▶8時間に〜大手术/经过八小时的大手术 jīngguò bā xiǎoshí de dàshǒushù ▶年齡は 15 歳から 70 歳にわたっている/年龄从十五岁跨越到七十岁 niánlíng cóng shíwǔ suì kuàyuè dào qīshí suì ▶彼の活躍の場は広範囲にわたっている/他的活动所涉及的范围很广 tā de huódòng suǒ shèjí de fànwéi hěn guǎng ▶5ヶ年に〜研究が実を結ぶ/历时五年的研究得出成果 lìshí wǔ nián de yánjiū déchū chéngguǒ ▶24 時間に〜テストがなされる/进行二十四小时测验 jìnxíng èrshísì xiǎoshí cèyàn ▶詳細にわたって火災原因が検讨される/对火灾的原因进行详细的调查研究 duì huǒzāi de yuányīn jìnxíng xiángxì de diàochá yánjiū ▶再三に〜家賃支払いの督促を無視する/对于再三催交房租熟视无睹 duìyú zàisān cuī jiāo fángzū shú shì wú dǔ ▶過去数年にわたって客をだましてきた/过去这几年以来一直在欺骗顾客 guòqù zhè jǐ nián yǐlái yìzhí zài qīpiàn gùkè

わたる【渡る】 ❶〖向こうへ移動する〗渡 dù; 过 guò (英 *cross; go over*) ▶川を〜/渡河 dù hé ▶橋を〜/过桥 guò qiáo ▶青信号だから渡りましょう/绿灯了，过道吧 lǜdēng le, guò dào ba ▶お婆さんの手を取って通りを〜/牵着老奶奶的手过马路 qiānzhe lǎonǎinai de shǒu guò mǎlù ▶日本の製品はどんどん海を渡っている/日本产品大量漂洋过海 Rìběn chǎnpǐn dàliàng piāoyáng guò hǎi

❷〖移る〗归 guī; 转到 zhuǎndào (英 *pass*) ▶人手に〜/归别人 guī biérén ▶事業に失敗して宅地が銀行に渡った/事业失败地皮转到了银行名下 shìyè shībài dìpí zhuǎndàole yínháng míngxià ▶データがインターネットを通じてライバル社に渡った/数据通过互联网转到了对手的公司 shùjù tōngguò hùliánwǎng zhuǎndàole duìshǒu de gōngsī

❸〖渡来する〗传 chuán; 渡 dù (英 *be brought over; be introduced*) ▶絹は中国から渡って来た/丝绸是从中国传来的 sīchóu shì cóng Zhōngguó chuánlái de ▶仏教はインドから渡って来たものである/佛教是从印度传来的 Fójiào shì cóng Yìndù chuánlái de ▶つばめは春，南から渡って来る/燕子春天从南方飞来 yànzi chūntiān cóng nánfāng fēilái

ことわざ 渡る世間に鬼はない 世上还是好人多 shìshang háishi hǎorén duō

ワックス 蜡 là (英 *wax*) ▶〜をかける/擦蜡 cā là; 打蜡 dǎ là ▶木の床に〜を塗る/给木板地板打蜡 gěi mùbǎn dìbǎn dǎ là ▶自動車に〜を塗って磨く/给汽车上打蜡上光 gěi qìchēshang dǎ là shàngguāng

わっしょい 嘿哟 hēiyō〖かけ声〗(英 *heave-ho!*)

わっと《一瞬のうちに》哇地 wā de; 忽地 hū de (英 *in a moment*) ▶〜泣きだす/哇地一声哭起来 wā de yì shēng kūqǐlai ▶火事場に〜野次馬

が集まる/火灾现场忽地一下聚集起看热闹的人 huǒzāi xiànchǎng hū de yíxià jùjíqǐ kàn rènao de rén

ワット（単位）瓦特 wǎtè（英 *a watt*）▶百〜/一百瓦 yìbǎi wǎ ▶100〜の電球/一百瓦的灯泡 yìbǎi wǎ de dēngpào
  ◆〜時 每小时瓦数 měi xiǎoshí wǎshù

ワッフル（菓子）华夫饼 huáfūbǐng［菓子］*a waffle*）▶〜に蜂蜜をかけて食べる/华夫饼抹蜂蜜吃 huáfūbǐng mǒ fēngmì chī ▶〜焼きの鉄板/烤华夫饼的铁板 kǎo huáfūbǐng de tiěbǎn

ワッペン 徽章 huīzhāng（英 *a badge*）

わとじ【和綴じ】线装 xiànzhuāng（英 *Japanese bookbinding*）▶〜の本/线装书 xiànzhuāngshū

わな【罠】 ❶【動物などを捕らえる】牢笼 láolóng; 陷阱 xiànjǐng; 网罗 wǎngluó（英 *a trap*）▶〜にかかったうさぎ/上钩的兔子 shànggōu de tùzi ❷【人をだます】圈套 quāntào; 陷阱 xiànjǐng（英 *a plot*; *a scheme*）▶〜に掛かる/陷入圈套 xiànrù quāntào ▶〜を掛ける/设下圈套 shèxià quāntào ▶〜を掛けて犯人をおびき出す/设圈套引诱犯人 shè quāntào yǐnyòu fànrén ▶〜に誘い込む/诱入圈套 yòurù quāntào

わなげ【輪投げ】（ゲーム）投环 tóuhuán（英 *quoits*）

わななく【戦慄く】哆嗦 duōsuo; 发抖 fādǒu（英 *tremble*; *quiver*）▶恐怖に〜/怕得直打哆嗦 pàde zhí dǎ duōsuo

わなわな 哆嗦 duōsuo; 发抖 fādǒu（英［震える］*quiver*; *tremble*）▶怒りで唇が〜震えた/气得嘴唇不住发抖 qìde zuǐchún búzhù fādǒu

ワニ【鰐】〖動物〗鳄鱼 èyú（英 *a crocodile*; *an alligator*）▶〜皮のハンドバック/鳄鱼皮的手提包 èyúpí de shǒutíbāo

ワニス 清漆 qīngqī（英 *varnish*）▶庭のベンチに〜を塗る/给院子里的长椅涂清漆 gěi yuànzili de chángyǐ tú qīngqī

わび【侘び】 静寂 jìngjì; 闲寂 xiánjì（英 *quiet refinement*）▶〜の境地/闲寂的心境 xiánjì de xīnjìng

わび【詫び】 道歉 dàoqiàn; 谢罪 xièzuì（英 *an apology*; *an excuse*）▶〜を入れる/致歉 zhìqiàn ▶お〜の申し上げようもございません/不知怎样道歉才好 bù zhī zěnyàng dàoqiàn cái hǎo ▶よくあることですからお〜なんかいりません/这是常有的事，没什么道歉不道歉的 zhè shì cháng yǒu de shì, méi shénme dàoqiàn bú dàoqiàn de ▶お〜の手紙/道歉信 dàoqiànxìn

わびしい【侘しい】 寂寞 jìmò; 孤寂 gūjì（英 *lonely*; *miserable*）▶一人暮らし/寂寞的只身生活 jìmò de zhīshēn shēnghuó ▶わびしく暮らす/孤寂地生活 gūjì de shēnghuó ▶「財布に千円しかない」「〜ことを言うなよ」/"钱包里只有一千块钱 Qiánbāoli zhǐ yǒu yìqiān kuài qián" "别说得那么寒酸了 Bié shuōde nàme hánsuān le" ▶今日の冬空も〜が懐も〜/今天冬日的天空很冷清，我的手头也冷清 jīntiān dōngrì de tiānkōng hěn lěngqing, wǒ de shǒutóu yě lěngqing

わびずまい【侘び住まい】 幽居 yōujū; 清贫的生活 qīngpín de shēnghuó（英 *a lonely life*; *a very poor dwelling*）▶一人暮らしの〜/只身过着清贫的生活 zhīshēn guòzhe qīngpín de shēnghuó

わびる【詫びる】 道歉 dàoqiàn; 谢罪 xièzuì（英 *apologize*）▶〜気持ち/歉意 qiànyì ▶非礼を〜/谢罪非礼 xièzuì fēilǐ ▶幾重にもお詫びいたします/衷心表示歉意 zhōngxīn biǎoshì qiànyì

わふう【和風】 日本风格 Rìběn fēnggé; 日式 Rìshì（英 *Japanese style*）▶〜建築/日式建筑 Rìshì jiànzhù

わふく【和服】 和服 héfú; 日装 Rìzhuāng（英 *Japanese clothes*; *a kimono*）▶〜を着ている/穿着和服 chuānzhe héfú ▶〜に着替える/换上和服 huànshàng héfú

わぶん【和文】 日文 Rìwén（英 *Japanese*; ［書かれたもの］*Japanese writings*）▶〜英訳/日文译成英文 Rìwén yìchéng Yīngwén ▶〜を中国語に訳せ/把下面的日文翻译成中文 bǎ xiàmian de Rìwén fānyìchéng Zhōngwén

わへい【和平】 和平 hépíng（英 *peace*）▶〜への道を探る/探索达成和平的道路 tànsuǒ dáchéng hépíng de lù ▶〜交渉/和平谈判 hépíng tánpàn ▶〜交渉をパリで開く/在巴黎召开和会 zài Bālí zhàokāi héhuì

わほう【話法】〖文法〗叙述法 xùshùfǎ（英 *narration*; *speech*）▶直接〜/直接叙述法 zhíjiē xùshùfǎ; 直接引语 zhíjiē yǐnyǔ ▶間接〜/间接叙述法 jiànjiē xùshùfǎ; 间接引语 jiànjiē yǐnyǔ

わぼく【和睦】 和睦 hémù; 和解 héjiě（英 *peace*; *reconciliation*）▶両国が争いに終止符を打ち〜した/两国结束纷争达成和解 liǎng guó jiéshù fēnzhēng dáchéng héjiě

わめい【和名】 日本名 Rìběnmíng（英 *the Japanese name*）

わめきごえ【喚き声】 叫唤 jiàohuan; 喊叫声 hǎnjiàoshēng（英 *a shout*; *a yell*）▶〜をあげる/大声叫唤 dàshēng jiàohuan

わめきたてる【喚き立てる】 叫嚣 jiàoxiāo; 叫嚷 jiàorǎng（英 *clamor*; *yell*）▶金を返せと〜/叫嚷着还钱 jiàorǎngzhe huánqián

わめく【喚く】 喊叫 hǎnjiào; 叫嚷 jiàorǎng; 叫唤 jiàohuan; 叫嚷 jiàorǎng（英 *yell*; *shout*; *scream*）▶泣こうが喚こうが/不管你怎样大哭大叫 bùguǎn nǐ zěnyàng dàkū dàjiào ▶その話をしたとたん彼女は泣き喚いた/一说起那件事她就哭叫起来 yì shuōqǐ nà jiàn shì tā jiù kūjiàoqǐlai ▶彼は歌うというより汗をかきながら喚いていた/他与其说在唱歌，不如说在一边冒汗一边喊叫 tā yǔqí shuō zài chànggē, bùrú shuō zài yìbiān màohàn yìbiān jiàohuan

わやく【和訳】 日译 Rìyì (*Japanese translation*) ▶英文を～する/把英文译成日文 bǎ Yīngwén yìchéng Rìwén ▶試験では中文～の問題でつまずいた/考试时,在中译日的题上出错了 kǎoshì shí, zài Zhōng yì Rì de tíshang chūcuò le

わようせっちゅう【和洋折衷の】 日西折衷 Rì-Xī zhézhōng (*of semi-European style*)

わら【藁】 稻草 dàocǎo (英 *straw*) ▶麦～/麦秸 màijiē ▶屋根の家/草屋顶的房子 cǎowūdǐng de fángzi ▶～人形/稻草人 dàocǎorén ▶～にもすがる思い/急得要抓稻草求生 jíde yào zhuā dàocǎo qiúshēng

ことわざ 溺れる者は藁をもつかむ 溺水者连稻草也要抓 nìshuǐzhě lián dàocǎo yě yào zhuā

わらい【笑い】 笑 xiào (英 *a laugh*); [微笑] *a smile* ▶～が溢れる/充满笑声 chōngmǎn xiàoshēng ▶～を嚙み殺す/强忍着笑 qiǎngrěnzhe xiào ▶もうかって～が止まらない/大赚一笔笑不停 dà zhuàn yì bǐ xiào ge bùtíng ▶その話には～を抑え切れない/听了那件事忍不住笑 tīngle nà jiàn shì rěnbuzhù xiào ▶予想が外れたら～のになる/猜错了就会成为笑柄 cāicuòle jiù huì chéngwéi xiàobǐng ▶彼女の周りはいつも～が絶えない/她的周围总是欢笑不断 tā de zhōuwéi zǒngshì huānxiào búduàn ▶劇場は～で渦巻いた/剧场掀起欢笑声 jùchǎng xiānqǐ huānxiàoshēng ▶～を誘う幼い子供の仕草/引人发笑的小孩子的样子 yǐn rén fāxiào de xiǎoháizi de yàngzi ▶写真は小学生の～顔でいっぱいだった/照片上都是小学生们笑脸 zhàopiànshang dōu shì xiǎoxuéshengmen xiàoliǎn ▶娘の赤ん坊のときの～顔/女儿那娃娃时代的笑脸 nǚ'ér nà wáwa shídài de xiàoliǎn

わらいぐさ【笑い草】 笑柄 xiàobǐng; 笑料 xiàoliào (英 *a laughingstock*) ▶～になる/做笑料 zuò xiàoliào ▶とんだお～だ/真是天大的笑话 zhēn shì tiāndà de xiàohua

わらいごえ【笑い声】 笑声 xiàoshēng (英 *laughter; a laughing voice*)

わらいごと【笑い事】 玩笑 wánxiào (英 *a laughing matter*) ▶～ではない/不是玩儿的 bú shì wánr de

わらいじょうご【笑い上戸】 (一喝醉就)好笑的人 (yì hēzuì jiù) hàoxiào de rén (英 *a person who laughs easily*)

わらいじわ【笑い皺】 笑纹 xiàowén (英 *a laugh line*)

わらいとばす【笑い飛ばす】 一笑了之 yí xiào liǎo zhī (英 *laugh... off*) ▶そんな話は冗談として笑い飛ばされるだろう/那些话会被当作戏言而一笑了之的吧 nà xiē huà huì bèi dàngzuò xìyán ér yí xiào liǎo zhī de ba

わらいばなし【笑い話】 笑话 xiàohua; 笑谈 xiàotán (英 *a funny story*)

わらいもの【笑い物】 笑柄 xiàobǐng; 做笑料的人 zuò xiàoliào de rén (英 *a laughingstock*) ▶～にする/取笑 qǔxiào; 笑话 xiàohua ▶～になる/做笑料 zuò xiàoliào ▶～にされる者の気持ちがわかるか/你能理解被当成笑料的人的心情吗？ nǐ néng lǐjiě bèi dàngchéng xiàoliào de rén de xīnqíng ma?

わらう【笑う】 ❶ [声をあげて] 笑 xiào (英 *laugh*) ▶転んだ姿に笑わずにはいられなかった/看到人摔倒的样子禁不住笑 kàndào rén shuāidǎo de yàngzi jīnbuzhù xiào ▶久しぶりに腹をかかえて笑った/好久没这样捧腹大笑了 hǎojiǔ méi zhèyàng pěng fù dà xiào le ▶兄の失敗談に涙が出るほど笑った/听了哥哥的失败经历笑得眼泪都出来了 tīngle gēge de shībài jīnglì xiàode yǎnlèi dōu chūlái le ▶彼が笑った顔を見たことがない/从没见过他的笑脸 cóng méi jiànguo tā de xiàoliǎn ▶観客はその場面になると決まってどっと～/观众一看到那个场景总是哄堂大笑 guānzhòng yí kàndào nàge chǎngjǐng zǒngshì hōngtáng dà xiào ▶顔で笑って心で泣いているのだ/脸上在笑,心里却在流泪 liǎnshang zài xiào, xīnli què zài liú lèi ▶《写真撮影で》はい、笑って！/好,笑一笑! hǎo, xiàoyixiào! ▶人の不幸を～いつでもいるものだ/总有人笑话别人的不幸 zǒng yǒu rén xiàohua biérén de búxìng ▶これは笑って済まされることではない/这不是一笑置之的事 zhè bú shì yí xiào zhì zhī de shì ▶何を思ったか突然笑い出した/不知想起了什么,他突然笑了起来 bù zhī xiǎngqǐle shénme, tā tūrán xiàoleqǐlai

❷ [嘲る] 嘲笑 cháoxiào; 笑话 xiàohua (英 *ridicule*) ▶そんなことをすると君は人に笑われるよ/做那种事,你会被人笑话的 zuò nà zhǒng shì, nǐ huì bèi rén xiàohua de ▶人に笑われるようなことをするな/不要做让人笑话的事情 búyào zuò ràng rén xiàohua de shìqing ▶不愉快にも彼の目は笑っていた/即使不愉快,他的眼睛也在笑 jíshǐ bù yúkuài, tā de yǎnjing yě zài xiào

ことわざ 笑う門には福来たる 和气致祥 héqì zhì xiáng; 福临笑家门 fú lín xiào jiāmén

膝が～ 累得双膝颤抖 lèide shuāngxī chàndǒu

わらじ【草鞋】 草鞋 cǎoxié (英 *straw sandals*) 長い～を履く 去长期旅行 qù chángqī lǚxíng; 逃往他乡流浪 táowǎng tāxiāng liúlàng 二足の～を履く 从事两种工作 cóngshì liǎng zhǒng gōngzuò

わらばんし【藁半紙】 草纸 cǎozhǐ (英 *straw paper*)

ワラビ【蕨】 〔植物〕蕨菜 juécài (英 *a bracken fern*)

わらぶき【藁葺き】 草屋顶 cǎowūdǐng (英 *straw-thatched*) ▶～の家/草房 cǎofáng

わらべ【童】 儿童 értóng (英 *a child*)
♦～歌/童谣 tóngyáo; 儿歌 érgē

わらわせる【笑わせる】 笑死人 xiàosǐ rén; 让人笑话 ràng rén xiàohua (英 *make... laugh*) ▶～ぜ/笑话 xiàohua, 真笑死人啊 zhēn xiàosǐ rén a ▶あいつが失恋したって？ ～じゃないか/那

家伙失恋了？真可笑 nà jiāhuo shīliàn le? zhēn kěxiào

わらわれる【笑われる】 见笑 jiànxiào; 做笑料 zuò xiàoliào（英 be laughed）

わり【割】 **❶**『百分率』成 chéng（英 percentage）▶1～/一成 yī chéng ▶定价的3～引で売る/定价打七折卖 dìngjià dǎ qī zhé mài ▶生徒の何～が欠席しましたか/学生中有几成缺席了？ xuésheng zhōng yǒu jǐ chéng quēxí le? ▶それは総額の2～になる/那占总额的百分之二十 nà zhàn zǒng'é de bǎi fēn zhī èrshí ▶物価は去年より約1～騰貴した/物价比去年上涨了约一成 wùjià bǐ qùnián shàngzhǎngle yuē yī chéng **❷**『利害』比利 bǐlì; 利害 lìhài（英 profit）▶～のよい話だ/有益的话 yǒuyì de huà ▶その仕事は～がよいですか？/那份工作实惠多吗？ nà fèn gōngzuò shíhuì duō ma? ~に合う 合算 hésuàn; 划算 huásuàn ~に合わない 不上算 bú shàngsuàn ~を食う 吃亏 chīkuī

わりあい【割合】 **❶**『比率』比例 bǐlì（英 a rate; a proportion）半々の～で/按一半一半的比例 àn yībàn yībàn de bǐlì ▶牛乳7に水3の～でまぜる/把牛奶和水按七比三的比例混合 bǎ niúnǎi hé shuǐ àn qī bǐ sān de bǐlì hùnhé ▶2対1の～で男より女の方が多い/男女比例是二比一，女的比男的多2名/男女比例是二比一, nǚ de bǐ nán de duō ▶生活費に占める家賃の～/房租所占生活费的比例 fángzū suǒ zhàn shēnghuófèi de bǐlì ▶利益に対する人件費の～はどうか/与利润相比人事费的比例怎么样？ yǔ lìrùn xiāngbǐ rénshìfèi de bǐlì zěnmeyàng? **❷**『思いのほか』比較 bǐjiào（英 unexpectedly）▶～できるな/比较能干啊 bǐjiào nénggàn a ▶母は年取っていますが～元気です/妈妈虽然上了年纪，还比较硬朗 māma suīrán shàngle niánjì, hái bǐjiào yìngláng

わりあて【割当】 分配 fēnpèi; 分派 fēnpài（英 assignment）▶時間の～をする/分配时间 fēnpèi shíjiān ▶鮭の漁獲～量/大马哈鱼的捕获分配量 dàmǎhāyú de bǔhuò fēnpèiliàng ▶不足を満たす/补足分量 bǔzú fēnpèiliàng ▶杉田先生の執筆～は4章と5章です/杉田老师分担执笔的是第四章和第五章 Shāntián lǎoshī fēndān zhíbǐ de shì dìsì zhāng hé dìwǔ zhāng
◆輸入～額/进口配额 jìnkǒu pèi'é

わりあてる【割り当てる】 **❶**『人や仕事を』分派 fēnpài; 分配 fēnpèi（英 assign）▶その仕事は我々に割り当てられた/那个任务分配给我们 nàge rènwu fēnpèi gěi wǒmen ▶ホテルでシングルの部屋を割り当てられる/宾馆住宿分得一间单人房 bīnguǎn zhùsù fēndé yì jiān dānrénfáng **❷**『費用や労力を』摊派 tānpài; 分派 fēnpài（英 allot）▶毎年強制的に寄付金5万円が割り当てられる/每年强制性地被分派五万日元的捐款 měinián qiángzhìxìng de bèi fēnpài wǔwàn Rìyuán de juānkuǎn

わりいん【割印】 骑缝章 qífèngzhāng（英 a tally impression）▶～を押す/盖骑缝章 gài qífèngzhāng

わりかん【割り勘にする】 分摊 fēntān; 均摊 jūntān（英 split the expenses）▶彼と～で夕食を食べに行った/我和他去吃了晚饭，两人均摊付了款 wǒ hé tā qù chīle wǎnfàn, liǎngrén jūntān fùle kuǎn

わりきる【割り切る】 想得开 xiǎngdekāi; 看开 kànkāi; 干脆 gāncuì（英 be practical; give a clear solution to...）▶割り切った生活態度をとる/采取看开一切的生活态度 cǎiqǔ kànkāi yíqiè de shēnghuó tàidù ▶さっぱりと割り切った態度で進行する/以完全看开的态度去做 yǐ wánquán kànkāi de tàidù qù zuò ▶彼は物事を単純化し，割り切って考える/他把事物简单化，干脆明了地去处理 tā bǎ shìwù jiǎndānhuà, gāncuì míngliǎo de qù chǔlǐ

わりきれる【割り切れる】 **❶**『数が』除得开 chúdekāi（英 can be divided）▶15は3で～/十五用三除得开 shíwǔ yòng sān chúdekāi ▶56は7で割り切れますか/五十六能被七除尽吗？ wǔshíliù néng bèi qī chújìn ma? **❷**『納得できる』想得通 xiǎngdetōng（英 be convinced）▶彼はまだ割り切れない表情をしている/他还是一脸想不通的样子 tā háishi yì liǎn xiǎngbutōng de yàngzi ▶人の心は単純に～もではない/人心不是可以简单理解的 rénxīn bú shì kěyǐ jiǎndān lǐjiě de

わりこむ【割り込む】 **❶**『列などに』挤 jǐ; 加塞儿 jiāsāir（英 squeeze oneself）▶满员電車に～/挤进载满乘客的列车 jǐjìn zǎimǎn chéngkè de lièchē ▶並んだ列の中に～/挤进排着的队伍中 jǐjìn páizhe de duìwǔ zhōng **❷**『人の話に』插嘴 chāzuǐ（英 break in）▶彼が我々の会话に割り込んできた/他在我们谈话时插了嘴进来 tā zài wǒmen tánhuà shí chāle zuǐ jìnlai

わりざん【割り算】 除法 chúfǎ（英 division）▶～をする/用除法计算 yòng chúfǎ jìsuàn

わりだか【割り高である】 比较贵 bǐjiào guì（英 be rather expensive）▶夏休み中の飛行運賃は～になる/夏天休假期间的飞机票会比较贵 xiàtiān xiūjià qījiān de fēijīpiào huì bǐjiào guì

わりだす【割り出す】 **❶**『計算』算出 suànchū（英 calculate）▶一個当たりの原価を～/算出论个儿的原价 suànchū lùn gèr de yuánjià **❷**『結論に』推論 tuīlùn; 推断 tuīduàn（英 deduce）▶真犯人を～/推断出真犯人 tuīduànchū zhēnfànrén

わりちゅう【割り注】 夹注 jiāzhù（英 inserted notes）

わりつけ【割り付け】 版面设计 bǎnmiàn shèjì（英 layout）

わりに【割に】 比较 bǐjiào（英 for...）▶初心者の～落ち着いていた/虽说是初学者却比较稳重 suīshuō shì chūxuézhě què bǐjiào wěnzhòng ▶

父は年齢の〜若く見える/爸爸比实际年龄显得年轻 bàba bǐ shíjì niánlíng xiǎnde niánqīng ▶身長の〜体重がありすぎる/从身高看来体重过大 cóng shēngāo kànlái tǐzhòng guò dà

わりばし【割り箸】方便筷 fāngbiànkuài; 卫生筷 wèishēngkuài（英 disposal chopsticks）

わりびき【割引】折扣 zhékòu; 减价 jiǎnjià（英 discount; reduction）▶〜の合戦が始まっている/超市之间开始争相减价 chāoshì zhījiān kāishǐ zhēng xiāng jiǎnjià ▶商売仲間での〜/为买卖同行的打折 wèi mǎimai tóngháng de dǎzhé ▶〜する/打折扣; 打折扣 dǎ zhékòu ▶〜して売る/减价贩卖 jiǎnjià fànmài ▶彼の大げさな話は〜して聞かなくちゃね/他夸大其词的话得打折扣听 tā kuādà qí cí de huà děi dǎ zhékòu tīng

♦学生〜/学生价格 xuéshēng jiàgé 团体〜/料金 jítǐ yōuhuìfèi ～运费 yōuhuì yùnfèi ～券/折价票 zhéjiàpiào ～手形/贴现票据 tiēxiàn piàojù ～料金/优惠价 yōuhuìjià

わりびく【割り引く】打折 dǎzhé（英 discount）▶値段を〜/打折扣 dǎ zhékòu ▶手形を〜/贴现票据 tiēxiàn piàojù ▶20% 〜/打八折 dǎ bā zhé ▶割り引いて聞く/打着折扣听 dǎzhe zhékòu tīng

わりふる【割り振る】安排 ānpái; 调配 diàopèi; 分派 fēnpài（英 assign; allot）▶仕事を〜/分配工作 fēnpèi gōngzuò

わりまえ【割り前】《負担金》应摊的份儿 yīngtān de fènr; 份子 fènzi（英 a share）▶〜を集める/凑份子 còu fènzi ▶〜を払う/付份子 fù fènzi ▶〜をもらう/取得分配额 qǔdé fēnpèi'é ▶何割かの〜をもらう約束で事業に参加する/在商定得到几成的分配额的基础上参与事业 zài shāngdìng dédào jǐ chéng de fēnpèi'é de jīchǔshang cānyù shìyè

わりまし【割り増し】水分 shuǐfèn; 额外 éwài; 增额 zēng'é（英 a premium; a bonus）▶〜料金/额外收费 éwài shōufèi ▶期日を過ぎると料金が〜する/过了日期费用增额 guòle rìqī fèiyong zēng'é

わりもどし【割り戻し】《リベート》回扣 huíkòu（英 a rebate）

わりやす【割安である】比较便宜 bǐjiào piányi（英 be economical）▶まとめて買えば〜である/成批购买比较便宜 chéngpī gòumǎi bǐjiào piányi

わる【悪】坏人 huàirén; 坏蛋 huàidàn（英 a bad person）▶一味/狐群狗党 húqúngǒudǎng ▶あなたも相当な〜ですなあ/您也坏得很嘛 nín yě huàide hěn ma

わる【割る】❶【分割する】分 fēn;《割算》除 chú（英 divide; halve）▶頭数で〜/按着人数分 ànzhe rénshù fēn ▶もうけを〜と五千円になる/赚头用天数一除是五千日元 zhuàntou yòng tiānshù yì chú shì wǔqiān Rìyuán ▶すいかを半分に〜/把西瓜切成两半 bǎ xīguā qiēchéng liǎngbàn ▶6 ÷ 2 は 3/二除六等于三 èr chú liù děngyú sān ▶10 を 3 で〜と 3 が立って 1 余る/十除以三得三余一 shí chú yǐ sān dé sān yú yī ▶党を〜覚悟はありますか/你敢分裂党吗？nǐ gǎn fēnliè dǎng ma?

❷【壊す】破 pò; 打碎 dǎ suì（英 break）▶コップを割ってしまった/打了杯子 dǎle bēizi ▶卵を〜/打鸡蛋 dǎ jīdàn ▶彼は棍棒で頭を割られた/他被棍棒打破了头 tā bèi gùnbàng dǎpòle tóu

❸【足りない】低于 dīyú; 不足 bùzú（英 fall below...）▶参加者は 50 人を割った/参加者没到五十名 cānjiāzhě méi dào wǔshí míng ▶1 ドルが 100 円を〜/一美元跌到一百日元以下 yì Měiyuán diēdào yìbǎi Rìyuán yǐxià

❹【薄める】对水 duìshuǐ（英 dilute）▶ブランデーを水で割って飲む/往白兰地里对水 wǎng báilándìlǐ duì shuǐ ウイスキーを何も割らずに飲む/喝威士忌什么也不加 hē wēishìjì shénme yě bù jiā

❺【間を】挤开 jǐkāi; 推开 tuīkāi（英 split）▶二人の間に割って入る/挤进分开两个人 jǐjìn fēnkāi liǎng ge rén

❻【その他】口を割る/自供 zìgòng ▶腹を割って話し合う/打开天窗说亮话 dǎkāi tiānchuāng shuō liànghuà

わるあがき【悪あがきする】做无用的挣扎 zuò wúyòng de zhēngzhá（英 make useless struggles）▶〜はみっともないぞ/做无用的挣扎可不体面 zuò wúyòng de zhēngzhá kě bù tǐmiàn

わるい【悪い】❶【不良な】坏 huài; 不好 bùhǎo（英 bad; wrong;【邪悪な】wicked）▶〜くせ/坏毛病 huàimáobìng; 恶习 èxí ▶〜やつ/坏人 huàirén; 劣种 lièzhǒng ▶私が悪かった/是我不对 shì wǒ búduì ▶仲が〜/关系不好 guānxi bùhǎo ▶心掛けが〜/用心不良 yòngxīn bùliáng ▶頭が〜/脑袋不好 nǎodai bùhǎo ▶影響を与える/熏染 xūnrǎn ▶魚は悪くなりやすい/鱼肉容易坏 yúròu róngyì huài ▶豆腐は暑いとすぐ悪くなる/天一热豆腐很快就会变坏 tiān yí rè dòufu hěn kuài jiù huì biànhuài ▶物を盗むのは〜/偷东西不是好事 tōu dōngxi bú shì hǎoshì ▶うそをつくのは〜/说谎不好 shuōhuǎng bùhǎo ▶君が〜んだ/是你不好 shì nǐ bùhǎo ▶印刷が〜/印刷质量差 yìnshuā zhìliàng chà ▶天气が持续恶劣天气 chíxù èliè tiānqì ▶〜品を並べて売る/摆出残次品来卖 bǎichū cáncìpǐn lái mài ▶夜の間に天気が悪くなった/夜间天气变坏了 yèjiān tiānqì biànhuài le ▶機械の調子が〜/机器运转不正常 jīqì yùnzhuǎn bú zhèngcháng ▶この時計はどうも具合が〜/这块表好像有毛病 zhè kuài biǎo hǎoxiàng yǒu máobìng

❷【健康に関して】不舒服 bù shūfu; 不好 bùhǎo（英 sick; ill; unwell）▶気分が〜/觉得不舒服 juéde bù shūfu ▶颜色が〜/气色不好 qìsè bùhǎo ▶どこかお〜のですか/你哪儿不舒服吗？nǐ nǎr bù shūfu ma? ▶ゲームのやりすぎで

目を悪くする/玩游戏玩得过度使眼睛变坏 wán yóuxì wánde guòdù shǐ yǎnjing biànhuài ▶ 風邪がはやる/流行恶性感冒 liúxíng èxìng gǎnmào ▶ 小さすぎる活字は目に～/字体太小对眼睛不好 zìtǐ tài xiǎo duì yǎnjing bùhǎo ▶ 過労は体に～/疲劳过度对身体不好 píláo guòdù duì shēntǐ bùhǎo ▶ それで胃を悪くした/因此把胃搞坏了 yīncǐ bǎ wèi gǎohuài le

❸【不吉な】不吉祥 bù jíxiáng; 不吉 bùjí (英 unlucky; evil) ▶ 縁起が～/不吉利 bù jílì ▶ 日が～/日子不吉祥 rìzi bù jíxiáng ▶ ～前兆/不吉的征兆 bùjí de zhēngzhào

❹【その他】任せておけ. けっして～ようにはしないから/交给我吧. 决不会让你不利的 jiāogěi wǒ ba. jué búhuì ràng nǐ búlì de ▶ あんな話をするには場所が悪かったんだ/说那些话的场合不对 shuō nà xiē huà de chǎnghé búduì ▶ 出かける間際の～ところへ客が来た/正好要出去时, 不巧来了客人 zhènghǎo yào chūqù shí, bùqiǎo láile kèrén ▶ 人を悪く言う/说坏话 shuō huàihuà ▶ 誤解して彼を悪く思う/由于误解, 把他想成坏人了 yóuyú wùjiě, bǎ tā xiǎngchéng huàirén le ▶ 欠点を指摘しても悪く思わないでいただきたい/即使指出你的缺点也请不要往坏了想 jíshǐ zhǐchū nǐ de quēdiǎn yě qǐng búyào wǎng huàile xiǎng ▶ 彼女はだからといってあなたを悪く思わないだろう/她不会因此把你往坏处想吧 tā búhuì yīncǐ bǎ nǐ wǎng huàichu xiǎng ba

口が～ 说话不中听 shuōhuà bù zhōngtīng ▶ 口は～が人にいい/虽然说话不中听, 但心地好 suīrán shuōhuà bù zhōngtīng, dàn xīndì hǎo
～こと 坏事 huàishì ▶ 何か～ことが起きそうだ/好像要发生什么不好事 hǎoxiàng yào fāshēng shénme bùhǎoshì ▶ ～ことにその日が雨だった/不巧的是那天下雨了 bùqiǎo de shì nà tiān xià yǔ le ▶ テレビの～を覚える/从电视机上学的坏事 cóng diànshìshang xué de huàishì ▶ あの人に～ことをした/我做了对不起那个人的事 wǒ zuòle duìbuqǐ nàge rén de shì ▶ ～ことは言わないから歯医者へ行ってきなさい/听我的话, 你去牙科看看吧 tīng wǒ de huà, nǐ qù yákē kànkan ba
～虫が付く 被坏小子缠上 bèi huàixiǎozi chánshàng

悪くすると 说不好 shuōbuhǎo ▶ 大雨で悪くすると橋が流れるかもしれない/下大雨了, 说不好桥也许会被冲垮 xià dàyǔ le, shuōbuhǎo qiáo yěxǔ huì bèi chōngkuǎ

わるがしこい【悪賢い】 狡猾 jiǎohuá; 狡诈 jiǎozhà (英 cunning; wily; sly) ▶ ～奴/老油子 lǎoyóuzi

わるぎ【悪気】 悪意 èyì; 歹心 dǎixīn (英 ill will; malice) ▶ 别に～があったのではない/并没有什么恶意 bìng méiyǒu shénme èyì ▶ ～のないいたずらがとんだ結果を招いた/并非出于恶意的玩笑导致了意想不到的结果 bìngfēi chūyú èyì de wánxiào dǎozhìle yìxiǎngbudào de jiéguǒ

わるくち【悪口】 坏话 huàihuà (英 abuse) ▶ ～を言う/说坏话 shuō huàihuà

わるさ【悪さ】(いたずら) 恶作剧 èzuòjù (英 mischief) ▶ あの子は～が過ぎて退学になった/那个孩子因为恶作剧过分被勒令退学 nàge háizi yīnwèi èzuòjù guòfèn bèi lèlìng tuìxué

わるだくみ【悪巧み】 奸计 jiānjì; 诡计 guǐjì (英 wiles; an evil design) ▶ ～が露见する/暴露奸计 bàolù jiānjì

わるぢえ【悪知恵】 坏招儿 huàizhāor; 坏主意 huàizhǔyi (英 cunning; wiles) ▶ ～の働く/谲诈 juézhà ▶ ～を働かす/使坏 shǐhuài ▶ ～のある男/诡计多端的男人 guǐjì duōduān de nánrén ▶ うちの子に～をつけないでくれ/别把我家孩子教坏了 bié bǎ wǒ jiā háizi jiāo huài le

ワルツ 〚音楽〛圆舞曲 yuánwǔqǔ;《踊り》华尔兹 huá'ěrzī (英 a waltz) ▶ ウインナ～/维也纳圆舞曲 Wéiyěnà yuánwǔqǔ

わるのり【悪乗りする】 乘兴过火 chéngxìng guòhuǒ (英 overdo; overact) ▶ 酒は飲んでもいいが, 余り～するな/酒可以喝, 可不要喝过头 jiǔ kěyǐ hē, kě búyào hēguòtóu

わるびれる【悪びれる】 打怵 dǎchù; 胆怯 dǎnqiè (英 calmly;［潔く］with a good grace) ▶ 悪びれた様子もなく/毫不胆怯 háobù dǎnqiè

わるふざけ【悪ふざけする】 恶作剧 èzuòjù; 戏弄 xìnòng (英 play a trick) ▶ ～が過ぎる/过度淘气 guòdù táoqì; 玩笑过火 wánxiào guòhuǒ

わるもの【悪者】 恶棍 ègùn; 坏蛋 huàidàn (英 a bad guy; a rascal) ▶ 人を～にする/把人想坏了 bǎ rén xiǎng huài le ▶ 私が～になれば事はおさまるのだ/我来背黑锅就没事了 wǒ lái bēi hēiguō jiù méishìle

わるよい【悪酔いする】 醉后难受 zuìhòu nánshòu; 醉得恶心 zuìde ěxin (英 get sick from drink)

われ【我】 我 wǒ (英 I; oneself) ▶「～思う, ゆえに～あり」(デカルトの言葉)/"我思故我存 Wǒ sī gù wǒ cún" ▶ ～も～もとジャンボ宝くじを買いに行く/人们争先恐后地去买重奖彩券 rénmen zhēngxiān kǒnghòu de qù mǎi zhòngjiǎng cǎiquàn
～関せず 与我无关 yǔ wǒ wúguān
～ながら 连自己都 lián zìjǐ dōu ▶ ～ながらこの絵はみごとなできばえだ/连我自己都认为画儿画得好 lián wǒ zìjǐ dōu rènwéi huàr huàde hǎo
～に返る 醒悟过来 xǐngwùguòlái
～を失う 发愣 fālèng; 发呆 fādāi
～を忘れる 《驚きなどで》忘情 wàngqíng; 消魂 xiāohún;《嬉しくて》忘形 wàngxíng ▶ 僕は～を忘れて大声をあげた/我不由得叫喊起来 wǒ bùyóude jiàohǎnqǐlai

われがちに【我勝ちに】 争先 zhēngxiān; 争先恐后地 zhēngxiān kǒnghòu de (英 with a rush) ▶ ～買う/抢购 qiǎnggòu

われがね【割れ鐘】 破钟 pòzhōng (英 a cracked bell) ▶ ～のような声/破锣似的嗓音 pòluó shìde sǎngyīn

われさきに【我先に】 ⇨われがちに(我勝ちに)

われしらず【我知らず】 不禁 bùjīn; 不由得 bùyóude (英 *unconsciously*; *involuntarily*) ▶~叫ぶ/不由得叫 bùyóude jiào ▶彼女の名前を叫んでいた/不禁呼叫起她的名字来 bùjīn hūjiàoqǐ tā de míngzi lái ▶~微笑がこぼれた/禁不住露出微笑 jīnbuzhù lùchū wēixiào

われなべ【割れ鍋】 破锅 pòguō (英 *a cracked pot*)
ことわざ 割れ鍋にとじ蓋(ぶた) 瘸驴配破磨 quélǘ pèi pòmò; 破锅配破盖 pòguō pèi pògài

われめ【割れ目】 裂缝 lièfèng; 裂口 lièkǒu (英 *a crack, a crevice*) ▶壁の~/墙上的缝儿 qiángshang de fèngr ▶~ができる/裂缝 lièfèng ▶岩の~に松の根が入り込む/松树扎根在岩石的裂缝中 sōngshù zhāgēn zài yánshí de lièfèng zhōng

ワレモコウ【吾亦紅】〖植物〗地榆 dìyú (英 *a burnet*)

われもの【割れ物】 易碎物 yìsuìwù (英 *a broken article*), [割れやすい] *a fragile article*)
◆~注意〔標示〕/易碎物小心轻放 yìsuìwù xiǎoxīn qīngfàng

われる【割れる】 ❶〖物が〗破碎 pòsuì; 裂开 lièkāi (英 *break; be cracked*) ▶窓が~/窗户破碎 pòsuì ▶割れやすい入れ物/容易破碎的器皿 róngyì pòsuì de qìmǐn ▶朝から物の~ような頭痛がする/从早上开始头像裂开似的疼痛 cóng zǎoshang kāishǐ tóuxiàng lièkāi shìde téngtòng ▶卵は割れやすい/蛋容易破碎 dàn róngyì suì ▶ガラスを割れにくくするために網が入っている/为了使玻璃不易破碎，在其中加入了铁丝 wèile shǐ bōli búyì pòsuì, zài qízhōng jiārùle tiěsī ▶せともののー音が台所でする/在厨房里传来瓷器被打碎的声音 zài chúfángli chuánlái cíqì bèi dǎsuì de shēngyīn

❷〖分裂する〗分歧 fēnqí; 分裂 fēnliè (英 *divide; split*) ▶意見が~/意见分歧 yìjiàn fēnqí ▶党が~/政党分裂 zhèngdǎng fēnliè ▶法廷はその点で 4 対 3 に意見が割れた/法庭在那个问题上形成了四对三的意见分歧 fǎtíng zài nàge wèntíshang xíngchéngle sì duì sān de yìjiàn fēnqí ▶医学界ははっきり二つに意見が割れた/医学界明显地分裂成两种观点 yīxuéjiè míngxiǎn de fēnlièchéng liǎng zhǒng guāndiǎn

❸〖その他〗身元が~/来历弄清了 láilì nòngqīng le ▶靴跡から犯人が割れた/从脚印上查出了犯人 cóng jiǎoyìnshang cháchūle fànrén ▶~ような拍手喝采が起こる/响起了暴风雨般的掌声和喝采声 xiǎngqǐle bàofēngyǔ bān de zhǎngshēng hé hècǎishēng

われわれ【我我】 我们 wǒmen; 〔相手方を含む〕咱们 zánmen (英 *we*) ▶~日本人/我们日本人 wǒmen Rìběnrén ▶~社員一同/我们全体公司员工 wǒmen quántǐ gōngsī yuángōng

わん〔擬音〕汪汪 wāngwāng (英 *bowwow*) ▶~と啼く/汪汪叫 wāngwāng jiào ▶〔犬の啼(な)く声〕

わん【椀・碗】 碗 wǎn (英 *a wooden bowl*) ▶~に盛る/盛入碗 chéngrù wǎn

わん【湾】 海湾 hǎiwān; 港湾 gǎngwān (英 *a bay; a gulf*) ▶メキシコ～/墨西哥湾 Mòxīgēwān ▶渤海～/渤海湾 Bóhǎiwān

わんきょく【湾曲する】 弯曲 wānqū (英 *curve; bend*) ▶～させる/弯 wān ▶道路はこの辺りで大きく～している/道路在这一带有个大转弯 dàolù zài zhè yídài yǒu ge dàzhuǎnwān

わんさと 拥挤 yōngjǐ; 数量多 shùliàng duō (英 *in great numbers*) ▶～と群がる/拥挤成群 yōngjǐ chéngqún ▶店にお客が～と押しかけた/顾客蜂拥到那家商店 gùkè fēngyōng dào nà jiā shāngdiàn

ワンサイドゲーム 一边倒的比赛 yìbiāndǎo de bǐsài; 实力悬殊的比赛 shílì xuánshū de bǐsài (英 *a one-sided game*)

わんしょう【腕章】 臂章 bìzhāng; 袖章 xiùzhāng (英 *an arm band*) ▶～をつける/戴上臂章 dàishàng bìzhāng ▶～を外す/摘下袖章 zhāixià xiùzhāng

ワンタッチ (英 *one touch*) ▶この傘は～だ/这把伞一按就开 zhè bǎ sǎn yí àn jiù kāi

ワンタン【雲呑】〖料理〗馄饨 húntun (英 *won ton*)

ワンツーパンチ〔ボクシング〕连续出拳 liánxù chū quán (英 *a one-two punch*) ▶～を繰り出す/连续左右出拳 liánxù zuǒyòu chū quán

ワンバウンド 一次弹跳 yí cì tántiào (英 *one bounce*) ▶球は～してスタンドに入った/球弹了一下，落到观众席里 qiú tánle yíxià, luòdào guānzhòngxíli

わんぱく【腕白な】 调皮 tiáopí; 淘气 táoqì (英 *naughty*; [いたずらな] *mischievous*) ▶～坊主/淘气鬼 táoqìguǐ; 顽童 wántóng ▶～盛り/正淘气的时候 zhèng táoqì de shíhou

ワンパターン 老一套 lǎoyítào; 只有一种的模式 zhǐ yǒu yì zhǒng de móshì (英 *one-track*; *knee-jerk*) ▶彼の小説は～で面白くない/他的小说总是老一套，没有意思 tā de xiǎoshuō zǒngshì lǎoyítào, méiyǒu yìsi ▶君は～の発想しかできないのか/你的想法怎么总是一根筋？nǐ de xiǎngfa zěnme zǒngshì yì gēn jīn?

ワンピース〔服飾〕连衣裙 liányīqún (英 *a one-piece dress*)

ワンポイント 一分 yì fēn; 一处 yíchù (英 *one point*) ▶～先取/先得一分 xiān dé yì fēn ▶～リリーフ/临时救援投手 línshí jiùyuán tóushǒu ▶～アドバイス/重点提示 zhòngdiǎn tíshì

ワンマン 独裁者 dúcáizhě; 一个人 yí ge rén (英 *an autocratic leader*) ▶～社長/独自裁断的总经理 dúzì cáiduàn de zǒngjīnglǐ ▶～バス/单人管理的公共汽车 dānrén guǎnlǐ de gōnggòng qìchē ▶～ショー/独演会 dúyǎnhuì; 一人表演 yìrén biǎoyǎn ▶社長はここでも～ぶりを発揮した/总经理这时候又施展了独断专行的作

风 zǒngjīnglǐ zhè shíhou yòu shīzhǎnle dú duàn zhuān xíng de zuòfēng

わんりょく【腕力】 力气 lìqi；腕力 wànlì（英）*strength; muscle power*；［暴力］*violence*）▶～が強い/力气大 lìqi dà ▶～に訴える/诉诸腕力 sù zhū wànlì ▶兄弟げんかの最後は～だ/兄弟吵架的最后是诉诸武力 xiōngdì chǎojià de zuìhòu shì sù zhū wǔlì ▶～では彼にかなわない/在力气上敌不过他 zài lìqishang díbuguò tā

ワンルーム 单间 dānjiān（英 *one-room*）▶4月から～マンションに越します/从四月起将搬进单间公寓 cóng sì yuè qǐ jiāng bānjìn dānjiān gōngyù

わんわん《犬の啼き声》汪汪 wāngwāng（英 *bowwow*）；《犬の幼児語》小狗 xiǎogǒu（英 *a bowwow; a doggie*）▶子供が路上で～泣く/孩子在路上哇哇大哭 háizi zài lùshang wāwā dà kū ▶遠くで犬が～ほえる/远处的狗汪汪地叫 yuǎnchù de gǒu wāngwāng de jiào ▶幼い子が散歩中の犬を指さして「～」と呼んだ/小孩子指着街上走的狗叫做"汪汪" xiǎoháizi zhǐzhe jiēshang zǒu de gǒu jiàozuò "Wāngwāng"

付録目次

1 ビジネス文書 モデルレター………… 1644～1647
2 場面別ビジネス会話〔応用表現集〕… 1648～1670
3 世界の地名 ……………………………… 1671～1675
4 世界の国や地域とその首都………… 1676～1683
5 世界の人名 ……………………………… 1684～1685

▶ ビジネス文書　モデルレター ◀

A. 中国支店事務所開設披露パーティーへの招待状例

中国東方進出口公司　御中
拝啓　陽春の候、貴社ますますご隆昌の段お慶び申しあげます。
　さて、平素は皆様方より格別のお引き立てとご支持を賜り、誠に感謝にたえません。おかげさまで当社と中国との取引はますます拡大しており、この度上海市内に当社の支店事務所を開設する運びとなりました。つきましては皆様への感謝の気持ちを表すため、下記の通りささやかな披露パーティを開催致します。ぜひご来駕下さいますようご案内申し上げます。

敬　具
日本光洋貿易株式会社
2010 年 4 月 10 日

記
　1. 日時　5 月 1 日　午後 4 時より
　2. 場所　弊社事務所内　第一会議室
なお添付地図をご参照下さい。

以上

中国东方进出口公司:
　　时值新春佳节, 谨颂贵公司日益兴隆, 蒸蒸日上。
　　一向承蒙关照与支持, 谨表谢意。多亏各位协助, 敝公司与中国的交易日趋扩大, 最近得以在上海市内设立分店办事处。为对新老朋友表示感激之情, 拟举行小型的开业酒会。敬请贵公司各位光临。
　　时间: 5 月 1 日下午 4 点
　　地点: 本公司上海办事处　第一会议室
　　附上地图供参考

日本光洋贸易株式会社
2010 年 4 月 10 日

◆ 語句

颂: sòng　兴隆: xīnglóng　蒸蒸: zhēngzhēng　承蒙: chéngméng　日趋: rìqū　办事处: bànshìchù
感激: gǎnjī　拟: nǐ

B. 自社の売り込みとアポイントをとるE-メール文例

中国騰飛電子公司 御中

　本日は突然メールを差し上げる失礼をお許し下さい。
　最近私どもはインターネット上で御社の営業内容を知ることが出来ました。私どもは日本の家電製品のメーカーで、国内外において一定の市場を有しております。目下私どもは御社生産の電子部品に関心があります。出来れば一度直接面談の上御社製品の輸入について協議できればと考えております。来週中に御社にお伺いしたいと思いますが、そちらのご都合は如何でしょうか、メールでお返事頂ければ幸いです。
　尚添付にて弊社パンフレットの電子ファイルをお送りします。
　当社の信用状態に関しては三井住友銀行上海支店にご照会下さい。

敬　具
日本木下産業株式会社
2010 年 5 月 10 日
住所：日本大阪市中央区瓦町 1 丁目 1 番地
Tel・Fax：0081-6-1234-5678
E-mail：abcde@kinoshita.co.jp

以上

中国腾飞电子公司：

　今天很冒昧地给您去信，请见谅。
　　最近我们在互联网上得悉贵公司的营业内容。我们是一家日本的家用电器厂商，在国内外拥有一定的市场。现在我们对于贵公司生产的电子零件抱有兴趣。若有可能，希望能就进口贵公司产品一事进行面洽。我们希望在下周能拜访贵公司，不知贵方便否。请用电子邮件予以回复是幸。
　　随函附上敝社小册子的电子文件。
　　如果贵公司要了解我们的信用情况，请与三井住友银行上海分行联系。
　此致
　敬礼！

日本木下产业株式会社
2010 年 5 月 10 日
地址：日本大阪市中央区瓦町 1 丁目 1 番地
电话・传真：0081-6-1234-5678
网址：abcde@kinoshita.co.jp

◆ 語 句
冒昧: màomèi　见谅: jiànliàng　互联网: hùliánwǎng　得悉: déxī　拥有: yōngyǒu　兴趣: xìngqù
面洽: miànqià　否: fǒu　予以: yǔyǐ　随函: suíhán

ビジネス文書　モデルレター

C. 引合書を送るレター文例

上海華麗服装公司
王明　総経理　殿
　貴下益々ご健勝のこととお慶び申しあげます。
　目下開催中の上海国際服装展覧会において、貴公司展示の秋物婦人服に大変興味を持ちました。もし条件が合えば数種の製品を購入したいと考えています。御社のカタログに基づき、下記の通り引合書を送りますので、折り返しお返事頂くことをお待ちします。
　　　　　　　　　　　　　　　　　　　　　　　　　　　　　　　　　敬具
　　　　　　　　　　　　　　　　　　　　　　　　　　　　　　大阪衣料株式会社
　　　　　　　　　　　　　　　　　　　　　　　　　　　　　　2010 年 6 月 15 日
　　　　　　　　　　　　　　　　　　記
引合書 No.OY-0088
　　商品番号：L-0012　　カラーNo.：W-4　W-8　W-12　　サイズ：S　M　L
　　注文数量：各色　各サイズ 500 着　計 4500 着
　　　　　　（もしミニマム数量があればお知らせ下さい）
　　希望価格：CIF 大阪@US$10　　希望納期：8 月末日
　　支払い方式：取消不能信用状
　　　　　　　　　　　　　　　　　　　　　　　　　　　　　　　　　以上

上海华丽服装公司
王明　总经理：
　您好！
　我们在正在举办中的上海国际服装展览会上，看到贵公司展出的女秋装很感兴趣。如果条件合适的话，我们准备订购几种产品。根据贵公司样本，寄去询价单如下。
　请及早回示是幸。

询价单 No.OY-0088
　　产品号码：L-0012　　色号：W-4　W-8　W-12　　尺码：S　M　L
　　订购数量：各色号 各尺码 500 件　共 4500 件　（如有起订量请回示）
　　价格：CIF 大阪@US$10　　交货期：8 月底
　　支付方式：不可撤销的信用证
　　　　　　　　　　　　　　　　　　　　　　　　　　　　　　大阪衣料株式会社
　　　　　　　　　　　　　　　　　　　　　　　　　　　　　　2010 年 6 月 15 日

◆語 句
举办: jǔbàn　　订购: dìnggòu　　询价单: xúnjiàdān　　色号: sèhào　　尺码: chǐmǎ　　撤销: chèxiāo

D. オファーを送るレター文例

広州東風汽車公司　御中
　御社 8 月 2 日付自動車部品引合書 No. 備丁-1234 拝受。ご愛顧に心より感謝します。
　早速弊社担当部門より下記の通りオファー申し上げます。価格は貴社購入希望数量に基づくベストプライスです。納期はメーカーと協議の結果の最短納期です。オファー期限がありますのでご注意下さい。今回の商談が成約し、今後我々の間の取引が益々拡大してゆくことを期待しております。

敬具
名古屋自動車部品株式会社
2010 年 8 月 9 日

記

オファーシート No.NB-C-34
　　製品型番: SM-468　　　　　　　　　　数量: 200
　　価格: FOB 名古屋@US$40　　　　　　オファー期限: 8月20日
　　納期: 9月末　　　　　　　　　　　　支払い方式: 取消不能信用状

以上

广州东风汽车公司:
　收到贵公司 8 月 2 日汽车零件询价单号 No. 备丁-1234。对于贵公司惠顾衷表感谢。
　现由本公司有关部门寄上报盘如下。价格是根据贵公司希望订购数量得出的最优惠价格。交货期是和厂家协商结果得出的最早交货期。请注意这个报盘是有期限的。我们衷心期待着这次谈判达成协议, 使我们双方之间的交易日趋扩大。

报价单: No.NB-C-34
　　产品型号: SM-468　　　　　　　　　　数量: 200
　　价格: FOB 名古屋@US$40　　　　　　报价有效期: 8 月 20 日
　　交货期: 9 月底　　　　　　　　　　　支付方式: 不可撤销的信用证

名古屋自动车部品株式会社
2010 年 8 月 9 日

◆語 句

惠顾: huìgù　　报盘: bàopán　　优惠: yōuhuì　　协商: xiéshāng　　期限: qīxiàn　　达成: dáchéng
协议: xiéyì　　型号: xínghào

▶ 場面別ビジネス会話〔応用表現集〕◀

*表見返し「場面別ビジネス会話〔基本表現集〕」も参照のこと

【目次】

1. 空港での出迎え ··········· 1648
2. 空港からホテルまで ······· 1649
3. ホテルにて ··············· 1650
4. 日程の打ち合わせ ········· 1651
5. パーティーにて ··········· 1652
6. 会社訪問 ················· 1654
7. 工場見学 ················· 1656
8. 都内観光 ················· 1657
9. 引き合いとオファー ······· 1658
10. 価格交渉 ················· 1660
11. 納期の交渉 ··············· 1662
12. 輸送方式と保険 ··········· 1663
13. 支払い方式 ··············· 1664
14. 契約の調印 ··············· 1665
15. クレーム ················· 1667
16. 対中投資 ················· 1668
17. 帰国 ····················· 1669

1. 空港での出迎え

◆皆様今日はようこそおいで下さいました.
今天欢迎各位[你们]的光临!
Jīntiān huānyíng gèwèi [nǐmen] de guānglín!

◆ご紹介いたします. こちらは営業部課長の高橋です.
让我来介绍一下, 这位是我公司营业部的科长高桥.
Ràng wǒ lái jièshào yíxià, zhè wèi shì wǒ gōngsī yíngyèbù de kēzhǎng Gāoqiáo.

◆団長の張さんはどちら様でしょうか.
哪一位是团长的张先生?
Nǎ yí wèi shì tuánzhǎng de Zhāng xiānsheng?

◆初めまして. よろしくお願いいたします.
初次见面, 请多关照.
Chūcì jiànmiàn, qǐng duō guānzhào.

◆初めての来日で, 何かとご面倒をおかけいたします.
因为我[我们]是第一次来日本, 想必会给您添麻烦.
Yīnwèi wǒ [wǒmen] shì dì-yī cì lái Rìběn, xiǎngbì huì gěi nín tiān máfan.

◆これからいろいろとご迷惑をおかけします.
今后要[会]给您增添不少[许多]麻烦.
Jīnhòu yào [huì] gěi nín zēngtiān bùshǎo [xǔduō] máfan.

◆お久しぶりですね. お元気ですか.
好久没见, 您身体好吗?
Hǎojiǔ méi jiàn, nín shēntǐ hǎo ma?

◆道中はいかがでしたか. さぞお疲れになったでしょう.
一路上怎么样? 一定很累了吧!
Yílù shang zěnmeyàng? Yídìng hěn lèi le ba!

◆いいえ, それほどでもありません.
没什么, 不累.
Méi shénme, bú lèi.

◆道中はとても順調で, 快適でした.
一路上很顺利, 觉得很舒畅[舒服].
Yílù shang hěn shùnlì, juéde hěn shūchàng [shūfu].

◆遠路はるばる東京においでいただき, ありがとうございました.
不辞远路前来东京, 对此表示感谢.
Bùcí yuǎnlù qiánlái Dōngjīng, duì cǐ biǎoshì gǎnxiè.

◆皆様お揃いでしょうか.
大家都齐了吗?
Dàjiā dōu qí le ma?

◆揃いました. 全員ここにおります.
都齐了. 大家都在这里.
Dōu qí le. Dàjiā dōu zài zhèli.

◆お荷物は全部で何個でしょうか.
行李一共是几件呢?
Xíngli yígòng shì jǐ jiàn ne?

◆合計12個です. 全部揃いました.

一共十二件，全部都齐了．
Yígòng shí'èr jiàn, quánbù dōu qí le.

◆お荷物をお持ちしましょう．
让我来帮您提行李吧．
Ràng wǒ lái bāng nín tí xíngli ba.

◆どうぞお構いなく．自分で持てますので．
请别费心，我自己可以拿的．
Qǐng bié fèixīn, wǒ zìjǐ kěyǐ ná de.

◆お手洗いへ行かれますか．
要不要去洗手间？
Yào bu yào qù xǐshǒujiān?

◆では，今からホテルへまいりましょう．車はすでに手配してあります．
那么，我们现在就去饭店吧．汽车已经准备好了．
Nàme, wǒmen xiànzài jiù qù fàndiàn ba. Qìchē yǐjīng zhǔnbèi hǎo le.

◆行き届いたご手配をどうもありがとうございます．
谢谢您周到的安排．
Xièxie nín zhōudào de ānpái.

◆どうぞお気になさらないで下さい．
请不要挂在心上．
Qǐng bú yào guà zài xīn shang.

◆まずスケジュールについてご相談しましょう．
首先让我们商量日程安排吧．
Shǒuxiān ràng wǒmen shāngliang rìchéng ānpái ba.

◆今日はまだ何か予定がありますか．
今天还有什么安排吗？
Jīntiān hái yǒu shénme ānpái ma?

◆今日は特に予定はありません．ホテルでゆっくりお休み下さい．
今天没什么了，请你们在饭店好好儿休息吧．
Jīntiān méi shénme le, qǐng nǐmen zài fàndiàn hǎohāor xiūxi ba.

◆ホテルまで車で15分です．
到饭店坐车要一刻[十五分]钟．
Dào fàndiàn zuò chē yào yí kè [shíwǔ fēn] zhōng.

◆皆様は東京は初めてでいらっしゃいますか．
各位是第一次来东京的吗？
Gèwèi shì dì-yī cì lái Dōngjīng de ma?

◆今回はどのくらい滞在されるご予定ですか．
这次您准备逗留[住]多长时间呢？
Zhècì nín zhǔnbèi dòuliú [zhù] duōcháng shíjiān ne?

◆お泊まりは桜ホテルです．今夜はごゆっくりおくつろぎ下さい．
你们的住处是樱花饭店．今晚请你们好好儿休息．
Nǐmen de zhùchù shì Yīnghuā fàndiàn. Jīnwǎn qǐng nǐmen hǎohāor xiūxi.

◆航空券のリコンファームをお願いできますか．
能不能帮我确认一下飞机票？
Néng bu néng bāng wǒ quèrèn yíxià fēijīpiào?

2. 空港からホテルまで

◆では空港を出発してホテルに向かいます．
现在离开机场前往饭店．
Xiànzài líkāi jīchǎng qiánwǎng fàndiàn.

◆ここで今回のご旅行のおおまかな日程をご説明いたします．
现在介绍一下这次旅行的大概的日程安排．
Xiànzài jièshào yíxià zhècì lǚxíng de dàgài de rìchéng ānpái.

◆今晩は皆様がたのために歓迎パーティーを行います．
今天晚上为大家举行欢迎酒会．
Jīntiān wǎnshang wèi dàjiā jǔxíng huānyíng jiǔhuì.

◆皆様どうぞご出席下さい．
欢迎各位前来参加．
Huānyíng gèwèi qiánlái cānjiā.

◆日本は何回目ですか．
您这是第几次来日本的？
Nín zhè shì dì-jǐ cì lái Rìběn de?

◆もうすっかり日本通でいらっしゃいますね．
那您已经完全是日本通了．
Nà nín yǐjīng wánquán shì Rìběntōng le.

◆私もぜひ一度中国に行ってみたいです．
我也真想去一次中国．
Wǒ yě zhēn xiǎng qù yí cì Zhōngguó.

◆ホテルまであとどのくらいですか．
到饭店还要多长时间呢?
Dào fàndiàn hái yào duōcháng shíjiān ne?

◆あと5分ほどでホテルに着きます．
到饭店还要五分钟左右.
Dào fàndiàn hái yào wǔ fēnzhōng zuǒyòu.

◆ホテルに到着しました．皆様お疲れさまでした．
到饭店了，各位辛苦了.
Dào fàndiàn le, gèwèi xīnkǔ le.

◆大きいお荷物はボーイにそれぞれのお部屋まで運ばせます．
大的行李由服务员送到各位的房间去.
Dà de xíngli yóu fúwùyuán sòngdào gèwèi de fángjiān qù.

◆何かご用がありましたら，どうぞこの番号にお電話ください．
如果您有什么事，请按这个号码给我打电话.
Rúguǒ nín yǒu shénme shì, qǐng àn zhège hàomǎ gěi wǒ dǎ diànhuà.

◆一休みされたら，夕食をご一緒しましょう．
各位休息一下以后，让我们一起去吃晚饭好吗?
Gèwèi xiūxi yíxià yǐhòu, ràng wǒmen yìqǐ qù chī wǎnfàn hǎo ma?

◆明日の午前10時にロビーにお迎えにあがります．
明天上午十点我们到楼下门厅来接您[你们].
Míngtiān shàngwǔ shí diǎn wǒmen dào lóuxià méntīng lái jiē nín [nǐmen].

◆ではまた明日お目にかかりましょう．
那么明天再见!
Nàme míngtiān zàijiàn!

◆明日からは色々お世話になりますが，どうぞよろしくお願いします．
从明天起，要给你们添不少麻烦了．请多关照.
Cóng míngtiān qǐ, yào gěi nǐmen tiān bùshǎo máfan le. Qǐng duō guānzhào.

3. ホテルにて

◆いらっしゃいませ．
欢迎光临![热烈欢迎!]
Huānyíng guānglín! [Rèliè huānyíng!]

◆日本の東西貿易株式会社の者で松野といいます．3部屋予約しました．
我是日本东西贸易株式会社的，叫松野．我们订好了三个房间.
Wǒ shì Rìběn Dōngxī màoyì zhūshì huìshè de, jiào Sōngyě. Wǒmen dìng hǎo le sān ge fángjiān.

◆先月東京からファックスで予約済みです．
上个月从东京发传真订好了.
Shàng ge yuè cóng Dōngjīng fā chuánzhēn dìng hǎo le.

◆ただ今お調べします．…はい，ございました．スタンダードルームで合計6泊ですね．
现在我来查一下．…是的，有了．一个标准间，共住六宿，对吗?
Xiànzài wǒ lái chá yíxià. … shì de, yǒu le. Yí ge biāozhǔnjiān, gòng zhù liù xiǔ, duì ma?

◆宿泊カードにそれぞれご記入下さい．
请各位填写一下房客登记表.
Qǐng gèwèi tiánxiě yíxià fángkè dēngjìbiǎo.

◆名前は漢字で書いてもいいですか．
姓名可以用汉字写吗?
Xìngmíng kěyǐ yòng Hànzì xiě ma?

◆いいえ，申し訳ありませんがローマ字でお願いします．
不，麻烦您用罗马字写.
Bù, máfan nín yòng Luómǎzì xiě.

◆皆様のパスポートを拝見します．
请给我看一下各位的护照.
Qǐng gěi wǒ kàn yíxià gèwèi de hùzhào.

◆こちらがお部屋のカードキー，こちらは朝食券です．
这是您的房卡，这是早餐券.
Zhè shì nín de fángkǎ, zhè shì zǎocānquàn.

◆レストランは何階で，朝何時からですか．
餐厅在几楼? 早上从几点可以进餐?
Cāntīng zài jǐ lóu? Zǎoshang cóng jǐ diǎn kěyǐ jìncān?

◆荷物を運んでもらえますか．
请帮我搬一下行李，可以吗?
Qǐng bāng wǒ bān yíxià xíngli, kěyǐ ma?

◆部屋でインターネットへの接続はできますか．

在房间里可以(用电脑)上网吗?
Zài fángjiān li kěyǐ (yòng diànnǎo) shàngwǎng ma?

◆部屋のキーを下さい．1408号室です．
我来拿房间钥匙，1408号．
Wǒ lái ná fángjiān yàoshi, yāo sì líng bā hào.

◆タクシーを半日チャーターすると，いくらですか．
包半天出租车，要多少钱?
Bāo bàntiān chūzūchē, yào duōshao qián?

◆この近くに地下鉄の駅はありますか．
这附近有地铁车站吗?
Zhè fùjìn yǒu dìtiě chēzhàn ma?

◆駅までの道をこの地図で教えてください．
按这个地图，请告诉我往车站该怎么走．
Àn zhège dìtú, qǐng gàosu wǒ wǎng chēzhàn gāi zěnme zǒu.

◆チェックアウトをお願いします．
我要退房了．
Wǒ yào tuì fáng le.

◆支払いにクレジットカードは使えますか．
付款可以用信用卡吗?
Fùkuǎn kěyǐ yòng xìnyòngkǎ ma?

4. 日程の打ち合わせ

◆では，今回のスケジュールについて打ち合わせしましょう．
那么，让我们来商量一下这次的日程安排吧．
Nàme, ràng wǒmen lái shāngliang yíxià zhècì de rìchéng ānpái ba.

◆お手元にお配りしたスケジュールについて今からご説明します．
现在让我来说明一下发给你们的日程表．
Xiànzài ràng wǒ lái shuōmíng yíxià fāgěi nǐmen de rìchéngbiǎo.

◆事前にいただいたメールに基づき日程を組んでみました．いかがでしょうか．
按照您预先发来的电子邮件，我们安排了一下日程．您看怎么样?
Ànzhào nín yùxiān fālái de diànzǐ yóujiàn, wǒmen ānpái le yíxià rìchéng. Nín kàn zěnmeyàng?

◆ご要望に添ってもう一度スケジュールを組み直しました．
按照你们提出的要求，我们对日程重新做了安排．
Ànzhào nǐmen tíchū de yāoqiú, wǒmen duì rìchéng chóngxīn zuò le ānpái.

◆いろいろとご無理をお願いして申し訳ありません．
我们提了不少要求，请不要见怪．
Wǒmen tí le bùshǎo yāoqiú, qǐng bú yào jiànguài.

◆いいえ，どういたしまして．
您说到哪儿去了．〔您别客气．〕〔哪里哪里．〕
Nín shuōdào nǎr qù le. [Nín bié kèqi.] [Nǎli nǎli.]

◆明日の午前中は，私どもの会社の担当役員にお会いいただきます．
明天上午要请各位和我们公司的主管董事相会．
Míngtiān shàngwǔ yào qǐng gèwèi hé wǒmen gōngsī de zhǔguǎn dǒngshì xiānghuì.

◆午後は皆様に工場見学に行っていただきます．
下午请你们到工厂去参观．
Xiàwǔ qǐng nǐmen dào gōngchǎng qù cānguān.

◆その翌日から2日間は商談に当てます．
从第二天起，用两天时间进行洽谈．
Cóng dì-èr tiān qǐ, yòng liǎng tiān shíjiān jìnxíng qiàtán.

◆当方は関係部門の責任者が皆出席します．
我们有关部门的负责人都出席参加．
Wǒmen yǒuguān bùmén de fùzérén dōu chūxí cānjiā.

◆商談以外に何かご要望があれば，おっしゃって下さい．
除了谈判以外，如果有什么要求，请不要客气地提出来．
Chúle tánpàn yǐwài, rúguǒ yǒu shénme yāoqiú, qǐng bú yào kèqi de tí chulai.

◆週末の土日は都内と横浜の観光にご案内します．
周六和周日，我们想陪同你们去游览东京和横滨．
Zhōuliù hé zhōurì, wǒmen xiǎng péitóng nǐmen qù yóulǎn Dōngjīng hé Héngbīn.

◆5日目は予備日として，今のところ何も予定しておりません．
第五天作为机动时间，暂且没有安排什么活动．
Dì-wǔ tiān zuòwéi jīdòng shíjiān, zànqiě méiyou ānpái shénme huódòng.

◆6日目には契約に調印したいと思っております．
在第六天，我们希望能签订合同．
Zài dì-liù tiān, wǒmen xīwàng néng qiāndìng hétong.

◆ご帰国の前日は自由行動として，ご希望の方は私がショッピングにご案内いたします．
各位回国的前一天是自由活动时间，如有哪位想去购物，我可以陪同．
Gèwèi huíguó de qián yì tiān shì zìyóu huódòng shíjiān, rú yǒu nǎwèi xiǎng qù gòuwù, wǒ kěyǐ péitóng.

◆ご帰国の際には，空港までお供させていただきます．
各位回国那一天，将由我奉陪前往机场，为你们送行．
Gèwèi huíguó nà yì tiān, jiāng yóu wǒ fèngpéi qiánwǎng jīchǎng, wèi nǐmen sòngxíng.

◆空港への見送りは，お忙しいところ恐縮なので遠慮します．
各位工作很紧张，不必为我们到机场去送行了．
Gèwèi gōngzuò hěn jǐnzhāng, búbì wèi wǒmen dào jīchǎng qù sòngxíng le.

◆日程について，まだ何かご要望はございませんか．
关于日程，你们还有什么要求没有？
Guānyú rìchéng, nǐmen hái yǒu shénme yāoqiú méiyou?

◆何から何まで行き届いたご配慮をいただき，ありがとうございます．
得到你们无微不至的关照，真是感谢．
Dédào nǐmen wú wēi bú zhì de guānzhào, zhēnshi gǎnxiè.

5. パーティーにて

◆ただ今より株式会社鈴木物産主催の歓迎レセプションを開催いたします．
由株式会社铃木物产主办的欢迎招待会，现在开始．
Yóu zhūshì huìshè Língmù wùchǎn zhǔbàn de huānyíng zhāodàihuì, xiànzài kāishǐ.

◆まもなくパーティーが始まります．皆様どうぞお席にお着き下さい．
宴会马上就要开始了．各位请入席[入座]．
Yànhuì mǎshàng jiù yào kāishǐ le. Gèwèi qǐng rùxí[rùzuò].

◆皆様の来日を歓迎して，ささやかではございますが宴席を設けました．
为了欢迎各位来访日本，我们在这里设便宴，为各位接风洗尘．
Wèile huānyíng gèwèi láifǎng Rìběn, wǒmen zài zhèli shè biànyàn, wèi gèwèi jiēfēng xǐchén.

◆私は本日の司会を務めさせていただきます山本と申します．よろしくお願いいたします．
我是今天的主持人[司仪]，名字叫山本．请各位多加关照！
Wǒ shì jīntiān de zhǔchírén[sīyí], míngzi jiào Shānběn. Qǐng gèwèi duōjiā guānzhào!

◆本日は代表団の皆様のご出席をいただき，誠にありがたく厚く御礼申し上げます．
今天承蒙代表团的各位女士们、先生们前来出席[光临]，对此表示深切的感谢！
Jīntiān chéngméng dàibiǎotuán de gèwèi nǚshìmen、xiānshēngmen qiánlái chūxí[guānglín], duì cǐ biǎoshì shēnqiè de gǎnxiè!

◆まず日本側を代表して，池田社長よりひとこと御挨拶申し上げます．
首先由池田社长代表日方致欢迎词．
Shǒuxiān yóu Chítián shèzhǎng dàibiǎo Rìfāng zhì huānyíngcí.

◆まず主催者を代表しまして，皆様を心より歓迎いたします．
首先我谨代表主办单位，向各位表示衷心的欢迎！
Shǒuxiān wǒ jǐn dàibiǎo zhǔbàn dānwèi, xiàng gèwèi biǎoshì zhōngxīn de huānyíng!

◆本日はお忙しいところご出席下さり，誠にありがとうございます．
今天各位在百忙之中，特意[特地]前来光临，对此表示由衷的感谢．
Jīntiān gèwèi zài bǎi máng zhī zhōng, tèyì[tèdì] qiánlái guānglín, duì cǐ biǎoshì yóuzhōng de gǎnxiè.

◆これをもちまして私の挨拶に代えさせていただきます．

我的致辞[讲话]就到此结束．
Wǒ de zhìcí [jiǎnghuà] jiù dào cǐ jiéshù.

◆引き続き，訪日代表団団長の周英先生に答礼の御挨拶をいただきます．
接着，请访日代表团团长周英先生致答谢词．
Jiēzhe, qǐng fǎng Rì dàibiǎotuán tuánzhǎng Zhōu Yīng xiānsheng zhì dáxiècí.

◆本日はかくも盛大な宴会を催していただき，先程は温かい歓迎のお言葉もいただき，団員一同心より感謝申し上げます．
今天为我们举办如此盛大的宴会，刚才又发表了热情洋溢的欢迎词，对此我们全体团员表示由衷的感谢．
Jīntiān wèi wǒmen jǔbàn rúcǐ shèngdà de yànhuì, gāngcái yòu fābiǎo le rèqíng yángyì de huānyíngcí, duì cǐ wǒmen quántǐ tuányuán biǎoshì yóuzhōng de gǎnxiè.

◆この度のおもてなしと行き届いた御手配，誠にありがたく深く感謝いたします．
这次承蒙贵方无微不至的关照和精心周到的安排，对此表示深切的感谢．
Zhècì chéngméng guìfāng wú wēi bú zhì de guānzhào hé jīngxīn zhōudào de ānpái, duì cǐ biǎoshì shēnqiè de gǎnxiè.

◆続きまして，中国物産の小野常務取締役の御発声で乾杯をお願いいたします．
接下来，请中国物产的小野常务董事致祝酒词．
Jiē xialai, qǐng Zhōngguó wùchǎn de Xiǎoyě chángwù dǒngshì zhì zhùjiǔcí.

◆私，営業部部長の石川と申します．僭越ではございますが当社を代表して乾杯の音頭を取らせていただきます．
我是营业部部长叫石川，请允许我代表我公司致祝酒词．
Wǒ shì yíngyèbù bùzhǎng jiào Shíchuān, qǐng yǔnxǔ wǒ dàibiǎo wǒ gōngsī zhì zhùjiǔcí.

◆皆様のご健勝と今回の商談の成功を祈って，乾杯！
为祝愿各位的身体健康，并祝这一次的洽谈能够取得成功而干杯！
Wèi zhùyuàn gèwèi de shēntǐ jiànkāng, bìng zhù zhè yí cì de qiàtán nénggòu qǔdé chénggōng ér gānbēi!

◆それでは，どうぞお時間の許す限りご歓談下さい．
下面就请各位在时间允许的范围内尽情畅谈[欢谈]吧！
Xiàmiàn jiù qǐng gèwèi zài shíjiān yǔnxǔ de fànwéi nèi jìnqíng chàngtán[huāntán] ba!

◆お飲物は何になさいますか．
您要喝什么饮料？
Nín yào hē shénme yǐnliào?

◆私にはオレンジジュースをいただけますか．
能给我来杯橘子汁吗？
Néng gěi wǒ lái bēi júzizhī ma?

◆あまり飲めませんので，ミネラルウォーターをいただきます．
我的酒量不大，请给我来杯矿泉水吧．
Wǒ de jiǔliàng bú dà, qǐng gěi wǒ lái bēi kuàngquánshuǐ ba.

◆どうぞ遠慮なくお召し上がり下さい．
请各位别客气，多用一点．
Qǐng gèwèi bié kèqi, duōyòng yìdiǎn.

◆料理は皆様のお口に合いますでしょうか．
饭菜不知合不合各位的口味．
Fàncài bùzhī hé bu hé gèwèi de kǒuwèi.

◆とてもおいしいですね．
很好吃啊！[不错，实在美味可口．]
Hěn hǎochī a! [Búcuò, shízài měiwèi kěkǒu.]

◆お気に召していただけて何よりです．
你能喜欢，那就太好了！[那真是太好了！]
Nǐ néng xǐhuan, nà jiù tài hǎo le! [Nà zhēnshi tài hǎo le!]

◆せっかく来日されたのですから，本場の日本料理を召し上がってみませんか．
难得来一次日本，要不要品尝一下地道的日本菜呢？
Nándé lái yí cì Rìběn, yào bu yào pǐncháng yíxià dìdao de Rìběncài ne?

◆お刺身は食べられますか．
你能吃得来[吃得惯]生鱼片吗？
Nǐ néng chīdelái[chīdeguàn] shēngyúpiàn ma?

◆もう一杯ビールはいかがですか．
再来一杯啤酒怎么样？
Zài lái yì bēi píjiǔ zěnmeyàng?

◆どうぞもっとお召し上がり下さい．
请各位再多吃一点吧．
Qǐng gèwèi zài duō chī yìdiǎn ba.

◆急用ができましたので，申し訳ありませんがお先に失礼します．
因为有了一件急事，请允许我先失陪．
Yīnwèi yǒu le yí jiàn jíshì, qǐng yǔnxǔ wǒ xiān shīpéi.

◆もう遅いのでそろそろおいとまします．
时间已经不早了，该告辞了．
Shíjiān yǐjīng bù zǎo le, gāi gàocí le.

◆予定の時間もまいりましたので，レセプションはそろそろお開きとさせていただきます．
预先安排的时间已经到了，招待会就到此结束．
Yùxiān ānpái de shíjiān yǐjīng dào le, zhāodàihuì jiù dào cǐ jiéshù.

◆今日はこうして皆様と親しくお話ができ，本当に良かったです．
今天能和各位这样促膝谈心，令人感到非常高兴．
Jīntiān néng hé gèwèi zhèyàng cù xī tán xīn, lìng rén gǎndào fēicháng gāoxìng.

◆温かいおもてなしをどうもありがとうございました．
衷心感谢贵方的盛情款待．
Zhōngxīn gǎnxiè guìfāng de shèngqíng kuǎndài.

◆いいえ，何のおもてなしもできず失礼いたしました．
不谢，我们招待得不周到，有失礼的地方，请多多见谅．
Búxiè, wǒmen zhāodài de bù zhōudào, yǒu shīlǐ de dìfang, qǐng duōduō jiànliàng.

◆帰国なさいましたら，どうぞ貴社の李総経理によろしくお伝え下さい．
回国以后，请代我向贵公司的李总经理转达我们的问候．
Huíguó yǐhòu, qǐng dài wǒ xiàng guì gōngsī de Lǐ zǒngjīnglǐ zhuǎndá wǒmen de wènhòu.

◆はい．必ず申し伝えます．
是，我一定转达！
Shì, wǒ yídìng zhuǎndá!

6. 会社訪問

◆私は日本の北村商事の伊藤と申します．
我是日本北村商事的伊藤．
Wǒ shì Rìběn Běicūn shāngshì de Yīténg.

◆いらっしゃいませ．
欢迎光临．[欢迎欢迎．]
Huānyíng guānglín. [Huānyíng huānyíng.]

◆午後2時に御社輸出部の鄭主任とお約束しております．
我和贵公司出口部的郑主任约好在下午两点见面．
Wǒ hé guì gōngsī chūkǒu bù de Zhèng zhǔrèn yuē hǎo zài xiàwǔ liǎng diǎn jiànmiàn.

◆少々お待ち下さいませ．…こちらへどうぞ．
请稍等．……请到这边来．
Qǐng shāo děng. …… Qǐng dào zhèbiān lái.

◆劉さんはいらっしゃいますか．
刘先生在不在？
Liú xiānsheng zài bú zài?

◆本日は外出して，戻りません．
今天他出外[外出]了，不回来．
Jīntiān tā chūwài [wàichū] le, bù huílai.

◆よろしければご伝言を承りますが．
要不要让我帮您转告一下？
Yào bu yào ràng wǒ bāng nín zhuǎngào yíxià?

◆かしこまりました．
好的，我知道了．
Hǎo de, wǒ zhīdào le.

◆会議はいつ頃終わりますか．
会议什么时候可以开完呢？
Huìyì shénme shíhou kěyǐ kāi wán ne?

◆明日の御都合はいかがでしょうか．
不知明天您方便不方便？
Bùzhī míngtiān nín fāngbiàn bu fāngbiàn?

◆本日はようこそおいで下さいました．
今天欢迎光临．
Jīntiān huānyíng guānglín.

◆お招き下さり，どうもありがとうございます．
谢谢你们的邀请．
Xièxie nǐmen de yāoqǐng.

◆昨日は空港へのお出迎えをありがとうございました．
谢谢您昨天到机场来接我们．
Xièxie nín zuótiān dào jīchǎng lái jiē wǒmen.

◆いいえ，どういたしまして．

◆不, 不客气.
Bù, bú kèqi.

◆お目にかかれて大変嬉しいです. よろしくお願いいたします.
能见到你们感到很高兴. 请多多关照.
Néng jiàndào nǐmen gǎndào hěn gāoxìng, qǐng duōduō guānzhào.

◆今日は御社を訪問でき, 大変光栄です.
今天我们能到贵公司来拜访, 感到很荣幸.
Jīntiān wǒmen néng dào guì gōngsī lái bàifǎng, gǎndào hěn róngxìng.

◆そのようにおっしゃっていただいて恐縮です.
您那么说, 太不敢当.
Nín nàme shuō, tài bù gǎndāng.

◆どうぞお掛け下さい.
请坐, 请坐.
Qǐng zuò, qǐng zuò.

◆どうぞ, そちらがお先に.
您先请.
Nín xiān qǐng.

◆夕べはよくお休みになれましたか.
不知昨天晚上各位休息得怎么样?
Bùzhī zuótiān wǎnshang gèwèi xiūxi de zěnmeyàng?

◆十分休ませていただきました.
休息得很好.
Xiūxi de hěn hǎo.

◆御滞在中にもし御不自由がありましたら, どうぞ遠慮なくおっしゃって下さい.
在这次逗留期间, 如果有什么不方便, 请随时给我们提出来.
Zài zhècì dòuliú qījiān, rúguǒ yǒu shénme bù fāngbiàn, qǐng suíshí gěi wǒmen tí chulai.

◆今回は, 御社と提携の可能性があるかご相談したく訪問いたしました.
这次我们来访问, 是来商讨一下跟贵公司合作的可能性.
Zhècì wǒmen lái fǎngwèn, shì lái shāngtǎo yíxià gēn guì gōngsī hézuò de kěnéngxìng.

◆当社の担当者を御紹介いたします.
我来介绍一下我们公司的负责人.
Wǒ lái jièshào yíxià wǒmen gōngsī de fùzérén.

◆みな中国関係の業務に携わって3年余りになります.
他们从事有关中国的业务都有三年多了.
Tāmen cóngshì yǒuguān Zhōngguó de yèwù dōu yǒu sān nián duō le.

◆御社のことはかねてより存じ上げております.
关于贵公司的情况我们预先有所了解.
Guānyú guì gōngsī de qíngkuàng wǒmen yùxiān yǒusuǒ liǎojiě.

◆御社は開発と生産両面で大変成果をあげていらっしゃると伺っております.
听说贵公司在开发和生产两方面都很有成就.
Tīngshuō guì gōngsī zài kāifā hé shēngchǎn liǎng fāngmiàn dōu hěn yǒu chéngjiù.

◆御社とは既に3年余りの取引関係があります.
我们和贵公司之间已经有三年多的交易关系了.
Wǒmen hé guì gōngsī zhījiān yǐjīng yǒu sān nián duō de jiāoyì guānxi le.

◆ここ数年来の協力関係をさらに発展させたいと希望しております.
我们希望进一步发展最近几年来的合作关系.
Wǒmen xīwàng jìn yí bù fāzhǎn zuìjìn jǐ niánlái de hézuò guānxì.

◆御社の製品は売れ行きが大変好調だそうですね.
听说贵公司的产品很走俏.
Tīngshuō guì gōngsī de chǎnpǐn hěn zǒuqiào.

◆過分なお言葉, 恐れ入ります.
您过奖了, 不敢当.
Nín guòjiǎng le, bù gǎndāng.

◆当社は一貫して品質第一を旨として発展してまいりました.
本公司一贯以质量第一为宗旨而发展起来的.
Běn gōngsī yíguàn yǐ zhìliàng dì-yī wéi zōngzhǐ ér fāzhǎn qilai de.

◆これは私どもの会社案内です.
这是我们的公司简介.
Zhè shì wǒmen de gōngsī jiǎnjiè.

◆パンフレット, 製品カタログ, 見本などご用意しましたのでどうぞご覧下さい.

我们准备了公司小册子、产品样本和样品等，请过目。
Wǒmen zhǔnbèi le gōngsī xiǎocèzi, chǎnpǐn yàngběn hé yàngpǐn děng, qǐng guòmù.

◆資料をご用意しましたので，どうぞご検討下さい．
我们准备了一些材料，请研究．
Wǒmen zhǔnbèi le yìxiē cáiliào, qǐng yánjiū.

◆私どもはこちらの人気商品をお勧めします．
我们要推荐这个畅销货．
Wǒmen yào tuījiàn zhège chàngxiāohuò.

◆この商品は中国で販路を開けるでしょうか．
不知这种商品在中国能不能开辟销路？
Bùzhī zhè zhǒng shāngpǐn zài Zhōngguó néng bu néng kāipì xiāolù?

◆双方でチームを作って開発計画を協議してはいかがでしょうか．
我们建议由双方组成一个小组来商讨开发计划，怎么样？
Wǒmen jiànyì yóu shuāngfāng zǔchéng yí ge xiǎozǔ lái shāngtǎo kāifā jìhuà, zěnmeyàng?

◆それは素晴らしい御提案です．
您的建议太好！
Nín de jiànyì tài hǎo!

◆ぜひ共同で新製品を開発しましょう．
让我们共同开发新产品吧！
Ràng wǒmen gòngtóng kāifā xīnchǎnpǐn ba!

◆まずは私どもの工場を御見学下さい．
请你们首先去参观我们的工厂．
Qǐng nǐmen shǒuxiān qù cānguān wǒmen de gōngchǎng.

◆もう少し詳細にお話しいただけませんか．
能不能再详细地介绍一下呢？
Néng bu néng zài xiángxì de jièshào yíxià ne?

◆まだ結論は申し上げられませんが，さっそく社内で検討に入ります．
我们还得不出结论来，但是我们马上开始在公司里研究．
Wǒmen hái débùchū jiélùn lái, dànshì wǒmen mǎshàng kāishǐ zài gōngsī li yánjiū.

◆よいお返事をお待ちしております．
我们等候佳音〔回音〕．
Wǒmen děnghòu jiāyīn [huíyīn].

◆今日のところはここまでといたしましょう．
今天我们就到此结束吧．
Jīntiān wǒmen jiù dào cǐ jiéshù ba.

◆それでは今日はこれで失礼いたします．
那么今天我就告辞了．
Nàme jīntiān wǒ jiù gàocí le.

7. 工場見学

◆代表団の皆様，本日はようこそお越し下さいました．
今天我们热烈欢迎代表团各位先生的来访．
Jīntiān wǒmen rèliè huānyíng dàibiǎotuán gèwèi xiānsheng de láifǎng.

◆皆様が私どもの機械部品工場を見学にいらしたことを心より歓迎いたします．
我们衷心欢迎各位到我们机械零部件工厂来参观．
Wǒmen zhōngxīn huānyíng gèwèi dào wǒmen jīxiè língbùjiàn gōngchǎng lái cānguān.

◆私どもこそ，こちらの工場見学に伺えてとても嬉しく思っております．
我们能有机会到你们工厂来参观，我们感到非常高兴．
Wǒmen néng yǒu jīhuì dào nǐmen gōngchǎng lái cānguān, wǒmen gǎndào fēicháng gāoxìng.

◆まず，工場の概況を簡単に御紹介いたします．
首先由我来简单地介绍一下工厂的概况．
Shǒuxiān yóu wǒ lái jiǎndān de jièshào yíxià gōngchǎng de gàikuàng.

◆中国語のパンフレットを御用意してあります．
我们准备了汉语的小册子．
Wǒmen zhǔnbèi le Hànyǔ de xiǎocèzi.

◆我が社の製品は先端技術を取り入れています．
我们的产品采用了尖端技术．
Wǒmen de chǎnpǐn cǎiyòng le jiānduān jìshù.

◆当社は品質管理を大変重要視しています．
我们公司非常重视质量管理．
Wǒmen gōngsī fēicháng zhòngshì zhìliàng guǎnlǐ.

◆私どもはアフターサービスも行き届いています．
我们的售后服务也很周到．
Wǒmen de shòuhòu fúwù yě hěn zhōudào.

◆こちらではどのような生産方式を取っておられますか．
你们采用的是什么样的生产方式呢？
Nǐmen cǎiyòng de shì shénmeyàng de shēngchǎn fāngshì ne?

◆主に流れ作業方式を取っております．
主要采用流水作业方式．
Zhǔyào cǎiyòng liúshuǐ zuòyè fāngshì.

◆私どもの工場には，作業現場のほかに技術部門もあります．
我们工厂 除了车间以外还有技术部门．
Wǒmen gōngchǎng chúle chējiān yǐwài hái yǒu jìshù bùmén.

◆私どもの工場では従業員に定期的に技術研修を行っています．
我们工厂对员工定期进行技术培训．
Wǒmen gōngchǎng duì yuángōng dìngqī jìnxíng jìshù péixùn.

◆工具数は全体でどのくらいですか．
一共有多少工人呢？
Yígòng yǒu duōshao gōngrén ne?

◆約五百名おります．
大约有五百名．
Dàyuē yǒu wǔbǎi míng.

◆この製品の国内マーケットシェアはどのくらいですか．
请问这个产品的国内市场占有率是多少？
Qǐngwèn zhège chǎnpǐn de guónèi shìchǎng zhànyǒulǜ shì duōshao?

◆この製品の月間生産高はどのくらいですか．
请问这个产品的月产值是多少？
Qǐngwèn zhège chǎnpǐn de yuèchǎnzhí shì duōshao?

◆約25億円です．
大约二十五亿日元．
Dàyuē èrshíwǔ yì Rìyuán.

◆それでは，現場へ見学にまいりましょう．
现在，请到现场去参观吧．
Xiànzài, qǐng dào xiànchǎng qù cānguān ba.

◆もし御質問があれば，見学の途中でも結構ですから，どうぞいつでもおっしゃって下さい．
如果想提问题，就是在参观的过程中，也请随时提问．
Rúguǒ xiǎng tí wèntí, jiùshì zài cānguān de guòchéng zhōng, yě qǐng suíshí tíwèn.

◆はい．では見学しながらお尋ねします．
好．那么我们边参观边请教．
Hǎo. Nàme wǒmen biān cānguān biān qǐngjiào.

◆私どもの工場を見学されて，どうお思いになられましたか．
您参观后，觉得我们的工厂怎么样？
Nín cānguān hòu, juéde wǒmen de gōngchǎng zěnmeyàng?

◆本日は貴重な時間を割いてご案内くださり，誠にありがとうございました．
今天承蒙您抽出宝贵的时间，陪同我们参观，对此表示衷心的感谢．
Jīntiān chéngméng nín chōuchū bǎoguì de shíjiān, péitóng wǒmen cānguān, duì cǐ biǎoshì zhōngxīn de gǎnxiè.

◆ぜひまたお会いしましょう．
希望下次还有机会和各位再见面！
Xīwàng xiàcì hái yǒu jīhuì hé gèwèi zài jiànmiàn!

8. 都内観光

◆東京にはどんな名所がありますか．
东京有哪些游览胜地呢？
Dōngjīng yǒu nǎxiē yóulǎn shèngdì ne?

◆観光地図を見せていただけませんか．
能不能给我看看游览图呢？
Néng bu néng gěi wǒ kànkan yóulǎntú ne?

◆東京のどのあたりに興味がおありですか．
您对东京的哪些地方有兴趣呢？
Nín duì Dōngjīng de nǎxiē dìfang yǒu xìngqù ne?

◆よろしければお買い物にお付き合いいたしましょうか．
要不要我陪您去买东西？
Yào bu yào wǒ péi nín qù mǎi dōngxi?

◆今日は私が都内観光の御案内をさせていただきます．
今天由我奉陪各位去游览一下东京都内．
Jīntiān yóu wǒ fèngpéi gèwèi qù yóulǎn yíxià

Dōngjīngdū nèi.

◆せっかくの休日ですのに，御迷惑ではありませんか．
今天让你牺牲假日了，真是过意不去．
Jīntiān ràng nǐ xīshēng jiàrì le, zhēnshi guòyìbuqù.

◆いいえ，皆様を御案内できてとても嬉しく思います．
不，我很高兴能陪同各位去游览．
Bù, wǒ hěn gāoxìng néng péitóng gèwèi qù yóulǎn.

◆まずは東京タワーの展望台から東京を一望しましょう．
先去登上东京塔，眺望一下整个东京吧．
Xiān qù dēngshàng Dōngjīngtǎ, tiàowàng yíxià zhěnggè Dōngjīng ba.

◆銀座には日本の代表的なデパートや高級ブティック，老舗などが集まっています．
在银座有日本首屈一指的百货商店、高级时装商店以及名牌老铺等．
Zài Yínzuò yǒu Rìběn shǒu qū yì zhǐ de bǎihuò shāngdiàn、gāojí shízhuāng shāngdiàn yǐjí míngpái lǎopù děng.

◆東京の名所には，皇居広場，上野動物園のほかに新宿の高層ビル，秋葉原の電気街などがあります．
说起东京的游览胜地，除了皇宫广场、上野动物园等以外，还有新宿的高层建筑、秋叶原的家电商店街等．
Shuōqǐ Dōngjīng de yóulǎn shèngdì, chúle Huánggōng guǎngchǎng、Shàngyě dòngwùyuán děng yǐwài, hái yǒu Xīnsù de gāocéng jiànzhù, Qiūyèyuán de jiādiàn shāngdiànjiē děng.

◆東京から少し離れますが，ディズニーランドも大変人気があります．
离东京稍远一点的迪士尼乐园也很受欢迎．
Lí Dōngjīng shāo yuǎn yìdiǎn de Díshìní lèyuán yě hěn shòu huānyíng.

◆面白そうですね，そこはぜひ行ってみたいです．
看来很有意思，我一定想去看看．
Kànlái hěn yǒu yìsi, wǒ yídìng xiǎng qù kànkan.

◆他にいらっしゃりたいところがあれば，どうぞ遠慮なくおっしゃって下さい．
如果还想去其他地方，尽管告诉我好了．
Rúguǒ hái xiǎng qù qítā dìfang, jǐnguǎn gàosu wǒ hǎo le.

◆すべてお任せいたします．
一切都拜托您安排了．
Yíqiè dōu bàituō nín ānpái le.

◆ご滞在中に一度，歌舞伎にご招待しましょうか．
在您逗留期间，我们请你们去看一次歌舞伎吧．
Zài nín dòuliú qījiān, wǒmen qǐng nǐmen qù kàn yí cì Gēwǔjì ba.

◆そろそろホテルへ戻りますか．
现在该回饭店去了吧．
Xiànzài gāi huí fàndiàn qù le ba.

◆もう少し他の店も見て回りますか．
再逛逛其他几家商店吗？
Zài guàngguang qítā jǐ jiā shāngdiàn ma?

◆他にもっと安い店はないですか．
有没有更便宜的商店呢？
Yǒu méi yǒu gèng piányi de shāngdiàn ne?

◆お友だちに[ご家族へ]お土産を買いましたか．
您给朋友[家属]买好了礼品了吗？
Nín gěi péngyou[jiāshǔ] mǎihǎo le lǐpǐn le ma?

9. 引き合いとオファー

◆御社はどのような商品に興味をお持ちですか．
贵公司对哪种商品感兴趣？
Guì gōngsī duì nǎ zhǒng shāngpǐn gǎn xìngqu?

◆私どもは家電製品に大変興味があります．
我们对家用电器很感兴趣．
Wǒmen duì jiāyòng diànqì hěn gǎn xìngqu.

◆私どもは御社の新製品にとても興味があります．
我们对贵公司的新产品很感兴趣．
Wǒmen duì guì gōngsī de xīnchǎnpǐn hěn gǎn xìngqu.

◆まずはこの商品カタログを御覧下さい．
请先看一看这个商品样本．
Qǐng xiān kàn yi kàn zhège shāngpǐn yàngběn.

◆この PA-154 型のサンプルを見せてもらえますか．
请给我看看这个 PA-154 型的样品．
Qǐng gěi wǒ kànkan zhège PA-yāo wǔ sì xíng de yàngpǐn.

◆どのくらい注文なさるか，およその数量をおっしゃって下さい．
请你们先谈一下大概要订购多少数量．
Qǐng nǐmen xiān tán yíxià dàgài yào dìnggòu duōshao shùliàng.

◆注文する数は，そちらの価格次第です．
我们订购的数量，要取决于你们的价格．
Wǒmen dìnggòu de shùliàng, yào qǔjué yú nǐmen de jiàgé.

◆この型番のセーターを 1500 着購入したいので，FOB 天津ドル建てでオファーして下さい．
我们要购买这个型号的毛衣一千五百件，请按 FOB[离岸价]天津的美元来报价．
Wǒmen yào gòumǎi zhège xínghào de máoyī yìqiānwǔbǎi jiàn, qǐng àn FOB[líʼànjià] Tiānjīn de Měiyuán lái bàojià.

◆CIF 神戸のベストプライスをオファーして下さい．
请报 CIF[到岸价]神户的优惠价格．
Qǐng bào CIF [dàoʼànjià] Shénhù de yōuhuì jiàgé.

◆どんな色がありますか．
都有什么颜色？
Dōu yǒu shénme yánsè?

◆色は 12 色揃っています．展示品をどうぞ御覧下さい．
颜色共有十二种．请看一看这些展品．
Yánsè gong yǒu shíʼèr zhǒng. Qǐng kàn yi kàn zhèxiē zhǎnpǐn.

◆サイズ展開はどうですか．
都有哪些尺寸的？
Dōu yǒu nǎxiē chǐcùn de?

◆サイズは SS・S・M・L・LL と揃っています．
尺寸有 SS・S・M・L・LL，很齐全．
Chǐcùn yǒu SS・S・M・L・LL, hěn qíquán.

◆これは私どもの価格リストです．
这是我们的价目单．
Zhè shì wǒmen de jiàmùdān.

◆これがこちらの FOB 価格，すなわち輸出港本船積み渡し価格です．
这是我们的 FOB 价格，也就是装运港船上交货价[离岸价]．
Zhè shì wǒmen de FOB jiàgé, yě jiùshì zhuāngyùn gǎng chuánshàng jiāohuòjià [líʼànjià].

◆この価格は国際市場価格を基準としています．
这种价格是以国际市场的价格为准的．
Zhè zhǒng jiàgé shì yǐ guójì shìchǎng de jiàgé wéi zhǔn de.

◆この価格はファーム・オファーですか．
这个价格是实盘报价吗？
Zhège jiàgé shì shípán bàojià ma?

◆価格がやはり高いように思います．
我们认为价格还是有点贵．
Wǒmen rènwéi jiàgé háishi yǒudiǎn guì.

◆私どもは御社に以下の商品を発注したいと思います．
我们要向贵公司订购下列商品．
Wǒmen yào xiàng guì gōngsī dìnggòu xiàliè shāngpǐn.

◆納期は必ず守って下さい．
请严格遵守交货期．
Qǐng yángé zūnshǒu jiāohuòqī.

◆引合書をお送りしますのでなるべく早くお返事下さい．
我们寄去询价单，请尽早回复．
Wǒmen jìqu xúnjiàdān, qǐng jǐnzǎo huífù.

◆御社からの引合書受け取りました．至急検討してお返事します．
收到贵公司的询价单．我们将尽快研究后答复．
Shōudào guì gōngsī de xúnjiàdān. Wǒmen jiāng jǐnkuài yánjiū hòu dáfù.

◆5日以内に必ずオファーします．
五天以内一定向您报价．
Wǔ tiān yǐnèi yídìng xiàng nín bàojià.

◆さっそくサンプルとオファーをお送りします．
我们马上发去样品和样本．
Wǒmen mǎshàng fāqu yàngpǐn hé yàngběn.

◆当社のオファーをお送りしますので御検討下さい．
给您寄去我们公司的报单，请研究．

Gěi nín jìqu wǒmen gōngsī de bàojiàdān, qǐng yánjiū.

◆私どもはできる限りユーザーの御要望にお応えいたします.
我们尽量满足用户的要求.
Wǒmen jǐnliàng mǎnzú yònghù de yāoqiú.

◆先日カタログをお送りしましたが，御覧になっていかがでしたか.
前几天我们寄去了样本，你们看了以后觉得怎么样?
Qián jǐ tiān wǒmen jìqu le yàngběn, nǐmen kàn le yǐhòu juéde zěnmeyàng?

◆よい知らせをお待ちしています.
等待您的好消息.
Děngdài nín de hǎo xiāoxi.

◆発注から出荷までにどれくらいかかりますか.
从订货到发货需要多长时间?
Cóng dìnghuò dào fāhuò xūyào duōcháng shíjiān?

◆このオファー価格は何日間有効ですか.
这个报价的有效期是多少天?
Zhège bàojià de yǒuxiàoqī shì duōshao tiān?

◆このオファーの有効期限をあと3日間延長していただけませんか.
这个报价的有效期能不能再延长三天?
Zhège bàojià de yǒuxiàoqī néng bu néng zài yáncháng sān tiān?

◆私たちは自信を持ってこの商品をお勧めします.
我们是有信心推荐这个商品的.
Wǒmen shì yǒu xìnxīn tuījiàn zhège shāngpǐn de.

◆製品の品質は保証いたします.
产品的质量是我们可以保证的.
Chǎnpǐn de zhìliàng shì wǒmen kěyǐ bǎozhèng de.

◆カタログ掲載商品は，現在すべて揃っております.
样本上的商品现在都有现货.
Yàngběn shàng de shāngpǐn xiànzài dōu yǒu xiànhuò.

◆この商品は現在供給が需要に追い付いていません.
这个商品现在供不应求.
Zhège shāngpǐn xiànzài gōng bú yìng qiú.

10. 价格交涉

◆当社がお送りしたオファーを御検討いただけましたか.
我们发去的报价，你们研究了没有?
Wǒmen fāqu de bàojià, nǐmen yánjiū le méiyou?

◆現在検討中です.
我们正在研究.
Wǒmen zhèngzài yánjiū.

◆お送りいただいたカタログ及びサンプル，すべて受け取りました.
贵方寄来的样本和样品全都收到了.
Guìfāng jìlai de yàngběn hé yàngpǐn quándōu shōudào le.

◆いつ頃お返事をいただけますか.
大概什么时候能给我们回音呢?
Dàgài shénme shíhou néng gěi wǒmen huíyīn ne?

◆来週月曜には必ずお返事します.
下星期一我们一定答复.
Xiàxīngqī yī wǒmen yídìng dáfù.

◆貴社のサンプルとオファーを拝見しました．品質は良さそうですが，去年よりかなり値上がりしていますね.
贵公司的样品和报价我们都看到了. 看来质量不错，可是价格比去年涨了不少.
Guì gōngsī de yàngpǐn hé bàojià wǒmen dōu kàndào le. Kànlái zhìliàng búcuò, kěshì jiàgé bǐ qùnián zhǎng le bùshǎo.

◆この商品はデザインは斬新ですが，価格が少し高いと思います.
我想这个商品款式新颖，不过价格贵了一点.
Wǒ xiǎng zhège shāngpǐn kuǎnshì xīnyǐng, búguò jiàgé guì le yìdiǎn.

◆御社のオファーでは競争力に欠けるのではないでしょうか.
贵公司的报价是不是有点缺乏竞争力?
Guì gōngsī de bàojià shì bu shì yǒudiǎn quēfá jìngzhēnglì?

◆品質と性能を考え合わせると，この価格は合理的だと思います.
结合质量和性能来考虑，我们认为这个价

格还是合理的.
Jiéhé zhìliàng hé xìngnéng lái kǎolù, wǒmen rènwéi zhège jiàgé háishi hélǐ de.

◆これが譲歩できるぎりぎりの線です.
这已经是最大限度的折扣了.
Zhè yǐjīng shì zuì dà xiàndù de zhékòu le.

◆申し訳ありませんが, この価格では絶対無理です.
很抱歉, 这个价格是绝对接受不了的.
Hěn bàoqiàn, zhège jiàgé shì juéduì jiēshòubuliǎo de.

◆率直に言って, この価格は高すぎてこちらとしてはとても手が出ません.
我们坦率地说吧, 你们的价格太贵, 我们简直无法考虑.
Wǒmen tǎnshuài de shuō ba, nǐmen de jiàgé tài guì, wǒmen jiǎnzhí wúfǎ kǎolù.

◆もし条件が合わなければ, 他の会社に注文します.
如果条件合不来的话, 我们想找别的公司订购.
Rúguǒ tiáojiàn hébulái de huà, wǒmen xiǎng zhǎo biéde gōngsī dìnggòu.

◆この商品はすでに多くの取引先から御好評いただいており, 私どもとしては自信があります.
这个商品已经得到很多客户的欢迎, 我们是有信心的.
Zhège shāngpǐn yǐjīng dédào hěn duō kèhù de huānyíng, wǒmen shì yǒu xìnxīn de.

◆しかし日本ではまだ知名度が高くありません.
可是在日本的知名度还不算高.
Kěshì zài Rìběn de zhīmíngdù hái bú suàn gāo.

◆もう少し値引きしていただけないか御検討下さい.
请你们研究一下能不能再减一点儿价.
Qǐng nǐmen yánjiū yíxià néng bu néng zài jiǎn yìdiǎnr jià.

◆もう少し歩み寄りませんか.
让我们再靠拢一下, 好不好?
Ràng wǒmen zài kàolǒng yíxià, hǎo bu hǎo?

◆さもないと, この取引はまとまりそうにありません.
要不, 这个买卖就谈不成了.
Yào bù, zhège mǎimài jiù tánbuchéng le.

◆この価格で注文すると, 私どもには少しも儲けがありません.
如果按这个价格订购的话, 我们就完全没有赚头了.
Rúguǒ àn zhège jiàgé dìnggòu de huà, wǒmen jiù wánquán méiyǒu zhuàntou le.

◆御購入の数によっては, 多少の値引きも可能です.
按贵方购买的数量, 我们多少可以减价.
Àn guìfāng gòumǎi de shùliàng, wǒmen duōshao kěyǐ jiǎnjià.

◆私どもは大量購入を考えているので, もう少し値引きしてください.
我们在考虑大批订购, 请再减价.
Wǒmen zài kǎolù dàpī dìnggòu, qǐng zài jiǎnjià.

◆もし価格がさらに優遇されれば, すぐにでも注文します.
如果价格再优惠, 我们就可以马上订货.
Rúguǒ jiàgé zài yōuhuì, wǒmen jiù kěyǐ mǎshang dìnghuò.

◆そちらの注文がさらに多くなれば, 価格も考え直します.
如果你们再多订购一些, 价格我们还可以再考虑.
Rúguǒ nǐmen zài duō dìnggòu yìxiē, jiàgé wǒmen hái kěyǐ zài kǎolù.

◆年内のご注文であれば, 5% の特別割引をいたします.
如果贵方在年底以前订购的话, 我们可以给百分之五的特别折扣.
Rúguǒ guìfāng zài niándǐ yǐqián dìnggòu de huà, wǒmen kěyǐ gěi bǎi fēn zhī wǔ de tèbié zhékòu.

◆販路を開く鍵は価格にあると思います. 少し安くしてもらえますか.
我们想开辟销路的关键在于价格. 能不能再便宜一点儿?
Wǒmen xiǎng kāipì xiāolù de guānjiàn zàiyú jiàgé. Néng bu néng zài piányi yìdiǎnr?

◆御注文の量に応じて割引いたします.
按照贵方订购的数量, 我们可以打折.
Ànzhào guìfāng dìnggòu de shùliàng, wǒmen kěyǐ dǎzhé.

◆そちらのカウンター・オファーはいくらです

か．
你们的还价是多少？
Nǐmen de huánjià shì duōshao?

◆10％の値引きをお願いします．
希望给我们百分之十的折扣．
Xīwàng gěi wǒmen bǎi fēn zhī shí de zhékòu.

◆その金額ではうちは商売になりません．
如果是这个价格，我们就白做生意了．
Rúguǒ shì zhège jiàgé, wǒmen jiù bái zuò shēngyi le.

◆これまでのお付き合いに免じて，5％引きにします．
看在老朋友的面上，我们给百分之五的折扣．
Kàn zài lǎopéngyou de miàn shang, wǒmen gěi bǎi fēn zhī wǔ de zhékòu.

◆まだ高いと思います．もう少し考えてもらえませんか．
还是贵了一点儿．能不能再照顾一点儿？
Háishi guì le yìdiǎnr. Néng bu néng zài zhàogu yìdiǎnr?

◆お互いにもう一歩ずつ譲り合って7％の値引きでどうですか．
让我们双方各让一步，你们给百分之七的折扣怎么样？
Ràng wǒmen shuāngfāng gè ràng yí bù, nǐmen gěi bǎi fēn zhī qī de zhékòu zěnmeyàng?

◆では今回に限って，その価格でお受けしましょう．
下不为例，我们接受这个价格．
Xià bù wéi lì, wǒmen jiēshòu zhège jiàgé.

◆今後とも引き続き協力し合いましょう．
让我们今后继续合作吧．
Ràng wǒmen jīnhòu jìxù hézuò ba.

◆今後ともご愛顧のほどよろしくお願いいたします．
希望你们今后多加光顾．
Xīwàng nǐmen jīnhòu duōjiā guānggù.

11. 納期の交渉

◆今回の商品の納期を確認させて下さい．
让我们确认一下这批货的交货期吧．
Ràng wǒmen quèrèn yíxià zhè pī huò de jiāohuòqī ba.

◆いつごろ納品できますか．
大概什么时候可以交货呢？
Dàgài shénme shíhou kěyǐ jiāohuò ne?

◆L/C［信用状］受領後3週間あれば納品できます．
收到L/C［信用证］以后有三个星期就可以交货．
Shōudào L/C [xìnyòngzhèng] yǐhòu yǒu sān ge xīngqī jiù kěyǐ jiāohuò.

◆御提示の納期では遅すぎます．
你们提的交货期太晚了．
Nǐmen tí de jiāohuòqī tài wǎn le.

◆いつ頃の納品を御希望ですか．
你们希望大概什么时候能收到货物？
Nǐmen xīwàng dàgài shénme shíhou néng shōudào huòwù?

◆そんなに早く商品が必要ですか．
你们那么早就要收到货物吗？
Nǐmen nàme zǎo jiù yào shōudào huòwù ma?

◆やはり早ければ早いほどよいです．
还是越早越好．
Háishi yuè zǎo yuè hǎo.

◆販売のピーク前に市場に出す必要があります．
我们必须赶在销售旺季以前投入市场．
Wǒmen bìxū gǎn zài xiāoshòu wàngjì yǐqián tóurù shìchǎng.

◆ビジネス・チャンスを逃すわけにはいきませんので．
我们可不能错过商机嘛．
Wǒmen kě bù néng cuòguò shāngjī ma.

◆この商品は売れ行きがとてもいいので，納期を繰り上げてもらえませんか．
这个商品很畅销，能不能把交货期提前一些？
Zhège shāngpǐn hěn chàngxiāo, néng bu néng bǎ jiāohuòqī tíqián yìxiē?

◆ご要望通り納期を繰り上げられるか，取引先に確認してみます．
能不能按照你们的要求提前交货，我们跟客户确认一下．
Néng bu néng ànzhào nǐmen de yāoqiú tíqián jiāohuò, wǒmen gēn kèhù quèrèn yíxià.

◆ご要望通り納期を繰り下げられるか，メー

カーと相談してみます.
我们跟厂家商量一下，能不能按照你们的要求推迟交货.
Wǒmen gēn chǎngjiā shāngliang yíxià, néng bu néng ànzhào nǐmen de yāoqiú tuīchí jiāohuò.

◆もちろん予定通りに納品いたします.
我们当然按期交货.
Wǒmen dāngrán ànqī jiāohuò.

◆ぜひお願いします. この商品は季節性が強いですから.
希望你们能一定照办. 因为这个商品季节性很强.
Xīwàng nǐmen néng yídìng zhàobàn. Yīnwèi zhège shāngpǐn jìjiéxìng hěn qiáng.

◆そちらの要求される納期では, 時間的に厳しすぎます.
我们觉得你们要求的交货期太紧了.
Wǒmen juéde nǐmen yāoqiú de jiāohuòqī tài jǐn le.

◆このブランドはとても人気があり, 目下供給が需要に追い付かない状態です.
这个品牌很走俏，眼下还供不应求呢.
Zhège pǐnpái hěn zǒuqiào, yǎnxià hái gōng bú yìng qiú ne.

◆メーカーの生産能力にも限界があります.
厂家的生产能力也是有限度的.
Chǎngjiā de shēngchǎn nénglì yě shì yǒu xiàndù de.

◆当方のユーザーは最短納期を知りたがっています.
我方用户想要了解最早交货期.
Wǒfāng yònghù xiǎngyào liǎojiě zuì zǎo jiāohuòqī.

◆私どもの最短納期は２月初旬です.
我们的最早交货期是二月上旬.
Wǒmen de zuì zǎo jiāohuòqī shì èr yuè shàngxún.

◆もう少し早くなりませんか.
能不能再提前一些?
Néng bu néng zài tíqián yìxiē?

◆これは人気商品なので, 早めることはかなり難しいです.
这是走俏商品，提前交货有相当困难.
Zhè shì zǒuqiào shāngpǐn, tíqián jiāohuò yǒu xiāngdāng kùnnan.

◆二回に分けて納品いただいても構いません.
你们分两批交货也可以.
Nǐmen fēn liǎng pī jiāohuò yě kěyǐ.

◆できるだけご要望に添いたいと思います.
我们尽力满足你们的要求.
Wǒmen jìnlì mǎnzú nǐmen de yāoqiú.

◆結論が出次第, すぐにお電話でご連絡します.
等得出结论，马上给您去电话.
Děng déchū jiélùn, mǎshàng gěi nín qù diànhuà.

◆御協力に感謝いたします.
谢谢你们的合作.
Xièxie nǐmen de hézuò.

◆長年のお付き合いですので, どうぞ特別のお計らいをお願いします.
我们已有长期的业务往来，希望你们能给予特殊的关照.
Wǒmen yǐ yǒu chángqī de yèwù wǎnglái, xīwàng nǐmen néng jǐyǔ tèshū de guānzhào.

12. 輸送方式と保険

◆この貨物は空輸と海上輸送のどちらをお考えですか.
这批货你们打算空运还是海运?
Zhè pī huò nǐmen dǎsuàn kōngyùn háishi hǎiyùn?

◆今回の取引は CIF 価格ですが, どんな輸送手段を取りますか.
这批交易是到岸价格，你们准备采用哪种运输方式?
Zhè pī jiāoyì shì dào'àn jiàgé, nǐmen zhǔnbèi cǎiyòng nǎ zhǒng yùnshū fāngshì?

◆通常は海上輸送です.
我们一般都采用海运方式.
Wǒmen yìbān dōu cǎiyòng hǎiyùn fāngshì.

◆精密機器ですので, 航空輸送が適当ではないでしょうか.
因为这是精密机器，是不是采用空运更为合适?
Yīnwèi zhè shì jīngmì jīqì, shì bu shì cǎiyòng kōngyùn gèngwéi héshì?

◆海上輸送は在来船を利用される予定ですか.
关于海运方式，你们准备利用普通货轮吗?
Guānyú hǎiyùn fāngshì, nǐmen zhǔnbèi

lìyòng pǔtōng huòlún ma?

◆今回の商品の輸送にはコンテナ船を利用します.

这批货物的运输, 我们采用集装箱船.

Zhè pī huòwù de yùnshū, wǒmen cǎiyòng jízhuāngxiāngchuán.

◆来年6月末までに神戸港渡しでお願いします.

我们希望在明年六月底以前运到神户港.

Wǒmen xīwàng zài míngnián liù yuè dǐ yǐqián yùn dào Shénhùgǎng.

◆では海運会社の就航ダイヤを調べてみましょう.

那么, 我们查一下海运公司的航班表吧.

Nàme, wǒmen chá yíxià hǎiyùn gōngsī de hángbānbiǎo ba.

◆引き渡しの1ヶ月前までに L/C〔信用状〕を発行して下さい.

希望你们在交货一个月以前开立 L/C〔信用证〕.

Xīwàng nǐmen zài jiāohuò yí ge yuè yǐqián kāilì L/C〔xìnyòngzhèng〕.

◆この貨物はどの港で船積みする予定ですか.

这批货你们准备在哪个港口装船?

Zhè pī huò nǐmen zhǔnbèi zài nǎ ge gǎngkǒu zhuāngchuán?

◆積み出し港と出港期日を早急にお知らせください.

请尽早告知发货港和启航日期.

Qǐng jǐnzǎo gàozhī fāhuògǎng hé qǐháng rìqī.

◆引き渡しはどこで行いますか.

你们准备在哪儿交货?

Nǐmen zhǔnbèi zài nǎr jiāohuò?

◆我々は東京港での荷揚げを希望しています.

我们希望在东京港卸货.

Wǒmen xīwàng zài Dōngjīnggǎng xièhuò.

◆保険についてはどうお考えですか.

关于保险贵方有什么想法?

Guānyú bǎoxiǎn guìfāng yǒu shénme xiǎngfa?

◆この取り引きはFOB価格ですが, もう保険には加入されましたか.

这笔交易是离岸价格, 你们已经投保了吗?

Zhè bǐ jiāoyì shì líàn jiàgé, nǐmen yǐjīng tóubǎo le ma?

◆今回は分損担保をかける予定です.

这次我们准备投保基本险.

Zhècì wǒmen zhǔnbèi tóubǎo jīběnxiǎn.

◆今回の商品は大変湿気を嫌います.

这批货是最怕潮湿的.

Zhè pī huò zuì pà cháoshī de.

◆水濡れ損をかける必要があります.

我们有必要投保水渍险.

Wǒmen yǒu bìyào tóubǎo shuǐzìxiǎn.

◆万全を期して, オール・リスクをかけてもらえませんか.

为保险起见, 能不能给投保一切险呢?

Wèi bǎoxiǎn qǐjiàn, néng bu néng gěi tóubǎo yíqièxiǎn ne?

◆分損担保以外の保険は, 貴方負担にてお願いします.

基本险以外的保险, 请贵方自理.

Jīběnxiǎn yǐwài de bǎoxiǎn, qǐng guìfāng zìlǐ.

◆追加保険をかける場合, その分の保険料は買い手が負担することになります.

如果贵方要投保附加险, 其保险费用要由买方自理.

Rúguǒ guìfāng yào tóubǎo fùjiāxiǎn, qí bǎoxiǎn fèiyòng yào yóu mǎifāng zìlǐ.

13. 支払い方式

◆次に支払い条件について相談しましょう.

下面我们来谈谈付款条件吧.

Xiàmiàn wǒmen lái tántan fùkuǎn tiáojiàn ba.

◆今回の取引の支払条件について, 御意見をお知らせ下さい.

关于这批交易的付款条件, 请告知贵方的意见.

Guānyú zhè pī jiāoyì de fùkuǎn tiáojiàn, qǐng gàozhī guìfāng de yìjiàn.

◆今回の支払いはL/C開設方式でお願いできますか.

关于这次付款, 我们希望你们采用开立信用证方式, 可以吗?

Guānyú zhècì fùkuǎn, wǒmen xīwàng nǐmen cǎiyòng kāilì xìnyòngzhèng fāngshì, kěyǐ ma?

◆できるだけ早く L/C 開設銀行をこちらにお知らせください．
請尽快通知你们的开证行．
Qǐng jǐnkuài tōngzhī nǐmen de kāizhèngháng.

◆信用状をまだ受け取っていません．至急開設してくださるようお願いします．
信用证还未收到，请尽速开来．
Xìnyòngzhèng hái wèi shōudào, qǐng jísù kāilái.

◆信用状の有効期限が過ぎましたので，今月末まで延長して下さい．
信用证的有效期已经过了，请延展到本月底．
Xìnyòngzhèng de yǒuxiàoqī yǐjīng guò le, qǐng yánzhǎn dào běnyuè dǐ.

◆付帯条件は何か希望されますか．
你们希望加上什么附带条件吗？
Nǐmen xīwàng jiāshang shénme fùdài tiáojiàn ma?

◆取り消し不可，譲渡不可，分割積み出し不可の L/C の開設をお願いします．
希望你们开立不可撤消、不可转让、不可分割的信用证．
Xīwàng nǐmen kāilì bùkě chèxiāo, bùkě zhuǎnràng, bùkě fēngē de xìnyòngzhèng.

◆D/P または D/A 方式でお願いしたいと思います．
希望你们能采用 D/P［付款交单］或 D/A［承兑交单］方式．
Xīwàng nǐmen néng cǎiyòng D/P[fùkuǎn jiāodān] huò D/A[chéngduì jiāodān] fāngshì.

◆一覧払いが希望ですが，そちらはいかがでしょうか．
我们希望贵方能即期付款，可以吗？
Wǒmen xīwàng guìfāng néng jíqī fùkuǎn, kěyǐ ma?

◆60 日のユーザンス付きで考えていただきたいです．
我们希望你们能考虑见单后六十天付款的方式．
Wǒmen xīwàng nǐmen néng kǎolǜ jiàndān hòu liùshí tiān fùkuǎn de fāngshì.

◆今回の取り引きはドル建てにしますか，それとも円建てにしますか．
这笔交易，要以美元计价还是以日元计价？
Zhè bǐ jiāoyì, yào yǐ Měiyuán jìjià háishi yǐ Rìyuán jìjià?

◆為替リスクを避けるため，為替レートが相対的に安定した通貨を選びたいと考えています．
为回避汇兑风险，我们要选择汇率相对稳定的货币．
Wèi huíbì huìduì fēngxiǎn, wǒmen yào xuǎnzé huìlǜ xiāngduì wěndìng de huòbì.

◆円建てにしたいと思います．
我们希望以日元计价．
Wǒmen xīwàng yǐ Rìyuán jìjià.

◆円・ドル折半の方法でお願いします．
我们希望采取日元和美元均摊的方式．
Wǒmen xīwàng cǎiqǔ Rìyuán hé Měiyuán jūntān de fāngshì.

◆納期を繰り上げたので，商品代金の２割の前払いをメーカー側が求めています．
因为交货期提前了，厂方要求你们能预付货款的百分之二十．
Yīnwèi jiāohuòqī tíqián le, chǎngfāng yāoqiú nǐmen néng yùfù huòkuǎn de bǎi fēn zhī èrshí.

◆今回の貨物代金は，銀行から電信送金します．
关于这批货款，我们将通过银行电汇给您．
Guānyú zhè pī huòkuǎn, wǒmen jiāng tōngguò yínháng diànhuì gěi nín.

14. 契約の調印

◆私たちはお互いに歩み寄って成約出来ました．
我们互相靠拢的结果得以成交了．
Wǒmen hùxiāng kàolǒng de jiéguǒ déyǐ chéngjiāo le.

◆明日は契約に調印することができます．
明天就可以签订合同了．
Míngtiān jiù kěyǐ qiāndìng hétong le.

◆これを契機に今後益々の取引拡大を願っています．
我们希望以此为契机，今后更进一步扩大交易．
Wǒmen xīwàng yǐ cǐ wéi qìjī, jīnhòu gèng jìn yí bù kuòdà jiāoyì.

◆今回の商談がついに意見の一致を見ることとなり，本当に嬉しいです．

关于这次谈判，我们的意见终于达成一致，感到非常高兴．
Guānyú zhècì tánpàn, wǒmen de yìjiàn zhōngyú dáchéng yízhì, gǎndào fēicháng gāoxìng.

◆これも双方の努力の結果ですね．
这也是双方努力的结果啊．
Zhè yě shì shuāngfāng nǔlì de jiéguǒ a.

◆協議内容に基づき，契約草案と附属文書を作成します．
我们将根据磋商内容，来拟定合同草案和附件．
Wǒmen jiāng gēnjù cuōshāng nèiróng, lái nǐdìng hétong cǎo'àn hé fùjiàn.

◆これは私たちが起草した契約書草案です．
这是我们草拟的合同草案．
Zhè shì wǒmen cǎonǐ de hétong cǎo'àn.

◆これは私たちが作成した協議書です．
这是我们拟定的协议书．
Zhè shì wǒmen nǐdìng de xiéyìshū.

◆契約条項について，一度項目ごとの照合をお願いします．
关于合同条款，请贵方对每项条款逐条查对一遍．
Guānyú hétong tiáokuǎn, qǐng guìfāng duì měi xiàng tiáokuǎn zhútiáo chádùi yí biàn.

◆補足や修正が必要な箇所があれば御指摘下さい．
如有需要补充或修改的地方，请指出来．
Rú yǒu xūyào bǔchōng huò xiūgǎi de dìfang, qǐng zhǐ chulai.

◆念のため草案は持ち帰り，商談の記録と突き合わせて確認いたします．
为慎重起见，我们把草案带回去，跟谈判纪录核对确认一下．
Wèi shènzhòng qǐjiàn, wǒmen bǎ cǎo'àn dài huiqu, gēn tánpàn jìlù héduì quèrèn yíxià.

◆私たちは詳しく照合しました．何も問題はないと思います．
我们仔细核对过了．我们看没有什么问题．
Wǒmen zǐxì héduì guò le. Wǒmen kàn méiyǒu shénme wèntí.

◆分割引き渡し期日について，さらに明確な記載をお願いします．
我们希望贵方把分批交货的日期写得更明确一点．
Wǒmen xīwàng guìfāng bǎ fēnpī jiāohuò de rìqī xiě de gèng míngquè yìdiǎn.

◆当方で正式契約書を作成し，日中両国語の文書を，正本と副本の各2部準備いたします．
由我方拟定正式合同书，准备日中两种文本，正副各两份．
Yóu wǒfāng nǐdìng zhèngshì hétongshū, zhǔnbèi Rì-Zhōng liǎng zhǒng wénběn, zhèng fù gè liǎng fèn.

◆週明けにも双方の代表で正式に契約にサインができますね．
下周初就可以由双方代表来正式签署合同了．
Xiàzhōu chū jiù kěyǐ yóu shuāngfāng dàibiǎo lái zhèngshì qiānshǔ hétong le.

◆当方は社長がサインをします．
我方由社长来签字．
Wǒfāng yóu shèzhǎng lái qiānzì.

◆当方で調印式を行う場所を手配します．
由我方来安排举行签订仪式的地点．
Yóu wǒfāng lái ānpái jǔxíng qiāndìng yíshì de dìdiǎn.

◆契約が調印された時をもって効力が発生します．
合同签署后，当即就生效．
Hétong qiānshǔ hòu, dāngjí jiù shēngxiào.

◆本契約は政府関係機関が認可した日をもって発効日とします．
本合同以政府有关机构批准之日为生效日．
Běn hétong yǐ zhèngfǔ yǒuguān jīgòu pīzhǔn zhī rì wéi shēngxiàorì.

◆本日は日中双方の会社の代表が契約書に調印することになりました．
今天由日中双方公司代表来签订合同．
Jīntiān yóu Rì-Zhōng shuāngfāng gōngsī dàibiǎo lái qiāndìng hétong.

◆ただ今より，双方の代表に契約書に署名していただきます．
现在就请双方代表在合同上签字．
Xiànzài jiù qǐng shuāngfāng dàibiǎo zài hétong shang qiānzì.

◆契約調印を祝って，今夜ホテルニューオータニでパーティーを開きます．どうぞお集まり下さい．
为祝贺签订合同，今晚在新大谷饭店举行

宴会, 敬请各位光临.
Wèi zhùhè qiāndìng hétong, jīnwǎn zài Xīndàgǔ fàndiàn jǔxíng yànhuì, jìngqǐng gèwèi guānglín.

15. クレーム

◆残念ながら, 今回の貨物についてクレームを提起せざるを得ません.
很遗憾, 对这批货物我们不得不提起索赔.
Hěn yíhàn, duì zhè pī huòwù wǒmen bùdébù tíqí suǒpéi.

◆この商品は品質の面で, 契約に定める基準に合っていません.
这批货在质量上不符合合同规定的标准.
Zhè pī huò zài zhìliàng shang bù fúhé hétong guīdìng de biāozhǔn.

◆荷揚げをした際, この貨物のショーテージを発見しました.
我们在卸货的时候, 发现这批货短重.
Wǒmen zài xièhuò de shíhou, fāxiàn zhè pī huò duǎnzhòng.

◆今回輸入した機械部品について, 商品検査の結果少し問題を発見しました.
这次我们进口的机械零件里, 经商品检验发现了一些问题.
Zhècì wǒmen jìnkǒu de jīxiè língjiàn li, jīng shāngpǐn jiǎnyàn fāxiàn le yìxiē wèntí.

◆これは当方の商品検査機関が発行したサーベイ・レポートです.
这是我方商检机构出具的检验报告.
Zhè shì wǒfāng shāngjiǎn jīgòu chūjù de jiǎnyàn bàogào.

◆およそ３割の商品にカビが発生しています.
大约有百分之三十的商品发霉了.
Dàyuē yǒu bǎi fēn zhī sānshí de shāngpǐn fāméi le.

◆重量が契約の規定より約百キロ少ないです.
重量比合同规定短重约一百公斤.
Zhòngliàng bǐ hétong guīdìng duǎnzhòng yuē yìbǎi gōngjīn.

◆一部の製品が破損しています. この写真をご覧下さい.
一部分产品有所损伤. 请看这个照片.
Yībùfen chǎnpǐn yǒusuǒ sǔnshāng. Qǐng kàn zhège zhàopiàn.

◆今回のクレームは, 実情に基づき提起しています.
这次索赔是根据实际情况提出来的.
Zhècì suǒpéi shì gēnjù shíjì qíngkuàng tíchulai de.

◆友好的な協議により, この問題の解決を図りましょう.
让我们通过友好协商来解决这个问题吧.
Ràng wǒmen tōngguò yǒuhǎo xiéshāng lái jiějué zhège wèntí ba.

◆前回提起したクレームですが, その後の検討結果はいかがですか.
上一次我们向贵方提起了索赔, 从那以后你们研究得怎么样了?
Shàng yí cì wǒmen xiàng guìfāng tíqí le suǒpéi, cóng nà yǐhòu nǐmen yánjiū de zěnmeyàng le?

◆そのような事故があったとは本当に思いがけないことです.
我们真是没有想到会发生这种事故.
Wǒmen zhēnshi méiyǒu xiǎngdào huì fāshēng zhè zhǒng shìgù.

◆このような事態が発生してしまい, 大変残念です.
竟然发生了这种事故, 我们感到很遗憾.
Jìngrán fāshēng le zhè zhǒng shìgù, wǒmen gǎndào hěn yíhàn.

◆そちらが提起されたクレームについては, 詳細な調査を経てからお返事いたします.
关于你们提起的索赔, 我们详细调查以后再作答复.
Guānyú nǐmen tíqí de suǒpéi, wǒmen xiángxì diàochá yǐhòu zài zuò dáfù.

◆こちらで輸送の全行程を調べてみます.
我们要查一查全部运输过程.
Wǒmen yào chá yi chá quánbù yùnshū guòchéng.

◆原因が明らかになり次第, すぐにお返事いたします.
等查清原因以后, 我们马上答复.
Děng cháqīng yuányīn yǐhòu, wǒmen mǎshàng dáfù.

◆今回の製品は船積み前に関係者の検査を受けており, いずれも無傷でした.
这批产品在装船以前受过有关人员的检验, 都是完好无损的.
Zhè pī chǎnpǐn zài zhuāngchuán yǐqián shòu

guo yǒuguān rényuán de jiǎnyàn, dōu shì wánhǎo wúsǔn de.

◆船で運ぶ間に水濡れ事故に遭った可能性があります。
有可能在船运过程中遇到水渍事故。
Yǒu kěnéng zài chuányùn guòchéng zhōng yùdào shuǐzì shìgù.

◆船積み前に貨物が雨に濡れたため、一部にカビが生えたものです。
这是因为货物在装船前被雨淋湿，有一部分货发霉了。
Zhè shì yīnwèi huòwù zài zhuāngchuán qián bèi yǔ línshī, yǒu yíbùfen huò fāméi le.

◆検査の信憑性を疑うわけではありませんが、これだけの理由ではクレームの条件を備えておりません。
我并不怀疑检验的可靠性，但仅仅是这些理由，还不足为索赔的条件。
Wǒ bìng bù huáiyí jiǎnyàn de kěkàoxìng, dàn jǐnjǐn shì zhèxiē lǐyóu, hái bùzú wéi suǒpéi de tiáojiàn.

◆もし確かに当方の問題である場合、必ず適切に対処いたします。
如果确实是属于我方的问题，我们一定妥善处理。
Rúguǒ quèshí shì shǔyú wǒfāng de wèntí, wǒmen yídìng tuǒshàn chǔlǐ.

◆これは確かに当方に責任があり、当方が弁償すべきものです。
这确实属于我方责任，应由我方赔偿。
Zhè quèshí shǔyú wǒfāng zérèn, yīng yóu wǒfāng péicháng.

◆このような事態が発生してしまい、誠に申し訳ありません。
发生了这样的事故，感到非常抱歉。
Fāshēng le zhèyàng de shìgù, gǎndào fēicháng bàoqiàn.

◆さっそく弁償の手続きを取ります。
我们马上办理赔偿手续。
Wǒmen mǎshàng bànlǐ péicháng shǒuxù.

◆誠意ある御対応ありがとうございます。
谢谢你们诚挚的对应。
Xièxie nǐmen chéngzhì de duìyìng.

◆早急に当方のクレームを受け入れてくれたことに感謝いたします。
感谢贵方很快地接受了我们的索赔。
Gǎnxiè guìfāng hěn kuài de jiēshòu le wǒmen de suǒpéi.

◆今週中に賠償請求の書類をお送りしますので、円満に解決できるようお願いします。
在本周内我们发去索赔材料，希望得到圆满的解决。
Zài běnzhōu nèi wǒmen fāqu suǒpéi cáiliào, xīwàng dédào yuánmǎn de jiějué.

◆今回の事故は海上輸送中に発生したため、当方は保険会社が賠償するよう求めます。
这次事故是在海运中发生的，我们要求由保险公司来赔偿。
Zhècì shìgù shì zài hǎiyùn zhōng fāshēng de, wǒmen yāoqiú yóu bǎoxiǎn gōngsī lái péicháng.

16. 对中投资

◆御社と合弁で食品工場を設立したいと思います。
我们希望和贵公司合资兴办一家食品工厂。
Wǒmen xīwàng hé guì gōngsī hézī xīngbàn yì jiā shípǐn gōngchǎng.

◆外国企業の対中投資には、すでに多くの成功例があります。
外企来华投资，已经有很多成功的先例。
Wàiqǐ láihuá tóuzī, yǐjīng yǒu hěn duō chénggōng de xiānlì.

◆中国は外国企業の対中投資に対して何か優遇措置がありますか。
中国对外企来华投资有什么优惠措施吗?
Zhōngguó duì wàiqǐ láihuá tóuzī yǒu shénme yōuhuì cuòshī ma?

◆御社は双方の投資比率についてどのようにお考えですか。
贵方对双方的投资比例有什么想法?
Guìfāng duì shuāngfāng de tóuzī bǐlì yǒu shénme xiǎngfa?

◆御社はどのような投資形態に興味をお持ちですか。
贵方对哪些投资形式抱有兴趣呢?
Guìfāng duì nǎxiē tóuzī xíngshì bàoyǒu xìngqu ne?

◆私たちはハイテク技術をできる限り提供します。
我们尽可能提供高新技术。

Wǒmen jǐnkěnéng tígōng gāoxīn jìshù.

◆お互いに協力しあい，中国のユーザーに喜ばれる新製品を開発しましょう．
让我们互相合作，共同开发受中国用户欢迎的新产品吧．
Ràng wǒmen hùxiāng hézuò, gòngtóng kāifā shòu Zhōngguó yònghù huānyíng de xīnchǎnpǐn ba.

◆我々は協力して省エネ・環境保護の新製品を開発しましょう．
让我们合作开发节能、环保的新产品吧．
Ràng wǒmen hézuò kāifā jiénéng 、huánbǎo de xīnchǎnpǐn ba.

◆両社で中国らしい新ブランドを共同で打ち出したいと思っております．
我们希望由我们两个公司推出具有中国特色的新品牌．
Wǒmen xīwàng yóu wǒmen liǎng ge gōngsī tuīchū jùyǒu Zhōngguó tèsè de xīnpǐnpái.

◆今中国ではどんなファッションが流行っていますか．
现在在中国什么样的服装最时髦呢？
Xiànzài zài Zhōngguó shénmeyàng de fúzhuāng zuì shímáo ne?

◆今中国の農村ではどんな家電製品がよく売れていますか．
现在在中国农村里什么样的家电最畅销呢？
Xiànzài zài Zhōngguó nóngcūn li shénmeyàng de jiādiàn zuì chàngxiāo ne?

◆市場のニーズに関する調査は私どもが行います．
由我们来进行有关市场需求的调查．
Yóu wǒmen lái jìnxíng yǒuguān shìchǎng xūqiú de diàochá.

◆私どもは合弁の期限を二十年とするよう提案します．
我们建议把合资期限定为二十年．
Wǒmen jiànyì bǎ hézī qīxiàn dìng wéi èrshí nián.

◆新会社は日本の経営管理方式を採用するよう，提案いたします．
我们建议新公司采用日本的经营管理方式．
Wǒmen jiànyì xīngōngsī cǎiyòng Rìběn de jīngyíng guǎnlǐ fāngshì.

◆企業管理の面でも，そちらの進んだ経験を伝授していただきたいです．
在企业管理方面，也希望你们传授先进经验．
Zài qǐyè guǎnlǐ fāngmiàn, yě xīwàng nǐmen chuánshòu xiānjìn jīngyàn.

◆私ども中国側は，用地，工場建物，従業員を提供する用意があります．
我们中方准备提供场地、厂房和员工．
Wǒmen Zhōngfāng zhǔnbèi tígōng chǎngdì、chǎngfáng hé yuángōng.

◆私ども日本側は，資本金の一部と生産技術を提供できます．
我们日方可以提供部分资本金和生产技术．
Wǒmen Rìfāng kěyǐ tígōng bùfen zīběnjīn hé shēngchǎn jìshù.

◆原材料の調達先は，できるだけ現地で確保したいと考えています．
关于原材料，我们想尽可能在当地筹办．
Guānyú yuáncáiliào, wǒmen xiǎng jǐnkěnéng zài dāngdì chóubàn.

◆出資比率，役員の構成，利益配分などについてまだ双方の意見が一致していません．
至于出资比例、董事会的组成、利润的分配等，我们双方的意见尚未达成一致．
Zhìyú chūzī bǐlì、dǒngshìhuì de zǔchéng, lìrùn de fēnpèi děng, wǒmen shuāngfāng de yìjiàn shàngwèi dáchéng yízhì.

◆日中双方は必ず平等互恵の原則を守らなければなりません．
日中双方必须遵守平等互利的原则．
Rì-Zhōng shuāngfāng bìxū zūnshǒu píngděng hùlì de yuánzé.

◆双方で専門チームを組んでさらに検討した後，フィージビリティ・スタディを作成しましょう．
由双方组成专门小组进一步研究之后，拟订可行性研究报告吧．
Yóu shuāngfāng zǔchéng zhuānmén xiǎozǔ jìn yí bù yánjiū zhīhòu, nǐdìng kěxíngxìng yánjiū bàogào ba.

17. 帰国

◆明日帰国されるそうですが，何時にお発ちですか．
听说您明天要回国了，几点启程[出发]

呢？
Tīngshuō nín míngtiān yào huíguó le, jǐ diǎn qǐchéng [chūfā] ne?

◆あいにく明日の午前は会議の予定があり，お見送りに行けそうにありません．
真不巧，明天上午我有个会，看来不能为您去送行了．
Zhēn bùqiǎo, míngtiān shàngwǔ wǒ yǒu ge huì, kànlái bù néng wèi nín qù sòngxíng le.

◆私の代わりに，課長の田中に行かせます．
我要让科长的田中替我去送行．
Wǒ yào ràng kēzhǎng de Tiánzhōng tì wǒ qù sòngxíng.

◆あさって帰国しますので，御挨拶にまいりました．
我后天就要回国了，今天来向您告别．
Wǒ hòutiān jiùyào huíguó le, jīntiān lái xiàng nín gàobié.

◆このたびは温かいおもてなし，本当にありがとうございました．
这次受到你们的热情接待，真是太感谢了．
Zhècì shòudào nǐmen de rèqíng jiēdài, zhēnshi tài gǎnxiè le.

◆仕事の面だけでなく，観光やショッピングにまでご配慮いただき，心より感謝しております．
不仅在业务上面，而且在游览和购物等方面也得到你们的热切关照，实在感谢不尽．
Bùjǐn zài yèwù shàngmian, érqiě zài yóulǎn hé gòuwù děng fāngmiàn yě dédào nǐmen de rèqiè guānzhào, shízài gǎnxiè bújìn.

◆お忙しいでしょうからお見送りは結構です．
你们的工作一定很紧张，不必为我们来送行．
Nǐmen de gōngzuò yídìng hěn jǐnzhāng, búbì wèi wǒmen lái sòngxíng.

◆皆様をお見送りにまいりました．
我们来给各位送行了．
Wǒmen lái gěi gèwèi sòngxíng le.

◆お忙しいところわざわざお見送りいただき恐れ入ります．
你们在百忙中还特意来为我们送行，实在不敢当．
Nǐmen zài bǎi máng zhōng hái tèyì lái wèi wǒmen sòngxíng, shízài bù gǎndāng.

◆当社の部長もお見送りする予定でしたが，急用で来られませんでした．皆様にくれぐれもよろしくと申しておりました．
本来我们公司的部长也要来为各位送行的，但有急事来不了了．他要我转达问候．
Běnlái wǒmen gōngsī de bùzhǎng yě yào lái wèi gèwèi sòngxíng de, dàn yǒu jíshì láibuliǎo le. Tā yào wǒ zhuǎndá wènhòu.

◆どうぞお気になさらないでください．
不要客气．[别客气．]
Bú yào kèqi. [Bié kèqi.]

◆御滞在中，十分なお世話もできず申し訳なく思っております．
在各位的逗留期间，我们招待得不周到，请多多见谅．
Zài gèwèi de dòuliú qījiān, wǒmen zhāodài de bù zhōudào, qǐng duōduō jiànliàng.

◆御社のご配慮により今回の商談が円満にまとまり，心より感謝しております．
承蒙贵公司的关照，这次谈判得到圆满成功，衷心表示感谢．
Chéngméng guì gōngsī de guānzhào, zhècì tánpàn dédào yuánmǎn chénggōng, zhōngxīn biǎoshì gǎnxiè.

◆帰国されましたら，関係者の皆様にどうぞよろしくお伝え下さい．
回国以后，请向有关各位问好[转达问候]．
Huíguó yǐhòu, qǐng xiàng yǒuguān gèwèi wènhǎo [zhuǎndá wènhòu].

◆そろそろ御出発の時間です．どうぞ搭乗口にいらして下さい．
起飞时间快到了，请往登机口走吧．
Qǐfēi shíjiān kuài dào le, qǐng wǎng dēngjīkǒu zǒu ba.

◆そろそろ時間ですので，ここでお別れいたします．さようなら．
快要到时间了，就在这儿告别吧！再见！[再会！][后会有期！]
Kuàiyào dào shíjiān le, jiù zài zhèr gàobié ba! Zàijiàn! [Zài huì!] [Hòu huì yǒu qī!]

◆道中どうぞお気を付けて．
祝您一路平安．[一路顺风．]
Zhù nín yí lù píng ān. [yí lù shùn fēng.]

◆今後何かありましたらいつでも御連絡ください．
今后有什么事，请随时跟我们联系．
Jīnhòu yǒu shénme shì, qǐng suíshí gēn wǒmen liánxì.

●世界の地名

	地名(日本語)	属する地域	地名(中国語)	ピンイン
ア	アッサム	インド	阿萨姆	Āsàmǔ
	アトランタ	アメリカ	亚特兰大	Yàtèlándà
	アドリア海	地中海	亚得里亚海	Yàdélǐyàhǎi
	アパラチア山脈	アメリカ	阿巴拉契亚山脉	Ābālāqìyà shānmài
	アマゾン川	ブラジル	亚马孙河	Yàmǎsūnhé
	アムール川	ロシア	阿穆尔河	Āmù'ěrhé
	アモイ	中国	厦门	Xiàmén
	アラスカ	アメリカ	阿拉斯加	Ālāsījiā
	アラビア海	インド洋	阿拉伯海	Ālābóhǎi
	アラル海	中央アジア	咸海	Xiánhǎi
	アリゾナ	アメリカ	亚利桑那	Yàlìsāngnà
	アリューシャン列島	北太平洋	阿留申群岛	Āliúshēn qúndǎo
	アルプス山脈	ヨーロッパ	阿尔卑斯山脉	Ā'ěrbēisī shānmài
	アンダルシア	スペイン	安达卢西亚	Āndálúxīyà
	アンデス山脈	南米	安第斯山脉	Āndìsī shānmài
	イースター島	チリ	复活节岛	Fùhuójiédǎo
	イスタンブール	トルコ	伊斯坦布尔	Yīsītǎnbù'ěr
	イベリア半島	ヨーロッパ	伊比利亚半岛	Yībǐlìyà bàndǎo
	イラワジ川	ミャンマー	伊洛瓦底江	Yīluòwǎdǐjiāng
	イルクーツク	ロシア	伊尔库茨克	Yī'ěrkùcíkè
	イングランド	イギリス	英格兰	Yīnggélán
	インダス川	インド	印度河	Yìndùhé
	インチョン(仁川)	韓国	仁川	Rénchuān
	インディアナポリス	アメリカ	印第安纳波利斯	Yìndì'ānnàbōlìsī
	インドシナ半島	東南アジア	中南半岛	Zhōngnán bàndǎo
	ウエールズ	イギリス	威尔士	Wēi'ěrshì
	ウオール街	アメリカ	华尔街	Huá'ěrjiē
	ウラジオストック	ロシア	符拉迪沃斯托克	Fúlādíwòsītuōkè
	ウラル山脈	ロシア	乌拉尔山脉	Wūlā'ěr shānmài
	エーゲ海	地中海	爱琴海	Àiqínhǎi
	エニセイ川	ロシア	叶尼塞河	Yènísàihé
	エベレスト	中国・ネパール	埃佛勒斯峰	Āifólèsīfēng
	エリー湖	カナダ	伊利湖	Yīlìhú
	エルサレム	パレスチナ	耶路撒冷	Yēlùsālěng
	エルベ川	ドイツ	易北河	Yìběihé
	オアフ島	アメリカ(ハワイ)	瓦胡岛	Wǎhúdǎo
	オクラホマ	アメリカ	俄克拉何马	Ékèlāhémǎ
	オタワ	カナダ	渥太华	Wòtàihuá
	オックスフォード	イギリス	牛津	Niújīn
	オハイオ	アメリカ	俄亥俄	Éhài'é
	オビ川	ロシア	鄂毕河	Èbìhé
	オホーツク海	東アジア	鄂霍次克海	Èhuòcìkèhǎi
	オリンポス山	ギリシャ	奥林匹斯山	Àolínpǐsīshān
	オンタリオ湖	カナダ	安大略湖	Āndàlüèhú
カ	ガザ	イスラエル	加沙	Jiāshā
	カサブランカ	モロッコ	卡萨布兰卡	Kǎsàbùlánkǎ
	カシミール	アジア	克什米尔	Kèshímǐ'ěr
	カスピ海	中央アジア	里海	Lǐhǎi
	カナリア諸島	大西洋	加那利群岛	Jiānàlì qúndǎo
	カフカス山脈	ヨーロッパ・ロシア	哈卡斯山脉	Hākǎsī shānmài
	カムチャッカ半島	ロシア	堪察加半岛	Kānchájiā bàndǎo
	カラコルム山脈	中央アジア	喀喇昆仑山脉	Kālākūnlún shānmài
	カラチ	パキスタン	卡拉奇	Kǎlāqí

ガラパゴス諸島	東太平洋	加拉帕戈斯群岛	Jiālāpàgēsī qúndǎo
カラハリ砂漠	アフリカ	卡拉哈里沙漠	Kǎlāhālǐ shāmò
カリフォルニア	アメリカ	加利福尼亚	Jiālìfúníyà
カリブ海	中米	加勒比海	Jiālèbǐhǎi
カルカッタ(コルカタ)	インド	加尔各答	Jiā'ěrgèdá
カルガリー	カナダ	卡尔加里	Kǎ'ěrjiālǐ
カルパティア山脈	ヨーロッパ	喀尔巴阡山脉	Kā'ěrbāqiān shānmài
ガンジス川	インド	恒河	Hénghé
カンヌ	フランス	戛纳	Jiánà
喜望峰	南アフリカ	好望角	Hǎowàngjiǎo
キリマンジャロ山	アフリカ・タンザニア	乞力马扎罗山	Qǐlìmǎzhāluóshān
グアム島	西太平洋	关岛	Guāndǎo
グランドキャニオン	アメリカ	大峡谷	Dàxiágǔ
グリーンランド	北欧	格陵兰岛	Gélínglándǎo
グリニッジ	イギリス	格林威治	Gélínwēizhì
グレートバリアリーフ	オーストラリア	大堡礁	Dàbǎojiāo
グレートビクトリア砂漠	オーストラリア	维多利亚大沙漠	Wéiduōlìyà dàshāmò
グレートブリテン島	イギリス	大不利颠岛	Dàbùlìdiāndǎo
クレタ島	ギリシャ	克里特岛	Kèlǐtèdǎo
ケアンズ	オーストラリア	凯恩斯	Kǎi'ēnsī
ケイマン諸島	中南米	开曼群岛	Kāimàn qúndǎo
ケープタウン	南アフリカ	开普敦	Kāipǔdūn
ケソンシティ	フィリピン	奎松城	Kuísōngchéng
ケベック	カナダ	魁北克	Kuíběikè
ケルン	ドイツ	科隆	Kēlóng
ケンタッキー	アメリカ	肯塔基	Kěntǎjī
ケンブリッジ	イギリス	剑桥	Jiànqiáo
紅海	アフリカ・アジア	红海	Hónghǎi
コートダジュール	フランス	蓝色海岸	Lánsèhǎi'àn
黒竜江	中国	黑龙江	Hēilóngjiāng
黒海	ヨーロッパ・アジア	黑海	Hēihǎi
ゴビ砂漠	モンゴル	戈壁沙漠	Gēbì shāmò
ゴラン高原	シリア	戈兰高地	Gēlán gāodì
コルシカ島	フランス	科西嘉岛	Kēxījiādǎo
コロラド	アメリカ	科罗拉多	Kēluólāduō
コロンボ	スリランカ	科伦坡	Kēlúnpō
サイパン島	西太平洋	塞班岛	Sàibāndǎo
ザクセン	ドイツ	萨克森	Sàkèsēn
サハラ砂漠	アフリカ	撒哈拉沙漠	Sāhālā shāmò
サハリン(樺太)	ロシア	萨哈林岛	Sàhālíndǎo
サマルカンド	ウズベキスタン	撒马尔罕	Sāmǎ'ěrhǎn
サンクトペテルブルグ	ロシア	圣彼得堡	Shèngbǐdébǎo
サンパウロ	ブラジル	圣保罗	Shèngbǎoluó
サンフランシスコ	アメリカ	旧金山	Jiùjīnshān
ザンベジ川	アフリカ	赞比西河	Zànbǐxīhé
サンモリッツ	スイス	圣莫里茨	Shèngmòlǐcí
シアトル	アメリカ	西雅图	Xīyǎtú
死海	イスラエル・ヨルダン	死海	Sǐhǎi
シカゴ	アメリカ	芝加哥	Zhījiāgē
シチリア島	イタリア	西西里岛	Xīxīlǐdǎo
シッキム	インドに併合	锡金	Xījīn
シドニー	オーストラリア	悉尼	Xīní
シナイ半島	エジプト	西奈半岛	Xīnài bàndǎo
ジブラルタル海峡	地中海	直布罗陀海峡	Zhíbùluótuó hǎixiá
シベリア	ロシア	西伯利亚	Xībólìyà
ジャワ島	インドネシア	爪哇岛	Zhǎowādǎo
シャンパーニュ	フランス	香槟	Xiāngbīn

	ジュネーブ	スイス	日内瓦	Rìnèiwǎ
	シリコンバレー	アメリカ	硅谷	Guīgǔ
	スエズ運河	エジプト	苏伊士运河	Sūyīshì yùnhé
	スカンジナビア半島	ヨーロッパ	斯堪的纳维亚半岛	Sīkāndìnàwéiyà bàndǎo
	スコットランド	イギリス	苏格兰	Sūgélán
	スペリオル湖	カナダ	苏必利尔湖	Sūbìlì'ěrhú
	スマトラ島	インドネシア	苏门答腊岛	Sūméndálàdǎo
	セーヌ川	フランス	塞纳河	Sàinàhé
	セブ島	フィリピン	宿务岛	Sùwùdǎo
	セントヘレナ島	南大西洋	圣赫勒拿岛	Shènghèlènádǎo
	セントルイス	アメリカ	圣路易斯	Shènglùyìsī
	セントローレンス湾	カナダ	圣劳伦斯湾	Shèngláolúnsīwān
	ソルトレイクシティ	アメリカ	盐湖城	Yánhúchéng
タ	ダージリン	インド	大吉岭	Dàjílíng
	台北	台湾	台北	Táiběi
	台湾	アジア	台湾	Táiwān
	タクラマカン砂漠	中国	塔克拉玛干沙漠	Tǎkèlāmǎgān shāmò
	タシケント	ウズベキスタン	塔什干	Tǎshígān
	タヒチ島	南太平洋	塔希提岛	Tǎxītídǎo
	ダラス	アメリカ	达拉斯	Dálāsī
	タリム盆地	中国	塔里木盆地	Tǎlǐmù péndì
	タンガニーカ湖	アフリカ	坦噶尼喀湖	Tǎngánīkāhú
	チェジュ(済州)島	韓国	济州岛	Jǐzhōudǎo
	チェルノブイリ	ウクライナ	切尔诺贝利	Qiè'ěrnuòbèilì
	チェンマイ	タイ	清迈	Qīngmài
	チグリス(ティグリス)川	イラク	底格里斯河	Dǐgélǐsīhé
	チチカカ湖	ペルー・ボリビア	的的喀喀湖	Dídíkākāhú
	地中海	ヨーロッパ	地中海	Dìzhōnghǎi
	チョモランマ	ネパール・中国	珠穆朗玛峰	Zhūmùlǎngmǎfēng
	デカン高原	インド	德干高原	Dégān gāoyuán
	テキサス	アメリカ	得克萨斯	Dékèsàsī
	デトロイト	アメリカ	底特律	Dǐtèlù
	テネシー	アメリカ	田纳西	Tiánnàxī
	テムズ川	イギリス	泰晤士河	Tàiwùshìhé
	デュッセルドルフ	ドイツ	杜塞尔多夫	Dùsài'ěrduōfū
	テルアビブ	イスラエル	特拉维夫-雅法	Tèlāwéifū-Yǎfǎ
	ドーバー海峡	ヨーロッパ	多佛尔海峡	Duōfú'ěr hǎixiá
	ドナウ(ダニューブ)川	ヨーロッパ	多瑙河	Duōnǎohé
	ドバイ	アラブ首長国連邦	迪拜	Díbài
	トリノ	イタリア	都灵	Dūlíng
	ドレスデン	ドイツ	德累斯顿	Dèlěisīdùn
	トロント	カナダ	多伦多	Duōlúnduō
ナ	ナイアガラ滝	アメリカ・カナダ	尼亚加拉瀑布	Níyàjiālā pùbù
	ナイル川	エジプト	尼罗河	Níluóhé
	ナホトカ	ロシア	纳霍德卡	Nàhuòdékǎ
	ナポリ	イタリア	那不勒斯	Nàbùlèsī
	ナミブ砂漠	アフリカ	纳米布沙漠	Nàmǐbù shāmò
	ニース	フランス	尼斯	Nísī
	ニューオリンズ	アメリカ	新奥尔良	Xīn'ào'ěrliáng
	ニューカレドニア島	太平洋	新喀里多尼亚岛	Xīnkālǐduōníyàdǎo
	ニューギニア島	太平洋	新几内亚岛	Xīnjǐnèiyàdǎo
	ニューファンドランド島	カナダ	纽芬兰岛	Niǔfēnlándǎo
	ニューヨーク	アメリカ	纽约	Niǔyuē
	ネス湖	イギリス	内斯湖	Nèisīhú
	ノルマンディー	フランス	诺曼底	Nuòmàndǐ
ハ	バーミンガム	イギリス	伯明翰	Bómínghàn
	バーモント	アメリカ	佛蒙特	Fúméngtè

バイエルン	ドイツ	拜恩	Bài'ēn
バイカル湖	ロシア	贝加尔湖	Bèijiā'ěrhú
ハドソン川	アメリカ	哈得孙河	Hādésūnhé
ハバロフスク	ロシア	哈巴罗夫斯克	Hābāluófūsīkè
パミール高原	中央アジア	帕米尔高原	Pàmǐ'ěr gāoyuán
バミューダ島	北大西洋	百慕大群岛	Bǎimùdà qúndǎo
ハリウッド	アメリカ	好莱坞	Hǎoláiwù
バリ島	インドネシア	巴厘岛	Bālídǎo
バルカン半島	ヨーロッパ	巴尔干半岛	Bā'ěrgān bàndǎo
バルセロナ	スペイン	巴塞罗纳	Bāsàiluónà
バルト海	ヨーロッパ	波罗的海	Bōluódìhǎi
パレスチナ	西アジア	巴勒斯坦	Bālèsītǎn
バレンシア	スペイン・ベネズエラ	巴伦西亚	Bālúnxīyà
ハワイ	アメリカ	夏威夷	Xiàwēiyí
ハンガン(漢江)	韓国	汉江	Hànjiāng
バンクーバー	カナダ	温哥华	Wēngēhuá
パンジャブ	インド	旁遮普	Pángzhēpǔ
ハンブルク	ドイツ	汉堡	Hànbǎo
東シナ海	アジア	东海	Dōnghǎi
ビキニ島	西太平洋	比基尼岛	Bǐjīnídǎo
ビクトリア湖	アフリカ	维多利亚湖	Wéiduōlìyàhú
ビスケー湾	ヨーロッパ	比斯开湾	Bǐsīkāiwān
ヒマラヤ山脈	南アジア	喜马拉雅山脉	Xǐmǎlāyǎ shānmài
ヒューストン	アメリカ	休斯敦	Xiūsīdūn
ヒューロン湖	カナダ	休伦湖	Xiūlúnhú
ピレネー山脈	ヨーロッパ	比利牛斯山脉	Bǐlìniúsī shānmài
フィラデルフィア	アメリカ	费城	Fèichéng
フィレンツェ	イタリア	佛罗伦萨	Fúluólúnsà
プーケット	タイ	普吉	Pǔjí
プエルトリコ	中米	波多黎各	Bōduōlígè
プサン(釜山)	韓国	釜山	Fǔshān
フランクフルト	ドイツ	法兰克福	Fǎlánkèfú
ブルゴーニュ	フランス	布尔戈涅	Bù'ěrgēniè
ブルターニュ	フランス	布列塔尼	Bùliètǎní
ブロードウエイ	アメリカ	百老汇	Bǎilǎohuì
フロリダ	アメリカ	佛罗里达	Fúluólǐdá
ベーリング海	北太平洋	白令海	Báilìnghǎi
ペシャワール	パキスタン	白沙瓦	Báishāwǎ
ベツレヘム	パレスチナ	伯利恒	Bólìhéng
ペナン	マレーシア	槟城	Bīnchéng
ベネチア(ベニス)	イタリア	威尼斯	Wēinísī
ベルサイユ	フランス	凡尔赛	Fán'ěrsài
ペルシア湾	西アジア	波斯湾	Bōsīwān
ベンガル湾	インド	孟加拉湾	Mèngjiālāwān
ホーチミン	ベトナム	胡志明	Húzhìmíng
ホーン岬	チリ	合恩角	Hé'ēnjiǎo
ボストン	アメリカ	波士顿	Bōshìdùn
ボスポラス海峡	トルコ	博斯普鲁斯海峡	Bósīpǔlǔsī hǎixiá
北海	ヨーロッパ	北海	Běihǎi
ポツダム	ドイツ	波茨坦	Bōcítǎn
ホノルル	ハワイ	火奴鲁鲁	Huǒnúlǔlǔ
ボヘミア	チェコ	波希米亚	Bōxīmǐyà
ポリネシア	太平洋	波利尼西亚	Bōlìníxīyà
ボルガ川	ロシア	伏尔加河	Fú'ěrjiāhé
ボルドー	フランス	波尔多	Bō'ěrduō
ボルネオ島	東南アジア	婆罗洲岛	Póluózhōudǎo
ホルムズ海峡	西アジア	霍尔木兹海峡	Huò'ěrmùzī hǎixiá

	ボン	ドイツ	波恩	Bōēn
	ホンコン(香港)	中国	香港	Xiānggǎng
	ボンベイ(ムンバイ)	インド	孟买	Mèngmǎi
マ	マイアミ	アメリカ	迈阿密	Màiʾāmì
	マイセン	ドイツ	迈森	Màisēn
	マウイ島	アメリカ	毛伊岛	Máoyīdǎo
	マカオ	中国	澳门	Àomén
	マサチューセッツ	アメリカ	马萨诸塞	Mǎsàzhūsài
	マゼラン海峡	南米	麦哲伦海峡	Màizhélún hǎixiá
	マチュピチュ	ペルー	马丘比丘	Mǎqiūbǐqiū
	マッターホルン	スイス	马特峰	Mǎtèfēng
	マラッカ海峡	東南アジア	马六甲海峡	Mǎliùjiǎ hǎixiá
	マリアナ諸島	アメリカ領・太平洋	马里亚纳群岛	Mǎlǐyànà qúndǎo
	マルセイユ	フランス	马赛	Mǎsài
	マレー半島	東南アジア	马来半岛	Mǎlái bàndǎo
	マンチェスター	イギリス	曼彻斯特	Mànchèsītè
	マンハッタン	アメリカ	曼哈顿	Mànhādùn
	ミシガン湖	カナダ	密歇根湖	Mìxiēgēnhú
	ミシシッピ	アメリカ	密西西比	Mìxīxībǐ
	南シナ海	アジア	南海	Nánhǎi
	ミネソタ	アメリカ	明尼苏达	Míngnísūdá
	ミュンヘン	ドイツ	慕尼黑	Mùníhēi
	ミラノ	イタリア	米兰	Mǐlán
	ミンダナオ島	フィリピン	棉兰老岛	Miánlánlǎodǎo
	メコン川	東南アジア	湄公河	Méigōnghé
	メッカ	サウジアラビア	麦加	Màijiā
	メナム川	タイ	湄南河	Méinánhé
	メラネシア	オセアニア	美拉尼西亚	Měilāníxīyà
	メルボルン	オーストラリア	墨尔本	Mòʾěrběn
	モントリオール	カナダ	蒙特利尔	Méngtèlìʾěr
	モンブラン山	スイス	勃朗峰	Bólǎngfēng
	ヤンゴン	ミャンマー	仰光	Yǎngguāng
	ユーフラテス川	西アジア	幼发拉底河	Yòufālādǐhé
	ユカタン半島	メキシコ	尤卡坦半岛	Yóukǎtǎn bàndǎo
	ユジノサハリンスク	ロシア	南萨哈林斯克	Nánsàhālínsīkè
	ヨークシャー	イギリス	约克夏	Yuēkèxià
	ヨハネスブルグ	南アフリカ	约翰内斯堡	Yuēhànnèisībǎo
ラ	ライン川	ヨーロッパ	莱茵河	Láiyīnhé
	ラスベガス	アメリカ	拉斯韦加斯	Lāsīwéijiāsī
	ラプラタ	アルゼンチン	拉普拉塔	Lāpǔlātǎ
	ラブラドル	カナダ	拉布拉多	Lābùlāduō
	リヴィエラ	イタリア	拉维埃拉	Lǐwéiʾāilā
	リオグランデ	ブラジル・メキシコ	里奥格兰德	Lǐʾàogélándé
	リオデジャネイロ	ブラジル	里约热内卢	Lǐyuērènèilú
	リバプール	イギリス	利物浦	Lìwùpǔ
	リヨン	フランス	里昂	Lǐʾáng
	ルイジアナ	アメリカ	路易斯安那	Lùyìsīʾānnà
	ルソン島	フィリピン	吕宋岛	Lǚsòngdǎo
	レナ川	ロシア	勒拿河	Lènáhé
	ローザンヌ	スイス	洛桑	Luòsāng
	ローヌ川	フランス	罗讷河	Luónèhé
	ロサンゼルス	アメリカ	洛杉矶	Luòshānjī
	ロッキー山脈	アメリカ・カナダ	落基山脉	Luòjī shānmài
	ロッテルダム	オランダ	鹿特丹	Lùtèdān
	ロレーヌ	フランス	洛林	Luòlín

●世界の国や地域とその首都

国・地域	中国語	ピンイン	
■アジア			
アゼルバイジャン	阿塞拜疆	Āsàibàijiāng	
アフガニスタン	阿富汗	Āfùhàn	
アラブ首長国連邦	阿联酋	Āliánqiú	
アルメニア	亚美尼亚	Yàměiníyà	
イエメン	也门	Yěmén	
イスラエル	以色列	Yǐsèliè	
イラク	伊拉克	Yīlākè	
イラン	伊朗	Yīlǎng	
インド	印度	Yìndù	
インドネシア	印度尼西亚	Yìndùníxīyà	
ウズベキスタン	乌兹别克斯坦	Wūzībiékèsītǎn	
オマーン	阿曼	Āmàn	
カザフスタン	哈萨克斯坦	Hāsàkèsītǎn	
カタール	卡塔尔	Kǎtǎ'ěr	
韓国	韩国	Hánguó	
カンボジア	柬埔寨	Jiǎnpǔzhài	
北朝鮮	朝鲜	Cháoxiǎn	
キルギス	吉尔吉斯斯坦	Jí'ěrjísīsītǎn	
クウェート	科威特	Kēwēitè	
グルジア	格鲁吉亚	Gélǔjíyà	
サウジアラビア	沙特阿拉伯	Shātè Ālābó	
シリア	叙利亚	Xùlìyà	
シンガポール	新加坡	Xīnjiāpō	
スリランカ	斯里兰卡	Sīlǐlánkǎ	
タイ	泰国	Tàiguó	
タジキスタン	塔吉克斯坦	Tǎjíkèsītǎn	
中国	中国	Zhōngguó	
トルクメニスタン	土库曼斯坦	Tǔkùmànsītǎn	
トルコ	土耳其	Tǔ'ěrqí	
日本	日本	Rìběn	
ネパール	尼泊尔	Níbó'ěr	
バーレーン	巴林	Bālín	
パキスタン	巴基斯坦	Bājīsītǎn	
バングラデシュ	孟加拉国	Mèngjiālāguó	
東ティモール	东帝汶	Dōngdìwén	
フィリピン	菲律宾	Fēilǜbīn	
ブータン	不丹	Bùdān	
ブルネイ	文莱	Wénlái	
ベトナム	越南	Yuènán	
マレーシア	马来西亚	Mǎláixīyà	
ミャンマー	缅甸	Miǎndiàn	
モルディブ	马尔代夫	Mǎ'ěrdàifū	
モンゴル	蒙古	Měnggǔ	
ヨルダン	约旦	Yuēdàn	
ラオス	老挝	Lǎowō	
レバノン	黎巴嫩	Líbānèn	
■大洋州			
オーストラリア	澳大利亚	Àodàlìyà	
キリバス	基里巴斯	Jīlǐbāsī	
クック諸島	库克群岛	Kùkèqúndǎo	
サモア独立国	萨摩亚	Sàmóyà	
ソロモン諸島	所罗门	Suǒluómén	

世界の国や地域とその首都

首都	中国語	ピンイン
バクー	巴库	Bākù
カブール	喀布尔	Kābù'ěr
アブダビ	阿布扎比	Ābùzhābǐ
エレバン	埃里温	Āilǐwēn
サヌア	萨那	Sànà
エルサレム	耶路撒冷	Yēlùsālěng
バグダッド	巴格达	Bāgédá
テヘラン	德黑兰	Déhēilán
ニューデリー	新德里	Xīndélǐ
ジャカルタ	雅加达	Yǎjiādá
タシケント	塔什干	Tǎshígān
マスカット	马斯喀特	Mǎsīkàtè
アスタナ	阿斯塔纳	Āsītǎnà
ドーハ	多哈	Duōhā
ソウル	首尔	Shǒu'ěr
プノンペン	金边	Jīnbiān
ピョンヤン[平壌]	平壤	Píngrǎng
ビシュケク	比什凯克	Bǐshíkǎikè
クウェート	科威特城	Kēwēitèchéng
トビリシ	第比利斯	Dìbǐlìsī
リヤド	利雅得	Lìyǎdé
ダマスカス	大马士革	Dàmǎshìgé
シンガポール	新加坡	Xīnjiāpō
スリジャヤワルダナプラコッテ	科伦坡	Kēlúnpō
バンコク	曼谷	Màngǔ
ドゥシャンベ	杜尚别	Dùshàngbié
ペキン[北京]	北京	Běijīng
アシガバット	阿什哈巴德	Āshíhābādé
アンカラ	安卡拉	Ānkǎlā
東京	东京	Dōngjīng
カトマンズ	加德满都	Jiādémǎndū
マナーマ	麦纳麦	Màinàmài
イスラマバード	伊斯兰堡	Yīsīlánbǎo
ダッカ	达卡	Dákǎ
ディリ	帝力	Dìlì
マニラ	大马尼拉市(马尼拉)	Dàmǎnílāshì(Mǎnílā)
ティンプー	廷布	Tíngbù
バンダルスリブガワン	斯里巴加湾市	Sīlǐbājiāwānshì
ハノイ	河内	Hénèi
クアラルンプール	吉隆坡	Jílóngpō
ネーピードー	内比都	Nèibǐdū
マレ	马累	Mǎlěi
ウランバートル	乌兰巴托	Wūlánbātuō
アンマン	安曼	Ānmàn
ビエンチャン	万象	Wànxiàng
ベイルート	贝鲁特	Bèilǔtè
キャンベラ	堪培拉	Kānpéilā
タラワ	塔拉瓦	Tǎlāwǎ
アバルア	阿瓦鲁阿	Āwǎlǔ'ā
アピア	阿皮亚	Āpíyà
ホニアラ	霍尼亚拉	Huòníyàlā

世界の国や地域とその首都

国・地域	中国語	ピンイン
ツバル	图瓦卢	Túwǎlú
トンガ	汤加	Tāngjiā
ナウル	瑙鲁	Nǎolǔ
ニウエ	纽埃	Niǔ'āi
ニュージーランド	新西兰	Xīnxīlán
バヌアツ	瓦努阿图	Wǎnǔ'ātú
パプアニューギニア	巴布亚新几内亚	Bābùyàxīnjǐnèiyà
パラオ	帕劳	Pàláo
フィジー	斐济	Fěijì
マーシャル諸島	马绍尔群岛	Mǎshào'ěrqúndǎo
ミクロネシア	密克罗尼西亚	Mìkèluóníxīyà
■北・中央アメリカ		
アメリカ合衆国	美国	Měiguó
アンティグア・バーブーダ	安提瓜和巴布达	Āntíguā hé Bābùdá
エルサルバドル	萨尔瓦多	Sà'ěrwǎduō
カナダ	加拿大	Jiānádà
キューバ	古巴	Gǔbā
グアテマラ	危地马拉	Wēidìmǎlā
グレナダ	格林纳达	Gélínnàdá
コスタリカ	哥斯达黎加	Gēsīdálíjiā
ジャマイカ	牙买加	Yámǎijiā
セントクリストファー・ネービス	圣基茨和尼维斯	Shèngjīcí hé Níwéisī
セントビンセント・グレナディーン諸島	圣文森特和格林纳丁斯	Shèngwénsēntè hé Gélínnàdīngsī
セントルシア	圣卢西亚	Shènglúxīyà
ドミニカ	多米尼克	Duōmǐníkè
ドミニカ共和国	多米尼加	Duōmǐníjiā
トリニダード・トバゴ	特立尼达和多巴哥	Tèlìnídá hé Duōbāgē
ニカラグア	尼加拉瓜	Níjiālāguā
ハイチ	海地	Hǎidì
パナマ	巴拿马	Bānámǎ
バハマ	巴哈马	Bāhāmǎ
バルバドス	巴巴多斯	Bābāduōsī
ベリーズ	伯利兹	Bólìzī
ホンジュラス	洪都拉斯	Hóngdūlāsī
メキシコ	墨西哥	Mòxīgē
■南アメリカ		
アルゼンチン	阿根廷	Āgēntíng
ウルグアイ	乌拉圭	Wūlāguī
エクアドル	厄瓜多尔	Èguāduō'ěr
ガイアナ	圭亚那	Guīyànà
コロンビア	哥伦比亚	Gēlúnbǐyà
スリナム	苏里南	Sūlǐnán
チリ	智利	Zhìlì
パラグアイ	巴拉圭	Bālāguī
ブラジル	巴西	Bāxī
ベネズエラ	委内瑞拉	Wěinèiruìlā
ペルー	秘鲁	Bìlǔ
ボリビア	玻利维亚	Bōlìwéiyà
■ヨーロッパ		
アイスランド	冰岛	Bīngdǎo
アイルランド	爱尔兰	Ài'ěrlán
アルバニア	阿尔巴尼亚	Ā'ěrbāníyà
アンドラ	安道尔	Āndào'ěr
イギリス	英国	Yīngguó
イタリア	意大利	Yìdàlì
ウクライナ	乌克兰	Wūkèlán

首都	中国語	ピンイン
フナフティ	富纳富提	Fùnàfùtí
ヌクアロファ	努库阿洛法	Nǔkù'āluòfǎ
ヤレン	亚伦	Yàlún
アロフィ	阿洛菲	Āluòfēi
ウェリントン	惠灵顿	Huìlíngdùn
ポートビラ	维拉港	Wéilāgǎng
ポートモレスビー	莫尔斯比港	Mò'ěrsībǐgǎng
マルキョク	梅莱凯奥克	Méiláikǎi'àokè
スバ	苏瓦	Sūwǎ
マジュロ	马朱罗	Mǎzhūluó
パリキール	帕利基尔	Pàlìjī'ěr
ワシントンD. C.	华盛顿	Huáshèngdùn
セントジョンズ	圣约翰	Shèngyuēhàn
サンサルバドル	圣萨尔瓦多市	Shèngsà'ěrwǎduōshì
オタワ	渥太华	Wòtàihuá
ハバナ	哈瓦那	Hāwǎnà
グアテマラシティ	危地马拉城	Wēidìmǎlāchéng
セントジョージズ	圣乔治	Shèngqiáozhì
サンホセ	圣何塞	Shènghésài
キングストン	金斯敦	Jīnsīdūn
バセテール	巴斯特尔	Bāsītè'ěr
キングスタウン	金斯敦	Jīnsīdūn
カストリーズ	卡斯特里	Kǎsītèlǐ
ロゾー	罗索	Luósuǒ
サントドミンゴ	圣多明各	Shèngduōmínggè
ポートオブスペイン	西班牙港	Xībānyágǎng
マナグア	马那瓜	Mǎnàguā
ポルトープランス	太子港	Tàizǐgǎng
パナマシティ	巴拿马城	Bānámǎchéng
ナッソー	拿骚	Násāo
ブリッジタウン	布里奇顿	Bùlǐqídùn
ベルモパン	贝尔莫潘	Bèi'ěrmòpān
テグシガルパ	特古西加尔巴	Tègǔxījiā'ěrbā
メキシコシティ	墨西哥城	Mòxīgēchéng
ブエノスアイレス	布宜诺斯艾利斯	Bùyínuòsī'àilìsī
モンテビデオ	蒙得维的亚	Méngdéwéidìyà
キト	基多	Jīduō
ジョージタウン	乔治敦	Qiáozhìdūn
ボゴタ	波哥大	Bōgēdà
パラマリボ	帕拉马里博	Pàlāmǎlǐbó
サンティアゴ	圣地亚哥	Shèngdìyàgē
アスンシオン	亚松森	Yàsōngsēn
ブラジリア	巴西利亚	Bāxīlìyà
カラカス	加拉加斯	Jiālājiāsī
リマ	利马	Lìmǎ
ラパス	拉巴斯	Lābāsī
レイキャビク	雷克雅未克	Léikèyǎwèikè
ダブリン	都柏林	Dūbólín
ティラナ	地拉那	Dìlānà
アンドララベラ	安道尔城	Āndào'ěrchéng
ロンドン	伦敦	Lúndūn
ローマ	罗马	Luómǎ
キエフ	基辅	Jīfǔ

世界の国や地域とその首都

国・地域	中国語	ピンイン
エストニア	爱沙尼亚	Àishāníyà
オーストリア	奥地利	Àodìlì
オランダ	荷兰	Hélán
キプロス	塞浦路斯	Sàipǔlùsī
ギリシャ	希腊	Xīlà
クロアチア	克罗地亚	Kèluódìyà
コソボ	科索沃	Kēsuǒwò
サンマリノ	圣马力诺	Shèngmǎlìnuò
スイス	瑞士	Ruìshì
スウェーデン	瑞典	Ruìdiǎn
スペイン	西班牙	Xībānyá
スロバキア	斯洛伐克	Sīluòfákè
スロベニア	斯洛文尼亚	Sīluòwénníyà
セルビア	塞尔维亚	Sài'ěrwéiyà
チェコ	捷克	Jiékè
デンマーク	丹麦	Dānmài
ドイツ	德国	Déguó
ノルウェー	挪威	Nuówēi
バチカン	梵蒂冈	Fàndìgāng
ハンガリー	匈牙利	Xiōngyálì
フィンランド	芬兰	Fēnlán
フランス	法国	Fǎguó
ブルガリア	保加利亚	Bǎojiālìyà
ベラルーシ	白俄罗斯	Bái'éluósī
ベルギー	比利时	Bǐlìshí
ポーランド	波兰	Bōlán
ボスニア・ヘルツェゴビナ	波黑	Bō-Hēi
ポルトガル	葡萄牙	Pútáoyá
マケドニア	马其顿	Mǎqídùn
マルタ	马耳他	Mǎ'ěrtā
モナコ	摩纳哥	Mónàgē
モルドバ	摩尔多瓦	Mó'ěrduōwǎ
モンテネグロ	黑山	Hēishān
ラトビア	拉脱维亚	Lātuōwéiyà
リトアニア	立陶宛	Lìtáowǎn
リヒテンシュタイン	列支敦士登	Lièzhīdūnshìdēng
ルーマニア	罗马尼亚	Luómǎníyà
ルクセンブルク	卢森堡	Lúsēnbǎo
ロシア	俄罗斯	Éluósī
■アフリカ		
アルジェリア	阿尔及利亚	Ā'ěrjílìyà
アンゴラ	安哥拉	Āngēlā
ウガンダ	乌干达	Wūgāndá
エジプト	埃及	Āijí
エチオピア	埃塞俄比亚	Āisài'ébǐyà
エリトリア	厄立特里亚	Èlìtèlǐyà
ガーナ	加纳	Jiānà
カーボベルデ	佛得角	Fódéjiǎo
ガボン	加蓬	Jiāpéng
カメルーン	喀麦隆	Kāmàilóng
ガンビア	冈比亚	Gāngbǐyà
ギニア	几内亚	Jǐnèiyà
ギニアビサウ	几内亚比绍	Jǐnèiyàbǐshào
ケニア	肯尼亚	Kěnníyà
コートジボワール	科特迪瓦	Kētèdíwǎ
コモロ	科摩罗	Kēmóluó

世界の国や地域とその首都

首都	中国語	ピンイン
タリン	塔林	Tǎlín
ウィーン	维也纳	Wéiyěnà
アムステルダム	阿姆斯特丹	Āmǔsītèdān
ニコシア	尼科西亚	Níkēxīyà
アテネ	雅典	Yǎdiǎn
ザグレブ	萨格勒布	Sàgélèbù
プリシュティナ	普里什蒂纳	Pǔlǐshídìnà
サンマリノ	圣马力诺	Shèngmǎlìnuò
ベルン	伯尔尼	Bó'ěrní
ストックホルム	斯德哥尔摩	Sīdégē'ěrmó
マドリード	马德里	Mǎdélǐ
ブラチスラバ	布拉迪斯拉发	Bùlādísīlāfā
リュブリャナ	卢布尔雅那	Lúbù'ěryǎnà
ベオグラード	贝尔格莱德	Bèi'ěrgéláidé
プラハ	布拉格	Bùlāgé
コペンハーゲン	哥本哈根	Gēběnhāgēn
ベルリン	柏林	Bólín
オスロ	奥斯陆	Àosīlù
バチカン	梵蒂冈城	Fàndìgāngchéng
ブダペスト	布达佩斯	Bùdápèisī
ヘルシンキ	赫尔辛基	Hè'ěrxīnjī
パリ	巴黎	Bālí
ソフィア	索非亚	Suǒfēiyà
ミンスク	明斯克	Míngsīkè
ブリュッセル	布鲁塞尔	Bùlǔsài'ěr
ワルシャワ	华沙	Huáshā
サラエボ	萨拉热窝	Sàlārèwō
リスボン	里斯本	Lǐsīběn
スコピエ	斯科普里	Sīkēpǔlǐ
バレッタ	瓦莱塔	Wǎláitǎ
モナコ	摩纳哥	Mónàgē
キシニョフ	基希讷乌	Jīxīnèwū
ポドゴリツァ	波德戈里察	Bōdégēlǐchá
リガ	里加	Lǐjiā
ビリニュス	维尔纽斯	Wéi'ěrniǔsī
ファドゥーツ	瓦杜兹	Wǎdùzī
ブカレスト	布加勒斯特	Bùjiālèsītè
ルクセンブルク	卢森堡	Lúsēnbǎo
モスクワ	莫斯科	Mòsīkē
アルジェ	阿尔及尔	Ā'ěrjí'ěr
ルアンダ	罗安达	Luó'āndá
カンパラ	坎帕拉	Kǎnpàlā
カイロ	开罗	Kāiluó
アディスアベバ	亚的斯亚贝巴	Yàdìsīyàbèibā
アスマラ	阿斯马拉	Āsīmǎlā
アクラ	阿克拉	Ākèlā
プライア	普拉亚	Pǔlāyà
リーブルビル	利伯维尔	Lìbówéi'ěr
ヤウンデ	雅温得	Yǎwēndé
バンジュール	班珠尔	Bānzhū'ěr
コナクリ	科纳克里	Kēnàkèlǐ
ビサウ	比绍	Bǐshào
ナイロビ	内罗毕	Nèiluóbì
ヤムスクロ	亚穆苏克罗	Yàmùsūkèluó
モロニ	莫罗尼	Mòluóní

付録

世界の国や地域とその首都

国・地域	中国語	ピンイン	
コンゴ共和国	刚果(布)	Gāngguǒ(Bù)	
コンゴ民主共和国	刚果(金)	Gāngguǒ(Jīn)	
サントメ・プリンシペ	圣多美和普林西比	Shèngduōměi hé Pǔlínxībǐ	
ザンビア	赞比亚	Zànbǐyà	
シエラレオネ	塞拉利昂	Sàilālì'áng	
ジブチ	吉布提	Jíbùtí	
ジンバブエ	津巴布韦	Jīnbābùwéi	
スーダン	苏丹	Sūdān	
スワジランド	斯威士兰	Sīwēishìlán	
セーシェル	塞舌尔	Sàishé'ěr	
赤道ギニア	赤道几内亚	Chìdàojǐnèiyà	
セネガル	塞内加尔	Sàinèijiā'ěr	
ソマリア	索马里	Suǒmǎlǐ	
タンザニア	坦桑尼亚	Tǎnsāngníyà	
チャド	乍得	Zhàdé	
中央アフリカ	中非	Zhōngfēi	
チュニジア	突尼斯	Tūnísī	
トーゴ	多哥	Duōgē	
ナイジェリア	尼日利亚	Nírìlìyà	
ナミビア	纳米比亚	Nàmǐbǐyà	
ニジェール	尼日尔	Nírì'ěr	
ブルキナファソ	布基纳法索	Bùjīnàfǎsuǒ	
ブルンジ	布隆迪	Bùlóngdí	
ベナン	贝宁	Bèiníng	
ボツワナ	博茨瓦纳	Bócíwǎnà	
マダガスカル	马达加斯加	Mǎdájiāsījiā	
マラウイ	马拉维	Mǎlāwéi	
マリ	马里	Mǎlǐ	
南アフリカ	南非	Nánfēi	
モーリシャス	毛里求斯	Máolǐqiúsī	
モーリタニア	毛里塔尼亚	Máolǐtǎníyà	
モザンビーク	莫桑比克	Mòsāngbǐkè	
モロッコ	摩洛哥	Móluògē	
リビア	利比亚	Lìbǐyà	
リベリア	利比里亚	Lìbǐlǐyà	
ルワンダ	卢旺达	Lúwàngdá	
レソト	莱索托	Láisuǒtuō	

世界の国や地域とその首都

首都	中国語	ピンイン
ブラザビル	布拉柴维尔	Bùlācháiwéi'ěr
キンシャサ	金沙萨	Jīnshāsà
サントメ	圣多美	Shèngduōměi
ルサカ	卢萨卡	Lúsàkǎ
フリータウン	弗里敦	Fúlǐdūn
ジブチ	吉布提市	Jíbùtíshì
ハラレ	哈拉雷	Hālāléi
ハルツーム	喀士穆	Kātǔmù
ムババーネ	姆巴巴内	Mǔbābānèi
ビクトリア	维多利亚	Wéiduōlìyà
マラボ	马拉博	Mǎlābó
ダカール	达喀尔	Dákā'ěr
モガディシオ	摩加迪沙	Mójiādíshā
ダルエスサラーム	达累斯萨拉姆	Dáléisīsàlāmǔ
ウンジャメナ	恩贾梅纳	Ēnjiǎméinà
バンギ	班吉	Bānjí
チュニス	突尼斯	Tūnísī
ロメ	洛美	Luòměi
アブジャ	阿布贾	Ābùjiǎ
ウィントフック	温得和克	Wēndéhékè
ニアメ	尼亚美	Níyàměi
ワガドゥグー	瓦加杜古	Wǎjiādùgǔ
ブシュンブラ	布琼布拉	Bùqióngbùlā
ポルトノボ	波多诺伏	Bōduōnuòfú
ハボローネ	哈博罗内	Hābóluónèi
アンタナナリボ	塔那那利佛	Tǎnànàlìfó
リロングウェ	利隆圭	Lìlóngguī
バマコ	巴马科	Bāmǎkē
プレトリア	比勒陀利亚	Bǐlètuólìyà
ポートルイス	路易港	Lùyìgǎng
ヌアクショット	努瓦克肖特	Nǔwǎkèxiàotè
マプト	马普托	Mǎpǔtuō
ラバト	拉巴特	Lābātè
トリポリ	的黎波里	Dìlíbōlǐ
モンロビア	蒙罗维亚	Méngluówéiyà
キガリ	基加利	Jījiālì
マセル	马塞卢	Mǎsàilú

●世界の人名

		国:ジャンル	人名(中国語)	ピンイン
ア	アインシュタイン	アメリカ:物理学者	爱因斯坦	Àiyīnsītǎn
	アダム・スミス	イギリス:経済学者	亚当・斯密	Yàdāng・Sīmì
	アッラー	イスラム教の唯一神	安拉[阿拉]	Ānlā(Ālā)
	アムンゼン	ノルウエー:探検家	阿蒙森	Āméngsēn
	アラファト	パレスチナ:政治家	阿拉法特	Ālāfǎtè
	アリストテレス	古代ギリシャ:哲学者	亚里士多德	Yàlǐshìduōdé
	アルキメデス	古代ギリシャ:数学者	阿米得	Ājīmǐdé
	アンデルセン	デンマーク:作家	安徒生	Āntúshēng
	イエス・キリスト	キリスト教の祖	耶稣・基督	Yēsū・Jīdū
	イソップ	古代ギリシャ:作家	伊索	Yīsuǒ
	エジソン	アメリカ:発明家	爱迪生	Àidíshēng
	エドガ・スノー	アメリカ:記者・著述家	埃德加・斯诺	Āidéjiā・Sīnuò
	エリザベス女王	イギリス女王	伊丽莎白女王	Yīlìshābái nǚwáng
	エンゲルス	ドイツ:思想家	恩格斯	Ēngésī
	オーム	ドイツ:物理学者	欧姆	Ōumǔ
	オバマ	アメリカ:政治家	奥巴马	Àobāmǎ
カ	カーネギー	アメリカ:実業家	卡内基	Kǎnèijī
	ガウス	ドイツ:数学者	高斯	Gāosī
	ガウディ	スペイン:建築家	高迪	Gāodí
	カエサル(シーザー)	古代ローマ:政治家	恺撒	Kǎisā
	カストロ	キューバ:政治家	卡斯特罗	Kǎsītèluó
	カフカ	チェコ:作家	卡夫卡	Kǎfūkǎ
	カラヤン	オーストリア:指揮者	卡拉扬	Kǎlāyáng
	ガリレオ・ガリレイ	イタリア:天文学・物理学者	伽里略・伽利略	Jiālǐlüè・Jiālìlüè
	ガンジー	インド:政治家	甘地	Gāndì
	キッシンジャー	アメリカ:政治家	基辛格	Jīxīngé
	キュリー夫人	フランス:物理学者	居里夫人	Jūlǐ fūren
	キング牧師(マーチン・ルーサー・キング)	アメリカ:黒人解放運動家	马丁・路德・金	Mǎdīng・Lùdé・Jīn
	グリム	ドイツ:文学者	格林	Gélín
	クレオパトラ	古代エジプトの女王	克娄巴特拉七世	Kèlóubātèlā Qīshì
	ケインズ	イギリス:経済学者	凯因斯	Kǎiyīnsī
	ゲーテ	ドイツ:詩人・作家	歌德	Gēdé
	ケネディ	アメリカ:政治家	肯尼迪	Kěnnídí
	ケプラー	ドイツ:天文学者	开普勒	Kāipǔlè
	ケルビン	イギリス:物理学者	开尔文	Kāi'ěrwén
	ゴーギャン	フランス:画家	高更	Gāogēng
	ゴッホ	オランダ:画家	凡・高	Fán・Gāo
	コナン・ドイル	イギリス:作家	柯南・道尔	Kēnán・Dào'ěr
	コペルニクス	ポーランド:天文学者	哥白尼	Gēbáiní
	ゴルバチョフ	旧ソ連:政治家	戈尔巴乔夫	Gē'ěrbāqiáofū
	コロンブス	イタリア:探検家	哥伦布	Gēlúnbù
サ	サルトル	フランス:哲学者・文学者	萨特	Sàtè
	シェークスピア	イギリス:作家	莎士比亚	Shāshìbǐyà
	ジェンナー	イギリス:医師	琴纳	Qínnà
	ジャッキー・チェン	香港:映画俳優	成龙	Chéng Lóng
	シューベルト	オーストリア:作曲家	舒伯特	Shūbótè
	ジュール	イギリス:物理学者	焦耳	Jiāo'ěr
	シュバイツァー	ドイツ:医師・神学者	史怀哲	Shǐhuáizhé
	ショパン	ポーランド:作曲家	肖邦	Xiāobāng
	スターリン	旧ソ連:政治家	斯大林	Sīdàlín
	スピルバーグ	アメリカ:映画監督	斯皮尔伯格	Sīpí'ěrbógé
	ソクラテス	古代ギリシア:哲学者	苏格拉底	Sūgélādǐ
タ	ダーウィン	イギリス:生物学者	达尔文	Dá'ěrwén

世界の人名

	ダイムラー	ドイツ:技術者	戴姆勒	Dàimǔlè
	ダライ・ラマ	チベット仏教の法王	达赖喇嘛	Dálài Lǎma
	チェ・ゲバラ	アルゼンチン:キューバ革命家	格瓦拉	Géwǎlā
	チャーチル	イギリス:政治家	丘吉尔	Qiūjí'ěr
	チャップリン	イギリス:映画俳優・監督	卓别林	Zhuóbiélín
	チンギス・ハーン	モンゴル帝国の創始者	成吉思汗	ChéngjísīHán
	ディズニー	アメリカ:映画製作者	迪士尼	Díshìní
	テレサ・テン	台湾:歌手	邓丽君	Dèng Lìjūn
	ドストエフスキー	帝政ロシア:作家	陀思妥耶夫斯基	Tuósītuǒyēfūsījī
	トルストイ	帝政ロシア:劇作家	托尔斯泰	Tuō'ěrsītài
ナ	ナイチンゲール	イギリス:看護婦	南丁格尔	Nándīnggé'ěr
	ナポレオン	フランス皇帝	拿破仑	Nápòlún
	ニクソン	アメリカ:政治家	尼克松	Níkèsōng
	ニュートン	イギリス:物理学者	牛顿	Niúdùn
	ネール	インド:政治家	尼赫鲁	Níhèlǔ
	ノーベル	スウェーデン:化学者	诺贝尔	Nuòbèi'ěr
ハ	パール・バック	アメリカ:作家	赛珍珠	Sàizhēnzhū
	ハイネ	ドイツ:詩人	海涅	Hǎiniè
	パスカル	フランス:哲学者	帕斯卡	Pàsīkǎ
	バッハ	ドイツ:作曲家	巴赫	Bāhè
	ビートルズ	イギリス:音楽グループ	披头士	Pītóushì
	ピカソ	スペイン:画家	毕加索	Bìjiāsuǒ
	ピタゴラス	古代ギリシア:数学者	毕达哥拉斯	Bìdágēlāsī
	ヒッチコック	イギリス:映画監督	希区柯克	Xīqūkēkè
	ヒポクラテス	古代ギリシア:医師	希波克拉底	Xībōkèlādǐ
	ビル・ゲイツ	アメリカ:企業家	比尔·盖茨	Bǐ'ěr·Gàicí
	ファーブル	フランス:昆虫学者	法布尔	Fǎbù'ěr
	ファラデー	イギリス:化学者	法拉第	Fǎlādì
	フェルマー	フランス:数学者	费尔马	Fèi'ěrmǎ
	プラトン	古代ギリシア:哲学者	柏拉图	Bólātú
	フランクリン	アメリカ:科学者	富兰克林	Fùlánkèlín
	フレミング	イギリス:物理学者	弗莱明	Fúláimíng
	フロイト	オーストリア:精神医学者	弗洛伊德	Fúluòyīdé
	ベートーベン	ドイツ:作曲家	贝多芬	Bèiduōfēn
	ベーブ・ルース	アメリカ:野球選手	乔治·赫尔曼·鲁斯	Qiáozhì·Hè'ěrmàn·Lǔsī
	ヘミングウェイ	アメリカ:小説家	海明威	Hǎimíngwēi
	ベル	アメリカ:物理学者	贝尔	Bèi'ěr
	ヘルツ	ドイツ:物理学者	赫兹	Hèzī
	ヘレン・ケラー	アメリカ:社会活動家	海伦·凯勒	Hǎilún·Kǎilè
マ	マイケル・ジャクソン	アメリカ:音楽家	迈克尔·杰克逊	Màikè'ěr·Jiékèxùn
	マゼラン	ポルトガル:航海者	麦哲伦	Màizhélún
	マッカーサー	アメリカ:軍人	麦克阿瑟	Màikè'āsè
	マリリン・モンロー	アメリカ:映画女優	玛丽莲·梦露	Mǎlìlián·Mènglù
	マルクス	ドイツ:経済学者・哲学者	马克思	Mǎkèsī
	マルコ・ポーロ	イタリア:旅行家	马可·波罗	Mǎkě·Bōluó
	マルサス	イギリス:経済学者	马尔萨斯	Mǎ'ěrsàsī
	ミケランジェロ	イタリア:芸術家	米开朗琪罗	Mǐkāilǎngqíluó
	ムハンマド	イスラム教の開祖	穆罕默德	Mùhǎnmòdé
	メンデル	オーストリア:植物学者	孟德尔	Mèngdé'ěr
	モーツァルト	オーストリア:作曲家	莫扎特	Mòzhātè
ヤ	ユークリッド	古代ギリシア:数学者・哲学者	欧几里得	Ōujǐlǐdé
	ユング	スイス:心理学者	荣格	Rónggé
ラ	リンカーン	アメリカ:政治家	林肯	Línkěn
	レーニン	帝政ロシア:政治家	列宁	Lièníng
	レオナルド・ダ・ビンチ	イタリア:画家・建築家	达·芬奇	Dá·Fēnqí
	レントゲン	ドイツ:物理学者	伦琴	Lúnqín
	ロックフェラー	アメリカ:実業家	洛克菲勒	Luòkèfěilè

2010年5月20日　初版発行

クラウン日中辞典

2010年5月20日　第1刷発行

編　者	杉本達夫（すぎもと・たつお）
	牧田英二（まきた・えいじ）
発行者	株式会社 三省堂 代表者 八幡統厚
印刷者	三省堂印刷株式会社
発行所	株式会社 三省堂

〒101-8371
東京都千代田区三崎町二丁目22番14号
　　　電話　編集　（03）3230-9411
　　　　　　営業　（03）3230-9412
http://www.sanseido.co.jp/
振替口座　00160-5-54300
商標登録番号　663091・663092

〈クラウン日中・1696pp.〉

落丁本・乱丁本はお取替えいたします
ISBN978-4-385-12182-6

Ⓡ 本書を無断で複写複製（コピー）することは、著作権法上の例外を除き、禁じられています。本書をコピーされる場合は、事前に日本複写権センター（JRRC）の許諾を受けてください。
http://www.jrrc.or.jp　e メール：info@jrrc.or.jp
電話：03-3401-2382

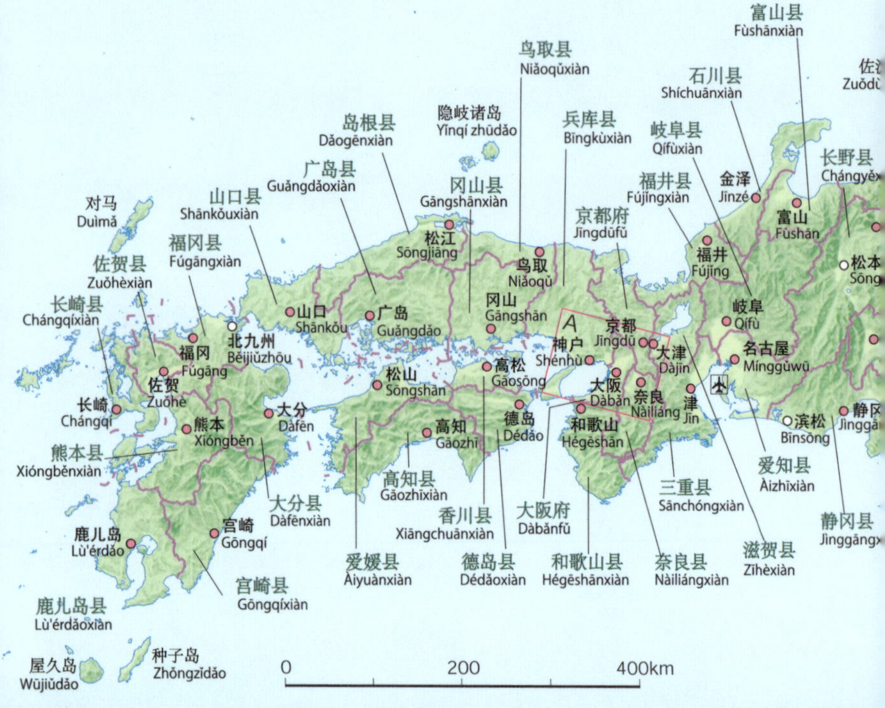